Business Rankings Annual

Cumulative Index
1989–2008

ISSN 1043-7908

Cumulative Index 1989–2008

Business Rankings Annual

Includes References to All Listings in Twenty Editions of Business Rankings Annual

Detroit • New York • San Francisco • New Haven, Conn. • Waterville, Maine • London

Business Rankings Annual, Cumulative Index 1989-2008

Deborah J. Draper

Editorial
Lynn M. Pearce

Editorial Support Services
Charles Beaumont

Composition and Electronic Prepress
Evi Seoud

Manufacturing
Rita Wimberley

For more information, contact
The Gale Group, Inc.
27500 Drake Rd.
Farmington Hills, MI 48331-3535
Or you can visit our Internet site at
http://www.gale.com

ISBN 13: 978-0-7876-9512-5
ISBN 10: 0-7876-9512-2
ISSN 1043-7908

Printed in the United States of America
10 9 8 7 6 5 4 3 2 1

Contents

Users Guide vii
Index Listings 1

This index includes references to all listings in twenty editions of Business Rankings Annual *as compiled by the Gale Group.*

Sample Index Entry

1 Aetna
2 2000 Ed. **3**(3066, 3067, 3068, 3069)
1998 Ed.(1129, 1130, 1134, 1135)
1997 Ed.(2444, 2448, 2456, 2517)
1996 Ed.(2070, 2087, 2376)
1995 Ed.(2090, 2268, 2287, 2366)
1994 Ed.(2298, 3017)
1993 Ed.(2011, 2258, 2287, 2366, 2974, 2976, 2977)
1992 Ed.(2370, 2643, 2655, 2671, 2710, 3549)
1991 Ed.(2085, 2147)
1990 Ed.(2969, 2970)
1989 Ed.(1679, 1681, 1686, 2127, 2130, 2132, 2133, 2134, 2137)

Description of Numbered Elements

1 Main listing.

2 Editions of *Business Rankings Annual* in which listings appear.

3 Entry numbers within each edition.

Cumulative Index

A

A. A. Busch III
2004 Ed. (2501)
2003 Ed. (2382)
2002 Ed. (2186)
2001 Ed. (2321)
A. A. Couder
2003 Ed. (2391)
A. A. Dornbusch II
2003 Ed. (2392)
A. Ahistrom Oy
1996 Ed. (1335)
A. Ahlstrom Osakeyhtio
2001 Ed. (283)
A. Alfred Taubman
1991 Ed. (891, 1003, 2461)
A. B. Emblem
2008 Ed. (4419)
A. B. Hirschfeld Press Inc.
2002 Ed. (3761)
A. B. Isacson Associates Inc.
2004 Ed. (860)
A. B. Krongard
2000 Ed. (386)
A. Barry Rand
1989 Ed. (736)
A. Brown Kleinwort Benson
1994 Ed. (3017, 3018, 3020)
1993 Ed. (2976, 2977, 2979)
A. C. A. C.
2007 Ed. (570)
A. C. Advisory
2001 Ed. (733, 809, 847)
A. C. Dellovade Inc.
2008 Ed. (1259)
2003 Ed. (1313)
1995 Ed. (1164)
1994 Ed. (1148)
1993 Ed. (1127)
1992 Ed. (1414)
1991 Ed. (1081)
1990 Ed. (1205)
A. C. Greenberg
2002 Ed. (2200)
A. C. Martinez
2002 Ed. (2199)
2001 Ed. (2335)
A. C. McGrath
2004 Ed. (1651)
2002 Ed. (383, 3785)
A. C. Milan
2005 Ed. (4449)
A. C. Moore Arts & Crafts Inc.
2008 Ed. (884, 2195)
2007 Ed. (2087)
2006 Ed. (2141)
A. C. Nielsen Corp.
2000 Ed. (3755, 3756)
1999 Ed. (1260, 3305, 4042)
1998 Ed. (820)
1995 Ed. (3089, 3090)
1993 Ed. (2503, 2995, 2996)
1992 Ed. (3662)
1991 Ed. (2835)
A. C. Nielson
1998 Ed. (2436)
A. C. Toepfer
2006 Ed. (2541)
A. Carey Callaghan
1995 Ed. (1819)
A. Charalambous
2005 Ed. (32)
A. Charalambous Shops
2006 Ed. (39)
A. Copeland Enterprises
1991 Ed. (1141)
A. Cordero Badillo
2007 Ed. (1964, 4189)
2006 Ed. (1999, 4168)
"A Current Affair"
1995 Ed. (3579)
1993 Ed. (3532)
A. D. Correll
2005 Ed. (2499)
2004 Ed. (2515)
A. D. Davis
2002 Ed. (2193)
A. D. Jacobson Co. Inc.
2004 Ed. (1234)
2003 Ed. (1231)
A. D. Levison
2005 Ed. (2501)
2004 Ed. (2517)
A. D. Makepeace Co.
1998 Ed. (1772)
A. Daigger & Co.
2002 Ed. (4888)
A. Dashen
2001 Ed. (734)
A-Data
2008 Ed. (667)
"A Different World"
1993 Ed. (3534)
A. Duda & Sons Inc.
2007 Ed. (2157)
2006 Ed. (2236)
2005 Ed. (2141)
2004 Ed. (1999)
2003 Ed. (1959)
2001 Ed. (282)
1996 Ed. (992)
1991 Ed. (956)
A. Due Pyle Inc.
2007 Ed. (1523)
A. Duie Pyle Inc.
2008 Ed. (291, 4737)
2007 Ed. (4810)
2003 Ed. (4802)
A. E. Pearson
2001 Ed. (2327)
A. E. Petsche Co.
2008 Ed. (2468)
2005 Ed. (2350)
2004 Ed. (2245, 2247, 2250)
2002 Ed. (2090)
2001 Ed. (2207)
1998 Ed. (1411)
A. E. Staley
1996 Ed. (3602)
A. E. Staley Manufacturing
1994 Ed. (195)
A. Eicoff & Co.
1995 Ed. (56)
A. Epstein and Sons
1992 Ed. (355, 356, 1955)
1990 Ed. (280, 1666)
A. Epstein & Sons International Inc.
2007 Ed. (287)
2006 Ed. (284, 2454)
2005 Ed. (261)
2004 Ed. (2338, 2343)
2001 Ed. (405)
1999 Ed. (282, 2016)
1997 Ed. (265, 1743)
1996 Ed. (234, 1665)
1995 Ed. (237, 1682)
1994 Ed. (235, 1643)
1993 Ed. (246, 1610)
1990 Ed. (281)
A. F. Budge Ltd.
1994 Ed. (1000)
A. F. Bulgin
1990 Ed. (3463)
A. F. Earley Jr.
2004 Ed. (2526)
2002 Ed. (2211)
A. F. Ferguson & Co.
1997 Ed. (11)
A. F. Sterling
2005 Ed. (1244)
2003 Ed. (1213)
A. F. Sterling Builders
2002 Ed. (2670)
"A Family of Strangers"
1995 Ed. (3584)
A. Foster Higgins & Co. Inc.
1998 Ed. (1422, 1425, 1426)
1997 Ed. (1715)
1996 Ed. (1638, 1639)
1995 Ed. (1661, 1662)
1994 Ed. (1622, 1623, 1624)
1993 Ed. (1589, 1591, 1592)
1992 Ed. (1940)
1991 Ed. (1543, 1545)
1990 Ed. (1651)
A. G. Barr plc
2007 Ed. (617)
2006 Ed. (571)
A. G. Bisset
1995 Ed. (2357)
A. G. Edwards Inc.
2008 Ed. (730, 1946, 1949, 1952, 1954, 1955, 1956)
2007 Ed. (751, 4269, 4270, 4271, 4273, 4277)
2006 Ed. (659, 1895, 2582)
2005 Ed. (753, 1884, 3528, 4245, 4246)
2004 Ed. (3530, 4322, 4323, 4327, 4328, 4329, 4331, 4332, 4335, 4344)
2002 Ed. (499, 501)
2000 Ed. (827, 828, 830, 831, 832, 835, 836, 863)
1995 Ed. (232, 721, 751, 755, 756, 758, 759, 760, 761, 762, 2641)
1992 Ed. (956, 957)
1989 Ed. (809, 1754)
A. G. Edwards & Sons Inc.
2008 Ed. (2695)
2007 Ed. (3259, 3260, 4266, 4267)
2006 Ed. (1896, 4252, 4253)
2005 Ed. (1875, 4247, 4248)
2004 Ed. (1804, 4324, 4325)
2003 Ed. (1767, 3474, 3476, 3477, 4315, 4316)
2002 Ed. (822, 2261, 3409, 4190, 4217)
2001 Ed. (746, 747, 749, 751, 752, 755, 758, 759, 760, 761, 802, 831, 844, 848, 860, 895, 896, 915, 936, 1511, 4177)
2000 Ed. (880, 881)
1999 Ed. (826, 827, 830, 832, 833, 834, 836, 837, 838, 840, 863, 920, 3481, 4237, 4238, 4241, 4242, 4248)
1998 Ed. (514, 515, 516, 517, 519, 520, 521, 522, 523, 524, 526, 530, 2227, 2229, 2568, 2569, 2571, 3232, 3235, 3241, 3259, 3261)
1997 Ed. (732, 733, 734, 737, 738, 739, 740, 741, 2485, 2833, 2835, 3449, 3456, 3464, 3470)
1996 Ed. (795, 798, 799, 801, 802, 803, 804, 805, 3342, 3357)
1994 Ed. (763, 766, 778, 779, 784, 3173)
1993 Ed. (758, 759, 760, 762, 763, 764, 765, 766, 768, 3137, 3169, 3170, 3180, 3187, 3191, 3199)
1992 Ed. (954, 959)
1991 Ed. (773, 774, 2948, 3044)
1989 Ed. (819)
A. G. Edwards & Sons Inc. Everen Securities Inc.
1998 Ed. (3251)
A. G. Hassenfeld
2004 Ed. (2495)
A. G. Lafley
2005 Ed. (2500)
2004 Ed. (2516)
A. G. Simpson Automotive
2003 Ed. (341)
A. G. Spanas Construction Inc.
1992 Ed. (1364)
A. G. Spanos
1993 Ed. (1090)
A. G. Spanos Construction
1999 Ed. (1308, 1312)
1996 Ed. (1096, 1132)
1995 Ed. (1130)
1992 Ed. (1367)
1991 Ed. (1054, 1059)
1990 Ed. (1164)
A. G. Spanos Cos.
2007 Ed. (1305)
2006 Ed. (1198)
2004 Ed. (254)
2003 Ed. (286)

2002 Ed. (2655, 2662)
2000 Ed. (1194, 1198)
1998 Ed. (874, 875, 876, 877, 880)
1997 Ed. (1124)
A. Gary Schilling & Co. Inc.
1995 Ed. (1078)
A. Gould
2005 Ed. (2498)
2004 Ed. (2514)
2003 Ed. (2395)
2002 Ed. (2202)
A. H. Belo Corp.
2003 Ed. (4712, 4713)
2002 Ed. (3286, 3288)
2001 Ed. (3247, 4490)
1999 Ed. (823, 4570)
1997 Ed. (3222)
1992 Ed. (4241)
1991 Ed. (3327)
A. H. Robins
1989 Ed. (1054, 2645, 2665)
A. H. Williams & Co.
1999 Ed. (3015)
A. Holly Patterson Geriatric Center
2000 Ed. (3362)
A. I. Topper
2004 Ed. (4715)
A. J. Archer & Co. Ltd.
1993 Ed. (2456, 2458)
1992 Ed. (2898, 2900)
A. J. Archer & Co. Ltd.; 270,
1991 Ed. (2335)
A. J. Belda
2005 Ed. (2495)
2004 Ed. (2511)
2003 Ed. (2392)
A. J. C. Smith
2002 Ed. (2873)
1997 Ed. (1802)
A. J. Carbone
2001 Ed. (2323)
A. J. Etkin Construction Co.
1999 Ed. (1385)
1998 Ed. (961)
1997 Ed. (1179)
1996 Ed. (1150)
1995 Ed. (1176)
1994 Ed. (1157)
1993 Ed. (1150)
1992 Ed. (1435)
1991 Ed. (1099)
1989 Ed. (926)
A. J. Johns Inc.
2008 Ed. (1267)
A. J. Kennedy Co.
1993 Ed. (790)
A. J. Lacy
2005 Ed. (2481)
2004 Ed. (2497)
2002 Ed. (2199)
A. J. Renner
2000 Ed. (474, 477)
A. J. Rice
2000 Ed. (2013)
1999 Ed. (2233)
1998 Ed. (1609, 1642)
A. J. Schindler
2005 Ed. (2508)
2004 Ed. (2525)
2003 Ed. (2405)
2002 Ed. (2210)
A. J. Szescila
2003 Ed. (2395)
A. J. Wood Corp.
1989 Ed. (2795)
A. J. Wright
2008 Ed. (1007)
2007 Ed. (1125)
A. Jerrold Perenchio
2000 Ed. (4377)
A. Jung
2005 Ed. (2500)
2003 Ed. (2397)
2002 Ed. (2204)
A. K. Lanterman
2003 Ed. (2374)
2002 Ed. (2196)
A. Kirk Lanterman
1994 Ed. (1722)
A-L Associates Inc.
2002 Ed. (2176)
2000 Ed. (1867)
1998 Ed. (1507)
A. L. Eastmond & Sons Inc.
2003 Ed. (214)
A. L. Hutchinson Jr.
1992 Ed. (534)
A. L. L. Masonry Construction Co. Inc.
1998 Ed. (960)
A. L. Price
1991 Ed. (1461)
A. L. Price (Perry)
1991 Ed. (1458)
A. L. Schuman
2005 Ed. (2500)
2004 Ed. (2516)
2003 Ed. (2397)
2001 Ed. (2339)
A. Lerner
2004 Ed. (2492)
2003 Ed. (2372)
2002 Ed. (2185)
2001 Ed. (2320)
A-Lert Roof Systems
2008 Ed. (4251, 4252)
2007 Ed. (4214, 4215)
2006 Ed. (4205)
2005 Ed. (4149)
A+ Letter Service Inc.
2008 Ed. (4973)
A. M. Castle & Co.
2005 Ed. (4903, 4904)
2004 Ed. (4912, 4913)
1991 Ed. (3218)
A. M. Cutler
2005 Ed. (2484)
2004 Ed. (2500)
2003 Ed. (2381)
A. M. Miller & Associates
1997 Ed. (1047)
A. M. W. de Publicidad
1992 Ed. (134)
1991 Ed. (86)
A-Mark Financial
2003 Ed. (3966)
2002 Ed. (1078)
A-Mark Precious Metals Inc.
2000 Ed. (1107)
1998 Ed. (755)
1996 Ed. (997)
1993 Ed. (978)
1991 Ed. (951)
A. Marshall Acuff Jr.
1995 Ed. (1860)
A. Maurice Myers
2005 Ed. (966)
A. Merry Cars Inc.
1992 Ed. (414)
A. Michael Fringuelli
1995 Ed. (1829)
A. Michael Frinquelli
1998 Ed. (1656)
1997 Ed. (1880)
1996 Ed. (1806)
1994 Ed. (1790)
A/O
1992 Ed. (876)
A. O. Reed & Co.
2004 Ed. (1340)
A. O. Smith Corp.
2007 Ed. (2285)
2006 Ed. (2347, 2348, 2350)
2005 Ed. (181, 182, 2280, 2285, 2286)
2004 Ed. (181, 182, 2179, 2184, 4544)
2003 Ed. (2130, 2132, 4562)
2002 Ed. (4784, 4785)
2001 Ed. (2140, 2141)
1999 Ed. (4744)
1998 Ed. (3700)
1997 Ed. (3867)
1995 Ed. (1506)
1994 Ed. (1469, 3653)
1993 Ed. (1416, 3687)
1992 Ed. (474, 4424)
1991 Ed. (341, 342, 3475)
1989 Ed. (332, 333)
A. O. Tatneft
2003 Ed. (4603)
A-1 Airport
2000 Ed. (3168)
A-1 Airport Limousine Service Inc.
1999 Ed. (3453, 3454)
1995 Ed. (2617)
A-1 Carpet Service Inc.
2008 Ed. (862)
2007 Ed. (883, 4867)
A-1 Concrete Leveling Inc.
2007 Ed. (782)
2006 Ed. (685)
2005 Ed. (781)
2004 Ed. (800)
2003 Ed. (782)
A-1 Limousine
2000 Ed. (3169)
1999 Ed. (3454)
1996 Ed. (2692, 2693)
1995 Ed. (2616)
1993 Ed. (2600)
1992 Ed. (3113)
A. P. Construction Co.
2008 Ed. (1274)
2006 Ed. (1298)
A. P. Eagers
2004 Ed. (1651)
2002 Ed. (383)
A. P. Moeller
2003 Ed. (4812)
A. P. Moller
2005 Ed. (1753, 4769)
A. P. Moller Group
2004 Ed. (2013)
A. P. Moller-Maersk A/S
2008 Ed. (1703, 1704, 1705, 3555, 4330)
2007 Ed. (1677, 1678, 1679, 1680, 4375, 4833, 4834)
2006 Ed. (1402, 1674, 1675, 1677, 1685, 1700, 1718)
A. P. Orleans Inc.
1990 Ed. (1180)
A Partnership
2003 Ed. (32)
A-Plus Benefits Inc.
2006 Ed. (3110, 4012)
A-Plus Communications
1996 Ed. (3150)
A. Pomerantz & Co.
2000 Ed. (3151)
1999 Ed. (3425)
1998 Ed. (2517)
1996 Ed. (2662)
A. Q. Management & Control
2000 Ed. (1861)
A. Questrom
2006 Ed. (941)
A-R Cable Services
1998 Ed. (602)
A. R. Carpenter
2002 Ed. (2206)
2001 Ed. (2341)
A/R Environetics Group
2007 Ed. (3197)
2005 Ed. (3161)
A. R. Rowland
2004 Ed. (2494)
2002 Ed. (2193)
A. Raptis & Sons
2004 Ed. (3950)
2002 Ed. (3770)
A. Ruiz Construction Co. & Associates Inc.
1995 Ed. (2100)
A/S D/S Svendborg
2001 Ed. (1820)
A/S Danfoss
1995 Ed. (1371)
A/s Dansk Shell
1994 Ed. (1346)
1993 Ed. (1294)
1990 Ed. (1344)
1989 Ed. (1104)
A/S Dansk Shell-Koncern
1990 Ed. (1344)
1989 Ed. (1104)
A/S Det Oestasiatiske Kompagni
1996 Ed. (1324)
A/s Det Oestaslatiske Kompagni
1994 Ed. (1346)
A. S. E.
2002 Ed. (4544)
A/S Eccolet Sko
2001 Ed. (3077)
A/S Eksportfinans
2003 Ed. (4598)
A-S-K Associates Inc.
2008 Ed. (3710, 4395)
2007 Ed. (3556, 4421)
A/S Korn- & Foderstof Kompagniet
1995 Ed. (1371)
A/S Myres/Lintas
1996 Ed. (123)
1995 Ed. (108)
1994 Ed. (107)
1992 Ed. (192)
A. S. Thornley
2003 Ed. (2386)
A/S Vereinsbank Riga
2000 Ed. (591)
A. Schulman Inc.
2005 Ed. (3855, 3856)
2004 Ed. (3909, 3910)
2001 Ed. (1212)
1998 Ed. (702, 3103, 3104)
1997 Ed. (958, 3361)
1996 Ed. (926, 3263)
1995 Ed. (957, 3167, 3168)
1994 Ed. (921, 3117, 3118)
1993 Ed. (907, 3054, 3055)
1992 Ed. (1112, 3745, 3746)
1991 Ed. (908, 2903)
1989 Ed. (877, 881)
A-Selver
2008 Ed. (39)
2006 Ed. (44)
A. Sesores Publicitarios
1996 Ed. (74)
A. Soriano Corp.
1997 Ed. (1499)
1996 Ed. (1436)
1995 Ed. (1476)
A. Sulzberger Jr.
2003 Ed. (2399)
2002 Ed. (2205)
A. T. Kearney
1998 Ed. (542)
1997 Ed. (1795)
1996 Ed. (834, 1707)
1994 Ed. (1126)
1993 Ed. (1691)
1990 Ed. (853)
A. T. Kearney Executive Search
2002 Ed. (2172)
2001 Ed. (2310, 2311, 2312)
A. T. Kearney Inc.: Executive Search Division
1991 Ed. (811, 1615)
A. T. Massey Coal Co.
2008 Ed. (1015, 1016)
2000 Ed. (1127, 1129)
1999 Ed. (1208)
1998 Ed. (782)
A. T. Massey Group
1989 Ed. (949)
A. Teichert & Son Inc.
2005 Ed. (4167)
A 200
2003 Ed. (3212)
1996 Ed. (2919)
1993 Ed. (2776)
A-200/Smith Kline Beecham
1992 Ed. (3349)
A-V-I
1993 Ed. (1395)
A/V receivers, amplifiers & separates
2001 Ed. (2730)
A. W. Clausen
1991 Ed. (402)
A. W. Deering
2005 Ed. (2504)
A. W. Dunham
2003 Ed. (2393)
2002 Ed. (2198)
2001 Ed. (2333)
A. W. Edwards
2002 Ed. (3773)
A. W. Faber Castell GmbH & Co.
1993 Ed. (2386, 2498)
1992 Ed. (2971)
A. W. Reynolds
1992 Ed. (2058)
A. Yemenidjian
2002 Ed. (2196)
AA Magazine
2002 Ed. (3635)
2000 Ed. (3497)

AA Roadside
2008 Ed. (3534)
AAA Capital Management
2006 Ed. (1081)
AAA Cooper Transportation
2000 Ed. (4312)
1999 Ed. (4684, 4685)
1995 Ed. (3671, 3673)
1993 Ed. (3631, 3632)
AAA North American Road Atlas
2004 Ed. (744)
AAA Online
2001 Ed. (2991)
AAA Road Atlas
2008 Ed. (547)
AAA Travel Agency
2000 Ed. (4302)
AABB Annual Meeting & TXPO
2006 Ed. (4784)
AAC Saatchi & Saatchi
2003 Ed. (50)
2001 Ed. (111)
2000 Ed. (67)
AAC/SSA
1999 Ed. (63)
1997 Ed. (65)
Aachener und Munchener Leben Aachen
1999 Ed. (2919)
AAD
1999 Ed. (287)
AAFES
2000 Ed. (3131)
Aagard Group
2007 Ed. (3412)
aaiPharma Inc.
2006 Ed. (4606)
2005 Ed. (1607)
Aalayance Inc.
2008 Ed. (1134)
AAMCO Transmissions Inc.
2008 Ed. (318)
2007 Ed. (331, 347)
2006 Ed. (346)
2005 Ed. (332)
2004 Ed. (330)
2003 Ed. (349)
2002 Ed. (401)
2001 Ed. (532, 2530)
1999 Ed. (2508)
1998 Ed. (1758)
1996 Ed. (1967)
1995 Ed. (1936)
Aames Financial Corp.
1998 Ed. (2710)
1997 Ed. (2934)
1995 Ed. (2818, 3391)
A&J Precision Tool Co.
1999 Ed. (4336)
A&P
2000 Ed. (1714, 2489, 4163, 4167, 4168, 4169)
A&R Carton AB
2001 Ed. (3611)
AANetcom Inc.
2003 Ed. (1502)
AAP Information Services
2003 Ed. (1621)
AAP Staff Services Inc.
2008 Ed. (3717, 4407)
2006 Ed. (3522, 4361)
AAPC
2004 Ed. (1636)
AAPT Ltd.
2002 Ed. (1125)
AAR Corp.
2005 Ed. (157)
2004 Ed. (159, 160)
1992 Ed. (273)
1991 Ed. (2017)
1990 Ed. (1528)
Aardvark Communications
2003 Ed. (50)
2001 Ed. (111)
Aardvark Communications (FCB)
2000 Ed. (67)
1999 Ed. (63)
1997 Ed. (65)
Aare-Tessin AG Fur Elektrizitat
2007 Ed. (2390, 2393)
Aareal Bank
2008 Ed. (439)
2007 Ed. (474)
Aareal Financial Services
2004 Ed. (504)
Aaron Associates
1989 Ed. (2258)
Aaron Barker
1995 Ed. (1120)
Aaron D. Cushman & Associates
1994 Ed. (2953)
1993 Ed. (2930)
1990 Ed. (2921)
Aaron D. Cushman and Assocs.
1992 Ed. (3565)
Aaron Diamond Foundation
1989 Ed. (1478)
Aaron Goodwin
2003 Ed. (226)
Aaron Rents Inc.
2008 Ed. (4205)
2004 Ed. (2881)
Aaron Tippin
1994 Ed. (1100)
1993 Ed. (1079)
Aaron's Rental Purchase
2002 Ed. (326)
2000 Ed. (2269, 2293)
1999 Ed. (2550)
1998 Ed. (1790)
1996 Ed. (1966, 1995)
Aaron's Sales & Lease Ownership
2008 Ed. (879)
2007 Ed. (904)
2006 Ed. (817)
2003 Ed. (2592)
AARP
2000 Ed. (3022, 3024)
1999 Ed. (1863, 3287)
AARP Growth & Income
1999 Ed. (3516, 3558)
1996 Ed. (2753)
AARP Insured Tax-Free General Bond
1992 Ed. (4193)
AARP News Bulletin
1990 Ed. (287)
1989 Ed. (277)
AARP/Prudential
1997 Ed. (2697)
AARP, The Magazine
2007 Ed. (3404)
2005 Ed. (3362)
AARP Variable Annuity Janus Aspen Worldwide Growth
2000 Ed. (4333)
Aartech Investments
2005 Ed. (1209)
Aastra Technologies Ltd.
2008 Ed. (1430, 1619, 2935, 2937)
2007 Ed. (1446, 2807, 2809)
2006 Ed. (1452, 2815, 2816)
2005 Ed. (2831, 4511)
2004 Ed. (4572)
2003 Ed. (2930, 2932)
AAT Communications Corp.
2008 Ed. (1401)
2005 Ed. (4984)
Aavid Thermal Products Inc.
2001 Ed. (1810)
AB
2005 Ed. (21)
AB Aegon
2001 Ed. (2924)
AB Banka AS
1997 Ed. (448)
AB BAnkas Nord/LB Lietuva
2006 Ed. (494)
AB Banks AS
1996 Ed. (484)
AB Banks Mlada Bolesay
1996 Ed. (483)
AB Capital & Investment
1997 Ed. (3487)
1996 Ed. (3392)
1992 Ed. (3024)
AB Capital Investment
1994 Ed. (3194)
AB Communications Manila
1995 Ed. (114)
AB Credit Cards Companies
2001 Ed. (590, 591)
AB Electrolux
2008 Ed. (2088, 2089, 2992, 3582)
2007 Ed. (1994, 1995, 1996, 2872, 2985, 2990, 3422)
2006 Ed. (780, 782, 2024, 2025, 2026, 2878, 3225, 3402)
2005 Ed. (1966, 2956)
2004 Ed. (2159, 2870, 2871)
2002 Ed. (253, 1079, 1773, 1912, 1990, 2097, 2105, 2287, 2579, 2700, 2701, 3945, 4484, 4515, 4516, 4713, 4781)
2001 Ed. (1857)
1999 Ed. (3285)
1998 Ed. (1141)
1997 Ed. (1512, 2696, 3783)
1996 Ed. (2559)
1995 Ed. (1493, 2495)
1994 Ed. (1453, 2423)
1993 Ed. (1405, 2488)
1990 Ed. (1421, 3555)
AB General Finance Companies
2001 Ed. (590, 591)
AB Government Sponsored Enterprises
2001 Ed. (590, 591)
AB Holding
2000 Ed. (1129)
AB Lummus Crest Inc.
1995 Ed. (1192)
AB Mid-Atlantic Banks
2001 Ed. (590, 591)
AB Midwest Banks
2001 Ed. (590, 591)
AB Northeastern Banks
2001 Ed. (590, 591)
AB Positive Interactive
2006 Ed. (3510)
AB SKF
1991 Ed. (3333)
AB Southeast Banks
2001 Ed. (590, 591)
AB Storstockholms Lokaltrafik
1990 Ed. (1352)
AB Top 50 Banks
2001 Ed. (590, 591)
AB 225 Banks
2001 Ed. (590, 591)
AB Volvo
2008 Ed. (847, 1755, 2088, 2089, 2090, 2091, 3582, 3758)
2007 Ed. (875, 1598, 1716, 1726, 1727, 1781, 1994, 1995, 1996, 1997, 1998, 2400, 2972, 3034, 3037, 3646)
2006 Ed. (782, 2025, 2026, 2027, 3402, 3581, 3582)
2005 Ed. (1495, 3522)
2002 Ed. (349, 1689, 1690, 1773, 1775, 2575, 3402, 4484, 4485)
2001 Ed. (453, 520, 1856, 1857, 1858)
1997 Ed. (3791)
1996 Ed. (1450)
1992 Ed. (1461)
AB Watley
2006 Ed. (663)
AB Watley Direct
2007 Ed. (762)
AB Watley Ultimate Trader
2002 Ed. (4807)
AB Western Banks
2001 Ed. (590, 591)
ABA Journal
2008 Ed. (4716)
2007 Ed. (160, 4796)
2001 Ed. (1053)
2000 Ed. (3467)
1999 Ed. (3748)
1997 Ed. (271)
1996 Ed. (240)
1995 Ed. (247)
1992 Ed. (3374)
ABA Journal-Lawyers Magazine
1990 Ed. (3626)
ABa Quality Monitoring
2002 Ed. (3260)
2000 Ed. (3047)
ABA Seguros
2008 Ed. (3259)
2000 Ed. (2671)
Abacan Resource Corp.
1999 Ed. (3677)
Abacus
2008 Ed. (1670, 1671, 1902)
2007 Ed. (1867)
Abacus Communications
2004 Ed. (3306)
Abacus Direct
2002 Ed. (4881)
2001 Ed. (4278)
2000 Ed. (4042)
1999 Ed. (4331)
1998 Ed. (1880, 1886)
Abakaliki of Nigeria; Prince
2008 Ed. (640)
Abanka d.d. Ljubljana
2004 Ed. (485, 618)
2003 Ed. (609)
2002 Ed. (646)
1999 Ed. (637)
1997 Ed. (613)
1996 Ed. (677)
Abanka Vipa
2006 Ed. (522)
Abans
2008 Ed. (87)
Abaxis Inc.
2008 Ed. (4370)
2006 Ed. (2738, 2740)
ABB Ltd.
2008 Ed. (189, 2094, 2095, 2096, 3149, 3150, 3583, 4080)
2007 Ed. (202, 875, 1671, 1924, 1998, 2000, 2001, 2002, 2003, 2004, 2341, 3034, 3035, 3036, 3422, 4044)
2006 Ed. (2030, 2031, 3403, 4011)
2005 Ed. (1967, 2836, 3937)
2004 Ed. (2827)
2003 Ed. (2208, 2209, 2326, 2729)
2002 Ed. (1776, 1778, 2105, 4486)
1999 Ed. (1423, 1629, 1737, 1739, 1740, 1742, 1992, 4483, 4691, 4692, 4831)
1995 Ed. (3097)
1990 Ed. (3433)
ABB AB
2008 Ed. (2088)
2001 Ed. (1856, 1857, 1858, 1863)
2000 Ed. (1558, 4123, 4124)
1999 Ed. (4482)
ABB AG
2001 Ed. (1861, 1862)
2000 Ed. (1561)
ABB Ag I
2000 Ed. (4447, 4448)
1999 Ed. (4832)
ABB Alstom Power U.K. Holdings Ltd.
2002 Ed. (2832)
ABB AS
2003 Ed. (1798)
2001 Ed. (1826)
ABB Asea Brown Boveri Ltd.
2005 Ed. (1512)
2004 Ed. (1496)
2003 Ed. (1466)
2002 Ed. (1446)
2000 Ed. (1204, 1773, 3760)
1999 Ed. (1324, 1993, 2897, 3285)
1998 Ed. (1417)
1997 Ed. (1781)
1996 Ed. (1327, 2124)
1995 Ed. (1374, 1659)
1994 Ed. (1351, 1456, 2065, 2422, 2578)
1993 Ed. (1297, 1408)
1991 Ed. (1271, 1355)
ABB Asea Brown Boveri AB
1995 Ed. (1493)
ABB Asea Brown Boveri AG
2003 Ed. (1829)
2001 Ed. (1860)
2000 Ed. (1562)
1999 Ed. (1741, 3286)
1997 Ed. (1386, 1393, 1437, 1516, 1517, 1826, 2232, 2695)
1996 Ed. (1453)
1995 Ed. (1496)
ABB Asea Brown Boveri Group
1997 Ed. (1514, 1519)
ABB Automation Inc.
2003 Ed. (1117)
ABB DIZ
2001 Ed. (289)

ABB Finans Aktieselskab
2003 Ed. (1667)
ABB Grain
2004 Ed. (3964, 4921)
2003 Ed. (3957)
ABB Group
2004 Ed. (1650)
2000 Ed. (1560, 1563)
ABB Impell Corp.
1994 Ed. (1638)
1993 Ed. (1606)
1992 Ed. (1951)
ABB Investment
1999 Ed. (3089, 3090)
1997 Ed. (2531)
ABB Konsernet I Norge
2000 Ed. (1528)
1999 Ed. (1717)
1997 Ed. (1492)
1996 Ed. (1431)
ABB Lumms Crest
1992 Ed. (1950, 1953)
ABB Lummus Crest Inc.
1997 Ed. (1153, 1158, 1733, 1737, 1749, 1750, 1751, 1754, 1759)
1996 Ed. (1125, 1155, 1163, 1655, 1659, 1666, 1667, 1669, 1670, 1671, 1673, 1676, 1678)
1995 Ed. (1152, 1157, 1177, 1178, 1180, 1181, 1182, 1185, 1190, 1672, 1676, 1679, 1684, 1685, 1687, 1688, 1689, 1691, 1694, 1696)
1994 Ed. (1124, 1130, 1133, 1134, 1137, 1158, 1159, 1160, 1161, 1162, 1163, 1165, 1170, 1172, 1633, 1637, 1638, 1640, 1646, 1648, 1649, 1650, 1652)
1993 Ed. (1100, 1114, 1117, 1118, 1121, 1144, 1145, 1146, 1148, 1601, 1605, 1608, 1614, 1616, 1617, 1618, 1620)
1992 Ed. (1401, 1404, 1405, 1406, 1408, 1427, 1428, 1429, 1430, 1433, 1948, 1962, 1964, 1965, 1966, 1968)
1991 Ed. (1069, 1073, 1076, 1550)
ABB Lummus Global Inc.
2008 Ed. (2544, 2557, 2560, 2569)
2007 Ed. (2417, 2427, 2428, 2430, 2433, 2441, 2442)
2006 Ed. (1244, 1248, 1272, 2462, 2463, 2465, 2468, 2469, 2473, 2476)
2005 Ed. (1303, 1326, 1335, 2422, 2423, 2425, 2428, 2429, 2433, 2436)
2004 Ed. (1277, 1278, 1287, 1320, 1330, 2360, 2362, 2370, 2390, 2393, 2396, 2401, 2404)
2003 Ed. (1274, 1275, 1284, 1331, 2294, 2297, 2307, 2310, 2312, 2315, 2320, 2323)
2002 Ed. (1265, 1268, 1269, 1309, 2132)
2001 Ed. (1466, 2241, 2245, 2246)
2000 Ed. (1239, 1248, 1252, 1287, 1796, 1799, 1809, 1811, 1813, 1817, 1823)
1999 Ed. (1341, 1356, 1361, 2019, 2023)
1998 Ed. (939, 942, 967, 1436, 1439, 1451)
ABB Luxembourg SA
2008 Ed. (1892)
ABB Norden Holding AB
1999 Ed. (2688)
ABB Power Generation Inc.
1993 Ed. (1729)
ABB Robotics
1991 Ed. (2902)
ABB SAE Sadelmi
1994 Ed. (1168)
ABB SAE Sadelmi SpA
1999 Ed. (1391, 1402, 1406)
1998 Ed. (969)
1997 Ed. (1185, 1190)
1995 Ed. (1182, 1188)
ABB Turbo Systems AG
2003 Ed. (1829)
L'Abbate, Balkan, Colavita & Contini
1999 Ed. (3152)
L'Abbate, Balkan, Colavita & Contini LLP
2000 Ed. (2898)
Abbe; Catherine S.
1995 Ed. (936)
Abberation
1996 Ed. (3099)
Abbeville, LA
2002 Ed. (1058)
Abbey & Ellis
1995 Ed. (2411)
Abbey Asian Pacific
1997 Ed. (2921)
1994 Ed. (2648)
Abbey Carpet
2008 Ed. (2728, 4055)
2007 Ed. (2591, 4028)
2006 Ed. (2615, 3990)
2005 Ed. (2619, 3917)
2004 Ed. (2631, 2881, 2890)
2003 Ed. (2495)
2002 Ed. (2286)
2001 Ed. (2742)
2000 Ed. (2272)
1999 Ed. (2513, 2518)
Abbey Carpet Buying System
1998 Ed. (1763)
Abbey Commodity & Energy
1995 Ed. (2747)
Abbey/Foster
1992 Ed. (2435)
1991 Ed. (1927)
Abbey Healthcare Group Inc.
1997 Ed. (1259, 2178)
1996 Ed. (2131)
1995 Ed. (1232)
1994 Ed. (2075)
Abbey Home Healthcare
1995 Ed. (2124)
1993 Ed. (2055)
Abbey Mastertrust
1997 Ed. (2915, 2916)
Abbey National
2000 Ed. (540)
1999 Ed. (531, 547)
1998 Ed. (1502, 3545)
1997 Ed. (480, 3748)
1996 Ed. (519, 521, 3690)
1995 Ed. (477, 1723, 3613)
1994 Ed. (495, 522, 3537)
1993 Ed. (493, 526, 1861, 3575)
1992 Ed. (687)
1990 Ed. (3103)
Abbey National Building Society
1991 Ed. (1719)
1990 Ed. (1786)
Abbey National Life
2002 Ed. (2937)
Abbey National plc
2008 Ed. (521)
2007 Ed. (568)
2006 Ed. (462, 537, 1430, 1438, 1448)
2005 Ed. (533, 624, 2145)
2004 Ed. (635)
2003 Ed. (626)
2002 Ed. (40, 659, 2259)
Abbey plc
2007 Ed. (4059)
Abbey Press
1992 Ed. (3532)
Abbey Unit Trust
1995 Ed. (2393, 2394, 2396)
Abbey US Emerging Companies
1992 Ed. (3210)
Abbot
2007 Ed. (3883)
Abbot Hospital Products
2000 Ed. (2321)
Abbotsford
1995 Ed. (196)
Abbotsford, British Columbia
2005 Ed. (3476)
Abbotsford State Bank
1989 Ed. (219)
Abbott
1995 Ed. (2934)
1991 Ed. (2405)
Abbott Bank
1996 Ed. (392)
Abbott Capital
2003 Ed. (3085, 4844)
2002 Ed. (3014, 4733)
1998 Ed. (2264)
1995 Ed. (2356)
Abbott Capital Mgmt.
2000 Ed. (2792, 2827)
Abbott Diagnostics
2002 Ed. (3298)
2001 Ed. (3267)
2000 Ed. (3076)
1999 Ed. (3337)
1995 Ed. (2532)
Abbott Export Co.
2003 Ed. (1694)
Abbott Group Ltd.
1991 Ed. (2473)
Abbott Health Products Inc.
2006 Ed. (841)
2005 Ed. (932)
Abbott Hospital
2000 Ed. (2323)
Abbott Hospital Products
2001 Ed. (2061)
Abbott Label Inc.
2005 Ed. (3885, 3895)
Abbott Laboratories Inc.
2008 Ed. (906, 907, 910, 1404, 1451, 1663, 1798, 1800, 2351, 2487, 2755, 3842, 3943, 3944, 3946, 3947, 3948, 3950, 3952, 3953, 3959, 3960, 3963, 3964, 3967, 3968, 3970, 3971, 3972, 4668)
2007 Ed. (133, 922, 923, 929, 1494, 1654, 1686, 1768, 1770, 3527, 3899, 3900, 3901, 3904, 3905, 3907, 3913, 3920, 3923, 3924, 3925, 3927, 3928, 3930, 3931, 3932, 3933, 3934, 3935, 3937, 3938, 3940, 3941)
2006 Ed. (832, 841, 842, 1449, 1639, 1761, 1763, 3869, 3871, 3873, 3874, 3878, 3879, 3885, 3890, 3891, 3892)
2005 Ed. (932, 933, 944, 1462, 1732, 1790, 1792, 3433, 3434, 3487, 3693, 3802, 3804, 3805, 3806, 3807, 3810, 3823, 3824, 3825, 4989)
2004 Ed. (942, 943, 1730, 1732, 2270, 2794, 3420, 3421, 3874, 3875, 3876, 3877, 3878, 3880, 3885, 3888, 4982)
2003 Ed. (284, 934, 935, 943, 1509, 1694, 1706, 2062, 2259, 2679, 2915, 3749, 3788, 3863, 3864, 3865, 3866, 3867)
2002 Ed. (1388, 1558, 1613, 1689, 2012, 2015, 2449, 3593)
2001 Ed. (1179, 1180, 1558, 1730, 2054, 2059, 2060, 2077, 2487)
2000 Ed. (1479, 1695, 1697, 1698, 1700, 1702, 1709, 1710, 2239, 2420, 3424)
1999 Ed. (1536, 1672, 1673, 1897, 1900, 1901, 1902, 1915, 1917, 1918, 3715)
1998 Ed. (1150, 1167, 1328, 1329, 1330, 1333, 1334, 1335, 1337, 1344, 1347, 1523, 2753)
1997 Ed. (1289, 1438, 1439, 1643, 1646, 1649, 1650, 1651, 1652, 1663, 1814, 1816, 2135, 3006)
1996 Ed. (1243, 1392, 1567, 1568, 1573, 1574, 1582, 1727, 1736, 1742, 2916, 3591, 3593)
1995 Ed. (1415, 1428, 1579, 1580, 1581, 1584, 1585, 1595, 1748, 2084, 2844, 3519)
1994 Ed. (1260, 1386, 1398, 1551, 1552, 1553, 1555, 1556, 1561, 1562, 1731, 2032, 2034, 2685, 2745, 3049, 3441)
1993 Ed. (935, 1331, 1339, 1509, 1511, 1512, 1515, 1518, 1718, 2016, 2771, 2774, 3464)
1992 Ed. (1133, 1134, 1135, 1136, 1840, 1861, 1862, 1864, 1865, 1866, 1869, 2077, 2382, 3007, 4144)
1991 Ed. (923, 1210, 1464, 1465, 1466, 1469, 1471, 1474, 1640, 1891, 3226)
1990 Ed. (1558, 1559, 1560, 1561, 1562, 1567, 1735, 1990, 1992, 1993, 2189, 2193, 3441, 3451)
1989 Ed. (280, 1271, 1272, 1276, 1277, 1942)
Abbott Laboratories (hostile suitor), International Murex Technologies Corp. (target company)
2000 Ed. (4231)
Abbott Mead Vickers
2000 Ed. (99)
1999 Ed. (93)
1993 Ed. (102)
Abbott Mead Vickers/BBDO
2003 Ed. (164)
2002 Ed. (204, 205)
2001 Ed. (231, 232, 233)
1996 Ed. (91)
Abbott Personnel Cos. Inc.; Abigail
1993 Ed. (3736)
1992 Ed. (4486)
ABBTECH Staffing Services
2008 Ed. (4988)
2007 Ed. (3609)
Abby Johnson
2006 Ed. (689)
Abby Joseph Cohen
2003 Ed. (3061)
2002 Ed. (3026, 4981)
2000 Ed. (1975)
1999 Ed. (2204)
1998 Ed. (1615)
Abby Kohnstamm
2002 Ed. (3263)
Abby's Legendary Pizza
1998 Ed. (2869)
ABBYY Software
2008 Ed. (3204)
ABC Inc.
2008 Ed. (875, 4662)
2007 Ed. (900, 4739, 4741)
2006 Ed. (812, 4717, 4718)
2005 Ed. (897, 4661, 4662, 4663)
2004 Ed. (907, 1645, 4690, 4691)
2003 Ed. (888, 4713, 4714)
2002 Ed. (2059, 3078, 4582)
2001 Ed. (3390, 4492, 4496)
2000 Ed. (4214, 4216)
1999 Ed. (823, 825, 4570)
1998 Ed. (513, 3502)
1997 Ed. (730, 731)
1996 Ed. (793)
1995 Ed. (718)
1994 Ed. (762)
1993 Ed. (754)
1992 Ed. (947, 948, 949, 1936, 2426, 4243)
1990 Ed. (910, 911)
ABC Abatement
2008 Ed. (1254)
2007 Ed. (1356)
ABC (American Business Communications)
1997 Ed. (3164)
1996 Ed. (3086)
ABC American-Value
2006 Ed. (2513)
2005 Ed. (3568)
2004 Ed. (2460, 2461)
2003 Ed. (3576, 3580, 3581)
2002 Ed. (3473, 3474)
ABC Appliance Inc.
1998 Ed. (669)
1990 Ed. (1646, 2031)
1989 Ed. (264)
ABC Appliance Center
1999 Ed. (1056)
1994 Ed. (229)
1992 Ed. (348)
1991 Ed. (248, 1541)
ABC Banque Internationale de Monaco
2000 Ed. (614)
1999 Ed. (592)
1997 Ed. (563)
1996 Ed. (609)
1995 Ed. (551)
1994 Ed. (576)
1993 Ed. (574)
1992 Ed. (785)
1991 Ed. (613)
1989 Ed. (627)

ABC Carpet & Home
2006 Ed. (2886)
1999 Ed. (2556)
1996 Ed. (1983)
ABC Companies Inc.
2001 Ed. (1313)
ABC Computer Services
2003 Ed. (2752)
ABC/Disney
2001 Ed. (3978)
2000 Ed. (3694)
1997 Ed. (3719)
ABC Foods
1990 Ed. (33)
ABC Fully-Managed
2006 Ed. (3664)
2004 Ed. (3612)
2003 Ed. (3558, 3559, 3560)
ABC Fundamental-Value
2004 Ed. (2469, 2470, 2471)
2003 Ed. (3564, 3565, 3566)
ABC Group Inc.
2008 Ed. (578)
2007 Ed. (630)
2006 Ed. (601)
2004 Ed. (690)
2003 Ed. (687)
2001 Ed. (717)
ABC Holdings
2008 Ed. (387)
2007 Ed. (407)
2005 Ed. (469)
ABC Home Health Services Inc.
1996 Ed. (2131)
ABC Internet Group
2008 Ed. (2453)
ABC Kids Expo
2008 Ed. (4719)
2007 Ed. (4800)
ABC Learning Centres
2008 Ed. (1567)
ABC-Mart
2008 Ed. (1866)
2007 Ed. (3821)
ABC-McCann Publicidad
1992 Ed. (219)
1991 Ed. (160)
1990 Ed. (161)
1989 Ed. (172)
ABC News
2001 Ed. (4774)
"ABC News Special: Line/Sand"
1993 Ed. (3535)
ABC Nissan
1996 Ed. (281)
1995 Ed. (281)
1994 Ed. (278)
1993 Ed. (279)
1992 Ed. (380, 393)
1991 Ed. (271, 288)
1990 Ed. (304, 311)
ABC Promotional Marketing Services
1995 Ed. (3557)
1994 Ed. (3487)
ABC Radio
2005 Ed. (3991)
2004 Ed. (4054)
2003 Ed. (4034)
2002 Ed. (3894)
2001 Ed. (3961, 3974, 3975, 3976)
1999 Ed. (3980)
ABC Rail Products
1996 Ed. (3256)
ABC Seamless
2006 Ed. (2956)
2005 Ed. (2960)
ABC Supply Co. Inc.
1994 Ed. (798)
1993 Ed. (782)
ABC Warehouse
2002 Ed. (2696)
2001 Ed. (2748)
2000 Ed. (2581, 3808)
1997 Ed. (258)
1995 Ed. (229)
abcdistributing.com
2001 Ed. (2980)
ABCNews.com
2008 Ed. (3367)
1999 Ed. (4754)
ABCO Maintenance
2005 Ed. (4036)
ABCO Products
2008 Ed. (3703, 4378)
2006 Ed. (3507)
ABD Insurance & Financial Services
2005 Ed. (3069)
ABD Securities
1990 Ed. (794)
Abdul Aziz Al Ghurair
2008 Ed. (4892, 4893)
2007 Ed. (4921)
2006 Ed. (4928)
2005 Ed. (4886)
Abdul Latif Jameel Group
1994 Ed. (3139)
Abdul Wahid Butt
1997 Ed. (1999)
Abdulaziz; Abdullah Bin
2007 Ed. (2703)
Abdulaziz & Mohammed A. Aljomaih Co.
1994 Ed. (3138)
Abdulaziz & Saad Al Moajil
1994 Ed. (3140)
Abdulaziz Bin Hamad Algosaibi
2004 Ed. (4883)
Abdulaziz Hamad Algosaibi
2003 Ed. (4895)
Abdulla Al Futtaim
2008 Ed. (4893)
Abdullah Al Rajhi
2008 Ed. (4891)
Abdullah Al Rushaid Group
1994 Ed. (3140)
Abdullah Bin Abdulaziz
2007 Ed. (2703)
Abe and Irene Pollin
1994 Ed. (893)
Abe & Louie's
2008 Ed. (4146)
2007 Ed. (4128)
Abebooks Inc.
2008 Ed. (4319)
2007 Ed. (4363)
2006 Ed. (1594, 1625)
Abebooks.com
2008 Ed. (2442)
Abeinsa
2008 Ed. (1286, 1302)
Abel & Cole Ltd.
2007 Ed. (1686)
Abel Holtz
1998 Ed. (1944, 2504, 3705)
1995 Ed. (2112, 2579, 3726)
1990 Ed. (1721, 1722)
1989 Ed. (1382)
Abela; Marlon
2007 Ed. (4925)
Abelardo E. Bru
2008 Ed. (1428)
2007 Ed. (1444)
Abelardo Valdez
1995 Ed. (2480)
Abele; John E.
2008 Ed. (4829)
2007 Ed. (4892)
2006 Ed. (4904)
2005 Ed. (4849)
Abelson-Taylor
2008 Ed. (115)
2007 Ed. (107)
2006 Ed. (118)
2005 Ed. (108)
2004 Ed. (111)
1999 Ed. (43)
1998 Ed. (38)
1995 Ed. (33)
1994 Ed. (58)
1993 Ed. (67)
Aber Diamond
2008 Ed. (2825)
2007 Ed. (2698)
Abercrombie & Fitch Co.
2008 Ed. (888, 889, 893, 993, 997, 999, 1000, 1002, 1003, 1004, 1006, 1011, 2850, 4233, 4237)
2007 Ed. (1116, 1118, 1119, 1120, 1121, 1122, 1123, 1129, 2886)
2006 Ed. (1027, 1031, 1033, 1034, 1035, 1036, 1041, 4157, 4436)
2005 Ed. (1020, 1030)
2004 Ed. (1023, 4212, 4467, 4562)
2003 Ed. (1020, 1021, 1022, 1024, 4182)
2002 Ed. (2429, 4036)
2001 Ed. (1273)
Aberdeen
1991 Ed. (1391)
Aberdeen America
1999 Ed. (3089)
Aberdeen Asia-Pacific Prime Income
2005 Ed. (3215, 3216)
2004 Ed. (3176, 3177)
Aberdeen Asset Managers
2000 Ed. (2847)
Aberdeen Credit Union
2008 Ed. (2259)
2007 Ed. (2144)
2006 Ed. (2223)
2005 Ed. (2128)
2004 Ed. (1986)
2003 Ed. (1946)
2002 Ed. (1892)
Aberdeen European
2000 Ed. (3295)
Aberdeen High Income
2000 Ed. (3301)
Aberdeen-Hoquiam, WA
1999 Ed. (1149, 2493)
1997 Ed. (2072)
Aberdeen Insurance Managers
1995 Ed. (904)
1994 Ed. (862)
1993 Ed. (849)
1992 Ed. (1059)
1991 Ed. (854)
1990 Ed. (904)
Aberdeen New Thai
1999 Ed. (3585)
Aberdeen Preferred Income
2000 Ed. (3305)
Aberdeen Prolific Latin America
2000 Ed. (3310)
Aberdeen Proving Ground Credit Union
2008 Ed. (2237)
2007 Ed. (2122)
2006 Ed. (2201)
2005 Ed. (2106)
2004 Ed. (1964)
2003 Ed. (1924)
2002 Ed. (1870)
Aberfoyle
2004 Ed. (754)
2002 Ed. (755)
1990 Ed. (1362)
Aberlour
2002 Ed. (284)
2001 Ed. (2115)
2000 Ed. (3868)
1999 Ed. (4153, 4154)
1998 Ed. (3165, 3169)
1997 Ed. (3391)
1996 Ed. (3294)
1995 Ed. (3196)
1994 Ed. (3152)
Abernathy Co.
2006 Ed. (4341)
Abertis
2007 Ed. (4833)
Abertis Infraestructuras SA
2006 Ed. (1685)
Abetx International Brokers
2004 Ed. (2831)
Abex
1996 Ed. (2835)
1994 Ed. (1428)
ABF Ltd.
2004 Ed. (2708)
2001 Ed. (2571)
1992 Ed. (4358)
ABF Freight System
2008 Ed. (4763, 4769, 4780)
2007 Ed. (1523, 4810, 4847, 4857)
2006 Ed. (4806, 4837, 4842, 4854)
2005 Ed. (4784)
2004 Ed. (4769)
2003 Ed. (4803)
2001 Ed. (1130)
2000 Ed. (4308, 4321)
1999 Ed. (4680, 4683, 4686, 4690)
1998 Ed. (3628, 3638, 3642, 3644)
1997 Ed. (3806)
1996 Ed. (3755, 3756)
1995 Ed. (3678, 3682)
1994 Ed. (3590, 3595, 3599, 3604, 3605)
1993 Ed. (3635, 3639, 3644, 3645)
1992 Ed. (4357, 4359)
1991 Ed. (3434)
ABF Freight Systems Inc.
2005 Ed. (4754, 4760)
2004 Ed. (862)
2002 Ed. (4696, 4697)
2000 Ed. (4316)
ABF Investments plc
2001 Ed. (4819)
2000 Ed. (2226)
1999 Ed. (2468)
Abflex
1997 Ed. (2390)
ABI Am Businessphones
1989 Ed. (2503)
Abidjan, Ivory Coast
1994 Ed. (976)
1993 Ed. (1425)
1992 Ed. (1394, 2280)
Abigail Abbott Personnel Cos. Inc.
1993 Ed. (3736)
1992 Ed. (4486)
Abigail Adams National
2003 Ed. (510, 511)
Abigail Johnson
2005 Ed. (3202, 4847)
2004 Ed. (4861, 4983)
2003 Ed. (4879)
2002 Ed. (3356)
Abigail P. Johnson
2008 Ed. (4836)
2007 Ed. (4907, 4976, 4981)
2006 Ed. (4913, 4976, 4983)
Abigail's Bakery LLC
2008 Ed. (4947)
Abilene, TX
2005 Ed. (2031, 2976, 3474)
1992 Ed. (3698)
1991 Ed. (2891)
Abilify
2007 Ed. (3910)
AbilityOne Products Corp.
2005 Ed. (1464)
Abington Group Inc.
2008 Ed. (4413)
2007 Ed. (4434)
2006 Ed. (4366)
Abington Memorial Hospital
2000 Ed. (2533, 3153)
1999 Ed. (3429)
Abitibi-Consolidated Inc.
2008 Ed. (2762)
2007 Ed. (2636)
2006 Ed. (4593)
2005 Ed. (3689)
2003 Ed. (3723, 3732, 3734)
2002 Ed. (3518, 3576, 3582)
2001 Ed. (2375, 3627)
2000 Ed. (3410)
1999 Ed. (3692, 3703)
Abitibi-Price Inc.
1999 Ed. (2492)
1997 Ed. (2070, 2995)
1996 Ed. (1960)
1995 Ed. (2829, 2831)
1994 Ed. (1894)
1992 Ed. (1237, 2213, 3247)
1991 Ed. (1764)
1990 Ed. (1738, 1845, 2714)
1989 Ed. (1467)
Abititi-Price Inc.
1999 Ed. (3691)
The Abitron Co.
2000 Ed. (3041)
The Abkey Cos. Dba Fuddruckers
2000 Ed. (4433)
Able Body Corp.
2001 Ed. (4519)
Able Infiniti Inc.
1995 Ed. (271)
Able Jr.; Edward H.
2007 Ed. (3704)
Able Sales Co.
2004 Ed. (4924)
Able Telcom Holding Corp.
1996 Ed. (1926)
Ablest
2001 Ed. (3834)

Ablon; Ralph E.
1990 Ed. (975)
ABM Amro Mid Cap
2006 Ed. (3683)
ABM AMRO Osl. Gr. Fnds.
1994 Ed. (217)
ABM Industries Inc.
2007 Ed. (1186, 3757)
2006 Ed. (1080, 1588, 2283, 3759, 3761)
2005 Ed. (1683, 3663, 3664, 4285, 4286)
2004 Ed. (842, 845, 3748, 3749, 4345, 4346)
2003 Ed. (801, 1745, 3704, 3705)
2002 Ed. (3546)
2001 Ed. (3599)
2000 Ed. (960, 3004, 3384)
1998 Ed. (2413)
ABM Janitorial Services
2006 Ed. (666)
ABM Co. of the West
2003 Ed. (4395)
ABM Office Supply Co., Inc.
2005 Ed. (1355)
ABM Securities Services
1995 Ed. (3211)
1994 Ed. (3161)
1993 Ed. (3114)
1992 Ed. (3825)
ABM Security Services
1997 Ed. (3413)
ABM Zegers
1992 Ed. (134)
ABMB Engineers Inc.
2008 Ed. (2518)
ABN
1991 Ed. (619, 782)
1990 Ed. (562, 3473)
ABN AMBRO Bank
2000 Ed. (528, 561)
ABN Ambro Holding N.V.
2000 Ed. (489)
ABN AMR0 Holding
1996 Ed. (214, 215, 1424, 1425)
ABN Amro
2007 Ed. (538, 570, 4277)
2006 Ed. (3658, 3659)
2004 Ed. (4335)
2001 Ed. (810, 2427)
2000 Ed. (863, 867, 869, 871, 872, 879, 2073, 2107, 2769, 3415, 3880, 3881, 3946, 3952, 3953, 3958, 3959, 3986)
1999 Ed. (2278)
ABN AMRO Americas
2000 Ed. (3156, 3157)
ABN Amro Asia
2002 Ed. (2166)
2001 Ed. (2426)
2000 Ed. (875, 891, 892)
1997 Ed. (3488)
ABN Amro Asset
2005 Ed. (3562, 3563)
ABN Amro Asset Management
2004 Ed. (3639)
2001 Ed. (3011, 3012)
ABN Amro Asset Management U.S.
2008 Ed. (3377)
ABN Amro Bank
2008 Ed. (481)
2007 Ed. (509)
2006 Ed. (480)
2005 Ed. (475)
2001 Ed. (607, 627)
2000 Ed. (521, 522, 523, 533, 534, 565, 566, 629, 2344, 2925, 2927)
1999 Ed. (511, 513, 518, 523, 524, 553, 606, 2011, 2012, 2013, 2014, 2069, 2438, 2601, 2883, 3175, 3178, 3179, 3183, 3184, 3709)
1998 Ed. (381, 1841, 1842, 2350)
1997 Ed. (460, 513, 572, 1728, 1729, 1731, 2150, 2624, 2730, 2731, 3001, 3002)
1995 Ed. (463, 471, 562, 1541, 2516, 2843)
1994 Ed. (472, 479, 593, 1673, 1695, 1697, 2449, 2736, 2738, 3188)
1993 Ed. (468, 521, 586, 2421, 2768)
ABN Amro Bank Kazakhstan
2003 Ed. (555)
2001 Ed. (632)
1999 Ed. (567)
ABN Amro Bank NV
2008 Ed. (409)
2007 Ed. (439, 449, 1899)
2006 Ed. (443, 504)
2005 Ed. (495, 585)
2004 Ed. (488, 502, 596, 1812)
2003 Ed. (490, 491, 494, 558, 559, 560, 591)
2002 Ed. (560, 1737)
2001 Ed. (624)
1998 Ed. (353, 355, 356, 357, 3008)
1997 Ed. (459, 464, 467, 468, 469, 3262)
1996 Ed. (495, 496, 503, 504, 505, 511, 556, 631, 1649, 1652, 1699, 2028, 2029, 2030, 2484, 2909, 2910)
1995 Ed. (2841)
ABN AMRO Chicago
1998 Ed. (322, 996, 3414)
ABN AMRO Europe Equity Fund
2002 Ed. (3222)
ABN AMRO Germany Equity Fund
2002 Ed. (3222)
ABN Amro Growth
2006 Ed. (3626, 4564)
2005 Ed. (4489)
ABN AMRO Hoare Govett
1999 Ed. (866, 2063, 2064, 2065, 2296, 2321, 4254, 4260)
1998 Ed. (1494, 1496, 3264, 3265, 3269, 3271)
1997 Ed. (1787, 2499, 3479)
ABN AMRO Holding
1999 Ed. (266, 267, 510, 512, 514, 548, 550, 872, 873, 874, 875, 876, 877, 878, 879, 880, 881, 887, 888, 889, 890, 891, 902, 903, 905, 907, 909, 921, 922, 923, 924, 925, 926, 928, 929, 930, 936, 937, 938, 939, 940, 941, 942, 943, 945, 953, 1710, 1712)
1997 Ed. (243, 244, 458, 1485, 1486, 1487, 2388)
1995 Ed. (1462, 1463)
1994 Ed. (216, 217, 473, 1425, 1426)
1993 Ed. (226, 1372)
ABN Amro Holding NV
2008 Ed. (411, 741, 1742, 1748, 1750, 1754, 1756, 1964, 1965, 1966)
2007 Ed. (483, 526, 765, 1473, 1713, 1720, 1722, 1726, 1728, 1900, 1903, 1904, 1905, 3651, 3990, 4318, 4321, 4326, 4655, 4656, 4657, 4658, 4662, 4663, 4664, 4665, 4668, 4669)
2006 Ed. (437, 469, 470, 1918, 1919, 1920, 1921, 4724)
2005 Ed. (541, 1441, 1458, 2145, 3939, 3942, 4256, 4274, 4275, 4280, 4281, 4282, 4305, 4313, 4315, 4316, 4324, 4574, 4576, 4577, 4580, 4583, 4584, 4585)
2004 Ed. (559, 1424, 2081, 3529, 4362, 4371, 4374, 4375, 4382, 4392)
2003 Ed. (542, 1402, 1506, 1777, 3475, 4342, 4355, 4357, 4363, 4365, 4375)
2002 Ed. (338, 438, 557, 578, 579, 580, 588, 625, 663, 730, 732, 734, 807, 808, 809, 842, 843, 844, 849, 850, 851, 852, 853, 1735, 1736, 2161, 2162, 2167, 2270, 2271, 2273, 2274, 2275, 3011, 3012, 3016, 3188, 3189, 3190, 3193, 3194, 3195, 3196, 3206, 3208, 3793, 3794, 3795, 3796, 4202, 4227, 4236, 4237, 4238, 4239, 4240, 4241, 4242, 4243, 4244, 4245, 4248, 4490, 4491, 4557)
2001 Ed. (629, 630, 750, 962, 963, 964, 965, 966, 967, 969, 970, 974, 1519, 1642, 1806, 1807, 3154, 3155)
2000 Ed. (295, 560, 562, 564, 579, 1521, 1523, 3417)
1995 Ed. (464)
ABN AMRO International Equity Trust
2000 Ed. (623)
ABN AMRO Latin America Equity Fund
2002 Ed. (3477)
ABN AMRO Latin American Equity Fund
2002 Ed. (3222)
ABN Amro Mid Cap
2006 Ed. (3642)
ABN Amro/Montag & Caldwell Growth
2005 Ed. (4496)
ABN Amro Mortgage
2003 Ed. (3435, 3443, 3444, 3445, 3447, 3448)
2002 Ed. (3388, 3389)
2001 Ed. (4522)
2000 Ed. (3158, 3161)
ABN Amro Mortgage Group Inc.
2008 Ed. (3749)
2006 Ed. (3565, 3566, 3567, 3568)
2005 Ed. (3302, 3501, 3509)
1999 Ed. (3439)
ABN AMRO North America, Inc.
2004 Ed. (180)
1999 Ed. (1627)
1998 Ed. (268, 1138)
1997 Ed. (2505)
1996 Ed. (501)
ABN AMRO Obligatie Groeifonds
1996 Ed. (215)
ABN Amro Real
2008 Ed. (462, 464, 466, 467)
ABN AMRO Securities Group
1998 Ed. (2566)
ABN AMRO Securities USA Inc.
1999 Ed. (4233)
ABN Amro Services
2008 Ed. (2709)
ABN Amro/Talon Mid Cap Fund
2003 Ed. (3497, 3536)
ABN Amro/Veredus Aggressive Growth
2003 Ed. (3507, 3551)
ABN Amro Veredus Select Growth
2007 Ed. (3670)
ABN ARMO Bank
1994 Ed. (2734)
ABN-Bank
1991 Ed. (237, 238)
Abood Co.
2005 Ed. (86)
2004 Ed. (91)
About
2006 Ed. (3183)
About Health & Fitness
2007 Ed. (3232)
About Network
2005 Ed. (3176)
About/Primedia
2006 Ed. (3187)
2005 Ed. (3196)
2004 Ed. (3152)
2003 Ed. (3020)
About.com
2008 Ed. (2453)
2004 Ed. (3159)
2003 Ed. (3051)
2002 Ed. (4802)
2001 Ed. (2966)
About.com Biotechnology
2003 Ed. (3029)
About.com Day Trading
2002 Ed. (4807)
About.com Health
2008 Ed. (3362)
Above-Ground Pool & Spa Co.
2008 Ed. (4579)
2007 Ed. (4647)
2006 Ed. (4648)
Above Security
2007 Ed. (2821)
2006 Ed. (2819)
Abovo Group
2005 Ed. (833)
ABP
2008 Ed. (3870)
2007 Ed. (3796)
2004 Ed. (3791)
1994 Ed. (2776)
ABP Stichting Pensioenfonds
2001 Ed. (3014)
ABQ Computer
1990 Ed. (2750)
ABR Wholesalers Inc.
2008 Ed. (4930)
Abra Mining & Industrial Corp.
2002 Ed. (3704)
Abraham & Sons Inc.; S.
1997 Ed. (1200, 1202, 1203, 1204)
1995 Ed. (1195, 1197, 1200, 1204)
1994 Ed. (1177)
1993 Ed. (1154, 1156, 1157)
Abraham & Straus
1991 Ed. (1413)
1990 Ed. (1493, 3057)
Abraham & Straus/Jordan Marsh
1995 Ed. (1553, 1958)
Abraham Lincoln FSB
1992 Ed. (3309)
Abraham; S. Daniel
2008 Ed. (4827)
2007 Ed. (4898)
2006 Ed. (4903)
2005 Ed. (4848)
Abraham Spiegel
1990 Ed. (1723)
Abraham Trading Co.
2005 Ed. (1087)
1994 Ed. (1069)
Abrakadoodle
2008 Ed. (169, 2410)
2007 Ed. (2277)
Abramoff Neuberger
2001 Ed. (833)
Abramovich; Roman
2008 Ed. (4864, 4865, 4880, 4894, 4901, 4904)
2007 Ed. (4911, 4912, 4923, 4928)
2006 Ed. (4924, 4929)
2005 Ed. (4877, 4878, 4892, 4897)
Abramowitz; Kenneth
1997 Ed. (1869, 1921)
1996 Ed. (1773, 1796, 1849)
1995 Ed. (1823, 1868)
1994 Ed. (1783, 1784, 1828, 1833, 1834)
1993 Ed. (1774, 1800, 1801)
1992 Ed. (2136, 2137, 2138)
1991 Ed. (1708)
1990 Ed. (1767, 1768)
1989 Ed. (1418)
Abrams & Tanaka
1992 Ed. (2207)
1991 Ed. (1759)
Abrams & Tanaka Associates
1990 Ed. (1840)
Abramson; Barry
1997 Ed. (1904)
1996 Ed. (1831)
1995 Ed. (1853)
1994 Ed. (1832)
1993 Ed. (1772, 1832)
Abramson; Leonard
1996 Ed. (962)
1993 Ed. (1706)
1992 Ed. (2064)
Abrasive-Tool Corp.
2008 Ed. (4930)
Abraxas Petroleum Corp.
2006 Ed. (3835, 3836)
Abreva
2003 Ed. (3214)
Abrevity
2008 Ed. (3204)
Abrizio Inc.
2002 Ed. (1418)
ABS-CBN
1995 Ed. (1476, 3552)
ABS-CBN Broadcasting Corp.
2000 Ed. (1536, 1537, 1539, 1541, 1542, 4190)
1999 Ed. (1725, 4549)
1997 Ed. (1499)
1996 Ed. (1436, 2564, 3029)
1994 Ed. (2432)
ABS Communications
1999 Ed. (3940)
ABS Consulting Inc.
2007 Ed. (4292, 4293)

2006 Ed. (4264, 4265)
2005 Ed. (4287, 4288)
2004 Ed. (2355, 2360)
ABS Group
2007 Ed. (87)
ABS; Groupe
2006 Ed. (97)
ABS/SAN
1998 Ed. (2881)
1997 Ed. (3738)
ABSA
1999 Ed. (446)
1995 Ed. (1486, 2284)
Absa Bank
2007 Ed. (1976)
2004 Ed. (522)
ABSA Group
2008 Ed. (504, 507)
2007 Ed. (552, 555)
2006 Ed. (523, 2009)
2005 Ed. (609, 612)
2004 Ed. (619, 623, 1854)
2003 Ed. (610, 614, 1819)
2002 Ed. (509, 647, 650)
2001 Ed. (1845)
2000 Ed. (439, 664)
Absolut
2008 Ed. (242)
2007 Ed. (262)
2006 Ed. (252, 255)
2005 Ed. (235, 4833)
2004 Ed. (229, 758, 761, 3279, 3284, 4850, 4851)
2003 Ed. (263, 746, 751, 3225, 3226, 3230, 4865, 4870)
2002 Ed. (278, 296, 3130, 3131, 3134, 3150, 3156, 3164, 3166, 3171, 3172, 3174, 3176, 3177, 3178, 3179, 4761, 4767, 4768, 4769, 4770, 4771, 4772)
2001 Ed. (355, 3115, 3118, 3132, 3134, 3135, 3137, 3138, 3140, 3143, 3144, 3145, 3146, 4707, 4711, 4712, 4713, 4714)
2000 Ed. (2946, 2949, 2967, 2968, 2970, 2972, 2973, 2976, 2977, 2978, 2979, 4359, 4362)
1999 Ed. (3206, 3228, 3229, 3230, 3233, 3239, 3240, 3244, 3245, 3246, 3249, 4730, 4731, 4732, 4733, 4736)
1998 Ed. (2377, 2387, 2388, 2389, 2392, 2393, 2394, 2395, 2396, 2397, 3682, 3687, 3688, 3689, 3690)
1997 Ed. (2646, 2658, 2659, 2661, 2662, 2664, 2667, 3852, 3855, 3856, 3857, 3858)
1996 Ed. (33, 2505, 2519, 2520, 2524, 3800, 3803, 3804, 3805, 3806, 3807)
1995 Ed. (2454, 2455, 2456, 2470, 2471, 2474, 3714, 3716, 3717)
1994 Ed. (49, 2374, 2375, 2389, 2390, 2393, 3640, 3641)
1993 Ed. (18, 2433, 2436, 2445, 2449, 2450, 3674, 3679)
1992 Ed. (30, 2867, 2868, 2874, 2885, 2890, 4402, 4407, 4408, 4409, 4410, 4411)
1991 Ed. (2326, 2329, 2331, 3455, 3456, 3461, 3462, 3463, 3464)
1990 Ed. (2454, 2456, 2460, 2462, 3676, 3678)
1989 Ed. (2896, 2897, 2898)
Absolut Citron
1996 Ed. (3807)
1995 Ed. (3717)
Absolut Kurant
1996 Ed. (3807)
Absolut Peppar
1992 Ed. (2890)
Absolut Peppar Flavored
1991 Ed. (3461, 3463, 3464)
Absolut Vodka
2008 Ed. (241, 243)
2006 Ed. (254)
Absolute Alpha US Equity Protection 2000 Fund
2004 Ed. (2820)
Absolute Computing Ltd.
2002 Ed. (2498)
Absolute Entertainment
1995 Ed. (3202)
Absolute Poker
2007 Ed. (710)
Absolute Power
1999 Ed. (694)
Absolute Software Corp.
2008 Ed. (1618, 1660, 2944, 2946)
2007 Ed. (2821)
2006 Ed. (2819)
2002 Ed. (2484)
AbsoluteHire
2007 Ed. (2357)
Absorbine Jr.
2003 Ed. (280)
2002 Ed. (316)
2001 Ed. (384)
Absormex
2003 Ed. (2057)
Abstract
1995 Ed. (2989)
Abstract Edge
2006 Ed. (760)
2005 Ed. (833)
2004 Ed. (860)
ABT Associates
1997 Ed. (3295)
1996 Ed. (3190)
1995 Ed. (3089)
1993 Ed. (2995)
1992 Ed. (3662)
ABT Emerging Growth
1995 Ed. (2696, 2733)
1994 Ed. (2602, 2633)
1993 Ed. (2679)
1989 Ed. (1851)
ABT Investment-Sec. Income
1990 Ed. (2368)
Abtrust Far East Emer. Econ.
1994 Ed. (2648)
Abtrust Fund of Investment Dis
1997 Ed. (2913)
Abtrust Pacific
1997 Ed. (2921)
Abu Al Walad
2008 Ed. (108)
Abu Bakar; Mustapha Kamal
2006 Ed. (4917)
Abu Dhabi
1999 Ed. (3192)
1991 Ed. (1791)
1990 Ed. (1878, 2829)
Abu Dhabi Comm Bank
1991 Ed. (443)
Abu Dhabi Commercial Bank
2008 Ed. (377, 477, 519)
2007 Ed. (363, 566)
2006 Ed. (535)
2005 Ed. (622)
2004 Ed. (634)
2003 Ed. (625)
2002 Ed. (658)
2000 Ed. (455, 687)
1999 Ed. (464, 677)
1997 Ed. (407, 637)
1996 Ed. (442, 703)
1995 Ed. (416, 627, 628)
1994 Ed. (423, 659)
1993 Ed. (520, 658)
1992 Ed. (599, 729, 858)
1990 Ed. (495)
1989 Ed. (450, 472)
Abu Dhabi Investment Co.
1999 Ed. (464)
1996 Ed. (442, 703)
1992 Ed. (599)
1990 Ed. (495)
1989 Ed. (472)
Abu Dhabi National Oil Co.
2008 Ed. (3919, 3929, 3939)
2007 Ed. (3880, 3896)
2006 Ed. (3847, 3854, 3866)
2005 Ed. (3788, 3799)
2004 Ed. (3861, 3871)
2003 Ed. (3825, 3844, 3858)
2002 Ed. (3679, 3680)
2000 Ed. (3531, 3532)
1999 Ed. (3817, 3818)
1998 Ed. (2838, 2839)
1997 Ed. (3110, 3111)
1996 Ed. (3027, 3028)
1995 Ed. (2932, 2933)
1994 Ed. (2869, 2870)
1993 Ed. (2825, 2826)
1992 Ed. (3420, 3421)
1991 Ed. (2717)
Abu Dhabi Securities Market General Index
2008 Ed. (4503)
Abu Dhabi; Sheikh of
2005 Ed. (4882)
Abu Walad
2001 Ed. (93)
Abuelita
1998 Ed. (442)
Abuelo's Mexican Food Embassy
2008 Ed. (4180)
2007 Ed. (4137)
Aburizal Bakrie
2006 Ed. (4916)
Abus Lock Co.
2008 Ed. (4368)
Abuzz
2001 Ed. (2854, 2855)
ABX
2007 Ed. (233, 1334)
ABX Air Inc.
2008 Ed. (205)
2007 Ed. (3760)
2001 Ed. (1827)
1992 Ed. (290)
ABX Logistics
2007 Ed. (2648)
Abyssinia; Bank of
2007 Ed. (438)
2005 Ed. (492)
A.C.
1990 Ed. (3456)
A.C. Advisory Inc.
2000 Ed. (2759)
AC & S Inc.
1997 Ed. (1174)
AC/DC
2003 Ed. (1127)
1993 Ed. (1077)
1990 Ed. (1144)
AC Delco
2000 Ed. (355)
1999 Ed. (347)
1998 Ed. (239, 242)
1997 Ed. (317, 318)
1996 Ed. (341)
1994 Ed. (329)
1993 Ed. (342)
1992 Ed. (469, 470)
1991 Ed. (338)
1989 Ed. (338, 339)
AC Martin Partners
1999 Ed. (290)
AC McGrath
2004 Ed. (3957)
A.C. "Mike" Markkula, Jr.
1989 Ed. (1984)
AC Milan
2008 Ed. (4454)
2007 Ed. (4465)
2006 Ed. (4398)
2005 Ed. (4391)
AC Nielsen Corp.
2000 Ed. (3042)
1999 Ed. (3304, 4041)
1998 Ed. (3041)
1990 Ed. (2980)
AC Nielson Corp.
2000 Ed. (3041)
AC Technologies Inc.
2005 Ed. (1350, 1357)
ACA Financial Guaranty Corp.
2001 Ed. (743)
Acacia Federal Savings Bank
1998 Ed. (3569)
Acacia National Life
1998 Ed. (170, 172)
Acacia Research Corp.
2007 Ed. (4699)
Academia
1999 Ed. (4045)
Academic Network LLC
2008 Ed. (3728, 4423, 4979)
2007 Ed. (3593, 4442)
Academic Superstore
2007 Ed. (2271)
Academy
2001 Ed. (4338)
1994 Ed. (3372)
1992 Ed. (4047)
1991 Ed. (3168)
1989 Ed. (2522)
Academy Awards
2008 Ed. (4660)
2007 Ed. (4740)
2006 Ed. (4719)
2003 Ed. (808)
1993 Ed. (3535)
1992 Ed. (4248)
Academy Bus LLC
2008 Ed. (755)
2007 Ed. (783)
2006 Ed. (686)
Academy Bus Tours Inc.
2002 Ed. (863)
2000 Ed. (989)
1999 Ed. (957)
1998 Ed. (539)
1997 Ed. (841)
1996 Ed. (831)
1995 Ed. (851)
Academy Collection Service Inc.
2006 Ed. (4375)
Academy House
1990 Ed. (1147)
Academy House Condominiums
1993 Ed. (1081)
1992 Ed. (1352)
1991 Ed. (1046)
Academy Lines Inc.
1994 Ed. (800)
1992 Ed. (988)
1991 Ed. (807)
1990 Ed. (846)
1989 Ed. (829)
Academy of Art University
2006 Ed. (2339)
Academy of Natural Sciences of Philadelphia
1998 Ed. (2688)
Academy of Osseointegration Annual Meeting
2005 Ed. (4730)
Academy of the New Church
1997 Ed. (1066)
1989 Ed. (957)
Academy Ogilvy
1993 Ed. (132)
Academy Sports
1999 Ed. (4381)
1998 Ed. (3352)
1997 Ed. (3560)
1996 Ed. (3494)
1995 Ed. (3429)
Academy Sports & Outdoors Ltd.
2008 Ed. (4483, 4486)
2007 Ed. (4504, 4507)
2006 Ed. (4447, 4448, 4450, 4451)
2005 Ed. (4435)
2001 Ed. (4337)
Acadia Balanced
2002 Ed. (3454)
2001 Ed. (3479, 3480, 3481)
Acadia University
2008 Ed. (1072, 1074, 1080, 1083, 1084)
2007 Ed. (1168, 1176, 1177, 1178, 1180)
Acadian
2008 Ed. (2293)
Acadian Asset
1993 Ed. (2305)
Acadian Asset Management
1999 Ed. (3073)
1998 Ed. (2273)
1992 Ed. (2745, 2768, 2770)
Acadian Asset Mgmt.
2000 Ed. (2834)
1990 Ed. (2343)
Acadian Assset Mgmt.
2000 Ed. (2807)
Acadian Emerging Markets
2007 Ed. (3672)
Acadian Seaplants Ltd.
2007 Ed. (1616, 1935)
Acadiana BancShares Inc.
2005 Ed. (1560)
Acadiana Shell & Limestone Inc.
2008 Ed. (4398)

Acambis
2006 Ed. (3897)
Acambis plc
2003 Ed. (2737)
Acampora; Ralph
1997 Ed. (1915)
Acands Inc.
1999 Ed. (1365)
1998 Ed. (943)
Acapulco Cultural & Convention Centre
2005 Ed. (2522)
2003 Ed. (2416)
2001 Ed. (2353)
Acapulco General Juan North, Alvarez International
2001 Ed. (350)
Acapulco Mexican Restaurant y Cantina
2008 Ed. (4180)
Acapulco, Mexico
1992 Ed. (3015)
Acapulco Restaurants
1996 Ed. (2627)
1995 Ed. (2566)
1994 Ed. (2506)
1993 Ed. (2558)
1992 Ed. (3061)
1990 Ed. (2569)
Acatos & Hutcheson
1990 Ed. (3465)
ACB Business Services
1997 Ed. (1044, 1045, 1046, 1047, 1048)
ACBL
1993 Ed. (674)
ACC
1999 Ed. (3847)
1996 Ed. (3260, 3261)
1995 Ed. (1416)
1991 Ed. (721)
ACC NZ
2004 Ed. (1826, 3081)
2003 Ed. (1792)
Acceff Advertising
2001 Ed. (157)
Accel Inc.
2008 Ed. (4977)
2007 Ed. (3589)
2004 Ed. (2113)
2003 Ed. (2090)
Accel Courier Systems
1990 Ed. (3657)
Accel Partners
2008 Ed. (4805)
2002 Ed. (1070, 4738)
1998 Ed. (3667)
1993 Ed. (3663)
1992 Ed. (4388)
1991 Ed. (3444)
Accel VIII, LP
2002 Ed. (4731)
Accelight Networks Inc.
2003 Ed. (4849)
Accelr8 Technology
2008 Ed. (1679)
Accelrys Inc.
2007 Ed. (4699)
Accent
2001 Ed. (476)
Accent Chicago Inc.
1990 Ed. (3706)
Accent; Hyundai
2006 Ed. (315)
Accent Software International
1997 Ed. (3409)
Accentmarketing
2008 Ed. (113)
2007 Ed. (103)
2006 Ed. (114)
2005 Ed. (114)
Accenture Ltd.
2008 Ed. (1053, 1120, 1141, 1143, 1157, 1208, 1355, 1371, 1489, 1580, 2926, 2945, 2974, 3016, 3203, 3834, 4317, 4610, 4798, 4799)
2007 Ed. (835, 1160, 1207, 1217, 1242, 1243, 1244, 1259, 1395, 1400, 1495, 1602, 2800, 2820, 2852, 2894, 3066, 3070, 3758, 4358, 4871)
2006 Ed. (1068, 1132, 1144, 1356, 1361, 1567, 2591, 2807, 2808, 2818, 3032, 3035, 3038, 3760, 3932, 4872)
2005 Ed. (1060, 1143, 1376, 1379, 1386, 1387, 2825, 2826, 3024, 3027, 3035, 3038, 4513, 4809)
2004 Ed. (1131, 1363, 1700, 1742, 2205, 2406, 2824, 3015, 3018, 3021, 3750, 3961)
2003 Ed. (1120, 1355, 2324, 2929, 4318, 4320)
2002 Ed. (1070, 2813)
Accenture Financial Corp.
2004 Ed. (1730)
Accenture LLC
2008 Ed. (2974)
2007 Ed. (2852)
Acceptance Insurance Co.
2002 Ed. (2876)
2001 Ed. (2927, 2928)
Acceptance Insurance Cos.
2005 Ed. (3096)
1999 Ed. (2926)
1996 Ed. (2334)
Accesor Small Mid Cap
1999 Ed. (3505)
Access
2007 Ed. (1261)
1996 Ed. (1075)
Access Advertising
2003 Ed. (97)
2002 Ed. (130)
Access America Telemanagement
1996 Ed. (3455)
Access Bank Nigeria
2007 Ed. (530)
Access Business Group
2007 Ed. (2974, 3804)
Access Business Group LLC
2008 Ed. (3099, 3873)
2005 Ed. (3710)
Access Capital Strategies Community Investment
2007 Ed. (4467)
Access cards
1998 Ed. (3205)
Access Cash International
2001 Ed. (436)
Access Communications
2003 Ed. (4016)
2002 Ed. (3821, 3850)
2000 Ed. (3667)
Access control
2003 Ed. (4331)
Access controls
2001 Ed. (4205)
1996 Ed. (3310)
1992 Ed. (3828)
Access Credit Card
1996 Ed. (1496)
Access Direct Telemarket
2002 Ed. (1067)
The Access Group Inc.
2005 Ed. (3081, 3903)
Access Health
1997 Ed. (2714, 3648)
Access Labor Service Inc.
2008 Ed. (4376)
Access of Shandwick
1995 Ed. (3031)
Access Public Relations
2005 Ed. (3955, 3965, 3972)
Access-Renova
2005 Ed. (1483)
Access Services
2006 Ed. (4018)
Access Systems Inc.
2007 Ed. (2051)
2005 Ed. (1346)
Access 24
2000 Ed. (4197)
Access US/Habanero
2003 Ed. (2730)
AccessLine Communications
2006 Ed. (1090)
2002 Ed. (4564)
Accessor Fd-Small-Mid Cap Port
2000 Ed. (3287)
Accessor Growth Portfolio
2000 Ed. (3239)
Accessor Mortgage
1997 Ed. (690)
Accessor Mortgage Securities
1999 Ed. (751, 3554)
Accessor Value & Income
1999 Ed. (3510, 3511, 3545)
1998 Ed. (2595, 2611)
Accessories
2000 Ed. (1120)
1999 Ed. (1933, 1934)
1990 Ed. (1578)
Access360
2003 Ed. (1341)
Accident & health
2002 Ed. (2954)
Accident & health insurance
1994 Ed. (2228)
1989 Ed. (2475)
Accident/Disaster
2000 Ed. (4218)
Accidental Death
2000 Ed. (1644, 1645)
Accidental injuries & deaths at work
1998 Ed. (2039)
The Accidental Investment Banker
2008 Ed. (615)
Accidents
1995 Ed. (2594)
1990 Ed. (1469, 1470, 1474)
Accidents, aircraft
1995 Ed. (2)
Accidents and errors
1991 Ed. (2060)
Accidents, highway
1995 Ed. (2)
Accidents, nonhighway
1995 Ed. (2)
Accidents, other transportation
1995 Ed. (2)
ACCION International
1994 Ed. (1906)
Acciona SA
2008 Ed. (1411)
2007 Ed. (1288)
2005 Ed. (1474)
2004 Ed. (1167)
Acciones y Valores
2007 Ed. (756)
Acciones y Valores de Mexico
2008 Ed. (739)
2007 Ed. (763)
Accivalmex Alta Rentabilidad
2004 Ed. (3656)
2002 Ed. (3481)
Accivalmex Patrimonial
2005 Ed. (3580)
Acclaim
1997 Ed. (3779)
Acclaim Energy Trust
2007 Ed. (4576)
2004 Ed. (3173)
Acclaim Entertainment
2000 Ed. (3000)
1998 Ed. (3421, 3422)
1997 Ed. (1087, 2715, 3649)
1994 Ed. (2020)
ACCO Engineered Systems
2008 Ed. (1183, 1239, 1243, 1261, 1342)
2007 Ed. (1283, 1351, 1364, 1392)
2006 Ed. (1177, 1240, 1252, 1261, 1287, 1347)
2005 Ed. (1282, 1294, 1317, 1345)
2004 Ed. (1310)
Accommodation
2002 Ed. (2783)
Accor
2008 Ed. (3073)
2007 Ed. (2957, 2958, 3347)
2002 Ed. (2639)
2000 Ed. (2542, 2566, 2571, 2572)
1999 Ed. (2765, 2781, 2790)
1998 Ed. (2009, 2010, 2026, 2033)
1997 Ed. (2300, 2304, 3502)
1996 Ed. (2184, 2186)
1995 Ed. (2169, 2170, 2171, 3335)
1994 Ed. (2096, 2097, 2120, 2986)
1992 Ed. (1486, 2506, 2507, 3943)
1990 Ed. (2089, 2090, 2433, 3264)
1989 Ed. (2297)
Accor Asia Pacific Corp.
2001 Ed. (2788)
Accor Economy Lodging
2003 Ed. (2843, 2848)
Accor Economy Lodging Group
2001 Ed. (2782, 2792)
Accor/Food Services Division
1992 Ed. (1439)
Accor International
1990 Ed. (2067, 2068, 2069)
Accor Lodging North America
2004 Ed. (2940)
Accor North America
2008 Ed. (3072)
2007 Ed. (908, 2947, 2948)
2006 Ed. (942, 2937)
2005 Ed. (1974, 2933)
2004 Ed. (2939)
Accor SA
2007 Ed. (2956, 3346, 4159)
2005 Ed. (2940, 3282, 4090)
1995 Ed. (3048)
1993 Ed. (2952)
1992 Ed. (1469, 3594)
1990 Ed. (2093)
Accor Services North America Inc.
2005 Ed. (2360, 2361, 2362)
Accor TRL SA
2007 Ed. (1860)
Accord
2002 Ed. (380, 387, 409, 412)
2001 Ed. (466, 467, 468, 469, 471, 472, 473, 474, 479, 487, 533)
1998 Ed. (219, 220)
Accord Engineering
2008 Ed. (4042)
Accord EX
2003 Ed. (356)
2002 Ed. (406)
Accord EX; Honda
2005 Ed. (337)
Accord Group/Johnson Smith & Knisely
1998 Ed. (1507)
Accord; Honda
2008 Ed. (298, 331, 332)
2007 Ed. (344)
2006 Ed. (315, 358, 359)
2005 Ed. (344, 345, 348)
Accord Human Resources
1999 Ed. (1184, 4321)
Accord LX
2003 Ed. (356)
2002 Ed. (406)
Accord LX; Honda
2005 Ed. (337)
Accord Re Ltd.
1995 Ed. (901)
1993 Ed. (848)
Accord Reinsurance Ltd.
1994 Ed. (860)
Accord (U.S.)
1990 Ed. (355)
1989 Ed. (316)
Account C-1
1997 Ed. (3815)
Account executive
2004 Ed. (2284)
Account management
1995 Ed. (2567)
Account manager
2004 Ed. (2285)
Account/prospect profile
1995 Ed. (2567)
Account supervision
1993 Ed. (3683)
Accountable Software
2002 Ed. (2533)
Accountant
2004 Ed. (2278)
Accountants
2007 Ed. (3721, 3726, 3737)
2006 Ed. (3734)
2005 Ed. (3621, 3624, 4454)
1991 Ed. (813, 2628)
Accountants World
2002 Ed. (4835)
Accountemps
1999 Ed. (4577)
Accounting
2007 Ed. (786)
2006 Ed. (1070, 3762)
2005 Ed. (1062)
2003 Ed. (2271)

Accounting & Finance Professionals Inc.
2008 Ed. (3694, 4368, 4952)
Accounting Industry
1997 Ed. (3527)
Accounting/tax preparation services
1999 Ed. (3665, 4330)
AccountPros/Human Resources International
2002 Ed. (2173)
2000 Ed. (1865)
Accounts receivable
2008 Ed. (3039)
2000 Ed. (2503)
Accounts Recovery Corp.
2007 Ed. (4405)
2006 Ed. (4345)
Accpac Canada Inc.
2003 Ed. (1630)
Accredited Home Lenders Inc.
2005 Ed. (4253)
Accredited Home Lenders Holding Co.
2006 Ed. (380, 2723)
2005 Ed. (417, 426, 4250)
Accredo Health Inc.
2006 Ed. (3875)
2005 Ed. (936, 937)
2004 Ed. (946, 947)
Accru Variable Annuity
1997 Ed. (3829, 3830, 3830)
Accrue Software Inc.
2001 Ed. (1873, 2853, 4451)
Accton Technology Corp.
2003 Ed. (2949)
Accu Chek Advantage
2003 Ed. (2050)
2002 Ed. (1972)
Accu-Chek Comfort
2002 Ed. (1972)
Accu Chek Comfort Curve
2003 Ed. (2050)
Accu Comm Futures Forecast
1990 Ed. (2364)
Accu Copy of Greenville Inc.
2006 Ed. (3964)
Accu-Tech Corp.
2000 Ed. (1766, 1768)
1999 Ed. (1988)
1998 Ed. (1410)
Accubanc Mortgage
2003 Ed. (3433)
2001 Ed. (3348)
1998 Ed. (2526)
Accufacts Pre-Employment Screening Inc.
2004 Ed. (4553)
AccuLink
2008 Ed. (4030)
2005 Ed. (3897)
Accumed International Inc.
2000 Ed. (1043)
Accumulator
1993 Ed. (234)
Accupril
1994 Ed. (2462)
Accurate Components Inc.
1998 Ed. (1415)
Accurate Express Messenger Services
2000 Ed. (3080)
1999 Ed. (3343)
1998 Ed. (2465)
Accurate, pleasant checkout clerks
1991 Ed. (1861)
1990 Ed. (1951)
Accurate Wire Harness
2003 Ed. (2752)
AccuRecord Inc.
2007 Ed. (2641)
2006 Ed. (2658)
AccuRev Inc.
2006 Ed. (1133)
Accuride Corp.
1999 Ed. (3293)
Accuro Healthcare Solutions
2008 Ed. (2886)
Accustaff
2000 Ed. (2395, 4225, 4228)
1999 Ed. (2450, 4485, 4572, 4573, 4574, 4576)
1998 Ed. (1023, 1704, 3504, 3505, 3506)
Accutrade
2000 Ed. (1682)
Accutraffic
2005 Ed. (3190)
ACD Litton
1991 Ed. (2764)
1990 Ed. (2902)
ACD Systems International
2006 Ed. (1576)
2004 Ed. (2780)
ACE Ltd.
2008 Ed. (1580, 1741, 3249, 3320)
2007 Ed. (1602, 1712, 3086, 3107)
2006 Ed. (1567, 3091, 3140, 4463)
2005 Ed. (3050, 3052, 3086, 4456, 4471)
2004 Ed. (2615, 2616)
2003 Ed. (2485, 4573)
2002 Ed. (1389, 2283)
2001 Ed. (1548, 2631)
2000 Ed. (2988)
1995 Ed. (3203)
Ace Advertising Saatchi & Saatchi
2000 Ed. (160)
1999 Ed. (143)
ACE America's Cash Express
2008 Ed. (898)
2006 Ed. (837)
2005 Ed. (928)
2004 Ed. (936)
2003 Ed. (921)
2002 Ed. (982, 2360)
2001 Ed. (2533)
2000 Ed. (2271)
1999 Ed. (2521)
Ace Asphalt of Arizona Inc.
2008 Ed. (1181)
2007 Ed. (1281)
2006 Ed. (1175, 1349)
ACE Aviation Holdings
2008 Ed. (4752)
2007 Ed. (1638)
Ace Cider
2006 Ed. (1009)
2005 Ed. (999)
2002 Ed. (3108)
2001 Ed. (3117)
Ace Coin Equipment Ltd.
1991 Ed. (959)
ACE Communications
2008 Ed. (1275)
Ace DuraFlo Systems LLC
2008 Ed. (4004)
Ace Hardware Corp.
2008 Ed. (749, 879, 1382, 4051)
2007 Ed. (774, 1427, 1431, 4024)
2006 Ed. (679, 1391, 1398, 1399, 3948, 3958, 3985, 4432)
2005 Ed. (1405, 1412, 1413, 4417, 4905)
2004 Ed. (1384, 1391, 1392, 2879, 2885, 2895, 2962, 4469, 4916, 4917)
2003 Ed. (1380, 4923, 4924)
2002 Ed. (1071, 1341, 4894)
2000 Ed. (1101, 3807)
1999 Ed. (2514, 2517)
1998 Ed. (750, 1763)
1997 Ed. (1012, 2083)
1996 Ed. (987, 2203)
1995 Ed. (1000)
1994 Ed. (987, 1911)
1993 Ed. (962)
1992 Ed. (1187, 2105, 2374, 3264)
1991 Ed. (952)
1990 Ed. (1025, 1985)
1989 Ed. (924)
Ace INA Group
2008 Ed. (3265, 3317)
2007 Ed. (3119, 3170, 3183, 4998)
2006 Ed. (3102, 3135)
2005 Ed. (3079, 3096, 3125)
2004 Ed. (3040)
2003 Ed. (2981, 2983, 2987, 3004)
2002 Ed. (2878, 2945)
ACE Indexes
1993 Ed. (2923)
Ace Info Solutions Inc.
2008 Ed. (2157)
ACE inhibitors
2002 Ed. (2013, 3751, 3752)
2001 Ed. (2095)
2000 Ed. (1696, 1705)
1999 Ed. (1907, 1909)
1998 Ed. (1336, 1339)
1997 Ed. (2742)
1996 Ed. (1575, 2560, 2599)
1995 Ed. (2531)
ACE Investment Strategists
2006 Ed. (1081)
Ace Mortgage Funding
2005 Ed. (2592)
Ace Music
1994 Ed. (2596)
1993 Ed. (2643)
Ace Property & Casualty Insurance Co.
2005 Ed. (3140, 3142, 3144)
2004 Ed. (3033, 3134, 3136)
2002 Ed. (3957)
Ace Saatchi & Saatchi
2003 Ed. (136)
2002 Ed. (168)
2001 Ed. (197)
1991 Ed. (143)
1990 Ed. (143)
1989 Ed. (152)
Ace/Saatchi & Saatchi Advertising
1997 Ed. (132)
1996 Ed. (128)
1993 Ed. (128)
ACE Seguros
2008 Ed. (3257)
2007 Ed. (3112)
Ace/SSA
1995 Ed. (114)
1994 Ed. (109)
1992 Ed. (198)
ACE Tempest Reinsurance
2007 Ed. (3190)
2006 Ed. (3153)
2005 Ed. (3150)
Ace Transportation Inc.
2008 Ed. (4767)
2007 Ed. (4845)
2006 Ed. (4801, 4845, 4846, 4848, 4851)
2005 Ed. (4746)
2004 Ed. (4770, 4789, 4791)
2003 Ed. (4783, 4804)
2002 Ed. (4688, 4690)
2000 Ed. (4307)
1994 Ed. (3597)
1993 Ed. (3633, 3637)
1992 Ed. (4356)
1991 Ed. (3432)
Ace TV Rentals
2000 Ed. (2293)
ACE USA Property Engineering
2007 Ed. (4293)
2005 Ed. (4288)
2004 Ed. (4347, 4348, 4349)
Ace Ventura: Pet Detective
1996 Ed. (3790, 3791)
Ace Ventura: When Nature Calls
1998 Ed. (3675)
1997 Ed. (2817)
Acec
1993 Ed. (729)
ACEC Union Miniere
1992 Ed. (913, 1579)
Aceitera General Deheza
2006 Ed. (2541)
Aceitunas de Mesa SCL
2005 Ed. (1963)
2003 Ed. (1825)
Acento Advertising
2008 Ed. (122)
2007 Ed. (113)
Acephate
1990 Ed. (2813)
Acer
2008 Ed. (667, 3584)
2007 Ed. (3825)
2006 Ed. (3404)
2004 Ed. (1715)
2003 Ed. (1100, 2200, 2202, 3796)
2002 Ed. (1779, 3334, 3335, 3336, 3337, 3338, 3339, 4543, 4544, 4545)
2001 Ed. (1864, 2199, 3296)
2000 Ed. (1564, 1565, 1567, 1569, 1570, 3035, 4177)
1999 Ed. (1258, 1567, 1568, 1571, 1577, 1744, 2874, 3298, 3470, 3856, 4531)
1998 Ed. (823, 2492)
1997 Ed. (1521, 2782, 2783)
1996 Ed. (1454, 2633, 2635, 3055, 3629)
1995 Ed. (1498)
1994 Ed. (1089, 1734)
1992 Ed. (1323, 1324, 2094)
1991 Ed. (2456)
1990 Ed. (1132)
Acer America Corp.
2006 Ed. (3033)
1998 Ed. (2493)
Acer Consultants Ltd.
1998 Ed. (1454)
1997 Ed. (1755)
1992 Ed. (1966)
1991 Ed. (1560)
Acer Peripherals Inc.
2000 Ed. (1567)
Aceralia Corporacion Siderurgica S.A.
2000 Ed. (3082)
Acerias Paz del Rio
2005 Ed. (1841)
Acerinox SA
2006 Ed. (3401)
Aceros Fortuna
1996 Ed. (1732)
Acesita
2004 Ed. (1780)
2003 Ed. (1742)
Acetaminophen
1998 Ed. (169)
1997 Ed. (255)
1996 Ed. (1572)
1990 Ed. (268, 270)
1989 Ed. (257, 258)
Acetaminophen w/Cod
2000 Ed. (3605)
Acetaminophen w/Codeine
2000 Ed. (2324, 2325)
1999 Ed. (2585)
Acetaminophen with Codeine
2001 Ed. (2101)
1998 Ed. (1825, 2917)
1997 Ed. (1653, 1654)
1996 Ed. (2014, 3083)
1994 Ed. (1966)
1993 Ed. (1939)
Acetex Corp.
2007 Ed. (936)
2006 Ed. (781, 849)
Acetic acid
2001 Ed. (3290)
Aceto Corp.
2007 Ed. (938)
2005 Ed. (936)
2004 Ed. (946)
2000 Ed. (3000)
Aceves; Joe
1991 Ed. (2549)
ACG-COMM
1998 Ed. (1886)
Achaia Clauss
1989 Ed. (2945)
Achievement awards
1996 Ed. (3811)
Achmea Bank
2008 Ed. (481)
2007 Ed. (526)
2004 Ed. (596)
2003 Ed. (591)
Achmea Global
2000 Ed. (3453)
Achmea Global Investors
2000 Ed. (3452)
Achmea Holding
2004 Ed. (67)
Achorage, AK
1992 Ed. (4041)
ACI
2006 Ed. (2407)
1999 Ed. (4561)
1996 Ed. (1544)
ACI Electronics
2004 Ed. (2247)
ACI Electronics LLC
2008 Ed. (2465, 2466)
ACI Telecentrics
2000 Ed. (4194)

Acid Activated
1991 Ed. (942)
Acid, mixed/fuming nitric/sulfaric
1999 Ed. (3624)
Acidophilus
2001 Ed. (2013)
Acids, etchants, and solvent
2001 Ed. (1206)
Acindar
2006 Ed. (665, 4599)
2002 Ed. (855)
2000 Ed. (896)
1999 Ed. (950)
1997 Ed. (828)
1996 Ed. (812)
1994 Ed. (788)
1993 Ed. (770)
1992 Ed. (965, 966)
1991 Ed. (784, 785)
Aciphex
2002 Ed. (2022, 2023)
Acker Cos.
1993 Ed. (1094)
Ackerley Communications
1996 Ed. (2576)
1995 Ed. (2511)
Ackerley Group
2003 Ed. (3350)
Ackerman Associates Inc.; S. B.
1995 Ed. (3163)
1994 Ed. (3115)
1993 Ed. (3052)
1992 Ed. (3743)
1991 Ed. (2899)
Ackerman Associates; S.B.
1990 Ed. (3062)
Ackerman Credit Union
2006 Ed. (2154)
Ackerman; F. D.
2005 Ed. (2506)
Ackerman; F. Duane
2007 Ed. (1013, 1033)
Ackerman Group PLC
1994 Ed. (1003)
Ackerman Hood & McQueen
1992 Ed. (207)
1991 Ed. (150)
1990 Ed. (150)
1989 Ed. (161)
Ackerman McQueen
2004 Ed. (132)
2003 Ed. (174)
2002 Ed. (184, 185)
2000 Ed. (173)
1998 Ed. (66)
1997 Ed. (146)
1996 Ed. (140)
1994 Ed. (117)
Ackerman McQuen
1999 Ed. (155)
Ackerman; Peter
1992 Ed. (2143)
1991 Ed. (2265)
Ackerman Security Systems
2008 Ed. (4300)
Ackermann; Josef
2006 Ed. (691)
2005 Ed. (789)
Ackermann Public Relations & Marketing
2003 Ed. (4019)
Acklands Ltd.
1995 Ed. (2233)
1994 Ed. (2176)
1993 Ed. (2161)
1992 Ed. (4431)
1990 Ed. (3690)
1989 Ed. (333)
Acklands Limited
1992 Ed. (2590)
Ackley; Robert W.
2006 Ed. (2519)
Ackman-Ziff Real Estate Group Ltd.
2000 Ed. (3724)
The Ackman-Ziff Real Estate Group LLC
2003 Ed. (447)
2002 Ed. (4277)
2000 Ed. (4017)
Acktion Corp.
2003 Ed. (4053)
ACL
1992 Ed. (3947, 3948, 3949, 3950)
ACM Government Income Fund
1989 Ed. (2369)
ACM Government Securities
1990 Ed. (1359, 3135)
ACM Income Fund Inc.
2005 Ed. (3215, 3216)
2004 Ed. (3176, 3177)
ACM Institution Res/Tax-Free Portfolio
1996 Ed. (2668)
Acme
1996 Ed. (2467)
Acme Cleveland
1993 Ed. (3378, 3382)
1992 Ed. (4058, 4062)
Acme Continental Credit Union
2008 Ed. (2211)
2006 Ed. (2159)
2004 Ed. (1927)
2003 Ed. (1889)
2002 Ed. (1828)
Acme Frame Products
1998 Ed. (2854)
Acme, Jewel, Lucky, Osco
2000 Ed. (3812)
Acme Market
2004 Ed. (2146)
Acme Metals
1996 Ed. (1741)
Acme Mills Co. Inc.
1991 Ed. (3515)
1990 Ed. (3707)
Acme Packet
2008 Ed. (2458, 4287)
2006 Ed. (3176)
Acme Rents
1995 Ed. (2431)
1994 Ed. (2361)
1993 Ed. (2409)
1992 Ed. (2852)
1990 Ed. (2431)
1989 Ed. (1890)
Acme Super Center
1999 Ed. (2820)
1998 Ed. (2065)
Acme Truck Line Inc.
2008 Ed. (4767)
2007 Ed. (4845)
2003 Ed. (4783)
Acme United Corp.
2008 Ed. (4374)
2005 Ed. (2782)
ACN Abendzeitungen
2001 Ed. (3544)
Acne remedies
2003 Ed. (4439)
2002 Ed. (4285)
Acne treatments
2004 Ed. (4431)
ACNielsen Corp.
2003 Ed. (1476, 4077)
2002 Ed. (3253, 3255)
2001 Ed. (4046, 4047)
ACNielson
2008 Ed. (3005)
Aco
1999 Ed. (1056)
Acom
2007 Ed. (2548)
Acominas
2005 Ed. (1563)
Acominas Aco Minas Gerais S.A.
1994 Ed. (1331, 1333)
Aconex
2006 Ed. (1131, 1555)
Aconite
1992 Ed. (2437)
Acorda Therapeutics Inc.
2008 Ed. (4287)
Acordia Inc.
2007 Ed. (3096)
2006 Ed. (3071, 3081)
2005 Ed. (3069, 3070, 3073, 3074, 3078)
2004 Ed. (3059, 3062, 3063, 3066)
2003 Ed. (2972)
2002 Ed. (2853, 2856, 2859, 2860, 2861, 2863)
2001 Ed. (2915)
2000 Ed. (2661, 2662, 2663, 2664)
1999 Ed. (2906, 2907, 2909)
1998 Ed. (2120, 2121, 2122, 2124)
1997 Ed. (2413, 2414)
1996 Ed. (2273, 2274, 2275, 2276)
1995 Ed. (2270, 2271)
1994 Ed. (2224, 2226)
Acordia of Michigan Inc.
1999 Ed. (2912)
1998 Ed. (2127)
Acordia of Northeast Ohio
2001 Ed. (2912)
Acorn
1996 Ed. (2638)
Acorn Asset Management
1991 Ed. (2205)
Acorn Derivatives
1997 Ed. (2519)
Acorn Fund
1995 Ed. (2676, 2696, 2703, 2724, 2731)
1994 Ed. (2602)
1990 Ed. (2390)
Acorn International Fund
2002 Ed. (2163)
Acos Vill
1992 Ed. (3768)
Acousti Engineering Co.
2001 Ed. (1484)
Acousti Engineering Co. of Florida Inc.
2008 Ed. (1268, 1277, 1324, 1339)
2007 Ed. (1372)
2006 Ed. (1183, 1297, 1336, 1345)
2005 Ed. (1324)
2004 Ed. (1319)
2003 Ed. (1319)
2002 Ed. (1301)
The Acoustical Group Inc.
2008 Ed. (1272)
ACP Gruppe
2007 Ed. (1596)
Acqua di Gio Eau de Toilette
2008 Ed. (2768)
Acqua di Gio pour Homme
2008 Ed. (2769)
2003 Ed. (2551)
2001 Ed. (2527)
Acqua di Gio Pour Homme; Giogio Arman's
2006 Ed. (2662)
Acquest Capital
1991 Ed. (2240)
Acquest Realty Advisors
1996 Ed. (3169)
Acquisition Software Inc.
2004 Ed. (1341)
Acquisition Solutions Inc.
2005 Ed. (1346)
Acresis
2003 Ed. (51)
2001 Ed. (112)
Acro Service Corp.
2007 Ed. (292, 3567, 4397, 4427)
2006 Ed. (3520, 3540, 4359, 4379)
2001 Ed. (4502)
2000 Ed. (4227)
1999 Ed. (4575)
AcroMed Corp.
1999 Ed. (2643)
Acrongenomics Inc.
2007 Ed. (4699)
Acronis Inc.
2008 Ed. (1136)
Acronym Finder
2005 Ed. (3191)
Acrylics
2001 Ed. (2628)
2000 Ed. (3569)
Acrysof Acrylic Foldable Iol
2000 Ed. (3379)
Acrysof/Acrysof Acrylic Foldable IOL
1997 Ed. (2966)
ACS
2008 Ed. (1186, 1189, 2084, 2085)
2007 Ed. (1287, 1288, 1291, 1987, 1988, 1989, 1991)
2006 Ed. (2777)
2005 Ed. (2802)
ACS Actividades de Construccion y Serv.
2003 Ed. (1333)
ACS Actividades de Construccion y Servicios S.A.
2000 Ed. (1214)
ACS Business Process Solutions Inc.
2005 Ed. (1990, 1991)
2004 Ed. (1874, 1875)
ACS Enterprises
1997 Ed. (3914)
1995 Ed. (3777)
ACS Group
2008 Ed. (2086)
2007 Ed. (1290, 1990)
ACS; Grupo
2008 Ed. (1286, 1297, 1302, 1303)
2006 Ed. (1303, 1311, 1316, 1317, 1318, 1700)
ACS International
2005 Ed. (2599)
ACS International Resources Inc.
2008 Ed. (3702, 4376)
2006 Ed. (3506, 4345)
ACS Media Income Fund
2007 Ed. (4055)
ACS:180 Plus
1996 Ed. (2594)
ACS Systems & Engineering Inc.
2004 Ed. (1348, 1355)
Acscentaur/Automated Chemiluminescence
2000 Ed. (3075)
1999 Ed. (3336)
Acsys, Inc.
2003 Ed. (2711)
Act Inc.
2008 Ed. (742, 743, 3761)
2003 Ed. (3460, 3461)
2002 Ed. (3404, 3405)
1999 Ed. (299, 1828, 3458)
1996 Ed. (1527, 3259)
1994 Ed. (2570)
1993 Ed. (1471)
Act for Kids
2003 Ed. (3460)
2002 Ed. (3405)
1999 Ed. (1828, 3458)
Act II Microwavable, Butter Lovers
1995 Ed. (2955)
Act II Microwavable, Buttered
1995 Ed. (2955)
Act II Microwavable, Lite Butter
1995 Ed. (2955)
Act II Microwavable, Lite Regular
1995 Ed. (2955)
Act II Microwavable, Regular
1995 Ed. (2955)
ACT Manufacturing Inc.
2004 Ed. (2241, 2260)
2003 Ed. (2240)
2001 Ed. (1460)
Act-1 Group
2008 Ed. (177, 179, 3690, 3696, 4954, 4986)
2007 Ed. (194, 196, 3526, 3535, 3536, 4984)
2006 Ed. (188, 190, 3492, 3498, 4342)
2005 Ed. (175)
Act One Personnel Services
2004 Ed. (173)
2003 Ed. (4991)
2002 Ed. (3376, 4990)
2000 Ed. (4435)
1999 Ed. (4814)
1998 Ed. (3764)
1997 Ed. (3918)
1996 Ed. (3882)
ACT! 2.0
1993 Ed. (1068)
Acta Technology
2003 Ed. (1110)
ACTANO GmbH
2008 Ed. (2097)
Actava Group Inc.
1996 Ed. (1229)
Actavis Group hf.
2008 Ed. (3955)
2007 Ed. (1764)
Actcom Inc.
2007 Ed. (2836)
2006 Ed. (2829)
Actcom Security Solutions
2007 Ed. (4291)
2006 Ed. (2837)
Actel Corp.
2001 Ed. (3910, 3911)

2000 Ed. (4001)
1999 Ed. (4278)
1998 Ed. (3283)
1997 Ed. (1105)
Actelis Networks
2002 Ed. (2987)
Actema Corp.
2004 Ed. (3030)
Acterna Corp.
2005 Ed. (3046, 4641)
2004 Ed. (3031, 4312, 4580)
2003 Ed. (2131, 2133, 4302)
Actibath
1994 Ed. (675)
Acticrece
2004 Ed. (3656)
Actifed
1996 Ed. (203, 1025, 1033)
1995 Ed. (2898)
1994 Ed. (1574, 1576)
1993 Ed. (210, 1008)
1992 Ed. (314, 1244, 1252, 1256, 1257)
1991 Ed. (992, 997, 998)
Actimize
2005 Ed. (4612)
ACTION
1995 Ed. (1666)
1994 Ed. (1928)
1993 Ed. (868)
1992 Ed. (1027)
1990 Ed. (2622)
Action Boat Brokers
1991 Ed. (718)
Action Electric Co.
2008 Ed. (1293)
2006 Ed. (1307)
Action figures
2005 Ed. (4728)
1999 Ed. (4633)
Action Group
1995 Ed. (2800)
Action/Home Choice
1999 Ed. (2550)
Action International
2006 Ed. (688)
2005 Ed. (783)
2004 Ed. (802)
2003 Ed. (783)
2002 Ed. (912)
Action International Business Coaching
2008 Ed. (757)
2007 Ed. (784)
Action Labor
2007 Ed. (3545, 4406, 4991)
Action Lane
1999 Ed. (2545)
Action Man
1996 Ed. (3726)
1995 Ed. (3645)
Action Marketing Group
2008 Ed. (3595)
Action Multimedia
2002 Ed. (2495)
Action Nissan
1993 Ed. (279, 298)
1990 Ed. (311)
Action Pay-Per-View
1998 Ed. (594)
Action Performance Cos., Inc.
2004 Ed. (4093)
Action Resources Inc.
2006 Ed. (4338)
Action Savings
1992 Ed. (3311)
Action Service Corp.
2007 Ed. (3596)
Action Set
1993 Ed. (3600)
1990 Ed. (3620)
Action TV & Appliance Rental
1998 Ed. (1790)
Action Wood Technologies
2006 Ed. (4994)
Actional Corp.
2005 Ed. (1149, 1151)
Actipatrimonial
2005 Ed. (3580)
Activalores
2008 Ed. (741)
2007 Ed. (765)
Activant Solutions
2008 Ed. (4803)
Activase
2000 Ed. (1707)
1993 Ed. (1529)
1992 Ed. (1868)
ActivCard Corp.
2008 Ed. (1136, 1139)
Activcard SA
2002 Ed. (3547, 3565, 3566, 4200)
Active Burgess Mould & Design
2008 Ed. (3746)
2006 Ed. (3922)
Active Endeavors Inc.
2006 Ed. (3501)
Active International
2005 Ed. (121)
2004 Ed. (120)
Active Marketing Group
2006 Ed. (3413)
2005 Ed. (3404)
Active Navigation
2007 Ed. (3063)
The Active Network
2008 Ed. (3620)
Active Senior Citizens Working to Preserve Social Security
1998 Ed. (1280)
Active Software Inc.
2001 Ed. (2861)
Active Tool & Mfg. Co.
1989 Ed. (928)
Active Transportation Co.
2002 Ed. (715, 716)
2001 Ed. (714)
2000 Ed. (743, 3143, 4310)
1999 Ed. (731, 4679)
1998 Ed. (3632)
Active USA Inc.
2007 Ed. (4843)
Active Voice
2000 Ed. (4363)
1992 Ed. (4415)
Active Way
2006 Ed. (4300)
ActiveHealth Management
2008 Ed. (3269)
ActiveLight
2005 Ed. (4092)
ActiveTrader
2002 Ed. (4807)
Activewear
2005 Ed. (1004, 1005, 1006, 1009)
Activewear Business
1992 Ed. (2961)
Actividades de Construccion y Servicios SA
2008 Ed. (1186, 1189, 2084, 2085)
2007 Ed. (1287, 1288, 1291, 1987, 1988, 1989, 1991)
Activision Inc.
2007 Ed. (1223, 1233, 4786)
2006 Ed. (1119, 1122, 4780)
2004 Ed. (1125, 4660)
2003 Ed. (4548)
2002 Ed. (1154, 2479)
1999 Ed. (1255, 1287)
Activision Publishing
2003 Ed. (2603)
Acton MBA in Entrepreneurship
2008 Ed. (768, 784)
2007 Ed. (793, 805)
2006 Ed. (700, 720)
Actors Credit Union
2008 Ed. (2210)
2007 Ed. (2098)
2006 Ed. (2173)
Actos
2002 Ed. (2023)
Actrade Financial Tech
2003 Ed. (4440)
Actrade Financial Technologies Ltd.
2004 Ed. (2596)
Actrade International
2001 Ed. (1577)
ACTS, Inc.
1999 Ed. (1935, 1936)
1998 Ed. (2055, 3099)
Actuant Corp.
2008 Ed. (845)
2006 Ed. (2741)
Actuarial/benefits management
1998 Ed. (544)
Actuarial Management Resources Inc.
2008 Ed. (16)
Actuary
1989 Ed. (2088, 2089, 2094, 2095)
Actus Audit
1999 Ed. (14)
1997 Ed. (13, 14)
1996 Ed. (16, 17)
ACTV Inc.
2003 Ed. (826)
Acuff Jr.; A. Marshall
1995 Ed. (1860)
ACUITY
2006 Ed. (4328)
ACUITY, a Mutual Insurance Co.
2008 Ed. (4345)
2007 Ed. (4392)
Acuity All Cap 30 Canadian Equity
2006 Ed. (2512)
2005 Ed. (3567, 3568)
Acuity Brands Inc.
2008 Ed. (2418)
2007 Ed. (2285, 2339)
2006 Ed. (2347, 2348, 2350, 2397)
2005 Ed. (2280, 2285, 2341)
2004 Ed. (2179, 2184, 2242)
2003 Ed. (2130, 2132)
Acuity Clean Environment Equity
2003 Ed. (3590)
Acuity Clean Environment Global Equity
2003 Ed. (3599, 3600)
Acuity Fixed Income
2006 Ed. (3665)
Acuity High Income
2006 Ed. (3664)
Acuity Income Trust
2006 Ed. (3666)
Acuity Pooled Canadian Balanced
2006 Ed. (3664)
2004 Ed. (3612)
2003 Ed. (3560)
Acuity Pooled Canadian Balanced Investment
2002 Ed. (3428)
2001 Ed. (3457, 3458, 3459)
Acuity Pooled Canadian Equity
2004 Ed. (2471)
2003 Ed. (3566)
2002 Ed. (3434, 3436)
2001 Ed. (3463, 3464, 3465)
Acuity Pooled Canadian Small Cap
2006 Ed. (3666)
2005 Ed. (3567)
Acuity Pooled Conservative Asset Allocation
2006 Ed. (3664)
Acuity Pooled Core Canadian Equity
2005 Ed. (3567)
Acuity Pooled Environment Science & Tech
2003 Ed. (3603, 3604, 3605)
Acuity Pooled Environment, Science & Technology
2002 Ed. (3443, 3467, 3468)
2001 Ed. (3472, 3494, 3495)
Acuity Pooled Fixed Income
2006 Ed. (3665)
2004 Ed. (725, 726, 727)
2003 Ed. (3563)
2002 Ed. (3431, 3432, 3433)
2001 Ed. (3460, 3461, 3462)
Acuity Pooled Global Equity
2003 Ed. (3575)
2002 Ed. (3437)
2001 Ed. (3466)
Acuity Pooled High Income
2006 Ed. (3664)
Acuity Pooled Income Trust
2006 Ed. (3666)
Acular
1996 Ed. (2871)
Acular and Acular PF
2001 Ed. (3588)
Acular/solution
1997 Ed. (2966)
1995 Ed. (2810)
Acumed
2003 Ed. (3212)
Acumen
2001 Ed. (2348)
Acumen Alliance
2004 Ed. (7)
2002 Ed. (4, 6)
Acura
2008 Ed. (330)
2007 Ed. (309, 343)
2006 Ed. (313, 357, 362)
2005 Ed. (279, 343, 352)
2004 Ed. (343)
2003 Ed. (305, 361)
2002 Ed. (349, 389)
2001 Ed. (453, 484)
2000 Ed. (338, 339, 349)
1999 Ed. (354)
1998 Ed. (211, 212, 227, 228)
1997 Ed. (299, 303, 307, 2229)
1996 Ed. (321, 322)
1995 Ed. (311, 312)
1994 Ed. (313, 319, 320)
1993 Ed. (265, 266, 305, 306, 307, 308, 330, 331, 333)
1992 Ed. (437, 438, 455)
1991 Ed. (318, 326)
1990 Ed. (300, 343, 364, 367)
1989 Ed. (1196)
Acura Carland
1996 Ed. (262)
1995 Ed. (258)
1994 Ed. (259)
Acura CL
2001 Ed. (495)
Acura Integra
1996 Ed. (3764)
1995 Ed. (3431)
1993 Ed. (325)
1992 Ed. (450, 454, 2410)
1991 Ed. (313)
Acura Legend
1996 Ed. (348, 3764)
1995 Ed. (318)
1994 Ed. (312, 318)
1993 Ed. (326, 329, 349)
1992 Ed. (444, 451)
1991 Ed. (350)
1989 Ed. (348)
Acura Legend Coupe
1989 Ed. (2042)
Acura of Boston
1996 Ed. (262)
1995 Ed. (258)
1994 Ed. (259)
1992 Ed. (405)
Acura of Seattle
1991 Ed. (300)
Acura of Westchester
1996 Ed. (262)
1995 Ed. (258)
1994 Ed. (259)
1993 Ed. (290)
1992 Ed. (405)
1991 Ed. (300)
Acura Southwest
1994 Ed. (259)
1993 Ed. (290)
Acura TL
2004 Ed. (345)
2001 Ed. (489)
Acushnet Co.
2005 Ed. (3378)
2004 Ed. (3349, 3350)
2003 Ed. (3286)
Acushnet Cos.
2005 Ed. (4434)
Acuson
2000 Ed. (3079)
1999 Ed. (3339)
1997 Ed. (2745, 3644)
1996 Ed. (1628, 2595)
1994 Ed. (2161)
1993 Ed. (2528)
1992 Ed. (1035, 3010)
1990 Ed. (1992)
1989 Ed. (1568, 1572, 1667, 2495, 2499)
Acusphere Inc.
2005 Ed. (4254)
Acustaf Development Corp.
2003 Ed. (1364)
Acustar
1993 Ed. (2868)

Acustar Inc. (Chrysler)
1992 Ed. (465)
Acute arthritis
1996 Ed. (3884)
Acutrim
2002 Ed. (4889)
2001 Ed. (2009, 2010)
2000 Ed. (1669)
1998 Ed. (1271, 1351)
1996 Ed. (1549)
1993 Ed. (1484)
Acutrim Flextime
1996 Ed. (1547)
Acutrim II
1998 Ed. (1271, 1351)
1997 Ed. (1608, 1609, 1666, 1667)
1996 Ed. (1547)
1995 Ed. (1603, 1604)
Acutrim Late Day
1998 Ed. (1271, 1351)
Acutrim 16-Hour
1995 Ed. (1603, 1604)
Acuvue
1995 Ed. (2815)
1992 Ed. (3303)
Acuvue Bifocal Contacts
2001 Ed. (3594)
ACX Technologies
1995 Ed. (1367)
Acxiom Corp.
2008 Ed. (3173, 3196)
2006 Ed. (4293)
2004 Ed. (3015, 3018)
Acxiom Digital
2008 Ed. (2477)
AD & D Dungeon Hack
1995 Ed. (1106)
Ad Busters
2002 Ed. (4870)
AD Communications
2002 Ed. (3868)
1996 Ed. (3124)
1995 Ed. (3021)
1994 Ed. (2963)
Ad Force-J. Walter Thompson
1993 Ed. (108)
Ad Force-JWT
1995 Ed. (84)
1994 Ed. (95)
Ad Ideas of Wisconsin Inc.
2007 Ed. (3616)
Ad Industries Inc.
1998 Ed. (2699)
AD Newsletter
1989 Ed. (277)
AD OPT Technologies Inc.
2004 Ed. (1661)
2003 Ed. (1630, 2936)
Ad specialties
2001 Ed. (3921)
Ad Team
1994 Ed. (65)
1989 Ed. (106)
Ad Works McCann
2003 Ed. (183)
2002 Ed. (213)
2001 Ed. (243)
Ada County, ID
2008 Ed. (3478)
ADA Diversified Futures Ltd.
2004 Ed. (3620)
Ada, OK
1992 Ed. (345)
ADA Technologies Inc.
2008 Ed. (1672, 1673)
Adac Laboratories
1995 Ed. (884)
Adacel Inc.
2006 Ed. (1601, 2811)
2005 Ed. (1697)
2004 Ed. (1661)
2003 Ed. (1630)
Adair Group Inc.
2004 Ed. (3969)
Adalat
1993 Ed. (1530)
1992 Ed. (1841, 1870)
Adalat CC
1997 Ed. (1656, 2741)
1996 Ed. (1578, 2598)
1995 Ed. (1590)
Adam & Eve
1998 Ed. (594)
Adam II; Hans
2005 Ed. (4880)
A.D.A.M. Inside Story
1998 Ed. (848)
Adam Katz
2003 Ed. (225)
Adam Le Mesurier
1997 Ed. (1958)
Adam Leight
2000 Ed. (1948)
1999 Ed. (2161, 2177)
1998 Ed. (1574, 1589)
1997 Ed. (1927, 1935)
Adam M. Aron
2006 Ed. (1097, 1098)
2005 Ed. (1103)
Adam, Meldrum & Anderson
1990 Ed. (2120)
Adam Opel AG
2004 Ed. (4795)
2002 Ed. (4669)
2001 Ed. (4619)
2000 Ed. (4295)
1999 Ed. (4656)
1997 Ed. (3791)
1996 Ed. (1353, 3735)
1995 Ed. (3659)
1993 Ed. (1739)
Adam Quinton
1999 Ed. (2288)
1997 Ed. (1964)
Adam Sandler
2004 Ed. (2408)
2003 Ed. (2328)
2001 Ed. (8)
Adam Tanitim Hizmetleri
1995 Ed. (134)
Adam Waldo
2000 Ed. (1991)
Adam Wholesaler
1991 Ed. (806)
Adam Wholesalers Inc.
1992 Ed. (987)
Adamar of New Jersey Inc.
2001 Ed. (1812)
Adamjee Insurance
2002 Ed. (3044)
Adams
2005 Ed. (1571)
2000 Ed. (975)
1992 Ed. (54)
Adams; Adrian
2007 Ed. (1011)
Adams & Associates Inc.
2005 Ed. (1374)
2004 Ed. (1358)
Adams & Smith Inc.
2000 Ed. (1269)
1999 Ed. (1377)
1997 Ed. (1164)
Adams Bank & Trust Co.
1996 Ed. (392)
1993 Ed. (509)
1989 Ed. (204, 214)
Adams Brands Manufacturing
2001 Ed. (2616)
Adams; Bryan
1995 Ed. (1118, 1120)
Adams Bubbleicious
2000 Ed. (1040)
Adams Business Forms
2000 Ed. (912, 914)
1999 Ed. (962)
Adams Cinn-A-Burst
2000 Ed. (1040)
Adams Colway & Associates
1998 Ed. (3480)
Adams County Bank
1997 Ed. (501)
1996 Ed. (542)
Adams Dentyne
2000 Ed. (1040)
Adams-Gabbert & Associates Inc.
2005 Ed. (1831)
Adams Golf Inc.
2008 Ed. (2108)
2000 Ed. (1098, 4043)
Adams, Harkness & Hill Inc.
1991 Ed. (2166)
Adams; Marcel
2005 Ed. (4871)
Adam's Mark Hotel
2002 Ed. (2645)
1998 Ed. (2038)
1992 Ed. (2513)
1991 Ed. (1948, 1957)
1990 Ed. (244, 1219, 2099)
Adam's Mark Hotel Dallas
2000 Ed. (2538, 2576)
Adam's Mark International Conference & Exposition Center
2001 Ed. (2351)
Adams McClure
2007 Ed. (3985)
2006 Ed. (3930)
2000 Ed. (3146)
Adams-McClure LP
2002 Ed. (3761)
Adams Media Corp.
2001 Ed. (3951)
1997 Ed. (3223)
Adams Outdoor Advertising
1998 Ed. (91)
Adams; Raymond
1993 Ed. (1458)
Adams Res & Energy
1998 Ed. (2822)
Adams Research & Energy
1997 Ed. (3085)
1996 Ed. (3005)
Adams Resources & Energy Inc.
2008 Ed. (3905)
2006 Ed. (3835)
2005 Ed. (3742)
2004 Ed. (2319, 3834)
2003 Ed. (1588, 1589, 1590)
2002 Ed. (1567, 1568, 1569, 2126)
2001 Ed. (1582)
1999 Ed. (3796)
1997 Ed. (233)
1994 Ed. (201)
Adams Respiratory Therapeutics Inc.
2007 Ed. (4279)
Adams Respiratory Therapy
2007 Ed. (3461)
Adams; Rex D.
1997 Ed. (3068)
1996 Ed. (2989)
1995 Ed. (1726)
1994 Ed. (1712)
Adams; Robin
2008 Ed. (964)
2007 Ed. (1043)
Adams Street Partners
2003 Ed. (4844)
Adam's Supermarket
2004 Ed. (4639)
Adams Trident
2000 Ed. (1041)
Adams 12 Five Star Schools
2008 Ed. (2494)
2007 Ed. (2377)
2006 Ed. (2432)
2005 Ed. (2391)
2004 Ed. (2307)
2002 Ed. (2418)
Adams Co.; W. R.
1997 Ed. (1159)
1996 Ed. (1130)
Adams Wholesalers
1993 Ed. (782)
Adana Cimento (A)
1994 Ed. (2336)
ADAPT
2006 Ed. (1968)
2005 Ed. (1936, 1937, 1938)
Adaptec Inc.
2008 Ed. (1602)
2002 Ed. (2099)
2000 Ed. (1752)
1998 Ed. (1533, 3410)
1997 Ed. (3640)
1991 Ed. (2652)
Adaptive International
2003 Ed. (1618)
Adare Integrated Inc.
2007 Ed. (1882)
AdAsia Communications
2008 Ed. (112)
2007 Ed. (102)
2006 Ed. (113)
2005 Ed. (104)
2004 Ed. (108)
2003 Ed. (32)
Adason Properties
1996 Ed. (2921)
Adastra Corp.
2007 Ed. (1616, 1942)
Adastra Erste Beteiligungs GmbH
2003 Ed. (4396)
ADATC
2006 Ed. (1940)
Adaytum Software, Inc.
2002 Ed. (2472)
Adbroke Group PLC
1994 Ed. (3247)
ADC Telecommunications Inc.
2008 Ed. (1135, 1403, 4261)
2007 Ed. (914, 4565)
2006 Ed. (1084, 1885, 3693, 4471)
2005 Ed. (1090, 4466, 4469)
2004 Ed. (1081, 1083, 4491, 4493, 4495, 4496, 4666)
2003 Ed. (826, 1069, 2198, 3631, 4541, 4543, 4687, 4690)
2002 Ed. (1122, 1526, 1547, 1565, 1573, 3248, 4561, 4563)
2001 Ed. (4453, 4455, 4457)
1999 Ed. (4544)
1993 Ed. (1045)
1992 Ed. (1293, 3675)
1991 Ed. (1014, 2844)
1990 Ed. (1106)
1989 Ed. (963)
Adchem Corp.
2004 Ed. (18)
2003 Ed. (13)
ADCO Constructions
2004 Ed. (1154)
ADCO Products, Inc.
2004 Ed. (18)
2003 Ed. (13)
Adcom
2002 Ed. (152)
2001 Ed. (180)
Adcom & Grey
1989 Ed. (156)
Adcom/DDB Needham
2000 Ed. (102)
1999 Ed. (97)
Adcom/DDB Worldwide/Honduras
2001 Ed. (142)
Adcomm
2001 Ed. (107)
The Addams Family
1993 Ed. (2599)
Added Value
2002 Ed. (3256, 3261)
The Added Value Company
2000 Ed. (3048)
Addenda Capital Inc.
2008 Ed. (1620, 1625)
Adderley; Bill & Jean
2008 Ed. (4897)
Addiction
2001 Ed. (3723)
Addington Resources
1990 Ed. (1976)
Addison
1999 Ed. (2840)
1995 Ed. (2225, 2226, 2227, 2229)
1994 Ed. (149, 2175)
1993 Ed. (165, 2158)
1992 Ed. (261, 1885, 2589)
1991 Ed. (1484, 2014)
1990 Ed. (1276, 1589)
Addison Avenue Credit Union
2008 Ed. (2220)
2007 Ed. (2105)
2006 Ed. (2162, 2184)
2005 Ed. (2089)
2004 Ed. (1948)
Addison Capital Shares
1997 Ed. (2897)
Addison Consultancy
1990 Ed. (1670, 2170)
Addison Corp. Marketing
2002 Ed. (1954)
Addison-Wesley
1990 Ed. (1583)
Addison Worldwide
1992 Ed. (2588)

Additives
2005 Ed. (309)
Additives, gasoline
1999 Ed. (946)
Additives, medicinal feed
1999 Ed. (4710)
Additives, nutritional feed
1999 Ed. (4710)
Additives, plastics
1999 Ed. (1111, 1112, 1114)
ADDvantage Technologies Group Inc.
2006 Ed. (2741)
ADE Corp.
2006 Ed. (1875)
ADE Phase Shift
2007 Ed. (4699)
ADE/Plaza Auto Parts
2006 Ed. (4365)
Adea Solutions
2008 Ed. (271, 3704)
2007 Ed. (292, 2016, 3546)
2006 Ed. (2046, 3508, 3541, 4347, 4380)
2005 Ed. (1977)
Adebayo Ogunlesi
2004 Ed. (176)
Adecco
2006 Ed. (2430)
2002 Ed. (1776)
2001 Ed. (1067, 1250)
2000 Ed. (1563)
1999 Ed. (4574, 4575)
Adecco Employment Services
2006 Ed. (2429)
2005 Ed. (180, 819)
2002 Ed. (4598)
2001 Ed. (4502)
2000 Ed. (4228, 4230)
1999 Ed. (4576)
Adecco SA
2008 Ed. (2093, 2094, 4664)
2007 Ed. (841, 2000, 2001, 4367, 4744)
2006 Ed. (2030, 2031, 4300)
2005 Ed. (1967)
2004 Ed. (845, 3750)
2003 Ed. (1830, 3706, 4608)
2001 Ed. (1861, 1863)
Adecco, The Employment People
2004 Ed. (180)
Adecco - The Employment Services
2000 Ed. (4227)
Adecco Travail Temporaire
2004 Ed. (4411)
Adekunle Adeyeye
2003 Ed. (4685)
Adel Saatchi & Saatchi
2000 Ed. (65, 92, 100, 122, 124)
1991 Ed. (103)
1989 Ed. (111)
Adel/Saatchi & Saatchi Advertising
1996 Ed. (92)
1993 Ed. (103)
1990 Ed. (106)
Adel/SSA
1999 Ed. (94, 116)
1997 Ed. (93)
1995 Ed. (78)
1994 Ed. (91)
1992 Ed. (154)
Adelaide Bank
2006 Ed. (414)
2004 Ed. (449)
2003 Ed. (463)
2002 Ed. (523)
Adelaide Brighton
2008 Ed. (1567)
2007 Ed. (1588)
2004 Ed. (798)
2002 Ed. (861)
Adelaide Community Healthcare
2004 Ed. (3955)
Adell Saatchi & Saatchi
2003 Ed. (71, 78, 100, 102, 162)
2002 Ed. (106, 113, 134, 136, 202)
2001 Ed. (109, 134, 140, 160, 162)
Adelman; Laurence
1995 Ed. (1806)
Adelman; Lawrence
1997 Ed. (1855, 1902)
Adelphia
1993 Ed. (811)
Adelphia Business Solutions
2002 Ed. (2994)
2001 Ed. (2422)
Adelphia Cable Communications
1998 Ed. (590)
Adelphia Communications Corp.
2008 Ed. (827, 1402, 1405, 1431, 1685, 1686)
2007 Ed. (866, 867, 1443, 4582, 4584)
2006 Ed. (768, 769, 2264, 3554)
2005 Ed. (420, 842, 845, 847)
2004 Ed. (412, 865, 866, 868)
2003 Ed. (825, 828, 829, 830, 1581)
2002 Ed. (923, 924, 3281)
2001 Ed. (1091, 3250)
1998 Ed. (588)
1997 Ed. (874)
1996 Ed. (855, 858)
1994 Ed. (828, 832)
1991 Ed. (1148)
Adelphia Great Lakes Region
2004 Ed. (867)
Adelphia Northeast Region
2005 Ed. (844)
Adelphia Southern California
2005 Ed. (844)
Adelson; Sheldon
2008 Ed. (4835, 4839, 4881, 4882)
2007 Ed. (4899, 4908)
2006 Ed. (4908)
2005 Ed. (4844, 4854)
Ademco Group
2000 Ed. (2461)
Adenoscan
1997 Ed. (2746)
Adept Technology
1991 Ed. (950, 2902, 3146)
1990 Ed. (1020, 3304)
Adeptra
2007 Ed. (2824)
Ader; Jason
1997 Ed. (1919)
Adera Nucleus
2002 Ed. (1952, 1953, 1956)
Ades and bases, drink
1999 Ed. (4509)
Adesso Systems
2006 Ed. (1102)
Adexa, Inc.
2003 Ed. (2719)
2002 Ed. (2472, 2479)
ADF Group
2008 Ed. (3657)
AdFarm
2008 Ed. (190, 191, 193, 195, 3494, 3497)
2007 Ed. (203, 204, 206, 208, 3378)
2006 Ed. (195, 196, 198, 200)
2005 Ed. (183, 184, 186, 188)
AdFarm Partnership
2006 Ed. (1597)
ADFlex Solutions
1997 Ed. (3358)
Adforce
2003 Ed. (85)
2002 Ed. (118)
2001 Ed. (145)
AdForce & JWT
1989 Ed. (117)
Adforce-J. Walter Thompson Co.
1991 Ed. (109)
1990 Ed. (111)
Adforce Jakarta (JWT)
2000 Ed. (105)
1999 Ed. (101)
AdForce/JWT
1997 Ed. (100)
1992 Ed. (160)
Adgate; Loren C.
1992 Ed. (532)
Adhesive bandages
2002 Ed. (2284)
Adhesive tape
2002 Ed. (2284)
Adhesives
2007 Ed. (2755)
2006 Ed. (2749)
2001 Ed. (538, 1207, 3811, 3845)
1999 Ed. (1111)
1996 Ed. (952)
1992 Ed. (3747)
Adhesives and paints
1994 Ed. (2889)
Adhesives & sealants
2002 Ed. (1035)
2001 Ed. (1210)
1999 Ed. (1112, 1114)
Adhesives/inks/coating
1993 Ed. (2867)
Adhesives Research Inc.
2004 Ed. (18)
2003 Ed. (13)
ADI Corp.
1990 Ed. (1132)
Adi Godrej
2006 Ed. (4926)
ADI Group Inc.
2005 Ed. (1700)
2004 Ed. (3961)
ADI Corp. Information Corp.
1992 Ed. (1323, 1324)
ADI Kulkoni Electronics
2001 Ed. (3114)
Adia
1992 Ed. (1608)
Adia Advertising
2003 Ed. (55)
2002 Ed. (88)
2001 Ed. (116)
2000 Ed. (72)
1999 Ed. (68)
1997 Ed. (68)
Adia Services
1991 Ed. (3104)
Adibis
1995 Ed. (2491)
Adibis/BP
1993 Ed. (2477)
Adidas
2008 Ed. (273, 648, 652, 996, 4479, 4480)
2007 Ed. (295, 688, 1101, 1117, 4502, 4503, 4514)
2006 Ed. (293, 4445, 4446)
2005 Ed. (269, 270, 1601, 4429, 4430, 4431, 4432)
2004 Ed. (261)
2003 Ed. (300, 301)
2002 Ed. (4275)
2001 Ed. (423, 425, 3723, 4350)
2000 Ed. (323, 324, 4088)
1999 Ed. (309, 792, 4377, 4378, 4380)
1998 Ed. (200, 3349)
1997 Ed. (279, 280, 281, 3558)
1996 Ed. (251)
1995 Ed. (252)
1994 Ed. (244, 246)
1993 Ed. (256, 258, 260, 3376)
1992 Ed. (366, 367, 368, 4042, 4052)
1991 Ed. (262, 264, 3165, 3171)
1990 Ed. (289, 290)
1989 Ed. (279)
Adidas AG
2000 Ed. (2917)
1999 Ed. (3172)
1997 Ed. (2616)
1996 Ed. (2469)
Adidas Aktiegesellschaft
1995 Ed. (2432)
Adidas Aktiengesellschaft
1994 Ed. (2362)
Adidas Moves
2003 Ed. (2546)
2002 Ed. (2355)
Adidas-Salomon AG
2008 Ed. (1400, 1424)
2007 Ed. (129, 3814)
2006 Ed. (136)
2005 Ed. (4434)
2004 Ed. (3249)
2002 Ed. (4264)
2001 Ed. (1743, 3077)
Adidas-Salomon USA Inc.
2003 Ed. (4404)
Adidas Sarragan France
1996 Ed. (2469)
1995 Ed. (2432)
1994 Ed. (2362)
Adidas Sportschuhfabriken Adi Dassler Stiftung & Co. KG
1991 Ed. (2385)
Adidas U.K. Ltd.
2002 Ed. (36)
Adidas USA
2003 Ed. (18)
Adient
2002 Ed. (158)
Adig Investment
1997 Ed. (2546)
Adikes; Park T.
1994 Ed. (1720)
Adimos
2006 Ed. (2489)
Adirondack
2003 Ed. (734)
Adirondack Trust
1991 Ed. (629)
Aditi Corp.
2001 Ed. (2861)
Adjoined Consulting
2006 Ed. (809)
Adjustco Inc.
1994 Ed. (2284)
1991 Ed. (941)
1990 Ed. (1012)
1989 Ed. (918)
Adjusters & investigators
1998 Ed. (1326, 2694)
Adkerson; R. C.
2005 Ed. (2495)
Adkerson; Richard C.
2007 Ed. (1024)
Adler Bekleidungswerk AG & Co. KG Haibach
1994 Ed. (1031)
1993 Ed. (999)
1992 Ed. (1229)
1991 Ed. (986)
Adler Capital Management Inc.
1994 Ed. (1067)
Adler, Chomski & Warshavsky
2003 Ed. (90)
2002 Ed. (123)
2001 Ed. (150)
2000 Ed. (112)
Adler; George
1997 Ed. (1891)
1996 Ed. (1817)
1995 Ed. (1839)
1994 Ed. (1801)
1993 Ed. (1771, 1818)
Adler Modemaekte GmbH
2000 Ed. (1125)
Adler Modemaerkte GmbH
1999 Ed. (1206)
Adlestone; Mark
2007 Ed. (4931)
Adlink
1998 Ed. (587, 601)
1996 Ed. (856, 861)
1994 Ed. (830, 3487)
1993 Ed. (3513)
1992 Ed. (1018)
1991 Ed. (833, 841, 3283)
ADM
1999 Ed. (3428)
1996 Ed. (2912)
1994 Ed. (3362)
ADM/Growmark River Systems Inc.
2006 Ed. (4954)
2005 Ed. (4920, 4921)
ADM Milling Co.
1990 Ed. (1811)
ADM Ringaskiddy
2007 Ed. (609, 2616, 4774)
Admakers
1990 Ed. (143)
Admar Corp.
1999 Ed. (3883)
1998 Ed. (2912)
ADMAR Corp.'s Med Network
1997 Ed. (3159)
1996 Ed. (3079)
Admar Supply Co., Inc.
2008 Ed. (4239)
Admarketing Inc.
1995 Ed. (96)
1994 Ed. (59, 126)
1993 Ed. (68)
1992 Ed. (220, 1806)
1991 Ed. (69, 161)
1990 Ed. (73, 162)
1989 Ed. (62, 174)

Admar's Med Network
2000 Ed. (3603)
Admedia
2003 Ed. (77)
Admerasia
2008 Ed. (112)
2007 Ed. (102)
2006 Ed. (113)
2005 Ed. (104)
2004 Ed. (108)
2003 Ed. (32)
2002 Ed. (69)
Administaff Inc.
2008 Ed. (803, 805)
2007 Ed. (4533, 4571, 4587)
2004 Ed. (3781)
2003 Ed. (801, 1588, 1590, 3704, 3705, 4558)
2002 Ed. (1567, 1568, 1618, 3545, 3546)
2001 Ed. (3599)
2000 Ed. (3384)
Administradora de Fondos de Pensiones-Provida SA
2008 Ed. (1756)
Administration
1999 Ed. (2009)
1998 Ed. (3772)
Administrative assistants
2007 Ed. (3722)
2005 Ed. (3622)
Administrative Concept Corp.
2008 Ed. (1732)
Administrative Concepts Corp.
2007 Ed. (1703)
2004 Ed. (1704)
Administrative costs
1994 Ed. (2028, 2029)
Administrative expenses
2002 Ed. (3530)
Administrative law
1997 Ed. (2613)
Administrative Management Group
2005 Ed. (2679)
1997 Ed. (1716)
1993 Ed. (1590)
1992 Ed. (1941)
Administrative services managers
2007 Ed. (3720)
2005 Ed. (3625)
Administrative Services of Utah
2007 Ed. (1314)
Administrative Support
2000 Ed. (1787)
Administrators (education and related fields)
1991 Ed. (2630)
Administrators Network Inc.
1993 Ed. (2244)
1992 Ed. (1169, 2697)
1991 Ed. (941)
AdminServer
2008 Ed. (3250, 4042)
2007 Ed. (3103)
2006 Ed. (3086)
Admiral
2007 Ed. (3163)
1990 Ed. (2035, 2978)
Admiral Discount Tobacco
2005 Ed. (4139)
Admiral Group
2008 Ed. (1712, 2120)
2007 Ed. (1686, 2024)
Admiral Homes
2007 Ed. (1271)
Admiral Insurance Co.
2008 Ed. (3262, 3264)
2006 Ed. (3099, 3101)
2005 Ed. (3095)
2004 Ed. (1700, 1872, 3089)
2002 Ed. (2876)
2001 Ed. (2928)
1999 Ed. (2926)
1993 Ed. (2191)
1992 Ed. (2648)
1991 Ed. (2087)
Admiral Insurance Group
2002 Ed. (2901)
Admiral plc
2007 Ed. (3117)
2006 Ed. (3096)
Admiralty Bank
2000 Ed. (4055)
1999 Ed. (4337)
1998 Ed. (3314)
Adnational Directory Advertising
2004 Ed. (135)
ADNOC
1998 Ed. (1802)
Adnoc Special
1991 Ed. (53)
ADO Gardinenwerke Gmbh & Co.
1992 Ed. (1229)
Adobe
1998 Ed. (3777)
1990 Ed. (3136)
Adobe PageMaker, etc.
2000 Ed. (1171)
Adobe Photoshop Upgrade
1996 Ed. (1077)
Adobe Savings Bank
1990 Ed. (2476)
Adobe Systems Inc.
2008 Ed. (1125, 1128, 1131, 1154, 1609, 3012, 3015, 4610)
2007 Ed. (1226, 1228, 1230, 1233, 1257, 1442, 2892, 3008, 3055, 3688)
2006 Ed. (1119, 1122, 1123, 1124, 1126, 1127, 1492, 1577, 1582, 1584, 3022, 3036, 4079)
2005 Ed. (924, 1130, 1132, 1136, 1154, 1606, 3028)
2004 Ed. (1103, 1122, 1125, 1127, 1575, 4562)
2003 Ed. (1105, 1107, 1108, 2243, 2244, 2245, 3673, 4540)
2002 Ed. (1147, 1150, 2099, 2100)
2001 Ed. (4770)
2000 Ed. (1737, 1738, 1739)
1999 Ed. (1282, 1484)
1998 Ed. (843, 844, 855)
1997 Ed. (1086, 1087, 1107, 3300)
1996 Ed. (1073, 1628)
1995 Ed. (3094)
1994 Ed. (2715, 3045)
1993 Ed. (3337)
1992 Ed. (1327, 1328, 3993, 3994)
1991 Ed. (3138, 3139, 3140, 3141, 1872, 1873, 1874, 1875, 2571, 3148)
1990 Ed. (1966, 1968, 2581, 3296, 3298)
1989 Ed. (876, 877, 881, 1569, 1570, 2496, 2497)
Adobe Systems Canada Inc.
2007 Ed. (2803)
2006 Ed. (1606, 2811)
adobe.com
2001 Ed. (2978)
Adolf Merckle
2008 Ed. (4867)
2007 Ed. (4912)
Adolf Wirz
1990 Ed. (154)
1989 Ed. (165)
Adolf Wuerth GmbH & Co.
1999 Ed. (3349)
Adolf Wuerth GmbH & Co. KG
2002 Ed. (3307)
2001 Ed. (3282)
2000 Ed. (3086)
Adolfson & Peterson Construction
2008 Ed. (1180, 1242, 1707)
2007 Ed. (1280)
2006 Ed. (1174)
2004 Ed. (1288)
Adolp Coors Co.
1992 Ed. (930)
Adolph Coors Co.
2007 Ed. (616)
2006 Ed. (552, 561, 563, 570, 1650, 1659, 2549, 3287)
2005 Ed. (70, 236, 652, 657, 658, 659, 660, 661, 672, 744, 745, 1498, 1737, 1739, 1741, 1745, 2541)
2004 Ed. (75, 230, 670, 671, 672, 673, 772, 773, 1482, 1537, 1678, 1679, 1681, 1683, 1687, 2633, 2845, 4683)
2003 Ed. (264, 655, 658, 665, 666, 667, 668, 673, 1642, 1649, 1651, 1654, 2500)
2002 Ed. (691, 696, 1620, 1625, 3149)
2001 Ed. (70, 679, 689, 695, 696, 699, 1026)
2000 Ed. (714, 719, 730)
1999 Ed. (701, 702, 709, 714, 724, 810, 812, 814, 816, 1243, 1923, 4513)
1998 Ed. (443, 447, 448, 452, 455, 461, 501, 502, 813)
1997 Ed. (655, 656, 657, 661, 671, 716, 717, 718, 722, 1277, 1278, 1281, 1282, 2037)
1996 Ed. (718, 720, 722, 728, 739, 1941)
1995 Ed. (645, 646, 647, 651, 661, 1076, 1367, 1898)
1994 Ed. (127, 681, 683, 684, 685, 686, 689, 695, 704, 751, 1064, 1342, 1875)
1993 Ed. (56, 682, 683, 684, 686, 687, 748, 749, 1033, 1290)
1992 Ed. (34, 96, 97, 882, 883, 884, 929, 931, 934, 938, 1286, 1559, 2411, 4012)
1991 Ed. (9, 55, 705, 706, 707, 742, 743, 1009, 1913)
1990 Ed. (16, 756, 762, 1099, 2018)
1989 Ed. (726, 759, 1893, 1894)
Adolph Coors Foundation
2002 Ed. (981)
Adonel Concrete Inc.
2006 Ed. (2837)
Adonix
2007 Ed. (1238, 1735)
2006 Ed. (1727)
Adoration of the Magi, by Mantegna
1989 Ed. (2110)
AdOutlet.com
2001 Ed. (4760)
ADP
1999 Ed. (2878)
1995 Ed. (2256)
1994 Ed. (2206)
1991 Ed. (2072)
ADP Banking Information Services
1991 Ed. (1716, 3376, 3378)
ADP Canada Co.
2007 Ed. (2820)
2006 Ed. (2818)
ADP Gauselmann GmbH
1999 Ed. (3299)
1997 Ed. (2708)
1995 Ed. (2506)
ADP machine parts
1992 Ed. (2071, 2073, 2085)
ADP Marshall Co.
2001 Ed. (404)
2000 Ed. (312)
ADP Retirement Services
2007 Ed. (2641)
2006 Ed. (2658)
2005 Ed. (2679)
2004 Ed. (2682)
ADP TotalSource
2002 Ed. (2114)
2001 Ed. (3909)
AdPlanners/BJK & E
1989 Ed. (152)
Adray's
1992 Ed. (1937, 2425)
1990 Ed. (1647, 2030)
Adrenergic blockers
2000 Ed. (2322)
Adria
1990 Ed. (221, 231, 275)
Adrian Adams
2007 Ed. (1011)
Adrian Faure
2000 Ed. (2139)
1999 Ed. (2353)
Adrian G. Teel
1991 Ed. (2342)
Adrian Homes
2000 Ed. (1222)
Adrian Resources Ltd.
1999 Ed. (3684)
1992 Ed. (4148)
Adriana Lima
2008 Ed. (3745)
Adriatic Insurance Co.
2006 Ed. (3101)
Adriatica de Seguros
2008 Ed. (3261)
2007 Ed. (3118)
ADS Inc.
2007 Ed. (2173, 4011, 4016)
2001 Ed. (1657)
ADS Applied Decision Systems
1996 Ed. (3645, 3646)
Ads Limited
2003 Ed. (77)
2002 Ed. (112)
2001 Ed. (139)
2000 Ed. (98)
ADS Telemarketing
1997 Ed. (3704, 3705)
Adscene Group
2002 Ed. (3513)
ADSM
2008 Ed. (4654)
Adsorbent systems
2001 Ed. (3831)
ADT Ltd.
2005 Ed. (1522)
1992 Ed. (3314, 3315)
ADT Security Services Inc.
2008 Ed. (4066, 4067, 4298, 4301, 4302)
2007 Ed. (4042, 4294, 4296, 4297)
2006 Ed. (4268, 4270, 4271, 4272, 4273, 4274)
2005 Ed. (3934, 4290, 4291, 4292, 4294)
2004 Ed. (4351)
2003 Ed. (4327, 4328, 4330)
2002 Ed. (4204, 4541)
2000 Ed. (3906, 3919, 3920, 3921)
1999 Ed. (4200, 4201, 4202, 4203)
1998 Ed. (3202, 3203, 3204)
ADT Security Systems, Inc.
2001 Ed. (4201, 4202)
1997 Ed. (3414, 3415, 3416)
1996 Ed. (3309)
1995 Ed. (3212)
1993 Ed. (3115)
1992 Ed. (3826)
Adtec
1991 Ed. (1876, 3145)
Adtran Inc.
2007 Ed. (3693, 4704)
2005 Ed. (1089)
2004 Ed. (1080)
Adtrans Group
2004 Ed. (1651)
2002 Ed. (383)
Adu Dhabi
1992 Ed. (3449)
Adu Oktatasi Kozpont
2008 Ed. (2413)
Adulis Resources
2007 Ed. (1624)
Adult
1992 Ed. (3250)
Adult contemporary
2001 Ed. (3962)
Adult day care
1992 Ed. (2233)
Adult entertainment
2003 Ed. (850)
Adult Incontinence
2000 Ed. (1715, 3618)
Adult incontinence products
2002 Ed. (3637, 3769)
2001 Ed. (2083)
1997 Ed. (1674, 3174)
1990 Ed. (1955)
Adult videos
1993 Ed. (3669, 3670)
Adultvision
1998 Ed. (594)
Adv. Inner Circle White Oak
1998 Ed. (2601)
Adv. Innr. Cir.: Jrk. & Vyl. Bal.
1995 Ed. (2725)
Adv Med
1995 Ed. (204)
ADV Technical Products
2003 Ed. (4568)

ADVA Optical Networking
2006 Ed. (4082)
Advacom Inc.
2000 Ed. (1767)
Advaid Diskus
2007 Ed. (2242)
Advair
2008 Ed. (2379)
2007 Ed. (2243, 3910)
2005 Ed. (2248, 2251, 2253)
Advair Diskus
2008 Ed. (2378, 2381, 2382)
2007 Ed. (2246, 2247, 3911)
2006 Ed. (2313, 2315, 3882)
Advance
1997 Ed. (3696)
1996 Ed. (3081)
1991 Ed. (1929)
Advance Auto Parts Inc.
2008 Ed. (281, 324, 325, 326, 891, 1510, 2158, 2171, 4474, 4475, 4476, 4922)
2007 Ed. (296, 320, 322, 338, 339, 340, 4494, 4498)
2006 Ed. (295, 329, 354, 4441)
2005 Ed. (273, 274, 311, 312, 336, 896)
2004 Ed. (266, 270, 906)
2003 Ed. (307, 311)
2002 Ed. (421)
2001 Ed. (540)
1999 Ed. (362)
1998 Ed. (247)
1997 Ed. (325)
1996 Ed. (354)
1995 Ed. (336)
Advance Auto Parts Stores
2006 Ed. (4006)
Advance Bank
2002 Ed. (4620)
1999 Ed. (471)
1997 Ed. (412)
1996 Ed. (447)
1995 Ed. (423)
1994 Ed. (427)
Advance Business Graphics
2006 Ed. (3964)
Advance Capital Management Inc.
2002 Ed. (3022)
Advance Circuits
1991 Ed. (2764)
1990 Ed. (2902)
Advance/Conde Nast
1993 Ed. (2803)
Advance Direct
2002 Ed. (3761)
Advance Fast Fixin
2002 Ed. (2369)
Advance Federal Savings & Loan Association
1991 Ed. (2922)
Advance Food Co., Inc.
2002 Ed. (3276)
Advance Holding Corp.
2003 Ed. (307)
2001 Ed. (496)
Advance Info Service
2008 Ed. (93)
2007 Ed. (86)
2006 Ed. (96)
2005 Ed. (87)
2004 Ed. (92)
Advance Information Service Co.
2001 Ed. (85)
Advance Look Building Inspections
2008 Ed. (2388)
2007 Ed. (2250)
Advance Mechanical Systems Inc.
2006 Ed. (1309, 1339)
2003 Ed. (1237, 1242)
Advance/Newhouse
2005 Ed. (847)
Advance/Newhouse Communications Inc.
2006 Ed. (2264, 3554)
Advance-Newhouse Partnership
2008 Ed. (1100, 1697)
2007 Ed. (1194, 1672)
Advance Petroleum
2004 Ed. (4921)
Advance Publications Inc.
2008 Ed. (828, 3531, 3783, 4085)
2007 Ed. (152, 867, 3401, 3699)
2006 Ed. (160, 769, 3345, 3704)
2005 Ed. (845, 3357, 3600)
2004 Ed. (3332, 3685)
2003 Ed. (1419, 3272, 3641)
2002 Ed. (3282, 3283)
2001 Ed. (3230, 3540, 3709, 3887, 3953)
2000 Ed. (1108, 3050, 3333, 3463)
1999 Ed. (1188, 3307, 3612, 3743)
1998 Ed. (756, 2441, 2679, 2780)
1997 Ed. (873, 1015, 2718, 2942)
1996 Ed. (998)
1995 Ed. (1017, 2510)
1994 Ed. (1005, 2444)
1993 Ed. (2505)
1992 Ed. (3368)
1991 Ed. (2389, 2700)
1990 Ed. (1041, 2523)
1989 Ed. (1934)
Advance Ross Corp.
1994 Ed. (2159)
1993 Ed. (932, 933)
1992 Ed. (1130, 1134)
Advance Security
1991 Ed. (2943)
Advance Stores Co.
2008 Ed. (281)
2006 Ed. (295)
2005 Ed. (273, 274)
2004 Ed. (266)
2003 Ed. (307)
2001 Ed. (496)
AdvanceAutoParts.com
2006 Ed. (2384)
Advanced Aerodynamics & Structures Inc.
1999 Ed. (2624, 3265)
Advanced Analogic Technologies Inc.
2007 Ed. (2332)
2005 Ed. (4612)
Advanced Audio Design
2007 Ed. (2865)
Advanced Autodynamics Inc.
2007 Ed. (347)
Advanced Bionics Corp.
2007 Ed. (4115)
2006 Ed. (1418)
Advanced Book Exchange Inc.
2005 Ed. (1697)
Advanced Call Center Technologies LLC
2008 Ed. (4425)
2007 Ed. (4443)
Advanced Care Products
2003 Ed. (4436)
Advanced Carpet Cleaning
2007 Ed. (4867)
Advanced Chemical Industries Ltd.
2006 Ed. (4484)
Advanced Clinical Systems
2002 Ed. (3803)
Advanced Component Technologies Inc.
2001 Ed. (4519)
Advanced Composite Products & Technology Inc.
2007 Ed. (4115)
Advanced Compressor & Hose Inc.
2006 Ed. (4349)
Advanced Computer Concepts
2007 Ed. (3608, 3609, 4451)
Advanced Creations
1992 Ed. (4369)
Advanced Data Technologies & Design Inc.
2007 Ed. (3576)
Advanced Design Corp.
2007 Ed. (2052)
Advanced Design Reach
2002 Ed. (4637)
Advanced Development Co.
1996 Ed. (1519)
Advanced Digital
1999 Ed. (2617, 4324)
Advanced Digital Broadcast Holdings SA
2008 Ed. (2097)
Advanced Digital Information Corp.
2007 Ed. (2892)
2006 Ed. (2085, 2893)
Advanced Drainage
1993 Ed. (2866)
Advanced Drainage Systems Inc.
2008 Ed. (3990)
2007 Ed. (3964)
2006 Ed. (3914)
2005 Ed. (3843)
Advanced Electronic Solutions
2008 Ed. (2983, 2986, 4943)
2007 Ed. (2864, 4973)
2005 Ed. (2859)
Advanced Energy Industries Inc.
2003 Ed. (1646, 1652)
Advanced Environmental Consultants Inc.
2006 Ed. (3522)
Advanced Equities Financial
2008 Ed. (2704)
Advanced Execution Services
2006 Ed. (4480)
Advanced Financial Services Inc.
2008 Ed. (2059)
2006 Ed. (4329)
Advanced Financial Solutions
2003 Ed. (2258)
Advanced Fluid Technologies Inc.
2008 Ed. (3695, 4369)
Advanced Fresh Concepts
2003 Ed. (3324)
Advanced Friction Materials
1999 Ed. (2685)
1998 Ed. (1942)
Advanced Health Media
2008 Ed. (2884)
Advanced Info Service
2006 Ed. (2049, 4541)
2000 Ed. (3875, 3876)
Advanced Info Service Public
1997 Ed. (3399)
Advanced Information
1996 Ed. (3302)
Advanced Information FB
2001 Ed. (1880)
Advanced Information Service
2008 Ed. (2118)
2007 Ed. (2019)
2006 Ed. (2048)
2001 Ed. (1880)
1999 Ed. (4161, 4162)
Advanced Internet Technologies
2003 Ed. (2725)
Advanced Investment
2003 Ed. (3076)
1995 Ed. (2355, 2359)
Advanced Investment Management
1992 Ed. (2757, 2761, 2770)
1991 Ed. (2227, 2231)
Advanced Logic Research
1993 Ed. (828, 1568, 3337)
Advanced Magnetics Inc.
2008 Ed. (4520, 4538)
2007 Ed. (4699)
2003 Ed. (2742)
Advanced Management Concepts Commercial Inc.
2008 Ed. (3702, 4376)
Advanced Management Technology Inc.
2004 Ed. (4985)
2003 Ed. (1357)
Advanced Marketing Services Inc.
2005 Ed. (3982)
2004 Ed. (4042, 4043, 4162, 4181)
2003 Ed. (2890)
Advanced Material Process Corp.
1999 Ed. (4336)
Advanced Materials Associates
2008 Ed. (4139)
Advanced materials engineering/ manufacturing
1998 Ed. (2077)
Advanced Micro
1990 Ed. (3232)
1989 Ed. (2457)
Advanced Micro Dev.
1998 Ed. (1121)
Advanced Micro Developers
1994 Ed. (1262, 1267)
Advanced Micro Devices Inc.
2008 Ed. (1116, 1425, 1433, 1594, 2394, 2462, 2471, 3505, 4308, 4310, 4535, 4540)
2007 Ed. (877, 914, 1447, 1552, 2261, 2338, 4344, 4348, 4349, 4350, 4351, 4356, 4520, 4523, 4699, 4700)
2006 Ed. (2395, 4078, 4081, 4280, 4281, 4283, 4285, 4286)
2005 Ed. (872, 1147, 1673, 1684, 1686, 2340, 2343, 3697, 4340, 4342, 4344, 4346, 4352, 4458, 4500)
2004 Ed. (1453, 1845, 2231, 3778, 4398, 4399, 4401, 4405)
2003 Ed. (2198, 3753, 4376, 4378, 4380, 4386, 4389)
2002 Ed. (1573, 1754, 2081, 2099, 2470, 3567, 4254, 4256)
2001 Ed. (1040, 2157, 2159, 3301, 4210, 4215)
2000 Ed. (3990, 3991, 3992, 3993, 3995, 3997)
1999 Ed. (1550, 1658, 1961, 4267, 4268, 4269, 4270, 4275, 4279, 4282)
1998 Ed. (3276, 3280, 3282, 3283)
1997 Ed. (1320, 2788)
1996 Ed. (1278)
1995 Ed. (1763, 1765, 2068)
1994 Ed. (1079, 2713, 2715, 3048, 3200)
1993 Ed. (1216, 3005, 3211)
1992 Ed. (3674, 3683, 3910, 3915)
1991 Ed. (2842, 2854, 3080, 3082)
1990 Ed. (1630, 2986, 2996, 3233)
1989 Ed. (280, 1322, 2302, 2312)
Advanced Micro Devices/Fujitsu Ltd.
1995 Ed. (1765)
Advanced MP Technology Inc.
2005 Ed. (2346)
2004 Ed. (2246)
2002 Ed. (2094)
2001 Ed. (2200, 2201)
2000 Ed. (1770)
1999 Ed. (1990)
1998 Ed. (1415)
Advanced Network & Service Inc.
1996 Ed. (1213)
Advanced Neuromodulation
2006 Ed. (4330, 4336)
Advanced Neuromodulation Systems Inc.
2007 Ed. (2753)
Advanced Nutraceuticals Inc.
2004 Ed. (4551)
Advanced Personnel Inc.
2002 Ed. (4349)
Advanced Photonix Inc.
2005 Ed. (2281, 4673)
Advanced Planning Services
2008 Ed. (2704)
Advanced Power Technology Inc.
2005 Ed. (2281)
2004 Ed. (2180)
Advanced Production Systems Development Co.
2008 Ed. (4139)
Advanced Pump Co., Inc.
2006 Ed. (3519)
Advanced Rehabilitation Resources
1994 Ed. (2084)
Advanced Resource Technologies Inc.
2008 Ed. (3689, 4433)
2007 Ed. (3525, 3608, 4451)
2006 Ed. (3545)
Advanced Retirement Consultants
2006 Ed. (3110)
Advanced Risk Management Techniques Inc.
2002 Ed. (4065)
2001 Ed. (4124)
Advanced Roofing Inc.
2008 Ed. (1263)
2007 Ed. (1367)
Advanced Roofing & Sheetmetal
2007 Ed. (4214, 4215)
Advanced Savings
1990 Ed. (3132)
Advanced Sciences Inc.
1997 Ed. (2213, 2221)
1996 Ed. (2106, 2113)
1995 Ed. (2098, 2105, 2108, 3287)
1994 Ed. (2047, 2054, 2057)
1993 Ed. (2034, 2041)

1991 Ed. (1902, 1908)
1990 Ed. (2003, 2006)
Advanced Semiconductor Engineering Inc.
2003 Ed. (4609)
Advanced Semiconductor Materials
1997 Ed. (2974)
Advanced Strategies
1997 Ed. (2202)
Advanced Tactical Fighter
1992 Ed. (4427)
Advanced Tech. Products
2000 Ed. (2404, 4048)
Advanced Technologies Group
2005 Ed. (4284)
Advanced Technology Laboratories Inc.
2005 Ed. (1998)
2003 Ed. (1847)
2001 Ed. (1896)
Advanced Technology Labs
1999 Ed. (3341)
Advanced Technology Services Inc.
2006 Ed. (4350)
Advanced TelCom Group
2001 Ed. (4673)
Advanced Telecom Services
2001 Ed. (4470)
Advanced Telecommunications Corp.
1994 Ed. (2412)
1993 Ed. (2470)
Advanced Telemarketing Corp.
1998 Ed. (3481)
1997 Ed. (3699)
1996 Ed. (3641)
1994 Ed. (3485)
1992 Ed. (4206)
1989 Ed. (2795)
Advanced Tissue Sciences Inc.
2004 Ed. (3664)
Advanced Woodwork Inc.
2008 Ed. (4994)
2006 Ed. (4994)
Advancement Opportunities
2000 Ed. (1782)
AdvancePCS Inc.
2005 Ed. (1608, 1613, 1616, 1631, 1971, 2442, 2770, 2771, 2792, 2794, 2798, 2800, 4354, 4355)
2004 Ed. (1577, 1580, 1614, 1739, 1740, 2407, 2794, 2799, 2808, 2815, 4545)
2003 Ed. (1558, 1581, 1599, 2679, 2682, 4558)
2002 Ed. (1531)
Advancia Corp.
2006 Ed. (3534, 4373)
Advancis Pharmaceutical
2006 Ed. (2114)
2005 Ed. (4254)
Advanded Info Service
2002 Ed. (4487)
Advanstar
2001 Ed. (4612)
Advanstar Communications Inc.
2006 Ed. (4787)
2005 Ed. (4736)
2004 Ed. (4754)
2003 Ed. (4777)
2002 Ed. (4645)
2001 Ed. (4608)
Advanswers
2000 Ed. (132)
Advanta Corp.
2004 Ed. (1545)
2001 Ed. (1452)
1999 Ed. (379, 1343, 1525, 1795, 2142, 3429)
1998 Ed. (273, 1558)
1993 Ed. (3218)
Advanta National Bank
2003 Ed. (533)
Advanta National Bank USA
1999 Ed. (1790)
1998 Ed. (346, 1205, 1207, 1210, 1211, 1212)
Advanta Partners LP
1998 Ed. (3667)
Advantage
2000 Ed. (351, 352, 353)
1999 Ed. (342, 344)
1998 Ed. (235, 235, 236)
1996 Ed. (334)
1995 Ed. (322)
1993 Ed. (338)
Advantage Bank
2004 Ed. (400, 403)
Advantage Bank SSB
1998 Ed. (3571)
Advantage Capital
2000 Ed. (842, 847)
1999 Ed. (849)
Advantage Credit Union Ltd.
2002 Ed. (1849)
Advantage Crystal Inc.
2006 Ed. (4369)
Advantage Dental Health Plans Inc.
1998 Ed. (1255)
Advantage Energy Income Fund
2004 Ed. (3173)
Advantage Enterprises Inc.
1995 Ed. (3685, 3688)
Advantage Government Sec.
1994 Ed. (2620)
Advantage Government Security
1995 Ed. (2709)
Advantage Health Corp.
1997 Ed. (2254)
1996 Ed. (2146)
Advantage High-Yield Bond
1995 Ed. (2741)
1994 Ed. (2621)
Advantage Human Resourcing
2006 Ed. (4369)
Advantage III-1
1997 Ed. (3815)
Advantage International LLC
2007 Ed. (3613)
Advantage Learning Systems
2001 Ed. (4278)
Advantage Life Products
1998 Ed. (1706)
Advantage McCann
2003 Ed. (125)
2002 Ed. (154)
2001 Ed. (183)
2000 Ed. (146)
1999 Ed. (128)
Advantage PressurePro
2007 Ed. (1839)
Advantage Tank Lines
2005 Ed. (4592)
Advantage Wireless Inc.
2003 Ed. (3962)
Advantech
2008 Ed. (667)
Advantest
2007 Ed. (2828)
2005 Ed. (3033)
2004 Ed. (2258)
2003 Ed. (2242, 4377)
2001 Ed. (4219)
1998 Ed. (3275)
1996 Ed. (3397)
1995 Ed. (3285)
1993 Ed. (3210)
1992 Ed. (372, 3914)
1991 Ed. (266, 3083)
1990 Ed. (298, 3237)
Advantica
2000 Ed. (2217, 2236, 2240, 2266)
1999 Ed. (2481)
Advantica Restaurant Group Inc.
2004 Ed. (3492)
2003 Ed. (3424)
2002 Ed. (244, 2314, 3371, 3372, 4025)
2001 Ed. (1848, 4050, 4059)
Advantis Credit Union
2008 Ed. (2254)
2007 Ed. (2139)
Advantix
2001 Ed. (1105, 3793)
Advantus Capital
2003 Ed. (4844)
2002 Ed. (4733)
2000 Ed. (2794)
Advantus Cornerstone A
1998 Ed. (2598)
Advantus Mortgage
2001 Ed. (3434)
Advantus Mortgage A
1997 Ed. (690)
Advantus Mortgage Securities Income A
1999 Ed. (3554)
Advatex Associates Inc.
1992 Ed. (1423)
Advent Capital Management LLC
2008 Ed. (180)
2007 Ed. (197)
2006 Ed. (191)
2004 Ed. (172)
Advent International Corp.
1999 Ed. (1967, 4704)
1991 Ed. (3442)
Advent Software
2003 Ed. (2189)
Adventa
2001 Ed. (204)
Adventa Advertising
1997 Ed. (137)
Adventa-Ammirati Puris Lintas/Initiative
2000 Ed. (165)
1999 Ed. (148)
Adventa Lowe Group
2003 Ed. (162)
Adventist Health
2006 Ed. (3589)
2000 Ed. (3183)
1998 Ed. (2551)
Adventist Health System
2008 Ed. (4055)
2007 Ed. (4028)
2006 Ed. (3587, 3589, 3990)
2005 Ed. (3917)
2003 Ed. (3468, 3469)
2002 Ed. (1075, 3294)
2001 Ed. (3164)
2000 Ed. (1104, 3180, 3183, 3360)
1999 Ed. (2990, 2990, 2991, 2993, 3464, 3464)
1998 Ed. (2551)
1997 Ed. (2827)
1993 Ed. (2073)
1992 Ed. (2459, 3125)
1990 Ed. (2056)
Adventist Health System/Sunbelt
1997 Ed. (2827)
1996 Ed. (2708)
1995 Ed. (2630, 2802)
1994 Ed. (2575)
1992 Ed. (3129, 3258, 3279)
Adventist Health System Sunbelt Healthcare Corp.
2008 Ed. (2888)
2007 Ed. (2769)
1998 Ed. (753)
Adventist Health System/U.S.
1991 Ed. (1934, 2497, 2504, 2505, 2506, 2624)
1990 Ed. (2634, 2635, 2636, 2637, 2638, 2725)
Adventist Health System/West
1996 Ed. (2708)
1995 Ed. (2630)
1994 Ed. (2575)
1992 Ed. (3129)
Adventist Healthcare Inc.
2008 Ed. (1902)
2007 Ed. (1867)
2006 Ed. (1862)
2005 Ed. (1853)
2004 Ed. (1788)
2003 Ed. (1751, 3468)
Adventive Marketing
2008 Ed. (819)
2007 Ed. (861)
2006 Ed. (760)
2005 Ed. (833)
Adventura Travel
1991 Ed. (3514)
Adventure Island
2007 Ed. (4884)
2006 Ed. (4893)
2005 Ed. (4840)
2004 Ed. (4856)
2003 Ed. (4875)
2002 Ed. (4786)
2001 Ed. (4736)
1999 Ed. (4745)
1996 Ed. (3819)
1995 Ed. (3725)
1994 Ed. (3654)
Adventure Island, FL
2000 Ed. (4374)
Adventure Island, Tampa, FL
1991 Ed. (3476)
Adventure Sports
2000 Ed. (2919)
Adventureland Video
1989 Ed. (2888)
Adventures in Advertising
2008 Ed. (138)
2004 Ed. (137)
2003 Ed. (186)
2002 Ed. (68)
Adventures of Baron Munchausen
1991 Ed. (2490)
The Adventures of Captain Underpants
2003 Ed. (711)
The Adventures of Super Diaper Baby
2004 Ed. (738)
AdventureTV.com
2004 Ed. (3163)
Advert International
2000 Ed. (179)
Advertisements, print
1997 Ed. (868)
Advertisers Press Inc.
2008 Ed. (3741, 4439, 4990)
Advertising
2007 Ed. (131)
2006 Ed. (138, 3762)
2005 Ed. (95, 134, 852)
2000 Ed. (941)
1998 Ed. (561)
1997 Ed. (848, 1118)
1993 Ed. (3370)
Advertising Age
2008 Ed. (142, 144, 145)
2007 Ed. (158, 160, 161)
2001 Ed. (249, 251)
2000 Ed. (3484)
1999 Ed. (3756, 3758)
1998 Ed. (2788, 2791)
1997 Ed. (3040)
1990 Ed. (3625)
Advertising agencies
2002 Ed. (4884)
Advertising and business services
1990 Ed. (3629)
Advertising & marketing
2000 Ed. (3466)
1990 Ed. (165, 166)
Advertising & Marketing Associates
2003 Ed. (69)
2002 Ed. (104)
2001 Ed. (132)
1992 Ed. (198)
1990 Ed. (97)
1989 Ed. (102, 152)
Advertising & Publicity Co.
2001 Ed. (192)
Advertising & Sales Promotion
1991 Ed. (108)
1990 Ed. (110)
1989 Ed. (116)
Advertising Associates Compton
1992 Ed. (126)
1991 Ed. (79)
1990 Ed. (82)
1989 Ed. (88)
Advertising, cable TV
1998 Ed. (26, 492, 573)
Advertising, consumer magazine
1998 Ed. (573)
Advertising, direct mail
1997 Ed. (2713)
Advertising, direct-to-consumer
2002 Ed. (2020)
advertising; Early forms of
1990 Ed. (1083)
Advertising International Co.
1999 Ed. (137)
Advertising, journal
2002 Ed. (2020)
Advertising, local newspaper
1998 Ed. (573)
Advertising, magazine
1998 Ed. (26, 492)
Advertising, national newspaper
1998 Ed. (26, 492, 573)
Advertising, national spot radio
1998 Ed. (26, 492, 573)

Advertising, network radio
1998 Ed. (492)
Advertising, network TV
1998 Ed. (26, 492, 573)
Advertising, newspaper
1998 Ed. (26, 492)
Advertising, outdoor
1998 Ed. (26, 492)
Advertising practitioners
1991 Ed. (813, 2628)
Advertising, print
1997 Ed. (2713)
Advertising, radio
1997 Ed. (2713)
Advertising Research Marketing
2000 Ed. (1677)
Advertising, spot TV
1998 Ed. (26, 492, 573)
Advertising, Sunday magazine
1998 Ed. (26, 492)
Advertising, syndicated TV
1998 Ed. (26, 492)
Advertising, television
1997 Ed. (2713)
Advertising, trade magazine
1998 Ed. (573)
Advertising Ventures Inc.
2008 Ed. (3731, 4426)
2007 Ed. (3597, 4444)
2006 Ed. (3538)
Advertising.com
2007 Ed. (2324)
2006 Ed. (1427)
2003 Ed. (2706)
Advest Inc.
1993 Ed. (3177)
1990 Ed. (3196)
1989 Ed. (819)
Advest Securities
1998 Ed. (322, 3414)
Advfin
2008 Ed. (736)
2007 Ed. (757)
Advia Approach
2000 Ed. (3075)
Advia Centaur Immunoassay System
2001 Ed. (3268)
Advia 120/Hematology System with unifluidics Tech
2000 Ed. (3075)
Advia 1650 Chemistry System
2001 Ed. (3268)
AdviceAmerica
2002 Ed. (4814)
Advico AG
1989 Ed. (165)
Advico Young & Rubicam
2003 Ed. (153)
2002 Ed. (189)
2001 Ed. (217)
2000 Ed. (177)
1999 Ed. (160)
1997 Ed. (150)
1994 Ed. (120)
1993 Ed. (139)
1992 Ed. (212)
1991 Ed. (154)
1990 Ed. (154)
Advil
2008 Ed. (254, 255)
2007 Ed. (278)
2006 Ed. (273)
2005 Ed. (254)
2004 Ed. (245, 246, 247, 2153)
2003 Ed. (278, 279, 281, 2108)
2002 Ed. (314, 317, 318, 319, 320)
2001 Ed. (383, 385)
2000 Ed. (302, 1703)
1999 Ed. (274, 1905, 3635)
1998 Ed. (168)
1997 Ed. (253, 254, 3055, 3666)
1996 Ed. (222, 767, 1583, 3608)
1995 Ed. (221, 1607, 1618, 2898, 3526)
1994 Ed. (220, 1573, 1574, 1575, 1576)
1993 Ed. (229, 1521, 1522, 1531, 2120)
1992 Ed. (335, 1846, 1847, 1873, 2558, 4235)
1991 Ed. (240)
1990 Ed. (269, 3547)
1989 Ed. (256)
Advil Cold & Sinus
2003 Ed. (1049)
2002 Ed. (1099, 1100)
Advil Tablets
1990 Ed. (1566, 3038, 3039)
Advil Tablets 50s
1990 Ed. (1539, 1543)
Advil Tablets 100s
1990 Ed. (1539)
Advil tablets 24
1991 Ed. (1451)
Advil Tablets 24s
1990 Ed. (1542, 1575)
Advil Tabs
1991 Ed. (1473)
Advisers Capital
1996 Ed. (2418, 2656, 3877)
Advisor Today
2008 Ed. (4715)
Advisors Capital
2000 Ed. (2841)
Advisors, personal financial
2006 Ed. (3736)
Advisory Board Co.
2008 Ed. (1210)
2007 Ed. (1320)
2006 Ed. (1211)
2005 Ed. (1252)
AdviStor Inc.
2008 Ed. (1984)
ADVO Inc.
2006 Ed. (3434, 3437)
2005 Ed. (98, 99, 3423, 3426)
2004 Ed. (101, 102, 3410)
2003 Ed. (3345, 3929, 3931)
2002 Ed. (3284)
2001 Ed. (3884, 3885)
1999 Ed. (33, 34)
1998 Ed. (27, 50)
1997 Ed. (34, 55)
1996 Ed. (32, 60)
1995 Ed. (2511)
ADVO-System
1990 Ed. (2521)
Advocat
2000 Ed. (3825)
1999 Ed. (1935)
Advocate Christ Hospital & Medical Center
2002 Ed. (2618)
Advocate Health & Hospitals Corp.
2008 Ed. (1740, 1799, 2889, 4047)
2007 Ed. (1711, 1769, 2770, 4020)
Advocate Health Care
2007 Ed. (1653)
2006 Ed. (1638)
2005 Ed. (3155)
2003 Ed. (3468)
2002 Ed. (1612, 3294)
2000 Ed. (3183)
1999 Ed. (1117, 2991, 2993, 3464)
1998 Ed. (719, 2551)
1997 Ed. (2163, 2257, 2827)
1996 Ed. (2708)
Advocate Health Care Credit Union
2002 Ed. (1828)
Advocate Lutheran General Hospital
2008 Ed. (3059)
2006 Ed. (2918)
2002 Ed. (2618)
Adweek
2008 Ed. (142, 144)
2001 Ed. (250, 251)
1998 Ed. (2788, 2791)
Adwork Euro RSCG Ball Partnership Indonesia
1996 Ed. (98)
A.E. Petsche Co. Inc.
2000 Ed. (1766)
AEA Credit Union
2008 Ed. (2218)
2007 Ed. (2103)
AEA Development Corp.
1989 Ed. (1782)
AEA Investors Inc.
2003 Ed. (944, 3211)
2002 Ed. (998)
Aebi/BBDO
1994 Ed. (120)
Aebi/BBDO Werbeagentur
1995 Ed. (130)
Aebi, Strebel
1997 Ed. (150)
Aebi, Suiter, Gisler, Studer/BBDO
1990 Ed. (154)
Aebi, Suter, Gisler & Partner/BBDO
1989 Ed. (165)
AEC
2003 Ed. (1621)
AEC Oil & Gas
1993 Ed. (1930)
AECI
2003 Ed. (1819)
AE.com
2008 Ed. (2446)
2000 Ed. (1785)
AECOM Technology Corp.
2008 Ed. (2511, 2515, 2521, 2523, 2536, 2541, 2542, 2543, 2547, 2549, 2550, 2551, 2553, 2555, 2556, 2558, 2559, 2564, 2566, 2567, 2568, 2569, 2601, 2603, 4821)
2007 Ed. (2414, 2415, 2416, 2420, 2422, 2423, 2424, 2426, 2428, 2429, 2431, 2437, 2439, 2440, 2441, 2442, 2472, 2473, 2476)
2006 Ed. (2461, 2463, 2466, 2472, 2474, 2475, 2503, 2504, 2507)
2005 Ed. (2423, 2426, 2432, 2434, 2435)
2004 Ed. (1264, 2327, 2330, 2334, 2335, 2336, 2338, 2339, 2341, 2345, 2346, 2349, 2353, 2355, 2356, 2373, 2375, 2381, 2382, 2383, 2384, 2385, 2386, 2389, 2391, 2400, 2402, 2403, 2433)
2003 Ed. (1257, 1261, 2293, 2295, 2300, 2302, 2303, 2304, 2307, 2308, 2310, 2319, 2320, 2321, 2322)
2002 Ed. (1176, 1214, 2130, 2135, 2137, 2138, 2139)
Aecon Group
2008 Ed. (1184)
2007 Ed. (1284)
AEDC Credit Union
2008 Ed. (2260)
2007 Ed. (2145)
2006 Ed. (2224)
2005 Ed. (2129)
2004 Ed. (1987)
2003 Ed. (1947)
2002 Ed. (1893)
AEDC Federal Credit Union
1995 Ed. (1535)
AEG
1990 Ed. (1138)
1989 Ed. (1307)
AEG AG
1997 Ed. (2696)
1996 Ed. (2559)
AEG Aktiengesellschaft
1995 Ed. (2495)
1994 Ed. (2423)
1991 Ed. (2372)
AEG Aktiengesellschaft (Konzern)
1992 Ed. (2955)
AEG International AG
1992 Ed. (2955)
1991 Ed. (2372)
AEG Live
2007 Ed. (1266)
2006 Ed. (1152)
Aegek SA
1997 Ed. (277)
Aegis
1995 Ed. (2284)
1993 Ed. (2259)
1991 Ed. (2157)
1990 Ed. (2283)
Aegis Assisted Living LLC
2005 Ed. (2787, 3903)
Aegis Communications Group Inc.
2008 Ed. (4261)
2005 Ed. (4645, 4649)
2001 Ed. (4463, 4466)
2000 Ed. (4195)
Aegis Group
2006 Ed. (123)
2005 Ed. (118)
2000 Ed. (93, 139)
Aegis Group plc
2008 Ed. (124, 125)
2007 Ed. (112, 117, 118)
2006 Ed. (124, 4300)
2005 Ed. (121)
2004 Ed. (120)
2003 Ed. (72, 109)
2002 Ed. (143)
2001 Ed. (32, 170)
2000 Ed. (4007)
1999 Ed. (87)
1997 Ed. (87)
1996 Ed. (86)
1995 Ed. (73)
1994 Ed. (86)
Aegis Group PLC ADR
1994 Ed. (2704)
Aegis High Yield
2008 Ed. (593)
Aegis Insurance Co.
2000 Ed. (2673)
AEGIS Insurance Group
2002 Ed. (2901)
Aegis Sonography Management System
1997 Ed. (2746)
Aegis Value
2005 Ed. (4496)
2004 Ed. (4541)
2003 Ed. (2359)
Aego
1995 Ed. (1462, 1463, 2282)
AEGOM Cos.
1998 Ed. (172)
Aegon
2000 Ed. (295, 303, 1521, 2714, 3932)
1999 Ed. (266, 1710, 2918, 2962)
1998 Ed. (2136)
1997 Ed. (256, 361, 1485, 1487)
1994 Ed. (216, 1425, 1426, 2234)
1993 Ed. (227, 1372, 2254)
1991 Ed. (237, 238, 1327)
1990 Ed. (1401)
Aegon Insurance
1992 Ed. (1671, 1672)
1991 Ed. (1326)
AEGON Insurance Group
2002 Ed. (1735)
2000 Ed. (1523)
1999 Ed. (1712)
1997 Ed. (1486, 2420, 2517)
1996 Ed. (214, 1424, 1425, 3412)
AEGON NV
2008 Ed. (1963, 1964, 1965, 1966, 3310, 3311)
2007 Ed. (1489, 1899, 1900, 1903, 1904, 3113, 3159, 3161, 3162)
2006 Ed. (1918, 1919, 1920, 1921, 3094, 3125, 3126)
2005 Ed. (1519, 1895, 3089, 3120, 3121)
2004 Ed. (1503, 3116, 4574)
2003 Ed. (1473, 1776, 1777, 2977, 3001, 3106, 4581)
2002 Ed. (1389, 1423, 1453, 1736, 2941, 4490, 4491)
2001 Ed. (1548, 1552, 1642, 1750, 1806, 1807)
Aegon/Transamerica
2005 Ed. (3574)
Aegon USA Inc.
2008 Ed. (1483, 3286, 3287, 3290, 3291, 3292, 3294, 3306, 3307)
2007 Ed. (3133, 3134, 3139, 3140, 3142, 3143, 3144, 3145, 3156, 3157)
2006 Ed. (3124)
2005 Ed. (3093, 3094, 3108, 3109, 3110, 3111, 3112, 3113, 3114, 3119)
2004 Ed. (3085, 3086, 3105, 3106, 3107, 3108, 3109, 3111, 3114)
2003 Ed. (2992, 2993, 2996, 2997, 2998)
2002 Ed. (2835, 2912, 2931)
Aegon U.S.A. High-Yield
1992 Ed. (3166)
Aegon Verzekeringen
1990 Ed. (2276)
AEI
2000 Ed. (3394)
1999 Ed. (2498, 3679)

1998 Ed. (2729)
AEI Holding Co.
2007 Ed. (1135, 1136)
2006 Ed. (1046, 1047)
AEI Services LLC
2008 Ed. (2110)
AEL Industries Inc.
1990 Ed. (1479)
1989 Ed. (1308, 1328)
Aelita Software
2005 Ed. (1129)
Aeltus Investment
1998 Ed. (2261)
Aeltus Investment Management Inc.
1997 Ed. (2540)
1996 Ed. (2384, 2416)
Aeltus Investment Mgmt.
2000 Ed. (2811)
Aena
2001 Ed. (352)
Aeneas Venture Corp./Harvard Management Co. Inc.
1991 Ed. (3441)
Aeon Co., Ltd.
2008 Ed. (4573)
2007 Ed. (1836, 4204, 4633)
Aeon (Jusco)
2005 Ed. (4128)
Aeon Mall
2007 Ed. (4091)
AEP Co.
1996 Ed. (1608)
AEP Energy Services Inc.
2005 Ed. (1920, 2289)
2004 Ed. (1834)
AEP Generating Co.
2006 Ed. (2351)
2005 Ed. (2288)
2004 Ed. (2189)
AEP Industries
2008 Ed. (3837)
2005 Ed. (937)
2004 Ed. (947)
1996 Ed. (3051)
AEP Power Marketing Inc.
2006 Ed. (2351)
2005 Ed. (1920, 2288, 2289)
2004 Ed. (1834)
AEP Pro Serv Inc.
2005 Ed. (1304)
2004 Ed. (1282, 1283, 1284, 1285, 2365)
AEP Services
1999 Ed. (3963)
Aer Lingus
1999 Ed. (1684)
1995 Ed. (181, 1437)
1992 Ed. (1651, 1652)
1990 Ed. (220, 1386)
Aer Lingus Group plc
2008 Ed. (229, 230, 231, 233, 234)
2007 Ed. (250, 251, 252, 253, 255)
Aer Lingus PLC
1997 Ed. (1457)
1996 Ed. (1401)
1994 Ed. (1405)
Aer Rianta
1999 Ed. (247)
Aerin Lauder
2005 Ed. (785)
Aero
1999 Ed. (1132)
1996 Ed. (873)
1994 Ed. (856)
Aero Colours Inc.
2008 Ed. (334)
2005 Ed. (351)
2004 Ed. (351)
2003 Ed. (366)
2002 Ed. (419)
Aero Detroit Inc.
1989 Ed. (309)
Aero Detroit/Autodynamics
1992 Ed. (422)
Aero Detroit/Autodynamics Group
1991 Ed. (312)
1990 Ed. (348)
Aero-Marine Products Inc.
2002 Ed. (4877)
Aero Mayflower
2007 Ed. (4846)
Aero Milk Chocolate
1992 Ed. (1045)
AeroAstro Inc.
2005 Ed. (1994)
Aerobatron
2001 Ed. (55)
Aerobic exercising
1995 Ed. (3430)
Aerobic instructors
2005 Ed. (3623)
Aerobic shoes
2001 Ed. (426)
1994 Ed. (245)
Aerobics, Inc.
2001 Ed. (2349)
1999 Ed. (4383, 4816)
1992 Ed. (4048)
Aerobics (High, Low & Step)
1998 Ed. (3354)
Aerobics shoes
1993 Ed. (257)
Aerobics, step
1999 Ed. (4383)
Aerocentury Corp.
2005 Ed. (3270, 3271)
2004 Ed. (3245)
Aerofin Corp.
1996 Ed. (3602)
Aeroflex Inc.
2003 Ed. (205, 209)
2002 Ed. (4502)
Aeroflot
1994 Ed. (154, 158, 172, 173, 177, 178)
1993 Ed. (170, 173, 175, 181, 195, 196)
1992 Ed. (285, 286, 287, 288, 291, 293, 294, 295, 296)
1991 Ed. (189, 190, 192, 194, 203, 204, 205, 206, 207)
1990 Ed. (223, 224, 226)
Aeroflot Russian Airlines; OAO
2005 Ed. (221)
Aerojet
1996 Ed. (1519)
Aerolineas Argentinas
2006 Ed. (236)
2001 Ed. (316, 317, 320)
1989 Ed. (1089)
AeroMexico
2008 Ed. (216, 661)
2007 Ed. (237)
2006 Ed. (235, 236)
2005 Ed. (219)
2001 Ed. (316)
1995 Ed. (189)
Aeronautical
1992 Ed. (4479)
Aeroplan
2008 Ed. (4760)
2007 Ed. (3345)
Aeroporti di Roma
2001 Ed. (352)
Aeroports de Paris
2001 Ed. (352)
1992 Ed. (2343)
1990 Ed. (1945)
Aeropostal
2008 Ed. (216)
Aeropostale Inc.
2008 Ed. (893, 997, 1006, 1011, 4205)
2007 Ed. (912, 1116, 1121, 1129)
2006 Ed. (1035, 1041, 2743, 2745)
2005 Ed. (1022, 2775)
2004 Ed. (2779, 4216)
Aeropres Propane
2000 Ed. (1316, 3622)
Aeroquip
1993 Ed. (2868)
Aeroquip-Vickers Inc.
2008 Ed. (4253)
2007 Ed. (4216, 4217)
2006 Ed. (4206)
2005 Ed. (4150)
2001 Ed. (268, 4131, 4132)
2000 Ed. (1021)
Aeroscientific
1990 Ed. (2902)
Aerosmith
2005 Ed. (1160)
2004 Ed. (2412)
2003 Ed. (1127, 2332)
1992 Ed. (1348)
1990 Ed. (1144)
Aerosonic Corp.
2000 Ed. (286)
1999 Ed. (258)
Aerospace
2008 Ed. (1417, 3158)
2006 Ed. (3012, 3013, 3014)
2005 Ed. (180, 2157, 3019)
2004 Ed. (180, 2014, 2018)
2003 Ed. (1967)
2002 Ed. (2790, 2791)
1999 Ed. (1507, 1511, 2863)
1998 Ed. (1076, 1079)
1997 Ed. (1298, 1441, 1444, 1843)
1996 Ed. (1519)
1995 Ed. (1278, 1279, 1297, 1299, 1303, 1304, 1670)
1994 Ed. (1273, 1275, 1277, 1282)
1993 Ed. (1218, 1233, 1234, 1238, 1242, 1864)
1992 Ed. (2603, 2605, 2606, 2608, 2611, 2612, 2616, 2617, 2618, 2619, 2621, 2626, 2628)
1991 Ed. (2029, 2031, 2033, 2035, 2037, 2039, 2041, 2042, 2045, 2046, 2047, 2048, 2049, 2051, 2056, 3250)
1990 Ed. (3091)
1989 Ed. (1658, 1661, 2347, 2647)
Aerospace, aircraft & defense
1998 Ed. (1019, 1040)
1997 Ed. (1274)
1996 Ed. (1232)
1995 Ed. (1251)
1992 Ed. (1502)
1991 Ed. (1191)
1990 Ed. (1273)
Aerospace, aircrcraft, and defense
1994 Ed. (1210, 1211, 1240)
Aerospace & aircraft
2002 Ed. (1414)
Aerospace and defense
2005 Ed. (3005)
2004 Ed. (1745)
2002 Ed. (2212, 2770)
2001 Ed. (2178)
1998 Ed. (2096, 3363)
1997 Ed. (2379)
1996 Ed. (2252)
Aerospace and defense industries
1991 Ed. (2054)
Aerospace & military technology
1995 Ed. (2243)
Aerospace Community Credit Union
2005 Ed. (2111)
Aerospace Credit Union
2006 Ed. (2163)
Aerospace Federal Credit Union
2005 Ed. (2069)
Aerospatiale
2000 Ed. (218)
1999 Ed. (192, 193, 194, 246, 1821)
1998 Ed. (99, 1251)
1997 Ed. (175)
1996 Ed. (169, 1521)
1995 Ed. (163)
1994 Ed. (143, 1514)
1991 Ed. (1283, 1897, 1898)
Aerospatiale ATR-42
1996 Ed. (192)
Aerospatiale ATR-72
1996 Ed. (192)
Aerospatiale/Dassault
1998 Ed. (1244)
Aerospatiale Group
1989 Ed. (199)
Aerospatiale Matra
2002 Ed. (243)
2001 Ed. (267, 269, 4320)
2000 Ed. (1646)
Aerostar Inc.
2006 Ed. (3539)
Aerotek
1999 Ed. (4574)
AeroVironment Inc.
1999 Ed. (2060)
1992 Ed. (3480)
Aerowest/Westair Deodorizing Services
2008 Ed. (747)
2006 Ed. (675)
2005 Ed. (768)
2004 Ed. (782)
2003 Ed. (772)
Aerowest/Westair Sanitation Services
2002 Ed. (858)
Aeroxchange
2003 Ed. (2153)
Aerus
1997 Ed. (3026)
AES Corp.
2008 Ed. (2159, 2161, 2421, 2425, 2499, 2505, 2509, 2811)
2007 Ed. (2054, 2061, 2287, 2390, 2398)
2006 Ed. (2067, 2096, 2097, 2108, 2351, 2354, 2355, 2357, 2365, 2367, 2441, 2443, 2447)
2005 Ed. (1176, 1632, 1982, 1988, 1996, 1997, 2005, 2006, 2288, 2291, 2292, 2294, 2300, 2307, 2312, 2399, 2402, 2406, 2414, 2715, 4458, 4470)
2004 Ed. (1533, 1880, 1881, 2189, 2199, 2725, 4492, 4571, 4579)
2003 Ed. (1556, 1584, 1593, 1846, 2141, 4544)
2002 Ed. (1185, 1562, 1795, 3876)
2001 Ed. (1046, 3948)
2000 Ed. (3674)
1999 Ed. (1497, 1555, 1658, 4283, 4390)
1998 Ed. (3287)
1997 Ed. (2387, 3498)
1995 Ed. (2822)
1994 Ed. (2706)
AES Consulting
2005 Ed. (1251)
Aesculap
1994 Ed. (3470)
AET Canada
2002 Ed. (3720)
Aeterna Laboratories Inc.
2003 Ed. (1630)
Aeterna Zentaris Inc.
2008 Ed. (1430, 3951)
2007 Ed. (1446, 3915)
Aether Systems Inc.
2004 Ed. (2224)
2003 Ed. (2183, 2720)
2002 Ed. (2471, 2512)
Aetna Inc.
2008 Ed. (1480, 1696, 1698, 1699, 2308, 2321, 2973, 3012, 3021, 3267, 3268, 3270, 3277, 3288, 3289, 3536, 3683, 4525)
2007 Ed. (1489, 1671, 1673, 1674, 2772, 2773, 2775, 2777, 2782, 2783, 2839, 2890, 2899, 3120, 3121, 3135, 3136, 3166, 3527, 4531)
2006 Ed. (1665, 1667, 1668, 2762, 2764, 2767, 2770, 2779, 2835, 2838, 2861, 2891, 2892, 3088, 3105, 3106, 3107, 4465)
2005 Ed. (1746, 1748, 1749, 2794, 2798, 2842, 2855, 3048, 3049, 3083, 3084, 3106, 3107, 3365)
2004 Ed. (1470, 1688, 1690, 1691, 1756, 2802, 2808, 2815, 2847, 2903, 3035, 3103, 3104, 3340)
2003 Ed. (912, 915, 1661, 1662, 1719, 2685, 2689, 2694, 2760, 2975, 3002, 3277, 3278, 3354, 4981, 4982)
2002 Ed. (1629, 2448, 2450, 2453, 2886, 2912, 4978)
2001 Ed. (1675, 2673, 2916, 2917, 2918)
2000 Ed. (1404, 2422, 2668, 2694, 2781, 2783, 2785, 2832, 2841)
1999 Ed. (1479, 1596, 2943, 2946, 2962, 3047, 3050, 3068)
1998 Ed. (1130, 1904)
1996 Ed. (2070, 2087, 2376)
1995 Ed. (2090, 2268, 2287, 2366)
1994 Ed. (2298, 3017)
1993 Ed. (2011, 2258, 2284, 2286, 2974, 2976, 2977)
1992 Ed. (2370, 2643, 2655, 2671, 2710, 3549)
1991 Ed. (2085, 2147)
1990 Ed. (2969, 2970)

Aetna Bank NA
1998 Ed. (344)
Aetna Capital Markets
1994 Ed. (2305)
Aetna Casualty & Surety
1998 Ed. (2114, 2207)
1997 Ed. (2432, 2470)
1996 Ed. (2302, 2338)
1995 Ed. (2327)
1994 Ed. (2222, 2223, 2272, 2283)
1992 Ed. (2686, 2688, 2695)
1991 Ed. (2122, 2124)
1990 Ed. (2251, 2260)
Aetna Health Inc.
2005 Ed. (3368)
Aetna Health Plans
1998 Ed. (1920, 2428)
1997 Ed. (2191, 2700, 2701, 3159)
1996 Ed. (2088, 3079)
1995 Ed. (2094)
1993 Ed. (2020, 2025, 2908)
1992 Ed. (2386)
Aetna Health Plans of California
1998 Ed. (1914)
Aetna Health Plans of New Jersey
1997 Ed. (2199)
1994 Ed. (2041)
1992 Ed. (2391)
Aetna Health Plans of New York Inc.
1994 Ed. (2042)
1993 Ed. (2024)
Aetna Health Plans of Southern California
1999 Ed. (2656)
1998 Ed. (1918)
Aetna Income Shares
1996 Ed. (2769)
Aetna International
2002 Ed. (3476)
Aetna International Fund
2000 Ed. (3237)
Aetna Life
2001 Ed. (2949)
1999 Ed. (2928, 2929, 2950, 2951, 2953, 2955, 2957)
1997 Ed. (2444, 2448, 2456, 2517)
1996 Ed. (2085, 2296, 2297, 2305, 2307, 2308, 2309, 2312, 2314, 2315, 2320, 2328, 2385, 2387)
1995 Ed. (2292, 2294, 2314, 3322)
1992 Ed. (338, 2663, 2666, 2675, 2729, 2732, 2733, 2734, 2735, 2736, 3634, 3635, 3636, 3637)
1991 Ed. (243, 246, 2095, 2099, 2207, 2210, 2211, 2212, 2213, 2214)
1990 Ed. (2218, 2226, 2231, 2233, 2235, 2238, 2239, 2240, 2243, 2324, 2326, 2329, 2332, 2333)
1989 Ed. (1679, 1681, 1686, 2127, 2130, 2132, 2133, 2134, 2137)
Aetna Life & Annuity
1996 Ed. (2318)
1995 Ed. (3322)
1994 Ed. (3242)
1993 Ed. (3248)
1991 Ed. (2115, 2116, 2117)
1990 Ed. (2247, 2248, 2249)
1989 Ed. (1707, 1708, 1709)
Aetna Life & Casualty Co.
2003 Ed. (1473)
2002 Ed. (1453)
2001 Ed. (2487)
2000 Ed. (2239)
1997 Ed. (1275, 1379, 2416, 2417, 2436, 2465, 2509)
1994 Ed. (1252, 1841, 1844, 1848, 2219, 2220, 2221, 2230, 2231, 2236, 2242, 2246, 2248, 2271, 2278, 2280, 2281, 2318, 3242, 3675)
1993 Ed. (1853, 1855, 1860, 2188, 2189, 2190, 2193, 2199, 2201, 2202, 2203, 2238, 2240, 2241, 2245, 2246, 2251, 2256, 2906, 3248, 3740)
1992 Ed. (2144, 2147, 2236, 2644, 2645, 2646, 2656, 2657, 2684, 2685, 2687, 2691, 2696, 2698, 2704, 2774, 2650)
1991 Ed. (1329, 1721, 2246, 2250, 2251, 2252, 2253)
1990 Ed. (1404, 1774, 1776, 1792, 2252, 2272, 2356, 2358, 2359, 2360, 2361, 2968)
1989 Ed. (1423, 1426, 1436, 1742, 1808, 1809, 1810, 1811, 1812)
Aetna Life & Casualty - Aetna Vest (VL)
1991 Ed. (2148, 2152)
Aetna Life & Casualty, Conn.
1989 Ed. (2145)
Aetna Life & Casualty Group
1998 Ed. (1010, 2116, 2136, 2146, 2152, 2154, 2174, 2212, 2213, 3769)
1997 Ed. (2407, 2431, 2434, 2461, 2471, 2472, 3922)
1996 Ed. (1320, 1917, 2282, 2284, 2285, 2295, 2301, 2304, 2331, 2333, 2334, 2335, 2337, 3885)
1995 Ed. (1871, 1873, 2266, 2267, 2276, 2278, 2291, 2320, 2322, 2328, 2329, 3322, 3800)
1991 Ed. (2081, 2082, 2083, 2090, 2092, 2093, 2123, 2129, 2130, 2135)
1990 Ed. (2220, 2221, 2222, 2225, 2227, 2228, 2229, 2263, 2264, 3708)
1989 Ed. (1672, 1673, 1674, 1675, 1676, 1677, 1678, 1734, 1735, 2975)
Aetna Life & Casualty Co.'s American Re-insurance Co.
1994 Ed. (1205)
Aetna Life Guaranteed
1994 Ed. (2294, 2303, 2304)
Aetna Life Guaranteed Products Group
1998 Ed. (2268)
1996 Ed. (2416)
Aetna Life Ins. & Annuity Co.
1992 Ed. (4381)
Aetna Life Insurance Co.
2008 Ed. (3272, 3276, 3297, 3298, 3303)
2007 Ed. (3122, 3126, 3147, 3148)
2002 Ed. (2887, 2888, 2893, 2908, 2909, 2915, 2916, 2922, 2923, 2930)
2001 Ed. (2929, 2931, 2939, 2940, 2947)
2000 Ed. (2675, 2677, 2682, 2686, 2687, 2692, 2701, 2702, 2704, 2706)
1998 Ed. (1340, 2108, 2131, 2140, 2147, 2148, 2156, 2163, 2172, 2180, 2181, 2183, 2185, 2186, 2187, 2193, 2520)
1996 Ed. (2265, 2321, 2323, 2324)
1995 Ed. (223, 2285, 2290, 2301, 2306, 2387)
1994 Ed. (224, 2249, 2251, 2255, 2256, 2258, 2259, 2260, 2266, 2267, 2322, 3242)
1993 Ed. (2194, 2195, 2200, 2205, 2206, 2207, 2209, 2210, 2212, 2213, 2215, 2216, 2217, 2218, 2220, 2221, 2222, 2230, 2281, 2285, 2287, 2290, 2292, 2301, 2303, 3248)
1992 Ed. (2653, 2659, 2660, 2661, 2674, 2711, 2779, 2781, 2782)
1991 Ed. (244, 2091, 2103, 2104, 2105, 2109, 2112, 2113)
1990 Ed. (2341)
1989 Ed. (1802, 2138)
Aetna Life Insurance and Annuity Co.
2001 Ed. (2935)
1998 Ed. (2173, 3654, 3656)
1993 Ed. (3653)
Aetna Life Insurance Co. of America Taiwan
1994 Ed. (2268)
Aetna Life Insurance of Illinois
1995 Ed. (2286)
Aetna Life Insurance Real Estate SA
1994 Ed. (2313, 2315)
Aetna Life Insurance SA-76 Public Bond
1994 Ed. (2313)
Aetna Life of America
1995 Ed. (2296)
Aetna Maintenance Inc.
2006 Ed. (667)
2005 Ed. (762, 763)
Aetna Plus (Account C)
1997 Ed. (3829, 3828, 3830)
Aetna Realty
1997 Ed. (2541, 3269)
Aetna Realty Advisors
1996 Ed. (2921, 3166)
Aetna Realty Investors
1995 Ed. (3073)
1992 Ed. (3629)
Aetna Retirement
1999 Ed. (3062, 3066)
1997 Ed. (2515)
Aetna Retirement Services
2000 Ed. (2265, 2667)
Aetna Services Inc.
2001 Ed. (1675, 2916)
Aetna U.S. Healthcare
2003 Ed. (2700, 3921)
2002 Ed. (1915, 2461, 2462, 2464, 3742)
2001 Ed. (2675, 2680, 2688)
2000 Ed. (2421, 2423, 2426, 2427, 2428, 2431, 2434, 2435, 2438, 2440, 3153, 3599)
1999 Ed. (2644, 2653, 2657, 3292, 3429)
1997 Ed. (2188)
Aetna U.S. Healthcare Dental
1999 Ed. (1831)
Aetna U.S. Healthcare, Hartford, CT
2000 Ed. (2429)
Aetna U.S. Healthcare of California Inc.
2002 Ed. (2463)
2000 Ed. (2436)
Aetna U.S. Healthcare of Illinois Inc.
2002 Ed. (2460)
2001 Ed. (2687)
2000 Ed. (2433)
Aetna VA Acct D MAP V Lowest Margin Janus Asp World Growth
1997 Ed. (3825)
Aetna VA Acct D MAP V Lowest Margin Janus Asp Wrld Gr
2000 Ed. (4333)
AetnaPlus Janus Aspen Flexible IncomQ
2000 Ed. (4329)
AetnaPlus Janus Aspen Worldwide Growth Q
2000 Ed. (4333)
Aetos Technologies Inc.
2008 Ed. (4139)
AEW Capital
2002 Ed. (3929, 3931, 3941, 3942)
AEW Capital Management
2002 Ed. (3625)
2001 Ed. (4014)
2000 Ed. (2829)
1999 Ed. (3093, 3095, 3096, 3097, 3098)
1998 Ed. (2259, 2269, 2274)
AEW Capital Management LP
2004 Ed. (2036)
2003 Ed. (4058)
AEW Capital Mgmt.
2000 Ed. (2837, 2839)
AF Merchants Inc.
1994 Ed. (1440)
1993 Ed. (1386)
1992 Ed. (1684)
1991 Ed. (1336)
AFA Advertising
1999 Ed. (106)
AFA Forest Products Inc.
2008 Ed. (2764)
AFA Protective Systems Inc.
2008 Ed. (4297)
2007 Ed. (4295)
2006 Ed. (4270, 4271)
2005 Ed. (4291)
2000 Ed. (3918, 3919)
1997 Ed. (3416)
Afac Holdings Inc.
2001 Ed. (1408)
AFBA Five Star Balanced
2003 Ed. (3483)
AFBA Five Star USA Global
2003 Ed. (3489)
AFBA Five Star USA Global Institutional
2006 Ed. (3627, 3629)
AFC
2003 Ed. (3322)
AFC Championship Game
1993 Ed. (3538)
1992 Ed. (4252)
AFC Divisional Playoff
2008 Ed. (4660)
2007 Ed. (2845)
AFC Enterprises, Inc.
2002 Ed. (4025)
1999 Ed. (2477)
AFC/NFC Playoff
2007 Ed. (4740)
AFC/NFC Pro Bowl
2006 Ed. (764)
AFC Playoff
1992 Ed. (4252)
AFC Wildcard Playoff
1992 Ed. (4252)
AFCOM's Data Center World
2008 Ed. (4719)
AFDIS
2006 Ed. (4999)
AFFCO Holdings
2004 Ed. (1826)
2003 Ed. (1792)
2002 Ed. (1745)
Affiliated Bank
1993 Ed. (450, 502)
1992 Ed. (636, 701)
Affiliated Car & Limo
1993 Ed. (2600)
1992 Ed. (3113)
Affiliated Car Rental LC
2008 Ed. (305)
2006 Ed. (325)
2005 Ed. (305)
2004 Ed. (309)
Affiliated Computer Services Inc.
2008 Ed. (1138, 1157, 2767, 3016, 3196, 4802)
2007 Ed. (1223, 1395, 2641, 2778, 2891, 3068, 4358, 4360)
2006 Ed. (1107, 1129, 1356, 2807, 2808, 3032, 3035, 4294)
2005 Ed. (1107, 1108, 1117, 1138, 1354, 1387, 2825, 3024, 3025, 3027)
2004 Ed. (1113, 1122, 1345, 1346, 1367, 1607, 2205, 2824, 3015, 3018, 4545)
2003 Ed. (1091, 1105, 1106, 1345, 2156, 2705, 2926, 2950)
2002 Ed. (1148, 2811)
2001 Ed. (436)
1995 Ed. (253)
1994 Ed. (464)
Affiliated Engineers Inc.
2008 Ed. (2571)
2007 Ed. (2411, 2444)
2006 Ed. (2478)
Affiliated Food Cooperative
1998 Ed. (1872)
1996 Ed. (2049, 2051)
Affiliated Food Stores
1996 Ed. (2049)
1995 Ed. (2052, 2053)
1994 Ed. (1998)
1993 Ed. (3487, 3489, 3490, 3492)
Affiliated Foods Inc.
2007 Ed. (1430)
2006 Ed. (1397)
2005 Ed. (1410, 1411)
2000 Ed. (2384, 2387, 2390)
1994 Ed. (1998)
1993 Ed. (3487)
Affiliated Foods Cooperative
1995 Ed. (2055)
1994 Ed. (1998)
1993 Ed. (3487)
Affiliated Foods Midwest, Inc.
2004 Ed. (1389)
2003 Ed. (1379)
Affiliated Foods Midwest Co-op Inc.
2007 Ed. (1430)
2006 Ed. (1397)
2005 Ed. (1411)
2004 Ed. (1390)

Affiliated Foods Southwest
2006 Ed. (1396)
2005 Ed. (1410)
2004 Ed. (1389)
2000 Ed. (2384)
Affiliated Managers Group
2008 Ed. (1905)
2007 Ed. (1875, 3277)
2006 Ed. (3210)
Affiliated of Florida
1998 Ed. (1872)
Affiliated Paper Cos. Inc.
1998 Ed. (1740)
Affiliated Publications Inc.
1993 Ed. (2491)
1990 Ed. (2933)
1989 Ed. (1050, 1051, 1052, 1933, 2264, 2654)
Affiliated Publishers
1993 Ed. (2944)
1990 Ed. (2932)
Affiliated Pubs.
1992 Ed. (3589)
Affin Bank
2007 Ed. (363)
2004 Ed. (399, 549, 556)
2003 Ed. (582)
Affin Holdings Berhad
1999 Ed. (2436)
1997 Ed. (2008)
Affin Holdings Bhd.
2000 Ed. (2194)
Affinia Group Inc.
2007 Ed. (1879)
Affinito; Lilyan
1995 Ed. (1256)
Affinity Credit Union
2008 Ed. (2247)
2007 Ed. (2132)
2006 Ed. (2164, 2211)
2005 Ed. (2070, 2116)
2004 Ed. (1930, 1974)
2003 Ed. (1892, 1934)
2002 Ed. (1880)
Affinity Federal Credit Union
1997 Ed. (1565)
Affinity HIS
1995 Ed. (2139)
Affinity Insurance Ltd.
2008 Ed. (3224)
2007 Ed. (3084)
2006 Ed. (3054)
Affinity Plus Credit Union
2008 Ed. (2240)
2007 Ed. (2125)
2006 Ed. (2204)
2005 Ed. (2109)
2004 Ed. (1967)
2003 Ed. (1927)
2002 Ed. (1873)
Affirmative Franchises Inc.
2007 Ed. (2571)
Affirmative Insurance Holdings Inc.
2006 Ed. (2735)
Affleck; Ben
2005 Ed. (2444)
Affliated Publications
1991 Ed. (1220)
The Affluent Society
2005 Ed. (713)
Affordable Homes
2005 Ed. (1205)
2004 Ed. (1178)
2003 Ed. (1170)
2002 Ed. (2694)
Affordable housing
1997 Ed. (1176)
Affordable Interior Systems
2007 Ed. (4426)
2006 Ed. (4358)
The Affordable Network
1993 Ed. (2908)
Affordable Residential Communities
2006 Ed. (1417)
Affymetrics
2007 Ed. (4699)
Affymetrix Inc.
2006 Ed. (4082)
2005 Ed. (676, 3693)
2004 Ed. (3774)
2003 Ed. (3749)
2001 Ed. (706)
AFG Industries Inc.
2003 Ed. (4613)
1989 Ed. (1052)
Afghanistan
2007 Ed. (2259)
2006 Ed. (2715, 3016)
1995 Ed. (2009, 2016, 2028, 2035, 2039)
1993 Ed. (1464, 1465, 1966, 1973, 1980, 1986, 2951)
1991 Ed. (2826)
Afghanistan Bank
1989 Ed. (441)
Afia
1994 Ed. (15, 41)
1992 Ed. (75)
1991 Ed. (45)
Afkar Promoseven
2003 Ed. (144)
Afkar Promoseven Jeddah/Riyadh
2002 Ed. (177)
2001 Ed. (205)
1999 Ed. (149)
Afkar Promoseven Jeddah/Riyadh (McCann)
2000 Ed. (166)
Afkar Promoseven-Jordan
2003 Ed. (95)
2002 Ed. (128)
2001 Ed. (155)
1999 Ed. (112)
Afkar Promoseven Jordan (McCann)
2000 Ed. (117)
AFL
2004 Ed. (3951)
AFL-CIO
2000 Ed. (2989)
1993 Ed. (889)
AFL-CIO Building Investment
2000 Ed. (2828)
1998 Ed. (2280)
1997 Ed. (2542)
1995 Ed. (2376)
AFL-CIO Building Trust
2002 Ed. (3938, 3940)
AFL-CIO Housing
1995 Ed. (2364, 3074)
AFL-CIO Housing & Building
1993 Ed. (2976)
AFL-CIO Housing Investment
1996 Ed. (3168)
AFL-CIO Housing Trust
1998 Ed. (2274, 3015)
1997 Ed. (3270)
1992 Ed. (3636)
AFL Web
2002 Ed. (3767)
AFLAC Inc.
2008 Ed. (1766, 2351, 2694, 2973, 3167, 3172, 3176, 3197, 3223, 3285, 3536, 3686, 3687, 4265, 4526)
2007 Ed. (856, 1523, 1738, 2839, 3083, 3130, 3131, 3132, 3137, 3141, 3300, 3380, 3523, 3527, 4080, 4233, 4553, 4554, 4570)
2006 Ed. (1728, 1731, 2423, 2835, 2838, 2860, 2861, 3051, 3057, 3091, 3118, 3119, 3121, 3123, 4217, 4576, 4577, 4589)
2005 Ed. (128, 1780, 2374, 2842, 2854, 2855, 3048, 3049, 3050, 3052, 3053, 3084, 3105, 3116, 3118, 4163, 4501, 4502, 4504)
2004 Ed. (1723, 2832, 2846, 2847, 3033, 3034, 3035, 3036, 3074, 3077, 3078, 3102, 3113, 4554)
2003 Ed. (1685, 2759, 2760, 2958, 2959, 2973, 2991, 2995, 4559, 4564)
2002 Ed. (1660, 2572, 2870, 2886, 2933, 2935)
2001 Ed. (2701, 2917, 2918)
2000 Ed. (1437, 2696)
1999 Ed. (276, 1634, 2928, 2930, 2932, 2944, 2946, 4390, 4489)
1998 Ed. (1142, 2147, 2150, 2151, 2172, 2175, 2176, 2187, 2189)
1997 Ed. (1412, 2435, 2442, 3637)
1996 Ed. (1350, 2282, 2296, 2299, 2300, 2308, 2309, 2319, 2322, 3591, 3593)
1995 Ed. (2293, 2300, 3519)
1994 Ed. (2250, 2254, 3441)
1993 Ed. (2194, 2197, 2198, 2199, 3464)
AFLAC Credit Union
2004 Ed. (1934)
2003 Ed. (1898)
AFLAC Incorporated
2000 Ed. (4126)
1998 Ed. (3415)
Aflexa
2003 Ed. (4855)
Afloat Training Group
2008 Ed. (2831)
AFMS
2007 Ed. (1318)
2006 Ed. (4794)
Afore Banamex Aegon
2004 Ed. (1548)
A4 Health Systems
2005 Ed. (2788)
AFP
2000 Ed. (4035)
AFP Technology
2002 Ed. (2530)
AFP Union SA
2002 Ed. (3083)
Afrbrand
2002 Ed. (3040)
Afribank Nigeria
2005 Ed. (588)
2004 Ed. (600)
2003 Ed. (592)
2002 Ed. (628)
2000 Ed. (635)
1999 Ed. (613, 614)
1997 Ed. (583)
1996 Ed. (643)
1995 Ed. (573)
1994 Ed. (602)
1993 Ed. (599)
1992 Ed. (806)
Africa
2008 Ed. (728, 3375, 3742)
2007 Ed. (3247, 3619)
2006 Ed. (3178, 3551, 4683)
2005 Ed. (791, 792, 3199)
2003 Ed. (3854)
2002 Ed. (4323, 4324)
2001 Ed. (368, 516, 517, 1192, 1193, 3857)
2000 Ed. (2867, 3012, 3094, 3548, 4040)
1999 Ed. (199, 2488, 2856, 3274, 4550, 4827)
1998 Ed. (251, 857, 1805, 1807, 2422, 2735, 2815, 3773)
1997 Ed. (1806, 2113, 2690, 2748)
1996 Ed. (935, 936, 1466, 2553, 3633)
1995 Ed. (963, 2489)
1994 Ed. (189, 3657)
1993 Ed. (1716, 1721, 1928, 2027, 2243, 2475, 2845)
1992 Ed. (1235, 3014, 3294, 3295, 3446, 3555)
1991 Ed. (1799, 2936)
1990 Ed. (2146, 3439)
Africa-Benin; Bank of
2005 Ed. (467)
Africa-Israel Investment
1992 Ed. (4196)
Africa-Madagascar; Bank of
2005 Ed. (574)
Africa/Middle East
1996 Ed. (1175)
African American
2008 Ed. (1211)
2005 Ed. (1102)
1996 Ed. (2654)
African Americans
1998 Ed. (1, 547, 1997)
African Bank
2008 Ed. (445, 504, 507)
2007 Ed. (480, 552, 555)
2006 Ed. (467, 523)
2004 Ed. (619)
African Bank Investments
2003 Ed. (1819)
African Commercial Bank Ltd.
1991 Ed. (699)
African Continental Bank Ltd.
1991 Ed. (633)
African Development Bank
1998 Ed. (1268)
1995 Ed. (1561)
1994 Ed. (519)
African Life Assurance
2003 Ed. (1819)
African Merchant Bank
2001 Ed. (1534)
African Pride
2008 Ed. (2871)
2003 Ed. (2652, 2656)
2001 Ed. (2634, 2635)
African Pride No-Lye, Relaxer, Regular
2000 Ed. (2410)
Africare
1994 Ed. (1906)
Africarrier Ltd.
2001 Ed. (84)
Afriland First Bank
2007 Ed. (411)
Afrin
2004 Ed. (1057)
2003 Ed. (1050, 3627)
2002 Ed. (2998)
2001 Ed. (3518)
2000 Ed. (1134)
1994 Ed. (1574, 1576)
Afrin nasal spray .5 oz.
1990 Ed. (1082, 1540, 1541)
Afrin No Drip
2004 Ed. (1055)
2003 Ed. (3627)
AFS Intercultural Programs
1994 Ed. (908)
AFSCME
1999 Ed. (3845)
Afta
2003 Ed. (3778)
1990 Ed. (3604)
Aftate
1998 Ed. (1747)
1993 Ed. (255)
After Dark
1997 Ed. (1091)
1996 Ed. (1077, 1081, 1082)
1995 Ed. (1098)
After Dark 2.0
1995 Ed. (1103)
After Dark 2.0 for Windows
1995 Ed. (1104)
After Eight
2000 Ed. (1060)
"After Hours Videos"
2001 Ed. (1094)
Afterburner
2005 Ed. (1251)
Afterdisaster Emergency Team
2007 Ed. (766, 767)
Afterfield Ltd.
1994 Ed. (997)
Aftermarket Technology Corp.
2005 Ed. (314)
2004 Ed. (315)
Aftershave
2002 Ed. (4633)
2001 Ed. (3715, 3724)
AG
1997 Ed. (700)
1994 Ed. (737)
1992 Ed. (913)
A.G. Edwards
1990 Ed. (809, 2291)
A.G. Edwards & Sons
2000 Ed. (3191, 3193, 3959, 3965, 3967, 3968, 3970, 3973, 3975, 3980, 3983)
1990 Ed. (784, 785, 786)
AG Financiere
1991 Ed. (729)
1990 Ed. (1333)
AG Fuer Praezisionsinstrumente
1993 Ed. (2498)
AG Group
1996 Ed. (763, 1300)
1995 Ed. (1360)
AG Processing Inc.
2008 Ed. (1961)
2007 Ed. (1426, 1427, 1897)
2006 Ed. (1388, 1389, 1391, 1915)
2005 Ed. (1402, 1403, 1893)

2004 Ed. (1381, 1382, 1810)
2003 Ed. (1375, 1773)
2001 Ed. (1803)
1995 Ed. (1461)
1994 Ed. (1424)
1993 Ed. (1371)
1992 Ed. (1530)
1991 Ed. (1222)
1990 Ed. (1298)
1989 Ed. (1055)
Ag Services of America Inc.
2005 Ed. (364)
A.G. Spanos Inc.
1990 Ed. (1172)
Ag Star Farm Credit System
2000 Ed. (222)
AGA
1999 Ed. (2855, 2857)
1998 Ed. (1804)
1995 Ed. (1492)
1993 Ed. (1938)
1992 Ed. (4143)
1991 Ed. (1788, 1790)
1990 Ed. (1890)
AGA AB
2001 Ed. (2587)
Aga Gas Inc.
2001 Ed. (2585)
The Aga Khan
2007 Ed. (4930)
Aga/Rayburn
2007 Ed. (741)
Against the Gods
1999 Ed. (690)
Against the Gods: The Remarkable Story of Risk
2006 Ed. (589)
AgAmerica, FCB
2005 Ed. (1404, 1408, 1409)
2004 Ed. (1383, 1387, 1388)
2003 Ed. (1378)
Agana, GU
1990 Ed. (3614)
Agarwal; Anil
2008 Ed. (897, 4896)
Agassi; Andre
2006 Ed. (292)
1997 Ed. (278)
1996 Ed. (250)
Agate; Robert M.
1997 Ed. (979)
AGB
1991 Ed. (2387)
Agbami
2001 Ed. (3776)
AgBiotech Stock Letter
1993 Ed. (2362)
AGC Life
2000 Ed. (2706)
1999 Ed. (2955)
1996 Ed. (2308, 2309)
AGC Life Insurance Co.
2008 Ed. (3303)
2001 Ed. (2943)
2000 Ed. (2708)
1998 Ed. (2185)
Agco Corp.
2008 Ed. (1877, 3530)
2006 Ed. (2995)
2005 Ed. (181, 182)
2004 Ed. (181, 182)
2003 Ed. (2642, 3269)
1999 Ed. (2850)
1998 Ed. (2088)
1997 Ed. (2367, 2369)
1996 Ed. (2242)
Age Credit Union
2002 Ed. (1859)
Age Defying
2001 Ed. (1904, 1905)
Age Defying; Revlon
2008 Ed. (2185)
AGE High Income Fund
1993 Ed. (2677)
Age International
1991 Ed. (2905)
AGE Rekiam/BSB Estonia
1995 Ed. (72)
Age Reklama
2002 Ed. (106, 134, 136)
2001 Ed. (134, 160, 162)
Agence Havas
2006 Ed. (4300)
1989 Ed. (2482)
Agencias Condado Travel Inc.
2007 Ed. (3596)
2006 Ed. (3537)
Agencies
1992 Ed. (730)
The Agency
2003 Ed. (125)
2002 Ed. (154)
2001 Ed. (183)
1994 Ed. (321, 322)
1990 Ed. (2622)
Agency Chrysler-Plymouth
1990 Ed. (340)
Agency CMOs (FNMA & FHLMC)
1992 Ed. (730)
Agency Ford Inc.
1994 Ed. (268)
Agency net revenues
2001 Ed. (3921)
The Agency (O & M)
2000 Ed. (146)
Agency pass-through mortgage-backed securities
1992 Ed. (730)
Agency Rent-A-Car
1991 Ed. (333, 334, 3414)
The Agency/SSA
1999 Ed. (128)
1995 Ed. (84)
1994 Ed. (95)
Agency.com
2008 Ed. (819)
2007 Ed. (861, 3435)
2006 Ed. (760, 3420)
2005 Ed. (115, 833)
2004 Ed. (116, 860)
2003 Ed. (816)
2002 Ed. (2524)
2001 Ed. (2861)
2000 Ed. (106)
Agenda Design Associates
2001 Ed. (1445)
Agentura Teltex
2006 Ed. (86)
Agepasa/Banco Inversion S.A.
1992 Ed. (2790, 2793)
Agere Systems Inc.
2008 Ed. (1535, 3012, 3022, 3191, 4309, 4613, 4616)
2007 Ed. (4282)
2006 Ed. (2392, 4586, 4588)
2005 Ed. (3698, 4342, 4346)
2004 Ed. (1106, 3779, 4399, 4672)
2003 Ed. (1576, 4318, 4378)
AGF
2006 Ed. (3094)
1999 Ed. (2917)
1996 Ed. (2289)
1992 Ed. (1618, 2709)
1990 Ed. (2279)
AGF Aggressive Global Stock
2004 Ed. (2480, 2482, 2483)
2003 Ed. (3575)
2002 Ed. (3437, 3439)
AGF Aggressive Growth
2004 Ed. (3621)
AGF American Growth Class
2006 Ed. (3663)
2002 Ed. (3449, 3451)
2001 Ed. (3478)
AGF-Assurance Generales de France
1997 Ed. (2422)
AGF-Assurances Generales de France
1995 Ed. (2282)
1994 Ed. (2234, 2235)
1993 Ed. (2254)
AGF Canada Class - International Group
2003 Ed. (3564)
AGF Canadian Aggressive All-Cap
2004 Ed. (3631)
2003 Ed. (3598)
AGF Canadian Aggressive AllCap
2002 Ed. (3469)
AGF Canadian Growth Equity
2006 Ed. (3663)
AGF Canadian High Income
2002 Ed. (3453)
2001 Ed. (3479)
AGF Canadian Stock
2002 Ed. (3435, 3436)
AGF India
2002 Ed. (3475)
AGF International Stock Class
2006 Ed. (3663)
AGF International Value
2006 Ed. (3663)
2004 Ed. (2480)
2003 Ed. (3573, 3574)
2002 Ed. (3437, 3438, 3439)
AGF Managed Futures
2006 Ed. (3666, 3667)
2005 Ed. (3569)
2004 Ed. (3634)
AGF Managed Futures Value
2003 Ed. (3602)
AGF Management Ltd.
2008 Ed. (1629, 1644, 1650)
2007 Ed. (1629, 1635)
2006 Ed. (1622, 1627)
1992 Ed. (3206)
AGF Precious Metals
2004 Ed. (3620, 3622)
AGF 20/20 Aggressive Global Stock
2001 Ed. (3467, 3468)
AGF 20/20 RSP Aggressive Equity
2001 Ed. (3475)
AGF World Companies
2004 Ed. (2482, 2483)
2003 Ed. (3575)
AGF World Equity Class
2002 Ed. (3462, 3463)
AGFA
1996 Ed. (2595)
Agfa - Gavaert NV
2004 Ed. (4224)
Agfa-Gevaert
1994 Ed. (2214)
1993 Ed. (1729)
Agfa-Gevaert AG
2004 Ed. (3032)
2002 Ed. (2832)
2001 Ed. (2897)
2000 Ed. (2648)
1999 Ed. (2897)
1997 Ed. (2405)
AGFA-Gevaert Aktiengesellschaft
1995 Ed. (2264)
AGFA-Gevaert NV
2008 Ed. (3549)
2006 Ed. (3372)
2002 Ed. (4068)
2001 Ed. (4133)
2000 Ed. (3829)
1997 Ed. (2405)
1996 Ed. (2264)
1995 Ed. (2264)
1994 Ed. (2214)
Agfa HealthCare Corp.
2008 Ed. (2903)
Agfa-HealthCare Business
2006 Ed. (2777)
AgFirst Farm Credit Bank
2007 Ed. (1429)
2006 Ed. (1394, 1395)
2005 Ed. (1408, 1409)
2004 Ed. (1387, 1388)
2003 Ed. (1378)
AgFirst Farm Credit Union
2006 Ed. (1390)
2005 Ed. (1404)
2004 Ed. (1383)
Aggregate Industries
2007 Ed. (781)
2005 Ed. (780, 4167, 4526)
2003 Ed. (4217, 4615)
Aggregate Industries Management Inc.
2005 Ed. (3926, 4527)
2004 Ed. (4239, 4594)
2002 Ed. (4088, 4510)
Aggregate Industries West Central Region Inc.
2006 Ed. (1720)
2005 Ed. (1775)
2004 Ed. (1717)
2003 Ed. (1680)
2002 Ed. (1654)
Agile Holdings
2005 Ed. (43)
Agile Software Corp.
2004 Ed. (2208)
2003 Ed. (2157)
2001 Ed. (2858, 2861, 4187)
Agilent Technologies Inc.
2008 Ed. (1433, 1476, 1510, 1512, 1525, 1526, 3012, 3022)
2007 Ed. (1442, 1447, 1481, 1552, 2330, 2337, 2890, 2900, 3081, 4115, 4263, 4518, 4699, 4700)
2006 Ed. (1578, 2391, 2394, 2891, 3047, 3048, 3049, 4249)
2005 Ed. (1574, 1682, 1684, 2282, 2336, 2353, 3043, 3046, 3047, 4244, 4464, 4465, 4468)
2004 Ed. (2181, 2235, 2254, 3028, 3031, 4312)
2003 Ed. (1071, 2131, 2133, 2235, 2955, 2956, 2957, 4302)
2001 Ed. (2893, 2894, 2895, 4188)
Agilent Technologies U.K. Ltd.
2004 Ed. (3032)
Agilera
2002 Ed. (2987)
Agiliti
2002 Ed. (2987)
Agility
2008 Ed. (1367, 3525)
2001 Ed. (3988)
Agility Communications Inc.
2002 Ed. (3539)
Agilsys
2006 Ed. (3050)
Agilysys Inc.
2007 Ed. (3081, 4950)
Aging relatives
1992 Ed. (1939)
Agio Junior Tip
2001 Ed. (2116)
Agio Meharis
2001 Ed. (2113)
AgION Technologies
2006 Ed. (592)
Agip Petrol SpA
1995 Ed. (1440, 2928)
Agip Petroleum
2001 Ed. (2583)
Agip Petroli
1993 Ed. (1355)
1990 Ed. (1388)
Agip Petroli SpA
2007 Ed. (1828)
2006 Ed. (204, 1181, 1822, 3487)
2005 Ed. (192, 1195, 1830, 3486)
2004 Ed. (3867)
2003 Ed. (1727, 3853)
2002 Ed. (3678, 3692)
2001 Ed. (1759)
2000 Ed. (1486, 3538)
1999 Ed. (1686, 3811)
1997 Ed. (1458, 3107)
1996 Ed. (1404, 3023)
1994 Ed. (1408)
Agip SpA
1997 Ed. (1458)
1995 Ed. (2583)
1994 Ed. (2528, 2865)
1992 Ed. (3740)
1989 Ed. (1130)
Agiplan AG
1995 Ed. (1693)
Agitar Software Inc.
2008 Ed. (1152)
2007 Ed. (1254)
2006 Ed. (1140)
AGL
2004 Ed. (1646)
2002 Ed. (4708)
AGL Resources Inc.
2008 Ed. (2419, 2809)
2007 Ed. (2214, 2286, 2678, 2681, 2682)
2006 Ed. (2688, 2689, 2691, 3364)
2005 Ed. (2713, 2714, 3587)
2004 Ed. (2723, 2724, 3669)
2003 Ed. (3814)
1999 Ed. (3593)
1998 Ed. (2664)
Aglialoro; J.
1995 Ed. (1240)
Aglo Meharl's Mild
1994 Ed. (961)
AGM Concepts Inc.
2004 Ed. (2831)

AGM Container Controls Inc.
2007 Ed. (4400)
Agnelli; Giovanni
1992 Ed. (888)
Agnes Scott College
1997 Ed. (1066)
Agnew & Sons Ltd.; Thomas
1994 Ed. (998)
Agnew; Mark
1996 Ed. (1891)
Agni Systems Ltd.
2006 Ed. (4484)
Agnico-Eagle Mines
2008 Ed. (2825)
2007 Ed. (2698)
Agnos; Art
1993 Ed. (2513)
1992 Ed. (2987)
1991 Ed. (2395)
1990 Ed. (2525)
Agora SA Group
2008 Ed. (73)
Agora Senior
2008 Ed. (733)
2007 Ed. (754)
Agostini's Ltd.
1999 Ed. (4669)
AGP
1994 Ed. (3362)
AGP Industrial Corp.
1995 Ed. (1474)
1994 Ed. (1440)
1993 Ed. (1386)
1992 Ed. (1684)
1991 Ed. (1336)
AGRA Inc.
2000 Ed. (1812, 1814, 1815)
AGRA Construction Group
1998 Ed. (947)
Agra Engineering Group Ltd.
1993 Ed. (1619)
AGRA Foundations Inc.
2003 Ed. (1302)
2002 Ed. (1290)
2001 Ed. (1475)
2000 Ed. (1261)
AGRA Foundations Group
1997 Ed. (1165)
Agra-Gevaert
2006 Ed. (1562)
AGRA Industries Ltd.
1998 Ed. (1445, 1450)
1997 Ed. (1752)
1996 Ed. (1672)
1995 Ed. (1690, 1694)
1994 Ed. (1651)
1992 Ed. (1960)
AGRA Infrastructure
2001 Ed. (2243)
Agrani Bank
2000 Ed. (467)
1999 Ed. (475)
1997 Ed. (415)
1996 Ed. (453)
1995 Ed. (427)
1994 Ed. (432)
1993 Ed. (432)
1992 Ed. (615)
1991 Ed. (458)
1990 Ed. (508)
1989 Ed. (487)
AgraQuest
2005 Ed. (4612)
Agree Realty Corp.
2002 Ed. (1728)
2001 Ed. (4004)
AgrEvo
2001 Ed. (275)
2000 Ed. (3512)
1999 Ed. (2538)
1998 Ed. (101, 2104, 2812)
Agri Affiliates Inc.
1999 Ed. (2124)
1991 Ed. (1648)
Agri Beef Co.
2004 Ed. (3289)
2003 Ed. (3234)
Agribank, FCB
2007 Ed. (1429)
2006 Ed. (1390, 1394, 1395)
2005 Ed. (1404, 1408, 1409)
2004 Ed. (1383, 1387, 1388)
2003 Ed. (1378)
AgriBioTech
1999 Ed. (3674)
Agribusiness
2003 Ed. (2913)
Agrico SA
2008 Ed. (2052)
Agricola Industrial Tropical
2002 Ed. (4407)
Agricola Italiana Alimentare SpA
2004 Ed. (191)
Agricore
2003 Ed. (1381)
Agricore United
2008 Ed. (199)
2007 Ed. (213)
Agric'ral Bank
1991 Ed. (534)
Agricultural
2008 Ed. (2651)
2006 Ed. (4220)
2001 Ed. (2378)
Agricultural & Co-operative Bank
1993 Ed. (442)
Agricultural & Co-operative Bank, Plovdiv
1995 Ed. (434)
1994 Ed. (442)
Agricultural and Co-operative Development Bank
1992 Ed. (759)
1991 Ed. (590)
Agricultural Bank
1994 Ed. (624)
1989 Ed. (546)
Agricultural Bank of China
2008 Ed. (351, 380, 397, 436, 1850)
2007 Ed. (398, 420, 1811)
2006 Ed. (381, 413, 426, 1804, 4275)
2005 Ed. (419, 460, 477, 1817)
2004 Ed. (448, 465, 500, 1751)
2003 Ed. (462, 1709)
2002 Ed. (520, 521, 522, 542, 552, 1687)
2000 Ed. (495)
1999 Ed. (467, 496, 517)
1997 Ed. (411, 438, 2392)
1996 Ed. (446, 474)
1995 Ed. (422, 445)
1994 Ed. (426, 453)
1993 Ed. (517, 521)
Agricultural Bank of Greece
2008 Ed. (420)
2007 Ed. (454, 1745)
2006 Ed. (447)
2005 Ed. (514)
2004 Ed. (491, 535)
2003 Ed. (500)
2002 Ed. (565)
2000 Ed. (541)
1999 Ed. (532)
1997 Ed. (481)
1996 Ed. (522)
1995 Ed. (478)
1994 Ed. (496)
1993 Ed. (494, 522)
1992 Ed. (689)
1990 Ed. (585)
Agricultural Bank of Lithuania
1999 Ed. (580)
1997 Ed. (542)
Agricultural Bank SC
1996 Ed. (664)
1995 Ed. (594)
1994 Ed. (625)
1993 Ed. (620)
Agricultural chemicals
2002 Ed. (1014, 1035, 3242)
2001 Ed. (1210)
Agricultural Cooperative Bank of Armenia
2004 Ed. (467)
Agricultural Development Bank of Afghanistan
1992 Ed. (573)
1991 Ed. (414)
Agricultural Development Bank of Pakistan
1993 Ed. (608)
1992 Ed. (814)
Agricultural distribution
2001 Ed. (4154)
Agricultural Equipment
2000 Ed. (4117)
Agricultural/food product manufacturing
1998 Ed. (607)
Agricultural Insurance SA
2002 Ed. (342)
Agricultural Investment Associates Inc.
1999 Ed. (2122)
Agricultural Minerals
1994 Ed. (1753)
Agricultural production
2002 Ed. (1490)
1997 Ed. (1274)
1996 Ed. (1216, 1225, 1232)
1993 Ed. (1214, 2157)
1990 Ed. (1273)
Agricultural products
1999 Ed. (2102)
1993 Ed. (1713, 1726, 1727)
Agricultural scientists
1990 Ed. (2729)
Agricultural services
1996 Ed. (3452)
Agriculture
2003 Ed. (2269)
2002 Ed. (2222)
2001 Ed. (3605)
2000 Ed. (3088)
1999 Ed. (2864, 2865, 2933, 3352, 4554, 4821)
1997 Ed. (2018)
1996 Ed. (2663, 2908, 3458, 3874)
1995 Ed. (3785)
1993 Ed. (703)
1992 Ed. (1943, 4482)
1989 Ed. (1636)
Agriculture & forestry
1997 Ed. (2572)
Agriculture Bank of Papua New Guinea
1996 Ed. (652)
1995 Ed. (583)
1994 Ed. (613)
Agriculture Credit Union
2008 Ed. (2267)
2007 Ed. (2152)
2006 Ed. (2231)
2005 Ed. (2136)
2004 Ed. (1994)
2003 Ed. (1954)
2002 Ed. (1857)
Agriculture Department
1998 Ed. (2512)
1995 Ed. (1666)
Agriculture; Department of
1992 Ed. (29)
Agriculture/fishing/forestry
1995 Ed. (1, 2670)
Agriculture, forestry, and fishing
2001 Ed. (3560, 3561)
Agriculture/forestry/fishing
1994 Ed. (803)
Agriculture services, forestry & fishing
1993 Ed. (2152)
Agriculture; U.S. Department of
2008 Ed. (1054, 2830, 2835)
2007 Ed. (1161, 2058, 2059, 2448, 2449, 2701, 2707)
2006 Ed. (1069, 2706, 2711, 3293)
2005 Ed. (2745, 2750)
Agriculture.com
2005 Ed. (827)
2004 Ed. (853)
Agrifoods International Cooperative Ltd.
1999 Ed. (197)
Agrilink Foods Inc.
2003 Ed. (865, 2562, 2572)
2001 Ed. (2477)
Agrinational Insurance Co.
1992 Ed. (1061)
1991 Ed. (857)
1990 Ed. (906)
Agrinove Co-operative Agro-Aliment
2006 Ed. (1401)
Agripress
1989 Ed. (92)
Agrium Inc.
2008 Ed. (915)
2007 Ed. (936, 943, 1613, 3517)
2006 Ed. (857, 3485)
2005 Ed. (1567, 1709, 3485)
2003 Ed. (2892)
2002 Ed. (992, 993, 1019, 2786)
2001 Ed. (1208)
2000 Ed. (1027)
1999 Ed. (1091)
1997 Ed. (960)
AgriVest
1999 Ed. (3092)
1998 Ed. (2292)
1990 Ed. (1745)
1989 Ed. (1410)
Agro-chemicals
1989 Ed. (1931)
Agro-Cooperative Bank
1994 Ed. (441)
AGRO Deposit and Credit Bank
1996 Ed. (530)
Agrobank Rt
1993 Ed. (499)
Agrobanka Praha
1997 Ed. (433)
1996 Ed. (483, 484)
1995 Ed. (453)
1994 Ed. (462, 463)
Agrochemicals
2001 Ed. (1186)
Agrocor
2006 Ed. (38)
AgroFarm
2002 Ed. (3728)
Agrofond
2006 Ed. (4521)
Agroindustrial Bank
1996 Ed. (667)
Agroindustrijsko Komercijalna Banka
2008 Ed. (500)
Agrolimen
2001 Ed. (80)
Agrolinz Melamin
2001 Ed. (2507)
Agromed-Mamie Nova
2008 Ed. (94)
Agrometal
2007 Ed. (1852)
2005 Ed. (1841)
Agroprombank
1997 Ed. (603)
1996 Ed. (665)
1993 Ed. (631)
Agroprombank of Russia
1995 Ed. (595)
Agropur
2003 Ed. (1381)
Agropur Co-operative
2008 Ed. (199, 1385)
2007 Ed. (1434)
2006 Ed. (1401)
Agropur Co-operative Agro-Alimentaire
2001 Ed. (1499)
Agropur Cooperative
2008 Ed. (2279)
Agropur Cooperative Agro-Alimentaire
1999 Ed. (197)
Agros
1997 Ed. (3863)
Agrucultural Bank of China
2003 Ed. (475)
Agryll Group
1995 Ed. (3339)
AGS (Software & Services)
1990 Ed. (1138)
AGT
1990 Ed. (1107)
AgTech Trading Co.
2005 Ed. (1088)
AGTI Consulting Services (West) Inc.
2005 Ed. (1692)
Agua Dulce
2005 Ed. (4954)
Agua Prieta
1994 Ed. (2440)
Aguardiente Cristal
2004 Ed. (3273)
Aguirre Corp.
2002 Ed. (2541, 2555)
Aguirre Engineers Inc.
1996 Ed. (2068)

AGUIRREcorporation
2002 Ed. (3373)
Agujetas de Color de Rosa
1996 Ed. (3663)
Agulla & Baccetti
2003 Ed. (42)
2002 Ed. (76)
2001 Ed. (103)
2000 Ed. (59)
Agusta
1991 Ed. (1897, 1898)
Agusta SpA
1999 Ed. (2660)
AgustaWestland SpA
2006 Ed. (1431)
Agway Inc.
2005 Ed. (1402)
2004 Ed. (1381, 1382)
2003 Ed. (1375)
2002 Ed. (2292, 4789)
2000 Ed. (1021)
1997 Ed. (953)
1994 Ed. (916, 1911)
1993 Ed. (901)
1992 Ed. (3264)
1990 Ed. (937)
1989 Ed. (878, 882)
Agway Energy
1996 Ed. (3102)
Agway Energy Products
2004 Ed. (3973)
2003 Ed. (3970)
2002 Ed. (3799)
2000 Ed. (3623)
1999 Ed. (3906)
1998 Ed. (2932)
1997 Ed. (3180)
A.H. Belo Corp.
2000 Ed. (4213, 4215)
AH Electonum
1989 Ed. (1163)
A.H. Enterprises
1993 Ed. (2924)
A.H. Enterprisess
1994 Ed. (2942)
A.H. Robins
1990 Ed. (1992)
A.H. Williams & Co.
2000 Ed. (2763)
AHA Balanced Portfolio
1998 Ed. (2620)
Ahead Headgear
2002 Ed. (2815)
Ahead Human Resources
2006 Ed. (4457)
Ahern Co.; J. F.
2008 Ed. (1330, 2719, 4820)
2007 Ed. (1364, 2580, 4888)
2006 Ed. (1339)
AHI Healthcare Systems Inc.
1997 Ed. (2183, 3402, 3406)
AHICO
2001 Ed. (2924)
Ahistrom Oy; A.
1996 Ed. (1335)
AHJ Engineers PC
2006 Ed. (2479)
AHL Alpha plc
2003 Ed. (3112)
AHL Capital Markets Ltd.
2005 Ed. (1086)
1999 Ed. (1249)
AHL Commodity
2000 Ed. (1152)
1996 Ed. (1059)
AHL Commodity Markets
2000 Ed. (1152)
AHL Currency Fund
2005 Ed. (1085)
AHL Diversified Gtd.
2000 Ed. (1152)
AHL Diversified Guaranteed II
2000 Ed. (1152)
AHL Gtd. Capital Markets Ltd.
2000 Ed. (1152)
1999 Ed. (1249)
AHL Gtd. Real Time Trading
2000 Ed. (1152)
AHL Guar. Commodities Ltd.
1996 Ed. (1059)
Ahlens
1992 Ed. (80)
1989 Ed. (52)
Ahlens AB
1994 Ed. (45)
1993 Ed. (52)
1991 Ed. (49)
1990 Ed. (49)
Ahlers Cooney
2001 Ed. (816)
Ahlers Logistic & Maritime Services
2006 Ed. (782)
Ahli Bank
2008 Ed. (495)
Ahli United Bank
2008 Ed. (383)
2007 Ed. (401)
2006 Ed. (416)
2005 Ed. (463)
2004 Ed. (451)
2003 Ed. (465)
Ahlstrom Corp.
2008 Ed. (3799)
2007 Ed. (3708)
2006 Ed. (3725)
2005 Ed. (3609)
2004 Ed. (3699)
Ahmanson & Co.; H. F.
1997 Ed. (3744, 3746)
Ahmanson & Co.; H.F.
1990 Ed. (1779)
Ahmanson Commercial Development Co.
1991 Ed. (2809, 2810)
Ahmanson Developments Inc.
1995 Ed. (3065)
1994 Ed. (3007)
1992 Ed. (1360)
Ahmanson Foundation
2002 Ed. (2330)
1999 Ed. (2503)
1990 Ed. (1848)
Ahmanson; H. F.
1997 Ed. (333, 3747)
1996 Ed. (3686, 3688, 3689, 3690)
1995 Ed. (3320, 3608, 3610, 3611, 3613)
1994 Ed. (3141, 3240, 3526, 3534, 3535, 3537)
1993 Ed. (3070, 3242, 3246, 3562, 3572, 3573, 3575)
1992 Ed. (502, 2150, 2151, 3770, 4285, 4288, 4290)
1991 Ed. (2917, 3361, 3366, 3367, 3368)
1990 Ed. (2609, 3099, 3574, 3581)
1989 Ed. (2355, 2821, 2826)
Ahmass Fakahany
2006 Ed. (952)
Ahmed Reza
1997 Ed. (1999)
1996 Ed. (1908)
Ahmet Zorlu
2008 Ed. (4876)
Ahmsa
2001 Ed. (4377)
Ahn Kwon & Co.
1997 Ed. (16)
AHO Construction
2004 Ed. (1198)
2003 Ed. (1193)
2002 Ed. (1206)
2000 Ed. (1231)
1999 Ed. (1338)
Ahold
2008 Ed. (4566)
2007 Ed. (4619)
2006 Ed. (4633)
2005 Ed. (4554)
2004 Ed. (4625)
2003 Ed. (4649)
2000 Ed. (295, 1523, 4171)
1998 Ed. (3085)
1997 Ed. (1486)
1996 Ed. (215, 1424)
1995 Ed. (1462)
1994 Ed. (217, 1425)
1993 Ed. (1199)
1992 Ed. (1671, 4177)
1991 Ed. (237, 238, 1325, 1326)
Ahold Holding Zaandam
2001 Ed. (61)
Ahold ING Groep
1994 Ed. (34)
Ahold NV; Koninklijke
2008 Ed. (39, 63, 66, 88, 1964, 4573)
2007 Ed. (60, 81, 1899, 1900, 1903, 2241, 4200, 4206, 4631, 4632, 4633)
2006 Ed. (69, 1689, 1692, 1918, 1919, 1921, 4178, 4179, 4187, 4643, 4945)
2005 Ed. (62, 1539, 1768, 1895, 4122, 4132, 4133, 4140, 4513, 4515, 4567, 4912)
Ahold U.S.
2007 Ed. (4173)
Ahold USA Inc.
2008 Ed. (1519, 1739, 1908, 3612, 4046, 4214, 4560, 4561, 4568, 4572)
2007 Ed. (1535, 1710, 1871, 4019, 4034, 4611, 4612, 4623, 4628)
2006 Ed. (1715, 1716, 1868, 2105, 3980, 3981, 3999, 4003, 4151, 4626, 4627, 4628, 4634, 4635, 4640)
2005 Ed. (1769, 1996, 2006, 2008, 2243, 3907, 3929, 4099, 4547, 4548, 4549, 4556, 4557, 4565)
2004 Ed. (1712, 1880, 2140, 2891, 2892, 2964, 3947, 4614, 4615, 4620, 4626, 4627, 4629, 4634, 4635, 4637, 4638, 4764)
2003 Ed. (897, 898, 1565, 1845, 2781, 4629, 4634, 4635, 4640, 4651, 4653, 4655, 4657, 4658, 4660, 4661, 4664)
2002 Ed. (4042, 4524, 4529, 4530, 4531, 4535)
2001 Ed. (1250, 1713, 4404, 4417, 4418, 4423)
2000 Ed. (1686, 2489, 4163, 4166, 4167, 4168, 4169)
1999 Ed. (266, 267, 1712, 4519, 4520, 4521, 4522)
1998 Ed. (3450, 3451, 3452, 3453, 3454, 3457)
1997 Ed. (2790, 3176, 3668, 3673, 3676)
1996 Ed. (3612, 3614)
1993 Ed. (3495)
Ahold USA Retail
2003 Ed. (4650)
Ahold USA Supermarkets
2008 Ed. (4567)
2007 Ed. (4620)
2005 Ed. (4555)
Ahorro Corporacion Financiera
2001 Ed. (3512)
Ahorromet Scotiabank
2001 Ed. (623)
The Ahoy
1999 Ed. (1296)
AHP
1999 Ed. (196)
1993 Ed. (1516)
1990 Ed. (1569)
AHP Holdings
2002 Ed. (1587)
Ahrend Groep NV
1997 Ed. (2106)
1996 Ed. (1991)
1995 Ed. (1960)
Ahrendts; Angela
2007 Ed. (4974)
Ahtna Development Corp.
2003 Ed. (1348)
Ahura Corp.
2008 Ed. (4139)
2006 Ed. (4266)
The Ahwahnee
2007 Ed. (4118)
2005 Ed. (2936, 4042)
Ahye; Gilbert E.
2008 Ed. (184)
Ai
2005 Ed. (3165)
AI Frank Fund
2003 Ed. (3509)
AI Signal Research Inc.
2008 Ed. (3692, 4365)
2007 Ed. (3529, 4398)
A.I.A. Agricola Italiana Alim SpA
2002 Ed. (250)
AIB
2000 Ed. (2865, 2866)
1999 Ed. (3118)
1997 Ed. (2575)
1994 Ed. (1579)
1992 Ed. (2155)
AIB Bank (Channel Islands) Ltd.
1994 Ed. (450)
AIB Bank (CI) Ltd.
2000 Ed. (485)
1997 Ed. (435)
1996 Ed. (471)
1995 Ed. (442)
AIB Financial Group Inc.
2000 Ed. (3147, 4005)
1999 Ed. (2441, 3422)
1998 Ed. (1695, 2514)
1997 Ed. (2011)
1996 Ed. (1921)
1995 Ed. (1877)
AIBC Investment Services Corp.
1991 Ed. (2165, 2509)
Aibel; Howard J.
1996 Ed. (1228)
AIC Advantage
2004 Ed. (2471)
2003 Ed. (3566)
2002 Ed. (3434)
2001 Ed. (3463)
AIC American Advantage
2003 Ed. (3580, 3581)
2002 Ed. (3450, 3451)
AIC American Focused
2004 Ed. (2460, 2461)
AIC Canada Growth Class
2002 Ed. (3434)
AIC Diversified Canada
2004 Ed. (2471)
2003 Ed. (3566)
2002 Ed. (3434)
2001 Ed. (3463)
AIC RSP American Focused
2004 Ed. (2460, 2461)
AIC Value
2004 Ed. (2462)
Aica Kogyo
2007 Ed. (1832)
AICR Newsletter
1989 Ed. (277)
Aid Associates Inc.
2006 Ed. (4369)
Aid Association for Lutherans
2003 Ed. (2994)
2002 Ed. (1797, 2932, 2934)
2000 Ed. (1583, 2695, 2843)
1999 Ed. (1751, 2945)
1998 Ed. (172, 1193, 2171)
1997 Ed. (1530)
1996 Ed. (1461, 1972, 2318)
1995 Ed. (222, 3367)
1992 Ed. (3261)
1991 Ed. (2115, 2116, 2117)
1990 Ed. (2247, 2248, 2249)
1989 Ed. (1707, 1708, 1709)
Aida
2004 Ed. (4717)
2001 Ed. (3586)
Aida Alvarez
2008 Ed. (1428)
2007 Ed. (1444)
Aidan & David Tudehope
2005 Ed. (4862)
Aidan Doyle
2008 Ed. (4884)
2007 Ed. (4920)
Aidells
2008 Ed. (4277)
Aidi
1996 Ed. (3244)
AIDS
1996 Ed. (3883)
1995 Ed. (2935)
1993 Ed. (3737, 3738)
1992 Ed. (1764, 1766, 1767, 1768)
1990 Ed. (276, 1468, 1469, 1471, 1472, 1474)
AIDS Project Los Angeles
1995 Ed. (933)
AIDS vaccine
1989 Ed. (2343)
Aierospace Corp.
1992 Ed. (3256)

AIF Life Insurance Co.
1999 Ed. (2940)
Aiful
2007 Ed. (2548)
AIG
2008 Ed. (3226)
2000 Ed. (4410)
1996 Ed. (2335)
1991 Ed. (2146)
1990 Ed. (2252)
AIG American General
2005 Ed. (3084, 4165)
AIG Annuity Insurance Co.
2008 Ed. (3302)
2007 Ed. (3152)
AIG Baker Shopping Center Properties LLC
2003 Ed. (4409)
AIG Captive Management Co. Inc.
1996 Ed. (882)
1995 Ed. (907, 909)
1994 Ed. (865)
1993 Ed. (853)
AIG Domestic Brokerage Group
2008 Ed. (3223)
AIG Global
2002 Ed. (2467, 3014)
2000 Ed. (2781)
1998 Ed. (2259)
AIG Global Investment Corp.
2002 Ed. (3027)
2001 Ed. (2879)
AIG Global Investment Group
2006 Ed. (3195)
2005 Ed. (3208, 3210)
2004 Ed. (2042, 3192, 3195)
2003 Ed. (1988, 3073, 3085, 3111)
AIG Insurance Management
2006 Ed. (789)
AIG Insurance Management Services Inc.
2008 Ed. (852, 859)
2007 Ed. (879)
2006 Ed. (784, 790, 791, 3053)
2000 Ed. (979, 984)
1999 Ed. (1029, 1034)
1998 Ed. (642)
1997 Ed. (903)
AIG Insurance Management Services (Barbados) Ltd.
2001 Ed. (2919)
AIG Investment Corp. (Asia)
1999 Ed. (3099)
AIG Life
2008 Ed. (3307)
2007 Ed. (3157)
AIG Life Group
2008 Ed. (3286, 3287, 3288, 3290, 3291, 3292, 3293, 3294, 3295, 3306)
2007 Ed. (3133, 3134, 3135, 3136, 3139, 3140, 3142, 3143, 3144, 3145, 3156)
AIG Life Insurance Co.
1999 Ed. (2939, 2942)
1998 Ed. (2166, 2167, 2168, 2184, 2190)
1997 Ed. (2437, 2438, 2439, 2440, 2445)
AIG Metropolitana
2008 Ed. (3257)
2007 Ed. (3112)
AIG MexiCo.
2000 Ed. (2671)
AIG/Starr Foundation
2003 Ed. (910, 911, 912, 913, 916, 918)
AIG SunAmerica
2007 Ed. (636)
AIG/SunAmerica Companies
2001 Ed. (4666, 4668)
AIGAM International Ltd.
1995 Ed. (2395)
Aikman; Troy
1997 Ed. (1724)
AIL Systems
1992 Ed. (2939)
1991 Ed. (2358)
Aileen
1994 Ed. (1029, 1030)
1993 Ed. (2714)
Aileen Reid
2004 Ed. (4986)
Aileen Stores
1991 Ed. (2649)
AIM
2006 Ed. (3671)
2003 Ed. (3517)
1999 Ed. (3523, 3524)
1997 Ed. (565)
1995 Ed. (557)
1994 Ed. (3552)
1992 Ed. (1781)
AIM Advamced MultiFlex C
1999 Ed. (3570)
AIM Advisors
2002 Ed. (3419)
1998 Ed. (2590, 2592, 2627, 2628)
AIM Aggressive Growth
2001 Ed. (3426)
1997 Ed. (2872, 2880)
1996 Ed. (2751, 2772)
1995 Ed. (2676, 2696)
AIM American Blue Chip Growth
2003 Ed. (3606, 3607)
AIM American Growth
2004 Ed. (2465, 2466)
AIM American Premier
2001 Ed. (3477, 3478)
AIM Balanced A
1999 Ed. (3508, 3534)
1997 Ed. (2899)
AIM Balanced Fund A
1998 Ed. (2620)
AIM Bankers
1997 Ed. (3485)
Aim Basic Value
2004 Ed. (3551)
2003 Ed. (3492, 3493)
AIM Basic Value Fund
2003 Ed. (3534)
AIM Canada Growth Class
2001 Ed. (3465)
AIM Canadian Balanced
2004 Ed. (3612)
2003 Ed. (3559)
2002 Ed. (3428, 3429, 3430)
2001 Ed. (3458, 3459)
AIM Canadian Bond
2003 Ed. (3588)
2002 Ed. (3456, 3457)
AIM Canadian First Class
2004 Ed. (2471)
2003 Ed. (3564, 3565, 3566)
2002 Ed. (3435, 3436)
AIM Canadian Premier
2002 Ed. (3434, 3435, 3436)
2001 Ed. (3463, 3464, 3465)
AIM Charter
1994 Ed. (2635)
1993 Ed. (2660, 2689)
1992 Ed. (3150, 3160, 3176, 3191)
AIM Constellation
2006 Ed. (3614)
2004 Ed. (3538)
2002 Ed. (2160)
2001 Ed. (3426)
1996 Ed. (2798)
1995 Ed. (2676, 2696, 2733)
1994 Ed. (2602, 2632, 2633)
1993 Ed. (2646, 2647, 2658, 2687)
1992 Ed. (3189)
AIM Constellation A
1999 Ed. (3530)
Aim Construction Corp.
1998 Ed. (3765)
1996 Ed. (2799)
AIM Convertible Securities
1995 Ed. (2740)
AIM Developing Markets
2003 Ed. (3521)
Aim Distributors Inc.
1997 Ed. (2894)
AIM Energy Investment
2007 Ed. (3675)
2006 Ed. (3656)
AIM Equity Aggressive Growth
1995 Ed. (2724)
Aim European Development
2001 Ed. (3500)
2000 Ed. (3238, 3275)
AIM European Growth
2004 Ed. (2475)
AIM European Small Co.
2008 Ed. (3772)
AIM European Small Company
2006 Ed. (3597)
AIM Global Growth & Income
2000 Ed. (3232)
AIM Global Health Care
2003 Ed. (3523)
AIM Global Health Science Class
2002 Ed. (3467, 3468)
2001 Ed. (3494, 3495)
AIM Global Health Sciences
2002 Ed. (3443)
2001 Ed. (3472, 3494, 3495)
AIM Global Technology
2004 Ed. (3621, 3632)
2003 Ed. (3577, 3578, 3579)
2002 Ed. (3444, 3445)
2001 Ed. (3473, 3474)
AIM Global Telecom Class
2002 Ed. (3443)
2001 Ed. (3472)
AIM Global Telecommunications Class
2004 Ed. (3633)
AIM High Yield
1995 Ed. (2700)
Aim High-Yield A
1999 Ed. (3539)
1998 Ed. (2625, 2626, 2633)
AIM High-Yield(C)
1995 Ed. (2741)
AIM Income A
1999 Ed. (743, 744)
1998 Ed. (2594, 2637)
AIM International Emerging Growth
2006 Ed. (3680, 3681)
Aim International Equity A
1999 Ed. (3568)
AIM International Global Aggressive Growth A
1997 Ed. (2898)
AIM International Global Growth A
1997 Ed. (2898)
AIM International Small Co.
2008 Ed. (2613)
2007 Ed. (2483)
AIM International Small Company
2007 Ed. (3669)
Aim Japan Growth
2001 Ed. (3503)
AIM Limited Maturity Treasury
1990 Ed. (2375)
AIM Limited Maturity Treasury Ret.
1996 Ed. (2811)
AIM Mail Centers
2008 Ed. (4017)
2007 Ed. (3998)
2006 Ed. (3940)
2005 Ed. (3880)
2004 Ed. (3930)
2003 Ed. (3917)
2002 Ed. (3732)
AIM Management Group
1999 Ed. (3082)
Aim Mid Cap Equity
2004 Ed. (3558)
2003 Ed. (3498)
AIM Mid Cap Equity Fund
2003 Ed. (3537)
AIM Mid Cap Opportunities
2003 Ed. (3498)
AIM Pacific Growth Class
2002 Ed. (3475)
AIM Premier Equity
2006 Ed. (3620)
AIM Real Estate
2006 Ed. (3655)
AIM RSP American Growth
2004 Ed. (2465, 2466)
AIM RSP Global Technology
2004 Ed. (3632)
AIM RSP Global Telecommunications
2004 Ed. (3633)
AIM S-T Investments Co./Liquid Assets
1996 Ed. (2669)
AIM Select Equity
2006 Ed. (3614)
2004 Ed. (3538)
AIM Small Cap Opportunities
2003 Ed. (3507)
AIM USA
2006 Ed. (4216)
2005 Ed. (4162)
AIM Utilities Investment
2007 Ed. (3677)
AIM Value
2000 Ed. (3260)
AIM Value A
1995 Ed. (2698)
AIM Value C
1994 Ed. (2604)
AIM Weingarten
1993 Ed. (2646, 2688)
1992 Ed. (3149, 3159)
1990 Ed. (2390)
AIM Weingarten Fund
1994 Ed. (2632)
1991 Ed. (2556)
Aimar; Christine
1996 Ed. (1903)
Aimco
2008 Ed. (258, 259, 1674, 1683, 1689)
2007 Ed. (282, 283, 284, 4085)
2006 Ed. (278, 280, 281, 1655, 4041, 4042, 4044, 4046)
2005 Ed. (257, 258, 1736, 1737, 4009, 4011, 4013, 4018, 4467)
AimGlobal Technologies Co. Inc.
2001 Ed. (1657)
Aimm
1996 Ed. (3126)
AIMS S-T Investments Co/Prime/Institution
1996 Ed. (2669)
Aimster
2002 Ed. (1070)
Ainslie-Widner
2005 Ed. (1205)
Ainsworth Lumber
2006 Ed. (1576, 1609, 1610, 1613)
2005 Ed. (1704, 1707, 1708, 1711, 1730)
Ain't It Cool News
2004 Ed. (3158)
AIOC Corp.
1997 Ed. (1015)
1996 Ed. (998)
Aioi Insurance
2007 Ed. (3114)
Air
2001 Ed. (2303, 4234, 4625)
2000 Ed. (3564)
1992 Ed. (3477)
Air Academy Credit Union
2008 Ed. (2222)
2007 Ed. (2107)
2006 Ed. (2186)
2005 Ed. (2091)
2004 Ed. (1949)
2003 Ed. (1909)
2002 Ed. (1852)
Air Academy Federal Credit Union
2002 Ed. (1855)
Air Afrique
2001 Ed. (302)
Air Algerie
2006 Ed. (230)
2001 Ed. (312)
Air & space transport
2002 Ed. (2224)
Air & space transportation
2002 Ed. (2225)
Air and spacecraft
2000 Ed. (1895)
Air & Water Technologies
1999 Ed. (2058)
1992 Ed. (3479)
Air & Water Technology
1998 Ed. (1478)
Air Arabia LLC
2008 Ed. (230)
Air Asia
2008 Ed. (642)
Air Bake
2005 Ed. (1401)
2003 Ed. (1374)
Air Berlin GmbH
2008 Ed. (228, 232, 233)
2007 Ed. (249, 253, 254, 255)
Air Brook
1992 Ed. (3113)

Air Brook Limousine
2000 Ed. (3169)
1996 Ed. (2692, 2693)
1995 Ed. (2616)
1993 Ed. (2600)
Air Call (Holdings) Ltd.
1992 Ed. (1201)
Air Canada
2008 Ed. (235, 646, 4049)
2007 Ed. (236, 4023, 4826)
2006 Ed. (233, 234)
2005 Ed. (218)
2004 Ed. (215)
2003 Ed. (4805)
2002 Ed. (268, 271, 1610)
2001 Ed. (315)
1999 Ed. (4654)
1998 Ed. (112, 114, 142)
1997 Ed. (189, 3789)
1996 Ed. (173, 174, 175, 1313, 3732, 3733)
1995 Ed. (189, 3655)
1994 Ed. (153, 183, 3571)
1993 Ed. (170, 3614)
1992 Ed. (3102, 4338, 4339)
1991 Ed. (189, 196, 197, 2790, 3417)
1990 Ed. (216, 231, 1411, 2787, 3642)
Air Canada Centre
2006 Ed. (1153)
Air Canada Connect
2001 Ed. (333)
Air Canada Jazz
2006 Ed. (233, 234)
2004 Ed. (1669)
Air China Ltd.
2008 Ed. (215)
2007 Ed. (235)
2006 Ed. (231, 232)
1997 Ed. (205)
Air conditioners, room
2004 Ed. (2864)
Air Conditioning Co.
2004 Ed. (1236, 1340)
2003 Ed. (1233, 1307, 1340)
2002 Ed. (1294)
2001 Ed. (1478)
2000 Ed. (1254, 1264)
1999 Ed. (1363, 1372)
1998 Ed. (951)
1997 Ed. (1163, 1178)
1996 Ed. (1149)
1995 Ed. (1174)
1993 Ed. (1125, 1139, 1140)
1992 Ed. (1412, 1425)
Air Crisps
2000 Ed. (4063)
L'Air du Temps
1995 Ed. (2875)
1990 Ed. (2794)
Air Express International
2002 Ed. (238)
2001 Ed. (3161, 4233, 4629, 4630)
2000 Ed. (2258, 3393, 4311)
1999 Ed. (206, 1351, 3678)
1998 Ed. (111, 1755)
1997 Ed. (187, 2980)
1996 Ed. (171, 2898)
1995 Ed. (168, 202)
1994 Ed. (151, 201)
1993 Ed. (167)
1992 Ed. (263)
1991 Ed. (188)
1989 Ed. (2470)
Air Express International Australia Pty. Ltd.
1997 Ed. (191)
Air Force Academy; United States
1991 Ed. (2928)
Air Force CIO Office; U.S.
2007 Ed. (2564)
Air Force Clubs Branch; U.S.
1995 Ed. (1913, 1918)
Air Force Food & Clubs Branch; U.S.
1996 Ed. (1952)
Air Force HQ USAF/LEE; U.S.
1991 Ed. (1056)
Air Force Magazine
1990 Ed. (3626)
Air Force Morale, Welfare, Recreation & Service Agency; U.S.
1996 Ed. (1952)
Air Force Moralle, Welfare, Recreation & Service Agency; U.S.
1995 Ed. (1913, 1918)
Air Force One
2001 Ed. (4695)
2000 Ed. (4349)
Air Force Reserve
1997 Ed. (2954)
1995 Ed. (2800)
Air Force Reserve Command
2008 Ed. (2831)
Air Force; U.S.
2008 Ed. (3691)
2007 Ed. (3528)
2005 Ed. (2746)
1994 Ed. (2685, 2686)
1992 Ed. (3277)
Air Foyle Ltd.
1995 Ed. (1009, 1010)
1994 Ed. (996, 997)
Air France
2008 Ed. (668)
2007 Ed. (699)
2000 Ed. (228, 231, 232, 233, 234, 255, 256, 257, 260, 262, 265, 266)
1999 Ed. (208, 209, 210, 211, 230, 233, 234, 235, 236, 238, 241, 242)
1998 Ed. (113, 118, 119, 120, 121, 139)
1997 Ed. (192, 207, 210, 214, 216, 217, 3502)
1996 Ed. (176, 177, 178, 187, 190, 3738)
1994 Ed. (157, 158, 159, 160, 170, 171, 172, 173, 174, 175, 177, 178, 181, 182, 3578)
1993 Ed. (172, 173, 174, 175, 192, 195, 197, 199, 200, 3620)
1992 Ed. (264, 286, 287, 289, 292, 296, 297, 298, 299, 3943)
1991 Ed. (191, 192, 193, 194, 202, 205, 206, 211, 212)
1990 Ed. (200, 201, 202, 219, 220, 222, 224, 225, 229, 230, 232, 234, 235, 236, 237, 3264, 3645)
1989 Ed. (241, 244)
Air France Group
2000 Ed. (258)
1995 Ed. (180, 181, 185, 187, 188, 3662)
Air France-KLM Group
2008 Ed. (219, 220, 4539)
2007 Ed. (239, 240, 241, 242, 243, 244, 245, 246, 247, 248, 1731, 1734, 4832)
2006 Ed. (239)
Air France-KLM SA
2008 Ed. (218, 221, 222, 223, 224, 225, 226, 227)
2007 Ed. (1719)
Air France; Societe
2006 Ed. (237, 238, 240, 241, 244, 245, 246)
2005 Ed. (221, 223, 224, 225, 228, 229, 230)
Air freight
2008 Ed. (1631, 1633)
2001 Ed. (1077)
Air fresheners
1998 Ed. (122)
Air fresheners/deodorizers
2002 Ed. (254)
L'Air Group
1991 Ed. (1790)
Air Guard Credit Union
2002 Ed. (1834)
Air Heads
2005 Ed. (859)
Air-India
2001 Ed. (312)
1994 Ed. (179)
1992 Ed. (85)
Air Industries Machining
2000 Ed. (3148)
Air Inter
1994 Ed. (172, 173, 174, 175, 177, 178)
Air Line Pilots Association Credit Union
2006 Ed. (2163)
2005 Ed. (2069)
2003 Ed. (1903)
2002 Ed. (1828)
1996 Ed. (1507, 1510)
Air Liquide
2000 Ed. (2319)
1999 Ed. (773, 2855, 2857)
1998 Ed. (705, 1804)
1997 Ed. (1411)
1995 Ed. (1397)
1994 Ed. (739)
1993 Ed. (1316, 1938)
1990 Ed. (1369, 1890)
L'Air Liquide Group
1991 Ed. (1788)
L'Air Liquide SA
2008 Ed. (917, 917, 926, 926)
2007 Ed. (939, 939, 940, 940, 942, 942, 947, 947, 949, 949, 1734, 1734)
2006 Ed. (853, 853, 854, 854, 855, 855, 857, 857, 1430)
2005 Ed. (950, 950)
2004 Ed. (957, 1559)
2003 Ed. (3750)
2002 Ed. (1007, 1015, 2392)
2001 Ed. (2585, 2587)
Air Malta
1990 Ed. (221, 231)
Air Mauritius Ltd.
2008 Ed. (214)
2007 Ed. (234)
2006 Ed. (229, 4520)
2005 Ed. (216)
2001 Ed. (302)
Air Methods Corp.
2003 Ed. (1646)
Air National Guard
1989 Ed. (270)
Air New Zealand
2008 Ed. (57)
2006 Ed. (3703)
2004 Ed. (1631, 1633, 1655, 1826)
2003 Ed. (1614, 1615, 1792)
2002 Ed. (1745, 4674)
1999 Ed. (239)
1997 Ed. (2939, 2940)
1996 Ed. (2844, 2845)
1995 Ed. (186, 189, 190)
1994 Ed. (2670, 2671)
1992 Ed. (3233)
Air New Zealand B
2000 Ed. (3332)
Air pollution
2000 Ed. (3565)
Air Products
2000 Ed. (2319)
1998 Ed. (1804, 2751)
1996 Ed. (945, 2915)
1992 Ed. (1125)
1991 Ed. (2753)
1990 Ed. (1890)
Air Products & Chemicals Inc.
2008 Ed. (905, 909, 919, 929, 3011, 3186)
2007 Ed. (921, 924, 925, 928, 930, 932, 933, 942, 958, 1956, 2889, 4699)
2006 Ed. (840, 843, 844, 845, 846, 850, 851, 856, 865)
2005 Ed. (931, 938, 939, 940, 941, 942, 943, 947, 958, 3409)
2004 Ed. (940, 941, 948, 949, 950, 951, 952, 954, 963, 964, 3398, 4097)
2003 Ed. (932, 933, 936, 937, 938, 940, 941, 1557, 4070)
2002 Ed. (987, 989, 994, 995, 1422, 1436, 2392, 3591, 3965, 4880)
2001 Ed. (1038, 1176, 1177, 1178, 1181, 1209, 2585, 2587)
2000 Ed. (1020, 1022, 1023, 1033, 3423)
1999 Ed. (1081, 1085, 1105, 1536, 2855, 2857, 3713)
1998 Ed. (693, 697, 698, 699, 703, 709, 716, 1057)
1997 Ed. (951, 967, 3005)
1996 Ed. (950, 1540)
1995 Ed. (950, 961, 968, 973, 1763, 2921)
1994 Ed. (914, 919, 926, 932, 936, 941, 2744, 2854)
1993 Ed. (900, 905, 916, 919, 925, 1938, 2175, 2773, 2844, 2946)
1992 Ed. (1108, 1109, 1115)
1991 Ed. (900, 905, 1788, 1790)
1990 Ed. (930, 947, 2877)
1989 Ed. (884, 1048)
Air purifiers/cleaners
2005 Ed. (2755)
Air Reunion
1990 Ed. (228)
Air Rite
2006 Ed. (669)
Air Senegal
2008 Ed. (214)
Air Touch Communications
2000 Ed. (999)
1997 Ed. (1237)
1996 Ed. (1192)
Air traffic controller
1989 Ed. (2092)
Air Transat
2005 Ed. (218)
Air Transport International
2004 Ed. (1342)
Air Transport International LLC
2005 Ed. (1348)
Air transportation
2008 Ed. (1417)
2001 Ed. (1727, 1754)
1992 Ed. (3535)
Air travel
2002 Ed. (919)
1996 Ed. (852)
Air Wick
2008 Ed. (206)
Air Wick/Wizard
2005 Ed. (198)
Air Wisconsin
1993 Ed. (1105)
1991 Ed. (1017)
1990 Ed. (1184)
Air Wisconsin Airlines Corp.
2007 Ed. (232, 238)
2006 Ed. (225, 226)
2005 Ed. (220)
2004 Ed. (208)
2002 Ed. (1916)
Air Wisconsin Services Inc.
1992 Ed. (271, 272, 274)
Air Wisconsin Corp./United Express
1996 Ed. (185)
Air Zimbabwe
1992 Ed. (88)
AirAsia
2008 Ed. (1898)
2007 Ed. (250, 251, 252, 1864)
AirAsia Berhad
2008 Ed. (230, 231)
Airbag Service
2003 Ed. (347)
2002 Ed. (377)
Airborne
2008 Ed. (3596)
2007 Ed. (4819, 4820)
2006 Ed. (4803, 4804)
2005 Ed. (1549, 4364, 4751, 4752)
2004 Ed. (194, 195, 1884, 2690, 3752, 4414)
2003 Ed. (1849, 3707, 3708, 4793, 4799)
Airborne Entertainment Inc.
2008 Ed. (2925, 2931)
Airborne Express
2005 Ed. (214)
2001 Ed. (335)
2000 Ed. (229)
1998 Ed. (109, 116)
1997 Ed. (2077)
Airborne Freight
2002 Ed. (3214, 3569, 3570, 4265)
2001 Ed. (290, 1897, 4233, 4628, 4631)
2000 Ed. (1582, 3393, 3394)
1999 Ed. (206, 1495, 1750, 3678, 3679, 4484)
1998 Ed. (110, 111, 2729)
1997 Ed. (187, 2980)
1996 Ed. (171, 182, 2898)

1995 Ed. (168, 171, 172, 174, 3303, 3366, 3656)
1994 Ed. (150, 151, 3287, 3572)
1993 Ed. (167, 183, 185, 3295, 3611)
1992 Ed. (263, 265, 4335)
1991 Ed. (188)
1990 Ed. (198)
1989 Ed. (223)
Airborne Health
2008 Ed. (1212, 4037)
Airborne 1
2005 Ed. (2333)
Airbus
2005 Ed. (873)
1993 Ed. (203)
1992 Ed. (304)
Airbus Industrie
2001 Ed. (269, 342)
Airbus SAS
2007 Ed. (1731)
2005 Ed. (165, 871, 1772)
AirCal
1989 Ed. (237)
AIRCOA
1990 Ed. (2060, 2061, 2062)
Aircoa Companies
1992 Ed. (2471)
Aircoa Hospitality Services, Inc.
1992 Ed. (2465, 2466, 2470)
Aircraft
2008 Ed. (1417)
2000 Ed. (1892)
1996 Ed. (2468)
1993 Ed. (1711, 1714, 2410)
1992 Ed. (2076, 2969)
1991 Ed. (1636)
1990 Ed. (2514)
1989 Ed. (1927)
Aircraft & Commercial Enterprises
2008 Ed. (3710, 4395, 4962)
Aircraft & engines
1997 Ed. (188)
1995 Ed. (1750)
Aircraft & missiles
2002 Ed. (3969, 3970)
Aircraft and parts
1994 Ed. (1730)
1991 Ed. (1904)
Aircraft & related equipment
1999 Ed. (2104)
Aircraft and spacecraft
1989 Ed. (1387)
Aircraft, civilian
2007 Ed. (2521)
2006 Ed. (2535)
1999 Ed. (2093, 2848)
Aircraft Engineering Corp.
1996 Ed. (2660)
Aircraft Evacuation Systems
2003 Ed. (3308)
Aircraft industry
1998 Ed. (2433)
Aircraft manufacturing
2004 Ed. (2292)
1995 Ed. (2502)
1994 Ed. (2434)
1993 Ed. (2496)
Aircraft parts
1999 Ed. (2093, 2848)
Aircraft reaction engines
1992 Ed. (2076)
Aircraft, spacecraft parts
1993 Ed. (1714)
Aircuity Inc.
2008 Ed. (4139)
AirDefense
2006 Ed. (4266)
L'Aire Liquide
1994 Ed. (1370)
L'Aire Liquide Group
1990 Ed. (1889)
Aire-Master of America Inc.
2008 Ed. (747)
2007 Ed. (771)
2006 Ed. (675)
2005 Ed. (768)
2004 Ed. (782)
2003 Ed. (772)
2002 Ed. (858)
Aire Serv Heating & Air Conditioning Inc.
2008 Ed. (2391)
2007 Ed. (2254)
2006 Ed. (2323)
2005 Ed. (766)
2004 Ed. (780)
2003 Ed. (770)
2002 Ed. (2058)
Airedale Holdings PLC
1993 Ed. (965)
Aireko Construction Corp.
2007 Ed. (1285)
2006 Ed. (1178)
2005 Ed. (1184)
2004 Ed. (1156)
Airequipo
2008 Ed. (2056, 3730)
2007 Ed. (3596)
AIReS
2008 Ed. (4430)
AiResearch Tuscon
1991 Ed. (256)
Airespace
2005 Ed. (4612)
Airfares
1998 Ed. (582)
Airfex Technology Consulting Inc.
2008 Ed. (3731, 4981)
AirFiber
2003 Ed. (1070)
2002 Ed. (1070)
Airfoil Public Relations
2005 Ed. (3975)
AirG
2007 Ed. (4968)
Airgas Inc.
2008 Ed. (905, 911, 3140)
2007 Ed. (921, 930, 932, 4039, 4943)
2006 Ed. (848, 850, 4936, 4938)
2005 Ed. (938, 939, 2996, 3931, 4905, 4906)
2004 Ed. (940, 948, 949, 2998, 4917)
2003 Ed. (932, 2889, 2890, 2891)
2002 Ed. (1993)
2001 Ed. (2841)
2000 Ed. (1020, 2622)
1999 Ed. (2847)
1998 Ed. (1023, 2086)
1997 Ed. (1241, 2365)
1996 Ed. (1194, 1195)
1995 Ed. (1223, 1224, 2233)
1994 Ed. (1208)
1993 Ed. (1191, 1192)
1992 Ed. (1462)
1991 Ed. (1137, 1148)
1990 Ed. (1223, 1231)
Airgas-Dry Ice
2006 Ed. (4005)
Airgate PCS Inc.
2006 Ed. (4590)
2004 Ed. (3664)
2001 Ed. (4191)
Airgo Freight Inc.
1998 Ed. (3613)
Airgo Networks
2006 Ed. (1090)
Airheads
2000 Ed. (968)
Airington; Harold L.
1993 Ed. (1696)
AirIQ
2008 Ed. (1133)
2007 Ed. (2805, 2816)
Airis II Imaging System
2001 Ed. (3270)
2000 Ed. (3077)
Airis Mr Imaging System
1999 Ed. (3338)
Airlane Hotel
1998 Ed. (2008)
Airline
2000 Ed. (40)
1992 Ed. (917)
1991 Ed. (734)
Airline Acquisition Corp.
1991 Ed. (1140)
Airline co-pilot
2004 Ed. (2288)
Airline pilot/captain
2004 Ed. (2288)
Airline reservations
2001 Ed. (1142)
Airline tickets
2007 Ed. (2312)
Airlines
2008 Ed. (109, 1498, 1643, 1821, 2451, 3156, 3158)
2007 Ed. (98, 1516, 2325)
2006 Ed. (1486)
2005 Ed. (95, 1602, 3011)
2004 Ed. (100, 1572)
2003 Ed. (22)
2002 Ed. (2773)
2000 Ed. (1353)
1999 Ed. (1506, 1508, 1509, 1512, 1514)
1998 Ed. (1071, 1077, 1151)
1997 Ed. (1297, 1298, 1302, 3527)
1996 Ed. (1253, 1261)
1994 Ed. (1495)
1991 Ed. (2027, 2058, 2059)
1990 Ed. (2182, 2186)
1989 Ed. (1658)
Airlines Consortium
1990 Ed. (1138)
AirMedia
2003 Ed. (2183)
AirNet Communications Corp.
2003 Ed. (2714, 2715)
2002 Ed. (2489)
2001 Ed. (4191)
AirNet Systems Inc.
2005 Ed. (204, 205)
2004 Ed. (201)
Aironet Wireless Communications, Inc.
2001 Ed. (4191)
Airoom Inc.
2005 Ed. (1162)
Airoom Architects & Builders
2007 Ed. (2971)
Airpax Corp.
2005 Ed. (1853)
2004 Ed. (1788)
Airplane or helicopter parts, civil
1992 Ed. (2071)
Airplane parts
1993 Ed. (1711)
Airplane pilot (Commercial)
1989 Ed. (2084)
Airplane pilots
1990 Ed. (2729)
Airplanes
2008 Ed. (2643, 2647, 2649)
Airplus
2004 Ed. (2672)
2003 Ed. (2536)
Airport & Off-airport Shops, Hawaii
1990 Ed. (1580)
Airport & Off-airport Shops, Hong Kong
1990 Ed. (1580)
Airport & Off-airport Shops, Singapore
1990 Ed. (1580)
Airport & Off-airport Shops, Taiwan
1990 Ed. (1580)
Airport Corporate Center
1990 Ed. (2178)
Airport Development & Investment Ltd.
2008 Ed. (1410, 1418)
Airport Industrial Condos I
1991 Ed. (1044)
Airport Industrial Condos II
1991 Ed. (1044)
Airport International Plaza
1991 Ed. (2023)
1990 Ed. (2179)
Airport Marina Resort Hotel & Tower
1998 Ed. (2034)
Airport Square Technology Park
1996 Ed. (2250)
1994 Ed. (2187)
AIRS Human Capital Solutions
2008 Ed. (2152, 4432)
Airspan Communications
2001 Ed. (1249)
AirSure Ltd.
2007 Ed. (3098)
2006 Ed. (3078)
2005 Ed. (3077)
2004 Ed. (3067)
2002 Ed. (2857)
Airtechnics Inc.
2008 Ed. (2464)
2004 Ed. (2245, 2250)
2000 Ed. (1768, 1769)
1999 Ed. (1989)
1998 Ed. (1414)
1997 Ed. (1709)
Airtel Movil SA
2002 Ed. (1416)
Airtel SA
2005 Ed. (1474)
2002 Ed. (1415)
AirTouch
1998 Ed. (2984)
1996 Ed. (888)
AirTouch Communications Inc.
2005 Ed. (1463, 1488, 1489, 1503, 1547)
2002 Ed. (1392)
2001 Ed. (1542, 1647, 1648)
2000 Ed. (2394, 4189)
1999 Ed. (1481, 4548)
Airtours
2007 Ed. (713)
2000 Ed. (35)
1994 Ed. (1379)
1993 Ed. (3474)
Airtours, Aspro, Eurosites, Tradewinds
2000 Ed. (3396)
Airtours plc
2004 Ed. (4798)
2002 Ed. (4675)
2001 Ed. (4589, 4623)
Airtrade International Pty. Ltd.
1997 Ed. (191)
AirTran
2008 Ed. (211)
2007 Ed. (226)
AirTran Airways
2000 Ed. (245, 4381)
AirTran Holdings Inc.
2008 Ed. (212, 228, 231, 232, 233, 234, 1535)
2007 Ed. (249, 251, 252, 253, 254, 255)
2006 Ed. (217, 225, 226)
2005 Ed. (204, 205, 207, 213)
2004 Ed. (201, 202)
Airtricity
2007 Ed. (1686)
Air2Web
2005 Ed. (4612)
2003 Ed. (2183)
Airwair Ltd.
2002 Ed. (4264)
Airwalk
2000 Ed. (324)
1999 Ed. (309)
1998 Ed. (200)
AIS
2001 Ed. (3337)
1992 Ed. (2824)
AIS Futures Fund LP
2007 Ed. (1187)
2006 Ed. (1081)
Aishti
2007 Ed. (55)
Aisin Seiki Co., Ltd.
2008 Ed. (312)
2007 Ed. (317, 324, 325, 1836)
2006 Ed. (335, 336, 4082)
2005 Ed. (322, 323)
2004 Ed. (320)
1999 Ed. (350)
1993 Ed. (346)
1989 Ed. (1655)
Aisin World Corp. of America
2006 Ed. (340, 341)
2005 Ed. (326, 327)
2004 Ed. (324)
AIT Corp.
2003 Ed. (1630)
AIT Worldwide Logistics
2007 Ed. (3568)
Aithal; Anand
1996 Ed. (1840)
Aitken Spence
2006 Ed. (1073)
2002 Ed. (4476, 4477, 4478)
2000 Ed. (1150)

1997 Ed. (1070)
Aitken Spence & Co., Ltd.
2007 Ed. (1993)
1999 Ed. (1241)
1994 Ed. (1061)
AIU
1998 Ed. (2210)
1997 Ed. (2469)
AIU Insurance
2001 Ed. (4033)
Aiwa
2008 Ed. (275)
1999 Ed. (1575)
AJ Contracting Co., Inc.
2000 Ed. (1272, 3150)
1999 Ed. (1382, 2682, 3424)
1998 Ed. (960, 1934, 2516)
1997 Ed. (1149, 2216, 2802)
A.J. Etkin Construction Co.
2000 Ed. (1274)
1990 Ed. (1211)
AJ Logistics
2008 Ed. (4961)
Ajans Ada
1994 Ed. (124)
1993 Ed. (143)
1992 Ed. (217)
1991 Ed. (158)
1990 Ed. (159)
1989 Ed. (170)
Ajasa Technologies Inc.
2008 Ed. (4968)
Ajax
2003 Ed. (2078, 2079)
1999 Ed. (1182)
1997 Ed. (1006)
1996 Ed. (981)
1994 Ed. (979, 983)
1992 Ed. (1173, 1177, 2538)
Ajax-Aspen Mountain
2002 Ed. (4284)
Ajax Cleanser, 14-Oz.
1990 Ed. (2130)
Ajax Magnethermic Corp.
2000 Ed. (3026)
Ajay
1991 Ed. (1634)
Ajay Glass & Mirror Co. Inc.
2002 Ed. (1292)
2001 Ed. (1476)
2000 Ed. (1262)
1997 Ed. (1170)
AJB Bumiputera 1912
2001 Ed. (2884)
Aji Ichiban Co.
2008 Ed. (45)
Aji Ichiban Shop
2001 Ed. (39)
Ajilon Consulting
2006 Ed. (2820)
Ajinomoto Co.
2008 Ed. (93, 919)
2007 Ed. (942, 2622, 2624)
2006 Ed. (96, 4090)
2002 Ed. (1000)
2001 Ed. (85)
2000 Ed. (2223, 2224)
1999 Ed. (2465, 2466, 3428)
1997 Ed. (2040)
1995 Ed. (1894, 1901)
1994 Ed. (1869, 1876)
1993 Ed. (1880)
1992 Ed. (2193)
1991 Ed. (1744)
1990 Ed. (1832)
1989 Ed. (1459)
Ajis
2008 Ed. (1866)
Ajkai Elektronikai Gyarto Es Szolgaltato Korlatolt Felelossegu Tarsasag
2008 Ed. (1790)
AJT & Associates Inc.
1996 Ed. (2068)
AK Ltd.
2007 Ed. (3593)
AK Bank
1992 Ed. (711)
AK Media Group
1998 Ed. (91)
AK Steel Corp.
2008 Ed. (3563, 3652)
2005 Ed. (3445)
2004 Ed. (4536)
1999 Ed. (1489, 3360, 4693)
1998 Ed. (3406)
AK Steel Holding Corp.
2008 Ed. (1531, 3652, 3656, 3666)
2007 Ed. (1560, 3478, 3484, 3496)
2006 Ed. (1514, 1521, 1530, 1980, 3455, 3458, 3460, 3462, 3463, 3472)
2005 Ed. (1466, 3446, 3449, 3451, 3453, 3464, 4474, 4475)
2004 Ed. (3431, 3434, 3436, 3438, 4532, 4533)
2003 Ed. (3365, 3370, 3373, 3375, 4552, 4553)
2002 Ed. (3304, 3305, 3321)
2001 Ed. (1215, 3276, 4367, 4368)
2000 Ed. (3081, 3091)
1999 Ed. (4471)
1998 Ed. (2470, 3404)
1997 Ed. (2749, 3629)
1996 Ed. (2605, 3585)
Akadem Gorodok Science City
1996 Ed. (2250)
1994 Ed. (2187)
Akal Security Inc.
2008 Ed. (1980)
2007 Ed. (1917)
2005 Ed. (1373)
2004 Ed. (1357)
2003 Ed. (1787)
Akamai Technologies Inc.
2008 Ed. (1905, 1906, 1913, 3643, 4608)
2007 Ed. (1875, 3056)
2006 Ed. (4701)
2005 Ed. (4637)
2002 Ed. (1571, 2471, 2476)
2001 Ed. (4183, 4185)
Akamal Technologies
2007 Ed. (3219, 4564)
Akbank
2008 Ed. (410, 516, 2119)
2007 Ed. (564, 2020)
2006 Ed. (98, 467, 533, 2050, 3229)
2005 Ed. (89, 504, 506, 620)
2004 Ed. (491, 632)
2003 Ed. (623)
2002 Ed. (585, 586, 657, 3030)
2001 Ed. (86)
2000 Ed. (684, 2868)
1999 Ed. (673, 674, 3120)
1997 Ed. (633, 634, 2576)
1994 Ed. (656, 657, 2335)
1993 Ed. (522, 656, 2369)
1992 Ed. (855, 856)
1991 Ed. (552, 554, 681)
1990 Ed. (709)
Akbank TAS
2000 Ed. (737)
1996 Ed. (700, 701, 2433)
1995 Ed. (624, 625)
Akcimento
1992 Ed. (2812)
1991 Ed. (2267)
Akeel Saatchi & Saatchi
2002 Ed. (177)
2001 Ed. (205)
2000 Ed. (166)
Akeel/Saatchi & Saatchi Advertising
1999 Ed. (149)
1997 Ed. (140)
1996 Ed. (134)
Aker
2006 Ed. (1949)
1996 Ed. (2877)
1995 Ed. (1425)
1992 Ed. (3305, 3306)
1991 Ed. (1333, 2647)
Aker A/S
1999 Ed. (1717, 3662)
1993 Ed. (1381, 2745)
1990 Ed. (1406)
Aker A/S Konsern
1996 Ed. (1431)
1994 Ed. (1435, 2437, 2701)
Aker AS
2000 Ed. (1528)
1997 Ed. (1492)
Aker AS Konsern
1995 Ed. (1469)
Aker ASA
2008 Ed. (1996, 1998, 1999)
2007 Ed. (1933)
Aker Kvaerner ASA
2008 Ed. (1282, 1300, 1308, 1996, 2556)
2007 Ed. (1930, 2417, 2425, 3869)
2006 Ed. (1305, 1323, 1947, 2460, 2463, 2468, 2469)
2005 Ed. (1332, 1337, 2421, 2424, 2428, 2429, 2436)
Aker Kvaerner OGPE
2005 Ed. (2420)
Aker Maritime Inc.
2002 Ed. (1265)
Aker RGI
2000 Ed. (3382)
Aker Rgi ASA
2006 Ed. (1947)
2005 Ed. (1918)
2003 Ed. (1798)
2001 Ed. (1826)
Akerman Senterfitt
2008 Ed. (3424)
Akerman Senterfitt & Edison PA
2002 Ed. (3058)
2000 Ed. (2896)
Akerman, Senterfitt & Eidson
1999 Ed. (3150)
Akerman Senterfitt & Eidson, PA
1998 Ed. (2329)
Akerman Senterfitt PA
2007 Ed. (1503)
Akers; John
1990 Ed. (971)
Akers; John F.
1993 Ed. (1702)
1991 Ed. (1627)
AKH Co. Inc.
2001 Ed. (4541)
Akhbar Al Youm
2005 Ed. (36)
Akhmetov; Rinat
2008 Ed. (4877)
Akiba Bank
2004 Ed. (570)
Akimbo Systems
2005 Ed. (4612)
Akimeka LLC
2008 Ed. (3705, 4381)
Akimoto; Hideaki
1997 Ed. (1995)
1996 Ed. (1867)
Akin Gump
2004 Ed. (3231)
Akin Gump Strauss Hauer & Feld
2007 Ed. (3325, 3327)
2005 Ed. (3260)
2004 Ed. (3240)
2003 Ed. (3170, 3174, 3193, 3195)
1993 Ed. (2396, 2406, 2617)
1992 Ed. (2833, 2847)
1991 Ed. (2284, 2294)
1990 Ed. (2418, 2428)
Akin Gump Strauss Hauer & Feld LLP
2007 Ed. (3312)
2006 Ed. (3295)
2002 Ed. (3059)
Akins Co.
1995 Ed. (1133)
Akins Ford Dodge C-P-Jeep
2004 Ed. (4804)
Akins; Rhett
1997 Ed. (1113)
Akira Mori
2008 Ed. (4846)
2004 Ed. (4876)
1995 Ed. (664)
1994 Ed. (708)
Akira Sato
2000 Ed. (2173)
1999 Ed. (2390)
1997 Ed. (1989, 1993)
1996 Ed. (1883, 1887)
Akiva Dickstein
2000 Ed. (1972, 1973)
1999 Ed. (2187, 2199)
Akiyoshi Hayakawa
1997 Ed. (1991)
AKQA
2008 Ed. (3601)
2007 Ed. (861)
2006 Ed. (760)
Akron General Health System
2006 Ed. (1953)
Akron, OH
2008 Ed. (3110)
2007 Ed. (2995)
2006 Ed. (3326)
2005 Ed. (3339)
2004 Ed. (3316)
1996 Ed. (1740)
1995 Ed. (2187)
1994 Ed. (2149, 2150, 2487)
1991 Ed. (1979, 1980, 1985)
1989 Ed. (827)
Akron State Bank
1989 Ed. (211)
Akron; University of
2006 Ed. (706)
2005 Ed. (799)
1991 Ed. (892)
Akros Attimo SpA
1996 Ed. (2124)
Aksa
1994 Ed. (2335)
1993 Ed. (2369)
Akso
1989 Ed. (892)
Aksys Ltd.
2007 Ed. (4591)
AKT Associates
1994 Ed. (2309)
AKT/BBD0 Business Communications
1992 Ed. (148)
AKT/BBDO Business
1991 Ed. (98)
AKT/BBDO Business Communications
1995 Ed. (74)
1994 Ed. (87)
Aktas Elekritk
2000 Ed. (2869)
Aktas Elektrik
1999 Ed. (3121)
Aktia Savings Bank
2008 Ed. (415)
2007 Ed. (448)
2006 Ed. (442)
2005 Ed. (509)
1996 Ed. (497)
Aktiebolaget Svensk Exportkredit
2003 Ed. (4607)
Aktivbanken
1995 Ed. (455)
1994 Ed. (467)
Akzo
1996 Ed. (215, 1214)
1992 Ed. (329, 330, 1121, 1238, 1672, 2162, 3272, 3326)
1991 Ed. (237, 238, 1325, 1327)
1990 Ed. (952, 953, 1401, 2758, 3473)
Akzo Adv. Coord. Group
1989 Ed. (43)
Akzo Coatings Inc.
1993 Ed. (1312)
1992 Ed. (3324)
Akzo Group
1992 Ed. (1671)
1991 Ed. (1326)
1990 Ed. (954)
1989 Ed. (891)
Akzo Industrial
1995 Ed. (2789)
Akzo Nobel
2000 Ed. (1031, 1521, 3356, 3555)
1999 Ed. (267, 1096, 1100, 1101, 1103, 1627, 1710, 1711, 1712, 3631)
1998 Ed. (706, 1138, 1346)
1997 Ed. (243, 244, 961, 964, 1485, 1486, 1487, 2982, 2983)
1996 Ed. (943)
Akzo Nobel Coatings Inc.
2008 Ed. (3844)
2007 Ed. (3764)
2006 Ed. (3767)
1999 Ed. (1095)
1996 Ed. (1023, 1346, 1425)
Akzo Nobel Coatings International BV
1997 Ed. (962)
1996 Ed. (934)
Akzo Nobel Coatings NV
2007 Ed. (3763)

2006 Ed. (3766)
Akzo Nobel Decorative Coatings Ireland Ltd.
2007 Ed. (1823)
2006 Ed. (1816)
2005 Ed. (1829)
Akzo Nobel Fibers International
1999 Ed. (1095)
1997 Ed. (962)
Akzo Nobel Group
2000 Ed. (1523)
1996 Ed. (1424)
Akzo Nobel Nederland BV
1999 Ed. (1095)
1997 Ed. (962)
1996 Ed. (934)
Akzo Nobel NV
2008 Ed. (917, 925, 926, 1017, 3572, 3843)
2007 Ed. (939, 940, 941, 947, 948, 949, 951, 1137, 1899, 1900, 1903, 3919)
2006 Ed. (853, 859, 861, 1048, 1919, 1920, 3393)
2005 Ed. (950, 951, 953, 954, 955, 956, 1039, 3396)
2004 Ed. (958, 959, 960, 1032, 3364)
2003 Ed. (945, 946, 1776, 1777, 3307)
2002 Ed. (1008, 1009, 1012, 1017, 1020, 1021, 1735, 2575, 4491)
2001 Ed. (1187, 1188, 1199, 1806, 2070)
2000 Ed. (1522)
1999 Ed. (1095)
1997 Ed. (962, 1484)
1996 Ed. (934)
Akzo Nobel Pharma International B.V.
1996 Ed. (934)
Akzo Novel NV
2001 Ed. (1805)
Akzo NV
1996 Ed. (1426)
1995 Ed. (962, 1462, 1463, 1464)
1994 Ed. (217, 935, 1425, 1426, 1427, 2710)
1993 Ed. (227, 911, 918, 1372, 1373, 2753)
1992 Ed. (1116, 3315)
1991 Ed. (911)
1990 Ed. (1400)
AkzoNobel
2000 Ed. (295)
Al-Ahli Bank
2007 Ed. (50)
2006 Ed. (4513)
1995 Ed. (524)
Al-Ahli Bank of Kuwait
2008 Ed. (458)
2007 Ed. (494)
2006 Ed. (478)
2005 Ed. (557)
2004 Ed. (571)
2003 Ed. (420, 557)
2002 Ed. (604)
2000 Ed. (447, 582)
1999 Ed. (457, 570)
Al-Ahli Bank of Qatar
2000 Ed. (651)
1999 Ed. (626)
Al-Ahli Commercial Bank
2002 Ed. (4383, 4384)
2000 Ed. (444)
1999 Ed. (452)
1997 Ed. (395)
1996 Ed. (452)
1990 Ed. (476)
1989 Ed. (454)
Al-Ahli of Qatar
2000 Ed. (452)
Al-Ahli United Bank
2006 Ed. (4483)
Al Akhbar
2005 Ed. (36)
2004 Ed. (42)
Al Alala
1992 Ed. (75)
Al Amoudi; Mohammed
2008 Ed. (4891)
Al Anba
1994 Ed. (31)
Al & Ed's Autosound
2005 Ed. (290)
Al Azizia
2001 Ed. (74)
Al-Bahar; Mohamed
2008 Ed. (4889)
Al Bank Al Ahli Al Omani SAO
1993 Ed. (606)
1992 Ed. (812)
1991 Ed. (640)
1989 Ed. (647)
Al Bank Al Ahli Al Omani SAOG
1995 Ed. (579)
1994 Ed. (609)
Al Bank Al Saudi Al Fransi
2006 Ed. (4534)
2004 Ed. (613)
2003 Ed. (605)
2002 Ed. (641, 4465)
2000 Ed. (453, 656)
1999 Ed. (462, 630)
1997 Ed. (405, 605)
1996 Ed. (440, 668, 669)
1995 Ed. (401, 413, 598, 599)
1994 Ed. (420, 627, 3138)
1993 Ed. (622)
1992 Ed. (594, 829)
1990 Ed. (489)
1989 Ed. (466, 665)
Al-Bank al-Saudi al-Hollandi
1996 Ed. (669)
Al Baraka Bank
2000 Ed. (667)
Al Bassam Group
2006 Ed. (83)
Al Bayan
2008 Ed. (98)
Al Bayan Bozell
1999 Ed. (149)
1997 Ed. (140)
Al Bennett Inc.
1991 Ed. (712)
1990 Ed. (734)
Al-Bukhary; Syed Mokhtar
2008 Ed. (4847)
Al Bustan Palace Inter-Continental
1998 Ed. (2032)
Al Copeland Enterprises Inc.
1994 Ed. (1917)
1993 Ed. (1901)
1992 Ed. (2230)
Al Dhahry International Group
1994 Ed. (3138)
al-Fayed; Mohamed
2005 Ed. (4892, 4893)
Al Frank
2007 Ed. (2489)
Al Frank Fund
2006 Ed. (3654)
Al Futtaim; Abdulla
2008 Ed. (4893)
Al Futtaim; Majid
2008 Ed. (4893)
A.L. Galliano Bankers Ltd.
1989 Ed. (544)
Al Ghanim
2006 Ed. (62)
2005 Ed. (55)
Al Ghurair; Abdul Aziz
2008 Ed. (4893)
Al Habtoor; Khalaf
2008 Ed. (4893)
Al Hafez
2001 Ed. (82)
Al Hana
2008 Ed. (108)
2001 Ed. (93)
Al Hendrickson Toyota
2002 Ed. (353)
1995 Ed. (287)
1994 Ed. (286, 290)
1992 Ed. (380, 402)
Al Jahhi Bank
2008 Ed. (2067)
2007 Ed. (1971)
Al Jamil
1994 Ed. (37)
Al Jazeira Services
2006 Ed. (4526)
Al-Jazira; Bank
2008 Ed. (498)
2007 Ed. (547)
2006 Ed. (518)
2005 Ed. (603)
Al Johnson Cadillac-Saab Inc.
1994 Ed. (2531)
1993 Ed. (2582)
1991 Ed. (2473)
1990 Ed. (2592)
Al Johnson Cadillac-Saab-Avanit
1992 Ed. (3091)
Al Johnson Cadillac Saab Avanti Inc.
1995 Ed. (2589)
Al-Kharafi; Nasser
2008 Ed. (4889)
Al Ma'amoun
2007 Ed. (83)
Al Maeda
2001 Ed. (93)
Al Mafroushat Fur
2008 Ed. (57)
Al Mafroushat Furniture Store
2005 Ed. (57)
Al Marai
2007 Ed. (73)
2004 Ed. (79)
Al Massa
2001 Ed. (89)
Al Mumtaz
2001 Ed. (93)
Al Parker Buick Co.
1993 Ed. (294)
Al Paul Lafton Co.
1998 Ed. (63)
Al Paul Lefton Co.
2008 Ed. (819)
2007 Ed. (861)
2006 Ed. (760)
2005 Ed. (833)
2004 Ed. (860)
2003 Ed. (4012)
2002 Ed. (3847)
2001 Ed. (211)
2000 Ed. (159)
1994 Ed. (108)
1993 Ed. (73, 127)
1992 Ed. (197)
1991 Ed. (142)
1990 Ed. (142)
1989 Ed. (59)
Al Paul Lefton Co. Inc
1999 Ed. (142)
Al Piemonte Ford
1990 Ed. (342)
Al Piemonte Ford Sales, Inc.
1991 Ed. (278)
A.L. Price
1993 Ed. (1526)
1992 Ed. (1858)
A.L. Price/Freddy's
1994 Ed. (1568, 1572)
al Punto Advertising Inc.
2008 Ed. (122)
al Qaeda
2003 Ed. (746)
Al Rahji Banking (ARABIC)
2002 Ed. (1730)
Al Rai
2008 Ed. (55)
Al Rajhi
2006 Ed. (83)
2004 Ed. (79)
Al Rajhi; Abdullah
2008 Ed. (4891)
Al Rajhi Bank
2007 Ed. (4580)
Al Rajhi Banking
2001 Ed. (1793)
Al Rajhi Banking & Investment Corp.
2008 Ed. (377, 477, 498)
2007 Ed. (394, 522, 547)
2006 Ed. (410, 518, 4534)
2005 Ed. (457, 580, 582, 603)
2004 Ed. (446, 613)
2003 Ed. (458, 459, 587, 605)
2002 Ed. (512, 513, 622, 633, 641, 4465, 4466, 4467)
2001 Ed. (599)
2000 Ed. (442, 453, 656)
1999 Ed. (449, 450, 462, 630)
1997 Ed. (393, 405, 605)
1996 Ed. (427, 428, 440, 566, 668, 669)
1995 Ed. (401, 413, 598, 599)
1993 Ed. (417, 622)
1992 Ed. (580, 594, 711)
1991 Ed. (425)
Al Rajhi; Saleh
2008 Ed. (4891)
Al Rajhi; Saleh Bin Abdul Aziz
2008 Ed. (4892)
2007 Ed. (4921)
2006 Ed. (4928)
Al Rajhi; Sulaiman
2008 Ed. (4891)
Al Rajih Banking & Investment Corp.
1994 Ed. (408, 420, 627)
Al Rasheed Bank
1994 Ed. (535)
1993 Ed. (421)
Al Riyadh Bank
2008 Ed. (79)
Al Sanabel
2008 Ed. (108)
Al-Sanea; Maan
2008 Ed. (4891, 4892)
Al Saud; King Fahd Bin Abdul-Aziz
1994 Ed. (708)
Al Saudi Al Fransi
1991 Ed. (438, 656)
Al Saudi Banque
1989 Ed. (456)
Al Serra Auto Plaza
2006 Ed. (298, 299, 300)
Al Serra Chevrolet
1996 Ed. (268)
1995 Ed. (261)
Al Shabiba
2008 Ed. (67)
Al Shefa Hospital
2008 Ed. (76)
Al Shoruq Oil
2001 Ed. (93)
Al Siham Promoseven-Kuwait
2003 Ed. (98)
2002 Ed. (132)
2001 Ed. (159)
Al Siham Promoseven Kuwait (McCann)
2000 Ed. (121)
1999 Ed. (115)
Al Smith Chevrolet-Oldsmobile Inc.
1998 Ed. (467)
1997 Ed. (675)
1996 Ed. (743)
Al Smith Chevrolet-Oldsmobile-Geo Inc.
1998 Ed. (751, 2513)
Al-Tajir; Mahdi
2008 Ed. (4893, 4906)
2007 Ed. (4930)
Al Taran Creative Workshop
2002 Ed. (200)
Al Topper
2004 Ed. (4714)
Al Ubaf Banking Group
1990 Ed. (470, 472, 478)
1989 Ed. (446, 449, 456)
Al Wataniah
2001 Ed. (74)
The Al-xander Co. Inc.
2002 Ed. (1994)
Ala Kaifak
2008 Ed. (108)
Alabama
2008 Ed. (2435, 2436, 2896, 3004, 3135, 3136, 3266, 3271, 3278, 3469, 3470, 3482, 3512, 3862, 4082, 4355, 4356, 4733)
2007 Ed. (333, 2078, 2308, 3016, 3017, 3788, 4046, 4396, 4685, 4804)
2006 Ed. (2130, 2551, 2756, 2983, 2986, 3257, 3790, 3906, 3950, 3961, 4014, 4332, 4791)
2005 Ed. (371, 394, 397, 398, 418, 1072, 1076, 1079, 1081, 2034, 2786, 2917, 2987, 2988, 3701, 3836, 4186, 4187, 4188, 4190, 4196, 4226, 4235, 4236, 4601)
2004 Ed. (360, 375, 377, 379, 398, 414, 435, 1027, 1070, 1074, 1904, 2297, 2310, 2537, 2564, 2565, 2572, 2733, 2981, 3275, 3300, 3312, 3783, 3933, 4252, 4253,

4254, 4255, 4264, 4265, 4293, 4300, 4512, 4979)
2003 Ed. (381, 394, 396, 406, 407, 419, 1058, 1065, 2606, 2613, 2828, 3244, 3252, 3261, 3758, 4234, 4238, 4285, 4292, 4416, 4417)
2002 Ed. (453, 459, 463, 473, 494, 1802, 1905, 2069, 2119, 2400, 2402, 2549, 2736, 2983, 3213, 3240, 3600, 4140, 4142, 4143, 4144, 4145, 4146, 4156, 4157, 4159, 4377, 4537, 4551)
2001 Ed. (361, 370, 371, 1028, 1126, 1262, 1263, 1266, 1288, 1289, 1290, 1421, 1441, 2144, 2152, 2385, 2386, 2387, 2393, 2398, 2399, 2520, 2521, 2577, 2598, 2997, 3029, 3092, 3093, 3094, 3174, 3213, 3214, 3295, 3306, 3327, 3330, 3339, 3523, 3524, 3526, 3545, 3615, 3616, 3619, 3620, 3633, 3640, 3654, 3736, 3871, 3872, 4026, 4230, 4231, 4232, 4258, 4259, 4517, 4518, 4536, 4741, 4927, 4928, 4937, 4938)
2000 Ed. (1140, 1791, 2328, 2465, 3587, 4096, 4104, 4180)
1999 Ed. (1859, 2588, 2681, 4425, 4440, 4448, 4449, 4460, 4461, 4468, 4537)
1998 Ed. (1831, 1935, 2028, 2041, 2901, 2926, 2971, 3375, 3376, 3386, 3395, 3398, 3466, 3755)
1997 Ed. (331, 2138, 2219, 2303, 3229, 3567, 3580, 3597)
1996 Ed. (2016, 2512, 3254, 3540, 3557, 3580)
1995 Ed. (675, 1994, 2463, 3460, 3475, 3476)
1994 Ed. (1100, 1969, 2382, 2535, 3388, 3404, 3405)
1993 Ed. (363, 413, 1079, 1734, 1735, 1945, 2585, 2586, 3396, 3397, 3415, 3417)
1992 Ed. (439, 2098, 2099, 2914, 2919, 2921, 2933, 2968, 3106, 4107, 4109, 4130)
1991 Ed. (320, 789, 2475, 2476, 2485, 3345)
1990 Ed. (354, 760, 823, 825, 2410, 2430, 2868, 3366, 3368, 3385, 3393, 3410)
1989 Ed. (310, 991, 1642, 1669, 2533, 2543, 2544, 2564, 2620)
Alabama at Huntsville; University of
1993 Ed. (889, 1018, 1028)
Alabama-Birmingham; University of
2006 Ed. (3590)
1992 Ed. (1280, 1094)
Alabama Central
2007 Ed. (2101)
Alabama Central Credit Union
2006 Ed. (2180)
Alabama; Children's Hospital of
2006 Ed. (2924)
Alabama Credit Union
2008 Ed. (2216)
Alabama Electric
1992 Ed. (3263)
Alabama Electric Cooperative Inc.
2006 Ed. (1392)
2005 Ed. (1406)
Alabama Gate City Steel Inc.
2006 Ed. (3494)
Alabama Hospital at Birmingham; University of
2008 Ed. (3051)
2007 Ed. (2922, 2928)
2006 Ed. (2909)
2005 Ed. (2902)
Alabama Housing Finance Authority
2001 Ed. (731)
Alabama in Huntsville; University of
1994 Ed. (1045)
1992 Ed. (1270)
Alabama Power Co.
2008 Ed. (1544)
2007 Ed. (1564)
2006 Ed. (1534, 2361, 2362, 2363, 2364, 2693, 2694, 2695, 2696)
2005 Ed. (1644)
2004 Ed. (1618)
2003 Ed. (1601)
2001 Ed. (1607, 3870)
1998 Ed. (1374)
Alabama Power Foundation
2002 Ed. (976)
2001 Ed. (2515)
Alabama Processors Inc.
2008 Ed. (1960)
2007 Ed. (1896)
2006 Ed. (1914)
2005 Ed. (1892)
2004 Ed. (1809)
Alabama Public Schools & Colleges
2001 Ed. (731)
Alabama Public Schools & Colleges Agency
2001 Ed. (922)
Alabama Retirement
2002 Ed. (3607)
Alabama Rural Electric Credit Union
2008 Ed. (2211)
2006 Ed. (2159)
2005 Ed. (2066)
Alabama Special Care Agency
2001 Ed. (731)
Alabama State University
1990 Ed. (1084)
Alabama Telco Credit Union
2008 Ed. (2216)
2007 Ed. (2101)
2006 Ed. (2180)
2005 Ed. (2085)
2004 Ed. (1944)
2003 Ed. (1904)
2002 Ed. (1845)
Alabama-Tuscaloosa; University of
2008 Ed. (769, 782, 784)
2007 Ed. (794, 802, 805)
2006 Ed. (701, 716, 720)
Alacra Inc.
2007 Ed. (3060)
2006 Ed. (3027)
Alacris Inc.
2006 Ed. (2819)
Aladdin
1998 Ed. (2537)
1995 Ed. (2612, 2614, 3636, 3637, 3704)
Aladdin Activity Center
1998 Ed. (848)
1996 Ed. (1079, 1083, 1084)
Aladdin and the King of Thieves
1998 Ed. (3673)
Aladdin Gaming LLC
2004 Ed. (1813)
Aladdin Manufacturing Corp.
2008 Ed. (4669, 4670)
2007 Ed. (4745, 4746)
2006 Ed. (4727, 4728)
2005 Ed. (4681, 4682)
2004 Ed. (4709, 4710)
2003 Ed. (4727, 4728)
2001 Ed. (4507, 4508)
Aladdin Mills
1992 Ed. (1063)
1991 Ed. (863)
Aladdin Theatre for the Performing Arts
2003 Ed. (4528)
Alahli Bank of Kuwait
1997 Ed. (400, 535)
1996 Ed. (435, 579)
1995 Ed. (408)
1993 Ed. (549)
1992 Ed. (588, 752)
1991 Ed. (433, 585)
1990 Ed. (482, 621, 622)
1989 Ed. (459, 597)
Alain & Gerard Wertheimer
2008 Ed. (4866)
Alain Belda
2007 Ed. (995)
2006 Ed. (905)
2005 Ed. (965)
Alain Bouchard
2004 Ed. (971, 1667)
Alain Ducasse
2004 Ed. (939)
2003 Ed. (931)
2002 Ed. (986)
Alain Galene
2000 Ed. (2112)
1999 Ed. (2326)
Alain J. Belda
2007 Ed. (1023)
Alain J. P. Belda
2008 Ed. (946)
2007 Ed. (1024)
Alain Kayayan
2000 Ed. (2112)
Alain Lemaire
2005 Ed. (4867)
Alain Pinel Inc., Realtors
2008 Ed. (4106, 4109)
2007 Ed. (4073, 4076)
2005 Ed. (4001)
2004 Ed. (4068, 4069)
Alain Prost
1995 Ed. (251)
Alain-Sebastian Oberhuber
1999 Ed. (2307)
Alaka'i Mechanical Corp.
2008 Ed. (1786)
Alaksa
1992 Ed. (2879)
Alaksa USA FCU
1999 Ed. (1803)
Alamance Regional Medical Center
2008 Ed. (2902, 2907)
Alameda, CA
1998 Ed. (2058)
Alameda Corridor Transportation Agency
2001 Ed. (777, 950)
Alameda Costra County Transit District
1991 Ed. (1886)
Alameda County, CA
2005 Ed. (2203)
2003 Ed. (3438, 3440)
1999 Ed. (3475)
1998 Ed. (2564)
Alameda County (CA) Water District
1990 Ed. (1484)
Alameda Times Star
1998 Ed. (80)
Alamo
2008 Ed. (306)
2007 Ed. (318)
2006 Ed. (326)
2005 Ed. (306)
2004 Ed. (310)
2003 Ed. (335)
2002 Ed. (394)
2001 Ed. (527)
2000 Ed. (351, 352, 353)
1999 Ed. (344, 345, 346)
1998 Ed. (235, 236, 237, 238)
1996 Ed. (332, 334, 335)
1995 Ed. (319, 322)
1994 Ed. (321, 323, 324)
1993 Ed. (338, 339)
1990 Ed. (382, 383, 2621)
Alamo Bowl
2006 Ed. (764)
Alamo National
2000 Ed. (354)
Alamo Rent A Car
2008 Ed. (307)
2007 Ed. (319)
2006 Ed. (327)
2005 Ed. (307)
2004 Ed. (311)
2003 Ed. (336)
1999 Ed. (342, 343)
1998 Ed. (753)
1997 Ed. (312, 313, 314)
1996 Ed. (990)
1993 Ed. (964)
1992 Ed. (464)
1991 Ed. (334, 955)
1990 Ed. (1030, 1031)
The Alamo Travel Group Inc.
2007 Ed. (3603, 3604, 4448)
Alamodome
2002 Ed. (4347)
2001 Ed. (4356, 4358)
Alamosa Holdings Inc.
2007 Ed. (3618, 4564, 4970)
2004 Ed. (3682)
Alan & Elizabeth Finkel
2002 Ed. (2477)
Alan Austin
2003 Ed. (4846)
Alan B. Miller
2000 Ed. (1887)
1999 Ed. (2085)
1993 Ed. (1706)
1992 Ed. (2064)
1990 Ed. (1725)
Alan Belzer
1992 Ed. (2061, 2062)
1991 Ed. (1631)
Alan Bennett
2007 Ed. (1070)
2006 Ed. (975)
Alan Braverman
2000 Ed. (2020)
Alan Brazil
2000 Ed. (1968, 1969, 1973)
1999 Ed. (2197)
Alan Broughton
2000 Ed. (2078, 2088)
1999 Ed. (2302)
Alan Butler-Henderson
1997 Ed. (1959)
1996 Ed. (1853)
Alan C. Greenberg
1995 Ed. (978, 980, 982, 1727)
1994 Ed. (950)
1993 Ed. (940)
1992 Ed. (1141, 1145)
1991 Ed. (924, 928)
Alan Carter
2000 Ed. (2132)
1999 Ed. (2330)
Alan Coats
2000 Ed. (2103)
1999 Ed. (2315)
Alan Cranston
1992 Ed. (1038)
Alan D. Schwartz
2005 Ed. (2512)
Alan Dawes
2006 Ed. (948)
Alan Erskine
2000 Ed. (2125)
1999 Ed. (2338)
Alan Frank & Associates Inc.
2006 Ed. (128)
Alan G. Lafley
2008 Ed. (947)
Alan Gottesman
1996 Ed. (1775)
1995 Ed. (1800)
1994 Ed. (1759)
1993 Ed. (1775)
1991 Ed. (1710)
Alan Graf Jr.
2007 Ed. (1040)
2006 Ed. (945)
Alan Greditor
1990 Ed. (1766)
1989 Ed. (1417)
Alan Greenberg
1996 Ed. (1710)
Alan Greenspan
2006 Ed. (1201)
2005 Ed. (3203)
2003 Ed. (3058)
2002 Ed. (3026)
Alan Howard
2008 Ed. (4902)
Alan J. Patricof
2003 Ed. (4846)
Alan Jackson
2002 Ed. (1159)
2001 Ed. (2354)
2000 Ed. (1184)
1999 Ed. (1294)
1998 Ed. (868)
1997 Ed. (1113)
1996 Ed. (1094)
1994 Ed. (1100)
1993 Ed. (1079)
Alan Kassan
1994 Ed. (1791)
1993 Ed. (1808)
1991 Ed. (1695, 1706)
Alan Kodama
2007 Ed. (2549)

Alan Lacy
2004 Ed. (2528, 2529)
Alan Lafley
2008 Ed. (935)
2007 Ed. (974)
2006 Ed. (883)
Alan MacDonald
2000 Ed. (2130)
1999 Ed. (2342)
Alan Morse & Co.
2004 Ed. (6)
Alan Mulally
2008 Ed. (952)
Alan Rieper
1991 Ed. (1678)
1989 Ed. (1418)
Alan Rutherford
2008 Ed. (963)
Alan S. Fellheimer
1992 Ed. (531)
Alan Schwartz
2005 Ed. (2510)
Alan Sebulsky
1995 Ed. (1857)
1994 Ed. (1774)
Alan Shaw
2000 Ed. (1978)
1999 Ed. (2207)
1998 Ed. (1622)
1997 Ed. (1915)
1996 Ed. (1842)
1995 Ed. (1858)
1994 Ed. (1816)
1993 Ed. (1836)
1991 Ed. (1708, 1709)
Alan Shearer
2003 Ed. (299)
Alan Stinson
2007 Ed. (1074)
Alan Taylor Comms.
1998 Ed. (3353)
Alan Taylor Communications
2005 Ed. (3957, 3964, 3970)
2004 Ed. (3995, 4021)
2003 Ed. (3992)
2002 Ed. (3834)
2000 Ed. (3640)
1999 Ed. (3923)
Alan Trefler
2006 Ed. (2527)
Alan Young Buick-GMC Truck Inc.
1996 Ed. (743)
1995 Ed. (669)
Alanis Morissette
1998 Ed. (866)
Alan's Bakery Shoppe
1995 Ed. (340)
Alantec
1997 Ed. (1256)
1996 Ed. (3305, 3777)
Alarcon Jr.; Raul
2008 Ed. (2638)
Alaris Medical System Merger Imed/ Ivac
1999 Ed. (2726)
ALARIS Medical Systems Inc.
2006 Ed. (4726)
Alarm companies
2001 Ed. (4203)
1992 Ed. (3830)
Alarm install, repair
1992 Ed. (3829)
Alarm monitoring
1992 Ed. (3829)
Alarmguard Inc.
1999 Ed. (4200, 4201)
Alarms
1992 Ed. (3831)
Alarms, burglar
2003 Ed. (4331)
Alarms, fire
2003 Ed. (4331)
Alarms Unlimited
2000 Ed. (3906)
Alas de Venezuela
2006 Ed. (236)
Alascom Inc.
2006 Ed. (1537)
2005 Ed. (1646)
2004 Ed. (1620)
2003 Ed. (1605)
2001 Ed. (1608, 1609)
1994 Ed. (2412)
1993 Ed. (2470)
Alaska
2008 Ed. (2414, 2415, 2416, 2434, 2435, 2437, 2641, 3133, 3137, 3278, 3351, 3779, 3885, 4593, 4594, 4595, 4787)
2007 Ed. (2163, 2273, 2280, 2281, 2308, 2371, 3014, 3018, 3210, 3685, 3824, 4683, 4684, 4686, 4866)
2006 Ed. (2344, 2345, 2981, 2984, 2987, 3480, 3690, 4663, 4664, 4665, 4667, 4865)
2005 Ed. (395, 407, 409, 413, 414, 415, 416, 444, 782, 1070, 1075, 1080, 2268, 2276, 2277, 2525, 2741, 2919, 2920, 2984, 3299, 3589, 3836, 4184, 4196, 4199, 4200, 4201, 4202, 4206, 4207, 4208, 4209, 4226, 4235, 4240, 4608, 4794, 4795, 4942)
2004 Ed. (383, 387, 388, 389, 392, 395, 396, 397, 437, 980, 1026, 1038, 1066, 1073, 1076, 1077, 1098, 1903, 2022, 2175, 2176, 2186, 2187, 2294, 2295, 2297, 2310, 2318, 2537, 2568, 2744, 2929, 2930, 2975, 2976, 3264, 3282, 3300, 3675, 3700, 3837, 3897, 4233, 4253, 4254, 4255, 4265, 4273, 4274, 4275, 4276, 4307, 4509, 4517, 4518, 4658, 4702, 4819, 4903, 4904, 4959, 4980, 4993, 4994)
2003 Ed. (401, 411, 413, 416, 417, 418, 969, 1033, 1058, 1062, 1067, 1081, 2127, 2128, 2272, 2582, 2625, 2687, 2829, 2838, 2839, 2884, 3222, 3628, 3652, 3895, 4210, 4246, 4247, 4251, 4253, 4254, 4255, 4256, 4286, 4299, 4680, 4724, 4821, 4912, 4956)
2002 Ed. (448, 466, 468, 469, 471, 475, 476, 477, 1112, 1117, 1119, 2061, 2067, 2068, 2121, 2230, 2624, 2625, 2849, 2895, 3111, 3112, 3113, 3122, 3123, 3124, 3125, 3200, 3202, 3524, 3805, 4071, 4073, 4101, 4115, 4140, 4157, 4158, 4161, 4162, 4168, 4169, 4170, 4369, 4371, 4372, 4550, 4554, 4605, 4607, 4706, 4762, 4764, 4775, 4778, 4914, 4919)
2001 Ed. (1232, 2609, 2613, 2840, 3104, 3123, 3294, 3321, 3527, 3573, 3620, 3771, 4145, 4171, 4172, 4173, 4174, 4409, 4412, 4448, 4505, 4718, 4720, 4740, 4797, 4862, 4864, 4919)
2000 Ed. (1791, 2940, 2959, 2961, 2964, 3832, 4096, 4180, 4235, 4406)
1999 Ed. (220, 222, 1996, 2811, 3140, 3197, 3220, 3222, 3225, 4122, 4401, 4406, 4407, 4408, 4410, 4411, 4420, 4421, 4440, 4441, 4447, 4448, 4451, 4453, 4454, 4536, 4581, 4780)
1998 Ed. (132, 133, 134, 466, 1977, 2367, 2382, 2383, 2970, 3106, 3167, 3377, 3382, 3384, 3464, 3734)
1997 Ed. (194, 196, 2638, 2647, 2656, 3228, 3364, 3567, 3570, 3571, 3574, 3583, 3584, 3587, 3588, 3589, 3594, 3599, 3600, 3604, 3605, 3622, 3727, 3785, 3896)
1996 Ed. (36, 184, 2496, 2507, 2508, 2517, 2537, 3175, 3265, 3513, 3515, 3517, 3518, 3519, 3523, 3528, 3529, 3543, 3544, 3547, 3548, 3549, 3554, 3559, 3560, 3564, 3565, 3579, 3582, 3668, 3848)
1995 Ed. (244, 1619, 1620, 2450, 2457, 2460, 2461, 2469, 2482, 3172, 3194, 3449, 3450, 3463, 3464, 3466, 3467, 3468, 3473, 3478, 3479, 3483, 3484, 3496, 3497, 3592, 3749, 3801)
1994 Ed. (162, 164, 165, 1509, 2371, 2376, 2379, 2380, 2388, 2406, 3120, 3150, 3376, 3377, 3391, 3392, 3395, 3396, 3397, 3402, 3407, 3408, 3410, 3412, 3413, 3475, 3507, 3639)
1993 Ed. (1105, 2138, 2151, 2153, 2427, 2438, 2441, 2442, 2443, 3059, 3107, 3398, 3399, 3403, 3404, 3405, 3406, 3407, 3412, 3415, 3417, 3418, 3419, 3420, 3421, 3422, 3442, 3548, 3677, 3707, 3713, 3718, 3732)
1992 Ed. (302, 303, 1379, 1942, 2334, 2573, 2857, 2863, 2873, 2876, 2880, 2917, 2918, 2919, 2924, 2928, 2930, 2931, 2933, 2934, 3106, 3751, 3811, 4077, 4080, 4081, 4082, 4083, 4084, 4087, 4089, 4090, 4095, 4096, 4097, 4098, 4099, 4104, 4107, 4109, 4110, 4111, 4112, 4113, 4114, 4129, 4130, 4264, 4443, 4445, 4457)
1991 Ed. (325, 786, 787, 789, 2321, 2485, 2815, 2900, 2916, 3176, 3179, 3183, 3184, 3185, 3186, 3192, 3193, 3194, 3195, 3196, 3197, 3198, 3203, 3204, 3205, 3206, 3207, 3208, 3213, 3338, 3347, 3492)
1990 Ed. (207, 365, 759, 823, 826, 2168, 2223, 2447, 3069, 3345, 3349, 3350, 3351, 3354, 3355, 3356, 3358, 3360, 3361, 3362, 3363, 3364, 3365, 3366, 3369, 3370, 3371, 3373, 3374, 3375, 3376, 3377, 3382, 3388, 3396, 3397, 3412, 3416, 3418, 3419, 3420, 3421, 3422, 3428, 3429, 3507, 3606, 3649)
1989 Ed. (1641, 1668, 1736, 2241, 2530, 2533, 2536, 2545, 2552, 2561, 2612, 2615, 2617, 2787, 2935)
Alaska Air
2008 Ed. (211)
2007 Ed. (226)
2006 Ed. (218)
2005 Ed. (208)
2004 Ed. (205)
2003 Ed. (245)
2002 Ed. (259)
2001 Ed. (295)
1992 Ed. (280)
Alaska Air Group Inc.
2008 Ed. (210, 212, 213, 2165)
2007 Ed. (224, 228, 229, 230)
2006 Ed. (215, 216, 217, 220, 221, 222, 223, 224, 2085, 2100)
2005 Ed. (201, 202, 203, 206, 209, 210, 211, 212)
2004 Ed. (198, 199, 200, 203, 204, 206, 207)
2003 Ed. (241, 242, 243, 244, 246, 247, 1603)
2002 Ed. (257, 258, 260, 261, 262, 263, 264, 265, 269)
2001 Ed. (294, 296, 299, 300, 337, 338)
2000 Ed. (236, 237, 238, 239, 240, 241, 242, 243, 249, 250)
1999 Ed. (214, 215, 216, 226)
1998 Ed. (126, 127, 128, 130)
1997 Ed. (199, 201, 202)
1996 Ed. (180, 183)
1995 Ed. (175, 3366)
1994 Ed. (168, 3287)
1993 Ed. (184, 187, 3295)
1992 Ed. (279)
1991 Ed. (201)
1990 Ed. (214, 217)
1989 Ed. (2461)
Alaska Airgroup Inc.
1992 Ed. (270, 271, 272, 274, 275)
Alaska Airlines Inc.
2005 Ed. (4754)
2003 Ed. (248)
2000 Ed. (267, 3412)
1999 Ed. (218, 219, 221, 244, 363)
1998 Ed. (124, 125, 140, 818, 925)
1997 Ed. (197, 203)
1995 Ed. (176)
1993 Ed. (188)
1991 Ed. (3318)
1990 Ed. (1184, 3541)
1989 Ed. (237)
Alaska at Fairbanks; University of
1993 Ed. (1020)
The Alaska Club
2003 Ed. (4395)
Alaska Commercial Co.
2003 Ed. (4171)
Alaska Communications Systems
2003 Ed. (1077)
Alaska Communications Systems Group Inc.
2008 Ed. (1545, 1546)
2007 Ed. (1566, 1567)
2006 Ed. (1538)
2005 Ed. (1647)
2004 Ed. (1621)
Alaska Communications Systems Holdings Inc.
2007 Ed. (1566, 1567)
2006 Ed. (1537, 1538)
2005 Ed. (1646, 1647)
2004 Ed. (1620, 1621)
2003 Ed. (1605)
Alaska Computer & Typewriter Service Inc.
2007 Ed. (3531)
2006 Ed. (3495, 4339)
Alaska Energy Authority
2001 Ed. (769)
Alaska Hotel Properties
2003 Ed. (2851)
Alaska Housing Finance Corp.
2001 Ed. (769, 950)
2000 Ed. (2592)
1998 Ed. (2062)
1997 Ed. (2340)
1993 Ed. (2116, 2880, 3362)
1992 Ed. (3487, 4032)
1991 Ed. (1986, 2519, 2519, 2523)
1990 Ed. (2139, 2648)
Alaska Industrial Development & Export Authority
1999 Ed. (2844)
Alaska Market Place
2003 Ed. (4171)
Alaska Motor Doctor
2003 Ed. (1606)
Alaska Native Tribal Health Consortium
2003 Ed. (2693)
Alaska Ocean Seafood Ltd.
2005 Ed. (2613)
2004 Ed. (2624)
2003 Ed. (2491)
2001 Ed. (2445)
Alaska Ocean Seafood LP
2007 Ed. (2587)
Alaska Pacific Bancshares Inc.
2004 Ed. (406)
Alaska Pacific University
2003 Ed. (4395)
1993 Ed. (1024)
1992 Ed. (1276)
1990 Ed. (1091)
Alaska Permanent Fund Corp.
1996 Ed. (2942)
Alaska Petroleum Contractors Inc.
2004 Ed. (1620)
2003 Ed. (1603, 1604, 1605, 3422)
Alaska Pollock
2001 Ed. (2439)
1996 Ed. (3300)
1995 Ed. (3199)
1993 Ed. (3111)
1992 Ed. (3816)
Alaska Regional Hospital
2003 Ed. (2693)
Alaska Retirement
2008 Ed. (2305)
2007 Ed. (2186)
Alaska Rubber & Supply
2006 Ed. (4339)
Alaska State Employees Credit Union
2004 Ed. (1945)
2003 Ed. (1905)

2002 Ed. (1846)
Alaska Student Loan Agency
2001 Ed. (769)
Alaska Telephone Co.
2000 Ed. (3026)
Alaska Timber Corp.
2001 Ed. (2503)
Alaska USA
1990 Ed. (1458)
Alaska USA Credit Union
2008 Ed. (2217)
2007 Ed. (2102)
2006 Ed. (2158, 2162, 2177, 2181)
2005 Ed. (2065, 2083, 2086)
2004 Ed. (1926, 1937, 1945)
2003 Ed. (1887, 1905)
2002 Ed. (1835, 1846)
Alaska USA FCU
1999 Ed. (1802)
Alaska USA Federal Credit Union
2003 Ed. (2274, 2472)
1998 Ed. (1220, 1229, 1230)
1997 Ed. (1558, 1564)
1996 Ed. (1497, 1503)
1995 Ed. (1534, 1535)
1994 Ed. (1502)
1993 Ed. (1447, 1449)
1992 Ed. (1754, 3262)
1991 Ed. (1394)
Alaskan Amber
2006 Ed. (555)
Alaskan Brewing Co.
1999 Ed. (3403)
1996 Ed. (2630)
Alaskan Professional Employers
2008 Ed. (1545)
2007 Ed. (1566)
2006 Ed. (1537)
2005 Ed. (1646)
2004 Ed. (1620)
Alastair Irvine
1999 Ed. (2344)
Alavert
2006 Ed. (1065)
Alba
2006 Ed. (2969)
Alba-Waidensian
1992 Ed. (4281)
Alba-Waldensian
2000 Ed. (278)
1999 Ed. (781, 3188)
1991 Ed. (3360)
1990 Ed. (1067)
Albani Bryggerierne AS
1997 Ed. (1381)
Albania
2008 Ed. (975)
2007 Ed. (1097)
2006 Ed. (1008)
2005 Ed. (998)
2004 Ed. (979, 4750)
2003 Ed. (965)
2001 Ed. (1413)
1992 Ed. (2357, 2359)
Albank Alsaudi Alho Uandi
1989 Ed. (466)
Albank Alsaudi Alhollandi
1994 Ed. (627)
1993 Ed. (622)
1992 Ed. (594, 829)
1991 Ed. (656)
1990 Ed. (489)
Albank, FSB
1998 Ed. (3127, 3144)
Albany County Hospital District
2008 Ed. (2178)
2007 Ed. (2070)
2006 Ed. (2122)
2005 Ed. (2019)
2004 Ed. (1893)
2003 Ed. (1857)
2001 Ed. (1902)
Albany County, NY
1997 Ed. (2363)
Albany, GA
2005 Ed. (3339)
2004 Ed. (3316)
1994 Ed. (2493)
Albany International Corp.
2005 Ed. (3678, 3679)
2004 Ed. (3763, 3764)
1999 Ed. (3688)
1998 Ed. (2737)
1997 Ed. (2991)
1994 Ed. (2726)
1993 Ed. (2765, 3553)
1992 Ed. (3332, 4272)
1991 Ed. (3352)
1990 Ed. (2762, 3567)
1989 Ed. (2815)
Albany Marriott
1993 Ed. (207)
1990 Ed. (244)
Albany Medical Center
2008 Ed. (1986)
2006 Ed. (1936)
1998 Ed. (1986)
Albany Medical Center Hospital
2008 Ed. (1986)
2006 Ed. (1936)
Albany Molecular Research Inc.
2004 Ed. (2776, 2778)
2002 Ed. (2431, 4288)
2001 Ed. (1579)
Albany, NY
2008 Ed. (3111, 3115)
2007 Ed. (2996, 3001)
1999 Ed. (2813)
1995 Ed. (2807)
1994 Ed. (1103)
1992 Ed. (1013)
1989 Ed. (846)
Albany Savings Bank
1991 Ed. (3370)
Albany/Schenctady/Troy, NY
1990 Ed. (1077)
Albany-Schenectady-Troy, NY
2008 Ed. (829, 3510)
2006 Ed. (3326)
2005 Ed. (3339)
2004 Ed. (3316)
1996 Ed. (2089)
Albar Precious Metal Refining
2008 Ed. (3541)
Albaraka International Bank
1994 Ed. (413)
1993 Ed. (420)
1992 Ed. (585)
1991 Ed. (568)
1990 Ed. (613)
Albaraka Islamic Investment Bank
1999 Ed. (452)
1997 Ed. (395)
1991 Ed. (568)
1990 Ed. (613)
Albemarle Corp.
2008 Ed. (905, 911, 1889)
2006 Ed. (3408)
2005 Ed. (934, 935)
2004 Ed. (944, 945, 964)
2003 Ed. (938)
2001 Ed. (1212)
1998 Ed. (716)
1997 Ed. (972)
Alber; Laura
2008 Ed. (2990)
Alberici Corp.
2008 Ed. (1282, 1301)
2006 Ed. (1271, 1315)
2005 Ed. (1302)
2004 Ed. (1252, 1272, 1290, 1302, 1331, 2436)
Alberici Construction Co. Inc.; J. S.
1997 Ed. (1182, 1189)
1996 Ed. (1153)
1995 Ed. (1146, 1176)
1994 Ed. (1157)
1993 Ed. (1116)
1991 Ed. (1075)
Alberici Construction Co. Inc.; J.S.
1996 Ed. (1150)
Alberici Constructors
2008 Ed. (1314)
Albers; Joyce
1995 Ed. (1823)
1994 Ed. (1783)
1993 Ed. (1800)
Albert B. Alkek
1991 Ed. (891, 1003)
Albert B. Murry
1992 Ed. (532)
Albert, Bates, Whitehead & McGaugh
2000 Ed. (2620)
Albert Bossier
1999 Ed. (1120)
Albert C. Martin & Associates
1992 Ed. (358)
Albert Chao
2008 Ed. (2630)
Albert-Culver
2000 Ed. (4429)
Albert D. Seeno Construction Co.
2005 Ed. (1219)
2004 Ed. (1193)
Albert D. Thomas Inc.
2005 Ed. (1162)
Albert E. Haines
1993 Ed. (2639)
Albert Edwards
1998 Ed. (1683)
Albert Einstein Healthcare Foundation
1992 Ed. (2463)
1991 Ed. (1936)
1990 Ed. (2059)
1989 Ed. (1610)
Albert Einstein Healthcare Network
1999 Ed. (2753, 3819)
1998 Ed. (1996, 2844)
Albert Frank-Guenther Law
1989 Ed. (67)
Albert Frere
2008 Ed. (4861)
Albert-Garaudy Consulting Engineers
2008 Ed. (2518)
Albert Gift Show
2008 Ed. (4724)
Albert Gubay
2007 Ed. (4935)
2005 Ed. (4896)
Albert H. Nahmad
2008 Ed. (2639)
Albert H. Notini & Sons Inc.
2003 Ed. (4937)
Albert Haines
1992 Ed. (3137)
1991 Ed. (2547)
Albert Heijn
1993 Ed. (43)
Albert Heyn
1992 Ed. (65)
Albert II; Prince
2007 Ed. (2703)
Albert International Insurance Advisors Inc.; J. H.
2008 Ed. (4249)
2006 Ed. (4199)
1993 Ed. (3052)
1992 Ed. (3743)
1991 Ed. (2899)
Albert International Insurance Advisors Inc.; J.H.
1990 Ed. (3062)
Albert International; J. H.
1997 Ed. (3360)
1996 Ed. (3258)
1995 Ed. (3163)
1994 Ed. (3115)
Albert Kahn Associates Inc.
2004 Ed. (2329)
2001 Ed. (409)
1999 Ed. (288)
1997 Ed. (266)
1995 Ed. (238)
1993 Ed. (247)
1992 Ed. (357)
1991 Ed. (252)
1990 Ed. (282)
1989 Ed. (267)
Albert Kahn Associates Inc,
1998 Ed. (185)
Albert L. Lord
2005 Ed. (2517)
Albert L. Ueltschi
1991 Ed. (1622, 1624)
Albert Lasker
2000 Ed. (37)
Albert Lea, MN
2006 Ed. (3322)
Albert Lord
2005 Ed. (979)
Albert M. Greenfield & Co. Inc.
1999 Ed. (3995)
1998 Ed. (3000)
Albert Rebel & Associates Inc.
2000 Ed. (2467)
1998 Ed. (3613)
1997 Ed. (3787)
1996 Ed. (3731)
1995 Ed. (2103, 3652)
Albert Rebel & Associates Inc
1999 Ed. (4651)
Albert Reichmann
1993 Ed. (699)
1992 Ed. (890)
1990 Ed. (731)
1989 Ed. (732)
Albert Reichmann, Paul Reichmann, Ralph Reichmann
1991 Ed. (710, 1617, 3477)
Albert Risk Management Consultants
2008 Ed. (4249)
2006 Ed. (4199)
Albert Trostel & Sons Co.
2008 Ed. (3435, 3436)
2007 Ed. (3335, 3336)
2006 Ed. (3263, 3264)
2005 Ed. (3272, 3273)
2004 Ed. (3247, 3248)
2003 Ed. (3201, 3202)
2001 Ed. (3080, 3081)
Albert W. Duffield
2000 Ed. (1882)
Alberta
2007 Ed. (3783, 4688)
2006 Ed. (1750, 3238, 3786, 4668)
2001 Ed. (4110)
1997 Ed. (2669, 2672)
Alberta Blue Cross
2008 Ed. (4050)
Alberta Energy Co. Ltd.
2004 Ed. (3852)
2003 Ed. (1631, 1634, 3822, 3823)
2002 Ed. (3675, 3676)
1997 Ed. (3096)
1996 Ed. (3014)
1994 Ed. (2853)
1989 Ed. (2038)
Alberta Energy Company
1992 Ed. (3436)
Alberta Gaming & Liquor Commission
2008 Ed. (1554)
Alberta; Government of
2008 Ed. (1550)
2007 Ed. (1571)
2006 Ed. (1541)
Alberta Government Telephones
1992 Ed. (2342, 4211)
1990 Ed. (3519)
1989 Ed. (965)
Alberta Heritage Savings
2007 Ed. (2574, 2705)
1996 Ed. (1918, 2038)
1994 Ed. (1847, 1986)
1992 Ed. (2342)
Alberta Heritage Savings Trust Fund
2001 Ed. (1662)
Alberta Mental Health Board
2007 Ed. (1573)
Alberta Mortgage & Housing
1996 Ed. (3162)
Alberta Natural Gas
1990 Ed. (1882)
Alberta Pacific
1999 Ed. (3693)
Alberta Stock Exchange
1995 Ed. (3512)
Alberta Treasury Branches
1997 Ed. (2156)
1994 Ed. (1986)
1992 Ed. (2342)
Alberta Treasury Branches; Province of
1996 Ed. (468)
Alberta; University of
2008 Ed. (1070, 1073, 1075, 1076, 1077, 1550, 1556, 3636, 3641, 4279)
2007 Ed. (1166, 1169, 1170, 1171, 1172, 1571, 1573, 3469, 3470, 3471, 3472, 3473)
2006 Ed. (1541, 1543)
Alberta Wheat Pool
2001 Ed. (1499)
Alberto
1996 Ed. (2071)
1990 Ed. (1981)
Alberto Ades
1999 Ed. (2404)

Alberto Arias
1999 Ed. (2410)
Alberto Bailleres
2008 Ed. (4886)
Alberto Consort
2003 Ed. (2653, 2659)
Alberto-Culver Co.
2008 Ed. (1403, 3099, 3873)
2007 Ed. (2974, 2976, 2979, 3801, 3804, 3808, 3810, 3812, 3813)
2006 Ed. (2962, 2966, 3797, 3798, 3799, 3801, 3802, 3803)
2005 Ed. (2021, 2022, 2966, 2970, 3709, 3710, 3711, 3712, 3713)
2004 Ed. (1897, 1898, 2956, 2961, 2963, 3798, 3801, 3802)
2003 Ed. (990, 993, 2662, 2663, 2666, 2667, 2871, 2872, 3767, 3771, 4167, 4433)
2002 Ed. (3639, 4302, 4984)
2001 Ed. (1914, 3711)
2000 Ed. (3509, 4068, 4071)
1999 Ed. (2062, 2630, 3776, 4350, 4352, 4809)
1998 Ed. (926, 2807, 2811, 3327, 3329)
1997 Ed. (3535, 3536)
1996 Ed. (1278, 1462, 3469, 3470)
1995 Ed. (2073, 3410, 3411)
1994 Ed. (2809, 3351, 3352)
1993 Ed. (2809, 3249, 3347, 3348)
1992 Ed. (1708, 3395, 3397, 4008, 4010, 4307)
1991 Ed. (1362, 2711, 3150, 3151, 3398)
1990 Ed. (3311, 3603)
1989 Ed. (2509)
Alberto Culver C/"B"
1992 Ed. (4062)
Alberto-Culver Cl. "B"
1995 Ed. (3438)
1993 Ed. (3382, 3390)
Alberto Garnier
1994 Ed. (80)
1991 Ed. (89)
Alberto H. Garnier
1996 Ed. (74)
1995 Ed. (60)
1990 Ed. (91)
1989 Ed. (95)
Alberto Sanchez
2000 Ed. (2188)
1999 Ed. (2428)
Alberto V05
1992 Ed. (4236)
Alberto Vilar
2004 Ed. (2843)
Alberto VO 5
2003 Ed. (2650)
1998 Ed. (1895)
Alberto VO5
2008 Ed. (2869)
2002 Ed. (2435, 2438)
2001 Ed. (2632, 2633)
1991 Ed. (1879)
Alberton's
1992 Ed. (4171)
Albertson College
2001 Ed. (1323)
1999 Ed. (1226)
1998 Ed. (797)
1997 Ed. (1060)
1995 Ed. (1059)
1994 Ed. (1051)
Albertson; Robert
1997 Ed. (1853)
1996 Ed. (1778)
1995 Ed. (1804)
1993 Ed. (1779)
1991 Ed. (1673)
Albertson's Inc.
2008 Ed. (894, 1405, 1491, 3445, 4223, 4293, 4566, 4573)
2007 Ed. (911, 913, 1497, 1766, 1767, 1798, 1799, 1802, 1805, 2015, 2043, 2044, 2232, 2234, 2710, 2878, 4187, 4611, 4612, 4614, 4616, 4617, 4619, 4620, 4621, 4622, 4623, 4629, 4630, 4633, 4634, 4637, 4638, 4639, 4640, 4641, 4642, 4878)
2006 Ed. (821, 823, 826, 1500, 1757, 1758, 1759, 2045, 2071, 2072, 2077, 2078, 2082, 2299, 2300, 2305, 2714, 4151, 4152, 4166, 4167, 4625, 4626, 4627, 4628, 4629, 4630, 4631, 4632, 4633, 4634, 4635, 4640, 4886)
2005 Ed. (908, 1531, 1787, 1788, 1976, 2237, 2238, 2239, 2240, 2243, 4099, 4114, 4115, 4124, 4133, 4546, 4547, 4548, 4549, 4550, 4552, 4553, 4554, 4555, 4556, 4557, 4558, 4559, 4562, 4567)
2004 Ed. (917, 1515, 1728, 1729, 2136, 2137, 2142, 2144, 2227, 2632, 2764, 2964, 4194, 4195, 4204, 4206, 4213, 4613, 4614, 4615, 4620, 4621, 4622, 4624, 4625, 4626, 4627, 4629, 4630, 4631, 4638, 4640, 4641, 4642, 4646, 4647, 4764)
2003 Ed. (897, 898, 1485, 1691, 1692, 1693, 2098, 2104, 2105, 4149, 4168, 4169, 4177, 4183, 4184, 4186, 4187, 4629, 4630, 4633, 4634, 4635, 4640, 4645, 4647, 4648, 4649, 4650, 4651, 4653, 4655, 4656, 4657, 4658, 4660, 4661, 4665)
2002 Ed. (1464, 1552, 1666, 1685, 2035, 2037, 2041, 2042, 4041, 4042, 4043, 4060, 4524, 4525, 4526, 4530, 4531, 4532, 4533, 4534, 4535, 4536)
2001 Ed. (1582, 1728, 1729, 2087, 2092, 2093, 4090, 4093, 4095, 4098, 4116, 4404, 4416, 4417, 4418, 4419, 4420, 4421, 4422, 4423, 4696)
2000 Ed. (372, 1453, 1686, 1714, 2219, 2221, 2489, 4163, 4166, 4167, 4168, 4169, 4170, 4171)
1999 Ed. (368, 1414, 1651, 1652, 1817, 1921, 2462, 2464, 4515, 4518, 4519, 4520, 4521, 4522, 4523)
1998 Ed. (264, 1143, 1296, 1711, 3443, 3444, 3449, 3450, 3451, 3452, 3453, 3454, 3455, 3456, 3457)
1997 Ed. (329, 1427, 1625, 1626, 2026, 2790, 3660, 3667, 3670, 3671, 3672, 3673, 3674, 3675, 3676, 3677, 3678)
1996 Ed. (1376, 1556, 1559, 1560, 1929, 3238, 3241, 3606, 3612, 3613, 3614, 3619, 3620, 3621, 3622)
1995 Ed. (343, 1569, 1572, 1573, 3146, 3154, 3331, 3524, 3527, 3531, 3532, 3533, 3534, 3535, 3538)
1994 Ed. (1539, 1542, 1543, 1990, 2939, 3252, 3260, 3459, 3461, 3464, 3465, 3466, 3467, 3468, 3624)
1993 Ed. (1492, 1495, 1496, 1997, 3258, 3267, 3486, 3493, 3494, 3495, 3496, 3497)
1992 Ed. (489, 1814, 1815, 1828, 2350, 3547, 3927, 4163, 4164, 4166, 4167, 4168, 4169, 4170)
1991 Ed. (1052, 1422, 1425, 1426, 1860, 2889, 3252, 3254, 3256, 3257, 3258, 3259, 3260)
1990 Ed. (1162, 3497)
1989 Ed. (866, 867, 1556, 2775, 2777)
Albertson's Employees Credit Union
2007 Ed. (2114)
2006 Ed. (2193)
2005 Ed. (2098)
2004 Ed. (1956)
2003 Ed. (1916)
2002 Ed. (1862)
Albertsons LLC
2008 Ed. (1793, 1794, 4045)
Albina du Boisrouvray
1995 Ed. (932, 1068)
Alborada
2007 Ed. (2847)
Albrecht; Kark & Theo
2008 Ed. (4864, 4881)
2007 Ed. (4911, 4915)
Albrecht; Karl
2008 Ed. (4865, 4867)
2007 Ed. (4912)
2006 Ed. (4924, 4927)
2005 Ed. (4877, 4883)
Albrecht; Karl & Theo
2005 Ed. (4878, 4882)
Albrecht; Theo
2008 Ed. (4865, 4867)
2007 Ed. (4912)
2006 Ed. (4924)
2005 Ed. (4877)
Albrecht, Viggiano, Zureck & Co.
2000 Ed. (11)
Albridge Solutions
2007 Ed. (2565)
Albritton; Joe L.
1992 Ed. (531, 1138)
Albukhary; Syed Mokhtar
2006 Ed. (4917)
Albuquerque
2000 Ed. (3376)
Albuquerque, NM
2008 Ed. (3113, 3115, 3119, 3460, 3475)
2007 Ed. (2998, 3362, 3368, 4098, 4100)
2006 Ed. (3298, 3304, 3309, 3742, 3743, 4050)
2005 Ed. (2977, 3315, 3324, 3645, 4014)
2004 Ed. (3736, 3737)
2003 Ed. (3246, 3680, 3681, 3682)
2002 Ed. (2743)
2000 Ed. (1087, 1909, 2886, 3107, 3767, 4287)
1999 Ed. (2088, 2127, 3368)
1998 Ed. (1548, 2483)
1997 Ed. (2334, 3524)
1996 Ed. (2089, 2621)
1995 Ed. (989, 2187, 2667)
1994 Ed. (972, 1104, 2585)
1993 Ed. (1455)
1992 Ed. (1163)
1990 Ed. (1157)
1989 Ed. (225)
Albuquerque Printing Co.
2008 Ed. (3723, 4416)
2007 Ed. (3581, 4436)
2003 Ed. (2752)
Albuquerque Publishing Co.
2005 Ed. (1905)
2004 Ed. (1821)
2003 Ed. (1787)
2001 Ed. (1814)
Albuquerque-Santa Fe, NM
2004 Ed. (3481, 3482)
Albuterol
2006 Ed. (2316)
2003 Ed. (2113)
2002 Ed. (2049, 3749)
2000 Ed. (1699)
1999 Ed. (1898, 1899)
Albuterol Aerosol
2007 Ed. (2245)
2006 Ed. (2310, 2311)
2005 Ed. (2249, 2250)
2004 Ed. (2152)
2003 Ed. (2107)
2002 Ed. (2048)
2001 Ed. (2101, 2102)
2000 Ed. (2324, 2325)
1999 Ed. (2585)
1998 Ed. (1825)
Albuterol Neb Soln
2001 Ed. (2102)
Albuterol Sulfate
1997 Ed. (1653)
ALC Communications Corp.
1997 Ed. (1255)
Alcan Inc.
2008 Ed. (1496, 1615, 1626, 1634, 1635, 1640, 1646, 1827, 1833, 3552, 3655, 3660, 3661, 3677)
2007 Ed. (1513, 1626, 1630, 1632, 1782, 3481, 3488, 3489, 3518)
2006 Ed. (1599, 1614, 1619, 1717, 3375, 3464, 3465)
2005 Ed. (1483, 1597, 1701, 1712, 1725, 1798, 3388, 3446, 3456)
2004 Ed. (1662, 1668, 3442)
2003 Ed. (1629, 1635, 3376)
Alcan Aluminium
2000 Ed. (3029, 3096, 3101)
1999 Ed. (3415)
1996 Ed. (1308, 1309, 1310, 1312, 2613, 2649, 2674)
1995 Ed. (1364, 2550, 2774)
1994 Ed. (198, 1338, 1339, 2484, 2526, 3556)
1993 Ed. (1269, 1287, 1288, 1289, 2588, 2726, 2727, 3593)
1992 Ed. (4148)
1991 Ed. (1262, 1263, 1264, 1265, 2479, 2480, 2586, 2612, 2790, 3231, 3403)
1990 Ed. (1338, 2717)
1989 Ed. (1098, 1154, 2069, 2070)
Alcan Aluminium Holdings
1990 Ed. (2540)
Alcan Aluminum Ltd.
2004 Ed. (3431)
2003 Ed. (3365, 3374, 4575)
2002 Ed. (1609, 3303, 3312, 3313, 3322, 3323, 3369)
2001 Ed. (369, 669, 1659, 3277, 3281, 3285, 3289)
2000 Ed. (3092, 3095, 3138, 3155, 3340, 4266)
1999 Ed. (1592, 3357, 3359, 3361, 3363, 3414, 4619)
1998 Ed. (149, 1121, 2471, 2509)
1997 Ed. (1370, 1371, 1406, 1813, 2755, 2794, 2805, 2806, 2946, 3301, 3766)
1994 Ed. (2672, 2674)
Alcan Deutschland
2005 Ed. (1753)
Alcan Packaging
2008 Ed. (3837, 3996)
2007 Ed. (3972)
2006 Ed. (3918)
Alcantara DYR
1989 Ed. (152)
Alcantara Machado, Periscinoto/BBDO
1992 Ed. (128)
1991 Ed. (80)
1990 Ed. (83)
Alcate
1991 Ed. (2065)
Alcatel
2008 Ed. (1099)
2007 Ed. (1192, 1214, 1216, 1734, 2825, 4713, 4717)
2006 Ed. (178, 1087, 1109, 1112, 1687, 1688, 1726)
2005 Ed. (1095, 1120, 1974, 3698, 4630, 4632, 4639)
2004 Ed. (2253, 3779, 4672)
2003 Ed. (2207, 2208, 2209, 2237, 3636, 3754, 4584, 4701, 4702)
2002 Ed. (761, 762, 1658, 2096, 2510, 3243)
2001 Ed. (417, 1711)
2000 Ed. (1434, 4206)
1998 Ed. (1557)
1997 Ed. (3708)
1996 Ed. (246, 3640)
1995 Ed. (3553)
1994 Ed. (1227)
1992 Ed. (1930, 2634, 4200, 4201, 4202)
1991 Ed. (2064, 3281, 3286)
1990 Ed. (2196, 2199, 2906, 3512)
Alcatel-Alenia Space
2008 Ed. (163)
Alcatel Alsthom
2000 Ed. (1435, 1436, 4192)
1999 Ed. (773, 774, 1631, 1632, 1633, 4552)
1998 Ed. (1246)
1997 Ed. (702, 703, 916, 1386, 1407, 1408, 1410, 1411, 1584, 3500)
1996 Ed. (765, 766, 1233, 1327, 1347, 1348, 2710, 3404)
1995 Ed. (1261, 1374, 1396, 1397, 1659, 3097, 3326)

1994 Ed. (739, 740, 1074, 1213, 1227, 1241, 1351, 1369, 1370, 1371, 1372, 1618, 3246, 3248)
1993 Ed. (1197, 1297, 1314, 1315, 1316, 1581, 1586, 2178, 2179, 2488, 3007, 3253, 3509)
Alcatel Alsthsom
2000 Ed. (1772)
Alcatel Alstom SA
2001 Ed. (2214)
Alcatel Altsthom
2000 Ed. (790, 791)
Alcatel Australia
2003 Ed. (4075)
2002 Ed. (3964)
Alcatel Cable
1999 Ed. (1612)
Alcatel Canada Inc.
2005 Ed. (4512)
Alcatel Micro.
2000 Ed. (3999)
Alcatel NA Inc.
2003 Ed. (1364)
Alcatel NC
1991 Ed. (3280)
Alcatel NV
1996 Ed. (2559)
1995 Ed. (2495)
1994 Ed. (2423)
1992 Ed. (2955)
1991 Ed. (1536)
1990 Ed. (1639)
1989 Ed. (2794)
Alcatel SA
2008 Ed. (1424)
Alcatel Space
2007 Ed. (184)
Alcatel Space Industries
2004 Ed. (3032)
2002 Ed. (2832)
2001 Ed. (2897)
Alcatel Teletas
2000 Ed. (2869)
Alcatel USA
2007 Ed. (1037)
2006 Ed. (942)
The Alchemist
2008 Ed. (624)
Alchin; John
2008 Ed. (967)
2007 Ed. (1049)
2005 Ed. (991)
Alco Ltd.
2005 Ed. (2403)
1990 Ed. (1520, 1524, 1525)
Alco Electronics Ltd.
2006 Ed. (1232)
2005 Ed. (1273)
2004 Ed. (2859)
Alco Health Services
1995 Ed. (1586, 3729)
1994 Ed. (1557)
1993 Ed. (1513)
1992 Ed. (3931)
1991 Ed. (3096)
1990 Ed. (1551)
Alco Holdings
2007 Ed. (1760)
Alco Standard Corp.
1998 Ed. (1023, 3712, 3714)
1997 Ed. (1240, 1241, 1437, 1497, 2956, 3973, 3874, 3890)
1996 Ed. (1194, 1195, 1241, 1435, 2861, 3824, 3825)
1995 Ed. (1223, 1224, 2805, 3728)
1994 Ed. (1207, 1208, 2691, 2693)
1993 Ed. (1192, 2741, 2851)
1992 Ed. (1463, 3284, 3286, 3457, 3940)
1991 Ed. (1137, 1148, 1149, 2635, 2738, 3088, 3105)
1990 Ed. (2734)
1989 Ed. (1142)
Alcoa Inc.
2008 Ed. (1179, 2041, 3651, 3652, 3655, 3660, 3661, 3666)
2007 Ed. (1513, 1952, 1955, 3477, 3478, 3481, 3483, 3484, 3487, 3488, 3489, 3496, 3527, 3989)
2006 Ed. (781, 857, 1483, 1785, 1786, 1787, 1788, 1789, 1790, 1982, 1983, 1987, 1989, 1990, 1991, 3366, 3454, 3455, 3458, 3460, 3461, 3462, 3464, 3465, 3471, 3472, 3484)
2005 Ed. (1528, 1585, 1597, 1614, 1945, 1946, 1948, 1950, 1951, 1952, 3177, 3409, 3445, 3446, 3449, 3451, 3452, 3453, 3454, 3456, 3459, 3460, 3461, 3464, 4514)
2004 Ed. (1512, 1842, 1843, 3429, 3430, 3431, 3434, 3435, 3436, 3437, 3438, 3442, 3445, 3446)
2003 Ed. (1482, 1810, 1811, 3363, 3364, 3365, 3368, 3370, 3371, 3373, 3374, 3375, 3377, 3423)
2002 Ed. (1461, 1752, 3303, 3304, 3305, 3309, 3310, 3311, 3312, 3313, 3314, 3321, 3322, 3323, 3324, 4603)
2001 Ed. (365, 366, 369, 669, 1834, 3276, 3277, 3280, 3281, 3284, 3285, 3289)
2000 Ed. (1534, 3081, 3083, 3091, 3092, 3138, 3340)
1999 Ed. (1723, 3344, 3346, 3351, 3356, 3625)
1998 Ed. (1049, 1186, 2466, 2467, 2470, 2684, 2685)
1997 Ed. (1437, 1497, 2749, 2756, 2947)
1996 Ed. (1241, 1270, 1435, 2605, 2614, 2850, 2851)
1995 Ed. (1473, 2543, 2551, 2775, 2776)
1993 Ed. (2538, 2727)
1992 Ed. (1388, 3031, 3254)
1991 Ed. (2422, 2611, 2612)
1990 Ed. (2589, 2715, 2716)
1989 Ed. (1948, 2068, 2069)
Alcoa Aerospace Co.
2005 Ed. (3445)
Alcoa Aluminerie de Deschambault S. E. N. C.
2008 Ed. (1611)
Alcoa Automotive
2005 Ed. (324)
Alcoa EastAlco Works
2005 Ed. (1854, 3445, 3446)
2004 Ed. (1789, 3430, 3431)
Alcoa Employees & Community Credit Union
2008 Ed. (2232)
2007 Ed. (2117)
2006 Ed. (2196)
2005 Ed. (2101)
2004 Ed. (1959)
2003 Ed. (1919)
2002 Ed. (1865)
Alcoa Extrusions Inc.
2008 Ed. (2041, 3652)
Alcoa Flexible Packaging
2008 Ed. (3837)
Alcoa Foundation
2005 Ed. (2675)
2002 Ed. (976)
2001 Ed. (2515)
Alcoa Fujikura Ltd.
2006 Ed. (2038, 2390)
2005 Ed. (325)
2004 Ed. (1866)
1996 Ed. (331)
Alcoa Home Exteriors Inc.
2005 Ed. (3843)
Alcoa Industrial Components Group
2004 Ed. (3430)
Alcoa International Holdings Co.
2003 Ed. (1843)
2001 Ed. (1893)
Alcoa Packaging & Consumer Products
2008 Ed. (4673)
2007 Ed. (4749)
2006 Ed. (4733)
2005 Ed. (4688)
2004 Ed. (4718)
Alcoa Securities Corp.
2008 Ed. (2154)
2007 Ed. (2050)
2006 Ed. (2092)
2005 Ed. (1993)
2004 Ed. (1878)
2003 Ed. (1843)
Alcoa World Alumina
2002 Ed. (3306)
Alcoa World Alumina Australia
2004 Ed. (1639, 3439)
2003 Ed. (1613)
Alcock/Brown-Neaves Group
2004 Ed. (1154)
2002 Ed. (3773)
Alcohol
2008 Ed. (2839)
Alcohol abuse
1991 Ed. (2627)
Alcohol coolers
1992 Ed. (2354, 2355)
1991 Ed. (1865)
Alcohol Monitoring Systems
2008 Ed. (4053)
Alcoholic beverages
2008 Ed. (557)
1996 Ed. (1169, 1485)
1995 Ed. (644)
Alcoholic beverages industry
1998 Ed. (89)
Alcoholic drinks
2002 Ed. (3488)
Alcoholism
1990 Ed. (276)
Alcon Inc.
2007 Ed. (1037, 2773)
2006 Ed. (942, 4580)
2005 Ed. (1974)
2004 Ed. (1571, 4574)
1995 Ed. (2544, 2774, 2811)
1993 Ed. (1108)
Alcon Laboratories Inc.
2008 Ed. (960)
2006 Ed. (2040, 2421, 2659)
2003 Ed. (3788)
2001 Ed. (3587, 3593)
2000 Ed. (3380)
1999 Ed. (3656)
1997 Ed. (2965, 2968)
1996 Ed. (2870)
Alcon Labs
1991 Ed. (2643, 2645)
1990 Ed. (2743)
Alcon Ophthalmic
1999 Ed. (3656)
1995 Ed. (2811)
1992 Ed. (3300)
Alcon Ophthalmology
1994 Ed. (2696)
Alcon Opti Free
2003 Ed. (1220)
Alcon Opti Free Express
2003 Ed. (1220)
Alcon Opti-zyme Tablets 24s
1990 Ed. (1547)
Alcon, Saline
1990 Ed. (1187)
Alcon Surgical
2000 Ed. (3380)
1999 Ed. (3656)
1997 Ed. (2965)
1996 Ed. (2870)
1995 Ed. (2811)
1994 Ed. (2696)
1992 Ed. (3300)
1991 Ed. (2643)
1990 Ed. (2741)
Alcone Marketing
2001 Ed. (3920)
Alcone Marketing Group
2008 Ed. (3594, 3600)
2007 Ed. (3433)
2006 Ed. (3419)
2000 Ed. (1672, 1675)
1998 Ed. (1287)
Alcone Promotion
1992 Ed. (3756, 3759)
Alcone Sims O'Brien
1997 Ed. (1618)
1996 Ed. (1553, 3276)
1994 Ed. (3127)
1993 Ed. (3063)
Alcor Micro
2008 Ed. (2098)
Alcorn Petroleum & Minerals Corp.
2002 Ed. (3704)
ALD NanoSolutions Inc.
2006 Ed. (4082)
Aldata Solution Oyj
2008 Ed. (4577)
Alden Financial Corp; John
1995 Ed. (1003)
Alden Financial Corp.; John
1997 Ed. (2442)
1993 Ed. (964)
1991 Ed. (954)
Alden Press Inc.
1992 Ed. (3541, 3531)
Alder Building & Development
2002 Ed. (1188)
Alder Foods Inc.
2008 Ed. (4947)
Alder Modemaerkte GmbH
1997 Ed. (1040)
Alders International
1997 Ed. (1680)
Aldersgate Investment Ltd.
2006 Ed. (1438)
Alderwoods Group
2008 Ed. (2175)
2007 Ed. (2067)
2006 Ed. (3810, 3811)
2005 Ed. (1573, 3720, 3721)
2004 Ed. (3811, 3812)
Aldi
2008 Ed. (720)
2007 Ed. (718)
2006 Ed. (3991)
2005 Ed. (4567)
2004 Ed. (2764, 4636)
2003 Ed. (4661)
2002 Ed. (4531)
1999 Ed. (4524, 4644)
1998 Ed. (987)
1997 Ed. (3679)
1994 Ed. (3110)
1993 Ed. (3498)
Aldi Einkauf
2006 Ed. (4178)
Aldi Einkauf GmbH & Co. OHG
1993 Ed. (3049, 3696)
1992 Ed. (3740, 4433)
Aldi GmbH
2001 Ed. (4102, 4114)
Aldi GmbH & Co.
2007 Ed. (4200)
Aldi GmbH & Co. KG
1990 Ed. (1833)
Aldi Gmbh & Co. Kommandit-Gesellschaft
1991 Ed. (2897)
Aldi Group
2008 Ed. (24, 42)
2007 Ed. (19, 39)
2006 Ed. (4643)
2001 Ed. (4613)
1998 Ed. (3085, 3095)
ALDI Gruppe
2001 Ed. (4103)
Aldi, North & South
1991 Ed. (3261)
Aldila Inc.
2004 Ed. (4551)
1995 Ed. (3162)
Aldo Bensadoun
2005 Ed. (4872)
Aldo Castillo Gallery
2006 Ed. (2837)
Aldo Group Inc.
2003 Ed. (4405)
2002 Ed. (4273)
Aldo Mazzaferro Jr.
1996 Ed. (1825)
Aldous; Freddie
1997 Ed. (2705)
Aldrich, Eastman & Waltch
1997 Ed. (3265, 3267, 3269, 3270, 3271)
1996 Ed. (2417, 2920, 3167, 3168)
1995 Ed. (2375, 3073, 3074)
1994 Ed. (2319, 3015, 3017, 3018)
1993 Ed. (2972, 2974, 2976, 2977)
1992 Ed. (2732, 2775, 3634, 3636, 3637)
1991 Ed. (2210, 2247, 2817, 2820, 2821)
1990 Ed. (2355)
1989 Ed. (1807, 2129)

Aldrich Eastman Waltch
1998 Ed. (2294, 3012, 3013, 3014, 3015, 3016)
Aldridge Electric Inc.
2006 Ed. (1309, 1339)
1994 Ed. (1153)
Aldus
1992 Ed. (2365, 2366, 2368, 3985, 3986, 3987)
1990 Ed. (1966, 1970, 3296, 3300)
1989 Ed. (1569, 2496)
Aldus Persuasion
1993 Ed. (1068)
Alea
2006 Ed. (3096)
Alea Group Holding (Bermuda) Ltd.
2007 Ed. (3189)
2005 Ed. (3151)
Alec Breckler Shoes
2004 Ed. (3959)
Alec Gores
2004 Ed. (4861)
Alec Pelmore
2000 Ed. (2132)
1999 Ed. (2330)
Alector Advertising
1996 Ed. (92)
1995 Ed. (78)
Alegent Health
2006 Ed. (3589)
2003 Ed. (1774, 3468)
2002 Ed. (3294)
Alegent Health-Bergen Mercy Medical Center
2001 Ed. (1802)
Alegent Health-Immanuel Medical Center
2008 Ed. (1960)
2007 Ed. (1896)
2006 Ed. (1914)
2005 Ed. (1892)
Alegis Group LP
2005 Ed. (1055)
Alejandro Montero
1999 Ed. (2293)
1996 Ed. (1856)
Alek Wek
2008 Ed. (4898)
Alekperov; Vagit
2008 Ed. (4894)
2007 Ed. (785, 4912)
2006 Ed. (4929)
Alem Bank
1996 Ed. (575)
Alemany; Ellen
2008 Ed. (4945)
2007 Ed. (4978)
Alemite Corp.
2005 Ed. (3373)
Alenia/Vought
2006 Ed. (2326, 4818)
Aleong & Agostini
1997 Ed. (153)
Alere Medical
2008 Ed. (2884, 3269)
2007 Ed. (2768)
2006 Ed. (2758)
Aleris International Inc.
2008 Ed. (1513, 3656, 4079, 4139)
2007 Ed. (3022, 3484)
Aleron H. Larson Jr.
2007 Ed. (2509, 2511)
Alert
2000 Ed. (1655)
Alert Centre
1997 Ed. (226)
1996 Ed. (3309)
1993 Ed. (3115)
1992 Ed. (3827)
Alert Communications Co.
1999 Ed. (4561)
Alert-IPO!
2002 Ed. (4867)
Alert Staffing
2003 Ed. (3427, 4991)
2002 Ed. (3376, 4990)
Alesco
2007 Ed. (1588)
Alessandra Facchinetti
2006 Ed. (4984)
Alessandro del Piero
2007 Ed. (4464)
2006 Ed. (4397)
Alestra
2007 Ed. (1850)
Aleutian West County, AK
2002 Ed. (1808)
Aleutians West, AK
2000 Ed. (1603, 2612)
Aleutians West County, AK
1998 Ed. (1200, 2080)
Aleve
2008 Ed. (254, 255)
2007 Ed. (278)
2006 Ed. (273)
2005 Ed. (254)
2004 Ed. (246, 247)
2003 Ed. (278, 279)
2002 Ed. (314, 319, 320)
2001 Ed. (383, 385)
2000 Ed. (302, 1703)
1999 Ed. (274, 1905)
1998 Ed. (168)
1997 Ed. (253, 254)
Alex
2008 Ed. (4147)
Alex Brown
1998 Ed. (515, 1493)
1990 Ed. (2645)
Alex Brown & Sons
1999 Ed. (832, 863)
1998 Ed. (322, 340, 342, 516, 524, 996, 1320, 2236, 3176, 3181, 3206, 3208, 3209, 3211, 3212, 3214, 3223, 3227, 3242, 3244, 3247, 3270, 3414, 3664)
1997 Ed. (734, 737, 1222, 2479, 2481, 2485, 2502, 3418, 3419, 3420, 3422, 3424, 3425, 3439, 3440, 3441, 3442, 3443, 3444, 3445, 3446, 3467)
1996 Ed. (797, 798, 801, 1182, 2352, 2356, 3314, 3341, 3343, 3363)
1995 Ed. (721, 732, 756, 758, 1213, 1214, 3219, 3222, 3223, 3249)
1993 Ed. (762, 842, 2268, 2271, 3116, 3119, 3120, 3121, 3124, 3126, 3131, 3133, 3141, 3146, 3149, 3156, 3160, 3161, 3177, 3178, 3196, 3199)
1992 Ed. (1053, 2718, 3832, 3835, 3836, 3837, 3849, 3851, 3858, 3877, 3882, 3886, 3888, 3892)
1991 Ed. (2169, 2173, 2176, 2182, 2183, 2184, 2185, 2186, 2187, 2188, 2515, 2947, 2948, 2960, 2961, 2970, 2971, 2993, 3014, 3015, 3040, 3041)
1990 Ed. (3142, 3152, 3170, 3200, 3204)
1989 Ed. (1761, 1772, 1777, 2372, 2389, 2390, 2400, 2401, 2403, 2409, 2412, 2417, 2440, 2441, 2442, 2443)
Alex Brown Kleinwort
1992 Ed. (3637, 2733)
Alex. Brown Kleinwort Benson
1996 Ed. (3167, 3169)
1995 Ed. (2356, 2376, 3073)
Alex. Brown Realty
1990 Ed. (2969)
Alex. Brown Realty Advisors
1991 Ed. (2821)
Alex Cena
2000 Ed. (2051)
1999 Ed. (2273)
1998 Ed. (1677)
Alex Chen
1999 Ed. (2271)
Alex Dillard
2007 Ed. (2503)
Alex Hittle
2003 Ed. (3057)
Alex Musical Instrument
1993 Ed. (2642)
Alex Rodriguez
2008 Ed. (272)
2006 Ed. (291, 292)
2005 Ed. (267)
2004 Ed. (260)
2003 Ed. (294, 295)
Alex Sheshunoff
1995 Ed. (1214)
1992 Ed. (1450, 1451)
Alex Sheshunoff & Co.
2001 Ed. (555, 558)
1993 Ed. (1165)
Alex To
1999 Ed. (2214)
Alex Trotman
2001 Ed. (1220)
2000 Ed. (1045)
1999 Ed. (1125)
1998 Ed. (723)
1997 Ed. (981)
Alex Wreksoremboko
2000 Ed. (2142)
1999 Ed. (2356)
Alexander & Alexander Inc.
1998 Ed. (2123)
1995 Ed. (2270)
1992 Ed. (2700, 2701)
1990 Ed. (2267, 2268, 2269, 2270)
1989 Ed. (1738, 1739, 1740)
Alexander & Alexander Consulting Group Inc.
1995 Ed. (1661, 1662)
Alexander & Alexander of California Inc.
1998 Ed. (2125)
1997 Ed. (2415)
Alexander & Alexander of Michigan Inc.
1998 Ed. (2127)
Alexander & Alexander Services Inc.
1998 Ed. (1028, 2120, 2121, 2124)
1997 Ed. (2413, 2414)
1996 Ed. (2273, 2274, 2275, 2276, 2277)
1995 Ed. (2271, 2272, 2273, 2274, 3306)
1994 Ed. (2224, 2225, 2226, 2227)
1993 Ed. (2247, 2248, 2249, 2457)
1992 Ed. (20, 2699, 2702, 2899)
1991 Ed. (2137, 2138, 2139, 2339)
1990 Ed. (2266, 2465)
Alexander & Baldwin Inc.
2008 Ed. (1781, 1782)
2007 Ed. (1753, 1754, 3029, 4822, 4825, 4887)
2006 Ed. (1744, 1745, 2994, 4810, 4814, 4895)
2005 Ed. (1784, 2687, 2688, 4529, 4530, 4755, 4757, 4842)
2004 Ed. (1567, 1726, 2689, 2690, 4595, 4596, 4763, 4784, 4786, 4858)
2003 Ed. (1689, 4781, 4800, 4816, 4818, 4877)
2001 Ed. (1722, 4236, 4627)
1999 Ed. (4673)
1998 Ed. (621, 3292, 3630)
1997 Ed. (2035, 2038, 2177, 3508, 3804)
1996 Ed. (3424, 3754)
1995 Ed. (3330, 3656, 3670)
1994 Ed. (3251, 3588, 3589)
1993 Ed. (3257, 3629, 3630)
1992 Ed. (3924, 4352, 4353)
1991 Ed. (3088, 3089, 3426, 3427, 3428)
1990 Ed. (3243, 3271, 3639, 3658)
1989 Ed. (1449, 2469, 2484, 2869)
Alexander; Anthony J.
2008 Ed. (956)
Alexander Bing
1999 Ed. (2153)
1998 Ed. (1566)
1997 Ed. (1924)
Alexander Brown & Sons
1994 Ed. (776, 778, 3159, 3170, 3171)
Alexander Consulting
1993 Ed. (1589, 1591, 1592)
The Alexander Consulting Group
1998 Ed. (1422, 1425, 1426)
1997 Ed. (1715)
1996 Ed. (1638, 1639)
1994 Ed. (1622, 1623, 1624)
1992 Ed. (1940)
1991 Ed. (1543, 1545)
1990 Ed. (1648, 1649)
Alexander Crawford
2000 Ed. (1961)
Alexander Cutler
2008 Ed. (952)
2007 Ed. (991, 1030)
2006 Ed. (901, 936)
Alexander Energy Corp.
1993 Ed. (1183)
Alexander; Forbes
2008 Ed. (968, 3240, 3241, 3243)
2007 Ed. (1055)
2006 Ed. (3075, 3079)
2005 Ed. (3074, 3078)
2004 Ed. (3066, 3068)
2002 Ed. (2859, 2860, 2861, 2863)
The Alexander Haagen Co. Inc.
1995 Ed. (3064)
1994 Ed. (3297)
Alexander Haagen Properties Inc.
1998 Ed. (3006)
Alexander Haegen Properties Inc.
1999 Ed. (3996)
1997 Ed. (3260)
Alexander Hamilton
2006 Ed. (634)
1995 Ed. (2296, 2299)
1991 Ed. (2116)
Alexander Hamilton Life
2002 Ed. (2904)
1999 Ed. (2942, 2960)
1996 Ed. (2318)
Alexander Hamilton Life Insurance Co. of America
2001 Ed. (2948)
2000 Ed. (2710)
Alexander Howden North America Inc.
1998 Ed. (2144)
1997 Ed. (2429)
1996 Ed. (2294)
1995 Ed. (2289)
1994 Ed. (2241)
1993 Ed. (2192)
1992 Ed. (2649)
1991 Ed. (2089)
Alexander Imports; Nick
1996 Ed. (265)
1995 Ed. (264)
1994 Ed. (262)
1993 Ed. (293)
1992 Ed. (408)
1991 Ed. (303)
Alexander Insurance Managers
1998 Ed. (640, 642)
1997 Ed. (901, 903)
1995 Ed. (902, 909)
1994 Ed. (867)
1993 Ed. (846, 853)
1992 Ed. (1058)
1991 Ed. (853, 855, 856)
1990 Ed. (903)
Alexander Insurance Managers (Bermuda) Ltd.
1997 Ed. (898)
1996 Ed. (877)
1994 Ed. (859)
Alexander Insurance Managers (Hawaii)
1996 Ed. (880)
Alexander Insurance Managers (Vermont)
1996 Ed. (882)
Alexander Izosimov
2007 Ed. (785)
Alexander Kinmont
2000 Ed. (2147)
1999 Ed. (2368)
1997 Ed. (1995)
1996 Ed. (1867)
Alexander Knaster
2008 Ed. (4880)
Alexander Krieckhaus
1999 Ed. (2400)
Alexander L. Hoskins
1991 Ed. (2549)
Alexander Lumber
1996 Ed. (814)
Alexander Marketing Services
2008 Ed. (819)
2007 Ed. (861)
2006 Ed. (760)
2005 Ed. (833)
2004 Ed. (860)
Alexander Ogilvy Public Relations
2002 Ed. (3816)

Alexander Open Systems
2002 Ed. (2511)
Alexander Pomento
2000 Ed. (2182)
1999 Ed. (2421)
1997 Ed. (2000)
Alexander Proudfoot
1992 Ed. (995)
Alexander Reinsurance Intermediaries Inc.
1998 Ed. (3036)
1997 Ed. (3291)
1996 Ed. (3187)
1995 Ed. (3086)
1994 Ed. (3041)
1993 Ed. (2993)
Alexander T. Stewart
2008 Ed. (4837)
2006 Ed. (4914)
Alexander's
1993 Ed. (1475)
1992 Ed. (1786, 1824)
1991 Ed. (1412)
1990 Ed. (1492, 3057)
Alexandra Champalimaud & Associates
2007 Ed. (3208)
Alexandra Oldroyd
2000 Ed. (2117)
Alexandre; James
1995 Ed. (1803, 1850)
1994 Ed. (1761, 1812)
1993 Ed. (1829)
Alexandre; Margaret
1997 Ed. (1920)
1995 Ed. (1867)
1994 Ed. (1826)
Alexandria
1992 Ed. (1394)
Alexandria; Bank of
2007 Ed. (434)
2006 Ed. (433)
2005 Ed. (488)
Alexandria Bay, NY
2005 Ed. (3877)
1995 Ed. (2958)
Alexandria, LA
2005 Ed. (2028)
1996 Ed. (3208)
Alexandria Merchandiser
2002 Ed. (3505)
Alexandria National Iron & Steel
2007 Ed. (1685)
Alexandria, VA
2007 Ed. (2052)
2002 Ed. (1057)
2001 Ed. (1940)
1994 Ed. (339)
1989 Ed. (276, 910, 1612)
Alexei Mordashov
2008 Ed. (4894)
2006 Ed. (4929)
Alexi
1997 Ed. (3856, 3858)
1996 Ed. (3803, 3806)
1995 Ed. (3716)
Alexian Brothers Health System
2002 Ed. (4062)
Alexion Pharmaceuticals, Inc.
2003 Ed. (2711)
Alexsis Inc.
1996 Ed. (980)
1995 Ed. (992)
1994 Ed. (2284)
1993 Ed. (2244)
1992 Ed. (1169, 2697)
1991 Ed. (941)
1990 Ed. (1012)
1989 Ed. (918)
ALFA
2008 Ed. (1926)
2006 Ed. (1876)
2005 Ed. (1839)
2002 Ed. (1719, 1720, 1726)
2000 Ed. (1515, 3124, 3125)
1999 Ed. (3397, 3398)
1994 Ed. (2508)
1993 Ed. (2560)
1992 Ed. (3062)
Alfa Aesar
2002 Ed. (4880)
Alfa Bank
2008 Ed. (497)
2007 Ed. (443, 445, 546)
2005 Ed. (602)
2004 Ed. (612)
2003 Ed. (604)
1999 Ed. (629)
1995 Ed. (596)
Alfa Group
2005 Ed. (1483)
Alfa Insurance Group
2004 Ed. (3040)
Alfa Lancia
1990 Ed. (35)
1989 Ed. (38)
Alfa-Laval
1993 Ed. (1197)
Alfa Mutual Inc.
2004 Ed. (1617)
2003 Ed. (1600)
Alfa Nassau-Queens
1994 Ed. (260)
1993 Ed. (291)
Alfa Romeo
1993 Ed. (37)
1989 Ed. (345)
Alfa Romeo Dealer Collection
1994 Ed. (260)
Alfa Romeo Milano
1992 Ed. (450)
Alfa Romeo Spider
1994 Ed. (297)
1992 Ed. (453)
Alfa SA de CV
2008 Ed. (3571)
2006 Ed. (3392)
2005 Ed. (2218)
2004 Ed. (2113)
Alfa Smartparks
2003 Ed. (274)
2002 Ed. (309)
Alfadl Group
1994 Ed. (3139)
Alfalfa
2001 Ed. (2665)
Alfonse M. D'Amato
1999 Ed. (3844, 3960)
1992 Ed. (1038)
Alfonso Fanjul
1990 Ed. (2577)
Alfonso Prat-Gay
1999 Ed. (2277, 2292)
Alfred Berg Norden Aktier
2002 Ed. (3222)
Alfred C. Toepfer International
2000 Ed. (1893)
Alfred C. Toepfer Internationale Gruppe
1990 Ed. (1102)
1989 Ed. (961)
Alfred C. Toepfer Verwaltungs Gmbh
1990 Ed. (3263)
Alfred Castino
2008 Ed. (968)
Alfred Dunner
2006 Ed. (1017)
Alfred F. Boschulte
1989 Ed. (735)
Alfred F. Ingulli
2006 Ed. (2519)
Alfred Glancy III
2000 Ed. (1045)
1998 Ed. (723)
Alfred Hitchcock & Ellery Queen
1991 Ed. (2703)
Alfred Lerner
2004 Ed. (4861)
2003 Ed. (4879)
2002 Ed. (3347)
2000 Ed. (1883)
1999 Ed. (386)
1996 Ed. (1914)
1995 Ed. (1870)
Alfred Liggins III
2006 Ed. (914)
Alfred Loera
1996 Ed. (1905)
Alfred Mann
2008 Ed. (3979, 4829)
2007 Ed. (3949, 4892)
2006 Ed. (3898)
2002 Ed. (3354)
Alfred Mann Foundation
2007 Ed. (4115)
Alfred McAlpine
1996 Ed. (1356)
Alfred Nickles Bakery
1992 Ed. (493)
Alfred P. Sloan Foundation
2002 Ed. (2331, 2332)
1995 Ed. (1930)
1994 Ed. (1058, 1900)
Alfred University
2006 Ed. (701)
1996 Ed. (1037)
1995 Ed. (1052)
1994 Ed. (1044)
1993 Ed. (1017)
1992 Ed. (1269)
1990 Ed. (1090)
Alfredo DeGasperis
2005 Ed. (4871)
Alfredo Harp Helu
2008 Ed. (4886)
Alfredo the Original of Rome
2008 Ed. (4148)
2007 Ed. (4130)
Alfredo Thorne
1999 Ed. (2417, 2420)
Alfredo's Foreign Car
1991 Ed. (301)
Alfredo's Foreign Cars
1996 Ed. (263)
1995 Ed. (259)
1994 Ed. (260)
1993 Ed. (291)
1992 Ed. (406)
Alfresco
2007 Ed. (3057, 3061)
Algar Enterprises Inc.
1996 Ed. (263)
1993 Ed. (291)
Algeblaster Plus
1995 Ed. (1101)
Algeciras-La Linea
1992 Ed. (1398)
Algemeen Burgerlijk
1994 Ed. (1227)
1993 Ed. (2786)
1990 Ed. (2790)
Algemeen Burgerlijk Pensioenfonds
1997 Ed. (2545, 3028)
1995 Ed. (2390, 2873)
1994 Ed. (2326, 2327)
1993 Ed. (2346)
1992 Ed. (2638, 3629)
Algemeen Burgerlink Pensioenfonds
1996 Ed. (2947)
Algemene Bank Gibraltar Ltd.
1991 Ed. (531)
Algemene Bank Gibraltar Limited
1989 Ed. (544)
Algemene Bank Marokko
1989 Ed. (629)
Algemene Bank Nederland
1993 Ed. (2422)
1992 Ed. (795, 1483, 3978)
1991 Ed. (620, 1327, 1598, 2303, 2305, 3129)
1990 Ed. (645, 646, 818, 1401, 2435, 2439)
1989 Ed. (633, 818)
Algemene Spaar-en Lijfrentekas
1994 Ed. (434)
Algemene Spaarbank voor Nederland ASN
1994 Ed. (592)
1993 Ed. (585)
Alger Balanced
2000 Ed. (3251)
Alger Capital Appreciation
2000 Ed. (3245)
1997 Ed. (2895, 2905)
Alger Fund—Balanced
2004 Ed. (3584)
2000 Ed. (3248)
Alger Fund—Capital Appreciation
2004 Ed. (3584)
Alger Fund—LargeCap Growth
2004 Ed. (3584)
Alger Fund-MidCap Growth Retirement
2003 Ed. (3130)
Alger Fund—Small Capitalization
2004 Ed. (3584)
Alger Fund-SmallCap Growth
2007 Ed. (3667)
Alger Growth Fund
2000 Ed. (3241)
Alger Management; Fred
1993 Ed. (2342, 2343)
1990 Ed. (2348)
Alger Money Market Market Portfolio
1996 Ed. (2666, 2670)
Alger Money Market Portfolio
1994 Ed. (2539, 2542)
1992 Ed. (3096)
Alger Small Capitalization
1993 Ed. (2691)
1992 Ed. (3148, 3183, 3193)
1991 Ed. (2555, 2569)
Algeria
2008 Ed. (3781, 3828, 4549, 4624)
2007 Ed. (1438, 2830, 3476, 3687, 3747, 4482, 4600)
2006 Ed. (1406, 2827, 3453, 3692, 3748, 4422, 4613)
2005 Ed. (1421, 2044, 2053, 3444, 3592, 3650, 4405, 4532)
2004 Ed. (1400, 1918, 3428, 3677, 3742, 4460, 4598)
2003 Ed. (1385, 3362, 3630, 3699)
2002 Ed. (1811, 3302)
2001 Ed. (507, 508, 3275, 3531, 3578, 3761, 4315, 4371)
2000 Ed. (1896, 2352, 2353, 2359, 4237)
1999 Ed. (3192)
1998 Ed. (2363)
1996 Ed. (3821)
1995 Ed. (1517, 2011, 2018, 2023, 2030, 2037)
1994 Ed. (1485, 1958, 3656)
1993 Ed. (1921, 1932, 1968, 1975, 1982, 3692)
1992 Ed. (350, 1729, 2311, 2318, 2328)
1991 Ed. (1380, 1642, 1791, 1835, 1842)
1990 Ed. (1446, 1709, 1878, 1912, 1919, 1926, 3689)
1989 Ed. (362, 1869)
Algerie Telecom
2008 Ed. (21)
Alghanim; Bassam
2008 Ed. (4889)
Alghanim; Kutayba
2008 Ed. (4889)
Algie; James
1995 Ed. (2669)
1993 Ed. (2639)
Algie; James A.
1990 Ed. (2660)
Algo Group
1992 Ed. (4279)
1990 Ed. (3569)
Algoe
2001 Ed. (1449)
Algoma Central Corp.
2003 Ed. (4805)
Algoma Central Railway
1992 Ed. (4339)
Algoma Steel
2008 Ed. (4498)
2007 Ed. (1622, 4535)
2006 Ed. (1604, 1609, 1610, 1611, 1613, 1632)
2000 Ed. (3097)
1996 Ed. (3587)
1994 Ed. (3434)
1993 Ed. (3453)
Algoma Steel Corporation
1992 Ed. (4137)
Algonquin Hotel
1994 Ed. (2103)
1993 Ed. (2089)
Algor & Inecom Entertainment Co.
2005 Ed. (4613)
Algorithme Pharma Inc.
2008 Ed. (1614, 2058)
2005 Ed. (1700)
Algorithmics Inc.
2008 Ed. (2929)
2007 Ed. (2803)
2006 Ed. (1128, 1605, 1625, 2811)
2005 Ed. (1697)
2004 Ed. (1661)

2003 Ed. (1114, 1630)
Algosaibi; Saud Abdul Aziz
2005 Ed. (4886)
Algus Enterprises Inc.
1992 Ed. (2405)
Alhambra
1990 Ed. (745)
1989 Ed. (747)
Alhambra Capital Management Inc.
2002 Ed. (2557)
2001 Ed. (2711)
Ali al-Naimi
2003 Ed. (3058)
Ali; Mehdi R.
1993 Ed. (1706)
1992 Ed. (2064)
Ali; Muhammad
2008 Ed. (272)
Ali Naqvi
1997 Ed. (1999)
Ali; Rizwan
1996 Ed. (1904)
Ali Taran Creative Workshop
2003 Ed. (160)
ALI Technologies Inc.
2003 Ed. (2930, 2936)
Alianca
2004 Ed. (2539)
Aliant Co.
2008 Ed. (2947)
2007 Ed. (2810, 2822, 2823, 4362)
2006 Ed. (2820)
2005 Ed. (1706, 2832, 2833)
2003 Ed. (2932, 2933)
2002 Ed. (2502)
2001 Ed. (2865)
Alianza Summa
2005 Ed. (219)
Alianza Valores
2008 Ed. (735)
2007 Ed. (756)
Alias Research Inc.
1993 Ed. (2752, 2753)
1992 Ed. (3821)
Alias Systems Corp.
2007 Ed. (2803)
2006 Ed. (1601, 2811)
2005 Ed. (1697)
Alibaba.com
2003 Ed. (2163)
2002 Ed. (4820)
2001 Ed. (4771)
Aliber; James
1990 Ed. (974)
Alice Beebe Longley
2004 Ed. (3166)
2003 Ed. (3057)
2000 Ed. (1997, 2018)
1999 Ed. (2221, 2235)
1997 Ed. (1870, 1901)
1996 Ed. (1787, 1827)
1995 Ed. (1813, 1849)
1994 Ed. (1772, 1785, 1811)
1991 Ed. (1701)
Alice Hui
2000 Ed. (2065)
1999 Ed. (2286)
Alice In Wonderland
2001 Ed. (4689)
Alice L. Walton
2008 Ed. (4835, 4839)
2007 Ed. (4906, 4908)
2006 Ed. (4911, 4915)
2005 Ed. (4858, 4860, 4883)
2004 Ed. (4872, 4874, 4882)
2003 Ed. (4887, 4889, 4894)
2002 Ed. (706, 3361)
2001 Ed. (4745)
1994 Ed. (708)
Alice Lloyd College
1990 Ed. (1085)
Alice Louise Walton
2002 Ed. (3362)
Alice Lousie Walton
2000 Ed. (734)
Alice Manufacturing Company, Inc.
1990 Ed. (1044)
Alice Schroeder
2000 Ed. (2028)
1999 Ed. (2246)
Alice W. Handy
1991 Ed. (3210)
Alice White
2005 Ed. (4964)
Alicia
1991 Ed. (2136)
Alicia; Hurricane
2005 Ed. (2979)
Alicia Koplowitz
2008 Ed. (4874)
Alicia Ogawa
1999 Ed. (2369)
1997 Ed. (1982, 1983)
1996 Ed. (1875, 1876)
Alicia White
2008 Ed. (4899)
Alico Inc.
2005 Ed. (2668)
2004 Ed. (2676)
Alicorp
2008 Ed. (71)
2007 Ed. (66)
2006 Ed. (75)
2005 Ed. (67)
2004 Ed. (71)
2000 Ed. (2932)
Alienware Corp.
2007 Ed. (2514, 2835)
2006 Ed. (1100, 3507, 4346)
Align Technology Inc.
2008 Ed. (1590, 1608)
2005 Ed. (1686)
2003 Ed. (4319, 4322)
Aligned Development Strategies Inc.
2008 Ed. (3739, 4437)
Alignis
2000 Ed. (3602)
AlignisOne
1998 Ed. (2911)
Aligo
2005 Ed. (4612)
Alijan Ibragimov
2008 Ed. (4888)
Alimentation Couche-Tard Inc.
2008 Ed. (1619, 2744, 4232)
2007 Ed. (2614, 4196, 4573)
2006 Ed. (4173)
2005 Ed. (4511)
2003 Ed. (1365)
2002 Ed. (1332)
2001 Ed. (1490)
Aliments Carriere Inc.
2008 Ed. (1616)
Alimentum
2001 Ed. (2847)
Alion Science & Technology Corp.
2008 Ed. (1399)
2007 Ed. (1401, 1410, 4115)
2006 Ed. (1362, 1367, 4082)
2005 Ed. (1358)
Aliplast NV
2008 Ed. (1579, 3658)
2007 Ed. (1601)
2006 Ed. (1566)
Alisarda
1989 Ed. (242)
Aliso Viejo
1996 Ed. (3050)
Alison Deans
1998 Ed. (1631)
1997 Ed. (1908)
1996 Ed. (1835)
1995 Ed. (1820)
1994 Ed. (1780)
1993 Ed. (1772, 1797)
1991 Ed. (1680)
Alison Gas Turbine
1996 Ed. (2487)
Alison Krauss
1996 Ed. (1094, 1094)
Alison's Relocations Inc.
2007 Ed. (3531)
2006 Ed. (3495, 4339)
Alitalia
2000 Ed. (1468)
1999 Ed. (230)
1997 Ed. (207)
1996 Ed. (176, 187)
1995 Ed. (180, 181)
1994 Ed. (170, 171, 1406, 3577)
1993 Ed. (174, 192, 1353)
1992 Ed. (264, 1653)
1991 Ed. (191, 192, 193, 202, 1311, 1312)
1990 Ed. (201, 219, 227, 230, 236)
1989 Ed. (2874)
Alitalia Airlines
2002 Ed. (270)
Alitalia Linee Aeree Italiane SpA
2008 Ed. (218)
2007 Ed. (239)
2006 Ed. (237)
2005 Ed. (221)
2004 Ed. (209)
2002 Ed. (256, 1642)
2001 Ed. (306, 307, 308)
1989 Ed. (1130)
Alize
2004 Ed. (3266, 3269, 3271)
2003 Ed. (3219)
2002 Ed. (3086, 3093, 3095, 3097)
2001 Ed. (3105, 3106, 3107, 3109, 3110)
2000 Ed. (2942)
1999 Ed. (3199, 3200, 3202, 3207)
1996 Ed. (2523)
Alize Fruit & Cognac
1992 Ed. (2886)
Alize Liqueur
1998 Ed. (2391)
Alizyme
2007 Ed. (3948)
2006 Ed. (3897)
Aljomaih Co.; Abdulaziz & Mohammed A.
1994 Ed. (3138)
ALK-Abello
2007 Ed. (1677)
Alk-Scherax Arzneimittel GmbH
2002 Ed. (1644)
Alka-Seltzer
2003 Ed. (1050)
2001 Ed. (1310)
2000 Ed. (277, 1135)
1999 Ed. (279, 1218)
1998 Ed. (174, 175, 788, 789)
1995 Ed. (224, 1618)
1994 Ed. (225, 1575)
1992 Ed. (341, 346)
Alka Seltzer Plus
2004 Ed. (1055, 1056, 1057)
2003 Ed. (1049)
2002 Ed. (1097, 1099, 1100)
2001 Ed. (1309)
1997 Ed. (1043)
1996 Ed. (1024)
1995 Ed. (1046, 2898)
1994 Ed. (1037)
1993 Ed. (1007)
1992 Ed. (1265)
Alka-Seltzer Plus Tablets
1990 Ed. (3038)
Alka Seltzer Plus 36s
1990 Ed. (1540, 1541)
Alka Seltzer plus 20s
1990 Ed. (1082, 1540, 1541)
Alkaloid
2005 Ed. (59)
2004 Ed. (64)
Alkek; Albert B.
1991 Ed. (891, 1003)
Alkermes Inc.
2004 Ed. (1451)
Alkuwait, Kuwait
1992 Ed. (2281)
Alkyds
2001 Ed. (2628)
2000 Ed. (3569)
1999 Ed. (4826)
All
2008 Ed. (2329, 2330)
2007 Ed. (2196)
2006 Ed. (2256, 2257)
2005 Ed. (2196)
2004 Ed. (2092)
2003 Ed. (2040, 2041, 2044, 2045)
2002 Ed. (1961)
2001 Ed. (1241, 2000, 2001)
2000 Ed. (1095)
1999 Ed. (1181, 1837)
1998 Ed. (744, 746)
1995 Ed. (1558)
1994 Ed. (981)
1993 Ed. (953)
1992 Ed. (1175, 4234)
1991 Ed. (3324)
1990 Ed. (3548)
All About Honeymoons
2007 Ed. (4841)
All About My Mother
2001 Ed. (3366, 3382)
All About People Inc.
2008 Ed. (3694, 4368)
2007 Ed. (3532)
All Action Architectural Metal & Glass
2006 Ed. (2837)
All Alaskan Seafoods Inc.
2003 Ed. (2491, 2492)
2001 Ed. (2445, 2446)
All American
2007 Ed. (2331)
2006 Ed. (2387)
2005 Ed. (4349)
2001 Ed. (2202, 2206, 2212, 2215)
2000 Ed. (1764)
1999 Ed. (1983)
1998 Ed. (1404, 1409, 1413)
1996 Ed. (1632)
1993 Ed. (234)
All American Containers Inc.
2007 Ed. (2517)
2006 Ed. (2837)
2005 Ed. (2529)
2004 Ed. (2540, 2831)
2003 Ed. (2421, 2752)
2002 Ed. (2545, 2564, 4989)
2001 Ed. (2712)
2000 Ed. (3033)
1999 Ed. (2678, 4813)
1998 Ed. (3763)
All American Homes
2006 Ed. (3555)
2004 Ed. (1202)
2000 Ed. (3592, 3593)
1999 Ed. (3871, 3872)
1998 Ed. (2899, 2900)
1997 Ed. (3154, 3155)
1996 Ed. (3075, 3076)
1995 Ed. (1132, 2974, 2977)
1994 Ed. (1116)
All American Homes LLC
2006 Ed. (3355)
All American Ice Cream & Frozen Yogurt
2002 Ed. (2723)
All American Pipeline Co.
1993 Ed. (2859)
1991 Ed. (2746)
All-American Printing Services
1997 Ed. (3166)
All American Seasonings Inc.
2008 Ed. (3698)
2007 Ed. (3539, 3541)
All American Semiconductor Inc.
2008 Ed. (2466, 2470)
2007 Ed. (2340)
2005 Ed. (2348, 2352)
2004 Ed. (2247, 2248, 2252)
2002 Ed. (2086, 2088, 2093)
1997 Ed. (1709)
All American Television
1992 Ed. (4245)
1991 Ed. (3328)
All American Window & Door Co.
2005 Ed. (1162)
2003 Ed. (2861)
All Around Landscaping Inc.
2008 Ed. (1272)
All Asia Capital
1995 Ed. (3281)
All Asia Capital & Trust Co.
1996 Ed. (3392)
All Bran
1994 Ed. (884)
All-Canadian Capital
2002 Ed. (3470)
2001 Ed. (3496)
All-Canadian Compound
2002 Ed. (3470)
2001 Ed. (3496)
All Candy Expo
2005 Ed. (4731)
All Copy Products
2006 Ed. (1680)
2005 Ed. (1105)
All Cycle Transfer Inc.
2005 Ed. (1992, 1993)

All Dogs Go to Heaven
2001 Ed. (3391)
1992 Ed. (4397)
All Eyez on Me
1998 Ed. (3025)
All For A Dollar Inc.
1999 Ed. (1881)
1998 Ed. (1313)
1997 Ed. (1638)
1996 Ed. (386, 1562)
All for Dollar
1995 Ed. (2820)
All For One
1999 Ed. (1881)
1998 Ed. (1313)
1997 Ed. (1638)
1996 Ed. (895)
All Gulf Contractors Inc.
1995 Ed. (1170)
1994 Ed. (1150)
1993 Ed. (1136)
1992 Ed. (1423)
All Independents
1991 Ed. (2487)
All Kids Count
1995 Ed. (1929)
A.L.L Masonry Construction Co. Inc.
1999 Ed. (1382)
1996 Ed. (2109)
All Modes Transport Inc.
1990 Ed. (2013)
1989 Ed. (1590)
All Music
2004 Ed. (3158)
"All My Children"
1995 Ed. (3587)
1993 Ed. (3525, 3541)
1992 Ed. (4255)
All Nippon
2000 Ed. (251, 263)
1991 Ed. (189, 190, 194, 203)
1990 Ed. (223, 225)
All Nippon Airlines
2000 Ed. (247, 248)
All Nippon Airways Co., Ltd.
2008 Ed. (215, 220, 224, 225, 226)
2007 Ed. (241, 247, 1836, 4836)
2006 Ed. (231, 232, 239, 245)
2005 Ed. (217, 223, 228, 229)
2004 Ed. (219, 220, 221)
2003 Ed. (252)
2002 Ed. (267)
2001 Ed. (301, 304, 312, 323, 329, 330, 331)
2000 Ed. (246, 4293)
1999 Ed. (225, 227, 237, 243, 4653)
1998 Ed. (112, 138)
1997 Ed. (210, 213, 216)
1996 Ed. (174, 175)
1995 Ed. (185, 188, 3654)
1994 Ed. (154, 155, 172, 180, 181, 3570)
1993 Ed. (170, 173, 181, 194, 3613)
1992 Ed. (282, 285, 297, 298, 4337)
1990 Ed. (3641)
1989 Ed. (2874)
All Nippon Airways Co. Ltd
1991 Ed. (3416)
All Others
2000 Ed. (4094, 4216, 4218)
All Points Index United States Bear $US
2002 Ed. (3472, 3473, 3474)
All Points Index United States Geared $US
2002 Ed. (3449)
All Points Index U.S. Bear
2001 Ed. (3498, 3499)
All Points Index U.S. Geared
2001 Ed. (3478)
All Points Index U.S. Index
2001 Ed. (3477)
All Points U.S. Bear
2004 Ed. (2460, 2461, 2467)
2003 Ed. (3581, 3608)
All Points U.S. Geared
2004 Ed. (2462, 2465, 2466)
2003 Ed. (3582, 3606, 3607)
All Points U.S. Index
2003 Ed. (3582)
All Post Inc.
1999 Ed. (2053)
All prices labeled
1991 Ed. (1861)
1990 Ed. (1951)
All Pro Auto & Off Road LLC
2007 Ed. (347)
All-Pupose Potting Soil, 20 Lb.
1990 Ed. (3041)
All-Purpose Potting Soil
1989 Ed. (2323, 2324, 2326)
All receptor blockers
2001 Ed. (2065)
All Saints Episcopal Hospitals
1994 Ed. (890)
All Seasons Services
2004 Ed. (2665)
All Secure Inc.
2000 Ed. (4436)
1999 Ed. (4815)
1998 Ed. (3766)
1997 Ed. (3919)
1995 Ed. (3797)
1994 Ed. (3672)
All South Subcontractors Inc.
2008 Ed. (1270)
2006 Ed. (1291)
All Sport
2008 Ed. (4491)
2003 Ed. (4517, 4518, 4519)
2000 Ed. (4091)
1996 Ed. (3497)
1995 Ed. (3432)
1994 Ed. (687)
All Star Gas Corp.
2000 Ed. (3623)
1999 Ed. (3906)
1998 Ed. (2932)
All-Star Investment Realty
1990 Ed. (2006)
All-Star Propane
2000 Ed. (1316, 3622)
All Star Video
1994 Ed. (3626)
All State
1992 Ed. (2643)
All-State Leasing
1990 Ed. (385)
All-State Legal
2005 Ed. (3900)
All-Tech
2002 Ed. (4807)
All Teriors Floor Covering
2008 Ed. (1165)
All Things Considered
2004 Ed. (850)
2003 Ed. (808)
All Things Organic
2008 Ed. (4719)
2007 Ed. (4800)
All Tune & Lube
2008 Ed. (317)
2007 Ed. (330)
2006 Ed. (345)
2005 Ed. (331)
2004 Ed. (328)
2003 Ed. (347)
2002 Ed. (400)
All Ultra
2002 Ed. (1962, 1965)
All West
2006 Ed. (3186)
Alladin Hotel/Casino
1996 Ed. (2165)
Allahabad Bank
2002 Ed. (570)
1999 Ed. (543)
1995 Ed. (495)
Allaire Corp.
2002 Ed. (2520)
2001 Ed. (4187)
Allaire Chem-Dry
2007 Ed. (884, 4867)
Allan Co.
2005 Ed. (4032)
2003 Ed. (3724)
1998 Ed. (3030)
Allan A. Myers Inc.
1996 Ed. (1142)
1995 Ed. (1167)
1994 Ed. (1145, 1153)
1993 Ed. (1132)
1992 Ed. (1418, 1419)
Allan Burrows
1999 Ed. (2840)
Allan D. Smith
1995 Ed. (938)
Allan Domb Real Estate
1991 Ed. (2807)
Allan Group
1992 Ed. (471)
Allan Houston
2006 Ed. (291)
Allan Kaplan
1996 Ed. (1780)
Allan L. Schuman
2007 Ed. (2499, 2500)
2006 Ed. (919, 2520, 2522)
Allan M. Schneider Assoc.
2000 Ed. (3711)
Allan McLeod
2005 Ed. (2473)
Allan Questrom
2003 Ed. (2408)
Allan Slaight
2005 Ed. (4870)
Allan Thorlakson
2005 Ed. (4867)
Allan Vigil Ford Inc.
2008 Ed. (2960)
Allan Vigil's Southlake Ford
2001 Ed. (2708)
Allard; Linda
1993 Ed. (3730)
1992 Ed. (4496)
Allard/SMW
1993 Ed. (132)
Allaria Ledesma y Cia.
2008 Ed. (732)
2007 Ed. (753)
Allbritton; Joseph Lewis
1990 Ed. (457, 3686)
AllBusiness.com
2008 Ed. (812)
2002 Ed. (4810)
Allchin; James E.
2005 Ed. (2476)
Allco Credit Union
2008 Ed. (2212)
AllCom Global Services Inc.
2007 Ed. (3573)
Allconnect
2008 Ed. (1212)
2007 Ed. (1323)
Allders
2001 Ed. (4115)
1994 Ed. (991, 999, 1001)
Allders plc
2002 Ed. (232)
1995 Ed. (1014, 1015)
Alldomains.com
2002 Ed. (4808)
Alleanza
2007 Ed. (3159)
1994 Ed. (1407, 2519)
1993 Ed. (1354, 2570)
Alleanza Assicuraxioni
1995 Ed. (1439)
Alleanza Assicurazioni
1997 Ed. (1460, 2578)
1996 Ed. (1403, 2641)
1990 Ed. (1389)
Alleanza Assicurazoni
1999 Ed. (1687)
Allegacy Credit Union
2008 Ed. (2250)
2007 Ed. (2135)
2006 Ed. (2214)
2005 Ed. (2119)
2004 Ed. (1977)
2003 Ed. (1937)
Allegeny Ludlum
1997 Ed. (3630)
Alleghany Corp.
2006 Ed. (1493, 3481, 3482)
2005 Ed. (3481)
2004 Ed. (3122)
2003 Ed. (2973)
1996 Ed. (1273)
1992 Ed. (2681)
Alleghany Chicago Growth & Income
2000 Ed. (3235)
Alleghany/Chicago Trust
2000 Ed. (3247)
Alleghany Chicago Trust Balanced
2000 Ed. (3242)
Alleghany Insurance Holdings
2008 Ed. (3265)
Alleghany Montag & Caldwell Balanced
2000 Ed. (3226)
Allegheney International Inc.
1994 Ed. (1238)
Allegheny Commuter
1990 Ed. (238)
Allegheny County Department of Human Services
2008 Ed. (2927)
Allegheny County Hospital Development Authority, PA
1998 Ed. (2572)
Allegheny County Library Association
2006 Ed. (3723)
Allegheny County, PA, Airport
1990 Ed. (3504)
Allegheny Energy Inc.
2008 Ed. (2038, 2042, 2043, 2046, 2047, 2048, 2426, 2849)
2007 Ed. (1950, 1953, 2294, 4520, 4523)
2006 Ed. (1980, 2360, 4471)
2005 Ed. (1943, 2004, 4466)
2004 Ed. (1740, 1789, 1790, 2196, 2197, 4494)
2003 Ed. (1558, 1599, 1752, 1753, 2137, 2277, 2282, 2285, 4535)
2002 Ed. (1722)
1999 Ed. (1950)
Allegheny General Hospital Inc.
2008 Ed. (2040)
2007 Ed. (1951)
2006 Ed. (1981)
2005 Ed. (1944)
2004 Ed. (1841)
2001 Ed. (1833)
Allegheny Health, Education and Research Foundation
2000 Ed. (2533, 3539)
1999 Ed. (2753)
1998 Ed. (1996)
Allegheny Health Services
1991 Ed. (2500, 2502)
Allegheny Co. Hospital Development Authority, Pa.
1990 Ed. (2649)
Allegheny International Inc.
1993 Ed. (1212)
1992 Ed. (1500)
1991 Ed. (1189, 1219, 1221, 1963, 3228)
1990 Ed. (1271)
1989 Ed. (1053, 2666)
Allegheny Ludlum Corp.
2004 Ed. (1476)
2002 Ed. (1426)
1998 Ed. (3406)
1996 Ed. (3586)
1995 Ed. (3510)
1994 Ed. (3432, 3433)
1993 Ed. (3448, 3451)
1992 Ed. (3225, 4133, 4134, 4136)
1991 Ed. (3216, 3217)
1990 Ed. (3434, 3436)
1989 Ed. (2636)
Allegheny, PA
1989 Ed. (1177)
Allegheny Power
1999 Ed. (1948)
1998 Ed. (1385, 1388, 1389)
1997 Ed. (1695, 1696)
1996 Ed. (1616, 1617)
1995 Ed. (1633, 1639, 1640)
1994 Ed. (1597, 1598)
1993 Ed. (1558)
1992 Ed. (1900, 1901)
1991 Ed. (1499, 1500)
1990 Ed. (1602, 1603)
1989 Ed. (1298, 1299)
Allegheny Power System Inc.
1999 Ed. (3846)
Allegheny Technologies Inc.
2008 Ed. (1531, 2038, 2042, 2044, 2045, 2046, 2047, 2048, 2050, 3539, 3652, 3656, 3667, 4525)

2007 Ed. (1950, 1953, 1954, 1955, 3483, 3484, 3485, 4518, 4520, 4523)
2006 Ed. (1985, 1986, 1989, 3460, 3462, 3463, 3471, 3484, 4461)
2005 Ed. (1950, 3451, 3453, 3454, 4458, 4468)
2004 Ed. (3436, 3438, 4494)
2003 Ed. (3364, 3370, 3373, 4552, 4553)
2002 Ed. (3303, 3304, 3321, 4364)
2001 Ed. (2039, 2041, 3276, 3280)
Allegheny Teledyne Inc.
2002 Ed. (2001, 3312, 3315, 3322, 3323, 3324)
2001 Ed. (3281)
2000 Ed. (1021, 1693, 3081, 3091, 3096, 3097, 3098)
1999 Ed. (1886, 3344, 3356, 3362, 4471)
1998 Ed. (696, 1046, 1058, 1082, 1319, 2466, 3403, 3404)
Allegheny University Hospitals
1999 Ed. (2708)
Allegheny University of the Health Sciences
1999 Ed. (3819)
Allegheny Valley School
1997 Ed. (2260)
Allegiance Corp.
2001 Ed. (2896)
2000 Ed. (1333, 2419)
1999 Ed. (2639, 2641)
1998 Ed. (1054, 1901, 2457)
Allegiance Capital
2000 Ed. (2815, 2817)
1999 Ed. (3078)
Allegiance Healthcare Corp.
2002 Ed. (4875)
2000 Ed. (2497)
1999 Ed. (2726)
Allegiance Variable Annuity JPVF Capital Growth
2000 Ed. (4335)
Allegiance Variable Annuity MFS Utilities
2000 Ed. (4334)
Allegiant
2008 Ed. (3775)
2007 Ed. (233, 2494)
Allegiant Air
2008 Ed. (4738)
Allegiant Bancorp Inc.
2005 Ed. (355)
Allegiant Government Mortgage
2008 Ed. (605)
Allegis Corp.
1997 Ed. (2703)
1995 Ed. (2498)
1994 Ed. (2429)
1993 Ed. (2492)
1992 Ed. (4153)
1990 Ed. (1267)
1989 Ed. (231, 232, 233, 1048, 2463, 2867, 2868)
Allegis Capital/Media Technology Ventures
2002 Ed. (4736)
Allegis Group Inc.
2008 Ed. (1903, 4059)
2007 Ed. (1868, 4031)
2006 Ed. (1211, 3996)
2005 Ed. (2004, 3922)
2003 Ed. (1752)
Allegis Corp. (Hertz Corp.)
1992 Ed. (2962)
1991 Ed. (2376)
Allegis Realty Investors
2001 Ed. (4014)
2000 Ed. (2808, 2829, 2837, 2838, 2839)
1999 Ed. (3074, 3096, 3097)
1998 Ed. (2294, 3013, 3016)
Allegra
2005 Ed. (3813, 3815)
2002 Ed. (2019, 2022)
2001 Ed. (2066)
Allegra Network
2008 Ed. (4023)
2007 Ed. (4005)
2006 Ed. (3963)
2005 Ed. (3896)
2004 Ed. (3940)
2002 Ed. (3765)
Allegran
1997 Ed. (651)
Allegro Insurance & Risk Management Ltd.
2006 Ed. (3053)
Allegro Property Inc.
2002 Ed. (1604)
Allemang; A. A.
2006 Ed. (2519)
Allen
1992 Ed. (3838, 3875, 3884)
Allen Allen & Hemsley
2002 Ed. (3055)
Allen & Co.
2001 Ed. (1510, 1511, 1512)
1997 Ed. (1226)
1995 Ed. (1217)
1992 Ed. (3848)
Allen & Gerritsen
2004 Ed. (128)
2003 Ed. (169, 170)
2002 Ed. (156, 157)
2001 Ed. (211)
2000 Ed. (148)
Allen & Overy
2005 Ed. (1449, 1450)
2004 Ed. (1432, 1433)
2003 Ed. (1407, 1408)
2002 Ed. (1361, 3797)
2001 Ed. (1539)
1999 Ed. (3151)
1992 Ed. (14, 15, 2034, 2043, 2835, 2836)
1991 Ed. (1607, 1611, 2286)
1990 Ed. (1701, 1708)
1989 Ed. (1369)
Allen & Overy International
2005 Ed. (3265)
2004 Ed. (3235)
2003 Ed. (3183, 3184)
Allen & Overy LLP
2008 Ed. (3428)
2007 Ed. (3317)
2006 Ed. (3251)
Allen & Unwin
2004 Ed. (3939)
Allen Associates
2003 Ed. (2861)
Allen; Barbara
1997 Ed. (1860)
1996 Ed. (1784)
1995 Ed. (1809)
1994 Ed. (1768)
1993 Ed. (1784)
Allen; Bill
2005 Ed. (974)
Allen Born
1990 Ed. (1717)
Allen-Bradley Co.
1995 Ed. (1236)
1994 Ed. (1220)
1993 Ed. (1180)
1992 Ed. (1342, 1473)
1991 Ed. (1161)
1990 Ed. (1242)
Allen-Bradley Co. LLC
2003 Ed. (1854)
2001 Ed. (1900, 1901)
Allen County, IN
1998 Ed. (2081, 2082, 2083)
Allen County War Memorial Coliseum
2003 Ed. (4528)
2002 Ed. (4344)
2001 Ed. (4352)
1999 Ed. (1296)
Allen Cubbage C-P-D
1990 Ed. (340)
Allen Cubbage Chrysler-Plymouth-Dodge
1994 Ed. (266)
1991 Ed. (307)
Allen E. Klefer
1992 Ed. (1137)
Allen Enterprises; J.
1996 Ed. (2662)
Allen; Ethan
1996 Ed. (1987)
1995 Ed. (1951, 1952, 1967)
Allen F. Jacboson
1998 Ed. (1135)
Allen Family Foods Inc.
2008 Ed. (3610)
Allen Fletcher Health Care Inc.
2004 Ed. (1878)
2003 Ed. (1843)
Allen Group, Inc.
1991 Ed. (339)
1990 Ed. (389)
1989 Ed. (330)
Allen Grubman
2002 Ed. (3070)
1997 Ed. (2611)
1991 Ed. (2297)
Allen Home Interiors; Ethan
1996 Ed. (1983)
1994 Ed. (1933, 1934, 1937, 1938)
Allen Hospital
2006 Ed. (2919)
Allen International
2002 Ed. (1958)
Allen International Consulting Group
1999 Ed. (2839)
Allen J. Lambert
2008 Ed. (278)
Allen Lund Co.
2007 Ed. (2647)
The Allen Morris Co.
1990 Ed. (2953)
Allen Corp. of America
2007 Ed. (1394)
Allen Organ Co.
2004 Ed. (2852)
1994 Ed. (2590)
1992 Ed. (3143, 3144)
Allen; Paul
2006 Ed. (3898)
2005 Ed. (4882)
Allen; Paul G.
2008 Ed. (4839)
2007 Ed. (4908, 4916)
2006 Ed. (4915, 4927)
2005 Ed. (4860, 4883)
1991 Ed. (891)
Allen; Paul Gardner
2008 Ed. (4835)
2007 Ed. (4906)
2006 Ed. (4911)
2005 Ed. (4858)
Allen; Peter
1989 Ed. (990, 990)
Allen; Philip
1993 Ed. (2464)
Allen; Phillip
1992 Ed. (2906)
Allen; Phillip C.
1995 Ed. (2486)
1991 Ed. (2345)
1990 Ed. (2480)
Allen Questrom
2007 Ed. (2503, 2505)
2006 Ed. (877)
2004 Ed. (2528, 2529)
1999 Ed. (1122, 4302)
Allen; Robert E.
1993 Ed. (936)
Allen; Ronald
1996 Ed. (1714)
Allen; Ronald W.
1995 Ed. (1732)
1994 Ed. (1719)
Allen; Sharon
2006 Ed. (4974)
Allen Sinai
1990 Ed. (2285)
1989 Ed. (1753)
Allen Tate Co.
2004 Ed. (4068)
Allen Telecom Inc.
2005 Ed. (2343)
Allen Thoms
1993 Ed. (3445)
Allen Timpany
2008 Ed. (2595)
Allen U. Lenzmeier
1995 Ed. (983)
Allen-Vanguard Corp.
2008 Ed. (1618, 1660)
2007 Ed. (1319)
Allen Villmow
2003 Ed. (1822, 1823, 1958, 1959)
Allen Vine
1999 Ed. (2398)
Allenberg Cotton Co.
2003 Ed. (1874)
AllenBrothers.com
2007 Ed. (2316)
Allendale Group
1999 Ed. (2927)
1998 Ed. (2146)
1997 Ed. (2469)
1996 Ed. (2295)
1994 Ed. (2242)
Allendale Mutual
2001 Ed. (4033)
Allender; Patrick
2006 Ed. (958)
2005 Ed. (987)
Allens Arthur Robinson
2003 Ed. (3181)
Allentown-Bethlehem-Easton, PA
2008 Ed. (3479)
Allentown-Bethlehem, PA
2007 Ed. (3001)
Allentown College of St. Francis de Sales
2000 Ed. (931)
Allentown, PA
2008 Ed. (3111)
2007 Ed. (2996)
2000 Ed. (4369)
1989 Ed. (827)
Aller Med Ophthalmology
1994 Ed. (2696)
Aller Med Opt
1992 Ed. (3300)
Aller Press
2007 Ed. (32)
2006 Ed. (41)
2005 Ed. (34)
2004 Ed. (41)
Allerest
1995 Ed. (227)
1994 Ed. (196)
Allergan Inc.
2008 Ed. (3948, 4668)
2007 Ed. (3899, 3903, 3907, 3908, 3919)
2006 Ed. (3869, 3873, 3876, 3878, 3879)
2005 Ed. (3802, 3804, 3807, 3821)
2004 Ed. (3420, 3874)
2003 Ed. (2679, 3788)
2001 Ed. (2059, 3587)
2000 Ed. (3380)
1999 Ed. (3656)
1998 Ed. (2458)
1997 Ed. (2747)
1996 Ed. (1116, 1567, 2600)
1995 Ed. (1599, 1757, 2536)
1994 Ed. (2468, 2696)
1993 Ed. (1108)
1992 Ed. (1380, 3010)
1990 Ed. (1186)
Allergan, Lens Plus-8 oz.
1990 Ed. (1187)
Allergan, Lens Plus-12 oz.
1990 Ed. (1187, 1547)
Allergan Medical Optics
1997 Ed. (2965)
1996 Ed. (2870)
1995 Ed. (2811)
Allergan Optical
1991 Ed. (2643, 2645)
1990 Ed. (2743)
Allergan Pharm
1992 Ed. (3300)
1991 Ed. (2643)
1990 Ed. (2741)
Allergan Pharmaceuticals
2001 Ed. (3587)
2000 Ed. (3380)
1999 Ed. (3656)
1997 Ed. (2965)
1996 Ed. (2870, 2873)
1995 Ed. (2811)
Allergan Refresh Plus
2003 Ed. (1220)
Allergan Refresh Tears
2003 Ed. (1220)
Allergan Soflens Tablets 36s
1990 Ed. (1547)
Allergan Soflens Tabs 24s
1990 Ed. (1547)

Allergan Ultrazyme
1995 Ed. (1597, 1598, 1755, 1756)
Allergies
2000 Ed. (2446)
Allergy Relief Medicine
1995 Ed. (227)
Allergy remedies
1994 Ed. (1038)
Allerion Inc.
1996 Ed. (1229, 2836)
Allerton Smith
2000 Ed. (1933, 1937)
1999 Ed. (2163, 2167)
1998 Ed. (1575, 1579)
1997 Ed. (1923)
Allete Inc.
2006 Ed. (297)
2005 Ed. (275, 280, 2215, 2216, 2217, 2313)
2004 Ed. (270, 276, 2200, 2311)
2003 Ed. (311)
Alley Cat
1999 Ed. (3784)
1997 Ed. (3076)
1996 Ed. (2997)
1994 Ed. (2826, 2827, 2835)
1993 Ed. (2821)
1992 Ed. (3414)
1990 Ed. (2815)
1989 Ed. (2199)
Alley Marketing
1990 Ed. (3084)
Allfirst Financial Inc.
2005 Ed. (356, 1545, 1571)
Allford; Suzanne
1995 Ed. (1726)
Allgemeine Bauges Stamm
1991 Ed. (3233)
Allgemeine Bauges, Vorzug
1991 Ed. (3233)
Allgemeine Deutsche Philips Industries Gmbh
1991 Ed. (2372)
Allgemeine Hypotheken Rheinboden
2004 Ed. (504)
Allgemeine Hypothekenbank
2003 Ed. (532)
2002 Ed. (573)
2000 Ed. (1862)
Allgemeine Hypothekenbank Rheinboden
2008 Ed. (436)
2007 Ed. (471)
2006 Ed. (459)
2005 Ed. (530)
2004 Ed. (548)
Allgemeine (Linz)
1992 Ed. (609)
Allgemeine Spark. Ober. Bankaktieng
1996 Ed. (448, 449)
Allgemeine Sparkasse (Linz)
1994 Ed. (428)
Allgemiene Sparkasse (Linz)
1993 Ed. (428)
AllHealth
2006 Ed. (2773)
2003 Ed. (2110)
1999 Ed. (2637)
Alliance
2008 Ed. (2291, 2293, 2294, 2317, 4005)
2007 Ed. (636, 3985)
2003 Ed. (3921)
2002 Ed. (3742)
1999 Ed. (3703)
1997 Ed. (565, 2920, 3253)
1996 Ed. (2816)
1995 Ed. (557, 2748)
1993 Ed. (2293, 2700)
1992 Ed. (3204)
1991 Ed. (2259)
1990 Ed. (2398)
Alliance Airport Authority
1993 Ed. (3624)
Alliance All-Market Advantage
2004 Ed. (3175)
Alliance Americas Government Income
2004 Ed. (697, 718)
Alliance & Leic Bldg Soc
1992 Ed. (2160)
Alliance & Leicester
2003 Ed. (626)
1995 Ed. (3185)
1992 Ed. (3801)
1990 Ed. (3103)
Alliance & Leicester Building Society
1994 Ed. (3537)
1993 Ed. (3575)
1991 Ed. (1719)
1990 Ed. (1786)
Alliance & Leicester plc
2008 Ed. (521)
2007 Ed. (568, 569)
2006 Ed. (537, 538)
2005 Ed. (624)
2004 Ed. (635)
2002 Ed. (40)
Alliance Atlantis Communications
2008 Ed. (729, 1102, 4320)
2007 Ed. (750)
2003 Ed. (1641)
Alliance Balanced Shares
1990 Ed. (2372)
Alliance Balanced Shares A
1999 Ed. (3509, 3532, 3534)
Alliance Balanced Shares B
1999 Ed. (3532)
Alliance Bancorp
2003 Ed. (522)
1990 Ed. (251)
Alliance Bancorp of Nebraska
2000 Ed. (279)
Alliance Bancorporation
1990 Ed. (3455)
Alliance Bancshares California
2008 Ed. (429)
Alliance Bank
2008 Ed. (456)
2003 Ed. (507, 508, 509)
Alliance Bank Berhad
2004 Ed. (551, 589)
Alliance Bank Malaysia Berhad
2006 Ed. (497)
2005 Ed. (575)
Alliance Bank of Belize
2008 Ed. (386)
2007 Ed. (404)
Alliance Bd-Monthly Income
1991 Ed. (2561)
Alliance Benefit Group
2008 Ed. (2767)
Alliance Bernstein
2008 Ed. (2625)
Alliance Bernstein Investment Management
2005 Ed. (3213, 3583, 3595)
Alliance Bond Corporate Bond A
1999 Ed. (744)
1998 Ed. (2594, 2637)
Alliance Bond: High Yield
1991 Ed. (2570)
Alliance Bond Monthly Inc.
1994 Ed. (2619)
Alliance Bond Monthly Income
1993 Ed. (2655, 2664)
Alliance Capital
2003 Ed. (3621)
2002 Ed. (728, 2350, 3007, 3018, 3019, 3023, 3024, 4733)
2000 Ed. (2790, 2791, 2794, 2795)
1998 Ed. (2225, 2257, 2260, 2261, 2264, 2301, 2653)
1997 Ed. (2507, 2513, 2518)
1994 Ed. (2295, 2297, 2302, 2304, 2307, 2316, 2647, 2669)
1993 Ed. (2283)
1992 Ed. (2731)
1991 Ed. (2209, 2210, 2213)
1990 Ed. (2326, 2330)
1989 Ed. (2126, 2128, 2133)
Alliance Capital Distributors
2001 Ed. (3513)
Alliance Capital, LP
1993 Ed. (2329)
Alliance Capital Management
2001 Ed. (3688)
2000 Ed. (2857, 2858)
1999 Ed. (3053, 3056, 3059, 3109)
1998 Ed. (2267)
1996 Ed. (2347, 2374, 2375, 2381, 2388, 2414, 2866, 2867)
1993 Ed. (2295, 3392)
1992 Ed. (4073)
Alliance Capital Management Company
2000 Ed. (2831)
Alliance Capital Management Corp
1989 Ed. (1802, 1804, 2138)
Alliance Capital Management Holding LP
2004 Ed. (4566)
2002 Ed. (1385, 1522, 1558, 1559, 3621, 3624)
2001 Ed. (1595)
Alliance Capital Management LLC
2005 Ed. (3228)
2004 Ed. (723, 2034, 2037, 3193, 3194, 3600, 3637, 3786)
2003 Ed. (3069, 3070, 3072, 3074, 3077, 3078, 3079, 3084, 3109, 3110, 3111, 4844)
Alliance Capital Management LP
2007 Ed. (4275)
1992 Ed. (2772)
1991 Ed. (2242, 2244)
1990 Ed. (2352)
Alliance Capital Navigator Global Bond
1997 Ed. (3826)
Alliance Capital Navigator Global Dollar Gov.
2000 Ed. (4332)
Alliance Capital Navigator Global Dollar Government
1997 Ed. (3826)
Alliance Capital Navigator North American Gov. Income
2000 Ed. (4332)
Alliance Commercial
2004 Ed. (2997)
Alliance Communications
1996 Ed. (1698)
Alliance Compressors
2002 Ed. (3223)
Alliance Consulting
2002 Ed. (1067)
The Alliance Contractor Team
2008 Ed. (2282)
Alliance Corporate Bond
2001 Ed. (3427, 3428)
1994 Ed. (2608)
Alliance Corporate Bond A
1997 Ed. (687, 2901)
1995 Ed. (2708)
Alliance Corporate Bond B
1997 Ed. (2901)
Alliance Cos.
2003 Ed. (2888, 3670)
Alliance CU
2000 Ed. (1622)
Alliance Data Systems Corp.
2008 Ed. (1125, 1707, 2109, 2926, 4615)
2007 Ed. (1223)
2006 Ed. (1679)
2003 Ed. (2949)
2000 Ed. (965)
1999 Ed. (1011, 1791)
Alliance Defense Fund
2008 Ed. (1506)
Alliance Electric Inc.
1995 Ed. (2592)
1994 Ed. (2533)
Alliance Entertainment Corp.
2000 Ed. (388, 389)
1998 Ed. (2678, 3341)
1997 Ed. (2169)
Alliance FCB
2003 Ed. (92)
Alliance Forest Products Inc.
2003 Ed. (3723)
2002 Ed. (3576)
Alliance Fund A
1999 Ed. (3569)
Alliance Fund Advanced
1999 Ed. (3569)
Alliance Fund B
1999 Ed. (3569)
Alliance Fund C
1999 Ed. (3569)
Alliance Fund Distributors
2000 Ed. (3312)
Alliance Gallery AIG Life
2000 Ed. (4332)
Alliance Gallery AIG Life Global Bond
1997 Ed. (3826)
Alliance Gallery AIG Life Global Dollar Government
1997 Ed. (3826)
Alliance Gallery AIG Life North American Gov. Income
2000 Ed. (4332)
Alliance Gaming Corp.
2005 Ed. (2709, 2710)
1997 Ed. (3725)
Alliance General Contractors
2007 Ed. (2836)
Alliance General Contractors LLC
2007 Ed. (3541)
2006 Ed. (3504)
2005 Ed. (3495)
2004 Ed. (3493, 3495)
Alliance Global Small Capital A
1997 Ed. (2898)
Alliance Group
2004 Ed. (1826)
2003 Ed. (1772)
Alliance Group Services Inc.
2006 Ed. (2822)
Alliance Growth
1995 Ed. (2705)
Alliance Growth B
1995 Ed. (2734)
Alliance Holding LLC
2002 Ed. (324)
Alliance Holdings LLC
2006 Ed. (278, 281)
2005 Ed. (257)
2004 Ed. (255)
2003 Ed. (287, 288)
Alliance Housing Bank
2006 Ed. (4526)
Alliance Insurance Cos.
1993 Ed. (2241)
Alliance International
2004 Ed. (3644)
1992 Ed. (3184)
1990 Ed. (2393)
Alliance International Health Care Trust
1993 Ed. (2683, 2684)
Alliance Logistics Resources
1998 Ed. (1755)
Alliance; Lord
2008 Ed. (4903)
2007 Ed. (4927)
Alliance Memorial Hospital Home Care
1999 Ed. (2708)
Alliance Mortgage Banking Corp.
2001 Ed. (3353)
Alliance Mortgage Security Income
1992 Ed. (3165, 3188)
Alliance Multi-Market Strategy
2004 Ed. (697)
Alliance Municipal Income-Insured
1990 Ed. (2377)
Alliance Municipal Income National
1992 Ed. (3167, 3200)
1990 Ed. (2378)
Alliance Municipal Income National A
1994 Ed. (2611)
Alliance Municipal Insured National
1997 Ed. (2904)
Alliance Municipal National A
1997 Ed. (2904)
1995 Ed. (2701)
Alliance New Europe
2004 Ed. (3648)
Alliance; Nigel
2008 Ed. (4007)
Alliance North American Government.
2000 Ed. (3292)
Alliance North American Government A
1999 Ed. (748)
Alliance North American Government Income
2003 Ed. (690, 692)
2002 Ed. (724, 725, 726)
Alliance North American Government Income A
1999 Ed. (3581)
Alliance North American Government Income B
1999 Ed. (3579)
Alliance of Professionals & Consultants Inc.
2008 Ed. (3725, 3778, 4419)

2007 Ed. (3585, 3683, 4438)
2006 Ed. (3531, 3689, 4370)
Alliance One International Inc.
2008 Ed. (4931)
Alliance Portfolio Growth A
1995 Ed. (2726)
Alliance Premier Growth
2000 Ed. (3241)
Alliance Quasar Fund A
1998 Ed. (2619)
Alliance Residential Co.
2007 Ed. (1305)
Alliance Resource Partners
2006 Ed. (2743)
Alliance Resource Partners LP
2008 Ed. (2863)
2007 Ed. (2733)
Alliance Resources Plc
1998 Ed. (1011)
Alliance Ro-na Home
1996 Ed. (3828)
1995 Ed. (999)
1993 Ed. (961)
1990 Ed. (1024)
Alliance Rubber Co.
2008 Ed. (3695, 4369, 4953)
2007 Ed. (3534, 4401)
2006 Ed. (3497, 4341)
Alliance Savings
1989 Ed. (2360)
Alliance Semiconductor
1996 Ed. (2062)
Alliance Short Term Multi-market A
1992 Ed. (3185)
Alliance; Sir David
2005 Ed. (4890)
Alliance Staffing Inc.
2007 Ed. (3552)
Alliance Technology
2004 Ed. (3569)
Alliance Technology A
1997 Ed. (2877)
1996 Ed. (2787)
Alliance Technology Group LLC
2008 Ed. (3713, 4401, 4965)
2007 Ed. (3564)
Alliance UniChem
2006 Ed. (3897)
Alliance UniChem plc
2008 Ed. (1411, 3109, 3978, 4928)
2007 Ed. (2030, 2240, 2241, 2993, 3947, 4632, 4644, 4958, 4959)
2006 Ed. (4946, 4951, 4952)
2005 Ed. (4919)
2004 Ed. (4930, 4939)
2002 Ed. (4900, 4903)
2001 Ed. (4819)
Alliance World Dealer Government Fund
2005 Ed. (3215, 3216)
2004 Ed. (3176, 3177)
Alliance World Direct Government Inc.
1997 Ed. (2907)
Alliance World Dol. Government Fund II
1995 Ed. (3214)
AllianceBernstein Americas Government Income
2007 Ed. (643)
2005 Ed. (698)
AllianceBernstein Bernstein Emerging Markets
2007 Ed. (3674, 3676)
AllianceBernstein Emerging Markets Debt
2008 Ed. (592)
AllianceBernstein Global Small Cap
2005 Ed. (3554)
AllianceBernstein Great China
2007 Ed. (4550)
AllianceBernstein Greater China
2008 Ed. (3771, 4511)
AllianceBernstein Greater China 97
2005 Ed. (3570)
AllianceBernstein Growth
2006 Ed. (3629)
AllianceBernstein International Value
2006 Ed. (3676)
2004 Ed. (3641)
AllianceBernstein Small Cap Value
2004 Ed. (3557)
AllianceOne Receivables Management Inc.
2005 Ed. (1055)
Alliant Inc.
2004 Ed. (1669)
2000 Ed. (2244)
Alliant Aerospace Co.
2007 Ed. (2046)
Alliant Computer
1990 Ed. (2985)
Alliant Credit Union
2008 Ed. (2214, 2230)
2007 Ed. (2099, 2115)
2006 Ed. (2175, 2194)
Alliant Energy Corp.
2008 Ed. (2500)
2005 Ed. (2295, 2394)
Alliant Exchange Inc.
2003 Ed. (2085)
2002 Ed. (1071)
Alliant Foodservice Inc.
2000 Ed. (1101, 2242)
1999 Ed. (2482)
1998 Ed. (750)
1997 Ed. (1012, 2060)
Alliant Foodsservice Inc.
1998 Ed. (1740)
Alliant Health System
1999 Ed. (3462)
1998 Ed. (2548, 2553)
1997 Ed. (2829)
1996 Ed. (2709)
1995 Ed. (2632)
1994 Ed. (2573, 2577)
1992 Ed. (3125, 3127)
1991 Ed. (2500, 2502)
Alliant Hospitals Inc.
2001 Ed. (1772)
Alliant Industries Inc.
2007 Ed. (4064, 4065)
Alliant Pharmaceuticals
2007 Ed. (896)
Alliant Resources Group Inc.
2008 Ed. (3246)
2007 Ed. (3098)
Alliant Technologies Inc.
2005 Ed. (2160, 2161)
2004 Ed. (2020, 2021)
Alliant Techsystems Inc.
2008 Ed. (1352, 3006)
2007 Ed. (173, 177, 178)
2006 Ed. (175, 176, 178, 1359, 2244)
2005 Ed. (159, 1365, 2154)
2004 Ed. (157, 1349)
2003 Ed. (197, 198, 200, 208)
2002 Ed. (240)
1999 Ed. (183)
1998 Ed. (98, 1247, 1249)
1997 Ed. (1583)
1994 Ed. (1422)
1993 Ed. (1369)
Allianz
2008 Ed. (3226)
2004 Ed. (3080)
2000 Ed. (1439, 4130)
1999 Ed. (1636, 2438, 2918, 2919, 2982)
1997 Ed. (2420, 2469)
1996 Ed. (3770)
1992 Ed. (1486, 1624, 2231, 2708)
1991 Ed. (1295, 2146)
1990 Ed. (1371, 3461)
Allianz AG
2008 Ed. (1425, 1718, 1721, 1737, 1767, 1768, 1769, 2698, 3258, 3329, 3404)
2007 Ed. (76, 1688, 1691, 1708, 1739, 1741, 1742, 1743, 1806, 2558, 3113, 3129, 3181, 3182, 3284, 3287)
2006 Ed. (1692, 1695, 1713, 1723, 1732, 1733, 1734, 1799, 2590, 3094, 3095, 3145, 3146, 3147, 3218, 3219, 3220, 4504)
2005 Ed. (534, 1767, 1781, 1822, 2588, 3090, 3091, 3138, 3139)
2004 Ed. (1702, 1709, 3084, 3097, 3130, 3131, 3206)
2003 Ed. (944, 1421, 1429, 1437, 1686, 2990, 3012, 3099, 3104, 3105, 3106, 4585)
2002 Ed. (1645, 1663, 2364, 2819, 2966, 2968, 2969, 4216, 4414, 4415, 4416, 4417)
2001 Ed. (1715, 1716, 1717, 2925, 3013, 3014, 3017, 4040)
Allianz AG Holding
2000 Ed. (2274, 2848)
1997 Ed. (2087)
1996 Ed. (1352, 1970, 1971)
Allianz Aktiengesellschaft
1990 Ed. (1788)
Allianz Australia
2002 Ed. (2871)
Allianz Dresdner Asset Management
2006 Ed. (3195, 3196)
2005 Ed. (3208, 3210, 3211)
Allianz Dresdner Asset Management of America
2004 Ed. (3178)
Allianz Global Investors of America
2008 Ed. (3378, 3380)
Allianz Group
2004 Ed. (3208)
2000 Ed. (2732, 2735, 2849, 3752)
1998 Ed. (2146)
1993 Ed. (2256)
1992 Ed. (2710)
Allianz-Hold
1991 Ed. (1776)
Allianz Holding
2001 Ed. (2881)
1999 Ed. (1613, 2525, 2920, 2922, 3103, 4034)
1998 Ed. (2134, 2210)
1997 Ed. (1385, 1415, 2096, 2423, 2425, 2545)
1996 Ed. (1326, 1920, 2287, 2422)
1995 Ed. (1373, 1401, 1876, 2281, 2390)
1994 Ed. (1348, 1376, 1848, 1918, 1919, 2234, 2236, 2326)
1993 Ed. (1176, 1296, 1320, 1860, 1902, 2254)
1992 Ed. (1604, 1609)
Allianz Holding AG
1999 Ed. (2526)
Allianz Insurance Ltd.
2000 Ed. (2673)
Allianz Insurance Group
2003 Ed. (3013)
1999 Ed. (2927)
Allianz Lebensversicherungs AG
2005 Ed. (3089)
1999 Ed. (2920)
1995 Ed. (2282)
1994 Ed. (2234)
1993 Ed. (2254)
1990 Ed. (2276)
Allianz Life
2002 Ed. (3952)
Allianz Life Franklin Valuemark
1996 Ed. (3771)
Allianz Life Franklin ValueMark II Income
1994 Ed. (3612)
Allianz Life Insurance Co.
2008 Ed. (2973)
Allianz Life Insurance Company of North America
2006 Ed. (3118)
1998 Ed. (3654)
Allianz Life Insurance Co. of America
2008 Ed. (3314, 3315)
2007 Ed. (3166, 3167)
Allianz Life Insurance Co. of North America
2008 Ed. (3012, 3024, 3299, 3304)
2007 Ed. (3149, 3154)
Allianz Mexico
2007 Ed. (3115)
Allianz N.A.
1991 Ed. (1775)
Allianz NFJ Dividend Value
2008 Ed. (2616)
2007 Ed. (2486)
Allianz of America Inc.
2008 Ed. (3248, 3265, 3316, 3317)
2007 Ed. (3101, 3119, 3169, 3170)
2006 Ed. (3085, 3102, 3134, 3135)
2005 Ed. (3080, 3096, 3097, 3124, 3125)
2004 Ed. (3071, 3072, 3073, 3119)
2003 Ed. (2981, 2983, 2989, 3004)
2002 Ed. (2867, 2878, 2898, 2945, 2970)
2000 Ed. (2737, 4438)
Allianz pojistovna
2001 Ed. (2922)
Allianz/RAS
1996 Ed. (2289)
Allianz Reinsurance Group
2006 Ed. (3154)
2005 Ed. (3154)
2004 Ed. (3142)
Allianz Versicherungs-AG
1999 Ed. (2920)
Allianz Welt (Munchen)
1991 Ed. (2159)
Allianz Worldwide
2005 Ed. (1811)
2002 Ed. (1661)
2000 Ed. (1440)
1999 Ed. (1637)
1997 Ed. (1414)
1996 Ed. (1351)
1995 Ed. (1400)
1994 Ed. (1375)
1992 Ed. (1623)
1991 Ed. (1294)
1990 Ed. (2277, 2278)
1989 Ed. (1746)
Allied Corp.
2005 Ed. (1510, 3372)
2004 Ed. (1494, 3341)
2003 Ed. (1464, 3279)
2002 Ed. (1444)
1997 Ed. (2703)
1995 Ed. (641, 709)
1994 Ed. (2429)
1993 Ed. (1476)
1992 Ed. (1789)
1991 Ed. (2376)
Allied Advertising
2001 Ed. (188)
2000 Ed. (50)
1999 Ed. (46)
1998 Ed. (41, 61)
1997 Ed. (41, 123)
1996 Ed. (39, 44, 119)
1995 Ed. (103)
Allied Aircraft
2007 Ed. (4830)
Allied Arab Bank
1991 Ed. (430)
1990 Ed. (479)
1989 Ed. (457)
Allied Automotive Group
2004 Ed. (4771)
Allied Aviation Holdings Corp.
2008 Ed. (3987)
2007 Ed. (3960)
Allied Bancshares
1995 Ed. (491)
1989 Ed. (677)
Allied Bank
1990 Ed. (679, 680)
Allied Bank of Pakistan
1989 Ed. (649)
Allied Bank of Texas
1989 Ed. (695)
Allied Bank, Texas
1989 Ed. (2148, 2152)
Allied Banking Corp.
2008 Ed. (492)
2007 Ed. (541)
2006 Ed. (513)
2003 Ed. (599)
2002 Ed. (635)
1999 Ed. (623)
1997 Ed. (595)
1996 Ed. (657)
1989 Ed. (655)
Allied Banking Corporation
1992 Ed. (821)
Allied Biosystems
1990 Ed. (2217)
Allied Bond & Collection Agency
1997 Ed. (1044, 1045, 1046, 1047)
Allied Builders System
2008 Ed. (1779)
Allied Building Stores Inc.
2007 Ed. (1431)
2006 Ed. (1398, 1399)
2005 Ed. (1412, 1413)

2004 Ed. (1391, 1392)
2003 Ed. (1380)
Allied Building Supplies
1990 Ed. (1985)
Allied Capital Corp.
2007 Ed. (2562)
2006 Ed. (2115)
2005 Ed. (2606, 3214, 3215, 3216)
2004 Ed. (3175, 3176, 3177)
Allied Capital SBLC Corp.
2001 Ed. (4280)
Allied Carpets Group Ltd.
2002 Ed. (45)
Allied Clinical Laboratories
1992 Ed. (2363, 3989)
Allied Clinical Labs
1995 Ed. (2822)
Allied Colloids
1998 Ed. (3702)
Allied Colloids Group
1996 Ed. (1364)
Allied Commercial Holdings Ltd.
1994 Ed. (998)
1993 Ed. (970)
1992 Ed. (1198, 1201)
The Allied Cos. Inc.
2001 Ed. (2913)
2000 Ed. (2666)
1999 Ed. (2912)
Allied Digital Technologies
2000 Ed. (2460)
Allied Domecq
2005 Ed. (4091)
2003 Ed. (4092)
Allied Domecq plc
2007 Ed. (1328)
2006 Ed. (571, 1220, 1683)
2005 Ed. (665)
2003 Ed. (2880)
2002 Ed. (3184, 4025)
2001 Ed. (2490)
2000 Ed. (2236)
1999 Ed. (2468, 2478, 3210)
1998 Ed. (509, 1737, 2398)
1997 Ed. (659, 660, 2043, 2044, 2670)
Allied Domecq Retailing Ltd.
2000 Ed. (2566)
Allied Domecq Spirits, USA
2004 Ed. (769, 1039, 3265, 3283, 3286, 4234, 4703, 4906)
2003 Ed. (759, 1034, 3223, 3227, 3229, 3231, 4725, 4916)
2002 Ed. (3109, 3151, 3152, 3155)
2001 Ed. (360, 2118, 2119, 2120, 3119, 3126, 3127, 3128, 3129, 3130)
Allied Domecq Wines, USA
2006 Ed. (830)
2005 Ed. (922, 4947, 4975)
2004 Ed. (927, 4963, 4974)
Allied Dunbar Bank International Ltd.
2000 Ed. (569)
1999 Ed. (558)
1997 Ed. (524)
Allied Dunbar 2nd Smaller Companies
1997 Ed. (2913)
Allied Electronics Inc.
2008 Ed. (2468, 2469)
2005 Ed. (2350)
2004 Ed. (1854, 2250)
2003 Ed. (1819)
Allied Erecting & Dismantling Co. Inc.
1998 Ed. (945)
1997 Ed. (1175)
1996 Ed. (1146)
1995 Ed. (1171)
1994 Ed. (1151)
1993 Ed. (1134)
Allied Foods SA
2003 Ed. (3803, 3804)
Allied Global Holdings
2008 Ed. (1616)
Allied Group
1999 Ed. (2966)
1998 Ed. (2199)
1997 Ed. (1642, 2460)
1996 Ed. (2142, 2332)
1995 Ed. (2129, 2497)
Allied Health Management Group
2007 Ed. (2739)
Allied Holdings
2008 Ed. (4741)
2007 Ed. (4814)
2006 Ed. (4797)
2005 Ed. (4747, 4779)
2004 Ed. (4808)
Allied Hotel Properties
2005 Ed. (1669)
Allied Industrial Corp. Ltd.
1994 Ed. (933)
1992 Ed. (1119)
1990 Ed. (958)
Allied Industrial Workers of America
1996 Ed. (3602)
Allied Industries
1996 Ed. (2140)
Allied Insurance
2008 Ed. (3505)
Allied Investment Advisors
2000 Ed. (2811)
1999 Ed. (3069, 3071)
1998 Ed. (2270)
Allied Irish
1990 Ed. (612)
Allied Irish Bank
1995 Ed. (513)
1994 Ed. (537, 1578)
1993 Ed. (535, 1533, 1534)
1992 Ed. (736)
Allied Irish Banks
2008 Ed. (450)
2007 Ed. (485)
2006 Ed. (472, 1814, 1815)
2005 Ed. (357, 548)
2004 Ed. (508, 562)
2000 Ed. (568, 1485)
1999 Ed. (557, 1685, 3117)
1997 Ed. (523, 2574)
1996 Ed. (565, 2431, 2432)
1992 Ed. (1877, 1878)
1991 Ed. (567, 1476, 1477)
1990 Ed. (566, 1790)
1989 Ed. (585)
Allied Irish Banks plc
2008 Ed. (1741, 1857)
2007 Ed. (1712, 1723, 1728, 1821, 1822)
2006 Ed. (3226)
2005 Ed. (1571)
2004 Ed. (1762)
2003 Ed. (548, 4590)
2002 Ed. (590, 1650, 1695, 1696, 1697, 3028, 3029)
2001 Ed. (1756)
Allied Irish Investment Bank
2000 Ed. (2923)
1993 Ed. (2420)
Allied Lending Corp.
2002 Ed. (4294)
Allied-Lyons
1994 Ed. (694, 1879)
1993 Ed. (232, 697, 750, 1881, 2428)
1991 Ed. (2931)
1990 Ed. (1372, 1832)
1989 Ed. (32, 729, 2845)
Allied-Lyons PLC
1996 Ed. (727, 1944, 1945)
1995 Ed. (650, 1246, 1902)
1992 Ed. (1460, 2196)
1991 Ed. (1748)
1990 Ed. (29, 729)
1989 Ed. (728)
Allied Motion Technologies Inc.
2008 Ed. (4360, 4372)
2007 Ed. (1662)
Allied Office Supplies & Furniture
1992 Ed. (3289)
Allied Overseas Investments
1992 Ed. (2443)
Allied Pharmacy Management
1999 Ed. (2722)
1998 Ed. (1983)
1997 Ed. (2252)
1996 Ed. (2149)
1995 Ed. (2137)
1994 Ed. (2081)
1993 Ed. (2069)
1992 Ed. (2454)
Allied Pharmacy Service
1990 Ed. (2052)
Allied Pilots Association Credit Union
2002 Ed. (1830)
1998 Ed. (1218)
The Allied Power Group
2008 Ed. (2495)
Allied Printing Services Inc.
2006 Ed. (4344)
Allied Products
1995 Ed. (2767)
1990 Ed. (193)
Allied Properties (HK)
1996 Ed. (2142)
1995 Ed. (2129)
Allied Research International
2008 Ed. (1614, 2012)
Allied Security
1991 Ed. (2943)
Allied Services
2000 Ed. (3747)
Allied Signal
2000 Ed. (3566)
1999 Ed. (183, 184, 185, 187, 193, 194, 280, 349, 1713, 1885, 1886)
1998 Ed. (92, 93, 95, 97, 99, 240, 241, 695, 1180, 1248, 1319, 2692, 2876)
1997 Ed. (170, 171, 172, 173, 175, 316, 952, 1488)
1995 Ed. (155, 157, 158, 159, 162, 163, 325, 951, 1291, 1465, 1626)
1994 Ed. (137, 139, 143, 144, 915, 1238, 1307, 1429, 1550, 1585)
1993 Ed. (153, 157, 160, 902, 1212, 1376, 1503, 2707, 3689)
1992 Ed. (1110, 249, 251, 1834)
1991 Ed. (178, 179, 181, 184, 324, 901, 1445)
1990 Ed. (179, 185, 1270, 1271)
1989 Ed. (193, 194, 196, 883, 1260, 1318, 1331, 2166, 2752)
Allied Signal Automotive
1998 Ed. (100)
1997 Ed. (704)
1992 Ed. (465)
Allied Signal Canada
1992 Ed. (1879)
1991 Ed. (1903)
Allied Stores
1991 Ed. (3087, 3099)
1990 Ed. (1250, 3242, 3249)
Allied Stores, Federated Department Stores; Campeau/
1991 Ed. (1146)
Allied Systems Ltd.
2008 Ed. (4770)
2007 Ed. (4843)
2002 Ed. (4689)
2000 Ed. (4310)
1999 Ed. (4679)
1998 Ed. (3632)
1995 Ed. (3676)
1994 Ed. (3598)
1993 Ed. (3638)
1991 Ed. (3431)
Allied Technology Group Inc.
2003 Ed. (1354)
Allied Textiles
1996 Ed. (1366)
Allied Trade Group
2008 Ed. (1212)
Allied Trades
1996 Ed. (822)
Allied Van Lines Inc.
2007 Ed. (4846)
2000 Ed. (3177)
1999 Ed. (3459, 4676)
1998 Ed. (2544, 3636)
1997 Ed. (3810)
1996 Ed. (3760)
1995 Ed. (2626, 3681)
1994 Ed. (2571, 3603)
1993 Ed. (2610, 3643)
1992 Ed. (3121)
1991 Ed. (2496)
1989 Ed. (924)
Allied Waste Industries Inc.
2008 Ed. (1092, 1558, 1559, 2421, 4060, 4066, 4067, 4076, 4816)
2007 Ed. (1528, 1575, 1576, 2287, 4041, 4881, 4882, 4883)
2006 Ed. (745, 1078, 1545, 1546, 2351, 4007, 4890, 4891, 4892)
2005 Ed. (1650, 1651, 2288, 3869, 3870, 3923, 3933, 4032, 4836, 4837)
2004 Ed. (1624, 1625, 2189, 3921, 3922, 4853)
2003 Ed. (1608, 1609, 2135, 4874)
2002 Ed. (1442, 1531, 1576, 4354, 4782, 4783)
2001 Ed. (1582, 4733)
2000 Ed. (4372)
1994 Ed. (1207)
Allied Waste Industries (Arizona) Inc.
2008 Ed. (1558)
2007 Ed. (1575)
2006 Ed. (1545)
2005 Ed. (1650)
Allied Waste North America Inc.
2005 Ed. (1650)
Allied Waste Systems Inc.
2006 Ed. (1545)
Allied Workers International Union
1996 Ed. (3602)
Allied Worldwide
2003 Ed. (4791)
2002 Ed. (4685)
Allied Zurich
2002 Ed. (1416)
AlliedSignal Inc.
2005 Ed. (1518)
2004 Ed. (1502)
2003 Ed. (1472)
2002 Ed. (1452)
2001 Ed. (267, 268, 1045, 1146, 1813, 3647, 4618)
2000 Ed. (213, 214, 216, 218, 1019, 1524, 1692, 1693, 4231)
1996 Ed. (165, 166, 167, 169, 339, 1427)
AlliedSignal Friction Materials
2001 Ed. (272)
2000 Ed. (219)
Allina Health System
1999 Ed. (2989, 2993)
1998 Ed. (2216, 2553)
1997 Ed. (2163, 2257, 2830)
1996 Ed. (2705)
Allinace Capital
2000 Ed. (2788)
Allis Chalmers
1997 Ed. (3009)
1989 Ed. (1053)
Allis Electric Co. Ltd.
1994 Ed. (2424)
Allison & Co.; M. E.
1995 Ed. (2331)
Allison Engine Co. Inc.
2001 Ed. (1736)
Allison IV; John A.
2008 Ed. (1108)
2007 Ed. (1202)
Allison Jr.; R. J.
2005 Ed. (2496)
Allison; Tropical storm
2005 Ed. (882)
Allison Williams
1991 Ed. (2178)
Allmanna Pension
1993 Ed. (2786)
Allmanna Pensionfond
1997 Ed. (3028)
Allmanna Pensionfondsen
1996 Ed. (2947)
1995 Ed. (2873)
Allmanna Pensionsfonden
2001 Ed. (3016, 3695)
1999 Ed. (3735)
1998 Ed. (2776)
1994 Ed. (2326, 2776)
Allmanna Pensionsfonden (Board 1,2, & 3)
2000 Ed. (3454)
Allmerica
2000 Ed. (2793)
Allmerica Asset
1994 Ed. (2293)
Allmerica Financial Corp.
2006 Ed. (1871)
2005 Ed. (1632, 3085)
2001 Ed. (2226)
2000 Ed. (4327)
1999 Ed. (2914)
1998 Ed. (2129, 2130)

1997 Ed. (3405)
Allmerica Financial Corp.(hostile suitor), Citizens Corp. (target company)
2000 Ed. (4231)
Allmerica Financial Life & Annuity
2001 Ed. (2938)
2000 Ed. (2700)
1998 Ed. (2173)
Allmerica Property & Casualty
1995 Ed. (2318)
1994 Ed. (2276)
Allmerica Securities Trust
2004 Ed. (1791, 2848)
Allna Health System
2006 Ed. (3720, 3722)
Allnet
1995 Ed. (2487)
1994 Ed. (2412)
1993 Ed. (2470)
1990 Ed. (2488)
Alloptic
2003 Ed. (4682)
Allos Therapeutics Inc.
2002 Ed. (4200)
Allot Communications
2005 Ed. (4612)
Allou Health & Beauty
1996 Ed. (2069)
Allou Health & Beauty Care Inc.
2004 Ed. (1898)
Alloy
2001 Ed. (4365, 4366)
Alloy sheets
2007 Ed. (3701)
2006 Ed. (3707)
2001 Ed. (3547)
alloy.com
2001 Ed. (4779)
AlloyRed
2005 Ed. (833)
2004 Ed. (860)
Alloys, specialty
2007 Ed. (3038)
AllPosters.com
2005 Ed. (2328)
Allred Soffe Wilkinson & Nichols Inc.
2006 Ed. (287)
Allright Diversified Services Inc.
2007 Ed. (2833)
2006 Ed. (2829, 2837)
2005 Ed. (2837)
Allrisk Engineering Inc.
2007 Ed. (4293)
Allscripts
2003 Ed. (2170)
2001 Ed. (4768)
Allscripts Healthcare Solutions
2008 Ed. (2479, 2885, 2886)
Allsecures
1992 Ed. (1618)
Allsouth Credit Union
2008 Ed. (2258)
2007 Ed. (2143)
2006 Ed. (2222)
The Allstate Corp.
2008 Ed. (1490, 1495, 1663, 1800, 2302, 2365, 2694, 2712, 3232, 3251, 3318, 3326, 3329, 3330)
2007 Ed. (1552, 1654, 1770, 2225, 2903, 3086, 3088, 3089, 3090, 3091, 3093, 3104, 3105, 3127, 3128, 3171, 3176, 3177, 3178, 3181, 3182, 4979)
2006 Ed. (141, 1639, 1763, 2603, 2838, 2860, 3051, 3057, 3060, 3061, 3062, 3063, 3065, 3087, 3091, 3113, 3114, 3138, 3141, 3143, 3144, 3145, 3146, 3147, 4981)
2005 Ed. (128, 1732, 1792, 2602, 2854, 2855, 3048, 3049, 3050, 3052, 3053, 3058, 3059, 3060, 3061, 3063, 3084, 3086, 3090, 3099, 3128, 3134, 3137, 3138, 3139, 4988)
2004 Ed. (1732, 2846, 2847, 3033, 3034, 3035, 3036, 3050, 3051, 3052, 3054, 3077, 3078, 3095, 3097, 3124, 3126, 3127, 3128, 3130, 3131, 3154)
2003 Ed. (1696, 2760, 2958, 2959, 2974, 2990, 3005, 3008, 3012)
2002 Ed. (1613, 1667, 2572, 2905, 2950, 2962, 2966, 2968, 2969, 3487)
2001 Ed. (2701)
2000 Ed. (303, 1454, 2668, 2717, 2720, 2731, 3932)
1999 Ed. (1653, 2965, 2966, 2969, 2973, 2976, 2982)
1997 Ed. (977, 1237, 3401)
1996 Ed. (956, 2070, 2302, 2336, 2338)
1995 Ed. (976, 2287, 2326, 2327, 3203)
1992 Ed. (2655, 2695)
1990 Ed. (2251, 2252, 2260)
1989 Ed. (1692, 1693, 1694, 1695, 2104)
Allstate Arena
2005 Ed. (4440, 4441)
2003 Ed. (4527)
Allstate Bank
2008 Ed. (4674)
2007 Ed. (4750)
2006 Ed. (4736)
Allstate Builders
2003 Ed. (1179)
2002 Ed. (2682)
Allstate Financial
2008 Ed. (3293)
2007 Ed. (3140)
2004 Ed. (3106, 3108)
Allstate Financial Group
2003 Ed. (2996)
Allstate Financial Services LLC
2007 Ed. (4274)
Allstate Florida Insurance
2000 Ed. (2681)
Allstate Floridian Insurance Co.
2002 Ed. (2965)
Allstate Home Inspection & Household Environmental Testing
2006 Ed. (2319)
2005 Ed. (2261)
2004 Ed. (2163)
Allstate Indemnity Co.
2002 Ed. (2965)
2001 Ed. (2899, 2901)
2000 Ed. (2733)
1998 Ed. (2133)
1997 Ed. (2421)
Allstate Insurance Co.
2008 Ed. (2973, 3197, 3321, 3323, 4946)
2007 Ed. (1496, 1500, 2851, 3174)
2006 Ed. (1761, 2861, 3056, 3087, 3088)
2005 Ed. (3129, 3132)
2003 Ed. (3010)
2002 Ed. (2872, 2949, 2958, 2963, 2965, 3620)
2001 Ed. (2899, 2901, 2917, 2918, 2951)
2000 Ed. (2650, 2653, 2733)
1998 Ed. (2118)
1994 Ed. (1311, 2060, 2215, 2216, 2219, 2221, 2222, 2223, 2242, 2246, 2247, 2270, 2271, 2272, 2278, 2281, 2283)
1992 Ed. (337, 1287, 2686, 2688, 2691, 2696)
1991 Ed. (892, 2122, 2124, 2146)
Allstate Insurance Co. Canada
2006 Ed. (3066)
Allstate Insurance Company
2000 Ed. (2724, 2728)
Allstate Insurance Group
2008 Ed. (3229, 3230, 3231, 3234, 3282, 3283, 3322, 3324, 3325)
2007 Ed. (3175)
2006 Ed. (3142)
2005 Ed. (3057, 3098, 3133, 3135)
2003 Ed. (21, 2965, 2966, 2967, 2969, 2981, 2983, 2986, 2987, 3007, 3009)
2002 Ed. (57, 2839, 2840, 2841, 2842, 2878, 2894, 2957, 2959, 2960, 2970, 3486)
2001 Ed. (2898, 2902, 2903, 2904, 2906, 2916, 4032, 4033)
2000 Ed. (2655, 2657, 2721, 2723, 2725, 2732, 2735)
1999 Ed. (2900, 2901, 2903, 2904, 2934, 2971, 2972, 2978, 2979, 4172)
1998 Ed. (718, 1144, 1696, 2114, 2115, 2116, 2117, 2133, 2152, 2153, 2198, 2199, 2200, 2201, 2203, 2204, 2207, 2211, 2708)
1997 Ed. (1428, 2406, 2407, 2408, 2409, 2410, 2421, 2431, 2432, 2433, 2459, 2462, 2464, 2465, 2470)
1996 Ed. (2269, 2270, 2295, 2301, 2303, 2331, 2334, 2335, 2337)
1995 Ed. (2266, 2320, 2322, 2324)
1993 Ed. (2183, 2184, 2188, 2190, 2193, 2201, 2202, 2233, 2234, 2238, 2241)
1992 Ed. (2644, 2646, 2650, 2656, 2685, 2687)
1991 Ed. (2082, 2083, 2090, 2092, 2123, 2130)
1990 Ed. (2220, 2221, 2225, 2227)
1989 Ed. (1672, 1674, 1676)
Allstate Insurance Co. of Canada
2007 Ed. (3094)
1992 Ed. (2692)
1991 Ed. (2131)
Allstate Life
1995 Ed. (222, 3332)
1993 Ed. (2212, 2922, 3259)
Allstate Life Insurance Co.
2008 Ed. (3302)
2003 Ed. (2999)
2002 Ed. (2914)
1999 Ed. (2949, 3047, 3058)
1998 Ed. (2157, 2164, 2179, 2182, 2194, 2254, 2255, 2258)
1996 Ed. (224, 2311, 2318)
1994 Ed. (223, 2259, 2260, 2294, 3253)
1992 Ed. (2676)
1991 Ed. (244, 245, 2109)
1990 Ed. (2351)
Allstate Print Communication Center
2006 Ed. (3948, 3951, 3952, 3953, 3954, 3955, 3961, 3962)
Allstate Steel Co. Inc.
2003 Ed. (1317)
2001 Ed. (1482)
2000 Ed. (1269)
1997 Ed. (1164)
1996 Ed. (1140)
Alltel Corp.
2008 Ed. (1401, 1431, 1561, 1562, 4636, 4639, 4646, 4939, 4942)
2007 Ed. (51, 1578, 1579, 3618, 3620, 4707, 4710, 4726, 4970, 4971)
2006 Ed. (803, 1548, 1549, 2893, 3550, 4686, 4689, 4690, 4693, 4695)
2005 Ed. (1653, 1654, 4445, 4619, 4620, 4621, 4623, 4624, 4625, 4626, 4627, 4629, 4979)
2004 Ed. (1627, 1628, 4662, 4663, 4664, 4665, 4667, 4668, 4669, 4670, 4671)
2003 Ed. (1611, 1612, 4689, 4690, 4691, 4692, 4693, 4694, 4706, 4707)
2002 Ed. (915, 1565, 1577, 2809, 4562, 4563, 4565, 4566, 4567, 4883, 4977)
2001 Ed. (1139, 1613, 4454, 4455, 4473, 4476, 4477, 4478)
2000 Ed. (1385, 4187, 4189, 4203)
1999 Ed. (1564, 4543, 4545, 4548)
1998 Ed. (1127, 3475)
1997 Ed. (1355, 3690)
1996 Ed. (3639)
1995 Ed. (3319, 3548, 3550)
1994 Ed. (3481, 3482, 3489)
1993 Ed. (3508, 3515)
1992 Ed. (4198, 4199, 4208)
1991 Ed. (3276, 3277)
1990 Ed. (3509, 3510)
1989 Ed. (2789, 2790)
Alltel Arena
2005 Ed. (4441)
Alltel Communications Products Inc.
2006 Ed. (4942)
Alltel Financial Services Inc.
2001 Ed. (1612)
ALLTEL Florida Inc.
1998 Ed. (3485)
Alltel Holdings
2008 Ed. (1431)
Alltel Information Services
2006 Ed. (1441)
2001 Ed. (1612)
ALLTEL Mobile Communications
1998 Ed. (655)
Alltel Mobile Communications of Missouri Inc.
2003 Ed. (1611)
ALLTEL Publishing Corp.
2004 Ed. (4677)
2003 Ed. (4708)
2002 Ed. (4580)
Alltel Stadium
2005 Ed. (4438)
ALLTEL Telecommunication Services Inc.
2004 Ed. (1627)
Alltell
2003 Ed. (4980)
1996 Ed. (1292)
Alltell Information Services Inc.
2005 Ed. (1652)
2004 Ed. (1626)
2003 Ed. (1610)
AllTheWeb
2005 Ed. (3189)
Alltrista Corp.
2001 Ed. (4519, 4520)
Allure
2007 Ed. (149)
2006 Ed. (157)
2004 Ed. (139)
1999 Ed. (3739)
1997 Ed. (3036)
1996 Ed. (2960)
1995 Ed. (2880)
1994 Ed. (2799, 2800)
Allure Home Creations Inc.
2007 Ed. (580, 582)
Allwaste Inc.
1999 Ed. (1369, 1376)
1991 Ed. (3147)
1990 Ed. (1972, 3302)
Ally & Gargano
1992 Ed. (104)
1991 Ed. (69)
1990 Ed. (73)
1989 Ed. (63, 65)
Ally McBeal
2003 Ed. (4715)
2002 Ed. (4583)
2001 Ed. (4487, 4498)
Allyn Ford
2005 Ed. (4022)
Alm; J. R.
2005 Ed. (2485)
Alma Holdings Ltd.
1993 Ed. (974)
Almacenes Coppel
2005 Ed. (1838)
Almacenes Exito
2004 Ed. (1772)
2002 Ed. (4394, 4395, 4398, 4399)
Almacenes Exito SA
2004 Ed. (1675)
2002 Ed. (1617)
Almacenes Paris
2008 Ed. (31)
2007 Ed. (26)
2006 Ed. (34)
2005 Ed. (28)
2004 Ed. (35)
2001 Ed. (23)
Almacenes Pitusa Inc.
2007 Ed. (1963, 4189)
2006 Ed. (2000, 4168)
2005 Ed. (4117)
2004 Ed. (1672, 4196)
Almadea
1997 Ed. (3885)
Almaden
2008 Ed. (4936, 4938)
2006 Ed. (4961, 4962)
2005 Ed. (4931, 4932)

2004 Ed. (4951, 4952)
2003 Ed. (4947, 4950, 4963)
2002 Ed. (4938, 4944)
2001 Ed. (1012, 4846, 4874, 4882)
2000 Ed. (801, 4409)
1999 Ed. (796, 4785)
1998 Ed. (3439, 3723, 3730)
1996 Ed. (3836)
1995 Ed. (3738)
1994 Ed. (3663)
1993 Ed. (3704)
1992 Ed. (4447)
1990 Ed. (3693, 3695)
1989 Ed. (755, 868, 2929, 2946)
Almaden Brandy
2002 Ed. (769)
Almaden Champagne
1991 Ed. (884, 3500, 3502)
Almaden Vineyards
2002 Ed. (4923, 4926)
2001 Ed. (4843)
1992 Ed. (4461, 4464)
Alman Electric Inc.
1994 Ed. (2049)
Almanij
2000 Ed. (1392)
Almanij NV
2007 Ed. (1600)
2006 Ed. (1448, 1562, 1563, 1564, 1565)
2002 Ed. (759, 760, 1596)
Almanu
2001 Ed. (1641)
Almap
2001 Ed. (115)
2000 Ed. (71)
Almap/BBDO Communicacoes
1995 Ed. (52)
Almap/BBDO Communicacoes
1997 Ed. (67)
Almap/BBDO Comunicacoes
2003 Ed. (54)
2002 Ed. (87)
1999 Ed. (67)
1996 Ed. (68)
1994 Ed. (73)
1993 Ed. (84)
Almaty Merchant Bank
2001 Ed. (632)
Almay
2008 Ed. (2183, 2184, 2187)
2007 Ed. (2073, 2074)
2006 Ed. (2125, 2126, 2127)
2004 Ed. (1899, 1900)
2003 Ed. (1859, 1860, 1861, 1864, 3215, 3625)
2002 Ed. (1800)
2001 Ed. (1908, 1909, 1910, 1913, 2384, 3516)
2000 Ed. (1586, 1587, 1589, 1590, 1903, 1904, 2936, 3313, 4037)
1999 Ed. (1754, 1755, 1759, 1760, 2111, 2112, 2113, 2114, 3189, 3190, 3191)
1998 Ed. (1194, 1196, 1197, 3307, 3308, 3309)
1997 Ed. (1531, 1532, 1533, 2635)
1996 Ed. (1463, 1465)
1995 Ed. (1507, 1508, 2899)
1994 Ed. (1471, 1472, 1473)
1993 Ed. (1418, 1419, 1420)
1992 Ed. (1710)
1990 Ed. (1435, 1740)
Almay Kinetin
2004 Ed. (4429)
2003 Ed. (4431)
Almay One Coat
2003 Ed. (1862)
2001 Ed. (1906, 1907, 2382, 2383)
Almay Stay Smooth
2001 Ed. (1906)
Almirall Cia
2001 Ed. (195)
Almirall y Cia Publicidad
1991 Ed. (140)
Almirall y Compania Publicidad (Ammirati)
2000 Ed. (157)
1999 Ed. (140)
Almninium of Greece
1992 Ed. (363, 364)
Almonds
1994 Ed. (2687)
1993 Ed. (1748, 2736)
1992 Ed. (3281)
1990 Ed. (2727)
Almonds, honey-roasted
1994 Ed. (2689)
Almonds, in-shell
1994 Ed. (2689)
Almonds, regular
1994 Ed. (2689)
Almonds, smoked
1994 Ed. (2689)
Almost Family Inc.
2008 Ed. (1885)
2007 Ed. (1849)
2006 Ed. (1844)
Almost Heaven Ltd.
1993 Ed. (1901)
1992 Ed. (2230)
1991 Ed. (1774)
Alno AG
1997 Ed. (2692)
Alno-Moebelwerke GMBH & Co. KG
1995 Ed. (1960)
1994 Ed. (1931)
1991 Ed. (1781)
Aloha
1993 Ed. (1105)
Aloha Airgroup Inc.
2006 Ed. (226)
Aloha Airlines
1998 Ed. (818)
1990 Ed. (1184)
Aloha Mixed Plate
2006 Ed. (1741)
Aloha Petroleum Ltd.
2005 Ed. (1784)
2004 Ed. (1726)
Aloinform
2004 Ed. (27)
Alomide
1996 Ed. (2871)
Alon USA Energy Inc.
2008 Ed. (2108, 3539, 3901)
Along Came a Spider
2003 Ed. (3454)
Alonzo Mourning
2003 Ed. (296)
Alorica Inc.
2007 Ed. (1239)
2003 Ed. (2706)
Aloysio de Andrade Faria
2008 Ed. (4854)
2004 Ed. (4879)
2003 Ed. (4893)
ALP Freddy's
1995 Ed. (1615)
Alpargatas
1996 Ed. (812)
1994 Ed. (788)
1993 Ed. (770)
1992 Ed. (966)
1991 Ed. (784, 785)
1989 Ed. (1169)
Alpen
1992 Ed. (1075)
Alpena Bancshares Inc.
2005 Ed. (359)
Alpena, MI
2001 Ed. (2822)
Alper Group
2001 Ed. (2876, 2878)
Alpern Rosenthal
2008 Ed. (2035)
Alpern Rosenthal & Co.
2002 Ed. (20)
Alperstein; Leslie
1997 Ed. (1916)
1996 Ed. (1843)
Alpert & Alpert Iron & Metal Inc.
1998 Ed. (3030)
1997 Ed. (3277)
Alpha
1996 Ed. (188)
1990 Ed. (1978)
1989 Ed. (2909)
Alpha Baking Co.
1992 Ed. (492)
1989 Ed. (355)
Alpha Bank
2008 Ed. (410, 420, 1772)
2007 Ed. (454, 1745, 1746)
2006 Ed. (447, 1737, 1738)
2005 Ed. (32, 42, 504, 514)
2004 Ed. (491, 535)
2003 Ed. (500)
2002 Ed. (565)
Alpha Bank AE
2006 Ed. (1739)
Alpha Bank Romania
2006 Ed. (517)
Alpha Bank SA
2006 Ed. (290)
Alpha Boushahri
1999 Ed. (115)
Alpha Capital Management
1999 Ed. (3088, 3090)
Alpha Capital Mgmt.
2000 Ed. (2821, 2822, 2823, 2824)
Alpha Credit
2000 Ed. (542)
Alpha Credit Bank
2000 Ed. (320, 321, 541)
1997 Ed. (276)
Alpha Credit Bank SA
2002 Ed. (341, 342)
1999 Ed. (303, 304, 532)
1997 Ed. (277, 481)
Alpha Hydrox
2001 Ed. (2400, 3165, 3166)
2000 Ed. (4037)
1999 Ed. (305)
1998 Ed. (3308, 3309)
1996 Ed. (3442)
Alpha Industries Inc.
2006 Ed. (3528, 4367)
Alpha Keri
2003 Ed. (642)
2002 Ed. (669)
2001 Ed. (665)
1999 Ed. (686)
1994 Ed. (676)
Alpha Natural Resources Inc.
2008 Ed. (1016)
Alpha Natural Resources Virginia LLC
2008 Ed. (1016)
Alpha Office Supplies Inc.
2007 Ed. (3594)
Alpha Office Supplies, Furniture, & Flooring
2008 Ed. (3729)
Alpha 1 Biomedicals
1996 Ed. (2887)
Alpha Rae Personnel Inc.
2008 Ed. (3708, 4385, 4961)
2007 Ed. (3554, 4411)
Alpha Remodeling
2005 Ed. (1162)
Alpha Retail Trading
1999 Ed. (247)
1997 Ed. (1680)
Alpha Risk Management Inc.
2008 Ed. (4249)
2006 Ed. (4199)
2002 Ed. (4065)
2001 Ed. (4124)
Alphablox
2003 Ed. (4682)
Alphagen
2001 Ed. (3588)
Alphagen/Ophthalmic Solution
2000 Ed. (3379)
Alphagraphics Printshops
1992 Ed. (2226)
AlphaGraphics Printshops Of The Future
2008 Ed. (4023)
2007 Ed. (4005)
2006 Ed. (3963)
2005 Ed. (3896)
2004 Ed. (3940)
2003 Ed. (3932)
2002 Ed. (3765)
AlphaInsight Corp.
2008 Ed. (1399)
2007 Ed. (4451)
Alphanet Solutions
1998 Ed. (1887)
Alpharel
1989 Ed. (2368)
Alpharma Inc.
2006 Ed. (3878)
2005 Ed. (2245, 3807)
2004 Ed. (2149)
2003 Ed. (281, 2651)
2002 Ed. (317, 318)
2001 Ed. (2061, 2103)
AlphaSmart Inc.
2006 Ed. (4260)
Alphatec Holdings Inc.
2008 Ed. (4291)
AlphlBio
1990 Ed. (2750)
Alphyra Group Ltd.
2008 Ed. (1858)
Alpina
1997 Ed. (698)
1993 Ed. (3327)
1992 Ed. (3981, 3983)
1991 Ed. (2158, 3134)
Alpine Access Inc.
2008 Ed. (1690)
2007 Ed. (1668)
2006 Ed. (1660, 3987)
2004 Ed. (3970)
Alpine Buick Pontiac GMC
2008 Ed. (4993)
Alpine Capital
1992 Ed. (1453, 1455)
Alpine County, CA
1994 Ed. (2167)
1993 Ed. (1429, 2144)
Alpine Equipment LLC
2002 Ed. (1072)
The Alpine Group Inc.
2004 Ed. (1081)
2003 Ed. (2238)
2001 Ed. (2893, 2894)
1999 Ed. (2625)
1997 Ed. (2169)
Alpine Industries
1999 Ed. (2117)
Alpine International Real Estate Equity
2007 Ed. (4542)
Alpine Jaguar
1995 Ed. (276)
Alpine lace
2008 Ed. (900)
Alpine Motor Co.
1996 Ed. (275)
Alpine National Municipal Assets
1992 Ed. (3147)
Alpine, NJ
2006 Ed. (2972)
1989 Ed. (1634, 2773)
Alpine Packing Co.
1995 Ed. (2522, 2968)
Alpine Realty Income & Growth
2006 Ed. (3655)
Alpine skiing equipment
1997 Ed. (3555)
Alpine Spring
2000 Ed. (783)
Alpine US Real Estate Equity
2004 Ed. (3566)
2003 Ed. (3117)
Alpine Waste Solutions Inc.
2006 Ed. (3988)
AlpInvest Partners
2008 Ed. (1425, 3445)
Alpo
2008 Ed. (3890)
2003 Ed. (3801)
2002 Ed. (3648)
1999 Ed. (3781)
1997 Ed. (3071)
1996 Ed. (2991, 2992)
1994 Ed. (2821, 2825, 2830)
1993 Ed. (2818)
1992 Ed. (3405, 3411)
1990 Ed. (2822, 2824)
1989 Ed. (2196)
Alpo Beef Flavored Dinner
1997 Ed. (3070)
1994 Ed. (2829)
1992 Ed. (3408)
1990 Ed. (2818)
1989 Ed. (2193)
Alpo Canned Cat Food
2002 Ed. (3647)
1999 Ed. (3780)
1997 Ed. (3075)
1996 Ed. (2996)
Alpo Cat Food
1994 Ed. (2834)

Alpo Dry Cat Food
1996 Ed. (2997)
1994 Ed. (2835)
Alpo Gourmet Dinner
1993 Ed. (2821)
Alpo Jerky
1992 Ed. (3410)
1990 Ed. (2820)
1989 Ed. (2195)
Alpo Lean
1995 Ed. (2904)
Alpo Life
1995 Ed. (2904)
Alpo Petfoods Inc.
1994 Ed. (2828)
Alpo Premium
1993 Ed. (2820)
1992 Ed. (3413)
Alpo Prime Cuts
1999 Ed. (3781)
1997 Ed. (3071)
1996 Ed. (2992)
1994 Ed. (2821)
Alpo Regular Dinner
1993 Ed. (2815)
Alpo Snaps
1996 Ed. (2994)
1994 Ed. (2832)
1993 Ed. (2817)
1992 Ed. (3410)
1990 Ed. (2820)
1989 Ed. (2195)
Alprazolam
2007 Ed. (2245)
2006 Ed. (2311)
2005 Ed. (2249, 2250)
2004 Ed. (2152)
2003 Ed. (2107)
2002 Ed. (2048)
2001 Ed. (2101, 2102)
2000 Ed. (2324)
1996 Ed. (1566)
Alprom SA
2006 Ed. (4531)
Alps Credit Union
2008 Ed. (2217)
2007 Ed. (2102)
2006 Ed. (2181)
2005 Ed. (2086)
2004 Ed. (1945)
2003 Ed. (1905)
2002 Ed. (1846)
Alps Electric
1994 Ed. (1392)
1992 Ed. (2865)
Alpura
2001 Ed. (1972)
Alrenco
1999 Ed. (2550)
1998 Ed. (1790)
Alro Slatina
2006 Ed. (4530)
2002 Ed. (4458, 4459)
Alro Steel Corp.
1999 Ed. (3353)
Alrod International Inc.
2000 Ed. (2463, 2467)
1999 Ed. (4651)
1998 Ed. (1940, 3613)
1997 Ed. (2218, 3787)
1996 Ed. (2112, 3731)
1995 Ed. (2103, 3652)
ALSAC-St. Jude Hospital
1995 Ed. (940, 2140, 2779)
ALSAC-St. Jude's Children's Research Hospital
2005 Ed. (3606)
ALSAC-St.Jude's Children's Research Hospital
2000 Ed. (3345)
Alsaud; King Fahd Bin Abdul Aziz
2005 Ed. (4880)
Alsaud; Prince Alwaleed Bin Talal
2008 Ed. (4891, 4892)
2007 Ed. (4916, 4921)
2006 Ed. (690, 4927, 4928)
2005 Ed. (4883, 4886)
Alsaudi Alhollandi
1991 Ed. (438)
ALSC Children's Club
1999 Ed. (1128)
Alsco Inc.
2008 Ed. (3886)
2007 Ed. (3826)
2006 Ed. (3810)
2005 Ed. (3720)
2004 Ed. (3811)
Alsea
2004 Ed. (2657)
2003 Ed. (2518)
Alsthom
1991 Ed. (1065)
Alstom
2008 Ed. (3149)
2007 Ed. (1734, 2400, 3035)
2006 Ed. (1686, 1689, 3380)
2004 Ed. (3005)
2003 Ed. (2899)
2002 Ed. (2729, 2730)
Alstom Australia
2004 Ed. (1650)
ALSTOM Power Inc.
2006 Ed. (4082)
Alston & Bird
2003 Ed. (1549, 3171, 3172, 3173)
1993 Ed. (2391)
1992 Ed. (2828)
1991 Ed. (2279)
1990 Ed. (2413)
Alston & Bird LLP
2008 Ed. (1504, 3012, 3025, 4725)
2007 Ed. (1522, 2890, 2904, 3307)
2006 Ed. (1489, 1492, 1728, 2420, 2423)
2005 Ed. (1606)
2004 Ed. (1575)
2001 Ed. (561, 565, 566)
Alston D. Correll
1996 Ed. (964)
Alston's Hallmark Stores
1994 Ed. (3361)
1992 Ed. (4026)
Alstroemeria
1993 Ed. (1871)
Alta Bates Corp.
1990 Ed. (2725)
ALTA Health Strategies Inc.
1993 Ed. (2244)
1992 Ed. (1169, 2697)
1991 Ed. (941)
1990 Ed. (1012)
1989 Ed. (918)
Alta Mere Industries
2005 Ed. (290)
Alta Vista
2007 Ed. (712, 733)
2000 Ed. (2749)
Altace
2003 Ed. (2115, 2116)
Altadis
2006 Ed. (2020)
Altadis SA
2008 Ed. (2083, 2084, 3581, 4696)
2007 Ed. (4775)
2006 Ed. (2018, 3401)
2002 Ed. (722, 4473, 4474, 4475, 4631)
Altadis USA Inc.
2005 Ed. (4704)
2004 Ed. (4727)
AltaGas Ltd.
2007 Ed. (1613)
2006 Ed. (1592, 1601)
AltaGas Income Trust
2008 Ed. (1611, 1656, 4783)
2007 Ed. (3865)
AltaGas Services Inc.
2005 Ed. (1693, 1694, 1695, 1696, 1697)
2004 Ed. (1661)
Altair Corp.
2004 Ed. (4583)
Altalanos Ertekforgalmi Bank Rt (General Banking & Trust Co. Ltd.)
1992 Ed. (698)
Altamed Health Services Corp.
2008 Ed. (2964)
2007 Ed. (2841)
Altamira Bond
2006 Ed. (3665)
2004 Ed. (726, 727)
2003 Ed. (3563, 3587)
2002 Ed. (3431, 3433)
2001 Ed. (3460, 3461, 3462)
Altamira Capital
1992 Ed. (4389)
1990 Ed. (3666)
Altamira Capital Growth
2004 Ed. (3626, 3627)
2003 Ed. (3593)
2002 Ed. (3441, 3442)
2001 Ed. (3469, 3470, 3471)
Altamira e-business
2004 Ed. (3633)
2003 Ed. (3605)
Altamira Equity
2004 Ed. (2471)
Altamira Global Small Co.
2002 Ed. (3438, 3439)
Altamira Global Small Company
2004 Ed. (2480)
2003 Ed. (3573, 3574, 3575)
Altamira Income
2004 Ed. (727)
2003 Ed. (3563)
Altamira Management Ltd.
1996 Ed. (2420)
Altamira Previous & Strategic Metals
2004 Ed. (3622)
Altamira Science & Technology
2004 Ed. (3621)
2003 Ed. (3577, 3578, 3579)
2002 Ed. (3443, 3444, 3445)
2001 Ed. (3473, 3474)
Altamire Health Sciences
2002 Ed. (3427)
Altamonte Mall
1999 Ed. (4309)
1998 Ed. (3299)
Altamonte Springs/Longwood, FL
1990 Ed. (2484)
Altana Inc.
2000 Ed. (1433)
1999 Ed. (1630)
1998 Ed. (1140)
1995 Ed. (1394)
1994 Ed. (1368)
1993 Ed. (1313)
1992 Ed. (1615)
1991 Ed. (1289)
Altana AG
2008 Ed. (1410)
2007 Ed. (3916, 3919)
Altana Pharma Inc.
2008 Ed. (1612)
2007 Ed. (1614)
2006 Ed. (1594)
Altas Cumbres
2008 Ed. (3260)
Altavista
2001 Ed. (4777)
1999 Ed. (3003)
AltaVista Internet Software Inc.
2001 Ed. (4746)
AltaVista Toolbar
2005 Ed. (3186)
Altaworks
2003 Ed. (4682)
Altec
2000 Ed. (906)
Altech Computers
2006 Ed. (1555)
Altel
1990 Ed. (3516)
Alteon Websystems, Inc.
2002 Ed. (2482, 2527)
Alter Care
2008 Ed. (2916)
2006 Ed. (2794)
2002 Ed. (2456)
2001 Ed. (1399)
The Alter Group
2008 Ed. (3821)
2007 Ed. (3738)
2006 Ed. (1274, 3738)
2005 Ed. (3637)
2004 Ed. (3726)
2003 Ed. (1259, 3670)
1994 Ed. (3002)
Altera Corp.
2008 Ed. (1609, 4312)
2007 Ed. (4343)
2006 Ed. (4284)
2005 Ed. (2542, 4343, 4345)
2003 Ed. (1124, 2241, 2242, 2244, 2245, 4543)
2002 Ed. (2101, 4350)
2001 Ed. (3910, 3911, 4209, 4380)
2000 Ed. (307, 308, 1737, 1738, 3998, 4001)
1999 Ed. (1658, 1958, 1959, 4276, 4278)
1998 Ed. (829, 1881, 3283)
1997 Ed. (1086, 1105, 3300)
1993 Ed. (1568, 3211)
Alteration of data
1989 Ed. (967)
Alter+Care
2006 Ed. (2797)
2005 Ed. (2814)
Alterian plc
2003 Ed. (2736)
2002 Ed. (2498)
Alterna Savings Credit Union
2008 Ed. (2221)
The Alternative Board
2007 Ed. (784)
2005 Ed. (783)
2004 Ed. (914)
The Alternative Board (TAB)
2008 Ed. (757)
2006 Ed. (688)
2002 Ed. (912)
Alternative Health HMO
1995 Ed. (2086, 2087, 2088, 2089)
1994 Ed. (2036, 2038)
Alternative Insurance Management Service Inc.
1994 Ed. (863)
1993 Ed. (850)
Alternative Insurance Management Services Inc.
1998 Ed. (638)
1997 Ed. (900)
1996 Ed. (879)
1995 Ed. (905)
1992 Ed. (1060)
1991 Ed. (855)
Alternative Living Services Inc.
2000 Ed. (1723, 1724)
1998 Ed. (3178)
Alternative Re Ltd.
2008 Ed. (3225)
2007 Ed. (3085)
2006 Ed. (3055)
Alternative Resources Corp.
1998 Ed. (1889, 2076, 3313)
1996 Ed. (3305, 3777)
Alternative Staffing Inc.
2008 Ed. (4427)
Alternative Technology Inc.
2003 Ed. (3962)
Alternatives Credit Union
2002 Ed. (1837)
Alterra Healthcare Corp.
2006 Ed. (4191)
2005 Ed. (265)
2004 Ed. (258)
2001 Ed. (1043)
Altex Industries Inc.
2004 Ed. (4553)
Altheimer & Gray
2001 Ed. (807, 917)
1995 Ed. (2651)
Alticor Inc.
2008 Ed. (1487, 1928)
2007 Ed. (1493, 1879)
2006 Ed. (1880)
2005 Ed. (1866)
2004 Ed. (1796)
2003 Ed. (1759)
Altiga Networks
2001 Ed. (2856)
Altima
2001 Ed. (485)
1998 Ed. (220)
Altima; Nissan
2008 Ed. (331, 332)
2007 Ed. (344)
2006 Ed. (358)
2005 Ed. (344, 345, 348)
Altira Group LLC
2004 Ed. (4832)
Altiris Inc.
2008 Ed. (4609, 4615)
2007 Ed. (1238, 4696)

2006 Ed. (3694, 4677)
2005 Ed. (1139)
2004 Ed. (4337)
altis-excel HR
2008 Ed. (1614, 2012)
Altius Health Plans Inc.
2006 Ed. (3111)
Altius Minerals Corp.
2008 Ed. (1625)
Altiva Financial Corp.
2002 Ed. (1397)
Altman & Co.
1997 Ed. (2480)
Altman; David
1995 Ed. (1816)
1994 Ed. (1775, 1776)
1993 Ed. (1792, 1793)
1992 Ed. (2136)
1991 Ed. (1707, 1709)
1990 Ed. (1769)
Altman; Mark
1995 Ed. (1819)
1994 Ed. (1779)
1993 Ed. (1796)
1991 Ed. (1679, 1706)
Alto Dairy Cooperative
1997 Ed. (177)
Alto Group
2004 Ed. (3957)
2002 Ed. (383, 3785)
Alto Systems Inc.
1997 Ed. (3787)
Altoids
2008 Ed. (836, 839, 931)
2004 Ed. (875, 876)
2002 Ed. (786)
2001 Ed. (1122)
2000 Ed. (974, 976)
1999 Ed. (1020)
Alton Geoscience
1993 Ed. (2033)
Alton Towers
2007 Ed. (273)
2006 Ed. (268)
2005 Ed. (249)
2003 Ed. (273)
2002 Ed. (308)
2001 Ed. (377)
2000 Ed. (297)
1999 Ed. (269)
1997 Ed. (247)
1996 Ed. (216)
1995 Ed. (217)
Altoona, PA
1992 Ed. (3053)
Altos
1989 Ed. (2305)
Altos Computer
1990 Ed. (2571, 2994)
Altos Computer Systems
1990 Ed. (1114, 2572)
1989 Ed. (1325, 1981)
Altova Inc.
2008 Ed. (1153)
2007 Ed. (1255)
2006 Ed. (1141, 3036)
2005 Ed. (1152)
Altova GmbH
2006 Ed. (3022)
Altra
2001 Ed. (4753)
Altra Credit Union
2008 Ed. (2269)
2007 Ed. (2154)
Altra Energy Technologies
2003 Ed. (2177)
2002 Ed. (1070)
2001 Ed. (1249)
Altracolor Systems
2006 Ed. (366)
2005 Ed. (351)
2004 Ed. (351)
2003 Ed. (366)
2002 Ed. (419)
Altrad
2006 Ed. (1727)
Altrec Inc.
2004 Ed. (2227)
Altres Inc.
2008 Ed. (1777)
ALTRES Global Business Services Inc.
2008 Ed. (1778)
2007 Ed. (1750)
Altria Group Inc.
2008 Ed. (29, 56, 77, 97, 1451, 1517, 1521, 1528, 1529, 1538, 1987, 1988, 2357, 2361, 2366, 3544, 3682, 4688, 4689, 4692, 4696)
2007 Ed. (16, 24, 45, 54, 56, 135, 137, 613, 916, 1326, 1451, 1533, 1537, 1543, 1544, 1920, 1921, 2214, 2217, 2221, 2226, 2619, 2839, 2842, 2911, 3415, 3698, 4557, 4586, 4764, 4765, 4766, 4767, 4768, 4769, 4772, 4773, 4778, 4779)
2006 Ed. (54, 60, 63, 65, 81, 99, 105, 135, 142, 144, 168, 772, 835, 1462, 1504, 1507, 1515, 1516, 1517, 1518, 1937, 1938, 2288, 2290, 2293, 2297, 2635, 2638, 2838, 2847, 2851, 3291, 3292, 3329, 3361, 3362, 3702, 4600, 4758, 4759, 4760, 4761, 4762, 4763, 4766, 4767)
2005 Ed. (16, 26, 33, 47, 55, 56, 58, 72, 90, 133, 135, 152, 850, 851, 925, 1618, 1620, 1622, 1627, 1628, 1629, 1800, 1819, 1821, 1909, 1910, 2221, 2224, 2227, 2228, 2232, 2637, 2641, 2847, 2855, 3380, 3381, 4522, 4704, 4705, 4706, 4707, 4708, 4709, 4710, 4711, 4714)
2004 Ed. (142, 871, 1561, 1562, 1565, 1566, 1568, 1593, 1595, 1598, 1599, 1601, 1605, 1606, 1824, 1825, 2647, 2650, 2832, 2846, 3351, 4727, 4730, 4731, 4732, 4733, 4734)
Altru Health Plan
1999 Ed. (2646, 2647)
Altru Health System
2008 Ed. (1994)
2007 Ed. (1928)
2006 Ed. (1945, 1946)
2005 Ed. (1916)
2004 Ed. (1831)
Altschuler, Melvoin & Glasser
2000 Ed. (6)
1995 Ed. (9)
1994 Ed. (2)
1993 Ed. (4)
1992 Ed. (10)
1991 Ed. (3)
1990 Ed. (6)
1989 Ed. (8)
Altschuler Melvoin & Glasser LLP
1998 Ed. (7, 922)
1996 Ed. (10)
Altura Credit Union
2006 Ed. (2173)
Altura: Government Intermediate Bond
1993 Ed. (2685)
Altura: Income Portfolio
1993 Ed. (2685)
Altus Federal Savings Bank
1994 Ed. (3531)
Altus Finance
1997 Ed. (1407, 3501)
1996 Ed. (3404)
Altus Group
2003 Ed. (4012)
Aluar
1993 Ed. (769)
1992 Ed. (1566)
1991 Ed. (784)
ALUBAF Arab International
1991 Ed. (427, 457)
Alubaf Arab International Bank
1992 Ed. (582)
Alumax Inc.
2008 Ed. (3651)
2007 Ed. (3477)
2006 Ed. (3454, 3455)
2005 Ed. (1528, 3445, 3446)
2004 Ed. (3430, 3431)
2001 Ed. (3280, 3281)
2000 Ed. (3098)
1999 Ed. (3344, 3356, 3361, 3362, 3364, 3625)
1998 Ed. (1142, 2466, 2470, 2684, 2685)
1997 Ed. (1287, 2749, 2756, 2947)
1996 Ed. (2605, 2614, 2850, 2851)
1995 Ed. (1399, 2543)
1994 Ed. (198)
1989 Ed. (922)
Alumicor Ltd.
2008 Ed. (1614, 2012)
2005 Ed. (1700)
Alumil Milonas - Aluminium Industry SA
2008 Ed. (1774, 3658)
2007 Ed. (1748)
2006 Ed. (1740)
Alumina Ltd.
2005 Ed. (1661)
Aluminerie Alouette
2005 Ed. (872)
Aluminium Bahrain
2001 Ed. (369)
Aluminium of Greece
1993 Ed. (253)
1991 Ed. (260, 261)
Aluminum
2008 Ed. (1093, 2643)
2007 Ed. (2516)
2006 Ed. (3011)
1993 Ed. (1711)
1992 Ed. (3645, 3646, 3647)
1991 Ed. (2057)
1990 Ed. (2183, 2186, 2188)
1989 Ed. (2646)
Aluminum cans
1994 Ed. (3027)
Aluminum foil
2002 Ed. (3719)
Aluminum Co. of America
2005 Ed. (1528)
2004 Ed. (1512)
2003 Ed. (1482)
2002 Ed. (1461)
2000 Ed. (3096, 3100, 3101)
1999 Ed. (3357, 3361, 3363, 3414)
1998 Ed. (149, 2471, 2509)
1997 Ed. (2946)
1994 Ed. (197, 198, 1283, 1439, 2475, 2476, 2485, 2672, 2673, 2674)
1993 Ed. (211, 1385, 2534, 2726)
1992 Ed. (315, 2970, 3026, 3253)
1991 Ed. (220, 2418)
1990 Ed. (247, 2539, 2540, 2544, 3557)
1989 Ed. (1944, 2657)
Aluminum Corp. of China Ltd.
2008 Ed. (3554)
2007 Ed. (1582)
2005 Ed. (4505)
Aluminum Pars
2002 Ed. (4429)
Aluminum Shapes Inc.
1990 Ed. (1043)
Aluminum Suisse
1989 Ed. (2070)
Aluminum.com
2001 Ed. (4761)
Alun Jones
1998 Ed. (1687)
Alupent
1999 Ed. (1899)
Alure
2005 Ed. (1162)
Alusuisse
1993 Ed. (1406, 3743)
1992 Ed. (1694)
1991 Ed. (1352)
1990 Ed. (2717)
1989 Ed. (2071)
Alusuisse Aluminium Suisse SA
1997 Ed. (2750)
Alusuisse Flexible Packaging
1992 Ed. (1387)
Alusuisse Group AG
2003 Ed. (1829)
Alusuisse-Lonza
1994 Ed. (1456, 2484)
Alusuisse Lonza Group Ltd.
2002 Ed. (4486)
Alusuisse-Lonza Holding Ltd.
1996 Ed. (1453)
Alusuisse-Lonza Holding AG
1997 Ed. (1516)
Alusuisse N
2000 Ed. (4448)
Alutiiq LLC
2008 Ed. (1546)
Aluworks Ghana Ltd.
2002 Ed. (4418)
Alva State Bank & Trust Co.
2008 Ed. (197)
1993 Ed. (504)
1989 Ed. (216)
Alvah H. Chapman, Jr.
1991 Ed. (1629)
1990 Ed. (1721, 1722)
1989 Ed. (1382)
Alvah H. Chapman Jr. Graduate School of Business; Florida International University
2008 Ed. (787)
2007 Ed. (808, 2849)
2006 Ed. (2859)
2005 Ed. (2853)
Alvar
1992 Ed. (965)
Alvarado; Audrey
2008 Ed. (3789)
Alvarado Construction
1995 Ed. (3794)
Alvarado; Donna M.
2008 Ed. (1428)
Alvarado; Linda G.
2008 Ed. (1428)
2007 Ed. (1444)
Alvarado Medical Center
2008 Ed. (2771)
Alvarez; Aida
2008 Ed. (1428)
2007 Ed. (1444)
Alvarez; Ralph
2008 Ed. (1428)
2006 Ed. (2516)
Alvarez Sr.; Robert R.
1994 Ed. (2059, 2521, 3655)
Alvarez; Tony
2007 Ed. (2496)
Alvaro
1994 Ed. (962)
Alvaro de Molina
2008 Ed. (970)
Alvaro G. de Molina
2007 Ed. (385, 2496)
Alvaro Roche
2006 Ed. (4140)
Alventive
2002 Ed. (2472)
Alvi Brava Sa
1993 Ed. (1284)
Alvin Ailey Dance Foundation
2004 Ed. (929)
Alvin Autoland Inc.
2006 Ed. (3541, 4380)
Alvin Brooks & Morton Zetlin
2006 Ed. (348)
Alvin H. Butz Inc.
2003 Ed. (1288)
Alvin James
1991 Ed. (2548)
Alvin Kang
2008 Ed. (370)
Alvis plc
2006 Ed. (1420)
2003 Ed. (205)
Alvord; Joel B.
1992 Ed. (531)
Alwaleed Bin Talal Alsaud; Prince
2008 Ed. (4892)
2007 Ed. (4916, 4921)
2006 Ed. (690, 4927, 4928)
2005 Ed. (4883, 4886)
Alwaleed; Prince
2005 Ed. (4882)
Always
2008 Ed. (711, 2688)
2004 Ed. (2153)
2003 Ed. (2462, 2463, 3719)
2002 Ed. (2254, 3644)
2001 Ed. (2411, 2413)
1999 Ed. (3779)
1996 Ed. (2988)
1994 Ed. (1751, 2819)
1993 Ed. (1760)
1992 Ed. (2126)

Always Alldays
2003 Ed. (2462, 2463)
2001 Ed. (2411)
Always Ultra
2001 Ed. (2411, 2413)
Alyce Andrews
1999 Ed. (2433)
Alyeska Pipeline Service Co.
2005 Ed. (3841)
2004 Ed. (3903)
2003 Ed. (1606, 2273, 3878, 3879)
2001 Ed. (1609, 3802)
1999 Ed. (3828, 3829)
1998 Ed. (2857, 2858)
1997 Ed. (3120, 3125)
1996 Ed. (3040, 3044)
1995 Ed. (2946, 2949)
1994 Ed. (2882, 2883)
1993 Ed. (960, 2857, 2861)
1992 Ed. (3465)
1991 Ed. (219, 2744)
Alyeska Resort
2003 Ed. (2851)
Alz NV
2004 Ed. (3358)
2002 Ed. (3234)
ALZA Corp.
2005 Ed. (1507)
2003 Ed. (1427)
2001 Ed. (709, 1203)
2000 Ed. (738)
1999 Ed. (1482, 1556)
1998 Ed. (465, 1044)
1997 Ed. (674, 1650, 2387, 3299)
1996 Ed. (740, 3510)
1995 Ed. (665, 666)
1994 Ed. (710, 711)
1993 Ed. (218, 225, 701, 702)
1992 Ed. (893, 322, 892, 1541, 1861, 3667, 3668)
1991 Ed. (711, 1232, 2837, 2838)
1990 Ed. (732, 1302, 2984, 2985)
1989 Ed. (733)
ALZA Corp
1991 Ed. (1465)
Alzheimers Association
1999 Ed. (293)
Alzheimer's Disease & Related Disorders Association
2004 Ed. (932)
A.M. Castle & Co.
1999 Ed. (3353, 4471)
1998 Ed. (3403)
1997 Ed. (3630)
1996 Ed. (3586)
1993 Ed. (3451)
1992 Ed. (4136)
AM Communications Inc.
2005 Ed. (1545)
AM Cosmetics Inc.
2003 Ed. (1866, 1867, 3216, 3626)
1999 Ed. (3191)
A.M. Express
1992 Ed. (4354)
Am. Insd. Mtg. Inv.
1990 Ed. (2967)
AM International Inc.
1992 Ed. (2077)
1991 Ed. (1212, 1640)
1990 Ed. (1735)
1989 Ed. (1053)
AM-PAC Tire Distributors
2005 Ed. (4698)
am/pm Convenience Stores
2003 Ed. (1367)
am/pm Mini Market
2008 Ed. (1378)
Am-Pro Protective Agency Inc.
1998 Ed. (469)
1995 Ed. (672)
1994 Ed. (715)
Am-Re Brokers Inc.
2000 Ed. (3751)
Am South Bank
2000 Ed. (1907)
1999 Ed. (2123)
AMA DDB Needham
1997 Ed. (132)
Ama-DDB Philippines
2000 Ed. (160)
1999 Ed. (143)
AMA DDBN Philippines
1996 Ed. (128)
1995 Ed. (114)
AMA (Groupama)
1994 Ed. (2235)
AMA, Leo Burnett
2000 Ed. (90)
1999 Ed. (84)
1997 Ed. (83)
1996 Ed. (83)
1995 Ed. (70)
1993 Ed. (96)
1992 Ed. (144)
1991 Ed. (96)
Amacon
1991 Ed. (143)
Amada Co., Ltd.
2001 Ed. (3185)
1993 Ed. (2484)
1990 Ed. (2177)
Amadahl
1992 Ed. (1311)
Amadeus Global Travel Distribution SA
2004 Ed. (4798)
2002 Ed. (4474)
Amadeus International
2001 Ed. (4636)
Amador Motors
1996 Ed. (298)
1994 Ed. (267)
1993 Ed. (268, 297, 299, 300, 301)
1992 Ed. (382, 412)
1991 Ed. (277)
Amag (VW & BMW)
1991 Ed. (50)
Amagerbanken
2008 Ed. (404)
2007 Ed. (430)
1994 Ed. (467)
Amal Rasayan
1996 Ed. (1600)
Amalgamated Bank of New York
1999 Ed. (482)
1998 Ed. (2271)
1993 Ed. (652)
Amalgamated Bank of N.Y.
2000 Ed. (2801)
Amalgamated Banks of South Africa
1999 Ed. (638, 641)
1997 Ed. (388, 614)
1996 Ed. (421, 679)
1995 Ed. (397, 606)
1994 Ed. (404, 631, 2343)
1993 Ed. (414, 626, 627)
Amalgamated Steel Mills
1992 Ed. (1668, 1669)
Amalgamated Steel Mills Bhd
1995 Ed. (1452, 1453)
1994 Ed. (1417)
1993 Ed. (1365)
Amalgamated Telecom Holdings Ltd.
2006 Ed. (4503)
Aman Environmental Construction Inc.
2002 Ed. (1288)
Amana Co.
2008 Ed. (1855, 2348, 2988, 3089, 3835, 4548)
2007 Ed. (2965)
2005 Ed. (2951, 2953)
2003 Ed. (2865)
2002 Ed. (2695)
2001 Ed. (287, 2037, 2808, 3600, 3601, 4027, 4731)
2000 Ed. (2577)
1999 Ed. (2801)
1998 Ed. (2042)
1997 Ed. (2314)
1996 Ed. (2190, 2195)
1993 Ed. (166, 1908, 2569)
1992 Ed. (258, 3071, 3649)
1991 Ed. (187, 2457, 2825, 3471)
1990 Ed. (2035, 2574, 2746, 2978)
Amana Growth
2007 Ed. (3671)
2004 Ed. (2450)
2003 Ed. (3490, 3491)
Amana Income
2007 Ed. (3670)
Amana Mutual Funds Trust Growth
2006 Ed. (4407)
Amana Mutual Funds Trust Income
2008 Ed. (2616)
2006 Ed. (4405)
Amanah
1994 Ed. (3193)
Amanah Chase Merchant Bank
1989 Ed. (1781)
Amanah Merchant Bankers
1997 Ed. (3485)
1996 Ed. (3391)
Amanbank
2006 Ed. (4514)
Amancio Ortega
2008 Ed. (4864, 4865, 4874, 4882)
2007 Ed. (4911, 4912)
2006 Ed. (4924)
2005 Ed. (4877)
2004 Ed. (4877)
2003 Ed. (4892)
Amandari
1995 Ed. (2173)
Amanpuri
1995 Ed. (2173)
1994 Ed. (3052)
Amaprop
1995 Ed. (3062)
1993 Ed. (2962)
Amar Bose
2008 Ed. (4828)
Amar Dye-Chem
1996 Ed. (1600)
Amar Gill
2000 Ed. (2179)
Amaral Custom Homes
2004 Ed. (1168)
Amarasinghe; Anush
1997 Ed. (1999)
Amaretto
2002 Ed. (3087, 3098)
2001 Ed. (3101, 3111)
Amaretto di Amore
2002 Ed. (3097)
1998 Ed. (2372)
Amaretto di Saronno
1993 Ed. (2425, 2429, 2432)
1992 Ed. (2861)
1991 Ed. (2312)
Amaretto di Sarrono
1990 Ed. (2444)
Amarillo Community Credit Union
2003 Ed. (1897)
Amarillo, TX
2006 Ed. (3311)
2005 Ed. (3339)
2004 Ed. (3316)
2000 Ed. (2886, 3107)
1994 Ed. (974, 2496)
1993 Ed. (2115)
Amario; Jose
2006 Ed. (2516)
AMAROK
2008 Ed. (1383)
Amatek Industries
2004 Ed. (798)
2002 Ed. (861, 1652)
Amateur Athletic Foundation
1990 Ed. (1848)
Amateur Athletic Foundation of Los Angeles
1989 Ed. (1478)
Amateur Softball Association of America
1999 Ed. (294)
Amatil Ltd.
1993 Ed. (23)
1992 Ed. (40)
1991 Ed. (15)
1990 Ed. (21)
1989 Ed. (22)
Amato; Joseph
1993 Ed. (1842)
AMAX Inc.
1995 Ed. (1220)
1994 Ed. (197, 2475, 2480, 2485, 2672, 2673, 2674)
1993 Ed. (211, 2534, 2538, 2726, 2727)
1992 Ed. (315, 1469, 2970, 3026, 3031, 3252, 3253, 3254)
1991 Ed. (220, 2418, 2422, 2611)
1990 Ed. (247, 1073, 2539, 2540, 2544, 2715, 3446)
1989 Ed. (947, 948, 1039, 1944, 1946, 1992)
Amax Coal Co.
1993 Ed. (1002, 1003, 1003)
1992 Ed. (1233)
1990 Ed. (1069)
Amax Coal Co., Ayrshire mine
1990 Ed. (1072)
AMAX Coal Co., Belle Ayr
1989 Ed. (950)
Amax Coal Co., Belle Ayr mine
1990 Ed. (1071)
AMAX Coal Co., Eagle Butte
1989 Ed. (950)
Amax Coal Co., Eagle Butte mine
1990 Ed. (1071)
Amax Gold Inc.
1999 Ed. (4490, 4491, 4492, 4493)
1997 Ed. (3644)
1993 Ed. (2536)
1992 Ed. (3028, 3225)
1991 Ed. (1846, 2420)
1990 Ed. (2543)
1989 Ed. (1946)
AMAX Group
1989 Ed. (949)
AMAXIMIS Lending, LP
2001 Ed. (3349)
Amazin Fruit
1997 Ed. (887, 888)
The Amazing Panda Adventure
1998 Ed. (3674)
Amazing Race: Family Edition
2007 Ed. (681)
Amazon
2008 Ed. (658, 683, 690, 691, 692, 704, 3374, 4238)
2007 Ed. (732, 3246, 4203)
2006 Ed. (3187)
2005 Ed. (3196, 3197)
2001 Ed. (4781)
Amazon Books
1998 Ed. (3776)
Amazon Grill
2006 Ed. (4119)
Amazon Tour Eirl
1995 Ed. (1450)
Amazon.com Inc.
2008 Ed. (884, 1532, 1541, 2142, 2145, 2146, 2165, 2166, 2440, 2447, 2991, 3369, 4233, 4288)
2007 Ed. (1542, 1560, 2044, 2056, 2057, 2314, 2315, 2321, 2623, 2716, 2720, 3070, 3209, 3217, 3222, 3241, 4196, 4197, 4495)
2006 Ed. (650, 653, 1496, 2072, 2073, 2077, 2080, 2082, 2083, 2100, 2101, 2373, 2374, 2375, 2376, 2377, 2383, 2726, 3183, 4152, 4173, 4174)
2005 Ed. (1609, 1823, 1999, 2000, 2324, 2325, 2327, 2328, 2770, 3176, 3182, 3982, 4129, 4141, 4249, 4517)
2004 Ed. (764, 1607, 1608, 1884, 2225, 2226, 2227, 3023, 3152, 3160, 3162, 4039, 4043, 4555, 4576)
2003 Ed. (748, 1524, 2185, 2186, 2187, 3020, 3045, 3052)
2002 Ed. (1553, 2055, 2470, 2990, 2995, 3485, 4749, 4849)
2001 Ed. (1745, 1867, 1868, 1874, 2179, 2967, 2976, 2981, 2984, 2992, 4780)
2000 Ed. (1340, 2640, 2641, 2753, 3391)
1999 Ed. (3006, 4163, 4168, 4752)
AMB
1995 Ed. (2541, 2542)
AMB Aachener U. Muenchener Beteiligungs-AG
2000 Ed. (4007)
AMB Aachener Und Muenchener Beteiligungs AG
1997 Ed. (3500)
AMB Aachener und Munchener Beteiligungs AG
1999 Ed. (2920, 4288)
AMB Institutional Realty
1997 Ed. (2541)
1996 Ed. (2411)

1995 Ed. (2356, 2376)
1992 Ed. (2751, 2759)
1991 Ed. (2228, 2240)
AMB Institutional Realty Advisors
1998 Ed. (2274)
1993 Ed. (2310, 2330)
AMB Property Corp.
2008 Ed. (3139, 4125)
2007 Ed. (3021, 4102, 4104)
2006 Ed. (2990, 4053)
2005 Ed. (2995, 4023)
2004 Ed. (2997, 4089)
2003 Ed. (4063)
2001 Ed. (4009)
1999 Ed. (4002)
AMB Rosen Real Estate Securities
1998 Ed. (2287, 2292)
Ambac
1997 Ed. (2006)
1996 Ed. (1916, 2259)
1995 Ed. (1872, 3305)
1994 Ed. (1842, 3223)
Ambac Assurance Corp.
2000 Ed. (3206, 3207, 3208, 3209, 3210, 3211, 3212, 3213, 3214, 3215, 3216)
Ambac Financial Group Inc.
2007 Ed. (4517)
2006 Ed. (1779, 1780, 4458)
2005 Ed. (3086, 4455)
2004 Ed. (4483)
2003 Ed. (4533)
2002 Ed. (4350)
Ambac Indemnity Corp.
2001 Ed. (743)
1999 Ed. (3489, 3490, 3491, 3492, 3493, 3494, 3495, 3496, 3497, 3498, 3499)
1998 Ed. (1692, 2579, 2580, 2581, 2582, 2583, 2584, 2585, 2586, 2587, 2588)
1997 Ed. (2850, 2851, 2852, 2853, 2854, 2855, 2856, 2857, 2858, 2859)
1996 Ed. (2733, 2734, 2735, 2736, 2737, 2738, 2739, 2740, 2741, 2742)
1995 Ed. (2654, 2655, 2656, 2657, 2658, 2659, 2660, 2661, 2662, 2663, 2664)
1993 Ed. (2628, 2629, 2630, 2631, 2632, 2633, 2634, 2635, 2636, 2637)
1991 Ed. (2168, 2537, 2538, 2539, 2540, 2541, 2542, 2543, 2544, 2545)
AMBAC Indemnity Corp
1990 Ed. (2650, 2651, 2652, 2653)
Ambani
1991 Ed. (962)
1990 Ed. (1380)
Ambani; Anil
2008 Ed. (4841, 4879)
2007 Ed. (4909, 4914)
Ambani; Mukesh
2008 Ed. (4841, 4879)
2007 Ed. (4909, 4914)
Ambani; Mukesh & Anil
2008 Ed. (4881)
2006 Ed. (4926)
2005 Ed. (4861)
AmBase Corp.
1994 Ed. (1215)
1993 Ed. (3283)
1992 Ed. (3227, 3920, 3926, 3931, 3934)
Ambassador
1999 Ed. (2609, 2610)
1998 Ed. (1863, 1864)
1997 Ed. (2159, 2160)
1996 Ed. (3607)
1995 Ed. (2045, 2046, 3525)
1994 Ed. (1988, 1989)
1993 Ed. (1995, 1996)
1992 Ed. (2346)
1991 Ed. (3215)
1989 Ed. (2634)
Ambassador Growth RRSP
2002 Ed. (3461)
Ambassador International Stock Fid.
1996 Ed. (616)
Ambassador International Stock Fiduciary
1995 Ed. (556)
Ambassador Small Co. Fiduciary
1994 Ed. (583)
Ambassador Small Co. Growth
1994 Ed. (585)
Ambassadors Group
2008 Ed. (2144, 2145, 4436)
2007 Ed. (2045)
2006 Ed. (2079, 2080, 2081, 2086)
Ambassadors International Inc.
2008 Ed. (4529)
2004 Ed. (4093)
Amber Alert Consortium
2007 Ed. (3211)
Amber Homes
2004 Ed. (1141, 3969)
Amber Hotel Co.
2008 Ed. (3071)
Amber Leaf
2001 Ed. (4568)
Amber Networks Inc.
2004 Ed. (1530)
2002 Ed. (1070)
Amber Teleholdings Consortium
2005 Ed. (3239)
Amberly
1995 Ed. (2045)
AmberWave Systems
2006 Ed. (1090)
AMBEV
2006 Ed. (1851, 4489)
2005 Ed. (1564, 1843)
2003 Ed. (1735)
AMBI Inc.
1999 Ed. (1455, 4318)
1994 Ed. (3314)
Ambi Cocoa Butter Bar
1999 Ed. (4353)
Ambi Complexion Cleansing Bar
1999 Ed. (4353)
Ambi Glycerin Cleansing Bar
1999 Ed. (4353)
Ambi Moisturizing Bath Bar
1999 Ed. (4353)
Ambi-Pur
2003 Ed. (987)
2002 Ed. (2709)
Ambi 10 Medicated Cleansing Bar
1999 Ed. (4353)
Ambien
2007 Ed. (3910)
2006 Ed. (2314)
2005 Ed. (2252)
1996 Ed. (1571)
Ambient Weather
2007 Ed. (4167)
2006 Ed. (1100)
Ambiente
2004 Ed. (4756, 4758)
Ambler Inn; Joseph
1993 Ed. (2091)
Ambler, John D.
1994 Ed. (1712)
Amboy Bancorp
2007 Ed. (465)
2005 Ed. (375, 378)
2002 Ed. (443)
Ambre Solaire
2001 Ed. (4394, 4395, 4396, 4397)
Ambre Solaire High Protection
2001 Ed. (1933)
Ambre Solaire Moist Tanning
2001 Ed. (1933)
Ambreco Inc.
2006 Ed. (2830)
Ambria
1992 Ed. (3706)
Ambrosi
2008 Ed. (116)
Ambrosia
1996 Ed. (876)
1994 Ed. (858)
Ambrosia Canned Desserts
2002 Ed. (939)
Ambrosia Milk Puddings
1999 Ed. (1027)
Ambrosia Rice Pudding
1992 Ed. (1047)
Ambrosiadou; Elena
2008 Ed. (2595)
2007 Ed. (2464)
Ambroveneto International Bank Ltd.
2000 Ed. (483)
Ambs Investment Counsel
1999 Ed. (3076)
1997 Ed. (2531)
1996 Ed. (2409)
Ambulatory Services Inc.
2005 Ed. (1784)
2004 Ed. (1726)
Ambulatory Services of America
1992 Ed. (2436)
Ambulatory surgery centers
1996 Ed. (2082)
AMC Corp.
1999 Ed. (3451)
1995 Ed. (1766)
1989 Ed. (317)
AMC Arab Market Advertising
1992 Ed. (138)
1991 Ed. (90)
AMC Burbank 14 Theaters
2000 Ed. (3167)
AMC Burbank 14 Theatres
1997 Ed. (2820)
AMC Century 14 Theatres
1997 Ed. (2820)
AMC Covina 30 Theaters
2000 Ed. (3167)
AMC Entertainment Inc.
2007 Ed. (2456)
2006 Ed. (2490, 2494, 3434, 3437, 3572, 3573)
2005 Ed. (1834, 2445, 2446, 3423, 3426, 3513, 3514, 3515)
2004 Ed. (2420, 2421, 3508, 3509, 3510)
2003 Ed. (2337, 2340, 2343)
2001 Ed. (2272, 2273, 3388, 3389)
2000 Ed. (2238)
1999 Ed. (3444)
1998 Ed. (2533)
1997 Ed. (2818)
1996 Ed. (2688)
1995 Ed. (2613)
1994 Ed. (2561)
1993 Ed. (2598)
1992 Ed. (3109)
AMC/Jeep/Renault
1989 Ed. (345)
AMC-Melewar Zecha
1992 Ed. (178)
AMC Montebello 10 Theatres
1997 Ed. (2820)
AMC Norwalk 20 Theaters
2000 Ed. (3167)
AMC Pine Square 16 Theatres
1997 Ed. (2820)
AMC Puente Hills 20 Theaters
2000 Ed. (3167)
AMC Rolling Hills 20 Theaters
2000 Ed. (3167)
AMC/Saatchi & Saatchi Advertising
1990 Ed. (126)
1989 Ed. (133)
AMCA International
1992 Ed. (2417)
1991 Ed. (2621)
AMCabl
1989 Ed. (2663)
Amcap
2004 Ed. (2452)
Amcast Automotive
1997 Ed. (704)
AmCent-20th Century
2000 Ed. (3278)
AMCI Exports
2000 Ed. (1893)
Amco
1999 Ed. (276)
Amco Insurance Co.
2008 Ed. (1855)
2007 Ed. (1818)
2005 Ed. (1826)
2004 Ed. (1759)
Amcoal
1995 Ed. (1040)
Amcol Holdings Ltd.
1999 Ed. (4317)
1996 Ed. (3439)
1995 Ed. (1479)
1994 Ed. (1443, 3311)
1993 Ed. (1390, 3323)
Amcol International Corp.
2008 Ed. (3675)
2007 Ed. (3512)
2006 Ed. (3482)
2005 Ed. (3482, 3483)
2004 Ed. (3485, 3486)
2003 Ed. (3417)
2001 Ed. (3324, 3325)
AMCON Distributing Co.
2005 Ed. (4913, 4914)
2004 Ed. (4931, 4932)
1997 Ed. (1202, 1203)
Amcor Ltd.
2008 Ed. (3547)
2006 Ed. (3370)
2005 Ed. (1658, 1660)
2004 Ed. (1630, 1632, 3767)
2003 Ed. (1616)
2000 Ed. (3403)
1999 Ed. (311, 1584)
1997 Ed. (282, 1362, 2074)
1996 Ed. (254, 1295)
Amcor PET Packaging
2008 Ed. (578)
2007 Ed. (630)
2006 Ed. (601)
2005 Ed. (686)
2004 Ed. (690)
Amcor-Rentsh
2001 Ed. (3611)
Amcore Financial Inc.
1999 Ed. (395, 657)
AMD
1997 Ed. (2473, 3252)
1994 Ed. (3201, 3202)
1992 Ed. (3916)
1991 Ed. (249)
1990 Ed. (3231)
AMD In Real Life
2002 Ed. (1955)
AMD/MMI
1990 Ed. (3236)
AMD 29k
2001 Ed. (3302, 3303)
AMDA Inc.
2008 Ed. (4966)
Amdahl Corp.
1999 Ed. (1977, 1978, 1979, 1980, 2876)
1998 Ed. (154, 1069, 1119, 1122, 3360)
1997 Ed. (231, 232, 237)
1996 Ed. (213, 1628)
1995 Ed. (205, 208, 2253, 2261, 3447)
1994 Ed. (204, 209, 211, 214, 1078, 1080, 1082, 1087, 1250, 1611, 2203, 3048)
1993 Ed. (216, 219, 221, 223, 1048, 1054, 1057, 1500, 3003)
1992 Ed. (320, 323, 325, 327, 1299, 1306, 1316, 3672, 3679)
1991 Ed. (223, 1018, 1021, 1028, 1031, 2077, 2840, 2848)
1990 Ed. (249, 1114, 1120, 1124, 1612, 2211, 2735, 2992, 3449)
1989 Ed. (968, 974, 975, 979, 1198, 2307, 2667)
Amdahl Corporation
1990 Ed. (253, 255, 258, 259)
A.M.D.B.
1997 Ed. (2594)
1996 Ed. (2448)
AMDC Corp.
2008 Ed. (2916)
2006 Ed. (2794, 2797)
2005 Ed. (2814)
2002 Ed. (2456)
2001 Ed. (1399)
1999 Ed. (1381)
AMDEX Corp.
2008 Ed. (4965)
Amdocs Ltd.
2008 Ed. (1125, 1946, 1949, 1954, 1956)
2006 Ed. (1901, 1906)
2005 Ed. (1880, 1885, 4610)
2000 Ed. (3879)
Amdura
1997 Ed. (1256)
1992 Ed. (3227)

1991 Ed. (1963)
AMEC
2008 Ed. (2513, 2529)
2007 Ed. (4370)
Amec Americas
2008 Ed. (2569)
2007 Ed. (2442)
AMEC Earth & Environmental
2007 Ed. (2406)
2003 Ed. (2356)
AMEC plc
2008 Ed. (1278, 1285, 1300, 1304, 1306, 2552, 2553, 2556, 2558, 2559, 2563, 2568)
2007 Ed. (2425, 2426, 2427, 2428, 2429, 2432, 2433, 2435, 2437, 2440, 2441)
2006 Ed. (1302, 1305, 1312, 1315, 1318, 2460, 2464, 2467, 2476)
2005 Ed. (1329, 1332, 1333, 1336, 1341, 2421, 2424, 2428, 2430, 2431, 2436)
2004 Ed. (1280, 1311, 1323, 1326, 1329, 1331, 1334, 1335, 1336, 2332, 2336, 2343, 2351, 2360, 2363, 2365, 2369, 2379, 2387, 2390, 2392, 2396, 2398, 2399, 2402, 2404, 2748)
2003 Ed. (1247, 1323, 1326, 1328, 2305, 2308, 2311, 2314, 2315, 2316, 2317, 2318, 2319, 2320, 2321, 2322, 2323, 2630)
2002 Ed. (1182, 1306, 1310, 1318, 1328, 2133)
2001 Ed. (3326)
2000 Ed. (1281, 1283, 3139)
1999 Ed. (1392, 1395, 1396)
1998 Ed. (962)
1996 Ed. (1110)
1994 Ed. (1122)
1993 Ed. (1099)
Ameci Pizza & Pasta
2002 Ed. (2362)
Amedisys Inc.
2008 Ed. (2852)
2006 Ed. (4331)
Amelco Corp.
1994 Ed. (1140)
1991 Ed. (1078)
1990 Ed. (1202)
Amelia Bedelia 4 Mayor
2003 Ed. (713)
Amelia County Industrial Development Authority
1993 Ed. (2159)
Amelung Amax CS-190 and CS-400
1999 Ed. (3336)
Amen Bank
2008 Ed. (515)
2007 Ed. (563)
2006 Ed. (532, 4542)
2000 Ed. (683)
Amer Bankers Insurance
2000 Ed. (2681)
Amer Business Products
1994 Ed. (2693)
Amer Gen/VALIC Port Dir 2 Q AGS Science & Tech
2000 Ed. (4334)
Amer Gen/VALIC Port Dir 2 Q AGS Social Awareness
2000 Ed. (4336)
Amer Gen/VALIC Port Dir 2 Q Vanguard L/T US Treas
2000 Ed. (4330)
Amer Group Ltd.
2001 Ed. (2616)
1994 Ed. (1361)
1993 Ed. (1309)
Amer Intern Group
1997 Ed. (2433, 2434)
1995 Ed. (2328)
Amer. Passage Marketing
1989 Ed. (2671)
Amer Road Insurance Co., MI
2000 Ed. (2716)
Amer Skandia Adv Choice
2000 Ed. (4337)
Amer Skandia Axiom/AST JanCap Growth
2000 Ed. (4337)
Amer Sports
2005 Ed. (4434)
Amer Var.Insurance: USG/AAA
1992 Ed. (4374)
Amer-Yhtyma Oy A
1997 Ed. (2204)
Amerada Hess Corp.
2007 Ed. (1550, 2694, 3832, 3849, 3855, 3856, 3859, 3889, 3898)
2006 Ed. (2435, 2699, 3819, 3824, 3830, 3832, 3834, 3838, 3839, 3842, 3860, 3861, 3868)
2005 Ed. (3727, 3736, 3737, 3738, 3750, 3751, 3756, 3757, 3758, 3760, 3794, 3795, 3801)
2004 Ed. (3819, 3830, 3839, 3840, 3841, 3845, 3846, 3847, 3849, 3865, 3866, 3873)
2003 Ed. (2277, 2278, 2279, 2281, 2583, 3809, 3818, 3819, 3834, 3838, 3839, 3842, 3851, 3862)
2002 Ed. (3681, 3699, 4355)
2001 Ed. (3745, 3751, 3754)
1998 Ed. (1434)
1997 Ed. (3101)
1996 Ed. (3009)
1995 Ed. (961, 2912, 2915, 2916, 2921)
1994 Ed. (2846, 2847)
1993 Ed. (2830, 2835, 2840)
1992 Ed. (1946, 3429, 3430, 3439, 3441, 3442, 3443, 3444)
1991 Ed. (1185, 1213, 1548)
1990 Ed. (1860, 1891, 2510, 2833, 2846, 2848)
1989 Ed. (2205)
AmerCable
2005 Ed. (3373)
Amerco Inc.
2008 Ed. (1444, 1447, 1448, 1969)
2007 Ed. (328, 329, 1908, 4844)
2006 Ed. (344, 1924, 4830, 4831)
2005 Ed. (330, 421, 1897, 4780, 4782)
2004 Ed. (1814, 4809, 4810)
2003 Ed. (345, 346, 1779, 4817, 4819)
2002 Ed. (371, 1518, 4683)
2001 Ed. (500, 501, 539, 1559, 1561, 1564, 1566, 1575, 1809)
2000 Ed. (4306)
1999 Ed. (4671, 4672)
1998 Ed. (1089, 1090, 1092, 3626, 3629)
1997 Ed. (1342, 3800, 3803)
1996 Ed. (3750)
Amercoeur Energy
1990 Ed. (3466)
Ameren Corp.
2008 Ed. (1944, 1948, 1949, 1953, 1954, 1957, 2354)
2007 Ed. (1889, 1891, 1893, 2214, 2385)
2006 Ed. (1899, 1901, 1905, 1906, 1910, 2356)
2005 Ed. (1878, 1879, 1880, 1884, 1885, 1887, 1888, 2311, 2401)
2004 Ed. (1806, 2198, 2311)
2003 Ed. (1769)
2002 Ed. (1732)
AmerenUE
2007 Ed. (4115)
Ameresco Inc.
2007 Ed. (2379, 4016)
Ameri-Con
2005 Ed. (1188)
2004 Ed. (1160)
2003 Ed. (1155)
2002 Ed. (2688)
Amerian Express
1992 Ed. (2147)
AmeriBank
1998 Ed. (3551)
America: A Patriotic Primer
2004 Ed. (737)
America/Center Cafe
2001 Ed. (4051)
America Chung Nam, Inc.
2004 Ed. (2561)
2003 Ed. (2427, 3724)
America First Credit Union
2008 Ed. (2262)
2007 Ed. (2147)
2006 Ed. (2162, 2178, 2226)
2005 Ed. (2047, 2131)
2004 Ed. (1989)
2003 Ed. (1949)
2002 Ed. (1835, 1895)
2001 Ed. (1961)
1998 Ed. (1222)
1997 Ed. (1561, 1568)
America First CU
2000 Ed. (1628, 2485)
1999 Ed. (1802)
America Funds
1996 Ed. (2786)
America Group
1999 Ed. (2555)
America II Electronics Inc.
2005 Ed. (2346)
2004 Ed. (2246)
2002 Ed. (2094)
2001 Ed. (2200, 2201)
2000 Ed. (1770)
1999 Ed. (1990)
1997 Ed. (1710)
1996 Ed. (1633)
America International Group Inc.
1994 Ed. (2662)
America-Invest.com
2002 Ed. (4869)
America Mineral Fields Inc.
2005 Ed. (1730)
America Movil
2004 Ed. (1775)
America Movil, SA de CV
2008 Ed. (22, 28, 33, 37, 71, 105, 1427, 1886, 3210, 4642)
2007 Ed. (17, 28, 33, 96, 1853, 3073)
2006 Ed. (1849, 1851, 1877, 1878, 3041, 4604)
2005 Ed. (1563, 1839, 1840, 1842, 1843, 1844, 1865, 3038, 4638)
2004 Ed. (99, 1774, 1795, 4675)
2003 Ed. (1757, 1758, 4705)
2002 Ed. (2812, 2814)
America Online Inc.
2005 Ed. (1504, 1520, 1547, 1551, 4249, 4655)
2004 Ed. (1488, 1504, 1531, 1536, 3159)
2003 Ed. (1423, 1458, 1474, 1496, 1503, 1508, 1845, 3051, 3638, 3639, 4720)
2002 Ed. (751, 1039, 1132, 1147, 1148, 1438, 1525, 1534, 1562, 1770, 3280, 3284, 3288, 3495, 3496, 3567, 4518, 4817, 4886)
2001 Ed. (1364, 1365, 1580, 1590, 1595, 1597, 1745, 1750, 1874, 2172, 2184, 2196, 2860, 2967, 3230, 3231, 3251, 4153)
2000 Ed. (953, 1159, 1160, 1163, 1468, 1471, 2643, 2748, 2749, 2990, 3322, 3324, 3327, 3368, 4125, 4382)
1999 Ed. (988, 991, 1260, 1266, 1282, 1498, 4390, 4484, 4486)
1998 Ed. (565, 566, 599, 600, 820, 1146, 1877, 2713, 3775)
1997 Ed. (2714, 2963, 3639, 3648)
1996 Ed. (1213)
America, South & Central
1996 Ed. (936)
America Telecom
2006 Ed. (1849)
America Telecom, SA de CV
2008 Ed. (1427, 1925, 1926)
2007 Ed. (1877)
2006 Ed. (1876, 1877)
2005 Ed. (1865, 4638)
2004 Ed. (1795, 4675)
America West
2006 Ed. (218)
2005 Ed. (208)
2004 Ed. (205)
2003 Ed. (245)
2002 Ed. (259)
2001 Ed. (295)
1996 Ed. (184, 355, 1115)
1992 Ed. (302, 303)
1990 Ed. (1184)
1989 Ed. (238)
America West Airlines
2003 Ed. (248)
2001 Ed. (1610, 1611)
2000 Ed. (245, 247, 267, 4381)
1999 Ed. (218, 219, 220, 221, 222, 223, 226, 228, 244, 363)
1998 Ed. (124, 125, 126, 127, 128, 130, 131, 133, 134, 135, 140, 142, 925)
1997 Ed. (194, 195, 196, 197, 198, 199, 201, 202, 203)
1996 Ed. (180, 183)
1995 Ed. (172, 175, 176, 178, 182, 3289, 3318)
1994 Ed. (162, 164, 165, 168, 169, 190, 3238)
1993 Ed. (177, 183, 185, 187, 193, 367, 1106, 3244)
1992 Ed. (270, 271, 274, 275, 3931)
1990 Ed. (214)
1989 Ed. (237, 2461)
America West Holdings Corp.
2008 Ed. (213)
2007 Ed. (229, 249, 250, 253, 254, 255)
2006 Ed. (215, 216, 217, 220, 221, 222, 224, 248)
2005 Ed. (201, 202, 203, 206, 207, 209, 210, 211)
2004 Ed. (198, 199, 200, 203, 204, 206, 207, 211)
2003 Ed. (242, 243, 244, 246, 247, 1538, 1541)
2002 Ed. (257, 258, 260, 261, 262, 263, 264, 265, 269, 1514, 1517, 1544)
2001 Ed. (294, 296, 299, 300, 337, 338, 1564, 1611)
2000 Ed. (236, 237, 238, 239, 240, 241, 242, 243, 244, 249, 250)
1999 Ed. (214, 215, 216)
Americaid Community Care Illinois
2002 Ed. (2460)
Americaine
1993 Ed. (231)
1992 Ed. (336)
Americaine/Fisons
1992 Ed. (2397)
Americal Corp.
2003 Ed. (1001)
Americall Group Inc.
2007 Ed. (4397, 4410)
2005 Ed. (4646)
American
2001 Ed. (295, 1173)
2000 Ed. (4373)
1999 Ed. (220, 222, 3523, 3524, 4094, 4744)
1998 Ed. (3700)
1996 Ed. (184, 3701, 3702)
1995 Ed. (182, 184, 192)
1993 Ed. (1106, 2710)
1992 Ed. (266, 278, 280, 284, 287, 288, 289, 291, 302, 303, 1379, 1852, 1853, 3181)
1990 Ed. (206, 207, 208, 209, 226)
1989 Ed. (240, 906, 909, 1193, 2642)
American AAdvant Balanced Inst.
2003 Ed. (3138)
American AAdvantage Balanced
1996 Ed. (2771)
American AAdvantage Balanced PA
2006 Ed. (4549)
American AAdvantage MME Institution
1996 Ed. (2666, 2670)
American AAdvantage MMF
1992 Ed. (3098)
American AAdvantage Small Cap Value Plan
2006 Ed. (3653)
American Academy of Family Physicians
2008 Ed. (2894)
American Academy of Neurology Annual Meeting
2008 Ed. (4720)
American Academy of Ophthalmology
1995 Ed. (2954)

American Academy of Orthopaedic Surgeons Annual Meeting
2005 Ed. (4732)
American Academy of Pediatrics
1998 Ed. (194)
American Access Technologies, Inc.
2002 Ed. (2488)
American Advantage International Equity Institutional
1998 Ed. (2634)
American Advantage--International Equity Plan
2002 Ed. (2163)
American Advantage MMF/Instit.Cl
1994 Ed. (2541)
American Advertising Federation
1997 Ed. (273)
American Advisors Corp.
1993 Ed. (2334)
American Agri-Women
1998 Ed. (193)
American Agricultural
2001 Ed. (2959)
American Agricultural Insurance Co.
2005 Ed. (3141, 3146)
2004 Ed. (3138)
2003 Ed. (3014, 3015)
American Agricultural Investment
1992 Ed. (2751)
American Agricultural Service Inc.
1993 Ed. (1744, 1745, 1746, 2311)
American Agrinomics Management Co.
1990 Ed. (1744)
American Air Lines
1992 Ed. (277, 295)
American Airlines Inc.
2008 Ed. (208, 209, 211, 213, 221, 226, 227, 2319, 2322, 2973, 3683)
2007 Ed. (221, 222, 226, 229, 242, 247, 248, 2176, 2193, 2850, 2885, 2890)
2006 Ed. (213, 214, 218, 221, 224, 240, 245, 246, 247, 248, 2860)
2005 Ed. (199, 200, 208, 210, 220, 224, 229, 230, 231, 2854)
2004 Ed. (196, 197, 205, 206, 208, 211, 212, 213, 216, 221, 222, 2040, 2846, 2847, 3017, 4781)
2003 Ed. (239, 240, 245, 246, 248, 250, 251, 253, 1554, 1986, 2760, 4526)
2002 Ed. (257, 259, 262, 265, 268, 269, 271, 272, 1916, 2076, 2572, 3618)
2001 Ed. (271, 292, 293, 296, 297, 298, 315, 318, 322, 323, 324, 325, 327, 328, 329, 335, 337, 338, 2701, 3682, 3830)
2000 Ed. (229, 231, 233, 237, 240, 241, 242, 243, 244, 245, 246, 247, 248, 252, 253, 255, 257, 258, 259, 261, 262, 263, 264, 265, 266, 267, 268, 3441, 3447, 4381)
1999 Ed. (211, 214, 216, 223, 224, 225, 228, 229, 231, 233, 234, 235, 236, 237, 238, 240, 241, 242, 243, 244, 245, 363, 3730)
1998 Ed. (112, 114, 121, 124, 125, 126, 127, 128, 129, 130, 131, 132, 133, 134, 135, 136, 137, 139, 140, 141, 142, 248, 249, 250, 818, 925, 2411, 2770)
1997 Ed. (189, 190, 192, 194, 196, 197, 198, 203, 206, 209, 210, 211, 213, 214, 215, 217, 218, 3022)
1996 Ed. (173, 174, 175, 185, 186, 189, 190, 191, 355, 1115, 2934, 2937)
1995 Ed. (176, 178, 179, 1763, 1766, 2855)
1994 Ed. (20, 153, 154, 155, 158, 162, 164, 165, 169, 172, 173, 174, 175, 177, 183, 185, 190, 2764)
1993 Ed. (169, 170, 173, 177, 181, 186, 188, 189, 190, 191, 193, 195, 196, 197, 199, 200, 202)
1992 Ed. (38, 262, 265, 276, 279, 281, 282, 283, 285, 293, 298, 922)
1991 Ed. (189, 190, 194, 196, 197, 198, 200, 201, 203, 204, 206, 207, 208, 209, 210, 211, 212, 213, 3318, 3413, 3415)
1990 Ed. (199, 200, 202, 213, 215, 216, 218, 222, 223, 224, 225, 227, 229, 232, 233, 234, 235, 237, 242, 3541)
1989 Ed. (234, 235, 236, 238, 243, 244)
American Airlines Center
2005 Ed. (4439)
2001 Ed. (4355)
American Airlines Credit Union
2008 Ed. (2214, 2261)
2007 Ed. (2098, 2099, 2146)
2006 Ed. (2158, 2175, 2225)
2005 Ed. (2065, 2081, 2130)
2004 Ed. (1941, 1988)
2003 Ed. (1887, 1901, 1948)
2002 Ed. (1841, 1894)
American Airlines Direct Marketing Corp.
1992 Ed. (4205, 4206)
1989 Ed. (2795)
American Airlines Employee CU
1999 Ed. (1803)
American Airlines Employee FCU
1999 Ed. (1800)
American Airlines Employee Federal Credit Union
1995 Ed. (1534)
American Airlines Employees
2000 Ed. (1627)
1992 Ed. (3262)
1990 Ed. (1458)
American Airlines Employees Federal Credit Union
2001 Ed. (1960)
1998 Ed. (1220, 1221, 1223, 1225, 1228, 1229, 1230)
1997 Ed. (1558, 1560, 1562, 1567, 1568, 1569)
1996 Ed. (1497, 1499, 1500, 1501, 1512)
1994 Ed. (1502)
1993 Ed. (1447)
1992 Ed. (1754)
1991 Ed. (1394)
American Airlines Federal Credit Union
2005 Ed. (2060, 2061)
American Airlines Passenger Service
1991 Ed. (13, 738)
American Alarm Systems Inc.
1999 Ed. (4200)
1998 Ed. (3201)
American AMCAP
2006 Ed. (3620, 3621, 3622)
2004 Ed. (3538)
American Annuity
1998 Ed. (3418)
American Asphalt & Grading Co., Inc.
2008 Ed. (1258, 1316, 1343)
2007 Ed. (1361, 1381, 1393)
2006 Ed. (1282)
2005 Ed. (1312)
American Asphalt Sealcoating Co.
2006 Ed. (1179)
2002 Ed. (2361)
American Asset Management
1991 Ed. (2223)
American Association of Diabetes Educators
2005 Ed. (2804)
American Association of Retired Persons
2001 Ed. (3202, 3203, 3208)
2000 Ed. (2989)
1999 Ed. (294, 295)
1997 Ed. (272, 274, 2699)
1996 Ed. (241, 243)
1995 Ed. (248, 249, 2777, 2778)
1994 Ed. (240, 241, 2426, 2427, 2675, 2676)
1993 Ed. (250, 2490, 2729)
1992 Ed. (3259)
1990 Ed. (288)
1989 Ed. (274, 2072)
American Association of University Women
1998 Ed. (193)
American Automation Inc.
2006 Ed. (3501)
American Automobile Association
1999 Ed. (294, 295)
1997 Ed. (272, 274)
1996 Ed. (241, 243)
1995 Ed. (248, 249, 2777, 2778)
1994 Ed. (240, 241, 2675, 2676)
1993 Ed. (250, 2729)
1990 Ed. (288, 2507)
1989 Ed. (274)
American Axle & Manufacturing Inc.
2003 Ed. (3379)
2002 Ed. (3320)
2000 Ed. (1103, 1663)
1999 Ed. (328, 1187)
1998 Ed. (752)
1997 Ed. (1013, 1600)
1996 Ed. (989, 1542)
American Axle & Manufacturing Holdings Inc.
2008 Ed. (309, 3183, 3663)
2007 Ed. (323, 3492, 4831)
2006 Ed. (328, 331, 3467, 4819)
2005 Ed. (310, 312, 313, 317, 318, 323, 3458, 4768)
2004 Ed. (312, 313, 314, 318, 323, 325, 2159, 3444)
2003 Ed. (313, 337, 339, 1582, 2119, 3303, 3379, 4810)
2002 Ed. (1221, 3249, 4668)
2001 Ed. (498, 499)
American Bakeries Co.
1989 Ed. (354, 355, 358, 359)
American Balanced
2006 Ed. (4559)
2004 Ed. (3549)
1993 Ed. (2662)
1992 Ed. (3195)
1990 Ed. (2372)
American Balanced Fund
2004 Ed. (3582)
American Ballet Theater
1994 Ed. (898)
American Bands
1996 Ed. (1320)
American Bank-Baxter Springs
1998 Ed. (398)
American Bank FSB
1991 Ed. (3372)
American Bank of Connecticut
2003 Ed. (478)
American Bank of Montana
1999 Ed. (539)
American Bank of North Central Missouri
1989 Ed. (213)
American Banker
2006 Ed. (756)
2005 Ed. (830)
2004 Ed. (856)
American Bankers
1995 Ed. (2278)
1989 Ed. (1743)
American Bankers Association
2001 Ed. (3829)
1995 Ed. (886)
American Bankers Group
1999 Ed. (2914)
1998 Ed. (2130)
1993 Ed. (2202)
1992 Ed. (2657)
1991 Ed. (2093)
American Bankers Insurance
1999 Ed. (2935)
1998 Ed. (2153)
1997 Ed. (2417, 2433, 2457)
1994 Ed. (1855, 2231, 2247)
American Bankers Insurance Group
2002 Ed. (1391)
2001 Ed. (4031)
1996 Ed. (2285, 2303)
American Bankers Insurance Co. of Florida
2003 Ed. (2985)
2002 Ed. (3955)
American Bankers Life Assurance Co.
2002 Ed. (2906, 2907)
American Bankers Life Assurance Co. of Florida
1992 Ed. (2647)
American Bankers Life of FL
2000 Ed. (2684, 2685)
American Bankers Life of Florida
1998 Ed. (2159, 2161)
1997 Ed. (2449, 2450)
1995 Ed. (2285, 2286)
1994 Ed. (2252, 2253)
American Banknote Corp.
1999 Ed. (3894)
American Baptist
1990 Ed. (2724)
American Baptist Homes of the Midwest
1991 Ed. (2623)
American Baptist Homes of the West
1991 Ed. (2623)
American Bar Association
1998 Ed. (194)
American Bar Retirement Association
1993 Ed. (1898)
American Barrick
1993 Ed. (3593)
1991 Ed. (1846)
1989 Ed. (2665)
American Barrick Resource Corp.
1994 Ed. (1982, 2545, 3556)
American Barrick Resources
1996 Ed. (1310, 2033, 2034, 2673, 3712)
1995 Ed. (1365)
1992 Ed. (2335)
1990 Ed. (1936)
1989 Ed. (2655)
American Basic Industries Inc.
2004 Ed. (175)
2001 Ed. (713)
2000 Ed. (3145)
1999 Ed. (730)
American Beacon Balanced PA
2007 Ed. (4538)
American Beacon Large Cap Value Planahead
2007 Ed. (2486)
American Beauty
2008 Ed. (3858)
2003 Ed. (3740)
1999 Ed. (782, 3712)
American Benefit Plan Administrators Inc./MICA Inc.
1990 Ed. (1012)
American Bible Study
2000 Ed. (3350)
American Biltrite Inc.
2008 Ed. (1909)
2006 Ed. (1219)
2005 Ed. (1260, 2617, 2618)
2004 Ed. (18, 2628, 2629)
2003 Ed. (13)
2001 Ed. (4139)
1997 Ed. (229)
1996 Ed. (211)
American Biogenetic Sciences Inc.
2003 Ed. (2718)
American Biogentic Sciences, Inc.
2002 Ed. (2526)
American Biophysics Corp.
2005 Ed. (1254, 3903)
American Bioproducts Coagulation
2001 Ed. (3268)
American BioScience Inc.
2008 Ed. (1401)
American Bottling Co.
2001 Ed. (1003, 4306)
American Brands Inc.
2005 Ed. (1536)
2004 Ed. (1520)
2003 Ed. (1490)
2002 Ed. (1469)
1998 Ed. (455, 456, 457, 460, 3574, 3576, 3577, 3578)
1997 Ed. (662, 664, 665, 666, 667, 668, 670, 671, 1318, 3755, 3756, 3757, 3758, 3760)
1996 Ed. (164, 729, 732, 733, 737, 1273, 1939, 3696, 3697, 3698, 3699, 3704)
1995 Ed. (152, 652, 654, 655, 656, 657, 658, 659, 660, 1368, 3618, 3619, 3621, 3622, 3627)
1994 Ed. (134, 696, 698, 699, 700, 701, 702, 703, 704, 705, 954, 1288, 1307, 1343, 3243, 3540, 3541, 3542, 3543, 3544, 3548)
1993 Ed. (31, 152, 1177, 1291, 1374, 3580, 3581, 3582, 3583, 3584)

1992 Ed. (66, 239, 240, 4301, 4302, 4303, 4304, 4305, 4306)
1991 Ed. (38, 172, 173, 175, 933, 1234, 1328, 3393, 3394, 3395, 3396, 3397)
1990 Ed. (177, 994, 3598, 3599, 3600, 3601, 3602)
1989 Ed. (191, 1259, 2837, 2839, 2842, 2843)
American Brands (W & M)
1991 Ed. (2931)
American Bridge Co.
2004 Ed. (774, 1273)
2003 Ed. (765, 1270)
1993 Ed. (1129)
1992 Ed. (1416)
1991 Ed. (1083)
1990 Ed. (1207)
American Building
1991 Ed. (3104)
American Building Maintenance
2005 Ed. (761, 763, 764)
American Bureau of Shipping
1992 Ed. (3259)
American Bureau of Shipping and Affiliated Companies
1999 Ed. (299)
1996 Ed. (244)
American Bureau of Shipping & Affiliated Cos.
1997 Ed. (275)
American Business Bank
2004 Ed. (400)
American Business Financial Services Inc.
2007 Ed. (365)
American Business Forms
2000 Ed. (906, 907, 908, 909, 910)
American Business Forms & Promotions
1999 Ed. (961)
1995 Ed. (855)
American Business Info
1996 Ed. (2889)
American Business Insurance Inc.
1995 Ed. (2272)
1994 Ed. (2225)
American Business Opportunities
1998 Ed. (540)
1997 Ed. (843)
American Business Products
1996 Ed. (2862)
1995 Ed. (2806)
1993 Ed. (789)
1992 Ed. (992)
American Business Products-CA
1990 Ed. (1536)
American Business Women's Association
1998 Ed. (193)
American Cable & Communications
1991 Ed. (2373)
American Cablesystem C1A
1989 Ed. (2668)
American Cablesystems
1989 Ed. (2655)
American Camper
2001 Ed. (1108)
American Cancer Society Inc.
2008 Ed. (3795)
2006 Ed. (3709)
2005 Ed. (3606, 3608)
2004 Ed. (932, 3698)
2003 Ed. (3651)
2001 Ed. (1819)
2000 Ed. (3345, 3348)
1999 Ed. (293)
1997 Ed. (944)
1995 Ed. (938, 938, 938, 938, 938, 940, 2779)
1994 Ed. (241, 909, 2676)
1989 Ed. (2074)
American Cancer Society (Group)
1992 Ed. (3255)
American Cancer Society Midwest Division Inc.
2006 Ed. (3721)
American Cap. Government Target Portfolio 97
1994 Ed. (2620)
American Cap VL Corp Bd
1990 Ed. (3663)
American Capital
1993 Ed. (768, 3467)
1992 Ed. (326, 3928, 4146)
1991 Ed. (232, 3368)
1990 Ed. (257, 3250)
1989 Ed. (2464)
American Capital Access
2000 Ed. (3206, 3212)
American Capital Equity Income
1993 Ed. (2663)
American Capital Financial Services
2008 Ed. (4113)
American Capital Government Securities
1993 Ed. (2697)
American Capital Growth
1991 Ed. (2567)
American Capital Harbor
1993 Ed. (2662, 2694)
1992 Ed. (3196)
American Capital Harbor A
1995 Ed. (2740)
American Capital Harbor Fund
1990 Ed. (2386)
American Capital High Yield
1991 Ed. (2570)
American Capital Management
1993 Ed. (2333)
American Capital OTC
1989 Ed. (1847)
American Capital OTC Sec.
1989 Ed. (1851)
American Capital Strategies Ltd.
2008 Ed. (2702, 2860)
2007 Ed. (2562, 2730, 2745)
2006 Ed. (2115, 2740)
2005 Ed. (2012, 2606, 3214, 3216)
2004 Ed. (3175, 3177)
American Capital Tax-Ex. High Yield
1996 Ed. (2796)
American Capital Tax-Ex. High-Yield A
1996 Ed. (2762)
American Capital Tax-Ex. High-Yield Muni. A
1996 Ed. (2785)
American Car Care Centers Inc.
2005 Ed. (4698)
American Car Rental Association
1999 Ed. (301)
American Car Wash Inc.
2005 Ed. (350)
American Carriers
1990 Ed. (3244, 3254, 3455, 3656)
American Cast Iron Pipe Co.
2007 Ed. (1564)
2006 Ed. (1491, 1535, 2421, 3108)
2005 Ed. (1643)
2004 Ed. (1575)
2001 Ed. (1606)
American Cellular Corp.
2002 Ed. (1384)
American Cellular Network
1989 Ed. (2655)
American Cent Hi-Yield Municipal Inv.
2000 Ed. (3285)
American Cent International Bond
2000 Ed. (3292)
American Cent Target 2025 I
2000 Ed. (3269)
American Central Gas
1990 Ed. (1020, 3304)
American Centurion
1990 Ed. (416)
American Centurion L & A Assurance
1993 Ed. (2198)
American Century
2003 Ed. (3517)
1999 Ed. (3081, 3082, 3083, 3527)
American Century Arizona Municipal Bond Investment
2004 Ed. (708)
American Century-Benham GNMA
1999 Ed. (751)
American Century Benham Income & Growth
1998 Ed. (2611)
American Century-Benham Intermediate Treasury
1999 Ed. (3555)
American Century-Benham International
2000 Ed. (761)
American Century-Benham Long-Term Treasury
1999 Ed. (749, 750, 3552, 3553)
American Century-Benham Long Treasury
2000 Ed. (762)
American Century-Benham Target 2015
2000 Ed. (762, 763)
American Century-Benham Target 2005
2000 Ed. (764)
American Century-Benham Target 2010
2000 Ed. (762, 763)
American Century-Benham Target 2020
2000 Ed. (763)
American Century-Benham Target 2025
2000 Ed. (762)
American Century-Benham TarMat2015
1999 Ed. (3552)
American Century-Benham TarMat2010
1999 Ed. (3552)
American Century-Benham TarMat2020
1999 Ed. (3552)
American Century-Benham TarMat2025
1999 Ed. (3552)
American Century-Benham Tarmatzozs
1999 Ed. (749)
American Century C Ultra
2000 Ed. (3222)
American Century California High-Yield Municipal
2004 Ed. (700)
American Century Cos., Inc.
2005 Ed. (3218)
2004 Ed. (2043)
American Century Equity Growth
1999 Ed. (3519)
American Century Equity Income
2006 Ed. (4560, 4572)
2005 Ed. (4485, 4496)
1998 Ed. (2595)
American Century Equity Income Investment
2006 Ed. (3617)
2004 Ed. (3535, 3537)
American Century Florida Municipal Bond Investment
2004 Ed. (709)
American Century Giftrust
2007 Ed. (4539)
2006 Ed. (3645)
American Century Global Gold
2004 Ed. (3566, 3568)
American Century Global Gold Investment
2003 Ed. (3550)
American Century Global Gold Investor
2005 Ed. (3561)
2004 Ed. (3594)
American Century Global Growth
2003 Ed. (3612)
American Century Global Natural Resources
2001 Ed. (3430)
American Century GNMA
2003 Ed. (697)
American Century GNMA Investment
2004 Ed. (712)
American Century Government Bond Investment
2006 Ed. (618)
American Century Government GNMA Income
1998 Ed. (2642)
American Century Heritage Investment
2007 Ed. (4539)
American Century Income & Growth
2002 Ed. (2158)
2000 Ed. (3228, 3229)
American Century Income & Growth Investment
2006 Ed. (3621)
American Century Inflation-Adjusted Bond Investment
2008 Ed. (588)
2007 Ed. (638)
2006 Ed. (614, 615)
2005 Ed. (694)
American Century Inflation-Adjusted Bond Investor
2004 Ed. (719, 720)
American Century International Bond Investors
2006 Ed. (626)
2005 Ed. (700)
American Century International Discovery
2004 Ed. (3640)
American Century International Discovery Investment
2003 Ed. (3610)
American Century International Growth
2006 Ed. (4555)
2005 Ed. (4481)
2004 Ed. (3642)
2002 Ed. (3476)
American Century International Growth Investment
2004 Ed. (3638)
2002 Ed. (2163)
American Century International Opportunities Investment
2008 Ed. (2613)
American Century International Opportunity Investment
2006 Ed. (3678, 3681)
American Century Investment
2000 Ed. (2812)
American Century Investment Giftrust
2007 Ed. (4547)
American Century Investment Heritage
2007 Ed. (4547)
American Century Investment Management Inc.
2006 Ed. (1895)
American Century Investment Small Cap
2006 Ed. (4570)
American Century Investment Target
2004 Ed. (721)
American Century Investment Target 2020
2007 Ed. (645)
American Century Investment Target 2025
2007 Ed. (645)
2006 Ed. (628)
American Century Investments
2008 Ed. (1504)
2007 Ed. (1522)
2006 Ed. (3019)
2002 Ed. (3021, 3626)
2000 Ed. (2780, 2802, 2809, 2814, 3280)
1998 Ed. (2281, 2283)
American Century Investments LLC
2008 Ed. (3170, 3175)
American Century New Opportunities II Investment
2006 Ed. (3649)
American Century Real Estate
2003 Ed. (3545)
American Century Real Estate Investment
2006 Ed. (3602)
American Century Select
2000 Ed. (3260)
American Century Small Company Investment
2008 Ed. (2620)
2007 Ed. (2490)
2006 Ed. (3643)
American Century Target
2006 Ed. (620)
2005 Ed. (697)
American Century Target Mat.
2003 Ed. (3527)
2002 Ed. (724, 725)
American Century Target Mat. Trust 2005 Investor
2004 Ed. (718, 720)

American Century Target Maturity 2005 Investment
2004 Ed. (694)
American Century Target Maturity 2010 Investment
2008 Ed. (600)
2004 Ed. (694)
American Century Target 2005
2001 Ed. (3450)
American Century Target 2010 Investment
2007 Ed. (641)
2006 Ed. (621)
American Century Target 2025 Investment
2008 Ed. (591)
American Century Target 2020 Investment
2008 Ed. (591)
American Century 20th Century Growth & Income
1999 Ed. (3510, 3511, 3541, 3556)
American Century 20th Century International Discovery Investment
1999 Ed. (3517)
American Century 20th Century Ultra
1999 Ed. (3530, 3544)
American Century Ultra
2008 Ed. (3769)
2007 Ed. (3668)
2005 Ed. (3558)
2004 Ed. (3586)
2000 Ed. (3260)
American Century Ultra Investment
2008 Ed. (4517)
2006 Ed. (3625)
2004 Ed. (3555)
2003 Ed. (2361, 3518)
2001 Ed. (2524, 3452)
American Century Utilities
2000 Ed. (3229)
1999 Ed. (3511)
American Century Utilities Investment
2007 Ed. (3677)
American Century Value
1998 Ed. (2610)
American Century Value Inst.
2003 Ed. (3127)
American Century Value Investment
2007 Ed. (2486)
2006 Ed. (3633)
American Century Vista Fund
2003 Ed. (3537)
American Century Vista Investment
2006 Ed. (3645)
American cheese
2008 Ed. (902)
2007 Ed. (919)
2006 Ed. (838)
2005 Ed. (929)
2004 Ed. (937)
2003 Ed. (929)
2002 Ed. (983)
American Chemical Society
1999 Ed. (295)
1997 Ed. (274)
1996 Ed. (243)
1995 Ed. (249, 2778)
1994 Ed. (241, 2676)
1989 Ed. (275)
American Chens Inc.
2008 Ed. (2795)
2007 Ed. (2659)
2006 Ed. (2674)
2005 Ed. (2696)
American Chevrolet-Geo
1994 Ed. (265)
1993 Ed. (296, 299, 301)
American Chicle Bubblicious
1997 Ed. (976)
American Chicle Chiclets Gum
1997 Ed. (975)
American Chicle Cinn-A-Burst
1997 Ed. (975)
American Chicle Dentyne
1997 Ed. (975)
American Chicle Group
1992 Ed. (1041)
American Chicle Mint-A-Burst
1997 Ed. (975)
American Chiropractic Association
1995 Ed. (2954)
American Chung Nam
2000 Ed. (1894)
American Cimflex
1989 Ed. (2502)
American Cinematographer
2007 Ed. (4793)
American Citizens for Political Action
1993 Ed. (2872)
American City & County
2008 Ed. (4712)
2007 Ed. (4795)
American City Business Journals
2002 Ed. (4799)
American Civil Constructors Inc.
2007 Ed. (3331)
2006 Ed. (3253, 3986)
2005 Ed. (3267)
American Civil Liberties Union
1995 Ed. (936)
American Club
1997 Ed. (2286)
American Coach Lines
2008 Ed. (755)
2007 Ed. (783)
2006 Ed. (686)
American College of Cardiology
1998 Ed. (2460)
American College of Physicians
2008 Ed. (2894)
American College of Surgeons
2008 Ed. (2894)
1998 Ed. (2709)
American College Testing Program
1997 Ed. (275)
1996 Ed. (244)
American Color
2008 Ed. (4035)
2004 Ed. (3937)
1996 Ed. (3482)
1995 Ed. (3422)
1993 Ed. (3363)
1992 Ed. (4033)
1991 Ed. (3163)
American Commercial Barge Line LLC
2005 Ed. (4842)
2003 Ed. (4877)
American Commercial Lines Inc.
2008 Ed. (4819)
American Commercial Lines LLC
2004 Ed. (4857)
2003 Ed. (4876, 4877)
2001 Ed. (4235)
American Commercial Security Services
2000 Ed. (3907)
1999 Ed. (4175)
1998 Ed. (3185)
American Communications & Engineering
1992 Ed. (3248)
American Community Mutual Insurance Co.
2001 Ed. (2680, 2948)
2000 Ed. (2710)
1999 Ed. (2960)
1998 Ed. (2191)
American Constructors Inc.
2008 Ed. (1327)
2007 Ed. (1385)
American Consulting Corp.
1992 Ed. (3760)
1989 Ed. (2352)
American Consulting Corp. (FKB)
1990 Ed. (3077, 3084)
American Continental
1990 Ed. (1758, 3582)
1989 Ed. (1427, 2827)
American Continental Insurance Co.
2002 Ed. (2943, 3956)
American Contractors Insurance Group
2008 Ed. (3224)
2007 Ed. (3084)
2006 Ed. (3054)
American Council of Learned Societies
1996 Ed. (916)
American Council of Life Insurance
1995 Ed. (2954)
American Council of Life Insurers
2001 Ed. (3829)
American Craft Brewing International
2000 Ed. (722, 729)
1999 Ed. (714, 722, 723)
American Creme
1996 Ed. (2501)
American Crew
2003 Ed. (2655, 3777)
American Crystal Sugar Co.
2006 Ed. (1388)
1998 Ed. (621)
American Cy Co.
1989 Ed. (187)
American Cyanamid
2001 Ed. (275)
2000 Ed. (3423)
1999 Ed. (3713)
1998 Ed. (2104, 2751, 2812)
1997 Ed. (176, 240, 1660, 2967, 3005)
1996 Ed. (1191, 1192, 1193, 1199, 1200, 1573, 2915)
1995 Ed. (950, 964, 968, 1305, 1465, 1581, 1584)
1994 Ed. (914, 919, 920, 936, 1429, 1553, 2744, 2820)
1993 Ed. (892, 900, 903, 905, 906, 919, 922, 925, 1376, 1728, 2529, 2707, 2773, 2874)
1992 Ed. (1106, 1107, 1108, 1109, 1112, 1125, 1499, 3346, 4179)
1991 Ed. (168, 900, 903, 905, 908, 910, 913, 914, 2681)
1990 Ed. (951)
1989 Ed. (177, 884, 885, 886, 889)
American Cyanamid/Chemical Products
1989 Ed. (1932)
American Dairy and Nat'l Dairy
1990 Ed. (929)
American Dairy Assn.
1990 Ed. (19, 2214)
American Dairy Association
1992 Ed. (36, 2637)
1991 Ed. (12)
American Dairy Queen Corp.
1992 Ed. (2224)
American Data & Computer Products Inc.
2002 Ed. (2541)
American Demolition/American Asbestos Abatement
1990 Ed. (1203)
American Demolition/Concrete Cutting
2003 Ed. (1300)
American Dental
1993 Ed. (3113)
American Dental Association
1998 Ed. (194, 2460)
American Dental Association (ADA) Annual Session
2006 Ed. (4784)
2005 Ed. (4731)
American Dental Association (ADA) Marketplace
2007 Ed. (4800)
American Dental PAC
1995 Ed. (2954)
American Dental Plan Inc.
2000 Ed. (1657, 3602)
1999 Ed. (1831, 3882)
1998 Ed. (1255)
American Dental Plan/CompDent
2002 Ed. (3743)
American Diabetes Association
2005 Ed. (3606)
2004 Ed. (932)
2000 Ed. (3345)
1999 Ed. (293)
1994 Ed. (906)
1991 Ed. (898)
American Disposal Services Inc.
2000 Ed. (1043)
1999 Ed. (1118, 2622)
American Diversity Business Solutions
2008 Ed. (4968)
American Drug Stores Inc.
2007 Ed. (1766)
2006 Ed. (1758)
2005 Ed. (1787)
2004 Ed. (1728)
2003 Ed. (1692)
2001 Ed. (1891, 2086)
2000 Ed. (1717, 1719, 1720, 1721, 1722)
1999 Ed. (1924, 1925, 1926, 1927, 1928, 1930)
1998 Ed. (1361, 1362, 1366)
1997 Ed. (1670, 1671, 1672, 1673, 1678)
1996 Ed. (1585, 1589, 1590, 1591, 1592)
1995 Ed. (1611, 1612, 1613, 1614, 1616)
1994 Ed. (1543, 1569, 1570, 1571)
1993 Ed. (1527, 1528)
1992 Ed. (1855, 1856, 1857)
American Eagle
2008 Ed. (996)
2006 Ed. (224)
2001 Ed. (1273)
2000 Ed. (253)
1999 Ed. (3611)
1998 Ed. (135, 137)
American Eagle A/I
2001 Ed. (333)
American Eagle Airlines
2004 Ed. (216)
2003 Ed. (1080)
1990 Ed. (218)
American Eagle Cap Appreciation
2004 Ed. (3597)
American Eagle Credit Union
2008 Ed. (2223)
2007 Ed. (2108)
2006 Ed. (2187)
2005 Ed. (2092)
2004 Ed. (1950)
2003 Ed. (1910)
2002 Ed. (1853)
American Eagle/Flagship Airlines
1999 Ed. (231)
American Eagle Outfitters Inc.
2008 Ed. (889, 987, 993, 997, 1004, 1006, 1011, 2038, 2042, 2044, 2045, 2046, 2047, 4237, 4473)
2007 Ed. (912, 1116, 1120, 1122, 1129, 4556, 4563)
2006 Ed. (1033, 1034, 1036, 1041, 1979, 1983, 1984, 1986, 1988, 1990, 4157, 4436, 4579, 4582, 4590)
2005 Ed. (1030)
2004 Ed. (1023, 4212)
2003 Ed. (1020, 1021, 1022, 1024, 2186, 4182)
2001 Ed. (4323, 4325)
American Eagle Petroleums
1994 Ed. (2694)
1992 Ed. (3296)
1990 Ed. (2740)
American Eagle/Simmons
1999 Ed. (228)
1996 Ed. (185)
1995 Ed. (178)
1994 Ed. (169)
1993 Ed. (190)
American Eagle Twenty
2004 Ed. (3597)
American Eastern Builders Inc.
2007 Ed. (3586)
American Eco Corp.
2002 Ed. (1610)
2001 Ed. (4733)
2000 Ed. (1399)
American Ecology Corp.
2008 Ed. (2144, 2147)
2007 Ed. (2045)
2006 Ed. (2079, 2080, 2081)
2005 Ed. (3869)
American Electric
2007 Ed. (2184)
American Electric Power Co., Inc.
2008 Ed. (1179, 1479, 2005, 2006, 2421, 2425, 2507, 2811, 2849, 4946)
2007 Ed. (1484, 1781, 1937, 1938, 2287, 2288, 2294, 2383, 2391, 3987, 4524, 4527, 4979)
2006 Ed. (1483, 1496, 1954, 1955, 2351, 2352, 2353, 2356, 2365, 2435, 2437, 2440, 2445, 2446)
2005 Ed. (1920, 1921, 2288, 2289, 2290, 2293, 2306, 2312, 2395, 2398, 2413)
2004 Ed. (1595, 1739, 1740, 1834, 1835, 2189, 2190, 2191, 2198, 2199, 2314, 2319, 2322)

2003 Ed. (1556, 1557, 1558, 1802, 2135, 2137, 2139, 2140, 2141, 2282, 2285, 4534, 4539)
2002 Ed. (1749, 3875, 3876, 3877, 4873)
2001 Ed. (1046, 3945)
2000 Ed. (3673)
1999 Ed. (1434, 1555, 1947, 1948, 1949, 3846)
1998 Ed. (1384, 1385, 2963)
1997 Ed. (1691, 3213)
1996 Ed. (1609, 3136)
1995 Ed. (1633, 3357)
1994 Ed. (1590, 3276)
1993 Ed. (1553, 1557, 3286)
1992 Ed. (1892, 1899)
1991 Ed. (1493)
1990 Ed. (1598)
1989 Ed. (1291)
American Electric Power Service Corp.
2008 Ed. (2005)
American Electronics Association Credit Union
2005 Ed. (2070)
2004 Ed. (1930)
2003 Ed. (1886, 1892, 1899)
2002 Ed. (1831)
American Empire Surplus Lines Insurance Co.
2006 Ed. (3101)
1992 Ed. (2648)
1991 Ed. (2087)
American Employment
2006 Ed. (4012)
American Enterprise
1997 Ed. (256, 361)
American Enterprise Institute
1992 Ed. (1097)
American Enterprise Life
1998 Ed. (2173)
American Entertainment Marketing
2004 Ed. (2831)
American Envelope Co.
1992 Ed. (3529)
American Equipment Co.
2000 Ed. (2916)
1998 Ed. (2345)
1997 Ed. (2615)
American Equipment Rental
1999 Ed. (3171)
1996 Ed. (2467)
1995 Ed. (2431)
1994 Ed. (2361)
1993 Ed. (2409)
1992 Ed. (2852)
American Equity Investment Life
2002 Ed. (2918)
American Eurocopter Corp.
2008 Ed. (2110)
2007 Ed. (2013)
American EuroPacific Growth
2006 Ed. (3673, 3674)
2004 Ed. (3642)
American European Consulting Co.
1992 Ed. (994)
American Excess Insurance Exchange
2008 Ed. (3224)
2007 Ed. (3084)
2006 Ed. (3054)
2000 Ed. (983)
American Exploration Co.
1992 Ed. (1476)
American Express Co.
2008 Ed. (366, 368, 806, 1425, 1777, 1778, 1986, 1987, 2196, 2197, 2198, 2696, 2699, 2712, 2717, 2973, 3010, 3012, 3036, 3683, 4264, 4269, 4542, 4761, 4946)
2007 Ed. (134, 717, 838, 851, 853, 1520, 1919, 1920, 2088, 2551, 2553, 2554, 2555, 2559, 2566, 2572, 2578, 2850, 2888, 2890, 2914, 3523, 4235, 4979)
2006 Ed. (141, 380, 395, 659, 694, 744, 759, 1212, 1461, 1463, 1490, 1690, 1934, 1936, 1937, 2142, 2143, 2144, 2580, 2581, 2583, 2584, 2586, 2591, 2603, 2861, 2891, 2892, 3193, 4219, 4600, 4793, 4981)
2005 Ed. (264, 577, 739, 753, 817, 818, 836, 1253, 1528, 1579, 1633, 1793, 1908, 1909, 2049, 2051, 2206, 2578, 2579, 2581, 2582, 2583, 2594, 2595, 2600, 2602, 2605, 2855, 3218, 4165, 4988)
2004 Ed. (843, 844, 857, 862, 1224, 1512, 1561, 1567, 1700, 1719, 1824, 1913, 1914, 1915, 2042, 2600, 2603, 2604, 2605, 2608, 2609, 2610, 2611, 2614, 2847, 4582, 4982)
2003 Ed. (802, 803, 815, 818, 1215, 1482, 1790, 1884, 2184, 2470, 2473, 2476, 2478, 2481, 2759, 2760, 3517, 3621, 4641)
2002 Ed. (915, 1219, 1461, 1744, 1817, 1819, 2260, 2261, 2263, 2267, 2572, 3007, 4189, 4840, 4846, 4874)
2001 Ed. (432, 1067, 1068, 1072, 1073, 1074, 1076, 1452, 1816, 1817, 1954, 2433, 2434, 2435, 2701, 2989)
2000 Ed. (380, 385, 463, 475, 477, 489, 934, 937, 954, 1241, 1428, 1429, 1618, 1619, 1620, 2192, 2195, 2263, 2786, 4053, 4300, 4301, 4302)
1999 Ed. (178, 422, 470, 988, 991, 1343, 1792, 1794, 1795, 2142, 2435, 2439, 2440, 3043, 3050, 3062, 3064, 3523, 3524, 4335, 4476, 4665, 4666)
1998 Ed. (491, 565, 566, 571, 599, 1210, 1213, 1214, 1690, 1691, 1693, 1694, 1696, 2213, 2257, 2298, 2304, 2670, 3621, 3622)
1997 Ed. (1555, 2005, 2007, 2010, 2372, 2510, 2520, 2524, 2528, 2532, 3796)
1996 Ed. (34, 397, 772, 853, 1342, 1490, 1493, 1915, 1917, 2832, 2880, 2883, 3742, 3744)
1995 Ed. (349, 350, 420, 879, 1312, 1391, 1392, 1528, 1871, 1873, 1876, 1878, 2378, 2379, 2380, 2382, 2384, 2385, 2388, 2764, 2765, 3214)
1994 Ed. (1500)
1993 Ed. (49, 224, 354, 1245, 1443, 1445, 1853, 1854, 1855, 1860, 2489, 2711, 2712, 2717, 2719, 3229, 3242, 3284, 3626)
1992 Ed. (76, 507, 1463, 1504, 1509, 1540, 1746, 1752, 2144, 2146, 2159, 2161, 2236, 2639, 2740, 2776, 2777, 2778, 2779, 2781, 2782, 3222, 3223, 3224, 4345)
1991 Ed. (46, 361, 1149, 1725, 2248, 2249, 2250, 2251, 2252, 2253, 2583, 2584)
1990 Ed. (1289, 1306, 1457, 1758, 1774, 1775, 1776, 1777, 1799, 3630, 3651, 3652)
1989 Ed. (1045, 1099, 1183, 1199, 1423, 1424, 1425, 1426, 1427, 1436, 1808, 1810, 1811, 1812, 1813, 2673, 2752)
American Express Asset Management Group
2003 Ed. (1762)
American Express Bank
2003 Ed. (565)
2002 Ed. (578)
2000 Ed. (561)
1993 Ed. (478)
1991 Ed. (513)
1989 Ed. (580)
American Express Bank, FSB
2007 Ed. (1182, 1183, 4246, 4247, 4251, 4252, 4253, 4255, 4256, 4258)
2006 Ed. (1074, 1075, 4232, 4233, 4237, 4238, 4239, 4241, 4243, 4244)
American Express Business Travel
2007 Ed. (3345)
American Express Card
2000 Ed. (197)
American Express Centurian
2005 Ed. (367)
2004 Ed. (356)
2003 Ed. (377)
American Express Centurion
2008 Ed. (340)
2007 Ed. (353)
2004 Ed. (357)
2002 Ed. (440, 479, 481, 1818)
2000 Ed. (404, 411, 414)
1995 Ed. (376, 379, 392, 1529)
1994 Ed. (344, 345, 356, 381, 384, 397, 1496)
American Express Centurion Bank
2008 Ed. (445, 446)
2007 Ed. (480, 481)
2006 Ed. (467, 468)
2001 Ed. (580)
2000 Ed. (1617)
1999 Ed. (406, 414, 417, 1790)
1998 Ed. (302, 309, 312, 346)
1997 Ed. (366, 369, 382, 449, 1553)
1996 Ed. (402, 415, 419, 1486, 1491)
1993 Ed. (352, 361, 383, 391, 394, 407, 460)
1992 Ed. (505, 510, 527, 554, 567, 569, 649, 1748)
1991 Ed. (362, 365)
American Express Centurion Bank (Newark)
1991 Ed. (496)
American Express Centurion Bank (Optima)
1991 Ed. (1392)
American Express Corporate Services
2002 Ed. (4677)
American Express Credit Corp.
1997 Ed. (1845, 1846)
1996 Ed. (1765, 1766)
1995 Ed. (1788, 1791)
1993 Ed. (1763, 1764, 1766)
1992 Ed. (2130, 2131)
1991 Ed. (1665, 1666)
1990 Ed. (1761, 1762)
American Express Credit Card Service
1992 Ed. (38, 922)
American Express Credit Card Services
1991 Ed. (13, 738)
1989 Ed. (753)
American Express Financial Corp.
2003 Ed. (2979, 2997, 3069)
2000 Ed. (2802)
American Express Financial Advisors Inc.
2007 Ed. (4270, 4273, 4274, 4276)
2004 Ed. (4332, 4334)
2000 Ed. (832)
1999 Ed. (836)
1998 Ed. (519, 526)
American Express Funds
2001 Ed. (3453)
American Express Group
2000 Ed. (2718)
American Express Institutional Services
1998 Ed. (2282)
American Express Membership B@anking
2002 Ed. (4818)
American Express Optima
1996 Ed. (34, 1490)
1994 Ed. (1501)
American Express Personal Card
1996 Ed. (1496)
American Express Retirement Services
2000 Ed. (2773)
1999 Ed. (3041, 3082)
American Express Services Europe
2007 Ed. (2021)
American Express Small Business Services
2002 Ed. (4810)
American Express Tax & Business Services
2006 Ed. (1, 3)
2005 Ed. (2)
2004 Ed. (3)
2003 Ed. (2)
2002 Ed. (2, 7)
2000 Ed. (9, 16)
American Express Travel
1998 Ed. (3623, 3624)
American Express Travel Related Services Inc.
2007 Ed. (838)
2006 Ed. (744, 1937)
2005 Ed. (817, 818, 1909)
2004 Ed. (843)
2001 Ed. (1068, 1816)
1991 Ed. (2585)
1990 Ed. (2508)
American Express Travel Service
2007 Ed. (4840)
American Express Trust Co.
1999 Ed. (663)
American Facility Services Group
2008 Ed. (3699, 4373, 4955)
American Family
1998 Ed. (88)
1992 Ed. (2665, 2668, 4144, 4241)
1991 Ed. (3226)
1990 Ed. (2232, 2234, 3441)
1989 Ed. (1680, 1682)
American Family Group
1994 Ed. (2221)
American Family Insurance Co.
2008 Ed. (1490)
2007 Ed. (1496)
American Family Insurance Group
2008 Ed. (2177, 2973, 3234, 3282)
2007 Ed. (2069, 2850, 3090, 3093, 3127, 3128)
2006 Ed. (2121, 2860, 2861, 3062, 3065, 3113, 3114)
2005 Ed. (2018, 2854, 2855, 3057, 3060, 3063, 3098, 3099)
2004 Ed. (1892, 2846, 2847, 3052, 3054, 3095)
2003 Ed. (1856, 2759, 2760, 2967, 2969, 2986)
2002 Ed. (1797, 2572, 2839, 2841, 2894)
2001 Ed. (1580, 2902, 2904, 2906)
2000 Ed. (1583, 2655, 2657)
1999 Ed. (1751, 2903, 2934)
1998 Ed. (1193, 2117)
1997 Ed. (2406, 2408, 2457)
American Family Life
2001 Ed. (2950)
1999 Ed. (2938, 2942)
1998 Ed. (2166)
1997 Ed. (2439)
1995 Ed. (3329)
1994 Ed. (3250)
1993 Ed. (2219, 3256)
1991 Ed. (2097)
1990 Ed. (2226)
American Family Life Association Columbus
2000 Ed. (2676, 2677, 2708)
American Family Life Assurance Co.
2008 Ed. (3273, 3274, 3276, 3303, 3304)
2007 Ed. (3123, 3124, 3126, 3153, 3154)
American Family Life Assurance Co., Columbus
2002 Ed. (2887, 2889, 2890, 2928)
American Family Life Assurance Company of Columbus
2001 Ed. (2930, 2931)
American Family Life Assurance of Columbus
2001 Ed. (2932)
American Family Life Columbus
2000 Ed. (2649, 2679)
1998 Ed. (2108, 2155, 2177)
1996 Ed. (2265)
1995 Ed. (2290)
1993 Ed. (2200)
1992 Ed. (2653)
1991 Ed. (2091)
American Family Life, Georgia
1990 Ed. (2218)
American Family Mutual
1999 Ed. (2898, 2904, 2973, 2974)
1998 Ed. (2110, 2118, 2205)
1997 Ed. (2409, 2411, 2463)
1994 Ed. (2215, 2217, 2273)
1993 Ed. (2183, 2185, 2235)
1992 Ed. (2689)
1991 Ed. (2125)
American Family Mutual Insurance Co.
2008 Ed. (3321)

2003 Ed. (2975, 3010)
2002 Ed. (2872, 2956, 2958)
2001 Ed. (2899, 2901)
2000 Ed. (2650, 2651, 2726, 2730)
1996 Ed. (2269, 2271, 2339)
American Family PAC
1995 Ed. (2954)
American Family Physician
2008 Ed. (143)
2007 Ed. (158, 159, 4798)
2005 Ed. (137, 139, 140)
2001 Ed. (250, 251)
1996 Ed. (2602)
1995 Ed. (2538)
1994 Ed. (2470)
1992 Ed. (3012)
1991 Ed. (2410)
1990 Ed. (2538)
American Family Service Corp.
1991 Ed. (929)
American Fare
1991 Ed. (1991, 1992)
American Farm Bureau Federation
1999 Ed. (294)
1997 Ed. (272)
1996 Ed. (241)
1995 Ed. (248, 2777)
1994 Ed. (240, 2675)
American Farm Life Association Columbus
2000 Ed. (2678)
American Fast Ferries Ltd.
2003 Ed. (1781)
2001 Ed. (1810)
American Fastsigns Inc.
1997 Ed. (2083)
American Federal Bank
1998 Ed. (3153, 3565)
1992 Ed. (3782, 3783)
American Federal Bank, FSB
1993 Ed. (3083)
American Federal Savings Credit Union
2005 Ed. (2079)
American Federation of State, County & Municipal Employees
1993 Ed. (2872, 2873)
1991 Ed. (3411)
American Fidelity Assurance Co.
2008 Ed. (3173, 3175)
2007 Ed. (3052)
2006 Ed. (1956, 3019)
American Field Service Intercultural Programs
1991 Ed. (896)
American Financial
1999 Ed. (2966)
1997 Ed. (1285, 1315)
1995 Ed. (3312, 3357)
1994 Ed. (3276)
1993 Ed. (958, 3241, 3286)
1992 Ed. (1182, 1183, 3921, 3933, 3938, 3940)
1991 Ed. (3098, 3103)
1990 Ed. (3241, 3248)
1989 Ed. (2467, 2470)
American Financial Group Inc.
2008 Ed. (3252)
2006 Ed. (1498)
2005 Ed. (3127)
2004 Ed. (3123)
1998 Ed. (2117, 2199, 2429)
American Financial Holdings Inc.
2005 Ed. (356)
American Financial Realty Trust
2005 Ed. (4251)
American Flatbread Co.
2008 Ed. (2152)
American Food & Drug Inc.
2003 Ed. (1841)
American Foods Group
1996 Ed. (2587, 3065)
1994 Ed. (2454, 2455, 2910, 2911)
1993 Ed. (2521, 2890)
1992 Ed. (2992, 2994, 3486, 3509)
American Foods Group LLC
2008 Ed. (3609, 3615)
American Foodservice
2008 Ed. (3609)
American Forests
1999 Ed. (298)
American Fork; Bank of
2006 Ed. (539)
American Foundation for AIDS Research
2004 Ed. (932)
1994 Ed. (890, 1901)
American Foundation for AIDS Research (AmFAR)
1995 Ed. (938)
American Franchise Group Inc.
1994 Ed. (1857)
American Freightways Corp.
2002 Ed. (4686, 4696, 4698)
2001 Ed. (4236, 4237)
2000 Ed. (4321)
1999 Ed. (4673, 4687, 4690)
1998 Ed. (3643, 3644)
1995 Ed. (3672)
1994 Ed. (3239)
American Friends Service Comm.
1991 Ed. (2618)
American Fructose Corp.
1995 Ed. (1242)
1993 Ed. (1872)
American Fuel Corp.
1997 Ed. (3404)
American Fundamental Investors
2006 Ed. (3630)
American Funds
2008 Ed. (586, 2608, 3763, 3764)
2007 Ed. (3660)
2006 Ed. (3599, 3600)
2005 Ed. (3546, 3547)
2003 Ed. (688, 3482, 3487, 3501, 3502, 3503, 3517)
American Funds A Cap Income Builder
2004 Ed. (4541)
American Funds Amcap
2003 Ed. (3490, 3525, 3533)
American Funds American Balanced
2003 Ed. (3483)
American Funds American Balanced Fund
2006 Ed. (3606)
American Funds American High Income
2006 Ed. (3234, 3235)
American Funds Cap World Growth & Income
2006 Ed. (3672)
2005 Ed. (3575)
American Funds Capital Income Builder
2008 Ed. (4508)
2006 Ed. (3606)
American Funds Capital World Bond
2004 Ed. (719)
American Funds Capital World Global & International
2008 Ed. (4508)
American Funds Capital World Growth & Income
2006 Ed. (3606)
2003 Ed. (3543)
American Funds Distribution
2004 Ed. (3539, 3541, 3561, 3562, 3563)
American Funds Group
1998 Ed. (2606, 2618, 2627, 2628, 2629, 2645, 2647)
1997 Ed. (2894)
1995 Ed. (557, 2702)
1994 Ed. (2612)
1993 Ed. (2668)
1992 Ed. (3157)
1991 Ed. (2565)
American Funds Growth Fund of America
2006 Ed. (3611)
2005 Ed. (3552)
2003 Ed. (3490, 3533)
American Funds High-Yield
2003 Ed. (3524)
American Funds Investment Co. of America
2008 Ed. (3769)
2007 Ed. (3668)
2006 Ed. (3611, 3613)
2005 Ed. (3558)
2004 Ed. (3586)
American Funds Washington Mutual
2008 Ed. (3769)
2007 Ed. (3668)
2005 Ed. (3558)
2004 Ed. (3586)
American Funds Washington Mutual Investment
2006 Ed. (3611)
American Funds World Growth & Income
1998 Ed. (2609)
American Funeral Assurance Co.
1997 Ed. (2451)
American Furniture Warehouse Co.
2008 Ed. (2653, 4052, 4054)
2007 Ed. (2525, 4027)
2006 Ed. (2549, 3986)
2005 Ed. (2541, 3912, 3915)
2004 Ed. (3968, 3971)
2003 Ed. (3961, 3964)
2002 Ed. (1074)
American Futures Fund
1993 Ed. (1043)
American Gas Index
2004 Ed. (3542)
2003 Ed. (3553)
American General Corp.
2005 Ed. (1519)
2004 Ed. (1543)
2003 Ed. (1422, 1427, 2992, 2997)
2002 Ed. (2935)
2001 Ed. (2917, 2918, 2933, 4666, 4668)
2000 Ed. (2694, 2696, 2787, 2793, 2832, 2835, 3885, 3900, 4327)
1999 Ed. (2946, 3052, 3058, 4172)
1998 Ed. (1690, 1691)
1997 Ed. (2005, 2007)
1996 Ed. (1202, 1915, 3770)
1995 Ed. (3363)
1994 Ed. (2230, 2250, 2254, 3284)
1993 Ed. (2219, 2251, 3292, 3458)
1992 Ed. (1469, 1836, 2468, 2469, 2703, 2704)
1991 Ed. (2140, 2141, 3085)
1990 Ed. (2272, 3563)
1989 Ed. (1742)
American General Annuity Insurance Co.
2002 Ed. (2921)
2001 Ed. (2938)
2000 Ed. (2700)
American General Assurance Co.
2002 Ed. (2906, 2907)
American General Finance Corp.
1996 Ed. (1767)
1995 Ed. (1789)
1993 Ed. (1767)
American General Financial Center
1998 Ed. (369)
American General Financial Group
2003 Ed. (2477)
American General Group
2003 Ed. (3002)
2002 Ed. (2912, 2931, 2933)
American General Hospitality
1999 Ed. (2755, 2756)
1998 Ed. (1998, 1999, 2000, 2001)
1997 Ed. (2274, 2275, 2276, 2277)
1996 Ed. (2158, 2159)
1995 Ed. (2147, 2149, 2150)
1994 Ed. (2092, 2093, 2094)
1993 Ed. (2077, 2078, 2080, 2081)
American General L & A
2000 Ed. (2688)
1995 Ed. (2309)
1993 Ed. (2225)
1991 Ed. (2107, 2108)
American General Land Development
1998 Ed. (3005)
American General Life
1998 Ed. (3653)
1997 Ed. (2441)
American General Life & Accident
1998 Ed. (2162)
1997 Ed. (2452)
1996 Ed. (2317, 2318)
1989 Ed. (1689)
American General Life & Accident Insurance Co.
2002 Ed. (2910, 2938)
American General Life Cos.
2000 Ed. (303, 3932)
American General Life Insurance Co.
2000 Ed. (2706)
1999 Ed. (4700)
American General Life - Texas
1998 Ed. (2169)
American General Realty Investment Corp.
1995 Ed. (2429)
American Genl. SRS: Capital Accum.
1992 Ed. (4376)
American Genl. SRS: International Eq.
1992 Ed. (4378)
American Genl. SRS: Stock Index
1992 Ed. (4377)
American Girl
2008 Ed. (2277)
American Glass & Metals Corp.
1997 Ed. (1170)
1996 Ed. (2027)
1994 Ed. (1152)
1991 Ed. (1087)
American Golf Corp.
2006 Ed. (262)
2005 Ed. (241)
2004 Ed. (238)
American Government Finance
2001 Ed. (863)
American Government Financial Services Co.
1999 Ed. (3016)
American Graduate School of International Management
1999 Ed. (975)
1998 Ed. (553)
1997 Ed. (854)
American Graduate School of International Management, Thunderbird
1996 Ed. (841)
American Graduate School of International Management, Thunderbird Campus
1989 Ed. (841)
American Graduate School of Management
1992 Ed. (1008)
American Greetings Corp.
2008 Ed. (1214, 2004, 2837, 4028, 4085)
2007 Ed. (1936, 2327, 2708, 4009, 4049)
2006 Ed. (2712, 4019, 4021)
2005 Ed. (3892, 3893, 3979, 3983, 3984)
2004 Ed. (2227, 3935, 4040, 4045, 4046)
2003 Ed. (3020, 3207, 4022, 4025, 4027, 4144)
2002 Ed. (3883, 4365)
2001 Ed. (3886, 3952)
2000 Ed. (3681, 3682)
1999 Ed. (2609, 2610, 3174, 3968, 3971)
1998 Ed. (1863, 1864, 2972, 2973)
1997 Ed. (2159, 2160, 3167, 3219, 3221, 3626)
1996 Ed. (1278, 3087, 3139, 3141, 3583, 3607)
1995 Ed. (2045, 2046, 2986, 3039)
1994 Ed. (1988, 1989, 2365, 2932, 3025, 3428)
1993 Ed. (1995, 1996, 2413, 2920, 2984, 3446)
1992 Ed. (361, 1478, 2347, 3529, 3532, 3538)
1991 Ed. (258, 1859, 2299, 3215)
1990 Ed. (1949, 2975, 3432)
1989 Ed. (273, 1891, 2295, 2634)
American Greetings Createacard Plus
1998 Ed. (853)
American Growth Fund
2004 Ed. (3604)
American Growth Fund of America
2006 Ed. (3625, 3626, 3627)
2004 Ed. (3551)
American Hardware Insurance Co.
1996 Ed. (2267)
American Health
1996 Ed. (2967)
1994 Ed. (2786, 2799)
American Health & Life
1995 Ed. (2286)

1994 Ed. (2252)
American Health & Life Insurance
2002 Ed. (2907)
American Health Care
1993 Ed. (2582)
American Health Care Providers Inc.
2001 Ed. (2687)
2000 Ed. (2433)
1999 Ed. (2653)
1998 Ed. (1916)
1996 Ed. (2659)
1995 Ed. (2589)
1994 Ed. (2040, 2531)
American Health Facilities Development
2006 Ed. (2797)
2005 Ed. (2814)
2002 Ed. (1215)
2001 Ed. (2672)
American Health Holding Inc.
2008 Ed. (2482, 3269)
American Health Properties
1993 Ed. (2971)
1991 Ed. (2816)
American Health Property
1992 Ed. (3628)
American Health Services Inc.
1990 Ed. (889)
American Healthcare Management
1989 Ed. (2648)
American Healthcare Providers Inc.
2000 Ed. (3144)
American Healthways Inc.
2007 Ed. (4395)
2006 Ed. (2727, 2734, 4330, 4335, 4336)
2005 Ed. (1610, 1616, 2772, 4378, 4382, 4383, 4384)
2003 Ed. (4568)
American Heart Association
2005 Ed. (3606)
2004 Ed. (932)
2000 Ed. (3345)
1999 Ed. (293)
1997 Ed. (944)
1996 Ed. (914)
1995 Ed. (248, 940, 2777, 2779)
1994 Ed. (241, 909, 2676)
1993 Ed. (1701)
1992 Ed. (1095, 3255)
American Heatlh Facilities Development
2000 Ed. (2418)
American Heritage
2002 Ed. (2689)
2000 Ed. (3294)
1998 Ed. (2796)
1996 Ed. (2961)
1995 Ed. (2703, 2733)
1993 Ed. (2679, 2801)
1990 Ed. (2799)
1989 Ed. (179, 182, 184, 1851, 1852, 2174, 2177, 2179)
American Heritage Bank
1997 Ed. (501)
1996 Ed. (545)
American Heritage Credit Union
2008 Ed. (2255)
2007 Ed. (2140)
2006 Ed. (2219)
2005 Ed. (2124)
2004 Ed. (1982)
2003 Ed. (1942)
2002 Ed. (1888)
American Heritage Dictionary
1990 Ed. (2768)
American Heritage Federal Credit Union
1996 Ed. (1515)
1994 Ed. (1507)
1993 Ed. (1454)
1991 Ed. (1396)
1990 Ed. (1462)
American Heritage Fund
2004 Ed. (3607, 3608)
1999 Ed. (3522, 3529)
1997 Ed. (2906)
American Heritage Homes
2005 Ed. (1162, 1189)
2003 Ed. (1156, 2861)
2002 Ed. (1203, 2680)
2000 Ed. (1226)
1999 Ed. (1335)
American Heritage Life
2000 Ed. (2685)
1998 Ed. (2159)
1997 Ed. (2449)
1994 Ed. (2252)
American Hi-Lift
1997 Ed. (2615)
1996 Ed. (2467)
1995 Ed. (2431)
1994 Ed. (2361)
American High Income
2006 Ed. (623)
1997 Ed. (2903)
1993 Ed. (2695)
American High-Income Municipal Bond
1998 Ed. (2602)
American High-Income Trust
2008 Ed. (584)
2006 Ed. (630)
1995 Ed. (2688)
1992 Ed. (3166)
American History X
2001 Ed. (4698)
American Hoechst
1989 Ed. (1020)
American Hoist
1989 Ed. (994)
American Home Corp.
2000 Ed. (957)
1998 Ed. (1345)
1992 Ed. (1842)
American Home Association Co.
1994 Ed. (2272)
American Home Assurance Co.
2008 Ed. (3319, 3323)
2007 Ed. (3174)
2005 Ed. (3129)
2004 Ed. (3134)
2002 Ed. (3954)
2001 Ed. (2908, 4031)
1999 Ed. (2976)
1998 Ed. (2207)
1997 Ed. (2464, 3921)
1996 Ed. (2338)
1993 Ed. (2234)
1992 Ed. (2688)
1991 Ed. (2124)
American Home Assurance Company
2000 Ed. (2728)
American Home Bank
2005 Ed. (362)
American Home/Cyanamid
1997 Ed. (1661)
American Home Mortgage
2005 Ed. (1613)
American Home Mortgage Holdings Inc.
2005 Ed. (362, 1616)
American Home Products Corp.
2005 Ed. (1493, 1548)
2004 Ed. (1532, 4558)
2003 Ed. (934, 935, 942, 1461, 1504, 1701, 1784, 3863, 3864, 3865, 3866, 3868, 3871, 4072)
2002 Ed. (222, 1387, 1441, 1450, 1740, 2002, 2012, 2014, 2015, 2016, 2017, 2018, 2021, 2025, 2027, 3593, 3753, 3971, 4360)
2001 Ed. (67, 1179, 1180, 1813, 2054, 2058, 2060, 2072, 2077, 2100, 2589, 4685)
2000 Ed. (208, 1301, 1309, 1524, 1695, 1697, 1698, 1700, 1701, 1709, 1710, 1711, 3424, 3512, 4344)
1999 Ed. (1713, 1897, 1900, 1901, 1902, 1906, 1912, 1914, 1915, 1916, 1917, 1918, 1919, 3715, 4568, 4711)
1998 Ed. (576, 1180, 1328, 1329, 1330, 1333, 1334, 1335, 1338, 1342, 1344, 1347, 1348, 1906, 2753, 3499)
1997 Ed. (1438, 1488, 1646, 1649, 1651, 1652, 1658, 1659, 1660, 1662, 1663, 3006, 3715)
1996 Ed. (1191, 1192, 1193, 1199, 1200, 1272, 1382, 1392, 1427, 1567, 1573, 1574, 1582, 2916, 3661)
1995 Ed. (1427, 1428, 1465, 1579, 1580, 1581, 1584, 1585, 1595, 2084, 2766, 2844)
1994 Ed. (833, 834, 1260, 1262, 1263, 1397, 1398, 1430, 1551, 1552, 1553, 1554, 1555, 1556, 1558, 1562, 2034, 2665, 2745, 2986)
1993 Ed. (825, 1224, 1225, 1339, 1340, 1509, 1510, 1511, 1512, 2771, 2774)
1992 Ed. (1526, 1527, 1840, 1843, 1861, 1862, 1863, 1864, 1865, 1866, 1874, 3347, 4224)
1991 Ed. (43, 1210, 1449, 1464, 1465, 1466, 1468, 1469, 1470, 1471, 2682, 3303, 3305, 3309)
1990 Ed. (271, 1295, 1558, 1559, 1560, 1561, 1562, 1564, 1568, 1570, 2189, 2779, 3533)
1989 Ed. (1271, 1272, 1273, 1276, 1277)
American Home Shield
1989 Ed. (1570, 2497)
American Homecare Supply
2003 Ed. (2785)
American Homepatient
2000 Ed. (2490)
1999 Ed. (1440, 2704, 2705)
1998 Ed. (1965, 1966, 3419)
American Homes by United Build
2007 Ed. (2066)
American Homestar Corp.
2002 Ed. (3740)
2000 Ed. (1195, 3588, 3589, 3590, 3591, 3592, 3593, 3594, 3595)
1999 Ed. (3874, 3875, 3878)
American Homestyle & Garden
2001 Ed. (3191)
American Honda Finance
1998 Ed. (229)
American Honda Motor Co., Inc.
2008 Ed. (2973, 4922, 4923)
2007 Ed. (2839, 2850, 3645, 4947, 4948)
2006 Ed. (2835, 2838, 2861, 3579)
2005 Ed. (2842, 2855, 3521, 4452)
2004 Ed. (288, 289, 299, 2847, 3520)
2003 Ed. (20, 304, 319, 320, 321, 322, 324, 325, 326, 327, 328, 329, 330, 331, 915, 3457)
2002 Ed. (365, 3400)
2001 Ed. (3395)
2000 Ed. (3170)
1999 Ed. (3456)
1998 Ed. (2540)
American Hospital Association
2008 Ed. (2894)
2005 Ed. (2804)
1999 Ed. (299)
1998 Ed. (194)
1997 Ed. (273, 275)
1996 Ed. (244)
1995 Ed. (2954)
American Hotel Motel Brokers
2008 Ed. (3071)
American Hotel Register
2003 Ed. (2171)
American Hotels
1990 Ed. (2964)
American Household Products
1990 Ed. (3531)
American Housing Group
2007 Ed. (1271)
American Housing Trust
1992 Ed. (1266, 3640)
American Housing Trust (VA)
1994 Ed. (1040, 3024)
1993 Ed. (1014, 2981)
American Hunter
2005 Ed. (148)
2004 Ed. (149)
1997 Ed. (3039)
1990 Ed. (287)
American IC Exchange
2000 Ed. (1770)
1999 Ed. (1990)
1998 Ed. (1415)
1997 Ed. (1709)
American IC Exchange LLC
2001 Ed. (2200, 2201)
American Idol
2008 Ed. (4660)
2007 Ed. (4740)
American Income Fund of America
2004 Ed. (3549)
American Income Life
1995 Ed. (2297)
American Income Plus
1990 Ed. (2346)
American Indian/Native Alaskan
1996 Ed. (2654)
American Industries Life
2002 Ed. (2911)
2000 Ed. (2689)
American Information Technologies
1989 Ed. (1087, 2260)
American Information Technology
1992 Ed. (3582)
1991 Ed. (2776)
1990 Ed. (1329, 2923, 2924)
American Infrastructure Inc.
2004 Ed. (1290, 1298)
2003 Ed. (1287)
2002 Ed. (1277)
American Institute for Cancer Research
1998 Ed. (1280)
1991 Ed. (2615, 2616)
American Institute of Architects National Convention & Design Exposition
2008 Ed. (4719)
2007 Ed. (4800)
2006 Ed. (4784)
American Institute of CPAs
1995 Ed. (886)
American Insurance Association
2001 Ed. (3829)
American Insurance Group
2000 Ed. (463)
1999 Ed. (470, 1575)
American InterContinental University Online
2006 Ed. (4374)
American Intern Group
2000 Ed. (4438)
1998 Ed. (2116, 2196)
1996 Ed. (2295, 2303, 2304, 2329, 2331)
1995 Ed. (2329)
1992 Ed. (2650)
1991 Ed. (2090, 2093)
1990 Ed. (2220, 2222, 2225, 2228, 2229, 2250, 2263)
1989 Ed. (1677, 1678, 1710, 1735)
American International Co. Ltd.
1997 Ed. (898)
1996 Ed. (877)
1991 Ed. (2085)
1990 Ed. (382, 383, 2621)
American International/ANSA
1992 Ed. (464)
American International Bank
1990 Ed. (463, 1774)
American International Beauty Group
2003 Ed. (2674)
American International Container
1990 Ed. (2016)
American International Conversions Inc.
1992 Ed. (4367, 4369)
American International/Ger-Win
1995 Ed. (3687)
American International Group Inc.
2008 Ed. (52, 85, 1490, 1495, 1518, 1522, 1523, 1527, 1528, 1529, 1537, 1542, 1848, 1988, 2357, 2361, 2365, 2366, 2973, 3197, 3229, 3230, 3231, 3232, 3233, 3234, 3251, 3265, 3316, 3317, 3320, 3322, 3324, 3325, 3326, 3329, 3330)
2007 Ed. (1496, 1534, 1538, 1539, 1543, 1544, 1545, 1547, 1556, 1557, 1561, 1809, 1921, 2217, 2221, 2225, 2226, 2642, 3086, 3088, 3089, 3091, 3092, 3093, 3104, 3106, 3119, 3129, 3168, 3169, 3170, 3175, 3176, 3177, 3178, 3181, 3182, 3183, 3697, 3698, 4998)
2006 Ed. (395, 1441, 1449, 1505, 1508, 1510, 1515, 1516, 1517,

1518, 1519, 1526, 1527, 1531, 1532, 1774, 1778, 1802, 1806, 1807, 1809, 1938, 2285, 2287, 2288, 2293, 2893, 3051, 3056, 3057, 3060, 3061, 3063, 3064, 3065, 3087, 3089, 3091, 3095, 3102, 3124, 3133, 3134, 3135, 3138, 3141, 3142, 3143, 3144, 3145, 3146, 3147, 3698, 3702, 4997)
2005 Ed. (128, 1519, 1552, 1623, 1627, 1630, 1637, 1638, 1812, 1814, 1815, 1820, 1824, 1825, 1910, 2223, 2228, 3048, 3049, 3056, 3057, 3058, 3059, 3061, 3062, 3063, 3068, 3079, 3082, 3086, 3090, 3091, 3093, 3094, 3096, 3097, 3100, 3106, 3107, 3108, 3109, 3111, 3112, 3113, 3114, 3119, 3123, 3124, 3125, 3128, 3132, 3133, 3134, 3135, 3136, 3137, 3138, 3139, 3596, 4998)
2004 Ed. (1503, 1526, 1570, 1596, 1597, 1600, 1601, 1602, 1612, 1613, 1752, 1758, 1825, 2118, 2123, 3034, 3035, 3050, 3051, 3053, 3074, 3075, 3077, 3078, 3084, 3085, 3086, 3097, 3103, 3104, 3105, 3106, 3108, 3109, 3110, 3111, 3114, 3124, 3126, 3127, 3128, 3130, 3131, 3679, 4326, 4557, 4575, 4997)
2003 Ed. (1423, 1473, 1547, 1552, 1569, 1570, 1573, 1586, 1587, 1591, 1791, 2474, 2958, 2959, 2965, 2966, 2968, 2973, 2974, 2979, 2983, 2989, 2990, 2992, 2993, 2996, 2998, 3004, 3005, 3007, 3008, 3009, 3012, 3640, 4720, 4994, 4996)
2002 Ed. (1389, 1453, 1534, 1535, 1537, 1539, 1554, 1555, 1557, 1560, 1561, 1692, 1741, 2122, 2838, 2840, 2842, 2866, 2870, 2878, 2898, 2901, 2912, 2917, 2931, 2945, 2949, 2950, 2957, 2959, 2960, 2962, 2966, 2968, 2969, 2970, 2976, 4991)
2001 Ed. (1552, 1740, 2401, 2433, 2898, 2905, 2916, 2917, 2918, 2925, 2951, 3084)
2000 Ed. (1349, 1525, 2199, 2656, 2668, 2670, 2672, 2683, 2715, 2717, 2720, 2721, 2723, 2725, 2729, 2731, 2732, 2735, 2736, 2737, 3321, 3750, 4440)
1999 Ed. (1543, 1714, 2902, 2913, 2914, 2921, 2923, 2927, 2935, 2937, 2963, 2965, 2969, 2971, 2972, 2978, 2979, 2982, 2983, 2984, 3601, 4822)
1998 Ed. (1181, 1289, 2128, 2129, 2130, 2137, 2146, 2153, 2154, 2198, 2200, 2203, 2208, 2211, 2212, 2213, 2671, 2673, 2711, 3769)
1997 Ed. (1489, 2407, 2416, 2417, 2425, 2426, 2436, 2465, 2471, 2472, 2544, 2932, 3922)
1996 Ed. (1267, 1428, 1917, 2282, 2284, 2285, 2288, 2337, 2827, 2829, 3410, 3885)
1995 Ed. (1269, 1871, 1873, 2267, 2276, 2278, 2291, 2317, 2319, 2320, 2322, 2324, 2763, 2765, 3302, 3307, 3336, 3355, 3435, 3800)
1994 Ed. (1256, 1841, 1844, 2220, 2229, 2230, 2231, 2242, 2247, 2248, 2269, 2271, 2278, 2661, 3220, 3228, 3257, 3274, 3675)
1993 Ed. (338, 1244, 1853, 1855, 2189, 2193, 2202, 2203, 2232, 2238, 2245, 2250, 2251, 2711, 2712, 3224, 3228, 3284, 3740)
1992 Ed. (2144, 2147, 2645, 2657, 2678, 2682, 2687, 2691, 2698, 2703, 2704, 2705)
1991 Ed. (1234, 1713, 2081, 2121, 2123, 2134, 2140, 2141, 2142)
1990 Ed. (1776, 2272, 2273, 3708)
1989 Ed. (1423, 1673, 1675, 1742, 1743, 2975)

American International Health Services
1994 Ed. (2086)
American International Life
1991 Ed. (2113)
American International Life Assurance
2002 Ed. (2908)
American International Management Co. (Barbados) Ltd.
2008 Ed. (856)
American International/Merry Miler
1995 Ed. (3687)
American International Pete
1995 Ed. (2820)
American International Relocation Solutions
2006 Ed. (4293)
American International Rent a Car
1991 Ed. (334)
American International Specialty
1995 Ed. (2288)
American International Specialty Lines Insurance Co.
2008 Ed. (3262, 3263)
2006 Ed. (3099)
2005 Ed. (3095)
2004 Ed. (3089)
2002 Ed. (2876)
2001 Ed. (2927)
1998 Ed. (2145)
1997 Ed. (2428)
1996 Ed. (2293)
American International Surplus Lines Insurance Co.
1994 Ed. (2240)
American Interstate Bank
2007 Ed. (462)
2006 Ed. (453)
2005 Ed. (523)
2004 Ed. (542)
American Inv Income
1991 Ed. (2570)
American Investment Bank
2005 Ed. (380)
American Investment Co. of America
2006 Ed. (3630)
American Investors Growth
1991 Ed. (2567)
1989 Ed. (1852)
American Invsco
2005 Ed. (1186)
American Iron & Metal
2008 Ed. (4498)
American IronHorse Motorcycle
2005 Ed. (4743)
American ISP
2002 Ed. (2991)
American Israel Public Affairs Committee
2000 Ed. (2989)
American Isuzu Motors
1990 Ed. (3539)
1989 Ed. (2801)
American Italian Pasta Co.
2007 Ed. (4572)
2005 Ed. (2653, 2654, 3385)
2004 Ed. (2660)
2003 Ed. (3743)
American Jewish Joint Distribution Committee
2006 Ed. (3715)
American Jewish Joint Distributions Committee
2008 Ed. (3792)
American Kennel Club
1996 Ed. (244)
American L & A Insurance of KY
1993 Ed. (2224)
American Laser Centers
2007 Ed. (896)
The American Lawyer
2007 Ed. (4796)
American Leak Detection
2008 Ed. (745)
2007 Ed. (769)
2006 Ed. (673)
2005 Ed. (766)
2004 Ed. (780)
2003 Ed. (770)
2002 Ed. (2058)
2000 Ed. (2268)
1999 Ed. (2508)
1996 Ed. (1967)
1995 Ed. (1936)
1994 Ed. (1916)
American Lebanese Syrian Assoc. Charities
1991 Ed. (2615)
American Legacy HY BD
1989 Ed. (260)
American Legacy II
1998 Ed. (3655)
1997 Ed. (3817)
American Legacy (VUL)
1991 Ed. (2120)
American Legion
1999 Ed. (292)
1997 Ed. (271)
1996 Ed. (240)
1995 Ed. (247)
American Legion Magazine
1992 Ed. (3373)
1990 Ed. (287)
American Lend Lease
2005 Ed. (4383)
American Library Association
1999 Ed. (298)
American Licorice
1999 Ed. (1017)
American Life
1999 Ed. (2931, 2932, 2941, 2954)
1995 Ed. (2295, 3324)
1993 Ed. (3250)
American Life Insurance Co.
2008 Ed. (3275, 3276, 3299, 3301, 3304)
2007 Ed. (3124, 3125, 3149, 3151, 3154)
2002 Ed. (2890, 2891, 2925)
2001 Ed. (2930, 2945)
2000 Ed. (2674, 2678)
1998 Ed. (2149, 2150, 2184, 2190)
1997 Ed. (2437)
1996 Ed. (2298, 2299, 2310)
1993 Ed. (2196)
American Life Insurance Co. - Delaware
1998 Ed. (2161, 2168)
American Limousine
2000 Ed. (3168, 3169)
1999 Ed. (3453, 3454)
1993 Ed. (2600, 2601)
1992 Ed. (3113, 3114)
American Limousine Service
1996 Ed. (2692)
1995 Ed. (2616, 2617)
American List
1996 Ed. (205)
1994 Ed. (201)
1992 Ed. (317, 4487)
American Locker Group
2000 Ed. (4042)
American Lung Association
2008 Ed. (3791)
2000 Ed. (3345, 3352)
1999 Ed. (3628)
1998 Ed. (1280, 2687)
1997 Ed. (2951)
1996 Ed. (914, 2853)
1995 Ed. (940, 2779)
1994 Ed. (2681)
1991 Ed. (2616)
American Maize
1992 Ed. (2178)
American Maize-Products Co.
1995 Ed. (1242)
American Management Association
1999 Ed. (298, 299)
1997 Ed. (273, 275)
1992 Ed. (3259)
American Management Services
2008 Ed. (258)
2007 Ed. (282)
2006 Ed. (277, 278)
American Management Systems Inc.
2006 Ed. (4726)
2005 Ed. (3039)
2003 Ed. (2945)
2002 Ed. (1147)
2001 Ed. (1052)
1999 Ed. (960)
1997 Ed. (1107)
1992 Ed. (1343, 1344)
1990 Ed. (853)
American Marietta Corp.
1996 Ed. (1141)
The American Meat Packing Corp.
1994 Ed. (2454, 2910)
American Media
2001 Ed. (1543)
American Medical
1994 Ed. (210, 2030, 2572)
1992 Ed. (1520, 2381)
1990 Ed. (1988, 1989)
1989 Ed. (1578, 1579)
American Medical Alert Corp.
2008 Ed. (4417)
American Medical Association
2008 Ed. (2894)
2006 Ed. (3291)
2000 Ed. (2989)
1998 Ed. (194)
1997 Ed. (274)
1996 Ed. (243)
1995 Ed. (249, 886, 2778, 2954)
1992 Ed. (3259)
American Medical Association PAC
1990 Ed. (2873, 2874)
1989 Ed. (2236, 2237)
American Medical Association Political Action Committee
1993 Ed. (2872, 2873)
American Medical Buildings
1992 Ed. (352)
1991 Ed. (250)
1989 Ed. (265)
American Medical Design Corp.
1997 Ed. (1159)
American Medical Holdings
1996 Ed. (2079)
1995 Ed. (2082)
1993 Ed. (222)
1992 Ed. (326)
American Medical Imaging
1991 Ed. (950, 3146)
American Medical International
1997 Ed. (2270)
1996 Ed. (2155, 2704)
1992 Ed. (1461, 2459, 3122, 3123, 3128, 3131)
1991 Ed. (1892)
1990 Ed. (1167)
1989 Ed. (1603)
American Medical News
2007 Ed. (4798)
2004 Ed. (144)
2001 Ed. (1053)
2000 Ed. (3467)
1999 Ed. (292, 3748, 3755)
1998 Ed. (2788, 2791)
1997 Ed. (271)
1996 Ed. (2602)
1995 Ed. (247)
1994 Ed. (2470)
1992 Ed. (3012)
1991 Ed. (2410)
1990 Ed. (2538, 3626)
American Medical News Mini-Mass Demo
1995 Ed. (2538)
American Medical Response Inc.
2008 Ed. (3454, 3455)
2007 Ed. (3357, 3358)
2006 Ed. (3296)
2005 Ed. (3308, 3309)
2004 Ed. (3295, 3296)
2003 Ed. (3239, 3240)
2001 Ed. (3158, 3159)
1999 Ed. (1461)
American Medical Systems
2006 Ed. (4335)
2005 Ed. (2772)
American Medical Systems Holdings
2006 Ed. (1890)
American Medserve Corp.
1998 Ed. (3178)
American Megacom
2005 Ed. (1251)
American Megatrends
1993 Ed. (959, 1050, 3336)
American Minority Business Forms Inc.
2007 Ed. (3570)

American Mitsuba Corp.
2008 Ed. (313)
American Mobil Corp.e Nurses Recruitment
1995 Ed. (2800)
American Mobil Corp.e Satellite
1995 Ed. (3205, 3206, 3693, 3694)
American Mobil Corp.e Systems
1995 Ed. (2819)
American Mobile Nurses
1997 Ed. (2954)
1996 Ed. (2857)
American Mobile Nurses Recruitment
2001 Ed. (3555)
2000 Ed. (3359)
American Mobile Systems Inc.
1997 Ed. (1254)
American Modern Insurance Group
2007 Ed. (3134)
2005 Ed. (3094)
2004 Ed. (3040, 3086)
American Molded Products LLC
2008 Ed. (3715, 4404)
2007 Ed. (3567, 4427)
American Motors Corp.
2005 Ed. (1495)
2004 Ed. (1479)
2003 Ed. (1449)
2002 Ed. (1429)
1989 Ed. (2014)
American Movie Classics
1992 Ed. (1032)
American Multi-Cinema Inc.
2005 Ed. (3515)
2004 Ed. (3510)
1990 Ed. (1251, 2610)
American Museum of Natural History
2005 Ed. (3605)
2000 Ed. (3343)
1996 Ed. (916)
American Music
1994 Ed. (2596)
1993 Ed. (2643)
"American Music Awards"
1995 Ed. (3583)
1993 Ed. (3535)
1992 Ed. (4248)
American Mutual
1992 Ed. (3150)
1991 Ed. (2557)
American Mutual Insurance
1996 Ed. (2271)
1990 Ed. (1793)
American National
1995 Ed. (366, 443, 489, 617)
1993 Ed. (2865)
1992 Ed. (1048, 1384, 1387, 1388, 2295, 3473)
American National Bank
2007 Ed. (423)
2006 Ed. (203)
1997 Ed. (495)
1994 Ed. (451, 506, 512)
1992 Ed. (636)
1991 Ed. (478)
1990 Ed. (520)
American National Bank & Trust Co.
2002 Ed. (539)
2001 Ed. (612)
2000 Ed. (486)
1999 Ed. (493, 541)
1998 Ed. (343, 363, 370)
1997 Ed. (436, 493)
1996 Ed. (472, 534, 538, 691)
1993 Ed. (450, 502, 3392)
1992 Ed. (701)
American National Bank & Trust Co. (Chicago)
1991 Ed. (543)
American National Bank & Trust of Chicago
2000 Ed. (2928)
1998 Ed. (2354)
1990 Ed. (2353)
American National Bank Ind.
1989 Ed. (2160)
American National Bank (Parma, OH)
2000 Ed. (551)
American National Bank, Tenn.
1989 Ed. (2159)
American National Can Co. Inc.
2001 Ed. (1455, 1456, 3279)
1999 Ed. (1627)
1998 Ed. (1138, 2872, 2874)
1995 Ed. (2868)
1993 Ed. (2785)
1992 Ed. (3321, 3352)
American National/Chicago
1993 Ed. (2289)
1989 Ed. (2126, 2149)
American National (Gro.), Ind.
1989 Ed. (2152)
American National Group
2008 Ed. (3287)
2007 Ed. (3134)
American National Income
1993 Ed. (2653, 2663)
1992 Ed. (3192)
1991 Ed. (2560)
American National Insurance Co.
2007 Ed. (3137)
2006 Ed. (3119)
2005 Ed. (2220, 3094, 3104)
2004 Ed. (3085, 3086, 3100, 3101)
2002 Ed. (1523, 2906, 2907)
2000 Ed. (2684, 2685)
1998 Ed. (2159, 3653)
1996 Ed. (2319)
1993 Ed. (3463)
1991 Ed. (2100)
1989 Ed. (1049)
American National Lloyds
1999 Ed. (2970)
American National Lloyds Insurance Co.
2000 Ed. (2722)
American National Red Cross
2008 Ed. (3787, 3788, 3793, 3798)
2006 Ed. (3710, 3712, 3714, 3716)
2001 Ed. (789)
American Nationalities Council
1989 Ed. (274, 2072)
American Nukem
1994 Ed. (1635)
1993 Ed. (1603)
American Nursery Products LLC
2003 Ed. (2543)
2001 Ed. (2503)
American Nursery Products LLP
2001 Ed. (2502)
American Nurses Association
1998 Ed. (193)
American of Madison
1992 Ed. (1936, 2426)
1991 Ed. (1541)
American Oil & Gas
1995 Ed. (1972)
1994 Ed. (1945)
1993 Ed. (1922)
American Olean Tile Co.
1990 Ed. (3593, 3594)
American Oncology Resources Inc.
1999 Ed. (1455)
1997 Ed. (2183, 3402, 3406)
American Ophthalmic
1997 Ed. (1010, 3526)
American Osteopathic Association
2008 Ed. (2894)
American Pacific
2007 Ed. (585, 587)
2005 Ed. (936)
2004 Ed. (946)
American Pacific College
2004 Ed. (2831)
American Pacific State Bank
1998 Ed. (3317)
1997 Ed. (3528)
1996 Ed. (3459)
1995 Ed. (3394)
1994 Ed. (3332)
1992 Ed. (3996)
American Packaging Corp.
2008 Ed. (1982, 3573)
American Paging
1996 Ed. (3150)
American Paper Conversion Corp.
2003 Ed. (2193)
American Pathway HY BD
1989 Ed. (260)
American Paving Contractors
2004 Ed. (2831)
American Payroll Association Annual Congress
2005 Ed. (4731)
American People Link
1989 Ed. (1212)
American peregrine falcon
1996 Ed. (1643)
American Performance Growth Equity
2000 Ed. (3270)
American Petrofina
1992 Ed. (324, 327, 1530, 1946)
1991 Ed. (1222, 1548, 2722, 2731)
1990 Ed. (2833)
1989 Ed. (1055, 2205)
American Petroleum Institute
1999 Ed. (299)
1997 Ed. (275)
1996 Ed. (244)
American Pharmaceutical Partners Inc.
2008 Ed. (1401)
2006 Ed. (1636)
American Pharmaceutical Review
2008 Ed. (4717)
American Photo
1997 Ed. (3042, 3046)
American Photo Group
1989 Ed. (2502)
American Physicians Capital Inc.
2002 Ed. (2154)
American Pie
2005 Ed. (2625)
American Pie 2
2004 Ed. (2161)
American Pioneer Title Insurance Co.
2002 Ed. (2982)
2000 Ed. (2738)
1999 Ed. (2985)
1998 Ed. (2214)
American Pizza Partners LP
2007 Ed. (1842)
American Plastics Council
1998 Ed. (574)
American Plumbing & Mechanical Inc.
2007 Ed. (1351, 1390, 3980)
2006 Ed. (1259, 1344, 3924)
2005 Ed. (1287, 1289, 1291, 1344, 3861)
2004 Ed. (1236, 1237, 1238, 1239, 1339)
2003 Ed. (1234, 1236, 1339)
American Poolplayers Association
2008 Ed. (4129)
2007 Ed. (4107)
2006 Ed. (4056)
2005 Ed. (4026)
2004 Ed. (4092)
2003 Ed. (4066)
2002 Ed. (3943)
1990 Ed. (1852)
American Postal Workers Union
1998 Ed. (2322)
American Power Conversion Corp.
2008 Ed. (2418, 3191, 3202)
2007 Ed. (1264, 2285, 4280)
2006 Ed. (1149, 2347, 2348, 2350, 2392)
2005 Ed. (1955, 2280, 2283, 2284, 2285, 2286)
2004 Ed. (1134, 1847, 1848, 2179, 2182, 2183, 2184, 2236)
2003 Ed. (1104, 1124, 1813, 2130, 2132)
2002 Ed. (1134)
2001 Ed. (1840, 2140, 2141)
1999 Ed. (1262)
1998 Ed. (3408)
1997 Ed. (1279, 2166)
1995 Ed. (1086, 2058, 3517)
1994 Ed. (1583, 2706, 3328)
1993 Ed. (1546, 1568, 2005, 2006, 3329, 3330)
1992 Ed. (1673, 3308, 3310)
1991 Ed. (1869, 1875, 1878)
1990 Ed. (1966, 1971, 3296, 3301)
American Power Tool & Repair
2008 Ed. (4989)
American Precision Industries Inc.
1998 Ed. (1320)
American Premier
1995 Ed. (2318)
American President
1997 Ed. (3508, 3802, 3804)
1995 Ed. (3656, 3668, 3670, 3672)
1994 Ed. (3587, 3588, 3589)
1993 Ed. (3298, 3629, 3630)
1992 Ed. (3951, 4352, 4353)
1991 Ed. (3426, 3427, 3428)
1990 Ed. (3271, 3639, 3658)
1989 Ed. (2484, 2869, 2879)
American President Companies
1992 Ed. (4340)
1989 Ed. (2463)
American President Cos.
1996 Ed. (2841, 3424, 3752, 3754)
American President Lines Ltd.
2007 Ed. (2912)
1999 Ed. (4299)
1998 Ed. (931, 3293)
American Printer Service Inc.
2008 Ed. (3728, 4979)
American Product Distributors Inc.
2008 Ed. (179, 1356, 3689, 3725)
2007 Ed. (3525, 3585)
2006 Ed. (3531, 4370)
American Products Distributors Inc.
2003 Ed. (214)
American Profile
2007 Ed. (141)
2006 Ed. (149)
2005 Ed. (148)
American Properties
2003 Ed. (1184)
2002 Ed. (2685)
American Property Management Corp.
2008 Ed. (3065)
2007 Ed. (2936)
2006 Ed. (2926)
2005 Ed. (2933)
American Protection Industries Inc.
1994 Ed. (130)
1993 Ed. (148, 978)
1992 Ed. (231)
1991 Ed. (2943)
American Protective Services
2000 Ed. (3907)
1999 Ed. (4175)
1998 Ed. (3185)
1997 Ed. (3413)
1995 Ed. (3211)
1994 Ed. (3161)
1993 Ed. (3114)
1992 Ed. (3825)
American Public Energy Agency
2001 Ed. (862)
American Quasar Petroleum
1990 Ed. (3561)
The American Queen
2005 Ed. (4042)
American Radiation Services Inc.
2008 Ed. (3723, 4416)
2007 Ed. (3581, 4436)
American Radio Relay League
1999 Ed. (298)
American Radio Systems Corp.
2000 Ed. (3693)
1999 Ed. (1441, 3978, 3980)
1998 Ed. (1023, 2981, 2982)
1997 Ed. (3237)
American Railcar Industries Inc.
2008 Ed. (1950)
American Ramp Systems
2008 Ed. (2900)
American Re Corp.
2007 Ed. (3189)
2006 Ed. (3152)
1998 Ed. (1028, 3037)
1995 Ed. (2443)
American Re-Insurance Co.
2007 Ed. (3184)
2005 Ed. (3067, 3145, 3146, 3147, 3148, 3149)
2004 Ed. (3056, 3137, 3139, 3140, 3141)
2003 Ed. (2971, 3014, 3015, 3016, 3017, 4995)
2002 Ed. (2963, 3948, 3949, 3950, 3951, 3953, 3958, 3959)
2001 Ed. (2907, 4030, 4036)
2000 Ed. (2660)
1995 Ed. (2318, 2443, 3087)
1991 Ed. (2133, 2829)
American Re-Insurancey
2000 Ed. (2728)
American Re Corp.'s Management
1994 Ed. (1205)
American Reading Co.
2007 Ed. (2271)

American Real Estate Partners
2004 Ed. (2769)
American Real Estate Partners LP
2008 Ed. (4114)
American Realty Advisors
2000 Ed. (2820)
1999 Ed. (3080)
1998 Ed. (2280)
1997 Ed. (2542)
1996 Ed. (2412)
1995 Ed. (2376)
American Realty & Financial Services of California Inc.
2000 Ed. (3723)
American Recreation
2001 Ed. (1108)
American Red Cross
2008 Ed. (3795, 3796)
2007 Ed. (3703)
2006 Ed. (3709)
2005 Ed. (3607, 3608)
2004 Ed. (934, 3698)
2003 Ed. (3651)
2001 Ed. (1819, 3550)
2000 Ed. (3346, 3348, 3351)
1999 Ed. (293)
1998 Ed. (689)
1997 Ed. (944, 2949)
1996 Ed. (911, 912, 917)
1995 Ed. (249, 943, 2778, 2782, 2784)
1994 Ed. (241, 905, 909, 910, 2676, 2677, 2678)
1993 Ed. (251, 2728, 2730)
1992 Ed. (3255, 3267)
1991 Ed. (2613, 2617)
1990 Ed. (2718)
1989 Ed. (2074)
American Red Cross Blood Services
1998 Ed. (2686)
American Red Cross of Southeastern Michigan
2002 Ed. (3522)
American Ref-Fuel Co.
2005 Ed. (4836)
1991 Ed. (2823)
American Ref-Fuel Co. LLC
2004 Ed. (1535)
American Refugee Committee
2004 Ed. (933)
American Reinsurance
2000 Ed. (3748)
1999 Ed. (2905, 4033)
1996 Ed. (2330, 3186)
1994 Ed. (1206, 3040)
1993 Ed. (2992)
1990 Ed. (2261)
American Reinsurnace
1992 Ed. (3658)
American Renolit Corp.
2002 Ed. (2734)
American Republic
1993 Ed. (2198)
American Republic Insurance
1998 Ed. (3653)
American Republife
1996 Ed. (2300)
American Residential Mortgage
1995 Ed. (2600)
American Residential Services Inc.
2008 Ed. (1250, 4000, 4003, 4820)
2007 Ed. (1351, 1353, 1390, 3977, 3980, 4888)
2006 Ed. (1252, 1257, 1259, 1262, 1263, 1264, 1344, 3924)
2005 Ed. (1282, 1287, 1289, 1292, 1344, 3861)
2004 Ed. (1236, 1237, 1242, 1339)
2003 Ed. (1233, 1234, 1236, 1237, 1239, 1339)
2001 Ed. (1409)
1999 Ed. (1440)
American Residential Services LLC
2008 Ed. (1239, 1243, 1246, 1337)
American Restaurant
1992 Ed. (317)
American Retail Group
1999 Ed. (1199)
1998 Ed. (771)
American Retirement Corp.
2007 Ed. (3461)
2006 Ed. (4191)
2000 Ed. (1723)
1998 Ed. (2055, 3099)
American Rice
1997 Ed. (2554)
American Rifleman
2005 Ed. (148)
2004 Ed. (149)
1999 Ed. (292)
1997 Ed. (271, 3039)
1996 Ed. (240)
1995 Ed. (247)
1990 Ed. (287)
American Risk Management Corp.
1998 Ed. (642)
1997 Ed. (903)
1996 Ed. (882)
1995 Ed. (909)
1994 Ed. (867)
1993 Ed. (853)
1991 Ed. (856)
1990 Ed. (907)
American River
1993 Ed. (3690)
American River Holdings
2002 Ed. (3554, 3556)
American Road Insurance Co.
2002 Ed. (2951)
American Road Insurance Group
1999 Ed. (2967)
1991 Ed. (2081)
American Roland Food Corp.
2003 Ed. (3745)
American Safety Razor
1996 Ed. (3161)
American Safety Risk Retention Group Inc.
1997 Ed. (904)
American Sales
2003 Ed. (2594)
2002 Ed. (2385)
2000 Ed. (2298)
1999 Ed. (2559)
1998 Ed. (1793)
American Sales & Management
2006 Ed. (2837)
American Samoa Government Employees Credit Union
1996 Ed. (1505)
American Savings
1992 Ed. (547)
1990 Ed. (3117, 3579)
American Savings & Loan Association
1991 Ed. (1661)
1990 Ed. (422, 3100, 3584)
1989 Ed. (2823)
American Savings & Loan Association of Florida (Miami)
1991 Ed. (3380)
American Savings Bank
2003 Ed. (478)
1998 Ed. (2400, 3132, 3135, 3137, 3140, 3141, 3142, 3143, 3148, 3149, 3150, 3151, 3153, 3530, 3532, 3534, 3535, 3536, 3538, 3539, 3542)
1997 Ed. (3740, 3741)
1996 Ed. (3684, 3685)
1995 Ed. (2611)
1994 Ed. (2551, 3527, 352, 3528, 3532)
1993 Ed. (353, 3074, 3075, 3076, 3077, 3084, 3089, 3091, 3093, 3094, 3097, 3564, 3565, 3566, 3568, 3569, 3570)
1992 Ed. (3774, 3775, 3776, 3777, 3784, 3790, 3792, 3794, 3795, 3798, 3922, 4286, 4293)
1991 Ed. (2919, 3382)
1990 Ed. (3105, 3575, 3576, 3589)
1989 Ed. (2361)
American Savings Bank/BankNorth
2004 Ed. (473)
American Savings Bank, FA
1991 Ed. (3362, 3375)
1990 Ed. (2606, 3096, 3097, 3098)
American Savings Bank, FA (Irvine, CA)
1991 Ed. (3364, 3365)
American Savings Bank, FSB
2006 Ed. (2602, 3569)
2005 Ed. (4178)
2004 Ed. (4245)
1990 Ed. (3118, 3127)
American Savings Credit Union
2006 Ed. (2173)
American Savings of Florida
1995 Ed. (3328, 3609)
1994 Ed. (3249)
1993 Ed. (3255)
American Saw & Manufacturing Co.
2005 Ed. (1464)
American Science & Engineering
2008 Ed. (1905, 1906, 3644, 4139)
2007 Ed. (1875, 2732)
2006 Ed. (1874, 4590)
American Screen Art
2007 Ed. (4447)
American Seafood Holdings LLC
2008 Ed. (2776)
American Seafoods Corp.
2008 Ed. (2724, 2725)
2007 Ed. (2587, 2588)
2006 Ed. (2612)
2005 Ed. (2613)
American Seafoods Group
2008 Ed. (4284)
2007 Ed. (4265)
American Seafoods Group LLC
2008 Ed. (2783)
American Seaway Foods
1998 Ed. (1868, 1870)
1996 Ed. (2051)
1995 Ed. (2052, 2055)
1994 Ed. (2002)
American Security Bank
1990 Ed. (3683)
1989 Ed. (2902)
American Security Bank, NA
1995 Ed. (456)
1994 Ed. (370, 665)
1993 Ed. (383, 385, 663, 2966)
1992 Ed. (569, 863)
American Security Bank NA (Washington, DC)
1991 Ed. (688)
American Security, D.C.
1989 Ed. (2146, 2157)
American Security Systems Inc.
2000 Ed. (3918)
American Sentry Guard
2008 Ed. (4295)
American Service Bureau Inc.
1992 Ed. (1130, 1131)
American Service Center
2008 Ed. (320, 4791)
2005 Ed. (334)
2004 Ed. (338)
1994 Ed. (276)
1992 Ed. (391)
American Services Technology
2005 Ed. (1251)
American Shared Hospital Services
2001 Ed. (1650)
1990 Ed. (889, 2050)
American Ship Building Co.
1996 Ed. (1926)
1993 Ed. (2491)
American Showa
2004 Ed. (324)
American Sign Shops
2004 Ed. (4420)
2003 Ed. (4420)
2002 Ed. (4281)
American Signal
1996 Ed. (3602)
American Skandia
2001 Ed. (3455)
2000 Ed. (303)
1999 Ed. (4700)
1998 Ed. (3656)
1996 Ed. (3770)
American Skandia Life Assurance
2002 Ed. (2918)
2001 Ed. (4666, 4668)
2000 Ed. (4327)
American Skandia Life Assurance ''B'' Lifevest: Small-Cap
1995 Ed. (3689)
American Skandia Life Vest Alger Growth
1994 Ed. (3611)
American Skandia Life Vest Henderson International Growth
1994 Ed. (3613)
American Skiing Co.
2006 Ed. (2090)
2003 Ed. (1750)
American Sky Broadcasting
1999 Ed. (1441)
American Society for Industrial Security (ASIS) International Seminar & Exhibits
2008 Ed. (4719)
2007 Ed. (4800)
American Society for Technion-Israel Institute of Technology
2000 Ed. (3344)
American Society for Therapeutic Radiology & Oncology (ASTRO) Annual Meeting
2006 Ed. (4784)
2005 Ed. (4731)
American Society for Therapeutic Radiology & Oncology (ASTRO) Annual Seminar & Exhibits
2008 Ed. (4719)
American Society of Association Executives
2002 Ed. (4811)
American Society of Health-System Pharmacists
2006 Ed. (2765)
American Specialty Health Plans
2000 Ed. (2436)
American Speedy Printing Centers Inc.
2001 Ed. (2534, 3891)
2000 Ed. (2273, 3609)
1999 Ed. (2524)
1998 Ed. (1766, 2921)
1996 Ed. (3086)
1991 Ed. (1774)
American Spirit Credit Union
2005 Ed. (2093)
2004 Ed. (1951)
2003 Ed. (1911)
2002 Ed. (1854)
American Sports Products Group Inc.
2004 Ed. (1316, 2376)
American Staffing Resources
2006 Ed. (3536)
American Stainless & Supply LLC
2007 Ed. (4445)
2006 Ed. (4377)
American Standard Inc.
2008 Ed. (3143)
2007 Ed. (3025)
2006 Ed. (2991)
2005 Ed. (2997)
2004 Ed. (3000)
2003 Ed. (2894)
2001 Ed. (3822)
2000 Ed. (226, 2286, 2442, 2623, 3032)
1999 Ed. (203, 1939, 2539, 2659, 2849, 2852)
1998 Ed. (106, 1372, 1373, 1779, 1922, 2087, 2092)
1997 Ed. (184, 1684, 2095, 2366, 3867)
1996 Ed. (828, 998, 2241)
1995 Ed. (167, 843, 844, 850, 1017, 1949)
1994 Ed. (148, 790, 792, 1005, 1925)
1993 Ed. (164, 771, 774, 979, 2381)
1992 Ed. (259, 260, 980, 1204, 1644, 2961)
1991 Ed. (799, 969, 1224, 1234)
1990 Ed. (836, 1238, 1358, 2173)
1989 Ed. (1002, 1652, 1653, 2283)
American Standard Companies Inc.
2008 Ed. (189, 198, 751, 1532, 1978, 3143, 3145, 3148, 3150)
2007 Ed. (202, 211, 212, 777, 778, 1276, 1915, 3025, 3027, 3032, 3033, 3036)
2006 Ed. (677, 680, 681, 682, 2991, 2993, 2996, 2997, 2998)
2005 Ed. (769, 777, 778, 2997, 2999, 3000, 3001, 3350, 3351)
2004 Ed. (783, 793, 882, 1604, 1616, 3000, 3001, 3002, 3004, 3325, 3326, 4487)
2003 Ed. (773, 779, 2894, 2896, 2897, 2898)

2002 Ed. (252, 2376, 2465, 2701, 2726, 2727, 2728)
2001 Ed. (1048, 1049, 2843)
American Standard Cos.
2007 Ed. (2283)
American Standard (Trane)
1992 Ed. (2242)
1991 Ed. (1777)
American State
1990 Ed. (697)
American State Bank
1997 Ed. (501)
1994 Ed. (508)
1989 Ed. (209)
American State (Lubbock)
1991 Ed. (677)
American States Financial Corp.
1998 Ed. (2107, 3179)
American States Water Co.
2008 Ed. (2364)
2007 Ed. (2224)
2006 Ed. (2281)
2005 Ed. (2219, 4838, 4839)
2004 Ed. (2114, 4854, 4855)
2002 Ed. (2002)
American Steamship Owners Mutual Protection & Indemnity Association
2008 Ed. (3317)
2007 Ed. (3170)
2006 Ed. (3135)
American Steel: Hot Metal Men & the Resurrection of the Rust Belt
2006 Ed. (585)
American Stock Exchange
2008 Ed. (1409, 4500)
2007 Ed. (4537)
2006 Ed. (1428, 4479, 4481)
2005 Ed. (1472, 4479)
2002 Ed. (4199)
1999 Ed. (1248)
1996 Ed. (206, 1058, 3588)
1994 Ed. (3437)
American Stock Transfer & Trust Co.
1995 Ed. (3513)
American Stores Co.
2008 Ed. (1794, 4560)
2007 Ed. (1766, 4611)
2006 Ed. (1758, 4626, 4627)
2005 Ed. (1531, 1787, 4547, 4548)
2004 Ed. (1728, 4614, 4615)
2003 Ed. (1841, 4634)
2001 Ed. (1891, 4097, 4417, 4418)
2000 Ed. (372, 1580, 1686, 1687, 1690, 1714, 2219, 2221, 2263, 2489, 3447, 3810, 4163, 4167, 4168)
1999 Ed. (368, 1414, 1870, 1921, 1931, 2462, 2703, 3730, 4091, 4092, 4518, 4519, 4520, 4521, 4522)
1998 Ed. (264, 664, 667, 1190, 1296, 1363, 1364, 1365, 1711, 1724, 2770, 3079, 3082, 3089, 3444, 3449, 3450, 3451, 3452, 3453, 3454, 3455, 3456, 3457)
1997 Ed. (329, 921, 924, 1527, 1625, 1626, 1676, 1677, 2026, 2790, 3022, 3176, 3231, 3343, 3660, 3667, 3668, 3670, 3671, 3672, 3673, 3674, 3675, 3676, 3677, 3678, 3679)
1996 Ed. (1458, 1556, 1559, 1560, 1929, 2934, 3146, 3240, 3241, 3253, 3606, 3612, 3613, 3614, 3619, 3620, 3621, 3622)
1995 Ed. (343, 916, 1569, 1572, 1573, 2855, 3047, 3143, 3146, 3289, 3364, 3524, 3531, 3532, 3533)
1994 Ed. (886, 1288, 1539, 1542, 1543, 1990, 2764, 2939, 2985, 3095, 3096, 3101, 3102, 3112, 3285, 3459, 3464, 3465, 3466)
1993 Ed. (150, 863, 866, 1492, 1495, 1496, 1997, 3040, 3041, 3042, 3050, 3293, 3493, 3494, 3495, 3496, 3497, 3498)
1992 Ed. (1814, 4170, 4171)
1991 Ed. (170, 879, 1422, 1425, 1426, 1459, 1460, 1462, 1463, 1860, 2887, 2888, 2889, 2895, 3254, 3256, 3257, 3258)
1990 Ed. (1507, 1550, 1963, 3027, 3028, 3029, 3042, 3044, 3490, 3493, 3496, 3498)
1989 Ed. (866, 867, 1264, 1556, 2320, 2327, 2775, 2777)
American Strategic Group
2004 Ed. (3093)
American Studios
1995 Ed. (2796, 3161)
American Superconductor
2007 Ed. (4115)
American Suzuki Motor Corp.
2008 Ed. (3183)
2004 Ed. (279)
2003 Ed. (331)
American Technical Ceramics
2008 Ed. (1985)
American Technologies Inc.
2007 Ed. (3601, 4447)
American Technology Research
2006 Ed. (3206)
American Telecasting Inc.
1999 Ed. (999)
1997 Ed. (872, 3913, 3914)
1995 Ed. (2250, 3777)
American Teleconnect
2006 Ed. (741)
American Telephone & Telegraph Co.
2005 Ed. (1523)
2004 Ed. (1507)
2002 Ed. (1456)
1992 Ed. (243, 1028, 3223)
American Television & Communications Corp.
1994 Ed. (1205, 1213, 1225)
1993 Ed. (814, 2755)
1992 Ed. (1019, 1027, 3317)
1991 Ed. (750, 834, 837, 2654)
1990 Ed. (870, 872)
American Tire Distributors
2007 Ed. (4759)
2006 Ed. (4745)
2005 Ed. (4697, 4698)
American Tissue
2002 Ed. (4093)
1999 Ed. (3702)
American Title Co.
1998 Ed. (2215)
American Tobacco
1996 Ed. (970)
1995 Ed. (984)
1993 Ed. (942)
1992 Ed. (1148, 1149)
American Tours International Inc.
2000 Ed. (4302, 4435)
1999 Ed. (4667, 4814)
1998 Ed. (3624)
1997 Ed. (3918)
American Tower Corp.
2008 Ed. (1913, 1917)
2007 Ed. (4704)
2006 Ed. (4685, 4701)
2005 Ed. (1090, 4637, 4984)
2004 Ed. (1081)
American Trans Air
2004 Ed. (205)
2003 Ed. (245, 1550)
2002 Ed. (259)
2000 Ed. (252, 253)
1999 Ed. (228, 229)
1998 Ed. (131, 135, 136, 137)
1997 Ed. (206)
1996 Ed. (185, 186)
1993 Ed. (1105)
American Trans Air (ATA)
2002 Ed. (270)
American Travelers Corp.
1998 Ed. (1028, 2131)
American Travelers Life
1998 Ed. (2151)
American Travellers
2001 Ed. (2949, 2950)
1991 Ed. (2652)
American Travellers Life
1999 Ed. (2930)
American Travellers Life Insurance Co.
2000 Ed. (2676, 2678)
American Trust Corp.
1994 Ed. (1205)
American Trust Allegiance
2006 Ed. (4404)
American TV
1995 Ed. (2120)
1994 Ed. (2071)
1992 Ed. (2428)
1990 Ed. (2026)
American TV & Appliance
1997 Ed. (2237)
1996 Ed. (2128)
American TV & Communications
1992 Ed. (944)
1990 Ed. (781, 2752)
1989 Ed. (782)
American United Global
1995 Ed. (2063, 3384)
American United Life
2002 Ed. (3952)
2000 Ed. (2799)
American United Life Group
2003 Ed. (3013)
American University
2007 Ed. (799, 1164)
2002 Ed. (902)
2001 Ed. (3060, 3065)
2000 Ed. (2903, 2908)
1999 Ed. (3159, 3164)
1998 Ed. (2335, 2338)
1997 Ed. (2603, 2607)
1996 Ed. (2458, 2461)
1995 Ed. (2423)
1992 Ed. (4423)
1991 Ed. (3473)
1990 Ed. (3682)
1989 Ed. (2903)
American Vanguard Corp.
2008 Ed. (4370)
2006 Ed. (4333, 4337)
2005 Ed. (4384)
2004 Ed. (946)
American Variable Insurance: Growth Inc.
1992 Ed. (4377)
American Variable Insurance: High Yield
1992 Ed. (4375)
American Variable Insurance International
1992 Ed. (4378)
American Ventures Realty Investors
1999 Ed. (3092)
American Washington Mutual Investment
2006 Ed. (3630)
2004 Ed. (3555)
American Waste Services
1993 Ed. (2008)
1992 Ed. (3479)
American Water
2007 Ed. (4362)
American Water Heater Co.
2002 Ed. (4784, 4785)
American Water Work
1999 Ed. (1950)
American Water Works Co.
2005 Ed. (1465, 1468, 1549)
2004 Ed. (4854, 4855)
1998 Ed. (3184)
1989 Ed. (1141)
American Way
1989 Ed. (183, 2178)
American West
1992 Ed. (266, 279, 280, 284, 1379)
American West Airlines
1991 Ed. (201)
1990 Ed. (215, 216)
American West Holdings
2007 Ed. (231)
American West Homes
2006 Ed. (1193)
2005 Ed. (1207, 1210)
2004 Ed. (1184)
2003 Ed. (1177)
2002 Ed. (1196)
2001 Ed. (1388)
2000 Ed. (1188, 1189)
1999 Ed. (1334)
1998 Ed. (908)
American Whole Insurance Group Inc.
2004 Ed. (3064)
American Wholesale Insurance Group Inc.
2008 Ed. (3244, 3245)
2006 Ed. (3076)
2005 Ed. (3075)
American Wholesale Thermographers Inc.
2005 Ed. (3896)
2004 Ed. (3940)
2003 Ed. (3932)
2002 Ed. (3765)
American Woodmark Corp.
2008 Ed. (3527, 3588)
2007 Ed. (3297, 3390, 3425)
2005 Ed. (2697)
2000 Ed. (3387)
1992 Ed. (2819, 2820)
American Yard Products
2002 Ed. (3062, 3064, 3066, 3067)
1998 Ed. (2545, 2546)
American Yazaki Corp.
1998 Ed. (1139)
1996 Ed. (331, 1346)
American Yellow Pages
1997 Ed. (1099)
Americana
2001 Ed. (3408)
Americana Advertising
1995 Ed. (70)
Americana Advertising Agency
1997 Ed. (83)
1993 Ed. (96)
Americana/Folk
1995 Ed. (2989)
Americana/folk art
2000 Ed. (3616)
AmericanGreetings.com
2007 Ed. (2318)
Americans for the Arts
2006 Ed. (3711, 3715)
AmericanTours International Inc.
2003 Ed. (4991)
2002 Ed. (4990)
1996 Ed. (3882)
AmericanWest Bancorporation
2005 Ed. (1789, 1941, 2001)
Americares
2007 Ed. (3705, 3706, 3707)
2006 Ed. (3713, 3715)
1991 Ed. (2617, 2619)
AmeriCares Foundation Inc.
2008 Ed. (3790, 3792, 3795, 3796, 3798)
2000 Ed. (3347)
1995 Ed. (940, 2779)
1994 Ed. (903, 905)
1993 Ed. (896)
1991 Ed. (896, 898, 899)
Americas
2001 Ed. (4428)
1996 Ed. (935)
1995 Ed. (963)
Americas Best Value Inc.
2008 Ed. (3079)
America's Cash Express
2007 Ed. (918)
America's Cash Express; ACE
2008 Ed. (898)
2006 Ed. (837)
America's Community Bankers
2001 Ed. (3829)
America's Favorite Chicken
1998 Ed. (1737)
America's First Credit Union
2008 Ed. (2215, 2216)
2007 Ed. (2100, 2101)
2006 Ed. (2176, 2180)
2005 Ed. (2082, 2085)
2004 Ed. (1942, 1944)
2003 Ed. (1902, 1904)
2002 Ed. (1843, 1845)
America's First Home LLP
2003 Ed. (2861)
"America's Funniest Home Videos"
1993 Ed. (3534)
1992 Ed. (4247)
"America's Funniest People"
1993 Ed. (3534)
America's Gateway Park
1990 Ed. (2178)
America's Health Insurance Plans
2008 Ed. (2894)

America's Lending Network
1994 Ed. (2547)
America's Maid Service--The Maids
2002 Ed. (857, 2361)
AMERICA's MediaMarketing
2003 Ed. (2732)
2002 Ed. (2491)
Americas Mining Corp.
2008 Ed. (3653, 3654)
2007 Ed. (3479, 3480)
2006 Ed. (3456, 3457)
2005 Ed. (3447, 3448)
2004 Ed. (3432, 3433)
America's Mortgage Co.
1991 Ed. (1856, 2483)
America's Next Top Model
2007 Ed. (681)
America's PEO
2003 Ed. (1783)
America's Second Harvest
2008 Ed. (3790, 3792)
2007 Ed. (3705, 3707)
2006 Ed. (3713, 3715)
2004 Ed. (934)
America's Service Station
2007 Ed. (347)
America's Shopping Channel
1991 Ed. (3290)
America's Wholesale Lender
2003 Ed. (3434, 3435, 3443, 3446, 3447, 3448)
Americas Wholesale Under
1995 Ed. (2611)
Americatel Corp.
2006 Ed. (2847)
2005 Ed. (2847)
2004 Ed. (2834, 2835, 2838)
2003 Ed. (2757)
2002 Ed. (2568)
Americel
2007 Ed. (1851)
Americh Massena & Associates
2005 Ed. (1933, 1934)
AmeriChoice Corp.
2005 Ed. (1486)
2003 Ed. (3354)
Americold Corp.
2002 Ed. (1225)
1997 Ed. (356)
AmeriCold Logistics
2008 Ed. (4814, 4815)
2007 Ed. (4879, 4880)
2006 Ed. (4887, 4888)
2001 Ed. (4723, 4724, 4725)
AmeriCredit Corp.
2008 Ed. (2696)
2007 Ed. (2551, 2553)
2006 Ed. (2580, 2581, 2585)
2005 Ed. (1253, 2578, 2579, 4500)
2004 Ed. (2609)
2003 Ed. (513, 514, 515)
Americu Credit Union
2005 Ed. (2065)
2004 Ed. (1926)
AmeriData Inc.
1998 Ed. (858)
AmeriData Technologies
1997 Ed. (2164, 3521)
Ameridebt Inc.
2003 Ed. (838)
Ameridian Specialty Services
2007 Ed. (1272)
AmeriFed Federal Savings Bank
1996 Ed. (3284)
1995 Ed. (3184)
1994 Ed. (3142)
Amerifirst Bank
1992 Ed. (3796, 3926)
1991 Ed. (3087, 3368, 3371)
AmeriFirst Bank, FSB
1990 Ed. (424)
AmeriFirst Bank, FSB (Miami)
1991 Ed. (3380)
AmeriFirst Building
1990 Ed. (2731)
Amerifirst Federal Savings Bank
1993 Ed. (3071, 3072, 3082, 3571)
Ameriflight Inc.
2003 Ed. (1080)
AmeriGas
2000 Ed. (1316, 3622)
1994 Ed. (2943)
1993 Ed. (2925)
1992 Ed. (3554)
1990 Ed. (2909)
AmeriGas Partners, L. P.
2002 Ed. (3799)
AmeriGas Partners LP
2008 Ed. (4081)
2007 Ed. (4045)
2006 Ed. (4013)
2005 Ed. (3944)
2004 Ed. (3973)
2003 Ed. (3970)
2000 Ed. (3623)
1999 Ed. (3906)
1998 Ed. (2932)
1997 Ed. (3180, 3407)
1996 Ed. (3102)
AmeriGas/Petrolane
1995 Ed. (3001)
Amerigas Propane Inc.
2005 Ed. (1944)
2004 Ed. (1841)
2003 Ed. (1809)
AmeriGas Propane LP
2008 Ed. (4074)
2007 Ed. (4039)
2006 Ed. (4005)
2005 Ed. (3931)
Amerigroup Corp.
2008 Ed. (2883, 2899)
2007 Ed. (3121)
2006 Ed. (2770, 2785, 3107)
2003 Ed. (3354)
Amerigroup Mortgage
2006 Ed. (3560)
AmeriHealth
1999 Ed. (2657)
1995 Ed. (2632)
AmeriHealth HMO Inc.
2000 Ed. (2440)
AmeriHealth HMO of New Jersey
1998 Ed. (1919)
Amerihost
1993 Ed. (2077)
AmeriHost Franchise Systems Inc.
2004 Ed. (913)
Amerihost Properties Inc.
1998 Ed. (1889, 1998, 2076)
1994 Ed. (2159)
Amerijet
2007 Ed. (233)
2006 Ed. (227)
Amerika Samoa Bank
1995 Ed. (493)
AmeriKing
2003 Ed. (4139)
AmeriLink
1999 Ed. (3674)
Amerimac Savings Bank FSB
1991 Ed. (3372)
1990 Ed. (2476, 3124)
Amerin Corp.
2000 Ed. (1043)
1999 Ed. (1118, 2622)
1997 Ed. (3405)
Amerind Forest Products
2002 Ed. (1581)
Amerindo Investment
1996 Ed. (2418, 2656, 3877)
Amerindo Investment Advisors
1994 Ed. (2308)
1993 Ed. (2322, 2328, 2330, 2332, 2335, 2336)
Amerindo Technology
2004 Ed. (3596)
2001 Ed. (3448)
2000 Ed. (3230, 3290)
Amerinet
2008 Ed. (2892, 2893)
2006 Ed. (2771, 2773)
2005 Ed. (2918)
2004 Ed. (2928)
2003 Ed. (2110)
1999 Ed. (2637, 2754)
Amerinet Financial Systems
2001 Ed. (3353)
AmeriPay Payroll
2005 Ed. (816)
Ameripol Synpol
2001 Ed. (4138)
Ameriprint Graphics Inc.
2008 Ed. (4990)
2007 Ed. (3616)
1998 Ed. (2918)
Ameriprise Financial Inc.
2008 Ed. (1935, 1937, 1938, 2695, 2974)
2007 Ed. (2642, 2852)
Ameriquest Mortgage Co.
2006 Ed. (3318, 3558, 3563)
2005 Ed. (3305)
2003 Ed. (3434)
Ameriquest Technologies
1999 Ed. (1979)
Amerisafe Insurance Group
2002 Ed. (2952)
2000 Ed. (2716)
AmeriServ Financial Inc.
2008 Ed. (2043)
2005 Ed. (363)
AmeriServe Food Distribution Inc.
2000 Ed. (2242)
AmeriSource Corp.
2001 Ed. (1834)
1999 Ed. (1896)
1998 Ed. (1331, 1332)
1993 Ed. (2063)
1992 Ed. (2447)
Amerisource Distribution Corp.
2003 Ed. (1343)
1996 Ed. (3825)
AmeriSource Health Corp.
2003 Ed. (1810, 4934)
2002 Ed. (1531, 1563, 1567, 1568, 1752, 1772, 4893, 4902)
2001 Ed. (1834, 2062, 2081, 2082, 4807, 4829)
2000 Ed. (1534, 3540, 4384, 4385)
1999 Ed. (1491, 1723, 4759)
1998 Ed. (2845, 3184)
1997 Ed. (3359)
AmerisourceBergen Corp.
2008 Ed. (1515, 1539, 2041, 2049, 2883, 3190, 4928, 4932)
2007 Ed. (1396, 1558, 1559, 1800, 1952, 1956, 2232, 2233, 2771, 4614, 4957, 4958, 4959, 4961)
2006 Ed. (1357, 1528, 1529, 1982, 1991, 2301, 2762, 2767, 4940, 4949, 4950, 4951, 4952, 4954)
2005 Ed. (1349, 1378, 1640, 1799, 1945, 1952, 2244, 2245, 2792, 2796, 4461, 4917, 4918, 4919, 4921)
2004 Ed. (1343, 1362, 1580, 1614, 1615, 1842, 1843, 2108, 2148, 2149, 2794, 2799, 2804, 2810, 4485, 4489, 4490, 4498, 4935, 4936, 4939, 4941)
2003 Ed. (1596, 1597, 1811, 2095, 2096, 2679, 2690, 4535, 4549, 4931)
AmerisourceBergen Drug Corp.
2008 Ed. (2041, 4932)
2007 Ed. (1952, 4961)
2006 Ed. (1982, 4954)
2005 Ed. (1945, 4921)
2004 Ed. (1842, 4941)
AmerisourceBergen Services Corp.
2008 Ed. (2041, 4932)
AmeriSpec Home Inspection Services
2008 Ed. (2388)
2007 Ed. (2250)
2006 Ed. (2319)
2005 Ed. (2261)
2004 Ed. (2163)
2003 Ed. (2120)
2002 Ed. (2056)
Ameristaff/Crum Services Inc.
2002 Ed. (2114)
Ameristar Casinos Inc.
2006 Ed. (2495)
2005 Ed. (2925, 2926)
2004 Ed. (2934, 2935)
Ameristock
2004 Ed. (2452)
2000 Ed. (3262)
1999 Ed. (3545)
Ameristock Focused Value
2003 Ed. (2359)
Ameristock Growth
2003 Ed. (3493)
Ameristock Mutual
2004 Ed. (3551)
Ameristock Mutual Fund
2002 Ed. (3418)
2000 Ed. (3236, 3272)
AmeriSuites
2001 Ed. (2789)
2000 Ed. (2556)
Ameritac
2006 Ed. (1160)
Ameritas Group
2002 Ed. (2835)
Ameritas Investment Corp.
2007 Ed. (4276)
2001 Ed. (863, 864)
Ameritas Life Insurance
1991 Ed. (2097)
Ameritas Overture 3 MFS Utilities
2000 Ed. (4334)
Ameritas Overture 3-Plust MFS Utilities
2000 Ed. (4334)
Ameritas Overture 2 MFS Utilities
2000 Ed. (4334)
Ameritas Overture VIP High Income
1994 Ed. (3614)
Ameritech Corp.
2007 Ed. (1194, 3382)
2006 Ed. (1088)
2005 Ed. (1463, 1488, 1503, 1547)
2004 Ed. (1086)
2001 Ed. (1335, 1336, 1550, 1558, 1731, 2701, 4454, 4478)
2000 Ed. (1042, 1335, 1454, 4186, 4188, 4189, 4203, 4205)
1999 Ed. (276, 1117, 1653, 3717, 4392, 4542, 4543, 4546, 4548, 4559, 4562)
1998 Ed. (718, 719, 1144, 1150, 3364, 3471, 3473, 3474, 3475, 3476, 3484, 3487)
1997 Ed. (977, 978, 1428, 3027, 3697, 3688, 3689, 3690, 3706)
1996 Ed. (888, 956, 957, 1260, 1377, 2547, 2946, 3501, 3636, 3638, 3639, 3647, 3651)
1995 Ed. (976, 977, 3033, 3302, 3332, 3439, 3548, 3549, 3550, 3558)
1994 Ed. (680, 944, 945, 2765, 2775, 2973, 2974, 2975, 3253, 3481, 3482, 3488, 3489, 3490)
1993 Ed. (931, 935, 2934, 2935, 2936, 3224, 3259, 3383, 3463, 3508, 3514, 3515, 3516)
1992 Ed. (1067, 1129, 1133, 1136, 1339, 1459, 3260, 3354, 3361, 3583, 4063, 4198, 4199, 4208, 4209, 4210)
1991 Ed. (871, 872, 922, 1546, 2685, 2694, 2777, 3276, 3284)
1990 Ed. (2192)
1989 Ed. (902, 2161, 2261, 2789, 2790, 2796)
Ameritech Applied Technologies
1992 Ed. (3584)
Ameritech Cellular
2000 Ed. (999)
Ameritech Foundation
2002 Ed. (976)
2001 Ed. (2515)
Ameritech Michigan
2001 Ed. (272, 2228)
2000 Ed. (219)
Ameritech Mobile
1989 Ed. (863)
Ameritech Mobile Communications
1994 Ed. (877)
Ameritherm Inc.
2008 Ed. (1983, 3573)
Ameritor Investment
2006 Ed. (2511)
2004 Ed. (3606)
Ameritor Security Trust
2004 Ed. (3604)
Ameritrade
2002 Ed. (4795)
2001 Ed. (2967, 2971, 2973, 4200)
2000 Ed. (1682)
1999 Ed. (4476)
Ameritrade Apex
2007 Ed. (758, 759, 761)
2005 Ed. (758)

Ameritrade Holding Corp.
2007 Ed. (2203, 3277)
2006 Ed. (661, 662, 2267, 2737)
2005 Ed. (755, 1550, 2205, 4245, 4246)
2004 Ed. (1449, 2229, 4323)
2003 Ed. (838, 2481)
2001 Ed. (1745, 2179)
Ameritrade Investors Cup
2002 Ed. (4854)
Ameritrade Izone
2007 Ed. (758, 761)
ameritrade.com
2001 Ed. (2974)
Ameritrust
1993 Ed. (604, 2510)
1992 Ed. (514, 523, 529, 810, 2856, 2983)
1991 Ed. (395)
1990 Ed. (641, 703, 2337)
1989 Ed. (2130)
Ameritrust Co. NA
1991 Ed. (637)
1990 Ed. (661)
AmeriTrust (Reserve), Ohio
1989 Ed. (2154, 2158)
Ameritrust Texas
1995 Ed. (366)
1992 Ed. (2107)
AmeriVest Properties Inc.
2008 Ed. (4541)
2003 Ed. (1646)
Ameriwood
1995 Ed. (1959)
Amerlhost Properties Inc.
1992 Ed. (2565)
Ameron
1996 Ed. (1109)
1995 Ed. (912)
1994 Ed. (879)
1993 Ed. (859)
Ameron International Corp.
2005 Ed. (772, 773)
2004 Ed. (786, 787)
Amersham
2006 Ed. (2968, 3758, 3896)
2005 Ed. (1562, 2971, 3831)
1996 Ed. (1364)
Amersham plc
2006 Ed. (1446)
Amerts "2" Ovtur2: VIP HI
1994 Ed. (3616)
Amerts "2" Ovtur2: VIP IG
1994 Ed. (3615)
Amerts "2" Ovtur2: VIP OS
1994 Ed. (3618)
AmerUS
1999 Ed. (1497)
Amerus Bank
1998 Ed. (3144, 3145)
AmerUS Group Co.
2007 Ed. (3107, 3137)
2006 Ed. (3090, 3119)
2005 Ed. (3103, 3104)
2004 Ed. (3100, 3101)
Amerus Life Holdings Inc.
1998 Ed. (2107, 3179)
Amervest
1998 Ed. (2278)
1995 Ed. (2365)
1992 Ed. (2754)
Amervest Co., Cash Management
2003 Ed. (3115)
Ames
2000 Ed. (1661, 1683, 1685, 3813, 4282)
1999 Ed. (1835, 1868, 1869, 1880, 1922, 4096, 4097, 4636)
1998 Ed. (1263, 1293, 1294, 1306, 1308, 1309, 1311, 1312, 2314, 2315, 2342, 3094, 3602, 3606)
1997 Ed. (1594, 1623, 1624, 1630, 2321)
1996 Ed. (1557, 1558)
1995 Ed. (1570, 1571, 1575)
1994 Ed. (1538, 1540, 1541, 1546, 2137, 3444)
1993 Ed. (1493, 1494, 1498)
1992 Ed. (1811, 1812, 1819, 1821, 1823, 1825, 1829)
1990 Ed. (1510, 1511, 1512, 1513, 1514, 1515, 1518, 1521, 2116)
1989 Ed. (1244, 1249, 1250, 1253, 1254, 1258)
Ames Construction Inc.
2006 Ed. (1269)
2004 Ed. (1294, 1298)
2003 Ed. (1268, 1295)
Ames Deparment Stores
1989 Ed. (1248)
Ames Department Stores Inc.
2005 Ed. (906)
2004 Ed. (915, 2106)
2003 Ed. (2071, 2072, 2074, 2075)
2002 Ed. (1987, 1988, 2582, 2586, 4747)
2001 Ed. (2028, 2030, 2033)
1992 Ed. (1518, 1813, 1818, 1822, 1827, 3227, 3920, 3926, 3934, 3944, 4146)
1991 Ed. (1201, 1421, 1423, 1424, 1429, 1430, 1431, 1432, 1434, 1435, 1436, 1438, 1439, 1440, 1450, 1919, 3112)
1990 Ed. (1508, 1509, 2029, 3267)
1989 Ed. (1245)
Ames, IA
2008 Ed. (1051, 1055, 4092)
2007 Ed. (1158, 3375)
Ames Laboratory
2007 Ed. (4115)
Ames Zayre
1992 Ed. (2527, 2422, 2526, 2528, 2530, 2539)
1991 Ed. (1971)
Ametek Inc.
2007 Ed. (874, 2330, 4263)
2006 Ed. (2347, 2348, 2386)
2005 Ed. (2280, 2285, 3350, 3351)
2004 Ed. (2179, 2184, 2999, 3325, 3326)
2003 Ed. (2130, 2132, 2893)
2002 Ed. (940)
2000 Ed. (894)
1999 Ed. (948, 2851)
1998 Ed. (2090)
1997 Ed. (2370)
1994 Ed. (2212)
1993 Ed. (2181)
1992 Ed. (2595, 2641)
1991 Ed. (1482)
1990 Ed. (1587, 2174)
1989 Ed. (1654)
Ametek EIG
2008 Ed. (4080)
Ametex
2000 Ed. (4239)
Ametex Fabrics
1996 Ed. (3675)
1995 Ed. (3596)
Ametza LLC
2002 Ed. (2542)
AMEV
1991 Ed. (237, 238)
AMEV Advantage High Yield
1993 Ed. (2677)
AMEV Capital
1993 Ed. (2660, 2671)
1991 Ed. (2557)
AMEV Growth
1993 Ed. (2670, 2688)
AMEV Holdings
1992 Ed. (1461)
AMEV NV
1992 Ed. (1671)
1991 Ed. (1326)
AMEV U.S. Government
1990 Ed. (2387)
AMEV US Government Sec
1991 Ed. (2562)
AMEV U.S. Govt. Securities
1992 Ed. (3188)
AMEX
2006 Ed. (4479)
Amex & Grey Advertising
1989 Ed. (168)
AmEx Australia
2001 Ed. (1956)
Amex Bank of Canada
2007 Ed. (413)
1994 Ed. (478)
Amex Canada Inc.
2007 Ed. (2573)
2006 Ed. (1602, 2604)
2005 Ed. (1697)
2003 Ed. (1630)
AmEx Centurion
1993 Ed. (1438, 1439, 1440, 1441)
AmEx Centurion Bank
1998 Ed. (1211, 1212)
1996 Ed. (1487, 1488, 1489)
1995 Ed. (1525, 1526, 1527)
Amex Equity Growth
1993 Ed. (2679)
AMEX Life Assurance
1998 Ed. (2151)
Amex Optima
1992 Ed. (1745)
AMF Adjustable Rate Mortgage
2001 Ed. (3434)
1999 Ed. (752)
1998 Ed. (2650)
1996 Ed. (2778, 2794)
AMF Alley Katz Inc.
2005 Ed. (1762)
AMF Bowling Inc.
2003 Ed. (3285)
AMF Bowling Centers Inc.
2004 Ed. (238)
2003 Ed. (270)
2001 Ed. (375)
AMF Bowling Centers Holdings Inc.
2004 Ed. (238)
2003 Ed. (270)
2001 Ed. (375)
AMF Bowling Worldwide Inc.
2008 Ed. (3542)
2007 Ed. (3413)
2004 Ed. (238)
2003 Ed. (270)
2001 Ed. (375, 376)
AMF Group Holdings Inc.
2003 Ed. (3285, 3286)
AMF Intermediate Mortgage Securities
1996 Ed. (2779)
AMF Short-Term U.S. Government Securities
1997 Ed. (2889)
1996 Ed. (2778)
AMF U.S. Government Mortgage Securities
1996 Ed. (2780)
Amfac Inc.
1990 Ed. (1226, 1270)
1989 Ed. (1449, 1452, 2459)
AMFAC Hotels & Resorts
1994 Ed. (1102)
AMFM Inc.
2002 Ed. (1392)
2001 Ed. (2271, 3960)
AMFM Broadcasting
2001 Ed. (3961, 3974, 3975, 3976, 3978)
AMFM Radio Networks Inc.
2001 Ed. (3971, 3972)
AMG Resources Corp.
2005 Ed. (4031)
Amgen Inc.
2008 Ed. (571, 572, 573, 910, 912, 1404, 1488, 1854, 2394, 2395, 3030, 3944, 3945, 3947, 3958, 3960, 3961, 3962, 3964, 3965, 3966, 3968, 3969, 3970, 3971, 3974, 3975, 3976, 3977, 4523)
2007 Ed. (621, 622, 623, 624, 929, 931, 1494, 1520, 1541, 1686, 2907, 3381, 3899, 3901, 3904, 3905, 3917, 3922, 3924, 3925, 3928, 3929, 3930, 3931, 3932, 3933, 3934, 3935, 3936, 3939, 3940, 3941, 3944, 4531, 4553)
2006 Ed. (591, 593, 595, 847, 1490, 1584, 2659, 3688, 3870, 3871, 3874, 3877, 3879, 3886, 3887, 3890, 3892, 3894, 4072, 4081, 4869)
2005 Ed. (677, 678, 679, 681, 1625, 3804, 3806, 3810, 3817, 3818, 3821, 3825, 3826, 3828, 4038)
2004 Ed. (684, 685, 686, 1450, 1452, 1491, 1526, 1529, 1588, 1607, 2171, 3876, 3878, 3886, 4545)
2003 Ed. (684, 1577, 2679, 3301, 3302, 3863, 3865, 3866, 3867, 4533)
2002 Ed. (1565, 2012, 2015, 2449, 3247, 3248, 4357)
2001 Ed. (706, 709, 1203, 1601, 1603, 1647, 2059, 2060, 2073, 2674)
2000 Ed. (738, 1702, 2420, 3388, 3389)
1999 Ed. (1478, 1900, 1901, 2120, 3266, 3669, 3670)
1998 Ed. (1044, 1334, 1335, 2719, 2720, 2721, 3359, 3416)
1997 Ed. (674, 1650, 1652, 2166, 2976, 2978, 3300, 3641)
1996 Ed. (740, 741, 1211, 1567, 1577, 2259, 2888, 2889, 2890, 2891, 2893, 2894, 3594, 3595)
1995 Ed. (665, 666, 667, 1286, 1287, 1290, 1433, 2812, 2822, 3094)
1994 Ed. (212, 710, 711, 712, 1254, 1262, 1263, 1559, 2698, 2705, 2707, 2708, 2712, 3045, 3445)
1993 Ed. (224, 701, 702, 827, 1216, 1222, 1348, 1510, 1940, 2750, 2751, 2755, 2756, 2999, 3465, 3468, 3469, 3471)
1992 Ed. (892, 893, 1515, 1867, 3313, 3668)
1991 Ed. (711, 2837)
1990 Ed. (732, 1302, 2984, 2985)
1989 Ed. (733)
Amgen Diagnostic
1995 Ed. (1589)
Amgold
1995 Ed. (2584)
1993 Ed. (2578)
Amherst Coal Co.
1989 Ed. (952, 1997)
Amherst College
2008 Ed. (1057, 1067, 1068, 2972)
2007 Ed. (2848)
2001 Ed. (1316, 1318, 1328)
2000 Ed. (1136)
1999 Ed. (1227)
1998 Ed. (798)
1997 Ed. (1052)
1996 Ed. (1036)
1995 Ed. (1051)
1994 Ed. (1043)
1993 Ed. (1016)
1992 Ed. (1268)
1991 Ed. (1002)
1990 Ed. (1089, 1093)
1989 Ed. (955)
Amherst H. Wilder Foundation
1989 Ed. (1476)
Amherst, NY
1999 Ed. (1176)
AmHS Insurance Co.
1999 Ed. (1033)
AmHS Insurance Co. Risk Retension Group
1994 Ed. (866)
AmHS Insurance Co. Risk Retention Group
1998 Ed. (641)
1997 Ed. (904)
1996 Ed. (881)
1995 Ed. (908)
1993 Ed. (852)
1992 Ed. (1061)
AMI Asset
1991 Ed. (2254)
1990 Ed. (2362)
AMI Asset Management International, Inc.
1991 Ed. (2255)
AMI Partners Inc.
1996 Ed. (2419, 2420)
1995 Ed. (2394)
1994 Ed. (2325)
1993 Ed. (2344, 2345)
1992 Ed. (2783, 2784, 2794)
AMI-Presbyterian/Saint Luke's Medical Centers
1990 Ed. (1026)
AMI Semiconductor Inc.
2008 Ed. (1793)
2007 Ed. (1765)
2006 Ed. (1757)
2005 Ed. (1786)

AMI Visions
2003 Ed. (2709)
Amic
1995 Ed. (1485)
1993 Ed. (1392, 1393, 1394, 1395)
1991 Ed. (1344, 1345)
1990 Ed. (1417, 1418)
AMIC-Anglo American
2000 Ed. (1554)
AMIC-Anglo American Industries
1999 Ed. (1732)
1997 Ed. (1506)
Amica Mutual
1999 Ed. (2898, 2968, 2974)
1998 Ed. (2110, 2205)
1997 Ed. (2411)
1994 Ed. (2217)
1993 Ed. (2185)
Amica Mutual Insurance Co.
2007 Ed. (3172)
2006 Ed. (3139)
2005 Ed. (2855, 3131)
2004 Ed. (2847, 3125)
2003 Ed. (3006)
2002 Ed. (2955, 2956)
2000 Ed. (2730)
Amica Mutual Insurance Company
2000 Ed. (2726)
Amici's East Coast Pizzeria
2008 Ed. (3992)
2007 Ed. (3965, 3966)
2006 Ed. (3915)
2005 Ed. (3844)
Amico
1999 Ed. (84)
Amico Mutual Insurance Co.
2000 Ed. (2651)
Amicus Bank
2007 Ed. (413)
Amigo
2001 Ed. (491)
Amigo & Max D. Soriano
1995 Ed. (2112, 2579)
Amigo Insurance of Bradenton
2004 Ed. (2831)
2003 Ed. (2752)
Amigo Soriano
1994 Ed. (2059, 2521, 3655)
Amigo Soriano & Max D.
1995 Ed. (3726)
Amigos Del Valle Inc.
2002 Ed. (2559)
AMIN
2008 Ed. (117)
2005 Ed. (120)
Amin J. Khoury
2007 Ed. (3974)
Aminopenicillins
2002 Ed. (3752)
Aminos
2001 Ed. (2628)
Amirani
2006 Ed. (47)
AMIS Holdings Inc.
2005 Ed. (4144, 4251, 4254)
Amite River Basin
1993 Ed. (3690)
Amitriptyline HCI
1996 Ed. (2014)
Amitriptyline HCL
1994 Ed. (1966)
Amivest Capital
1995 Ed. (2368)
Amkor Electronics Inc.
2000 Ed. (1110)
1999 Ed. (1189)
Amkor Technologies Inc.
2000 Ed. (1749)
Amkor Technology Inc.
2008 Ed. (2462, 4309)
2007 Ed. (2338, 3072)
2005 Ed. (4346)
2004 Ed. (4399)
2003 Ed. (1809)
2002 Ed. (4254)
2001 Ed. (4192, 4210)
2000 Ed. (3877, 3991)
AMLI Residential Properties Trust
2007 Ed. (283)
2006 Ed. (280)
2003 Ed. (4059)
2002 Ed. (2662)
Amlin
2007 Ed. (3117)
2006 Ed. (3096)
Amman Bank for Investment
1997 Ed. (242)
Amman Stock Exchange General Index
2008 Ed. (4503)
AMMB Holdings
2008 Ed. (351, 473)
2007 Ed. (516)
2006 Ed. (497)
2005 Ed. (575)
2004 Ed. (589)
2003 Ed. (582)
2002 Ed. (576, 577, 617)
2000 Ed. (603)
1999 Ed. (587)
1997 Ed. (551)
1996 Ed. (597, 1415)
Ammex Plastics LLC
2006 Ed. (2837)
Amministrazione Autonoma Dei Monopoli di Stato
1997 Ed. (2689)
Amministrazione Autonoma del Monopoli di Stato
2000 Ed. (3014)
Ammirati & Puris
1995 Ed. (68)
1994 Ed. (85)
1990 Ed. (65, 135)
Ammirati & Puris/Lintas
1996 Ed. (47, 52)
Ammirati Puris Lintas
2000 Ed. (45, 46, 60, 61, 78, 88, 114, 150, 164)
1999 Ed. (35, 36, 38, 39, 82, 109, 132, 147)
1998 Ed. (32, 33, 34, 46, 54, 56)
1997 Ed. (40, 44, 49, 81, 124, 135, 144)
Ammirati Puris Lintas-Agencia Internacional
1997 Ed. (134)
Ammirati Puris Lintas Athens
2000 Ed. (100)
1999 Ed. (94)
Ammirati Puris Lintas Australia
1999 Ed. (57)
1997 Ed. (60)
Ammirati Puris Lintas Austria
1999 Ed. (58)
1997 Ed. (61)
Ammirati Puris Lintas Bangladesh
1999 Ed. (60)
Ammirati Puris Lintas Belgium
2000 Ed. (66)
1999 Ed. (62)
1997 Ed. (64)
Ammirati Puris Lintas Budapest
1997 Ed. (98)
Ammirati Puris Lintas Chile
1999 Ed. (72)
1997 Ed. (71)
Ammirati Puris Lintas Colombia
1999 Ed. (74)
Ammirati Puris Lintas Czech Republic
2000 Ed. (84)
1999 Ed. (78)
Ammirati Puris Lintas Denmark
2000 Ed. (85)
1999 Ed. (79)
Ammirati Puris Lintas Deutschland
2000 Ed. (97)
1999 Ed. (91)
1997 Ed. (90)
Ammirati Puris Lintas Finland
2000 Ed. (94)
1999 Ed. (88)
Ammirati Puris Lintas France
1999 Ed. (90)
Ammirati Puris Lintas France Group
2000 Ed. (96)
Ammirati Puris Lintas Ghana
1999 Ed. (92)
1997 Ed. (91)
Ammirati Puris Lintas Greece
1997 Ed. (93)
Ammirati Puris Lintas Gulf
1999 Ed. (166)
1997 Ed. (155)
Ammirati Puris Lintas Hungary
2000 Ed. (103)
1999 Ed. (99)
Ammirati Puris Lintas India
2000 Ed. (104)
1999 Ed. (100)
1997 Ed. (99)
Ammirati Puris Lintas Indonesia
2000 Ed. (105)
1999 Ed. (101)
1997 Ed. (100)
Ammirati Puris Lintas Lisbon
2000 Ed. (162)
1999 Ed. (145)
Ammirati Puris Lintas Malaysia
2000 Ed. (128)
1999 Ed. (122)
1997 Ed. (116)
Ammirati Puris Lintas Manila
1997 Ed. (132)
Ammirati Puris Lintas Mexico
2000 Ed. (141)
1999 Ed. (123)
Ammirati Puris lintas Milan
1999 Ed. (108)
Ammirati Puris Lintas Milano
1997 Ed. (106)
Ammirati Puris Lintas Nederland
1997 Ed. (122)
Ammirati Puris Lintas Netherlands
2000 Ed. (147)
1999 Ed. (129)
Ammirati Puris lintas New Zealand
2000 Ed. (151)
1999 Ed. (133)
Ammirati Puris Lintas Oy
1997 Ed. (88)
Ammirati Puris Lintas Paris
1997 Ed. (89)
Ammirati Puris Lintas Philippines
2000 Ed. (160)
1999 Ed. (143)
Ammirati Puris Lintas Praha
1997 Ed. (76)
Ammirati Puris Lintas Stockholm
1997 Ed. (149)
Ammirati Puris Lintas Sweden
1999 Ed. (158)
Ammirati Puris Lintas Thailand
2000 Ed. (180)
1999 Ed. (162)
1997 Ed. (152)
Ammirati Puris Lintas Turkey
2000 Ed. (183)
1999 Ed. (164)
Ammirati Puris Lintas Warszawa
2000 Ed. (161)
1999 Ed. (144)
1997 Ed. (133)
Ammirati Puris Lintas Worldwide
1999 Ed. (105)
1997 Ed. (102)
Ammirati Puris Lintas Zimbabwe
2000 Ed. (194)
1999 Ed. (173)
1997 Ed. (161)
Ammonia
2000 Ed. (3562)
1997 Ed. (956)
1996 Ed. (924)
1995 Ed. (955)
1994 Ed. (913)
1993 Ed. (899, 904)
1992 Ed. (1104)
1991 Ed. (906)
1990 Ed. (944)
Ammons; Larry R.
1992 Ed. (1139)
Amms Limousine
1993 Ed. (2601)
1992 Ed. (3114)
Amm's Limousine Service Inc.
1995 Ed. (2617)
Ammtec
2008 Ed. (1567)
2007 Ed. (1588)
Ammunition
2007 Ed. (3333)
2006 Ed. (3260)
2003 Ed. (3199)
2001 Ed. (3074)
AMN Healthcare
2006 Ed. (4456)
AMN Healthcare Services
2008 Ed. (4494)
2005 Ed. (4674)
Amnesty International
1991 Ed. (2616)
Amnon Landan
2006 Ed. (918)
Amo Houghton
2003 Ed. (3206)
2001 Ed. (3318)
AMO Vitrax viscoelastic solution
1997 Ed. (2966)
Amoco Corp.
2005 Ed. (1489, 1524, 1547)
2003 Ed. (1695, 3847, 3848)
2001 Ed. (1553, 1731, 3755, 3756, 4195)
2000 Ed. (1328, 2308, 2309, 2316, 2317, 3324, 3519, 3520, 3521, 3522, 3523, 3524, 3525, 3526, 3528, 3529, 3530)
1999 Ed. (1078, 1412, 1469, 1653, 2568, 2569, 2575, 2576, 3112, 3795, 3798, 3799, 3800, 3801, 3802, 3803, 3804, 3805, 3806, 3810, 3812, 3815, 3816, 4618)
1998 Ed. (692, 718, 975, 1037, 1144, 1289, 1523, 1801, 1806, 1815, 1816, 2817, 2818, 2819, 2820, 2823, 2824, 2825, 2826, 2827, 2828, 2829, 2831, 2832, 2833, 2834, 2836, 2837, 2840)
1997 Ed. (977, 1210, 1270, 1428, 1810, 2116, 2118, 2125, 2126, 3083, 3084, 3086, 3087, 3088, 3089, 3090, 3091, 3092, 3093, 3094, 3098, 3099, 3101, 3106, 3108, 3109, 3765)
1996 Ed. (956, 1171, 1224, 1997, 1998, 2005, 2006, 2013, 3006, 3007, 3008, 3009, 3010, 3011, 3012, 3018, 3024, 3026, 3711)
1995 Ed. (1415, 1567, 2908, 2909, 2919, 2920, 2922, 2923, 2927)
1994 Ed. (944, 1179, 1180, 1181, 1182, 1184, 1185, 1186, 1187, 1189, 1236, 1242, 1386, 1629, 1731, 1942, 1943, 1956, 1957, 1965, 2775, 2842, 2843, 2844, 2845, 2846, 2847, 2848, 2849, 2850, 2851, 2852, 2855, 2856, 2858, 2862, 2863, 2864, 2867, 2868, 3555)
1993 Ed. (154, 931, 935, 1160, 1208, 1223, 1331, 1600, 1718, 1919, 1920, 1929, 1931, 2175, 2701, 2770, 2824, 2827, 2830, 2831, 2832, 2834, 2835, 2836, 2837, 2838, 2839, 2840, 2844, 2846, 2847, 2849, 2850, 3592)
1992 Ed. (243, 1129, 1133, 1441, 1495, 1510, 1513, 1539, 1809, 1947, 2077, 2260, 2261, 2269, 2270, 2277, 2278, 2282, 3297, 3361, 3418, 3419, 3425, 3426, 3428, 3429, 3430, 3431, 3432, 3433, 3434, 3439, 3440, 3451, 3456, 4057, 4312)
1991 Ed. (177, 347, 349, 922, 1101, 1183, 1194, 1199, 1229, 1233, 1549, 1640, 1787, 1789, 1800, 1801, 1807, 1808, 2715, 2716, 2721, 2723, 2724, 2725, 2726, 2727, 2728, 2730, 2731, 2733, 2734, 2736, 2737, 3404)
1990 Ed. (180, 970, 1251, 1266, 1277, 1662, 1735, 1875, 1877, 1884, 1885, 2789, 2827, 2828, 2838, 2839, 2840, 2841, 2845, 2846, 2847, 2852)
1989 Ed. (2204, 2207, 2221, 2222, 2225)
Amoco Canada
1990 Ed. (1661)
Amoco Canada Petroleum Co. Ltd.
2001 Ed. (1253)
1999 Ed. (1626)
1997 Ed. (1011, 1260, 1813, 2115, 3095, 3096, 3100)
1996 Ed. (3014)

1994 Ed. (2853)
1993 Ed. (1930, 2704, 2841, 2842, 2843)
1992 Ed. (1186, 4160)
1991 Ed. (1283)
1990 Ed. (3485)
1989 Ed. (2038)
Amoco Chemical Co.
1995 Ed. (2429)
Amoco Chemicals
1993 Ed. (2477)
Amoco Container
1992 Ed. (3473)
Amoco Corporation
2000 Ed. (4265)
Amoco Fabrics & Fibers
2000 Ed. (3356)
Amoco Foundation
1989 Ed. (1473)
Amoco Pipeline Co.
2003 Ed. (3878, 3882)
2001 Ed. (3799, 3800, 3801, 3802)
2000 Ed. (2311, 2313, 2315)
1999 Ed. (3828, 3830, 3835)
1998 Ed. (2857, 2859, 2863, 2864, 2865, 2866)
1997 Ed. (3120, 3121, 3124, 3125)
1996 Ed. (3039, 3040, 3041, 3044)
1995 Ed. (2941, 2942, 2943, 2945, 2946, 2947, 2948, 2949)
1994 Ed. (2875, 2876, 2877, 2878, 2880, 2881, 2882, 2883)
1993 Ed. (2854, 2855, 2856, 2857, 2858, 2859, 2860, 2861)
1992 Ed. (3462, 3463, 3464, 3465, 3466, 3468, 3469)
1991 Ed. (2742, 2743, 2744, 2745, 2748)
1990 Ed. (2869)
1989 Ed. (2232, 2233)
Amoco plc; BP
2005 Ed. (1489, 1524)
Amoco Production Co. Inc.
2001 Ed. (3754)
1995 Ed. (2429)
1989 Ed. (1635)
Amon Carter Museum of Western Art
1994 Ed. (1903)
Amon G. Carter Foundation
1994 Ed. (1903)
"Amor de Nadie"
1993 Ed. (3531)
Amor Ministries
2008 Ed. (4136)
Amor Real
2006 Ed. (2856)
Amore
1999 Ed. (3780)
1997 Ed. (3075)
1996 Ed. (2996)
1994 Ed. (2825, 2834)
1993 Ed. (2820)
1992 Ed. (3413)
1990 Ed. (2814)
1989 Ed. (2198)
Amore Pacific Corp.
2008 Ed. (85)
2006 Ed. (89)
2005 Ed. (80)
2004 Ed. (85)
Amorim & Irmao SA
2001 Ed. (1690)
2000 Ed. (1414)
Amos; D. P.
2005 Ed. (2490)
Amos; Daniel
2007 Ed. (990)
2006 Ed. (900)
2005 Ed. (964)
Amos; Daniel P.
2005 Ed. (2475)
1997 Ed. (1802)
Amos Hostetter Jr.
2002 Ed. (3352)
1991 Ed. (1142)
Amoskeag
1995 Ed. (3598)
1994 Ed. (1420, 2436, 3512, 3514)
1993 Ed. (1367, 3552, 3554)
1992 Ed. (1560, 4271, 4273)
1991 Ed. (3351)
1990 Ed. (1343)
1989 Ed. (1600)
Amoskeag Bank
1992 Ed. (799)
1990 Ed. (1794)
Amoskeag Bank Shares Inc.
1990 Ed. (453)
Amoudi; Mohammed Al
2008 Ed. (4892)
2007 Ed. (4921)
Amoxicillin
2007 Ed. (2244, 2245)
2006 Ed. (2310, 2311, 2316)
2005 Ed. (2249, 2250, 2255)
2004 Ed. (2152)
2001 Ed. (2101)
2000 Ed. (2324, 2325, 3605)
1999 Ed. (1909, 2585)
1998 Ed. (1825, 2914)
1997 Ed. (1653, 1654, 3162)
1996 Ed. (1570, 1572, 2014, 3083)
1995 Ed. (1582, 2983)
1994 Ed. (227, 1966, 2928)
1993 Ed. (2913)
1992 Ed. (3525)
Amoxicillin-Clavulanic acid
1994 Ed. (227)
Amoxicillin/Pot Clav
2007 Ed. (2244)
Amoxicillin Trihydrate
1993 Ed. (1939)
Amoxil
1999 Ed. (3885)
1998 Ed. (2914)
1997 Ed. (1647, 1653, 1654, 3161, 3162)
1996 Ed. (1570, 3082, 3083)
1995 Ed. (225, 1582, 2982, 2983)
1994 Ed. (2927, 2928)
1993 Ed. (2912, 2913)
1992 Ed. (3524, 3525)
1991 Ed. (2761, 2762)
1990 Ed. (2898, 2899)
1989 Ed. (2254, 2255)
Amoxil susp 125 mg/5 ml
1990 Ed. (1574)
Amoxil susp 250 mg/5 ml
1990 Ed. (1573, 1574)
Amoy Oriental Foods
2002 Ed. (765)
Amoy Properties
1999 Ed. (4494)
1996 Ed. (2135, 3596)
AMP Ltd.
2008 Ed. (1566, 4490, 4493)
2007 Ed. (1586, 1592, 4510, 4512)
2006 Ed. (1553, 1557, 1771, 1773, 4453)
2005 Ed. (1509, 1659, 1660, 4447)
2004 Ed. (1633, 1638, 1643, 3081)
2003 Ed. (1613, 1617)
2002 Ed. (345, 346, 1583, 1585, 1590, 1591, 1593, 2818, 2871, 3498)
2001 Ed. (1458, 1629, 1630, 1631, 1633, 1634, 1635, 1818, 2138, 2880)
2000 Ed. (1748, 1752, 1760)
1999 Ed. (993, 1969, 1972, 1975, 4750)
1998 Ed. (1398)
1997 Ed. (1683, 2391, 2399)
1996 Ed. (1194, 1606)
1995 Ed. (1091, 1093, 1245, 2938)
1994 Ed. (1083, 1085, 3200)
1993 Ed. (1049, 1563, 3211)
1992 Ed. (1299, 1908, 1909, 3676, 3915)
1991 Ed. (1021, 1027, 1168, 1507, 1508, 1518, 1540, 2845, 3082)
1990 Ed. (1611, 1616, 1622, 1625, 1644, 2988, 3233)
1989 Ed. (1286, 1310, 1313, 1314, 1316, 1327, 1330, 1333, 1342, 2303)
AMP Agency
2006 Ed. (3414)
2005 Ed. (3404, 3405, 3408)
AMP Henderson Global Investors
2005 Ed. (3224)
AMP Japan
1993 Ed. (1585)
1991 Ed. (1537)
1990 Ed. (1640)
AMPAK
1992 Ed. (2468)
Ampco-Pittsburgh Corp.
2008 Ed. (2038, 2044, 2045)
2007 Ed. (1950, 1953)
Amp'd Mobile
2007 Ed. (4968)
Amper, Politziner & Mattia
2000 Ed. (15)
1999 Ed. (18)
1998 Ed. (14)
1997 Ed. (21)
1994 Ed. (5)
1993 Ed. (11)
1992 Ed. (19)
Amper, Politziner & Mattia, PA
2002 Ed. (17)
Amper, Politziner & Mattia PC
2008 Ed. (1973)
Amper, Poliziner & Mattia
2002 Ed. (18)
Ampersand Medical Corp.
2004 Ed. (1539)
Ampex Corp.
2002 Ed. (307)
1999 Ed. (261)
1998 Ed. (160)
1995 Ed. (1650)
1994 Ed. (1607)
1993 Ed. (1564)
Amphenol Corp.
2008 Ed. (1118, 1695, 3222, 3539, 4606)
2007 Ed. (2284, 2336, 3081, 3410, 4695)
2006 Ed. (2349, 2394, 3050)
2005 Ed. (2279, 2330, 2339)
2004 Ed. (2239, 3021)
2003 Ed. (2238, 2245, 4379)
2002 Ed. (2103, 2809)
2001 Ed. (268, 2136, 2137, 2138)
1997 Ed. (1683)
1996 Ed. (1606)
1989 Ed. (1286)
Ampicillin
1999 Ed. (1899)
1996 Ed. (1572)
1994 Ed. (227)
1993 Ed. (1939)
Amplicor
2001 Ed. (3268)
Amplifiers
1992 Ed. (3145)
Amplitude Software Corp.
2001 Ed. (2861)
Ampol Exploration
1990 Ed. (1362)
AmPro Mortgage Corp.
2005 Ed. (362)
Amputations
2002 Ed. (3529)
AMR Corp.
2008 Ed. (208, 209, 210, 212, 217, 219, 220, 225, 235, 1463, 1534, 2112, 2114, 2115, 3007, 3012)
2007 Ed. (156, 221, 222, 224, 225, 227, 228, 230, 231, 238, 240, 241, 246, 1469, 1549, 2012, 2015, 2017, 2839, 3696, 4558)
2006 Ed. (165, 213, 214, 215, 216, 219, 220, 222, 223, 239, 244, 1791, 2041, 2043, 2045, 2835, 2838, 2861, 2891)
2005 Ed. (199, 200, 201, 202, 203, 206, 209, 211, 212, 223, 228, 1641, 1971, 1972, 1976, 1978, 2842, 2855)
2004 Ed. (196, 197, 198, 199, 200, 203, 204, 207, 214, 215, 220, 2832, 2903, 4492, 4494, 4495, 4788)
2003 Ed. (239, 240, 242, 243, 244, 247, 252, 4801)
2002 Ed. (258, 260, 261, 263, 264, 266, 267, 1742)
2001 Ed. (292, 293, 294, 299, 300, 311, 321, 330, 1878, 4616)
2000 Ed. (236, 238, 239, 249, 250, 1572, 2266, 4292)
1999 Ed. (215, 218, 219, 221, 226, 232, 1484, 1668, 1746, 1817, 4652)
1998 Ed. (138, 563, 1045, 1049, 1060, 1189, 3614)
1997 Ed. (199, 200, 201, 202, 216, 1524)
1996 Ed. (180, 181, 182, 183, 1456, 3738)
1995 Ed. (171, 172, 173, 174, 175, 185, 187, 188, 2867, 3363, 3653, 3656, 3662)
1994 Ed. (166, 167, 168, 181, 182, 3215, 3284, 3567, 3569, 3572, 3578)
1993 Ed. (150, 151, 183, 185, 187, 2175, 3292, 3610, 3612, 3620)
1992 Ed. (297, 299, 300, 301, 328, 2632, 4334, 4336, 4340)
1991 Ed. (234, 825, 1140, 1156)
1990 Ed. (212, 214, 217, 3563, 3637, 3638)
1989 Ed. (231, 232, 233, 2867, 2868)
AMR Combs
1995 Ed. (193)
AMR Corp.-Del.
1992 Ed. (270, 271, 272, 274)
1990 Ed. (211)
AMR Investment
2002 Ed. (3005, 3006)
1999 Ed. (3044, 3068)
1998 Ed. (2266, 2300)
1997 Ed. (2512)
1996 Ed. (2379)
1995 Ed. (2355, 2363, 2367, 2375, 2381)
1991 Ed. (2222)
AMR Investment Services
1994 Ed. (2323)
1993 Ed. (2291)
1992 Ed. (2741, 2757)
AMRAC Indemnity Corp.
1997 Ed. (2860)
AMRE Inc.
2000 Ed. (387)
1998 Ed. (2678)
1989 Ed. (2367)
Amrein Marketing Associates
1990 Ed. (3087)
AMREP Corp.
2008 Ed. (4414, 4529, 4538)
AMREP Southwest
2000 Ed. (1202)
1998 Ed. (892)
AMRESCO Inc.
2000 Ed. (4055)
AMRESCO Advisors
1998 Ed. (2287, 2292)
AMRESCO Independence Funding Inc.
2002 Ed. (4295)
Amro
1990 Ed. (562)
Amro All-In Fund
1991 Ed. (238)
Amro-Asian Trade Inc.
2008 Ed. (3705, 4381)
2006 Ed. (3509, 4348)
Amro Bank
1992 Ed. (795, 1672)
1991 Ed. (237, 238, 619, 782, 1327)
1990 Ed. (1401)
Amro Beteiligungs GmbH
2007 Ed. (1596)
AMRO Environmental Laboratories Corp.
2006 Ed. (3527)
Amrop
1997 Ed. (1793)
Amrop International
2001 Ed. (2313)
1999 Ed. (2071)
AMS
2008 Ed. (986)
1995 Ed. (1116)
1990 Ed. (1117)
AMS Insurance Management Services Ltd.
2008 Ed. (852)
AMS Mechanical Systems Inc.
2006 Ed. (1309)

AMS Operations Hillend
2003 Ed. (3297)
AMS Services
2001 Ed. (2870)
Amsco International
1995 Ed. (2537)
Amsdell Cos.
1999 Ed. (4266)
AmSouth
2006 Ed. (631, 632, 3671)
2005 Ed. (704, 705)
2003 Ed. (3482)
AmSouth, Ala
1989 Ed. (2150, 2154)
AmSouth Asset
2005 Ed. (3572)
AmSouth-Balanced Fund
1996 Ed. (623)
AmSouth BanCorp.
2000 Ed. (619)
Amsouth Bancorp
2001 Ed. (573, 574, 1582)
2000 Ed. (3738, 3739, 3740)
1999 Ed. (653, 3175)
1995 Ed. (492, 1223)
1993 Ed. (630, 3243)
1991 Ed. (375)
1990 Ed. (683, 684)
1989 Ed. (379, 430, 431, 675)
AmSouth Bancorporation
2008 Ed. (345)
2007 Ed. (367, 386, 2572)
2005 Ed. (631, 632)
2004 Ed. (642, 643, 1619)
2003 Ed. (421, 449, 631, 632, 1600, 1602, 2152, 4557)
2002 Ed. (445, 1389, 1574)
2000 Ed. (526)
1992 Ed. (521, 836)
Amsouth Bank
2007 Ed. (377)
2006 Ed. (394)
2002 Ed. (3392)
2001 Ed. (1606)
2000 Ed. (2928)
1993 Ed. (415, 579, 1744, 2418)
1990 Ed. (1745, 2434)
AmSouth Bank NA
1997 Ed. (2620)
1995 Ed. (398, 1769, 2433)
1994 Ed. (405, 583, 634, 1736, 3236)
1992 Ed. (575, 2106)
1991 Ed. (1646)
1990 Ed. (468)
1989 Ed. (442, 1410)
AmSouth Bank NA (Birmingham)
1991 Ed. (417)
AmSouth Bank of Alabama
1998 Ed. (336, 1544)
1997 Ed. (389, 1828)
1996 Ed. (422, 1747)
AmSouth Bank of Florida
1998 Ed. (348)
1997 Ed. (462)
1996 Ed. (499)
1995 Ed. (467)
AmSouth Bankcorp
1995 Ed. (3316)
AmSouth Bond
1996 Ed. (615)
AmSouth-Bond Fund Premier
2000 Ed. (626)
AmSouth International Equity
2006 Ed. (3677)
Amsouth Investment Management
2004 Ed. (711)
AmSouth Large Cap Equity
2006 Ed. (3621)
AmSouth Leasing
2003 Ed. (569)
AmSouth Mortgage
2005 Ed. (3304)
AmSouth Regional Equity
1996 Ed. (612)
AmSouth Select Equity
2006 Ed. (3622, 3623)
AmSouth Value
2004 Ed. (3590)
Amstaff Human Resources Inc.
2008 Ed. (1732)
2007 Ed. (1703)
Amstar
1991 Ed. (1212)
Amsted Industries Inc.
2008 Ed. (4051)
2007 Ed. (4024)
2006 Ed. (3985)
2002 Ed. (2115)
2001 Ed. (2224)
1995 Ed. (1664)
1991 Ed. (1213)
1990 Ed. (1025)
1989 Ed. (1343)
Amsteel Corp.
2001 Ed. (1784)
1999 Ed. (1700)
1996 Ed. (2446)
Amsteel Corp. Bhd
2000 Ed. (1510)
Amstel
2008 Ed. (545)
2007 Ed. (601)
2000 Ed. (821, 822)
1999 Ed. (808, 817, 818, 819)
1998 Ed. (507, 508)
1997 Ed. (724)
1992 Ed. (940, 4231)
Amstel Inter-Continental
2000 Ed. (2564)
Amstel Light
2008 Ed. (540, 543, 544)
2007 Ed. (599, 600, 602)
2006 Ed. (556, 557, 558)
2005 Ed. (654, 655)
2004 Ed. (668)
2002 Ed. (281)
2001 Ed. (682, 1024)
1998 Ed. (497)
1997 Ed. (721)
1996 Ed. (783, 786)
1995 Ed. (704, 711)
1994 Ed. (753)
1993 Ed. (751)
1992 Ed. (937, 939)
1991 Ed. (746)
1990 Ed. (766, 767)
1989 Ed. (780)
Amsterdam
2000 Ed. (107, 3373)
1997 Ed. (193)
Amsterdam Airport
1997 Ed. (223)
1996 Ed. (195)
Amsterdam - London
1996 Ed. (179)
Amsterdam, Netherlands
2008 Ed. (238, 766)
2007 Ed. (256, 257, 258, 260)
2006 Ed. (251)
2005 Ed. (233)
2004 Ed. (224)
2003 Ed. (187, 257)
2002 Ed. (109, 2749, 2750)
2001 Ed. (136)
1999 Ed. (1177)
1996 Ed. (978, 979, 2541)
1993 Ed. (2468, 2531)
1991 Ed. (2632)
Amsterdam-Rotterdam
1990 Ed. (645)
Amsterdam-Rotterdam Bank
1992 Ed. (1483)
1991 Ed. (620, 1583)
1990 Ed. (646, 818)
1989 Ed. (633, 818)
Amsterdam Schiphol Airport
2001 Ed. (2121)
1997 Ed. (1679)
Amsterdam Stock Exchange
2001 Ed. (4379)
1997 Ed. (3631)
1993 Ed. (3457)
Amsterdam Teleport
1994 Ed. (2188)
Amsterdam, The Netherlands
1992 Ed. (1165, 3015)
Amstore
1999 Ed. (4500)
Amstrad
1994 Ed. (1380)
1993 Ed. (1058, 1061, 2566, 2567)
1992 Ed. (3069, 3490)
1991 Ed. (2067, 2456, 3234)
1990 Ed. (2198)
1989 Ed. (1982)
AMT
1994 Ed. (3458)
Amtel Communications Inc.
1999 Ed. (4278)
1996 Ed. (2918)
1995 Ed. (3560)
1994 Ed. (3493)
Amtelecom Income Fund
2008 Ed. (4648)
2007 Ed. (4729)
AmTrade International Bank
2004 Ed. (361)
Amtrak
2002 Ed. (3904, 3905)
2000 Ed. (3102)
1999 Ed. (3989)
1996 Ed. (1062)
1994 Ed. (1076)
Amtran, Inc.
2004 Ed. (202)
2003 Ed. (242, 244, 4800)
2002 Ed. (261, 263, 264, 4666)
2001 Ed. (299, 300)
1999 Ed. (215)
1998 Ed. (128)
1997 Ed. (202)
1996 Ed. (183)
1995 Ed. (175, 3333)
AMTROL Inc.
2007 Ed. (3418)
2006 Ed. (3365)
1996 Ed. (2882)
AmTrust Bank
2002 Ed. (4622)
Amtssparekassen
1993 Ed. (461)
Amtssparekassen Fyn
1996 Ed. (486)
1994 Ed. (466)
Amur Steel Joint Stock
2000 Ed. (1320)
Amurol Bubble Beeper
1997 Ed. (976)
Amurol Bubble Tape
1997 Ed. (976)
Amurol Confections Inc.
2003 Ed. (952)
Amurol Squeeze Pop
1996 Ed. (870)
Amusement
2001 Ed. (3201)
Amusement and exercise devices
1990 Ed. (2776)
Amusement & recreation attendant
2008 Ed. (3810)
Amusement and recreational services
1995 Ed. (3387)
Amusement parks and other commercial participant amusements
1995 Ed. (3077)
Amusements
2000 Ed. (209)
Amusements & events
2004 Ed. (155)
AMVC Management
2008 Ed. (4013)
Amvescap
2008 Ed. (3377)
2007 Ed. (3251)
2006 Ed. (3192)
2000 Ed. (2848)
1999 Ed. (3102, 3103)
Amvescap plc
2007 Ed. (2576, 2579)
2006 Ed. (2605, 3214, 3219, 3221, 3222)
2004 Ed. (3206)
2003 Ed. (3064)
Amvesco
1998 Ed. (2645)
AmVestors
1998 Ed. (3418)
A.M.W. de Publicidad
1990 Ed. (88)
Amway Corp.
2008 Ed. (4263)
2007 Ed. (4232)
2006 Ed. (4216)
2005 Ed. (1866, 4162)
2004 Ed. (1796)
2003 Ed. (1759, 1867, 4861)
2001 Ed. (1791, 3720)
Amway Financial Services Inc.
2003 Ed. (1759)
Amway Japan
2007 Ed. (3214)
1994 Ed. (1367)
amway.com
2001 Ed. (4779)
Amwest Insurance Group
2002 Ed. (2976)
2000 Ed. (2737)
Amwest, SA
1993 Ed. (3083)
1992 Ed. (3783, 3789)
Amwest Savings Association
1991 Ed. (3385)
AMX Communications
2002 Ed. (1954)
AMX Enterprises Inc.
2008 Ed. (2578)
L'Amy Inc.
1992 Ed. (3302)
1991 Ed. (2645)
Amy Brinkley
2008 Ed. (4944, 4945)
2007 Ed. (4978)
2006 Ed. (2526, 4979, 4980)
2005 Ed. (2513)
Amy Butte
2006 Ed. (4973)
Amy Domini
2005 Ed. (3200)
Amy Eadon
1999 Ed. (2159)
1998 Ed. (1572)
Amy Eadon-Judd
2000 Ed. (1929)
"Amy Fisher: My Story"
1995 Ed. (3584)
Amy Gassman
1996 Ed. (1795)
1995 Ed. (1822)
1994 Ed. (1782)
1993 Ed. (1799)
1991 Ed. (1682)
1990 Ed. (1766, 1767)
Amy Lipton
1999 Ed. (4805)
Amy Low
1999 Ed. (2221)
Amy Low Chasen
2000 Ed. (1997, 2018)
L'Amy Lunettes
1992 Ed. (3303)
Amy McLaughlin
1990 Ed. (850)
Amy Richards
2000 Ed. (1934, 1935)
1999 Ed. (2165)
1998 Ed. (1576, 1577)
1997 Ed. (1933)
Amy Robertson
1995 Ed. (937)
Amylin Pharmaceuticals
2007 Ed. (622)
An-Hyp
1995 Ed. (428)
1994 Ed. (435)
1993 Ed. (435)
1992 Ed. (616, 617)
1991 Ed. (459)
1990 Ed. (509)
1989 Ed. (488)
ANA
2007 Ed. (235, 245, 246)
1999 Ed. (239)
Ana Duarte
2008 Ed. (2628)
ANA Hotels International
2001 Ed. (2788)
ANA-IMEP SA
2006 Ed. (4531)
Ana Patricia Botin
2008 Ed. (4949)
2007 Ed. (4976, 4982)
2006 Ed. (4976, 4985)
Ana Torroja
2002 Ed. (1160)
Anac Holding Corp.
1992 Ed. (1499)

Anacieto Angelini
2008 Ed. (4878)
Anacin
1999 Ed. (274)
1997 Ed. (253)
1996 Ed. (223)
1995 Ed. (221, 2898)
1994 Ed. (220, 1573, 1575)
1993 Ed. (229, 1531)
1992 Ed. (334, 335, 1873, 4235)
1990 Ed. (3547)
1989 Ed. (256)
Anacin PM
1994 Ed. (221)
Anacleto Angelini
2008 Ed. (4857)
Anacomp
2000 Ed. (1734, 1747, 1754, 1758)
1999 Ed. (388, 1957, 1958, 1962, 1971)
1997 Ed. (2935)
1994 Ed. (1264, 1387)
1993 Ed. (1332)
1990 Ed. (2199)
Anaconda Nickel
2004 Ed. (1631)
anacubis
2006 Ed. (3030, 3036)
2005 Ed. (3028)
Anadacor
2004 Ed. (1775)
Anadarko Petroleum Corp.
2008 Ed. (1402, 1514, 1525, 2280, 2807, 2808, 3676, 3899, 3902, 3903, 3904, 3909, 3910, 3912, 3921, 3937, 3938, 3940, 3941)
2007 Ed. (1530, 1541, 2676, 2677, 3840, 3842, 3843, 3844, 3849, 3850, 3851, 3855, 3856, 3857, 3858, 3859, 3872, 3894, 3895, 3897, 3898)
2006 Ed. (1494, 1495, 1498, 1513, 2686, 2687, 3825, 3826, 3827, 3832, 3833, 3834, 3838, 3839, 3840, 3841, 3842, 3864, 3865, 3867, 3868)
2005 Ed. (1625, 2711, 2712, 3727, 3741, 3742, 3743, 3744, 3745, 3750, 3751, 3752, 3756, 3757, 3760, 3773, 3774, 3775, 3777, 3797, 3800, 3801)
2004 Ed. (1457, 2270, 2273, 2320, 2721, 2722, 3819, 3834, 3835, 3836, 3838, 3839, 3840, 3845, 3846, 3847, 3848, 3849, 3869, 3870, 3872, 3873, 4488, 4489)
2003 Ed. (2277, 2278, 2604, 3304, 3813, 3817, 3828, 3831, 3832, 3833, 3839, 3840, 3841, 3859, 3860, 3861, 3862, 4539)
2002 Ed. (1524, 1526, 1527, 1573, 3250, 3664, 3668, 3698, 4351, 4353, 4356, 4358)
2001 Ed. (3532)
2000 Ed. (3527)
1998 Ed. (1434)
1997 Ed. (1727)
1996 Ed. (1646, 2821)
1995 Ed. (2754)
1994 Ed. (1628)
1992 Ed. (1946)
1991 Ed. (1548)
1990 Ed. (2833)
1989 Ed. (2205)
Anadin
2002 Ed. (2053)
2001 Ed. (2108)
1996 Ed. (1594)
1994 Ed. (1577)
1992 Ed. (1875)
Anadin Analgesics
1999 Ed. (1932)
Anafranil
1996 Ed. (1579)
ANAGO
1995 Ed. (2097)
Anago Cleaning Systems
2008 Ed. (744)
Anago Franchising Inc.
2007 Ed. (768)
2006 Ed. (672)
2005 Ed. (765)
2004 Ed. (779)
2003 Ed. (769)
2002 Ed. (856)
Anago International Inc.
2000 Ed. (2272)
Anaheim
2000 Ed. (2307, 2536)
1999 Ed. (2567)
1998 Ed. (1800)
Anaheim Angels
1998 Ed. (3358)
Anaheim, CA
2002 Ed. (2635)
2001 Ed. (2793)
2000 Ed. (1072, 1085, 2537)
1998 Ed. (740, 1235)
1996 Ed. (2725)
1993 Ed. (2071, 2616, 2622, 3606)
1992 Ed. (1081, 1161, 2546, 3048)
1991 Ed. (2347)
1990 Ed. (291, 1008, 1010, 1150, 1151, 1485, 1656, 2485)
1989 Ed. (846, 913, 993, 1588, 1611)
Anaheim City Employees Credit Union
2002 Ed. (1837)
Anaheim Convention Center
1996 Ed. (1173)
Anaheim Mighty Ducks
1998 Ed. (1946, 3358)
Anaheim Public Finance Authority
2000 Ed. (3203)
1995 Ed. (1621, 2230)
Anaheim-Santa Ana, CA
2006 Ed. (2970)
1999 Ed. (1158, 2758)
1995 Ed. (230, 231, 242, 920, 1667, 1668, 2113, 2539, 3593, 3742, 3745)
1994 Ed. (1935, 2062, 2063, 2162, 2163, 2169, 2171, 2174, 2472, 2489, 2491, 2503, 3056, 3058, 3068, 3456, 3508)
1993 Ed. (872, 1525, 1913, 2043, 2044, 2106, 2114, 2139, 2140, 2146, 2147, 2148, 2150, 2541, 2545, 3012, 3044, 3481, 3549, 3700, 3708, 3710)
1992 Ed. (370, 2254, 2255, 2352, 2415, 2416, 2575, 2576, 2580, 2581, 2582, 2583, 2585, 3041, 3042, 3623, 3690, 3691, 3694, 3696, 3702, 4265, 4437, 4446, 4449)
1991 Ed. (977, 1547, 1915, 1916, 2000, 2001, 2006, 2007, 2008, 2009, 2011, 2425, 2426, 2434, 2857, 2861, 2862, 2863, 2864)
1990 Ed. (2022, 2154, 2155, 2162, 2163, 2164, 2166, 2167, 2546, 2549, 2607, 3702)
1989 Ed. (1643, 1644, 1645, 1646, 1950)
Anaheim-Santa Ana-Garden Grove, CA
1990 Ed. (286)
Anaheim Stadium
1989 Ed. (986)
Anaheim/Watertown/Waste King
2002 Ed. (2388)
Anais Anais
1999 Ed. (3741)
1996 Ed. (2955)
1995 Ed. (2875)
1994 Ed. (2780)
1992 Ed. (3367)
1990 Ed. (2793)
Analgesic & chest rubs
2002 Ed. (2052)
Analgesic/antacid
1992 Ed. (3548)
Analgesic rubs, external
2002 Ed. (2050)
Analgesics
2003 Ed. (2106)
2002 Ed. (3636, 3637)
2001 Ed. (2106)
2000 Ed. (2322, 4145)
1999 Ed. (3324)
1996 Ed. (2045, 2976, 2978, 3094)
1994 Ed. (2808)
Analgesics, external
2004 Ed. (248)
Analgesics, internal
2004 Ed. (248, 3751)
2002 Ed. (2029, 2039, 3769)
2000 Ed. (3510, 3511)
1997 Ed. (3058, 3064, 3065, 3172)
1996 Ed. (1561, 2979, 3090, 3095, 3096)
1995 Ed. (2895, 2896, 2994)
1994 Ed. (2937)
1993 Ed. (2811)
Analgesics/internals
1998 Ed. (2809, 2810)
Analgesics, non-narcotic
1994 Ed. (2463)
1992 Ed. (3003)
1991 Ed. (2401)
1990 Ed. (2531)
Analog cellular
1996 Ed. (3872)
Analog Devices Inc.
2008 Ed. (1912, 1919, 4307)
2007 Ed. (4344)
2006 Ed. (1872, 1875, 2826, 4280, 4281, 4282, 4283, 4284, 4286)
2005 Ed. (1862, 1864, 2337, 2835, 4342, 4343, 4344, 4345, 4346, 4352)
2004 Ed. (2230, 2236, 4398, 4399, 4400, 4405)
2003 Ed. (1124, 2193, 2197, 4378, 4379, 4380, 4540)
2002 Ed. (4254, 4256)
2001 Ed. (417, 2016, 2181, 2192, 2871, 2962, 4210, 4214)
2000 Ed. (3990, 3991, 3992)
1999 Ed. (1845, 3603, 4267, 4268, 4270, 4282)
1998 Ed. (3276)
1997 Ed. (1611, 2473)
1994 Ed. (3048, 3200)
1993 Ed. (3005, 3212)
1992 Ed. (3674, 3683, 3910, 3915, 3975)
1991 Ed. (2854, 3081, 3082)
1990 Ed. (1630, 2986, 2996, 3229, 3231, 3233)
1989 Ed. (1327, 2302)
Analogic Corp.
2005 Ed. (2835)
1989 Ed. (968)
Analysts International Corp.
1998 Ed. (543)
1997 Ed. (846, 1140)
1994 Ed. (1126)
1993 Ed. (1103)
Analytic Enhanced Equity
2000 Ed. (3223)
Analytic Optioned Equity
1996 Ed. (2792)
Analytic Srs Fixed Income
1998 Ed. (2642)
Analytic/TSA Global
1997 Ed. (2519)
Analytical Computer Services
2001 Ed. (2713)
Analytical consulting engineering
1992 Ed. (3477)
Analytical Graphics Inc.
2008 Ed. (4345)
2007 Ed. (4393)
2006 Ed. (4329)
Analytical instruments
1996 Ed. (2566)
Analytical Services Inc.
2008 Ed. (3692, 4365, 4951)
2007 Ed. (3529, 3530, 4398)
2006 Ed. (3494, 4338)
2003 Ed. (2747)
Analyzing Instruments
2000 Ed. (1892)
Anam Semiconductor & Technology Co. Ltd.
2001 Ed. (1777)
Anamint
1995 Ed. (2586)
Anand Aithal
1996 Ed. (1840)
Anand Iyer
2000 Ed. (1965)
1999 Ed. (2188)
1998 Ed. (1602)
1997 Ed. (1913)
1996 Ed. (1840)
Ananda Krishnan
2008 Ed. (4847)
2006 Ed. (4917, 4919)
AnandTech
2005 Ed. (3195)
Anant Asavabhokin
2006 Ed. (4920)
Anaren Microwave Inc.
1993 Ed. (1567)
Anastasi Bros. Corp.
1994 Ed. (1144)
Anastasia
2001 Ed. (3391, 4693)
Anatol
2002 Ed. (4907)
Anatoly Chubais
2007 Ed. (785)
Anaya; Toney
1995 Ed. (2480)
ANB Bancshares
2008 Ed. (431)
ANB Investment
1994 Ed. (2295, 2301, 2302, 2317)
1993 Ed. (2283, 2293)
1991 Ed. (2208, 2209)
1990 Ed. (2330)
ANB Investment Management
1999 Ed. (3100)
1998 Ed. (2256, 2257, 2305, 2306)
1997 Ed. (2513, 2514)
1992 Ed. (2730, 2731, 2752, 2756, 2760, 2773, 4073)
1991 Ed. (2245)
ANB Investment Management & Trust Co.
1996 Ed. (2380, 2381, 2415)
Anbesol
2003 Ed. (1995, 3780)
1996 Ed. (1528, 2103)
1993 Ed. (1473)
ANC Rental Corp.
2004 Ed. (327)
ANCAP
1989 Ed. (1169)
Anchim, Block & Anchim
2000 Ed. (17)
Anchin, Block & Anchin
2007 Ed. (10)
1998 Ed. (2, 3, 5, 16)
Anchin, Block & Anchin LLP
2008 Ed. (8)
2004 Ed. (13)
2003 Ed. (7)
2002 Ed. (18, 21)
1999 Ed. (20)
Anchor
2008 Ed. (629, 715)
2007 Ed. (670)
2006 Ed. (645)
2005 Ed. (733)
2003 Ed. (730)
2002 Ed. (1909)
1999 Ed. (1816, 3402)
1996 Ed. (1517)
1994 Ed. (1511)
1992 Ed. (79)
Anchor-Access HMO
1990 Ed. (1995)
Anchor Aquatech Pools & Spas Inc.
2008 Ed. (4579)
2007 Ed. (4647)
2006 Ed. (4648)
Anchor Bancorp
1996 Ed. (360, 3689)
1995 Ed. (3609, 3611)
1994 Ed. (3533, 3535)
1993 Ed. (3218)
Anchor Bank, FSB
1992 Ed. (3793)
Anchor Brewing Co.
2000 Ed. (3127, 3128)
1998 Ed. (2491)
1997 Ed. (713)
1990 Ed. (752)
1989 Ed. (757)
Anchor Butter
1992 Ed. (1761)
Anchor Capital Advisors
1997 Ed. (2534)
1990 Ed. (2339)

Anchor Computer
2000 Ed. (1179)
Anchor Financial Corp.
2002 Ed. (432, 433, 434, 484)
Anchor Food Products
2001 Ed. (2480)
Anchor Gaming
2000 Ed. (2401, 4042, 4045)
1998 Ed. (1883, 1887)
Anchor Glass
1994 Ed. (790, 792, 1362)
1993 Ed. (771, 1310)
1992 Ed. (2295)
1990 Ed. (1189, 1327, 1328)
1989 Ed. (1009)
Anchor Glass Container Corp.
2005 Ed. (4144)
1999 Ed. (387, 388, 389)
1996 Ed. (828)
1995 Ed. (843, 844, 1386)
1991 Ed. (1730, 3332)
1990 Ed. (1807)
Anchor Hocking
2007 Ed. (1425, 3970, 4674)
2005 Ed. (1265, 1401, 4588)
2003 Ed. (1229, 1374, 4670)
2000 Ed. (2587, 4172)
1999 Ed. (2598, 2599, 2807)
1998 Ed. (3458, 3459)
1996 Ed. (2026, 3625)
1995 Ed. (2001)
Anchor Holding Corp.
2001 Ed. (1144)
Anchor ICAP II Capital Appreciation
1994 Ed. (3610)
Anchor ICAP II Convertible Securities
1994 Ed. (3612)
Anchor Motor Freight
1995 Ed. (3676)
1994 Ed. (3598)
1993 Ed. (3638)
1991 Ed. (3431)
Anchor National
1993 Ed. (2379, 3652, 3655)
Anchor National Advisor Alliance Growth
2000 Ed. (4337)
Anchor National Advisor Worldwide High Income
2000 Ed. (4332)
Anchor National ICAP II: Capital Appreciation
1995 Ed. (3689)
Anchor National Life
1999 Ed. (4700)
1998 Ed. (3653, 3656)
1992 Ed. (4380)
Anchor National Life Ins. Co.
2000 Ed. (4327)
Anchor National Life Insurance Co.
2001 Ed. (2942, 2946)
Anchor National Polaris I/II Worldwide High Income
2000 Ed. (4332)
Anchor National Polaris 1/11 Alliance Growth
2000 Ed. (4337)
Anchor Organization for Health Maintenance
1989 Ed. (1585)
Anchor Powder Milk
1991 Ed. (17)
Anchor Savings
1992 Ed. (4287)
1991 Ed. (3369)
Anchor Savings Bank
1996 Ed. (3691)
1993 Ed. (3075, 3085, 3090, 3092, 3566)
1991 Ed. (3381, 3382)
1990 Ed. (3105, 3589)
1989 Ed. (639, 2361)
Anchor Savings Bank FSB
1995 Ed. (3614)
1992 Ed. (3772, 3785, 3791, 4293)
1990 Ed. (430)
1989 Ed. (2831)
Anchorage
2000 Ed. (270, 275)
Anchorage Airport
2001 Ed. (349)
1998 Ed. (108)
1997 Ed. (186, 219)
Anchorage, AK
2008 Ed. (3115)
2007 Ed. (3010, 3500, 3506)
2006 Ed. (249, 3314, 3326, 3475)
2005 Ed. (2030, 2386, 3325, 3338, 3339, 3469)
2004 Ed. (3316, 3377, 3378, 3382, 3388, 3456, 3460, 3461, 3465, 3471, 4114, 4115, 4762)
2003 Ed. (254, 256, 3315, 4088, 4089)
2002 Ed. (276, 277, 1801, 3995, 3996)
2001 Ed. (3206, 4048, 4055)
1999 Ed. (2833, 3389)
1998 Ed. (3057)
1997 Ed. (2355, 2359, 2761, 3303)
1996 Ed. (2230, 3201, 3202, 3631)
1995 Ed. (3106, 3148)
1994 Ed. (824, 826, 951, 968, 971, 2163, 2173, 2491, 3060, 3062, 3064, 3103)
1993 Ed. (3044)
1992 Ed. (2541, 3034, 3690, 3691, 3698, 3735, 4190, 4191)
1991 Ed. (2862, 3272)
1990 Ed. (1438, 1466, 1485, 2159, 3046)
1989 Ed. (225, 1957)
Anchorage Daily News Inc.
2006 Ed. (1537)
2005 Ed. (1646)
2004 Ed. (1620)
2003 Ed. (1605)
2001 Ed. (1608)
Anchorage International
1995 Ed. (169)
1994 Ed. (152, 191)
1993 Ed. (168)
Anchorage School District
2003 Ed. (2272)
Anchorage Telephone Utility
1993 Ed. (1177)
Anchorage,AK
1995 Ed. (3778)
AnchorBank
2003 Ed. (4278)
AnchorBank, FSB
2007 Ed. (3636, 4246)
2006 Ed. (3571, 4232)
2005 Ed. (1067, 3511, 4180)
2004 Ed. (3507, 4247)
AnchorBank SSB
1998 Ed. (3571)
AnciCare
2000 Ed. (3600)
AnciCare PPO Inc.
2002 Ed. (3743)
Ancient Age
1999 Ed. (3208)
1998 Ed. (2376)
1997 Ed. (2660)
1996 Ed. (2521)
1995 Ed. (2472)
1994 Ed. (2391)
1993 Ed. (2446)
1992 Ed. (2869)
1991 Ed. (727, 2317)
Ancient Age/AAA
2003 Ed. (4902)
2002 Ed. (294, 3107)
2001 Ed. (4788)
2000 Ed. (2948)
Ancillary Care Management
2008 Ed. (2887, 4037, 4043)
Ancira
1990 Ed. (2015)
Ancira Enterprises Inc.
2008 Ed. (2956, 2960)
2007 Ed. (2837)
2006 Ed. (2832, 2839)
2005 Ed. (2838)
2004 Ed. (2831)
2003 Ed. (2749, 2752)
2002 Ed. (2544, 2562)
2001 Ed. (2704, 2708)
2000 Ed. (330, 2466)
1999 Ed. (318, 2682)
1998 Ed. (204, 1934)
1997 Ed. (289, 2216)
1996 Ed. (260, 2110)
1995 Ed. (255, 2101, 2106, 2110)
1994 Ed. (2050, 2053)
1993 Ed. (2037)
1992 Ed. (2400, 2402, 2408)
1991 Ed. (1905)
Ancira Jeep-Eagle
1993 Ed. (274)
Ancira Motor Co.
1992 Ed. (388)
Anco Industries Inc.
2000 Ed. (1257)
1999 Ed. (1365)
1992 Ed. (1423)
Ancon Insurance Co.
1992 Ed. (1061)
Ancon Marine Services
2002 Ed. (2152)
Ancor Communications
2001 Ed. (4451)
Ancora Psychiatric Hospital
1999 Ed. (2750)
1998 Ed. (1994)
1997 Ed. (2272)
A & A Manufacturing Co., Inc.
2008 Ed. (4439)
2006 Ed. (4387)
A & B Hawaii Inc.
2001 Ed. (1722)
A & C Grenadiers
2001 Ed. (2114)
A & D
2003 Ed. (2919)
2002 Ed. (2280)
2001 Ed. (544)
2000 Ed. (366)
A & D Kwik Karwash
2006 Ed. (363)
A & D Medicated
2001 Ed. (544)
2000 Ed. (366)
A & E
2007 Ed. (4732)
2001 Ed. (1089)
2000 Ed. (943)
1998 Ed. (583)
1997 Ed. (870)
1996 Ed. (854)
A & E Television Networks
2008 Ed. (824)
2007 Ed. (863)
2006 Ed. (765)
A & H Fabricators
1989 Ed. (270)
A & M College
2006 Ed. (725)
A & M University at College Station
1996 Ed. (1695)
And 1
2003 Ed. (300, 301)
2001 Ed. (4350)
A & P
2008 Ed. (885, 4569, 4570, 4571, 4572)
2007 Ed. (4624, 4625, 4626, 4628)
2006 Ed. (4636, 4637, 4638, 4639)
2005 Ed. (4562, 4563)
2004 Ed. (2964, 4627, 4635, 4644, 4647)
2003 Ed. (4651, 4659)
2002 Ed. (4530, 4531)
2001 Ed. (4420, 4421, 4422)
1999 Ed. (1414, 1921, 4520, 4521, 4522)
1998 Ed. (1140, 3451, 3452, 3453, 3454, 3455, 3456, 3457)
1997 Ed. (1342, 1625, 2790, 3176, 3668, 3670, 3671, 3672, 3673, 3674, 3675, 3676)
1996 Ed. (1556, 1559, 3612, 3614, 3619, 3620, 3621)
1995 Ed. (916, 1394, 1569, 1572, 3143, 3531, 3532, 3533, 3535)
1994 Ed. (886, 1368, 1539, 1542, 1878, 2656, 2939, 3095, 3096, 3101, 3102, 3464, 3465, 3466)
1993 Ed. (866, 1313, 1492, 1495, 3040, 3042, 3493, 3494, 3495, 3497)
1992 Ed. (489, 1076, 1615, 1814, 1815, 1828, 3547, 3726, 4166, 4167, 4168, 4170, 4171, 4172)
1991 Ed. (879, 1289, 1422, 1425, 1426, 2895, 3241, 3256, 3257)
1990 Ed. (1507, 3028, 3029, 3496, 3498)
1989 Ed. (867)
A & P Food Stores
1999 Ed. (1630)
A & R Partners
2005 Ed. (3955, 3960, 3964)
A & R Transport Inc.
2008 Ed. (4588, 4772)
2007 Ed. (4677, 4849)
2002 Ed. (4547, 4692)
A & S Leisure
2001 Ed. (1132)
A & T Systems Inc.
2003 Ed. (1354, 1361)
"And the Sea Will Tell"
1993 Ed. (3537)
A & V Inc.
2008 Ed. (3741, 4990)
2007 Ed. (3615, 3616, 4455)
2006 Ed. (3549)
A & W
2008 Ed. (2659, 4271)
2004 Ed. (1377)
2003 Ed. (4218)
2002 Ed. (2241, 2253)
2001 Ed. (2405)
2000 Ed. (715, 3790)
1999 Ed. (703, 4078)
1998 Ed. (450)
1996 Ed. (3476)
1995 Ed. (654, 657, 658, 659, 661, 3121, 3180, 3416)
1993 Ed. (2852, 3016)
1992 Ed. (3708, 4017)
1991 Ed. (2868, 2877)
1990 Ed. (3015, 3317, 3318)
1989 Ed. (2516)
A & W Brands
1997 Ed. (3545)
1994 Ed. (698, 701, 702, 703)
A & W Food Services of Canada Inc.
2007 Ed. (1607, 1616)
1994 Ed. (2110)
A & W Restaurants
2008 Ed. (2662)
2007 Ed. (2540)
2006 Ed. (2569)
2004 Ed. (2583, 4242)
2003 Ed. (2452)
2002 Ed. (2248, 2252)
2001 Ed. (2534)
2000 Ed. (2273, 3775, 3848)
1999 Ed. (2524, 4087, 4134)
1998 Ed. (1766, 3076, 3124)
1997 Ed. (3375)
1996 Ed. (3227, 3278)
1994 Ed. (3076, 3130)
1993 Ed. (3067)
1992 Ed. (3764)
1991 Ed. (2910)
A & W Revenue Royalties Income Fund
2006 Ed. (1576)
A & W Rootbeer
2003 Ed. (4471)
Andale
2004 Ed. (3160)
2003 Ed. (3052)
2002 Ed. (2473, 2995)
Andalusia Regional Hospital
2008 Ed. (3060)
Andarr
2008 Ed. (1711)
Andavo Travel Inc.
2008 Ed. (3699, 4373, 4955, 4992, 4993)
2007 Ed. (3540, 4403, 4988, 4989, 4990)
2006 Ed. (4991, 4992, 4993)
2005 Ed. (4993, 4994)
2004 Ed. (4988, 4989)
2003 Ed. (4990)
Andbanc
2008 Ed. (375)
2007 Ed. (392)
2006 Ed. (409)
2005 Ed. (456)
Andel; Jay Van
2006 Ed. (4908)

Andelsbanken
1991 Ed. (497)
Andelsbanken Danebank
1992 Ed. (650)
1990 Ed. (538)
1989 Ed. (518)
Andelsbanken (Isle of Man) Ltd.
1992 Ed. (737)
1991 Ed. (569)
Andelssmor Amba
2006 Ed. (1676)
Anderegg, Karen
1993 Ed. (3730)
1992 Ed. (4496)
Anders Hedlund
2005 Ed. (4896)
Anders; William
1995 Ed. (979, 980)
Anders; William A.
1994 Ed. (947, 1714)
Andersen Corp.
2008 Ed. (2797, 3527)
2007 Ed. (2661)
2006 Ed. (143, 2676)
2001 Ed. (2501)
1997 Ed. (2973)
1991 Ed. (2070)
Andersen & Co.; Arthur
1997 Ed. (7, 8, 9, 11, 12, 18, 20, 21, 23, 845, 1716)
1996 Ed. (4, 5, 6, 8, 9, 10, 11, 12, 13, 14, 15, 18, 19, 20, 21, 23, 850, 985, 3258)
1995 Ed. (4, 5, 6, 7, 8, 9, 10, 11, 12, 13, 14, 2430)
1994 Ed. (1, 2, 3, 5, 6, 7)
1993 Ed. (3, 4, 5, 6, 7, 8, 11, 12, 13, 3728)
1992 Ed. (2, 3, 4, 5, 6, 7, 8, 9, 10, 11, 12, 13, 16, 17, 18, 19, 21, 1338, 1340, 1342, 1343, 1344, 1345, 1346, 1347, 1588, 1941)
1991 Ed. (2, 3, 4, 6)
1990 Ed. (6, 11, 12)
1989 Ed. (11, 12)
Andersen & Co. Gmbh; Arthur
1990 Ed. (8)
Andersen & Co. S.C.; Arthur
1994 Ed. (4)
1993 Ed. (1, 2)
Andersen & Co., Societe Cooperative; Arthur
1992 Ed. (22)
1991 Ed. (7)
Andersen; Arthur
1990 Ed. (1, 2, 3, 4, 7, 9, 10, 851, 854, 2200, 2204, 3703)
1989 Ed. (5, 8, 9, 10, 1007)
Andersen Consulting
2002 Ed. (1216, 2807, 4881)
2001 Ed. (1069, 1070, 1249, 1442, 1449, 1450)
2000 Ed. (901, 902, 904, 2639, 3386)
1999 Ed. (959, 960, 1275, 1280, 1289, 2878)
1998 Ed. (542, 543, 545, 546)
1997 Ed. (845, 846, 847, 1140)
1996 Ed. (834, 835, 836, 1114)
1995 Ed. (854, 1116, 1142, 2256)
1994 Ed. (1077, 1126, 2206)
1993 Ed. (9, 10, 1051, 1103, 1104)
1992 Ed. (995, 996, 1297, 1337, 1377)
1991 Ed. (812)
Andersen Consulting Canada
2001 Ed. (1443)
Andersen Consulting LLP
2002 Ed. (866)
Andersen Legal International
2003 Ed. (3183, 3184)
Andersen Worldwide
2001 Ed. (3, 1246)
2000 Ed. (1, 2, 4, 5, 8, 9, 942, 1100)
1999 Ed. (2, 3, 6, 7, 11, 14, 21, 994, 1185, 4113)
1998 Ed. (3, 4, 6, 9, 17, 749, 2709, 3102)
1997 Ed. (4, 5, 26, 27)
Andersen Worldwide Canada
1999 Ed. (4)
Anderson Corp.
2008 Ed. (1933, 3528, 4934)
2007 Ed. (1882, 4965)
2006 Ed. (1886, 4956)
2005 Ed. (1869)
2004 Ed. (1799)
Anderson Act 1 & 2
1994 Ed. (1587)
Anderson & Co.; Arthur
1991 Ed. (5)
Anderson & Lembke
2001 Ed. (234)
1999 Ed. (39)
1998 Ed. (34, 51)
1997 Ed. (44)
1996 Ed. (2246)
1995 Ed. (43)
1989 Ed. (67, 139)
Anderson Area Medical Center Inc.
2007 Ed. (1977)
2006 Ed. (2011)
2005 Ed. (1959)
2004 Ed. (1856)
2003 Ed. (1820)
2001 Ed. (1847)
Anderson; Bradbury
2007 Ed. (981)
2006 Ed. (891)
Anderson Builders Inc.
2008 Ed. (4423)
Anderson Cancer Center
1995 Ed. (2140, 2143, 2143)
Anderson Cancer Center; M. D.
1994 Ed. (890)
1993 Ed. (893, 1028, 1741)
Anderson Cancer Center; University of Texas, M. D.
2008 Ed. (3042, 3044, 3055, 3056, 3194)
2007 Ed. (2919, 2921)
2006 Ed. (2900, 2902, 2914, 2915)
2005 Ed. (1972, 2894, 2896, 2907)
Anderson Communications
2008 Ed. (111)
2007 Ed. (101)
2006 Ed. (112)
2005 Ed. (103, 174)
2004 Ed. (107)
Anderson Consulting
2001 Ed. (1052)
Anderson; David
2007 Ed. (1054)
2006 Ed. (958)
Anderson DeBartolo Pan
1989 Ed. (266, 270)
Anderson Development Co.
2000 Ed. (4018)
Anderson; Donald
2005 Ed. (982)
Anderson-Dubose Co.
1999 Ed. (731)
1997 Ed. (677)
1996 Ed. (745)
1995 Ed. (671)
1994 Ed. (714)
Anderson Erickson
2003 Ed. (3411)
2000 Ed. (3133)
Anderson Farms Inc.
2005 Ed. (1874)
Anderson Fischel
1989 Ed. (160)
Anderson Fischel Thompson
1994 Ed. (2954)
1992 Ed. (3566)
Anderson; Gary
1989 Ed. (1753)
Anderson; Gayle A.
1994 Ed. (3666)
Anderson Graduate School of Management
2000 Ed. (930)
Anderson Homes
2005 Ed. (1163, 1225)
2004 Ed. (1199)
2003 Ed. (1194)
2002 Ed. (2687)
Anderson Honda-Isuzu
2002 Ed. (357)
Anderson, IN
1992 Ed. (3053)
1991 Ed. (2429)
Anderson Industries Inc.
1994 Ed. (1226)
Anderson; Kevin
2005 Ed. (4884)
Anderson Lithograph
1999 Ed. (3895)
Anderson Lumber
1996 Ed. (824, 826)
Anderson MacAdam Architects
2007 Ed. (1839)
Anderson Mason Dale Architects
2002 Ed. (332)
Anderson News Services LLC
2006 Ed. (4004)
Anderson Oldsmobile Inc.
1992 Ed. (394)
1991 Ed. (289)
1990 Ed. (312)
Anderson; P. M.
2005 Ed. (2509)
Anderson; Pamela
2008 Ed. (2590)
Anderson Paramedical Services Inc.
2007 Ed. (3574, 4431)
2006 Ed. (3524, 4363)
Anderson; Paul M.
2006 Ed. (940, 1099)
Anderson Performance Improvement Co.
2008 Ed. (4968)
Anderson; Robert
1989 Ed. (1379)
Anderson, SC
2008 Ed. (2491)
2007 Ed. (2369)
2006 Ed. (3315)
2005 Ed. (3322)
Anderson School of Business; University of California-Los Angeles
2007 Ed. (796, 810)
2006 Ed. (722)
2005 Ed. (813, 815)
Anderson School of Management; University of New Mexico, Robert O.
2007 Ed. (808)
Anderson Services LLC
2005 Ed. (3930)
Anderson; Stefan S.
1992 Ed. (1137)
Anderson; Stuart
1991 Ed. (2883)
Anderson Travel; Dick
1990 Ed. (3650)
Anderson Trucking Service
1995 Ed. (3677)
1994 Ed. (3597)
1993 Ed. (3637)
1992 Ed. (4356)
1991 Ed. (3432)
Anderson-Tully Co.
2008 Ed. (2764, 2765)
2007 Ed. (2639, 2640)
2006 Ed. (2656, 2657)
2005 Ed. (2671, 2672)
2004 Ed. (2679, 2680)
2003 Ed. (2543)
Anderson Valley Brewing Co.
2000 Ed. (3126)
Anderson ZurMuehlen & Co. PC
2008 Ed. (11)
2007 Ed. (13)
2006 Ed. (17)
2005 Ed. (12)
2004 Ed. (16)
2003 Ed. (10)
2002 Ed. (15)
The Andersons Inc.
2006 Ed. (4150, 4156)
2005 Ed. (2569, 2570, 4098, 4103)
2004 Ed. (2591, 2592, 2632, 4162, 4181)
2003 Ed. (2498, 2499)
2001 Ed. (2456, 2457)
1999 Ed. (4758)
1998 Ed. (3713)
Anderson's Black Angus/Cattle Co.; Stuart
1996 Ed. (3230)
Anderson's Restaurants; Stuart
1994 Ed. (3070, 3075, 3088)
Anderson's; Stuart
1996 Ed. (3217, 3219, 3220, 3223, 3224, 3225, 3226)
1995 Ed. (3122, 3128, 3138)
1993 Ed. (3017, 3024, 3035)
1992 Ed. (3709, 3718)
1990 Ed. (3006, 3007, 3008, 3010, 3023)
Andersonville
1998 Ed. (3677)
Andes Chemical Corp.
2008 Ed. (2645)
2007 Ed. (2517)
2005 Ed. (2529)
2004 Ed. (2540)
2003 Ed. (2421)
2002 Ed. (2545)
1995 Ed. (2104)
1990 Ed. (2009)
Andes Creme de Menthe
1990 Ed. (896)
Andhra Bank
2006 Ed. (468)
2000 Ed. (554)
Andiamo Systems Inc.
2006 Ed. (1418)
Andic; Isak
2008 Ed. (4874)
Andina
1999 Ed. (4135, 4136)
1997 Ed. (3376)
1996 Ed. (3279)
Andina/BBDO
1991 Ed. (95)
Andinatel
2008 Ed. (37)
2007 Ed. (33)
Andinet
2001 Ed. (2985)
Andlinger, Gerhard
1992 Ed. (2143)
1991 Ed. (2265)
Ando
1992 Ed. (372)
1991 Ed. (266)
1990 Ed. (298)
Andor Capital Management
2006 Ed. (3192)
2005 Ed. (2820)
Andorra
1993 Ed. (1540)
Andover Bancorp
1994 Ed. (2703)
Andover Bank
1998 Ed. (3550)
Andover Intermediate Care Center
1990 Ed. (1739)
Andrall Pearson
2002 Ed. (1040)
Andras Petery
1998 Ed. (1666)
1997 Ed. (1895)
1996 Ed. (1821)
1994 Ed. (1805, 1814)
Andre
2006 Ed. (827)
2005 Ed. (909)
2004 Ed. (918)
2003 Ed. (899)
2002 Ed. (962)
2001 Ed. (1150, 4512)
1998 Ed. (3442, 3724)
1997 Ed. (3886)
1996 Ed. (3839)
1993 Ed. (869, 873, 875, 878, 879, 880, 881, 882, 3704)
1992 Ed. (1084, 4462)
1990 Ed. (3693)
1989 Ed. (868)
Andre Agassi
2006 Ed. (292)
2001 Ed. (419)
1998 Ed. (197, 199)
1997 Ed. (278)
1996 Ed. (250)
Andre & Cie. SA
1996 Ed. (1453)
1995 Ed. (1496)
1994 Ed. (1456)
1992 Ed. (4433)
Andre Chagnon
2005 Ed. (4870)

Andre Desmarais
2008 Ed. (2637)
Andre Wines
1992 Ed. (886, 1082)
1991 Ed. (884, 3501)
Andrea Alstrup
2002 Ed. (3263)
Andrea Electronics
2003 Ed. (2946)
2002 Ed. (2526)
2000 Ed. (286)
1999 Ed. (258)
1995 Ed. (203, 206)
1994 Ed. (202, 205)
Andrea Jung
2008 Ed. (2636, 4948)
2007 Ed. (974, 2506, 4975, 4981)
2006 Ed. (4975, 4983)
2005 Ed. (2513, 4990)
2004 Ed. (2486, 2516, 4983)
2003 Ed. (4983)
2002 Ed. (4979, 4981)
Andrea Obston Public Relations
2005 Ed. (3962)
Andrea Robinson
1992 Ed. (4496)
Andrea Wong
2007 Ed. (3617)
Andreas; David L.
1992 Ed. (532)
Andreas; Dwayne O.
1992 Ed. (1143, 2059)
Andreas; G. A.
2005 Ed. (2492)
Andreas; G. Allen
2006 Ed. (2627)
Andreas Madej
2000 Ed. (2183)
Andreas Pohlmann
2008 Ed. (2632)
2007 Ed. (2499)
Andreas Vogler
2000 Ed. (2189)
1999 Ed. (2429)
Andreas von Bechtolsheim
2007 Ed. (4874)
2006 Ed. (4879)
Andrei Kazmin
2007 Ed. (785)
Andren & Werne Leo Burnett
2002 Ed. (188)
2001 Ed. (215)
1999 Ed. (158)
Andres Duany
2006 Ed. (1201)
Andres Wines
2008 Ed. (560)
2007 Ed. (608)
1997 Ed. (658)
1996 Ed. (724)
1994 Ed. (692)
Andrew Corp.
2008 Ed. (1098, 1403)
2007 Ed. (1190, 1191, 4700)
2006 Ed. (1083, 1084, 1085, 1086, 1502, 4685)
2005 Ed. (1091, 1092, 2343)
2004 Ed. (1083)
2003 Ed. (4689)
2002 Ed. (4563, 4877)
1999 Ed. (1542, 1970, 4387, 4544)
1998 Ed. (1372, 1373, 1401)
1997 Ed. (1685)
1995 Ed. (1625)
1993 Ed. (1045)
1992 Ed. (1293, 1294)
1990 Ed. (1106)
1989 Ed. (963)
Andrew Barker
2000 Ed. (2098, 2137)
1999 Ed. (2319)
Andrew Barrows
2003 Ed. (4685)
Andrew Bascand
2000 Ed. (2181)
Andrew Beale
1999 Ed. (2348)
Andrew Benson
2000 Ed. (2120)
Andrew Berg
2000 Ed. (1941)
Andrew Bevan
1999 Ed. (2300)
1998 Ed. (1684)
Andrew Brick
1997 Ed. (1958)
Andrew Brosseau
2000 Ed. (2047)
1999 Ed. (2264)
1997 Ed. (1879)
Andrew Brown
2000 Ed. (2060)
Andrew Brownsword
2005 Ed. (4893)
1996 Ed. (1717)
Andrew Bryant
2007 Ed. (1082)
2006 Ed. (989)
2005 Ed. (992)
2000 Ed. (2123)
1999 Ed. (2336)
Andrew C. Mitchell
1999 Ed. (2328)
Andrew C. Sigler
1992 Ed. (1141)
Andrew Campbell
2005 Ed. (987)
Andrew Carnegie
2008 Ed. (610, 615, 4837)
2006 Ed. (4914)
Andrew Casey
2006 Ed. (2578)
Andrew Cash
1999 Ed. (2241)
1998 Ed. (1651)
1997 Ed. (1861)
1996 Ed. (1785)
1995 Ed. (1810)
Andrew Causer
1999 Ed. (2330)
Andrew Clifton
2000 Ed. (2123)
Andrew Conway
2000 Ed. (1986)
1999 Ed. (2213)
1998 Ed. (1629)
1997 Ed. (1855)
1996 Ed. (1771, 1780)
Andrew Dice Clay
1992 Ed. (1349, 1349, 1349, 1349, 1349)
1991 Ed. (1042, 1042)
Andrew Fastow
2004 Ed. (1549)
Andrew Fisher
1997 Ed. (2004)
Andrew Forrest
2008 Ed. (4842)
Andrew Fowler
2000 Ed. (2133)
1999 Ed. (2345)
Andrew Garthwaite
1998 Ed. (1683, 1686)
Andrew Gould
2008 Ed. (936)
2007 Ed. (1000)
2006 Ed. (910)
Andrew Gower
2007 Ed. (4925)
Andrew Grove
1999 Ed. (1121, 2078, 2083)
1998 Ed. (722, 1512)
Andrew Harrington
1997 Ed. (1964)
Andrew Henderson
1997 Ed. (2003)
1996 Ed. (1913)
Andrew Holland
2000 Ed. (2141)
1999 Ed. (2355)
1997 Ed. (1996)
Andrew Hollins
1999 Ed. (2328)
Andrew Houston
1997 Ed. (2003)
1996 Ed. (1913)
Andrew Hughes
2000 Ed. (2134)
1999 Ed. (2346)
Andrew; Hurricane
2007 Ed. (3005)
2005 Ed. (882, 884, 2979)
Andrew J. Filipowski
1994 Ed. (1721)
Andrew J. Schindler
2006 Ed. (1099)
2005 Ed. (1104)
Andrew Jackson State Savings
1990 Ed. (3130)
The Andrew Jergens Co.
2003 Ed. (648, 650, 651, 652, 2004, 4433, 4434, 4435, 4438)
1995 Ed. (3413)
Andrew Jones
2000 Ed. (2040)
Andrew Kasoulis
2000 Ed. (2133)
Andrew Kessler
1994 Ed. (1777)
1993 Ed. (1794)
Andrew Liveris
2008 Ed. (933)
2007 Ed. (972)
Andrew Lloyd Webber
2008 Ed. (2583)
Andrew Ludwick
1998 Ed. (1511)
1997 Ed. (1798, 1800)
Andrew M. Carter
1997 Ed. (2522, 2530)
Andrew M. Schuler
1995 Ed. (937, 1069)
Andrew Mack
2006 Ed. (4140)
Andrew Marcus
2000 Ed. (1988)
1999 Ed. (2215)
Andrew, Mark
1995 Ed. (2484)
Andrew Marshall
1999 Ed. (2420)
1996 Ed. (1909)
Andrew McKelvey
2002 Ed. (3355)
Andrew McQuilling
2004 Ed. (3165)
Andrew N. Liveris
2008 Ed. (946)
2007 Ed. (1024)
Andrew Neff
2000 Ed. (2033)
1999 Ed. (2251)
1998 Ed. (1661)
1997 Ed. (1873)
1996 Ed. (1800)
1995 Ed. (1827)
Andrew P. O'Roarke
1991 Ed. (2343)
Andrew P. O'Rourke
1993 Ed. (2462)
1992 Ed. (2904)
1990 Ed. (2479)
Andrew Ripper
2000 Ed. (2121, 2135)
1999 Ed. (2347)
Andrew Romanoff
2007 Ed. (2497)
Andrew S. Grove
2003 Ed. (787, 4383)
2001 Ed. (2316)
Andrew Scott
2000 Ed. (2120)
Andrew Shore
2000 Ed. (1997, 2018)
1998 Ed. (1645)
1997 Ed. (1870)
1996 Ed. (1787, 1797)
1995 Ed. (1813, 1824)
1994 Ed. (1772, 1785)
Andrew Sparks
2000 Ed. (1974)
1999 Ed. (2201)
1998 Ed. (1612)
Andrew Stott
1999 Ed. (2334)
Andrew Systems Inc.
2003 Ed. (1240)
Andrew Tobias
2002 Ed. (4833)
Andrew Turner
2008 Ed. (2595)
2007 Ed. (2462)
2006 Ed. (2500)
2005 Ed. (2463)
Andrew Van Houten
1998 Ed. (1580)
1997 Ed. (1936)
Andrew Vicari
2005 Ed. (4896)
Andrew W. Mellon Foundation
2008 Ed. (2766)
2005 Ed. (2678)
2002 Ed. (2324, 2325, 2328, 2332, 2333, 2337, 2340, 2342)
2001 Ed. (2518, 3780)
2000 Ed. (2260)
1999 Ed. (2499, 2500, 2501)
1994 Ed. (1897, 1898, 1903, 2772)
1993 Ed. (1895, 1896, 2783)
1992 Ed. (2214, 2215, 3358)
1991 Ed. (895, 1765, 2689)
1990 Ed. (1847, 2786)
1989 Ed. (1469, 1470, 1471, 2165)
Andrew Co.; W. T.
1991 Ed. (3515)
Andrew Wallach
1991 Ed. (1710)
Andrew Weir & Co. Ltd.
1995 Ed. (1013)
1991 Ed. (958)
Andrew Weir & Company Ltd.
1990 Ed. (1033)
Andrew Co.; W.T.
1990 Ed. (3707)
Andrews & Kurth
2004 Ed. (3231)
1993 Ed. (2398)
1992 Ed. (2837)
1991 Ed. (2287)
1990 Ed. (2420)
Andrews Credit Union
2008 Ed. (2237)
2007 Ed. (2122)
2006 Ed. (2201)
2005 Ed. (2106)
2004 Ed. (1964)
2003 Ed. (1924)
2002 Ed. (1870)
1996 Ed. (1509)
Andrews Inc.; Dayton
1993 Ed. (297)
Andrews Federal Credit Union
1993 Ed. (1448)
Andrews Kurth LLP
2008 Ed. (3416, 3419)
2007 Ed. (3316)
Andrews; Marvin
1990 Ed. (2657)
Andrews; Marvin A.
1991 Ed. (2546)
Andrews Sacunas & Saline
2002 Ed. (3848)
Andrex
2001 Ed. (1011)
1999 Ed. (174, 783)
1996 Ed. (776)
1992 Ed. (2356)
Andrex Kitchen Towels
1999 Ed. (4604)
Andrex Toilet Tissue
2002 Ed. (767, 3585)
1999 Ed. (789, 4604)
Andrex Toilet Tissues
1994 Ed. (748, 2004)
Andrey of Framingham; Gaston
1992 Ed. (400)
Andrezej Nowaczek
1999 Ed. (2422)
Andrietti; Bernadette
2006 Ed. (4984)
Andritz AG
2008 Ed. (1574, 3548, 3658)
2007 Ed. (1596)
2006 Ed. (1561)
Andromedia Inc.
2001 Ed. (1873, 2853)
Andronice Luksic
2006 Ed. (4925)
Andronico's Market
2004 Ed. (4646)
Androscoggin Home Care & Hospice
2008 Ed. (1894)
Andrx Corp.
2004 Ed. (4579)
2003 Ed. (1561)
2002 Ed. (1547, 1573)

Andrzej Nowaczek
2000 Ed. (2183)
Andy Evans
2000 Ed. (2076)
1999 Ed. (2299)
Andy Garcia
1994 Ed. (1668)
1993 Ed. (1634)
Andy Grove: The Life & Times of an American
2008 Ed. (610, 615)
Andy OnCall
2007 Ed. (2251)
2006 Ed. (2320)
2005 Ed. (2262)
2004 Ed. (2164)
Andy Wachowski
2005 Ed. (786)
Andy Warhol
2007 Ed. (891)
Andy Williams
1989 Ed. (990)
Aneca Credit Union
2005 Ed. (2104)
2004 Ed. (1943)
Aneco Electrical Construction Inc.
2006 Ed. (1183, 1333, 1345)
Aneka Kimia Raya
2000 Ed. (2873)
Anelor
2004 Ed. (48)
2001 Ed. (38)
Anesta
1996 Ed. (3304, 3778)
Anesthesia
2008 Ed. (3039)
Anesthesiologist
2008 Ed. (3809, 3816)
2004 Ed. (2279)
Anesthesiology
2008 Ed. (3985)
2006 Ed. (3907)
2004 Ed. (3900)
2001 Ed. (2761)
ANEW Marketing Group
2008 Ed. (819)
ANFI Inc.
2005 Ed. (1486)
Angang New Steel Co., Ltd.
2008 Ed. (3554)
Angel
1997 Ed. (2012)
Angel Buick Oldsmobile Inc.
1999 Ed. (318)
Angel Investors LP
2002 Ed. (4735)
Angel of Mine
2001 Ed. (3406)
Angel of the Sea, Cape May, NJ
1992 Ed. (877)
Angel Soft
2008 Ed. (4697)
2003 Ed. (3719, 4759)
1996 Ed. (3705)
Angel; Stephen F.
2006 Ed. (2519)
Angela Ahrendts
2007 Ed. (4974)
Angela Belcher
2005 Ed. (786)
2003 Ed. (4685)
Angela Dean
2000 Ed. (2096, 2104, 2105)
1999 Ed. (2316, 2317)
Angela Merkel
2008 Ed. (4950)
Angela's Ashes
2001 Ed. (988)
2000 Ed. (708)
1999 Ed. (693)
Angeles Corp.
1995 Ed. (204)
1994 Ed. (2534)
1993 Ed. (2587)
1992 Ed. (3093)
Angeles Institutional
1992 Ed. (3639)
Angeles Mortgage
1995 Ed. (204)
Angelica Corp.
2008 Ed. (1950, 1952, 1955)
2006 Ed. (1911)
2005 Ed. (1014, 1015, 1884)
2004 Ed. (1000)
2003 Ed. (3798)
2001 Ed. (3728)
Angelina Jolie
2008 Ed. (2579)
Angelini; Anacieto
2008 Ed. (4878)
Angelini; Anacleto
2008 Ed. (4857)
Angell Care
1991 Ed. (2625)
Angell Group
1990 Ed. (2726)
Angell; Wayne
1997 Ed. (1956)
Angello Chan
1999 Ed. (2286)
1997 Ed. (1963)
Angelo, Gordon & Co.
2005 Ed. (2820)
Angelo Iafrate Construction Co.
2004 Ed. (1292)
2002 Ed. (1234, 1254, 1258, 1277, 1279, 1283)
Angelo J. Bruno
1991 Ed. (1622)
1989 Ed. (1378)
Angelo Mozilo
2008 Ed. (941)
2007 Ed. (996)
2006 Ed. (906)
2003 Ed. (959)
Angelo R. Mozilo
2008 Ed. (945, 957)
2007 Ed. (1035)
2006 Ed. (938)
Angelos Law Offices
2002 Ed. (3721)
Angels
2000 Ed. (4051)
Angels & Demons
2008 Ed. (553, 623)
2007 Ed. (664)
2006 Ed. (636, 639)
2005 Ed. (727)
AngelVision Technologies
2008 Ed. (2020)
Angerstein Underwriting Trust
2000 Ed. (2988)
Angie's List
2005 Ed. (3421)
Angiodynamics Inc.
2006 Ed. (3444)
Angiotech Pharmaceuticals Inc.
2008 Ed. (2925, 3951)
2007 Ed. (2738, 3915)
2006 Ed. (2746)
Anglian Group
1999 Ed. (1645)
Anglian Water
1992 Ed. (1613)
Anglo Am Corp SA Ord
2000 Ed. (2876, 2877)
Anglo American
2000 Ed. (2380)
1998 Ed. (1161, 1855)
1995 Ed. (1483, 1486, 2585)
1993 Ed. (1396, 1397, 2577)
1992 Ed. (1689)
1991 Ed. (1343, 2468)
1990 Ed. (2590)
Anglo-American Clays Corp.
2001 Ed. (3325)
Anglo American Corp
1990 Ed. (1416)
Anglo-American Corporation of South Africa
1992 Ed. (2815, 2816)
1991 Ed. (2269, 2270)
Anglo American Gold Inv.
1990 Ed. (1416)
Anglo American Gold Investment Co. Ltd.
2002 Ed. (1683, 1734, 3039)
1997 Ed. (2586)
1993 Ed. (2376)
1991 Ed. (2269, 2270)
Anglo American Gold Investment Company
1992 Ed. (2816)
Anglo American Investment Trust
1993 Ed. (2375)
Anglo American Corp. of South Africa
2004 Ed. (1854)
2003 Ed. (1819)
2002 Ed. (3038, 3039)
1999 Ed. (3130, 3131)
1997 Ed. (1455, 2585, 2586)
1996 Ed. (1442, 1443, 2034, 2442, 2443, 2652)
1994 Ed. (1446, 2342, 2343)
1993 Ed. (2375, 2376)
1990 Ed. (2588)
Anglo American Platinum
2006 Ed. (2010, 3399, 4536)
2004 Ed. (1854)
2003 Ed. (1819)
2001 Ed. (1846)
Anglo American Platinum Mines
2002 Ed. (3038)
Anglo American plc
2008 Ed. (200, 1185, 2121, 2135, 3587, 3678, 3680, 3924, 3927)
2007 Ed. (1976, 2031, 2041, 3487, 3520, 3521, 3875)
2006 Ed. (2010, 2070, 3407, 3489, 3849, 3850, 3855, 4523, 4536)
2005 Ed. (3783)
2004 Ed. (1715, 1716, 1743, 3858)
2003 Ed. (3829)
2002 Ed. (3682)
2001 Ed. (1746, 1845)
Anglo-Canadian Telephone
1997 Ed. (3707)
1996 Ed. (3648)
1994 Ed. (3491)
1992 Ed. (4211)
1990 Ed. (1107, 3519)
1989 Ed. (965)
Anglo Chinese Corporate Finance
1997 Ed. (3472)
Anglo Coal
2004 Ed. (3490)
Anglo Colombiano
2000 Ed. (498, 501)
Anglo Elementar
1994 Ed. (3632)
Anglo Irish Bank Corp.
2008 Ed. (450, 1857)
2007 Ed. (485, 1821, 1822)
2006 Ed. (472, 1814, 3226)
2005 Ed. (507, 548)
2004 Ed. (508, 562)
2003 Ed. (548)
2002 Ed. (590)
2000 Ed. (568)
1999 Ed. (557)
1997 Ed. (523)
1996 Ed. (2432)
Anglo Irish Bank Corp. plc
2002 Ed. (3029)
Anglo Platinum Ltd.
2008 Ed. (3579)
Anglo-Romanian Bank
1994 Ed. (624)
Anglo-Suisse
1992 Ed. (2817)
Anglo-Suisse/Phibro Energy
1992 Ed. (1564)
AngloGold Ltd.
2006 Ed. (4536)
2004 Ed. (1854)
2003 Ed. (1819, 4605)
2001 Ed. (1846)
Anglogold Ashanti Ltd.
2008 Ed. (3579)
2006 Ed. (2010, 3399)
Anglovaal Ltd.
2004 Ed. (1855)
2002 Ed. (1764)
1996 Ed. (2034)
1995 Ed. (2585)
1993 Ed. (2577)
1991 Ed. (2468)
1990 Ed. (2590)
Anglovaal Mining
2003 Ed. (1819)
Angola
2008 Ed. (2332, 2333)
2007 Ed. (2198, 2199)
2006 Ed. (2260, 2261, 3016)
2005 Ed. (2198, 2199)
2004 Ed. (2094, 2095)
2003 Ed. (2051)
2001 Ed. (2003, 2004, 2369)
2000 Ed. (1896)
1999 Ed. (1842, 2109)
1998 Ed. (2311)
1997 Ed. (1604, 1605)
1992 Ed. (1802)
1991 Ed. (2826)
Angostura Ltd.
2002 Ed. (1396)
Angostura Holdings
1999 Ed. (4669)
1997 Ed. (3797)
1996 Ed. (3745)
1994 Ed. (3580)
Angotti, Thomas, Hedge
1992 Ed. (112)
Anguilla
2004 Ed. (2765)
The Angus Barn
2007 Ed. (4124)
Anheuser-Busch Inc.
2005 Ed. (1876)
2004 Ed. (1805)
2001 Ed. (1799)
2000 Ed. (714, 718, 719, 721, 725, 731, 732, 815, 816, 817, 818, 1242, 1519, 2212)
1999 Ed. (181, 701, 702, 708, 709, 712, 713, 715, 716, 718, 719, 720, 721, 723, 724, 809, 810, 811, 812, 814, 816, 1474, 1551, 1708, 1923, 2463, 2473, 2484, 4513)
1998 Ed. (68, 90, 443, 447, 448, 452, 453, 454, 456, 457, 460, 461, 499, 501, 502, 503, 509, 926, 1178, 1729, 3338)
1997 Ed. (162, 169, 246, 655, 656, 657, 660, 661, 662, 664, 665, 666, 668, 669, 670, 716, 717, 718, 722, 1281, 1482, 1643, 1810, 2034, 3540)
1996 Ed. (718, 720, 727, 784, 788, 1422, 2644)
1995 Ed. (152, 153, 645, 646, 650, 705, 712, 1460, 1895, 1900)
1994 Ed. (39, 127, 134, 681, 683, 684, 685, 686, 689, 690, 694, 695, 696, 697, 698, 699, 700, 701, 702, 703, 704, 705, 706, 751, 833, 834, 1423, 1861, 1867, 1870, 2717, 2985, 3355)
1993 Ed. (47, 56, 152, 678, 679, 682, 683, 684, 686, 687, 697, 748, 749, 823, 825, 1370, 2760, 3526)
1992 Ed. (4049)
1990 Ed. (55, 725, 726, 727, 747, 750, 753, 754, 755, 757, 769, 770, 771, 772, 773, 774, 775, 776, 777, 1653, 2756, 3537, 3538)
1989 Ed. (16, 17, 726, 759, 760, 761, 762, 763, 764, 765, 766, 2104, 2277, 2803)
Anheuser Busch Brewery
2000 Ed. (3733)
Anheuser-Busch Companies Inc.
2008 Ed. (156, 244, 537, 556, 558, 559, 562, 563, 565, 566, 1465, 1500, 1826, 1828, 1829, 1830, 1832, 1833, 1834, 1944, 1946, 1947, 1948, 1949, 1953, 1954, 1956, 1957, 2360, 2367, 2735, 2739, 2756, 2973, 3012, 3019, 3166, 3170, 3181, 4266, 4481)
2007 Ed. (135, 603, 604, 605, 606, 607, 611, 612, 613, 614, 616, 1471, 1513, 1518, 1796, 1797, 1889, 1891, 1893, 2220, 2227, 2600, 2607, 2619, 2628, 2839, 2850, 2897, 3354, 3410, 4778)
2006 Ed. (169, 256, 552, 560, 561, 562, 563, 564, 566, 567, 570, 1483, 1488, 1514, 1775, 1783, 1787, 1788, 1789, 1897, 1899, 1900, 1901, 1906, 1907, 1910, 2292, 2623, 2630, 2648, 2835, 2838, 2861, 3287, 3357, 4462)
2005 Ed. (70, 154, 236, 652, 657, 658, 659, 660, 661, 665, 668, 669, 672, 744, 745, 1577, 1580, 1584, 1597, 1605, 1626, 1803, 1804,

1807, 1808, 1809, 1810, 1876, 1878, 1879, 1880, 1885, 1886, 1887, 1888, 2227, 2627, 2633, 2637, 2657, 2842, 2855, 3295, 4450, 4452, 4459, 4522)
2004 Ed. (75, 156, 230, 670, 671, 672, 673, 675, 676, 679, 772, 773, 1574, 1604, 1805, 1806, 2122, 2270, 2272, 2633, 2647, 2847, 4683)
2003 Ed. (18, 20, 195, 264, 655, 658, 662, 665, 666, 667, 668, 670, 671, 673, 764, 913, 1217, 1554, 1768, 1768, 1769, 2259, 2500, 2511, 2522, 2637, 2760)
2002 Ed. (235, 678, 691, 696, 704, 705, 787, 1732, 2290, 2299, 2311, 2568, 2572, 3149, 4600)
2001 Ed. (674, 679, 689, 695, 696, 698, 699, 1025, 1026, 1042, 1453, 1799, 2401, 2461, 2701, 2718, 2719)
2000 Ed. (2231)
Anheuser-Busch Cos.
2000 Ed. (195, 211, 723, 726, 727, 728, 730, 1243, 2220)
1996 Ed. (155, 164, 722, 728, 729, 732, 733, 735, 737, 1935, 1937, 3472)
1995 Ed. (141, 647, 651, 652, 655, 656, 658, 659, 660, 662, 879, 1891, 2824, 3047, 3414)
1992 Ed. (34, 73, 96, 240, 881, 882, 883, 884, 885, 928, 934, 1028, 1460, 2182, 2183, 2184, 2200, 2411, 2973, 3322, 3596, 3597, 4004, 4012, 4224, 4225, 938)
1991 Ed. (9, 55, 175, 704, 705, 706, 707, 735, 742, 743, 842, 843, 1185, 1209, 1236, 1739, 1740, 1742, 1913, 2661, 2663, 2664, 2665, 2792, 2793, 3307, 3311, 3312, 3314, 3315)
1990 Ed. (14, 176, 246, 882)
1989 Ed. (14, 48, 191, 769, 1893, 1894, 2525)
Anheuser-Busch Employees Credit Union
2008 Ed. (2242)
2007 Ed. (2127)
2006 Ed. (2206)
2005 Ed. (2111)
2004 Ed. (1969)
2003 Ed. (1929)
2002 Ed. (1875)
Anheuser-Busch European Trade Ltd.
2002 Ed. (34)
Anheuser-Busch Inc
1992 Ed. (97, 929, 930, 931)
Anheuser-Busch Natural Light
2006 Ed. (554)
2005 Ed. (649)
Anheuser-Busch products
1990 Ed. (765)
Anheuser-Busch Theme Parks
2007 Ed. (274)
2006 Ed. (270)
2005 Ed. (251)
2003 Ed. (274)
2002 Ed. (309)
2001 Ed. (378)
Anhui Heli
2008 Ed. (1568)
Anhydrous ammonia
1996 Ed. (953)
Anhyp
2000 Ed. (469)
1997 Ed. (417)
Anhyp Banque
1999 Ed. (477)
ANHYP Banque d'Epargne
1996 Ed. (454, 455)
Ania Glodowska
1999 Ed. (2422)
Anibal Diaz Construction Inc.
2006 Ed. (1634)
Anicom Inc.
2002 Ed. (1611)
2001 Ed. (1666, 1668)
2000 Ed. (1043)
1999 Ed. (1118, 2622)
Anik Sen
2000 Ed. (2088)
1999 Ed. (2302)
Anika Therapeutics
2008 Ed. (2854)
2007 Ed. (2724)
2006 Ed. (1870, 1875)
Anil Agarwal
2008 Ed. (897, 4896)
Anil Ambani
2008 Ed. (4841, 4879)
2007 Ed. (4909, 4914)
Anil Arora
2003 Ed. (2150)
Anil Singh
2001 Ed. (2345)
Animal Skins
1992 Ed. (2089)
Animation Advertising (Bozell)
2000 Ed. (90)
1999 Ed. (84)
Animex
1999 Ed. (4740)
Anionics
1999 Ed. (4526)
Anistics Inc.
1990 Ed. (905, 907)
Aniston; Jennifer
2008 Ed. (2579)
2005 Ed. (2444)
Anita Santiago Advertising
2006 Ed. (2837)
2004 Ed. (2831)
2003 Ed. (2752)
Anixter Inc.
2008 Ed. (2463)
2005 Ed. (2996)
2003 Ed. (2204, 2205)
2002 Ed. (1142)
2000 Ed. (1766)
Anixter Bros. Inc.
1995 Ed. (2232)
Anixter International Inc.
2008 Ed. (1118, 3222)
2007 Ed. (3081, 4944)
2006 Ed. (2391, 2394, 3050, 4943, 4944)
2005 Ed. (2281, 2282, 2336, 2339, 4910, 4911)
2004 Ed. (2108, 2180, 2181, 2235, 2239, 2998, 4662, 4927, 4928)
2003 Ed. (2086, 2087, 4689, 4928)
2001 Ed. (2040, 2041)
2000 Ed. (1748)
1999 Ed. (1938, 1972, 4544)
1997 Ed. (1084)
Anja King
2000 Ed. (1925)
1999 Ed. (2156)
1998 Ed. (1568)
Anjin Accounting Corp.
1997 Ed. (16)
Anjou International
1993 Ed. (726)
1991 Ed. (725)
Anker, Peter
1993 Ed. (1812)
Ankmar Door Inc.
1998 Ed. (2513)
Ankrom Moisan Associated Architects
2006 Ed. (2453)
Anle Bates
1999 Ed. (85)
1997 Ed. (84)
Anle Bates El Salvador
2002 Ed. (105)
Anlyan; Dr. John and Betty Jane
1994 Ed. (889, 1056)
Anmed Health Medical Center Inc.
2008 Ed. (2075)
Ann Arbor Commerce Bank
1999 Ed. (502)
1998 Ed. (347)
1997 Ed. (500)
Ann Arbor, MI
2008 Ed. (1039, 1055, 3464)
2007 Ed. (1156, 1162, 3366, 3376)
2005 Ed. (3468)
2004 Ed. (4215)
2002 Ed. (1057, 2647, 2735, 3237)
1999 Ed. (1129, 1147, 4054)
1998 Ed. (2472, 2483, 3054)
1997 Ed. (2336, 2763, 3524)
1995 Ed. (988, 2666)
1994 Ed. (3066)
1992 Ed. (3038)
The Ann Arbor News
2005 Ed. (3601)
2004 Ed. (3686)
2001 Ed. (1683, 3541)
2000 Ed. (3335)
1999 Ed. (3616)
Ann Arbor Public Schools
2001 Ed. (2229)
Ann Arbor Research Park
1991 Ed. (2022)
Ann Beha Architects
2005 Ed. (262)
Ann Clark Associates Inc.
2006 Ed. (2407)
Ann D. McLaughlin
1998 Ed. (1135)
Ann Daley
1995 Ed. (3504)
Ann Daly
2007 Ed. (2506)
Ann Gallo
1999 Ed. (2231)
Ann Gloag
2008 Ed. (4900)
2007 Ed. (4926)
1996 Ed. (1717)
Ann Jones
2007 Ed. (4931)
Ann Knight
1993 Ed. (1778)
1991 Ed. (1672)
Ann Livermore
2005 Ed. (2513)
Ann Maysek
2000 Ed. (1924)
1998 Ed. (1567)
1997 Ed. (1928)
Ann McLaughlin
1995 Ed. (1256)
Ann Moore
2007 Ed. (4974)
Ann. Ren. Annuity
1993 Ed. (233)
Ann Robinson
1998 Ed. (1579)
1997 Ed. (1923)
Ann Roche
2008 Ed. (4899)
2007 Ed. (4919)
Ann Schwetje
1999 Ed. (2224)
1998 Ed. (1637)
1997 Ed. (1866)
1996 Ed. (1792)
1995 Ed. (1818)
Ann Shih
1997 Ed. (1966)
Ann Taylor
2004 Ed. (1022)
2003 Ed. (1023)
2001 Ed. (1273)
1999 Ed. (760)
1998 Ed. (767, 770)
1994 Ed. (3099)
1990 Ed. (1652)
Ann Taylor Stores Corp.
2008 Ed. (998, 1010)
2007 Ed. (1123, 1128, 4494)
2006 Ed. (1040)
2005 Ed. (1029, 4421)
2004 Ed. (4212)
2000 Ed. (3322)
Ann W. Richards
1991 Ed. (3210)
Ann Walton Kroenke
2008 Ed. (4833)
2007 Ed. (4904)
2006 Ed. (4909)
2005 Ed. (4855)
2004 Ed. (4868)
2003 Ed. (4884)
2002 Ed. (3362)
Anna Kournikova
2005 Ed. (266)
2004 Ed. (259)
2003 Ed. (293)
2002 Ed. (343)
2001 Ed. (418)
Anna; Winterstorm
2005 Ed. (885)
Annabel Betz
1997 Ed. (1958)
1996 Ed. (1852)
Annabella Candy
1993 Ed. (830)
Annabella Sciorra
2001 Ed. (7)
Annabelle Casinos
2001 Ed. (1132)
Annabelle L. Fetterman
1993 Ed. (3731)
Annals of Internal Medicine
1996 Ed. (2602)
1995 Ed. (2538)
1994 Ed. (2470)
Annaly Mortgage Management Inc.
2005 Ed. (4017)
2003 Ed. (1596)
Annapurna: A Woman's Place
2006 Ed. (576)
Anna's Linen Co.
2007 Ed. (2877, 2879)
Anna's Linens
2006 Ed. (2886)
2005 Ed. (2877)
1994 Ed. (2134)
Anne Armstrong
1995 Ed. (1256)
Anne Arundel County, MD
2008 Ed. (3478)
2001 Ed. (834)
1994 Ed. (2061)
Anne Arundel, MD
1992 Ed. (1726)
1991 Ed. (1378)
Anne Arundel Medical Center
1995 Ed. (933, 933)
Anne Cox
1997 Ed. (1913)
Anne Cox Chambers
2008 Ed. (4825)
2007 Ed. (4896, 4915)
2006 Ed. (4901)
2005 Ed. (4851, 4882)
2004 Ed. (4865)
2003 Ed. (4882)
2002 Ed. (3352)
2000 Ed. (4375)
Anne Dunne
2008 Ed. (4899)
2007 Ed. (4919)
Anne Fudge
2006 Ed. (4975)
Anne Kao
2000 Ed. (2065)
Anne Klein
1991 Ed. (1654)
Anne Lauvergeon
2008 Ed. (4949, 4950)
2007 Ed. (4975, 4982)
2006 Ed. (4985)
2005 Ed. (4991)
2003 Ed. (4984)
2002 Ed. (4983)
Anne MacDonald
2004 Ed. (410)
Anne-Marie Idrac
2008 Ed. (4949)
Anne-Marie Smyth
2007 Ed. (4919)
Anne Milne
1999 Ed. (2398, 2399)
Anne Mulcahy
2008 Ed. (4948, 4950)
2007 Ed. (2506, 4975, 4981, 4983)
2006 Ed. (895, 2526, 4975, 4983)
2005 Ed. (2513, 4990)
2004 Ed. (4983)
2003 Ed. (4983)
Anne Murray
1991 Ed. (1040)
1989 Ed. (991)
Anne of Green Gables
1990 Ed. (982)
Annenberg Foundation
2002 Ed. (2325, 2334, 2342)
2000 Ed. (2260)
1999 Ed. (2501, 2504)
1995 Ed. (1070, 1928, 1931)
1994 Ed. (1903)

1993 Ed. (1896)
Annenberg Foundation; M. L.
1991 Ed. (1768)
Annenberg Foundation; The M.L.
1990 Ed. (1849)
The Annenberg Fund Inc.
1992 Ed. (2217)
1991 Ed. (1768)
1990 Ed. (1849)
Annenberg; Walter
2008 Ed. (895)
1994 Ed. (1055)
Annenberg; Walter and Leonore
1994 Ed. (892)
Annenberg; Walter H.
1993 Ed. (888, 1028)
1992 Ed. (1093, 1096, 1096, 1096)
1990 Ed. (731)
Annenburg Foundation
1992 Ed. (2216)
Annett Holdings
2008 Ed. (4767)
2007 Ed. (4845)
Annette Franqui
1999 Ed. (2406)
Annette Yee & Co.
2000 Ed. (2759)
Annheuser-Busch
2000 Ed. (814)
Annie E. Casey Foundation
2002 Ed. (2327, 2329)
1994 Ed. (1902)
1989 Ed. (1476)
Annie's Homegrown
2007 Ed. (3430)
Annika Sorenstam
2007 Ed. (293)
2005 Ed. (266)
The Annis Corp.
1993 Ed. (292)
1992 Ed. (407)
1991 Ed. (298, 302)
1990 Ed. (335)
Anniston, AL
2007 Ed. (3370)
2006 Ed. (3306)
2005 Ed. (3317, 3475)
2003 Ed. (4195)
1998 Ed. (591)
1996 Ed. (3205, 3206, 3207, 3208)
1995 Ed. (3110)
1994 Ed. (3064, 3065)
1993 Ed. (815)
1992 Ed. (3699)
Anniversary
2004 Ed. (2758)
Annoyances.org
2005 Ed. (3192)
2004 Ed. (3162)
Annstar Group Ltd.
1992 Ed. (1197)
Annual National RV Trade Show
2005 Ed. (4733)
2004 Ed. (4752)
Annual Pennsylvania Recreation Vehicle & Camping Show
2007 Ed. (4800)
Annual travel insurance
2001 Ed. (2223)
Annuities
2002 Ed. (2850)
Annunzio; Frank
1992 Ed. (1039)
Another 48 Hours
1992 Ed. (4399)
"Another World"
1995 Ed. (3587)
1993 Ed. (3541)
1992 Ed. (4255)
Anoto AB
2006 Ed. (4082)
Anpesil Distributors Inc.
2000 Ed. (3150)
1999 Ed. (3424)
1998 Ed. (2516)
Anping Distributors
1992 Ed. (82)
1989 Ed. (54)
Anqing
2001 Ed. (3856)
ANR
1992 Ed. (4358)
ANR Advance
1998 Ed. (3637)
ANR BBDO Reklambyra
2003 Ed. (152)
ANR Freight System
1996 Ed. (3757)
1995 Ed. (3679)
1994 Ed. (3600)
1993 Ed. (3640)
1992 Ed. (4359)
1991 Ed. (3434)
ANR Freight Systems
1997 Ed. (3807)
ANR Pipeline Co.
2003 Ed. (3880, 3881)
2000 Ed. (2310, 2312, 2314)
1999 Ed. (195, 2571, 2572)
1998 Ed. (1810, 1811, 1812)
1997 Ed. (2120, 2121, 2123, 2124)
1996 Ed. (2000, 2002, 2003, 2004)
1995 Ed. (1973, 1974, 1975, 1976, 1977, 1979, 1980, 1981)
1994 Ed. (1944, 1946, 1947, 1948, 1949, 1950, 1951, 1954)
1993 Ed. (1923, 1924, 1925, 1926, 1927)
1992 Ed. (2263, 2265, 2266, 2267)
1991 Ed. (1792, 1793, 1795, 1796, 1797, 1798)
1990 Ed. (1879, 1881)
1989 Ed. (1497, 1498, 1499)
ANR Storage Co.
2004 Ed. (2688)
2003 Ed. (2555)
Anro Inc.
1999 Ed. (3898)
ANSA Mc Al Ltd.
2006 Ed. (4828)
1994 Ed. (3580, 3581)
ANSA McAl Ltd.
2002 Ed. (4678)
ANSA McAl
2000 Ed. (4303)
Ansa McAl Group
1999 Ed. (4669)
1997 Ed. (3797, 3798)
1996 Ed. (3745)
Ansaid 100 Tabs
1991 Ed. (2400)
Ansaldo
1990 Ed. (3433)
Ansaldo GIE
1992 Ed. (1431)
Ansaldo SPA
2000 Ed. (1280, 1288, 1289, 1291)
1999 Ed. (1391, 1399, 1401, 1402, 1406, 4691)
1998 Ed. (966, 968, 969)
1997 Ed. (1185, 1186, 1189, 1190, 1194, 1195)
1996 Ed. (1157)
1995 Ed. (1183, 1184, 1187, 1188, 1192)
1994 Ed. (1168)
1993 Ed. (1141)
1991 Ed. (1095)
Ansbacher Group; Henry
1990 Ed. (1221)
Ansbacher Holdings
1994 Ed. (1380)
Ansbacher Holdings (Bahamas) Ltd.
1999 Ed. (473)
Ansbacher Holdings (Cayman) Ltd.
2000 Ed. (483)
1999 Ed. (490)
Ansbacher Investment Management
1999 Ed. (1245)
Ansca Homes
2004 Ed. (1174)
2003 Ed. (1166)
2002 Ed. (2681)
Anschutz Co.
2008 Ed. (3750)
2007 Ed. (3637)
2006 Ed. (4029, 4030)
2005 Ed. (1537, 3995, 3996)
1997 Ed. (1275)
1995 Ed. (1001)
1990 Ed. (1226)
Anschutz Foundation
2002 Ed. (2341)
Anschutz; Philip
2008 Ed. (4823)
2007 Ed. (4893)
2006 Ed. (4900)
2005 Ed. (4845)
Anschutz; Philip F.
2007 Ed. (2497)
Anscor Capital & Investment Corp.
1991 Ed. (2414)
1990 Ed. (2316)
1989 Ed. (1782)
Anscor Hagedorn
1995 Ed. (818, 819, 820, 821)
Ansel Adams
1990 Ed. (886)
Ansell
2004 Ed. (1633, 4919)
Ansell-Edmont Industrial Inc.
2003 Ed. (2956)
Ansell Healthcare Inc.
2001 Ed. (1386)
Ansen Corp.
2006 Ed. (1235)
2005 Ed. (1276)
Ansett
1990 Ed. (228)
Ansett Holdings Ltd.
2002 Ed. (1652)
2001 Ed. (304)
Ansett Worldwide Aviation Services
2001 Ed. (345)
Anshan
1992 Ed. (4138)
Anshen + Allen
2008 Ed. (264, 2532, 3336, 3343)
2007 Ed. (288, 2409, 2411)
2005 Ed. (3166)
2004 Ed. (2348)
Anshen + Allen Architects
2007 Ed. (286)
2006 Ed. (283)
2005 Ed. (260)
Anshen & Allen
2006 Ed. (2791)
1996 Ed. (229)
1995 Ed. (233)
1994 Ed. (231)
Ansin; Edmund N.
1990 Ed. (2577)
Ansoft Corp.
2008 Ed. (1127, 2038, 2039, 2043, 2045, 2050)
2007 Ed. (1950, 1953)
2006 Ed. (1986)
Anson
2000 Ed. (2885)
Anson Industries Inc.
2002 Ed. (1297, 1301)
2001 Ed. (1481, 1484)
2000 Ed. (1267)
1999 Ed. (1375, 1379, 3138)
1998 Ed. (958)
1997 Ed. (1173, 1174)
1996 Ed. (1136, 1137, 1145)
1995 Ed. (1169, 1170)
1994 Ed. (1143, 1150)
1993 Ed. (1126, 1129, 1136)
1992 Ed. (1413, 1425)
1991 Ed. (1080, 1090)
1990 Ed. (1200)
Anson-Stoner
1989 Ed. (158)
Answer
2003 Ed. (3922)
1996 Ed. (3081)
1993 Ed. (2758, 2910)
1992 Ed. (3320, 3523)
1991 Ed. (1929)
Answer Plus
1996 Ed. (3081)
Answer Quick & Simple
2003 Ed. (3922)
Answering machine
1991 Ed. (1964)
AnswerNet Network
2006 Ed. (741)
Answerthink Inc.
2005 Ed. (4355)
Ansys Inc.
2008 Ed. (2044, 4424)
2006 Ed. (1984, 1986)
2005 Ed. (1942, 1947, 1949)
Ant & roach killer
2003 Ed. (2954)
2002 Ed. (2816)
Ant Marketing
2002 Ed. (4572, 4578)
Ant traps
2002 Ed. (2816)
Antacid/analgesic combination
2004 Ed. (252)
Antacids
2004 Ed. (252)
2003 Ed. (2106)
2002 Ed. (2052)
2001 Ed. (2107)
2000 Ed. (1715, 3618)
1998 Ed. (3462)
1996 Ed. (2976, 2978, 3609)
1994 Ed. (2808)
Antacids/acid controllers
2001 Ed. (2106)
Antacids/stomach remedies
2000 Ed. (3510, 3511)
1998 Ed. (2809, 2810)
Antah Holdings
1992 Ed. (2824)
1991 Ed. (2275)
Antarchile
2008 Ed. (1664)
2007 Ed. (1655)
2006 Ed. (1640, 4227)
2003 Ed. (1735, 1737)
Antarctica Paulista
2000 Ed. (2229)
1999 Ed. (2471)
1997 Ed. (2047)
1996 Ed. (1947)
Antarctica Systems
2008 Ed. (3204)
Antares & Associates Inc.
2007 Ed. (3593)
Antares Management Solutions
2006 Ed. (3056)
Antartica
1995 Ed. (712)
Antec
2002 Ed. (1502)
Anteebo Publishers Inc.
2001 Ed. (3542)
2000 Ed. (3336)
1998 Ed. (2680)
Anteebo Publishing Inc.
2005 Ed. (3602)
ANTEL
1989 Ed. (1169)
Antelope
2002 Ed. (3365)
The Antelope Valley Bank
1995 Ed. (3394)
Antelope Valley Press
2000 Ed. (3338)
1999 Ed. (3620)
Antenna Software Inc.
2008 Ed. (2925)
Anteon Corp.
2008 Ed. (1354)
2005 Ed. (1371)
2002 Ed. (2472)
Anteon International Corp.
2008 Ed. (1355, 1399, 4615)
2007 Ed. (1223, 1265, 1400, 1403, 1411, 1414, 2174, 3068)
2006 Ed. (1376, 2247, 2250)
2005 Ed. (1386, 2162)
2004 Ed. (4216)
Anteve
2001 Ed. (42)
Antex Biologics Inc.
2002 Ed. (2513)
Anthem
2008 Ed. (2920)
2006 Ed. (1419, 1423, 1441, 2765, 3088)
2005 Ed. (1486, 1542, 1562, 1796, 2792, 2794, 2796, 2798, 2803, 3048, 3049, 3083, 3365)
2004 Ed. (1450, 1736, 2802, 2808, 2815, 3035, 3076, 4488, 4577)
2003 Ed. (4318)
Anthem Blue Cross & Blue Shield
2007 Ed. (2792)
2005 Ed. (3368)
2003 Ed. (3921)

2002 Ed. (3742)
Anthem Blue Cross & Blue Shield of Indiana
2005 Ed. (3367)
Anthem Blue Cross Blue Shield
2006 Ed. (4981)
Anthem Capital LP
1999 Ed. (1967, 4704)
Anthem Electronics
1995 Ed. (1091)
1994 Ed. (1083, 1615)
1993 Ed. (1577, 1580, 2162)
1992 Ed. (1926, 1927)
1991 Ed. (1532, 1534)
1990 Ed. (1634, 1635, 1636)
1989 Ed. (1321, 1334, 1336, 1337)
Anthem Health Plans of Virginia Inc.
2007 Ed. (3122, 3124, 3126)
2005 Ed. (3367)
Anthem Health Systems
1996 Ed. (3079)
1993 Ed. (2908)
Anthem Insurance
2000 Ed. (1461)
1999 Ed. (1655, 2946)
1998 Ed. (1145, 2172)
Anthem Insurance Cos., Inc.
2004 Ed. (2799, 2804)
2003 Ed. (1699, 2682, 2685, 2686, 2689, 4558)
2002 Ed. (1670, 2448, 2450)
2000 Ed. (2730)
Anthem Technologies Inc.
2007 Ed. (3580, 4435)
Anthistamines
2001 Ed. (2065)
2000 Ed. (3062)
1999 Ed. (3324)
Anthony A. Marnell, II
2000 Ed. (1877)
Anthony Agnone
2003 Ed. (223)
Anthony & Sylvan Pools Corp.
2008 Ed. (4580)
2007 Ed. (4648, 4649)
2006 Ed. (4649)
Anthony, Anne Cox Chambers; Barbara Cox
1991 Ed. (2461)
Anthony Bamford; Sir
2005 Ed. (3868)
Anthony; Barbara Cox
2008 Ed. (4825)
2007 Ed. (4896, 4915)
2006 Ed. (4901)
2005 Ed. (4851, 4882)
Anthony Belluschi Architects Ltd.
1992 Ed. (356)
Anthony Carper
1998 Ed. (1674)
Anthony Carpet
2000 Ed. (2049)
1999 Ed. (2266)
1997 Ed. (1899)
Anthony Colletta
2000 Ed. (2131)
Anthony Collette
1999 Ed. (2343)
Anthony Coscia
1993 Ed. (3445)
Anthony D. Wedo
2004 Ed. (2532)
Anthony de Larrinaga
1999 Ed. (2341)
Anthony Duckworth
1997 Ed. (1973)
Anthony E. Shorris
1992 Ed. (3137)
Anthony F. Earley Jr.
2008 Ed. (956)
2007 Ed. (1034)
Anthony Gallo
2000 Ed. (2054)
Anthony Giambruno
1991 Ed. (2346)
Anthony Hatch
1996 Ed. (1821)
1995 Ed. (1843)
Anthony Industries
1997 Ed. (3275)
1996 Ed. (3171, 3490)
1995 Ed. (3078)
Anthony J. Alexander
2008 Ed. (956)
Anthony J. F. O'Reilly
1995 Ed. (1730)
1992 Ed. (1141)
Anthony J. O'Reilly
1991 Ed. (924)
Anthony J. Rucci
1997 Ed. (3068)
Anthony Langham
1999 Ed. (2271)
1998 Ed. (1677)
1997 Ed. (1907)
1996 Ed. (1770, 1772, 1834)
1995 Ed. (1856)
Anthony Langley
2008 Ed. (2595)
Anthony Lembke
1999 Ed. (2199)
Anthony Ling
2000 Ed. (2087)
Anthony M. Franco
1995 Ed. (3013)
1994 Ed. (2955)
Anthony O'Reilly
2008 Ed. (4885)
2000 Ed. (1870)
1998 Ed. (722, 1508, 1512)
1996 Ed. (1712)
1994 Ed. (947, 1714, 1717)
1993 Ed. (937, 1695, 1698)
Anthony P. Hankins
2008 Ed. (2630)
Anthony Percival
2000 Ed. (1052)
Anthony Petrello
1999 Ed. (2081)
Anthony Puppi
2006 Ed. (959)
Anthony Rizzuto
1997 Ed. (1885)
Anthony Rizzuto Jr.
2000 Ed. (2027)
1999 Ed. (2245)
1998 Ed. (1655)
Anthony S. Thornley
2006 Ed. (2524)
2005 Ed. (2476, 2512)
Anthony Stark
2008 Ed. (640)
Anthony V. Milano
1991 Ed. (3209)
Anthony W. Hooper
2004 Ed. (3911)
Anthony W. Wang
1993 Ed. (1702)
1992 Ed. (2057)
1991 Ed. (1627)
Anthony White
2000 Ed. (2122)
Anthony Wible
2006 Ed. (2579)
Anthony's Pier
1990 Ed. (4, 3002)
Anthony's Pier 4
1996 Ed. (3195)
1995 Ed. (3101)
1992 Ed. (3689)
1991 Ed. (2860)
Anthrax
2005 Ed. (3619)
Anthrogenesis Corp.
2005 Ed. (1559)
Anthropologie.com
2007 Ed. (2320)
Anti-aging products
1996 Ed. (2104)
Anti-diarrheals
1992 Ed. (3398)
Anti-itch treatments
2004 Ed. (2617)
Anti-migraine medications
1998 Ed. (1327)
Anti-Ulcerants
2000 Ed. (1696, 1705, 2322)
1999 Ed. (1907, 1909)
Antianxiety agents
2001 Ed. (2096)
Antiarithirtics
2000 Ed. (1705)
Antiarthritics
2000 Ed. (3062)
1996 Ed. (2560, 2599)
1995 Ed. (2531)
1994 Ed. (2463)
1992 Ed. (3003)
1991 Ed. (2401)
1990 Ed. (2531)
Antiarthritics, systemic
1999 Ed. (3324)
1997 Ed. (2742)
1996 Ed. (1575)
Antibiotics
2000 Ed. (2322)
1999 Ed. (4710)
1996 Ed. (2599)
1995 Ed. (2531)
1994 Ed. (2463)
Antibiotics - BMS
1992 Ed. (3003)
1991 Ed. (2401)
1990 Ed. (2531)
Antica Erboristaria
2001 Ed. (4577)
Anticipation
1999 Ed. (3904)
1997 Ed. (3178)
Anticonvulsants
2001 Ed. (2095, 2096)
Antidepressants
2001 Ed. (2065)
2000 Ed. (3062)
1999 Ed. (3324)
1997 Ed. (2742)
1996 Ed. (2599)
1995 Ed. (2531)
Antidiarrheals
1992 Ed. (4176)
Antifogs
1996 Ed. (3052)
Antifreeze
2005 Ed. (309)
1992 Ed. (2354)
1991 Ed. (1864)
Antifungals
1994 Ed. (228)
Antigo Co-Op Credit Union
2002 Ed. (1901)
Antigua
2004 Ed. (2765)
1993 Ed. (3373)
1992 Ed. (4050, 4053)
1991 Ed. (3169, 3172)
1990 Ed. (3329, 3342)
Antigua & Barbuda
1994 Ed. (1508)
1992 Ed. (2361)
Antigua Commercial Bank
2004 Ed. (445)
Antigua Mills
1991 Ed. (863)
Antihistamines
2002 Ed. (2013)
Antihypertensive
1994 Ed. (2463)
Antihypertensives
2000 Ed. (3062)
1999 Ed. (3324)
1998 Ed. (1327)
1997 Ed. (2742)
Antihypertensives/diuretics
1998 Ed. (1336, 1339)
Antimicrobials
1996 Ed. (3052)
Antioch Co.
2005 Ed. (1898)
Antioch College
2008 Ed. (1069)
Antioch Schools Credit Union
2006 Ed. (2159)
2005 Ed. (2066)
Antioco; John F.
2006 Ed. (941)
Antioxidant
2001 Ed. (2013)
Antioxidants
1996 Ed. (3052)
Antiperspirants
2002 Ed. (3638, 4634)
Antipsychotics
2002 Ed. (2013, 3751)
2001 Ed. (2095)
2000 Ed. (1696)
Antiques
2008 Ed. (2644)
2007 Ed. (2515)
Antiseptics
1995 Ed. (2903)
Antiseptics, germicidal
2003 Ed. (2487)
2002 Ed. (2284)
Antiseptics, oral
2002 Ed. (1913)
Antismoking products
2005 Ed. (2753, 2755)
2002 Ed. (2052)
Antisoma
2002 Ed. (3565)
Antispas
1997 Ed. (2742)
Antispasmodics
2001 Ed. (2065)
1996 Ed. (2560, 2599)
1995 Ed. (2531)
Antispasmotics
2000 Ed. (3062)
Antispastics
1999 Ed. (3324)
Antistats
1996 Ed. (3052)
Antiulcer preparations
1994 Ed. (2463)
1992 Ed. (3003)
Antiulcer Preps
1991 Ed. (2401)
1990 Ed. (2531)
Antiulcerants
2001 Ed. (2095)
Antiulcerats
1996 Ed. (1575)
Antivirals
1996 Ed. (2599)
Antivirals, systemic
1997 Ed. (2742)
AntiVirus Resource Centers
2002 Ed. (4862)
Antofagasta
2007 Ed. (3520, 3521)
2006 Ed. (3489)
Antofagasta Holdings plc
2001 Ed. (1690)
2000 Ed. (1414)
Anton Airfood Inc.
2001 Ed. (2482)
2000 Ed. (254)
Anton J. Radman Jr.
1999 Ed. (2083)
Antonia Axson Johnson
1997 Ed. (3916)
1996 Ed. (3876)
1995 Ed. (3788)
1994 Ed. (3667)
1993 Ed. (3731)
Antonia Johnson
2008 Ed. (4873)
Antonini; Joseph
1995 Ed. (981)
1994 Ed. (948)
1993 Ed. (939)
1992 Ed. (1144)
1990 Ed. (974)
Antonino's Pizza
1998 Ed. (2869)
Antonio B. Mon
2008 Ed. (2638, 2639)
Antonio Carluccio
2007 Ed. (2464)
Antonio Ermirio de Moraes
2008 Ed. (4854)
2003 Ed. (4893)
Antonio J. Bermudez Industrial Park
1997 Ed. (2376)
1994 Ed. (2187)
Antonio R. Sanchez Jr.
2004 Ed. (2843)
1998 Ed. (1944, 2504, 3705)
Antonio R. Sanchez Jr. & family
1995 Ed. (2112, 2579, 3726)
Antonio y Cleopatra
2003 Ed. (966)
1998 Ed. (731, 3438)
Antonovich
1989 Ed. (2368)
Antrim Design Systems
2003 Ed. (4682)

Antti Ilmanen
1999 Ed. (2300)
Antwerp
1997 Ed. (1146)
1992 Ed. (1397)
Antwerp, Belgium
2008 Ed. (1220)
2003 Ed. (3915)
2002 Ed. (3731)
1998 Ed. (2887)
Antwerp Diamond Bank
2004 Ed. (497)
Antwone Fisher
2005 Ed. (3518)
Anuarul Azizan Chew
1997 Ed. (19)
Anuhco Inc.
1997 Ed. (233)
Anurag Dikshit
2008 Ed. (4896, 4907)
2007 Ed. (4914, 4933)
Anush Amarasinghe
1997 Ed. (1999)
Anusol
1996 Ed. (2101)
1993 Ed. (2031)
Anusol HC-1
1996 Ed. (2101)
Anusol/Parke-Davis
1992 Ed. (2397)
ANUTE
1989 Ed. (1169)
The Anvil Consultancy
1994 Ed. (3128)
Anvil Holdings Inc.
2003 Ed. (4935)
2001 Ed. (4828)
Anworth Mortgage Asset Corp.
2005 Ed. (4378, 4380, 4383, 4384)
Anylin Pharmaceuticals
2006 Ed. (594)
Anytime Fitness
2008 Ed. (2914)
2007 Ed. (2789)
ANZ
2008 Ed. (380, 381, 1566, 1569, 1749)
2007 Ed. (398, 399, 1586, 1592, 4658, 4659)
2006 Ed. (294, 413, 414, 651, 1552, 1553, 1554)
2005 Ed. (460, 461, 1657, 3938, 3939, 3942, 4577)
1990 Ed. (554, 559)
ANZ Bank
1993 Ed. (44, 262, 426, 427, 1279, 3472)
ANZ Bank (Samoa) Ltd.
2000 Ed. (697)
ANZ Banking Corp.
2000 Ed. (325, 326, 1388)
1991 Ed. (452, 453, 1254)
ANZ Banking Group
2003 Ed. (462, 463)
2000 Ed. (464, 634)
1999 Ed. (310, 311, 467, 471, 1582, 1584)
1997 Ed. (282, 283, 411, 412, 1361)
1996 Ed. (254, 255, 446, 447, 1294)
1995 Ed. (422, 423, 1354)
1994 Ed. (248, 426, 427, 1323, 1324)
1992 Ed. (605, 608, 718, 1574)
ANZ Banking Group (New Zealand) Ltd.
1999 Ed. (612)
ANZ Grindlays Bank (Jersey) Ltd.
1997 Ed. (435)
1996 Ed. (471)
ANZ Grindlays Banking Group
1995 Ed. (2839)
1989 Ed. (1372)
ANZ Group Holdings
1993 Ed. (1280)
1992 Ed. (1575)
1991 Ed. (1255)
1990 Ed. (1331)
ANZ McCaughan
1997 Ed. (744, 745, 746, 747, 748, 789)
1995 Ed. (765, 766, 767, 768, 769, 806, 807, 808, 809, 810)
1993 Ed. (1638)
ANZ Merchant Bank
1990 Ed. (1685)
ANZ National Bank
2008 Ed. (482)
2007 Ed. (527)
ANZ Securities
1999 Ed. (867, 868, 869, 871, 910, 913, 914)
ANZDL
2004 Ed. (2541)
2003 Ed. (2422)
Anzemet Injection and Tablets
2001 Ed. (2067)
AO Compact Progressive Lenses
2001 Ed. (3594)
AO Management
1992 Ed. (1289)
A.O. Smith
2000 Ed. (4373)
1990 Ed. (3684)
AO Tatneft
2005 Ed. (3774, 3775, 3776, 3777)
Aodisc
1995 Ed. (1597, 1598, 1755, 1756)
Aodisc Catalyst
1997 Ed. (1143)
AODisc Replacement
1990 Ed. (1546)
Aokam
2000 Ed. (2885)
1999 Ed. (3138)
1993 Ed. (2386)
Aoki Corp.
2000 Ed. (1290)
1999 Ed. (1403, 1404)
1998 Ed. (972)
1994 Ed. (1166)
1992 Ed. (1428)
1991 Ed. (1097)
AOL
2008 Ed. (669, 670, 671, 680, 701, 2160)
2007 Ed. (2327)
2006 Ed. (652)
2005 Ed. (3176)
2004 Ed. (3152)
2003 Ed. (3020)
2001 Ed. (4777, 4778, 4781)
2000 Ed. (2745)
1998 Ed. (3708)
AOL Canada
2000 Ed. (2744)
AOL Computing Channel
2001 Ed. (2966)
AOL Entertainment Channel
2001 Ed. (2966)
AOL Europe
2005 Ed. (1542)
AOL Games
2007 Ed. (3231)
AOL Keyword: Business News
2002 Ed. (4790)
AOL Keyword: Investment Research
2002 Ed. (4790)
AOL Keyword: Message Boards
2002 Ed. (4790)
AOL Keyword: Mutual Fund
2002 Ed. (4790)
AOL Keyword: My Portfolios
2002 Ed. (4790)
AOL Keyword: Personal Finance Live
2002 Ed. (4790)
AOL Keyword: Shock Game
2002 Ed. (4790)
AOL Keyword: The Markets
2002 Ed. (4790)
AOL Media
2008 Ed. (2453)
AOL Mobile
2008 Ed. (3367)
AOL Money & Finance
2008 Ed. (3366)
AOL Music
2008 Ed. (3364)
2007 Ed. (3235)
AOL News Channel
2001 Ed. (2966)
AOL Search
2008 Ed. (3355)
2007 Ed. (3225)
AOL Shopping Channel
2001 Ed. (2992)
2000 Ed. (2753)
AOL Sports
2008 Ed. (3372)
2007 Ed. (3243)
AOL Sports Channel
2001 Ed. (2966)
AOL/Time Warner
2008 Ed. (3354)
2006 Ed. (2847)
2005 Ed. (834, 845, 1542, 1797, 2846, 2847, 3357, 3425)
2004 Ed. (21, 22, 23, 66, 138, 142, 151, 152, 156, 868, 871, 1086, 1087, 1104, 1452, 1537, 1570, 1578, 1584, 1609, 1612, 1824, 1825, 2006, 2229, 2420, 2421, 2422, 2489, 2832, 2840, 2847, 3332, 3409, 3412, 3414, 3416, 3514, 3680, 4051, 4491, 4492, 4495, 4567, 4575, 4680, 4681, 4682)
2003 Ed. (16, 19, 188, 189, 192, 193, 195, 829, 833, 836, 837, 839, 844, 1072, 1106, 1121, 1509, 1547, 1551, 1556, 1576, 1581, 1586, 1596, 1599, 1711, 1791, 2187, 2339, 2343, 2760, 3022, 3210, 3272, 3346, 3347, 3349, 3352, 4032, 4542, 4710, 4711)
2002 Ed. (1539, 1571, 1743, 2572, 2993, 3287, 4355, 4357)
AOL Time Warner Network
2005 Ed. (3196)
AOL TimeWarner Book Group
2004 Ed. (4044)
AOL Travel Channel
2001 Ed. (2991)
AOL.com
2007 Ed. (2328)
2001 Ed. (2977, 2981, 2984)
Aon Corp.
2008 Ed. (3024, 3236, 3237, 3240, 3241, 3242, 3243, 3251)
2007 Ed. (881, 1480, 2554, 3095, 3097, 3104, 3107)
2006 Ed. (2584, 3072, 3073, 3074, 3075, 3079, 3087)
2005 Ed. (2582, 3048, 3049, 3073, 3074, 3078, 3082, 3086)
2004 Ed. (1644, 2114, 2604, 3035, 3062, 3063, 3066, 3068, 3074, 3075)
2003 Ed. (2470, 2974, 2979)
2002 Ed. (2002, 2263, 2853, 2856, 2859, 2860, 2861, 2863, 2864, 4189, 4881)
2001 Ed. (2912, 2916)
2000 Ed. (2192, 2199, 2661, 2662, 2663, 2664)
1999 Ed. (2435)
1998 Ed. (515, 541, 1059)
1995 Ed. (2300, 3332, 3518)
1994 Ed. (2254)
1992 Ed. (2703, 2705)
1991 Ed. (2140, 2142)
1990 Ed. (2272, 2273)
1989 Ed. (1742, 1743, 2462, 2468, 2469, 2472)
Aon Asset Allocation Y
1999 Ed. (3525)
Aon Captive Services Group
2008 Ed. (852, 855)
2007 Ed. (879)
2006 Ed. (784)
Aon Consulting Inc.
2007 Ed. (2360)
2006 Ed. (2412)
2002 Ed. (1218, 2112)
2001 Ed. (1442)
2000 Ed. (1774, 1775, 1776, 1777, 1778, 1779)
1999 Ed. (1997, 1998, 1999, 2000, 2001)
1998 Ed. (1422, 1423, 1424, 1425, 1427)
1997 Ed. (1716)
Aon Consulting (Canada)
2001 Ed. (1443)
Aon Consulting Worldwide
2008 Ed. (2484)
2006 Ed. (2418)
2005 Ed. (2367, 2368, 2369)
2004 Ed. (2267, 2268)
2002 Ed. (2111, 2113)
2001 Ed. (2221, 2222)
Aon Corporation Group
1991 Ed. (2134)
1990 Ed. (2263)
Aon Environmental Risk Services
1999 Ed. (2057)
Aon Flexible Asset Allocation
1999 Ed. (3526)
Aon-Global eSolutions Group
2007 Ed. (4213)
2006 Ed. (4202)
Aon Government Securities
2004 Ed. (713)
2003 Ed. (699)
Aon Group
1999 Ed. (2906, 2907, 2909)
1998 Ed. (2120, 2121, 2122, 2124, 2172)
1997 Ed. (2413)
Aon Insurance Managers Ltd.
2000 Ed. (978, 979, 980, 981, 984)
1999 Ed. (1031, 1034)
Aon Insurance Managers (Barbados) Ltd.
2008 Ed. (856)
2006 Ed. (785)
2001 Ed. (2919)
1999 Ed. (1028)
Aon Insurance Managers (Bermuda) Ltd.
2008 Ed. (853, 854, 857)
2007 Ed. (880)
2006 Ed. (786)
2001 Ed. (2920)
1999 Ed. (1029)
Aon Insurance Managers (Cayman) Ltd.
2008 Ed. (858)
2006 Ed. (787)
2001 Ed. (2921)
1999 Ed. (1030)
Aon Insurance Managers (Dublin) Ltd.
2006 Ed. (790)
Aon Insurance Managers (Guernsey) Ltd.
2008 Ed. (853, 3381)
2007 Ed. (880)
2006 Ed. (788)
Aon Insurance Managers (USA) Inc.
2006 Ed. (789, 791)
2001 Ed. (2923)
Aon Insurance Managers (Vermont) Ltd.
2008 Ed. (853, 854, 859)
2007 Ed. (880)
Aon Re Global
2008 Ed. (3331)
2007 Ed. (3186)
2006 Ed. (3149)
2005 Ed. (3152)
Aon Re Worldwide
2002 Ed. (3960)
2001 Ed. (2909, 4037)
1997 Ed. (3291)
AON Reinsurance Agency Inc.
1995 Ed. (3086)
1994 Ed. (3041)
1993 Ed. (2250, 2993)
1992 Ed. (3659)
1991 Ed. (2830)
Aon Reinsurance Worldwide Inc.
2000 Ed. (3751)
1998 Ed. (3036)
1996 Ed. (3187)
Aon Risk Services
1999 Ed. (3649)
1998 Ed. (638)
1997 Ed. (900)
1996 Ed. (879)
Aon Risk Services (Bermuda) Ltd.
1997 Ed. (898)
1996 Ed. (877)
Aon Risk Services Companies Inc.
2001 Ed. (2915)
Aon Risk Services Cos.
2003 Ed. (2972)
Aon Risk Services Inc. of Illinois
2002 Ed. (2862)

2001 Ed. (2910)
1999 Ed. (2908)
Aon Risk Services Inc. of Michigan
2001 Ed. (2913)
2000 Ed. (2666)
1999 Ed. (2912)
1998 Ed. (2127)
Aon Risk Services of Southern Calif.
2000 Ed. (2665)
Aon Risk Services of Southern California
1999 Ed. (2910)
Aon Services Inc.
2008 Ed. (1798)
2007 Ed. (1768)
2006 Ed. (1761)
A123 Systems
2008 Ed. (4139)
A1A-1200 Analyzer
1992 Ed. (3008)
AOP Supply Corp.
2006 Ed. (2837)
AOPA Pilot
2005 Ed. (139)
2001 Ed. (1053)
2000 Ed. (3467)
Aoqili
2007 Ed. (27)
2006 Ed. (35)
Aosept
1995 Ed. (1597, 1598, 1608, 1755, 1756)
1993 Ed. (1108, 1521, 1522)
1992 Ed. (1380, 1847)
AoSept disinfecting solution 8 oz.
1991 Ed. (1452)
1990 Ed. (1543, 1546, 1547, 1575)
AoSept disinfecting solution 12 oz.
1991 Ed. (1452)
AoSept Solution
1997 Ed. (1143)
Aoyama
1993 Ed. (9, 10)
Aoyama Audit/Price Waterhouse
1997 Ed. (14, 15)
1996 Ed. (16, 17)
Aozora Bank
2008 Ed. (454)
2005 Ed. (4675)
AP-Foote, Cone & Belding
1996 Ed. (113)
1995 Ed. (97)
1994 Ed. (100)
1993 Ed. (118)
1992 Ed. (178)
1991 Ed. (125)
1990 Ed. (126)
A.P. Moeller Gruppen
2000 Ed. (1406)
1999 Ed. (1599)
AP Moller-Maersk A/S
2005 Ed. (1773)
AP Products
1999 Ed. (2062, 2630)
1998 Ed. (1894)
AP Technoglass
1996 Ed. (349)
APA Benefits Inc.
2006 Ed. (3110)
APA Excelsior
1997 Ed. (3833)
APA/Fostin Pennsylvania Venture Capital Fund
1993 Ed. (3663)
1992 Ed. (4388)
1991 Ed. (3444)
1990 Ed. (3669)
APA Travel Center Inc.
1998 Ed. (3764)
1997 Ed. (3918)
1996 Ed. (3882)
APAC Inc.
2006 Ed. (1276, 4001, 4610)
2005 Ed. (1307, 3927, 4525)
1997 Ed. (3697)
APAC Customer Services Inc.
2005 Ed. (4645, 4646)
2001 Ed. (4463, 4466)
2000 Ed. (4195)
APAC TeleServices
2000 Ed. (4194)
1999 Ed. (4556, 4557, 4558)
1998 Ed. (1889, 2076, 3478, 3479, 3481, 3483)
1997 Ed. (3699)
1996 Ed. (3642)
1995 Ed. (3556)
1994 Ed. (3486)
1993 Ed. (3512)
Apache Corp.
2008 Ed. (1525, 2808, 3676, 3899, 3902, 3903, 3904, 3908, 3909, 3910, 3912, 3921, 3938, 3940, 3941)
2007 Ed. (1530, 1541, 2677, 3840, 3842, 3843, 3844, 3850, 3851, 3856, 3857, 3859, 3872, 3895, 3897, 3898, 4517)
2006 Ed. (1513, 2442, 2687, 3825, 3826, 3827, 3829, 3832, 3833, 3834, 3839, 3840, 3842, 3851, 3865, 3867, 3868, 4473)
2005 Ed. (1612, 1625, 2400, 3741, 3742, 3743, 3744, 3745, 3746, 3752, 3757, 3773, 3774, 3775, 3798, 3801, 4457)
2004 Ed. (2320, 3833, 3834, 3835, 3836, 3838, 3841, 3846, 3870)
2003 Ed. (2277, 2281, 2583, 3813, 3817)
2002 Ed. (3366, 3664, 4358)
2001 Ed. (2561)
2000 Ed. (3136)
1999 Ed. (3413, 3651)
1998 Ed. (1434)
1995 Ed. (2910)
1991 Ed. (2587)
Apache Construction Co., Inc.
2008 Ed. (3723, 4416)
2006 Ed. (3529, 4368)
Apache Foundation
2007 Ed. (1245, 1246, 1256)
Apache Gunship
1997 Ed. (1097)
Apache Offshore Investment Partnership
2008 Ed. (3906)
2007 Ed. (3853, 3854)
2006 Ed. (3835, 3836, 3837)
2005 Ed. (3753, 3754, 3755)
2004 Ed. (3842, 3843, 3844)
2003 Ed. (3835, 3836, 3837)
Apache Software Foundation
2008 Ed. (1155)
2005 Ed. (1153)
APAP
1993 Ed. (14)
Apart Investment & Management Co.
2000 Ed. (3727)
Apartment Express Corporate Housing
2006 Ed. (4039)
Apartment International & Management Inc.
2002 Ed. (1625)
Apartment Investment & Management Co.
2008 Ed. (258, 259, 1674, 1683, 1689)
2007 Ed. (282, 283, 284, 1664, 4085)
2006 Ed. (278, 280, 281, 1655, 1657, 4041, 4042, 4044, 4046)
2005 Ed. (257, 258, 1736, 1737, 4009, 4011, 4013, 4018, 4467)
2004 Ed. (4085)
2003 Ed. (287, 289, 1642, 1648, 1649, 1650, 4052, 4059, 4060)
2002 Ed. (323, 325, 1622, 3927, 3928, 3930)
1999 Ed. (1456)
Apartment Investment & Management Co. (Aimco)
2004 Ed. (255, 256, 1678, 1679, 4077, 4079)
Apartment Investor & Management Co.
2000 Ed. (305, 306)
Apartment Life
2008 Ed. (4136)
Apartments.com
2008 Ed. (3359)
2007 Ed. (3229)
Apasco
2003 Ed. (1181)
Apasco, SA de CV
2004 Ed. (1187)
Apatinska
2005 Ed. (75)
Apatinska Pivara
2006 Ed. (84)
2001 Ed. (75)
Apatinska pivara a.d. Apatin
2006 Ed. (4535)
Apax
2008 Ed. (4293)
Apax-Leumi Partners Ltd.
1999 Ed. (4705)
Apax Partners
2008 Ed. (1425, 3445)
2004 Ed. (1513)
Apax Partners & Co., Ltd.
2006 Ed. (1430)
APB Ukraine
1993 Ed. (631)
APC Corporate Security
2000 Ed. (3905)
APC Workforce Solutions LLC
2008 Ed. (179, 3703)
Apco Argentina
1994 Ed. (2702)
1992 Ed. (3307)
1989 Ed. (2671)
APCO Associates of GCI Group
1998 Ed. (2961)
1997 Ed. (3212)
APCO Employees Credit Union
2008 Ed. (2216)
2007 Ed. (2101)
2006 Ed. (2180)
2005 Ed. (2085)
2004 Ed. (1944)
2003 Ed. (1904)
2002 Ed. (1845)
Apcoa/Standard Parking Inc.
2001 Ed. (500)
APCU
2003 Ed. (61, 70, 82, 128, 133)
2002 Ed. (94, 105, 114, 115, 160, 165)
2001 Ed. (123, 133, 141, 142, 189, 194)
2000 Ed. (156)
1999 Ed. (75, 85, 96, 97, 134, 139)
APCU Costa Rica
1996 Ed. (74)
1995 Ed. (60)
1994 Ed. (80)
1990 Ed. (91)
APCU de Costa Rica
1993 Ed. (90)
1992 Ed. (137)
1989 Ed. (95)
APCU de El Salvador
1992 Ed. (145)
1989 Ed. (103)
APCU de Honduras
1996 Ed. (94)
1995 Ed. (80)
1992 Ed. (156)
1989 Ed. (113)
APCU de Nicaragua
1996 Ed. (121)
1995 Ed. (106)
1992 Ed. (188)
APCU de Panama
1993 Ed. (126)
1992 Ed. (194)
1989 Ed. (148)
APCU El Salvador
1996 Ed. (84)
1995 Ed. (71)
1990 Ed. (98)
APCU Honduras
1990 Ed. (108)
APCU (JWT)
2000 Ed. (81, 91, 101, 102, 152)
APCU Panama
1996 Ed. (125)
1995 Ed. (110)
1990 Ed. (139)
APCU Thompson
1990 Ed. (107)
1989 Ed. (112)
APCU Thompson Asociades
1995 Ed. (79)
APCU Thompson Asociados
1997 Ed. (74, 84, 94, 95, 126, 129)
1996 Ed. (93)
1993 Ed. (104)
1992 Ed. (155)
Aperto Networks
2007 Ed. (4968)
Apetito
2006 Ed. (1736)
Apex
2008 Ed. (2385, 2979, 4649, 4807)
2005 Ed. (4731)
1993 Ed. (2962)
Apex Balanced
2002 Ed. (3430)
Apex BBDO
2002 Ed. (105)
2001 Ed. (133)
2000 Ed. (91)
1996 Ed. (84)
1995 Ed. (71)
Apex/BBDO El Salvador
2003 Ed. (70)
Apex Biotechnology
2008 Ed. (2098)
Apex Bulk Commodities
2005 Ed. (4781)
2002 Ed. (4688)
APEX Canadian Value
2003 Ed. (3564, 3565)
Apex Distribution
2008 Ed. (1548)
2007 Ed. (1568, 1616)
Apex Document Solutions
2006 Ed. (742)
Apex Environmental Engineering & Compliance
2008 Ed. (2596)
Apex Footwear
1997 Ed. (1603)
APEX Global Equity
2004 Ed. (2484)
Apex Homes
2004 Ed. (1202)
Apex Industries Inc.
2000 Ed. (1267)
Apex Mid Cap Growth
2004 Ed. (3608)
2001 Ed. (3442)
Apex Mortgage Capital Inc.
2004 Ed. (3175)
Apex Oil Co.
2008 Ed. (4056)
2007 Ed. (4029)
2006 Ed. (3992)
2005 Ed. (3918, 4842)
2004 Ed. (4858)
2003 Ed. (4877)
2001 Ed. (4627)
1989 Ed. (920)
Apex PC Solutions
2000 Ed. (4050)
1999 Ed. (2614, 4322)
1998 Ed. (1880)
Apex Publicidad
1991 Ed. (97)
1989 Ed. (103)
Apex Securities
2000 Ed. (745)
1999 Ed. (732)
1998 Ed. (471)
1993 Ed. (708, 3195)
Apex Tannery
1997 Ed. (1602, 1603)
APF Energy Trust
2007 Ed. (4576)
2005 Ed. (1707)
APG-America Inc.
2005 Ed. (1314)
2004 Ed. (1307)
Aphton Corp.
2007 Ed. (4591)
API
2004 Ed. (4920)
2002 Ed. (4897)
API Capital Income
2000 Ed. (3284)
1999 Ed. (3570)
API NetWorks
2002 Ed. (2987)
API Security Inc.
1992 Ed. (3826)

API Treasuries Trust
2000 Ed. (3269)
Apicorp-Amb Petroleum Investment Corp.
1992 Ed. (594)
APL Ltd.
2008 Ed. (3034, 3198)
2006 Ed. (4805)
2005 Ed. (4754, 4841, 4842)
2004 Ed. (862, 1231, 2557, 2558, 2559, 2560, 4781)
2003 Ed. (77, 1225, 1226, 1228, 2425, 2426, 4796)
2002 Ed. (4268, 4269, 4270, 4271, 4885)
2001 Ed. (4627)
1998 Ed. (3292, 3630, 3631)
1991 Ed. (1730)
1990 Ed. (3246)
APL Auckland
2001 Ed. (187)
APL Logistics
2008 Ed. (291, 4737, 4814)
2007 Ed. (1335, 3389, 4879)
2006 Ed. (4887)
APL Logistics Americas Ltd.
2007 Ed. (4887)
2006 Ed. (4894, 4895)
2004 Ed. (4857, 4858)
2003 Ed. (4873, 4876, 4877)
APN News & Media
2004 Ed. (3938)
2002 Ed. (4617)
Apo-Amoxi
2003 Ed. (2114)
Apodaca-Johnston Capital
1997 Ed. (2522, 2526)
1996 Ed. (2393, 2397)
Apodaca Sosa & Associates
1995 Ed. (2480)
Apogee Enterprises Inc.
2005 Ed. (774, 775)
2004 Ed. (788, 789)
2003 Ed. (1239, 1240)
2002 Ed. (1521)
2001 Ed. (1409, 1410)
1999 Ed. (1315)
1998 Ed. (884, 1320)
1997 Ed. (1129)
1996 Ed. (1108, 3306, 3779)
1995 Ed. (1127)
1994 Ed. (1110)
1993 Ed. (1087)
1992 Ed. (1359)
Apogen Technologies Inc.
2007 Ed. (1409)
2006 Ed. (1371, 1374, 4383)
Apogent Technologies Inc.
2006 Ed. (1927, 2781)
2005 Ed. (1901, 4674)
2004 Ed. (1817)
2003 Ed. (1782, 2131, 2133)
Apollo
2001 Ed. (3390)
1992 Ed. (1326)
1991 Ed. (3516)
1990 Ed. (239, 3710, 3711)
1989 Ed. (2315)
Apollo Advisors
2006 Ed. (1418)
Apollo Advisors LP
2008 Ed. (3399, 4293)
1997 Ed. (2628)
Apollo Computer
1991 Ed. (2463, 2464, 2851)
1990 Ed. (1122, 1619, 2582, 2583, 2991)
1989 Ed. (973, 1319, 1990, 2306)
Apollo Distributing Co.
1993 Ed. (1866)
1992 Ed. (2166)
Apollo-Education Group
2007 Ed. (835)
Apollo FRI Partners LP
2001 Ed. (4197)
Apollo Gold Corp.
2006 Ed. (3486)
Apollo Group Inc.
2008 Ed. (2449, 2452, 3174, 3177, 4316, 4540)
2007 Ed. (839, 2275, 4359, 4361, 4528)
2006 Ed. (747, 1079, 1080, 1522, 2338, 2385, 4295, 4583)
2005 Ed. (821, 1083, 1084, 1633, 2272, 2542, 4462)
2004 Ed. (847, 2779, 4486, 4490, 4577)
2003 Ed. (4393)
1999 Ed. (3667, 4331)
1998 Ed. (3313)
1997 Ed. (2974)
1996 Ed. (2055, 3445)
Apollo Group Inc. Cl A
1999 Ed. (4485)
Apollo Health & Beauty Care
2008 Ed. (1614, 2012)
2005 Ed. (1700)
Apollo Home Entertainment
2004 Ed. (4841)
Apollo Investment Fund
1997 Ed. (2627)
Apollo Management
2005 Ed. (3284)
Apollo Management LP
2007 Ed. (4082)
2006 Ed. (161, 4040)
2005 Ed. (4005)
2004 Ed. (1540)
Apollo of Temple
1999 Ed. (1336)
Apollo Professional Cleaning
2008 Ed. (4788)
Apollo Savings & Loan Co.
1994 Ed. (1223)
Apollo Ski Partners Ltd.
1996 Ed. (3440)
Apollo 13
1997 Ed. (2817)
Apollyon
2003 Ed. (722)
2001 Ed. (984)
Aponte; Gianluigi & Rafaela
2008 Ed. (4875)
Apothecon
2000 Ed. (2321, 2323)
1999 Ed. (1911)
1997 Ed. (1656, 2134)
Appalachian Power
2001 Ed. (3868, 3869)
Appalachian State University
2008 Ed. (2408)
2006 Ed. (4203)
1999 Ed. (1231)
1997 Ed. (1054)
1996 Ed. (1038)
1992 Ed. (1270)
Appaloosa Investment LP
2003 Ed. (3150, 3153)
Apparel
2008 Ed. (2439, 3154, 4722)
2007 Ed. (790, 2312, 2518, 2519, 2522, 3042)
2006 Ed. (697, 2536, 3003, 3005, 3008, 4786)
2005 Ed. (3007, 3010, 4735)
2004 Ed. (178, 2549, 2552, 2553, 3009, 3013)
2003 Ed. (2903, 2905, 4776)
2002 Ed. (216, 217, 2217, 2989, 4643)
2001 Ed. (246, 4609)
2000 Ed. (38, 201, 1898, 3460, 3842)
1999 Ed. (2995, 3005, 3301)
1997 Ed. (1142, 3698)
1996 Ed. (2221)
1995 Ed. (147, 1295, 1296, 1298, 1301, 1302, 2891)
1994 Ed. (1240, 1271, 1272, 1276, 1277, 1281, 1729, 1967)
1993 Ed. (1232, 1234, 1236, 1237, 1238, 1240, 1241, 1242, 1941)
1992 Ed. (2600, 2602, 2605, 2609, 2610, 2612, 2615, 2858, 2860)
1991 Ed. (2030, 2032, 2034, 2038, 2040, 2042, 2045)
1989 Ed. (2647)
Apparel and accessories
2006 Ed. (4165)
1990 Ed. (1733)
Apparel & related goods
1999 Ed. (2863)
Apparel and textiles
1989 Ed. (1636)
Apparel/caps
1992 Ed. (2283)
Apparel Data Systems
2008 Ed. (986)
Apparel/fashion accessories
1996 Ed. (2491)
Apparel/footwear
2001 Ed. (3918)
Apparel, footwear & accessories
1999 Ed. (3767)
1998 Ed. (2800)
1997 Ed. (3051)
1996 Ed. (2973)
1995 Ed. (2888)
1994 Ed. (2802)
1993 Ed. (2806, 2808)
1992 Ed. (32, 3394)
Apparel manufacturing
2007 Ed. (3716)
Apparel/Other finished fabric products manufacturers
2001 Ed. (1758, 1838)
Apparel stores
1999 Ed. (30)
1991 Ed. (880)
Apparel stores, chain
1999 Ed. (4089, 4506)
Apparel/textiles manufacturing & wholesale
1998 Ed. (607)
Apparel Transportation
2002 Ed. (2563)
Appearance
2002 Ed. (669)
2001 Ed. (665)
2000 Ed. (705)
1999 Ed. (686)
Appel, Systems and Forecasts; Gerald
1990 Ed. (2366)
Appelbaum; Michelle Galanter
1993 Ed. (1826)
Appetite suppressants
2005 Ed. (2234)
AppForge Inc.
2005 Ed. (1148)
Appian Corp.
2008 Ed. (3204)
2007 Ed. (3067)
2006 Ed. (1118, 3036)
2005 Ed. (1347)
Appian Communications
2002 Ed. (3539)
AppIQ
2006 Ed. (1102)
Applause
1992 Ed. (3220)
APPLAUSE II 1.5
1993 Ed. (1068)
Applause Video
1991 Ed. (3446)
1990 Ed. (3671, 3673)
Apple
2008 Ed. (649, 653, 654, 658, 763, 764, 765, 1112, 1113, 1115, 1117, 1118, 1119, 1159, 1434, 1436, 1533, 1585, 1586, 1588, 1589, 1591, 1596, 1598, 1828, 1832, 1851, 1852, 3144, 3204, 3210, 3354, 3369, 3539, 3644, 4525, 4614, 4632, 4808)
2007 Ed. (690, 715, 736, 1263, 4703)
2006 Ed. (650, 653, 1148)
2005 Ed. (1158)
2004 Ed. (761, 764, 1135)
2003 Ed. (751, 754, 1125, 3796, 4686)
2002 Ed. (1136)
2001 Ed. (3296)
2000 Ed. (720, 1156, 1162, 4127)
1999 Ed. (1256, 1257, 1258, 1271, 3646)
1998 Ed. (823, 824, 840, 2492, 2493, 2555, 2556, 2884, 3777)
1997 Ed. (2782)
1996 Ed. (2261)
1995 Ed. (1084, 1096, 2569, 2570, 2573, 2575, 2576)
1992 Ed. (1325, 2239, 2631, 3065, 3069, 3489)
1990 Ed. (1134, 2190, 2211, 2570, 2573)
1989 Ed. (1980, 1982, 2305)
Apple American Group
2006 Ed. (2650)
Apple & Eve
1997 Ed. (2094)
1996 Ed. (1980)
Apple Bancorp
1992 Ed. (4258)
1991 Ed. (3366)
Apple Bank
1992 Ed. (4293)
Apple Bank for Savings
2001 Ed. (4530)
2000 Ed. (4250)
1999 Ed. (482, 4600)
1998 Ed. (3557, 3558)
1997 Ed. (3749)
1996 Ed. (3691)
1995 Ed. (3614)
1991 Ed. (3381)
1990 Ed. (430)
Apple Canada
2008 Ed. (2945)
1997 Ed. (2214)
1996 Ed. (2108)
Apple Child Care Service
1991 Ed. (929)
Apple Child Care Services
1990 Ed. (977)
Apple Computer Inc.
2008 Ed. (762, 1046, 1049, 1050, 1111, 1138, 1471, 1530, 1599, 1600, 1601, 1602, 1603, 1812, 3012, 3014)
2007 Ed. (787, 788, 789, 1206, 1209, 1210, 1214, 1215, 1264, 1450, 1477, 1548, 1549, 1584, 1608, 1611, 1692, 1793, 1812, 1813, 1816, 1923, 2799, 2859, 2890, 2893, 3026, 3056, 3069, 3073, 3241, 3689, 3692, 3823, 4192, 4519, 4521, 4523, 4531, 4557, 4559, 4564, 4589, 4645, 4695, 4697, 4701)
2006 Ed. (695, 1101, 1103, 1105, 1106, 1108, 1149, 1151, 1459, 1469, 1521, 1577, 1579, 1581, 1582, 1587, 2891, 3033, 3040, 3041, 3693, 4461, 4465, 4579, 4582, 4590, 4604)
2005 Ed. (836, 1106, 1111, 1112, 1113, 1114, 1116, 1118, 1147, 1152, 1159, 1682, 4456)
2004 Ed. (862, 1102, 1108, 1110, 1111, 1114, 1119, 1134, 1555, 1719, 2903)
2003 Ed. (1087, 1089, 1090, 1092, 1095, 1100, 2768, 2945)
2002 Ed. (1133, 1135, 3334, 3335, 3336, 3337, 3338, 3339, 4871)
2001 Ed. (1344, 1349, 1350, 1354, 1600, 1755, 4770)
2000 Ed. (1157, 1161, 1164, 1333, 1756, 1757, 3367, 4125)
1999 Ed. (1259, 1261, 1265, 1267, 1269, 1272, 1273, 1482, 1486, 1501, 1504, 1518, 1520, 1521, 1524, 1525, 1556, 1557, 1559, 1560, 1561, 1964, 1978, 2874, 3641, 3643, 3647, 3648)
1998 Ed. (153, 821, 827, 837, 1053, 1054, 1059, 1069, 1098, 1119, 1120, 1121, 1122, 1123, 2494, 2700, 2705, 2714, 2722, 3413, 3423)
1997 Ed. (30, 240, 1079, 1080, 1084, 1085, 1320, 1369, 1402, 2205, 2780, 2781, 2783, 2785, 2958, 2967, 2979)
1996 Ed. (1063, 1065, 1067, 1070, 1071, 1342, 1629, 2632, 2633, 2635, 2637, 2638, 2891, 2893, 3055, 3510, 3594)
1995 Ed. (21, 1085, 1087, 1277, 1320, 1363, 1391, 1655, 2251, 2252, 2257, 2260, 2812, 3178)
1994 Ed. (20, 1078, 1080, 1081, 1082, 1086, 1088, 1090, 1337, 2201, 2208, 2404, 2510, 2511, 2514, 2515, 2516, 2517, 2705,

2707, 2708, 2712, 2896, 3129, 3445)
1993 Ed. (224, 1047, 1048, 1055, 1057, 1058, 1061, 1062, 1063, 1286, 1565, 1575, 1576, 1577, 2561, 2562, 2565, 2566, 2567, 2568, 2750, 2751, 2755, 2756, 2757, 2881, 2947, 3003, 3066, 3381, 3468, 3469)
1992 Ed. (1299, 1300, 1306, 1307, 1308, 1321, 1923, 1924, 3068, 3317, 3318, 3319, 3671, 3672, 4061)
1991 Ed. (234, 358, 1018, 1021, 1022, 1025, 1026, 1027, 1033, 1246, 1516, 1530, 1531, 1540, 2077, 2453, 2454, 2455, 2637, 2651, 2654, 2655, 2656, 2659, 2660, 2840, 2850)
1990 Ed. (1114, 1120, 1121, 1122, 1129, 1619, 1626, 1631, 1644, 2509, 2571, 2572, 2735, 2751, 2752, 2994)
1989 Ed. (973, 974, 975, 976, 977, 1321, 1330, 1331, 1332, 1342, 1981, 2103, 2670)
Apple Computer International
2008 Ed. (1858)
Apple Computers
2000 Ed. (1758)
1999 Ed. (4400, 4491, 4492, 4493)
Apple Credit Union
2008 Ed. (2265)
2007 Ed. (2150)
2006 Ed. (2229)
2005 Ed. (2134)
2004 Ed. (1992)
2003 Ed. (1952)
2002 Ed. (1898)
Apple Japan
1996 Ed. (2639)
Apple juice
2003 Ed. (2580, 2581)
2002 Ed. (2374)
2001 Ed. (2558, 2560)
1990 Ed. (1859)
Apple juice/cider
1990 Ed. (1954)
Apple juice concentrate
2001 Ed. (2559)
Apple/Macintosh
1995 Ed. (1092)
1994 Ed. (1084)
1992 Ed. (1317)
Apple One Employment Services
2000 Ed. (4230)
1999 Ed. (4577)
Apple sauce
2003 Ed. (2576)
2002 Ed. (2371)
1990 Ed. (897)
Apple Schnapps
2002 Ed. (3087)
2001 Ed. (3101)
Apple South Inc.
1998 Ed. (1882, 3061)
1997 Ed. (2165)
1996 Ed. (3454)
1995 Ed. (3134, 3391)
Applebaum; Michelle Galanter
1997 Ed. (1899)
1996 Ed. (1825)
1995 Ed. (1795)
1994 Ed. (1809)
Applebee's
2008 Ed. (2657, 4192)
2006 Ed. (4104)
2005 Ed. (4052)
2002 Ed. (4001)
2001 Ed. (4063, 4066, 4067)
2000 Ed. (3781, 3782)
1993 Ed. (3014, 3015, 3017, 3029, 3030, 3034, 3036)
1992 Ed. (3709, 3717)
Applebee's International Inc.
2008 Ed. (1875)
2007 Ed. (1841, 2897, 2937, 3339, 4119, 4126)
2006 Ed. (1836, 2286, 2294)
2005 Ed. (1834, 2225, 4045, 4053)
2004 Ed. (4107)
2003 Ed. (4092)
1998 Ed. (1882, 3061)
Applebee's Neighborhood Grill & Bar
2008 Ed. (4152, 4153, 4157, 4169, 4170, 4181, 4182, 4193, 4194)
2007 Ed. (4142, 4148, 4154)
2006 Ed. (4107, 4115, 4131, 4132, 4133)
2005 Ed. (4062, 4064, 4080, 4086)
2004 Ed. (4127, 4128, 4137, 4142, 4144, 4145)
2003 Ed. (4078, 4097, 4104, 4106, 4107, 4108, 4110, 4111, 4121, 4130, 4137, 4138)
2002 Ed. (4013)
2001 Ed. (4077)
1999 Ed. (4064, 4065)
1998 Ed. (1879, 3059, 3063)
1997 Ed. (2165, 3317, 3330, 3334, 3650)
1996 Ed. (3211, 3212, 3216, 3231)
1995 Ed. (3115, 3120, 3132, 3134, 3139)
1994 Ed. (3075, 3086, 3089)
Applebee's Park
2005 Ed. (4443)
Appleby College
2008 Ed. (1613)
Appleby; Eric
2007 Ed. (4161)
Applegate Inc.
2008 Ed. (1249)
Applera
2008 Ed. (2884, 3168)
2006 Ed. (3870)
2005 Ed. (681, 3437)
2004 Ed. (686, 3422, 3423)
2003 Ed. (684, 3356)
2002 Ed. (2830)
Applera-Applied Biosys
2003 Ed. (2679)
Applera Applied Biosystems Group
2004 Ed. (2794)
Apples
2008 Ed. (2792)
2007 Ed. (2652, 2653)
2006 Ed. (2669, 2670)
2005 Ed. (2694, 2695)
2004 Ed. (2003, 2694, 2695)
2003 Ed. (2575, 3967, 3968)
2001 Ed. (2548, 2549)
1999 Ed. (1807, 2534)
1996 Ed. (1978)
1993 Ed. (1748)
1992 Ed. (2111, 2349)
1991 Ed. (1866)
1989 Ed. (1663)
Apples, Empire
1998 Ed. (180)
Apples, Fuji
1998 Ed. (180)
Apples, Gala
1998 Ed. (180)
Apples, Golden Delicious
1998 Ed. (180)
Apples, Granny Smith
1998 Ed. (180)
Apples, Jonathan
1998 Ed. (180)
Apples, McIntosh
1998 Ed. (180)
Apples, Red Delicious
1998 Ed. (180)
Apples, Rome
1998 Ed. (180)
Apples, York
1998 Ed. (180)
Appleton
2001 Ed. (4146, 4147)
Appleton; Arthur I.
1993 Ed. (889, 1028)
Appleton; Arthur I. and Edith-Marie
1993 Ed. (888)
Appleton Cultural Center
1993 Ed. (889)
Appleton; Edith-Marie
1993 Ed. (1028)
Appleton Estate
1992 Ed. (3753)
1990 Ed. (3071, 3072, 3073)
Appleton Investments LLC
2004 Ed. (1694)
Appleton; Martha O.
1993 Ed. (1028)
Appleton-Oshkosh-Neenah, WI
1998 Ed. (2484)
Appleton Papers Inc.
2007 Ed. (3417)
2003 Ed. (3727)
2002 Ed. (3580)
1997 Ed. (2989)
Appleton; Steven R.
2007 Ed. (1023)
2006 Ed. (934)
Appleton, WI
2003 Ed. (1871)
2002 Ed. (1903)
1994 Ed. (2245)
1989 Ed. (1612)
AppleTree Cos.
1997 Ed. (2020)
Appleway Subaru
1991 Ed. (296)
Appliance Corp.
2000 Ed. (750, 1730)
1997 Ed. (3133)
1989 Ed. (1921)
Appliance & Furniture RentAll
2000 Ed. (2293)
Appliance Corp. Betty Crocker
2000 Ed. (2578, 2579)
Appliance industry
1999 Ed. (3352)
Appliance Corp. of America
2002 Ed. (348, 720, 1093, 2073, 2074)
Appliance Recycling Centers
1994 Ed. (2014, 3321)
Appliance Recycling Centers of America Inc.
2004 Ed. (4546)
Appliance Stores
1997 Ed. (3712)
Appliance/TV Store
2000 Ed. (4348)
AppliancePartsPros.com
2008 Ed. (2448)
Appliances
2008 Ed. (2439)
2007 Ed. (1321)
2005 Ed. (95)
2001 Ed. (3844, 4364)
2000 Ed. (3088, 3568)
1995 Ed. (2207)
1992 Ed. (2570)
1991 Ed. (1998, 2058)
1990 Ed. (2152, 2182, 2186)
1989 Ed. (1660)
Appliances, cooking
2004 Ed. (2864)
1998 Ed. (2047)
Appliances/housewares
2001 Ed. (3918)
Appliances, laundry
1998 Ed. (2047)
Appliances, refrigeration
1998 Ed. (2047)
Appliant Inc.
2001 Ed. (2857)
Applica Inc.
2008 Ed. (4520)
2005 Ed. (4903, 4904)
2004 Ed. (2868, 4913)
Applica Consumer Products
2002 Ed. (1092, 2070, 2073, 2074, 2313, 2697, 2699, 3047, 4712)
Application integration
2001 Ed. (2168)
Applications project manager
2004 Ed. (2286)
Applied BioScience
1996 Ed. (741)
1995 Ed. (667)
1994 Ed. (712)
1993 Ed. (702)
1992 Ed. (893)
Applied Biosystem
1992 Ed. (893)
Applied Biosystems
1994 Ed. (710)
1993 Ed. (701, 702)
1992 Ed. (892)
1991 Ed. (711)
1990 Ed. (732)
1989 Ed. (733)
Applied Biosystems Group
2008 Ed. (2904)
2007 Ed. (623)
2006 Ed. (591, 593, 595)
2005 Ed. (2795)
2003 Ed. (2131, 2133, 2197)
Applied Chemicals
2004 Ed. (3960)
2002 Ed. (3782)
Applied Communications
2004 Ed. (3989)
2003 Ed. (3980, 4016)
2002 Ed. (3821, 3850)
1990 Ed. (534)
1989 Ed. (981)
Applied Communications Group
2004 Ed. (4027)
Applied Digital Access
1997 Ed. (2209, 3647)
Applied Digital Solutions Inc.
2003 Ed. (1498)
Applied Extrusion Technologies Inc.
1998 Ed. (1877)
Applied Films
2006 Ed. (1653)
2003 Ed. (1653)
Applied Genetics Inc. Dermatics
2002 Ed. (2526)
Applied Geotechnical Engineering
2006 Ed. (2481)
Applied Global Technologies
2008 Ed. (4378)
Applied Graphics
2000 Ed. (909)
Applied Graphics Technologies
1996 Ed. (3482)
1995 Ed. (3422)
1993 Ed. (3363)
1992 Ed. (4033)
1991 Ed. (3163)
Applied Industrial Minerals Corp.
1999 Ed. (1461)
Applied Industrial Technologies Inc.
2008 Ed. (3140, 3190, 4726)
2007 Ed. (2972, 4801)
2006 Ed. (4788, 4789, 4790)
2005 Ed. (2211, 4738, 4739, 4740)
2004 Ed. (4759, 4760)
2003 Ed. (2889, 2890, 2891)
2002 Ed. (1993)
2000 Ed. (2622)
1999 Ed. (2847)
1998 Ed. (2086)
Applied Information Development Inc.
1991 Ed. (811)
1990 Ed. (853)
Applied Innovation
1996 Ed. (2054, 3444, 3454)
1995 Ed. (2059, 3380)
Applied International
1993 Ed. (2056)
Applied International Holdings
1996 Ed. (2139)
Applied Magnetics
2000 Ed. (1739, 1740, 1759)
1999 Ed. (1981)
1997 Ed. (2208, 2934, 3646)
1993 Ed. (1563)
1992 Ed. (1312, 3682)
1991 Ed. (2853)
1990 Ed. (1113, 1125, 2997)
1989 Ed. (970, 1322, 2308)
Applied Marine Technology Inc.
2006 Ed. (2094)
Applied Materials Inc.
2008 Ed. (1585, 1586, 1589, 1600, 1601, 1602, 1603, 1604, 3148, 4307, 4308, 4309)
2007 Ed. (1611, 1792, 3033, 3527, 4344, 4345, 4346, 4348, 4353, 4355, 4356, 4527)
2006 Ed. (1497, 1578, 1579, 1587, 1589, 2392, 2997, 3688, 4280, 4281, 4282, 4283, 4284, 4460, 4602)
2005 Ed. (264, 1671, 1675, 2337, 3001, 3034, 3353, 3697, 4340, 4342, 4344, 4352)
2004 Ed. (2236, 3020, 3327, 3328, 3662, 3778, 4398, 4399, 4400, 4401, 4405, 4568)

2003 Ed. (1124, 1583, 1594, 1595, 2193, 2895, 2898, 2944, 3269, 3270, 4376, 4377, 4380, 4389, 4543, 4566)
2002 Ed. (337, 1528, 1529, 1570, 2728, 2830, 4172, 4257, 4358)
2001 Ed. (1600, 1603, 1874, 2892, 3188, 3189, 3218, 4219)
2000 Ed. (1332, 1736, 3390, 3862, 3990, 3992, 3993)
1999 Ed. (1492, 1494, 1960, 1973, 3297, 3672, 3673, 4267, 4268, 4269)
1998 Ed. (829, 831, 1051, 1057, 1061, 2434, 2719, 2720, 2722, 2723, 3275, 3276, 3413, 3416)
1997 Ed. (1081, 1285, 1292, 1313, 2976, 3641)
1996 Ed. (1066, 3397)
1995 Ed. (1086, 1289, 1291, 3285)
1994 Ed. (1079, 2420, 3048)
1993 Ed. (2486, 3003, 3005, 3210)
1992 Ed. (2104, 2953, 3672, 3913, 3914)
1991 Ed. (1517, 1521, 1877, 2840, 2843, 3083)
1990 Ed. (1615, 1620, 1630, 2986, 2989, 3237)
1989 Ed. (1309, 1326, 2304, 2312)
Applied Micro Circuits Corp.
2008 Ed. (1604, 1607)
2006 Ed. (4078, 4081, 4460, 4466, 4469)
2005 Ed. (1510, 4464, 4469)
2004 Ed. (1494, 4491, 4493, 4497)
2003 Ed. (1464, 1552, 4541, 4542, 4545)
2002 Ed. (1571, 4353, 4357, 4359)
Applied Power
1992 Ed. (2595)
1991 Ed. (1166)
Applied Predictive Technologies
2007 Ed. (2051)
2006 Ed. (1102)
Applied Printing Technologies
2002 Ed. (3767)
Applied Psychological Techniques Inc.
2008 Ed. (3701, 4375, 4956)
Applied Reasoning
2002 Ed. (2511)
Applied Reasoning Systems Corp.
2003 Ed. (2717)
Applied Solutions Inc.
2002 Ed. (4290)
Applied Systems Inc.
2002 Ed. (1153)
Applied Technology & Management Inc.
2003 Ed. (2258)
Applied Terravision Systems Inc.
2003 Ed. (1086)
Applied Theory Communications
2000 Ed. (2460)
1999 Ed. (2623, 2670)
Applied Videotex Systems
1989 Ed. (1212)
Applied Voice Technology
2000 Ed. (4363)
Applimation
2005 Ed. (4612)
Applix Inc.
2008 Ed. (1905, 1915, 2862, 2863, 2865)
2006 Ed. (1870)
AppNet Inc.
2001 Ed. (245, 4747)
AppNet Systems Inc.
2001 Ed. (148)
The Apprentice
2007 Ed. (681)
The Apprentice: Martha Stewart
2007 Ed. (681)
Apprentice 2
2006 Ed. (2855)
Appriss Inc.
2003 Ed. (1341)
Apps.com
2002 Ed. (4805)
AppStream Inc.
2002 Ed. (2987)
Apptis Inc.
2008 Ed. (1365, 1366)
2007 Ed. (1409, 1410)
2006 Ed. (1371, 1372)
Apregan Entertainment Group
2003 Ed. (1126)
Apregan Group
2007 Ed. (1266)
Apria Healthcare
2003 Ed. (2786)
Apria Healthcare Group Inc.
2007 Ed. (3906)
2006 Ed. (3875)
2004 Ed. (1553, 2897)
2000 Ed. (2490)
1999 Ed. (2704, 2705)
1998 Ed. (1965, 1966, 3419)
1997 Ed. (2242)
April
2002 Ed. (415, 4704)
2001 Ed. (1156, 4681, 4857, 4858, 4859)
April 8, 1996
1999 Ed. (4398)
April 14, 1988
1991 Ed. (3237)
April 14, 1987
1989 Ed. (2045)
April Group
2008 Ed. (1763, 2690, 2715)
April 6, 1988
1989 Ed. (2746)
April 3, 1987
1989 Ed. (2746)
April 25, 1996
1999 Ed. (3668)
April 24, 1996
1999 Ed. (3668)
April 21, 1987
1989 Ed. (2746)
April 20, 1933
1999 Ed. (4394)
April 27, 1981-August 12, 1982
1989 Ed. (2749)
Apropos Technology Inc.
2005 Ed. (1111)
2004 Ed. (1107)
2003 Ed. (2708)
2002 Ed. (1153, 2501)
APRR
2007 Ed. (4833)
APS Bank Ltd.
2000 Ed. (604)
1999 Ed. (588)
1997 Ed. (552)
1996 Ed. (599)
1995 Ed. (540)
1994 Ed. (564)
APS Healthcare
2008 Ed. (3269)
2002 Ed. (3744)
APS Holding
1996 Ed. (3256)
APT
2002 Ed. (180)
APT Satellite Holdings Ltd.
2003 Ed. (4587)
AptarGroup Inc.
2007 Ed. (1332)
2006 Ed. (1225)
2005 Ed. (1268, 1269)
2004 Ed. (1232, 1233)
Aptco Auto Auction
1992 Ed. (373)
1991 Ed. (267)
1990 Ed. (299)
Aptek Management Co. LLC
1999 Ed. (4009, 4012)
Apthrop; John
2008 Ed. (4909)
Aptus 4E Automated Eai System
2001 Ed. (3268)
APU
2002 Ed. (4445, 4446)
APV Ltd.
2000 Ed. (2648)
APV Plc
1999 Ed. (2897)
1995 Ed. (2264)
1994 Ed. (2214)
APW Ltd.
2005 Ed. (1272, 1274, 1275)
2004 Ed. (1084, 1112)
APW Emech Systems
2002 Ed. (1226)
APW Enclosure Systems plc
2001 Ed. (2571)
APX Corp.
2004 Ed. (2218)
Apx Alarm Security Solutions Inc.
2008 Ed. (4300, 4301)
Aqua
2002 Ed. (757)
2001 Ed. (4054)
Aqua Alliance Inc.
2000 Ed. (1802)
Aqua America Inc.
2005 Ed. (4838, 4839)
Aqua-Blue Aquatech Pools & Spas
2008 Ed. (4579)
2007 Ed. (4647)
2006 Ed. (4648)
Aqua di Gio Pour Homme
2001 Ed. (3703)
Aqua Fresh
1997 Ed. (1588)
1996 Ed. (1525, 3709, 3710)
1995 Ed. (3628)
1993 Ed. (1469, 3589)
1992 Ed. (1781)
Aqua Fresh Sesitive Paste
1997 Ed. (3763)
Aqua-Liberty Pool, Spa & Health
2008 Ed. (4579)
Aqua Net
1994 Ed. (2814)
1991 Ed. (1881)
1990 Ed. (2808)
Aqua Net Hair Spray
1990 Ed. (2805, 2806)
Aqua Net Hair Spray, 9 oz.
1989 Ed. (2184, 2185)
Aqua Net Hairspray Super
1990 Ed. (9, 1542)
Aqua Penn
2000 Ed. (724, 727, 729, 781)
Aqua Pool & Patio Inc.
2008 Ed. (4579)
2007 Ed. (4647)
2006 Ed. (4648)
Aqua Pool & Spa Inc.
2008 Ed. (4580)
2007 Ed. (4646, 4648)
2006 Ed. (4648)
2005 Ed. (4027)
Aqua Quip
2008 Ed. (4579)
2007 Ed. (4647)
2006 Ed. (4648)
Aqua Sol Hotels Ltd.
2006 Ed. (4496)
Aqua Spas & Pools
2008 Ed. (4579)
AQUA-TEKnology Pool & Spa
2007 Ed. (4647)
2006 Ed. (4648)
Aqua Velva
2001 Ed. (3714)
1990 Ed. (3604)
Aquaculture
2002 Ed. (2222, 2782)
Aquadrill Inc.
2006 Ed. (3513, 4352)
Aquafina
2008 Ed. (568, 630, 631, 632, 634, 4492)
2007 Ed. (618, 671, 672, 675, 4511)
2006 Ed. (646, 4454)
2005 Ed. (734, 736, 4448)
2004 Ed. (754, 886, 4481)
2003 Ed. (731, 733, 736, 4520)
2002 Ed. (702, 752, 755)
2001 Ed. (995, 1000, 1001)
2000 Ed. (781, 783, 784)
1999 Ed. (766)
Aquafresh
2008 Ed. (4699, 4700)
2007 Ed. (4782)
2006 Ed. (4775)
2005 Ed. (4721)
2004 Ed. (4745)
2003 Ed. (1994, 4766, 4767, 4768, 4770, 4771)
2002 Ed. (3644, 4638, 4639)
2001 Ed. (4572, 4574, 4575, 4576, 4577, 4578)
2000 Ed. (1656, 4264)
1999 Ed. (1829, 4616, 4617)
1998 Ed. (1254, 3583)
1994 Ed. (3552)
AquaKnox
2008 Ed. (4146, 4147)
Aqualand Pool, Spa & Patio
2008 Ed. (4579)
2006 Ed. (4648)
2005 Ed. (4027)
Aqualisa Products Ltd.
1991 Ed. (959)
Aquanet
2003 Ed. (2653)
2002 Ed. (2436)
aQuantive
2008 Ed. (124, 2147, 2163, 3643)
2007 Ed. (3209, 4697)
2006 Ed. (2073, 2079, 2081)
AquaPenn
2001 Ed. (996)
Aquaphor
2003 Ed. (2486)
2002 Ed. (2279, 2280)
Aquarium of the Americas
1992 Ed. (4318)
Aquarius Platinum
2008 Ed. (1567)
Aquarius Pool & Spa Service
2008 Ed. (4579)
2007 Ed. (4647)
2006 Ed. (4648)
Aquarius Pools
2007 Ed. (4646)
Aquas Spas & Pools
2007 Ed. (4647)
2006 Ed. (4648)
Aquavit plc
2005 Ed. (1475)
Aquent
2008 Ed. (3707)
2006 Ed. (288, 3519, 4358)
Aquent LLC
2008 Ed. (269, 270)
2007 Ed. (290, 291, 3565)
Aqui y Ahora
2007 Ed. (2847)
2006 Ed. (2856)
Aquila Inc.
2008 Ed. (1871, 1878)
2006 Ed. (1835, 2893)
2005 Ed. (2314, 2399)
2004 Ed. (1451, 1537, 1805, 2190, 2314, 2322, 4571)
2003 Ed. (1589, 1768, 1769, 2136, 2282, 2284)
Aquila Energy Corp.
2001 Ed. (1803)
Aquila International
1995 Ed. (2095)
Aquila Merchant Services Inc.
2004 Ed. (1805, 2190)
Aquila Networks Canada
2006 Ed. (1429)
Aquila Power
1999 Ed. (3962)
Aquinas Fixed-Income
2006 Ed. (4402)
Aquinas Growth
2006 Ed. (4404)
Aquinas Growth Fund
2004 Ed. (4443)
Aquinas Small-Cap
2006 Ed. (4407)
Aquinas Value
2006 Ed. (4405)
Aquinas Value Fund
2004 Ed. (4443)
Aquire
2008 Ed. (3204)
Aquitaine Snea
1989 Ed. (1344)
ARA
1992 Ed. (2202)
ARA BDDP
1996 Ed. (118)
1994 Ed. (103)
1993 Ed. (120)
1992 Ed. (183)
1991 Ed. (129)

ARA BV
1990 Ed. (130)
1989 Ed. (138)
ARA Group Inc.
1996 Ed. (2259)
1995 Ed. (1912, 3312)
1994 Ed. (3224)
1993 Ed. (3226, 3265, 3266, 3270, 3271)
1992 Ed. (3930, 3931)
1991 Ed. (948, 3086, 3096)
1990 Ed. (1022)
ARA Healthcare Nutrition Services
1995 Ed. (2134)
1994 Ed. (2082)
1993 Ed. (2061, 2062, 2064)
1992 Ed. (2446, 2448)
ARA Holding Co.
1991 Ed. (3105)
1990 Ed. (3258)
1989 Ed. (2467, 2474)
Ara Hovnanian
1992 Ed. (2062)
Ara K. Hovnanian
2008 Ed. (947)
2007 Ed. (1025)
ARA Living Centers
1992 Ed. (2458, 3280)
1991 Ed. (2625)
1990 Ed. (2726)
ARA Services
1996 Ed. (1954, 2144, 2145, 2150, 3210)
1995 Ed. (1911, 1914, 2132, 2138, 2139, 3114)
1994 Ed. (1884, 1885, 1890, 2079, 3069)
1993 Ed. (1886, 3013)
1992 Ed. (1181, 1439, 2203, 2205, 3705)
1991 Ed. (948, 1752, 1755, 1756)
1990 Ed. (1043)
1989 Ed. (932)
ARA Spectrum Emergency Care
1994 Ed. (2080)
Arab Advertising Dubai
1997 Ed. (155)
1995 Ed. (135)
Arab African International
1991 Ed. (428, 501)
Arab African International Bank
2008 Ed. (405)
2007 Ed. (434)
2006 Ed. (433)
2004 Ed. (482)
2003 Ed. (485)
2002 Ed. (554)
2000 Ed. (445)
1999 Ed. (453)
1997 Ed. (396, 456)
1996 Ed. (431)
1995 Ed. (404)
1994 Ed. (411)
1993 Ed. (465)
1992 Ed. (583, 655)
Arab African International Bank Group
1990 Ed. (477)
1989 Ed. (455)
Arab Aluminum Industry
1997 Ed. (242)
Arab Bangladesh Bank Ltd.
2000 Ed. (467)
1999 Ed. (475)
1997 Ed. (415)
1996 Ed. (453)
1995 Ed. (427)
1994 Ed. (432)
1993 Ed. (432)
1992 Ed. (615)
1991 Ed. (458)
Arab Bank
2008 Ed. (53, 377, 455)
2007 Ed. (50, 394, 491, 522)
2006 Ed. (59, 410, 476, 4512)
2005 Ed. (457, 554, 580)
2004 Ed. (446, 568)
2003 Ed. (458, 554, 587)
2002 Ed. (512, 598, 622, 4381)
2001 Ed. (48)
2000 Ed. (293, 294, 442, 446, 577, 578)
1999 Ed. (264, 265, 449, 450, 456, 566)
1997 Ed. (241, 242, 393, 399)
1995 Ed. (401, 407)
1994 Ed. (408, 414)
1993 Ed. (39, 417)
1992 Ed. (580, 587, 745)
1991 Ed. (32, 432)
1990 Ed. (470, 481, 619)
1989 Ed. (445, 446, 449, 593)
Arab Bank Arab
1996 Ed. (427, 428, 434)
Arab Bank for Economic Dev.
1996 Ed. (427)
Arab Bank for Investment & Foreign Trade
2008 Ed. (519)
2007 Ed. (566)
2006 Ed. (535)
2005 Ed. (622)
2004 Ed. (634)
2003 Ed. (625)
2002 Ed. (658)
2000 Ed. (455, 687)
1999 Ed. (464, 677)
1997 Ed. (407, 637)
1996 Ed. (442, 703, 704)
1995 Ed. (416, 627)
1994 Ed. (423, 659)
1993 Ed. (658)
1990 Ed. (495)
1989 Ed. (472)
Arab Bank for Investments & Foreign Trade
1992 Ed. (599, 858)
Arab Bank Group
2002 Ed. (513)
2001 Ed. (599)
1991 Ed. (423, 424)
1990 Ed. (471, 472)
Arab Banking Corp.
2008 Ed. (383)
2007 Ed. (401)
2006 Ed. (410, 416, 4483)
2005 Ed. (457, 463, 580, 582)
2004 Ed. (446, 451)
2003 Ed. (458, 459, 465, 587)
2002 Ed. (512, 513, 526, 622, 633, 4382)
2001 Ed. (599)
2000 Ed. (444, 466)
1999 Ed. (264, 449, 450, 452, 474, 566)
1997 Ed. (393, 395, 414)
1996 Ed. (427, 428, 430, 451, 452)
1995 Ed. (401, 403, 426)
1994 Ed. (408, 410, 431)
1993 Ed. (417, 431)
1992 Ed. (580, 582, 613)
1991 Ed. (422, 423, 424, 427, 457)
1990 Ed. (470, 471, 472, 476, 507)
1989 Ed. (444, 445, 446, 449, 454, 486, 580)
Arab Banking Corporation
2000 Ed. (442)
Arab Banking Group
2003 Ed. (459)
Arab Centre for Marketing & Advertising
2003 Ed. (144)
2002 Ed. (177)
2001 Ed. (205)
2000 Ed. (166)
1999 Ed. (149)
Arab Insurance Group
2002 Ed. (4383, 4384)
Arab International Bank
2008 Ed. (351, 405)
2007 Ed. (363, 434)
2006 Ed. (381, 433)
2005 Ed. (419, 488)
2004 Ed. (482)
2003 Ed. (485)
2002 Ed. (554)
2000 Ed. (445, 518)
1999 Ed. (453, 506)
1997 Ed. (396, 456)
1996 Ed. (431, 493)
1995 Ed. (404, 461)
1994 Ed. (411, 470)
1993 Ed. (465)
1992 Ed. (583, 655)
1991 Ed. (428, 501)
1990 Ed. (477)
1989 Ed. (455)
Arab International Bank for Investment & Education
1999 Ed. (265)
Arab International Hotels
2000 Ed. (293)
Arab Investment Co.
1992 Ed. (594)
1989 Ed. (448, 450, 466, 582)
Arab Investment Company
1992 Ed. (729)
Arab Islamic International Bank
2002 Ed. (4455)
Arab Jordan Investment Bank
2000 Ed. (577)
1999 Ed. (566)
1991 Ed. (578)
Arab Malaysian
1999 Ed. (906)
1994 Ed. (3193)
Arab-Malaysian Finance Bhd
1999 Ed. (2436)
Arab-Malaysian Merchant Bank
2000 Ed. (1297)
1999 Ed. (1701)
1997 Ed. (1475, 3485)
1996 Ed. (566, 3391)
1995 Ed. (539, 3279)
1994 Ed. (563)
1992 Ed. (770)
1991 Ed. (2413)
1990 Ed. (2315)
1989 Ed. (613, 1781)
Arab National Bank
2008 Ed. (498)
2007 Ed. (547)
2006 Ed. (518, 4534)
2005 Ed. (603)
2004 Ed. (613)
2003 Ed. (605)
2002 Ed. (641, 4465)
2000 Ed. (453, 656)
1999 Ed. (462, 630)
1997 Ed. (405, 605)
1996 Ed. (440, 668, 669)
1995 Ed. (413, 598, 599)
1994 Ed. (408, 420, 627, 3138)
1993 Ed. (622)
1992 Ed. (594, 829)
1991 Ed. (438, 656)
1990 Ed. (489)
1989 Ed. (466)
Arab Petroleum Investments Corp.
1991 Ed. (552)
1989 Ed. (448, 582)
Arab Pharmaceutical Manufacturing
2002 Ed. (4381)
2000 Ed. (294)
1997 Ed. (241, 242)
Arab Potash
2006 Ed. (4512)
2002 Ed. (4381)
2000 Ed. (293, 294)
1999 Ed. (264)
1997 Ed. (241)
Arab Tunisian Bank
1995 Ed. (623)
1994 Ed. (655)
1993 Ed. (655)
1992 Ed. (854)
Arab Turkish Bank
1990 Ed. (494)
1989 Ed. (450, 471)
Arabian American Oil Co.
1991 Ed. (2717)
Arabian Central Establishment
2003 Ed. (144)
2002 Ed. (177)
2001 Ed. (205)
Arabian Central Establishment (BBDO)
2000 Ed. (166)
1999 Ed. (149)
Arabian General Investment Corp.
1990 Ed. (473)
1989 Ed. (448)
Arabian Gulf States
2000 Ed. (2351, 2365, 2370, 2371, 2376)
1998 Ed. (1848)
1995 Ed. (2008, 2015, 2022, 2027, 2034, 2038)
1993 Ed. (1965, 1972, 1979, 1985)
1992 Ed. (2303, 2308, 2315, 2325, 2331)
1991 Ed. (1827, 1832, 1839, 1848)
1990 Ed. (1909, 1916, 1923, 1928, 1933)
Arabian Investment Banking Corp.
1991 Ed. (425)
1989 Ed. (447, 448, 450, 451, 452, 454)
Arabian Investment Banking Corp. (Investcorp)
1990 Ed. (473, 474, 476)
Arabian Oil Co. Ltd.
1994 Ed. (3137, 3140)
Arabian Petrochemical Co.
2003 Ed. (2369)
1994 Ed. (3140)
Arabian Shield Development
1990 Ed. (3561)
Arabic
2000 Ed. (2890)
Arachon Group LP
2003 Ed. (4064)
ARACOR
2006 Ed. (4082)
Aracruz
2006 Ed. (1846, 1847)
1995 Ed. (3182)
1994 Ed. (3134)
1992 Ed. (1580, 3767)
1991 Ed. (2913)
Aracruz Celulose
2005 Ed. (1563)
Aracruz Celulose SA
2007 Ed. (1716, 1724, 1725, 1728)
Aradigm Corp.
2007 Ed. (3082)
Arafat; Yasir
2005 Ed. (4880)
Araglin
2000 Ed. (2338, 2342)
Aragonesas
2001 Ed. (1228)
Arakis Energy Corp.
1999 Ed. (3677)
1998 Ed. (2727, 2728)
Aral
2008 Ed. (2794)
2007 Ed. (2657)
Aral AG
2002 Ed. (4900)
2001 Ed. (4819)
2000 Ed. (4388)
1999 Ed. (4761)
1997 Ed. (3879)
1996 Ed. (3830)
1995 Ed. (3731)
1992 Ed. (4433)
Aral AG & Co., KG
2004 Ed. (3867)
Aral AG Konzern
1993 Ed. (3696)
Aral Mineralolvertrieb GmbH
2006 Ed. (4946)
ARAMARK Corp.
2008 Ed. (1092, 1739, 2049, 2351, 2758, 2759, 3195, 3683, 3687, 3833, 4046, 4066, 4067, 4143, 4144)
2007 Ed. (1952, 1956, 2897, 3523, 3527, 3756, 3757, 3758, 4121, 4122, 4133)
2006 Ed. (1078, 1079, 1500, 1982, 1991, 2651, 2768, 2778, 2783, 2898, 2954, 3240, 3449, 3759, 3761, 3997, 4102, 4103)
2005 Ed. (1945, 1952, 2659, 2661, 2797, 2809, 2884, 2886, 2887, 2888, 2958, 3253, 3438, 3663, 3664, 3665, 4043, 4044)
2004 Ed. (1078, 1079, 1842, 1843, 2666, 3748, 3749, 4105, 4106)
2003 Ed. (1419, 1565, 1578, 1590, 1811, 2532, 2533, 3704, 3705, 4079, 4080, 4085, 4086)
2002 Ed. (1566, 1568, 2592, 2595, 2597, 3545, 3546)
2001 Ed. (1250, 1602, 2483, 2484, 2764, 3599, 4058, 4059, 4081)

2000 Ed. (1110, 2235, 2496, 2497, 2499, 3384)
1999 Ed. (1189, 2480, 2718, 2720)
1998 Ed. (758, 1736, 1738, 1978, 1980, 2844)
1997 Ed. (2051, 2052, 2057, 2058, 2249, 2250, 2251, 3310)
1996 Ed. (1244, 1951, 3229)
ARAMARK Educational Resources Inc.
2002 Ed. (1073, 1074)
2001 Ed. (1255)
Aramark Corp. Food & Support Services
2004 Ed. (2665)
ARAMARK Global Food & Support Services
2006 Ed. (4133)
2005 Ed. (2662, 2663, 2664, 2665, 4086)
Aramark Global Food/Leisure Services
2003 Ed. (2526, 2527, 2528, 2529, 2530, 4130)
Aramark Healthcare
2008 Ed. (2905)
Aramark Innovative Dining Solutions
2007 Ed. (3203)
ARAMARK Leisure Services
2003 Ed. (4093)
ARAMARK Services Inc.
2008 Ed. (4065)
2007 Ed. (4032, 4037)
2006 Ed. (4002)
2005 Ed. (3923, 3928)
1999 Ed. (2727)
Aramark SM Management Services Inc.
2004 Ed. (1730)
ARAMARK Uniform & Career Apparel Inc.
2008 Ed. (3886)
2007 Ed. (1107, 3826)
2006 Ed. (1021, 3810, 3811, 4008)
2005 Ed. (3720, 3721)
2004 Ed. (3811, 3812)
ARAMARK Uniform & Career Apparel Group Inc.
2008 Ed. (988, 3887)
2007 Ed. (1106, 1107)
2006 Ed. (1020, 1021, 1982)
2005 Ed. (1012)
2004 Ed. (997)
Aramark Uniform Services Inc.
2003 Ed. (3798, 3799)
2001 Ed. (3728, 3729)
Aramburuzabala; Maria Asuncion
2008 Ed. (4886)
2007 Ed. (4976)
2006 Ed. (4976)
Aramco
2008 Ed. (2395, 3919, 3929, 3939)
2007 Ed. (877, 931, 2261, 3870, 3880, 3896)
2006 Ed. (3847, 3854, 3866)
2005 Ed. (3765, 3788, 3799)
1992 Ed. (3447, 3448)
Aramis Inc.
2001 Ed. (1915)
1997 Ed. (3031)
1993 Ed. (2787)
1990 Ed. (3604)
Aramis Classic
1996 Ed. (2954)
1994 Ed. (2779)
1992 Ed. (3366)
Aramis Classix
1999 Ed. (3740)
Aran Energy
1996 Ed. (2432)
1993 Ed. (1534)
Aranda Tooling Inc.
2008 Ed. (2645)
Arandas
1995 Ed. (3594)
1993 Ed. (3546)
1992 Ed. (4262)
1991 Ed. (3336)
Arandell-Corp.
1999 Ed. (3895)
Arandell-Schmidt Corp.
1999 Ed. (1045, 3889)
1992 Ed. (3531)
Aranesp
2008 Ed. (2378, 2379, 2381, 2382)
2007 Ed. (2247)
Arango; Jeronimo
2008 Ed. (4886)
2007 Ed. (4913)
2005 Ed. (4881)
Arantxa Sanchez Vicario
1998 Ed. (198, 3757)
Arapahoe House
2008 Ed. (2907)
Arappco
2005 Ed. (1203)
2004 Ed. (1176)
2003 Ed. (1168)
ARASERV Inc.
1992 Ed. (1181)
Araskog; Rand V.
1997 Ed. (982)
1993 Ed. (1698)
1992 Ed. (1141, 1145)
ARB
2008 Ed. (1567)
2004 Ed. (1280, 1290)
2002 Ed. (1267, 1271, 1274)
ARB Inc./Macco
1996 Ed. (1167)
Arbed
2000 Ed. (1394, 3019)
1995 Ed. (1359)
1994 Ed. (738, 1328, 2418, 3435)
1992 Ed. (2949, 914, 2948, 4149)
1991 Ed. (1258, 1286, 2368)
1990 Ed. (1028, 3469)
Arbed (Luxembourg)
2000 Ed. (4119)
Arbed SA
2007 Ed. (1860)
2006 Ed. (1856)
2004 Ed. (3442, 4539)
2003 Ed. (1703, 3377)
2002 Ed. (1597, 3219, 3221, 3311)
2001 Ed. (1640, 4375, 4376)
1999 Ed. (4474)
1998 Ed. (3405)
1997 Ed. (1366, 2693, 2694)
1996 Ed. (1299, 2557, 2606)
1995 Ed. (2545, 3511)
1993 Ed. (2479, 3454, 3472)
1992 Ed. (1578)
Arbed SA Schmidt
1999 Ed. (1587, 3281)
Arbeit und Wirtschaft—PSK Group; Bank fur
2008 Ed. (382)
2007 Ed. (400)
2006 Ed. (415)
2005 Ed. (462)
Arbejdernes Landsbank
2008 Ed. (404)
2007 Ed. (430)
2006 Ed. (432)
2005 Ed. (486)
2004 Ed. (479)
2003 Ed. (483)
2002 Ed. (550)
2000 Ed. (509)
1999 Ed. (501)
1997 Ed. (450)
1996 Ed. (487)
1995 Ed. (455)
1994 Ed. (467)
Arbib; Martyn
1996 Ed. (1717)
ARBIFT
1991 Ed. (443)
Arbill Industries Inc.
2007 Ed. (3594, 3595, 4443)
Arbill Safety Products Inc.
2008 Ed. (3729, 4425, 4980)
Arbinet
2001 Ed. (4766)
Arbinet Holdings Inc.
2001 Ed. (4196)
Arbinet-thexchange Inc.
2007 Ed. (4572)
Arbitech
2006 Ed. (1100)
2003 Ed. (4441)
Arbitech LLC
2004 Ed. (4434)
Arbitron Inc.
2008 Ed. (4138, 4141)
2007 Ed. (4114)
2006 Ed. (1934, 4068)
2005 Ed. (1111, 1112, 4037)
2004 Ed. (1107, 1108, 4096)
2003 Ed. (4069)
2002 Ed. (3253)
2001 Ed. (4046, 4047)
2000 Ed. (3042, 3756)
1999 Ed. (3304, 3305, 4042)
1998 Ed. (2436, 3042)
1997 Ed. (2710, 3295)
1996 Ed. (2569, 3190)
1995 Ed. (2508, 3089)
1994 Ed. (2442)
1993 Ed. (2503, 2995)
1992 Ed. (2976, 2977, 3662)
1991 Ed. (2386, 2835)
Arbitron Ratings Co.
1990 Ed. (3001)
Arbitron/SAMI/Burke
1990 Ed. (2980)
Arbo American
1999 Ed. (1142)
Arbo Goud
1999 Ed. (1142)
Arbo Half-Zwaar
1999 Ed. (1142)
Arbo Light
1999 Ed. (1142)
Arbonne International Inc.
2008 Ed. (4263)
Arbor
1990 Ed. (1552)
Arbor Custom Homes
2006 Ed. (1189)
2002 Ed. (1206)
2000 Ed. (1231)
Arbor Drugs Inc.
2003 Ed. (1814)
1999 Ed. (1056, 1922, 1925, 1930)
1998 Ed. (669, 1360, 1364, 1365)
1997 Ed. (1676, 1677)
1994 Ed. (1565)
1993 Ed. (1520)
Arbor Golden Oak Growth
2001 Ed. (3438)
Arbor Homes
2005 Ed. (1207, 1224)
2004 Ed. (1180, 1198)
2003 Ed. (1172, 1193)
2002 Ed. (1193)
Arbor Memorial Services Inc.
2003 Ed. (1640)
Arbor Mist
2006 Ed. (4961, 4962)
2005 Ed. (4931, 4932, 4951, 4952, 4958)
2004 Ed. (4966)
2003 Ed. (4965)
2002 Ed. (4942, 4956, 4959)
2001 Ed. (4880, 4884, 4889, 4892)
Arbor National Commercial Mortgage Corp.
1996 Ed. (2562)
Arbor National Holdings Inc.
1996 Ed. (2562)
1995 Ed. (2070)
Arbor Networks Inc.
2008 Ed. (4295)
2007 Ed. (4011, 4291)
2003 Ed. (4682)
Arbor Press
2005 Ed. (3885)
Arbora & Ausonia
2001 Ed. (69)
Arbortext
2006 Ed. (3022, 3036)
2005 Ed. (3028)
2003 Ed. (4682)
Arby's
2008 Ed. (2659, 2661, 2671, 4271, 4272, 4274, 4275)
2007 Ed. (4238, 4240)
2006 Ed. (4222, 4223, 4225)
2005 Ed. (2568, 4168, 4169, 4171, 4173, 4175)
2004 Ed. (2589, 2590, 4240, 4242)
2003 Ed. (2437, 2458, 2459, 4218, 4219, 4221, 4222, 4223, 4225)
2002 Ed. (2237, 2241, 2252, 4020, 4031, 4089)
2001 Ed. (2405, 2407, 2410)
2000 Ed. (2272, 3790, 3848)
1999 Ed. (2477, 4078, 4134)
1998 Ed. (3124)
1997 Ed. (3375)
1996 Ed. (3227, 3278)
1995 Ed. (3121, 3179, 3180)
1994 Ed. (3076, 3130)
1993 Ed. (3016, 3067)
1992 Ed. (2122, 3708, 3721)
1991 Ed. (1655, 1659, 1769, 2866, 2868, 2910, 3319)
1990 Ed. (3015, 3542)
The Arc
2004 Ed. (932)
1996 Ed. (912)
Arc Associates
2002 Ed. (1355)
ARC-Association for Retarded Citizens
1994 Ed. (904, 910, 2677, 2678)
ARC Energy Trust
2006 Ed. (4857)
ARC Excess & Surplus
2001 Ed. (2909)
ARC Excess & Surplus LLC
2008 Ed. (3245)
ARC International
2005 Ed. (2881)
2001 Ed. (2505)
ARC of Anchorage
2003 Ed. (4395)
The Arc of the United States
2008 Ed. (3788, 3793)
1999 Ed. (295)
Arc welding
1989 Ed. (2346)
Arc Worldwide
2008 Ed. (3597)
2007 Ed. (3431)
2006 Ed. (3415, 3419)
Arca Embotelladora
2005 Ed. (1840)
Arcadia Health Services Inc.
2002 Ed. (2589)
2001 Ed. (2753)
2000 Ed. (2491)
1999 Ed. (2707)
Arcadia Petroleum Ltd.
2002 Ed. (4900)
Arcadia Retirement Residence
2007 Ed. (1749)
Arcadia Services Inc.
2001 Ed. (4502)
2000 Ed. (4227)
1999 Ed. (4575)
Arcadia Supply Inc.
1994 Ed. (2178)
Arcadian
1999 Ed. (3847)
1998 Ed. (1553)
1995 Ed. (1499)
1993 Ed. (1410, 3689)
Arcadian Partners
1998 Ed. (2878)
1994 Ed. (1753)
Arcadian Partners L.P.
1995 Ed. (1784)
Arcadis G & M Inc.
2008 Ed. (1758, 2603)
2007 Ed. (1729)
2004 Ed. (2439)
Arcadis Geraghty & Miller Inc.
2002 Ed. (2133, 2151)
2001 Ed. (2304)
Arcadis Giffels
2001 Ed. (409)
Arcadis NV
2008 Ed. (1308, 1309, 2552, 2557, 2559, 2561, 2562, 2564, 2566, 2568)
2007 Ed. (2414, 2416, 2425, 2430, 2432, 2434, 2435, 2437, 2440, 2441)
2006 Ed. (2460, 2465, 2467, 2469, 2470, 2474, 2475, 2476, 2504, 2505)
2005 Ed. (2421, 2425, 2427, 2430, 2434, 2435)

2004 Ed. (2329, 2331, 2333, 2342, 2347, 2379, 2387, 2393, 2395, 2398, 2402, 2403)
2003 Ed. (2296, 2305, 2312, 2314, 2317, 2321, 2322, 2323)
2000 Ed. (1811, 1814, 1816, 1822)
Arcadis/Pinnacleone
2008 Ed. (2543)
Arcata
1991 Ed. (2766)
Arcata Graphics
1993 Ed. (2918, 2919)
1992 Ed. (3536)
1990 Ed. (2903, 2904, 3557)
Arcelik
2006 Ed. (3229)
1999 Ed. (3120)
1997 Ed. (2576)
1996 Ed. (2433)
1994 Ed. (2335, 2336)
1993 Ed. (2369, 2370)
1992 Ed. (2811)
1991 Ed. (2266)
Arcelik AS
2008 Ed. (3586)
2006 Ed. (3406)
Arcelor
2008 Ed. (1427, 3660, 3661)
2007 Ed. (1696, 1781, 1861, 3486, 3487, 3488, 3489)
2006 Ed. (1857, 1980, 3340, 3464, 3465)
2005 Ed. (1799, 3456)
2004 Ed. (3442)
Arcelor Brasil SA
2008 Ed. (3551)
Arcelor Mittal
2008 Ed. (1892, 1966, 3572, 4532)
Arcelor SA
2008 Ed. (1410, 1418, 3569)
2007 Ed. (1860)
2006 Ed. (1856, 3390)
2005 Ed. (1564)
Arch
2001 Ed. (1212)
Arch America
2000 Ed. (965)
1999 Ed. (1011)
1998 Ed. (609)
Arch Capital Group Ltd.
2008 Ed. (3284)
2007 Ed. (3102, 3173)
Arch Chemicals Inc.
2008 Ed. (3186)
2005 Ed. (937)
2004 Ed. (947)
Arch Coal Inc.
2008 Ed. (1016, 1950, 1956)
2007 Ed. (1130, 1134, 1135, 1136, 1523, 1554, 3213, 3411, 3848, 4558)
2006 Ed. (1042, 1047, 1902, 1903, 1909)
2005 Ed. (1032, 1033, 1038, 1879, 1889, 3454)
2004 Ed. (1024, 1025, 1031)
2003 Ed. (1028)
2001 Ed. (1291)
2000 Ed. (1127, 1129)
Arch Communications
1998 Ed. (2984)
1996 Ed. (3150)
Arch Crawford, Crawford Perspectives
1990 Ed. (2366)
Arch Equity Income Inc A
1999 Ed. (3545)
Arch Fd-Equity Index
2000 Ed. (3261)
Arch Growth & Income Inv.
1996 Ed. (613)
Arch Mineral Corp.
1998 Ed. (782)
Arch of Illinois
1993 Ed. (1002)
Arch of Illinois, Captain mine
1990 Ed. (1072)
Arch of Wyoming LLC
2003 Ed. (1028, 1858)
Arch Reinsurance Co.
2005 Ed. (3148)
2002 Ed. (3948, 3949, 3951)
Arch Specialty Insurance Co.
2008 Ed. (3262)
2006 Ed. (3099)
Arch: U.S. Government Securities INV
1993 Ed. (2685)
ARCH Venture Partners
2006 Ed. (4880)
ARCH Venture Partners LP
1999 Ed. (1967, 4704)
Arch Western Resources LLC
2008 Ed. (1016)
Arch Wireless
2005 Ed. (4637)
Archadeck
2008 Ed. (3003)
2007 Ed. (782)
2006 Ed. (685)
2005 Ed. (781, 2960)
2004 Ed. (800)
2003 Ed. (782)
2002 Ed. (2059)
Archadeck of Charlotte
2005 Ed. (1162)
2003 Ed. (2861)
Archadeck/U.S. Structures
2003 Ed. (2861)
Archdiocese of Chicago
1990 Ed. (2724)
Archdiocese of New York
1995 Ed. (2802)
Arche Cosmetics Co.
2006 Ed. (36)
2005 Ed. (29)
Arche Group
2008 Ed. (32)
2007 Ed. (27)
Archer Co.
1992 Ed. (1387)
Archer & Co. Ltd.; A. J.
1993 Ed. (2456, 2458)
1992 Ed. (2898, 2900)
Archer & Greiner, PC
2002 Ed. (3060)
2000 Ed. (2900)
Archer Coach Inc.
1992 Ed. (4370)
Archer Communications, Inc.
1992 Ed. (3314, 3315)
The Archer Cooperative Credit Union
2008 Ed. (2212)
2006 Ed. (2155, 2160, 2169)
2003 Ed. (1895)
Archer-Daniels
1990 Ed. (1813, 1819)
1989 Ed. (1446, 1452)
Archer Daniels Midland Co.
2008 Ed. (564, 1663, 1799, 1800, 2358, 2362, 2731, 2735, 2739, 2740, 2749, 2750, 2755, 4695)
2007 Ed. (613, 1654, 1769, 1770, 2596, 2600, 2605, 2607, 2608, 2609, 2611, 2619, 2620, 4778)
2006 Ed. (1215, 1639, 1762, 1763, 2623, 2624, 2626, 2628, 2630, 2631, 2632, 2634, 2635, 2893)
2005 Ed. (1366, 1732, 1791, 1792, 2627, 2628, 2630, 2631, 2633, 2636, 2637, 2645, 2647, 2751, 2752)
2004 Ed. (1350, 1449, 1731, 1732, 2633, 2636, 2637, 2639, 2640, 2645, 2647, 2655, 2656, 2756, 2757)
2003 Ed. (1696, 2504, 2508, 2510, 2511, 2516, 2519, 2521, 2522)
2002 Ed. (2292, 2299, 2300, 2309, 2310, 4789)
2001 Ed. (1042, 1556, 1731, 2458, 2461, 2463, 2465, 2470, 2474)
2000 Ed. (1454, 2214, 2216, 2218, 2220, 2227)
1999 Ed. (711, 1489, 1551, 1601, 1653, 2456, 2461, 2463, 2469, 2470, 4693)
1998 Ed. (718, 1092, 1094, 1134, 1144, 1523, 1710, 1715, 1718, 1723, 1730, 1731)
1997 Ed. (977, 1334, 1428, 1807, 1814, 1816, 2024, 2025, 2028, 2029, 2046)
1996 Ed. (956, 1377, 1727, 1928, 1931, 1932, 1935)
1995 Ed. (976, 1415, 1748, 1883, 1885, 1886, 1888, 1891)
1994 Ed. (195, 944, 1386, 1731, 1859, 1862, 1864, 1865, 1867, 1880)
1993 Ed. (931, 935, 1331, 1718, 1872, 1873, 1875, 1876, 1882)
1992 Ed. (1133, 2077, 2174, 2177, 2179, 2182, 2175)
1991 Ed. (922, 1640, 1733, 1735, 1736, 1739)
1990 Ed. (1298, 1815, 1817, 1822)
1989 Ed. (1444, 1450)
Archer Daniels Midlands Co.
1991 Ed. (1732)
Archer Depot Credit Union
2004 Ed. (1934)
archer malmo
2006 Ed. (4329)
Archer Western Contractors
2008 Ed. (1292, 1323, 1336)
2006 Ed. (1306)
archer>malmo
2007 Ed. (4393)
Archery
1994 Ed. (3369)
Archery equipment
1997 Ed. (3555)
Archibald Candy Corp.
2003 Ed. (964)
1993 Ed. (3733)
1992 Ed. (4483)
1991 Ed. (3514)
Archibald; N. D.
2005 Ed. (2493)
Archibald; Nolan
1989 Ed. (2340)
Archibald; Noland D.
1993 Ed. (936)
Archibald's Inc.
2003 Ed. (4441)
Archie Aldis Emmerson
2007 Ed. (4902)
2006 Ed. (4906)
2005 Ed. (4852)
2004 Ed. (4867)
2003 Ed. (4883)
Archie (Red) Emmerson
2005 Ed. (4022)
Archipelago
2006 Ed. (4480)
2003 Ed. (4682)
Archipelago Holdings
2008 Ed. (2858)
2007 Ed. (1652, 2728)
2006 Ed. (4680)
Architect
2008 Ed. (4708)
2004 Ed. (2275)
Architects Collaborative Inc., TAC; The
1990 Ed. (278)
Architects Hawaii Ltd.
2007 Ed. (1750)
Architectural design
1996 Ed. (2881)
1995 Ed. (2816)
Architectural Digest
2007 Ed. (145, 147, 3402)
2006 Ed. (153)
2004 Ed. (3338)
2003 Ed. (3273)
2000 Ed. (3477)
Architectural Glass & Aluminum Co., Inc.
2008 Ed. (1259, 2821)
2007 Ed. (1362, 2696)
2006 Ed. (1284)
2005 Ed. (1314, 2733)
2004 Ed. (1307)
2003 Ed. (1304)
2002 Ed. (1292)
2001 Ed. (1476)
2000 Ed. (2343)
1996 Ed. (2027)
Architectural Hardware Supply Inc.
2008 Ed. (3693, 4366)
Architectural intern
2004 Ed. (2275)
Architectural manager
2004 Ed. (2275)
Architectural Nexus
2008 Ed. (266, 267)
2006 Ed. (287)
Architectural Products Sales Co. Inc.
1996 Ed. (2027)
Architectural Record
2008 Ed. (4708)
2007 Ed. (4791)
2006 Ed. (756)
2005 Ed. (139, 140)
2004 Ed. (856)
2003 Ed. (814)
2000 Ed. (3483)
1999 Ed. (3757, 3758)
Architectural Wall Solutions Inc.
2006 Ed. (1284)
2005 Ed. (1314, 2733)
2004 Ed. (1307)
Architectural Wall Systems Co.
2007 Ed. (2696)
Architecture
2007 Ed. (4791)
2005 Ed. (3635, 3636, 3662)
2000 Ed. (200, 2627)
1999 Ed. (2864, 4554)
Archive
1994 Ed. (1512)
1993 Ed. (1052, 3004)
1992 Ed. (1312, 1314)
1991 Ed. (1020, 1024)
1990 Ed. (1113, 1118)
1989 Ed. (970, 971)
ArchivesOne
2005 Ed. (4036)
Archiving & cash management
1998 Ed. (290)
Archon Corp.
2004 Ed. (4586)
Archstone Com. Trust
2000 Ed. (3727)
Archstone Communities
2002 Ed. (325, 1622, 3927, 3928)
2000 Ed. (305, 306)
Archstone Communities Trust
2004 Ed. (1678, 1679)
2003 Ed. (1648, 1649)
2002 Ed. (1625)
Archstone-Smith
2008 Ed. (258, 259)
2007 Ed. (282, 283)
2003 Ed. (287, 288, 289, 4059)
Archstone-Smith Trust
2008 Ed. (1676, 1683, 1684)
2007 Ed. (284, 1663, 1664, 3527, 4084)
2006 Ed. (278, 280, 281, 1647, 1648, 1654, 1655, 4046)
2005 Ed. (257, 258, 1736, 1737, 4008, 4009, 4010, 4017, 4018)
2004 Ed. (255, 256, 4079, 4084)
2003 Ed. (1642, 4060)
Archway
2005 Ed. (1397)
2003 Ed. (1368)
1998 Ed. (990)
1995 Ed. (1205)
ARCO
2005 Ed. (1489, 1524)
2000 Ed. (3520, 3521, 3522, 3523, 3524, 3525, 3526, 3527, 3528, 3529, 3530, 3533, 3534)
1999 Ed. (1412, 2568, 2569, 2575, 2576, 3112, 3795, 3796, 3797, 3798, 3799, 3800, 3801, 3802, 3803, 3804, 3806, 3810, 3815, 3816)
1998 Ed. (1801, 1806, 1815, 1816, 2710, 2817, 2818, 2820, 2823, 2825, 2826, 2827, 2828, 2829, 2831, 2837, 2840)
1997 Ed. (2116, 2118, 2125, 2126, 3083, 3084, 3085, 3086, 3087, 3088, 3089, 3090, 3092, 3093, 3094, 3101, 3108, 3109)
1996 Ed. (1540, 1997, 1998, 2005, 2006, 3004, 3006, 3008, 3009, 3010, 3011, 3012, 3013, 3018, 3024, 3026)
1995 Ed. (1970, 1971, 1982, 1983, 2909, 2911, 2912, 2913, 2914, 2915, 2916, 2917, 2918, 2920, 2924, 2930, 2931)

1994 Ed. (1316, 1628, 1629, 1942, 1943, 1956, 1957, 2413, 2842, 2843, 2844, 2845, 2846, 2847, 2848, 2849, 2850, 2851, 2852, 2858, 2862, 2863, 2867, 2868)
1993 Ed. (1919, 1920, 1929, 1931, 2701, 2824, 2827, 2831, 2834, 2835, 2836, 2837, 2838, 2839, 2840, 2847)
1992 Ed. (2260, 2261, 2269, 2270, 3297, 3426, 3428, 3429, 3430, 3431, 3432, 3433, 3434, 3438)
1991 Ed. (1787, 1789, 2715, 2716, 2721, 2728)
1990 Ed. (1341, 1659, 1660, 1875, 1877, 1884, 1885, 1892, 2673, 2674, 2827, 2828, 2834, 2836, 2837, 2838, 2839, 2840, 2841, 2842, 2845, 2852, 2853, 2856, 2857)
1989 Ed. (948, 1495, 1496, 1501, 1502, 2207, 2210, 2211, 2212, 2213, 2214, 2215, 2223, 2224)
Arco Alaska Inc.
2001 Ed. (1608, 1609)
1993 Ed. (960)
1991 Ed. (219)
ARCO (Atlantic Richfield Corp.)
1991 Ed. (1800, 1801, 2723, 2724, 2725, 2726, 2727, 2730, 2731, 2736)
1990 Ed. (1662)
Arco Building Systems Inc.
2005 Ed. (1175)
Arco Chemical Co.
2000 Ed. (1653)
1999 Ed. (1080, 1081, 1824, 3708)
1998 Ed. (693, 697, 698, 699, 1253)
1997 Ed. (951)
1995 Ed. (950)
1994 Ed. (914, 919)
1993 Ed. (900, 905)
1992 Ed. (1108, 1109, 2102, 2102, 2103, 3457)
1991 Ed. (900, 905)
1990 Ed. (930, 933, 934, 938, 947)
1989 Ed. (874, 879, 886, 1141, 2369)
ARCO Coal Co.
2000 Ed. (1127)
1999 Ed. (1208)
1998 Ed. (782)
1992 Ed. (1233)
1990 Ed. (1069)
1989 Ed. (949)
ARCO Construction Co. Inc.
2003 Ed. (1257, 1259)
2002 Ed. (1188)
Arco EC-1
1991 Ed. (2579)
Arco Electric
2006 Ed. (1350)
ARCO Foundation
1989 Ed. (1472, 1473)
ARCO Pipe Line Co.
1999 Ed. (3828, 3829)
1998 Ed. (2857, 2858)
1996 Ed. (3043)
1995 Ed. (2949)
1994 Ed. (2875, 2879)
1993 Ed. (2854, 2855, 2856, 2857, 2858, 2859, 2861)
1992 Ed. (3462, 3463, 3465, 3466, 3469, 3924)
1991 Ed. (2742, 2743, 2744, 2745, 2746, 2748)
1990 Ed. (2869)
1989 Ed. (2232, 2233)
ARCO/Prestige Stations Inc.
2001 Ed. (1489)
Arco Refinery
2000 Ed. (3733)
ARCO Tower
1990 Ed. (2732)
ARCO Trans. Alaska
1993 Ed. (3217)
ARCO Transportation Alaska Inc.
2001 Ed. (3801)
1999 Ed. (3835)
1998 Ed. (2863, 2865, 2866)
1997 Ed. (3121, 3122)
1996 Ed. (3038, 3043)
1995 Ed. (2940, 2942, 2943, 2944, 2945, 3305, 3312, 3317)
1994 Ed. (2875, 2876, 2877, 2878, 2879, 2880, 3223, 3237)
Arcom Electronics Inc.
2003 Ed. (2750)
2002 Ed. (2538, 2546)
1992 Ed. (2406, 2407)
Arcont IP
2008 Ed. (2071)
Arcor
2003 Ed. (753)
Arcosolar
1992 Ed. (4022)
Arcot Systems
2002 Ed. (4205)
ARCS Commercial Mortgage Co.
2001 Ed. (3350)
ArcSight
2006 Ed. (4266)
Arctic Cat Inc.
2005 Ed. (243, 244)
2004 Ed. (240, 241)
Arctic Express
2002 Ed. (3944)
Arctic Fjord Inc.
2006 Ed. (2612)
2005 Ed. (2614)
2004 Ed. (2624, 2625)
Arctic Gaiesti
2002 Ed. (4459)
Arctic Lights
2000 Ed. (2338)
Arctic Lites
2000 Ed. (2342)
Arctic Slope Regional Corp.
2008 Ed. (1546)
2007 Ed. (1567)
2006 Ed. (1538)
2005 Ed. (1356, 1647)
2004 Ed. (1348, 1621)
2003 Ed. (1606)
2001 Ed. (1609)
Arctic Slope Regional Construction Co.
2005 Ed. (1647)
2004 Ed. (1621)
2003 Ed. (1606)
ARD
1993 Ed. (820)
Ardaman & Associates Inc.
2002 Ed. (2129)
Ardco Field Services LLC
2005 Ed. (3914)
Ardell Surgi Cream
2003 Ed. (2673)
Ardell Surgi Wax
2003 Ed. (2673)
Arden Advisors
1996 Ed. (2097)
Arden Group Inc.
2005 Ed. (360, 4560, 4561)
2004 Ed. (4632)
1994 Ed. (3461)
1993 Ed. (3486)
1992 Ed. (4164)
1991 Ed. (3254)
1990 Ed. (3494)
Arden Industrial Products
1997 Ed. (2977)
Arden Realty Inc.
2003 Ed. (4064)
Arden Realty Group Inc.
1999 Ed. (2624, 3265)
Ardent Health Services
2006 Ed. (3586)
2003 Ed. (3467)
Ardent Health Services LLC
2006 Ed. (2925)
2005 Ed. (2915)
Ardesta
2004 Ed. (4831)
Ardmore Development Authority
1996 Ed. (2239, 2240)
Ardorno & Yoss
2008 Ed. (3703, 4378)
2007 Ed. (3545, 4406)
2006 Ed. (3507)
Ardouin Pierre
2004 Ed. (1720)
2002 Ed. (1657)
Ardrey Inc.
1992 Ed. (3572)
1989 Ed. (2258)
Ardriatica de Seguros
1996 Ed. (2290)
Ardsley
1996 Ed. (2098)
Ardsley Partners
1993 Ed. (2296)
Area Erectors Inc.
2008 Ed. (1266)
2007 Ed. (1370)
2006 Ed. (1294)
2005 Ed. (1322)
2004 Ed. (1317)
2003 Ed. (1317)
2002 Ed. (1299)
2001 Ed. (1482)
Area sales manager
2004 Ed. (2285)
Areces; Ramon
1990 Ed. (730)
Aref Associates
1999 Ed. (2994)
1998 Ed. (2218)
Arellano/BSB de Mexico
1992 Ed. (179)
Arellano/BSB Publicidad
1994 Ed. (101)
Arellano/Ted Bates Publicidad
1990 Ed. (127)
AremisSoft Corp.
2002 Ed. (2431)
The Arena at Gwinnett Center
2006 Ed. (1156)
Arena Communications
2007 Ed. (99)
Arena Oberhausen
1999 Ed. (1297)
Arena Resources Inc.
2008 Ed. (2864, 3898)
2007 Ed. (4587)
Arendscor Inc.
1992 Ed. (1476)
Arent Fox Kintner Plotkin & Kahn
2003 Ed. (3193, 3195)
2001 Ed. (788)
1993 Ed. (2406)
1992 Ed. (2847)
1991 Ed. (2294)
1990 Ed. (2428)
Arepa Inc.
2001 Ed. (2861)
ARES Group Inc.
2008 Ed. (3689)
ARES International Security
2008 Ed. (4295)
Areva Group
2008 Ed. (1762, 2506, 2507)
2007 Ed. (1442, 1734, 2391)
Argenaria
2000 Ed. (753)
Argenbright Security West Inc.
2000 Ed. (3907)
1999 Ed. (4175)
Argenfond Corto Plazo
2003 Ed. (3615)
Argent
2002 Ed. (4768, 4770, 4771, 4772)
2001 Ed. (4711, 4712, 4713)
Argent Mortgage
2006 Ed. (3558, 3562, 3563)
Argenta
1992 Ed. (2324)
Argenta Spaarbank
1996 Ed. (454)
1994 Ed. (434)
1993 Ed. (434)
1992 Ed. (616)
Argentaria
2000 Ed. (665, 752, 1557)
1999 Ed. (639, 739, 740, 1733, 1735)
1997 Ed. (617, 683, 684, 1510, 1511)
1996 Ed. (683, 751, 752, 1446)
Argentaria, Corp. Bancaria de Espana
2000 Ed. (1555)
Argentaria Caja Postal y Banco Hipotecario SA
2005 Ed. (2940, 3282, 4090)
2002 Ed. (721, 722, 4471, 4472, 4473, 4474, 4475)
Argentaria (Corporacion Bancaria de Espana SA)
2001 Ed. (1852, 1853, 1854, 3512)
Argentaria Group
1995 Ed. (609, 1488)
Argentina
2008 Ed. (260, 460, 867, 903, 1389, 2193, 2727, 2924, 3038, 3163, 3448, 3521, 3593, 3619, 3671, 3807, 3832, 3863, 4246, 4258, 4327, 4466, 4468, 4469, 4554, 4556, 4557, 4558, 4587, 4601, 4602, 4622, 4623, 4917, 4995)
2007 Ed. (285, 500, 890, 920, 1439, 1854, 2082, 2590, 2797, 2798, 2829, 2917, 3429, 3440, 3444, 3714, 3789, 4210, 4229, 4372, 4484, 4486, 4488, 4606, 4608, 4609, 4610, 4676, 4689, 4692, 4693, 4861, 4940, 4996)
2006 Ed. (282, 484, 801, 839, 1407, 2134, 2237, 2328, 2614, 2805, 2806, 2825, 2895, 3015, 3411, 3425, 3429, 3731, 3756, 3791, 4306, 4420, 4424, 4425, 4508, 4619, 4621, 4622, 4623, 4656, 4671, 4672, 4858, 4995)
2005 Ed. (563, 886, 920, 930, 1422, 2539, 2540, 2616, 2766, 2824, 2883, 3021, 3402, 3415, 3419, 3614, 3658, 3702, 4146, 4363, 4403, 4407, 4408, 4538, 4540, 4541, 4542, 4590, 4603, 4606, 4607, 4729, 4787, 4970, 4971, 4977, 4997)
2004 Ed. (897, 938, 1401, 1908, 1910, 2626, 2814, 2823, 2905, 3259, 3395, 3402, 3406, 3703, 3747, 3784, 4413, 4458, 4462, 4463, 4540, 4542, 4604, 4606, 4607, 4608, 4652, 4656, 4813, 4888, 4991)
2003 Ed. (562, 871, 930, 1386, 1494, 1875, 1877, 1880, 2214, 2215, 2493, 2702, 2795, 3213, 3332, 3336, 3658, 3703, 3759, 4401, 4495, 4497, 4628, 4672, 4970, 4971, 4972)
2002 Ed. (679, 1474, 1815, 1820, 4972, 4973, 4974)
2001 Ed. (395, 511, 512, 518, 1128, 1137, 1174, 1227, 1341, 1509, 1938, 1951, 2156, 2373, 2451, 2696, 2697, 2759, 2873, 3240, 3244, 3299, 3369, 3558, 3596, 3659, 3846, 3950, 4121, 4229, 4309, 4317, 4319, 4398, 4400, 4401, 4402, 4440, 4446, 4447, 4591, 4592, 4647, 4909, 4910, 4936)
2000 Ed. (1614, 1901, 2348, 2361, 2368, 2369, 4425)
1999 Ed. (385, 1464, 1763, 1785, 2105)
1998 Ed. (1032, 1732, 2749)
1997 Ed. (941, 1546, 1557, 1791, 3912)
1996 Ed. (1221, 1481, 2647, 3433, 3436, 3870, 3871)
1995 Ed. (1244, 1522, 1735, 1740, 1741, 2007, 2014, 2033, 3214, 3418, 3421, 3578, 3634, 3773, 3774)
1994 Ed. (200, 1490, 1987, 2359, 2364)
1993 Ed. (844, 858, 1964, 1971, 1978, 1984, 2366, 2412, 3725, 3726)
1992 Ed. (2095, 2307, 2314, 2330, 2854, 3000, 4474, 4475)
1991 Ed. (1831, 1838, 1847, 3507, 3508)
1990 Ed. (1451, 1475, 1908, 1915, 1922, 1932, 2497, 3610, 3699, 3700)
1989 Ed. (1180, 2964, 2965)
Argentina Fund
1994 Ed. (2649)
Argentina; Presidency of
2007 Ed. (17)
Argo Bancorp
2003 Ed. (521)

Argo FSB
2001 Ed. (4524, 4525, 4526)
Argon Engineering
2005 Ed. (2159)
Argon Networks
2000 Ed. (1753, 4340)
Argon ST
2008 Ed. (2156, 4606)
Argon Street
2007 Ed. (2734)
Argonaut AEC
1991 Ed. (1053)
1990 Ed. (1161)
Argonaut Group
1995 Ed. (2318, 2321)
1994 Ed. (2276, 2279, 3223)
1993 Ed. (2239, 3217)
1992 Ed. (2681, 2683)
1991 Ed. (2127)
1990 Ed. (2253, 2254, 3243)
1989 Ed. (1732, 2469, 2470)
Argonaut Insurance Co.
2000 Ed. (2729)
1999 Ed. (2977)
1992 Ed. (2682)
Argonne
1995 Ed. (1538)
Argonne Credit Union
1993 Ed. (1452)
Argonne National Lab
1996 Ed. (1049, 3193)
1994 Ed. (1059, 3047)
1993 Ed. (3001)
1992 Ed. (1284, 3670)
1991 Ed. (1005, 2834)
1990 Ed. (1097, 2998)
Argonne National Laboratory
1995 Ed. (1074, 3096)
1991 Ed. (915)
Argos
2008 Ed. (698, 704)
2007 Ed. (726, 732)
2006 Ed. (4493)
2002 Ed. (47)
2001 Ed. (4115)
Argos Group
1999 Ed. (288)
Argosy Casino & Hotel
2002 Ed. (3990)
Argosy Gaming Co.
2006 Ed. (1900, 2495)
2005 Ed. (1879, 1886, 2709, 2710)
2004 Ed. (2716, 2717, 4569)
2003 Ed. (2337, 2340)
Argosz
2001 Ed. (2924)
Argotek
2007 Ed. (2173)
2006 Ed. (2249)
Argrett Enterprises, Inc.
1990 Ed. (736)
Argus
2008 Ed. (833)
Argus Insurance Co.
2006 Ed. (4486)
2002 Ed. (4385, 4386)
Argus Janitorial Service Inc.
2008 Ed. (4989)
Argus Press Ltd.
1995 Ed. (1012)
1994 Ed. (1000)
Argus Research
2006 Ed. (3190)
Arguss Communications Inc.
2004 Ed. (2770)
Argy, Wiltse & Robinson
2008 Ed. (13)
The Argyle
1999 Ed. (2761)
Argyll
1992 Ed. (4178)
The Argyll Consultancies
1999 Ed. (3937)
1997 Ed. (3200)
1996 Ed. (3124)
1995 Ed. (3021)
1994 Ed. (2963)
Argyll Group
1994 Ed. (3260)
Argyll Group PLC
1991 Ed. (3110)
1990 Ed. (3265)
Argyll (incl. Mojo, Snow King)
1990 Ed. (3055, 3499, 3500)
ARI
1996 Ed. (2696, 2697)
1995 Ed. (2620)
1994 Ed. (2565)
1993 Ed. (2602, 2604)
1990 Ed. (2617)
ARI Holdings Inc.
1997 Ed. (233)
Aria
2000 Ed. (1640)
Aria Technik and Installationen AG
1996 Ed. (1110)
Aria Technik und Installationen Ag
1994 Ed. (1122)
ARIAD Pharmaceuticals
1996 Ed. (3304, 3778)
Ariadna
1995 Ed. (2283)
Ariadne Australia
1990 Ed. (3470)
Arial Systems Corp.
2001 Ed. (2854, 2855)
Arianespace
2001 Ed. (4320)
Arianespace SA
2008 Ed. (163)
Ariba Inc.
2005 Ed. (1678, 1679)
2004 Ed. (1533, 2489)
2003 Ed. (2160, 2181, 2703)
2001 Ed. (2164, 4181, 4182, 4184, 4186)
Ariba Technologies
2001 Ed. (1249, 2861)
Aricept
1999 Ed. (1890, 1910, 3325)
Ariel
2008 Ed. (717, 2291)
2006 Ed. (4560)
2005 Ed. (4485)
2002 Ed. (767, 2227)
2001 Ed. (1011)
1999 Ed. (789, 1839)
1996 Ed. (776, 1541)
1994 Ed. (748, 1525)
1993 Ed. (741)
1992 Ed. (925, 1799, 2356)
Ariel Appreciation
2007 Ed. (4469)
2006 Ed. (4406)
2004 Ed. (4444)
1999 Ed. (3505, 3569)
Ariel Appreciation Fund
2000 Ed. (3223, 3282)
Ariel Automatic Powder
1991 Ed. (3326)
Ariel Capital
1996 Ed. (2418, 2656, 3877)
Ariel Capital Management Inc.
2004 Ed. (172, 2034, 3196)
2003 Ed. (216)
2002 Ed. (712)
1990 Ed. (2342, 2345, 2350)
Ariel Capital Management LLC
2008 Ed. (180)
2007 Ed. (197, 3537)
2006 Ed. (191, 3499, 3511, 4350)
Ariel Fund
2007 Ed. (4469)
2004 Ed. (4445)
Ariely Advertising
1997 Ed. (105)
Ariely Communication Group
1993 Ed. (113)
1992 Ed. (167)
Ariely Communications
1991 Ed. (115)
Ariely Communications Group
1989 Ed. (123)
Ariens
2002 Ed. (3062, 3064, 3066)
1998 Ed. (2545)
Arig Re
2001 Ed. (2954)
Arima Computer
2000 Ed. (2644)
Arimilli; Ravi
2006 Ed. (1003)
Arinc Inc.
2008 Ed. (1366)
2007 Ed. (1410)
2006 Ed. (1372)
ARIS Corp.
2002 Ed. (1380)
Arisawa Manufacturing
2007 Ed. (1832)
Arison Foundation Inc.
2000 Ed. (2262)
Arison; M. M.
2005 Ed. (2479)
Arison; Micky
2008 Ed. (935, 2639, 4833)
2007 Ed. (989, 4904)
2006 Ed. (899, 4909)
2005 Ed. (967, 4855)
Arison; Shari
2008 Ed. (4887)
2007 Ed. (4921)
2006 Ed. (4928)
2005 Ed. (4886)
Arison; Ted
1991 Ed. (2461)
1990 Ed. (2576, 2577)
1989 Ed. (2751, 2905)
Arison; Ted and Lin
1994 Ed. (892)
Arista
1991 Ed. (2739)
AristaSoft Corp.
2002 Ed. (2472)
Aristata Equity
2004 Ed. (3590)
Aristech
1990 Ed. (1978)
1989 Ed. (876, 877, 881)
Aristech Acrylics LLC
2001 Ed. (3818)
Aristech Acrylilcs LLC
2002 Ed. (3720)
Aristech Chemical
1990 Ed. (933, 934, 942, 1297, 3448)
1989 Ed. (885)
Aristo Developers Ltd.
2006 Ed. (4496)
Aristoc
1995 Ed. (2131)
The Aristocats
1998 Ed. (3673)
Aristocrat
1999 Ed. (796, 2586, 4124)
1998 Ed. (493, 3108)
1997 Ed. (3366)
1993 Ed. (3057)
Aristocrat Brandy
2004 Ed. (765)
2003 Ed. (755)
2002 Ed. (769)
2001 Ed. (1012)
2000 Ed. (801)
Aristocrat Gin
2004 Ed. (2730)
2003 Ed. (2609)
2002 Ed. (2399)
Aristocrat Leisure
2008 Ed. (1564, 1567)
2007 Ed. (1588)
Aristocrat Vodka
2002 Ed. (290)
2000 Ed. (4354)
1999 Ed. (4724)
Aristokraft Inc.
1992 Ed. (2819)
Ariston
2006 Ed. (4999)
1996 Ed. (1563)
Ariston Convertible Securities
2004 Ed. (3601, 3602)
Aristos Logic
2006 Ed. (1102)
Aristotle
2008 Ed. (819, 2853)
2007 Ed. (2723)
2005 Ed. (1613, 4383)
Aritech Corp.
1993 Ed. (2491)
Aritmos
1994 Ed. (246)
Aritzia
2008 Ed. (1583)
Ariyeli Communications Group
1990 Ed. (117)
Arizona
2008 Ed. (1025, 2642, 2832, 3280, 3281, 3469, 3482, 3829, 4009, 4356, 4492, 4594, 4596, 4598, 4600, 4733, 4914, 4996)
2007 Ed. (2165, 2166, 2371, 2702, 3372, 3515, 3648, 3748, 3992, 4021, 4511, 4687, 4690, 4691, 4804, 4937, 4997)
2006 Ed. (1058, 2707, 2755, 2834, 3109, 3137, 3483, 3584, 3749, 3934, 3982, 4454, 4476, 4477, 4666, 4670, 4865, 4931, 4996)
2005 Ed. (386, 387, 388, 389, 390, 393, 403, 404, 406, 407, 416, 442, 444, 445, 1076, 1078, 1079, 1081, 2527, 2840, 2919, 3298, 3484, 3524, 3651, 3871, 4198, 4199, 4202, 4205, 4206, 4207, 4208, 4209, 4225, 4227, 4229, 4230, 4235, 4239, 4241, 4448, 4604, 4723, 4898, 4928, 4929)
2004 Ed. (369, 371, 374, 377, 378, 380, 381, 382, 383, 393, 397, 437, 438, 439, 775, 886, 1071, 1074, 1075, 1077, 1091, 1904, 2293, 2317, 2566, 2568, 2572, 2744, 2929, 2971, 3291, 3292, 3299, 3477, 3489, 3525, 3923, 4263, 4266, 4267, 4268, 4269, 4270, 4273, 4274, 4275, 4276, 4292, 4296, 4297, 4305, 4307, 4308, 4481, 4499, 4500, 4502, 4701, 4702, 4848, 4885, 4948, 4949)
2003 Ed. (390, 391, 392, 395, 400, 404, 406, 408, 409, 415, 1061, 1066, 1068, 2625, 2751, 2838, 3235, 3237, 3420, 3459, 3895, 4232, 4247, 4248, 4249, 4250, 4251, 4252, 4253, 4254, 4255, 4256, 4284, 4288, 4289, 4290, 4297, 4418, 4419, 4424, 4520, 4675, 4723, 4724, 4868, 4944, 4945)
2002 Ed. (441, 446, 447, 449, 452, 454, 456, 457, 462, 465, 472, 495, 702, 1802, 1904, 1905, 2230, 2552, 2624, 2736, 2848, 2919, 3129, 3198, 3200, 3213, 3367, 3734, 3735, 4104, 4105, 4114, 4115, 4152, 4153, 4160, 4161, 4162, 4163, 4164, 4165, 4166, 4167, 4168, 4169, 4170, 4179, 4369, 4371, 4372, 4376, 4551, 4605, 4606, 4607, 4762, 4764, 4765, 4909, 4910, 4911)
2001 Ed. (410, 412, 413, 702, 703, 993, 997, 998, 1000, 1106, 1378, 1435, 2143, 2265, 2266, 2357, 2380, 2381, 2436, 2437, 2576, 2609, 2612, 2613, 3327, 3330, 3338, 3545, 3590, 3637, 3849, 3963, 3964, 3999, 4018, 4019, 4026, 4175, 4211, 4212, 4223, 4260, 4261, 4406, 4505, 4581, 4657, 4659, 4710, 4719, 4720, 4737, 4738, 4837, 4838, 4839, 4923)
2000 Ed. (1792, 2452, 2475, 2506, 4099, 4100, 4105, 4110, 4111, 4148, 4181, 4232, 4235, 4290, 4391, 4393)
1999 Ed. (1848, 2812, 3595, 4401, 4402, 4408, 4418, 4424, 4425, 4430, 4439, 4454, 4460, 4581, 4582, 4621, 4727, 4764, 4765)
1998 Ed. (466, 472, 481, 1777, 1945, 2059, 2406, 2564, 2901, 2926, 3381, 3382, 3385, 3386, 3388, 3392, 3398, 3441, 3469, 3470, 3511, 3512, 3517, 3684, 3716, 3717)
1997 Ed. (996, 1573, 1818, 3570, 3571, 3574, 3583, 3595, 3597, 3612, 3622, 3623, 3726, 3727, 3785, 3881, 3882)
1996 Ed. (36, 365, 3175, 3255, 3512, 3517, 3528, 3529, 3543, 3555, 3557, 3573, 3579, 3581, 3632, 3667, 3668, 3799, 3831, 3832)

1995 Ed. (363, 1669, 2114, 2608, 2853, 3449, 3450, 3463, 3474, 3476, 3492, 3496, 3499, 3500, 3591, 3592, 3732, 3733)
1994 Ed. (161, 678, 870, 2414, 2535, 3309, 3376, 3377, 3391, 3403, 3405, 3506, 3507)
1993 Ed. (364, 724, 2153, 3320, 3398, 3399, 3403, 3413, 3415, 3547, 3548, 3661, 3698, 3699, 3718, 3719)
1992 Ed. (908, 970, 1757, 1942, 2339, 2414, 2573, 2651, 2880, 2923, 2928, 2929, 2931, 2932, 2944, 3084, 3632, 3819, 3977, 4083, 4087, 4089, 4090, 4095, 4098, 4105, 4107, 4263, 4264, 4314, 4315, 4316, 4317, 4436)
1991 Ed. (255, 726, 1853, 2354, 2815, 2900, 2916, 3128, 3189, 3193, 3201, 3202, 3337, 3338, 3344, 3482)
1990 Ed. (744, 759, 829, 831, 832, 834, 2021, 2219, 2223, 3359, 3360, 3366, 3383, 3388, 3389, 3396, 3397, 3413, 3415, 3416, 3426, 3427)
1989 Ed. (746, 1668, 1737, 1906, 1987, 2241, 2530, 2556, 2613, 2618, 2787, 2914, 2935)
Arizona Air National Guard
1991 Ed. (257)
Arizona at Eller; University of
1993 Ed. (799)
Arizona Auto Wash
2007 Ed. (348)
Arizona Bank
1989 Ed. (476)
Arizona Biltmore Hotel
1993 Ed. (3594)
Arizona Board of Regents
1995 Ed. (3187)
Arizona Building Systems Inc.
2006 Ed. (1171, 1172)
Arizona Cardinals
2008 Ed. (4318)
Arizona Central Credit Union
2008 Ed. (2218)
2007 Ed. (2103)
2006 Ed. (2182)
2005 Ed. (2087)
2004 Ed. (1946)
2003 Ed. (1906)
2002 Ed. (1847)
Arizona Clean Fuels
2007 Ed. (931, 3381)
Arizona Clean Fuels Yuma
2007 Ed. (2260)
Arizona Credit Union
2008 Ed. (2218)
2007 Ed. (2103)
2006 Ed. (2182)
2005 Ed. (2087)
2004 Ed. (1946)
2003 Ed. (1906)
2002 Ed. (1847)
Arizona Department of Transportation
1991 Ed. (3421)
Arizona Diamondbacks
2008 Ed. (4318)
2000 Ed. (703)
Arizona Educ. Loan Marketing Corp.
1991 Ed. (2924)
Arizona Education Loan Marketing Corp.
1999 Ed. (3475)
Arizona, Eller School of Business; University of
2008 Ed. (796)
Arizona, Eller, University of
1996 Ed. (840)
Arizona Federal Credit Union
1997 Ed. (1561)
Arizona Freight System
1991 Ed. (3429)
Arizona Health Facilities Authority
2001 Ed. (773)
Arizona Heart Hospital
2006 Ed. (2899)
Arizona, James E. Rogers College of Law; University of
2008 Ed. (3430)
2007 Ed. (3329)
Arizona Pennysaver
2002 Ed. (3505)
Arizona Public Service Co.
2008 Ed. (3192)
2004 Ed. (1624)
2003 Ed. (1608)
2001 Ed. (1611)
Arizona Star Resource Corp.
2006 Ed. (4492)
Arizona State Fair
2007 Ed. (2513)
2006 Ed. (2534)
2005 Ed. (2524)
Arizona State Retirement
2003 Ed. (1979)
2002 Ed. (3615)
Arizona State Savings & Credit Union
2008 Ed. (2218)
2007 Ed. (2103)
2006 Ed. (2182)
2005 Ed. (2087)
2004 Ed. (1946)
Arizona State Savings Credit Union
2003 Ed. (1906)
2002 Ed. (1847)
Arizona State Transportation Board
1991 Ed. (2512)
Arizona State University
2008 Ed. (775)
2007 Ed. (4698)
2006 Ed. (3960)
2005 Ed. (794)
Arizona State University, Carey School of Business
2008 Ed. (799)
Arizona Transportation Board
2001 Ed. (773)
Arizona; University of
2008 Ed. (771, 774, 3637)
2007 Ed. (809, 3462)
2006 Ed. (704, 705, 725)
2005 Ed. (797, 798)
1997 Ed. (853, 862, 2609)
1992 Ed. (1000)
1991 Ed. (255, 818)
Arjo
1992 Ed. (2963)
Arjo Wiggins
1993 Ed. (3473)
Arjo Wiggins Appleton
1995 Ed. (2834, 2835)
Arjo Wiggins Appleton plc
2004 Ed. (3342)
2001 Ed. (3628)
2000 Ed. (3409)
1999 Ed. (2495, 3694)
1997 Ed. (2071, 2074, 2996)
1996 Ed. (2905)
1994 Ed. (1396, 2730)
Arjo Wiggins Merchants Holdings Ltd.
1997 Ed. (2996)
Arjomari Prioux
1995 Ed. (2834)
1994 Ed. (2730)
1992 Ed. (1482)
Ark Asset
2003 Ed. (3080, 3081)
1999 Ed. (3051)
1997 Ed. (2524)
1996 Ed. (2394)
Ark Asset Management Co.
2000 Ed. (2858)
Ark Asset Mgmt.
2000 Ed. (2857)
Ark Balanced- Retail
1999 Ed. (3534)
Ark Capital Growth Retail
2003 Ed. (3491)
Ark Communications
2003 Ed. (64)
2002 Ed. (97)
2001 Ed. (126, 229)
1999 Ed. (78, 165)
1997 Ed. (76, 137)
Ark Communications (JWT)
2000 Ed. (84, 185)
Ark FDS-Income Portfolio Inst.
2001 Ed. (727)
Ark FDS-Small Cap Equity Inst.
2001 Ed. (2306)
Ark Funds Balanced Retail
2001 Ed. (3436)
Ark Funds-Capital Growth Institutional
2000 Ed. (622)
Ark-La-Tex Financial Services
2006 Ed. (2594)
Ark Restaurant Corp.
2008 Ed. (4150, 4151)
2007 Ed. (4132)
Ark Restaurant Group
2006 Ed. (4106)
Ark Restaurants
1998 Ed. (3072, 3420)
Ark Small Cap
2004 Ed. (3572)
Ark Small Cap Equity
2004 Ed. (2457)
2003 Ed. (3507)
ARK Small-Cap Equity Portfolio Institutional
2003 Ed. (3541)
ARK Small Cap Equity Retail
2003 Ed. (3508)
Ark Thompson
2002 Ed. (176)
2001 Ed. (204)
2000 Ed. (165)
1999 Ed. (148)
Ark Thompson Moscow
1996 Ed. (133)
Arkansas
2008 Ed. (2424, 2642, 2896, 3135, 3281, 4082, 4463, 4465, 4996)
2007 Ed. (2078, 2166, 2292, 2527, 3016, 3372, 4046, 4479, 4481, 4997)
2006 Ed. (2130, 2358, 2551, 2983, 3906, 4014, 4417, 4419, 4996)
2005 Ed. (370, 389, 391, 401, 442, 1070, 2034, 2544, 2917, 2987, 2988, 3300, 3836, 4185, 4186, 4187, 4190, 4198, 4205, 4400, 4402)
2004 Ed. (186, 359, 367, 368, 370, 372, 384, 386, 387, 389, 413, 414, 1038, 1066, 1904, 2177, 2308, 2310, 2318, 2564, 2567, 2726, 2981, 2987, 3293, 3897, 3933, 4257, 4262, 4263, 4453, 4456, 4457, 4516, 4529, 4905)
2003 Ed. (393, 786, 1033, 1057, 1064, 2434, 2688, 2828, 2886, 4231, 4235, 4236, 4246, 4294, 4482, 4494, 4914)
2002 Ed. (450, 467, 468, 869, 948, 951, 1177, 1802, 2069, 2229, 2919, 3113, 3114, 3125, 3126, 3201, 3735, 4063, 4142, 4144, 4152, 4153, 4154, 4158, 4160, 4161, 4167, 4328, 4330)
2001 Ed. (428, 719, 1029, 1420, 1427, 1934, 1966, 2357, 2415, 2417, 2466, 2541, 2626, 3123, 3169, 3174, 3175, 3235, 3295, 3400, 3636, 3639, 3716, 3730, 3804, 4026, 4242, 4243, 4286, 4311, 4536, 4730, 4738, 4800, 4927, 4929, 4934)
2000 Ed. (276, 2964, 2966, 3689, 4102, 4112, 4289)
1999 Ed. (3225, 3227, 4403, 4429, 4448, 4449, 4537)
1998 Ed. (1321, 2059, 2386, 2437, 2971, 3375, 3383, 3385, 3387, 3611)
1997 Ed. (2651, 3228, 3567, 3603)
1996 Ed. (35, 2090, 2512, 3255, 3512, 3516)
1995 Ed. (2463, 3490)
1994 Ed. (2334, 2382)
1993 Ed. (413, 3417)
1992 Ed. (2651, 2810, 2914, 2919, 2927, 2968, 3542, 4081, 4082, 4084, 4109, 4119)
1991 Ed. (2084, 2350, 2916)
1990 Ed. (760, 2410, 2430, 2448, 2868, 3362, 3368, 3385, 3410, 3424)
1989 Ed. (201, 1642, 2535, 2543, 2564)
Arkansas Automatic Sprinklers Inc.
2008 Ed. (1272)
Arkansas Baptist College
1990 Ed. (1085)
Arkansas Best Corp.
2007 Ed. (4808, 4823, 4842, 4844)
2006 Ed. (4807, 4811, 4830, 4831)
2005 Ed. (4749, 4756, 4758, 4778, 4779, 4780, 4782)
2004 Ed. (4763, 4774, 4785, 4807, 4808, 4809, 4810)
2003 Ed. (1611, 2554, 4781, 4816, 4817, 4818, 4819)
2002 Ed. (4683, 4686)
2001 Ed. (1613, 4236, 4237, 4640)
2000 Ed. (4306, 4309, 4317)
1999 Ed. (4672, 4673, 4675)
1998 Ed. (1053, 3627, 3629, 3630)
1997 Ed. (3801, 3803, 3804)
1996 Ed. (3751, 3753, 3754)
1995 Ed. (3319, 3669, 3670)
1994 Ed. (3239)
1993 Ed. (3216, 3245)
1992 Ed. (3931)
1989 Ed. (2880)
Arkansas Best Credit Union
2008 Ed. (2219)
2007 Ed. (2104)
2006 Ed. (2183)
2005 Ed. (2088)
2004 Ed. (1947)
2003 Ed. (1907)
2002 Ed. (1848)
Arkansas Childrens Hospital Inc.
2007 Ed. (1577)
2006 Ed. (1547)
2005 Ed. (1652)
2004 Ed. (1626)
2003 Ed. (1610, 2824)
2001 Ed. (1612)
Arkansas Childrens Hospital Research Institute Inc.
2008 Ed. (1560)
Arkansas College
1995 Ed. (1057)
1994 Ed. (896, 1049, 1057)
1993 Ed. (1022)
1990 Ed. (1091)
Arkansas Credit Union
2008 Ed. (2219)
2007 Ed. (2104)
2005 Ed. (2088)
2004 Ed. (1937, 1947)
2003 Ed. (1907)
2002 Ed. (1848)
Arkansas Development Finance Agency Authority
1990 Ed. (2139)
Arkansas Development Finance Authority
1990 Ed. (2648)
Arkansas Electric Cooperative Corp.
2006 Ed. (1392)
2004 Ed. (1385, 1386)
Arkansas Electric Cooperative Corporation, Inc.
2003 Ed. (1377)
Arkansas-Fayetteville; University of
2007 Ed. (793)
2006 Ed. (700)
Arkansas Federal Credit Union
2006 Ed. (2183)
Arkansas Freightways Corp.
1994 Ed. (3593)
1993 Ed. (3633)
Arkansas Graphics
1997 Ed. (3166)
Arkansas One-2
1990 Ed. (2722)
Arkansas Pools & Spas
2008 Ed. (4579)
2007 Ed. (4647)
Arkansas State Fair
2001 Ed. (2355)
Arkansas Superior Credit Union
2008 Ed. (2219)
2007 Ed. (2104)
2006 Ed. (2183)
2005 Ed. (2088)
Arkansas Teacher Retirement System
1991 Ed. (2693, 2695)
Arkansas; University of
2006 Ed. (1071)

Arkansas Valley Credit Union
2002 Ed. (1833)
Arkitema K/S
2008 Ed. (1706)
Arkla Inc.
1995 Ed. (1984, 1985, 1986, 1987, 1988, 2753, 2756)
1994 Ed. (674)
1993 Ed. (1193, 1918, 1933, 1935, 1936, 1937, 2703, 3275)
1992 Ed. (2259, 3213, 3215)
1991 Ed. (1793, 1794, 1803, 1804)
1990 Ed. (1876, 2669, 2672)
1989 Ed. (1494, 2034, 2037)
Arkla Energy Resources
1995 Ed. (1977)
1994 Ed. (1950, 1952)
1993 Ed. (1923, 1924)
1992 Ed. (2264)
1991 Ed. (1798)
Arkla Exploration Co.
1993 Ed. (1193)
Arks Alliance
1995 Ed. (87)
1993 Ed. (112)
1992 Ed. (166)
1991 Ed. (114)
1990 Ed. (116)
1989 Ed. (122)
Arkwright Insurance Group
1998 Ed. (2146)
1996 Ed. (2295)
1994 Ed. (2242)
Arkwright Mutual
2001 Ed. (4033)
Arla
1991 Ed. (1283)
Arla Ekonomisk Forening
1999 Ed. (201)
Arla Foods
2007 Ed. (32)
2006 Ed. (41)
2005 Ed. (34)
2004 Ed. (41)
Arla Foods AmbA
2008 Ed. (1704)
Arla Foods UK
2007 Ed. (2626)
2006 Ed. (2646)
Arlabank International
1995 Ed. (403)
1992 Ed. (582)
1991 Ed. (427, 457)
1990 Ed. (476)
1989 Ed. (450, 452, 454, 582)
Arlabs Ltd.
1996 Ed. (1600)
Arlee Home Fashions
2007 Ed. (3957)
Arlen Specter
1999 Ed. (3844, 3960)
1994 Ed. (2890)
Arlene Dickinson
2004 Ed. (4986)
Arley
1991 Ed. (1391)
Arlie G. Lazarus
1993 Ed. (1705)
Arlington Computer Products
2006 Ed. (3511)
Arlington County, VA
2002 Ed. (1805)
1998 Ed. (1200, 2080)
1993 Ed. (1431)
Arlington, DC
1992 Ed. (3043, 3044, 3045, 3046)
Arlington Heights Ford
1994 Ed. (268, 289, 292)
Arlington/Roe & Co.
2008 Ed. (3228)
Arlington Sports Facilities Development Authority
1995 Ed. (2646)
Arlington, TX
1992 Ed. (1154, 1156)
1990 Ed. (1004, 1149)
Arlington, VA
2001 Ed. (1940)
1994 Ed. (339)
1989 Ed. (276, 910)
ARM Ltd.
2005 Ed. (1148)
2001 Ed. (3303, 4216)
Arm & Hammer
2008 Ed. (206, 2329, 2330, 2331, 4700)
2007 Ed. (2197, 4782)
2006 Ed. (2256, 2258, 4775)
2005 Ed. (2197)
2004 Ed. (2093, 4745)
2003 Ed. (237, 2040, 2043, 2044, 2045, 2429, 4767, 4770, 4771)
2002 Ed. (1961, 1962, 1963, 1965, 4639)
2001 Ed. (1241, 2000, 2001, 4575, 4576, 4578)
2000 Ed. (1095, 1656, 4264)
1999 Ed. (1181, 1829, 1837, 4617)
1998 Ed. (746, 1254, 3583)
1997 Ed. (1588)
1996 Ed. (1525, 3709)
1995 Ed. (995, 1558)
1994 Ed. (745, 3552)
1993 Ed. (734, 739)
Arm & Hammer baking soda 16 oz.
1991 Ed. (1453)
Arm & Hammer baking soda 16oz
1992 Ed. (1848)
Arm & Hammer Dental Care
2008 Ed. (4699)
2002 Ed. (4638)
1995 Ed. (3631)
1993 Ed. (1469)
Arm & Hammer Dental Care Advance White
2003 Ed. (4768)
Arm & Hammer Dental Care Advanced Whitening
2002 Ed. (4638)
Arm & Hammer Fabricare
2002 Ed. (1966)
Arm & Hammer Ultramax
2005 Ed. (2164)
ARM Financial
2002 Ed. (2917)
ARM Financial Group, Inc.
2000 Ed. (291)
ARM Group
1996 Ed. (1551)
ARM Holdings
2007 Ed. (2832)
2001 Ed. (1874)
ARM Holdings plc
2008 Ed. (1453, 2476)
2006 Ed. (1114, 4093)
2004 Ed. (4558, 4561, 4562, 4569)
2002 Ed. (4509)
2001 Ed. (4192)
2000 Ed. (1749, 3877, 3879)
ARM/StrongARM
2001 Ed. (3302)
Armada
2000 Ed. (3600)
Armada Equity Growth Institutional
1999 Ed. (598)
Armada Ltd. Maturity Bond Inst.
2003 Ed. (3133)
Armada Small Cap Value Fund
2003 Ed. (3542)
Armada Supply Chain Solutions
2008 Ed. (2035)
Armada Total Return Advantage Fund
2003 Ed. (3535)
Armadillo Willy's
2006 Ed. (4119)
Armageddon
2001 Ed. (2125, 3376, 3412, 4693)
ArmAgrobank
2004 Ed. (467)
Arman Environmental Construction Inc.
1999 Ed. (1367)
Armand Hammer
1992 Ed. (2055)
Armando Testa
1989 Ed. (124)
Armando Testa Group
2003 Ed. (91)
2002 Ed. (124)
2001 Ed. (151)
2000 Ed. (113)
1999 Ed. (108)
1997 Ed. (106)
1996 Ed. (104)
1995 Ed. (89)
1994 Ed. (97)
Armando Testa Poland
1994 Ed. (110)
Armani
2008 Ed. (659, 3529)
2007 Ed. (693, 3398)
Armani; Giorgio
2008 Ed. (4869)
2007 Ed. (1102)
Armanio McKenna LLP
2008 Ed. (12)
2007 Ed. (14)
2006 Ed. (18)
2005 Ed. (13)
2004 Ed. (17)
2003 Ed. (11)
Armbro Enterprises Inc.
2003 Ed. (4053)
1992 Ed. (1071)
1990 Ed. (1669)
Armco Inc.
2002 Ed. (3314, 3315, 3322)
2000 Ed. (4118)
1999 Ed. (3357, 3365, 3414, 4388, 4399, 4471, 4493)
1998 Ed. (3360, 3372, 3402, 3403)
1997 Ed. (3627)
1996 Ed. (1229)
1995 Ed. (1305, 2497, 2551, 3508)
1994 Ed. (2475, 3430, 3431, 3432)
1993 Ed. (2382, 3448, 3450, 3452)
1992 Ed. (2818, 3031)
1991 Ed. (1189, 1205, 1212, 2271, 2418, 2422, 2683, 3216, 3217)
1990 Ed. (1271)
1989 Ed. (1054, 1944, 1948, 2635, 2636)
Armconc.
1999 Ed. (3364)
Armed Islamic Group, Algeria
2000 Ed. (4238)
Armellino; Michael
1991 Ed. (1711)
1989 Ed. (1417)
Armenia
2008 Ed. (2400, 3747)
2006 Ed. (2715)
Armenian
1990 Ed. (3295)
Armgard; Queen Beatrix Wilhelmina
2007 Ed. (2703)
2005 Ed. (4880)
Armienti & Brooks
2003 Ed. (3187)
Armienti, DeBelis & Whiten LLP
2004 Ed. (3237)
Armimpexbank
2004 Ed. (467)
Armin
1998 Ed. (2873)
1993 Ed. (1728)
Armor All
2001 Ed. (4744)
2000 Ed. (355)
1999 Ed. (347, 348)
1998 Ed. (239)
1997 Ed. (317, 318)
1996 Ed. (340, 341)
1994 Ed. (329)
1993 Ed. (342, 343)
1992 Ed. (469)
1990 Ed. (388)
Armor All Products
1990 Ed. (3261)
1989 Ed. (2477)
Armor All Quicksilver II
2001 Ed. (4744)
Armor All Tire Foam
2001 Ed. (4744)
Armor Holdings Inc.
2008 Ed. (160, 1729, 1731, 2852, 3645, 4606, 4608)
2007 Ed. (2743)
2006 Ed. (2732)
2005 Ed. (2160)
Armored car
1992 Ed. (3830)
Armored cars
2001 Ed. (4203)
Armored courier
1992 Ed. (3829)
Armory Suzuki Inc.
1994 Ed. (285)
1993 Ed. (302)
1992 Ed. (413)
Armour
2003 Ed. (861)
2002 Ed. (2009, 2010, 2365)
2000 Ed. (2275)
1998 Ed. (25, 1856)
Armour; Tommy
1997 Ed. (2154)
1996 Ed. (29)
1993 Ed. (1991)
Armour Transportation Systems
2008 Ed. (1614)
2005 Ed. (1700)
Armoy Properties
1999 Ed. (1579)
Arms Technology
1993 Ed. (1863)
Armstong World Industries
2000 Ed. (897)
Armstrong
1995 Ed. (1959)
1992 Ed. (4298)
1991 Ed. (3353, 3359)
Armstrong; Anne
1995 Ed. (1256)
Armstrong Cabinet Products
2007 Ed. (3297)
2006 Ed. (3332)
Armstrong Capital Holdings Ltd.
1991 Ed. (960)
1990 Ed. (1034)
Armstrong Communications plc
2003 Ed. (2739, 2740, 2741)
2002 Ed. (2495)
Armstrong County Memorial Hospital
1997 Ed. (2260)
Armstrong DLW AG
2004 Ed. (4716)
Armstrong; Dominic
1997 Ed. (1997)
Armstrong, Donohue, Ceppos & Vaughan
2007 Ed. (3319)
Armstrong Enterprises
1999 Ed. (729)
Armstrong Foundation; Lance
2008 Ed. (2884)
Armstrong Holdings Inc.
2008 Ed. (1251, 3542, 3543)
2007 Ed. (136, 779, 3413, 3414)
2006 Ed. (683, 3359, 3360)
2005 Ed. (776, 779, 3378, 3379)
2004 Ed. (792, 795, 862, 2628, 2629, 3349, 3350)
2003 Ed. (778, 780, 1557, 3285, 3286)
2002 Ed. (859, 860)
2000 Ed. (741)
Armstrong; Lance
2007 Ed. (294)
Armstrong Teasdale LLP
2007 Ed. (1504)
Armstrong Wood Products Inc.
2008 Ed. (3527)
Armstrong World Inc.
1997 Ed. (2240)
1990 Ed. (1863)
Armstrong World Industries Inc.
2008 Ed. (3542, 3543)
2007 Ed. (3413, 3414)
2006 Ed. (3359, 3360)
2005 Ed. (3378, 3379)
2004 Ed. (3349, 3350, 3352)
2003 Ed. (3285, 3286)
2002 Ed. (1467, 4872)
2001 Ed. (1047, 1586, 2737, 3822)
2000 Ed. (898, 1021)
1999 Ed. (951, 952, 1314)
1998 Ed. (532, 533, 696, 1045, 1962, 1963, 2875)
1997 Ed. (829, 836, 953, 2239)
1996 Ed. (813, 828, 2130)
1995 Ed. (843, 844, 952)
1994 Ed. (790, 792, 2073, 2074, 2125)
1993 Ed. (771, 774, 2054, 2104, 2718)
1992 Ed. (423, 980, 2516, 4273)
1991 Ed. (798, 1959, 3351)

1990 Ed. (938, 1158, 2038, 2104, 3564, 3565)
1989 Ed. (822, 879, 1622, 2814, 2816)
Armstrong Worldwide Inc.
2004 Ed. (3349, 3350)
2003 Ed. (3285, 3286)
Armtec Infrastructure Income Fund
2007 Ed. (4576)
Armtek
1990 Ed. (3065, 3066)
1989 Ed. (2349, 2835)
Army
2006 Ed. (1068)
Army & Air Force Exchange
2007 Ed. (2877)
Army & Air Force Exchange Service
2008 Ed. (3691)
2006 Ed. (4169)
2001 Ed. (2169, 2485, 4091, 4722, 4723)
2000 Ed. (2237)
1998 Ed. (1739)
1997 Ed. (2055)
1996 Ed. (1952)
1995 Ed. (1913, 1918)
1994 Ed. (1888, 2137)
1992 Ed. (1181, 2204)
1991 Ed. (1753)
Army and Air Force Exchange Services
1990 Ed. (1835)
Army & Air Force Mutual
1996 Ed. (1972)
Army Aviation Center Credit Union
2008 Ed. (2216)
2007 Ed. (2101)
2006 Ed. (2180)
2005 Ed. (2085)
2004 Ed. (1944)
2003 Ed. (1904)
2002 Ed. (1845)
Army Center of Excellence, Subsistence; U.S.
1997 Ed. (2055)
1996 Ed. (1952)
1995 Ed. (1913, 1918)
Army Community & Family Support Centers; U.S.
1997 Ed. (2055)
1996 Ed. (1952)
Army Community & Family Support; U.S.
1995 Ed. (1913, 1918)
Army Corps of Engineers Resource Management Office (CERM-FC); U.S.
1991 Ed. (1056)
Army Creek Landfill
1991 Ed. (1889)
Army Medical Department; U.S.
1996 Ed. (1952)
1995 Ed. (1918)
Army National Bank
1999 Ed. (440)
1998 Ed. (333)
Army Reserve
1994 Ed. (2686)
1992 Ed. (3278)
Army Reserve Med/Nat. Guard
2000 Ed. (3359)
Army Reserve Med/National Guard
1997 Ed. (2954)
1995 Ed. (2800)
Army Reserve Medical/National Guard
1996 Ed. (2857)
Army Staff's Chief Information Officer; U.S. Department of the
2007 Ed. (2564)
Army; U.S.
2007 Ed. (3528)
2006 Ed. (3493)
2005 Ed. (2746)
1994 Ed. (2685)
1992 Ed. (3277)
Arn Tellern
2003 Ed. (221, 222, 225, 226)
Arnaiz Development
2002 Ed. (2675)
Arnall Golden & Gregory
1990 Ed. (2413)
Arnall; Roland
2008 Ed. (4832)
2007 Ed. (4903)
Arnau y Cia. (DDBN); Michel
1997 Ed. (73)
Arnault; Bernard
2008 Ed. (4864, 4865, 4866, 4882)
2007 Ed. (1102, 4911, 4912, 4916)
2006 Ed. (4924)
2005 Ed. (4877, 4878)
Arne H. Carlson
1993 Ed. (1994)
Arne Sorenson
2007 Ed. (1059)
Arne Wilhelmsen
2008 Ed. (4871)
Arnelle & Hastie
1996 Ed. (2732)
1995 Ed. (673, 2413)
1993 Ed. (2623)
1991 Ed. (2925)
Arnhold & Bleichroeder
2000 Ed. (2818)
Arnhold & S. Bleichroder International
1992 Ed. (2790, 2796)
Arnhold & S. Bleichroeder
2000 Ed. (2819)
1996 Ed. (2395)
Arnhold & S. Bleichroeder International
1989 Ed. (1803, 2139)
Arnica
1992 Ed. (2437)
Arnold
2008 Ed. (725)
2004 Ed. (127)
Arnold Advertising
1992 Ed. (184)
Arnold & Co.
1991 Ed. (130)
1990 Ed. (131)
Arnold & Associates
1996 Ed. (2212)
Arnold and Associates; Tim
1992 Ed. (3761)
Arnold & Assocs.; Tim
1990 Ed. (3088)
Arnold & Mabel Beckman Foundation
1992 Ed. (1280, 2216)
Arnold and Mable Beckmann Foundation
1991 Ed. (1765)
Arnold & Porter
2007 Ed. (3326, 3327)
2005 Ed. (1438, 1440)
2004 Ed. (1416, 1437, 3240)
2003 Ed. (3179, 3193, 3195)
2001 Ed. (561, 565)
1994 Ed. (2352)
1993 Ed. (2406)
1992 Ed. (2847)
1991 Ed. (2294)
1990 Ed. (2428)
Arnold & Porter LLP
2008 Ed. (1504, 3012, 3025)
2007 Ed. (3299, 3328)
2006 Ed. (2102, 2420, 3242)
Arnold Beckman
2001 Ed. (3779)
Arnold Brand Promotions
2008 Ed. (3594, 3598)
2007 Ed. (3431)
2006 Ed. (3414)
2005 Ed. (3405, 3408)
Arnold Communications
2004 Ed. (128, 130)
2003 Ed. (170, 172)
2002 Ed. (156, 157, 183)
2000 Ed. (148, 172)
1999 Ed. (130)
1998 Ed. (61)
1997 Ed. (123)
Arnold; Doyle
2008 Ed. (970)
2007 Ed. (1092)
2006 Ed. (1000)
Arnold ExecuTrak Systems Inc.; John
1992 Ed. (994)
Arnold Foods Co., Inc.
1989 Ed. (358)
Arnold Fortuna Lawner & Cabot
1995 Ed. (103)
1994 Ed. (104)
Arnold Fortuna Lawner & Calbot
1996 Ed. (119)
Arnold Industries Inc.
1997 Ed. (1642)
Arnold Investment Counsel
1994 Ed. (2309)
Arnold Palmer
2008 Ed. (2827)
2001 Ed. (419)
2000 Ed. (322)
1999 Ed. (2607)
1998 Ed. (197, 199)
1996 Ed. (250)
Arnold Palmer Cadillac
1995 Ed. (266)
Arnold Palmer Ford, Lincoln-Mercury
1991 Ed. (284)
1990 Ed. (306, 308, 331, 342)
Arnold Palmer Motors
1990 Ed. (314)
Arnold; Phyllis H.
1994 Ed. (3666)
Arnold Schwarzenegger
2004 Ed. (2408)
2003 Ed. (2328)
1999 Ed. (2049)
1998 Ed. (1470)
1992 Ed. (1982)
1990 Ed. (1672)
Arnold Snider
1989 Ed. (1416, 1417)
Arnold; Susan
2008 Ed. (4948)
2007 Ed. (4974)
2006 Ed. (4974)
Arnold Transportation Services
2005 Ed. (3373)
Arnoldo Mondadori Editore SpA
2004 Ed. (3941)
Arnold's/Breuners
1996 Ed. (1982, 1983, 1984)
Arnon Milchan
2008 Ed. (4887)
Arnot-Ogden Memorial
1999 Ed. (2752)
Arnstein & Lehr
2001 Ed. (3053)
Arntson & Stewart
2001 Ed. (885)
Arntz Contracting Co.
1995 Ed. (2429)
Aro-Concern
1992 Ed. (48)
Aro-yhtyma
1989 Ed. (29)
Aro-yhtyms
1993 Ed. (28)
Aroma chemicals
2001 Ed. (2450)
Aromatherapy
2008 Ed. (531)
2003 Ed. (644)
Aromatics
2007 Ed. (1582)
1997 Ed. (3030)
Aromatics Elixir
1999 Ed. (3739)
Aron; Adam M.
2006 Ed. (1097, 1098)
2005 Ed. (1103)
Aron & Co.; J.
1992 Ed. (3442)
Aron; Nan
2008 Ed. (3789)
2007 Ed. (3704)
Aron Streit
1994 Ed. (2347)
Aronov Realty Co. Inc.
1991 Ed. (3119)
1990 Ed. (3284)
Aronson & Fogler
1990 Ed. (2322)
Aronson, Fetridge & Weigle
2002 Ed. (20)
Aronson + Partners
2001 Ed. (3690)
Aros
1995 Ed. (3757)
ArosNet Internet Services
2006 Ed. (3186)
Arpey; Gerard
2007 Ed. (963)
2006 Ed. (872)
Arpin Van Lines; Paul
1996 Ed. (3760)
1995 Ed. (3681)
1994 Ed. (3603)
1993 Ed. (3643)
Arquilla; John
2005 Ed. (2322)
Arquitectonica
2008 Ed. (262)
2007 Ed. (2410)
Arral Asian
1995 Ed. (2095)
Arral International
1994 Ed. (2598)
Array Biopharma Inc.
2003 Ed. (1653)
Array Marketing
2008 Ed. (4005)
2007 Ed. (3985)
Array Marketing Group
2005 Ed. (3866)
Array Networks
2006 Ed. (3176)
ArrayComm, Inc.
2002 Ed. (4976)
Arrays, gate
1994 Ed. (230)
Arrays, linear
1994 Ed. (230)
Arreola Corporate Services Inc.
1997 Ed. (2222, 2224, 2225)
Arreola Corp. Services Inc.
1998 Ed. (1936)
Arrhythmia Research Technology
2008 Ed. (1915)
1996 Ed. (211)
Arrid
2008 Ed. (2326)
2003 Ed. (2001, 2003)
2000 Ed. (1658, 1659)
1998 Ed. (1256, 1257)
1997 Ed. (1589)
1996 Ed. (1530)
1995 Ed. (1549)
1990 Ed. (3546)
Arrid Extra Dry
2005 Ed. (2164)
2001 Ed. (1990)
1993 Ed. (1474)
1992 Ed. (1783)
Arrillaga; John
1995 Ed. (2112, 2579, 3726)
1994 Ed. (2059, 2521, 3655)
Arrington
1990 Ed. (3650)
Arrington & Hollowell
1995 Ed. (673, 2413)
Arrington Travel Center
1998 Ed. (3623)
Arriola; Dennis V.
2006 Ed. (2516)
ARRIVA
2006 Ed. (4823)
Arriva plc
2004 Ed. (4796)
2002 Ed. (4671)
Arrocerias Herba SA
2004 Ed. (191)
Arrojol
1991 Ed. (45)
Arrow
2000 Ed. (1114)
1999 Ed. (1193)
1998 Ed. (764)
1997 Ed. (1024)
1996 Ed. (1004)
1995 Ed. (335, 335)
1994 Ed. (1012)
1993 Ed. (985, 1704, 2430)
1992 Ed. (1209, 3952)
Arrow Bank Corp.
1992 Ed. (1479)
Arrow Chevrolet
1995 Ed. (261)
1990 Ed. (304)
Arrow Cordials
2004 Ed. (3261)
2003 Ed. (3218)
2002 Ed. (289, 3085)
2001 Ed. (3100)
2000 Ed. (2937)

1999 Ed. (3194)
Arrow Electronics Inc.
2008 Ed. (2457, 2465, 2466, 2467, 2469, 2470, 3190, 4923, 4924)
2007 Ed. (2284, 2331, 2340, 3081, 4948, 4949, 4950)
2006 Ed. (1496, 2274, 2276, 2349, 2387, 3050, 4942, 4943, 4944)
2005 Ed. (1898, 2211, 2345, 2347, 2348, 2349, 2351, 2352, 2860, 2861, 3047, 3385, 4349, 4811, 4909, 4910, 4911)
2004 Ed. (2108, 2217, 2244, 2247, 2248, 2249, 2251, 2252, 2853, 4402, 4926, 4927, 4928, 4937)
2003 Ed. (2085, 2188, 2206, 2927, 4925, 4927, 4928, 4932)
2002 Ed. (1529, 2077, 2080, 2085, 2086, 2087, 2089, 2091, 2093, 2095, 2804, 2805, 4888, 4893, 4898)
2001 Ed. (2170, 2182, 2183, 2202, 2203, 2204, 2208, 2210, 2211, 2212, 2215, 2224, 4817)
2000 Ed. (1741, 1761, 1762, 1763, 1764, 1765, 1767, 1769, 1771, 4384)
1999 Ed. (1964, 1982, 1983, 1984, 1985, 1986, 1987, 1989, 1991, 3264, 4757, 4759)
1998 Ed. (1403, 1404, 1405, 1406, 1408, 1409, 1410, 1412, 1414, 1416, 2412, 3709, 3712)
1997 Ed. (1708, 1710, 1711, 1712, 1713, 3873)
1996 Ed. (1630, 1632, 1634, 1635, 2069, 2841)
1995 Ed. (1086, 2232, 3301)
1994 Ed. (2177, 3219)
1993 Ed. (1577, 1580, 2472)
1992 Ed. (1927, 2940)
1991 Ed. (1534, 2359)
1990 Ed. (1635, 1636, 3232, 3234)
1989 Ed. (1321, 1324, 1335, 1336, 2457)
Arrow Financial Services LLC
2005 Ed. (2143, 2144)
Arrow International
1994 Ed. (2010, 2011, 3318, 3320)
Arrow Line
1991 Ed. (2312)
1990 Ed. (2443)
Arrow Lumber Co.
1995 Ed. (2589)
Arrow Strategies LLC
2005 Ed. (3584)
Arrow Trucking Co.
2008 Ed. (4767)
2007 Ed. (4845)
2002 Ed. (4688)
Arrowcrest Group
2004 Ed. (3956)
2003 Ed. (3957)
2002 Ed. (3778)
Arrowhead
2008 Ed. (630, 631, 632)
2007 Ed. (671, 672, 673)
2006 Ed. (646)
2005 Ed. (734, 736, 737)
2004 Ed. (754)
2003 Ed. (731, 733, 736)
2002 Ed. (752, 755)
2001 Ed. (995, 1001)
2000 Ed. (781, 783, 784)
1999 Ed. (764, 765, 766, 768, 4510)
1998 Ed. (480, 483)
1997 Ed. (695, 696, 3661)
1996 Ed. (760)
1995 Ed. (685, 686, 687)
1994 Ed. (734)
1993 Ed. (725)
1992 Ed. (910)
1990 Ed. (745)
1989 Ed. (747)
Arrowhead Central Credit Union
2006 Ed. (2164)
2005 Ed. (2070, 2079, 2080)
Arrowhead Credit Union
2006 Ed. (2173)
2004 Ed. (1930)
2003 Ed. (1892)
2002 Ed. (1831, 1839)
Arrowhead Global Solutions
2007 Ed. (2051)
2006 Ed. (2094)
2005 Ed. (1356, 1357)
Arrowhead Industries Corp.
1998 Ed. (2513)
Arrowhead Pond
2006 Ed. (1153)
2002 Ed. (4343)
2001 Ed. (4351)
Arrowwood, A Doral Property
1990 Ed. (2065)
Arroyo; Gloria
2007 Ed. (4983)
ARS/D'Arcy
2003 Ed. (179)
2002 Ed. (208)
ARS/DMB & B
2000 Ed. (189)
1999 Ed. (168)
ARS/DMB & B Publicidad
2001 Ed. (239)
Arsel; Semahat
2008 Ed. (4876)
Arsenal
2008 Ed. (676, 697, 4454)
2007 Ed. (704, 725, 4465)
2006 Ed. (4398)
2005 Ed. (4391)
2003 Ed. (747)
2002 Ed. (4307)
Arsenicum
1992 Ed. (2437)
Art
2005 Ed. (2961, 3662)
Art Agnos
1993 Ed. (2513)
1992 Ed. (2987)
1991 Ed. (2395)
1990 Ed. (2525)
Art & Antiques
1992 Ed. (3378)
Art & Copy/FCB
1990 Ed. (137)
Art & Copy.FCB Group
1991 Ed. (137)
Art Center College of Design
2008 Ed. (775)
1997 Ed. (1061)
1996 Ed. (1045)
1995 Ed. (1060)
1994 Ed. (1052)
1993 Ed. (1025)
Art director
2004 Ed. (2284)
Art (Fine, Graphics, etc.)
1992 Ed. (2859)
Art in Motion Income Fund
2007 Ed. (4576)
Art Institute of Chicago
2005 Ed. (3605)
2000 Ed. (3343)
1991 Ed. (888, 894)
Art Lewin & Co. Custom Clothiers
2004 Ed. (2831)
2003 Ed. (2752)
Art Moran Pontiac-GMC
2002 Ed. (357)
2000 Ed. (333)
1998 Ed. (208)
1996 Ed. (283, 300)
1995 Ed. (268, 283)
1994 Ed. (293)
1992 Ed. (396, 419)
1991 Ed. (273, 309)
1990 Ed. (314)
The Art of Happiness
2001 Ed. (985)
The Art of Shaving Cologne
2008 Ed. (2768)
Art of the Deal; Trump: The
2006 Ed. (638)
The Art of War
2006 Ed. (587)
2005 Ed. (720)
Art prints/photos
1994 Ed. (732)
Art supplies
2001 Ed. (3569)
Art Tape & Label
2008 Ed. (4024)
Art Technology Group Inc.
2004 Ed. (2775)
2002 Ed. (2521)
2001 Ed. (2866, 2867, 4190)
Art Van
2000 Ed. (2299, 2301, 2303, 2304)
1999 Ed. (1056, 2557, 2560, 2561)
1998 Ed. (669, 1796)
1997 Ed. (2109)
1996 Ed. (1982, 1992)
1995 Ed. (1963, 1965, 2447, 2517)
1994 Ed. (677, 3097)
Art Van Furniture Inc.
2007 Ed. (3437)
2006 Ed. (3423)
2005 Ed. (3411)
2001 Ed. (2740)
2000 Ed. (706, 2291)
Artal NV
1996 Ed. (2487)
1995 Ed. (1257)
Artax Beteiligungs- Und Vermoegensverwaltungs AG
2006 Ed. (1561)
Artco
2001 Ed. (4235)
Artec Design Group
2003 Ed. (2713)
Artec Distributing
1994 Ed. (3623)
Artel Inc.
2008 Ed. (1365, 1370)
2007 Ed. (1409, 1412)
2005 Ed. (1356, 1357)
1994 Ed. (2004)
Artel Kostecka
2001 Ed. (289)
Artemis
1993 Ed. (2479)
Artemis Capital Group Co.
2000 Ed. (3964, 3973)
1999 Ed. (3013, 4232, 4233, 4234, 4235, 4236)
1998 Ed. (2228, 2570, 3232, 3236, 3238, 3239, 3250)
1997 Ed. (2477, 2834, 2836, 3453, 3463, 3469)
1996 Ed. (2352, 2655, 2657, 2658, 2711, 2715, 3352, 3364, 3368, 3372)
1995 Ed. (2330, 2636)
1993 Ed. (3181, 3183, 3185)
Artemis Fowl: The Lost Colony
2008 Ed. (549)
Arter & Hadden LLP
2001 Ed. (893)
Arterial Vascular
1999 Ed. (3674)
Arterial Vascular Engineering Inc.
2000 Ed. (2399, 2450)
Arterial Vascular Engr. Inc.
1999 Ed. (4484)
The Artery Group
2005 Ed. (4004)
Artesia Banking Corp.
2003 Ed. (467)
2002 Ed. (529)
Artesia/San Gabriel River
1990 Ed. (3063)
Artesia School Employees Credit Union
2006 Ed. (2161)
2005 Ed. (2062)
Artesia Technologies
2001 Ed. (2854, 2855)
Artesian Resources Corp.
2005 Ed. (4838, 4839)
Artest
2001 Ed. (2190)
Artex
1993 Ed. (3371)
1992 Ed. (4051)
1991 Ed. (3170)
Artex Insurance Co., Ltd.
2007 Ed. (3085)
2006 Ed. (3055)
Artex Risk Solutions (Cayman) Ltd.
2008 Ed. (858)
Artex Risk Solutions Inc. (Vermont)
2008 Ed. (859)
Artfaire
1992 Ed. (3529)
Arthritis
1996 Ed. (221)
1995 Ed. (2078, 2935)
Arthritis Foundation
2004 Ed. (932)
1999 Ed. (293)
1994 Ed. (906)
Arthritis remedies
2002 Ed. (321)
ArthroCare Corp.
2008 Ed. (2109, 3646)
2002 Ed. (2483)
Arthur
1999 Ed. (4639)
Arthur Andersen
2002 Ed. (4881)
2001 Ed. (1052, 2701)
2000 Ed. (3, 6, 7, 10, 11, 12, 15, 16, 18, 902, 904, 1778, 3826)
1999 Ed. (1, 5, 8, 9, 10, 12, 13, 15, 18, 19, 22, 26, 26, 959, 1999)
1990 Ed. (1, 2, 3, 4, 7, 9, 10, 851, 854, 2200, 2204, 3703)
1989 Ed. (5, 8, 9, 10, 1007)
Arthur Andersen & Co.
1998 Ed. (7, 8, 10, 11, 14, 15, 541, 542, 545, 546, 578, 922, 1423)
1997 Ed. (6, 7, 8, 9, 11, 12, 14, 15, 17, 18, 20, 21, 23, 25, 845, 1009, 1716, 3360)
1996 Ed. (4, 5, 6, 8, 9, 10, 11, 12, 13, 14, 15, 18, 19, 20, 21, 23, 850, 985, 3258)
1995 Ed. (4, 5, 6, 7, 8, 9, 10, 11, 12, 13, 14, 2430)
1994 Ed. (1, 2, 3, 5, 6, 7)
1993 Ed. (3, 4, 5, 6, 7, 8, 11, 12, 13, 3728)
1992 Ed. (2, 3, 4, 5, 6, 7, 8, 9, 10, 11, 12, 13, 16, 17, 18, 19, 21, 1338, 1340, 1342, 1343, 1344, 1345, 1346, 1347, 1588, 1941)
1991 Ed. (2, 3, 4, 6)
1990 Ed. (6, 11, 12)
1989 Ed. (11, 12)
Arthur Andersen & Co. Gmbh
1990 Ed. (8)
Arthur Andersen & Co. S.C.
1994 Ed. (4)
1993 Ed. (1, 2)
Arthur Andersen & Co., Societe Cooperative
1992 Ed. (22)
1991 Ed. (7)
Arthur Andersen LLP
2005 Ed. (1573)
2004 Ed. (1443, 1552)
2003 Ed. (1, 3, 2324, 2325, 2760)
2002 Ed. (1, 3, 5, 6, 7, 9, 10, 11, 17, 25, 865, 866, 1216, 1218, 2572, 4064)
2001 Ed. (1450, 4123)
2000 Ed. (1776)
Arthur Andersen LLP, Human Capital Services
2002 Ed. (2113)
2001 Ed. (2221, 2222)
2000 Ed. (1777)
Arthur Andersen (U.K.)
2001 Ed. (1537, 4179)
Arthur Andersen Valuation Services Group
1999 Ed. (281)
1998 Ed. (181)
Arthur Anderson
2001 Ed. (1069)
Arthur Anderson & Co.
1991 Ed. (5)
Arthur Blank
2006 Ed. (4907)
2005 Ed. (4853)
2004 Ed. (4868)
2003 Ed. (4884)
2002 Ed. (3362)
Arthur Blank & Co.
2008 Ed. (4034)
2006 Ed. (3965)
2005 Ed. (3885, 3890)
2000 Ed. (911, 913)
Arthur C. Martinez
2000 Ed. (1884)

Arthur Chu
2000 Ed. (1955, 1964)
Arthur Collins Jr.
2008 Ed. (937)
2007 Ed. (994)
2006 Ed. (904)
2005 Ed. (969)
Arthur D. Levinson
2008 Ed. (950)
Arthur D. Little
2004 Ed. (1700)
1991 Ed. (1338)
Arthur; Douglas
1997 Ed. (1894)
Arthur F. Bell & Associates LLC
2008 Ed. (2921)
Arthur Fleischer
1991 Ed. (2297)
Arthur Frommer's Budget Travel
2006 Ed. (145)
Arthur Frommer's BudgetTravel Online
2003 Ed. (3055)
Arthur Guinness Son & Co.
2007 Ed. (609, 2616, 4774)
Arthur Guinness Son & Co. (Dublin) Ltd.
2005 Ed. (1829)
Arthur H. Courshon
1992 Ed. (531, 1138)
Arthur Hills
1999 Ed. (2607)
Arthur I. and Edith-Marie Appleton
1993 Ed. (888)
Arthur I. Appleton
1993 Ed. (889, 1028)
Arthur Irving
2008 Ed. (4855, 4856)
2007 Ed. (4910)
2006 Ed. (4923)
2005 Ed. (4863, 4875, 4876)
Arthur J. Gallagher
1992 Ed. (20)
1990 Ed. (2268)
1989 Ed. (1739)
Arthur J. Gallagher & Co.
2008 Ed. (3236, 3237, 3238, 3240, 3241, 3242, 3243)
2007 Ed. (3095, 3096)
2006 Ed. (1424, 2298, 2584, 3071, 3072, 3073, 3075, 3079, 3149)
2005 Ed. (1469, 2582, 3070, 3073, 3074, 3078, 3152)
2004 Ed. (1540, 2124, 3062, 3063, 3066, 3068)
2003 Ed. (1424)
2002 Ed. (2853, 2856, 2859, 2860, 2861, 2862, 2863)
2001 Ed. (2910, 2911)
2000 Ed. (2661, 2662, 2663, 2664)
1999 Ed. (1998, 2906, 2907, 2908, 2909)
1998 Ed. (1424, 2120, 2121, 2122, 2123, 2124)
1997 Ed. (2413, 2414)
1996 Ed. (2273, 2274, 2275)
1995 Ed. (2270, 2271, 2272, 2273)
1994 Ed. (2224, 2225, 2226)
1993 Ed. (2247, 2248)
1991 Ed. (2137)
1990 Ed. (2266)
Arthur J. Gallagher & Co. Insurance Brokers of California
2002 Ed. (2864)
Arthur J. Goldberg
1994 Ed. (1721)
Arthur J. Hurley Co., Inc.
2006 Ed. (4358)
Arthur Kontos
1998 Ed. (724)
Arthur L. Irving
1997 Ed. (3871)
Arthur L. Williams
2002 Ed. (3354)
Arthur L. Williams Jr.
2004 Ed. (4863)
Arthur Levinson
2008 Ed. (937)
2007 Ed. (967)
2006 Ed. (876)
2005 Ed. (2469)
Arthur M. Blank Center for Entrepreneurship
2008 Ed. (774)
Arthur M. Goldberg
1998 Ed. (1513)
1993 Ed. (938)
1990 Ed. (1722)
Arthur Matney's Tropez
1994 Ed. (1470)
Arthur McKay & Co., Ltd.
2008 Ed. (1187)
Arthur Ochs Sulzberger
2000 Ed. (1879)
Arthur P. Steel LLC
2008 Ed. (4368)
Arthur Robinson & Hedderwicks
2002 Ed. (3055)
Arthur Rock
2002 Ed. (3345)
Arthur Rutenberg Homes
2005 Ed. (1198)
2002 Ed. (2679)
2000 Ed. (1186, 1215)
Arthur Rutenberg Homes Franchises
2004 Ed. (1170, 1172)
Arthur Rutenherg Homes
1996 Ed. (993)
Arthur Ryan
2008 Ed. (941)
2007 Ed. (990)
2006 Ed. (900)
Arthur S. De Moss Foundation
2000 Ed. (2262)
Arthur S. DeMoss Foundation
2002 Ed. (2330)
1999 Ed. (2502, 2504)
1998 Ed. (1756)
1992 Ed. (2217)
Arthur Schuster
2000 Ed. (2567)
Arthur Shuster
2001 Ed. (2798)
Arthur Soter
1997 Ed. (1853)
1994 Ed. (1762)
1993 Ed. (1779)
Arthur Treacher's
2002 Ed. (4028)
1996 Ed. (3301)
1994 Ed. (3156)
1993 Ed. (3112)
Arthur Treacher's Fish & Chips
2006 Ed. (2568)
2003 Ed. (2451)
1999 Ed. (4158)
1998 Ed. (3174)
1997 Ed. (3397)
Arthur Trescher's Fish & Chips
1995 Ed. (3136, 3137, 3200)
Arthur Vining Davis Foundations
2000 Ed. (2262)
1999 Ed. (2502)
1998 Ed. (1756)
Arthur W. Tifford
2004 Ed. (3227)
Arthur Weinbach
2007 Ed. (973)
2006 Ed. (882)
Arthur Young
1995 Ed. (14, 2430)
1991 Ed. (4, 812)
1990 Ed. (3, 4, 6, 7, 9, 10)
1989 Ed. (5, 8, 9, 10, 11)
Arthur Young & Co.
1990 Ed. (11, 12, 3703)
1989 Ed. (12)
Arthurs
2002 Ed. (3658)
1999 Ed. (3791)
1996 Ed. (3000)
Arthur's Cat Food
1994 Ed. (2838)
Arthurs, Lestrange & Co.
1996 Ed. (2356)
Arthus Hills
2008 Ed. (2827)
Arthx DS
2003 Ed. (4855, 4859)
2002 Ed. (1974)
Articus Ltd. Marketing Communications
1995 Ed. (113)
Artifex Technology Consulting Inc.
2008 Ed. (4426)
Artificial intelligence
1996 Ed. (2914)
Artificial Mind & Movement Inc.
2008 Ed. (1614, 2058)
Artificial nails/accessories
2004 Ed. (3661)
Artificial sweeteners
2001 Ed. (2011)
Artisan
2008 Ed. (2317)
2006 Ed. (1139)
Artisan Components
2005 Ed. (2332)
2001 Ed. (4216)
Artisan Entertainment
2006 Ed. (1429)
Artisan Home Entertainment
2001 Ed. (2122, 4691, 4692, 4697)
Artisan International
2006 Ed. (4555)
2005 Ed. (4481, 4488)
2004 Ed. (2477, 3640)
2003 Ed. (3610, 3613)
2000 Ed. (3237, 3279)
1998 Ed. (2600)
Artisan International Investment
2005 Ed. (3573)
Artisan International Small Cap Investment
2008 Ed. (2613)
Artisan International Value Investment
2006 Ed. (3677)
Artisan Mid Cap
2004 Ed. (2453, 3556)
2003 Ed. (3498)
Artisan Mid Cap Value
2008 Ed. (2619)
2007 Ed. (3671)
Artisanal
2003 Ed. (852, 853)
Artisoft Inc.
2004 Ed. (1107)
1994 Ed. (2018)
1993 Ed. (2001, 2002, 2003, 2007, 2033, 3331, 3332, 3333, 3334)
Artist & Entertainment Network
1993 Ed. (812)
Artist/hobby paint & supplies
2002 Ed. (3536)
Artistdirect Inc.
2002 Ed. (2478, 4200)
ArtistDirect Network
2008 Ed. (3364)
2007 Ed. (3235)
Artistic Greetings
1998 Ed. (1534)
1992 Ed. (1478)
Artistic Homes
2005 Ed. (1179)
2004 Ed. (1150)
2000 Ed. (1202)
1998 Ed. (892)
The Artist's Palette
2006 Ed. (4119)
Artitalia Group
2008 Ed. (4546)
2007 Ed. (4595)
2005 Ed. (4528)
Artmatic
2000 Ed. (1904)
1999 Ed. (1759, 2112, 2113, 2114)
1997 Ed. (1531, 2635, 2923)
1995 Ed. (2899)
Artra Group
1992 Ed. (1131)
Arts
2008 Ed. (1499)
2007 Ed. (1517)
2006 Ed. (1487)
2005 Ed. (1604, 3635, 3636)
2004 Ed. (1573)
Arts and culture
1993 Ed. (886)
Arts & humanities
1997 Ed. (2157, 2158)
Arts, culture, & humanities
2004 Ed. (3889)
Arts/Culture/Humanities
2000 Ed. (1012)
Arts International
1995 Ed. (1930)
Artsana SpA
1999 Ed. (3299)
ArtSource Inc.
2006 Ed. (3546, 4384)
Arturo Elias
2007 Ed. (2496)
Arturo G. Torres
1998 Ed. (1944, 2504, 3705)
1995 Ed. (2112, 2579, 3726)
1994 Ed. (2059, 2521, 3655)
Arturo Moreno
2004 Ed. (2843)
Arturo Porzecanski
1999 Ed. (2405)
Artwire
2003 Ed. (1230)
Artwork
2008 Ed. (2644)
2007 Ed. (2515)
Aruba
2001 Ed. (4585)
2000 Ed. (4252)
1994 Ed. (1508)
Aruba Bank Ltd.
1989 Ed. (634)
Aruba Networks
2006 Ed. (1090)
Arun Sarin
2006 Ed. (691)
ARUP
2005 Ed. (2423, 2426, 2434)
2004 Ed. (2391, 2394, 2402)
2003 Ed. (2313, 2321)
Arup Consulting Engineers
2004 Ed. (1700)
Arup Group Ltd.
2008 Ed. (2555, 2558, 2566)
2007 Ed. (2428, 2431, 2439)
2006 Ed. (1322, 2069, 2463, 2466, 2474)
Aruze Corp.
2006 Ed. (4511)
2002 Ed. (1710)
2001 Ed. (1763)
ARV Assisted Living
2005 Ed. (265)
2004 Ed. (258)
2003 Ed. (291)
2000 Ed. (1723, 1724)
1999 Ed. (1935, 1936)
1998 Ed. (2055, 3099)
1997 Ed. (1120)
Arvato Mobile GmbH
2008 Ed. (1114)
Arvey Pager & Office Products
1994 Ed. (2690)
Arvey Paper & Office Products
1997 Ed. (2955)
1992 Ed. (3283)
1991 Ed. (2633)
Arvey Paper & Supplies
2001 Ed. (3572)
2000 Ed. (3366)
1998 Ed. (2698)
1996 Ed. (2860)
1995 Ed. (2804)
Arvida
2002 Ed. (2677)
Arvida Homes
1998 Ed. (903, 3005)
1997 Ed. (1134, 3255)
Arvida/JMB Partners
2002 Ed. (2652, 2653)
2000 Ed. (1187)
Arvida/JMB Partners LP
2004 Ed. (4586)
2002 Ed. (3562)
1996 Ed. (1099)
Arvida Park of Commerce
1990 Ed. (2178)
Arvida Realty Sales
1998 Ed. (2997)
Arvida Realty Sales, Inc. (Comm. Div.)
1990 Ed. (2953)
Arvida Realty Services
2004 Ed. (4069, 4071)
2002 Ed. (3911)
Arvido Homes
1995 Ed. (1133)

Arvin
2002 Ed. (2466)
2000 Ed. (2441)
1999 Ed. (2658)
1998 Ed. (1921)
1997 Ed. (2200)
1992 Ed. (2394)
1990 Ed. (2001)
Arvin Industries Inc.
2001 Ed. (498, 499, 1045, 1737)
1997 Ed. (2702)
1996 Ed. (338)
1995 Ed. (324, 1418, 2622)
1994 Ed. (327, 1387, 2043, 2566, 2567)
1993 Ed. (340, 1332, 2026, 2605, 2606)
1992 Ed. (466, 474, 475, 479, 3115)
1991 Ed. (331, 335, 341, 342, 345, 346, 1213)
1990 Ed. (393, 394, 395, 396, 1251)
1989 Ed. (337)
Arvind Mafatial
1991 Ed. (962)
Arvind Mafatlal
1990 Ed. (1380)
Arvind Sanger
2000 Ed. (2030)
1999 Ed. (2248)
1998 Ed. (1658)
1997 Ed. (1889)
ArvinMeritor Inc.
2008 Ed. (309, 314, 1443, 1445, 1446, 1447, 1449, 1450)
2007 Ed. (321, 326)
2006 Ed. (328, 330, 331, 332, 340)
2005 Ed. (285, 289, 310, 314, 315, 316, 317, 318, 323, 836, 4768)
2004 Ed. (279, 281, 312, 315, 316, 317, 318, 862, 1699, 2159)
2003 Ed. (313, 315, 337, 338, 339, 340, 344, 4810)
2002 Ed. (397, 399, 1221, 4668)
Arvizu Advertising & Promotions
2008 Ed. (122)
2007 Ed. (113)
2006 Ed. (121)
2003 Ed. (2752)
Arwana Citramulia Terbuka
2008 Ed. (1809)
Arwright Insurance Group
1999 Ed. (2927)
Aryan Pesticides
2002 Ed. (4425)
AS & Grey
2000 Ed. (94)
1999 Ed. (88)
1997 Ed. (88)
1996 Ed. (87)
1995 Ed. (74)
1994 Ed. (87)
1993 Ed. (98)
1992 Ed. (148)
AS/AP Apparel Software
2008 Ed. (986)
AS Flora Liit
1997 Ed. (1384)
As Good As It Gets
2001 Ed. (4693)
2000 Ed. (4349)
AS-Grey
2003 Ed. (73)
2002 Ed. (107)
2001 Ed. (135)
AS LTT
1997 Ed. (1384)
AS Norcem
1989 Ed. (1147)
As One
2007 Ed. (1832)
"As the World Turns"
1995 Ed. (3587)
1993 Ed. (3541)
1992 Ed. (4255)
AS Watson
2006 Ed. (4173)
AS Watson & Co.
2008 Ed. (4232)
2007 Ed. (4196)
ASA Ltd.
2003 Ed. (4605)
2000 Ed. (1774, 1778)
1999 Ed. (2000)
ASA Annual Conference & Exhibition
2008 Ed. (4719)
ASAF Federated
2000 Ed. (3255)
ASAF Janus Capital Growth
2000 Ed. (3268, 3273)
ASAF ProFund Managed OTC
2004 Ed. (3603)
Asahi
2000 Ed. (2713)
1998 Ed. (2876)
1997 Ed. (2952)
1995 Ed. (2791)
1992 Ed. (941)
Asahi Advertising
2003 Ed. (94)
2002 Ed. (127)
2001 Ed. (154)
2000 Ed. (116)
1999 Ed. (111)
1997 Ed. (108)
1996 Ed. (107)
1995 Ed. (92)
1994 Ed. (98)
1993 Ed. (115)
1992 Ed. (171)
1991 Ed. (119)
1990 Ed. (121)
1989 Ed. (127)
Asahi & Co.
1997 Ed. (13)
1996 Ed. (16, 17)
Asahi Bank
2004 Ed. (511)
2003 Ed. (553)
2002 Ed. (595, 597)
2000 Ed. (574, 576)
1999 Ed. (563, 564, 565)
1997 Ed. (352)
1995 Ed. (519)
1994 Ed. (544)
Asahi Breweries Ltd.
2008 Ed. (1835, 1836, 1839, 1840, 1841, 1842, 1843)
2007 Ed. (612, 615, 1836)
2006 Ed. (58, 566)
2005 Ed. (51, 3295)
2004 Ed. (56)
2002 Ed. (704, 2307)
2000 Ed. (2223, 2224)
1999 Ed. (2465, 2466)
1997 Ed. (2040)
1995 Ed. (1901)
1994 Ed. (29, 694, 1876)
1993 Ed. (1880)
1992 Ed. (2193)
1991 Ed. (1744)
1990 Ed. (1826)
Asahi Chemical
1992 Ed. (1113, 3274)
1990 Ed. (955)
Asahi Chemical Industries
1993 Ed. (908, 914, 915)
Asahi Chemical Industry Co., Ltd.
2002 Ed. (1001, 1002, 1012, 1017, 1020)
2000 Ed. (1026)
1999 Ed. (1090, 1100)
1998 Ed. (2689)
1997 Ed. (959, 963, 965)
1996 Ed. (939, 940, 1406)
1995 Ed. (959, 965)
1991 Ed. (909)
1990 Ed. (949)
1989 Ed. (894)
Asahi Chemical Industry Co. Ltd
1994 Ed. (923, 931)
Asahi Dry
1995 Ed. (701)
1993 Ed. (745)
Asahi Glass Co., Ltd.
2008 Ed. (752)
2007 Ed. (780, 1294)
2004 Ed. (799)
2003 Ed. (781)
2002 Ed. (862)
2001 Ed. (1146, 1226, 2605, 4025)
2000 Ed. (899)
1999 Ed. (954)
1997 Ed. (838)
1996 Ed. (829, 1406)
1995 Ed. (965, 2544)
1994 Ed. (940, 2476)
1993 Ed. (915)
1990 Ed. (1903)
1989 Ed. (959)
Asahi Glass America Inc.
2007 Ed. (4593)
Asahi Kasei Corp.
2008 Ed. (914, 1836, 1837, 1838, 1842)
2007 Ed. (934, 935, 948, 953, 1836)
2006 Ed. (852, 861)
2005 Ed. (955)
2003 Ed. (945, 946)
Asahi Mutual Life
1999 Ed. (2889, 2961)
1998 Ed. (2135)
1997 Ed. (2424)
1996 Ed. (2327)
1995 Ed. (2312)
1994 Ed. (2265)
1993 Ed. (2230)
Asahi Mutual Life Insurance Co.
2004 Ed. (3115)
2003 Ed. (3000)
2002 Ed. (2940)
1990 Ed. (2278)
Asahi National Broadcasting Co.
1996 Ed. (792)
Asahi Shimbun
2002 Ed. (3511)
1999 Ed. (3619)
1997 Ed. (2944)
1996 Ed. (2848)
1989 Ed. (2062)
Asahi Shinkin Bank
2007 Ed. (471)
Asahi Shinwa & Co.
1993 Ed. (9, 10)
Asahimas Flat Glass
2000 Ed. (1425)
Asaka Bank
2006 Ed. (540)
2005 Ed. (637)
2004 Ed. (470, 553, 649)
2003 Ed. (635)
2002 Ed. (572, 582, 660)
Asante Technologies
1995 Ed. (2062, 3382)
ASAP II
1997 Ed. (3828, 3828, 3828, 3829, 3829, 3830)
ASAP Software Inc.
2008 Ed. (4801)
ASAP Software Express Inc.
2008 Ed. (1374)
ASAP Staffing LLC
2008 Ed. (4380, 4958)
2007 Ed. (3547, 4407)
Asarco Inc.
2003 Ed. (3366, 3367)
2001 Ed. (1504, 3320, 3322, 3323)
2000 Ed. (3136, 3137, 3340)
1999 Ed. (3412, 3413)
1998 Ed. (149, 1121, 2471, 2507, 2508, 2509, 2685)
1997 Ed. (2792, 2793, 2946, 2947)
1996 Ed. (2648, 2850, 2851, 3718)
1995 Ed. (1211, 2581, 2582, 2774, 2775)
1994 Ed. (2480, 2524, 2525, 2672, 2673, 2674)
1993 Ed. (2536, 2575, 2576, 2726, 2727)
1992 Ed. (3028, 3082, 3083, 3252, 3253, 3254)
1991 Ed. (2420, 2422, 2465, 2611, 2612)
1990 Ed. (2539, 2543, 2715, 2716)
1989 Ed. (1051, 1946, 2068, 2069)
ASARCO LLC
2007 Ed. (365)
Asatsu
1999 Ed. (111)
1997 Ed. (108)
1996 Ed. (107)
1995 Ed. (92)
1994 Ed. (98)
1993 Ed. (80, 115)
1992 Ed. (120, 171)
1991 Ed. (119)
1990 Ed. (121)
1989 Ed. (127)
Asatsu-DK
2008 Ed. (124)
2007 Ed. (117)
2006 Ed. (123)
2005 Ed. (118)
2004 Ed. (118)
2003 Ed. (88, 94, 180)
2002 Ed. (127)
2001 Ed. (154)
2000 Ed. (116)
Asavabhokin; Anant
2006 Ed. (4920)
ASB Bank
2008 Ed. (482)
2007 Ed. (527)
2006 Ed. (505)
2005 Ed. (586)
2004 Ed. (598)
2002 Ed. (523)
2000 Ed. (634)
1999 Ed. (612)
1997 Ed. (582)
1996 Ed. (642)
1995 Ed. (572)
1994 Ed. (601)
1993 Ed. (598)
1992 Ed. (805)
1990 Ed. (655)
ASB Capital
2000 Ed. (2804)
1991 Ed. (2234)
1990 Ed. (2971)
ASB Capital Management
1992 Ed. (2753, 2765)
ASB Capital Mgmt.
2000 Ed. (2828)
ASB Trust Bank
1989 Ed. (642)
Asbank Ltd.
1999 Ed. (499)
Asbestos and insulation workers
1990 Ed. (2728)
Asbury Automotive Group Inc.
2008 Ed. (289, 290, 4260, 4473)
2007 Ed. (299, 301, 4231, 4555)
2006 Ed. (297, 301, 302, 303, 4173, 4215)
2005 Ed. (275, 280, 281, 282, 313, 4161, 4421)
2004 Ed. (276, 277, 313, 314, 4216, 4340)
2001 Ed. (444, 445, 447, 449, 451, 452)
2000 Ed. (329)
Asbury Automotive Group LLC
2005 Ed. (274)
2004 Ed. (267, 1689)
2003 Ed. (308)
2002 Ed. (350, 351, 364)
Asbury College
2008 Ed. (1063)
2001 Ed. (1322)
1998 Ed. (796)
Asbury Park Press
1998 Ed. (79, 81)
1993 Ed. (2723)
1990 Ed. (1040)
Asbury Theological Seminary
1993 Ed. (888, 1028)
1992 Ed. (1099)
ASC Inc.
1989 Ed. (928)
ASC Far East Inc.
2003 Ed. (2492)
2001 Ed. (2446)
ASC Network Corp.
1998 Ed. (754)
Ascambankers Malaysia
1990 Ed. (2315)
ASCE News
2007 Ed. (4791)
Ascend Communications Inc.
2005 Ed. (1504)
2002 Ed. (1392, 1444)
2000 Ed. (282, 1734, 1756, 2394, 2395, 3381, 3390)
1999 Ed. (1956, 1958, 1959, 1964, 4490)
1998 Ed. (1146, 3474)
1997 Ed. (1319, 1322, 2974, 3688)
1996 Ed. (3305, 3777)

Ascend HR Solutions
2006 Ed. (4012)
Ascend Media
2008 Ed. (1870)
Ascend Venture Group LLC
2004 Ed. (174)
2003 Ed. (218)
Ascension Health Inc.
2008 Ed. (1944, 2577, 2578, 2890, 2891, 4044)
2007 Ed. (1889, 2448, 2449)
2006 Ed. (1715, 1897, 2482, 2483, 3585, 3587, 3588, 3980)
2005 Ed. (2441)
2004 Ed. (1712, 1805, 2406, 2407, 3526, 3947)
2003 Ed. (3463, 3465, 3466, 3469, 3470)
2002 Ed. (339, 3290, 3292, 3293)
2001 Ed. (2666, 2668, 2669, 2670, 3164, 3923)
Ascent Solar Technologies
2008 Ed. (1679)
Ascential Software Corp.
2006 Ed. (1138)
2005 Ed. (1146)
2004 Ed. (1103)
Ascentium
2008 Ed. (1207)
2007 Ed. (1318, 4452)
ASCG Inc.
2008 Ed. (2522)
2004 Ed. (2361)
Ascher Bros. Co. Inc.
1998 Ed. (952)
1997 Ed. (1172)
1996 Ed. (1144)
1995 Ed. (1168)
1994 Ed. (1142)
1992 Ed. (1422)
1991 Ed. (1089)
Ascher Brothers Co., Inc.
2008 Ed. (1262)
2007 Ed. (1365)
2006 Ed. (1288)
2005 Ed. (1318)
2004 Ed. (1312)
2003 Ed. (1309)
2002 Ed. (1295)
2001 Ed. (1479)
2000 Ed. (1265, 1271)
1999 Ed. (1373)
1993 Ed. (1135)
ASCII Group Inc.
2000 Ed. (1181)
ASCII Group, Inc. (Washington, DC)
1991 Ed. (1037)
ASCO U.S. Logistics
2005 Ed. (4783)
Ascom Communications Inc.
1994 Ed. (3493)
ASCOM Energy Systems AG
1996 Ed. (2568)
Ascom Timplex
1996 Ed. (1763)
Ascom/U.S. Communications of Westchester
1993 Ed. (2775)
Ascriptin
1993 Ed. (230)
1992 Ed. (334)
ASD/AMD Trade Show, Las Vegas
2008 Ed. (4719)
2007 Ed. (4800)
2006 Ed. (4784)
2005 Ed. (4731)
Asda
2008 Ed. (708, 720)
2007 Ed. (739, 746, 4203)
2001 Ed. (262)
1999 Ed. (174, 175, 783, 784, 4100)
1996 Ed. (3623)
1992 Ed. (926, 3737, 4178)
1991 Ed. (2893)
1989 Ed. (754)
ASDA Group Ltd.
2007 Ed. (2037, 2040, 4631)
2001 Ed. (4115, 4703)
1994 Ed. (1380)
ASDA Group plc
2006 Ed. (2051)
2005 Ed. (1482, 1531)
2002 Ed. (4420, 4899)
2001 Ed. (4818)
1991 Ed. (3480)
Asda (incl. MFI and Associated Dairies)
1990 Ed. (3055, 3499, 3500)
Asda Magazine
2008 Ed. (3534)
Asda MFI Group
1989 Ed. (32)
Asda Protect
2001 Ed. (3402)
Asda Stores
2004 Ed. (1700, 1872, 4929)
2002 Ed. (52, 4899)
2001 Ed. (4818)
ASE
2000 Ed. (4177)
Asea
1997 Ed. (1515, 3635, 3636)
1995 Ed. (1492)
1994 Ed. (1452, 1453, 3439, 3440)
1993 Ed. (1404, 3460, 3461)
1992 Ed. (1693, 3315, 4142, 4143)
1991 Ed. (1349, 1351, 3221)
1990 Ed. (1422)
Asea A Fria
1989 Ed. (1307)
ASEA AB
1996 Ed. (1179, 1332, 1449, 3589, 3590)
1993 Ed. (1405)
1990 Ed. (1421)
1989 Ed. (1163)
ASEA B
1992 Ed. (1444)
Asea B (SEK50)
1994 Ed. (1194)
Asea B (Skr50)
1997 Ed. (1218)
Asea Brown Boveri Ltd.
2002 Ed. (3225)
2001 Ed. (1676)
2000 Ed. (2648)
1995 Ed. (1435, 1494, 3730)
1993 Ed. (1406, 2487)
1992 Ed. (1694, 1695, 1925)
1991 Ed. (1353)
1990 Ed. (3477)
ASEA Brown Boveri AG
1996 Ed. (1451, 2558)
ASEA Brown Boveri AG (Konzern)
1992 Ed. (2954)
Asea Brown Boveri Group
1994 Ed. (1454)
1990 Ed. (1588)
ASEA Group
1989 Ed. (1289)
ASEA Robotics
1990 Ed. (3064)
Aseam Indonesia
1989 Ed. (1780)
Aseambankers
1994 Ed. (3193)
Aseambankers Malaysia
1996 Ed. (3391)
1991 Ed. (2413)
1989 Ed. (1781)
Aseambankers Malaysia BHD
1997 Ed. (3485)
1992 Ed. (3023)
Asean
1997 Ed. (2922)
1990 Ed. (1732)
ASEAN equities
1996 Ed. (2430)
Asean Equity Funds
1990 Ed. (2396)
Aseguradora Colseguros
2008 Ed. (3256)
2007 Ed. (3111)
Aseguradora del Sur
2008 Ed. (3257)
2007 Ed. (3112)
Aseguradora Mundial SA
2006 Ed. (3772)
Aseguradora Nacional Unida
2008 Ed. (3261)
Aseptic Juice Drink
2000 Ed. (713)
Aseptic packaged juices and drinks
1991 Ed. (1864)
Aseptic Packed Juices & Drink Concentrates
1990 Ed. (1959)
Aseptics
1998 Ed. (2498)
Aser Publicidad/Young & Rubicam
1994 Ed. (79)
1993 Ed. (89)
Asera
2003 Ed. (1110)
2002 Ed. (1070)
Aseritis; Peter
1997 Ed. (1851, 1863)
1996 Ed. (1776, 1788)
1995 Ed. (1801, 1814)
1994 Ed. (1760, 1773)
1993 Ed. (1790)
1991 Ed. (1671, 1702)
Aserval
2000 Ed. (515)
Asesores
2001 Ed. (123)
2000 Ed. (81)
1999 Ed. (75)
Asesores en Valores
2008 Ed. (735)
2007 Ed. (756)
Asesores/Y & R Costa Rica
2003 Ed. (61)
2002 Ed. (94)
ASG Renaissance
2008 Ed. (4967)
2007 Ed. (3568)
2001 Ed. (2710)
2000 Ed. (2469)
ASG Renaissance LLC
2005 Ed. (2843)
2004 Ed. (2833)
2002 Ed. (2556)
ASG Security
2008 Ed. (4300)
Asgrow Seed Co. LLC
2001 Ed. (282)
ASGS/BBDO
1992 Ed. (212)
1991 Ed. (154)
ASGS/BBDO Group
1993 Ed. (139)
Ash Grove
1999 Ed. (1048)
Ash Grove Cement Co.
2004 Ed. (4584, 4589)
2002 Ed. (3560)
Ash; Mary Kay
1991 Ed. (3512)
Ash Music Corp.; Sam
1996 Ed. (2746, 2748)
1995 Ed. (2673, 2675)
1994 Ed. (2592, 2594, 2596)
1993 Ed. (2640, 2643)
ASH USA
1997 Ed. (3414, 3416)
1996 Ed. (3309)
1995 Ed. (3212)
Ashai Glass
1990 Ed. (2176)
Ashanti
2004 Ed. (3533)
Ashanti Goldfields Co.
2006 Ed. (4505)
2001 Ed. (1605)
2000 Ed. (4445)
1999 Ed. (4829)
Ashburn; Roy
1995 Ed. (2484)
Ashcroft; Lord
2008 Ed. (4006, 4007)
Ashdod
1992 Ed. (1393)
Asheville, NC
2006 Ed. (1180)
2005 Ed. (3468)
Ashfield & Co.
1991 Ed. (2223)
Ashford Presbyterian Community Hospital
2006 Ed. (2782)
2005 Ed. (2808)
Ashford.com
2003 Ed. (2185)
Ashi
1995 Ed. (714)
Ashikaga Bank
2006 Ed. (459, 461)
2005 Ed. (531, 532)
2004 Ed. (547, 549, 550, 556)
1999 Ed. (546)
Ashland Inc.
2008 Ed. (1444, 1882, 1883, 1884)
2007 Ed. (337, 925, 933, 957, 958, 1526, 1528, 1530, 1846, 1847, 1848, 4555)
2006 Ed. (353, 844, 845, 851, 861, 868, 1841, 1842, 1843, 1844)
2005 Ed. (942, 947, 955, 1836, 1837, 3734, 3735, 3746, 3779)
2004 Ed. (951, 954, 1770, 1771, 3826, 3827, 3830, 4592, 4594)
2003 Ed. (932, 937, 940, 1557, 1733, 1734, 2278)
2002 Ed. (995, 1439, 1524, 1712)
2001 Ed. (1292, 1773)
2000 Ed. (1345, 1500)
1999 Ed. (1668, 1694, 3810)
1998 Ed. (1060, 1172, 2819, 2836)
1996 Ed. (1410)
1990 Ed. (1978)
Ashland Chemical
1999 Ed. (1093, 1094)
1995 Ed. (2232)
Ashland Distribution Co.
2008 Ed. (916)
2007 Ed. (938)
2004 Ed. (955)
2003 Ed. (948)
2002 Ed. (1005, 1006)
Ashland Inc. Employees Credit Union
2008 Ed. (2234)
2007 Ed. (2119)
2006 Ed. (2198)
2005 Ed. (2103)
2004 Ed. (1961)
2003 Ed. (1921)
2002 Ed. (1867)
Ashland Oil Inc.
2005 Ed. (4525)
2003 Ed. (4614)
1997 Ed. (1466, 3083, 3106)
1996 Ed. (3005, 3022)
1995 Ed. (1446, 2908)
1994 Ed. (926, 1178, 1179, 1180, 1181, 1183, 1185, 1187, 1413, 2854)
1993 Ed. (674, 1361, 2830)
1992 Ed. (1517)
1991 Ed. (2722)
1990 Ed. (1987)
Ashland, OR
2007 Ed. (4208)
Ashland Paving & Construction Inc.
2008 Ed. (4064, 4068, 4070)
2007 Ed. (1340, 1349, 4036)
2006 Ed. (1241, 1251)
Ashland Pipe Line Co.
1995 Ed. (2942)
1994 Ed. (2876, 2879)
Ashland Specialty Chemical Co.
2004 Ed. (18)
2003 Ed. (13)
Ashley
2007 Ed. (2666)
2005 Ed. (2702)
2000 Ed. (2287, 2292)
1999 Ed. (2544, 2548, 2549)
1998 Ed. (1783, 1787)
1997 Ed. (2098, 2099, 2100)
1996 Ed. (1987)
1995 Ed. (1952)
1992 Ed. (2245, 2246)
Ashley & Munro
2002 Ed. (4)
Ashley Avery's Collectables
2003 Ed. (2608)
2002 Ed. (2397)
Ashley Capital
2000 Ed. (3717)
Ashley Distribution Services
2006 Ed. (4835)
Ashley Furniture Industries Inc.
2008 Ed. (2796, 2797, 2800, 2989, 2992, 2996, 2997, 2999)
2007 Ed. (2661, 2663, 2877, 2879)
2006 Ed. (2676, 2874, 2884)
2005 Ed. (2877, 2881)

2004 Ed. (2701, 2867, 2892)
2003 Ed. (2586)
Ashley Holdings PLC; Laura
1993 Ed. (999)
1992 Ed. (1229, 1628)
Ashley Lighting Inc.
2007 Ed. (3534, 4401)
Ashley Selveira
1997 Ed. (1974)
Ashman Court Hotel
2000 Ed. (2545)
Ashmore Emerging Markets Liquid Investment
2003 Ed. (3144, 3153)
Ashmore Local Currency Debt Portfolio
2003 Ed. (3144)
Ashmore Russian Debt Portfolio
2003 Ed. (3144, 3153)
Ashoka: Innovators for the Public
2004 Ed. (933)
Ashraf Textile Mills Ltd.
2002 Ed. (1971)
Ashton Gate Group Ltd.
1995 Ed. (1010)
Ashton Partners
2005 Ed. (3952, 3961)
Ashton-Tate
1993 Ed. (1072, 3005)
1992 Ed. (1332, 1333, 3672, 3674, 3684)
1991 Ed. (1036, 1529, 2838, 2840, 2841, 2842, 2855)
1990 Ed. (1119, 1135, 1136, 1614, 1618, 1626, 1631, 2581, 2985, 3449)
1989 Ed. (1319, 1323, 2670)
Ashton-Tate Corporation
1990 Ed. (2754)
Ashton Woods Homes
2008 Ed. (1196, 1197)
2004 Ed. (1181)
2003 Ed. (1173)
1999 Ed. (1325)
Ashurst Morris Crisp
2004 Ed. (1432, 1433)
2001 Ed. (4180)
1999 Ed. (3151)
Ashworth Inc.
2006 Ed. (1018)
2005 Ed. (1007)
Ashy Building Materials; Doug
1997 Ed. (834)
ASI Credit Union
2008 Ed. (2235)
2007 Ed. (2120)
2006 Ed. (2173, 2199)
2005 Ed. (2079, 2104)
2004 Ed. (1962)
2003 Ed. (1922)
2002 Ed. (1868)
ASI Holding
1991 Ed. (2684)
ASI Market Research Inc.
1992 Ed. (2977)
The ASI Show
2005 Ed. (96)
ASI Show! Las Vegas
2005 Ed. (4731)
ASI Show! Orlando
2006 Ed. (4784)
ASI Sign Systems Inc.
2002 Ed. (4281)
ASI Solutions
2000 Ed. (4050)
Asia
2007 Ed. (1132)
2006 Ed. (1044, 4683)
2005 Ed. (1035)
2003 Ed. (544, 3854)
2001 Ed. (368, 728, 1192, 1193, 4374)
2000 Ed. (3548, 4040)
1999 Ed. (189, 256, 1353, 1913, 1937, 2097, 2856, 3274, 3282, 3900, 4118, 4550, 4827)
1998 Ed. (251, 857, 1241, 2422, 2815, 2877, 3773)
1997 Ed. (1806, 2113, 2748, 3739)
1996 Ed. (1466, 1725, 3633)
1995 Ed. (963, 1752, 1753, 2489)
1993 Ed. (1113, 1721, 2243, 2475)
1992 Ed. (1235, 2129, 3014, 3294, 3295, 3724)
1991 Ed. (2936)
1990 Ed. (2146, 3439)
Asia and Middle East
1993 Ed. (1716)
Asia & Oceania
2000 Ed. (3830)
Asia; Bank of
2007 Ed. (561)
2006 Ed. (530)
2005 Ed. (617)
Asia Brewery Co.
1993 Ed. (46)
1992 Ed. (71)
1991 Ed. (42)
Asia Capital
2000 Ed. (1150)
Asia Cement
2007 Ed. (2006)
1994 Ed. (1460, 1464, 3472)
1993 Ed. (3502)
1992 Ed. (1697, 1701, 1702, 1703, 1704)
1991 Ed. (1357)
1990 Ed. (1426)
1989 Ed. (1166)
Asia Commercial Bank
1991 Ed. (659)
1990 Ed. (676)
1989 Ed. (668)
Asia Commercial Holdings Ltd.
1999 Ed. (1565)
Asia Credit
1996 Ed. (3394)
1995 Ed. (3284)
1994 Ed. (3197)
1989 Ed. (1785)
Asia de Cuba
2001 Ed. (4054)
Asia Electronics
1992 Ed. (372)
Asia Equity
1997 Ed. (798, 799, 800, 801, 802, 818, 819, 820, 821, 822)
1995 Ed. (787, 817, 818, 819, 820, 821, 837, 838, 839, 840, 841)
1993 Ed. (1640, 1644, 1647)
Asia Equity Holdings
1996 Ed. (1851)
Asia Fiber
1991 Ed. (2942)
Asia Intiselera
1999 Ed. (4167)
Asia Matsushita Electric
2001 Ed. (1842)
Asia/Middle East
2000 Ed. (3012)
1997 Ed. (2690)
1996 Ed. (2553)
Asia, other
1995 Ed. (1751)
Asia Pacific
2008 Ed. (728, 3375, 3742)
2007 Ed. (3247, 3619)
2006 Ed. (3178, 3551)
2005 Ed. (791, 792, 1598, 3199)
2004 Ed. (806, 807)
2002 Ed. (4323, 4324)
2001 Ed. (516, 517, 1098, 3371, 3372)
2000 Ed. (350, 2867)
1997 Ed. (3491)
1996 Ed. (26, 325, 935, 1175)
1993 Ed. (1928, 2845)
1991 Ed. (1799)
Asia Pacific Breweries Ltd.
2007 Ed. (75)
2006 Ed. (85)
2005 Ed. (76)
2004 Ed. (81)
2000 Ed. (1547, 1551)
1999 Ed. (1730)
1997 Ed. (1504)
1995 Ed. (1479)
Asia Pacific Fund
1991 Ed. (2589)
Asia Pacific Land
1996 Ed. (2448)
Asia Pacific Resources International Holdings Ltd.
2003 Ed. (4604)
Asia Pacific Wire & Cable Corp. Ltd.
2003 Ed. (4604)
Asia Polymer Corp.
1994 Ed. (1464)
Asia Pulp & Paper Co. Ltd.
2003 Ed. (4604)
2002 Ed. (3578)
2000 Ed. (1550)
Asia Satellite Telecommunications Holdings Ltd.
2003 Ed. (4587)
1999 Ed. (1570)
Asia Securities
1997 Ed. (3489)
1996 Ed. (3394)
1990 Ed. (821)
Asia, Southern
1996 Ed. (936)
Asia Stock Brokers
1995 Ed. (827, 828, 831)
Asia Universal Bank
2006 Ed. (4514)
Asiago
1999 Ed. (1076)
AsiaInfo Holdings Inc.
2002 Ed. (4192)
Asian Airlines
2000 Ed. (1502)
Asian American
2008 Ed. (1211)
2005 Ed. (1102)
Asian Atlantic Industries
2002 Ed. (4290)
Asian Banking Corp.
1992 Ed. (3022)
Asian Chao
2008 Ed. (2674)
Asian countries, other
1995 Ed. (1785)
Asian Development Bank
1998 Ed. (1268)
1995 Ed. (1561)
1994 Ed. (519)
Asian Development Fund
1997 Ed. (2400)
Asian Hotels
2002 Ed. (4478)
1999 Ed. (1240)
1997 Ed. (1070, 1071)
1994 Ed. (1061, 1062)
Asian International Merchant Bankers
1992 Ed. (3023)
1991 Ed. (2413)
1989 Ed. (1781)
Asian Int'l Merchant Bankers
1990 Ed. (2315)
Asian Oceanic
1994 Ed. (3194)
Asian/Pacific
1996 Ed. (2654)
Asian Paints
2008 Ed. (1801)
2007 Ed. (1771)
Asian P&P
2000 Ed. (3404)
Asian Pulp & Paper
1999 Ed. (761, 1578)
Asiana
2001 Ed. (320)
Asiana Airlines
2006 Ed. (4537)
2005 Ed. (217)
2001 Ed. (305, 310)
2000 Ed. (1504)
Asiana Global Travel Service
2001 Ed. (4635)
Asians
1998 Ed. (1, 547, 1997)
1993 Ed. (2594)
AsiaOne Markets
2002 Ed. (4865)
AsiaScores.com
2002 Ed. (4865)
Asiatic Advertising
2003 Ed. (132)
2002 Ed. (164)
2001 Ed. (193)
1999 Ed. (138)
1997 Ed. (128)
1996 Ed. (124)
1995 Ed. (109)
1993 Ed. (125)
1992 Ed. (193)
1989 Ed. (147)
Asiatic Advertising (JWT)
2000 Ed. (155)
Asiatic Marketing
2003 Ed. (46)
2002 Ed. (80)
2001 Ed. (107)
1999 Ed. (60)
Asiatic Marketing (JWT)
2000 Ed. (63)
Asics
2007 Ed. (3821)
2005 Ed. (270)
2004 Ed. (261)
2002 Ed. (4275)
2001 Ed. (423, 4220)
2000 Ed. (324)
1999 Ed. (309)
1998 Ed. (200)
1997 Ed. (281)
1996 Ed. (251)
1995 Ed. (252)
1994 Ed. (244, 246)
1993 Ed. (256)
Asics Tiger
1997 Ed. (279)
1993 Ed. (260)
1992 Ed. (366, 368)
1991 Ed. (262, 264)
Asigurare-Reasigurare Astra SA
2006 Ed. (4531)
Asigurarea Romaneasca--Asirom
2002 Ed. (4460)
Asigurarea Romaneasca Asirom SA
2006 Ed. (4531)
Asitelindo Data Buana
2001 Ed. (42)
Ask
2007 Ed. (712, 733)
Ask Computer
1990 Ed. (1117)
ASK Computer Systems
1994 Ed. (1093, 1097)
1993 Ed. (1072, 1073)
1992 Ed. (1333, 3684)
1991 Ed. (1019, 1023, 1030, 2846)
1990 Ed. (1115)
1989 Ed. (969, 972)
A.S.K. Consultants Inc.
1993 Ed. (2266)
ASK Group
1995 Ed. (1110, 3787)
Ask Jeeves Inc.
2006 Ed. (1421, 1427, 1580, 3183, 3187)
2002 Ed. (2475)
2001 Ed. (1249, 4452, 4771)
Ask Mr. Foster
1990 Ed. (3651, 3652)
Ask network
2008 Ed. (3374)
2007 Ed. (3222)
Ask Sylvia Browne
2003 Ed. (846)
AskAlix
2003 Ed. (2739, 2740, 2741)
Askari Commercial Bank
2007 Ed. (1948)
2002 Ed. (4454)
Askari Leasing
1997 Ed. (2589)
Ask.com
2008 Ed. (3355)
2007 Ed. (3224, 3225, 3246)
ASK...for Home Care
2008 Ed. (1895)
AskJeeves Inc.
2007 Ed. (3053)
AskMe
2005 Ed. (3028)
Asko
1994 Ed. (3110)
1992 Ed. (4177)
Asko, A
1992 Ed. (2396)
Asko Deutsche Kaufhaus AG
1997 Ed. (3353)
Asko Deutsches Kaufhaus
1994 Ed. (3109, 3256)
Asko-Massa Group
1991 Ed. (3261)

Asko-Moskva
1995 Ed. (2283)
Asko Oy
1994 Ed. (1361)
ASKUL Corp.
2006 Ed. (4511)
2002 Ed. (1710)
Asland
1992 Ed. (901)
1991 Ed. (720, 1348)
Aslin; Malcolm M.
2005 Ed. (2516)
ASLK-CGER Bank
2000 Ed. (469)
1999 Ed. (477)
1997 Ed. (417)
1996 Ed. (455)
1995 Ed. (428)
1994 Ed. (435)
1993 Ed. (435)
1992 Ed. (616, 617)
1991 Ed. (459)
1990 Ed. (509)
1989 Ed. (488)
ASLK-CGER Group
1993 Ed. (3574)
ASM International
1991 Ed. (3083)
ASM Lithography
2002 Ed. (4491)
1998 Ed. (3275)
1992 Ed. (1318)
ASM Lithography Holding
2002 Ed. (1736)
ASM Lithography Holding NV
2001 Ed. (4219)
1997 Ed. (1389, 2696)
ASMAR
2002 Ed. (945)
ASMC
2006 Ed. (4289)
ASML Holding NV
2008 Ed. (3572, 4312)
2007 Ed. (2825)
2006 Ed. (1682)
2003 Ed. (4377)
ASO Outlook-Regional Equity
1994 Ed. (585)
ASO Outlook-Regional Opportunity
1994 Ed. (583)
Asociacion de Suscripcion Conjunta
2006 Ed. (3093)
2005 Ed. (3088)
Asociacion Nacional Pro Personas Mayores
2005 Ed. (2845)
2004 Ed. (2837)
2003 Ed. (2755)
2002 Ed. (2559)
Asoke Wongcha-um
2000 Ed. (2191)
ASP Inc.
2007 Ed. (2738)
Aspac & Grey
1994 Ed. (109)
1993 Ed. (128)
1990 Ed. (143)
Asparagus
2001 Ed. (2555)
ASPCA
2007 Ed. (3213)
Aspec Technology, Inc.
2001 Ed. (4192)
Aspect Capital
2005 Ed. (1979)
Aspect Communication Services
1999 Ed. (94)
Aspect Communications Corp.
2005 Ed. (1672, 1676)
Aspect Computer Corp.
2007 Ed. (3580, 4435)
2006 Ed. (3528, 4367)
Aspect Medical Systems Inc.
2008 Ed. (1905, 1918, 1920)
Aspect Software Inc.
2008 Ed. (1135, 1139)
Aspect Telecommunications
1992 Ed. (3822)
Aspen
2002 Ed. (2355)
2001 Ed. (3702)
2000 Ed. (3455)
Aspen Bancshares
1993 Ed. (379)
Aspen, CO
2003 Ed. (974)
2002 Ed. (2712)
2001 Ed. (2817)
2000 Ed. (1068, 4376)
1999 Ed. (1155, 4747)
1998 Ed. (737, 3704)
1997 Ed. (1075)
1996 Ed. (1061)
Aspen Consulting Inc.
2001 Ed. (1871, 2851)
Aspen Direct
1995 Ed. (1563)
Aspen Direct Marketing Group
1996 Ed. (1551)
Aspen Enterprises
1995 Ed. (2593)
1994 Ed. (2534)
1993 Ed. (2587)
1992 Ed. (3093)
1991 Ed. (2477)
Aspen Exploration Corp.
2008 Ed. (1682)
2004 Ed. (3825, 3842, 3843, 3844)
2002 Ed. (3662)
Aspen Field Marketing
2002 Ed. (3264)
Aspen Imaging International Inc.
1995 Ed. (1239)
Aspen Interactive
2001 Ed. (245)
Aspen Laboratories Inc.
2008 Ed. (1690)
Aspen Marketing Group
2001 Ed. (3920)
Aspen Marketing Services
2008 Ed. (2339, 3597, 3599)
2007 Ed. (2202, 3431, 3432)
2006 Ed. (2266, 3417, 3418)
Aspen Medical
2008 Ed. (1571)
Aspen Publishing Co.
2008 Ed. (4969)
2006 Ed. (3523)
Aspen Skiing Co.
1996 Ed. (3440)
Aspen Systems Corp.
2008 Ed. (1399)
Aspen Technology Inc.
2004 Ed. (3317)
Aspeon, Inc.
2003 Ed. (2726)
Asper family
2005 Ed. (4870)
Aspercreme
2003 Ed. (280)
2002 Ed. (315, 316)
2001 Ed. (384)
1999 Ed. (275)
Asphalt
2001 Ed. (3750)
Aspinall's
2001 Ed. (1132)
The Aspira Association
2008 Ed. (2964)
2007 Ed. (2841)
2006 Ed. (2843)
2005 Ed. (2845)
2004 Ed. (2837)
2003 Ed. (2755)
Aspire
2001 Ed. (476)
Aspirin
1998 Ed. (169, 2224)
1990 Ed. (268, 270)
Aspirin-based
1989 Ed. (258)
Aspirin-based analgesics
1989 Ed. (257)
Aspis Bank
2006 Ed. (447)
Aspis Pronoia
1999 Ed. (304)
Asplundh Tree Expert Co.
2008 Ed. (201, 202, 4077)
2007 Ed. (215, 216, 4042)
2006 Ed. (205, 206, 3997, 4008)
2005 Ed. (193, 194, 3923, 3934)
2004 Ed. (192, 193)
2003 Ed. (233, 234)
2001 Ed. (279, 280)
2000 Ed. (1110)
1999 Ed. (1189)
1998 Ed. (758)
1989 Ed. (932)
Asprey Group Ltd.
2000 Ed. (3036)
Asprey; John
2007 Ed. (4931)
Asprin
1997 Ed. (255)
Asprin compounds
1997 Ed. (255)
ASR Inv
1996 Ed. (207)
ASRC Communications Ltd.
2005 Ed. (1355)
ASRC Energy Services Inc.
2007 Ed. (1567)
2006 Ed. (1538)
2005 Ed. (1647)
ASRC Federal Holding Co.
2008 Ed. (1364)
2007 Ed. (1408)
2006 Ed. (1370)
ASRC Federal Holdings Inc.
2008 Ed. (1357, 1370)
Ass Mang
1995 Ed. (2586)
1991 Ed. (2469)
Assa Abloy AB
2008 Ed. (3582)
Assael Architecture
2007 Ed. (2022)
Assael Automotive
1994 Ed. (262)
Assael Mazda
1992 Ed. (390)
Assassins
2001 Ed. (984)
Assaults
2006 Ed. (3733)
2005 Ed. (3617)
2004 Ed. (1)
1996 Ed. (1)
Assaults and violent acts
1995 Ed. (2)
Asselstine; James
1997 Ed. (1926)
1993 Ed. (1841)
Assemblers
2002 Ed. (3531)
Assemblies of God
2000 Ed. (3754)
Assembly
1998 Ed. (21)
1989 Ed. (2346)
Asset Inc.
2006 Ed. (1597)
Asset Acceptance Capital Corp.
2008 Ed. (2846)
2007 Ed. (2712)
Asset Acceptance LLC
2005 Ed. (2143, 2144)
Asset-backed securities
1992 Ed. (730)
1989 Ed. (1112)
Asset Exchange Network
1999 Ed. (958)
1998 Ed. (540)
Asset Exchange Network/Morris Financial
1997 Ed. (843)
1996 Ed. (833)
1995 Ed. (853)
Asset Guaranty Insurance Co.
2001 Ed. (743)
2000 Ed. (3206, 3207, 3208, 3211, 3213, 3216)
1998 Ed. (2579, 2581, 2582, 2583, 2584, 2585, 2586, 2588)
1997 Ed. (2852, 2860)
Asset Guaranty Reinsurance Co.
1999 Ed. (3489, 3490, 3491, 3492, 3494, 3496, 3497, 3499)
1997 Ed. (2850, 2851, 2853, 2856, 2957, 2859)
1996 Ed. (2733, 2734, 2736, 2737, 2739, 2742)
1995 Ed. (2654, 2655, 2657, 2658, 2661, 2662, 2663, 2664)
1993 Ed. (2632, 2634, 2637)
Asset Investors
1993 Ed. (2971)
1991 Ed. (1009)
Asset/Liability management
1990 Ed. (532, 533)
Asset LifeCycle LLC
2008 Ed. (4962)
2007 Ed. (3556, 3557)
Asset management
2005 Ed. (3015)
Asset Management Intermediate Mortgage Securities
1995 Ed. (2744)
Asset Management Mortgage Securities Perf.
1995 Ed. (2744)
Asset Marketing Services
2006 Ed. (139)
Asset Protection
2007 Ed. (4291)
Asset Protection & Security Services Inc.
2007 Ed. (2835, 2836)
Asset Protection Associates
2008 Ed. (4295)
Assetcare
1997 Ed. (1048)
Assets
2003 Ed. (4395)
AssetTrade
2001 Ed. (4757, 4772)
Asshi Chemical
1989 Ed. (892)
Assicurazioni Generali
2000 Ed. (1487)
1999 Ed. (1687, 2982)
1997 Ed. (1460, 2425, 3293)
1995 Ed. (1439, 3088, 3335)
1994 Ed. (1407, 3042)
1993 Ed. (1354, 2994)
1992 Ed. (1654, 3073, 3074, 3660)
1991 Ed. (1313, 2458, 2459)
1990 Ed. (1389, 3472)
Assicurazioni Generali SpA
2008 Ed. (1861, 1862, 1863, 1864, 3258, 3310)
2007 Ed. (1826, 1828, 1829, 1830, 3113, 3129, 3161)
2006 Ed. (1820, 1821, 1822, 1823, 3094, 3095, 3126, 3127, 3213, 3216, 3230)
2005 Ed. (1486, 1830, 3089, 3090, 3091, 3120, 3121)
2004 Ed. (3084, 3097, 3116, 3117)
2003 Ed. (1726, 2990, 3001)
2002 Ed. (1417, 1699, 1701, 2941, 2942, 2973)
2001 Ed. (1548, 1549, 1760, 1761, 1762, 2961, 3012, 3014, 4038, 4040)
2000 Ed. (3752)
1998 Ed. (2210)
1996 Ed. (1403, 3188)
1990 Ed. (2276, 2284)
Assidoman
1997 Ed. (2071)
Assidoman Skog & Tra AB
2002 Ed. (250)
1999 Ed. (201)
Assiniboine Credit Union Ltd.
2008 Ed. (2713)
Assinlboine Credit Union Ltd.
2007 Ed. (2573)
Assisi Foundation of Memphis
2002 Ed. (2343)
Assist-a-Sell
2005 Ed. (4003)
2004 Ed. (4072)
2003 Ed. (4050)
Assist-2-Sell
2008 Ed. (4111)
2007 Ed. (4078)
2006 Ed. (4038)
Assistants, administrative & personal
2007 Ed. (3737)
Assisted Living Concepts
2005 Ed. (265)
2004 Ed. (258)
2003 Ed. (291)
Assisted-living facilities
2003 Ed. (3472)

Assix International
1995 Ed. (2820)
Assoc British Food
1989 Ed. (1459)
Assoc. Jewish Community Federation of Baltimore
1993 Ed. (2732)
Associate Credit Card Services
2000 Ed. (3378)
Associate Lloyds Insurance
1992 Ed. (2680)
Associated
2004 Ed. (4644)
Associated Agencies Inc.
2001 Ed. (2911)
Associated & Federal Employees Credit Union
2008 Ed. (2226)
2007 Ed. (2111)
2006 Ed. (2190)
2005 Ed. (2095)
2004 Ed. (1953)
2003 Ed. (1913)
2002 Ed. (1859)
Associated Banc-Corp.
2005 Ed. (627)
2004 Ed. (638)
2000 Ed. (3739, 3740)
Associated Banc-Corp
2004 Ed. (416)
2003 Ed. (627, 628)
2002 Ed. (504)
2001 Ed. (621)
Associated Bank Corp.
1999 Ed. (395, 671)
Associated Bank North
1996 Ed. (541)
Associated British Foods
2006 Ed. (2645)
2005 Ed. (2650)
2000 Ed. (2225)
1995 Ed. (1903)
1990 Ed. (1829)
Associated British Foods plc
2008 Ed. (2752)
2007 Ed. (2617, 2625, 2626)
2006 Ed. (1445, 2646)
2002 Ed. (2305)
2001 Ed. (2468)
2000 Ed. (2226)
1999 Ed. (2468)
1997 Ed. (659, 2042, 2043, 2044)
1996 Ed. (1944)
1994 Ed. (1396, 1879)
1991 Ed. (1747, 1748)
1990 Ed. (1831)
Associated British Ports
2007 Ed. (4838)
2006 Ed. (4822, 4823)
2005 Ed. (4773)
1992 Ed. (1613)
Associated British Ports Holdings plc
2002 Ed. (1793)
Associated Building Management Corp.
2006 Ed. (666)
Associated Capital Properties Inc.
1998 Ed. (3002)
Associated Cement Co. Ltd.
1999 Ed. (742)
1997 Ed. (686)
1996 Ed. (753, 755)
1994 Ed. (725)
1993 Ed. (714, 715)
1992 Ed. (902, 1636)
Associated Cement Companies
2000 Ed. (755, 1000)
Associated Co-Operative Creameries Ltd.
2001 Ed. (283)
2000 Ed. (224)
Associated Communications
1995 Ed. (1307)
1994 Ed. (1289)
1992 Ed. (2959)
1991 Ed. (1232)
1990 Ed. (2938)
Associated Construction Publications
2008 Ed. (4708)
2007 Ed. (4791)
Associated Construction Services Group
2008 Ed. (2955)
Associated Credit Union of Texas
2006 Ed. (2154)
Associated Day Care Services Inc.
1991 Ed. (929)
1990 Ed. (977)
Associated Dry Goods; May Department Stores/
1991 Ed. (1145)
Associated Electric & Gas Insurance Services Ltd.
2008 Ed. (3224)
2007 Ed. (3084)
2006 Ed. (3054)
Associated Electric Cooperative Inc.
2007 Ed. (1428)
2006 Ed. (1392, 1393)
2005 Ed. (1406, 1407)
2004 Ed. (1385, 1386)
2003 Ed. (1377)
Associated Financial Group
2008 Ed. (3239)
Associated Food Stores Inc.
2007 Ed. (1430)
2006 Ed. (1396, 1397)
2005 Ed. (1410, 1411)
2004 Ed. (1389, 1390, 4661)
2003 Ed. (1379)
2000 Ed. (2386)
1998 Ed. (1868, 1870, 1871)
1996 Ed. (1177, 1178, 2049)
1995 Ed. (1210, 2053)
1993 Ed. (3490)
Associated Freezers
2001 Ed. (4724, 4725)
Associated Grocers Inc.
2006 Ed. (1396, 1397)
2005 Ed. (1410, 1411)
2004 Ed. (1389, 1390)
2003 Ed. (1379)
1998 Ed. (1870)
1996 Ed. (1177, 1178, 2053)
1995 Ed. (1210, 2052, 2057)
1994 Ed. (1999)
1993 Ed. (3490, 3491)
Associated Grocers of Florida
2000 Ed. (2384)
Associated Grocers Inc. of Seattle
2007 Ed. (1430)
Associated Grocers of the South
2000 Ed. (2384)
Associated Grocers, Seattle
2000 Ed. (2390)
Associated Hygienic Products
2003 Ed. (2057)
Associated Industries of Florida
2002 Ed. (340)
2000 Ed. (319)
Associated Insurance
1997 Ed. (1430)
1996 Ed. (1379)
Associated Limousines
1992 Ed. (3114)
Associated Manganese Mines of SA
1993 Ed. (2579)
Associated Manitowoc (High)
1989 Ed. (2160)
Associated Manitowoc, Wis
1989 Ed. (2148, 2152)
Associated Materials Inc.
2008 Ed. (3990)
2007 Ed. (3964)
2006 Ed. (3914)
2005 Ed. (3373, 3843)
Associated Mechanical Contractors Inc.
2008 Ed. (1270)
Associated Milk Producers Inc.
2007 Ed. (1426)
2000 Ed. (1641)
1999 Ed. (197, 1813, 2472)
1998 Ed. (1240, 1713)
1997 Ed. (177, 2039)
1993 Ed. (1457)
1992 Ed. (3264)
1990 Ed. (1045)
Associated Natural Gas
1996 Ed. (2822)
1995 Ed. (1076)
1994 Ed. (1064)
1993 Ed. (1033)
Associated Newspapers Ltd.
2007 Ed. (3454)
2004 Ed. (3941)
2002 Ed. (39)
Associated Packaging Technologies
2008 Ed. (4673)
2007 Ed. (4749)
2006 Ed. (4733)
Associated Press
2007 Ed. (1432)
1990 Ed. (2718)
1989 Ed. (275, 1933)
Associated Regional & University Pathologists Inc. Laboratories
2006 Ed. (2087)
Associated Regional University Pathologist
2008 Ed. (2148)
Associated Retailers
2004 Ed. (4923)
Associated School Employees Credit Union
2008 Ed. (2212)
1996 Ed. (1508)
Associated Securities
2002 Ed. (788, 802, 803, 804, 805, 806)
2000 Ed. (851, 852, 853, 854, 855, 856, 857, 858, 859, 860, 861)
1999 Ed. (853, 854, 855, 856, 857, 858, 859, 860)
Associated Steel Workers Ltd.
2007 Ed. (1751)
Associated Tyre Specialists Ltd.
1994 Ed. (991, 993, 999)
Associated Universities
1992 Ed. (3256)
Associated Wholesale
2000 Ed. (2389, 2390, 2391)
Associated Wholesale Grocers Inc.
2008 Ed. (1382, 1877)
2007 Ed. (1427, 1430, 1843)
2006 Ed. (1391, 1396, 1397, 1838)
2005 Ed. (1405, 1410, 1411, 1833)
2004 Ed. (1384, 1389, 1390, 1767, 4634)
2003 Ed. (1376, 1379, 1730)
2002 Ed. (1341)
2001 Ed. (1771)
2000 Ed. (2385, 2386)
1999 Ed. (4755)
1998 Ed. (1869, 1870, 1871, 1872, 1874, 1875, 3710)
1997 Ed. (3876, 3877)
1996 Ed. (1177, 1178, 2046, 2047, 2051, 2052, 2053, 3822)
1995 Ed. (1210, 2050, 2051, 2054, 2057)
1994 Ed. (1991, 1997, 2001, 2002, 2003, 3658)
1993 Ed. (1998, 3487, 3489, 3491, 3492)
1992 Ed. (2351, 4165)
1991 Ed. (1862, 3251, 3255)
1990 Ed. (3495)
Associated Wholesalers Inc.
2007 Ed. (1430)
2006 Ed. (1396, 1397)
2005 Ed. (1410, 1411)
2004 Ed. (1390)
2003 Ed. (1379)
2000 Ed. (2386, 2390)
1998 Ed. (1868, 1874)
1996 Ed. (1177, 1178, 2049)
1995 Ed. (2052)
Associates
1996 Ed. (2696, 2697)
1995 Ed. (2620)
1994 Ed. (2565)
1992 Ed. (1503)
1990 Ed. (2617)
Associates Commercial Corp.
1998 Ed. (388)
Associates Federal
1990 Ed. (3122)
Associates Finance Life
1998 Ed. (2159, 2161)
Associates Financial Life
2000 Ed. (2684, 2685)
1997 Ed. (2449, 2450)
1996 Ed. (2321)
1995 Ed. (2285, 2286)
1991 Ed. (2097)
Associates Financial Life Insurance
2002 Ed. (2906)
Associates First Capital Corp.
2008 Ed. (2199)
2007 Ed. (2089)
2006 Ed. (2145)
2005 Ed. (1497, 2052)
2004 Ed. (1470, 1917)
2003 Ed. (1885)
2002 Ed. (1219, 1389, 1395, 2260)
2001 Ed. (569, 1452, 1959, 2434, 2435)
2000 Ed. (1916, 1917, 1918)
1999 Ed. (1459, 3604)
1998 Ed. (3210)
1991 Ed. (1136)
Associates Lloyds
1993 Ed. (2237)
Associates National
1995 Ed. (347)
Associates Corp. of North America
2003 Ed. (1885)
2001 Ed. (1959)
1997 Ed. (1845, 1846, 1847)
1996 Ed. (1765, 1766, 1767)
1995 Ed. (1787, 1789, 1790, 1791)
1993 Ed. (1763, 1764, 1765, 1767)
1992 Ed. (2130, 2131)
1991 Ed. (1663, 1664, 1665, 1667)
1990 Ed. (1759, 1760, 1761, 1763)
Association des Centres Distributeurs E. Leclerc
2005 Ed. (39)
Association executive director
1989 Ed. (2972)
Association Familiale Mulliez
2008 Ed. (41)
2007 Ed. (37)
2006 Ed. (46)
Association for Organization & Human Development
1990 Ed. (2895)
Association for Retarded Citizens
1993 Ed. (2730)
Association for the Advancement of Mexican Americans
2005 Ed. (2845)
Association for the Study of Afro-American Life and History
1999 Ed. (296)
Association Francois-Xavier Bagnoud
1995 Ed. (1070, 1928)
Association Jewish Community Federation of Baltimore
1992 Ed. (3269)
Association of American Medical Colleges
2008 Ed. (2894)
Association of American Railroads
1999 Ed. (299)
1997 Ed. (275)
1996 Ed. (244)
1992 Ed. (3259)
Association of Local Public Service Personnel
2001 Ed. (3695)
2000 Ed. (3454)
Association of Management, Administrative & Professional Crown Employees of Ontario
2008 Ed. (1612)
Association of Public Policy Analysis and Management
1999 Ed. (300)
Association of Retarded Citizens
1995 Ed. (942, 2781)
Association of Science-Technology Centers
1994 Ed. (1904)
Association of Southeast Asia Nations
1997 Ed. (1815)
Association of the United States Army Annual Meeting
2007 Ed. (4800)
Association of Trial Lawyers of America
2000 Ed. (2989)
1995 Ed. (886)
Association of Trial Lawyers of America PAC
1990 Ed. (2873, 2874)

Association of Trial Lawyers of America Political Action Committee
1993 Ed. (2872, 2873)
Association of Trial Lawyers PAC
1989 Ed. (2236, 2237)
Association of Universities for Research in Astronomy Inc.
2007 Ed. (1398)
Association of Washington Cities
2008 Ed. (4250)
Association of Woodworking & Furnishings Suppliers (AWFS) Vegas
2008 Ed. (4719)
Association Seminar Ads
1997 Ed. (1587)
1995 Ed. (1548, 2810, 2811)
Associations
2008 Ed. (4722)
2005 Ed. (4735)
2003 Ed. (4776)
2002 Ed. (4643)
2001 Ed. (1077)
2000 Ed. (938)
Assore
1995 Ed. (2584)
1993 Ed. (2578)
Assorted Chocolates
1989 Ed. (856)
Assorted Chocolates, 16-Oz. Box
1990 Ed. (893)
Assorted Wafers
1995 Ed. (891)
ASSUBEL-Banque d'Epargne
1996 Ed. (454)
Assumption Life US Equity
2002 Ed. (3450)
Assumption Mutual Life Insurance
2004 Ed. (1661)
2003 Ed. (1630)
Assurance Generale de France (Paris)
1991 Ed. (2159)
Assurance Generales de France
1998 Ed. (2136)
Assurances Generales de France
1999 Ed. (2962)
Assurances Mutuelles AGR
1992 Ed. (2709)
Assurant Inc.
2008 Ed. (3252, 3286, 3287)
2007 Ed. (3107, 3132, 3133, 3134, 3141)
2006 Ed. (3121, 4258)
Assurant Group
2005 Ed. (3124)
2004 Ed. (3093)
2003 Ed. (2989)
2002 Ed. (2898, 3486)
Assurant Solutions
2008 Ed. (3265, 3316)
2007 Ed. (3119, 3169)
2006 Ed. (3102, 3134)
Assystem
2008 Ed. (1722, 1763, 2868, 3208)
2007 Ed. (2742)
AssystemBrime
2007 Ed. (1695, 1735)
AST
1999 Ed. (942, 1257)
1998 Ed. (2492)
1997 Ed. (2782)
1996 Ed. (1071, 2633, 2635, 2636)
1995 Ed. (1092)
1994 Ed. (1082, 1086, 2512, 2514)
1989 Ed. (1980)
AST Research
1999 Ed. (1957, 1977, 1978, 1979, 1980)
1998 Ed. (2493)
1997 Ed. (2209, 3647)
1996 Ed. (1067, 1070, 2632, 3055)
1995 Ed. (2257, 2573, 2574, 2575)
1993 Ed. (827, 1055, 2561, 2881)
1992 Ed. (1298, 3068, 3308, 3310)
1991 Ed. (1024, 1029, 2453, 2454, 2850, 2853)
1990 Ed. (1973, 2579)
1989 Ed. (980, 1311, 1319, 1321, 1323, 1325)
AST Taiwan Ltd.
1994 Ed. (1089, 1463, 1464)
1992 Ed. (1323, 1324, 1703)
Asta Dizainas M/E
2003 Ed. (102)
2002 Ed. (136)
2001 Ed. (162)
1999 Ed. (118)
Asta Dizainas M/E (McCann)
2000 Ed. (124)
Asta Engineering Inc.
1994 Ed. (2533)
Asta Funding Inc.
2006 Ed. (2740)
2005 Ed. (2144, 4378)
2004 Ed. (4432)
Astaldi
1992 Ed. (1436)
Astaldi SpA
2006 Ed. (1303)
1997 Ed. (1184, 1191)
1995 Ed. (1189)
ASTEC
1999 Ed. (2676)
Astec (BSR)
1994 Ed. (1380)
Astec Industries Inc.
2005 Ed. (2416)
2004 Ed. (2324)
Astek
2001 Ed. (2884)
1999 Ed. (2888)
Astellas Pharmaceutical
2007 Ed. (3942)
Aster SpA
1999 Ed. (1406)
Asterix
2001 Ed. (3378)
Asterix & Obelix
2001 Ed. (3382)
Asterix & Obelix vs. Caesar
2001 Ed. (3366)
Asterix & Obelix vs. Caesar Hill
2001 Ed. (3373)
Asteroid
1999 Ed. (4718)
AsthmaNefrin
1993 Ed. (252)
Asti Spumante
1995 Ed. (922, 923, 924, 925)
Aston/ABN Amro Real Estate
2008 Ed. (3766)
Aston Manor Frosty Jacks
2002 Ed. (1050)
Aston/TAMRO Small Cap
2008 Ed. (598, 4515)
Astor; John Jacob
2008 Ed. (4837)
2006 Ed. (4914)
Astor; Mrs. Vincent
1991 Ed. (893)
Astoria Federal Savings
1998 Ed. (3557)
1997 Ed. (3749)
1996 Ed. (3691)
1995 Ed. (3614)
1992 Ed. (4293)
Astoria Federal Savings & Loan Association
2007 Ed. (3019, 3629, 3636, 4245, 4254, 4257, 4259)
2006 Ed. (2988, 3569, 3571, 4231, 4235, 4236, 4240, 4245)
2005 Ed. (2993, 3304, 3510, 3511, 4179, 4183, 4211, 4215)
2004 Ed. (2995, 3506, 3507, 4246, 4250, 4278, 4282, 4284)
2003 Ed. (4230, 4258, 4264, 4267, 4268, 4269, 4271, 4272)
2002 Ed. (4099, 4100, 4121, 4124, 4125, 4127, 4139)
Astoria Financial Corp.
2008 Ed. (2355)
2006 Ed. (4734, 4735)
2005 Ed. (629, 630, 2584, 4689)
2004 Ed. (640, 641, 4310)
2003 Ed. (4282, 4283, 4301)
2002 Ed. (4171)
2001 Ed. (437, 643, 4159, 4160, 4521, 4523, 4530)
2000 Ed. (4246, 4247)
1999 Ed. (4600)
1998 Ed. (3526)
1997 Ed. (3745)
Astoria Financial Corp./Astoria Federal Savings & Loan Association
2000 Ed. (4250)
Astoria Financial Corp
1998 Ed. (3558)
Astoria Homes
2005 Ed. (1162, 1210)
2004 Ed. (1140, 1184)
2003 Ed. (1177, 1195, 1196, 2861)
Astoria Software Inc.
2008 Ed. (3204)
2007 Ed. (3067)
2006 Ed. (3036)
Astra
2002 Ed. (385)
2000 Ed. (1558, 4124)
1999 Ed. (949, 950, 1737, 1739, 4482, 4483)
1997 Ed. (828, 1515, 1657, 3635, 3636)
1996 Ed. (812, 1391, 1392, 1449, 3589, 3590)
1994 Ed. (787, 788)
1993 Ed. (769, 770, 1404, 3008, 3460, 3461)
1992 Ed. (965, 966, 1566, 1649, 1693, 4142)
1991 Ed. (1351, 3221, 3222)
1990 Ed. (3477)
Astra AB
2004 Ed. (1862)
2002 Ed. (855, 1774, 4484, 4485)
2000 Ed. (4123)
1994 Ed. (1452, 3439, 3440)
ASTRA Actions Americaines
2002 Ed. (3472)
Astra Balanced Strategy
2004 Ed. (3625)
The Astra Group
2008 Ed. (1870)
2006 Ed. (1830)
2005 Ed. (1831)
Astra International
2007 Ed. (1779)
2006 Ed. (1770)
2001 Ed. (1738)
2000 Ed. (1425, 1462, 1464, 1466, 1467, 1694, 2872)
1999 Ed. (1577, 1656, 1657, 1887, 3124, 3125)
1997 Ed. (1431, 1432, 2580, 2581)
1996 Ed. (1380, 1381, 2435, 2436)
1995 Ed. (1419, 1427, 1428, 1492, 1577, 1591)
1994 Ed. (2337, 2338)
1993 Ed. (2155, 2156)
1992 Ed. (1637)
Astra International Pt
2000 Ed. (1465)
Astra International Tbk
2006 Ed. (3231)
2002 Ed. (3032)
2000 Ed. (2873)
Astra McLean Budden U.S. Equity
2004 Ed. (2467)
Astra Merck Inc.
2000 Ed. (740, 1712)
1998 Ed. (1349)
Astra/Merck Group
1999 Ed. (3326, 3650)
1997 Ed. (2740)
Astra Natcan Canadian Equity
2004 Ed. (2474)
Astra Obligations
2002 Ed. (3455)
Astra Pharmaceuticals
2000 Ed. (1706, 3064, 3378)
Astra - Sky 1
2002 Ed. (4592)
Astra SPX
1998 Ed. (144)
Astra Vagoane Arad
2002 Ed. (4459)
Astra; Vauxhall
2005 Ed. (296)
ASTRAC Ltd.
2003 Ed. (2738)
Astral Inc.
1994 Ed. (1670)
Astral Bellevue Pathe
1992 Ed. (1984)
Astral Communications
1996 Ed. (1698)
Astral Media
2008 Ed. (2591)
2007 Ed. (2457)
AstraZeneca Corp.
2007 Ed. (3913, 3914)
2006 Ed. (3877)
2005 Ed. (3809)
2004 Ed. (3879)
2000 Ed. (3512)
AstraZeneca AB
2008 Ed. (2088)
2005 Ed. (1966)
AstraZeneca Canada
2008 Ed. (3951)
2007 Ed. (3915)
AstraZeneca International Holdings AB
2005 Ed. (1966)
AstraZeneca LP
2008 Ed. (1488, 1701)
2007 Ed. (1494, 1675)
2006 Ed. (1671)
2005 Ed. (1750)
2004 Ed. (1694)
AstraZeneca Pharmaceuticals LP
2008 Ed. (1701, 1702)
2007 Ed. (1675)
2006 Ed. (1671)
2005 Ed. (1750)
2004 Ed. (1694)
2003 Ed. (1663, 1664, 3864)
AstraZeneca plc
2008 Ed. (141, 1454, 1457, 1815, 3109, 3587, 3842, 3944, 3945, 3950, 3952, 3953, 3954, 3956, 3957, 3958, 3959, 3960, 3961, 3962, 3964, 3965, 3966, 3967, 3968, 3969, 3972, 3973, 3975, 3976, 3977, 3978)
2007 Ed. (133, 1998, 2030, 2031, 2993, 3916, 3918, 3920, 3921, 3922, 3923, 3924, 3925, 3926, 3928, 3929, 3930, 3931, 3933, 3934, 3938, 3939, 3943, 3944, 3945, 3946, 3947, 3948)
2006 Ed. (140, 168, 1475, 1711, 2054, 2060, 2968, 3328, 3407, 3883, 3884, 3885, 3888, 3889, 3890, 3891, 3895, 3896, 3897, 4575, 4602)
2005 Ed. (1592, 1596, 2971, 3399, 3814, 3816, 3820, 3822, 3823, 3824, 3825, 3826, 3829, 3830, 3831)
2004 Ed. (1742, 1743, 3882, 3884, 3885, 3886, 3888)
2003 Ed. (1554, 1839, 2695, 3310, 3749, 3869, 3870, 3872, 4610)
2002 Ed. (304, 1010, 1011, 1018, 1685, 1773, 1785, 1788, 1790, 2014, 2016, 2021, 2025, 3215, 3217, 4484, 4485)
2001 Ed. (1187, 1189, 1719, 1857, 1885, 2058, 2063, 2064, 2072, 2073, 2074, 2075, 2076, 2100)
AstraZeneca U.S.
2008 Ed. (4267)
Astro
2008 Ed. (2098)
2001 Ed. (488, 3394)
Astrodome Complex
1992 Ed. (1442, 3013)
Astrodome U*S*A
2001 Ed. (2350)
Astroline
1992 Ed. (3442)
1990 Ed. (2848)
Astrologer
1989 Ed. (2094, 2095)
Astron
2005 Ed. (4509)
Astronaut
1989 Ed. (2092, 2096)
Astronautics Corp. of America
2003 Ed. (1971)
Astronics Corp.
2005 Ed. (3678)
2004 Ed. (3763)
AstroPower Inc.
2002 Ed. (1502)

Astros; Houston
2007 Ed. (578)
2005 Ed. (645)
The ASU Group-Recovery Unlimited
2005 Ed. (4035)
Asuransi Jiwa Bersama Bumiputera 1912
1997 Ed. (2395)
Asuransi Lippo Life Tbk
2002 Ed. (3032)
Asus
2008 Ed. (667)
Asustek Computer Inc.
2008 Ed. (3584)
2006 Ed. (1236, 3404)
2005 Ed. (3033)
2004 Ed. (2258)
2003 Ed. (2201, 2242, 3302)
2002 Ed. (2101, 4543, 4544)
2001 Ed. (1865, 2872)
2000 Ed. (2644)
1994 Ed. (1461, 1462)
Asutek Computer
2006 Ed. (780)
ASV Inc.
2007 Ed. (2717, 2721, 2747, 4394)
2006 Ed. (1885, 4333)
ASW Holdings
1997 Ed. (1417)
Asyst Technologies Inc.
2006 Ed. (1580)
AT & E
1993 Ed. (215)
AT & T Inc.
2008 Ed. (19, 20, 139, 154, 156, 638, 818, 1100, 1101, 1347, 1359, 1360, 1402, 1405, 1427, 1469, 1536, 1537, 1538, 1845, 1945, 2111, 2112, 2115, 2295, 2302, 2303, 2312, 2319, 2320, 2351, 2449, 2452, 2453, 2970, 3012, 3033, 3201, 3688, 3866, 4060, 4061, 4078, 4093, 4094, 4261, 4269, 4521, 4524, 4527, 4542, 4635, 4636, 4637, 4639, 4640, 4641, 4643, 4646, 4651, 4652)
2007 Ed. (15, 855, 1194, 1195, 1416, 1475, 1780, 1890, 2014, 2015, 2017, 2184, 2186, 2327, 2850, 2890, 2910, 3071, 3527, 3620, 3689, 3690, 3696, 4705, 4706, 4708, 4709, 4710, 4712, 4718, 4719, 4720)
2006 Ed. (163, 1089, 1378, 1792, 1795, 1798, 1930, 1931, 2297, 2724, 2835, 2860, 2861, 2891, 3292, 3695, 3932, 4466, 4467, 4468, 4470, 4686, 4687, 4688, 4689, 4690, 4691, 4692, 4693, 4695, 4696, 4698, 4793)
2005 Ed. (738, 741, 831, 1096, 1097, 1378, 1384, 1388, 1389, 1499, 1516, 1570, 1570, 1571, 1797, 1903, 1904, 2232, 2374, 2842, 2846, 2848, 2854, 2863, 3698, 4452, 4515, 4519, 4520, 4619, 4620, 4621, 4622, 4623, 4624, 4626, 4627, 4629, 4633, 4652, 4742)
2004 Ed. (756, 759, 859, 871, 1086, 1087, 1362, 1368, 1483, 1543, 1557, 1559, 1590, 1741, 1819, 1820, 2040, 2832, 2838, 2840, 2846, 3680, 3779, 3785, 4484, 4574, 4663, 4665, 4667, 4668, 4669, 4670, 4671, 4673, 4676, 4688)
2003 Ed. (19, 743, 752, 833, 836, 843, 844, 1072, 1073, 1077, 1101, 1359, 1363, 1453, 1477, 1512, 1521, 1547, 1552, 1568, 1576, 1579, 1586, 1647, 1658, 1721, 1784, 1785, 1791, 1986, 2275, 2757, 2759, 2760, 3635, 3639, 3754, 3760, 4029, 4030, 4542, 4687, 4691, 4692, 4694, 4696, 4702, 4704)
2002 Ed. (33, 60, 228, 672, 751, 768, 915, 925, 1039, 1386, 1388, 1393, 1433, 1485, 1532, 1540, 1541, 1542, 1543, 1555, 1572, 1621, 1623, 1739, 1741, 2001, 2568, 2572, 3495, 3496, 3567, 3886, 3889, 3916, 4562, 4565, 4566, 4567, 4570, 4883)
2001 Ed. (1072, 1073, 1074, 1076, 1335, 1336, 1583, 1584, 1585, 1591, 1592, 1593, 1596, 1599, 1741, 1817, 1867, 1868, 1874, 2174, 2701, 2719, 2869, 3163, 3202, 3208, 3230, 3250, 3534, 3535, 3667, 3692, 3958, 4454, 4456, 4457, 4462, 4472, 4473, 4474)
2000 Ed. (32, 195, 197, 800, 934, 935, 936, 937, 958, 1302, 1303, 1304, 1339, 1342, 1344, 1349, 1380, 1382, 1525, 2747, 3318, 3321, 3325, 3326, 3327, 3685, 3691, 4186, 4187, 4188, 4189, 4190, 4191, 4192, 4202, 4203)
1999 Ed. (370, 379, 777, 780, 988, 989, 990, 991, 994, 1000, 1005, 1474, 1488, 1517, 1539, 1543, 1547, 1549, 1561, 1568, 1569, 1601, 1661, 1668, 1671, 1714, 1864, 2505, 2506, 2690, 2701, 3596, 3601, 3605, 3608, 3609, 3719, 3974, 3976, 3977, 4392, 4498, 4542, 4545, 4546, 4549, 4551, 4552, 4553, 4559)
1997 Ed. (28, 29, 31, 162, 168, 337, 705, 706, 710, 875, 1241, 1245, 1250, 1251, 1261, 1276, 1294, 1296, 1307, 1310, 1311, 1312, 1316, 1321, 1323, 1324, 1327, 1351, 1433, 1436, 1446, 1451, 1454, 1489, 1611, 1707, 2234, 2235, 2372, 2614, 2697, 2928, 2932, 2937, 3010, 3011, 3012, 3013, 3019, 3023, 3226, 3231, 3232, 3298, 3637, 3652, 3687, 3689, 3690, 3692, 3693, 3706, 3708, 3711, 3713, 3714, 3861)
1996 Ed. (362, 1191, 1193, 1267, 1343, 1398, 1974, 2842, 2843, 3415, 3597, 3649, 3654)
1995 Ed. (17, 18, 23, 141, 154, 350, 681, 690, 691, 879, 977, 1077, 1084, 1222, 1263, 1266, 1267, 1268, 1269, 1306, 1309, 1310, 1311, 1313, 1314, 1336, 1346, 1390, 1393, 1431, 1434, 1655, 1663, 2240, 2251, 2252, 2253, 2254, 2256, 2257, 2258, 2260, 2261, 2487, 2757, 2758, 2763, 2765, 2771, 2772, 2845, 2848, 2849, 2850, 2853, 2857, 2861, 2862, 2863, 2873, 2938, 2990, 2991, 3034, 3045, 3048, 3092, 3297, 3298, 3307, 3309, 3334, 3336, 3337, 3340, 3341, 3342, 3343, 3433, 3437, 3439, 3519, 3548, 3549, 3550, 3551, 3552, 3553, 3554, 3555, 3559, 3574)
1994 Ed. (8, 10, 127, 741, 833, 834, 945, 1065, 1073, 1074, 1207, 1212, 1213, 1222, 1242, 1247, 1248, 1249, 1255, 1256, 1284, 1285, 1286, 1313, 1316, 1388, 1389, 1399, 1494, 1613, 1617, 1619, 1920, 2069, 2070, 2186, 2202, 2205, 2207, 2208, 2210, 2412, 2426, 2517, 2565, 2656, 2661, 2662, 2664, 2668, 2739, 2749, 2751, 2752, 2753, 2754, 2760, 2761, 2763, 2765, 2767, 2768, 2776, 2975, 2984, 2986, 3043, 3050, 3201, 3216, 3220, 3221, 3228, 3230, 3234, 3255, 3256, 3261, 3438, 3441, 3449, 3483, 3484, 3490, 3492)
1993 Ed. (19, 20, 47, 154, 733, 736, 739, 823, 824, 825, 1034, 1051, 1056, 1064, 1175, 1176, 1182, 1188, 1193, 1199, 1243, 1247, 1270, 1347, 1445, 1574, 1584, 1588, 2013, 2049, 2050, 2166, 2470, 2490, 2562, 2706, 2711, 2712, 2716, 2717, 2719, 2720, 2778, 2779, 2786, 2871, 2936, 2952, 2997, 3215, 3220, 3228, 3230, 3241, 3242, 3261, 3262, 3263, 3264, 3265, 3377, 3381, 3383, 3464, 3509, 3516, 3517, 3527, 3588, 3673)
1992 Ed. (31, 73, 233, 234, 918, 1135, 1287, 1339, 1343, 1504, 1507, 1513, 1539, 1542, 1648, 1746, 1921, 1931, 2104, 2104, 2236, 2420, 2631, 2938, 3217, 3222, 3228, 3229, 3231, 3232, 3260, 3353, 3354, 3544, 3594, 3595, 3666, 3933, 3938, 3975, 4039, 4057, 4061, 4063, 4144, 4200, 4201, 4202, 4204, 4210, 4212, 4258, 4414, 4415)
1991 Ed. (13, 43, 166, 167, 169, 177, 235, 249, 735, 737, 738, 889, 890, 892, 923, 1010, 1109, 1193, 1194, 1197, 1198, 1199, 1200, 1229, 1230, 1233, 1248, 1307, 1528, 1539, 2072, 2078, 2357, 2373, 2478, 2578, 2583, 2584, 2590, 2592, 2593, 2685, 2694, 2696, 2698, 2770, 2779, 2789, 2791, 2792, 2836, 3080, 3098, 3103, 3226, 3281, 3285, 3286, 3307, 3309, 3314, 3399, 3478)
1990 Ed. (18, 170, 171, 174, 175, 180, 1100, 1103, 1275, 1277, 1279, 1280, 1281, 1283, 1286, 1301, 1304, 1329, 1342, 1465, 1624, 1629, 1642, 1645, 2190, 2192, 2202, 2206, 2213, 2488, 2570, 2595, 2596, 2676, 2680, 2685, 2687, 2720, 2782, 2790, 2791, 2792, 2901, 2906, 2907, 2926, 2935, 2937, 2983, 3239, 3241, 3252, 3441, 3443, 3444, 3513, 3514, 3517, 3520, 3521, 3522, 3630)
1989 Ed. (20, 186, 280, 1042, 1059, 1087, 1099, 1312, 1315, 1317, 1318, 1339, 2039, 2161, 2525, 2673, 2794, 2796, 2803)
AT & T American Trans-tech
1991 Ed. (3282)
AT & T American Transtech
1992 Ed. (3248)
1989 Ed. (2795)
AT & T Broadband
2002 Ed. (3630)
2001 Ed. (3231)
AT & T Broadband & Internet Services
2005 Ed. (1499, 1570)
2004 Ed. (866)
2003 Ed. (828, 830)
2002 Ed. (923, 924)
2001 Ed. (1083, 1091)
AT & T Broadband LLC
2004 Ed. (868, 1682, 1686, 3412)
2003 Ed. (829, 1427, 1656, 3022, 3346, 3347)
2002 Ed. (3280, 3281, 3287)
AT & T Broadband/Time Warner
2003 Ed. (830)
AT & T Business Finance
1999 Ed. (4337)
AT & T Canada Inc.
2003 Ed. (2142, 3034)
2002 Ed. (4709)
AT & T Capital Corp.
2005 Ed. (3372)
1995 Ed. (1788)
AT & T Comcast Corp.
2005 Ed. (1462)
AT & T Communications
1999 Ed. (3287)
AT & T Communications Americas Inc.
2005 Ed. (1902, 1903, 4908, 4909)
AT & T Family Federal Credit Union
1997 Ed. (1565)
1996 Ed. (1498)
AT & T Foundation
2002 Ed. (978)
2001 Ed. (2516)
1989 Ed. (1473)
AT & T Global Information Solutions Canada Ltd.
1997 Ed. (2214)
AT & T Global Network Services LLC
2005 Ed. (1762)
AT & T Information Systems
1994 Ed. (2936)
1989 Ed. (2813)
AT & T Istel
1997 Ed. (2973)
AT & T Liberty Media
2001 Ed. (1597)
AT & T Local
2001 Ed. (2422)
AT & T Long Distance
2006 Ed. (1471)
1999 Ed. (775)
AT & T-McCaw
1996 Ed. (888)
AT & T MLife
2005 Ed. (738)
2004 Ed. (755)
AT & T Mobility LLC
2008 Ed. (1101, 1765)
AT & T/NCR
1993 Ed. (3646)
AT & T PAC
1992 Ed. (3475)
AT & T Small Business Lending Corp.
1999 Ed. (4340)
AT & T Taiwan Telecommunications Co. Ltd.
1994 Ed. (1620)
AT & T Technologies
1991 Ed. (1053, 3280)
1990 Ed. (1161)
AT & T Technology Systems
1989 Ed. (1932)
AT & T telephone service
1993 Ed. (738)
1992 Ed. (920)
AT & T telephone services
1994 Ed. (745)
AT & T Teletype
1989 Ed. (1191)
AT & T Tridom
1994 Ed. (3644)
AT & T Universal
1994 Ed. (1498, 1499, 1501)
1992 Ed. (1745)
AT & T Universal Card Service Corp.
1995 Ed. (346, 1525, 1526, 1527, 1529)
AT & T Universal Card Service Corp
1996 Ed. (1486, 1487, 1488, 1489, 1491)
AT & T Universal Card Services Corp.
1999 Ed. (1790)
1997 Ed. (336, 1549, 1550, 1551, 1552, 1553)
AT & T Wireless
2006 Ed. (648)
2005 Ed. (4629)
2004 Ed. (4671)
2003 Ed. (742, 4980)
2000 Ed. (999)
AT & T Wireless Group
2005 Ed. (1570)
2003 Ed. (3632, 3633, 4975, 4976, 4977)
2002 Ed. (1395, 4194, 4207, 4977)
AT & T Wireless Services Inc.
2008 Ed. (4616)
2007 Ed. (851, 4282)
2006 Ed. (758, 759, 1419, 1422, 1423, 1448, 1471, 3699, 4688)
2005 Ed. (150, 831, 832, 1097, 1999, 2000, 3989, 4621, 4623, 4626, 4627, 4652, 4978, 4980, 4981, 4985, 4986)
2004 Ed. (152, 857, 858, 859, 1883, 1884, 4051, 4664, 4665, 4667, 4669, 4670, 4676, 4976, 4977)
2003 Ed. (193, 815, 1848, 4032, 4687, 4688, 4693, 4696)
2001 Ed. (1139, 1897)
AT & T Worldnet
2007 Ed. (2328)
1999 Ed. (2999)
AT &T Corp.
2005 Ed. (3372)
1999 Ed. (3606)
At Home Corp.
2001 Ed. (1644)
2000 Ed. (2640, 2641)
AT Kearney Inc.
2001 Ed. (1442, 1443, 1451)

At Mobilen- und Immobilienverwaltung GmbH
2001 Ed. (2432)
AT Plastics
1999 Ed. (3850)
ATA
2007 Ed. (226)
2006 Ed. (218)
2005 Ed. (208)
ATA Holdings Corp.
2008 Ed. (234)
2007 Ed. (249, 253, 254, 255)
2006 Ed. (222, 382, 2994)
2005 Ed. (204, 205, 207, 4755, 4757)
2004 Ed. (198, 204, 4784, 4786)
ATA Services
2007 Ed. (3605, 4449)
2006 Ed. (4381)
2005 Ed. (4036)
2004 Ed. (3493)
2003 Ed. (2752)
Atabank
2004 Ed. (468)
Atacand
2001 Ed. (2066)
Atalanta Corp.
1993 Ed. (1729)
Atalanta/Sosnoff Capital Management
1990 Ed. (2348)
AT&T
2000 Ed. (1360, 2478, 2746, 3441, 3442, 3444, 3447)
1998 Ed. (24, 28, 68, 75, 273, 485, 486, 488, 562, 563, 564, 565, 566, 567, 568, 569, 571, 574, 576, 578, 595, 596, 599, 600, 687, 1042, 1053, 1057, 1060, 1080, 1081, 1083, 1086, 1087, 1088, 1113, 1116, 1117, 1134, 1158, 1159, 1168, 1181, 1246, 1289, 1399, 1402, 1949, 1950, 2409, 2410, 2667, 2671, 2673, 2675, 2676, 2713, 2757, 2768, 2770, 2776, 2978, 2979, 2980, 3043, 3362, 3364, 3415, 3425, 3471, 3473, 3474, 3477, 3484, 3491, 3492, 3495, 3496, 3497, 3498, 3774, 3777)
AT&T Business Finance
1998 Ed. (3314)
AT&T Capital Corp.
1998 Ed. (388)
AT&T Communications
1998 Ed. (2425)
AT&T Co. General Promotion
1989 Ed. (753)
AT&T Investment Management Corp.
1998 Ed. (2758)
AT&T Small Business Lending Corp.
2000 Ed. (4055, 4058)
1998 Ed. (3318)
AT&T Technologies Credit Union
1998 Ed. (1218)
AT&T Universal Card Services Corp.
2000 Ed. (1617)
1998 Ed. (1205, 1207, 1210, 1211, 1212)
AT&T Ventures
2000 Ed. (4342)
AT&T Wireless
1998 Ed. (655, 2984)
Atanor
1993 Ed. (770)
1992 Ed. (966)
1991 Ed. (785)
Atari Inc.
2008 Ed. (1114)
1997 Ed. (3836, 3837, 3838)
1996 Ed. (213)
1995 Ed. (205)
1993 Ed. (1058, 2051)
1992 Ed. (2427, 3065, 3069)
1991 Ed. (1530, 1531, 2454, 2850)
1990 Ed. (1300, 2202, 2570, 2571, 2572, 2994)
1989 Ed. (968, 1323, 1980, 1981, 2305)
Atari Taiwan Manufacturing Corp.
1992 Ed. (1933)
1990 Ed. (1643, 1737)
Atari 2600 Action Pack
1997 Ed. (1102)
ATB
2002 Ed. (4492)
ATB Financial
2008 Ed. (1551)
ATC
2006 Ed. (4017)
1998 Ed. (539, 3479)
1992 Ed. (1021)
1990 Ed. (868, 877)
ATC Associates
2006 Ed. (2452)
2004 Ed. (2328, 2342, 2379)
ATC Communications
2000 Ed. (4193)
1999 Ed. (4555, 4557)
ATC Group Services Inc.
2007 Ed. (2469)
ATC Services
1992 Ed. (1184)
ATC/Vancom Inc.
2000 Ed. (989)
1999 Ed. (957)
1997 Ed. (841)
1996 Ed. (831)
ATC/Vancom Inc
1995 Ed. (851)
Atchison Casting Corp.
2004 Ed. (4532, 4533)
Atchison, Topeka & Santa Fe
1998 Ed. (2990)
1997 Ed. (3247)
1996 Ed. (3159)
1995 Ed. (2044)
1994 Ed. (2993)
1993 Ed. (2958)
Atco Ltd.
2007 Ed. (1642)
2006 Ed. (1629)
2003 Ed. (2142)
2002 Ed. (4709)
1999 Ed. (1888)
Atco Controls
2002 Ed. (3778)
Atco Healthcare Ltd.
2002 Ed. (4425)
ATEbank
2008 Ed. (1772)
Atek LLC
2008 Ed. (3716, 4406, 4968)
2007 Ed. (3569, 3570, 4428)
2006 Ed. (3521, 4360)
Atek Metals Center Inc.
1995 Ed. (1239)
Atek Technology Co., Ltd.
2008 Ed. (2928)
Atel
2008 Ed. (2505)
2007 Ed. (2390, 2393)
2005 Ed. (2403, 2405, 2408)
Atel Electronics
1991 Ed. (963, 965)
1990 Ed. (1036)
Atelier VIII
1994 Ed. (2720)
Aten International
2008 Ed. (2098)
Atena
2000 Ed. (2786)
Atenas/BBDO
1997 Ed. (73)
1996 Ed. (73)
1995 Ed. (59)
1994 Ed. (79)
1993 Ed. (89)
1992 Ed. (136)
1991 Ed. (88)
1990 Ed. (90)
1989 Ed. (94)
Atenolol
2007 Ed. (2245)
2006 Ed. (2311)
2005 Ed. (2249, 2250, 2255)
2004 Ed. (2152)
2003 Ed. (2107)
2002 Ed. (2048)
2001 Ed. (2101, 2102)
2000 Ed. (2324)
Atento
2002 Ed. (1496)
Ater Wynne
2001 Ed. (897)
Ater Wynne LLP
2007 Ed. (1508)
Atesia SpA
2005 Ed. (4647, 4650)
2001 Ed. (4469)
ATF
1992 Ed. (2635)
ATFBank
2008 Ed. (456)
ATG
2007 Ed. (3067)
ATG/Primus
2006 Ed. (3036)
Athabasca University
2003 Ed. (791)
Athanassios Aidonias & Co. OE
2002 Ed. (4618)
Athean, The Training Professionals
2008 Ed. (4983)
Athena Gtd. Futures
2000 Ed. (1152)
Athena Health
2007 Ed. (2768)
Athenos
2003 Ed. (922)
2001 Ed. (1169)
Athenos Natural
2003 Ed. (924)
Athens
2000 Ed. (3377)
Athens, GA
2007 Ed. (4208)
1998 Ed. (743)
Athens, Greece
2005 Ed. (3313)
Athens Medical
2002 Ed. (4292)
Athens Stock Exchange
1993 Ed. (3457)
Atheros Communications Inc.
2008 Ed. (1595)
2007 Ed. (2332)
2006 Ed. (4679)
2003 Ed. (4381)
Athersys
2003 Ed. (682)
Atherton, CA
2006 Ed. (2972)
2003 Ed. (974)
2002 Ed. (2712)
2001 Ed. (2817)
2000 Ed. (1068, 4376)
1999 Ed. (1155, 4747)
1998 Ed. (737, 3704)
1989 Ed. (1634, 2773)
Athinaiki Bed Mattress Manufacturer SA
2008 Ed. (1216)
Athlete
2006 Ed. (3737)
Athlete endorsements/appearance fees
1993 Ed. (3370)
Athlete representation
2003 Ed. (4516)
The Athlete's Foot
2004 Ed. (4480)
2003 Ed. (4513)
2002 Ed. (4339)
1999 Ed. (307, 308, 2512, 2517, 4304, 4305)
1992 Ed. (4046)
1991 Ed. (3167)
The Athlete's Foot Group Inc.
2007 Ed. (908)
1993 Ed. (3368, 3369)
Athlete's foot items/deodorants
1990 Ed. (1956)
Athlete's-foot remedies
1995 Ed. (1921)
Athletic Express
1991 Ed. (3167)
Athlone Industries
1990 Ed. (2681, 2683, 3454)
ATI
2006 Ed. (4705)
ATI Technologies Inc.
2008 Ed. (1425, 2930, 2932, 2935)
2007 Ed. (2804, 2807, 2817, 2819)
2006 Ed. (2812, 2814, 2815, 2816, 2817)
2005 Ed. (1568, 1727, 2830, 2831)
2004 Ed. (2825)
2003 Ed. (1641, 2933)
2002 Ed. (2502, 2503, 2505)
2001 Ed. (1654, 1874, 2865, 4209)
2000 Ed. (2458)
1999 Ed. (2667, 2668)
Atilla Yesilada
1999 Ed. (2432)
Ativan
1996 Ed. (1579)
ATK
2007 Ed. (184)
2001 Ed. (3398)
Atkins
2008 Ed. (4913)
2006 Ed. (805)
2003 Ed. (2060)
Atkins Advantage
2006 Ed. (806)
Atkins Americas
2005 Ed. (2437)
Atkins Diet Advantage Bar
2002 Ed. (1976)
Atkins for Life
2005 Ed. (726)
Atkins Ford Dodge Chrysler-Plymouth-Jeep
2002 Ed. (354)
Atkins Inc.; Frederick
1992 Ed. (1204)
Atkins; Howard
2007 Ed. (1091)
2006 Ed. (999)
Atkins; Howard I.
2008 Ed. (370)
2007 Ed. (385)
Atkins plc; WS
2008 Ed. (2553, 2566)
2007 Ed. (2426, 2431, 2439)
2006 Ed. (2051, 2460, 2461, 2466, 2470, 2474)
2005 Ed. (2421, 2430, 2434)
Atkinson
1996 Ed. (1153)
Atkinson & Archie
1991 Ed. (2528)
Atkinson; David
1997 Ed. (1982, 1983)
1996 Ed. (1875, 1876)
Atkinson; Guy F.
1996 Ed. (1108)
1994 Ed. (1110)
1991 Ed. (1093)
1990 Ed. (1160)
1989 Ed. (1002)
Atkinson Co. of California; Guy F.
1995 Ed. (1179)
1994 Ed. (1160, 1162, 1168)
1993 Ed. (1087, 1119, 1143)
1992 Ed. (1430)
ATL
1994 Ed. (2161)
Atlanta
2000 Ed. (270, 272, 274, 1085, 2536, 2537, 2586, 2589, 3726, 3771, 3819, 4392)
1992 Ed. (309, 310, 347, 1850, 2100, 2542, 2545, 2550, 2877, 2907, 3035, 3039, 3048, 3054, 3290)
1991 Ed. (1974)
Atlanta Airport
2001 Ed. (349, 1339)
1998 Ed. (108)
1997 Ed. (219, 222)
1996 Ed. (172, 195, 196)
Atlanta Auto Auction
1992 Ed. (373)
Atlanta Braves
2008 Ed. (529)
2006 Ed. (547)
2005 Ed. (645)
2004 Ed. (656)
2001 Ed. (664)
2000 Ed. (703)
1998 Ed. (438)
1995 Ed. (642)
Atlanta Bread Co.
2007 Ed. (2545)
2006 Ed. (2560, 2574, 4119)
2005 Ed. (353, 4050)

2004 Ed. (352, 4118, 4122, 4123)
2003 Ed. (373)
2002 Ed. (427)
2001 Ed. (2533)
Atlanta Bread Co. International Inc.
2006 Ed. (368)
Atlanta Capital Consulting GmbH
2008 Ed. (2690, 2715)
Atlanta Capital Management
2001 Ed. (3690)
Atlanta Capital Mgmt.
2000 Ed. (2805)
Atlanta Carwashes
2006 Ed. (364)
Atlanta Classic Cars Inc.
1994 Ed. (276)
Atlanta Constitution
1993 Ed. (2723)
Atlanta Constitution-Journal
1991 Ed. (2605)
1990 Ed. (2705)
Atlanta Downtown Development Authority
1996 Ed. (2237, 2725)
Atlanta Downtown, GA
1996 Ed. (1603)
Atlanta Energy
1995 Ed. (1640)
Atlanta, GA
2008 Ed. (237, 238, 767, 977, 3463, 3515, 3517, 4040, 4259, 4650, 4721)
2007 Ed. (259, 260, 775, 1109, 2270, 2601, 2664, 2693, 3365, 3374, 3386, 3504, 3505, 3507, 3508, 3509, 3644, 4013, 4014, 4096, 4125, 4176, 4230, 4731)
2006 Ed. (250, 251, 748, 749, 767, 3298, 3302, 3309, 3326, 3975, 4100, 4189, 4707, 4785, 4885, 4970)
2005 Ed. (232, 233, 841, 2030, 2376, 2456, 2457, 2460, 2972, 3310, 3312, 3321, 3323, 3339, 3468, 3643, 4014, 4143, 4654, 4734, 4927, 4983)
2004 Ed. (223, 224, 225, 226, 227, 264, 265, 268, 269, 332, 334, 335, 336, 337, 732, 766, 790, 791, 796, 803, 804, 870, 984, 988, 989, 990, 991, 994, 995, 996, 1001, 1006, 1011, 1015, 1016, 1017, 1018, 1054, 1138, 1139, 1146, 1147, 2048, 2049, 2052, 2053, 2263, 2265, 2418, 2419, 2425, 2429, 2598, 2599, 2601, 2602, 2627, 2630, 2646, 2696, 2702, 2706, 2710, 2711, 2719, 2731, 2750, 2751, 2752, 2760, 2761, 2762, 2763, 2795, 2801, 2850, 2854, 2860, 2865, 2866, 2872, 2873, 2880, 2887, 2898, 2899, 2900, 2901, 2947, 2951, 2983, 3280, 3297, 3298, 3303, 3316, 3354, 3367, 3368, 3371, 3374, 3376, 3379, 3380, 3381, 3384, 3385, 3386, 3389, 3390, 3392, 3450, 3451, 3452, 3453, 3454, 3455, 3457, 3459, 3462, 3463, 3464, 3466, 3467, 3468, 3469, 3472, 3473, 3474, 3475, 3518, 3519, 3522, 3706, 3708, 3709, 3712, 3713, 3715, 3716, 3717, 3718, 3719, 3720, 3721, 3723, 3724, 3725, 3733, 3735, 3795, 3799, 4050, 4102, 4103, 4104, 4109, 4110, 4111, 4112, 4113, 4116, 4152, 4153, 4154, 4155, 4156, 4167, 4168, 4170, 4171, 4172, 4173, 4174, 4175, 4178, 4185, 4186, 4191, 4199, 4200, 4201, 4202, 4209, 4211, 4407, 4408, 4409, 4415, 4418, 4478, 4479, 4611, 4612, 4616, 4617, 4618, 4619, 4679, 4753, 4765, 4766, 4782, 4783, 4787, 4846, 4894, 4895, 4897, 4910, 4911, 4914, 4915, 4947)
2003 Ed. (27, 255, 257, 258, 260, 309, 351, 352, 353, 705, 756, 776, 777, 784, 832, 872, 997, 998, 999, 1000, 1005, 1013, 1014, 1015, 1047, 1143, 1144, 1148, 2006, 2007, 2256, 2257, 2338, 2348, 2349, 2352, 2468, 2469, 2494, 2587, 2595, 2596, 2611, 2632, 2633, 2639, 2640, 2684, 2764, 2773, 2778, 2779, 2787, 2862, 3228, 3242, 3246, 3253, 3254, 3262, 3291, 3313, 3317, 3319, 3383, 3384, 3386, 3387, 3389, 3391, 3393, 3396, 3397, 3398, 3399, 3401, 3402, 3403, 3406, 3407, 3409, 3455, 3456, 3660, 3661, 3662, 3663, 3664, 3665, 3666, 3667, 3668, 3669, 3769, 4081, 4082, 4083, 4084, 4090, 4150, 4153, 4155, 4156, 4157, 4158, 4159, 4162, 4174, 4175, 4181, 4391, 4392, 4403, 4512, 4636, 4637, 4638, 4639, 4709, 4722, 4775, 4797, 4798, 4866, 4904, 4905, 4907, 4921, 4922, 4943, 4987)
2002 Ed. (75, 255, 376, 719, 774, 921, 1055, 1094, 1223, 2117, 2301, 2382, 2395, 2404, 2444, 2731, 2743, 2758, 2763, 3135, 3136, 3137, 3139, 3140, 3268, 3325, 3326, 3328, 3331, 3891, 3997, 3998, 4050, 4052, 4053, 4287, 4528, 4590, 4593, 4608, 4646, 4766, 4912)
2001 Ed. (715, 1013, 2280, 2284, 2358, 2596, 2757, 2783, 2819, 3120, 3121, 3291, 3292, 3718, 4049, 4089, 4504, 4611, 4708, 4790, 4791, 4793, 4836, 4922)
2000 Ed. (331, 359, 747, 748, 802, 1072, 1088, 1091, 1115, 1117, 1330, 1662, 1790, 1908, 2306, 2330, 2392, 2416, 2580, 2604, 2606, 2614, 2637, 2950, 2951, 2952, 2955, 2996, 3052, 3055, 3104, 3105, 3106, 3109, 3111, 3112, 3114, 3115, 3116, 3117, 3119, 3120, 3121, 3508, 3687, 3766, 3770, 4014, 4207, 4234, 4288, 4357)
1999 Ed. (254, 526, 733, 734, 797, 1158, 1167, 1175, 1487, 1846, 2007, 2126, 2590, 2672, 2673, 2714, 2757, 2758, 2832, 3211, 3212, 3213, 3216, 3259, 3260, 3372, 3373, 3375, 3381, 3382, 3384, 3385, 3386, 3387, 3388, 3390, 3391, 3392, 3890, 4051, 4055, 4580, 4646, 4647, 4728, 4766)
1998 Ed. (359, 474, 580, 592, 734, 735, 739, 741, 793, 1055, 1234, 1316, 1547, 1746, 1832, 2004, 2378, 2379, 2380, 2405, 2473, 2476, 2478, 2479, 2480, 2482, 3051, 3055, 3058, 3296, 3472, 3489, 3513, 3587, 3612, 3685, 3718)
1997 Ed. (291, 322, 473, 678, 679, 998, 1000, 1001, 1002, 1003, 1031, 1032, 1117, 1211, 1284, 1596, 2110, 2111, 2140, 2162, 2176, 2315, 2326, 2327, 2335, 2356, 2357, 2358, 2360, 2362, 2649, 2652, 2057, 2682, 2684, 2722, 2758, 2759, 2760, 2762, 2766, 2768, 2769, 2771, 2773, 2774, 2959, 3066, 3306, 3307, 3313, 3350, 3351, 3512, 3523, 3657, 3710, 3853, 3883)
1996 Ed. (261, 343, 344, 509, 747, 748, 974, 975, 1011, 1238, 1587, 1739, 1740, 1993, 1994, 2018, 2040, 2076, 2194, 2198, 2199, 2208, 2222, 2228, 2229, 2231, 2278, 2279, 2280, 2281, 2510, 2513, 2518, 2539, 2543, 2574, 2615, 2616, 2617, 2619, 2620, 2622, 2623, 2624, 2982, 3197, 3199, 3209, 3249, 3250, 3425, 3604, 3653, 3669, 3802, 3834)
1995 Ed. (257, 328, 330, 676, 677, 872, 987, 1026, 1113, 1282, 1609, 1668, 1964, 1966, 1995, 2048, 2080, 2181, 2183, 2184, 2191, 2220, 2222, 2223, 2459, 2464, 2467, 2539, 2553, 2555, 2557, 2558, 2560, 2561, 2562, 2563, 3102, 3113, 3149, 3150, 3300, 3369, 3522, 3567, 3593, 3651, 3715, 3735)
1994 Ed. (256, 332, 333, 482, 717, 718, 719, 720, 963, 964, 968, 973, 1017, 1103, 1566, 1935, 1936, 1971, 2027, 2129, 2142, 2143, 2170, 2172, 2174, 2378, 2383, 2386, 2409, 2472, 2488, 2490, 2492, 2494, 2499, 2500, 2501, 2502, 3056, 3068, 3105, 3218, 3293, 3456, 3508, 3511)
1993 Ed. (267, 347, 480, 707, 709, 944, 945, 948, 989, 1221, 1455, 1736, 1737, 1943, 1999, 2015, 2071, 2106, 2107, 2108, 2112, 2145, 2146, 2148, 2149, 2439, 2444, 2465, 2540, 2543, 2544, 2546, 2550, 2551, 2552, 2553, 2812, 3012, 3043, 3045, 3223, 3299, 3481, 3518, 3520, 3549, 3606, 3675, 3711)
1992 Ed. (237, 482, 668, 897, 898, 1153, 1162, 1214, 2101, 2254, 2287, 2377, 2535, 2536, 2546, 2554, 2581, 2583, 2584, 2913, 3040, 3049, 3050, 3051, 3056, 3057, 3058, 3059, 3399, 3617, 3618, 3623, 3630, 3641, 3695, 3696, 3699, 3702, 3734, 3736, 4159, 4190, 4191, 4218, 4219, 4403)
1991 Ed. (275, 348, 515, 715, 716, 828, 829, 935, 976, 1103, 1397, 1455, 1782, 1783, 1813, 1863, 1888, 1972, 1973, 1975, 1982, 1983, 1984, 2007, 2010, 2347, 2348, 2424, 2427, 2430, 2431, 2432, 2433, 2512, 2550, 2861, 2864, 2890, 2892, 3116, 3248, 3422, 3457)
1990 Ed. (243, 286, 295, 301, 401, 738, 1002, 1008, 1009, 1010, 1055, 1148, 1150, 1151, 1218, 1464, 1485, 1553, 1867, 1868, 1895, 1958, 1986, 2072, 2123, 2124, 2126, 2133, 2160, 2161, 2165, 2166, 2485, 2486, 2487, 2546, 2548, 2550, 2551, 2554, 2555, 2556, 2557, 3003, 3047, 3048, 3523, 3535, 3536, 3608, 3609)
1989 Ed. (284, 350, 738, 913, 993, 1491, 1492, 1510, 1577, 1588, 1628, 1644, 1647, 1903, 1950, 1951, 1956, 1958, 1959, 2247, 2317, 2774, 2894)
Atlanta, GA-AL-NC
2001 Ed. (3219)
Atlanta Gas Light Co.
1999 Ed. (2577, 2578, 2579, 2580, 2581)
1998 Ed. (1808, 1817)
1997 Ed. (2127, 2128, 2130, 2131, 2926)
1996 Ed. (2007, 2008, 2010, 2011, 2822)
1995 Ed. (1984, 1986, 1987, 1988, 2755)
1994 Ed. (1959, 1961, 1963, 2653)
1993 Ed. (1933, 1934, 1935, 1936, 1937)
1992 Ed. (2272, 2273, 2275, 3467)
1991 Ed. (1803, 1804)
Atlanta Hartsfield International
1995 Ed. (199)
1994 Ed. (191)
Atlanta Hartsfield-Jackson International Airport
2007 Ed. (848)
Atlanta Journal & Constitution
1999 Ed. (3613)
1998 Ed. (76, 77, 83)
Atlanta Journal, Constitution
1992 Ed. (3242)
Atlanta Legal Copies
1997 Ed. (3164)
1996 Ed. (3086)
Atlanta Life
1989 Ed. (1690)
Atlanta Life Financial Group Inc.
2006 Ed. (3092)
2005 Ed. (3087)
2004 Ed. (3079)
2003 Ed. (2976)
Atlanta Life Insurance Co.
2002 Ed. (714)
2000 Ed. (2669)
1999 Ed. (2916)
1998 Ed. (2132)
1997 Ed. (2419)
1996 Ed. (2286)
1995 Ed. (2280, 2310)
1994 Ed. (2233)
1993 Ed. (2253)
1992 Ed. (2707)
1991 Ed. (2144)
1990 Ed. (2275)
Atlanta Postal Credit Union
2008 Ed. (2226)
2007 Ed. (2111)
2006 Ed. (2190)
2005 Ed. (2095)
2004 Ed. (1953)
2003 Ed. (1913)
2002 Ed. (1859)
1998 Ed. (1215)
1993 Ed. (1448)
Atlanta-Sandy Springs-Marietta, GA
2008 Ed. (3475, 3477, 3508)
2007 Ed. (772, 2597, 2658, 2692, 3376, 3383, 3502, 3643, 4120, 4164, 4166, 4809, 4877)
2006 Ed. (676, 2620, 2673, 2698, 3321, 3324, 3578, 4098, 4141, 4143)
Atlanta Thrashers
2003 Ed. (4509)
Atlanta Toyota
1996 Ed. (290)
1995 Ed. (287)
1992 Ed. (375)
1990 Ed. (309)
Atlanta Worldwide Touring
2006 Ed. (1152)
The Atlantic
2006 Ed. (134)
2005 Ed. (131)
2004 Ed. (140)
1992 Ed. (3014)
1991 Ed. (2739)
Atlantic & Pacific Tea Co.
1991 Ed. (3258)
1990 Ed. (3497)
Atlantic Asset Management
1999 Ed. (3048)
Atlantic Automail
2008 Ed. (284, 286)
Atlantic Bank
2008 Ed. (386)
2007 Ed. (404)
2005 Ed. (466)
Atlantic Bank of New York
2005 Ed. (357)
2004 Ed. (505)
2001 Ed. (642)
Atlantic Beach, FL
1991 Ed. (2525)
Atlantic Blue Cross Care
2006 Ed. (2604)
2004 Ed. (1669)
Atlantic Blueberry Co.
1998 Ed. (1772)
Atlantic Builders
2005 Ed. (1199)
2004 Ed. (1171)
2003 Ed. (1163)
2002 Ed. (2678)
1998 Ed. (875, 903)
1997 Ed. (1134)
Atlantic-Cape May, NJ
2004 Ed. (4114, 4115)
2003 Ed. (4088, 4089)
2002 Ed. (3995, 3996)
2001 Ed. (4048, 4055)
1997 Ed. (3309)
1996 Ed. (3203)
1995 Ed. (3106, 3108, 3111)

Atlantic City Boardwalk Hall
2006 Ed. (1156)
Atlantic City-Cape May, NJ
2006 Ed. (2974)
The Atlantic City Convention Center
2002 Ed. (1335)
Atlantic City Credit Union
2008 Ed. (2270)
2007 Ed. (2155)
2006 Ed. (2234)
2005 Ed. (2139)
2004 Ed. (1997)
2003 Ed. (1957)
2002 Ed. (1902)
Atlantic City Electric Co.
2007 Ed. (1676)
2001 Ed. (427)
Atlantic City Hilton
1999 Ed. (1042)
Atlantic City Hilton Casino Resort
2002 Ed. (2651)
2000 Ed. (2575)
1999 Ed. (2797)
Atlantic City Medical Center
1994 Ed. (2091)
1993 Ed. (2075)
1992 Ed. (2461)
1990 Ed. (2057)
Atlantic City, NJ
2008 Ed. (2806, 3131)
1999 Ed. (2813)
1998 Ed. (246)
1994 Ed. (826, 971, 3060, 3062, 3066)
1992 Ed. (2576, 3042, 3690, 3691, 3697)
1991 Ed. (2862, 2863)
1990 Ed. (1009, 1010, 1148, 1151)
1989 Ed. (226)
Atlantic Coast Airlines
2003 Ed. (1080)
1998 Ed. (125)
Atlantic Coast Airlines Holdings Inc.
2006 Ed. (225, 228)
2005 Ed. (202, 203, 207, 214)
2004 Ed. (199, 200)
Atlantic Coast Credit Union
2002 Ed. (1859)
Atlantic Coast Fibers
2002 Ed. (2153)
Atlantic Coast Fire Protection Inc.
2003 Ed. (1232)
Atlantic Coast Life
1989 Ed. (1691)
Atlantic Computers
1991 Ed. (2064)
1990 Ed. (2198)
Atlantic Container Line
2004 Ed. (4858)
2003 Ed. (4877)
Atlantic Corporate Interiors
2008 Ed. (3737, 4433, 4988)
Atlantic County Utilities Authority
2000 Ed. (3678)
Atlantic Credit & Finance
2006 Ed. (2094, 2594)
2005 Ed. (2592)
The Atlantic Credit Union
2008 Ed. (2247)
2007 Ed. (2132)
2006 Ed. (2211)
2005 Ed. (2116)
2004 Ed. (1974)
2003 Ed. (1934)
2002 Ed. (1880)
Atlantic Dairy Cooperative
1998 Ed. (758)
1993 Ed. (1457)
Atlantic Dominion Distributors
1998 Ed. (977, 983)
1997 Ed. (1203)
Atlantic Duncans Inc.
2005 Ed. (1390)
2004 Ed. (1369)
Atlantic Employees Federal Credit Union
1996 Ed. (1515)
1994 Ed. (1507)
Atlantic Energy
1998 Ed. (1389)
1996 Ed. (1617)
1995 Ed. (1639)
1994 Ed. (1597, 1598)
1993 Ed. (1558)
1992 Ed. (1900, 1901)
1991 Ed. (1499, 1500)
1990 Ed. (1603)
1989 Ed. (1298)
Atlantic Express Transportation Corp.
2005 Ed. (3309)
2004 Ed. (3296)
Atlantic Express Transportation Group Inc.
2005 Ed. (3309)
2004 Ed. (3295, 3296)
2003 Ed. (3239)
Atlantic Federal Credit Union
1993 Ed. (1454)
1991 Ed. (1396)
1990 Ed. (1462)
Atlantic Federal S & L Assn.
1990 Ed. (424)
Atlantic Financial
1991 Ed. (3369)
Atlantic Financial Federal
1991 Ed. (3091, 3373)
1990 Ed. (420, 432, 2858, 3591)
1989 Ed. (2824, 2832)
Atlantic Financial Savings
1992 Ed. (3771, 3778, 3781, 3782, 3790, 4294)
1991 Ed. (3363)
Atlantic Financial Savings FA
1993 Ed. (531)
1991 Ed. (3383)
The Atlantic Group
2007 Ed. (1347)
Atlantic Gulf Communities
2000 Ed. (2209)
Atlantic Health Alliance
1999 Ed. (2992)
Atlantic Health System
2008 Ed. (1976, 1976)
2007 Ed. (1913, 1913)
2006 Ed. (1929)
2000 Ed. (2531)
1999 Ed. (2645)
1998 Ed. (1909)
Atlantic Homes
2005 Ed. (1205)
2004 Ed. (1178)
Atlantic Hospitality Advisors
2007 Ed. (2960)
Atlantic Hyundai
1996 Ed. (273)
1995 Ed. (270)
1993 Ed. (271)
1992 Ed. (385)
Atlantic Isuzu
1990 Ed. (328)
Atlantic Jeep-Eagle
1990 Ed. (330)
Atlantic Life Insurance Co.
2007 Ed. (3546, 4407)
2006 Ed. (3508)
Atlantic Limousine Inc.
1999 Ed. (3453)
1995 Ed. (2617)
1993 Ed. (2601)
Atlantic Lottery Corp.
2008 Ed. (1613)
2007 Ed. (1615)
2006 Ed. (1595)
The Atlantic Monthly
2005 Ed. (3358)
Atlantic Mutual Insurance Co.
2005 Ed. (3140)
2004 Ed. (3132)
Atlantic Petroleum Maatschappij BV
1990 Ed. (1227, 1251)
Atlantic Plate Glass Co.
1999 Ed. (1370)
1998 Ed. (948)
1997 Ed. (1170, 2149)
1996 Ed. (1143, 2027)
1995 Ed. (1166, 2002)
Atlantic Portfolio Analytics
1995 Ed. (2364)
1991 Ed. (2227)
Atlantic Portfolio Analytics & Management
1993 Ed. (2339)
Atlantic Power Corp.
2008 Ed. (1620)
Atlantic Premium
2000 Ed. (731, 733)
1999 Ed. (717, 722, 723)
Atlantic Premium Brands Ltd.
2004 Ed. (3400, 3401, 4546)
The Atlantic Provinces, Canada
1993 Ed. (1446)
Atlantic Regional Credit Union
2008 Ed. (2236)
2007 Ed. (2121)
2006 Ed. (2200)
2005 Ed. (2105)
2004 Ed. (1963)
2003 Ed. (1923)
2002 Ed. (1869)
Atlantic Resources Corp.
1997 Ed. (2227)
1992 Ed. (2406, 2407)
1991 Ed. (1912)
Atlantic Richfield Co.
2005 Ed. (1489, 1524)
2001 Ed. (3753)
2000 Ed. (961, 1347, 1348, 2308, 2309, 2316, 2317, 3518, 3519, 3537)
1999 Ed. (4389)
1998 Ed. (1128, 1434, 2414, 2819, 2822, 2824, 2834, 2836)
1997 Ed. (1369, 1727, 2688, 3091, 3106)
1996 Ed. (1307, 1646, 2548, 2821, 3005, 3022)
1995 Ed. (1273, 1363, 2488, 2908, 2910, 2919, 2927, 3435)
1994 Ed. (1178, 1179, 1181, 1182, 1184, 1185, 1186, 1187, 1337)
1993 Ed. (826, 1286, 1600, 2770, 2833, 2844, 2849, 2850, 3379)
1992 Ed. (3451)
1991 Ed. (845, 1548, 1549, 2722, 2737)
1990 Ed. (2833, 2835, 2843, 2855, 3453)
1989 Ed. (2204, 2205, 2225)
Atlantic Richfield Co. (ARCO)
2003 Ed. (920, 3632)
2002 Ed. (1603, 2389, 2391, 3537, 3662, 3667, 3668, 3669, 3670, 3671, 3672, 3673, 3674, 3681, 3698, 3699, 3701)
2001 Ed. (1646, 1653, 2561, 2578, 2579, 2582, 2584, 2701, 3532, 3739, 3740, 3741, 3742, 3743, 3744, 3745, 3746, 3751, 3752, 3754, 3762, 3766, 3774, 3775)
Atlantic Security Ltd.
2006 Ed. (3053)
2001 Ed. (2920)
2000 Ed. (979)
1993 Ed. (846)
Atlantic Southeast
2001 Ed. (333)
2000 Ed. (239)
1991 Ed. (1017)
1990 Ed. (207)
Atlantic Southeast Airlines Inc.
2007 Ed. (232)
2006 Ed. (225, 226)
2003 Ed. (1080)
1999 Ed. (1252)
1998 Ed. (132, 817)
1997 Ed. (195)
1995 Ed. (171)
1994 Ed. (163, 167)
1993 Ed. (184, 185, 186)
1992 Ed. (272, 273, 274, 275)
1990 Ed. (210)
Atlantic States
1992 Ed. (1747)
Atlantic Steel
1993 Ed. (3449)
1992 Ed. (3352)
Atlantic Technology Ventures, Inc.
2003 Ed. (2724)
Atlantic Telco
1995 Ed. (3560)
1993 Ed. (2775)
1992 Ed. (4207)
Atlantic Telco Joint Venture
1994 Ed. (3493)
Atlantic Tele-Network
2008 Ed. (1905, 1913)
Atlanticargo
2003 Ed. (2422, 2423)
AtlantiCargo Shipping
2004 Ed. (2542)
Atlantis
1990 Ed. (26)
Atlantis Asian Recovery Fund
2003 Ed. (3142)
Atlantis Communications
1996 Ed. (1698)
Atlantis Furniture Group
1993 Ed. (2491)
Atlantis Group Inc.
1993 Ed. (2491)
Atlantis Japan Growth
1999 Ed. (3585)
Atlantis Plastics
2001 Ed. (4139)
Atlantis Systems Corp.
2006 Ed. (2813)
2005 Ed. (2828, 2829)
Atlantis, The Water Kingdom
1994 Ed. (3654)
1993 Ed. (3688)
1992 Ed. (4425)
Atlantis, The Water Kingdom, Hollywood, FL
1991 Ed. (3476)
Atlas
2008 Ed. (2624, 3257, 3776)
2007 Ed. (3112)
2000 Ed. (2671)
1996 Ed. (2245)
Atlas Advisers
2005 Ed. (3563)
2004 Ed. (3639)
Atlas Advisors
2004 Ed. (3599)
Atlas Air Inc.
2005 Ed. (1348)
1998 Ed. (3408)
Atlas Air Conditioning Co.
2005 Ed. (1293)
2004 Ed. (1243)
Atlas Air Worldwide Holding Inc.
2002 Ed. (1625)
Atlas Air Worldwide Holdings Inc.
2008 Ed. (205, 222)
2007 Ed. (219, 232, 243)
2006 Ed. (382)
2004 Ed. (202)
2003 Ed. (4793, 4799)
Atlas America Inc.
2008 Ed. (2044, 2050)
2007 Ed. (1954, 2722)
2006 Ed. (4254)
Atlas Assets Balanced
2004 Ed. (3602)
Atlas Assets Global Growth
2004 Ed. (2481)
2003 Ed. (3614)
Atlas Canadian Balanced
2001 Ed. (3458)
Atlas Canadian Emerging Growth
2001 Ed. (3497)
Atlas Canadian Large Cap Value
2001 Ed. (3471)
Atlas Cold Storage
2008 Ed. (4815)
2007 Ed. (4880)
2006 Ed. (4888)
2001 Ed. (4724, 4725)
Atlas Comfort Systems USA LP
2006 Ed. (1263)
Atlas Consolidated
1989 Ed. (1151)
Atlas Consolidated A
1991 Ed. (2378, 2379)
Atlas Consolidated Mining & Development Corp.
1995 Ed. (1474)
1994 Ed. (1440)
1993 Ed. (1386)
1992 Ed. (1684, 2965, 2966)
1991 Ed. (1336)
1990 Ed. (1409)
Atlas Consolidated Mining & Dev't. Corp.
1989 Ed. (1152)
Atlas Copco
2006 Ed. (4575)

Atlas Copco AB
2008 Ed. (3582)
2007 Ed. (1997, 2400)
2006 Ed. (3402)
Atlas Copco Mexicana
1996 Ed. (1732)
Atlas Electrica SA
2002 Ed. (4401)
Atlas Energy
2005 Ed. (1709)
Atlas Global Growth
2005 Ed. (3575)
2004 Ed. (3645)
2003 Ed. (3612)
Atlas Global Growth Fund
2003 Ed. (2364, 3543)
Atlas Global Growth Fund A
1999 Ed. (600)
Atlas Global Value
2001 Ed. (3466, 3468)
Atlas Gold Storage Income Trust
2008 Ed. (4321)
Atlas: Government & Mortgage Securities
1993 Ed. (2685)
Atlas International Group Ltd.
2005 Ed. (4673)
Atlas Marketing Group
2008 Ed. (4647)
Atlas Mining
1992 Ed. (1683)
Atlas Pacific
2004 Ed. (1635)
2003 Ed. (1618)
Atlas Pipeline Partners
2008 Ed. (2859)
2007 Ed. (2729)
Atlas Publicidad
1994 Ed. (79)
1993 Ed. (89)
1992 Ed. (136)
1991 Ed. (88)
1990 Ed. (90)
1989 Ed. (94)
Atlas Publicidad (JWT)
1997 Ed. (73)
Atlas Roofing
2007 Ed. (1354)
Atlas Strategic Income Fund A
1999 Ed. (599)
Atlas T-F
1992 Ed. (3168)
Atlas Tag & Label Inc.
2005 Ed. (3251)
Atlas Thompson
1996 Ed. (73)
1995 Ed. (59)
Atlas Transmission
2002 Ed. (401)
Atlas Van Lines Inc.
2008 Ed. (4768)
2007 Ed. (4846)
2005 Ed. (4745)
2004 Ed. (4768)
2002 Ed. (3406)
2000 Ed. (3177, 4313)
1999 Ed. (3459, 4676)
1998 Ed. (2544, 3636)
1997 Ed. (3810)
1996 Ed. (3760)
1995 Ed. (2626, 3681)
1994 Ed. (2571, 3603)
1993 Ed. (2610, 3643)
1992 Ed. (3121)
Atlas World Group
2008 Ed. (4740)
2007 Ed. (4813)
2006 Ed. (4796)
AtlasCp
1989 Ed. (2663)
Atlassian
2007 Ed. (1253)
Atlassian Software Systems
2007 Ed. (1590)
Atlee III; F. V.
2005 Ed. (2487)
ATM
2001 Ed. (593)
1992 Ed. (1753)
Atmel Corp.
2007 Ed. (2338)
2006 Ed. (2396)
2005 Ed. (1672, 1676, 1686, 4346)
2003 Ed. (1644, 2198)
2002 Ed. (1618, 4254)
2001 Ed. (2157, 2158, 2159, 3910, 3911)
2000 Ed. (3995, 4001)
1999 Ed. (4267, 4279)
1998 Ed. (829, 3276, 3282, 3283)
1997 Ed. (1081, 2211, 3252, 3411)
1995 Ed. (3515)
ATMI Inc.
2008 Ed. (1695, 3645)
2003 Ed. (2711)
Atmos Energy Corp.
2008 Ed. (1880, 2419, 2420, 2809, 2810, 2812)
2007 Ed. (1523, 1527, 2378, 2681)
2006 Ed. (2688, 2689, 2691, 2692)
2005 Ed. (2726, 3585, 3586)
1999 Ed. (2579, 2581)
Atmos Propane
2000 Ed. (1316, 3622)
Atmosphere BBDO
2008 Ed. (819)
2007 Ed. (861)
2006 Ed. (760)
ATMs
2003 Ed. (4642)
1990 Ed. (531, 532)
ATOFINA
2006 Ed. (854, 856, 859)
2005 Ed. (950, 953)
2004 Ed. (956, 957, 960)
2001 Ed. (2506)
AtoHaas Americas Inc.
2001 Ed. (3818)
Atom Entertainment
2008 Ed. (3361)
2007 Ed. (3231)
Atom Films
2002 Ed. (4870)
Atomic
1993 Ed. (3326)
1992 Ed. (3982)
1991 Ed. (3133)
Atomic Employees Credit Union
2003 Ed. (1897)
Atomic Energy of Canada
2008 Ed. (2833, 3142)
2007 Ed. (2704)
2006 Ed. (2709)
2005 Ed. (2748, 3490)
2004 Ed. (2753)
2001 Ed. (1661)
1997 Ed. (2155, 3301)
1996 Ed. (1595, 2037)
1994 Ed. (1580)
1990 Ed. (1942)
Atomic Fire Ball
1993 Ed. (837)
Atomic Fire Balls
1990 Ed. (896)
Atomic spectroscopy
1992 Ed. (3805)
Atomz Corp.
2006 Ed. (3024, 3036)
Atomz Express Search
2004 Ed. (3163)
Atorvastatin
2001 Ed. (3778)
Atos Origin
2004 Ed. (1715, 1716)
Atos Origin SA
2008 Ed. (1747, 4802)
2007 Ed. (1236, 1237, 1718)
2006 Ed. (1717, 1718, 3037)
2005 Ed. (1773)
Atoun Steel Industry Co.
2008 Ed. (850)
Atoz; Dodge
2008 Ed. (303)
2005 Ed. (303)
ATP Oil & Gas Corp.
2003 Ed. (4322)
2002 Ed. (1067)
ATR
2001 Ed. (346, 347)
ATR-42
1994 Ed. (187)
Atra Plus
2001 Ed. (3989, 3990)
AtraBank
2004 Ed. (468)
ATRAHAN Transformation Inc.
2005 Ed. (1700)
Atrazine
1999 Ed. (2663)
@rgentum Canadian Equity Portfolio
2003 Ed. (3595)
Atria Inc.
2003 Ed. (4051)
Atria Communities
1998 Ed. (3178)
Atria Retirement & Assisted Living
2005 Ed. (265)
2004 Ed. (258)
2003 Ed. (291)
Atria Senior Living Group
2006 Ed. (4191, 4192)
Atria Software Inc.
1998 Ed. (1930)
1996 Ed. (3305, 3777)
Atrica
2006 Ed. (1090)
Atridox
2001 Ed. (1988)
Atrilogy Solutions Group
2006 Ed. (3031)
Atrion Corp.
2004 Ed. (4583)
Atrium
2008 Ed. (1001)
2005 Ed. (3284)
Atrium Biotechnologies
2008 Ed. (3951)
2007 Ed. (3915)
Atrium Staffing
2008 Ed. (3724, 4975)
Atrium Windows & Doors
2008 Ed. (4934)
2007 Ed. (4965)
2006 Ed. (4956)
@Road
2003 Ed. (2706)
Atronic International
2004 Ed. (1700)
Atrua Technologies
2006 Ed. (1090)
ATS Inc.
2007 Ed. (4845)
ATS Automation Tooling Systems
2008 Ed. (3142)
2007 Ed. (3024)
2005 Ed. (1697)
2004 Ed. (1661)
ATS/Express LLC
2006 Ed. (3534, 4373)
ATS Futures Fund LP
2005 Ed. (1087)
ATSIC
2002 Ed. (30)
Atsinger III; Edward
2006 Ed. (2527)
@stake
2003 Ed. (2161)
Atsushi Mizuno
2000 Ed. (2150)
Atsushi Yamaguchi
2000 Ed. (2158)
ATT Broadband/Time Warner
2002 Ed. (924)
Attache
2007 Ed. (836)
Attack of the Prehistoric Pokémon
2001 Ed. (983)
Attack on Gas Station
2001 Ed. (3379)
Attapulgite
1991 Ed. (942)
Attenborough Associates
1997 Ed. (3199)
1996 Ed. (3115, 3116, 3122)
1995 Ed. (3020)
1994 Ed. (2961)
Attends
2003 Ed. (14, 3775)
1999 Ed. (27)
1998 Ed. (1269)
1993 Ed. (1482)
Attensity Corp.
2008 Ed. (3204)
2007 Ed. (3067)
2006 Ed. (3036)
Attiazaz "Bob" Din
1999 Ed. (2055)
Attic Technologies
2008 Ed. (3182)
Attica; Bank of
2007 Ed. (454)
Attijariwafa bank
2006 Ed. (406)
Attijariwafabank
2008 Ed. (479)
2007 Ed. (523)
Attinger Jack Advertising
2001 Ed. (236)
att.net
2001 Ed. (2986)
Attorneys
2002 Ed. (4884)
Attorneys Insurance Mutual Risk Retention Group
2000 Ed. (982)
1999 Ed. (1032)
1998 Ed. (639)
1997 Ed. (902)
Attorneys' Liability Assurance Society Inc.
2000 Ed. (983)
1999 Ed. (1033)
1998 Ed. (641)
Attorneys' Title Insurance Fund
2002 Ed. (2982)
2000 Ed. (2738)
1999 Ed. (2985)
1998 Ed. (2214)
Attractions
2008 Ed. (1499)
2007 Ed. (1517)
2006 Ed. (1487)
2005 Ed. (1604)
Attwoods PLC
1996 Ed. (1358, 3666)
ATU Telecommunications
2001 Ed. (1608)
Atul Products
1996 Ed. (1600)
ATV
1990 Ed. (2663)
Atwater Jr.; H. Brewster
1996 Ed. (958)
Atwater State Bank
1997 Ed. (180)
Atwell; R. Wayne
1997 Ed. (1885)
1996 Ed. (1811)
1995 Ed. (1795, 1833, 1847)
1994 Ed. (1795, 1809)
1990 Ed. (1766)
AtWork Personnel Services
2008 Ed. (4495)
2007 Ed. (4515)
2006 Ed. (4457)
2005 Ed. (4454)
2004 Ed. (4482)
2002 Ed. (4597)
ATX Forms
2004 Ed. (3945)
Au Bon Pain
2008 Ed. (2667, 2686, 4274, 4275)
2007 Ed. (2534, 2545, 4240)
2006 Ed. (2560, 2574, 4119, 4225)
2005 Ed. (2553, 2558)
2004 Ed. (4242)
2003 Ed. (4120)
2002 Ed. (2252, 4032)
2000 Ed. (3848)
1999 Ed. (4134)
1998 Ed. (1882, 3061, 3124)
1997 Ed. (3329, 3375, 3651)
1996 Ed. (3278)
1995 Ed. (3115, 3116, 3137, 3180)
1994 Ed. (3130)
1992 Ed. (3703)
Au Moulin de la Galette, Montmartre
2008 Ed. (268)
AU Optronics Corp.
2008 Ed. (1565, 2101, 3584)
2007 Ed. (2008)
2006 Ed. (2035, 3404)
2005 Ed. (3037)
Au Printemps
1992 Ed. (4177)
Auberge du Soieil
1992 Ed. (3686)

Auberge du Soleil
2000 Ed. (2543)
1999 Ed. (2768)
1995 Ed. (2155)
Auberges des Gouveneurs
1994 Ed. (2110)
Auberges des Gouverneurs
1992 Ed. (2487)
1990 Ed. (2084)
AUBI Baubeschlage
2004 Ed. (1700)
Aubrey
1995 Ed. (3521)
1992 Ed. (4157)
1990 Ed. (3480)
Aubrey E. Richardson
1995 Ed. (932, 1068)
Aubrey Fogarty Associates
1996 Ed. (102)
Aubrey K. McClendon
2007 Ed. (1021)
2006 Ed. (930)
Auburn Merchandise Distributors Inc.
2003 Ed. (4937)
1998 Ed. (980)
1997 Ed. (1207)
1995 Ed. (1196, 1201)
Auburn-Opelika, AL
2008 Ed. (3481, 3511, 4353)
2005 Ed. (2032, 2991, 3473)
Auburn University
2006 Ed. (1071)
Auch Co.; George W.
1996 Ed. (1150)
1994 Ed. (1157)
1993 Ed. (1150)
1992 Ed. (1435)
1991 Ed. (1099)
1990 Ed. (1211)
Auchan
2007 Ed. (4203)
2000 Ed. (2477, 3815)
1999 Ed. (2820)
1998 Ed. (2065, 3085)
1997 Ed. (1409)
1996 Ed. (3244)
1995 Ed. (3155, 3157)
1994 Ed. (1373)
1993 Ed. (3498)
1992 Ed. (49)
1991 Ed. (1991, 1992)
1990 Ed. (1368, 2142)
Auchan France
2007 Ed. (4631)
2004 Ed. (4929)
Auchan Group
2002 Ed. (1076, 4532)
2001 Ed. (2826, 2827, 4403)
Auchan SA
2008 Ed. (1762, 4573, 4575)
2007 Ed. (4633)
2006 Ed. (3991, 4641)
Auchi; Nadhmi
2008 Ed. (4906, 4910)
2007 Ed. (4930)
Auckland
1992 Ed. (1399)
Auckland International Airport
2007 Ed. (1922)
2006 Ed. (3703)
2002 Ed. (3497, 3498)
Auckland, New Zealand
2002 Ed. (2747)
Auction Systems Auctioneers & Appraisers Inc.
2005 Ed. (3902, 4092)
2004 Ed. (3943)
2003 Ed. (3949)
Auctions
1993 Ed. (3543)
AuctionSniper
2005 Ed. (3184)
AuctionWatch.com
2002 Ed. (4849)
The Audacity of Hope
2008 Ed. (554)
Audi
2008 Ed. (330, 648, 652, 705)
2007 Ed. (343, 688, 735)
2006 Ed. (357, 362)
2005 Ed. (343)
2004 Ed. (343)
2003 Ed. (361)
2002 Ed. (417)
2001 Ed. (1010)
2000 Ed. (339)
1999 Ed. (333, 338, 354, 790)
1998 Ed. (211)
1997 Ed. (303)
1994 Ed. (320)
1993 Ed. (306, 333, 1740)
1992 Ed. (438)
1991 Ed. (318)
Audi AG
2008 Ed. (3559)
2007 Ed. (3214)
2006 Ed. (3381)
2005 Ed. (3523)
2004 Ed. (4795)
2002 Ed. (4669)
2001 Ed. (4619)
Audi A6/S6
1996 Ed. (348)
Audi 80/90
1990 Ed. (370, 374, 377, 381)
The Audi Exchange
1996 Ed. (264)
1995 Ed. (260)
1994 Ed. (261)
1993 Ed. (292)
1991 Ed. (302)
Audi 5000
1993 Ed. (349)
Audi 5000 4-door
1991 Ed. (356)
Audi Hungaria Motor Kft
2008 Ed. (1720)
Audi Manhattan, Inc.
1991 Ed. (302)
Audi 100
1990 Ed. (1110)
Audi 100/200
1993 Ed. (326)
Audi Saradar Group
2008 Ed. (469)
2007 Ed. (512)
Audi V8
1994 Ed. (297)
1992 Ed. (483)
1991 Ed. (354)
Audi/VW
1993 Ed. (332)
Audi/VW/Seat
1991 Ed. (327)
Audible.com
2004 Ed. (3162)
Audio
1992 Ed. (3386)
Audio & video
1997 Ed. (3698)
Audio & video equipment
2002 Ed. (217, 3888)
Audio & video recordings
1999 Ed. (1002)
Audio Book
2000 Ed. (278)
Audio Command Systems Inc.
2008 Ed. (2983, 2984)
2007 Ed. (2864)
2005 Ed. (2859)
Audio components
1993 Ed. (2048)
Audio Dimensions
2008 Ed. (2985)
Audio equipment
2005 Ed. (2858)
1998 Ed. (927, 1953)
Audio Express
2005 Ed. (2358)
Audio goods
2007 Ed. (1321)
Audio Interiors Inc.
2005 Ed. (2859)
Audio Marketing (U.K.) Ltd.
1993 Ed. (974)
Audio systems
1993 Ed. (2048)
Audio tapes, blank
2003 Ed. (2769)
2002 Ed. (2084)
1998 Ed. (1953)
Audio/Video Affiliates
1990 Ed. (1646, 2031, 3327)
Audio Video Systems
2008 Ed. (2983, 2984)
2007 Ed. (2864)
2005 Ed. (2859)
Audio/video tapes, blank
2004 Ed. (4190)
Audio, visual
1990 Ed. (3080, 3081)
Audiofina
2002 Ed. (3219, 3221)
2000 Ed. (3018, 3019)
1999 Ed. (3280, 3281)
1997 Ed. (2693, 2725)
1996 Ed. (2556, 2557)
1994 Ed. (2417, 2418)
1993 Ed. (2479)
1992 Ed. (2948, 2949)
Audiolux
2002 Ed. (3221)
1993 Ed. (2479)
Audiosoft Ltd.
2002 Ed. (2498)
Audiotapes
2005 Ed. (2858)
1993 Ed. (1594)
Audiotapes, blank
2001 Ed. (2733)
Audiotext
1991 Ed. (3283)
Audiotext PLC
1991 Ed. (3282)
Audiovox Corp.
2005 Ed. (2861)
2004 Ed. (2852, 2853, 4550)
2003 Ed. (2889, 2890, 3428)
2002 Ed. (1771)
2001 Ed. (1257, 3331)
2000 Ed. (998, 2482)
1999 Ed. (1978, 2697)
1993 Ed. (1577, 2051)
1992 Ed. (2427)
Auditorio Nacional
2006 Ed. (1154)
2003 Ed. (4528)
2002 Ed. (4344)
2001 Ed. (4352)
Auditors
2007 Ed. (3721, 3726)
2006 Ed. (3734)
2005 Ed. (3621, 3624)
Audits & Surveys Europe
2000 Ed. (3045)
Audits & Surveys Europe (ASE)
2002 Ed. (3256, 3259)
Audrey Alvarado
2008 Ed. (3789)
Audrey Snell
2008 Ed. (2692)
Audubon
1995 Ed. (2881)
Audubon Workshop
2007 Ed. (888)
AU800/Emit/AU800 Chem Analyzer & Emit System
1997 Ed. (2744)
Aufhauser
1999 Ed. (1867)
Aufhauser; K.
1993 Ed. (1491)
Augat
1996 Ed. (1606)
1993 Ed. (1563)
1992 Ed. (1908, 1909)
1991 Ed. (1507, 1508, 1518, 2845)
1990 Ed. (1611, 2988)
1989 Ed. (1286, 2303)
Augenthaler; Douglas
1997 Ed. (1893)
1996 Ed. (1819)
1995 Ed. (1796, 1841)
Augeo Software Inc.
2001 Ed. (1870, 2850)
Augment Systems
1999 Ed. (4169)
Augmentin
2003 Ed. (2111)
2002 Ed. (2022)
2001 Ed. (2098)
2000 Ed. (1708, 3605)
1999 Ed. (1892, 3885)
1998 Ed. (2914)
1997 Ed. (3162)
1996 Ed. (3083)
1995 Ed. (225, 2983)
1994 Ed. (2928)
1993 Ed. (2913)
1992 Ed. (3525)
1991 Ed. (2762)
Augsburg Fortress Publishers
2006 Ed. (3717)
August
2002 Ed. (415, 4704)
2001 Ed. (1156, 4681, 4858, 4859)
August A. Busch III
1991 Ed. (1619)
August-Am Cal
1990 Ed. (2971)
August and Everything After
1996 Ed. (3031)
August Busch Jr.
1989 Ed. (2751)
August Busch Jr. family
1989 Ed. (2905)
August Cenname
2008 Ed. (3376)
2007 Ed. (3248, 3249)
2006 Ed. (658, 3189)
August 11, 1987
1989 Ed. (2045)
August 1, 1996
1999 Ed. (4397)
August Schell Brewing Co.
2000 Ed. (3127)
August Sebastiani
1998 Ed. (3730)
1997 Ed. (3885)
1996 Ed. (3836)
1995 Ed. (3738)
1989 Ed. (2943)
August Storck KG
2008 Ed. (843)
August Technology Corp.
2006 Ed. (1885)
August 3, 1932
1999 Ed. (4394)
1989 Ed. (2750)
August 12, 1932
1999 Ed. (4393, 4497)
1991 Ed. (3238)
1989 Ed. (2748)
August 21, 1991
1999 Ed. (4395)
August 2, 1996
1999 Ed. (4395, 4397)
August von Finck
2008 Ed. (4867)
Augusta
1996 Ed. (3208)
Augusta-Aiken, GA
2006 Ed. (2975)
Augusta-Aiken, GA-SC
2005 Ed. (3339)
2004 Ed. (3316)
Augusta National Golf Course
2000 Ed. (2381)
Augustana College
2001 Ed. (1320)
1997 Ed. (1059)
1996 Ed. (1043)
1989 Ed. (956)
Augustine; Norman
1996 Ed. (963)
1995 Ed. (979)
1992 Ed. (2058)
August.One Communications
2002 Ed. (3858)
AUI Inc.
2008 Ed. (1319)
2007 Ed. (1382)
2006 Ed. (1329)
Aukett Associates
1995 Ed. (2229)
1990 Ed. (1276)
AUL Equity Sales Corp.
2000 Ed. (852, 853)
AUL Variable Annuity Fidelity High Income
1997 Ed. (3824)
AUL Variable Annuity Janus Flexible Income Q
2000 Ed. (4329)
AUL Variable Annuity Janus Worldwide Growth Q
2000 Ed. (4333)

AUL Variable Annuity SAFECO Growth Q
2000 Ed. (4335)
The Aulson Co.
2008 Ed. (1254, 1262)
2007 Ed. (1356, 1365)
2006 Ed. (1265, 1288)
2005 Ed. (1296, 1318)
2004 Ed. (1245, 1312)
2002 Ed. (1231)
Ault Foods
1998 Ed. (1240)
Ault Foods of Toronto
1999 Ed. (1814)
Aunt Bessie's
2008 Ed. (716)
Aunt Fanny's
2000 Ed. (369)
Aunt Jemima Butter Lite
1999 Ed. (4528)
Aunt Jemima Lite
1999 Ed. (4528)
Aunt Jemima Lite and Butter Lite
1994 Ed. (1858)
Aunt Jemima Regular
1999 Ed. (4528)
Auntie Anne's
2006 Ed. (2565)
2005 Ed. (2559)
2004 Ed. (354)
2003 Ed. (374)
2002 Ed. (429)
1998 Ed. (1760, 3070)
Auntie Anne's Hand-Rolled Pretzels
2008 Ed. (1028)
Auntie Anne's Hand-Rolled Soft
2002 Ed. (4012)
Auntie Anne's Hand-Rolled Soft Pretzels
2008 Ed. (2372, 2373, 3126, 3127)
2007 Ed. (352, 1150)
2006 Ed. (369, 1061)
2005 Ed. (354)
Auntie Anne's Soft Pretzels
2004 Ed. (1049)
AuntiesBeads.com
2006 Ed. (2384)
Aur Resources Inc.
2006 Ed. (1593, 1608, 1609)
2003 Ed. (3376)
Auragen Communications Inc.
2008 Ed. (1984, 2953)
Auralgan
1999 Ed. (1899)
1993 Ed. (1541)
Aurelian Resources Inc.
2008 Ed. (1618, 1660)
Aurelio; Richard A.
2007 Ed. (2502)
Aureole
2008 Ed. (4147)
2007 Ed. (4129)
1994 Ed. (3092)
1992 Ed. (3706)
Aureus
1993 Ed. (3373)
1992 Ed. (4050, 4053)
1991 Ed. (3169, 3172)
1990 Ed. (3329, 3334, 3342)
Auricon Beteiligungs AG
1999 Ed. (1585)
1997 Ed. (1363)
Aurigin Systems Inc.
2001 Ed. (2861)
Aurizon Mines Ltd.
2005 Ed. (4510)
Auro
1996 Ed. (1601)
Aurora
2001 Ed. (486)
1992 Ed. (39)
1989 Ed. (15)
Aurora Earthmover
1990 Ed. (1460)
Aurora Earthmover Credit Union
1993 Ed. (1452)
Aurora Electric
2003 Ed. (3949)
Aurora Energy Resources Inc.
2008 Ed. (1618, 1660)
Aurora Foods Inc.
2003 Ed. (865, 2038, 2556, 2569)
2001 Ed. (1644)
Aurora Health Care
1999 Ed. (2991)
Aurora Loan Services Inc.
2008 Ed. (3749)
2006 Ed. (3564, 3565, 3568)
Aurora National Life Assurance
1996 Ed. (2324)
Aurora Pharmacy
2006 Ed. (2308)
Aurora Public Schools
2005 Ed. (2391)
Aurora SACIF
1994 Ed. (12)
Aurora SAICIF
1993 Ed. (22)
1991 Ed. (14)
Aurrera
1994 Ed. (3114)
1989 Ed. (1140)
Aurthur J. Gallagher & Co.
1990 Ed. (1650)
Aurura SAICIF
1990 Ed. (20)
Ausbulk
2004 Ed. (3962)
Ausdoc Group
2004 Ed. (1088)
Ausimont
1989 Ed. (876, 877, 881)
Auspex Systems
1995 Ed. (3205, 3206, 3693, 3694)
1993 Ed. (2033)
Auspine
2004 Ed. (3767)
Aussedat Rey SA
1991 Ed. (1170)
Aussie
2003 Ed. (2648)
1999 Ed. (2628, 2629)
Aussie Home Loans
2004 Ed. (3952)
Aussie Pet Mobile
2008 Ed. (3892)
2007 Ed. (3830)
2006 Ed. (3816)
2005 Ed. (3725)
2004 Ed. (3817)
2003 Ed. (3807)
Austar
2001 Ed. (1095)
Austar United Communications
2004 Ed. (1631)
2003 Ed. (1614)
Austeel Inc.
2003 Ed. (1700)
The Austin Co.
2004 Ed. (1249)
2003 Ed. (1246)
2002 Ed. (1233, 1246)
2001 Ed. (1465)
1997 Ed. (1177)
1996 Ed. (1122, 1124, 1148, 1160, 1675)
1995 Ed. (1173, 1675, 1693)
1994 Ed. (1136, 1154)
1993 Ed. (1093, 1115)
1992 Ed. (1365, 1402, 1404, 1963)
1991 Ed. (1076)
1990 Ed. (1168, 1196, 1198)
Austin Aecom
2008 Ed. (1295)
Austin & Calvert
1993 Ed. (2314)
Austin Associates
1993 Ed. (1165)
1992 Ed. (1451)
Austin, Calvert & Flavin
1996 Ed. (2408)
1995 Ed. (2368)
Austin Cheese/Peanut Butter Crackers
1997 Ed. (1216)
Austin Consulting
1991 Ed. (811)
1990 Ed. (853)
Austin; Ed
1993 Ed. (2513)
Austin Energy
2008 Ed. (2420, 2810)
Austin Engineering
1990 Ed. (1654)
Austin Global Equity
1999 Ed. (3580)
Austin Industries Inc.
2006 Ed. (1209, 1251, 1274, 1276)
2005 Ed. (1165)
2004 Ed. (1142, 1272, 1279, 1291, 1316)
2003 Ed. (765, 1138, 1269, 1276, 1288, 1316)
2002 Ed. (1237, 1266)
2001 Ed. (1401)
Austin Kelley
1997 Ed. (59)
Austin Kelley Advertising
2004 Ed. (129)
2003 Ed. (171)
Austin Meade
2001 Ed. (733, 809, 847)
Austin Powers in Goldmember
2004 Ed. (2160, 2161, 3517)
Austin Powers: The Spy Who Shagged Me
2002 Ed. (3399)
2001 Ed. (3363, 3381)
Austin Printing Co.
2001 Ed. (3890)
Austin Radiological Association
2007 Ed. (4698)
Austin Reed
1997 Ed. (1039)
1995 Ed. (1034)
Austin-Round Rock, TX
2008 Ed. (1055, 3458, 3475, 4089, 4090)
2007 Ed. (4057, 4165)
2006 Ed. (4024, 4142)
2005 Ed. (3336)
Austin Rover Group
1990 Ed. (31)
Austin Rover Metro
1993 Ed. (321)
Austin-San Marcos, TX
2008 Ed. (3474, 4348, 4354, 4357)
2006 Ed. (3312, 3313, 3326)
2005 Ed. (2030, 2387, 2456, 2461, 2989, 3339)
2004 Ed. (1109, 2172, 2425, 2430, 2431, 3222, 3316, 3488, 4169, 4176)
2003 Ed. (1088, 2124, 2348, 2349, 2353, 3056, 4154, 4160)
2002 Ed. (1062, 2731, 2743, 2748, 2758)
2001 Ed. (2275, 2276, 3219)
2000 Ed. (2886, 3107)
1999 Ed. (1173, 3370)
1998 Ed. (176, 733, 2485)
1997 Ed. (2334)
Austin Telco Credit Union
2002 Ed. (1826)
Austin, Texas, Electric Service
1990 Ed. (1595)
Austin Toasty Peanut Butter Crackers
1997 Ed. (1216)
Austin, TX
2008 Ed. (3112, 3132, 3514, 3517, 4039)
2007 Ed. (3386, 4013, 4175, 4230)
2006 Ed. (3298, 4099)
2005 Ed. (748, 2376, 3310, 4014, 4804, 4834)
2004 Ed. (848, 1101, 1162, 3297, 3382, 3388, 3733, 3734, 4151, 4165, 4193)
2003 Ed. (1136, 4151)
2002 Ed. (1052, 2117, 2442, 2633, 2634, 2635, 3891, 4289)
2001 Ed. (4021, 4024)
2000 Ed. (1069, 1073, 1088, 1091, 1790, 2637, 2996, 3104, 3687, 4268)
1999 Ed. (1159, 1172, 2810, 4040)
1998 Ed. (1857, 1948, 2472, 2475)
1997 Ed. (1002, 2233)
1995 Ed. (990, 2187, 2559, 3036)
1994 Ed. (966, 967, 2498, 3326)
1993 Ed. (948, 1455, 2549, 2939)
1992 Ed. (1162, 2913, 3036)
1991 Ed. (2428, 2527, 2781)
1990 Ed. (1157)
1989 Ed. (828, 1903, 1957, 2098)
Austin, TX, Electric Utility
1992 Ed. (1893)
1991 Ed. (1494)
Austin Utilities
1996 Ed. (1610)
1995 Ed. (1634)
1994 Ed. (1591)
1993 Ed. (1554)
Austin Vale
2005 Ed. (4951, 4952, 4958, 4964)
Austin Ventures
2006 Ed. (4880)
2005 Ed. (4819)
2003 Ed. (4848)
2002 Ed. (4735)
1996 Ed. (3781)
Austin Ventures LP
2008 Ed. (2709)
Austin Wheat/Cheddar Crackers
1997 Ed. (1216)
Austin Zoo Animal Crackers
1997 Ed. (1217)
Australand Holdings
2004 Ed. (1654)
Australasia
2002 Ed. (2164, 4323, 4324)
1999 Ed. (1820)
1994 Ed. (189)
1993 Ed. (2027)
Australasian Performing Right
2002 Ed. (3781)
Australia
2008 Ed. (248, 257, 379, 527, 528, 533, 823, 831, 867, 903, 1013, 1018, 1020, 1386, 1419, 1421, 1422, 2190, 2191, 2201, 2332, 2333, 2396, 2398, 2727, 2823, 2826, 2924, 3038, 3205, 3406, 3434, 3484, 3485, 3537, 3590, 3591, 3619, 3671, 3780, 3785, 3807, 3826, 3845, 3999, 4103, 4246, 4270, 4327, 4341, 4386, 4387, 4388, 4389, 4391, 4393, 4550, 4551, 4587, 4597, 4618, 4627, 4676, 4677, 4686, 4687, 4789, 4804, 4917, 4995, 5000)
2007 Ed. (266, 281, 397, 576, 577, 583, 862, 869, 890, 920, 1133, 1138, 1140, 1435, 2084, 2091, 2198, 2199, 2262, 2263, 2524, 2590, 2699, 2794, 2798, 2802, 2917, 3291, 3292, 3334, 3407, 3408, 3426, 3427, 3440, 3444, 3686, 3702, 3714, 3744, 3765, 3976, 4070, 4210, 4237, 4372, 4390, 4412, 4413, 4414, 4415, 4417, 4482, 4599, 4601, 4602, 4604, 4676, 4702, 4753, 4754, 4762, 4763, 4868, 4940, 4996, 5000)
2006 Ed. (259, 276, 412, 544, 545, 549, 763, 773, 801, 839, 1045, 1049, 1051, 1213, 1403, 1439, 1442, 1443, 2124, 2136, 2147, 2260, 2261, 2327, 2332, 2614, 2704, 2802, 2806, 2810, 2895, 3227, 3228, 3261, 3273, 3353, 3354, 3409, 3410, 3425, 3691, 3708, 3731, 3745, 3768, 3923, 4034, 4221, 4306, 4325, 4422, 4573, 4592, 4612, 4614, 4615, 4617, 4656, 4682, 4739, 4740, 4756, 4757, 4866, 4995, 5000)
2005 Ed. (238, 256, 459, 643, 644, 647, 837, 863, 886, 920, 930, 1036, 1040, 1042, 1418, 1484, 1540, 1541, 2040, 2054, 2198, 2199, 2538, 2616, 2742, 2821, 2824, 2883, 3021, 3198, 3242, 3243, 3269, 3375, 3376, 3400, 3401, 3415, 3591, 3604, 3614, 3647, 3671, 3860, 3999, 4166, 4363, 4376, 4405, 4498, 4531, 4533, 4534, 4536, 4590, 4691, 4692, 4701, 4702, 4801, 4969, 4970, 4971, 4997, 5000)
2004 Ed. (232, 233, 253, 655, 663, 733, 863, 873, 897, 938, 1029, 1033, 1041, 1395, 1396, 1468, 1524, 1525, 1908, 1919, 2094, 2095, 2626, 2741, 2745, 2814, 2821, 2823, 2905, 3164, 3214,

3215, 3243, 3244, 3344, 3345, 3393, 3394, 3402, 3676, 3688, 3694, 3703, 3739, 3756, 3915, 4063, 4218, 4238, 4413, 4427, 4460, 4543, 4597, 4599, 4600, 4602, 4652, 4720, 4721, 4725, 4726, 4821, 4888, 4991, 4999)
2003 Ed. (267, 285, 461, 641, 654, 824, 851, 871, 930, 949, 1026, 1029, 1084, 1085, 1382, 1438, 1494, 1495, 1877, 1973, 2051, 2052, 2151, 2493, 2619, 2627, 2702, 3154, 3155, 3200, 3282, 3332, 3629, 3650, 3658, 3695, 3710, 3892, 4043, 4192, 4216, 4401, 4425, 4617, 4672, 4735, 4736, 4743, 4744, 4822, 4897, 4898, 4972, 5000)
2002 Ed. (302, 303, 559, 561, 684, 737, 738, 739, 740, 741, 747, 758, 975, 1346, 1419, 1474, 1476, 1477, 1478, 1479, 1486, 1812, 2415, 2900, 2997, 3075, 3181, 3520, 3521, 3595, 4283, 4323, 4324, 4707, 4971, 4972, 4973)
2001 Ed. (367, 392, 509, 510, 625, 662, 663, 668, 1004, 1005, 1082, 1101, 1137, 1152, 1174, 1192, 1193, 1286, 1297, 1299, 1353, 1502, 1938, 1947, 1969, 2003, 2004, 2126, 2232, 2305, 2370, 2373, 2451, 2614, 2615, 2694, 2696, 2968, 2970, 3024, 3025, 3075, 3112, 3212, 3240, 3244, 3367, 3368, 3387, 3530, 3546, 3548, 3558, 3581, 3609, 3694, 3821, 3987, 4039, 4041, 4121, 4155, 4229, 4269, 4309, 4315, 4384, 4386, 4388, 4440, 4494, 4534, 4535, 4549, 4550, 4656, 4690, 4785, 4905, 4906, 4907, 4908, 4909, 4936, 4943)
2000 Ed. (787, 1322, 1323, 1324, 1610, 1650, 1891, 2377, 2379, 2943, 2983, 3094, 3355, 3753, 4033, 4183)
1999 Ed. (182, 199, 770, 1212, 1214, 1462, 1463, 1464, 1465, 1753, 1781, 1842, 2005, 2094, 2108, 2583, 2606, 2825, 2826, 2884, 3004, 3192, 3273, 3274, 3342, 3586, 3630, 3790, 4329, 4479, 4480, 4695, 4803)
1998 Ed. (251, 484, 632, 634, 1030, 1031, 1032, 1033, 1131, 1241, 1431, 1732, 1849, 2209, 2223, 2363, 2421, 2422, 2659, 2735, 2749, 2929, 3304, 3773)
1997 Ed. (204, 693, 699, 823, 896, 917, 939, 1264, 1265, 1267, 1268, 1542, 1556, 1604, 1605, 1791, 1806, 1808, 2475, 2561, 2562, 2565, 2569, 2570, 2571, 2691, 2748, 2786, 3292, 3924)
1996 Ed. (157, 762, 872, 908, 929, 941, 1175, 1217, 1218, 1221, 1222, 1226, 1477, 1545, 2344, 2551, 2948, 3274, 3434, 3714)
1995 Ed. (170, 191, 689, 1247, 1249, 1252, 1518, 1735, 2022, 2023, 2040, 3176, 3418)
1994 Ed. (184, 200, 730, 736, 857, 1234, 1486, 1979, 1980, 1983, 2008, 2264, 2333, 2344, 2367, 2898, 3450)
1993 Ed. (201, 212, 213, 345, 721, 728, 843, 885, 1035, 1202, 1203, 1206, 1209, 1269, 1345, 1542, 1961, 1988, 1992, 2028, 2167, 2229, 2368, 2950, 3053, 3321, 3597, 3722)
1992 Ed. (225, 226, 228, 229, 230, 316, 498, 906, 912, 1235, 1373, 1446, 1489, 1493, 1496, 1639, 1713, 1732, 1802, 2070, 2082, 2170, 2250, 2252, 2296, 2304, 2329, 2336, 2806, 3000, 3599, 3600, 3724, 4141, 4187, 4203, 4238, 4239, 4495)
1991 Ed. (165, 222, 728, 1177, 1178, 1181, 1184, 1381, 1821, 1828, 1851, 2936, 3236, 3270, 3279, 3390, 3405, 3506)
1990 Ed. (413, 742, 746, 778, 1253, 1259, 1260, 1263, 1448, 1577, 1728, 1732, 1830, 1927, 1937, 3471, 3508, 3610, 3694)
1989 Ed. (282, 1181, 1389, 1518, 2121, 2641)

Australia & New Zealand
1997 Ed. (2113, 2690)
1993 Ed. (2475)

Australia & New Zealand Bank
1989 Ed. (482)

Australia & New Zealand Banking
1989 Ed. (481)

Australia & New Zealand Banking Group
2008 Ed. (380, 381, 1566, 1569, 1749)
2007 Ed. (398, 399, 1586, 1592, 4658, 4659)
2006 Ed. (294, 413, 414, 1552, 1553, 1554)
2005 Ed. (460, 461, 1657, 3938, 3939, 3942, 4577)
2002 Ed. (345, 346, 1585, 1588, 1591, 2269)
2001 Ed. (1628, 1629, 1631, 1633, 1635, 1818, 1956)
2000 Ed. (639, 1386, 1387)
1999 Ed. (620, 1583)
1997 Ed. (1362)
1996 Ed. (1295)
1994 Ed. (529)
1992 Ed. (4181, 4182)
1991 Ed. (383, 560, 3264, 3265)
1990 Ed. (504)

Australia & New Zealand Banking Group (ANZ)
2004 Ed. (448, 449, 495, 1630, 1633, 1638, 1639, 1643, 1647)
2003 Ed. (1616, 1617, 1619, 4571)
2002 Ed. (519, 520, 521, 523, 524, 1583, 1590, 1650)

Australia & New Zealand Banking Group (Papua New Guinea) Ltd.
1994 Ed. (613)

Australia & New Zealand Banking Group (PNG) Ltd.
1993 Ed. (610)
1991 Ed. (644)

Australia & New Zealand Banking Group (PNG) Limited
1989 Ed. (651)

Australia Bank; National
1990 Ed. (1331)

Australia Fashion Group
2002 Ed. (3786)

Australia; Government of
2008 Ed. (23)
2007 Ed. (18)
2006 Ed. (24)
1993 Ed. (23)

Australia Meat Holdings
2004 Ed. (2651)

Australia National University
2002 Ed. (1103)

Australia/New Zealand
2000 Ed. (3012)
1996 Ed. (2553)
1995 Ed. (2489)

Australia Post
2004 Ed. (1088)
2003 Ed. (1620)
2002 Ed. (1125, 1586)

Australian
1990 Ed. (228)

Australian Airlines
1994 Ed. (180)

Australian Capital Equity
2004 Ed. (4922)
2003 Ed. (3960)
2002 Ed. (3774)

Australian Catholic University
2004 Ed. (1059)

Australian Cement
2004 Ed. (798)
2002 Ed. (861)

Australian Central Credit Union Ltd.
2002 Ed. (1849)

Australian Consolidated Press
1999 Ed. (1582)

Australian Cricket Board
2004 Ed. (3951)

Australian Dairy Corp.
2002 Ed. (4897)

Australian Defense Industries Ltd.
1998 Ed. (1247)

Australian dollar
2008 Ed. (2275)
2006 Ed. (2239)
1992 Ed. (2025)

Australian Energy
2006 Ed. (1555)

Australian Equity Funds
1990 Ed. (2396)

Australian Fast Foods
2004 Ed. (3949)

Australian Financial Review
2003 Ed. (3028)

Australian Freight Services
2002 Ed. (3787)

Australian Gas & Light Co.
2007 Ed. (2687)

Australian Gas Light
2005 Ed. (1661)

Australian Government
1992 Ed. (40)
1991 Ed. (15)
1989 Ed. (22)

Australian Government Adv Svc
1990 Ed. (21)

Australian GSOM
2007 Ed. (812)
2005 Ed. (802)

Australian Jockey Club
2004 Ed. (3951)

Australian Leather Holdings
2002 Ed. (3586)

Australian Magnesium Corp. Ltd.
2003 Ed. (1700)

Australian Meat
1994 Ed. (15)

Australian Mine Services
2008 Ed. (1571)

Australian Mutual Prov.
1996 Ed. (3414)

Australian National University
2004 Ed. (1060)

Australian Property Systems Ltd.
2006 Ed. (4482)

Australian Red Cross
2002 Ed. (3776)

Australian Retirement Fund
2004 Ed. (3082)
2003 Ed. (3959)

Australian Scholarships Group
2004 Ed. (3952)
2002 Ed. (3774)

Australian Stock Exchange
2003 Ed. (3028)

Australian Taxation Office
2002 Ed. (30, 1592)

Australian Unity
2002 Ed. (3774)

Austria
2008 Ed. (414, 1284, 1412, 1413, 2823, 3164, 4392, 4784, 4793, 4794)
2007 Ed. (446, 2094, 2827, 3050, 3394, 3982, 3983, 3984, 4388, 4418, 4551, 4863)
2006 Ed. (441, 1213, 1432, 1433, 2150, 2702, 2717, 2824, 2967, 2985, 3017, 3273, 3336, 3927, 3928, 3929, 4176, 4214, 4323, 4574, 4777, 4860)
2005 Ed. (505, 1476, 1477, 2042, 2056, 2735, 2761, 3022, 3030, 3686, 3863, 3865, 4130, 4160, 4374, 4499, 4602, 4789, 4799, 4977)
2004 Ed. (1460, 1909, 1921, 2170, 2737, 3287, 3396, 3769, 3917, 3919, 4237, 4425, 4542, 4543, 4751, 4815)
2003 Ed. (493, 1433, 1879, 2617, 2618, 2620, 2641, 4214, 4422, 4700)
2002 Ed. (1411, 1809, 1810, 1814, 1823, 2413, 2426, 2752, 2753, 2756, 2757, 2936, 3183, 4378, 4705, 4773, 4974)
2001 Ed. (525, 526, 670, 989, 1141, 1274, 1283, 1311, 1338, 1340, 1497, 1688, 1917, 1919, 1949, 1950, 2002, 2008, 2035, 2038, 2042, 2044, 2047, 2094, 2135, 2139, 2142, 2412, 2481, 2575, 2639, 2658, 2681, 2735, 2752, 2800, 2825, 2835, 3036, 3151, 3160, 3227, 3298, 3305, 3315, 3410, 3420, 3575, 3602, 3629, 3691, 3706, 3783, 3823, 3824, 3847, 3850, 3864, 3875, 3991, 4017, 4028, 4119, 4151, 4249, 4266, 4339, 4378, 4548, 4565, 4590, 4632, 4650, 4664, 4670, 4686, 4705, 4715, 4910, 4915, 4921)
2000 Ed. (1608, 1612, 1613, 2360, 2374, 2377, 3175, 4272, 4273, 4360, 4425)
1999 Ed. (332, 1253, 1783, 1784, 3289, 3653, 3654, 4625, 4626)
1998 Ed. (634, 1431, 1847, 1849, 2461, 3467, 3589, 3590, 3591, 3592, 3593)
1997 Ed. (321, 896, 1544, 1545, 2558, 3767, 3912)
1996 Ed. (872, 1479, 1480, 1729, 1963, 3715, 3716, 3717, 3809, 3870)
1995 Ed. (899, 1516, 1520, 1521, 2005, 2012, 2020, 2023, 2024, 2031, 3520, 3605, 3719, 3773)
1994 Ed. (311, 841, 854, 855, 934, 1484, 1488, 1489, 1979, 2731, 2898, 3476)
1993 Ed. (917, 1046, 1422, 1535, 1717, 1723, 1958, 1961, 1962, 1969, 1976, 2378, 3558, 3559, 3726)
1992 Ed. (1040, 1120, 1727, 1728, 1736, 1737, 1880, 2301, 2304, 2305, 2312, 2322, 2329, 2358, 2566, 3599, 3600, 4140, 4475)
1991 Ed. (930, 1379, 1383, 1820, 1825, 1828, 1829, 1836, 3108, 3508, 1582)
1990 Ed. (778, 984, 1445, 1450, 1906, 1913, 1920, 1927, 1930, 3700)
1989 Ed. (1178, 1179, 1182, 2965)

Austria; Bank
2006 Ed. (415)
2005 Ed. (462)

Austria Creditanstalt; Bank
2008 Ed. (382)
2007 Ed. (400)

Austria Creditanstalt d.d. Ljubljana; Bank
2006 Ed. (522)

Austria Tabak
2002 Ed. (4756)
2000 Ed. (1390)

Austria Tabak AG
2006 Ed. (1560)
2005 Ed. (1662)

Austria Tabak International Export GmbH
2001 Ed. (4819)

Austria Tabakwerke AG
1997 Ed. (1363)
1996 Ed. (1298)
1995 Ed. (1358)
1994 Ed. (1327)
1993 Ed. (1282)
1990 Ed. (1332)

Austria Technologie und Systemtechnik AG
2008 Ed. (1574, 3207)
2007 Ed. (1596)

Austrian
1990 Ed. (3295)

Austrian Airlines
1993 Ed. (3672)
1991 Ed. (3452)

Austrian Airlines Osterreichische Luftverkehrs AG
2008 Ed. (218)
2007 Ed. (239)

2006 Ed. (237)
2005 Ed. (221)
2004 Ed. (209)
2001 Ed. (309)
Austrian Broadcasting Corp.; ORF-
2005 Ed. (19)
Austrian Electric; Verbund
2008 Ed. (1572, 2431, 2817)
Austrian Industries
1994 Ed. (2477, 2478)
Austrian Industries Aktiengesellschaft
1995 Ed. (2545)
Austrim Nylex
2004 Ed. (1650)
2003 Ed. (1614)
2002 Ed. (3225)
Austro
2000 Ed. (517)
AuthenTec
2006 Ed. (4263)
Authentic Fitness
2001 Ed. (4350)
Authoria
2006 Ed. (2412)
2004 Ed. (2219)
2003 Ed. (2172)
Authority for Industrial Development
2001 Ed. (905)
Authsec
2007 Ed. (4291)
2006 Ed. (4263)
Autismecenter Vestsjaelland
2007 Ed. (1686)
Auto accessories
2005 Ed. (309)
Auto Alliance International
2004 Ed. (2171)
Auto bodily injury
2002 Ed. (2833)
Auto brokerage
1997 Ed. (1570)
1992 Ed. (1753)
Auto Club
2000 Ed. (2732, 2735)
Auto Club Insurance Association
2000 Ed. (2652, 2727)
1998 Ed. (2111, 2206)
1997 Ed. (2412, 2466)
1996 Ed. (2272, 2340)
1994 Ed. (2218, 2274)
1993 Ed. (2186, 2236)
1992 Ed. (2690)
1991 Ed. (2126)
Auto Club Life Insurance Co.
2001 Ed. (2948)
2000 Ed. (2710)
1998 Ed. (2191)
Auto data processing machines
1989 Ed. (1387)
Auto Dealers Exchange
1990 Ed. (299)
Auto Edge
2005 Ed. (4698)
Auto Grupo 65
2007 Ed. (311)
Auto liability, commercial
2005 Ed. (3130)
Auto liability, private passenger
2005 Ed. (3130)
Auto Nuevo Inc.
2007 Ed. (311)
2005 Ed. (297)
2004 Ed. (304)
Auto One
2004 Ed. (4922)
Auto-Owners Insurance
2003 Ed. (3006)
2002 Ed. (2955, 2956)
2001 Ed. (2900)
2000 Ed. (2651, 2719, 2726, 2730)
1999 Ed. (2898, 2968, 2974)
1998 Ed. (2110, 2197, 2205)
1997 Ed. (2411, 2463)
1996 Ed. (2271, 2339)
1994 Ed. (2273)
Auto-Owners Insurance Group
2007 Ed. (3092, 3172)
2006 Ed. (3139)
2005 Ed. (3056, 3062, 3131)
2004 Ed. (3125)
Auto-Owners Insurance (Mutual)
1993 Ed. (2185, 2235)
1992 Ed. (2689)
1991 Ed. (2125)
Auto-Owners (Mutual)
1994 Ed. (2217)
Auto pads, tires, etc.
1995 Ed. (2207, 2208, 2209, 2210, 2211, 2212, 2980)
Auto painter
1989 Ed. (2086)
Auto parts
2005 Ed. (309, 852)
2000 Ed. (1898)
1992 Ed. (2569, 2627, 2628)
1991 Ed. (1636, 1997)
1990 Ed. (2149)
Auto parts and accessories
1994 Ed. (2925)
Auto parts and equipment
1991 Ed. (2052, 3225)
Auto parts, tires, accessories
1993 Ed. (2132, 2133, 2134, 2135, 2136, 2137)
1992 Ed. (2567, 2568, 2570, 2571, 2572)
1991 Ed. (1995, 1996, 1998, 1999)
1990 Ed. (2150, 2151, 2152, 2153)
Auto physical damage
2002 Ed. (2833)
Auto physical damage, private passenger
2005 Ed. (3130)
Auto Plaza Porsche-Audi
1990 Ed. (335)
Auto products and accessories
1990 Ed. (1258)
Auto property damage
2002 Ed. (2833)
Auto rental companies
1994 Ed. (1495)
Auto repair
1993 Ed. (2157)
Auto Sales Co. Ltd.
1990 Ed. (1429)
Auto Shack
1989 Ed. (351, 1257)
Auto Spa
1990 Ed. (406)
Auto stampings
1991 Ed. (2626)
Auto Store Group
2007 Ed. (311)
2006 Ed. (316)
Auto Suture Danmark
2003 Ed. (1667)
2001 Ed. (1680)
Auto-Teile-Unger GmbH
2006 Ed. (1446, 3276)
Auto-Trol Technology Corp.
2002 Ed. (1627)
Auto Truck Transport Corp.
2007 Ed. (4843)
Auto Workers Credit Union
2006 Ed. (2165)
Auto Works
1989 Ed. (1257)
Auto Zone Inc.
2000 Ed. (950)
1999 Ed. (777, 1005)
Autoalliance International
2004 Ed. (3306, 3307, 4794)
2001 Ed. (2230)
Autobahnen-Und Schnellstrassen-Finanzierungs AG
1999 Ed. (2688)
Autobath Car Wash
2006 Ed. (363, 364, 365)
Autobell Car Wash
2007 Ed. (348)
2005 Ed. (350)
1999 Ed. (1035)
autobytel.com Inc.
2002 Ed. (2481, 4849)
2001 Ed. (4773)
AutoCAD
1998 Ed. (854)
1997 Ed. (1104)
Autocatalysts
1993 Ed. (2870)
AutoComm
2005 Ed. (3377)
Autocommerce
2006 Ed. (38)
2005 Ed. (31)
autoconnect.com
2001 Ed. (4773)
Autodesk Inc.
2008 Ed. (1128, 1138)
2007 Ed. (1223, 1227, 1230, 1232, 1260, 3410, 4556)
2006 Ed. (1122, 1124, 1126, 1577, 1582, 3040, 4461, 4579, 4582, 4590)
2005 Ed. (1134, 3037)
2003 Ed. (2945)
2002 Ed. (4351, 4600)
1999 Ed. (1279, 2120)
1994 Ed. (842)
1993 Ed. (809, 1072, 1073, 1576)
1992 Ed. (1327, 1328)
1991 Ed. (1035)
1990 Ed. (1968, 1969, 1976, 3136, 3298, 3299)
1989 Ed. (2645)
AutoDesk, Auto Cad
2000 Ed. (1171)
AutoEuropa
2006 Ed. (4818)
Autogrill SpA
2007 Ed. (2956, 4159)
2006 Ed. (2944, 4138)
The AutoHahn Network
2000 Ed. (333)
Autohaus Tischer
1990 Ed. (323)
Autoimmune Disease Diagnostics
2001 Ed. (3268)
1996 Ed. (2594)
Autointermediates Ltd.
2008 Ed. (3629)
Autoland
1992 Ed. (421)
1990 Ed. (304, 307)
Autoland of New Jersey
2004 Ed. (272)
2002 Ed. (358)
1995 Ed. (263)
Autolatina
1991 Ed. (1322)
Autolatina Br. S.A.
1994 Ed. (1335)
Autolatina Brasileira SA
1996 Ed. (1302, 1303, 1306)
Autoliv Inc.
2008 Ed. (309, 2149)
2007 Ed. (323, 2047, 2048)
2006 Ed. (328, 330, 331, 332, 337, 2089)
2005 Ed. (310, 312, 313, 316, 317, 318, 323, 1991, 3397)
2004 Ed. (312, 313, 314, 318, 1875)
2003 Ed. (337, 338, 339, 1841)
2002 Ed. (397)
2001 Ed. (498, 499)
2000 Ed. (1580, 4124)
Autoliv AB
1998 Ed. (224)
Automap Streets
1997 Ed. (1092)
Automated bill payment processing
1998 Ed. (290)
Automated Communications Inc.
1996 Ed. (3879)
1995 Ed. (3794)
Automated Concepts Inc.
1993 Ed. (1103)
1991 Ed. (811)
1990 Ed. (853)
Automated energy management
1998 Ed. (3205)
Automated License Systems
2005 Ed. (4092)
Automated Maintenance Service
2005 Ed. (762)
Automated Power Exchange
2003 Ed. (2166)
Automated Security (Holdings)
1995 Ed. (1404)
1993 Ed. (2752)
AutomatedQA
2008 Ed. (1152)
2005 Ed. (1151)
Automatic Data
1995 Ed. (3315)
1992 Ed. (1327, 1329)
1990 Ed. (2734)
1989 Ed. (2101)
Automatic data process machines
1993 Ed. (1714)
Automatic Data Processing Inc.
2008 Ed. (2714, 3013, 3188, 3202, 4798, 4799)
2007 Ed. (841, 1207, 1241, 2800, 2891, 3784, 4358, 4871)
2006 Ed. (1107, 2807, 2808, 2893, 3032, 3035, 4872)
2005 Ed. (1107, 1108, 1141, 2825, 3024, 3027, 3700, 4809)
2004 Ed. (842, 847, 1078, 1079, 1103, 1104, 1130, 2219, 3781, 3782)
2003 Ed. (801, 803, 1091, 1106, 1108, 1118, 1121, 2156, 2705, 3673)
2002 Ed. (1132, 1148, 2807, 4879)
2001 Ed. (1068, 1364, 1365, 2184)
2000 Ed. (1159, 1173, 2639)
1999 Ed. (1260, 1266)
1998 Ed. (536, 820, 826, 3288)
1997 Ed. (1078, 1082, 3497)
1996 Ed. (1064, 1068, 3402)
1995 Ed. (1089)
1994 Ed. (1092, 1215, 3232)
1993 Ed. (1069, 2743, 3225)
1992 Ed. (1328)
1991 Ed. (1035)
1990 Ed. (1137, 1781, 2206)
1989 Ed. (2102)
Automatic data processing equipment
2008 Ed. (2646, 2649, 2650)
1995 Ed. (1750)
Automatic data systems
1990 Ed. (165, 167)
Automatic Dishwasher Compounds
2000 Ed. (4155)
The Automatic Millionaire
2006 Ed. (635)
The Automatic Millionaire: A Powerful One-Step Plan to Live & Finish Rich
2006 Ed. (637)
Automatic Systems Inc.
2005 Ed. (3373)
Automation
2005 Ed. (3359)
1993 Ed. (2948)
Automation & Control Solutions
2004 Ed. (2407)
Automation Management Service Co., Inc.
2006 Ed. (3547, 4385)
Automation Tooling Systems Inc.
2003 Ed. (1630)
Automation Tooling Systems Inc.; ATS
2005 Ed. (1697)
Automative Products & Accessories
1992 Ed. (1502)
Automobile
1997 Ed. (33, 2381)
1993 Ed. (2792)
1992 Ed. (3389)
Automobile allowance
2000 Ed. (3505)
Automobile belts and hoses
1995 Ed. (334)
Automobile brake hydraulic parts
1995 Ed. (334)
Automobile brake parts
1995 Ed. (334)
Automobile Club Insurance Co.
1999 Ed. (2899, 2979)
Automobile Club Life Insurance Co.
1999 Ed. (2960, 2975)
Automobile Club of Southern California
2007 Ed. (3096)
2006 Ed. (3071)
2005 Ed. (3070)
2004 Ed. (3059)
2003 Ed. (2972)
2001 Ed. (2915)
Automobile Club of Southern California World Travel
1999 Ed. (4667)
Automobile Dacia Pitesti
2002 Ed. (4458, 4459)

Automobile dealer, local
1999 Ed. (176)
Automobile dealers
1997 Ed. (3712)
1994 Ed. (3327)
Automobile dealers & service stations
1997 Ed. (1579)
Automobile dealers & services
2004 Ed. (150)
Automobile dealers, franchised
1999 Ed. (696, 698, 1809, 1811)
Automobile dealers, used
1999 Ed. (696, 1809)
Automobile dealerships/associations
1997 Ed. (3716)
Automobile filters
1995 Ed. (334)
Automobile insurance
1994 Ed. (2228)
Automobile Insurance of Hartford
1994 Ed. (2222)
Automobile Magazine
2006 Ed. (148)
Automobile parts
2008 Ed. (2439)
2007 Ed. (2312)
Automobile Racing
1990 Ed. (3328)
Automobile rental industry
1997 Ed. (3527)
Automobile repair shops
1999 Ed. (696, 698, 1809, 1811)
Automobile sales & leasing
1999 Ed. (1002)
Automobile shocks
1995 Ed. (334)
Automobile struts
1995 Ed. (334)
Automobile thermostats
1995 Ed. (334)
Automobile water pumps
1995 Ed. (334)
Automobiles
2008 Ed. (2439)
2007 Ed. (2312)
2006 Ed. (4712)
2005 Ed. (852)
2002 Ed. (2216)
1999 Ed. (30, 2104, 4565)
1998 Ed. (2224)
1996 Ed. (1724, 1735, 3508)
1992 Ed. (95, 2084)
1991 Ed. (1636, 1637, 2053, 2058, 2059)
1989 Ed. (1931)
Automobiles & parts
1996 Ed. (3827)
Automobiles & trucks
1993 Ed. (2132, 2133, 2135, 2136, 2137)
1992 Ed. (1502, 2567, 2568, 2570, 2571, 2572)
1991 Ed. (1180, 1191, 1995, 1996, 1998, 1999)
1990 Ed. (1273, 2150, 2151, 2152, 2153)
Automobiles, Asian
1999 Ed. (4565)
Automobiles Citroen
2004 Ed. (4795)
2001 Ed. (4619)
2000 Ed. (4295)
Automobiles Peugeot
2004 Ed. (4929)
2003 Ed. (1682)
2002 Ed. (4669)
2001 Ed. (1707)
2000 Ed. (4295)
Automobiles Peugeot (PSA)
1997 Ed. (1408)
1994 Ed. (1372)
1992 Ed. (1617)
1990 Ed. (1367)
Automobiles/trucks
1997 Ed. (3716)
1995 Ed. (2207, 2208, 2209, 2211, 2212)
Automobiles, used
1998 Ed. (927)
Automotive
2008 Ed. (109, 1498, 2451, 2957)
2007 Ed. (98, 131, 166, 1516, 2323, 2325, 2523)
2006 Ed. (104, 138, 1486, 2833)
2005 Ed. (95, 134, 1599, 1600, 1602, 2839, 2841, 3359)
2004 Ed. (100, 1572)
2003 Ed. (22, 24, 190, 2753, 2754)
2002 Ed. (59, 216, 217, 220, 225, 226, 234, 917, 926, 2543, 2547, 2551, 2553, 2554, 3254, 3887, 3888, 4584, 4585, 4586)
2001 Ed. (246, 1077, 2703, 2706, 2707, 3820, 3876, 3918, 4364)
2000 Ed. (30, 40, 196, 201, 210, 797, 938, 2464, 3088, 3460, 3471, 3568, 4117)
1999 Ed. (176, 2679)
1997 Ed. (164, 707, 2220, 3051, 3233, 3698)
1996 Ed. (770, 2115, 2117, 2118, 2119, 2973, 3655)
1995 Ed. (692, 2888, 2891)
1994 Ed. (2802)
1992 Ed. (32, 238, 917, 2229)
1991 Ed. (194)
1990 Ed. (178)
1989 Ed. (1658, 1661)
Automotive Accessories
2000 Ed. (3842)
1999 Ed. (4132)
1998 Ed. (3117)
Automotive accessories & equipment
2004 Ed. (141, 150, 4049, 4678)
Automotive Additives
2001 Ed. (538)
Automotive, auto accessories, & equipment
1998 Ed. (598)
Automotive, auto accessories/ equipment
1989 Ed. (192)
Automotive, automotive access & equipment
2000 Ed. (947)
Automotive, automotive accessories
1992 Ed. (3394)
Automotive Body Fillers
2001 Ed. (538)
Automotive cleaner and protectant
2003 Ed. (365)
2002 Ed. (420)
Automotive Components
2004 Ed. (3956)
2002 Ed. (3778)
Automotive Components Holdings LLC
2008 Ed. (3217)
2007 Ed. (3076)
Automotive Dealers
2000 Ed. (196, 209)
Automotive dealers and service stations
1996 Ed. (3452)
1993 Ed. (2152)
Automotive Design & Production
2007 Ed. (4790)
Automotive Engineering International
2007 Ed. (4790)
Automotive equipment
1998 Ed. (1556)
Automotive Fluids
2001 Ed. (538)
Automotive Greases
2001 Ed. (538)
Automotive Holdings
2004 Ed. (1651, 3957)
2003 Ed. (3960)
2002 Ed. (383, 3785)
Automotive Industries
2007 Ed. (4790)
Automotive industry
1999 Ed. (3352)
1998 Ed. (23, 89, 487, 561, 1371, 1933, 2800)
1994 Ed. (743)
1993 Ed. (735, 1210, 2806, 2808)
Automotive News
2008 Ed. (145, 815)
2007 Ed. (4790)
2006 Ed. (756)
1998 Ed. (2788)
Automotive News Europe
2007 Ed. (4790)
Automotive Paints
2001 Ed. (538)
Automotive parts
2004 Ed. (2547, 2548, 2550, 2551)
2003 Ed. (2913)
1990 Ed. (3091)
Automotive parts & accessories
1996 Ed. (1232, 1734, 1735, 2221, 2566)
1994 Ed. (1233, 1240, 1732, 1733, 2434, 2435)
Automotive parts & accessories industry
1998 Ed. (2433)
Automotive parts/equipment
2005 Ed. (3017)
Automotive products
2001 Ed. (2088)
1994 Ed. (2889)
Automotive products & accessories
2002 Ed. (1482)
1999 Ed. (1468, 1473, 3767)
1998 Ed. (586, 1035, 1040)
1992 Ed. (1492)
1991 Ed. (1191)
1990 Ed. (1273)
Automotive products & services
1995 Ed. (1259, 1754, 1935)
Automotive Products Group
1997 Ed. (2704)
Automotive Rentals Inc.
1999 Ed. (955)
Automotive Resources International
2008 Ed. (3183)
Automotive retailing and services
2008 Ed. (3158)
2007 Ed. (3045)
2006 Ed. (3006)
2005 Ed. (3011)
2004 Ed. (3006, 3008, 3012, 3014)
2003 Ed. (2900, 2901, 2902, 2907)
Automotive retailing, services
2002 Ed. (2766, 2768, 2774, 2775, 2776)
Automotive/service stations/garages
1990 Ed. (165, 166)
Automotive service technicians
2007 Ed. (3722, 3725)
2005 Ed. (3623)
Automotive services, except repair
1996 Ed. (3452)
Automotive stores
2001 Ed. (541)
Automotive Support Group LLC
2008 Ed. (4967)
2007 Ed. (3568)
Automotive vehicles, parts, & engines
2008 Ed. (2649, 2650)
2007 Ed. (2519, 2521, 2522)
2006 Ed. (2535, 2536)
Automotores y Maquinarias
2006 Ed. (4529)
Automoveis Citroen
1992 Ed. (72)
Automundo
1990 Ed. (3326)
AutoNation Inc.
2008 Ed. (281, 282, 283, 289, 290, 1730, 1733, 1734, 4260, 4477, 4667)
2007 Ed. (297, 298, 299, 300, 301, 1531, 1702, 1704, 1705, 4231, 4495, 4500)
2006 Ed. (295, 296, 297, 301, 302, 303, 305, 334, 348, 1707, 1709, 1710, 2726, 2730, 4215, 4431, 4434, 4437)
2005 Ed. (273, 274, 275, 280, 281, 282, 1634, 1761, 1763, 1764, 3869, 3870, 4161, 4414, 4419)
2004 Ed. (266, 267, 270, 276, 277, 1705, 1706, 3921, 3922, 4466, 4471, 4475)
2003 Ed. (307, 308, 310, 311, 1676, 1677, 4390, 4393, 4506)
2002 Ed. (351, 364, 371, 372, 381, 1525, 1648, 1649, 4044)
2001 Ed. (439, 440, 441, 442, 443, 444, 445, 446, 447, 448, 449, 450, 451, 452, 496, 539, 1684)
2000 Ed. (329)
AutoNation USA Corp.
2008 Ed. (282, 1733)
Autonomy
2008 Ed. (1121, 3204)
2007 Ed. (1262, 3063, 3067)
2006 Ed. (3030, 3036)
2005 Ed. (1588, 3028)
2003 Ed. (1341, 2737)
2001 Ed. (2854, 2855)
Autonomy Corp. plc
2002 Ed. (2493, 3547, 3565, 3566)
Autoplaza Nissan Inc.
1990 Ed. (347)
Autoplaza Nissan L.P.
1991 Ed. (311)
Autoroutes
1993 Ed. (2498)
1992 Ed. (2971)
Autoroutes (Cie Financiere et Industrielle des)
1995 Ed. (2506)
Autoroutes du Nord et de l'Est de la France
2004 Ed. (4797)
Autoroutes du Sud de la France
2008 Ed. (1411)
Autoroutes du Sud France
2007 Ed. (4833)
Autos
1994 Ed. (2192)
Autos & Trucks
2000 Ed. (1312, 1326)
1995 Ed. (1248)
Autos Vega Inc.
2006 Ed. (316)
2005 Ed. (297)
2004 Ed. (304)
1991 Ed. (290)
1990 Ed. (313)
Autostrade
2007 Ed. (4833)
Autostrade Concessioni e Costruzioni
2004 Ed. (1167)
Autostrade SpA
2006 Ed. (1685)
2005 Ed. (1475, 1483)
Autosummit Inc.
2007 Ed. (311)
2006 Ed. (316)
2005 Ed. (297)
2004 Ed. (304)
Autotote 'A'
1994 Ed. (2703)
AutoTrader
2008 Ed. (3356, 3359)
2007 Ed. (3229)
Autoturist
2001 Ed. (4635)
Autovaz
2007 Ed. (1961)
Autovia
2001 Ed. (4767)
AutoWay Chevrolet
2005 Ed. (320)
2004 Ed. (319)
AutoWay Chevrolet Clearwater
2008 Ed. (311)
autoweb.com
2001 Ed. (4773)
AutoZone Inc.
2008 Ed. (281, 324, 325, 326, 889, 891, 1526, 2105, 2106, 4219, 4474, 4475, 4476)
2007 Ed. (296, 320, 338, 339, 340, 1542, 2010, 2011, 4495, 4496, 4497, 4498, 4499)
2006 Ed. (295, 329, 354, 1514, 1530, 1782, 2038, 2039, 4026, 4434, 4437, 4439, 4440, 4441, 4442, 4462)
2005 Ed. (273, 274, 311, 314, 315, 336, 896, 1626, 1969, 1970, 3990, 4419, 4422, 4424, 4459, 4462)
2004 Ed. (266, 267, 315, 316, 906, 1604, 1756, 1866, 1867, 4052, 4189, 4212, 4471, 4474)
2003 Ed. (307, 308, 887, 1582, 1597, 1719, 1833, 1834, 4167, 4502, 4503, 4504, 4536, 4558)
2002 Ed. (421, 1781)
2001 Ed. (496, 497, 540, 1876, 4096, 4099, 4100, 4101)

2000 Ed. (1571)
1999 Ed. (362, 1200, 1872, 1874, 1875, 4372)
1998 Ed. (247, 663, 772, 1298, 1299, 1301, 3341, 3342, 3345, 3346, 3347)
1997 Ed. (325, 923, 1634, 1635, 3548, 3550, 3551, 3552)
1996 Ed. (354, 3484, 3486)
1995 Ed. (336, 2769, 3423, 3424)
1994 Ed. (336, 1402, 2669, 3364, 3365)
1993 Ed. (3364)
1992 Ed. (486, 1821, 1826)
1991 Ed. (357, 1434)
1990 Ed. (407)
AutoZone Park
2005 Ed. (4443)
Autumn Heights Health Care Center
2002 Ed. (3526)
Auxier Focus
2006 Ed. (3633)
Auxier Focus Investment
2007 Ed. (2486)
Auxiliaire d'Entreprise
1993 Ed. (1099)
1992 Ed. (1372)
Auxiliaire d'Entreprise et Participation
1995 Ed. (1137)
Auxilium Pharmaceuticals Inc.
2006 Ed. (4256)
Auxillaire D'entre
1989 Ed. (1006)
Auxilliaire D Entreprise
1991 Ed. (1065)
AV Inc.
2004 Ed. (4696)
AV Holdings Corp.
1997 Ed. (2629)
1996 Ed. (2486)
1995 Ed. (2444)
1989 Ed. (1022)
Av-Med Health-Jacksonville
1999 Ed. (2648)
Av-Med Health-Orlando
1999 Ed. (2648)
Av-Med Health-Tampa
1999 Ed. (2648)
Ava
1992 Ed. (4177)
Avado Brands
2000 Ed. (3796)
Avail
1989 Ed. (281)
AvailStaff Staffing Services Inc.
2007 Ed. (3546, 3547, 4407)
Aval
2006 Ed. (534)
2005 Ed. (621)
2004 Ed. (470)
2002 Ed. (4396)
AVAL Bank
2000 Ed. (686)
1999 Ed. (676)
Aval Grupo
2007 Ed. (1661)
Avalanche; Colorado
2006 Ed. (2862)
Avalar
2008 Ed. (4111)
Avalon
2001 Ed. (495)
Avalon Attractions
1994 Ed. (2942)
1992 Ed. (3553)
1991 Ed. (2771)
1990 Ed. (2908)
Avalon Commercial Corp.
1992 Ed. (2165)
Avalon Pharmaceuticals Inc.
2007 Ed. (4287)
Avalon Software Inc.
1996 Ed. (1722)
AvalonBay Communities Inc.
2008 Ed. (4118)
2007 Ed. (283, 1305, 4093)
2006 Ed. (280, 4049)
2004 Ed. (4084)
2003 Ed. (4059)
2002 Ed. (3927, 3928)
2001 Ed. (4008)
2000 Ed. (305)
Avalotis Corp.
2008 Ed. (1262)
2007 Ed. (1365)
2006 Ed. (1288)
2005 Ed. (1318)
2004 Ed. (1312)
2003 Ed. (1309)
2002 Ed. (1295)
2001 Ed. (1479)
Avalotis Painting Co. Inc.
1998 Ed. (952)
1997 Ed. (1172)
1996 Ed. (1144)
1995 Ed. (1168)
1993 Ed. (1135)
1992 Ed. (1422)
1991 Ed. (1089)
Avan
1992 Ed. (1841)
Avanade Inc.
2008 Ed. (1114)
Avance/BBDO Publicidad
1991 Ed. (104)
Avandia
2002 Ed. (2023)
2001 Ed. (2067)
Avanex Corp.
2008 Ed. (1607)
2007 Ed. (4572)
2006 Ed. (1580)
2002 Ed. (4192)
Avangard Industries Ltd.
2008 Ed. (4132)
2007 Ed. (4109)
2005 Ed. (3859)
Avanir Pharma
2008 Ed. (4541)
Avanir Pharmaceuticals
2004 Ed. (2148)
AVANT!
1998 Ed. (1457)
Avant-Garde
1992 Ed. (3302)
1991 Ed. (2645)
1990 Ed. (2743)
Avant-Garde Optics
1990 Ed. (1035)
Avant Technologies of Puerto Rico Inc.
2006 Ed. (3537)
Avanta Credit Union
2008 Ed. (2243)
2007 Ed. (2128)
2006 Ed. (2207)
Avantek
1993 Ed. (1183)
1990 Ed. (1105, 2987)
1989 Ed. (2309)
AvantGo Inc.
2004 Ed. (1341, 3158)
2001 Ed. (2858)
AvantGo Mobile Internet Service
2003 Ed. (2183, 3050)
Avanti
2008 Ed. (3089)
1998 Ed. (869)
Avanti/Case-Hoyt
2002 Ed. (3375)
2001 Ed. (2712)
2000 Ed. (3033)
1999 Ed. (1045, 3296, 3422, 3889)
1996 Ed. (2565)
Avanti/Cast-Hoyt
1997 Ed. (2706)
Avanti DDB Needham
1995 Ed. (108)
1994 Ed. (107)
1993 Ed. (124)
Avanti Investment Advisors
1999 Ed. (3080)
1998 Ed. (2287, 2292)
Avanti Press Inc.
1998 Ed. (2432, 2514)
1995 Ed. (2501)
Avanti Press/Case-Hoyt Corp.
2000 Ed. (3147)
Avapro
2000 Ed. (3063)
Avatar Associates
1990 Ed. (2344)
Avatar Holdings
2008 Ed. (1197, 1731)
2005 Ed. (1221)
2004 Ed. (1201)
Avatex
1998 Ed. (696)
Avaya Inc.
2008 Ed. (1097, 1098, 1975, 2075, 3012, 3022, 4634)
2007 Ed. (1189, 1190, 1191, 1397, 1977, 2890, 2900, 3070, 4521, 4566, 4590, 4704, 4711)
2006 Ed. (1083, 1084, 1085, 1086, 1358, 2838, 2891, 3696, 4459, 4578)
2005 Ed. (1091, 1092, 1093, 1094, 1095, 1141, 1351, 1361, 1362, 1632, 3593, 4458, 4500, 4630)
2004 Ed. (1082, 1083, 1085, 1130, 1686, 2903, 3678)
2003 Ed. (1069, 1118, 2192, 2195, 2198, 3631, 4546)
2002 Ed. (4361)
AVCA Corp.
1999 Ed. (283, 2017)
AVCARD
2007 Ed. (3563, 3564, 4425)
2006 Ed. (3518, 4357)
Avco Armed Forces Independent Bank
1998 Ed. (369)
Avco Financial Services, Inc.
1991 Ed. (1667)
Avco National Bank
1998 Ed. (367)
Avcom Group
1998 Ed. (606)
AVCOM Technologies
1998 Ed. (606)
Avcorp Industries
2006 Ed. (1571)
Avdel
1990 Ed. (3463)
Avecia
2001 Ed. (1212)
Aveeno
2008 Ed. (3162, 3878, 4343)
2006 Ed. (3331)
2004 Ed. (658)
2003 Ed. (2432, 2917, 2919, 3264, 3773, 4397, 4398, 4466)
2001 Ed. (4227)
2000 Ed. (22)
1994 Ed. (675, 676, 3353)
Avelox
2002 Ed. (2023)
AVEMCO
1989 Ed. (2654)
Avendra
2003 Ed. (2171)
Aveng
2004 Ed. (1854)
Avenger
2001 Ed. (492)
Avenir Diversified Income Trust
2008 Ed. (2975)
Avenir Havas Media
1995 Ed. (73)
1994 Ed. (86)
Avenor
2000 Ed. (3411)
1999 Ed. (2492, 3691, 3692, 3693, 3699)
1997 Ed. (2070, 2992, 2995)
1996 Ed. (1960)
Avent
2003 Ed. (2918)
Avent America Inc.
2002 Ed. (2801)
Avent Electronic Marketing Group
1996 Ed. (1630, 1634, 1635, 1636)
Aventail Corp.
2001 Ed. (2857)
Aventine Renewable Energy Holdings Inc.
2008 Ed. (4291)
Aventis
2003 Ed. (1681, 3749, 3872)
Aventis Behring
2006 Ed. (1421)
Aventis Crop Science
2003 Ed. (1434)
Aventis CropScience
2002 Ed. (1500)
Aventis Pharmaceuticals Inc.
2007 Ed. (2907)
2003 Ed. (3871)
2002 Ed. (2027)
Aventis SA
2007 Ed. (3943)
2006 Ed. (140, 1431, 1438, 1448, 1722, 2781, 3225, 3888, 3891, 3893, 3895)
2005 Ed. (3809, 3814, 3816, 3820, 3822, 3823, 3824, 3826, 3827, 3829, 3830)
2004 Ed. (957, 3774, 3881, 3884, 3885, 3888)
2003 Ed. (3869, 4584)
2002 Ed. (246, 1012, 1013, 1658)
2001 Ed. (276, 1198, 1711, 2070, 2071, 2072, 2074, 2075, 2076, 2100)
Aventura Hospital & Medical Center
2002 Ed. (2620)
2000 Ed. (2527)
Aventura Mall
2000 Ed. (4029)
Avenue A
2008 Ed. (3204)
2007 Ed. (861, 3067)
2005 Ed. (833)
2004 Ed. (860)
2003 Ed. (113, 2706)
2002 Ed. (146)
Avenue A/Razorfish
2008 Ed. (3599, 3601)
2007 Ed. (3432, 3434, 3435)
2006 Ed. (760, 3420)
Avenue des Champs-Elysees
2006 Ed. (4182)
Avenue Montaigne
1992 Ed. (1166)
Avenue Q
2005 Ed. (4687)
The Avenues
2000 Ed. (4029)
1999 Ed. (4309)
AvenueWest Corporate Housing
2004 Ed. (3970)
2002 Ed. (4985)
Avera McKennan Inc.
2003 Ed. (1822)
Avera McKennan & University Health Center
2008 Ed. (2077)
2007 Ed. (1979, 1980)
2006 Ed. (2013, 2014)
2005 Ed. (1961, 1962)
2004 Ed. (1858)
Avera McKennan Hospital
2006 Ed. (2014)
2005 Ed. (1962)
Avera St. Luke's
2001 Ed. (1849)
Average Joe
2005 Ed. (4665)
Averhoff; Magdalena
2008 Ed. (1428)
2007 Ed. (1444)
Averitt Express
2008 Ed. (4763, 4780)
2005 Ed. (4784)
2002 Ed. (4696)
1993 Ed. (3633)
Avery Inc.
1991 Ed. (2375)
Avery County Bank
1999 Ed. (541)
1998 Ed. (367, 369)
1997 Ed. (495, 498)
1996 Ed. (536, 539)
1994 Ed. (511)
1993 Ed. (503, 506)
Avery County Bank (Newland, NC)
2000 Ed. (551)
1992 Ed. (703)
Avery Dennison Corp.
2008 Ed. (1092, 3849, 3850, 3853, 4029, 4032)
2007 Ed. (928, 3769, 3770, 3775)
2006 Ed. (747, 1078, 1079, 3774, 3775, 3779)
2005 Ed. (821, 1082, 1083, 3638, 3639, 3676, 3677, 3683)
2004 Ed. (18, 19, 847, 1078, 1079, 3728, 3729, 3731, 3762)

2003 Ed. (13, 3287, 3292, 3296, 3674, 3714, 3716, 3722)
2002 Ed. (913, 993, 1528, 3575)
2001 Ed. (1454, 3612, 3613, 3621)
2000 Ed. (1244, 3397, 3426)
1999 Ed. (1347, 3642, 3682)
1998 Ed. (2434, 2702)
1997 Ed. (2956)
1996 Ed. (2861)
1995 Ed. (2805)
1994 Ed. (2433, 2691)
1993 Ed. (1910, 2495)
1992 Ed. (2967, 3284)
Avery International
1991 Ed. (2381, 2635)
1990 Ed. (1189, 2516, 2734)
1989 Ed. (901, 1009, 1928, 2101)
Avesco
1995 Ed. (3098)
Avesta Sheffield AB
1999 Ed. (3345)
AVESTA Trust-Equity Growth Fund
1999 Ed. (598)
Avex
2002 Ed. (1710)
Avex Electronics Inc.
2001 Ed. (1458, 1459)
1998 Ed. (933)
1996 Ed. (1119)
1995 Ed. (1145, 1654)
1993 Ed. (1112)
AVI
1995 Ed. (1484)
1993 Ed. (1392)
1991 Ed. (1345)
1990 Ed. (1418)
AVI Foodsystems Inc.
2007 Ed. (3588, 3589, 4984)
2006 Ed. (3492, 3533, 4372, 4987)
Avi Nash
2000 Ed. (1992, 1993)
1999 Ed. (2241)
1998 Ed. (1651)
1997 Ed. (1861)
1996 Ed. (1785)
1995 Ed. (1810)
1994 Ed. (1769)
1993 Ed. (1786)
Avia
1997 Ed. (280)
1996 Ed. (251)
1995 Ed. (252)
1994 Ed. (244)
1993 Ed. (256, 258)
1992 Ed. (366)
1991 Ed. (262)
1990 Ed. (289)
1989 Ed. (279)
Avia Gold
1996 Ed. (3869)
Aviaco
1990 Ed. (221)
1989 Ed. (242)
Aviall Inc.
2008 Ed. (961)
2005 Ed. (156, 157)
2004 Ed. (160)
Avian Research
2006 Ed. (3206)
Avianca
2007 Ed. (237)
2006 Ed. (236)
2001 Ed. (316, 317)
1989 Ed. (1102)
Aviation
1999 Ed. (3352)
Aviation & aerospace
1990 Ed. (167)
Aviation Associates Inc.
1993 Ed. (2491)
Aviation Constructors Inc.
2004 Ed. (1250)
Aviation gasoline
2001 Ed. (3750)
Aviation Industry General Corp.
2004 Ed. (1674)
Aviation Industry General Corp. (AVIC)
2002 Ed. (1616)
Aviation Insurance Services
2008 Ed. (3246)
2007 Ed. (3098)
2006 Ed. (3078)
2005 Ed. (3077)
2004 Ed. (3067)
Aviation syndicate
1995 Ed. (2478)
1994 Ed. (2400)
Aviation syndicate 800
1997 Ed. (2680)
1996 Ed. (2532)
1992 Ed. (2898)
Aviation syndicate 824
1997 Ed. (2680)
1996 Ed. (2532)
Aviation syndicate 53
1996 Ed. (2532)
1992 Ed. (2898)
Aviation syndicate 545
1997 Ed. (2680)
1996 Ed. (2532)
1992 Ed. (2898)
Aviation syndicate 048
1997 Ed. (2680)
1996 Ed. (2532)
1992 Ed. (2898)
Aviation Syndicate 950
1992 Ed. (2898)
Aviation syndicate 955
1997 Ed. (2680)
Aviation syndicate 957
1997 Ed. (2680)
1996 Ed. (2532)
Aviation syndicate 960
1997 Ed. (2680)
1996 Ed. (2532)
1993 Ed. (2456)
1992 Ed. (2898)
Aviation Syndicate 97
1992 Ed. (2898)
Aviation syndicate 173
1997 Ed. (2680)
Aviation syndicate 172
1996 Ed. (2532)
Aviation syndicate 340
1997 Ed. (2680)
1996 Ed. (2532)
1992 Ed. (2898)
Aviation syndicate 270
1997 Ed. (2680)
1996 Ed. (2532)
1992 Ed. (2898)
Aviation Syndicate 271
1992 Ed. (2898)
Aviation Week & Space Technology
2004 Ed. (849, 856)
AviationWeek & Space Technology
2007 Ed. (849)
2006 Ed. (756)
2005 Ed. (830)
2003 Ed. (814)
Aviaxsa
2006 Ed. (236)
Avici Systems
2008 Ed. (1915)
2001 Ed. (1249)
2000 Ed. (1753, 4340)
AVID Center
2004 Ed. (930)
Avid Modjtabai
2006 Ed. (3185, 4980)
2005 Ed. (3183)
Avid Oil & Gas Ltd.
2003 Ed. (1637)
Avid Technology Inc.
2008 Ed. (1912)
2007 Ed. (749, 2455)
2006 Ed. (657, 1866, 1875, 2492, 2742, 2826)
2005 Ed. (1860, 1864, 2835)
2002 Ed. (4594)
1999 Ed. (1956)
1997 Ed. (2167, 2209, 2212, 3647)
1996 Ed. (1290)
1995 Ed. (2066, 3388)
Avidia Inc.
2008 Ed. (1404)
Avidyn Health
2008 Ed. (2482, 3269)
2007 Ed. (2359)
2006 Ed. (2411)
Avinash Persaud
1999 Ed. (2357)
1998 Ed. (1688)
Avino Construction
2005 Ed. (1164)
Avino; Joaquin G.
1993 Ed. (2461)
1992 Ed. (2903)
1991 Ed. (2342)
1990 Ed. (2478)
Avion Group
2008 Ed. (1722, 1792, 2868, 4757)
2007 Ed. (1695, 1764, 2742)
Avions Dassault Br
1989 Ed. (200)
Aviron
2001 Ed. (1645)
Avis
2008 Ed. (306)
2007 Ed. (318)
2006 Ed. (326)
2005 Ed. (306)
2004 Ed. (310)
2003 Ed. (335)
2002 Ed. (394)
2001 Ed. (527)
2000 Ed. (351, 352, 353, 354)
1999 Ed. (342, 343, 344, 345, 346, 3264)
1998 Ed. (235, 236, 237, 238)
1997 Ed. (312, 313, 314, 1015)
1996 Ed. (332, 333, 334, 335)
1995 Ed. (319, 322, 323, 1664)
1994 Ed. (321, 322, 323, 324)
1993 Ed. (338, 339)
1990 Ed. (382, 383, 384, 406, 1653, 1654, 2621)
1989 Ed. (1343)
Avis America
1997 Ed. (3155)
1994 Ed. (2921)
Avis Budget Group Inc.
2008 Ed. (315, 316, 1508)
Avis Europe
1991 Ed. (1168)
Avis Fleet Services
1997 Ed. (2821)
Avis Ford Inc.
2005 Ed. (177)
2004 Ed. (175)
2002 Ed. (717)
2001 Ed. (713)
2000 Ed. (741, 742, 3145)
1999 Ed. (729, 730, 3421)
1998 Ed. (467, 468)
1997 Ed. (675, 676)
1996 Ed. (743, 744)
1995 Ed. (669)
1994 Ed. (713)
1993 Ed. (705)
Avis Group Holdings Inc.
2008 Ed. (307, 315, 316)
2007 Ed. (319, 328, 329)
2006 Ed. (327, 343, 344)
2005 Ed. (307, 329, 330)
2004 Ed. (311, 326)
2003 Ed. (336, 345)
Avis Homes Co.
1993 Ed. (2901)
Avis Rent A Car
2003 Ed. (345, 346)
2002 Ed. (244, 371, 372, 1425, 3371, 3487)
2001 Ed. (500, 501, 539, 4628, 4631)
1999 Ed. (4170)
1992 Ed. (464)
1991 Ed. (964, 966, 1546, 333, 334)
Avis Rent A Car System Inc.
2001 Ed. (501)
Avis Rent A Car Systems Inc.
2007 Ed. (328)
2006 Ed. (343, 344)
2005 Ed. (329, 330)
2004 Ed. (326, 327)
Avista Corp.
2006 Ed. (2354, 2357)
2005 Ed. (2291, 2294)
2004 Ed. (1883, 2192, 2195, 2201)
2003 Ed. (1848, 1849, 2280, 4560)
2002 Ed. (1525, 1796, 2126, 3875)
2001 Ed. (1582, 2145, 3945)
2000 Ed. (1343, 1358, 1582)
Avista Capital Inc.
2004 Ed. (1883)
2003 Ed. (1848)
Avista Energy Inc.
2004 Ed. (1883)
2003 Ed. (1848)
Avista Utilities
2006 Ed. (1965, 1966)
2005 Ed. (1927)
Avistar Communications Corp.
2002 Ed. (4200)
Avistar International
1995 Ed. (300)
Aviv; Diana
2008 Ed. (3789)
2007 Ed. (3704)
Aviva Canada
2008 Ed. (3327)
2007 Ed. (3179)
Aviva Insurance Co. of Canada
2008 Ed. (3235)
2007 Ed. (3094)
2006 Ed. (3066)
Aviva plc
2008 Ed. (1718, 2121, 2122, 2135, 3258, 3310, 3311, 3312)
2007 Ed. (2026, 2027, 2030, 2041, 3113, 3129, 3159, 3161, 3162, 3163, 3164, 3284)
2006 Ed. (2057, 2058, 2070, 3095, 3126, 3127, 3128, 3129, 3218)
2005 Ed. (1773, 1981, 3089, 3091, 3092, 3120, 3121)
2004 Ed. (3116, 3206)
Aviza Technology Inc.
2008 Ed. (1590, 1608)
Avja Development Group DFW Inc.
1995 Ed. (2429)
Avl List GmbH
2008 Ed. (300, 1574)
2006 Ed. (1561)
AVM/Novell
1996 Ed. (3260, 3261)
AvMed Health Plan
2007 Ed. (4406)
2002 Ed. (2462)
2000 Ed. (2435)
1999 Ed. (2655)
1998 Ed. (1917)
Avnet Inc.
2008 Ed. (1557, 1558, 1559, 2350, 2457, 2465, 2466, 2467, 2468, 2469, 2470, 3190, 4613, 4923, 4924)
2007 Ed. (1574, 1575, 1576, 2284, 2331, 2340, 3081, 3216, 4948, 4950)
2006 Ed. (1544, 1545, 1546, 2274, 2276, 2340, 2349, 2387, 2391, 2394, 3034, 4942, 4943, 4944)
2005 Ed. (1649, 1650, 1651, 2331, 2336, 2347, 2348, 2349, 2350, 2351, 2352, 3047, 4349, 4811, 4909, 4910, 4911)
2004 Ed. (1623, 1624, 1625, 2108, 2231, 2235, 2244, 2248, 2249, 2250, 2251, 2252, 4402, 4926, 4927, 4928, 4937)
2003 Ed. (1592, 1607, 1608, 1609, 2085, 2188, 2206, 2889, 4561, 4925, 4927, 4928)
2002 Ed. (1576, 2080, 2085, 2086, 2087, 2089, 2090, 2091, 2092, 2093, 2095, 2805, 4888, 4898)
2001 Ed. (1611, 2169, 2182, 2202, 2203, 2204, 2206, 2208, 2209, 2210, 2211, 2212, 2215, 2841, 2842, 4751)
2000 Ed. (1384, 1761, 1762, 1763, 1764, 1765, 1766, 1767, 1771)
1999 Ed. (1274, 1938, 1982, 1983, 1984, 1985, 1986, 1987, 1991, 3264)
1998 Ed. (1409, 1410, 1411, 1412, 1416, 2412)
1997 Ed. (1713)
1995 Ed. (2232)
1994 Ed. (2177)
1993 Ed. (1580, 1704, 2162, 2472)
1992 Ed. (1927, 2591, 2940)
1991 Ed. (1533, 1534, 2017, 2359)
1990 Ed. (1528, 1635, 1636, 2510, 3230, 3232, 3234)
1989 Ed. (1336, 1337, 2456, 2457)

Avnet Computer
1998 Ed. (858)
Avnet Electronic Marketing Group
1989 Ed. (1335)
Avnet Electronics
1998 Ed. (1408)
Avnet Electronics Marketing Group
2002 Ed. (2077)
2001 Ed. (2183)
Avnet EMG
1998 Ed. (1403, 1404, 1406)
1997 Ed. (1708, 1710, 1711, 1712)
Avoca Inc.
2004 Ed. (4583, 4587, 4588)
Avocados
2007 Ed. (2652)
2006 Ed. (2669)
2005 Ed. (2694)
2004 Ed. (2694)
Avocent Corp.
2008 Ed. (1404)
2004 Ed. (4660)
Avolo
2001 Ed. (4748)
Avon
2008 Ed. (627, 2182, 2183, 2652, 3450, 3777, 3884, 4343, 4344)
2007 Ed. (668, 3819)
2006 Ed. (643)
2005 Ed. (731)
2004 Ed. (750)
2003 Ed. (728, 1859, 1861, 1864, 3215, 3625, 4426, 4427, 4428, 4432, 4619, 4620, 4621, 4622)
2000 Ed. (1586)
1999 Ed. (1754)
1998 Ed. (1197)
1996 Ed. (1463, 2987)
1994 Ed. (747)
1993 Ed. (1418, 1420, 1423)
1992 Ed. (1709, 1711)
1990 Ed. (1437, 3294)
1989 Ed. (2010, 2971)
Avon/Bristol
1992 Ed. (1031)
Avon Fashions
1991 Ed. (868)
1990 Ed. (916)
Avon Products Inc.
2008 Ed. (906, 1532, 2359, 2360, 2367, 3099, 3100, 3108, 3841, 3873, 3874, 3875, 3879, 3883, 4233, 4263)
2007 Ed. (876, 922, 1542, 2219, 2220, 2227, 2851, 2973, 2974, 2979, 3527, 3803, 3804, 3806, 3809, 3810, 3812, 3813, 4197, 4232, 4528)
2006 Ed. (831, 1514, 1782, 2291, 2292, 2962, 2966, 3797, 3798, 3799, 3801, 3802, 3803, 3808, 4174, 4216, 4462)
2005 Ed. (932, 1255, 1574, 1575, 1626, 2021, 2022, 2226, 2966, 2970, 3709, 3710, 3711, 3712, 3713, 3717, 3719, 4162, 4459)
2004 Ed. (942, 1225, 1560, 1897, 1898, 2845, 2961, 2963, 3798, 3801, 3802, 4984)
2003 Ed. (649, 650, 651, 934, 1216, 1866, 1867, 1868, 2004, 2550, 2872, 3216, 3626, 3767, 3768, 3771, 3772, 3784, 3789, 4433, 4434, 4435, 4438, 4563, 4624, 4625, 4626, 4627, 4981, 4982)
2002 Ed. (1547, 2572, 3639, 4302, 4305, 4978)
2001 Ed. (1743, 1914, 1925, 2701, 3711, 3720, 3721, 3722)
2000 Ed. (1336, 1471, 3509, 4068, 4071, 4427)
1999 Ed. (1344, 1483, 1491, 1664, 3776, 4350, 4352)
1998 Ed. (926, 1048, 1065, 1160, 2052, 2677, 2807, 2811, 3327, 3329)
1997 Ed. (1025, 1280, 1290, 1453, 1533, 1535, 1826, 2328, 3056, 3535, 3536)
1996 Ed. (1244, 1397, 1462, 1467, 2200, 2831, 2980, 3469, 3470)
1995 Ed. (1288, 1433, 2766, 2897, 3410, 3411)
1994 Ed. (1264, 1403, 2665, 2809, 2810, 3351, 3352)
1993 Ed. (1264, 1421, 2718, 2809, 2810, 3249, 3347, 3348)
1992 Ed. (1708, 2537, 2961, 3395, 3396, 4008, 4010, 4071, 4307)
1991 Ed. (1218, 1362, 1364, 1976, 2711, 3135, 3150, 3151, 3398)
1990 Ed. (948, 948, 1285, 1300, 1326, 2128, 2810, 3311, 3312, 3603)
1989 Ed. (2508, 2509)
Avon Rubber
1995 Ed. (1404)
Avondale
1992 Ed. (4361)
Avondale Federal Savings Bank
1990 Ed. (426)
Avondale FSB
2000 Ed. (4248)
1999 Ed. (4598)
Avondale Hester Total Return
2007 Ed. (2485)
Avondale Industries Inc.
2005 Ed. (1491)
2001 Ed. (1779)
1995 Ed. (1664, 3658)
1994 Ed. (1307, 1416, 3573, 3574)
1993 Ed. (1265, 136, 3616)
1992 Ed. (1524, 4341, 4342)
1991 Ed. (3419, 3420, 3428)
1990 Ed. (1654, 3643)
Avondale Industries of New York Inc.
2008 Ed. (1889)
2007 Ed. (1857)
2005 Ed. (1848)
2004 Ed. (1782)
Avondale Total Return
1999 Ed. (3534)
Avonhome
2007 Ed. (3296, 4673)
Avonmore
2000 Ed. (2865)
Avonmore Foods PLC
1999 Ed. (1684)
1997 Ed. (1457)
Avonmore Waterford
2000 Ed. (1640)
Avonmore Waterford Group
2000 Ed. (1639)
Avonmore Waterford Group Plc
2000 Ed. (1484)
Avram Miller
2004 Ed. (4828)
Avrett, Free & Ginsberg
1996 Ed. (58)
1993 Ed. (77)
1992 Ed. (190)
1991 Ed. (69)
1990 Ed. (70, 73, 135)
Avril Lavigne
2008 Ed. (2590)
Avro/BAe 146/RJ
1996 Ed. (192)
AVS Forum
2005 Ed. (3192)
AVT
1992 Ed. (4414, 4415)
Avtobank
1995 Ed. (596)
Avtovaz
1996 Ed. (3098)
Avue Technologies Corp.
2005 Ed. (1347)
Avus Systems & Peripherals Inc.
1999 Ed. (1274)
AVX Corp.
2008 Ed. (2075)
2007 Ed. (2036, 2284)
2006 Ed. (2011, 2064)
2005 Ed. (1959, 1960, 1982, 3047)
2004 Ed. (2230)
2003 Ed. (2893, 4379)
2001 Ed. (1847)
2000 Ed. (1748)
1999 Ed. (1939)
1997 Ed. (1685, 3403)
1993 Ed. (2035)
1992 Ed. (1925)
1991 Ed. (1483, 1507, 1508)
1990 Ed. (1611, 1616, 1621, 2988)
1989 Ed. (1285, 1310, 1322)
AVX/Kyocera
1993 Ed. (1562)
A.W. Clausen
1990 Ed. (458, 459)
A.W. Industries Inc.
2000 Ed. (4433)
AW NAZCA S & S
1996 Ed. (151)
AW Nazca Saatchi & Saatchi
2003 Ed. (179)
2002 Ed. (208)
2001 Ed. (239)
2000 Ed. (189)
AW NAZCA SSA
1999 Ed. (168)
AW/Saatchi & Saatchi
1991 Ed. (160)
1989 Ed. (172)
AW/Saatchi & Saatchi Advertising
1990 Ed. (161)
AW/SSA
1995 Ed. (137)
1994 Ed. (125)
1993 Ed. (145)
1992 Ed. (219)
AWallS
2005 Ed. (2733)
Awards/trophies/emblematic jewelry
1996 Ed. (2221)
Awareness Image
1989 Ed. (106)
Awas
1993 Ed. (204)
Awash International Bank
2008 Ed. (408)
2007 Ed. (438)
2005 Ed. (492)
2004 Ed. (484)
AWB
2004 Ed. (4918)
2003 Ed. (3953, 3959)
AWC Commercial Window Coverings
2002 Ed. (2007)
AWD:DST Technologies
2005 Ed. (3028)
Aweida Capital Management
2004 Ed. (4832)
AWFSFair
2005 Ed. (4731)
AWG
2007 Ed. (2691)
2006 Ed. (2697)
AWT Holdings
2002 Ed. (4423)
AXA
2008 Ed. (1721, 1737, 1759, 1760, 1761, 3258, 3310, 3311, 3378, 3379, 3380, 3404)
2007 Ed. (1688, 1691, 1708, 1730, 1732, 1733, 1734, 3113, 3129, 3161, 3162, 3252, 3253, 3254, 3284, 3287)
2006 Ed. (1441, 1692, 1695, 1713, 1721, 1722, 1724, 1725, 1773, 3094, 3095, 3125, 3126, 3127, 3193, 3196, 3197, 3218)
2005 Ed. (1777, 3089, 3090, 3091, 3120, 3121)
2004 Ed. (1710, 3084, 3097, 3116, 3117, 3206, 3208)
2003 Ed. (1681, 2474, 2990, 3001, 3099, 4584)
2002 Ed. (761, 762, 1653, 1656, 1658, 1659, 2819, 2939, 2941, 2942, 3025, 4216)
2001 Ed. (1552, 1705, 1709, 1710, 1711, 2925, 3017, 3019)
2000 Ed. (790, 791, 1476)
1998 Ed. (2107, 2134, 3179)
1997 Ed. (1410, 2420, 2422, 2423, 2425)
1996 Ed. (1920, 2287)
1995 Ed. (1876, 2281, 2282, 3335)
1994 Ed. (2234, 2235)
1993 Ed. (1199)
1990 Ed. (2279)
AXA Advisors LLC
2002 Ed. (798, 800)
Axa Asia Pacific
2006 Ed. (1719)
2004 Ed. (3081)
2003 Ed. (1615)
2002 Ed. (2818)
Axa Asia Pacific Holdings (Australia)
2005 Ed. (3224)
Axa/Aurora
1996 Ed. (2289)
Axa Bank
2002 Ed. (529)
AXA Bank Belgium
2008 Ed. (385)
2007 Ed. (403)
2006 Ed. (419)
2005 Ed. (465)
2004 Ed. (455)
2003 Ed. (467)
AXA Canada Inc.
1999 Ed. (2980)
AXA-Colonia
2001 Ed. (2924)
Axa Colonia Konzern AG
2000 Ed. (4007)
1999 Ed. (2920)
AXA Corporate Solutions Reinsurance Co.
2005 Ed. (3067, 3146)
2004 Ed. (3056, 3138, 3143)
2003 Ed. (3015)
Axa Corporate Solutions US Group
2004 Ed. (3093)
AXA Enterprise Global Socially Responsive
2007 Ed. (4470)
AXA Equitable
2008 Ed. (608)
AXA Equitable Life Insurance Co.
2008 Ed. (3184, 3296, 3301, 3303, 3304)
2007 Ed. (3146, 3151, 3154)
AXA Financial Inc.
2008 Ed. (1475, 3306, 3307)
2007 Ed. (2850)
2006 Ed. (3219, 3221, 3222, 4252)
2005 Ed. (1519, 3207, 3209, 3212, 4247)
2004 Ed. (3174, 3178, 4324)
2003 Ed. (3062, 3063, 3064, 3065, 3067, 3101, 3105, 3107, 3108)
2002 Ed. (3004, 4190)
2001 Ed. (2917, 2918, 4177)
AXA Group
2003 Ed. (1678)
2001 Ed. (2881)
2000 Ed. (2848)
1999 Ed. (773, 774, 2922, 2982, 3102, 3103, 4036)
AXA Investment Managers
2006 Ed. (3213, 3216, 3217, 3220)
2003 Ed. (3100, 3103)
Axa-Midi
1992 Ed. (2708, 2709)
Axa Midi (Paris)
1991 Ed. (2159)
AXA/National Mutual
2002 Ed. (2871)
AXA Re
2007 Ed. (3190)
2001 Ed. (2953)
AXA Re Group
2006 Ed. (3150)
AXA Reinsurance Company
2000 Ed. (2680)
AXA Reinsurance Group
2004 Ed. (3142)
Axa Rosenberg
2005 Ed. (3583, 3595)
AXA Rosenberg Investment
2000 Ed. (2803, 2805)
AXA Rosenberg Investment Management, U.S. Large Cap Market Neutral
2003 Ed. (3125)
AXA Rosenberg Select Sector Market National Investment
2004 Ed. (3546)
AXA Rosenberg Value Market National Investment
2004 Ed. (3546, 3548)
AXA SA
2008 Ed. (1410)
2005 Ed. (1519)
2004 Ed. (1503)

2003 Ed. (1473)
Axa Sunlife Asset Management
2002 Ed. (40, 230)
AXA-UAP
2003 Ed. (1506)
2000 Ed. (1424, 1434, 1436)
1999 Ed. (1631, 1633, 2917, 2918, 2919)
AXA-UAP SA
2006 Ed. (1445)
Axalto Holding NV
2006 Ed. (1137)
Axcan Pharma
2008 Ed. (3951)
2007 Ed. (3915)
Axe
2008 Ed. (2326)
2007 Ed. (2643)
2006 Ed. (2660)
2005 Ed. (2164, 2680)
2004 Ed. (2683)
2001 Ed. (3714)
Axe Core Investors
1993 Ed. (2305)
Axe-Houghton
2000 Ed. (2791)
1999 Ed. (3053)
1998 Ed. (2261, 2269, 2271, 2272)
1997 Ed. (2518)
1994 Ed. (2295)
1990 Ed. (2335, 2338, 2342, 2345)
AXE Houghton B
1992 Ed. (3152, 3162)
AXE Houghton Growth
1992 Ed. (3159)
Axe-Houghton Income
1990 Ed. (2382, 2386)
Axe Houghton Stock
1991 Ed. (2567)
AXE-Houghton Stock Fund
1992 Ed. (3179)
Axel Johnson
2004 Ed. (87)
1999 Ed. (4808)
1992 Ed. (3442)
Axel Johnson AB
1997 Ed. (1512)
1994 Ed. (1453)
Axel Johnson Group
2002 Ed. (4984)
Axel Springer
1989 Ed. (2793)
Axel Springer Verlag
1991 Ed. (2394)
Axel Springer Verlag AG
2008 Ed. (42)
2007 Ed. (39)
2006 Ed. (48)
2005 Ed. (41)
2004 Ed. (3941)
2002 Ed. (3762)
2001 Ed. (37, 3900)
2000 Ed. (3610)
1999 Ed. (3896)
1997 Ed. (2725, 3168)
1996 Ed. (3088)
Axel Springer Verlag Aktiengesellschaft
1995 Ed. (2987)
1994 Ed. (2933)
Axel Springer Verlag Aktiengesellschaft Konzern
1994 Ed. (2933)
Axent Technologies
2000 Ed. (1742)
Axer AS
1995 Ed. (2505)
Axess Communications
2007 Ed. (4026)
Axia NetMedia Corp.
2008 Ed. (2938)
2007 Ed. (2806)
2006 Ed. (1631, 2813)
Axid
1992 Ed. (339)
Axiom
1999 Ed. (4165, 4169)
Axiom Legal
2008 Ed. (804)
AXIOM Professional Health Learning
2008 Ed. (2036)
Axiom Real Estate Management Inc.
1999 Ed. (4013)
1998 Ed. (3019, 3020)
1997 Ed. (3273)
1995 Ed. (3075)
AXIOM Review
1996 Ed. (3767)
1995 Ed. (3683)
1994 Ed. (3608)
1993 Ed. (3647)
Axion
1997 Ed. (1010, 3526)
AXIS Capital Holdings Ltd.
2008 Ed. (4536)
2007 Ed. (3185)
2005 Ed. (4251)
Axis-Shield plc
2003 Ed. (2735)
Axon Group
2001 Ed. (1882, 1886, 1888)
Axon Group plc
2008 Ed. (1209)
Axonyx Inc.
2007 Ed. (4591)
Axosoft
2008 Ed. (1152)
AXP Discovery
2006 Ed. (3640)
AXP Equity Select
2006 Ed. (3645)
2004 Ed. (3560)
AXP Global Technology
2006 Ed. (3612)
AXP Mutual
2004 Ed. (3602)
AXP New Dimensions
2006 Ed. (3625)
2004 Ed. (3555)
AXP Precious Metals
2006 Ed. (3660)
AXP Selective Fund
2001 Ed. (3427)
AXS-One
2007 Ed. (3067)
Axsys Technologies Inc.
2008 Ed. (4359, 4374)
AXT Inc.
2004 Ed. (2773)
Ayako Sato
2000 Ed. (2149)
Ayako Soto
1999 Ed. (2370)
Ayala Corp.
2006 Ed. (3899)
2002 Ed. (3702)
2001 Ed. (1836)
2000 Ed. (1204, 1536, 1538, 1540, 1541, 1542, 3541)
1999 Ed. (1724, 1725, 3820)
1997 Ed. (1499, 3114)
1996 Ed. (1436, 2563, 3030)
1995 Ed. (1476)
1994 Ed. (2431)
1993 Ed. (1275, 2494)
1992 Ed. (1570, 2965, 2966)
Ayala Corp.-A
1993 Ed. (2493)
1991 Ed. (2378)
Ayala Corp.-B
1993 Ed. (2493)
Ayala; Jaime Zobel de
2006 Ed. (4921)
Ayala Land Inc.
2006 Ed. (3899)
2002 Ed. (3702, 3703)
2001 Ed. (1836)
2000 Ed. (1540, 3541, 3542)
1999 Ed. (1324, 1570, 1724, 3820, 3821)
1997 Ed. (1498, 3113, 3114)
1996 Ed. (2563, 3030)
1995 Ed. (1474)
1994 Ed. (2431, 2432)
Ayala; Orlando
2006 Ed. (2516)
Ayala Property Ventures
1992 Ed. (2966)
Aydin
1994 Ed. (3448)
1991 Ed. (1519)
1990 Ed. (1479)
1989 Ed. (1328)
Aydin Dogan
2008 Ed. (4876)
Ayer
1995 Ed. (67)
1994 Ed. (65, 84, 85)
1992 Ed. (191)
1991 Ed. (136)
Ayer & Partners; N. W.
1996 Ed. (54)
Ayer Europrisma
1995 Ed. (82)
1994 Ed. (93)
Ayer; N. W.
1997 Ed. (53)
1995 Ed. (37)
1993 Ed. (65)
1992 Ed. (108)
1991 Ed. (132, 840)
1990 Ed. (65, 134, 136)
1989 Ed. (61, 64, 67, 79, 145)
Ayer New York
1994 Ed. (105)
Ayer Inc.; N.W.
1990 Ed. (132)
1989 Ed. (142)
Ayer; Ramani
2007 Ed. (990)
2006 Ed. (900)
Ayer Southwest
1992 Ed. (207)
Ayer; Tapsa/N. W.
1994 Ed. (118)
Ayer Vasquez
1996 Ed. (61)
1995 Ed. (45)
1994 Ed. (69)
Ayers/Saint/Gross
2006 Ed. (285)
Ayman Hariri
2008 Ed. (4891)
Ayr
2001 Ed. (3518)
2000 Ed. (1134)
Ayrton Senna
1995 Ed. (251)
AyT Cedulas Cajas
2006 Ed. (2241)
Ayton Young & Rubicam
2002 Ed. (130)
2001 Ed. (157)
2000 Ed. (119)
1999 Ed. (113)
1997 Ed. (10)
Ayudhya; Bank of
2007 Ed. (561)
2006 Ed. (530)
2005 Ed. (617)
Ayudhya Jardine Fleming Asset Management
2002 Ed. (2829)
AZ
2001 Ed. (4573, 4577)
AZCO Inc.
2008 Ed. (1245)
Azco Group Ltd.
1991 Ed. (1086)
Azco Mining Inc.
2004 Ed. (3485, 3486)
Azer Lottery
2005 Ed. (20)
Azerbaijan
2008 Ed. (4624)
2006 Ed. (2330, 2640, 2715)
2001 Ed. (3387)
1991 Ed. (3157)
Azerbaijan Cinema Club
2005 Ed. (20)
2004 Ed. (27)
Azercell Telephon Co.
2001 Ed. (16)
Azerdemiryolbank
2004 Ed. (468)
Azersun Holding
2006 Ed. (26)
2005 Ed. (20)
2004 Ed. (27)
Azerty
2005 Ed. (4811)
AZF Auto Group Inc.
2007 Ed. (2514)
AZF Automotive Group Inc.
2002 Ed. (2545)
AZF Commodity Management
1993 Ed. (1038)
1990 Ed. (2288)
Azim Premji
2008 Ed. (4841, 4879)
2007 Ed. (4909, 4914)
2006 Ed. (690, 4926)
2005 Ed. (4861)
2004 Ed. (4876, 4881)
2003 Ed. (4890)
Azimuth Technologies Inc.
2004 Ed. (1344, 1355)
Aziz; Kalim
1997 Ed. (1999)
Aziza
1992 Ed. (1709)
1990 Ed. (1433, 1435, 1741)
Aziza Regular
1990 Ed. (1740)
Azman Mokhtar
1999 Ed. (2416)
Azocar, Morrison, Walker
1996 Ed. (70)
1995 Ed. (57)
1994 Ed. (77)
1993 Ed. (87)
1989 Ed. (93)
Azocar Morrison Walker (JWT)
1997 Ed. (71)
Azovstal
2006 Ed. (4544)
Azrieli; David
2008 Ed. (4855)
2007 Ed. (4910)
2006 Ed. (4923)
2005 Ed. (4871, 4875, 4876)
Aztar Corp.
2008 Ed. (1403)
2005 Ed. (2709, 2710)
2004 Ed. (2716, 2717)
2003 Ed. (1783)
1999 Ed. (2760)
1998 Ed. (2007)
1997 Ed. (911, 2283)
1996 Ed. (2167)
1995 Ed. (2154)
1994 Ed. (2100)
1993 Ed. (2088)
1992 Ed. (2478)
Aztec Communications
2002 Ed. (2541)
Aztec Flooring Inc.
2007 Ed. (3558, 3559)
Aztec Group Inc.
2002 Ed. (3911)
2000 Ed. (3724, 4017)
Aztec Manufacturing Corp.
2005 Ed. (2843)
2004 Ed. (2833)
2002 Ed. (2556)
2001 Ed. (2710)
2000 Ed. (2469)
1999 Ed. (2685)
1998 Ed. (1942)
Aztec Mechanical Inc.
2007 Ed. (1383)
Azteca
1999 Ed. (4620)
1998 Ed. (3585)
1996 Ed. (3713)
Azteca Buena Vida
1998 Ed. (3585)
Azteca Enterprises Inc.
2008 Ed. (2959, 3734)
2005 Ed. (1977)
Azteca Enterprises Group
2008 Ed. (2113)
2007 Ed. (2016)
Azteca Foods
1994 Ed. (2505)
Azteca Mexican Restaurant
2008 Ed. (4180)
Aztech Controls Corp.
1994 Ed. (2178)
Aztech Systems
1997 Ed. (3520)
Aztecsoft Ltd.
2008 Ed. (1137)
Azti Fundazioa
2005 Ed. (1963)
Azua; Maria
2008 Ed. (2628)

Azuma Steel Co. Ltd.
1992 Ed. (1571)
Azumano Travel Service Inc.
2008 Ed. (3728)
Azumano Travel Services Inc.
2008 Ed. (269, 270)
Azzad Ethical Mid Cap Fund
2006 Ed. (4407)

B

B
2000 Ed. (3502)
B. A. Girod
2005 Ed. (2483)
B. A. Robinson Co., Ltd.
2006 Ed. (1597)
B. A. T. Industries plc
2004 Ed. (62, 65)
2002 Ed. (1434)
1990 Ed. (1349, 1351, 1374)
B. Alexander Henderson
2000 Ed. (2035)
1999 Ed. (2254)
1998 Ed. (1664)
1997 Ed. (1892)
1996 Ed. (1818)
1995 Ed. (1840)
1994 Ed. (1802)
1993 Ed. (1771, 1772, 1773, 1819)
B & B
2004 Ed. (3266, 3274)
2002 Ed. (3093, 3095)
2001 Ed. (3105, 3107)
1999 Ed. (3199, 3200)
1996 Ed. (2499, 2502)
1995 Ed. (2452)
1994 Ed. (2373)
1993 Ed. (2429, 2432)
1992 Ed. (2890)
1991 Ed. (2328)
1990 Ed. (2444)
B & B Asia
1995 Ed. (2127)
B & B/Benedictine
2002 Ed. (285)
B & B Communications Inc.
2006 Ed. (3537)
B & B Credit Union
2004 Ed. (1934)
B & B Employment Inc.
2007 Ed. (4400)
B & B Saab
1994 Ed. (283)
B & C Specialties
2008 Ed. (4251)
B & D Lithe Inc.
2005 Ed. (3885)
B & D Litho Inc.
2008 Ed. (4024, 4030, 4031)
2006 Ed. (3964, 3965)
2005 Ed. (3891)
B & G
1996 Ed. (3869)
B & G Foods Inc.
2003 Ed. (862, 3158, 3159, 3329)
B & G Imported Wines
1989 Ed. (2942)
B & H Bistro
2001 Ed. (58)
B & H Silk Cut Kingsize Filter
1992 Ed. (52)
B & H Special Kingsize Filter
1992 Ed. (52)
B & H Superkings
1997 Ed. (991)
B & J Coolers
2007 Ed. (263)
B & K
1995 Ed. (781, 7840)
B & K Electric Wholesale
2008 Ed. (4954)
2007 Ed. (3536)
B & L saline solution sensitive eyes 12 oz.
1991 Ed. (1451)
B & L sensitive solution 12 oz.
1990 Ed. (1575)
B & L Wholesale Supply Inc.
2008 Ed. (4930)
B & M NAZCA S & S
1997 Ed. (84)
1996 Ed. (84)
B & M/SSA
1995 Ed. (71)
B & Q
2008 Ed. (700)
2007 Ed. (728)
2006 Ed. (2065)
2005 Ed. (1986)
2002 Ed. (766)
1993 Ed. (742, 3046)
1992 Ed. (52, 926, 3737)
1991 Ed. (24, 740, 2893)
1989 Ed. (754)
B & Q plc
2002 Ed. (52)
B & R Insulation Inc.
2002 Ed. (1231)
B & S Welding Inc.
2007 Ed. (3560, 3561, 4423)
2006 Ed. (3516)
B & W
1992 Ed. (80)
A B & W Credit Union
2002 Ed. (1833)
B & W Freight Forwarders Ltd.
2005 Ed. (1691)
B & W Sormarknad AB
1991 Ed. (49)
B & W Stormarknader
1989 Ed. (52)
B & W Technologies Inc.
2005 Ed. (1376)
B. B. Walker
1991 Ed. (3360)
1990 Ed. (1067)
B-Ball Jam
1997 Ed. (3771)
B bc Brown Bov A
1989 Ed. (1307)
B. C. Christopher & Co.
1993 Ed. (3198)
B. C. M.
2002 Ed. (944, 945)
B. C. Place Stadium
2003 Ed. (2414)
2001 Ed. (2352)
B. C. Rhode
2005 Ed. (2492)
2004 Ed. (2508)
B. C. Rohde
2002 Ed. (2192)
2001 Ed. (2328)
B. Comerciala Romana
2003 Ed. (489)
B Comp C W/iron 60s
1991 Ed. (3454)
B Comp C w/Zinc 60s
1991 Ed. (3454)
B complex
1994 Ed. (3637)
B COM3 Group
2001 Ed. (147, 170)
B-D
2002 Ed. (2280)
1993 Ed. (3561)
B. D. Blum
2003 Ed. (2388)
B-D Digital
1993 Ed. (3561)
B. D. Holden
2005 Ed. (2492)
B. Dalton
1992 Ed. (1077)
B-Dry System
2002 Ed. (2059)
B/E Aerospace
2007 Ed. (2038)
B E & K
2000 Ed. (1794)
B-E Holdings Inc.
1996 Ed. (384, 385)
B. E. Smith
2008 Ed. (4131)
B. F. Goodrich Co.
2003 Ed. (197, 1794)
2002 Ed. (239, 240, 241, 1747, 4668)
2000 Ed. (215)
1999 Ed. (184, 1085)
1998 Ed. (92, 93, 695, 703)
1997 Ed. (170, 952)
1995 Ed. (156, 951, 961, 1271, 2921)
1993 Ed. (2844, 3578)
1992 Ed. (1115)
1990 Ed. (932, 942)
1989 Ed. (884, 2835)
B. F. Goodrich Employees Credit Union
2006 Ed. (2180)
2005 Ed. (2085)
2004 Ed. (1944)
2003 Ed. (1904)
B. F. Goodrich Tire & Rubber
1989 Ed. (2836)
B. F. Saul Real Estate Investment Trust
2008 Ed. (4059)
2006 Ed. (4049)
B. Fernandez & Hermanos Inc.
2007 Ed. (4946)
2006 Ed. (4939)
2005 Ed. (4907)
B. Fernandez & Hnos. Inc.
2004 Ed. (4924)
B. Frank Turner
1992 Ed. (1098)
B G & E
1998 Ed. (1174)
B. Gerald Cantor
1997 Ed. (2004)
B. Gospordarki Zywnosciowej
1999 Ed. (491)
B. Green & Co.
1993 Ed. (3489, 3492)
B. H. Anderson
2003 Ed. (2380)
2001 Ed. (2318)
B. H. D.
2007 Ed. (432)
B. H. Shoe Holdings Inc.
2003 Ed. (3202)
B. H. Tool & Supply Co.
1999 Ed. (2845)
B. Int. pour Comm. & I'Ind. Cote d'Ivoire
1995 Ed. (517)
B. Int. pour le Comm. and l'Ind. du Senegal
1999 Ed. (631)
B. J. Duroc-Danner
2004 Ed. (2514)
B. J. Ebbers
2002 Ed. (2208)
B. J.'s Wholesale Club
1993 Ed. (3684)
B. K. Aditya Birla
1990 Ed. (1380)
B. K. Cypress Log Homes
2004 Ed. (1208)
B. Karatz
2004 Ed. (2520)
B. Kevin Turner
2005 Ed. (785)
B. L. Development Corp.
2008 Ed. (1941)
2007 Ed. (1886)
2006 Ed. (1893)
2005 Ed. (1873)
2004 Ed. (1802)
2003 Ed. (1765)
2001 Ed. (1796)
B. L. Halla
2002 Ed. (2191)
B. L. Hammonds
2005 Ed. (2477)
B. L. Harbert International LLC
2008 Ed. (1269)
2007 Ed. (1373)
2006 Ed. (1342)
B. L. Roberts
2004 Ed. (2518)
B. M. and Frances Britain
1995 Ed. (937, 1069)
B. M. C. E.
2002 Ed. (944, 945)
B M C West Corp.
2006 Ed. (1758)
B. M. Lindig
2002 Ed. (2192)
2001 Ed. (2328)
B-M S Credit Union
2006 Ed. (2163)
1996 Ed. (1508)
B. Mauritanie Pour le Commerce International
1999 Ed. (589)
B-Max/B-Max 50
1996 Ed. (2594)
B. Nelson
2004 Ed. (2497)
B P America
1991 Ed. (1807)
B. P. Barber & Associates
2008 Ed. (2525)
B. P. Rosen
2003 Ed. (2386)
B. Przemyslowo-Handlowy PBK
2006 Ed. (436)
2005 Ed. (494)
B. R. Chizen
2005 Ed. (2497)
B. R. Guest Inc.
2008 Ed. (4150, 4151)
2007 Ed. (4132)
2006 Ed. (4106)
B. S. & T Co. Ltd.
2002 Ed. (4187, 4188)
B. S. I. Holdings Inc.
2004 Ed. (1242)
B + S Ingenieur AG
2008 Ed. (2097)
B. S. Lebow Inc.
1991 Ed. (1142)
B. S. Shackouls
2005 Ed. (2496)
2004 Ed. (2512)
2003 Ed. (2393)
B. Schoenberg & Co.
2008 Ed. (4132)
2007 Ed. (4109)
2005 Ed. (3859)
2004 Ed. (3914)
B-737-600
1998 Ed. (144)
B. Shehadi & Sons
1997 Ed. (2016)
1996 Ed. (1923)
1995 Ed. (1880)
1994 Ed. (1852)
1993 Ed. (1867)
1992 Ed. (2165)
1990 Ed. (1802)
B. T. Mancini Co. Inc.
1990 Ed. (1205)
B. Thomas Golisano
2005 Ed. (973)
2004 Ed. (968)
2003 Ed. (954)
1999 Ed. (2075, 2076)
1998 Ed. (1510)
B-Trade Services
2005 Ed. (3582)
B-2 Division
1996 Ed. (1519)
B. Vzlano.Cdto
2002 Ed. (941)
B. W. Dexter II Inc.
2007 Ed. (1363)
2006 Ed. (1256)
2004 Ed. (1309)
B. W. Mud Ltd.
1994 Ed. (994)
1993 Ed. (968)
B. W. Perry
2005 Ed. (2495)
2004 Ed. (2511)
2003 Ed. (2392)
B. W. Rawlins, Jr.
2002 Ed. (2185)
B. Wayne Hughes
2008 Ed. (4832)
2007 Ed. (4903)
2006 Ed. (4908)
2005 Ed. (4843)
2003 Ed. (956)
B. Y. Lam
1995 Ed. (935)
BA Asia
1989 Ed. (1779)
BA Energy
2006 Ed. (849)
BA Finance Corp.
1989 Ed. (1782)

BA Holidays
2007 Ed. (713)
2000 Ed. (35, 3396)
BA Merchant Services Inc.
2000 Ed. (379)
BA Securities Inc.
1998 Ed. (2252)
1997 Ed. (2505)
BAA
2006 Ed. (4822)
2005 Ed. (4773)
1999 Ed. (1639)
1997 Ed. (3792)
1993 Ed. (232)
BAA plc
2008 Ed. (1410, 1418, 4759)
2007 Ed. (4833, 4837, 4838)
2006 Ed. (4823)
2004 Ed. (209)
2002 Ed. (256, 4419)
2001 Ed. (309, 352)
Ba'ad Al Shatat
2007 Ed. (71)
Baalbeck International Fair
2005 Ed. (57)
Baalbeck International Festival
2007 Ed. (55)
2006 Ed. (64)
The Baan Co.
2003 Ed. (1117)
2001 Ed. (1369)
1999 Ed. (2048, 3676)
1997 Ed. (1108, 2167, 2212, 3403)
BAB Holdings Inc.
2002 Ed. (1611)
2001 Ed. (1666)
2000 Ed. (1043)
1998 Ed. (3072, 3420)
Babbage's Etc. LLC
2005 Ed. (2874)
Babbitt
2007 Ed. (4751)
2006 Ed. (4737)
2001 Ed. (4533)
Babcock & Brown
2005 Ed. (3372)
2001 Ed. (345)
Babcock & Wilcox Co. Inc.
2001 Ed. (1780)
Babcock & Wilcox Investment Co.
2001 Ed. (1780)
Babcock Borsig AG
2002 Ed. (3224)
Babcock Graduate School of Management; Wake Forest University
2007 Ed. (795)
Babcock School of Business; Wake Forest University
2007 Ed. (826)
Babe
1998 Ed. (3673, 3675)
Babel Fish
2002 Ed. (4845)
Babey Moulton Jue & Booth
2008 Ed. (3346)
Babies 'N' Bells Inc.
2003 Ed. (890)
2002 Ed. (1046)
Babies "R" Us
1999 Ed. (1052)
Babson College
2008 Ed. (182, 774, 779, 790)
2007 Ed. (800)
2006 Ed. (704, 705, 713, 733)
2005 Ed. (797, 798, 804)
2004 Ed. (822, 823)
2002 Ed. (875, 889, 899)
2001 Ed. (1056, 1063)
2000 Ed. (918, 925)
1999 Ed. (971)
1998 Ed. (550)
1997 Ed. (857)
1996 Ed. (844, 1046)
1995 Ed. (860, 1061)
1994 Ed. (814, 1053)
1993 Ed. (1026)
1992 Ed. (1278)
Babson College, F. W. Olin Graduate School of Business
2008 Ed. (780)
2007 Ed. (819, 2849)
Babson; David L.
1996 Ed. (2395)
1992 Ed. (2754, 2762)
Babson Enterprise
2004 Ed. (3573)
2003 Ed. (3548)
1996 Ed. (2772)
1990 Ed. (2369)
Babson Enterprise II
1999 Ed. (3577)
Babson-Stewart Ivory
1996 Ed. (2392, 2404)
Babson-Stewart Ivory International
1998 Ed. (2279)
1994 Ed. (2638)
Babson University
2004 Ed. (831)
2002 Ed. (902)
Babson Value
1999 Ed. (3558)
1997 Ed. (2874)
1996 Ed. (2774, 2801)
1995 Ed. (2704)
Baby accessories
2004 Ed. (4190)
2003 Ed. (2925)
2002 Ed. (422)
Baby and Child Care
1990 Ed. (2768)
Baby books
1998 Ed. (3605)
The Baby Business: How Money, Science, & Politics Drive the Commerce of Conception
2008 Ed. (612)
Baby care products
2003 Ed. (2925)
2001 Ed. (1920)
1997 Ed. (3064)
1996 Ed. (3094)
Baby cereal and biscuits
1994 Ed. (3460)
Baby Days
2003 Ed. (2918)
Baby food
2005 Ed. (2756)
2002 Ed. (2799)
1994 Ed. (3460)
Baby formula
2002 Ed. (2421)
2001 Ed. (4405)
2000 Ed. (4145)
1998 Ed. (1727, 1728)
Baby Fresh
1994 Ed. (2198)
Baby Fresh Moist Baby Wipes
1992 Ed. (2630)
Baby Fresh Wipes
1996 Ed. (2258)
Baby Go Bye Bye
1998 Ed. (3607)
Baby Magic
2008 Ed. (3162)
2003 Ed. (2916, 3783)
Baby N Kids Bedrooms
2000 Ed. (4054)
...Baby One More Time
2001 Ed. (3406, 3407, 3408)
Baby Orajel
2003 Ed. (1995)
1996 Ed. (1528)
Baby Pants
1990 Ed. (1960)
Baby rattles
1998 Ed. (3605)
Baby Ruth
2000 Ed. (1055)
1999 Ed. (1025)
1997 Ed. (895)
Baby shampoo
1994 Ed. (1994)
Baby Sister Kelly
1997 Ed. (3773)
Baby soaps
2004 Ed. (660)
Baby Superstore
1999 Ed. (1052)
1998 Ed. (3086)
Baby Talk
1992 Ed. (3387)
Baby warehouse & chain stores
1998 Ed. (2102)
Baby warehouses/chains
1998 Ed. (1797)
Baby Watson
1995 Ed. (338)
Babycare and Pregnancy
2000 Ed. (3495)
BabyCenter
2002 Ed. (4870)
2001 Ed. (1249, 2861)
Babycham
1996 Ed. (3858)
Babylon Chrysler Plymouth
1991 Ed. (310)
Babylon Chrysler-Plymouth-Honda
1992 Ed. (420)
Babylon, NY
1992 Ed. (1167)
Babylon Township Beacon
2002 Ed. (3503)
Babylon Twp. (NY) Beacon
2003 Ed. (3645)
Baby's Choice
2000 Ed. (1666)
1996 Ed. (1546)
1995 Ed. (1562)
BAC International Bank
2008 Ed. (393, 490)
2007 Ed. (415, 537)
2000 Ed. (586)
BAC San Jose
2007 Ed. (425)
B.A.C. Spaarbank
1994 Ed. (434)
1992 Ed. (616)
Bacardi
2008 Ed. (241, 242, 661)
2007 Ed. (262)
2006 Ed. (252, 254, 255)
2005 Ed. (235, 4158)
2004 Ed. (62, 229, 763, 3279, 3284, 4230, 4235)
2003 Ed. (263, 753, 3225, 3226, 3230, 4207, 4212)
2002 Ed. (278, 279, 285, 3130, 3131, 3134, 3150, 3156, 3164, 3166, 3171, 3172, 3173, 3174, 3175, 3176, 3177, 3178, 3179, 3184, 4070, 4076, 4077, 4078, 4079)
2001 Ed. (355, 3113, 3115, 3118, 3131, 3132, 3134, 3135, 3138, 3139, 3140, 3141, 3142, 3143, 3144, 3145, 3146, 3147, 4142, 4146, 4147)
2000 Ed. (2946, 2949, 2967, 2969, 2970, 2973, 2974, 2975, 2976, 2977, 2978, 2979, 2980, 3834, 3836, 3837, 3838, 3839)
1999 Ed. (3206, 3228, 3229, 3231, 3233, 3239, 3240, 3241, 3242, 3243, 3244, 3245, 3246, 3247, 3248, 3249, 4124, 4126, 4127, 4128, 4129)
1998 Ed. (449, 490, 2377, 2387, 2388, 2390, 2392, 2393, 2394, 2395, 2396, 2397, 3108, 3110, 3111, 3112)
1997 Ed. (2646, 2658, 2659, 2661, 2663, 2664, 2665, 2666, 2667, 2668, 3366, 3368, 3369, 3370)
1996 Ed. (726, 777, 2505, 2519, 2520, 2522, 2524, 2526, 3267, 3269, 3270, 3271, 3272)
1995 Ed. (648, 697, 2454, 2455, 2456, 2470, 2471, 2474, 3170, 3174, 3175)
1994 Ed. (2374, 2375, 2389, 2390, 2394, 3122, 3123, 3124)
1993 Ed. (2433, 2436, 2445, 2448, 2449, 2450, 3056, 3057)
1992 Ed. (2867, 2868, 2872, 2874, 2892, 3748, 3749, 3753)
1991 Ed. (2313, 2315, 2316, 2320, 2324, 2326, 2329, 2907, 2905, 2906)
1990 Ed. (2445, 2451, 2454, 2458, 3067, 3071, 3072, 3073)
1989 Ed. (42, 48)
Bacardi Black
1995 Ed. (3175)
1994 Ed. (3124)
Bacardi Black Label
1992 Ed. (3753)
1990 Ed. (3072)
Bacardi Breezer
2004 Ed. (4946)
2003 Ed. (4942)
2001 Ed. (4835)
2000 Ed. (2947, 2971, 4390)
1999 Ed. (3207, 3234, 4763)
1998 Ed. (2391, 3715)
1997 Ed. (3884)
1996 Ed. (2523, 3833)
1995 Ed. (2454, 2456, 2473, 3734)
1994 Ed. (2375, 2392, 2393)
1993 Ed. (2436, 2450)
1992 Ed. (2886)
Bacardi Breezers
2002 Ed. (4908)
Bacardi Carta Blanca
2002 Ed. (3182)
Bacardi family
2006 Ed. (4897)
Bacardi General Promotion
1992 Ed. (3753)
Bacardi General Promotions
1996 Ed. (3272)
Bacardi Gold Reserve, Ron
1991 Ed. (2907)
1990 Ed. (3072)
Bacardi Imports Inc.
1997 Ed. (3367)
1996 Ed. (3268)
1994 Ed. (2053)
1993 Ed. (964, 2037, 2040)
1992 Ed. (2400, 2403)
1991 Ed. (1905)
1990 Ed. (1031, 2009, 2455)
Bacardi-Martini
2006 Ed. (2053)
2005 Ed. (1980)
2004 Ed. (1700, 1872)
2002 Ed. (34, 224)
2001 Ed. (53)
1998 Ed. (2398, 3107)
Bacardi-Martini USA
2001 Ed. (59, 70, 2118, 2119, 2120, 3119, 3126, 3127, 3128, 3130)
2000 Ed. (3833)
1999 Ed. (3210, 4123)
Bacardi Mixers
2003 Ed. (674)
Bacardi O
2008 Ed. (239)
Bacardi Premium Black Label
1991 Ed. (2907)
Bacardi Rum
2008 Ed. (243)
Bacardi Silver
2008 Ed. (239)
2007 Ed. (261, 263)
2006 Ed. (253, 4957)
2005 Ed. (234, 3364, 4924, 4926)
2004 Ed. (228)
2003 Ed. (261)
Bacardi Silver O3
2006 Ed. (4957)
Bacardi U.S.A. Inc.
2006 Ed. (830)
2005 Ed. (922, 4830)
2004 Ed. (927, 2734, 3283, 3286, 4234, 4320, 4839)
2003 Ed. (907, 3227, 3229, 3231, 4211, 4310, 4854)
2002 Ed. (3109, 3151, 3152, 3153)
Bacardi White Rum
2008 Ed. (246)
Bachelor/Bachelorette
2005 Ed. (4665)
Bachman
2000 Ed. (4063)
1998 Ed. (3319)
1997 Ed. (3530, 3664)
1996 Ed. (3054, 3463)
1994 Ed. (3344)
Bachmann Pools & Spas LLC
2007 Ed. (4647)
2005 Ed. (4027)
Bachoco Industrias UBL
2000 Ed. (2228)
Bachoco, SA de CV; Industrias
2005 Ed. (2649)

Bachow & Associates Inc.
2000 Ed. (1535)
1999 Ed. (4708)
1998 Ed. (3667)
BACHY
1999 Ed. (1393)
Bacillus thuringiensis
1994 Ed. (2209)
Back & leg pain remedies
2002 Ed. (321)
Back Bay
2008 Ed. (629)
Back Bay Advisors
2000 Ed. (2806)
1996 Ed. (2408)
Back Bay Restaurant Group Inc.
2008 Ed. (4150, 4151)
2007 Ed. (4132)
2006 Ed. (4106)
Back Bay Restaurants
2000 Ed. (3797)
Back disorders
1996 Ed. (3883)
1995 Ed. (3798, 3799)
Back impairment
1995 Ed. (2078)
Back injuries/pain
1991 Ed. (2627)
Back to the Bible
2008 Ed. (3622)
Back to the Future
1992 Ed. (4249)
1991 Ed. (2489)
1990 Ed. (2611)
Back to the Future II
1992 Ed. (4399)
Back to the Future III
1992 Ed. (4399)
Back to the Future Part III
1992 Ed. (3112)
Back to the Future Ride (Universal Studios)
1993 Ed. (3594)
Back Yard Burgers Inc.
2008 Ed. (2678)
2007 Ed. (2540)
2005 Ed. (2553, 2563)
2004 Ed. (2583)
2003 Ed. (2452)
2002 Ed. (2248)
Backaches
1996 Ed. (221)
Backbase
2008 Ed. (1154)
Backcountry Store Inc.
2004 Ed. (2227)
Backcountry.com
2008 Ed. (2448)
2007 Ed. (2322)
2006 Ed. (4144)
Backdraft
1993 Ed. (3668)
Backer Spielvogel Bates
1995 Ed. (81)
1994 Ed. (84, 92, 105)
1993 Ed. (80, 97, 105, 106, 122)
1992 Ed. (120, 146, 147, 157, 191, 4228)
1991 Ed. (70, 107, 136, 3317)
1990 Ed. (132)
1989 Ed. (79, 80, 145)
Backer Spielvogel Bates Gruppen
1995 Ed. (64)
1994 Ed. (82)
1993 Ed. (92)
1992 Ed. (140)
Backer Spielvogel Bates Worldwide
1995 Ed. (28, 38, 41, 42, 67)
1994 Ed. (53, 61, 62, 66, 67)
1993 Ed. (60, 61, 62, 68, 69, 70, 76, 111)
1992 Ed. (101, 102, 105, 111, 114, 115, 116, 118, 162, 165, 3598)
1991 Ed. (58, 59, 60, 63, 64, 65, 67, 111, 113)
1990 Ed. (58, 59, 60, 61, 68, 69, 70, 72, 112, 114)
1989 Ed. (66, 74, 118, 119)
Backflip
2002 Ed. (4863)
Background investigations
1992 Ed. (3829)
Backpacker
1996 Ed. (2961)
1995 Ed. (2881)
1994 Ed. (2786)
1993 Ed. (2793)
1992 Ed. (3378)
Backstreet Boys
2004 Ed. (2412)
2003 Ed. (1127, 1128, 2332)
2002 Ed. (1162, 2144, 3413)
2001 Ed. (1138, 1384, 2269, 3404)
Backstreet Boys: The Official Book
2003 Ed. (714)
Backus
2002 Ed. (3082, 3083)
2000 Ed. (2932, 2933)
1999 Ed. (3186, 3187)
Backus & Johnston
2007 Ed. (1850)
Backus (L)
1997 Ed. (2634)
Backus Turner & Partners
1989 Ed. (106)
Backus Turner International
2002 Ed. (3818)
2000 Ed. (3648)
BackWeb Technologies, Inc.
2003 Ed. (2704, 2731)
Backwoods
2003 Ed. (966)
Backyard
1995 Ed. (1105)
Bacnotan Consolidated Industries Inc.
2000 Ed. (1540)
BACOB Bank
2000 Ed. (469)
BACOB Savings Bank
1999 Ed. (477)
1997 Ed. (417, 516)
1996 Ed. (455)
1995 Ed. (428)
1994 Ed. (435)
1993 Ed. (435)
1992 Ed. (617)
1991 Ed. (459)
1990 Ed. (509)
1989 Ed. (488)
Bacob's Creek
2008 Ed. (247)
Bacon
2005 Ed. (3417)
2004 Ed. (3404)
2003 Ed. (3334, 3344)
2001 Ed. (3242)
1994 Ed. (1996)
Bacon and /or sausage
1989 Ed. (1463)
Bacon Investment Corp.
1995 Ed. (1078)
Bacon, lettuce, tomato
1990 Ed. (3095)
Bacon; Louis
2008 Ed. (4902)
1995 Ed. (1870)
Bacot-Allain
1989 Ed. (813)
Bacot-Allain-Warburg
1990 Ed. (813)
Bacot; J. Carter
1996 Ed. (381)
Bacou-Dalloz SA
2006 Ed. (3364)
Bacou USA
1998 Ed. (1883)
Bacova Guild
2007 Ed. (4223)
Bactine
2003 Ed. (2486)
Bacto, Allain/S. G. Warburg
1991 Ed. (776)
Bad Ass Coffee Co.
2008 Ed. (1030)
2007 Ed. (1149)
2006 Ed. (1060)
2005 Ed. (1050)
The Bad Beginning
2004 Ed. (735)
2003 Ed. (710)
Bad Boy Worldwide
2006 Ed. (2499)
Bad Boys 2
2005 Ed. (3519, 3520)
Bad checks
1991 Ed. (1000)
Badcock; W. S.
1997 Ed. (2097)
1996 Ed. (994, 1992)
1995 Ed. (1963, 1965, 2447)
1994 Ed. (1934, 1938)
1992 Ed. (2253)
1991 Ed. (3240)
1990 Ed. (1866)
Badel
1997 Ed. (3928)
Badenoch & Clark
2007 Ed. (2023)
Bader Rudder & Associates
1996 Ed. (56)
Bader Rutter & Associates Inc.
2008 Ed. (190, 191, 192, 194, 195, 819)
2007 Ed. (203, 204, 205, 207, 208, 861)
2006 Ed. (195, 196, 197, 199, 200, 760)
2005 Ed. (183, 184, 185, 186, 187, 188, 833)
2004 Ed. (860)
2003 Ed. (816, 4018)
2002 Ed. (3826, 3839)
2001 Ed. (211)
2000 Ed. (3631, 3659)
1999 Ed. (3915, 3945)
1998 Ed. (37, 104, 2952)
1997 Ed. (51, 3206)
1996 Ed. (3130)
1995 Ed. (35, 3005, 3026)
1994 Ed. (63)
1993 Ed. (73)
1992 Ed. (3571, 3562)
1989 Ed. (81)
Badertscher Communications
2008 Ed. (819)
2007 Ed. (861)
2004 Ed. (860)
2003 Ed. (816)
The Badger Co. Inc.
1996 Ed. (1666, 1669, 1670)
1995 Ed. (1684, 1687, 1688, 1691, 1696)
1994 Ed. (1172, 1173, 1637, 1640, 1648, 1649, 1650, 1652)
1993 Ed. (1608, 1614, 1615, 1616, 1620)
1992 Ed. (1950, 1953, 1962, 1964, 1968)
Badger Income Fund
2006 Ed. (1617)
2005 Ed. (1728)
Badger Meter Inc.
2008 Ed. (2356, 2358, 2362)
2005 Ed. (3044)
Badger Mining Corp.
2008 Ed. (4346)
1990 Ed. (3094)
Badger State Ethanol
2006 Ed. (809)
Badgerline Holdings Ltd.
1995 Ed. (1008)
1994 Ed. (995)
Badilllo/Saatchi & Saatchi
1989 Ed. (154)
Badillo NAZCA S & S
1999 Ed. (146)
1998 Ed. (64)
1997 Ed. (135)
1996 Ed. (131)
Badillo Nazca Saatchi & Saatchi
2003 Ed. (139)
2002 Ed. (172)
2001 Ed. (201)
2000 Ed. (163)
Badillo/Saatchi & Saatchi
1991 Ed. (145)
1990 Ed. (145)
Badillo/SSA
1995 Ed. (117)
1994 Ed. (112)
1993 Ed. (131)
1992 Ed. (201)
Badishkanian; Gregory
2006 Ed. (2579)
Badminton
1999 Ed. (4383)
Badminton School
1999 Ed. (4145)
BAe
2001 Ed. (270)
BAe Asset Management
2001 Ed. (345)
BAe Avro
2001 Ed. (343, 344)
BAE Industries Inc.
2007 Ed. (3567, 4427)
Bae 146/Avro RJ
1999 Ed. (246)
BAE Systems Inc.
2008 Ed. (2285, 3167, 3172, 3181)
2007 Ed. (1403, 1411, 2170, 2171)
2002 Ed. (243)
BAE Systems Holdings Inc.
2007 Ed. (1867, 1868, 4947)
2006 Ed. (1862, 1863, 4941)
2005 Ed. (1853, 1854, 4908)
2003 Ed. (4926)
BAE Systems Information & Electronic Systems Integration Inc.
2008 Ed. (1971, 1972)
2007 Ed. (1911, 1912)
2006 Ed. (1926, 1927)
2005 Ed. (1900, 1901)
2004 Ed. (1816, 1817)
BAE Systems Information Technology
2008 Ed. (3180)
BAE Systems North America Inc.
2006 Ed. (1366, 1373, 1863, 2246, 2247)
2005 Ed. (1360, 1854, 2150, 2152)
2004 Ed. (1789)
BAE Systems plc
2008 Ed. (162, 164, 165, 1451, 2124, 3587)
2007 Ed. (180, 181, 182, 183, 185, 186, 187, 188, 2030, 2169)
2006 Ed. (182, 4086)
2005 Ed. (163, 165, 167, 1389, 2151, 2155, 3691)
2004 Ed. (164, 165, 2012, 2013, 2016, 3772)
2003 Ed. (203, 206, 210, 1349, 1363, 1970, 1972, 1975)
2002 Ed. (242, 1592, 1911, 4669)
2001 Ed. (1888)
BAE Systems Technology Solutions & Services
2008 Ed. (1348, 4798, 4799)
Baer; Julius
1997 Ed. (2537)
1996 Ed. (2391, 2403)
1995 Ed. (2371)
1991 Ed. (2219)
Baeza; Mario L.
2008 Ed. (1428)
2007 Ed. (1444)
Bafar, SA de CV; Grupo
2005 Ed. (2649)
Bag of Bones
2001 Ed. (986)
Bag the Elephant: How to Win & Keep Big Customers
2007 Ed. (659)
Baganuur
2006 Ed. (4522)
2002 Ed. (4445, 4446)
Bagasse
2001 Ed. (2155)
Bagcraft
1992 Ed. (1387)
Bagel Bites
2008 Ed. (2790)
Bagel Boys
2001 Ed. (546)
Bagels
2003 Ed. (367, 369, 2557)
2002 Ed. (425)
1998 Ed. (255, 1709)
1997 Ed. (327)
Bagels Forever
2001 Ed. (546)
Bagels, fresh
1999 Ed. (4508)
Bagels, frozen
1996 Ed. (2646)
Bagels, packaged
1998 Ed. (3434)

Bagels (pkg,)
2000 Ed. (4143)
Bagfas
1992 Ed. (2812)
1991 Ed. (2267)
Bagged snacks
1990 Ed. (3665)
1989 Ed. (2883)
Baggins; Frodo
2006 Ed. (649)
Bagley & Cia
1991 Ed. (14)
Bagley; James W.
2007 Ed. (2502)
Bagley ORD
2000 Ed. (2228)
Bagley y Cia
1990 Ed. (20)
Baglion; Claudio
1993 Ed. (108)
Bagnato Realty Services LLC
1999 Ed. (4008, 4010)
Bags, oven
2002 Ed. (3719)
Bahaa Hariri
2008 Ed. (4875)
Bahag Belp AG
2003 Ed. (1669, 1672, 1829)
Bahama Breeze Caribbean Grille
2004 Ed. (4131)
Bahamas
2008 Ed. (2205, 2397)
2007 Ed. (2095, 2264)
2006 Ed. (2151, 2333)
2005 Ed. (2057)
2004 Ed. (1911, 1922)
2003 Ed. (1880)
2002 Ed. (1820, 4080, 4081)
2001 Ed. (1020, 1951, 4149, 4585, 4586)
2000 Ed. (808, 3840, 4252)
1999 Ed. (4623)
1997 Ed. (3372, 3768)
1995 Ed. (3176)
1994 Ed. (1234, 1508, 1509, 3126)
1993 Ed. (178, 179, 3062, 3595, 3596)
1992 Ed. (268, 269, 2361, 3755, 4321, 4322)
1991 Ed. (2908, 3406, 3407)
1990 Ed. (203, 204, 205, 3503, 3610, 3611, 3612, 3613, 3615, 3616, 3617, 3618, 3619)
1989 Ed. (229, 230)
Bahamas International Trust Co. Ltd.
1996 Ed. (450)
1995 Ed. (425)
1994 Ed. (430)
1992 Ed. (612)
1991 Ed. (456)
Bahamas International Trust C Ltd.
1993 Ed. (430)
Bahana Securities
1997 Ed. (3473)
1996 Ed. (3377)
Bahlsen
1996 Ed. (1176)
1989 Ed. (356)
Bahnson Holdings Inc.
2008 Ed. (1264)
Bahrain
2008 Ed. (478, 2206, 2401)
2007 Ed. (521, 2096, 2265)
2006 Ed. (501, 2152, 2334, 4591)
2005 Ed. (581, 2058)
2004 Ed. (1923)
2003 Ed. (586)
2002 Ed. (328, 329, 1821)
2001 Ed. (1952, 2586)
2000 Ed. (1615)
1999 Ed. (1786)
1997 Ed. (1547)
1996 Ed. (426, 1482, 3025)
1995 Ed. (1523)
1994 Ed. (1491)
1992 Ed. (350, 1731, 1740, 2082)
1991 Ed. (1385)
1990 Ed. (1447)
Bahrain & Kuwait; Bank of
2008 Ed. (25)
2007 Ed. (401)
2006 Ed. (416)
2005 Ed. (463)
Bahrain Arab International Bank
1994 Ed. (410)
Bahrain Commercial Facilities Co.
2007 Ed. (20)
Bahrain; Government of
2008 Ed. (25)
2005 Ed. (21)
Bahrain Grand Prix
2008 Ed. (25)
Bahrain Housing Bank
1991 Ed. (32)
Bahrain International Bank
2005 Ed. (463, 531)
2004 Ed. (451, 556)
2003 Ed. (465)
2002 Ed. (526, 4384)
2000 Ed. (444, 466)
1999 Ed. (452, 474)
1997 Ed. (395, 414)
1996 Ed. (430, 451)
1995 Ed. (403, 426)
1994 Ed. (410, 431)
1993 Ed. (431)
1990 Ed. (473)
1989 Ed. (448, 450, 452, 582)
Bahrain International Circuit
2008 Ed. (25)
Bahrain Islamic Bank
2007 Ed. (401)
2006 Ed. (416)
1997 Ed. (395)
1996 Ed. (452)
1990 Ed. (613)
Bahrain Middle East Bank
2002 Ed. (4383, 4384)
2000 Ed. (444)
1999 Ed. (452)
1997 Ed. (395)
1996 Ed. (430)
1995 Ed. (403, 426)
1994 Ed. (410)
1992 Ed. (582, 613)
1991 Ed. (427, 457)
1990 Ed. (476)
1989 Ed. (450, 454)
Bahrain National Oil Co.
2008 Ed. (3929)
2007 Ed. (3880)
2006 Ed. (3854)
2005 Ed. (3788)
2004 Ed. (3861)
2003 Ed. (3844)
Bahrain Telecommunication Co.
2006 Ed. (4483)
Bahrain Telecommunications Co.
2002 Ed. (4382, 4383, 4384)
Bahraini Saudi Bank
2008 Ed. (383)
1999 Ed. (452)
1997 Ed. (395)
1996 Ed. (452)
Bahrenburg; Jeff
1996 Ed. (1867)
BaHypoVereinsbank AG
2007 Ed. (452)
Baiada Poultry
2004 Ed. (3950)
2002 Ed. (247, 3770)
Baidu.com Inc.
2007 Ed. (4279)
BAII Group
1991 Ed. (429, 596)
1990 Ed. (485, 630)
1989 Ed. (462)
Bailando por un Sueno
2007 Ed. (2847)
Bailard Biehl & Kaiser International Equity
2006 Ed. (3673)
2004 Ed. (3644)
Bailey Controls
1992 Ed. (1925)
Bailey Daihatsu; Dean
1992 Ed. (380)
Bailey; George
1990 Ed. (2483)
Bailey Organisation Ltd.; The N. G.
1995 Ed. (1008)
Bailey/Sudmilch
1994 Ed. (3680)
Baileys
2008 Ed. (246)
2004 Ed. (3266, 3269, 3270)
2003 Ed. (3219, 3224)
2002 Ed. (299, 3086, 3093, 3094, 3095, 3096, 3097, 3163, 3166)
2001 Ed. (3105, 3106, 3107, 3108, 3109, 3110, 3138, 3145)
2000 Ed. (2942, 2973)
1999 Ed. (3199, 3200, 3202, 3229, 3233, 3246, 3248)
1998 Ed. (2364, 2369, 2370, 2372, 2388, 2396, 2397)
1997 Ed. (2636, 2641, 2643, 2644, 2661)
1996 Ed. (2494, 2499, 2501, 2502, 2503)
1995 Ed. (2448, 2452, 2474)
1994 Ed. (2369, 2373, 2393)
1993 Ed. (2425, 2429, 2430, 2431, 2432, 2433)
Bailey's Irish Cream
2002 Ed. (3182)
2001 Ed. (3113)
1992 Ed. (2861, 2867, 2890)
1991 Ed. (2312)
1990 Ed. (2443, 2444)
Baileys Original Irish Cream
1991 Ed. (2315, 2322, 2328, 2330)
1990 Ed. (2456, 2461)
Baille Gifford Emerging Markets Growth
2000 Ed. (3310)
Bailleres; Alberto
2008 Ed. (4886)
Baillie & the Boys
1993 Ed. (1079)
Baillie & The Boys; George Strait Kathy Mattea,
1991 Ed. (1040)
Baillie Gifford
1993 Ed. (2357)
Baillie Gifford Overseas
1995 Ed. (2356, 2372)
1993 Ed. (2307)
Baillie Gifford Shin Nippon
1992 Ed. (3205)
Bain
2005 Ed. (3372)
1999 Ed. (967)
1993 Ed. (1638)
Bain & Co.
2008 Ed. (762, 763, 764, 765, 3016)
2007 Ed. (787, 788, 789, 1686, 2024)
2006 Ed. (694, 695, 696, 1446, 3276)
2004 Ed. (1700, 1872)
1997 Ed. (744, 745, 746, 748)
1995 Ed. (765, 766, 767, 768, 769)
1991 Ed. (1589)
Bain Capital Inc.
2008 Ed. (1405, 1425, 3399, 3445, 4079, 4293)
2007 Ed. (2852)
2006 Ed. (2863)
2005 Ed. (2856, 3284)
2004 Ed. (809, 2848)
2003 Ed. (2761)
2001 Ed. (2726)
1997 Ed. (2628)
Bain Capital LLC
2008 Ed. (2974)
2007 Ed. (1442)
Bain Capital Partners LLC
2008 Ed. (2974)
Bain de Soleil
2003 Ed. (4620, 4621, 4622)
2001 Ed. (4392)
2000 Ed. (4039, 4139)
1999 Ed. (4505)
1998 Ed. (1358, 3432)
1997 Ed. (711, 3658, 3659)
1994 Ed. (3457)
1990 Ed. (3487)
Bain Hogg Group
1996 Ed. (2276)
Baine P. Kerr
1990 Ed. (1713)
Bainsbury Plc; J.
1995 Ed. (3650)
Baird Adjustable-Rate Income
1998 Ed. (2597, 2642)
Baird Advisors
2003 Ed. (3075)
Baird & Co.; Robert W.
1991 Ed. (3035)
Baird Blue Chip
1992 Ed. (3160)
Baird; D. Euan
1991 Ed. (1624)
Baird Group
2007 Ed. (2038)
Baird Holm
2001 Ed. (861)
Baird Investment Management, Mid Cap Equity
2003 Ed. (3130)
Baird Kurtz & Dobson
2002 Ed. (13, 14)
2000 Ed. (13)
1999 Ed. (16)
1998 Ed. (12)
Baird Kurtz & Dobson LLP
1997 Ed. (5)
Baird PLC; William
1996 Ed. (1021)
1995 Ed. (1037)
1994 Ed. (1031)
1993 Ed. (999)
1992 Ed. (1229)
1991 Ed. (986)
Baird; Robert W.
2007 Ed. (3656)
1997 Ed. (3468)
1993 Ed. (2314)
1990 Ed. (2336, 2339)
Baird; Stephen W.
2006 Ed. (2514)
Baird Textile Holdings Ltd.
2001 Ed. (1282)
2000 Ed. (1125)
1999 Ed. (1206)
1997 Ed. (1040)
1996 Ed. (1021)
1995 Ed. (1037)
1994 Ed. (1031)
Bairnco
1989 Ed. (1316)
Baja
1990 Ed. (1380)
Baja Auto
1992 Ed. (903)
Baja Auto Service Inc.
2007 Ed. (347)
Baja Fresh
2006 Ed. (4123)
2005 Ed. (4050, 4051)
2004 Ed. (4122, 4123)
Baja Fresh Mexican Grill
2008 Ed. (2667, 2669, 2680, 2686, 4162, 4186)
2007 Ed. (2534, 2545, 4151)
2006 Ed. (2555, 2556, 2560, 2562, 2574)
2005 Ed. (2548, 2549, 2553, 2555, 2558)
2004 Ed. (4118, 4124, 4139)
2003 Ed. (4120)
Baja Printing
2000 Ed. (1099, 2398)
Baja Rosa
2004 Ed. (4699)
2003 Ed. (4721)
Bajaj
1991 Ed. (962)
1990 Ed. (1379)
Bajaj Auto
2008 Ed. (1565)
2000 Ed. (1457, 1459)
1999 Ed. (742, 1654)
1997 Ed. (1429)
1996 Ed. (753, 1378)
1995 Ed. (1417)
1994 Ed. (25)
1993 Ed. (33, 714, 715)
1992 Ed. (902)
1991 Ed. (721)
Bajaj Hindusthan
2008 Ed. (1801)
Bajo de la Alumbrera
2006 Ed. (1429)

Bakar; Mustapha Kamal Abu
2006 Ed. (4917)
Bakar; Todd
1996 Ed. (1770, 1800)
BakBone Software
2007 Ed. (1623)
2006 Ed. (2813)
2002 Ed. (1604)
Bakcell Telephone Co.
2005 Ed. (20)
Bake-Line Products Inc.
1992 Ed. (492)
Baked Cheetos
2008 Ed. (4440)
Baked Doritos
2008 Ed. (4703)
Baked goods
2008 Ed. (2732)
2003 Ed. (3941, 3942)
1994 Ed. (2657)
Baked goods, fresh
1999 Ed. (1413, 2125)
Baked goods, frozen
2001 Ed. (2078)
Baked goods, in store
1995 Ed. (3530)
Baked Lay's
2003 Ed. (3919)
2002 Ed. (4300)
2000 Ed. (3577)
1999 Ed. (4344, 4346)
1998 Ed. (1726, 2668, 2669)
Baked Tostitos
2002 Ed. (4640)
2001 Ed. (4579)
2000 Ed. (4267)
Baken Ets
2002 Ed. (4300)
Baker & Botts
1993 Ed. (2398)
1992 Ed. (2837)
1991 Ed. (2287)
1990 Ed. (2420)
Baker & Daniels
2004 Ed. (3225)
2001 Ed. (812)
Baker & Hostetler LLP
2007 Ed. (1506, 1507)
Baker & Hotts LLP
2001 Ed. (3085)
Baker & McKenzie
2008 Ed. (3428, 3437, 3438)
2007 Ed. (3301, 3303, 3305, 3317)
2006 Ed. (3243, 3245, 3246, 3247, 3251)
2005 Ed. (3254, 3255, 3256, 3274, 3275)
2004 Ed. (3224, 3226, 3250, 3251)
2003 Ed. (3170, 3178, 3180, 3181, 3204, 3205)
2002 Ed. (3797)
2001 Ed. (3051, 3085, 3086)
2000 Ed. (2891, 2897)
1999 Ed. (3141)
1998 Ed. (2324)
1997 Ed. (2595)
1996 Ed. (2450)
1995 Ed. (2412, 2414)
1994 Ed. (2351)
1993 Ed. (2388, 2390)
1992 Ed. (2825, 2826, 2827, 2838, 2839)
1991 Ed. (2277, 2278)
1990 Ed. (2412)
Baker & McKenzie International
2005 Ed. (3265)
2004 Ed. (3235)
2003 Ed. (3183, 3184)
Baker & McKenzie LLP
2008 Ed. (3437, 3438)
2007 Ed. (3337, 3338)
2006 Ed. (3265, 3266)
Baker Botts
2003 Ed. (3171, 3172, 3173, 3174)
Baker Botts LLP
2007 Ed. (3312, 3316)
Baker; Charles
2008 Ed. (963)
Baker Concrete Construction Inc.
2008 Ed. (1223, 1255)
2007 Ed. (1338, 1357, 1366)
2006 Ed. (1238, 1266, 1289, 1295)
2005 Ed. (1297)
2004 Ed. (1246)
2003 Ed. (1243)
2002 Ed. (1232)
2001 Ed. (1472)
2000 Ed. (1258)
1999 Ed. (1366)
1998 Ed. (944)
1997 Ed. (1161, 1167, 1178)
1996 Ed. (1141, 1149)
1995 Ed. (1158, 1163, 1174)
1994 Ed. (1139, 1145, 1155)
1993 Ed. (1123, 1131, 1139)
1992 Ed. (1410, 1418, 1425)
1991 Ed. (1085)
1990 Ed. (1204)
Baker, Donelson
2003 Ed. (3179)
Baker, Donelson, Bearman, Caldwell & Berkowitz
2008 Ed. (3415)
Baker, Donelson, Bearman, Caldwell & Berkowitz PC
2008 Ed. (2102)
2007 Ed. (1510)
Baker Drywall Ltd.
2007 Ed. (1372)
2006 Ed. (1297)
2005 Ed. (1324)
2002 Ed. (1301)
Baker; G. T.
2005 Ed. (2479)
Baker, G. Thomas
1995 Ed. (983)
Baker; George
1994 Ed. (1796)
1991 Ed. (1697)
Baker Group; Charles
1990 Ed. (105)
Baker Inc.; Hayward
1992 Ed. (1415)
Baker Hughes Inc.
2008 Ed. (2498)
2007 Ed. (2382, 3833, 3834, 3835, 3836, 4039)
2006 Ed. (1494, 2439, 3820, 3821, 3822, 4005, 4073)
2005 Ed. (1511, 2397, 3728, 3729, 3730, 3731, 3931)
2004 Ed. (1495, 3820, 3821, 3822, 3823, 4488)
2003 Ed. (1465, 1557, 2896, 3810, 4534, 4538)
2002 Ed. (1445, 2726, 2727, 4872)
2001 Ed. (2843)
2000 Ed. (3032, 4128)
1999 Ed. (3794)
1998 Ed. (2816, 2821)
1997 Ed. (3081, 3082)
1996 Ed. (1229, 3002, 3003)
1995 Ed. (1285, 2236, 2237, 2907)
1994 Ed. (2182, 2183, 2839, 2840, 2841)
1993 Ed. (2163, 2164, 2828, 2829)
1992 Ed. (2593, 2594, 3422, 3423, 3424)
1991 Ed. (2019, 2020, 2718, 2719, 2720)
1990 Ed. (2172, 2173, 2830, 2831, 2832, 3562)
1989 Ed. (1652, 1653, 2203, 2206, 2208)
Baker Hughes Oilfield Operations Inc.
2004 Ed. (3818)
2003 Ed. (3808)
Baker International Corp.
2005 Ed. (1506)
Baker; J.
1994 Ed. (1016, 3295)
1993 Ed. (988)
1991 Ed. (3147)
1990 Ed. (3278)
Baker; James D. & Alice
1992 Ed. (1098)
Baker Knoll; Catherine
1993 Ed. (3443)
Baker; Leanne
1996 Ed. (1795)
1995 Ed. (1822)
Baker Lovick Ltd.
1991 Ed. (82, 83)
1990 Ed. (85)
1989 Ed. (91)
Baker Lovick Advertising
1993 Ed. (142)
1992 Ed. (130, 131, 132)
1989 Ed. (92)
Baker Mellon Stuart Construction Inc.
1998 Ed. (904)
Baker Corp.; Michael
2005 Ed. (2415)
1993 Ed. (1607)
Baker Newman & Noyes
2002 Ed. (16)
2000 Ed. (14)
1999 Ed. (17)
1998 Ed. (13)
Baker Newman & Noyes LLC
2008 Ed. (6)
2007 Ed. (8)
2006 Ed. (12)
2005 Ed. (7)
2004 Ed. (11)
2003 Ed. (5)
Baker Pacific Corp.
1992 Ed. (1423)
1991 Ed. (1090)
Baker plc; Ted
2008 Ed. (4230)
Baker Press
1998 Ed. (2918)
1997 Ed. (3166)
Baker Project Consulting
2007 Ed. (2960)
Baker Roofing Co.
2008 Ed. (1263, 1324)
2007 Ed. (1367)
2006 Ed. (1291, 1333)
2005 Ed. (1319)
2004 Ed. (1313)
2003 Ed. (1313)
2002 Ed. (1296)
2001 Ed. (1480)
2000 Ed. (1266)
1999 Ed. (1374)
1998 Ed. (953)
1997 Ed. (1168)
1995 Ed. (1164)
1993 Ed. (1130)
1992 Ed. (1417)
1991 Ed. (1084)
Baker; Thomas G.
2005 Ed. (976)
Baker Tilly
2002 Ed. (25)
2001 Ed. (1537, 4179)
Baker Tilly International Ltd.
2008 Ed. (4)
2007 Ed. (6)
2006 Ed. (6, 8, 9, 10)
Baker; W. Randolph
2007 Ed. (1044)
2006 Ed. (949)
2005 Ed. (988)
Bakers
2008 Ed. (719)
2002 Ed. (3160)
Bakers Footwear Group Inc.
2008 Ed. (4333)
2007 Ed. (1892)
2006 Ed. (1911)
Baker's Secret
2007 Ed. (1425)
2005 Ed. (1401)
2003 Ed. (1374)
Bakers Square
2008 Ed. (4159)
2003 Ed. (4078)
2002 Ed. (4002)
2000 Ed. (3785)
1999 Ed. (4066)
1997 Ed. (3314)
1996 Ed. (3213)
1995 Ed. (3117, 3140)
1994 Ed. (3072, 3090)
1993 Ed. (3018, 3033)
1992 Ed. (3710)
1991 Ed. (2870)
1990 Ed. (3006)
Baker's Supermarkets Inc.
2004 Ed. (1809)
Bakersfield, CA
2007 Ed. (3361)
2006 Ed. (4863)
2005 Ed. (1057, 2992, 3324, 4792, 4796)
2004 Ed. (188, 189, 190, 3487)
2003 Ed. (231, 232, 3418)
1999 Ed. (1162, 2687, 2809, 3393)
1998 Ed. (176, 733)
1994 Ed. (2495)
1993 Ed. (2547)
1992 Ed. (369, 1154, 1156)
1991 Ed. (3288)
1989 Ed. (845)
Bakery
2008 Ed. (2839)
2007 Ed. (4598)
2006 Ed. (4611)
2003 Ed. (4643)
2001 Ed. (4385)
2000 Ed. (3135, 3620, 4151)
Bakery & Confectionery
2003 Ed. (3764)
2000 Ed. (3450)
1999 Ed. (3733)
1998 Ed. (2773)
Bakery & Confectionery Union
2007 Ed. (3795)
2004 Ed. (3790)
2001 Ed. (3686)
1997 Ed. (3016)
1996 Ed. (2927, 2939)
1995 Ed. (2851)
Bakery & Confectionery Union & Industry International Pension Fund
2000 Ed. (3451)
1998 Ed. (2774, 3609)
1996 Ed. (3729)
Bakery & Confectionery Union & Industry International Pension Fund, Kensington, MD
2000 Ed. (4283)
Bakery & Tobacco Workers Local 19
2001 Ed. (3040)
Bakery, Confectionary International Union
1991 Ed. (2686, 3412)
1990 Ed. (2783, 3628)
Bakery, Confectionery & Tobacco Workers International Union
1994 Ed. (2757, 2769, 3564)
Bakery, Confectionery International Union
1993 Ed. (2780, 3607)
1992 Ed. (3355, 4333)
Bakery foods
1995 Ed. (2998)
Bakery foods, packaged
1995 Ed. (3529)
1994 Ed. (3463)
Bakery foods, pkg.
2000 Ed. (4144)
Bakery goods
2007 Ed. (131)
2002 Ed. (3494)
Bakery, in-store
1994 Ed. (1995)
Bakery products
1998 Ed. (29)
1997 Ed. (2929)
1993 Ed. (2708)
Bakery products, in-store
1999 Ed. (4507)
1998 Ed. (3433)
Baking/cooking items
1994 Ed. (1493)
Baking cups & liners
2002 Ed. (4092)
Baking fruits
2001 Ed. (551)
Baking ingredients
2002 Ed. (3490)
1999 Ed. (3599)
1997 Ed. (2929)
1994 Ed. (2657)
1993 Ed. (2708)
Baking mixes
2008 Ed. (2732)
1999 Ed. (365)
Baking soda
2003 Ed. (376)
2002 Ed. (431)
Baking soda dentifrices
1995 Ed. (2903)

Baking supplies
1993 Ed. (2109)
Bakkavor Group
2006 Ed. (1699, 1756, 2748)
Bakkavor Group hf.
2006 Ed. (4506)
Bakken
2007 Ed. (273)
2006 Ed. (268)
2005 Ed. (249)
2003 Ed. (273)
2002 Ed. (308)
2001 Ed. (377)
1997 Ed. (247)
1996 Ed. (216)
1995 Ed. (217)
Bakrie; Aburizal
2006 Ed. (4916)
Bakrie & Brothers Bhd
1999 Ed. (1574)
1997 Ed. (1431)
Bakrieland Development Tbk
2000 Ed. (2872)
Bala Consulting Engineers Inc.
1991 Ed. (1564)
Balado National Tires Inc.
1995 Ed. (2100)
Balakovo Chemical Fiber Production Association
1993 Ed. (910)
Balance
2008 Ed. (4444)
2002 Ed. (1976)
Balanced
1989 Ed. (1845)
Balanced Care Corp.
2005 Ed. (1560)
Balanced 50
2003 Ed. (3114, 3138)
Balanced funds
2001 Ed. (2525)
1992 Ed. (2805)
Balanced funds (stocks and bonds)
1995 Ed. (3160)
Balanced 60
2003 Ed. (3114)
Balboa Life Insurance Co.
1997 Ed. (2449)
Balboa Travel Inc.
2006 Ed. (2836, 3498, 4342)
Balch & Bingham
2001 Ed. (723)
Balchem Corp.
2000 Ed. (279)
1999 Ed. (259)
Balcor Co.
1997 Ed. (3265)
1994 Ed. (3014, 3017)
1993 Ed. (238, 239, 2977)
1992 Ed. (3633, 3637)
1991 Ed. (247, 2821)
1989 Ed. (2293)
Balcor Institutional
1990 Ed. (2969)
Balcor Institutional Realty Advisors, Inc.
1992 Ed. (2775)
1991 Ed. (2247)
Balcor Property Management
1993 Ed. (2980)
Bald eagle
1996 Ed. (1643)
Baldor Electric Co.
2005 Ed. (2283)
Baldwin Co.
1996 Ed. (1099)
1994 Ed. (1117)
1992 Ed. (1896)
Baldwin & Cornelius
1991 Ed. (1563)
Baldwin & Shell Construction Co.
2008 Ed. (1271)
2007 Ed. (1374)
Baldwin; Louis
2008 Ed. (965)
2007 Ed. (1075)
2006 Ed. (981)
Baldwin Piano & Organ
2001 Ed. (3409)
2000 Ed. (3221)
1998 Ed. (2589)
1996 Ed. (2749, 2750)
1995 Ed. (2671, 2672)
1994 Ed. (2588, 2589, 2590, 2597)
1993 Ed. (2644)
1992 Ed. (3142, 3143, 3144)
Baldwin Richardson Foods Co.
2007 Ed. (3537)
2006 Ed. (3499, 3511, 4350)
Baldwin; Shawn D.
2008 Ed. (184)
Baldwin Supply Co.
2007 Ed. (4428)
Baldwin Technology
1990 Ed. (1972, 3302)
Baldwin-United
2000 Ed. (391)
1999 Ed. (391)
1997 Ed. (353)
1996 Ed. (382)
1994 Ed. (358)
1993 Ed. (365, 366)
Baldwin United/MGIC
1991 Ed. (1146)
Baldwin-Wallace College
2000 Ed. (1138)
1999 Ed. (1229)
1997 Ed. (1055)
Balenciaga
2008 Ed. (3596)
Balestra Capital
1993 Ed. (2352, 2354)
Balfour Beatty
2007 Ed. (1312)
2006 Ed. (1251)
2005 Ed. (1306)
2004 Ed. (774, 1274, 1298, 1299)
2001 Ed. (1412)
2000 Ed. (1214)
1999 Ed. (1395, 1405)
1993 Ed. (1619)
1992 Ed. (1967)
Balfour Beatty Construction Inc.
2008 Ed. (1236)
2007 Ed. (1349)
2003 Ed. (765, 1295, 1298)
2002 Ed. (1237, 1283, 1286)
2001 Ed. (1467)
2000 Ed. (1255)
Balfour Beatty Group Ltd.
2004 Ed. (1167)
2002 Ed. (1190)
Balfour Beatty plc
2008 Ed. (1203, 1290, 1305, 1308, 1309, 1458, 1461, 2552, 2558)
2007 Ed. (1313, 2425, 2431)
2006 Ed. (1205, 1305, 1322, 1323, 2460, 2466)
2005 Ed. (1332, 1337, 2421, 2426)
2004 Ed. (1326, 1334, 2387, 2394)
2003 Ed. (1326, 1335, 2305, 2313)
2002 Ed. (1194, 1310, 1321, 1328, 1792, 4618)
Balfour Ltd.; Kenneth
1995 Ed. (1007)
Balfour MacLaine
1992 Ed. (957, 319)
1991 Ed. (774, 3096)
1990 Ed. (3244, 3246)
Bali
2008 Ed. (3447)
2007 Ed. (3351)
2006 Ed. (3284)
2003 Ed. (1003)
1998 Ed. (766)
Baliles; Gerald L.
1992 Ed. (2344)
Balitmore Ravens
2003 Ed. (4522)
Balkanbank
1997 Ed. (424)
1996 Ed. (461)
1995 Ed. (434)
1993 Ed. (442)
Balkanbank Commercial Bank
1994 Ed. (441)
Balkrishna Industries
2008 Ed. (1801)
Ball Corp.
2008 Ed. (578, 846, 1218, 1219, 1677, 1684, 1686, 1688, 1689, 1692, 3027, 3662, 3663)
2007 Ed. (1329, 1330, 1331, 1332, 1333, 1663, 1664, 1665, 1666, 1667, 1670, 3492)
2006 Ed. (1221, 1222, 1223, 1224, 1225, 1226, 1647, 1648, 1649, 1650, 1652, 1654, 1655, 1656, 1657, 1658, 1659, 1663, 3422, 3467)
2005 Ed. (1261, 1262, 1263, 1264, 1266, 1268, 1269, 1608, 1734, 1737, 1738, 1739, 1740, 1741, 1745, 3409, 3458, 4462)
2004 Ed. (1227, 1228, 1229, 1230, 1232, 1233, 1608, 1678, 1680, 1681, 1683, 1687, 2675, 3398, 3444, 4486, 4490)
2003 Ed. (1221, 1222, 1223, 1224, 1650, 1651, 1654, 1656, 1657, 3379, 3380, 4536)
2002 Ed. (1620, 1628, 2320, 3316, 3317, 4084)
2001 Ed. (1454, 1455, 1456, 1580, 2463, 3279, 3286)
2000 Ed. (1244, 1402, 1403, 2337, 3084, 3085, 3397)
1999 Ed. (1347, 1479, 3347, 3348, 3682)
1998 Ed. (930, 1840, 2468, 2469, 2731, 3372)
1997 Ed. (1144, 1430, 2148, 2752, 2753)
1996 Ed. (1117, 1118, 1379, 2609, 2610)
1995 Ed. (949, 1143, 1418, 2547, 2548)
1994 Ed. (1127, 1128, 1129, 1387, 1975, 2479, 2481)
1993 Ed. (1109, 1110, 1222, 1332, 1953, 2535)
1992 Ed. (3029)
1991 Ed. (1072, 2419, 2421, 1071)
1990 Ed. (1190, 2541, 2542)
1989 Ed. (1945, 1947)
Ball Aerospace & Technologies Corp.
2002 Ed. (4568)
Ball Financial Group, Inc.
1992 Ed. (3633)
Ball-Foster Glass Container Co. LLC
2001 Ed. (1145)
Ball Homes
2003 Ed. (1179)
2002 Ed. (2682)
Ball Horticultural Co.
2008 Ed. (2271)
2007 Ed. (2156)
2006 Ed. (2235)
2005 Ed. (2140)
2004 Ed. (1998)
Ball-Incon
1992 Ed. (2295)
Ball Metal Beverage Container Corp.
2006 Ed. (1660, 1662)
2005 Ed. (1742, 1744)
Ball Packaging
2007 Ed. (3497)
Ball Packaging Products Canada
1992 Ed. (3323)
Ball Park
2008 Ed. (2770, 3606)
1995 Ed. (1940)
Ball Partnership
1993 Ed. (105)
1992 Ed. (157)
1991 Ed. (107)
1989 Ed. (114)
Ball Partnership Euro RSCG
1994 Ed. (92, 114, 122)
Ball Plastic Container
1999 Ed. (3840)
Ball-point pens
1993 Ed. (3741)
1992 Ed. (4494)
1990 Ed. (3712)
Ball State University
2008 Ed. (2403, 3786)
2005 Ed. (798, 799, 2273)
2004 Ed. (825, 826, 827)
2002 Ed. (889)
Ball WCRS Partnership
1990 Ed. (109, 155)
Ballack; Michael
2008 Ed. (4453)
Ballantine
2008 Ed. (627)
2007 Ed. (666, 668)
2006 Ed. (641, 643)
2005 Ed. (731)
2004 Ed. (750, 752)
2003 Ed. (728, 730)
1990 Ed. (2456, 2460, 2461, 2462, 2463, 3113, 3115)
Ballantine's
2004 Ed. (4314)
2003 Ed. (4304)
2002 Ed. (4174)
2001 Ed. (4168)
1999 Ed. (4154)
1996 Ed. (2525)
1994 Ed. (3153)
1993 Ed. (3109, 3110)
1992 Ed. (2889, 2890, 3813)
1989 Ed. (2363, 2365)
Ballantyne of Omaha Inc.
1998 Ed. (155, 158)
Ballard Communications
1999 Ed. (3957)
Ballard Construction Co.; S. B.
2007 Ed. (1357)
2006 Ed. (1266)
Ballard Medical
1990 Ed. (1971, 3301)
Ballard Medical Products
1995 Ed. (2061, 3383)
1994 Ed. (2017)
1993 Ed. (2006, 3330)
Ballard Power Systems Inc.
2008 Ed. (2936)
2007 Ed. (2808)
2006 Ed. (1575, 1615)
2005 Ed. (1665, 1669, 2828, 2829)
2003 Ed. (2284)
2002 Ed. (1571)
2001 Ed. (1657)
Ballard Spahr Andrews & Ingersoll
2007 Ed. (3657)
2000 Ed. (2593, 2902, 3199)
1999 Ed. (2817, 3157, 3487)
1998 Ed. (2061, 2333, 2565, 2575, 2576)
1997 Ed. (2341, 2601, 2840, 2843, 2847)
1996 Ed. (2212, 2456, 2731)
1995 Ed. (2193, 2421, 2649, 2652)
1994 Ed. (2356)
1993 Ed. (2117, 2160, 2403, 2626)
1991 Ed. (1987, 2291, 2528, 2925)
1990 Ed. (2425)
1989 Ed. (1885)
Ballard Spahr Andrews & Ingersoll LLP
2007 Ed. (3322)
2001 Ed. (745, 788, 833, 889, 929, 4206)
Ballarpur Industries
2007 Ed. (1771)
Ballast Nedam Construction International BV
1999 Ed. (1404)
1997 Ed. (1185, 1193)
1996 Ed. (1153, 1156, 1164)
1994 Ed. (1171)
1993 Ed. (1146)
1992 Ed. (1431)
Ballast Nedam Construction Intl. BV
1995 Ed. (1182, 1191)
Ballast Nedam Engineering BV
1992 Ed. (1966)
Ballast Nedam International BV
2000 Ed. (1280, 1291)
1998 Ed. (971)
Ballast Nedam NV
2004 Ed. (1323)
Ballatore
2006 Ed. (827)
2005 Ed. (909)
2004 Ed. (918)
2003 Ed. (899)
2002 Ed. (962, 969, 970, 972, 973, 974, 4960)
2001 Ed. (1150, 1160, 1161, 4893)
2000 Ed. (1008)
1999 Ed. (1061, 1065, 1066, 1067, 4796, 4799, 4800)

1998 Ed. (674, 676, 680, 681, 3442, 3724, 3752)
1997 Ed. (931, 936, 937, 938, 3886)
1996 Ed. (900, 901, 902, 906, 3839, 3866, 3867, 3868)
1995 Ed. (921, 922, 923, 924, 3768, 3769, 3770)
1993 Ed. (873)
1992 Ed. (4458, 4461, 4463, 4464)
Ballatore Wine
1991 Ed. (3498)
Ballengee; Bert
1990 Ed. (1715)
Ballester Hermanos Inc.
2007 Ed. (4946)
2006 Ed. (4939)
2005 Ed. (4907)
Ballie Gifford Shin Nippon
1999 Ed. (3585)
Ballinger
2000 Ed. (316)
1999 Ed. (291)
1998 Ed. (189)
1997 Ed. (269)
1996 Ed. (237)
1995 Ed. (241)
1994 Ed. (238)
1993 Ed. (249)
1992 Ed. (360)
1991 Ed. (254)
1990 Ed. (285)
Ballmer; Steve
2005 Ed. (982)
Ballmer; Steven
2008 Ed. (4834)
2007 Ed. (1008, 4905)
2006 Ed. (918, 4910)
2005 Ed. (971, 4856)
Ballmer; Steven A.
2005 Ed. (978)
Ballo
2001 Ed. (3391)
Ballori & Farre, Inc.
2000 Ed. (163)
1999 Ed. (146)
Ballou-Loring Wolcott & Coolidge; F. D.
1994 Ed. (2309)
Balls
2008 Ed. (4809)
Bally
1995 Ed. (1716, 2154)
1993 Ed. (855)
1992 Ed. (3984)
1991 Ed. (2298)
Bally Entertainment
1998 Ed. (2007, 3359)
1997 Ed. (911, 2112, 2281, 2283)
1996 Ed. (2163, 2167)
Bally Gaming International Inc.
1997 Ed. (3725)
Bally Manufacturing
1994 Ed. (2100)
1993 Ed. (2088, 2491, 3378, 3380)
1992 Ed. (2473, 2478, 3922, 3928)
1991 Ed. (1938, 1945)
1990 Ed. (2070, 2074, 2095, 2975)
1989 Ed. (255, 1616, 1891, 1923, 1924, 2295)
Bally Manufacturing Corporation
1990 Ed. (252)
Bally Total Fitness
2006 Ed. (2786)
2005 Ed. (2810, 2851)
2004 Ed. (2842)
2000 Ed. (2424)
Bally Total Fitness Holding Corp.
2008 Ed. (252, 253)
2007 Ed. (269, 270)
2006 Ed. (262)
2005 Ed. (241)
2004 Ed. (238)
2003 Ed. (270, 271)
2001 Ed. (375)
Bally Total Fitness Holdings Corp.
2005 Ed. (4029)
2004 Ed. (4093, 4094)
Bally's Grand Inc.
2001 Ed. (1808)
1993 Ed. (855)
1991 Ed. (864)
1990 Ed. (2097)
Bally's Park Place
1997 Ed. (912, 2308)
1994 Ed. (871, 2123)
1992 Ed. (2511)
Bally's Park Place Casino Resort
2002 Ed. (1335, 2651)
2000 Ed. (2575)
1999 Ed. (2797)
1998 Ed. (2036)
Bally's Park Place/The Wild Wild West
1999 Ed. (1042)
Bally's Park Plaza
1991 Ed. (864)
Ballyvesey Holdings
2006 Ed. (2065)
Balmar
2006 Ed. (3970)
Balmar Printing & Graphics
2005 Ed. (3900)
1997 Ed. (3164)
1996 Ed. (3086)
Balmex
2003 Ed. (2919, 2920)
2001 Ed. (544)
2000 Ed. (366)
Balmoral Highlands
2001 Ed. (2116)
Baloise
1994 Ed. (2239)
1991 Ed. (2158)
1990 Ed. (2244, 2258)
Baloise Life
1991 Ed. (2114)
1990 Ed. (2245)
Balrampur Chini Mills
2008 Ed. (1801)
2007 Ed. (1771)
Balsbaugh; Mara
1991 Ed. (1695, 1706)
Balsillie; James
2005 Ed. (4874)
Balta
2002 Ed. (4438, 4439)
Balta Communications
2002 Ed. (134)
2001 Ed. (160)
Balter; Gary
1997 Ed. (1896, 1897)
1996 Ed. (1823)
1995 Ed. (1845)
Baltic Beverage Holding
2001 Ed. (56)
Baltic Beverages Holding
2008 Ed. (58)
2007 Ed. (56)
2005 Ed. (3239)
Baltic Beverages Holdings
2005 Ed. (746)
Baltic FCB
2003 Ed. (71, 100)
Baltica
1997 Ed. (1219)
1994 Ed. (467, 1195)
1990 Ed. (3457)
Baltica Bank
1993 Ed. (462, 1161, 1666)
Baltica Bank Group
1996 Ed. (487)
1995 Ed. (455)
Baltica Holding
1993 Ed. (1161, 1162)
1992 Ed. (1444, 1444, 1445)
1991 Ed. (1105, 1106, 3231)
Baltijas Tranzitu Banka
2005 Ed. (498)
Baltika
2008 Ed. (664)
2006 Ed. (4501)
2004 Ed. (1850)
Baltika Breweries
2007 Ed. (610)
Baltimore
1990 Ed. (3070)
Baltimore Arena
2003 Ed. (4530)
2001 Ed. (4354)
Baltimore Bancorp
1989 Ed. (368)
Baltimore Conflagration
2002 Ed. (2880)
Baltimore County, MD
1992 Ed. (1720)
Baltimore Display Industries
2008 Ed. (4546)
Baltimore Gas & E
1990 Ed. (1603)
Baltimore Gas & Electric Co.
2006 Ed. (1863)
1998 Ed. (1385, 1808, 1818)
1997 Ed. (1476, 1695, 3214)
1996 Ed. (1382, 1417, 1616)
1995 Ed. (3348)
1994 Ed. (2975, 3267)
1993 Ed. (1558, 3277)
1992 Ed. (1901)
1991 Ed. (1499, 1500, 1806)
1990 Ed. (1602, 2671, 3243)
1989 Ed. (1298, 1299, 2036)
Baltimore, MD
2008 Ed. (4348, 4351, 4357)
2006 Ed. (2973, 3310, 3326, 4970)
2005 Ed. (881, 2202, 2455, 2946, 3339, 4014, 4834, 4972, 4983)
2004 Ed. (766, 1054, 2228, 2731, 2749, 2751, 3316, 3476, 4897, 4972)
2003 Ed. (756, 872, 1047, 2611, 2632, 3911, 4906, 4907)
2002 Ed. (719, 774, 1094, 2404, 2879, 3140, 4317, 4931)
2001 Ed. (715, 1013, 2596, 2795, 2797, 4792, 4793, 4852)
2000 Ed. (747, 748, 802, 2330, 2955, 3574, 4093)
1999 Ed. (734, 1150, 1175, 2096, 2494, 2590, 3216, 3860)
1998 Ed. (474, 580, 1832, 2380)
1997 Ed. (678, 679, 2073, 2140, 2652)
1996 Ed. (747, 748, 2018, 2278, 2279, 2281, 2513, 2539)
1995 Ed. (243, 676, 677, 1113, 1924, 1995, 2464, 2665, 3544, 3780, 3781, 3782, 3783, 3784)
1994 Ed. (718, 719, 720, 966, 1103, 1971, 2039, 2378, 2383, 2913, 3067, 3121, 3326)
1993 Ed. (370, 707, 709, 710, 3060)
1992 Ed. (369, 896, 897, 898, 1014, 1155, 1157, 1159, 1160, 1396, 1725, 2287, 2552, 2554, 2907, 3135, 3140, 3492, 3493, 3494, 3495, 3496, 3497, 3498, 3499, 3500, 3501, 3502, 3692, 3752, 4040, 4450)
1991 Ed. (715, 716, 826, 827, 1982, 2348, 2550, 2901)
1990 Ed. (286, 738, 1007, 1442, 2608, 2656, 2882, 2883, 2884, 2885, 3523, 3607)
1989 Ed. (738, 843, 844, 847, 2247)
Baltimore, MD/Washington, DC
1996 Ed. (346)
Baltimore Orioles
2001 Ed. (664)
2000 Ed. (703)
1998 Ed. (438)
1995 Ed. (642)
Baltimore Ravens
2008 Ed. (2761)
2006 Ed. (2653)
2005 Ed. (2667)
2004 Ed. (2674)
2001 Ed. (4346)
2000 Ed. (2252)
1998 Ed. (1749)
Baltimore Sun
1998 Ed. (79, 81)
1992 Ed. (3242)
1991 Ed. (2605)
1990 Ed. (2705)
Baltimore Technologies plc
2002 Ed. (2494)
Baltimore-Towson, MD
2008 Ed. (3477, 4100)
2007 Ed. (3376)
Baltimore-Washington
1994 Ed. (192)
Balukoff, Lindstrom, & Co., PA
2002 Ed. (15)
Balvenie
2004 Ed. (4315, 4321)
2003 Ed. (4305, 4311)
2002 Ed. (300, 3165, 4175, 4181, 4184)
2001 Ed. (2115, 3133, 4162, 4167, 4169)
2000 Ed. (3868)
1999 Ed. (4153)
1998 Ed. (3165, 3169)
BAM! Entertainment Inc.
2004 Ed. (4580)
Bama
2003 Ed. (3156)
The Bama Band
1997 Ed. (1113)
1993 Ed. (1079)
Bama Band, Tanya Tucker, Hank Williams Jr. & The
1991 Ed. (1040)
The Bama Companies
2001 Ed. (2475)
Bamber Forsyth
1996 Ed. (2232)
Bambi
1999 Ed. (3446, 4717)
1995 Ed. (3704)
1992 Ed. (4398)
1991 Ed. (3448)
Bamboo.com
2001 Ed. (4452)
Bamburi
2000 Ed. (3315)
Bamburi Cement Ltd.
2006 Ed. (3685)
2002 Ed. (3482)
2000 Ed. (3314)
Bamburi Portland Cement
1999 Ed. (3590)
Bamerindus do Brasil
1990 Ed. (511)
Bamerindus Group
1994 Ed. (1336)
1993 Ed. (1295)
Bamford; Sir Anthony
2005 Ed. (3868)
Bamujally
2008 Ed. (108)
Ban
2005 Ed. (2164)
2003 Ed. (2001, 2002, 2003)
2001 Ed. (1990)
2000 Ed. (1658, 1659)
1998 Ed. (1256, 1257)
1997 Ed. (1589)
1996 Ed. (1530)
1995 Ed. (1549)
1994 Ed. (1518)
1993 Ed. (1474)
1992 Ed. (1783)
Ban/Ultra Ban
1990 Ed. (3546)
Ban Valor
2008 Ed. (3261)
2007 Ed. (3118)
Banacci
2003 Ed. (1517)
2000 Ed. (3124, 3125)
1999 Ed. (3397)
1997 Ed. (2778, 2779)
1996 Ed. (2628, 2629)
1994 Ed. (2507, 2508)
BANAMEX
2008 Ed. (459, 461, 476, 3871)
2007 Ed. (499, 501, 505, 519, 520, 3797)
2006 Ed. (482, 483, 485, 500)
2005 Ed. (562, 564, 578)
2001 Ed. (633, 634, 635)
2000 Ed. (583, 590, 607, 608, 609, 610, 611, 612, 613)
1999 Ed. (571, 591)
1997 Ed. (536, 557)
1996 Ed. (581, 604)
1995 Ed. (526, 545)
1994 Ed. (552, 569)
1993 Ed. (550, 567, 2560)
1992 Ed. (756, 1670, 3062)
1990 Ed. (568)
1989 Ed. (572)
Banana
1992 Ed. (2239)
Banana Boat
2008 Ed. (3162, 4553)

2003 Ed. (2916, 4619, 4620, 4621, 4622, 4623)
2001 Ed. (4392, 4396, 4397)
2000 Ed. (4039, 4139)
1999 Ed. (4505)
1998 Ed. (1358, 3432)
1997 Ed. (711, 3658, 3659)
Banana Boat Sport
2008 Ed. (4553)
2003 Ed. (4623)
2001 Ed. (4392)
2000 Ed. (4039)
Banana Republic
2008 Ed. (984)
2005 Ed. (4106)
2001 Ed. (1273)
1994 Ed. (3094)
1993 Ed. (3039)
Banana Services
1990 Ed. (2009)
Bananas
2007 Ed. (2652)
2006 Ed. (2669)
2005 Ed. (2694)
2004 Ed. (2003, 2553, 2556, 2694)
2003 Ed. (3967, 3968)
2001 Ed. (2548)
1999 Ed. (2534)
1996 Ed. (1978)
1994 Ed. (1995)
1993 Ed. (1749)
1992 Ed. (2110)
1990 Ed. (1962)
1989 Ed. (1662)
Bananas in Pajamas
1998 Ed. (3607)
Banat-Crisana
2006 Ed. (4530)
Banc Corp.
2005 Ed. (357)
Banc Agricol & Commercial d'Andorra
1999 Ed. (448)
1996 Ed. (425)
1995 Ed. (400)
Banc Agricol I Comercial d'Andorra
2004 Ed. (444)
2003 Ed. (457)
2002 Ed. (511)
2000 Ed. (441)
Banc Boston Leasing Inc.
1998 Ed. (389)
Banc Internacional
1993 Ed. (416)
1992 Ed. (578)
1991 Ed. (420)
Banc Internacional d'Andoffa
1994 Ed. (407)
Banc Internacional d'Andorra
2002 Ed. (511)
1999 Ed. (448)
1997 Ed. (392)
1996 Ed. (425)
1995 Ed. (400)
Banc International d'Andorra
2006 Ed. (409)
2005 Ed. (456)
2004 Ed. (444)
2003 Ed. (457)
2000 Ed. (441)
Banc International d'Andorra - Banca Mora
2008 Ed. (375)
2007 Ed. (392)
Banc of America
2008 Ed. (2341)
2001 Ed. (952)
Banc of America Capital Management
2005 Ed. (3548)
Banc of America Corporate Insurance Agency
2008 Ed. (3239, 3246)
Banc of America Investment Services, Inc.
2004 Ed. (4327, 4334)
2001 Ed. (928)
Banc of America Leasing & Capital
2003 Ed. (570, 571, 572)
Banc of America Securities LLC
2008 Ed. (1390, 1391, 1393, 1396, 1397, 2882, 2922, 3398, 4292, 4306, 4665)
2007 Ed. (650, 651, 3276, 3630, 3631, 3632, 3633, 3634, 3650, 3651, 3652, 3653, 3654, 3655, 4101, 4268, 4272, 4283, 4298, 4300, 4301, 4302, 4303, 4304, 4305, 4307, 4308, 4309, 4310, 4311, 4312, 4313, 4314, 4315, 4319, 4322, 4323, 4332, 4333, 4338, 4652, 4653, 4654, 4655, 4656, 4657, 4660, 4666, 4667, 4668, 4669)
2006 Ed. (1408, 1411, 1415, 2242, 3191, 3236, 3701, 4051, 4251, 4261, 4279, 4722, 4723)
2005 Ed. (164, 707, 708, 754, 849, 1258, 1426, 1434, 2147, 2170, 2177, 2178, 2181, 2186, 2296, 2298, 2447, 2576, 2577, 2638, 2805, 2806, 2807, 2816, 3013, 3206, 3217, 3249, 3503, 3504, 3505, 3506, 3507, 3526, 3528, 3529, 3530, 3531, 3668, 3714, 3732, 3749, 3812, 3939, 4015, 4016, 4048, 4113, 4252, 4257, 4259, 4260, 4261, 4264, 4265, 4266, 4267, 4268, 4269, 4270, 4271, 4272, 4273, 4274, 4275, 4276, 4277, 4279, 4280, 4281, 4295, 4297, 4298, 4299, 4300, 4301, 4302, 4304, 4306, 4307, 4308, 4309, 4310, 4312, 4313, 4317, 4318, 4319, 4321, 4322, 4323, 4330, 4331, 4332, 4334, 4338, 4341, 4423, 4571, 4572, 4573, 4574, 4575, 4576, 4582, 4583, 4584, 4585, 4670, 4671)
2004 Ed. (1406, 1441, 2007, 2008, 2058, 2071, 2072, 2079, 2089, 3171, 3197, 3198, 3527, 3528, 3531, 3532, 4343, 4353, 4354, 4355, 4356, 4357, 4358, 4359, 4360, 4361, 4363, 4364, 4365, 4366, 4367, 4368, 4369, 4370, 4371, 4376, 4377, 4379, 4380, 4381, 4383, 4386, 4387, 4388, 4389, 4391, 4392, 4393, 4395, 4396)
2003 Ed. (1391, 1396, 1418, 2023, 2028, 2031, 2034, 3473, 3477, 3478, 4323, 4332, 4334, 4335, 4336, 4337, 4338, 4339, 4340, 4341, 4343, 4344, 4345, 4346, 4347, 4348, 4349, 4350, 4351, 4353, 4354, 4356, 4360, 4361, 4368, 4369, 4372, 4373)
2002 Ed. (1363, 3000, 3015, 3042, 3190, 3191, 3192, 3193, 3203, 3204, 3205, 3206, 3207, 3208, 3407, 3408, 3409, 3410, 3411, 3412, 3793, 3794, 3795, 3796, 4206, 4209, 4211, 4212, 4215, 4218, 4219, 4220, 4222, 4224, 4225, 4226, 4228, 4229, 4230, 4232, 4233, 4246, 4247, 4250, 4251)
2001 Ed. (750, 753, 759, 761, 1510)
Banc One Corp.
2004 Ed. (4326)
2002 Ed. (1431)
2001 Ed. (750, 815, 823, 848)
2000 Ed. (327, 328, 380, 381, 382, 383, 385, 396, 426, 438, 504, 505, 636, 680, 1621, 2484, 3156, 3157, 3737)
1999 Ed. (312, 313, 316, 373, 373, 379, 380, 381, 382, 383, 394, 400, 422, 435, 443, 445, 595, 596, 615, 667, 1444, 1720, 2698, 3313, 3314, 3316, 4022, 4023, 4024, 4025, 4333, 4335)
1998 Ed. (202, 203, 273, 274, 275, 277, 278, 280, 281, 282, 283, 284, 288, 317, 319, 321, 327, 328, 404, 405, 1183, 1204, 1207, 2103, 3315)
1997 Ed. (285, 286, 338, 339, 340, 341, 342, 343, 345, 346, 347, 348, 358, 363, 386, 387, 513, 566, 568, 735, 1494, 3287, 3288, 3289, 3290)
1996 Ed. (257, 258, 362, 367, 368, 369, 370, 371, 373, 374, 379, 388, 393, 394, 395, 555, 617, 619, 1229, 1286, 1432, 1743, 2477, 2604, 3184, 3185, 3599)
1995 Ed. (253, 254, 347, 350, 355, 357, 358, 364, 370, 396, 492, 553, 555, 1224, 1878, 3085, 3357, 3518)
1994 Ed. (250, 251, 340, 350, 351, 352, 362, 363, 367, 402, 522, 524, 571, 586, 587, 1207, 1208, 1250, 1494, 1496, 1499, 1850, 3033, 3034, 3035, 3039, 3276)
1993 Ed. (264, 354, 362, 373, 412, 526, 569, 1191, 1438, 1439, 1440, 1441, 2175, 2991, 3286)
1992 Ed. (503, 516, 519, 648, 715, 1748, 2632, 3656)
1991 Ed. (609)
1990 Ed. (639, 640, 641)
1989 Ed. (364, 373, 378, 396, 403, 428)
Banc One Acceptance
1993 Ed. (2603)
Banc One Arizona Corp.
2001 Ed. (1610)
Banc One Asset Mgmt.
1990 Ed. (2335, 2338)
Banc One Capital Corp.
2000 Ed. (3981)
Banc One Capital Funding
2001 Ed. (3350)
Banc One Capital Markets, Inc.
2004 Ed. (4330)
2001 Ed. (759, 760, 761, 810)
Banc One Corp., Columbus
1989 Ed. (427)
Banc One Farm and Ranch Management
2000 Ed. (1907)
Banc One Financial Card Services
1999 Ed. (1791)
1998 Ed. (1206)
1995 Ed. (1530, 1649)
Banc One Financial Services Corp.
1994 Ed. (1497)
Banc One Corp./First USA Bank
2000 Ed. (1617)
Banc One Investment
2003 Ed. (3068, 3441)
1996 Ed. (2398, 2406)
1994 Ed. (2301)
Banc One Investment Advisors Corp.
2005 Ed. (3208)
Banc One Investment Management & Trust Group
2000 Ed. (2922, 2923, 2926, 2927)
1999 Ed. (3175, 3179, 3180, 3181)
Banc One Investment Management Group
2001 Ed. (595, 596, 763, 764)
Banc One Investments Advisors Corp.
2001 Ed. (3018)
Banc One Leasing
2003 Ed. (570, 571, 572)
1998 Ed. (389)
Banc One Payment Services LLC
2000 Ed. (379, 1733)
1999 Ed. (376)
Banc One POS Services Co.
1998 Ed. (272)
1997 Ed. (335)
Banc One Private Label Credit Services
2000 Ed. (1011)
1999 Ed. (1071)
Banc One Securities Corp.
2007 Ed. (4269, 4276)
2004 Ed. (4327, 4334)
1996 Ed. (802)
Banc One, Texas NA
1991 Ed. (676)
Banc Post
2006 Ed. (517)
2004 Ed. (611)
2003 Ed. (603)
Banca Agricola
1999 Ed. (627)
1997 Ed. (601, 602)
1996 Ed. (663)
Banca Antoniana Popolare Veneta
2008 Ed. (452)
2007 Ed. (487)
2006 Ed. (462, 474)
2005 Ed. (550)
2004 Ed. (510, 564)
2003 Ed. (550)
2002 Ed. (592)
Banca Carige
2004 Ed. (510)
1996 Ed. (569)
Banca Comerciala Carpatica SA
2006 Ed. (4531)
Banca Comerciala 'Ion Tiriac'
2008 Ed. (496)
1997 Ed. (602)
Banca Comerciala Romana
2008 Ed. (413, 496, 1410)
2007 Ed. (443, 444, 445, 545)
2006 Ed. (440, 517)
2005 Ed. (494, 499, 503, 601)
2004 Ed. (490, 611)
2003 Ed. (492, 603)
2002 Ed. (538, 553, 639)
2000 Ed. (484, 652)
Banca Comerciala Romana SA
1999 Ed. (627)
1997 Ed. (602)
1996 Ed. (664)
Banca Commerciala 'Ion Tiriac'
2006 Ed. (517)
2004 Ed. (611)
2003 Ed. (603)
Banca Commerciale
2000 Ed. (571)
Banca Commerciale Italiana
2000 Ed. (775, 1468, 1488, 2871)
1999 Ed. (560, 1687, 1688)
1997 Ed. (463, 526, 1459, 2579)
1996 Ed. (500, 1402, 2641, 2642)
1995 Ed. (516, 1438, 1439, 2840)
1994 Ed. (541, 1406, 1407, 1682)
1992 Ed. (740, 1654, 2002, 3074)
1991 Ed. (572, 571, 1313)
1990 Ed. (567, 615, 616)
1989 Ed. (589)
Banca Commerciale Italiana SpA
2002 Ed. (560, 3209)
2001 Ed. (579, 1760, 1761)
Banca Commerciale Italino—Intesa
2004 Ed. (493)
Banca Commerciale Italiana
1993 Ed. (539, 1353, 1354, 1651, 1661)
Banca Confia
1995 Ed. (545)
1994 Ed. (569)
1989 Ed. (603)
Banca Cremi
1991 Ed. (607)
1989 Ed. (603)
Banca CRT
1996 Ed. (569)
Banca DACIA-FELIX SA
1997 Ed. (602)
Banca de Credit Cooperatist
1997 Ed. (602)
1996 Ed. (664)
Banca de Economii
2004 Ed. (469)
Banca de Finante si Comert
2006 Ed. (4521)
Banca de Quinielas
2008 Ed. (105)
Banca de Venezuela
1994 Ed. (868)
Banca del Gottardo
1994 Ed. (1683)
1992 Ed. (2005)
1991 Ed. (1597)
Banca della Svizzera Italiana
1993 Ed. (640)
1992 Ed. (2005)
Banca dells Svizzera Italiana
1994 Ed. (1683)
Banca di Credito Finanziario SpA--MEDIOBANCA
2002 Ed. (733, 4238)
Banca di Napoli
1993 Ed. (1661)
Banca di Roma
2004 Ed. (510, 564)
2003 Ed. (550)
2000 Ed. (528, 558, 571, 1487, 1488)

1999 Ed. (546, 560, 1688)
1997 Ed. (464, 526, 1459)
1996 Ed. (570, 2641)
1995 Ed. (468, 516, 1439)
Banca Di Roma SpA
2007 Ed. (449)
2006 Ed. (443)
2002 Ed. (560, 592)
2001 Ed. (579, 629, 1760)
1996 Ed. (501)
1995 Ed. (464)
1994 Ed. (479, 2519)
Banca d'Italia
2004 Ed. (510)
1996 Ed. (496)
1995 Ed. (464)
1994 Ed. (473)
1993 Ed. (470)
1990 Ed. (542)
Banca Intesa
2000 Ed. (1468, 1487)
Banca Intesa a.d. Beograd
2008 Ed. (500)
Banca Intesa SpA
2008 Ed. (82, 452, 1427, 1863)
2007 Ed. (487, 1826, 1829)
2006 Ed. (474, 1772, 1820, 1821, 1823, 3230)
2005 Ed. (550, 3940)
2004 Ed. (510)
2002 Ed. (592, 1699, 1701)
2001 Ed. (1549, 1761, 1762)
Banca March
1999 Ed. (639)
1997 Ed. (617)
Banca Monte dei Paschi di Siena
2008 Ed. (452)
2007 Ed. (487)
2006 Ed. (474)
2005 Ed. (550)
2004 Ed. (510, 564)
2003 Ed. (550)
2002 Ed. (592)
2000 Ed. (571)
1999 Ed. (560)
Banca MPS
2008 Ed. (1861)
Banca Nationala a Romaniei
1997 Ed. (602)
Banca Nazionale del Lavoro
2005 Ed. (565, 567, 568)
2004 Ed. (577)
1996 Ed. (496)
1995 Ed. (464)
1993 Ed. (539, 1661)
1992 Ed. (2002, 720, 740)
1991 Ed. (572, 571)
1990 Ed. (567, 615, 616)
1989 Ed. (589)
Banca Nazionale del Lavoro (BNL)
2008 Ed. (452)
2007 Ed. (487)
2006 Ed. (474, 1683)
2005 Ed. (550)
2004 Ed. (510, 564)
2003 Ed. (550)
2002 Ed. (592)
Banca Nazionale del Lavoro SpA
2008 Ed. (1410)
2001 Ed. (608, 1760)
Banca Nazionale dell' Agricoltura
1989 Ed. (589)
Banca Nazionale dell'Argricoltura
1991 Ed. (571)
Banca Piccolo Credito Valtellinese
1989 Ed. (582)
Banca Popolare dell'Emilia Romagna
2007 Ed. (487)
2006 Ed. (474)
2005 Ed. (550)
2004 Ed. (564)
Banca Popolare di Bergamo-Credito Varesino
2005 Ed. (550)
2004 Ed. (564)
2003 Ed. (550)
2002 Ed. (592)
Banca Popolare di Milano
2004 Ed. (510)
2003 Ed. (550)
2002 Ed. (592)
Banca Popolare di Novara
1996 Ed. (560)
1992 Ed. (740)
1989 Ed. (579)
Banca Popolare di Verona
1990 Ed. (606)
Banca Popolare Italiana
2008 Ed. (452)
Banca Popolare Unite
2007 Ed. (487)
2006 Ed. (474)
Banca Popolari Unite
2008 Ed. (452)
Banca Promerica
2008 Ed. (400)
2007 Ed. (426)
Banca Promex
2002 Ed. (621)
1999 Ed. (591)
1997 Ed. (557)
1996 Ed. (604)
1995 Ed. (545)
1994 Ed. (569)
1992 Ed. (777, 777)
Banca Romana De Comert Exterior
2000 Ed. (652)
1999 Ed. (627)
Banca Romana de Comert Exterior SA
1997 Ed. (601, 602)
1996 Ed. (663, 664)
1995 Ed. (594)
1994 Ed. (625)
Banca Romana Pentru Dezvoltare
1997 Ed. (602)
Banca San Paolo di Torino
1997 Ed. (2578)
1996 Ed. (2641)
Banca Serfin
2004 Ed. (575)
2003 Ed. (565, 567)
2002 Ed. (621)
2000 Ed. (608)
1999 Ed. (591)
1997 Ed. (557)
1996 Ed. (581, 604)
1995 Ed. (526, 545)
1994 Ed. (527, 569)
1993 Ed. (567)
1992 Ed. (725, 754, 778)
1991 Ed. (607)
Banca Serfin SNC
1990 Ed. (625)
Banca Sociala
2004 Ed. (469)
Banca Transilvania
2008 Ed. (496)
2006 Ed. (517, 4530)
2005 Ed. (506)
2004 Ed. (485)
Banca Transilvania Cluj
2002 Ed. (4458, 4459)
Banca Turco-Romana Bucharest
2002 Ed. (4458, 4459)
Bancafe
2007 Ed. (421, 498)
2006 Ed. (482)
2003 Ed. (567)
2000 Ed. (497, 500, 502)
BanCal Tri-State Corp.
1994 Ed. (652)
1993 Ed. (650)
1991 Ed. (376)
1990 Ed. (704)
BancAmerica Roberston Stephens
2000 Ed. (880)
Bancasa
2001 Ed. (623)
BancBoston Capital Inc.
1991 Ed. (3442)
BancBoston Capital Inc./BancBoston Ventures Inc. (SBIC)
1991 Ed. (3441)
BancBoston Capital/Bentures
1990 Ed. (3667)
BancBoston Mortgage Corp.
1997 Ed. (2808, 2810, 2813)
1996 Ed. (2036, 2677, 2679, 2681, 2683, 2684)
1995 Ed. (2042, 2597, 2599, 2603, 2606)
1994 Ed. (1984, 2548, 2554)
1993 Ed. (1993, 2592)
1991 Ed. (1856, 2483)
BancBoston Mortgage Companies Inc.
1992 Ed. (3107)
1990 Ed. (2602, 2605)
1989 Ed. (2006)
BancBoston Robertson Stephens
2002 Ed. (4197)
2001 Ed. (557, 559)
BancBoston Securities Inc.
1991 Ed. (3065)
BancBoston Ventures
2002 Ed. (4735)
Bance do Nordeste do Brasil
2000 Ed. (587)
Bancfirst
1998 Ed. (422)
BancFirst Ohio Corp.
2001 Ed. (571)
BancFlorida Financial Corp.
1996 Ed. (1210)
1994 Ed. (2666)
Banchile
2008 Ed. (734)
2007 Ed. (755)
Banchile Cobertura
2004 Ed. (3654)
2003 Ed. (3617)
BancNew England Leasing Group
1990 Ed. (2620)
Banco ABN Amro Real
2008 Ed. (388, 461)
2007 Ed. (408, 409, 501)
2006 Ed. (421, 485, 3211)
2005 Ed. (470, 564, 1563)
2004 Ed. (458, 576)
2003 Ed. (563)
Banco Ademi
2007 Ed. (432)
Banco Africanos de Investimentos
2008 Ed. (376)
2007 Ed. (393)
Banco Agrario
2007 Ed. (421)
Banco Agrario de Colombia
2005 Ed. (478)
2004 Ed. (3026)
Banco Agricola
2008 Ed. (393, 406)
2007 Ed. (415, 435, 436)
2004 Ed. (483)
2001 Ed. (623)
Banco Agricola Comercial
2002 Ed. (536, 4410, 4411)
2001 Ed. (623)
Banco Agricola Comercial de El Salvador
1992 Ed. (656)
Banco Agricola Mercantil
2002 Ed. (4400)
2000 Ed. (543)
Banco Agricola Mercantil SA
1996 Ed. (524)
1995 Ed. (480)
1993 Ed. (495)
1992 Ed. (690)
1991 Ed. (535)
1989 Ed. (547)
Banco Agricola Mercantill SA
1994 Ed. (497)
Banco Agricola SA
2006 Ed. (4500)
2005 Ed. (474, 489)
Banco Agromercantil de Guatemala
2008 Ed. (421)
2007 Ed. (455, 456)
2005 Ed. (515)
2004 Ed. (536)
Banco Amazonas SA
1997 Ed. (455)
Banco Amborsiano Veneto
2000 Ed. (2870)
Banco Americano
2008 Ed. (406)
2007 Ed. (436)
2004 Ed. (483)
Banco Americano SA
2006 Ed. (4500)
Banco Anglo Colombiano
1992 Ed. (639)
Banco Arabe Espanol
1995 Ed. (414)
1994 Ed. (421)
1992 Ed. (595)
1991 Ed. (439)
1990 Ed. (490)
1989 Ed. (467)
Banco Asiatico Seguranca Pacifico
1994 Ed. (559)
Banco Asiatico, Seguranca Pacifico (Macau) SARL
1995 Ed. (533)
Banco Atlantico
2000 Ed. (529)
Banco Atlantida
2008 Ed. (422)
2007 Ed. (457, 458)
2005 Ed. (516)
2004 Ed. (537)
2002 Ed. (536)
Banco Atlantida SA
2000 Ed. (546)
1997 Ed. (486)
1996 Ed. (527)
1995 Ed. (483)
1994 Ed. (499)
1993 Ed. (497)
1992 Ed. (694)
1991 Ed. (538)
1989 Ed. (552)
Banco Austro
2007 Ed. (433)
Banco Azteca
2007 Ed. (495, 496, 497)
Banco Bamerindos do Brasil
1989 Ed. (494)
Banco Bamerindus Brasil
1991 Ed. (466)
Banco Bamerindus do Brasil
1999 Ed. (481, 571, 572)
1997 Ed. (422, 536)
1996 Ed. (459)
1994 Ed. (440)
1993 Ed. (441)
1992 Ed. (754)
1990 Ed. (623, 626)
Banco Bancolombia
2002 Ed. (4397)
Banco Bandeirantes
2003 Ed. (565)
Banco Bansud
2006 Ed. (665)
2004 Ed. (549, 556)
2003 Ed. (460, 533, 534)
2002 Ed. (514)
2000 Ed. (457, 588)
1999 Ed. (465)
Banco Barerindus do Brasil
1995 Ed. (433)
Banco BBA-Creditanstalt
2004 Ed. (458, 498)
Banco BBM
2007 Ed. (497)
2004 Ed. (557)
2003 Ed. (471, 540)
2002 Ed. (585)
Banco BCH
1995 Ed. (545)
1994 Ed. (569)
Banco BHIF
2001 Ed. (613, 614, 615)
1997 Ed. (437)
1996 Ed. (473)
1995 Ed. (444)
1994 Ed. (452)
1993 Ed. (451)
Banco Bice
2007 Ed. (418)
1996 Ed. (473)
1995 Ed. (444)
Banco Bilbao
1991 Ed. (664, 720)
Banco Bilbao Viscaya
1992 Ed. (2009)
Banco Bilbao Vizcaya
2005 Ed. (561)
2001 Ed. (1549, 3512)
2000 Ed. (665, 1555, 1557)
1999 Ed. (639, 739, 740, 1733, 1735)
1997 Ed. (617, 683, 684, 1509, 1510, 1511)
1996 Ed. (683, 751, 752, 1445, 1446)
1995 Ed. (609, 1488, 1489)

1994 Ed. (522, 524, 636, 722, 723, 1448, 1449, 1685, 2238)
1993 Ed. (521, 528, 633, 712, 713, 1399, 1400, 1679, 2260)
1992 Ed. (715, 727, 837, 900, 901, 905, 1690, 1691)
1991 Ed. (383, 384, 719, 1347, 1348)
1990 Ed. (688, 1703, 3476)
Banco Bilbao Vizcaya Argentaria
2001 Ed. (1852, 1853, 1854, 3012)
Banco Bilbao Vizcaya Argentaria (Panama)
2008 Ed. (490)
2007 Ed. (536, 537)
Banco Bilbao Vizcaya Argentaria SA
2008 Ed. (506, 1816, 2084, 2086)
2007 Ed. (441, 554, 1987, 1988, 1990, 1991, 2161, 4668, 4669)
2006 Ed. (75, 525, 1438, 2018, 2019, 2020, 2021, 4538)
2005 Ed. (611, 1964, 3940, 3941, 3942, 3943, 4584, 4585)
2004 Ed. (523, 621, 2607)
2003 Ed. (612, 1826, 4606)
2002 Ed. (557, 648, 663, 721, 722, 1766, 1767, 1768, 4471, 4472, 4473, 4474, 4475)
Banco Bilbao Vizcaya Argentina
2007 Ed. (570)
Banco Bilbao Vizcaya Brasil
2004 Ed. (574)
Banco Bilbao Vizcaya International (Gibraltar) Ltd.
2003 Ed. (4606)
Banco Bilbao Vizcaya Puerto Rico
1998 Ed. (427)
Banco Bilbao Vizcaya SA
2004 Ed. (1861)
2002 Ed. (1417)
Banco Bisa
2004 Ed. (457)
2003 Ed. (470)
Banco BISA SA
2006 Ed. (4487)
Banco Boavista
1989 Ed. (604)
Banco Boavista InterAtlantico
2002 Ed. (532)
Banco Boavista International
2004 Ed. (579)
2003 Ed. (565, 566, 567)
Banco Bolivariano
2007 Ed. (433)
2002 Ed. (4407, 4408)
Banco Bolivariano CA
1997 Ed. (455)
1996 Ed. (492)
Banco Boliviano Americano
1989 Ed. (492)
Banco Borges & Irmao
1990 Ed. (671)
Banco Bozano Simonsen
2000 Ed. (586, 589)
Banco Bozano Simonsen SA
2000 Ed. (776)
Banco BPI
2008 Ed. (494, 2054)
2007 Ed. (543, 1959)
2006 Ed. (515, 1996)
Banco BPI SA
2007 Ed. (1960)
Banco Bradesco
2005 Ed. (470, 564, 1460)
2004 Ed. (458, 498, 576)
2003 Ed. (471, 563, 564)
2000 Ed. (583, 584, 585, 586)
1999 Ed. (481, 517, 571, 572, 573, 1437, 1590, 1698)
1997 Ed. (422, 536)
1996 Ed. (459, 581)
1995 Ed. (433, 526, 1362)
1994 Ed. (440, 549, 550, 552, 1336)
1993 Ed. (25, 441, 531, 550, 1285)
1992 Ed. (624, 753, 754, 756, 1586)
Banco Bradesco Group
2000 Ed. (1395)
1997 Ed. (1368)
Banco Bradesco Investimento
2003 Ed. (4375)
Banco Bradesco Investimiento
2002 Ed. (1377)
Banco Bradesco SA
2008 Ed. (388, 459, 461, 463, 464, 465, 466, 467, 1581, 1582)
2007 Ed. (408, 409, 499, 501, 502, 503, 504, 507, 1603, 1605)
2006 Ed. (421, 483, 485, 1568, 1569, 1570, 1851, 3211, 4489)
2005 Ed. (360, 562, 1563, 1564)
2004 Ed. (575, 1657)
2002 Ed. (532, 552, 605, 606, 1600, 1601, 1716)
2001 Ed. (604, 605, 633, 1643, 1778)
1997 Ed. (1471)
1991 Ed. (1261)
Banco Brascan
2006 Ed. (3212)
2003 Ed. (4375)
Banco Brasileiro de Descontos
1991 Ed. (466, 586, 587)
1990 Ed. (608, 623, 624, 626)
1989 Ed. (494, 569, 579, 580, 599, 600, 601, 602)
Banco Cafetero
1991 Ed. (482)
1989 Ed. (507)
Banco Cafetero (Panama)
1995 Ed. (582)
1994 Ed. (612)
1993 Ed. (609)
1992 Ed. (815)
Banco Caley Dagnall
2007 Ed. (529)
2005 Ed. (587)
Banco Capital
2004 Ed. (537)
Banco Capitalizador SA
1993 Ed. (466)
1992 Ed. (656)
Banco Caracas
1991 Ed. (686)
1989 Ed. (705)
Banco Caracas, SAC.A.
2002 Ed. (941, 942)
Banco Central
2000 Ed. (1555)
1999 Ed. (1733)
1997 Ed. (1511)
1996 Ed. (1446)
1995 Ed. (1489)
1994 Ed. (1449)
1993 Ed. (618, 633, 712, 713, 1399, 1400, 2260)
1992 Ed. (824, 837, 900, 1691, 4147)
1991 Ed. (383, 384, 664, 719, 1348)
1990 Ed. (688, 1420, 3476)
1989 Ed. (580, 679)
Banco Central del Ecuador
1992 Ed. (654)
Banco Central Group
1992 Ed. (1690)
1991 Ed. (1347)
Banco Central Hipotecario
1992 Ed. (639)
Banco Central Hispano
1997 Ed. (683, 684)
1996 Ed. (752, 1227, 1227)
1994 Ed. (722, 2238)
Banco Central Hispano-Puerto Rico
1997 Ed. (599)
1996 Ed. (661)
1995 Ed. (592)
1994 Ed. (622)
Banco Central Hispano SA
2000 Ed. (775)
Banco Central Hispanoamer
2000 Ed. (1557)
Banco Central Hispanoamericano
2000 Ed. (558, 665)
1999 Ed. (546, 639, 1735)
1997 Ed. (517, 617, 1509, 1510)
1996 Ed. (683, 1445)
1995 Ed. (609, 1488, 2840)
1994 Ed. (527, 529, 636, 1448, 1685)
Banco Central-Hispanoamericano SA
2000 Ed. (3418)
Banco Centro
2001 Ed. (634, 635)
Banco Chemical
1996 Ed. (2528)
Banco Citibank
2008 Ed. (388)
Banco Com Antioqueno
1991 Ed. (482)
Banco Comercial
2004 Ed. (648)
2002 Ed. (4496)
1997 Ed. (638)
1996 Ed. (705)
1995 Ed. (629)
1994 Ed. (660)
1993 Ed. (659)
1991 Ed. (651)
Banco Comercial Antioqueno
1989 Ed. (507, 603, 604)
Banco Comercial Antioqueno SA
1997 Ed. (439)
1992 Ed. (639)
Banco Comercial de Macau
1996 Ed. (591)
Banco Comercial de Macau (Asia)
2004 Ed. (585)
Banco Comercial de Macau SARL
1991 Ed. (597)
1989 Ed. (610)
Banco Comercial dos Acores
1992 Ed. (611)
1991 Ed. (455)
Banco Comercial e de Investimentos
2005 Ed. (584)
Banco Comercial HBD
2005 Ed. (487)
2004 Ed. (480)
Banco Comercial Paraguayo SA
1997 Ed. (592)
1996 Ed. (653)
1994 Ed. (614)
Banco Comercial Paraguayo SA (Bancopar)
1992 Ed. (817)
1991 Ed. (645)
Banco Comercial Portugues
2006 Ed. (515, 1997)
2005 Ed. (599)
2004 Ed. (520, 609)
2002 Ed. (637, 1756, 4252)
2000 Ed. (1543)
1999 Ed. (625)
1998 Ed. (378)
1997 Ed. (598, 2673, 2674)
1996 Ed. (591, 660, 1227, 2527, 2528)
1995 Ed. (591)
1994 Ed. (621, 2395, 2396)
1993 Ed. (617, 2451)
1992 Ed. (823, 2893, 2894)
1991 Ed. (2333, 2334)
Banco Comercial Portugues-Bearer
1993 Ed. (2452)
Banco Comercial Portugues-Registered
1993 Ed. (2452)
Banco Comercial Portugues SA
2007 Ed. (1958)
2003 Ed. (601, 4601)
Banco Comercial SA
2000 Ed. (688)
1999 Ed. (678)
Banco Comercio e Industria
1992 Ed. (2893, 2893)
Banco Comercio Industrial
1996 Ed. (1227)
Banco Commercial
1991 Ed. (684)
1989 Ed. (704)
Banco Commercial Antioqueno
1996 Ed. (475)
1995 Ed. (446)
1994 Ed. (454)
1993 Ed. (453)
Banco Commercial de Macau SARL
1992 Ed. (765)
Banco Commercial del Norte
1989 Ed. (475)
Banco Commercial dos Acores
1989 Ed. (484)
Banco Conavi
2005 Ed. (561)
Banco Concepcion
1997 Ed. (437)
1996 Ed. (473)
1995 Ed. (444)
1994 Ed. (452)
1993 Ed. (451)
1992 Ed. (637)
1991 Ed. (479)
1989 Ed. (504)
Banco Consolidado
1996 Ed. (707)
1995 Ed. (631)
1994 Ed. (662)
1993 Ed. (661)
1992 Ed. (861)
1991 Ed. (686)
1989 Ed. (705)
Banco Continental
2008 Ed. (422)
2007 Ed. (457, 458, 538)
2005 Ed. (516, 595)
2004 Ed. (537)
2002 Ed. (3082, 3083)
2000 Ed. (642)
1997 Ed. (594)
1995 Ed. (586)
1994 Ed. (499, 616)
1991 Ed. (648)
1989 Ed. (604, 654)
Banco Continental de Panama
2008 Ed. (393, 490)
2007 Ed. (415, 536, 537)
2006 Ed. (511)
2005 Ed. (474)
Banco Continental SA
1999 Ed. (3186)
1997 Ed. (486)
1996 Ed. (527, 655)
1995 Ed. (483)
1993 Ed. (464, 497, 613)
1992 Ed. (654, 694)
1991 Ed. (538)
Banco Cooperativo de Puerto Rico
2007 Ed. (2557)
Banco Credicoop
2006 Ed. (411)
2004 Ed. (447)
2003 Ed. (460)
2002 Ed. (514)
Banco Credicoop Cooperative
2000 Ed. (586, 588)
Banco Credito Agricola de Cartago
2008 Ed. (400)
2007 Ed. (425, 426)
2005 Ed. (482)
2004 Ed. (463)
Banco Credito Argentino
1999 Ed. (465)
Banco Credomatic
2004 Ed. (463, 463, 483)
Banco Crefisul de Investimento
1990 Ed. (625)
Banco Cremi
1989 Ed. (620)
Banco Cruzeiro do Sul
2007 Ed. (495)
Banco Cuscatan SA
1992 Ed. (656)
Banco Cuscatian
2002 Ed. (4410, 4411)
Banco Cuscatlan
2007 Ed. (435, 508)
2002 Ed. (536)
2001 Ed. (623)
Banco Cuscatlan de Costa Rica
2005 Ed. (482)
Banco Cuscatlan de El Salvador
2005 Ed. (489)
2004 Ed. (483)
Banco Cuscatlan SA
1993 Ed. (466)
Banco Davivienda
2008 Ed. (398)
2007 Ed. (421)
Banco de A. Edwards
2004 Ed. (464)
2003 Ed. (1517)
2002 Ed. (541)
2001 Ed. (613, 614, 615)
2000 Ed. (488)
1999 Ed. (495)
1997 Ed. (437, 3405)
1996 Ed. (473)
1995 Ed. (444)
1994 Ed. (452)
1993 Ed. (451)
1992 Ed. (637)

1991 Ed. (479)
1989 Ed. (504)
Banco de America
1991 Ed. (632)
Banco de America Central
2007 Ed. (435, 528)
2005 Ed. (587)
2004 Ed. (463, 599)
Banco de America Central Honduras
2007 Ed. (457)
Banco de Antigua
2004 Ed. (463)
Banco de Argentina
1999 Ed. (572)
Banco de Asuncion
1994 Ed. (614)
Banco de Asuncion S.A.
1989 Ed. (652)
Banco de Bilbao
1990 Ed. (1420)
1989 Ed. (679)
Banco de Bogota
2008 Ed. (398, 446)
2007 Ed. (421, 422, 481)
2006 Ed. (427)
2005 Ed. (478, 479)
2004 Ed. (466, 551)
2003 Ed. (476)
2002 Ed. (4394, 4396, 4397, 4399)
2000 Ed. (496)
1999 Ed. (497)
1997 Ed. (439)
1996 Ed. (475)
1995 Ed. (446)
1994 Ed. (454, 551)
1993 Ed. (453)
1992 Ed. (639)
1991 Ed. (482)
1989 Ed. (507)
Banco de Bogota Trust Co.
1993 Ed. (596)
Banco de Brasil
1999 Ed. (481, 517, 571)
1989 Ed. (580)
Banco de Brasileiro de Descontos
1989 Ed. (572)
Banco de Brazil
1992 Ed. (3767, 3768)
Banco de Cafe
2000 Ed. (543)
Banco de Cantao SARL
1993 Ed. (557)
1992 Ed. (765)
1991 Ed. (597)
Banco de Chile
2008 Ed. (396, 466, 467, 1664)
2007 Ed. (418, 419, 502, 503, 504, 505, 506, 507, 1655)
2006 Ed. (425, 483)
2005 Ed. (476, 562)
2004 Ed. (464)
2002 Ed. (541)
2001 Ed. (613, 614, 615)
1999 Ed. (495)
1997 Ed. (437)
1996 Ed. (473)
1995 Ed. (444)
1994 Ed. (452, 551)
1993 Ed. (451)
1992 Ed. (637)
1991 Ed. (479)
1989 Ed. (504, 599, 602)
Banco de Chili
2000 Ed. (488, 589)
Banco de Colombia
2002 Ed. (4396)
1991 Ed. (482)
1989 Ed. (507)
Banco de Comercio
2002 Ed. (536)
2001 Ed. (623)
Banco de Comercio de El Salvador
2007 Ed. (435, 436)
2004 Ed. (483)
1989 Ed. (523)
Banco de Comercio e Industria
1993 Ed. (2451)
Banco de Comericio e Industria
1991 Ed. (2333)
Banco de Construccion
2000 Ed. (543)
Banco de Cooperativas del Ecuador
1992 Ed. (654)
Banco de Costa Rica
2008 Ed. (393, 400)
2007 Ed. (415, 425, 426)
2005 Ed. (474, 482)
Banco de Cred & Inv
1991 Ed. (479)
Banco de Credito
2008 Ed. (462, 463, 467)
2002 Ed. (3082)
2000 Ed. (688, 2932)
1999 Ed. (3186)
1997 Ed. (439, 2633, 2634)
1994 Ed. (660)
1992 Ed. (639)
1991 Ed. (684)
Banco de Credito & Inverseiones
1999 Ed. (495)
Banco de Credito & Inversiones
2008 Ed. (396)
2007 Ed. (418, 419)
2006 Ed. (425)
2005 Ed. (476)
2004 Ed. (464)
2002 Ed. (541)
2001 Ed. (613, 614, 615)
2000 Ed. (488)
1997 Ed. (437)
1996 Ed. (473)
1995 Ed. (444)
1994 Ed. (452)
1993 Ed. (451)
1992 Ed. (637)
Banco de Credito Argentina
1991 Ed. (446)
Banco de Credito Argentino
1997 Ed. (408)
1996 Ed. (443)
1995 Ed. (417)
1994 Ed. (424)
1993 Ed. (422)
1992 Ed. (601)
1990 Ed. (625)
1989 Ed. (475)
Banco de Credito Centroamericano
2008 Ed. (483)
2007 Ed. (528, 529)
2005 Ed. (587)
2004 Ed. (599)
Banco de Credito de Bolivia
2007 Ed. (406)
Banco de Credito del Peru
2008 Ed. (491)
2007 Ed. (539, 540)
2006 Ed. (486, 512)
2005 Ed. (595, 596)
2004 Ed. (606, 1844)
2003 Ed. (598)
2002 Ed. (634, 1753)
2000 Ed. (642)
1997 Ed. (594)
1996 Ed. (655)
1995 Ed. (586)
1994 Ed. (616)
1993 Ed. (613)
1992 Ed. (819)
1991 Ed. (648)
1989 Ed. (654)
Banco de Credito e Inversiones
1992 Ed. (755)
1989 Ed. (504, 603)
Banco de Credito Industrial
1993 Ed. (1679)
Banco de Credito Nacional
1999 Ed. (481, 572)
1997 Ed. (422)
1994 Ed. (440)
Banco de Credito Rural Argentino
1989 Ed. (475)
Banco de Desarollo
2002 Ed. (536)
Banco de Desarrollo del Paraguay SA
1999 Ed. (621)
1994 Ed. (614)
1993 Ed. (611)
1992 Ed. (817)
1991 Ed. (645)
Banco de Desarrollo Rural
2008 Ed. (421)
2007 Ed. (455, 456)
2005 Ed. (515)
Banco de Ejercito
2000 Ed. (543)
Banco de Exportacion
2008 Ed. (421)
2007 Ed. (455, 456)
2005 Ed. (515)
2004 Ed. (536)
Banco de Finanzas
2008 Ed. (483)
2007 Ed. (528, 529)
2005 Ed. (587)
2004 Ed. (599)
Banco de Fomento
2005 Ed. (584)
1991 Ed. (651)
Banco de Fomento Agropecuario
1993 Ed. (466)
1992 Ed. (656)
Banco de Fomento & Exterior
1997 Ed. (598)
1996 Ed. (660)
1995 Ed. (591)
1994 Ed. (621)
1993 Ed. (617)
1992 Ed. (823)
Banco de Galicia
2000 Ed. (896)
1991 Ed. (446)
Banco de Galicia & Buenos Aires
2000 Ed. (586, 587)
1993 Ed. (422)
1992 Ed. (601)
Banco de Galicia y Buenos Aires
2008 Ed. (378)
2007 Ed. (395, 396)
2006 Ed. (411)
2005 Ed. (458, 500, 531, 532, 566, 568)
2004 Ed. (447)
2003 Ed. (460, 561, 564)
2002 Ed. (514, 605)
2001 Ed. (600)
2000 Ed. (457, 584)
1999 Ed. (465)
1997 Ed. (408)
1996 Ed. (443, 811, 812)
1995 Ed. (417)
1994 Ed. (424, 787)
1989 Ed. (475)
Banco de Galicia y Buenos Aires S.A.
2001 Ed. (601, 602)
Banco de Ganadero
2002 Ed. (4397, 4399)
Banco de Guayaquil
2002 Ed. (4406, 4407, 4408)
1993 Ed. (464)
1992 Ed. (654)
Banco de Hondural
1995 Ed. (483)
Banco de Honduras
2000 Ed. (546)
1997 Ed. (486)
1996 Ed. (527)
1994 Ed. (499)
1989 Ed. (552)
Banco de Iberamericano
1991 Ed. (643)
Banco de Iberoamerica
1995 Ed. (582)
1994 Ed. (612)
1993 Ed. (609)
1989 Ed. (650)
Banco de Inversiones del Paraguay SA
1999 Ed. (621)
1997 Ed. (592)
1996 Ed. (653)
1995 Ed. (584)
1994 Ed. (614)
1993 Ed. (611)
1992 Ed. (817)
1991 Ed. (645)
Banco de la Ciudad
1991 Ed. (446)
Banco de la Ciudad de Buenos Aires
2008 Ed. (378)
2007 Ed. (395, 396, 498)
2006 Ed. (411, 489)
2005 Ed. (458, 565)
2004 Ed. (447, 494, 574)
2003 Ed. (460)
2002 Ed. (514)
2001 Ed. (600, 601)
1999 Ed. (465)
1997 Ed. (408)
1996 Ed. (443)
1995 Ed. (417)
1994 Ed. (424)
1993 Ed. (422)
1992 Ed. (601)
1989 Ed. (475, 604)
Banco de la Construccion SA
1997 Ed. (483)
1994 Ed. (497)
1993 Ed. (495)
Banco de la Exportacion
2004 Ed. (599)
Banco de la Nacion
2008 Ed. (491)
2007 Ed. (539, 540)
2006 Ed. (512)
2005 Ed. (596)
2004 Ed. (606)
2003 Ed. (598)
2002 Ed. (634)
2001 Ed. (646, 647, 648)
2000 Ed. (588, 642)
1997 Ed. (408, 536, 594)
1996 Ed. (581, 655)
1995 Ed. (417, 526, 586)
1993 Ed. (422, 550, 613)
1992 Ed. (755)
1991 Ed. (446, 587, 648)
1990 Ed. (625)
1989 Ed. (601, 603, 604, 654)
Banco de la Nacion Argentina
2008 Ed. (378)
2007 Ed. (395, 396, 472, 473, 474)
2006 Ed. (411, 460, 488)
2005 Ed. (419, 458, 564)
2004 Ed. (447, 494, 575, 576)
2003 Ed. (460, 561, 563, 564)
2002 Ed. (514, 605, 606)
2001 Ed. (600, 601, 602, 633)
2000 Ed. (457, 583, 584, 585)
1999 Ed. (465, 571, 573)
1994 Ed. (424, 549, 550, 552)
1992 Ed. (601, 711, 753, 754, 756)
1991 Ed. (586)
1990 Ed. (499, 606, 623, 624, 626)
1989 Ed. (475, 569, 573, 599, 600, 601, 602)
Banco de la Produccion
2008 Ed. (483)
2007 Ed. (528, 529)
2005 Ed. (587)
2004 Ed. (463, 599)
Banco de la Produccion SA
1997 Ed. (455)
Banco de la Producion—Produbanco
2006 Ed. (4497, 4498)
Banco de la Provincia
1991 Ed. (446, 587, 446)
Banco de la Provincia de Buenos Aires
2008 Ed. (378)
2007 Ed. (395, 396)
2006 Ed. (411, 488, 489)
2005 Ed. (458)
2004 Ed. (447, 494, 576)
2003 Ed. (460, 563, 564)
2002 Ed. (514)
2001 Ed. (600, 601, 602)
2000 Ed. (457, 583, 584)
1999 Ed. (465, 571, 572)
1997 Ed. (408)
1996 Ed. (443, 581)
1995 Ed. (417, 526)
1994 Ed. (424, 528, 552)
1993 Ed. (422, 530, 550)
1992 Ed. (601, 711)
1991 Ed. (586)
1990 Ed. (624)
1989 Ed. (475, 569, 572, 573, 600, 601, 604)
Banco de la Provincia de Cordoba
2000 Ed. (457)
1999 Ed. (465)
1997 Ed. (408)
1996 Ed. (443)
1995 Ed. (417)
1994 Ed. (424)
1993 Ed. (422)
1992 Ed. (601)
1989 Ed. (475)

Banco de la Rep Oriental
1991 Ed. (587, 684)
Banco de la Republica Oriental del Uruguay
1991 Ed. (586)
Banco de la Republica Oriental del Uruguay
2007 Ed. (498, 570)
2004 Ed. (648)
2000 Ed. (688)
1999 Ed. (678)
1997 Ed. (638)
1996 Ed. (581, 705)
1995 Ed. (526)
1994 Ed. (552, 660)
1993 Ed. (520, 550, 659)
1992 Ed. (753, 756, 859)
1990 Ed. (624)
1989 Ed. (600, 704)
Banco de las Fuerzas Armadas
2005 Ed. (516)
2004 Ed. (537)
Banco de las Fuerzas Armadas SA
1997 Ed. (486)
1996 Ed. (527)
1995 Ed. (483)
1994 Ed. (499)
1993 Ed. (497)
Banco de los Trabajadores
2005 Ed. (516)
2004 Ed. (463)
Banco de los Trabajodores
2008 Ed. (422)
2007 Ed. (458)
Banco de Maracaibo
1995 Ed. (631)
1994 Ed. (662)
Banco de Mocambique
1989 Ed. (630)
Banco de Montevideo
2004 Ed. (648)
Banco de Montevideo SA
2000 Ed. (688)
Banco de Occidente
2008 Ed. (421, 422)
2007 Ed. (455, 456, 457, 458)
2005 Ed. (478, 479, 515, 516)
2004 Ed. (466, 536, 537)
2003 Ed. (476)
2002 Ed. (536, 543, 4394, 4399)
2000 Ed. (496)
1995 Ed. (446)
1994 Ed. (454, 499)
1992 Ed. (639, 694)
Banco de Occidente SA
1997 Ed. (439, 486)
1996 Ed. (475, 527)
1995 Ed. (483)
1993 Ed. (497)
1991 Ed. (538)
Banco de Oro
2004 Ed. (607)
Banco de Oro Universal Bank
2008 Ed. (492)
2007 Ed. (541)
2006 Ed. (513)
2005 Ed. (597)
Banco de Ponce
1991 Ed. (43, 652)
1990 Ed. (587)
Banco de Poupanca e Credito
2008 Ed. (376)
2007 Ed. (393)
Banco de Prestamos SA
1997 Ed. (455)
1996 Ed. (492)
1993 Ed. (464)
1992 Ed. (654)
Banco de Reservas
2007 Ed. (432)
Banco de Reservas de la Republica
2000 Ed. (512)
Banco de Reservas de la Republica Dominica
2005 Ed. (474, 487)
2004 Ed. (480)
Banco de Reservas de la Republica Dominicana
1999 Ed. (504)
1993 Ed. (463)
1992 Ed. (652)
1991 Ed. (499)
1989 Ed. (520)
Banco de Rio Santander
2007 Ed. (505)
Banco de San Jose
2005 Ed. (482)
Banco de Santa Cruz
2007 Ed. (406)
Banco de Santander
2008 Ed. (2256)
2001 Ed. (1549)
2000 Ed. (1555)
1999 Ed. (1733)
1997 Ed. (1509, 1511)
1995 Ed. (1489)
1994 Ed. (522, 524, 723, 1449, 1685)
1993 Ed. (526, 1399, 1400, 1679)
1992 Ed. (900, 1691, 2009)
1991 Ed. (719, 1348)
1990 Ed. (1420, 3476)
1989 Ed. (679)
Banco de Santander Dominicano S.A.
1989 Ed. (520)
Banco de Santiago
1999 Ed. (495)
1997 Ed. (437)
1996 Ed. (473)
1995 Ed. (444)
1994 Ed. (452)
1993 Ed. (451)
1992 Ed. (637)
1991 Ed. (479)
1989 Ed. (504)
Banco de Venezuela
2008 Ed. (522)
2007 Ed. (571, 572)
2006 Ed. (541, 792)
2005 Ed. (500, 639)
2004 Ed. (650)
2001 Ed. (91)
2000 Ed. (985)
1999 Ed. (1036)
1997 Ed. (641, 906)
1996 Ed. (707, 883)
1995 Ed. (631)
1994 Ed. (662, 869)
1993 Ed. (661, 854)
1992 Ed. (755, 861, 1062)
1991 Ed. (686, 858)
1989 Ed. (705)
Banco de Vizcaya
1990 Ed. (1420)
1989 Ed. (579, 679)
Banco del Agro
2002 Ed. (4400)
Banco del Agro S.A.
1989 Ed. (547)
Banco del Atlantico
2000 Ed. (608)
1999 Ed. (591)
1997 Ed. (557)
1996 Ed. (604)
1995 Ed. (545)
1994 Ed. (569)
1992 Ed. (777, 777)
1991 Ed. (607)
1989 Ed. (620)
Banco del Bajio
2007 Ed. (495, 496, 519)
Banco del Cafe
2008 Ed. (421)
2007 Ed. (455, 456)
2005 Ed. (515)
Banco del Cafe SA
1991 Ed. (535)
Banco del Caribe
2007 Ed. (571)
2005 Ed. (500)
Banco del Centro
2000 Ed. (588)
1990 Ed. (625)
Banco del Comercio
1992 Ed. (722)
Banco del Comercio Dominicano
1997 Ed. (453)
1994 Ed. (468)
Banco del Comercio Dominicano SA
1996 Ed. (490)
1995 Ed. (458)
1993 Ed. (463)
1992 Ed. (652)
1991 Ed. (499)
Banco del Desarrollo
2008 Ed. (396)
2007 Ed. (418, 419)
2006 Ed. (425)
1997 Ed. (437)
1996 Ed. (473)
1995 Ed. (444)
Banco del Ejercita SA
1995 Ed. (480)
Banco del Ejercito SA
1994 Ed. (497)
1993 Ed. (495)
1991 Ed. (535)
Banco del Est de Chile
1991 Ed. (479)
Banco del Estado
2001 Ed. (613, 614, 615)
1992 Ed. (639)
1989 Ed. (492)
Banco del Estado de Chile
2008 Ed. (396)
2007 Ed. (418, 419)
2006 Ed. (425)
2005 Ed. (476)
2004 Ed. (464)
2002 Ed. (541)
1999 Ed. (495)
1997 Ed. (437)
1996 Ed. (473)
1995 Ed. (444)
1994 Ed. (452)
1993 Ed. (451)
1992 Ed. (637)
1990 Ed. (624)
1989 Ed. (504, 600, 602)
Banco del Estado de Chili
2000 Ed. (488)
Banco del Guayaquil
2006 Ed. (4498)
Banco del Istmo
2001 Ed. (645)
2000 Ed. (3400, 3401)
1999 Ed. (3684, 3685)
Banco del Istmo SA
2002 Ed. (3574)
Banco del Maracaibo
1989 Ed. (705)
Banco del Occidente
2002 Ed. (4408)
Banco del Pacifico
2003 Ed. (484)
2002 Ed. (4407, 4408)
1999 Ed. (505)
1997 Ed. (454, 455)
1995 Ed. (460)
1994 Ed. (469)
1992 Ed. (654)
1991 Ed. (500)
1989 Ed. (521)
Banco del Pacifico SA
2000 Ed. (516)
1996 Ed. (491, 492)
Banco del Pais
2008 Ed. (422)
2007 Ed. (457, 458)
2005 Ed. (516)
2004 Ed. (537)
Banco del Parana SA
1997 Ed. (592)
1996 Ed. (653)
1995 Ed. (584)
1994 Ed. (614)
Banco del Pichincha
2005 Ed. (35)
2002 Ed. (4406)
2000 Ed. (586)
1989 Ed. (521)
Banco del Pichincha CA
1997 Ed. (455)
Banco del Pinincha
2004 Ed. (481)
2003 Ed. (484)
Banco del Progreso
2002 Ed. (3083)
2000 Ed. (587)
Banco del Rio de la Plata
2008 Ed. (378)
2007 Ed. (395, 396)
2006 Ed. (411)
2005 Ed. (458)
2004 Ed. (447)
Banco del Sud
1997 Ed. (408)
1996 Ed. (443)
Banco del Sur
1999 Ed. (3187)
Banco del Trabajo
2005 Ed. (595)
1991 Ed. (479)
1989 Ed. (504, 603)
Banco Desarrollo
2002 Ed. (4411)
2001 Ed. (623)
Banco di Caribe
2004 Ed. (597)
Banco di Caribe NV
1999 Ed. (607)
1997 Ed. (573)
1996 Ed. (632)
1995 Ed. (563)
1994 Ed. (594)
1993 Ed. (587)
1992 Ed. (796)
1991 Ed. (621)
Banco di Napoli
1997 Ed. (517, 526)
1996 Ed. (570, 1402)
1995 Ed. (516, 1438)
1994 Ed. (541)
1992 Ed. (2002, 672)
1991 Ed. (519, 550, 571)
1990 Ed. (576, 615, 616)
1989 Ed. (589)
Banco di Roma
1999 Ed. (518)
1996 Ed. (1402, 1403)
1994 Ed. (473, 541, 1406)
1993 Ed. (476, 539, 1353, 1661)
1992 Ed. (1996, 2002, 2010, 2016, 2018, 2021, 665, 719, 740, 1992)
1991 Ed. (571, 572)
1990 Ed. (615)
1989 Ed. (578, 589)
Banco di Roma SpA
1991 Ed. (509)
1990 Ed. (550)
Banco di Santo Spirito
1994 Ed. (527, 529, 541)
1990 Ed. (616)
Banco di Sicilia
1991 Ed. (550, 571, 572)
1990 Ed. (615)
1989 Ed. (589)
Banco di Sicillia
2002 Ed. (592)
Banco Disa
2000 Ed. (3400)
1997 Ed. (2984)
Banco Divivienda
2008 Ed. (446)
Banco do Atl
1991 Ed. (651)
Banco do Brasil
2008 Ed. (388, 459, 461)
2007 Ed. (23, 408, 409, 499, 501, 504, 506, 507, 1603, 1605)
2006 Ed. (421, 483, 485, 1568, 1570, 3211)
2005 Ed. (25, 470, 562, 564)
2004 Ed. (458, 498, 575, 576)
2003 Ed. (471, 561, 563, 564)
2000 Ed. (558, 583, 584, 585, 1395)
1999 Ed. (572, 573, 1590, 1659, 1698)
1998 Ed. (1147)
1997 Ed. (422, 536, 1368, 1435, 1471, 1472)
1995 Ed. (433, 526, 1362)
1994 Ed. (440, 529, 549, 550, 552, 1336)
1993 Ed. (441, 550, 1285)
1992 Ed. (624, 718, 727, 753, 754, 756, 1580, 1586)
1991 Ed. (466, 560, 586, 587, 1261, 1288, 2913, 2914)
1990 Ed. (548, 600, 623, 624, 626)
1989 Ed. (494, 568, 599, 600, 601, 602)
Banco do Brasil SA
2008 Ed. (1581, 1582)
2002 Ed. (532, 552, 605, 606, 1600)
2001 Ed. (633, 1643)
1996 Ed. (459, 581, 1413)

Banco do Estado de Sao Paulo
2000 Ed. (583, 587, 589)
1999 Ed. (481, 571)
1997 Ed. (422, 536)
1996 Ed. (459, 581)
1995 Ed. (433, 507, 526)
1994 Ed. (440, 549, 550, 552)
1993 Ed. (441, 550)
1992 Ed. (624, 753, 754, 756)
1991 Ed. (466, 586, 587)
1990 Ed. (608, 623, 624, 626)
1989 Ed. (494, 599, 600, 601, 602)
Banco do Estado de Sao Paulo—Banespa
2003 Ed. (563)
Banco do Estado de Sao Paulo SA--Banespa
2002 Ed. (532, 605, 606)
2001 Ed. (604, 605, 633, 1643)
Banco do Estado do Parana
1992 Ed. (755)
Banco do Estado do parana (Banestado)
2002 Ed. (576, 577)
Banco do Estado do Rio Grande do Sul
2006 Ed. (468)
2004 Ed. (498)
Banco do Estado do Rio Grande do Sul (Banrisul)
2003 Ed. (471)
Banco do Estando de Sao Paulo
2000 Ed. (585)
Banco do la Nacion
1996 Ed. (443)
Banco do Nordeste
1991 Ed. (466)
Banco do Nordeste do Brasil
2003 Ed. (471)
2002 Ed. (532)
1992 Ed. (624)
1989 Ed. (582)
Banco do Oriente SARL
1989 Ed. (610)
Banco Dominicano del Progreso
2007 Ed. (432)
2005 Ed. (487)
Banco Dominicano del Progreso SA
2000 Ed. (512)
1999 Ed. (504)
1997 Ed. (453)
1996 Ed. (490)
1995 Ed. (458)
Banco Economico
2007 Ed. (406)
1996 Ed. (459)
1995 Ed. (433)
1994 Ed. (440)
1992 Ed. (724)
1991 Ed. (466)
1989 Ed. (494)
Banco Esp. Santo. & Comm. de Lisboa
1995 Ed. (591)
Banco Esp. Santo e Com. de Lisboa
1996 Ed. (660)
Banco Espanol
1993 Ed. (1679)
Banco Espanol de Credito
2004 Ed. (523)
2002 Ed. (4471)
1999 Ed. (739)
1996 Ed. (1214)
1994 Ed. (1685)
1993 Ed. (1400)
1992 Ed. (2009, 837, 900, 901, 905, 1691)
1991 Ed. (1348)
1990 Ed. (688, 1420)
1989 Ed. (572, 575, 578, 579, 580, 679)
Banco Espanol del Rio de La Plata
1992 Ed. (601)
Banco Espirito Santo
2005 Ed. (1460)
2003 Ed. (4375)
2002 Ed. (1377)
1997 Ed. (2673, 2674)
1996 Ed. (2527, 2528)
1991 Ed. (651)
1990 Ed. (671)
Banco Espirito Santo & Commercial de Lisboa
1999 Ed. (625)
1997 Ed. (598)
1994 Ed. (621, 2395)
1993 Ed. (617)
1992 Ed. (823)
Banco Espirito Santo e Comercial de Lisboa
2004 Ed. (520)
2002 Ed. (637)
2000 Ed. (650, 1543)
Banco Espirito Santo Group
2008 Ed. (494)
2007 Ed. (543)
2006 Ed. (515)
2005 Ed. (599)
2004 Ed. (609)
2003 Ed. (601)
Banco Estado Sao Paulo
1994 Ed. (17)
Banco Excel Economico
2000 Ed. (586)
Banco Ext de Espana
1991 Ed. (664)
Banco Exterior
2007 Ed. (571)
2005 Ed. (638)
1997 Ed. (683)
1996 Ed. (1445)
Banco Exterior de Espana
1994 Ed. (1448, 1685)
1993 Ed. (633, 1679)
1990 Ed. (688)
1989 Ed. (679)
Banco Exterior de Espana (Argentaria)
1994 Ed. (636)
Banco Exterior de Espana SA
1997 Ed. (1511)
Banco Exterior de Espano
1996 Ed. (1446)
Banco Exterior SA
1994 Ed. (614)
1992 Ed. (817)
1991 Ed. (645)
1989 Ed. (652)
Banco Federal
2007 Ed. (571)
Banco Fibra
2006 Ed. (479, 480)
Banco Filanbanco
1989 Ed. (521)
Banco Financiera
1991 Ed. (607)
Banco Financiera Centroamericana
2008 Ed. (422)
2007 Ed. (457, 458)
Banco Financiera Comercial Hondurena
2008 Ed. (422)
2007 Ed. (457, 458)
2005 Ed. (516)
2004 Ed. (537)
Banco Financiero
2007 Ed. (539)
Banco Financiero de Puerto Rico
1995 Ed. (493)
Banco Fivenez, SAC.A.
2002 Ed. (942)
Banco Fomento Angola
2008 Ed. (376)
2007 Ed. (393)
Banco Frances
2006 Ed. (665)
2002 Ed. (855)
2000 Ed. (895, 896)
1999 Ed. (949)
1997 Ed. (827, 828)
1996 Ed. (811, 812)
1994 Ed. (424, 787, 788)
1993 Ed. (769)
Banco Frances del Rio de la Plata
2000 Ed. (457)
1999 Ed. (465)
1997 Ed. (408)
1996 Ed. (443)
1995 Ed. (417)
1993 Ed. (422)
Banco Frances del Rio de la Plata, SA
2003 Ed. (4570)
Banco G & T Continental
2008 Ed. (421)
2007 Ed. (455, 456)
2005 Ed. (515)
2004 Ed. (536)
Banco Galicia
1994 Ed. (788)
Banco Galicia de Venezuela
2005 Ed. (638)
Banco Galicia y Buenos Aires
2002 Ed. (855)
2000 Ed. (895)
1999 Ed. (949)
1997 Ed. (827)
Banco Ganadero
2007 Ed. (406)
2002 Ed. (4394, 4395)
1999 Ed. (497)
1997 Ed. (439)
1996 Ed. (475)
1994 Ed. (454)
1993 Ed. (453)
Banco Ganadero; BBV—
2005 Ed. (479)
Banco Ganadero SA
2003 Ed. (4579)
Banco General
2008 Ed. (393, 490)
2007 Ed. (415, 536, 537)
2006 Ed. (511)
2005 Ed. (474, 594)
2004 Ed. (462, 605)
Banco General de Negocios
2004 Ed. (447)
2003 Ed. (460)
2002 Ed. (514)
2000 Ed. (587)
Banco General Motors
2000 Ed. (589)
Banco General SA
2001 Ed. (645)
1997 Ed. (592)
1996 Ed. (653)
1995 Ed. (584)
1994 Ed. (614)
1993 Ed. (611)
1992 Ed. (817)
1991 Ed. (645)
Banco Genral do Comercio
1992 Ed. (755)
Banco Granahorrar
2007 Ed. (421)
Banco Granai & Townson SA
1997 Ed. (483)
1996 Ed. (524)
1995 Ed. (480)
1994 Ed. (497)
1993 Ed. (495)
1992 Ed. (690)
1991 Ed. (535)
Banco Grupo el Ahorro Hondureno
2005 Ed. (516)
2004 Ed. (537)
Banco Guayaquil
2007 Ed. (433)
Banco Hang Sang SARL
1995 Ed. (533)
Banco Hipotecario
2008 Ed. (378)
2007 Ed. (395, 396)
2006 Ed. (411)
2005 Ed. (566)
2004 Ed. (578)
2003 Ed. (564)
2002 Ed. (606)
Banco Hipotecario de El Salvador
2008 Ed. (406)
2007 Ed. (435, 436)
2004 Ed. (483)
Banco Hipotecario del Uruguay
2007 Ed. (570)
Banco Hipotecario Nacional
2000 Ed. (585)
1999 Ed. (573)
1991 Ed. (464)
Banco Hipotecario Nacionel
2001 Ed. (623)
Banco Hispano
1993 Ed. (713)
1991 Ed. (719, 720)
1990 Ed. (3476)
Banco Hispano Americano
1993 Ed. (633, 1399, 1400, 1679, 2260)
1992 Ed. (837, 900, 901, 1690, 1691, 2009)
1991 Ed. (1347, 1348)
1990 Ed. (688)
1989 Ed. (679)
Banco Hondureno del Cafe
2007 Ed. (458)
2000 Ed. (546)
1997 Ed. (486)
1996 Ed. (527)
1995 Ed. (483)
1994 Ed. (499)
1991 Ed. (538)
Banco Icatu SA
1999 Ed. (1437)
Banco Improsa
2008 Ed. (400)
2007 Ed. (426)
Banco Inbursa
2008 Ed. (476)
2003 Ed. (564)
Banco Ind de Venezuela
1991 Ed. (686)
Banco Industrial
2008 Ed. (421)
2007 Ed. (455, 456)
2005 Ed. (515, 560)
2004 Ed. (536)
2002 Ed. (536, 4400)
Banco Industrial de Venezuela
2007 Ed. (571)
2006 Ed. (541)
2005 Ed. (639)
2004 Ed. (399, 530, 650)
2003 Ed. (420, 636)
1996 Ed. (707)
1995 Ed. (631)
1994 Ed. (662)
1993 Ed. (661)
1992 Ed. (861)
1989 Ed. (603, 705)
Banco Industrial del Peru
1992 Ed. (819)
Banco Industrial Exterior (BICE)
1990 Ed. (625)
Banco Industrial SA
1994 Ed. (438)
1993 Ed. (439)
1992 Ed. (622)
Banco Industrial y de Comercio Exterior
1989 Ed. (603)
Banco Inmobiliario SA
1991 Ed. (535)
Banco Integracion
2007 Ed. (538)
Banco Interamericano de Finanzas
2007 Ed. (539)
Banco Interfin
2008 Ed. (400)
2007 Ed. (425, 426)
2005 Ed. (482)
Banco Internacional
2008 Ed. (421)
2007 Ed. (433, 456)
2005 Ed. (515)
2000 Ed. (543)
1997 Ed. (557)
1996 Ed. (604)
1995 Ed. (545)
1994 Ed. (569)
1993 Ed. (495, 567)
1992 Ed. (690, 777, 777, 778)
1991 Ed. (535, 648)
1989 Ed. (620)
Banco Internacional de Comercio
2004 Ed. (476)
Banco Internacional de Costa Rica
2005 Ed. (482)
2004 Ed. (474)
2003 Ed. (479)
Banco Internacional de Credito
1993 Ed. (2451)
Banco Internacional de Mocambique
2007 Ed. (524)
2005 Ed. (584)
2004 Ed. (595)
2003 Ed. (589)
2002 Ed. (624)
Banco Internacional de Mocambique SARL
2000 Ed. (617)
Banco Internacional de Panama
2000 Ed. (3400)
1999 Ed. (3684, 3685)

1997 Ed. (2984)
Banco Internacional do Funchal
2000 Ed. (650)
1999 Ed. (625)
Banco Internacional do Funchal (BANIF)
2004 Ed. (609)
2003 Ed. (601)
2002 Ed. (637)
Banco Internacional Mejico
1996 Ed. (1227)
Banco Internacional S.N.C.
1995 Ed. (470)
1994 Ed. (481)
1990 Ed. (625)
Banco International del Peru
1989 Ed. (604, 654)
Banco Inverlat
2000 Ed. (608)
1999 Ed. (591)
Banco Inversion & Comercio Exterior
2000 Ed. (588)
Banco Italo Venezolano
1991 Ed. (686)
1989 Ed. (705)
Banco Itau
2007 Ed. (1604)
2000 Ed. (583, 584, 585)
1999 Ed. (481, 517, 571, 572, 573, 1590)
1997 Ed. (422, 536, 1368, 1472)
1996 Ed. (459, 581)
1995 Ed. (433, 526)
1994 Ed. (440, 549, 552, 1336)
1993 Ed. (441, 531, 550, 1285)
1992 Ed. (624, 753, 754, 756, 1586)
1991 Ed. (466, 586, 587)
1990 Ed. (608, 623, 624, 626)
1989 Ed. (494, 572, 573, 599, 600, 601, 602)
Banco Itau Europa
2008 Ed. (494)
2007 Ed. (543)
2006 Ed. (515)
2005 Ed. (599)
2004 Ed. (609)
Banco Itau Group
2000 Ed. (1395)
1991 Ed. (1261)
Banco Itau Holding Financeira
2008 Ed. (388, 461, 462, 463, 464, 465, 466, 467)
2007 Ed. (408, 409, 501, 502, 503, 504, 505, 506, 507)
2006 Ed. (421, 485)
Banco Itau Holdings Financeria
2007 Ed. (4326)
Banco Itau SA
2008 Ed. (459)
2007 Ed. (499)
2006 Ed. (483, 1569, 1851, 3211, 4489)
2005 Ed. (470, 562, 564, 1842, 1843)
2004 Ed. (32, 458, 498, 575, 576, 1776, 1777, 3204)
2003 Ed. (471, 561, 563, 564, 1739, 1740)
2002 Ed. (532, 605, 606, 1600, 1716, 1717, 1718)
2001 Ed. (20, 604, 605, 633, 1643)
Banco Julio S.A.
2000 Ed. (459)
Banco la Caja Obrera
1989 Ed. (704)
Banco la Caja Obrera SA
2000 Ed. (688)
Banco la Guaira
1994 Ed. (662)
1991 Ed. (858)
Banco la Previsora
2002 Ed. (4407, 4408)
1997 Ed. (455)
1996 Ed. (492)
1993 Ed. (464)
Banco Latinamericano
1991 Ed. (643)
Banco Latinamericano de Export
1994 Ed. (612)
Banco Latino
1997 Ed. (641)
1996 Ed. (707, 883)
1995 Ed. (631)
1994 Ed. (662, 869)
1993 Ed. (661)
1992 Ed. (861, 1062)
1991 Ed. (686)
1989 Ed. (705)
Banco Latino Americano de Exportaciones
1989 Ed. (650)
Banco Latinoamericano de Export
2004 Ed. (462)
1995 Ed. (582)
1993 Ed. (609)
Banco Latinoamericano de Export—Bladex
2004 Ed. (605)
1992 Ed. (815)
Banco Latinoamericano de Exportaciones
2008 Ed. (393, 490)
2007 Ed. (415, 536, 537)
2006 Ed. (511)
2005 Ed. (419, 474, 531, 532, 594)
2001 Ed. (645)
Banco Latinoamericano de Exportaciones SA
2003 Ed. (4599)
Banco Lloyds TSB
2005 Ed. (1563)
Banco Luso Internacional
1996 Ed. (591)
Banco Machala
2007 Ed. (433)
Banco Macro Bansud
2008 Ed. (378)
2007 Ed. (395, 396)
2006 Ed. (411)
2005 Ed. (458)
Banco Manufacturers Hanover (Portugal)
1992 Ed. (2893)
Banco Mariva
1996 Ed. (443)
Banco Mello
2002 Ed. (637)
2000 Ed. (650)
1999 Ed. (625)
Banco Mercantil
2008 Ed. (422)
2007 Ed. (406, 457, 458)
2005 Ed. (487, 516)
2004 Ed. (457, 480, 530, 537)
2003 Ed. (470, 559)
2002 Ed. (661)
2000 Ed. (586, 587, 589, 695)
1999 Ed. (1036)
1997 Ed. (408, 641)
1996 Ed. (707, 883)
1995 Ed. (631)
1994 Ed. (662, 869)
1993 Ed. (661)
1992 Ed. (861, 1062)
1991 Ed. (686, 858)
1989 Ed. (705)
Banco Mercantil Argentino
1996 Ed. (443)
Banco Mercantil de Credit
1992 Ed. (755)
Banco Mercantil de Credito
1990 Ed. (625)
Banco Mercantil de Sao Paulo
2003 Ed. (471)
1999 Ed. (481)
1997 Ed. (422)
1996 Ed. (459)
1995 Ed. (433)
1994 Ed. (440)
1993 Ed. (441, 520)
1992 Ed. (624, 753)
Banco Mercantil del Norte
2007 Ed. (508, 509, 510, 519)
2000 Ed. (608)
1999 Ed. (591)
1997 Ed. (557)
1996 Ed. (604)
1995 Ed. (545)
1994 Ed. (551, 569)
1993 Ed. (567)
Banco Mercantil Finasa
2006 Ed. (489)
2002 Ed. (532)
Banco Mercantil SA
2006 Ed. (4487)
Banco Meridional
2002 Ed. (532)
Banco Metropolitano S.A.
1989 Ed. (520, 520)
Banco Mexicano
1999 Ed. (591)
1997 Ed. (557)
1996 Ed. (604)
Banco Mexicano Somex
1993 Ed. (567)
1992 Ed. (777, 777)
1991 Ed. (607)
1989 Ed. (620)
Banco Montevideo SA
1999 Ed. (678)
Banco Multibanco
2000 Ed. (586, 587, 588)
Banco Multiplic
1994 Ed. (551)
Banco Nac de Comercio Ext
1991 Ed. (607)
Banco Nac de Desarrollo
1991 Ed. (446)
Banco Nac Ultramarino
1991 Ed. (651)
Banco Nacioinal
1992 Ed. (624)
Banco Nacional
2007 Ed. (538)
1997 Ed. (422)
1996 Ed. (459)
1995 Ed. (433)
1993 Ed. (441)
1991 Ed. (490)
1989 Ed. (494)
Banco Nacional da Guinea-Bissau
1989 Ed. (549)
Banco Nacional de Angola
1992 Ed. (579)
1991 Ed. (421)
Banco Nacional de Bolivia
2007 Ed. (406)
2004 Ed. (457)
2003 Ed. (470)
1991 Ed. (464)
1989 Ed. (492)
Banco Nacional de Bolivia SA
2006 Ed. (4487)
Banco Nacional de Comercio
1989 Ed. (599)
Banco Nacional de Comercio Exterior
2004 Ed. (516)
1994 Ed. (549, 550)
1992 Ed. (778)
1990 Ed. (626)
1989 Ed. (602, 620)
Banco Nacional de Commercio Exterior
1990 Ed. (623)
Banco Nacional de Costa Rica
2008 Ed. (400)
2007 Ed. (425, 426)
2005 Ed. (482)
2004 Ed. (474, 1692)
2003 Ed. (479)
2002 Ed. (1630)
1992 Ed. (644)
Banco Nacional de Credito Imobiliaro
2008 Ed. (494)
2007 Ed. (543)
2006 Ed. (515)
2005 Ed. (599)
2004 Ed. (609)
Banco Nacional de Credito Rural
1993 Ed. (519, 520, 523)
Banco Nacional de Credito SA
1993 Ed. (463)
1992 Ed. (652)
Banco Nacional de Cuba
1992 Ed. (645)
1991 Ed. (491)
Banco Nacional de Desarrollo
1993 Ed. (523)
1992 Ed. (601, 711)
1991 Ed. (632)
1989 Ed. (475)
Banco Nacional de Desarrollo Agricola
1997 Ed. (486)
1996 Ed. (527)
1995 Ed. (483)
1994 Ed. (499)
Banco Nacional de Desenvolvimento Economico e Social
1994 Ed. (549, 550)
Banco Nacional de Fomento
2003 Ed. (484)
1997 Ed. (454)
1996 Ed. (491)
1995 Ed. (460)
1994 Ed. (469, 614)
1993 Ed. (611)
1992 Ed. (654)
Banco Nacional de la Vivienda
2007 Ed. (432)
1994 Ed. (497)
1993 Ed. (495)
1992 Ed. (690)
Banco Nacional de Mexico
2008 Ed. (459, 461, 476)
2007 Ed. (499, 501, 505, 519, 520)
2006 Ed. (482, 483, 485, 500)
2005 Ed. (562, 564, 578)
2001 Ed. (626)
2000 Ed. (529, 584, 585)
1999 Ed. (519, 547, 572, 573)
1997 Ed. (466, 517, 1472)
1996 Ed. (555)
1995 Ed. (470)
1994 Ed. (481, 549, 550, 551)
1993 Ed. (478)
1992 Ed. (753, 754, 778, 3063)
1991 Ed. (513, 586, 587)
1990 Ed. (608, 623, 624, 626, 635)
1989 Ed. (599, 601, 602, 603, 620)
Banco Nacional de Mexico—BANAMEX
2004 Ed. (516, 575, 576, 592)
2003 Ed. (561, 563, 585)
2002 Ed. (552, 605, 606, 621, 1724)
Banco Nacional de Mexico SA
1998 Ed. (350)
Banco Nacional de Obras & Servicios Publicos
1993 Ed. (522, 567)
Banco Nacional de Obras y Servicios Publicos
1994 Ed. (551)
Banco Nacional de Panama
2008 Ed. (393, 490)
2007 Ed. (415, 508, 536, 537)
2006 Ed. (511)
2005 Ed. (474, 594)
2004 Ed. (462)
1992 Ed. (815)
1991 Ed. (643)
1989 Ed. (650)
Banco Nacional de Panama S.A.
2001 Ed. (645)
Banco Nacional de Trabajadores
1991 Ed. (645)
Banco Nacional du Cuba
1989 Ed. (515)
Banco Nacional Financiera
1989 Ed. (620)
Banco Nacional Ultramarino
1996 Ed. (591, 660)
1995 Ed. (591)
1994 Ed. (621)
1993 Ed. (617)
1992 Ed. (823)
Banco Nicaraguenese
1991 Ed. (632)
Banco Occidental de Descuento
2008 Ed. (522)
2007 Ed. (497, 571, 572)
Banco Occidente
2007 Ed. (421)
Banco O'Higgins
1999 Ed. (495)
1997 Ed. (437)
1996 Ed. (473)
1995 Ed. (444)
1994 Ed. (452)
1993 Ed. (451)
1992 Ed. (637)
1991 Ed. (479)
1989 Ed. (504)
Banco Osomo & la Union
1996 Ed. (473)
1994 Ed. (452)
Banco Osorno & la Union
1997 Ed. (437)

1995 Ed. (444)
1993 Ed. (451)
1992 Ed. (637)
1991 Ed. (479)
Banco Osorno y la Union
1992 Ed. (755)
1989 Ed. (504)
Banco Pacifico
2007 Ed. (433)
Banco Pactual
2008 Ed. (3400)
2007 Ed. (497, 3280, 3281, 3289, 4342)
2006 Ed. (480, 481, 3212, 3224)
2004 Ed. (572, 573)
2003 Ed. (471)
2000 Ed. (589)
Banco Paraguayo Oriental de Inversion y de Fomento SA
1999 Ed. (621)
1997 Ed. (592)
1996 Ed. (653)
1995 Ed. (584)
1994 Ed. (614)
1993 Ed. (611)
1992 Ed. (817)
1991 Ed. (645)
Banco Pastor SA
2008 Ed. (2087, 2690, 2715)
Banco Patagonia Sudameris
2007 Ed. (396)
2006 Ed. (411)
2005 Ed. (458)
Banco Pichincha
2007 Ed. (433)
Banco Pinto & Scotto Mayor
1998 Ed. (378)
Banco Pinto & Sotto
1991 Ed. (651)
Banco Pinto & Sotto Mayer
2000 Ed. (650)
Banco Pinto & Sotto Mayor
2002 Ed. (637)
1999 Ed. (625)
1997 Ed. (598)
1996 Ed. (660)
1995 Ed. (591)
1994 Ed. (621)
1993 Ed. (617)
1992 Ed. (823)
1990 Ed. (671)
Banco Popular
2007 Ed. (421, 432)
2003 Ed. (476)
2002 Ed. (543, 4394, 4395, 4399, 4406)
1998 Ed. (3145, 3556)
1997 Ed. (439, 617, 683, 684)
1996 Ed. (475, 752)
1995 Ed. (446)
1994 Ed. (454, 524)
1993 Ed. (453)
1992 Ed. (502, 639)
1991 Ed. (482, 719, 720)
1990 Ed. (45, 3476)
1989 Ed. (507)
Banco Popular de Ahorro
2004 Ed. (462, 476)
Banco Popular de Puerto Rico
2000 Ed. (4058)
1999 Ed. (4339)
1998 Ed. (427, 2347)
1997 Ed. (599, 3529)
1996 Ed. (661, 3460)
1995 Ed. (361, 592)
1994 Ed. (355, 622)
1993 Ed. (618)
1992 Ed. (824)
1991 Ed. (370, 652)
1990 Ed. (433, 587, 626, 672)
1989 Ed. (658)
Banco Popular del Ecuador
2000 Ed. (516)
1999 Ed. (505)
1997 Ed. (455)
1996 Ed. (492)
1993 Ed. (464)
1992 Ed. (654)
Banco Popular del Peru
1990 Ed. (625)
Banco Popular Dominicano
2006 Ed. (488)
2005 Ed. (474, 487)
2004 Ed. (461, 462, 480)
2003 Ed. (474)
2000 Ed. (512, 527)
1999 Ed. (504)
1997 Ed. (453)
1996 Ed. (490)
1995 Ed. (458)
1994 Ed. (468)
1993 Ed. (463)
1992 Ed. (652)
1991 Ed. (499)
1989 Ed. (520)
Banco Popular Espana
1992 Ed. (1691)
1991 Ed. (1348)
Banco Popular Espanol
2008 Ed. (506)
2007 Ed. (554, 1990)
2006 Ed. (525, 2020, 2021)
2005 Ed. (611, 1964)
2004 Ed. (621)
2003 Ed. (612)
2000 Ed. (665, 1555)
1999 Ed. (639, 739, 740, 1733)
1997 Ed. (1511)
1996 Ed. (555, 683, 1446)
1995 Ed. (609, 1489)
1994 Ed. (522, 636, 723, 1449)
1993 Ed. (526, 633, 1400)
1992 Ed. (715, 837, 900, 901)
1990 Ed. (688)
1989 Ed. (679)
Banco Popular Espanol, SA
2002 Ed. (648, 722, 1768, 4473, 4475)
2001 Ed. (1853, 3512)
Banco Popular N.A.
2002 Ed. (4295)
Banco Popular North America
2001 Ed. (4282)
Banco Popular North America Illinois Region
2002 Ed. (4293)
Banco Popular Puerto Rico
1989 Ed. (48)
Banco Popular y de Desarrollo Comunal
2007 Ed. (425)
Banco Portugues de Atlantico
1993 Ed. (2451)
Banco Portugues de Investimento
1999 Ed. (625)
1997 Ed. (598, 2673, 2674)
1996 Ed. (660, 2527, 2528)
1995 Ed. (591)
1994 Ed. (621, 2395, 2396)
1993 Ed. (617, 2451)
1991 Ed. (2333, 2334)
Banco Portugues De Investimento SA
2000 Ed. (776)
Banco Portugues de Investimentos
1992 Ed. (2893, 2894)
Banco Portugues do Atlantico
1997 Ed. (598, 2673, 2674)
1996 Ed. (591, 660, 2527, 2528)
1995 Ed. (591)
1994 Ed. (621, 2395, 2396)
1993 Ed. (617)
1992 Ed. (823)
1990 Ed. (671)
1989 Ed. (657)
Banco ProCredit
2008 Ed. (406)
2007 Ed. (436)
Banco Profesional
2007 Ed. (432)
Banco Promerica
2008 Ed. (406, 422)
2007 Ed. (435, 436)
2004 Ed. (483)
Banco Promex
2000 Ed. (608)
Banco Provincial
2006 Ed. (792)
2002 Ed. (941)
2000 Ed. (584, 589, 985, 986)
1994 Ed. (551, 868, 869)
1993 Ed. (854)
1992 Ed. (1062)
1991 Ed. (686, 858)
1989 Ed. (563, 705)
Banco Provincial—Banco Universal
2007 Ed. (572)
2006 Ed. (541)
2005 Ed. (500, 639)
2004 Ed. (650)
2003 Ed. (636)
2002 Ed. (661)
2000 Ed. (695)
Banco Provincial SACA
1999 Ed. (1036, 1037)
1997 Ed. (641, 906)
1996 Ed. (707, 883)
Banco Provincial SAICA-SACA
1995 Ed. (631)
1994 Ed. (662)
1993 Ed. (661)
1992 Ed. (861)
Banco Quilmes
1997 Ed. (408)
1996 Ed. (443)
1995 Ed. (417)
1994 Ed. (424)
1993 Ed. (422)
1992 Ed. (601)
1991 Ed. (446)
Banco Real
2000 Ed. (583, 585)
1999 Ed. (481, 571, 573)
1997 Ed. (422, 536)
1996 Ed. (459)
1995 Ed. (433)
1994 Ed. (440, 552)
1993 Ed. (441)
1992 Ed. (624)
1991 Ed. (466)
1989 Ed. (494, 573)
Banco Real del Uruguay SA
1999 Ed. (678)
Banco Reformador
2008 Ed. (421)
2007 Ed. (455, 456)
2005 Ed. (515)
Banco Regional
2007 Ed. (538)
Banco Republica Oriental del Uruguay
1995 Ed. (629)
Banco Rice
2005 Ed. (475)
Banco Rio de la Plata
2005 Ed. (568)
2004 Ed. (577)
2002 Ed. (514, 605)
2000 Ed. (457, 527, 586, 588, 589, 895)
1999 Ed. (465)
1997 Ed. (408)
1996 Ed. (443)
1995 Ed. (417)
1994 Ed. (424)
1993 Ed. (422)
1992 Ed. (601)
1989 Ed. (475)
Banco Rio de la Plata C
1991 Ed. (446)
Banco Rio de la Plata SA
2003 Ed. (460, 4570)
Banco Roberts
1999 Ed. (465)
1997 Ed. (408)
1996 Ed. (443)
1995 Ed. (417)
1994 Ed. (424)
1993 Ed. (422)
1991 Ed. (446)
1989 Ed. (604)
Banco Rural
2006 Ed. (487)
Banco Sabadell
2008 Ed. (506)
2007 Ed. (554)
2006 Ed. (525)
2005 Ed. (611)
2004 Ed. (621)
2003 Ed. (612)
2002 Ed. (648)
2000 Ed. (665)
1999 Ed. (639)
1997 Ed. (617)
1996 Ed. (683)
Banco Safra
2008 Ed. (388)
2007 Ed. (408, 409)
2006 Ed. (421)
2005 Ed. (470)
2004 Ed. (458)
2003 Ed. (471)
2002 Ed. (532)
1999 Ed. (481)
1994 Ed. (551)
1993 Ed. (441)
1992 Ed. (624, 755)
1991 Ed. (466)
1989 Ed. (494, 601, 603, 604)
Banco Salvadoreno
2008 Ed. (406)
2007 Ed. (435, 436)
2004 Ed. (483)
2002 Ed. (536, 4410, 4411)
1989 Ed. (523)
Banco Salvadoreno SA
2001 Ed. (623)
1993 Ed. (466)
1992 Ed. (656)
Banco Santa Cruz
2007 Ed. (432)
Banco Santander
2008 Ed. (2699)
2007 Ed. (570, 686, 2559)
2000 Ed. (665, 1557, 3416, 3421)
1999 Ed. (639, 739, 740, 1735)
1998 Ed. (995)
1997 Ed. (617, 683, 684, 1510)
1996 Ed. (683, 751, 752, 1214, 1227, 1445)
1995 Ed. (609, 1488)
1994 Ed. (636, 722, 1448)
1993 Ed. (633, 712, 2415)
1992 Ed. (715, 837, 901, 1690)
1991 Ed. (664, 720, 1347)
1990 Ed. (688)
Banco Santander Banespa
2007 Ed. (505)
Banco Santander Bozano
2006 Ed. (487)
2005 Ed. (559)
2004 Ed. (578)
2003 Ed. (566, 567)
Banco Santander Brasil
2008 Ed. (459)
2007 Ed. (408, 499)
2006 Ed. (483, 3211)
2005 Ed. (470)
2004 Ed. (458)
Banco Santander Central Hispano
2005 Ed. (595)
Banco Santander Central Hispano SA
2008 Ed. (411, 443, 506, 848, 1742, 1748, 1750, 1754, 2086, 4524)
2007 Ed. (439, 441, 447, 475, 554, 1713, 1720, 1722, 1726, 1987, 1990, 4342)
2006 Ed. (1430, 1438, 2018, 2020, 2021, 4538)
2004 Ed. (523, 621, 1444)
2003 Ed. (612, 1826, 4606)
2002 Ed. (648, 721, 722, 1766, 1768, 3083, 3195, 4471, 4472, 4473, 4474, 4475)
Banco Santander Central Hispano SA (BSCH)
2001 Ed. (1853, 1854, 3012, 3512)
Banco Santander Central Hispano SA(BSCH)
2001 Ed. (1852)
Banco Santander Chile
2007 Ed. (504, 505)
2005 Ed. (476, 562)
2004 Ed. (464, 575, 1548)
2003 Ed. (4577)
2002 Ed. (1038)
2001 Ed. (613, 614, 615)
Banco Santander Mexicano
2007 Ed. (519)
2005 Ed. (577)
2004 Ed. (3026)
Banco Santander Puerto Rico
2003 Ed. (4602)
1998 Ed. (427)
1997 Ed. (599)
1996 Ed. (661)
1995 Ed. (592)
1994 Ed. (622)
1993 Ed. (618)
1992 Ed. (824)

1991 Ed. (652)
Banco Santander Santiago
2008 Ed. (396, 459)
2007 Ed. (418, 419, 499)
2006 Ed. (425, 483)
Banco Santander Serfin
2008 Ed. (459)
2007 Ed. (499)
2004 Ed. (3025)
Banco Santander Totta
2008 Ed. (494)
2007 Ed. (543)
Banco Santiago
2004 Ed. (464)
2002 Ed. (541)
2001 Ed. (613, 614, 615)
2000 Ed. (488, 527, 587)
Banco Saudi Espanol
1995 Ed. (414)
1994 Ed. (421)
1992 Ed. (595)
1991 Ed. (439)
1990 Ed. (490)
Banco Sbandell
2001 Ed. (3512)
Banco Security
2008 Ed. (396)
Banco Seng Heng
2003 Ed. (578)
2002 Ed. (613)
Banco Serfin
2001 Ed. (633)
1994 Ed. (550)
1989 Ed. (620)
Banco Sociedad General de Credito CA
1997 Ed. (455)
Banco Sogerin SA
1997 Ed. (486)
1996 Ed. (527)
1995 Ed. (483)
1994 Ed. (499)
1993 Ed. (497)
1992 Ed. (694)
1991 Ed. (538)
Banco Solidario
2007 Ed. (406, 433)
2002 Ed. (4409)
Banco Standard Chartered
2005 Ed. (638)
Banco Standard Totta de Mocambique
2005 Ed. (584)
2004 Ed. (595)
2003 Ed. (589)
2002 Ed. (624)
Banco Standard Totta de Mocambique, SARL
1992 Ed. (788)
1991 Ed. (615)
Banco Standard Totta de Mozambique SARL
2000 Ed. (617)
Banco Sud Americano
2003 Ed. (565)
2002 Ed. (541)
2000 Ed. (488)
1999 Ed. (495)
1997 Ed. (437)
1996 Ed. (473)
1995 Ed. (444)
1994 Ed. (452)
1993 Ed. (451)
1992 Ed. (637, 755)
1991 Ed. (479)
1989 Ed. (504)
Banco Sudamericano
2007 Ed. (539)
Banco Sudameries Paraguay SA
1991 Ed. (645)
Banco Sudameris
2007 Ed. (538)
2006 Ed. (4529)
2004 Ed. (572)
2002 Ed. (4456)
Banco Sudameris Argentina
2004 Ed. (447)
2003 Ed. (558, 559)
Banco Sudameris Brasil
2005 Ed. (1563)
1992 Ed. (755)
Banco Sudameris Colombia
1992 Ed. (639)
Banco Sudameris Paraguay SA
1997 Ed. (592)
1996 Ed. (653)
1995 Ed. (584)
1994 Ed. (614)
1993 Ed. (611)
1992 Ed. (817)
1989 Ed. (652)
Banco Superior
2005 Ed. (500)
Banco Surinvest SA
2000 Ed. (688)
Banco Totta & Acores
2006 Ed. (515)
2005 Ed. (599)
2004 Ed. (609)
2000 Ed. (529, 650)
1999 Ed. (519, 625)
1997 Ed. (466, 598, 2673, 2674)
1996 Ed. (591, 660, 2527, 2528)
1995 Ed. (470, 591)
1994 Ed. (621, 2395, 2396)
1993 Ed. (617, 2451)
1992 Ed. (823)
1991 Ed. (651)
1990 Ed. (671)
Banco Totta & Acores-Registered
1993 Ed. (2452)
Banco Unibanco
1989 Ed. (494)
Banco Union
2007 Ed. (406)
2000 Ed. (985, 986)
1999 Ed. (591, 621, 1037)
1997 Ed. (557, 641, 906)
1995 Ed. (631)
1994 Ed. (662, 869)
1993 Ed. (611, 661, 854)
1992 Ed. (817, 861, 1062)
1991 Ed. (686, 858)
1989 Ed. (705)
Banco Union SA
1997 Ed. (592)
1996 Ed. (604, 653, 707, 883)
1995 Ed. (584)
1994 Ed. (614)
1991 Ed. (645)
1989 Ed. (652)
Banco Universal; Banco Provincial—
2007 Ed. (572)
2006 Ed. (541)
2005 Ed. (500, 639)
Banco Universal; BBVA Banco Provincial—
2008 Ed. (522)
Banco Uno
2008 Ed. (400, 406, 422, 483)
2007 Ed. (426, 435, 436, 457, 458, 528, 529)
2005 Ed. (516, 587)
2004 Ed. (483)
Banco Urquijo Union
1992 Ed. (722)
Banco Venezolano de Ced
1991 Ed. (686)
Banco Venezolano de Credito
2007 Ed. (571)
2006 Ed. (792)
2005 Ed. (500, 638)
2004 Ed. (650)
1999 Ed. (1036, 1037)
1997 Ed. (641, 906)
1996 Ed. (707)
1995 Ed. (631)
1994 Ed. (662, 869)
1993 Ed. (661)
1992 Ed. (861, 1062)
Banco Volkswagen
2000 Ed. (589)
Banco Votorantim
2008 Ed. (388)
2007 Ed. (408, 409)
2000 Ed. (586, 587)
Banco Weng Hang SARL
1995 Ed. (533)
1994 Ed. (559)
1993 Ed. (557)
1992 Ed. (765)
1991 Ed. (597)
Banco Wiese
2000 Ed. (642)
1999 Ed. (3186)
1997 Ed. (594, 2633)
1996 Ed. (655)
1993 Ed. (613)
1991 Ed. (648)
1989 Ed. (654)
Banco Wiese Sudameris
2008 Ed. (491)
2007 Ed. (539, 540)
2006 Ed. (512)
2005 Ed. (596)
2004 Ed. (606)
2003 Ed. (598, 4600)
2002 Ed. (586, 634, 3082, 3083)
Banco Zaragozano
1993 Ed. (713)
Banco Zaragozano SA
2005 Ed. (1474)
BancoEstado
2008 Ed. (734)
2007 Ed. (755)
Bancoex
2000 Ed. (691)
BancOhio National Bank
1994 Ed. (607)
1993 Ed. (604)
1992 Ed. (514, 810)
1991 Ed. (637, 2305)
BancOklahoma Corp.
1989 Ed. (368)
Bancoklahoma Trust Special Equity A
1994 Ed. (2311)
Bancolombia
2008 Ed. (33, 398, 1669)
2007 Ed. (28, 421, 422, 481, 503, 1661)
2006 Ed. (37, 427)
2005 Ed. (30, 479)
2004 Ed. (463, 466)
2002 Ed. (4398)
2001 Ed. (616, 617, 618)
Bancolombia (Panama)
2008 Ed. (393, 490)
2007 Ed. (415, 536, 537)
BanColombia SA
2003 Ed. (4579)
Bancomer
2008 Ed. (3871)
2007 Ed. (3797)
2003 Ed. (3765)
2001 Ed. (633, 634, 635)
2000 Ed. (583, 584, 585, 590, 607, 608, 609, 611, 612, 613, 2671)
1999 Ed. (572, 573, 591)
1997 Ed. (517, 536, 557)
1996 Ed. (581, 604)
1995 Ed. (526, 545)
1994 Ed. (481, 527, 549, 550, 551, 552, 569, 2508)
1992 Ed. (753, 754, 756, 778, 1670, 3062)
1991 Ed. (586, 587, 607)
1990 Ed. (608, 623, 634, 635)
1989 Ed. (572, 599, 600, 601, 602, 620)
Bancomer Bank
1993 Ed. (42, 567, 2560)
Bancomer SA
2000 Ed. (3420)
Bancomer, SNC
1990 Ed. (624, 625, 626)
Bancomerica
1992 Ed. (639)
Bancomext
1993 Ed. (550, 567)
BancOne
2000 Ed. (397, 431)
1992 Ed. (1749)
1990 Ed. (2620)
Bancorner S.N.C.
1991 Ed. (513)
Bancorp Hawaii
1997 Ed. (2177)
1996 Ed. (393, 3185, 3599)
1995 Ed. (3085, 3330)
1994 Ed. (667, 3036, 3037, 3038, 3039, 3251)
1993 Ed. (378, 666, 2991, 3257)
1992 Ed. (522, 524, 539, 540, 867, 3656, 3657)
1991 Ed. (380)
1990 Ed. (716, 717, 718)
1989 Ed. (712, 713)
Bancorp Rhode Island Inc.
2004 Ed. (2594, 2595)
BancorpSouth Inc.
2005 Ed. (359)
2003 Ed. (425)
2001 Ed. (570)
1998 Ed. (291)
Bancosur
2001 Ed. (646, 647, 648)
2000 Ed. (640, 643, 646)
Bancosur SA de Inversion y Fomento
1997 Ed. (592)
Bancplus FSA
1992 Ed. (3771)
BanCrecer
2000 Ed. (586, 588)
Bancredito
2004 Ed. (480)
Bancroft
2000 Ed. (965)
1999 Ed. (1011)
1998 Ed. (609)
Bancroft Family
2002 Ed. (3363)
1990 Ed. (3687)
Bancroft, Garcia & Lavell
1991 Ed. (2985)
Bancs Nazionale del Lavoro
1994 Ed. (473, 1682)
Bancshares of Florida Inc.
2005 Ed. (4253)
BancTec
1993 Ed. (1053)
1992 Ed. (3677)
1991 Ed. (1019)
1990 Ed. (1115, 1117)
Banctexas Group Inc.
1995 Ed. (491)
BancWest Corp.
2008 Ed. (1782)
2007 Ed. (1754)
2006 Ed. (1745)
2001 Ed. (657, 658)
2000 Ed. (394)
Band Aid
2004 Ed. (2615, 2616)
2003 Ed. (2484, 3780)
2002 Ed. (2278, 2282)
2001 Ed. (2438)
1998 Ed. (1697)
Band Aid Advanced Healing
2003 Ed. (2484)
Band-Aid Sport
2002 Ed. (2278)
BAND-AID Sport Strip
1998 Ed. (1697)
Band-Aid Sport Strips
2001 Ed. (2438)
Band Aid Water Block Plus
2003 Ed. (2484)
2002 Ed. (2278)
Band & Brown Communications
2002 Ed. (3853)
Band & Orchestra
1992 Ed. (3145)
Band & orchestra instruments
1994 Ed. (2591)
Band of Angels
2008 Ed. (4805)
2005 Ed. (4818)
Band of Brothers
2005 Ed. (2260)
Band-X
2003 Ed. (2182)
2001 Ed. (4766)
Bandag Inc.
2005 Ed. (317, 4693, 4694)
2004 Ed. (318, 4722, 4723)
2003 Ed. (4737, 4738)
2001 Ed. (4139, 4537, 4538)
1999 Ed. (349)
1998 Ed. (241)
1997 Ed. (316)
1996 Ed. (339)
1995 Ed. (325, 2504, 3168)
1994 Ed. (326, 328, 1404, 3117, 3118, 3538)
1993 Ed. (341, 1225, 1351, 3054, 3055, 3576, 3577)
1992 Ed. (466, 468, 3745, 4296, 4297)
1991 Ed. (335, 337, 3391)

1990 Ed. (386, 3448, 3595, 3596)
1989 Ed. (2834)
Bandages, adhesive
2003 Ed. (2487)
Bandai Co. Ltd.
2001 Ed. (4688)
1997 Ed. (3778, 3779)
Bandal
1998 Ed. (3603, 3604)
B&B
2000 Ed. (2942)
1998 Ed. (2369, 2370)
B&G
1998 Ed. (3754)
B&H Silk Cut
1992 Ed. (100)
B&H Special
1992 Ed. (100)
Bando Chemical Industries
2007 Ed. (1832)
Bando Popular
2006 Ed. (4538)
B&Q
1992 Ed. (100)
Bandt Nissan; Ray
1995 Ed. (281)
B&W Sormarkmad AB
1990 Ed. (49)
Bandwidth.com
2008 Ed. (4647)
Bandwidth9
2003 Ed. (4682)
Banedwards Eurofund
2002 Ed. (3480)
Banedwards U.S. Fund
2002 Ed. (3480)
Banerj
2006 Ed. (481, 486)
2005 Ed. (558, 559)
Banesco
2005 Ed. (500)
2001 Ed. (91)
2000 Ed. (689, 692, 694)
Banesco Banco Universal
2008 Ed. (522)
2007 Ed. (571, 572)
2006 Ed. (792)
Banesco-Universal
2001 Ed. (654, 655, 656)
Banespa
2008 Ed. (733)
2007 Ed. (754)
2003 Ed. (561)
2000 Ed. (473, 474, 476, 478, 590)
Banespa Group
2000 Ed. (1395)
1997 Ed. (1368)
1995 Ed. (1362)
1994 Ed. (1336)
1993 Ed. (1285)
1992 Ed. (1586)
1991 Ed. (1261)
Banestado
2006 Ed. (479, 482, 487, 488)
Banesto
2002 Ed. (721)
2001 Ed. (1854)
2000 Ed. (753)
1999 Ed. (1733)
1997 Ed. (1511)
1995 Ed. (609, 1488)
1994 Ed. (636, 1448, 2238)
1993 Ed. (633, 712, 713, 1399, 2260)
1991 Ed. (719, 720)
1990 Ed. (3476)
Banesto-Banco Espanol de Credito
1996 Ed. (683)
Banex
2007 Ed. (425)
2002 Ed. (536)
Banexi
2001 Ed. (1520, 1525, 1527)
Banff
1999 Ed. (4733)
1998 Ed. (3690)
Banff Centre
2006 Ed. (1595, 1624)
2005 Ed. (1697)
2004 Ed. (1661)
2003 Ed. (1630)
Banff Lodging Co.
2008 Ed. (3498)
Banfi Vinters
1990 Ed. (1035)
Banfi Vintners
2006 Ed. (4967)
2005 Ed. (4976)
2004 Ed. (4975)
2003 Ed. (4960)
2001 Ed. (4841)
2000 Ed. (1105)
1993 Ed. (3714)
1991 Ed. (964, 966, 3493)
Banfi Wine
2005 Ed. (4954)
Banfi Wines
2000 Ed. (4413)
1998 Ed. (3743, 3749)
1997 Ed. (3904, 3911)
1996 Ed. (3858, 3860, 3865)
1989 Ed. (2940)
Banfocoro
2000 Ed. (690)
Bang & Olufsen
2007 Ed. (1678)
1990 Ed. (1362)
Bang Networks
2002 Ed. (1070)
Bangchak Petroleum Public
1997 Ed. (3400)
Banger Transportation
1994 Ed. (3601)
Bangkok
2000 Ed. (3376)
1997 Ed. (193)
1992 Ed. (1391)
Bangkok Airport
1997 Ed. (223)
1996 Ed. (195)
Bangkok Bank
2008 Ed. (513, 2118)
2007 Ed. (561, 2019)
2006 Ed. (530, 2048, 4541)
2005 Ed. (617)
2004 Ed. (527, 628)
2003 Ed. (535, 619)
2002 Ed. (575, 576, 577, 655, 3193, 4487, 4488)
2001 Ed. (1880)
2000 Ed. (673, 1575, 1578, 3875, 3876)
1999 Ed. (468, 470, 517, 647, 1748, 4161, 4162)
1997 Ed. (628, 1526)
1996 Ed. (693, 1457, 3302)
1995 Ed. (619, 1346, 1347, 1503)
1994 Ed. (524, 647, 647, 3157, 3158)
1993 Ed. (645)
1992 Ed. (849)
1991 Ed. (678, 2941, 2942)
1990 Ed. (699)
1989 Ed. (696)
Bangkok Bank of Commerce
1999 Ed. (647, 4161)
1997 Ed. (628)
1996 Ed. (693, 3303)
1995 Ed. (619)
1993 Ed. (645)
1990 Ed. (699)
1989 Ed. (696)
Bangkok Bank Public Co.
1997 Ed. (2403, 3399)
1996 Ed. (555)
Bangkok Dusit Medical Services
2008 Ed. (2117)
2007 Ed. (2018)
Bangkok Expressway
2000 Ed. (3875)
Bangkok First Investment & Trust
2001 Ed. (2891)
Bangkok - Hong Kong
1996 Ed. (179)
Bangkok International Airport
1999 Ed. (250)
1998 Ed. (147)
1997 Ed. (224)
1996 Ed. (1599)
Bangkok Land
1996 Ed. (3302)
1994 Ed. (3157, 3158)
Bangkok Metropolitan Bank
1999 Ed. (647)
1997 Ed. (628, 3400)
1996 Ed. (693, 3303)
1995 Ed. (619)
1994 Ed. (647)
1993 Ed. (645)
1992 Ed. (849)
1991 Ed. (678)
1990 Ed. (699)
1989 Ed. (696)
Bangkok Produce
1995 Ed. (1501, 1502)
Bangkok Produce Merchandising Co. Ltd.
2000 Ed. (1577)
1999 Ed. (1747)
1994 Ed. (1466)
1993 Ed. (1412)
1992 Ed. (1707)
1991 Ed. (1358, 2942)
1990 Ed. (1429)
Bangkok, Thailand
2001 Ed. (348)
Bangladesh
2008 Ed. (2727, 2822, 3448, 4103, 4248, 4601, 4602)
2007 Ed. (2590, 3352, 4212, 4693)
2006 Ed. (2329, 2614, 2701, 3285, 4196, 4671, 4672)
2005 Ed. (2616, 2734, 3291, 4148, 4606)
2004 Ed. (2626, 3259, 4220, 4656, 4657)
2003 Ed. (2493, 3213, 4194)
2001 Ed. (2451, 2455, 4122, 4446, 4447)
2000 Ed. (2364, 2366, 2367, 3571)
1999 Ed. (4477)
1997 Ed. (3633)
1995 Ed. (3, 2009, 2016, 2028, 2035)
1993 Ed. (1966, 1973, 1980)
1992 Ed. (3742)
1991 Ed. (754)
1989 Ed. (1869, 2240)
Bangladesh & Nepal
1992 Ed. (2309, 2316, 2326)
1991 Ed. (1833, 1840)
1990 Ed. (1910, 1917, 1924)
Bangladesh Krishi Bank
2000 Ed. (467)
1999 Ed. (475)
1997 Ed. (415)
1996 Ed. (453)
1995 Ed. (427)
1994 Ed. (432)
1993 Ed. (432)
1992 Ed. (615)
1991 Ed. (458)
Bangladesh Online
2006 Ed. (2259, 4484)
Bangladesh Oxygen
1997 Ed. (1602, 1603)
Bangladesh Shilpa Bank
1997 Ed. (415)
1996 Ed. (453)
1994 Ed. (432)
1993 Ed. (432)
1992 Ed. (615)
1991 Ed. (458)
Bangladesh Tobacco Co.
1999 Ed. (1841)
1997 Ed. (1602)
Bangladesh Welding Electrodes Ltd.
2002 Ed. (1971)
Bangor Daily News
1992 Ed. (3239)
1990 Ed. (2694, 2696)
Bangor, ME
2007 Ed. (864)
2005 Ed. (838, 2992)
2004 Ed. (869)
2003 Ed. (831)
2002 Ed. (920)
Bangor News
1991 Ed. (2597, 2598, 2602, 2607)
1990 Ed. (2698, 2702, 2709, 2711)
1989 Ed. (2052, 2063, 2065)
Bangor Savings Bank
1998 Ed. (3548)
The Banham Cos.
2007 Ed. (2410)
BANIF-SPGS
2008 Ed. (494)
2007 Ed. (543)
2006 Ed. (515)
2005 Ed. (599)
Banister Continental
1992 Ed. (1960)
Banister Shoe
1991 Ed. (2649)
Banistmo Brokers
1997 Ed. (2985)
Banistmo Nicaragua
2007 Ed. (528)
Banjo-Kazooie
2000 Ed. (4345)
The Bank
1998 Ed. (102)
Bank accounts
1993 Ed. (2365)
Bank Advisory Group Inc.
2001 Ed. (558)
Bank Al Habib
2007 Ed. (1948)
Bank Al-Jazira
2008 Ed. (498)
2007 Ed. (547)
2006 Ed. (518)
2005 Ed. (603)
2004 Ed. (613)
2003 Ed. (420, 605)
2002 Ed. (584, 641)
1999 Ed. (462)
1997 Ed. (405)
1996 Ed. (440, 668, 669)
1995 Ed. (413, 598)
Bank Almashrek
1990 Ed. (483)
Bank Almashrek SAL
1992 Ed. (757)
1991 Ed. (588)
Bank America
1999 Ed. (2698)
1998 Ed. (280, 321)
1992 Ed. (508, 516, 1746)
1989 Ed. (366, 374, 377, 500, 1924)
Bank America Texas NA
1995 Ed. (395)
Bank America Trust Co. of N.Y.
1991 Ed. (630)
Bank & Business Forms
1999 Ed. (961)
Bank & Trust of Puerto Rico
2005 Ed. (2586)
2004 Ed. (2606)
Bank Arbeit & Wirt
1991 Ed. (454)
Bank Atlanta
1998 Ed. (365)
Bank Austria
2006 Ed. (415)
2005 Ed. (462)
2004 Ed. (450)
2002 Ed. (525, 1595, 4756)
2000 Ed. (465, 558, 1390, 4351)
1999 Ed. (472, 500, 4722)
1997 Ed. (413, 1364, 3846, 3847)
1996 Ed. (448, 1297)
1994 Ed. (429)
Bank Austria AG
1996 Ed. (449)
Bank Austria Aktiengesellschaft
2000 Ed. (1418)
Bank Austria Creditanstalt
2008 Ed. (382)
2007 Ed. (400, 1594)
2006 Ed. (1559, 4883)
2004 Ed. (493)
2003 Ed. (482)
2000 Ed. (561)
Bank Austria Creditanstalt AG
2007 Ed. (1595)
2006 Ed. (1560)
Bank Austria Creditanstalt Croatia
2003 Ed. (480)
Bank Austria Creditanstalt d.d. Ljubljana
2006 Ed. (522)
2004 Ed. (489)
Bank Austria Group
2000 Ed. (1391)

1996 Ed. (1296)
Bank Austria (preferred)
1996 Ed. (3792)
Bank B. Lambert
1991 Ed. (459)
Bank Bakay
2006 Ed. (4514)
Bank Bali
2000 Ed. (1463, 1464, 1466)
1999 Ed. (1657)
1997 Ed. (509, 1432)
1996 Ed. (1380)
1995 Ed. (500)
1994 Ed. (516, 517, 2338)
1993 Ed. (516)
1992 Ed. (708)
1989 Ed. (559)
Bank BNI
2008 Ed. (433)
2007 Ed. (468)
2006 Ed. (456)
2005 Ed. (526)
2004 Ed. (545)
2003 Ed. (529)
2000 Ed. (556)
1999 Ed. (545)
Bank BPH
2008 Ed. (413, 493)
2007 Ed. (444)
Bank Brussels Lambert
2000 Ed. (469)
1999 Ed. (1587)
1997 Ed. (417, 1366, 1367)
1993 Ed. (435)
1992 Ed. (617, 1578, 2003)
1990 Ed. (509)
1989 Ed. (488)
Bank Bruxelles Lambert
1996 Ed. (1299)
1995 Ed. (1359)
1994 Ed. (1328)
1991 Ed. (1259)
Bank BTN
2004 Ed. (545)
2000 Ed. (556)
Bank Buana Indonesia
2008 Ed. (433)
2006 Ed. (456)
2004 Ed. (545)
Bank Bumi Daya
1999 Ed. (545)
1997 Ed. (509)
1996 Ed. (550)
1994 Ed. (516, 517)
1993 Ed. (516)
1992 Ed. (606, 707, 708)
1991 Ed. (547)
1990 Ed. (503, 593)
1989 Ed. (559, 575)
Bank Bumi Daya (Persero)
2000 Ed. (556)
Bank Bumiputra Malaysia
2000 Ed. (603)
1999 Ed. (587)
1997 Ed. (551)
1996 Ed. (566, 597, 1649, 2909)
1995 Ed. (539)
1994 Ed. (563)
1993 Ed. (561)
1992 Ed. (606, 769)
1991 Ed. (601)
1989 Ed. (613)
Bank Cantrade Switzerland (Channel Islands) Ltd.
1994 Ed. (450)
Bank Cantrade Switzerland (C.I.) Ltd.
1995 Ed. (442)
1993 Ed. (449)
1992 Ed. (635)
1991 Ed. (477)
Bank cards
1991 Ed. (1000)
Bank Caspiyskiy
2000 Ed. (579)
Bank Center Credit
2001 Ed. (632)
Bank Central Asia
2008 Ed. (433, 1565, 1810)
2007 Ed. (468, 1779)
2006 Ed. (456, 1770)
2005 Ed. (526)
2004 Ed. (545, 546, 558)
2002 Ed. (516, 519)
2000 Ed. (556, 1464)
1999 Ed. (544, 545, 1657)
1997 Ed. (509, 510, 1432)
1996 Ed. (550, 551, 1380)
1995 Ed. (498, 499, 500, 1419)
1994 Ed. (516, 517)
1993 Ed. (34, 516)
1992 Ed. (708)
1989 Ed. (559)
Bank Central Asia Tbk
2006 Ed. (3231)
Bank CIC International Tbk
2002 Ed. (3032)
Bank Commercial du Benin
1989 Ed. (489)
Bank Dagang Nasional Indonesia
2000 Ed. (556)
1999 Ed. (544, 545)
1997 Ed. (509, 510)
1995 Ed. (498)
1994 Ed. (516)
Bank Dagang Negara
2000 Ed. (556)
1999 Ed. (469, 545)
1997 Ed. (509)
1995 Ed. (499)
1994 Ed. (516, 517)
1993 Ed. (516)
1992 Ed. (707, 708)
1991 Ed. (547)
1990 Ed. (503)
1989 Ed. (559, 563)
Bank Dagang Negars
1996 Ed. (550)
Bank Danamon
2007 Ed. (1779, 4584)
2006 Ed. (1770)
1999 Ed. (544)
1997 Ed. (509)
1996 Ed. (550)
1995 Ed. (498, 499)
1994 Ed. (516)
1993 Ed. (34, 2155)
1992 Ed. (707)
Bank Danamon Indonesia
2008 Ed. (433)
2007 Ed. (468)
2006 Ed. (456)
2005 Ed. (526)
2004 Ed. (545)
2003 Ed. (529)
2002 Ed. (3031, 4479)
2000 Ed. (556)
Bank Dhofar
2008 Ed. (488)
2007 Ed. (534)
2006 Ed. (509)
Bank Dhofar Al Omani Al Fransi SAOC
1999 Ed. (617)
1996 Ed. (649)
1995 Ed. (579)
1994 Ed. (609)
Bank Dhofar Al Omani Al Fransi SAOC (Ruwi)
2000 Ed. (638)
Bank Dhofar Al Omani Al Fransi SAOG
1997 Ed. (588)
Bank Discount
2000 Ed. (4184, 4185)
1999 Ed. (4539)
Bank Duta
1993 Ed. (34, 516, 2156)
Bank Ekspor Impor Indonesia
2000 Ed. (556)
1999 Ed. (545)
1997 Ed. (509)
1996 Ed. (550)
1995 Ed. (499, 1419)
1994 Ed. (516, 517)
1993 Ed. (516)
1992 Ed. (708)
1991 Ed. (449, 451, 513)
1989 Ed. (559)
Bank Exim Pension Fund
1999 Ed. (2888)
1997 Ed. (2395)
Bank Expor Impor
1992 Ed. (707)
Bank/finance companies
2001 Ed. (730)
Bank for Agricultural Credit
1999 Ed. (483)
1995 Ed. (434)
1994 Ed. (441, 442)
Bank for Economic Projects-Mineral Bank
1997 Ed. (423, 424)
1996 Ed. (460, 461)
1995 Ed. (434, 441, 459)
Bank for Economic Projects (Mineralbank)
1994 Ed. (441, 442)
1993 Ed. (442)
1992 Ed. (625)
1991 Ed. (467)
1989 Ed. (496)
Bank for Food Economy
1993 Ed. (616)
Bank for Foreign Trade of Russia
1995 Ed. (596)
Bank for Foreign Trade of the Socialist Republic of Vietnam
1989 Ed. (706)
Bank for Foreign Trade of the U.S.S.R.
1989 Ed. (678)
Bank for Foreign Trade of Vietnam
2008 Ed. (523)
2007 Ed. (573)
2006 Ed. (542)
2004 Ed. (651)
2003 Ed. (637)
2002 Ed. (662)
2000 Ed. (696)
1999 Ed. (679)
Bank for Housing & Construction
1999 Ed. (530)
1997 Ed. (479)
1995 Ed. (476)
1994 Ed. (494)
1993 Ed. (492)
Bank for Housing & Construction (BHC)
1996 Ed. (518)
Bank for Investment & Development of Vietnam
2003 Ed. (637)
Bank for Small Industry & Free Enterprise-Mindbank
1997 Ed. (602)
1996 Ed. (664)
1995 Ed. (594)
Bank for Social Development
2004 Ed. (470)
Bank for Social Development (UKRSOTSBANK)
2004 Ed. (633)
2003 Ed. (624)
Bank Fr. Economic Projects (Mineralbank)
1992 Ed. (729)
Bank Fund Staff
2000 Ed. (1626)
Bank-Fund Staff Credit Union
2008 Ed. (2209, 2211, 2267)
2007 Ed. (2152)
2006 Ed. (2157, 2171, 2231)
2005 Ed. (2077, 2136)
2004 Ed. (1994)
2003 Ed. (1954)
2002 Ed. (1857)
Bank Fund Staff Federal Credit Union
1998 Ed. (1226)
1997 Ed. (1565)
Bank fur Arbeit and Wirtschaft
2000 Ed. (465)
1997 Ed. (413)
1996 Ed. (449)
1995 Ed. (424)
1994 Ed. (429)
1993 Ed. (429)
1992 Ed. (610)
1990 Ed. (506)
Bank fur Arbeit und Wirtschaft
2002 Ed. (525)
1999 Ed. (472)
1989 Ed. (483)
Bank fur Arbeit und Wirtschaft—PSK Group
2008 Ed. (382)
2007 Ed. (400)
2006 Ed. (415)
2005 Ed. (462)
2004 Ed. (450)
2003 Ed. (464)
Bank fur Gemeinwirtschaft
1993 Ed. (519)
Bank Gdanski SA
1999 Ed. (4739)
1997 Ed. (596, 597)
1996 Ed. (659)
1995 Ed. (590)
Bank Gdanski SA in Gdansk
1999 Ed. (624)
1996 Ed. (658)
Bank Gospodarki Zywnosciowej
2008 Ed. (493)
2007 Ed. (542)
2006 Ed. (514)
2005 Ed. (598)
2004 Ed. (399, 487, 608)
2003 Ed. (600)
2000 Ed. (649)
1997 Ed. (433, 434, 596, 597)
1996 Ed. (658, 659)
1995 Ed. (589, 590)
Bank Gospodarstwa Krajowego
2007 Ed. (542)
2006 Ed. (514)
2005 Ed. (498)
2004 Ed. (489)
Bank Gospordarki Zywnosciowej
1999 Ed. (624)
1994 Ed. (619, 620)
Bank Gran
2005 Ed. (502)
Bank Handloway w Warsazawie
2001 Ed. (606)
Bank Handlowy
1997 Ed. (433)
1993 Ed. (469, 616)
Bank Handlowy & Warszawie
2000 Ed. (484)
1999 Ed. (491)
Bank Handlowy w Warszawie
2008 Ed. (413, 493)
2007 Ed. (444, 542)
2006 Ed. (436, 440, 514)
2005 Ed. (494, 498, 598)
2004 Ed. (486, 490, 608)
2003 Ed. (492)
2002 Ed. (538, 553, 636)
2000 Ed. (649)
1999 Ed. (624)
1997 Ed. (434, 596, 597)
1995 Ed. (441, 459, 589, 590)
1994 Ed. (619, 620)
Bank Handlowy w Warszawie SA
1996 Ed. (470, 560, 658, 659)
1992 Ed. (822)
1991 Ed. (650)
1989 Ed. (656)
Bank Handlowy Warszawie Handlobank
1992 Ed. (653)
Bank Hapoalim
2008 Ed. (451, 1860)
2007 Ed. (486, 522, 1825)
2006 Ed. (56, 473, 1818, 4684)
2005 Ed. (549, 580)
2004 Ed. (509, 563)
2003 Ed. (549, 587)
2002 Ed. (591, 622, 1730)
2001 Ed. (1793)
2000 Ed. (570, 4184, 4185)
1999 Ed. (559, 4539, 4540)
1997 Ed. (525, 3685)
1996 Ed. (568, 3634)
1995 Ed. (515)
1994 Ed. (27, 539)
1993 Ed. (36, 537)
1992 Ed. (58, 738)
1991 Ed. (29, 570)
1990 Ed. (614)
1989 Ed. (587, 588)
Bank Hapoalim B. M.
2002 Ed. (4558, 4559)
Bank Hapoalim BM
2007 Ed. (449)
2006 Ed. (443)
2002 Ed. (560)
2001 Ed. (629)
1991 Ed. (1310)

1990 Ed. (669)
Bank Imperial
2000 Ed. (653)
1999 Ed. (628)
1997 Ed. (603)
1996 Ed. (666, 667)
Bank in Liechtenstein
1997 Ed. (541)
1996 Ed. (585)
1995 Ed. (529)
1994 Ed. (555)
1993 Ed. (553)
1992 Ed. (761)
1991 Ed. (592)
1990 Ed. (628)
Bank in Liechtenstein A.G.
1989 Ed. (608)
Bank in Motion Rehab Inc.
2008 Ed. (3488, 3494, 3495, 3496, 3497, 3498)
2007 Ed. (3378)
Bank Indonesia
2004 Ed. (507)
1996 Ed. (551)
1995 Ed. (500)
1994 Ed. (517)
1993 Ed. (516)
1992 Ed. (708)
Bank Indonesia Pension Fund
2001 Ed. (2884)
1999 Ed. (2888)
Bank Indosuez
1998 Ed. (1503)
Bank Inicjatyw Gospodarczych SA
1994 Ed. (620)
1993 Ed. (616)
Bank Internasional Indonesia
2000 Ed. (556)
1997 Ed. (509, 510)
1995 Ed. (498, 499, 500)
1994 Ed. (516, 517, 2337, 2338)
1992 Ed. (707)
Bank International Indonesia
2008 Ed. (433)
2007 Ed. (468)
2006 Ed. (456)
2005 Ed. (526)
2002 Ed. (571, 584, 3031, 3032, 4479, 4481)
2000 Ed. (2872)
1999 Ed. (469, 545, 3124, 3125)
1996 Ed. (550, 551, 1381, 2435, 2436)
Bank International Indonesia (BII)
2001 Ed. (1739)
Bank Islam Malaysia
2002 Ed. (617)
Bank IV
1993 Ed. (2337)
Bank IV Kansas
1997 Ed. (179)
Bank IV Kansas NA
1996 Ed. (410)
1993 Ed. (382, 384)
Bank IV Oklahoma
1997 Ed. (587)
1995 Ed. (578)
Bank IV Wichita
1997 Ed. (530)
Bank IV Wichita, KS
1989 Ed. (2159)
Bank IV Wichita NA
1992 Ed. (746)
1991 Ed. (579)
Bank J Vontobel
1990 Ed. (820)
Bank Julius Baer
2004 Ed. (525)
1997 Ed. (623)
1996 Ed. (689)
1995 Ed. (615, 2392)
1993 Ed. (640)
1992 Ed. (843)
1990 Ed. (820)
Bank Julius Baer & Co.
2001 Ed. (653)
Bank Keshavarzi
2008 Ed. (449)
2007 Ed. (484)
2006 Ed. (471)
2005 Ed. (547, 580)
Bank Leu
1993 Ed. (640)
1991 Ed. (670)
1990 Ed. (691)
1989 Ed. (686)
Bank Leumi
2006 Ed. (4684)
2000 Ed. (4184, 4185)
1999 Ed. (559, 4539, 4540)
1994 Ed. (27, 539)
1993 Ed. (36, 537)
1991 Ed. (29)
Bank Leumi Ie-Israel
1995 Ed. (515)
Bank Leumi le-Israel
2008 Ed. (451, 1860)
2007 Ed. (486, 522, 1825)
2006 Ed. (473, 1818)
2005 Ed. (549, 580)
2004 Ed. (563)
2003 Ed. (549, 587)
2002 Ed. (591, 622, 2259)
1996 Ed. (568, 3634)
1992 Ed. (738)
1991 Ed. (570, 1310)
1990 Ed. (614)
1989 Ed. (587)
Bank Leumi le-Israel B.M.
2002 Ed. (4558, 4559)
1990 Ed. (669)
Bank Leumi le-Isreal
2000 Ed. (570)
Bank Leumi L'Israel
1997 Ed. (525, 3685, 3686)
1992 Ed. (58)
Bank Leumi Trust Co. of New York
1996 Ed. (3164)
1991 Ed. (593)
Bank Leumi Trust Co. of NY
1990 Ed. (629)
Bank Leumi USA
2004 Ed. (509)
Bank Lev
1992 Ed. (843)
Bank Lippo Tbk
2002 Ed. (3032)
Bank Loans
2000 Ed. (4051)
1996 Ed. (3456)
Bank Mandira (Persero)Tbk
2006 Ed. (3231)
Bank Mandiri
2008 Ed. (351, 433, 1810)
2007 Ed. (468, 1779)
2006 Ed. (456, 1770)
2005 Ed. (526, 540)
2004 Ed. (545)
2003 Ed. (529)
2002 Ed. (515, 516)
Bank Maskan
2008 Ed. (449)
2007 Ed. (484)
Bank Mees & Hope
1991 Ed. (620)
1990 Ed. (646)
Bank Meli Iran
2003 Ed. (547)
Bank Mellat
2008 Ed. (435, 436, 449)
2007 Ed. (470, 484)
2006 Ed. (471)
2005 Ed. (547)
2004 Ed. (551, 561)
2003 Ed. (547)
2002 Ed. (589)
2000 Ed. (567)
1999 Ed. (556)
1997 Ed. (521)
1996 Ed. (563)
1995 Ed. (511)
1994 Ed. (533, 534)
1993 Ed. (534)
1992 Ed. (732, 733)
1991 Ed. (565)
1989 Ed. (583)
Bank Melli
1989 Ed. (583)
Bank Melli Iran
2008 Ed. (435, 446, 449)
2007 Ed. (470, 481, 484)
2006 Ed. (458, 471)
2005 Ed. (530, 547)
2004 Ed. (561)
2003 Ed. (532)
2002 Ed. (589)
2000 Ed. (567)
1999 Ed. (556)
1997 Ed. (521, 522)
1996 Ed. (563, 564)
1995 Ed. (511, 512)
1994 Ed. (528, 533, 534)
1993 Ed. (534)
1992 Ed. (732, 733)
1991 Ed. (550, 565)
1990 Ed. (596, 610)
Bank Menatep
2000 Ed. (653)
1999 Ed. (628)
1997 Ed. (603)
1996 Ed. (667)
Bank Meridian
1993 Ed. (592)
Bank Midwest
1999 Ed. (441)
Bank Midwest NA
1998 Ed. (334)
Bank Millenium
2008 Ed. (493)
2007 Ed. (542)
2006 Ed. (514)
2005 Ed. (598)
Bank Millennium
2005 Ed. (499, 503)
Bank Montreal/Harris
1996 Ed. (2582)
Bank Muscat
2008 Ed. (67)
2007 Ed. (63)
2006 Ed. (72, 4526)
2005 Ed. (65)
2004 Ed. (70)
Bank Muscat Al Ahli Al Omani
1995 Ed. (411)
Bank Muscat Al Ahli Al Omani SAOG
1999 Ed. (460, 617, 618)
1997 Ed. (403, 588)
1996 Ed. (438, 649)
Bank Muscat Al Ahli Al Omani SAOG (Muttrah)
2000 Ed. (451, 638)
Bank Nationale d'Algerie
1990 Ed. (470)
Bank Nederlande Gemeenten
1997 Ed. (572)
Bank Nederlandse Gemeenten
2008 Ed. (481)
2007 Ed. (526)
2006 Ed. (504)
2005 Ed. (585)
2004 Ed. (596)
2003 Ed. (591)
2002 Ed. (625)
2000 Ed. (629)
1999 Ed. (606)
1996 Ed. (631)
1995 Ed. (562)
Bank Negara Indonesia
2004 Ed. (507)
2002 Ed. (3031, 4479)
2000 Ed. (1463, 1466)
1999 Ed. (469, 3124)
1997 Ed. (509)
1996 Ed. (550)
1995 Ed. (1419)
1994 Ed. (516, 517)
1993 Ed. (516)
1992 Ed. (707, 708, 722)
1989 Ed. (559)
Bank Negara Indonesia 1946
1993 Ed. (478)
1991 Ed. (513)
Bank Negara Indonesia 1946 Pension Fund
2002 Ed. (2822)
2001 Ed. (2884)
1999 Ed. (2888)
1997 Ed. (2395)
Bank Negara Indonesia Tbk
2006 Ed. (3231)
2000 Ed. (2872)
Bank Negara Malaysia
2004 Ed. (515)
Bank Niaga
2002 Ed. (3031, 4479)
1997 Ed. (1432)
1996 Ed. (1380)
1995 Ed. (420)
Bank NISP
2008 Ed. (433)
2006 Ed. (456)
1997 Ed. (507)
Bank Novaya Moskva—Nomos-Bank
2005 Ed. (539)
2004 Ed. (546, 557, 612)
Bank Ochrony Srodowiska
2003 Ed. (600)
Bank of Abyssinia
2008 Ed. (408)
2007 Ed. (438)
2005 Ed. (492)
2004 Ed. (484)
Bank of Africa-Benin
2005 Ed. (467)
2003 Ed. (468)
2002 Ed. (530)
Bank of Africa-Madagascar
2005 Ed. (574)
2004 Ed. (587)
2003 Ed. (580)
Bank of Africa-Mali
2002 Ed. (618)
1996 Ed. (598)
Bank of Alamo
2004 Ed. (361)
Bank of Alexandria
2008 Ed. (405)
2007 Ed. (434)
2006 Ed. (433)
2005 Ed. (488)
2004 Ed. (482)
2003 Ed. (485)
2002 Ed. (554)
2000 Ed. (445, 518)
1999 Ed. (453, 506)
1997 Ed. (396, 456)
1996 Ed. (431, 493)
1995 Ed. (404, 461)
1994 Ed. (411, 470)
1990 Ed. (477)
1989 Ed. (455, 522)
Bank of Alma
1998 Ed. (366)
1997 Ed. (496)
1996 Ed. (537)
Bank of America Corp.
2008 Ed. (345, 355, 356, 358, 366, 368, 441, 443, 444, 447, 448, 486, 524, 663, 765, 816, 1041, 1405, 1467, 1523, 1527, 1528, 1529, 1537, 1538, 1542, 1814, 1844, 1845, 1848, 1853, 1922, 1992, 1993, 2196, 2198, 2354, 2357, 2361, 2365, 2366, 2699, 2706, 2712, 3010, 3226, 3410, 3681, 3683, 3684, 3688, 3749, 4120, 4121, 4303, 4521, 4542, 4617)
2007 Ed. (367, 368, 370, 378, 380, 382, 383, 387, 475, 476, 478, 479, 482, 483, 532, 696, 855, 857, 858, 860, 916, 1443, 1473, 1543, 1544, 1545, 1547, 1556, 1557, 1561, 1783, 1785, 1806, 1809, 1814, 1817, 1926, 1927, 2184, 2214, 2217, 2225, 2226, 2559, 2561, 2567, 2839, 2850, 2851, 3295, 3522, 3523, 3524, 3697, 3698, 3986, 4101, 4286, 4289, 4337)
2006 Ed. (384, 385, 387, 396, 399, 401, 402, 405, 465, 466, 469, 470, 507, 543, 696, 758, 835, 1423, 1500, 1515, 1516, 1517, 1518, 1526, 1527, 1531, 1532, 1774, 1776, 1799, 1800, 1802, 1806, 1808, 1809, 1942, 1943, 1944, 2285, 2287, 2288, 2591, 2598, 2603, 2835, 2838, 2860, 2861, 3329, 3491, 3558, 3559, 3561, 3562, 3566, 3567, 3599, 3601, 3698, 4051, 4276, 4603, 4607)
2005 Ed. (190, 355, 360, 361, 366, 369, 373, 376, 377, 381, 382, 384, 385, 423, 424, 428, 429, 430, 431, 432, 433, 434, 435, 436, 438, 440, 447, 449, 452, 490, 537, 538, 541, 542, 590, 631, 632, 640, 790, 832, 1002, 1003, 1064, 1068, 1069,

1552, 1562, 1564, 1627, 1628, 1629, 1637, 1800, 1802, 1814, 1815, 1819, 1821, 1913, 1914, 1915, 2046, 2048, 2223, 2224, 2232, 2597, 2842, 2854, 2866, 2868, 2994, 3302, 3306, 3501, 3509, 4015, 4016, 4335, 4385, 4386, 4522)
2004 Ed. (184, 358, 362, 363, 365, 366, 418, 419, 422, 423, 424, 425, 426, 427, 428, 429, 430, 432, 434, 440, 441, 554, 555, 559, 560, 572, 601, 642, 643, 857, 1064, 1065, 1596, 1598, 1601, 1605, 1606, 1612, 1758, 1828, 1830, 2118, 2119, 2123, 2612, 2832, 2846, 2863, 2996, 4082, 4083, 4326, 4394, 4436, 4982)
2003 Ed. (426, 429, 438, 446, 449, 536, 538, 539, 542, 543, 546, 560, 594, 631, 632, 815, 909, 916, 918, 919, 1569, 1571, 1573, 1580, 1586, 1721, 1745, 1795, 2474, 2479, 3033, 3434, 3435, 3443, 3446, 3447, 3448, 4055, 4057)
2002 Ed. (444, 445, 488, 490, 498, 580, 581, 583, 587, 588, 629, 980, 1532, 1537, 1555, 1557, 1561, 1564, 1688, 1692, 1747, 1818, 1937, 1940, 1941, 1950, 2001, 2264, 2276, 3392, 3619, 3916, 4296, 4600)
2001 Ed. (432, 433, 580, 581, 582, 583, 585, 586, 587, 598, 630, 638, 639, 640, 650, 651, 787, 1165, 1195, 1196, 1197, 1581, 1588, 1685, 1740, 1742, 1955, 2187, 2431, 3154, 3348, 3350, 3351, 3455, 3683, 3684, 3692, 4002, 4003, 4029, 4281)
2000 Ed. (381, 463, 499, 563, 778, 1428, 1733, 2193, 2451, 2456, 2845, 2921, 2924, 2925, 2926, 2927, 2928, 2929, 3190, 3192, 3193, 3194, 3195, 3413, 3415, 3725, 3878, 3903, 3933, 3934, 3936, 3937, 3942, 3972, 3974, 3975, 3980, 3982, 3988, 4056)
1999 Ed. (316, 376, 380, 381, 402, 406, 414, 1622, 1793, 1797, 1955, 2011, 2012, 2013, 2014, 2069, 3100, 3176, 3177, 3178, 3181, 3436, 4241, 4244, 4248, 4250, 4251)
1998 Ed. (203, 272, 274, 298, 302, 309, 337, 349, 434, 491, 1397, 1499, 1503, 1694, 2269, 2270, 2272, 2350, 2352, 2353, 2400, 2413, 2464, 2771, 3127, 3130, 3133, 3139, 3150, 3232, 3250, 3255, 3260, 3522, 3563)
1997 Ed. (285, 335, 338, 339, 513, 735, 1404, 1703, 1728, 1729, 1730, 1731, 2521, 2529, 2533, 2624, 2837, 3001, 3002, 3003, 3004, 3461, 3462, 3463)
1996 Ed. (257, 397, 420, 1344, 1491, 1625, 1647, 1648, 1649, 1650, 1651, 1653, 2475, 2478, 2480, 2482, 2485, 2580, 2581, 2686, 2880, 3357)
1995 Ed. (365, 574, 1392, 1525, 1526, 1527, 2434, 2437, 2513, 2514, 2610, 2611, 2842, 3258, 3261)
1994 Ed. (145, 250)
1993 Ed. (351, 355, 531, 1438, 1439, 1440, 1441, 1683, 1686, 1688, 1690, 2272, 2278, 2418, 2509, 2593, 2595, 3136, 3144, 3169, 3182, 3206)
1992 Ed. (255, 371, 503, 515, 602, 673, 1179, 1180, 1745, 1748, 1911, 2041, 2724, 2725, 2727, 2982, 2984, 3339, 3341, 3852, 3854, 3855, 3863, 3864, 3867, 3869, 3901)
1991 Ed. (185, 265, 360, 371, 412, 472, 511, 945, 946, 1392, 1512, 2196, 2198, 2202, 2518, 2522, 2673, 2674, 2977, 2979, 3003, 3005, 3032, 3048, 3065, 3072, 3073, 3399, 3445)
1990 Ed. (416, 417, 455, 552, 553, 568, 1799, 3137, 3190)
1989 Ed. (421, 532, 534, 2120, 2783)

Bank of America Arena
2005 Ed. (4444)

Bank of America Arizona
1998 Ed. (337)
1997 Ed. (409)
1996 Ed. (444)
1995 Ed. (418, 507)
1994 Ed. (425)
1993 Ed. (423)

Bank of America Canada
1994 Ed. (478)

Bank of America Euro Money Market
2004 Ed. (3653)

Bank of America Foundation Inc.
2005 Ed. (2676)
2002 Ed. (977, 978)
2001 Ed. (2516)

Bank of America, FSB
2001 Ed. (3346)
1997 Ed. (3742)

Bank of America Illinois
1999 Ed. (493)
1998 Ed. (301, 343, 363, 2306)
1997 Ed. (371, 383, 384, 436, 493)
1996 Ed. (400, 404, 416, 417, 472, 534)

Bank of America International Ltd.
1989 Ed. (1374)

Bank of America Mexico
2007 Ed. (519)

Bank of America Mortgage
2002 Ed. (3381, 3382, 3383, 3384, 3385, 3388, 3389)
2001 Ed. (3345, 3352, 4522)
2000 Ed. (3158, 3159, 3161, 3162)

Bank of America NA
2008 Ed. (196, 197, 342, 346, 347, 349, 350, 356, 357, 359, 360, 361, 362, 363, 364, 365, 1090, 1091, 1990, 2987, 3138)
2007 Ed. (209, 355, 358, 359, 361, 362, 368, 369, 371, 372, 373, 374, 374, 375, 376, 377, 1184, 1185, 1924, 2867, 3020)
2006 Ed. (202, 370, 372, 375, 376, 377, 378, 379, 386, 388, 389, 390, 391, 391, 392, 393, 394, 1076, 1077, 1940, 2873, 2989)
2005 Ed. (424, 425, 1911)
2004 Ed. (419)
2003 Ed. (229, 230, 379, 383, 384, 386, 387, 426, 428, 430, 431, 432, 433, 434, 435, 436, 1055, 1056, 1793, 2771, 2887)
2002 Ed. (248, 249, 440, 478, 479, 480, 481, 482, 483, 487, 489, 505, 506, 507, 508, 643, 1120, 2578, 2725, 3210, 3391, 4295)
2001 Ed. (598)
1997 Ed. (366, 369, 382, 384, 409)
1996 Ed. (415, 444)
1994 Ed. (425)

Bank of America NA USA
2007 Ed. (353, 360, 361)
2005 Ed. (383, 433)
2003 Ed. (377, 385)

Bank of America, National Association Canada
2007 Ed. (413)

Bank of America National Trust & Savings
1999 Ed. (198, 398, 399, 401, 403, 404, 405, 407, 408, 410, 411, 412, 413, 415, 416, 418, 419, 420, 421, 1836, 3433, 3434, 3477, 3478, 3479, 3480, 3481, 3482, 4334)
1998 Ed. (103, 201, 294, 295, 296, 297, 299, 300, 301, 303, 305, 306, 307, 308, 310, 311, 313, 314, 315, 316, 318, 341, 426, 1958, 2524, 2578)
1997 Ed. (179, 284, 351, 359, 360, 364, 365, 367, 368, 371, 372, 374, 375, 376, 377, 378, 379, 380, 381, 383, 385, 427, 443, 2807, 2832)
1996 Ed. (256, 380, 389, 390, 398, 399, 400, 401, 403, 404, 405, 407, 408, 409, 410, 411, 412, 413, 414, 416, 418, 419, 464, 479, 2676, 2716, 2718, 3163)
1994 Ed. (249, 341, 344, 345, 353, 356, 368, 371, 378, 379, 380, 381, 382, 383, 384, 385, 386, 387, 389, 390, 391, 392, 393, 394, 395, 396, 397, 398, 400, 401, 403, 445, 460, 583, 1498, 1499, 1501, 1630, 1631, 2324, 2447, 2550, 2552, 2553, 2557, 2558, 3009, 3012, 3529)
1993 Ed. (352, 359, 361, 380, 381, 388, 389, 390, 391, 392, 393, 394, 396, 397, 399, 400, 401, 402, 403, 404, 405, 406, 407, 408, 410, 445, 2590, 2965, 2968)
1992 Ed. (549, 550, 551, 552, 553, 554, 555, 556, 557, 559, 560, 561, 562, 563, 564, 565, 566, 567, 568, 570)

Bank of America National Trust & Savings Association
2001 Ed. (1652)
2000 Ed. (220, 398, 399, 400, 401, 402, 403, 405, 407, 408, 409, 410, 411, 413, 415, 416, 417, 418, 419)
1995 Ed. (360, 368, 369, 371, 372, 374, 375, 376, 377, 378, 379, 380, 381, 382, 384, 385, 386, 387, 388, 389, 390, 391, 392, 393, 395, 437, 450, 2596, 2604, 2605, 2637, 3066)
1992 Ed. (545)

Bank of America Corp./NationsBanc Montgomery Securities LLC
2000 Ed. (4021)

Bank of America Nevada
1998 Ed. (414)
1997 Ed. (574)
1996 Ed. (633)
1995 Ed. (564)
1994 Ed. (595)

Bank of America Northwest
1999 Ed. (441)

Bank of America NT & SA
1992 Ed. (505, 509, 527, 528, 541, 542, 546, 628, 1178, 2430, 3104, 3627)
1991 Ed. (362, 364, 401, 405, 409, 410, 486, 487, 488, 489, 944, 1922, 1923, 2484, 2732, 2811)
1990 Ed. (421, 461, 462, 465, 513, 515, 516, 525, 526, 529, 1014, 1015, 1016)
1989 Ed. (203, 365, 425, 436, 511)

Bank of America NT & SA (San Francisco)
1991 Ed. (471)

Bank of America Oregon
1997 Ed. (589)
1996 Ed. (650)
1995 Ed. (580)
1994 Ed. (610, 3011)
1993 Ed. (382, 384, 607)

Bank of America Securities
2003 Ed. (3060)
2001 Ed. (560)

Bank of America Texas
1998 Ed. (431)

Bank of America Texas, NA
1997 Ed. (627)
1996 Ed. (559, 692)
1995 Ed. (371, 618, 2604)
1994 Ed. (369, 372, 646)

Bank of America Tower
1990 Ed. (2732)

Bank of America USA
2005 Ed. (367)
2004 Ed. (356, 364)

Bank of American Corp.
2000 Ed. (3414)

Bank of American Fork
2006 Ed. (539)
1998 Ed. (375)
1997 Ed. (505)

Bank of American NT & SA
1990 Ed. (527, 528)
1989 Ed. (205)

Bank of Anguilla
2007 Ed. (210)

Bank of Antigua
2004 Ed. (445)

Bank of Asia
2007 Ed. (561)
2006 Ed. (530)
2005 Ed. (617)
2004 Ed. (628)
2002 Ed. (4487)
1999 Ed. (647)
1997 Ed. (628)
1996 Ed. (693)
1994 Ed. (647)
1993 Ed. (645)

Bank of Asia Public Co. Ltd.
1996 Ed. (3303)

Bank of Astoria
2003 Ed. (508)

Bank of Attica
2007 Ed. (454)

Bank of Ayudhya
2008 Ed. (513)
2007 Ed. (561)
2006 Ed. (530)
2005 Ed. (617)
2004 Ed. (628)
2003 Ed. (420, 619)
2002 Ed. (518, 575, 576, 584, 655, 4488, 4489)
2000 Ed. (673)
1999 Ed. (647)
1997 Ed. (628)
1996 Ed. (693)
1995 Ed. (619)
1994 Ed. (647, 3157)
1993 Ed. (55, 645)
1992 Ed. (849)
1991 Ed. (678, 2942)
1990 Ed. (699)
1989 Ed. (696)

Bank of Bahrain & Kuwait
2008 Ed. (25, 383)
2007 Ed. (401)
2006 Ed. (416)
2005 Ed. (463)
2004 Ed. (451)
2003 Ed. (465)
2002 Ed. (526, 4382)
2000 Ed. (444, 466, 527)
1999 Ed. (452, 474)
1997 Ed. (395, 414)
1996 Ed. (430, 451, 452)
1995 Ed. (403, 426)
1994 Ed. (410)
1993 Ed. (431)
1992 Ed. (582, 613)
1991 Ed. (17, 427, 457)
1990 Ed. (476)
1989 Ed. (454)

Bank of Baltimore
1995 Ed. (541)
1994 Ed. (370, 373, 565, 3010)
1993 Ed. (563, 2966)
1992 Ed. (773)
1991 Ed. (604)

Bank of Baroda
2008 Ed. (432)
2007 Ed. (466)
2006 Ed. (455)
2005 Ed. (525)
2004 Ed. (506, 544)
2003 Ed. (528)
2002 Ed. (569, 570)
2000 Ed. (553, 554)
1999 Ed. (469, 542, 543, 675)
1997 Ed. (506, 507, 635, 2394)
1996 Ed. (547)
1995 Ed. (495, 496)
1994 Ed. (513, 514)
1993 Ed. (514, 657)
1992 Ed. (606, 704, 705, 857)
1991 Ed. (545)
1990 Ed. (592)
1989 Ed. (558, 573)

Bank of Baroda (Uganda) Ltd.
2000 Ed. (685)
1996 Ed. (702)
1995 Ed. (626)
1994 Ed. (658)
1991 Ed. (682)

Bank of Baroda (Uganda) Limited
1989 Ed. (702)
Bank of Beijing
2007 Ed. (470)
Bank of Beirut
2008 Ed. (469)
2007 Ed. (512)
2006 Ed. (491)
Bank of Beirut & the Arab Countries
2008 Ed. (469)
2007 Ed. (512)
2004 Ed. (581)
2000 Ed. (448)
Bank of Beirut & the Arab Countries SAL
2000 Ed. (592)
1999 Ed. (575)
1997 Ed. (539)
1996 Ed. (583)
1995 Ed. (527)
1994 Ed. (553)
1993 Ed. (551)
Bank of Beirut SAL
1999 Ed. (575)
Bank of Bermuda
2007 Ed. (405)
2006 Ed. (420, 4486)
2005 Ed. (468)
2004 Ed. (456)
2003 Ed. (469)
2002 Ed. (531, 4385, 4386)
1999 Ed. (478, 558)
1997 Ed. (418)
1996 Ed. (456)
1995 Ed. (429)
1994 Ed. (436)
1993 Ed. (436)
1992 Ed. (619)
1991 Ed. (461)
Bank of Bermuda (Isle of Man) Ltd.
2000 Ed. (569)
1996 Ed. (567)
Bank of Bermuda, Limited
1989 Ed. (490)
Bank of Bermuda Warrants
2002 Ed. (4386)
Bank of Bhutan
1992 Ed. (620)
1991 Ed. (462)
1989 Ed. (491)
Bank of Boston
1998 Ed. (279, 285, 380, 1175, 1264, 2357, 2442, 2444, 2446)
1997 Ed. (332, 348, 511, 512, 1477)
1996 Ed. (379, 552, 554, 635, 1418, 2582)
1995 Ed. (501, 504, 566, 3349, 3446, 3513)
1994 Ed. (365, 520, 523, 3268)
1993 Ed. (525, 576, 2299, 3278)
1992 Ed. (504, 712, 713, 714, 2856)
1991 Ed. (555, 556, 1722, 2304)
1990 Ed. (448, 452, 648, 1791, 3250)
1989 Ed. (374, 375, 376, 377, 560)
Bank of Boston Connecticut
1998 Ed. (3522, 3539)
1994 Ed. (459)
1993 Ed. (456)
1992 Ed. (643)
1991 Ed. (485, 2814)
Bank of Boston Growth Equity
1994 Ed. (2311)
Bank of Boulder
1993 Ed. (513)
Bank of Boulder, Colorado
1992 Ed. (702)
Bank of Brinkley
1998 Ed. (374)
1997 Ed. (504)
1996 Ed. (545)
Bank of British Columbia
1989 Ed. (563)
Bank of Burmuda Ltd.
2000 Ed. (470)
Bank of Butterfield
2002 Ed. (4386)
Bank of California
1998 Ed. (2347, 2354, 2356)
1997 Ed. (370, 427, 472, 2618, 2626)
1991 Ed. (472)
Bank of California NA
1996 Ed. (401, 464, 508, 2474, 2475, 2476, 2477, 2482, 2485)
1995 Ed. (378, 437, 2435, 3067)
1994 Ed. (354, 383, 385, 445, 487, 3010)
1993 Ed. (395, 445, 482)
1992 Ed. (628, 670)
1991 Ed. (517)
1990 Ed. (513)
1989 Ed. (500)
Bank of California (San Francisco)
1991 Ed. (471)
Bank of Canada
2005 Ed. (3490)
1990 Ed. (1942)
Bank of Canton
1990 Ed. (463)
Bank of Canton of California
1997 Ed. (505)
1996 Ed. (546)
Bank of Ceylon
2006 Ed. (526)
2004 Ed. (622)
2003 Ed. (613)
2002 Ed. (649)
2000 Ed. (666)
1999 Ed. (640)
1997 Ed. (618)
1995 Ed. (610)
1994 Ed. (637)
1993 Ed. (634)
1992 Ed. (79, 838)
1991 Ed. (665)
1990 Ed. (689)
1989 Ed. (680)
The Bank of Cherry Creek
2003 Ed. (477)
2002 Ed. (544)
Bank of China
2008 Ed. (380, 397, 643, 647, 1665, 1667, 2699, 4537)
2007 Ed. (398, 420, 3250)
2006 Ed. (413, 426, 1644, 4275)
2005 Ed. (361, 460, 477, 3938, 4577)
2004 Ed. (399, 448, 465, 500, 4373)
2003 Ed. (462, 475)
2002 Ed. (520, 521, 522, 542, 552, 3194)
2001 Ed. (603)
2000 Ed. (462, 495)
1999 Ed. (466, 467, 468, 496, 517, 1568, 1569)
1997 Ed. (411, 438, 1377, 2392)
1996 Ed. (446, 474, 553, 557, 591, 3410)
1995 Ed. (422, 445, 2838, 2840, 3336)
1994 Ed. (426, 453, 521, 524, 3257)
1993 Ed. (424, 426, 452, 521, 524)
1992 Ed. (603, 605, 638)
1991 Ed. (449, 450, 451, 452, 480, 481, 551, 559)
1990 Ed. (501, 503, 504, 522, 597, 607)
1989 Ed. (481, 505)
Bank of China Group
1989 Ed. (2122)
Bank of China (Hong Kong)
2008 Ed. (423)
2007 Ed. (459)
2006 Ed. (448)
2005 Ed. (517)
Bank of China Tower
1997 Ed. (839)
Bank of Commerce
2004 Ed. (543)
2000 Ed. (395, 437, 603, 4056)
1999 Ed. (587, 3674, 4669)
1998 Ed. (3317)
1997 Ed. (551, 3528, 3797, 3798)
1996 Ed. (597, 3459, 3745, 3746)
1995 Ed. (3394)
1994 Ed. (508, 3332, 3580)
1992 Ed. (3996)
Bank of Commerce & Credit
1997 Ed. (542)
Bank of Commerce Berhad
1992 Ed. (770)
Bank of Commerce Jamaica Limited
1989 Ed. (591)
Bank of Commerce (M) Berhad
1995 Ed. (539)
1994 Ed. (563)
Bank of Commerce Trinidad & Tobago Ltd.
1999 Ed. (650)
1997 Ed. (631)
1996 Ed. (696)
1995 Ed. (622)
1994 Ed. (649)
1993 Ed. (647)
1991 Ed. (679)
Bank of Commerce Trust Ltd.
1991 Ed. (574)
Bank of Commerce/United Asian Bank
1992 Ed. (769)
Bank of Commercial Bank of Trinidad & Tobago Ltd.
1992 Ed. (851)
Bank of Communication
2008 Ed. (647)
Bank of Communications
2008 Ed. (397, 1665)
2007 Ed. (420, 1656)
2006 Ed. (426)
2005 Ed. (477)
2004 Ed. (465, 500)
2003 Ed. (475)
2002 Ed. (522, 542)
2000 Ed. (495)
1999 Ed. (496)
1997 Ed. (438, 2392)
1996 Ed. (474, 555)
1995 Ed. (445)
1994 Ed. (453)
1993 Ed. (425, 425, 452, 522, 641)
1992 Ed. (638, 845, 2157)
1991 Ed. (480, 672, 481, 552, 673)
1990 Ed. (522, 565, 695, 1796)
1989 Ed. (505, 690, 691)
Bank of Communications, Taiwan
1990 Ed. (503)
Bank of Credit & Comm International (Overseas) Ltd.
1990 Ed. (519)
Bank of Credit & Commerce (Botswana) Ltd.
1993 Ed. (440)
1992 Ed. (623)
1991 Ed. (465)
1989 Ed. (493)
Bank of Credit & Commerce (Emirates)
1995 Ed. (416, 627)
1994 Ed. (423, 659)
1993 Ed. (658)
1992 Ed. (599, 858)
1990 Ed. (495)
Bank of Credit and Commerce Gibraltar Ltd.
1991 Ed. (531)
Bank of Credit and Commerce Gibraltar Limited
1989 Ed. (544)
Bank of Credit and Commerce Hong Kong Ltd.
1992 Ed. (696)
Bank of Credit & Commerce International
1993 Ed. (556)
1992 Ed. (590, 763)
1991 Ed. (475)
1990 Ed. (470, 485)
1989 Ed. (449, 609)
Bank of Credit and Commerce International (Nigeria) Ltd.
1991 Ed. (633)
Bank of Credit and Commerce International (Swaiziland) Ltd.
1991 Ed. (668)
Bank of Credit & Commerce International (Swaziland) Ltd.
1993 Ed. (637)
1992 Ed. (841)
Bank of Credit and Commerce International (Swaziland) Limited
1989 Ed. (683)
Bank of Credit and Commerce (Zambia) Ltd.
1991 Ed. (699)
Bank of Credit and Commerce Zimbabwe Ltd.
1991 Ed. (701)
Bank of Credit and Commercial, Zimbabwe
1991 Ed. (700)
Bank of Cyprus
2008 Ed. (402)
2007 Ed. (30, 428)
2006 Ed. (39, 430, 4496)
2005 Ed. (32, 484)
2004 Ed. (39, 477, 501)
2003 Ed. (481)
2002 Ed. (548, 4404, 4405)
2001 Ed. (27)
2000 Ed. (507)
1999 Ed. (499)
1997 Ed. (446)
1996 Ed. (482)
1995 Ed. (452)
1994 Ed. (461)
1993 Ed. (457)
1992 Ed. (45, 646)
1991 Ed. (492)
Bank of Cyprus Limited
1989 Ed. (516)
Bank of Dade
2008 Ed. (431)
Bank of Delaware
1995 Ed. (454)
1994 Ed. (465)
1993 Ed. (460)
1992 Ed. (649)
Bank of Delaware (Wilmington)
1991 Ed. (496)
Bank of East Asia
2008 Ed. (423, 440)
2007 Ed. (459)
2006 Ed. (448)
2005 Ed. (517)
2004 Ed. (505, 538)
2003 Ed. (501)
2002 Ed. (566)
2000 Ed. (547, 548)
1999 Ed. (535, 536)
1997 Ed. (487, 488)
1996 Ed. (528, 529)
1995 Ed. (484, 485)
1994 Ed. (500, 501)
1993 Ed. (498)
1992 Ed. (695, 696)
1991 Ed. (539)
1989 Ed. (553)
Bank of England
1990 Ed. (582)
Bank of Ephraim
2006 Ed. (374)
Bank of Estonia
2000 Ed. (519)
1999 Ed. (508)
1997 Ed. (457)
Bank of Evergreen
1996 Ed. (538)
Bank of Fayetteville
1997 Ed. (504)
Bank of Forest
1998 Ed. (373)
1997 Ed. (503)
Bank of Fukuoka
2004 Ed. (549, 550)
2003 Ed. (534, 535)
Bank of Gainesville
1993 Ed. (509)
Bank of Georgia
2004 Ed. (471)
Bank of Goochland
2008 Ed. (430)
Bank of Grand Junction
1997 Ed. (499)
Bank of Granite
2005 Ed. (1065)
2002 Ed. (443)
2000 Ed. (424)
1999 Ed. (424, 428, 444)
1998 Ed. (366, 373)
1997 Ed. (503)
1993 Ed. (379)
Bank of Great Neck
1991 Ed. (963, 965)
Bank of Greece
2006 Ed. (1737)

Bank of Greenland A/S
1997 Ed. (482)
1996 Ed. (523)
1995 Ed. (479)
Bank of Gwinnett County
1997 Ed. (497)
Bank of Hawaii Corp.
2008 Ed. (372, 426, 1780, 1782)
2007 Ed. (383, 389, 390, 1754)
2006 Ed. (404, 1743, 1745)
2005 Ed. (365, 635, 636, 1783)
2004 Ed. (646, 647, 1725)
2002 Ed. (4840)
1999 Ed. (415)
1998 Ed. (310, 361)
1997 Ed. (370, 485)
1996 Ed. (403, 526)
1995 Ed. (361, 380, 482)
1994 Ed. (498)
1993 Ed. (496)
1990 Ed. (586)
1989 Ed. (551)
Bank of Hawaii (Honolulu)
1992 Ed. (693)
1991 Ed. (537)
Bank of Hawaii-Nouvelle Caledonie (Noumea)
2000 Ed. (631)
Bank of Hawaii (PNG) Ltd.
2000 Ed. (639)
Bank of Hazlehurst
2005 Ed. (523)
Bank of Holland
1995 Ed. (490)
1993 Ed. (503)
Bank of Holland, NY
1992 Ed. (703)
Bank of Honolulu
1997 Ed. (505)
Bank of Horton
1989 Ed. (557)
Bank of Hoven
1999 Ed. (1793)
1994 Ed. (507, 509)
1993 Ed. (371, 504)
Bank of Huntland
1999 Ed. (442)
1997 Ed. (495)
Bank of Iaeger
1990 Ed. (467)
Bank of Illinois
1999 Ed. (3182)
Bank of India
2008 Ed. (432)
2007 Ed. (466)
2006 Ed. (455)
2005 Ed. (525)
2004 Ed. (506, 544)
2003 Ed. (528)
2002 Ed. (569, 570)
2000 Ed. (553, 554)
1999 Ed. (542, 543)
1997 Ed. (506, 507, 2394)
1996 Ed. (547, 548)
1995 Ed. (495, 496)
1994 Ed. (513, 514)
1993 Ed. (514)
1992 Ed. (704, 705)
1991 Ed. (545)
1990 Ed. (592)
1989 Ed. (558)
Bank of Industry & Mine
2008 Ed. (449)
2007 Ed. (477, 484)
2006 Ed. (471)
2005 Ed. (539, 547)
2004 Ed. (551, 557, 561)
2003 Ed. (547)
1996 Ed. (563)
1995 Ed. (511)
1994 Ed. (533)
Bank of Ireland
2008 Ed. (450)
2007 Ed. (485, 1822)
2006 Ed. (472, 1814, 1815)
2005 Ed. (548)
2004 Ed. (562, 1407, 2038, 3210)
2003 Ed. (548, 3109)
2002 Ed. (3623)
2001 Ed. (1756)
2000 Ed. (568, 1485, 2850, 2852, 2865, 2866)
1999 Ed. (557, 1685, 3117, 3118)
1997 Ed. (523, 2574, 2575)
1996 Ed. (565, 2391, 2403, 2431, 2432)
1995 Ed. (513, 566, 2371)
1994 Ed. (537, 1578, 1579)
1993 Ed. (535, 1533, 1534, 2306)
1992 Ed. (736, 1877, 1878, 2155)
1991 Ed. (567, 1476, 1477)
1990 Ed. (566, 612, 1790)
1989 Ed. (585)
Bank of Ireland Asset Management
2000 Ed. (2847)
1992 Ed. (2747, 2767)
Bank of Ireland Asset Mgmt. (U.S.)
2000 Ed. (2812)
Bank of Ireland Group
2008 Ed. (3377)
2007 Ed. (3251)
Bank of Ireland (I.O.M.) Ltd.
1995 Ed. (514)
Bank of Ireland (Isle of Main) Ltd.
1992 Ed. (737)
Bank of Ireland (Isle of Man) Ltd.
2000 Ed. (569)
1999 Ed. (558)
1997 Ed. (524)
1996 Ed. (567)
1994 Ed. (538)
1993 Ed. (536)
Bank of Ireland plc
2008 Ed. (1857)
2007 Ed. (1821)
2006 Ed. (3226)
2002 Ed. (590, 1697, 3028, 3029)
Bank of Japan
2004 Ed. (511)
Bank of Jordan
2008 Ed. (53, 455)
2007 Ed. (50)
2006 Ed. (59, 4512)
2005 Ed. (52)
2004 Ed. (57, 568)
2000 Ed. (294, 577)
1991 Ed. (578)
1990 Ed. (481)
Bank of Jordan PLC.
1999 Ed. (566)
Bank of Kansai
2002 Ed. (575, 576, 577)
Bank of Kathmandu Ltd.
2006 Ed. (4524)
Bank of Khartoum
2008 Ed. (508)
2007 Ed. (556)
1997 Ed. (619)
1996 Ed. (685)
1995 Ed. (611)
1994 Ed. (638)
1993 Ed. (635)
1992 Ed. (839)
1991 Ed. (666)
1990 Ed. (491)
1989 Ed. (468, 681)
Bank of Kinki
2002 Ed. (573)
Bank of Kochi
2003 Ed. (531)
2002 Ed. (574)
Bank of Korea
2004 Ed. (512)
Bank of Kuwait & the Middle East
2008 Ed. (458)
2007 Ed. (494)
2006 Ed. (478)
2005 Ed. (557)
2004 Ed. (571)
2003 Ed. (557)
2002 Ed. (604)
2000 Ed. (447, 582)
1999 Ed. (457, 570)
1997 Ed. (400, 535)
1996 Ed. (435, 579)
1995 Ed. (408, 524, 525)
1993 Ed. (549)
1992 Ed. (63, 588, 752)
1991 Ed. (433)
1990 Ed. (482)
1989 Ed. (459)
Bank of Latvia
1997 Ed. (538)
Bank of Lithuania
1997 Ed. (542)
Bank of Locust Grove
2000 Ed. (435)
1998 Ed. (335)
Bank of Mississippi
1998 Ed. (399)
1997 Ed. (561)
1996 Ed. (607)
1995 Ed. (549)
1994 Ed. (574)
1993 Ed. (572)
1992 Ed. (783)
Bank of Mississippi (Tupelo)
1991 Ed. (611)
Bank of Montreal
2008 Ed. (391, 392, 1615, 1624, 1627, 1641, 1642, 1645, 1647, 1649, 1655, 1741, 1748, 2713, 4531)
2007 Ed. (412, 414, 449, 1445, 1617, 1625, 1627, 1633, 1634, 1639, 1641, 1712, 1720, 1727, 2573, 4575)
2006 Ed. (423, 443, 1451, 1598, 1600, 1606, 1612, 1618, 1620, 1627, 1629, 2604, 4491)
2005 Ed. (473, 1567, 1697, 1710, 1719, 1720, 1722, 1723, 3491)
2004 Ed. (460, 499, 1661, 1666, 1670)
2003 Ed. (473, 594, 1631, 1636, 2482)
2002 Ed. (535, 560, 1605, 1606, 1607, 2268)
2001 Ed. (628, 629, 1660, 1663, 1665)
2000 Ed. (482, 528, 532, 533, 534, 1398, 1400, 1401, 3154, 3155, 3420)
1999 Ed. (487, 488, 489, 518, 522, 523, 524, 1592, 1593, 2011, 2014, 2437, 3430, 3431, 4619)
1998 Ed. (354, 355, 356, 357, 3008)
1997 Ed. (429, 430, 431, 464, 467, 469, 470, 1370, 1372, 2009, 2729, 2805, 2806, 3262, 3766)
1996 Ed. (466, 467, 468, 501, 504, 506, 511, 1309, 1311, 1312, 1318, 1919, 2673, 2674, 3712)
1995 Ed. (439, 440, 468, 471, 1364, 1365, 1875, 2441)
1994 Ed. (447, 448, 479, 483, 484, 1338, 1339, 1340, 1341, 2545, 2546, 3013, 3556)
1993 Ed. (447, 476, 485, 1858, 2588, 2969)
1992 Ed. (630, 631, 632, 665, 674, 1593, 1595, 1598, 1600, 2152, 3102, 3626, 4311)
1991 Ed. (474, 509, 514, 1264, 2479)
1990 Ed. (517, 518, 550, 561, 576, 1780)
1989 Ed. (1098)
Bank of Montreal Asia
1989 Ed. (1783)
Bank of Montreal Bahamas Limited
1989 Ed. (485)
Bank of Montreal Mortgage
2008 Ed. (4782)
2007 Ed. (4859)
Bank of Montreal Securities
1994 Ed. (782, 785)
Bank of Montreal Securities Canada
1996 Ed. (807)
Bank of Montreal Trust
2000 Ed. (2930)
1998 Ed. (2351)
Bank of Moscow
2008 Ed. (497)
2007 Ed. (546)
2005 Ed. (602)
Bank of Muscat SAO
1993 Ed. (606)
1992 Ed. (812)
1991 Ed. (640)
1989 Ed. (647)
Bank of Muscat SAOC
1995 Ed. (579)
1994 Ed. (609)
Bank of N. T. Butterfield
2002 Ed. (4385)
Bank of N. T. Butterfield & Son
2007 Ed. (405)
2006 Ed. (420, 4486)
2005 Ed. (468)
2004 Ed. (456)
2003 Ed. (469)
2002 Ed. (531)
2000 Ed. (470)
1999 Ed. (478)
1997 Ed. (418)
1995 Ed. (429)
1994 Ed. (436)
1993 Ed. (436)
Bank of Namibia
2000 Ed. (627)
1999 Ed. (604)
1997 Ed. (570)
1992 Ed. (790)
Bank of Nauru
1995 Ed. (559)
1994 Ed. (589)
1993 Ed. (582)
1992 Ed. (791)
1989 Ed. (631)
Bank of Nevis
2004 Ed. (463)
Bank of New England
1995 Ed. (353)
1994 Ed. (1755)
1992 Ed. (504, 547, 1499)
1991 Ed. (265, 1722, 2812, 2814)
1990 Ed. (294, 448, 452, 648, 1791)
1989 Ed. (617, 635)
Bank of New England, Mass.
1989 Ed. (2157)
Bank of New England NA
1992 Ed. (529, 552, 553, 556, 563, 566, 774, 2430, 3627)
1991 Ed. (368, 2811, 2812, 2814)
1990 Ed. (528, 633)
Bank of New England NA (Boston)
1991 Ed. (605)
Bank of New England North (Lowell)
1991 Ed. (605)
Bank of New England-Old Colony NA
1991 Ed. (654)
Bank of New England-South NA (Brockton)
1991 Ed. (605)
Bank of New England-West NA
1991 Ed. (2812)
Bank of New England-West NA (Springfield)
1991 Ed. (605)
Bank of New Hampshire
1998 Ed. (415)
1994 Ed. (597)
1993 Ed. (591, 592)
1990 Ed. (453)
Bank of New Hampshire, NA
1990 Ed. (1794)
Bank of New York
2008 Ed. (342, 347, 360, 367, 426, 1404, 1467, 3403)
2007 Ed. (355, 359, 372, 376, 379, 382, 387, 1473, 3286)
2006 Ed. (376, 388, 389, 393, 397, 778, 779, 1077, 2582)
2005 Ed. (365, 382, 431, 435, 439, 490, 629, 630, 869, 870, 1467, 2580)
2004 Ed. (363, 416, 417, 425, 433, 640, 641)
2003 Ed. (384, 421, 424, 431, 439, 454, 627, 628, 4564)
2002 Ed. (489, 490, 491, 507, 508, 626, 2411, 3206, 3208, 3210)
2001 Ed. (576, 578, 586, 592, 594, 595, 596, 597, 621, 622, 643, 644, 763, 764, 1533, 1601, 3154, 3505, 3506, 3507, 3508, 3509, 3510, 3511)
2000 Ed. (383, 392, 393, 406, 407, 409, 421, 426, 427, 428, 504, 505, 632, 633, 676, 677, 681, 1301, 1309, 2344, 2485, 2801, 2842, 2921, 3413, 3414, 3415, 3745, 3746)
1999 Ed. (393, 397, 407, 409, 410, 416, 426, 427, 436, 609, 610, 611,

651, 652, 665, 1490, 1836, 2601, 2636, 3313, 3314, 3315, 3316, 3317, 3706, 3707, 4026, 4031, 4032)
1998 Ed. (276, 285, 294, 297, 304, 305, 307, 311, 315, 318, 324, 325, 329, 332, 418, 419, 1841, 1842, 2305, 2357, 2442, 2443, 2444, 2445, 2446, 2672, 3035)
1997 Ed. (348, 359, 365, 373, 375, 376, 443, 513, 579, 580, 581, 2150, 2727, 2728, 2729, 2731, 2933, 3004, 3280, 3281, 3282)
1996 Ed. (377, 379, 389, 391, 398, 404, 406, 408, 409, 419, 420, 479, 485, 556, 640, 641, 698, 1242, 1539, 1649, 2029, 2030, 2386, 2580, 2581, 2582, 2830, 3177, 3178, 3179, 3460)
1995 Ed. (346, 354, 360, 365, 366, 368, 369, 374, 377, 381, 383, 385, 386, 450, 568, 570, 571, 2513, 2514, 2515, 3066, 3084, 3513)
1994 Ed. (353, 368, 371, 379, 381, 382, 386, 388, 390, 391, 396, 460, 600, 604, 651, 653, 1501, 1632, 2446, 2447, 2449, 2663)
1993 Ed. (354, 359, 380, 381, 389, 391, 392, 393, 396, 398, 399, 401, 595, 597, 601, 649, 652, 1444, 1445, 2508, 2510, 2511, 2713)
1992 Ed. (545, 1748)
1991 Ed. (405, 408, 409, 410, 413, 593, 628, 635, 2206, 2245, 2484)
1990 Ed. (416, 418, 455, 526, 529, 629, 653, 657, 658, 1284, 1535)
1989 Ed. (635, 640, 2146)
Bank of New York (Delaware)
1998 Ed. (309, 312, 346)
1997 Ed. (366, 369, 382, 384, 449)
1996 Ed. (402, 403, 415)
1995 Ed. (379, 380, 392)
1994 Ed. (397, 465)
1993 Ed. (352, 385)
1992 Ed. (505, 510, 567, 649)
1991 Ed. (362, 365, 1392)
Bank of New York NA
1996 Ed. (637, 638)
Bank of New York (New Jersey)
1997 Ed. (577)
Bank of New York (Wilmington)
1991 Ed. (496)
Bank of New Zealand
2008 Ed. (482)
2007 Ed. (527)
2006 Ed. (505)
2005 Ed. (586)
2004 Ed. (598)
2000 Ed. (634)
1999 Ed. (612)
1994 Ed. (35, 601)
1993 Ed. (598, 2721, 2722)
1992 Ed. (805, 3233, 3234)
1991 Ed. (2594, 631)
1990 Ed. (559, 655)
1989 Ed. (642)
Bank of Newport
2000 Ed. (550)
1998 Ed. (372)
1997 Ed. (502)
1996 Ed. (543)
Bank of North Dakota
1991 Ed. (2304)
Bank of North Dakota--Bismark
1998 Ed. (2349)
The Bank of Nova Scotia
2005 Ed. (1710, 1722)
2004 Ed. (1666)
2003 Ed. (552, 1629, 1635, 1636, 2482)
2002 Ed. (1605, 1606, 2268)
2001 Ed. (626, 1660, 1663, 1665)
2000 Ed. (529, 531, 531, 533, 1398, 1400, 1401, 2874, 2875, 2929, 3154, 3155, 4303)
1999 Ed. (487, 489, 519, 521, 523, 1592, 1593, 2011, 2013, 2437, 2636, 3126, 3127, 3430, 3431, 4619, 4668, 4669)
1998 Ed. (350, 353, 356, 2348)
1997 Ed. (430, 431, 466, 471, 1370, 1729, 1730, 2009, 2582, 2583, 2806, 3766, 3797)
1996 Ed. (466, 468, 504, 507, 927, 1309, 1311, 1318, 1648, 1653, 1919, 2673, 2674, 3712, 3745)
1995 Ed. (440, 470, 574, 1364, 1875, 2437, 2441, 2837, 2842)
1994 Ed. (448, 481, 483, 485, 1338, 1340, 1341, 1630, 2339, 2340, 2546, 2738, 3013, 3553, 3556, 3580)
1993 Ed. (447, 478, 483, 484, 485, 1858, 2768, 2969, 3590)
1992 Ed. (630, 631, 632, 671, 1593, 1595, 1598, 2000, 2152, 4148)
1991 Ed. (474, 513, 518, 2300, 3073)
1990 Ed. (517, 518, 561, 575, 1780)
1989 Ed. (1098)
Bank of Nova Scotia Asia
1989 Ed. (1783)
Bank of Nova Scotia, Jamaica
2005 Ed. (552)
2004 Ed. (461, 463, 566)
2002 Ed. (3033, 3034, 3035)
2000 Ed. (573)
1999 Ed. (562)
1997 Ed. (528)
1996 Ed. (572, 2437, 2438)
1995 Ed. (518)
1994 Ed. (543)
1993 Ed. (541)
1992 Ed. (742)
1991 Ed. (574)
Bank of Nova Scotia Jamaica Limited
1989 Ed. (591)
Bank of Nova Scotia; Scotiabank—
2008 Ed. (391, 392, 486, 1615, 1624, 1627, 1641, 1642, 1645, 1647, 1649, 1652, 1655, 1741, 1748, 1749, 4531)
2007 Ed. (412, 414, 532, 1445, 1617, 1618, 1625, 1627, 1633, 1634, 1639, 1641, 1644, 1645, 1647, 1712, 1720, 1727, 4575)
2006 Ed. (423, 1451, 1598, 1600, 1612, 1618, 1619, 1620, 1621, 1626, 1628, 3232, 4491)
2005 Ed. (473, 1436, 1443, 1719, 1720, 1723, 3491, 3943, 4578, 4579)
2002 Ed. (535, 536, 629, 1607, 3191, 3192, 3207)
Bank of Nova Scotia Trinidad & Tobago Ltd.
1999 Ed. (650)
1997 Ed. (631)
1996 Ed. (696)
1995 Ed. (622)
1994 Ed. (649)
1993 Ed. (647)
1992 Ed. (851)
Bank of N.T. Butterfield & Son Ltd.
1996 Ed. (456)
1992 Ed. (619)
1991 Ed. (461)
Bank of N.T. Butterfield & Son, Limited
1989 Ed. (490)
Bank of NY
1992 Ed. (2856)
Bank of Oklahoma
2004 Ed. (185)
1998 Ed. (422)
Bank of Oklahoma NA
1997 Ed. (587)
1996 Ed. (648)
1995 Ed. (578)
1994 Ed. (608)
1993 Ed. (605)
1992 Ed. (811)
1991 Ed. (639)
Bank of Oman
1995 Ed. (627, 628)
1994 Ed. (423, 659)
1993 Ed. (658)
1992 Ed. (599, 858)
1991 Ed. (443)
1990 Ed. (495)
1989 Ed. (472)
Bank of Oman and the Gulf S.A.O.
1989 Ed. (647)
Bank of Oman, Bahrain & Kuwait
2000 Ed. (451)
1999 Ed. (460, 617, 618)
1994 Ed. (418, 609)
Bank of Oman, Bahrain & Kuwait SAO
1991 Ed. (436, 640)
1989 Ed. (647)
Bank of Oman, Bahrain & Kuwait SAOG
1997 Ed. (403, 588)
1996 Ed. (438, 649)
1995 Ed. (579)
1993 Ed. (606)
1992 Ed. (812)
Bank of Overseas Chinese
2008 Ed. (436)
2007 Ed. (472)
2006 Ed. (458)
2005 Ed. (529)
Bank of Overton
1993 Ed. (507)
Bank of Palatine
2000 Ed. (487)
Bank of Perry City
1998 Ed. (367)
Bank of Philippine Islands
1990 Ed. (670)
Bank of Piraeus
2000 Ed. (542)
The Bank of Punjab Ltd.
2002 Ed. (3045, 4454)
Bank of Queensland
2008 Ed. (381)
2007 Ed. (399)
Bank of Robstown
1996 Ed. (535)
Bank of Saga
2007 Ed. (473)
Bank of Salem
1998 Ed. (367)
1997 Ed. (495, 498, 499)
1996 Ed. (539, 540)
1995 Ed. (494)
Bank of San Francisco
2000 Ed. (550)
Bank of Scotland
2004 Ed. (529)
2002 Ed. (659, 3189)
2001 Ed. (1549)
2000 Ed. (540)
1999 Ed. (370, 531, 547)
1997 Ed. (480)
1996 Ed. (521)
1995 Ed. (477)
1994 Ed. (495, 1204)
1993 Ed. (493)
1992 Ed. (687)
1991 Ed. (532, 533)
1990 Ed. (583, 584)
1989 Ed. (545)
Bank of Scotland plc
2003 Ed. (626, 1434)
Bank of Seoul
1996 Ed. (578, 2445)
1995 Ed. (523)
1994 Ed. (528, 548, 2345, 2346)
1993 Ed. (548, 1363, 2383, 2384)
1992 Ed. (719, 751, 1665, 1666, 2821, 2822)
1991 Ed. (584, 1321, 2272, 2273)
1990 Ed. (504, 620)
1989 Ed. (481, 596)
Bank of Seoul & Trust Co.
1989 Ed. (480)
Bank of Shanghai
2005 Ed. (477)
2004 Ed. (465)
2002 Ed. (519)
Bank of Sharjah
2006 Ed. (535)
Bank of Sierra Blanca
2004 Ed. (361)
Bank of South Australia
1997 Ed. (412)
Bank of South Pacific Ltd.
2000 Ed. (639)
1999 Ed. (620)
1997 Ed. (591)
1996 Ed. (652)
1995 Ed. (583)
1994 Ed. (613)
1993 Ed. (610)
1991 Ed. (644)
Bank of South Pacific Limited
1989 Ed. (651)
Bank of St. Edward
1996 Ed. (539)
1994 Ed. (511)
1993 Ed. (506)
Bank of Stockton
1996 Ed. (3164)
Bank of Taiwan
2008 Ed. (511)
2007 Ed. (559)
2006 Ed. (529)
2005 Ed. (616)
2004 Ed. (526, 627)
2003 Ed. (618)
2002 Ed. (520, 522, 552, 654, 3194)
2000 Ed. (671)
1999 Ed. (517, 646)
1997 Ed. (411, 624)
1996 Ed. (690)
1995 Ed. (422, 616)
1994 Ed. (644, 1849)
1993 Ed. (641)
1992 Ed. (845, 2157)
1991 Ed. (452, 672, 673)
1990 Ed. (504, 695, 1796)
1989 Ed. (479, 690, 691)
Bank of Talmage, NB
1992 Ed. (703)
Bank of Telluride
1993 Ed. (507)
Bank of the Bahamas Ltd.
1999 Ed. (473)
1996 Ed. (450)
1995 Ed. (425)
1994 Ed. (430)
1993 Ed. (430)
1992 Ed. (612)
1991 Ed. (456)
Bank of the Cascades
2005 Ed. (1929, 1931)
Bank of the North
1996 Ed. (643)
1995 Ed. (573)
1994 Ed. (602)
1993 Ed. (599)
1992 Ed. (806)
1991 Ed. (633)
Bank of the Ozarks
2008 Ed. (428)
Bank of the Phil. Islands
2000 Ed. (3541)
Bank of the Philippine Islands
2008 Ed. (492)
2007 Ed. (541)
2006 Ed. (513, 3899)
2005 Ed. (597)
2004 Ed. (519, 607)
2003 Ed. (599)
2002 Ed. (635, 3702, 3703)
2000 Ed. (648, 1538, 1541, 3542)
1999 Ed. (623, 1725, 2892, 3820)
1997 Ed. (595, 1499)
1996 Ed. (657, 1436)
1995 Ed. (588, 1476)
1994 Ed. (618)
1993 Ed. (615, 2493)
1992 Ed. (821, 2965)
1991 Ed. (640, 2378)
1989 Ed. (655)
Bank of the Philippines Islands
2001 Ed. (1836)
Bank of the Ryukyus
2003 Ed. (531, 534)
Bank of the Sierra
2008 Ed. (1592)
Bank of the West
2008 Ed. (196, 197)
2007 Ed. (209, 210)
2006 Ed. (202, 203)
2005 Ed. (190, 191)
2004 Ed. (184, 185)
1998 Ed. (341)
1997 Ed. (427)
1996 Ed. (464)
1995 Ed. (437)
1994 Ed. (445, 510)

Bank of Tidewater
1998 Ed. (373)
1997 Ed. (503)
1996 Ed. (544)
Bank of Tokyo
2001 Ed. (627)
1998 Ed. (1503, 2350, 2353)
1997 Ed. (466, 467, 468, 469, 3262)
1996 Ed. (573)
1995 Ed. (470, 471, 520, 2435, 2441, 2516)
1994 Ed. (481, 483, 487, 545, 1632, 1678, 1690, 2449, 3010, 3013)
1993 Ed. (478, 484, 542, 543, 544, 1656, 2419, 2512)
1992 Ed. (2004, 2007, 2015)
1991 Ed. (577, 1718, 2305, 2675, 2678)
1990 Ed. (574, 575, 576)
1989 Ed. (477, 1361, 1371, 1372, 1433, 2122)
Bank of Tokyo Canada
1997 Ed. (463)
1996 Ed. (500)
Bank of Tokyo-Mitsubishi Ltd.
2003 Ed. (535, 536, 538, 553, 4593)
2002 Ed. (560, 581, 583, 587, 588, 595, 597, 1376, 1705, 1706, 2276, 2411, 3196, 4431, 4635, 4636)
2001 Ed. (603, 628, 629, 630, 645, 1768, 1769)
2000 Ed. (462, 530, 532, 533, 534, 559, 560, 564, 565, 566, 574, 575, 576, 1474, 1491, 1493, 1497, 2485, 3883, 4263)
1999 Ed. (466, 516, 518, 520, 522, 523, 524, 550, 552, 553, 554, 555, 563, 564, 565, 953, 1575, 1660, 1667, 2601, 4614, 4615)
1998 Ed. (351, 354, 355, 356, 357, 381, 382, 1029, 1158, 1168, 1841, 1842, 3008, 3425)
Bank of Tokyo-Mitsubishi Bank Ltd.
2007 Ed. (449)
2006 Ed. (443)
2000 Ed. (528)
Bank of Tokyo-Mitsubishi Ltd. (Japan)
2000 Ed. (562)
Bank of Tokyo-Mitsubishi Trust Co.
2001 Ed. (644)
1999 Ed. (525, 610)
1998 Ed. (358, 419, 2276)
Bank of Tokyo-Mitsubisht Trust Co.
2004 Ed. (511)
Bank of Tokyo Trust Co.
1997 Ed. (472, 580)
1996 Ed. (508, 641)
1995 Ed. (571)
1993 Ed. (482, 597, 2967)
1992 Ed. (548, 670, 804)
1991 Ed. (517, 2812)
Bank of Tokyo-U.B. Vehicle Leasing
1993 Ed. (2603)
Bank of Tonga
1999 Ed. (649)
1989 Ed. (698)
Bank of Toyko-Mitsubishi Ltd.
2003 Ed. (1437)
Bank of Toyota-Mitsubishi
1999 Ed. (1691)
Bank of Troy
1997 Ed. (181)
Bank of Utah
2006 Ed. (539)
Bank of Valletta
2008 Ed. (474)
2007 Ed. (517)
2006 Ed. (498, 4519)
2000 Ed. (604)
1999 Ed. (588, 588)
1997 Ed. (552)
1996 Ed. (599)
1995 Ed. (540)
1994 Ed. (564)
1993 Ed. (562)
1992 Ed. (772)
1991 Ed. (603)
Bank of Valletta International Ltd.
2000 Ed. (604)
Bank of Valletta Limited
1989 Ed. (615)
Bank of Verden
1996 Ed. (387)
Bank of Walnut
1993 Ed. (503)
Bank of Walnut Creek
1993 Ed. (513)
Bank of Western Australia
2008 Ed. (381)
2007 Ed. (399)
2006 Ed. (414)
1997 Ed. (412)
Bank of Western Australia—BankWest
2005 Ed. (461)
2004 Ed. (449)
Bank of Western Oklahoma
1992 Ed. (702)
Bank of Western Samoa
1999 Ed. (680)
1997 Ed. (646)
1996 Ed. (711)
1995 Ed. (635)
1994 Ed. (666)
1993 Ed. (665)
1992 Ed. (866)
1991 Ed. (692)
1989 Ed. (711)
Bank of Yokohama
2007 Ed. (490)
2004 Ed. (511)
1998 Ed. (377)
1997 Ed. (352)
Bank of Yokyo-Mitsubishi Trust Co.
2000 Ed. (633)
Bank of Yorba Linda
2000 Ed. (4056)
1998 Ed. (3317)
Bank officer
1989 Ed. (2093)
Bank OliMP
1999 Ed. (476)
1997 Ed. (416)
Bank One Corp.
2006 Ed. (387, 507, 1419, 1422, 1423, 1448, 2835)
2005 Ed. (190, 358, 359, 360, 362, 365, 366, 373, 376, 377, 381, 382, 384, 384, 385, 385, 423, 424, 426, 427, 428, 429, 430, 432, 433, 434, 435, 436, 438, 440, 447, 449, 490, 542, 590, 707, 790, 834, 1002, 1003, 1064, 1068, 1069, 1560, 1792, 2046, 2048, 2145, 2866, 2868, 2994, 3306, 4274, 4275, 4280, 4307, 4335, 4571, 4572, 4573, 4574, 4575, 4576, 4582, 4583)
2004 Ed. (184, 356, 362, 363, 365, 366, 366, 418, 419, 420, 421, 422, 423, 424, 426, 427, 429, 430, 432, 434, 440, 560, 601, 858, 1064, 1065, 1732, 2008, 2229, 2863, 2996, 4354, 4394)
2003 Ed. (426, 429, 438, 446, 535, 546, 594, 629, 630, 1644, 1696, 2187, 3033, 3435, 3444)
2002 Ed. (33, 438, 444, 488, 498, 629, 1561, 1667, 1818, 3203, 3204, 3205, 3206, 3207, 3208, 3535, 3535, 3916, 3947, 4214, 4231, 4294, 4874)
2001 Ed. (431, 432, 433, 580, 581, 582, 585, 586, 587, 597, 598, 611, 612, 636, 637, 638, 639, 3154, 4029, 4280, 4281)
2000 Ed. (403, 405, 408, 425, 432, 436, 563, 621, 682, 1338, 1379, 1454, 3413, 3414, 3415, 3741, 3742, 3743, 3887, 3888, 3903, 4053)
1999 Ed. (405, 411, 414, 441, 1794)
1998 Ed. (201, 376, 387, 391, 421, 421, 2351, 2352, 2353, 2354, 2443)
1997 Ed. (284, 2617, 2622, 2625)
1996 Ed. (256, 549, 576, 647, 647, 2485)
1995 Ed. (521, 2433, 2436, 2439)
1994 Ed. (249)
1991 Ed. (360, 1393)
1990 Ed. (536)
Bank One Acceptance
1998 Ed. (229)
Bank One-Arizona
2000 Ed. (412)
Bank One-Arizona NA
2000 Ed. (414, 415)
1999 Ed. (404, 415)
1998 Ed. (300, 337)
1997 Ed. (370, 379, 409)
1996 Ed. (412, 444)
1995 Ed. (387, 418)
Bank One Ballpark
2001 Ed. (4355)
Bank One Chicago
1996 Ed. (472)
Bank One, Chicago, NA
1995 Ed. (443, 489)
Bank One Colorado N.A.
2003 Ed. (477)
2002 Ed. (544)
1998 Ed. (345)
1997 Ed. (440)
Bank One Columbus NA
1997 Ed. (586)
1995 Ed. (577)
1994 Ed. (249, 342, 607)
1992 Ed. (514, 1178, 1179)
1991 Ed. (637, 944, 945)
1990 Ed. (1014, 1016)
Bank One Dayton NA
1997 Ed. (586)
1995 Ed. (577)
1994 Ed. (607)
1992 Ed. (514)
Bank One Delaware
2006 Ed. (370)
2004 Ed. (357)
Bank One Delaware National Association
2006 Ed. (1671)
2005 Ed. (1750)
Bank One Farm & Ranch Management
1999 Ed. (2121, 2122, 2123, 2124)
1998 Ed. (1541, 1542, 1543, 1544)
Bank One Illinois Farm Management
1997 Ed. (1830)
Bank One Indianapolis NA
1997 Ed. (508)
1995 Ed. (497)
1993 Ed. (515)
1992 Ed. (706)
1991 Ed. (546, 2234)
Bank One Kentucky NA
1997 Ed. (532)
Bank One Lexington NA
1997 Ed. (532)
Bank One Michigan
2003 Ed. (1056)
2002 Ed. (551)
2001 Ed. (272, 588, 620)
Bank One Milwaukee NA
1997 Ed. (647)
1996 Ed. (712)
1995 Ed. (636)
1994 Ed. (668)
1993 Ed. (667)
1992 Ed. (868)
1991 Ed. (694)
Bank One NA
2007 Ed. (431)
2006 Ed. (202, 370, 375, 376, 377, 378, 379, 386, 394, 424, 539, 1077, 2873, 2989)
2005 Ed. (425, 1757)
2003 Ed. (229, 230, 383, 384, 386, 387, 387, 428, 432, 433, 436, 1056, 2771, 2771, 2887)
2002 Ed. (249, 480, 482, 483, 487, 505, 539, 2578, 3210, 3391, 4293)
2001 Ed. (4282)
1994 Ed. (341, 515, 546)
1993 Ed. (604)
1992 Ed. (810)
Bank One of Wisconsin
2000 Ed. (434)
Bank One Payment Services
2001 Ed. (2187)
Bank One, Richmond (C), Ind.
1989 Ed. (2148)
Bank One Services Corp.
1992 Ed. (1751)
Bank One, Springfield
1996 Ed. (1749)
1995 Ed. (1771, 1772)
1994 Ed. (1738, 1739)
Bank One TC NA
2003 Ed. (431)
Bank One Texas NA
1998 Ed. (431)
1997 Ed. (627)
1996 Ed. (692)
1995 Ed. (618, 1047)
1994 Ed. (389, 398, 400, 646, 1039, 2301)
1993 Ed. (644)
1992 Ed. (848, 724)
Bank One Texas NA Trust Department
1997 Ed. (1828, 1831)
Bank One Texas Trust Department
1995 Ed. (1769, 1770)
Bank One, Texas Trust, Farm & Ranch Department
1996 Ed. (1747, 1750)
Bank One Trust Co.
2004 Ed. (425)
1998 Ed. (2442)
Bank One Trust Co., N.A.
2002 Ed. (507)
Bank One West Virginia NA
1998 Ed. (435)
1997 Ed. (645)
1996 Ed. (710)
Bank One Wisconsin
1998 Ed. (436)
Bank Parsian
2007 Ed. (484)
Bank Pekao
2008 Ed. (413, 493)
2007 Ed. (444, 542)
2006 Ed. (436, 440, 514, 1994)
2005 Ed. (494, 598)
2004 Ed. (490, 608)
2003 Ed. (492)
2000 Ed. (649)
Bank Pekao SA
2002 Ed. (538, 553, 636, 1637)
2000 Ed. (484)
1999 Ed. (491, 624)
1996 Ed. (658)
Bank Pekap SA
1997 Ed. (596)
Bank Pembangunan Indonesia
1995 Ed. (500)
1994 Ed. (516, 517)
1993 Ed. (516)
1992 Ed. (707, 708)
1989 Ed. (559)
Bank Permata
2006 Ed. (456)
Bank Petrocommerce
2005 Ed. (493, 502)
Bank Poisk
1999 Ed. (476)
Bank Polska Kasa Opieki
1993 Ed. (469, 616)
Bank Polska Kasa Opieki SA
1997 Ed. (597)
1996 Ed. (659)
1995 Ed. (589, 590)
1994 Ed. (619, 620)
1992 Ed. (822)
1991 Ed. (650)
1989 Ed. (656)
Bank Przemyslowo-Handlowy
2005 Ed. (598)
2004 Ed. (485, 486, 490, 608)
2003 Ed. (492)
2002 Ed. (538)
2000 Ed. (649)
1999 Ed. (624)
1997 Ed. (596, 597)
1994 Ed. (619, 620)
Bank Przemyslowo-Handlowy PBK
2007 Ed. (542)
2006 Ed. (440, 514)
Bank Przemyslowo-Handlowy SA
2001 Ed. (606)
1996 Ed. (658, 659)
Bank Przemyslowo-Handlowy w Krakowie
1995 Ed. (590)
Bank Rakyat Indonesia
2008 Ed. (433, 1810)
2007 Ed. (468, 481, 1779)
2006 Ed. (456, 1770)
2004 Ed. (507)

2000 Ed. (556)
1999 Ed. (545)
1997 Ed. (509, 510)
1996 Ed. (550, 551)
1995 Ed. (500)
1994 Ed. (516, 517)
1993 Ed. (516)
1992 Ed. (606, 707, 708)
1989 Ed. (559)
Bank Rakyat Indonesia Pension Fund
2001 Ed. (2884)
1997 Ed. (2395)
Bank Rakyat Indonesia (Persero) Tbk
2006 Ed. (3231)
Bank Refah
2006 Ed. (458, 471)
Bank Rozwoju Eksportu
2000 Ed. (649)
Bank Rozwoju Eksportu SA
1994 Ed. (620)
Bank Saderat
2005 Ed. (507)
1991 Ed. (565)
1989 Ed. (583)
Bank Saderat Iran
2008 Ed. (446, 449)
2007 Ed. (484)
2006 Ed. (471)
2005 Ed. (547)
2004 Ed. (551, 561)
2003 Ed. (547)
2002 Ed. (573, 589)
2000 Ed. (567)
1999 Ed. (556)
1997 Ed. (521, 522)
1996 Ed. (563, 564)
1995 Ed. (511, 512)
1994 Ed. (528, 533, 534)
1993 Ed. (534)
1992 Ed. (732, 733)
1991 Ed. (550)
1990 Ed. (596)
Bank Saderate Iran
2003 Ed. (532)
Bank Sarasin
2005 Ed. (531)
Bank Sarasin & Co.
2001 Ed. (652)
Bank savings & loans
1995 Ed. (2980)
Bank Sepah
2008 Ed. (435, 449)
2007 Ed. (470, 484)
2005 Ed. (547)
2004 Ed. (551, 561)
2003 Ed. (547)
2002 Ed. (589)
2000 Ed. (567)
1997 Ed. (522)
1996 Ed. (564)
1995 Ed. (512)
1994 Ed. (534)
1993 Ed. (534)
1992 Ed. (732, 733)
1991 Ed. (565)
Bank Slaki w Katowicach SA
1994 Ed. (620)
Bank Slaski
2000 Ed. (649)
1999 Ed. (624)
1995 Ed. (589)
1994 Ed. (619)
Bank Slaski SA w Katowicach
1996 Ed. (658, 659)
1995 Ed. (590)
Bank Slaski w Katowicach
1997 Ed. (596, 597)
1993 Ed. (616)
Bank Slaviansky
2003 Ed. (624)
Bank South Corp.
1998 Ed. (267)
1997 Ed. (2485)
1995 Ed. (3329)
1994 Ed. (491, 3250)
1992 Ed. (521, 681)
1991 Ed. (379)
Bank South NA
1997 Ed. (477)
1996 Ed. (515, 2352)
1995 Ed. (474)
1993 Ed. (489)
Bank South NA (Atlanta)
1991 Ed. (526)
Bank Styria
1997 Ed. (413)
Bank Styria-Steiermarkische Bank & Sparkasse
2003 Ed. (464)
2002 Ed. (525)
Bank Tabungan Negara
1999 Ed. (545)
1997 Ed. (509)
1996 Ed. (550)
1995 Ed. (499)
1994 Ed. (516)
1992 Ed. (707)
1989 Ed. (559)
Bank Tec
1991 Ed. (1023)
Bank Tejarat
2008 Ed. (449)
2007 Ed. (484)
2006 Ed. (471)
2005 Ed. (547)
2004 Ed. (561)
2003 Ed. (547)
2002 Ed. (589)
2000 Ed. (567)
1999 Ed. (556)
1997 Ed. (521, 522)
1996 Ed. (563, 564)
1995 Ed. (511, 512)
1994 Ed. (533, 534)
1993 Ed. (534)
1992 Ed. (732, 733)
1991 Ed. (565)
1989 Ed. (575, 583)
Bank teller
1989 Ed. (2087)
Bank Tiara Asia
2001 Ed. (1739)
Bank transactions
1993 Ed. (2564)
Bank TuranAlem
2008 Ed. (456)
2007 Ed. (492)
2006 Ed. (477)
2005 Ed. (555)
2004 Ed. (470, 569)
2003 Ed. (555)
2001 Ed. (632)
Bank 2
2008 Ed. (3727, 4422)
Bank UFJ Indonesia
2006 Ed. (456)
Bank Ukraina
2000 Ed. (686)
1999 Ed. (676)
Bank Umum Nasional
1992 Ed. (708)
1989 Ed. (559)
Bank United
2002 Ed. (437, 4099, 4100, 4117, 4118, 4124, 4126, 4128, 4131, 4133, 4134, 4135, 4137, 4139, 4171)
2001 Ed. (4159, 4160, 4523)
2000 Ed. (2486, 4247)
1998 Ed. (3035, 3129, 3136, 3138, 3139, 3183, 3531, 3567)
Bank Universal Tbk
2002 Ed. (3032)
Bank Utama (Malaysia) Berhad
2002 Ed. (617)
Bank Western
1991 Ed. (3371)
Bank Windhoek
2003 Ed. (590)
2000 Ed. (627)
1997 Ed. (570)
1996 Ed. (628)
1995 Ed. (558)
1994 Ed. (588)
1993 Ed. (581)
1992 Ed. (790)
Bank Zachodni SA Wroclaw
2000 Ed. (649)
1999 Ed. (624)
1997 Ed. (596)
Bank Zachodni SA Wroclaw (Western Bank)
1996 Ed. (658)
Bank Zachodni WBK
2008 Ed. (493)
2007 Ed. (542)
2006 Ed. (514)
2005 Ed. (598)
2004 Ed. (485, 486, 490, 608)
Bank Zachodni (Western Bank)
1994 Ed. (619)
Bank Zarechye
2005 Ed. (493, 502)
Banka Baltija
1997 Ed. (537, 538)
1996 Ed. (582)
Banka Bohemia
1994 Ed. (462)
Banka Bohemia AS
1996 Ed. (484)
1995 Ed. (453)
Banka Celje
2006 Ed. (522)
1999 Ed. (637)
1997 Ed. (612, 613)
Banka Celje d.d.
2004 Ed. (618)
2003 Ed. (609)
2002 Ed. (646)
Banka Commerciale Italiana
1996 Ed. (570)
Banka Hana a. s. Prostejov
1996 Ed. (483)
Banka Hana AS
1999 Ed. (500)
1996 Ed. (484)
1995 Ed. (453)
Banka Koper
2006 Ed. (522)
1999 Ed. (637)
Banka Koper d.d.
2004 Ed. (618)
2003 Ed. (609)
2002 Ed. (646)
Banka Noricum
1997 Ed. (612)
Banka Transilvania
2004 Ed. (611)
Banka Vipa
1997 Ed. (612)
BankAmerica Corp.
2005 Ed. (1497)
2001 Ed. (431, 597, 1533)
2000 Ed. (327, 328, 374, 375, 382, 383, 396, 397, 425, 426, 431, 436, 438, 504, 505, 559, 565, 566, 618, 620, 621, 636, 681, 960, 961, 1338, 1349, 1360, 1379, 1527, 2484, 2485, 3156, 3157, 3416, 3417, 3419, 3420, 3421, 3737, 3741, 3881, 3883, 3884, 3887, 3888, 3889, 3890, 3891, 3892, 3893, 3894, 3895, 3898, 3899, 3902, 3904, 3985)
1999 Ed. (312, 313, 373, 382, 383, 400, 422, 435, 443, 445, 548, 549, 553, 555, 597, 615, 654, 1494, 1544, 1591, 2636, 3026, 3027, 3034, 3439, 3440, 3706, 3707, 3709, 4022, 4023, 4024, 4025, 4333, 4335)
1998 Ed. (202, 271, 275, 277, 278, 279, 281, 282, 284, 285, 288, 317, 319, 327, 328, 380, 404, 405, 406, 1084, 1110, 1128, 1264, 2103, 2241, 2242, 2250, 2251, 2357, 2456, 2528, 2529, 2567, 2571, 3315)
1997 Ed. (348, 362, 363, 386, 511, 512, 1276, 1308, 1326, 2487, 2488, 2489, 2490, 2497, 2498)
1996 Ed. (258, 359, 360, 362, 367, 369, 370, 371, 373, 374, 377, 379, 388, 394, 395, 552, 554, 617, 618, 619, 697, 927, 1249, 1263, 1281, 1307, 1539, 2361, 2362, 2363, 2364, 2472, 2604, 3184, 3410)
1995 Ed. (152, 253, 254, 346, 348, 350, 351, 354, 355, 357, 358, 364, 370, 396, 501, 504, 553, 554, 1312, 1529, 1541, 2540, 2837, 3178, 3302, 3308, 3320)
1994 Ed. (251, 343, 346, 350, 351, 352, 362, 363, 367, 377, 402, 518, 520, 522, 523, 529, 578, 586, 650, 652, 667, 1205, 1206, 1243, 1244, 1256, 1287, 1494, 1496, 1605, 1708, 1709, 1850, 2737, 2738, 2740, 3129, 3220, 3229, 3240)
1993 Ed. (264, 354, 356, 357, 362, 372, 373, 374, 375, 376, 377, 386, 387, 411, 412, 521, 525, 528, 650, 666, 826, 1189, 1245, 1264, 1445, 2970, 3066, 3224, 3229, 3246)
1992 Ed. (507, 521, 523, 525, 537, 544, 648, 713, 714, 715, 719, 1540, 1559, 2150, 2151, 3763, 867)
1991 Ed. (408, 411, 494, 555, 556, 693, 1196, 1231, 1234, 1308, 3262)
1990 Ed. (294, 419, 436, 437, 438, 439, 441, 443, 456, 460, 536, 704, 887, 888, 1779, 3093, 3253)
1989 Ed. (420, 426, 560, 713, 1044, 1045, 1923)
BankAmerica Corp. (Business Service Division)
1994 Ed. (1215)
BankAmerica Capital Markets
1993 Ed. (1171)
BankAmerica Group
2002 Ed. (2917)
BankAmerica Leasing & Capital Group
1998 Ed. (389)
BankAmerica Mortgage Corp.
1999 Ed. (3435, 3441)
1998 Ed. (2530)
1997 Ed. (2813, 2814)
1996 Ed. (2675)
BankAmerica National Trust
1995 Ed. (2515)
BankAmerica Venture Capital
1995 Ed. (3695)
BankAmerica Venture Capital Group
1994 Ed. (3621)
Bankamericorp
1997 Ed. (1261)
Bankas Hermis
2002 Ed. (4440, 4441)
2000 Ed. (597)
1999 Ed. (579, 580)
1996 Ed. (586)
Bankas Snoras
2005 Ed. (498)
2003 Ed. (576)
2002 Ed. (527, 611)
BankAtlantic
2007 Ed. (4243, 4244)
2006 Ed. (3571, 4229)
2005 Ed. (3511, 4177, 4178)
2004 Ed. (3507, 4244)
1999 Ed. (4599)
1998 Ed. (3129, 3138, 3156, 3540)
BankAtlantic, a FSB
2003 Ed. (4261, 4275)
2002 Ed. (4118, 4130)
BankAtlantic Bancorp Inc.
2005 Ed. (4223, 4224)
BankAtlantic Federal Savings Bank
2002 Ed. (4622)
BankAtlantic, FSB
2000 Ed. (4249)
BankAtlantic, FSB (Fort Lauderdale)
1991 Ed. (3380)
BankBoston
2007 Ed. (395, 511, 539, 570)
2006 Ed. (3211)
2005 Ed. (478, 565, 566, 567, 595)
2004 Ed. (572, 573, 577)
2003 Ed. (566)
2001 Ed. (572, 583, 600, 601, 602, 613, 1788, 4029)
2000 Ed. (407, 418, 456, 458, 461, 492, 1513, 2456, 2921, 3737, 3878)
1999 Ed. (410, 420, 547, 549, 661, 1492, 1704, 3069, 3070, 3071, 3072, 3315, 4022, 4031, 4032)
BankBoston Brasil
2007 Ed. (409)
2006 Ed. (421)
2005 Ed. (470, 564)
2004 Ed. (458, 576)
BankBoston NA
2005 Ed. (565)

2000 Ed. (413)
Bankboston SA
2000 Ed. (499)
Bankcorp Hawaii
1992 Ed. (520, 538)
1991 Ed. (693)
BankDirect
2003 Ed. (546, 3033)
Banke Millie Afghan
1989 Ed. (441)
BankEast Corp.
1992 Ed. (799)
1991 Ed. (2812)
1990 Ed. (1794)
BankEast-Manchester
1990 Ed. (649)
BankEast Savings Bank and Trust
1990 Ed. (1794)
Banker Comercial Portugues
2000 Ed. (650)
Banker, personal
2008 Ed. (3813)
Banker Trust Co.
2001 Ed. (1556)
Bankers
1999 Ed. (3903)
1997 Ed. (3177)
1994 Ed. (3536)
Banker's Bank of the West
2005 Ed. (374)
Bankers' Bank of the West Bancorp Inc.
2008 Ed. (344)
2007 Ed. (357)
Bankers Healthcare Group Inc.
2007 Ed. (2768, 4011)
Bankers Insurance Group Inc.
2002 Ed. (3486)
Bankers' Investment Trust
2001 Ed. (1818)
Bankers L & C
1993 Ed. (2197, 2198)
Bankers Leasing
1994 Ed. (2565)
1990 Ed. (2619)
Bankers Life & Casualty Co.
2008 Ed. (3273, 3274, 3313, 3314, 3315)
2007 Ed. (3123, 3124, 3165, 3166, 3167)
2002 Ed. (2889, 2890)
2001 Ed. (2930, 2932, 2950)
2000 Ed. (2676, 2678)
1999 Ed. (2930, 2932)
1998 Ed. (2150, 2151)
1996 Ed. (2299, 2300)
Bankers Mutual, A Division of FMAC
2000 Ed. (3723)
Bankers Petroleum Ltd.
2007 Ed. (1619)
Bankers Savings
1998 Ed. (3522, 3556)
Bankers SEC Var Ann P3
1990 Ed. (3663)
Bankers Sec Var Ann P2
1989 Ed. (261)
Bankers Sec Var Ann Q2
1989 Ed. (261)
Bankers Security USA High Income
1994 Ed. (3614)
Bankers See Var Ann P7
1990 Ed. (273)
Bankers See Var Ann Q7
1990 Ed. (273)
Bankers See Var Ann Q6
1990 Ed. (3663)
Bankers See Var Ann Q3
1990 Ed. (3663)
Bankers Trust Co.
2003 Ed. (386, 909, 915, 1056)
2002 Ed. (480, 482, 507)
2001 Ed. (578, 2879, 3010)
2000 Ed. (374, 375, 382, 394, 399, 400, 405, 406, 407, 413, 418, 421, 425, 436, 504, 618, 620, 621, 633, 676, 677, 678, 2264, 2344, 2456, 2770, 2771, 2772, 2774, 2777, 2784, 2789, 2790, 2791, 2795, 2798, 2833, 2842, 2853, 2854, 2855, 2929, 3413, 3414, 3878, 3883, 3884, 3886, 3889, 3895, 3939, 3941, 3945, 3946, 3948, 3954, 3955, 3957, 3960, 3961, 3962)
1999 Ed. (401, 402, 407, 408, 409, 410, 420, 1836, 2601, 3021, 3022, 3028, 3038, 3039, 3040, 3041, 3042, 3045, 3046, 3049, 3053, 3055, 3056, 3060, 3061, 3067, 3094, 3099, 3107, 3313, 3314, 3315, 3316, 3317, 3707, 4205, 4209, 4212, 4214, 4215, 4222, 4223, 4224)
1998 Ed. (294, 297, 303, 304, 305, 311, 313, 314, 315, 317, 418, 1841, 1842, 2103, 2237, 2252, 2256, 2257, 2261, 2263, 2265, 2285, 2295, 2296, 2297, 2299, 2300, 2301, 2303, 2305, 2442, 2443, 2444, 2445, 2446, 3100, 3216, 3224, 3225, 3245)
1997 Ed. (386, 735, 1784, 2493, 2494, 2496, 2499, 2500, 2504, 2505, 2507, 2508, 2513, 2514, 2515, 2518, 2519, 2536, 2548, 2550, 2551, 2727, 2728, 2729, 2730, 2731, 3423, 3433, 3434)
1996 Ed. (389, 390, 391, 393, 395, 399, 400, 401, 404, 405, 406, 408, 409, 416, 417, 420, 479, 556, 640, 1183, 1651, 2028, 2029, 2030, 2368, 2369, 2370, 2371, 2372, 2374, 2375, 2378, 2380, 2381, 2385, 2388, 2389, 2390, 2402, 2406, 2415, 2427, 2428, 2580, 2581, 2582, 3184, 3318, 3331, 3332, 3599)
1995 Ed. (354, 362, 365, 366, 369, 374, 375, 376, 377, 378, 381, 382, 383, 385, 386, 394, 421, 450, 462, 503, 570, 735, 738, 740, 744, 1540, 1541, 2071, 2343, 2344, 2345, 2347, 2353, 2354, 2358, 2362, 2366, 2370, 2378, 2379, 2380, 2381, 2382, 2383, 2386, 2387, 2388, 2513, 2514, 2515, 2516, 2839, 3220, 3240, 3241, 3251)
1994 Ed. (350, 354, 355, 368, 371, 379, 380, 381, 382, 383, 386, 387, 388, 390, 391, 398, 401, 460, 521, 524, 600, 1198, 1199, 1200, 1204, 1680, 2292, 2295, 2297, 2300, 2301, 2302, 2306, 2317, 2320, 2321, 2322, 2323, 2329, 2331, 2430, 2446, 2447, 2448, 2449, 2663, 2736, 2737, 2740)
1993 Ed. (360, 374, 381, 387, 389, 390, 391, 392, 393, 396, 397, 398, 400, 401, 408, 412, 524, 576, 595, 793, 1889, 2272, 2277, 2278, 2280, 2282, 2283, 2286, 2289, 2292, 2293, 2298, 2299, 2304, 2312, 2316, 2320, 2324, 2329, 2347, 2349, 2350, 2508, 2510, 2511, 2512, 2713, 2767, 2769, 3125, 3147, 3392)
1992 Ed. (529, 538, 541, 542, 549, 550, 551, 552, 556, 557, 558, 560, 561, 568, 673, 802, 1456, 1996, 1997, 2000, 2007, 2009, 2012, 2016, 2017, 2028, 2031, 2035, 2036, 2044, 2045, 2639, 2718, 2724, 2728, 2730, 2731, 2734, 2735, 2738, 2740, 2744, 2752, 2756, 2760, 2764, 2773, 2776, 2777, 2778, 2779, 2782, 2964, 2981, 2983, 2984, 3341, 3342, 4073)
1991 Ed. (406, 413, 495, 722, 850, 851, 1126, 1127, 1600, 1601, 1602, 1608, 2197, 2198, 2199, 2201, 2202, 2206, 2208, 2209, 2210, 2213, 2216, 2217, 2225, 2229, 2233, 2673, 2674, 2677, 3066, 3072, 3073, 3077, 3262)
1990 Ed. (461, 462, 465, 525, 526, 527, 529, 653, 2353, 2356, 2357, 2359, 2361, 2769)
1989 Ed. (374, 375, 376, 377, 421, 422, 532, 534, 640, 793, 797, 801, 1137, 1370, 1757, 1758, 1759, 1760, 1901, 2119, 2120, 2125, 2126, 2131, 2132, 2136, 2144, 2446, 2455)
Bankers Trust Australia
1997 Ed. (2391, 2399)
Bankers Trust Australia Group
2002 Ed. (1391)
Bankers Trust (Delaware)
1995 Ed. (454)
1994 Ed. (373)
1993 Ed. (360, 385, 460, 2967)
1992 Ed. (529, 543, 649)
Bankers Trust International
1992 Ed. (2026)
1991 Ed. (1584, 1586, 1588, 1589, 1593, 1598)
1990 Ed. (1674, 1677, 1680, 1681, 1686, 1688, 1691, 1693)
1989 Ed. (1374)
Bankers Trust-Investment Management
1990 Ed. (2347)
1989 Ed. (1802, 1805, 1810, 1811, 1813, 2133, 2138)
Bankers Trust-Investment, Management Group
1990 Ed. (2349)
Bankers Trust New York Corp.
2000 Ed. (420, 438, 636, 679, 681)
1999 Ed. (382, 400, 425, 426, 435, 443, 549, 595, 596, 597, 610, 651, 652, 665, 1492, 4023, 4024, 4024, 4025)
1998 Ed. (275, 276, 279, 319, 320, 321, 325, 326, 327, 380, 419, 1264)
1997 Ed. (340, 344, 358, 363, 387, 511, 512, 580, 1316, 1334, 2511, 3287, 3298, 3289)
1996 Ed. (369, 372, 373, 374, 377, 388, 394, 552, 554, 641, 697, 698, 927, 1539)
1995 Ed. (355, 357, 364, 370, 396, 501, 504, 571, 1556, 1878)
1994 Ed. (351, 362, 363, 364, 367, 374, 375, 376, 377, 402, 520, 523, 604, 650, 651, 653, 1850)
1993 Ed. (356, 357, 372, 373, 375, 376, 386, 411, 525, 597, 601, 648, 649, 652, 3284)
1992 Ed. (808)
1991 Ed. (372, 373, 383, 393, 403, 404, 407, 408, 411, 555, 556, 635, 3099)
1990 Ed. (436, 437, 438, 439, 441, 443, 460, 701, 702, 706, 3250)
1989 Ed. (370, 420, 426)
Bankers Trust New York Corp
1992 Ed. (572, 516, 536, 537, 544, 648, 713, 714, 720, 804, 852, 853, 2632, 2856)
Bankers Trust New Zealand Ltd.
2000 Ed. (634)
1999 Ed. (612)
Bankers Trust NY
1989 Ed. (560, 2158)
Bankers Trust Pyramid GIC Fund
1995 Ed. (2072)
Bankers Trust S & P Equity Index
1994 Ed. (2310)
Bankers Trust Small Cap
1994 Ed. (2311)
Bankers Trusts Co.
2000 Ed. (2778)
Bankers United Life
2001 Ed. (2950)
Bankers United Life Assurance
1998 Ed. (2173)
BankFinancial FSB
2008 Ed. (4674)
2007 Ed. (4750)
2006 Ed. (4736)
Bankfirst Corp.
2007 Ed. (1979)
Bankgesellscahft Berlin
1997 Ed. (478)
Bankgesellschaft Berlin
2006 Ed. (459)
2005 Ed. (530)
2004 Ed. (533)
2003 Ed. (498)
2002 Ed. (563)
2001 Ed. (608, 1958)
2000 Ed. (538, 1475)
Bankgesellschaft Berlin AG
1999 Ed. (528, 529)
Bankin' Ny Indostria
1992 Ed. (766)
1991 Ed. (598)
Bankin' Ny Tantsaha Mpamokatra
1996 Ed. (594)
1992 Ed. (766)
Banking
2006 Ed. (3258)
2005 Ed. (1599, 1600)
2002 Ed. (545, 2266, 2781, 2785)
2001 Ed. (1142, 1677, 1720, 1726, 1727, 1825, 1837, 3055)
2000 Ed. (2627, 2750)
1996 Ed. (2253)
1994 Ed. (2560)
1993 Ed. (2130)
1992 Ed. (2902)
1991 Ed. (1138, 1139, 2053)
1990 Ed. (166)
1989 Ed. (1866)
Banking accounts of trust banks
1992 Ed. (2640)
Banking & finance
2005 Ed. (1556, 1557)
2004 Ed. (1541)
2003 Ed. (1500)
2002 Ed. (1482, 1490, 1997, 1999)
2000 Ed. (1307, 1312, 1313, 1326)
1999 Ed. (1447, 1453, 1454, 1467)
1998 Ed. (1014, 1019, 1020, 1034)
1997 Ed. (1242, 1243, 1244, 1263, 1266)
1996 Ed. (1196, 1197, 1198, 1215, 1216, 1219, 1220, 1225, 1231)
1995 Ed. (1225, 1226, 1227, 1248, 1260)
1994 Ed. (1209, 1210, 1211, 1229, 1233, 1239)
1993 Ed. (1185, 1186, 1187, 1200, 1201, 1213)
1992 Ed. (1464, 1465, 1466, 1501)
1991 Ed. (1150, 1151, 1152, 1175, 1176, 1190)
1990 Ed. (1233, 1234, 1258, 1262, 1272)
Banking & financial services
2001 Ed. (2175, 2176, 2177)
Banking, in-store
2003 Ed. (4642)
Banking industry
1997 Ed. (3527)
Banking services
2001 Ed. (2988)
Bankin'ny Indostria
1993 Ed. (558)
1989 Ed. (611)
Bankin'ny Tantasha Mpamokatra
1989 Ed. (611)
Bankinter
2003 Ed. (612)
2001 Ed. (3512)
2000 Ed. (665)
1995 Ed. (609)
1994 Ed. (636)
1993 Ed. (633)
1992 Ed. (837)
Bankinter SA
2004 Ed. (2708)
1997 Ed. (617)
Bankinvest Afd 10 Mexico
1997 Ed. (2908)
BankMuscat
2008 Ed. (488)
2007 Ed. (534)
2006 Ed. (509)
2005 Ed. (592)
2004 Ed. (603)
2003 Ed. (596)
2002 Ed. (631)
Bankn' Ny Tantsaha Mpamokatra
1991 Ed. (598)
Banknorth Group Inc.
2006 Ed. (401)
2005 Ed. (356, 448)
2004 Ed. (416)
2003 Ed. (627, 628)
Banknorth Insurance Group
2005 Ed. (3069)

Banko Family
2006 Ed. (553)
2001 Ed. (680)
Bankok Bank
1995 Ed. (420)
BankOne Corp.
2000 Ed. (618, 620)
Bankorp
1994 Ed. (404, 631)
1993 Ed. (414, 626, 627, 1396)
1992 Ed. (574, 833)
1991 Ed. (415, 660)
Bankrate Inc.
2008 Ed. (2856)
2007 Ed. (2726)
BankRate.com
2003 Ed. (3041)
2002 Ed. (4818, 4841)
Bankruptcy attorney
1990 Ed. (3701)
Bankruptcy law
1997 Ed. (2613)
Banks
2008 Ed. (1498, 1820, 1823, 1824)
2007 Ed. (1516)
2006 Ed. (834, 1425, 1486)
2005 Ed. (1602)
2004 Ed. (1572)
2002 Ed. (2836)
2000 Ed. (1310)
1994 Ed. (1495, 2773)
1992 Ed. (95, 2038, 2039, 2569, 1750)
1991 Ed. (1997, 2058, 2059)
1990 Ed. (2149)
Banks & Savings & Loans
1993 Ed. (2134, 2136)
Banks, commercial
2008 Ed. (1407, 1416, 1417, 3153, 3155)
2007 Ed. (3041, 3043)
2006 Ed. (1437, 3004, 3008)
2005 Ed. (1470, 1481, 3008, 3012)
2004 Ed. (1465, 3006, 3010, 3011)
2003 Ed. (1425, 1426, 1436, 2900, 2904)
1999 Ed. (1510, 1511, 1514)
Banks, commercial & savings
2004 Ed. (1746, 1748)
2003 Ed. (1710)
2002 Ed. (2787, 2789, 2791, 2792, 2793, 2794, 2795, 2797)
2000 Ed. (2631, 2633, 2634, 2635)
1999 Ed. (1676, 1677, 1678, 1679, 1680, 2867, 2868, 2869, 2870, 2871)
Banks-East
1992 Ed. (2628)
1991 Ed. (2027, 2052, 2056, 3225)
Banks, financial services
1990 Ed. (3090)
Banks Holdings Inc.
2002 Ed. (4187, 4188)
Banks-Midwest
1990 Ed. (2188)
Banks of Mid-America
1989 Ed. (2648)
Banks, savings & loan
1992 Ed. (2571)
1991 Ed. (1999)
1990 Ed. (2153)
Banks/savings & loans
2005 Ed. (153)
1995 Ed. (2210)
1994 Ed. (2925)
Banks-South and Southeast
1992 Ed. (2627, 2628)
Banks; Tyra
2008 Ed. (183, 3745)
Banks-West & Southwest
1990 Ed. (2182)
Banks-West/Southwest
1991 Ed. (2027)
BankServ
2005 Ed. (2592)
Bankside Syndicates Ltd.
1993 Ed. (2455, 2458)
1992 Ed. (2900)
Bankston Lincoln-Mercury; W. O.
1995 Ed. (274)
Bankston Nissan in Irving Inc.
1995 Ed. (281)
BankThai
2002 Ed. (516)
BankThai Public Co.
2008 Ed. (513)
2007 Ed. (561)
2006 Ed. (461, 530)
2005 Ed. (617)
2004 Ed. (628)
BankTrust Mortgage
1996 Ed. (1034, 3170)
Bank2
2007 Ed. (4441)
BankUnited
1999 Ed. (4599)
1998 Ed. (3528, 3540)
BankUnited Federal Savings Bank
2002 Ed. (4622)
BankUnited Financial
2003 Ed. (423, 425, 451, 453)
BankUnited FSB
2000 Ed. (4249)
BankWest
2008 Ed. (381)
2007 Ed. (399)
2006 Ed. (414)
1996 Ed. (392)
1989 Ed. (204, 217)
BankWest; Bank of Western Australia—
2005 Ed. (461)
Banky Fampandrosoana Ny Varotra
1996 Ed. (594)
1995 Ed. (536)
1994 Ed. (560)
1993 Ed. (558)
1992 Ed. (766)
1991 Ed. (598)
1989 Ed. (611)
Bann; Kenneth
1997 Ed. (1939)
Bannan; Shane
1997 Ed. (1965)
Bannatyne; Duncan
2006 Ed. (2500)
Banneker Industries Inc.
2008 Ed. (3731, 4426, 4981)
Banner
2008 Ed. (2139)
Banner & Witcoff
2003 Ed. (3173)
Banner Bank
2007 Ed. (210)
2006 Ed. (203)
2005 Ed. (191)
Banner Baywood Heart Hospital
2008 Ed. (3041)
Banner Health
2006 Ed. (3591)
Banner Health System
2003 Ed. (1603, 1797, 2274, 2693, 2785)
2002 Ed. (2588, 3293, 3295)
2001 Ed. (3164)
Banner Health Systems
2008 Ed. (1545)
Banner Homes (Marbella) Ltd.
2004 Ed. (1167)
Banner Life Insurance Co.
2003 Ed. (2999)
2002 Ed. (2914)
2001 Ed. (2935)
Bannerbanc Savings
1990 Ed. (2475)
Banners
2001 Ed. (2972)
Banoro
1997 Ed. (557)
1996 Ed. (604)
1994 Ed. (551)
Banorte
2008 Ed. (739)
2005 Ed. (558, 560, 562)
Banpais
2001 Ed. (634, 635)
2000 Ed. (607, 609, 613)
1997 Ed. (557)
1996 Ed. (604)
BanPonce Corp.
1994 Ed. (3038, 3280)
1992 Ed. (502, 518)
Banpu
2008 Ed. (2117)
Banq. Al-Baraka Mauritanien Islamique
1995 Ed. (543)
Banq. Int. pour Comm. & l'Ind. du Senegal
1995 Ed. (600)
Banq. Mauritanienne Pour Comm. Int'l
1995 Ed. (543)
Banq. Togolaise pour Comm. & l'Indus.
1995 Ed. (620)
Banque Al-Baraka Mauritanienne Islamique
1996 Ed. (602)
1994 Ed. (567)
1993 Ed. (565)
Banque Albaraka Djibouti
1999 Ed. (503)
1997 Ed. (452)
1996 Ed. (489)
Banque & Caisse d'Epargne de l'Etat
1997 Ed. (545)
1996 Ed. (590)
1994 Ed. (558)
1993 Ed. (556)
1992 Ed. (763)
Banque & Caisse d'Epargne de L'Etat Luxembourg
1992 Ed. (764)
Banque & Caisse d'Epargne del l'Etat
1995 Ed. (532)
Banque Arabe Africaine en Mauritanie
1989 Ed. (618)
Banque Arabe Tuniso-Libyenne de Developpement et de Commerce Exterieur
2000 Ed. (683)
1997 Ed. (632)
1994 Ed. (655)
1993 Ed. (655)
Banque Atlantique-Cote d'Ivoire
1995 Ed. (517)
1994 Ed. (542)
1993 Ed. (540)
1991 Ed. (573)
Banque Atlantique de Cote d'Ivoire
2005 Ed. (551)
2004 Ed. (565)
2003 Ed. (551)
2002 Ed. (593)
2000 Ed. (572)
1999 Ed. (561)
1996 Ed. (571)
Banque Audi
2008 Ed. (57)
2006 Ed. (491)
2005 Ed. (570)
2004 Ed. (62, 581)
2003 Ed. (573)
2002 Ed. (608)
2000 Ed. (448, 593)
Banque Audi SAI
1995 Ed. (527)
Banque Audi SAL
2000 Ed. (592)
1999 Ed. (575)
1997 Ed. (539)
1996 Ed. (583)
1994 Ed. (553)
1993 Ed. (551)
1992 Ed. (757)
1991 Ed. (588)
Banque Belgo-Africaine Burundi S.A.R.L.
1989 Ed. (499)
Banque Belgolaise Bank
1997 Ed. (388)
Banque Brussels Lambert
1999 Ed. (477, 1588)
1996 Ed. (455)
1995 Ed. (428)
Banque Bruxelles Lambert
2004 Ed. (455)
1994 Ed. (435, 1673, 1684)
1993 Ed. (720, 1649)
1991 Ed. (1592, 3067)
1990 Ed. (1676, 3219, 3221)
1989 Ed. (1352, 2450)
Banque Cantolale Vaudoise
2004 Ed. (626)
2003 Ed. (617)
Banque Cantonale de Berne
1990 Ed. (691)
Banque Cantonale de Geneve
1997 Ed. (623)
1996 Ed. (689)
Banque Cantonale de Zurich
1990 Ed. (692)
Banque Cantonale Vaudoise
2008 Ed. (510)
2007 Ed. (558)
2006 Ed. (528)
2005 Ed. (531, 532)
2002 Ed. (653)
2001 Ed. (653)
2000 Ed. (670)
1997 Ed. (623)
1996 Ed. (689)
1995 Ed. (615)
1994 Ed. (643)
1993 Ed. (640)
1990 Ed. (691)
1989 Ed. (686)
Banque Cantonali Vaudoise
1992 Ed. (843)
Banque Catonale de Geneve
1999 Ed. (645)
Banque Catonale Vaudoise
1999 Ed. (645)
Banque Centrale Monegasque de Credit
1997 Ed. (563)
1996 Ed. (609)
1995 Ed. (551)
1994 Ed. (576)
1993 Ed. (574)
Banque Commercial Congolaise
1989 Ed. (508)
Banque Commercial du Benin
1991 Ed. (460)
Banque Commercial Zairoise
1994 Ed. (671)
1993 Ed. (670)
1992 Ed. (872)
Banque Commerciale Congolaise
1994 Ed. (458)
1993 Ed. (455)
1992 Ed. (642)
Banque Commerciale du Benin
1992 Ed. (618)
Banque Commerciale du Burkina
2005 Ed. (472)
2002 Ed. (534)
Banque Commerciale du Burundi SARL
1997 Ed. (426)
1996 Ed. (463)
1995 Ed. (436)
1994 Ed. (444)
1993 Ed. (444)
1992 Ed. (627)
1991 Ed. (470)
1989 Ed. (499)
Banque Commerciale du Burundi SM
2000 Ed. (480)
Banque Commerciale du Congo SARL
2000 Ed. (503)
Banque Commerciale du Maroc
2006 Ed. (502)
2005 Ed. (583)
2004 Ed. (594)
2003 Ed. (588)
2002 Ed. (623)
2000 Ed. (450, 616)
1999 Ed. (459, 594)
1997 Ed. (402, 564)
1996 Ed. (437, 610)
1992 Ed. (591)
1991 Ed. (425)
1990 Ed. (474, 486)
1989 Ed. (447, 451, 463)
Banque Commerciale du Maroc SA
1989 Ed. (629)
Banque Commerciale du Moroc
1995 Ed. (410, 552)
1994 Ed. (417, 577)
1993 Ed. (575)
Banque Commerciale du Rwanda
2000 Ed. (654)
1993 Ed. (621)
Banque Commerciale du Rwanda SA
1995 Ed. (597)
1994 Ed. (626)
1992 Ed. (828)

Banque Commerciale du Rwanda SA (Kigali)
2000 Ed. (655)
Banque Commerciale du Rwanda SARL
1989 Ed. (663)
Banque Commerciale pour l'Europe du Nord
1993 Ed. (531)
Banque Commerciale Zairoise SARL
1991 Ed. (698)
Banque Continentale Africaine
1992 Ed. (828)
Banque Continentale Africaine (Rwanda) SA
1995 Ed. (597)
1994 Ed. (626)
Banque Continentale Africaine (Rwanda) SARL
1991 Ed. (655)
Banque de Caire
1991 Ed. (428)
Banque de Credit de Bujumbura
1992 Ed. (627)
Banque de Credit de Bujumbura "B.C.B." S.A.R.L.
1989 Ed. (499)
Banque de Credit de Bujumbura SARL
2000 Ed. (480)
1999 Ed. (485)
1997 Ed. (426)
1996 Ed. (463)
1995 Ed. (436)
1994 Ed. (444)
1993 Ed. (444)
Banque de Credit du Bujumbura "B.C.B." SARL
1991 Ed. (470)
Banque de Developpement Economique de Tunisie
2000 Ed. (683)
1999 Ed. (672)
1997 Ed. (632)
1996 Ed. (699)
1995 Ed. (623)
1994 Ed. (655)
1993 Ed. (655)
1992 Ed. (854)
Banque de Developpement Local
1994 Ed. (2739)
Banque de Epargne AN-HYP
1993 Ed. (434)
Banque de l'Habitat du Senegal
2000 Ed. (657)
Banque de l'Union Haitienne SA
2000 Ed. (545)
Banque de Kigali
2000 Ed. (654)
1993 Ed. (621)
Banque de Kigali (Kigali)
2000 Ed. (655)
Banque de Kigali SA
1995 Ed. (597)
1994 Ed. (626)
1992 Ed. (828)
Banque de Kigali SARL
1991 Ed. (655)
1989 Ed. (663)
Banque de la Guyane SA
1992 Ed. (677)
1991 Ed. (522)
1989 Ed. (536)
Banque de la Mediterranee
2008 Ed. (469)
2007 Ed. (512)
2006 Ed. (491)
2005 Ed. (570)
2004 Ed. (581)
2003 Ed. (573)
2002 Ed. (608)
2000 Ed. (448, 593)
1990 Ed. (478)
1989 Ed. (456)
Banque de la Mediterranee-France
1994 Ed. (412)
1993 Ed. (419)
1992 Ed. (584)
Banque de la Mediterranee SAL
2000 Ed. (592)
1999 Ed. (575)
1997 Ed. (539)
1996 Ed. (583)
1994 Ed. (553)
1993 Ed. (551)
1992 Ed. (757)
1991 Ed. (429, 588)
Banque de la Reunion S.A.
1989 Ed. (660)
Banque de l'Agriculture & du Develop. Rural
1994 Ed. (406)
1993 Ed. (418)
Banque de l'Agriculture & du Development Rural
1992 Ed. (581)
Banque de l'Agriculture & du Developpement
1992 Ed. (577)
Banque de l'Agriculture & du Developpement Rural
1997 Ed. (391)
Banque de l'Habitat du Senegal
2008 Ed. (499)
2007 Ed. (548)
2005 Ed. (604)
2004 Ed. (614)
2003 Ed. (606)
2002 Ed. (642)
1999 Ed. (631)
1997 Ed. (606)
1996 Ed. (670)
1995 Ed. (600)
1994 Ed. (628)
1993 Ed. (623)
Banque de l'Union Haitienne SA
1999 Ed. (534)
Banque de Nouvelle Caledonie (Credit Lyonnais)
1999 Ed. (608)
1997 Ed. (575)
1996 Ed. (634)
1995 Ed. (565)
1994 Ed. (596)
1993 Ed. (589)
1992 Ed. (798)
Banque de Paris et des Pays-Bas Gabon
1989 Ed. (538)
Banque de Placements et de Credit
1995 Ed. (551)
1993 Ed. (574)
1992 Ed. (785)
1991 Ed. (613)
Banque de Polynesie S.A.
1989 Ed. (537)
Banque de Promotion Commerciale et Industrielle SA
2000 Ed. (545)
1999 Ed. (534)
Banque de Sud
1999 Ed. (463)
Banque de Tahiti
2006 Ed. (445)
2000 Ed. (536)
1990 Ed. (694)
1989 Ed. (689)
Banque de Tahiti SA
1992 Ed. (678)
1991 Ed. (523, 671)
1989 Ed. (537)
Banque de Tunisie
2008 Ed. (515)
2007 Ed. (563)
2006 Ed. (406, 532)
2005 Ed. (619)
2004 Ed. (631)
2000 Ed. (454, 683)
1999 Ed. (672)
1997 Ed. (632)
1995 Ed. (415, 623)
1994 Ed. (422, 655)
Banque de Tunisie SA
1996 Ed. (441, 699)
1993 Ed. (655)
1992 Ed. (854)
Banque des Antilles Francaises
1992 Ed. (865)
Banque des Antilles Franicaises
1991 Ed. (690)
Banque des Iles Saint-Pierre et Miquelon SA
1989 Ed. (664)
Banque do la Mediterranee SAL
1995 Ed. (527)
Banque du Caire
2008 Ed. (405)
2007 Ed. (434)
2006 Ed. (433)
2005 Ed. (488)
2004 Ed. (482)
2003 Ed. (485)
2002 Ed. (554)
2000 Ed. (445, 518)
1999 Ed. (453, 506)
1997 Ed. (396, 456)
1996 Ed. (431, 493)
1995 Ed. (404, 461)
1994 Ed. (411)
1993 Ed. (465)
1992 Ed. (583, 655)
1991 Ed. (501)
1990 Ed. (477)
1989 Ed. (447, 455, 522)
Banque du Gothard
2000 Ed. (614)
1999 Ed. (592)
Banque du Laban et d'Outre Mer
1989 Ed. (460)
Banque du Liban & d'Outre Mer
2002 Ed. (608)
2000 Ed. (448)
1990 Ed. (483)
Banque du Liban et d'Outre- Mer
2000 Ed. (593)
Banque du Liban et d'Outre-Mer SAL
2000 Ed. (592)
1999 Ed. (575)
1997 Ed. (539)
1996 Ed. (583)
1995 Ed. (527)
1994 Ed. (553)
1993 Ed. (551)
1992 Ed. (757)
1991 Ed. (588)
Banque du Sud
2008 Ed. (515)
2007 Ed. (563)
2006 Ed. (532)
2004 Ed. (631)
2000 Ed. (454)
1997 Ed. (406)
1996 Ed. (441)
1995 Ed. (415)
1991 Ed. (442)
1990 Ed. (493)
1989 Ed. (470)
Banque et Caisse d'Epargne de I'Etat
2000 Ed. (598)
Banque et Caisse d'Epargne de l'Etat
2004 Ed. (514, 584)
2003 Ed. (577)
2002 Ed. (612)
1999 Ed. (582)
1993 Ed. (1662)
Banque et Caisse d'Epargne de l'Etat Luxembourg
2008 Ed. (472)
2007 Ed. (515)
2006 Ed. (495)
2005 Ed. (573)
Banque Extereure d'Algerie
2000 Ed. (443)
Banque Exterieure d'Algerie
2008 Ed. (374)
2006 Ed. (406, 408)
2005 Ed. (455)
2004 Ed. (443)
2003 Ed. (456)
2002 Ed. (510)
2000 Ed. (440)
1999 Ed. (447)
1997 Ed. (390, 391, 394)
1996 Ed. (423, 424, 429)
1995 Ed. (399, 402)
1994 Ed. (406, 409)
1993 Ed. (418)
1992 Ed. (577, 580, 581)
1991 Ed. (419, 422, 423, 424, 425, 426)
1990 Ed. (469, 470, 471, 472, 473, 474, 475, 608)
1989 Ed. (445, 446, 447, 449, 451, 452, 453, 572)
Banque Francaise de l'Orient
1999 Ed. (454)
1997 Ed. (397)
1996 Ed. (432)
1995 Ed. (405)
Banque Francaise du Commerce Exterieur
1990 Ed. (578)
Banque Gabonaise
1991 Ed. (416)
Banque Gabonaise de Developpement
1991 Ed. (524)
Banque General de Luxembourg
1996 Ed. (589)
Banque General du Luxembourg
2007 Ed. (515)
2006 Ed. (495)
2005 Ed. (573)
2004 Ed. (584)
Banque Generale du Luxembourg
2002 Ed. (612, 3219, 3221)
2000 Ed. (598, 3018, 3019)
1999 Ed. (582, 3280, 3281)
1997 Ed. (545, 2694)
1996 Ed. (590, 2556, 2557, 3384)
1995 Ed. (532, 3272)
1994 Ed. (558, 729, 1684, 2418)
1993 Ed. (556, 720, 1662, 2479)
1992 Ed. (2003, 763, 905, 2948, 2949)
1991 Ed. (596, 2368)
1989 Ed. (609)
Banque Guineenne du Commerce Exterieur
1992 Ed. (691)
1991 Ed. (536)
1989 Ed. (548)
Banque Indosuez
2004 Ed. (1733)
2002 Ed. (1669)
1999 Ed. (503)
1997 Ed. (465)
1996 Ed. (512, 553, 2909)
1995 Ed. (472, 502)
1994 Ed. (489, 521, 2290)
1993 Ed. (487, 524)
1992 Ed. (676, 2003, 3896, 3897, 3900)
1991 Ed. (521, 1583, 1596, 1760)
1990 Ed. (577, 578)
1989 Ed. (1359)
Banque Indosuez Mer Rouge
2000 Ed. (511)
1997 Ed. (452)
1996 Ed. (489)
1995 Ed. (457)
Banque Industrielle de Monaco
1991 Ed. (613)
Banque Int. pour Comm & I'Ind. Cameroun
1995 Ed. (438)
Banque Int. pour Comm. & I'Ind. Guinee
1995 Ed. (481)
Banque Int. pour Comm. & l'Ind. Gabon
1995 Ed. (473)
Banque Int. pour le Comm. & I'Ind. Cote d'Ivoire
2000 Ed. (572)
Banque Int. pour le Comm. & I'Ind. du Gabon
2000 Ed. (537)
Banque Int. Pour le Comm. & I'Ind. du Senegal
2000 Ed. (657)
1996 Ed. (670)
Banque Int. Pour le Comm. & I'Ind. Guinee
2000 Ed. (544)
Banque Int. pour le Comm. & l'Ind. Cote d'Ivoire
1999 Ed. (561)
1994 Ed. (542)
1993 Ed. (540)
Banque Int. pour le Comm. & l'Ind. du Cameroon
1993 Ed. (446)
Banque Int. pour le Comm. & l'Ind. du Cameroun
1999 Ed. (486)
1996 Ed. (465)
1994 Ed. (446)

Banque Int. pour le Comm. & l'Ind. du Gabon
1994 Ed. (490)
Banque Int. pour le Comm. & l'Ind. du Senegal
1994 Ed. (628)
Banque Int. pour le Comm. & l'Ind. Guinea
1999 Ed. (533)
Banque Int. pour le Comm. et l'Ind. du Gabon
1993 Ed. (488)
Banque Int. pour le Comm. et l'Ind. du Senegal
1993 Ed. (623)
Banque Int. pour le Comm., l'Ind. & l'Ag.
1995 Ed. (435)
1994 Ed. (443)
1993 Ed. (443)
Banque Intcont'l Arabe
1991 Ed. (429)
Banque Intercontinentale Arabe
2007 Ed. (469)
1999 Ed. (454)
1997 Ed. (397)
1996 Ed. (432)
1995 Ed. (405)
1994 Ed. (412)
1993 Ed. (419)
1992 Ed. (584)
1990 Ed. (478)
1989 Ed. (456, 563)
Banque International a Luxembourg
2000 Ed. (3018, 3019)
Banque International pour Commerce & l'Industrie Cote d'Ivoire
2005 Ed. (551)
2004 Ed. (565)
2003 Ed. (551)
Banque International pour le Commerce & l'Industrie
1992 Ed. (629, 741)
Banque International pour le Commerce & l'Industrie du Gabon
2005 Ed. (511)
2004 Ed. (532)
2003 Ed. (497)
Banque International pour le Commerce & l'Industrie du Senegal
2005 Ed. (604)
2004 Ed. (614)
2003 Ed. (606)
Banque International pour le Commerce et l'Industrie du Gabon
1992 Ed. (679)
Banque International pour le Commerce et l'Industrie du Senegal
1992 Ed. (830)
Banque International Tunisie
1989 Ed. (470)
Banque Internationale a Luxembourg
2002 Ed. (3221)
2000 Ed. (598)
1999 Ed. (582, 3280, 3281)
1997 Ed. (545, 2694)
1996 Ed. (589, 590, 2556, 2557)
1995 Ed. (532)
1994 Ed. (558, 2417, 2418)
1993 Ed. (556, 1662, 2479)
1992 Ed. (2003, 763, 2948, 2949)
1991 Ed. (596, 2368)
1989 Ed. (609)
Banque Internationale a Luxembourg; Dexia—
2008 Ed. (472)
2007 Ed. (515)
2006 Ed. (495)
2005 Ed. (573)
Banque Internationale Arabe de Tunisie
2008 Ed. (515)
2007 Ed. (563)
2006 Ed. (406, 532)
2005 Ed. (619)
2004 Ed. (631)
2003 Ed. (622)
2002 Ed. (656)
2000 Ed. (454, 683)
1995 Ed. (415, 623)
1994 Ed. (422, 655)
1990 Ed. (493)
Banque Internationale Arabe de Tunisie SA
1999 Ed. (463)
1997 Ed. (406, 632)
1996 Ed. (441, 699)
1993 Ed. (655)
1992 Ed. (854)
Banque Internationale de Congo
1997 Ed. (441)
1996 Ed. (477)
1995 Ed. (448)
1994 Ed. (458)
1993 Ed. (455)
Banque Internationale des Comores
1994 Ed. (457)
1992 Ed. (641)
Banque Internationale des Voltas S.A.
1989 Ed. (497)
Banque Internationale du Benin
2005 Ed. (467)
2003 Ed. (468)
2002 Ed. (530)
Banque Internationale du Burkina
1996 Ed. (462)
1994 Ed. (443)
1993 Ed. (443)
1992 Ed. (626)
Banque Internationale du Burkina (BIB)
1995 Ed. (435)
Banque Internationale du Congo
1991 Ed. (484)
Banque Internationale Lux SA
1996 Ed. (3384)
Banque Internationale pour la Mauritanie BIMA
1989 Ed. (618)
Banque Internationale pour L'Afrique au Zaire
1991 Ed. (698)
Banque Internationale pour le Comm. & l'Industrie Cote d'Ivoire
1996 Ed. (571)
Banque Internationale pour le Comm. & l'Industrie de la Guinee
1996 Ed. (525)
Banque Internationale pour le Comm. & l'Industrie du Gabon
1996 Ed. (514)
Banque Internationale pour le Comm. et l'industrie Cote d'Ivoire
2008 Ed. (453)
2007 Ed. (488)
Banque Internationale pour le Comm. et l'industrie du Gabon
2007 Ed. (451)
Banque Internationale pour le Comm. et l'industrie du Senegal
2008 Ed. (499)
2007 Ed. (548)
Banque Internationale pour le Comm. l'Ind. & l'Ag
1996 Ed. (462)
Banque Internationale pour le Commerce & l' Industrie Cote d'Ivoire
2002 Ed. (593)
Banque Internationale pour le Commerce & l' Industrie du Senegal
2002 Ed. (642)
Banque Internationale pour le Commerce & l'Industrie Cote d'Ivoire
1997 Ed. (527)
Banque Internationale pour le Commerce & l'Industrie de la Guinee
1997 Ed. (484)
Banque Internationale pour le Commerce & l'Industrie du Cameroun
1997 Ed. (428)
Banque Internationale pour le Commerce & l'Industrie du Gabon
1997 Ed. (476)
Banque Internationale pour le Commerce & l'Industrie du Senegal
1997 Ed. (606)
Banque Internationale pour le Commerce et L'Industrie de la Cote d'Ivoire SA
1991 Ed. (573)
1989 Ed. (590)
Banque Internationale pour le Commerce et l'industrie du Gabon SA
1991 Ed. (524)
1989 Ed. (538)
Banque Internationale pour le Commerce, I' Industrie & I' Agriculture
2000 Ed. (479)
Banque Internationale pour le Commerce, l' Industrie & l' Agriculture
2002 Ed. (534)
Banque Internationale pour le Commerce, l'Industrie & l'Agriculture
2005 Ed. (472)
1999 Ed. (484)
1997 Ed. (425)
Banque Internationale pour le Commerce l'Industrie et l'Agriculture du Burkina
1992 Ed. (626)
1989 Ed. (497)
Banque Internationale pour le Commerce, l'Industrie et l'Ariculture du Burkina
1991 Ed. (468)
Banque Libano-Francaise
2008 Ed. (351, 469)
2007 Ed. (512)
2006 Ed. (491)
2005 Ed. (570)
2004 Ed. (581)
Banque Libano-Francaise SAI
1995 Ed. (527)
Banque Libano-Francaise SAL
2000 Ed. (592)
1999 Ed. (575)
1997 Ed. (539)
1996 Ed. (583)
1994 Ed. (553)
1993 Ed. (551)
1992 Ed. (757)
1991 Ed. (588)
Banque Malgache de l'Ocean Indien
2000 Ed. (600)
Banque Malgache de l'Ocean Indien
2005 Ed. (574)
2004 Ed. (587)
2003 Ed. (580)
2002 Ed. (615)
1999 Ed. (584)
1997 Ed. (548)
1996 Ed. (593)
1995 Ed. (535)
Banque Malienne de Credit & de Depots
2002 Ed. (618)
Banque Malienne de Credit et de Depots
1996 Ed. (598)
Banque Malienne de Credit et de Depots SA
1992 Ed. (771)
1991 Ed. (602)
Banque Malienne de Credit et Depots S.A.
1989 Ed. (614)
Banque Marocaine
1991 Ed. (435, 614)
Banque Marocaine du Comm. Ext.
1989 Ed. (463)
Banque Marocaine du Commerce Exterieur
2008 Ed. (479)
2007 Ed. (523)
2006 Ed. (406, 502)
2005 Ed. (583)
2004 Ed. (594)
2003 Ed. (588)
2002 Ed. (623)
2000 Ed. (450, 616)
1999 Ed. (459, 594)
1997 Ed. (402, 564)
1996 Ed. (437, 610)
1995 Ed. (410, 552)
1994 Ed. (417, 577)
1993 Ed. (575)
1992 Ed. (787)
1990 Ed. (474, 486)
Banque Marocaine du Commerce Exterieur SA
1989 Ed. (629)
Banque Marocaine du Commerce Exterrieur
1992 Ed. (591)
Banque Marocaine pour l'Afrique et l'Orient
1989 Ed. (629)
Banque Marocaine pour le Commerce et L'Industrie SA
1989 Ed. (629)
Banque Mauritanie Pour le Commerce International
2000 Ed. (605)
Banque Mauritanienne pour le Commerce International
2002 Ed. (619)
1992 Ed. (775)
Banque Mauritanienne pour le Commerce Internationale
2004 Ed. (590)
2003 Ed. (583)
1997 Ed. (555)
1996 Ed. (602)
1993 Ed. (565)
Banque Mauritanienne pour le Commerce Intl.
1994 Ed. (567)
Banque Meriden BIAO Burkina
1997 Ed. (425)
Banque Miar
1989 Ed. (455)
Banque Misr
2008 Ed. (405)
2007 Ed. (434)
2006 Ed. (433)
2005 Ed. (488)
2004 Ed. (482)
2003 Ed. (485)
2002 Ed. (554)
2000 Ed. (445, 518)
1999 Ed. (453, 506)
1997 Ed. (396, 456)
1996 Ed. (431, 493)
1995 Ed. (404, 461)
1994 Ed. (411, 470)
1992 Ed. (583)
1991 Ed. (428)
1990 Ed. (474, 477, 541)
1989 Ed. (447, 522)
Banque Nat de Tunisie
1991 Ed. (442, 680)
Banque National Belgique
1993 Ed. (3472)
1992 Ed. (4149)
Banque National de Paris
2000 Ed. (521)
1999 Ed. (511, 512, 513)
1997 Ed. (463)
1994 Ed. (478)
1993 Ed. (527, 1660, 1673)
1992 Ed. (2001, 726)
Banque National de Paris (Canada)
1996 Ed. (500)
Banque National de Tunisie
1992 Ed. (598)
Banque Nationale
1991 Ed. (521)
Banque Nationale Agricole
2008 Ed. (515)
2007 Ed. (563)
2006 Ed. (406, 532)
2005 Ed. (619)
2004 Ed. (631)
2003 Ed. (622)
2002 Ed. (656)
2000 Ed. (454, 683)
1999 Ed. (463)
1997 Ed. (406, 632)
1996 Ed. (441, 699)
1995 Ed. (415, 623)
1994 Ed. (422, 655)
1993 Ed. (655)
Banque Nationale d'Algerie
2006 Ed. (406, 408)
2005 Ed. (455)
2004 Ed. (443)

2003 Ed. (456)
2002 Ed. (510)
2000 Ed. (440, 443)
1999 Ed. (447)
1997 Ed. (390, 391, 394)
1996 Ed. (423, 424, 429)
1995 Ed. (402)
1994 Ed. (409)
1993 Ed. (418)
1992 Ed. (577, 580, 581)
1991 Ed. (419, 422, 423, 424, 426)
1990 Ed. (469, 471, 472, 473, 475)
1989 Ed. (444, 445, 446, 449, 453)
Banque Nationale de Belgique
2008 Ed. (1575)
2007 Ed. (1597)
Banque Nationale De Bulgarie
1989 Ed. (496)
Banque Nationale de Credit
1992 Ed. (692)
1989 Ed. (550)
Banque Nationale de Credit Rural
1996 Ed. (514)
1995 Ed. (473)
1994 Ed. (490)
1993 Ed. (488)
Banque Nationale de Developpement Touristique
2000 Ed. (683)
Banque Nationale de la Republique Socialiste de Roumanie
1989 Ed. (662)
Banque Nationale de Mauritanie
2004 Ed. (590)
2003 Ed. (583)
2002 Ed. (619)
2000 Ed. (605)
1999 Ed. (589)
1997 Ed. (555)
1996 Ed. (602)
1994 Ed. (567)
1993 Ed. (565)
Banque Nationale de Mauritanie (BNM)
1995 Ed. (543)
Banque Nationale de Paris
2004 Ed. (1733)
2002 Ed. (1669)
2001 Ed. (628, 629, 645, 965, 1197, 1709, 1957, 3155)
2000 Ed. (528, 535, 2922, 2923, 2930, 3418)
1999 Ed. (514, 527, 1436, 3178)
1998 Ed. (2355, 2356)
1997 Ed. (459, 460, 475, 2617, 2622, 2626, 3001)
1996 Ed. (495, 512, 2475, 2482)
1995 Ed. (463, 472, 2390, 2433, 2438, 2440, 2841, 3275)
1994 Ed. (472, 473, 489, 1680, 1692, 1697, 2326)
1993 Ed. (468, 470, 487, 517, 529, 1859, 2414, 2419)
1992 Ed. (2017, 658, 664, 676, 709, 716, 721, 2154)
1991 Ed. (503, 504, 548, 553, 1291, 1592, 1596)
1990 Ed. (542, 543, 547, 578, 603, 604, 609, 1676, 1687)
1989 Ed. (531, 561, 564, 566, 567, 570, 581, 710, 1352, 1359)
Banque Nationale de Paris Group
1990 Ed. (548)
Banque Nationale de Paris Plc
1992 Ed. (725)
1990 Ed. (582)
Banque Nationale de Paris SA
2001 Ed. (624)
Banque Nationale de Tunisie
1990 Ed. (493)
1989 Ed. (470)
Banque Nationale du Laos
1989 Ed. (598)
Banque Nationale pour le Commerce
1999 Ed. (584)
1997 Ed. (548)
1996 Ed. (593)
Banque Nationale pour le Developpement Economique du Burundi
1995 Ed. (436)
1994 Ed. (444)
1993 Ed. (444)
1992 Ed. (627)
1991 Ed. (470)
Banque Nationale pour le Developpement Economique Sarl
1999 Ed. (485)
1997 Ed. (426)
1996 Ed. (463)
Banque Nationale pour le Developpement Economique Societe
2000 Ed. (480)
Banque Paribas
2000 Ed. (2925)
1998 Ed. (192, 379, 1503, 2351, 3268)
1997 Ed. (1731, 1787, 1788, 2618, 2620, 2625, 3482)
1996 Ed. (2474, 2476, 2479, 2485, 3387)
1995 Ed. (1720, 2436, 2440, 3275)
1994 Ed. (1672, 1680, 1681, 1689, 1692, 1694, 1695, 1697, 1698, 1701, 1703, 1704, 2290, 2734, 2735, 3187, 3188, 3191)
1993 Ed. (1651, 1655, 1660, 1664, 1673, 1674, 1677, 2417, 3202)
1992 Ed. (724, 724, 1989, 1996, 2003, 2011, 2012, 2015, 2017, 2018, 2019, 2021, 2023, 2024, 3896, 3906)
1991 Ed. (731, 732, 1593, 1597, 2302, 2308, 2732, 3078)
1990 Ed. (578, 899, 1674, 1676, 1677, 1679, 1684, 1686, 1687, 1691, 1693, 1694, 2436, 3218, 3219, 3220, 3221)
1989 Ed. (1351, 1352, 1360, 1361, 1365, 1366, 2447, 2450, 2452)
Banque Paribas Capital Markets
1993 Ed. (720, 3209)
1992 Ed. (905)
1991 Ed. (3077)
1990 Ed. (3227)
Banque Paribas Gabon SA
1991 Ed. (524)
Banque Paribas Pacifique
1999 Ed. (608)
1997 Ed. (575)
1996 Ed. (634)
1995 Ed. (565)
1994 Ed. (596)
1993 Ed. (589)
1992 Ed. (798)
Banque Paribas Polynesie
2000 Ed. (536)
Banque Paribas (Suisse)
1994 Ed. (1683)
Banque Paribs
1992 Ed. (2001)
Banque Populaire Asset Management
2000 Ed. (2847)
Banque Populaire SA
2008 Ed. (1411, 1411)
Banque pour le Commerce et l'Industrie-Mer Rouge
2000 Ed. (511)
Banque pour le Commerce et l'Industrie-Mer Rouge
1999 Ed. (503)
1997 Ed. (452)
1996 Ed. (489)
1995 Ed. (457)
1992 Ed. (651)
1991 Ed. (498)
1989 Ed. (519)
Banque pour le Finance du Comm. & Inv.
1994 Ed. (443)
Banque pour le Finance et du Comm. & Inv.
1993 Ed. (443)
Banque pour l'Industrie et le Commerce - Comores
1994 Ed. (457)
Banque Saradar
2006 Ed. (491)
Banque Saradar SAL
2000 Ed. (592)
1997 Ed. (539)
Banque Saudi Fransi
2008 Ed. (498)
2007 Ed. (394, 547)
2006 Ed. (410, 518)
2005 Ed. (457, 582, 603)
Banque Scandinave en Suisse
1992 Ed. (2793)
Banque Senegalo - Koweitienne
1991 Ed. (657)
Banque Senegalo-Tunisienne
1999 Ed. (631)
1997 Ed. (606)
1996 Ed. (670)
Banque Socredo
2006 Ed. (445)
2002 Ed. (523)
1991 Ed. (671)
1990 Ed. (694)
Banque Sudameris
2005 Ed. (510)
2004 Ed. (503, 531)
1990 Ed. (549)
Banque Togolaise de Developpement
1999 Ed. (648)
1997 Ed. (630)
1996 Ed. (695)
1994 Ed. (648)
1993 Ed. (646)
1992 Ed. (850)
Banque Togolaise pour le Comm. & l'Industrie
1996 Ed. (694)
Banque Togolaise pour le Commerce & l'Industrie
1997 Ed. (629)
Banque UCL
1994 Ed. (1684)
1992 Ed. (2003)
Banque Worms
2006 Ed. (444)
2003 Ed. (496, 531, 533, 534)
Banques Populaires
2001 Ed. (1957)
1990 Ed. (577)
1989 Ed. (535)
Banques Populaires; Groupe
2008 Ed. (416)
2007 Ed. (450)
2006 Ed. (444)
2005 Ed. (510)
Banquet
2008 Ed. (2774)
2003 Ed. (2559)
2002 Ed. (2367, 2369)
2001 Ed. (2540)
2000 Ed. (2278, 2280)
1999 Ed. (2531)
1997 Ed. (2091)
1996 Ed. (1975)
1994 Ed. (1921)
1993 Ed. (1905)
1990 Ed. (1856)
Banquet Crock-Pot Classics
2007 Ed. (3695)
Banquet Homestyle Bakes
2003 Ed. (3923)
Banquet Select
2006 Ed. (2666)
Banregio
2000 Ed. (610)
Banri Vintners
1992 Ed. (4453)
Banrio
2007 Ed. (757)
Banrisul
2001 Ed. (604)
Banrisul Infra
2005 Ed. (3577)
Banrisul Performance
2005 Ed. (3577)
Banro Corp.
2007 Ed. (1619)
2005 Ed. (1728)
Banrock Station
2008 Ed. (247)
2005 Ed. (4954, 4964)
2002 Ed. (765, 4975)
Bansander
2008 Ed. (3871)
Bansud
2000 Ed. (456, 461)
Banta Corp.
2008 Ed. (4026)
2007 Ed. (1186, 3445, 4008, 4009)
2006 Ed. (3959, 3968, 3969)
2005 Ed. (3423, 3892, 3893, 3894, 3898, 3899)
2004 Ed. (2417, 3410, 3934, 3935, 3936, 3942, 4039)
2003 Ed. (3929, 3930, 3931, 3934, 3935)
2002 Ed. (3764)
2001 Ed. (3884, 3885, 3901, 3956)
1999 Ed. (1045, 3889, 3891, 3969)
1998 Ed. (2920, 2923, 2974)
1997 Ed. (3167, 3170)
1996 Ed. (3087, 3089, 3142)
1995 Ed. (1506, 2988, 3042)
1994 Ed. (1469, 2930)
1993 Ed. (1416, 2919)
1992 Ed. (3527, 3533, 3537)
1991 Ed. (2787)
Banta Corporation
2000 Ed. (3613)
Bantal Brokers
1997 Ed. (2985)
Bantam
2008 Ed. (625, 627)
2007 Ed. (668)
2006 Ed. (641, 643)
2005 Ed. (729, 731)
2004 Ed. (748, 750)
2003 Ed. (726, 728)
Bantam Doubleday Dell
1999 Ed. (3970)
1997 Ed. (3224)
1995 Ed. (3043)
1992 Ed. (3590)
1991 Ed. (2788)
1989 Ed. (743)
Bantek West Inc.
2006 Ed. (4343)
Bantera Bank
1997 Ed. (498)
Bantle; Louis F.
1994 Ed. (947, 1714)
Banuelos; Enrique
2008 Ed. (4874)
Banvard's Folly
2005 Ed. (720)
Banyan Corp.
1992 Ed. (319)
Banyan Mortgage Investors L.P. III
1996 Ed. (3666)
Banyan Network
1994 Ed. (1621, 2404)
Banyan Systems Inc.
1992 Ed. (1673)
Banyu (Merck)
1994 Ed. (1563)
Banzala
2001 Ed. (3776)
Banzhof; Carl
2006 Ed. (1003)
Baolou
1992 Ed. (4138)
Baoshan Iron & Steel
2008 Ed. (1665, 1666, 3554)
2007 Ed. (1656)
2006 Ed. (1641, 1643, 4304)
2005 Ed. (1733)
Baoshi Electronic Glass
1999 Ed. (4298)
BAP
2006 Ed. (3283)
BAPINDO
1997 Ed. (509)
1996 Ed. (550)
1995 Ed. (499)
Baptist Community Ministries
2002 Ed. (2343)
Baptist Health
2008 Ed. (1560)
2007 Ed. (1577)
2006 Ed. (1547)
2005 Ed. (1652)
2004 Ed. (1626)
2003 Ed. (1610)
2002 Ed. (4062)
2001 Ed. (1612)
Baptist Health Care
2007 Ed. (1521)
2006 Ed. (1706)
2003 Ed. (1549)
2002 Ed. (4062)

Baptist Health Services Corp.
2003 Ed. (1600)
Baptist Health South Florida Inc.
2008 Ed. (1732, 2884)
2007 Ed. (1703)
2006 Ed. (1490, 1706, 1708)
2005 Ed. (180, 1762)
2004 Ed. (180, 1704)
Baptist Health System Inc.
2008 Ed. (1732)
2006 Ed. (1708)
2000 Ed. (3183)
1999 Ed. (2991)
1998 Ed. (2551)
1996 Ed. (2708)
Baptist Health System-Alabama
1999 Ed. (3464)
Baptist Health Systems of South Florida Inc.
2003 Ed. (1675)
Baptist Healthcare System Inc.
2001 Ed. (1772)
1997 Ed. (2827)
1995 Ed. (2630)
1994 Ed. (2575)
Baptist Hospital Inc.
2001 Ed. (1875)
Baptist Hospital East
2008 Ed. (3058)
Baptist Hospitals
1991 Ed. (2504)
1990 Ed. (2634)
Baptist Medical Centers
1992 Ed. (3129)
Baptist Medical System
1995 Ed. (2630)
1994 Ed. (2575)
1991 Ed. (2504)
1990 Ed. (2634)
Baptist Medical System HMO
1995 Ed. (2086)
Baptist Memorial Health Care Corp.
2006 Ed. (3589)
2003 Ed. (3468)
2002 Ed. (3294)
1999 Ed. (3464)
1998 Ed. (2551)
Baptist Memorial Health Care System
1996 Ed. (2708)
1995 Ed. (2630)
Baptist Memorial Healthcare Development Corp.
1991 Ed. (2504)
Baptist Memorial Healthcare System
1997 Ed. (2827, 2827)
1992 Ed. (3129)
Baptist Memorial Hospital
2005 Ed. (1968)
2004 Ed. (1865)
2001 Ed. (1875)
2000 Ed. (2529)
1999 Ed. (2479, 2638)
1998 Ed. (1991)
1995 Ed. (2143)
Baptist Memorial Hospital of Memphis
2008 Ed. (2104)
2007 Ed. (2009)
2006 Ed. (2037)
Baptist/St. Vincent's Health System
2000 Ed. (3183)
1999 Ed. (3464)
Bar & grill
2006 Ed. (4101)
Bar Harbor Banking & Trust Co.
1993 Ed. (510)
Bar S
2008 Ed. (335, 2770, 3606, 3608, 4277)
2002 Ed. (423, 2365)
2000 Ed. (2275)
1994 Ed. (2450)
Bar-S Foods
2003 Ed. (2509, 3330)
1999 Ed. (2527, 4140)
1998 Ed. (1767)
Bar tin and anodes
2001 Ed. (4533)
Bar tins & anodes
2007 Ed. (4751)
2006 Ed. (4737)
Bar Vermont Risk Retention Group Inc.
1997 Ed. (904)
1996 Ed. (881)
1995 Ed. (908)
1994 Ed. (866)
1993 Ed. (852)
Baraban Securities Inc.
1995 Ed. (800)
Barack Ferrazzano Kirschbaum Perlman & Nagelberg
2005 Ed. (1437)
Barack Obama
2007 Ed. (3617)
Barad; Jill
1996 Ed. (3875)
1995 Ed. (3786)
1992 Ed. (4496)
Barad; Jill E.
1993 Ed. (3730)
Baraka
2002 Ed. (757)
Baran Group Ltd.
2005 Ed. (1553)
The Baranco Automobile Dealerships Inc.
1992 Ed. (894)
Baranco Automotive Group
2006 Ed. (183)
2005 Ed. (169)
1995 Ed. (669)
1994 Ed. (713)
1993 Ed. (705)
Baranco Lincoln-Mercury
1993 Ed. (275)
1992 Ed. (376, 389, 416)
1991 Ed. (712)
Baranco Pontiac-GMC Truck-Subaru Inc.
1991 Ed. (712)
1990 Ed. (734)
Barbados
2008 Ed. (851, 2205, 2397)
2007 Ed. (2095, 2264)
2006 Ed. (783, 2151, 2333)
2005 Ed. (2057)
2004 Ed. (1911, 1922, 2765)
2002 Ed. (1820, 4080)
2001 Ed. (1951, 4148, 4585, 4586)
2000 Ed. (1614, 3841)
1999 Ed. (1785, 4131)
1998 Ed. (3114)
1997 Ed. (1546, 3372)
1996 Ed. (1481, 3274)
1995 Ed. (1522, 3176)
1994 Ed. (1490, 1508, 3126)
1993 Ed. (3062)
1992 Ed. (1738, 2361, 3755)
1991 Ed. (1384)
1990 Ed. (1451, 3074)
Barbados National Bank
2004 Ed. (453, 461)
2003 Ed. (474)
1994 Ed. (433)
1993 Ed. (433)
Barbados National Oil Co. Ltd.
2008 Ed. (3928)
2007 Ed. (3879)
2004 Ed. (3860)
2003 Ed. (3843)
Barbara A. Debuono
1995 Ed. (3503)
Barbara Allen
1997 Ed. (1860)
1996 Ed. (1784)
1995 Ed. (1809)
1994 Ed. (1768)
1993 Ed. (1784)
Barbara Ann Karmanos Cancer Institute
2002 Ed. (3522)
2001 Ed. (3550)
2000 Ed. (3351)
1999 Ed. (3627)
1998 Ed. (2686)
Barbara (Basia) Piasecka Johnson
2008 Ed. (4829)
Barbara Bass
1992 Ed. (4496)
Barbara Carlson Gage
2008 Ed. (4836)
2007 Ed. (4907)
2006 Ed. (4913)
Barbara Cox Anthony
2008 Ed. (4825)
2007 Ed. (4896, 4915)
2006 Ed. (4901)
2005 Ed. (4851, 4882)
2004 Ed. (4865)
2003 Ed. (4882)
2002 Ed. (3352)
2000 Ed. (4375)
Barbara Cox Anthony, Anne Cox Chambers
1991 Ed. (2461)
Barbara Davis
2007 Ed. (4895)
Barbara Desoer
2008 Ed. (4944, 4945)
2006 Ed. (2526)
Barbara J. Kaplan
1992 Ed. (3138)
1991 Ed. (2548)
Barbara Johnson
2003 Ed. (4881)
2002 Ed. (3364)
Barbara Levy Kipper
1993 Ed. (3731)
1991 Ed. (3512)
Barbara Marshall
2002 Ed. (3357)
Barbara P. Johnson
2004 Ed. (4863)
Barbara Piasecka Johnson
2007 Ed. (4892)
2006 Ed. (4904)
2005 Ed. (4849)
1995 Ed. (2580)
1992 Ed. (3079)
1991 Ed. (2462)
1990 Ed. (2578)
Barbara Steckel
1993 Ed. (2639)
Barbara Taylor Bradford
2008 Ed. (4905)
2007 Ed. (4929)
2005 Ed. (4891)
Barbara Turf
2008 Ed. (2990)
Barbara Walters
2002 Ed. (4546)
"Barbara Walters' Oscar Special"
1995 Ed. (3583)
"Barbara Walters Special"
1993 Ed. (3535)
1992 Ed. (4248)
Barbara White Fishman
1995 Ed. (935)
Barbara's
2006 Ed. (805)
Barbara's Bakery Inc.
2008 Ed. (869)
Barbarians at the Gate
2005 Ed. (714)
Barbarians at the Gate: The Fall of RJR Nabisco
2006 Ed. (575)
Barbasol
2003 Ed. (4397, 4398)
2002 Ed. (4261)
2001 Ed. (4227)
1999 Ed. (4295, 4296)
1997 Ed. (3063)
Barbasol Pure Silk
1999 Ed. (4295, 4296)
Barbecon
1990 Ed. (2765)
Barbecue
2000 Ed. (4062)
Barbecue ribs
1993 Ed. (3499)
1992 Ed. (4175)
Barbecue sauce
2003 Ed. (1129)
Barbecued ribs
1992 Ed. (4173)
Barbella Environmental Technology Inc.
2002 Ed. (1258, 2153)
Barbella Gagliardi Saffirio
2000 Ed. (113)
Barbella Gagliardi Saffirio/DMB & B
2001 Ed. (151)
1999 Ed. (108)
Barbeque/Mesquite
1990 Ed. (2887)
Barber
2002 Ed. (2369)
Barber & Sons Tobacco
1997 Ed. (1206)
1995 Ed. (1198)
The Barber of Siberia
2001 Ed. (3382)
Barber shops
1994 Ed. (2243)
Barbera
2003 Ed. (4966, 4967)
2002 Ed. (4965, 4966)
2001 Ed. (4860, 4861)
1992 Ed. (4470)
Barbera; Robert
1995 Ed. (1855)
1994 Ed. (1815, 1837)
1993 Ed. (1834)
Barbers
2003 Ed. (3410)
2001 Ed. (3309)
The Barbers/Cost Cutters/City Looks
1993 Ed. (1900)
Barbie
2008 Ed. (4707)
2007 Ed. (4789)
2006 Ed. (4782)
2001 Ed. (4606, 4607)
1999 Ed. (4639, 4640)
1998 Ed. (600, 3607)
1996 Ed. (3726)
1995 Ed. (3641, 3645, 3647)
1994 Ed. (3561, 3562)
1992 Ed. (4328, 4329)
Barbie Beach Patrol
1998 Ed. (3600)
Olympic Gymnast Barbie Doll
1998 Ed. (3600)
Pet Doctor Barbie Doll
1998 Ed. (3600)
Barbie Dream House Playset
1998 Ed. (3600)
Barbie, Hawaiian Fun
1993 Ed. (3599)
Barbie-Mattel
1991 Ed. (3409)
'96 Happy Holiday Barbie
1998 Ed. (3600)
Barbie Sun Jammer 4X4
1999 Ed. (4641)
barbie.com
2001 Ed. (4775)
Barbizon School of Modeling
2002 Ed. (3378)
Barbra Streisand
2002 Ed. (1164)
1997 Ed. (1777)
1996 Ed. (1093, 1095)
Barcalounger
2005 Ed. (2702)
2003 Ed. (2591)
1999 Ed. (2545)
1993 Ed. (868)
Barcardi
2001 Ed. (3137)
2000 Ed. (2972)
Barcardi Imports Inc.
1992 Ed. (2402)
Barcelo
1992 Ed. (46)
Barcelona
2008 Ed. (4454)
2007 Ed. (4465)
2003 Ed. (747)
2002 Ed. (4307)
2001 Ed. (4301)
2000 Ed. (3373)
1992 Ed. (1398)
Barcelona, Spain
2007 Ed. (257, 258)
2004 Ed. (3305)
2002 Ed. (2750)
1996 Ed. (978, 2541)
1993 Ed. (2468)
Barchester Healthcare
2007 Ed. (2021)
The Barclay
1996 Ed. (2166)
1990 Ed. (988)

Barclay Capital Management
1993 Ed. (2343)
Barclay; David & Frederick
2008 Ed. (4910)
Barclay; Sir David
2008 Ed. (4906)
2007 Ed. (4930)
Barclay; Sir David & Sir Frederick
2005 Ed. (4893)
Barclay; Sir Frederick
2008 Ed. (4906)
2007 Ed. (4930)
Barclay White Inc.
1999 Ed. (1410)
1998 Ed. (974)
1997 Ed. (1198)
1996 Ed. (1168)
1995 Ed. (1194)
1994 Ed. (1175)
1993 Ed. (1153)
1991 Ed. (1100)
1990 Ed. (1212)
Barclaycard
2001 Ed. (1958)
1996 Ed. (1496)
1993 Ed. (1861)
Barclays
2008 Ed. (368, 686, 707)
2007 Ed. (717, 738, 746)
2005 Ed. (1601)
2000 Ed. (523, 524, 2998, 2999, 3416, 3418, 3419, 3420)
1999 Ed. (510, 514, 548, 2011, 2012, 2438, 2883, 3262, 3263)
1997 Ed. (458, 1416, 1421, 2388, 2511, 2686, 3929, 3930)
1996 Ed. (519, 1368, 2546)
1993 Ed. (232, 2512, 2769)
1990 Ed. (551, 553, 554, 558, 565, 566, 567, 569, 571, 583, 595, 597, 1341)
1989 Ed. (671, 672, 2644)
Barclays American Corp.
1991 Ed. (1667)
Barclays American/Financial
1994 Ed. (1755)
Barclays American Mortgage Corp.
1994 Ed. (1984, 2547, 2554)
1993 Ed. (1993, 2592, 2595)
Barclays ASF Materials
1996 Ed. (2817, 2818)
Barclays Bank
2002 Ed. (659)
2000 Ed. (521, 522, 530, 540, 1442, 1474, 2924, 3314, 3315)
1999 Ed. (510, 511, 512, 513, 531, 1642, 1646)
1998 Ed. (192, 349, 379, 1503, 1841, 2353, 2445)
1997 Ed. (480, 2150, 2730, 2731)
1996 Ed. (521, 556, 1647, 1649, 1650, 1651, 2028, 2029, 2030, 2582, 2910, 2944)
1995 Ed. (463, 464, 477, 1407, 2438, 2440, 2442, 2516, 2838, 2840, 2843)
1994 Ed. (472, 473, 495, 531, 902, 1381, 1630, 1631, 1632, 1708, 1709, 2411, 2736, 2737, 2738)
1993 Ed. (468, 493, 518, 530, 532, 1683, 1684, 1688, 2415, 2417, 2420, 2422, 2423, 2767, 2768, 3206)
1992 Ed. (87, 658, 687, 709, 710, 724, 728, 1090, 1101, 1615, 1749, 2986, 3341, 3901)
1991 Ed. (503, 504, 510, 511, 533, 549, 563, 691, 558, 559, 887, 1289, 2303, 2673, 2732, 3072)
1990 Ed. (543, 605, 2788)
1989 Ed. (532, 534, 545, 568, 571)
Barclays Bank Botswana
2001 Ed. (1605)
Barclays Bank Group
1992 Ed. (1999, 2014, 2041, 3339, 3340, 3896, 3897)
1991 Ed. (1587)
1990 Ed. (3222, 3223)
1989 Ed. (1374, 1375, 2446)
Barclays Bank International Ltd.
1990 Ed. (2437)
Barclays Bank (K) Ltd.
2002 Ed. (3482, 3483)
Barclays Bank (Kenya) Ltd.
2006 Ed. (3685)
1999 Ed. (3590, 3591)
Barclays Bank of Botswana
2008 Ed. (387)
2007 Ed. (407)
2006 Ed. (4488)
2005 Ed. (469)
2002 Ed. (4387, 4388)
2000 Ed. (472)
1999 Ed. (480)
1997 Ed. (420)
1996 Ed. (458)
1995 Ed. (432)
1994 Ed. (439)
1993 Ed. (440)
1992 Ed. (623)
1991 Ed. (465)
Barclays Bank of Botswana Limited
1989 Ed. (493)
Barclays Bank of California
1990 Ed. (421)
Barclays Bank of Canada
1996 Ed. (500)
1994 Ed. (478)
1992 Ed. (630, 664)
Barclays Bank of Delaware NA
1992 Ed. (510)
Barclays Bank of Ghana
2008 Ed. (419)
2007 Ed. (453)
2005 Ed. (513)
2004 Ed. (534)
2003 Ed. (499)
2002 Ed. (564)
1991 Ed. (530)
1989 Ed. (543)
Barclays Bank of Kenya
2008 Ed. (457)
2007 Ed. (493)
2001 Ed. (1605)
1991 Ed. (582)
1989 Ed. (594)
Barclays Bank of New York NA
1991 Ed. (593)
Barclays Bank of NY, N.A.
1990 Ed. (629)
Barclays Bank of Sierra Leone Ltd.
1999 Ed. (634)
1997 Ed. (608)
1996 Ed. (672)
1995 Ed. (602)
1994 Ed. (629)
1993 Ed. (624)
1992 Ed. (831)
1991 Ed. (658)
Barclays Bank of Sierra Leone Limited
1989 Ed. (667)
Barclays Bank of Swaziland Ltd.
1999 Ed. (643)
1997 Ed. (621)
1996 Ed. (687)
1995 Ed. (613)
1994 Ed. (640)
1993 Ed. (637)
1992 Ed. (841)
1991 Ed. (668)
Barclays Bank of Swaziland Limited
1989 Ed. (683)
Barclays Bank of Uganda
2008 Ed. (517)
2000 Ed. (685)
1999 Ed. (675)
1997 Ed. (635)
1996 Ed. (702)
1995 Ed. (626)
1994 Ed. (658)
1993 Ed. (657)
1992 Ed. (857)
1991 Ed. (682)
Barclays Bank of Uganda Limited
1989 Ed. (702)
Barclays Bank of Zambia
2004 Ed. (653)
2003 Ed. (639)
2002 Ed. (665)
2000 Ed. (699, 700)
1999 Ed. (682, 683)
1991 Ed. (699)
Barclays Bank of Zimbabwe
2008 Ed. (526)
2007 Ed. (575)
2005 Ed. (612, 642)
2004 Ed. (654)
2003 Ed. (640)
2002 Ed. (666)
2001 Ed. (1605)
2000 Ed. (701, 4445, 4446)
1999 Ed. (684, 4829, 4830)
1991 Ed. (700, 701)
Barclays Bank of Zimbabwe Limited
1989 Ed. (718)
Barclays Bank plc
2008 Ed. (411, 441, 521, 4303)
2007 Ed. (440, 447, 479, 568, 2042, 4337)
2006 Ed. (438, 466, 537, 2054, 4276)
2005 Ed. (496, 508, 538, 624, 1811, 4335)
2004 Ed. (488, 529, 555, 635)
2003 Ed. (491, 494, 539, 543, 626, 1839)
2002 Ed. (40)
2001 Ed. (627, 1533)
1997 Ed. (2624)
1996 Ed. (496, 2480)
1993 Ed. (470)
1991 Ed. (532)
Barclays Bank SZARL
1991 Ed. (698)
Barclays Bank Tanzania
2008 Ed. (512)
Barclays Bank Zambia
2008 Ed. (525)
Barclays Banks
1992 Ed. (1102)
Barclays Business
1992 Ed. (2160)
Barclays/BZW
1991 Ed. (1601)
Barclays Capital Inc.
2008 Ed. (2281, 4305)
2007 Ed. (649, 650, 2162, 4272, 4308, 4322, 4324, 4325, 4326, 4330, 4334, 4335, 4336, 4340, 4652, 4654, 4655, 4657, 4662, 4663, 4664, 4665, 4666, 4667, 4668, 4669)
2005 Ed. (2194, 3387, 3940, 3941, 4262, 4274, 4275, 4280, 4281, 4296, 4328, 4329, 4333, 4571, 4573, 4574, 4576, 4577, 4580, 4581, 4582, 4583, 4584, 4585)
2004 Ed. (2088, 4386, 4390)
2003 Ed. (4366, 4367, 4371)
2002 Ed. (579, 1947, 2274, 3043, 3188, 3189, 3190, 3194, 3206, 3209, 3622, 3623, 3624, 3626, 3627, 3793, 3794, 4236, 4239, 4242, 4243, 4249)
2000 Ed. (776)
1999 Ed. (2013, 2014, 2066)
Barclays de Zoete Wedd
1996 Ed. (1851, 1859, 1860, 1862, 2943)
1995 Ed. (1719)
1994 Ed. (1203, 1204, 1679, 1686, 1693, 1695, 1838, 1839, 2316, 3187)
1993 Ed. (1173, 1198, 1686, 1690, 1846, 1848, 1849, 1850, 2275, 2279, 3201)
1992 Ed. (1456, 2139, 2140, 2158, 2785)
1991 Ed. (722, 1123, 1128, 1712)
1990 Ed. (1771, 2769)
1989 Ed. (562)
Barclays de Zoete Wedd Investment Management
1990 Ed. (2321)
Barclays de Zoete Wedd (Japan)
1996 Ed. (1868)
Barclays de Zoette Wedd Investment Management
1992 Ed. (3350)
Barclays Global
2002 Ed. (3621, 3628, 3629)
2000 Ed. (2798, 2833, 3453)
1999 Ed. (3055, 3067, 3094)
Barclays Global Investors
2008 Ed. (2291, 2292, 2293, 2294, 2315, 2316, 2317, 2318, 3378, 3379, 3380, 3404)
2007 Ed. (3252, 3253, 3254, 3284, 3287)
2006 Ed. (3193, 3194, 3196, 3197, 3214, 3215, 3218, 3219, 3221, 3222)
2005 Ed. (3207, 3209, 3211, 3212, 3228)
2004 Ed. (3174, 3178, 3206)
2003 Ed. (3062, 3063, 3064, 3067, 3082, 3089, 3099, 3101, 3102, 3105, 3107, 3108)
2002 Ed. (2350, 2819, 3004, 3008, 3010, 3013, 3018, 3019, 3020, 3023, 3024, 3027, 3387, 4216)
2001 Ed. (965, 2879, 2881, 3005, 3010, 3015, 3017, 3019, 3154, 3687, 3688, 3689, 3922)
2000 Ed. (2264, 2767, 2770, 2771, 2772, 2773, 2774, 2777, 2782, 2784, 2786, 2789, 2790, 2791, 2795, 2800, 2831, 2835, 2848, 2849, 2851, 2853, 2855, 2856)
1999 Ed. (3038, 3039, 3040, 3041, 3042, 3045, 3049, 3051, 3053, 3056, 3060, 3061, 3081, 3083, 3084, 3085, 3099, 3103, 3104, 3106, 3107, 3109, 3587)
1998 Ed. (2225, 2256, 2257, 2261, 2263, 2267, 2281, 2282, 2283, 2284, 2285, 2301, 2302, 3100)
Barclays Global Investors NA
2008 Ed. (360)
2007 Ed. (372)
2004 Ed. (2034, 2035, 2037, 2038, 2042, 2043, 2044, 2045, 2046, 3208, 3209, 3210, 3786)
2003 Ed. (1988, 3072, 3074, 3075, 3076, 3077, 3079, 3083, 3084, 3110, 3111, 3441)
Barclays Global Securities Services
1998 Ed. (1842)
Barclays McConnell
1993 Ed. (2344)
Barclays National Ind.
1989 Ed. (671)
Barclays plc
2008 Ed. (520, 1741, 1742, 1748, 1750, 1754, 1844, 2135)
2007 Ed. (439, 441, 475, 483, 567, 569, 1712, 1713, 1720, 1722, 1726, 1728, 1806, 2027, 2030, 2031, 2041)
2006 Ed. (437, 536, 538, 2060, 2070, 3328, 4999)
2005 Ed. (363, 495, 623, 1474, 2145)
2002 Ed. (1788, 2259, 3025, 3217, 4996, 4997)
2001 Ed. (1719)
1997 Ed. (459)
1992 Ed. (1630)
1991 Ed. (1298)
1990 Ed. (542, 584)
1989 Ed. (710)
Barclays Small Business
1993 Ed. (1861)
Barclays Uni Japan & General Income
1997 Ed. (2912, 2913)
Barclays Uni Worldwide
1997 Ed. (2913)
Barclays Unicorn America
1992 Ed. (3209)
Barclays Western
1989 Ed. (672)
Barco Credit Union
2003 Ed. (1923)
2002 Ed. (1869)
Barco Medical Imaging Systems
2007 Ed. (1943)
Barcon Corp.
1997 Ed. (2222)
BarcoView
2006 Ed. (1962, 1966)
Barcray
1992 Ed. (75)
Bard
1999 Ed. (2540)
1998 Ed. (1780)

1997 Ed. (2096)
1995 Ed. (1950)
1994 Ed. (1926)
1993 Ed. (1909)
1992 Ed. (2243)
1991 Ed. (1778)
1990 Ed. (1862)
Bard Bainne Co-operative
1992 Ed. (1651)
Bard; C. R.
1996 Ed. (2601)
1995 Ed. (2537)
1994 Ed. (2468, 2469)
1992 Ed. (3011)
1991 Ed. (1891, 2409)
1990 Ed. (1992, 2535, 2536)
Bard College
2007 Ed. (4597)
Bard; C.R.
1989 Ed. (1942)
Barden Communications Inc.
1993 Ed. (706)
1992 Ed. (895)
1991 Ed. (714)
Barden Companies Inc.
1998 Ed. (469)
Barden Cos., Inc.
2008 Ed. (174, 177)
2007 Ed. (191, 192, 194)
2006 Ed. (185, 188)
2005 Ed. (172, 175, 177)
2004 Ed. (169, 173, 175)
2003 Ed. (213, 214, 217)
2002 Ed. (717)
2001 Ed. (713)
2000 Ed. (742, 3145)
1999 Ed. (730, 3421)
1997 Ed. (676)
1996 Ed. (744)
Barder Rutter & Associates
1999 Ed. (42)
Bardwil Linens
2007 Ed. (4673)
Bare Associates International Inc.
2008 Ed. (4988)
Bare Essentials
2008 Ed. (2863, 2865, 3596)
Bare Necessities
2007 Ed. (4015)
Bared & Co. Inc.
1997 Ed. (1149)
1996 Ed. (1120)
1995 Ed. (1147)
Barela & Martinez Investments
2003 Ed. (3426)
2002 Ed. (3373)
Barella & Martinez Investments
2002 Ed. (2541)
Barenaked Ladies
2003 Ed. (848)
Bares; W. G.
2006 Ed. (2521)
Barewalls Interactive Art Inc.
2004 Ed. (2227)
The Barfield Companies
1990 Ed. (736)
Barfield Cos.
1991 Ed. (714)
1990 Ed. (737)
Barfield; Rebecca
1995 Ed. (1851)
1994 Ed. (1813, 1831)
1993 Ed. (1771, 1773, 1830)
1992 Ed. (2137)
1991 Ed. (1709)
Bargain Pages Group
2000 Ed. (3496)
Bargain Time
1992 Ed. (1078, 1826)
Bargain Town USA
1990 Ed. (1523)
Bargelo
1996 Ed. (31)
Barger Petroleum Inc.
2001 Ed. (4283)
Bargo Energy
2003 Ed. (3828, 3837)
Bargreen-Ellingson Inc.
2008 Ed. (2729)
2007 Ed. (2593, 2594, 2595)
2006 Ed. (2619)
Barhorst Insurance Group
2008 Ed. (2107)
Bari Cosmetics
2001 Ed. (3516)
Barilla
2008 Ed. (3858)
2007 Ed. (1827)
2003 Ed. (3740)
1999 Ed. (782, 3712)
1996 Ed. (1176)
1992 Ed. (59)
Barilla Alimentare SpA
2003 Ed. (3743)
2001 Ed. (46)
Barilla Americas
2006 Ed. (3369)
Barilla G & R Fratelli SpA
2004 Ed. (55)
Barilla Holding SpA
2008 Ed. (51)
2007 Ed. (48)
2006 Ed. (57)
2005 Ed. (50)
Barilla Pasta
1989 Ed. (38)
Barilla Pasta Sauce
1998 Ed. (1726, 2668)
Barilla SpA
1994 Ed. (28)
1993 Ed. (37)
1991 Ed. (30)
1990 Ed. (35)
Baring
1997 Ed. (743, 750, 751, 752, 754, 755, 756, 757, 759, 765, 766, 767, 769, 777, 778, 779, 780, 781, 783, 784, 785, 786, 787, 793, 794, 797, 798, 799, 800, 801, 802, 803, 804, 805, 806, 807, 812, 813, 814, 815, 816, 817, 818, 819, 820, 821, 822)
1995 Ed. (770, 771, 772, 773, 774, 775, 776, 777, 778, 779, 785, 786, 787, 788, 789, 795, 796, 797, 798, 799, 801, 802, 803, 804, 805, 817, 818, 819, 820, 821, 822, 823, 824, 825, 826, 832, 833, 834, 835, 836, 837, 838, 839, 840, 841)
1993 Ed. (1638, 1639, 1640, 1641, 1642, 1643, 1644, 1645, 1646, 1647)
1991 Ed. (777, 779, 781)
1990 Ed. (1772, 2319)
Baring America
1991 Ed. (2235)
Baring Asset Management Inc.
2003 Ed. (3077)
1996 Ed. (2943, 2945)
1995 Ed. (2870)
Baring Asset Management (Asia)
1997 Ed. (2544)
Baring Brothers
1998 Ed. (1006)
1997 Ed. (1229, 1231, 1232, 1233)
1994 Ed. (1201, 1202, 1203, 1679, 1693, 2290, 3185)
1993 Ed. (1173, 1198, 1658, 1667, 1669, 1670)
1992 Ed. (1456, 1484, 1999, 2011, 2013, 2014, 2018, 2140, 2141)
1991 Ed. (1115, 1120, 1124, 1129, 1587, 1598)
1990 Ed. (1679, 1683)
1989 Ed. (1349, 1356)
Baring Brothers & Co. Inc.
1996 Ed. (1700)
1995 Ed. (3277, 3281)
1989 Ed. (1374)
Baring Capital Investors
1992 Ed. (2964)
Baring Easter
1997 Ed. (2921)
Baring Emerging Europe
1997 Ed. (2202)
Baring European Growth
2000 Ed. (3307)
1992 Ed. (3202, 3203)
Baring Foundation
1995 Ed. (1934)
Baring German Growth
2000 Ed. (3307, 3308)
Baring Global Bond
1994 Ed. (726)
Baring Global Fund Managers
1994 Ed. (2774)
Baring Hong Kong Fund
1990 Ed. (2399)
Baring Institutional Realty
1992 Ed. (3638)
Baring International
1993 Ed. (2305, 2347, 2349, 2351)
1992 Ed. (2786, 2788, 2789, 3351)
1991 Ed. (2218, 2256)
1990 Ed. (902, 2363)
Baring Investment Management
1992 Ed. (3350)
1990 Ed. (2321)
Baring Securities
1996 Ed. (1851, 1892, 3377)
1995 Ed. (764, 790, 791, 792, 793, 794)
1994 Ed. (781, 1756, 1838, 1839, 2329, 2331, 2474)
1990 Ed. (817)
1989 Ed. (816)
Baring UK Smaller Cos
2000 Ed. (3307)
Baring United Kingdom Smaller Companies
1997 Ed. (2913)
Barings
1996 Ed. (1190, 2402, 2424)
1995 Ed. (2871)
Barito Pacific
1996 Ed. (1381)
Barito Pacific Timber
1997 Ed. (2580, 2581)
1996 Ed. (2435, 2436)
Bark Busters
2006 Ed. (3816)
2005 Ed. (3725)
2004 Ed. (3817)
Bark Busters Home Dog Training
2008 Ed. (882, 3892)
2007 Ed. (3830)
Barka Hana AS
1997 Ed. (448)
Barka Hana AS Prostejov
1997 Ed. (447)
Barker; Aaron
1995 Ed. (1120)
Barker; Charles
1997 Ed. (3194, 3195, 3198, 3199)
1996 Ed. (3115, 3118, 3121, 3122)
1995 Ed. (3015, 3016, 3020)
1994 Ed. (2956, 2960, 2961, 2964)
Barker Group; Charles
1989 Ed. (109)
Barker; Kate
2006 Ed. (4978)
Barker, Lee & Co.
1993 Ed. (2296)
Barker McCormac
1999 Ed. (173)
1997 Ed. (161)
1995 Ed. (140)
1992 Ed. (205, 223)
1990 Ed. (164)
1989 Ed. (176)
Barker, McCormac Group
1991 Ed. (163)
Barker McCormac O & M
2003 Ed. (184)
2002 Ed. (214)
2001 Ed. (244)
2000 Ed. (194)
Barker McCormac (Saatchi)
1996 Ed. (154)
Barker McCornaac Advertising
1993 Ed. (136)
Barker Rinker Seacat Architecture
2005 Ed. (263)
Barkers PR
2000 Ed. (3655)
Barkers Scotland
1994 Ed. (2964)
Barkers Trident Communications
1996 Ed. (3125)
1995 Ed. (3022)
1994 Ed. (2964)
Barkie & Brothers
1991 Ed. (1303)
Barkley; Charles
1997 Ed. (1724, 1725)
1995 Ed. (250, 1671)
Barkley Evergreen
2000 Ed. (3659)
1999 Ed. (3944)
Barkley Evergreen & Partners
2007 Ed. (108)
2006 Ed. (110, 119)
2005 Ed. (102, 109, 3969)
2003 Ed. (4015)
2002 Ed. (150, 3839)
Barkow; George
1995 Ed. (983)
Barksdale Credit Union
2008 Ed. (2235)
2007 Ed. (2120)
2006 Ed. (2199)
2005 Ed. (2104)
2004 Ed. (1962)
2003 Ed. (1922)
2002 Ed. (1868)
Barksdale; Weaver C.
1993 Ed. (2325)
1992 Ed. (2766)
Barlage; James
1997 Ed. (1875)
1996 Ed. (1802)
1995 Ed. (1817)
1994 Ed. (1777)
1993 Ed. (1794)
1991 Ed. (1678)
Barlcyas Plc
1990 Ed. (548)
Barletta Heavy Division
2006 Ed. (1278)
2005 Ed. (1309)
Barlovento
2006 Ed. (1160)
Barlow International plc
2001 Ed. (3216)
Barlow Ord
2000 Ed. (2876)
Barlow Rand Ltd.
1996 Ed. (2443)
1994 Ed. (1445, 1880, 2342, 2343)
1993 Ed. (2376)
1992 Ed. (2815, 2816)
1991 Ed. (2270)
Barlow Rand Group
1996 Ed. (1441)
1995 Ed. (1482, 1905)
1992 Ed. (1688)
Barloworld Ltd.
2008 Ed. (3579)
2006 Ed. (2009, 3399, 4523)
2004 Ed. (1854)
2003 Ed. (1819)
Barlows
2002 Ed. (4448)
1999 Ed. (3131)
1995 Ed. (1484, 1485)
1993 Ed. (1392, 1393, 1394, 1395)
1991 Ed. (1344, 1345)
1990 Ed. (1417, 1418)
Barnabey's Hotel
1994 Ed. (193)
1993 Ed. (207)
Barnados
1995 Ed. (945)
Barnard College
1990 Ed. (1087)
Barnard Construction Co., Inc.
2007 Ed. (220)
2006 Ed. (1269, 1275, 1277)
2005 Ed. (1300, 1306, 1308)
2004 Ed. (1258, 1298, 1301, 2436)
2003 Ed. (1256, 1295, 1298)
2002 Ed. (1243, 1277, 1283)
1994 Ed. (1153)
1993 Ed. (1132)
1992 Ed. (1419)
Barnardos
1996 Ed. (919)
1994 Ed. (911, 2680)
1992 Ed. (3270)
Barnaul Tire Plant
2001 Ed. (4545)
Barnes & Darby
1993 Ed. (1549, 2117, 2615, 2627)
1991 Ed. (2536)
Barnes & Hinds
1992 Ed. (1380)
Barnes & Noble Inc.
2008 Ed. (4474, 4476)

2007 Ed. (4497, 4498, 4499)
2006 Ed. (823, 4437, 4438, 4439, 4440, 4441)
2005 Ed. (896, 4421, 4422)
2004 Ed. (753, 906, 2668, 4159, 4212)
2003 Ed. (887, 2152, 2187, 4147, 4502, 4503, 4504)
2002 Ed. (2990, 4039)
2001 Ed. (990, 991, 4099, 4100, 4101)
2000 Ed. (2747)
1999 Ed. (763, 1495)
1998 Ed. (3342, 3345, 3346)
1997 Ed. (3553)
1996 Ed. (894)
1994 Ed. (733)
1993 Ed. (867)
1992 Ed. (1077)
Barnes & Noble University
2003 Ed. (3036)
Barnes & Thornburg
2001 Ed. (812)
Barnes Banking Co.
2006 Ed. (539)
1996 Ed. (546)
Barnes; Brenda
2008 Ed. (4948, 4950)
2007 Ed. (4975, 4981, 4983)
2006 Ed. (2627, 4974)
Barnes Group Inc.
2007 Ed. (3417)
2004 Ed. (313)
1994 Ed. (328)
1992 Ed. (474, 475, 478, 479)
1991 Ed. (341, 342, 345, 346)
1990 Ed. (393, 394, 395, 396)
1989 Ed. (332, 333)
Barnes-Hind
1990 Ed. (2743)
Barnes Hines
1996 Ed. (1116)
Barnes Hospital
1997 Ed. (2263)
Barnes-Jewish
1994 Ed. (2573)
Barnes-Jewish Hospita
1999 Ed. (2735)
Barnes-Jewish Hospital
2008 Ed. (3043, 3045, 3046, 3053, 3054, 3055, 3056, 3057)
2007 Ed. (2922, 2923, 2930, 2931, 2932, 2933, 2934)
2006 Ed. (2904, 2905, 2911, 2912, 2913, 2914, 2915, 2916)
2005 Ed. (2897, 2898, 2904, 2905, 2906, 2908, 2909, 2910, 3835)
2004 Ed. (1804, 2911, 2912, 2918, 2919, 2920, 2922, 2923, 2924)
2003 Ed. (2808, 2814, 2815, 2816, 2820, 2821, 2835)
2002 Ed. (2601, 2604, 2610, 2611, 2612, 2613, 2615, 2616)
2001 Ed. (1798)
2000 Ed. (2509, 2510, 2517, 2520, 2523, 2524)
1999 Ed. (2731, 2738, 2741, 2744)
Barnes, McGhee, Neal, Poston & Segue
1996 Ed. (2724, 2726, 2728, 2732)
1995 Ed. (673, 2413, 2645, 2647)
Barnes, McGhee, Segue & Harper
1997 Ed. (2841, 2847, 2849, 3218)
BarnesandNoble.com
2001 Ed. (1258, 2179, 2976, 2982, 2984, 2992, 4183, 4780)
2000 Ed. (2753)
Barnet; Camille Cates
1991 Ed. (2546)
Barnet Resins
2005 Ed. (3859)
2004 Ed. (3914)
Barnet Resins Business Unit
2008 Ed. (4132)
2007 Ed. (4109)
Barnett Bank
1996 Ed. (2479)
Barnett Bank Florida NA
2000 Ed. (3163)
Barnett Bank Jacksonville NA
1999 Ed. (3434)
1997 Ed. (383)
Barnett Bank N.A.
2000 Ed. (4055)
Barnett Bank of Broward County NA
1997 Ed. (462)
1996 Ed. (499)
1994 Ed. (477)
Barnett Bank of Broward Cty., NA
1995 Ed. (467)
Barnett Bank of Central Florida NA
1997 Ed. (462)
1996 Ed. (499)
1995 Ed. (467)
1994 Ed. (477)
1993 Ed. (475)
1992 Ed. (663)
Barnett Bank of Central Florida NA (Orlando)
1991 Ed. (507)
Barnett Bank of Palm Beach City
1996 Ed. (499)
1993 Ed. (475)
1992 Ed. (663)
Barnett Bank of Palm Beach County
1997 Ed. (462)
1995 Ed. (467)
1994 Ed. (477)
Barnett Bank of Pinellas City
1996 Ed. (499)
1995 Ed. (467)
1993 Ed. (475)
1992 Ed. (663)
Barnett Bank of Pinellas County
1997 Ed. (462)
1994 Ed. (477)
Barnett Bank of Pinellas Cty (St. Petersburg)
1991 Ed. (507)
Barnett Bank of South Florida
1991 Ed. (3278)
Barnett Bank of South Florida (Miami)
1991 Ed. (507)
Barnett Bank of South Florida NA
1997 Ed. (462)
1996 Ed. (499)
1995 Ed. (467)
1994 Ed. (370, 373, 477)
1993 Ed. (475)
1992 Ed. (511, 663)
1991 Ed. (366)
1990 Ed. (423, 546)
Barnett Bank Trust Co.
1991 Ed. (2302)
Barnett Banks Inc.
2000 Ed. (526, 3163)
1999 Ed. (371, 372, 374, 398, 1459, 1618, 2120, 2452, 4031, 4337)
1998 Ed. (267, 274, 283, 295, 299, 300, 316, 348, 1137, 1703, 2524, 2531)
1997 Ed. (338, 339, 1350, 1398, 2815)
1996 Ed. (1336)
1995 Ed. (351, 1663, 3328)
1994 Ed. (340, 346, 634, 1850, 3249)
1993 Ed. (630, 651, 2970, 3255)
1992 Ed. (515, 523, 836, 2168)
1991 Ed. (663)
1990 Ed. (684, 685)
1989 Ed. (373, 385, 408)
Barnett; Camile C.
1995 Ed. (2668)
Barnett; Camile Cates
1990 Ed. (2660)
Barnett; Camille Cates
1992 Ed. (3136)
Barnett Center
2000 Ed. (3364)
1998 Ed. (2695)
Barnett Group Ltd.; G.
1994 Ed. (1002)
Barnett Mortgage
1998 Ed. (2522)
1997 Ed. (2811)
Barnett People for Better Government Inc. (Barnett Banks Inc.)
1992 Ed. (3475)
Barnett Plaza
2000 Ed. (3364)
1998 Ed. (2695)
Barnett Tower
2000 Ed. (3364)
1998 Ed. (2695)
1990 Ed. (2731)
Barney Actimates
1999 Ed. (4639, 4640)
Barney Trucking
2005 Ed. (4781)
Barney's New York
2008 Ed. (1001, 4547)
2006 Ed. (4157)
2005 Ed. (1022)
Barney's We Wish You a Merry Christmas
2001 Ed. (981)
Barnhardt/CMI
2005 Ed. (112)
Barnhart/CMI Inc.
2003 Ed. (3962)
Barnhart/CMI Marketing, Advertising & PR
2002 Ed. (99)
Barnhart/CMI Marketing Advertising & Public Relations
2004 Ed. (113)
2003 Ed. (66)
Barnhart, Crane & Rigging Co.
2002 Ed. (3320)
Barnhill Contracting Co.
2008 Ed. (1323)
2006 Ed. (1332)
Barnholt; E. W.
2005 Ed. (2494)
Barnie's Coffee & Tea Co.
2008 Ed. (1030)
2007 Ed. (1149)
2006 Ed. (1060)
2005 Ed. (1050)
Barnstable Broadcasting Inc.
2001 Ed. (3972)
Barnstable, MA
2008 Ed. (3467)
2007 Ed. (3369)
2006 Ed. (3305)
2005 Ed. (3316)
Barnstable-Yarmouth, FL
2000 Ed. (3108)
Barnstable-Yarmouth, MA
2005 Ed. (2975)
2004 Ed. (981, 4114, 4115)
2003 Ed. (4088, 4089, 4195)
2002 Ed. (3995, 3996)
2001 Ed. (4048, 4055)
2000 Ed. (3767, 3768)
1999 Ed. (4052, 4053)
1998 Ed. (3052, 3053)
1997 Ed. (2772, 3308, 3309)
1996 Ed. (3201, 3203)
1995 Ed. (3106, 3108, 3110)
Barnum Communications
1990 Ed. (67)
1989 Ed. (60)
Barnum Financial Group
2008 Ed. (1693)
Baroda; Bank of
2007 Ed. (466)
2006 Ed. (455)
2005 Ed. (525)
Baroda Rayon Corp. Ltd.
1993 Ed. (714)
Baroid Corp.
2005 Ed. (1506)
1995 Ed. (2907)
1994 Ed. (1261, 2841)
1993 Ed. (2829)
1992 Ed. (3423, 3424)
1991 Ed. (2720)
Baron & Budd
2002 Ed. (3721)
Baron & Budd PC
2007 Ed. (223)
Baron Asset
2008 Ed. (2618)
1999 Ed. (3505, 3577)
1996 Ed. (2803)
1992 Ed. (3193)
1990 Ed. (2370, 2379)
Baron Capital
1999 Ed. (3075, 3077)
1997 Ed. (2527)
1990 Ed. (2318)
Baron Capital Management
1998 Ed. (2277)
Baron Funds Partners
2006 Ed. (4570)
Baron Growth
2003 Ed. (3547)
Baron Herzog
1995 Ed. (3757)
1991 Ed. (3498)
Baron I Opportunity
2007 Ed. (2488)
Baron Insurance Services Inc.
2008 Ed. (17)
Baron iOpportunity
2006 Ed. (3639)
Baron; Jerome
1989 Ed. (1419)
Baron Partners
2006 Ed. (3656)
Baron Philippe de Rothschild
2005 Ed. (4966)
Barone; Ronald
1997 Ed. (1884)
1996 Ed. (1810)
1993 Ed. (1811)
Baroness Hogg
2006 Ed. (4978)
BarPoint.com Inc.
2005 Ed. (4673)
Barq's
1999 Ed. (4362)
1997 Ed. (3545)
1996 Ed. (3476)
1994 Ed. (691)
1993 Ed. (688)
Barq's Root Beer
2003 Ed. (678, 866, 4470, 4476)
2002 Ed. (4319, 4320)
Barr
2000 Ed. (2323)
Barr & Barr Inc. Builders
2000 Ed. (1225)
Barr Laboratories Inc.
2005 Ed. (2246)
2004 Ed. (2150, 2794, 3877)
2001 Ed. (2103)
1997 Ed. (2135)
Barr Labs
2000 Ed. (2321)
1992 Ed. (318, 321)
Barr-Nunn Transportation
2002 Ed. (4692)
Barr Pharmaceuticals Inc.
2008 Ed. (2895, 3942, 4668)
2007 Ed. (223, 3899, 3903, 3907)
2006 Ed. (3876)
2005 Ed. (2247)
Barr plc; A. G.
2007 Ed. (617)
2006 Ed. (571)
Barr Rosen Japan Investment
1998 Ed. (2656)
Barra Inc.
2005 Ed. (2574)
2004 Ed. (2596, 2597)
1994 Ed. (2014, 3321)
Barrack Rodos & Bacine
1995 Ed. (2411)
Barraclough Hall Woolston Gray
2001 Ed. (2025)
2000 Ed. (1676)
1997 Ed. (1615)
Barranquitas Auto Corp.
2004 Ed. (304)
Barratt Developments
2007 Ed. (1312)
2002 Ed. (51)
Barratt Developments plc
2008 Ed. (1204, 1460)
2007 Ed. (2985, 2994)
2006 Ed. (1205)
Barratt Devs.
1991 Ed. (1279)
Barratt Homes Ltd.
2004 Ed. (1167)
Barre
2003 Ed. (281, 2651)
2002 Ed. (317, 318)
Barret; John
2007 Ed. (2758)
Barret Mazda; Billy
1992 Ed. (390)
Barrett A. Toan
2004 Ed. (968)

2003 Ed. (954)
Barrett Allen Ginsberg
1990 Ed. (283)
Barrett Business Services Inc.
2008 Ed. (2137)
2007 Ed. (2045)
2006 Ed. (2073, 2074, 2083, 2086)
1995 Ed. (2059, 3380)
Barrett; C. R.
2005 Ed. (2489)
Barrett; Clifton Waller
1994 Ed. (889, 1056)
Barrett; Craig
2006 Ed. (917)
2005 Ed. (971)
Barrett; David
2008 Ed. (4884)
2007 Ed. (4920)
Barrett Developments
2005 Ed. (1245)
Barrett; Emily
2008 Ed. (4884)
2007 Ed. (4920)
Barrett Holdings Inc.
2002 Ed. (2562)
2001 Ed. (2708)
Barrett Mazda; Big Billy
1994 Ed. (275)
1993 Ed. (276)
Barrett Mazda; Billy
1996 Ed. (278)
1995 Ed. (275)
1991 Ed. (285)
1990 Ed. (332)
Barrett Mitsubishi; Big Billy
1996 Ed. (280)
Barrett Resources Corp.
2003 Ed. (3841)
2002 Ed. (3537, 3677)
Barrett; Tom H.
1992 Ed. (2055)
Barrett; Trina
2008 Ed. (4884)
2007 Ed. (4920)
Barri & Associates Inc.; G. D.
2007 Ed. (3532, 3533)
Barrick Gold Corp.
2008 Ed. (2825)
2007 Ed. (2698, 3517)
2006 Ed. (3485)
2005 Ed. (1725, 3485)
2003 Ed. (2626, 3374, 3423, 4575)
2002 Ed. (3312, 3314, 3315, 3322, 3738, 4359, 4360, 4361)
2001 Ed. (3289)
2000 Ed. (2380, 3092, 3098, 3138, 4266)
1999 Ed. (1593, 3361, 3362, 3415, 3430, 3431, 3625)
1998 Ed. (1855, 2471, 2509, 2684)
1997 Ed. (1371, 2152, 2805, 3766)
Barrick Goldstrike Mines Inc.
2004 Ed. (3433)
Barrie Fragrances Inc.; Richard
1994 Ed. (2714)
Barrie Metals Group of Cos.
2007 Ed. (1616, 1942)
Barrie Reed Buick-GMC
1990 Ed. (325)
Barriere
2000 Ed. (992)
Barriere Construction Co.
2007 Ed. (1377)
2006 Ed. (1324, 1325)
Barrington Associates
1996 Ed. (833)
1995 Ed. (853)
Barris Industries Inc.
1990 Ed. (3556)
Barrister Global Services Network
2008 Ed. (3712, 4398, 4964)
Barron Chevrolet Inc.
1990 Ed. (734)
Barron Stone
2004 Ed. (1551)
Barron's
2008 Ed. (810, 4710)
2007 Ed. (844)
2006 Ed. (751)
2000 Ed. (3465)
1999 Ed. (3748, 3756)
1998 Ed. (2788, 2790, 2791)
Barron's Dictionary of Finance and Investment Terms
1999 Ed. (691)
Barrow, Hanley
2004 Ed. (3194)
2000 Ed. (2783)
Barrow, Hanley, Mewhinney & Strauss
2001 Ed. (3001, 3004)
2000 Ed. (2780, 2809, 2857)
1993 Ed. (2325)
1992 Ed. (2761)
1991 Ed. (2230, 2234)
Barrueta & Associates
1996 Ed. (1921)
1995 Ed. (1877)
Barry Abramson
1999 Ed. (2270)
1998 Ed. (1680)
1997 Ed. (1904)
1996 Ed. (1831)
1995 Ed. (1853)
1994 Ed. (1832)
1993 Ed. (1772, 1832)
Barry Andrews Homes
2005 Ed. (1182)
Barry Axelrod
2003 Ed. (225)
Barry Blau
1991 Ed. (1420)
Barry Blau & Partners
1999 Ed. (1862)
1998 Ed. (1284, 1285, 1288)
1997 Ed. (1614, 1616, 1617, 1619)
1996 Ed. (1550, 1552, 1554)
1995 Ed. (1564, 1565)
1993 Ed. (1489)
1990 Ed. (1503, 1505)
1989 Ed. (56, 68, 140)
Barry Blaut Partners
1992 Ed. (1805, 1807, 1808)
Barry Bonds
2006 Ed. (291)
2005 Ed. (267)
Barry Bosak
1994 Ed. (1787)
Barry Callebaut
1999 Ed. (2626)
Barry Callebaut AG
2005 Ed. (860, 865, 866)
Barry Callebaut USA Inc.
2001 Ed. (1893)
Barry D. Romeril
2000 Ed. (1050)
Barry; Daniel
1997 Ed. (1896)
1996 Ed. (1822)
1995 Ed. (1844)
1994 Ed. (1806)
1993 Ed. (1823)
Barry Design Associates Inc.
1998 Ed. (2029)
1997 Ed. (2474)
1996 Ed. (2346)
Barry Diller
2008 Ed. (957)
2006 Ed. (898, 938)
2005 Ed. (2319)
2004 Ed. (973)
2001 Ed. (1217)
Barry F. Sullivan
1991 Ed. (402, 926, 1628)
1990 Ed. (458, 459, 973)
Barry Fromberg
2006 Ed. (961)
Barry G. Hastings
2002 Ed. (2214)
Barry Jr.; Marion S.
1992 Ed. (2987)
Barry Kaplan
2000 Ed. (1987)
1998 Ed. (1678)
1997 Ed. (1871)
1996 Ed. (1783, 1798, 1805, 1902)
1994 Ed. (1767, 1786)
1993 Ed. (1783, 1785)
1991 Ed. (1699)
Barry Lam
2008 Ed. (4852)
Barry Manilow
1991 Ed. (1041)
Barry Mannis
1998 Ed. (1605)
1997 Ed. (1893)
1996 Ed. (1819)
1995 Ed. (1841)
1994 Ed. (1803)
Barry Meister
2003 Ed. (221, 225)
Barry; R. G.
1994 Ed. (3294)
Barry; R.G.
1990 Ed. (3273)
Barry Shooter Pharmacies
2005 Ed. (1979)
Barry Stafford
2008 Ed. (4884)
2007 Ed. (4920)
Barry Sternlicht
2006 Ed. (890)
Barry Tarasoff
1991 Ed. (1676)
Barry University
2008 Ed. (778)
2007 Ed. (799)
2002 Ed. (1106)
2000 Ed. (1142)
1999 Ed. (1233)
1998 Ed. (805)
1994 Ed. (896, 1057)
Barry W. Perry
2006 Ed. (2520, 2522)
Barry-Walsh; Paul
2005 Ed. (927)
Barry Willman
1997 Ed. (1873, 1876)
1995 Ed. (1826)
1994 Ed. (1823, 1834)
1993 Ed. (1805)
Barry Wright Corp.
1991 Ed. (1166)
Bars and taverns
2001 Ed. (4078)
1994 Ed. (2243)
Bars, pubs & restaurants
1990 Ed. (987)
Bars/restaurants
1992 Ed. (1146)
Barsby Prince & Partners
2002 Ed. (1955)
1999 Ed. (2838)
Barsotti's Inc.
1994 Ed. (1150)
1993 Ed. (1136)
1992 Ed. (1423, 3480)
1991 Ed. (1090)
Bart A. Brown Jr.
2004 Ed. (2488)
Bart Larsen Trucking
2008 Ed. (4738)
2007 Ed. (4811)
Bart Simpson
1992 Ed. (1064)
Bart; Typhoon
2005 Ed. (884)
Bartech Inc.
1998 Ed. (468)
1997 Ed. (676)
1996 Ed. (744)
The Bartech Group Inc.
2008 Ed. (174)
2007 Ed. (191, 196, 3567)
2006 Ed. (185)
2005 Ed. (172, 177)
2004 Ed. (169, 170, 175)
2003 Ed. (213)
2002 Ed. (715, 717)
2001 Ed. (713, 4502)
2000 Ed. (742, 3145, 4227)
1999 Ed. (730, 3421, 4575)
1998 Ed. (469)
1996 Ed. (746)
Bartell Drugs
2006 Ed. (2309)
Bartender
2008 Ed. (3810)
Bartenura
2006 Ed. (829)
2005 Ed. (917, 919)
2004 Ed. (925)
Barth; J. M.
2005 Ed. (2480)
Barth; John
2008 Ed. (935, 952)
2007 Ed. (965, 1030)
2006 Ed. (874, 936)
2005 Ed. (967)
Barth; John M.
2008 Ed. (947)
Barth Co. Inc.; Wolf D.
1989 Ed. (932)
Bartle Bogle Hegarty
2004 Ed. (123)
2001 Ed. (233)
1993 Ed. (969)
1991 Ed. (960)
Bartleby.com
2002 Ed. (4845)
Bartles & James
1996 Ed. (3833)
Bartles & Jaymes
2008 Ed. (239)
2006 Ed. (4957)
2005 Ed. (4924, 4926)
2004 Ed. (4946)
2003 Ed. (4942, 4949)
2002 Ed. (4908)
2001 Ed. (4835)
2000 Ed. (4390)
1999 Ed. (4763)
1998 Ed. (3715)
1997 Ed. (3884)
1995 Ed. (3734, 3736, 3768, 3769, 3770)
1993 Ed. (3701, 3702)
1992 Ed. (4438, 4439, 4440, 4441, 4461, 4462, 4463)
1990 Ed. (3691)
1989 Ed. (13, 2801, 2910, 2911)
Bartles & Jaymes Coolers
2008 Ed. (240)
2007 Ed. (261)
2006 Ed. (253)
2005 Ed. (234)
2004 Ed. (228)
2003 Ed. (262)
Bartles & Jaymes Wine Cooler
1991 Ed. (3484, 3485, 3500, 3501)
Bartlesville, OK
1990 Ed. (997)
Bartlett Corp.
2007 Ed. (1775)
2006 Ed. (1767)
1996 Ed. (2404)
Bartlett Actuarial Group Ltd.
2008 Ed. (17)
Bartlett-Brainard & Eacott Inc.
1991 Ed. (1085)
Bartlett Europe
2000 Ed. (3238)
Bartlett Europe A
1999 Ed. (3567)
Bartlett Europe Fund
2000 Ed. (3275, 3278)
Bartlett Fixed Income
1991 Ed. (2560)
Bartlit Jr.; Fred
1997 Ed. (2611)
Bartolotta Ristorante di Mare
2008 Ed. (4147)
Barton Inc.
2000 Ed. (2331, 4236, 4353, 4358)
1999 Ed. (2591, 3209, 4583, 4729)
1998 Ed. (1833, 3510, 3686)
1997 Ed. (2139)
1996 Ed. (2017, 3800)
1995 Ed. (3714)
1994 Ed. (1970, 3509, 3640)
1993 Ed. (1942, 3550)
1992 Ed. (2285, 4261, 4404)
1991 Ed. (1810, 3335)
1990 Ed. (1896)
Barton & Gambrinus
2008 Ed. (537)
Barton & Guestier
2005 Ed. (4954, 4955, 4966)
2003 Ed. (4948)
1998 Ed. (3747)
Barton & Guestier Wines
1991 Ed. (3499)
Barton Biggs
1998 Ed. (1683, 1686)
Barton Brands Ltd.
1999 Ed. (814, 816, 1923, 4513)
1997 Ed. (3730)
1991 Ed. (745)

Barton; G. A.
2005 Ed. (2493)
Barton Gin
2004 Ed. (2730, 2735)
2003 Ed. (2609, 2615)
2002 Ed. (2399)
2001 Ed. (2595, 2599, 2601)
2000 Ed. (2329)
1999 Ed. (2586, 2589)
1998 Ed. (1829)
1995 Ed. (1996)
Barton Guestier
1997 Ed. (3902)
Barton Malow Co.
2008 Ed. (1176, 1206, 2915)
2006 Ed. (1271, 2792)
2005 Ed. (1302, 3916)
2004 Ed. (1252, 1261, 1282, 1316, 3972)
2003 Ed. (1249, 1258, 1264, 1279, 1316)
2002 Ed. (1213, 1236, 1245, 1259, 1271, 1280, 1303)
2001 Ed. (1398, 1465, 1485)
2000 Ed. (1200, 1237, 1274)
1999 Ed. (1321, 1339, 1385)
1998 Ed. (891, 961)
1997 Ed. (1126, 1139, 1179)
1996 Ed. (1105, 1111, 1150)
1995 Ed. (1124, 1140, 1176)
1994 Ed. (989, 1109, 1125, 1157)
1993 Ed. (963, 1085, 1102, 1150)
1992 Ed. (1189, 1357, 1376, 1435)
1991 Ed. (953, 1099)
1990 Ed. (1027, 1183, 1211)
1989 Ed. (925, 926)
Barton Reserve
1991 Ed. (2318)
1990 Ed. (2452)
Barton Rum
2004 Ed. (4230)
2001 Ed. (4142)
Barton Vodka
2004 Ed. (4845)
2003 Ed. (4864)
2002 Ed. (287, 4760)
2001 Ed. (4706)
2000 Ed. (4354)
1999 Ed. (4724)
1998 Ed. (3682)
1997 Ed. (3852)
BartonCreek Resort
1999 Ed. (2768)
Bartter Enterprises
2004 Ed. (1637, 3950)
2003 Ed. (3952)
2002 Ed. (247, 3770)
Bartz; Carol
2007 Ed. (4975)
2006 Ed. (932)
Bartz; Carol A.
1996 Ed. (3875)
Baruch College
1996 Ed. (2866, 2867)
Baruch College; City University of New York
2006 Ed. (714)
Baruch College-CUNY
1993 Ed. (795)
Barum Works
1994 Ed. (925)
Barvy a Laky Works
1994 Ed. (925)
Barware
2001 Ed. (4432)
Barwick Chrysler-Plymouth Inc.; Ed
1994 Ed. (266)
1990 Ed. (340)
Baryshnikov & Company
1989 Ed. (990)
Basch; Gustavus
1994 Ed. (900)
Bascom Palmer Eye Institute
2008 Ed. (3047)
2007 Ed. (2924)
2006 Ed. (2905)
2005 Ed. (2908)
Base Connections
2002 Ed. (4572)
Base metal manufacturers
1992 Ed. (2085)
Base metal products
1999 Ed. (2110)
Base metals
1992 Ed. (2092, 2093)
Baseball
2001 Ed. (4341)
1990 Ed. (3328)
1989 Ed. (2523)
Baseball player (Major League)
1989 Ed. (2084)
Baseball/softball equipment
1997 Ed. (3555)
Baseball/softball shoes
2001 Ed. (426)
Baseball umpire (Major League)
1989 Ed. (2086)
Baseline
2007 Ed. (845)
2006 Ed. (752)
2005 Ed. (826)
2004 Ed. (852)
2003 Ed. (810)
Baseline Engineering Corp.
2006 Ed. (1681)
Baseline Forest Products Inc.
2007 Ed. (2640)
2006 Ed. (2657)
Basett Furniture Industries
1990 Ed. (1865)
BASF Corp.
2008 Ed. (909, 1977)
2007 Ed. (926, 1914)
2006 Ed. (845)
2005 Ed. (942, 955)
2001 Ed. (3647)
2000 Ed. (749, 1017, 1024, 1028, 1029, 1030, 3512, 3559, 3563, 3566, 4344)
1999 Ed. (196, 735, 1078, 1083, 1091, 1095, 1096, 1097, 1098, 1100, 1101, 1102, 1103, 1636, 2538, 3847, 4711)
1998 Ed. (101, 476, 692, 700, 704, 705, 706, 707, 1346, 2104, 2692, 2812, 2876)
1997 Ed. (176, 680, 681, 957, 961, 963, 964, 965, 1415, 2982)
1996 Ed. (351)
1995 Ed. (679, 948, 954, 956, 958, 962, 964, 965, 966, 1400, 1402, 1465)
1994 Ed. (912, 918, 920, 922, 928, 929, 930, 932, 935, 1375, 1376, 1429, 1918, 1919, 2820, 2934)
1993 Ed. (161, 176, 344, 898, 903, 906, 912, 913, 916, 918, 1312, 1319, 1320, 1376, 1903)
1992 Ed. (1616)
1991 Ed. (904, 907, 912, 1293, 1294, 1295, 1775, 1776)
1990 Ed. (941, 943, 945, 952, 953, 956, 959, 1371, 2758, 3461)
1989 Ed. (892, 893)
BASF AG
2008 Ed. (912, 917, 922, 923, 924, 925, 926, 928, 1424, 1770, 3559, 4668)
2007 Ed. (939, 940, 941, 945, 946, 947, 948, 949, 951, 952, 1740, 1743)
2006 Ed. (853, 854, 856, 859, 860, 861, 863, 864, 1723, 1735, 1783, 3225, 3381, 4504)
2005 Ed. (873, 950, 951, 953, 954, 956, 957, 1493, 3020, 3694)
2004 Ed. (958, 959, 960, 961, 962, 967, 1477, 1739, 1742, 1743, 3775)
2003 Ed. (937, 939, 945, 946, 947, 1447, 1519, 2287, 3750, 4585)
2002 Ed. (246, 987, 996, 998, 1008, 1009, 1011, 1012, 1013, 1016, 1017, 1020, 1021, 1492, 1497, 1664, 4415, 4416, 4417, 4506)
2001 Ed. (275, 276, 1176, 1187, 1188, 1189, 1198, 1199, 1211, 1225, 1556, 1717, 2070, 2071, 2506, 3648, 3649, 3842, 3843)
2000 Ed. (2274)
1999 Ed. (2526)
1998 Ed. (1141)
1997 Ed. (962, 1413, 2086, 2087)
1996 Ed. (749, 750, 925, 928, 934, 938, 939, 943, 1023, 1352, 1353, 1971)
1994 Ed. (1377)
1993 Ed. (911, 921, 1321)
1990 Ed. (1370)
1989 Ed. (1106, 1110, 1119, 1144)
BASF Aktiengesellschaft
1992 Ed. (1116)
1991 Ed. (911)
BASF Antwerpen NV
2004 Ed. (2653)
BASF Corp. Automotive Coatings
1996 Ed. (1346)
1994 Ed. (1366)
BASF Canada
2008 Ed. (915)
2007 Ed. (936)
1996 Ed. (932)
1994 Ed. (924)
BASF Coatings
2006 Ed. (1048)
2005 Ed. (1039)
2004 Ed. (1032)
BASF Coatings AG
2008 Ed. (1017, 3843)
2007 Ed. (1137, 3763, 3764)
2006 Ed. (3766, 3767)
BASF Drucksysteme GmbH
2006 Ed. (3046)
2001 Ed. (2877)
BASF Fibers
1990 Ed. (3557)
BASF Germany
2000 Ed. (1031)
BASF (Glasurit)
1997 Ed. (2983)
BASF Group
1997 Ed. (1414)
1996 Ed. (1351)
1992 Ed. (1623)
1990 Ed. (954)
1989 Ed. (891)
BASF Taiwan Ltd.
1994 Ed. (1462)
BASFG
1999 Ed. (2525)
Basgal; Ophelia B.
2008 Ed. (2628)
Bashas
2001 Ed. (4696)
Bashas' Markets Inc.
2007 Ed. (4621)
Bashneft
2005 Ed. (3789)
Basic
2008 Ed. (976, 4691)
2007 Ed. (4771)
2006 Ed. (4765)
2005 Ed. (4713)
2004 Ed. (4736)
2003 Ed. (970, 971, 4751, 4756)
2002 Ed. (4629)
2001 Ed. (1230)
2000 Ed. (1061)
1999 Ed. (1135)
1998 Ed. (727, 728, 729, 730)
1997 Ed. (985)
1996 Ed. (971)
Basic Addition
2008 Ed. (985)
2006 Ed. (1017)
Basic Advertising
1997 Ed. (132)
Basic chemicals
2002 Ed. (3242)
2001 Ed. (1194)
Basic Earth Science Systems Inc.
2008 Ed. (1682)
2007 Ed. (1662, 3852, 3854)
2004 Ed. (3825, 3842, 3844)
Basic/FCB
1991 Ed. (143)
Basic/Foote, Cone & Belding
1994 Ed. (109)
1993 Ed. (128)
1992 Ed. (198)
1989 Ed. (152)
Basic/Foote, Cone Belding
1995 Ed. (114)
Basic Industries Inc.
2008 Ed. (1311)
2007 Ed. (1378)
2006 Ed. (1326)
Basic Instinct
1995 Ed. (2614)
Basic metal
1989 Ed. (1931)
Basic Petroleum
1992 Ed. (3308)
Basil
1998 Ed. (3348)
Basildon Dairy Foods Ltd.
1993 Ed. (967)
1992 Ed. (1193)
Basin Electric Power Cooperative
2008 Ed. (1995)
2007 Ed. (1428, 1929)
2006 Ed. (1392, 1946)
2005 Ed. (1406, 1407, 1917)
2004 Ed. (1385, 1386, 1832)
2003 Ed. (1377, 1797)
2001 Ed. (1824, 2146)
Basin Exploration Inc.
2002 Ed. (3677)
Basin Harbor Club
2008 Ed. (2152)
Basin Water Inc.
2008 Ed. (4291)
Basis Bank
2004 Ed. (471)
Basis Technology
2007 Ed. (3067)
Basis100 Inc.
2004 Ed. (4572)
2002 Ed. (2507, 2508)
Basket Builders
2003 Ed. (2722)
Basketball
2005 Ed. (4446)
2001 Ed. (422, 4341, 4342, 4343)
2000 Ed. (4089, 4090)
1999 Ed. (4385, 4386, 4816)
1998 Ed. (3355)
1995 Ed. (3430)
1994 Ed. (3369)
1992 Ed. (4048)
1990 Ed. (3328)
Basketball, college
2005 Ed. (4453)
Basketball player (NBA)
1989 Ed. (2084)
Basketball shoes
2001 Ed. (426)
1994 Ed. (245)
1993 Ed. (257)
Basketware
2008 Ed. (2647)
Baskin-Robbins
2008 Ed. (2372, 2373, 2673, 3126, 3127, 4160)
2007 Ed. (1150)
2006 Ed. (1061, 2565)
2005 Ed. (2559)
2004 Ed. (1049)
2003 Ed. (2877, 2882, 2883, 4143)
2002 Ed. (2721, 2723, 4012, 4033, 4034)
2001 Ed. (2837, 4069, 4083)
2000 Ed. (1913, 3786)
1999 Ed. (2128, 2131, 2132, 2136, 2511, 4081, 4084, 4085)
1998 Ed. (1550, 3073, 3074, 3077)
1997 Ed. (1575, 1833, 1834, 1835, 1842, 2078, 2080, 2082, 3319)
1996 Ed. (1751, 1752, 1753, 1761, 3218)
1995 Ed. (1773, 1774, 1775, 1779, 1783, 3123)
1994 Ed. (1750, 3078, 3086)
1993 Ed. (1750, 1751, 1755, 1759, 3022)
1992 Ed. (2113, 2114, 2115, 2117, 2224, 2227, 2228, 2564, 3714, 3722, 3723)
1990 Ed. (1752, 1754, 3011, 3025, 3026)
Baskin-Robbins Ice Cream Co.
1991 Ed. (1657, 2885)
1990 Ed. (1750)
Baskin-Robbins 31 Ice Cream/Silcorp
1991 Ed. (1773)
Baskin-Robbins USA Co.
2007 Ed. (3007)

2006 Ed. (2979)
2005 Ed. (895, 2982)
2004 Ed. (903, 2970)
2000 Ed. (3799, 3800)
1990 Ed. (1855)
1989 Ed. (1488)
Basler Kantonalbank
2008 Ed. (510)
2007 Ed. (558)
2006 Ed. (528)
2005 Ed. (615)
2004 Ed. (626)
2003 Ed. (617)
Bason Computer
2005 Ed. (4808)
Bass
2001 Ed. (682)
2000 Ed. (723, 726, 728, 732)
1999 Ed. (277, 1728)
1998 Ed. (509, 575)
1997 Ed. (1039, 2670)
1996 Ed. (785, 3407)
1995 Ed. (641, 709, 1034, 3341, 3343, 3370, 3371)
1994 Ed. (696, 699, 700, 703, 756, 1879)
1993 Ed. (750, 3262, 3264, 3265)
1992 Ed. (1625)
1990 Ed. (1372)
1989 Ed. (729, 2845)
Bass Ale
2005 Ed. (654)
2004 Ed. (668)
2002 Ed. (281)
2001 Ed. (1024)
2000 Ed. (812, 821, 822)
1999 Ed. (808, 817, 818, 819)
1998 Ed. (495, 497, 507, 508, 3436)
1997 Ed. (719, 721, 724)
1996 Ed. (783, 786)
Bass & Co.; G. H.
2005 Ed. (3272)
Bass; Barbara
1992 Ed. (4496)
Bass Berry
2001 Ed. (925)
Bass Berry & Sims
2004 Ed. (3225)
Bass Berry & Sims plc
2008 Ed. (3416)
2007 Ed. (1510)
Bass Brewers
2005 Ed. (1498)
2002 Ed. (34)
2001 Ed. (1027)
Bass; Edward
1995 Ed. (664)
Bass; Edward P.
1993 Ed. (888)
Bass; Gary
2008 Ed. (3789)
2007 Ed. (3704)
Bass Group and Aoki Corp.; Robert M.
1990 Ed. (1226)
Bass Hotels & Resorts Inc.
2003 Ed. (2840, 2841, 2843)
2002 Ed. (2639, 2640)
2001 Ed. (2782, 2792)
2000 Ed. (2542, 2561, 2563, 2571, 2572)
Bass; Lee
2008 Ed. (4824)
1995 Ed. (664)
Bass; Lee M.
1994 Ed. (889, 1056)
1993 Ed. (888)
Bass; Perry R.
1994 Ed. (889, 1056)
Bass; Perry R. and Nancy Lee
1994 Ed. (890, 891, 894)
Bass plc
2002 Ed. (704, 2305)
2001 Ed. (2468)
2000 Ed. (2226)
1999 Ed. (715, 716, 719, 720, 2468)
1998 Ed. (455, 456, 460)
1997 Ed. (662, 665, 666, 669, 670, 671)
1996 Ed. (729, 732, 733, 736, 737, 1944, 1945)
1995 Ed. (652, 655, 656, 659, 660)
1993 Ed. (1881)
1992 Ed. (1460, 2196, 2471)
1991 Ed. (1748)
1990 Ed. (729)
1989 Ed. (728)
Bass Pro
2001 Ed. (4338)
Bass Pro Shops Inc.
2008 Ed. (4483, 4485, 4486)
2007 Ed. (4504, 4506, 4507)
2006 Ed. (4448, 4451)
Bass; Robert
1997 Ed. (2004)
1995 Ed. (664)
1990 Ed. (1773)
Bass; Robert M. and Anne T.
1994 Ed. (889, 1056)
Bass; Robert Muse
2008 Ed. (4824)
2007 Ed. (4895)
2006 Ed. (4900)
2005 Ed. (4845)
1990 Ed. (2576)
Bass Shoe Outlet
1993 Ed. (865)
1991 Ed. (2649)
Bass Shoes
1994 Ed. (1027)
1993 Ed. (995)
Bass; Sid
2008 Ed. (4824)
1995 Ed. (664)
Bass; Sid, Lee, Robert & Edward
1990 Ed. (3687)
Bass; Sid R.
1993 Ed. (888)
Bass Taverns Ltd.
2001 Ed. (4087)
2000 Ed. (2566)
Bassam Alghanim
2008 Ed. (4889)
Bassat O & M
2003 Ed. (150)
2002 Ed. (186)
2001 Ed. (210)
2000 Ed. (174)
1996 Ed. (141)
Bassat, Ogilvy & Mather
1999 Ed. (156)
1997 Ed. (147)
1995 Ed. (127)
1994 Ed. (118)
1993 Ed. (137)
1992 Ed. (209)
1991 Ed. (151)
Bassets
1999 Ed. (1017)
Bassett
2007 Ed. (2666)
2005 Ed. (2702)
2003 Ed. (2591)
2000 Ed. (2287)
1999 Ed. (2544)
1998 Ed. (1783)
1996 Ed. (1987)
1995 Ed. (1951)
1994 Ed. (1928, 1933, 2074, 2125)
1992 Ed. (2244)
Bassett & Bassett Inc.
2001 Ed. (3936)
Bassett Furniture
1999 Ed. (2563)
1998 Ed. (1963)
1997 Ed. (652, 2098, 2239)
1995 Ed. (2122, 3438)
1993 Ed. (3382)
1992 Ed. (4062)
1989 Ed. (1490)
Bassett Furniture Direct
2000 Ed. (2296, 2297)
Bassett Furniture Industries
1996 Ed. (2129)
1991 Ed. (1926)
1990 Ed. (1863, 2037)
Bassett Motion
1993 Ed. (868)
Bassett; W. Todd
2007 Ed. (3704)
Bassett-Walker
1993 Ed. (3372)
1992 Ed. (4043, 4052)
1991 Ed. (3165, 3171)
1990 Ed. (3331)
Bassetts
2008 Ed. (714, 837)
Bassin'
1992 Ed. (3384)
Bassmaster
1990 Ed. (2798)
Bassmaster Magazine
1992 Ed. (3385)
BassProShops.com
2008 Ed. (2448)
2007 Ed. (2322)
Bast Chevrolet
1992 Ed. (411, 420, 421)
1991 Ed. (306, 311)
1990 Ed. (347)
Bast Chevrolet-Isuzu
1991 Ed. (310)
Basten Greenhill Andrews
1999 Ed. (2840)
1996 Ed. (2232)
1995 Ed. (2226)
Bastille
2007 Ed. (20)
Bastion Capital Corp.
2006 Ed. (3619)
Bastow Charleton
2000 Ed. (10)
1996 Ed. (15)
Bastrop, LA
2002 Ed. (1058)
BAT
1990 Ed. (249, 3462)
1989 Ed. (2667)
BAT Australasia
2004 Ed. (2651)
2002 Ed. (2303)
B.A.T. Cigarettenfabriken GmbH
1996 Ed. (3703)
BAT Indonesia
1991 Ed. (1303, 2012, 2013)
1990 Ed. (1381)
1989 Ed. (1127)
B.A.T, Industries
2001 Ed. (16, 18, 55, 65, 75)
2000 Ed. (211, 281, 284, 285, 287, 289, 290, 291, 1444, 2999, 4260)
1999 Ed. (181, 260, 1640, 1641, 1642, 2918, 3262, 3263, 4613)
1998 Ed. (90, 152, 156, 157, 159, 161, 162, 163, 164, 3581)
1997 Ed. (169, 228, 1416, 1421, 1422, 2685, 3760)
1996 Ed. (1354, 1368, 1369)
1995 Ed. (152, 153, 207, 208, 209, 210, 211, 212, 213, 1379, 1403, 1406, 1407, 1408, 1409, 3336, 3625)
1994 Ed. (12, 32, 37, 48, 134, 206, 207, 208, 209, 210, 211, 213, 1348, 1351, 1378, 1382, 1383, 2410, 2411, 3547)
1993 Ed. (22, 32, 41, 152, 216, 218, 219, 220, 221, 222, 223, 225, 1297, 1303, 1305, 1322, 1325, 1326, 1327, 2469, 3584)
1992 Ed. (61, 86, 239, 240, 320, 322, 323, 325, 326, 327, 1101, 1499, 1603, 1605, 1607, 1626, 1629, 1630, 1631, 2809, 2935)
1990 Ed. (1228, 1229, 1250, 1354, 1356, 1375, 1376, 1533)
1989 Ed. (25, 191, 729, 2845)
BAT Industries plc
2006 Ed. (565, 2057, 2639, 4768)
2003 Ed. (1838)
2001 Ed. (1718)
2000 Ed. (1441, 1443)
1999 Ed. (1607)
1997 Ed. (230, 234, 235, 236, 237, 238, 239, 1391, 1419, 3759)
1996 Ed. (164, 212, 1331, 1370, 2544, 2545, 2546, 3703)
1992 Ed. (324)
1991 Ed. (14, 27, 35, 47, 173, 175, 223, 226, 228, 229, 230, 231, 232, 233, 236, 1182, 1269, 1270, 1271, 1282, 1296, 1297, 1298, 1299, 1360, 2264, 2355, 2380)
1990 Ed. (38, 39, 176, 177, 253, 255, 256, 257, 258, 259, 260, 995, 1236, 1256, 1265, 1532, 2404, 2511, 3553, 3554)
1989 Ed. (1107)
BAT Industries Plc Imasco Ltd.
1989 Ed. (1867)
BAT Kenya
2000 Ed. (3314)
1999 Ed. (3590)
BAT-Rothmans
2000 Ed. (4261)
Bata
1992 Ed. (88)
Bata India Ltd.
1989 Ed. (34)
Bata SA
1997 Ed. (2616)
Bata Shoe Ltd.
2002 Ed. (1969)
2000 Ed. (1665)
1999 Ed. (1841)
1997 Ed. (1602, 1603)
1992 Ed. (87)
Batali; Mario
2008 Ed. (904)
Batam
2004 Ed. (93)
Batavia, NY
2008 Ed. (3509)
2007 Ed. (3384)
2006 Ed. (3322)
BATBC
2006 Ed. (2259)
2002 Ed. (1969)
Batch & Bingham
1998 Ed. (2575)
Batchelor, Phil
1993 Ed. (2461)
Batelco
2008 Ed. (25)
2007 Ed. (20)
2006 Ed. (27)
2005 Ed. (21)
2004 Ed. (28)
2001 Ed. (17)
Batelle
2005 Ed. (1532)
Bateman
2002 Ed. (3803)
Bateman Eichler
1990 Ed. (2294)
Bateman-Hall
2008 Ed. (1294)
Bates A/S; Ted
1989 Ed. (97, 146)
Bates AB; Ted
1990 Ed. (153)
1989 Ed. (164)
Bates Adell Saatchi & Saatchi
1999 Ed. (86, 118, 165)
Bates ADM
2003 Ed. (100, 102)
Bates ADM Latvia
2002 Ed. (134)
2001 Ed. (160)
Bates Advertising Helsinki
2002 Ed. (107)
1999 Ed. (88)
Bates Advertising Holding
1999 Ed. (156)
Bates Advertising Holdings
2001 Ed. (210)
Bates AGE Reklam
1997 Ed. (86)
1996 Ed. (85)
Bates Baltic Group
2000 Ed. (92)
Bates Bangladesh
1999 Ed. (60)
Bates Baumann Bar Rivney Saatchi & Saatchi
1999 Ed. (107)
Bates Baumann Ber Rivnay Saatchi & Saatchi
1997 Ed. (105)
Bates Bosnia/Herzegovina
2002 Ed. (85)
2001 Ed. (113)
Bates Bulgaria
2002 Ed. (88)
2001 Ed. (116)
Bates Cambodia
2003 Ed. (56)
2002 Ed. (89)
1997 Ed. (69)

Bates Centrade S & S
1996 Ed. (132)
Bates Centrade Saatchi & saatchi
2000 Ed. (164)
1999 Ed. (147)
1997 Ed. (136)
Bates China
2002 Ed. (92)
1997 Ed. (72)
1996 Ed. (71)
Bates Churchill Relations
2003 Ed. (4003)
Bates Croatia
2002 Ed. (95)
Bates Dorland
2001 Ed. (233)
2000 Ed. (99)
1999 Ed. (93)
1997 Ed. (92)
1996 Ed. (91)
Bates; Dr. Puttner & Ted
1991 Ed. (75)
Bates Estonia
2003 Ed. (71)
2002 Ed. (106)
2001 Ed. (134)
Bates Finland
2003 Ed. (73)
Bates Gruppen
2003 Ed. (65, 130)
2002 Ed. (98, 162)
2001 Ed. (127, 191)
2000 Ed. (154)
1999 Ed. (136)
1997 Ed. (78, 127)
1996 Ed. (78, 123)
Bates Gruppen Denmark
2000 Ed. (85)
1999 Ed. (79)
Bates Healthworld
2002 Ed. (67)
Bates Holding
2003 Ed. (150)
1997 Ed. (147)
1996 Ed. (141)
Bates Holding; Ted
1991 Ed. (91)
1990 Ed. (93, 104)
Bates Hong Kong
2002 Ed. (92)
1999 Ed. (98)
1997 Ed. (96)
1996 Ed. (95)
Bates Hungary
1996 Ed. (96)
Bates Indochina
2000 Ed. (73)
1999 Ed. (69)
Bates Indonesia
1999 Ed. (101)
Bates International Belgium
1990 Ed. (81)
Bates Ireland
2003 Ed. (89)
2002 Ed. (122)
2001 Ed. (149)
2000 Ed. (111)
1999 Ed. (106)
1997 Ed. (104)
1996 Ed. (102)
Bates; Ken
2005 Ed. (268)
Bates Laos
2003 Ed. (99)
2002 Ed. (133)
Bates Lithuania
2002 Ed. (136)
2001 Ed. (162)
Bates Macedonia
2002 Ed. (138)
2001 Ed. (163)
Bates Malaysia
2003 Ed. (106)
2002 Ed. (140)
2001 Ed. (168)
2000 Ed. (128)
1999 Ed. (122)
1997 Ed. (116)
1996 Ed. (113)
Bates Malaysia; Ted
1990 Ed. (126)
Bates Meckler Bulger & Tilson
2001 Ed. (3053)
Bates Motor Home Rental Network Inc.
2008 Ed. (4130)
Bates Mulia Indonesia; P. T.
1991 Ed. (109)
Bates Myanmar
1997 Ed. (121)
Bates New Zealand
1996 Ed. (120)
Bates New Zealand; Ted
1991 Ed. (133)
1990 Ed. (133)
1989 Ed. (143)
Bates/141 Worldwide
2000 Ed. (1674)
Bates PanGulf
2003 Ed. (163)
Bates Paraguay
1996 Ed. (126)
Bates Poland
1996 Ed. (129)
Bates Primary Saatchi & Saatchi
2003 Ed. (48)
2002 Ed. (82)
2001 Ed. (109)
Bates/Public; Perdomo-Ted
1991 Ed. (141)
Bates Rouge Levant
2002 Ed. (135)
Bates/S & S/Zenith
1996 Ed. (133)
Bates S.A.; Ted
1989 Ed. (87)
Bates Saatchi & Saatchi
2003 Ed. (83)
1999 Ed. (152)
Bates/Saatchi & Saatchi Advertising
1999 Ed. (68, 76, 99, 120, 148, 171)
1997 Ed. (88, 98, 133, 137)
1996 Ed. (77, 87)
Bates September
1997 Ed. (149)
1996 Ed. (143)
Bates Singapore
2003 Ed. (145)
2002 Ed. (178)
Bates/Singapore; Ted
1990 Ed. (147)
Bates Slovakia
2001 Ed. (207)
Bates Slovenia
2002 Ed. (180)
2001 Ed. (208)
Bates South Africa
1997 Ed. (144)
Bates Southwest
2000 Ed. (173)
1998 Ed. (66)
1997 Ed. (97)
1996 Ed. (140)
Bates Spain
2002 Ed. (186)
2000 Ed. (174)
Bates Strategic Alliance
2003 Ed. (151)
2002 Ed. (187)
2001 Ed. (214)
2000 Ed. (175)
1999 Ed. (157)
1997 Ed. (148)
1996 Ed. (142)
Bates Sweden
2002 Ed. (188)
2001 Ed. (215)
2000 Ed. (176)
1999 Ed. (158)
Bates Ltd.; Ted
1990 Ed. (109)
1989 Ed. (121, 133)
Bates U.K.
2003 Ed. (164)
2002 Ed. (205)
Bates Ukraine
2003 Ed. (162)
2002 Ed. (202)
2001 Ed. (229)
Bates Uruguay
1999 Ed. (167)
1997 Ed. (156)
1996 Ed. (150)
Bates USA
2004 Ed. (105)
2003 Ed. (175)
2001 Ed. (186)
2000 Ed. (88, 150)
1999 Ed. (132)
1998 Ed. (62)
1997 Ed. (81, 124)
1996 Ed. (81)
1995 Ed. (104)
Bates VIAG Saatchi & Saatchi Advertising
2003 Ed. (143)
Bates Werbeagentur; Ted
1989 Ed. (108)
Bates Worldwide
1999 Ed. (47, 48)
1998 Ed. (32, 42, 43)
1997 Ed. (40, 47, 49, 50, 54)
1996 Ed. (43, 50, 53, 57, 100)
Bates Yugoslavia
2002 Ed. (212)
2001 Ed. (242)
Bateson Co.; J. W.
1992 Ed. (1409)
Batesville Casket Co.
2008 Ed. (3563)
2006 Ed. (3395)
2003 Ed. (3286)
Batey Ads
1990 Ed. (147)
1989 Ed. (156)
Batey Ads Malaysia
2001 Ed. (168)
2000 Ed. (128)
1999 Ed. (122)
1996 Ed. (113)
Batey Ads (Red Cell)
2003 Ed. (145)
Batey Ads Singapore
2002 Ed. (178)
2001 Ed. (206)
2000 Ed. (168)
1999 Ed. (150)
1997 Ed. (141)
1996 Ed. (135)
Batey Communications
1991 Ed. (147)
Batey Communications Group
1995 Ed. (121)
1994 Ed. (114)
1993 Ed. (135)
1992 Ed. (204)
Bath additives
2002 Ed. (670)
Bath & body products
2002 Ed. (3636, 3637)
Bath & Body Works
2008 Ed. (531, 532, 2769, 4343, 4452)
2006 Ed. (4185)
2003 Ed. (644, 646, 2545)
Bath & shower products
2001 Ed. (1920)
Bath & Tile Center (T) Ltd.
2001 Ed. (84)
Bath/closet goods
2001 Ed. (2812)
Bath Fitter
2004 Ed. (2169)
2003 Ed. (2123)
2002 Ed. (2288)
Bath fragrance
2004 Ed. (660)
Bath fragrances/bubble bath
2000 Ed. (4149)
Bath goods
2005 Ed. (2870)
Bath Iron Works Corp.
2008 Ed. (1896, 1897)
2007 Ed. (1862)
2006 Ed. (1858, 1859)
2005 Ed. (1851, 1852)
2004 Ed. (1785, 1786)
2003 Ed. (1749)
2001 Ed. (1782, 1783)
1989 Ed. (2882)
Bath, laundry closet and storage
1991 Ed. (1977)
Bath oil
2002 Ed. (670)
Bath preparations
1996 Ed. (2977)
Bath products
1995 Ed. (2895)
Bath products, baby
2002 Ed. (422)
Bath soap
1991 Ed. (733)
Bath Subaru-Peugeot
1992 Ed. (395)
Bath Towels
1989 Ed. (1236)
Bath toys
1998 Ed. (3605)
Bathcrest Inc.
2004 Ed. (2169)
2003 Ed. (2123)
2002 Ed. (2288)
Batherapy
2003 Ed. (642)
Bathroom & personal
2000 Ed. (2588)
Bathroom cleaners
2002 Ed. (1065)
Baths
2001 Ed. (4743)
Batic Inc.
2008 Ed. (1882, 4688, 4689)
2007 Ed. (4764, 4765)
2006 Ed. (4758, 4760)
2005 Ed. (4704, 4708)
2004 Ed. (4727, 4731)
2003 Ed. (4745, 4747)
2001 Ed. (4561, 4562)
Batig Ges Fuer Beteiligungen MBH
2000 Ed. (4259)
Batig Gesellschaft Fuer Beteilgungen mbH
1995 Ed. (3625)
1994 Ed. (3547)
Batirente Bond
2002 Ed. (3431)
2001 Ed. (3460)
Batirente Bonds
2004 Ed. (727)
2003 Ed. (3563)
Batirente Canadian Equity
2002 Ed. (3440)
Batley Holdings Ltd.; L.
1995 Ed. (1014)
1994 Ed. (1001)
Batliboi & Co.; S. R.
1997 Ed. (11)
Batman
2000 Ed. (4274, 4278, 4279)
1999 Ed. (4639)
1998 Ed. (3607)
1996 Ed. (2490, 3720)
1995 Ed. (3704)
1992 Ed. (4398)
1991 Ed. (2488, 2489, 2579, 3448)
Batman Action Figures
1994 Ed. (3558)
Batman & Robin
1999 Ed. (3447, 3448)
Batman Begins
2007 Ed. (3642)
Batman Forever
1997 Ed. (3772)
Batman Returns
1995 Ed. (2614)
Batman The Ride
1995 Ed. (3165)
Baton Broadcasting
1997 Ed. (729)
1996 Ed. (791)
1994 Ed. (761)
1992 Ed. (946)
Baton Rouge, LA
2008 Ed. (3112, 3119, 4817)
2007 Ed. (2997, 3004)
2006 Ed. (2975, 3326)
2005 Ed. (3339)
2004 Ed. (3316)
2003 Ed. (3903, 3904, 3906, 3911, 3913)
2002 Ed. (2732, 4289)
2000 Ed. (3575)
1998 Ed. (2483)
1997 Ed. (3304)
1996 Ed. (3207, 3208)
1995 Ed. (331, 875, 3112)

1994 Ed. (2944, 3067)
1993 Ed. (2542)
1992 Ed. (3491, 3493, 3495, 3499, 3501, 3692)
1991 Ed. (2756)
1990 Ed. (2883)
1989 Ed. (828)
Baton Rouge Teachers Credit Union
2005 Ed. (2104)
2004 Ed. (1962)
2003 Ed. (1922)
2002 Ed. (1868)
Baton Rouge Telco Credit Union
2008 Ed. (2235)
Batson Bravo Engineers PA
2008 Ed. (2514)
Batson-Cook Co.
2008 Ed. (1292)
2006 Ed. (1306)
2003 Ed. (1250)
Batson-Cook Construction
2002 Ed. (1230)
Batta Environmental Associates Inc.
2006 Ed. (3506, 4345)
Battell Memorial Institute
2006 Ed. (1372)
Battelle
1998 Ed. (1480, 1487)
Battelle Energy Alliance LLC
2008 Ed. (1793)
2007 Ed. (1765)
Battelle Memorial Institute
2008 Ed. (1349, 1353, 1358, 1366, 1367, 2599, 2600, 2881)
2007 Ed. (1399, 2470, 2471, 2765)
2006 Ed. (1360, 1362, 2502)
2005 Ed. (1358, 1369)
2004 Ed. (1353, 2432, 2439, 2440, 2442)
2003 Ed. (1353)
2001 Ed. (2290, 2297, 2298, 2299)
2000 Ed. (1845, 1852, 1854)
Batten & Shaw Inc.
2007 Ed. (1385)
Batten Sr.; Frank
2008 Ed. (4911)
Battenberg III; J. T.
2005 Ed. (984, 2484)
Battered/breaded products
2003 Ed. (3344)
Batteries
2007 Ed. (4385)
2006 Ed. (4320)
2005 Ed. (309, 2233, 2757, 2781, 4372)
2004 Ed. (2127, 4190, 4424)
2003 Ed. (3199, 3943, 3944, 4421)
2002 Ed. (3769, 4038)
2001 Ed. (2083, 2085, 2733)
1997 Ed. (1674, 3172, 3174)
1996 Ed. (3095, 3610)
1990 Ed. (3032, 3033, 3034)
Batteries Plus
2008 Ed. (879)
2007 Ed. (904)
2006 Ed. (817)
2005 Ed. (902)
2004 Ed. (282)
2002 Ed. (377)
Battery
2007 Ed. (3333)
2006 Ed. (3260)
Battery/assault
1990 Ed. (1463)
Battery chargers
2003 Ed. (2770)
Battery Park High Yield Y
1999 Ed. (3538)
Batterymarch Agrivest
1997 Ed. (1829, 2543)
1996 Ed. (2413)
1995 Ed. (2377)
1994 Ed. (1738)
1993 Ed. (2311)
1992 Ed. (2751)
Batterymarch Financial Management
1992 Ed. (2771, 2787)
1990 Ed. (2348)
1989 Ed. (1801, 2140)
Battle Creek, MI
1997 Ed. (2336, 2763)
1994 Ed. (974, 2496)
1992 Ed. (2541, 3034)
Battle Dome
1997 Ed. (3771)
The Battle for Social Security: From FDR's Vision to Bush's Gamble
2007 Ed. (653)
Battle Mountain Gold
1999 Ed. (1559, 1560, 4388, 4493)
1998 Ed. (1119, 3424)
1993 Ed. (2536)
1991 Ed. (2420)
1990 Ed. (2543, 2715)
1989 Ed. (1568, 1572, 1946, 2068, 2495, 2499)
Battlefield 2
2008 Ed. (4810)
Battlefield, VA
1997 Ed. (999)
Battlestar Galactica
2007 Ed. (3430)
Batts; Warren L.
1996 Ed. (1715)
Baturina; Elena
2008 Ed. (4883)
BATUS
1992 Ed. (1789, 1791)
1990 Ed. (1021, 1230)
Batus Holdings Inc.
2008 Ed. (1882, 4688, 4689)
2007 Ed. (4764, 4765)
2006 Ed. (4758, 4760)
2005 Ed. (4704, 4708)
2004 Ed. (4727, 4731)
2003 Ed. (4745, 4747)
2001 Ed. (4561, 4562)
Batus Industries
1989 Ed. (15)
Batus Retail
1990 Ed. (1494, 1495)
Batus Tobacco Services Inc.
2008 Ed. (4688, 4689)
2007 Ed. (4764, 4765)
2006 Ed. (4758, 4760)
2005 Ed. (4704, 4708)
2004 Ed. (4727, 4731)
2003 Ed. (4745, 4747)
2001 Ed. (4561, 4562)
Bau Holding
1996 Ed. (3793)
Bau Holding Strabag AG
2006 Ed. (1302, 1312, 1317, 1319, 1321, 1560)
2005 Ed. (1329, 1333, 1338, 1339, 1340, 1341)
Bauer
2001 Ed. (4329)
1992 Ed. (3744)
Bauer & Black
2003 Ed. (2485)
2002 Ed. (2283)
Bauer Built Inc.
2007 Ed. (4755)
2006 Ed. (4746)
2005 Ed. (4696)
Bauer; Eddie
1992 Ed. (1215)
Bauer; Fred
2006 Ed. (874)
Bauer Hynudai
1992 Ed. (385)
Bauer Hyundai
1991 Ed. (280)
1990 Ed. (327)
Bauer III; John
1996 Ed. (1798)
Bauer Jaguar
1994 Ed. (272)
1992 Ed. (387)
1991 Ed. (282)
1990 Ed. (329)
Bauer Media KG
2003 Ed. (72)
Bauflott Handels GmbH
2002 Ed. (4671)
2001 Ed. (4621)
Baugh Enterprises Inc.
2002 Ed. (1278)
Baugur Group hf
2008 Ed. (4232)
Bauhaus
2001 Ed. (2756)
Bauholding Strabag SE
2008 Ed. (1186, 1573)
Baulderstone Hornibrook
2004 Ed. (1153)
2002 Ed. (1179)
Baule SA; Michel
2008 Ed. (918)
Baum & Co.
2002 Ed. (1198)
Baum & Co.; Geome K.
1995 Ed. (3257, 3260)
Baum & Co.; George K.
1997 Ed. (3466)
1996 Ed. (3363)
1993 Ed. (3135, 3142, 3167, 3180, 3186, 3194, 3195, 3200)
Baum; George K.
1992 Ed. (3853, 3856, 3861)
Baum Printing Co.
1999 Ed. (3898)
Baum Printing House Inc.
2000 Ed. (3615)
Baum; Stephen L.
2007 Ed. (1034)
Baumann Bev Rivnay (Bates)
1996 Ed. (103)
BauMax
2006 Ed. (1690)
2001 Ed. (2756)
Bausch & Lomb Inc.
2008 Ed. (3021)
2007 Ed. (2774, 2890, 2900)
2006 Ed. (2891, 3445, 3448)
2005 Ed. (2791, 2799, 3435, 3437, 3653, 3654)
2004 Ed. (2798, 3422, 3423, 3744, 3745)
2003 Ed. (3356, 3357, 3358, 3788)
2002 Ed. (3231, 3297, 3299, 4875)
2001 Ed. (3264, 3265, 3266, 3587)
2000 Ed. (2647)
1999 Ed. (2896, 4146)
1998 Ed. (2106, 3162)
1997 Ed. (2404, 3386)
1996 Ed. (1116, 2263, 2601, 3289)
1995 Ed. (1600, 1601, 1602, 1758, 1759, 1760, 2263, 2536, 2537, 3191)
1994 Ed. (2032, 2213, 2468, 2469, 3147)
1993 Ed. (1108, 2016, 2182, 2529, 3103)
1992 Ed. (1380, 2382, 2642, 3010, 3011, 3804)
1991 Ed. (1891, 2408, 2409, 2643, 2930)
1990 Ed. (1186, 2535, 2536, 2743, 2810)
1989 Ed. (1941, 1942)
Bausch & Lomb, Daily Cleaner
1990 Ed. (1187)
Bausch & Lomb Duo-Lube
1995 Ed. (1599, 1757)
Bausch & Lomb Ocu-Lube
1995 Ed. (1599, 1757)
Bausch & Lomb Ocuvite
2004 Ed. (2100)
2003 Ed. (4858)
Bausch & Lomb Personal Products
1996 Ed. (2873)
Bausch & Lomb Pharmaceutical Products
2001 Ed. (3587)
2000 Ed. (3380)
Bausch & Lomb, Preserved Saline
1990 Ed. (1187)
Bausch & Lomb Renew
1995 Ed. (1597, 1598, 1608, 1755, 1756)
Bausch & Lomb Renu
2003 Ed. (1220)
1993 Ed. (1522)
Bausch & Lomb Renu Mutiplus
2003 Ed. (1220)
Bausch & Lomb Saline Sensitive Eye 12 oz.
1992 Ed. (1846)
Bausch & Lomb Saline Solution 12 oz.
1990 Ed. (1546, 1547)
Bausch & Lomb Sensitive Eye
2003 Ed. (1220)
Bausch & Lomb Sensitive Eyes
1993 Ed. (1521)
1990 Ed. (1187)
Bausch & Lomb, Sensitive Eyes Cleaner
1990 Ed. (1187)
Bausch & Lomb Sensitive Eyes Daily Cleaner 1 oz.
1990 Ed. (1547)
Bausch & Lomb, Sensitive Eyes Saline
1990 Ed. (1187)
Bausch & Lomb Sensitive Eyes Solution 12
1990 Ed. (1542, 1543)
Bausch & Lomb Sensitive Eyes Solution 12 oz.
1990 Ed. (1546, 1547)
Bausch & Lomb Surgical
2001 Ed. (3587, 3588)
Bausch; James
1993 Ed. (1701)
Baush & Lomb Sensitive Eyes Saline
1990 Ed. (3038, 3039)
Bausparkasse der Oesterreichischen Sparkassen AG
2001 Ed. (2432)
Bauwerk Parket AG
1994 Ed. (2415)
Bauxite
2007 Ed. (2516)
Bavaria
2006 Ed. (37, 4493)
2005 Ed. (30)
2004 Ed. (37)
2002 Ed. (4394, 4395, 4396, 4397, 4398, 4399)
2001 Ed. (25)
1989 Ed. (1102)
Bavarian Re
2001 Ed. (2956, 2958, 2961)
Bavarian Reinsurance
1999 Ed. (4034)
BAWAG
1989 Ed. (23)
BAWAG Bank CZ
2006 Ed. (431)
Bax Global
2008 Ed. (4739, 4746)
2007 Ed. (2648, 4812, 4819)
2006 Ed. (4803, 4804)
2005 Ed. (4751, 4752)
2004 Ed. (4778, 4779)
2003 Ed. (4792, 4794)
2002 Ed. (3214)
2001 Ed. (3161, 4629, 4630)
Baxa Corp.
2008 Ed. (1670, 1671, 2653)
2007 Ed. (2525)
Baxter
1995 Ed. (1538)
1993 Ed. (2771)
1990 Ed. (1460)
1989 Ed. (1191)
Baxter & Co.; J. H.
2007 Ed. (3536)
Baxter Credit Union
2008 Ed. (2230)
2007 Ed. (2115)
2006 Ed. (2194)
2005 Ed. (2099)
2004 Ed. (1957)
2003 Ed. (1889, 1917)
2002 Ed. (1863)
1994 Ed. (1505)
1993 Ed. (1452)
Baxter Healthcare Corp.
2002 Ed. (4875)
1992 Ed. (1345)
1991 Ed. (2384, 2622)
1990 Ed. (1565, 2723)
Baxter Hemoglobin Therapeutic
2004 Ed. (1682)
Baxter Hemoglobin Therapeutics
2004 Ed. (1685)
Baxter International Inc.
2008 Ed. (906, 1485, 2898)
2007 Ed. (922, 1489, 1491, 2773, 2774, 3082, 3464)
2006 Ed. (841, 2761, 2766, 3445, 3448)
2005 Ed. (932, 2791, 2793, 2795, 3433, 3434, 3435, 3437)

2004 Ed. (942, 2798, 2800, 2803, 3420, 3421, 3422, 3423)
2003 Ed. (934, 943, 2679, 3356, 3357, 3358, 3359)
2002 Ed. (2046, 3297, 3299)
2001 Ed. (1179, 3264, 3265, 3266)
2000 Ed. (739, 2647)
1999 Ed. (1503, 1901, 2896, 3822, 4146, 4147)
1998 Ed. (1124, 1523, 2106, 2457, 3162)
1997 Ed. (1314, 1814, 1816, 2404, 2747, 3386)
1996 Ed. (1727, 2263, 2600, 3289)
1995 Ed. (1320, 1415, 1579, 1748, 2263, 2536, 3191)
1994 Ed. (1386, 1392, 1551, 1731, 2032, 2034, 2213, 2468, 3147)
1993 Ed. (931, 932, 935, 1331, 1718, 2016, 2182, 3103)
1992 Ed. (1129, 1864, 2077, 2382, 2385, 2642, 2970, 3011, 3804)
1991 Ed. (922, 923, 1464, 1640, 1891, 2080, 2408, 2409, 2930)
1990 Ed. (1558, 1561, 1992, 2535, 3108, 3441)
1989 Ed. (1942)
Baxter; Peter J.
1992 Ed. (534)
Baxter Pharmacy Div.
1990 Ed. (2528)
Baxter South
1996 Ed. (2064)
Baxter Travenol
1989 Ed. (1276, 1941)
Baxter Travenol Laboratories, Inc.
1989 Ed. (273, 902, 1272)
Baxters
1996 Ed. (876)
Baxters Canned Soup
2002 Ed. (939)
Baxters Soup
1999 Ed. (1027)
The Bay
1995 Ed. (3153)
Bay Alarm Co.
2008 Ed. (4296, 4297, 4298, 4300)
2007 Ed. (4295, 4296)
2006 Ed. (4269, 4270, 4272)
2005 Ed. (4290, 4292, 4293)
2003 Ed. (4327, 4328)
2002 Ed. (4204)
2001 Ed. (4201)
2000 Ed. (3918, 3919, 3921)
1999 Ed. (4203)
1998 Ed. (3201, 3202)
1997 Ed. (3416)
Bay Alarm Company
1992 Ed. (3826)
Bay Area, CA
1991 Ed. (2348)
Bay Area Interconnect
1991 Ed. (833, 841)
Bay Area Rapid Transit District
2000 Ed. (3102)
1999 Ed. (3989)
1996 Ed. (1062)
Bay Area Reporter
1995 Ed. (2879)
Bay Bank NA
1997 Ed. (554)
Bay Banks
1989 Ed. (635)
Bay Banks Credit Corp.
1991 Ed. (265)
Bay Cable Advertising
1998 Ed. (587, 601)
1996 Ed. (856, 861)
1994 Ed. (830)
1992 Ed. (1018)
Bay Cable Group
1992 Ed. (1023)
Bay Cities Auto Auction
1992 Ed. (373)
1991 Ed. (267)
Bay County, FL
1998 Ed. (1701)
Bay Financial
1991 Ed. (2588, 2591)
Bay Group
1995 Ed. (1400)
Bay Meadow/Cal Jock Pair
1998 Ed. (155)
Bay Mechanical Inc.
2006 Ed. (3545)
Bay Medical Center
2006 Ed. (2917)
Bay Microsystems
2007 Ed. (1196)
Bay Networks Inc.
2005 Ed. (1523)
2001 Ed. (1547)
2000 Ed. (940, 1735, 1760, 2992, 4187, 4378)
1999 Ed. (1956, 1959, 2879, 3255, 3256, 4400, 4547)
1998 Ed. (196, 831, 1056, 1120, 2402, 2719, 2723, 3421)
1997 Ed. (1081, 1083, 1234, 2206, 2211, 3411)
1996 Ed. (1066)
Bay Regional Medical Center
2006 Ed. (2921)
Bay Ridge Hyundai
1990 Ed. (327, 347)
Bay State Bancorp Inc.
2004 Ed. (4570)
Bay State Gas
1998 Ed. (1808)
Bay State Milling Co.
1990 Ed. (1811)
Bay Video Center
1992 Ed. (4394)
Bay View Capital Corp.
2005 Ed. (361, 364, 4224)
2004 Ed. (549, 556, 4290)
2003 Ed. (533, 534)
2001 Ed. (577)
1996 Ed. (3687)
1992 Ed. (4288)
1991 Ed. (3366)
Bay Winds Credit Union
2006 Ed. (2165)
Bayada Nurses
1999 Ed. (2708)
Bayangol Hotel
2006 Ed. (4522)
Bayard Presse
1994 Ed. (2781)
1992 Ed. (3369)
1990 Ed. (2797)
Bayard Sales Corp.
2000 Ed. (2202)
1999 Ed. (2447)
1998 Ed. (1699)
1996 Ed. (1922)
1995 Ed. (1879)
1993 Ed. (1866)
1992 Ed. (2166)
1991 Ed. (1728)
BayBank
1996 Ed. (601)
BayBank Harvard Trust Co.
1992 Ed. (774)
Baybank Middlesex
1994 Ed. (354, 355, 527, 566)
1992 Ed. (774)
BayBank Middlesex (Burlington)
1991 Ed. (605)
BayBank Norfolk County Trust Co.(Dedham)
1991 Ed. (605)
BayBank South
1992 Ed. (774)
BayBank Systems Inc.
1996 Ed. (257)
1992 Ed. (371)
BayBanks
1998 Ed. (271, 394)
1997 Ed. (332)
1996 Ed. (258, 391, 635)
1995 Ed. (253, 254, 542, 566, 3349)
1994 Ed. (251, 3268)
1993 Ed. (264, 382, 384, 406, 564, 3278)
1991 Ed. (388, 623)
1990 Ed. (657, 658)
1989 Ed. (393)
BayBanks Systems Inc.
1991 Ed. (1512)
BayCare Health Network Inc.
2002 Ed. (3743)
2000 Ed. (3602)
1999 Ed. (3882)
BayCorp Holdings Ltd.
2005 Ed. (4674)
Bayensche Vereinsbank
1993 Ed. (2422)
Bayer
2008 Ed. (255, 909, 1466)
2007 Ed. (278, 926, 1472)
2006 Ed. (273, 842, 844, 845, 1982, 2781)
2005 Ed. (254, 941, 942, 1566, 1945)
2004 Ed. (247, 950, 1842)
2003 Ed. (282, 284, 1053, 1810, 2109, 4436, 4861)
2002 Ed. (319, 320, 2734, 3084)
2001 Ed. (383, 385, 1180, 1834)
2000 Ed. (1024, 1027, 1028, 1029, 1030, 1031, 1439, 3512, 3559, 3566, 3567, 4344)
1999 Ed. (196, 274, 277, 1081, 1082, 1083, 1095, 1096, 1097, 1098, 1100, 1101, 1102, 1103, 1636, 2525, 2538, 4605, 4711)
1998 Ed. (101, 700, 704, 705, 706, 707, 1346, 1538, 2104, 2812, 2876)
1997 Ed. (176, 253, 957, 961, 963, 964, 965, 1415, 1658, 2013)
1995 Ed. (221, 1618)
1994 Ed. (220, 1558, 1573, 1575)
1993 Ed. (161, 229, 230, 909, 911, 912, 913, 918, 921, 1319, 1320, 1321, 1517, 1518, 1531, 1902, 1903, 3007)
1992 Ed. (334, 335, 1117, 1118, 1121, 1622, 1624, 1839, 1873, 1874, 2231, 2232, 4235)
1991 Ed. (240, 912, 1293, 1295, 1775, 1776, 2367, 168, 911, 2792)
1990 Ed. (952, 953, 955, 956, 959, 1371, 1568, 1569, 1570, 2777, 3461, 3547)
1989 Ed. (256, 892, 893, 2192)
Bayer AG
2008 Ed. (37, 46, 912, 917, 921, 922, 923, 925, 926, 928, 1411, 1418, 3559, 3950, 3955)
2007 Ed. (33, 939, 940, 941, 945, 946, 947, 948, 949, 951, 952, 1743, 3989)
2006 Ed. (853, 854, 856, 858, 859, 860, 861, 863, 3341, 3381, 3883, 3893, 4504)
2005 Ed. (950, 951, 953, 954, 955, 956, 1462, 1502, 3694, 3814, 3827)
2004 Ed. (24, 951, 958, 959, 960, 961, 962, 1458, 1467, 1486, 1719, 3775, 3881)
2003 Ed. (937, 944, 945, 946, 947, 1456, 1686, 3750, 3868)
2002 Ed. (246, 987, 998, 1008, 1009, 1010, 1011, 1012, 1013, 1016, 1020, 1021, 1436, 1497, 1663, 2018, 2046, 2364, 3220, 4414, 4415, 4416, 4506)
2001 Ed. (23, 275, 276, 1176, 1187, 1188, 1198, 1211, 1221, 1225, 1716, 1717, 2070, 2071, 2506, 4685)
2000 Ed. (2274)
1999 Ed. (2526)
1998 Ed. (2979)
1997 Ed. (962, 1391, 1413, 2086, 2087)
1996 Ed. (223, 751, 934, 938, 939, 943, 1352, 1353, 1580, 1970, 1971)
1995 Ed. (958, 962, 964, 965, 966, 1401, 1402, 1591, 1594, 2934, 3097)
1994 Ed. (12, 722, 922, 928, 929, 930, 935, 1376, 1377, 1563, 1918, 1919, 2820)
1992 Ed. (1116, 3594)
1990 Ed. (169, 1370, 2778, 2937)
1989 Ed. (27, 187, 1106, 1107, 1110, 1119, 1144)
Bayer Aspirin
2008 Ed. (254)
2003 Ed. (278)
Bayer Aspirin 100s
1990 Ed. (1539)
Bayer Aspirin, Tablets
1990 Ed. (3038, 3039)
Bayer Bess Vanderwarker
1998 Ed. (52)
1995 Ed. (56)
1994 Ed. (76)
1993 Ed. (86)
1992 Ed. (133)
1990 Ed. (74)
1989 Ed. (135)
Bayer BV
2004 Ed. (4930)
Bayer CropScience Inc.
2008 Ed. (1612)
2007 Ed. (1614)
2006 Ed. (1594)
Bayer CropScience AG
2004 Ed. (967)
Bayer de Mexico
1996 Ed. (1732)
Bayer Diagnostic Division
2002 Ed. (3298)
2001 Ed. (3267)
1997 Ed. (2743)
Bayer Diagnostics Division
2000 Ed. (3076)
Bayer Employees Credit Union
2008 Ed. (2268)
2007 Ed. (2153)
2006 Ed. (2232)
2005 Ed. (2137)
2004 Ed. (1995)
2003 Ed. (1955)
2002 Ed. (1900)
Bayer Group
1997 Ed. (1414, 3232)
1996 Ed. (1351, 3147)
1994 Ed. (1375)
1992 Ed. (1623)
1991 Ed. (1294)
1990 Ed. (954)
1989 Ed. (891)
Bayer Indonesia
1991 Ed. (1303, 2012)
1990 Ed. (1381)
1989 Ed. (1127)
Bayer Material Science AG
2006 Ed. (849)
Bayer Pharmaceuticals
1997 Ed. (1655, 2740)
Bayer-Roche
2003 Ed. (282)
Bayer/Shanghai Chloralkali Co.
2002 Ed. (3720)
Bayer USA
1993 Ed. (906, 916)
1992 Ed. (1107, 1111, 1122)
1991 Ed. (904, 907, 903)
1990 Ed. (943, 945, 957)
Bayer Yakuhin
2005 Ed. (2804)
Bayerische Hypo.-& Wechsel-Bank
1996 Ed. (517)
1995 Ed. (475)
Bayerische Hypo- und Vereinsbank
2000 Ed. (2847)
Bayerische Hypo- und Vereinsbank AG
2007 Ed. (19, 1443, 1780)
2001 Ed. (624)
Bayerische Hypo- und Verinsbank AG
2006 Ed. (4598)
2005 Ed. (495)
2003 Ed. (490)
Bayerische Hypotheken
2000 Ed. (2926)
1999 Ed. (3180)
1998 Ed. (2348, 2352)
1990 Ed. (580)
Bayerische Hypotheken & Wechael
1989 Ed. (542)
Bayerische Hypotheken & Wechsel Bank
2000 Ed. (538)
1999 Ed. (528, 529)
1997 Ed. (478)
1994 Ed. (493)
1993 Ed. (491)
1992 Ed. (683)

Bayerische Hypotheken und Vereinsbank AG
2002 Ed. (338, 557, 563, 581, 663, 1663, 2276, 3189)
2001 Ed. (606, 607, 608, 630)
Bayerische Hypotheken-und Wechsel-Bank
1991 Ed. (528, 529)
1990 Ed. (581)
Bayerische Landesanstalt
1989 Ed. (576)
Bayerische Landesbank
2008 Ed. (418, 1812)
2007 Ed. (452)
2006 Ed. (446)
2005 Ed. (512)
2004 Ed. (504, 533)
2003 Ed. (498)
2002 Ed. (563)
2001 Ed. (607, 608, 627)
2000 Ed. (538)
1999 Ed. (528, 529)
1995 Ed. (475)
1994 Ed. (493, 1677)
1993 Ed. (491, 1657)
1992 Ed. (683)
1990 Ed. (580)
1989 Ed. (542)
Bayerische Landesbank Girozentrale
2000 Ed. (530, 2929, 2930)
1999 Ed. (520, 3183, 3184)
1998 Ed. (351, 2348, 2355, 2356)
1997 Ed. (478, 2546)
1996 Ed. (517, 2481)
1991 Ed. (528, 529)
1990 Ed. (581)
Bayerische Motoren Werke AG
2008 Ed. (293, 301, 1041, 1043, 1045, 1049, 1050, 1767, 1768, 1770, 1832, 1851, 3559, 3667, 3757, 3758)
2007 Ed. (130, 312, 314, 316, 1327, 1692, 1739, 1740, 1741, 1743, 3423, 3645, 3646, 4716)
2006 Ed. (80, 137, 1468, 1723, 1732, 1733, 1735, 2484, 3351, 3378, 3381, 3581, 3582, 3583, 4085)
2005 Ed. (298, 1495, 1771, 3020, 3179, 3522, 3523)
Bayerische Motoren Werke AG (BMW)
2004 Ed. (290, 291, 292, 295, 296, 297, 298, 306, 809, 883, 1479, 1651, 1714, 1719, 2171, 3360, 3524)
2003 Ed. (321, 322, 323, 329, 1686, 1700, 1708, 2326)
2002 Ed. (349, 366, 1496, 3402, 4669, 4896)
2001 Ed. (17, 34, 52, 64, 71, 453, 519, 520, 1714, 1715, 3229, 3399, 3835, 4619)
Bayerische Motoren Werke Group AG BMW
2000 Ed. (1438)
Bayerische Motorenwerke AG
2000 Ed. (4295)
1997 Ed. (1413, 2087, 3791)
1996 Ed. (1214, 3735)
Bayerische Motorenwerke Aktiengesellschaft
1995 Ed. (3659)
1994 Ed. (3575)
Bayerische Vereinbak AG
1997 Ed. (2015)
Bayerische Vereinsbank
2000 Ed. (538, 2930)
1999 Ed. (528, 529)
1994 Ed. (493, 1677)
1993 Ed. (491, 1672, 1676, 1865)
1992 Ed. (1998)
1991 Ed. (528, 529, 2300)
1990 Ed. (580, 581, 1678, 1682)
1989 Ed. (542, 1362)
Bayerische Vereinsbank AG
1997 Ed. (478)
1996 Ed. (496, 517)
1995 Ed. (475)
Bayerische Vereinsbank International
1992 Ed. (683, 722)
Bayern Munich
2008 Ed. (4454)
2007 Ed. (4465)
2006 Ed. (4398)
2005 Ed. (4391)
2003 Ed. (747)
2002 Ed. (4307)
2001 Ed. (4301)
Bayernwerk
1996 Ed. (1214)
Bayernwerk AG
2001 Ed. (3949)
Bayfront Medical Center
1997 Ed. (2266)
Baygon Insecticide
1989 Ed. (35)
Bayhead Products Corp.
2008 Ed. (3721, 4972)
Bayley Construction Inc.; Robert E.
1993 Ed. (3307, 3308)
Baylor College of Medicine
2008 Ed. (3640)
2007 Ed. (3468)
2001 Ed. (3256)
2000 Ed. (3071)
1999 Ed. (3333)
1991 Ed. (891, 1003)
1989 Ed. (957)
Baylor Health Care System
2008 Ed. (2112)
2007 Ed. (2015)
2006 Ed. (2045, 3589)
2005 Ed. (1976)
2000 Ed. (3183, 3747)
1999 Ed. (3464)
1997 Ed. (2827)
1996 Ed. (2708)
1994 Ed. (2575)
1992 Ed. (3129)
1991 Ed. (2504)
1990 Ed. (2634)
Baylor Health Care System, Louisville
1995 Ed. (2630)
Baylor University
2004 Ed. (820, 823)
2002 Ed. (889)
Baylor University Medical Center
1999 Ed. (2742, 2744)
1995 Ed. (2140)
Bayly Corp.
1989 Ed. (2672)
Baymont Inns Inc.
2006 Ed. (2937)
Baymont Inns & Suites
2005 Ed. (2933)
2004 Ed. (2940)
2001 Ed. (2790)
Bayona; Juan Pablo
1996 Ed. (1909)
The Bayou Cos.
2007 Ed. (1378)
2006 Ed. (1326)
The Bayou Cos. LLC
2008 Ed. (1311)
Bayou International
1992 Ed. (3309)
Bayou Steel
1993 Ed. (3449)
Bayport Industrial Complex
1997 Ed. (2375)
1996 Ed. (2249)
1994 Ed. (2189)
Bayshore Home Health
2008 Ed. (1614, 2012)
Bayshore Solutions
2005 Ed. (833)
Bayshore Tax-Free
1992 Ed. (3168)
Bayshore Transportation System Inc.
2007 Ed. (3544, 4405)
Bayside Market Place
1997 Ed. (248)
Bayside Solutions
2008 Ed. (2480)
Bayside State Prison
1999 Ed. (3902)
Baystate Medical Center Inc.
2008 Ed. (1907, 3063)
2007 Ed. (1870)
2001 Ed. (1788)
Baystate Medical Systems
2008 Ed. (1907)
2007 Ed. (1870)
Baytex Energy Trust
2007 Ed. (4576)
Baytown Teachers Credit Union
2004 Ed. (1931)
Baytree Investors Inc.
1990 Ed. (1245)
Bayview Cadillac
1996 Ed. (267)
1995 Ed. (266)
1994 Ed. (255, 264, 289, 291, 292)
1993 Ed. (295, 299, 300, 301)
1992 Ed. (378, 410, 417)
1991 Ed. (269, 274, 276, 305)
1990 Ed. (338)
Bayview Nissan
1992 Ed. (420)
1991 Ed. (310)
The Bazaar
2006 Ed. (1142)
Bazinet; Jason
2008 Ed. (2692)
BB Acoes Embraer
2004 Ed. (3653)
BB & M
2003 Ed. (133)
2002 Ed. (165)
2001 Ed. (194)
BB & M Ammirati Puris Lintas
2000 Ed. (156)
1999 Ed. (139)
BB & M Publicidad
1989 Ed. (148)
BB & T Corp.
2008 Ed. (524, 1992, 1993)
2007 Ed. (379, 386, 1926, 1927, 2561)
2006 Ed. (384, 397, 399, 401, 405, 543, 1943, 1944, 2893)
2005 Ed. (355, 356, 357, 359, 423, 439, 440, 447, 640, 1555, 1913, 1914, 1915, 2594, 2595, 3306)
2004 Ed. (416, 433, 441, 1540, 1830, 2610, 2611)
2003 Ed. (421, 437, 439, 449, 631, 632, 1795)
2002 Ed. (435, 438, 1747)
2001 Ed. (574, 594, 650, 651)
2000 Ed. (432, 1527)
BB & T Capital Markets
2001 Ed. (883, 923, 939, 940)
BB & T Financial Corp.
1999 Ed. (436, 666, 4031)
1996 Ed. (360, 3183)
1995 Ed. (2793, 2794, 3356, 3518)
1994 Ed. (3275)
1993 Ed. (3285)
1992 Ed. (518, 523, 524)
1991 Ed. (394)
BB & T Insurance Services Inc.
2008 Ed. (3236, 3237, 3240, 3241, 3242, 3243)
2007 Ed. (3095)
2006 Ed. (1421, 3072, 3073, 3075, 3079)
2005 Ed. (3069, 3073)
2004 Ed. (3062, 3063)
BB Guanabara
2002 Ed. (3479)
BB Patrimonial Acoes
2002 Ed. (3479)
B.B. Real Estate Inv.
1990 Ed. (2965)
BBA
2007 Ed. (4837)
2006 Ed. (4822, 4823)
2005 Ed. (4773)
2001 Ed. (3551)
2000 Ed. (3356)
BBA Fiberweb
2008 Ed. (3799)
2007 Ed. (3708)
BBA Group
2007 Ed. (4838)
1997 Ed. (2952)
1992 Ed. (480)
BBA Group plc
2006 Ed. (3725)
2005 Ed. (3609)
2004 Ed. (3699)
BBA Icatu
2004 Ed. (3204)
BBA Nonwovens
1999 Ed. (3631)
1998 Ed. (2689)
BB&T Corp.
2000 Ed. (3745, 3746)
BB&T Financial Corp.
2000 Ed. (428)
BB&T Interm US Government Bond Tr
2000 Ed. (626)
BB&T South Carolina
2000 Ed. (434)
BBC
2008 Ed. (648, 1053)
2007 Ed. (1160)
2006 Ed. (1068)
2005 Ed. (1060)
2004 Ed. (758)
2001 Ed. (4781)
1996 Ed. (3888)
1994 Ed. (3681)
BBC America
2006 Ed. (1471)
BBC (Bearer)
1996 Ed. (3889)
BBC Brown Boveri
1996 Ed. (1452)
1995 Ed. (1495)
1994 Ed. (1455, 3682)
1992 Ed. (1696)
1991 Ed. (1352, 1354)
1990 Ed. (1424)
1989 Ed. (1164)
BBC Brown Boveri AG
1997 Ed. (1518, 3931, 3932)
1993 Ed. (1407, 3742, 3743)
1992 Ed. (4497, 4498)
BBC-Brown Boveri Group
1989 Ed. (1289)
BBC Good Food
1996 Ed. (2975)
BBC Homes & Antiques
2000 Ed. (3498)
BBC One
2008 Ed. (709)
2007 Ed. (721, 740)
BBC Online
2003 Ed. (3051)
BBC Two
2008 Ed. (688)
BBCi
2004 Ed. (3159)
BBD0 South
1992 Ed. (206)
BBDO
2005 Ed. (97, 101)
2004 Ed. (103, 123, 124, 126)
2003 Ed. (65)
2002 Ed. (98)
2001 Ed. (127)
2000 Ed. (43, 88, 150, 154)
1999 Ed. (37, 82, 132)
1998 Ed. (30, 54, 62)
1997 Ed. (81, 115, 119, 124)
1996 Ed. (58, 59, 81)
1995 Ed. (44, 67, 68, 104)
1994 Ed. (84, 105)
1993 Ed. (78, 122)
1992 Ed. (113, 186, 191, 4228, 4228)
1991 Ed. (840, 3317)
1990 Ed. (74, 149, 881)
1989 Ed. (98)
BBDO Advertising
1990 Ed. (147)
BBDO/Athens
1992 Ed. (154)
1991 Ed. (103)
1990 Ed. (106)
1989 Ed. (111)
BBDO Bangkok
2003 Ed. (157)
2002 Ed. (197)
2001 Ed. (224)
BBDO Belgium
2003 Ed. (49)
2002 Ed. (83)
2001 Ed. (110)
2000 Ed. (66)
1999 Ed. (62)
1997 Ed. (64)
1996 Ed. (66)

1995 Ed. (50)
1994 Ed. (72)
BBDO Budapest
2003 Ed. (83)
2002 Ed. (116)
2001 Ed. (143)
2000 Ed. (103)
1999 Ed. (99)
BBDO Canada
2003 Ed. (57)
2002 Ed. (90)
2001 Ed. (119)
2000 Ed. (75, 76, 76)
1999 Ed. (70, 71)
1997 Ed. (70)
1996 Ed. (69)
1995 Ed. (53)
1994 Ed. (74)
BBDO Chicago
2000 Ed. (77)
1998 Ed. (52)
1995 Ed. (56)
1994 Ed. (76)
1993 Ed. (86)
1992 Ed. (133)
1991 Ed. (85)
1990 Ed. (87)
1989 Ed. (135)
BBDO/Chile
1990 Ed. (88)
BBDO/CNUAC
1995 Ed. (58)
1994 Ed. (78)
BBDO de Chile
2003 Ed. (58)
2002 Ed. (91)
2001 Ed. (120)
2000 Ed. (78)
1999 Ed. (72)
1997 Ed. (71)
1996 Ed. (70)
1995 Ed. (57)
1994 Ed. (77)
1993 Ed. (87)
1991 Ed. (86)
BBDO Denmark
2000 Ed. (85)
1999 Ed. (79)
1997 Ed. (78)
1995 Ed. (64)
BBDO Detroit
2008 Ed. (3600)
2007 Ed. (3432, 3433)
2005 Ed. (113)
2004 Ed. (114)
2001 Ed. (128, 129)
2000 Ed. (86)
1999 Ed. (80)
1998 Ed. (53)
1997 Ed. (79)
1996 Ed. (79)
1995 Ed. (65)
1994 Ed. (83)
1993 Ed. (93)
1992 Ed. (141)
1991 Ed. (92)
1990 Ed. (94)
BBDO Detroit CRM
2006 Ed. (3418, 3419)
BBDO Dongbang
2003 Ed. (149)
BBDO Espana
2003 Ed. (150)
2002 Ed. (186)
2001 Ed. (210)
2000 Ed. (174)
1999 Ed. (156)
1997 Ed. (147)
1996 Ed. (141)
1995 Ed. (127)
1994 Ed. (118)
1993 Ed. (137)
1992 Ed. (209)
1991 Ed. (151)
1990 Ed. (151)
1989 Ed. (162)
BBDO Group
2001 Ed. (140, 227)
2000 Ed. (100, 183)
1999 Ed. (94, 164)
1995 Ed. (134)
BBDO Group Germany
2003 Ed. (76)
2002 Ed. (111)
2001 Ed. (138)
2000 Ed. (97)
1999 Ed. (91)
1997 Ed. (90)
1996 Ed. (89)
1995 Ed. (76)
1994 Ed. (89)
1991 Ed. (100)
BBDO Group Greece
2003 Ed. (78)
2002 Ed. (113)
1997 Ed. (93)
1996 Ed. (92)
1995 Ed. (78)
1994 Ed. (91)
1993 Ed. (103)
BBDO Guatemala
2003 Ed. (79)
2002 Ed. (114)
2001 Ed. (141)
2000 Ed. (101)
1997 Ed. (94)
1996 Ed. (93)
1995 Ed. (79)
BBDO Helsinki
2003 Ed. (73)
2002 Ed. (107)
2001 Ed. (135)
1999 Ed. (88)
BBDO Helsinki Oy
2000 Ed. (94)
1997 Ed. (88)
1996 Ed. (87)
BBDO Holding
2003 Ed. (44)
2002 Ed. (78)
2001 Ed. (105)
1996 Ed. (78)
BBDO Hong Kong
1992 Ed. (157)
1991 Ed. (107)
1990 Ed. (109)
BBDO/I&S
2000 Ed. (116)
BBDO International
1990 Ed. (114)
1989 Ed. (119)
BBDO Italy
1997 Ed. (106)
1996 Ed. (104)
BBDO/Komunika
2003 Ed. (85)
2002 Ed. (118)
BBDO Los Angeles
1989 Ed. (173)
BBDO Marketing
1997 Ed. (137)
1996 Ed. (133)
1995 Ed. (119)
1994 Ed. (113)
1993 Ed. (133)
BBDO Mexico
2003 Ed. (121)
2002 Ed. (149)
2001 Ed. (179)
2000 Ed. (141)
1999 Ed. (123)
1997 Ed. (117)
1995 Ed. (98)
1994 Ed. (101)
BBDO Moscow
2003 Ed. (143)
2002 Ed. (176)
2001 Ed. (204)
2000 Ed. (165)
1999 Ed. (148)
BBDO Myres
2003 Ed. (130)
2002 Ed. (162)
BBDO Nederland
2003 Ed. (126)
2002 Ed. (155)
2001 Ed. (184)
2000 Ed. (147)
1999 Ed. (129)
1997 Ed. (122)
1996 Ed. (118)
1995 Ed. (102)
1994 Ed. (103)
1993 Ed. (120)
1992 Ed. (183)
BBDO Nicaragua
2003 Ed. (128)
2002 Ed. (160)
2001 Ed. (189)
2000 Ed. (152)
1996 Ed. (121)
1995 Ed. (106)
BBDO Oslo
2001 Ed. (191)
1997 Ed. (127)
BBDO-Panama
2001 Ed. (194)
1999 Ed. (139)
BBDO Paris
2003 Ed. (74)
2002 Ed. (110)
2001 Ed. (137)
2000 Ed. (96)
BBDO Peru
2003 Ed. (135)
2002 Ed. (167)
2001 Ed. (196)
2000 Ed. (158)
1999 Ed. (141)
1997 Ed. (131)
BBDO Portugal
2003 Ed. (138)
2002 Ed. (170)
2001 Ed. (199)
2000 Ed. (162)
1999 Ed. (145)
1997 Ed. (134)
BBDO Puerto Rico
2002 Ed. (172)
2001 Ed. (201)
1998 Ed. (64)
1997 Ed. (135)
1996 Ed. (131)
1995 Ed. (117)
1994 Ed. (112)
1993 Ed. (131)
1992 Ed. (201)
1991 Ed. (145)
1990 Ed. (145)
1989 Ed. (154)
BBDO Singapore
1996 Ed. (135)
BBDO South
2004 Ed. (129, 130)
2003 Ed. (172)
2002 Ed. (182, 183)
2000 Ed. (172)
1999 Ed. (154)
1998 Ed. (65)
1997 Ed. (59, 145)
1996 Ed. (139)
1995 Ed. (125)
1994 Ed. (116)
BBDO South Africa
2003 Ed. (148)
2002 Ed. (181)
BBDO Sweden
2000 Ed. (176)
1999 Ed. (158)
BBDO Venezuela
2003 Ed. (179)
2002 Ed. (208)
2001 Ed. (239)
2000 Ed. (189)
1999 Ed. (168)
1997 Ed. (157)
1996 Ed. (151)
1995 Ed. (138)
BBDO Warsaw
1999 Ed. (144)
1997 Ed. (133)
BBDO West
2000 Ed. (125)
1999 Ed. (119)
1998 Ed. (59)
BBDO Worldwide
2008 Ed. (119, 123)
2007 Ed. (109, 114, 116)
2006 Ed. (107, 109, 120, 122, 745)
2005 Ed. (110, 116, 117)
2004 Ed. (112, 117)
2003 Ed. (28, 29, 36, 37, 38, 39, 40, 87, 165, 166)
2002 Ed. (63, 65, 70, 71, 72, 73, 74, 101, 102, 119)
2001 Ed. (97, 98, 99, 100, 101, 102, 146, 164, 186, 202, 220, 221, 222, 223)
2000 Ed. (42, 44, 45, 46, 47, 48, 49, 51, 52, 53, 56, 110)
1999 Ed. (35, 36, 38, 39, 40, 41, 44, 45, 47, 48, 49, 50, 51, 53, 105)
1998 Ed. (31, 32, 33, 34, 35, 36, 39, 40, 41, 42, 43, 44, 45, 48, 49, 56, 597, 3493, 3494)
1997 Ed. (37, 38, 39, 40, 42, 43, 44, 46, 47, 48, 50, 53, 54, 56, 85, 102)
1996 Ed. (40, 41, 42, 43, 45, 46, 47, 49, 50, 51, 52, 53, 54, 57, 100)
1995 Ed. (25, 26, 27, 28, 29, 31, 32, 34, 37, 38, 39, 40, 42)
1994 Ed. (50, 51, 52, 53, 54, 55, 56, 57, 59, 60, 61, 65, 66, 67, 68)
1993 Ed. (59, 60, 62, 63, 66, 69, 70, 71, 72, 75, 111, 117)
1992 Ed. (101, 102, 103, 106, 107, 109, 111, 114, 115, 116, 118, 162, 165, 175, 3598)
1991 Ed. (58, 59, 60, 63, 64, 65, 66, 67, 68, 70, 111)
1990 Ed. (13, 58, 59, 60, 61, 62, 68, 71, 112)
1989 Ed. (61, 64, 74, 118)
BBDO Zagreb
2003 Ed. (62)
2002 Ed. (95)
2001 Ed. (124)
2000 Ed. (82)
1999 Ed. (76)
1997 Ed. (75)
1996 Ed. (75)
1995 Ed. (61)
BBDP, Inc.
2002 Ed. (2501)
BBDQ
1991 Ed. (149)
BBFS Consultants Inc.
2008 Ed. (16)
BBG-BBGM
2007 Ed. (2960)
2004 Ed. (2350)
BBH
1992 Ed. (152, 153)
BBH European Equity
2004 Ed. (3636, 3648)
BBH Inflation Index Securities
2005 Ed. (694)
BBH Real Return
2008 Ed. (607)
BBI China Beach
1997 Ed. (2554)
BBK
1999 Ed. (3927)
1998 Ed. (2942)
1996 Ed. (3110)
1995 Ed. (3010)
1994 Ed. (2951)
BBK/Euro RSCG
1994 Ed. (81)
BBL
2000 Ed. (788, 789)
1999 Ed. (771)
1997 Ed. (700)
1990 Ed. (560, 563)
BBL Asset Management Co.
1999 Ed. (2895)
BBL-Columbia Development
2005 Ed. (2814)
2002 Ed. (2456)
2001 Ed. (1399)
BBl Construction Services LLC
2008 Ed. (1321)
BBL Development Group
2006 Ed. (2797)
BBL Medical Facilities
2006 Ed. (2793)
2005 Ed. (2815)
2002 Ed. (1173)
2001 Ed. (404)
2000 Ed. (312)
BBM Brady FIF
2005 Ed. (3577)
BBN
2005 Ed. (120)
BBP Concrete Co.
2007 Ed. (1281, 1393)

2006 Ed. (1175, 1290, 1349)
BBR Saatchi & Saatchi
2003 Ed. (90)
2002 Ed. (123)
2001 Ed. (150)
BBV
2000 Ed. (752, 753)
1996 Ed. (2289)
BBV Banco
2005 Ed. (1564)
BBV Banco Continental
2002 Ed. (634)
BBV—Banco Ganadero
2005 Ed. (479)
2004 Ed. (466)
2000 Ed. (496)
BBV Brasil
2005 Ed. (1563)
BBV Gestinova
1999 Ed. (3102)
BBVA
2008 Ed. (506, 734, 1816, 2084, 2086)
2007 Ed. (495, 538, 755)
BBVA Banco BHIF
2005 Ed. (476)
2004 Ed. (464)
BBVA Banco Continental
2008 Ed. (491)
2007 Ed. (539, 540)
2006 Ed. (512)
2005 Ed. (596)
2004 Ed. (606)
BBVA Banco Frances
2008 Ed. (378)
2007 Ed. (395, 396)
2006 Ed. (411)
2005 Ed. (458)
2004 Ed. (447)
BBVA Banco Ganadero
2007 Ed. (421)
2006 Ed. (427)
BBVA Banco Provincial
2007 Ed. (571)
BBVA Banco Provincial—Banco Universal
2008 Ed. (522)
BBVA Bancomer
2008 Ed. (459, 739)
2007 Ed. (499, 763)
2006 Ed. (483)
2005 Ed. (562, 577)
2004 Ed. (575)
2003 Ed. (559, 561, 563, 1757)
BBVA Bancomer; Grupo Financiero
2008 Ed. (461, 462, 463, 464, 465, 466, 467, 476)
2007 Ed. (501, 502, 503, 504, 505, 506, 507, 519, 520)
2006 Ed. (485, 500)
2005 Ed. (564, 578)
BBVA Bancomer, SA de CV; Grupo Financiero
2005 Ed. (579, 1865)
BBVA BHIF Bonos International
2003 Ed. (3617)
BBVA Chile
2008 Ed. (396, 462, 465, 466)
2007 Ed. (418, 419)
2006 Ed. (425)
BBVA Continental
2008 Ed. (462, 463, 464, 465, 466, 467)
2007 Ed. (502, 503, 504, 505, 506, 507)
BBVA Frances
2007 Ed. (505, 506)
BBVA Ganadero
2007 Ed. (502, 503, 504, 506)
BBVA Global Finance
2007 Ed. (2161)
BBVA (Panama)
2005 Ed. (474)
BBVA Preferred Capital Ltd.
2003 Ed. (4576)
BBVA Provincial
2008 Ed. (463)
BBVA SA
2008 Ed. (4537)
BBVA Senior Finance SA
2008 Ed. (2280)
BBVA U.S. Senior SA
2008 Ed. (2280)
BBY
1993 Ed. (1638)
B.C. Bancorp
1997 Ed. (430)
1996 Ed. (466)
BC Biomedical Laboratories Ltd.
2006 Ed. (1591)
2005 Ed. (1698, 1713, 1714, 1715, 1718, 2373, 2471, 2472)
BC/BS of Connecticut
1991 Ed. (1723)
B.C. Central Credit Union
1997 Ed. (1571)
1995 Ed. (1537)
BC Ethic
2001 Ed. (1264)
B.C. Ferry Corp.
1992 Ed. (4339)
BC Gas
2005 Ed. (1668)
2003 Ed. (1631, 2142)
1997 Ed. (2132)
1994 Ed. (1964)
1992 Ed. (2276)
BC Gas Utility
1997 Ed. (2132)
1996 Ed. (2012)
BC Graphics
2000 Ed. (909)
B.C. Hydro & Power
1997 Ed. (1692, 2156)
1996 Ed. (1613, 2038)
1994 Ed. (1594, 1986)
1992 Ed. (1897, 2342)
BC Hydro & Power Authority
2006 Ed. (1573, 2708)
2005 Ed. (1666, 1667, 2747)
BC Liquor Distribution Branch
2006 Ed. (1573)
B.C. Pacific Capital Corp.
2007 Ed. (2853)
BC Partners Ltd.
2006 Ed. (1430)
2004 Ed. (3342)
2002 Ed. (3080)
B.C. Rail
1992 Ed. (4339)
B.C. Rogers Poultry Inc.
1992 Ed. (2989, 3506)
BC Sugar Refinery
1992 Ed. (2194)
1991 Ed. (1745)
1990 Ed. (1827)
BC Tel
1996 Ed. (3648)
BC Telecom
1997 Ed. (3707)
BC Telephone
1997 Ed. (3707)
1991 Ed. (748)
1990 Ed. (1337)
B.C. Transit
1996 Ed. (3732)
1994 Ed. (3571)
1992 Ed. (4339)
BC Universalbank
2004 Ed. (469)
BCA Research Group
2006 Ed. (3204)
BCC
2005 Ed. (2159)
BCC (Emirates)
1989 Ed. (472)
BCCI
1990 Ed. (630)
1989 Ed. (462)
BCCI (Emirates)
1991 Ed. (443)
BCCI Holdings
1991 Ed. (422, 596)
1990 Ed. (471, 472)
1989 Ed. (444, 446)
BCCI Holdings (Luxembourg)
1992 Ed. (712)
BCD (Bell Canada Enterprises)
1995 Ed. (1365)
BCE Inc.
2008 Ed. (30, 1615, 1634, 1635, 1657, 2930, 2938, 2948)
2007 Ed. (25, 1617, 1630, 1633, 2804, 2810, 2823, 4729)
2006 Ed. (33, 1598, 1599, 1600, 1612, 1618, 1619, 1621, 2812)
2005 Ed. (27, 1523, 1542, 1701, 1706, 1710, 1712, 1719, 1720, 1722, 1723, 1798, 2832, 2833)
2004 Ed. (34, 1507, 1662, 1663, 1664, 1666, 1668)
2003 Ed. (1477, 1629, 1635, 1636, 1639, 2142, 2932, 2933, 4575)
2002 Ed. (1456, 1605, 1606, 1608, 2502, 2504, 4709)
2001 Ed. (22, 1658, 1659, 1660, 1663, 1664, 1665, 2864, 2865)
2000 Ed. (1398, 1401, 2458, 3154, 3155, 4265, 4266)
1999 Ed. (1592, 1593, 2667, 3430, 3431, 4552, 4618, 4619)
1997 Ed. (1370, 1371, 1372, 1373, 2805, 2806, 3707, 3765, 3766)
1996 Ed. (30, 1308, 1309, 1310, 1312, 1313, 1315, 1318, 2673, 2674, 3148, 3409, 3648, 3711, 3712)
1995 Ed. (1243, 1364, 1366, 1578, 3341, 3342, 3343, 3551)
1994 Ed. (1338, 1339, 1340, 1341, 2545, 2546, 3483, 3491, 3556)
1993 Ed. (48, 1287, 1504, 2588, 2589, 3262, 3263, 3264, 3265, 3593)
1992 Ed. (74, 1587, 1591, 1592, 1593, 1597, 1598, 1600, 1835, 2417, 3102, 3103, 4313)
1991 Ed. (1262, 1263, 2479, 2480, 2790, 3403)
1990 Ed. (1108, 1338, 1339, 1340, 3515)
1989 Ed. (1154)
BCE (Bell Canada Enterprises)
1991 Ed. (1265)
BCE Development
1990 Ed. (2961)
BCE Emergis
2004 Ed. (4572)
2003 Ed. (2929)
BCE Mobile Communications Inc.
1999 Ed. (2667)
BCE Publitech
1990 Ed. (2903, 2904)
Bcentral
2002 Ed. (4810)
BCEOM
1994 Ed. (1644)
1993 Ed. (1613)
1992 Ed. (1961)
1991 Ed. (1555)
BCEOM French Engineering Consultants
1997 Ed. (1746)
1996 Ed. (1666)
1995 Ed. (1684)
BCG
1996 Ed. (835)
BCH
2000 Ed. (752, 753)
1990 Ed. (634)
BCH Capital Ltd.
2003 Ed. (4606)
BCI
2008 Ed. (734)
2007 Ed. (755)
BCI Advisors
2000 Ed. (1526, 4342)
1999 Ed. (4707)
BCI-Banco Credito
2008 Ed. (1664)
2007 Ed. (1655)
2006 Ed. (1640)
BCI Fomento
2008 Ed. (480)
2007 Ed. (524)
BCI Frontera
2004 Ed. (3654)
2003 Ed. (3617)
BCI Group
2002 Ed. (1142)
BCI Holdings
1990 Ed. (1858)
BCI Mercados Desarrollados
2002 Ed. (3480)
BCL Group/Concert Productions International
1997 Ed. (3179)
BCM
2006 Ed. (796)
2000 Ed. (990, 991)
1999 Ed. (1040, 1041)
1997 Ed. (908, 909)
BCM Engineers Inc.
1995 Ed. (1700)
1993 Ed. (1604)
1992 Ed. (1969)
1989 Ed. (269)
BCMB Pilkington
2001 Ed. (236)
BCN
2001 Ed. (605)
2000 Ed. (476, 478)
BCN Services Inc.
2001 Ed. (3909)
Bco. Bras. Descontos
1992 Ed. (42)
Bco Com Portugues
2008 Ed. (2054)
2007 Ed. (1959)
Bco Com Portugujs
2006 Ed. (1996)
Bcom3 Group Inc.
2005 Ed. (1546, 1550, 1558)
2003 Ed. (86)
2002 Ed. (120, 121, 143)
BCP
2005 Ed. (1563)
2002 Ed. (3185, 3186)
2000 Ed. (2984, 2985)
BCP Group
1999 Ed. (3250, 3251)
1997 Ed. (70)
1996 Ed. (69)
1990 Ed. (86)
1989 Ed. (91)
BCP International Bank Ltd.
2003 Ed. (4576)
BCP Strategy Creativity
1992 Ed. (202)
BCP Telecomunicacoes
2004 Ed. (3025)
BCS Industries
2005 Ed. (3377)
BCT International Inc.
1997 Ed. (2022)
BCT. TELUS
2000 Ed. (2458)
BCW Group plc
2008 Ed. (2126, 2690, 2715)
BD & A Saatchi & Saatchi
2003 Ed. (101, 154)
2002 Ed. (135)
2001 Ed. (161)
BD Consumer Healthcare
2002 Ed. (2279)
BD Lamps
1999 Ed. (1841)
BDA/BBDO
1989 Ed. (57, 158, 159)
BD&A
2000 Ed. (123)
BDcom Online Ltd.
2006 Ed. (2259)
BDDO France
1992 Ed. (149)
BDDP
1991 Ed. (99)
BDDP France
1999 Ed. (90)
1997 Ed. (89)
1996 Ed. (88)
1995 Ed. (75)
1994 Ed. (88)
1993 Ed. (99)
BDDP Group
1991 Ed. (110)
1990 Ed. (103)
1989 Ed. (107)
BDDP/TBWA
2001 Ed. (137)
2000 Ed. (96)
BDET
2002 Ed. (4494)
BDG McColl
2002 Ed. (1958)
2001 Ed. (1444, 1446, 1448)

1999 Ed. (2839)
1996 Ed. (2235)
BDH TBWA
2001 Ed. (236)
BDM International Inc.
1999 Ed. (185)
1998 Ed. (820)
1997 Ed. (173)
1992 Ed. (1342)
1990 Ed. (1138)
BDNI
1999 Ed. (3125)
1996 Ed. (2435, 2436)
BDNI Securities
1997 Ed. (2580, 2581, 3473)
BDO
2008 Ed. (277)
2004 Ed. (5)
2002 Ed. (5)
1993 Ed. (6)
BDO Belgium
1992 Ed. (125)
BDO Binder
1997 Ed. (6, 7, 17)
1996 Ed. (6, 11, 12, 14)
1993 Ed. (7, 8)
1992 Ed. (16, 17, 18)
BDO Binder Hamlyn
1996 Ed. (13)
1995 Ed. (10)
1994 Ed. (3)
1993 Ed. (5, 13, 3728)
1992 Ed. (11, 12, 13)
1991 Ed. (4, 5)
1990 Ed. (9)
BDO Deutsche Warentreuhand AG
1990 Ed. (8)
BDO Dunwoody Ward Mallette
1999 Ed. (4)
1996 Ed. (8, 9)
1995 Ed. (7, 8)
1993 Ed. (3)
BDO International
1999 Ed. (11)
1998 Ed. (10)
BDO Kontroll
2001 Ed. (4)
BDO McCabe Lo & Co.
2000 Ed. (7)
BDO Seidman
2000 Ed. (1, 2, 8, 9, 12, 16, 18)
1999 Ed. (2, 5, 6, 15, 19, 21)
1998 Ed. (2, 6, 8, 9, 11, 15)
1997 Ed. (4, 5, 18, 22)
1996 Ed. (18, 20)
1995 Ed. (4, 5, 6, 11, 12)
1994 Ed. (1, 4, 6)
1993 Ed. (2, 12)
1992 Ed. (21)
1991 Ed. (6)
1990 Ed. (3, 11)
BDO Seidman LLP
2008 Ed. (1, 2921)
2007 Ed. (1)
2006 Ed. (2)
2005 Ed. (1, 5)
2004 Ed. (2)
2003 Ed. (1)
2002 Ed. (1, 3, 7, 9, 10, 11, 865)
2001 Ed. (3)
BDO Seldman LLP
2004 Ed. (9)
BDO Services
2007 Ed. (3)
2006 Ed. (5)
2005 Ed. (3)
BDO Simpson Xavier
2000 Ed. (10)
1999 Ed. (13)
BDO Spencer Steward
1999 Ed. (22)
1997 Ed. (26, 27)
BDO Stoy Hayward
2002 Ed. (25)
2001 Ed. (1537, 4179)
1999 Ed. (9)
1997 Ed. (8, 9)
BDO Stoy Hayward LLP
2008 Ed. (4)
2007 Ed. (6)
2006 Ed. (6, 8, 9, 10)
BDO Ward Mallette
1992 Ed. (7, 8, 9)
1991 Ed. (2)
1990 Ed. (5)
BDP
2007 Ed. (1334)
1993 Ed. (1908)
BDP Design
2001 Ed. (1444, 1446, 1447, 1448)
BDS Marketing
1993 Ed. (3064)
1992 Ed. (3759)
BD's Mongolian Barbeque
2008 Ed. (4178)
2007 Ed. (4140, 4152)
2006 Ed. (4113)
2004 Ed. (4125)
BD's Mongolian Grill
2008 Ed. (4166)
BE
2007 Ed. (263)
BE Aerospace
2005 Ed. (1987)
1999 Ed. (188)
1996 Ed. (1290)
1995 Ed. (156, 2069)
BE & K Inc.
2008 Ed. (1269, 2548)
2007 Ed. (1346, 2408, 2421, 2444)
2006 Ed. (1535, 2478)
2005 Ed. (1301, 2438)
2004 Ed. (1254, 1255, 1264, 1270, 1286, 1297, 2332, 2352, 2369, 2378, 2380)
2003 Ed. (1252, 1260, 1261, 1267, 1269, 1283, 1293, 2301)
2002 Ed. (1238, 1249, 1257, 1259, 1275, 2132, 2136)
2001 Ed. (1464, 2239, 2294)
1999 Ed. (1358, 2018, 2023, 2119)
1998 Ed. (1439, 1450)
1997 Ed. (1177, 1741)
1996 Ed. (1148, 1663)
1995 Ed. (1173, 1680)
1994 Ed. (1154, 1641)
1993 Ed. (1093, 1138, 1611)
1992 Ed. (1365, 1376, 1424, 1956)
1990 Ed. (1199, 1667)
BE & K Building Group
2008 Ed. (1323, 1326)
BE & K Construction Co.
2007 Ed. (1373)
2006 Ed. (1342, 1534)
2003 Ed. (1138)
2001 Ed. (1401)
BE & K Engineering Co.
2008 Ed. (2512, 2526)
Be Free! Inc.
2003 Ed. (2742)
BEA
1996 Ed. (2380, 2389)
BEA Associates
2000 Ed. (2778, 2854)
1999 Ed. (1251, 3046, 3052, 3061)
1998 Ed. (2260, 2302)
1997 Ed. (2519, 2551)
1996 Ed. (2402, 2428)
1995 Ed. (2395)
1994 Ed. (2296, 2332)
1993 Ed. (2294, 2304, 2324, 2353)
1991 Ed. (2218, 2226, 2234)
BEA Systems Inc.
2008 Ed. (1125, 1145, 1151)
2007 Ed. (1245, 1252, 3061, 4362, 4565)
2006 Ed. (1122, 1136, 1138)
2005 Ed. (1132, 1147, 1149, 1152)
2004 Ed. (2257, 2772, 2775, 4560)
2003 Ed. (1111, 2181)
2001 Ed. (2867)
The Beach Co.
2006 Ed. (4377)
1992 Ed. (4425)
1990 Ed. (3685)
1989 Ed. (2904)
Beach Capital Management Ltd.
2005 Ed. (1087)
Beach; David
2007 Ed. (2462)
Beach First National Bancshares Inc.
2004 Ed. (403)
Beach, Fleischman & Co.
2008 Ed. (10)
2007 Ed. (12)
2006 Ed. (16)
The Beach House
2005 Ed. (727)
2004 Ed. (741)
Beach Imports Inc.
1994 Ed. (260)
1993 Ed. (291)
1992 Ed. (406)
1991 Ed. (301)
1990 Ed. (318, 334)
Beach Petroleum
2008 Ed. (1567)
2007 Ed. (1588)
Beach Road
2008 Ed. (552)
Beach Villas Ltd.
1995 Ed. (1015)
Beachwood Place
2001 Ed. (4251)
Beaco Inc.
2003 Ed. (1771)
Beacon Bay
2007 Ed. (348)
Beacon Capital
1991 Ed. (2223)
Beacon Credit Union
2008 Ed. (2231)
2007 Ed. (2116)
2006 Ed. (2195)
2005 Ed. (2084, 2100)
2004 Ed. (1958)
Beacon Global Solutions Inc.
2006 Ed. (2412)
Beacon Health Plans Inc.
2000 Ed. (2432)
Beacon Hill Staffing Group
2008 Ed. (2480)
Beacon Hotel Corp.
1992 Ed. (2470)
Beacon Investment Co.
2002 Ed. (3022)
2001 Ed. (3018)
2000 Ed. (2846)
1999 Ed. (3101)
1997 Ed. (2531, 2535)
1996 Ed. (2409, 2421)
Beacon Management Corp.
1999 Ed. (1246)
Beacon Roofing Supply
2008 Ed. (1910)
2006 Ed. (4257)
Beacon Station at Gran Park
2002 Ed. (2765)
Beacon Theatre
2003 Ed. (4529)
2002 Ed. (4345)
2001 Ed. (4353)
Beagle Products Inc.
1994 Ed. (2055)
1992 Ed. (2403)
Beal & Co.; M. R.
1997 Ed. (2478, 3467)
1996 Ed. (3364)
1993 Ed. (708, 3172, 3178, 3179, 3191)
1991 Ed. (2509, 3049)
Beal Bank
2006 Ed. (403)
Beal Bank SSB
1998 Ed. (3567)
1997 Ed. (368, 3742)
Beal; Bernard
2008 Ed. (184)
Beal Investment
1996 Ed. (2396)
1993 Ed. (2319, 2323)
Beale Needham; Wendy
1995 Ed. (1803)
1993 Ed. (1778)
Beall; Robert
1993 Ed. (1701)
Beall Trailers of Dakota Inc.
2007 Ed. (1928)
Beall Trailers of Montana Inc.
2008 Ed. (1958)
2006 Ed. (1912)
Beall's Inc.
2003 Ed. (2009)
2002 Ed. (1918)
1991 Ed. (1968, 1969)
Beam & Associates
2000 Ed. (2418)
1999 Ed. (1381)
1998 Ed. (949)
1997 Ed. (1159)
1996 Ed. (1130)
Beam Brands; Jim
1997 Ed. (2141, 2640, 3367, 3854)
1996 Ed. (2498, 3268, 3801)
Beam Cocktails
2002 Ed. (3104)
Beam Cocktails Cooler
2004 Ed. (1034)
Beam Distilling Co.; James B.
1990 Ed. (2459)
Beam; Jim
1993 Ed. (1944)
Beam Radio Inc.
2003 Ed. (2420)
Beaman Automotive Group
2008 Ed. (2102)
Beaman Suzuki
1990 Ed. (321)
Beamis
1997 Ed. (1145)
Beamish; Robert
2005 Ed. (4869)
Beams Black Label
1989 Ed. (751)
Beam's 8 Star
2004 Ed. (4889)
2003 Ed. (4899)
2002 Ed. (3102)
2001 Ed. (4786)
2000 Ed. (2944)
1999 Ed. (3204)
1998 Ed. (2373)
1997 Ed. (2653)
1995 Ed. (2465)
1994 Ed. (2384)
1993 Ed. (2434)
1991 Ed. (2318)
1990 Ed. (2452)
Beamscope Canada Inc.
2001 Ed. (1654)
Bean Co.
2000 Ed. (1178)
1999 Ed. (3447, 3448, 3450)
Bean; L. L.
1997 Ed. (2324)
1996 Ed. (885, 886)
1995 Ed. (911)
1993 Ed. (3369)
1991 Ed. (868, 869, 3247)
1990 Ed. (2508)
Bean; L.L.
1989 Ed. (1205)
Beancour Waterfront Industrial Park
1996 Ed. (2249)
BE&K Inc.
2000 Ed. (1256)
Beane; Billy
2005 Ed. (3201)
Beaner's Coffee
2008 Ed. (1030)
Beanie Babies
1999 Ed. (4639)
1998 Ed. (3607)
The BeanieBaby Handbook
2000 Ed. (710)
Beans
2008 Ed. (2791)
2002 Ed. (3746, 4716)
1997 Ed. (2032)
Beans, dry
2003 Ed. (4829)
Beans, green
2003 Ed. (4827, 4828)
2002 Ed. (4715)
Beans, kidney/red
2003 Ed. (4827, 4828)
2002 Ed. (4715)
Beans/pork & beans
1990 Ed. (897)
Beans, snap
2006 Ed. (4877)
2001 Ed. (4669)
Beans/vegetables, dry
1996 Ed. (2041)
1994 Ed. (2938)

Beans with meat
2003 Ed. (3926, 3927)
Bear and Dragon
2003 Ed. (720)
The Bear and the Dragon
2003 Ed. (706)
Bear Creek Corp.
2006 Ed. (2236)
2005 Ed. (1940, 2141)
2004 Ed. (1840, 1999)
2003 Ed. (1959, 4485)
Bear Creek Country Kitchens
2003 Ed. (4489)
Bear Co.; Lewis
1995 Ed. (2052)
Bear Naked Inc.
2008 Ed. (869)
Bear Paw Credit Union
2004 Ed. (1970)
2003 Ed. (1930)
2002 Ed. (1876)
1998 Ed. (1218)
Bear Rock Caf¤
2005 Ed. (4169)
Bear Stearns
2005 Ed. (2598)
2000 Ed. (827, 835, 1919, 1920, 1921, 1922, 2451, 2455, 2457, 2768, 3901, 3934, 3935, 3937, 3942, 3946, 3947, 3955, 3957, 3959, 3960, 3962, 3987)
1999 Ed. (828, 829, 830, 832, 833, 840, 864, 893, 1425, 1426, 1427, 1428, 1429, 1430, 1432, 1439, 2143, 2150, 2151, 2152, 3017, 3023, 3024, 3025, 3029, 3031, 3032, 3033, 3477, 3478, 3480, 3481, 3482, 4176, 4180, 4182, 4186, 4189, 4190, 4195, 4205, 4207, 4210, 4212, 4218, 4219, 4220, 4221, 4223, 4224, 4226, 4227, 4228, 4229, 4230, 4231, 4232, 4233, 4234, 4235, 4236, 4237, 4238, 4241, 4242, 4243, 4244, 4245, 4246, 4247, 4249, 4251, 4252, 4253, 4254, 4256, 4259, 4261, 4263, 4264)
1998 Ed. (340, 514, 515, 516, 522, 525, 814, 1000, 1001, 1002, 1003, 1004, 1005, 1559, 1560, 1561, 1562, 2237, 2238, 2239, 2240, 2241, 2242, 2244, 2245, 2247, 2248, 2253, 2568, 2569, 2570, 2571, 2578, 3176, 3188, 3190, 3192, 3207, 3213, 3214, 3216, 3217, 3218, 3219, 3220, 3221, 3222, 3224, 3225, 3226, 3228, 3229, 3230, 3231, 3232, 3233, 3234, 3235, 3236, 3237, 3238, 3239, 3240, 3243, 3245, 3246, 3251, 3252, 3253, 3254, 3257, 3258, 3261, 3262, 3263, 3264, 3266, 3270, 3272, 3273)
1997 Ed. (732, 733, 734, 736, 795, 797, 1223, 1224, 1225, 1226, 1227, 1228, 1229, 1922, 2476, 2478, 2487, 2488, 2492, 2493, 2494, 2495, 2496, 2497, 2500, 2503, 2504, 2506, 2832, 2833, 2834, 2835, 2836, 3423, 3425, 3426, 3427, 3428, 3429, 3430, 3431, 3432, 3433, 3434, 3436, 3437, 3438, 3449, 3452, 3453, 3454, 3455, 3457, 3458, 3459, 3460, 3462, 3464, 3465, 3466, 3467, 3469, 3470, 3474, 3475, 3477, 3478)
1996 Ed. (396, 794, 795, 796, 798, 799, 800, 804, 806, 1034, 1183, 1184, 1187, 1188, 1892, 2358, 2368, 2373, 2712, 2713, 2714, 2715, 2718, 2719, 2720, 2721, 2866, 2867, 3100, 3170, 3311, 3313, 3315, 3317, 3318, 3322, 3323, 3324, 3325, 3326, 3327, 3328, 3329, 3330, 3331, 3332, 3333, 3334, 3335, 3336, 3348, 3349, 3350, 3351, 3353, 3354, 3355, 3356, 3358, 3359, 3360, 3361, 3362, 3363, 3364, 3366, 3368, 3369, 3370, 3371, 3372, 3373, 3374, 3380, 3381, 3382, 3385)
1995 Ed. (232, 721, 722, 724, 726, 727, 729, 730, 731, 732, 733, 734, 735, 736, 737, 739, 742, 746, 747, 748, 750, 752, 754, 756, 757, 761, 763, 1048, 1213, 1214, 1217, 2337, 2346, 2349, 2350, 2351, 2352, 2633, 2634, 2635, 2636, 2637, 2639, 2640, 2641, 2642, 3076, 3204, 3215, 3217, 3220, 3222, 3224, 3225, 3226, 3227, 3228, 3229, 3230, 3231, 3234, 3235, 3237, 3238, 3239, 3240, 3241, 3244, 3246, 3247, 3248, 3249, 3250, 3251, 3252, 3253, 3254, 3255, 3256, 3257, 3260, 3261, 3263, 3264, 3265, 3266, 3269, 3270, 3274)
1994 Ed. (727, 763, 764, 765, 766, 767, 768, 770, 772, 774, 775, 778, 779, 780, 1040, 1198, 1756, 2580, 2581, 2582, 2583, 3024, 3162, 3163, 3164, 3165, 3166, 3167, 3168, 3169, 3173, 3174, 3176, 3177, 3178, 3179, 3180, 3181, 3182, 3183, 31843, 3190)
1993 Ed. (755, 756, 760, 761, 764, 765, 839, 840, 841, 1014, 2275, 2278, 2279, 2325, 2981, 3122, 3123, 3127, 3128, 3129, 3130, 3132, 3134, 3135, 3136, 3139, 3140, 3141, 3142, 3143, 3144, 3148, 3150, 3151, 3152, 3153, 3154, 3158, 3159, 3162, 3163, 3164, 3165, 3167, 3168, 3173, 3174, 3177, 3179, 3182, 3183, 3184, 3188, 3189, 3192, 3193, 3196, 3197, 3199, 3200, 3207, 3208)
1992 Ed. (951, 952, 953, 959, 1050, 1051, 1052, 1450, 2725, 2726, 3441, 3550, 3834, 3838, 3841, 3844, 3845, 3846, 3848, 3850, 3852, 3853, 3854, 3855, 3856, 3859, 3861, 3862, 3864, 3865, 3866, 3868, 3869, 3870, 3871, 3872, 3873, 3875, 3877, 3881, 3882, 3883, 3884, 3885, 3889, 3890, 3893, 3894, 3902, 3903)
1990 Ed. (790, 797, 800, 808, 1222, 1891, 3138, 3139, 3140, 3141, 3144, 3145, 3146, 3147, 3148, 3149, 3159, 3161, 3162, 3173, 3175, 3176, 3187, 3188, 3189, 3191, 3192, 3194, 3197, 3198, 3201, 3202, 3206, 3228)
1989 Ed. (804, 805, 1426, 1761, 2370, 2371, 2372, 2373, 2375, 2377, 2380, 2381, 2383, 2386, 2393, 2394, 2395, 2396, 2397, 2398, 2399, 2402, 2405, 2407, 2408, 2410, 2413, 2414, 2419, 2436, 2444, 2445, 2454)
Bear Stearns Alpha Growth
2004 Ed. (2450)
Bear, Stearns & Co.
2008 Ed. (1392, 1393, 2922)
2007 Ed. (4267)
2006 Ed. (1410, 1414, 3208, 3209, 3210, 3212, 3687, 3700, 3701, 4251, 4253)
2005 Ed. (706, 751, 848, 1425, 1429, 1434, 1435, 1436, 2176, 2297, 2448, 3206, 3217, 3222, 3387, 3503, 3504, 3505, 3506, 3507, 3526, 3528, 3529, 3530, 3531, 3534, 3535, 3985, 4252, 4258, 4262, 4263, 4278, 4297, 4298, 4301, 4302, 4303, 4305, 4306, 4308, 4309, 4311, 4313, 4317, 4318, 4320, 4324, 4330, 4331, 4642, 4643)
2003 Ed. (1390, 1391, 1395, 1397, 1398, 1399, 2475, 2476, 2478, 3060, 3066, 3070, 3090, 3091, 3094, 3095, 3473, 3474, 3476, 3477, 3478, 4315, 4316, 4333, 4334, 4335, 4347, 4349, 4350, 4356, 4357, 4370, 4372)
2002 Ed. (727, 736, 999, 1348, 1349, 1352, 1353, 1362, 1370, 1375, 1920, 2157, 2165, 2817, 3001, 3015, 3407, 3410, 3411, 3412, 4190, 4197, 4208, 4209, 4213, 4217, 4218, 4219, 4222, 4228, 4230, 4234, 4601, 4648, 4649, 4652, 4655, 4657, 4663, 4874)
2001 Ed. (746, 747, 749, 752, 753, 754, 755, 756, 757, 758, 799, 831, 832, 836, 880, 892, 900, 952, 956, 1515, 3009, 4177, 4193, 4207, 4382)
2000 Ed. (3909, 3911, 3923, 3924, 3925, 3929, 3933, 3938, 3939, 3940, 3943, 3944, 3945, 3948, 3949, 3950, 3951, 3952, 3956, 3958, 3961, 3964, 3965, 3966, 3967, 3968, 3969, 3970, 3971, 3972, 3973, 3976, 3977, 3978, 3979, 3980, 3981, 3982, 3983, 3984, 3985)
1991 Ed. (756, 769, 770, 771, 774, 999, 1110, 1111, 1115, 1116, 1117, 1118, 1120, 1122, 1687, 2177, 2178, 2179, 2181, 2190, 2191, 2193, 2196, 2204, 2513, 2516, 2517, 2520, 2822, 2949, 2950, 2951, 2952, 2953, 2956, 2957, 2962, 2963, 2966, 2967, 2968, 2969, 2972, 2973, 2974, 2975, 2976, 2978, 2980, 2982, 2984, 2985, 2987, 2988, 2989, 2991, 2992, 2995, 2997, 2998, 2999, 3000, 3001, 3002, 3004, 3006, 3007, 3008, 3009, 3010, 3011, 3019, 3022, 3023, 3024, 3025, 3026, 3027, 3028, 3029, 3030, 3031, 3033, 3034, 3037, 3039, 3042, 3043, 3046, 3049, 3050, 3051, 3054, 3055, 3056, 3057, 3058, 3059, 3061, 3064, 3074, 3075)
1990 Ed. (783, 788, 812, 2137, 2138, 3166, 3167, 3168, 3169, 3208, 3212, 3213, 3214, 3215, 3217)
Bear Stearns Asset Management
1992 Ed. (2749, 2753, 2765)
Bear Stearns Asset Management, High Yield Debt
2003 Ed. (3122)
Bear Stearns Asset Mgmt.
2000 Ed. (2804)
The Bear Stearns Companies Inc.
2001 Ed. (810, 972, 2423, 2424, 2425, 2428, 2430, 3038, 4178, 4194)
The Bear Stearns Cos., Inc.
2008 Ed. (2695, 3398, 3400, 3405, 4285, 4292)
2007 Ed. (2552, 3276, 3277, 3280, 3281, 3289, 3630, 3631, 3632, 3633, 3634, 3650, 3652, 3653, 3654, 3655, 4266, 4271, 4272, 4275, 4300, 4301, 4304, 4305, 4312, 4316, 4319, 4320, 4322)
2006 Ed. (778, 779, 2582, 2586, 3191, 3224, 4252)
2005 Ed. (111, 162, 752, 822, 849, 869, 870, 1119, 1456, 1908, 2342, 2807, 3219, 3223, 3249, 3369, 3436, 3466, 3748, 3811, 3936, 3986, 4048, 4113, 4245, 4246, 4247, 4248, 4256, 4257, 4423, 4507, 4618, 4644, 4772)
2004 Ed. (1404, 1405, 1410, 1413, 1414, 1441, 2008, 3171, 3179, 3183, 3187, 3190, 3191, 3198, 3201, 3202, 3203, 3204, 3503, 3504, 3505, 3527, 3528, 3530, 3531, 3532, 4322, 4323, 4324, 4325, 4333, 4339, 4343, 4354, 4355, 4358, 4359, 4367, 4369, 4370, 4376, 4377, 4378, 4391, 4392)
2000 Ed. (775, 776, 864, 880, 3953)
1992 Ed. (950, 957, 960, 2148, 3905, 3907)
1990 Ed. (782)
1989 Ed. (809, 1047)
Bear Stearns Emerging Markets Debt
2003 Ed. (3618)
Bear Stearns Emerging Markets Department A
1999 Ed. (3581)
Bear Stearns High-Yield Total Return
2003 Ed. (3524)
Bear, Stearns Mortgage
1999 Ed. (3438)
1996 Ed. (2685)
1995 Ed. (2607)
Bear Stearns Securities Corp.
2008 Ed. (2803)
2000 Ed. (826)
Bear Sterns
2000 Ed. (1097, 3190, 3191, 3192, 3193, 3195)
Bear Wagner
2005 Ed. (3597)
The Beardstown Ladies' Common-Sense Investment Guide
1999 Ed. (691)
Bearing metal
2001 Ed. (391)
Bearing metals
2001 Ed. (3074)
BearingPoint Inc.
2008 Ed. (1351, 1489, 3188, 3216, 4317, 4616, 4802)
2007 Ed. (1406, 1495)
2006 Ed. (745, 1356, 2807, 3760)
2005 Ed. (819, 1117, 2825, 2826, 3039)
2004 Ed. (1113, 2824, 3015, 3018)
Bearings Inc.
1997 Ed. (2365)
1995 Ed. (2233)
1994 Ed. (2176)
1993 Ed. (2161)
1992 Ed. (2590)
1991 Ed. (339, 340, 344)
1990 Ed. (389)
1989 Ed. (330)
Bears; Chicago
2008 Ed. (2761)
2007 Ed. (2632)
2006 Ed. (2653)
Beasley Mazda; Roger
1996 Ed. (278)
1995 Ed. (275)
1994 Ed. (275)
1993 Ed. (276)
1992 Ed. (390)
1991 Ed. (285)
The Beast
1995 Ed. (3166)
The Beatles
2007 Ed. (4922)
2005 Ed. (4887)
2002 Ed. (2143, 2144, 3413)
1999 Ed. (2049)
1998 Ed. (1470)
1997 Ed. (1777)
The Beatles Anthology
2003 Ed. (707)
Beaton Cranberries Inc.
1998 Ed. (1772)
Beatrice
1998 Ed. (691)
1997 Ed. (947, 948, 949)
1992 Ed. (2189)
1990 Ed. (1025, 2440)
1989 Ed. (1057, 1444)
Beatrice Cheese Co.
2003 Ed. (926)
Beatrice Companies
2000 Ed. (2346)
Beatrice Cos.
2005 Ed. (1491, 2736, 2737)
2004 Ed. (1475, 2738, 2739)
2003 Ed. (1445, 2621, 2622)
2002 Ed. (1424, 1447, 3790, 3791)
1999 Ed. (2603)
1998 Ed. (1844)
1997 Ed. (2151, 2629)
1996 Ed. (2031, 2486)
1995 Ed. (2003, 2004, 2444)
1994 Ed. (1238, 1977)
1993 Ed. (1212, 1955, 1956)
1992 Ed. (1500, 2298, 2299)
1991 Ed. (952, 1189, 1212, 1736, 1822, 1823, 2309, 2580)

1990 Ed. (1271, 1904, 1905)
1989 Ed. (1024)
Beatrice/Esmark
1991 Ed. (1146)
Beatrice Foods Inc.
2003 Ed. (3312, 3688, 3689)
1996 Ed. (1942)
Beatrice Foods Canada
1994 Ed. (1877)
Beatrix
1995 Ed. (2041)
1991 Ed. (1852)
Beatrix Wilhelmina Armgard; Queen
2005 Ed. (4880)
Beattie Media
1999 Ed. (3935, 3938, 3941)
1996 Ed. (3127)
Beattie; Tina
1997 Ed. (1965)
1996 Ed. (1854)
Beau Ideal
1991 Ed. (1390)
Beau Rivage Resorts Inc.
2006 Ed. (1893)
2005 Ed. (1873)
2004 Ed. (1802)
2003 Ed. (1765)
Beaucage; Le Groupe
2007 Ed. (1965)
Beauchamp Distributing Co.
2007 Ed. (192)
1999 Ed. (3423)
1995 Ed. (2590)
Beauclair & Cook
2001 Ed. (885)
Beaudoin; Laurent
2006 Ed. (2528)
Beaujolais-Villages
2002 Ed. (4944, 4957)
2001 Ed. (4882, 4890)
Beaulieu
1999 Ed. (4789, 4794)
1998 Ed. (3743, 3749)
Beaulieu Group
1992 Ed. (1063)
Beaulieu Group LLC
2008 Ed. (4670)
Beaulieu of America Inc.
2004 Ed. (1721)
2003 Ed. (1683, 4206)
Beaulieu Vineyard
2005 Ed. (4953)
2003 Ed. (4965)
Beaulieu Vineyards
2002 Ed. (4947)
2001 Ed. (4886)
Beaulieu Vinyards
1989 Ed. (2945)
Beauman Management
1995 Ed. (905)
1994 Ed. (863)
Beaumont-Bennett
1989 Ed. (2351)
Beaumont Home Health Services
2002 Ed. (2589)
2001 Ed. (2753)
2000 Ed. (2491)
1999 Ed. (2707)
Beaumont Hospital Inc.; William
2008 Ed. (1928)
2007 Ed. (1879)
2006 Ed. (1880)
2005 Ed. (1866)
1997 Ed. (2269)
1996 Ed. (2154)
1995 Ed. (2142)
1993 Ed. (2072)
1990 Ed. (2055)
Beaumont Hospitals; William
1992 Ed. (2457)
1991 Ed. (1933)
Beaumont-Port Arthur, TX
2007 Ed. (4885)
2006 Ed. (3326)
2005 Ed. (4796)
1990 Ed. (2553)
Beaumont Products Inc.
2006 Ed. (212)
Beaumont, TX
2003 Ed. (3905, 3906, 3907, 3909, 3910, 3913)
2002 Ed. (1061)
1995 Ed. (331)
1994 Ed. (825, 2150, 2487)
Beaurepaire; Richard
1997 Ed. (1965)
1996 Ed. (1854)
Beautiful
2008 Ed. (2769, 4586)
2003 Ed. (2545, 2552, 3783)
2001 Ed. (2528, 3705)
1999 Ed. (3739)
1997 Ed. (3030)
1996 Ed. (2955)
1995 Ed. (2875)
1993 Ed. (2788)
1992 Ed. (3367)
1990 Ed. (2794)
Beautiful Brown
2001 Ed. (2656)
A Beautiful Mind
2004 Ed. (747)
Beautiful New England
1990 Ed. (886)
Beauty aids
1990 Ed. (3035)
Beauty and fashion
1995 Ed. (2981)
Beauty & the Beast
2004 Ed. (4717)
1995 Ed. (3704)
1993 Ed. (2599)
Beauty and the Beast: The Enchanted Christmas
1999 Ed. (4717)
Beauty products
1999 Ed. (4314)
Beauvignot
1989 Ed. (2945)
Beaux Visages
1994 Ed. (1916)
Beaver Builders Ltd.
2000 Ed. (4027)
Beaver Coal Co., Ltd.
2004 Ed. (4587)
Beaver College
1990 Ed. (1090)
Beaver County Industrial Development Authority, PA
1998 Ed. (2560)
Beaver County, PA
1992 Ed. (3037, 3053)
1990 Ed. (2553)
Beaver Creek Resort
2008 Ed. (4342)
2007 Ed. (4391)
2006 Ed. (4327)
2005 Ed. (4377)
2004 Ed. (4428)
2002 Ed. (4284)
Beaver Excavating Co.
2008 Ed. (1258)
2007 Ed. (1361)
2005 Ed. (1312)
2002 Ed. (1290)
2000 Ed. (1261)
1999 Ed. (1369)
1998 Ed. (947)
1997 Ed. (1165)
1994 Ed. (1147)
1993 Ed. (1128)
1992 Ed. (1415)
1990 Ed. (1204)
Beaver Hill
1993 Ed. (1081)
1992 Ed. (1352)
1990 Ed. (1147)
Beaver Co. Industrial Development Authority, PA
1991 Ed. (2530)
Beaver Productions
2003 Ed. (1126)
2002 Ed. (3798)
2001 Ed. (3917, 3919)
1993 Ed. (2924)
Beaver Street Fisherie Inc.
1996 Ed. (1950)
Beaver Street Fisheries Inc.
1997 Ed. (2049)
Beaverbrooks
2006 Ed. (2053)
2005 Ed. (1980)
Beaverbrooks, the Jewellers
2008 Ed. (1711, 2120, 2125, 2130)
2007 Ed. (1686, 2023, 2024)
BeaverPrints/Global Village Press
1998 Ed. (2918)
Beavers; Robert M.
1989 Ed. (735)
Beazer
1992 Ed. (4149)
Beazer Asia
1992 Ed. (2440)
Beazer Homes USA Inc.
2008 Ed. (1200, 1201, 1202, 1509, 1880, 3187, 4522)
2007 Ed. (1269, 1301, 1303, 1304, 1307, 1308, 1309, 1310, 1311, 1324, 4559)
2006 Ed. (1164, 1191, 1193, 1194, 1196, 1197, 1199, 1200, 1202, 1203, 1216, 1520, 2947)
2005 Ed. (1168, 1185, 1187, 1189, 1197, 1199, 1207, 1210, 1211, 1212, 1216, 1222, 1223, 1225, 1228, 1229, 1230, 1231, 1232, 1233, 1234, 1235, 1238, 1246, 2948)
2004 Ed. (1137, 1145, 1151, 1170, 1171, 1184, 1185, 1196, 1197, 1199, 1200, 1203, 1204, 1205, 1206, 1207, 1209, 1210, 1211, 1214, 1221, 1539, 2946)
2003 Ed. (1135, 1142, 1149, 1152, 1162, 1163, 1171, 1177, 1178, 1184, 1192, 1194, 1200, 1202, 1203, 1204, 1207, 1214)
2002 Ed. (1181, 1189, 1197, 1201, 1205, 2656, 2661, 2665, 2667, 2674, 2687, 2690)
2001 Ed. (1391, 1394, 2803)
2000 Ed. (1190, 1193, 1230)
1999 Ed. (1311, 1318, 1334, 1337)
1998 Ed. (876, 879, 888, 889, 908, 909)
1997 Ed. (1120, 1124)
1996 Ed. (1102, 1107)
Beazer Materials & Services Inc.
1991 Ed. (1075)
1990 Ed. (1197)
Beazer PLC
1993 Ed. (1099, 1147, 1197)
1992 Ed. (1372, 1432)
1991 Ed. (1065)
1990 Ed. (1652, 3554)
Beazer USA Inc.
1993 Ed. (1120)
1992 Ed. (1403, 1407)
bebe
2004 Ed. (1022)
2003 Ed. (1023)
Bebe Stores Inc.
2008 Ed. (886, 888, 889, 993, 998)
2007 Ed. (1116)
2006 Ed. (1577, 1582)
2005 Ed. (1020, 1029)
2004 Ed. (992)
2001 Ed. (1579, 4278)
2000 Ed. (4050)
Bebear; Claude
2005 Ed. (789)
Beber Silverstein & Partners
2000 Ed. (95)
1999 Ed. (89)
1992 Ed. (206)
1991 Ed. (149)
1990 Ed. (149)
1989 Ed. (106, 159)
Beber Silverstein Group
2002 Ed. (108)
BEC World
2000 Ed. (3875)
Becancour Waterfront Industrial Park
1997 Ed. (2375)
1994 Ed. (2189)
Becher & Carlson Management Ltd.
2001 Ed. (2920)
2000 Ed. (979)
1999 Ed. (1029)
Becher & Carlson Management (Vermont) Inc.
1996 Ed. (882)
1995 Ed. (909)
1994 Ed. (867)
1993 Ed. (853)
1991 Ed. (856)
1990 Ed. (907)
Becher & Carlson Risk Management Inc.
2001 Ed. (2923)
2000 Ed. (981)
1999 Ed. (1031)
1998 Ed. (640)
1997 Ed. (901)
1996 Ed. (880)
1995 Ed. (907)
1994 Ed. (865)
Becherer; Hans W.
1997 Ed. (1803)
Bechstoffer Vineyards
1994 Ed. (1739)
Bechtel Corp.
2005 Ed. (2442)
2004 Ed. (2407)
2003 Ed. (2325)
2000 Ed. (1204)
1999 Ed. (1364)
1997 Ed. (1782)
1992 Ed. (1437)
Bechtel Canada Inc.
1995 Ed. (999)
Bechtel Group Inc.
2008 Ed. (207, 1226, 1229, 1230, 1231, 1232, 1233, 1234, 1235, 1236, 1278, 1285, 1286, 1288, 1297, 1299, 1300, 1302, 1304, 1305, 1307, 1349, 1353, 1358, 1366, 1367, 1373, 2284, 2543, 2544, 2546, 2548, 2549, 2553, 2554, 2556, 2560, 2561, 2563, 2565, 2568, 2569, 2577, 2600, 2601, 2602, 2603, 2604, 2606, 2607, 2881, 4038)
2007 Ed. (220, 1340, 1342, 1343, 1344, 1345, 1346, 1347, 1348, 1349, 1396, 1399, 1417, 2169, 2416, 2417, 2419, 2422, 2426, 2429, 2433, 2434, 2441, 2442, 2471, 2472, 2473, 2474, 2475, 2477, 2478, 2765, 4012)
2006 Ed. (1164, 1168, 1169, 1241, 1244, 1245, 1246, 1247, 1248, 1249, 1250, 1251, 1267, 1268, 1270, 1272, 1273, 1274, 1276, 1299, 1300, 1301, 1302, 1303, 1304, 1311, 1313, 1314, 1316, 1318, 1319, 1321, 1357, 1360, 1362, 1379, 2245, 2459, 2461, 2462, 2463, 2464, 2468, 2469, 2473, 2476, 2482, 2502, 2503, 2504, 2505, 2506, 3973)
2005 Ed. (1172, 1173, 1174, 1298, 1299, 1301, 1303, 1304, 1305, 1307, 1326, 1327, 1328, 1329, 1330, 1334, 1335, 1337, 1349, 1369, 1391, 2155, 2419, 2422, 2423, 2424, 2428, 2429, 2431, 2436, 2441, 3901, 3910)
2004 Ed. (1145, 1247, 1248, 1250, 1254, 1260, 1262, 1265, 1266, 1270, 1274, 1275, 1278, 1280, 1283, 1286, 1287, 1294, 1295, 1296, 1297, 1299, 1300, 1320, 1321, 1322, 1324, 1325, 1327, 1329, 1330, 1332, 1333, 1336, 1343, 1353, 1370, 2016, 2332, 2338, 2344, 2347, 2352, 2356, 2358, 2362, 2364, 2367, 2369, 2370, 2377, 2378, 2379, 2380, 2386, 2389, 2391, 2392, 2396, 2397, 2399, 2401, 2404, 2432, 2433, 2434, 2435, 2436, 2437, 2438, 2441, 2442, 2444, 2446, 2828, 3946)
2003 Ed. (1142, 1175, 1244, 1245, 1262, 1263, 1267, 1272, 1275, 1280, 1289, 1294, 1296, 1320, 1321, 1322, 1323, 1324, 1325, 1327, 1329, 1330, 1331, 1333, 1334, 1343, 1351, 1353, 1970, 2291, 2292, 2293, 2294, 2296, 2297, 2299, 2301, 2304, 2307, 2308, 2310, 2311, 2315, 2316, 2318, 2320, 2323, 3951)
2002 Ed. (331, 1066, 1175, 1176, 1228, 1229, 1250, 1252, 1257, 1263, 1268, 1273, 1279, 1282, 1284, 1304, 1305, 1306, 1307,

1308, 1309, 1313, 1315, 1316, 1317, 1319, 1320, 2131, 2132, 2134, 2136, 2139)
2001 Ed. (1070, 1246, 1462, 1463, 1464, 1466, 1467, 1470, 1486, 1487, 2237, 2239, 2241, 2242, 2243, 2245, 2246, 2288, 2290, 2291, 2292, 2293, 2294, 2295, 2296, 2298, 2299, 2300, 2302)
2000 Ed. (1100, 1239, 1240, 1246, 1247, 1248, 1250, 1251, 1252, 1253, 1255, 1275, 1276, 1277, 1279, 1280, 1284, 1285, 1286, 1287, 1289, 1290, 1794, 1796, 1799, 1801, 1809, 1810, 1812, 1813, 1817, 1819, 1823, 1845, 1846, 1847, 1848, 1849, 1850, 1851, 1853, 1854, 1855, 1857, 1858)
1999 Ed. (1324, 1341, 1342, 1354, 1355, 1356, 1358, 1359, 1360, 1361, 1362, 1386, 1388, 1390, 1391, 1397, 1399, 1400, 1402, 1403, 2018, 2019, 2023, 2024)
1998 Ed. (749, 934, 935, 937, 938, 939, 940, 941, 942, 964, 967, 969, 970, 1440, 1452, 1479, 1480, 1481, 1483, 1484, 1485, 1486, 1487, 1489, 1490)
1997 Ed. (1009, 1136, 1138, 1150, 1152, 1153, 1154, 1155, 1156, 1157, 1158, 1177, 1180, 1184, 1185, 1192, 1737, 1738, 1741, 1746, 1748)
1996 Ed. (985, 1111, 1121, 1123, 1124, 1125, 1126, 1127, 1128, 1129, 1151, 1154, 1156, 1158, 1159, 1161, 1163, 1164, 1166, 1659, 1660, 1663, 1666, 1667, 1668, 1669, 1670, 1671, 1673, 1674, 1678)
1995 Ed. (1138, 1139, 1148, 1150, 1151, 1152, 1153, 1154, 1155, 1157, 1177, 1178, 1180, 1181, 1182, 1185, 1186, 1189, 1190, 1191, 1672, 1676, 1677, 1678, 1679, 1680, 1684, 1685, 1686, 1687, 1688, 1689, 1691, 1692, 1696, 1697, 1698)
1994 Ed. (984, 1123, 1124, 1130, 1132, 1133, 1134, 1135, 1136, 1137, 1158, 1159, 1160, 1161, 1162, 1163, 1165, 1168, 1169, 1170, 1171, 1172, 1633, 1635, 1636, 1637, 1638, 1639, 1640, 1641, 1646, 1647, 1648, 1650, 1652)
1993 Ed. (957, 1093, 1100, 1101, 1114, 1116, 1117, 1118, 1119, 1120, 1121, 1142, 1143, 1144, 1146, 1148, 1601, 1602, 1603, 1605, 1606, 1607, 1608, 1614, 1615, 1616, 1618, 1620, 2876)
1992 Ed. (1365, 1374, 1375, 1401, 1403, 1404, 1405, 1406, 1407, 1408, 1428, 1429, 1431, 1433, 1948, 1950, 1951, 1952, 1953, 1956, 1958, 1962, 1964, 1966, 1968)
1991 Ed. (951, 1068, 1069, 1073, 1075, 1076, 1093, 1094, 1096, 1098, 1550, 1552)
1990 Ed. (1021, 1023, 1168, 1181, 1182, 1183, 1195, 1197, 1198, 1209, 1664, 1667)
1989 Ed. (920)

Bechtel Jr.; Stephen
2008 Ed. (4832)
2007 Ed. (4903)
2006 Ed. (4908)
2005 Ed. (4854)

Bechtel Power Corp.
2005 Ed. (2420)
1996 Ed. (2934)
1995 Ed. (2855, 2861, 2864)
1994 Ed. (2764)

Bechtel; Riley
2008 Ed. (4832)
2007 Ed. (4903)
2006 Ed. (4908)
2005 Ed. (4854)

Bechtel Systems & Infrastructure Inc.
2008 Ed. (2578)
2007 Ed. (2449)
2006 Ed. (2483)

Bechtle AG
2008 Ed. (1771, 3208)

Bechtolsheim; Andreas von
2007 Ed. (4874)
2006 Ed. (4879)

Beck/Arnley World Parts
1995 Ed. (335)

Beck Development
2002 Ed. (2675)

The Beck Group
2006 Ed. (1274)
2005 Ed. (1305)
2004 Ed. (1295)

Beck; Larry C.
1993 Ed. (1037)

Beck; Nancy Lerner
2005 Ed. (4855)

Beck Office Furniture
1991 Ed. (2638)

Beck Summit/ELS
1995 Ed. (2147, 2148, 2150)

Beck Summit Hotel Management
1994 Ed. (2092, 2093)

Beck Summit Hotel Management Group
1998 Ed. (1998, 2000)
1997 Ed. (2274, 2275, 2277)
1996 Ed. (2158, 2159)

Beck; Thomas P.
1991 Ed. (2344)
1990 Ed. (2481)

Becker
2002 Ed. (4583)
1997 Ed. (2982)

Becker; Boris
1989 Ed. (278)

Becker EWDB; Robert A.
1991 Ed. (68)

Becker Group Inc.
2000 Ed. (1103)
1999 Ed. (1187)

Becker; Helane
1994 Ed. (1765)
1993 Ed. (1777)
1989 Ed. (1419)

Becker; Holly
1997 Ed. (1870)

Becker Milk
1990 Ed. (3060)

Becker Van Etten
1992 Ed. (2755)

Becker Wagonmaster
1996 Ed. (288)

Beckett Baseball Card
1997 Ed. (3040)

Beckham; David
2008 Ed. (272, 4453)
2007 Ed. (294, 4464, 4925)
2006 Ed. (292, 4397)
2005 Ed. (268, 4895)

Beckham/Eisenman
1990 Ed. (2286)

Beckman
1991 Ed. (2405)
1990 Ed. (2533)

Beckman Coulter Inc.
2008 Ed. (2898)
2007 Ed. (3464, 3465)
2006 Ed. (2761, 2769, 3445, 3446, 3448, 3953, 3956)
2005 Ed. (2791, 2795, 2799, 3435, 3437)
2004 Ed. (2794, 2798, 3422, 3423)
2003 Ed. (2131, 2133, 2957, 3356)
2002 Ed. (2830, 3298, 4172)
2001 Ed. (2892, 2893, 2894, 3267)
2000 Ed. (1734, 1755, 1758, 3076, 3079, 3862)

Beckman Foundation; Arnold & Mabel
1992 Ed. (1280, 2216)

Beckman Instruments
1999 Ed. (1975, 3337, 3341)
1997 Ed. (2743)
1995 Ed. (2532)
1994 Ed. (2212)
1993 Ed. (2181, 2528)
1992 Ed. (2641, 3004, 3005, 3011, 3680)
1991 Ed. (2079, 2409)

Beckman International
1994 Ed. (726)

Beckman Research
2006 Ed. (3784)

Beckmann Foundation; Arnold and Mable
1991 Ed. (1765)

Becks
2008 Ed. (540, 543, 544)
2007 Ed. (599, 600)
2006 Ed. (556, 557, 558)
2005 Ed. (654, 655)
2004 Ed. (668)
2002 Ed. (281, 686)
2001 Ed. (682, 1024)
2000 Ed. (812, 821, 822)
1999 Ed. (808, 817, 818, 819)
1998 Ed. (497, 507, 508)
1997 Ed. (721, 724)
1996 Ed. (783, 786)
1995 Ed. (704, 711)
1994 Ed. (753)
1993 Ed. (751)
1992 Ed. (937)
1991 Ed. (746)
1990 Ed. (766, 767)
1989 Ed. (778, 780)

Beck's Bier
2001 Ed. (685)

Becky McKinnon
2005 Ed. (4992)
2004 Ed. (4986, 4987)
2003 Ed. (4989)

Becner; Melane
1995 Ed. (1802)

Beco Inc.
2002 Ed. (4349)
1998 Ed. (3505)

Becton Dickinson
2003 Ed. (2486)
2002 Ed. (3297)
2000 Ed. (2647, 3076, 3358)
1999 Ed. (2896, 3337, 3340, 4146)
1998 Ed. (1337, 2106, 2457, 3162)
1997 Ed. (651, 1278, 2404, 2743, 2747, 3386)
1996 Ed. (2263, 2600, 3289, 3683)
1995 Ed. (1308, 2084, 2263, 2532, 2536, 3191)
1994 Ed. (1288, 1561, 2032, 2213, 2468, 2469, 2685, 3147)
1993 Ed. (1515, 2016, 2182, 2529, 3103)
1992 Ed. (2382, 2642, 2970, 3010, 3011, 3804)
1990 Ed. (1992, 2216, 2535, 3108)
1989 Ed. (1941, 1942, 2362)

Becton, Dickinson & Co.
2008 Ed. (2898, 3638, 3840)
2007 Ed. (2774, 3080, 3464, 3466, 3467)
2006 Ed. (2761, 2766, 2769, 3048, 3445, 3447, 3448)
2005 Ed. (2791, 2795, 2799, 3043, 3433, 3434, 3435, 3437)
2004 Ed. (2798, 2803, 3420, 3421, 3422, 3423)
2003 Ed. (2955, 3356, 3357, 3358, 3359)
2002 Ed. (2046, 3299)
2001 Ed. (2895, 3264, 3265, 3266, 3267, 3554)
2000 Ed. (739)
1991 Ed. (1891, 2080, 2384, 2408, 2409, 2930)

Becton Dickinson Microbiology Systems
2000 Ed. (2459)

Bed Bath & Beyond Inc.
2008 Ed. (887, 889, 893, 2993, 2994, 2995, 3000, 3001, 3093, 3094, 3098, 3102, 3103, 3104, 4205, 4233, 4237, 4474, 4476, 4526, 4585, 4797)
2007 Ed. (912, 2873, 2874, 2881, 2969, 2970, 2981, 2983, 2984, 4197, 4497, 4554, 4570, 4675, 4870)
2006 Ed. (2879, 2880, 2881, 2888, 2890, 2952, 2953, 2964, 4163, 4174, 4432, 4434, 4437, 4440, 4589, 4870)
2005 Ed. (896, 2542, 2873, 2874, 2875, 2876, 2880, 2957, 2969, 4108, 4126, 4127, 4129, 4415, 4417, 4419, 4807)
2004 Ed. (906, 2881, 2882, 2883, 2884, 2888, 2889, 2892, 2893, 2895, 2955, 2962, 4189, 4212, 4467, 4469, 4471, 4824)
2003 Ed. (887, 1217, 2772, 2774, 2780, 2870, 2873, 4182, 4499, 4824)
2002 Ed. (2587, 2704, 2706, 4036)
2001 Ed. (1453, 2736, 2737, 2744, 2746, 2747, 2751, 4100)
1999 Ed. (1874, 1875, 4372, 4373)
1998 Ed. (1299, 1301, 3086, 3343)
1997 Ed. (1634, 1635, 2323, 3554)
1996 Ed. (3488, 3489)
1995 Ed. (3427)
1994 Ed. (2125, 2134, 2135, 2139, 3368)
1992 Ed. (2532)
1990 Ed. (2115)

Bed covers
2005 Ed. (2870)

Bedag Informatik AG
2007 Ed. (2005)

BedBathandBeyond.com
2005 Ed. (2328)

Bedding
2005 Ed. (2870)
2001 Ed. (3844)

Bedford
1992 Ed. (2824)

Bedford County Industrial Development Authority (VA)
1998 Ed. (2085)

Bedford Economic Development Commission
1996 Ed. (2240)

Bedford Falls Investors L.P.
1995 Ed. (2096)

Bedford Furniture
1999 Ed. (2551)

Bedford Laboratories
2001 Ed. (2061)

Bedford Research Consultants
1992 Ed. (994)

Bedford Village Inn
2007 Ed. (2951)

Bedfordia Group PLC
1992 Ed. (1193, 1199)

Bedroom
2000 Ed. (2289)

Bedroom furniture
2001 Ed. (2568)

Bedroom furniture, adult
1999 Ed. (2541, 2542)

Bedside alarm clocks
1990 Ed. (1018)

Bee & Associates
1998 Ed. (2279)
1997 Ed. (2523, 2539)
1995 Ed. (2373)

Bee Gees
2001 Ed. (1381, 1382)
1993 Ed. (1080)

Beebe Longley
1993 Ed. (1789)

Beebe Longley; Alice
1995 Ed. (1813, 1849)

Beebee Island Corp.
2001 Ed. (3867)

Beech Bend Park
1995 Ed. (216)

Beech-Nut
2008 Ed. (3161)
2003 Ed. (2914)
2000 Ed. (2636)
1996 Ed. (3700)
1995 Ed. (3620)

Beech-Nut Nutrition Corp.
2003 Ed. (2915)

Beech Nut Regular
1999 Ed. (4608)
1998 Ed. (3579)
1995 Ed. (3624)
1994 Ed. (3546)

Beech-Nut Spearmint
1994 Ed. (3546)
Beech-Nut Wintergreen
1995 Ed. (3624)
1994 Ed. (3546)
Beech 1900
1996 Ed. (192)
Beech Street Corp.
2002 Ed. (3741, 3743)
2001 Ed. (3873)
2000 Ed. (3602)
1999 Ed. (3881, 3882, 3883)
1998 Ed. (2911)
1997 Ed. (3159, 3160)
1996 Ed. (3079, 3080)
1993 Ed. (2907, 2908)
Beech Street of California Inc.
1998 Ed. (2912)
Beech Street PPO Network
2005 Ed. (3883)
Beecham
1992 Ed. (69, 1875)
1989 Ed. (720)
Beecham Cold Treatments
1999 Ed. (1932)
Beecham Group
1997 Ed. (1660)
1992 Ed. (1457)
1990 Ed. (1993)
1989 Ed. (1583)
Beecham Group plc
2005 Ed. (1507)
2004 Ed. (1491)
2003 Ed. (1461, 1508)
2002 Ed. (1394, 1441)
1999 Ed. (1443, 1452)
1998 Ed. (1009, 1018)
1996 Ed. (1199)
1992 Ed. (1467, 1472, 1480)
1991 Ed. (1136, 1143, 1144, 1147, 1154, 1160, 1168, 1169, 2657, 2658)
1990 Ed. (1576)
1989 Ed. (1281)
Beecham Group PLC-U.K.
1997 Ed. (1245, 1252)
1996 Ed. (1206)
1995 Ed. (1222, 1235)
1994 Ed. (1212, 1219)
1993 Ed. (1179, 1188)
1991 Ed. (1153)
Beecham of Kenya
1992 Ed. (61)
Beechams
2002 Ed. (2053)
2001 Ed. (2108)
1996 Ed. (1594)
1994 Ed. (1577)
Beechcraft
1994 Ed. (188)
Beecher Carlson
2006 Ed. (3052)
Beecher Carlson (Bermuda)
2008 Ed. (857)
Beecher Carlson (Cayman)
2008 Ed. (858)
Beecher Carlson Holdings Inc.
2008 Ed. (852)
2007 Ed. (879)
2006 Ed. (784)
Beecher Carlson Management Ltd.
2006 Ed. (786)
Beecher Carlson/RiskCap (Hawaii)
2006 Ed. (789)
Beecher Carlson/RiskCap (Vermont)
2006 Ed. (791)
Beecher Carlson (Vermont)
2008 Ed. (859)
Beechham Group plc
2005 Ed. (1551)
2004 Ed. (1536)
Beechham Group PLC-UK
2000 Ed. (1311)
Beechman Group Plc-U.K.
1995 Ed. (1228)
Beechmont Toyota Inc.
1994 Ed. (286)
1993 Ed. (287)
Beechnut Stages
1995 Ed. (2249)
Beechnut Table Time
1995 Ed. (2249)
Beef
2007 Ed. (3442, 3443)
2006 Ed. (3427, 3428)
2005 Ed. (3417, 3418)
2004 Ed. (3404, 3405)
2003 Ed. (3327, 3334, 3335, 3343)
2001 Ed. (3237, 3238, 3239, 3242, 3243)
1994 Ed. (1995)
1992 Ed. (2355)
1990 Ed. (1962)
Beef Bites
1997 Ed. (3073)
1994 Ed. (2832)
1993 Ed. (2817)
1989 Ed. (2195)
Beef Jerky
1998 Ed. (3323)
Beef O' Brady
2002 Ed. (4018)
Beef 'O' Brady's
2008 Ed. (4190)
2007 Ed. (4152)
2006 Ed. (546, 4111)
2005 Ed. (4079)
2004 Ed. (4140)
Beef O'Brady's
2004 Ed. (4124)
Beef O'Brady's Family Sports Pub
2007 Ed. (4137)
Beef stew
2002 Ed. (3746)
1997 Ed. (2032)
BeefAmerica Inc.
1999 Ed. (3319, 3867)
1998 Ed. (2453)
1996 Ed. (2583, 2586, 2587, 2588, 2589, 3058, 3061, 3065, 3066)
1992 Ed. (2994, 2995, 3509)
1991 Ed. (1750)
BeefAmerica Operating Co.
1998 Ed. (2455)
1997 Ed. (2733, 2735, 2736, 3141, 3142)
1995 Ed. (1909, 2519, 2522, 2523, 2524, 2525, 2959, 2963, 2964, 2965, 2968)
1994 Ed. (1882, 2451, 2456, 2457, 2903, 2906)
1993 Ed. (1884, 2514, 2516, 2519, 2520, 2887, 2888, 2889, 2894)
1992 Ed. (2199)
Beefeater
2004 Ed. (2735, 2736, 3284)
2003 Ed. (2610, 2615)
2002 Ed. (283, 2398, 3171, 3174, 3178)
2001 Ed. (2599, 2600, 2601, 3137, 3143, 3145)
2000 Ed. (2332, 2333, 2334, 2972, 2977, 2978, 2980)
1999 Ed. (2589, 2592, 2595, 3244)
1998 Ed. (1829, 2395)
1997 Ed. (2139, 2143, 2145, 2667)
1996 Ed. (2017, 2019, 2021, 2023)
1995 Ed. (1992, 1996, 1997, 1998)
1994 Ed. (1970, 1972, 2393)
1993 Ed. (1942, 1948, 1949, 1950)
1992 Ed. (2285, 2288, 2289, 2290, 2291)
1991 Ed. (1810, 1814, 1815, 1816)
1990 Ed. (1896, 1897, 1898, 1899, 2456, 2462)
1989 Ed. (1509, 1511, 1512, 1513)
Beefeaters
2005 Ed. (2732)
Beehive Credit Union
2008 Ed. (2229)
2007 Ed. (2114)
2006 Ed. (2193)
2005 Ed. (2098)
2004 Ed. (1956)
2003 Ed. (1916, 1949)
2002 Ed. (1895)
Beekley Corp.
2008 Ed. (1694)
Beekman Arms
1997 Ed. (2286)
Beekman Capital Management
1993 Ed. (2296)
Beeline
2008 Ed. (664)
Beemster; S. B.
1992 Ed. (794)
beenz.com
2001 Ed. (2995, 2996)
Beeper/Pager
2001 Ed. (2720)
Beer
2008 Ed. (1498)
2007 Ed. (1422, 1516)
2006 Ed. (1385, 1486)
2005 Ed. (1395, 1396, 1600, 1602)
2004 Ed. (1572, 2127, 2546, 2550)
2003 Ed. (663, 3936)
2002 Ed. (282, 677, 687, 688, 689, 690, 692, 693, 694, 695, 697, 698, 764, 1222, 2029, 2039, 3488, 4527)
2001 Ed. (356, 357, 686, 687, 688, 690, 691, 692, 693, 694, 700, 701, 4288)
2000 Ed. (30, 210, 711, 712, 717, 797)
1999 Ed. (699, 700, 705, 706, 707)
1998 Ed. (445)
1997 Ed. (707, 1208)
1996 Ed. (719, 721, 770, 3611)
1995 Ed. (644, 692)
1994 Ed. (682, 1190, 3463)
1993 Ed. (680, 681)
1992 Ed. (95, 917, 2349)
1991 Ed. (733, 734, 739, 1866, 3308)
1990 Ed. (1961)
1989 Ed. (731)
Beer/ale
1996 Ed. (860)
1993 Ed. (3484)
Beer/ale/alcoholic cider
2004 Ed. (888, 2129, 2133)
Beer, ale & soft drinks
1995 Ed. (2210, 2980)
1994 Ed. (2925)
Beer, ale, soft drinks
1993 Ed. (2134)
1992 Ed. (2569)
1991 Ed. (1997)
1990 Ed. (2149)
Beer & ale
2005 Ed. (153)
Beer and liquor
1994 Ed. (743)
Beer & wine
2002 Ed. (234)
1997 Ed. (3233)
1996 Ed. (3655)
1995 Ed. (151)
1992 Ed. (32)
Beer, imported
1995 Ed. (700)
1994 Ed. (750)
Beer industry
1998 Ed. (23, 487)
Beer, light
2005 Ed. (2753)
2003 Ed. (663)
1995 Ed. (700)
1994 Ed. (750)
Beer, low alcohol
1994 Ed. (750)
1992 Ed. (3220)
Beer, malt
1994 Ed. (750)
Beer, malt liquor
1995 Ed. (700)
Beer Nuts
1996 Ed. (2859)
Beer, popular
1995 Ed. (700)
1994 Ed. (750)
Beer, premium
1995 Ed. (700)
1994 Ed. (750)
Beer, super premium
1995 Ed. (700)
1994 Ed. (750)
Beer, wine, liquor
1993 Ed. (735)
1992 Ed. (238, 3394)
1991 Ed. (174)
1989 Ed. (192)
Beers & Cutler
2008 Ed. (9, 13)
Beers Construction Co.
2003 Ed. (1310)
2002 Ed. (1191, 1213)
2001 Ed. (1398)
2000 Ed. (1200)
1999 Ed. (1321, 1358)
1998 Ed. (891)
1997 Ed. (1126)
1996 Ed. (1105)
1995 Ed. (1124)
1993 Ed. (1122)
Beers Skanska Inc.
2004 Ed. (1145)
Beerwyn
1996 Ed. (2803)
Bees Inland V Group
1991 Ed. (2596)
Bees Inland Valley Group
1990 Ed. (2688)
Beeson; Ralph Waldo
1994 Ed. (895)
1993 Ed. (888, 1028)
1992 Ed. (1099)
Beetle
1996 Ed. (329)
Beetle; Volkswagen
2005 Ed. (303)
Before I Say Goodbye
2003 Ed. (720)
BeFree
2001 Ed. (4760)
BEG PLC
1990 Ed. (1223)
Begger's Pizza
2006 Ed. (3915)
Beggin' Strips
1999 Ed. (3783)
1997 Ed. (3073)
1996 Ed. (2994)
Beghin Say
1993 Ed. (1881)
1992 Ed. (2196)
Beha Architects; Ann
2005 Ed. (262)
Behavioral Healthcare Corp.
2000 Ed. (3624)
1999 Ed. (3907)
1998 Ed. (2933)
Behlendorf; Brian
2006 Ed. (1003)
Behlmann GMC
1995 Ed. (268, 294)
Behlmann Pontiac
1996 Ed. (283)
1995 Ed. (283)
Behold
2008 Ed. (980)
2003 Ed. (980)
Behr Process Corp.
2008 Ed. (3844)
2007 Ed. (3764)
2006 Ed. (3767)
Behrain International Bank
1989 Ed. (451)
Behring
1992 Ed. (3007)
1991 Ed. (2405)
Behring Diagnostics Inc.
1997 Ed. (2743)
1996 Ed. (2593)
BEI Associates Inc.
2001 Ed. (409)
2000 Ed. (313)
1999 Ed. (288)
1998 Ed. (185)
1997 Ed. (266)
1995 Ed. (238)
1993 Ed. (247)
1992 Ed. (357)
1991 Ed. (252)
1990 Ed. (282)
Bei Jing Chang Cheng Construction Corp.
2000 Ed. (1273)
BEI Technologies Inc.
2005 Ed. (2860)
2004 Ed. (2852)
Beich Apple
1993 Ed. (837)
Beich Banana
1993 Ed. (837)

Beierdorf AG
2004 Ed. (956)
Beiersdorf Inc.
2003 Ed. (4433, 4435)
2000 Ed. (4041)
1991 Ed. (1364)
1990 Ed. (1437)
Beiersdorf AG
2008 Ed. (3105, 3841)
2007 Ed. (2986, 3814, 3815)
2006 Ed. (164, 3805)
2005 Ed. (24, 26, 31, 72, 78)
2004 Ed. (29, 38, 77, 83, 3810)
2003 Ed. (2695, 3794)
2002 Ed. (4305)
2001 Ed. (21, 1925, 1932, 3719, 4391)
1997 Ed. (1535)
1994 Ed. (37)
Beiersdorf SA
2006 Ed. (1431, 1438)
Beiersdorf U.K. Ltd.
2002 Ed. (38)
Beige
1992 Ed. (425, 426)
Beijer
1992 Ed. (2963)
Beijing
2001 Ed. (1096, 2262)
1997 Ed. (2960, 2961)
1989 Ed. (916)
Beijing Advertising Co.
1996 Ed. (72)
Beijing Brewery
1995 Ed. (708)
Beijing Capitalbio Co.
2008 Ed. (2928)
Beijing Chang Cheng Construction Corp.
1999 Ed. (1384)
Beijing, China
2008 Ed. (766, 1819)
2007 Ed. (1098)
2006 Ed. (1012)
2005 Ed. (2033)
2001 Ed. (348)
1996 Ed. (2865)
1995 Ed. (991, 2564, 2956)
Beijing Datang Power
2001 Ed. (1671)
Beijing Datang Power Generation
1999 Ed. (1594, 4495)
Beijing Dentsu Advertising
1999 Ed. (73)
1997 Ed. (72)
Beijing Enterprises
1999 Ed. (1594, 4495)
Beijing Gehua CATV Network
2008 Ed. (1568)
Beijing Guoan Advertising Co.
1996 Ed. (72)
Beijing Hyundai Motor Co.
2008 Ed. (848)
Beijing Jeep
1995 Ed. (308)
Beijing Jeep: The Short, Unhappy Romance of American Business in China
2006 Ed. (579)
Beijing Johnson Controls Automotive
1998 Ed. (1539)
Beijing North Star
1999 Ed. (1594, 4495)
Beijing, People's Republic of China
1994 Ed. (2895)
Beijing Shougang
2006 Ed. (4307)
Beijing Teamsun Technology
2008 Ed. (1568)
Beijing Urban Construction Group Co.
2000 Ed. (1273)
1999 Ed. (1384)
Beijing Yanhua Petrochemical Co. Ltd.
2003 Ed. (4578)
1999 Ed. (1594, 4495)
Beijing Yanjing Brewery
1995 Ed. (708)
Beijing Yanshan Petrochemical
1995 Ed. (960)
Beijing YongTuo
2000 Ed. (7)
Beijing Zhong Ke San Huan High-Tech
2008 Ed. (1568)
Beiren Printing Machinery Holdings
2007 Ed. (1589)
Beirut & the Arab Countries; Bank of
2007 Ed. (512)
Beirut; Bank of
2007 Ed. (512)
2006 Ed. (491)
Beirut Riyad Bank SAL
1996 Ed. (583)
1995 Ed. (527)
1994 Ed. (553)
1993 Ed. (551)
1992 Ed. (757)
1991 Ed. (588)
Beiteddine Festival
2007 Ed. (55)
2006 Ed. (64)
2005 Ed. (57)
Beitler Commercial Realty Services
1998 Ed. (2998)
1997 Ed. (3256)
1992 Ed. (3614)
1990 Ed. (2954)
Bekaert
2007 Ed. (1598)
1999 Ed. (772)
Bekaert Group
1991 Ed. (1258)
Bekaert NV
2008 Ed. (3549)
2006 Ed. (3372)
Bekins Holding Corp.
2008 Ed. (4740)
Bekins Van Lines
2005 Ed. (4745)
2003 Ed. (4784)
2002 Ed. (3406)
2000 Ed. (3177)
1999 Ed. (3459, 4676)
1998 Ed. (2544, 3636)
1997 Ed. (3810)
1996 Ed. (3760)
1995 Ed. (2626, 3681)
1994 Ed. (2571, 3603)
1993 Ed. (2610, 3643)
1992 Ed. (3121)
1991 Ed. (2496)
Bekins Van Lines LLC
2008 Ed. (4768)
2007 Ed. (4846)
Bekins Worldwide
2007 Ed. (4813)
2006 Ed. (4796)
Bekleidungswerk AG & Co. KG Haibach; Adler
1994 Ed. (1031)
Beko
2007 Ed. (38)
BekTel Inc.
1996 Ed. (2918)
Bel Age
1990 Ed. (2063)
Bel Age Hotel
1991 Ed. (1946)
Bel-Air
1999 Ed. (2793)
1998 Ed. (2032, 2037)
1997 Ed. (2307, 2309)
1996 Ed. (2188, 2189)
1995 Ed. (2156, 2175)
1994 Ed. (2102, 2122)
1993 Ed. (2102)
1992 Ed. (2509, 2510, 2512)
1991 Ed. (1956)
1990 Ed. (2071, 2073, 2094)
Bel-Air, Los Angeles
1990 Ed. (2079)
Bel Canto
2005 Ed. (728)
2004 Ed. (747)
Bel Fuse Inc.
2006 Ed. (2738)
Bel-Ritz
1993 Ed. (3009)
Belagroprombank
2008 Ed. (384, 434, 442)
2007 Ed. (402, 469, 477)
2006 Ed. (418, 457, 464)
2005 Ed. (464, 528, 536)
2004 Ed. (454, 470)
2000 Ed. (468)
1999 Ed. (476)
Belanger Inc.
2008 Ed. (4404)
Belarus
2008 Ed. (2334, 3807, 4018, 4258)
2007 Ed. (2200, 3999, 4227, 4229)
2006 Ed. (2262, 2640, 3016, 3941)
2005 Ed. (2200, 3881)
2004 Ed. (2096, 3931)
2003 Ed. (2053, 3918)
2001 Ed. (1985, 2005, 3529, 3859)
1999 Ed. (3653)
Belarusbank
2008 Ed. (384)
2007 Ed. (402)
2006 Ed. (418)
2005 Ed. (464)
2004 Ed. (454)
2000 Ed. (468)
1999 Ed. (476)
Belarussian Joint Stock Commercial Bank for Industry & Construction
2000 Ed. (468)
1999 Ed. (476)
1997 Ed. (416)
Belcan Corp.
1995 Ed. (237, 1682)
1994 Ed. (235, 1643)
1993 Ed. (246, 1610)
1992 Ed. (355, 1955)
1990 Ed. (280, 1666)
Belcher; Angela
2005 Ed. (786)
BELCO Holdings Ltd.
2006 Ed. (4486)
2002 Ed. (4385, 4386)
Belco Oil & Gas
1998 Ed. (1883, 1885)
Belda; A. J.
2005 Ed. (2495)
Belda; Alain
2007 Ed. (995)
2006 Ed. (905)
2005 Ed. (965)
Belda; Alain J.
2007 Ed. (1023)
Belda; Alain J. P.
2008 Ed. (946)
2007 Ed. (1024)
Belden Inc.
2005 Ed. (2284)
2003 Ed. (4689)
1996 Ed. (2831)
Belden CDT Inc.
2008 Ed. (1952, 1955)
2007 Ed. (1892)
2006 Ed. (1903, 1911, 3693)
Belding Heminway
1992 Ed. (4276, 4277)
1991 Ed. (3349, 3350)
Beldon Enterprises Inc.
2008 Ed. (1263)
Beleggingsmaatschappij Setio BV
2002 Ed. (1644)
Belew; William
2005 Ed. (3183)
Belfast Harbour Commission
2007 Ed. (2039)
Belfast International Airport
2005 Ed. (1982)
Belfast Telegraph
2002 Ed. (233, 3516)
Belfor
2006 Ed. (669, 670, 671)
2005 Ed. (2959)
Belfor USA
2008 Ed. (3096)
2007 Ed. (2971)
2006 Ed. (2955)
Belgacom
2001 Ed. (1638)
1999 Ed. (1589)
1998 Ed. (2217)
1997 Ed. (1365)
Belgacom de Droit Public SA
2004 Ed. (1089)
Belgacom SA
2008 Ed. (26, 1575, 1723)
2007 Ed. (21, 1597, 1598, 4714)
2006 Ed. (29, 1562, 1563, 4598)
2005 Ed. (23, 1663)
2004 Ed. (30, 1656)
2003 Ed. (1624)
2001 Ed. (19)
2000 Ed. (1393)
Belgazprombank
2004 Ed. (454)
2000 Ed. (468)
Belgcom SA
2002 Ed. (1598)
Belgian Francs
1992 Ed. (2047)
Belgian Government
1991 Ed. (18)
Belgian PTT
1992 Ed. (4204)
Belgium
2008 Ed. (414, 577, 1020, 1414, 2399, 2400, 2824, 2845, 3164, 3448, 3592, 4918)
2007 Ed. (446, 627, 628, 674, 869, 1140, 2697, 3050, 3352, 3394, 3428, 3982, 3983, 4689, 4776, 4941)
2006 Ed. (441, 598, 599, 656, 773, 1051, 1433, 1434, 2538, 2539, 2703, 3017, 3285, 3336, 3412, 3553, 3927, 3928, 4176, 4574, 4769, 4935, 5000)
2005 Ed. (685, 747, 853, 1042, 1478, 2536, 2537, 2738, 2761, 3022, 3291, 3403, 3610, 3863, 3864, 4130, 4602, 4603, 4717, 4902, 5000)
2004 Ed. (689, 873, 874, 1041, 1460, 1462, 1463, 2740, 3259, 3396, 3917, 3918, 4543, 4738, 4909, 4999)
2003 Ed. (493, 851, 860, 949, 1430, 1431, 1432, 1881, 2233, 2234, 2624, 2641, 3023, 3213, 4920, 5000)
2002 Ed. (681, 737, 740, 742, 1344, 1409, 1410, 1411, 1412, 1475, 2410, 2751, 2752, 2753, 2755, 2757, 2936, 3523, 3723, 4055, 4380, 4998)
2001 Ed. (291, 358, 386, 390, 525, 526, 670, 697, 711, 979, 989, 1081, 1101, 1125, 1129, 1149, 1171, 1182, 1190, 1191, 1242, 1259, 1274, 1283, 1299, 1311, 1496, 1688, 1917, 1944, 2002, 2008, 2035, 2044, 2047, 2094, 2139, 2142, 2147, 2379, 2395, 2412, 2442, 2443, 2444, 2469, 2543, 2552, 2553, 2562, 2574, 2575, 2603, 2611, 2681, 2734, 2735, 2799, 2800, 2814, 2821, 2835, 3020, 3036, 3044, 3160, 3227, 3305, 3315, 3368, 3420, 3529, 3552, 3575, 3638, 3691, 3706, 3760, 3824, 3825, 3850, 3864, 3865, 3875, 3991, 4017, 4113, 4276, 4277, 4378, 4393, 4565, 4566, 4569, 4596, 4632, 4664, 4686, 4705, 4920, 4941, 4943)
2000 Ed. (820, 1612, 1890, 2336, 2863, 3355)
1999 Ed. (332, 1253, 1463, 1783, 2005, 2091, 2106, 2108, 2597, 2825, 2826, 3111, 3115, 3193, 3342, 3630, 3654, 3697, 4594, 4804)
1998 Ed. (230, 632, 634, 635, 1527, 1528, 1839, 2461, 2744, 3467, 3593)
1997 Ed. (321, 518, 939, 1268, 1544, 1687, 2146, 2569, 3000, 3079, 3080)
1996 Ed. (761, 942, 944, 1479, 1495, 1963, 2024, 2025, 2449)
1995 Ed. (310, 688, 876, 967, 1520, 1593, 1999, 2000, 2031, 3605)
1994 Ed. (335, 735, 736, 836, 841, 934, 949, 956, 1231, 1349, 1484, 1488, 1530, 1533, 1973, 2130, 2359, 2684, 2898, 3436, 3476, 3642)
1993 Ed. (345, 917, 1206, 1209, 1299, 1422, 1542, 1717, 1951, 1952, 1976, 3680)

1992 Ed. (305, 911, 1029, 1120, 1234, 1373, 1390, 1485, 1727, 1736, 1880, 2046, 2292, 2293, 2304, 2312, 2319, 2329, 2358, 2806, 4140, 4187, 4319)
1991 Ed. (1383, 1818, 1828, 1836, 1843, 2276, 3270, 3465)
1990 Ed. (741, 778, 960, 984, 1450, 1900)
1989 Ed. (565, 1179, 1182, 1514)
Belgium; Government of
2008 Ed. (26)
2007 Ed. (21)
2006 Ed. (29)
2005 Ed. (23)
Belgium; Kingdom of
1992 Ed. (1057)
Belgium/Luxembourg
2001 Ed. (1919, 2373)
2000 Ed. (1064)
1997 Ed. (896, 897, 2555, 3770)
1996 Ed. (872, 874)
1995 Ed. (899, 900, 1735, 1743, 1744, 3776)
1994 Ed. (311, 854, 855, 957, 3522)
1993 Ed. (1719, 1720, 1722, 1723, 1724, 3455, 3456, 3723)
1992 Ed. (498, 2070, 2079, 2080, 2082)
1991 Ed. (930, 1641, 3108, 3109, 3357, 3358)
1990 Ed. (413, 1728, 1736)
1989 Ed. (363, 1389, 2957)
Belgo Mineira
2003 Ed. (1736, 1742, 1744)
1996 Ed. (2557)
Belgo-Mineira, (ordinary shares)
1991 Ed. (2368)
Belgravia Group
2002 Ed. (1170, 2654)
Belhumeur
1999 Ed. (1245)
Belier
1989 Ed. (107)
Belier Comunicazione
1989 Ed. (124)
Belier Groupe
1992 Ed. (149)
Belier WCRS
1990 Ed. (103)
Belier WCRS Italia
1990 Ed. (118)
Believe Ltd.
2006 Ed. (1816)
2001 Ed. (3406)
Belin
1993 Ed. (1879)
Belinda Stronach
2006 Ed. (3920)
2005 Ed. (2514, 3857, 4991)
2003 Ed. (4984)
Belinvestbank
2004 Ed. (454)
Belize
2007 Ed. (2264)
2006 Ed. (2139, 2333)
2005 Ed. (2057)
2004 Ed. (1922)
2001 Ed. (4587, 4588)
Belize Bank
2008 Ed. (386)
2007 Ed. (404)
2005 Ed. (466)
Belk Inc.
2008 Ed. (2327, 2328)
2007 Ed. (2195)
2006 Ed. (2252)
2005 Ed. (2167)
2004 Ed. (2054)
2003 Ed. (2008, 2009)
2002 Ed. (1918)
1991 Ed. (1968, 1970, 1971)
1989 Ed. (2974)
Belk Printing Technologies
2008 Ed. (3725, 4976)
2007 Ed. (3586)
Belk Stores
2001 Ed. (1993)
1997 Ed. (2322)
1995 Ed. (1554)
1994 Ed. (1522, 2138)
1992 Ed. (1789, 1791, 2525, 2531)
1990 Ed. (2118)
Belkin Corp.
2004 Ed. (4402)
Belkin Components
1998 Ed. (1407)
Belkin family
2005 Ed. (4863)
Belkin Prods.
2000 Ed. (3621)
1990 Ed. (2908)
Belkin Productions
2002 Ed. (3798)
2001 Ed. (3917, 3919)
1998 Ed. (2931)
1997 Ed. (3179)
1996 Ed. (3101)
1992 Ed. (3553)
Belkin Promotions
1999 Ed. (3905)
Belknap White Group
1999 Ed. (2447)
Belk's
1990 Ed. (2120)
Bell
2008 Ed. (644, 645, 646, 3838)
1999 Ed. (2660, 4114)
1991 Ed. (1897, 1898, 1899)
Bell Advertising
1990 Ed. (116)
Bell Aliant Regional Communications
2008 Ed. (2938)
Bell & Associates Construction LP
2008 Ed. (1327, 1335)
Bell & Co.; Charles A.
1991 Ed. (2171)
Bell & Howell
2003 Ed. (1346, 1361)
2000 Ed. (1747)
1999 Ed. (1971)
1996 Ed. (3034)
1989 Ed. (2272, 2273, 2274)
Bell & Howell Information & Learning
2002 Ed. (1138)
2001 Ed. (1352)
Bell & Co.; W.
1992 Ed. (1065)
1991 Ed. (866, 867)
1990 Ed. (914)
Bell Atlantic Corp.
2005 Ed. (1463, 1488, 1503, 1547)
2004 Ed. (1448, 1472, 1487, 1531)
2003 Ed. (1420, 1442, 1457, 1503)
2002 Ed. (1386, 1393, 1437, 3602, 3605, 3608, 3613, 3619, 3620, 3916, 4600)
2001 Ed. (1075, 1076, 1335, 1336, 1557, 1817, 2869, 3535, 3665, 3667, 3670, 3673, 3675, 3678, 3683, 3684, 3692, 4454, 4455, 4462, 4472, 4473, 4476, 4477, 4478)
2000 Ed. (936, 1302, 1303, 1304, 1476, 1525, 2461, 3318, 3320, 3321, 3427, 3437, 3442, 3444, 3446, 3539, 3690, 4186, 4188, 4189, 4192, 4203, 4204, 4205)
1999 Ed. (990, 1443, 1449, 1451, 1515, 1714, 2505, 2506, 3596, 3600, 3601, 3717, 3819, 4392, 4542, 4546, 4548, 4552, 4559, 4562, 4709)
1998 Ed. (1007, 1009, 1010, 1016, 1017, 1186, 2667, 2845, 3364, 3471, 3473, 3474, 3475, 3484, 3487)
1997 Ed. (1278, 1497, 2928, 3687, 3688, 3689, 3690, 3692, 3693, 3706)
1996 Ed. (888, 1192, 1193, 1260, 1435, 1974, 2547, 2925, 2938, 3501, 3636, 3638, 3639, 3647, 3649, 3651)
1995 Ed. (1221, 1228, 1229, 1235, 2261, 2850, 3033, 3307, 3360, 3439, 3548, 3549, 3550, 3554, 3558)
1994 Ed. (680, 1205, 1206, 2765, 2768, 2973, 2974, 2975, 3220, 3228, 3279, 3481, 3482, 3488, 3489, 3490)
1993 Ed. (1189, 2779, 2851, 2934, 2935, 2936, 3288, 3383, 3514, 3515, 3516)
1992 Ed. (1067, 1339, 1459, 1564, 3354, 3363, 3457, 3582, 3583, 3584, 4063, 4198, 4208, 4209, 4210)
1991 Ed. (871, 872, 1546, 2685, 2697, 2738, 2776, 2777, 2779, 3284)
1990 Ed. (1399, 2192, 2193, 2782, 2858, 2859, 2860, 2926)
1989 Ed. (1087, 2260, 2261, 2789, 2790, 2796)
Bell Atlantic Asset Management Co.
2000 Ed. (3428)
Bell Atlantic Cellular Phones
1997 Ed. (1237)
Bell Atlantic Master Pension Trust
1997 Ed. (3029)
1996 Ed. (2949)
1995 Ed. (2874)
Bell Atlantic Mobile
2001 Ed. (1139)
2000 Ed. (999)
1989 Ed. (863)
Bell Atlantic Mobile Systems
1994 Ed. (877)
Bell Atlantic-New Jersey Inc.
1996 Ed. (2824)
1995 Ed. (2757)
Bell Atlantic-Pennsylvania Inc.
1998 Ed. (2844)
Bell Atlantic Tower
2000 Ed. (3365)
1998 Ed. (2697)
Bell Atlantic-West Virginia Inc.
2001 Ed. (1899)
Bell Bancorp
1995 Ed. (3612)
Bell Biv DeVoe
1993 Ed. (1076, 1077)
Bell; Bradley J.
2007 Ed. (2498)
Bell Brand Foods
1995 Ed. (3397)
Bell Cablemedia
1996 Ed. (864)
Bell Canada
2008 Ed. (1641, 4648)
1999 Ed. (1736)
1997 Ed. (1372, 1373, 2687, 3301, 3707)
1996 Ed. (1311, 1315, 3648)
1995 Ed. (3338)
1994 Ed. (1340, 3259, 3491, 3553)
1993 Ed. (821, 1289, 1402, 3590)
1992 Ed. (1591, 1592, 1601, 4211, 4311)
1991 Ed. (3402)
1990 Ed. (2787, 3519, 3605)
1989 Ed. (923)
Bell Canada Enterprises
2002 Ed. (1609)
2001 Ed. (1663)
2000 Ed. (1400)
1992 Ed. (1599, 4200)
1989 Ed. (1097)
Bell Canada Enterprises (BCE)
1989 Ed. (965, 1098, 2793)
Bell Canada Enterprises Northern Telecom unit
1993 Ed. (1197)
Bell Canada International Inc.
2006 Ed. (1621)
2005 Ed. (1701, 1723)
2004 Ed. (1670, 3664)
Bell Canada Wireless (Bell Mobility)
2003 Ed. (4697)
Bell Capital Management
1993 Ed. (2340)
Bell Centre
2006 Ed. (1153)
Bell Chevrolet-Nissan Inc.; Bob
1993 Ed. (296)
Bell-Corley Construction
2008 Ed. (1165)
Bell Credit Union
2002 Ed. (1877)
Bell; David
1994 Ed. (1981)
Bell ExpressVu
2008 Ed. (646, 729)
2007 Ed. (750)
Bell Federal Savings & Loan
1990 Ed. (3101)
1989 Ed. (2356)
Bell Federal Savings & Loan Association
1998 Ed. (3154, 3529)
1997 Ed. (3381)
1996 Ed. (3284)
1995 Ed. (3184)
1994 Ed. (3142)
1992 Ed. (3799)
1991 Ed. (2920, 3370)
Bell Globemedia
2008 Ed. (729)
2007 Ed. (750)
Bell Group
1991 Ed. (3234)
Bell Group (UK) Holdings Ltd.
1993 Ed. (1304)
Bell Helicopter
2007 Ed. (4830)
Bell Helicopter Textron
2008 Ed. (961)
2007 Ed. (1038)
2006 Ed. (2043)
2005 Ed. (1975)
1994 Ed. (2044)
Bell Hyundai
1994 Ed. (270)
Bell Industries Inc.
2001 Ed. (2183, 2215)
2000 Ed. (1761, 1763, 1764, 1765, 1767, 1771)
1999 Ed. (1982, 1983, 1984, 1986, 1987, 1988, 1991)
1998 Ed. (1403, 1404, 1405, 1406, 1408, 1409, 1412, 1413, 1416)
1997 Ed. (1708, 1710, 1711, 1712)
1996 Ed. (1630, 1634, 1635)
1993 Ed. (1580)
1990 Ed. (411)
Bell; Jean
1990 Ed. (3330)
Bell-Mann Inc.
1997 Ed. (2016)
1996 Ed. (1923)
1995 Ed. (1880)
1994 Ed. (1852)
1993 Ed. (1867)
1992 Ed. (2165)
1990 Ed. (1802)
Bell; Marian
2006 Ed. (4978)
Bell Microproducts Inc.
2008 Ed. (2457, 2465, 2467, 2470)
2007 Ed. (2331, 2340, 4950)
2006 Ed. (2387)
2005 Ed. (2347, 2348, 2349, 2352, 3047, 4349, 4811)
2004 Ed. (2244, 2245, 2247, 2252, 4402)
2003 Ed. (2188, 2206)
2002 Ed. (2077, 2085, 2086, 2087, 2088, 2089, 2093, 2095)
2001 Ed. (2183, 2202, 2203, 2204, 2206, 2209, 2210, 2211, 2212, 2215)
2000 Ed. (1741, 1761, 1762, 1763, 1764, 1765, 1768, 1769, 1771)
1999 Ed. (1982, 1983, 1984, 1987, 1989, 1991)
1998 Ed. (1403, 1404, 1407, 1409, 1410, 1412, 1413)
1996 Ed. (1631, 1632, 1634, 1635)
Bell Mobility
2008 Ed. (644, 646)
2003 Ed. (1700, 1708)
Bell Ontario
1995 Ed. (3632)
Bell Packaging
1992 Ed. (1387)
Bell peppers
1996 Ed. (3774)
Bell Pilsner
2001 Ed. (87)
Bell Potter Securities
2005 Ed. (4315)
Bell Pottinger Communications
2002 Ed. (3855)

Bell Rd. Automall
2008 Ed. (4790, 4791)
Bell Resources
1991 Ed. (3231, 3234)
1990 Ed. (1249)
Bell Savings & Loan Association, FS&LA
1990 Ed. (3585)
Bell Securities Corp.; Charles A.
1997 Ed. (2477)
1996 Ed. (2358)
1993 Ed. (708, 2270)
Bell South
2000 Ed. (4186, 4202)
1990 Ed. (2192)
Bell; Steve
2007 Ed. (4925)
Bell Sygma Inc.
1999 Ed. (2668)
Bell Technical
1989 Ed. (272)
Bell Tel Credit Union
2002 Ed. (1829, 1830)
Bell Trans
2000 Ed. (3168, 3169)
1999 Ed. (3453, 3454)
1996 Ed. (2692)
1995 Ed. (2616, 2617)
1993 Ed. (2600, 2601)
1992 Ed. (3113, 3114)
Bell; W.
1990 Ed. (915)
1989 Ed. (860)
Bella
2000 Ed. (3494, 3503)
Bella Automotive Group Ltd.
2008 Ed. (2960)
2002 Ed. (2562)
2001 Ed. (2708)
1996 Ed. (260)
Bella I. Marshall
1992 Ed. (3137)
Bella International Corp.
2007 Ed. (311, 1963)
2006 Ed. (316, 2000)
2005 Ed. (297)
2004 Ed. (304)
Bella Sera
2006 Ed. (4966)
2005 Ed. (4951, 4952, 4957, 4958, 4963, 4968)
2004 Ed. (4966)
Bella Vista Hospital Inc.
2004 Ed. (2812)
Bellace; Joseph
1997 Ed. (1907)
1996 Ed. (1834)
1995 Ed. (1856)
1994 Ed. (1827)
1993 Ed. (1835)
Bellacino's Pizza & Grinders Inc.
2008 Ed. (4276)
2007 Ed. (4241)
Bellacor
2004 Ed. (2227)
Belladonna
1992 Ed. (2437)
Bellagio LLC
2007 Ed. (1907)
2006 Ed. (1923)
2005 Ed. (1896)
2004 Ed. (1813)
2003 Ed. (1778)
Bellco Credit Union
2008 Ed. (2222)
2007 Ed. (2107)
2006 Ed. (2177, 2186)
2005 Ed. (2083, 2091)
2004 Ed. (1949)
2003 Ed. (1892, 1909)
2002 Ed. (1831, 1852)
Bellco Drug
2000 Ed. (1105)
Bellco Federal Credit Union
2002 Ed. (1855)
Bellco First Federal Credit Union
1993 Ed. (1449)
Belle Corp.
2002 Ed. (3703)
2000 Ed. (3542)
1999 Ed. (3821)
Belle Ayr
2002 Ed. (3365)
Belle Ayr, WY
2000 Ed. (1126)
Belle; Frank Smathers Jr. and Mary
1992 Ed. (1280)
Belle; Mary
1992 Ed. (1093)
Belle Plaine Financial LLC
2001 Ed. (560)
Belle Tire Distributors
2008 Ed. (4682)
2007 Ed. (4759)
2006 Ed. (4753)
2005 Ed. (4697)
Belleli SpA
1999 Ed. (1406)
1998 Ed. (969)
1997 Ed. (1182, 1190)
Bellemar Parts Industries Inc.
1996 Ed. (352)
Bellemead Construction Corp.
1993 Ed. (1093)
Bellemead Development Corp.
1997 Ed. (3261)
Bellevue Builders Supply
1995 Ed. (849)
1994 Ed. (797)
1993 Ed. (780)
Bellevue Hospital Center
1998 Ed. (1992)
1997 Ed. (2273)
1996 Ed. (2157)
1995 Ed. (2146)
1993 Ed. (2076)
1992 Ed. (2462)
1991 Ed. (1935)
1990 Ed. (2058)
1989 Ed. (1609)
Bellevue University
2008 Ed. (3639)
Bellevue, WA
1997 Ed. (2353)
Bellingham, WA
2007 Ed. (3359, 3363)
2005 Ed. (2386)
2004 Ed. (4215)
2002 Ed. (2118)
1997 Ed. (3349, 3356)
Bellini by Cipriani
1992 Ed. (4439, 4441)
Bellmarc Realty
2002 Ed. (3915)
2001 Ed. (3996, 3997)
2000 Ed. (3714)
Bello; Rafael
1996 Ed. (1897, 1901)
Bellon; Pierre
2008 Ed. (4866)
Bells
2008 Ed. (713)
2001 Ed. (359, 3113)
1996 Ed. (776, 2525, 2526)
1993 Ed. (3110)
1990 Ed. (3114)
1989 Ed. (2364)
Bells 8 Year
2002 Ed. (3182)
Bells Extra Scotch
1992 Ed. (925)
Bell's Extra Special
1999 Ed. (3248)
Bell's Extra Special Old Scotch
1994 Ed. (748, 2394)
1992 Ed. (2892)
Bell's Remodeling
2003 Ed. (2861)
Bell's Scotch Whiskey
2008 Ed. (246)
BellSouth Corp.
2008 Ed. (1101, 1402, 1405, 1427, 1469, 1765, 2305, 2308, 2320, 3033, 3683, 3688, 4261, 4524, 4635, 4637)
2007 Ed. (223, 1195, 1475, 1737, 1738, 2184, 2214, 2850, 2851, 2910, 3065, 3523, 3524, 3527, 4705, 4706, 4708, 4709, 4710, 4712, 4719, 4720, 4726, 4728, 4730)
2006 Ed. (1088, 1089, 1730, 1731, 2838, 3491, 4493, 4686, 4687, 4688, 4689, 4690, 4691, 4692, 4693, 4695, 4696, 4697, 4698, 4706)
2005 Ed. (94, 1096, 1097, 1570, 1570, 1779, 1780, 3487, 4619, 4620, 4621, 4622, 4623, 4624, 4625, 4626, 4627, 4629, 4633, 4634, 4636, 4652)
2004 Ed. (54, 1086, 1087, 1722, 1723, 3492, 4662, 4663, 4664, 4665, 4666, 4667, 4668, 4669, 4670, 4671, 4674, 4677)
2003 Ed. (1072, 1073, 1518, 1684, 1685, 3424, 4689, 4690, 4691, 4692, 4693, 4694, 4696, 4704, 4706, 4707, 4708)
2002 Ed. (1660, 2000, 3372, 3608, 3612, 4562, 4563, 4565, 4566, 4567, 4580, 4977)
2001 Ed. (23, 1335, 1336, 1558, 1713, 3673, 3677, 4454, 4473, 4476, 4477, 4478)
2000 Ed. (773, 936, 1437, 2642, 3441, 4188, 4189, 4203, 4205)
1999 Ed. (990, 1634, 2506, 3717, 4392, 4542, 4543, 4546, 4548, 4551, 4553, 4559, 4562)
1998 Ed. (1142, 1950, 2758, 3364, 3471, 3473, 3474, 3476, 3477, 3484, 3485, 3487)
1997 Ed. (1306, 1412, 2614, 3013, 3687, 3689, 3692, 3693, 3706)
1996 Ed. (888, 1350, 2547, 2925, 2938, 3501, 3636, 3637, 3638, 3647, 3649, 3651)
1995 Ed. (3559)
1994 Ed. (680, 2754, 2768, 2973, 2974, 3220, 3228, 3250, 3481, 3488, 3489, 3490)
1993 Ed. (1199, 2779, 2934, 2935, 3224, 3228, 3256, 3383, 3514, 3515, 3516)
1992 Ed. (1067, 1339, 3228, 3232, 3354, 3582, 3583, 4063, 4198, 4199, 4208, 4209, 4210)
1991 Ed. (871, 872, 1248, 2685, 2776, 2777, 3276, 3284)
1990 Ed. (1894, 2923, 2924, 3509, 3510, 3514, 3518)
1989 Ed. (1087, 2161)
BellSouth Cellular
1994 Ed. (877)
Bellsouth/MCCA
1990 Ed. (918)
BellSouth Mobility
2000 Ed. (999)
1998 Ed. (655)
1989 Ed. (863)
BellSouth Telecommunications Inc.
2007 Ed. (4032, 4033, 4043)
2006 Ed. (1729, 3997, 3998, 4009)
2005 Ed. (1778, 3923, 3924, 3935)
2004 Ed. (1087, 1722)
2003 Ed. (1073, 1684)
2001 Ed. (1336, 1712, 1713)
BellSouth Tower
2000 Ed. (3364)
1998 Ed. (2695)
BellSouth Wireless Cable
1999 Ed. (999)
BellSouth Wireless Services
2001 Ed. (1139)
bellsouth.net
2001 Ed. (2986)
BellSouth's MobilCom
1992 Ed. (3603)
Belluschi Architects Ltd.; Anthony
1992 Ed. (356)
Bellvue Hospital Center
2008 Ed. (3983)
Bellway
2007 Ed. (2994)
Bellwether
1990 Ed. (3340)
Bellwether Community Credit Union
2008 Ed. (2246)
2007 Ed. (2131)
Bellwether Exploration Co.
2003 Ed. (3828, 3837)
2002 Ed. (1501)
Belmac Corp.
1993 Ed. (217)
Belmont Extra Mild
1997 Ed. (989)
Belmont Homes
1998 Ed. (2902, 2905, 2906)
1997 Ed. (3150, 3151)
1996 Ed. (3071, 3072)
1995 Ed. (2972)
Belmont Springs
1991 Ed. (725)
Belmont 2002
1997 Ed. (989)
Belmont University
2008 Ed. (1087)
Belo Corp.
2008 Ed. (2116, 4659)
2007 Ed. (4054, 4737, 4738)
2006 Ed. (4023)
2005 Ed. (3426, 3981, 3982, 4660)
2004 Ed. (4043, 4689)
Belo; A. H.
1997 Ed. (3222)
1992 Ed. (4241)
1991 Ed. (3327)
Belorussia
1991 Ed. (3157)
Belpromstroibank
2004 Ed. (454)
Belridge Oil Co.
1997 Ed. (1253)
1996 Ed. (1207)
1994 Ed. (1220)
1993 Ed. (1180)
1992 Ed. (1473)
1991 Ed. (1161)
1990 Ed. (1242)
Belsito & Co.
2003 Ed. (3985)
Belson-PrimeEast Capital Asia
1997 Ed. (3487)
Belton
1992 Ed. (2519)
1991 Ed. (1480)
1990 Ed. (1584, 2108)
Beltram Foodservice Group
1997 Ed. (2061)
Belts & Hoses
1989 Ed. (328, 329)
Belts & Hoses (all)
1990 Ed. (397, 398)
Beluga Shipping GmbH
2008 Ed. (4757)
Belvedere
2004 Ed. (4850, 4851)
2003 Ed. (4865, 4870)
2002 Ed. (3165, 4761, 4768, 4770, 4771)
2001 Ed. (3133, 4711, 4712, 4713)
1999 Ed. (3230, 4730, 4732)
Belvedere, CA
2003 Ed. (974)
2002 Ed. (2712)
2001 Ed. (2817)
2000 Ed. (1068, 4376)
1999 Ed. (1155, 4747)
Belvedere Insurance Co. Ltd.
1995 Ed. (903)
1994 Ed. (861)
1993 Ed. (847)
Belvieu Environmental
2001 Ed. (1185)
Belvnesheconombank
2000 Ed. (468)
1999 Ed. (476)
1997 Ed. (416)
Belvneshekonombank
2004 Ed. (454)
Belz Enterprises
1999 Ed. (3663, 3664)
Belzberg Technologies
2003 Ed. (1086)
Belzer, Alan
1992 Ed. (2061, 2062)
1991 Ed. (1631)
Belzon
2005 Ed. (2159)
Bema Gold Co.
2007 Ed. (1446)
2006 Ed. (1572, 1575, 3486)
2005 Ed. (1665)
2004 Ed. (234)

1999 Ed. (261)
1998 Ed. (151, 160)
BEMAS Software Inc.
2007 Ed. (2362)
Bemge
2006 Ed. (479, 480, 482)
Bemis Co., Inc.
2008 Ed. (1218, 1219, 3837, 3996)
2007 Ed. (1329, 1330, 1331, 1332, 1333, 3972)
2006 Ed. (1221, 1222, 1223, 1224, 1225, 1226, 3918)
2005 Ed. (1261, 1262, 1263, 1266, 3853)
2004 Ed. (1227, 1228, 1229, 1230, 2120, 2675, 3398, 3907)
2003 Ed. (1223, 1224, 2538, 3712, 3713, 3890)
2002 Ed. (2320, 2714)
2001 Ed. (1454, 3612, 3613, 3817)
2000 Ed. (1244, 2594, 3397)
1999 Ed. (1346, 1347, 2819, 3682)
1998 Ed. (929, 930, 2063, 2731, 2874)
1997 Ed. (183, 1643, 2342)
1996 Ed. (1118, 3051)
1995 Ed. (1144, 2194)
1994 Ed. (1129, 2721)
1993 Ed. (1110, 1369, 2119, 2762)
1992 Ed. (2557)
1991 Ed. (1071, 1990, 2470, 2667)
1990 Ed. (1189, 2141, 2760)
1989 Ed. (2111)
Ben Affleck
2005 Ed. (2444)
2004 Ed. (2408)
2003 Ed. (2328)
2002 Ed. (2141)
Ben & Jerry
1995 Ed. (1946)
Ben & Jerry's
2008 Ed. (101, 3123, 3128, 4160)
2007 Ed. (3007, 4138)
2006 Ed. (2979)
2005 Ed. (2982)
2004 Ed. (2967, 2970)
2003 Ed. (2877, 2878)
2002 Ed. (2716)
2001 Ed. (2547, 2831, 2833, 2836)
2000 Ed. (799, 2281, 2597, 2598, 2602, 4153)
1999 Ed. (2626)
1998 Ed. (1770, 2072, 2073, 2074, 2075)
1997 Ed. (2092, 2093, 2344)
1996 Ed. (1977, 2215)
1995 Ed. (2197)
1993 Ed. (2122, 2123)
Ben & Jerry's Frozen Yogurt
1994 Ed. (1858)
Ben & Jerry's Homemade Inc.
2008 Ed. (3125)
2003 Ed. (1523, 2880)
1997 Ed. (1278, 1282, 2170)
Ben Bernanke
2005 Ed. (3203)
Ben Brigham
2008 Ed. (2634)
Ben Chan
1997 Ed. (1966)
Ben Cohen
2000 Ed. (2126)
Ben Crenshaw
1999 Ed. (2607)
Ben E. Keith Co.
2008 Ed. (4057)
2007 Ed. (4030)
2006 Ed. (3995)
2005 Ed. (3921)
2003 Ed. (659)
Ben E. Keith Beers
2008 Ed. (538)
2007 Ed. (593)
2006 Ed. (553)
2005 Ed. (653)
2004 Ed. (666)
2001 Ed. (680)
Ben E. Keith Foods
2006 Ed. (2618)
2005 Ed. (2622)
Ben Franklin
1997 Ed. (1636, 3831)
1994 Ed. (1911, 3620)
1992 Ed. (4383)
Ben Franklin: America's Original Entrepreneur
2007 Ed. (654)
Ben Franklin Retail Stores
1998 Ed. (1304)
Ben Franklin Variety
1999 Ed. (1054)
1998 Ed. (3657)
1996 Ed. (3773)
1995 Ed. (3690)
Ben Garside, The Garside Forecast
1990 Ed. (2366)
Ben Gurion International Airport
1996 Ed. (1597)
Ben Hayman
2001 Ed. (3319)
Ben Hill Griffin Inc.
1994 Ed. (1224, 1225)
1991 Ed. (956)
Ben Hogan Co.
1993 Ed. (1990, 1991)
1991 Ed. (1855)
1990 Ed. (3329, 3342)
Ben-Horin; Daniel
2008 Ed. (3789)
2007 Ed. (3704)
Ben-Hur
1998 Ed. (2536)
Ben Hur Construction Co.
2008 Ed. (1266)
2007 Ed. (1370)
2005 Ed. (1322)
2004 Ed. (1317)
2002 Ed. (1299)
Ben-Itzhak; Yuval
2005 Ed. (994)
Ben Line Group Ltd.
1995 Ed. (1013)
1992 Ed. (1199)
Ben Milam Savings
1989 Ed. (2360)
Ben Milam Savings & Loan Association
1990 Ed. (3592)
Ben Niemi Buick Inc.
1994 Ed. (263)
Ben Reyna Contracting Inc.
2002 Ed. (2540)
Ben White
2007 Ed. (2462)
Benacin; Philippe
2006 Ed. (2527)
Benadryl
2008 Ed. (1037)
2007 Ed. (1155)
2006 Ed. (1065)
2005 Ed. (1054)
2004 Ed. (1056, 1057, 2616)
2003 Ed. (1048, 1049, 1050, 1052, 2108, 3773)
2002 Ed. (1097, 1098, 1099, 1100)
2001 Ed. (1309, 1310)
2000 Ed. (277, 1132, 1703)
1999 Ed. (255, 1218, 1905)
1998 Ed. (788, 789)
1996 Ed. (203)
1995 Ed. (227, 228)
1994 Ed. (196, 1574, 1576)
1993 Ed. (210, 1009)
1992 Ed. (314)
1991 Ed. (3136, 3137)
Benadryl Allergy
2008 Ed. (1038)
Benadryl Capsules 25 mg, 24s
1990 Ed. (1541, 1543, 1575)
Benadryl Capsules 25mg. 24s
1990 Ed. (1082, 1540)
Benadryl elixir 4 oz.
1990 Ed. (1082, 1541)
Benadryl regular tablets 24s
1990 Ed. (1082)
Benadryl 25 Allergy Tablets 24s
1990 Ed. (1540)
Benam Target Maturity 1995
1992 Ed. (3188)
Bench Craft
1994 Ed. (1928)
1993 Ed. (868)
Bench International
2006 Ed. (4058)
2005 Ed. (4030)
2002 Ed. (2174)
2000 Ed. (1866)
Bench International Search Inc.
1999 Ed. (2073)
1998 Ed. (1506)
1997 Ed. (1795)
Bench Top
1995 Ed. (2079)
Bencharge
1992 Ed. (1749)
Bencharge Credit Service
1992 Ed. (1090)
Bencharge Credit Service/Beneficial National Bank USA
1996 Ed. (910)
Bencharongkul; Boonchai
2006 Ed. (4920)
Benchmark
1996 Ed. (3099)
Benchmark Asset Management
1991 Ed. (2236)
Benchmark Bank
2005 Ed. (524)
1997 Ed. (494)
Benchmark Bankshares Inc.
2004 Ed. (406)
Benchmark Capital
2002 Ed. (4738)
Benchmark Electronics Inc.
2008 Ed. (3222)
2007 Ed. (2336, 3081, 4695)
2006 Ed. (1228, 1229, 1231, 1233, 1234, 2394, 2401)
2005 Ed. (1089, 1090, 1270, 1277, 1278, 2356, 3047)
2004 Ed. (1081, 1084, 1112, 2239, 2241, 2259, 2260, 2859, 3003, 3419)
2003 Ed. (2240, 2247, 4569)
2002 Ed. (2078, 2098)
2001 Ed. (1460)
Benchmark Equity Index A
1998 Ed. (2610)
Benchmark Group
2008 Ed. (2514)
Benchmark International Bond A
1998 Ed. (408)
Benchmark Physician Organization LLC
2000 Ed. (2618)
Benchmark Short Duration
1996 Ed. (2793)
Benchmark Short Duration A
1996 Ed. (621)
BenchTop
1999 Ed. (2634)
1997 Ed. (2174)
1996 Ed. (2075)
Benckiser Ltd.
2002 Ed. (44)
Benckiser NV
2003 Ed. (652)
Bencom
2006 Ed. (4356)
Bencor Corp.
1991 Ed. (3121, 3122)
Bend It Like Beckham
2005 Ed. (3518)
Bend, OR
2008 Ed. (2490, 3456, 3461)
2007 Ed. (2370, 2375)
2005 Ed. (3467)
2004 Ed. (4151)
1994 Ed. (3061, 3063)
Bender & Associates; Robert
1993 Ed. (2333)
Bender, Goldman & Helper
1998 Ed. (1472, 2943, 2951)
Bender Goldman Helper
1999 Ed. (3943)
1997 Ed. (3190, 3205)
1996 Ed. (3129)
Bender/Helper Impact
2005 Ed. (3950, 3966)
2003 Ed. (3985)
2002 Ed. (3828)
2000 Ed. (3633)
Bendera/Bendera 123
1993 Ed. (34)
Benderson Development Co., Inc.
2005 Ed. (4025)
2004 Ed. (4091)
2003 Ed. (4065, 4410, 4411)
2002 Ed. (4279)
2001 Ed. (4250)
2000 Ed. (4019, 4020)
1999 Ed. (4307)
1998 Ed. (3297, 3301)
1996 Ed. (3427, 3431)
1995 Ed. (3373, 3378)
1994 Ed. (3304)
1993 Ed. (3312, 3313, 3315)
1992 Ed. (3961, 3969, 3970)
1991 Ed. (3120)
1990 Ed. (3287)
Bendigo Bank
2008 Ed. (381)
2007 Ed. (399, 1588)
2006 Ed. (414)
2005 Ed. (461)
2004 Ed. (449)
2003 Ed. (463)
Bendix
1996 Ed. (1563)
Bendix Commercial Vehicle Systems LLC
2008 Ed. (2002)
Bendix/King
1991 Ed. (359)
The Benecon Group
2005 Ed. (3081)
Benedict Uglow
1999 Ed. (2407)
Benedictine Health System
2002 Ed. (4062)
2001 Ed. (3164)
1991 Ed. (2624)
Benedryl
2000 Ed. (1135)
Benefiber
2004 Ed. (249)
Beneficial Corp.
2000 Ed. (1621, 1917)
1999 Ed. (1343, 1597, 2435)
1998 Ed. (1132, 1690)
1997 Ed. (1846)
1996 Ed. (1766)
1995 Ed. (1789, 3301, 3324, 3518)
1994 Ed. (3244)
1993 Ed. (3250)
1992 Ed. (2145)
1991 Ed. (1667)
1990 Ed. (1486, 1760, 1763, 1775)
1989 Ed. (2462)
Beneficial Consultants LLC
2008 Ed. (15, 17)
Beneficial Corp
1989 Ed. (1424)
Beneficial Credit Services
1997 Ed. (943)
Beneficial Mutual Savings Bank
1998 Ed. (3564)
Beneficial National Bank
2000 Ed. (433, 1011)
1999 Ed. (440, 1071)
Beneficial National Bank USA
1998 Ed. (685)
Beneficial Savings Bank
2000 Ed. (3857, 4251)
1999 Ed. (4601)
1992 Ed. (4294)
1991 Ed. (3383)
1990 Ed. (3591)
1989 Ed. (2832)
Beneficial Standard Life
1998 Ed. (2173)
Benefis Health Care
2008 Ed. (1958)
2007 Ed. (1894)
2006 Ed. (1912, 1913)
2005 Ed. (1890)
2004 Ed. (1807)
2003 Ed. (1770)
2001 Ed. (1800)
Benefit
1992 Ed. (3220)
Benefit Capital
1996 Ed. (2386)
Benefit Express
2007 Ed. (2360)
2006 Ed. (2414)
Benefit Insurance Marketing
2008 Ed. (1880)

Benefit Software Inc.
2007 Ed. (2360, 2361)
2006 Ed. (2412, 2413)
Benefit Strategies Group Inc.
2006 Ed. (3110)
BenefitMall
2003 Ed. (4682)
Benefits & Compensation Digest
2008 Ed. (4714)
Benefits & Compensation Solutions
2008 Ed. (4714)
Benefits Packages
2000 Ed. (1782)
Beneful
2004 Ed. (3815)
Benelogic LLC
2007 Ed. (2360)
2006 Ed. (2412, 2414)
Benelux
2001 Ed. (3847)
Benelux/Denmark
1995 Ed. (3418)
Benesse
1999 Ed. (3690)
BeneTrac
2007 Ed. (2361, 2362)
2006 Ed. (2413, 2414)
Benetton
2007 Ed. (1827)
1999 Ed. (4377)
1998 Ed. (3349)
1997 Ed. (1402)
1996 Ed. (1342)
1993 Ed. (18, 999)
1990 Ed. (3056)
Benetton; Carlo
2008 Ed. (4869)
Benetton; Gilberto
2008 Ed. (4869)
Benetton; Giuliana
2008 Ed. (4869, 4883)
Benetton Group SpA
2004 Ed. (1010)
2003 Ed. (4592)
2002 Ed. (1087)
1997 Ed. (1040)
1996 Ed. (1021)
1995 Ed. (1037)
1994 Ed. (1031)
Benetton-Gruppe
1999 Ed. (1206)
Benetton; Luciano
2008 Ed. (4869)
2006 Ed. (4924)
Benetton SpA
1992 Ed. (1229, 1608)
1991 Ed. (986)
Benfield Greig Group
2001 Ed. (4037)
Benfield Greig Group plc
2002 Ed. (3960)
2000 Ed. (3751)
Benfield Group Ltd.
2008 Ed. (3331)
2007 Ed. (3117, 3186)
2006 Ed. (3149)
2005 Ed. (3152)
1995 Ed. (1004, 1006, 1009, 1012)
1994 Ed. (993, 994, 996, 999)
Beng; Kwek Leng
2008 Ed. (4850)
2006 Ed. (4918, 4919)
Bengal Biscuits Ltd.
2002 Ed. (1970)
Bengal Cerbide
1996 Ed. (1544)
Bengali
2000 Ed. (2890)
Bengang Steel Plates
2001 Ed. (1670)
2000 Ed. (4012)
BenGay
2008 Ed. (254)
2003 Ed. (280)
2002 Ed. (315, 316)
2001 Ed. (384)
1999 Ed. (275)
Benguet Corp.
1994 Ed. (1440)
1993 Ed. (1386)
1992 Ed. (1683, 1684, 2965)
1991 Ed. (1336)
1990 Ed. (1409)
1989 Ed. (1151, 1152)
Benham CA Tax-Free Tr-High Yield
1998 Ed. (2644)
The Benham Cos.
2007 Ed. (2443)
2006 Ed. (2477)
1999 Ed. (283)
Benham Equity Income & Growth
1998 Ed. (2595)
Benham European Government Bond
1997 Ed. (691)
1996 Ed. (2756)
Benham GNMA
1993 Ed. (2656, 2665)
1992 Ed. (3188)
Benham GNMA Income
1995 Ed. (2744)
1994 Ed. (2609, 2642)
1992 Ed. (3198)
Benham Gold Equity Index
1993 Ed. (2682)
Benham Government Agency Fund
1992 Ed. (3094)
Benham Government GNMA Income
1996 Ed. (2779)
Benham Government Long-Term Treasury
1997 Ed. (2891)
Benham Government Treasury Note
1997 Ed. (2889)
The Benham Group
2000 Ed. (1793)
1999 Ed. (2017)
Benham Income & Growth
1997 Ed. (2885, 2900)
Benham Long Term Treasury & Agency
1997 Ed. (689)
Benham Target
1989 Ed. (2015, 1847)
Benham Target Matur. 2005
1994 Ed. (2609, 2620)
Benham Target Matur. 2010
1994 Ed. (2620)
Benham Target Maturation 2000
1993 Ed. (2665, 2676)
Benham Target Maturation 2015
1993 Ed. (2676)
Benham Target Maturation 2005
1993 Ed. (2665, 2676)
Benham Target Maturation 2010
1993 Ed. (2676)
Benham Target Maturities 1995
1992 Ed. (3187)
Benham Target Maturities Trust 1995
1996 Ed. (2778)
Benham Target Maturities 2000
1997 Ed. (2890)
1992 Ed. (3187)
Benham Target Maturities 2015
1997 Ed. (689, 2891, 2902)
Benham Target Maturities 2005
1997 Ed. (689, 2891, 2902)
1996 Ed. (2760)
1992 Ed. (3186, 3187)
Benham Target Maturities 2010
1997 Ed. (689, 2891, 2902)
1996 Ed. (2760)
1992 Ed. (3186, 3187)
Benham Target Maturities 2020
1997 Ed. (689, 2891, 2902)
Benham Target Maturity 2000
1991 Ed. (2562)
Benham Target Maturity 2015
1995 Ed. (2709)
Benham Target Maturity 2005
1995 Ed. (2709)
1991 Ed. (2562)
Benham Target Maturity 2010
1995 Ed. (2709)
1991 Ed. (2562)
Benham Target Maturity 2020
1995 Ed. (2709)
Benhamou; Eric
1996 Ed. (1711, 1714)
Benihana
2008 Ed. (4166, 4178)
2007 Ed. (4140)
2006 Ed. (4109, 4113)
2004 Ed. (4125)
2002 Ed. (4008)
2000 Ed. (3776)
1999 Ed. (4060)
1997 Ed. (3338)
1990 Ed. (3006, 3007, 3008, 3010)
Benihana National Corp.
1995 Ed. (3134)
Benihana of Tokyo
1992 Ed. (3709)
1991 Ed. (2869, 2882)
Benioff; Marc
2006 Ed. (4912)
2005 Ed. (2320, 2453)
Benito Advertising
1989 Ed. (158)
Benjamin Bonas
2007 Ed. (4931)
Benjamin Franklin Plumbing
2008 Ed. (4004)
2007 Ed. (3981)
2006 Ed. (3925)
2005 Ed. (3862)
Benjamin Heineman Jr.
2003 Ed. (1546)
Benjamin Moore
2001 Ed. (3608)
2000 Ed. (2415, 3398)
1999 Ed. (2635)
1998 Ed. (2734)
1997 Ed. (2175, 2981)
1995 Ed. (2825)
1994 Ed. (2025)
1993 Ed. (2761)
1992 Ed. (3324, 3325)
1990 Ed. (2757)
Benjamin Moore & Co.
2007 Ed. (3764)
2006 Ed. (3767)
2002 Ed. (3560, 3564)
Benjamin Moyer
1996 Ed. (1869)
Benjamin R. Field
2004 Ed. (3911)
Benjamin Rose Institute
2001 Ed. (3549)
Benjamin W. Heineman Jr.
1996 Ed. (1228)
Benjamin West
2007 Ed. (2960)
Bennet SpA
2008 Ed. (1865, 4230)
2007 Ed. (1831)
Bennett Inc.; Al
1991 Ed. (712)
1990 Ed. (734)
Bennett; Alan
2007 Ed. (1070)
2006 Ed. (975)
Bennett & Kahnweiler Realty
1992 Ed. (2750)
1991 Ed. (2239)
Bennett & Kahnweller Cos.
1990 Ed. (2950)
Bennett; Carl and Dorothy
1994 Ed. (890)
Bennett Dorrance
2008 Ed. (4827)
2005 Ed. (4843)
Bennett Environmental
2007 Ed. (2479)
2006 Ed. (4606)
2005 Ed. (1711)
Bennett International Corp.
1990 Ed. (2013)
1989 Ed. (1590)
Bennett International Group Inc.
2008 Ed. (3704, 4741, 4767, 4958, 4986)
2007 Ed. (3546, 3547)
2006 Ed. (3508, 4347, 4987)
Bennett Jones
2004 Ed. (1427, 1428)
Bennett; Kevin
1997 Ed. (1998)
1996 Ed. (1907)
Bennett; Linda
2007 Ed. (2463)
Bennett; Maurice
1997 Ed. (2705)
Bennett; Michael
1997 Ed. (2705)
Bennett S. LeBow
2008 Ed. (2638, 2639)
Bennett; S. M.
2005 Ed. (2497)
Bennett Stephen Lebow
1990 Ed. (2578)
Bennett; Stephen M.
2007 Ed. (1032)
Bennett X-Ray Corp.
1996 Ed. (2595)
Bennett's Cocktail Sauce
1992 Ed. (3769)
Bennett's Tartar Sauce
1992 Ed. (3769)
Bennigan's
2004 Ed. (4127)
2003 Ed. (4097)
2002 Ed. (4001, 4013)
2001 Ed. (4063)
2000 Ed. (3781, 3782)
1999 Ed. (4064, 4065)
1998 Ed. (3063)
1997 Ed. (3317, 3334)
1996 Ed. (3216, 3231)
1995 Ed. (3120, 3139)
1994 Ed. (3075, 3089)
1993 Ed. (3017, 3034)
1991 Ed. (2869, 2882)
1990 Ed. (3007, 3021)
Bennigan's American
2001 Ed. (4086)
Bennigan's Grill & Tavern
2008 Ed. (4169, 4170)
2007 Ed. (4142)
2002 Ed. (4024)
2001 Ed. (2533)
Bennigan's Irish American Grill & Tavern
2006 Ed. (4115)
2005 Ed. (4052, 4062)
Bennigan's Irish American Grill/Tavern
2003 Ed. (4106, 4107, 4108, 4110, 4129, 4132, 4135)
Bennigan's Restaurants
1992 Ed. (3709, 3717)
Bennington College
2008 Ed. (1069)
1990 Ed. (1087)
Benny Steinmetz
2008 Ed. (4887)
Benomyl
1990 Ed. (2813)
Benore; Charles
1996 Ed. (1831)
1993 Ed. (1832)
1992 Ed. (2136)
1991 Ed. (1686, 1709)
1990 Ed. (1768)
1989 Ed. (1419)
Benoy
1999 Ed. (2836, 2839)
Benpres Holdings
2000 Ed. (3541)
1997 Ed. (3113)
1996 Ed. (2563, 3030)
Benq
2008 Ed. (667, 2473)
2007 Ed. (2344, 2348)
2006 Ed. (1236, 3404)
2003 Ed. (2949)
Benquet Corp.
1995 Ed. (1474, 1475)
Bensadoun; Aldo
2005 Ed. (4872)
Bensenville Community Credit Union
2008 Ed. (2213)
Bensinger, Dupont & Associates
2002 Ed. (2852)
Bensinger,DuPont & Associates
2006 Ed. (2407)
Benson & Hedges
2001 Ed. (1233)
1997 Ed. (985, 991)
1996 Ed. (971, 972)
1995 Ed. (986)
1994 Ed. (953, 955)
1992 Ed. (1151)
1991 Ed. (932)
1990 Ed. (992, 993)
1989 Ed. (907)
Benson & Hedges 100s
1989 Ed. (904, 905)
Benson & Hedges 100s, Carton
1990 Ed. (990, 991)

Benson & Hedges Special Kingsize
1991 Ed. (24)
Benson & Hedges Special Kingsize Filter
1992 Ed. (926)
Benson & Hedges Special Kingsize Filters
1991 Ed. (740)
Benson Associates LLC
2005 Ed. (360)
Benson County Co-Op Credit Union
2003 Ed. (1938)
2002 Ed. (1884)
2000 Ed. (221, 1629)
1996 Ed. (1511)
Benson; Craig
1995 Ed. (1717)
Benson Eyecare Corp.
1997 Ed. (1255, 2169)
Benson Hedges
1998 Ed. (729, 730)
Benson Industries Inc.
1994 Ed. (1152, 1976)
1993 Ed. (1133, 1954)
Benson Industries Inc.; Tom
1992 Ed. (1420)
Benson; Kevin
2005 Ed. (982)
Benson Optical
1991 Ed. (2644)
The Bensons Group
2001 Ed. (1252)
Bensulfuron
1999 Ed. (2663)
Bensussen Deutsch & Associates
2008 Ed. (3597)
2006 Ed. (3415)
2005 Ed. (3406)
Bent Severin & Associates
1999 Ed. (2788)
1993 Ed. (243)
1992 Ed. (2716)
Bent Tree National Bank
1997 Ed. (494)
Bentall Simplex Holdings PLC
1992 Ed. (1194)
Bentazone
1999 Ed. (2663)
Benteler Automotive Corp.
2006 Ed. (341)
2003 Ed. (342, 343)
Benthic Geotech
2007 Ed. (1590)
Benthos
2006 Ed. (1874)
Bentley College
2008 Ed. (1086)
1997 Ed. (863)
1996 Ed. (1046)
1995 Ed. (1061)
1994 Ed. (1053)
1993 Ed. (1026)
1992 Ed. (1278)
1989 Ed. (839)
Bentley Continental
1991 Ed. (354)
Bentley Eight/Mulsanne
1991 Ed. (354)
Bentley Pharmaceutical
2006 Ed. (4336)
Bentley Pharmaceuticals Inc.
2004 Ed. (2148)
Bentley's Luggage Corp.
2003 Ed. (3203)
2002 Ed. (3076)
Benton; Charles L.
1991 Ed. (3209)
Benton; Daniel
1994 Ed. (1788)
1993 Ed. (1803, 1804)
1990 Ed. (1766)
Benton Harbor, MI
2002 Ed. (1058)
1990 Ed. (2553)
Benton Jr.; Charles L.
1995 Ed. (3504)
1993 Ed. (3444)
Benton Oil & Gas
1998 Ed. (1877)
1992 Ed. (3308)
Bentonite
1991 Ed. (942)
Bentsen; Lloyd
1992 Ed. (1038)
Benxi
1992 Ed. (4138)
Benylin
2002 Ed. (2053)
2001 Ed. (2108)
1996 Ed. (1027, 1028, 1032, 1033, 1594)
1994 Ed. (1577)
1993 Ed. (1010)
1992 Ed. (1246, 1258, 1259, 1875)
1991 Ed. (991, 1366, 1367)
Benylin Cough Liquid
1999 Ed. (1932)
Benylin-DM
1992 Ed. (1258, 1259)
Benzdrex
2001 Ed. (3518)
Benzel-Busch Motor Car Corp.
1995 Ed. (279)
Benzel-Busch Motorcar
1993 Ed. (277)
1992 Ed. (391, 421)
1991 Ed. (286)
Benzel-Busch Motors
1990 Ed. (333)
Benziger
1996 Ed. (3855)
Benzodiazepine tranquilizers
1996 Ed. (1575)
Benzodiazepines
2002 Ed. (3752)
Benzodrex
2000 Ed. (1134)
Beogradska Banka
2003 Ed. (489, 638)
2002 Ed. (664)
2000 Ed. (484, 658)
1999 Ed. (632)
1997 Ed. (607)
1996 Ed. (559)
1995 Ed. (508, 638)
1994 Ed. (670)
1993 Ed. (669)
Bequests
2000 Ed. (1013)
1993 Ed. (887)
Berberich Trahan & Co.
2008 Ed. (279)
David Berdon & Co.
2000 Ed. (17)
Berdon LLP
2008 Ed. (8)
2007 Ed. (10)
2006 Ed. (14)
2005 Ed. (9)
2004 Ed. (13)
2003 Ed. (7)
Berea College
2008 Ed. (1063)
2001 Ed. (1322)
1999 Ed. (1225)
1997 Ed. (1054)
1995 Ed. (1053)
1994 Ed. (1045)
1993 Ed. (1018)
1992 Ed. (1270)
1990 Ed. (1085, 1090)
1989 Ed. (956)
Berenson Isham & Partners
1989 Ed. (139)
Beretta
1993 Ed. (1863)
Beretta/Corsica
1998 Ed. (220)
Berezovsky; Boris
2008 Ed. (4880)
2005 Ed. (4888)
Berg
1996 Ed. (1606)
Berg & Jergens
1992 Ed. (65)
Berg; Carl
2005 Ed. (4852)
Berg Electric Corp.
1997 Ed. (1683)
1992 Ed. (1411)
1991 Ed. (1078)
Berg Electronics
2000 Ed. (1734, 1760)
1999 Ed. (1957, 4544)
1998 Ed. (1929, 3180)
Bergdorf Blondes
2006 Ed. (636)
Bergdorf Goodman Men
2008 Ed. (1001)
Bergelectric Corp.
2008 Ed. (1183, 1257)
2007 Ed. (1283, 1360)
2006 Ed. (1177)
Bergemann GmbH
2002 Ed. (4259)
Bergen Bank
1992 Ed. (809, 3306)
1991 Ed. (636)
1990 Ed. (660)
1989 Ed. (645)
Bergen Brunswig Corp.
2003 Ed. (1627, 2085, 4934, 4936)
2002 Ed. (1531, 1602, 1684, 4893, 4902, 4903)
2001 Ed. (1580, 1646, 1653, 2062, 2081, 2082, 4807, 4829)
2000 Ed. (1396, 2421, 4384, 4385, 4389)
1999 Ed. (1896, 4757, 4759, 4762)
1998 Ed. (1331, 1332, 3709, 3712)
1997 Ed. (3873, 3874)
1996 Ed. (3824, 3825)
1995 Ed. (1586, 3728, 3729)
1994 Ed. (207, 3108)
1993 Ed. (220, 1513, 1519)
1992 Ed. (324)
1991 Ed. (230, 1465, 1467)
1990 Ed. (256)
Bergen Brunswig Drug Co.
1994 Ed. (1557, 1564)
Bergen; Candice
1997 Ed. (1726)
Bergen Community College
2002 Ed. (1108)
2000 Ed. (1145)
1999 Ed. (1236)
1998 Ed. (808)
Bergen County, NJ
2002 Ed. (1808)
1999 Ed. (2831)
1997 Ed. (1540)
1994 Ed. (716, 1478, 1481, 2061)
1993 Ed. (1430)
1992 Ed. (2546)
Bergen County Record
1993 Ed. (2723)
Bergen Jaguar
1995 Ed. (276)
Bergen Mall Shopping Center
1990 Ed. (3291)
1989 Ed. (2492)
Bergen Mercy Health Clinics Inc.
2001 Ed. (1802)
Bergen, NJ
2003 Ed. (1870)
2001 Ed. (1940)
2000 Ed. (1603, 2612)
1998 Ed. (2058)
Bergen-Passaic, NJ
2006 Ed. (3326)
2005 Ed. (921, 2050, 2389, 2454)
2004 Ed. (2423, 2984, 3456, 4787)
2003 Ed. (2875)
2002 Ed. (2628, 2762, 3332, 4932)
2001 Ed. (2283, 4853)
2000 Ed. (2605, 2615, 3103, 3118)
1999 Ed. (2833, 3389, 4057)
1998 Ed. (2481, 3057, 3706)
1997 Ed. (2355, 2359, 2761, 2770, 3303)
1996 Ed. (2223, 2230, 2618, 2625)
1995 Ed. (230, 231, 242, 243, 2221, 3148)
1994 Ed. (2171, 2173, 2503, 3103)
1993 Ed. (2147, 2150, 3044)
1992 Ed. (2540, 2549, 2551, 2582, 2585, 3033)
1991 Ed. (2008, 2011, 2434)
1990 Ed. (2164, 2167, 2568, 2607)
Bergen-Passaic, NY
1989 Ed. (1643)
Bergen Pines County Hospital
1999 Ed. (2750)
1998 Ed. (1992, 1994)
1997 Ed. (2272)
1994 Ed. (2091)
1993 Ed. (2075)
1992 Ed. (2461)
Bergen Regional Medical Center
2002 Ed. (2457)
Berger/ABAM Engineers Inc.
2006 Ed. (2455, 2457)
Berger & Montague
1995 Ed. (2411)
Berger Associates Inc.
2002 Ed. (3021)
2000 Ed. (2819)
1993 Ed. (2296, 2338, 2352, 2354)
Berger Balanced
2000 Ed. (3227, 3251)
Berger Brothers Inc.
1993 Ed. (1126)
Berger; Carole
1994 Ed. (1762)
Berger; Gerhard
1996 Ed. (250)
Berger Group Holdings Inc.
2007 Ed. (220)
Berger Group; The Louis
1997 Ed. (1739, 1740)
1991 Ed. (1555, 1556, 1558, 1559, 1562)
Berger Growth & Income
2001 Ed. (3437)
Berger International Inc.; Louis
1997 Ed. (1746, 1747, 1750, 1754, 1760, 1762)
1996 Ed. (1661, 1662, 1666, 1667, 1670, 1679, 1681)
1995 Ed. (1678, 1679, 1684, 1685, 1688, 1697, 1699)
1994 Ed. (1639, 1640, 1644, 1646, 1649)
1993 Ed. (1608, 1613, 1614, 1617)
1992 Ed. (1949, 1952, 1953, 1961, 1962, 1965)
Berger Intl. Inc.; Louis
1990 Ed. (1671)
Berger Mid Cap Growth
2004 Ed. (3605, 3606)
Berger Mid Cap Value
2004 Ed. (3559)
2003 Ed. (3499)
Berger 100
1998 Ed. (2640)
1996 Ed. (2798)
1995 Ed. (2697, 2734)
1994 Ed. (2603, 2631, 2634)
1993 Ed. (2650, 2659, 2670, 2680, 2688)
Berger 101
1995 Ed. (2704, 2735)
1994 Ed. (2635)
Berger Select
2000 Ed. (3241)
Berger Small Cap Value Investment
2004 Ed. (2458)
Berger Small Co. Growth
1996 Ed. (2797)
Berges; David E.
2008 Ed. (3997)
Bergesen
1994 Ed. (2700, 2701)
1993 Ed. (2745, 2746)
1991 Ed. (2647)
1990 Ed. (3474)
Bergesen A
1993 Ed. (2746)
1992 Ed. (3305, 3306)
Bergesen D.Y.
2000 Ed. (3382)
1999 Ed. (3661)
1997 Ed. (2970)
1996 Ed. (2876, 2877)
Bergesen dy A
1997 Ed. (2971)
Bergesen D.Y. A-aksjer
1991 Ed. (2648)
Bergesen dy B
1997 Ed. (2971)
Bergesen D.Y. B-aksjer
1991 Ed. (2648)
Berghaus BV; H.
1994 Ed. (1356)
Berglandmilch Registrierte Genossenschaft Mit Berschrankter Haftung
2002 Ed. (250)

Berglandmilch Registrierte GmBM
1999 Ed. (201)
Bergman; Mrs. Edwin A.
1994 Ed. (892)
Bergman; Todd
1993 Ed. (1815)
Bergmeyer Associates Inc.
1998 Ed. (184)
1997 Ed. (262)
1996 Ed. (231)
Bergner & Co.; P. A.
1991 Ed. (1141)
Bergner; P. A.
1995 Ed. (1554)
Bergsoe
1993 Ed. (92)
1992 Ed. (140)
Bering Lane Bridge National Preserve
1990 Ed. (2667)
Beringer
2008 Ed. (4936, 4938)
2006 Ed. (4961, 4962)
2005 Ed. (4931, 4932, 4953, 4956)
2004 Ed. (4951, 4952, 4966)
2003 Ed. (4947, 4950, 4965)
2002 Ed. (4923, 4926, 4938, 4942, 4946, 4948, 4956, 4959, 4960)
2001 Ed. (4843, 4846, 4874, 4877, 4880, 4884, 4885, 4889, 4892, 4893)
2000 Ed. (4409, 4413, 4415, 4419, 4422, 4423)
1998 Ed. (3439, 3723)
1997 Ed. (3885, 3906, 3910)
1995 Ed. (3758)
1993 Ed. (3704, 3720)
1989 Ed. (2943, 2945)
Beringer Blass Wine Estates
2006 Ed. (4959, 4963, 4967)
2005 Ed. (4946, 4947)
2004 Ed. (4962, 4963)
Beringer Vineyards
2006 Ed. (4964)
2005 Ed. (4949)
2004 Ed. (4964)
1992 Ed. (4447, 4458, 4464)
Beringer Wine Estates
2003 Ed. (4959, 4961)
2002 Ed. (4913)
2001 Ed. (4840, 4841)
2000 Ed. (4408)
1999 Ed. (4784)
1998 Ed. (1774)
Beringer Wine Estates Holdings, Inc.
2001 Ed. (1650)
Beringer Wines
1991 Ed. (3494)
Berisford Inc.
2004 Ed. (1688)
Berisford Cresvale Ltd.
1990 Ed. (3266)
Berisford International
1993 Ed. (1324)
Berisford Plc.; S & W
1990 Ed. (1102)
1989 Ed. (961)
Berjaya Corp. Bhd
1992 Ed. (1667)
Berjaya Group Bhd
2002 Ed. (3052)
2001 Ed. (1784)
2000 Ed. (1510)
1999 Ed. (1700)
1997 Ed. (1474)
Berjaya Sports Toto
2007 Ed. (1864)
Berkel & Co. Contractors Inc.
2008 Ed. (1258)
2007 Ed. (1361)
2006 Ed. (1282)
2005 Ed. (1312)
2004 Ed. (1305)
2003 Ed. (1302)
2002 Ed. (1290)
2001 Ed. (1475)
1999 Ed. (1369)
1998 Ed. (947)
Berkel & Co. Contractors inc.
2000 Ed. (1261)
Berkeley
2007 Ed. (2994)
1996 Ed. (2185)
1990 Ed. (859)
Berkeley Associates Corp.
2006 Ed. (4375)
Berkeley, CA
1998 Ed. (1948)
Berkeley Capital Management
1993 Ed. (2340)
Berkeley Design Automation
2007 Ed. (1225)
Berkeley Group
2006 Ed. (1204)
2005 Ed. (1245)
1992 Ed. (1628)
1989 Ed. (1120)
The Berkeley Group Holdings plc
2008 Ed. (1204, 1460)
Berkeley Lab; Lawrence
1992 Ed. (1284, 3670)
Berkeley Superkings
1997 Ed. (991)
1996 Ed. (972)
berkeley.edu
2001 Ed. (2965)
Berker Industries, 15 7/8s '03
1990 Ed. (740)
Berkey Inc.
1990 Ed. (2682)
Berkh Uul
2006 Ed. (4522)
Berkhemer Kline Golin/Harris Communications
1996 Ed. (3129)
1995 Ed. (3025)
1994 Ed. (2952, 2966)
Berkley
2008 Ed. (627)
2007 Ed. (668)
2006 Ed. (643)
2005 Ed. (731)
2004 Ed. (750)
2003 Ed. (728)
Berkley & Evergreen
1998 Ed. (2952)
Berkley Insurance Co.
2007 Ed. (3184)
2005 Ed. (3148)
2004 Ed. (3141)
2003 Ed. (4995)
Berkley Corp.; W. R.
2008 Ed. (1699, 3249)
2007 Ed. (2741, 3102, 3107, 3173)
2006 Ed. (3090, 3140, 4580)
2005 Ed. (3126, 3127)
Berkline
2007 Ed. (2666)
2005 Ed. (2702)
2003 Ed. (2591)
1999 Ed. (2545)
1993 Ed. (868)
1992 Ed. (2245, 2246)
Berkline/Benchcraft Holdings LLC
2007 Ed. (2663)
2005 Ed. (2881)
Berkman, Henoch, Peterson & Peddy PC
2000 Ed. (2898)
Berkowitz Dick Pollack & Brant
2008 Ed. (9)
2007 Ed. (11)
2006 Ed. (15)
Berks Community Credit Union
2004 Ed. (1933)
Berkshire Blankets
2007 Ed. (584)
Berkshire Capital Growth & Value
2000 Ed. (3274)
Berkshire Focus
2003 Ed. (2360)
2002 Ed. (4505)
Berkshire Hathaway Inc.
2008 Ed. (1406, 1425, 1434, 1435, 1437, 1537, 1542, 1826, 1828, 1829, 1830, 1831, 1834, 1851, 1854, 1962, 2693, 2712, 2800, 3090, 3229, 3230, 3231, 3234, 3251, 3252, 3318, 3322, 3324, 3329, 3330, 3332, 3604, 4093, 4094)
2007 Ed. (134, 1448, 1531, 1547, 1556, 1561, 1790, 1791, 1794, 1795, 1797, 1812, 1898, 2161, 2550, 2577, 2669, 2879, 2967, 3086, 3088, 3089, 3090, 3091, 3093, 3104, 3171, 3175, 3176, 3177, 3178, 3181, 3182, 3187, 3188, 3437)
2006 Ed. (1441, 1457, 1460, 1462, 1465, 1466, 1467, 1468, 1499, 1519, 1526, 1532, 1646, 1783, 1784, 1786, 1787, 1788, 1790, 1805, 1916, 2603, 2680, 2949, 3060, 3061, 3062, 3063, 3065, 3087, 3095, 3138, 3141, 3143, 3144, 3145, 3146, 3147, 3150, 3151, 3423, 4025)
2005 Ed. (1466, 1494, 1519, 1532, 1533, 1578, 1582, 1586, 1615, 1627, 1630, 1637, 1642, 1735, 1798, 1804, 1807, 1808, 1810, 1818, 1894, 2605, 2704, 2954, 3058, 3059, 3060, 3061, 3063, 3082, 3090, 3126, 3127, 3128, 3134, 3137, 3138, 3139, 3411)
2004 Ed. (1366, 1478, 1503, 1516, 1517, 1562, 1565, 1568, 1569, 1582, 1612, 1811, 2614, 2712, 3074, 3075, 3097, 3122, 3123, 3124, 3127, 3130, 3131, 3144, 3153)
2003 Ed. (1473, 1486, 1487, 1526, 1527, 1531, 1532, 1535, 1544, 1560, 1586, 1775, 2474, 2481, 2597, 2781, 2974, 2990, 3005, 3008, 3012, 3211, 4711)
2002 Ed. (1453, 1529, 1532, 1546, 1618, 1733, 2267, 2386, 2839, 2840, 2841, 2842, 2866, 2950, 2957, 2962, 2966, 2968, 2969, 2975, 3889, 3890, 4833)
2001 Ed. (1552, 1573, 1574, 1685, 2898, 2902, 2903, 2904, 2906, 2951, 3202, 4030, 4038)
2000 Ed. (706, 1303, 1304, 1376, 1377, 1520, 2291, 2299, 2301, 2655, 2657, 2668, 2717, 2720, 3022, 3748)
1999 Ed. (1490, 1526, 1534, 1669, 1673, 1709, 1863, 2440, 2901, 2903, 2969, 2977, 3290, 4033)
1998 Ed. (1064, 1067, 1082, 1099, 1100, 1104, 1107, 1108, 1179, 1691, 2115, 2117, 2198, 2201, 2208, 3037)
1997 Ed. (1329, 1331, 1335, 1343, 1483, 2005, 2007)
1996 Ed. (1022, 1246, 1391, 1423, 1915, 2331, 3186)
1995 Ed. (1031, 1286, 1317, 1461, 2319, 2322, 3040)
1994 Ed. (1424, 2277, 2978, 2981, 3040, 3448)
1993 Ed. (1344, 1371, 1854, 2941, 2943, 2992)
1992 Ed. (1533, 2146, 2681, 2682, 3586, 3588)
1991 Ed. (1217, 1220, 1225, 1242, 1243, 1244, 1714, 2127, 2128, 2388, 2784, 2786)
1990 Ed. (1529, 2254, 2522, 2752, 2930)
1989 Ed. (1259, 1733)
Berkshire Hathaway Furniture Div.
1999 Ed. (2555, 2556, 2557, 2558, 2560, 2561)
Berkshire Hathaway/General Cologne Reinsurance
2005 Ed. (3153)
2004 Ed. (3143)
Berkshire Hathaway/General Reinsurance
2000 Ed. (3749)
Berkshire Hathaway/GeneralCologne Reinsurance
2002 Ed. (2973)
Berkshire Hathaway Insurance
2008 Ed. (3232, 3325, 3326)
Berkshire Hathaway Insurance Group
2005 Ed. (3057, 3133)
2004 Ed. (3050, 3051, 3052, 3054, 3126, 3128)
2003 Ed. (2965, 2966, 2967, 2969, 3007, 3009)
2002 Ed. (2917, 2959, 2960)
2000 Ed. (2725)
Berkshire Hathaway Reinsurance Group
2007 Ed. (3190)
2006 Ed. (3153, 3154)
2005 Ed. (3154)
2004 Ed. (3142)
2001 Ed. (4040)
Berkshire Health Systems
1995 Ed. (2802)
Berkshire Hills Bancorp
2005 Ed. (1860)
Berkshire Life Insurance Co. of America
2008 Ed. (3275)
2007 Ed. (3125)
Berkshire Mortgage Finance
2003 Ed. (4055)
Berkshire Mortgage Finance LP
2004 Ed. (4082)
Berkshire Technology
2003 Ed. (2360)
Berle, Kass & Case
1992 Ed. (2901)
Berler; Matthew
1997 Ed. (1891)
Berlex
1994 Ed. (2466)
1992 Ed. (3009)
1991 Ed. (2407)
1990 Ed. (2534)
Berlex Imaging
1995 Ed. (2534)
Berlex Laboratories Inc.
1998 Ed. (1348)
Berli Jucker
2000 Ed. (230, 4013)
1999 Ed. (207, 4301)
1990 Ed. (1429)
1989 Ed. (1167)
Berlian Laju Tankers
2007 Ed. (1778)
Berlin
1997 Ed. (3782)
Berlin Cameron/Red Cell
2004 Ed. (106)
2003 Ed. (165)
Berlin-Chemie Menarini Group
2008 Ed. (58)
Berlin City Bank
1994 Ed. (597)
1993 Ed. (590)
1990 Ed. (649)
Berlin Industries, Inc.
1992 Ed. (3541)
Berlin; Irving
2007 Ed. (891)
2006 Ed. (802)
Berlin Packaging
2008 Ed. (4206, 4919)
Berliner Handels- Und Frankfurter Bank
1991 Ed. (1585)
1990 Ed. (1682)
Berliner Verkehrsbetriebe
2004 Ed. (4796)
Berlitz International
1992 Ed. (3937)
Berlusconi; Marina
2008 Ed. (4949)
2007 Ed. (4982)
2006 Ed. (4985)
2005 Ed. (4991)
Berlusconi; Silvio
2008 Ed. (4869)
2007 Ed. (4912)
2006 Ed. (4924)
2005 Ed. (789, 4878, 4879)
Berman; Douglas
1993 Ed. (3443)
Berman; Howard L.
1992 Ed. (1039)
Berman Larson Kane
2008 Ed. (1974)
Berman; Stuart
2006 Ed. (1003)
Bermelio Ajamil & Partners
1999 Ed. (289)
Bermello Ajamil & Partners Inc.
1998 Ed. (186)
Bermerton-Silverdale, WA
2007 Ed. (3363)

Bermis
1994 Ed. (2152)
Bermuda
2008 Ed. (851)
2006 Ed. (783, 2716, 4508)
2005 Ed. (2762)
2002 Ed. (280, 1475, 1478, 1486, 4080)
2001 Ed. (4039, 4041, 4148, 4585, 4677)
2000 Ed. (3753, 3841)
1999 Ed. (1462, 4131)
1998 Ed. (1030, 1031, 3114)
1997 Ed. (3292, 3372)
1996 Ed. (3189)
1994 Ed. (1509)
1992 Ed. (3755)
1990 Ed. (3613, 3618)
Bermuda; Bank of
2007 Ed. (405)
2006 Ed. (420, 4486)
2005 Ed. (468)
Bermuda Commercial Bank Ltd.
2006 Ed. (4486)
2002 Ed. (4385, 4386)
2000 Ed. (470)
1999 Ed. (478)
1997 Ed. (418)
1996 Ed. (456)
1995 Ed. (429)
1994 Ed. (436)
1993 Ed. (436)
1992 Ed. (619)
1991 Ed. (461)
Bermuda Commercial Bank, Limited
1989 Ed. (490)
Bermuda Container Line Ltd.
2006 Ed. (4486)
2002 Ed. (4385)
Bermuda Press (Holdings) Ltd.
2006 Ed. (4486)
2002 Ed. (4385)
Bermuda Star Line
1989 Ed. (2368)
Bermudez
1992 Ed. (46)
Bermudez & Longo SE
2007 Ed. (1285)
2006 Ed. (1178)
2005 Ed. (1184)
2004 Ed. (1156)
Bermudez Associates
1991 Ed. (105)
Bermudez Industrial Park; Antonio J.
1997 Ed. (2376)
1994 Ed. (2187)
Bermudez; Jorge A.
2008 Ed. (2628)
Bernadette Andrietti
2006 Ed. (4984)
Bernadette Business Forms
2000 Ed. (913)
Bernadette Gallagher
2008 Ed. (4899)
2007 Ed. (4919)
Bernalillo County, NM
2008 Ed. (3478)
1996 Ed. (2538)
Bernanke; Ben
2005 Ed. (3203)
Bernard A. Girod
2006 Ed. (869)
2005 Ed. (976, 978)
Bernard A. Osher
2008 Ed. (895)
Bernard Arnault
2008 Ed. (4864, 4865, 4866, 4882)
2007 Ed. (1102, 4911, 4912, 4916)
2006 Ed. (4924)
2005 Ed. (4877, 4878)
2004 Ed. (4877)
2003 Ed. (4892)
1999 Ed. (727)
Bernard Beal
2008 Ed. (184)
Bernard Cammarata
2000 Ed. (1876)
Bernard Chaus
1995 Ed. (1036)
1990 Ed. (1063)
1989 Ed. (2666)
Bernard Ebbers
2004 Ed. (972)
Bernard Ecclestone
2008 Ed. (4910)
Bernard F. Isautier
2004 Ed. (971, 1667)
Bernard F. Isautler
2007 Ed. (2507)
Bernard Financial Group
1999 Ed. (4006, 4306)
Bernard Freibaum
2007 Ed. (1093)
2006 Ed. (1001)
2005 Ed. (985)
Bernard Hodes Advertising Group
1989 Ed. (69)
Bernard Hodes Group
2003 Ed. (116)
2001 Ed. (188)
2000 Ed. (50)
1999 Ed. (39, 46)
1998 Ed. (34, 41)
1997 Ed. (41, 44)
1996 Ed. (39, 44, 47)
1995 Ed. (29, 32)
1994 Ed. (54)
1993 Ed. (63, 74)
1992 Ed. (106)
1990 Ed. (63)
Bernard J. Ebbers
2003 Ed. (4695)
Bernard L. Schwartz
1995 Ed. (982)
1994 Ed. (950)
1993 Ed. (1702)
1992 Ed. (1145, 2057, 2058)
Bernard Lemaire
2005 Ed. (4867)
Bernard Lewis
2008 Ed. (4903, 4906)
2007 Ed. (4927, 4930)
2005 Ed. (4890, 4893)
Bernard Marcus
2008 Ed. (4831)
2006 Ed. (4907)
2005 Ed. (4853)
2004 Ed. (4868)
2003 Ed. (2408, 4884)
2002 Ed. (3362)
1996 Ed. (961)
Bernard Matthews
2008 Ed. (713)
1999 Ed. (201)
1995 Ed. (1405)
Bernard Nussbaum
2002 Ed. (3068)
Bernard Osher
2008 Ed. (3979)
Bernard Picchi
1996 Ed. (1813)
1995 Ed. (1836)
1991 Ed. (1697)
1989 Ed. (1416, 1417, 1418)
Bernard Schwartz
1996 Ed. (963)
1995 Ed. (979)
Bernard Sherman
2008 Ed. (4855, 4856)
2007 Ed. (4910)
2006 Ed. (4923)
2005 Ed. (4868, 4875, 4876)
2003 Ed. (4891)
Bernard Tan
2000 Ed. (2068)
1999 Ed. (2287)
Bernardo Vargas
1996 Ed. (1858)
Bernardus Lodge
2007 Ed. (4118)
Bernauer; D. W.
2005 Ed. (2481)
Bernauer; David
2007 Ed. (1015)
2006 Ed. (925)
The Bernd Group Inc.
2007 Ed. (3545, 4406)
2006 Ed. (3507)
2002 Ed. (2560)
Bernd Janssen
2000 Ed. (2113)
1999 Ed. (2314, 2327)
Berner Allgemeine
1994 Ed. (2239)
Berner Construction Co.
2008 Ed. (3729, 4425, 4980)
Berner; Georgia
2006 Ed. (2514)
Berner Kantonalbank
2007 Ed. (558)
2006 Ed. (528)
2002 Ed. (653)
2000 Ed. (670)
1999 Ed. (645)
1997 Ed. (623)
1996 Ed. (689)
Bernhard Jr.; J. M.
2007 Ed. (960)
2005 Ed. (982)
Bernhard Matthews plc
2001 Ed. (283)
2000 Ed. (224)
Bernhard Mechanical Contractors Inc.
2008 Ed. (1311, 1338)
2007 Ed. (1378)
2006 Ed. (1326)
Bernhardt
2000 Ed. (2292)
1999 Ed. (2548, 2549)
1998 Ed. (1787)
Bernhardt Furniture Co.
2005 Ed. (2881)
Bernice P. Bishop Estate
1995 Ed. (2786, 2787)
Bernick; H. B.
2005 Ed. (2481)
Bernie & Slavica Ecclestone
2008 Ed. (4897, 4906)
2007 Ed. (4930)
2005 Ed. (4889, 4897)
Berns; Peter V.
2007 Ed. (3704)
Bernstein Diversified Municipal
2008 Ed. (582)
Bernstein Emerging Markets Value
2007 Ed. (3672)
2005 Ed. (3541)
Bernstein; Leonard
1994 Ed. (899)
Bernstein Litowitz Berger & Grossmann
1995 Ed. (2411)
Bernstein Loxton Golding & Klein
1992 Ed. (205)
1991 Ed. (148)
1990 Ed. (148)
Bernstein; Peter
1991 Ed. (2160)
1990 Ed. (2285)
Bernstein-Rein
2006 Ed. (110)
2005 Ed. (102)
2004 Ed. (125)
2003 Ed. (30, 167)
2002 Ed. (64)
2001 Ed. (241)
1996 Ed. (46)
1995 Ed. (31, 43)
1989 Ed. (135)
Bernstein-Rein Advertising
2008 Ed. (116)
2007 Ed. (108)
2006 Ed. (119)
2005 Ed. (109)
1998 Ed. (45)
1997 Ed. (43)
1994 Ed. (56)
1993 Ed. (65, 77)
1990 Ed. (65)
Bernstein; Richard
1997 Ed. (1911)
1996 Ed. (1838, 1841)
1995 Ed. (1861)
1994 Ed. (1819)
1993 Ed. (1839)
Bernstein; Sanford C.
1997 Ed. (1848, 1850, 2549)
1996 Ed. (1774, 2426)
1995 Ed. (723, 731, 1799)
1994 Ed. (769, 775, 1835)
1991 Ed. (1673, 1680, 1692, 1708, 1708, 2215)
1990 Ed. (2327, 2334, 2341)
Bernstein Short-Duration California Municipal
2004 Ed. (699)
Bernstein Short-Duration New York Municipal
2004 Ed. (705)
Bernstein Tax-Managed International
2006 Ed. (4551)
Bernstein Tax Managed International Value
2004 Ed. (3642)
Bernville Bank
1997 Ed. (502)
1996 Ed. (543)
Berrard; Steven R.
1994 Ed. (1722)
1993 Ed. (1696, 1703)
Berresford; Susan
2008 Ed. (3789)
2007 Ed. (3704)
Berri
2004 Ed. (2652)
2002 Ed. (3775)
Berrie & Co.; Russ
1995 Ed. (3423, 3638)
Berries
2003 Ed. (3967, 3968)
Berries.com
2005 Ed. (2328)
Berry Co.
2004 Ed. (4677)
2003 Ed. (4708)
2002 Ed. (4580)
Berry Bearing Co. Inc.
1994 Ed. (2176)
1993 Ed. (2161)
1992 Ed. (2590)
Berry Bush
2001 Ed. (209)
2000 Ed. (171)
Berry College
2008 Ed. (1063)
2001 Ed. (1322)
1999 Ed. (1225)
1998 Ed. (796)
1997 Ed. (1058)
1995 Ed. (1057)
1994 Ed. (1049)
1993 Ed. (1022)
1992 Ed. (1274)
1990 Ed. (1091)
Berry Cos.
1991 Ed. (956)
Berry Dunn McNeil & Parker
2008 Ed. (6)
2007 Ed. (8)
2006 Ed. (12)
2005 Ed. (7)
2004 Ed. (11)
2003 Ed. (5)
2002 Ed. (16, 20)
2000 Ed. (14)
1999 Ed. (17)
1998 Ed. (13)
Berry, Hartell & Evers
1990 Ed. (2339)
Berry; John W.
1997 Ed. (1113)
1995 Ed. (932, 1068)
Berry Network
2004 Ed. (135)
2003 Ed. (181)
2001 Ed. (241)
2000 Ed. (54)
1999 Ed. (52)
1998 Ed. (47, 51)
1997 Ed. (52)
1996 Ed. (55)
1995 Ed. (24, 36)
1994 Ed. (64)
1993 Ed. (74)
Berry Petroleum Co.
2005 Ed. (3733)
Berry Plastics Corp.
2008 Ed. (3217)
2007 Ed. (3076)
2006 Ed. (3043, 3919)
2005 Ed. (1550, 3040)
2004 Ed. (3027)
Bershad; Stephen
2008 Ed. (2634)

Berstorff GmbH
2001 Ed. (4130)
Bert Ballengee
1990 Ed. (1715)
Bert-Co Graphics
1995 Ed. (3796)
Bert van den Brock
1999 Ed. (2418)
Bert W. Wasserman
1997 Ed. (979)
Bert Waters
1992 Ed. (3138)
Bertarelli; Ernesto
2008 Ed. (4875)
Bertech-Kelex
2001 Ed. (2209)
Bertek Systems
2008 Ed. (4034)
Bertelli; Patrizio
2007 Ed. (1102)
Bertelsmann
2001 Ed. (1247, 1249, 1866)
2000 Ed. (199, 208, 3611, 3612)
1999 Ed. (3309, 3312, 3896, 3897, 3973)
1998 Ed. (2922, 2977)
1994 Ed. (130, 1671, 2933)
1991 Ed. (2394)
Bertelsmann AG
2008 Ed. (42, 1770, 2588, 2593, 2594)
2007 Ed. (39, 132, 1743, 2458, 2459)
2006 Ed. (48, 139, 1093, 2497, 2498)
2005 Ed. (1474, 1536, 1542, 1546, 1550, 2452)
2004 Ed. (1449, 1534, 2229, 4047)
2003 Ed. (3210, 4028)
2002 Ed. (222, 1070, 1664, 3762, 3766, 3885)
2000 Ed. (3610)
1998 Ed. (73)
1997 Ed. (3168, 3169, 3225)
1996 Ed. (159, 2744, 3088)
1995 Ed. (145, 2987)
1993 Ed. (148, 2507)
1992 Ed. (231, 3592)
1991 Ed. (172)
1990 Ed. (172, 175, 2713)
1989 Ed. (2275)
Bertelsmann Aktiengesellschaft
1990 Ed. (2934)
Bertelsmann Arvato
2001 Ed. (3956)
Bertelsmann Music Group
1990 Ed. (2861)
Bertelsmann Universum Film GmbH
2005 Ed. (2940, 3282, 4090)
Bertelsmann (West Germany)
1991 Ed. (723)
BertelsmannSpringer Science
2005 Ed. (1474)
Berthiaume; D. A.
2005 Ed. (2494)
Bertolina Inc.; Charles E.
2008 Ed. (3720, 4412)
2007 Ed. (3577, 4433)
Bertolli
2003 Ed. (3684, 3693)
1996 Ed. (2869)
1995 Ed. (2809)
Bertolli Dinner for Two
2007 Ed. (3695)
Bertolli USA Inc.
2003 Ed. (3688, 3696)
Bertram A. Bruton & Associates
2004 Ed. (3493)
Bertrand Faure
2000 Ed. (2294)
1999 Ed. (2552)
Bertrand Faure Equipements SA
2002 Ed. (2383)
2001 Ed. (2571)
2000 Ed. (2294)
Bertrand Faure Sitztechnik GmbH & Co.
1999 Ed. (2552)
Bertrand Faure (Soc. Industrielle)
1996 Ed. (1991)
Bertucci's
2007 Ed. (4149)
2006 Ed. (4122)
1999 Ed. (4068)
1997 Ed. (3329, 3651)
Bertucci's Brick Oven Pizzeria
2004 Ed. (4138)
2002 Ed. (4022)
2000 Ed. (3787)
1998 Ed. (2869, 3065)
1997 Ed. (3126, 3337)
1996 Ed. (3045, 3211)
1995 Ed. (3115, 3116)
Bertucci's Brick Oven Ristorante
2008 Ed. (4183, 4184)
Berwin Leighton
2001 Ed. (4180)
Berwind Corp.
1999 Ed. (1189)
1998 Ed. (758)
Berwind Group
2000 Ed. (1110)
Berwyn
2007 Ed. (2492)
1999 Ed. (3577)
Berwyn Fund
2006 Ed. (3650)
1994 Ed. (2614)
Berwyn Income
2007 Ed. (2482)
2004 Ed. (3546)
1996 Ed. (2776)
1995 Ed. (2679, 2704)
1994 Ed. (2606, 2617)
Berwyn Income Fund
2008 Ed. (4504)
2007 Ed. (4538)
2006 Ed. (3593, 4549)
2005 Ed. (3538)
Berwyn National Bank
1990 Ed. (467)
Beryl B. Raff
2002 Ed. (4979)
Beryl Cos.
2008 Ed. (2905)
Beryl H. Buck Open Space Fund
1994 Ed. (1904)
Berzerk Candy Werks
1997 Ed. (886)
BES
2002 Ed. (3185)
2000 Ed. (2984, 2985)
1999 Ed. (3250, 3251)
BES Engineering Corp.
2000 Ed. (4177)
Beshar; Luke
2006 Ed. (2519)
BESIX SA
2004 Ed. (1329)
Besnier
2000 Ed. (1639)
Besnier SA
2000 Ed. (2225)
1999 Ed. (1815)
1997 Ed. (1576)
Bespak
2006 Ed. (2784)
Bespoke Communications
2008 Ed. (129)
Bessemer Group Inc.
2005 Ed. (378)
2002 Ed. (585)
Bessemer Trust
2002 Ed. (4733)
1998 Ed. (426)
1992 Ed. (803)
1991 Ed. (2235)
1990 Ed. (654)
Bessemer Trust Co. NA
1990 Ed. (654)
Bessemer Trust, N.Y.
1989 Ed. (2145, 2149)
Bessemer Venture Partners
2003 Ed. (4848)
2002 Ed. (4735)
Besser Capital Partners
1995 Ed. (2443)
Bessire & Casenhiser
2000 Ed. (3152)
Best
2000 Ed. (3503)
The Best American Short Stories
2003 Ed. (721)
The Best & the Brightest
2006 Ed. (576)
Best, Best & Krieger
1997 Ed. (2364)
Best Brands Corp.
2008 Ed. (2780)
Best Buy
2008 Ed. (637, 1533, 1922, 1934, 1936, 1937, 1938, 1939, 1940, 2478, 2982, 2993, 2994, 3032, 3090, 4220, 4224, 4225, 4228, 4229, 4238, 4471, 4472, 4474, 4475, 4476, 4477, 4478, 4528, 4797)
2007 Ed. (1551, 1793, 1883, 1884, 1885, 2354, 2355, 2863, 2873, 2874, 2875, 2876, 2880, 2890, 2909, 2967, 4179, 4180, 4185, 4191, 4192, 4491, 4493, 4495, 4496, 4497, 4498, 4499, 4500, 4501, 4870)
2006 Ed. (161, 648, 825, 1496, 1772, 1786, 1887, 1891, 1892, 2403, 2404, 2871, 2879, 2880, 2881, 2882, 2883, 2887, 2891, 2949, 3958, 3961, 3962, 4162, 4163, 4164, 4167, 4431, 4432, 4433, 4434, 4435, 4438, 4439, 4440, 4442, 4443, 4444, 4870)
2005 Ed. (27, 1615, 1634, 1870, 1871, 1872, 2357, 2358, 2542, 2864, 2873, 2874, 2954, 4106, 4108, 4115, 4116, 4120, 4121, 4414, 4415, 4416, 4418, 4419, 4420, 4421, 4422, 4424, 4425, 4471, 4517, 4807)
2004 Ed. (755, 1577, 1581, 1607, 1800, 1801, 2162, 2227, 2857, 2879, 2882, 2883, 2884, 2954, 4187, 4189, 4212, 4466, 4467, 4468, 4470, 4471, 4472, 4473, 4474, 4475, 4567, 4568, 4824, 4842, 4843)
2003 Ed. (742, 887, 1217, 1555, 1581, 1582, 1583, 1763, 1764, 2767, 2772, 2774, 2776, 2777, 2866, 4165, 4170, 4182, 4188, 4499, 4500, 4501, 4502, 4503, 4504, 4505, 4506, 4549, 4558, 4563, 4824)
2002 Ed. (1548, 1550, 1570, 1731, 2055, 2583, 2696, 4040, 4044, 4054, 4334, 4335, 4336, 4714, 4748, 4750)
2001 Ed. (1374, 1453, 1603, 1795, 2124, 2217, 2736, 2737, 2741, 2745, 2748, 2750, 2751, 4094, 4099, 4322, 4326)
2000 Ed. (1180, 1331, 1332, 1333, 1359, 1517, 1684, 2481, 2483, 2488, 2581, 3322, 3804, 3806, 3808, 3811, 4085, 4125, 4348)
1999 Ed. (1495, 1707, 1876, 1877, 1878, 1882, 2694, 2696, 3602, 4106, 4371, 4374, 4484)
1998 Ed. (87, 859, 861, 1177, 1295, 1302, 1303, 1304, 1314, 1955, 1956, 1957, 1964, 2704, 3080, 3344)
1997 Ed. (258, 925, 1481, 1633, 1636, 2237, 3552, 3553)
1996 Ed. (894, 1090, 1239, 1247, 2128, 3239)
1995 Ed. (229, 1270, 2119, 2120)
1994 Ed. (2071)
1992 Ed. (1936, 2426, 2428)
1991 Ed. (1541, 3164)
1990 Ed. (1646, 2031, 3043)
1989 Ed. (1255, 1256)
Best Buy Electronic Store
2002 Ed. (763)
Best Buy Electronics Store
2001 Ed. (1008)
2000 Ed. (792)
Best Buy.com
2008 Ed. (2443)
2007 Ed. (2317)
2006 Ed. (2379)
2005 Ed. (2328)
Best Chair
1999 Ed. (2545)
The Best Connection Group Ltd.
2006 Ed. (1699, 2069, 2748)
Best/Easy Travel
1998 Ed. (3623)
Best Film & Video
1991 Ed. (963, 965)
Best Foods
2000 Ed. (4083, 4084)
Best Foods Bakery Group
1992 Ed. (491, 493, 494, 495)
Best Foods Baking
1998 Ed. (254)
Best Form Foundations
1999 Ed. (781, 3188)
BEST Foundation for a Drug Free Tomorrow
1994 Ed. (1904)
Best Group Inc.
1997 Ed. (1175)
1996 Ed. (1146)
1995 Ed. (1171)
1994 Ed. (1151)
Best Inns of America
1997 Ed. (2292)
Best Inns/Suites
1998 Ed. (2021)
The Best Life Diet
2008 Ed. (554)
Best Meridian Insurance Co.
1994 Ed. (2055)
The BEST OF AMERICA America's Future
2000 Ed. (4338)
The BEST OF AMERICA America's Vision Ann.
1999 Ed. (4699)
The Best of Boston Ltd.
2007 Ed. (3566)
Best of the Best 3
1998 Ed. (3676)
"Best of Wild America: The Babies"
1991 Ed. (2772)
Best One Group
2008 Ed. (4683)
2007 Ed. (4760)
2006 Ed. (4754)
2005 Ed. (4699)
Best One Tires & Service
2005 Ed. (4698)
Best Power Technology
1995 Ed. (2060, 3381)
Best Press Inc.
1999 Ed. (3888)
Best Products
1999 Ed. (388, 389, 1055)
1998 Ed. (2726)
1995 Ed. (1957)
1994 Ed. (872, 2146)
1993 Ed. (367, 369, 3649)
1992 Ed. (1065)
1991 Ed. (1421, 865, 866, 867, 1435, 1921)
1990 Ed. (914, 915, 1515, 1520, 1525, 1526, 2033, 2132, 2681)
1989 Ed. (859, 860, 1249, 1250, 1258)
Best Restaurant Equipment
1997 Ed. (2061)
Best Roofing & Waterproofing Inc.
2008 Ed. (1263)
2007 Ed. (1367)
2006 Ed. (1291)
2005 Ed. (1319)
2004 Ed. (1313)
Best Value Inns
2006 Ed. (2941)
Best Western
2008 Ed. (3070, 3075)
2007 Ed. (2945, 2950)
2006 Ed. (2934, 2938)
2005 Ed. (2931)
2000 Ed. (2542, 2550, 2571, 2572)
1999 Ed. (2765, 2766, 2779, 2784)
1998 Ed. (2009, 2010, 2023, 2024, 2025, 2027)
1997 Ed. (2278, 2279, 2280, 2296, 2302)
1996 Ed. (2160, 2161, 2162, 2181)
1994 Ed. (2095, 2096, 2097, 2118, 2119)
1992 Ed. (2488, 2491, 2499, 2500, 2501, 2503)

1990 Ed. (2068, 2069)
Best Western Crossroads
1993 Ed. (2091)
Best Western Fort Bragg
2006 Ed. (2939)
Best Western Grand Canyon Squire Inn
1994 Ed. (2106)
1993 Ed. (2092)
1992 Ed. (2484)
1991 Ed. (1949)
Best Western Hotels
2005 Ed. (2935)
2000 Ed. (2562)
Best Western Inn at Hunt's Landing
1995 Ed. (2160)
1994 Ed. (2106)
1993 Ed. (2092)
1992 Ed. (2484)
Best Western International Inc.
2008 Ed. (3072)
2007 Ed. (2947)
2006 Ed. (2929, 2936)
2005 Ed. (2924, 2932, 2934)
2004 Ed. (2933, 2939, 2941)
2003 Ed. (2843, 2848, 2849)
2002 Ed. (2639, 2640)
2001 Ed. (2782, 2792)
2000 Ed. (2561)
1999 Ed. (2781, 2783)
1998 Ed. (2026, 2033)
1997 Ed. (2297, 2300)
1996 Ed. (2177, 2182, 2184)
1995 Ed. (2166, 2167, 2168, 2169, 2170)
1993 Ed. (2084, 2097, 2098, 2099)
1992 Ed. (2505, 2497, 2502, 2504, 2506)
1991 Ed. (1953)
1990 Ed. (2076)
Best Western Lake Lucille Inn
2000 Ed. (2541)
Best Western Parkway Inn
2007 Ed. (2951)
Best Western The Landing
1993 Ed. (207)
Best Western/The Strathmore Hotel
1994 Ed. (2106)
Best Wrecking Co. Inc.
1992 Ed. (1421)
Bestbank
1998 Ed. (335)
1997 Ed. (495, 499)
1996 Ed. (536, 540)
1994 Ed. (512)
Bestbuy.com
2005 Ed. (2326)
2003 Ed. (3049)
BestCalls
2002 Ed. (4861)
BestCalls.com
2002 Ed. (4803)
Bestfoods
2005 Ed. (1513)
2003 Ed. (371, 372, 761, 853, 3159, 3688, 3690, 3743, 4228, 4489, 4490)
2002 Ed. (1395, 1559, 2291, 2308)
2001 Ed. (1602, 2458, 2462, 2464, 2473, 2474)
2000 Ed. (1524, 2214, 2216, 2218, 2231)
1999 Ed. (1713, 2461, 2463)
Bestfoods Baking Co.
2000 Ed. (373)
Bestfoods U.K. Ltd.
2002 Ed. (41)
Bestmeat BV
2006 Ed. (3430)
Bestop
1994 Ed. (2015, 3323)
Best's Review
2008 Ed. (4715)
Bestseller Wholesale A/S
1996 Ed. (1332)
Bestway Cash & Carry Ltd.
2007 Ed. (4922)
Bestway (Holdings) Ltd.
1995 Ed. (1014)
1994 Ed. (1001)
1993 Ed. (976)
Bestway Rental
2000 Ed. (2293)
1999 Ed. (2550)
1998 Ed. (1790)
Bestwood
1989 Ed. (1120)
BET
1993 Ed. (2409, 3265, 3266, 3267, 3271)
1992 Ed. (1608)
BET Holdings Inc.
1999 Ed. (731)
1998 Ed. (470)
1997 Ed. (677)
1996 Ed. (745)
BET Holdings II Inc.
2003 Ed. (1507)
2001 Ed. (714)
2000 Ed. (743, 3143)
Bet Plant Services USA
1999 Ed. (3171)
1998 Ed. (2345)
1997 Ed. (2615)
1996 Ed. (2467)
1995 Ed. (2431)
1994 Ed. (2361)
1992 Ed. (2852)
1990 Ed. (2431)
Bet Plc.
1990 Ed. (3266)
Beta Alpha Psi National Accounting Fraternity
1999 Ed. (297)
Beta blockers
2002 Ed. (3752)
2000 Ed. (1705)
1999 Ed. (1909)
1998 Ed. (1336, 1339)
1996 Ed. (2560)
Beta-blocking agents
1996 Ed. (1575)
Beta Carotene
1994 Ed. (3637)
Beta Group of Cos.
2005 Ed. (20)
2004 Ed. (27)
BETA Healthcare Group
2006 Ed. (4201)
BETA Healthcare Group Risk Management Authority
2008 Ed. (4250)
Beta Oil & Gas Inc.
2005 Ed. (3736)
2004 Ed. (3828, 3829)
Betadine
2003 Ed. (2486)
2002 Ed. (2279, 2280)
Betancourt Barba Euro RSCG
2000 Ed. (141)
Betanet SA
2007 Ed. (1748)
Betao Liz
1991 Ed. (2334)
BetaWest Properties, Inc.
1991 Ed. (2809)
1990 Ed. (2959)
BETCO Inc.
2006 Ed. (1172)
2005 Ed. (1175)
Betfair
2007 Ed. (4922)
Beth Abraham Hospital
1998 Ed. (1992)
Beth Israel Deaconess Medical
2008 Ed. (3194)
Beth Israel Deaconess Medical Center Inc.
2008 Ed. (1907, 3059, 3063)
2007 Ed. (4698)
2005 Ed. (1856, 2904, 2911)
2004 Ed. (2907, 2918)
2003 Ed. (1754, 2814, 2819)
2001 Ed. (1788)
2000 Ed. (2510, 2512)
Beth Israel Hospital
1999 Ed. (2733)
Beth Israel Hospital, Boston, MA
1989 Ed. (2011)
Beth Israel Medical Center
2008 Ed. (2771)
2002 Ed. (2623)
2001 Ed. (2773, 2775)
2000 Ed. (2532)
1999 Ed. (2751)
1998 Ed. (1991, 1992, 1995)
1997 Ed. (2273)
1996 Ed. (2157)
1993 Ed. (2076)
1992 Ed. (2462)
1991 Ed. (1935)
1990 Ed. (2058)
1989 Ed. (1609)
Beth Israel Medical Center, Milton & Carrol Petrie Campus
1995 Ed. (2146)
Beth Isreal Deaconess Medical Center
2006 Ed. (2780)
Beth Mooney
2007 Ed. (385)
Beth Starr
2000 Ed. (1956)
1999 Ed. (2187)
1997 Ed. (1950)
Bethany Care Society
2004 Ed. (1661)
Bethany Healthplex
2002 Ed. (3526)
Bethel College
2001 Ed. (1320)
1999 Ed. (1223)
Bethel Grain Co.
2004 Ed. (1350)
Bethel University
2006 Ed. (3719)
Bethel Utilities Corp.
2003 Ed. (2134)
Bethesda/Chevy Chase, MD
1998 Ed. (1948)
Bethesda, MD
2008 Ed. (1039)
2007 Ed. (1156)
Bethlehem
1990 Ed. (3438)
Bethlehem Mines Corp.
1989 Ed. (952)
Bethlehem Steel Corp.
2005 Ed. (1462, 3464, 3703)
2004 Ed. (3431, 3434, 3436, 3438, 4533, 4536)
2003 Ed. (3364, 3365, 3369, 3370, 3373, 3375, 4552)
2002 Ed. (3304, 3305, 3312, 3313, 3321, 4877)
2001 Ed. (1215, 3276, 3280, 3281, 3285, 4368)
2000 Ed. (2619, 3081, 3091, 3096, 3097, 3101, 4118)
1999 Ed. (1446, 1489, 1560, 3344, 3356, 3357, 3363, 3414, 4388, 4400, 4492, 4493, 4693)
1998 Ed. (1054, 1069, 1119, 1120, 1122, 1123, 2466, 2470, 2755, 3402, 3404, 3406, 3422)
1997 Ed. (2749, 2756, 3627, 3629)
1996 Ed. (2605, 2614, 3585)
1995 Ed. (1473, 2543, 2551, 2770, 2867, 2868, 3508, 3509)
1994 Ed. (1291, 1302, 1308, 1310, 2436, 2475, 2485, 3430, 3431, 3432)
1993 Ed. (1219, 1385, 2534, 2538, 2784, 2785, 2946, 3448, 3450, 3452)
1992 Ed. (3026, 3031, 4133, 4134, 4135, 4136)
1991 Ed. (2418, 2422, 2683, 3216, 3217)
1990 Ed. (1325, 2539, 2544, 3434, 3436, 3446)
1989 Ed. (1043, 1054, 1944, 1948, 2635, 2636, 2657, 2665)
Bethpage Credit Union
2008 Ed. (2249)
2007 Ed. (2134)
2006 Ed. (2213)
2005 Ed. (2077, 2118)
2004 Ed. (1976)
2003 Ed. (1936)
2002 Ed. (1882)
Bethune-Cookman College
2000 Ed. (1142)
1999 Ed. (1233)
Bethune; Gordon
2006 Ed. (872)
2005 Ed. (982)
Beto Carrero
2001 Ed. (380)
2000 Ed. (299)
1999 Ed. (271)
1997 Ed. (250)
1996 Ed. (218)
1995 Ed. (219)
Beto Carrerro
2002 Ed. (311)
Betoptic
1994 Ed. (2697)
Betoptic S
1992 Ed. (3301)
Betrayal at Krondor
1996 Ed. (887)
Betriebs GmbH; O. B.
2005 Ed. (2587)
Betsy
1991 Ed. (2136)
Betsy D. Holden
2004 Ed. (2508, 4983)
Betsy Holden
2005 Ed. (4990)
2003 Ed. (4983)
Betsy King
1998 Ed. (198, 3757)
Betsy Ross Child Development Center
1999 Ed. (1128)
Betsy Z. Cohen
1994 Ed. (3666)
Bette Midler
2006 Ed. (1157)
1995 Ed. (1117, 1119)
Bettencourt; Liliane
2008 Ed. (4864, 4865, 4866)
2007 Ed. (4911, 4912)
2006 Ed. (4924)
2005 Ed. (4877, 4878)
Better Business Forms
1991 Ed. (809)
A Better Chance
2004 Ed. (930)
Better Crocker
2003 Ed. (3923)
Better Home & Gardens
2007 Ed. (149)
2006 Ed. (157)
Better Home Health Care Agency
2000 Ed. (4434)
Better Homes & Gardens
2008 Ed. (153, 3533)
2007 Ed. (138, 140, 141, 142, 144, 145, 146, 147, 150, 151, 170, 3403, 3404, 4994)
2006 Ed. (146, 148, 149, 150, 152, 153, 155, 158, 159, 3347)
2005 Ed. (136, 146, 3361, 3362)
2004 Ed. (148, 3333, 3336)
2003 Ed. (191, 3273, 3274)
2002 Ed. (221, 3226)
2001 Ed. (257, 1231, 3194, 3196, 3710)
2000 Ed. (3461, 3462, 3472, 3474, 3475, 3476, 3480, 3493)
1999 Ed. (1853, 3168, 3752, 3753, 3764, 3770, 3771)
1998 Ed. (1278, 1343, 2342, 2782, 2783, 2784, 2787, 2798, 2801)
1997 Ed. (3035, 3036, 3038, 3039, 3045, 3048, 3049, 3050)
1996 Ed. (2957, 2958, 2962, 2963, 2965, 2971, 2972)
1995 Ed. (2882, 2884, 2886, 2887)
1994 Ed. (2782, 2783, 2787, 2788, 2801, 2805)
1993 Ed. (2789, 2790, 2794, 2795, 2804, 2960)
1992 Ed. (3370, 3371, 3393)
1991 Ed. (2701, 2702, 2704)
1990 Ed. (2801)
1989 Ed. (2182)
Better Homes Realty Inc.
2003 Ed. (4050)
2002 Ed. (3926)
Better interest rates
1989 Ed. (440)
Better Living
1997 Ed. (833)
Better Mortgage Management
2005 Ed. (1655)
Better terms for long-time customers,
1992 Ed. (571)

Better Than Bonds—Income
2003 Ed. (3141)
Bettman; Gary
2006 Ed. (2517)
Betty Castor
1991 Ed. (3212)
Betty Crocker
2008 Ed. (4444)
2005 Ed. (1265)
2003 Ed. (4456)
2000 Ed. (1130, 1131, 2233)
1999 Ed. (737, 1216, 1217, 1946, 2476, 2802, 2803)
1998 Ed. (787, 1380, 2044)
1997 Ed. (1042, 1690, 2312)
1995 Ed. (1892)
Betty Crocker Bowl Appetit!
2008 Ed. (2730)
2003 Ed. (3323)
Betty Crocker Dunkaroos
1995 Ed. (1887)
Betty Crocker Sweet Rewards
2000 Ed. (370, 371)
1998 Ed. (1726, 2668)
Betty H. Carroll
1994 Ed. (3666)
Betty Moore
2006 Ed. (3898)
Betz; Annabel
1997 Ed. (1958)
1996 Ed. (1852)
Betz Europe
1992 Ed. (4426)
Betz Laboratories
1997 Ed. (3869)
1996 Ed. (951)
1995 Ed. (974)
1994 Ed. (941)
1992 Ed. (1126, 1127, 1128)
1991 Ed. (919, 921)
1990 Ed. (962, 963, 964, 966, 1536)
1989 Ed. (1143)
BetzDearborn Inc.
1999 Ed. (948, 1113)
1998 Ed. (531, 715, 3702)
Beus Isuzu
1996 Ed. (274)
Beutel Goodman
1995 Ed. (2394)
Beutel Goodman American Equity
2002 Ed. (3473, 3474)
2001 Ed. (3498, 3499)
Beutel, Goodman & Co., Ltd.
2000 Ed. (2844)
1996 Ed. (2420)
1993 Ed. (2345)
1992 Ed. (2784)
1989 Ed. (1786)
Beutel, Goodman & Company Ltd.
1991 Ed. (2255)
Beutel, Goodman Capital Management
1993 Ed. (2342)
Beutel Goodman Income
2004 Ed. (725, 726)
2002 Ed. (3432)
Beutel Goodman Private Balanced
2004 Ed. (3612)
2003 Ed. (3560)
Beutel Goodman Private Bond
2004 Ed. (725, 726)
Beutel Goodman Small Cap
2003 Ed. (3570, 3571)
2002 Ed. (3446)
Beutler Corp.
2006 Ed. (1252, 1347)
Beutler Digital Home
2007 Ed. (4973)
Beutler Heating & Air Conditioning Inc.
2005 Ed. (1345)
2004 Ed. (1241, 1340)
BevAccess.com
2001 Ed. (4755)
Beverage
2007 Ed. (2312)
2006 Ed. (834)
Beverage Air
1990 Ed. (2977)
Beverage America
2000 Ed. (786, 4082)
1999 Ed. (769, 4369)
Beverage & malt manufacturing
2002 Ed. (2222)
Beverage bases
1996 Ed. (3617)
Beverage bottlers
2003 Ed. (4836)
Beverage mixes & flavorings
2002 Ed. (4309)
The Beverage Source
1991 Ed. (3491)
Beverages
2008 Ed. (109, 1823, 2439)
2007 Ed. (98, 1321, 4598)
2006 Ed. (104, 3000, 3005, 3008, 4611)
2005 Ed. (95, 2624, 3004, 3009, 3012)
2004 Ed. (1744, 1745, 1747, 1748, 3011, 3013, 3014)
2003 Ed. (2901, 2903, 2904, 2905)
2002 Ed. (56, 2421, 2771, 2772, 2773, 2790, 2791, 3488, 3494, 4584)
2001 Ed. (94, 1508, 4385)
2000 Ed. (39, 1352, 1353, 1354, 1355, 2628)
1999 Ed. (1508, 1509, 1510, 1511, 1513, 3599)
1998 Ed. (1036, 1071, 1073, 1074, 1079, 1153, 1154, 1155, 1156)
1997 Ed. (1302, 1440, 1441, 1442, 1444, 2929, 3165)
1996 Ed. (1232, 1254, 1255, 1256, 1258, 1259, 1262, 1485)
1995 Ed. (1248, 1251, 1295, 1296, 1298, 1300, 1301, 1302, 1303, 2998)
1994 Ed. (1271, 1275, 1276, 1278, 1493, 2657, 2931)
1993 Ed. (735, 1232, 1234, 1237, 1239, 1240, 1241, 1242, 2708, 2917)
1992 Ed. (1492, 1502, 2599, 2601, 2603, 2606, 2608, 2610, 2613, 2614, 2617, 2620, 2622, 2625, 2626, 2860)
1991 Ed. (1180, 2028, 2030, 2032, 2034, 2036, 2038, 2040, 2043, 2044, 2047)
1990 Ed. (1262, 1273)
1989 Ed. (1659, 1660)
Beverages and tobacco
1995 Ed. (2243)
1990 Ed. (2185)
1989 Ed. (1657)
Beverages, carbonated
2005 Ed. (2754, 2758)
2004 Ed. (888, 2129, 2133, 3666)
2003 Ed. (3939, 3940)
2002 Ed. (1222, 2029, 2039, 2422, 4038, 4527)
1998 Ed. (2498, 2499, 2927, 3445)
1997 Ed. (3171, 3173)
1996 Ed. (1561, 2043, 2044, 3096, 3097, 3615)
1995 Ed. (2049, 2994, 3721)
1994 Ed. (2940)
1993 Ed. (2921)
Beverages, cold
2003 Ed. (4834, 4837, 4841)
1998 Ed. (3661, 3662)
1996 Ed. (3776)
Beverages, Fruit
1999 Ed. (705, 706, 707)
Beverages, hot
2003 Ed. (4834, 4837)
1998 Ed. (3661, 3662)
1996 Ed. (3776)
Beverages, non-alcoholic
2008 Ed. (1498)
2007 Ed. (1516)
2006 Ed. (1486)
2005 Ed. (1602)
2004 Ed. (1572)
1992 Ed. (917)
Beverages, non-dairy
2004 Ed. (3666)
Beverages, packaged
2007 Ed. (1422)
2006 Ed. (1385)
2005 Ed. (1395, 1396)
Beverages: soft drinks
1992 Ed. (4070)
Beverageware
2001 Ed. (2608)
2000 Ed. (2340)
Beverly Bank, IL
1989 Ed. (2147)
Beverly Enterprises Inc.
2008 Ed. (1561, 3801)
2007 Ed. (3710)
2006 Ed. (2759, 2795, 3727)
2005 Ed. (1653, 2789, 2800, 3612)
2004 Ed. (1627, 2796, 2926, 3701)
2003 Ed. (3653)
2001 Ed. (1613, 2677)
2000 Ed. (3182, 3361, 3825)
1999 Ed. (1552, 1564, 3636)
1998 Ed. (1089, 1090, 1127, 1903, 2691)
1997 Ed. (1355, 2180, 2182, 2270, 2824)
1996 Ed. (1292, 2077, 2079, 2155)
1995 Ed. (2082, 2144, 2801, 3319)
1994 Ed. (2089, 3239)
1993 Ed. (2073, 3245, 3390)
1992 Ed. (2381, 2383, 2458, 2459, 3280, 3925, 3930)
1991 Ed. (1890, 1893, 1934, 2625, 3095)
1990 Ed. (1988, 1989, 1991, 2056, 2510, 2726, 3245)
1989 Ed. (1578, 1579, 2472)
Beverly Enterprises-Texas Inc.
2001 Ed. (1613, 2677)
Beverly F. Dolan
1994 Ed. (1715)
Beverly Health & Rehabilitation Services Inc.
2006 Ed. (1548)
Beverly Hills
2000 Ed. (2570)
Beverly Hills Alfa
1995 Ed. (259)
1992 Ed. (406)
1991 Ed. (301)
1990 Ed. (334)
Beverly Hills Alfa Romeo
1994 Ed. (260)
Beverly Hills, CA
2005 Ed. (2827)
1991 Ed. (2527)
Beverly Hills Cop
1991 Ed. (2489, 3449)
1990 Ed. (2611)
Beverly Hills Courier
2002 Ed. (3500)
Beverly Hills Group
1996 Ed. (2277)
Beverly Hills Hotel
1990 Ed. (2071)
Beverly Hills Mercedes-Benz
2008 Ed. (320)
Beverly Hills Porsche
1996 Ed. (284)
1995 Ed. (284)
1994 Ed. (281)
Beverly Hills Savings, FS & LA
1990 Ed. (422, 3585)
The Beverly Hilton
2002 Ed. (1168)
2000 Ed. (1185)
1995 Ed. (2159)
Beverly Hilton Hotel
1999 Ed. (2796)
1994 Ed. (2103)
Beverly Inv. Pptys.
1990 Ed. (2965)
Beverly National Corp.
2008 Ed. (1916)
Bevinco Bar Systems Ltd.
2007 Ed. (840)
2005 Ed. (820)
2004 Ed. (846)
2003 Ed. (806)
2002 Ed. (912)
Bevo Agro
2008 Ed. (199)
Bewell Net
2002 Ed. (2991)
Bewick Publications Inc.
2005 Ed. (3602)
2004 Ed. (3687)
BEX
1994 Ed. (1449)
BEX (Banco Exterior Internacional)
1995 Ed. (1489)
Beximco
1997 Ed. (1603)
Beximco Infusions
1997 Ed. (1603)
Beximco, Knitting
1996 Ed. (1544)
Beximco Pharma
2000 Ed. (1665)
Beximco Pharmaceuticals
2006 Ed. (2259)
2002 Ed. (1969)
1999 Ed. (1841)
1997 Ed. (1602, 1603)
Beximco Synthetic
1997 Ed. (1603)
1996 Ed. (1544)
Beximco Textiles Ltd.
2002 Ed. (1969)
Bextra
2006 Ed. (3882)
Beydoun Investment Group Inc.
2001 Ed. (4284)
Beyer Blinder Belle
1990 Ed. (278, 284)
1989 Ed. (268)
Beyonce Knowles
2006 Ed. (2486)
Beyond Desire
1998 Ed. (3676, 3677)
Beyond Innovations
1999 Ed. (3420)
Beyond.com Corp.
2002 Ed. (2483)
BeyondMail
1994 Ed. (1621)
Bez
1992 Ed. (4426)
Bezek
2000 Ed. (4184, 4185)
1999 Ed. (4539, 4540)
Bezeq
2008 Ed. (50)
2007 Ed. (47)
2006 Ed. (56, 4684)
2005 Ed. (49)
1997 Ed. (3685, 3686)
1996 Ed. (3634, 3635)
1994 Ed. (3479, 3480)
1993 Ed. (3506, 3511)
Bezeq Israeli Telecom
2002 Ed. (1730)
2001 Ed. (1793)
Bezos; Jeffrey
2008 Ed. (4834)
2007 Ed. (4905)
Bezos; Jeffrey P.
2008 Ed. (942)
2006 Ed. (940, 4896)
2005 Ed. (787, 973, 2319, 4856, 4859)
BF & M
2006 Ed. (4486)
2002 Ed. (4385, 4386)
BF & M Management Ltd.
2001 Ed. (2920)
1995 Ed. (902)
B.F. Goodrich Co.
2001 Ed. (263, 264, 265, 266, 1045, 1183)
2000 Ed. (213, 214, 217, 1019, 1647)
1999 Ed. (183)
1994 Ed. (917)
1992 Ed. (4298)
1991 Ed. (903, 2753)
1990 Ed. (1248, 2877)
1989 Ed. (885)
B.F. Goodrich Employees Credit Union
2002 Ed. (1845)
BFB Acquisition Corp.
1990 Ed. (1230, 1267)
BFCE
1990 Ed. (577)
1989 Ed. (535)
BFDS/NFDS
2001 Ed. (3422)
BFE
1999 Ed. (3251)

BFG Federal Credit Union
2001 Ed. (1962)
BFG Luxembourg
1996 Ed. (560)
BFGoodrich
2008 Ed. (4679, 4680)
2007 Ed. (4757)
2006 Ed. (4741, 4742, 4743, 4744, 4747, 4748, 4750, 4751)
2001 Ed. (4542)
BFI Canada
2008 Ed. (4816)
BFI Canada Income Fund
2008 Ed. (2592)
2007 Ed. (2479, 4881)
BFI Medical Waste Systems
1997 Ed. (2259)
1996 Ed. (2152)
BFI of North America Inc.
1999 Ed. (2059)
BFI Waste Systems
1995 Ed. (3080)
BFP Print Communications
2000 Ed. (911)
BFS Income & Growth
2000 Ed. (3306)
BFS Retail & Commercial Operations LLC
2008 Ed. (281, 4683)
2007 Ed. (4760)
2006 Ed. (295, 4754)
2005 Ed. (273, 4699)
BG
2006 Ed. (3856)
1999 Ed. (1639, 1644, 1675, 3966)
BG & E
2000 Ed. (1512)
BG Environmental Inc.
2008 Ed. (4972)
2007 Ed. (3578, 3579)
BG Europe
1992 Ed. (3202)
BG Group
2007 Ed. (3881)
2006 Ed. (3855)
2005 Ed. (3790)
BG Group plc
2008 Ed. (3930)
2007 Ed. (1696, 3868, 3882)
2006 Ed. (4089)
BG Investments
1997 Ed. (2985)
BG North Sea Holdings Ltd.
2001 Ed. (1690)
2000 Ed. (1414)
BG Plc
2001 Ed. (3021)
2000 Ed. (2864, 3139)
1999 Ed. (4289)
BG Transco plc
2002 Ed. (3370)
BG&E
1999 Ed. (1703)
BGB
2002 Ed. (3873)
BGC
2004 Ed. (3958)
2003 Ed. (3960)
2002 Ed. (861)
BGFI Bank
2008 Ed. (417)
2007 Ed. (451)
BGFIBank
2005 Ed. (511)
BGH Central
1991 Ed. (2254)
BGH Central Investment
1990 Ed. (2362)
BGI
2003 Ed. (21)
BGI International
2008 Ed. (1156)
2006 Ed. (1143)
BGI/Masterworks Index
2000 Ed. (3266)
BGI Masterworks S&P 500
2002 Ed. (2158)
B.G.I.C.
1996 Ed. (1544)
BGS Systems
1993 Ed. (1075, 2009)
BGV PCS Acquisition Group LLC
2002 Ed. (3080)
BGZ-Bank for Food Economy
1993 Ed. (522)
BH
2006 Ed. (4542)
2002 Ed. (4492, 4494)
BH Asia Stocks Fund
2003 Ed. (3142)
BH Capital Partners LLC
2008 Ed. (2954, 2961)
BH Shoe Holdings Inc.
2001 Ed. (3080)
Bharat Desai
2006 Ed. (2527)
Bharat Forge
2008 Ed. (1801)
2007 Ed. (1771)
Bharat Heavy Electricals Ltd.
2008 Ed. (1565)
2007 Ed. (1581, 1582)
2000 Ed. (754)
Bharat Overseas Bank
1992 Ed. (606)
Bharat Petroleum Corp.
2008 Ed. (1803, 3562)
2007 Ed. (1772, 1774)
2006 Ed. (1765, 1766, 3384)
2002 Ed. (1668)
2001 Ed. (1732, 1733, 1734)
1997 Ed. (685)
1991 Ed. (1286)
Bharat Shah
2007 Ed. (2464)
Bhargava; Vikrant
2008 Ed. (4907)
2007 Ed. (4933)
Bharti Airtel Ltd.
2008 Ed. (3210)
2007 Ed. (3073)
Bharti Enterprises
2007 Ed. (1773)
Bharti Tele-Ventures
2006 Ed. (1753)
Bhaskaran; Manu
1997 Ed. (1958, 1959)
1996 Ed. (1852)
Bhavin Shah
2000 Ed. (2068)
BHC, alpha and beta
1990 Ed. (2812)
BHC Communications Inc.
2002 Ed. (306)
2000 Ed. (285, 289)
1999 Ed. (4569)
1998 Ed. (156, 161)
1997 Ed. (238, 239)
1996 Ed. (212, 789, 3664)
1995 Ed. (207, 210, 212, 715, 716)
1994 Ed. (210, 211, 757, 758, 759)
1993 Ed. (221, 223)
1992 Ed. (325, 327, 943, 944)
1991 Ed. (749, 1204)
BHC Securities Inc.
1999 Ed. (920)
BHF Bank
1991 Ed. (777)
BHIF
2000 Ed. (490, 491, 492, 493)
BHIF Acciones Internacionales
2002 Ed. (3480)
BHIF-Banco Hipotecairo International Financiero
1992 Ed. (637)
Bhirud Apex Mid Capital Growth
1998 Ed. (2656)
BHLB Asset Management
2001 Ed. (2887)
BHN Multibanco SA
1994 Ed. (438)
1993 Ed. (439)
1992 Ed. (622)
BHP Ltd.
2003 Ed. (1437, 3829, 4571)
2002 Ed. (345, 346, 1586, 1588, 1591, 3368, 3964)
2000 Ed. (325, 326)
1999 Ed. (310, 311)
1997 Ed. (282, 283)
1996 Ed. (253, 254, 255)
1994 Ed. (247, 248)
1993 Ed. (261, 262)
BHP Biliton
2003 Ed. (3423)
BHP Billiton Ltd.
2008 Ed. (1565, 1566, 1569, 1570, 3547, 3659, 3680, 3924, 3927)
2007 Ed. (1585, 1587, 1591, 1592, 1696, 2025, 3487, 3520, 3521, 3875, 3881)
2006 Ed. (294, 1551, 1552, 1554, 1556, 1557, 1682, 1700, 2055, 3370, 3489, 3849, 3850, 3855)
2005 Ed. (1656, 1657, 1658, 1659, 1661, 3762, 3783)
2004 Ed. (1630, 1632, 1638, 1639, 1640, 1642, 1643, 1854, 3490, 3851, 3858)
2003 Ed. (1617, 1619, 1620)
BHP Billiton Diamonds Inc.
2007 Ed. (1613)
2006 Ed. (1592, 1601, 1605)
2005 Ed. (1697)
2004 Ed. (1661)
BHP Billiton Petroleum Ltd.
2008 Ed. (3914)
2007 Ed. (3861)
2006 Ed. (3844)
BHP Billiton plc
2008 Ed. (1454, 1717, 3930)
2007 Ed. (214, 1286, 2026, 3519)
2006 Ed. (4536)
2003 Ed. (2288)
BHP Billiton Tintaya
2006 Ed. (2546)
BHP Hawaii Inc.
2001 Ed. (1722)
BHP Holdings (USA) Inc.
2001 Ed. (1291, 1292)
BHP Minerals International Inc.
2004 Ed. (1031)
2003 Ed. (1028)
BHP Petroleum Pty. Ltd.
2003 Ed. (3821)
BHP Steel
2004 Ed. (3439)
bhphotovideo.com
2001 Ed. (2980)
BHS Holding GmbH & Co. KG
2005 Ed. (1781, 4122, 4912)
Bhutan
1994 Ed. (2007)
1989 Ed. (2240)
BHWG Proximity
2002 Ed. (1981)
BI Inc.
1992 Ed. (3310)
Bi-Lo
2005 Ed. (4562)
2001 Ed. (1848)
1992 Ed. (4025)
1991 Ed. (3155)
1990 Ed. (3324)
Bi-Lo Center
2002 Ed. (4346)
Bi-Lo LLC
2008 Ed. (2076)
2007 Ed. (1978)
2006 Ed. (2012)
2005 Ed. (1960)
2004 Ed. (1857)
2003 Ed. (1821)
Bi-Mart
2005 Ed. (4119)
2004 Ed. (4198)
2003 Ed. (4172)
2002 Ed. (4037, 4747)
2000 Ed. (1688)
1999 Ed. (1871)
1990 Ed. (1526)
BI Research
1993 Ed. (2360, 2361, 2362)
Bi-Way
1995 Ed. (3153)
Biacore International AB
2002 Ed. (4509)
Bianchi Trison Corp.
2003 Ed. (1242)
Bianco; James
2006 Ed. (2523)
BIAO Centrafrique
1994 Ed. (449)
1993 Ed. (448)
BIAO Cote d'Ivoire
2007 Ed. (488)
2005 Ed. (551)
1991 Ed. (573)
1989 Ed. (590)
BIAO Togo
1993 Ed. (646)
Bias: A CSB Insider Exposes How the Media Distort the News
2004 Ed. (742)
Biasco Musical Instrument
1996 Ed. (2747)
1994 Ed. (2595)
Biasco Musical Instruments
1993 Ed. (2645)
Biashara Bank of Kenya
2002 Ed. (599)
1991 Ed. (582)
BIAT
2006 Ed. (4542)
2002 Ed. (4492, 4493, 4494)
Biaxin
2002 Ed. (3754)
1999 Ed. (3885)
1998 Ed. (2914, 2916)
1997 Ed. (3162)
1996 Ed. (1571)
1995 Ed. (225)
Biaxin Bid
2003 Ed. (2114)
Bibb Co.
1999 Ed. (387)
1996 Ed. (3676)
1991 Ed. (1808)
1990 Ed. (3270)
Bibby Line Group Ltd.
1993 Ed. (967, 972)
Bibendum Wine
2005 Ed. (1979)
Bible; Geoffrey C.
1996 Ed. (966)
Biblio.com
2007 Ed. (2322)
Bic Corp.
2003 Ed. (2674, 3786, 4044, 4045, 4048)
2001 Ed. (3988)
2000 Ed. (3426, 4116)
1999 Ed. (4469, 4470)
1998 Ed. (3399, 3400)
1997 Ed. (3254, 3625, 3626)
1996 Ed. (2980, 3161, 3583, 3584)
1995 Ed. (3507, 3620)
1994 Ed. (2997, 3428, 3429)
1993 Ed. (3446, 3447)
1992 Ed. (4131, 4132)
1991 Ed. (2801, 3215)
1990 Ed. (2947, 2948, 3432)
1989 Ed. (2781)
Bic Biro Stick Pens, 10-pack
1990 Ed. (3431)
1989 Ed. (2632)
Bic Disposable Lighter
1989 Ed. (2840, 2841)
Bic Disposable Lighter, 4-pack
1989 Ed. (2840)
Bic Disposable Lighter, 2-pack
1989 Ed. (2840)
Bic Disposable Razors, 10s
1989 Ed. (2184, 2185)
Bic Round Stic
2000 Ed. (3425)
Bic Shaver
1990 Ed. (2805, 2806)
BIC (Societe)
1991 Ed. (2385)
Bic Softwin
2004 Ed. (3797)
2003 Ed. (4044)
Bic Twin Select Sensitive
2001 Ed. (3988)
BICC
2000 Ed. (4132)
1999 Ed. (1331)
1998 Ed. (1557)
1996 Ed. (1390)
1989 Ed. (1655)
BICC Canada
1996 Ed. (2611)
BICC plc
2001 Ed. (1412)
2000 Ed. (1214)

1997 Ed. (1133)
1996 Ed. (1110)
1995 Ed. (1137, 1426)
1994 Ed. (2477)
BICC Plc Group
1990 Ed. (1588)
1989 Ed. (1289)
Bice
2008 Ed. (734)
2007 Ed. (755)
2000 Ed. (493)
1997 Ed. (3337)
BICE-Dreyfus Vanguardia
2005 Ed. (3578)
Bicici
2006 Ed. (4495)
Bickimer Construction
2002 Ed. (2684)
Bickmore Risk Services
2007 Ed. (3715)
2006 Ed. (4199, 4200)
BICOM, Inc.
2003 Ed. (2711)
Bicycle, BMX
1998 Ed. (463)
Bicycle, cruiser
1998 Ed. (463)
Bicycle, hybrid
1998 Ed. (463)
Bicycle, mountain
1998 Ed. (463)
Bicycle Riding
2000 Ed. (4090)
1998 Ed. (3355)
1995 Ed. (3430)
Bicycle, road
1998 Ed. (463)
Bicycle trails
2000 Ed. (3554)
Bicycle, youth
1998 Ed. (463)
Bicycles
2005 Ed. (4428)
Bicycling
2008 Ed. (150)
2007 Ed. (128)
2006 Ed. (3348)
1990 Ed. (2799)
1989 Ed. (179, 182, 183, 184, 2174, 2177, 2178, 2179)
Bid
1989 Ed. (2062)
B.I.D. Building Materials Canada
1990 Ed. (1024)
B.I.D. Building Materials of Canada Ltd.
1993 Ed. (961)
bid.com
2001 Ed. (2993, 4752)
Biddulph Chevrolet
1990 Ed. (328)
Biddulph Isuzu
1991 Ed. (281)
Bidvest
2004 Ed. (4920)
Bidvest Group
2008 Ed. (2072)
2007 Ed. (1975, 1976)
2006 Ed. (2009)
2004 Ed. (1854)
Bidwell
2005 Ed. (2205)
2000 Ed. (1682)
1999 Ed. (1867)
Bidz.com
2005 Ed. (3184)
Biederlack of America
2007 Ed. (589)
Biederman SA
2005 Ed. (1494)
2004 Ed. (1478)
2003 Ed. (1448)
2002 Ed. (1428)
Biedermann Publicidad
1997 Ed. (130)
1995 Ed. (111)
Biedermann Publicidad (O & M)
1996 Ed. (126)
Biedermann Publicidad Paraguay
2003 Ed. (134)
2002 Ed. (166)
Bielinski Homes
2005 Ed. (1215)
Bienaime; Jean-Jacques
2006 Ed. (2519)
Bienvenidos
1996 Ed. (3663)
Bierlein Companies Inc.
2001 Ed. (1473)
Bierlein Cos. Inc.
2003 Ed. (1300)
2002 Ed. (1288)
1999 Ed. (1367)
Bierlein Demolition & Dismantling
2008 Ed. (1256)
2007 Ed. (1359)
2006 Ed. (1280)
Bierlein Demolition Contractor
1994 Ed. (1151)
Bierlein Demolition Contractors
2005 Ed. (1310)
2004 Ed. (1303)
2000 Ed. (1259)
1998 Ed. (945)
1997 Ed. (1175)
1995 Ed. (1171)
1993 Ed. (1134)
1992 Ed. (1421)
1991 Ed. (1088)
1990 Ed. (1203)
Biesterfeld
2002 Ed. (1004, 1005)
1999 Ed. (1092, 1093)
1996 Ed. (933)
Bifal Corp.
2000 Ed. (4057)
Big!
2000 Ed. (3495)
1999 Ed. (4739, 4740)
1997 Ed. (3863, 3864)
1996 Ed. (3817)
1994 Ed. (3648)
1991 Ed. (2488)
Big A Drug Stores
2000 Ed. (1716)
Big Apple Bagel
1999 Ed. (2512, 2517, 2521)
1997 Ed. (326)
Big Apple Bagels
2008 Ed. (336)
2007 Ed. (350)
2006 Ed. (367)
2005 Ed. (353)
2004 Ed. (352)
2003 Ed. (373)
2002 Ed. (424)
1998 Ed. (1760, 1761, 3070, 3071, 3182)
Big Apple Wrecking & Construction Corp.
1995 Ed. (1171)
Big Audio Dynamite II
1995 Ed. (1119)
Big B
1997 Ed. (1670)
1996 Ed. (1590)
1990 Ed. (928, 1557, 3479)
Big Bad Wolf
1995 Ed. (3165)
BIG Bank Gdanski
2004 Ed. (608)
2003 Ed. (489, 600)
2002 Ed. (636)
2001 Ed. (606)
2000 Ed. (484, 649)
Big Bear
1990 Ed. (3494)
1989 Ed. (2778)
Big Bear Plus
2004 Ed. (4609)
2001 Ed. (4403)
2000 Ed. (2595)
1999 Ed. (2820)
1998 Ed. (2065)
1997 Ed. (2343)
1996 Ed. (2214)
1995 Ed. (2196)
1994 Ed. (2154)
1991 Ed. (1992)
BIG-BG
2002 Ed. (4780)
2000 Ed. (4370)
Big Billy Barrett Mazda
1994 Ed. (275)
1993 Ed. (276)
Big Billy Barrett Mitsubishi
1996 Ed. (280)
The Big Bopper
1994 Ed. (2792)
Big Bowl Asian Kitchen
2006 Ed. (4113)
Big Boy
2008 Ed. (4159)
2004 Ed. (4132)
2002 Ed. (4014)
2001 Ed. (4079)
2000 Ed. (3784)
1999 Ed. (4067, 4069)
1998 Ed. (3064)
1997 Ed. (3314, 3335)
1996 Ed. (3213, 3232)
1995 Ed. (3117, 3140)
1994 Ed. (3072, 3090)
1993 Ed. (3033)
1992 Ed. (3719)
1991 Ed. (2881)
Big Boy Family Restaurants
1990 Ed. (3022)
Big Boy Restaurant & Bakery
2005 Ed. (4065, 4066, 4067, 4068, 4069)
2003 Ed. (4112, 4113, 4114, 4115, 4116, 4117, 4132)
Big Boy Restaurants International
2007 Ed. (4145)
2006 Ed. (4118)
2005 Ed. (4071)
Big Brothers/Big Sisters
1995 Ed. (942, 2781)
Big Brothers Big Sisters of America
2007 Ed. (3706)
2004 Ed. (934)
Big Car Carrier
1997 Ed. (3771)
Big City Bagels
1998 Ed. (3069)
Big Communications
2006 Ed. (3413)
Big Country Energy Services LP
2006 Ed. (1597)
Big Creek Lumber
1996 Ed. (816, 823, 825)
Big-D Corp.
2008 Ed. (1341, 1344)
2004 Ed. (1264)
Big Daddy
2002 Ed. (3399)
2001 Ed. (3363)
Big Deal
1996 Ed. (357)
Big Dog Holdings
1999 Ed. (4165)
The Big E
1997 Ed. (1805)
Big Eagle Services
2008 Ed. (1548)
Big Easy
1992 Ed. (4249)
Big Fish Branding Inc.
2008 Ed. (3595)
Big 5
1992 Ed. (4046)
1991 Ed. (3167)
1989 Ed. (2522)
Big 5 Sporting Goods
2005 Ed. (4435)
2004 Ed. (4216)
2001 Ed. (4337)
1999 Ed. (4381)
1998 Ed. (3352)
1997 Ed. (3560)
1996 Ed. (3494)
1995 Ed. (3429)
1993 Ed. (3368, 3369)
Big Flower Holdings, Inc.
2001 Ed. (3901, 3902)
Big Flower Press
2000 Ed. (3613)
Big Flower Press Holdings Inc.
1999 Ed. (3891, 3894)
1998 Ed. (2920)
Big 4 Rents
1997 Ed. (2615)
1994 Ed. (2361)
1993 Ed. (2409)
1992 Ed. (2852)
1990 Ed. (2431)
1989 Ed. (1890)
The Big Game
2008 Ed. (3526)
Big Geyser Inc.
2002 Ed. (4297)
2001 Ed. (4285)
The Big Green
1998 Ed. (3674)
BIG Group
2001 Ed. (1763)
Big Lots Inc.
2008 Ed. (885, 2343, 2344, 2346, 4217)
2007 Ed. (2205, 2206, 2207, 2209, 4183)
2006 Ed. (2269, 2270, 2271, 2273, 4876)
2005 Ed. (2210, 4105, 4812)
2004 Ed. (2107, 2883, 2884, 4163, 4544, 4825)
2003 Ed. (2073)
Big O Tires Inc.
2008 Ed. (317, 882)
2007 Ed. (330, 907)
2006 Ed. (345, 820)
2005 Ed. (905, 4698)
2004 Ed. (4724)
2003 Ed. (895, 4739)
2002 Ed. (2363, 4625)
2001 Ed. (4539)
Big Pharma: Exposing the Global Healthcare Agenda
2008 Ed. (612)
The Big Picture
2007 Ed. (652)
Big Picture Technologies
2002 Ed. (2484)
Big Planet
2006 Ed. (3186)
Big Red Inc.
2008 Ed. (4457)
2007 Ed. (4474)
2006 Ed. (4412)
2005 Ed. (4396)
2003 Ed. (4477)
2001 Ed. (4303)
2000 Ed. (4080)
1996 Ed. (954)
1995 Ed. (975)
1994 Ed. (943)
1993 Ed. (688)
Big Red Gum Plen-T-Pak
1990 Ed. (894)
Big Red Plen-T-Pak
1989 Ed. (856, 857)
Big Rock Brewery
2008 Ed. (560)
2007 Ed. (608)
Big Rock Brewery Income Trust
2006 Ed. (1594)
Big Rock Sports LLC
2005 Ed. (3919)
Big S Sporting Goods
2006 Ed. (4450)
Big Sandy Holding Co.
2008 Ed. (344)
2007 Ed. (357)
Big Sky
1994 Ed. (163)
Big Sky Farms
2008 Ed. (4014)
2007 Ed. (3997)
2006 Ed. (3939)
2005 Ed. (3876)
2004 Ed. (3928)
2003 Ed. (3900)
Big Sky Transportation Co.
2005 Ed. (1544)
Big 10 Tire Stores Inc.
2008 Ed. (4682)
2007 Ed. (4759)
2006 Ed. (4753)
2005 Ed. (4697)
Big, Terrible Trouble?
2003 Ed. (714)
Big Time Restaurant Group
2007 Ed. (4134)
Big V Pharmacies
1997 Ed. (3547)

1996 Ed. (3483)
1995 Ed. (1617)
1994 Ed. (3366)
Big West Oil Co. Inc.
2001 Ed. (1891)
Big West Oil LLC
2003 Ed. (1840)
Big Y
2004 Ed. (4639)
BigAir Group Ltd.
2008 Ed. (2928)
Bigari Foods
2007 Ed. (4698)
BigCharts.com
2002 Ed. (4831, 4836)
bigdough.com
2005 Ed. (2592)
Bigelow
2008 Ed. (4599)
2005 Ed. (4605)
2003 Ed. (4676, 4732)
1995 Ed. (3547)
1994 Ed. (3478)
Bigelow & Co.
2001 Ed. (806)
BiGen
2001 Ed. (2656)
BigEquip.com
2001 Ed. (4757)
BigFix Inc.
2004 Ed. (1658)
Biggart Donald
2000 Ed. (3845)
Biggart Donald Group
2002 Ed. (4085)
Biggers Brothers Inc.
1990 Ed. (1837)
The Biggest Loser
2007 Ed. (681)
bigg's
2008 Ed. (4559)
2004 Ed. (4609)
2001 Ed. (4403)
2000 Ed. (2595)
1999 Ed. (2820)
1998 Ed. (2065)
1997 Ed. (2343)
1996 Ed. (2214)
1995 Ed. (2196)
1994 Ed. (2154)
1991 Ed. (1438, 1991, 1992)
Biggs (Biggs)
1990 Ed. (2142)
Biggs/Gillmore Communications
2006 Ed. (199)
Biggs./Gilmore Associates; William R.
1990 Ed. (67)
Biggs/Gilmore Communications
2005 Ed. (187)
Bigg's Hyper Shopper Inc.
1999 Ed. (1871)
Bigg's Hyper Shoppes
2002 Ed. (4037)
Bigler Investment Mgt. Co. Inc.
1991 Ed. (3442)
1990 Ed. (3667)
BigMachines.com
2001 Ed. (4757)
BigStar Entertainment Inc.
2002 Ed. (4749)
Bigstep.com
2003 Ed. (2159, 3046)
2002 Ed. (4800)
2001 Ed. (4765)
Bigvine
2002 Ed. (4824)
2001 Ed. (4771)
Bike
1993 Ed. (3375)
1992 Ed. (4044, 4055)
1991 Ed. (3166, 3174)
Biking
1992 Ed. (4048)
Bikini Zone
2003 Ed. (2673)
Bikuben
1994 Ed. (466)
1993 Ed. (462)
1992 Ed. (650)
1991 Ed. (497)
1990 Ed. (538)
Bikuben Girobank
2002 Ed. (550)
2000 Ed. (509)
1999 Ed. (501)
Bil Mar Foods
1999 Ed. (4140)
BIL Participations
1993 Ed. (2479)
1992 Ed. (2948, 2949)
The Bil-Ray Group
2008 Ed. (3003, 3096)
2007 Ed. (2971)
2006 Ed. (2955)
2005 Ed. (2959)
Bilbao Bizkaia Kutxa
2008 Ed. (506)
2007 Ed. (554)
2006 Ed. (525)
2005 Ed. (611)
2004 Ed. (621)
2003 Ed. (612)
2002 Ed. (648)
1999 Ed. (639)
1996 Ed. (682)
1995 Ed. (609)
1994 Ed. (635, 636)
1993 Ed. (530, 632)
Bilbao Vizcaya
2001 Ed. (634, 635)
2000 Ed. (607, 609, 610, 611, 612, 613)
Bilberry
2001 Ed. (2012)
Bilboa
2001 Ed. (4394, 4395)
Bilbray; Brian P.
1995 Ed. (2484)
Bilchik; Shay
2008 Ed. (3789)
2007 Ed. (3704)
Bild
2002 Ed. (3511)
2001 Ed. (3544)
1999 Ed. (3619)
1997 Ed. (2944)
Bildner & Sons; J.
1989 Ed. (2672)
Bilfinger & Berger Bau AG
2000 Ed. (1214, 1275, 1276, 1283, 1285, 1291)
1999 Ed. (1331, 1386, 1387, 1394, 1396, 1397, 1403, 1404)
1998 Ed. (962, 963, 964, 971)
1997 Ed. (1132, 1133, 1180, 1181, 1187, 1188, 1189, 1191, 1193, 1194)
1993 Ed. (1141, 1147)
1992 Ed. (1426, 1432)
1991 Ed. (1097)
Bilfinger Berger AG
2008 Ed. (1278, 1281, 1285, 1290, 1298, 1300, 1303, 1305, 1307)
2006 Ed. (1299, 1300, 1302, 1312, 1315, 1317, 1319, 1320, 1321)
2005 Ed. (1326, 1327, 1329, 1332, 1333, 1334, 1336, 1338, 1339, 1340, 1341)
2004 Ed. (1320, 1326, 1328, 1333, 1334, 1336)
Bilfinger + Berger Bau-AG
2003 Ed. (1320, 1321, 1326, 1328, 1335)
2002 Ed. (1304, 1305, 1310, 1312, 1314, 1320, 1321)
1996 Ed. (1110, 1157)
1995 Ed. (1177, 1183, 1184, 1189, 1191)
Bilfinger Berger Bauaktiengesellschaft
2002 Ed. (1190)
2001 Ed. (1412)
1994 Ed. (1158, 1164, 1166, 1167, 1171, 1172, 1173)
Bilfinger + Berger Bauaktingesellschaft
2004 Ed. (1167)
Bilgin Yayincilik
2005 Ed. (89)
2004 Ed. (94)
2001 Ed. (86)
Bilimoria; Karan
2007 Ed. (2464)
Bilka
2001 Ed. (29)
Bilkey Llinas Design Associates
2008 Ed. (3349)
2007 Ed. (3208)
2006 Ed. (3174)
Bilkmatic Transport
2001 Ed. (4645)
Bill Allen
2005 Ed. (974)
Bill and Camille Cosby
1991 Ed. (891, 1003)
Bill & Jean Adderley
2008 Ed. (4897)
Bill and Melinda Gates
2001 Ed. (3779)
Bill & Melinda Gates Foundation
2008 Ed. (2766)
2005 Ed. (2677, 2678)
2004 Ed. (2681)
2002 Ed. (2334, 2335, 2336, 2340, 2341)
2001 Ed. (2517, 3780)
Bill Barrett Corp.
2007 Ed. (3866)
Bill Blass
2001 Ed. (1995)
1995 Ed. (2398)
Bill Brown Ford
1995 Ed. (267)
Bill Bygrave
2006 Ed. (703)
2005 Ed. (796)
2004 Ed. (819)
Bill Clark Homes
2008 Ed. (1197)
2007 Ed. (1297, 1298)
Bill Clinton
2004 Ed. (2414)
2003 Ed. (2334)
Bill Coleman
2004 Ed. (969)
Bill collection services
1999 Ed. (3666)
Bill Comrie
2005 Ed. (4872)
Bill Cook Audi
1991 Ed. (302)
Bill Cook Imported Cars
1994 Ed. (261)
1992 Ed. (407)
Bill Copps Inc.
1995 Ed. (286)
Bill Cosby
2004 Ed. (2414)
2003 Ed. (2334)
2002 Ed. (3077)
1997 Ed. (1726)
1995 Ed. (1714)
1993 Ed. (1633)
1992 Ed. (1349, 1982)
1989 Ed. (989, 990, 1347)
Bill Daniels
2008 Ed. (895)
1991 Ed. (891)
Bill Davidow
2003 Ed. (4846)
Bill Duffy
2003 Ed. (222, 226)
Bill Gates
2000 Ed. (734, 735, 796, 1044, 1871, 1872, 1881, 2448, 2743, 4375)
Bill Graham Presents
2000 Ed. (3621)
1999 Ed. (3905)
1998 Ed. (2931)
1997 Ed. (3179)
1996 Ed. (3101)
1995 Ed. (3000)
1994 Ed. (2942)
1993 Ed. (2924)
1992 Ed. (3553)
1991 Ed. (2771)
1990 Ed. (2908)
Bill Grasso
2003 Ed. (3058)
Bill Gray Suzuki
1996 Ed. (289)
Bill Gross
2005 Ed. (788, 3202)
2004 Ed. (3170)
2002 Ed. (3026)
Bill Haggard Real Estate
2003 Ed. (1185)
Bill Hames Shows
2000 Ed. (987)
1999 Ed. (1039)
1998 Ed. (646)
1997 Ed. (907)
1995 Ed. (910)
Bill Harbert International Construction
1996 Ed. (1162, 1166)
1995 Ed. (1184)
Bill Harrison
2004 Ed. (2487)
Bill Heard Chevrolet Co.
2008 Ed. (311, 4790)
2006 Ed. (4867, 4868)
2005 Ed. (319, 320, 320, 4805, 4806)
2004 Ed. (319, 4822, 4823)
2002 Ed. (360, 362)
1996 Ed. (268)
Bill Heard Enterprises Inc.
2008 Ed. (289)
2007 Ed. (301)
2006 Ed. (302, 303)
2005 Ed. (281, 282)
2004 Ed. (277)
2002 Ed. (350, 351, 364)
2001 Ed. (439, 440, 443, 446, 447, 448, 449, 451, 452)
2000 Ed. (329)
1999 Ed. (317)
1998 Ed. (205)
1996 Ed. (3766)
Bill Heard Landmark Chevrolet
2005 Ed. (276, 277, 278, 319, 320, 4805)
Bill Heard Oldsmobile
1996 Ed. (282)
Bill Knapp's
1992 Ed. (3709)
Bill Lowery
1992 Ed. (1039)
Bill Miller
2005 Ed. (3202)
2004 Ed. (3170)
Bill Nguyen
2005 Ed. (2453)
Bill Nygren
2004 Ed. (3170)
Bill O'Reilly
2008 Ed. (2585)
Bill Parsons
1990 Ed. (2480)
Bill paying
2002 Ed. (545)
Bill Payment
2000 Ed. (2750)
Bill Perkins Automotive Group
2007 Ed. (189)
2005 Ed. (177)
Bill Seidle Mitsubishi
1995 Ed. (280)
1994 Ed. (277)
Bill Seidle Nissan
1990 Ed. (385)
Bill Seidle Suzuki
1996 Ed. (289)
1995 Ed. (286)
1994 Ed. (285)
1993 Ed. (302)
Bill Strickland
2003 Ed. (222, 226)
Bill Ussery Motors
1996 Ed. (279)
1995 Ed. (279)
1994 Ed. (276)
1993 Ed. (277)
Bill Walsh College Football
1995 Ed. (3696)
Bill Wiley Homes
2003 Ed. (1176)
2002 Ed. (2684)
Bill Wink Chevrolet
1990 Ed. (306, 339, 346)
Bill Wink Chevrolet/General Motors Corp.
1989 Ed. (927, 2332)
Billa Dienstleistungs GmbH
2004 Ed. (4411)
Billa Konzem
1990 Ed. (22)

Billa Konzern
1994 Ed. (14)
1993 Ed. (24)
1991 Ed. (16)
1989 Ed. (23)
Billa Retail
2005 Ed. (19)
Billa Warenhandel Ag
1993 Ed. (1282)
Billabong
2006 Ed. (651)
Billabong International
2008 Ed. (1564, 1567)
Billboard
2007 Ed. (4793)
2005 Ed. (830)
2004 Ed. (144, 856)
Billboard Connection Inc.
2008 Ed. (138)
Billboards
2003 Ed. (4515)
2001 Ed. (95)
1996 Ed. (2466)
BillCom Exposition & Conference Group
2001 Ed. (4612)
Billiards
2000 Ed. (4089, 4090)
1997 Ed. (3561)
1994 Ed. (3369)
Billiards/Pool
2001 Ed. (4343)
1999 Ed. (4382, 4386)
1998 Ed. (3355)
1995 Ed. (3430)
Billie B. Turner
1993 Ed. (938)
Billimoria & Co.; S. B.
1997 Ed. (11)
Billings Clinic
2008 Ed. (1958, 1959)
2007 Ed. (1894, 1895)
Billings, MT
2007 Ed. (842)
2005 Ed. (2386, 3469)
2004 Ed. (2289, 4115, 4762)
2003 Ed. (4089)
2002 Ed. (3996)
2001 Ed. (4055)
1998 Ed. (245, 3052)
1997 Ed. (3308)
1996 Ed. (976, 3201, 3248)
1995 Ed. (875)
1994 Ed. (969)
1993 Ed. (2549)
Billington Cartmell
2002 Ed. (4085)
The Billion-Dollar Molecule: One Company's Quest for the Perfect Drug
2006 Ed. (585)
Billions
2008 Ed. (4809)
Billiton
2000 Ed. (2877, 4133)
Billiton/Mitsubishi
2002 Ed. (1497)
Billiton plc
2005 Ed. (1528)
2004 Ed. (1512)
2003 Ed. (1434, 1482)
2002 Ed. (3038, 3039)
2001 Ed. (369, 669)
2000 Ed. (3139)
Billows Electric
1990 Ed. (2441)
Bill's
1999 Ed. (4701)
1998 Ed. (3657)
1997 Ed. (3831)
1996 Ed. (3773)
1995 Ed. (3690)
Bill's Dollar Stores
2006 Ed. (4876)
2005 Ed. (4812)
1992 Ed. (1826)
Bills received at home
1992 Ed. (90)
Billsbong
2004 Ed. (4920)
Billy Barrett Mazda
1996 Ed. (278)
1995 Ed. (275)
1992 Ed. (390)
1991 Ed. (285)
1990 Ed. (332)
Billy Beane
2005 Ed. (3201)
Billy Blues Corp.
1995 Ed. (3134)
Billy Dean
1997 Ed. (1113)
Billy Graham Evangelistic Association
2000 Ed. (3350)
Billy Joe Royal
1992 Ed. (1351)
Billy Joel
2005 Ed. (1160)
2003 Ed. (1127)
2001 Ed. (1380)
1996 Ed. (1093, 1095)
1995 Ed. (1118)
1993 Ed. (1078, 1080)
1992 Ed. (1348, 1350, 1350)
1989 Ed. (989)
Billy Ray Cyrus
1994 Ed. (1100)
Billy; Richard
1994 Ed. (1778)
1993 Ed. (1795)
Bilotte; Richard
1997 Ed. (1878)
Biloxi-Gulfport, MS
1992 Ed. (1016)
1991 Ed. (830)
1990 Ed. (874)
Biloxi-Gulfport-Pascagoula, MS
2008 Ed. (3479)
2001 Ed. (2359)
Biloxi Holdings
2005 Ed. (1873)
Biloxi, MS
2005 Ed. (2379)
1998 Ed. (1520, 2474)
1992 Ed. (4041)
Bilspedition Ab
1993 Ed. (3618)
1992 Ed. (4343)
Biltmore Balanced Fund
1996 Ed. (623)
Biltrite Nightingale
1990 Ed. (2039)
Bilzerian; Paul
1990 Ed. (1773)
Bimantara Citra
2000 Ed. (2872)
1999 Ed. (3125)
Bimbo
2008 Ed. (661)
2004 Ed. (763)
2000 Ed. (2228, 2229)
1999 Ed. (2471)
1997 Ed. (2047)
1996 Ed. (31, 1947)
1993 Ed. (2559)
1992 Ed. (3062)
Bimbo Bakeries
2008 Ed. (726)
Bimbo Bakeries USA
2008 Ed. (960, 4069, 4071)
2007 Ed. (1037)
2006 Ed. (942)
2005 Ed. (1974)
2003 Ed. (761)
Bimbo; Grupo
2008 Ed. (61)
2007 Ed. (59)
2006 Ed. (68)
2005 Ed. (61)
Bimbo SA de CV; Grupo
2008 Ed. (3571)
2006 Ed. (2547, 3392)
2005 Ed. (2649)
Bimbo's
1999 Ed. (2140)
Bin Abdul-Aziz Al Saud; King Fahd
1993 Ed. (699)
Binaca
2008 Ed. (727)
2000 Ed. (811)
Binamark Indonesia
1994 Ed. (95)
1993 Ed. (108)
1992 Ed. (160)
Binanca
2003 Ed. (762)
Binary Consulting Inc.
2008 Ed. (1346, 2288)
Bincap Brokers
1997 Ed. (2985)
Bind Rite Union Graphics LLC
2007 Ed. (4435)
Bindaree Beef
2004 Ed. (4923)
Binder; Gordon
1997 Ed. (1796)
Binder; Gordon M.
1995 Ed. (1731)
1993 Ed. (1697)
1992 Ed. (2052)
Binder Hamlyn
1990 Ed. (7)
1989 Ed. (9)
Binder; Steven
1997 Ed. (1851)
Binders
2001 Ed. (3845)
Binders, portfolios, sheet protectors
1999 Ed. (2713)
Binding
1995 Ed. (709)
Bindley Western
2000 Ed. (1461, 4384)
1999 Ed. (1655, 1896, 4759)
1998 Ed. (1145, 1331, 1332)
1997 Ed. (1430)
1996 Ed. (1379)
1995 Ed. (1586, 3333, 3729)
1994 Ed. (1557, 3254)
1993 Ed. (1513, 3260)
1992 Ed. (3929)
1991 Ed. (3094)
1990 Ed. (1551)
1989 Ed. (2461)
Bindley Western Industries, Inc.
2001 Ed. (1737, 2062)
1990 Ed. (3244, 3246)
1989 Ed. (2467, 2471)
Bindura
2002 Ed. (4996)
1997 Ed. (3929, 3930)
Bindura Nickel Corp.
2004 Ed. (3697)
1999 Ed. (4830)
Bing; Alexander
1997 Ed. (1924)
The Bing Group
2007 Ed. (194)
2006 Ed. (188)
2005 Ed. (175, 177)
2004 Ed. (173, 175)
2003 Ed. (217)
2002 Ed. (716, 717)
2001 Ed. (713, 714)
2000 Ed. (742, 743, 3143, 3145)
1999 Ed. (730, 731, 3421)
1998 Ed. (468)
1997 Ed. (676)
1996 Ed. (744)
1993 Ed. (706)
1992 Ed. (895)
1991 Ed. (713)
Bing Lee Electrics
2004 Ed. (3959)
Bing Linial Advertising
1995 Ed. (88)
1993 Ed. (113)
1991 Ed. (115)
1990 Ed. (117)
1989 Ed. (123)
Bing Steel Inc.
1991 Ed. (714)
1990 Ed. (735, 737)
Bingham & Co. Capital Markets
1991 Ed. (2166)
Bingham, Dana & Gould
1993 Ed. (2393)
1992 Ed. (2830)
1991 Ed. (2281)
1990 Ed. (2415)
Bingham, Dana LLP
2001 Ed. (561, 564)
Bingham Financial Services Corp.
2002 Ed. (1729)
Bingham McCutchen
2006 Ed. (3244, 3247, 3248)
2005 Ed. (3261)
Bingham McCutchen LLP
2007 Ed. (3308)
2006 Ed. (1865)
Binghamton, NY
2008 Ed. (2189)
2007 Ed. (2077)
2005 Ed. (2992)
2004 Ed. (4221)
Binghamton University
2008 Ed. (1065)
2007 Ed. (1163)
Bingo
1990 Ed. (1872, 1873)
Bingo Bugle Newspaper
2003 Ed. (186)
Binney & Smith
2000 Ed. (3426)
1997 Ed. (3778)
1995 Ed. (3643)
Binnie & Partners
1996 Ed. (1677, 1681)
1995 Ed. (1699)
Binson's Home Health Care Centers
2003 Ed. (2785)
Binson's Hospital Supplies
2002 Ed. (2588)
1992 Ed. (2436)
Binswanger
1998 Ed. (3000)
1992 Ed. (3615)
1991 Ed. (2806)
1990 Ed. (2955)
1989 Ed. (932, 2285)
Binswanger Intl./CBB
2000 Ed. (3715)
Binswanger Residential
1991 Ed. (2807)
Bintang Toedjoe
2006 Ed. (53)
2005 Ed. (46)
2004 Ed. (52)
Bintuni Minaraya Tbk
2002 Ed. (4480, 4481)
Bintz Restaurant Supply
1997 Ed. (2061)
1996 Ed. (1956)
Bio Economic Research Association
2005 Ed. (4355)
Bio-IT World
2008 Ed. (4717)
2004 Ed. (852)
Bio-logic Systems Corp.
1990 Ed. (2145)
Bio-Medicus
1992 Ed. (1458)
Bio-Pharm Clinical Services Inc.
1995 Ed. (668)
Bio-Rad
2002 Ed. (3298)
Bio-Rad Laboratories Inc.
2005 Ed. (3044, 3045)
2004 Ed. (3029, 3030)
2003 Ed. (2131, 2133)
1999 Ed. (3337)
1997 Ed. (233)
Bio-Reference Laboratories Inc.
2008 Ed. (4414)
2005 Ed. (2772)
Bio-Reference Labs
2006 Ed. (4330, 4335, 4337)
2005 Ed. (4382)
BioAdvance
2008 Ed. (4805)
Biocel Paskov
1999 Ed. (3870)
BioChem Pharma Inc.
2003 Ed. (1637)
2001 Ed. (709)
2000 Ed. (3155)
1999 Ed. (3431, 3676, 3677)
1998 Ed. (2727)
1994 Ed. (2546)
Biochemist
2006 Ed. (3737)
Biochim Commercial Bank
1996 Ed. (460)
Biocraft Labs
1997 Ed. (2134)
Biogen Inc.
2005 Ed. (681, 1465, 1468, 3817, 3818, 3828)

2004 Ed. (682, 683, 684, 685, 686, 2794)
2003 Ed. (684)
2002 Ed. (4350)
2001 Ed. (706, 709, 1203, 2674)
2000 Ed. (738, 2394)
1999 Ed. (728)
1998 Ed. (465, 1334)
1997 Ed. (674, 1322, 3299, 3300)
1996 Ed. (741)
1995 Ed. (665, 667, 1307, 3093, 3094)
1994 Ed. (710, 3044, 3045)
1993 Ed. (701, 1246, 1940, 2998, 2999)
1992 Ed. (892, 1541)
1991 Ed. (711)
1990 Ed. (732)
Biogen Idec Inc.
2008 Ed. (571, 572, 573, 1906, 1917, 3961, 3962, 3965, 3966, 3971, 3974, 3975, 3976)
2007 Ed. (623, 624, 914, 915, 3917, 3931, 3936, 3939, 3940, 3944, 4116, 4518, 4522)
2006 Ed. (591, 593, 594, 595, 3886, 3887, 3894, 4072, 4081, 4084, 4460, 4464, 4583, 4595)
2005 Ed. (2246, 4457, 4464)
"Biography"
2001 Ed. (1100)
Biohim Commercial Bank
1994 Ed. (441)
Biohit Oyl
2006 Ed. (1705)
Bioject Medical Technologies
2008 Ed. (2137)
Biokat Technical & Industrial Co. SA
2002 Ed. (1190)
Biological
1992 Ed. (4488)
Biological Humanics Foundation
1995 Ed. (1926)
Biologist
1989 Ed. (2093)
Biom Bank
2008 Ed. (57)
Biomar Dansk Oerredfoder AS
1997 Ed. (1381)
Biomedical engineering
2001 Ed. (2760)
Biomedical industry
1993 Ed. (1210)
Biomedic55/Hydron Biomedics 55 Lens
1997 Ed. (2969)
Biomet Inc.
2008 Ed. (2898, 4528)
2007 Ed. (3465)
2006 Ed. (2766, 2769, 3446)
2005 Ed. (2795)
2004 Ed. (2794, 2803, 2810, 3420)
2003 Ed. (2679, 3359)
1998 Ed. (3423)
1996 Ed. (2600)
1995 Ed. (3447)
1993 Ed. (2016, 3390, 3465)
1992 Ed. (1515, 2382, 3010)
1990 Ed. (1967, 1969, 3297, 3299)
Bionaire
1997 Ed. (183)
1995 Ed. (166, 2194)
1994 Ed. (147)
1993 Ed. (163)
1992 Ed. (257)
1990 Ed. (194)
Biondi II; Frank J.
1994 Ed. (950)
Biondi Jr.; Frank J.
1995 Ed. (980)
Bionetics Corp.
2005 Ed. (1372)
BioNumerik Pharmaceuticals
2001 Ed. (1249)
BioPharm International
2008 Ed. (4717)
Biopharmaceuticals
2003 Ed. (4845)
Biophysicist
2006 Ed. (3737)
Bioplasty
1994 Ed. (2704)
BioPure Corp.
2003 Ed. (2742)
Biore
2003 Ed. (2431, 4427, 4432)
2002 Ed. (29)
2001 Ed. (4292, 4293)
2000 Ed. (3319, 4036)
Biore Pore Perfect
2001 Ed. (4292, 4293)
BioReliance
2005 Ed. (4382)
Bioremediation
1992 Ed. (2378)
BioScrip Inc.
2007 Ed. (2364, 2365)
2006 Ed. (2415, 2416)
Bioscript Inc.
2006 Ed. (2819)
Bioscrypt Inc.
2003 Ed. (1637)
Biosite Inc.
2006 Ed. (3444, 4331, 4676)
Biosite Diagnostics
1998 Ed. (748, 3310)
Biospace
2003 Ed. (3029)
2002 Ed. (4839)
BioSpace.com
2002 Ed. (707)
BioSpecifics Technology
1995 Ed. (2818)
1994 Ed. (2702)
Biosun
2003 Ed. (4622)
BioSurface Technology
1995 Ed. (3202)
Biosynergy Inc.
2003 Ed. (2956)
Biosys
1998 Ed. (2726)
Biotechnica
1991 Ed. (711)
Biotechnology
2008 Ed. (761, 1630, 1638)
2007 Ed. (4284)
2006 Ed. (3011, 3012)
2005 Ed. (3014, 3016, 4815)
2003 Ed. (2911)
2002 Ed. (4193)
2001 Ed. (4674)
1996 Ed. (2080)
1992 Ed. (4387)
Biotechnology suppliers
1993 Ed. (703)
Biotene
2003 Ed. (3460)
2002 Ed. (3404, 3405)
2000 Ed. (1041)
Biotrack
1993 Ed. (1514)
Biovail Corp.
2008 Ed. (1620, 3951)
2007 Ed. (3915)
2006 Ed. (4088)
2005 Ed. (1705)
2004 Ed. (4572)
2003 Ed. (4575)
1997 Ed. (226)
BioWare Corp.
2007 Ed. (2803)
2006 Ed. (1596, 1605, 1625, 2811)
2005 Ed. (125, 1688, 1695)
Biper
2007 Ed. (1851)
2004 Ed. (4675)
2003 Ed. (4705)
Biper SA de CV
2005 Ed. (1564, 4638)
BIPOP-CARIRE
2004 Ed. (556)
2003 Ed. (541)
BIR Business Brokers
1999 Ed. (958)
1998 Ed. (540)
1997 Ed. (843)
1996 Ed. (833)
1995 Ed. (853)
Birch Horton
2001 Ed. (768)
Birch Mountain Resources Ltd.
2006 Ed. (1631)
Birch Stewart Kolasch & Birch
2008 Ed. (3860)
Birchcliff Energy Ltd.
2008 Ed. (1617)
Birchfield Interactive plc
2003 Ed. (2736)
Birchwood at Blue Ridge
1990 Ed. (1146)
Birchwood at Bretton Woods
1991 Ed. (1045)
1990 Ed. (1146)
Birck; Michael
1997 Ed. (1798)
1996 Ed. (1711, 1713)
Bird Construction Co.
2007 Ed. (1284, 1638)
2004 Ed. (1156)
2003 Ed. (4053)
1991 Ed. (1554)
Bird food
2002 Ed. (3646)
1990 Ed. (2823)
Bird food/supplies
1996 Ed. (2646)
Bird; Larry
1997 Ed. (1724)
1995 Ed. (250, 1671)
Bird on a Wire
1992 Ed. (4399)
Bird; Sue
2005 Ed. (266)
Birdair Inc.
2005 Ed. (1319)
2004 Ed. (1313)
2003 Ed. (1313)
2002 Ed. (1296)
2001 Ed. (1480)
2000 Ed. (1266)
1999 Ed. (1374)
1998 Ed. (953)
1995 Ed. (1164)
The Birdcage
1998 Ed. (2535)
Birds
2001 Ed. (3777)
Birds Eye
2008 Ed. (716, 723)
2007 Ed. (721)
1999 Ed. (2533, 2533, 2533, 2533, 2533, 2533)
Birds Eye Foods Inc.
2008 Ed. (2782)
Birds Eye Frozen Poultry
2002 Ed. (2368)
Birds Eye Frozen Vegetables
2002 Ed. (2368)
Birds Eye Menu Master
1992 Ed. (2192)
Birds Eye Ready Meats
2002 Ed. (2368)
Birds Eye Wall's Ltd.
2002 Ed. (41, 224)
2001 Ed. (2836)
Birds Eye Wall's Ice Cream
2002 Ed. (2368)
Birdsall Services Group
2008 Ed. (2521, 2571)
Birell
1991 Ed. (703)
Birgit Rausing
2008 Ed. (4873)
2005 Ed. (4877, 4878)
2004 Ed. (4877)
Birinci Plain
1997 Ed. (995)
Birko Corp.
2008 Ed. (3699, 4373, 4955)
Birks & Sons; Henry
1994 Ed. (3366)
1992 Ed. (4036)
Birla
1990 Ed. (1379)
Birla; Kumar
2008 Ed. (4841)
Birla; Kumar Mangalam
2008 Ed. (4879)
2007 Ed. (4914)
2006 Ed. (4926)
Birmingham
1992 Ed. (1031)
Birmingham Airport
1995 Ed. (197)
Birmingham, AL
2008 Ed. (3112, 3119, 4119, 4349)
2007 Ed. (3374, 4100)
2006 Ed. (3313, 3326, 3743)
2005 Ed. (4014)
2004 Ed. (3298, 3304, 3737, 4081, 4852)
2003 Ed. (1136, 3242, 4054, 4871, 4872)
2002 Ed. (1055)
2000 Ed. (1087, 1092, 2995, 4287)
1996 Ed. (303, 3208)
1995 Ed. (2188)
1994 Ed. (2924, 2944)
1992 Ed. (1013)
Birmingham City Schools
2008 Ed. (4280)
Birmingham Evening Mail
2002 Ed. (233)
Birmingham-Hoover, AL
2008 Ed. (3475)
Birmingham-Jefferson Civic Authority, AL
1991 Ed. (2527)
Birmingham Museum of Art
1994 Ed. (898)
Birmingham News Post Herald
1992 Ed. (3242)
Birmingham Steel Corp.
2004 Ed. (4536)
2000 Ed. (3099)
1996 Ed. (3586)
1995 Ed. (3510)
1994 Ed. (3433)
1993 Ed. (3449, 3451)
1992 Ed. (4136)
1990 Ed. (3440)
Birmingham Utilities Inc.
2004 Ed. (4854)
Birnbaum; Samuel "Sy"
1994 Ed. (890)
Birner Dental Management Services Inc.
2008 Ed. (4372)
2006 Ed. (1645)
Birtcher Medical Systems
1994 Ed. (2018)
Birtcher Realty
1993 Ed. (2310)
Birtcher Realty Advisors
1992 Ed. (2751)
Birth Control
1992 Ed. (1871)
Birthday
2004 Ed. (2758)
Birthday candles
1999 Ed. (1015)
BISA
2007 Ed. (406)
Bisco Dental Products Inc.
2001 Ed. (1987)
2000 Ed. (1654)
1999 Ed. (1825)
1997 Ed. (1586)
1996 Ed. (1523)
Bisco Industries
2005 Ed. (2345)
Biscotti Grassi & Co. PC
1991 Ed. (963, 965)
Biscuit
1993 Ed. (1078)
Biscuit/contract
2000 Ed. (2211)
Biscuits
2003 Ed. (2093)
2002 Ed. (2006, 3490)
1998 Ed. (255)
1996 Ed. (1485)
Biscuits Leclerc Inc.; Groupe
2007 Ed. (1965)
Bishkeksyut
2006 Ed. (4514)
Bishop Estate; Bernice P.
1995 Ed. (2786, 2787)
Bishop Motors Inc.
1993 Ed. (294)
Bishop Ranch, CA
1996 Ed. (1602)
Bishop; Robert
1993 Ed. (1817)
Bishop Street High Grade Income Inst.
2001 Ed. (725)

Bishop; Tom
2005 Ed. (994)
Bishop's University
2008 Ed. (1072, 1079, 1083)
2007 Ed. (1168, 1179)
Bismarck, MD
2005 Ed. (3474)
Bismarck, ND
2008 Ed. (3462, 4092)
2007 Ed. (3364)
2006 Ed. (3300)
2005 Ed. (3065, 3311, 3471, 4797)
1996 Ed. (303)
Bismarck Public SD No. 1
2001 Ed. (886)
Bisnis Online
2003 Ed. (3030)
Bison
2008 Ed. (2338)
2000 Ed. (1637, 4159)
Bison Transport Inc.
2008 Ed. (1616)
2005 Ed. (1703, 1721)
Bisphenol A
1996 Ed. (25)
Bisphosphonates
1998 Ed. (1327)
Biss Lancaster
2002 Ed. (3855, 3856, 3857, 3859, 3861, 3862, 3868, 3872, 3873)
2000 Ed. (3650, 3651)
1999 Ed. (3933, 3934, 3941)
1997 Ed. (3194, 3195, 3196, 3197, 3199)
1996 Ed. (3115, 3117, 3118, 3119, 3120, 3122)
1994 Ed. (2956, 2958, 2959, 2961, 2962)
Bissell
2008 Ed. (4796)
2007 Ed. (2868, 4869)
2004 Ed. (62)
2003 Ed. (4823)
2002 Ed. (2698, 4712, 4713)
2000 Ed. (4326)
1999 Ed. (4696)
1998 Ed. (3651)
1997 Ed. (3812)
1992 Ed. (4363)
1991 Ed. (3437)
1990 Ed. (1803, 1804)
Bisset; A. G.
1995 Ed. (2357)
Bissett Bond
2004 Ed. (725)
Bissett Canadian Balanced
2004 Ed. (3612)
Bissett Canadian Equity
2002 Ed. (3434)
Bissett Microcap
2005 Ed. (3568)
2004 Ed. (3616, 3617, 3618)
2003 Ed. (3570, 3571, 3572, 3583)
2002 Ed. (3447, 3448)
Bissett Multinational Growth
2004 Ed. (2480)
2003 Ed. (3575)
2002 Ed. (3437)
Bissett Retirement
2003 Ed. (3560)
Bissonnette; Michel
2005 Ed. (2473)
Bistro Garden at Coldwater
2000 Ed. (3801)
Bistro Garden Coldwater
1999 Ed. (4088)
Bistro Gourmet at McDonald's
2006 Ed. (4119)
Bisynch
1993 Ed. (1065)
BISYS
1999 Ed. (3065)
1994 Ed. (464)
1993 Ed. (459)
1992 Ed. (1762)
BISYS Commercial Insurance Services Inc.
2008 Ed. (3245)
BISYS Fund Services
2001 Ed. (3421, 3422, 3423)
The Bisys Group Inc.
2005 Ed. (4508)
BISYS Retirement Services Inc.
2008 Ed. (2767)
2007 Ed. (2641)
2006 Ed. (2658)
2005 Ed. (2679)
BIT
2008 Ed. (58)
bit 10 Ltd.
2003 Ed. (2738)
2002 Ed. (2499)
Bital
2005 Ed. (578)
2004 Ed. (592)
2003 Ed. (585)
2002 Ed. (621)
2001 Ed. (634, 635)
2000 Ed. (607, 608, 609, 613)
1999 Ed. (591)
Bitam de Mexico, SA de CV
2008 Ed. (1134)
Bite Communications
2002 Ed. (3853, 3864)
Bite GSM
2006 Ed. (65)
2005 Ed. (58)
2004 Ed. (63)
Bite-Size Frosted Mini Wheats
1998 Ed. (659)
Bitech Petroleum Corp.
2001 Ed. (1656)
Bitel
2005 Ed. (560)
Bithorn Travel Corp.
2005 Ed. (4357)
Bitner.com
2000 Ed. (3648)
1998 Ed. (2949)
Bitopi Advertising
2003 Ed. (46)
2001 Ed. (107)
Bitopi Advertising (Burnett)
2000 Ed. (63)
1999 Ed. (60)
BitPass
2006 Ed. (3176)
Bitstream Inc.
2008 Ed. (1920)
BitTorrent
2007 Ed. (3446)
Bitzer Kuhlmaschinenbau GmbH
2008 Ed. (1216)
Biuro Reklam
1993 Ed. (129)
Biuro Reklamy
1994 Ed. (110)
Bivio Networks
2006 Ed. (4266)
Bivouac Industries Inc.
1992 Ed. (4371, 4372)
Biwako Bank
2007 Ed. (481)
Biwater Ltd.
1993 Ed. (972)
Biz
2003 Ed. (3168)
Biz Brokers
1998 Ed. (540)
1997 Ed. (843)
Biz Tel Corp.
1998 Ed. (2410)
Bizarre
2000 Ed. (3499)
BizBuyer
2002 Ed. (4810)
BizBuyer.com
2001 Ed. (4765)
BizCom
2004 Ed. (4030)
BizLink Technology
2008 Ed. (4362, 4371)
BizMart
1995 Ed. (2804)
1994 Ed. (2690)
1992 Ed. (1825, 3283)
1991 Ed. (2633)
Biznet Solutions
2003 Ed. (2716)
BizRate.com
2002 Ed. (4849)
Bizzed
2002 Ed. (4810)
BJ Services Co.
2008 Ed. (3893, 3895)
2007 Ed. (2382, 3831, 3833, 3835, 3836, 3837)
2006 Ed. (2434, 2438, 2439, 3818, 3820, 3821, 3822)
2005 Ed. (2393, 2396, 2397, 3728, 3729, 3730, 3731)
2004 Ed. (2312, 2315, 3820, 3821, 3822, 3823, 4764)
2003 Ed. (2277, 3810, 3812, 3815)
2002 Ed. (3666)
2001 Ed. (3757, 3758)
1999 Ed. (3794)
1998 Ed. (2816)
1997 Ed. (3082)
BJ Services Co. Canada
2008 Ed. (3917)
2007 Ed. (3865)
BJB International Equity
2001 Ed. (2307)
BJB International Equity A
2000 Ed. (623)
BJC Health System
2000 Ed. (3186)
1999 Ed. (2987, 2989, 2993, 3467)
1998 Ed. (2553)
1997 Ed. (2830)
1996 Ed. (2705)
1995 Ed. (2628)
BJC HealthCare
2008 Ed. (1945)
2007 Ed. (1890)
2006 Ed. (1898, 3591)
2005 Ed. (1877)
2003 Ed. (1767)
2002 Ed. (3295)
BJC Home Care Services
2004 Ed. (2896)
Bjelovarska Banka DD. Bjelorar
1999 Ed. (498)
Bjelovarska banka dd. Bjelovar
1995 Ed. (451)
BJK & E
1991 Ed. (110)
BJK & E Yellow Pages
1999 Ed. (52)
Bjorgolfsson; Bjorgolfur Thor
2008 Ed. (4868)
Bjorgolfsson; Thor
2008 Ed. (4901, 4908)
2007 Ed. (4934)
Bjorgolfur Gudmundsson
2008 Ed. (4868)
Bjorgolfur Thor Bjorgolfsson
2008 Ed. (4868)
Bjorn Again
2001 Ed. (2270)
Bjorn Jansson
1999 Ed. (2312, 2425)
BJR PLC
1996 Ed. (3829)
BJ's Pizza, Grill & Brewery
1998 Ed. (2869)
1997 Ed. (3126)
BJ's Restaurant & Brewery
2007 Ed. (4135)
BJ's Restaurants Inc.
2008 Ed. (4370)
BJ's Wholesale
1998 Ed. (1310)
1992 Ed. (2534)
BJ's Wholesale Club Inc.
2008 Ed. (1908, 1909, 1914, 1921, 1923, 2344, 3649, 4563)
2007 Ed. (1871, 1872, 1873, 1874, 2207, 3475, 4181)
2006 Ed. (1868, 1869, 1871, 1873, 2269, 3451, 3452, 4159, 4171, 4184, 4630)
2005 Ed. (1857, 1858, 1861, 1863, 2207, 2208, 2238, 3442, 4119, 4136, 4138, 4550, 4551)
2004 Ed. (1792, 1793, 2103, 2104, 2105, 2894, 3427, 4198, 4212)
2003 Ed. (1755, 2071, 2074, 2075, 4182)
2002 Ed. (1987, 1988, 4747)
2001 Ed. (3273)
2000 Ed. (4367, 4368)
1999 Ed. (4372, 4737, 4738)
1998 Ed. (3695, 3696)
1997 Ed. (2325, 3862)
1996 Ed. (3815, 3816)
1995 Ed. (3720, 3722)
1994 Ed. (3645, 3646)
1992 Ed. (4416, 4417, 4418, 4419)
1991 Ed. (3468, 3469, 3470)
1990 Ed. (2117, 3679, 3680)
1989 Ed. (1255, 2901)
BJ's Wholesale Grocers Inc.
2007 Ed. (4961)
Bjurman Barry Micro Cap Growth
2007 Ed. (2491)
2006 Ed. (3647)
2005 Ed. (3559)
2004 Ed. (3593, 3657)
Bjurman; George
1996 Ed. (2407)
1995 Ed. (2367)
Bjurman Micro Cap Growth
2004 Ed. (2457, 3572, 3575)
2003 Ed. (3507, 3551)
1999 Ed. (3576)
B.K. & S. Inc.
1999 Ed. (4336)
BK-AV Birla
1991 Ed. (962)
BKD LLP
2008 Ed. (5)
2007 Ed. (5, 7)
2006 Ed. (11)
2005 Ed. (6)
2004 Ed. (10)
2003 Ed. (4)
BKF Capital Group Inc.
2005 Ed. (3216)
2004 Ed. (3177)
BKM Total Office of California
1998 Ed. (2699)
BKME
1991 Ed. (34)
BKW Energie AG
2005 Ed. (2303, 2408)
BL Aus/Rover
1989 Ed. (800, 321)
BL Aus/Rover Metro
1989 Ed. (321)
BL Cos.
2008 Ed. (2515)
BL/Rover Montego
1989 Ed. (321)
Black
2001 Ed. (536)
1992 Ed. (425, 426, 427)
1991 Ed. (351)
Black and Blue
2000 Ed. (707)
Black & Decker
2008 Ed. (1036, 1214, 1903, 1904, 2169, 4796)
2007 Ed. (212, 1868, 1869, 2060, 2972, 2975, 2977, 2978, 3028, 3032, 4869)
2006 Ed. (1216, 1217, 1863, 1864, 2107, 2957, 2959, 2961, 2993, 2996, 3408)
2005 Ed. (1255, 1512, 1854, 1855, 2004, 2782, 2783, 2952, 2955, 2964, 2999, 3000)
2004 Ed. (1225, 1496, 1789, 1790, 2790, 2791, 3002, 3004)
2003 Ed. (235, 1216, 1466, 1752, 1753, 2867, 2896, 2897, 3267, 3268, 4823)
2002 Ed. (1446, 1722, 2726, 2727, 3061, 3063, 3064)
2001 Ed. (1787, 2811, 3183, 3184)
2000 Ed. (750, 1130, 1512, 1725, 1730, 2233, 2415, 2578, 2579, 2587, 2623, 2881, 2914, 2915, 3507)
1999 Ed. (737, 780, 1216, 1703, 1940, 1946, 2476, 2634, 2635, 2692, 2701, 2802, 2803, 2804, 2807, 2808, 2849, 2852, 3134, 3168, 3169, 3170, 3774, 3775)
1998 Ed. (477, 786, 1174, 1375, 1380, 1735, 1899, 1951, 2043, 2044, 2045, 2046, 2050, 2051, 2087, 2092, 2321, 2342, 2343, 2344)
1997 Ed. (682, 1041, 1476, 1686, 1690, 2050, 2174, 2175, 2310,

2311, 2312, 2313, 2330, 2331, 2366, 2590, 3060)
1996 Ed. (1417, 2074, 2075, 2191, 2193, 2201, 2202, 2241, 2986)
1995 Ed. (680, 1044, 1627, 1631, 1910, 2079, 2176, 2177, 2178, 2179, 2180, 2185, 2236, 2237, 2410, 2902)
1994 Ed. (721, 1035, 1586, 1589, 1851, 1883, 2025, 2026, 2126, 2127, 2145, 2147, 2815)
1993 Ed. (711, 1005, 1006, 1366, 1547, 1552, 1862, 1885, 2014, 2105, 2110, 2163, 2164, 2485, 2813)
1992 Ed. (1499, 1522, 2520, 2593, 2594, 2952)
1991 Ed. (717, 1485, 1492, 1727, 1751, 1887, 1961, 1962, 2713)
1990 Ed. (1080, 1081, 1591, 1594, 1801, 1834, 1984, 2103, 2107, 2109, 2172, 2173, 2501, 2809)
1989 Ed. (1652, 1653, 1916, 2189)
Black & Decker Canada
1992 Ed. (2434)
Black & Decker Dustbuster Plus
1990 Ed. (2106)
Black & Decker Light' n Easy Steam/ Dry Iron
1990 Ed. (2105, 2106)
Black & Decker Spacemaker Can Opener
1990 Ed. (2105)
Black & Decker Spacemaker Coffee Maker
1990 Ed. (2105)
Black & Veatch
2008 Ed. (207, 1234, 1876, 2546, 2547, 2551, 2564, 2567, 2602, 2603, 2605, 4822)
2007 Ed. (1347, 2419, 2420, 2424, 2437, 2440, 2473, 2474, 2476, 4890)
2006 Ed. (1249, 1273, 1277, 1278, 1317, 1837, 2459, 2471, 2472, 2475, 2504, 2505, 2507)
2005 Ed. (1304, 1309, 1338, 1339, 2419, 2420, 2435)
2004 Ed. (1258, 1265, 1283, 1285, 1292, 1296, 1300, 1301, 1302, 1333, 2333, 2337, 2344, 2358, 2366, 2367, 2368, 2375, 2382, 2383, 2384, 2385, 2399, 2400, 2403, 2434, 2435, 2436, 2437, 2438, 2443, 2446)
2003 Ed. (1262, 1272, 1280, 1282, 1287, 1289, 1293, 1295, 1298, 1299, 1333, 2294, 2299, 2300, 2303, 2310, 2318, 2319, 2322)
2002 Ed. (331, 1229, 1250, 1269, 1273, 1274, 1277, 1282, 1283, 1286, 1287, 1319, 2134, 2135, 2138)
2001 Ed. (1470, 2242, 2243, 2288, 2292, 2293, 2294, 2295, 2296, 2301, 2302)
2000 Ed. (1239, 1248, 1253, 1289, 1801, 1802, 1804, 1807, 1809, 1812, 1813, 1819, 1820, 1822, 1846, 1847, 1848, 1849, 1850, 1851, 1853, 1855, 1856, 1857, 1858)
1999 Ed. (288, 1341, 1354, 1356, 1362, 1402, 2019, 2024, 2025, 2027, 2031)
1998 Ed. (934, 940, 969, 1436, 1440, 1441, 1452, 1482, 1484, 1486, 1488, 1489, 1490)
1997 Ed. (1136, 1154, 1157, 1738, 1757)
1996 Ed. (1657, 1660)
1995 Ed. (1674, 1677, 1694)
1994 Ed. (1634, 1638)
1993 Ed. (1604, 1606)
1992 Ed. (1949, 1951)
1990 Ed. (1667)
Black & Veatch Construction Inc.
2002 Ed. (1303)
2001 Ed. (1485)
Black & Veatch Holding Co.
2003 Ed. (1767)
Black & Veatch LLP
2001 Ed. (1798)
Black & Veatch/The Pritchard Corp.
1996 Ed. (1152, 1158, 1161, 1162, 1166, 1676)
Black & Veatch/The Pritchard Group
1997 Ed. (1190)
1996 Ed. (1126, 1129)
1995 Ed. (1138, 1139, 1148, 1150, 1151, 1153, 1157)
Black-and-White
1997 Ed. (3394)
1994 Ed. (3314)
1990 Ed. (3114)
1989 Ed. (2364)
Black Angus Steakhouse
2008 Ed. (4164)
Black Associates Inc.; Hobbs
1991 Ed. (252)
Black Box Corp.
2008 Ed. (2044)
2004 Ed. (1540)
2003 Ed. (1512)
Black Bush
2004 Ed. (4891)
2003 Ed. (4901)
2002 Ed. (3105)
2001 Ed. (4787)
1998 Ed. (2375)
1997 Ed. (2645)
Black Cat
2002 Ed. (1979, 4085)
2000 Ed. (1678, 3844)
Black; Cathleen
1992 Ed. (4496)
Black Cherry Vanilla Coke
2008 Ed. (4456)
Black; Clint
1997 Ed. (1113)
1994 Ed. (1100)
1993 Ed. (1076, 1077, 1079)
Black cohosh
2000 Ed. (2445, 2447)
Black Country
1992 Ed. (1031)
Black Creek Hydro, Inc.
2001 Ed. (3867)
The Black Crowes
1997 Ed. (1112)
Black Diamond Research
2006 Ed. (3203)
Black Dot Graphics
1996 Ed. (3482)
1995 Ed. (3422)
1993 Ed. (3363)
1992 Ed. (4033)
1991 Ed. (3163)
Black Dot Group
2004 Ed. (3937)
2003 Ed. (3933)
Black Duck Software
2007 Ed. (1225)
Black Enterprise
2000 Ed. (746)
Black Enterprise/Greenwich Street Corporate Growth Management Co.
2008 Ed. (178)
2007 Ed. (195)
2006 Ed. (189)
2005 Ed. (176)
Black Enterprise/Greenwich Street Corporate Growth Management LLC
2003 Ed. (218)
Black Enterprise/Greenwich Street Management Co.
2004 Ed. (174)
Black Entertainment Television
1993 Ed. (822)
Black-eyed Pea
2001 Ed. (4063, 4070, 4072)
2000 Ed. (3781)
1999 Ed. (4064)
1997 Ed. (3334)
1996 Ed. (3231)
1995 Ed. (3120, 3139)
Black Flag
2003 Ed. (2952)
Black Forest
2001 Ed. (1115, 1116, 1118)
Black; Gary
1997 Ed. (1902)
1996 Ed. (1772, 1773, 1829)
1995 Ed. (1795, 1797, 1798, 1851)
Black, Gould & Associates Inc.
2006 Ed. (2419, 3078)
2005 Ed. (2370, 3077)
2004 Ed. (2269)
Black Haus
2004 Ed. (3272)
Black Hawk Down: A Story of Modern War
2006 Ed. (587)
Black Hawk Mining
1997 Ed. (1374)
Black Hills Corp.
2008 Ed. (2078)
2007 Ed. (1980)
2006 Ed. (2014)
2005 Ed. (1962, 2313)
2004 Ed. (1859, 2116)
2003 Ed. (1823)
2001 Ed. (1850)
Black Hills Ammunition Inc.
2003 Ed. (1823)
Black Hills Credit Union
2008 Ed. (2259)
2007 Ed. (2144)
2006 Ed. (2223)
2005 Ed. (2128)
2004 Ed. (1986)
2003 Ed. (1946)
2002 Ed. (1892)
Black Horse Agencies
1991 Ed. (1726)
Black Horse Life
2002 Ed. (2937)
Black House
2003 Ed. (716)
Black Label NA
1993 Ed. (677)
1992 Ed. (880)
Black Magic
2000 Ed. (1060)
Black Magic Tire Wet
2001 Ed. (4744)
Black Market
2007 Ed. (4596)
Black men
1992 Ed. (2049)
Black Mountain
1996 Ed. (2631)
1991 Ed. (725)
Black Mountain Brewing Co.
1998 Ed. (2487)
Black Oak
2002 Ed. (1050)
Black Oak Emerging Technology
2007 Ed. (3680)
Black Opal
2005 Ed. (4964)
2001 Ed. (1912)
2000 Ed. (1588)
1999 Ed. (1756, 1757, 4318)
Black or White
1994 Ed. (2941)
Black or White Trading System
1993 Ed. (2923)
Black pepper
1998 Ed. (3348)
Black Radiance
2001 Ed. (1912)
2000 Ed. (1588)
1999 Ed. (1756, 1757)
Black River Division
2000 Ed. (2935)
Black Rock Government Income A
1996 Ed. (2794)
Black Rock Institutional High Yield Bond
2006 Ed. (628)
Black Rogers Sullivan Goodnight
1997 Ed. (97)
Black Sun
2002 Ed. (1954, 1956)
1999 Ed. (2840)
Black Swan
2006 Ed. (4966)
Black; Theodore H.
1993 Ed. (1705)
1991 Ed. (1632)
Black Thunder
2002 Ed. (3365)
Black Thunder, WY
2000 Ed. (1126)
Black Tower Liebfraumilch
1990 Ed. (3697)
Black Velvet
2004 Ed. (4893, 4907)
2003 Ed. (4903, 4918)
2002 Ed. (287, 3103, 3144, 3148)
2001 Ed. (4789, 4801, 4802)
2000 Ed. (2945)
1999 Ed. (3205)
1998 Ed. (2374)
1997 Ed. (2654, 2666)
1996 Ed. (2515)
1995 Ed. (2466)
1994 Ed. (2385)
1993 Ed. (2435)
1992 Ed. (2871, 2881, 2891)
1991 Ed. (2319)
1990 Ed. (2453)
Black Warrior River
1998 Ed. (3703)
Black women
1992 Ed. (2049)
BlackBall
2006 Ed. (1102)
Blackbaud Inc.
2008 Ed. (4615)
BlackBerry
2008 Ed. (681)
2007 Ed. (708)
2006 Ed. (650)
2002 Ed. (3087)
Blackboard Inc.
2008 Ed. (3216)
2007 Ed. (3075)
2005 Ed. (2271, 3903)
2002 Ed. (2474)
Blackburn Group Inc.
2006 Ed. (4202)
Blackdog Builders Inc.
2005 Ed. (1162)
Blackhawk
1997 Ed. (1113)
Blackhawks; Chicago
2006 Ed. (2862)
BlackHwkGam
1996 Ed. (2884)
Blackjack Pizza Franchising Inc.
2004 Ed. (2588)
Blackman Kallick Bartelstein
1991 Ed. (3)
Blackman Kallick Bartelstein LLP
2008 Ed. (7)
2007 Ed. (9)
2006 Ed. (13)
2002 Ed. (8, 19)
Blackman Kallick Bertelstein LLP
2005 Ed. (8)
2004 Ed. (12)
2003 Ed. (6)
Blackpool
2000 Ed. (298)
Blackpool Pleasure Beach
2007 Ed. (273)
2006 Ed. (268)
2005 Ed. (249, 251)
2003 Ed. (273, 274)
2002 Ed. (308, 309)
2001 Ed. (377, 378, 379)
2000 Ed. (297)
1999 Ed. (269, 270)
1998 Ed. (166)
1997 Ed. (247, 249)
1996 Ed. (216, 217)
1995 Ed. (217, 218, 3164)
1994 Ed. (219)
BlackRock
2008 Ed. (2292, 2294, 2316, 2318, 2693, 2716)
2007 Ed. (3681)
2006 Ed. (3195, 3671)
2004 Ed. (723, 2035, 2037, 2044)
2003 Ed. (3068, 3075, 3441, 3554)
2002 Ed. (3387, 3622, 3627)
2001 Ed. (3690)
2000 Ed. (2779, 2785, 2810, 2813)
BlackRock Balanced Inst
2000 Ed. (3252)

BlackRock Core Bond
2007 Ed. (752)
BlackRock Financial
1999 Ed. (3050, 3085)
1997 Ed. (2521, 2529)
1995 Ed. (2363)
BlackRock Financial Management
2001 Ed. (3002)
1998 Ed. (2269, 2272)
BlackRock Funds
2000 Ed. (3312)
BlackRock Global Resources
2007 Ed. (3663)
BlackRock Global Resources Investment
2007 Ed. (3674, 3675, 3676)
BlackRock Income Trust Inc.
2005 Ed. (3215)
BlackRock International Bond Inst.
2001 Ed. (725)
BlackRock International Opportunities
2006 Ed. (3679)
Blackrock International Opportunities Investment
2008 Ed. (2613)
2007 Ed. (3669)
2004 Ed. (2477)
BlackRock International Small Cap
2004 Ed. (3641, 3643)
BlackRock Large Cap Growth
2003 Ed. (3514)
Blackrock Large Cap Value Investment
2008 Ed. (2616)
BlackRock Latin America
2008 Ed. (3772)
BlackRock Low Duration Bond Portfolio Institutional
2003 Ed. (3539)
BlackRock Micro-Cap Equity Investment
2003 Ed. (3551)
BlackRock Mid Cap Gr. Inst.
2001 Ed. (2306)
BlackRock Mid Cap Growth Investment
2001 Ed. (3442)
BlackRock/PNC
2005 Ed. (3208, 3210)
2003 Ed. (3065)
Blacks
1993 Ed. (2594)
Blacks Leisure
1990 Ed. (3465)
Blacksburg-Christianburg-Radford, VA
2007 Ed. (3375)
Blacksburg-Christiansburg-Radford, VA
2008 Ed. (3511)
2005 Ed. (3467)
Blackstock; R. Jackson
1997 Ed. (1909)
1996 Ed. (1836)
1995 Ed. (1859)
Blackstone Alt. Asset Management
2005 Ed. (2819)
Blackstone Calling Card Inc.
2008 Ed. (2968)
Blackstone Capital Partners LP
2007 Ed. (4290)
2006 Ed. (4262)
2005 Ed. (4283)
1992 Ed. (1182)
Blackstone Financial
1993 Ed. (2318, 2326)
Blackstone Group
2008 Ed. (1425, 3399, 3445, 4079, 4293)
2005 Ed. (1468, 1496, 1542, 3284)
2004 Ed. (2818)
1999 Ed. (3185)
1994 Ed. (1197)
1993 Ed. (1164)
Blackstone Group Holdings LP
2008 Ed. (4294)
Blackstone Group LP
2006 Ed. (1418, 1446, 3276, 4010, 4726)
Blackstone Income Trust
1990 Ed. (3135)
Blackstone Real Estate
2002 Ed. (3939)
Blackstone Strategic Term
1992 Ed. (3833)
Blackstone Target Term Trust
1990 Ed. (1359, 3135)
Blackstorm Portfolios
1995 Ed. (2394)
Blacksville No. 1
1989 Ed. (1996)
Blacksville No. 2
1989 Ed. (1996)
Blackwell Chevrolet Co.
1990 Ed. (303)
Blackwell Consulting Services Inc.
2008 Ed. (3707, 4384)
Blackwell Sanders Peper Martin LLP
2007 Ed. (1504)
Bladder/genitals
2001 Ed. (2105)
Blade
2001 Ed. (2125)
Bladex
2008 Ed. (393, 490)
2007 Ed. (415, 536, 537)
2006 Ed. (486, 511)
2005 Ed. (419, 474, 531, 532, 568, 594)
Bladon Lines Travel Ltd.
1991 Ed. (959)
Blagden
2001 Ed. (2511)
Blagoevgrad-BT AD
2002 Ed. (4390)
Blagoevgrad-BT AD-Blagoevgrad
2006 Ed. (4490)
Blain Buick
1995 Ed. (265)
Blain Buick-GMC
1996 Ed. (266)
Blaine Construction Corp.
2007 Ed. (1385)
2005 Ed. (1175)
Blaine County, ID
2003 Ed. (3437)
Blaine Frantz
1999 Ed. (2399)
Blaine, ID
1994 Ed. (339)
Blaine M. Jones
1995 Ed. (983)
Blaine, WA
2005 Ed. (3877)
1995 Ed. (2958)
Blair Corp.
2007 Ed. (1950, 1953)
2005 Ed. (877, 878, 879)
2004 Ed. (891, 892, 893)
2003 Ed. (869)
1999 Ed. (4313)
1998 Ed. (648, 3303)
1997 Ed. (2324)
1996 Ed. (3432)
1994 Ed. (201)
1992 Ed. (317, 2533)
Blair & Co.; William
1997 Ed. (2505)
1996 Ed. (2372, 3365)
1995 Ed. (2353)
1994 Ed. (2292)
Blair, Church & Flynn Consulting Engineers
2008 Ed. (1593)
Blair, D. H.
1992 Ed. (3880)
Blair; D. L.
1997 Ed. (1618)
1996 Ed. (1553, 3276)
1994 Ed. (3127)
1993 Ed. (3063)
1992 Ed. (3759)
Blair Corp.; D.L.
1990 Ed. (3077, 3082, 3085, 3086, 3087)
1989 Ed. (2352)
Blair; Donald
2007 Ed. (1042)
2006 Ed. (947)
Blair Income; William
1996 Ed. (2783)
Blair; Jackie Mason, Dennis
1991 Ed. (1042)
Blair; Kent
1995 Ed. (1857)
1993 Ed. (1791)
1992 Ed. (2137)
1991 Ed. (1703)
Blair; Tony
2005 Ed. (4879)
Blair; William
1990 Ed. (2293)
1989 Ed. (1761)
The Blair Witch Project
2002 Ed. (3399)
2001 Ed. (3363)
Blair, Wm.
1992 Ed. (1451)
Blairlogie Capital
1996 Ed. (2392, 2404)
Blairmont Insurance Co.
1995 Ed. (908)
Blake, Cassels & Graydon
1999 Ed. (3147)
1997 Ed. (2596)
1996 Ed. (2451)
1995 Ed. (2415)
1994 Ed. (2357)
1993 Ed. (2394, 2405)
1992 Ed. (2831, 2838, 2846)
1991 Ed. (2282, 2293)
1990 Ed. (2416, 2427)
Blake, Cassels & Graydon LLP
2008 Ed. (1102, 4320)
2007 Ed. (1197, 4364)
2006 Ed. (1624, 4297)
Blake Dawson Waldron
2004 Ed. (3961)
2003 Ed. (3180, 3181)
2002 Ed. (3055)
Blake Jr.; Norman P.
1994 Ed. (2237)
Blake Medical Center
2008 Ed. (3041, 3058)
2002 Ed. (2620)
2000 Ed. (2527)
Blake Saab; Gary
1996 Ed. (287)
1992 Ed. (400)
Blake Saab; Gary W.
1994 Ed. (283)
Blake W. Nordstrom
2008 Ed. (942)
Blakely Sokoloff Taylor & Zafman
2008 Ed. (3860)
2003 Ed. (3171)
Blakley Corp.
2008 Ed. (2821)
Blanc & Otus
2000 Ed. (3629)
1999 Ed. (3912, 3953)
1998 Ed. (2959)
1997 Ed. (3187, 3211)
Blanch Co.; E. W.
1997 Ed. (3291)
1996 Ed. (3187)
1995 Ed. (3086)
1994 Ed. (3041)
1993 Ed. (2993)
1992 Ed. (3659)
1991 Ed. (2830)
1990 Ed. (2262)
Blanch (E.W.) Holdings; E.W.
1996 Ed. (2831)
Blanchard; James J.
1991 Ed. (1857)
1990 Ed. (1946)
Blanchard 100% Treasury MMF
1994 Ed. (2537)
Blanchard Precious Metals
1997 Ed. (2879)
1995 Ed. (2718, 2721)
Blanco & Sons Inc.; G. A.
2008 Ed. (3714, 4403)
2007 Ed. (3565, 4426)
Blanco; Gonzalez
2006 Ed. (4397)
Blanco; Raul Gonzalez
2007 Ed. (4464)
Blandin Paper Co.
2002 Ed. (3580)
1992 Ed. (1236)
Blank; Arthur
2006 Ed. (4907)
2005 Ed. (4853)
Blank Associates Inc.; Edward
1995 Ed. (3556)
1994 Ed. (3486)
1993 Ed. (3512)
1992 Ed. (4205)
Blank Center for Entrepreneurship; Arthur M.
2008 Ed. (774)
Blank, Rome, Comiskey & McCauley
1989 Ed. (1885)
Blank Rome Comisky & McCauley
2001 Ed. (889, 901)
2000 Ed. (2902, 3204)
1999 Ed. (3157, 3650)
1997 Ed. (2364, 2601)
1996 Ed. (2456)
1995 Ed. (2421)
1994 Ed. (2356)
1993 Ed. (2403)
1991 Ed. (2291)
1990 Ed. (2425)
Blank, Rome, Comlsky & McCauley
1998 Ed. (2333)
Blank Video Cassettes
1990 Ed. (1959)
Blank Videotape, VHS T-120
1990 Ed. (3040)
1989 Ed. (2324)
Blank Videotape, VHST-120
1989 Ed. (2323)
Blankbooks & bookbinding
1996 Ed. (3085)
Blankenship; D. L.
2005 Ed. (2517)
Blankfein; Lloyd C.
2008 Ed. (949)
Blanking AB
1992 Ed. (211)
Blantons
2002 Ed. (3160)
Blasco Musical Instrument
1995 Ed. (2674)
Blass; Bill
1995 Ed. (2398)
Blast furnaces and steel mills
1993 Ed. (2496)
1990 Ed. (2514)
1989 Ed. (1927)
Blast Radius Inc.
2007 Ed. (2803)
2006 Ed. (1597, 1625, 2811)
Blaster
2006 Ed. (1147)
2001 Ed. (3297)
BlastNet
2002 Ed. (2994)
Blatt, Hasenmiller, Leibsker, Moore & Pellettieri
2001 Ed. (1315)
Blattel Communications
2005 Ed. (3972)
Blatz
1989 Ed. (775)
The Blau & Berg Co.
1998 Ed. (2999)
Blau & Partners; Barry
1997 Ed. (1619)
1996 Ed. (1550, 1552, 1554)
1995 Ed. (1564, 1565)
1993 Ed. (1489)
1990 Ed. (1503, 1505)
1989 Ed. (56, 68, 140)
Blau Autotec
2006 Ed. (1592)
Blau Marketing Technologies
2000 Ed. (1673, 1680)
Blavatnik; Leonard
2008 Ed. (4824)
2007 Ed. (4895, 4923)
2006 Ed. (4898)
Blaw Knox Corp.
1997 Ed. (3009)
1992 Ed. (3352)
Blaylock & Co., Inc.
2008 Ed. (185)
2007 Ed. (198)
Blaylock & Partners LP
2006 Ed. (192)
2005 Ed. (178)
2004 Ed. (177)
2003 Ed. (219)
2002 Ed. (718)
2000 Ed. (745)
1999 Ed. (732)

1998 Ed. (471)
Blaylock; Ronald E.
2008 Ed. (184)
Blazer
2002 Ed. (4684, 4699, 4701)
2001 Ed. (478, 3329, 3394, 4638)
Blazer Building
1992 Ed. (1364)
Blazon Advertising
1999 Ed. (138)
1997 Ed. (128)
1996 Ed. (124)
1995 Ed. (109)
1993 Ed. (125)
1992 Ed. (193)
Blazon Advertising (Grey)
2000 Ed. (155)
BldrDsg
1990 Ed. (2750)
Bleach
2002 Ed. (3054)
Bleichroder International; Arnhold & S.
1992 Ed. (2796)
Bleichroeder, Arnhold & S.
1996 Ed. (2395)
Blend Pak Inc.
2008 Ed. (3711, 4396, 4963)
Blended fruit juice
2001 Ed. (2560)
Blended fruit juice concentrate
2001 Ed. (2559)
Blended vegetable juices
1990 Ed. (1952)
Blended whiskey
2002 Ed. (3132, 3133)
2001 Ed. (3124, 3125)
Blender
2007 Ed. (169)
2006 Ed. (134, 145)
Blender Media Inc.
2007 Ed. (2739)
Blenders
1996 Ed. (2192)
Blenheim Capital Management
2008 Ed. (1095)
2006 Ed. (1081)
2005 Ed. (1087)
Blenheim Group
1996 Ed. (1358)
Blenheim Investments
1993 Ed. (1038)
Bleomycin
1990 Ed. (274)
Blerlein Demolition Contractors Inc.
1996 Ed. (1146)
Blessing Industries
2008 Ed. (4394)
Blessings Corp.
1995 Ed. (214)
Bleustein; J. L.
2005 Ed. (2479)
Bleustein; Jeffrey L.
2006 Ed. (899, 937)
2005 Ed. (973)
BLGK Advertising
1997 Ed. (144)
1996 Ed. (138)
BLGK Bates/Grapplegroup/Penta Communications
2001 Ed. (209)
Blimpie
2008 Ed. (4276)
2003 Ed. (4218)
2002 Ed. (2241)
2001 Ed. (2405)
1995 Ed. (3134, 3179, 3180)
1993 Ed. (3067)
1992 Ed. (2122)
Blimpie International Inc.
2007 Ed. (908)
2005 Ed. (4176)
2004 Ed. (4243)
2003 Ed. (4227)
2002 Ed. (4091)
1998 Ed. (1757)
Blimpie Subs
2008 Ed. (2671)
2000 Ed. (3790)
Blimpie Subs & Salads
2008 Ed. (4271, 4274, 4275)
2007 Ed. (4240)
2006 Ed. (4225)
2004 Ed. (4242)
2003 Ed. (895, 2459, 4222)
2002 Ed. (2252)
2001 Ed. (2410)
2000 Ed. (3795, 3848)
1999 Ed. (4078)
1998 Ed. (1758, 1879, 3059, 3124)
1997 Ed. (3328, 3375)
1996 Ed. (3278)
1994 Ed. (3130)
Blimpie Subs & Saldas
1999 Ed. (4134)
Blimple International Inc.
1996 Ed. (1966)
Blind Faith
1992 Ed. (4251)
Blind Melon
1995 Ed. (1119)
Blinds
2005 Ed. (2870)
Blink
2007 Ed. (652, 663)
Blink: The Power of Thinking Without Thinking
2007 Ed. (658)
blinkx
2007 Ed. (3063)
Bliquid.com
2001 Ed. (4752)
Bliss
2007 Ed. (888)
Bliss; Stewart A.
1991 Ed. (3211)
Blistex
2003 Ed. (3214)
2002 Ed. (3084)
1995 Ed. (1607)
Blistex Dyprotex
2001 Ed. (544)
2000 Ed. (366)
Blistex Herbal Answer
2003 Ed. (3214)
Blistik lip balm
1991 Ed. (1451)
The Blitz
2006 Ed. (2787)
Blitz Games Ltd.
2002 Ed. (2499)
Blizzard Beach
2002 Ed. (4786)
2001 Ed. (4736)
2000 Ed. (4374)
1999 Ed. (4622, 4745)
1998 Ed. (3701)
1997 Ed. (3868)
Blizzard Beach at Walt Disney World
2007 Ed. (4884)
2006 Ed. (4893)
2005 Ed. (4840)
2004 Ed. (4856)
2003 Ed. (4875)
Blkmatic Transport
1994 Ed. (3602)
BLM Group
2000 Ed. (316)
1998 Ed. (189)
1996 Ed. (237)
1995 Ed. (241)
1994 Ed. (238)
1993 Ed. (249)
Blo Pops
1995 Ed. (893, 898)
Bloc Development Corp.
1996 Ed. (2562)
Bloc Development Technologies Inc.
1991 Ed. (1167)
The Bloch Organization
2000 Ed. (3152)
1999 Ed. (3426)
1998 Ed. (2518)
1995 Ed. (2593)
Bloch Realty
1997 Ed. (2803)
1996 Ed. (2664)
1994 Ed. (2534)
1993 Ed. (2587)
Block & Chisel Interiors
2007 Ed. (4995)
Block Drug Co.
2003 Ed. (1997, 1998, 4769)
2001 Ed. (1914, 1987)
2000 Ed. (3509)
1999 Ed. (1830)
1998 Ed. (2811)
1997 Ed. (1586)
1996 Ed. (1523)
1995 Ed. (1547, 3410)
1994 Ed. (1288, 2809)
1993 Ed. (2809)
1992 Ed. (1778, 3395, 4307)
1991 Ed. (1409, 2711, 2712, 3398)
1990 Ed. (1488)
1989 Ed. (1932)
Block Everett Nardizzi (BEN)
1990 Ed. (3083)
Block Graphics Inc.
2005 Ed. (3891)
Block; H & R
1994 Ed. (3222, 3232)
1990 Ed. (1758, 1852)
1989 Ed. (1424, 1425, 1427, 2480)
Block Island Power Co.
2003 Ed. (2134)
Block-Out
1990 Ed. (3486)
Block; Stephen A.
2006 Ed. (2521)
Blockbuster Inc.
2008 Ed. (3018, 3750, 3751, 4229, 4475)
2007 Ed. (2896, 3637, 3638, 4192, 4496, 4497, 4498, 4499)
2006 Ed. (823, 3572, 3573, 4169, 4439, 4440, 4441)
2005 Ed. (3515, 3516)
2004 Ed. (3510, 3511)
2003 Ed. (3449, 3450)
2002 Ed. (2055, 4750, 4751, 4752, 4753)
2001 Ed. (3361, 4096, 4099, 4100, 4101, 4703)
1995 Ed. (1270, 1274, 3423, 3424, 3697, 3699, 3701)
1992 Ed. (4034, 4035, 4147, 4391, 4392, 4393)
1991 Ed. (3446)
1990 Ed. (3671, 3672, 3673)
Blockbuster Entertainment Corp.
2006 Ed. (4442)
2005 Ed. (1520, 3515, 4424)
2004 Ed. (2162, 4474, 4840, 4841, 4842, 4843, 4844)
2003 Ed. (4185, 4502, 4503, 4504)
2001 Ed. (2123, 2124)
2000 Ed. (4346)
1998 Ed. (663, 3346, 3347)
1997 Ed. (922, 923, 3551, 3552, 3553)
1996 Ed. (1191, 1192, 1193, 1200, 1924, 1925, 1927, 2578, 2745, 2837)
1993 Ed. (867, 1635, 1869, 2008, 3364, 3466, 3664)
1992 Ed. (1983, 4145)
1991 Ed. (1579)
1990 Ed. (2747, 2975)
Blockbuster-Sony Music Center
1999 Ed. (1291)
Blockbuster-Sony Music Entertainment Center
2001 Ed. (374)
Blockbuster-Sony Music Entertainment Centre
2002 Ed. (4342)
Blockbuster Video
2000 Ed. (197)
1999 Ed. (4713)
1998 Ed. (3670)
1997 Ed. (3839, 3842, 3843)
1996 Ed. (3785, 3787, 3788)
1994 Ed. (1669, 1855, 1856, 1911, 3364, 3365, 3443, 3624, 3625)
Blockbuster Videos Inc.
2001 Ed. (3361)
1989 Ed. (2888)
Blockbuster.com
2006 Ed. (2379)
Blodgett
1990 Ed. (2744, 2745)
Bloemens Half-Zwaar
1999 Ed. (1142)
Blogger
2008 Ed. (3371)
Blogger.com
2008 Ed. (3357)
2007 Ed. (3227)
Blom Bank, SAL
2008 Ed. (469)
2007 Ed. (512)
2006 Ed. (491)
2005 Ed. (570)
2004 Ed. (581)
2003 Ed. (573)
BLOM Stock Index
2008 Ed. (4503)
Blomquist
1990 Ed. (153)
Blonder Tongue Laboratories Inc.
2005 Ed. (2281)
2004 Ed. (2180)
Blonder Tongue Labs
1998 Ed. (155)
Blood cholesterol
1990 Ed. (1501)
Blood count
1990 Ed. (1501)
Blood glucose home kits
1992 Ed. (4176)
Blood glucose kits
1992 Ed. (3398)
Blood glucose measurement strips
1995 Ed. (1605, 2903)
Blood-glucose meters
1994 Ed. (1528)
Blood-glucose strips
1994 Ed. (1528)
Blood pressure kits
2005 Ed. (2755)
Blood-pressure meters
1994 Ed. (1528)
Blood/urine/stool tests
2005 Ed. (2753, 2755)
Bloodgood; Mark H.
1992 Ed. (2905)
1991 Ed. (2344)
1990 Ed. (2481)
Bloody Mary
1990 Ed. (1074)
Bloom Agency
1991 Ed. (150)
1990 Ed. (150)
1989 Ed. (161)
Bloom Cos.
1989 Ed. (167)
Bloom FCA
1994 Ed. (85, 117, 2954)
1992 Ed. (207)
The Bloom Organization
1998 Ed. (3020)
Bloom Public Relations
1992 Ed. (3566)
Bloomberg
2003 Ed. (3024)
2001 Ed. (1249)
Bloomberg Financial Markets
1998 Ed. (1533)
1993 Ed. (2743)
Bloomberg LP
2007 Ed. (3060)
2006 Ed. (3027)
2004 Ed. (3413)
2003 Ed. (3022)
2002 Ed. (2813)
2001 Ed. (2870, 3251)
Bloomberg Markets
2008 Ed. (4710)
Bloomberg; Michael
2008 Ed. (4825)
2007 Ed. (4896)
2006 Ed. (4901)
2005 Ed. (4851)
Bloomberg Radio
2005 Ed. (823)
2004 Ed. (850)
2003 Ed. (808)
Bloomberg Tradebook
2006 Ed. (4480)
Bloomberg.com
2004 Ed. (3155)
2003 Ed. (3046)
2002 Ed. (4799, 4812)
2001 Ed. (4754)
Bloomfield Savings & Loan Association, FA
1990 Ed. (3587)

Bloomingdale's
2008 Ed. (1001, 4547)
2006 Ed. (2255)
2005 Ed. (4106)
2004 Ed. (2668)
2000 Ed. (1660, 2290)
1997 Ed. (2322)
1996 Ed. (1534, 1990)
1995 Ed. (1553, 1958)
1994 Ed. (2138)
1992 Ed. (1784, 1788, 1790, 1794, 1795, 1796, 2531)
1991 Ed. (1414, 1968)
1990 Ed. (1490, 2118, 2120)
Bloomington-Brown County, IN
1989 Ed. (2336)
Bloomington Hospital Inc.
2003 Ed. (1697)
Bloomington, IN
2008 Ed. (1051, 3462, 3468)
2007 Ed. (1158)
2006 Ed. (1066, 3300)
2005 Ed. (1058, 3469, 3471)
1998 Ed. (1548)
1993 Ed. (2555)
Bloomington-Normal, IL
2008 Ed. (1055)
2006 Ed. (3311)
2005 Ed. (4797)
2002 Ed. (1801)
2000 Ed. (3769)
1999 Ed. (4054)
1998 Ed. (3054)
1997 Ed. (3305)
Bloomington Pantagraph
1991 Ed. (2598, 2607)
1990 Ed. (2694, 2698)
1989 Ed. (2052)
Bloomington Pantagrpah
1992 Ed. (3244)
Bloor Holdings Ltd.
1995 Ed. (1009)
1994 Ed. (1000)
1992 Ed. (1192, 1199)
Blossman Gas Inc.
2008 Ed. (4081)
2006 Ed. (4013)
Blossom Hill
2008 Ed. (247)
2002 Ed. (765, 4975)
2001 Ed. (4911)
1997 Ed. (3902, 3903, 3904, 3905, 3911)
1995 Ed. (3760, 3765, 3770)
"Blossom" Preview
1993 Ed. (3535)
Blount
1995 Ed. (1127, 1285, 1337)
1994 Ed. (1110, 1315)
1993 Ed. (1087, 1271)
1992 Ed. (1359)
1991 Ed. (3086, 3088)
1990 Ed. (1160)
1989 Ed. (1002)
Blount (Construction Division)
1995 Ed. (1146)
1994 Ed. (1138)
1993 Ed. (1122)
1992 Ed. (1409)
Blount Engineers Inc.
1989 Ed. (267)
Blount International Inc.
2008 Ed. (2027)
2007 Ed. (1945)
2004 Ed. (2324)
1989 Ed. (1010)
Blount Parrish & Co.
2001 Ed. (766, 767)
Blouses & shirts, silk
1993 Ed. (1715)
Blow dryer
1998 Ed. (2224)
Blow molding
2000 Ed. (3570)
Blow Pops
1994 Ed. (853)
Blowout Entertainment
1999 Ed. (4713)
1998 Ed. (3670)
1997 Ed. (3841)
Blue
1991 Ed. (351)
Blue Advantage HMO
1998 Ed. (1919)
Blue Advantage HMO/Blue Cross Blue Shield
1998 Ed. (1916)
Blue Anchor
1997 Ed. (1811)
Blue Arrow/Manpower
1991 Ed. (1146)
Blue Bay Advertising
2003 Ed. (156)
Blue Bell
2008 Ed. (3123)
2006 Ed. (2976, 2977)
2005 Ed. (2980)
2004 Ed. (2967, 2968)
2003 Ed. (1448, 2876, 2877, 2878, 2879)
2002 Ed. (1428, 2716, 2717)
2001 Ed. (2547, 2830, 2831, 2833)
2000 Ed. (799, 2281, 2597, 2598, 2600, 2601, 2602, 4152, 4153)
1999 Ed. (1195, 2824)
1998 Ed. (2072, 2073, 2074, 2075)
1997 Ed. (2345)
1996 Ed. (2215)
1993 Ed. (2121, 2122)
Blue Bell Creameries Inc.
2008 Ed. (3124, 3125)
2003 Ed. (2880)
Blue Bell Creameries USA Inc.
2002 Ed. (2718)
Blue Bell Supreme
1998 Ed. (2072, 2073)
Blue Bird Corp.
2002 Ed. (1418)
Blue Bird Body Co.
1995 Ed. (2443)
Blue Boar Cafeterias
1990 Ed. (3017)
Blue Bonnet
2008 Ed. (3589)
2003 Ed. (3311, 3684)
2001 Ed. (3222)
2000 Ed. (3039, 3040, 4156)
1994 Ed. (2441)
Blue Bonnett
2003 Ed. (3685)
Blue Canopy
2007 Ed. (3064)
Blue Care Network
1999 Ed. (2651)
Blue Care Network Great Lakes
1996 Ed. (2095)
Blue Care Network of Southeast Michigan
1999 Ed. (2654)
1992 Ed. (2390)
1991 Ed. (1894)
1990 Ed. (1996)
Blue Circle
1999 Ed. (1048)
Blue Circle America Inc.
2003 Ed. (4613)
Blue Circle Ind.
1989 Ed. (826)
Blue Circle Industries
1990 Ed. (1903)
Blue Circle Industries plc
2002 Ed. (4512)
2001 Ed. (4381)
2000 Ed. (3037)
1999 Ed. (3300)
1997 Ed. (2707)
1996 Ed. (2567)
1995 Ed. (2505)
1994 Ed. (2437)
1993 Ed. (2499)
1992 Ed. (2972)
Blue Coat Systems Inc.
2008 Ed. (1590)
Blue Cross & Blue Shield
2008 Ed. (4044, 4045)
2007 Ed. (4017, 4018)
2006 Ed. (3978, 3979)
2005 Ed. (3905, 3906)
1997 Ed. (1823)
1992 Ed. (4423)
1991 Ed. (1444, 3473)
Blue Cross & Blue Shield Association
2008 Ed. (1522, 2894)
2007 Ed. (1538)
2006 Ed. (1509)
2005 Ed. (128, 1622)
2004 Ed. (1576, 3077, 3340)
2003 Ed. (3354)
2002 Ed. (868)
2001 Ed. (1075)
1993 Ed. (2906, 3647)
1991 Ed. (12)
Blue Cross & Blue Shield Mutual of Ohio
1998 Ed. (2205)
1997 Ed. (2463)
1996 Ed. (2339)
1994 Ed. (2273)
Blue Cross & Blue Shield of Alabama
2005 Ed. (3367)
2001 Ed. (1606)
Blue Cross & Blue Shield of Colorado
1999 Ed. (1186)
Blue Cross & Blue Shield of Florida Inc.
2008 Ed. (1732)
2007 Ed. (3122, 3124, 3126)
2005 Ed. (3366)
2000 Ed. (2682, 3602)
1999 Ed. (2932, 3882)
1998 Ed. (2133)
Blue Cross & Blue Shield of Illinois
1999 Ed. (2653, 3881)
1998 Ed. (2910)
Blue Cross & Blue Shield of Kansas Inc.
2001 Ed. (1770)
Blue Cross & Blue Shield of Massachusetts
2008 Ed. (2919, 3647)
1989 Ed. (1146)
Blue Cross & Blue Shield of MI
2000 Ed. (2649, 2679)
Blue Cross & Blue Shield of Michigan
2006 Ed. (3955)
2001 Ed. (2228)
2000 Ed. (2434)
1999 Ed. (2644)
1994 Ed. (1526)
1993 Ed. (1480)
1992 Ed. (1800)
1991 Ed. (1415)
Blue Cross & Blue Shield of Michigan/ Blue Care Network
2001 Ed. (2680)
2000 Ed. (2423)
Blue Cross & Blue Shield of Minnesota
2008 Ed. (3267, 3268)
2006 Ed. (3105, 3106, 3720, 3722, 3953, 3954, 3955, 3960, 3961)
Blue Cross & Blue Shield of Rhode Island
2008 Ed. (2059, 3632)
2006 Ed. (2765)
Blue Cross & Blue Shield of South Carolina
2008 Ed. (2075)
2007 Ed. (1977)
2006 Ed. (2011)
2005 Ed. (1959)
2004 Ed. (1856)
2003 Ed. (1820)
2001 Ed. (1847)
Blue Cross & Blue Shield of Tennessee
1998 Ed. (2108)
Blue Cross & Blue Shield of Texas
2005 Ed. (3367)
1999 Ed. (2929)
1998 Ed. (2147, 2148)
Blue Cross & Blue Shield of TX
2000 Ed. (2675, 2677)
Blue Cross & Blue Shield of Vermont
2008 Ed. (2151)
1999 Ed. (4709)
Blue Cross & Blue Shield Plan PPOs
1993 Ed. (2908)
Blue Cross and Blue Shield Plans
2000 Ed. (2429)
Blue Cross & Blue Shield System
1998 Ed. (1915)
1994 Ed. (3608)
Blue Cross & Blue Shield System/ HMO-USA
1997 Ed. (2188)
1992 Ed. (2386)
Blue Cross Blue Shield
2007 Ed. (2850)
2002 Ed. (2834)
1998 Ed. (2709)
1990 Ed. (3682)
1989 Ed. (1436, 2902)
Blue Cross/Blue Shield Assn.
1990 Ed. (2214)
Blue Cross Blue Shield of Colorado
2001 Ed. (1255)
Blue Cross Blue Shield of Colorado & Nevada
2000 Ed. (1102)
Blue Cross/Blue Shield of Florida Inc.
2006 Ed. (1708)
2005 Ed. (1762)
2002 Ed. (2893)
2001 Ed. (1702)
1998 Ed. (2150)
1997 Ed. (2421)
1996 Ed. (2299)
Blue Cross Blue Shield of Georgia
2005 Ed. (3366)
Blue Cross Blue Shield of Illinois
2005 Ed. (3366, 3367)
2002 Ed. (2460, 3741)
2001 Ed. (2687, 3873)
2000 Ed. (3601)
1998 Ed. (1916)
1990 Ed. (2895)
Blue Cross Blue Shield of Illinois HMOs
2000 Ed. (2433)
Blue Cross/Blue Shield of Illinois Prudent Buyer Plan
1990 Ed. (2894)
Blue Cross Blue Shield of Massachusetts
2005 Ed. (3083, 3366)
Blue Cross Blue Shield of Michigan
2005 Ed. (3367)
1990 Ed. (1500)
Blue Cross Blue Shield of Minnesota
2005 Ed. (3367)
Blue Cross Blue Shield of North Carolina
2004 Ed. (3076)
Blue Cross Blue Shield of North Dakota
2001 Ed. (1823)
Blue Cross/Blue Shield of Texas
2000 Ed. (2698)
1996 Ed. (2297)
Blue Cross/Blue Shield of Vermont
2008 Ed. (2155)
1997 Ed. (3835)
1994 Ed. (3623)
Blue Cross/Blue Shield of Virginia
1996 Ed. (2300)
Blue Cross/Blue Shield Plans
1990 Ed. (1994)
Blue Cross/Blue Shield-Preferred Care
1990 Ed. (2894, 2894)
Blue Cross/Blue Shield-Preferred Patient Care
1990 Ed. (2894)
Blue Cross HMO
2002 Ed. (2463)
Blue Cross Life & Health Insurance Co.
2008 Ed. (3272, 3273, 3276)
Blue Cross of California
2005 Ed. (3366, 3367)
2000 Ed. (3599)
Blue Cross of California Care Prudent Buyer Plan
1990 Ed. (2894)
Blue Cross of California HMO
2005 Ed. (2817)
Blue Cross of Western Pennsylvania
1998 Ed. (2108)
Blue Cross Prudent Buyer Plan
1998 Ed. (2912)
1990 Ed. (2897)
Blue Cross Prudent Unicare
1999 Ed. (3883)
Blue Cross/Shield Assn.
1990 Ed. (19)
Blue Diamond
2008 Ed. (3802, 3803, 3805)
2007 Ed. (3711)
2006 Ed. (3728)

2003 Ed. (3654)
1996 Ed. (2859)
Blue Diamond Growers
2003 Ed. (3655)
Blue Diamond Jewellery Worldwide Ltd.
1997 Ed. (1071)
1996 Ed. (1052, 1053)
1994 Ed. (1062)
Blue Diamond Smokehouse
2008 Ed. (3802)
Blue Dot Services Inc.
2005 Ed. (1342)
2003 Ed. (1233, 1339)
Blue Dragon Chinese Food
1992 Ed. (2172)
Blue Falls Manufacturing Ltd.
2007 Ed. (1568, 1616)
Blue Fang Games
2006 Ed. (2489)
Blue Fin Technologies Inc.
2001 Ed. (2200, 2201)
2000 Ed. (1770)
1999 Ed. (1990, 2671)
1997 Ed. (1709)
Blue Grass Research & Industrial Park
1997 Ed. (2373, 2376)
1996 Ed. (2250)
1994 Ed. (2187)
Blue Hammock Inc.
2008 Ed. (2036)
Blue Haven Pools & Spas
2008 Ed. (4580)
2007 Ed. (4648, 4649)
2006 Ed. (4649)
Blue Hawaii, Elvis Presley
1990 Ed. (2862)
Blue Heron Consulting Corp.
2005 Ed. (1907)
Blue Lake Corporate Center
2002 Ed. (3533)
Blue Lithium Inc.
2007 Ed. (2324)
Blue Luna
2008 Ed. (1025)
Blue Magic Condition Hair Dress, 12 oz.
1990 Ed. (1980)
Blue mond
2001 Ed. (1173)
Blue Moon
2008 Ed. (541, 3596)
Blue Nile Inc.
2008 Ed. (2137)
2007 Ed. (2733, 2735)
2006 Ed. (2083, 4675)
2004 Ed. (2227)
Blue Nile Bank
1995 Ed. (611)
1994 Ed. (638)
1993 Ed. (635)
Blue Nun
2005 Ed. (4967)
1993 Ed. (3720)
1992 Ed. (4458, 4464)
Blue Nun Liebfraumilch
1990 Ed. (3697)
Blue Ocean Software, Inc.
2004 Ed. (4829)
2003 Ed. (2715, 2732)
2002 Ed. (2491)
Blue Ocean Strategy
2007 Ed. (659)
Blue Ox
2006 Ed. (4453)
2005 Ed. (4447)
Blue Pearl Mining Ltd.
2008 Ed. (1404, 1618, 1659)
Blue Plus
1996 Ed. (2095)
Blue Preferred Plan
1991 Ed. (2760)
1990 Ed. (2896)
Blue Pumpkin
2005 Ed. (2366)
Blue Pumpkin Software
2004 Ed. (3944)
Blue; Ralph Lauren Polo
2008 Ed. (2769)
Blue Range Resource
1997 Ed. (1376)
Blue Reflex
2003 Ed. (159)
Blue Relief
2004 Ed. (245)
Blue Ridge Computer Services
2006 Ed. (3539)
Blue Ridge Computer Solutions
2007 Ed. (3599, 3600)
Blue Ridge Condo
1991 Ed. (1045)
Blue Ridge Energy Inc.
2003 Ed. (3836)
2002 Ed. (3662)
Blue Ridge Paper
2001 Ed. (3641)
Blue Ridge Parkway
1990 Ed. (2666)
Blue Shield of Calif.
2000 Ed. (2430)
Blue Shield of California
2005 Ed. (3366)
1997 Ed. (1259, 2178)
1990 Ed. (2897)
Blue Shield of California HMO
2002 Ed. (2463)
2000 Ed. (2436)
1997 Ed. (2197)
1996 Ed. (2095)
Blue Shield Preferred Plan
1999 Ed. (3883)
1998 Ed. (2912)
Blue Shield Preferred Plan, Blue Sheild of California
1990 Ed. (2894)
Blue Smoke
2008 Ed. (553)
Blue Spring International LLC
2008 Ed. (4422, 4978)
2007 Ed. (3590, 3591, 4441)
Blue Springs Hatchery Inc.
2004 Ed. (2624)
Blue Square-Israel Ltd.
2003 Ed. (4591)
Blue Star
2002 Ed. (2279)
Blue Star Food Products
2005 Ed. (2625)
Blue Star Ready Mix Inc.
1995 Ed. (2104)
Blue Valley Schools
2008 Ed. (4280)
Blue Woods Management
1998 Ed. (3018)
Blue Woods Management Group
1999 Ed. (4008, 4010)
Blueberries
1992 Ed. (2111)
Bluebonnet Savings Bank
1998 Ed. (3142, 3152, 3529, 3567)
1997 Ed. (3743)
1992 Ed. (725)
Bluebonnet Savings Bank, FSB
2005 Ed. (522)
2003 Ed. (4273)
2002 Ed. (4129)
1993 Ed. (3083)
1992 Ed. (3783)
Bluebonny
1996 Ed. (773, 1934)
BlueChoice
1997 Ed. (2701)
BlueCross & BlueShield Association
2007 Ed. (857)
BlueCross BlueShield of Tennessee Inc.
2006 Ed. (2037)
BlueCross BlueShield of Western New York
2008 Ed. (3632)
BlueFin Research Partners
2006 Ed. (3206)
Bluefly.com
2005 Ed. (2328)
2003 Ed. (2186)
Bluegreen Corp.
2007 Ed. (2743)
Bluelight.com
2002 Ed. (2993)
BlueLine Software Inc.
1993 Ed. (1075)
BlueLinx Holdings Inc.
2008 Ed. (1539, 1541, 4726)
2007 Ed. (1558, 1560, 4801, 4944)
bluemountainarts.com
2001 Ed. (2992, 4776)
2000 Ed. (2753)
bluemountain.com
2001 Ed. (4780)
BlueNile.com
2008 Ed. (2444)
2007 Ed. (2318)
2006 Ed. (2380)
Blueprint Management Group
2002 Ed. (1582)
BlueScope
2005 Ed. (1658, 1659, 1661)
Bluescope Steel Ltd.
2008 Ed. (3547)
2006 Ed. (3370)
BlueScope Steel North America Corp.
2008 Ed. (960)
Bluestone
2006 Ed. (1555)
Bluestone Group
2007 Ed. (1590)
Bluestone Software, Inc.
2001 Ed. (4187)
BlueTie
2004 Ed. (2213)
Bluewater Bay
1997 Ed. (3130)
Bluffton, SC
1997 Ed. (999)
Bluhm; Neil
2007 Ed. (4902)
Blum Capital Partners
2003 Ed. (3211)
Blum; Ida
1994 Ed. (890)
Blum; Richard
1994 Ed. (890)
Blum; Scott
2005 Ed. (2453)
Blum Shapiro
2008 Ed. (1694)
Blum Shapiro & Co.
2000 Ed. (14)
1999 Ed. (17)
1998 Ed. (13)
Blum, Shapiro & Co. PC
2008 Ed. (6)
2007 Ed. (8)
2006 Ed. (12)
2005 Ed. (7)
2004 Ed. (11)
2003 Ed. (5)
2002 Ed. (16)
Blumenthal
2000 Ed. (4244)
Blumenthal; W. Michael
1991 Ed. (1623, 1627, 1633)
1990 Ed. (1725)
Blumstein; Michael
1997 Ed. (1920)
1996 Ed. (1770, 1771, 1772, 1848)
1994 Ed. (1780)
1993 Ed. (1797)
1991 Ed. (1680)
Blunt Ellis & Loewi
1992 Ed. (959, 3840, 3876, 3887, 3891)
1991 Ed. (2948, 2961)
1990 Ed. (2293, 3153)
Blunt; Rep. Roy
2007 Ed. (2706)
Blush
2002 Ed. (4937)
Blusher
2002 Ed. (3640)
Blusson; Stewart
2005 Ed. (4864)
BLV Pour Homme Eau de Toilette; Bulgari
2008 Ed. (2768)
Blystone; J. B.
2005 Ed. (2489)
Blystone; John B.
2006 Ed. (1099)
2005 Ed. (1104)
Blyth Inc.
2008 Ed. (3542, 3543)
2007 Ed. (3414)
2006 Ed. (3359, 3360)
2005 Ed. (3378, 3379)
2004 Ed. (2956, 3349, 3350)
2003 Ed. (2871, 3285, 3286)
2002 Ed. (2705)
Blyth Industries
1997 Ed. (2936)
BM Group
1989 Ed. (1120)
BMA
1997 Ed. (794, 797)
1991 Ed. (2100)
The BMC Group
2006 Ed. (742)
BMC Inds
1992 Ed. (2369)
BMC Industries Inc.
2004 Ed. (3745)
2000 Ed. (1305)
BMC Software
2008 Ed. (1130, 1131, 1152, 3196)
2007 Ed. (1230, 1231, 1233)
2006 Ed. (1119, 1123, 1127, 4079, 4081)
2005 Ed. (1130, 1141)
2004 Ed. (1124, 1130)
2003 Ed. (1107, 1109, 2642)
2002 Ed. (1146, 1147, 1150, 1771)
2001 Ed. (1351, 1359)
2000 Ed. (1160, 1737, 1738, 3368)
1999 Ed. (1958, 4390)
1998 Ed. (843)
1997 Ed. (1086)
1995 Ed. (1097, 2058)
1993 Ed. (1069, 1074)
1992 Ed. (2365, 2366, 2368, 3307, 3667, 3668, 3985, 3986, 3987, 3993)
1991 Ed. (1874, 3141)
1990 Ed. (2984, 2985)
BMc Strategies
1992 Ed. (3564)
BMC West
2005 Ed. (2857)
2004 Ed. (2849)
2003 Ed. (2762)
2001 Ed. (1729)
1998 Ed. (1972)
1997 Ed. (832, 835, 2244)
1996 Ed. (814, 815, 819, 820)
1995 Ed. (847, 848)
1994 Ed. (795, 796)
1990 Ed. (841)
BMCE
2006 Ed. (796)
2000 Ed. (990, 991)
1999 Ed. (1040, 1041)
1997 Ed. (908)
BMCI
2006 Ed. (796)
1997 Ed. (909)
BMG
1998 Ed. (88, 3776)
1996 Ed. (3032)
BMG Direct Compact Disc Club
1999 Ed. (1854)
BMG Entertainment
2003 Ed. (3479)
bmi
2008 Ed. (689)
2007 Ed. (720)
bmi British Midland
2005 Ed. (4887)
BMI Capital
1990 Ed. (2345)
BMI Credit Union
2007 Ed. (2137)
BMI Financial Group Inc.
2008 Ed. (2966)
1997 Ed. (2011)
1996 Ed. (1921)
1995 Ed. (1877)
BMJ Caribbean Restaurants
2008 Ed. (75)
2007 Ed. (70)
BMJ Foods
2006 Ed. (79)
2004 Ed. (75)
BMJ Medical Management
2000 Ed. (2206)
BML--Konzern
2001 Ed. (15)

BML Vermogensverwaltungs Aktiengesellschaft
2000 Ed. (2477)
BMO Equity
2004 Ed. (3615)
2003 Ed. (3569)
2002 Ed. (3440)
BMO Financial Group
2008 Ed. (645)
BMO Global Science & Technology
2002 Ed. (3444)
BMO InvestorLine
2002 Ed. (813, 814, 815, 816, 817, 818)
BMO MatchMaker Security
2004 Ed. (728, 729)
BMO Nesbitt Burns
2008 Ed. (3401)
2007 Ed. (3282, 4660, 4661)
2006 Ed. (4722, 4723)
2005 Ed. (754, 1442, 1443, 4578, 4579)
2004 Ed. (1425, 1426)
BMO Precious Metals
2004 Ed. (3620, 3622)
2003 Ed. (3576)
BMO Regular MatchMaker Security
2004 Ed. (728, 729, 730, 730)
BMP Davidson Pearce
1990 Ed. (105)
BMP DDB Ltd.
2002 Ed. (204)
2001 Ed. (232, 233)
1999 Ed. (93)
BMP DDB Needham
1997 Ed. (92)
1993 Ed. (101, 102)
1992 Ed. (151, 152, 153)
1991 Ed. (101, 102)
BMP OMD
2002 Ed. (3279)
2001 Ed. (235)
BMRB International
2002 Ed. (3258, 3259, 3260, 3262)
2000 Ed. (3043, 3044, 3045, 3046, 3049)
1996 Ed. (2570)
BMS
1995 Ed. (2934)
BMS Credit Union
1996 Ed. (1504)
BMS Group
2008 Ed. (3331)
2007 Ed. (3186)
2006 Ed. (3149)
2005 Ed. (3152)
BMTC Group Inc.
2008 Ed. (1628, 1644, 1648, 1650, 1651, 1652, 1654, 4531)
2007 Ed. (1628, 1635, 1636, 1640, 1643, 1644, 1646, 4575)
2006 Ed. (1617, 1622, 1626, 1627, 1628)
2005 Ed. (1568)
BMW
2008 Ed. (293, 301, 302, 330, 648, 650, 652, 705, 1041, 1043, 1045, 1049, 1050, 1767, 1768, 1770, 1832, 1851, 3559, 3667, 3757, 3758)
2007 Ed. (130, 309, 312, 314, 315, 316, 343, 685, 686, 688, 735, 741, 1327, 1692, 1739, 1740, 1741, 1743, 3423, 3645, 3646, 4716)
2006 Ed. (80, 137, 313, 357, 1468, 1723, 1732, 1733, 1735, 2484, 3351, 3378, 3381, 3581, 3582, 3583, 4085)
2005 Ed. (279, 283, 298, 343, 352, 1495, 1771, 3020, 3179, 3522, 3523)
2004 Ed. (343, 758, 761)
2003 Ed. (305, 333, 358, 361, 746, 751, 1449)
2002 Ed. (389, 417)
2001 Ed. (438, 455, 484, 1009, 1010)
2000 Ed. (205, 337, 338, 349, 1427, 1430, 1431, 3173)
1999 Ed. (333, 334, 338, 786, 787, 788, 790, 794, 1573, 1621, 1638)
1998 Ed. (228, 232, 1537, 2541)
1997 Ed. (290, 299, 306, 1401, 1435, 2229)
1996 Ed. (309, 319, 321, 1341, 1345, 2702)
1995 Ed. (306, 311, 2624)
1994 Ed. (303, 2569)
1993 Ed. (39, 306, 307, 308, 333, 1319, 2609)
1992 Ed. (437, 438, 457, 1622, 3119)
1991 Ed. (318, 332, 1293)
1990 Ed. (363, 1371, 3631, 3632)
1989 Ed. (325)
BMW AG
1999 Ed. (1635, 1637, 4656)
1998 Ed. (1141)
1994 Ed. (40, 304, 1377)
BMW Bank of North America
2005 Ed. (451)
BMW-Bayerische Motor
2000 Ed. (1440)
BMW Concord
1996 Ed. (265)
1995 Ed. (264)
1993 Ed. (293)
1992 Ed. (408)
1991 Ed. (303)
1990 Ed. (336)
BMW Constructor Inc.
2008 Ed. (1296)
BMW Constructors Inc.
2007 Ed. (3979)
2006 Ed. (1310)
1992 Ed. (1412)
BMW Dealer Association
1998 Ed. (206)
BMW 850CSI
1996 Ed. (2266)
BMW Financial Services NA LLC
2006 Ed. (4328)
BMW 5
1990 Ed. (1110)
BMW 5 series
2004 Ed. (344)
2001 Ed. (486)
2000 Ed. (348)
1993 Ed. (326)
1992 Ed. (451)
BMW Groups
1998 Ed. (225)
BMW Imaging Systems
2007 Ed. (3543, 4404)
BMW Japan
1997 Ed. (294)
BMW Korea
2005 Ed. (873)
BMW Manufacturing Corp.
2006 Ed. (2011)
2005 Ed. (1959)
2004 Ed. (1856, 4794)
2003 Ed. (1820)
2002 Ed. (2734)
BMW Manufacturing Co. LLC
2008 Ed. (2075)
2007 Ed. (1977, 1978)
BMW M5
1994 Ed. (297)
BMW Motoren GmbH
1999 Ed. (1585)
BMW M3
2001 Ed. (493)
BMW of North America Inc.
2003 Ed. (331)
BMW of North America LLC
2008 Ed. (1977, 4923)
2004 Ed. (4926)
BMW of the Hudson Valley
2006 Ed. (183)
BMW/Rolls Royce
1996 Ed. (1745)
BMW/Rolls-Royce Aero Engines
2001 Ed. (2267)
BMW/Rover
1995 Ed. (309)
BMW 750 IL
1994 Ed. (297)
1992 Ed. (483)
BMW 750IL
1991 Ed. (354)
BMW 735i
1992 Ed. (484, 4362)
BMW 7 series
2004 Ed. (344)
2001 Ed. (486)
2000 Ed. (348)
BMW 75Oil
1989 Ed. (2344)
BMW Sheet Metal Co.
1997 Ed. (1169)
BMW South
1991 Ed. (303)
BMW Sverige AB
2003 Ed. (1827)
BMW 330
2004 Ed. (345)
BMW 328
2001 Ed. (489)
BMW 325
2004 Ed. (345)
BMW 325i (convertible)
1991 Ed. (313)
BMW 323
2001 Ed. (489)
BMW 3 series
1994 Ed. (312)
1993 Ed. (321, 329)
1992 Ed. (451)
1990 Ed. (381)
BMW Z3
2001 Ed. (493)
BMX Plus
1992 Ed. (3385)
BN
1994 Ed. (960)
BNA
2006 Ed. (4542)
2002 Ed. (4492)
BNB
2004 Ed. (573)
2001 Ed. (605)
2000 Ed. (476)
BNB Systems
2000 Ed. (907, 909, 910)
BNbank
2008 Ed. (487)
2007 Ed. (533)
2006 Ed. (508)
BNCcorp Inc.
2005 Ed. (446, 453)
BNDE
2000 Ed. (991)
1997 Ed. (908)
BNDES Participacoes
2005 Ed. (1563)
BNFL Inc.
2008 Ed. (1353, 2597)
2007 Ed. (1396, 1399)
2006 Ed. (1357, 1360)
2005 Ed. (1349, 1369)
2004 Ed. (1251, 1276, 1343, 1353, 2432, 2437, 2442)
2003 Ed. (1343, 1353)
2001 Ed. (2299)
2000 Ed. (1854)
BNI; Bank
2008 Ed. (433)
2007 Ed. (468)
2006 Ed. (456)
2005 Ed. (526)
BNI-Credit Lyonnais Madagascar
2005 Ed. (574)
2004 Ed. (587)
2003 Ed. (580)
2002 Ed. (615)
2000 Ed. (600)
1999 Ed. (584)
1996 Ed. (594)
1995 Ed. (536)
1994 Ed. (560)
BNL-Banca Nazionale del Lavoro
2000 Ed. (571)
1999 Ed. (560)
1997 Ed. (526)
1995 Ed. (516)
1994 Ed. (541)
BNL-Banka Nazionale del Lavoro
1996 Ed. (570)
BNM Enterprise Rehabilitation Fund
1997 Ed. (2398)
BNP
2001 Ed. (1549)
1997 Ed. (702)
1996 Ed. (766)
1991 Ed. (691, 1718)
1990 Ed. (563, 564, 577)
1989 Ed. (535)
BNP-AK-Dresdner Bank
2005 Ed. (506)
BNP (Canada) Equity
2001 Ed. (3469, 3470, 3471)
BNP Group
1996 Ed. (1347)
1995 Ed. (1396)
1994 Ed. (1369)
1993 Ed. (1315)
1992 Ed. (1620)
BNP Paribas
2008 Ed. (368, 409, 416, 436, 441, 447, 448, 1759, 1761, 1844, 2698, 3403)
2007 Ed. (439, 440, 441, 447, 449, 450, 475, 476, 478, 482, 496, 497, 510, 536, 1730, 1733, 1734, 1803, 1804, 1806, 2558, 3286, 4314, 4330, 4331, 4655, 4657, 4661, 4662, 4663, 4665, 4666, 4667, 4668, 4669)
2006 Ed. (437, 438, 443, 444, 463, 465, 470, 482, 486, 488, 1721, 1722, 1725, 1799, 4724)
2005 Ed. (496, 508, 510, 534, 535, 537, 541, 558, 559, 707, 1448, 3939, 3940, 3941, 3942, 3943, 4329, 4571, 4574, 4580, 4581, 4582, 4583, 4585)
2001 Ed. (1711)
BNP Paribas Asset Management
2006 Ed. (3214)
2003 Ed. (3100)
BNP Paribas (Canada)
2007 Ed. (413)
BNP Paribas Group
2004 Ed. (488, 503, 531, 552, 559, 1431, 4382, 4393)
2003 Ed. (490, 491, 494, 496, 536, 542, 1392, 1681, 4358, 4359)
2002 Ed. (338, 557, 560, 562, 581, 588, 663, 730, 731, 732, 735, 762, 1656, 1658, 2276, 2411, 3011, 3188, 3189, 3190, 3193, 3194, 3195, 3196, 3209, 3793, 3794, 4237, 4238, 4240, 4245)
BNP Paribas Groupe
2005 Ed. (495)
BNP Paribas Peregrine
2002 Ed. (808, 819, 820, 821, 824, 825)
BNP Paribas SA
2008 Ed. (1410)
2004 Ed. (1534)
BNP PrimeEast
1999 Ed. (874)
BNP/SG/Paribas
2000 Ed. (524)
BNS
1992 Ed. (49)
1990 Ed. (1226, 1256)
BNSF Railway Co.
2008 Ed. (3198, 4098, 4099, 4751)
2007 Ed. (4064, 4065, 4698)
2006 Ed. (4029, 4030)
BNX Systems Inc.
2006 Ed. (1131)
BNY Asset
2002 Ed. (2467)
BNY Asset Management
2003 Ed. (2701)
BNY Capital Funding
2003 Ed. (569, 570, 571, 572)
BNY Financial
1993 Ed. (1742)
BNY Hamilton Small Cap Growth Fund Institutional
2003 Ed. (3537)
BNY Leasing Corp.
1998 Ed. (389)
Bo Jackson
1995 Ed. (250, 1671)
Board Ford Inc.
2000 Ed. (3149)
Board member
2008 Ed. (4243)
Board of Directors of City Trusts
1999 Ed. (2504)

Board of Directors of City Trusts, City of Philadelphia
1992 Ed. (2217)
1991 Ed. (1768)
Board of Pensions of the Presbyterian Church
1997 Ed. (3029)
1996 Ed. (2949)
Board of Pensions of the Presbyterian Church (USA)
1995 Ed. (2874)
Board of Pensions, Presbyterian Church (U.S.A.)
1992 Ed. (3363)
1991 Ed. (2697)
Board of Social Ministry
1991 Ed. (2623)
Boardroom
2008 Ed. (2068)
Boardroom Communications
2004 Ed. (4009)
Boardwalk Bank
2004 Ed. (400)
Boardwalk Builders Inc.
2005 Ed. (1162)
2003 Ed. (2861)
Boardwalk Equities Inc.
2001 Ed. (1655)
Boardwalk Pipeline Partners
2008 Ed. (1885)
Boardwalk REIT
2008 Ed. (1656, 1659, 4116)
2007 Ed. (4088)
2006 Ed. (1617)
Boardwalk Volkswagen
1996 Ed. (291)
1995 Ed. (291)
Boardwatch
1991 Ed. (2258)
Boart Long-Year Consolidated Holdings Inc.
2006 Ed. (3482)
Boart Longyear Consolidated Holdings Inc.
2004 Ed. (3484)
2003 Ed. (3416)
2001 Ed. (3324, 3325)
Boart Longyear International Holdings Inc.
2003 Ed. (3416)
2001 Ed. (3324, 3325)
Boasberg Co.
1992 Ed. (3571)
Boasberg Valentine-Radford
1997 Ed. (3206)
1996 Ed. (3130)
1995 Ed. (3026)
Boasberg/Wheeler
2004 Ed. (4019)
Boasberg/Wheeler Communications
2004 Ed. (3995)
2003 Ed. (3992, 4015)
Boase Massimi Pollitt
1989 Ed. (110)
Boase Massimi Pollitt Partnership
1989 Ed. (109)
Boashan
1992 Ed. (4138)
Boat/deck shoes
1993 Ed. (257)
Boat Owners Association of the U.S.
1999 Ed. (295)
Boat Tree Inc.
2008 Ed. (2965)
Boat World
1991 Ed. (718)
Boating
1994 Ed. (2799)
Boating & yachting
2007 Ed. (166)
Boating/sailing
2000 Ed. (3554)
Boatmen's
1997 Ed. (2728)
Boatmen's Bancshares
1999 Ed. (374, 664, 3669, 3670)
1998 Ed. (266, 269, 1013, 2721)
1997 Ed. (568, 1482)
1996 Ed. (360, 368, 3178)
1995 Ed. (3352)
1994 Ed. (571, 3271)
1993 Ed. (3281)
1992 Ed. (780)
1991 Ed. (391, 609)
1990 Ed. (415, 640, 641)
1989 Ed. (398, 432)
Boatmen's Bancshares-St. Louis
1998 Ed. (1026)
Boatmen's Bank
1989 Ed. (213)
Boatmen's First National Bank
1997 Ed. (562, 587)
1996 Ed. (608, 648, 3164)
1995 Ed. (550, 578, 3067)
1994 Ed. (575)
1993 Ed. (573)
Boatmens First National Bank of Kansas
1999 Ed. (198)
1998 Ed. (296)
1993 Ed. (1745)
Boatmen's First National Bank of Kansas City
1992 Ed. (784, 2107)
1991 Ed. (612, 1647)
Boatmen's First National Bank of Oklahoma
1994 Ed. (608, 1737)
1993 Ed. (1744, 1745)
Boatmen's National Bank
1997 Ed. (562)
1996 Ed. (608)
1995 Ed. (550)
1994 Ed. (575)
1993 Ed. (573)
1992 Ed. (784)
Boatmen's National Bank of Arkansas
1998 Ed. (338)
1997 Ed. (410)
Boatmen's National Bank of Oklahoma
1998 Ed. (422)
Boatmen's National Bank of St. Louis
1998 Ed. (2352)
Boatmen's National Bank-St. Louis
1995 Ed. (2337, 2439)
1993 Ed. (2268, 2269)
1991 Ed. (612)
Boatmen's National, Mo.
1989 Ed. (2158)
Boatmen's Trust Co.
1998 Ed. (1541, 1542, 1543, 1544, 2305)
1997 Ed. (1828, 1829, 1830, 1831)
1996 Ed. (1747, 1748, 1749, 1750, 2406, 2415)
1995 Ed. (1769, 1770, 1771, 1772, 2366)
1994 Ed. (581, 582, 1737, 2300, 2317)
1993 Ed. (578, 579, 2312)
1992 Ed. (2738, 2752, 2773, 2985, 3175)
1991 Ed. (2216, 2221, 2237)
1990 Ed. (2328)
Boats.com
2003 Ed. (3053)
Bob Bell Chevrolet-Nissan Inc.
1993 Ed. (296)
Bob Bennett
2001 Ed. (3318)
Bob Brest Buick
1990 Ed. (337)
Bob Brest Chevrolet
1991 Ed. (306)
1990 Ed. (339)
Bob Brest Nissan
1991 Ed. (288)
Bob Bridge Kia
1996 Ed. (293)
Bob Brooks
2001 Ed. (2279)
Bob China's Crab House
2002 Ed. (3994)
Bob China's Crabhouse
1994 Ed. (3053, 3055)
Bob China's Crabhouse Restaurant
1991 Ed. (2858)
Bob Chinn's Crab House
2008 Ed. (4148, 4149)
2007 Ed. (4130, 4131)
2006 Ed. (4105)
2005 Ed. (4047)
2003 Ed. (4087)
2001 Ed. (4051, 4053)
2000 Ed. (3772)
Bob Chinn's Crabhouse
1999 Ed. (4056)
1998 Ed. (3049)
1997 Ed. (3302)
1996 Ed. (3195)
1995 Ed. (3101)
1993 Ed. (3010)
1992 Ed. (3687)
Bob Ciasulli Hyundai
1995 Ed. (270)
1994 Ed. (270)
1993 Ed. (271)
1992 Ed. (385)
1990 Ed. (327)
Bob Ciasulli Mitsubishi
1990 Ed. (310)
Bob Ciasulli Suzuki
1995 Ed. (286)
1994 Ed. (285)
1993 Ed. (302)
1990 Ed. (321)
Bob Ciasulli Suzuki of Eatontown Inc.
1992 Ed. (413)
Bob Citron
1993 Ed. (2464)
Bob Dance Jeep-Eagle
1995 Ed. (277)
1994 Ed. (273)
1993 Ed. (274)
Bob Dole
1992 Ed. (1038)
Bob Evans
2008 Ed. (4159, 4175, 4176, 4278)
2007 Ed. (4144)
2006 Ed. (4117)
2003 Ed. (3322, 4098)
2002 Ed. (1329, 4002, 4019, 4098)
2001 Ed. (4071)
1991 Ed. (2870)
1990 Ed. (3005, 3007, 3008, 3009, 3020)
Bob Evans Farms Inc.
2008 Ed. (3074, 3440, 4145)
2007 Ed. (1525)
2006 Ed. (2650)
2005 Ed. (4045, 4046)
2004 Ed. (2632, 4107, 4108)
2003 Ed. (2497, 2509, 3324, 3330, 4085, 4086)
2000 Ed. (3057, 3058, 3583, 3584, 3785)
1999 Ed. (4066, 4067, 4069, 4082, 4139)
1998 Ed. (3056, 3067)
1997 Ed. (3327)
1996 Ed. (2585, 3060)
1995 Ed. (2526, 2967, 3117, 3131, 3140)
1994 Ed. (2459, 2909, 3054, 3072, 3085, 3090)
1993 Ed. (3011, 3018, 3031, 3033)
1992 Ed. (3688, 3710, 3715, 3719)
1991 Ed. (2859, 2874, 2881)
1990 Ed. (3004, 3059)
Bob Evans Farms Sandwiches
2002 Ed. (1329)
Bob Evans Restaurants
2005 Ed. (4065, 4066, 4067, 4068, 4069, 4070)
2004 Ed. (4119, 4132, 4133)
2003 Ed. (4112, 4113, 4114, 4115, 4116, 4117, 4118)
2002 Ed. (4014)
1998 Ed. (3064)
1997 Ed. (3314, 3335)
1996 Ed. (3213, 3228, 3232)
Bob Geldof
2008 Ed. (2587)
2007 Ed. (4917)
"Bob Hope: Saudi Arabia"
1993 Ed. (3535)
Bob Hope, Toni Tennille
1991 Ed. (1042)
Bob Hope's Love Affair with Lucy
1992 Ed. (4248)
Bob Johnson Chevrolet
2008 Ed. (4239)
Bob Kasten
1994 Ed. (2890)
Bob King Mitsubishi
1994 Ed. (277)
1991 Ed. (287)
1990 Ed. (310)
Bob Lewis Volkswagen
1996 Ed. (291)
1995 Ed. (291)
1994 Ed. (287)
Bob Longpre Inc.
1993 Ed. (281)
Bob Magness
1993 Ed. (1696)
Bob Marley
2006 Ed. (802)
Bob Martinez
1992 Ed. (2345)
1991 Ed. (1857)
1990 Ed. (1946)
Bob Nardelli
2006 Ed. (939)
Bob Oatley
2002 Ed. (872)
Bob Packwood
1994 Ed. (2890)
Bob R. Simpson
2008 Ed. (959)
2007 Ed. (1036)
2006 Ed. (941)
Bob Ross Buick-GMC-Hummer Inc.
2006 Ed. (3533)
Bob Ross Buick-GMC-Hummer & Mercedes-Benz
2007 Ed. (3588, 3589, 4440)
Bob Ross Buick-Mercedes-GMC Inc.
1990 Ed. (734)
Bob Saks Motor Mall of Farmington Hills
2002 Ed. (369)
2001 Ed. (454)
2000 Ed. (333)
1999 Ed. (319)
Bob Saks Oldsmobile
1996 Ed. (282)
Bob Saks Suzuki
1993 Ed. (302)
Bob Sauve
2003 Ed. (224, 228)
Bob Seger
1998 Ed. (866)
1989 Ed. (989)
Bob Sellers Pontiac
1996 Ed. (283)
Bob Sellers Pontiac-GMC Truck Inc.
1995 Ed. (283)
1991 Ed. (309)
1990 Ed. (346)
Bob Smith
1993 Ed. (2462)
Bob Sumerel Tire Co.
2007 Ed. (4755)
Bob Thomas & Associates
1996 Ed. (3129)
1995 Ed. (3025)
1994 Ed. (2966)
1992 Ed. (3562)
Bob Thomas of Chiat/Day Advertising
1994 Ed. (2952)
Bob Ward Homes
2005 Ed. (1182)
2004 Ed. (1155)
2003 Ed. (1151)
2002 Ed. (1180)
1998 Ed. (894)
Bob Webb Builders
2005 Ed. (1189)
2004 Ed. (1161)
Bob Wright
2005 Ed. (2469)
Bob Yates
2000 Ed. (2084)
Bob Young
2001 Ed. (2279)
Bobb; Robert C.
1995 Ed. (2668)
1993 Ed. (2638)
1992 Ed. (3136)
1991 Ed. (2546)
1990 Ed. (2657)
Bobbett Design
2001 Ed. (1448)
Bobbie Brooks
2007 Ed. (1104)
1999 Ed. (1196)
1996 Ed. (1019)

1993 Ed. (994)
1992 Ed. (1210)
Bobbie Cryner
1995 Ed. (1120)
Bobby S. Shackouls
2007 Ed. (2507)
Bobcat Carpet & Fabric
2007 Ed. (883, 884, 4867)
Bobcor Alfa Romeo
1996 Ed. (263)
Bobcor Motors
1995 Ed. (259)
1991 Ed. (301)
1990 Ed. (334)
Bobrow/Thomas & Associates
1995 Ed. (233, 239)
1994 Ed. (231, 236, 3671)
1993 Ed. (241)
Bobruysk Tire Production Association
1993 Ed. (910)
Bobs
2002 Ed. (933)
2001 Ed. (1114)
Bob's Discount Furniture
1996 Ed. (1983, 1984)
Bob's Pizza Plus
1994 Ed. (2884)
Bob's Stores Center Inc.
2005 Ed. (1024, 1747)
BOC
2008 Ed. (930)
2007 Ed. (955)
2006 Ed. (866)
2005 Ed. (959, 1589)
2000 Ed. (1665, 2319)
1999 Ed. (2855, 2857)
1998 Ed. (1804)
1993 Ed. (1938)
1990 Ed. (1890)
BOC Bangladesh Ltd.
2002 Ed. (1969)
BOC Gases
2005 Ed. (950)
2002 Ed. (2392)
2001 Ed. (2585)
BOC Group
1991 Ed. (1788, 1790)
BOC Group plc
2008 Ed. (1410, 1418)
2007 Ed. (940, 956)
2006 Ed. (854, 867)
2002 Ed. (1007)
2001 Ed. (1189, 2587)
2000 Ed. (1028)
1990 Ed. (1889)
BOC Hong Kong
2006 Ed. (1751)
BOC Hong Kong (Holdings) Ltd.
2008 Ed. (1788)
2007 Ed. (1761)
2006 Ed. (1752, 2896)
2005 Ed. (4513)
2004 Ed. (4574)
BOC Pak (Pak Oxygen)
2002 Ed. (4453)
Boca Burger
2007 Ed. (2606)
2006 Ed. (2629)
2005 Ed. (2632)
2004 Ed. (2641)
2003 Ed. (2506)
Boca Food Co.
2008 Ed. (2777)
Boca Raton, FL
1992 Ed. (3036)
Boca Raton News
1990 Ed. (2708)
Boca Raton Resort & Club
2002 Ed. (2650, 3990)
2000 Ed. (2574)
Boca Research
2000 Ed. (2209)
Boca Resorts Inc.
2005 Ed. (2925)
2004 Ed. (2934)
Bocconi University
2008 Ed. (802)
Boch Mitsubishi
1991 Ed. (287)
Boch Oldsmobile Inc.
1993 Ed. (280)
Bocis Construction Group
1999 Ed. (1395)
Boddie-Noell Enterprises Inc.
2005 Ed. (3919)
2003 Ed. (4139)
1998 Ed. (757)
1997 Ed. (1016)
1995 Ed. (1018)
1994 Ed. (1006)
1993 Ed. (980, 1899)
1991 Ed. (2884)
1990 Ed. (1042)
Boddie-Noell Restaurant Properties
1995 Ed. (2795)
Boddington
1999 Ed. (820)
Boddingtons
1996 Ed. (787)
Boddingtons Draught Bitter
2002 Ed. (686)
Bode; Robert
1997 Ed. (1998)
1996 Ed. (1907)
BoDeans Baking Co.
2007 Ed. (2598)
Boden Store Fixtures Inc.
2006 Ed. (4374)
Bodies in Motion
2000 Ed. (2424)
Bodily injury
2002 Ed. (2833)
Bodily reaction
2004 Ed. (1)
Bodman LLP
2008 Ed. (3423)
Bodman, Longley & Dahling
1999 Ed. (3149)
1996 Ed. (2453)
1995 Ed. (2417)
1994 Ed. (2353)
1993 Ed. (2397)
1992 Ed. (2834)
1991 Ed. (2285)
Bodman, Longley & Dahling LLP
2005 Ed. (3264)
2004 Ed. (3234)
2001 Ed. (3056)
2000 Ed. (2895)
1998 Ed. (2328)
Body & Earth
2003 Ed. (2547)
2001 Ed. (3700, 3701)
Body Balance For Performance
2002 Ed. (2362)
Body Engineering
2007 Ed. (4790)
Body Fantasies
2005 Ed. (2681)
2001 Ed. (3698, 3699, 3700, 3701)
2000 Ed. (3456)
1999 Ed. (3738)
Body Fantasy
2007 Ed. (2644)
2006 Ed. (2661)
2004 Ed. (2684)
2003 Ed. (2547, 2548, 2549)
2002 Ed. (671, 2356)
2001 Ed. (3704)
2000 Ed. (3457)
Body for Life
2004 Ed. (740, 742)
2003 Ed. (707, 719)
Body for Life: 12 Weeks to Mental and Physical Strength
2003 Ed. (717)
Body Image
2004 Ed. (658)
2003 Ed. (2547)
2002 Ed. (671)
2001 Ed. (3700, 3701)
Body Line
2001 Ed. (38)
Body Shaping Home Gym
1994 Ed. (1724)
The Body Shop
2008 Ed. (531, 532)
2007 Ed. (701, 722, 741, 743, 744)
1995 Ed. (3787)
Body Shop International
1990 Ed. (1373)
1989 Ed. (1120)
The Body Shop International plc
2006 Ed. (4185)
2003 Ed. (1523)
2002 Ed. (1793)
Body shops
1994 Ed. (2179)
Body Solid
2001 Ed. (2349)
Body spray
2001 Ed. (3724)
Body Works
1994 Ed. (687)
Bodybuilding.com
2008 Ed. (2448)
Bodycote International
2007 Ed. (2403)
2006 Ed. (2480)
Bodyform
2001 Ed. (2413)
1997 Ed. (165)
Bodyform Invisible
2001 Ed. (2413)
Bodygroom
2008 Ed. (3596)
The Bodyguard
2001 Ed. (3412)
1995 Ed. (2614, 3703, 3708)
Bodyline
2004 Ed. (48)
Bodyworks
1997 Ed. (1101)
BOE Ltd.
2002 Ed. (3040)
1995 Ed. (2541, 2542)
BoE Bank
2004 Ed. (619, 623)
2003 Ed. (610, 614)
2002 Ed. (509, 647, 650)
BOE Investment Bank
2001 Ed. (1534)
Boe Marocaine pour le Commerce et l'Ind
1991 Ed. (425)
BOE NatWest
1999 Ed. (638)
BOE Natwest Securities
2001 Ed. (1536)
BOE Technology Co.
2005 Ed. (872)
Boebringer Mannheim GmbH
1995 Ed. (2264)
Boeckmann II; Herbert F.
2006 Ed. (333)
boede & partners
2006 Ed. (128)
Boehler-Uddeholm
2000 Ed. (4352)
Boehler-Uddeholm AG
2002 Ed. (4756)
Boehringer-Ingelheim
1995 Ed. (1591)
1992 Ed. (1874)
Boehringer Ingelheim Chemicals
2005 Ed. (946)
Boehringer Ingelheim GmbH
2008 Ed. (3943, 3944, 3955)
Boehringer Ingelheim Pharmaceuticals
2005 Ed. (2804)
2001 Ed. (2063)
Boehringer Mannheim Corp.
1993 Ed. (1514)
1992 Ed. (1839, 3007)
1991 Ed. (2405)
1990 Ed. (2533)
Boehringer Mannheim Diagnostics
1999 Ed. (3337)
1998 Ed. (1337)
1997 Ed. (2743)
1996 Ed. (2593)
1995 Ed. (2532)
Boeing Co.
2008 Ed. (157, 158, 159, 160, 162, 163, 164, 1043, 1045, 1347, 1348, 1349, 1352, 1361, 1368, 1373, 1451, 1462, 1534, 1663, 1799, 1800, 1945, 2282, 2283, 2284, 2285, 2286, 2287, 2295, 2308, 2320, 3006, 3645, 3866, 4753, 4754, 4756)
2007 Ed. (174, 176, 177, 178, 179, 181, 182, 183, 184, 185, 186, 1395, 1396, 1398, 1403, 1417, 1468, 1654, 1769, 1770, 1890, 2167, 2168, 2169, 2170, 2172, 2194, 2884, 3524, 3792, 4586, 4827, 4828, 4831)
2006 Ed. (171, 172, 174, 175, 176, 177, 178, 179, 1357, 1359, 1363, 1364, 1368, 1373, 1379, 1639, 1762, 1763, 1898, 2243, 2244, 2245, 2246, 2247, 2248, 3395, 3932, 4600, 4815, 4816, 4819)
2005 Ed. (155, 158, 159, 160, 161, 163, 165, 166, 167, 1061, 1349, 1359, 1360, 1361, 1364, 1365, 1376, 1389, 1391, 1492, 1566, 1732, 1791, 1792, 1877, 2148, 2149, 2150, 2151, 2152, 2153, 2154, 2155, 2156, 2157, 2158, 2270, 3691, 3987, 4039, 4764, 4765, 4767, 4768)
2004 Ed. (157, 158, 161, 162, 163, 164, 165, 166, 759, 1343, 1349, 1370, 1476, 1677, 1730, 1731, 1732, 2009, 2010, 2011, 2012, 2014, 2015, 2016, 2017, 2018, 2019, 2039, 3365, 3772, 3785, 4776, 4792)
2003 Ed. (198, 199, 200, 201, 202, 203, 206, 207, 210, 1342, 1343, 1349, 1351, 1352, 1446, 1551, 1647, 1696, 1847, 1848, 1964, 1965, 1966, 1967, 1968, 1969, 1970, 1971, 1975, 1985, 2254, 2326, 3288, 3747, 3760, 4806, 4807, 4810)
2002 Ed. (239, 240, 241, 242, 243, 1408, 1426, 1492, 1572, 1621, 1626, 1796, 1911, 3233, 3602, 3620, 3886, 4600, 4668, 4877)
2001 Ed. (263, 264, 265, 266, 267, 269, 270, 1045, 1557, 1583, 1584, 1593, 1594, 1596, 1896, 1897, 1981, 1986, 3665, 3667, 3684, 3958, 4320, 4617, 4618, 4770)
2000 Ed. (213, 214, 215, 216, 217, 218, 942, 1344, 1382, 1426, 1431, 1476, 1582, 1646, 1647, 1648, 1651, 3004, 3327, 3427, 3430, 3446, 3685)
1999 Ed. (183, 184, 186, 188, 192, 193, 194, 1443, 1500, 1620, 1625, 1750, 1819, 1821, 1822, 2505, 2660, 3719, 3721, 4114)
1998 Ed. (92, 93, 94, 96, 97, 99, 1007, 1009, 1010, 1192, 1244, 1245, 1248, 1250, 1251, 2413, 2757, 2758, 2760)
1997 Ed. (170, 171, 172, 173, 175, 1403, 1405, 1529, 1582, 1807, 2614, 3012, 3013, 3298)
1996 Ed. (165, 166, 167, 168, 169, 1235, 1289, 1340, 1343, 1345, 1460, 1520, 1522, 1723, 2924, 2925, 2938, 3145)
1995 Ed. (155, 157, 158, 159, 160, 161, 162, 163, 1294, 1341, 1390, 1393, 1505, 1542, 1546, 2857, 3045, 3092)
1994 Ed. (136, 137, 138, 139, 140, 141, 142, 143, 144, 1270, 1290, 1299, 1309, 1316, 1468, 1513, 1517, 1726, 2713, 2753, 2754, 2984, 3043, 3438)
1993 Ed. (153, 155, 156, 157, 159, 160, 203, 1223, 1231, 1244, 1414, 1462, 1468, 1710, 1712, 1741, 2013, 2175, 2717, 2719, 2945, 2997, 3458, 3462, 3470)
1992 Ed. (304)
1991 Ed. (176, 179, 180, 181, 183, 324, 1053, 1403, 1407, 1638, 2460, 3435)
1990 Ed. (186, 187, 188, 189, 192, 1308, 1323, 1477, 1730, 2176, 2935)
1989 Ed. (193, 194, 195, 196, 1099, 1227, 1386, 1388)
Boeing Business Jets
2001 Ed. (342)
Boeing/Commercial Airplane
1991 Ed. (184)

Boeing Company
2000 Ed. (3428)
Boeing Computer Services
1994 Ed. (1077)
Boeing Computer Services Division
1992 Ed. (1337)
Boeing Defense & Space Group
2000 Ed. (1653)
1999 Ed. (1824, 3303)
1997 Ed. (2709)
Boeing Defense & Space Group, Helicopters Division
1998 Ed. (1253)
Boeing Domestic Sales Corp.
2003 Ed. (1847, 4806)
Boeing Employees
2000 Ed. (1627, 1628)
1992 Ed. (3262)
1990 Ed. (1458)
Boeing Employees Credit Union
2008 Ed. (2210, 2214, 2215, 2266)
2007 Ed. (2098, 2099, 2100, 2151)
2006 Ed. (2158, 2171, 2175, 2176, 2177, 2230)
2005 Ed. (2047, 2060, 2061, 2077, 2081, 2082, 2135)
2004 Ed. (1941, 1942, 1993)
2003 Ed. (1901, 1902, 1953)
2002 Ed. (1841, 1842, 1843, 1899)
2001 Ed. (1960, 1961)
1998 Ed. (1220, 1221, 1223, 1224, 1225, 1230)
1997 Ed. (1558, 1560, 1562, 1564, 1566)
1996 Ed. (1497, 1499, 1500, 1501, 1502, 1503, 1512)
1995 Ed. (1534)
1994 Ed. (1502)
1993 Ed. (1447, 1450)
1992 Ed. (1754)
Boeing Employees CU
1999 Ed. (1801, 1803)
Boeing Employees FCU
1999 Ed. (1799)
Boeing Employees Federal Credit Union
1991 Ed. (1394)
Boeing North America Inc.
2003 Ed. (1745)
Boeing-Vertol
1991 Ed. (1898, 1899)
Boeing Wichita Credit Union
2008 Ed. (2233)
2007 Ed. (2118)
2006 Ed. (2197)
2005 Ed. (2102)
2004 Ed. (1960)
2003 Ed. (1920)
2002 Ed. (1866)
Boekhandels Groep Nederland
2008 Ed. (4222)
The Boelter Companies
2000 Ed. (2243)
The Boelter Cos.
2008 Ed. (2729)
2007 Ed. (2593, 2594, 2595)
2006 Ed. (2619)
2005 Ed. (2623)
Boenning & Scattergood Inc.
1999 Ed. (920)
1998 Ed. (530)
Boepple Associates Ltd.; Maggie
1996 Ed. (2533)
Boerig
1995 Ed. (1589)
Boething Treeland Farms Inc.
2008 Ed. (2764)
2007 Ed. (2639, 2640)
2006 Ed. (2656)
2005 Ed. (2671)
2004 Ed. (2679)
2003 Ed. (2543)
2001 Ed. (2502)
Boettcher
1992 Ed. (3871, 3893)
Boettcher Foundation
2002 Ed. (981)
Boettcher Mason Contractor Inc.; Edgar
1995 Ed. (1162)
Bogala Graphite Lanka Ltd.
1994 Ed. (1062)
Bogard Staffing Services
1997 Ed. (1014, 2168)
Bogardus; John A.
1989 Ed. (1741)
Bogdan & Faist, PC
1996 Ed. (2533)
Bogel; Harold
1994 Ed. (1791)
Bogen Communications International
2001 Ed. (1257)
Bogguss; Suzy
1995 Ed. (1120)
Bogle Market Neutral Strategy
2003 Ed. (3129)
Bogle Small Cap Growth Investment
2008 Ed. (2621)
Bogner
1993 Ed. (3374)
1992 Ed. (4054)
1991 Ed. (3173)
Bogner, Len
1991 Ed. (1700)
Bogota
2006 Ed. (4493)
2001 Ed. (616, 617, 618)
2000 Ed. (497, 498, 499, 500, 501, 502)
1990 Ed. (862)
Boh Bros. Construction Co.
2007 Ed. (1376, 1377)
2006 Ed. (1324, 1325)
Boh Brothers Construction Co.
2008 Ed. (1310, 1335)
2007 Ed. (1389)
Bohannan Huston Inc.
2008 Ed. (2522)
Bohemia
2001 Ed. (683)
The Bohle Co.
2005 Ed. (3966)
2004 Ed. (4015)
1999 Ed. (3943)
1998 Ed. (2951)
1997 Ed. (3190)
Bohler-Uddeholm
2007 Ed. (1594)
1999 Ed. (4723)
Bohler-Uddeholm AG
2008 Ed. (3548)
2006 Ed. (3371)
Bohnstedt; Max
1992 Ed. (2906)
Boholyubov; Henadiy
2008 Ed. (4877)
Bohren's Moving & Storage
2008 Ed. (3722, 4415, 4973)
2007 Ed. (4992)
Bohuslavsky; Victor
2007 Ed. (1896)
BOI Asset Management Co.
1999 Ed. (2887)
Boilermaker-Blacksmith
2004 Ed. (3790)
2003 Ed. (3764)
2001 Ed. (3686)
2000 Ed. (3450)
1999 Ed. (3733)
1998 Ed. (2773)
Boilermaker-Blacksmith National Pension Trust
1998 Ed. (2774)
1997 Ed. (3016)
Boilermaker-Blacksmith Union
2008 Ed. (3869)
2007 Ed. (3795)
1996 Ed. (2927, 2939)
Boilermakers-Blacksmith National Contractors Association
1993 Ed. (3607)
Boilermakers-Blacksmith National Pension Trust
2000 Ed. (3451)
1998 Ed. (3609)
1996 Ed. (3729)
1994 Ed. (2757, 2769, 3564)
1993 Ed. (2780)
1992 Ed. (3355, 4333)
1991 Ed. (2686)
1990 Ed. (2783, 3628)
Boilermakers-Blacksmith National Pension Trust, Kansas City, KS
2000 Ed. (4283)
Boilermakers-Blacksmiths
1995 Ed. (2851)
Boilermakers-Blacksmiths National Pension Trust
1991 Ed. (3412)
Boilermakers, Iron Ship Builders, Blacksmiths, Forgers & Helpers
1989 Ed. (2163, 2862)
Bois Wessanen USA Inc.
1997 Ed. (1575)
Boise Cascade Corp.
2006 Ed. (800, 1453, 3276, 3776)
2005 Ed. (1787, 1788, 2670, 3026, 3450, 3673, 3674, 3680, 3682, 4920)
2004 Ed. (1728, 1729, 2678, 3435, 3758, 3759, 3760, 3765, 3766, 4940)
2003 Ed. (1692, 1693, 2541, 2927, 3369, 3715, 3717, 3718, 3721, 3733)
2002 Ed. (1666, 2319, 2321, 2804, 2805, 3584)
2001 Ed. (1729, 3614, 3621, 3622, 3623, 3626, 3635, 4933)
2000 Ed. (1453, 2241, 2254, 2256, 3405, 3407)
1999 Ed. (1651, 1652, 2489, 2490, 2491, 3687, 3689)
1998 Ed. (1143, 1750, 1751, 1752, 2699, 2736, 2738, 2739, 2741, 3647)
1997 Ed. (1333, 1427, 2067, 2068, 2069, 2986, 2987, 2988, 2989, 2990)
1996 Ed. (1376, 1958, 1959, 2901, 2906)
1995 Ed. (1414, 1922, 1923, 2826, 2827, 2829, 2831)
1994 Ed. (1891, 1892, 1893, 2722, 2724)
1993 Ed. (1890, 1891, 1892, 2497, 2763)
1992 Ed. (1236, 2209, 2210, 2211, 3247, 3331)
1991 Ed. (1761, 1762, 1763, 2672)
1990 Ed. (1842, 1843, 1844, 2500, 2766)
1989 Ed. (1465, 1466, 1915)
Boise Cascade Holdings LLC
2008 Ed. (1794, 1795)
Boise Cascade LLC
2008 Ed. (1794, 3850)
Boise Cascade Office Products Corp.
2002 Ed. (4888)
2001 Ed. (2841, 2842)
1999 Ed. (3640)
Boise City-Nampa, ID
2008 Ed. (3459, 4091)
Boise City Urban Renewal Agency
2001 Ed. (804)
Boise Employees
2000 Ed. (1623, 1624)
Boise Employees' Credit Union
1998 Ed. (1216, 1217)
1996 Ed. (1504)
Boise, ID
2008 Ed. (825, 978, 3460)
2007 Ed. (864, 3362)
2006 Ed. (766, 2448, 3298, 3299)
2005 Ed. (838, 2377, 3310)
2004 Ed. (869, 3297)
2003 Ed. (831, 3056, 3241)
2002 Ed. (920, 1052)
1999 Ed. (1024, 1153, 1173, 3370, 4514)
1998 Ed. (2484)
1997 Ed. (2767)
1996 Ed. (303, 3631)
1994 Ed. (952, 970, 2584)
1993 Ed. (2549)
1992 Ed. (344)
Boise Office Solutions
2006 Ed. (3491)
2005 Ed. (880)
Boise Tower Associates LLC
2007 Ed. (1289)
Boise White Paper LLC
2008 Ed. (1794, 3850)
Bojangles
2008 Ed. (2666)
2006 Ed. (2554, 4116)
2005 Ed. (2547)
2002 Ed. (2244)
1999 Ed. (2135)
1992 Ed. (2112)
1991 Ed. (2872)
1990 Ed. (1756, 3014)
Bojangles' Chicken & Biscuits
1998 Ed. (1549)
1997 Ed. (1841)
1996 Ed. (1760)
1995 Ed. (1782)
1994 Ed. (1749)
1993 Ed. (1758)
Bojangle's Famous Chicken
2004 Ed. (4130)
Bojangles' Famous Chicken 'n Biscuits
2008 Ed. (2683, 4173, 4174)
2007 Ed. (2542, 4143)
2006 Ed. (2571)
2005 Ed. (2561, 4055, 4056, 4057, 4058, 4059)
2004 Ed. (2578)
Bojangles' Restaurants Inc.
2002 Ed. (2245)
2000 Ed. (1910)
BOK Financial Corp.
2008 Ed. (445, 446)
2003 Ed. (425)
Boke + Walterfang Electronic Systems Ltd.
2003 Ed. (2737)
2002 Ed. (2493)
Bokides; Dessa M.
2007 Ed. (2510)
Boland Bank
1999 Ed. (638)
1997 Ed. (614)
1996 Ed. (679)
1995 Ed. (606)
1994 Ed. (631)
1993 Ed. (626)
1992 Ed. (833)
1990 Ed. (679, 681)
Bolandbank
1990 Ed. (680)
1989 Ed. (671, 672)
Bolar
1990 Ed. (2985)
Bolar Pharmaceutical Co. Inc.
1993 Ed. (214, 217)
1991 Ed. (223, 2838)
1990 Ed. (1968, 1969, 3298, 3299)
1989 Ed. (1572, 2499)
Bold
2008 Ed. (717)
2002 Ed. (2227)
1999 Ed. (1839)
1996 Ed. (1541)
1994 Ed. (1525)
1992 Ed. (1799, 4234)
Bold Advertising
2003 Ed. (78)
2002 Ed. (113)
2001 Ed. (140)
1997 Ed. (93)
1996 Ed. (92)
1994 Ed. (91)
1991 Ed. (103)
1990 Ed. (106)
1989 Ed. (111)
Bold Advertising (O & M)
2000 Ed. (100)
Bold Advertising/Ogilvy & Mather
1999 Ed. (94)
1993 Ed. (103)
1992 Ed. (154)
Bold All in One
1997 Ed. (165)
Bold and the Beautiful
1992 Ed. (4255)
Bold/Ogilvy & Mather
1995 Ed. (78)
Bolder Technologies Corp.
2002 Ed. (2487)
The Boldt Co.
2008 Ed. (1345)
2007 Ed. (1386)
2006 Ed. (1337, 1352)
2004 Ed. (1286)
2003 Ed. (1283)
Boldt Construction Co.; Oscar J.
1992 Ed. (1357)

BoldTech Systems Inc.
2004 Ed. (3969)
2003 Ed. (2709, 3962)
Bolduc; J. P.
1994 Ed. (1722)
Boliden
2007 Ed. (3520)
2003 Ed. (3376)
2002 Ed. (3369)
Boliden AB
2005 Ed. (4512)
Bolig- og aeringsbanken
2008 Ed. (487)
2007 Ed. (533)
2006 Ed. (508)
Boling AFB, Washington, DC
1992 Ed. (4041)
Bolivar
2008 Ed. (3257)
2007 Ed. (3112)
bolivar; Venezuelan
2008 Ed. (2273)
Bolivar Vida
2008 Ed. (3256)
2007 Ed. (3111)
Bolivariano
2000 Ed. (513, 515)
Bolivia
2008 Ed. (257, 4468, 4675, 4676, 4677, 4784, 4918)
2007 Ed. (281, 4486, 4752, 4753, 4754, 4863, 4941)
2006 Ed. (276, 2333, 4425, 4738, 4739, 4740, 4860, 4935)
2005 Ed. (256, 4408, 4691, 4692, 4729, 4789, 4902)
2004 Ed. (253, 4463, 4720, 4721, 4815, 4909)
2003 Ed. (285, 1881, 4497, 4735, 4736, 4920)
2002 Ed. (4283, 4624, 4705)
2001 Ed. (392, 1182, 4319, 4534, 4535, 4650)
2000 Ed. (2361, 2368, 2369, 4033)
1999 Ed. (385)
1998 Ed. (3304)
1996 Ed. (3435)
1995 Ed. (2007, 2014, 2026, 2033)
1993 Ed. (1964, 1971, 1978)
1992 Ed. (230, 2307, 2314, 2319, 2324, 4240)
1991 Ed. (1843, 3390)
1990 Ed. (3076)
Bolkiah; Haji Hassanal
2007 Ed. (2703)
Bolkiah; Sultan Haji Hassanal
2005 Ed. (4880)
Bolkiah; Sultan Hassanal
1991 Ed. (710, 3477)
1990 Ed. (731, 3688)
1989 Ed. (732)
Bolla
2006 Ed. (4966)
2005 Ed. (4951, 4952, 4958, 4963, 4968)
2004 Ed. (4971)
2003 Ed. (4948)
2002 Ed. (4925, 4941, 4943, 4947, 4948, 4955, 4961)
2001 Ed. (4845, 4877, 4878, 4879, 4881, 4886, 4888, 4894)
2000 Ed. (4412, 4417, 4421)
1999 Ed. (4788, 4796)
1998 Ed. (3748, 3754)
1997 Ed. (3901, 3905)
1996 Ed. (3869)
1995 Ed. (3757, 3772)
1993 Ed. (3720)
1992 Ed. (4458, 4460, 4463, 4465)
1990 Ed. (3698)
1989 Ed. (2943, 2946)
Bolla Wines
1991 Ed. (3496, 3499, 3502)
Bolle America Inc.
1997 Ed. (1255)
Bollenbach; Steven F.
2005 Ed. (975)
Bollinger Inc.
2008 Ed. (3246)
2007 Ed. (3098)
2001 Ed. (2348)
1997 Ed. (927)
1993 Ed. (876)
Bollinger Algiers Inc.
2006 Ed. (1854)
Bollinger Calcasieu LLC
2006 Ed. (1854)
Bollinger Energy Corp.
2006 Ed. (4357)
Bollinger Gulf Repair LLC
2006 Ed. (1854)
Bollinger Insurance
2008 Ed. (1973)
Bollinger; Judith
1994 Ed. (1760)
1993 Ed. (1776)
Bollinger Larose LLC
2006 Ed. (1854)
Bollore SA
2007 Ed. (4832)
Bollore Technologies
1995 Ed. (2834)
1994 Ed. (2730)
Bologna
2005 Ed. (3417)
1992 Ed. (739)
Bolotsky; David
1997 Ed. (1897)
1996 Ed. (1823)
1995 Ed. (1845)
Bols
2001 Ed. (2119)
1999 Ed. (3194)
Bols Cordials
2004 Ed. (3261)
2003 Ed. (3218)
2002 Ed. (300, 3085)
2001 Ed. (3100)
2000 Ed. (2937)
Bolsa Chica State Park
1999 Ed. (3704)
Bolsa General
2006 Ed. (4508)
Bolsa y Banca
2008 Ed. (735)
2007 Ed. (756)
Bolt Beranek & Newman
1993 Ed. (1578, 1579)
1992 Ed. (1330, 1920, 3673, 3678)
1991 Ed. (1014, 2844)
1990 Ed. (2191)
Bolt Media
2008 Ed. (3370)
Bolt Technology Corp.
2008 Ed. (4374)
Bolthouse
2008 Ed. (1026)
Bolthouse Farms Inc.; Wm.
2008 Ed. (2272)
2007 Ed. (2157)
2006 Ed. (2236)
2005 Ed. (2141)
Bolton Group International
2006 Ed. (3340)
2002 Ed. (3219)
1996 Ed. (2556)
1994 Ed. (2417)
Bolton Leasing; Luke
1990 Ed. (385)
Bolton; Michael
1993 Ed. (1076)
Bolton/RGV Insurance Brokers
2002 Ed. (2864)
2000 Ed. (2665)
1999 Ed. (2910)
1997 Ed. (2415)
Bolu Cimento (BU)
1992 Ed. (2811)
Boly/Welch Inc.
2007 Ed. (3592, 3593, 4442)
2006 Ed. (3535)
BOM Holdings
1990 Ed. (3466)
BOMAG Americas Inc.
2007 Ed. (4397, 4410)
Bomar, Thomas
1991 Ed. (1629)
Bombardier Inc.
2008 Ed. (1634, 1640, 1657, 2932, 3552)
2007 Ed. (183, 1618, 1630, 1632, 2819)
2006 Ed. (1599, 1615, 1619, 2814, 3375, 4593)
2005 Ed. (1701, 1712, 1725, 1727, 2732, 2830, 3388)
2004 Ed. (165, 1662, 1663, 1668, 2825)
2003 Ed. (203, 207, 1629, 1635, 2892)
2002 Ed. (242, 1496, 1498, 1605, 1606, 1609, 2786)
2001 Ed. (269, 343, 344, 346, 347, 1658, 1659, 1664, 1665, 2375)
2000 Ed. (3155)
1997 Ed. (1813, 2806)
1996 Ed. (2107)
1995 Ed. (1425)
1994 Ed. (2048)
1992 Ed. (1879)
1991 Ed. (3417)
1990 Ed. (2517)
1989 Ed. (1930)
Bombardier Aerospace Corp.
2008 Ed. (2123)
2007 Ed. (2040)
2006 Ed. (2068)
2005 Ed. (1984, 1985, 1988, 1989)
Bombardier Business JetSolutions
2001 Ed. (342)
Bombardier Inc. CL B SV
1996 Ed. (2674)
1994 Ed. (2546)
Bombardier Dash 8-100
1996 Ed. (192)
Bombardier Dash 8-100/200
1999 Ed. (246)
Bombardier family
2005 Ed. (4869)
2003 Ed. (4891)
2002 Ed. (4788)
Bombardier Recreational Products
2008 Ed. (1215)
2007 Ed. (1325)
Bombardier Regional Jet
1999 Ed. (246)
1996 Ed. (192)
Bombardier-Shorts
2007 Ed. (2035, 2036, 2039)
2006 Ed. (2063, 2064)
Bombardier Transportation
2007 Ed. (3026)
Bombardiers
2005 Ed. (714)
BombardierTransportation
2007 Ed. (1920)
Bombay Co.
2008 Ed. (2116, 3002)
2007 Ed. (2882)
2006 Ed. (2889)
2004 Ed. (2735, 2894)
2003 Ed. (2615)
2002 Ed. (2405, 2406, 3174)
2000 Ed. (2302, 2334, 3375)
1999 Ed. (2592, 2593, 2595)
1998 Ed. (1829, 1834, 1837)
1997 Ed. (2109)
1996 Ed. (2017, 2021, 2023)
1995 Ed. (1996, 1998)
1994 Ed. (1937)
1993 Ed. (1942, 1948, 1949, 1950)
1992 Ed. (2285, 2288, 2289, 2889, 2890)
1991 Ed. (1816, 1817, 1814)
1990 Ed. (1898, 1899)
Bombay area, India
1989 Ed. (2245)
The Bombay Company
1999 Ed. (2562, 2564)
Bombay Dyeing
1991 Ed. (721)
1989 Ed. (34)
Bombay Dyeing & Manufacturing Co. Ltd.
1993 Ed. (714)
Bombay Dyeing & Mnufacturing
1992 Ed. (902)
Bombay English
1989 Ed. (1512, 1513)
Bombay Gin
2000 Ed. (2980)
1999 Ed. (3247)
1997 Ed. (2139, 2143, 2145)
1994 Ed. (1970, 1972)
Bombay, India
1996 Ed. (2865)
1995 Ed. (991, 2564, 2956)
1994 Ed. (2895)
1991 Ed. (940)
Bombay Original
2004 Ed. (2736)
2003 Ed. (2610)
2002 Ed. (285, 2398)
Bombay Saphire
1995 Ed. (1998)
1992 Ed. (2288, 2289, 2889, 2890)
Bombay Sapphire
2004 Ed. (2735, 2736)
2003 Ed. (2610, 2615)
2002 Ed. (285, 2398, 2405, 2406, 2407, 3156, 3164)
2001 Ed. (2599, 2600)
2000 Ed. (2332, 2334, 2967, 2970)
1999 Ed. (2589)
1994 Ed. (1972)
1991 Ed. (1814, 1816)
BombayCompany.com
2006 Ed. (2381)
Bomel Construction Co.
2008 Ed. (1183, 1223, 1255)
2007 Ed. (1283, 1366)
2006 Ed. (1177, 1289, 1328)
2002 Ed. (1232)
2001 Ed. (1472)
2000 Ed. (1258)
1999 Ed. (1366)
1997 Ed. (1167)
Bommarito Mazda; Frank
1994 Ed. (275)
1992 Ed. (390)
1991 Ed. (285)
Bommarito Oldsmobile; Frank
1993 Ed. (276)
Bon Appetit
2001 Ed. (4887)
2000 Ed. (2235, 3473, 3477, 3490)
Bon Appetit Management Co.
2005 Ed. (2662, 2663, 2664)
2004 Ed. (2665)
2001 Ed. (2484)
1995 Ed. (3115)
Bon Bons
2001 Ed. (3515)
Bon Innkeeping
1992 Ed. (2467)
1990 Ed. (2062)
Bon Jovi
2003 Ed. (1128)
1997 Ed. (1112)
1995 Ed. (1117, 1119)
1991 Ed. (1041)
Bon Marche
2005 Ed. (4106)
2000 Ed. (1660, 2290)
1998 Ed. (1262, 1786)
1997 Ed. (1593, 2104)
1995 Ed. (1552)
Bon Prix Handelsgesell-Schaft mbH
2003 Ed. (4779)
Bon Secours Cottage Health Services
2002 Ed. (2619)
Bon Secours Cottage Home Care
2002 Ed. (2589)
Bon Secours Health System
2006 Ed. (289, 3585)
2003 Ed. (292, 3463, 3469)
2002 Ed. (3290)
1992 Ed. (3279)
1991 Ed. (2624)
1990 Ed. (2725)
Bon Secours Richmond Health System
2008 Ed. (188)
2007 Ed. (201)
2005 Ed. (180)
The Bon-Ton
2001 Ed. (1993)
The Bon-Ton Stores Inc.
2008 Ed. (887, 987, 2328, 2999)
2007 Ed. (2195, 2877)
2006 Ed. (2884, 2886)
2005 Ed. (1011, 1022)
2004 Ed. (993, 4550)
1998 Ed. (1259)
Bonafont
1997 Ed. (698)
Bonanza
2008 Ed. (4155, 4167, 4168)
2007 Ed. (4141)

2006 Ed. (4114)
2003 Ed. (4102)
1999 Ed. (4080)
1996 Ed. (3217, 3230)
1995 Ed. (3122, 3138)
1994 Ed. (3077, 3088)
1990 Ed. (3012)
Bonanza Restaurants
1997 Ed. (3318, 3333)
1993 Ed. (3021, 3035)
1992 Ed. (3713, 3718)
1991 Ed. (2873, 2883)
Bonanza Ribby's
1990 Ed. (3023)
Bonanza Steakhouse
2002 Ed. (4030)
Bonaparte; Napoleon
2006 Ed. (1450)
Bonar Inc.
1996 Ed. (2900)
1994 Ed. (2718)
1992 Ed. (3323)
Bonar Cartons/MCA
2001 Ed. (3611)
Bonar Plastics Inc.
2005 Ed. (3858)
2004 Ed. (3912)
2003 Ed. (3891)
2001 Ed. (4125, 4126, 4127)
Bonas; Benjamin
2007 Ed. (4931)
Bonavista Energy Trust
2007 Ed. (1621)
Bonavista Petroleum
2005 Ed. (4511)
2004 Ed. (4572)
2003 Ed. (1633)
2002 Ed. (1604)
Bond Corp.
1992 Ed. (1574)
1991 Ed. (1254, 3231, 3234)
Bond; Christopher S.
1994 Ed. (2890)
Bond Drug Co. of Illinois
2006 Ed. (4147)
2005 Ed. (4095)
2004 Ed. (4159)
2003 Ed. (1695, 4147, 4148)
Bond Financial Network Inc.
2008 Ed. (2718)
Bond Fund
1996 Ed. (627)
Bond Fund for Growth
1996 Ed. (2807)
1995 Ed. (2740)
Bond Fund of America
2008 Ed. (584)
2006 Ed. (623)
2004 Ed. (717)
2002 Ed. (723)
2001 Ed. (3451)
1999 Ed. (745)
1998 Ed. (2641)
1994 Ed. (582, 2608, 2619)
1993 Ed. (2664, 2675)
1991 Ed. (2561)
1990 Ed. (2376, 2382, 2386)
Bond funds
1995 Ed. (3160)
1994 Ed. (1908)
1992 Ed. (2805)
Bond Corp. Holdings
1993 Ed. (697, 749, 1278, 1279)
1992 Ed. (1573, 1679)
1991 Ed. (15, 1253, 1286)
1990 Ed. (1703)
Bond Corp. International
1991 Ed. (3231)
Bond International Gold
1991 Ed. (1846)
Bond Investors Guaranty
1990 Ed. (2650, 2651, 2653)
Bond Investors Guaranty Insuarnce Co.
1990 Ed. (2652)
Bond Investors Guaranty Insurance Co.
1991 Ed. (2168, 2537, 2538, 2539, 2541, 2542, 2543, 2544, 2545)
Bond Media
1991 Ed. (3234)
Bond Procope Capital Mangement
1993 Ed. (2334)
Bondi & Co.
2005 Ed. (4)
Bondi & Co. LLP
2003 Ed. (3)
Bonding, rigid
1995 Ed. (16)
Bondings, nonrigid
1995 Ed. (16)
BondPat
1996 Ed. (3099)
BondResources
2002 Ed. (4798)
Bonds
2001 Ed. (2525)
1994 Ed. (338)
1993 Ed. (2364)
1992 Ed. (2804)
1991 Ed. (2262)
1990 Ed. (2401)
Bonds; Barry
2006 Ed. (291)
2005 Ed. (267)
Bonds, municipal, corporate, foreign
1993 Ed. (2365)
Bondspaarbank Centraale en Oostelijk
1992 Ed. (794)
B1, B2
2001 Ed. (2270)
Bone marrow
1999 Ed. (4650)
Bonefish
2006 Ed. (4111, 4112)
Bonefish Grill
2008 Ed. (4195, 4196)
2007 Ed. (4136, 4139, 4155)
The Bonesetter's Daughter Game
2003 Ed. (718)
Bonet; Jacques
1989 Ed. (868)
Bongards Creameries Inc.
2004 Ed. (1350)
Bongrain
2001 Ed. (1971)
2000 Ed. (1640)
1997 Ed. (1576)
Bongrain Cheese USA
2003 Ed. (926)
Bongrain SA
2002 Ed. (1908)
Boni
2007 Ed. (57)
Boni; Felix
1996 Ed. (1905)
Boni; Robert E.
1992 Ed. (2063)
1991 Ed. (1632)
Bonifica SPA
1994 Ed. (1644)
1993 Ed. (1613)
1992 Ed. (1961)
1991 Ed. (1555, 1559)
Bonilla; Rep. Henry
2007 Ed. (2706)
Bonitz Contracting
1997 Ed. (2016)
1996 Ed. (1923)
1995 Ed. (1880)
Bonitz Environmental Technologies
2008 Ed. (861)
Bonjour
1996 Ed. (1019)
1995 Ed. (2398)
Bonkers
2002 Ed. (3649)
1999 Ed. (3782)
1997 Ed. (3078)
1996 Ed. (2999)
1994 Ed. (2837)
1993 Ed. (2823)
1992 Ed. (3416)
1990 Ed. (2817)
1989 Ed. (2201)
Bonlac Foods
2004 Ed. (2652, 3963)
2003 Ed. (3959)
2002 Ed. (3775)
Bonland Industries Inc.
2008 Ed. (1264)
2007 Ed. (1368)
2006 Ed. (1292)
2005 Ed. (1320)
2004 Ed. (1314)
1997 Ed. (1169)
1996 Ed. (1137)
1995 Ed. (1165)
1993 Ed. (1127)
1992 Ed. (1414)
Bonn, Germany
1992 Ed. (1165)
Bonnaroo Music Festival
2005 Ed. (1161)
Bonne Bell
2008 Ed. (3450)
2003 Ed. (3216)
2001 Ed. (1910)
2000 Ed. (1590)
1999 Ed. (3189, 3190)
Bonne Bell Cosmetics
1999 Ed. (3191)
Bonner
1995 Ed. (3400)
Bonner Corporation; C. J.
1992 Ed. (3909)
Bonneville
2001 Ed. (495)
1997 Ed. (3238)
1995 Ed. (3049)
1992 Ed. (3602)
Bonneville Communications
2001 Ed. (1545)
Bonneville International
2001 Ed. (3975)
Bonneville Pac
1993 Ed. (2749)
Bonneville Power Administration
2008 Ed. (2028)
2007 Ed. (1946)
2006 Ed. (1975)
2005 Ed. (1940)
2004 Ed. (1840)
2003 Ed. (1807)
2001 Ed. (1832, 3870)
Bonnie Bell
2003 Ed. (3215)
2000 Ed. (2936)
1999 Ed. (1760)
Bonnie Lewis
1995 Ed. (938)
Bonnie; Pamela
1997 Ed. (1963)
Bonnie Raitt
1993 Ed. (1078)
Bonterra Builders
2008 Ed. (1164)
Bonus Building Care
2008 Ed. (744, 872, 876, 877, 883)
2007 Ed. (768)
2006 Ed. (672)
2005 Ed. (765)
2004 Ed. (779)
2003 Ed. (769)
Bonus of America Inc.
2008 Ed. (3727, 4422, 4978)
2007 Ed. (3591)
2006 Ed. (3534, 4373)
Bonus One
1993 Ed. (234)
Bonus pay
1996 Ed. (3811)
Bonus Resource Services Corp.
2001 Ed. (1656)
Bonutto-Hofer Investments
1990 Ed. (3287)
Bonz
1999 Ed. (3783)
1997 Ed. (3073)
1996 Ed. (2994)
1994 Ed. (2832)
1993 Ed. (2817)
1992 Ed. (3410)
1990 Ed. (2820)
1989 Ed. (2195)
Boodies British
1992 Ed. (2289)
Boodles
2004 Ed. (2736)
2003 Ed. (2610)
Boodles British
1994 Ed. (1972)
1993 Ed. (1948, 1950)
1992 Ed. (2288, 2881)
Book accessories
1994 Ed. (732)
Book author
1989 Ed. (2085, 2089)
Book Club Associates
2002 Ed. (47, 223)
Book clubs
2002 Ed. (748, 749)
2001 Ed. (976)
1997 Ed. (694)
Book of the Month Club
1999 Ed. (1854)
Book publishing
1997 Ed. (3165)
1994 Ed. (2931)
Book stores
1995 Ed. (3707)
1991 Ed. (724, 2706)
Book Systems Inc.
2006 Ed. (3277, 3278)
2005 Ed. (3288)
2004 Ed. (3257)
Book Warehouse
1993 Ed. (865)
Bookcases
2000 Ed. (2289)
Booker
1999 Ed. (1644)
1993 Ed. (3266)
Booker plc
2001 Ed. (4819)
2000 Ed. (4388)
Booker; Robert
1995 Ed. (2486)
Booker T. Washington
1994 Ed. (2233)
Booker T. Washington Insurance Co.
2006 Ed. (3092)
2005 Ed. (3087)
2004 Ed. (3079)
2003 Ed. (2976)
2002 Ed. (714)
2000 Ed. (2669)
1999 Ed. (2916)
1998 Ed. (2132)
1997 Ed. (2419)
1996 Ed. (2286)
1995 Ed. (2280)
1993 Ed. (2253)
1992 Ed. (2707)
1991 Ed. (2108, 2144)
1990 Ed. (2275)
Bookers
2002 Ed. (3160)
1999 Ed. (3235, 3236)
Bookkeeper
1993 Ed. (3727)
1989 Ed. (2091)
Bookkeepers, accounting, and auditing clerks
1989 Ed. (2081, 2081)
Books
2005 Ed. (4728)
2003 Ed. (4514)
2001 Ed. (2987, 2988, 2990, 3245, 3246, 3882)
1999 Ed. (3005, 4314)
1996 Ed. (3085, 3610)
Books-A-Million Inc.
2004 Ed. (753)
2001 Ed. (990, 991)
1999 Ed. (763)
1994 Ed. (733)
Books & magazines
1997 Ed. (3698)
Books & music
2000 Ed. (2751)
Books, blank
1994 Ed. (732)
Books, magazines, newspapers
1995 Ed. (3077)
Books, records, tapes
1990 Ed. (2505)
1989 Ed. (861, 1920)
Bookstores
2002 Ed. (749)
Bookstores, chain
1997 Ed. (694)
Bookstores, independent
1997 Ed. (694)
Bookstores, used
1997 Ed. (694)
Boole & Babbage Inc.
1993 Ed. (1074)

Boom & Bates
1989 Ed. (153)
Boomer McLoud
2002 Ed. (377)
Boomerang Tracking Inc.
2006 Ed. (2819)
Boomershine Pontiac-GMC Truck
1992 Ed. (396)
Boon Rawd Brewery Co.
2004 Ed. (92)
1994 Ed. (47)
1991 Ed. (52)
Boon Rawd Group
2007 Ed. (86)
Boon Suan Lee
1996 Ed. (22)
Boon Suan Lee & Co.
1997 Ed. (24)
Boonchai Bencharongkul
2006 Ed. (4920)
Boone Co.
1991 Ed. (1141, 1170)
1989 Ed. (1998)
Boone, Boone, Loeb & Pettit
2003 Ed. (1205)
2002 Ed. (1207)
Boone Homes
2005 Ed. (1236)
2004 Ed. (1212)
Boone Co. (KY) Recorder
2003 Ed. (3645)
Boone, NC
2008 Ed. (4245)
Boone's
2006 Ed. (4961)
2005 Ed. (4931, 4932, 4955)
2004 Ed. (4951, 4952)
Boone's Farm
1993 Ed. (3720)
Boonrawd Brewery & Co.
2001 Ed. (85)
Boonrawd Trading Co. Ltd.
1997 Ed. (1525)
Boorady; Charles
2006 Ed. (2578)
Boord's
1989 Ed. (1513)
Boorum & Pease Co.
1989 Ed. (1932)
Boost
2008 Ed. (4913)
2003 Ed. (2060, 2061)
2002 Ed. (4891)
2000 Ed. (1668)
1999 Ed. (1844)
Boost Juice Bars
2006 Ed. (1555)
Boost Plus
2003 Ed. (2060)
2002 Ed. (4891)
Booster Juice
2007 Ed. (3293)
2006 Ed. (3233)
Booth & Associates; George
1992 Ed. (1289)
Booth; Cherie
2006 Ed. (4978)
Booth; David
2008 Ed. (2629)
Booth Gardner
1992 Ed. (2344, 2345)
1991 Ed. (1857)
Booth Hansen Associates
2001 Ed. (408)
Booth; MacAllister
1991 Ed. (1624)
Booth Newpapers
1990 Ed. (2688)
Booth Newspapers
1991 Ed. (2596)
1989 Ed. (2046)
Booths
1999 Ed. (2586)
1997 Ed. (2139)
1996 Ed. (2017)
1995 Ed. (1996)
1994 Ed. (1970)
1993 Ed. (1942)
1992 Ed. (61, 2285, 2288, 2289)
Booth's Hi & Dry
2000 Ed. (2329)
Booths London Dry
1991 Ed. (1810)
1990 Ed. (1896)
Booton
1996 Ed. (1116)
Boots
2008 Ed. (672, 693, 698, 4240)
2007 Ed. (722, 726, 4193, 4205, 4643)
2006 Ed. (4186)
2001 Ed. (1889, 1932, 3402, 4574, 4578)
1999 Ed. (4100)
1996 Ed. (1033)
1994 Ed. (3111)
1992 Ed. (1874)
1991 Ed. (1168)
Boots Group plc
2008 Ed. (1411)
2005 Ed. (4142)
Boots Health & Beauty
2008 Ed. (3534)
Boots Healthcare USA Inc.
2003 Ed. (4436)
Boots (incl. Children's World)
1990 Ed. (3055, 3294, 3499)
Boots No7
2001 Ed. (1931)
The Boots Co. plc
2002 Ed. (2575)
2001 Ed. (2727)
1999 Ed. (277)
Boots Retail
1993 Ed. (3046)
Boots 17
2001 Ed. (1931)
Boots the Chemists Ltd.
2002 Ed. (38, 52)
Booyah Networks
2008 Ed. (110, 4053)
Booz Allen
1989 Ed. (1007)
Booz Allen & Hamilton Inc.
2006 Ed. (1361, 2093)
2005 Ed. (1353, 1354, 1359, 1364, 1377, 1379, 1386, 1387, 3922, 4742, 4989)
2004 Ed. (1345, 1346, 1361, 1367, 4655, 4982)
2003 Ed. (1345, 1350, 1362)
1999 Ed. (967)
1996 Ed. (834, 835)
1992 Ed. (1377)
1990 Ed. (853)
Booz Allen Hamilton Inc.
2008 Ed. (1351, 1354, 1355, 1366, 2158, 3016, 3172, 3178, 4058, 4059, 4734, 4802)
2007 Ed. (1400, 1402, 1405, 1406, 1410, 1414, 1415, 2894, 4031, 4805)
2006 Ed. (694, 695, 696, 1211, 1363, 1368, 1372, 1376, 1741, 2095, 3318, 3996, 4792, 4793)
Bop
1994 Ed. (2792)
Boppin' Bee
1997 Ed. (3771)
BOPS, Inc.
2002 Ed. (4255)
Bora
1990 Ed. (1903)
Boral Ltd.
2006 Ed. (3370)
2004 Ed. (798)
2002 Ed. (861)
2001 Ed. (1235)
1997 Ed. (1360)
1996 Ed. (1293)
1995 Ed. (1353)
1993 Ed. (1278)
1992 Ed. (1573, 1679)
1990 Ed. (1846)
Boralex Inc.
2005 Ed. (4510)
Boras Sparbank
1994 Ed. (641)
1993 Ed. (638)
Borbon Inc.
1995 Ed. (1168)
1994 Ed. (1142)
Bord Bainne
1996 Ed. (1401)
1995 Ed. (1437)
1994 Ed. (1405)
1993 Ed. (1352)
1992 Ed. (1652)
1990 Ed. (1386, 1387)
An Bord Bainne Co-Op Ltd.
1996 Ed. (1401)
1994 Ed. (1405)
1993 Ed. (1352)
1990 Ed. (1387)
An Bord Banne Co-Op Ltd.
1995 Ed. (1437)
Bord Telecom Eireann plc
2004 Ed. (1762)
2002 Ed. (1696)
2000 Ed. (1484)
Bordeaux
2002 Ed. (4942, 4956, 4959)
2001 Ed. (4880, 4884, 4889, 4892)
2000 Ed. (4413, 4419, 4422)
1999 Ed. (4789, 4795, 4797)
1997 Ed. (3906, 3910)
1996 Ed. (3859)
1993 Ed. (3720)
1989 Ed. (2946)
Bordeaux et Girondes
1992 Ed. (675)
Bordeaux-Guyenne
1993 Ed. (486)
Borden
2008 Ed. (899, 3670)
2004 Ed. (18)
2003 Ed. (13, 922, 926, 1960, 3410)
2001 Ed. (11, 1166, 3309, 3312)
2000 Ed. (1014, 2230, 3134, 4147)
1999 Ed. (1814, 2472)
1998 Ed. (1713, 3782)
1997 Ed. (948, 3380)
1996 Ed. (986)
1995 Ed. (695, 2578)
1994 Ed. (1208, 1859, 1862, 1865, 1875, 2901, 2934, 3345)
1993 Ed. (16, 1192, 1377, 1872, 1873, 1876, 2121, 2122, 2709)
1992 Ed. (24, 2175, 2177, 2178, 2179, 2183, 2184, 2186, 3344, 4004)
1991 Ed. (1137, 1149)
1990 Ed. (1223, 1231, 1232)
1989 Ed. (883, 889, 1444, 1447, 1448, 1450)
Borden & Elliot
1999 Ed. (3147)
1997 Ed. (2596)
1996 Ed. (2451)
1995 Ed. (2415)
1994 Ed. (2357)
1993 Ed. (2394, 2405)
1992 Ed. (2831)
1991 Ed. (2293)
1990 Ed. (2416)
Borden & Elliott
1990 Ed. (2427, 2427)
Borden Chemical
1996 Ed. (3051)
Borden Chemicals
1999 Ed. (1082, 3366)
Borden Chemicals & Plastics
2001 Ed. (2504, 2505, 2512, 3848)
Borden Foods Corp.
2003 Ed. (864, 2094, 3743, 4228, 4489)
Borden (includes Creamette and Prince)
1991 Ed. (2679)
Borden-Meadow Gold
1999 Ed. (3840)
Borden Natural
2003 Ed. (925)
Borden North American Forest Products
2001 Ed. (2504)
Borden Snacks
1997 Ed. (3533)
Border
1990 Ed. (1816)
Border Foods Inc.
2005 Ed. (1905)
2004 Ed. (1821)
Border Health Institute Biomedical Research Center
2002 Ed. (2455)
Border Magic
2008 Ed. (754)
Border Patrol; U.S.
1991 Ed. (257)
Border States Electric
2008 Ed. (2463)
Border Travel Services Ltd.
1992 Ed. (1197)
Borderland Construction Co.
2008 Ed. (1181, 1343)
2006 Ed. (1175, 1282, 1349)
2003 Ed. (1302)
1997 Ed. (1165)
Borders Books
1994 Ed. (733)
Borders Books & Music
2002 Ed. (4039)
1999 Ed. (763)
Borders Group Inc.
2008 Ed. (1535, 3032, 4476)
2007 Ed. (2890, 2909, 4499)
2006 Ed. (2891, 4432, 4439)
2005 Ed. (896)
2004 Ed. (753, 906, 2668)
2003 Ed. (887, 4502, 4503)
2002 Ed. (4748)
2001 Ed. (990, 991, 4099, 4100)
1999 Ed. (1056)
1998 Ed. (669, 3345)
1997 Ed. (3407)
Borders-Walden Group
1996 Ed. (894)
borders.com
2001 Ed. (2976, 2982)
Bordo Citrus Products Inc.
1991 Ed. (956)
Boreal
2000 Ed. (477)
Boreal Insurance Inc.
1997 Ed. (2468)
1996 Ed. (2343)
Borealis
2002 Ed. (1007, 1010, 1018)
2001 Ed. (3836, 3837)
Borealis A/S
2008 Ed. (927, 1704)
2007 Ed. (950)
Bored with job
1990 Ed. (1655)
Borel Bank & Trust Co.
2003 Ed. (522, 523)
Borg; Malcolm Austin
1992 Ed. (3079)
1991 Ed. (2462)
1990 Ed. (2578)
Borg Warner Inc.
2008 Ed. (309, 4756)
2007 Ed. (305, 322, 323, 2972, 4831)
2006 Ed. (308, 328, 331, 332, 337)
2005 Ed. (310, 312, 317, 318, 1490, 2736, 2737)
2004 Ed. (312, 313, 318, 2159, 2738)
2003 Ed. (339, 2119, 2621)
2002 Ed. (3790)
2000 Ed. (2346)
1999 Ed. (321, 2603)
1998 Ed. (1844, 2709)
1997 Ed. (2151, 2629)
1996 Ed. (2031, 2486)
1995 Ed. (335, 2003, 2004, 2444)
1994 Ed. (1241, 1977)
1993 Ed. (962, 1215, 1955, 1956)
1992 Ed. (1503, 1181, 1187, 2298, 2299, 3930)
1991 Ed. (1192, 1822, 1823, 2309, 2492, 3085, 3095)
1990 Ed. (1267, 1274, 1904, 1905, 2440)
1989 Ed. (878, 1020, 1056, 1057, 2014)
Borg Warner Australia Ltd.
2005 Ed. (1496)
Borg-Warner Automotive Inc.
2003 Ed. (340)
2002 Ed. (3231)
2001 Ed. (498, 499)

Borg-Warner Chemical
1990 Ed. (948)
Borg-Warner, Diversified Transmission Products Inc.
2003 Ed. (3308, 3309)
Borg-Warner Security
2000 Ed. (3384)
1999 Ed. (4283)
1998 Ed. (3287)
1997 Ed. (3498)
1996 Ed. (3308)
Borgata Hotel Casino & Spa
2007 Ed. (1913)
2006 Ed. (2939)
Borges; Francisco L.
2008 Ed. (184)
Borinquen Community Credit Union
2008 Ed. (2256)
2007 Ed. (2141)
2006 Ed. (2220)
2005 Ed. (2125)
2004 Ed. (1983)
2003 Ed. (1943)
2002 Ed. (1889)
Borinquen Sur Credit Union
2008 Ed. (2256)
2007 Ed. (2141)
2006 Ed. (2220)
2005 Ed. (2125)
2004 Ed. (1983)
2003 Ed. (1943)
2002 Ed. (1889)
Boris Becker
1989 Ed. (278)
Boris Berezovsky
2008 Ed. (4880)
2005 Ed. (4888)
1999 Ed. (727)
Boris Liberman
2002 Ed. (871)
2001 Ed. (3317)
Borkow; George
1996 Ed. (1710)
Borkum
2003 Ed. (982, 4750)
Borland International
1996 Ed. (1087)
1995 Ed. (1110)
1994 Ed. (1093, 1097)
1993 Ed. (1069, 1073)
1992 Ed. (3308, 3310)
1990 Ed. (2581)
Borland Paradox for Windows
1995 Ed. (1109)
Borland (Quattro)
1990 Ed. (3343)
Borland Quattro Pro
1995 Ed. (1108)
1992 Ed. (4056)
Borland Quattro Pro for Windows
1995 Ed. (1109)
Borland Software Corp.
2007 Ed. (1255)
2006 Ed. (1133, 1139, 1141)
2005 Ed. (1111, 1112, 1150, 1152, 1678)
2004 Ed. (1107, 1108)
Borman
1990 Ed. (2683)
Borman's Inc.
1990 Ed. (2681)
Born; Allen
1990 Ed. (1717)
Born on the Fourth of July
1992 Ed. (4399)
Bornstein Building Co., Inc.
2006 Ed. (4354)
Boromisa; Jeffrey
2008 Ed. (964)
2007 Ed. (1058)
Boropex Holdings Ltd.
1992 Ed. (1200)
Borrego Springs Bank
2008 Ed. (430)
Borrego Springs Bank NA
2004 Ed. (402)
Borrell Inc.
2000 Ed. (3147)
Borsch; Matthew
2006 Ed. (2578)
Borschow Hospital & Medical Supplies Inc.
2007 Ed. (1964, 4946)
2006 Ed. (1999, 4939)
2005 Ed. (4907)
2004 Ed. (4924)
Borse Industries
1997 Ed. (2804)
Borshoff Johnson Matthews
2005 Ed. (3975)
BorsodChem
2006 Ed. (664)
2002 Ed. (854)
2000 Ed. (893)
1999 Ed. (947)
Borton & Sons Inc.
1998 Ed. (1771)
Borussia Dortmund
2005 Ed. (4391)
Bosak; Barry
1994 Ed. (1787)
Bosart Co.
1995 Ed. (1198, 1199, 1204)
1993 Ed. (1157)
Bosch
2008 Ed. (699, 2348)
2007 Ed. (727)
2001 Ed. (2037)
2000 Ed. (3030)
1999 Ed. (280)
1995 Ed. (335, 335, 3553)
1994 Ed. (1074)
1993 Ed. (344, 3509)
1992 Ed. (480, 4202)
1990 Ed. (400)
Bosch & Butz
1999 Ed. (160)
1997 Ed. (150)
Bosch GMBH (Konzern); Robert
1992 Ed. (2955)
Bosch GmbH; Robert
2008 Ed. (312, 1770, 2395)
2007 Ed. (316, 324, 325, 4716)
2006 Ed. (335, 336, 3225, 3378, 3991)
2005 Ed. (322, 3328, 3692)
1996 Ed. (1353, 3735)
1995 Ed. (1402, 3659)
1994 Ed. (1377, 3575)
1993 Ed. (1319, 1321, 1581, 2488)
1991 Ed. (2372)
Bosch Group; Robert
1990 Ed. (368)
Bosch Power Tools
1999 Ed. (787)
Bosch Corp.; Robert
2008 Ed. (314)
2007 Ed. (326)
2006 Ed. (340, 342)
2005 Ed. (326, 328, 1776)
1997 Ed. (704)
1996 Ed. (3640)
1993 Ed. (889)
1992 Ed. (1622, 1928)
1991 Ed. (1535)
1990 Ed. (1638)
1989 Ed. (1338)
Bosch-Siemens
1999 Ed. (3285)
1991 Ed. (1966)
1990 Ed. (2113)
Bosch-Siemens Hausgeraete GMBH
2000 Ed. (3020)
Bosch und Siemens Hausgeraete GmbH (BSH)
2004 Ed. (2185)
2002 Ed. (2097)
2001 Ed. (2213)
Bosch und Siemens Hausgerate GmbH
2007 Ed. (2868)
Bosch und Siemens Hausger¤te GmbH (BSH)
2004 Ed. (2871)
Boschee; Jerr
2008 Ed. (3789)
2007 Ed. (3704)
Boschulte; Alfred F.
1989 Ed. (735)
Boscov's
2001 Ed. (1993)
1991 Ed. (1413)
1990 Ed. (1493)
Boscov's Department Stores LLC
2005 Ed. (4100)
Bose Corp.
2007 Ed. (132)
2006 Ed. (139, 168)
2005 Ed. (152)
2004 Ed. (154)
2003 Ed. (194)
2002 Ed. (222, 2083)
2000 Ed. (199, 208)
Bose; Amar
2008 Ed. (4828)
Bose McKinney
2001 Ed. (812)
Bose's
1996 Ed. (1557)
Bosgaaf Builders
2002 Ed. (2683)
Bosgraaf Builders
2004 Ed. (1175)
2003 Ed. (1167)
Bosil
2007 Ed. (40)
2006 Ed. (49)
2005 Ed. (42)
Bosma Machine & Tool Corp.
1999 Ed. (3420)
Bosnia
2002 Ed. (4081)
2001 Ed. (1413)
Bosnia & Heregovina
2007 Ed. (2258)
Bosnia & Herzegovina
2006 Ed. (2330)
Boss AG; Hugo
1996 Ed. (1021)
Boss AG (Konzern); Hugo
1994 Ed. (1031)
Boss Media AB
2008 Ed. (2092, 3207)
BOSS Staffing
2007 Ed. (3564)
Bossidy; Lawrence
1996 Ed. (959, 1709)
Bossidy; Lawrence A.
1993 Ed. (936)
Bossie; Louis W.
1992 Ed. (531)
Bostic Brothers Construction
2004 Ed. (254)
2003 Ed. (286, 2861)
2002 Ed. (2655)
Bostik Findley Inc.
2004 Ed. (18, 19)
2003 Ed. (13)
Boston Co.
2008 Ed. (2293)
2004 Ed. (3196)
2000 Ed. (235, 1086, 3726)
1997 Ed. (1261)
1995 Ed. (1598, 1756)
1994 Ed. (2299, 3017)
1993 Ed. (2288, 2295, 2320, 2977)
1992 Ed. (2737, 2772)
1991 Ed. (2215, 2217, 2221, 2233, 2237, 2244, 2565)
1990 Ed. (243)
1989 Ed. (989, 989, 1633, 1905, 2642)
Boston Advance
1995 Ed. (1597, 1598, 1755, 1756)
Boston Airport
2001 Ed. (1339)
Boston Area Newspapers
1991 Ed. (2596)
1990 Ed. (2688)
1989 Ed. (2046)
Boston Co. Asset Management Inc.
2000 Ed. (2859)
1999 Ed. (3108)
Boston Co. Asset Management LLC, Balanced
2003 Ed. (3138)
Boston Co. Asset Management LLC, Premier Value Equity Management
2003 Ed. (3131)
Boston Co. Asset Management LLC, Small Cap Value Equity Management
2003 Ed. (3134, 3137)
Boston Balanced
1999 Ed. (3531)
Boston Bancorp
1992 Ed. (4291)
Boston Bank of Commerce
2003 Ed. (455)
2002 Ed. (713)
1995 Ed. (431)
1993 Ed. (438)
The Boston Beer Co., Inc.
2008 Ed. (537)
2006 Ed. (552, 1219)
2005 Ed. (652, 744, 745, 1260)
2004 Ed. (772, 773, 4683)
2003 Ed. (658, 764)
2002 Ed. (678)
2001 Ed. (674, 1023, 1026)
2000 Ed. (722, 725, 731, 3128)
1999 Ed. (714, 718, 722, 723, 812, 814, 816, 1923, 3399, 3402, 4513)
1998 Ed. (462, 501, 503, 2487)
1997 Ed. (716)
1996 Ed. (2631)
1992 Ed. (927)
1990 Ed. (752)
Boston Bruins
2006 Ed. (2862)
2003 Ed. (4509)
2001 Ed. (4347)
2000 Ed. (2476)
1998 Ed. (1946, 3356)
Boston Cable Co-op
1992 Ed. (1023)
Boston-Cambridge-Quincy, MA-NH
2008 Ed. (18, 3464, 3477, 3524, 4089)
2007 Ed. (268, 772, 1105, 2597, 2692, 3366, 3376, 3498, 3499, 3501, 3503, 3802, 4120, 4165, 4166, 4809, 4877)
2006 Ed. (261, 676, 1019, 2620, 2698, 3473, 3474, 3476, 3477, 3478, 3796, 4024, 4098, 4142, 4143)
Boston Capital Corp.
2008 Ed. (259)
2007 Ed. (284)
2006 Ed. (281, 4192)
2005 Ed. (258)
2004 Ed. (256)
2003 Ed. (289)
2002 Ed. (323, 3920)
Boston Capital Partners, Inc.
2000 Ed. (306)
1998 Ed. (178)
1995 Ed. (1130)
1994 Ed. (1105, 1114)
1993 Ed. (238, 1083, 1090)
1992 Ed. (1353, 1364, 1367, 2555)
Boston Celtics
2007 Ed. (579)
2006 Ed. (548)
2005 Ed. (646)
2004 Ed. (657)
2003 Ed. (4508)
2001 Ed. (4345)
2000 Ed. (704)
Boston Chicken Inc.
2000 Ed. (3796, 3798)
1999 Ed. (4490, 4491)
1998 Ed. (3062)
1997 Ed. (3330, 3650)
1996 Ed. (1757, 1760, 3211, 3212, 3215)
1995 Ed. (1782, 3135, 3136, 3137, 3207)
Boston Circuits
2007 Ed. (1205)
Boston City Hospital
1998 Ed. (1986)
1992 Ed. (3126)
1991 Ed. (2501)
Boston CMSA, MA
1990 Ed. (1157)
Boston College
2008 Ed. (781)
2007 Ed. (801)
2006 Ed. (715)
2001 Ed. (2488)
1996 Ed. (2458)
Boston Communications Group Inc.
2007 Ed. (4591)

2006 Ed. (1866, 4701)
2005 Ed. (1859, 4637)
Boston Company Managed
1990 Ed. (2376)
Boston Company Managed Income
1990 Ed. (2386)
Boston Cons Group Inc.
1990 Ed. (855)
Boston Consulting
1999 Ed. (967)
The Boston Consulting Group
2008 Ed. (762, 763, 764, 765, 1501, 1504, 2485)
2007 Ed. (787, 788, 789, 1522)
2006 Ed. (694, 695, 696)
2004 Ed. (809)
2001 Ed. (1451)
1996 Ed. (834)
Boston Cordials
2001 Ed. (3100)
2000 Ed. (2937)
1999 Ed. (3194)
Boston Edison Co.
1999 Ed. (1950)
1998 Ed. (1388, 1389)
1997 Ed. (1696)
1990 Ed. (1603)
Boston Financial
2000 Ed. (306, 2820)
1998 Ed. (178, 3011)
1997 Ed. (2535, 3265)
Boston Firefighters Credit Union
2005 Ed. (2073)
Boston Foundation Inc.
2005 Ed. (2673)
2002 Ed. (1127, 1129)
2001 Ed. (2513, 2514)
2000 Ed. (3341)
1989 Ed. (1474, 1475)
Boston Gas Co.
2005 Ed. (2721)
1998 Ed. (1808)
Boston Globe
2003 Ed. (915, 3647)
2002 Ed. (3509)
2001 Ed. (261)
1999 Ed. (3613)
1998 Ed. (76, 78, 79, 80, 83, 85)
1991 Ed. (2604, 2606)
1990 Ed. (2693, 2704, 2706)
Boston Harbor Hotel
1999 Ed. (2761)
Boston Harbour Hotel
1992 Ed. (2481)
Boston Herald
2002 Ed. (3510)
1998 Ed. (77)
Boston Co. Institutional Investors
1995 Ed. (2392)
1994 Ed. (2328)
Boston Interconnect
1992 Ed. (1018)
1991 Ed. (833, 841)
Boston International
1997 Ed. (2518)
1996 Ed. (2388)
1994 Ed. (2295, 2332)
1993 Ed. (2293, 2305, 2350)
1992 Ed. (2753, 2761)
Boston International Advisors
1991 Ed. (2219, 2227, 2243)
1990 Ed. (2342)
Boston Co. International Retail
1995 Ed. (2732)
Boston Co. International Small Cap
2008 Ed. (2613)
2007 Ed. (2483)
Boston-Lawrence-Lowell
1999 Ed. (2714)
Boston-Lawrence-Lowell-Brockton
2000 Ed. (2950, 3819, 3835)
Boston-Lawrence-Lowell-Brockton, MA
2005 Ed. (910, 911, 921, 4825, 4826, 4827, 4933, 4934, 4935, 4936, 4937, 4938, 4972, 4973, 4974)
2004 Ed. (189, 227, 268, 269, 335, 336, 337, 732, 791, 804, 919, 926, 988, 989, 994, 995, 1001, 1016, 1017, 1018, 1036, 1054, 1146, 1147, 2052, 2053, 2265, 2419, 2601, 2602, 2630, 2702, 2731, 2751, 2752, 2762, 2763, 2801, 2854, 2855, 2872, 2873, 2874, 2887, 2900, 2901, 2951, 2952, 3219, 3262, 3280, 3353, 3354, 3449, 3450, 3451, 3452, 3453, 3454, 3455, 3457, 3458, 3459, 3462, 3463, 3464, 3466, 3467, 3468, 3469, 3470, 3472, 3473, 3474, 3475, 3519, 3715, 3716, 3717, 3718, 3719, 3720, 3721, 3722, 3723, 3724, 3725, 3799, 3800, 4110, 4111, 4112, 4113, 4168, 4170, 4171, 4172, 4173, 4174, 4176, 4177, 4178, 4201, 4202, 4210, 4211, 4231, 4317, 4408, 4409, 4418, 4479, 4617, 4618, 4619, 4782, 4783, 4834, 4835, 4836, 4846, 4894, 4896, 4914, 4915, 4953, 4954, 4955, 4956, 4972, 4973)
2003 Ed. (260, 352, 705, 777, 784, 901, 903, 997, 998, 999, 1000, 1005, 1014, 1015, 1031, 1047, 1143, 1144, 2256, 2338, 2468, 2469, 2611, 2632, 2633, 2639, 2640, 2684, 2764, 2773, 2778, 2779, 2787, 2862, 3162, 3220, 3228, 3290, 3291, 3384, 3385, 3386, 3388, 3389, 3391, 3392, 3393, 3396, 3397, 3398, 3399, 3401, 3402, 3403, 3404, 3406, 3407, 3408, 3409, 3456, 3660, 3661, 3662, 3663, 3664, 3665, 3666, 3667, 3668, 3669, 3769, 3770, 4082, 4083, 4084, 4155, 4156, 4157, 4158, 4160, 4161, 4162, 4174, 4175, 4181, 4208, 4307, 4391, 4392, 4403, 4512, 4637, 4638, 4639, 4797, 4798, 4851, 4866, 4904, 4906, 4921, 4922, 4952, 4953)
2002 Ed. (964, 966, 1094, 1223, 2028, 2404, 3092, 3135, 3137, 3138, 3139, 3326, 3328, 3997, 4075, 4180, 4528, 4743, 4744, 4745, 4766, 4927, 4928, 4929, 4930, 4931, 4932, 4933, 4934, 4935)
2001 Ed. (1153, 1155, 2596, 3102, 3120, 3121, 3291, 3292, 3718, 4089, 4143, 4164, 4678, 4679, 4680, 4708, 4790, 4791, 4792, 4848, 4849, 4850, 4851, 4852, 4853, 4854, 4855, 4856)
2000 Ed. (359, 1006, 1010, 1115, 1117, 1662, 1713, 2330, 2392, 2586, 2604, 2606, 2938, 2951, 2952, 2953, 2954, 3105, 3508, 3766, 3770, 3771, 3865, 4014, 4357, 4396, 4397, 4402, 4403)
1999 Ed. (1059, 1070, 2590, 3211, 3213, 3214, 3215, 3216, 4051, 4055, 4125, 4150, 4728, 4773, 4774, 4778, 4779)
1998 Ed. (672, 684, 1832, 2365, 2378, 2379, 3051, 3055, 3109, 3166, 3685, 3725, 3726, 3731, 3733)
1997 Ed. (322, 928, 940, 1031, 1032, 1211, 1596, 1669, 2140, 2162, 2176, 2326, 2327, 2357, 2358, 2360, 2361, 2362, 2639, 2649, 2657, 2766, 2768, 2769, 2770, 2771, 2773, 2774, 2775, 3066, 3306, 3307, 3313, 3350, 3365, 3390, 3512, 3657, 3853, 3890, 3893, 3894, 3900)
1996 Ed. (1011, 1012, 1170, 1537, 1587, 2018, 2040, 2076, 2198, 2199, 2222, 2228, 2229, 2231, 2497, 2510, 2518, 2615, 2616, 2617, 2619, 2620, 2622, 2623, 2624, 2625, 2982, 3197, 3199, 3209, 3249, 3250, 3266, 3293, 3425, 3604, 3802)
1995 Ed. (1026, 1027, 1202, 1555, 1609, 2048, 2080, 2183, 2184, 2213, 2219, 2220, 2222, 2223, 2553, 2554, 2555, 2557, 2560, 2561, 2562, 2563, 2900, 3102, 3104, 3113, 3149, 3369, 3522)
Boston-Lawrence-Lowell, MA
1998 Ed. (793, 2478, 2479)
Boston-Lawrence-Lowell, MA-NH
1992 Ed. (2554)
Boston-Lawrence-Lowell-Stockton, MA
2001 Ed. (2080)
Boston-Lawrence, MA
1996 Ed. (37)
Boston-Lawrence-Salem
1990 Ed. (1895, 3070, 3112)
Boston-Lawrence-Salem-Brockton, MA
1994 Ed. (3293)
Boston-Lawrence-Salem-Lowell-Brackton, MA
1990 Ed. (1218)
Boston-Lawrence-Salem-Lowell-Brock, MA
1989 Ed. (1952, 1960, 1961, 1962, 1963, 1964, 1965, 1966, 1967)
Boston-Lawrence-Salem-Lowell-Brockton, MA
1996 Ed. (897, 907, 3842, 3845, 3846, 3852)
1995 Ed. (920, 928, 1995, 2451, 2459, 2467, 2558, 3173, 3195, 3715, 3742, 3745, 3746, 3747, 3753)
1994 Ed. (256, 332, 1017, 1188, 1524, 1566, 1935, 1936, 1971, 1992, 2027, 2129, 2142, 2143, 2162, 2169, 2170, 2172, 2174, 2372, 2378, 2386, 2488, 2489, 2490, 2492, 2494, 2499, 2500, 2501, 2502, 2503, 2811, 3056, 3058, 3060, 3062, 3068, 3104, 3105, 3121, 3151, 3456)
1993 Ed. (267, 347, 872, 884, 989, 1158, 1478, 1525, 1913, 1943, 1999, 2015, 2106, 2107, 2108, 2139, 2145, 2146, 2148, 2149, 2439, 2444, 2540, 2543, 2544, 2545, 2546, 2550, 2551, 2552, 2553, 2812, 3012, 3043, 3045, 3060, 3105, 3299, 3481, 3675, 3708, 3710, 3711, 3717)
1992 Ed. (374, 482, 1161, 1213, 1214, 1440, 1797, 1850, 2254, 2255, 2352, 2377, 2521, 2535, 2536, 2580, 2581, 2583, 2584, 3051, 3056, 3057, 3058, 3059, 3236, 3399, 3694, 3696, 3702, 3734, 3736, 3953, 4159)
1991 Ed. (275, 348, 976, 977, 1102, 1455, 1782, 1783, 1863, 1888, 1965, 1972, 1973, 1974, 1975, 2000, 2006, 2007, 2009, 2010, 2424, 2425, 2427, 2430, 2431, 2432, 2433, 2434, 2435, 2436, 2441, 2442, 2443, 2444, 2445, 2446, 2857, 2861, 2862, 2863, 2864, 2890, 2892, 3248)
1990 Ed. (301, 401, 1054, 1055, 1553, 1867, 1868, 1958, 1986, 2111, 2123, 2124, 2125, 2126, 2154, 2162, 2163, 2165, 2166, 2551, 2554, 2555, 3003, 3047, 3048)
1989 Ed. (284, 1265, 1491, 1492, 1560, 1577, 1625, 1627, 1628, 1644, 1645, 1646, 1647, 1956, 1958, 1959, 2051, 2317, 2774)
Boston-Lawrence-Salem, MA
1998 Ed. (2473, 3472)
1995 Ed. (243)
1991 Ed. (883, 1813, 2933, 3457, 3489)
1989 Ed. (1510, 2894, 2932, 2933, 2936)
Boston-Lawrence-Salem, N.E. County Metro. Area
1990 Ed. (2566, 2567)
Boston-Lawrence-Salem, N.E. County Metro Area, MA
1991 Ed. (2437, 2438, 2439, 2440)
Boston Logan
1995 Ed. (194)
1994 Ed. (192)
Boston, MA
2008 Ed. (767, 829, 3465, 3516, 4039, 4040, 4041, 4650, 4721, 4731)
2007 Ed. (868, 3367, 4013, 4014, 4731)
2006 Ed. (749, 767, 771, 3303, 3741, 3975, 4707, 4970)
2005 Ed. (748, 841, 846, 1056, 2025, 2202, 2204, 2376, 2455, 3314, 3326, 3643, 4654, 4803, 4804, 4983)
2004 Ed. (226, 264, 265, 332, 333, 334, 731, 790, 803, 870, 872, 984, 985, 990, 991, 996, 1011, 1012, 1015, 1101, 1138, 1139, 2048, 2049, 2263, 2264, 2418, 2598, 2599, 2627, 2696, 2710, 2749, 2750, 2760, 2761, 2795, 2850, 2865, 2866, 2880, 2898, 2899, 2947, 2948, 2965, 3216, 3314, 3347, 3348, 3367, 3368, 3369, 3370, 3371, 3372, 3373, 3374, 3375, 3376, 3377, 3378, 3379, 3380, 3381, 3382, 3383, 3384, 3385, 3386, 3387, 3388, 3389, 3390, 3391, 3392, 3476, 3518, 3704, 3705, 3706, 3707, 3708, 3709, 3710, 3711, 3712, 3713, 3714, 3795, 3796, 4050, 4102, 4103, 4104, 4109, 4150, 4151, 4152, 4153, 4154, 4155, 4156, 4164, 4165, 4166, 4167, 4191, 4199, 4200, 4208, 4209, 4406, 4407, 4415, 4435, 4478, 4611, 4612, 4616, 4679, 4765, 4766, 4910, 4911)
2003 Ed. (27, 258, 351, 776, 832, 845, 1013, 1870, 2255, 2595, 2698, 2875, 2928, 3242, 3313, 3314, 3315, 3316, 3317, 3318, 3319, 3455, 4031, 4081, 4150, 4151, 4152, 4153, 4448, 4636, 4709, 4775)
2002 Ed. (75, 229, 236, 921, 2117, 2458, 2627, 2628, 2632, 2633, 2635, 3268, 3589, 3590, 3891, 3893, 4590, 4593, 4646)
2001 Ed. (1234, 2283, 2721, 2794, 2802, 2818, 2819, 3646, 3727, 4611)
2000 Ed. (1082, 1091, 1790, 2607, 2637, 2996, 3051, 3052, 3053, 3054, 3055, 3109, 4093, 4270)
1999 Ed. (1171, 1172, 1846, 2007, 2757, 2810, 3372, 3373, 3375, 3377, 3853, 3890, 4040, 4646)
1998 Ed. (143, 246, 580, 592, 735, 736, 742, 1746, 2003, 2004, 2359, 2476, 2480, 2538, 2983, 3296, 3489, 3612)
1997 Ed. (869, 998, 1000, 1002, 1117, 2335, 2339, 2712, 2720, 2721, 2722, 2723, 2959)
1996 Ed. (38, 302, 509, 974, 975, 1061, 2210, 2281, 2571, 2572, 2573, 2574, 2575, 3198, 3200, 3204)
1995 Ed. (230, 231, 330, 872, 874, 987, 990, 1869, 2189, 2205, 2539, 3103, 3105, 3107, 3109, 3562, 3563, 3564, 3565, 3566, 3780, 3781, 3782, 3783, 3784)
1994 Ed. (482, 820, 821, 823, 824, 826, 827, 951, 963, 964, 971, 973, 1103, 2039, 2409, 2472, 3057, 3059, 3061, 3063, 3494, 3495, 3496, 3497, 3498)
1993 Ed. (480, 773, 808, 816, 818, 944, 945, 946, 949, 950, 1424, 1852, 2527, 2953, 3518, 3519, 3520, 3521, 3522, 3523)
1992 Ed. (237, 1010, 1017, 1025, 1026, 1155, 1160, 2164, 2287, 2480, 2514, 2546, 2575, 3040, 3041, 3043, 3044, 3045, 3046, 3049, 3050, 3292, 3617, 3641, 3661, 3693, 3695, 3700, 3701, 3752, 3809, 4190, 4217, 4218, 4219, 4220, 4221, 4222, 4403, 4446, 4449, 4450, 4456)

1991 Ed. (826, 827, 828, 829, 831, 832, 935, 1397, 1644, 1940, 2447, 2901, 3296, 3297, 3298, 3299, 3300)
1990 Ed. (404, 875, 876, 1000, 1003, 1007, 1438, 1464, 1466, 2135, 2136, 2160, 2161, 2442, 2568, 2656, 2661, 2885, 3524, 3526, 3527, 3528, 3529, 3530, 3535, 3536, 3607, 3608, 3614)
1989 Ed. (276, 343, 727, 843, 844, 845, 846, 847, 910, 911, 914, 1588, 2099, 2906)
Boston, MA/NH
2001 Ed. (2363)
Boston, MA-NH-ME
2005 Ed. (2029, 2978, 3064)
Boston (Manchester), MA-NH
2007 Ed. (271, 775, 1109, 2601, 2664, 2693, 2860, 3504, 3505, 3506, 3507, 3508, 3509, 3644, 3805, 4125, 4175, 4176)
Boston Market
2008 Ed. (2666, 4159, 4173, 4174)
2007 Ed. (4143)
2006 Ed. (2554, 2558, 4116)
2005 Ed. (2551, 2560, 4055, 4056, 4057, 4058, 4059)
2004 Ed. (2577, 4132)
2003 Ed. (2442, 2443, 2444, 2445, 2446, 2447, 2448, 4098, 4120)
2002 Ed. (4002, 4014)
2001 Ed. (2406, 4065)
2000 Ed. (3784, 3785)
1999 Ed. (2132, 2477, 2514, 2515, 4049, 4066, 4067)
1998 Ed. (1879, 3047, 3059, 3064)
1997 Ed. (1833, 1835, 1837, 1839, 1841, 3311, 3312, 3314, 3328, 3331, 3332)
The Boston Marriott Hotel
1992 Ed. (2479)
Boston Marriott Hotel Newton
1990 Ed. (2065)
Boston Museum of Fine Arts
2000 Ed. (3217)
Boston 1784 Funds-CT Tax-Ex Inc A
2000 Ed. (625)
Boston Option Exchange
2008 Ed. (4500)
2007 Ed. (4537)
Boston Overseas Investors
1992 Ed. (2791, 2797, 2798)
Boston Partners
2000 Ed. (2780, 2809, 2811)
1999 Ed. (3069, 3071)
1997 Ed. (2521, 2525, 2529, 2533)
Boston Partners Asset Management
1998 Ed. (2269, 2270, 2271)
Boston Partners Asset Management LP, Small Cap Value Equity
2003 Ed. (3118, 3134, 3137, 3140)
Boston Partners Large Cap Value Fund Institutional
2003 Ed. (3534)
Boston Partners Long Short Equity
2004 Ed. (3546, 3548)
Boston Partners Long/Short Equity Inst.
2003 Ed. (3124)
Boston Partners Long/Short Equity Investment
2006 Ed. (3608, 3612)
Boston Partners Small Cap Value
2004 Ed. (3575)
2003 Ed. (2359, 3118, 3134, 3137, 3140, 3509, 3550)
Boston Partners Small Cap Value II Investment
2006 Ed. (3652, 3655)
Boston Partners Small Cap Value II Investor
2004 Ed. (3595)
Boston Pizza
2007 Ed. (4147)
2006 Ed. (4121)
2005 Ed. (4073)
2004 Ed. (4136)
1996 Ed. (1968, 3049)
Boston Pizza International Inc.
2008 Ed. (1616)
2005 Ed. (1699, 1703)
Boston Polymer Tech. Corp.
1992 Ed. (1380)
Boston Popcorn
1996 Ed. (3054)
Boston Post Office Employees Credit Union
2003 Ed. (1895)
2002 Ed. (1834)
Boston Private Financial Holdings
2005 Ed. (360)
2003 Ed. (516)
2001 Ed. (571)
Boston Properties Inc.
2008 Ed. (1917, 1919, 4115)
2007 Ed. (3738, 4083, 4084, 4085, 4102, 4105)
2006 Ed. (1872, 3738, 4041, 4042, 4043, 4044, 4054)
2005 Ed. (4008, 4009, 4010, 4011, 4017, 4018)
2004 Ed. (4076, 4078, 4079, 4085)
2003 Ed. (1147, 4060)
2002 Ed. (3930)
2000 Ed. (3727)
1999 Ed. (4216)
Boston Co. Real Estate
1992 Ed. (2775, 3637, 3638)
1990 Ed. (2969)
Boston Co. Real Estate Counsel, Inc.
1991 Ed. (2247, 2821)
1990 Ed. (2355)
1989 Ed. (1807)
Boston Red Sox
2008 Ed. (529)
2007 Ed. (578)
2006 Ed. (547)
2005 Ed. (645)
2004 Ed. (656)
2001 Ed. (664)
2000 Ed. (703)
1998 Ed. (438)
1995 Ed. (642)
Boston Redevelopment Authority
2005 Ed. (3320)
Boston Safe Deposit & Trust Co.
1998 Ed. (394)
1997 Ed. (554)
1996 Ed. (560, 601)
1995 Ed. (542, 2596)
1994 Ed. (370, 395, 566, 2446, 2447, 2448)
1993 Ed. (405, 409, 564, 2508, 2511)
1992 Ed. (565, 569, 725, 774, 2981, 2984)
1991 Ed. (605, 2484)
1990 Ed. (633)
1989 Ed. (562, 617)
Boston Safe Deposit Trust Co.
1992 Ed. (2986)
Boston Safe/Mellon
1995 Ed. (2513, 2514, 2515)
Boston-Salem-Lowell-Brockton, MA
1990 Ed. (2548, 2549, 2556, 2557, 2558, 2559, 2560, 2561, 2562, 2563, 2564, 2565)
Boston Scientific Corp.
2008 Ed. (1402, 1404, 1405, 1431, 1508, 1817, 1908, 1914, 1917, 1921, 1923, 3221, 3840)
2007 Ed. (1443, 1530, 1871, 1872, 1873, 1874, 2746, 2773, 3080, 3424, 3464, 3465)
2006 Ed. (1418, 1499, 1522, 1866, 1869, 1871, 1872, 1873, 1875, 2761, 2766, 2779, 3445, 3446, 3448, 4075)
2005 Ed. (1823, 1861, 1862, 1864, 2791, 2795, 2799, 2803, 3397, 3433, 3434, 3435, 3437, 4462, 4503)
2004 Ed. (1589, 2798, 2803, 3421, 3422, 3423, 4486, 4576)
2003 Ed. (3356, 3357, 3358)
2002 Ed. (3297, 3299)
2001 Ed. (3264, 3265, 3266)
2000 Ed. (739, 2647, 3030)
1999 Ed. (1484, 1903, 2642, 3340)
1998 Ed. (1045, 1050, 1051, 1114, 1338, 1906, 2457, 3359)
1997 Ed. (2747)
1996 Ed. (1746, 2600)
1994 Ed. (2032)
Boston Co. Special Growth
1995 Ed. (2734)
1994 Ed. (2615)
Boston Stock Exchange
1994 Ed. (3437)
Boston Sunday Globe
2002 Ed. (3504)
Boston Symphony Orchestra
2004 Ed. (929)
1989 Ed. (1146)
Boston Technologies
1997 Ed. (3861)
Boston Technology
1992 Ed. (4414, 4415)
1991 Ed. (3467)
Boston University
2002 Ed. (902)
2001 Ed. (3063, 3066)
2000 Ed. (2906, 2909)
1999 Ed. (3162, 3165)
1997 Ed. (2605, 2606, 2608)
1996 Ed. (2460, 2462)
1991 Ed. (2928)
Boston Ventures Management Inc./ Boston Ventures LP
1991 Ed. (3441)
Boston Volvo Village
1994 Ed. (288)
Boston-Worcester-Lawrence-Lowell-Brockton, MA
2004 Ed. (796, 1006, 2646, 2706, 2719, 2809, 2860, 2983, 3522, 4116, 4185, 4186)
2003 Ed. (4090)
2002 Ed. (376, 1086, 2045, 2301, 2382, 2395, 2444, 3325, 3331, 3998, 4052, 4053)
2001 Ed. (2757, 3219, 4049)
2000 Ed. (3110, 3111, 3112, 3113, 3114, 3115, 3116, 3117, 3119, 3120, 3121)
1997 Ed. (2356, 2758, 2759, 2760, 2762)
Boston-Worcester-Lawrence-Lowell-Brockton, MA-NH
2000 Ed. (2614)
1999 Ed. (2832, 3380, 3381, 3382, 3383, 3384, 3385, 3386, 3387, 3388, 3390, 3391, 3392)
Boston-Worcester-Lawrence, MA-NH-ME-CT
2008 Ed. (4351)
BostonCoach
2005 Ed. (3180)
BostonFed Bancorp Inc.
2005 Ed. (357)
2001 Ed. (575)
Bostonian
1993 Ed. (259)
Bostonian Hotel
1990 Ed. (2063)
Boston's North Shore, MA
1991 Ed. (2447)
Bostwana
1994 Ed. (1485)
Boswell Engineering
2002 Ed. (2153)
Boswell Memorial Hospital
2005 Ed. (2893)
Boswell Memorial Hospital; Walter O.
1997 Ed. (2264, 2266, 2267)
BOT Financial Services Inc.
1993 Ed. (2277)
Botanicals International Powders
2001 Ed. (994)
Boticario; O
2007 Ed. (1604)
Botin; Ana Patricia
2008 Ed. (4949)
2007 Ed. (4976, 4982)
2006 Ed. (4976, 4985)
Botsford General Hospital
2002 Ed. (2619)
2001 Ed. (2772)
2000 Ed. (2526)
Botston Beer Co.
2000 Ed. (816, 817, 818)
Botswana
2008 Ed. (2200, 2332, 2333, 2402, 3785)
2007 Ed. (2090, 2198, 2199, 2267)
2006 Ed. (2146, 2260, 2261, 2336)
2005 Ed. (2053, 2198, 2199, 3604)
2004 Ed. (1918, 2094, 2095, 3694)
2003 Ed. (2051, 2052, 3650)
2002 Ed. (1811, 1815)
2001 Ed. (1946, 2003, 2004, 3548)
2000 Ed. (1609)
1999 Ed. (1780, 1842, 4662)
1997 Ed. (1541, 1604, 1605)
1996 Ed. (1476, 1545)
1995 Ed. (1517)
1992 Ed. (1730, 1802)
Botswana Insurance Holdings Ltd.
2006 Ed. (4488)
2002 Ed. (4387)
Bottle
2002 Ed. (4726)
Bottle beverage
2002 Ed. (4717)
Bottle King Wine Store
2002 Ed. (4964)
Bottled
2007 Ed. (4598)
2006 Ed. (4611)
Bottled juice
2001 Ed. (3908)
Bottled juices
2001 Ed. (4405)
Bottled water
2008 Ed. (557)
2003 Ed. (3939)
2001 Ed. (686, 687, 688, 690, 691, 692, 693, 694, 700, 2084, 2085, 3908, 4405)
2000 Ed. (711, 712, 717)
1999 Ed. (699, 700, 705, 706, 707)
1996 Ed. (719, 2646)
1995 Ed. (644)
1994 Ed. (682)
1990 Ed. (1952)
1989 Ed. (731)
Bottled water, carbonated
2008 Ed. (633)
Bottled water, flavored
2008 Ed. (633)
Bottled water, functional
2008 Ed. (633)
Bottled water, still
2008 Ed. (633)
1999 Ed. (4508)
Bottles & nipples
2002 Ed. (422)
Bottles, plastic
1992 Ed. (3645)
Bottling Group LLC
2008 Ed. (2734, 2735)
2006 Ed. (2622)
Bottomley Evergreens & Farms Inc.
2007 Ed. (2639)
Bottomley's Evergreens & Farms Inc.
2006 Ed. (2656)
2005 Ed. (2671)
Bottoms
2005 Ed. (1004, 1005, 1006, 1009)
2001 Ed. (1277)
Botway Group
2000 Ed. (133, 137)
Bouchard; J. Thomas
1997 Ed. (3068)
1996 Ed. (2989)
Boucher; Marion
1997 Ed. (1930, 1933)
Boucheron
1990 Ed. (3696)
Boucheron Pour Homme Eau de Parfum
2008 Ed. (2768)
Boucherville Industrial Park
1997 Ed. (2373)
Bouches du Rhones
1993 Ed. (486)
1992 Ed. (675)
Boudreaux's Butt Paste
2003 Ed. (2919)
Bouillon
2003 Ed. (4491)
2002 Ed. (4329)
Boulay, Heutmaker, Zibell & Co.
2000 Ed. (13)
Boulay, Heutmaker, Zibell & Co. PLLP
2008 Ed. (5)
2007 Ed. (7)

2006 Ed. (11)
2005 Ed. (6)
2004 Ed. (10)
2003 Ed. (4)
2002 Ed. (14)
Boulder Brewing
1991 Ed. (2452)
1990 Ed. (748)
1989 Ed. (758)
Boulder, CO
2008 Ed. (1039, 1055, 3464, 3476, 4090)
2007 Ed. (1156, 1162, 3366, 3375, 3500, 4013, 4057)
2006 Ed. (1066, 2426, 3475, 3974, 4024)
2005 Ed. (1058, 2377)
2003 Ed. (4189)
2002 Ed. (1052)
1998 Ed. (743)
1995 Ed. (1113)
Boulder County, CO
2002 Ed. (1805)
Boulder County Jail
1994 Ed. (2935)
Boulder Dam Credit Union
2008 Ed. (2245)
2007 Ed. (2130)
2006 Ed. (2209)
2005 Ed. (2114)
2004 Ed. (1972)
2003 Ed. (1932)
2002 Ed. (1878)
Boulder-Longmont, CA
2000 Ed. (3768)
Boulder-Longmont, CO
2005 Ed. (2050, 2388, 2973, 2989, 3470)
2004 Ed. (3465)
2003 Ed. (3400)
2002 Ed. (31, 1801, 3329)
2000 Ed. (3767)
1999 Ed. (2689, 3376, 4052, 4053)
1998 Ed. (3052, 3053)
1997 Ed. (3308, 3309, 3525)
Boulder Valley Public Schools
2004 Ed. (2307)
2003 Ed. (2276)
Boulder Ventures
2008 Ed. (4806)
2007 Ed. (4875)
2004 Ed. (4832)
The Boulders
2002 Ed. (3990)
1998 Ed. (2014)
1995 Ed. (2155)
1994 Ed. (2104, 3051)
1992 Ed. (3686)
Boulders Resort
2007 Ed. (4118)
2006 Ed. (4097)
2005 Ed. (4042)
1993 Ed. (2090)
1991 Ed. (1947)
1990 Ed. (2064)
The Boulders Resort and Club
1996 Ed. (2171)
1992 Ed. (2482)
Boulevard Bank
1991 Ed. (478)
1990 Ed. (520)
Boulevard Brewing Co.
1996 Ed. (2630)
Boulevard Buick-GMC
1992 Ed. (409)
Boulevard Buick-GMC-Saab
1990 Ed. (337)
Boulevard Properties
1999 Ed. (4167)
Bouley
1994 Ed. (3092)
Boult Cummings Conners & Berry PLC
2007 Ed. (1510)
Boulton; H. L.
1996 Ed. (884)
The Bouma Corp.
1997 Ed. (1173)
1996 Ed. (1136)
1995 Ed. (1169)
1991 Ed. (1080)
Bounce
2003 Ed. (2429)
Bounce canned dog food
1992 Ed. (3417)
Boundary Bay
1995 Ed. (196)
Boundless
2000 Ed. (2460)
Bountiful Corp.
1990 Ed. (1026)
Bounty
2008 Ed. (3857)
2003 Ed. (3719, 3735)
2001 Ed. (1121)
2000 Ed. (972, 3319)
1996 Ed. (2907)
1994 Ed. (2733)
1992 Ed. (3337)
Bounty Kitchen
2002 Ed. (3585)
Bounty Medleys
1998 Ed. (2669)
Bounty paper towels
1991 Ed. (1453)
Bounty SCA Worldwide
2001 Ed. (188)
Bounty Towels
1993 Ed. (1523)
Bourbon
2002 Ed. (3132, 3133)
2001 Ed. (3124, 3125)
Bourbon & Coke
1990 Ed. (1074)
Bourbon & water
1990 Ed. (1074)
Bourbon Heritage Collection
1999 Ed. (3230, 3235, 3236, 3237)
Bourbonnais; Shane
2005 Ed. (2473)
Bourgela
2000 Ed. (1417)
1997 Ed. (1395)
Bourgeois Bennett
2000 Ed. (20)
1998 Ed. (19)
Bourgeois Bennett LLC
1999 Ed. (24)
Bourgogne
1996 Ed. (513)
Bourjois
2001 Ed. (1931)
The Bourne Identity
2005 Ed. (2259, 4832)
Bourne Leisure
2005 Ed. (4887)
The Bourne Supremacy
2006 Ed. (3576)
Bourns Inc.
1998 Ed. (1878, 1925)
Bourque; Mary
1996 Ed. (1898)
Bousquet No. 2
1996 Ed. (2032)
Bousquet 2
1994 Ed. (1981)
Boussac Saint Freres
1991 Ed. (3356)
Boutari
1998 Ed. (3745)
Boutaris
1992 Ed. (364)
Bouvet-Ladubay
2005 Ed. (916)
Bouwkamp Builders
2004 Ed. (1175)
Bouygues
2000 Ed. (1824)
1999 Ed. (1386, 1388, 1389, 1392, 1393, 1396, 1397, 1398, 1404, 2032)
1998 Ed. (962, 963, 964, 965, 971, 1445, 1446, 2429)
1996 Ed. (1151, 1153, 1158, 1159, 1160, 1161, 1162, 1164, 1165, 1166, 1672, 1675, 1677, 1680, 1681)
1995 Ed. (1137, 1179, 1183, 1184, 1185, 1187, 1189, 1192, 1690, 1693, 1695, 1698, 1699)
1994 Ed. (1122, 1160, 1162, 1166, 1167, 1169, 1172, 1173, 1651)
1993 Ed. (1099, 1141, 1143, 1619)
1992 Ed. (1372, 1374, 1426, 1428, 1430, 1967)
1991 Ed. (1065, 1091, 1093)
1990 Ed. (1209)
1989 Ed. (1006)
Bouygues Construction
2003 Ed. (1708)
Bouygues Group
1990 Ed. (1177)
1989 Ed. (1005)
Bouygues; Martin & Olivier
2008 Ed. (4866)
Bouygues SA
2008 Ed. (1189, 1191, 1278, 1281, 1282, 1285, 1290, 1297, 1298, 1305, 1307, 1762)
2007 Ed. (1287, 1288, 1290, 1291, 1293, 1731, 1734)
2006 Ed. (204, 1181, 1184, 1299, 1300, 1301, 1302, 1305, 1311, 1312, 1319, 1321, 3487)
2005 Ed. (192, 1195, 1326, 1327, 1328, 1329, 1332, 1333, 1338, 1339, 1341, 3486)
2004 Ed. (1182, 1320, 1321, 1322, 1323, 1326, 1327, 1328, 1330, 1334, 1335, 1336)
2003 Ed. (1174, 1175, 1320, 1321, 1322, 1323, 1326, 1327, 1328, 1329, 1331, 1335, 1703)
2002 Ed. (1194, 1195, 1304, 1306, 1307, 1310, 1311, 1313, 1314, 1315, 1321)
2001 Ed. (36, 1486, 1487)
2000 Ed. (1275, 1276, 1277, 1278, 1281, 1282, 1283, 1284, 1285, 1288, 1291)
1997 Ed. (1132, 1180, 1183, 1186, 1188, 1193, 1196, 1408, 1752, 1753, 1755, 1756, 1757, 1758, 1760)
Bouygues SA, St. Quentin-En-Yvelines
1997 Ed. (1187)
Bovar
1992 Ed. (1601, 3296)
Bovender Jr.; Jack
2007 Ed. (982)
2006 Ed. (892)
2005 Ed. (969)
Bovender Jr.; Jack O.
1994 Ed. (1715)
Bovis Inc.
2001 Ed. (1398, 1462, 1463, 1468)
2000 Ed. (1200, 1237, 1256, 4027)
1999 Ed. (1321, 1339, 1340, 1357, 1358)
1997 Ed. (1151)
1996 Ed. (1111, 1112, 1122)
1995 Ed. (1138, 1139, 1149, 1156)
1994 Ed. (1123, 1131, 1136)
1993 Ed. (1101)
Bovis Construction Corp.
2000 Ed. (1215, 1238, 1246, 1247, 1249)
Bovis Construction Group
2000 Ed. (1281, 1283, 1285)
1999 Ed. (1392, 1396, 1410)
1998 Ed. (891, 936, 962, 963, 974)
1997 Ed. (1126, 1186, 1188)
1996 Ed. (1156, 1157, 1158)
1995 Ed. (1183, 1186)
1993 Ed. (1147)
Bovis Homes
2007 Ed. (2994)
2006 Ed. (1204)
2005 Ed. (1245)
Bovis International Ltd.
1994 Ed. (1161, 1164, 1166)
1992 Ed. (1429, 1432, 1433)
1991 Ed. (1094, 1097)
Bovis Lend Lease Inc.
2008 Ed. (1168, 1170, 1172, 1174, 1206, 1222, 1224, 1228, 1230, 1231, 1238, 1241, 1244, 1247, 1276, 1281, 1290, 1295, 1298, 1308, 1309, 1317, 1321, 1323, 1326, 1329, 1331, 1336, 2915)
2007 Ed. (1316, 1337, 1339, 1341, 1343, 1344, 1350, 1352, 1384, 1386)
2006 Ed. (1168, 1169, 1182, 1186, 1209, 1239, 1243, 1245, 1246, 1267, 1268, 1283, 1300, 1305, 1308, 1312, 1322, 1323, 1331, 1332, 1335, 1337, 1343, 2792)
2005 Ed. (1172, 1173, 1174, 1250, 1279, 1298, 1299, 1301, 1313, 1327, 1332, 1333, 1341, 2426, 3177)
2004 Ed. (1167, 1247, 1248, 1256, 1267, 1268, 1270, 1281, 1297, 1306, 1311, 1321, 1326, 1328, 1336, 2387, 2391, 2394, 2404, 2748)
2003 Ed. (1244, 1245, 1254, 1264, 1265, 1277, 1303, 1308, 1312, 1316, 1321, 1326, 1328, 1329, 1332, 2290, 2291, 2313)
2002 Ed. (1182, 1202, 1212, 1213, 1214, 1228, 1229, 1253, 1255, 1257, 1262, 1270, 1280, 1291, 1305, 1308, 1310, 1314, 1315, 1328)
Bovis Lend Lease Consulting
2002 Ed. (1215)
Bow Valley Resource Services
1990 Ed. (2740)
Bowa Bank
2007 Ed. (363, 470)
Bowater Inc.
2008 Ed. (2076, 3851, 3852)
2007 Ed. (1978, 2635, 3424, 3773, 3774)
2006 Ed. (2012, 2654, 2655, 3459, 3773, 3776, 3777, 3778)
2005 Ed. (1960, 2670, 3450, 3675, 3679, 3680, 3681, 3682, 3689)
2004 Ed. (1857, 2678, 3760, 3763, 3764, 3765, 3766)
2003 Ed. (1821, 2541, 3715, 3718, 3728, 3732, 3734)
2002 Ed. (3518, 3580, 3582)
2001 Ed. (1044, 1848, 3623, 3626)
2000 Ed. (3410)
1999 Ed. (3688, 3703)
1998 Ed. (2736, 2747)
1997 Ed. (2987, 2988)
1995 Ed. (1487, 2829, 2831)
1994 Ed. (2725, 2730)
1993 Ed. (789, 2765)
1992 Ed. (1236, 3247, 3329, 3332)
1991 Ed. (2668, 2670)
1990 Ed. (2714, 2761, 2762)
1989 Ed. (2112, 2114)
Bowater Canadian Forest Products
2008 Ed. (2762)
2007 Ed. (2636)
Bowater Industries
1989 Ed. (2643)
Bowater PLC
1996 Ed. (3088)
1995 Ed. (2987)
Bowden Building Co.
2000 Ed. (1221)
1998 Ed. (910)
Bowden Homes
2005 Ed. (1212)
2004 Ed. (1186)
2003 Ed. (1180)
2002 Ed. (1198)
Bowdoin College
2008 Ed. (1057, 1067, 1068)
2001 Ed. (1316, 1318, 1328)
2000 Ed. (1136)
1999 Ed. (1227)
1998 Ed. (798)
1997 Ed. (1052)
1996 Ed. (1036)
1995 Ed. (1051)
1994 Ed. (1043, 1058, 1900)
1993 Ed. (893, 1016)
1992 Ed. (1268)
1990 Ed. (1089, 1093)
Bowe-Holyfield match
1994 Ed. (840)
Bowe; Riddick
1997 Ed. (278)
1995 Ed. (251)
Bowen
1992 Ed. (1896)
Bowen & Bowen Construction
1999 Ed. (1325)

Bowen Brothers Inc.
1991 Ed. (956)
Bowen Builders Group
2005 Ed. (1180)
2004 Ed. (1151)
2003 Ed. (1149)
2002 Ed. (1178)
Bowen Engineering Corp.
2008 Ed. (1805)
Bowen; Matt
2006 Ed. (2514)
Bowen-Smed; Shannon
2007 Ed. (4985)
BOWEN Workforce Solutions Inc.
2005 Ed. (1694)
Bower & Gardner
1992 Ed. (2901)
Bower, Lewis, Thrower Architects Ltd.
1999 Ed. (291)
1997 Ed. (269)
1996 Ed. (237)
The Bowers Companies
1991 Ed. (1928)
Bowers Cos.
1992 Ed. (2436)
Bowery Savings Bank
1991 Ed. (3382)
1990 Ed. (3105, 3589)
1989 Ed. (506, 639, 2361, 2831)
Bowflex Inc.
2003 Ed. (837)
Bowhead Manufacturing Co.
2006 Ed. (3546)
Bowhead Support Services Inc.
2008 Ed. (1364)
Bowie; David
2006 Ed. (1157)
1989 Ed. (989)
Bowl America Inc.
2006 Ed. (2946)
2002 Ed. (1523)
Bowl Appetit!; Betty Crocker
2008 Ed. (2730)
Bowl Fresh
2003 Ed. (987)
Bowles Construction Inc.
2008 Ed. (742, 743)
2007 Ed. (766)
2006 Ed. (669, 670, 671)
Bowling
2001 Ed. (4343)
2000 Ed. (4089, 4090)
1999 Ed. (4386)
1998 Ed. (3355)
1996 Ed. (3036)
1995 Ed. (3430)
1989 Ed. (2523)
Bowling Green, KY
2005 Ed. (3334)
2004 Ed. (3310)
2003 Ed. (3247)
2002 Ed. (2745)
1998 Ed. (3648)
Bowling Green State University
2008 Ed. (768, 778)
2007 Ed. (793)
2006 Ed. (700)
Bowman Agricultural Enterprises LLC
1998 Ed. (1771)
Bowman & Co.
1995 Ed. (13)
1994 Ed. (5, 7)
1992 Ed. (19, 22)
1990 Ed. (12)
Bowman & Co
1991 Ed. (7)
Bowman Power Systems
2003 Ed. (2736)
Bowman; Robert A.
1991 Ed. (3210)
Bowman; Woods
1995 Ed. (2486)
Bowmar Instrument
1996 Ed. (205)
Bowne & Co.
2007 Ed. (2572)
2006 Ed. (3968)
2005 Ed. (819, 3893, 3898)
2004 Ed. (3935)
1996 Ed. (211)
Bowne & Son; Sidney B.
1994 Ed. (1653)
1991 Ed. (1563)
Bowne of Canada
1992 Ed. (3540)
Bowstreet Inc.
2002 Ed. (1070, 2472)
Bowthorpe
1996 Ed. (1363, 1366)
Box Energy Corp. Class A
1994 Ed. (2714)
Box Fan, 3-Speed, 20 in.
1989 Ed. (2323)
The Box: How the Shipping Container Made the World Smaller & the World Economy Bigger
2008 Ed. (610, 617)
Boxcar
1997 Ed. (3240, 3241)
Boxcars
1999 Ed. (2530)
Boxfire
2003 Ed. (816)
Boxing
2001 Ed. (1099)
1989 Ed. (2523)
Boxing events
1994 Ed. (837)
Boxing: Rahman vs. Lewis
2003 Ed. (847)
Boxing: Trinidad vs. Hopkins
2003 Ed. (847)
Boxing: Trinidad vs. Joppy
2003 Ed. (847)
Boxster
2001 Ed. (493)
The Boy from Oz
2005 Ed. (4687)
Boy Meets World
2000 Ed. (4217)
Boy Scouts of America
2007 Ed. (1523)
2005 Ed. (3607)
2001 Ed. (1819)
2000 Ed. (3346, 3348)
1999 Ed. (294)
1997 Ed. (272, 2949)
1996 Ed. (241, 243, 911)
1995 Ed. (942, 2781, 2784)
1994 Ed. (240, 241, 909, 910, 2675, 2676, 2677)
1993 Ed. (251, 2728, 2730)
1992 Ed. (3267)
1991 Ed. (2613, 2614)
1990 Ed. (2718)
1989 Ed. (274, 275, 2072)
Boy Scouts of America National Council
1995 Ed. (248, 2777)
Boy With a Pipe
2008 Ed. (268)
Boyas Excavating Inc.
1992 Ed. (1421)
Boyce
2002 Ed. (2694)
Boyce Chartered Accountants
2004 Ed. (6)
Boyce Highlands Inc.
2007 Ed. (4995)
Boyd, Barcenas
1997 Ed. (129)
1996 Ed. (125)
Boyd Bros. Transportation Inc.
2008 Ed. (4767)
2007 Ed. (4845)
Boyd E. Hoback
2004 Ed. (2533)
Boyd Gaming Corp.
2008 Ed. (1969, 3068)
2007 Ed. (1908, 2675, 2937, 2943, 2949, 3339, 3343, 4119, 4127, 4556, 4561)
2006 Ed. (266, 2495, 2685, 2930, 2932, 4579, 4582, 4584)
2005 Ed. (243, 244, 2927, 2929)
2004 Ed. (240, 241, 2417, 2937)
2002 Ed. (1769)
2001 Ed. (1809)
1999 Ed. (2756, 2760)
1998 Ed. (2007)
1997 Ed. (2283)
The Boyd Group Inc.
2002 Ed. (4392, 4393)
Boyd Group Income Fund
2007 Ed. (4576)
Boyd; Michael
2006 Ed. (4922)
2005 Ed. (4862)
Boyd Watterson Asset Management LLC
2005 Ed. (360)
Boyd; William
2007 Ed. (4899)
Boyden International
1993 Ed. (1691)
1991 Ed. (1615)
1990 Ed. (1710)
Boyer "Les Crayeres"
1995 Ed. (2173)
Boykin Lodging Co.
2005 Ed. (2933)
2003 Ed. (1162)
Boyland Auto Group
2008 Ed. (166, 167)
2007 Ed. (190)
2006 Ed. (184)
2005 Ed. (170)
2004 Ed. (168)
2002 Ed. (708)
Boyle-Midway
1992 Ed. (1486)
Boyle; Russell
1992 Ed. (2060)
Boyle; Timothy
2005 Ed. (4846)
Boyles Furniture
2002 Ed. (2582, 2585)
1996 Ed. (1984)
Boyne Smelters
2002 Ed. (3306)
Boynton Beach Mall
2000 Ed. (4029)
1999 Ed. (4309)
1998 Ed. (3299)
Boys & Girls Club of America
2008 Ed. (3796)
2007 Ed. (3703)
2006 Ed. (3709)
2005 Ed. (3607, 3608)
2004 Ed. (3698)
2003 Ed. (3651)
2000 Ed. (3346)
Boys & Girls Clubs
1995 Ed. (942, 1929, 2781)
Boys & Girls Clubs of America
2008 Ed. (3787, 3794)
2006 Ed. (3712)
2004 Ed. (934)
1994 Ed. (2681)
Boys & Girls Clubs of Chicago
1998 Ed. (194)
Boys Clubs of America
1989 Ed. (2074)
Boys' Life
2001 Ed. (259)
1990 Ed. (287)
Boyz II Men
1997 Ed. (1114)
Bozano; Julio
2008 Ed. (4854)
Bozeli Worldwide Inc.
1998 Ed. (53)
Bozell
2002 Ed. (101)
2000 Ed. (141, 142)
1999 Ed. (37, 123, 124)
1998 Ed. (30, 60)
1997 Ed. (96, 117, 118)
1996 Ed. (95, 114, 115, 133)
1995 Ed. (81, 97, 98)
1994 Ed. (64, 83, 85, 92, 100, 101)
1993 Ed. (62, 63, 64, 74, 93, 105, 119)
1992 Ed. (101, 105, 106, 141, 3598)
1991 Ed. (125, 150)
1990 Ed. (113)
Bozell Borobio
2000 Ed. (158)
1999 Ed. (141)
Bozell CCAA
1994 Ed. (121)
1992 Ed. (213)
1991 Ed. (155)
Bozell CCAA Advertising
1993 Ed. (140)
Bozell CPV Advertising
1993 Ed. (131)
1992 Ed. (201)
1991 Ed. (145)
Bozell del Ecuador
2000 Ed. (89)
Bozell Delecuador
1999 Ed. (83)
Bozell Direct
1999 Ed. (1861)
Bozell Ecuador
1997 Ed. (82)
Bozell Group
2001 Ed. (185)
Bozell, Jacobs, Kenyon & Eckhardt
1990 Ed. (63, 64, 70, 72, 87, 94, 127, 147, 150)
1989 Ed. (81)
Bozell Kamstra
2002 Ed. (156)
Bozell Orientations
1996 Ed. (134)
Bozell Panama
1997 Ed. (129)
1996 Ed. (125)
Bozell Prime Middle East
1997 Ed. (155)
1996 Ed. (149)
Bozell S. A.
1991 Ed. (126)
Bozell S.A.
1992 Ed. (179)
Bozell Sawyer Miller Group
1998 Ed. (444, 1472, 1545, 1712, 2313, 2934, 2935, 2942, 2945, 2954, 2955, 3353, 3618)
Bozell Taiwan
1997 Ed. (151)
1996 Ed. (145)
1995 Ed. (131, 132)
Bozell Vazquez SA de Publicidad
2000 Ed. (59)
1999 Ed. (56)
Bozell Wellness Worldwide
1999 Ed. (55)
Bozell Worldwide Inc.
2001 Ed. (128, 129)
2000 Ed. (42, 51, 52, 79, 86)
1999 Ed. (48, 49, 52, 53, 80, 98)
1998 Ed. (31, 43, 44, 47, 3494)
1997 Ed. (42, 46, 50, 52, 56, 79, 85)
1996 Ed. (49, 53, 55, 79)
1995 Ed. (24, 36, 42, 65)
Bozell Yellow Pages
2000 Ed. (54)
Bozeman Deaconess Health Services
2008 Ed. (1958)
Bozic; Michael
1991 Ed. (1626)
1990 Ed. (1719)
Bozzuto's Inc.
2002 Ed. (3564)
1996 Ed. (2047, 2048)
1995 Ed. (2052)
BP
2008 Ed. (724, 2794, 3900)
2007 Ed. (746, 747, 2657, 3847)
2006 Ed. (3831)
2002 Ed. (3665)
2000 Ed. (2308, 3522, 3524, 3525, 3526, 3528)
1999 Ed. (1470, 1607, 1613, 1614, 1640, 1641, 1643, 1666, 3116, 3262, 3416)
1998 Ed. (1038, 1162, 1824, 2435, 2833, 2834)
1997 Ed. (1420, 3090)
1995 Ed. (2914, 2916, 2918, 3208)
1992 Ed. (1101, 1102, 3447, 3448)
1990 Ed. (3462)
BP America Inc.
2008 Ed. (321, 2308)
2007 Ed. (296, 297, 334, 2184, 2890, 2906, 3888)
2006 Ed. (349, 1716, 1762, 3858, 3859, 3860, 3981)
2005 Ed. (1770, 1791, 3792, 3793, 3794, 3908)
2004 Ed. (1713, 1731, 3863, 3864, 3865, 3948)
2003 Ed. (1566, 1801, 3848, 3850)
2002 Ed. (3663)

2001 Ed. (1251, 1828, 3756)
2000 Ed. (2320, 3519)
1999 Ed. (2584, 3795)
1998 Ed. (1823, 2817, 2820, 2825, 2826, 2827, 2828, 2837)
1997 Ed. (1260, 2115, 2133, 3092, 3100)
1996 Ed. (2013, 2937, 3013)
1995 Ed. (1991, 2864, 2920)
1992 Ed. (2277, 2278, 2282, 3418, 3419, 3428, 3429, 3430, 3432, 3433, 3434, 3439, 3440, 3443, 3444, 3451)
1991 Ed. (347, 349, 2715, 2716, 2723, 2724, 2726, 2727, 2728)
1989 Ed. (2225)
BP America (Standard Oil)
1990 Ed. (1659, 1660, 1892, 2827, 2828, 2834, 2836, 2837, 2838, 2839, 2840, 2842, 2853, 2856, 2857)
BP Amoco
2008 Ed. (2820)
2007 Ed. (2695)
2005 Ed. (3747)
2003 Ed. (3816)
2002 Ed. (2389, 3537, 3667, 3668, 3669, 3670, 3671, 3672, 3698)
2001 Ed. (3749, 3755)
2000 Ed. (3533, 3534)
BP Amoco Chemical Co.
2008 Ed. (4669, 4670)
2007 Ed. (4746)
BP Amoco plc
2005 Ed. (1489, 1524)
2004 Ed. (1473, 1508, 2013)
2003 Ed. (947, 1443, 1478, 1670, 1671, 1672, 1678, 1705, 1711, 1712, 1713, 1715, 1721, 1838, 3148, 3636, 3637, 3855, 4610)
2002 Ed. (304, 998, 1021, 1332, 1393, 1423, 1457, 1483, 1485, 1500, 1618, 1638, 1640, 1644, 1645, 1785, 1786, 1788, 1789, 1790, 1791, 2124, 2311, 2390, 3215, 3217, 3245, 3246, 3370, 3679, 3683, 3684, 3685, 3686, 3687, 3688, 3691, 3692, 3693, 3696, 3697, 3700, 3701)
2001 Ed. (1184, 1490, 1691, 1693, 1696, 1704, 1718, 1719, 1741, 1884, 1885, 1887, 1889, 2309, 2578, 2582, 2583, 2845, 3021, 3532, 3739, 3740, 3742, 3743, 3744, 3746, 3762, 3772, 3773, 3774, 3836, 3837, 3842)
2000 Ed. (1411, 1412, 1415, 1441)
BP Australia
2003 Ed. (1615)
2002 Ed. (3760)
BP Canada
1992 Ed. (3436)
BP Chemicals
2007 Ed. (945)
2006 Ed. (859)
2005 Ed. (953)
2004 Ed. (960)
BP Exploration
2003 Ed. (3422)
2001 Ed. (1697, 3326)
1991 Ed. (219)
BP Exploration (Alaska) Inc.
2008 Ed. (1545, 1546)
2007 Ed. (1566, 1567)
2006 Ed. (1537, 1538)
2005 Ed. (1646, 1647)
2004 Ed. (1620, 1621, 1713, 3819, 3948)
2003 Ed. (1606)
2001 Ed. (1608, 1609)
BP Exploration & Oil Inc.
2001 Ed. (496, 497)
BP Exploration Co. Colombia
2006 Ed. (2544)
BP Exploration Operating Co., Ltd.
2004 Ed. (3491)
BP France
2007 Ed. (4090)
2001 Ed. (3759)
BP International Ltd.
2006 Ed. (2057)
2005 Ed. (1981, 4122, 4912)
2003 Ed. (1838)
2002 Ed. (2259)
2001 Ed. (1718, 2432)
2000 Ed. (1441)
1999 Ed. (1640)
1997 Ed. (1419)
1996 Ed. (3830)
1994 Ed. (1383)
1991 Ed. (2380)
BP International Ltd
1990 Ed. (1374, 2511)
BP/National
1992 Ed. (3445)
BP Corp. North America Inc.
2008 Ed. (1740, 1799, 3931, 3932, 4047)
2007 Ed. (296, 1711, 3886, 3887, 4020)
2006 Ed. (1716, 1716, 1762, 1762, 3858, 3858, 3859, 3859, 3981, 3981)
2005 Ed. (1770, 1770, 1791, 1791, 3792, 3792, 3793, 3793, 3908, 3908)
2004 Ed. (1713, 1713, 1731, 1731, 3863, 3863, 3864, 3864, 3948, 3948)
1990 Ed. (1860)
BP Norway Ltd.
2002 Ed. (3370)
2001 Ed. (3326)
BP Offshore Pipelines Inc.
1997 Ed. (3120)
BP Oil Co.
2000 Ed. (3132)
1998 Ed. (975)
1997 Ed. (1210)
1996 Ed. (1171, 2644)
1995 Ed. (1203)
BP Oil Australia
2004 Ed. (1653)
BP Oil Pipeline Co.
2008 Ed. (3987)
2007 Ed. (3960)
2006 Ed. (3910)
2005 Ed. (3841)
BP Oil U.K. Ltd.
2001 Ed. (3326)
BP Pipelines Inc.
2000 Ed. (2313)
BP Pipelines (Alaska) Inc.
2001 Ed. (1609, 3801, 3803)
1999 Ed. (3829, 3835)
1998 Ed. (2858, 2862, 2863, 2865, 2866)
1997 Ed. (3120, 3121, 3122)
1996 Ed. (3040, 3042, 3043)
1995 Ed. (2942, 2943, 2944, 2946)
1992 Ed. (3463, 3465, 3466, 3923, 3924)
1991 Ed. (2744, 2745)
BP Pipleines (Alaska) Inc.
1996 Ed. (3038)
BP plc
2008 Ed. (200, 917, 923, 928, 1185, 1455, 1456, 1458, 1460, 1461, 1718, 1721, 1735, 1736, 1737, 1742, 1750, 1752, 1753, 1754, 1814, 1846, 1849, 1853, 2121, 2122, 2124, 2135, 2502, 2508, 2819, 3506, 3564, 3587, 3678, 3918, 3919, 3922, 3930, 3933, 3935, 3936)
2007 Ed. (214, 337, 939, 946, 950, 952, 1286, 1457, 1458, 1460, 1461, 1462, 1464, 1467, 1523, 1687, 1688, 1691, 1693, 1706, 1707, 1708, 1783, 1788, 1790, 1791, 1792, 1794, 1795, 1807, 1808, 1809, 1810, 1814, 1816, 1817, 2026, 2027, 2030, 2031, 2041, 2042, 2387, 2392, 2394, 2395, 2397, 2694, 3213, 3411, 3416, 3519, 3867, 3868, 3870, 3873, 3876, 3877, 3881, 3882, 3890, 3892, 3893, 3987, 3989)
2006 Ed. (353, 853, 860, 862, 863, 1382, 1466, 1467, 1472, 1478, 1481, 1482, 1483, 1646, 1691, 1692, 1695, 1698, 1700, 1711, 1712, 1713, 1718, 1774, 1778, 1785, 1786, 1790, 1800, 1801, 1802, 1803, 1806, 1807, 1808, 1809, 2054, 2057, 2058, 2059, 2060, 2070, 2340, 2444, 2699, 3328, 3351, 3378, 3385, 3407, 3846, 3847, 3855, 3856, 3862, 3863, 4546, 4603)
2005 Ed. (239, 956, 1483, 1587, 1593, 1596, 1597, 1735, 1758, 1759, 1765, 1766, 1767, 1771, 1774, 1803, 1805, 1806, 1813, 1814, 1815, 1816, 1819, 1820, 1822, 1824, 1825, 1981, 2407, 2409, 2411, 2412, 3020, 3392, 3399, 3764, 3765, 3784, 3785, 3790, 3796, 4516)
2004 Ed. (962, 1374, 1376, 1458, 1677, 1702, 1707, 1708, 1709, 1710, 1714, 1741, 1750, 1752, 1753, 1754, 1755, 1757, 1758, 2311, 3212, 3361, 3366, 3853, 3854, 3856, 3857, 3859, 3868, 4564)
2003 Ed. (943, 1365, 1522, 1523, 1527, 1645, 1647, 1679, 1702, 1716, 1717, 1718, 1720, 1839, 2287, 2288, 2604, 3300, 3310, 3818, 3819, 3824, 3825, 3827, 3830, 3831, 3832, 3834, 3838, 3840, 3841, 3849, 3853, 3857, 3859, 3860)
BP Portuguesa SA
2003 Ed. (1812)
2001 Ed. (1839)
2000 Ed. (1544)
BP Products North America Inc.
2004 Ed. (3903, 3904)
BP Prudhoe Bay Royalty Trust
2007 Ed. (2722)
2004 Ed. (2776, 2777)
1992 Ed. (1541)
BP Regional Australasia Holdings
2006 Ed. (1719)
BP Shares/Prospectus
1989 Ed. (754)
BP Singapore
2001 Ed. (1842)
BP (USA)
1999 Ed. (2568, 3799, 3800, 3802, 3815)
1997 Ed. (3086, 3088, 3094, 3108)
1996 Ed. (3006, 3007, 3009, 3011, 3012, 3024)
1995 Ed. (2911, 2913, 2930)
BP Zambia plc
2006 Ed. (4548)
BPA
2002 Ed. (3185)
2000 Ed. (2984)
1999 Ed. (3250)
BPAmoco
2006 Ed. (2700)
BPB
2006 Ed. (1205)
BPB Industries
2007 Ed. (781)
2006 Ed. (684)
2005 Ed. (780)
BPB Industries, PLC
1996 Ed. (2567, 3813)
BPB plc
2001 Ed. (4381)
2000 Ed. (3037)
BPCC Ltd.
1995 Ed. (1008)
1994 Ed. (995)
BPH
2000 Ed. (4370)
1999 Ed. (4739, 4740)
BPH; Bank
2008 Ed. (413, 493)
2007 Ed. (444)
BPHPBK
2006 Ed. (4889)
BPI
2000 Ed. (2202, 2984, 2985)
1999 Ed. (3250, 3251)
BPI American Equity
2004 Ed. (2462)
2003 Ed. (3582)
2002 Ed. (3449, 3450, 3451)
BPI American Equity Value
2001 Ed. (3477, 3478)
BPI Canadian Small Companies
2001 Ed. (3497)
BPI Capital Corp.
1997 Ed. (2400, 3487)
BPI Credit Corporation
1989 Ed. (1782)
BPI Energy Holdings Inc.
2008 Ed. (4541)
BPI Global Asset Management LLP
2003 Ed. (2701)
BPI Global Equity
2002 Ed. (3437)
BPI Global Equity Value
2001 Ed. (3466, 3467, 3468)
BPI Global Opportunities
2001 Ed. (3467, 3468)
BPI Global Small Companies
2001 Ed. (3466)
Bpl India
2001 Ed. (41)
BPI Memphis
1996 Ed. (1922)
1995 Ed. (1879)
BPI Products
1992 Ed. (3303)
BPI-SGPS
2005 Ed. (599)
2004 Ed. (609)
2003 Ed. (601)
2002 Ed. (637, 3186)
2000 Ed. (650)
Bpidyes
1999 Ed. (3658)
BPL Ltd.
2000 Ed. (1458)
BPO Properties Ltd.
2003 Ed. (4053)
BPRI
2000 Ed. (3043, 3047)
BPS Teleperformance
2002 Ed. (4571, 4579)
2001 Ed. (4470)
2000 Ed. (4197, 4200)
1997 Ed. (3704)
1996 Ed. (3645)
BPSM Priv.
2002 Ed. (3186)
BPSolar
2006 Ed. (4416)
Braathens SAFE
1990 Ed. (221, 231)
1989 Ed. (242)
Brabeck-Letmathe; Peter
2006 Ed. (691)
Brac Group Inc.
2004 Ed. (327)
Bracco Diagnostics
2001 Ed. (3269)
2000 Ed. (3078)
1999 Ed. (3339)
1997 Ed. (2745)
Bracco Imaging
1997 Ed. (2746)
Braceland Inc.
2000 Ed. (911, 3615)
1999 Ed. (3898)
Bracelets
1998 Ed. (2316)
Bracewell & Giuliani LLP
2007 Ed. (3316)
Bracewell & Patterson
1993 Ed. (2398)
1992 Ed. (2837)
1991 Ed. (2287)
1990 Ed. (2420)
Bracewell & Patterson LLP
2005 Ed. (1437)
2001 Ed. (566)
Brach
2000 Ed. (977)
1997 Ed. (889, 892)
1994 Ed. (847, 849, 851)
1993 Ed. (838)
Brach & Brock Confections Inc.
2003 Ed. (964, 1133, 1134)
Brach; E. J.
1997 Ed. (893)
1994 Ed. (2658)
1993 Ed. (830, 831)
1992 Ed. (1041)

Brach's
2008 Ed. (835)
2007 Ed. (871)
2006 Ed. (774)
2003 Ed. (1132)
2002 Ed. (933, 934)
2001 Ed. (1111, 1114)
2000 Ed. (971, 973)
1999 Ed. (1017, 1018, 1021, 1022)
1998 Ed. (615, 616, 622, 624, 625, 626, 627, 628, 629)
1997 Ed. (884, 885, 1606, 1607)
1996 Ed. (968)
1995 Ed. (894)
1989 Ed. (2505, 2506, 2507)
Brach's Five Towns
2002 Ed. (4297)
2001 Ed. (4285)
Brack Electronics AG
2008 Ed. (2097)
Brackmann Construction
2007 Ed. (766)
Bracknell Corp.
2003 Ed. (1301, 1307, 1315)
2002 Ed. (1289, 1294, 1298)
Braco SA
2006 Ed. (1438)
Brad Pitt
2008 Ed. (2579)
2002 Ed. (2141)
Brad Properties
1991 Ed. (2640)
Brad Sherman
2003 Ed. (3893)
Bradburns Gin
1997 Ed. (2144, 2145)
Bradbury Anderson
2007 Ed. (981)
2006 Ed. (891)
Bradbury; Colin
1997 Ed. (1959)
1996 Ed. (1853)
Bradbury Stamm Construction Inc.
2008 Ed. (1319)
2007 Ed. (1382)
2006 Ed. (1329)
Bradbury Suites
1992 Ed. (2477)
Bradco
1990 Ed. (841)
Braden Farms Inc.
1998 Ed. (1775)
Bradenton, FL
2006 Ed. (2970)
1995 Ed. (1667, 3779)
1993 Ed. (2554)
Bradesco
2008 Ed. (733)
2003 Ed. (561)
2002 Ed. (4096, 4097)
2000 Ed. (473, 476, 478, 590, 3851, 3852)
1999 Ed. (4137)
1997 Ed. (3378)
1996 Ed. (3281)
1995 Ed. (3181, 3182)
1994 Ed. (3133, 3134)
1992 Ed. (1580, 3767)
1991 Ed. (2913, 2914)
Bradesco Auto/RE Cia. de Seguros
2008 Ed. (3254)
Bradesco; Banco
2005 Ed. (564)
BRADESCO Group
1990 Ed. (548)
Bradesco PN
1996 Ed. (3282)
1994 Ed. (3135)
Bradesco SA; Banco
2008 Ed. (388, 459, 461, 463, 464, 465, 466, 467, 1581, 1582)
2007 Ed. (408, 409, 499, 501, 502, 503, 504, 507, 1603, 1605)
2006 Ed. (421, 483, 485, 1568, 1569, 1570, 1851, 3211, 4489)
2005 Ed. (562)
Bradesco Seguros
2007 Ed. (3109)
Bradesco (Uniao Novo Hamburgo Seguros)
2007 Ed. (3109)
Bradesco Vida e Previdencia
2008 Ed. (3254)
2007 Ed. (3109)
Bradford & Bingley
1995 Ed. (3185)
1992 Ed. (3801)
1990 Ed. (3103)
Bradford & Bingley Building Society
1991 Ed. (1719)
1990 Ed. (1786)
Bradford & Bingley plc
2007 Ed. (569)
2006 Ed. (538)
2004 Ed. (635)
Bradford & Co.; J. C.
1993 Ed. (1169, 3177, 3180)
1991 Ed. (3040, 3041, 3044, 3058)
Bradford & Marzec
2002 Ed. (3390)
2000 Ed. (2806, 2836)
1999 Ed. (3072)
1998 Ed. (2272)
1996 Ed. (2418, 2656, 3877)
Bradford; Barbara Taylor
2008 Ed. (4905)
2007 Ed. (4929)
2005 Ed. (4891)
Bradford Exchange Ltd.
2007 Ed. (132)
2006 Ed. (139, 168)
2005 Ed. (152)
2004 Ed. (154)
2003 Ed. (194)
2002 Ed. (222)
2000 Ed. (199, 208)
1998 Ed. (73, 88)
1997 Ed. (1050)
1996 Ed. (159)
1995 Ed. (145)
1994 Ed. (130)
1993 Ed. (148)
Bradford Investment
1993 Ed. (2315)
Bradford; JC
1990 Ed. (2293)
Bradford Oil Co.
1997 Ed. (2170)
Bradford-White
2002 Ed. (4784, 4785)
2000 Ed. (4373)
1999 Ed. (4744)
1998 Ed. (3700)
1997 Ed. (3867)
1994 Ed. (3653)
1993 Ed. (3687)
1992 Ed. (4424)
1991 Ed. (3475)
1990 Ed. (3684)
Bradlee Inc.
1997 Ed. (355)
Bradlees, Inc.
2003 Ed. (785)
2001 Ed. (2028, 2033)
2000 Ed. (1661, 1683)
1999 Ed. (1835, 1868, 1869)
1998 Ed. (1263, 1293, 1294, 1308, 1309, 1312, 2314, 2315)
1997 Ed. (1594, 1623, 1624, 1630, 2321, 2935, 3344, 3780)
1996 Ed. (1557, 1558, 3725)
1995 Ed. (1570, 1571, 1575, 1957)
1994 Ed. (1538, 1540, 1541, 1546, 2137)
1993 Ed. (1493, 1494, 1498)
1992 Ed. (1811, 1812, 1813, 1818, 1827, 1829, 2422, 2528, 2530)
1991 Ed. (1421, 1423, 1424, 1429, 1430, 1433, 1437, 1440, 1968, 1970, 1971)
1990 Ed. (1510, 1518, 1521, 2029, 2120, 2121, 2122)
1989 Ed. (1244, 1249, 1250, 1251, 1256, 1258)
Bradley Corp.
2006 Ed. (4387)
2002 Ed. (667)
2000 Ed. (702)
Bradley, Arant, Rose & White LLP
2001 Ed. (566, 723)
Bradley Automotive Group
2000 Ed. (742)
1999 Ed. (730, 3421)
1998 Ed. (468)
1997 Ed. (676)
1996 Ed. (744)
Bradley B. Buechler
2008 Ed. (3997)
2006 Ed. (3920)
2004 Ed. (3911)
Bradley Foundation; Lynde & Harry
1989 Ed. (1478)
Bradley Graphic Solutions
2008 Ed. (4029, 4030)
Bradley H. Jack
2005 Ed. (2512)
Bradley J. Bell
2007 Ed. (2498)
Bradley; Lynde and Harry
1992 Ed. (1097)
Bradley Nierenberg
2006 Ed. (2514)
Bradley Pharmaceuticals Inc.
2006 Ed. (2731, 4330, 4336, 4337)
2005 Ed. (4378, 4384)
Bradley Pontiac Cadillac; Jim
1991 Ed. (714)
1990 Ed. (737)
Bradley Printing Co.
1992 Ed. (3531, 3541)
Bradley Real Estate Inc.
1998 Ed. (1021)
Bradley; Thomas
1991 Ed. (2395)
1990 Ed. (2525)
Bradley; Tom
1993 Ed. (2513)
1992 Ed. (2987)
Bradley University
2008 Ed. (1085)
2001 Ed. (1324)
2000 Ed. (1138)
1999 Ed. (1229)
1998 Ed. (800)
1997 Ed. (1055)
1996 Ed. (1039)
Bradley Video
1998 Ed. (3669, 3671)
1997 Ed. (3840, 3842, 3843)
1996 Ed. (3789)
1993 Ed. (3665)
Bradley; W. C.
1993 Ed. (673)
1992 Ed. (875)
Bradley; W.C.
1990 Ed. (720)
Bradley Wechsler
2001 Ed. (1219)
Bradman/Unipsych Cos.
2002 Ed. (3743)
Bradmar Petroleum Corp.
1993 Ed. (1183)
Bradmill Undare Group
2002 Ed. (3586, 3786)
Bradnam's Windows & Doors
2004 Ed. (3440)
2002 Ed. (3779)
Bradord Exchange
1992 Ed. (231)
Bradshaw; David
1997 Ed. (1887)
1996 Ed. (1814)
1995 Ed. (1835)
1994 Ed. (1797)
1993 Ed. (1814)
1992 Ed. (2135)
Bradstreet Association Realtors
1989 Ed. (271)
Brady Corp.
2008 Ed. (803, 3542)
2007 Ed. (2218)
2005 Ed. (98, 99)
2004 Ed. (101, 102)
Brady Industries Inc.
2006 Ed. (4368)
Brady; Larry
2006 Ed. (2523)
Brady, Martz & Associates
2000 Ed. (13)
1998 Ed. (12)
Brady Martz & Associates PC
2004 Ed. (10)
2003 Ed. (4)
2002 Ed. (14)
Brady Co.; W. H.
1997 Ed. (1642)
BradyNet.com
2002 Ed. (4866)
Braebourne
2000 Ed. (785)
Bragman Nyman Cafarelli
2003 Ed. (3974, 3975, 3978, 3982, 4008)
2000 Ed. (3633, 3658)
Bragman Nyman Caferelli
1998 Ed. (1472)
Brahin Properties
1992 Ed. (3971)
BRAHM Public Relations
2000 Ed. (3655)
1997 Ed. (3201)
1996 Ed. (3125)
1995 Ed. (3022)
Brahma
2000 Ed. (2229, 3852)
1999 Ed. (2471, 4138)
1997 Ed. (2047)
1996 Ed. (1947)
1995 Ed. (712, 3182)
1994 SA. (3133, 3134)
Brahma Compression Ltd.
2008 Ed. (1548)
2007 Ed. (1570)
Braiconf
2002 Ed. (4460)
Braille Institute
1994 Ed. (908)
1991 Ed. (2615, 2619)
Brain Age
2008 Ed. (4811)
Brain Force Holding AG
2008 Ed. (1574)
Brain Power Inc.
1997 Ed. (2968)
1996 Ed. (2873)
1995 Ed. (2814)
Brainard; Lawrence
1996 Ed. (1893)
Brainerd; Paul
1989 Ed. (2341)
Brainhunter
2008 Ed. (2947)
BrainLAB AG
2008 Ed. (574, 2908)
Braintree Savings Bank
1997 Ed. (3742)
Brait Merchant Bank
2001 Ed. (1534)
Brajdas
1991 Ed. (1876, 3145)
Brake Masters
2007 Ed. (347)
Brake Masters Systems Inc.
2003 Ed. (348)
2002 Ed. (402)
Brake Shoes, Pads & Linings
1990 Ed. (397)
1989 Ed. (328)
Brake System Parts
1989 Ed. (329)
Brake System Parts (all)
1990 Ed. (398)
Bralorne Resources
1992 Ed. (3296)
1990 Ed. (2740)
Bramalea Ltd.
1996 Ed. (1314, 3162)
1994 Ed. (3005)
1992 Ed. (3624)
1990 Ed. (2961)
Braman Honda
1995 Ed. (269)
1994 Ed. (269)
Braman Motor Cars
1990 Ed. (317, 336)
Braman Motorcars
2008 Ed. (285, 286, 320, 4791)
2004 Ed. (274)
2002 Ed. (352)
1995 Ed. (288)
1994 Ed. (282)
1991 Ed. (294)
Braman Motors
1996 Ed. (265, 284, 286)
1995 Ed. (264, 288)
1994 Ed. (262)

1993 Ed. (284, 293)
1992 Ed. (399, 408)
1991 Ed. (294, 303)
1990 Ed. (317)
Braman Porsche-Audi
1990 Ed. (315)
Braman World Car Center
1990 Ed. (1031)
Brambles
2004 Ed. (1654)
Brambles Equipment Services
2000 Ed. (2916)
1999 Ed. (3171)
1998 Ed. (2345)
1997 Ed. (2615)
1996 Ed. (2467)
1995 Ed. (2431)
Brambles Industries
2007 Ed. (4369)
2006 Ed. (1556, 2055, 4303)
2005 Ed. (1658)
2002 Ed. (1583, 3800)
1990 Ed. (3468)
Brambles Industries DLC Group
2007 Ed. (1591, 2025)
Brambles Industries plc
2008 Ed. (1565)
2007 Ed. (4367, 4370)
Brampton Brick
2005 Ed. (1707)
Bramwell Capital
2003 Ed. (3080)
Bran Flakes
1996 Ed. (892)
1994 Ed. (884)
Bran products
1993 Ed. (860)
1992 Ed. (1072)
1991 Ed. (877, 878)
1990 Ed. (924)
Branca; John
1997 Ed. (2611)
1991 Ed. (2297)
Branch Banking & Trust Co.
2008 Ed. (345, 346, 365, 1090)
2007 Ed. (358, 375)
2006 Ed. (375, 1076)
2005 Ed. (381, 1068)
2004 Ed. (362, 1064)
2003 Ed. (383, 1055)
2002 Ed. (478)
2000 Ed. (402)
1999 Ed. (404)
1998 Ed. (300, 420)
1997 Ed. (379, 584)
1996 Ed. (644)
1995 Ed. (575)
1994 Ed. (603, 2550)
1993 Ed. (600)
1992 Ed. (807)
1991 Ed. (634)
Branch Banking & Trust Co. of South Carolina
1998 Ed. (428)
1997 Ed. (615)
The Branch Group Inc.
2003 Ed. (1268)
Brand Connections
2008 Ed. (110)
The Brand Cos. Inc.
1994 Ed. (1139, 1150, 1151)
1993 Ed. (1123, 1136)
1992 Ed. (1410, 1423, 3479)
Brand Dialogue
1999 Ed. (102)
Brand Hijack: Marketing Without Marketing
2007 Ed. (659)
Brand Jordan
2003 Ed. (300)
Brand Name Sales Inc.
1999 Ed. (1055)
Brand Seller DDB Needham Baltic
1996 Ed. (85)
Brand Sellers DDB
2000 Ed. (124)
Brand Sellers DDB Baltics
2003 Ed. (100)
2002 Ed. (134)
Brand Sellers DDB Baltics/Latvia
2001 Ed. (160)
2000 Ed. (122)
1999 Ed. (116)
Brand Sellers DDB Estonia
2003 Ed. (71)
2002 Ed. (106)
2001 Ed. (134)
2000 Ed. (92)
1999 Ed. (86)
Brand Sellers DDB/Finland
2000 Ed. (94)
Brand Sellers DDB Needham
1997 Ed. (86, 88, 113)
1995 Ed. (74)
Brand Sellers DDB Vilnius
2003 Ed. (102)
2002 Ed. (136)
Brand Sellers DDB Vilnius/Lithuania
2001 Ed. (162)
Brand strategy
2001 Ed. (2166)
The Brand Union
2002 Ed. (1953)
Brandeis University, MA
1992 Ed. (1094)
Brandenburg Industrial Service Co.
2008 Ed. (1256)
2007 Ed. (1359)
2006 Ed. (1280)
2005 Ed. (1310)
2004 Ed. (1303)
Brandes Investment
1991 Ed. (2220)
Brandes Investment Management
1999 Ed. (3053, 3073)
1993 Ed. (2354, 2355)
Brandes Investment Partners
1998 Ed. (2273)
Brandes Investment Partners LP, U.S. Value Equity
2003 Ed. (3124, 3127)
Brandford III; Napolean
2008 Ed. (184)
Branding/Co-Branding
2000 Ed. (3820)
Brando; Marlon
2007 Ed. (891)
Brandon Advertising
2006 Ed. (4377)
Brandon; David
1996 Ed. (965)
1995 Ed. (981)
1994 Ed. (948)
Brandon Dodge Inc.
2003 Ed. (211, 212)
1997 Ed. (675)
1996 Ed. (270)
Brandon University
2008 Ed. (1079)
2007 Ed. (1179)
Brandon Woods Business Park
1997 Ed. (2374)
Brandsmart USA
2008 Ed. (3090)
2005 Ed. (2877)
2004 Ed. (2954)
2001 Ed. (2217)
2000 Ed. (2481)
1999 Ed. (2696)
1998 Ed. (1955)
1996 Ed. (2128)
1995 Ed. (2120)
Brandt & Falk Alliance
1992 Ed. (140)
Brandt Engineering Co., Inc.
2008 Ed. (1337)
2007 Ed. (1390)
2006 Ed. (1344)
2005 Ed. (1280, 1344)
1991 Ed. (1081)
Brandt; Eric
2006 Ed. (992)
2005 Ed. (990)
Brandt Group of Companies
2006 Ed. (1597)
Brandt Louie
2005 Ed. (4872)
Brandt Nissan; Ray
1996 Ed. (281)
Brandy
2008 Ed. (3451)
2002 Ed. (3132, 3133, 3142, 3167, 3168, 3169, 3170)
2001 Ed. (3124, 3125, 3150)
1997 Ed. (2671)
Brandy & cognac
2002 Ed. (3143)
Brandywine
2006 Ed. (4557)
2005 Ed. (4482)
Brandywine Asset
1996 Ed. (2407)
Brandywine Asset Management
1991 Ed. (2227, 2231)
1990 Ed. (2322, 2345, 2350)
Brandywine Blue
2008 Ed. (2614)
2006 Ed. (3622)
Brandywine Blue Fund
2003 Ed. (3490, 3533)
Brandywine Find
2005 Ed. (4496)
Brandywine Fund
2004 Ed. (3536)
1994 Ed. (2603)
1992 Ed. (3179)
Brandywine Health System
2000 Ed. (1039)
Brandywine Partners
1993 Ed. (1043)
Brandywine Partners III
1993 Ed. (1043)
Brandywine Realty Trust
2001 Ed. (4008)
2000 Ed. (3730)
Braneida Industrial Park
1997 Ed. (2373, 2374)
Braniff
1992 Ed. (3920, 3929)
1991 Ed. (3084, 3096)
1989 Ed. (237)
Braniff Airlines
1990 Ed. (1184)
Branmark Implant Restoration
1995 Ed. (1548)
Brann
2003 Ed. (2067)
2002 Ed. (1985)
2001 Ed. (2025)
2000 Ed. (1677)
1997 Ed. (1615, 3702, 3704, 3705)
1996 Ed. (1551)
Brann Contact
2002 Ed. (4573, 4574, 4577, 4579)
2001 Ed. (4470)
2000 Ed. (4197, 4198, 4199, 4200, 4201)
Brann Contact 24
1996 Ed. (3643, 3644, 3645)
1995 Ed. (3557)
1994 Ed. (3487)
1993 Ed. (3513)
Brann Direct
1995 Ed. (1563)
Brann Direct Marketing
1994 Ed. (1534)
1993 Ed. (1486, 1487)
1991 Ed. (1419)
Brann Ellert
2002 Ed. (3264)
Brann U.K.
2003 Ed. (164)
2002 Ed. (205)
2001 Ed. (231)
Brann Worldwide
2003 Ed. (2065, 2066)
2002 Ed. (1984)
2000 Ed. (56, 99, 1671, 1672, 1674)
Brannan Sand & Gravel Co.
2008 Ed. (2653)
2005 Ed. (2541)
Bransfield & Gorrie LLC
2006 Ed. (1535)
Branson; Richard
2008 Ed. (4910)
1996 Ed. (1717)
Branson; Sir Richard
2008 Ed. (4908)
2007 Ed. (4923, 4934)
2005 Ed. (4888, 4897)
Brantford, ON
2006 Ed. (3308)
Brantly
1991 Ed. (1899)
Brascade Resources
1991 Ed. (2467)
Brascan Corp.
2007 Ed. (2853)
2003 Ed. (2089)
2002 Ed. (1995)
1999 Ed. (260, 1888)
1998 Ed. (157, 161, 163, 164)
1997 Ed. (239, 1641)
1996 Ed. (1564)
1995 Ed. (211, 212, 1578)
1994 Ed. (208, 211, 3554)
1993 Ed. (222, 223, 1287, 1504, 3591)
1992 Ed. (325, 326, 327, 1587, 1835, 2417)
1991 Ed. (231, 232, 233, 1262, 2467, 2642)
1990 Ed. (1408, 1531)
1989 Ed. (1148)
Brasfield & Gorrie
2006 Ed. (2796)
2001 Ed. (2671)
2000 Ed. (2417)
1999 Ed. (1380)
1998 Ed. (959)
1997 Ed. (1160)
1996 Ed. (1131)
1995 Ed. (1146)
1994 Ed. (1138)
Brasfield & Gorrie LLC
2008 Ed. (1269, 1276, 1292, 1326, 1335, 1336)
2007 Ed. (1373, 1376, 1389)
2006 Ed. (1306, 1332, 1341, 1342, 1343)
2004 Ed. (1267, 1269, 1292, 1300)
2003 Ed. (1254, 1289, 1291, 1297)
2002 Ed. (1230, 1241, 1285)
Brasil
2006 Ed. (4489)
2001 Ed. (604, 605)
2000 Ed. (473, 476, 478, 590)
1999 Ed. (4137)
1994 Ed. (3133)
Brasil PN
1995 Ed. (3181)
1994 Ed. (3135)
Brasil Telecom
2003 Ed. (1738)
Brasil Telecom Participacoes SA
2003 Ed. (4574)
Brasileiro de Descontos
1990 Ed. (511)
Brasilia
1994 Ed. (187)
Braskem
2006 Ed. (1847)
2005 Ed. (1838, 1840, 1846)
Braskem SA
2008 Ed. (3551)
2006 Ed. (862, 3374)
Brasmotor
2005 Ed. (1839)
Brass
2007 Ed. (3333, 4751)
2006 Ed. (3260, 4737)
2003 Ed. (3199)
2001 Ed. (3074)
Brass Eagle
2000 Ed. (2400, 2404, 4044, 4048, 4050)
1999 Ed. (2617, 2621, 4324, 4328)
Brass products
2001 Ed. (4942)
Brass Ring Prods.
1991 Ed. (2771)
Brasseries du Maroc
2002 Ed. (944, 945)
2000 Ed. (991)
1999 Ed. (1040, 1041)
Brasso
2003 Ed. (983)
BrassRing, Inc.
2002 Ed. (2472)
BrassRing.com
2003 Ed. (2172)
Braswell; Fred
1993 Ed. (3445)
Bratton Corp.
1992 Ed. (1416)
1991 Ed. (1083)
Brau Union
2006 Ed. (81)

2004 Ed. (77)
Braueri Beck & Co.
1993 Ed. (749)
Braulio Agosto Motors Inc.
2007 Ed. (311)
2006 Ed. (316)
2005 Ed. (297)
2004 Ed. (304)
Braum Inc.
2003 Ed. (2880)
Braum Ice Cream & Dairy
1990 Ed. (1750)
Braum Ice Cream & Dairy Store
1993 Ed. (1759)
Braum Ice Cream & Dairy Stores Co.
1992 Ed. (2113, 2564)
1991 Ed. (1657)
Braum's
1999 Ed. (2136)
Braum's Ice Cream
2007 Ed. (1150)
2006 Ed. (1061)
Braum's Ice Cream & Dairy
2008 Ed. (2372, 2373, 3126, 3127)
2004 Ed. (1049)
2002 Ed. (4012)
2000 Ed. (1913)
Braum's Ice Cream & Dairy Stores
1998 Ed. (1550)
1997 Ed. (1842)
1996 Ed. (1761)
1995 Ed. (1783)
1994 Ed. (1750)
Braun
2008 Ed. (1036)
2007 Ed. (3807)
2005 Ed. (3707)
2003 Ed. (2867, 3790)
2002 Ed. (720, 1092, 2071, 2074)
2001 Ed. (2811)
2000 Ed. (750, 1130, 1728, 2233, 3507)
1999 Ed. (737, 1216, 1944, 2476, 3774, 3775)
1998 Ed. (477, 786, 1378, 1735, 2805, 2806)
1997 Ed. (682, 1041, 1688, 2050, 3062)
1996 Ed. (2984)
1995 Ed. (680, 1044, 1630, 1910)
1994 Ed. (721, 1035, 1588, 1883, 2813, 2815)
1993 Ed. (711, 1005, 1550, 1551, 1885)
1992 Ed. (899, 1242, 1889, 1890, 2201, 3401, 3402)
1991 Ed. (717, 1490, 1491, 1751)
1990 Ed. (1080, 1592, 1593, 1834)
Braun Consulting, Inc.
2001 Ed. (4190)
Braun Electric (U.K.) Ltd.
2002 Ed. (43)
Braun Ketchum Public Relations
1995 Ed. (3025)
1994 Ed. (2966)
Braun Oral B
2004 Ed. (4743)
2003 Ed. (4766)
Braun Oral B Flexisoft
2004 Ed. (4741)
Braun Oral B 3D Excel
2004 Ed. (4741)
Bravaria
2005 Ed. (1838)
Brave PR
2008 Ed. (129)
Braveheart
1998 Ed. (3675)
Braver PC
2008 Ed. (6)
Braves; Atlanta
2008 Ed. (529)
2006 Ed. (547)
2005 Ed. (645)
Bravia
2008 Ed. (3596)
Bravo! Building Services Inc.
2008 Ed. (4973)
2007 Ed. (4992)
Bravo Group
2008 Ed. (113)
2007 Ed. (103)
2006 Ed. (114)
2005 Ed. (105)
2004 Ed. (109, 115)
2003 Ed. (33, 80, 81)
2002 Ed. (69)
2001 Ed. (213)
2000 Ed. (55)
1991 Ed. (105)
Bravo Promotional Products Inc.
2007 Ed. (3611)
Bravo; Rose Marie
2006 Ed. (4975, 4978)
2005 Ed. (2469)
Bravo Underground Inc.
2006 Ed. (1328)
Bravura Solutions
2008 Ed. (1571)
Brawny
2008 Ed. (3857)
2003 Ed. (3735)
1996 Ed. (2907)
1994 Ed. (2733)
1992 Ed. (3337)
Brawny Paper Towels
1989 Ed. (2326)
Brawny Paper Towels, 70-Sheet
1990 Ed. (2130)
Brawny Paper Towels, 70 sheets
1989 Ed. (1630, 1631, 2324)
Braxos Higher Education Auth. Texas
1991 Ed. (2924)
Bray & Associates; Jannotta
1993 Ed. (2747)
Bray Leino
2001 Ed. (236)
Brayson Homes
2005 Ed. (1180)
2004 Ed. (1151)
2003 Ed. (1149)
2002 Ed. (1178)
Brayton & Hughes Design Studio
2007 Ed. (3202)
2006 Ed. (3168, 3169)
2005 Ed. (3167)
Brazeway Inc.
2003 Ed. (3284)
Brazil
2008 Ed. (248, 460, 533, 863, 864, 867, 868, 903, 975, 1019, 1032, 1033, 1034, 1287, 1389, 2190, 2191, 2193, 2205, 2332, 2333, 2417, 2626, 2689, 2843, 2924, 3038, 3163, 3211, 3406, 3411, 3521, 3522, 3523, 3535, 3537, 3593, 3619, 3671, 3785, 3807, 3826, 3827, 3832, 3848, 4247, 4248, 4338, 4340, 4466, 4468, 4469, 4499, 4519, 4550, 4551, 4582, 4583, 4587, 4597, 4675, 4676, 4677, 4686, 4687, 4694, 4784, 4785, 4786)
2007 Ed. (266, 500, 583, 886, 887, 890, 892, 920, 1097, 1132, 1139, 1143, 1151, 1152, 1153, 1439, 1854, 2081, 2082, 2084, 2095, 2198, 2282, 2547, 2711, 2794, 2797, 2798, 2829, 2917, 3049, 3291, 3292, 3298, 3405, 3407, 3408, 3429, 3440, 3444, 3510, 3702, 3744, 3746, 3755, 3798, 3799, 3800, 3956, 4211, 4212, 4219, 4382, 4384, 4484, 4486, 4487, 4488, 4489, 4490, 4536, 4551, 4599, 4602, 4604, 4651, 4670, 4676, 4689, 4752, 4753, 4754, 4762, 4763, 4777, 4864, 4865)
2006 Ed. (259, 484, 549, 797, 798, 801, 804, 839, 931, 1008, 1044, 1050, 1054, 1055, 1062, 1063, 1064, 1407, 2133, 2134, 2136, 2237, 2260, 2346, 2537, 2576, 2701, 2718, 2802, 2805, 2806, 2825, 2895, 2967, 3015, 3227, 3228, 3239, 3349, 3353, 3354, 3411, 3425, 3429, 3479, 3708, 3745, 3747, 3756, 3793, 3794, 3795, 3909, 4195, 4196, 4209, 4317, 4319, 4420, 4424, 4425, 4426, 4427, 4428, 4478, 4574, 4612, 4614, 4615, 4617, 4651, 4652, 4653, 4656, 4738, 4739, 4740, 4756, 4757, 4771, 4860)
2005 Ed. (238, 563, 647, 861, 862, 863, 875, 876, 886, 890, 930, 998, 1035, 1041, 1045, 1051, 1052, 1053, 1422, 2037, 2038, 2040, 2198, 2278, 2539, 2540, 2571, 2734, 2765, 2821, 2824, 2883, 3021, 3242, 3243, 3252, 3363, 3375, 3376, 3400, 3402, 3415, 3419, 3478, 3604, 3647, 3649, 3658, 3704, 3705, 3706, 3840, 4147, 4148, 4153, 4369, 4371, 4403, 4407, 4408, 4409, 4410, 4411, 4478, 4497, 4499, 4531, 4533, 4534, 4536, 4570, 4586, 4587, 4590, 4603, 4691, 4692, 4701, 4702, 4718, 4729, 4789)
2004 Ed. (210, 232, 233, 663, 889, 890, 897, 900, 938, 979, 1040, 1044, 1050, 1051, 1052, 1401, 1524, 1905, 1906, 1908, 1910, 1922, 2094, 2095, 2178, 2593, 2814, 2821, 2823, 2905, 3214, 3215, 3223, 3339, 3344, 3345, 3395, 3402, 3406, 3479, 3688, 3694, 3739, 3741, 3747, 3792, 3793, 3794, 3902, 3931, 4219, 4220, 4226, 4421, 4423, 4458, 4462, 4463, 4538, 4540, 4597, 4599, 4600, 4602, 4650, 4652, 4720, 4721, 4725, 4726, 4739, 4815)
2003 Ed. (249, 267, 562, 654, 868, 871, 873, 930, 965, 1035, 1036, 1045, 1046, 1386, 1494, 1875, 1877, 1973, 2051, 2052, 2129, 2214, 2215, 2216, 2217, 2218, 2221, 2223, 2467, 2702, 3154, 3155, 3167, 3276, 3282, 3332, 3336, 3415, 3650, 3695, 3698, 3703, 3877, 3918, 4193, 4194, 4199, 4495, 4497, 4554, 4617, 4667, 4672, 4698, 4735, 4736, 4743, 4744, 4757)
2002 Ed. (301, 302, 303, 679, 739, 1344, 1474, 1479, 1816, 1820, 2425, 3229, 3724, 4379, 4508, 4623, 4624)
2001 Ed. (367, 511, 512, 518, 668, 1102, 1128, 1133, 1137, 1143, 1174, 1227, 1229, 1298, 1307, 1308, 1353, 1509, 1936, 1938, 2003, 2004, 2104, 2134, 2156, 2232, 2367, 2370, 2373, 2419, 2614, 2615, 2694, 2696, 2697, 2699, 2700, 2724, 2873, 3022, 3024, 3025, 3045, 3199, 3212, 3240, 3244, 3299, 3316, 3367, 3369, 3546, 3548, 3579, 3581, 3596, 3696, 3697, 3846, 3950, 3967, 4122, 4134, 4262, 4264, 4309, 4317, 4319, 4369, 4373, 4384, 4386, 4388, 4426, 4427, 4440, 4495, 4534, 4535, 4549, 4550, 4567, 4591, 4592, 4598, 4650, 4690)
2000 Ed. (808, 1323, 1324, 1614, 1901, 1902, 2348, 2361, 2368, 2369, 2374, 2379, 3571, 4183)
1999 Ed. (385, 1133, 1462, 1464, 1763, 1785, 2098, 2101, 2105, 2554, 2606, 3342, 3695, 3698, 4368, 4473)
1998 Ed. (230, 632, 633, 856, 1030, 1032, 1369, 1431, 1732, 1792, 1847, 2742, 2745, 2897, 2929)
1997 Ed. (725, 823, 824, 1546, 1604, 2108, 2998, 3513, 3633, 3634, 3769)
1996 Ed. (1481, 2647, 2652, 3435, 3692)
1995 Ed. (345, 713, 1043, 1244, 1522, 1740, 1741, 1742, 2007, 2014, 2020, 2021, 2023, 2026, 2033, 2040, 3169, 3421, 3578, 3626, 3634)
1994 Ed. (1490, 1530, 1581, 1980, 2364, 3656)
1993 Ed. (179, 844, 858, 1067, 1958, 1959, 1964, 1971, 1978, 1984, 1988, 2000, 2028, 2366, 2412, 3062, 3301, 3455, 3596, 3722)
1992 Ed. (269, 1738, 2095, 2301, 2302, 2307, 2314, 2319, 2324, 2330, 2336, 2853, 2854, 3742, 3957, 4139, 4186, 4240, 4322, 4489)
1991 Ed. (329, 352, 934, 1384, 1401, 1826, 1831, 1838, 1843, 1847, 1851, 1868, 2493, 2754, 3269, 3390, 3407)
1990 Ed. (205, 405, 414, 742, 1075, 1451, 1475, 1481, 1709, 1729, 1734, 1830, 1908, 1915, 1922, 1929, 1930, 1932, 1937, 3276, 3610, 3617, 3619, 3633)
1989 Ed. (230, 349, 1180)
Brazil Bovespa
2006 Ed. (4508)
Brazil; Federative Republic of
2005 Ed. (3240)
Brazil Fund
1994 Ed. (2649)
Brazil; Government of
2008 Ed. (28)
2006 Ed. (31)
Brazil nuts
1994 Ed. (2687)
1993 Ed. (2736)
1992 Ed. (3281)
Brazilian Association of Post-Graduate Research and Training
1995 Ed. (1933)
Brazilian Equity Fund
1994 Ed. (2649)
Brazilian real
2008 Ed. (2274, 2275)
2007 Ed. (2159)
2006 Ed. (2239)
Brazin
2004 Ed. (1652)
2002 Ed. (2708)
Brazing alloy & solders
2007 Ed. (4385)
2006 Ed. (4320)
2005 Ed. (4372)
2004 Ed. (4424)
2003 Ed. (4421)
Brazoria County, TX
1995 Ed. (3111)
Brazoria, TX
2005 Ed. (3473)
1997 Ed. (3304)
1996 Ed. (3207)
1994 Ed. (974, 2496)
1989 Ed. (1643)
Brazos Electric Power
1992 Ed. (3263)
Brazos Electric Power Co-op Inc.
2006 Ed. (1390, 1393)
Brazos/JMIC Small Cap Growth
1999 Ed. (3507, 3575, 3576)
Brazos Micro Cap
2004 Ed. (2457)
Brazos River Authority
1996 Ed. (2730)
Brazos River Authority, Tex.
1990 Ed. (2876)
Brazos River Authority, TX
1999 Ed. (3471)
1998 Ed. (2560)
1993 Ed. (2616, 2625)
1991 Ed. (2016, 2530)
Brazos River Harbor Naval Distribution, TX
1993 Ed. (2159)
Brazos Student Finance Corp.
1999 Ed. (4144)
Brazoswood National Bank
1996 Ed. (536)
Brazzaville, Congo
1994 Ed. (976)
1993 Ed. (1425)
1992 Ed. (1712)
1991 Ed. (1365)
1989 Ed. (915)
BRB Contractors Inc.
2006 Ed. (1275)
BRB Roofing & Manufacturing
2008 Ed. (4251, 4252)

2007 Ed. (4214, 4215)
2006 Ed. (4205)
2005 Ed. (4149)
BRCS Inc.
2007 Ed. (3599, 3600)
BRD-Groupe Soc. Generale
2006 Ed. (4530)
BRD-Groupe Societe Generale
2008 Ed. (496)
2007 Ed. (545)
BRE
2002 Ed. (4780)
2000 Ed. (4370, 4371)
1999 Ed. (4739, 4740)
1997 Ed. (3863, 3864)
1996 Ed. (3817)
1994 Ed. (3648)
BRE Bank
2008 Ed. (493)
2007 Ed. (542)
2006 Ed. (514)
2005 Ed. (598)
2004 Ed. (608)
2003 Ed. (489, 492, 600)
2002 Ed. (586, 636)
BRE Properties
2002 Ed. (3927)
BRE-X Minerals
1999 Ed. (4619)
Bread
2008 Ed. (2732)
2005 Ed. (2754, 2757, 2759, 2760)
2003 Ed. (367, 369, 375, 2557, 3939, 3940)
2002 Ed. (425, 430, 3490)
2001 Ed. (4288)
1999 Ed. (4507)
1995 Ed. (3530)
1992 Ed. (2198)
Bread and baked goods
1996 Ed. (1484, 3091, 3092, 3093)
1995 Ed. (2049)
Bread and cakes
1994 Ed. (1190)
bread & rolls
2000 Ed. (3619)
1996 Ed. (3097, 3615)
1994 Ed. (2940)
1993 Ed. (2921)
1992 Ed. (3546)
Bread & rolls, fresh
2002 Ed. (3768)
1996 Ed. (2043)
1995 Ed. (2997)
1993 Ed. (3484)
Bread/baked goods
2001 Ed. (2078)
Bread, cake cookies
1997 Ed. (1208)
Bread, cakes
1996 Ed. (2899)
Bread, frozen
1999 Ed. (4509)
1998 Ed. (3434)
1996 Ed. (3617)
Bread Products
1993 Ed. (3485)
Bread/rolls
2004 Ed. (2133)
Bread, rye
1998 Ed. (255)
Bread, whole-grain
1998 Ed. (255)
Breadeaux Pisa Inc.
2004 Ed. (2588)
2002 Ed. (3717)
Breadeaux Pizza
2007 Ed. (2544)
Breading
2002 Ed. (431)
1999 Ed. (365)
Breading Mixes
1990 Ed. (1960)
Breading products
2003 Ed. (376)
Breadmakers
1996 Ed. (2192)
Breads
1989 Ed. (1463)
Breads/crackers
1997 Ed. (3680)
Breads, Rolls, Biscuits, Muffins (pkgs.)
2000 Ed. (4143)
Breadsmith
2004 Ed. (352)
2003 Ed. (373)
2002 Ed. (427)
Break Cake
2000 Ed. (368, 370, 371)
1995 Ed. (339)
Breakfast bars
2005 Ed. (2234)
2003 Ed. (368, 4652)
2002 Ed. (2293)
1995 Ed. (3399)
Breakfast cakes
2005 Ed. (2045)
2003 Ed. (367)
Breakfast/cereal bars
2008 Ed. (2836)
Breakfast cereals
1996 Ed. (1485)
Breakfast cereals, ready-to-eat
1993 Ed. (3485)
Breakfast drinks
2002 Ed. (4310)
Breakfast entrees, frozen
1994 Ed. (3462)
1993 Ed. (3485)
Breakfast foods
2003 Ed. (3942)
2000 Ed. (4146, 4164)
1998 Ed. (1768)
Breakfast sandwiches
1989 Ed. (1463)
Breakfast/snack items
1998 Ed. (2497)
Breakfast/snack/nutritional bars
1993 Ed. (3485)
Breakfasts
1990 Ed. (1953)
Breakfasts, refrigerated
2003 Ed. (2563)
Breaking and entering
2000 Ed. (1632)
Breakstone
2008 Ed. (820, 821)
2003 Ed. (819, 923, 1882)
2001 Ed. (1080, 1168, 4313)
2000 Ed. (1015, 1634, 1636, 1638, 4150, 4158, 4162)
Breakstone Butter
2003 Ed. (820)
Breakstone Cottage Doubles
2003 Ed. (923)
2001 Ed. (1168)
Breakthrough Management Group Inc.
2006 Ed. (4343)
Breakwater Resources Ltd.
2008 Ed. (1621, 1622, 1625)
2003 Ed. (3376)
2002 Ed. (3369)
1994 Ed. (1982)
Breast cancer
1995 Ed. (888)
Breasts: A Documentary
1999 Ed. (4721)
Breath Assure
1998 Ed. (614, 3437)
Breath Asure
2003 Ed. (762, 763)
2000 Ed. (811)
Breath Asure D
2000 Ed. (811)
Breath freshener sprays/drops
2004 Ed. (4746)
Breath fresheners
2008 Ed. (841)
2002 Ed. (1913)
2001 Ed. (3713)
1999 Ed. (1019)
Breath mints
1999 Ed. (4509)
Breath Savers
2000 Ed. (976)
1998 Ed. (614, 3437)
1994 Ed. (852)
Breath sweeteners
2003 Ed. (856, 857)
2002 Ed. (932)
Breathe Right
2004 Ed. (1055)
2003 Ed. (3779)
Breathe Right Near Clear
2003 Ed. (3779)
Breathing aids
2002 Ed. (1096)
Breathsavers
2002 Ed. (786)
2001 Ed. (1122)
2000 Ed. (974)
1999 Ed. (1020)
1995 Ed. (892, 897)
1993 Ed. (835)
Breathsavers Cool Blast
2002 Ed. (786)
Breathsavers Ice Breakers
2002 Ed. (786)
Breathsavers Ice Breakers Sugarless
2002 Ed. (1037)
Breaux; Gary M.
1995 Ed. (2669)
Breaux; John B.
1994 Ed. (2890)
Breazeale Sachse
2001 Ed. (824)
Brecek & Young Advisors
2002 Ed. (802, 803, 804, 805, 806)
2000 Ed. (852, 853, 857, 859, 860, 861)
Breckenridge
1994 Ed. (1102)
Breckenridge Brewery
1999 Ed. (3401, 3401)
1997 Ed. (714)
Breckenridge Brewery Denver no. 1
1999 Ed. (3400)
Breckenridge Brewery Denver no. 2
1999 Ed. (3400)
Breckenridge, CO
1993 Ed. (3324)
1990 Ed. (3293)
Breckenridge Denver #1
1998 Ed. (2489, 2490)
Breckenridge Ski Resort
2008 Ed. (4342)
2007 Ed. (4391)
2006 Ed. (4327)
2005 Ed. (4377)
2004 Ed. (4428)
2002 Ed. (4284)
Brecker's Balloon Heaven
2006 Ed. (3548, 4386)
BreconRidge Manufacturing Solutions Inc.
2008 Ed. (2935)
2007 Ed. (2807)
Bredero Price Co.
2002 Ed. (3320)
Breed Technologies
2004 Ed. (321)
1999 Ed. (349)
1997 Ed. (2023, 2936)
Breedlove; James T.
2008 Ed. (2630)
Breen; Daniel
1996 Ed. (2407)
Breen; E. D.
2005 Ed. (2478)
Breen; Edward
2007 Ed. (976)
2006 Ed. (885)
Breen; Edward D.
2008 Ed. (951)
Breeze
2001 Ed. (485)
Bregman, Berbert, Schwartz & Gilday
2007 Ed. (3319)
Bregman; Lior
1997 Ed. (1863)
Brehm-Praezisionstechnik GmbH & Co. KG
2001 Ed. (3282)
Brel Group Ltd.
1994 Ed. (995, 1000)
1993 Ed. (972)
Brembo SpA
2007 Ed. (1831)
Bremen
1997 Ed. (1146)
1992 Ed. (1397)
Bremen, Germany
2008 Ed. (1220)
Bremer PR
2000 Ed. (3671)
Bremer Public Relations
2005 Ed. (3977)
2004 Ed. (4036)
Bremerhaven
1992 Ed. (1397)
Bremerton, WA
2006 Ed. (2973)
2005 Ed. (3471, 3472)
1999 Ed. (2089, 3369)
1993 Ed. (2549)
1992 Ed. (3055)
1990 Ed. (2155)
Bren; Donald
2008 Ed. (3979, 4830)
2007 Ed. (4902)
2006 Ed. (1201, 4906)
2005 Ed. (3832, 4852)
Brencroft Ltd.
1995 Ed. (1015)
Brenda Barnes
2008 Ed. (4948, 4950)
2007 Ed. (4975, 4981, 4983)
2006 Ed. (2627, 4974)
Brenda Gall
2000 Ed. (2052)
1998 Ed. (1623)
1997 Ed. (1901)
1996 Ed. (1827)
1995 Ed. (1797, 1849)
1994 Ed. (1811)
1993 Ed. (1828)
1991 Ed. (1685)
Brenda Harden
2000 Ed. (3160, 4428)
Brenda K. Starr
1993 Ed. (1078)
Brenda Lee Landry
1998 Ed. (1664)
1997 Ed. (1892)
Brendan Fraser
2008 Ed. (2590)
Brendan Sexton
1991 Ed. (2549)
Brendan Tours
1998 Ed. (3624)
Brendle's
1999 Ed. (1055)
1997 Ed. (1634, 1635)
1994 Ed. (872)
1992 Ed. (1065)
1991 Ed. (866, 867)
1990 Ed. (915, 3058)
1989 Ed. (860)
Brennan Beer Gorman Architects
2004 Ed. (2943)
2003 Ed. (2855)
2002 Ed. (2646)
1999 Ed. (2788)
1998 Ed. (188, 2029)
1997 Ed. (268)
1996 Ed. (236)
1995 Ed. (240)
1994 Ed. (237)
1993 Ed. (243, 248)
1992 Ed. (359, 2716)
Brennan Beer Gorman Architects; Brennan Beer Gorman Monk/ Interiors
2001 Ed. (2798)
Brennan Beer Gorman Monk
2008 Ed. (3345)
2000 Ed. (2567)
Brennan Beer Gorman Monk Interiors
2008 Ed. (3344)
2007 Ed. (3194, 3202)
2006 Ed. (3160, 3169, 3174)
2005 Ed. (3167)
1992 Ed. (2716)
Brennan; Edward
1997 Ed. (1796)
1992 Ed. (2056)
Brennan; Edward A.
1991 Ed. (926, 1628)
1990 Ed. (973, 1720)
Brennan; Jean
2007 Ed. (4919)
Brennan's Irish Whiskey
2004 Ed. (4891)
Brenneman Co.; J. E.
1990 Ed. (1214)
Brenninger Motors Inc.
1992 Ed. (382)

Brenninkmeyer; C. & A.
1994 Ed. (22)
1993 Ed. (30)
1989 Ed. (31)
Brenninkmeyer; C&A
1990 Ed. (28)
Brenninkmeyer family
2008 Ed. (4864)
2007 Ed. (4911)
2005 Ed. (4878)
1991 Ed. (709)
Brenninkmeyer, Roelandus
1992 Ed. (888)
Brenntag Inc.
2004 Ed. (955)
2003 Ed. (948)
1999 Ed. (1092, 1093)
1996 Ed. (933)
Brenntag AG
2002 Ed. (1004, 1005, 1006)
Brenntag North America Inc.
2008 Ed. (916)
2007 Ed. (938)
Brenntag, Stinnes Interfer
2006 Ed. (3276)
Brent Carlson
2006 Ed. (1003)
Brent, crude
2008 Ed. (1094)
Brent Resources Group
1990 Ed. (2740)
Brent Walker Breweries Ltd.
1994 Ed. (1356)
The Brent Walker Group Plc
2000 Ed. (1417)
1999 Ed. (1612)
1995 Ed. (1383)
Brenton Bank
1998 Ed. (385)
1997 Ed. (520)
Brenton Banks Inc.
2002 Ed. (435)
Brenton Farm Management
1999 Ed. (2121)
Brent's Deli
2002 Ed. (4035)
Brentwood Associates
1996 Ed. (3782)
1995 Ed. (3695)
1994 Ed. (3621)
1993 Ed. (3662)
Brentwood Associates Venture Capital
1998 Ed. (3666)
Brentwood Behavioral Health
2003 Ed. (3972)
Brentwood Originals
2007 Ed. (3957)
Brentwood Venture Capital
2000 Ed. (4341)
1999 Ed. (1967, 4704, 4706)
Brero Construction Inc.
1996 Ed. (1120)
1994 Ed. (2049)
Breshears Inc.; W. H.
2008 Ed. (3696)
Bresky; Steven J.
2008 Ed. (958)
Bresler & Reiner
2006 Ed. (2114)
1992 Ed. (1361)
Breslin Realty Developers
2000 Ed. (3710)
Breslin Realty Development Corp.
1995 Ed. (3063)
1993 Ed. (3311, 3314)
1990 Ed. (3286)
Bresnan Communications
2005 Ed. (1462)
2004 Ed. (1447)
2001 Ed. (1540)
Bresnan Communications Co. LP
2002 Ed. (1384)
Bresnier
2000 Ed. (1640)
Bressler; Richard
2006 Ed. (960)
2005 Ed. (991)
Brest Buick; Bob
1990 Ed. (337)
Brest Chevrolet; Bob
1991 Ed. (306)
1990 Ed. (339)
Brest Nissan; Bob
1991 Ed. (288)
Brest; Paul
2008 Ed. (3789)
Brestcombank
1997 Ed. (416)
Bretagne
1994 Ed. (488)
The Brethren
2003 Ed. (706, 724)
Bretons Hand & Seal Whiskey
2001 Ed. (4801)
Brett Aqualine
1989 Ed. (2502)
Brett; George
1989 Ed. (719)
Brett Hodess
2000 Ed. (2005)
1999 Ed. (2261)
1998 Ed. (1670)
Brett Levy
2000 Ed. (1951)
1999 Ed. (2180)
1998 Ed. (1591)
1997 Ed. (1943)
Breuners
2000 Ed. (2296)
1990 Ed. (1866)
Breuner's Home Furnishings Corp.
1999 Ed. (2555, 2557, 2560)
Breuner's Home Furniture Corp.
1998 Ed. (1781, 1784, 1788, 1789, 1796)
1997 Ed. (2097)
Brevard
1990 Ed. (1805)
Brevard Community College
2002 Ed. (1105)
Brevard County, FL
2005 Ed. (2827)
1998 Ed. (1701)
Brevard Public School System
2007 Ed. (201)
Brew Invest
2005 Ed. (26)
2004 Ed. (33)
Brewer Homes; C.
1996 Ed. (2882)
Brewery Credit Union
2008 Ed. (2213)
Brewery Skopje
2007 Ed. (57)
2006 Ed. (66)
2005 Ed. (59)
2004 Ed. (64)
Brewski Brewing
1996 Ed. (2631)
Brewster Heights Packing
1998 Ed. (1771)
Brewster Procurement Group Inc.
2008 Ed. (3712, 4398, 4964)
2007 Ed. (3560, 3561, 4423)
Breyer's
2008 Ed. (3122, 3123, 3124, 3125)
2007 Ed. (3006)
2006 Ed. (2976, 2977)
2005 Ed. (2980)
2004 Ed. (2967, 2968)
2003 Ed. (2877, 2878, 2879, 4998)
2002 Ed. (2716, 2717)
2001 Ed. (2547, 2831, 4939, 4940)
2000 Ed. (799, 2281, 2597, 2598, 2602, 4153, 4160, 4444)
1999 Ed. (2824, 4828)
1998 Ed. (1770, 2072, 2073, 2074, 2075)
1997 Ed. (2092, 2093, 2344)
1996 Ed. (1977, 2215)
1995 Ed. (1946)
1993 Ed. (1907, 2121, 2122)
Breyer's Ice Cream Parlor
2003 Ed. (2878)
2002 Ed. (2716)
Breyers (Kraft)
1990 Ed. (3713)
BRF Bygg Realkredit.
1991 Ed. (497)
BRF Byggeriets Realkreditfond
1993 Ed. (462)
1992 Ed. (650)
BRFkredit
1997 Ed. (450)
1996 Ed. (487)
1995 Ed. (455)
1994 Ed. (467)
B.R.I. Coverage Corp.
1992 Ed. (2702)
1991 Ed. (2139)
Briad Restaurant Group Inc.
2003 Ed. (1783)
Brian Behlendorf
2006 Ed. (1003)
Brian, Cronin & Associates
1989 Ed. (122)
Brian Grazer
2004 Ed. (2413)
2003 Ed. (2333)
Brian H. Richter
1992 Ed. (2904)
Brian Hannan
1997 Ed. (980)
Brian Harris
1999 Ed. (2209)
Brian Jacoby
2000 Ed. (1925)
1999 Ed. (2162)
Brian Kilduff
1992 Ed. (2062)
Brian L. Halla
2008 Ed. (954)
2003 Ed. (4383)
Brian L. Roberts
2008 Ed. (948)
2007 Ed. (1026)
2005 Ed. (2502)
Brian Leetch
2003 Ed. (298)
Brian M. O'Hara
1999 Ed. (2080)
Brian McKnight
2002 Ed. (1161)
Brian P. Bilbray
1995 Ed. (2484)
Brian Parker
1999 Ed. (2353)
1997 Ed. (1972)
1996 Ed. (1864)
Brian Pearl
1999 Ed. (2403)
Brian Pfeifier
2007 Ed. (3249)
Brian Pfeifler
2008 Ed. (3376)
2007 Ed. (3248)
2006 Ed. (658, 3189)
Brian Roberts
2008 Ed. (938)
2007 Ed. (971)
2006 Ed. (880)
2005 Ed. (970)
Brian Souter
2008 Ed. (4900)
2007 Ed. (4926)
1996 Ed. (1717)
Brian Sullivan
2002 Ed. (2150)
Briarwood Ford Inc.
2008 Ed. (166)
2004 Ed. (175)
2002 Ed. (708)
Briarwood Health Care Center
2002 Ed. (3526)
Briazz, Inc.
2003 Ed. (4322)
Brice Building Co.
2008 Ed. (1269)
2007 Ed. (1373, 1377)
2006 Ed. (1342, 2796)
2000 Ed. (2417)
1999 Ed. (1380)
1997 Ed. (1160)
1996 Ed. (1131)
1995 Ed. (1146)
Brick
2001 Ed. (1173)
Brick; Andrew
1997 Ed. (1958)
Brick cheese
2008 Ed. (902)
2007 Ed. (919)
2006 Ed. (838)
2005 Ed. (929)
2004 Ed. (937)
2003 Ed. (929)
The Brick Group Income Fund
2008 Ed. (4226)
2007 Ed. (4188, 4860)
Bricker & Eckler
2001 Ed. (893)
The BrickKicker Home Inspection
2007 Ed. (2250)
2006 Ed. (2319)
2005 Ed. (2261)
2004 Ed. (2163)
2003 Ed. (2120)
2002 Ed. (2056)
Bricklayers Local 1
2001 Ed. (3041)
Brickman Group Ltd.
2008 Ed. (201, 202, 3432)
2007 Ed. (215, 216, 3331)
2006 Ed. (205, 3253)
2005 Ed. (193, 3267)
2004 Ed. (192)
Brickman Group Holdings Inc.
2008 Ed. (201, 202)
2007 Ed. (215)
2006 Ed. (205)
2005 Ed. (193)
2004 Ed. (192)
Brickyard Bancorp
2007 Ed. (462)
Brickyard Bank
2005 Ed. (3307)
1999 Ed. (494)
Bricoleur Partners
1996 Ed. (2099)
The Bricom Group Ltd.
1993 Ed. (965, 976)
1992 Ed. (1191)
Bricorama
2001 Ed. (2756)
Bricsnet
2003 Ed. (2164)
Bridal
2007 Ed. (166)
Bridal Guide
2008 Ed. (151)
2007 Ed. (168, 4993)
2006 Ed. (145)
1992 Ed. (3389)
Bride's
2007 Ed. (139, 166, 4993)
2006 Ed. (146, 147, 155)
2000 Ed. (203)
1999 Ed. (3769)
1994 Ed. (2804)
1993 Ed. (2802, 2807)
1992 Ed. (3392, 3387)
1991 Ed. (2710)
1990 Ed. (2800)
1989 Ed. (183, 2178)
Bride's & Your New Home
1996 Ed. (2964)
1995 Ed. (2890)
1994 Ed. (2797, 2803)
Bride's Magazine
2005 Ed. (145)
2004 Ed. (147)
2001 Ed. (260)
2000 Ed. (3491)
1999 Ed. (3766)
1998 Ed. (2797)
1997 Ed. (3041)
Brides's
1998 Ed. (70)
Bridewater Associates
2000 Ed. (2778)
Bridge
1999 Ed. (73)
Bridge Bancorp
2003 Ed. (523)
Bridge City Legal
2008 Ed. (2020, 2022, 2026)
2007 Ed. (1944)
2006 Ed. (1973)
Bridge City State Bank
2008 Ed. (430)
Bridge Information Systems, Inc.
2002 Ed. (2517)
Bridge Kia; Bob
1996 Ed. (293)
Bridge Programs
1993 Ed. (3619)
Bridge Terminal Transport
2008 Ed. (4745)

2007 Ed. (4818)
2006 Ed. (4801)
2005 Ed. (4746)
2004 Ed. (4770, 4791)
Bridge View Bancorp
2003 Ed. (525, 526, 527)
Bridge Wholesale
2008 Ed. (4346)
Bridgeport Brewing Co.
1992 Ed. (3064)
Bridgeport, CT
2005 Ed. (2389, 2990)
2000 Ed. (4093)
1996 Ed. (344, 2864)
1995 Ed. (2665, 2808, 3544)
1994 Ed. (333)
1989 Ed. (343)
Bridgeport (CT) Post, Olean (NY) Times Herald
1990 Ed. (2690)
Bridgeport Hospital
2008 Ed. (3063)
1990 Ed. (1743)
Bridgeport Machines
1997 Ed. (3358)
Bridgeport, Milford, CT
1992 Ed. (370)
Bridgeport-Stamford, CT
1992 Ed. (2576, 3042)
Bridgeport-Stamford-Norwalk, CT
2007 Ed. (3500)
2006 Ed. (3475)
Bridgeport-Stamford-Norwalk-Danbury, CT
2004 Ed. (3471, 4176)
2003 Ed. (3388, 3390, 3394, 3395, 3400, 3405, 3408, 4154)
2000 Ed. (2605)
1999 Ed. (4057)
1998 Ed. (3057)
1997 Ed. (2359, 3303, 3349)
1996 Ed. (2223, 2230, 2618)
1995 Ed. (2214, 2221, 2556)
1994 Ed. (2163, 2171, 2173, 2491)
1993 Ed. (2140, 2147, 2150, 2541)
1992 Ed. (2582, 2585, 3735)
1991 Ed. (2001, 2008, 2011, 2426, 2891)
1990 Ed. (2155, 2164, 2167, 3046)
1989 Ed. (1643)
Bridgepot-Stamford-Norwalk-Danbury, CT
2000 Ed. (3765)
Bridger Coal Co.
2001 Ed. (1903)
Bridgers & Paxton Consulting Engineers Inc.
2008 Ed. (2522)
2007 Ed. (2406)
Bridges.com
2006 Ed. (1572)
2003 Ed. (2707, 2935)
2002 Ed. (2485)
Bridgestone Corp.
2008 Ed. (308, 312, 4678, 4679, 4680)
2007 Ed. (317, 324, 1836, 3973, 4756, 4757)
2006 Ed. (4510, 4741, 4742, 4743, 4744, 4747, 4748, 4749, 4750, 4751)
2005 Ed. (3694)
2004 Ed. (1480, 3775)
2003 Ed. (1450, 3750, 4203, 4204)
2002 Ed. (1430, 2416, 4069)
2001 Ed. (4129, 4540, 4542, 4544, 4546)
2000 Ed. (3560, 3561, 4253)
1999 Ed. (3841, 4119, 4602)
1998 Ed. (3572)
1997 Ed. (3751)
1996 Ed. (3693)
1994 Ed. (40)
1993 Ed. (346, 1990, 3578)
1992 Ed. (1497, 1656, 1682, 2337, 4298, 4299)
1991 Ed. (3392)
1990 Ed. (1228, 1229, 2176)
1989 Ed. (1655)
Bridgestone Americas Holding Inc.
2008 Ed. (3009, 4253, 4254)
2007 Ed. (321, 2010, 2887, 4216, 4217)
2006 Ed. (330, 2038, 4206, 4207)
2005 Ed. (316, 1969, 4150, 4151)
Bridgestone/Firestone
2008 Ed. (4681)
2007 Ed. (4758)
2006 Ed. (4752)
2004 Ed. (317, 321)
2003 Ed. (1833, 4196, 4197, 4205)
2002 Ed. (1515, 1544, 4066)
2001 Ed. (532, 1876, 4131, 4132)
2000 Ed. (3827)
1999 Ed. (4115)
1998 Ed. (3104)
1997 Ed. (1827, 3362, 3750, 3752, 3753)
1995 Ed. (2847, 3615)
1990 Ed. (3597)
Bridgestone-Firestone Affiliated Dealer Operations
2005 Ed. (4698)
Bridgestone/Firestone AG
2005 Ed. (3854)
Bridgestone-Firestone Canada
1996 Ed. (3148)
Bridgestone/Firestone North American Tire
2005 Ed. (3397)
Bridgestone-Firestone/Tirestarz
2005 Ed. (4698)
Bridgestone Corp. of Japan
1990 Ed. (1256, 3553)
Bridgestone Tire & Rubber
1989 Ed. (2836)
Bridget Fonda
2001 Ed. (7)
Bridget Jones: The Edge of Reason
2003 Ed. (725)
Bridget Jones's Diary
2003 Ed. (725)
Bridgeview Bancorp
2008 Ed. (427)
2005 Ed. (451, 522)
Bridgewater Asset Mgmt.
1990 Ed. (2336)
Bridgewater Associates
2006 Ed. (2800)
2005 Ed. (2820)
2003 Ed. (2701, 3089, 3110)
2002 Ed. (2467, 3020)
2000 Ed. (2797, 2800, 2803, 2807, 2854)
1999 Ed. (3046)
1997 Ed. (2551)
1996 Ed. (2428)
Bridgewater Group
1992 Ed. (2746, 2766)
Bridgewater Interiors LLC
2008 Ed. (177)
2007 Ed. (194)
2006 Ed. (186, 188)
2005 Ed. (177)
2002 Ed. (710)
Bridgewater, NJ
1999 Ed. (1152, 2829)
1997 Ed. (2353)
1990 Ed. (2159)
Bridgeway Aggressive Growth
2003 Ed. (3549, 3551)
2002 Ed. (3421)
Bridgeway Aggressive Investor
2003 Ed. (3495, 3498)
Bridgeway Aggressive Investors
2008 Ed. (4516)
2007 Ed. (4548)
2006 Ed. (3616, 4572)
2005 Ed. (4496)
2004 Ed. (2447, 3534, 3537, 3593, 4444)
Bridgeway Funds Ultra Small Company
2004 Ed. (4541)
Bridgeway Funds Ultra Small Company Tax Advantage
2004 Ed. (4541)
Bridgeway Micro Cap Ltd.
2007 Ed. (2490)
2003 Ed. (3506)
Bridgeway Micro-Cap Limited
2006 Ed. (3642)
Bridgeway Small-Cap Growth
2007 Ed. (4548)
2006 Ed. (4557)
Bridgeway Small Cap Value
2007 Ed. (3673)
Bridgeway Ultra Large 35 Index
2004 Ed. (4443)
2000 Ed. (3271)
Bridgeway Ultra Small Co.
2007 Ed. (2490, 2492)
1999 Ed. (3576)
Bridgeway Ultra Small Company
2008 Ed. (2621)
2006 Ed. (3642, 3643, 3644)
2004 Ed. (2456, 3575, 4445)
2003 Ed. (3505, 3509)
Bridgeway Ultra Small Company Market
2006 Ed. (3652, 3653, 3654)
Bridgeway Ultra Small Company Tax Advantage
2004 Ed. (3573, 4445)
Bridgeway Ultra Small Co. Market
2008 Ed. (2620)
Bridgford
2008 Ed. (4447)
2002 Ed. (2009, 2010)
2001 Ed. (3234)
1998 Ed. (3324)
1996 Ed. (3465)
Bridgford Foods Corp.
2008 Ed. (3615)
1989 Ed. (2655)
Brie
1999 Ed. (1076)
Brierley & Partners
1997 Ed. (77)
Brierley Investments Ltd.
2002 Ed. (3497, 3498)
2000 Ed. (3331, 3332)
1999 Ed. (3622, 3623)
1997 Ed. (2939, 2940)
1996 Ed. (2844)
1994 Ed. (1431, 2670, 2671)
1993 Ed. (2721, 2722)
1992 Ed. (1674, 3233, 3234)
1991 Ed. (1330, 2594, 2595)
1990 Ed. (1405)
Briggs & Morgan
2001 Ed. (849)
1993 Ed. (2400)
1992 Ed. (2842)
1991 Ed. (2288)
Briggs & Morgan, P.A.
1990 Ed. (2422)
Briggs & Sons Tire
2006 Ed. (3531)
Briggs & Stratton Corp.
2007 Ed. (2978)
2006 Ed. (2961, 3948, 3952, 3953, 3956)
2005 Ed. (3350, 3351, 3355)
2004 Ed. (2999, 3325, 3326)
2002 Ed. (4362)
2001 Ed. (1900, 3188, 3218)
2000 Ed. (3034)
1999 Ed. (2851)
1998 Ed. (2090)
1997 Ed. (2370)
1996 Ed. (2243)
1995 Ed. (1506, 2235)
1994 Ed. (1469, 2420)
1993 Ed. (1416)
1992 Ed. (3642)
1990 Ed. (3445)
Briggs & Strattong Corp.
2003 Ed. (1854)
Briggs Hardware Co.; C. H.
2007 Ed. (3594, 3595, 4443)
Briggs Industries
1996 Ed. (995)
Brigham & Women's Hospital
2008 Ed. (3043, 3044, 3045, 3051, 3052, 3053)
2007 Ed. (1870, 2779, 2921, 2922, 2928, 2929, 2930, 2931)
2006 Ed. (1867, 2902, 2903, 2909, 2911, 2912, 2918)
2005 Ed. (1856, 2896, 2897, 2902, 2903, 2905, 2911)
2004 Ed. (1791, 2907, 2910, 2911, 2913, 2916, 2918, 2919, 2924)
2003 Ed. (1754, 2807, 2812, 2814, 2815, 2816, 2819)
2002 Ed. (2601, 2603, 2604, 2608, 2610, 2611, 2612, 2616)
2001 Ed. (1788)
2000 Ed. (2509, 2510, 2511, 2513, 2516, 2522, 2524)
1999 Ed. (2730, 2731, 2732, 2733, 2734, 2743, 2745)
1997 Ed. (2263)
Brigham; Ben
2008 Ed. (2634)
Brigham Exploration Co.
2008 Ed. (4363, 4429)
2006 Ed. (3823)
Brigham Young University
2008 Ed. (786)
2007 Ed. (807)
2006 Ed. (706, 729, 732, 3951, 3957, 3960, 3962)
2004 Ed. (824, 825, 827, 830, 2669)
2002 Ed. (901)
2001 Ed. (2488)
1998 Ed. (3161)
1996 Ed. (949)
1995 Ed. (3189)
1992 Ed. (3803)
Brigham Young University-Hawaii
2008 Ed. (1066)
Brigham Young University, Marriott School of Business
2008 Ed. (773, 777, 789)
2007 Ed. (797, 815, 818, 826)
2006 Ed. (740)
Bright
2008 Ed. (129)
Bright & Co.; T. G.
1994 Ed. (692)
Bright & Co.; T.G.
1992 Ed. (886)
Bright Banc Savings
1989 Ed. (2359)
Bright Banc Savings Assn.
1990 Ed. (3578)
Bright Banc Savings Association
1991 Ed. (3385)
Bright blue
1992 Ed. (427)
Bright Capital Technical Fund
2005 Ed. (1085)
Bright Eyes
1990 Ed. (2814)
1989 Ed. (2198)
Bright Future Partners
2008 Ed. (4977)
Bright Horizons Family Solutions Inc.
2008 Ed. (1911, 1914, 3028, 4527)
2007 Ed. (1872)
2006 Ed. (1865, 1869, 2423, 4301)
2005 Ed. (1858, 4360)
Bright House Networks
2008 Ed. (827)
2007 Ed. (866)
Bright House Networks LLC
2006 Ed. (4882)
Bright Ideas in Broad Ripple Inc.
2008 Ed. (4961)
Bright National Bank
1993 Ed. (508)
Bright Red
2001 Ed. (536)
1992 Ed. (426)
Bright Sheet Metal Co. Inc.
1997 Ed. (1169)
1996 Ed. (1137)
1995 Ed. (1165)
BrightHouse
2006 Ed. (768)
2005 Ed. (1566)
BrightHouse Networks
2006 Ed. (770)
Brightmail Inc.
2006 Ed. (1427)
Brighton Agency Inc.
2008 Ed. (194)
2007 Ed. (204, 207)
2006 Ed. (196, 199)
2005 Ed. (184, 187)
Brighton Bank
2004 Ed. (543)
2000 Ed. (433, 550)
1999 Ed. (440, 539)

1998 Ed. (335)
1997 Ed. (494)
1996 Ed. (535)
1993 Ed. (513)
Brighton Homes
2005 Ed. (1206)
2004 Ed. (1179)
2003 Ed. (1166, 1171)
2002 Ed. (1192, 1199)
2001 Ed. (1387)
Brightpoint Inc.
2008 Ed. (1807, 4605, 4924)
2007 Ed. (3072, 4533, 4950)
2006 Ed. (3050)
2004 Ed. (4162, 4181)
2003 Ed. (2889)
2001 Ed. (2842)
1997 Ed. (3522)
Brightpoint North America LP
2008 Ed. (4801)
Brightstar Corp.
2008 Ed. (2645, 2956, 2968, 4055)
2007 Ed. (2514, 2517, 2834, 2835, 2837, 4028)
2006 Ed. (2832)
2005 Ed. (2529, 2838, 2844, 3904)
2004 Ed. (2540, 2829, 2834, 2835)
2003 Ed. (2420, 2421, 2749, 2750)
2002 Ed. (2544, 2564)
BrightStar Healthcare
2008 Ed. (172)
Brignoli, Curley & Roberts Assocs.
1990 Ed. (2348)
Brilliance China Auto
2005 Ed. (4505)
Brilliance China Automotive Holdings Ltd.
2003 Ed. (4587)
Brilliant Manufacturing
2007 Ed. (1972)
BrilliantPeople.com
2002 Ed. (4794)
Brillo
1995 Ed. (993)
Brim
1997 Ed. (2825, 2829)
1996 Ed. (2709)
1995 Ed. (2632)
1994 Ed. (2577)
1992 Ed. (3125, 3128, 3130)
1991 Ed. (3323)
1990 Ed. (3545)
Brim & Associates
1991 Ed. (2500, 2503)
Brimeyer; Jerome
1997 Ed. (1864)
1996 Ed. (1773, 1789)
1995 Ed. (1857)
Brin; Sergey
2008 Ed. (4834, 4839)
2007 Ed. (4905)
2006 Ed. (4896, 4912)
2005 Ed. (787, 4859)
Brincat; John
1993 Ed. (938)
Brincat; John J.
1994 Ed. (1721)
Brincat; John N.
1997 Ed. (1803)
Brindfors; Hans
1989 Ed. (164)
Brindley Advertising
1993 Ed. (112)
Bringing Down the House
2005 Ed. (4832)
Brink Electric Construction Co.
1997 Ed. (1171)
Brinker International Inc.
2008 Ed. (2116, 2351, 2758, 3066, 3439, 4142, 4143, 4144, 4171)
2007 Ed. (2629, 2630, 2897, 2949, 3343, 4121, 4122, 4127, 4133)
2006 Ed. (2649, 2651, 2652, 4102, 4103, 4107)
2005 Ed. (1976, 2658, 2661, 2666, 4043, 4044, 4045, 4046, 4054)
2004 Ed. (2632, 2664, 2667, 4105, 4106, 4107, 4108, 4129)
2003 Ed. (2497, 2525, 2531, 2532, 2534, 4079, 4085, 4086, 4092, 4105)
2002 Ed. (2294, 2314, 3993, 4025)
2001 Ed. (4050, 4056, 4057, 4058, 4081)
2000 Ed. (2217, 2240, 3797)
1999 Ed. (2480, 2481, 4082)
1998 Ed. (1736, 3067)
1997 Ed. (2051, 3327)
1996 Ed. (1951, 3228)
1995 Ed. (3131)
1994 Ed. (3054, 3085)
1993 Ed. (3011, 3031)
Brinker; Norman E.
1996 Ed. (958)
1995 Ed. (978, 1727)
Brinker Restaurant Corp.
2006 Ed. (4103)
2005 Ed. (4044)
Brinker Restaurant Group
2004 Ed. (4106)
Brinkley; Amy
2008 Ed. (4944, 4945)
2007 Ed. (4978)
2006 Ed. (2526, 4979, 4980)
2005 Ed. (2513)
Brinkman & Co.; L.D.
1992 Ed. (2166)
Brinkman; L. D.
1993 Ed. (1866)
Brinkman Oil Co., Inc.
2008 Ed. (3711, 4396, 4963)
Brinkmann Constructors
2008 Ed. (1314)
The Brink's Co.
2008 Ed. (1092)
2007 Ed. (835, 1186, 3757, 4360, 4373, 4819, 4820)
2006 Ed. (1078, 1080, 2109, 3764, 4294, 4308, 4803, 4804)
2005 Ed. (1032, 1033, 1082, 3667, 4364, 4751, 4752)
Brinks Hofer Gilson & Lione
2003 Ed. (3173)
2001 Ed. (3053)
Brink's Home Security Inc.
2008 Ed. (4296, 4298, 4299, 4301)
2007 Ed. (4294, 4296)
2006 Ed. (4268, 4270, 4272, 4273)
2005 Ed. (2859, 4290, 4292)
2003 Ed. (4327, 4328)
2002 Ed. (4204)
2001 Ed. (4201, 4202)
2000 Ed. (3919, 3920, 3921)
1999 Ed. (4201, 4202, 4203)
1998 Ed. (3202, 3203, 3204)
1997 Ed. (3414, 3415, 3416)
1996 Ed. (3309)
1995 Ed. (3212)
1992 Ed. (3827)
Brink's Home Technologies
2007 Ed. (2864)
Brinson High Yield
2000 Ed. (3255)
Brinson High-Yield Bond I
2000 Ed. (767)
Brinson Partners Inc.
2002 Ed. (3624, 3625)
2001 Ed. (4675)
2000 Ed. (2771)
1999 Ed. (3038, 3059, 3083, 3084, 3085, 3100, 3105, 3107)
1998 Ed. (2264, 2267, 2283, 2285, 2299, 2306, 2308)
1997 Ed. (2548, 2549, 2550, 2552)
1996 Ed. (2394, 2406, 2424, 2425, 2426, 2427)
1995 Ed. (2354, 2358, 2366, 2370, 2386)
1994 Ed. (2299, 2329, 2330, 2331)
1993 Ed. (2288, 2304, 2312, 2316, 2320, 2328, 2347, 2348, 2349, 2351)
1992 Ed. (2744, 2760, 2768, 2786, 2787, 2788, 2789, 3351)
1991 Ed. (2217, 2221, 2225, 2237, 2256)
Brinson U.S. Equity
1997 Ed. (2897)
BRIntec
1991 Ed. (1508)
1990 Ed. (1611, 2988)
1989 Ed. (1286, 1327)
Brinton O.C. Young
2000 Ed. (1886)
Brio Tuscan Grille
2007 Ed. (4137)
Brioni
2006 Ed. (1030)
Briot Acura Patternless Edging System
2001 Ed. (3594)
Brisa
2008 Ed. (2054)
2007 Ed. (1959)
2006 Ed. (1996)
1991 Ed. (2266, 2267)
Brisa Priv.
2002 Ed. (3186)
Brisbane
1992 Ed. (1399)
Brisbane Airport
2004 Ed. (3962)
Brisben Cos.
2002 Ed. (2655, 2662)
2000 Ed. (1194)
1999 Ed. (1305, 1312)
1998 Ed. (880)
1997 Ed. (1122)
1996 Ed. (1100)
Briscoe Design; Edward
1996 Ed. (2232)
Briscoe Jr.; Dolph
2005 Ed. (4022)
Bristol
2000 Ed. (2564)
1999 Ed. (2789)
1993 Ed. (1518)
1990 Ed. (275, 2096)
Bristol Airport
1995 Ed. (197)
Bristol Alert
1990 Ed. (2365)
Bristol Bay, AK
2000 Ed. (1603, 2612)
Bristol Bay County, AK
2002 Ed. (1808)
1998 Ed. (1200, 2080)
Bristol Bay Native Corp.
2008 Ed. (1546)
2007 Ed. (1567)
Bristol Compressors Inc.
2003 Ed. (3271)
Bristol County, MA
1995 Ed. (2483)
1994 Ed. (2407)
Bristol Environmental Inc.
2002 Ed. (1231)
Bristol Hotel Co.
1999 Ed. (2755)
1998 Ed. (3001)
Bristol Hotel Tenant Co.
2005 Ed. (1778)
2004 Ed. (1721)
Bristol Hotels & Resorts
2001 Ed. (2776, 2777)
2000 Ed. (2534, 2535)
Bristol-Meyers Co.
1992 Ed. (1457, 1480)
Bristol-Meyers Squibb Co.
2002 Ed. (994, 1557, 1558, 1559, 1689, 2012, 2014, 2015, 2016, 2017, 2018, 2021, 2024, 2025, 2027, 2449, 2805, 3248, 3593, 3753, 3971, 4875)
2001 Ed. (1038, 1179, 1180, 1558, 1932, 2054, 2058, 2059, 2060, 2069, 2071, 2072, 2074, 2075, 2076, 2077, 2100, 2674, 3720)
Bristol-Myers Co.
2003 Ed. (1461)
2002 Ed. (38, 1441)
1997 Ed. (1245, 1660)
1996 Ed. (1199, 1204, 1205, 1209, 1462)
1994 Ed. (1212, 1217, 1218, 1222)
1993 Ed. (1178, 1182, 1188, 1196)
1992 Ed. (1467, 1470, 1471, 1475, 3396)
1991 Ed. (1136, 1143, 1144, 1147, 1153, 1154, 1158, 1159, 1163, 1364, 1449, 1469, 2581, 3303, 3307, 3309)
1990 Ed. (1161, 1434, 1990)
1989 Ed. (720, 1271, 1272, 1273, 1276, 1277, 2188, 2781)
Bristol-Myers Squibb Co.
2008 Ed. (906, 907, 912, 1447, 1488, 1840, 2354, 2394, 3030, 3944, 3946, 3948, 3950, 3954, 3959, 3961, 3963, 3967, 3968, 3969, 3970, 3971, 3972, 3973, 3976, 3977, 4267)
2007 Ed. (915, 922, 923, 1494, 2907, 3900, 3904, 3905, 3908, 3918, 3921, 3922, 3923, 3925, 3926, 3927, 3932, 3935, 3936, 3937, 3938, 3939, 3945, 3946, 4569, 4980)
2006 Ed. (140, 833, 842, 847, 1937, 2297, 3255, 3869, 3871, 3873, 3874, 3877, 3878, 3883, 3888, 3889, 3895, 4982)
2005 Ed. (933, 944, 1535, 1909, 2232, 2244, 2245, 3180, 3693, 3802, 3804, 3805, 3806, 3807, 3809, 3810, 3814, 3816, 3820, 3822, 3823, 3825, 3829, 3830, 4039, 4989)
2004 Ed. (154, 942, 943, 966, 1586, 1641, 1742, 1743, 1824, 2148, 2149, 2272, 2273, 3876, 3878, 3879, 3881, 3884, 3885, 3887, 3888, 4099, 4563, 4982)
2003 Ed. (194, 282, 934, 935, 939, 943, 1519, 1548, 1577, 1706, 1790, 2109, 2259, 2679, 3640, 3863, 3864, 3865, 3866, 3867, 3868, 3869, 3870, 3871, 4072)
2000 Ed. (1334, 1479, 1480, 1695, 1697, 1698, 1700, 1701, 1702, 1709, 1710, 1711, 2420, 2421, 3064, 3325, 3326, 3424)
1999 Ed. (1073, 1490, 1496, 1538, 1540, 1546, 1672, 1673, 1897, 1900, 1901, 1902, 1903, 1906, 1912, 1914, 1915, 1916, 1917, 1918, 1919, 2642, 3326, 3605, 3606, 3715, 4488, 4498)
1998 Ed. (1063, 1167, 1328, 1329, 1330, 1333, 1334, 1335, 1338, 1344, 1345, 1347, 1348, 1906, 2753)
1997 Ed. (1439, 1646, 1649, 1650, 1651, 1652, 1658, 1659, 1661, 1662, 1663, 2135, 2740, 3006)
1996 Ed. (1567, 1568, 1573, 1574, 1580, 1582, 2916)
1995 Ed. (1222, 1228, 1233, 1234, 1238, 1422, 1427, 1428, 1466, 1579, 1580, 1581, 1584, 1585, 1591, 1592, 1594, 1595, 2084, 2772, 2844, 3433)
1994 Ed. (1248, 1255, 1260, 1262, 1263, 1268, 1308, 1313, 1391, 1397, 1398, 1401, 1430, 1551, 1552, 1553, 1554, 1555, 1556, 1558, 1561, 1562, 2034, 2668, 2749, 2871)
1993 Ed. (1223, 1224, 1225, 1229, 1244, 1247, 1270, 1339, 1377, 1421, 1509, 1510, 1511, 1512, 1515, 1516, 2716, 2720, 3377)
1992 Ed. (1499, 1507, 1542, 1839, 1840, 1842, 1843, 1861, 1862, 1863, 1864, 1865, 1866, 2385, 2973, 3228, 3232, 4057, 4226, 4227)
1991 Ed. (1053, 1144, 1194, 1199, 1209, 1229, 1233, 1465, 1466, 1468, 1470, 3313)
Bristol-Myers Squibb Canada Inc.
1996 Ed. (986)
1994 Ed. (1066)
The Bristol-Myers Squibb Patient Assistance Foundation Inc.
2005 Ed. (2678)
Bristol-Myers Squibb's Drackett Co.
1994 Ed. (1205)
Bristol Press
1990 Ed. (2710)
1989 Ed. (2064)
BRIT Insurance
2007 Ed. (3117)
2006 Ed. (3096)
Brit Printing & Communications
1995 Ed. (1246)

Brita
2005 Ed. (2952)
2003 Ed. (235)
2000 Ed. (29, 198)
Brita Water Filter Systems
2002 Ed. (43)
Britain
2001 Ed. (3865)
2000 Ed. (3357, 4183)
1997 Ed. (1687, 1812, 2555, 2557, 2558, 2559, 2560, 2561, 2563, 2564, 2565, 2567, 2568, 2569, 2570, 2571)
1995 Ed. (683)
1993 Ed. (1345, 1992, 2103, 2378, 2387, 3053, 3476)
1992 Ed. (316, 1049, 1639, 1774, 2078, 2807, 2808, 2936, 2937, 2950, 3806, 3807, 4194, 4472)
1991 Ed. (934, 1868, 2276, 2915)
1990 Ed. (414, 984, 1729, 1964, 2403, 3235, 3471)
1989 Ed. (198, 282, 1394, 1865)
Britain; B. M. and Frances
1995 Ed. (937, 1069)
Britania Biscuits
2001 Ed. (50)
Britannia
2000 Ed. (3855)
1995 Ed. (3185)
1994 Ed. (1013)
1992 Ed. (3801)
Britannia Airways Ltd.
2001 Ed. (319, 331)
Britannia Building Society
1991 Ed. (1719)
1990 Ed. (1786)
Britannia Insurance Management Ltd.
2000 Ed. (980)
Britannia Managed Portfolio Income
1997 Ed. (2914, 2915)
Britannia Music Co. Ltd.
2002 Ed. (47, 223)
Britannic
2006 Ed. (3129)
Britannic Assurance
2000 Ed. (1471)
Britannica Home Fashions
2007 Ed. (587)
Britannica.com
2003 Ed. (3051)
2002 Ed. (4845)
Britany Ferries
2001 Ed. (2414)
Britax International plc
2002 Ed. (3307)
Brite
2003 Ed. (979)
1992 Ed. (4039)
Brite Voice Systems Inc.
1995 Ed. (1239)
British Academy
1995 Ed. (1934)
British Aerospace
2000 Ed. (218, 1646)
1999 Ed. (192, 193, 194, 1639, 1821, 1822)
1998 Ed. (97, 99, 1244, 1248, 1250, 1251)
1997 Ed. (174, 175, 1582)
1995 Ed. (161, 163, 1406, 1407, 1409, 1546, 1747)
1994 Ed. (141, 143, 188, 1381, 1383, 1517, 3575)
1993 Ed. (1325, 1462, 1468)
1992 Ed. (1629, 1630)
1991 Ed. (1407, 1639)
1989 Ed. (200)
British Aerospace plc
2002 Ed. (4419)
2001 Ed. (267, 269, 346, 1986, 4619)
2000 Ed. (1651, 4295)
1996 Ed. (169, 1331, 1368, 1370, 1521, 1522, 3735)
1992 Ed. (1773)
1989 Ed. (199)
British Airways
2008 Ed. (668, 689, 691, 692)
2007 Ed. (699, 720, 721)
2000 Ed. (228, 231, 232, 233, 234, 251, 255, 256, 257, 258, 259, 261, 262, 263, 264, 265, 266, 268, 4008, 4133, 4296)
1999 Ed. (208, 209, 210, 215, 227, 229, 230, 232, 233, 234, 235, 236, 237, 238, 240, 241, 242, 243, 245, 1639, 4657)
1998 Ed. (113, 118, 119, 120, 128, 136, 138, 139, 141)
1997 Ed. (192, 202, 206, 207, 209, 210, 211, 212, 214, 215, 216, 217, 3792, 3793)
1996 Ed. (176, 177, 178, 183, 187, 189, 190, 1365, 1746, 3737)
1995 Ed. (180, 181, 184, 185, 186, 187, 188, 189, 190, 3661)
1994 Ed. (157, 159, 160, 170, 171, 173, 174, 175, 176, 177, 178, 179, 180, 181, 182, 183, 190, 1215, 3577)
1993 Ed. (172, 173, 174, 175, 192, 194, 195, 196, 197, 198, 199, 200, 3266, 3473, 3618)
1992 Ed. (264, 282, 285, 287, 288, 291, 292, 295, 296, 297, 298, 299, 300, 301)
1991 Ed. (41, 191, 192, 193, 194, 202, 203, 204, 205, 206, 207, 208, 209, 210, 211, 212, 3111)
1990 Ed. (201, 202, 219, 220, 222, 224, 225, 226, 227, 229, 230, 232, 233, 234, 235, 236, 237, 3646)
1989 Ed. (241, 244, 1136, 1902, 2367, 2874)
British Airways plc
2008 Ed. (218, 219, 220, 223, 224, 225, 227, 1459, 4759)
2007 Ed. (239, 240, 241, 244, 245, 246, 248, 2030, 2042, 3349, 4832, 4837)
2006 Ed. (237, 238, 239, 242, 243, 244, 246, 4821, 4822, 4823)
2005 Ed. (221, 223, 224, 227, 228, 230, 1829, 4769)
2004 Ed. (209, 212, 213, 214, 215, 216, 217, 220, 221, 222)
2003 Ed. (250, 251, 252, 253, 4811, 4812)
2002 Ed. (54, 256, 266, 267, 268, 271, 272, 1650)
2001 Ed. (297, 298, 306, 307, 308, 309, 313, 319, 322, 323, 324, 325, 326, 328, 330, 331, 332, 334, 1887, 4620)
1990 Ed. (3266, 3645)
British-American Management (Cayman) Ltd.
1991 Ed. (854)
1990 Ed. (904)
British American Tobacco Ltd.
2006 Ed. (4543)
1999 Ed. (4612)
1997 Ed. (3759)
1996 Ed. (1332, 3703)
1995 Ed. (3625)
1994 Ed. (3547)
British American Tobacco Bd. Co.
2006 Ed. (4484)
British American Tobacco (Germany) GmbH
2004 Ed. (4737)
British American Tobacco Ghana Ltd.
2002 Ed. (4418)
British American Tobacco (Investments) Ltd.
2001 Ed. (1690)
2000 Ed. (1414, 4259)
British American Tobacco (K) Ltd.
2002 Ed. (3482, 3483)
British American Tobacco (Kenya) Ltd.
2006 Ed. (3685)
British American Tobacco (Malaysia) Bhd
2006 Ed. (4518)
British American Tobacco plc
2008 Ed. (561, 1749, 1753, 1754, 1755, 2121, 2746, 3587, 4693, 4696)
2007 Ed. (613, 1328, 2619, 4775, 4778, 4779, 4780)
2006 Ed. (26, 3407, 4548, 4772)
2005 Ed. (60, 663, 1474, 1981, 2642, 4716)
2004 Ed. (1552, 1716, 3366, 4740)
2003 Ed. (1838, 3303, 3310, 4758)
2002 Ed. (306, 1500, 1789, 3234, 3245, 3249, 4632)
2001 Ed. (1743, 1889)
2000 Ed. (280)
British & Comm. Hldgs.
1991 Ed. (1279)
British Arab Commercial Bank
1999 Ed. (455)
British Bank of the Middle East
2000 Ed. (485)
1999 Ed. (492)
1997 Ed. (435)
British Borneo Oil & Gas
2000 Ed. (4132)
British Broadcasting Corp.
2008 Ed. (1053)
2007 Ed. (1160)
2006 Ed. (1068)
2005 Ed. (1060)
2004 Ed. (1089)
2001 Ed. (1337)
British Caledonian Group Plc.
1990 Ed. (1412)
British Car Contracts
1999 Ed. (3455)
1997 Ed. (2821)
British Challenger
1992 Ed. (3078)
British Coal
1994 Ed. (1358)
1993 Ed. (1307)
1990 Ed. (1352, 1944, 2587, 2788)
British Coat
1995 Ed. (1383)
British Columbia
2007 Ed. (3783, 4688)
2006 Ed. (1750, 3238, 3786, 4668)
2001 Ed. (4110)
British Columbia Bancorp
1994 Ed. (448)
British Columbia Buildings Corp.
2006 Ed. (2708)
2005 Ed. (2747)
British Columbia, Canada
1993 Ed. (1446)
British Columbia Central Credit Union
1996 Ed. (1513)
1993 Ed. (1451)
1992 Ed. (1755)
1990 Ed. (1459)
British Columbia Ferry Corp.
2006 Ed. (2708)
2005 Ed. (2747)
British Columbia Gas Utility
2005 Ed. (1965)
British Columbia Hydro
1990 Ed. (1599, 1661)
British Columbia Hydro & Power
2008 Ed. (2834)
2007 Ed. (2298, 2684, 2705)
2006 Ed. (2710)
2005 Ed. (2749)
2004 Ed. (2754)
2001 Ed. (1662)
British Columbia Hydro & Power Authority
2008 Ed. (2428, 2813)
British Columbia Liquor Distribution Branch
2006 Ed. (2708)
2005 Ed. (2747)
British Columbia Lottery Corp.
2006 Ed. (2708)
2005 Ed. (2747)
British Columbia Rail
1992 Ed. (4338)
British Columbia Rail Partnership
2006 Ed. (1429, 2708)
2005 Ed. (2747)
British Columbia Railway Co.
1999 Ed. (4654)
1997 Ed. (3789)
1996 Ed. (3733)
1995 Ed. (3655)
1990 Ed. (3642)
British Columbia, Sauder School of Business; University of
2007 Ed. (812)
British Columbia Telephone
1994 Ed. (3491)
1992 Ed. (4211)
1990 Ed. (3519)
British Columbia Transportation Financing Authority
2006 Ed. (2708)
2005 Ed. (2747)
British Columbia; University of
2008 Ed. (1070, 1073, 1075, 1076, 1077, 3636, 3641, 3642)
2007 Ed. (1166, 1169, 1170, 1171, 1172, 3469, 3470, 3471, 3472, 3473)
1994 Ed. (819)
British Columbia; University of Northern
2008 Ed. (1072)
2007 Ed. (1168)
British Energy
2006 Ed. (2369)
British Energy Group
2007 Ed. (2307)
British Energy plc
2004 Ed. (3682)
British Gas
1998 Ed. (1166, 2967)
1997 Ed. (1420, 1422, 1448, 2685, 2686, 3215, 3216, 3499, 3765)
1995 Ed. (1379, 1403, 1406, 1407, 1408, 1409, 3035, 3208, 3326)
1994 Ed. (902, 1355, 1378, 1381, 1382, 1401, 2410, 2411, 2976, 3246, 3257, 3555)
1993 Ed. (1296, 1322, 1326, 2469, 2937, 3252, 3272, 3592)
1990 Ed. (1355, 1375, 1376, 1943, 2788, 3462)
1989 Ed. (1107)
British Gas Business
2008 Ed. (2120)
2007 Ed. (2024)
British Gas plc
2002 Ed. (35, 43)
1999 Ed. (4618)
1996 Ed. (204, 1354, 1368, 1369, 1370, 2544, 2545, 2944, 3137, 3403, 3711)
1992 Ed. (1102, 1597, 1626, 1631, 2935, 3941, 4312)
1991 Ed. (1282, 1296, 1297, 1298, 1299, 2355, 2380, 3106, 3404)
1990 Ed. (1374, 2511, 2927)
British Gas plc ADS
2000 Ed. (4265)
British Gas Trading Ltd.
2002 Ed. (4259)
2001 Ed. (3949)
2000 Ed. (1417, 4008)
1999 Ed. (1612)
British Government
1991 Ed. (26)
1990 Ed. (30)
1989 Ed. (32)
British Heart Foundation
2002 Ed. (42)
British Home Stores
2001 Ed. (4115)
British Investment
1997 Ed. (2920)
1996 Ed. (2816)
1995 Ed. (2748)
1994 Ed. (2647)
1993 Ed. (2700)
1992 Ed. (3204)
1991 Ed. (2259)
1990 Ed. (2398)
British Knights
1994 Ed. (244)
1993 Ed. (256, 258)
1992 Ed. (366)
1991 Ed. (262)
British Land Co.
2008 Ed. (4083)
2007 Ed. (4047)
2006 Ed. (4015, 4048)
2005 Ed. (3946)
1996 Ed. (1364, 1366)
1989 Ed. (2288)
The British Land Co. plc
2007 Ed. (1696, 4079, 4092)

British Library
2006 Ed. (3023)
British Midland
1989 Ed. (242)
British Navy
1996 Ed. (3269, 3272)
1995 Ed. (3175)
1994 Ed. (3124)
British Navy Pusser's
1991 Ed. (2907)
British Oxygen Co.
1999 Ed. (1841)
British Petroleum
2000 Ed. (1442, 1444, 2998, 2999, 3536)
1999 Ed. (1604, 1639, 1642, 1646, 1660, 3263, 3805, 3808, 3812)
1997 Ed. (1260, 1269, 1385, 1387, 1416, 1421, 1422, 2115, 2685, 2686, 3091, 3099, 3100, 3102)
1995 Ed. (1222, 1254, 1373, 1375, 1377, 1378, 1382, 1392, 1403, 1405, 1406, 1407, 1408, 1409, 1435, 1747, 2587, 2923, 2928, 2929)
1994 Ed. (199, 902, 1179, 1182, 1183, 1184, 1185, 1235, 1350, 1353, 1354, 1355, 1359, 1363, 1378, 1381, 1382, 1383, 1390, 2410, 2411, 2528, 2578, 2739, 2856, 2857, 2864, 2865, 2866, 3555)
1993 Ed. (889, 1159, 1188, 1207, 1269, 1296, 1298, 1300, 1302, 1303, 1306, 1311, 1322, 1325, 1326, 1327, 1334, 1335, 1336, 1337, 1347, 2469, 2824, 2832, 2834, 2837, 2838, 2839, 2846, 2874, 3592)
1992 Ed. (1457, 1467, 1480, 1494, 1603, 1604, 1606, 1607, 1609, 1612, 1614, 1626, 1629, 1630, 1631, 1640, 1648, 2809, 2935, 3421, 4312)
1991 Ed. (1182, 1269, 1270, 1272, 1273, 1281, 1282, 1287, 1296, 1297, 1298, 1299, 1304, 1360, 1639, 2264, 2355, 2380, 2586, 2735, 3230, 3232, 3404)
1990 Ed. (1235, 1250, 1265, 1662)
1989 Ed. (1020, 1023, 1111, 1113, 1344)
British Petroleum America
1994 Ed. (1965, 2852)
British Petroleum, Cleveland
1999 Ed. (1035)
British Petroleum Co PLC
1990 Ed. (1348, 1349, 1353, 1356, 1364, 1374, 2511, 2849)
British Petroleum Exploration
1993 Ed. (960)
British Petroleum Oil Pipeline Co.
1993 Ed. (2856)
British Petroleum Pipelines (Alaska) Inc.
1995 Ed. (2940, 3317)
1994 Ed. (2876, 2877, 2879, 2880, 2882, 2883, 3223, 3224, 3237)
1993 Ed. (2855, 2857, 2858, 2859, 3217)
British Petroleum Co. plc
2006 Ed. (849, 3319)
2005 Ed. (1489, 1524, 1547)
2004 Ed. (1473, 1508, 1531)
2003 Ed. (1443, 1478, 1503)
2002 Ed. (1008, 1010, 1018, 1386, 1423, 1457, 2125)
2000 Ed. (1418, 1443, 2864)
1999 Ed. (1605, 1610, 3814)
1997 Ed. (1388, 1390, 1391, 1394, 1419, 2796)
1996 Ed. (204, 1223, 1326, 1328, 1330, 1333, 1338, 1354, 1355, 1368, 1369, 1370, 2544, 2545, 2546, 2651, 2944, 3017, 3021, 3711)
1990 Ed. (2404)
1989 Ed. (1022, 1106, 1110, 1144)
British Petroleum Co. PLC-UK
2000 Ed. (1302, 1303, 1304, 1329, 1329)
British Petroleum Prudhoe Bay Royalty Trust
1994 Ed. (1289, 2020)
British Petroleum Co. - U.K.
1994 Ed. (1212)
1991 Ed. (1153)
British Petroleum (USA)
1994 Ed. (2844, 2845, 2847, 2849, 2850, 2867)
British Polythene Industries plc
2004 Ed. (4224)
British Post Office
2002 Ed. (3573, 4265)
2000 Ed. (3576)
1999 Ed. (3681, 3861)
1998 Ed. (2888)
1997 Ed. (3136)
1990 Ed. (1108)
1989 Ed. (966)
British pound
2008 Ed. (2275)
British Pounds
1992 Ed. (2025, 2047)
British Railways
1992 Ed. (3612)
British Railways Board
1994 Ed. (3577)
1993 Ed. (3618)
1990 Ed. (2788, 3266, 3645)
British Red Cross Society
1997 Ed. (946)
British Royal Motor Cars Ltd.
1994 Ed. (282)
British Satellite Broadcasting
1992 Ed. (926)
British Seafood Ltd.
2006 Ed. (1699, 2069, 2748)
British Shipbuilders
1993 Ed. (1307)
British Shoe Corp. Ltd.
1999 Ed. (1612)
British Sky Broadcasting
2002 Ed. (39, 55)
1996 Ed. (1745)
British Sky Broadcasting Group plc
2008 Ed. (99, 100, 103, 3631)
2007 Ed. (90, 91, 94, 1459, 1463, 1465, 1467, 3455, 3457, 3458, 4059)
2006 Ed. (1479, 3441, 3442)
2005 Ed. (1587, 1588, 1593, 1596, 3431)
2004 Ed. (4574)
British Steel
2000 Ed. (3082, 3083)
1999 Ed. (3345, 3346, 4472, 4474)
1998 Ed. (3405)
1997 Ed. (1417, 2750)
1995 Ed. (200, 1747, 2545, 2770, 3208, 3511)
1994 Ed. (1380, 2477, 3435)
1993 Ed. (1325, 3454)
1992 Ed. (1629)
1991 Ed. (1279, 1639, 3220)
1990 Ed. (2788)
British Steel Canada
1996 Ed. (3587)
1994 Ed. (3434)
British Steel plc
2001 Ed. (3283, 4375)
1996 Ed. (2606)
British SteelHoogovens
2000 Ed. (4119)
British Telecom Ltd.
2002 Ed. (35, 37, 49, 230, 232, 3892, 4591)
2000 Ed. (1444, 2642)
1997 Ed. (1275, 1391, 1419, 1421, 1422, 2685, 2686, 3499, 3501, 3691, 3692)
1994 Ed. (23)
1991 Ed. (25, 26, 1270, 1271, 1282, 1296, 1307, 2067, 2355, 3286, 3404)
1990 Ed. (31, 1342, 1354, 1355, 1375, 1376, 1384, 1943, 2788, 3459, 3462)
1989 Ed. (32, 2793)
British Telecommunications
2000 Ed. (1442, 2864, 2998, 2999, 4129)
1999 Ed. (29, 793, 1442, 1450, 1471, 1639, 1641, 1642, 1643, 1646, 2883, 3116, 3262, 3263, 4287, 4289, 4551, 4553, 4560)
1998 Ed. (1007, 1009, 1010, 1016, 1017, 1041, 2217)
1995 Ed. (1229, 1261, 1379, 1403, 1406, 1407, 1408, 1409, 3326, 3327, 3551)
1994 Ed. (902, 1213, 1355, 1357, 1381, 1382, 1383, 1401, 2410, 2411, 3246, 3248, 3483)
1993 Ed. (31, 1301, 1303, 1326, 1327, 1347, 2469, 3252, 3254)
1992 Ed. (51, 53, 1604, 1605, 1609, 1626, 1630, 1631, 2935, 3941, 4200, 4312)
1991 Ed. (1297)
1990 Ed. (3444, 3514, 3515)
British Telecommunications plc
2005 Ed. (1530)
2004 Ed. (98, 1873)
2003 Ed. (1428, 1437, 1838, 4610)
2002 Ed. (55, 1126, 1785, 1786, 1787, 1788, 1789, 1790, 3215, 3217, 4569, 4570)
2001 Ed. (90, 1337, 1551, 1693, 1696, 1718, 1719, 1884, 1885, 1887, 1889)
2000 Ed. (1443, 4008)
1999 Ed. (1607, 1640)
1996 Ed. (204, 1233, 1331, 1368, 1369, 1370, 1395, 2544, 2545, 2546, 2944, 3403, 3405, 3649, 3650)
1991 Ed. (1169, 1298, 1299, 3106, 3111)
1990 Ed. (1108, 1349, 1374, 3263, 3266)
1989 Ed. (966, 1107)
British Virgin Islands
2008 Ed. (851)
2006 Ed. (783, 2716)
1993 Ed. (3062)
1992 Ed. (3755)
British Vita
2006 Ed. (867)
British Vita plc
2001 Ed. (4133)
1999 Ed. (4117)
Britney Spears
2004 Ed. (2412, 2416)
2003 Ed. (2327, 2332)
2002 Ed. (1162, 2144, 3413)
Britoil
1990 Ed. (1249)
Britoil PLC
1999 Ed. (1614, 3416)
1997 Ed. (1260, 2115, 3100)
1994 Ed. (1356)
1991 Ed. (1337, 1338)
1990 Ed. (1412, 1413)
Britt of Fairfax; Ted
1990 Ed. (332)
Brittania
1999 Ed. (1194)
1998 Ed. (763)
1997 Ed. (1023, 1026)
1996 Ed. (1005)
1995 Ed. (1023, 1035)
1993 Ed. (986)
1990 Ed. (3103)
Brittania Insurance Management (Cayman) Ltd.
2001 Ed. (2921)
Brittany Insurance Co. Ltd.
1994 Ed. (861)
1993 Ed. (847)
Brittenham; Harry
1997 Ed. (2611)
Brittenham, Harry (Skip)
1991 Ed. (2297)
Britthaven
2007 Ed. (3710)
Britton-Gallagher & Associates Inc.
2001 Ed. (2912)
Britton; Grady
2008 Ed. (2024, 2026)
Britton Group Plastics
2000 Ed. (3026)
Britton; Leonard
1990 Ed. (2658)
Britvic
2008 Ed. (722)
2007 Ed. (617)
Britvic Soft Drinks Ltd.
2002 Ed. (34)
Brixton
2008 Ed. (4083)
2007 Ed. (4092)
2006 Ed. (4048)
BRL Hardy
2001 Ed. (4902)
BRM Holdings Inc.
2004 Ed. (1886)
Bro Group A/S; Carl
1996 Ed. (1674)
Broad
1992 Ed. (2665)
1991 Ed. (2098)
Broad & Cassel
2008 Ed. (3424)
2002 Ed. (3058)
2000 Ed. (2896)
1999 Ed. (3150)
1998 Ed. (2329)
Broad; Edythe
2006 Ed. (3898)
Broad; Eli
2008 Ed. (4823)
2007 Ed. (4893)
2006 Ed. (3898, 4898)
2005 Ed. (4847)
1997 Ed. (1802)
1994 Ed. (889, 1056)
Broad; Eli & Edythe
2008 Ed. (3979)
2007 Ed. (3949)
2005 Ed. (3832)
The Broad Group
2002 Ed. (1299)
2001 Ed. (1482)
2000 Ed. (1269)
Broad National Bancorp
1990 Ed. (456)
Broad School of Business; Michigan State University
2008 Ed. (777, 799)
2007 Ed. (824, 826)
2006 Ed. (740)
Broad, Vogt & Conant Inc.
1999 Ed. (1377)
1998 Ed. (956)
1997 Ed. (1164)
1996 Ed. (1140)
1994 Ed. (1146)
1993 Ed. (1129)
1992 Ed. (1416)
1991 Ed. (1083)
1990 Ed. (1207)
BroadBand Technologies
1995 Ed. (2066, 2796, 3205, 3388, 3693)
Broadbandreports.com
2004 Ed. (3157)
Broadbent International Inc.; Norman
1992 Ed. (2048)
Broadcast media
1996 Ed. (3508)
Broadcast Museum-NY
1992 Ed. (1096)
Broadcast technician
1989 Ed. (2093)
Broadcast television
2001 Ed. (95)
broadcast.com
2001 Ed. (1547, 4774)
Broadcasting
2005 Ed. (3018)
2004 Ed. (1541)
2003 Ed. (2911, 2912)
2002 Ed. (1482, 1996, 1997)
2000 Ed. (1312)
1999 Ed. (1453, 1454, 1467, 1468, 1473)
1998 Ed. (1014, 1019, 1020, 1035, 1039, 1040)
1997 Ed. (1243, 1244, 1274)
1996 Ed. (1196, 1197, 1198, 1215, 1220, 1231, 1232)
1995 Ed. (1226, 1227, 1248, 1259, 1260)
1994 Ed. (1210, 1240)
1993 Ed. (1214)

1992 Ed. (1502)
1991 Ed. (1150, 1151, 1152, 1190, 1191, 2055)
1990 Ed. (1233, 1234, 1262, 1272, 1273, 2183, 2186)
1989 Ed. (2646)
Broadcasting & Cable
2007 Ed. (4793)
Broadcom Corp.
2008 Ed. (4308, 4310)
2007 Ed. (2716, 2720, 4348, 4350, 4520, 4701)
2006 Ed. (4081, 4281, 4286)
2005 Ed. (4345, 4458, 4464, 4465, 4468, 4632)
2004 Ed. (2489, 4491, 4495, 4497, 4672)
2003 Ed. (826, 1421, 2240, 2243, 2726, 4382, 4389, 4541, 4545)
2002 Ed. (2481, 4356, 4359, 4360, 4363)
2001 Ed. (1644, 1867, 1868, 1874, 4192, 4380)
2000 Ed. (1742)
Broadhead + Co.
2008 Ed. (193)
BroadJump, Inc.
2002 Ed. (2987)
Broadlane
2008 Ed. (2892, 2893)
2006 Ed. (2771, 2772, 2773)
2005 Ed. (2918)
2004 Ed. (2928)
Broadlawn Manor Nursing Care
2000 Ed. (3362)
Broadmoor LLC
2008 Ed. (1310)
Broadspire
2005 Ed. (3615)
Broadspire NATLSCO
2006 Ed. (3732)
Broadspire NATLSCO Risk & Safety Services
2007 Ed. (3715)
Broadspire Services Inc.
2008 Ed. (2481, 2482, 3247)
2007 Ed. (2358, 2359, 3100)
2006 Ed. (2411, 3081, 3083)
Broadstreet Holdings BV
2005 Ed. (1895)
BroadSystem
2002 Ed. (4573, 4574, 4575, 4576, 4577, 4579)
2000 Ed. (4196, 4198, 4199, 4200, 4201)
1997 Ed. (3702, 3703)
1996 Ed. (3643, 3644, 3646)
1995 Ed. (3557)
Broadsystem ADS
2001 Ed. (4470)
Broadview Networks Holdings Inc.
2001 Ed. (4196)
BroadVision
2005 Ed. (3028)
2003 Ed. (2181)
2002 Ed. (2483, 4353, 4356, 4359, 4361, 4363, 4882)
2001 Ed. (1872, 2852, 2866, 2867)
Broadway
2006 Ed. (645)
2005 Ed. (733)
2004 Ed. (752)
2001 Ed. (1930)
1997 Ed. (3340, 3681)
1996 Ed. (3626)
1992 Ed. (1787)
1991 Ed. (1414)
1990 Ed. (1490)
Broadway Bank
2008 Ed. (395, 431)
2007 Ed. (417, 465)
2006 Ed. (454)
2005 Ed. (520, 521, 524)
2002 Ed. (540)
1998 Ed. (344)
Broadway Brewing Co.
1999 Ed. (3400, 3401)
1998 Ed. (2489, 2490)
Broadway Deli
2002 Ed. (4035)
2000 Ed. (3801)
1999 Ed. (4088)
Broadway department stores
1994 Ed. (131)
Broadway Federal Bank, FSB
2008 Ed. (373)
2007 Ed. (391)
2006 Ed. (407)
2005 Ed. (454)
2004 Ed. (442)
Broadway Federal Savings & Loan Association
1991 Ed. (2922)
1990 Ed. (3104)
Broadway Financial
1993 Ed. (2749)
Broadway Jeep-Eagle
1991 Ed. (283)
1990 Ed. (330)
Broadway Jeep-Engle Inc.
1992 Ed. (388)
Broadway Nails
2004 Ed. (3659, 3660)
Broadway National Bank
2000 Ed. (4058)
1999 Ed. (4339)
1997 Ed. (3529)
1996 Ed. (3460)
Broadway Services
1993 Ed. (2063)
Broadway Southern California
1990 Ed. (2118)
Broadway Stores
1998 Ed. (1262, 1786)
1997 Ed. (1592, 1593, 2104)
1996 Ed. (162, 1531, 1532)
Broadway TV Net: Jekyll & Hyde
2003 Ed. (846)
Broadway Video
1996 Ed. (3785)
1994 Ed. (3626)
1993 Ed. (3665)
Broadwing Corp.
2006 Ed. (2114, 3693, 3694, 4704)
2005 Ed. (3373)
2003 Ed. (4706, 4707)
2001 Ed. (4476, 4477)
Broan
2002 Ed. (3946, 4517)
2000 Ed. (3736)
1999 Ed. (4021, 4504)
1998 Ed. (3033, 3430)
1997 Ed. (3279, 3654)
1995 Ed. (3083, 3521)
1994 Ed. (3031, 3453)
1993 Ed. (2990, 3479)
1992 Ed. (3655, 4157)
1991 Ed. (2828)
1990 Ed. (2979, 3480)
Broan/Nutone
2000 Ed. (4138)
Brobeck
2005 Ed. (3257, 3260)
2004 Ed. (3228, 3229)
Brobeck, Phleger & Harrison
2004 Ed. (3232)
2003 Ed. (3175)
2001 Ed. (565)
1993 Ed. (2404)
1992 Ed. (2845)
1991 Ed. (2292)
1990 Ed. (2426)
Brobeck, Phleger & Harrison LLP
2002 Ed. (1357)
Brocade Communications Systems Inc.
2008 Ed. (1605, 1608)
2006 Ed. (4588)
2004 Ed. (2772, 2773, 2778, 4559, 4579)
2002 Ed. (1547, 1573, 2808)
2001 Ed. (4184, 4185)
Broccoli
2008 Ed. (2791)
2003 Ed. (2573)
2001 Ed. (4669)
1998 Ed. (3658)
1997 Ed. (3832)
1992 Ed. (2110, 4384)
Brochures
1996 Ed. (2466)
Brock
2001 Ed. (1116, 1117, 1118)
1997 Ed. (887, 889)
Brock & Co. CPAs PC
2005 Ed. (4)
Brock & Sons Inc.; M. J.
1994 Ed. (3007)
Brock Control Systems
1995 Ed. (2059, 2064, 3380, 3386)
Brock Homes
1999 Ed. (3997)
1998 Ed. (909)
Brock Solutions Inc.
2008 Ed. (1616)
2005 Ed. (1703, 1724)
Brock University
2008 Ed. (1084)
2007 Ed. (1177)
Brockbank/X.L. Mid Ocean
2000 Ed. (2988)
Brock's
2000 Ed. (973)
Brockton Credit Union
2005 Ed. (2107)
2004 Ed. (1965)
2003 Ed. (1925)
2002 Ed. (1871)
1994 Ed. (1503)
Brockton Enterprise
1990 Ed. (2710)
1989 Ed. (2064)
Brockton Fair
1990 Ed. (1727)
Brockton, MA
2005 Ed. (2975)
Brockway Standard
1992 Ed. (1386)
Brockwood Media Arts Inc.
2000 Ed. (4383)
Brodart
2004 Ed. (3256)
Broderbund
1999 Ed. (1255)
Broderbund Software
1996 Ed. (1277)
Brodeur A Plus
2000 Ed. (3649, 3654)
1999 Ed. (3937)
Brodeur & Partners
1997 Ed. (3189)
1995 Ed. (3010)
1994 Ed. (2951)
1992 Ed. (3564)
Brodeur & Partners of Porter/Novelli
1996 Ed. (3110)
Brodeur Porter Novelli
2000 Ed. (3644, 3669)
1999 Ed. (3928, 3957)
1998 Ed. (2942, 2944, 2960, 2962)
Brodeur Porter Novelli, SLC
2000 Ed. (3671)
Brodeur Worldwide
2004 Ed. (3977, 3996, 4001, 4002, 4033, 4035)
2003 Ed. (3980, 3997, 3998, 4000, 4007, 4019, 4020)
2002 Ed. (3810, 3814, 3832, 3857, 3864, 3874)
2001 Ed. (3930, 3933)
Brody School of Medicine; East Carolina University
2007 Ed. (3462)
Broetje Orchards
1998 Ed. (1771)
Broken Arrow
2008 Ed. (3709, 4394)
2007 Ed. (3555, 4420)
1998 Ed. (3675)
Broken Hill
1997 Ed. (2948)
1996 Ed. (2852)
1993 Ed. (1215, 1269, 1278, 1279, 1280, 2833)
Broken Hill Prop
1989 Ed. (1344)
Broken Hill Proprietary Co. Ltd.
2004 Ed. (1505)
2003 Ed. (1475)
2002 Ed. (1455, 1583, 1590, 3310, 3682)
2001 Ed. (1503, 1504, 1625, 1629, 1632, 1633, 1634, 1635, 3284, 4270)
2000 Ed. (1386, 1387, 1388, 3140, 3535)
1999 Ed. (1582, 1583, 1584, 3346, 3351)
1998 Ed. (2467, 2684)
1997 Ed. (1360, 1361, 1362)
1996 Ed. (1293, 1294, 1295, 2652)
1995 Ed. (1353, 1354, 1355, 2546, 2776)
1994 Ed. (1241, 1323, 1324)
1992 Ed. (1503, 1573, 1574, 1575, 4181, 4182)
1991 Ed. (1192, 1253, 1254, 1255, 3264, 3265)
1990 Ed. (1331, 1703)
The Broker
2007 Ed. (662)
Broker Dealer
2008 Ed. (4710)
Brokerage
2002 Ed. (1488)
1998 Ed. (1151, 1152, 1153, 1155, 1156)
1997 Ed. (1297, 1300, 1301)
1996 Ed. (1252)
Brokerage Concepts Inc.
2006 Ed. (2419)
2005 Ed. (2370)
2004 Ed. (2269)
2001 Ed. (2914)
2000 Ed. (1093, 1779)
1999 Ed. (2001)
1998 Ed. (1427)
Brokerage firms
1996 Ed. (1261)
Brokerage, investment, & management consulting
2005 Ed. (1556, 1557)
2004 Ed. (1542)
2003 Ed. (1501)
2002 Ed. (1480, 1997, 1999)
2000 Ed. (1307, 1313, 1325)
1999 Ed. (1447, 1453, 1454, 1466, 1467, 1468)
1998 Ed. (1014)
1997 Ed. (1242, 1244, 1262, 1266)
1996 Ed. (1196, 1198, 1215, 1219)
1995 Ed. (1225, 1226, 1227, 1251)
1994 Ed. (1211, 1233)
1993 Ed. (1187, 1200, 1201, 1204, 1205)
Brokerage, investment and management consulting services
1992 Ed. (1464, 1466, 1487, 1491, 1492, 1501)
1991 Ed. (1150, 1179, 1190)
Brokerage services
2001 Ed. (2988)
Brokerages
2006 Ed. (3258)
Brokers
1995 Ed. (3401)
Brokers, affiliated
2002 Ed. (2836)
Brokers, "house
1999 Ed. (831, 3607)
Brokers, independent
1999 Ed. (831, 3607)
Brokers, mixed-business
1999 Ed. (831, 3607)
Brokers, securities & commodities
1999 Ed. (2010)
Brokers' Service Marketing Group
2008 Ed. (2060)
Brokers, specialized
1999 Ed. (3607)
Brokers, unaffiliated
2002 Ed. (2836)
BrokerTec Futures Exchange
2006 Ed. (2683)
Bromberg; Debra
2008 Ed. (2692)
BroMenn Healthcare
2003 Ed. (3468)
2002 Ed. (3294)
Bromley, Aguilar & Associates
2000 Ed. (173)
1999 Ed. (155)
Bromley, Aquilar & Associates
1998 Ed. (66)
Bromley Communications
2008 Ed. (113)
2007 Ed. (103)
2006 Ed. (114)

2005 Ed. (105)
2004 Ed. (109, 115, 131)
2003 Ed. (33, 80, 81, 174)
2002 Ed. (69, 185)
2001 Ed. (213)
Bromly at Burlington
1992 Ed. (2597)
Bromsgrove Industries
1990 Ed. (1373)
Bronchial Dilators
1991 Ed. (2401)
Bronchodialatros
2000 Ed. (2322)
Bronco
2002 Ed. (4945, 4958)
2001 Ed. (4883, 4891)
Bronco Wine Co.
2008 Ed. (4935)
2007 Ed. (4966)
2006 Ed. (4959)
Broncos; Denver
2008 Ed. (2761)
2007 Ed. (2632)
2006 Ed. (2653)
2005 Ed. (2667)
Bronfman & Family; Edgar, Charles
1990 Ed. (3687)
Bronfman; Charles
2005 Ed. (4870)
Bronfman; Charles R.
1997 Ed. (3871)
Bronfman; Edgar & Charles
1989 Ed. (2751, 2905)
Bronfman; Edgar Miles
1989 Ed. (1986)
Bronfman Foundation; Samuel
1995 Ed. (1929)
Bronfman; Peter
1991 Ed. (1617)
Bronfman Sr.; Edgar
2007 Ed. (4900)
2006 Ed. (4903)
2005 Ed. (4848)
Bronkaid
1996 Ed. (245)
1993 Ed. (252)
Bronner Brothers
1999 Ed. (2062, 2630)
Bronner Slosberg Humphrey
2000 Ed. (1673)
1999 Ed. (1860, 1862)
1998 Ed. (51, 1284, 1285, 1288)
1997 Ed. (1614, 1616, 1617, 1619)
1996 Ed. (1550, 1552, 1554, 2246)
1995 Ed. (1564, 1565, 1566)
1993 Ed. (1488, 1489)
1992 Ed. (1805, 1807)
Bronner Slosberg Humphrey/Strategic Interactive Group
2000 Ed. (1680)
Bronnercom
2000 Ed. (1671, 1672)
Bronson & Hutensky
1993 Ed. (3311, 3314)
1992 Ed. (3620, 3960, 3967)
1991 Ed. (3119)
Bronson & Hutensky/Monitor Mgt.
1993 Ed. (2964)
Bronson & Jacobs
2004 Ed. (4921)
Bronson, Bronson & MacKinnon
1992 Ed. (2845)
1991 Ed. (2292)
Bronson, Bronson & McKinnon
1990 Ed. (2426)
Bronson-Gore Bank
2000 Ed. (487)
1999 Ed. (494)
Bronson Healthcare Group Inc.
2006 Ed. (1879)
1996 Ed. (2709)
Bronson Methodist Hospital
2008 Ed. (3062)
Bronston; Deborah
1995 Ed. (1849)
1994 Ed. (1811)
1993 Ed. (1828)
1991 Ed. (1685)
Bronx/Brooklyn, NY
2001 Ed. (1090)
1998 Ed. (585)
1996 Ed. (857)
Bronx County, NY
2008 Ed. (4732)
Bronx Health Plan
1995 Ed. (2094)
1994 Ed. (2042)
1993 Ed. (2024)
Bronx Municipal Hospital Center
1997 Ed. (2264)
Bronx, NY
2000 Ed. (1607, 2437)
1999 Ed. (3302)
1989 Ed. (1177)
Bronx-Whitestone Bridge
1997 Ed. (726)
Bronze
2007 Ed. (3333, 4751)
2006 Ed. (3260, 4737)
2001 Ed. (4533)
Bronze-Christian
2005 Ed. (1212)
2004 Ed. (1186)
2003 Ed. (1180)
Broodies British
1992 Ed. (2290)
Brook Mays/C & S/H & H
1997 Ed. (2861)
1996 Ed. (2746)
1995 Ed. (2673)
1994 Ed. (2592, 2595)
1993 Ed. (2640, 2644, 2645)
Brook Mays/H&H
2001 Ed. (3415)
2000 Ed. (3218)
Brook Mays/H&H Music
1999 Ed. (3500)
Brookdale Community College
2002 Ed. (1108)
2000 Ed. (1145)
1999 Ed. (1236)
1998 Ed. (808)
Brookdale Hospital Medical Center
1998 Ed. (1992)
Brookdale Living Communities Inc.
2006 Ed. (4191)
2003 Ed. (1515)
Brooke Corp.
2008 Ed. (2856, 2861)
2007 Ed. (2726, 2731)
2006 Ed. (1832, 2741)
2005 Ed. (3077)
Brooke Bond Batchelors
1990 Ed. (31)
Brooke Bond (I) Ltd.
1995 Ed. (1417)
Brooke Bond (India) Ltd
1996 Ed. (1378)
Brooke Bond Kenya Ltd.
2002 Ed. (3482)
2000 Ed. (3314)
1999 Ed. (3590)
Brooke Bond Lipton India
2000 Ed. (1456, 1459)
1999 Ed. (1654)
Brooke Bond Pakistan Ltd.
1992 Ed. (69)
Brooke Bond PG Tips Bags
1991 Ed. (1743)
Brooke Franchise Corp.
2008 Ed. (2708)
2007 Ed. (2571)
2006 Ed. (2601)
2005 Ed. (2603)
Brooke Group
2000 Ed. (3322)
1996 Ed. (1925, 3696)
1995 Ed. (1316, 1318, 1320, 1322, 1324, 1326, 1328, 1330, 1332, 1334, 3621, 3622)
1994 Ed. (1306, 3541, 3543, 3544)
1993 Ed. (3580, 3583)
Brooke Insurance & Financial Services
2004 Ed. (4410)
Brooke Life Insurance Co.
2001 Ed. (2943)
Brooke Partners LP
1991 Ed. (1142)
Brooke; Paul
1997 Ed. (1864)
1993 Ed. (1771, 1791)
1992 Ed. (2135, 2137)
Brookfield Asset Management Inc.
2008 Ed. (1657, 2716, 2975)
Brookfield Homes Corp.
2007 Ed. (1269)
2005 Ed. (2415, 2416, 4674)
2004 Ed. (1194)
2003 Ed. (1188, 1189, 1211)
2002 Ed. (1210)
1999 Ed. (1310)
Brookfield Properties
2008 Ed. (4116, 4126)
2007 Ed. (3738, 4088)
2006 Ed. (3738)
2005 Ed. (3637)
2003 Ed. (4053)
2002 Ed. (3919)
2001 Ed. (4007, 4009)
2000 Ed. (1189, 1192)
Brookfield Property Corp.
2006 Ed. (1617)
Brookfield Residential Group
2003 Ed. (1173)
Brookfield Zoo
2005 Ed. (3281)
Brookgreen PLC
1994 Ed. (999)
Brookhaven National Lab
1996 Ed. (1049, 3193)
1994 Ed. (1059, 3047)
1993 Ed. (3001)
1992 Ed. (1284, 3670)
1991 Ed. (1005, 2834)
1990 Ed. (1097, 2998)
Brookhaven National Laboratory
2000 Ed. (2461)
1995 Ed. (1074, 3096)
1991 Ed. (915)
Brookhaven, NY
1992 Ed. (1167)
Brookhaven Science Associates LLC
2005 Ed. (1369)
2004 Ed. (1353)
2003 Ed. (1353)
The Brookhill Group
1994 Ed. (3303)
1993 Ed. (3315)
1991 Ed. (3120)
Brookings Institution
1994 Ed. (893)
Brookline Audi
1996 Ed. (264)
Brookline Bancorp
2008 Ed. (1916, 1918)
2002 Ed. (582)
Brooklyn Academy of Music
2004 Ed. (929)
1994 Ed. (1903)
Brooklyn Botanic Garden
1991 Ed. (894)
Brooklyn Brewery
1996 Ed. (2631)
1992 Ed. (927)
Brooklyn Museum
1992 Ed. (1096)
Brooklyn, NY
1999 Ed. (3302)
Brooklyn Public Library
2007 Ed. (2276)
Brooklyn-Queens, NY
1994 Ed. (831)
1992 Ed. (1020)
Brooklyn Union Gas Co.
1999 Ed. (2578, 2580)
1998 Ed. (1808, 1819, 2664)
1997 Ed. (2128, 2926)
1996 Ed. (2007, 2008, 2822)
1995 Ed. (1984, 1985, 2755)
1994 Ed. (1959, 1960, 2653)
1993 Ed. (1934, 2702)
1992 Ed. (2271, 2272, 3214, 3467)
1991 Ed. (1803, 2575)
1990 Ed. (1886)
Brookman-Fels
2005 Ed. (1221)
Brooks
1992 Ed. (368)
1991 Ed. (264)
1990 Ed. (1552)
Brooks & Bentley
2002 Ed. (47)
Brooks & Dunn
2002 Ed. (1159)
2001 Ed. (2354)
2000 Ed. (1184)
1999 Ed. (1292)
1995 Ed. (1120)
Brooks & Mazzola Construction Co.
2008 Ed. (1328)
Brooks Automation
2006 Ed. (2826)
Brooks Brothers
1991 Ed. (1653)
Brooks Capital
1993 Ed. (2327)
Brooks-Eckerd
2006 Ed. (2306)
Brooks; Garth
1996 Ed. (1094)
1995 Ed. (1117, 1118, 1119, 1120, 1714)
1993 Ed. (1076, 1079)
1992 Ed. (1351, 1351)
Brooks; Mel
2008 Ed. (2582)
Brooks Pharmacy
2006 Ed. (2305)
2005 Ed. (2239, 2240)
2004 Ed. (2135, 2136, 2137)
2003 Ed. (2097, 2098)
2002 Ed. (2030, 2031, 2032, 2033, 2034, 2037)
2001 Ed. (2090, 2091)
2000 Ed. (1717, 1718, 1719)
1999 Ed. (1924, 1925)
Brooks Sausage Co.
1994 Ed. (2531)
1992 Ed. (3091)
Brooks Securities Inc.
1993 Ed. (708)
Brooksher; K. D.
2005 Ed. (2504)
Brooksher; K. Dane
2006 Ed. (1097, 1098)
2005 Ed. (1103)
Brookshire Brothers
2004 Ed. (4640)
Brookside Homes
2008 Ed. (1164)
Brookstone Inc.
2007 Ed. (2356)
2006 Ed. (799)
Brooktree
1993 Ed. (1568)
1992 Ed. (1184)
Brookwood Land Development Corp.
2003 Ed. (1176)
Broomfield Economic Development Corp.
2007 Ed. (3373)
2004 Ed. (3302)
2003 Ed. (3245)
Brooms
2002 Ed. (2707)
Brose
2007 Ed. (878)
Brose Fahrzeugteile GmbH & Co., Kg
2007 Ed. (1744)
2006 Ed. (1736)
Brose North America Inc.
2008 Ed. (313)
2005 Ed. (325)
Brosseau; Andrew
1997 Ed. (1879)
Brother
1999 Ed. (1278)
Brother Industries Ltd.
2004 Ed. (883, 885)
1992 Ed. (1447)
Brother International Corp.
2005 Ed. (2337)
2004 Ed. (2236)
1990 Ed. (2580)
Brother's Brother Foundation
2008 Ed. (3790, 3791, 3792)
2007 Ed. (3705, 3707)
2006 Ed. (3713, 3715)
1994 Ed. (903, 905)
1993 Ed. (896)
Brothers Concrete Construction
2006 Ed. (1237)
Brother's Keeper
2000 Ed. (4217)
Brotman; Jeffrey H.
1994 Ed. (1715)
Brotman Winter Fried
2003 Ed. (3984, 3985, 3992)

Broughton Advertising
2003 Ed. (183)
Brouillard Communications
2001 Ed. (211)
1989 Ed. (61)
Broussard, Poche, Lewis & Breaux
2000 Ed. (20)
1999 Ed. (24)
1998 Ed. (19)
Broussard, Poche, Lewis & Breaux LLP
2003 Ed. (9)
2002 Ed. (24)
Broward
1990 Ed. (1805)
Broward Community College
2002 Ed. (1105)
Broward County, FL
2008 Ed. (2831)
2004 Ed. (3521)
2003 Ed. (3439, 3440)
2002 Ed. (374, 4049)
1999 Ed. (1767, 1777, 3474)
1998 Ed. (191, 1201, 1701)
1997 Ed. (1539, 3559)
1996 Ed. (1471)
1995 Ed. (2650)
1992 Ed. (1718)
Broward County (FL) School Board
1996 Ed. (3288)
1991 Ed. (2926)
Broward County (Fla.), School Board of
1990 Ed. (3106)
Broward County Public Schools
2007 Ed. (2276)
Broward County School Board
2004 Ed. (4311)
1997 Ed. (3385)
1994 Ed. (3146)
1993 Ed. (3102)
Broward County School District, FL
1991 Ed. (2923)
Broward County Schools
2000 Ed. (3860)
1998 Ed. (3160)
Broward, FL
2000 Ed. (1595, 1606, 1607, 2437, 2613)
1989 Ed. (1176)
Broward General Medical Center
2002 Ed. (2621)
2000 Ed. (2528)
1999 Ed. (2748)
1998 Ed. (1990)
Broward Schools Credit Union
2005 Ed. (2070)
2004 Ed. (1930)
Browen; Sir John
2006 Ed. (2533)
Browing-Ferris Inds
1992 Ed. (3939)
Brown
1998 Ed. (2040)
1997 Ed. (3656)
1994 Ed. (3455)
1993 Ed. (3478)
1992 Ed. (4156)
1990 Ed. (3482)
Brown; Alex
1990 Ed. (2645)
Brown & Co.
2002 Ed. (4868)
Brown & Brown Inc.
2008 Ed. (3236, 3237, 3240, 3241, 3242, 3243)
2007 Ed. (2216, 3095, 3173)
2006 Ed. (12, 1424, 2286, 3072, 3073, 3075, 3079, 3140)
2005 Ed. (1469, 1555, 3073, 3074, 3078)
2004 Ed. (1454, 1540, 3062, 3063, 3066)
2002 Ed. (2853, 2856)
2001 Ed. (2909)
Brown & Brown Chevrolet
2008 Ed. (311)
2005 Ed. (320)
2004 Ed. (273, 319, 338, 4804)
2002 Ed. (354, 355, 358, 359)
1996 Ed. (268, 297)
1995 Ed. (261)
1992 Ed. (381)
Brown & Brown Nissan
1996 Ed. (281)
1995 Ed. (281)
Brown & Caldwell
2008 Ed. (2547)
2007 Ed. (2420)
2004 Ed. (2373, 2375, 2382, 2445)
2003 Ed. (2300)
2002 Ed. (2135)
2000 Ed. (1802)
1998 Ed. (1441, 1453)
1996 Ed. (1657)
1995 Ed. (1674)
Brown & Caldwell Consultants
1999 Ed. (2025)
1997 Ed. (1735)
1994 Ed. (1634)
1993 Ed. (1604)
Brown & Caldwell Engineering
2007 Ed. (2404, 2407)
2006 Ed. (2456)
Brown & Haley
1992 Ed. (1044)
Brown & Hutchinson
2004 Ed. (3237)
2003 Ed. (3187)
Brown & Root Inc.
2000 Ed. (1278, 1287, 1808, 1811, 1817, 1821, 1822, 1823)
1999 Ed. (1340, 1354, 1355, 1356, 1361, 1389, 1391, 1400, 2019, 2023, 2026, 2027)
1998 Ed. (934, 935, 939, 942, 967, 1436, 1439, 1447, 1449, 1451)
1997 Ed. (1137, 1150, 1153, 1157, 1158, 1183, 1194, 1733, 1734, 1737, 1748, 1749, 1750, 1751, 1754, 1759)
1996 Ed. (1112, 1121, 1125, 1127, 1129, 1151, 1152, 1155, 1156, 1158, 1159, 1160, 1161, 1163, 1164, 1655, 1659, 1660, 1668, 1669, 1671, 1673, 1678)
1995 Ed. (1139, 1148, 1150, 1152, 1153, 1154, 1155, 1156, 1157, 1177, 1178, 1180, 1182, 1185, 1190, 1672, 1676, 1679, 1686, 1687, 1689, 1691, 1696)
1994 Ed. (1124, 1130, 1132, 1134, 1137, 1158, 1165, 1170, 1633, 1637, 1640, 1644, 1647, 1648, 1650, 1652)
1993 Ed. (1114, 1118, 1141, 1143, 1148, 1601, 1605, 1608, 1613, 1616, 1618, 1620)
1992 Ed. (1401, 1405, 1426, 1429, 1431, 1433, 1948, 1950, 1953, 1961, 1964, 1968)
1991 Ed. (1069, 1073, 1076, 1550)
Brown & Root Environmental
1998 Ed. (1479, 1482)
Brown & Root-Wimpey Highlands Fabricators Ltd.
1991 Ed. (1338)
Brown & Sharpe
1993 Ed. (2480, 3378, 3382)
1992 Ed. (4058)
Brown & Sharpe Mfg. "A"
1992 Ed. (4062)
Brown & Sons; Alex
1997 Ed. (734, 737, 1222, 2479, 2481, 2485, 3418, 3419, 3420, 3422, 3424, 3425, 3439, 3440, 3441, 3442, 3443, 3444, 3445, 3446, 3467)
1996 Ed. (797, 798, 801, 1182, 2352, 2356, 3314, 3341, 3343, 3363)
1995 Ed. (721, 732, 756, 758, 1213, 1214, 3219, 3222, 3223, 3249)
1993 Ed. (762, 842, 2268, 2271, 3116, 3119, 3120, 3121, 3124, 3126, 3131, 3133, 3141, 3146, 3149, 3156, 3160, 3161, 3177, 3178, 3196, 3199)
1992 Ed. (1053, 2718, 3832, 3835, 3836, 3837, 3849, 3851, 3858, 3877, 3882, 3886, 3888, 3892)
1991 Ed. (2169, 2173, 2176, 2182, 2183, 2184, 2185, 2186, 2187, 2188, 2515, 2947, 2948, 2960, 2961, 29709, 2971, 2993, 3014, 3015, 3040, 3041)
1990 Ed. (3142, 3152, 3170, 3200, 3204)
1989 Ed. (1761, 1772, 1777, 2372, 2389, 2390, 2400, 2401, 2403, 2409, 2412, 2417, 2440, 2441, 2442, 2443)
Brown & Sons; Alexander
1994 Ed. (776, 778, 3159, 3170, 3171)
Brown & Williamson
2000 Ed. (3132)
1999 Ed. (1134)
1998 Ed. (2501, 3575)
1997 Ed. (986)
1996 Ed. (970, 2644, 3701, 3702)
1994 Ed. (954)
1993 Ed. (942)
1992 Ed. (1148, 1149, 4306)
1991 Ed. (933)
1990 Ed. (994)
1989 Ed. (906, 909, 2504)
Brown & Williamson Tobacco Corp.
2006 Ed. (1453)
2005 Ed. (4708)
2004 Ed. (4727, 4731)
2003 Ed. (968, 1733, 4745, 4747, 4753, 4754)
2001 Ed. (4561, 4562)
1995 Ed. (984, 1763)
Brown & Wood
2001 Ed. (744, 745, 877, 881, 889, 906, 933, 937, 949, 4206)
2000 Ed. (1726, 2620, 3196, 3198, 3200, 3202, 3204)
1999 Ed. (3146, 3476, 3484, 3485, 3487, 3488, 3967, 4143, 4257, 4659)
1998 Ed. (1376, 2565, 2573, 2574, 2576, 2968, 3158)
1997 Ed. (2364, 2941, 2943, 2847, 2849, 3218, 3384)
1996 Ed. (2724, 2726, 2728, 2732, 3138, 3287, 3740)
1995 Ed. (2231, 2645, 2647, 2649, 2653, 3037, 3188)
1993 Ed. (2160, 2615, 2617, 2620, 2627, 3101)
1992 Ed. (2901)
1991 Ed. (2015, 2524, 25319, 2534, 2535, 2536, 2925, 3423)
1990 Ed. (2292)
Brown Associates Inc.; Jeffrey M.
1996 Ed. (1168)
Brown Automotive Group
2008 Ed. (4059)
Brown Bear, Brown Bear, What Do You See?
2003 Ed. (708, 710)
Brown Bear Carwash
2007 Ed. (348)
Brown Brothers
1996 Ed. (2028)
Brown Brothers Harriman
2007 Ed. (3286)
2001 Ed. (3510)
1997 Ed. (2150)
1993 Ed. (2512)
1992 Ed. (2771, 2986)
Brown Brothers Harriman & Co.
2002 Ed. (2411)
2001 Ed. (3505, 3506, 3507, 3508, 3509)
2000 Ed. (2344)
1999 Ed. (835)
1998 Ed. (518, 1841, 1842)
1995 Ed. (763, 2516)
1994 Ed. (2449)
1991 Ed. (487)
1989 Ed. (512)
Brown, Burke Capital Partners Inc.
2001 Ed. (557)
Brown; C. H.
1997 Ed. (2531)
Brown Capital Management Inc.
2008 Ed. (180)
2007 Ed. (197)
2006 Ed. (191)
2004 Ed. (172)
2003 Ed. (216)
2002 Ed. (712)
Brown Capital Management Small Company
2001 Ed. (3447)
Brown Capital Management Small Co. Institutional
2003 Ed. (3541)
Brown Capital Small Company Fund
2004 Ed. (3570)
Brown Cargo Van Inc.
2008 Ed. (3710, 4395, 4962)
2007 Ed. (3556, 3557, 4421)
2006 Ed. (3514, 4353)
Brown Convention Center, Houston; George R.
1991 Ed. (1104)
Brown; Dan
2008 Ed. (280, 2580, 2586)
2007 Ed. (2450)
Brown/Davy; John
1996 Ed. (1111, 1121, 1124, 1125, 1129, 1151, 1152, 1153, 1154, 1155, 1156, 1157, 1158, 1159, 1160, 1161, 1163, 1165, 1666, 1667, 1668, 1669, 1670, 1671, 1672, 1673, 1678)
1995 Ed. (1177, 1178, 1179, 1180, 1181, 1182, 1183, 1185, 1188, 1190, 1684, 1685, 1686, 1687, 1688, 1689, 1690, 1691, 1696)
1994 Ed. (1158, 1159, 1160, 1161, 1162, 1163, 1164, 1165, 1168, 1170, 1644, 1646, 1647, 1648, 1649, 1650, 1651, 1652)
Brown Inc.; Dee
1996 Ed. (1147)
1995 Ed. (1162)
1994 Ed. (1144)
1993 Ed. (1137)
Brown Derby
1993 Ed. (3034)
1992 Ed. (3717)
1991 Ed. (2882)
1990 Ed. (3021)
Brown; Dr. Philip
2005 Ed. (3868)
Brown; Dr. Philip & Patricia
2005 Ed. (4889)
Brown E & C; John
1996 Ed. (1655, 1659)
1995 Ed. (1138, 1148, 1151, 1152, 1157, 1676, 1679)
1994 Ed. (1123, 1124, 1134, 1633, 1637, 1640)
Brown Co.; Eby
1994 Ed. (987)
1993 Ed. (962)
Brown; Eddie C.
2008 Ed. (184)
Brown Engineers & Constructors Ltd.; John
1993 Ed. (1118, 1141, 1144, 1146, 1147, 1148, 1601, 1605, 1608, 1614, 1615, 1616, 1618, 1619, 1620)
1992 Ed. (1427, 1429, 1961, 1963, 1964, 1968)
1991 Ed. (1097)
Brown; Eric
2007 Ed. (1083)
Brown; Ernest (Chip)
1996 Ed. (1895)
Brown family
2006 Ed. (4897)
Brown Family Communities
2007 Ed. (1298)
2001 Ed. (1387, 1390)
Brown Ford; Bill
1995 Ed. (267)
Brown-Forman Corp.
2008 Ed. (559, 1882, 1883, 3189, 4266)
2007 Ed. (605, 606, 607, 1846, 1847, 3354)
2006 Ed. (560, 561, 562, 563, 564, 1841, 1842, 3287)
2005 Ed. (657, 658, 659, 660, 661, 3293, 3294, 4674)
2004 Ed. (670, 671, 672, 673, 1770, 2633, 3276, 3277)
2003 Ed. (665, 666, 667, 668, 673, 2500, 3227)

2002 Ed. (691, 2295)
2000 Ed. (714, 719, 722, 725, 726, 727, 1242)
1999 Ed. (701, 702, 709, 716, 718, 719)
1998 Ed. (443, 447, 448, 455, 459, 2398, 3338)
1997 Ed. (655, 656, 657, 669, 672, 3540)
1996 Ed. (718, 720, 722, 732, 735, 736, 738, 1938, 2498, 3472, 3849)
1995 Ed. (145, 645, 646, 647, 653, 654, 655, 658, 659, 661, 1308, 1446, 3414, 3750)
1994 Ed. (130, 683, 684, 685, 686, 697, 698, 699, 701, 702, 703, 1413, 1861, 3355)
1993 Ed. (148, 225, 682, 683, 684, 686, 1361, 2428, 3714)
1992 Ed. (884, 885, 4012)
1991 Ed. (228, 705, 706, 707, 2325)
1990 Ed. (32, 2459)
1989 Ed. (726, 1893, 1894, 2929)
Brown-Forman Beverage
1992 Ed. (4453)
Brown-Forman Beverages
2007 Ed. (91)
2006 Ed. (828)
2005 Ed. (914, 4947)
2004 Ed. (923, 1039, 3265, 3283, 3286, 4839, 4906, 4963, 4975)
2003 Ed. (906, 1034, 3223, 3229, 3231, 4854, 4916, 4917, 4960, 4961)
2002 Ed. (696, 3109, 3151, 3152, 3153, 3155, 4913)
2001 Ed. (689, 695, 696, 699, 2118, 2120, 3119, 3126, 3127, 3128, 3129, 3130, 4840, 4841)
2000 Ed. (2941, 4236, 4408)
1999 Ed. (3198, 3210, 4583, 4784)
1998 Ed. (2368, 3510, 3738)
1997 Ed. (2640, 3730, 3897)
Brown-Forman Cl. "B"
1995 Ed. (3438)
1993 Ed. (3382)
Brown-Forman Var Wine
2002 Ed. (4962, 4964)
Brown-Forman Wines
2008 Ed. (4935)
2007 Ed. (4966)
2006 Ed. (4959)
1996 Ed. (3864)
Brown Foundation
2002 Ed. (2324, 2334)
1992 Ed. (1096)
1991 Ed. (894)
Brown, Gibbons, Lang & Co.
2005 Ed. (4670, 4671)
Brown Group
1998 Ed. (3371)
1996 Ed. (3426)
1994 Ed. (1015, 3295)
1993 Ed. (3300)
1992 Ed. (1211, 1221, 3954)
1991 Ed. (974, 975, 982, 3115)
1990 Ed. (1049, 1065, 3277, 3278)
1989 Ed. (933, 943, 2485, 2486)
Brown Groupe
1997 Ed. (3642)
Brown Harris Stevens Inc.
2002 Ed. (3915)
2001 Ed. (3996, 3997)
2000 Ed. (3714)
Brown II; Owsley
2006 Ed. (2531)
Brown; John W.
1993 Ed. (1697)
Brown Jordan
2007 Ed. (2663)
Brown Jr.; W. C.
1994 Ed. (896, 1057)
Brown Jr.; William R.
1995 Ed. (2669)
1993 Ed. (2639)
Brown; Kathleen
1993 Ed. (3443)
Brown; Kathleen L.
1995 Ed. (3505)
Brown Kleinwort; Alex
1992 Ed. (3637, 2733)
Brown Kleinwort Benson; A.
1994 Ed. (3017, 3018, 3020)
1993 Ed. (2976, 2977, 2979)
Brown Kleinwort Benson; Alex.
1996 Ed. (3167)
1995 Ed. (2356, 2376, 3073)
Brown KSDP
2002 Ed. (1957)
Brown; Larry
1992 Ed. (2903)
Brown; Marita B.
1995 Ed. (2485)
Brown; Mark
1997 Ed. (1979)
1996 Ed. (1871)
Brown; Melissa
1997 Ed. (1911)
1996 Ed. (1838)
1995 Ed. (1861)
1994 Ed. (1819)
1993 Ed. (1839)
Brown-Midwest
2005 Ed. (1209)
2004 Ed. (1183)
2003 Ed. (1176)
2002 Ed. (2684)
Brown; Murray
1996 Ed. (1907)
Brown; N.
1992 Ed. (2960)
Brown; Neil
2007 Ed. (385)
Brown Palace Hotel
2000 Ed. (2539)
1997 Ed. (2284)
Brown; Peter C.
2005 Ed. (2516)
Brown Printing
2007 Ed. (4010)
2001 Ed. (3901)
2000 Ed. (3615)
1999 Ed. (1045, 3889, 3898)
1990 Ed. (2212)
Brown Realty Advisors; Alex.
1991 Ed. (2821)
Brown Realty; Alex.
1990 Ed. (2969)
Brown Retail Group
1993 Ed. (1459)
Brown Rudnick
2001 Ed. (837)
Brown; Sawyer
1997 Ed. (1113)
1993 Ed. (1079)
Brown School of Engineering; Rice University, George R.
2007 Ed. (2446)
Brown Schools
2000 Ed. (3624, 3747)
1999 Ed. (3907)
Brown Shoe Co., Inc.
2008 Ed. (992, 1002, 1003, 1950)
2007 Ed. (1115, 1120, 1121)
2006 Ed. (1034, 1035, 4729)
2005 Ed. (1019, 4366, 4367, 4683, 4684)
2004 Ed. (4416, 4417, 4544, 4711)
2003 Ed. (1002, 1007, 4405, 4406)
2002 Ed. (4273, 4274)
2001 Ed. (1280, 1281)
Brown Smith Wallace
2008 Ed. (5)
2007 Ed. (7)
Brown; Thomas
1997 Ed. (1854)
1996 Ed. (1770, 1779)
1995 Ed. (1795, 1805)
1994 Ed. (1763, 1831)
1993 Ed. (1780)
1992 Ed. (2138)
1991 Ed. (1673, 1674)
Brown University
2008 Ed. (2972)
2006 Ed. (2858)
2001 Ed. (1317, 1329, 3254)
2000 Ed. (1137, 3067)
1999 Ed. (1228, 3329)
1998 Ed. (799)
1997 Ed. (1051)
1989 Ed. (954)
Brown Williamson
1989 Ed. (908)
Brownberry
2001 Ed. (545)
BrownCo
2007 Ed. (2203)
2006 Ed. (2267)
2005 Ed. (755, 2205)
Browne & Co.
1991 Ed. (3162)
Browne Construction (Holdings) Ltd.; J.
1993 Ed. (975)
1992 Ed. (1196)
Browne; John
2007 Ed. (1022)
2006 Ed. (691, 932)
2005 Ed. (789)
Brownfield Credit Union
2003 Ed. (1886)
Brownie
1998 Ed. (3660)
Brownies
2003 Ed. (375)
2002 Ed. (430)
1998 Ed. (1266)
1995 Ed. (1557, 3692)
Brownies/blondies
1997 Ed. (327)
Browning; Candace
1997 Ed. (1856)
1993 Ed. (1777)
Browning-Ferris
2000 Ed. (1859)
Browning-Ferris Industries Inc.
2007 Ed. (1441)
2005 Ed. (2288)
2004 Ed. (1624, 2189)
2003 Ed. (1608, 2135)
2001 Ed. (4661)
2000 Ed. (1345, 4372)
1999 Ed. (1472, 2058, 4742, 4743)
1998 Ed. (1477, 1478, 1491, 3030, 3286, 3698)
1997 Ed. (1780, 1781, 3132, 3277, 3866)
1995 Ed. (1232, 3313, 3323)
1994 Ed. (2891, 3231, 3650)
1993 Ed. (2875)
1992 Ed. (3478, 3479, 3935)
1991 Ed. (2752, 3100)
1990 Ed. (2875, 3257, 3259)
1989 Ed. (2465, 2476, 2479)
Browning-Ferris Industries of California Inc.
1997 Ed. (3496)
1996 Ed. (3176, 3401, 3666, 3818)
Browning; Kelly
2008 Ed. (3789)
Browning Mitsubishi
1995 Ed. (280)
1992 Ed. (392)
Browning Oldsmobile
1994 Ed. (279)
1991 Ed. (289)
Browning Oldsmobile-Subaru
1990 Ed. (312, 320)
Brownlee; Sam
1992 Ed. (2903)
1991 Ed. (2342)
BrownRichards & Associates
2005 Ed. (2362)
Brown's Chicken
1993 Ed. (1758)
1992 Ed. (2112)
1991 Ed. (1656)
1990 Ed. (1751)
Brown's Chicken & Pasta
1995 Ed. (1782)
1994 Ed. (1749)
Browns; Cleveland
2008 Ed. (2761)
2007 Ed. (2632)
2006 Ed. (2653)
2005 Ed. (2667)
Brown's Subaru of Alexandria
1991 Ed. (296)
Brownstein Group
2005 Ed. (3971)
Brownstein Hyatt & Farber PC
2008 Ed. (3421, 3422)
2007 Ed. (3311, 3313, 3314)
2006 Ed. (3250)
2005 Ed. (3262, 3263)
2004 Ed. (3233)
2003 Ed. (3182)
2002 Ed. (3057)
Brownstein; Norm
2007 Ed. (2497)
Brownstone Homes
2004 Ed. (1141)
Brownsville-Cameron, TX
2005 Ed. (3878, 3879)
Brownsville-Harlingen-San Benito, TX
2005 Ed. (2031, 2386, 2976, 2991, 4796)
2002 Ed. (3330)
2000 Ed. (1076, 4365)
1999 Ed. (1173, 3370)
1997 Ed. (2767)
Brownsville-Harlingen, TX
2008 Ed. (3114, 3117)
2007 Ed. (2999, 3003)
1993 Ed. (2555)
1989 Ed. (2336)
Brownsville National
1997 Ed. (560)
Brownsville National Bank
1998 Ed. (397)
Brownsville; Port of
1994 Ed. (2189)
Brownsville-Post Isabel, TX
2000 Ed. (2200)
Brownsville, TX
2008 Ed. (2189)
2006 Ed. (2129, 2857)
2005 Ed. (1057, 2026)
2003 Ed. (972, 1871, 3241)
1992 Ed. (4242)
Brownsword; Andrew
2005 Ed. (4893)
1996 Ed. (1717)
Brownville, TX
2005 Ed. (2378)
2002 Ed. (1058)
BrowserSpy
2002 Ed. (4862)
Broyhill
2007 Ed. (2666)
2005 Ed. (2702)
2003 Ed. (2591)
Broyhill Furniture Ind.
1990 Ed. (2720)
Broyhill Furniture Industries
1994 Ed. (1928)
Broyhill/Lane
1996 Ed. (1987)
1995 Ed. (1951)
1994 Ed. (1933)
1992 Ed. (2244)
Brozena Ripley & Partners Inc.
2008 Ed. (121)
2007 Ed. (111)
Brozena Schaller Menaker & Ripley Inc.
2003 Ed. (66, 816)
BRPH Cos.
2008 Ed. (2525)
BRS Architects
2006 Ed. (286)
BRT
2000 Ed. (4133)
Bru; Abelardo E.
2008 Ed. (1428)
2007 Ed. (1444)
Bruce
2008 Ed. (2612)
2007 Ed. (2482)
2006 Ed. (2508)
1999 Ed. (3531)
Bruce A. Johnson
2006 Ed. (2525)
Bruce Almighty
2005 Ed. (2259, 3519, 3520)
Bruce Alpern
2000 Ed. (1971, 1972)
Bruce Chizen
2008 Ed. (939)
2007 Ed. (985)
2006 Ed. (895)
Bruce Crawford
2000 Ed. (1874)
Bruce Downey
2007 Ed. (1011)
2006 Ed. (921)

Bruce Dunlevie
2003 Ed. (4846)
Bruce E. Toll
1999 Ed. (1411)
1991 Ed. (1633)
Bruce Freedman
1999 Ed. (2280)
Bruce Fund
2008 Ed. (4512)
2007 Ed. (3665, 4545)
2004 Ed. (3545, 3546, 3548)
1997 Ed. (2905)
Bruce Garrison
1996 Ed. (1804)
Bruce Gordon
2008 Ed. (4842, 4905)
2004 Ed. (176)
2002 Ed. (872)
Bruce Gross
2007 Ed. (1062)
2006 Ed. (966)
2005 Ed. (988)
Bruce Grossman
1998 Ed. (1592)
Bruce Harting
2000 Ed. (2045)
1999 Ed. (2206)
1998 Ed. (1608, 1621)
1997 Ed. (1898, 1917)
1996 Ed. (1770, 1771, 1824, 1844)
Bruce Hornsby
1995 Ed. (1118, 1120)
Bruce Jones
2000 Ed. (2127)
1999 Ed. (2340)
Bruce Karatz
2007 Ed. (1025, 1035)
2006 Ed. (937, 1201)
2005 Ed. (979)
2000 Ed. (1886)
1999 Ed. (1411)
Bruce Kasman
1999 Ed. (2297)
Bruce Klein
2000 Ed. (1952)
1999 Ed. (2181)
1998 Ed. (1591, 1592)
1997 Ed. (1943)
Bruce Kovner
2007 Ed. (4894)
2006 Ed. (2798, 4899)
2002 Ed. (3356)
1998 Ed. (1689)
1996 Ed. (1914)
1995 Ed. (1870)
1994 Ed. (1840)
1992 Ed. (2143)
1991 Ed. (2265)
Bruce M. McWilliams
2007 Ed. (2502)
Bruce McCaw
2002 Ed. (3349)
Bruce McClendon
1991 Ed. (2548)
Bruce Missett
2000 Ed. (2041)
1999 Ed. (2216)
1997 Ed. (1896)
Bruce PAC
2004 Ed. (2625)
Bruce Printing Inc.
2003 Ed. (3928)
Bruce R. McCaw
2004 Ed. (4866)
Bruce Roscoe
1997 Ed. (1989, 1993)
1996 Ed. (1883, 1887)
Bruce Rubin Associates
1992 Ed. (3579)
Bruce Seiger
1995 Ed. (3503)
Bruce Springsteen
2008 Ed. (2583)
2006 Ed. (2485, 2486, 2488)
2005 Ed. (1160, 1161)
2002 Ed. (1162, 1163, 1164)
2001 Ed. (1382, 1382, 1382, 1384)
1994 Ed. (1099, 1101)
1990 Ed. (1672)
1989 Ed. (1347)
Bruce Springsteen & The E Street Band
1990 Ed. (1142, 1144)
Bruce Van Saun
2008 Ed. (370)
Bruce Wayne
2008 Ed. (640)
2007 Ed. (682)
Bruce Williams Homes
2005 Ed. (1200)
2004 Ed. (1172)
2003 Ed. (1164)
2002 Ed. (2679)
Bruce Willis
2004 Ed. (2408)
2003 Ed. (2328)
2002 Ed. (2141, 2143, 2144)
2001 Ed. (6, 8, 2269)
Bruce Woolpert
2005 Ed. (2468)
Brucellosis
2005 Ed. (3619)
Bruck Textiles
2004 Ed. (4714)
Bruckheimer; Jerry
2008 Ed. (2582, 2586)
2007 Ed. (2450)
Bruder & Son; M.A.
1992 Ed. (3728)
Bruder; M. A.
1996 Ed. (2132)
Brudnick Co.; James
1997 Ed. (1202, 1204, 1206, 1207)
1995 Ed. (1196, 1197, 1199, 1201, 1204)
1993 Ed. (1156, 1157)
Bruegger's
2008 Ed. (336)
2007 Ed. (350)
2006 Ed. (367, 4119)
1999 Ed. (2137, 4049, 4058, 4059, 4078, 4134)
1997 Ed. (326)
Bruegger's Bagel
2001 Ed. (4069)
Bruegger's Bagel Bakery
2002 Ed. (2252)
2000 Ed. (3777, 3848)
1998 Ed. (3047, 3048, 3060, 3124)
Bruegger's Bagels
2008 Ed. (2686)
Bruegger's Franchise Corp.
1997 Ed. (2083)
Brugal
1999 Ed. (4126, 4129)
1992 Ed. (46)
Bruin Bourough, PA
1992 Ed. (2380)
Bruin Lagoon
1991 Ed. (1889)
Bruins; Boston
2006 Ed. (2862)
Bruises, contusions
2002 Ed. (3529)
BrukerBioSciences Corp.
2008 Ed. (1915)
Brumback; Charles T.
1996 Ed. (1715)
Brummel & Brown
2003 Ed. (3684, 3685)
2000 Ed. (3039, 3040)
Brumos Atlanta, Inc.
1991 Ed. (292)
Brumos Atlanta Porsche-Audi
1990 Ed. (315)
Brunch; Haney F. and Geraldine W.
1992 Ed. (1095)
Bruncor Inc.
1996 Ed. (3648)
1994 Ed. (3491)
Brundage Story & Rose
2000 Ed. (2783, 2785)
1999 Ed. (3048, 3050)
1998 Ed. (2254, 2272)
1997 Ed. (2516)
1996 Ed. (2399)
1995 Ed. (2363)
Brunei
2002 Ed. (1810)
1992 Ed. (2360, 3454)
Brunei, Borres
1999 Ed. (3192)
Brunini Grantham
2001 Ed. (853)
Brunner; Paul A.
2008 Ed. (1428)
2007 Ed. (1444)
Bruno; Angelo J.
1991 Ed. (1622)
1989 Ed. (1378)
Bruno Renard
2000 Ed. (2112)
Bruno's Inc.
2001 Ed. (1607)
1998 Ed. (1125)
1997 Ed. (329, 1352)
1995 Ed. (343, 3316, 3524, 3527)
1994 Ed. (1288, 3236, 3459, 3461)
1993 Ed. (1997, 3243, 3486)
1992 Ed. (2350, 4163, 4164)
1991 Ed. (1860, 3092, 3252, 3254)
1990 Ed. (1963, 3441, 3491, 3494)
1989 Ed. (1556, 2778)
Bruno's Supermarkets Inc.
2008 Ed. (1544)
2007 Ed. (1564)
2006 Ed. (1534)
2005 Ed. (1644)
2004 Ed. (1530)
2003 Ed. (1601)
2001 Ed. (4416)
Brunswick Corp.
2008 Ed. (3441)
2007 Ed. (3344, 4108, 4829)
2006 Ed. (264, 265, 1217, 2898, 2995, 3270, 4817)
2005 Ed. (245, 246, 1257, 3279, 4028, 4029, 4434, 4766)
2004 Ed. (242, 243, 4093, 4094, 4793)
2003 Ed. (3207, 3208, 4808)
2002 Ed. (4667)
2000 Ed. (217, 2920, 4294)
1999 Ed. (3174, 4017, 4018, 4655)
1998 Ed. (2346, 3026, 3027, 3615)
1997 Ed. (3275, 3790)
1996 Ed. (2130, 3171, 3490, 3734)
1995 Ed. (3078, 3657, 3658)
1994 Ed. (2124, 2365, 3025, 3026, 3573, 3574)
1993 Ed. (2413, 2983, 2984, 3615, 3616)
1992 Ed. (2473, 2855, 3459, 4341, 4342)
1991 Ed. (2299, 2740, 3419, 3420)
1990 Ed. (2173, 2973, 2974, 2975, 3643)
1989 Ed. (1652, 1653, 1891, 2294, 2295, 2296)
Brunswick Bowling & Billiards Corp.
2007 Ed. (3413)
2006 Ed. (3359)
Brunswick Bowling Centers
1997 Ed. (2054)
Brunswick, GA
2005 Ed. (3467)
Brunswick, ME
2007 Ed. (4208)
Brunswick Mining & Smelting
1997 Ed. (2794)
1996 Ed. (2649)
1994 Ed. (2526)
1992 Ed. (3085)
Brunswick Pulp & Paper Co.
1990 Ed. (1227)
Brunswick Town Center at Brunswick Lake
2002 Ed. (3532)
Brupo Modelo
2000 Ed. (2229)
Bruse Missett
1998 Ed. (1668)
Brush Country Bank
1999 Ed. (541)
Brush Engineered Materials Inc.
2006 Ed. (3457)
Brush Resources Inc.
2008 Ed. (2148)
2007 Ed. (2046)
2006 Ed. (2088)
Brush Wellman
1989 Ed. (270, 1946)
Brushes, kitchen & scrub
2002 Ed. (2707)
Brussels, Belgium
2007 Ed. (256)
2004 Ed. (3305)
1996 Ed. (978, 2541)
1993 Ed. (2468)
1992 Ed. (1165, 1166, 2717, 3015)
Brussels Stock Exchange
1993 Ed. (3457)
Bruster's Old-Fashioned Ice Cream & Yogurt
2005 Ed. (2982)
2004 Ed. (2970)
2003 Ed. (2883)
2002 Ed. (2723)
Bruster's Real Ice Cream
2008 Ed. (3128)
2007 Ed. (3007)
2006 Ed. (2979)
Brut
2007 Ed. (2643)
2006 Ed. (2660)
2005 Ed. (2680)
2003 Ed. (2546)
2001 Ed. (3714, 3723)
2000 Ed. (3455)
1999 Ed. (3736)
1998 Ed. (2778)
1997 Ed. (3033)
1996 Ed. (2952, 2954)
1995 Ed. (2877)
1990 Ed. (3604)
Brut Aquatonic
2001 Ed. (3723)
Brut for Men
1992 Ed. (3366)
Bruxelles Lambert SA; Groupe
2006 Ed. (1562, 1563)
Bruxelles National Airport
1999 Ed. (249)
1997 Ed. (225)
1996 Ed. (198)
1993 Ed. (208)
BRW LeGrand
2002 Ed. (3816)
BRW Steel
1998 Ed. (1534)
Bryan
2008 Ed. (2770, 4277)
2002 Ed. (2365, 3272)
2000 Ed. (2275, 3853)
1995 Ed. (1940)
Bryan A. Stirrat & Associates
2004 Ed. (2353)
Bryan Adams
1995 Ed. (1118, 1120)
Bryan & Kerry McFadden
2005 Ed. (4885)
Bryan Cave
2004 Ed. (3238)
2001 Ed. (857)
1994 Ed. (2352)
Bryan Cave LLP
2007 Ed. (1504)
Bryan-College Station, TX
2005 Ed. (3474, 4797)
2002 Ed. (1054, 2118, 3329)
1995 Ed. (1667)
1993 Ed. (2555)
1991 Ed. (1547)
1989 Ed. (1957)
Bryan Foods Inc.
2004 Ed. (1803)
2003 Ed. (1765, 1766)
2001 Ed. (1796, 1797)
1999 Ed. (2527, 4140)
Bryan Jacoboski
1995 Ed. (1834, 1836)
1994 Ed. (1796, 1798)
1993 Ed. (1813, 1815)
1991 Ed. (1697, 1708)
1990 Ed. (1768, 1769)
1989 Ed. (1419)
Bryan; John H.
1994 Ed. (1721)
1992 Ed. (1143, 2059)
Bryan, Jr.; John H.
1991 Ed. (926, 1628)
1990 Ed. (973, 1720)
Bryan Lee Music
1996 Ed. (2747)
1995 Ed. (2674)
1994 Ed. (2593, 2597)

1993 Ed. (2641)
Bryan LGH Medical Center
2001 Ed. (1802)
Bryan Lite
1994 Ed. (2416)
Bryan Lunch 'n Munch
1994 Ed. (2416)
Bryan Medical Center; L. G. H.
2008 Ed. (1960)
2007 Ed. (1896)
2006 Ed. (1914)
2005 Ed. (1892)
Bryan Nesbitt
2005 Ed. (785)
Bryan Smoky Hollow
2000 Ed. (3853)
Bryan, TX
1993 Ed. (2549)
BryanLGH Medical Center
2005 Ed. (1892)
2004 Ed. (1809)
Bryant; Andrew
2007 Ed. (1082)
2006 Ed. (989)
2005 Ed. (992)
Bryant College
1996 Ed. (1046)
1995 Ed. (1061)
1994 Ed. (1053)
1993 Ed. (1026)
1992 Ed. (1278)
Bryant Credit Union
2008 Ed. (2263)
2007 Ed. (2148)
2006 Ed. (2227)
2005 Ed. (2132)
2004 Ed. (1990)
2003 Ed. (1950)
2002 Ed. (1896)
Bryant-Durham Electric Co. Inc.
2001 Ed. (1479)
Bryant Electric Co. Inc.
1997 Ed. (1171)
1996 Ed. (1142)
1995 Ed. (1167)
1994 Ed. (1153)
1993 Ed. (1132)
1992 Ed. (1423)
1991 Ed. (1086)
Bryant Family Foundation; Kathleen Price and Joseph M.
1994 Ed. (1899)
Bryant Group
1996 Ed. (1365)
Bryant; H. Thomas
2008 Ed. (2640)
Bryant Homes plc
2002 Ed. (51)
Bryant Jackson Communications
1996 Ed. (3119)
Bryant; John
2005 Ed. (988)
Bryant; Kobe
2008 Ed. (272)
2007 Ed. (294)
2006 Ed. (292)
Bryant Miller
2001 Ed. (792, 921)
Bryant, Miller & Olive
1999 Ed. (3486)
1998 Ed. (2061)
1996 Ed. (3740)
1993 Ed. (3622)
Bryant Organization Inc.
1991 Ed. (1084)
1990 Ed. (1205)
Bryant Park Grill
2007 Ed. (4123, 4124)
2001 Ed. (4052)
Bryant Universal Roofing Inc.
1997 Ed. (1168, 1178)
1996 Ed. (1138, 1149)
1995 Ed. (1164, 1174)
1994 Ed. (1148, 1155)
1993 Ed. (1130, 1139)
Bryant Universal Rooring Inc.
1992 Ed. (1417)
Bryce Corp.
2008 Ed. (3837)
Bryce Jordan Center
2003 Ed. (4530)
2002 Ed. (4346)
2001 Ed. (4354)
1999 Ed. (1297)
Brylane
2000 Ed. (995)
1999 Ed. (4313)
1990 Ed. (2508)
Brylcreem
2001 Ed. (3723)
Bryn Mawr Bank Corp.
2003 Ed. (520)
Bryn Mawr College
1999 Ed. (1227)
1998 Ed. (798)
1997 Ed. (1052)
1994 Ed. (1043)
1991 Ed. (1002)
1990 Ed. (1093)
Bryn Mawr Trust
1997 Ed. (2535)
Bryon Callan
1994 Ed. (1773)
Bryonia
1992 Ed. (2437)
Bryson; John E.
2008 Ed. (956)
2007 Ed. (1034)
BS
2006 Ed. (4542)
2002 Ed. (4492, 4494)
B.S. Pollak Hospital
1990 Ed. (1739)
BSA LifeStructures
2008 Ed. (261)
2006 Ed. (2454)
BSANTANDER
2006 Ed. (4227)
BSB
1992 Ed. (4237)
BSB & Boom
1990 Ed. (144)
BSB Bancorp Inc.
2002 Ed. (434)
2000 Ed. (423)
1999 Ed. (428)
1995 Ed. (3612)
BSB Bates
1994 Ed. (115)
1993 Ed. (136)
BSB Bates Gruppen
1995 Ed. (108)
1994 Ed. (107)
1993 Ed. (124)
BSB Bates South Africa
1995 Ed. (124)
BSB Batesgruppen
1992 Ed. (192)
BSB Batesgruppen Norway
1991 Ed. (137)
BSB Boom
1991 Ed. (144)
BSB Brussels
1992 Ed. (125)
1991 Ed. (78)
BSB Budapest
1995 Ed. (82)
BSB Centrade/SSA
1995 Ed. (118)
BSB de Colombia
1994 Ed. (79)
1993 Ed. (89)
BSB Deutschland
1992 Ed. (150)
BSB Deutschland Holding
1991 Ed. (100)
BSB Dorland
1995 Ed. (77)
1994 Ed. (90)
1993 Ed. (101, 102)
1992 Ed. (151, 152, 153)
1991 Ed. (101, 102)
1990 Ed. (105)
BSB Finnad
1995 Ed. (74)
1994 Ed. (87)
1993 Ed. (98)
BSB Finnad Advertising
1991 Ed. (98)
BSB Firmad Oy
1992 Ed. (148)
BSB Ghersy Quintero
1993 Ed. (145)
1992 Ed. (219)
1991 Ed. (160)
BSB Hunter
1995 Ed. (87)
1993 Ed. (112)
1992 Ed. (166)
BSB India
1995 Ed. (83)
BSB Indonesia
1995 Ed. (84)
1994 Ed. (95)
BSB Malaysia
1995 Ed. (97)
1994 Ed. (100)
1993 Ed. (118)
1992 Ed. (178)
1991 Ed. (125)
BSB/Meza
1992 Ed. (136)
1991 Ed. (88)
BSB Moscow/Tekram
1995 Ed. (119)
BSB New Zealand
1994 Ed. (106)
1992 Ed. (187)
BSB Portugal
1993 Ed. (130)
1992 Ed. (200)
BSB/S & S Marco
1995 Ed. (115)
BSB/S & S MC
1994 Ed. (110)
BSB/Saatchi & Saatchi Advertising
1993 Ed. (88)
BSB/Saatchi & Saatchi Creative Communications
1993 Ed. (91)
BSB/Saatchi & Saatchi Marco
1993 Ed. (129)
BSB/S&S Creative Communications
1992 Ed. (139)
BSB/S&S Marco
1992 Ed. (199)
BSB September
1995 Ed. (129)
1994 Ed. (119)
BSB Singapore
1994 Ed. (114)
BSB/SSA
1995 Ed. (63)
1994 Ed. (81, 113)
BSB/SSA Studio Marketing
1992 Ed. (221)
BSB Sweden
1993 Ed. (138)
1992 Ed. (211)
1991 Ed. (153)
BSB Venezuela Publicidad
1994 Ed. (125)
BSC de Panama
2007 Ed. (64)
2006 Ed. (73)
BSC Footwear Supplies Ltd.
1994 Ed. (2362)
BSC Praha, spol s.r.o.
2008 Ed. (1700)
BSCH Finance Ltd.
2003 Ed. (4576)
BSD Bancorp
1995 Ed. (204)
BSES
1999 Ed. (742)
BSI
1994 Ed. (643)
BSI-Banca della Suizzera Italiana
1992 Ed. (843)
BSI Business Services
1998 Ed. (1204, 1206)
BSI Constructors Inc.
2008 Ed. (1314)
BSI Holdings Inc.
2001 Ed. (1409, 1410)
B.S.I./King Bearings, Inc.
1999 Ed. (2845)
BSJS
1997 Ed. (794, 797)
BSK
2002 Ed. (4780)
2000 Ed. (4370, 4371)
1999 Ed. (4739, 4740)
1997 Ed. (3863, 3864)
BSkyB
2008 Ed. (99, 100, 103, 136, 3631)
2007 Ed. (90, 91, 94, 1459, 1463, 1465, 1467, 3455, 3457, 3458, 4059)
2006 Ed. (1479, 3441, 3442)
2005 Ed. (1587, 1588, 1593, 1596, 3431)
1997 Ed. (2726)
BSM Holdings Ltd.
1993 Ed. (970)
BSM Technologies
2008 Ed. (2946)
2006 Ed. (2819)
BSMG
2002 Ed. (3867)
BSMG Communications
1999 Ed. (3930)
BSMG Worldwide Inc.
2003 Ed. (3973, 3974, 3975, 3976, 3977, 3978, 3979, 3980, 3981, 3982, 3998, 3999, 4001, 4005, 4007, 4008, 4010, 4013, 4021)
2002 Ed. (3806, 3807, 3812, 3813, 3815, 3824, 3825, 3828, 3829, 3830, 3831, 3834, 3835, 3836, 3837, 3838, 3843, 3844, 3846, 3847, 3848, 3853, 3855, 3859, 3860, 3861, 3863, 3865, 3870, 3871, 3872, 3873)
2001 Ed. (3924, 3925, 3927, 3928, 3930, 3931, 3932, 3934, 3935, 3938, 3939, 3940, 3941, 3942)
2000 Ed. (3625, 3626, 3627, 3633, 3634, 3635, 3636, 3637, 3639, 3641, 3642, 3646, 3647, 3658, 3662, 3663, 3667)
1999 Ed. (3908, 3909, 3910, 3913, 3917, 3919, 3920, 3923, 3925, 3927, 3929, 3944, 3948, 3949, 3956)
BSN
1996 Ed. (765, 766, 1348)
1995 Ed. (709, 1397, 1902, 1905)
1994 Ed. (739, 740, 1241, 1370, 1879, 1880)
1993 Ed. (731, 750, 1215, 1316, 1879, 1881, 1882)
1992 Ed. (915, 2972)
1991 Ed. (731, 732, 1747)
1990 Ed. (1829, 3460)
BSN-Gervais Danone
1992 Ed. (41, 1621)
1990 Ed. (1369)
1989 Ed. (24, 51, 1459)
BSN Group
1990 Ed. (23)
BSN Groupe
1995 Ed. (1903)
1990 Ed. (1831)
BSN SA
1995 Ed. (1261)
1992 Ed. (1503)
1991 Ed. (1170, 1185, 1192)
BSQ Acquisition Inc.
2001 Ed. (1787, 2754, 2755)
BSQUARE Corp.
2002 Ed. (2537)
BSS
2008 Ed. (753)
BSS Asset
1996 Ed. (2405)
BSS Asset Management
1995 Ed. (2395)
BSS Plus
1994 Ed. (2697)
bst2supplier1
2006 Ed. (3509, 4348)
BSW
1997 Ed. (745)
BSW International
2000 Ed. (2567)
1999 Ed. (2788)
1997 Ed. (264, 1742)
1996 Ed. (1658)
BSW Young & Rubicam
1995 Ed. (105)
bSwift LLC
2007 Ed. (2360)
bSwift Manager
2008 Ed. (2483)
BT
2006 Ed. (4542)
2002 Ed. (4492, 4493)

2000 Ed. (34, 3692, 4191, 4192, 4204)
1999 Ed. (174, 175, 783, 784)
1998 Ed. (3477)
1997 Ed. (1385, 1416, 1420, 2388, 3693)
1996 Ed. (1326, 1354, 1360, 1367, 3410, 3651)
1995 Ed. (1373, 3208, 3336, 3554, 3555)
1994 Ed. (1348, 1351, 1378, 2200, 2976, 3257, 3259, 3260, 3261, 3484)
1993 Ed. (1296, 1297, 1322)
1992 Ed. (1101, 1102, 4204)
BT Alex. Brown
2000 Ed. (778, 864, 2073, 2109, 2111, 2769, 3417, 3984)
1999 Ed. (828, 1425)
BT Alex Brown International
2000 Ed. (775, 777)
BT Asia
1991 Ed. (2411, 2412)
BT Asset Management
1993 Ed. (2353, 2355)
BT Asset Management/Australia
1995 Ed. (2393, 2397)
1992 Ed. (2790, 2792, 2793, 2795)
BT Building Systems
2003 Ed. (1197)
BT Call Stimulation
1991 Ed. (3326)
BT Capital Corp
1995 Ed. (3695)
BT Capital Partners
1998 Ed. (3666)
1996 Ed. (3782)
BT Cellnet
2002 Ed. (35, 224)
BT CiB
2000 Ed. (4196, 4197, 4198, 4199, 4200, 4201)
BT Connections in Business
1996 Ed. (3643, 3644, 3645)
1991 Ed. (3283)
BT Data Communications
1993 Ed. (2612)
BT Financial Group
2005 Ed. (3224)
BT Funds Management
2002 Ed. (2818)
2001 Ed. (2880)
BT Global Services
2008 Ed. (4798, 4799)
2007 Ed. (4871)
BT Group plc
2008 Ed. (135, 1454, 1457, 2121, 2123, 2124, 4096, 4633, 4638, 4641, 4643, 4644)
2007 Ed. (92, 1193, 1460, 1523, 2026, 2030, 2035, 2040, 2042, 3070, 3212, 3989, 4059, 4711, 4713, 4714, 4718, 4720, 4721, 4722, 4723)
2006 Ed. (101, 1093, 1777, 2057, 2058, 2063, 2068, 2070, 3038, 4697, 4698, 4702, 4703)
2005 Ed. (48, 92, 1589, 1981, 1984, 1989, 4359, 4633, 4640)
2004 Ed. (4673)
2003 Ed. (1701, 4702)
BT Industries
2002 Ed. (2323)
2001 Ed. (4639)
BT Internet
2000 Ed. (2745)
BT Investment International Equity
2000 Ed. (3237, 3311)
1999 Ed. (3517)
1998 Ed. (409, 2612)
BT Investment-Latin America
2000 Ed. (3258)
1998 Ed. (2636)
BT Investment-Latin America Equity
1999 Ed. (600, 3540)
BT Investment Latin American
1997 Ed. (2906)
BT Investment-Lifecycle Mid Range
1999 Ed. (603)
BT Investment Small Cap
1996 Ed. (2787, 2797)
BT Investment Small Capital
1997 Ed. (2895)
BT Office Products
1999 Ed. (3640)
BT Office Products International
1998 Ed. (2699)
BT plc
2008 Ed. (136)
2000 Ed. (1412, 1441, 4006)
BT Property Ltd.
1997 Ed. (1392)
BT Pyramid Institutional Asset Management
1998 Ed. (410)
BT Pyramid-Preserve Plus
2000 Ed. (3254)
BT Securities Corp.
1999 Ed. (910, 912, 2278, 4250)
1997 Ed. (744, 748, 1922)
1993 Ed. (3136, 3144, 3171, 3172, 3183, 3189, 3193, 3198)
1992 Ed. (2727, 3863, 3867)
1991 Ed. (772, 2164, 2170, 2518, 2520, 2977, 2980, 2985, 3003, 3005, 3034, 3047, 3048, 3055)
1990 Ed. (2641, 3162, 3211)
BT Select Markets Trust-Pacific Basin Fund
1993 Ed. (2684)
BT Share Offer
1993 Ed. (1861)
BT Tymnet Inc.
1992 Ed. (1751, 1934, 4366)
BT Wireless
2003 Ed. (1434)
BTA
2000 Ed. (2985)
1999 Ed. (3250, 3251)
1997 Ed. (267)
1996 Ed. (235)
1995 Ed. (3796)
BTC
2002 Ed. (4386)
2000 Ed. (1665, 2986)
1999 Ed. (3252)
1997 Ed. (2675, 2676)
BTG
2007 Ed. (3948)
2000 Ed. (1735)
1996 Ed. (2055, 3445)
B3
1990 Ed. (2467)
BTI Americas
2000 Ed. (4301)
1999 Ed. (4665, 4666, 4667)
1998 Ed. (3621, 3622, 3623)
1997 Ed. (3796)
BTI Photonic Systems Inc.
2008 Ed. (2866)
BTK
2008 Ed. (29)
BTL Medical Ltd.
2003 Ed. (2739)
BTOpenworld
2008 Ed. (680, 701)
BTR Inc.
2001 Ed. (4131, 4132)
2000 Ed. (2624)
1999 Ed. (1641, 2853, 2854)
1998 Ed. (2093)
1997 Ed. (1416, 1420, 1422, 1745, 2371, 2686)
1995 Ed. (1403, 1406, 1408, 1425)
1994 Ed. (799, 2410, 2411, 3565, 3660)
1993 Ed. (783, 1197, 1325)
1992 Ed. (1626, 1629, 1631, 2935)
1991 Ed. (1297, 1299, 2355)
1990 Ed. (1372, 1375, 3462)
1989 Ed. (2017)
BTR Dunlop Inc.
2003 Ed. (1186, 1187, 1664)
2001 Ed. (1407, 1408, 1679)
BTR Dunlop Holdings (Delaware) Inc.
2004 Ed. (1191, 1695)
2003 Ed. (1186, 1187, 1664)
2001 Ed. (1407, 1408, 1679)
BTR Nylex
1997 Ed. (282, 283, 1360, 1362)
1996 Ed. (253, 254, 1293, 1295)
1995 Ed. (1355)
1994 Ed. (247, 1324)
1993 Ed. (261, 262, 1280)
1992 Ed. (1575, 4181)
1991 Ed. (1255, 3264)
1990 Ed. (1331)
BTR plc
2005 Ed. (1501, 1525)
2004 Ed. (1509)
2003 Ed. (1479)
2002 Ed. (1458)
2001 Ed. (3190)
2000 Ed. (4387)
1999 Ed. (4760)
1997 Ed. (3878)
1996 Ed. (1354, 1366, 1369, 1370, 2544, 2545, 2546, 3730)
1995 Ed. (3730)
1993 Ed. (1176, 3695)
1992 Ed. (4259)
BTrade.com
2002 Ed. (2472)
BTS Asset Management, Asset Allocation
2003 Ed. (3138)
BTS/Bond Timing Inc.
1993 Ed. (2340)
BTU International Inc.
2007 Ed. (4552)
1991 Ed. (1517)
B2BNow.com
2002 Ed. (4878)
BTX Instrument Division
2005 Ed. (1559)
Buana Indonesia; Bank
2008 Ed. (433)
2006 Ed. (456)
Buazl Building Supply Inc.
1992 Ed. (987)
Bubba Gump Shrimp Co.
2008 Ed. (4195, 4196)
2007 Ed. (4135, 4155)
2006 Ed. (4135)
2004 Ed. (4146)
Bubbalicious
1999 Ed. (1116)
Bubble & Foam Industries
2007 Ed. (1601)
Bubble gum
2002 Ed. (1036)
Bubble Yum
2003 Ed. (951)
2000 Ed. (1041)
1999 Ed. (1116)
1995 Ed. (975)
1994 Ed. (943)
Bubblebath, children's
1999 Ed. (4509)
1998 Ed. (3434)
Bubblegum
2003 Ed. (953)
Bubblicious
1995 Ed. (975)
1994 Ed. (943)
Buca de Beppo
2006 Ed. (4109)
Buca di Beppo
2008 Ed. (4161, 4183, 4184)
2007 Ed. (4149)
2006 Ed. (4122)
2004 Ed. (4120, 4122, 4123, 4138)
2003 Ed. (4094)
2002 Ed. (4016, 4017)
Buccaneers; Tampa Bay
2008 Ed. (2761)
2007 Ed. (2632)
2006 Ed. (2653)
2005 Ed. (2667)
Buchalter, Nemer, Fields & Younger
1990 Ed. (2421)
Buchan Properties
2002 Ed. (1211)
Buchanan
2003 Ed. (4311)
2002 Ed. (295)
2000 Ed. (3871)
Buchanan County, MO
2008 Ed. (3480)
Buchanan Industries Inc.
1998 Ed. (1942)
Buchanan Ingersol Rodewald & Buerger
1993 Ed. (2627)
Buchanan Ingersoll
2004 Ed. (3228, 3229)
Buchanan Ingersoll PC
2007 Ed. (1509)
Buchanan Partners
1995 Ed. (2397)
1993 Ed. (2356)
Buchanan; Peter T.
1989 Ed. (1379)
Buchanan; Robert
1991 Ed. (3211)
Buchart Horn Inc.
2008 Ed. (2518)
Buchnan
2002 Ed. (4184, 4185)
2001 Ed. (4170)
Buck Consultants Inc.
2008 Ed. (16)
2004 Ed. (2267, 2268)
2002 Ed. (1218, 2111, 2113)
2001 Ed. (1052, 2221, 2222)
2000 Ed. (1774, 1777, 1778)
1999 Ed. (960, 1997, 1999, 2000, 3063)
1998 Ed. (1422, 1425, 1426)
1997 Ed. (1715)
1996 Ed. (1114, 1638, 1639)
1995 Ed. (1142, 1661, 1662)
1994 Ed. (1622, 1623, 1624)
1993 Ed. (1589, 1591, 1592)
1992 Ed. (1940)
1991 Ed. (1543, 1545)
1990 Ed. (1648, 1651)
Buck County Midweek
2002 Ed. (3502)
Buck Engineering
2008 Ed. (2596)
2007 Ed. (2466)
Buck; Eric
1994 Ed. (1827)
1993 Ed. (1835)
Buck Horne
2008 Ed. (2691)
Buck Open Space Fund; Beryl H.
1994 Ed. (1904)
Buck Petroleum
2000 Ed. (3132)
Buckee; James
2008 Ed. (2637)
Buckee; James W.
2007 Ed. (2507)
Buckets
2002 Ed. (2445)
Buckets/bins/bath accessories
2001 Ed. (2078)
Buckeye Business Products Inc.
1995 Ed. (1239)
Buckeye Partners LP
2008 Ed. (2363)
2003 Ed. (3879)
Buckeye Pipe Line Co.
1994 Ed. (2881)
Buckeye Pipe Line Co. LP
1995 Ed. (2947)
1993 Ed. (2860)
1992 Ed. (3468)
1991 Ed. (2747)
Buckeye Pipe Line Co. of Michigan LP
1999 Ed. (3831)
1998 Ed. (2860)
1997 Ed. (3123)
1996 Ed. (3041)
Buckeye Power
1992 Ed. (3263)
Buckeye Technologies Inc.
2008 Ed. (3799, 3853)
2007 Ed. (3708)
2006 Ed. (3725)
2005 Ed. (3609, 3679)
2004 Ed. (3699, 3763, 3764)
2003 Ed. (2542)
Buckeye Technologies/Walkisoft
2001 Ed. (3551)
Buckhead Beef Co. Inc.
2000 Ed. (3060, 3582)
1999 Ed. (3322, 3866)
Buckhead Capital Management, Small Cap Value
2003 Ed. (3118, 3134, 3137, 3140)
Buckhead, GA
1996 Ed. (1604)

Buckhead Life Restaurant Group
2007 Ed. (4134)
2000 Ed. (3763)
Buckingham International
1992 Ed. (1627)
Buckingham Research Associates
2006 Ed. (3190)
Buckingham Research Group
2008 Ed. (3383, 3389, 3390)
2007 Ed. (3257, 3266, 3268)
2006 Ed. (3198, 3200, 3203)
The Buckle Inc.
2008 Ed. (889, 1011)
2007 Ed. (1129)
2006 Ed. (1041)
2005 Ed. (1007, 1008, 1030)
2004 Ed. (986, 1023)
2003 Ed. (1024)
1999 Ed. (3602)
1994 Ed. (3100)
Buckler
2006 Ed. (559)
2005 Ed. (656)
1997 Ed. (654)
1995 Ed. (643)
Buckler NA
2001 Ed. (684)
Buckler Non-Alcohol
2004 Ed. (669)
2002 Ed. (685)
Buckley & Co.
1990 Ed. (1214)
Buckley; G. W.
2005 Ed. (2479)
Buckley; George
2007 Ed. (989)
Buckley; George W.
2008 Ed. (951, 2631)
Buckley's
1996 Ed. (1032)
Bucknall Jr.; William L.
2008 Ed. (2635)
Bucknell University
2008 Ed. (2573)
Buckner Cos.
2008 Ed. (1266, 1324)
2007 Ed. (1370)
Buckner Steel Erection; C. P.
2006 Ed. (1294, 1333)
Bucks County Business Park
2000 Ed. (2626)
1996 Ed. (2251)
1995 Ed. (2242)
1994 Ed. (2190)
1991 Ed. (2024)
1990 Ed. (2181)
Bucks County Courier Times
1998 Ed. (79)
1992 Ed. (3246)
1990 Ed. (2712)
Bucks County Midweek
1990 Ed. (2712)
Bucks Co. (PA) Midweek
2003 Ed. (3644)
Buck's Pizza
2004 Ed. (2588)
2003 Ed. (2454)
2002 Ed. (3717)
Bucksbaum; John
2008 Ed. (942)
2007 Ed. (1021)
Bucksbaum; Matthew
2008 Ed. (4830)
2007 Ed. (4902)
Buckskin
2002 Ed. (3365)
BUCON Inc.
1999 Ed. (1363)
Bucyrus International Inc.
2006 Ed. (4257)
Bud
2008 Ed. (567)
2007 Ed. (618)
2006 Ed. (572)
1999 Ed. (807, 813, 815)
Bud Antle Inc.
2004 Ed. (1999)
2003 Ed. (1959)
2001 Ed. (282)
Bud Davis Cadillac
1996 Ed. (267)
1995 Ed. (266)
1992 Ed. (410)
Bud Dry
1992 Ed. (4231)
Bud Dry Draft
1996 Ed. (781)
1995 Ed. (701)
1993 Ed. (745)
Bud Ice
2007 Ed. (594)
1998 Ed. (2066)
Bud Ice Light
1998 Ed. (2066)
Bud Light
2008 Ed. (535, 536, 539, 545, 546, 567)
2007 Ed. (590, 591, 594, 601, 602, 618)
2006 Ed. (550, 551, 554, 572)
2005 Ed. (648, 649, 650, 651)
2004 Ed. (664, 665, 667, 886, 887)
2003 Ed. (656, 657, 660, 661, 664)
2002 Ed. (674, 675, 676)
2001 Ed. (673, 676, 677, 678)
2000 Ed. (813, 819)
1999 Ed. (4511)
1998 Ed. (496, 500, 504, 3446)
1997 Ed. (715, 720, 3665, 3711)
1996 Ed. (782, 3654)
1995 Ed. (702, 703, 706)
1994 Ed. (752)
1993 Ed. (746, 747, 824)
1992 Ed. (224, 932, 935, 936, 4228, 4231)
1991 Ed. (3316, 3317, 3321)
1990 Ed. (749, 758, 761, 763, 3539, 3544)
1989 Ed. (768, 771, 772, 774, 777, 779, 2801)
Budapest
2000 Ed. (3373)
Budapest Bank
2008 Ed. (424)
2006 Ed. (449)
2005 Ed. (498)
2000 Ed. (527)
1999 Ed. (537)
1997 Ed. (489)
1994 Ed. (502, 503)
1992 Ed. (653, 697)
1991 Ed. (540)
Budapest Bank Rt
1997 Ed. (490)
1996 Ed. (531)
1995 Ed. (486)
1993 Ed. (499)
Budapest Consulting
2001 Ed. (4)
Budapest, Hungary
2005 Ed. (3329)
2002 Ed. (2750)
1992 Ed. (3015)
The Budd Co.
2001 Ed. (1706)
2000 Ed. (1432)
1999 Ed. (361, 1628, 3734)
1998 Ed. (1139, 2775)
1996 Ed. (1346)
1994 Ed. (1366)
1993 Ed. (1312)
Budd Canada
1992 Ed. (447)
Budd; Edward H.
1990 Ed. (2282)
Budd, Larner, Gross, Picillo, Rosenbaum, Greenberg & Sade
1990 Ed. (2423)
Budd Larner Gross Rosenbaum Greenberg & Sade
1993 Ed. (2401)
1992 Ed. (2843)
Budd Tyssenkrupp Co.
2007 Ed. (3492)
2006 Ed. (3467)
Buddig
2008 Ed. (3608)
2007 Ed. (3439)
2006 Ed. (3424)
2002 Ed. (3272)
Buddy Guy
1996 Ed. (1093)
Buddy's
2007 Ed. (3966)
Buddy's Pizza
2008 Ed. (3992)
Buderus AG
2002 Ed. (3307)
2000 Ed. (3086)
1999 Ed. (3349)
1997 Ed. (2754)
Budge Ltd.; A. F.
1994 Ed. (1000)
Budget
2008 Ed. (306)
2007 Ed. (318)
2006 Ed. (326)
2005 Ed. (306)
2004 Ed. (310)
2003 Ed. (335)
2002 Ed. (394)
2001 Ed. (527)
2000 Ed. (351, 352, 353, 354)
1999 Ed. (342, 343, 344, 345, 346)
1998 Ed. (235, 236, 237, 238)
1997 Ed. (312, 313, 314, 1012)
1996 Ed. (332, 333, 334, 335, 987)
1994 Ed. (321, 322, 323, 324, 987)
1993 Ed. (338, 339)
1990 Ed. (382, 383, 384, 2621)
Budget Blinds Inc.
2008 Ed. (876, 3335)
2007 Ed. (3193, 4167)
2006 Ed. (3159)
2005 Ed. (3158)
2004 Ed. (4943)
2003 Ed. (4940)
2002 Ed. (4905)
2000 Ed. (2271)
Budget Car and Truck Rental
1991 Ed. (333, 334)
Budget Gourmet
2001 Ed. (2540)
2000 Ed. (2278)
1999 Ed. (2531)
1997 Ed. (2091)
1996 Ed. (1975)
1995 Ed. (1941, 1942, 1943)
1994 Ed. (1921, 1924)
1993 Ed. (1905)
1992 Ed. (2238)
1990 Ed. (1856)
Budget Gourmet Hearty and Healthy
1993 Ed. (1906)
Budget Gourmet Light & Healthy
1995 Ed. (1942)
1993 Ed. (1906)
Budget Group Inc.
2008 Ed. (307)
2007 Ed. (319)
2006 Ed. (327)
2005 Ed. (307)
2004 Ed. (270, 311)
2003 Ed. (310, 311, 336, 345, 346, 3280)
2002 Ed. (57, 371, 372)
2001 Ed. (501, 539)
2000 Ed. (2206)
Budget Host Inns
1998 Ed. (2021)
1992 Ed. (2501)
Budget Rent A Car Corp.
2003 Ed. (334, 881)
2002 Ed. (363)
1998 Ed. (750)
1995 Ed. (319, 322, 323, 1000, 2429)
1992 Ed. (464, 2228)
1990 Ed. (1853)
Budget Travel
2005 Ed. (131)
2004 Ed. (140)
Budget Travel; Arthur Frommer's
2006 Ed. (145)
Budgetel Inns
1999 Ed. (2776, 2782)
1998 Ed. (2016)
1997 Ed. (2292)
1996 Ed. (2178)
1995 Ed. (2165)
1994 Ed. (2115)
1993 Ed. (2085)
1992 Ed. (2476)
1991 Ed. (1943)
1990 Ed. (2077)
Budimex
2000 Ed. (4371)
Budney Overhaul & Repair Ltd.
2006 Ed. (3505)
Bud's Warehouse Outlets
1999 Ed. (1053)
1998 Ed. (666)
1997 Ed. (926)
1996 Ed. (895)
1995 Ed. (917)
1994 Ed. (887)
Budweiser
2008 Ed. (245, 534, 535, 536, 539, 545)
2007 Ed. (590, 591, 594, 598, 601)
2006 Ed. (550, 551, 554)
2005 Ed. (648, 649, 650, 651, 4445)
2004 Ed. (664, 665, 667, 887)
2003 Ed. (656, 657, 660, 661)
2002 Ed. (674, 675, 676, 686)
2001 Ed. (359, 673, 676, 677, 678, 685)
2000 Ed. (819)
1999 Ed. (776, 807, 813, 815, 820, 1920, 4511)
1998 Ed. (449, 489, 490, 496, 504, 3446)
1997 Ed. (720, 3711)
1996 Ed. (726, 777, 782, 787)
1995 Ed. (648, 696, 697, 699, 702, 703, 706, 707, 3569)
1994 Ed. (752, 3499)
1993 Ed. (738, 746, 747, 824, 3530)
1992 Ed. (38, 93, 224, 922, 935, 936, 4228, 4231)
1990 Ed. (749, 758, 763, 764, 3539, 3544)
1989 Ed. (768, 771, 772, 773, 774, 775, 776, 777, 778, 779)
Budweiser Beer
1991 Ed. (13, 57, 737, 738, 3321)
1989 Ed. (753)
Budweiser/Bud Light
1991 Ed. (8, 54)
1990 Ed. (13, 52)
1989 Ed. (13)
Budweiser Light
1999 Ed. (1920)
Budweiser Select
2008 Ed. (546)
2007 Ed. (592, 594, 602, 3695)
Budweiser Shootout
2006 Ed. (764)
Buechler; Bradley B.
2008 Ed. (3997)
2006 Ed. (3920)
Buehler Affordable Homes
2005 Ed. (1212)
2004 Ed. (1186)
Buell
2001 Ed. (3399)
Buell Theatre; Temple Hoyne
2006 Ed. (1155)
Buena Vista
2008 Ed. (3752, 3753)
2007 Ed. (3639, 3640)
2006 Ed. (3574, 3575)
2005 Ed. (3517)
2004 Ed. (3512)
2003 Ed. (3451, 3452)
2002 Ed. (3394, 3395, 3396)
2001 Ed. (3359, 3360, 3377, 3380, 4694)
2000 Ed. (3165)
1999 Ed. (4715)
1997 Ed. (2816)
1996 Ed. (2691)
1992 Ed. (3110)
1991 Ed. (2487)
Buena Vista Custom Homes
2007 Ed. (1271)
Buena Vista Home Entertainment Ltd.
2002 Ed. (46)
Buena Vista Home Video
2001 Ed. (2122, 4691, 4692, 4697)
Buena Vista Hospitality
1993 Ed. (2080, 2081)
1992 Ed. (2467)
Buena Vista International Inc.
2001 Ed. (4702)
Buena Vista International (U.K.) Ltd.
2002 Ed. (39)

Buena Vista Motion Picture Group
2004 Ed. (4141)
Buena Vista Palace Resort & Spa
2000 Ed. (2574)
1999 Ed. (2791)
1998 Ed. (2035)
Buena Vista Picture Distribution Inc.
1998 Ed. (2532)
Buena Vista Pictures
2000 Ed. (33, 793)
Buena Vista Pictures Distribution
2002 Ed. (3393)
2000 Ed. (3164)
1999 Ed. (3442)
Buena Vista Products
1998 Ed. (3333)
Buena Vista Sound
1999 Ed. (2053)
BUENAVC
2006 Ed. (3283)
Buenaventura
2002 Ed. (3082, 3083)
2000 Ed. (2932, 2933)
1998 Ed. (3305)
1997 Ed. (2633, 2634)
Buenaventura "A
1999 Ed. (3186, 3187)
Buendan Homes
1998 Ed. (895)
Buenos Aires
1992 Ed. (1392)
1990 Ed. (862, 863)
Buenos Aires, Argentina
2008 Ed. (766)
2003 Ed. (3916)
2002 Ed. (2760)
1995 Ed. (2564, 2956)
1994 Ed. (976, 2895)
Buenos Aires Embotelladora
1998 Ed. (459, 462, 2678)
1997 Ed. (663, 664, 669, 671, 827)
1996 Ed. (730, 731, 736, 739, 811)
Buerge Jeep-Eagle
1994 Ed. (273)
1993 Ed. (274)
1992 Ed. (388)
1991 Ed. (283)
1990 Ed. (330)
Buetler Corp.
2008 Ed. (1342)
2007 Ed. (1392)
Buff Whelan Chevrolet
1993 Ed. (303)
1992 Ed. (419)
1991 Ed. (309)
Buffalo
1990 Ed. (2553)
Buffalo-Erie County, NY
1990 Ed. (2910)
Buffalo Health Sciences; University at
2008 Ed. (2408)
Buffalo High-Yield Fund
2008 Ed. (3409)
2007 Ed. (3294)
2006 Ed. (3234)
2005 Ed. (3248)
2003 Ed. (3530)
Buffalo Hotel Supply Co. Inc.
1997 Ed. (2061)
Buffalo Medical Center
1998 Ed. (1986)
Buffalo News
1992 Ed. (3240, 3244)
1991 Ed. (2597, 2601, 2602, 2607)
1990 Ed. (2691, 2694, 2696, 2701, 2702)
1989 Ed. (2055)
Buffalo-Niagara Falls, NY
2008 Ed. (3111)
2007 Ed. (2996)
2005 Ed. (3877, 3879)
2004 Ed. (3304)
2003 Ed. (2699, 2827)
2002 Ed. (2459)
2000 Ed. (4288)
1989 Ed. (2932)
Buffalo, NY
2007 Ed. (3011)
1999 Ed. (2813)
1995 Ed. (331, 2958)
1994 Ed. (822, 951, 966, 1103, 3326)
1993 Ed. (710, 1455)
1992 Ed. (4040)
1989 Ed. (827, 1612)
Buffalo-Rochester, NY
1999 Ed. (1024, 1153, 4514)
Buffalo Rock Co.
2008 Ed. (635)
2007 Ed. (676)
2006 Ed. (647)
2004 Ed. (4449)
2003 Ed. (4474)
2001 Ed. (1003, 4306)
Buffalo Small Cap
2006 Ed. (3642, 3643, 3644, 4570)
2004 Ed. (3575)
2003 Ed. (3507)
Buffalo Supply Inc.
2008 Ed. (4992)
2007 Ed. (4988)
2006 Ed. (4992)
2005 Ed. (4993)
Buffalo Telephone Employees Credit Union
2006 Ed. (2154)
Buffalo; University at
2008 Ed. (777)
Buffalo USA Global
2006 Ed. (3627)
2003 Ed. (3489)
2001 Ed. (3435)
Buffalo USA Global Fund
2003 Ed. (3532)
Buffalo Wild Wings
2008 Ed. (2663, 2664, 2666, 2667, 2677)
2007 Ed. (2531, 2532, 2533, 2534, 2538)
2006 Ed. (1884, 2554, 2555, 2556, 2560, 2567, 2574, 4110, 4119)
2005 Ed. (2548, 2549, 2553, 2558, 2561, 4250, 4253)
2004 Ed. (2579)
2003 Ed. (2450)
2002 Ed. (2246, 4016)
2000 Ed. (1910)
Buffalo Wild Wings & Weck
1998 Ed. (3048)
Buffalo Wild Wings Grill & Bar
2008 Ed. (4169, 4170, 4191)
2007 Ed. (4135, 4142)
2006 Ed. (4126, 4127, 4128, 4129)
Buffels
1991 Ed. (1852)
1990 Ed. (1938)
Buffelsfontein
1995 Ed. (2041)
Bufferin
1997 Ed. (253)
1992 Ed. (334, 4235)
1990 Ed. (3547)
1989 Ed. (256)
Bufferin AF Nite Time
1994 Ed. (221)
Bufferrin
1993 Ed. (230)
Buffet
1991 Ed. (2552)
Buffet; Warren
2008 Ed. (3979)
2007 Ed. (3949)
2005 Ed. (982)
Buffet; Warren Edward
2006 Ed. (3898)
Buffets
1999 Ed. (4082)
1998 Ed. (1882, 3061)
1993 Ed. (3011)
Buffett & The Coral Reefer Band; Jimmy
1995 Ed. (1117, 1118)
Buffett; Jimmy
2007 Ed. (1267)
1993 Ed. (1078)
Buffett; Warren
1997 Ed. (673, 1798)
1996 Ed. (1711)
1993 Ed. (1693)
1990 Ed. (3687)
Buffett; Warren E.
2008 Ed. (4839, 4881, 4882)
2007 Ed. (1020, 4908, 4915, 4916)
2006 Ed. (4915)
2005 Ed. (978, 4860, 4882, 4883)
1995 Ed. (664, 1729, 1731)
1994 Ed. (1716)
Buffett; Warren Edward
2008 Ed. (943, 4835)
2007 Ed. (1022, 4906)
2006 Ed. (689, 932, 940, 3262, 4911, 4927)
2005 Ed. (788, 4858)
1991 Ed. (2461)
Buffy the Vampire Slayer
2005 Ed. (2260)
Buford Holdings
1995 Ed. (1405)
Buget Gourmet Light
1993 Ed. (1906)
Buggenheim.com
2003 Ed. (3045)
Bugher Foundation; Henrietta B. and Frederick H.
1992 Ed. (1095)
Bugle Boy
1999 Ed. (1193)
1994 Ed. (1010, 1012)
1993 Ed. (985, 986)
Bugle Boy Industries, Inc.
1996 Ed. (999)
Bugle Boy Outlet
1993 Ed. (865)
Bugler
2003 Ed. (982, 4750)
Bugles
2008 Ed. (4441)
2007 Ed. (4458)
2006 Ed. (4391)
2003 Ed. (4453)
2001 Ed. (4289)
Bugnion; Edouard
2005 Ed. (994)
Bugs Bunny
1992 Ed. (1064)
1991 Ed. (3453)
A Bug's Life
2001 Ed. (3381)
Bugzilla
2006 Ed. (1140)
Buhler Industries Inc.
2007 Ed. (1640)
2006 Ed. (1626, 1628)
Buhrmann NV
2006 Ed. (1686, 1688)
2004 Ed. (1457)
Buhrmann-Tetterode NV
1995 Ed. (2834)
1994 Ed. (2730)
Buhrmann U.S. Inc.
2003 Ed. (1656)
Buick
2006 Ed. (362)
2003 Ed. (303)
2002 Ed. (413, 414)
2001 Ed. (460, 461, 483, 535)
2000 Ed. (25, 338, 339, 795)
1999 Ed. (323, 354)
1998 Ed. (218)
1997 Ed. (300)
1996 Ed. (306, 310, 315)
1995 Ed. (302)
1994 Ed. (301)
1993 Ed. (304, 305, 306, 307, 310, 316)
1992 Ed. (437, 438, 442, 2413)
1991 Ed. (319)
1990 Ed. (344, 358)
Buick Dealer Association
1998 Ed. (206)
Buick Electra
1992 Ed. (444)
Buick Electra wagon
1992 Ed. (484)
Buick Estate Wagon
1992 Ed. (436)
Buick LeSabre
1992 Ed. (435)
1991 Ed. (350)
Buick Mart
1996 Ed. (266)
1995 Ed. (265)
1991 Ed. (273, 304)
1990 Ed. (302)
Buick-Oldsmobile
1991 Ed. (318)
Buick Park Avenue
2002 Ed. (411)
2000 Ed. (345)
1999 Ed. (331)
1998 Ed. (222)
1997 Ed. (302)
1996 Ed. (312)
1995 Ed. (304, 318)
1994 Ed. (318)
1993 Ed. (317)
Buick Reatta
1992 Ed. (436)
Buick Regal
1995 Ed. (329)
1993 Ed. (348)
1990 Ed. (403)
1989 Ed. (341, 344, 1670)
Buick Riviera
1989 Ed. (344)
Build-A-Bear Workshop
2008 Ed. (2195)
2007 Ed. (2087, 4596)
2006 Ed. (1902, 1903, 1907, 1909)
Build PAC of the National Association of Home Builders
1990 Ed. (2874)
1989 Ed. (2236, 2237)
Build Your Own Pool Inc.
2005 Ed. (4027)
BuildABear.com
2008 Ed. (2444)
BuildDirect.com Technologies Inc.
2006 Ed. (2747)
Builder
2008 Ed. (142, 144, 815, 4708)
2007 Ed. (158, 849, 4791)
2006 Ed. (756)
2005 Ed. (139, 830)
2003 Ed. (814)
1999 Ed. (3757)
Builder/Architect
2008 Ed. (4708)
2007 Ed. (4791)
Builder Magazine
1996 Ed. (240)
Builder Marts of America Inc.
1992 Ed. (1205)
1991 Ed. (971)
1990 Ed. (1044)
Builder Services Group Inc.
2008 Ed. (1250)
Builders
1998 Ed. (3634)
1997 Ed. (3808)
Builders Emporium
1994 Ed. (793)
Builders Financial Corp.
2006 Ed. (451)
Builders FirstSource Inc.
2008 Ed. (751, 3528)
2007 Ed. (778, 3391)
2006 Ed. (3995)
2005 Ed. (3921)
Builders Group
2003 Ed. (1292)
2002 Ed. (1282)
Builders Industrial Holdings Ltd.
1992 Ed. (1194)
Builders Square
1999 Ed. (2711)
1998 Ed. (1969, 1970, 1974)
1997 Ed. (830, 831, 832, 2245, 2246)
1996 Ed. (815, 817, 818, 819, 820, 821, 826, 827, 2134, 2493)
1995 Ed. (845, 846, 847, 848, 2125)
1994 Ed. (793, 794, 795, 796, 2076)
1993 Ed. (775, 776, 777, 778, 2047, 2424)
1992 Ed. (982, 983, 984, 985, 2419)
1991 Ed. (801, 802, 803)
1990 Ed. (838, 839, 840, 2023)
Builders Supply Co.
1995 Ed. (849)
1994 Ed. (797)
1993 Ed. (780)
Builders Transport
2000 Ed. (4319)
1999 Ed. (4689)
1998 Ed. (3635)
1996 Ed. (3758)
1995 Ed. (3675)

1994 Ed. (3596, 3601)
1993 Ed. (3636, 3641)
1992 Ed. (4355)
1991 Ed. (3430)
Builders Unlimited Inc.
2006 Ed. (1634)
BuildForge
2007 Ed. (1246)
2006 Ed. (1141)
Building
2008 Ed. (4722)
2007 Ed. (264, 2755)
2006 Ed. (257, 2749, 4786)
2005 Ed. (4735)
2003 Ed. (265, 4776)
1990 Ed. (167)
Building & construction
2002 Ed. (4643)
2001 Ed. (363, 364, 3811, 4609)
1993 Ed. (17, 2867)
Building completion services
2002 Ed. (2783, 2784)
Building construction
2002 Ed. (2780)
Building Design Partnership
1996 Ed. (2235)
1995 Ed. (2229)
1993 Ed. (2158)
1990 Ed. (1276)
Building Innovation Group Inc.
2006 Ed. (4205)
Building maintenance
1995 Ed. (2816)
Building Material Supply
1995 Ed. (849)
Building materials
2008 Ed. (1824)
2002 Ed. (2711)
1999 Ed. (2709)
1995 Ed. (2207, 2208, 2209, 2211, 2212)
1993 Ed. (779, 1233, 1235, 1236, 1237, 2132, 2133, 2135, 2136, 2137)
1992 Ed. (986, 2567, 2568, 2570, 2571, 2572, 2600, 2602, 2604, 2605, 2607, 2609, 2610, 2613, 2614, 2629)
1991 Ed. (805, 1995, 1996, 1998, 1999, 2029, 2031, 2033, 2035, 2041, 2043, 2044)
1990 Ed. (842, 2150, 2151, 2152, 2153, 2187)
1989 Ed. (1659, 1661)
Building materials and garden supplies
1996 Ed. (3452)
Building materials & glass
1999 Ed. (1506, 1507, 1509)
1998 Ed. (1074, 1077, 1079)
1997 Ed. (1297)
Building materials & supplies
1999 Ed. (697, 1810, 2712)
Building materials, glass
2000 Ed. (1353)
1996 Ed. (1251, 1254, 1259, 1262)
1995 Ed. (1278, 1297, 1298, 1299)
1994 Ed. (1274, 1275)
Building Materials Holding Corp.
2008 Ed. (1163, 1250, 1251, 2349, 4068, 4070)
2007 Ed. (1269, 1353, 1354)
2006 Ed. (1262, 1263, 1577, 1582)
2005 Ed. (774, 775)
2004 Ed. (788, 789)
Building Materials Corp. of America
2008 Ed. (3528)
2007 Ed. (3391)
2006 Ed. (3333)
2005 Ed. (3342)
2003 Ed. (3266)
Building 19
1999 Ed. (1053)
1998 Ed. (666)
1996 Ed. (895)
1995 Ed. (917)
1994 Ed. (887)
1992 Ed. (1078)
1990 Ed. (911, 912)
Building No. 19
1997 Ed. (926)
Building One Corp.
2001 Ed. (1409)
Building One Electrical Inc.
2000 Ed. (1260, 1268)
Building One Services Corp.
2001 Ed. (1469, 1474, 1478)
Building Plastics Inc.
1998 Ed. (1699)
Building structure services
2002 Ed. (2783)
Building supplies
2005 Ed. (2781)
BuildingStars Inc.
2008 Ed. (744)
2007 Ed. (768)
2006 Ed. (672)
Buildnet
2001 Ed. (4752)
BuildPoint
2003 Ed. (2164)
Buildscape.com
2001 Ed. (4752)
Built to Last
2005 Ed. (720)
1999 Ed. (691)
Built to Last: Successful Habits of Visionary Companies
2006 Ed. (575)
BuiltToLastHome.com
2007 Ed. (1839)
Buist, Byars, Pearce & Taylor LLC
2008 Ed. (2074)
Buist Moore Smythe McGee PA
2008 Ed. (2074)
Buitoni
1996 Ed. (1948)
1994 Ed. (1881, 1881)
1993 Ed. (1879)
1990 Ed. (1249)
Buitoni Dry Pasta
1999 Ed. (2474)
1992 Ed. (2172)
Buitoni Pasta
2002 Ed. (2312)
Bukhari
1995 Ed. (811, 812, 813, 815)
Bukhorotex
2002 Ed. (4498)
Bukit Sembawang Estates Ltd.
1995 Ed. (1351)
Bukoza konk.
2002 Ed. (785)
Bukwang Pharmaceutical
2008 Ed. (2079)
Bulbank
2008 Ed. (389)
2007 Ed. (410)
2006 Ed. (422)
2005 Ed. (471)
2004 Ed. (459)
2003 Ed. (472)
2002 Ed. (533, 572)
Bulbank-Bulgarian Foreign Trade Bank
1999 Ed. (483)
1997 Ed. (423, 424, 434)
Bulgari
2008 Ed. (659)
2007 Ed. (693)
Bulgari BLV Pour Homme Eau de Toilette
2008 Ed. (2768)
Bulgaria
2008 Ed. (2400, 4558)
2007 Ed. (2826)
2006 Ed. (1435, 2331, 2823, 4502, 4770)
2005 Ed. (2055, 2534, 2535)
2004 Ed. (1920)
2002 Ed. (1813, 3523)
2001 Ed. (513, 514, 1021, 1413, 1948, 1985, 2543, 3575, 3850, 3864)
2000 Ed. (824)
1999 Ed. (1139, 2067, 4803)
1997 Ed. (1543)
1996 Ed. (1478)
1995 Ed. (1519)
1994 Ed. (957, 1487, 2684)
1993 Ed. (3724)
1992 Ed. (1734, 2357, 2359)
1991 Ed. (1382)
1990 Ed. (1449, 1476)
1989 Ed. (2956)
Bulgaria/DDB
1999 Ed. (68)
Bulgaria Stock Exchange
1995 Ed. (3512)
Bulgarian Foreign Trade Bank Ltd.
1996 Ed. (460, 461, 470)
1995 Ed. (434, 441, 459)
1994 Ed. (441, 442)
1993 Ed. (442)
1992 Ed. (625, 653)
1991 Ed. (467)
1989 Ed. (496)
Bulgarian Post Bank
2006 Ed. (422)
2004 Ed. (459)
2003 Ed. (472)
2002 Ed. (533)
1996 Ed. (461)
Bulgarleazing
1997 Ed. (2012)
Bulgaro; Patrick J.
1995 Ed. (3504)
Bulgarska Narodna Banka
1997 Ed. (424)
1996 Ed. (461)
1995 Ed. (434)
1994 Ed. (442)
Bulgartabac Holding AD-Sofia
2006 Ed. (4490)
Bulgartabak Holding AD
2002 Ed. (4390)
Bulgin; A. F.
1990 Ed. (3463)
Bulk
2008 Ed. (1161)
2001 Ed. (4641, 4644)
Bulk Ice Cream
2000 Ed. (4154)
Bulk Materials
1996 Ed. (3630)
1994 Ed. (3602)
1993 Ed. (3642)
Bulkamatic Transport Co.
2001 Ed. (4441)
Bulkmatic
1998 Ed. (3639)
Bulkmatic Transport Co., Inc.
2008 Ed. (4772)
2007 Ed. (4849)
2006 Ed. (4657)
2005 Ed. (4591, 4781)
2004 Ed. (4775)
2003 Ed. (4790)
2002 Ed. (4547)
2000 Ed. (4178)
1999 Ed. (4532, 4533, 4681, 4682)
1997 Ed. (3809)
1996 Ed. (3759)
1995 Ed. (3680)
Bull
2003 Ed. (2238)
2002 Ed. (2103)
1996 Ed. (1119, 2603)
1995 Ed. (1116)
1994 Ed. (252, 2473)
1993 Ed. (1343)
1992 Ed. (1319, 1320)
1991 Ed. (2455)
Bull & Bear Global Income
1996 Ed. (2809)
1995 Ed. (2712, 2742)
Bull & Bear Gold Investors
1999 Ed. (3582)
Bull & Bear High Yield
1992 Ed. (3166)
Bull & Bear Special Equity
1992 Ed. (3171, 3182, 3183)
Bull & Bear Tax-Free Income
1993 Ed. (2678)
1990 Ed. (2377)
Bull & Bear U.S. & Overseas
1994 Ed. (2646)
Bull & Sons Ltd.; T. H.
1994 Ed. (994)
Bull Dog
1999 Ed. (2634)
1997 Ed. (2174)
1995 Ed. (2079)
1994 Ed. (2026)
1993 Ed. (2014)
1991 Ed. (1887)
Bull Dog Credit Union
2005 Ed. (2074)
Bull Electronics
1998 Ed. (933)
Bull Groupe
1995 Ed. (1383)
1994 Ed. (1358)
The Bull Hunter: Tracking Today's Hottest Investments
2007 Ed. (656)
Bull Ice
1998 Ed. (498, 3440)
1996 Ed. (780)
Bull III; George E.
2006 Ed. (930)
Bull Market Brokers
2008 Ed. (732)
2007 Ed. (753)
Bull SA
1990 Ed. (1130)
Bull SA & HN
1990 Ed. (1130)
Bull Services
2008 Ed. (4800)
2005 Ed. (4808)
Bulldog Movers
1990 Ed. (3657)
Bulldog Research
2002 Ed. (4861)
Bulldozer operators
1990 Ed. (2728)
Bulleit Bourbon
2003 Ed. (4919)
2002 Ed. (3158, 3159, 3160, 3161, 3162)
Bullet
1993 Ed. (1990)
1992 Ed. (2337)
Bullet Line Inc.
2006 Ed. (3965)
2005 Ed. (3890)
Bullets Burgers Chicken & More
1998 Ed. (1760, 1761, 3070, 3071)
Bullfinch Unrestricted
2000 Ed. (3293)
Bullfrog
2008 Ed. (1095)
1997 Ed. (3658)
Bullfrog Suntan
1997 Ed. (711, 3659)
Bullhead City-Lake Havasu City, AZ
1990 Ed. (998)
Bullion
2002 Ed. (2414)
The Bullish Consensus
1991 Ed. (2257, 2258)
Bullitt Foundation
1994 Ed. (1905)
Bullough PLC
1996 Ed. (1991)
1995 Ed. (1960)
1994 Ed. (1931)
1993 Ed. (1912)
1992 Ed. (2249)
1991 Ed. (1781)
Bulls; Chicago
2008 Ed. (530)
2007 Ed. (579)
2006 Ed. (548)
2005 Ed. (646)
BullsEye Telecom
2007 Ed. (4727)
Bulmer H.P. Holdings
1997 Ed. (1417)
1996 Ed. (1356)
Bulmers Original
2002 Ed. (1050)
Bulriss; Mark P.
2007 Ed. (2499)
Bumble Bee
2007 Ed. (2612)
2004 Ed. (2634, 2642)
1994 Ed. (3607)
Bumble Bee/Connors Bros.
2006 Ed. (4250)
Bumble Bee Seafoods
2003 Ed. (3803)
1996 Ed. (875)
BUMI Resources
2007 Ed. (1582)
Bumiputra
1994 Ed. (3193)

Bumiputra-Commerce Bank
2005 Ed. (575)
2004 Ed. (589)
2003 Ed. (582)
2002 Ed. (517, 617)
Bumiputra-Commerce Bank Berhad
2006 Ed. (497)
Bumiputra-Commerce Holdings
2008 Ed. (1899)
2007 Ed. (1865)
Bumiputra Merchant Bankers
1997 Ed. (3485)
1996 Ed. (3391)
1995 Ed. (3279)
1989 Ed. (1781)
Bumwoo Corp.
2004 Ed. (1860)
2002 Ed. (1714)
Bunadarbanki Islands
2005 Ed. (507, 519)
2000 Ed. (549)
1999 Ed. (538)
1997 Ed. (491)
1996 Ed. (532)
1994 Ed. (504)
1993 Ed. (500)
1989 Ed. (555)
Bunadarbanki Islands (The Agricultural Bank of Iceland)
1992 Ed. (699)
1991 Ed. (541)
Bunch; Charles E.
2008 Ed. (946)
Bundarbanki Islands
1995 Ed. (487)
Bundchen; Gisele
2008 Ed. (3745)
Bundesbahn
1990 Ed. (1943)
Bundesministerium
1990 Ed. (28)
Bundesministerium Fuer Post
1991 Ed. (23)
Bundespost
1990 Ed. (1347, 1943)
Bundy Corp.
2000 Ed. (1432)
1996 Ed. (1346)
Bundy Group
1999 Ed. (1628)
Bundy International
1998 Ed. (1139)
Bunge Corp.
2008 Ed. (1580, 1987, 2271, 2272, 2731, 2737, 2740, 2750, 3550)
2007 Ed. (1602, 2603, 2620)
2006 Ed. (1567, 2624, 2631, 3373)
2005 Ed. (2628, 2630, 2634, 2645, 2647)
2004 Ed. (1350)
2002 Ed. (247)
1994 Ed. (3362)
1993 Ed. (979)
1992 Ed. (1204)
1991 Ed. (969, 1858)
1990 Ed. (1041, 1947)
Bunge Alimentos
2006 Ed. (2542)
2003 Ed. (1743)
Bunge Argentina
2006 Ed. (2541)
Bunge Brasil
2006 Ed. (4599)
2005 Ed. (1840)
2004 Ed. (1772, 1774)
Bunge Corporation Ltd.
2000 Ed. (2477)
Bunge North America Inc.
2005 Ed. (1366)
Bunge y Born
1997 Ed. (2983)
Bunker Ramo
1990 Ed. (535, 1782)
Bunker Resources
1993 Ed. (1458)
Bunn-O-Matic
2002 Ed. (1092)
2000 Ed. (1130)
1999 Ed. (1216)
1998 Ed. (786)
1997 Ed. (1041)
1995 Ed. (1044)
1994 Ed. (1035)
1993 Ed. (1005)
1992 Ed. (1242)
1990 Ed. (1080)
Buns
2003 Ed. (367, 369)
2002 Ed. (425)
Buntin Advertising
1989 Ed. (158)
The Buntin Group
2003 Ed. (171)
Buntrock; Dean L.
1994 Ed. (1721)
1992 Ed. (1142, 1143, 2050, 2059)
1991 Ed. (1628)
1990 Ed. (973, 1720)
Bunty LLC
2008 Ed. (3732)
Bunzl
2007 Ed. (4369, 4370)
2006 Ed. (4302, 4303)
2005 Ed. (4361)
Bunzl Building Supply Inc.
1994 Ed. (798)
1993 Ed. (782)
Bunzl plc
2008 Ed. (4325)
2007 Ed. (1714, 1725)
Bunzl Textile Holdings Ltd.
1994 Ed. (998)
Buon-Vita Homes
2003 Ed. (1184)
2002 Ed. (2685)
BUPA
1992 Ed. (2160)
Burbank Airport Hilton
1990 Ed. (244)
Burbank Airport Hilton & Convention Center
1999 Ed. (2796)
Burberry
2008 Ed. (724)
2006 Ed. (4186)
Burberry Group
2007 Ed. (3822, 4643)
2006 Ed. (4644)
2005 Ed. (1031)
Burbridge; Chuck
1995 Ed. (2485)
Burdco Environmental Inc.
1991 Ed. (1090)
Burdco Group Inc.
1998 Ed. (943)
1996 Ed. (1145)
1995 Ed. (1170)
1993 Ed. (1136)
The Burdett State Bank
1996 Ed. (542)
Burdick; Walton E.
1994 Ed. (1712)
Burdines Inc.
2006 Ed. (4145)
2000 Ed. (1660, 2290)
1998 Ed. (1262, 1786)
1997 Ed. (1593, 2104)
1996 Ed. (1534, 1990)
1995 Ed. (1553, 1958)
1994 Ed. (2138)
1992 Ed. (1787)
1991 Ed. (1413)
1990 Ed. (1493)
Burdines Employees Credit Union
1996 Ed. (1508)
Bureau of Indian Affairs
1992 Ed. (26, 28)
Bureau of Land Management
2007 Ed. (2564)
Bureau of the Public Debt Online
2002 Ed. (4797)
Bureau Veritas
2008 Ed. (3808)
Burg; Peter
2005 Ed. (2470)
Burgan Bank
2008 Ed. (458)
2007 Ed. (494)
2006 Ed. (478)
2005 Ed. (557)
2004 Ed. (571)
2003 Ed. (557)
2002 Ed. (604)
2000 Ed. (447, 582)
1999 Ed. (457, 570)
1997 Ed. (400, 535)
1996 Ed. (435, 579, 580)
1995 Ed. (408, 524, 525)
1994 Ed. (415)
1993 Ed. (549)
1992 Ed. (588, 752)
1991 Ed. (433)
1990 Ed. (482)
1989 Ed. (459)
Burgdorff Realtors
1992 Ed. (4487)
Burger
2003 Ed. (4968, 4969)
2002 Ed. (4969, 4970)
2001 Ed. (4872, 4873)
Burger King
2008 Ed. (2657, 2658, 2661, 2665, 2668, 2675, 2676, 2681, 4152, 4153, 4185, 4192, 4193, 4194)
2007 Ed. (908, 2529, 2530, 2535, 2537, 2540, 4028, 4150, 4154)
2006 Ed. (1511, 2553, 2557, 2561, 2566, 2838, 3978, 3990, 4108, 4131, 4132, 4133, 4134)
2005 Ed. (2546, 2550, 2554, 2562, 2563, 2564, 3917, 4049, 4054, 4080, 4086, 4087, 4173, 4174, 4175)
2004 Ed. (755, 1719, 2575, 2581, 2582, 2583, 2589, 2842, 4051, 4117, 4129, 4142, 4143, 4144, 4145, 4682)
2003 Ed. (742, 2437, 2438, 2439, 2453, 2458, 4093, 4105, 4130, 4134, 4137, 4138, 4142, 4143, 4221, 4222, 4224, 4225)
2002 Ed. (2237, 2238, 2239, 2243, 2253, 4027, 4031, 4033, 4034)
2001 Ed. (2402, 2403, 2407, 2408, 2490, 4068, 4080, 4082, 4083)
2000 Ed. (32, 197, 800, 1911, 1912, 2246, 2272, 2413, 2414, 3764, 3778, 3799, 3800)
1999 Ed. (775, 777, 778, 1005, 2129, 2134, 2139, 2477, 2507, 2511, 2515, 2519, 2522, 2523, 2632, 2633, 4050, 4083, 4084, 4085, 4564)
1998 Ed. (24, 485, 488, 599, 600, 1551, 1762, 1764, 1765, 1897, 1898, 3050, 3073, 3074, 3077, 3492, 3495, 3496, 3497)
1997 Ed. (1832, 2052, 2058, 2078, 2080, 2081, 2082, 2083, 2172, 2173, 3310)
1996 Ed. (1965, 1969)
1995 Ed. (1781, 1911, 1914, 1939, 2074, 2075, 2076, 3114)
1994 Ed. (1748, 1884, 1885, 1909, 1910, 1913, 1914, 1917, 2022, 2023, 3069)
1993 Ed. (824, 1757, 1886, 1901, 2012, 3013, 3037)
1992 Ed. (34, 38, 96, 922, 2120, 2121, 2124, 2203, 2205, 2224, 2228, 2230, 2372, 2373, 2411, 3704, 3705, 3720, 3721, 3722, 3723, 4229)
1991 Ed. (1655, 1658, 1659, 1883, 1884, 2866, 2867)
1990 Ed. (1165, 1855, 3026)
1989 Ed. (1488)
Burger King Holdings Inc.
2008 Ed. (1535, 4154, 4172)
Burger King Restaurant
2002 Ed. (763)
2001 Ed. (1008)
2000 Ed. (792)
Burger King Restaurants
1989 Ed. (753)
Burger King Restaurants of Canada Inc.
2008 Ed. (4201)
2005 Ed. (4089)
2004 Ed. (4149)
2003 Ed. (4141)
2001 Ed. (4085)
Burgess Computer Decisions
2006 Ed. (4871)
Burgess Construction Consultants
2005 Ed. (4004)
Burgess; Robert K.
1997 Ed. (981)
1996 Ed. (965)
Burgh; Chris de
2008 Ed. (2587)
2007 Ed. (4917)
2005 Ed. (4884)
Burglar alarm monitoring
1998 Ed. (3205)
Burglar alarms
2001 Ed. (4205)
1996 Ed. (830, 3310)
1990 Ed. (845)
Burglary/theft
2002 Ed. (2833)
Burgos Construction Co.; Fred
1991 Ed. (1912)
Burgoyne Internet Services
2006 Ed. (3186)
Burk-Kleinpeter Inc.
2008 Ed. (2518)
Burke & Herbert Bank & Trust Co.
2008 Ed. (2701)
2006 Ed. (2593)
2005 Ed. (2590)
Burke Burns & Pinelli
2005 Ed. (3533)
Burke Commercial
1991 Ed. (2804)
Burke County Development Authority
2001 Ed. (797)
1997 Ed. (2839)
1996 Ed. (2730)
Burke County Development Authority, GA
1998 Ed. (2560)
The Burke Group
2004 Ed. (2357)
Burke; James
2005 Ed. (974)
1990 Ed. (971, 1724)
1989 Ed. (1383)
Burke; James E.
1991 Ed. (1630)
Burke Mills Inc.
2004 Ed. (4551)
1990 Ed. (3570)
Burke Whitman
2007 Ed. (1061)
2006 Ed. (964)
Burkina
2008 Ed. (2190)
Burkina Faso
1993 Ed. (2951)
1989 Ed. (2240)
Burkle; Ronald
2006 Ed. (4899)
Burklund Distributors
1997 Ed. (1201)
Burlingame Alfa
1992 Ed. (406)
1991 Ed. (301)
Burlingame; H. W.
1997 Ed. (3068)
Burlingame; Harold W.
1996 Ed. (2989)
1995 Ed. (1726)
Burlingame International
1995 Ed. (2129)
Burlington
2007 Ed. (4747)
2003 Ed. (4206)
2000 Ed. (2584, 2585)
1999 Ed. (2805)
1998 Ed. (2049)
1997 Ed. (2316, 2317, 3808)
1996 Ed. (2196, 2197)
1994 Ed. (150)
1992 Ed. (2445, 3727)
1989 Ed. (1020)
Burlington Air Express Inc.
1999 Ed. (2498)
1998 Ed. (1755)
1997 Ed. (2077)
Burlington Coat
1995 Ed. (1028)
1993 Ed. (988, 3039)
1992 Ed. (1212, 1216)
1991 Ed. (975, 979)
1990 Ed. (1050, 1053)
1989 Ed. (936)

Burlington Coat Factory
2000 Ed. (1119)
1999 Ed. (1197, 1198, 1199)
1998 Ed. (767, 768, 770, 771)
1997 Ed. (1030)
1996 Ed. (1007)
1994 Ed. (1016, 1018, 1019, 1537, 3094)
Burlington Coat Factory Warehouse Corp.
2007 Ed. (1119, 1120, 4494)
2006 Ed. (1032, 1034)
2005 Ed. (1014, 1015, 1023, 1025)
2004 Ed. (999, 1000, 1013, 1014, 1019, 1020, 2890)
2003 Ed. (1018, 1020, 1021, 4182)
2001 Ed. (1270)
Burlington Colorado Southern CU
2000 Ed. (1622)
Burlington Credit Union
2004 Ed. (1971)
2003 Ed. (1931)
2002 Ed. (1877)
Burlington Free Press
1990 Ed. (2709)
1989 Ed. (2063)
Burlington Holdings
1993 Ed. (3554)
1992 Ed. (4271, 4273)
1991 Ed. (2384)
1990 Ed. (3564, 3565)
1989 Ed. (1022)
Burlington House Upholstery Fabrics
2000 Ed. (4244)
1996 Ed. (3682)
1995 Ed. (1954, 3607)
Burlington Ind.
1990 Ed. (1270)
Burlington Industrial Equity
1995 Ed. (1468)
Burlington Industries Inc.
2005 Ed. (1466, 1533)
2003 Ed. (4727, 4730)
2002 Ed. (4615, 4616)
2001 Ed. (4506, 4507, 4508, 4509, 4510)
2000 Ed. (4240, 4241)
1999 Ed. (4589, 4590, 4591)
1998 Ed. (1555, 3518, 3519, 3520, 3521)
1997 Ed. (837, 3734, 3735)
1996 Ed. (2866, 2867, 3677, 3679)
1995 Ed. (3599, 3601)
1994 Ed. (3515, 3516)
1992 Ed. (1063, 4275)
1991 Ed. (863, 2309, 2585, 3348)
1989 Ed. (2816)
Burlington Industries Capital
1994 Ed. (1307, 3514)
1993 Ed. (1379, 3552)
Burlington Industries Equity
1996 Ed. (3678)
1995 Ed. (2792, 3597, 3598)
1994 Ed. (1433, 3512, 3513)
Burlington, KS
1993 Ed. (2625)
Burlington Motor Carriers
1998 Ed. (3634, 3635)
1996 Ed. (3758)
1995 Ed. (3675)
1994 Ed. (3596, 3601)
1993 Ed. (3636)
Burlington, NC
2008 Ed. (3468)
2007 Ed. (2369)
Burlington Northern Inc.
2005 Ed. (1537)
2004 Ed. (1521)
2003 Ed. (1491)
2002 Ed. (1470)
1996 Ed. (1200, 3155, 3156, 3157, 3158)
1995 Ed. (2044, 3054, 3055, 3056, 3057)
1994 Ed. (2990, 2991, 2992, 2993)
1993 Ed. (2956, 2957, 2958)
1992 Ed. (3608, 3609, 3611, 4072)
1991 Ed. (2798, 2799, 2800, 3415)
1990 Ed. (1290, 1883, 2944, 2945, 2946, 3249, 3638)
1989 Ed. (1500, 2281, 2282, 2283, 2867, 2868)
Burlington Northern & Santa Fe Railway Co.
2005 Ed. (3995, 3996)
2004 Ed. (4057)
2003 Ed. (4036)
2002 Ed. (4885)
2001 Ed. (3983, 3984)
Burlington Northern Foundation
1989 Ed. (1472, 1473)
Burlington Northern Railroad
1998 Ed. (2990)
1997 Ed. (3244, 3247)
1996 Ed. (3159)
Burlington Northern Santa Fe Corp.
2008 Ed. (2114, 4746, 4747, 4750, 4758)
2007 Ed. (218, 223, 2012, 4067, 4068, 4808, 4819, 4820, 4821, 4823, 4834)
2006 Ed. (2041, 2340, 4029, 4030, 4031, 4032, 4033, 4802, 4805, 4807, 4811, 4812, 4813)
2005 Ed. (1971, 3993, 3994, 3995, 3996, 3997, 3998, 4749, 4756, 4758, 4759)
2004 Ed. (4055, 4056, 4057, 4058, 4059, 4060, 4774, 4785, 4788)
2003 Ed. (4035, 4036, 4037, 4038, 4039, 4041, 4781, 4801)
2002 Ed. (1470, 3899, 3900)
2001 Ed. (3981, 3982, 3983, 3984, 3985, 4616)
2000 Ed. (3699, 3700, 4292)
1999 Ed. (3984, 3985, 3986, 3987, 4652)
1998 Ed. (1045, 1060, 2989, 2992, 2993, 2994, 3614)
1997 Ed. (13173, 3243, 3245, 3246)
Burlington Northern Santa Fe Logistics
2008 Ed. (4760)
Burlington Northern Santa Fe Railway
2008 Ed. (4760)
2004 Ed. (862, 4058)
2003 Ed. (4037)
Burlington, Ontario
2008 Ed. (3493)
Burlington Research
1996 Ed. (1234)
Burlington Resources Inc.
2008 Ed. (1402, 1405, 2807, 2808, 3902, 3903, 3904, 3908, 3909, 3910, 3937, 3938, 3940, 3941)
2007 Ed. (1443, 1541, 1549, 2676, 2677, 3842, 3843, 3844, 3849, 3851, 3856, 3857, 3872, 3894, 3895, 3897, 3898, 4517, 4589)
2006 Ed. (1513, 2442, 2686, 2687, 3825, 3826, 3827, 3830, 3832, 3833, 3834, 3839, 3840, 3841, 3864, 3865, 3867, 3868, 4580)
2005 Ed. (1608, 1625, 2400, 2711, 2712, 3734, 3735, 3743, 3744, 3745, 3746, 3750, 3751, 3752, 3757, 3758, 3773, 3774, 3775, 3797, 3798, 3800, 4455)
2004 Ed. (2320, 2721, 2722, 3826, 3827, 3835, 3836, 3838, 3841, 3846, 3847, 3869, 3870, 3872)
2003 Ed. (1509, 2277, 2281, 2604, 2605, 3813, 3817, 3833, 3859, 3861, 4733)
2002 Ed. (1573, 2389, 2391, 3366, 3664, 3668, 3674, 4351)
2001 Ed. (2578, 2579, 2582, 2584, 3320, 3532, 3744)
2000 Ed. (2308, 2309, 2316, 2317, 3136, 3137, 3527)
1999 Ed. (2568, 2575, 3412, 3413)
1998 Ed. (1434, 2507)
1997 Ed. (1260, 2115, 2793, 3100)
1996 Ed. (1211, 1646, 2648, 2821, 3005)
1995 Ed. (2581, 2582, 2754)
1994 Ed. (1468, 1629, 1945, 2524, 2525, 2651)
1993 Ed. (1414, 1922, 2575, 2576)
1992 Ed. (1533, 1947, 2262, 3082, 3212, 3230)
1991 Ed. (1549, 2466, 2573, 3086, 3097)
1990 Ed. (2584, 2843)
Burlington Rugs
2007 Ed. (4225)
2005 Ed. (4157)
Burlington Subaru
1996 Ed. (288)
Burlington Times News
1992 Ed. (3239, 3245)
1991 Ed. (2599, 2608)
1990 Ed. (2695, 2696, 2699)
1989 Ed. (2053)
Burlington, VT
2005 Ed. (3325)
2001 Ed. (2802)
1996 Ed. (303)
1995 Ed. (3108)
1994 Ed. (3062)
1992 Ed. (3690, 3691)
1991 Ed. (2862, 2863)
1990 Ed. (3046)
Burlington, VT-Plattsburgh, NY
2001 Ed. (3206)
Burma
2008 Ed. (3863, 4248)
2007 Ed. (3789, 4212, 4863)
2006 Ed. (3791, 4194, 4196, 4860)
2005 Ed. (3702, 4146, 4148, 4789)
2004 Ed. (3784, 4220, 4815)
2003 Ed. (3759, 4194)
2002 Ed. (4705)
2001 Ed. (4122, 4650)
2000 Ed. (2349, 2357, 2358, 2363)
1996 Ed. (170)
1995 Ed. (3, 2010, 2017, 2029)
1993 Ed. (1967, 1974, 1981, 1987)
1992 Ed. (3742)
1989 Ed. (2240)
Burma, Laos & Cambodia
1992 Ed. (2333)
1991 Ed. (1834, 1841, 1850)
Burma, Laos & Kampuchea
1990 Ed. (1911, 1918, 1925, 1935)
Burmah Castrol
1995 Ed. (1245)
Burmah Castrol plc
2001 Ed. (1189)
2000 Ed. (3139)
1993 Ed. (1389)
Burmah/Major
1992 Ed. (3445)
Burmah Oil PLC
1991 Ed. (1337)
1990 Ed. (1412)
Burn Construction Co.
2008 Ed. (1320)
Burn Rate
2000 Ed. (780)
Burnap Advertising; David K.
1994 Ed. (57)
Burndy
1992 Ed. (1925)
1989 Ed. (1286)
Burner; D. L.
2005 Ed. (2482)
Burner/range accessories
2005 Ed. (2755)
Burnet Realty
1995 Ed. (3059)
Burnett A/S; Leo
1996 Ed. (123)
Burnett Advertising; Leo
1997 Ed. (116)
1996 Ed. (113)
1995 Ed. (97)
Burnett; AMA Leo
1991 Ed. (96)
Burnett-Belgium; Leo
1993 Ed. (83)
Burnett Budapest; Leo
1997 Ed. (98)
Burnett Chile; Leo
1997 Ed. (71)
1996 Ed. (70)
1995 Ed. (57)
1994 Ed. (77)
1993 Ed. (87)
1992 Ed. (134)
1991 Ed. (86)
1990 Ed. (88)
1989 Ed. (93)
Burnett Colombia; Leo
1997 Ed. (73)
1996 Ed. (73)
1995 Ed. (59)
1993 Ed. (89)
1992 Ed. (136)
1991 Ed. (88)
1990 Ed. (90)
1989 Ed. (94)
Burnett Comunica; Leo
1997 Ed. (94)
1996 Ed. (93)
Burnett Connaghan & May; Leo
1997 Ed. (60)
1996 Ed. (62)
1993 Ed. (81)
The Burnett Cos. Consolidated Inc.
2007 Ed. (4448)
Burnett Costa Rica; Leo
1997 Ed. (74)
1996 Ed. (74)
Burnett Denmark; Leo
1994 Ed. (82)
1992 Ed. (140)
Burnett Foundation
2002 Ed. (2324)
Burnett Group; Leo
1990 Ed. (154)
1989 Ed. (165)
Burnett; H & C Leo
1991 Ed. (123)
Burnett Co.; Hemisphere-Leo
1994 Ed. (109)
1991 Ed. (143)
Burnett; Joseph
2005 Ed. (4871)
Leo Burnett Co.
2000 Ed. (108, 110)
1997 Ed. (37, 38, 39, 40, 42, 47, 48, 49, 53, 54, 59, 70, 72, 80, 93, 96, 101, 118, 127, 135, 141, 151)
1996 Ed. (40, 41, 42, 45, 50, 51, 52, 54, 57, 61, 69, 99)
1995 Ed. (25, 27, 30, 37, 38, 39, 40, 41, 44, 56, 66, 78, 98, 99, 117, 121)
1994 Ed. (50, 52, 55, 60, 61, 62, 66, 74, 76, 78, 79, 91, 100, 101, 102, 110, 112, 114, 121, 122)
1993 Ed. (59, 60, 61, 64, 71, 72, 76, 78, 85, 86, 94, 102, 103, 105, 117, 118, 119, 131, 135, 141, 142)
1992 Ed. (101, 102, 103, 104, 107, 113, 116, 133, 142, 175, 178, 179, 201, 213, 4228)
1991 Ed. (58, 59, 60, 61, 62, 65, 72, 73, 85, 93, 102, 103, 111, 112, 113, 125, 126, 145, 155, 3317)
1990 Ed. (115, 145)
1989 Ed. (120)
Burnett; Nordskar & Thorkildsen Leo
1994 Ed. (107)
1991 Ed. (137)
Burnett Panama; Leo
1997 Ed. (129)
1996 Ed. (125)
Burnett Prague; Leo
1996 Ed. (77)
1995 Ed. (63)
Burnett Pte.; Leo
1996 Ed. (135)
1992 Ed. (204)
Burnett Pty.; Leo
1994 Ed. (70)
Burnett Publicidade; Leo
1990 Ed. (83)
Burnett SA; Leo
1997 Ed. (117)
1996 Ed. (92, 114)
1992 Ed. (154)
1990 Ed. (127)
Burnett Sonyon; Leo
1995 Ed. (94)
Burnett Sp.; Leo
1996 Ed. (129)
Burnett Staffing Specialists
2008 Ed. (3734, 4430, 4984)
2007 Ed. (3603, 3604, 4448)
Burnett; Ted
2005 Ed. (4871)
Burnett Thailand; Leo
1997 Ed. (152)
1996 Ed. (146)
Burnett USA; Leo
1997 Ed. (56)

1994 Ed. (68)
1992 Ed. (180, 1136)
1991 Ed. (127)
1990 Ed. (13, 128)
1989 Ed. (135, 136)
Burnett Venezuela; Leo
1997 Ed. (157)
1996 Ed. (151)
1995 Ed. (137)
1994 Ed. (125)
1993 Ed. (145)
1992 Ed. (219)
1991 Ed. (160)
1990 Ed. (161)
1989 Ed. (172)
Burnett Volkswagen Inc.; Ray
1992 Ed. (403)
Burnett-Warsaw; Leo
1995 Ed. (115)
Burnett Worldwide Inc.; Leo
1997 Ed. (102, 103)
Burnette Volkswagen; Ray
1990 Ed. (323)
Burnetts
2005 Ed. (2732)
1993 Ed. (1942)
1989 Ed. (1511)
Burnett's Crown Select
1999 Ed. (2589)
Burnetts Vodka
2002 Ed. (290)
Burnett's White Satin
1999 Ed. (2586)
1998 Ed. (1829)
1997 Ed. (2139)
1996 Ed. (2017)
1995 Ed. (1996)
1994 Ed. (1970)
1992 Ed. (2285)
1991 Ed. (1810)
1990 Ed. (1896)
Burnetts White Satin Gin
2004 Ed. (2730)
2003 Ed. (2609)
2002 Ed. (290, 2399)
2001 Ed. (2595)
2000 Ed. (2329)
Burney & Foreman
1993 Ed. (2940)
Burnham
2002 Ed. (2377)
1998 Ed. (2544)
1995 Ed. (2368)
Burnham; D. P.
2005 Ed. (2482)
Burnham; Duane L.
1996 Ed. (962)
1994 Ed. (1721)
Burnham Financial Services
2004 Ed. (3568)
Burnham Fund A
1998 Ed. (2620)
Burnham Pacific Properties Inc.
2000 Ed. (4022)
Burnham Service Co.
1996 Ed. (3760)
1995 Ed. (2626, 3681)
1992 Ed. (3121)
Burnham Services
1999 Ed. (3459, 4676)
1997 Ed. (3810)
1994 Ed. (2571, 3603)
1993 Ed. (2610, 3643)
Burnham Sullivan Andelbrandt
1997 Ed. (2530, 2534)
Burnie
1992 Ed. (1399)
Burns
2000 Ed. (2446)
Burns & McDonnell Inc.
2008 Ed. (2546)
2007 Ed. (2443)
2006 Ed. (2477)
2005 Ed. (2437)
2004 Ed. (1265, 2327, 2336, 2340, 2344, 2368)
2003 Ed. (1262)
Burns & McDonnell Engineers
2002 Ed. (1274)
Burns & Roe Enterprises Inc.
2001 Ed. (2242)
2000 Ed. (1794)
1999 Ed. (2018, 2024)
1998 Ed. (1440, 1452)
1997 Ed. (1738, 1741)
1996 Ed. (1660, 1663, 1676)
1995 Ed. (1677, 1680, 1694)
1994 Ed. (1641)
1993 Ed. (1602, 1606)
1992 Ed. (1957, 1951)
1991 Ed. (1550, 1551, 1552)
1990 Ed. (1179)
Burns & Roe Group Inc.
2008 Ed. (2546, 2563)
2007 Ed. (2419, 2434, 2436)
2006 Ed. (2471)
2004 Ed. (2344, 2358, 2359, 2367, 2395)
2003 Ed. (2299)
2002 Ed. (2134)
Burns & Row Enterprises Inc.
2000 Ed. (1801)
Burns & Sons; DA
2008 Ed. (743)
Burns & Wilcox Ltd.
2008 Ed. (3227, 3228)
2006 Ed. (3077)
2005 Ed. (3076)
2004 Ed. (3065)
2002 Ed. (2855)
1998 Ed. (2144)
1997 Ed. (2429)
1996 Ed. (2294)
Burns/Bob Hope, Dionne Warwick, George
1991 Ed. (1042)
Burns; Charles Montgomery
2008 Ed. (640)
2007 Ed. (682)
Burns; Christy Turlington
2006 Ed. (2499)
Burns Cooley Dennis Inc.
2008 Ed. (2519)
Burns, Doane, Swecker & Mathis
2007 Ed. (3324)
2003 Ed. (3192)
Burns Foods
1996 Ed. (1942, 2592, 3067)
1994 Ed. (1877)
Burns Foundation; Fritz B.
1990 Ed. (1848)
Burns Fry Ltd.
1990 Ed. (822)
1989 Ed. (812)
Burns Fry Holdings
1997 Ed. (749)
1996 Ed. (807)
1990 Ed. (811)
Burns International Security Services Corp.
2004 Ed. (843)
2000 Ed. (3907)
1999 Ed. (4175)
1998 Ed. (3185)
1997 Ed. (3413)
1995 Ed. (3211)
1994 Ed. (3161)
1993 Ed. (3114)
1992 Ed. (3825)
1991 Ed. (2943)
Burns International Services Corp.
2004 Ed. (843)
2003 Ed. (802)
2001 Ed. (1067, 3599)
Burns; M. Anthony
1991 Ed. (1629)
1990 Ed. (1721, 1722)
1989 Ed. (1382)
Burns; Mary E.
1992 Ed. (3139)
Burns Meats
1997 Ed. (2739, 3146)
1992 Ed. (2998, 3513)
Burns Oldsmobile; Dan
1994 Ed. (279)
1993 Ed. (280)
1992 Ed. (394)
Burns Philip & Co.
2006 Ed. (1445)
Burns Philp & Co. Ltd.
1998 Ed. (1725)
Burns Philp Hardware
1996 Ed. (3242)
Burns; Robin
1993 Ed. (3730)
1992 Ed. (4496)
Burns; Timothy
1996 Ed. (1816)
1995 Ed. (1838)
1994 Ed. (1800, 1833)
Burnstead Construction Co.
2005 Ed. (1243)
2002 Ed. (1211)
The Burnsteads
2003 Ed. (1212)
Burntsand
2007 Ed. (2816)
2002 Ed. (2484)
Burpee
2006 Ed. (799)
2000 Ed. (2913)
1999 Ed. (3167)
Burr-Brown Corp.
2005 Ed. (1510)
1992 Ed. (1908, 1909, 3676)
1991 Ed. (256, 3081)
1990 Ed. (3229)
1989 Ed. (272)
Burr, Egan, Deleage & Co.
1998 Ed. (3665)
1991 Ed. (3442)
Burr Pilger & Mayer
2008 Ed. (12)
2007 Ed. (14)
2006 Ed. (18)
Burrel Communications Group, Inc.
2000 Ed. (68)
Burrell Advertising
1990 Ed. (71)
Burrell Communications Group
2008 Ed. (111)
2007 Ed. (101)
2006 Ed. (112)
2005 Ed. (103)
2004 Ed. (107)
2003 Ed. (31)
2002 Ed. (69)
2001 Ed. (213)
1999 Ed. (64)
1998 Ed. (470)
1997 Ed. (677)
1991 Ed. (62)
Burrell Communications Group LLC
2008 Ed. (176)
2007 Ed. (193)
2006 Ed. (187)
2005 Ed. (174)
2004 Ed. (171)
2003 Ed. (215)
2002 Ed. (711)
Burrell; Gary
2008 Ed. (4828)
Burren Energy
2007 Ed. (3882)
2006 Ed. (3856)
Burris Refrigerated Logistics
2008 Ed. (4815)
2007 Ed. (4880)
2006 Ed. (4888)
Burroughs Corp.
2003 Ed. (1477)
2002 Ed. (1456)
1991 Ed. (1717)
1990 Ed. (1782)
1989 Ed. (1117)
Burroughs English
1989 Ed. (2897)
Burroughs Wellcome Co.
1996 Ed. (1577)
1995 Ed. (1589)
1994 Ed. (1559)
1992 Ed. (3001)
1991 Ed. (1409)
1990 Ed. (1565)
Burroughs Wellcome Fund
2002 Ed. (2326)
Burrows
2002 Ed. (1954)
Burry; Roy
1997 Ed. (1902)
1996 Ed. (1780, 1829)
1995 Ed. (1806)
1994 Ed. (1764, 1813)
1993 Ed. (1781)
1991 Ed. (1675)
1989 Ed. (1417)
Burson-Marstellar
1999 Ed. (3908, 3909, 3910, 3913, 3929, 3932, 3948, 3951, 3953, 3956)
Burson-Marsteller
2004 Ed. (3977, 3978, 3980, 3984, 3987, 3991, 3992, 3993, 4004, 4007, 4008, 4013, 4014, 4020, 4024, 4025, 4026, 4031, 4037)
2003 Ed. (3994, 3999, 4001, 4002, 4005, 4010, 4013, 4014, 4016, 4021)
2002 Ed. (3806, 3807, 3813, 3817, 3818, 3819, 3824, 3825, 3829, 3831, 3832, 3837, 3843, 3844, 3845, 3850, 3855)
2001 Ed. (3924, 3925, 3926, 3927, 3928, 3929, 3930, 3931, 3932, 3934, 3937, 3938, 3939, 3940, 3942)
2000 Ed. (3625, 3626, 3637, 3642, 3646, 3648, 3649, 3650, 3655, 3656, 3658, 3662, 3665, 3670)
1998 Ed. (104, 444, 1474, 1545, 1712, 1902, 1926, 2313, 2934, 2935, 2936, 2940, 2943, 2945, 2949, 2954, 2957, 2959, 2961, 3618)
1997 Ed. (3181, 3183, 3184, 3190, 3191, 3194, 3195, 3196, 3198, 3199, 3201, 3205, 3207, 3208, 3211, 3212)
1996 Ed. (3107, 3111, 3112, 3115, 3117, 3118, 3119, 3121, 3122, 3123, 3124, 3125, 3126, 3129, 3131, 3134, 3135)
1995 Ed. (3002, 3003, 3008, 3011, 3014, 3015, 3016, 3017, 3019, 3020, 3022, 3024, 3025, 3027, 3028, 3031, 3032)
1994 Ed. (2945, 2947, 2952, 2953, 2956, 2957, 2959, 2960, 2961, 2962, 2964, 2966, 2967, 2968, 2971, 2972)
1993 Ed. (2928, 2930, 2931, 2932, 2933)
1992 Ed. (3556, 3558, 3559, 3560, 3565, 3569, 3570, 3573, 3574, 3577, 3578, 3579, 3581)
1991 Ed. (2775)
1990 Ed. (2911, 2912, 2913, 2914, 2915, 2916, 2917, 2919, 2920, 2921, 2922)
1989 Ed. (2259)
Burson-Marsteller Europe
1995 Ed. (719)
Burson-Marsteller Ketchum
2001 Ed. (3939)
Burson-Marsteller-Miami
1998 Ed. (2948)
Burson-Marsteller Norway
1997 Ed. (127)
BURST! Media, LLC
2003 Ed. (2742)
2002 Ed. (2520)
Burt & Associates
2008 Ed. (2704)
Burt Automotive Network
2008 Ed. (2653, 2956, 2960, 3698, 3700, 4052, 4054)
2007 Ed. (300, 2525, 2837, 2840, 3526, 3539, 3540, 3541, 4025, 4027)
2006 Ed. (2549, 2832, 2836, 2839, 3492, 3502, 3503, 3504, 3986, 3989, 4343)
2005 Ed. (2838, 3494, 3495, 3912, 3915)
2004 Ed. (3494, 3495, 3968, 3971)
2003 Ed. (2749, 3425, 3426, 3961, 3964)
2002 Ed. (1073, 1074, 2544, 2562, 3373, 3374)
2001 Ed. (441, 442, 1255, 2704, 2708)
2000 Ed. (330, 1102, 2466, 3146)
1999 Ed. (318, 1186, 2682)
1998 Ed. (204, 751, 1934, 2513)
1997 Ed. (289, 2216)
Burt Chevrolet Inc.
1994 Ed. (265)

Burt Enterprises
1996 Ed. (260, 2110)
Burt Hill
2008 Ed. (2539, 3336, 3341)
2007 Ed. (2411, 3199)
Burt Hill Kosar Rittelmann
1991 Ed. (251)
Burt Hill Kosar Rittelmann Associates
1996 Ed. (1130)
Burt on Broadway
1995 Ed. (1001)
1993 Ed. (2037)
Burt on Broadway/Arapahoe
1996 Ed. (988)
1995 Ed. (255, 2101)
Burt on Broadway Automotive Group
1995 Ed. (2106, 2110)
1994 Ed. (2050, 2053)
Burt Subaru
1996 Ed. (288)
1995 Ed. (285)
1994 Ed. (284)
1993 Ed. (286)
1992 Ed. (401)
1991 Ed. (296)
1990 Ed. (320)
Burton Group
1994 Ed. (1379)
Burton Group PLC
1991 Ed. (986)
Burton Malow Co.
2002 Ed. (1253)
Burton; Mark
1993 Ed. (2639)
Burton Snowboards
2008 Ed. (2277)
Burton Strauss Jr.
1994 Ed. (1814)
1993 Ed. (1822)
Burt's Bees
2008 Ed. (3596)
2003 Ed. (2917, 2918)
Burundi
2000 Ed. (4237)
1991 Ed. (2826)
Bus/Analog
2001 Ed. (4220)
Bus, limousine, and taxi companies
1994 Ed. (2243)
Busan
1992 Ed. (1391, 1395)
Busan, South Korea
2008 Ed. (1221)
2003 Ed. (3915)
2002 Ed. (3731)
Buscando El Paraiso
1996 Ed. (3663)
Busch
2008 Ed. (534, 535, 536, 539, 542)
2007 Ed. (590, 591, 597)
2006 Ed. (550, 551, 554)
2005 Ed. (648, 649, 650, 651)
2004 Ed. (664, 665, 667)
2003 Ed. (656, 657, 660, 661)
2002 Ed. (674, 675, 676)
2001 Ed. (673, 676, 677, 678)
2000 Ed. (819)
1999 Ed. (807, 807, 813, 815, 815, 1920, 4511)
1998 Ed. (496, 504, 3446)
1997 Ed. (720)
1996 Ed. (782)
1995 Ed. (702, 703, 706, 707)
1994 Ed. (752)
1993 Ed. (746, 747)
1992 Ed. (935, 936, 4231)
1990 Ed. (749, 758, 763, 764, 3544)
1989 Ed. (768, 771, 772, 774, 775, 776)
Busch Creative Services Corp.
1989 Ed. (2352)
Busch Entertainment Corp.
2008 Ed. (253, 1944)
1997 Ed. (2054)
1995 Ed. (1916)
1994 Ed. (1887)
Busch Family
2002 Ed. (3363)
Busch Gardens
2001 Ed. (381)
2000 Ed. (296, 300, 2205)
1999 Ed. (272)
1997 Ed. (245, 248)
1992 Ed. (331, 332, 333)
1991 Ed. (3156)
1990 Ed. (265, 266)
Busch Gardens Tampa
1998 Ed. (167)
1997 Ed. (251)
1996 Ed. (219)
Busch Gardens Tampa Bay
2002 Ed. (312)
Busch Gardens The Dark Continent
1991 Ed. (239)
1990 Ed. (264, 3325)
Busch Ice
1998 Ed. (2066)
Busch III; August A.
1991 Ed. (1619)
Busch Jr.; August
1989 Ed. (2751)
Busch Jr. family; August
1989 Ed. (2905)
Busch Light
2008 Ed. (536, 539)
2007 Ed. (591)
2006 Ed. (551, 554)
2005 Ed. (649, 650, 651)
2004 Ed. (664, 665, 667)
2003 Ed. (656, 657, 660, 661, 664)
2002 Ed. (674, 675, 676)
2001 Ed. (673, 676, 677, 678)
2000 Ed. (813, 819)
1999 Ed. (4511)
1998 Ed. (500, 504, 3446)
1992 Ed. (932)
1991 Ed. (3321)
Busch Light Draft
2008 Ed. (535, 542, 546)
2007 Ed. (590, 597, 602)
2006 Ed. (550)
2005 Ed. (648)
1998 Ed. (496)
1997 Ed. (715, 3665)
1996 Ed. (781)
1995 Ed. (701)
Busch NA
2001 Ed. (684)
Busch Non-Alcohol
2006 Ed. (559)
2005 Ed. (656)
2004 Ed. (669)
2002 Ed. (685)
Buses
1992 Ed. (90)
Buses/billboards
1997 Ed. (2256)
Bush
2000 Ed. (2215)
1999 Ed. (2457)
1995 Ed. (1952, 1959)
1992 Ed. (2246)
Bush at War
2004 Ed. (740)
Bush Boake Allen
1999 Ed. (2444)
1998 Ed. (1698)
1997 Ed. (2013)
Bush Bros. Inc.
2003 Ed. (862, 863)
Bush Brothers & Co.
2003 Ed. (2524)
Bush; Fredy
2006 Ed. (4977)
Bush Furniture
2000 Ed. (2287, 2292)
1999 Ed. (2548, 2549)
1998 Ed. (1787)
Bush; George
1990 Ed. (2504)
Bush; George W.
2006 Ed. (1201)
2005 Ed. (4879)
Bush Industries
1995 Ed. (203, 206)
Bush; Laura
2006 Ed. (4986)
Busheva; Irina
2006 Ed. (4984)
Bushman Press
1991 Ed. (950, 3146)
Bushmills
2004 Ed. (4891)
2003 Ed. (4901)
2002 Ed. (286, 3105)
2001 Ed. (4787)
1998 Ed. (2375)
1997 Ed. (2645)
1990 Ed. (2464)
Bushmills Single Malts
2003 Ed. (4901)
Business
2008 Ed. (2454)
2007 Ed. (157, 166, 2329, 3736)
2005 Ed. (3633, 3634)
2001 Ed. (3585)
2000 Ed. (4325)
1998 Ed. (561)
1990 Ed. (167)
Business Acquisitions Ltd.
2002 Ed. (4985)
Business administration
2007 Ed. (786)
2003 Ed. (2271)
Business Advisers International
2008 Ed. (757)
Business aids and services
1995 Ed. (1935)
Business and computer services
1990 Ed. (2184)
Business and construction services
1995 Ed. (151)
Business and consumer service industry
1998 Ed. (89)
Business & Consumer Services
2000 Ed. (201, 210)
1999 Ed. (3767)
1998 Ed. (586, 598, 2800)
1997 Ed. (3051, 3233)
1996 Ed. (2973)
1995 Ed. (147, 2888, 2891)
1994 Ed. (2802)
1993 Ed. (2806, 2808)
1992 Ed. (238, 3394)
1989 Ed. (192)
Business & conventions
1998 Ed. (3619)
Business & Decision
2006 Ed. (1727)
Business & Finance
2000 Ed. (200, 3471)
Business and Financial Series
1992 Ed. (2418)
Business & industrial
2002 Ed. (56)
Business & Professional Women/USA
1998 Ed. (193)
Business & repair services
1999 Ed. (2865, 2933)
Business associations
2006 Ed. (3294)
Business Bank Corp.
2002 Ed. (3548)
2001 Ed. (1534)
1991 Ed. (544)
Business Cards Tomorrow
2008 Ed. (4023)
Business/Consumer service
1991 Ed. (174)
Business content
2007 Ed. (2311)
Business/Corporate
1990 Ed. (2615, 2616)
Business Data Agency
2003 Ed. (55)
Business Day
2002 Ed. (914)
Business Design Group
1995 Ed. (2229)
1991 Ed. (2014)
Business Development Bank Canada
2007 Ed. (2704)
2006 Ed. (2709)
2005 Ed. (2748)
2004 Ed. (2753)
Business Development Bank of Canada
2008 Ed. (1613, 2833, 4782)
2007 Ed. (4859)
2001 Ed. (1661)
1999 Ed. (487)
Business Development Council NV
2004 Ed. (4799)
Business/Economy
2000 Ed. (4218)
Business electronics
1998 Ed. (1953)
Business equipment
1992 Ed. (95)
Business Equipment & Services
2000 Ed. (196)
1999 Ed. (176)
1997 Ed. (164)
Business equipment maintenance services
1999 Ed. (3666)
Business Express
1990 Ed. (238)
Business Finance Center
1998 Ed. (3317)
Business, government, and consumer services
1990 Ed. (178)
Business Insurance
2008 Ed. (4715)
Business Insurance Group
1999 Ed. (4822)
Business Interiors
2005 Ed. (1977)
Business law
1997 Ed. (2613)
Business Law Today
2008 Ed. (4716)
Business leagues
1997 Ed. (3684)
Business Loan Center
1996 Ed. (3460)
Business Loan Express LLC
2005 Ed. (4386)
Business management consultants
2002 Ed. (4884)
Business Men's Assurance Co.
2005 Ed. (3109, 3111)
2004 Ed. (3108)
1999 Ed. (2925)
1995 Ed. (2277)
Business Men's Insurance Corp.
1998 Ed. (1695)
1997 Ed. (2011)
1996 Ed. (1921)
1995 Ed. (1877)
1991 Ed. (1909, 1910)
1990 Ed. (2010, 2011, 2012)
Business Month
1990 Ed. (2799)
Business Network Consulting
2006 Ed. (3988)
Business news media industry
1997 Ed. (3527)
Business Objects Inc.
2008 Ed. (1127, 1153)
2007 Ed. (1238, 2803)
2006 Ed. (692, 1135, 1429, 2811)
2005 Ed. (793, 1549, 2343, 3028)
1996 Ed. (3307, 3780)
Business Objects SA
2003 Ed. (1111)
2002 Ed. (4509)
Business operations
2005 Ed. (3662)
Business papers
1995 Ed. (143)
Business Partners LLC
2006 Ed. (2179)
Business, Personal, Residential Phone Services
2000 Ed. (4210)
Business Plus
2005 Ed. (2159)
Business Post Group
2007 Ed. (4838)
Business process reinvention
2001 Ed. (2167)
Business Products Express
2005 Ed. (820)
Business, professional, and social services
1991 Ed. (1138, 1173, 1174, 1187)
Business/professional management services
1998 Ed. (607)
Business/professional services
1995 Ed. (3789)
Business publications
2006 Ed. (762)
2005 Ed. (835)
2004 Ed. (861)
2003 Ed. (817)
2002 Ed. (918)

2001 Ed. (1078)
Business Resource Group
1997 Ed. (3410)
Business Resources Inc.
1995 Ed. (3795)
1994 Ed. (3670)
1993 Ed. (3735)
Business Response Inc.
1998 Ed. (3482)
1997 Ed. (3701)
Business Roundtable
2006 Ed. (3291)
Business services
2008 Ed. (1407, 1408, 1416, 1420, 1423, 1426, 1432)
2006 Ed. (1425, 1426, 1436, 1437, 1440, 1444, 1447, 1454, 3258)
2005 Ed. (1470, 1471, 1480, 1481, 1485, 1543, 1561, 1572)
2004 Ed. (1455, 1456, 1464, 1469, 1527, 1546, 1558)
2003 Ed. (1425, 1426, 1435, 1436, 1439, 1497, 1516, 1520, 2911, 2912, 4445, 4446, 4447)
2002 Ed. (1398, 1399, 1407, 1413, 1414, 1420, 1481, 1489, 1491)
2001 Ed. (1637, 1639, 1681, 1699, 1708, 1754, 1757, 1758, 1781, 1804, 1838, 1855, 1859, 1883, 2021)
2000 Ed. (1670)
1999 Ed. (2010, 2864, 4554)
1997 Ed. (1613, 1723, 2630)
1996 Ed. (2488)
1995 Ed. (2445, 3791)
1994 Ed. (2066, 2191, 3235)
1993 Ed. (1864, 2130, 2152)
1992 Ed. (2229)
Business services & supplies
2007 Ed. (4284)
1998 Ed. (2096)
1993 Ed. (2168)
1992 Ed. (2623)
Business services and supplies companies
1991 Ed. (2054)
Business Software Alliance
2000 Ed. (1163, 2990)
Business Stationery Inc.
2008 Ed. (4024)
Business supplies
2002 Ed. (2212)
Business Telecommunications Services Inc.
2007 Ed. (2833)
Business Times Shipping
2001 Ed. (76)
1992 Ed. (76)
Business-to-Business, data communication
2002 Ed. (2988)
Business-to-Business, technology
2002 Ed. (2988)
Business travel
2002 Ed. (917)
2001 Ed. (1077)
2000 Ed. (200, 938)
Business Travel Advisors Inc.
2000 Ed. (3805)
Business Travel News
2008 Ed. (4713)
2007 Ed. (4797)
Business 2.0
2008 Ed. (759)
2007 Ed. (844)
2006 Ed. (156, 751)
2003 Ed. (810)
Business Week
2004 Ed. (147, 148, 849, 851, 3336)
2002 Ed. (221, 914)
2001 Ed. (257, 260, 3194, 3710)
2000 Ed. (203, 915, 3461, 3465, 3476, 3491, 3493)
1999 Ed. (3753, 3764, 3766, 3769, 3770)
1998 Ed. (70, 2784, 2787, 2797, 2798)
1997 Ed. (3041, 3045, 3049)
1996 Ed. (2964, 2965, 2971)
1995 Ed. (2886, 2890, 2892)
1994 Ed. (2797, 2798, 2801, 2803, 2804, 2805)
1993 Ed. (2797, 2802, 2804, 2807)
1992 Ed. (3370, 3379, 3388, 3391, 3392, 3393)
1991 Ed. (2701, 2707, 2710)
1990 Ed. (2801)
1989 Ed. (178, 181, 183, 185, 2172, 2173, 2176, 2178)
Business.com
2008 Ed. (812, 3620)
2007 Ed. (846)
BusinessDay
2003 Ed. (808)
BusinessGenetics
2006 Ed. (3988)
2005 Ed. (3914)
Businessland Inc.
1992 Ed. (1336)
1990 Ed. (928, 1307, 3479)
1989 Ed. (984)
Businessland, Inc. (San Jose, CA)
1991 Ed. (1037)
BusinessWeek
2008 Ed. (151, 759, 810)
2007 Ed. (143, 148, 168, 170, 844)
2006 Ed. (151, 156, 159, 751, 757)
2005 Ed. (136, 145, 146, 825, 3361)
2003 Ed. (191, 809)
Businessworld
2002 Ed. (3634)
BuSpar
2001 Ed. (2109)
1996 Ed. (1579)
Bussmann International Inc.
2004 Ed. (2185)
Bust Buy Co.
1990 Ed. (1328)
Buster Brown
1996 Ed. (1001)
1993 Ed. (983)
1992 Ed. (1208)
Buster Brown Apparel
1997 Ed. (1019)
Bustin & Co.
1999 Ed. (3930)
1998 Ed. (2946)
1997 Ed. (3192)
Busujima; Kunio
2008 Ed. (4846)
Butcher & Singer
1993 Ed. (768)
1992 Ed. (962)
1990 Ed. (2293)
1989 Ed. (820)
Butcher & Singer/Keystone Venture II L.P.
1990 Ed. (3669)
Butcher & Singer/Wheat, First Securities Inc.
1994 Ed. (784)
Butcher; Willard C.
1990 Ed. (458, 459)
1989 Ed. (417)
Butcher's
2008 Ed. (719)
2002 Ed. (3658)
1999 Ed. (3791)
Butler
2001 Ed. (4572)
1999 Ed. (4616)
1995 Ed. (3628)
Butler Amusements
2005 Ed. (2523)
2000 Ed. (987)
Butler & Binion
1993 Ed. (2398)
1992 Ed. (2837)
1991 Ed. (2287)
1990 Ed. (2420)
Butler Bank
1998 Ed. (365)
Butler Builders
2003 Ed. (1185)
Butler Capital Corp.
1990 Ed. (2350)
Butler Construction Inc. (BUCON)
2002 Ed. (1244)
Butler Gum
2002 Ed. (4637)
Butler Health System
2006 Ed. (3724)
Butler-Henderson; Alan
1997 Ed. (1959)
1996 Ed. (1853)
Butler J Construction
2004 Ed. (1190)
Butler; J. D.
2008 Ed. (3120)
Butler; John D.
2008 Ed. (2635)
2007 Ed. (2504)
2005 Ed. (2511)
Butler Manufacturing Co.
2005 Ed. (772, 773)
2004 Ed. (786, 787)
2002 Ed. (3320)
1999 Ed. (1315)
1998 Ed. (884)
1997 Ed. (1129)
1996 Ed. (1108)
1994 Ed. (1110)
1993 Ed. (1087)
1992 Ed. (1359)
Butler Memorial Hospital
2008 Ed. (2033)
Butler National Corp.
2006 Ed. (1831)
Butler, Peter
1993 Ed. (1786)
1992 Ed. (2135)
1991 Ed. (1700)
Butler Rogers Baskett Architects
2006 Ed. (3161)
Butler; Samuel
1991 Ed. (2297)
Butler Snow
2001 Ed. (853)
Butler/Till Media Services Inc.
2008 Ed. (1981, 1984, 4324)
Butler Transport
2005 Ed. (2690)
Butler University
2008 Ed. (1085)
2001 Ed. (1324)
2000 Ed. (1138)
1999 Ed. (1229)
1998 Ed. (800)
1996 Ed. (1039)
1995 Ed. (932, 1054, 1068)
1994 Ed. (1046)
1993 Ed. (1019)
Butler Univesity
1997 Ed. (1055)
Butler's
2003 Ed. (4766)
Butson's Enterprises Inc.
2001 Ed. (1811, 4418)
Butt; Charles C.
2008 Ed. (4827)
2007 Ed. (4898)
2006 Ed. (4903)
2005 Ed. (4848)
Butt; H. E.
1997 Ed. (3674, 3675, 3678)
1996 Ed. (3622)
1993 Ed. (1492)
1991 Ed. (1422, 3259, 3260)
Butt; H.E.
1990 Ed. (1507)
Butt; Wahid
1996 Ed. (1908)
Butte; Amy
2006 Ed. (4973)
Butte-Bozeman, MT
2003 Ed. (831)
2001 Ed. (2822)
Butte County, ID
1997 Ed. (1681)
Butte Credit Union
2006 Ed. (2172)
Butte FCU
2000 Ed. (1622)
Butter
2005 Ed. (3479)
2003 Ed. (822, 1962, 3937, 3938)
2002 Ed. (3036, 3489)
2001 Ed. (1974, 3311)
1999 Ed. (4508)
1998 Ed. (1237, 1238)
1995 Ed. (2997)
1994 Ed. (1510)
1992 Ed. (2355)
1991 Ed. (1867)
1990 Ed. (2878, 2879)
Butter Construction & Development
1998 Ed. (3004)
Butter/margarine
2001 Ed. (2078)
Butter Pecan
1990 Ed. (2144)
Butter, sprayed
1999 Ed. (1422)
Butterball
2008 Ed. (3606, 3608)
2005 Ed. (3412)
2004 Ed. (3399)
2003 Ed. (3326)
2002 Ed. (3270, 3272)
2000 Ed. (3853)
Butterball LLC
2008 Ed. (3616, 3618)
Butterfield & Son; Bank of N. T.
2006 Ed. (4486)
1994 Ed. (436)
Butterfield & Son, Ltd.; Bank of N.T.
1992 Ed. (619)
Butterfield Savings & Loan Association, FS&LA
1990 Ed. (3585)
Butterfinger
2005 Ed. (996)
2002 Ed. (1048, 1049)
2001 Ed. (1113)
2000 Ed. (1055, 1056, 1058)
1999 Ed. (1016, 1025, 1130, 1131)
1998 Ed. (617, 618, 619, 620, 630, 631)
1997 Ed. (890, 891, 895, 983, 1199, 2348)
1995 Ed. (889, 890, 894, 895)
1994 Ed. (846, 848, 850)
1993 Ed. (832, 833)
1992 Ed. (1042)
1991 Ed. (847)
1990 Ed. (892, 895)
Butterfinger Bar
2000 Ed. (1054)
Buttermilk
2002 Ed. (3342)
Butternut
1996 Ed. (779)
Butters Construction & Development
2002 Ed. (3922)
Butterscotch Schnapps
2002 Ed. (3087)
2001 Ed. (3101)
Butterworth-Heinemann
2007 Ed. (3067)
2005 Ed. (3028)
Buttes Gas & Oil Co.
1994 Ed. (2714)
Buttle Wilson
1997 Ed. (788, 789, 790, 791, 792)
Buttle Wilson-Warburg
1995 Ed. (806, 807, 808, 809, 810)
Button Gwinnett Fin Corp.
2000 Ed. (552)
Button; Jenson
2005 Ed. (4895)
Buttons
2000 Ed. (3842)
Buttons/badges/magnets
1996 Ed. (2221)
Buttons/badges/ribbons/stickers/magnets
1999 Ed. (4132)
1998 Ed. (3117)
Buttrey Food & Drug Division
1992 Ed. (2961)
Buttrey Food & Drug Stores Co.
2001 Ed. (1801)
Buttrick; Samuel
1997 Ed. (1856)
1996 Ed. (1781)
1995 Ed. (1802)
1994 Ed. (1765)
Butts Suzuki; Henry
1990 Ed. (321)
Butyl Polyisoprene
1994 Ed. (3116)
Butzel Long
2008 Ed. (3423)
2007 Ed. (3315)
2004 Ed. (3234)
2001 Ed. (1683, 3056)
2000 Ed. (2895)
1999 Ed. (3149)

1998 Ed. (2328)
1996 Ed. (2453)
1995 Ed. (2417)
1994 Ed. (2353)
1993 Ed. (2397)
1992 Ed. (2834)
Butzel Long Gust Klein & Van Zile
1991 Ed. (2285)
1989 Ed. (1879)
Butzel Long PC
2005 Ed. (3264)
BuyandHold
2002 Ed. (4868)
BuyChoice.com
2004 Ed. (3970)
2003 Ed. (3963)
Buyco Inc.
2008 Ed. (1780)
2007 Ed. (1752)
2006 Ed. (1743)
2005 Ed. (1783)
2004 Ed. (1725)
2003 Ed. (1688)
Buy.com
2008 Ed. (2447)
2006 Ed. (2377)
2002 Ed. (2990, 2995, 4749)
2001 Ed. (1247, 1866, 2978, 2981, 2984, 2992, 4780)
Buycostumes.com
2007 Ed. (4167)
BuyCycles
1995 Ed. (2999)
Buyer
2008 Ed. (3819)
Buyers Club
1991 Ed. (3469, 3470)
1990 Ed. (3679, 3680)
Buyer's guides
2000 Ed. (3478)
Buyers Market of American Craft
2006 Ed. (4784)
2005 Ed. (4731)
BuyMedia
2003 Ed. (2175)
2001 Ed. (4760)
Buyout/merger
1993 Ed. (1597)
BUYPASS Corp.
1999 Ed. (1791)
1998 Ed. (1204, 1206)
1996 Ed. (1492, 1625, 3053)
1995 Ed. (1530, 1649)
1994 Ed. (1497)
BuyPower
1999 Ed. (2637)
Buyproduce.com
2001 Ed. (4755)
Buz Post Isuzu
1996 Ed. (274)
Buz Post Pontiac-GMC-Isuzu
1995 Ed. (268, 272)
1994 Ed. (257, 271)
1993 Ed. (272)
1992 Ed. (386)
Buzz Oates Enterprises
2001 Ed. (4016)
Buzzsaw.com
2001 Ed. (4752)
Buzzuto's
2000 Ed. (2384)
B.V. McCann-Erickson
1999 Ed. (147)
1997 Ed. (136)
B.V. McCann-Erickson Advertising
2000 Ed. (164)
BV Verhoeff RHM
1992 Ed. (4433)
BVA Advanced Eye Care
2008 Ed. (2008)
BVD
2000 Ed. (1114)
1999 Ed. (1193)
1998 Ed. (763, 764)
1997 Ed. (1023)
1996 Ed. (1004, 1005)
1995 Ed. (1023)
1994 Ed. (1012, 1027)
1993 Ed. (985, 995)
1992 Ed. (1209)
BW Resource Corp.
2002 Ed. (3703)
BW Technologies Ltd.
2006 Ed. (1539)
2005 Ed. (125, 1688, 1692, 1693, 1694, 1695, 1696)
BWAY Corp.
2005 Ed. (3936)
2004 Ed. (4535)
B.W.B.C. Holding Ltd.
1993 Ed. (969)
BWC Financial Corp.
2003 Ed. (522, 523, 524)
BWD Balanced Portfolio
2000 Ed. (3297)
BWI Airport Marriott
2005 Ed. (2930)
BWIA
2008 Ed. (216)
BWIA International Airways
2001 Ed. (317)
BWOC Inc.
2003 Ed. (1840, 1841)
BWS
2008 Ed. (740)
2007 Ed. (764)
BWT AG
2008 Ed. (1574, 2429, 2504, 2814, 3679)
2007 Ed. (1596)
BWXT Y-12 LLC
2006 Ed. (2037)
2005 Ed. (1968)
2004 Ed. (1865)
2003 Ed. (1832)
BWXTY12 LLC
2003 Ed. (1832)
BXL Energy Ltd.
2003 Ed. (1637)
BY Holdings
1997 Ed. (3930)
By Light Professional IT Services
2008 Ed. (3689)
Byberry East Industrial Park
1996 Ed. (2251)
1995 Ed. (2242)
Byblos Bank
2008 Ed. (57, 469)
2007 Ed. (512)
2006 Ed. (64, 491)
2005 Ed. (57, 570)
2004 Ed. (62, 581)
2003 Ed. (573)
2002 Ed. (608)
2000 Ed. (448, 593)
Byblos Bank SAI
1995 Ed. (527)
Byblos Bank SAL
2001 Ed. (55)
2000 Ed. (592)
1999 Ed. (575)
1997 Ed. (539)
1996 Ed. (583)
1994 Ed. (553)
1993 Ed. (551)
1992 Ed. (757)
1991 Ed. (588)
Bye-Bye Butterfree
2001 Ed. (983)
Bye; Mark L.
2007 Ed. (2500)
ByeByeNow.com Travel Inc.
2002 Ed. (2357, 4676)
Byelorussian Joint Stock Commercial Agro-Industrial Bank
1997 Ed. (416)
Byelorussian Joint Stock Commercial Bank for Reconstruction & Development
1997 Ed. (416)
Byens Chem-Dry A/S
2006 Ed. (795)
Byggingavoniverslun Kopavogs HF
2001 Ed. (3180)
Bygrave; Bill
2006 Ed. (703)
2005 Ed. (796)
Bynjolfsson; Erik
2005 Ed. (2322)
Byrne (Fireman's Fund Corp.); John J.
1991 Ed. (2156)
Byrne Group PLC
1992 Ed. (1196)
Byrne; Nicky
2008 Ed. (4884)
2005 Ed. (4885)
Byrne; Richard
1997 Ed. (1937, 1946)
Byron Callan
2000 Ed. (1980)
1999 Ed. (2208)
1998 Ed. (1624)
1997 Ed. (1851, 1863)
1996 Ed. (1788)
1995 Ed. (1814)
1993 Ed. (1790)
1991 Ed. (1702)
Byron Pollitt Jr.
2007 Ed. (1094)
2006 Ed. (1002)
Byron Wien
1998 Ed. (1615)
1997 Ed. (1910)
Byte
2000 Ed. (3470)
1992 Ed. (3374)
Byte Shop
1990 Ed. (1140)
Byucksan Engineering & Construction Co. (BECCO)
2002 Ed. (1325)
BZ Bank
1992 Ed. (2012)
BZB Industries
2008 Ed. (3702, 4376)
BZW
1999 Ed. (867, 868, 869, 870, 871, 875, 877, 878, 880, 884, 885, 886, 899, 900, 901, 902, 903, 910, 913, 914, 936, 937, 938, 939, 940, 2069, 2296, 2321, 2325)
1998 Ed. (1493)
1997 Ed. (743, 748, 751, 754, 755, 756, 757, 758, 759, 761, 764, 765, 766, 767, 769, 773, 774, 776, 777, 778, 783, 785, 786, 787, 788, 789, 790, 791, 792, 804, 805, 807, 814, 817, 820, 821, 1728, 1730, 1731, 1967, 1968, 1970, 3002)
1995 Ed. (764, 765, 766, 767, 768, 769, 770, 771, 772, 773, 774, 775, 776, 777, 778, 779, 785, 786, 787, 788, 789, 790, 791, 792, 794, 796, 797, 798, 799, 801, 803, 804, 805, 806, 807, 808, 809, 810, 819, 820, 821, 822, 823, 824, 825, 826, 832, 833, 834, 835, 836, 837, 838, 839, 840, 841, 2871)
1994 Ed. (781, 1703)
1993 Ed. (1638, 1639, 1641, 1642, 1643, 1644, 1645, 1646, 1647, 1658, 1670, 1673)
1992 Ed. (2029, 2044)
1991 Ed. (778, 779)
1990 Ed. (815, 816)
1989 Ed. (815)
BZW Asia
1997 Ed. (1957)
BZW Barclays
1998 Ed. (1494, 3268)
1997 Ed. (2507, 2514)
BZW Barclays Global Investors
1998 Ed. (2265, 2296, 2297, 2299, 2303)
1997 Ed. (2508, 2513, 2515, 2518, 2520, 2524, 2532, 2536, 2548, 2550, 2551)
BZW/Barclays PLC
1996 Ed. (3387, 3388)
1995 Ed. (3277)
1994 Ed. (2288, 2291)
BZW Investment Management
1997 Ed. (2544)
1996 Ed. (2414, 2945)
1995 Ed. (2870)
1994 Ed. (2774)
BZW Securities (Japan)
1997 Ed. (1975)
BZWBK
2006 Ed. (4889)

C

C. A. Bachelder
2003 Ed. (2388)
C. A. Blixt
2002 Ed. (2210)
C. A. Heimbold, Jr.
2002 Ed. (2190)
2001 Ed. (2325)
C. A. McNeill Jr.
2003 Ed. (2407)
2002 Ed. (2211)
C. A. Muer
1999 Ed. (4087, 4158)
1998 Ed. (3076, 3174)
1997 Ed. (3397)
1996 Ed. (3301)
1995 Ed. (3200)
1994 Ed. (3071, 3156)
1992 Ed. (3817)
1991 Ed. (2939)
1990 Ed. (3116)
C. A. Muer Restaurants
1993 Ed. (3112)
C. A. Nacional Telefonos de Venezuela
2004 Ed. (1876)
A C Advisory
2007 Ed. (3656)
C & 0 Motors Inc.
1991 Ed. (270)
C & A
2001 Ed. (4512)
C. & A. Brenninkmeyer
1994 Ed. (22)
1993 Ed. (30)
1989 Ed. (31)
C & A Fashions
2002 Ed. (36)
C & A Industries
2006 Ed. (3977)
2005 Ed. (2366)
C & A NV
1991 Ed. (23)
C & B Carpet & Upholstery Cleaning LLC
2006 Ed. (794, 795)
C & B Consulting Group/Corroon & Black Retail Offices Benefit Div./ Willis Consulting
1992 Ed. (1940)
C & B Large Cap Value
2006 Ed. (3631, 3633)
C & B Mid Cap Equity
2003 Ed. (3499)
C & B Mid Cap Value
2006 Ed. (4565)
2005 Ed. (4491)
C & B Nevada Inc.
2007 Ed. (2405)
C & B Services
2008 Ed. (2596, 4043)
2007 Ed. (2466)
2005 Ed. (3081)
C & B Tax Managed Value
2006 Ed. (3633)
C & C Cola Products
1993 Ed. (688)
C & C Group
2008 Ed. (49)
C & C Transportation Inc.
2008 Ed. (4422, 4978)
C & D Production Specialist Co., Inc.
2006 Ed. (3516, 4355)
C & D Technologies Inc.
2004 Ed. (2182)
C & F Financial Corp.
2007 Ed. (463)
C & F Foods Inc.
2002 Ed. (2558)
1999 Ed. (4756)
C & G Newspapers
2005 Ed. (3602)
2004 Ed. (3687)
C & G Publishing Inc.
2001 Ed. (3542)
1999 Ed. (3617)
1998 Ed. (2680)
C & H Cabinets & Countertops Inc.
2007 Ed. (4995)
C & H Distributors
1998 Ed. (1274)

C & H Maintenance Service Inc.
2008 Ed. (861)
C. & J. Clark Ltd.
1997 Ed. (2616)
1996 Ed. (2469)
1995 Ed. (1005, 1008, 1013, 1014, 2432, 2432)
1994 Ed. (992, 995, 1001, 2362)
1993 Ed. (965, 966, 976)
1992 Ed. (1191, 1192, 1195)
1991 Ed. (958, 961)
1990 Ed. (1032, 1033)
C & J Clark International Ltd.
2004 Ed. (3249)
2002 Ed. (4264)
2001 Ed. (3077)
1999 Ed. (3172, 3172)
1997 Ed. (2616)
1996 Ed. (2469)
1994 Ed. (2362)
C & J Forms & Label
2005 Ed. (3886, 3895)
C & J Partners Inc.
1999 Ed. (2994)
1998 Ed. (2218)
C & K Witeo
2001 Ed. (1212)
C & L
1996 Ed. (835)
C & L Metal Sales
2008 Ed. (4979)
C & M Auto Service Inc.
2007 Ed. (347)
C & M Video
1993 Ed. (3665)
C & N Condor Neckermann Touristik
2001 Ed. (4589)
C & N Touristic AG
2002 Ed. (4675)
C & O Motors Inc.
2008 Ed. (4790)
2006 Ed. (4867)
2005 Ed. (4805)
C & P Homes
2000 Ed. (1540)
1999 Ed. (1724, 3820)
C & P Telephone Co.
1993 Ed. (1502)
1992 Ed. (4422)
1991 Ed. (1444, 3472)
1990 Ed. (3683)
C & P Telephone Company
1989 Ed. (2902)
C & R Systems Inc.
2008 Ed. (4943)
2007 Ed. (4973)
C & S Creative Services
2006 Ed. (128)
C & S Marketing
2007 Ed. (4081)
2006 Ed. (2594)
C & S National Bank of Florida
1993 Ed. (475)
C & S/Sovran
1999 Ed. (374)
1996 Ed. (359)
1992 Ed. (3657)
C & S Sovran Financial Corp.
1993 Ed. (264, 579, 1175, 1176, 1189, 2970)
C. & S. Steels (Wolverhampton) Ltd.
1991 Ed. (960)
C & S Trust Florida
1989 Ed. (2151)
C & S Wholesale
2000 Ed. (2384, 2387, 2389, 2390, 2391)
1996 Ed. (3822)
C & S Wholesale Grocers Inc.
2008 Ed. (1972, 4038, 4932)
2007 Ed. (1912, 4012)
2006 Ed. (1927, 3973)
2005 Ed. (1462, 1992, 1993, 3901)
2004 Ed. (1877, 1878)
2003 Ed. (1842, 1843)
2001 Ed. (1892, 1893)
2000 Ed. (2385)
1999 Ed. (2626, 4709, 4755)
1998 Ed. (1868, 1869, 1870, 1871, 1872, 1874, 1875, 3710)
1997 Ed. (2170, 3835, 3876)
1996 Ed. (2046, 2047, 2048, 2049, 2051)
1995 Ed. (2052, 2053, 2055)
1994 Ed. (1998, 1999, 2001, 2002, 3623)
1993 Ed. (3487, 3492)
C-B Contractors
2007 Ed. (1358)
C. B. Galvin
2005 Ed. (2489)
2002 Ed. (2191)
2001 Ed. (2326)
C. B. Kuzlik
2007 Ed. (4161)
C. B. Wang
2002 Ed. (2201)
2001 Ed. (2336)
C-Band
2001 Ed. (2019)
1999 Ed. (1847)
C. Brewer Homes
1996 Ed. (2882)
C-bridge Internet Solutions, Inc.
2001 Ed. (4190)
C. C. Conaway
2001 Ed. (2335)
C. Christopher Gaut
2008 Ed. (965)
2007 Ed. (1076)
2006 Ed. (982)
2005 Ed. (989)
C-COR Inc.
2008 Ed. (2045)
2006 Ed. (1988)
C-Cor Electronics
1996 Ed. (2886)
1990 Ed. (3454)
C-COR.net
2003 Ed. (827)
C Corporation
2003 Ed. (4442, 4443, 4444)
C-Cube Microsystems
1997 Ed. (1322, 2974)
1996 Ed. (3307, 3780)
C. D. M.
2002 Ed. (945)
C. D. Moody Construction Co.
2008 Ed. (175)
C. D. Products Inc.
1999 Ed. (4336)
C. D. R. Enterprises Inc.
2006 Ed. (3542)
C. D. Ritter
2004 Ed. (2492)
C. D. Smith Construction
2008 Ed. (1345)
2006 Ed. (1352, 2793)
2003 Ed. (1297)
C. D. Smith Healthcare
2001 Ed. (2062)
C D W Computer Centers
1999 Ed. (3667)
C. di Verona, Vicenza B. & A.
1996 Ed. (569)
C. E. Health PLC
1999 Ed. (2909)
C. E. Heath PLC
2001 Ed. (2909)
1994 Ed. (2227)
1993 Ed. (2249, 2457)
1992 Ed. (2899)
1991 Ed. (2339)
1990 Ed. (2465)
C. E. Weatherup
2003 Ed. (2382)
2002 Ed. (2186)
C. F. Knight
2002 Ed. (2191)
2001 Ed. (2326)
C. F. Menninger Memorial Hospital
2004 Ed. (3974)
2003 Ed. (3971)
2002 Ed. (3801)
2000 Ed. (2519)
C. F. St. Mark
1995 Ed. (3786)
C. F. Thorne
2005 Ed. (2498)
2004 Ed. (2514)
2003 Ed. (2395)
2002 Ed. (2202)
2001 Ed. (2337)
C. G. Schmidt Inc.
2008 Ed. (1345)
C. G. Smith
1997 Ed. (1506)
1995 Ed. (1484, 1485)
1993 Ed. (1392, 1393, 1394, 1395)
1991 Ed. (1344, 1345)
1990 Ed. (1417, 1418)
C. G. Smith Foods Ltd.
2004 Ed. (1855)
2002 Ed. (1764)
C. Gabriel Haagensen
2006 Ed. (2525)
C. H. Briggs Hardware Co.
2007 Ed. (3594, 3595, 4443)
C. H. Brown
1997 Ed. (2531)
C. H. Coakley & Co., Inc.
2006 Ed. (3549)
C. H. Cotros
2004 Ed. (2508)
2003 Ed. (2389)
2002 Ed. (2192)
C. H. Heist Corp.
1997 Ed. (3132)
C. H. Nickerson & Co., Inc.
2006 Ed. (1278)
C. H. Robinson Co.
2008 Ed. (4747)
2007 Ed. (4820)
2003 Ed. (4794)
1999 Ed. (1351, 4673)
C. H. Robinson Worldwide Inc.
2008 Ed. (205, 3147, 3525, 4736, 4747, 4758)
2007 Ed. (219, 2647, 3029, 4560, 4808, 4820, 4821, 4822, 4825)
2006 Ed. (209, 210, 211, 2994, 4804, 4810, 4814)
2005 Ed. (195, 196, 197, 4752, 4755, 4757)
2004 Ed. (194, 195, 1614, 4779, 4784, 4786)
2003 Ed. (1588, 4793, 4794, 4799, 4800, 4817)
2002 Ed. (4665, 4683, 4686)
2001 Ed. (3161, 4628, 4630, 4630, 4631, 4640, 4758)
C hrysler Corp.
2000 Ed. (1301, 1309)
C. I. Fund Management
2007 Ed. (1628, 1629, 1635, 1643)
C. Itoh
1989 Ed. (2908)
C. Itoh & Co. Ltd.
1997 Ed. (1503)
1994 Ed. (1319, 1363, 1400, 1410, 1411, 3106, 3255, 3659)
1993 Ed. (1277, 1311, 1346, 1356, 3047, 3261, 3263, 3269)
1991 Ed. (748, 1250, 1280, 1288, 1306, 1314, 1316, 1317)
1990 Ed. (1330, 1364, 1391, 3636)
1989 Ed. (1132)
C. Itoh & Co. Ltd
1992 Ed. (1659, 1568, 1612, 1614, 1647, 1656, 1657, 3441, 3738, 4434)
C. Itoh (Canada)
1990 Ed. (1337, 1383)
C. J. Bonner Corporation
1992 Ed. (3909)
C. J. Lawrence
1991 Ed. (1706, 1708)
C. J. Lawrence, Morgan Grenfell
1991 Ed. (1697)
C. J. McGurk
2002 Ed. (2196)
C. J. Williams Office Furniture
1991 Ed. (2638)
C. J. Wray
1997 Ed. (3368, 3370)
1996 Ed. (3269, 3272)
1995 Ed. (3175)
1994 Ed. (3124)
C. J. Wredberg Jr.
2003 Ed. (2402)
C. Jeffrey Rogers
1998 Ed. (721)
1996 Ed. (958)
C. John Wilder
2008 Ed. (936)
2007 Ed. (1014)
2006 Ed. (924, 941)
2005 Ed. (989)
C/K
2002 Ed. (4700)
2000 Ed. (3141)
C. K. Gifford
2005 Ed. (2477)
2002 Ed. (2185)
C. L. Clark
1993 Ed. (830)
C. L. Schultz
2001 Ed. (2341)
C. M. Armstrong
2003 Ed. (2402)
2002 Ed. (2208)
2001 Ed. (2343)
C. M. Cawley
2005 Ed. (2477)
2003 Ed. (2372)
2002 Ed. (2185)
2001 Ed. (2320)
C. M. Connor
2006 Ed. (2520, 2522)
2005 Ed. (2481)
2004 Ed. (2497)
2002 Ed. (2187)
C. M. Gutierrez
2005 Ed. (2492)
2004 Ed. (2508)
C. M. Jones
2005 Ed. (2482)
C. M. Life Insurance
1998 Ed. (3654)
C-MAC Industries Inc.
2003 Ed. (2247)
2002 Ed. (2502, 2506)
C. Mark Pirrung
2001 Ed. (680)
C Market
2004 Ed. (80)
C. Michael Armstrong
2003 Ed. (4695)
1999 Ed. (2084)
C. N. Mathewson
2003 Ed. (2375)
2002 Ed. (2197)
C. Nationale de Credit Agricole du Senegal
1999 Ed. (631)
c/net
1997 Ed. (3926)
C. O. Holliday Jr.
2005 Ed. (2487)
2004 Ed. (2503)
2003 Ed. (2384)
2002 Ed. (2188)
2001 Ed. (2323)
C. P. Buckner Steel Erection
2006 Ed. (1294, 1333)
C. P. Cazalot Jr.
2004 Ed. (2512)
C. P. Group
1999 Ed. (1748)
C. P. Morgan
2005 Ed. (1207)
2004 Ed. (1180)
2003 Ed. (1172)
2002 Ed. (1193)
2000 Ed. (1217)
1998 Ed. (906)
C-Plant Credit Union
2008 Ed. (2234)
C Programming Starter Kit
1996 Ed. (1081)
C-Q Construction Corp.
1995 Ed. (1147)
C. R. Bard Inc.
2008 Ed. (2898)
2007 Ed. (2222, 2774, 3466)
2006 Ed. (2289, 2295, 2766, 2769, 2779, 3447)
2005 Ed. (2799)
2004 Ed. (2803)
2003 Ed. (3359)
2001 Ed. (3264, 3265)
1996 Ed. (2601)
1995 Ed. (2537)
1994 Ed. (2468, 2469)
1992 Ed. (3011)
1991 Ed. (1891, 2409)
1990 Ed. (1992, 2535, 2536)

C. R. Barrett
2005 Ed. (2489)
2004 Ed. (2505)
C. R. England Inc.
2008 Ed. (4133, 4134)
2007 Ed. (4110, 4111)
2006 Ed. (4061, 4062, 4063, 4065, 4851)
2005 Ed. (4033, 4034)
2004 Ed. (4773)
C. R. England & Sons
1999 Ed. (4019)
1998 Ed. (3031)
1995 Ed. (3081)
1994 Ed. (3029, 3593)
1993 Ed. (2987, 3633)
1992 Ed. (3648)
C. R. Gibson Inc.
1997 Ed. (1255)
C. R. Ice
2003 Ed. (2400)
C. R. Lee
2003 Ed. (2402)
2002 Ed. (2208)
2001 Ed. (2343)
C. R. Meyer & Sons Co.
2002 Ed. (1230)
C. R. Perrin
2001 Ed. (2339)
C. R. Pittman Construction Co.
2002 Ed. (1277)
C. R. Shoemate
2001 Ed. (2328)
C. Radiokomunikace
2002 Ed. (3736, 3737)
2000 Ed. (3585, 3586)
1999 Ed. (3869)
C. Raimondo & Sons Construction Co. Inc.
2002 Ed. (1202, 1276)
2000 Ed. (1225)
C. Richard Dobson Builders
2002 Ed. (1207)
C. Richard Kramlich
2003 Ed. (4846)
2002 Ed. (4730)
C. Robert Kidder
1995 Ed. (978, 1727)
C. Russell Luigs
1998 Ed. (1510)
C. S. & W. Contractors Inc.
2008 Ed. (4368)
C-S Capital Advisors
1993 Ed. (2297)
C. S. E. Credit Union
2008 Ed. (2235)
2007 Ed. (2120)
2006 Ed. (2199)
2005 Ed. (2104)
2004 Ed. (1962)
2003 Ed. (1922)
2002 Ed. (1868)
C. S. McKee
1995 Ed. (2367)
C. S. McMillan
2005 Ed. (2492)
2004 Ed. (2508)
2001 Ed. (2328)
C. S. R. Business Service Center
2004 Ed. (784, 1704)
2003 Ed. (774, 1675)
C-17
1992 Ed. (4427)
C-SPAN
1998 Ed. (605)
1997 Ed. (870)
1994 Ed. (829)
1990 Ed. (869)
C. Steven McMillan
2002 Ed. (2192, 2213)
C-Stores
2000 Ed. (3579, 4061, 4067)
C-Tec Corp.
1997 Ed. (871)
C-Tech Associates, Inc.
2002 Ed. (2523)
C. Tom Gallagher
1995 Ed. (3505)
C-Town
2004 Ed. (4644)
C. V. C.
2002 Ed. (4456, 4457)
C. V. I. Electric
1991 Ed. (1911)
C. W. Driver Contractors
2003 Ed. (1285)
C. W. Smith
2003 Ed. (2396)
2002 Ed. (2203)
C. W. von Bemuth
2003 Ed. (2400)
C. W. von Bernuth
2002 Ed. (2206)
2001 Ed. (2341)
C. Walker & Sons (Holdings) Ltd.
1991 Ed. (961)
C. White Marine Inc.
2007 Ed. (3566)
C. Y. Ho
1997 Ed. (1966)
1996 Ed. (1857)
C-Z.com
2001 Ed. (4752)
CA
2008 Ed. (1130, 1131, 1447, 1449, 1450, 3196, 4667)
2007 Ed. (1228, 1230, 1231, 4518)
1995 Ed. (1111)
1991 Ed. (2072)
CA-BV nvo
1994 Ed. (3631)
CA-BV Stamm
1999 Ed. (4723)
CA-BV Vorzug
1993 Ed. (3671)
1992 Ed. (4400)
1991 Ed. (3451)
CA Electricidad de Caracas
1994 Ed. (869)
CA IB Securities
2000 Ed. (2107)
C.A. Muer Corp.
2000 Ed. (3775, 3873)
CA Nacional Telefonos
2004 Ed. (99)
2001 Ed. (91)
C.A. Nacional Telefonos de Venezuela
2002 Ed. (1794)
CA One
2000 Ed. (254)
CA One Services Inc.
2005 Ed. (2659, 2663, 2664, 2665)
2001 Ed. (2482)
CA St
2000 Ed. (4351, 4352)
1999 Ed. (4723)
1997 Ed. (3846)
CA VA
2000 Ed. (4352)
CA Venezolana de Camentos
1994 Ed. (869)
CA Vz
1997 Ed. (3846)
CAAC
1997 Ed. (209, 213)
Caballero
1991 Ed. (2794)
Caballero Spanish Media
1990 Ed. (2939)
Caballo
2002 Ed. (3365)
Caballo Rojo, WY
2000 Ed. (1126)
Caballo, WY
2000 Ed. (1126)
Cabano Expeditex
1992 Ed. (1589)
Cabano Kingsway
2000 Ed. (4320)
Cabbage
2007 Ed. (4873)
2006 Ed. (4877)
1999 Ed. (4702)
1996 Ed. (3774)
1992 Ed. (2111)
Cabbage, green
1997 Ed. (3832)
1992 Ed. (4384)
Cabbage Patch
1996 Ed. (2490)
Cabbages
2004 Ed. (2003)
Cabcharge
2004 Ed. (1644)
Cabcor Inc.
2008 Ed. (4994)
Cabela's Inc.
2008 Ed. (887, 1960, 1961, 4473, 4482, 4483, 4484, 4485, 4486)
2007 Ed. (1896, 1897, 4504, 4505, 4506, 4507)
2006 Ed. (1914, 1915, 4448, 4451)
2005 Ed. (1892)
2001 Ed. (4338)
Cabell County Jail
1994 Ed. (2935)
Cabell County School Employees Credit Union
2004 Ed. (1995)
2003 Ed. (1955)
2002 Ed. (1900)
Cabell Huntington Hospital
2008 Ed. (2902)
2007 Ed. (2065)
2005 Ed. (2014)
2004 Ed. (1888)
2003 Ed. (1852)
2001 Ed. (1898)
Cabernet franc
1996 Ed. (3838)
Cabernet Sauvignon
2005 Ed. (4948)
2003 Ed. (4966, 4967)
2002 Ed. (4965, 4966)
2001 Ed. (4860, 4861)
1996 Ed. (3838)
1992 Ed. (4470)
Cabin Fever
2005 Ed. (3518)
Cabin Mild Box
2000 Ed. (1062)
1999 Ed. (1141)
1997 Ed. (993)
Cabinet King Inc.
2006 Ed. (4994)
Cabinets by Schiller
2007 Ed. (4995)
Cable
2008 Ed. (2454)
2007 Ed. (2329)
2005 Ed. (3018)
2002 Ed. (918)
1999 Ed. (1847)
Cable Administradora
1997 Ed. (878)
Cable AdNet-Carolinas
1998 Ed. (587, 601)
Cable AdNet-North Carolina
1991 Ed. (833, 841)
Cable & other pay TV
2002 Ed. (2948)
Cable & pay TV
1997 Ed. (1722)
Cable & Wireless
2000 Ed. (1480, 2644)
1999 Ed. (793, 1434, 1639, 4560)
1998 Ed. (2410)
1997 Ed. (3691)
1996 Ed. (1382)
1995 Ed. (2487)
1994 Ed. (2412, 3484)
1993 Ed. (2470, 3511)
1992 Ed. (1608)
1991 Ed. (2940)
1990 Ed. (3515)
1989 Ed. (2793)
Cable & Wireless Communication
2002 Ed. (4419)
Cable & Wireless Communications (Mercury) Ltd.
2001 Ed. (1337)
Cable & Wireless Communications plc
2001 Ed. (1337)
Cable & Wireless HKT Ltd.
2002 Ed. (1038, 1665, 4421, 4422)
2001 Ed. (1615, 1618, 1626, 1627, 1723, 1725, 3333)
Cable & Wireless (Jamaica) Ltd.
2006 Ed. (3232)
2002 Ed. (3033, 3034, 3035)
Cable & Wireless Luxembourg SA
2007 Ed. (1860)
Cable & Wireless' Mercury Communications
1995 Ed. (1243)
Cable & Wireless Optus Pty. Ltd.
2002 Ed. (345, 346, 1125, 1583, 1652, 1653)
2001 Ed. (1095, 1635)
Cable & Wireless plc
2008 Ed. (69)
2007 Ed. (64, 4723)
2006 Ed. (73, 1688, 1691, 4703)
2005 Ed. (1570, 4640)
2004 Ed. (1089, 1708)
2003 Ed. (1075, 1707, 4610)
2002 Ed. (1126, 1689, 1690, 1785, 4569)
2001 Ed. (1551)
Cable & Wireless USA
2001 Ed. (4475)
Cable Car Beverage Corp.
1999 Ed. (714, 717, 718, 722, 723, 725)
1998 Ed. (455, 459, 462)
1997 Ed. (667, 668, 669, 672)
1996 Ed. (734, 739)
1995 Ed. (653, 661)
1994 Ed. (697, 706)
Cable Connection & Supply Co., Inc.
2006 Ed. (3521, 4360)
Cable covering
2003 Ed. (3199)
2001 Ed. (3074)
Cable Guide
2002 Ed. (3635)
2001 Ed. (259)
2000 Ed. (3472, 3497)
1999 Ed. (3752)
1994 Ed. (2787, 2788)
1993 Ed. (2794, 2795)
1992 Ed. (3377)
Cable News Network
1990 Ed. (880, 885)
Cable One, Inc.
2002 Ed. (924)
Cable Satisfaction International Inc.
2005 Ed. (2829)
Cable television
2004 Ed. (861)
2003 Ed. (817, 4515)
2001 Ed. (95, 1078)
1997 Ed. (35, 2231)
1994 Ed. (744, 1041)
Cable television networks
2003 Ed. (26)
Cable TV
2002 Ed. (61, 4954)
2001 Ed. (2720)
2000 Ed. (24, 794, 939)
1999 Ed. (992)
1995 Ed. (3077)
1991 Ed. (1000)
Cable TV, network
2005 Ed. (835)
Cable TV networks
1997 Ed. (708)
1996 Ed. (771)
1995 Ed. (693)
1993 Ed. (737)
1992 Ed. (919)
1991 Ed. (736)
Cable Value Network
1991 Ed. (3289, 3290)
Cable Value Network (CVN)
1989 Ed. (848)
Cable Video Store
1998 Ed. (594)
Cable Vision Comunicaciones
2006 Ed. (4529)
Cable; William
1995 Ed. (936)
Cablecom Holding AG
2002 Ed. (1484)
CableMaxx
1997 Ed. (3914)
1996 Ed. (3257)
CableTel
1996 Ed. (864)
Cabletime
1990 Ed. (884)
Cabletron
1999 Ed. (1262, 1558, 1962, 1971, 3255, 3256, 4490, 4545)
1996 Ed. (1764)
1992 Ed. (3226)

Cabletron Systems Inc.
2003 Ed. (1781, 1782)
2002 Ed. (751, 1122, 4351, 4362, 4561)
2001 Ed. (1810, 1811, 2848, 4453)
2000 Ed. (1365, 1737, 1739, 2992)
1998 Ed. (831, 1881, 2402)
1997 Ed. (1083)
1996 Ed. (1066, 1069)
1995 Ed. (1086, 1091, 2258, 2568, 2769)
1994 Ed. (1079, 1092, 2402, 2403, 2669)
1993 Ed. (1069, 1568, 2459, 3337)
1992 Ed. (3225, 3993)
1991 Ed. (3138, 3140)
1990 Ed. (1977)
Cablevision
2004 Ed. (3417)
1999 Ed. (998, 3264)
Cablevision Greater New York
2006 Ed. (770)
2005 Ed. (844)
2004 Ed. (867)
Cablevision Industries
1997 Ed. (876, 1253)
1996 Ed. (858)
1995 Ed. (877)
1994 Ed. (828)
1992 Ed. (1024)
Cablevision Latin America
1997 Ed. (877)
Cablevision-Monterrey
1997 Ed. (878)
Cablevision of NYC
2000 Ed. (959)
Cablevision of NYC/Bronx
1997 Ed. (879)
1996 Ed. (866)
Cablevision of NYC/Bronx-Brooklyn
1999 Ed. (1007)
1998 Ed. (603)
Cablevision of NYC/Brooklyn
1997 Ed. (879)
1996 Ed. (866)
Cablevision Systems Corp.
2008 Ed. (824, 827, 828)
2007 Ed. (863, 866, 867, 3449)
2006 Ed. (765, 768, 769, 2264, 3554)
2005 Ed. (839, 840, 842, 845, 847, 3423)
2004 Ed. (864, 865, 866, 868, 3410, 4571)
2003 Ed. (825, 828, 829, 830, 1577, 1581, 3345)
2002 Ed. (923, 924, 1553, 2526, 3281, 4562)
2001 Ed. (1091, 3250)
2000 Ed. (280, 286, 291, 944, 1468, 2461)
1999 Ed. (822, 1498, 4484)
1998 Ed. (511, 588, 590, 593)
1997 Ed. (728, 873, 874)
1996 Ed. (790, 855, 858, 2576)
1995 Ed. (717, 877, 878)
1994 Ed. (759, 760, 828, 832)
1993 Ed. (811)
1992 Ed. (945, 1019, 1024, 2940)
1991 Ed. (751, 834, 2359)
1990 Ed. (870, 872)
Cablevision Systems CI A
1998 Ed. (3421, 3422)
Cablevision (Televisa-Telmex)
1997 Ed. (878)
Cablevision (TVSA)
1997 Ed. (877)
Cabot
2008 Ed. (821, 905, 1910)
2006 Ed. (844, 868, 3391)
2005 Ed. (3394)
2004 Ed. (940, 948, 949, 3775)
2003 Ed. (932, 938)
2002 Ed. (991)
2001 Ed. (1080, 1183)
2000 Ed. (705, 1019)
1998 Ed. (643, 695, 716)
1997 Ed. (952, 973)
1995 Ed. (951, 1456)
1994 Ed. (915, 1420)
1992 Ed. (1110, 1523)
1991 Ed. (901)
1990 Ed. (932)
1989 Ed. (883)
Cabot Advertising
1992 Ed. (184)
Cabot & Co.; Harold
1991 Ed. (130)
1990 Ed. (131)
1989 Ed. (140)
Cabot Butter
2003 Ed. (820)
Cabot, Cabot & Forbes Realty Advisors
1990 Ed. (2340, 2342)
Cabot Creamery Inc.
2008 Ed. (822, 901)
2003 Ed. (823)
Cabot Harper & Rivera Bernal Corp.
1997 Ed. (2224)
Cabot Medical
1992 Ed. (3310)
Cabot Microelectronics Corp.
2006 Ed. (1636)
2003 Ed. (2189, 2708, 4440)
2002 Ed. (2428)
Cabot Money Management
1993 Ed. (902, 1367, 2333, 2336)
Cabot Oil & Gas Corp.
2007 Ed. (3853)
2005 Ed. (3739, 3740)
2004 Ed. (3831, 3832)
Cabot; Thomas D. and Virginia
1994 Ed. (893)
Caboto/Gruppo Intesa
2002 Ed. (579)
Cabrera
2007 Ed. (311)
Cabrera; Eduardo
1996 Ed. (1894, 1906)
Cabrera Grupo Automotriz Corp.
2004 Ed. (304)
Cabrio
2001 Ed. (492)
Cabs Bldg. Soc.
1992 Ed. (88)
Cabtel
1997 Ed. (877)
CAC 40
2008 Ed. (4501)
CAC United Healthcare Plans of Florida
1998 Ed. (1917)
1997 Ed. (2195)
Cacharel
1990 Ed. (1579)
Cache Inc.
2008 Ed. (1010)
2007 Ed. (1128)
2004 Ed. (3663)
Cache Valley Bank
1997 Ed. (499)
Cache Valley Banking Co.
2007 Ed. (462)
Cache Valley Electric Co.
2006 Ed. (1350)
CACI International Inc.
2008 Ed. (1125, 1371, 1399, 2289)
2007 Ed. (1211, 1223, 1414, 2174, 3068)
2006 Ed. (1150, 1367, 1376, 2250)
2005 Ed. (1386, 2162)
2003 Ed. (2949, 4550)
2001 Ed. (1894)
Cacique
2001 Ed. (1169)
1999 Ed. (3423)
1998 Ed. (2515)
1997 Ed. (2801)
1996 Ed. (2660)
1995 Ed. (2501, 2590)
1993 Ed. (2583)
1992 Ed. (2404)
Cacique Cheese Co.
2008 Ed. (901)
CACRamsay Health Plans
1996 Ed. (2093)
Cactus
1995 Ed. (352)
Cactus Farms Inc.
2001 Ed. (3153)
Cactus Feeders Inc.
2008 Ed. (3453)
2007 Ed. (3356)
2006 Ed. (3289)
2005 Ed. (3297)
2004 Ed. (3289)
2003 Ed. (3234)
2001 Ed. (3153)
CAD-Tek Inc.
2006 Ed. (2747)
Cadam
1993 Ed. (809)
Cadaret, Grant & Co.
2000 Ed. (842, 844)
Cadbury
2008 Ed. (723, 973)
2002 Ed. (928)
2001 Ed. (1121)
1990 Ed. (983)
Cadbury Beverages Inc.
2004 Ed. (674)
1999 Ed. (708)
1998 Ed. (453)
1996 Ed. (3475)
1994 Ed. (681, 689)
Cadbury Creme Egg
2002 Ed. (934)
Cadbury Dairy Milk
2008 Ed. (695, 714)
1999 Ed. (1026)
Cadbury Dairy Milk Total
2002 Ed. (1167)
Cadbury Fingers
2008 Ed. (712)
Cadbury India
1992 Ed. (56)
Cadbury Nigeria
2006 Ed. (4525)
Cadbury Schweppes
2001 Ed. (698, 1634)
2000 Ed. (718, 723, 724, 726, 727, 728, 730)
1999 Ed. (702, 715, 716, 719, 721, 2467, 2468, 4359, 4363)
1998 Ed. (448, 452, 456, 457, 460, 461, 621)
1997 Ed. (657, 661, 662, 663, 664, 665, 666, 670, 671, 2042)
1996 Ed. (727, 728, 729, 731, 732, 733, 736, 737, 739, 759, 1357, 1361, 1362, 1365, 1367, 3616)
1995 Ed. (650, 651, 652, 655, 656, 659, 660, 661, 3416, 3589)
1994 Ed. (35, 694, 695, 696, 698, 699, 700, 702, 703, 706)
1990 Ed. (1829)
Cadbury Schweppes Americas Beverages
2008 Ed. (960, 4481)
2006 Ed. (942)
2005 Ed. (667)
Cadbury Schweppes Ireland
2007 Ed. (609, 2616, 4774)
Cadbury Schweppes plc
2008 Ed. (843, 1160, 1452, 1459, 1461, 2751, 2752, 4457, 4460)
2007 Ed. (72, 614, 873, 1458, 1463, 1464, 1465, 1467, 2021, 2030, 2617, 2625, 2626, 4474)
2006 Ed. (567, 776, 1477, 1479, 1481, 2051, 2645, 2646, 4090, 4414)
2005 Ed. (663, 865, 866, 962, 1542, 1549, 1589, 1594, 1596, 1974, 2642, 2650, 4398, 4716)
2004 Ed. (679, 2633, 4451, 4452)
2003 Ed. (673, 1499, 2500, 4468)
2002 Ed. (2305, 4326)
2001 Ed. (699, 2468)
2000 Ed. (2225, 2226)
1997 Ed. (659, 2044, 2045)
1993 Ed. (687, 697, 2753)
1992 Ed. (2196, 3315)
1991 Ed. (15, 39, 1748, 2658)
1990 Ed. (21)
1989 Ed. (22, 37)
Cadbury's
1999 Ed. (367)
1992 Ed. (63, 75, 85)
Cadbury's Cakes
2008 Ed. (710)
Cadbury's Caramel
2000 Ed. (972)
Cadbury's Creme Egg
2008 Ed. (674, 695)
Cadbury's Crunchie
2000 Ed. (972)
Cadbury's Dairy Milk
1999 Ed. (785, 786, 787, 788)
1996 Ed. (873)
1994 Ed. (856)
1992 Ed. (1045)
Cadbury's Hot Chocolate
2002 Ed. (703)
Cadbury's Milk Tray
2000 Ed. (1060)
Cadbury's Roses
2000 Ed. (1060)
1996 Ed. (873)
Cadbury's Time Out
2000 Ed. (972)
Caddell Construction Co.
2005 Ed. (1375)
2004 Ed. (1257)
2002 Ed. (1242)
Cade Industries Inc.
1990 Ed. (412)
Cadena Milenium
2007 Ed. (64)
2006 Ed. (73)
Cadenalco
2002 Ed. (4397, 4398)
Cadence
1998 Ed. (1457)
Cadence Capital
1995 Ed. (2359)
1991 Ed. (2228, 2232)
Cadence Capital Management Corp.
1993 Ed. (2330, 2334)
1992 Ed. (2762)
Cadence Design
1996 Ed. (1087)
1995 Ed. (1110)
Cadence Design Systems Inc.
2008 Ed. (1605, 3191)
2007 Ed. (1258, 3065)
2005 Ed. (1131, 1136, 1141, 1671, 2337)
2004 Ed. (1105, 1124, 1126, 1130, 2236)
2003 Ed. (1105, 1107, 1109, 2243)
2002 Ed. (1150, 2099)
2001 Ed. (1359, 1874)
2000 Ed. (1175, 3030)
1999 Ed. (1282, 4390)
1998 Ed. (843)
1994 Ed. (842, 843, 3048)
1993 Ed. (828, 3005)
1992 Ed. (1035, 1305)
1991 Ed. (1034, 1513, 1514, 1520)
Cadence/Valid
1993 Ed. (810)
Cadet Holding Corp.
2008 Ed. (1855)
2007 Ed. (1818)
Cadila Healthcare
2008 Ed. (1801)
Cadillac
2008 Ed. (330, 2276)
2007 Ed. (343)
2006 Ed. (357, 362)
2005 Ed. (283, 343, 4451)
2004 Ed. (343)
2003 Ed. (358, 361)
2002 Ed. (366)
2001 Ed. (1010)
2000 Ed. (337, 338, 339)
1999 Ed. (354, 360)
1998 Ed. (211)
1997 Ed. (299, 303, 2229)
1996 Ed. (309)
1994 Ed. (306, 320)
1993 Ed. (304, 306, 307, 308, 333, 2947)
1992 Ed. (438)
1991 Ed. (318, 319)
1990 Ed. (344)
1989 Ed. (2196)
Cadillac Brougham
1992 Ed. (436)
1989 Ed. (341, 1670)
Cadillac CTS
2004 Ed. (345)
Cadillac De ville
1992 Ed. (444)
Cadillac De Ville Sedan
1992 Ed. (4362)

Cadillac Desert: The American West & Its Disappearing Water
2006 Ed. (585)
Cadillac DeVille
2004 Ed. (344)
2002 Ed. (411)
2000 Ed. (345, 348)
1999 Ed. (357)
1998 Ed. (222)
1997 Ed. (302, 323)
1996 Ed. (308, 312, 345)
1995 Ed. (304)
1993 Ed. (317)
Cadillac Eldorado
2000 Ed. (348)
1989 Ed. (344)
Cadillac Fairview Ltd.
2005 Ed. (1530)
1990 Ed. (1266)
1989 Ed. (1020)
Cadillac Fleetwood/DeVille 4-door
1991 Ed. (356)
Cadillac Fleetwood/DeVille 2-door
1991 Ed. (356)
Cadillac Seville
2004 Ed. (344)
2002 Ed. (411)
2000 Ed. (345, 348)
1999 Ed. (331)
1997 Ed. (302)
1996 Ed. (312)
1995 Ed. (304)
1993 Ed. (317)
1992 Ed. (484)
Cadiso
2001 Ed. (2836)
Cadiz Inc.
2004 Ed. (2756, 2757)
Cadkey
1993 Ed. (809)
Cadmus
2008 Ed. (3838)
Cadmus Communications
2006 Ed. (3022)
Cadmus Group Inc.
2004 Ed. (1354)
Cadnetix
1990 Ed. (1111, 1112)
Cadogan; Charles
2008 Ed. (4910)
Cadonett
2001 Ed. (2644, 2647)
Cadtech Iberica SA
2007 Ed. (1992)
2006 Ed. (2022)
Caduet
2007 Ed. (3912)
Cadus Pharmaceutical Corp.
2004 Ed. (4548, 4549, 4552)
Cadwalader Wickersham & Taft
2008 Ed. (3417, 3425, 3427)
2006 Ed. (3247)
2005 Ed. (1440)
2004 Ed. (1416)
2001 Ed. (3057)
Cadwalader Wickersham & Taft LLP
2007 Ed. (3302)
Cadwell Davis Partners
1992 Ed. (112, 190)
CAE Inc.
2008 Ed. (2934)
2007 Ed. (2814)
2006 Ed. (2816, 2817, 4086)
2005 Ed. (2832, 3373)
2003 Ed. (204, 208, 2932, 2933)
2002 Ed. (2504)
2001 Ed. (1659)
2000 Ed. (2458)
1999 Ed. (2667)
1997 Ed. (3301)
1996 Ed. (2107)
CAE Industries Ltd.
1995 Ed. (2099)
1994 Ed. (2048)
1993 Ed. (2036, 3008)
1992 Ed. (2399)
1991 Ed. (1903)
CAE Ransohoff Inc.
2005 Ed. (3373)
CAE Ultrasonics Inc.
2005 Ed. (3373)
CAE USA Inc.
2008 Ed. (1758)
Caesars
1994 Ed. (871)
1993 Ed. (855)
1992 Ed. (2511)
1991 Ed. (864)
1990 Ed. (2097)
Caesars Atlantic City
2002 Ed. (2651)
2000 Ed. (2575)
1998 Ed. (2036)
Caesar's Atlantic City Hotel Casino
1999 Ed. (1042, 2797)
1997 Ed. (912, 2308)
Caesars Cove Haven Resort
1998 Ed. (2014)
Caesars Entertainment Inc.
2006 Ed. (266, 1924, 1925, 2685, 2927, 2928, 2930, 2932)
2005 Ed. (1897, 1899, 2709, 2710, 2922, 2923, 2927, 2929, 3277)
Caesars New Jersey
1990 Ed. (2081)
Caesars Palace; The Colosseum at
2006 Ed. (1155)
Caesars Pocono Resorts
1999 Ed. (4048)
Caesars World Inc.
2008 Ed. (1969, 3068)
2000 Ed. (3763)
1997 Ed. (911)
1996 Ed. (2163, 2167)
1995 Ed. (2151, 2154)
1994 Ed. (2099, 2100)
1993 Ed. (2082, 2088)
1992 Ed. (2474, 2478)
1991 Ed. (1939, 1945)
1990 Ed. (2074, 2081)
1989 Ed. (1615, 1616)
Caf¤ Ala Carte
2005 Ed. (4123)
Caf¤ de Colombia
2004 Ed. (763)
Caf¤ Rico Inc.
2005 Ed. (189)
Caf¤ Rio
2005 Ed. (3276)
2004 Ed. (62)
The Cafaro Co.
2003 Ed. (4065)
2002 Ed. (4279)
2000 Ed. (4019)
1999 Ed. (4307)
1998 Ed. (3298, 3300)
1997 Ed. (3514)
1996 Ed. (3430)
1995 Ed. (3063, 3372)
1994 Ed. (3003, 3004, 3021, 3296, 3297, 3301, 3302)
1993 Ed. (2964, 3303, 3310, 3316)
1992 Ed. (3620, 3965)
1991 Ed. (3117, 3118, 3124)
1990 Ed. (3283, 3288, 3289)
1989 Ed. (2490)
Cafaro; Debra
2007 Ed. (2512)
2006 Ed. (2531)
Cafaro; Debra A.
2006 Ed. (4975)
Cafe Creme
1994 Ed. (961)
Cafe de Colombia
2008 Ed. (661)
Cafe de Coral Holdings
2007 Ed. (1760)
Cafe des Artistes
1994 Ed. (3092)
Cafe Express
2006 Ed. (4119)
Cafe on the Run
2006 Ed. (4119)
Cafe Rico Inc.
2006 Ed. (201)
2004 Ed. (183)
Cafe Rio
2006 Ed. (2621)
Cafe Utne
2002 Ed. (4870)
Cafe Zinfandel
1999 Ed. (4793)
Cafedirect
2007 Ed. (743)
Cafes
2002 Ed. (2779)
Cafeteria
2003 Ed. (2267)
Cafeteria attendant
2008 Ed. (3810)
Cafetero
2001 Ed. (616, 617, 618)
1990 Ed. (523)
Caffe D'Vita
2008 Ed. (1026)
2007 Ed. (1146, 1148)
2006 Ed. (1058)
Caffe Nero Group plc
2008 Ed. (2126, 3442, 4203)
2006 Ed. (2069)
Caffeine Free Coke
2003 Ed. (4470)
Caffeine Free Diet Coke
2008 Ed. (860, 4459, 4461)
2007 Ed. (620, 882, 4475, 4477)
2006 Ed. (574, 4413, 4415)
2005 Ed. (674, 874, 4397, 4399)
2004 Ed. (681)
2003 Ed. (678, 866, 4469, 4470, 4475, 4476)
2002 Ed. (4311, 4312, 4315, 4319, 4320)
2001 Ed. (4302, 4307, 4308)
2000 Ed. (4081)
1999 Ed. (4356, 4358, 4362, 4365, 4370)
1998 Ed. (3334, 3335, 3337)
1996 Ed. (3473, 3477)
1995 Ed. (3415)
1994 Ed. (3357)
1992 Ed. (4013)
1990 Ed. (3320)
Caffeine Free Diet Pepsi
2008 Ed. (4461)
2007 Ed. (4477)
2006 Ed. (4415)
2005 Ed. (874, 4399)
2003 Ed. (4473)
2002 Ed. (4311, 4312)
1999 Ed. (4356, 4358, 4365, 4370)
1998 Ed. (3334, 3335, 3337)
1996 Ed. (3473, 3477)
1995 Ed. (3415)
1994 Ed. (3357)
1992 Ed. (4013)
1990 Ed. (3320)
Caffeine Free Pepsi
2003 Ed. (4473)
Cafferty; Pastora San Juan
2008 Ed. (1428)
2007 Ed. (1444)
Caffiene Free diet Coke
1991 Ed. (3152)
Caffiene Free Diet Pepsi
1991 Ed. (3152)
Cafra Manufacturing Inc.
1997 Ed. (1014, 2169)
Cagamas
1999 Ed. (761, 1578)
Cage Williams Abelman & Layden PC
2006 Ed. (1680)
Cagle Foods
1995 Ed. (1766)
Cagle's Inc.
2005 Ed. (3413, 3414)
2004 Ed. (3400, 3401)
2003 Ed. (2568)
2002 Ed. (2369)
1999 Ed. (2117, 3319, 3320, 3867, 3868)
1998 Ed. (2896)
1997 Ed. (229)
1996 Ed. (211, 1938, 1940, 2585, 3060)
1993 Ed. (2515, 2893)
Cagles Inc. C1A
1989 Ed. (2669)
Caglesin
1989 Ed. (2664)
Caguas Central Federal Savings Bank
1991 Ed. (3384)
Caguas Expressway Motors Inc.
2007 Ed. (311)
2006 Ed. (316)
2005 Ed. (297)
2004 Ed. (304)
Cahill; Gerald
2008 Ed. (964)
2006 Ed. (971)
2005 Ed. (988)
Cahill Gordon & Reindel
2004 Ed. (3225)
2003 Ed. (3175, 3176, 3177, 3189)
1999 Ed. (3142)
1993 Ed. (2389)
Cahill Gordon & Reindel LLP
2007 Ed. (3302, 3304, 3306)
Cahill; J. T.
2005 Ed. (2485)
Cahill May Roberts Group Ltd.
2007 Ed. (1823)
Cahners Business Information
2002 Ed. (1654)
2001 Ed. (4608)
Cai von Rumohr
2000 Ed. (1980)
1999 Ed. (2208)
1998 Ed. (1624)
1997 Ed. (1851)
1996 Ed. (1776)
1995 Ed. (1801)
1994 Ed. (1760)
1993 Ed. (1776)
1991 Ed. (1671)
CAI Wireless
1999 Ed. (999)
1997 Ed. (3913, 3914)
CAI Wireless/ACS Entertainment
1997 Ed. (872)
Caifanes
1997 Ed. (1112)
Caifor
1996 Ed. (2289)
Cain & Bultman Inc.
1995 Ed. (1879)
1993 Ed. (1866)
1992 Ed. (2166)
1991 Ed. (1728)
Cain Asset Management
1993 Ed. (2354, 2355)
Cain Brothers & Co.
2000 Ed. (3978)
Cain Brothers, ShaHuck & Co.
1999 Ed. (3015)
Cain Brothers, Shattuck & Co.
1995 Ed. (2334)
1993 Ed. (2265)
1991 Ed. (2166)
Cain Chemical
1990 Ed. (948)
Cain; Gordon
1990 Ed. (1773)
Cain; Herman
1989 Ed. (735)
The Cain Travel Group Inc.
2008 Ed. (4992, 4993)
2007 Ed. (4988, 4990)
2006 Ed. (4992)
2005 Ed. (4993)
2004 Ed. (4988)
2002 Ed. (4677)
1996 Ed. (3879)
Cain, Watters & Associates
2008 Ed. (10)
2007 Ed. (12)
2006 Ed. (16)
2005 Ed. (11)
Caine Gressel Midgley Slater Inc.
1991 Ed. (2169, 2175)
Caine Mitter
2001 Ed. (738, 790, 835, 883, 899, 919)
Caird Group
1992 Ed. (1627)
Cairn Capital
1992 Ed. (3540)
Cairn Energy
2007 Ed. (3882)
2006 Ed. (3856)
Cairncrest Foundation
1990 Ed. (1849)
Cairnes
2002 Ed. (1955)
Cairns & Associates
2002 Ed. (3827)
1998 Ed. (1545)

1997 Ed. (3187)
Cairns & Assocs.
2000 Ed. (3632)
1999 Ed. (3916)
Cairo Corp.
2006 Ed. (1353, 2829)
1990 Ed. (864, 867, 1011)
Cairo Amman Bank
2007 Ed. (50)
2004 Ed. (568)
2002 Ed. (4381)
2001 Ed. (48)
2000 Ed. (293, 577)
1999 Ed. (264, 566)
1997 Ed. (241)
1991 Ed. (578)
1990 Ed. (481)
Caisse Central Desjardins
2001 Ed. (1498)
1999 Ed. (1804)
Caisse Centrale de Reescompte
1994 Ed. (528)
Caisse Centrale Desjardins
2008 Ed. (1384)
2007 Ed. (1433, 2106)
1997 Ed. (1571)
Caisse Centrale du Mobilisation et de Financement
1991 Ed. (470)
Caisse d'Amortissement de la Dette Sociale
1998 Ed. (1502)
Caisse de depot & placement
2005 Ed. (2749)
2004 Ed. (2754)
Caisse de depot & placement du Quebec
2008 Ed. (2834)
2007 Ed. (2705)
2006 Ed. (2710)
Caisse de Depot et Placement
1997 Ed. (2156)
1994 Ed. (1847, 1986)
1992 Ed. (2342)
Caisse de depot et placement du
2000 Ed. (2844)
Caisse de depot et placement du Quebec
2007 Ed. (2574)
2001 Ed. (1662)
1999 Ed. (2437)
1997 Ed. (2009)
1996 Ed. (1918, 1919, 2038, 2420)
1995 Ed. (1875)
1993 Ed. (1858)
1992 Ed. (2152)
1991 Ed. (474)
1990 Ed. (1780)
Caisse de Depot Socanay Inc.
1992 Ed. (1597)
Caisse d'Epargne
2001 Ed. (1957)
Caisse D'Epargne De L'Etat
1992 Ed. (2003)
1990 Ed. (630)
1989 Ed. (609)
Caisse d'epargne Ecureuil
1991 Ed. (503)
Caisse d'Epargne; Groupe
2008 Ed. (416)
2007 Ed. (450)
2006 Ed. (444)
2005 Ed. (510)
Caisse des Depots et Consignations
2004 Ed. (1459)
1995 Ed. (2391)
1994 Ed. (1680)
1993 Ed. (1660, 3574)
1992 Ed. (2638)
Caisse des Depots Group
1999 Ed. (3103)
1997 Ed. (2545)
1996 Ed. (2422)
1995 Ed. (2390)
1994 Ed. (2326)
Caisse d'Espargne
1991 Ed. (596)
Caisse Generale d'Epargne & de Retraite
1993 Ed. (434)
Caisse National de Credit Agricole du Senegal
1993 Ed. (623)
Caisse National de Prevoyance
1990 Ed. (2279)
Caisse Nationale Credit Agricole du Sen.
1995 Ed. (600)
Caisse Nationale de Credit Agricole
1994 Ed. (1680)
1991 Ed. (549, 553, 1596)
1990 Ed. (542, 595)
1989 Ed. (531, 710)
Caisse Nationale de Credit Agricole de Senegal
1997 Ed. (606)
Caisse Nationale de Credit Agricole du Burkina
2000 Ed. (479)
1999 Ed. (484)
1997 Ed. (425)
Caisse Nationale de Credit Agricole du Sen.
1996 Ed. (670)
Caisse Nationale de Credit Agricole du Senegal
1994 Ed. (628)
Caisse Nationale de Credit Agriculture
1997 Ed. (2623)
Caisse Nationale de Prevoyance
1992 Ed. (2709)
Caisse Nationale des Caisses d'Epargne
2008 Ed. (1411)
2006 Ed. (1431)
Caisses d'Epargne Ecureuil
1993 Ed. (3574)
Caisses Populaires et deconomie Desjardins
2000 Ed. (381)
Caixa de Catalunya
2008 Ed. (506)
2007 Ed. (554)
2006 Ed. (525)
2005 Ed. (611)
2004 Ed. (621)
2003 Ed. (612)
2002 Ed. (648)
Caixa de Previdencia dos Funcionarios do Banco do Brasil
2006 Ed. (3792)
Caixa d'Estalvis de Cataluna
1994 Ed. (635)
Caixa d'Estalvis de Catalunya
1993 Ed. (632)
Caixa d'Estalvis i Pensions de Barcelona
2004 Ed. (2185)
Caixa Economica Federal
2008 Ed. (388, 459, 461)
2007 Ed. (408, 409, 499, 501)
2006 Ed. (421, 483, 485, 3211)
2005 Ed. (562)
2004 Ed. (575, 577, 579, 1657)
2003 Ed. (561, 564)
2001 Ed. (604, 605, 633)
1999 Ed. (517, 573, 1698)
Caixa Economica Federal (CEF)
2002 Ed. (606, 1601)
Caixa Geral
1991 Ed. (651)
Caixa Geral de Depositos
2008 Ed. (494)
2007 Ed. (543)
2006 Ed. (515)
2005 Ed. (599)
2004 Ed. (520, 609)
2003 Ed. (601)
2002 Ed. (637)
2000 Ed. (650)
1999 Ed. (625)
1997 Ed. (598)
1996 Ed. (660, 3690)
1995 Ed. (591, 3613)
1994 Ed. (621)
1993 Ed. (617, 3574)
1992 Ed. (823)
1990 Ed. (671)
1989 Ed. (657)
Caixa Pensiones
1994 Ed. (2238)
Caixa Pensiones Barcelona
1993 Ed. (2260)
CaixaBank Monaco
1997 Ed. (563)
1996 Ed. (609)
1995 Ed. (551)
Caja de Ahorros
2007 Ed. (536, 537)
Caja de Ahorros & Pen. de Barcelona
1995 Ed. (609)
Caja de Ahorros & Pensiones de Barcelona
1993 Ed. (632)
Caja de Ahorros de Barcelona
1990 Ed. (688)
Caja de Ahorros de Cataluna
1996 Ed. (682)
Caja de Ahorros de Galicia
1996 Ed. (682)
1994 Ed. (635)
1993 Ed. (632)
Caja de Ahorros de Madrid
1990 Ed. (688)
1989 Ed. (679)
Caja de Ahorros de Mediterraneo
1994 Ed. (635)
Caja de Ahorros de Valencia
1994 Ed. (635)
1993 Ed. (632)
Caja de Ahorros del Mediterraneo
2008 Ed. (506)
2007 Ed. (554)
2006 Ed. (525)
2005 Ed. (611)
2004 Ed. (621)
1996 Ed. (682)
1993 Ed. (632)
Caja de Ahorros Pensiones de Barcelona
1996 Ed. (682)
Caja de Ahorros Provincial de Guipuzcoa
1993 Ed. (530)
Caja de Ahorros y Monte de Piedad de Madrid
2008 Ed. (506)
2007 Ed. (554)
2006 Ed. (525)
2005 Ed. (611)
2004 Ed. (621)
2003 Ed. (612)
2002 Ed. (648)
Caja de Ahorros y M.P. de Madrid
1996 Ed. (682)
Caja de Ahorros y Pen. de Barcelona
2002 Ed. (648)
2000 Ed. (665)
1999 Ed. (639)
Caja de Ahorros y Pen. de Barcelona-la Caixa
2008 Ed. (506)
2007 Ed. (554)
2006 Ed. (525)
2005 Ed. (611)
2004 Ed. (621)
Caja de Ahorros y Pensiones de Barcelona
1997 Ed. (617)
1996 Ed. (683)
1994 Ed. (635)
Caja de Catalunya
1991 Ed. (664)
Caja de Credito Agrario
2001 Ed. (616, 617, 618)
2000 Ed. (497, 500, 502)
Caja de Credito Agrario Industrial y Minero
2004 Ed. (1675)
2002 Ed. (1617)
Caja de Guipuzcoa y San Sebastian
1994 Ed. (635)
Caja de Guipuzoca-San Sebastian
1993 Ed. (632)
Caja de Madrid
2007 Ed. (2161)
2001 Ed. (3512)
2000 Ed. (665)
1999 Ed. (639)
1997 Ed. (617, 2546)
1996 Ed. (683)
1995 Ed. (609)
1994 Ed. (635, 636)
1993 Ed. (632, 633, 3574)
1992 Ed. (837)
1991 Ed. (664)
1989 Ed. (569)
Caja de Peniones "La Caixa"
1990 Ed. (688)
Caja de Pensiones La Caixa
1989 Ed. (679)
Caja de Seguros
2008 Ed. (3253)
2007 Ed. (3108)
Caja de Seguros Reunidos, Compania de Seguros
2008 Ed. (2083)
Caja Espana de Inversiones, C.A. & M.P.
1993 Ed. (632)
Caja Gipuzkoa San Sebastian
2002 Ed. (648)
Caja Gipuzkoa San Sebastian (Kutxa)
2003 Ed. (612)
Caja Gipuzkoa Sebastian
2000 Ed. (665)
Caja Madrid
2005 Ed. (743)
Caja Social
2000 Ed. (498, 501)
Cajun Constructors Inc.
2008 Ed. (1310)
2007 Ed. (1377)
2006 Ed. (1278, 1325)
2002 Ed. (1287)
Cajun Operating Co.
2008 Ed. (1764)
2007 Ed. (1736)
2006 Ed. (1729)
Cake
2003 Ed. (3757)
Cake and meal production
2001 Ed. (3655)
Cake, carrot
1995 Ed. (1557)
Cake, chocolate
1995 Ed. (1557)
Cake coverings
2001 Ed. (551)
Cake Decoration
2000 Ed. (3495)
Cake decoration & icing
2003 Ed. (376)
Cake decorations & icing
2002 Ed. (431)
Cake mixes
2001 Ed. (551)
Cakes
2003 Ed. (367, 369, 369, 375)
2002 Ed. (425, 430, 764, 3490)
1998 Ed. (257)
Cakes, carrot
1998 Ed. (1266)
Cakes, decorated
1997 Ed. (327)
Cakes, fancy
1997 Ed. (327)
Cakes, specialty
1998 Ed. (1266)
1995 Ed. (1557)
Cakrawala Andalas Televisi
2008 Ed. (48)
2007 Ed. (44)
Caktiong; Tony Tan
2006 Ed. (4921)
Cal Inc.
2000 Ed. (2462)
Cal-Air Inc.
2008 Ed. (1239, 1342, 4001)
2007 Ed. (1392, 3978)
2006 Ed. (1252, 1347)
2005 Ed. (1282, 1345)
2004 Ed. (1314)
2003 Ed. (1314, 1340)
2002 Ed. (1297)
2001 Ed. (1481)
2000 Ed. (1267)
1998 Ed. (954)
Cal America Savings & Loan, FS&LA
1990 Ed. (3585)
Cal-Coast Development Group Inc.
1995 Ed. (3065)
1994 Ed. (3007)
Cal-Comp Electronics
1994 Ed. (1734)
1990 Ed. (1132)

Cal Dive International Inc.
2007 Ed. (3837)
Cal Fed Bancorp
1998 Ed. (269, 271, 1089, 1090, 1093, 3153, 3525, 3527)
Cal. Jockey Club/Bay Meadows Op. Co.
1998 Ed. (158)
Cal-Maine Foods Inc.
2008 Ed. (3453)
2006 Ed. (2723, 3289)
2005 Ed. (2751, 2752)
2004 Ed. (2756, 2757)
Cal Poly-San Luis Obispo
2001 Ed. (1327)
Cal Ripken Jr.
1998 Ed. (199)
Cal Snap & Tab Corp.
2006 Ed. (3965)
2000 Ed. (913)
Cal-State Lumber Sales Inc.
1996 Ed. (2066, 2067)
1995 Ed. (2101, 2103, 2106, 2107, 2108, 2109, 3727)
1994 Ed. (2050, 2053, 2055, 2057)
1993 Ed. (2037)
Cal Tel Inc.
1992 Ed. (4207)
Cal Western Packaging Corp.
2005 Ed. (1366)
2004 Ed. (1350)
Cal Worthington
1992 Ed. (375, 375)
1990 Ed. (309, 309)
1989 Ed. (285, 285)
Calabasas/101 Freeway Area, CA
1996 Ed. (1602)
Calabasas/101 Freeway, CA
1998 Ed. (1948)
Calabria & Lucania
1993 Ed. (538)
1992 Ed. (739)
Calamos Asset
2000 Ed. (2834)
Calamos Asset Management Inc.
2007 Ed. (1652)
2006 Ed. (2734, 2741)
2003 Ed. (3071)
Calamos Convertible
2004 Ed. (718, 3545, 3547)
2003 Ed. (690, 692)
2002 Ed. (725, 726)
1996 Ed. (2807)
1995 Ed. (2740)
Calamos Convertible Growth & Income
2004 Ed. (718, 3545, 3547, 3548, 3657)
Calamos Convertible Income
1993 Ed. (2694)
Calamos Global Growth & Income A
1999 Ed. (3570)
Calamos Growth
2006 Ed. (3646, 3647, 4557)
2005 Ed. (3544, 3551, 4482)
2004 Ed. (2453, 3534, 3536, 3537, 3593)
2002 Ed. (3421, 4503)
Calamos Growth & Income
2005 Ed. (3581)
2001 Ed. (3436, 3437)
1996 Ed. (2807)
Calamos Growth Fund
2007 Ed. (3665)
2006 Ed. (3605)
2003 Ed. (3481, 3498, 3537, 3549)
Calamos Market Neutral
2005 Ed. (698)
2004 Ed. (3545, 3548)
Calamos Small/Mid Cap Convertible
1994 Ed. (2640)
Calamos Strategic Income
1996 Ed. (2807)
CalAmp Corp.
2007 Ed. (2332)
Calan SR
1991 Ed. (2400)
1990 Ed. (2530)
Calaveras County Fairgrounds
1989 Ed. (987, 987)
Calavo
2008 Ed. (2338)
2001 Ed. (2018)
2000 Ed. (1637, 4159)
Calcasieu Lumber
1995 Ed. (849)
1994 Ed. (797)
Calcium
2004 Ed. (2101)
1994 Ed. (3636, 3637)
Calcium Antagonis
1994 Ed. (2463)
Calcium blockers
2002 Ed. (2013, 3751, 3752)
2001 Ed. (2095)
Calcium blocking agents
2001 Ed. (2065)
2000 Ed. (3062)
1997 Ed. (2742)
1996 Ed. (1575, 2599)
1995 Ed. (2531)
Calcium-channel blockers
2000 Ed. (1696, 1705, 2322)
1999 Ed. (1907, 1909, 3324)
1998 Ed. (1336, 1339)
1996 Ed. (2560)
Calcium-Magnesium
1994 Ed. (3637)
Calco Insurance Brokers & Agents Inc.
2004 Ed. (3067)
Calcon Constructors
2001 Ed. (2671)
1996 Ed. (1131)
1993 Ed. (1122)
1992 Ed. (1409)
Calcon Industries
1999 Ed. (1380)
Calcot Ltd.
2003 Ed. (1874)
1997 Ed. (1810)
Calculators
1994 Ed. (1967)
1990 Ed. (721)
Calcutta
1990 Ed. (1011)
Calcutta, India
1995 Ed. (991)
1991 Ed. (940)
1989 Ed. (2245)
Caldac
1999 Ed. (1092)
Calder; Clive
2008 Ed. (4910)
2007 Ed. (4932)
2005 Ed. (4894)
Caldera; Louis
2008 Ed. (1428)
2007 Ed. (1444)
Calderon Publicidad
2003 Ed. (82)
2002 Ed. (115)
2001 Ed. (142)
1999 Ed. (97)
1997 Ed. (95)
Calderon Publicidad (Burnett)
2000 Ed. (102)
Caldesene
2008 Ed. (4586)
2003 Ed. (2920)
Caldic
2002 Ed. (1004)
2001 Ed. (2511)
1996 Ed. (933)
Caldor
2001 Ed. (2028)
2000 Ed. (1661, 1683, 1685, 4282)
1999 Ed. (1835, 1868, 1869, 1880, 4096, 4097, 4636)
1998 Ed. (1054, 1263, 1293, 1294, 1306, 1308, 1309, 1312, 1359, 2314, 2315)
1997 Ed. (355, 356, 357, 1594, 1623, 1624, 1630, 1665, 1668, 2321, 2935, 3342, 3344, 3780)
1996 Ed. (1557, 1558, 1584, 1586, 3725)
1995 Ed. (1570, 1571, 1575, 1596, 1957)
1994 Ed. (1538, 1540, 1541, 1546, 1567, 2137)
1993 Ed. (1493, 1494)
1992 Ed. (1811, 1812, 1813, 1818, 1824, 1827, 1829, 2422)
1991 Ed. (1421, 1423, 1424, 1429, 1430, 1919)
1990 Ed. (912, 1510, 1511, 1518, 1521, 2029, 3057)
1989 Ed. (1244, 1251, 1253)
Caldwell & Orkin
1993 Ed. (2341)
Caldwell & Orkin Market Opportunity
2005 Ed. (3555, 3564)
2004 Ed. (3545, 3547, 3581)
1999 Ed. (3525, 3529)
Caldwell & Orkin Mkt. Opportunity
2000 Ed. (3246)
Caldwell Balanced
2004 Ed. (3623, 3624)
2003 Ed. (3584, 3585)
2002 Ed. (3454)
Caldwell Banker
1992 Ed. (1287)
Caldwell Banker Residential Real Estate
1997 Ed. (3255)
Caldwell Canada
2004 Ed. (2474)
2003 Ed. (3590, 3591, 3592)
2002 Ed. (3464, 3465, 3466)
Caldwell Income
2003 Ed. (3562)
Caldwell Legal USA
1993 Ed. (2911)
Caldwell, NJ
2000 Ed. (4369)
Caledonia Investments
1999 Ed. (1609)
1996 Ed. (1366)
Caledonia Investments Plc
1995 Ed. (1380)
Caledonia Mining
1997 Ed. (1376)
Caledonian Bank & Trust Ltd.
1997 Ed. (899)
1996 Ed. (878)
1995 Ed. (904)
1994 Ed. (862)
1993 Ed. (849)
1992 Ed. (1059)
Calence Inc.
2003 Ed. (2258)
Calendars
2000 Ed. (3842)
1999 Ed. (4132)
1998 Ed. (3117)
1996 Ed. (2221)
1994 Ed. (732, 1967)
Calendars/diaries
1993 Ed. (1941)
Calendars/diaries/desk planners
1992 Ed. (2283)
CalEnergy Co. Inc.
2003 Ed. (1509)
1999 Ed. (1555)
Calexico, CA
2005 Ed. (3878)
CalFed
1997 Ed. (3744, 3745)
1994 Ed. (1291, 1304, 1310, 3534)
1993 Ed. (1261, 1265, 3467, 3562, 3563)
1992 Ed. (1518, 2150, 2151, 4285, 4289, 4290, 712)
1991 Ed. (2486, 2917, 3361, 3367)
1990 Ed. (1779, 2609, 3099, 3446, 3574, 3581)
1989 Ed. (2355, 2821, 2826, 2827)
Calfee, Halter & Griswold
1998 Ed. (2968)
1995 Ed. (2647, 3037)
Calfee Halter & Griswold LLP
2007 Ed. (1506)
Calfrac Well Services
2008 Ed. (3917)
2006 Ed. (1632)
Calgary
1992 Ed. (530)
Calgary, AB
2001 Ed. (4109)
2000 Ed. (2549)
Calgary, Alberta
2008 Ed. (1550)
2007 Ed. (1571)
2005 Ed. (1785, 3476)
2003 Ed. (3251)
1993 Ed. (2556)
Calgary Board of Education
2008 Ed. (1550, 1556)
2007 Ed. (1573)
2006 Ed. (1541, 1543)
Calgary; The City of
2006 Ed. (1541)
Calgary Co-op Association Ltd.
2003 Ed. (1381)
Calgary Co-operative Association
2008 Ed. (1385, 4050)
2007 Ed. (1434)
2006 Ed. (1401)
2001 Ed. (1499)
Calgary Exhibition & Stampede
2001 Ed. (2352)
1993 Ed. (1709)
1992 Ed. (2066)
Calgary Flames
1998 Ed. (3357)
Calgary Health Region
2008 Ed. (1550, 1556)
2007 Ed. (1571, 1573)
2006 Ed. (1541, 1543)
Calgary International
1995 Ed. (196)
Calgary Roman Catholic Separate School District No. 1
2008 Ed. (1556)
2007 Ed. (1573)
2006 Ed. (1543)
Calgary Stampede
2007 Ed. (2513)
2006 Ed. (2534)
2005 Ed. (2524)
2003 Ed. (2417)
2002 Ed. (2215)
2000 Ed. (1888)
1999 Ed. (2086)
1998 Ed. (1518)
1995 Ed. (1733)
1990 Ed. (1727)
Calgary Sunday Herald
2003 Ed. (3649)
2002 Ed. (3507)
Calgary Transit
1993 Ed. (785)
Calgary; University of
2008 Ed. (1076, 1556, 3636)
2007 Ed. (1573, 3473)
2006 Ed. (1543)
1994 Ed. (819)
Calgene
1999 Ed. (728)
1998 Ed. (465)
1997 Ed. (674)
1990 Ed. (732)
1989 Ed. (733)
Calgon
2008 Ed. (531)
2007 Ed. (2644)
2006 Ed. (2661)
2005 Ed. (2681)
2004 Ed. (2684)
2003 Ed. (642, 644, 2547, 2548, 2549)
2002 Ed. (669, 671, 2356)
2001 Ed. (665, 3698, 3699, 3700, 3701, 3704)
2000 Ed. (705, 3456)
1999 Ed. (686)
1998 Ed. (3702)
1997 Ed. (3869)
1994 Ed. (675)
Calgon Body Mists
2000 Ed. (3457)
1999 Ed. (3738)
Calgon Carbon Corp.
2008 Ed. (2043)
2006 Ed. (1984)
2004 Ed. (946)
1994 Ed. (2891, 3430)
1993 Ed. (2875, 3452)
1992 Ed. (3479)
1991 Ed. (2752)
1990 Ed. (2875)
1989 Ed. (2367)
Cali Realty Corp.
1997 Ed. (3261)
Calian Technologies
2008 Ed. (1208, 2947)
2007 Ed. (1319, 2815, 2822)

Calian Technology Ltd.
2006 Ed. (2820)
Caliber Bank
1996 Ed. (444)
1994 Ed. (369, 372, 425)
Caliber Buzz
2008 Ed. (4812)
Caliber Collision Centers
2003 Ed. (3950)
Caliber Dedicated Transportation
2002 Ed. (4687)
Caliber/Federal Express
2000 Ed. (4311)
Caliber Logistics
1999 Ed. (1351)
Caliber Motors
1993 Ed. (277)
Caliber System Inc.
2001 Ed. (1876, 2535, 2536)
1999 Ed. (4400)
1998 Ed. (1053, 1120, 1123, 1124, 3421, 3422, 3423, 3614, 3627, 3629, 3630, 3631)
Caliber Systems
1999 Ed. (4672)
1997 Ed. (3801, 3802)
Calibrated Forms
2000 Ed. (912, 913)
CALIBRE
2007 Ed. (4392)
2004 Ed. (180)
Caliburn Partnership Pty.
2005 Ed. (1441)
Calico Corners
1998 Ed. (1531)
Calient Networks, Inc.
2002 Ed. (3539)
Caliente Construction Inc.
2008 Ed. (3694, 4368, 4952)
2007 Ed. (3532, 3533, 4400)
2006 Ed. (3496, 4340)
Calif. State Auto Association Inter-Insurance
2000 Ed. (2650)
CalifEngy
1990 Ed. (248)
Califiornia
1992 Ed. (4118)
California
2008 Ed. (327, 343, 354, 1104, 1105, 1757, 2405, 2406, 2407, 2437, 2492, 2648, 2654, 2655, 2656, 2832, 2897, 2918, 2958, 3037, 3118, 3129, 3130, 3133, 3280, 3281, 3471, 3545, 3633, 3648, 3759, 3760, 3779, 3829, 3830, 3859, 4011, 4012, 4048, 4326, 4361, 4455, 4497, 4596, 4603, 4661, 4729, 4838, 4914, 4940)
2007 Ed. (333, 341, 356, 366, 1198, 1199, 2078, 2274, 2372, 2520, 2526, 2527, 2528, 2702, 2763, 2838, 2916, 3009, 3371, 3419, 3420, 3459, 3474, 3515, 3647, 3648, 3685, 3748, 3749, 3781, 3992, 3994, 3995, 4002, 4021, 4022, 4371, 4472, 4534, 4687, 4694, 4866, 4937)
2006 Ed. (373, 383, 1094, 2130, 2428, 2550, 2551, 2552, 2707, 2754, 2756, 2834, 2894, 3059, 3069, 3070, 3080, 3084, 3097, 3098, 3103, 3104, 3109, 3112, 3115, 3117, 3130, 3131, 3132, 3136, 3137, 3155, 3156, 3259, 3301, 3307, 3323, 3367, 3368, 3443, 3450, 3480, 3483, 3584, 3690, 3749, 3750, 3783, 3934, 3936, 3937, 3944, 3983, 4158, 4305, 4334, 4410, 4475, 4476, 4666, 4673, 4865, 4931)
2005 Ed. (370, 371, 386, 387, 391, 392, 394, 395, 403, 404, 405, 406, 408, 411, 418, 422, 441, 442, 843, 912, 913, 1072, 1073, 1074, 1099, 2034, 2268, 2382, 2526, 2543, 2544, 2545, 2741, 2785, 2840, 2882, 2919, 2920, 2937, 2985, 3122, 3299, 3301, 3319, 3383, 3384, 3432, 3441, 3484, 3524, 3589, 3651, 3652, 3690, 3873, 3874, 4184, 4191, 4192, 4193, 4194, 4195, 4203, 4210, 4228, 4230, 4232, 4234, 4237, 4239, 4242, 4362, 4392, 4472, 4597, 4599, 4608, 4794, 4795, 4828, 4898, 4928, 4939, 4940, 4941, 4942, 4943, 4944)
2004 Ed. (359, 360, 367, 368, 373, 375, 377, 379, 380, 382, 392, 393, 398, 415, 435, 436, 767, 768, 805, 895, 896, 921, 922, 980, 1026, 1037, 1068, 1069, 1070, 1091, 1092, 1093, 1904, 2000, 2023, 2177, 2186, 2187, 2188, 2293, 2296, 2297, 2298, 2299, 2300, 2301, 2302, 2303, 2304, 2305, 2308, 2309, 2316, 2536, 2563, 2564, 2565, 2566, 2567, 2570, 2571, 2573, 2574, 2727, 2728, 2732, 2744, 2793, 2806, 2904, 2929, 2930, 2971, 2972, 2973, 2974, 2978, 2979, 2980, 2987, 2989, 2990, 2991, 2992, 2993, 2994, 3037, 3038, 3039, 3041, 3042, 3043, 3044, 3045, 3046, 3047, 3048, 3049, 3057, 3058, 3069, 3070, 3087, 3088, 3090, 3091, 3092, 3094, 3096, 3098, 3099, 3118, 3120, 3121, 3145, 3146, 3263, 3278, 3281, 3290, 3292, 3299, 3301, 3313, 3355, 3356, 3418, 3425, 3477, 3478, 3480, 3489, 3525, 3671, 3675, 3743, 3837, 3925, 3926, 4232, 4251, 4258, 4259, 4260, 4261, 4264, 4277, 4294, 4295, 4296, 4297, 4299, 4302, 4303, 4304, 4306, 4309, 4318, 4319, 4412, 4419, 4446, 4499, 4500, 4501, 4502, 4504, 4505, 4506, 4507, 4508, 4509, 4510, 4511, 4517, 4520, 4521, 4522, 4523, 4524, 4525, 4526, 4527, 4531, 4658, 4701, 4702, 4819, 4837, 4847, 4885, 4898, 4899, 4900, 4901, 4948, 4957, 4958, 4959, 4960, 4981, 4994, 4995, 4996)
2003 Ed. (354, 381, 388, 389, 394, 396, 405, 406, 407, 413, 419, 441, 442, 443, 757, 758, 786, 904, 905, 969, 1032, 1058, 1059, 1060, 1063, 1081, 2127, 2270, 2424, 2433, 2434, 2435, 2436, 2612, 2625, 2678, 2688, 2751, 2793, 2794, 2838, 2839, 2886, 2960, 2961, 2962, 2963, 2964, 2982, 2984, 2988, 3003, 3221, 3236, 3243, 3248, 3261, 3293, 3294, 3355, 3360, 3420, 3459, 3628, 3700, 3895, 3897, 3898, 4040, 4209, 4233, 4239, 4240, 4241, 4242, 4245, 4257, 4286, 4287, 4288, 4289, 4291, 4295, 4296, 4298, 4299, 4300, 4308, 4309, 4400, 4408, 4418, 4419, 4467, 4551, 4646, 4680, 4723, 4724, 4821, 4852, 4867, 4908, 4909, 4910, 4944, 4954, 4955, 4956, 4957, 4988, 4992)
2002 Ed. (273, 367, 368, 378, 451, 453, 459, 461, 464, 466, 471, 473, 494, 496, 497, 668, 770, 771, 772, 773, 864, 869, 950, 952, 959, 960, 961, 1102, 1112, 1113, 1116, 1117, 1401, 1402, 1802, 1824, 1825, 1906, 1907, 2008, 2061, 2061, 2063, 2064, 2120, 2121, 2226, 2229, 2232, 2233, 2234, 2353, 2401, 2447, 2548, 2549, 2552, 2624, 2625, 2737, 2739, 2740, 2741, 2742, 2837, 2843, 2844, 2845, 2846, 2847, 2849, 2851, 2865, 2868, 2874, 2875, 2877, 2881, 2882, 2883, 2892, 2896, 2897, 2899, 2902, 2903, 2944, 2946, 2947, 2953, 2961, 2971, 2978, 2979, 2980, 2981, 3053, 3089, 3115, 3116, 3117, 3118, 3119, 3120, 3198, 3212, 3235, 3236, 3239, 3240, 3289, 3300, 3327, 3341, 3344, 3367, 3735, 3804, 3901, 4063, 4072, 4104, 4105, 4108, 4109, 4110, 4111, 4112, 4113, 4147, 4148, 4149, 4150, 4151, 4154, 4176, 4177, 4178, 4179, 4195, 4196, 4308, 4368, 4369, 4370, 4371, 4372, 4373, 4374, 4375, 4376, 4520, 4537, 4550, 4554, 4605, 4606, 4607, 4681, 4706, 4732, 4740, 4763, 4775, 4910, 4914, 4915, 4916, 4917, 4918, 4919, 4920, 4921, 4992)
2001 Ed. (1, 2, 9, 10, 273, 274, 277, 278, 285, 340, 341, 371, 396, 397, 401, 402, 410, 411, 412, 413, 414, 415, 428, 429, 547, 548, 549, 550, 660, 661, 666, 667, 702, 703, 719, 720, 721, 722, 765, 977, 978, 992, 993, 997, 998, 1006, 1007, 1014, 1028, 1029, 1030, 1031, 1050, 1051, 1079, 1084, 1085, 1086, 1087, 1106, 1107, 1110, 1123, 1124, 1126, 1127, 1157, 1158, 1159, 1201, 1202, 1232, 1244, 1245, 1262, 1263, 1266, 1267, 1268, 1269, 1293, 1294, 1295, 1304, 1305, 1345, 1346, 1360, 1361, 1370, 1371, 1372, 1373, 1375, 1376, 1377, 1378, 1396, 1397, 1400, 1411, 1415, 1416, 1417, 1418, 1419, 1420, 1421, 1422, 1423, 1424, 1425, 1426, 1427, 1428, 1429, 1430, 1431, 1432, 1433, 1434, 1435, 1436, 1437, 1438, 1440, 1441, 1491, 1492, 1941, 1942, 1965, 1966, 1967, 1968, 1975, 1976, 1979, 1980, 2048, 2049, 2050, 2051, 2052, 2053, 2055, 2056, 2111, 2112, 2129, 2131, 2132, 2143, 2144, 2149, 2150, 2151, 2152, 2218, 2219, 2234, 2235, 2260, 2261, 2265, 2266, 2286, 2287, 2356, 2357, 2368, 2380, 2381, 2386, 2387, 2388, 2390, 2391, 2392, 2393, 2396, 2397, 2398, 2399, 2415, 2416, 2417, 2418, 2420, 2421, 2436, 2437, 2452, 2453, 2459, 2460, 2466, 2467, 2471, 2472, 2520, 2521, 2522, 2523, 2537, 2538, 2541, 2542, 2544, 2545, 2556, 2557, 2563, 2564, 2566, 2567, 2572, 2573, 2576, 2577, 2581, 2591, 2592, 2593, 2594, 2597, 2604, 2606, 2607, 2609, 2613, 2617, 2618, 2619, 2620, 2623, 2624, 2625, 2626, 2629, 2630, 2659, 2660, 2662, 2663, 2664, 2682, 2683, 2684, 2685, 2689, 2690, 2705, 2738, 2739, 2758, 2804, 2805, 2806, 2807, 2824, 2828, 2829, 2963, 2964, 2997, 2998, 2999, 3000, 3026, 3027, 3029, 3032, 3033, 3034, 3035, 3042, 3043, 3046, 3047, 3048, 3049, 3069, 3070, 3071, 3072, 3078, 3079, 3082, 3083, 3090, 3091, 3092, 3093, 3096, 3097, 3098, 3099, 3103, 3122, 3169, 3170, 3172, 3173, 3174, 3204, 3205, 3213, 3214, 3223, 3224, 3225, 3226, 3235, 3236, 3262, 3263, 3287, 3288, 3306, 3307, 3308, 3314, 3327, 3328, 3330, 3354, 3355, 3356, 3357, 3383, 3384, 3385, 3386, 3396, 3397, 3401, 3413, 3414, 3416, 3417, 3418, 3419, 3524, 3526, 3527, 3536, 3537, 3538, 3539, 3545, 3567, 3568, 3570, 3571, 3573, 3574, 3576, 3577, 3582, 3583, 3584, 3589, 3590, 3597, 3606, 3607, 3615, 3618, 3619, 3620, 3633, 3636, 3637, 3639, 3640, 3642, 3643, 3652, 3653, 3660, 3661, 3662, 3663, 3707, 3708, 3716, 3717, 3730, 3731, 3732, 3733, 3737, 3738, 3747, 3748, 3769, 3770, 3771, 3781, 3782, 3785, 3786, 3787, 3788, 3789, 3790, 3791, 3792, 3795, 3796, 3804, 3805, 3807, 3808, 3809, 3810, 3815, 3816, 3827, 3828, 3840, 3841, 3849, 3871, 3872, 3878, 3879, 3880, 3881, 3883, 3888, 3889, 3892, 3893, 3894, 3895, 3896, 3897, 3898, 3899, 3903, 3904, 3906, 3907, 3913, 3914, 3915, 3916, 3963, 3964, 3965, 3966, 3968, 3969, 3993, 3994, 3999, 4000, 4005, 4006, 4011, 4012, 4018, 4019, 4026, 4140, 4141, 4144, 4157, 4158, 4165, 4166, 4171, 4172, 4173, 4174, 4175, 4176, 4198, 4199, 4211, 4212, 4221, 4223, 4224, 4228, 4230, 4231, 4232, 4238, 4239, 4240, 4241, 4242, 4243, 4247, 4248, 4260, 4261, 4271, 4272, 4273, 4274, 4286, 4287, 4294, 4295, 4304, 4305, 4327, 4328, 4331, 4332, 4335, 4336, 4360, 4361, 4362, 4363, 4407, 4408, 4410, 4411, 4413, 4415, 4429, 4430, 4442, 4443, 4444, 4445, 4448, 4459, 4460, 4479, 4480, 4481, 4482, 4488, 4489, 4505, 4516, 4517, 4518, 4531, 4532, 4570, 4571, 4580, 4581, 4582, 4583, 4594, 4595, 4599, 4600, 4614, 4615, 4633, 4634, 4642, 4643, 4646, 4653, 4654, 4657, 4658, 4659, 4660, 4683, 4709, 4718, 4721, 4726, 4727, 4728, 4729, 4734, 4737, 4738, 4739, 4740, 4794, 4796, 4798, 4799, 4808, 4809, 4810, 4811, 4812, 4813, 4814, 4815, 4820, 4821, 4822, 4823, 4824, 4825, 4826, 4827, 4832, 4833, 4838, 4862, 4863, 4864, 4865, 4866, 4867, 4868, 4869, 4912, 4913, 4917, 4918, 4919, 4923, 4928, 4929, 4930, 4931, 4932, 4934, 4935, 4937, 4938)
2000 Ed. (751, 803, 1005, 1007, 1317, 1318, 1378, 1792, 1905, 1906, 2327, 2382, 2452, 2454, 2465, 2475, 2592, 2599, 2603, 2645, 2658, 2659, 2939, 2956, 2958, 2960, 2962, 2963, 2965, 3188, 3557, 3558, 3831, 3866, 3867, 4015, 4016, 4024, 4025, 4094, 4097, 4100, 4102, 4103, 4106, 4108, 4109, 4110, 4111, 4113, 4114, 4179, 4232, 4235, 4289, 4299, 4355, 4391, 4398, 4399, 4400, 4401, 4404, 4405, 4406)
1999 Ed. (392, 738, 798, 799, 1058, 1060, 1077, 1145, 1457, 1458, 1535, 2587, 2681, 2811, 2911, 3196, 3217, 3219, 3221, 3223, 3224, 3226, 3258, 3270, 3892, 4121, 4151, 4152, 4401, 4403, 4406, 4407, 4408, 4410, 4411, 4413, 4414, 4415, 4416, 4417, 4419, 4422, 4423, 4426, 4427, 4428, 4429, 4432, 4434, 4435, 4436, 4437, 4438, 4439, 4440, 4442, 4443, 4444, 4445, 4446, 4452, 4454, 4455, 4456, 4457, 4458, 4459, 4460, 4462, 4464, 4466, 4467, 4581, 4582, 4621, 4664, 4726, 4764, 4775, 4776, 4777, 4780, 4781, 4783)
1998 Ed. (179, 210, 466, 473, 481, 671, 673, 732, 1024, 1025, 1109, 1535, 1536, 1702, 1799, 1830, 1928, 1935, 1945, 1977, 2069, 2112, 2113, 2366, 2381, 2384, 2385, 2401, 2418, 2438, 2452, 2459, 2561, 2901, 2970, 3105, 3168, 3373, 3374, 3377, 3378, 3380, 3382, 3389, 3391, 3392, 3394, 3396, 3397, 3398, 3511, 3512, 3517, 3620, 3683, 3716, 3727, 3728, 3729, 3732, 3734, 3735, 3737, 3759)
1997 Ed. (1, 331, 929, 930, 1247, 1249, 1283, 1573, 1818, 1819,

2137, 2219, 2351, 2637, 2648, 2650, 2655, 2681, 2683, 2831, 3131, 3148, 3363, 33893, 3563, 3565, 3569, 3570, 3571, 3572, 3573, 3574, 3575, 3576, 3578, 3579, 3593, 3584, 3585, 3586, 3587, 3590, 3591, 3592, 3593, 3595, 3596, 3598, 3599, 3600, 3603, 3605, 3606, 3607, 3608, 3609, 3610, 3611, 3612, 3613, 3614, 3615, 3616, 3617, 3618, 3620, 3623, 3624, 3726, 3727, 3850, 3881, 3888, 3889, 3891, 3892, 3895, 3896, 3898, 3915)
1996 Ed. (365, 898, 899, 1201, 1203, 1237, 1644, 1720, 1721, 1737, 1738, 2015, 2216, 2217, 2218, 2219, 2220, 2495, 2504, 2506, 2511, 2516, 2536, 2701, 2723, 2723, 2856, 3254, 3264, 3292, 3511, 3515, 3519, 3522, 3524, 3525, 3526, 3527, 3528, 3529, 3530, 3531, 3532, 3533, 3534, 3535, 3538, 3539, 3543, 3544, 3545, 3546, 3547, 3550, 3551, 3552, 3553, 3555, 3556, 3558, 3559, 3560, 3563, 3565, 3566, 3567, 3568, 3569, 3570, 3571, 3572, 3573, 3574, 3575, 3576, 3577, 3581, 3667, 3668, 3743, 3798, 3831, 3840, 3841, 3843, 3844, 3847, 3848, 3850, 3853, 3854)
1995 Ed. (244, 918, 919, 947, 1230, 1231, 1281, 1762, 1764, 1993, 2114, 2199, 2200, 2201, 2202, 2204, 2269, 2449, 2458, 2462, 2468, 2479, 2481, 2608, 2623, 2643, 2644, 2644, 2799, 3171, 3192, 3299, 3448, 3449, 3450, 3451, 3452, 3453, 3454, 3455, 3458, 3459, 3461, 3463, 3464, 3465, 3466, 3469, 3470, 3471, 3472, 3474, 3475, 3477, 3478, 3479, 3482, 3484, 3485, 3486, 3487, 3488, 3489, 3490, 3491, 3492, 3493, 3494, 3495, 3496, 3497, 3498, 3499, 3501, 3502, 3591, 3592, 3665, 3712, 3732, 3740, 3741, 3743, 3744, 3748, 3749, 3751, 3754, 3755, 3801)
1994 Ed. (161, 749, 870, 1214, 1216, 1258, 1968, 2155, 2156, 2157, 2158, 2334, 2370, 2377, 2381, 2387, 2401, 2405, 2414, 2556, 2568, 3028, 3119, 3149, 3150, 3217, 3309, 3375, 3376, 3377, 3378, 3379, 3380, 3381, 3382, 3383, 3386, 3387, 3389, 3391, 3392, 3393, 3394, 3395, 3398, 3399, 3400, 3401, 3403, 3404, 3406, 3407, 3408, 3409, 3411, 3412, 3413, 3414, 3415, 3416, 3417, 3418, 3419, 3420, 3422, 3423, 3424, 3425, 3426, 3427, 3506, 3507, 3638)
1993 Ed. (315, 724, 744, 870, 871, 1190, 1195, 1220, 1458, 1501, 1599, 1734, 1735, 1946, 2125, 2126, 2127, 2128, 2138, 2151, 2153, 2426, 2437, 2440, 2460, 2585, 2586, 2608, 2613, 2614, 2616, 2710, 3058, 3108, 3222, 3320, 3353, 3396, 3397, 3398, 3399, 3400, 3401, 3402, 3403, 3404, 3405, 3408, 3409, 3410, 3411, 3413, 3414, 3416, 3418, 3421, 3422, 3423, 3424, 3425, 3426, 3427, 3428, 3429, 3430, 3431, 3432, 3434, 3435, 3437, 3439, 34413, 3548, 3661, 3678, 3698, 3699, 3703, 3706, 3707, 3709, 3712, 3713, 3715, 3719)
1992 Ed. (1, 439, 441, 908, 933, 967, 968, 969, 970, 971, 972, 974, 975, 976, 977, 978, 1079, 1080, 1468, 1481, 1757, 1942, 2098, 2279, 2286, 2334, 2339, 2340, 2414, 2559, 2560, 2561, 2562, 2651, 2810, 2849, 2862, 2866, 2875, 2878, 2925, 2932, 2944, 2945, 2947, 3084, 3106, 3118, 3484, 3632, 3750, 3811, 3812, 3819, 3977, 4014, 4075, 4076, 4077, 4080, 4086, 4087, 4089, 4090, 4091, 4092, 4093, 4094, 4095, 4096, 4097, 4100, 4101, 4102, 4103, 4105, 4106, 4108, 4110, 4113, 4114, 4115, 4116, 4117, 4119, 4120, 4121, 4122, 4123, 4124, 4125, 4128, 4129, 4130, 4263, 4264, 4314, 4315, 4316, 4317, 4344, 4386, 4406, 4435, 4436, 4442, 4443, 4444, 4445, 4448, 4451, 4452, 4454, 4457, 4481)
1991 Ed. (1, 320, 322, 325, 726, 786, 787, 789, 790, 791, 792, 793, 794, 795, 796, 797, 881, 882, 1155, 1157, 1398, 1645, 1652, 1811, 1853, 1986, 2084, 2163, 2314, 2349, 2362, 2363, 2364, 2365, 2396, 2397, 2475, 2476, 2485, 2510, 2511, 2514, 2521, 2521, 2521, 2768, 3128, 3177, 3178, 3179, 3180, 3183, 3184, 3185, 3188, 3189, 3190, 3191, 3193, 3194, 3195, 3199, 3200, 3203, 3204, 3207, 3337, 3338, 3346, 3460, 3481, 3482, 3486, 3487, 3488, 3492)
1990 Ed. (354, 356, 365, 402, 744, 823, 824, 826, 827, 828, 829, 830, 831, 832, 833, 834, 996, 1237, 1482, 1746, 1748, 1965, 2021, 2147, 2168, 2219, 2223, 2409, 2450, 2496, 2497, 2513, 2575, 2655, 2664, 2867, 3068, 3109, 3110, 3279, 3280, 3281, 3282, 3344, 3345, 3346, 3347, 3350, 3356, 3358, 3360, 3361, 3363, 3367, 3369, 3370, 3371, 3372, 3374, 3375, 3378, 3379, 3380, 3381, 3383, 3384, 3386, 3388, 3389, 3391, 3392, 3395, 3396, 3397, 3398, 3399, 3400, 3401, 3402, 3403, 3404, 3405, 3407, 3408, 3409, 3411, 3413, 3415, 3416, 3423, 3425, 3428, 3429, 3506, 3649, 3692)
1989 Ed. (1, 3, 4, 310, 318, 741, 746, 869, 870, 1190, 1507, 1649, 1650, 1668, 1887, 1906, 1910, 1987, 2529, 2532, 2536, 2550, 2554, 2618, 2620, 2787, 2895, 2913, 2914, 2927, 2928, 2930, 2934)

California Amplifier Inc.
2004 Ed. (4660)
1994 Ed. (2009, 3317)

California at Berkeley, Haas; University of
1996 Ed. (847)
1994 Ed. (813)

California at Berkeley; University of
1997 Ed. (850, 861, 968, 969, 1068, 1069, 1764, 1768, 1769, 1770, 1771, 1773, 1774, 1775, 1776, 2604, 2606, 2607)
1996 Ed. (837, 946, 947, 1050, 1051, 1683, 1686, 1687, 1688, 1689, 1690, 1691, 1692, 1693, 1694, 2457, 2459, 2461)
1995 Ed. (969, 970, 1071, 1072, 1701, 1704, 1705, 1706, 1707, 1708, 1709, 1710, 1711, 1712, 2422, 2424)
1994 Ed. (937, 938, 1654, 1657, 1658, 1659, 1660, 1661, 1663, 1664, 1665)
1993 Ed. (804, 923, 924, 1030, 1031, 1621, 1623, 1624, 1626, 1627, 1628, 1629, 1630, 1631, 1632)

California at Davis; University of
1997 Ed. (1766)
1996 Ed. (1695)
1992 Ed. (1981)

California at Irvine Center for Health Education; University of
2008 Ed. (1597)

California at Los Angeles, Anderson; University of
1994 Ed. (814)

California at Los Angeles Medical Center; University of
1994 Ed. (890, 2090)

California at Los Angeles; University of
1997 Ed. (857, 859, 968, 969, 1068, 1069, 2603, 2606)
1996 Ed. (849, 946, 947, 1050, 1051, 2458)
1995 Ed. (969, 1072, 3091)
1994 Ed. (937, 938, 1060)
1992 Ed. (1123, 1124)

California at San Diego; University of
1997 Ed. (1067, 1767, 3297)
1996 Ed. (947, 1051, 1685)
1995 Ed. (970, 1072, 3091)
1994 Ed. (938)
1993 Ed. (889)

California at San Francisco; University of
1997 Ed. (1067, 3297)
1996 Ed. (1048, 3192)
1995 Ed. (1073, 3095)

California at Santa Barbara; University of
1996 Ed. (949)

California Auto Dealers Exchange
1991 Ed. (267)
1990 Ed. (299)

California Bancshares Inc.
1998 Ed. (266)

California Bar Journal
2008 Ed. (4716)

California-Berkeley, Haas School of Business; University of
2008 Ed. (770, 772, 773, 780, 787, 788, 791, 793, 794, 795, 798, 800)
2007 Ed. (808, 810, 814, 815, 816, 817, 819, 821)
2006 Ed. (712)
2005 Ed. (800)

California-Berkeley; University of
2008 Ed. (776, 779, 781, 785, 1062, 1089, 2574, 2576, 3431)
2007 Ed. (800, 802, 803, 804, 806, 1165, 1181, 2447, 3330)
2006 Ed. (721, 730, 731, 735, 3951, 3957, 3960, 3962)
2005 Ed. (797, 2852)
1992 Ed. (1005, 1123, 1124, 1282, 1283, 1972, 1973, 1975, 1976, 1977, 1978, 1979, 1980, 2216, 2216, 1094)
1991 Ed. (817, 824, 917, 918, 1006, 1007, 1565, 1567, 1568, 1570, 1571, 1572, 1573, 1574, 1575, 1577)

California-Berkley; University of
2005 Ed. (801, 1063, 2440)

California Biotechnology
1993 Ed. (1940)
1992 Ed. (892)

California Business Investments
1999 Ed. (958)
1998 Ed. (540)
1997 Ed. (843)

California Care HMO
2000 Ed. (2426)

California Casualty Indemnity Exchange
2000 Ed. (2652)
1999 Ed. (2899, 2975)
1998 Ed. (2111, 2206)
1997 Ed. (2412, 2466)
1996 Ed. (2272, 2340)
1994 Ed. (2218, 2274)
1993 Ed. (2186, 2236)
1992 Ed. (2690)

California Center Bank
2002 Ed. (3554, 3555)
1995 Ed. (3394)

California Closet Co.
2006 Ed. (3158)
2005 Ed. (3157)
2004 Ed. (3147)
1992 Ed. (4037)

California coast
2002 Ed. (2061)

California Coastal Communities Inc.
2006 Ed. (2735)
2004 Ed. (2774)

California College of the Arts
2008 Ed. (775)

California Commerce Bank
1999 Ed. (581)

California Community Builders Inc.
1997 Ed. (3259)

California Community Foundation
2005 Ed. (2673, 2674)
2002 Ed. (1128, 1129, 2336)
2001 Ed. (2513, 2514)
2000 Ed. (3341)
1999 Ed. (2503)

California Compensation
2001 Ed. (4035)

California Cooler
1995 Ed. (3734)
1993 Ed. (3701)
1992 Ed. (4438, 4439, 4440, 4441, 4461, 4462, 4463)
1991 Ed. (3484, 3485, 3494, 3498, 3500)
1990 Ed. (3691)
1989 Ed. (2910, 2911)

California Dairies Inc.
2007 Ed. (1426)
2006 Ed. (1389)
2005 Ed. (1403)
2004 Ed. (1382)
2003 Ed. (1375, 3966)
2002 Ed. (1078)

California-Davis; University of
2008 Ed. (779)
2007 Ed. (800)
2006 Ed. (713)

California Department of Corrections
2001 Ed. (2486)
2000 Ed. (3617)
1997 Ed. (2056)
1996 Ed. (1953)
1995 Ed. (1917)
1994 Ed. (1889)

California Department of Rehabilitation
1997 Ed. (2056)
1996 Ed. (1953)
1995 Ed. (1917)
1994 Ed. (1889)

California Department of Water Resources
2000 Ed. (3680)
1998 Ed. (2969)
1995 Ed. (3036)
1993 Ed. (2938)

California Dept. of Veterans Affairs
1990 Ed. (2139)

California Dept. of Water Resources
1991 Ed. (2780)

California Deptartment of Transportation
1993 Ed. (2621)

California Do-It Center
1996 Ed. (823, 826)

California Eastern Laboratories
2004 Ed. (2248)
2002 Ed. (2085, 2086, 2088, 2092)
2001 Ed. (2202, 2209)

California Educational Facilities Authority
2000 Ed. (3859)
1999 Ed. (4144)
1993 Ed. (3100)
1991 Ed. (2923)

California Emergency Physicians
2006 Ed. (2405)
2005 Ed. (2359, 2885)

California Emergency Physicians Medical Group
2003 Ed. (2797)
2002 Ed. (2594)
2001 Ed. (2765)
2000 Ed. (2498)
1999 Ed. (2721)

California Employees
2000 Ed. (3429, 3437, 3438, 3439, 3442, 3443, 3444, 3445, 3449)
1999 Ed. (3720, 3723, 3725, 3726, 3727, 3728, 3732)
1997 Ed. (3011, 3015, 3023)
1996 Ed. (2922, 2923, 2926, 2933, 2942)

1995 Ed. (2848, 2849, 2852, 2853, 2854, 2856, 2859, 2862, 2863, 2873)
1990 Ed. (2790)
California Employees' Retirement Systems
1994 Ed. (2752, 2756, 2758, 2760, 2762, 2763, 2765, 2766, 2770, 2776)
1993 Ed. (2781, 2786)
1992 Ed. (3356)
1991 Ed. (2687, 2690, 2692, 2694)
1990 Ed. (2784)
1989 Ed. (2162)
California Endowment
2002 Ed. (2336, 2341, 2343)
California Energy
1997 Ed. (2387)
1993 Ed. (2005, 3329)
1990 Ed. (254)
California Farm Equipment Show & International Exposition
2001 Ed. (4610)
California Federal Bank
2003 Ed. (4230, 4258, 4260, 4262, 4264, 4265, 4266, 4267, 4268, 4269, 4271, 4272, 4273, 4276, 4278, 4279, 4280, 4281)
2002 Ed. (4099, 4100, 4116, 4119, 4120, 4121, 4122, 4123, 4124, 4125, 4127, 4128, 4129, 4132, 4133, 4134, 4135, 4136, 4137, 4138, 4139)
1999 Ed. (4595, 4597)
1998 Ed. (2400, 3128, 3132, 3133, 3135, 3136, 3137, 3139, 3141, 3148, 3150, 3152, 3157, 3523, 3530, 3531, 3534, 3538)
1997 Ed. (735, 3382, 3741, 3746, 3747)
1996 Ed. (1284, 3285, 3684, 3685, 3686, 3688)
1995 Ed. (1334, 3186, 3608, 3610)
1994 Ed. (2551, 3144, 3526, 3527, 3528)
1993 Ed. (3073, 3074, 3076, 3077, 3078, 3079, 3080, 3081, 3084, 3086, 3089, 3090, 3091, 3093, 3094, 3096, 3097, 3564, 3565, 3572, 3573)
1992 Ed. (3773, 3774, 3776, 3777, 3778, 3779, 3781, 3784, 3785, 3786, 3787, 3790, 3792, 3794, 3795, 3797, 3798)
1991 Ed. (2919, 3362)
California Federal Bank, FSB
1992 Ed. (3791, 4286)
1991 Ed. (3375)
California Federal Bank, FSB (Los Angeles, CA)
1991 Ed. (3364, 3365)
California Federal Savings & Loan Assn.
1992 Ed. (506)
California Federal Savings & Loan Association
1993 Ed. (353)
1991 Ed. (363, 3374)
1990 Ed. (422, 2469, 3096, 3097, 3098, 3100, 3575, 3576, 3577, 3583, 3584)
1989 Ed. (2822, 2824)
California First Bank
1992 Ed. (1497)
1990 Ed. (415, 513, 515, 516)
1989 Ed. (500, 712, 714)
California First National Bancorp
2007 Ed. (469, 477)
2006 Ed. (457, 464)
2005 Ed. (374, 528, 536, 539)
California Foundation
2002 Ed. (2326)
California Gift Show
2005 Ed. (4731)
California, GOs
2000 Ed. (3189, 3189)
1997 Ed. (2845, 2846)
California, Gould School of Law; University of Southern
2007 Ed. (3329)
California Grill
2007 Ed. (4128)
California Health Facilities
1990 Ed. (2646, 2646)
California Health Facilities Finance Authority
2001 Ed. (950)
1997 Ed. (2842)
1990 Ed. (2649)
California Health Facilities Financial Authority
1993 Ed. (2618, 2619)
California Health Facilities Financing Authority
2000 Ed. (3197)
1999 Ed. (3483)
1998 Ed. (2572)
California Health System
1995 Ed. (2802)
California Healthcare Insurance Co.
2000 Ed. (982)
California Healthcare System
1995 Ed. (2628)
California Higher Education Loan Authority
1995 Ed. (3187)
California Hispanic Commission on Alcohol & Drug Abuse
2004 Ed. (2837)
California Homes
2005 Ed. (1183, 1226, 1227)
2002 Ed. (2652, 2653, 2675)
California Hospitals Insurance Services Co.
1998 Ed. (639)
1997 Ed. (902)
California Hospitals Insurances Services
1999 Ed. (1032)
California Housing Finance Agency
2001 Ed. (777, 950)
2000 Ed. (2592, 3205)
1999 Ed. (2818)
1998 Ed. (2062)
1997 Ed. (2340)
1996 Ed. (2211, 2725)
1993 Ed. (2116)
1991 Ed. (1986, 2519)
1990 Ed. (2139)
California Hyatt Corp.
2008 Ed. (1798)
California Institute of Technology
2008 Ed. (1059, 1064, 1349, 1352, 2574, 2576)
2007 Ed. (1396, 1398, 2447)
2006 Ed. (1357, 1359, 2858, 3785)
2005 Ed. (1349, 1365, 2440)
2004 Ed. (1343, 1349, 2405)
2003 Ed. (1343, 1352)
2002 Ed. (1030, 1031, 1033, 1034)
2001 Ed. (1319, 1329, 2247, 2248, 2250, 2251, 2253, 2254, 2257)
2000 Ed. (1035, 1036, 1137, 1147, 1148, 1826, 1828, 1831, 1832, 1833, 1835)
1999 Ed. (1107, 1109, 1228, 1238, 1239, 2035, 2037, 2038, 2040, 2041, 2042, 2045)
1998 Ed. (712, 713, 799, 809, 811, 1458, 1461, 1465)
1997 Ed. (968, 969, 1051, 1068, 1069, 1764, 1765, 1768)
1996 Ed. (946, 947, 1035, 1050, 1051, 1683, 1684)
1995 Ed. (969, 970, 1050, 1071, 1072, 1701, 1702)
1994 Ed. (937, 938, 1042, 1655, 2743)
1993 Ed. (924, 1015, 1031, 1621, 1622)
1992 Ed. (1123, 1124, 1267, 1282, 1283, 1970, 1971, 3257)
1991 Ed. (917, 918, 1001, 1006, 1007, 1565, 1566, 2680)
1990 Ed. (1088, 1092, 1094)
1989 Ed. (1477)
California Investment S & P Mid Cap Index
2006 Ed. (3641)
California Investment Trust S & P MidCap Index Fund
2003 Ed. (3536)
California Investment U.S. Government.
2000 Ed. (3269)
California-Irvine, Henry Samueli School of Engineering; University of
2008 Ed. (2575)
2007 Ed. (2446)
California-Irvine, Merage School of Business; University of
2007 Ed. (821)
California-Irvine; University of
2007 Ed. (832)
2006 Ed. (735)
California Lawyer
2008 Ed. (4716)
California Link (Ghana) Ltd.
2007 Ed. (876)
California Lithuanian Credit Union
2008 Ed. (2208, 2209)
2006 Ed. (2156, 2160, 2170)
2005 Ed. (2063, 2076)
2004 Ed. (1936)
2003 Ed. (1893)
2002 Ed. (1832, 1840)
1996 Ed. (1506)
California Local Government Finance Agency
1991 Ed. (1478)
California-Los Angeles, Anderson School of Business; University of
2007 Ed. (796, 810)
2006 Ed. (722)
2005 Ed. (813, 815)
California-Los Angeles, David Geffen School of Medicine; University of
2008 Ed. (3983)
2007 Ed. (3953)
California-Los Angeles, School of Medicine; University of
2006 Ed. (3903)
2005 Ed. (3835)
California-Los Angeles; University of
2008 Ed. (776, 781, 1062, 1089, 3430)
2007 Ed. (800, 801, 803, 804, 806, 1181, 3329)
2006 Ed. (713, 715, 717, 719)
2005 Ed. (1063, 2852)
1993 Ed. (923, 924, 1029, 1030, 1031, 3000)
1992 Ed. (1281, 1282, 1283, 3669, 3803)
1991 Ed. (816, 916, 917, 918, 1004, 1006, 1007, 2833)
California Lottery
2008 Ed. (3360)
California Manufacturing
1990 Ed. (43)
1989 Ed. (46)
California, Marshall School of Business; University of Southern
2008 Ed. (772, 789, 790)
2007 Ed. (814, 831, 834)
2006 Ed. (724)
2005 Ed. (800)
California Mart
2002 Ed. (1168)
California Micro Devices
1991 Ed. (2571, 3148)
California Microwave
1999 Ed. (2615, 2666)
1997 Ed. (1234, 2206)
1996 Ed. (2535)
California Milk Producers
2000 Ed. (1107)
1998 Ed. (755)
California Milk Producers Association
1993 Ed. (1457)
California; Northern
1997 Ed. (2207)
California Office of State Publishing
2006 Ed. (3950, 3951, 3954, 3962)
California Orchard Co.
2004 Ed. (4587)
California Pacific
1993 Ed. (2572)
California Pacific Homes
2004 Ed. (1194)
2003 Ed. (1189)
2002 Ed. (2672)
California Pizza Kitchen Inc.
2008 Ed. (3993, 4157)
2007 Ed. (3967)
2006 Ed. (3916)
2005 Ed. (3845, 4060, 4061)
2002 Ed. (4019, 4020, 4026)
2000 Ed. (3551)
1999 Ed. (3836)
1998 Ed. (2868)
1997 Ed. (2165, 3129, 3311, 3312)
1995 Ed. (3136)
1994 Ed. (3070)
California Pollution Control Finance Authority
1999 Ed. (3471, 3475)
1997 Ed. (2839)
1990 Ed. (2655, 2876, 3504)
California Pollution Control Financial Authority
1996 Ed. (2730)
1993 Ed. (2624, 2625)
1991 Ed. (2529)
California Pollution Control Financing Authority
2000 Ed. (3201)
California Polytechnic at San Luis Obispo
1997 Ed. (1056)
1996 Ed. (1040)
California Polytechnic State University
2008 Ed. (1088, 2573)
California Pools & Spas
2008 Ed. (4580)
2007 Ed. (4648, 4649)
2006 Ed. (4649)
California Pools & Spas of Arizona
2006 Ed. (4649)
California Portland Cement
1999 Ed. (1048)
California Prune Packing
1998 Ed. (1776)
California Public
1998 Ed. (2759, 2767, 2772)
1997 Ed. (3017)
California Public Employees
2008 Ed. (2295, 2296, 2297, 2298, 2299, 2301, 2303, 2304, 2306, 2307, 2309, 2310, 2311, 2312, 2313, 3867, 3868, 3870)
2007 Ed. (2175, 2177, 2178, 2179, 2180, 2181, 2182, 2183, 2185, 2188, 2190, 2191, 2192, 3793, 3794, 3796)
2004 Ed. (2024, 2025, 2026, 2029, 2030, 2031, 2032, 2033, 3788, 3789, 3791)
2003 Ed. (1976, 1977, 1978, 1981, 1982, 1983, 3762, 3763)
2002 Ed. (3601, 3603, 3606, 3610, 3611, 3612, 3614, 3616, 3617)
2001 Ed. (3664, 3666, 3671, 3676, 3678, 3679, 3681, 3685, 3695)
2000 Ed. (3454)
1999 Ed. (3718)
1998 Ed. (2756, 2764, 2765, 2768)
1997 Ed. (3010, 3019, 3021, 3028)
1996 Ed. (2929, 2931, 2932, 2935, 2936, 2947)
1994 Ed. (2751)
1992 Ed. (3353)
1991 Ed. (2698)
1990 Ed. (2792)
California Public Employees Fund
1999 Ed. (3735)
California Public Employees' Retirement System
2007 Ed. (2715, 3990)
2005 Ed. (2769)
2000 Ed. (4023)
1995 Ed. (1262)
1993 Ed. (2777, 2778, 2973)
1990 Ed. (2781)
California Public Employees' Retirement Systems
1996 Ed. (2940)
California Public Employees' Retirement Systems (CALPERS)
2000 Ed. (3432)
1998 Ed. (2762)
California Public Utilities Commission
2006 Ed. (2809)

California Public Works Board
1995 Ed. (2650, 3187)
California Raisin Advisory Board
1989 Ed. (2801)
California Raisins
1992 Ed. (93, 224, 4228)
1991 Ed. (3316, 3317)
1990 Ed. (13, 37, 52, 3539)
1989 Ed. (13)
California Real Estate PAC/Federal
1990 Ed. (2874)
California redwood
2007 Ed. (3392)
2006 Ed. (3334)
2005 Ed. (3343)
2001 Ed. (3177)
California Regents; University of
1997 Ed. (3383)
1996 Ed. (3286)
1993 Ed. (3100)
California, San Diego Medical Center; University of
2008 Ed. (3054)
2007 Ed. (2932)
California-San Diego; University of
2008 Ed. (1062, 1065)
2007 Ed. (1164, 1165)
2005 Ed. (3439)
1995 Ed. (1703, 1713)
1992 Ed. (1281, 3669)
California, San Francisco Medical Center; University of
2008 Ed. (3042, 3043, 3044, 3046, 3047, 3051, 3053, 3054, 3057)
2007 Ed. (2923, 2924, 2928, 2929, 2930, 2932)
2006 Ed. (2900, 2904, 2909, 2910, 2911, 2913, 2916)
2005 Ed. (2896, 2898, 2900, 2902, 2903, 2904, 2906, 2910)
California-San Francisco, School of Medicine; University of
2006 Ed. (3903)
2005 Ed. (3835)
California-San Francisco, University of
2008 Ed. (3640)
2007 Ed. (3468)
2005 Ed. (3439, 3440)
1991 Ed. (1767)
California Savings Plus
2008 Ed. (2319, 2323)
California Scents
2006 Ed. (212)
California Software Corp.
2008 Ed. (1136)
California; Southern
1997 Ed. (2207)
California Special District Finance Authority
1991 Ed. (2774)
California State Association of Counties Excess Insurance Authority
2008 Ed. (4250)
2006 Ed. (4201)
California State Attorney General
1993 Ed. (2623)
California State Auto
1991 Ed. (2126)
California State Auto Association
2000 Ed. (2732, 2735)
1999 Ed. (2899, 2904, 2975)
1998 Ed. (2111, 2118)
1997 Ed. (2409, 2412)
1996 Ed. (2269, 2272, 2340)
1994 Ed. (2215, 2218, 2221)
1993 Ed. (2183, 2186, 2188, 2236)
1992 Ed. (2644, 2690)
California State Auto Association Inter-Insurance
2000 Ed. (2652, 2727)
California State Auto Association International Insurance
1998 Ed. (2206)
1997 Ed. (2466)
1994 Ed. (2274)
California State Auto Group
2002 Ed. (2970)
California State Automobile Association
2008 Ed. (3024)
2007 Ed. (2890)
California State Bank
1997 Ed. (3528)
1996 Ed. (3459)
1994 Ed. (3332)
California State 9 Credit Union
2006 Ed. (2167)
California State Polytechnic University
2000 Ed. (930, 1144)
1999 Ed. (1235)
1998 Ed. (807)
California State Polytechnic University, Pomona
2003 Ed. (800)
California State Public Works Board
2000 Ed. (3859)
1999 Ed. (3474, 4144)
1997 Ed. (3383)
1996 Ed. (2729, 3286)
1993 Ed. (2621)
California State Teachers
2008 Ed. (2297, 2298, 2299, 2300, 2301, 2303, 2304, 2307, 2310, 2312, 2313, 3867, 3868, 3870)
2007 Ed. (2177, 2178, 2179, 2180, 2181, 2183, 2187, 2188, 2190, 2191, 2192, 3793, 3794, 3796)
2004 Ed. (2024, 2025, 2026, 2030, 2031, 2032, 2033, 3788, 3789, 3791)
2003 Ed. (1976, 1977, 1978, 1981, 1982, 1983, 1984, 3762, 3763)
2002 Ed. (3601, 3603, 3605, 3606, 3607, 3609, 3610, 3611, 3613, 3614, 3616, 3617)
2001 Ed. (3664, 3666, 3670, 3671, 3674, 3675, 3676, 3681, 3685, 3695)
2000 Ed. (3454)
1999 Ed. (3718)
1998 Ed. (2756, 2759, 2764, 2765, 2767, 2768, 2772)
1997 Ed. (3010)
1996 Ed. (2922, 2929, 2931, 2932, 2933, 2935, 2936, 2940, 2942)
1995 Ed. (2848, 2849, 2852, 2853, 2854, 2856, 2859, 2862, 2863)
1993 Ed. (2777, 2778)
1992 Ed. (3353)
1990 Ed. (2792)
California State Teachers Fund
1999 Ed. (3735)
California State Teachers' Retirement System
2007 Ed. (3990)
2000 Ed. (3432)
1999 Ed. (3176)
1998 Ed. (2762)
1994 Ed. (2751, 2752, 2756, 2758, 2760, 2762, 2765, 2766, 2770)
1993 Ed. (2781)
1992 Ed. (3356)
1991 Ed. (2687, 2692, 2698)
1990 Ed. (2781, 2784)
1989 Ed. (2162)
California State University
2008 Ed. (771)
2006 Ed. (705)
2000 Ed. (930)
California State University at Long Beach
1998 Ed. (807)
California State University at Los Angeles
1998 Ed. (807)
California State University at Northridge
1998 Ed. (807)
California State University-Fresno
2005 Ed. (799)
2004 Ed. (826, 827)
California State University, Long Beach
2003 Ed. (800)
2000 Ed. (1144)
1999 Ed. (1235)
California State University, Los Angeles
2003 Ed. (800)
California State University - Northridge
2000 Ed. (1144)
1999 Ed. (1235)
California Statewide (CA) PennySaver
2003 Ed. (3646)
California Statewide C.D.C.
2002 Ed. (4296)
2000 Ed. (4056)
1998 Ed. (3317)
1997 Ed. (3528)
1996 Ed. (3459)
1995 Ed. (3394)
California Statewide Commerce Development Agency
2001 Ed. (777)
California Statewide Commerce Development Authority
2001 Ed. (765, 950)
California Statewide Community Development Authority
1999 Ed. (2844)
1998 Ed. (2062, 2572)
1997 Ed. (2842)
1996 Ed. (2727)
1995 Ed. (2648, 2650)
1991 Ed. (2016)
California Statewide PennySaver
2002 Ed. (3505)
California Student Loan Financing
1991 Ed. (3244)
California System; University of
2008 Ed. (1349, 1353)
2007 Ed. (1396, 1399)
2006 Ed. (1357, 1360, 1379)
2005 Ed. (1349, 1369, 1391)
California Teachers
2000 Ed. (3429, 3434, 3435, 3437, 3438, 3439, 3442, 3445, 3449)
1999 Ed. (3720, 3723, 3726, 3728, 3732)
1997 Ed. (3011, 3015)
1996 Ed. (2923, 2926)
California Technology Stock Letter
1993 Ed. (2360)
1992 Ed. (2799, 2801)
California-UCLA Medical Center; University of
1997 Ed. (2271)
1996 Ed. (2156)
1995 Ed. (2145)
California Union Insurance Co.
1993 Ed. (2191)
1991 Ed. (2087)
California; University of
2008 Ed. (2322, 3864, 3865, 4044)
2007 Ed. (2185, 2193, 3791, 4017)
2006 Ed. (3590, 3784, 3785, 3978)
2005 Ed. (3905)
1997 Ed. (1062, 1064, 3014, 3018, 3022, 3383)
1996 Ed. (2928, 2930, 3286)
1995 Ed. (2958, 2860, 3189)
1994 Ed. (1713, 2743, 2755, 2759, 2764)
1993 Ed. (3099, 3100)
1992 Ed. (1006)
1991 Ed. (2521, 2680, 2923)
California University of Pennsylvania
2006 Ed. (1072)
California; University of Southern
2008 Ed. (2576)
2007 Ed. (2447)
2006 Ed. (717)
California University of Technology
2001 Ed. (1330)
California Water Service Group
2005 Ed. (4838, 4839)
2004 Ed. (4854, 4855)
California Wellness Foundation
2002 Ed. (2343)
1999 Ed. (2503)
California Wines
1989 Ed. (2941)
CaliforniaCare
2000 Ed. (2436)
1999 Ed. (2656)
1998 Ed. (1918)
1997 Ed. (2194, 2197)
1996 Ed. (2092, 2095)
1995 Ed. (2092)
CaliforniaCare (Blue Cross)
1993 Ed. (2023)
1990 Ed. (1997)
CaliforniaCare HMO
2000 Ed. (2427)
Calimanesti-Caciulata
2002 Ed. (4460)
Caliper Technologies Corp.
2005 Ed. (3693)
2004 Ed. (3774)
2003 Ed. (3749)
Calisthenics
2001 Ed. (4340)
1999 Ed. (4383, 4816)
Calistoga
2005 Ed. (737)
2003 Ed. (734, 735)
2002 Ed. (754)
1999 Ed. (767)
1995 Ed. (686, 687)
1994 Ed. (688, 734)
1993 Ed. (685)
Calistogo
1998 Ed. (482)
Calix
2006 Ed. (1090)
Call Inc.
2006 Ed. (2758)
Call center
2001 Ed. (593)
Call Center Alliance
2001 Ed. (4465, 4469)
Call center manager
2008 Ed. (3814)
Call Center Services
1996 Ed. (3641)
Call centers
2008 Ed. (3039)
Call Genie Inc.
2008 Ed. (2940)
Call Group
2004 Ed. (28)
Call Interactive
1992 Ed. (3248)
Call-Net Enterprises
2007 Ed. (2806, 2810, 4729)
2005 Ed. (2828, 3491)
2003 Ed. (2142, 2938, 2939, 2941, 3034)
2002 Ed. (4709)
Call of Duty
2008 Ed. (4810)
Call planning
1995 Ed. (2567)
Call reports
1995 Ed. (2567)
Callaghan; A. Carey
1995 Ed. (1819)
Callaghan; Carey
1997 Ed. (1867)
1996 Ed. (1793)
Callahan & Co.
2007 Ed. (1776)
Callahan Associates International LLC
2002 Ed. (1484)
Callan
2008 Ed. (2290, 2314)
Callan Associates
2008 Ed. (2710, 2711)
Callan; Bryon
1994 Ed. (1773)
Callan; Byron
1997 Ed. (1851, 1863)
1996 Ed. (1788)
1995 Ed. (1814)
1993 Ed. (1790)
1991 Ed. (1702)
Callanetics
1992 Ed. (4396)
Callard & Bowser Suchard Inc.
2003 Ed. (1134)
2000 Ed. (975)
Callaway
2002 Ed. (4945, 4958)
2001 Ed. (4883, 4891)
1998 Ed. (25, 1856)
1996 Ed. (29, 2035, 3490)
Callaway Golf Co.
2005 Ed. (3379, 4028, 4029)
2004 Ed. (3350, 4093, 4094)
1997 Ed. (2153, 2154, 2936)
1996 Ed. (1290)
1995 Ed. (2067, 2767, 3517)
Callaway Vineyard & Winery
2001 Ed. (2616)
Callender; Marie
1993 Ed. (3017, 3033)

Callender Pie Shops Inc.; Marie
1992 Ed. (3709)
Callender's; Marie
1996 Ed. (3216)
1995 Ed. (3120)
1994 Ed. (3075)
Calliber Bank
1995 Ed. (418)
Callidus Software Inc.
2006 Ed. (4679)
Callison
2008 Ed. (4227)
2007 Ed. (2408, 4190)
2005 Ed. (260)
2003 Ed. (2855)
1994 Ed. (233)
Callison Architecture Inc.
2008 Ed. (262, 2530, 3337, 3346, 3347)
2007 Ed. (286, 3195, 3205)
2006 Ed. (283, 3162, 3171)
2005 Ed. (3160, 3169, 4118)
2004 Ed. (2372)
2002 Ed. (2986)
2000 Ed. (310)
1999 Ed. (284, 287)
1997 Ed. (262, 263)
1996 Ed. (231)
The Callison Partnership Ltd.
1996 Ed. (232)
1995 Ed. (235)
1993 Ed. (244)
1992 Ed. (353)
Calloway; D. Dwayne
1994 Ed. (950)
Calloway; D. Wayne
1997 Ed. (982)
1996 Ed. (958, 960)
Calloway Johnson Moore & West
2008 Ed. (2524)
Calloway REIT
2006 Ed. (1603)
CallWave Inc.
2006 Ed. (4256)
Calma (GE)
1990 Ed. (1111, 1112)
Calmar
1992 Ed. (1388)
Calmat Co.
2000 Ed. (3847)
1998 Ed. (3123)
1996 Ed. (889)
1995 Ed. (912)
1994 Ed. (879)
1993 Ed. (772, 859, 1953)
1992 Ed. (981, 1069, 1070, 2294)
1991 Ed. (800, 875, 876)
1990 Ed. (844, 921, 1327, 1902)
1989 Ed. (864, 865)
Calmeria
2002 Ed. (4967)
2001 Ed. (4871)
Calmings/sleeping/mood enhancers
2001 Ed. (2105)
Calofrigat SA
1996 Ed. (2568)
Calomos Asset
2002 Ed. (3009)
Calor Gas Ireland Ltd.
2005 Ed. (1829)
Caloric
1992 Ed. (4154, 4155)
1991 Ed. (1441, 3242, 3243)
1990 Ed. (3481, 3482)
CalPERS
2007 Ed. (2715)
2005 Ed. (2769)
Calpine Corp.
2008 Ed. (352, 1443, 1445, 1450, 1508, 1531, 1608, 2425, 2505, 2811)
2007 Ed. (364, 365, 1279, 1611, 2383, 2390, 3065, 4582, 4583)
2006 Ed. (1173, 1495, 1587, 2365, 2435, 2437, 2440, 2444, 4588)
2005 Ed. (1176, 1640, 1674, 1682, 2300, 2394, 2395, 2398, 2399, 2402, 2406, 4461, 4470)
2004 Ed. (2200, 2201, 2319, 4489, 4569, 4579)
2003 Ed. (1555, 1558, 1561, 1581, 1593, 1599, 2277, 2285, 4535, 4538, 4539, 4544)
2002 Ed. (2126, 2228, 4353, 4357, 4358)
Calpine Energy Services
2006 Ed. (2444)
Calpis
1997 Ed. (1577)
Calpol
2002 Ed. (2053)
2001 Ed. (2108)
1994 Ed. (1577)
Calpol Child Analgesic
1999 Ed. (1932)
Calport Asset
1997 Ed. (2523, 2527, 2539)
Calsonic Mura Graphics Inc.
1995 Ed. (2985)
CalsonicKansei North America
2005 Ed. (326, 327)
2004 Ed. (324)
Caltagirone; Francesco Gaetano
2008 Ed. (4869)
Caltex
2004 Ed. (1653)
2003 Ed. (1615)
2002 Ed. (3695, 3760)
1989 Ed. (1117, 1151)
Caltex Australia Ltd.
2008 Ed. (3547)
2007 Ed. (2396)
2006 Ed. (3370)
2005 Ed. (3781)
1993 Ed. (3472)
Caltex Lubricants
2002 Ed. (4477)
Caltex Petroleum Corp.
2001 Ed. (1251, 3756)
1992 Ed. (1182)
1991 Ed. (947)
1990 Ed. (1021)
Caltex Tianjin Lubricating Oil
2000 Ed. (3028)
Caltex Trading
2001 Ed. (1842)
Calton
1993 Ed. (1096)
Calton Homes
2002 Ed. (2685)
Caltrate
2003 Ed. (2063)
Caltrate Plus
2003 Ed. (2063)
Caltrate 600
2003 Ed. (2063)
Caltrate 600 Plus
2004 Ed. (2100)
Caltrex
1997 Ed. (1406)
Calvao; Rod
1992 Ed. (2905)
1991 Ed. (2344)
1990 Ed. (2481)
Calvao; Ron
1993 Ed. (2463)
Calvary, Inc.
2001 Ed. (3978)
Calvary Design Team Inc.
2008 Ed. (3573)
Calvert
2008 Ed. (608, 2624, 2625)
2007 Ed. (636)
2006 Ed. (611, 631, 3659)
1997 Ed. (2139)
1992 Ed. (3181)
1991 Ed. (1814, 1815, 1817)
1990 Ed. (1896)
Calvert/Acacia
2003 Ed. (689, 3485, 3502, 3503)
Calvert/Acacia Group
2005 Ed. (692, 704)
2004 Ed. (723, 3561)
Calvert Ariel Growth
1992 Ed. (3183)
1990 Ed. (2370)
Calvert Ariel Growth Fund
1995 Ed. (2730)
Calvert Asset Mgmt.
2000 Ed. (2806)
Calvert Capital Accumulation
2007 Ed. (4469)
2006 Ed. (4407)
Calvert Cliffs
1990 Ed. (2721)
Calvert Extra
2004 Ed. (4889)
2003 Ed. (4899)
2002 Ed. (3102)
2001 Ed. (4786)
2000 Ed. (2944)
1999 Ed. (3204)
1998 Ed. (2373)
1997 Ed. (2653)
1996 Ed. (2514)
1995 Ed. (2465)
1994 Ed. (2384)
1993 Ed. (2434)
1992 Ed. (2870)
1991 Ed. (2318)
1990 Ed. (2452)
Calvert Fund Income
2000 Ed. (757)
Calvert Fund Strategic Income A
2000 Ed. (756)
Calvert Fund: Washington Area
1992 Ed. (3174)
Calvert Gin
1999 Ed. (2586)
Calvert Group
1999 Ed. (2119)
1998 Ed. (2276)
Calvert Income
2005 Ed. (698)
2004 Ed. (718)
2003 Ed. (690, 691)
2000 Ed. (3253)
1990 Ed. (2376)
Calvert Large Cap Growth
2008 Ed. (2615)
2007 Ed. (2485, 4468)
2006 Ed. (3628, 4404)
Calvert Municipal Intermediate National A
1998 Ed. (2643)
Calvert New Africa Fund
2000 Ed. (3258)
Calvert New Vision Small Cap
2007 Ed. (4469, 4549)
2006 Ed. (4408)
2004 Ed. (4445)
Calvert SIF Balanced
2006 Ed. (4399)
Calvert SIF Bond
2006 Ed. (4402)
Calvert SIF Enhanced Equity
2006 Ed. (4403)
Calvert SIF Equity
2006 Ed. (4403)
Calvert Social Index
2007 Ed. (4468)
2006 Ed. (4404)
Calvert Social Investment Balanced
2007 Ed. (4466)
Calvert Social Investment Bond
2007 Ed. (4467)
Calvert Social Investment Bond A
1996 Ed. (2813)
Calvert Social Investment Bond Port.
1992 Ed. (3154)
Calvert Social Investment Enhanced Equity
2007 Ed. (4471)
Calvert Social Investment Equity
2007 Ed. (4468)
2006 Ed. (3622, 3684)
2005 Ed. (3581)
2004 Ed. (2450, 4443)
2003 Ed. (3489)
Calvert Social Investment Equity A
1996 Ed. (2813)
Calvert Social Investment Equity Fund
2003 Ed. (3532)
Calvert Social Investment Fund - Bond Portfolio
1995 Ed. (2730)
Calvert Social Investment Fund - Managed Growth Portfolio
1995 Ed. (2730)
Calvert Social Investment Management Growth A
1996 Ed. (2813)
Calvert T-F Reserves
1992 Ed. (3168)
Calvert T-F Reserves/CA MMP
1996 Ed. (2672)
Calvert T-F Reserves/CA Portfolio
1992 Ed. (3095)
Calvert T-F Reserves/MMP
1996 Ed. (2672)
1992 Ed. (3095)
Calvert Tax-Free Reserve Ltd. Term
1996 Ed. (2796)
Calvert Tax-Free Reserves/CA MMP
1994 Ed. (2538)
Calvert Tax-Free Reserves-Limited
1989 Ed. (1854)
Calvert Tax-Free Reserves Limited-Term
2008 Ed. (607)
Calvert Tax-Free Reserves/MMP
1994 Ed. (2538, 2544)
Calvert Tax-Free Reserves/Money Market Portfolio
1992 Ed. (3101)
Calvert Washington Area
1992 Ed. (3171)
Calvert World Values Global Equity Fund
1995 Ed. (2730)
Calvert World Values International Equity
2007 Ed. (4470)
2006 Ed. (4400)
Calvin B. Taylor Bankshares Inc.
2004 Ed. (403, 404, 408)
Calvin College
2008 Ed. (1058)
2000 Ed. (1138)
1998 Ed. (800)
1997 Ed. (1055)
1996 Ed. (1039)
Calvin Cooler
1991 Ed. (3485)
1989 Ed. (2911)
Calvin Darden
2004 Ed. (176)
Calvin Klein
2008 Ed. (983)
2007 Ed. (701, 4747)
2005 Ed. (1464, 1467, 4686)
2003 Ed. (2869)
2001 Ed. (1995, 2117)
2000 Ed. (1123)
1999 Ed. (1204)
1996 Ed. (33)
1994 Ed. (49)
1993 Ed. (18)
1992 Ed. (30, 1209, 1210)
1991 Ed. (1653, 1654)
1990 Ed. (56)
1989 Ed. (55)
Calvin Klein Cosmetics Co.
2003 Ed. (2550)
2001 Ed. (1915)
Calvin Klein Eternity for Men
2004 Ed. (2683)
Calvin Klein Eyewear
1996 Ed. (2874)
1995 Ed. (2815)
Calvin Klein Lingerie
1997 Ed. (1039)
Calvin Klein Obsession
2004 Ed. (2683)
Calvin Klein Obsession for Men
2004 Ed. (2683)
Calvin Klein's Obsession
1991 Ed. (57)
Calyon
2007 Ed. (449, 4288, 4318, 4658, 4659, 4662, 4663, 4664, 4665, 4666, 4667, 4668, 4669)
2006 Ed. (443)
Calyon Financial Inc.
2008 Ed. (2803)
2007 Ed. (2672)
2006 Ed. (2682)
Calypso
1994 Ed. (962)
Calypso, Harry Belafonte
1990 Ed. (2862)
CAM Commerce Solutions Inc.
2008 Ed. (4370)
CAM International
1995 Ed. (2727)

Camac
2004 Ed. (173)
2003 Ed. (217)
CAMAC International Inc.
2008 Ed. (177)
2007 Ed. (192, 194)
2006 Ed. (186, 188)
2005 Ed. (175)
Camara de Diputados
2008 Ed. (61)
2007 Ed. (59)
Camara/TBWA
2003 Ed. (177)
2001 Ed. (237)
2000 Ed. (187)
Camargue
2002 Ed. (3868)
1997 Ed. (3196)
1996 Ed. (3119)
Camargue Communications
1995 Ed. (3018)
1994 Ed. (2958)
Camaro
2001 Ed. (492)
Camas America Inc.
2000 Ed. (3847)
Camber Corp.
2007 Ed. (1401)
Camberwell Coal
2002 Ed. (3780)
Cambex
1994 Ed. (2702, 3328)
1993 Ed. (2003, 2007, 3333, 3334, 3337)
1992 Ed. (2364, 2367, 3990, 3991)
Cambiar Investors
1989 Ed. (1803, 2139)
Cambiar Investors LLC
2008 Ed. (3402)
2007 Ed. (3283)
Cambiar Opportunity
2006 Ed. (3632)
Cambio Democratico
2007 Ed. (64)
Cambior Inc.
2008 Ed. (2825)
2007 Ed. (2698, 4577)
2003 Ed. (2626)
2002 Ed. (3738)
1997 Ed. (2152)
1996 Ed. (2033)
1992 Ed. (2335)
1990 Ed. (1936)
Camblor Inc.
1994 Ed. (1982)
Cambodia
2007 Ed. (2262, 4218)
2006 Ed. (2327, 4208)
2005 Ed. (4152)
2004 Ed. (4225)
2003 Ed. (4198)
2001 Ed. (4128, 4471)
1997 Ed. (2559)
1995 Ed. (2010, 2017, 2029)
1993 Ed. (1967, 1974, 1987)
1991 Ed. (2826)
Cambrex Corp.
2005 Ed. (938)
2004 Ed. (948)
Cambria County Transportation Authority
1991 Ed. (1886)
Cambria Co. Industrial Development Authority, PA
1991 Ed. (2529)
Cambridge
2008 Ed. (3834)
1999 Ed. (4470)
1998 Ed. (3399)
1997 Ed. (3625)
1996 Ed. (3584)
1995 Ed. (3507)
1994 Ed. (3429)
1993 Ed. (3447)
1992 Ed. (4132)
1991 Ed. (3215)
Cambridge American Growth
2004 Ed. (2465)
2003 Ed. (3582, 3606, 3607)
2002 Ed. (3449)
2001 Ed. (3478)
Cambridge Antibody Technology
2007 Ed. (3948)
2006 Ed. (3897)
Cambridge Antibody Technology Group plc
2003 Ed. (2737)
Cambridge Associates
2008 Ed. (2710, 2711)
Cambridge Balanced
2004 Ed. (3623, 3624, 3625)
2003 Ed. (3584, 3585, 3586)
2002 Ed. (3452, 3453, 3454)
2001 Ed. (3479, 3480, 3481)
Cambridge Bioscience Corp.
1992 Ed. (1673)
Cambridge Consultants
1999 Ed. (2837, 2842)
1990 Ed. (1276)
Cambridge Cos.
2000 Ed. (1186, 1187)
1999 Ed. (1305, 1327)
1998 Ed. (897)
Cambridge Energy Fund International B
1998 Ed. (1923)
Cambridge Energy LP
1998 Ed. (1923)
Cambridge Global
2004 Ed. (2482, 2484)
2003 Ed. (3599, 3600)
2002 Ed. (3461)
2001 Ed. (3488, 3489, 3490)
The Cambridge Group Inc.
2002 Ed. (2858)
2001 Ed. (2913)
Cambridge Growth
2004 Ed. (3629, 3630, 3631)
2003 Ed. (3596, 3597)
2002 Ed. (3469, 3471)
2001 Ed. (3496, 3497)
Cambridge Healthcare Development
2008 Ed. (2916)
Cambridge Holdings Ltd.
2004 Ed. (4549)
Cambridge Homes
2008 Ed. (1592)
2005 Ed. (1186, 1237)
2004 Ed. (1158, 1195)
2003 Ed. (1153, 1190)
2000 Ed. (1208)
1999 Ed. (1335)
1998 Ed. (878)
Cambridge Integrated Services Group Inc.
2008 Ed. (3247)
2007 Ed. (3099, 3100)
2006 Ed. (3082, 3083)
Cambridge Investment Research
2002 Ed. (788, 802, 803, 804, 805, 806)
2000 Ed. (851, 852, 853, 854, 856, 857, 858, 859, 860, 861)
1999 Ed. (853, 854, 855, 856, 857, 858, 859, 860)
Cambridge Isenhour Homes
2005 Ed. (1203)
Cambridge, MA
2008 Ed. (1039, 3465)
2007 Ed. (1156, 3367)
Cambridge Municipal Income A
1995 Ed. (2711)
Cambridge Packing Co.
2008 Ed. (3611)
1997 Ed. (2736, 3141)
1994 Ed. (2454, 2910)
Cambridge Partners LLC
2000 Ed. (2766)
Cambridge Portuguese Credit Union
2006 Ed. (2167)
Cambridge Precious Metals
2004 Ed. (3634)
Cambridge Research and Management
1990 Ed. (2288)
Cambridge Resource
2003 Ed. (3602)
Cambridge Savings Bank
1998 Ed. (3550)
Cambridge Shopping Centres Ltd.
2002 Ed. (3919)
1997 Ed. (3258)
1996 Ed. (3162)
1994 Ed. (3005)
1992 Ed. (3624)
1990 Ed. (2961)
Cambridge Silicon Radio (CSR)
2002 Ed. (4255)
Cambridge Special Equity
2004 Ed. (3629, 3630, 3631)
2003 Ed. (3596, 3597)
2002 Ed. (3469, 3471)
2001 Ed. (3496, 3497)
Cambridge Technology
2000 Ed. (106)
Cambridge Technology Partners
1995 Ed. (3201)
Cambridge Technology Partners (Massachusetts), Inc.
2002 Ed. (2078)
Cambridge University, Judge School of Business
2005 Ed. (802)
CambridgSoft.com
2001 Ed. (4750)
Camcare Inc.
2003 Ed. (1852, 1853)
2001 Ed. (1899)
Camco Inc.
2003 Ed. (1218)
2002 Ed. (1224)
1997 Ed. (1141)
1994 Ed. (1066)
1992 Ed. (2434)
1990 Ed. (2039)
Camco International Inc.
2005 Ed. (1506)
1999 Ed. (3794)
1998 Ed. (2816)
1997 Ed. (3082)
1996 Ed. (3003)
Camcorders
2003 Ed. (2763)
1999 Ed. (1010)
1993 Ed. (2048)
Camden Asset
2002 Ed. (3013)
Camden-Burlington Counties, NJ
2007 Ed. (3360)
Camden County College
2002 Ed. (1108)
2000 Ed. (1145)
1999 Ed. (1236)
1998 Ed. (808)
Camden County Correctional Facility
1999 Ed. (3902)
Camden County, GA
1993 Ed. (1433)
Camden County Pollution Control Financial Authority, NJ
1993 Ed. (2624)
Camden National Corp.
2008 Ed. (1894)
2003 Ed. (518)
1999 Ed. (444)
Camden, NJ
2008 Ed. (3111, 3131)
2007 Ed. (2996)
2005 Ed. (1190, 3323)
1994 Ed. (333)
1989 Ed. (343)
Camden Property Trust
2008 Ed. (258)
2007 Ed. (282, 283)
2006 Ed. (280, 2282, 2296)
2003 Ed. (4059)
2002 Ed. (325, 3927, 3928)
2000 Ed. (305)
1999 Ed. (3998)
1998 Ed. (880, 3001)
Camden Redevelopment Plan, Camden
1990 Ed. (1178)
Camdev Corp.
1996 Ed. (1315, 1317)
1994 Ed. (133)
Cameco Corp.
2008 Ed. (1014, 3677)
2007 Ed. (1134, 1648, 3518)
2006 Ed. (1630)
2003 Ed. (3376)
2002 Ed. (3369)
1997 Ed. (2794)
1996 Ed. (2649)
1994 Ed. (2526)
1992 Ed. (3085)
1990 Ed. (2586)
Camel
2008 Ed. (976, 4691)
2007 Ed. (4771)
2006 Ed. (4765)
2005 Ed. (4713)
2004 Ed. (4736)
2003 Ed. (970, 971, 4751, 4756)
2001 Ed. (1230)
2000 Ed. (1061)
1999 Ed. (1135, 1140)
1998 Ed. (727, 728, 729, 730)
1997 Ed. (985)
1996 Ed. (33, 971)
1995 Ed. (986)
1994 Ed. (49, 953, 955, 958, 959)
1993 Ed. (18)
1992 Ed. (30, 1151)
1991 Ed. (932)
1990 Ed. (992, 993)
1989 Ed. (907)
Camel Filter
1997 Ed. (990)
Camelback Toyota
1996 Ed. (290)
Camelot
1991 Ed. (3330)
Camelot Communications
1997 Ed. (77)
Camelot Group plc
2005 Ed. (2940, 3282, 4090)
2004 Ed. (4411)
2002 Ed. (39, 3892)
1999 Ed. (4288)
Camelot Music Inc.
1996 Ed. (2487, 2745)
Camembert
1999 Ed. (1076)
Cameo
2003 Ed. (983)
Camera, instant print
1999 Ed. (1010)
Camera store
2001 Ed. (3784)
1997 Ed. (881)
Camera Store/Photo Labs
2000 Ed. (3802)
Camera stores
2004 Ed. (3892, 3893)
1999 Ed. (3823)
1995 Ed. (678)
Camera stores/photo labs
2000 Ed. (3546)
Cameras
2005 Ed. (2753, 2755, 3833)
2000 Ed. (4154)
Cameras, cartridge
1999 Ed. (1010)
Cameras, digital still
1999 Ed. (1010)
Cameras, disposable
2002 Ed. (3769)
Cameras in Narnia
2008 Ed. (555)
Cameras, non-video still
1999 Ed. (1010)
Cameras, non-video still, excluding instant
1999 Ed. (1010)
Camerican International Inc.
1993 Ed. (1729)
Cameron
2002 Ed. (682)
Cameron & Barkley Co.
2003 Ed. (2203)
2002 Ed. (2087)
1999 Ed. (1989)
1998 Ed. (1414)
1994 Ed. (2176)
1993 Ed. (2161)
1992 Ed. (2590)
Cameron & Colby Co. Inc.
1993 Ed. (2192)
1992 Ed. (2649)
Cameron & Colby Co Inc.
1991 Ed. (2088)
Cameron & Co. Ltd.; J. W.
1995 Ed. (1380)
1994 Ed. (1356)
Cameron Barkley Co.
2002 Ed. (2088)
Cameron Choat & Partners
1997 Ed. (3199)

1996 Ed. (3115, 3122)
1995 Ed. (3018, 3020)
Cameron County, TX
1994 Ed. (2407)
Cameron Diaz
2004 Ed. (2409)
2003 Ed. (2329)
Cameron; Duncan
2008 Ed. (4907)
2007 Ed. (4933)
Cameron Engineering & Associates
2000 Ed. (1860)
Cameron Hall Developments Ltd.
1992 Ed. (1192, 1199)
Cameron International Corp.
2008 Ed. (2498, 3895)
Cameron Iron Works
1990 Ed. (2831, 2832)
1989 Ed. (2208)
Cameron, LA
2000 Ed. (3573)
Cameron LNG
2005 Ed. (946)
Cameron Mackintosh Ltd.
1995 Ed. (1009)
1994 Ed. (993, 996)
1993 Ed. (967)
Cameron Mackintosh; Sir
2005 Ed. (4894)
Cameron McKenna
2001 Ed. (4180)
Cameron Mitchell Restaurants
2007 Ed. (4134)
Cameroon
2008 Ed. (1019)
2007 Ed. (1139, 3768)
2006 Ed. (1050, 3771)
2005 Ed. (1041)
2004 Ed. (1040)
2003 Ed. (1035)
2001 Ed. (1298)
2000 Ed. (824, 1896)
1998 Ed. (2311)
1996 Ed. (3881)
1992 Ed. (1729)
1991 Ed. (1380)
1990 Ed. (1075, 1446)
1989 Ed. (362, 1219)
CAMI
1992 Ed. (481)
Camile C. Barnett
1995 Ed. (2668)
Camile Cates Barnett
1990 Ed. (2660)
Camilla Hagen
2007 Ed. (4925)
Camille
1991 Ed. (2136)
Camille Cates Barnet
1991 Ed. (2546)
Camille Cates Barnett
1992 Ed. (3136)
Camilleri; L. C.
2005 Ed. (2508)
Camilleri; Louis C.
2008 Ed. (947)
2007 Ed. (1025)
Camille's Sidewalk Caf¤
2007 Ed. (4238)
2005 Ed. (4169)
2004 Ed. (4240)
Camille's Sidewalk Cafe
2008 Ed. (4272)
2006 Ed. (4223)
2003 Ed. (4219)
Caminus
2004 Ed. (2218)
2002 Ed. (1155)
Camissa Alfa Romeo
1996 Ed. (263)
Cammack Shows; Ray
2005 Ed. (2523)
1997 Ed. (907)
Cammisa Alfa Romeo
1995 Ed. (259)
CAMP Inc.
2001 Ed. (3549)
C.A.M.P. de Zaragoza, Aragon y Rioja
1996 Ed. (682)
Camp Dresser & McKee Inc.
2008 Ed. (2547, 2551, 2564, 2605)
2007 Ed. (2420, 2424, 2437, 2476)
2006 Ed. (2472, 2507)
2005 Ed. (1370)
2004 Ed. (2435, 2438, 2439, 2443)
2003 Ed. (1299, 2322)
2002 Ed. (1287, 2129, 2135, 2138)
2001 Ed. (2289, 2293, 2296, 2301, 2302)
2000 Ed. (1802, 1804, 1807, 1820, 1844, 1849, 1851, 1856, 1857)
1999 Ed. (2025, 2027, 2031)
1998 Ed. (1441, 1453, 1454, 1476, 1482, 1486, 1489)
1997 Ed. (1735, 1762)
1996 Ed. (1657, 1662)
1995 Ed. (1674, 1699)
1994 Ed. (1634)
1993 Ed. (1604, 2876)
1992 Ed. (1949)
1991 Ed. (1552)
Camp Fire Inc.
1995 Ed. (1929)
Camp; Jeffrey
1997 Ed. (1964, 1991)
Camp Systems International
2000 Ed. (1179)
Campagna Turano
1992 Ed. (492)
Campagnani, Aleman Publicidad
1992 Ed. (194)
1989 Ed. (148)
Campagnani/BBDO
2000 Ed. (156)
1996 Ed. (125)
Campagnani/BBDO Panama
2003 Ed. (133)
2002 Ed. (165)
Campagnani Publicidad
1995 Ed. (110)
1993 Ed. (126)
Campaign analysis & tracking
2001 Ed. (2166)
Campaign for Tobacco-Free Kids
2004 Ed. (932)
Campaign '96
2000 Ed. (4218)
Campaigners
2008 Ed. (3595)
Campaigns & Grey
2003 Ed. (136)
2002 Ed. (168)
2001 Ed. (197)
2000 Ed. (160)
1999 Ed. (143)
1997 Ed. (132)
1996 Ed. (128)
Campanhia Cerveceria Brahma
1995 Ed. (1906)
Campania de Tabacos Chilenos
1991 Ed. (21)
Campania Manufacturers de Papeles
1991 Ed. (21)
Campari
2002 Ed. (298)
2000 Ed. (2942)
1999 Ed. (3199, 3200)
Campbell
2004 Ed. (674)
2000 Ed. (4083, 4084)
1997 Ed. (3380)
1996 Ed. (2032)
1995 Ed. (1904)
1994 Ed. (1981)
1990 Ed. (1816)
Campbell & Co. Inc.
1999 Ed. (1251)
1994 Ed. (1068)
Campbell; Andrew
2005 Ed. (987)
The Campbell Companies
2001 Ed. (1480)
2000 Ed. (1266)
Campbell Concrete
2006 Ed. (1238, 1290)
The Campbell Cos.
2008 Ed. (1263)
2007 Ed. (1338, 1367)
1999 Ed. (1374)
1998 Ed. (953)
1993 Ed. (1130)
1991 Ed. (1084)
Campbell County Hospital District
2003 Ed. (1857)
2001 Ed. (1902)
Campbell; D. A.
1994 Ed. (1756)
Campbell Distillers
2001 Ed. (360)
Campbell-Ewald
2005 Ed. (101, 113)
2004 Ed. (114)
2002 Ed. (137, 150, 151)
2001 Ed. (128, 129, 222, 223)
2000 Ed. (86, 142)
1999 Ed. (80, 124)
1998 Ed. (39, 53, 60)
1997 Ed. (53, 79, 118)
1989 Ed. (98)
Campbell-Ewald Advertising
2004 Ed. (125, 126)
2003 Ed. (29, 167, 168)
Campbell Gillies
2000 Ed. (2081, 2089)
1999 Ed. (2305)
Campbell Grey
1999 Ed. (106)
1997 Ed. (104)
Campbell Grey & Associates
2001 Ed. (149)
2000 Ed. (111)
Campbell Group Inc.
2003 Ed. (2544)
Campbell Investment Co.
2007 Ed. (1676)
2006 Ed. (1672, 4953)
2005 Ed. (1751)
2004 Ed. (1695, 4940)
2003 Ed. (1664)
2001 Ed. (1679)
Campbell; James
1993 Ed. (893)
Campbell; Jeffrey
2008 Ed. (966)
Campbell; Jerry D.
1996 Ed. (965)
Campbell Co.; Joseph
2006 Ed. (2235, 2236)
2005 Ed. (2140, 2141)
Campbell; L. B.
2005 Ed. (2478)
Campbell Labs Inc.
2002 Ed. (3084)
Campbell; Lewis B.
2005 Ed. (975)
Campbell; Lloyd
2008 Ed. (184)
Campbell; Michael H.
2007 Ed. (2504)
2005 Ed. (2511)
Campbell Mithum Esty
2000 Ed. (51)
1998 Ed. (43, 60)
Campbell Mithun
2004 Ed. (126)
2003 Ed. (168)
2002 Ed. (150, 151)
1990 Ed. (87)
1989 Ed. (61, 67, 135, 136)
Campbell Mithun Esty
2000 Ed. (142)
1999 Ed. (124)
1997 Ed. (118, 119, 2702)
1996 Ed. (53, 115)
1995 Ed. (99, 126)
1994 Ed. (76, 83)
1992 Ed. (109, 111, 133, 141, 180)
1990 Ed. (68, 94, 128, 881)
Campbell-Mithun-Esty Advertising Inc.
1993 Ed. (68, 86, 93)
1991 Ed. (92)
Campbell-Mithun-Esty & Bowles Inc.
1991 Ed. (85)
Campbell, Newman, Pottinger & Associates
1999 Ed. (3076)
Campbell Co. of Canada
2007 Ed. (2615)
Campbell/Pepperidge Cheese Goldfish
1997 Ed. (1217)
Campbell-Radnor
1996 Ed. (2413)
Campbell; Sol
2005 Ed. (268, 4895)
Campbell Soup Co.
2008 Ed. (1973, 2736, 2740, 2743, 4481)
2007 Ed. (135, 2605, 2607, 2608, 2610)
2006 Ed. (142, 1456, 1514, 2625, 2628, 2633, 2638, 4074)
2005 Ed. (1614, 1626, 2629, 2631, 2633, 2635, 2641, 2651, 2652, 2655, 4459)
2004 Ed. (2637, 2638, 2640, 2644, 2650, 2658, 2659, 2662, 4487)
2003 Ed. (194, 371, 761, 862, 863, 864, 915, 1371, 2501, 2505, 2507, 2512, 2519, 2521, 2556, 2562, 2570, 2579, 3329, 4228, 4487, 4488, 4489)
2002 Ed. (1528, 1559, 1566, 1568, 2291, 2295, 2297, 2302, 2308, 3249)
2001 Ed. (1602, 2458, 2462, 2473)
2000 Ed. (956, 965, 2214, 2216, 3131, 3540)
1999 Ed. (1011, 1483, 1551, 1600, 1713, 2455, 2456, 2459, 2460, 2461, 2464, 3604, 3637)
1998 Ed. (256, 609, 1133, 1180, 1202, 1710, 1715, 1718, 1720, 1721, 1724, 1729, 1730, 2501, 2845)
1997 Ed. (1277, 1279, 1488, 2025, 2028, 2030, 2034, 2037, 2930)
1996 Ed. (1176, 1241, 1427, 1928, 1931, 1933, 1937, 1941)
1995 Ed. (1465, 1885, 1900, 2760, 2762, 2824)
1994 Ed. (130, 1392, 1429, 1864, 1865, 1870, 1871, 1874, 2658)
1993 Ed. (1376, 1873, 1875, 1876, 1878, 2572, 2707, 2709, 2851)
1992 Ed. (1499, 2175, 2177, 2182, 2183, 2184, 2191, 2194, 2197, 3075, 3221, 3457, 3595)
1991 Ed. (1741)
1990 Ed. (1822, 1827, 2756)
1989 Ed. (1203, 1448)
Campbell Soup Co. Retirement & Pension Plans
1997 Ed. (3029)
Campbell Taggart Inc.
1997 Ed. (328, 330)
1995 Ed. (342)
1992 Ed. (491, 493, 495, 496, 497)
1989 Ed. (354, 357, 359, 360, 361)
Campbell's
2008 Ed. (2741)
2007 Ed. (2612)
2006 Ed. (2713)
2004 Ed. (2642, 4455)
2003 Ed. (4483, 4485)
2000 Ed. (27, 2215, 4220)
1999 Ed. (1027, 2457, 2458)
1998 Ed. (636, 1714, 1716, 1717)
1996 Ed. (1936)
1995 Ed. (696, 698, 1892)
1993 Ed. (740)
1992 Ed. (921, 924, 2190)
1990 Ed. (3630)
Campbell's Chunky
2008 Ed. (844)
2004 Ed. (2634, 2642, 4455)
Campbell's Condensed
2008 Ed. (844)
Campbell's Healthy Request
2008 Ed. (844)
Campbell's Select
2008 Ed. (844)
2004 Ed. (4455)
Campbell's Simply Home
2008 Ed. (844)
Campbell's Soup at Hand
2004 Ed. (2634)
Campbell's soups
1997 Ed. (2031)
Campbell's Supper Bakes
2003 Ed. (3923)
Campbell's V-8
1993 Ed. (689, 690, 691, 692, 693, 694, 695)
Campco Credit Union
2008 Ed. (2270)

Campeau Corp.
2005 Ed. (1531)
2004 Ed. (1515)
2003 Ed. (1485)
2002 Ed. (1464)
1999 Ed. (1470)
1998 Ed. (1038)
1997 Ed. (1269)
1996 Ed. (1223)
1995 Ed. (1254)
1994 Ed. (1235)
1993 Ed. (150, 151, 1207, 2489)
1992 Ed. (37, 235, 236, 535, 1076, 1475, 1494, 1598, 1793, 2636, 2809, 3726)
1991 Ed. (170, 171, 1163, 1182, 1262, 1263, 1264, 2264, 2642, 3234)
1990 Ed. (173, 1230, 1235, 1236, 1244, 1250, 1256, 1265, 1270, 1338, 1652, 3553, 3554)
Campeau/Allied Stores, Federated Department Stores
1991 Ed. (1146)
Campeau Corp./Federated Department Stores
1991 Ed. (886)
Campeau Stores Corp.
1992 Ed. (1181, 1182)
Camphealth
1997 Ed. (2258)
Campho Phenique
2003 Ed. (3214)
Campina
2000 Ed. (1640)
Campina BV
2007 Ed. (2627)
Campina Melkunie
2001 Ed. (1970)
1999 Ed. (1815)
1995 Ed. (1903)
Campina Melkunie BV
2002 Ed. (1908)
1997 Ed. (1576)
Camping
2001 Ed. (4334, 4340, 4343)
2000 Ed. (4090)
1999 Ed. (4382)
1998 Ed. (3355)
1995 Ed. (3430)
1994 Ed. (3369)
Camping equipment
1997 Ed. (3555)
Camping/Hiking
1999 Ed. (4385)
Camping, RV
1999 Ed. (4384)
Camping supplies
2005 Ed. (4428)
Camping, tent
1999 Ed. (4384, 4386)
Campos
1993 Ed. (3069)
Campos & Stratis
1998 Ed. (16)
Campos Communications
1995 Ed. (2480)
Campos Construction Co.
1991 Ed. (1907)
Campsite
1992 Ed. (3818)
Campton Place
1990 Ed. (2100)
Campton Place Hotel
1990 Ed. (2063, 2094)
Campus Credit Union
2008 Ed. (2235)
2007 Ed. (2120)
2006 Ed. (2199)
2005 Ed. (2104)
2004 Ed. (1962)
2003 Ed. (1922)
2002 Ed. (1868)
Campus Crusade for Christ
2000 Ed. (3350)
Campus Crusade for Christ International
1998 Ed. (689)
Campus Pipeline
2002 Ed. (2987)
Camry
2003 Ed. (356)
2002 Ed. (380, 384, 406, 409, 412)
2001 Ed. (466, 467, 468, 469, 470, 471, 472, 473, 474, 479, 487, 533, 3393)
1998 Ed. (219, 220)
Camry; Toyota
2008 Ed. (298, 331, 332)
2007 Ed. (344)
2006 Ed. (358, 359)
2005 Ed. (337, 344, 345, 348)
Camstar
1993 Ed. (3373)
CamVec Corp.
2001 Ed. (1657)
Camwest Development
2005 Ed. (1243)
2004 Ed. (1219)
Can
2002 Ed. (4726)
Can beverage
2002 Ed. (4717)
Can-Fit Pro Fitness & Club Business Conference & Trade Show
2005 Ed. (4737)
CAN Insurance Group
2000 Ed. (4438)
1999 Ed. (4822)
Can juice
2002 Ed. (4726)
Can Tex
1993 Ed. (2866)
Cana Foods
1998 Ed. (1734)
1997 Ed. (2049)
1996 Ed. (1950)
CANA Group of Companies
2006 Ed. (1597)
Canaan Partners
2004 Ed. (4831)
Canaccord Capital
2008 Ed. (3401)
2007 Ed. (3282)
Canad Inns
2008 Ed. (1616)
2005 Ed. (1703, 1721)
Canada
2008 Ed. (248, 251, 257, 260, 485, 527, 528, 576, 831, 867, 903, 1013, 1018, 1020, 1386, 1389, 1419, 1421, 1422, 1989, 2207, 2397, 2398, 2438, 2456, 2727, 2823, 2824, 2826, 2924, 3038, 3091, 3214, 3215, 3406, 3411, 3434, 3535, 3590, 3619, 3747, 3780, 3781, 3785, 3807, 3845, 3920, 3999, 4018, 4103, 4258, 4270, 4341, 4387, 4388, 4390, 4391, 4393, 4466, 4468, 4549, 4552, 4582, 4587, 4628, 4629, 4784, 4785, 4786, 4789, 4917, 4918, 5000)
2007 Ed. (265, 266, 267, 281, 531, 576, 577, 626, 748, 869, 920, 1132, 1133, 1138, 1140, 1435, 1438, 1439, 1571, 2083, 2085, 2097, 2266, 2310, 2524, 2590, 2697, 2699, 2794, 2795, 2796, 2798, 2831, 2917, 3291, 3292, 3298, 3334, 3393, 3394, 3397, 3405, 3426, 3440, 3441, 3444, 3626, 3686, 3687, 3700, 3702, 3714, 3765, 3777, 3871, 3976, 3982, 3983, 3984, 3999, 4070, 4209, 4227, 4229, 4237, 4386, 4387, 4388, 4389, 4390, 4413, 4414, 4416, 4417, 4419, 4480, 4482, 4483, 4484, 4486, 4551, 4600, 4605, 4651, 4676, 4702, 4863, 4864, 4865, 4868, 4940, 4941, 5000)
2006 Ed. (258, 259, 260, 276, 506, 544, 545, 597, 656, 773, 839, 931, 1028, 1044, 1045, 1049, 1051, 1403, 1406, 1407, 1439, 1442, 1443, 2135, 2137, 2138, 2153, 2237, 2372, 2538, 2539, 2540, 2614, 2702, 2703, 2704, 2718, 2719, 2720, 2802, 2803, 2804, 2806, 2828, 2895, 3116, 3188, 3227, 3228, 3239, 3261, 3273, 3325, 3335, 3336, 3339, 3349, 3409, 3425, 3426, 3429, 3556, 3691, 3692, 3705, 3708, 3731, 3768, 3780, 3848, 3923, 3927, 3928, 3929, 3941, 4034, 4193, 4221, 4321, 4322, 4323, 4324, 4325, 4418, 4420, 4422, 4423, 4425, 4573, 4613, 4618, 4651, 4656, 4861, 4862, 4866, 4934, 4935, 5000)
2005 Ed. (237, 238, 240, 256, 259, 589, 643, 644, 684, 747, 791, 792, 853, 1035, 1036, 1040, 1042, 1418, 1421, 1422, 1484, 1540, 1541, 2039, 2041, 2042, 2059, 2317, 2530, 2531, 2538, 2616, 2735, 2738, 2742, 2761, 2764, 2821, 2822, 2823, 2883, 3030, 3031, 3032, 3101, 3198, 3242, 3243, 3252, 3269, 3337, 3346, 3363, 3400, 3415, 3416, 3419, 3499, 3591, 3592, 3603, 3604, 3614, 3659, 3660, 3661, 3671, 3686, 3766, 3860, 3863, 3865, 3881, 3999, 4145, 4160, 4166, 4373, 4374, 4375, 4376, 4401, 4403, 4405, 4406, 4408, 4532, 4537, 4570, 4590, 4701, 4718, 4790, 4791, 4801, 4901, 4902, 4969, 5000)
2004 Ed. (210, 231, 232, 233, 237, 253, 257, 655, 687, 688, 733, 806, 807, 873, 874, 938, 1029, 1033, 1041, 1395, 1396, 1400, 1468, 1524, 1525, 1907, 1924, 2202, 2621, 2626, 2737, 2740, 2741, 2745, 2768, 2814, 2821, 2822, 2905, 3164, 3214, 3215, 3223, 3243, 3244, 3315, 3321, 3339, 3393, 3402, 3403, 3406, 3499, 3676, 3677, 3688, 3694, 3703, 3756, 3769, 3915, 3917, 3919, 3931, 4063, 4217, 4237, 4238, 4425, 4426, 4427, 4454, 4458, 4460, 4461, 4463, 4598, 4603, 4650, 4652, 4816, 4817, 4821, 4888, 4909, 4999)
2003 Ed. (249, 266, 267, 268, 285, 290, 593, 641, 851, 930, 949, 950, 1029, 1084, 1096, 1097, 1382, 1385, 1386, 1438, 1494, 1495, 1876, 1973, 1974, 2149, 2151, 2216, 2217, 2219, 2220, 2221, 2222, 2224, 2226, 2227, 2228, 2229, 2489, 2493, 2617, 2618, 2619, 2620, 2624, 2627, 2795, 3154, 3155, 3167, 3200, 3258, 3259, 3276, 3332, 3333, 3336, 3431, 3629, 3630, 3650, 3658, 3710, 3892, 3918, 4043, 4191, 4214, 4216, 4422, 4423, 4425, 4495, 4497, 4618, 4667, 4672, 4698, 4699, 4700, 4743, 4822, 4898, 4920, 5000)
2002 Ed. (301, 302, 303, 559, 561, 679, 737, 738, 739, 740, 741, 743, 744, 745, 746, 747, 780, 781, 1345, 1346, 1419, 1474, 1475, 1476, 1477, 1478, 1479, 1486, 1682, 1814, 1822, 2409, 2410, 2415, 2425, 2900, 2997, 3074, 3075, 3099, 3100, 3101, 3229, 3520, 3521, 3595, 3596, 3961, 3967, 4056, 4057, 4058, 4080, 4081, 4283, 4378, 4707, 4999)
2001 Ed. (367, 373, 392, 523, 524, 625, 662, 663, 671, 710, 1020, 1101, 1128, 1129, 1174, 1182, 1190, 1191, 1192, 1193, 1297, 1299, 1353, 1414, 1502, 1509, 1935, 1953, 2023, 2126, 2127, 2128, 2163, 2263, 2278, 2305, 2362, 2364, 2365, 2366, 2367, 2369, 2370, 2371, 2372, 2449, 2451, 2489, 2602, 2603, 2611, 2614, 2615, 2693, 2694, 2724, 2759, 2970, 3024, 3025, 3045, 3075, 3112, 3149, 3181, 3199, 3240, 3241, 3244, 3343, 3387, 3530, 3531, 3548, 3558, 3609, 3629, 3694, 3764, 3821, 3823, 3824, 3859, 3865, 3967, 3987, 4120, 4148, 4149, 4151, 4155, 4221, 4265, 4266, 4267, 4269, 4312, 4315, 4316, 4317, 4319, 4369, 4388, 4390, 4440, 4483, 4590, 4598, 4651, 4652, 4655, 4656, 4690, 4785, 4904, 4943)
2000 Ed. (808, 820, 1032, 1154, 1155, 1321, 1322, 1323, 1324, 1585, 1616, 1649, 1889, 1890, 1891, 1899, 2295, 2335, 2336, 2362, 2372, 2373, 2377, 2379, 2862, 2863, 2943, 2981, 3011, 3094, 3354, 3355, 3357, 3840, 3841, 4033, 4183, 4271, 4272, 4273, 4360)
1999 Ed. (189, 190, 191, 212, 804, 1104, 1212, 1254, 1462, 1463, 1464, 1465, 1753, 1787, 2087, 2092, 2094, 2097, 2098, 2101, 2103, 2105, 2106, 2108, 2488, 2553, 2554, 2606, 2611, 2612, 2613, 2825, 2826, 2884, 2936, 3004, 3113, 3114, 3115, 3203, 3273, 3279, 3283, 3284, 3342, 3586, 3629, 3630, 3653, 3654, 3695, 3696, 3697, 3698, 3790, 4329, 4368, 4479, 4480, 4481, 4623, 4624, 4626, 4695, 4734, 4801, 4802, 4804)
1998 Ed. (123, 230, 352, 506, 708, 819, 1030, 1031, 1032, 1033, 1131, 1241, 1418, 1419, 1522, 1524, 1525, 1526, 1527, 1528, 1530, 1732, 1791, 1792, 1803, 1849, 1851, 1852, 1853, 1854, 2192, 2209, 2312, 2363, 2421, 2660, 2707, 2742, 2743, 2744, 2745, 2814, 2877, 3304, 3593, 3691, 3773)
1997 Ed. (288, 474, 518, 693, 725, 823, 824, 966, 1264, 1265, 1267, 1268, 1548, 1557, 1808, 1809, 2107, 2108, 2147, 2475, 2555, 2557, 2560, 2568, 2691, 2748, 2997, 2998, 2999, 3000, 3371, 3739, 3768, 3769, 3770, 3860, 3924)
1996 Ed. (510, 761, 944, 1217, 1218, 1221, 1222, 1226, 1466, 1483, 1719, 2025, 2344, 2551, 2647, 2948, 3273, 3274, 3275, 3434, 3692, 3715, 3762, 3814, 3881)
1995 Ed. (170, 191, 310, 344, 663, 688, 710, 967, 1244, 1247, 1249, 1252, 1253, 1516, 1521, 1524, 1657, 1658, 1734, 1736, 1737, 1961, 1962, 1999, 2000, 2006, 2013, 2023, 2025, 2032, 2040, 3176, 3177, 3214, 3418, 3634)
1994 Ed. (156, 184, 253, 486, 709, 730, 731, 735, 786, 836, 949, 1230, 1231, 1234, 1484, 1489, 1492, 1516, 1581, 1728, 1932, 1958, 1973, 1974, 1979, 1980, 2008, 2264, 2344, 2359, 2363, 2367, 2513, 2731, 2898, 3125, 3126, 3450)
1993 Ed. (171, 201, 345, 479, 481, 700, 721, 722, 728, 1035, 1202, 1203, 1206, 1209, 1269, 1345, 1466, 1542, 1582, 1719, 1720, 1722, 1724, 1730, 1921, 1928, 1932, 1951, 1961, 1963, 1970, 1977, 1988, 1992, 2000, 2028, 2167, 2229, 2368, 2374, 2411, 2412, 2476, 2481, 2482, 2845, 2950, 3061, 3302, 3321, 3476, 3510, 3559, 3597, 3681, 3723)
1992 Ed. (225, 228, 229, 230, 499, 669, 723, 891, 906, 907, 911, 1234, 1373, 1446, 1489, 1490, 1493, 1496, 1639, 1713, 1727, 1728, 1741, 2068, 2070, 2072, 2079, 2080, 2081, 2083, 2090, 2251, 2252, 2292, 2293, 2296, 2304, 2306, 2313, 2319, 2320, 2323, 2329, 2336, 2361, 2566, 2806, 2853, 2854, 2936, 2937, 2999, 3000, 3141, 3348, 3514, 3555, 3599, 3600, 3724, 3754, 4141, 4152, 4187, 4203, 4238,

4239, 4320, 4413, 4472, 4489, 4495)
1991 Ed. (165, 329, 352, 516, 728, 1171, 1172, 1177, 1178, 1181, 1184, 1379, 1386, 1641, 1650, 1791, 1799, 1818, 1821, 1828, 1830, 1837, 1843, 1844, 1851, 1868, 2111, 2263, 2276, 2493, 2915, 3109, 3236, 3270, 3279, 3287, 3466)
1990 Ed. (405, 414, 741, 742, 746, 960, 1252, 1253, 1259, 1260, 1263, 1264, 1445, 1452, 1673, 1709, 1729, 1732, 1734, 1736, 1747, 1830, 1878, 1900, 1907, 1914, 1921, 1927, 1937, 1965, 2403, 3471, 3610, 3633)
1989 Ed. (254, 282, 349, 565, 1178, 1182, 1284, 1389, 1390, 1395, 1404, 1514, 1515, 1517, 1518, 1864, 1865, 2117, 2641, 2900)
Canada Bank Group
1997 Ed. (2394)
Canada; Bank of
2005 Ed. (3490)
Canada Bread Co.
2006 Ed. (1632)
Canada Cartage System Ltd.
2006 Ed. (1597)
Canada Colors & Chemicals Ltd.
2004 Ed. (955)
2003 Ed. (948)
1999 Ed. (1094)
Canada Dry
2005 Ed. (737)
2002 Ed. (754)
2001 Ed. (999)
2000 Ed. (715)
1999 Ed. (703, 767)
1998 Ed. (482)
1996 Ed. (759, 3616)
1994 Ed. (688)
1993 Ed. (685, 3354)
1992 Ed. (4016)
1991 Ed. (3153)
1989 Ed. (2515, 2516)
Canada; Government of
2005 Ed. (27)
1996 Ed. (30, 3148)
1995 Ed. (3632)
1994 Ed. (18, 3553)
1993 Ed. (26, 48, 3590)
1992 Ed. (43, 74, 4311)
1991 Ed. (20, 3402)
Canada House
2004 Ed. (4893)
2003 Ed. (4903)
2002 Ed. (3103)
2001 Ed. (4789)
2000 Ed. (2945)
1999 Ed. (3205)
Canada; John
1995 Ed. (2485)
Canada Life
1996 Ed. (2921)
Canada Life Assur., Canada
1989 Ed. (1687)
Canada Life Assurance Co.
2005 Ed. (3911)
2004 Ed. (3967)
2001 Ed. (1253, 2936)
2000 Ed. (2686, 2687)
1999 Ed. (2959)
1998 Ed. (2156, 2160)
1997 Ed. (1011, 2448, 2454, 2455)
1996 Ed. (2325, 2326)
1995 Ed. (2305, 2311)
1994 Ed. (986, 2253, 2263)
1993 Ed. (2215, 2222, 2228)
1992 Ed. (1186, 2659, 2672, 2673)
1991 Ed. (2110)
1990 Ed. (2238, 2241)
Canada Life Financial Corp.
2005 Ed. (1483)
2003 Ed. (2482)
Canada Life Flex Enhanced Dividend
2004 Ed. (3619)
Canada Life Gen Fixed Income
2003 Ed. (3589)
Canada Life General Global Equity
2003 Ed. (3601)
Canada Life General U.S. Equity
2003 Ed. (3608)
Canada Life Insurance Co.
1993 Ed. (2220)
Canada Life Insurance Co. of America
1998 Ed. (3653)
Canada Life Investment
1994 Ed. (2325)
Canada Life U.S. & International Equity S-34
2001 Ed. (3466)
Canada Malting Co.
1992 Ed. (2194)
1991 Ed. (1745)
Canada Mortgage & Housing
2008 Ed. (2833)
2007 Ed. (2574, 2704)
2006 Ed. (2709)
2005 Ed. (2748, 3489)
2004 Ed. (2753)
2001 Ed. (1661)
1997 Ed. (2155)
1996 Ed. (1918, 2037)
1994 Ed. (1985, 3005)
1992 Ed. (2341)
1990 Ed. (1942)
Canada Northwest Energy
1992 Ed. (1601)
Canada Occidental Petroleum
1994 Ed. (2853)
1992 Ed. (3436)
Canada Packers Inc.
1993 Ed. (2516, 2524, 2894, 2897)
1992 Ed. (2194, 2998, 3513)
1991 Ed. (1745)
1990 Ed. (1827)
Canada Post Corp.
2008 Ed. (1613, 2833, 4321)
2007 Ed. (2704, 4365)
2006 Ed. (2709)
2005 Ed. (2748)
2004 Ed. (2753)
2001 Ed. (1661)
1997 Ed. (2155)
1996 Ed. (2037)
1995 Ed. (3632)
1994 Ed. (1985)
1992 Ed. (2341)
1990 Ed. (1339, 1942)
Canada Safeway Ltd.
2008 Ed. (1550, 2744)
2007 Ed. (1571, 1572, 2614)
2006 Ed. (1541, 1542)
2005 Ed. (1648)
1999 Ed. (1626)
1997 Ed. (1011, 2041)
1996 Ed. (1943)
1994 Ed. (986, 1878, 3107)
1990 Ed. (1365, 3051)
1989 Ed. (923)
Canada Southern Petroleum Ltd.
2002 Ed. (3568)
1994 Ed. (2714)
Canada Starch
1990 Ed. (1827)
Canada Starch Company
1992 Ed. (2194)
Canada 3000 Inc.
2003 Ed. (1637)
Canada (Toronto) Stock Exchange
2001 Ed. (4379)
Canada Trust
1990 Ed. (2951)
Canada Trust Realtor
1990 Ed. (2957)
Canada Trustco Mortgage
1997 Ed. (3811)
1996 Ed. (1317, 1318, 3761)
1994 Ed. (3606)
1992 Ed. (4360)
Canadair
1994 Ed. (188)
Canadel Furniture
1999 Ed. (2551)
1997 Ed. (2105)
Canadian Ltd.
1995 Ed. (2466)
1994 Ed. (2385)
1990 Ed. (231)
Canadian Airlines Corp.
2002 Ed. (1610)
2001 Ed. (315, 320)
1999 Ed. (4654)
1998 Ed. (114)
1997 Ed. (189)
1996 Ed. (173)
1994 Ed. (153, 183, 3571)
1991 Ed. (196, 197, 3417)
Canadian Airlines International
2001 Ed. (310)
1991 Ed. (213)
1990 Ed. (216)
Canadian American Oil
2007 Ed. (348)
Canadian balanced
2002 Ed. (3426)
Canadian Beverage Corp.
1992 Ed. (3314)
Canadian bond
2002 Ed. (3426)
Canadian Broadcasting Corp.
2008 Ed. (729, 2833)
2007 Ed. (750, 2704)
2006 Ed. (1595, 2709)
2005 Ed. (2748)
2004 Ed. (2753)
2001 Ed. (1661)
1999 Ed. (3311)
1997 Ed. (729, 2155, 2724)
1996 Ed. (791, 2037, 2579)
1995 Ed. (2512)
1994 Ed. (761, 1985)
1993 Ed. (2506)
1992 Ed. (1295, 2341)
1991 Ed. (1016)
1990 Ed. (2787)
Canadian Club
2004 Ed. (4890, 4907)
2003 Ed. (4900, 4918)
2002 Ed. (283, 3150, 3171, 3172, 3173, 3177, 3180)
2001 Ed. (3137, 3138, 3143, 3148, 4801, 4802)
2000 Ed. (2972, 2973, 2974, 2975, 2977)
1999 Ed. (3239, 3240, 3241, 3244, 3245, 3247)
1998 Ed. (2374, 2392, 2395)
1997 Ed. (2654, 2664, 2665, 2667)
1996 Ed. (2515)
1995 Ed. (2466)
1994 Ed. (2385, 2390)
1993 Ed. (2435)
1992 Ed. (2871, 2883, 2887)
1991 Ed. (2315, 2316, 2319, 2320, 2324)
1990 Ed. (2445, 2451, 2453)
Canadian Club Citrus
2001 Ed. (3148)
Canadian Club Classic
2001 Ed. (3148)
Canadian Co-Operative Credit Society Ltd.
1992 Ed. (1755)
1990 Ed. (1459)
Canadian Commercial
2008 Ed. (2833, 4321)
2007 Ed. (2704, 4365)
2006 Ed. (2709)
2005 Ed. (2748)
2003 Ed. (236, 1344, 1964, 1969, 1972)
1997 Ed. (2155)
1996 Ed. (2037)
1994 Ed. (1985)
1992 Ed. (1771)
Canadian Corporate Funding
1992 Ed. (4389)
1990 Ed. (3666, 3670)
Canadian dividend
2002 Ed. (3426)
Canadian dollar
2008 Ed. (2274)
2006 Ed. (2239)
1992 Ed. (2025)
Canadian Energy Services
1991 Ed. (1554)
Canadian equity
2002 Ed. (3426)
2001 Ed. (3456)
Canadian Express
1992 Ed. (1601)
Canadian Forest Products Ltd.
1999 Ed. (2497)
Canadian Fracmaster
1997 Ed. (2962)
1996 Ed. (2868)
Canadian General Insurance Group Ltd.
1999 Ed. (2980)
Canadian Government
1989 Ed. (26)
Canadian Health Services Research Foundation
2008 Ed. (3497)
The Canadian Home Furnishings Market
2004 Ed. (4757)
Canadian Hunter
2004 Ed. (4893)
2003 Ed. (4903)
2002 Ed. (3103)
2001 Ed. (4789)
2000 Ed. (2945)
1999 Ed. (3205)
1998 Ed. (2374)
1997 Ed. (2654)
1996 Ed. (2515)
1995 Ed. (2466)
1993 Ed. (2435)
1992 Ed. (2871)
1991 Ed. (2319, 2324)
1990 Ed. (2458, 2461)
Canadian Hunter Exploration Ltd.
2003 Ed. (1634)
Canadian Imperial
1995 Ed. (2842)
Canadian Imperial Bank
2008 Ed. (1615)
2002 Ed. (1605)
2000 Ed. (1401)
1995 Ed. (1364)
Canadian Imperial Bank of Commerce
2008 Ed. (391, 392, 1627, 1628, 1635, 1647, 1653, 1655)
2007 Ed. (412, 414, 1627, 1634, 1639, 1641, 1645, 1720)
2006 Ed. (423, 1598, 1600, 1610, 1612, 1618, 1620, 1621)
2005 Ed. (473, 1710, 1720, 1722, 2604, 3491)
2004 Ed. (460, 499, 1666, 1668, 1670)
2003 Ed. (473, 1629, 1636, 2482)
2002 Ed. (535, 1606, 1607, 2268)
2001 Ed. (627, 1660, 1663, 1665)
2000 Ed. (482, 529, 531, 534, 1398, 1400, 2922, 2923, 2924, 2925, 2928, 2929, 3154, 3155)
1999 Ed. (487, 488, 489, 519, 521, 1592, 1593, 2437, 3175, 3176, 3178, 3181, 3182, 3430, 3431, 4619)
1998 Ed. (350, 2347, 2348, 2350, 2353, 2354, 2356)
1997 Ed. (429, 430, 431, 466, 1370, 1372, 2009, 2619, 2624, 2625, 2805, 2806, 3766)
1996 Ed. (466, 467, 468, 1309, 1311, 1312, 1314, 1317, 1318, 1919, 2474, 2475, 2476, 2482, 2483, 2673, 2674, 3411, 3712)
1995 Ed. (439, 440, 470, 1365, 1875, 2433, 2435, 2439, 2440, 2441, 2442, 2837, 3632)
1994 Ed. (447, 448, 481, 1338, 1340, 1341, 1755, 2546, 3556)
1993 Ed. (447, 478, 1289, 1858, 2423, 2588, 3593)
1992 Ed. (630, 631, 632, 803, 1593, 1595, 1598, 1600, 2152, 4311)
1991 Ed. (406, 474, 513, 520, 520, 630, 1264, 1265, 2479, 3402)
1990 Ed. (517, 518, 654, 1780, 2438, 3605)
1989 Ed. (1098)
Canadian Imperial Holdings
1997 Ed. (344)
1996 Ed. (372)
1994 Ed. (349)
Canadian Imperial Venture Corp.
2003 Ed. (1632, 1633)
Canadian Institute for Health Information
2007 Ed. (1615)
2006 Ed. (1595, 1624)

Canadian International Autoshow
2005 Ed. (4737)
2004 Ed. (4757)
Canadian International Farm Equipment Show
2008 Ed. (4724)
2004 Ed. (4757)
Canadian large cap
2002 Ed. (3426)
Canadian Liquid Air
1994 Ed. (1580)
Canadian LTD
2004 Ed. (4893)
2003 Ed. (4903)
2002 Ed. (287, 3103)
2001 Ed. (4789)
2000 Ed. (2945)
1999 Ed. (3205)
1998 Ed. (2374)
1997 Ed. (2654)
1996 Ed. (2515)
1993 Ed. (2435)
1992 Ed. (2871)
1991 Ed. (2319)
1990 Ed. (2453)
Canadian MacNaughton
1990 Ed. (2453)
Canadian Marconi Co.
1998 Ed. (98, 1249)
1992 Ed. (2399)
1991 Ed. (1903)
Canadian Mist
2004 Ed. (4893, 4907)
2003 Ed. (4903, 4918)
2002 Ed. (278, 279, 286, 3103, 3144, 3145, 3146, 3148, 3166, 3175, 3179)
2001 Ed. (355, 3115, 3134, 3137, 3141, 3146, 3147, 4789, 4801, 4802)
2000 Ed. (2945, 2946, 2969, 2972, 2975)
1999 Ed. (3205, 3206, 3239, 3242, 3246)
1998 Ed. (2374, 2377, 2392)
1997 Ed. (2646, 2654, 2664)
1996 Ed. (2505, 2515, 2519, 2522)
1995 Ed. (2454, 2455, 2456, 2466, 2470)
1994 Ed. (2375, 2385)
1993 Ed. (2435, 2436, 2445, 2447, 2448)
1992 Ed. (2868, 2871, 2872, 2874, 2883)
1991 Ed. (2313, 2316, 2319, 2320, 2324)
1990 Ed. (2445, 2451, 2453)
1989 Ed. (1895)
Canadian money market
2002 Ed. (3426)
Canadian mortgage
2002 Ed. (3426)
Canadian National Exhibition
2007 Ed. (2513)
2006 Ed. (2534)
2005 Ed. (2524)
2003 Ed. (2417)
2002 Ed. (2215)
2000 Ed. (1888)
1999 Ed. (2086)
1998 Ed. (1518)
1997 Ed. (1805)
1996 Ed. (1718)
1995 Ed. (1733)
1994 Ed. (1725)
1993 Ed. (1709)
1992 Ed. (2066)
1990 Ed. (1727)
Canadian National Exhibition, Toronto, Ont.
1991 Ed. (1635)
Canadian National Railway Co.
2008 Ed. (1429, 1627, 1649, 1650, 1751, 1755, 4751, 4752)
2007 Ed. (1640, 1641, 1642, 1721, 1723, 4826, 4834)
2006 Ed. (1429, 1616)
2003 Ed. (4805)
1999 Ed. (4654)
1997 Ed. (2155, 3789)
1996 Ed. (2037, 3732, 3733)
1995 Ed. (3655)
1994 Ed. (1985, 3571)
1993 Ed. (3614)
1992 Ed. (2341, 4338, 4339)
1991 Ed. (3417)
1990 Ed. (1942, 2787, 3642)
Canadian Natural Resources Ltd.
2008 Ed. (1551, 1552, 1555, 1624, 1645, 3915, 3916)
2007 Ed. (1572, 1625, 1637, 1648, 3862, 3864, 4589)
2006 Ed. (1542, 1630, 3845)
2005 Ed. (1727, 3763, 3774, 3775)
2004 Ed. (3852)
2003 Ed. (1634, 3822, 3823)
2002 Ed. (3675, 3676)
Canadian Occidental
1997 Ed. (228)
Canadian Occidental Petroleum Ltd.
2002 Ed. (306, 3675)
2000 Ed. (281, 284)
1999 Ed. (260)
1998 Ed. (152, 164)
1997 Ed. (3096)
1996 Ed. (931, 3014)
1992 Ed. (1596, 4160)
1990 Ed. (3485)
Canadian Oil Sands Trust
2008 Ed. (1553, 3915, 4783)
2007 Ed. (1648, 3862, 4860)
2006 Ed. (1630, 3845, 4857)
Canadian Overseas Packaging
1994 Ed. (2718)
1992 Ed. (3323)
Canadian Pac Ltd.
1989 Ed. (2017)
Canadian Pacific Ltd.
2003 Ed. (1634, 1635, 1636, 2089, 4575)
2002 Ed. (1609, 1995, 3241)
2001 Ed. (1663, 2375)
2000 Ed. (1400, 2550, 4266)
1999 Ed. (1593, 1888, 3430, 3431, 3986)
1998 Ed. (2993)
1997 Ed. (1641)
1996 Ed. (1310, 1314, 1317, 1564, 2123, 3158, 3712)
1995 Ed. (1364, 1365, 1366, 1578, 2836)
1994 Ed. (1338, 1339, 2064, 2545)
1993 Ed. (1287, 1289, 1402, 1504, 2588, 3264, 3593)
1992 Ed. (4148)
1991 Ed. (1262, 1263, 1264, 1265, 2479, 2480, 2790, 3232, 3403)
1990 Ed. (1338)
1989 Ed. (1154)
Canadian Pacific Express & Transport
1991 Ed. (3417)
Canadian Pacific Forest Products
1994 Ed. (1894, 2727)
1992 Ed. (1596, 2213)
1990 Ed. (1411, 2714)
Canadian Pacific Hotels
1996 Ed. (2176)
1992 Ed. (2487)
Canadian Pacific Rail Systems
1993 Ed. (1402)
Canadian Pacific Railway Ltd.
2008 Ed. (1552, 4752)
2007 Ed. (1614, 4826)
2005 Ed. (1567)
Canadian Red Cross Society
2005 Ed. (4355)
Canadian REIT
2008 Ed. (1656)
Canadian Reserve
1992 Ed. (2887)
Canadian Reynolds Metals
1996 Ed. (2611)
1994 Ed. (2482)
Canadian Rich & Rare
1999 Ed. (3205)
1998 Ed. (2374)
1994 Ed. (2385)
1993 Ed. (2435)
Canadian Royalties Inc.
2004 Ed. (1665)
Canadian Salt Co.
1996 Ed. (2650)
Canadian Satellite Radio Holdings Inc.
2008 Ed. (2938)
Canadian Securities Registration Systems
2005 Ed. (1699, 1703)
Canadian small cap
2002 Ed. (3426)
2001 Ed. (3456)
Canadian Tire
2008 Ed. (644, 645, 1634, 1639, 4226)
2007 Ed. (1618, 1631, 4188)
2005 Ed. (1701)
2003 Ed. (3361)
2002 Ed. (1498, 3301)
1999 Ed. (4109)
1997 Ed. (3547)
1996 Ed. (3243, 3483)
1995 Ed. (3153)
1994 Ed. (3366)
1991 Ed. (2894)
1990 Ed. (3051, 3052, 3060)
Canadian Tire Bank
2007 Ed. (413)
Canadian Tire Corporation
1992 Ed. (4036)
Canadian Ultramar
2004 Ed. (3967)
1997 Ed. (3097)
1996 Ed. (3015)
Canadian Utilities Ltd.
2008 Ed. (1655, 2428, 2813, 4531)
2007 Ed. (1647, 2298, 2684, 4575)
2006 Ed. (1629)
2005 Ed. (2403, 2404, 2405)
2002 Ed. (4709)
1997 Ed. (1692)
1996 Ed. (1613)
1994 Ed. (1594)
1992 Ed. (1897)
1991 Ed. (2778)
1990 Ed. (1599, 2925)
Canadian Western Agribition
2008 Ed. (4724)
Canadian Western Bank
2008 Ed. (1429, 1629, 1648, 1650, 1654)
2007 Ed. (414, 1445)
2005 Ed. (1567, 3491)
1997 Ed. (430)
1996 Ed. (466)
1994 Ed. (448)
1992 Ed. (631)
Canadian Western Nat. Gas
1990 Ed. (1888)
Canadian Western National Gas Co.
1997 Ed. (2132)
1994 Ed. (1964)
Canadian Western National Gas Company
1992 Ed. (2276)
Canadian Western Natural Gas Co.
1996 Ed. (2012)
Canadian Wheat Board
1997 Ed. (1813)
1990 Ed. (1731, 1942)
Canadian whiskey
2002 Ed. (3132, 3133, 3142, 3143, 3167, 3168, 3169, 3170)
2001 Ed. (3124, 3125, 3150)
Canadiens; Montreal
2006 Ed. (2862)
Canagex, Inc
2000 Ed. (2844)
Canal Barge
2001 Ed. (4235)
Canal Community Alliance
1992 Ed. (1097)
Canal Group
2004 Ed. (3040)
Canal Plus
2002 Ed. (1416)
1997 Ed. (2725)
1994 Ed. (1403)
1993 Ed. (820)
Canali
2006 Ed. (1030)
Canam Group
2008 Ed. (3657)
Canam Manac
2005 Ed. (4741)
Canam Manac Group
1996 Ed. (2611)
1994 Ed. (2482)
1992 Ed. (3030)
Canandaigua
1990 Ed. (3695)
1989 Ed. (2929)
Canandaigua Brands, Inc.
2003 Ed. (3227)
2002 Ed. (3109)
2001 Ed. (689, 695, 696, 3119, 3130)
2000 Ed. (714, 719)
1999 Ed. (702, 709)
Canandaigua National Collect Investment Board
1998 Ed. (402)
Canandaigua Wine Co.
2005 Ed. (914, 4945, 4946, 4947)
2004 Ed. (923, 4961, 4962, 4963)
2003 Ed. (906, 4958, 4959, 4961)
2002 Ed. (4913, 4964)
2001 Ed. (4840, 4841)
2000 Ed. (724, 725, 731, 4396, 4408)
1999 Ed. (701, 723, 3210, 4772, 4784)
1998 Ed. (443, 447, 448, 458, 462, 1089, 1090, 1094, 3722, 3738)
1997 Ed. (655, 657, 663, 672, 2035, 3897)
1996 Ed. (722, 730, 731, 738, 1938, 1940, 3801, 3849)
1995 Ed. (653, 654, 657, 658, 1896, 1898, 3739, 3750)
1994 Ed. (697, 698, 701, 705, 706, 3664)
1993 Ed. (3705, 3714)
1992 Ed. (4453)
1991 Ed. (3490, 3491)
Canandaigua Wine Co. (Class A)
1995 Ed. (662)
Canandaigua Wine Co. (Class B)
1995 Ed. (662)
Canandalgua Wine Co.
2001 Ed. (679)
Canara
1989 Ed. (573)
Canara Bank
2008 Ed. (432)
2007 Ed. (466)
2006 Ed. (455)
2005 Ed. (525)
2004 Ed. (544)
2003 Ed. (528)
2002 Ed. (569, 570)
2000 Ed. (553, 554)
1999 Ed. (542, 543)
1997 Ed. (506, 507)
1996 Ed. (547, 548)
1995 Ed. (495, 496)
1994 Ed. (513, 514)
1993 Ed. (514)
1992 Ed. (704, 705)
1991 Ed. (545)
1990 Ed. (592)
1989 Ed. (558)
Canary Islands
1999 Ed. (1146)
Canary Wharf
2005 Ed. (3946)
Canbank Investment Management Services
1999 Ed. (2887)
Cancarb
1998 Ed. (643)
Cancer
2000 Ed. (1644, 1645)
1995 Ed. (2078, 2594, 2595, 2935)
Cancer, bladder
1997 Ed. (882)
Cancer, brain
1997 Ed. (883)
Cancer, breast
1997 Ed. (883)
Cancer, colon/rectum
1997 Ed. (882, 883)
Cancer, esophagus
1997 Ed. (882)
Cancer Fund of America
1996 Ed. (918)
Cancer, liver
1997 Ed. (882, 883)
Cancer, lung
1997 Ed. (882, 883)

Cancer, ovary
1997 Ed. (883)
Cancer, pancreatic
1997 Ed. (882, 883)
Cancer, prostate
1997 Ed. (882)
Cancer Relief Macmillan Fund
1997 Ed. (946)
Cancer Research Campaign
1997 Ed. (946)
1996 Ed. (919)
1995 Ed. (945)
1994 Ed. (911, 2680)
1992 Ed. (3270)
Cancer Research U.K.
2008 Ed. (101, 694)
2007 Ed. (723)
Cancer, stomach
1997 Ed. (882)
Cancer/Transplany Therapy
1999 Ed. (1907)
Cancer treatment center
2003 Ed. (2691)
2001 Ed. (3598)
Cancer Treatment Centers of America
2008 Ed. (2007)
Cancer, uterine
1997 Ed. (883)
CancerVax Corp.
2007 Ed. (4591)
2005 Ed. (4254)
Canco Nacional de Mexico
1991 Ed. (607)
Cancun Convention Center
2005 Ed. (2522)
2001 Ed. (2353)
Cancun International
2001 Ed. (350)
Cancun, Mexico
1993 Ed. (2531)
1992 Ed. (3015)
C&A
1992 Ed. (50)
C&A Brenninkmeyer
1990 Ed. (28)
Candace Browning
1998 Ed. (1625)
1997 Ed. (1856)
1993 Ed. (1777)
Candace Browning-Platt
1999 Ed. (2209)
Candela Corp.
2008 Ed. (4402)
2006 Ed. (1866)
2005 Ed. (1859, 1860)
Candela Laser
1992 Ed. (3308, 3310)
Candelight Dinners
1992 Ed. (3220)
Candence Design Systems
1996 Ed. (1628)
Canderel
2001 Ed. (3725)
C&G Publishing
2000 Ed. (3336)
Candian Imperial Bank of Commerce
2000 Ed. (2930)
Candice Bergen
1997 Ed. (1726)
Candies
2008 Ed. (2732)
C&J Clark Holdings Ltd.
2000 Ed. (2917)
C&J Partners Inc.
2000 Ed. (2741)
Candle Corp.
2002 Ed. (1154)
1999 Ed. (1287)
1993 Ed. (1074)
Candle Industries
1991 Ed. (2639)
Candlelight Inc.
2005 Ed. (3914)
Candleman Corp.
2003 Ed. (2608)
2002 Ed. (2397)
Candles
2003 Ed. (3943, 3944)
2001 Ed. (2085)
2000 Ed. (4142)
1999 Ed. (4509)
Candles, pillar
1999 Ed. (1015)
Candles, tapers
1999 Ed. (1015)
Candles, tea lights
1999 Ed. (1015)
Candles, votives
1999 Ed. (1015)
Candlewood
1998 Ed. (2025)
Candlewood Partners
2005 Ed. (4670, 4671)
Candlewood Suites
2002 Ed. (2643)
Candover Associates
1992 Ed. (2964)
Candover Investments
2007 Ed. (3290)
2006 Ed. (4881)
1995 Ed. (2499)
1994 Ed. (2430)
Candover Investments plc
2005 Ed. (1474)
C&S Corp.
1992 Ed. (502)
C&S/Sovran
1992 Ed. (836)
C&W Communications
2000 Ed. (4191)
Candy
2008 Ed. (109)
2007 Ed. (98, 1422, 3785, 3786, 3787)
2006 Ed. (104, 1385, 3787, 3788, 3789)
2005 Ed. (1395, 1396, 2233)
2003 Ed. (3757, 4834, 4837)
2002 Ed. (932, 3493, 4721)
2001 Ed. (3605, 3655, 3656, 3657, 3658, 4405, 4485)
1999 Ed. (3599)
1996 Ed. (1169, 1563)
1995 Ed. (3721)
1994 Ed. (1493, 2657, 3347)
1991 Ed. (1428)
1990 Ed. (3035, 3306, 3665)
1989 Ed. (2329, 2883)
Candy & gum
2000 Ed. (4141)
1999 Ed. (1002)
1994 Ed. (1190)
1990 Ed. (3032, 3034, 3532, 3534)
Candy & Mints
2000 Ed. (4212)
1998 Ed. (1727, 1728)
Candy, bagged/boxed
2003 Ed. (4830)
2002 Ed. (4721)
Candy bars
2008 Ed. (974)
2003 Ed. (4830)
2001 Ed. (4405)
Candy Bouquet
2008 Ed. (2829)
2007 Ed. (4194)
2006 Ed. (4172)
2005 Ed. (2744)
2004 Ed. (2747)
2003 Ed. (889, 2629)
2002 Ed. (2359, 2417)
2001 Ed. (2532)
1999 Ed. (2521)
Candy Bouquet International
2008 Ed. (170)
Candy, chewy
2008 Ed. (841)
Candy, chocolate
2005 Ed. (2757, 2760)
2004 Ed. (2127, 2129)
2002 Ed. (2029, 2039, 3768)
Candy, chocolate bagged
2005 Ed. (854)
Candy, chocolate bar
2005 Ed. (854)
Candy, chocolate bars
2002 Ed. (2422)
Candy, chocolate boxed
2005 Ed. (854)
Candy, diet
2008 Ed. (841)
Candy, dietetic
2005 Ed. (2234)
Candy Express
2002 Ed. (937)
1994 Ed. (1916)
Candy/gum
1996 Ed. (860)
1991 Ed. (3304, 3308)
Candy/gum/snacks
1997 Ed. (2929)
1993 Ed. (2708)
Candy, Halloween
1999 Ed. (1019)
Candy, hard
2008 Ed. (841)
Candy, hard-rolled
2003 Ed. (856)
Candy, Holiday Specials
2000 Ed. (4143)
Candy/mints
1996 Ed. (2042, 2044, 2045)
Candy, non-chocolate
2004 Ed. (877)
2003 Ed. (855, 856, 857)
Candy, non-chocolate bagged
2005 Ed. (854)
Candy, non-chocolate miniatures
2003 Ed. (856)
Candy, nonchocolate
2002 Ed. (2422)
Candy, novelty
2008 Ed. (841)
1999 Ed. (1019)
Candy, nut/coconut
2008 Ed. (841)
Candy/pastry
2003 Ed. (4842)
Candy, roll
2005 Ed. (854)
Candy, seasonal
2002 Ed. (2029, 2039)
Candy/snacks
2002 Ed. (4725)
2001 Ed. (3918)
1998 Ed. (3661, 3662)
Candy, Valentine's Day
1999 Ed. (1019)
Candyland
1992 Ed. (2257)
CandyRific
2008 Ed. (1212)
Candy's Tortilla Factory
1994 Ed. (2505)
Cane River
2003 Ed. (718)
Caneel Bay
1996 Ed. (2171)
1993 Ed. (2090)
1991 Ed. (1947)
1990 Ed. (2064)
Caneel Bay Resort
1994 Ed. (2104)
Canei
1997 Ed. (3902)
1996 Ed. (3856)
1993 Ed. (3720)
1990 Ed. (3698)
Canes/Walkers/Wheelchairs
1992 Ed. (1871)
Canesten
2001 Ed. (3725)
Caney; Ron
1992 Ed. (47)
Canferon A
1996 Ed. (1581)
Canfor Corp.
2008 Ed. (1622, 2762)
2007 Ed. (1445, 2636)
2006 Ed. (1429, 1451, 1573, 1574)
2005 Ed. (1666, 1667, 1668)
2003 Ed. (3723)
2002 Ed. (3576)
2001 Ed. (3627)
2000 Ed. (3411)
1999 Ed. (2492, 3691)
1998 Ed. (1754)
1997 Ed. (2070, 2076, 2992, 2995)
1996 Ed. (1960, 1962)
1995 Ed. (2836)
1994 Ed. (1894, 1896, 2727)
1993 Ed. (1894, 2478)
1992 Ed. (1596, 2212, 2213)
1991 Ed. (748, 1764, 2366)
1990 Ed. (1337, 1845)
Cangene Corp.
2008 Ed. (3951)
2007 Ed. (3915)
2005 Ed. (1700)
Canion; Joseph R.
1993 Ed. (1702)
1992 Ed. (2057)
1991 Ed. (1627)
1989 Ed. (1378)
Canion; Rod
1990 Ed. (976, 1726)
Canizaro Cawthon Davis
2008 Ed. (2519)
Canlan Ice Sports
2007 Ed. (2457)
Cannavaro; Fabio
2008 Ed. (4453)
Canned
2007 Ed. (4598)
2006 Ed. (4611)
2001 Ed. (394, 2551, 3862)
Canned and Bottled Tea
2000 Ed. (713)
Canned, bottled, and frozen foods
2001 Ed. (4385)
Canned corned beef
1992 Ed. (2354)
Canned Draught Guinness
1994 Ed. (755)
Canned drinks
1990 Ed. (3665)
1989 Ed. (2883)
Canned fish and seafood
1989 Ed. (1662)
Canned Food/Beverages
2000 Ed. (1898)
Canned Fruit Drinks
2000 Ed. (713, 4154)
Canned goods
2005 Ed. (2624)
1998 Ed. (2497)
1995 Ed. (2998)
Cannella; Margaret
1997 Ed. (1931)
Cannelton Industries, Inc.
1989 Ed. (952, 1997)
Cannelton Land Co.
2006 Ed. (1840)
Canning
2007 Ed. (4236)
Canning supplies
1993 Ed. (2109)
Canning Vale Weaving
2004 Ed. (4714)
Cannon
2008 Ed. (3092)
2007 Ed. (2968, 4747)
2006 Ed. (2951)
2005 Ed. (4686)
2003 Ed. (744, 2869)
2000 Ed. (311, 2584)
1999 Ed. (285, 780, 2701, 2805, 2806)
1998 Ed. (182)
1997 Ed. (260, 2331, 3007)
1996 Ed. (229, 2196, 2197, 2201)
1995 Ed. (233, 2182)
1994 Ed. (231, 2131, 2145)
1993 Ed. (241)
1992 Ed. (351, 2538)
1991 Ed. (251)
1990 Ed. (277)
1989 Ed. (266)
Cannon & Wendt Electric Co.
2006 Ed. (1175)
Cannon Cochran Management Services Inc.
2006 Ed. (3081)
Cannon Design
2008 Ed. (261, 263, 2532, 2534, 2539, 3341, 3343)
2007 Ed. (2409, 2411, 3199, 3201)
2006 Ed. (2791, 3165, 3167)
2005 Ed. (3163, 3166)
Cannon; Ernest
1991 Ed. (2296)
Cannon Group, Inc.
1989 Ed. (1923, 1924)
Cannon International Currency Bond
1994 Ed. (726)
Cannon; M. R.
2005 Ed. (2489)

Cannon Mills Co.
1990 Ed. (2720)
Cannon Sline Inc.
2002 Ed. (1295)
2001 Ed. (1479)
2000 Ed. (1265, 1271)
1999 Ed. (1373)
1998 Ed. (952)
1992 Ed. (1422)
Cannon Solutions
2008 Ed. (4005)
2007 Ed. (3985)
2005 Ed. (3866)
Cannons Group
2001 Ed. (1888)
Cano Container Corp.
2001 Ed. (2702)
Cano; Nestor
2006 Ed. (2516)
Canoa Homes
2005 Ed. (1244)
Canoeing
1999 Ed. (4382)
Canola
2001 Ed. (708)
Canon Inc.
2008 Ed. (52, 643, 660, 832, 833, 834, 1112, 1117, 1119, 1742, 1745, 1867, 1869, 3982)
2007 Ed. (49, 684, 694, 841, 853, 870, 1213, 1215, 1229, 1713, 1716, 1722, 1726, 1833, 1834, 1836, 1837, 2342, 2346, 2828, 2862, 3952, 4695)
2006 Ed. (58, 163, 1111, 1113, 1121, 1825, 1826, 1829, 3900, 3902, 4510, 4774)
2005 Ed. (1124, 1125, 1771, 2344, 2863, 3696, 3699)
2004 Ed. (1117, 1118, 1711, 1715, 1719, 2261, 3731, 3777)
2003 Ed. (1099, 1104, 1679, 1728, 2235, 2248, 2249, 2250, 3674, 3752, 4377, 4593)
2002 Ed. (929, 1141, 1145, 1709, 2108, 3534)
2001 Ed. (1073, 1103, 3648, 3651, 4219)
2000 Ed. (937, 963, 966, 1166, 1490, 1495, 1496, 1772, 3370, 4263)
1999 Ed. (986, 1009, 1012, 1013, 1261, 1271, 1272, 1273, 1690, 1995, 2880, 3641, 3646, 3647, 3648, 3714, 3716, 3825, 4615)
1998 Ed. (562, 571, 608, 610, 611, 825, 837, 2705, 2752, 2848, 3275)
1997 Ed. (880, 1085, 1462, 2958, 3115)
1996 Ed. (774, 868, 1405, 2105, 2917, 3035, 3397, 3783)
1995 Ed. (885, 1096, 1212, 1761, 2937)
1994 Ed. (20, 44, 1612, 1616, 1735, 2199, 2205, 2746, 2873, 2874)
1993 Ed. (35, 38, 829, 1056, 1059, 1163, 1313, 1359, 1587, 1733, 2166, 2176, 2772, 2853, 3210)
1992 Ed. (1037, 1318, 1448, 1449, 1932, 2096, 3345, 3460, 3914)
1991 Ed. (846, 1107, 1108, 1538, 1643, 2069, 3083)
1990 Ed. (1103, 1610, 1641, 1742, 2040, 2041, 2042, 2043, 2044, 2195, 2203, 2777, 3237)
1989 Ed. (1341, 2123, 2297)
Canon Europa NV
1995 Ed. (3730)
Canon Fax
1992 Ed. (1935, 2097)
Canon Kabushiki Kaisha
2004 Ed. (3780)
Canon KK
2008 Ed. (3861)
2007 Ed. (3782)
2003 Ed. (3756)
2001 Ed. (3645, 3650)
1990 Ed. (2778)
Canon Inc. Taiwan
1994 Ed. (1459)
Canon United States
2002 Ed. (1133)
Canon U.S.A. Inc.
2006 Ed. (1103)
2005 Ed. (1114, 1384, 1390)
2004 Ed. (1110, 1347, 1366)
2003 Ed. (1089, 1361)
2001 Ed. (1344)
2000 Ed. (1433, 3367)
1999 Ed. (1630)
1998 Ed. (827, 1140, 2412, 2700)
1995 Ed. (1394)
1994 Ed. (1368)
1992 Ed. (1615)
1991 Ed. (1289, 2639)
Canonie Environmental Services
1989 Ed. (1571, 2498, 2503)
Canonie Environmental Svs.
1990 Ed. (1294, 3305)
Canplast Inc.
2005 Ed. (1700)
Canpotex Ltd.
2007 Ed. (4945)
Canron
1992 Ed. (3030)
1989 Ed. (1930)
Canslim E-Mail Discussion Group
2003 Ed. (3025)
Canstar
1992 Ed. (4044)
Cansu
1996 Ed. (1092)
Cant Vaudoise
1991 Ed. (670)
Cantab Pharm
1995 Ed. (201)
Cantaloupe
2001 Ed. (3272)
1996 Ed. (1978)
1992 Ed. (2239)
Cantaloupes
1999 Ed. (2534)
1993 Ed. (1749)
Canteen Corp.
1997 Ed. (2057)
1996 Ed. (1954)
1995 Ed. (1912)
1994 Ed. (1890)
1992 Ed. (2202, 2448, 2449)
1991 Ed. (1752, 1755)
Canteen Services
2006 Ed. (4134)
2005 Ed. (2662, 2663, 2664, 2665, 4087)
2003 Ed. (2526, 2527, 2528, 2529, 2530, 4134)
Cantel Medical Corp.
2006 Ed. (3444)
Canterbury Educational Services
1994 Ed. (2014, 3321)
Canterbury Park
2005 Ed. (4382)
Canterra Energy Ltd.
1990 Ed. (3485)
Cantest Ltd.
2007 Ed. (1607, 1616)
Cantharis
1992 Ed. (2437)
Cantina Laredo
2008 Ed. (4165)
Canton
1995 Ed. (2473)
Canton Ginger Liqueur
1997 Ed. (2642)
1996 Ed. (2499, 2501, 2502)
Canton-Massillon, OH
2008 Ed. (3479)
Canton, OH
1989 Ed. (1904)
Cantonal Bank of Berne
1995 Ed. (615)
1994 Ed. (643)
Cantor; B. Gerald
1997 Ed. (2004)
Cantor Exchange
2005 Ed. (2706)
2004 Ed. (2713)
2003 Ed. (2598)
2001 Ed. (1333)
Cantor Fitzgerald Securities
1996 Ed. (806)
1995 Ed. (763)
Cantor; Iris and B. Gerald
1992 Ed. (1096)
Cantrade Invest Inc.
2002 Ed. (3222)
Cantrade Private Bank Switzerland (C.I.) Ltd.
1999 Ed. (492)
1997 Ed. (435)
1996 Ed. (471)
Cantu Services Inc.
1992 Ed. (2401)
1991 Ed. (1906)
1990 Ed. (2008)
CANTV
2007 Ed. (96)
2006 Ed. (792)
2005 Ed. (1847)
2004 Ed. (99, 1773)
2003 Ed. (1743)
2002 Ed. (941, 942)
2000 Ed. (985, 986)
1993 Ed. (1199)
Canuso Inc.; John B.
1991 Ed. (1066)
1990 Ed. (1180)
CanUtilities Holdings
1997 Ed. (1692)
1996 Ed. (1613)
CanWel Distribution
2006 Ed. (2023)
2005 Ed. (1965)
CanWest Global
2005 Ed. (1568)
CanWest Global Communications Corp.
2008 Ed. (729)
2007 Ed. (750)
2006 Ed. (33)
2005 Ed. (27)
2003 Ed. (1078, 1641)
2002 Ed. (3269)
1997 Ed. (729)
1996 Ed. (791)
1994 Ed. (761)
CanWest Global Communications Group
2004 Ed. (34)
Canyon Resources Corp.
2005 Ed. (2739, 2740)
2004 Ed. (2742, 2743)
1993 Ed. (2010, 3335)
Canyonlands Community Health Care
2007 Ed. (2767, 2779)
Cap
1997 Ed. (3377)
1993 Ed. (3068, 3069)
1992 Ed. (3765, 3766)
1991 Ed. (2911, 2912)
CAP-Cia de Acero del Pacifico
1989 Ed. (1100)
C.A.P. Engineering Consultants Inc.
1997 Ed. (2222)
Cap Gemini
2000 Ed. (901, 2644)
1995 Ed. (1116)
1994 Ed. (2200, 2206)
1992 Ed. (2634)
1991 Ed. (2065)
Cap Gemini America
1993 Ed. (1104, 2178, 2179)
1992 Ed. (1377)
1991 Ed. (811)
Cap Gemini American
1990 Ed. (853)
Cap Gemini Ernst & Young
2004 Ed. (1131, 1133)
2003 Ed. (1120, 1122)
Cap Gemini Ernst & Young Canada Inc.
2003 Ed. (2929)
Cap Gemini Ernst & Young U.S. LLC
2004 Ed. (2407)
2002 Ed. (866)
Cap Gemini Group
2001 Ed. (1450)
CAP Gemini/Hoskyns
2000 Ed. (3386)
Cap Gemini SA
2002 Ed. (1483, 1492, 4490)
Cap Gemini Sogeti
1990 Ed. (1139, 2196)
Cap Gemini Sogeti SA
1999 Ed. (2878)
Cap Gemini Sugeti
1992 Ed. (1335)
Cap International
1992 Ed. (3151)
Cap Juluca
1995 Ed. (2173)
Cap n Crunch
2003 Ed. (876)
CAP REIT
2008 Ed. (4116)
Cap. Res. America High Income
2000 Ed. (3265)
Cap. Res. Bond Fund of America
2000 Ed. (3267)
Cap. Res. New Economy
2002 Ed. (2160)
Cap. Res. Sm. Cap World
1999 Ed. (3565)
Cap. Res. Washington Mutual
2002 Ed. (2159)
Cap. Research EuroPacific Gro.
1996 Ed. (2770)
Cap. Research Income
1996 Ed. (2771)
Cap Rock Energy Corp.
2006 Ed. (2723)
Cap 3P SA
2007 Ed. (1735)
Capability American & General
1992 Ed. (3208)
Capacity Group of Cos.
2008 Ed. (3246)
2007 Ed. (3098)
2006 Ed. (3078)
2005 Ed. (3077)
2004 Ed. (3067)
CapacityWeb
2001 Ed. (4757)
Capalino, LoCicero, Marino & Tan
1992 Ed. (2901)
Caparo Group Ltd.
1995 Ed. (1015)
Capcities/ABC
1995 Ed. (3049)
CapCities/ABC/Disney
1997 Ed. (3237)
Capco Energy Inc.
2004 Ed. (3844)
Capcom Co. Ltd.
2001 Ed. (4688)
Capcom USA
2003 Ed. (2603)
CAPDM Ltd.
2003 Ed. (2735)
Cape Breton Development
1997 Ed. (2795)
1996 Ed. (2650)
1994 Ed. (2527)
Cape Breton, Nova Scotia
2008 Ed. (3492)
2006 Ed. (3316)
Cape Breton University
2008 Ed. (1083)
Cape Canaveral Cruise Line
2000 Ed. (1633)
1999 Ed. (1808)
Cape Clear Software
2003 Ed. (1110)
Cape Cod
2008 Ed. (4021)
2004 Ed. (3932)
1996 Ed. (3054)
Cape Cod Bank & Trust Co.
1990 Ed. (647)
1989 Ed. (636)
Cape Cod Hospital
2008 Ed. (3060)
1997 Ed. (2267)
Cape Cod Polish
2003 Ed. (983, 992, 993)
Cape Coral, FL
2008 Ed. (2488)
2007 Ed. (2367)
1992 Ed. (3036)
Cape Coral-Fort Myers, FL
2008 Ed. (3459)
2007 Ed. (2374, 3359, 3361)
Cape Environmental Management Inc.
2008 Ed. (2961)
Cape Fear
1993 Ed. (2599)

Cape Health Plan
2005 Ed. (4995)
2004 Ed. (4990)
2002 Ed. (4988)
Cape May County Municipal Utilities Authority, NJ
1993 Ed. (2624)
Cape Town
1992 Ed. (1394)
Cape Verde
2008 Ed. (2200, 2402)
2007 Ed. (2090, 2267)
2006 Ed. (2140, 2146, 2336)
Capel & Co.; James
1997 Ed. (745, 746, 750, 751, 754, 755, 758, 772, 773, 774, 775, 776, 777, 779, 780, 781, 783, 798, 799, 801, 802, 813, 817, 1967, 1968, 1969, 1971)
1996 Ed. (1859, 1860, 1861, 1862, 1863)
1993 Ed. (1640, 1641, 1642, 1644, 1646, 1647, 1846, 1847, 1848, 1849, 1850)
1992 Ed. (2139, 2158, 2785)
1989 Ed. (1421)
Capel Asia; James
1996 Ed. (1851)
Capel; James
1995 Ed. (811, 815, 832, 835, 836)
1994 Ed. (1756, 1838, 1839)
1991 Ed. (778, 781, 782, 1599, 1712)
1990 Ed. (815, 816, 1771, 1772)
1989 Ed. (815, 816)
Capel Pacific; James
1997 Ed. (1975)
1996 Ed. (1868)
Capel Rugs
2007 Ed. (4225)
Capel; Wardley J.
1995 Ed. (822)
Capella
2002 Ed. (4907)
Capella Education
2007 Ed. (2271)
2005 Ed. (2271)
Capelrig Ltd.
2002 Ed. (2497)
Capen; Richard G.
1994 Ed. (1722)
Capener, Matthews & Walcher
1997 Ed. (138)
Caperton; Gaston
1992 Ed. (2344)
Capetronic Consumer Electronic
1999 Ed. (4167)
Capform Inc.
2007 Ed. (1357, 1366)
2006 Ed. (1266, 1289)
2005 Ed. (1297)
2004 Ed. (1246)
2003 Ed. (1243)
2002 Ed. (1232)
2001 Ed. (1472)
2000 Ed. (1258)
1999 Ed. (1366)
1998 Ed. (944)
1997 Ed. (1167)
1996 Ed. (1141)
1995 Ed. (1163)
1994 Ed. (1145)
Capgemini
2008 Ed. (1143, 3834, 4798, 4799)
2007 Ed. (1236, 1244, 1259, 3758)
2006 Ed. (2774, 3760)
2005 Ed. (2802)
Capin Mercantile Corp.
1989 Ed. (270)
Capina Melkunie BV
2000 Ed. (1639)
Capita
2006 Ed. (4303)
2000 Ed. (3386)
Capita Group
2007 Ed. (4367, 4370)
The Capita Group plc
2008 Ed. (4325)
2007 Ed. (4369)
2006 Ed. (4302)
2005 Ed. (1595, 4361)
2001 Ed. (1886, 4279)
Capital Corp.
2001 Ed. (1132)
2000 Ed. (3725)
1995 Ed. (3062)
1993 Ed. (2962)
1992 Ed. (4138)
Capital Agricultural Propertues
1998 Ed. (1773)
Capital Agricultural Property Services, Inc.
2000 Ed. (1907)
1999 Ed. (2122, 2123)
1998 Ed. (1541, 1544, 1771)
1997 Ed. (1828, 1829)
1996 Ed. (1747, 1748)
1995 Ed. (1769, 1771)
1994 Ed. (1736, 1738)
1993 Ed. (1744, 1746)
1992 Ed. (2106, 2108)
1991 Ed. (1646, 1648)
1990 Ed. (1745)
1989 Ed. (1412)
Capital American Financial
1998 Ed. (2131)
Capital Analysts
2000 Ed. (842)
Capital & Credit Merchant Bank
2005 Ed. (3241)
Capital & Regional Properties Corp.
1994 Ed. (3002)
Capital appreciation
1991 Ed. (2568)
Capital Appreciation Technology Ltd.
1992 Ed. (1289)
Capital Asia
1995 Ed. (2126)
Capital Associates Realty Advisors
1998 Ed. (2274)
Capital Automotive
2005 Ed. (4380)
Capital Automotive REIT
2006 Ed. (2115)
2004 Ed. (2770)
Capital Bancorp
1998 Ed. (1695)
1997 Ed. (2011)
1996 Ed. (1921)
1995 Ed. (1877, 2102)
1991 Ed. (1905)
1990 Ed. (2016)
Capital Bank
1999 Ed. (541)
1992 Ed. (2400)
Capital Bank National
1990 Ed. (587)
Capital Bank of Jordan
2008 Ed. (455)
Capital Bank of Latvia
1997 Ed. (538)
Capital BlueCross
2008 Ed. (2907)
Capital Brewery
2000 Ed. (3126)
1998 Ed. (2490)
1989 Ed. (758)
Capital Builder
1993 Ed. (235)
Capital Building Maintenance Corp.
2006 Ed. (666)
Capital Cities
1998 Ed. (1027, 3361)
1996 Ed. (2578)
1990 Ed. (3258)
Capital Cities/ABC Inc.
2005 Ed. (1499)
1999 Ed. (1460)
1997 Ed. (728, 873, 1236, 1238, 1239, 1245, 1246, 1250, 1251, 1779, 2717, 2718, 3234, 3238, 3720, 3721)
1996 Ed. (789, 790, 1696, 1697, 2576, 2577, 3407, 3500, 3664)
1995 Ed. (715, 716, 717, 1716, 2510, 3435, 3438, 3576)
1994 Ed. (757, 758, 759, 760, 2444, 2663)
1993 Ed. (752, 753, 2505, 2507, 3262, 3379, 3544)
1992 Ed. (943, 944, 945, 1291, 1985, 2979, 2980, 3602, 3940, 4059, 4256)
1991 Ed. (749, 750, 751, 1013, 2389, 2391, 3105)
1990 Ed. (779, 780, 781, 1104, 2523)
1989 Ed. (781, 782, 1934)
Capital Cities Communication/ABC
1989 Ed. (2474)
Capital Cities Communications
1990 Ed. (1247)
Capital City Credit Union
2002 Ed. (1851)
Capital City First
1990 Ed. (545)
Capital City Savings & Credit Union
2007 Ed. (1433, 2106)
2006 Ed. (1400)
2005 Ed. (1700)
1999 Ed. (1804)
1996 Ed. (1513)
1995 Ed. (1537)
1990 Ed. (1459)
Capital City Savings Credit Union
2008 Ed. (2221)
2006 Ed. (2185)
2005 Ed. (2090)
Capital Commercial
1998 Ed. (2998)
Capital Commercial Real Estate Services
1997 Ed. (3256)
Capital Community Bank
2008 Ed. (427)
Capital Consultants
2000 Ed. (2793)
1994 Ed. (3020)
Capital Contractors Inc.
2007 Ed. (3583, 3584, 4397, 4437)
Capital Counties
1989 Ed. (2288)
Capital Credit Union
2008 Ed. (2251)
2007 Ed. (2136)
2006 Ed. (2215)
2005 Ed. (2120)
2004 Ed. (1978)
2003 Ed. (1938)
2002 Ed. (1884, 1901)
Capital Crossing Bank
2005 Ed. (1859)
Capital de Riesgo CMPC SA
2004 Ed. (1673)
2002 Ed. (1614)
Capital Directions Inc.
2004 Ed. (408)
Capital District Physicians' Health Plan
2008 Ed. (2919, 3632, 3647)
Capital Educators Credit Union
2008 Ed. (2229)
2007 Ed. (2114)
2006 Ed. (2193)
2005 Ed. (2098)
2004 Ed. (1956)
2003 Ed. (1916)
2002 Ed. (1862)
Capital Electric Construction Co.
2006 Ed. (1296)
Capital equipment
1991 Ed. (1515)
1990 Ed. (1613)
Capital Exchange Fund
2000 Ed. (3234)
Capital Field Services
2007 Ed. (1272)
Capital Ford
2002 Ed. (360)
Capital Fund Management
2007 Ed. (1187, 1188)
Capital Futures Management S.N.C.
1994 Ed. (1068)
Capital gains tax
1999 Ed. (4320)
Capital Gold 1548
2002 Ed. (3896)
2001 Ed. (3980)
Capital goods industry
1998 Ed. (2096)
The Capital Grille
2007 Ed. (4135)
Capital Group
2001 Ed. (2879, 3010)
2000 Ed. (2770, 2771, 2772, 2777)
1999 Ed. (3038, 3040, 3042, 3045, 3587, 3588)
1998 Ed. (2295, 2297, 2299, 2303)
1997 Ed. (1353)
1995 Ed. (2379, 2382, 2383)
1992 Ed. (2777)
1991 Ed. (2249)
1990 Ed. (2357)
1989 Ed. (1813, 2136)
Capital Group Companies Inc.
2008 Ed. (3167, 3171, 3178, 3180, 3181, 3378, 3379, 3380)
2007 Ed. (3052, 3252, 3253, 3254)
2006 Ed. (3193, 3194, 3196, 3197)
2005 Ed. (3209, 3211, 3212, 3228)
2004 Ed. (3174, 3178)
2003 Ed. (3062, 3063, 3064, 3067, 3082, 3966)
2002 Ed. (1078, 3004)
The Capital Group Cos., Inc.
2008 Ed. (1804, 3404)
2007 Ed. (3287)
2005 Ed. (3207)
Capital Group International
2002 Ed. (3027)
Capital Guaranty Insurance Co.
1999 Ed. (3489, 3490, 3491, 3496)
1998 Ed. (2579, 2581, 2582, 2583, 2584, 2585, 2586, 2587, 2588)
1997 Ed. (2850, 2851, 2852, 2853, 2854, 2855, 2856, 2857, 2859)
1996 Ed. (2733, 2734, 2736, 2738, 2739, 2740, 2741, 2742)
1995 Ed. (2654, 2655, 2656, 2657, 2659, 2660, 2662, 2663, 2664)
1993 Ed. (2628, 2629, 2630, 2631, 2632, 2633, 2634, 2637)
1991 Ed. (2168, 2537, 2538, 2539, 2540, 2541, 2542, 2543, 2544, 2545)
1990 Ed. (2651, 2653)
Capital Guaranty Reinsurance Co.
1997 Ed. (2860)
Capital Guardian
2008 Ed. (2293, 2294, 2317)
2004 Ed. (2034, 2037, 2038, 2046, 3210)
2003 Ed. (3069, 3071, 3072, 3074, 3109)
2002 Ed. (2350, 3009, 3621, 3623, 3624, 3628)
2000 Ed. (2834, 2850)
1992 Ed. (2786, 2787, 2788, 2789)
1990 Ed. (2328, 2363)
1989 Ed. (2144)
Capital Guardian Trust
2001 Ed. (3005)
2000 Ed. (2842, 2851, 2853, 2855, 2859)
1999 Ed. (654, 3105, 3107, 3108)
1998 Ed. (2285, 2305, 2308, 2309)
1997 Ed. (2511, 2536, 2548, 2549, 2550, 2552, 2553)
1996 Ed. (2378, 2402, 2415, 2424, 2425, 2426, 2427, 2429)
1995 Ed. (2370, 2392)
1994 Ed. (652, 2300, 2317, 2324, 2328, 2329, 2330, 2331)
1993 Ed. (650, 2289, 2295, 2304, 2329, 2347, 2348, 2349, 2351)
1992 Ed. (2738, 2773, 3351)
1991 Ed. (2216, 2217, 2221, 2245, 2256)
1990 Ed. (704, 2337, 2341, 2353)
1989 Ed. (1805)
Capital Health
2008 Ed. (1556)
2007 Ed. (1571, 1573)
2006 Ed. (1541, 1543)
Capital Health Authority
2008 Ed. (1550)
Capital Health Plan
2008 Ed. (3647)
Capital Holding
1995 Ed. (2300, 3345)
1994 Ed. (2254, 3264)
1993 Ed. (2219, 3274)
1992 Ed. (2665, 2668)
1991 Ed. (2098, 2100)
1990 Ed. (2232, 2234, 3249)
1989 Ed. (1680, 1682)

Capital Holdings Inc.
2002 Ed. (432, 433)
Capital House Property Shares
1995 Ed. (2747)
Capital Income Builder
2008 Ed. (2610, 4510)
2006 Ed. (4558)
2005 Ed. (4484)
1994 Ed. (2636)
1993 Ed. (2690)
1992 Ed. (3192)
Capital International
1993 Ed. (2338, 2338, 2352, 2353)
Capital Intl
2000 Ed. (3452)
Capital Investment Counsel Inc.
2008 Ed. (3402)
2007 Ed. (3283)
Capital Investors Ltd.
2005 Ed. (1514)
Capital Lease Funding
2003 Ed. (448)
2002 Ed. (4276)
Capital Lighting
1990 Ed. (2441)
Capital Management Group
2007 Ed. (198)
Capital Management Group Fund I
1993 Ed. (1044)
Capital Management Group Investments LLC
2003 Ed. (216)
Capital Management Sciences
2002 Ed. (1154)
Capital Markets
2005 Ed. (1432)
Capital Markets Assurance Corp.
1999 Ed. (3489, 3496)
1998 Ed. (2579, 2580, 2582, 2588)
1997 Ed. (2851, 2856, 2859)
1996 Ed. (2736, 2740, 2742)
Capital Media Group
2007 Ed. (896)
Capital Mercury Shirt Corp.
1991 Ed. (258)
Capital Mercury Shirt Corporation
1992 Ed. (361)
Capital Metro TA
1993 Ed. (785)
Capital National Bank
1990 Ed. (587)
Capital Network Advisors Inc.
2000 Ed. (3724, 4017)
Capital 95.8 FM
2002 Ed. (3896)
2001 Ed. (3980)
Capital Nomura Securities
1997 Ed. (3490)
Capital One
2008 Ed. (686)
1999 Ed. (1794, 1795)
1998 Ed. (3569)
Capital One Auto Finance
2008 Ed. (2008)
Capital One Bank
2008 Ed. (340, 347, 348, 359, 362, 524)
2007 Ed. (353, 354, 359, 371, 373)
2006 Ed. (370, 371, 372, 376, 377, 388)
2005 Ed. (366, 367, 369, 383, 430)
2004 Ed. (356, 363, 364, 424)
2003 Ed. (377, 384, 430)
2002 Ed. (440, 481, 506)
1998 Ed. (433, 1207, 3131, 3145, 3529)
1997 Ed. (336, 643)
1996 Ed. (708)
Capital One Financial Corp.
2008 Ed. (1515, 2161, 2162, 2170, 2198, 2694, 2696, 2702, 2703, 2709, 2712, 3010, 3184)
2007 Ed. (387, 2054, 2061, 2550, 2551, 2553, 2555, 2562, 2566, 2839, 2888, 3065)
2006 Ed. (380, 402, 1212, 1499, 2097, 2108, 2110, 2111, 2580, 2581, 2583, 2585, 2586, 2603, 3034, 4710)
2005 Ed. (417, 1253, 1997, 2005, 2006, 2010, 2048, 2578, 2579, 2581, 2582, 2583, 2591, 2594, 2595, 2606, 4385)
2004 Ed. (431, 1224, 1881, 1915, 2604, 2605, 2609, 2610, 2611)
2003 Ed. (838, 1215, 1846, 2470, 2471, 2475, 2476, 2478)
2002 Ed. (502, 503, 504, 1219, 1493, 1818, 2263)
2001 Ed. (580, 1452, 2433)
2000 Ed. (380, 1241, 1468, 1617, 2192, 2199)
1999 Ed. (1343, 1793, 4390)
1998 Ed. (1205)
1997 Ed. (1549, 1550, 1551, 1552)
Capital One Financial Services Inc.
2007 Ed. (4806)
Capital One FSB
2008 Ed. (524)
2007 Ed. (1182, 1183, 4246, 4251, 4252, 4253, 4255, 4256, 4258)
2006 Ed. (1074, 1075, 4232, 4233, 4237, 4238, 4239, 4240, 4241, 4242, 4244)
2005 Ed. (1066, 1067, 4180, 4181, 4212, 4213, 4214, 4215, 4216, 4219)
2004 Ed. (1062, 1063, 4247, 4248, 4279, 4280, 4281, 4282, 4283, 4286)
2003 Ed. (4229, 4259, 4260, 4262, 4263, 4265, 4274, 4275, 4276)
2002 Ed. (4117, 4119, 4120, 4122, 4130, 4131, 4132)
Capital Pacific Bank
2006 Ed. (1973)
Capital Pacific Holdings
2004 Ed. (1152, 4546)
2001 Ed. (1388)
Capital Pacific Homes
2003 Ed. (1150)
Capital Packaging Corp.
2000 Ed. (3146)
Capital Power Credit Union
2006 Ed. (2155)
Capital Preserv Fixed
1997 Ed. (569)
Capital Radio
1999 Ed. (3982)
1990 Ed. (3464)
Capital Radio Cafe
2001 Ed. (4086)
Capital Research
2008 Ed. (2315, 2317, 2318)
2002 Ed. (3010, 3419)
2000 Ed. (2784, 2788)
Capital Research America
1998 Ed. (2616)
1997 Ed. (2869)
Capital Research America Balanced
2000 Ed. (3249)
Capital Research American Balanced
2000 Ed. (3250)
1999 Ed. (3533)
1998 Ed. (2614)
Capital Research American Hi-Income
1997 Ed. (2866, 2867, 2871)
Capital Research American High-Income
1998 Ed. (2625)
Capital Research & Management Co.
2004 Ed. (2042, 2046)
2003 Ed. (1988, 3622)
2000 Ed. (2767, 2782, 2831, 2852, 2859, 3280)
1999 Ed. (3054, 3094, 3108, 3109)
1998 Ed. (2225, 2262, 2267, 2301, 2309)
1997 Ed. (2507, 2553)
1996 Ed. (2374)
1995 Ed. (2392)
1994 Ed. (2324, 2328, 2623)
1992 Ed. (2796, 2798)
Capital Research & Managment Co.
2000 Ed. (2858)
Capital Research & Mgmt.
2000 Ed. (2857)
Capital Research Bond. Fund American
1999 Ed. (3549)
Capital Research Capital World
2000 Ed. (3276)
Capital Research EuroPacific
1998 Ed. (2617)
Capital Research EuroPacific Growth
2000 Ed. (3277)
1999 Ed. (3565)
1997 Ed. (565, 2870)
1995 Ed. (2693, 2714)
Capital Research Income Fund
1997 Ed. (2871)
Capital Research Investment
1997 Ed. (2868)
Capital Research New Pers.
1997 Ed. (2870)
Capital Research New Perspective
2000 Ed. (3276, 3277)
Capital Research New Perspectives
1998 Ed. (2617)
Capital Research Small Capital
1998 Ed. (2617)
Capital Research SMALLCAP World
2000 Ed. (3277)
Capital Research U.S. Government
1995 Ed. (2716)
Capital Research Washington
1997 Ed. (2864)
Capital Research Washington Mutual
1999 Ed. (3541, 3543)
Capital Reserch American Hi-Income
1999 Ed. (3548)
Capital Resources Cash Management America
2000 Ed. (3283)
Capital Resources New Perspective
2000 Ed. (3276)
Capital Restaurant Concepts Ltd.
2007 Ed. (4134)
Capital Savings
1990 Ed. (3122, 3131)
Capital Securities
1999 Ed. (936, 938, 939, 940)
1997 Ed. (3489)
1995 Ed. (832, 833, 834, 836)
1994 Ed. (3196)
Capital Security Life Insurance
1998 Ed. (2166)
Capital Corp. Shareholders
1990 Ed. (1230)
Capital Southwest Corp.
2008 Ed. (2108)
Capital spending
1995 Ed. (3395)
Capital Strategy Group
1997 Ed. (2535)
Capital Technology
1990 Ed. (2336, 2343, 2346)
Capital Title Group
2007 Ed. (2736)
2006 Ed. (2729)
Capital Trust
1999 Ed. (3602)
Capital World Bond
1999 Ed. (3579)
1996 Ed. (2809)
Capital World Bond (American)
1997 Ed. (691)
Capital World Growth & Income
2008 Ed. (2610, 4510)
2004 Ed. (3645)
2000 Ed. (3232)
CapitaLand Ltd.
2008 Ed. (2070)
2007 Ed. (1974)
2006 Ed. (2007)
Capitales Nacionales
2000 Ed. (3400, 3401)
1999 Ed. (3684, 3685)
1997 Ed. (2984)
Capitalia
2008 Ed. (1861)
2007 Ed. (1826)
Capitalia Gruppo Bancario
2008 Ed. (452)
2007 Ed. (487)
2006 Ed. (474)
2005 Ed. (550)
Capitalia SpA
2006 Ed. (1683)
Capitalism & Freedom
2005 Ed. (713)
Capitalism, Socialism, & Democracy
2006 Ed. (577)
2005 Ed. (713)
CapitalSource Inc.
2007 Ed. (2562)
2006 Ed. (2734, 2740)
2005 Ed. (417, 2572, 2573, 2606, 4144, 4253)
CapitalThinking
2001 Ed. (4763)
Capitec Bank
2008 Ed. (504)
2007 Ed. (552)
Capitol
2006 Ed. (742)
2005 Ed. (816)
1999 Ed. (1788)
1991 Ed. (2739)
Capitol Bancorp Ltd.
2000 Ed. (384)
1999 Ed. (384)
1998 Ed. (286)
Capitol Bank & Trust Co.
1991 Ed. (2814)
Capitol Brewing Co.
1997 Ed. (714)
Capitol Broadcasting
2000 Ed. (4215)
Capitol City Industrial Park
1997 Ed. (2374)
Capitol City Savings
1990 Ed. (2472, 3120, 3129)
Capitol Federal
1990 Ed. (3127)
Capitol Federal Bank for Savings
1991 Ed. (3372)
Capitol Federal Financial
2008 Ed. (1872)
2007 Ed. (472, 473)
2006 Ed. (1833)
2003 Ed. (422, 453)
Capitol Federal Savings & Loan Association
1998 Ed. (3546)
1991 Ed. (3370)
Capitol Federal Savings Bank
2006 Ed. (2988)
2005 Ed. (2993, 3304, 3502)
2004 Ed. (2995, 3502)
Capitol Funds Special Equity A
1995 Ed. (2726)
Capitol Group
2000 Ed. (2774)
Capitol Holding Corp.
1991 Ed. (1167)
Capitol Honda
1996 Ed. (272)
1995 Ed. (269)
Capitol Hotel Group
1992 Ed. (2466)
Capitol Information Systems Inc.
2002 Ed. (1142)
Capitol Life Insurance Co.
1992 Ed. (2662)
Capitol Security Police Inc.
2006 Ed. (1634)
Capitol Treasury Reserves/Class A
1996 Ed. (2667)
Caplan; Mitchell
2007 Ed. (3223)
2006 Ed. (3185)
2005 Ed. (3183)
Capmark Finance Inc.
2008 Ed. (4120)
Capmark Financial Group Inc.
2008 Ed. (4121)
Cap'n Crunch
1996 Ed. (891)
1993 Ed. (860)
1992 Ed. (1072, 1074)
1991 Ed. (877, 878, 3322)
1990 Ed. (924)
The Capo Group
2002 Ed. (2545, 2555)
2001 Ed. (2709)
2000 Ed. (1272)
1999 Ed. (1382)
1998 Ed. (960)
1997 Ed. (1149)
Caponigro Public Relations Inc.
2001 Ed. (3936)
Caporella; Nick A.
1994 Ed. (1722)
1993 Ed. (1703)
1990 Ed. (1721, 1722)

1989 Ed. (1382)
Capoten
1995 Ed. (1587)
1993 Ed. (1530, 2915)
1992 Ed. (1870, 1876)
1991 Ed. (2763)
Capoten Tabs
1990 Ed. (2530)
Capoten Tabs 25 mg
1990 Ed. (1573)
Capozzoli Advisory
1995 Ed. (2377)
Capozzoli Advisory for Pensions
1998 Ed. (2292)
CAPP CARE Inc.
2000 Ed. (3598, 3599, 3603)
1999 Ed. (3882, 3883)
1998 Ed. (2911, 2912, 3650)
1997 Ed. (3159)
1990 Ed. (2895)
Capps; T. E.
2005 Ed. (2509)
Capps; Thomas E.
2007 Ed. (1034)
2006 Ed. (2532)
2005 Ed. (2517)
Cappucino
1998 Ed. (1859)
Capral Aluminum
2002 Ed. (3306)
Capri Capital
2000 Ed. (2828)
Capri-Sun
2008 Ed. (4491)
2007 Ed. (2655, 4511)
2003 Ed. (2578)
1995 Ed. (1947)
Capri Sun Fruit Waves
2007 Ed. (2655)
Capri Sun Sport Aseptic
2006 Ed. (4455)
Caprice
1990 Ed. (355)
Capricorn Society
2004 Ed. (4922)
2002 Ed. (3788)
Caprock Pipeline Co.
2008 Ed. (2009)
2007 Ed. (1939)
The Caps Group
2008 Ed. (4035)
Caps/hats
1994 Ed. (1967)
CAPSCO Materials Management
2004 Ed. (2247)
CAPSCO Sales
1998 Ed. (1413)
Capsonic Group Inc.
2007 Ed. (192)
2000 Ed. (3144)
1996 Ed. (2659)
Capsonic Group LLC
2006 Ed. (3499)
Capstar Broadcasting Corp.
2001 Ed. (1542, 1545)
Capstar Broadcasting Partners
2000 Ed. (3693)
1999 Ed. (3978)
Capstar Hotels
1999 Ed. (2755)
1998 Ed. (1999, 2001)
Capstar Partners
1993 Ed. (2277)
1992 Ed. (2724)
Capstead/CMC
1996 Ed. (2685)
1995 Ed. (2607)
1994 Ed. (2555)
Capstead Mortgage
1994 Ed. (2547, 2548, 3000)
1993 Ed. (2591, 2971)
Capstead Securities
1996 Ed. (1034, 3170)
Capstone Asset Management
1991 Ed. (2235)
Capstone Balanced Trust
2002 Ed. (3428)
2001 Ed. (3457, 3458, 3459)
Capstone Electronic
1999 Ed. (1938)
Capstone European Plus
1992 Ed. (3161)
Capstone Investors Income
1990 Ed. (2376)
Capstone Medical Research
1995 Ed. (2722)
Capstone Mortgage Corp./Lender Direct
2001 Ed. (3353)
Capstone Nikko Japan
1995 Ed. (2732)
1994 Ed. (2627)
Capstone PBHG Growth
1994 Ed. (2625)
Capstone Pharmacy Services
1998 Ed. (1980, 1983)
Capstone Real Estate Services
2006 Ed. (277)
Capstone Turbine Corp.
2003 Ed. (2284, 2719)
Capsure Group
1999 Ed. (2983)
1998 Ed. (2212)
1997 Ed. (2472)
Capsure Holdings
1996 Ed. (2841)
1995 Ed. (2769)
Capta
1991 Ed. (109)
Captafol
1990 Ed. (2813)
Captain Black
2003 Ed. (982, 4750)
Captain D's
2008 Ed. (2659, 2672)
2006 Ed. (4135)
2004 Ed. (4146)
2002 Ed. (2236, 2247, 4005, 4028)
2001 Ed. (4074)
2000 Ed. (3791, 3873, 3874)
1999 Ed. (4158, 4159)
1998 Ed. (3174)
1997 Ed. (3396, 3397)
1996 Ed. (1755, 3299, 3301)
1995 Ed. (3200)
1994 Ed. (3154, 3156)
1993 Ed. (3112)
1992 Ed. (2118, 3814, 3817)
1991 Ed. (2937, 2939)
1990 Ed. (3016, 3116)
Captain D's Seafood
2008 Ed. (2684, 4163, 4195, 4196)
2007 Ed. (2539, 4155)
2006 Ed. (2563, 2568)
2005 Ed. (2556, 2566)
2004 Ed. (2580)
2003 Ed. (2451, 4101)
Captain Lord Mansion, Kennebunkport, ME
1992 Ed. (877)
Captain Morgan
2008 Ed. (241, 242)
2007 Ed. (262)
2006 Ed. (252, 254, 255)
2005 Ed. (235, 4158)
2004 Ed. (229, 3279, 3284, 4230, 4235)
2003 Ed. (263, 3225, 3230, 4207, 4212)
2002 Ed. (296, 3134, 3150, 3156, 3163, 3166, 3171, 3172, 3176, 3177, 4070, 4076, 4077, 4078, 4079)
2001 Ed. (3131, 3134, 3137, 3143, 4142, 4146, 4147)
2000 Ed. (2967, 2969, 2970, 2977, 3834, 3836, 3837, 3838, 3839)
1999 Ed. (3231, 4124, 4126, 4127, 4128, 4129)
1998 Ed. (2390, 3108, 3110, 3111, 3112)
1997 Ed. (2663, 3366, 3368, 3369, 3370)
1996 Ed. (2522, 3267, 3269, 3270, 3272)
1995 Ed. (3170, 3174, 3175)
1994 Ed. (3122, 3124)
1993 Ed. (3057)
1992 Ed. (2890, 3749, 3753)
1991 Ed. (2906)
1990 Ed. (3067, 3071, 3072, 3073)
Captain Morgan Rum
2008 Ed. (243)
Captain Morgan Spiced Rum
1991 Ed. (2330, 2907)
Captain Morgan's Parrot Bay
2003 Ed. (4207)
2002 Ed. (4070)
2001 Ed. (4142)
Captain Scarlet
1995 Ed. (3645)
Captain Underpants and the Attack of the Talking Toilets
2003 Ed. (711)
Captain Underpants and the Perilous Plot of Professor Poopypants
2003 Ed. (711, 715)
Captain Underpants & the Preposterious Plight of the Purple Potty People
2008 Ed. (551)
Captain Underpants and the Wrath of the Wicked Wedgie Woman
2003 Ed. (713)
Captan
1990 Ed. (2813)
Captec Net Lease Realty Inc.
2002 Ed. (1728)
2001 Ed. (4004)
Captions Unlimited of Nevada Inc.
2008 Ed. (4971)
Captivate Network Inc.
2008 Ed. (814)
2007 Ed. (848)
2006 Ed. (755)
2005 Ed. (829)
2004 Ed. (855)
2003 Ed. (807, 813)
2002 Ed. (914)
Captopril
1992 Ed. (1870)
Captree Chemical
2000 Ed. (3148)
Capucello Liqueur
1999 Ed. (3202)
1998 Ed. (2372)
Capurro & Associates
1992 Ed. (119)
Caputo
2006 Ed. (1853)
Caputo; Joseph R.
1993 Ed. (2463)
1992 Ed. (2905)
1991 Ed. (2344)
Capzasin
1999 Ed. (275)
Car & Driver
2007 Ed. (138, 140, 141)
2006 Ed. (148, 149)
1997 Ed. (3039)
1996 Ed. (2960)
1992 Ed. (3386)
Car & Travel
1999 Ed. (292)
Car and truck dealer associations
2001 Ed. (4484)
2000 Ed. (4210)
Car & truck dealers & services
2005 Ed. (149)
Car Audio & Electronics
1996 Ed. (2970)
Car dealers and services, including used cars
1991 Ed. (739)
Car Freshener Corp.
2003 Ed. (238)
Car interiors
2000 Ed. (988)
Car, light truck local dealers
2005 Ed. (149)
Car phone
1994 Ed. (2807)
Car phones
1989 Ed. (2183)
Car products
1996 Ed. (353)
Car rental
2008 Ed. (109, 2451)
2007 Ed. (98, 2325)
2005 Ed. (95)
2002 Ed. (919)
1998 Ed. (582)
1996 Ed. (852)
Car stereos
1993 Ed. (2048)
Car Subaru
1995 Ed. (285)
Car Toys
2005 Ed. (2358)
Car transmissions
1993 Ed. (1725)
Car/Truck City
1994 Ed. (265, 279, 289, 292)
1993 Ed. (280, 296)
Car/truck dealers
1994 Ed. (2179)
Car wash, brush
1997 Ed. (905)
Car wash, commerical
1997 Ed. (905)
Car wash, conveyor
1997 Ed. (905)
Car Wash Products
2001 Ed. (538)
Car wash, rollover
1997 Ed. (905)
Car wash, touch-free
1997 Ed. (905)
Car wash, wand
1997 Ed. (905)
Car-X Auto Service
2008 Ed. (317)
2007 Ed. (330, 347)
2005 Ed. (331)
2003 Ed. (348)
2002 Ed. (402)
Cara Corp.
1998 Ed. (543)
Cara Operations Ltd.
2008 Ed. (2759)
2006 Ed. (1594)
2005 Ed. (2659)
2004 Ed. (2666)
2003 Ed. (2533, 3361)
2001 Ed. (4085)
1994 Ed. (2110)
1992 Ed. (2487)
1990 Ed. (2084)
Carabba's Italian Grill
2000 Ed. (3773)
Caracas
2001 Ed. (654, 655, 656)
1990 Ed. (862, 867)
1989 Ed. (916)
Caracas de Liberty Mutual
2008 Ed. (3261)
2007 Ed. (3118)
Caracas Stock Exchange Index
2008 Ed. (4502)
Caracas, Venezuela
1992 Ed. (2281)
Caraco Pharmaceutical Laboratories Ltd.
2006 Ed. (2736)
Caractere
2003 Ed. (92)
Caradon plc
2002 Ed. (4068)
2001 Ed. (4133)
1996 Ed. (2567)
Carafate
1992 Ed. (339, 1870)
Caramel
1990 Ed. (2878)
Caramel corn
2003 Ed. (4460)
2002 Ed. (4298)
Caramel dips
2008 Ed. (841)
Caramilk
1999 Ed. (1132)
Carapelli
2003 Ed. (3693)
Carapelli USA Inc.
2003 Ed. (3696)
Carat
2008 Ed. (130)
2006 Ed. (125, 127, 3432)
2005 Ed. (122, 124)
2004 Ed. (119, 122)
2003 Ed. (108, 110, 111, 113, 114, 115, 117, 118, 120)
2002 Ed. (145, 3279)
2001 Ed. (172, 178, 235, 3249)
Carat Americas
2008 Ed. (126, 127, 128)
2007 Ed. (119, 120, 121)

Carat Group
2000 Ed. (130, 140)
Carat Interactive
2003 Ed. (816)
Carat North America
2006 Ed. (126)
2005 Ed. (123)
2004 Ed. (121)
2002 Ed. (142, 146, 147, 148, 174, 196)
2001 Ed. (165, 166, 175, 176, 177)
2000 Ed. (132, 134, 135, 137)
Carat Optimedia MaxxMedia Media Alliance (COMMA)
2002 Ed. (3278)
Caraustar Industries Inc.
2008 Ed. (3838)
2006 Ed. (3364)
2005 Ed. (3678, 3679, 3689)
2004 Ed. (3764)
1998 Ed. (2748)
Caraustar Recovered Fiber Group
2005 Ed. (4032)
Caravan
2002 Ed. (386, 4699, 4702)
2001 Ed. (488, 3329)
2000 Ed. (3141)
Caravan; Dodge
2008 Ed. (299, 4765)
2007 Ed. (4858)
2006 Ed. (4829, 4856)
2005 Ed. (291, 4786)
Caravelle Travel Management Inc.
2000 Ed. (4431)
1998 Ed. (3623)
1995 Ed. (3793)
Carb Solutions
2008 Ed. (4913)
Carbamate
1994 Ed. (2209)
Carbo Ceramics Inc.
2005 Ed. (3482, 3483)
Carbolite
2006 Ed. (1006, 1007)
2005 Ed. (858)
2004 Ed. (2097)
Carbolite Foods
2006 Ed. (2621)
Carbon
2001 Ed. (4365, 4366, 4665)
Carbon disulfide
2000 Ed. (3562)
Carbon Energy Corp.
2004 Ed. (1676)
Carbonated beverages
2002 Ed. (699, 700, 701)
2001 Ed. (700)
Carbonated beverages/single-serve drinks
2000 Ed. (2222)
Carbonated Soft Drinks
2000 Ed. (3619, 4154)
1998 Ed. (1709)
Carbonic anhydrase inhibitors
1998 Ed. (1327)
Carborundum Universal
2008 Ed. (1801)
Car.com
2005 Ed. (4743)
Carcon City, NV
2000 Ed. (1090)
Card Capture Service, Inc.
2001 Ed. (436)
Card Capture Services Inc.
2000 Ed. (328)
Card Establishment Services
1997 Ed. (335, 1234, 1554, 2206)
1996 Ed. (2604)
1995 Ed. (348, 2540)
1994 Ed. (343)
Card Game Classics for Windows
1997 Ed. (1102)
Card/gift stores
2000 Ed. (3546, 3802)
1999 Ed. (3710)
1998 Ed. (1862)
Card Preps - Antihypertensive
1991 Ed. (2401)
1990 Ed. (2531)
Card Preps - Beta Blocker
1990 Ed. (2531)
Card Preps - Calcium Antagonist
1991 Ed. (2401)
1990 Ed. (2531)
Card; Wesley
2006 Ed. (947)
2005 Ed. (988)
Cardboard
1992 Ed. (3645)
CardCom
2004 Ed. (57)
Cardell
2007 Ed. (3297)
Cardello Electric Supply
1990 Ed. (2441)
Cardenas & Son Inc.
1997 Ed. (2226)
Cardene
1991 Ed. (2400)
Carder Gray DDB Needham
1995 Ed. (53)
Cardhu
2001 Ed. (2115)
1994 Ed. (3152)
1993 Ed. (3106)
1992 Ed. (2890, 3810)
1991 Ed. (2934)
Cardhu Highland Malt
1997 Ed. (3391)
1996 Ed. (3294)
1995 Ed. (3196)
Cardiac devices
1996 Ed. (2080)
Cardiac Preparations - Antihypertensive
1992 Ed. (3003)
Cardiac Preparations - Beta Blockers
1992 Ed. (3003)
Cardiac Preparations - Calcium Antagonist
1992 Ed. (3003)
Cardiac/T/Cardiac T Assay
1997 Ed. (2744)
1996 Ed. (2594)
Cardif SA
1996 Ed. (2124)
Cardiff Airport
1995 Ed. (197)
Cardinal Cartridge
2005 Ed. (1105)
Cardinal Distribution
2004 Ed. (1889)
1995 Ed. (1586, 3729)
1994 Ed. (3219)
1993 Ed. (1519, 3215)
1991 Ed. (1471)
1990 Ed. (1551)
1989 Ed. (1277, 1451)
Cardinal Distributors Inc.
1994 Ed. (1557)
Cardinal Financial Corp.
2008 Ed. (2701)
Cardinal Freight Carriers
2006 Ed. (4834)
2004 Ed. (4791)
Cardinal Glennon Children's Hospital
1993 Ed. (890)
Cardinal Health Inc.
2008 Ed. (2005, 2006, 2885, 2903, 3840, 4927, 4928, 4931, 4932)
2007 Ed. (1486, 1937, 1938, 2232, 2233, 2778, 2783, 4614, 4956, 4957, 4958, 4959, 4960, 4961)
2006 Ed. (1954, 1955, 2301, 2757, 2762, 2763, 2767, 2777, 4726, 4940, 4949, 4950, 4951, 4952, 4953, 4954)
2005 Ed. (1615, 1804, 1807, 1920, 1921, 2246, 2247, 2792, 2793, 2796, 3026, 3665, 3808, 4917, 4918, 4919, 4920, 4921)
2004 Ed. (1564, 1582, 1834, 1835, 2150, 2151, 2794, 2799, 2800, 2804, 2810, 4935, 4936, 4939, 4940, 4941)
2003 Ed. (1560, 1801, 1802, 2095, 2096, 2679, 2690, 4565, 4931, 4934, 4935, 4936)
2002 Ed. (1529, 1749, 4354, 4893, 4902, 4903)
2001 Ed. (1828, 2062, 2081, 2082, 4807, 4828, 4829)
2000 Ed. (1531, 4384, 4385, 4389)
1999 Ed. (1494, 1720, 1896, 4757, 4759)
1998 Ed. (1183, 1331, 1332, 3709, 3712)
1997 Ed. (1494, 3873, 3874)
1996 Ed. (1239, 3824)
1995 Ed. (1580)
1993 Ed. (1513)
Cardinal Health Clinical Technologies & Services
2006 Ed. (2774)
Cardinal Health 405 Inc.
2007 Ed. (1925, 2449)
Cardinal Health 414 Inc.
2008 Ed. (907, 2005)
Cardinal Health 107 Inc.
2006 Ed. (1954, 4954)
Cardinal Health Systems Inc.
2008 Ed. (806, 2005)
Cardinal Industries Inc.
1993 Ed. (239)
1992 Ed. (3633)
1991 Ed. (247, 1055)
1990 Ed. (1172, 1174, 2597)
1989 Ed. (1003)
Cardinal Logistics Management
2005 Ed. (4763)
Cardinals; Arizona
2008 Ed. (4318)
Cardinals; St. Louis
2008 Ed. (529)
2007 Ed. (578)
2006 Ed. (547)
2005 Ed. (645)
Cardine Banca
2004 Ed. (547, 564)
2003 Ed. (550)
Cardio-cerebro-vascular disease
1995 Ed. (2935)
CardioDynamics International Corp.
2003 Ed. (2726)
2002 Ed. (2481)
Cardiolite
1997 Ed. (2746)
1996 Ed. (2596)
1994 Ed. (2467)
Cardiology
2008 Ed. (3039)
Cardiosport
2001 Ed. (2348)
CardioTech International Inc.
2005 Ed. (1544)
Cardiovascular BioTherapeutics Inc.
2007 Ed. (4287)
Cardiovascular disease
2006 Ed. (3907)
Cardiovascular perfusion
2005 Ed. (2890, 2891)
Cardis
1989 Ed. (2656)
Cardizem
1998 Ed. (1341)
1996 Ed. (1569, 3082, 3084)
1995 Ed. (1583, 2982, 2984)
1994 Ed. (2926, 2927, 2929)
1993 Ed. (2914, 2915)
1992 Ed. (1870, 1876, 3524, 3526)
1991 Ed. (2761, 2763)
1990 Ed. (1566, 2898, 2900)
Cardizem CD
1999 Ed. (3325)
1998 Ed. (2915)
1997 Ed. (1648, 1656, 2741, 3163)
1996 Ed. (2598)
1995 Ed. (2530)
1994 Ed. (1560, 2462)
Cardizem SR
1992 Ed. (3002)
Cardizem SR Caps
1991 Ed. (2400)
Cardizem tabs 60 mg
1990 Ed. (1573)
CardMember Publishing
1996 Ed. (3455)
Cardozo School of Law--Yeshiva University
1998 Ed. (2337)
Cardozo-Yeshiva University
2001 Ed. (3061, 3064)
Cards
2007 Ed. (2312)
Cards, greeting
2001 Ed. (2089)
CardSmart Retail Corp.
2008 Ed. (879)
2007 Ed. (904)
2006 Ed. (817, 819)
CardSystems Solutions, Inc.
2002 Ed. (2535)
Cardura
2001 Ed. (2109)
1995 Ed. (2530)
Cardz
1995 Ed. (3648)
CARE
2008 Ed. (3794)
2004 Ed. (933)
2000 Ed. (3349)
1994 Ed. (905, 2681)
1993 Ed. (251, 2728)
1992 Ed. (3255)
1991 Ed. (896, 897, 2619)
1989 Ed. (2074)
Care Advantage Health Systems
1998 Ed. (3650)
Care Bears
1996 Ed. (2490)
Care Choices HMO
1999 Ed. (2654)
1994 Ed. (2035, 2038)
Care Choices HMO-Iowa
1995 Ed. (2086, 2088)
Care Choices HMO-Michigan
1995 Ed. (2087, 2089)
Care Choices-Michigan
1990 Ed. (1996)
Care-Free
2003 Ed. (951)
1996 Ed. (955)
1995 Ed. (975)
1994 Ed. (943)
Care Free Curl Activator, 8 oz.
1990 Ed. (1979, 1980)
Care Free Curl Activator, 16 oz.
1990 Ed. (1979)
Care Free Curl Moisturizer, 8 oz.
1990 Ed. (1979)
Care Free Curl Moisturizer, 16 oz.
1990 Ed. (1979)
Care Free Curl Snap Back, 8 oz.
1990 Ed. (1980)
Care Group
1991 Ed. (1871, 1875, 3138, 3144)
Care Medical
1991 Ed. (1928)
Care Plus
1989 Ed. (2501)
Care Plus Health Plans Inc.
2005 Ed. (2844)
Care Realty LLC
2003 Ed. (1419)
Care UK
2007 Ed. (2785)
2006 Ed. (2784)
CARE USA
1995 Ed. (943, 2782)
CareAllies
2008 Ed. (2481, 2482)
CareAmerica
1998 Ed. (1912, 1913)
CareAmerica Health Plan
1990 Ed. (1997)
CareAmerica Health Plans
1999 Ed. (2656)
1998 Ed. (1918)
1995 Ed. (2086, 2087, 2088, 2089)
1994 Ed. (2035, 2036, 2037, 2038)
1993 Ed. (2023)
CareCentric Inc.
2008 Ed. (806, 1765)
Career counseling
2003 Ed. (2267)
Career Education Corp.
2008 Ed. (1662, 4316)
2007 Ed. (1652, 2275, 2744, 4359, 4361)
2006 Ed. (1636, 1637, 2338, 4295)
2005 Ed. (1616, 2272)
2002 Ed. (1611)
2001 Ed. (1666)
2000 Ed. (1043)
The Career Exposure Network
2008 Ed. (3728, 4979)

Career Forum Inc.
2007 Ed. (2495)
Career-pathing
1993 Ed. (1597)
Career problems
1992 Ed. (1939)
Career Step
2005 Ed. (2271)
Career Strategies
2002 Ed. (2173)
1999 Ed. (2072)
1998 Ed. (1505)
1997 Ed. (1794)
Career Systems Development Corp.
2005 Ed. (1374)
2004 Ed. (1358)
Career Track
1989 Ed. (2502)
CareerBuilder Inc.
2008 Ed. (817, 3358)
2007 Ed. (859, 3228, 3240)
careerbuilder.com Oakdale Theatre
2006 Ed. (1155)
Careercom Corp.
1990 Ed. (1967, 3297)
CareerFever
2002 Ed. (2518)
CareerJournal.com
2003 Ed. (3040)
CareerLeader
2002 Ed. (4802)
CareerMosiac
2002 Ed. (4819)
CareerPath
2002 Ed. (4819)
Careers USA
2003 Ed. (4532)
2000 Ed. (4229)
1994 Ed. (3672)
CareerShop.com
2002 Ed. (4819)
CareersUSA Inc.
2008 Ed. (3703, 4378, 4957)
CareerWoman.com
2008 Ed. (3728, 4979)
CareerXchange Inc.
2008 Ed. (4957)
2007 Ed. (4991)
CareFacts Information Systems, Inc.
2002 Ed. (2516)
Carefirst Inc.
2008 Ed. (1902)
2007 Ed. (1867)
2004 Ed. (1535, 1789)
CareFirst BlueCross BlueShield
2005 Ed. (3367)
CareFlorida Inc.
1995 Ed. (2101, 3287)
Carefree
2008 Ed. (2688)
2005 Ed. (963)
2003 Ed. (2462, 2463)
2002 Ed. (2254)
2001 Ed. (2411)
1993 Ed. (929)
Carefree Bubble Gum
1989 Ed. (857)
Carefree Koolerz Ice Breakers
2005 Ed. (963)
Carefree Sugarless
2002 Ed. (1037)
CareGivers Home Health Services
2002 Ed. (4989)
CareGroup Inc.
2005 Ed. (3180)
CareGroup Healthcare System
2005 Ed. (2793)
2004 Ed. (2800)
2003 Ed. (2683)
2002 Ed. (2804)
CareInsite
2001 Ed. (4768)
CareLine Inc.
1996 Ed. (1194)
Careline Services Ltd.
2002 Ed. (2494)
Caremark Inc.
2008 Ed. (1740, 4047, 4212)
2007 Ed. (4171)
2000 Ed. (993, 3023)
1995 Ed. (2124, 2496)
1993 Ed. (2055)
Caremark Homecare
1992 Ed. (2435)
1991 Ed. (1927)
Caremark International Inc.
2007 Ed. (4171)
1997 Ed. (2182)
1996 Ed. (2077, 2078, 2131)
1994 Ed. (2075)
Caremark Rx Inc.
2008 Ed. (1427, 1480, 1511, 1799, 2106, 2851, 2883, 2911)
2007 Ed. (1527, 1531, 1769, 1782, 2010, 2011, 2363, 2364, 2766, 2771, 2773, 2777, 2782, 2783, 3906, 4171, 4522, 4531, 4560)
2006 Ed. (1497, 1520, 2038, 2039, 2416, 2732, 2764, 2770, 2775, 2779, 3875, 4148, 4460, 4464, 4580)
2005 Ed. (1631, 1644, 1970, 2771, 2913, 2914)
2004 Ed. (1604, 1616, 1618, 1619, 2925, 2926)
2003 Ed. (1588, 1601, 1602, 2682, 2686)
2002 Ed. (1531, 1563, 1567, 1574, 4875)
2001 Ed. (1559, 1560, 1561, 1562, 1563, 1564, 1565, 1566, 1575, 2081, 2082, 2673)
Caremark Rx LLC
2008 Ed. (1740, 2105, 4047, 4212)
CaremarkPCS Inc.
2008 Ed. (1740, 2105, 2578, 4047)
Caren E. Mayer
1999 Ed. (434, 2149)
Carena Developments
1997 Ed. (3258)
1996 Ed. (3162)
1994 Ed. (3005)
1992 Ed. (3624)
CareNetwork Inc.
1996 Ed. (1210, 2886)
CareOne
1996 Ed. (2131)
CareScience, Inc.
2004 Ed. (1107)
2003 Ed. (2728)
CareSouth Health Systems
1999 Ed. (2705, 2706)
Caress
2008 Ed. (532, 4451)
2005 Ed. (4390)
2004 Ed. (659)
2003 Ed. (643, 645, 646, 2547, 4465, 4466)
2002 Ed. (4303, 4304)
2001 Ed. (4296, 4297, 4299, 4300)
2000 Ed. (4069, 4074)
1999 Ed. (687, 4351)
1998 Ed. (2808, 3330)
1991 Ed. (3325)
1990 Ed. (3549)
CareSys
2007 Ed. (4112)
2006 Ed. (4066)
2005 Ed. (4035)
Caretenders Health Corp.
1999 Ed. (2706)
Caretti Inc.
2005 Ed. (1283, 1286, 1316)
2004 Ed. (1309)
2003 Ed. (1306)
CareUnit
1992 Ed. (2449, 2450)
Carey
1997 Ed. (312, 314)
1996 Ed. (332, 333)
1994 Ed. (321)
1990 Ed. (382, 384)
Carey Callaghan
1999 Ed. (2225)
1997 Ed. (1867)
1996 Ed. (1793)
Carey; Chase
2007 Ed. (971)
Carey Energy
1990 Ed. (1860)
Carey Gallaghan
1998 Ed. (1638)
Carey Limousine of New York
1993 Ed. (2600, 2601)
1992 Ed. (3113, 3114)
Carey; Mariah
1995 Ed. (1715)
1994 Ed. (1668)
Carey Michigan
1996 Ed. (2692, 2693)
Carey New York
1996 Ed. (2692, 2693)
1995 Ed. (2616, 2617)
Carey New York/Manhattan International
2000 Ed. (3168, 3169)
1999 Ed. (3453, 3454)
Carey School of Business; Arizona State University
2008 Ed. (799)
Carey-Statewide Limousine
1995 Ed. (2616)
Carfaro Co.
1992 Ed. (3958, 3966)
Carfel Inc.
2002 Ed. (2545)
2000 Ed. (2463)
Cargas Systems
2008 Ed. (2036)
Cargil
1997 Ed. (1009)
Cargill Inc.
2008 Ed. (1478, 2753, 2754, 3019, 4013, 4038, 4044, 4045, 4921)
2007 Ed. (2627, 2897, 3996, 4012, 4017, 4018, 4945)
2006 Ed. (1417, 2541, 2643, 2647, 3225, 3938, 3973, 3979)
2005 Ed. (1366, 2657, 3875, 3901, 3906)
2004 Ed. (1350, 1447, 1477, 2561, 2655, 3927, 3946)
2003 Ed. (943, 1419, 1447, 2515, 2520, 2522, 3337, 3338, 3340, 3341, 3342, 3899, 3951)
2002 Ed. (1066, 1427, 2310, 2311, 3274, 3277, 3727)
2001 Ed. (1246, 2470, 3851, 3852, 3853)
2000 Ed. (1100, 1893, 2220, 2230)
1999 Ed. (1185, 2463, 2472)
1998 Ed. (749, 1713, 1722)
1997 Ed. (2039)
1996 Ed. (985)
1995 Ed. (1891)
1994 Ed. (984, 1196, 1867, 2451, 2453, 2457, 2459, 2903, 2905, 2909, 3234, 3255, 3362)
1993 Ed. (957, 958, 2524, 2525, 2897, 2898, 3220, 3280)
1992 Ed. (1183, 3442, 3908, 4431, 4434)
1991 Ed. (1858)
1990 Ed. (1019, 1978)
1989 Ed. (920)
Cargill Agricola
2006 Ed. (2542)
Cargill Foods
1995 Ed. (2528, 2969)
Cargill Investor Services Inc.
1999 Ed. (829)
1998 Ed. (814)
1992 Ed. (1290)
Cargill; James
2007 Ed. (4898)
Cargill; Margaret Anne
2007 Ed. (4898)
Cargill Meat Sector
2001 Ed. (2479)
2000 Ed. (3058, 3061, 3580, 3583)
1999 Ed. (2475, 3319, 3323, 3864, 3867)
1998 Ed. (1733, 2447, 2451, 2453, 2454, 2889, 2893)
1997 Ed. (2048, 2732, 2733, 2734, 2737, 3134, 3140, 3143, 3144, 3145)
1996 Ed. (1949, 2583, 2589, 2590, 2591, 3058, 3062, 3063, 3064)
1995 Ed. (1909, 2519, 2526, 2959, 2964, 2967)
1993 Ed. (1884)
Cargill Meat Sector (Excel)
1995 Ed. (2525)
Cargill Meat Solutions Corp.
2008 Ed. (2784, 3613, 3617)
Cargill Steel & Wire
1997 Ed. (3628)
Cargo
2002 Ed. (2216, 2217)
Cargo Express
1995 Ed. (3427)
1994 Ed. (3368)
Cargojet Canada Ltd.
2006 Ed. (1597)
Cargolux
2005 Ed. (225)
2001 Ed. (308)
Cargolux Airlines International SA
2008 Ed. (222)
Carib Cement Co.
1994 Ed. (2340)
Caribbean
1999 Ed. (4623)
1995 Ed. (2608, 3499)
1994 Ed. (1509)
1993 Ed. (2027, 2045)
1992 Ed. (2999, 3014, 3446, 3514, 3724)
Caribbean American Life
2000 Ed. (2685)
Caribbean Cement Co.
2002 Ed. (3033, 3034, 3035)
1999 Ed. (3126)
1997 Ed. (2583)
1996 Ed. (2438)
Caribbean Classic
2001 Ed. (4835)
2000 Ed. (4390)
1997 Ed. (3884)
Caribbean Commercial Bank
2004 Ed. (453)
1994 Ed. (433)
1993 Ed. (433)
Caribbean Development Co.
1992 Ed. (84)
Caribbean Industrial Construction SE
2007 Ed. (1285)
Caribbean Islands
1998 Ed. (1807, 2815)
1991 Ed. (1650)
Caribbean Mercantile Bank N.V.
1989 Ed. (634)
Caribbean Shipping & Cold Storage
2002 Ed. (2815)
Caribbean Steel Co.
1994 Ed. (2340)
Caribe
2007 Ed. (765)
2006 Ed. (4493)
2001 Ed. (654, 655, 656)
2000 Ed. (689, 692, 694)
Caribe Credit Union
2008 Ed. (2256)
2007 Ed. (2141)
2006 Ed. (2220)
2005 Ed. (2125)
2004 Ed. (1983)
2003 Ed. (1943)
2002 Ed. (1889)
Caribe Group
2000 Ed. (1222)
Caribe Homes
2005 Ed. (1214)
2004 Ed. (1188, 2830)
2003 Ed. (1182)
2002 Ed. (2555)
Caribe Royale Resort Suites
2000 Ed. (2568)
1999 Ed. (2791)
1998 Ed. (2030)
Caribe Royale Resort Suites & Villas
2002 Ed. (2648)
Caribean Cement Co.
1999 Ed. (3127)
Caribiner International Inc.
2000 Ed. (2407)
Caribou Coffee
2008 Ed. (1029, 1031, 2663)
Carical
1996 Ed. (569)
Carignane
2003 Ed. (4966, 4967)
2002 Ed. (4965, 4966)
2001 Ed. (4860, 4861)
1992 Ed. (4470)
Carik Services Inc.
2002 Ed. (4986)

2000 Ed. (4430)
Carik Services Inc
1999 Ed. (4811)
Carilion Health System
1999 Ed. (3462)
Carillion
2008 Ed. (1203)
2007 Ed. (1313)
Carillion Health System
1995 Ed. (2632)
Carillon Importers, Ltd.
1992 Ed. (2884)
1991 Ed. (2323, 2325)
1990 Ed. (2459)
Carillon Investments
2000 Ed. (842)
Carillon Nursing & Rehab
2000 Ed. (3362)
Carillon Office Park
2002 Ed. (3533)
Carillon/Union Cent-Eq
1990 Ed. (3664)
Carimonte Banca
1996 Ed. (569)
Carina
2001 Ed. (82)
Caring for Colorado
2002 Ed. (981)
Caring; Richard
2008 Ed. (4007, 4903)
2007 Ed. (4927)
2005 Ed. (4890)
Cariplo
2000 Ed. (571)
1999 Ed. (560)
1997 Ed. (526)
1996 Ed. (569, 570)
1995 Ed. (516)
1993 Ed. (539)
1992 Ed. (740)
1991 Ed. (572)
1990 Ed. (615)
1989 Ed. (579, 589)
Cariplo (Provincia Lombarde)
1994 Ed. (540)
Caripuglia
1996 Ed. (569)
Carisfield Ltd.
1993 Ed. (968)
Caritas Peace Center
2003 Ed. (3972)
Cariverona Banca
2000 Ed. (571)
1999 Ed. (560)
CARL
1994 Ed. (2522, 2523)
Carl A. Siebel
2007 Ed. (3974)
2004 Ed. (3911)
Carl and Dorothy Bennett
1994 Ed. (890)
Carl Banzhof
2006 Ed. (1003)
Carl Berg
2005 Ed. (4852)
2004 Ed. (4867)
2003 Ed. (4883)
2002 Ed. (3360)
Carl Bro A/S
2005 Ed. (2426)
Carl Bro Group A/S
1996 Ed. (1674)
Carl Buddig & Co. Ltd.
2003 Ed. (2509, 3330)
Carl Choy
2007 Ed. (2549)
Carl Cloos Schweisstechnik
1990 Ed. (3064)
Carl D. Silver
2008 Ed. (4911)
Carl Domino & Associates
1992 Ed. (2763)
Carl Domino Associates
1991 Ed. (2228, 2232)
Carl Domino Assoiciates
2000 Ed. (2804)
Carl Drake
2008 Ed. (2691)
Carl E. Reichardt
1996 Ed. (381)
1991 Ed. (402)
1990 Ed. (1711)
1989 Ed. (417)
Carl E. Woodward LLC
2008 Ed. (1310)
Carl F. Setz, Jr.
1993 Ed. (890)
Carl Freudenberg
1999 Ed. (3172)
1997 Ed. (2616)
1996 Ed. (2469)
1995 Ed. (2432)
1994 Ed. (2362)
Carl Gregory Hyundai
1996 Ed. (273)
1995 Ed. (270)
Carl H. Lindner
1998 Ed. (1514, 2139)
Carl Henry Lindner, II
1990 Ed. (457, 3686)
Carl Icahn
2008 Ed. (4823)
2007 Ed. (4893)
2006 Ed. (4898)
2005 Ed. (4844, 4847)
2004 Ed. (4871)
2003 Ed. (4879)
2002 Ed. (3345)
1997 Ed. (1248)
1996 Ed. (1208)
1995 Ed. (1232, 1237)
1994 Ed. (1221)
1993 Ed. (1181, 1693)
1992 Ed. (1474, 2143)
1991 Ed. (1141, 1162, 2265, 2377)
1990 Ed. (1238, 1243)
Carl Karcher
1995 Ed. (3131)
1994 Ed. (3085)
1993 Ed. (3031)
1992 Ed. (3715)
1991 Ed. (2874)
Carl Lindner
2006 Ed. (4909)
Carl Lindner & Family
1990 Ed. (3687)
Carl M. Casale
2007 Ed. (2498)
Carl McDonald
2008 Ed. (2691)
Carl Owney & Co.
1997 Ed. (833)
Carl Pohlad
2008 Ed. (4833)
2007 Ed. (4904)
2006 Ed. (4909)
2005 Ed. (4855)
2004 Ed. (4871)
2002 Ed. (3347)
Carl Poston
2003 Ed. (227)
Carl Ray Pohlad
1990 Ed. (457, 3686)
Carl Reichardt
1996 Ed. (959, 1709)
1989 Ed. (2340)
Carl Ross Design
2001 Ed. (2798)
Carl Schramm
1991 Ed. (2406)
Carl Seiden
2000 Ed. (2017)
1996 Ed. (1771, 1773, 1789)
Carl Thompson
1999 Ed. (3957)
1998 Ed. (2962)
Carl Thompson Associates
2002 Ed. (3816, 3874)
Carl Thompson Assocs.
2000 Ed. (3671)
Carl Zeiss
2001 Ed. (2897)
2000 Ed. (2648)
1999 Ed. (2897)
1995 Ed. (2264)
1994 Ed. (2214)
Carl Zeiss Vision Laboratories
2007 Ed. (3752, 3753)
Carland
2001 Ed. (1881)
Carle Foundation Hospital
2005 Ed. (2912)
Carleton (Carly) S. Fiorina
2008 Ed. (2636)
2006 Ed. (2526, 3262, 4975, 4983, 4986)
Carleton College
2008 Ed. (1057)
2006 Ed. (3719)
2001 Ed. (1316, 1318)
2000 Ed. (1136)
1999 Ed. (1227)
1998 Ed. (798)
1996 Ed. (1036)
1992 Ed. (1268)
1990 Ed. (1093)
1989 Ed. (955)
Carleton S. Fiorina
2003 Ed. (4684, 4983)
2002 Ed. (4979)
Carleton University
2008 Ed. (1081, 1082)
2007 Ed. (1167)
Carlile Enterprises
2003 Ed. (2273)
Carlin, Charron & Rosen
2000 Ed. (14)
1999 Ed. (17)
Carlin, Charron & Rosen LLP
2008 Ed. (6)
2007 Ed. (8)
2006 Ed. (12)
2005 Ed. (7)
2004 Ed. (11)
2003 Ed. (5)
2002 Ed. (16, 20)
Carling
2008 Ed. (245)
2002 Ed. (686)
2001 Ed. (359, 685)
1989 Ed. (762)
Carling Black Label
1999 Ed. (820)
1996 Ed. (787)
1994 Ed. (755)
1992 Ed. (2888)
1991 Ed. (747)
1990 Ed. (768)
Carling Black Label Lager
1992 Ed. (4237)
Carlisle
2007 Ed. (3886)
2001 Ed. (4544)
2000 Ed. (3827, 3828)
1998 Ed. (3103)
1994 Ed. (3117, 3118)
1993 Ed. (3054, 3055, 3576)
1992 Ed. (3745, 3746, 4297)
1991 Ed. (2903, 2904)
1990 Ed. (3065, 3066)
1989 Ed. (2349)
Carlisle Auto Group Inc.
2005 Ed. (1907)
Carlisle Companies Inc.
2008 Ed. (1990, 3931)
2007 Ed. (1924)
2006 Ed. (1940, 2277, 2278, 2279, 2280)
2005 Ed. (1911, 2213, 2214, 2217, 4150)
2004 Ed. (1137, 1828, 2111, 2112, 4222)
2003 Ed. (3287, 4197)
2002 Ed. (1172, 4066, 4067)
Carlisle Cos.
2001 Ed. (3220, 4129, 4139)
1999 Ed. (1314, 4116)
1998 Ed. (883)
1997 Ed. (1130)
1996 Ed. (1109)
1995 Ed. (1128)
1994 Ed. (1112)
1990 Ed. (1158)
Carlisle Lincoln-Mercury
1996 Ed. (277)
Carlisle Motors Inc.
1995 Ed. (274)
Carlisle Plastics
1993 Ed. (3576)
Carlo Benetton
2008 Ed. (4869)
Carlo Fidani
2005 Ed. (4871)
Carlo Rossi
2008 Ed. (4936, 4937, 4938)
2007 Ed. (4967)
2006 Ed. (4961, 4962, 4964)
2005 Ed. (4931, 4932, 4949)
2004 Ed. (4951, 4952, 4964)
2003 Ed. (4947, 4950, 4963)
2002 Ed. (4923, 4926, 4938)
2001 Ed. (4843, 4846, 4874)
2000 Ed. (4409)
1999 Ed. (4785)
1998 Ed. (3439, 3723, 3730)
1997 Ed. (3885)
1996 Ed. (3836)
1995 Ed. (3738)
1994 Ed. (3663)
1993 Ed. (3704)
1992 Ed. (4447)
1990 Ed. (3693)
Carlon
1993 Ed. (2866)
Carlos A. Saladrigas
1998 Ed. (1944, 2504, 3705)
Carlos Alberto Sicupira
2008 Ed. (4854)
Carlos Delgado
2006 Ed. (291)
2003 Ed. (295)
Carlos E. Garcia
1995 Ed. (2669)
1992 Ed. (3137)
1991 Ed. (2547)
Carlos G. Mascardi y Cia.
2008 Ed. (732)
Carlos Garcia-Velez
1991 Ed. (1629)
Carlos Ghosn
2007 Ed. (1022)
2006 Ed. (690, 932, 1450, 3262)
2005 Ed. (789)
Carlos Gutierrez
2006 Ed. (889, 2627)
2005 Ed. (967)
Carlos Laboy
1999 Ed. (2406)
1996 Ed. (1900, 1901)
Carlos M. Garcia
2007 Ed. (2496)
Carlos M. Gutierrez
2007 Ed. (3617)
Carlos Marina
2007 Ed. (753)
Carlos O'Kelly's Mexican Cafe
2008 Ed. (4180)
Carlos Slim Helu
2008 Ed. (4878, 4881, 4882, 4886)
2007 Ed. (4913, 4915, 4916)
2006 Ed. (4925, 4927)
2005 Ed. (4881)
2004 Ed. (4879, 4881)
2003 Ed. (4893)
1999 Ed. (727)
Carlos Vives
2002 Ed. (1160)
Carl's
1999 Ed. (2556)
The Carls Foundation
2002 Ed. (2354)
2001 Ed. (2519)
2000 Ed. (2261)
Carl's Jr.
2008 Ed. (2659, 2660, 2665, 2675, 2676, 4156)
2007 Ed. (2531, 2537)
2006 Ed. (2566)
2005 Ed. (4171, 4172, 4174)
2004 Ed. (2582)
2003 Ed. (2438, 4223, 4224, 4226)
2002 Ed. (2238, 2239, 2243)
2001 Ed. (2402, 2403)
2000 Ed. (2413, 2414)
1999 Ed. (2632, 2633)
1998 Ed. (1898)
1997 Ed. (2172, 2173)
1996 Ed. (2072, 2073)
1995 Ed. (1773, 1775, 1780, 2074, 2075, 2076)
1994 Ed. (2022, 2023)
1993 Ed. (2012)
1992 Ed. (2121, 2372, 2373)
1991 Ed. (1883, 1884, 2877)
1990 Ed. (1982, 1983)
Carl's Jr. Restaurants
2007 Ed. (2540)
2005 Ed. (2563)

2004 Ed. (2583)
Carlsbad/Oceanside, CA
1990 Ed. (2484)
Carlsbad State Park
1999 Ed. (3704)
Carlsberg
2008 Ed. (245)
2004 Ed. (87)
2000 Ed. (1407, 3822)
1999 Ed. (1598, 4108)
1997 Ed. (1382, 2670)
1996 Ed. (785, 1323)
1994 Ed. (1345)
1993 Ed. (750, 1161, 1293, 1294)
1992 Ed. (45, 940, 1602, 2888)
1991 Ed. (747, 1266)
1990 Ed. (1345)
Carlsberg A
1996 Ed. (1179)
1994 Ed. (1194)
Carlsberg A/S
2008 Ed. (36, 88, 1703, 1704, 3555)
2007 Ed. (32, 610, 1677, 1678, 1679)
2006 Ed. (41, 91, 1431, 1674, 3377)
2005 Ed. (34, 64, 82, 3295)
2001 Ed. (29, 58, 1027)
1996 Ed. (1324)
1995 Ed. (709, 1370, 1371)
Carlsberg A/s-Koncern
1994 Ed. (1346)
1990 Ed. (1344)
Carlsberg B
1997 Ed. (1219)
1996 Ed. (1180)
1994 Ed. (1194, 1195)
Carlsberg Breweries A/S
2007 Ed. (74)
2006 Ed. (1431)
2005 Ed. (3239)
Carlsberg Export
2008 Ed. (245)
Carlsberg Ord
1992 Ed. (1444)
1991 Ed. (1105)
Carlsberg Pilsner
1990 Ed. (768)
Carlsberg Pilsner Lager
1991 Ed. (3326)
Carlsberg Special Brew
2008 Ed. (245)
2001 Ed. (685)
1999 Ed. (820)
1996 Ed. (787)
1990 Ed. (768)
Carlsberg Special Light
1994 Ed. (755)
Carlsberg-Tetley
1999 Ed. (1728)
Carlsberg Tetley Brewing
2002 Ed. (34)
Carlsen Porsche
1996 Ed. (284)
1994 Ed. (281)
1993 Ed. (282)
1992 Ed. (397)
Carlson
2004 Ed. (2334)
2003 Ed. (1250)
2002 Ed. (1247, 1282)
2000 Ed. (1677, 3732, 3843)
1999 Ed. (2765, 2766, 4015, 4809)
1998 Ed. (1737, 2009, 2010, 2026, 2033)
1996 Ed. (2160, 2161, 2162)
1994 Ed. (3579)
1991 Ed. (250)
1989 Ed. (265)
Carlson; Arne H.
1993 Ed. (1994)
Carlson; Brent
2006 Ed. (1003)
Carlson Companies Inc.
2003 Ed. (2804)
2002 Ed. (4984)
2001 Ed. (2786)
2000 Ed. (4429)
Carlson Cos., Inc.
2008 Ed. (3023)
2007 Ed. (2902, 4017)
2006 Ed. (1887, 2898, 2927, 2928, 3978)
2005 Ed. (1870, 2892, 2922, 2923, 3026, 3905)
2004 Ed. (1800, 2906, 2931, 2932, 3017)
2003 Ed. (2840)
2001 Ed. (2787)
1993 Ed. (957)
1991 Ed. (825, 2470)
Carlson Design/Construction Corp.
2001 Ed. (1470)
Carlson Draddy & Associates
2001 Ed. (3912)
Carlson Group Inc.
1990 Ed. (1168)
Carlson Holdings Inc.
2004 Ed. (2931)
2003 Ed. (1763, 2325)
2001 Ed. (1070, 1250)
Carlson Hospiltality
1992 Ed. (2500)
Carlson Hospitality
2000 Ed. (2542, 2571)
1994 Ed. (2095, 2097)
Carlson Hospitality Group Inc.
2008 Ed. (2974)
2007 Ed. (2852)
2006 Ed. (2863)
2005 Ed. (2856)
2003 Ed. (2761)
2001 Ed. (2726)
1999 Ed. (2478, 2764)
1998 Ed. (2011)
1997 Ed. (2278, 2279, 2280, 2297, 2300)
1996 Ed. (2182)
1995 Ed. (2167, 2170)
Carlson Hospitality Worldwide
2006 Ed. (2936)
2005 Ed. (2932)
2004 Ed. (2848, 2939)
2003 Ed. (2848)
2002 Ed. (2639)
2001 Ed. (2782, 2792)
2000 Ed. (2561)
Carlson Hotels Worldwide
2008 Ed. (883, 3072)
2007 Ed. (2947)
Carlson Marketing Group
2008 Ed. (3599, 3600)
2007 Ed. (1317, 3432, 3433)
2006 Ed. (123, 3418, 3419)
2005 Ed. (3406, 3407)
2003 Ed. (57, 2065, 2066)
2002 Ed. (90, 1984, 4087, 4578)
2001 Ed. (119, 2025)
2000 Ed. (57, 75, 76, 1671, 1672, 1674, 1675)
1999 Ed. (54, 71, 1861, 1862)
Carlson Marketing Group-Performance Nordic
2003 Ed. (130)
Carlson/Radisson/SAS
1999 Ed. (2781)
Carlson Restaurants Worldwide Inc.
2008 Ed. (961)
2007 Ed. (1038)
2006 Ed. (943)
2005 Ed. (1975)
2000 Ed. (2236)
Carlson School of Business; University of Minnesota
2007 Ed. (796)
Carlson School of Business; University of Minnesota-Twin Cities
2008 Ed. (796)
Carlson Travel Group Inc.
2003 Ed. (4792, 4794)
2001 Ed. (4629, 4630)
Carlson Travel Network
2000 Ed. (4301)
1999 Ed. (4666)
1998 Ed. (3622)
1996 Ed. (3744)
1993 Ed. (3626)
Carlson Wagonlit
1999 Ed. (4665)
1998 Ed. (3621, 3623, 3624)
1997 Ed. (3796)
1996 Ed. (3742)
Carlson Wagonlit/El Sol Travel Inc.
2007 Ed. (3532, 4400)
Carlson Wagonlit Travel Inc.
2008 Ed. (4746, 4747, 4762)
2007 Ed. (4363, 4819, 4820, 4841)
2006 Ed. (1594, 1624, 4803, 4804, 4827)
2005 Ed. (2768, 4751, 4752, 4775)
2004 Ed. (4778, 4779, 4801)
2003 Ed. (889, 1762, 4794, 4814)
2002 Ed. (2359, 4676, 4677)
2001 Ed. (2532)
2000 Ed. (4300)
Carlsson & Broman/DDB Needham
1994 Ed. (119)
1992 Ed. (211)
1991 Ed. (153)
The Carlton
2000 Ed. (2539)
1999 Ed. (2610)
1995 Ed. (985)
1990 Ed. (988)
Carlton Brewery (Fiji) Ltd.
2006 Ed. (4503)
Carlton Communications
1997 Ed. (2725, 2726)
1989 Ed. (1120, 2367)
Carlton Communications PLC
1992 Ed. (3314, 3315)
Carlton Fields
2002 Ed. (3058)
2000 Ed. (2896)
1999 Ed. (3150)
1998 Ed. (2329)
Carlton Fields PA
2008 Ed. (3424)
Carlton Management
1998 Ed. (3018)
Carlton Scale Co.
2008 Ed. (4419)
Carluccio; Antonio
2007 Ed. (2464)
Carly Fiorina
2005 Ed. (2513, 4990)
2002 Ed. (4981)
Carly S. Fiorina
2004 Ed. (2513, 4983)
Carlyle
1997 Ed. (2309)
1995 Ed. (2156)
1994 Ed. (2102)
1990 Ed. (2071, 2098)
Carlyle Economic Development Council
1996 Ed. (2239, 2240)
Carlyle Group
2008 Ed. (208, 1739, 2168, 2283, 2287, 3399, 4046, 4293)
2007 Ed. (221, 1710, 2059, 4019)
2006 Ed. (2244, 2245, 3276, 4010)
2005 Ed. (1368, 1529, 1542, 2154, 2155, 2156, 2158, 3284)
2004 Ed. (2015, 2017, 2019, 3255)
2003 Ed. (1342, 1966, 1969)
Carlyle Group LP
2002 Ed. (3080)
Carma Labs Inc.
2002 Ed. (3084)
Carmanah Technologies Corp.
2008 Ed. (2934)
2004 Ed. (2780)
CarMax Inc.
2008 Ed. (282, 283, 1531, 2171, 2851, 4219, 4233, 4237, 4260, 4473)
2007 Ed. (298, 299, 4162, 4184, 4231, 4495)
2006 Ed. (297, 301, 1528, 2093, 2109, 4215, 4437, 4581, 4596)
2005 Ed. (274, 275, 280, 339, 340, 1639, 4161, 4421)
2004 Ed. (267, 1880)
CarMax Auto Superstores Inc.
2008 Ed. (2158)
2007 Ed. (2052)
2006 Ed. (2095)
2005 Ed. (1995)
CarMax Group
2003 Ed. (4390)
2001 Ed. (450)
Carmel
1989 Ed. (2943)
Carmel Valley Ranch
2006 Ed. (4097)
2002 Ed. (3990)
1998 Ed. (2014)
Carmel Wellso
1997 Ed. (1961)
Carmen
2001 Ed. (3586)
1998 Ed. (3747)
Carmen/Carma
1992 Ed. (2398)
Carmen Creek Gourmet Meals
2008 Ed. (2867)
Carmen Creek Gourmet Meats
2008 Ed. (1549)
Carmex
2003 Ed. (3214)
1996 Ed. (2103)
1993 Ed. (2032)
Carmex Lip Ointment .25 oz.
1992 Ed. (1846)
Carmichael Lynch
2006 Ed. (110)
2005 Ed. (102)
2004 Ed. (125)
2003 Ed. (30, 167)
1997 Ed. (119)
Carmichael Lynch Spong
2003 Ed. (4009)
2002 Ed. (3840)
Carmike Cinemas Inc.
2005 Ed. (3513, 3514)
2001 Ed. (3388)
1999 Ed. (3451)
1990 Ed. (2610)
Carmona Motley
2001 Ed. (895)
Carmona, Motley, & Co.
2001 Ed. (798)
1999 Ed. (3013)
1997 Ed. (2483, 2485)
1996 Ed. (2353)
carmunity.com GmbH
2008 Ed. (2951, 2952)
Carnation
2003 Ed. (2914)
1998 Ed. (442)
1995 Ed. (1041)
1992 Ed. (3405)
1990 Ed. (1823, 2824)
Carnation Follow Up
2002 Ed. (2802)
2001 Ed. (2847)
1994 Ed. (2197)
Carnation Good Start
2002 Ed. (2802)
2001 Ed. (2847)
1994 Ed. (2197)
Carnation Instant Breakfast
1995 Ed. (649)
1992 Ed. (1240)
1991 Ed. (990)
Carnation Instant Milk
2003 Ed. (675)
Carnation Kids
1995 Ed. (3398)
Carnations
1993 Ed. (1871)
Carnaud Metalbox
1999 Ed. (1348, 3683)
Carnaudmetalbox
1997 Ed. (1270)
1996 Ed. (2613)
1995 Ed. (2550)
Carnaudmetalbox SA
2005 Ed. (1525)
Carnegie
2005 Ed. (710)
Carnegie & Co.; D.
1997 Ed. (1971)
Carnegie; Andrew
2008 Ed. (610, 615, 4837)
2006 Ed. (4914)
Carnegie Associates
1990 Ed. (3078)
Carnegie Capiello Total Return
1993 Ed. (2662, 2673)
Carnegie-Cappiello Trust
1992 Ed. (3190)
Carnegie Commission on Science, Technology and Government
1994 Ed. (1904)
Carnegie Corporation
1992 Ed. (1100)

Carnegie Group
1990 Ed. (1833)
Carnegie International
1993 Ed. (1850)
Carnegie Library of Pittsburgh
2006 Ed. (3723)
Carnegie Mellon
2004 Ed. (817)
1989 Ed. (958)
Carnegie Mellon University
2008 Ed. (772, 775, 796, 797, 798, 2574, 2576)
2007 Ed. (2447)
2006 Ed. (725, 733, 734, 735, 738, 1072)
2005 Ed. (2853)
2002 Ed. (880, 883, 884, 886, 888, 894, 896, 900)
2001 Ed. (1060, 1064, 1065, 2247, 2252)
2000 Ed. (922, 926, 927, 1830, 1832)
1999 Ed. (976, 979, 2039, 2040, 2041, 2044)
1998 Ed. (554, 557, 558, 1463, 1465)
1997 Ed. (853, 856, 860, 862, 1764, 1770)
1996 Ed. (840, 843, 1683, 1688)
1995 Ed. (865, 868, 869, 1701, 1706)
1994 Ed. (812, 1654, 1659)
1993 Ed. (794, 799, 803, 889, 1623)
1992 Ed. (1000, 1004, 1009, 1970, 1972, 3663)
1991 Ed. (818, 822, 1565, 1567)
1989 Ed. (842)
Carnegie Mellon University, Tepper School of Business
2008 Ed. (182)
2007 Ed. (796, 813, 814, 815, 820, 821, 824)
2006 Ed. (710, 712, 728, 2859)
Carnegie Morgan Partners
2001 Ed. (732, 741, 843, 847)
2000 Ed. (2762)
1999 Ed. (3011, 3014)
1998 Ed. (2236)
Carnegie Museum of Art
1993 Ed. (891)
Carnegie Museums of Pittsburgh
2006 Ed. (3723)
Carnegie Corp. of New York
2002 Ed. (2328)
1994 Ed. (1904)
Carnegie Science Center
1993 Ed. (3594)
Carnel
2002 Ed. (4629)
Carnett's Car Wash
2007 Ed. (348)
Carney & Brothers
1996 Ed. (2238)
1995 Ed. (673, 2413)
Carney, Shanahan, Rains & Levin
1991 Ed. (2528)
Carnival Corp.
2008 Ed. (1213, 1730, 4818, 4819)
2007 Ed. (156, 1702, 1704, 2937, 3339, 3340, 3342, 4108, 4119, 4886, 4887)
2006 Ed. (165, 266, 1502, 1707, 2898, 3268, 3269, 3271, 4057, 4894, 4895)
2005 Ed. (247, 1468, 1537, 1552, 1761, 3277, 3278, 3280, 4675, 4841, 4842)
2004 Ed. (1521, 1704, 2004, 2417, 3252, 3253, 3254, 4857, 4858)
2003 Ed. (2336, 3207, 3208, 3209, 4876, 4877)
2002 Ed. (1649, 2146)
2001 Ed. (3087, 4626, 4627)
2000 Ed. (2208, 2920, 3324)
1999 Ed. (2452, 2760)
1998 Ed. (2007)
1997 Ed. (2387)
1996 Ed. (2167)
1992 Ed. (1758)
1990 Ed. (2774)
1989 Ed. (2097)
Carnival Air Lines
1998 Ed. (137)
Carnival Cruise Lines
2007 Ed. (4698)
2000 Ed. (1633, 2238)
1999 Ed. (1808)
1998 Ed. (1236)
1997 Ed. (2054)
1995 Ed. (1882, 1916, 2154, 3305, 3328)
1994 Ed. (1854, 1855, 1856, 1887, 2100, 2365, 3025)
1993 Ed. (225, 1177, 1869, 1870, 2088, 2413, 2984)
1992 Ed. (322, 323, 325, 2473, 2478, 2855)
1991 Ed. (228, 229, 231, 1729, 1938, 1945, 2299)
1990 Ed. (255, 258, 259, 1031, 1808, 2070, 2074)
1989 Ed. (1891, 2294, 2295, 2645)
Carnival Hotels & Casinos
2000 Ed. (1104)
1998 Ed. (753, 2000)
1997 Ed. (2277, 2283)
1996 Ed. (2158, 2159)
Carnival Hotels & Resorts
1998 Ed. (1998, 1999, 2001)
1997 Ed. (2274, 2275, 2276)
Carnival plc
2008 Ed. (2032, 3085, 3444)
2007 Ed. (2957, 2958, 2961, 3346, 3347, 3348, 3349)
2006 Ed. (1684, 1685, 1700, 2945, 3274, 3275)
2005 Ed. (2945, 3283)
Carnival Textile Industrial Corp.
1994 Ed. (1033)
1992 Ed. (1230)
1990 Ed. (1068)
The Carnivorous Carnival
2004 Ed. (737)
Carnon Holdings Ltd.
1992 Ed. (1201)
Carol
1991 Ed. (2136)
Carol A. Bartz
1996 Ed. (3875)
Carol Bartz
2007 Ed. (4975)
2006 Ed. (932)
1999 Ed. (4805)
"Carol Burnett Show Reunion"
1995 Ed. (3583)
Carol H. Williams Advertising
2008 Ed. (111, 176)
2007 Ed. (101, 193)
2006 Ed. (112, 187)
2005 Ed. (103, 174)
2004 Ed. (107, 171)
2003 Ed. (31, 215)
2002 Ed. (711)
2000 Ed. (68)
1999 Ed. (64)
Carol Leisenring
1991 Ed. (2160)
Carol McCarthy
1991 Ed. (2406)
Carol Muratore
1989 Ed. (1417)
Carol Nelson
2007 Ed. (4978)
Carol O'Cleireacain
1995 Ed. (2669)
1993 Ed. (2639)
Carol Pope
1999 Ed. (2267)
Carol Pope Murray
2000 Ed. (2052)
Carol Suzuki Inc.
1993 Ed. (302)
Carol Tome
2007 Ed. (1060)
2006 Ed. (963)
Carol Warner
2000 Ed. (1997, 2018)
Carolan's
2002 Ed. (3086)
2001 Ed. (3110)
1998 Ed. (2364)
1997 Ed. (2636)
1996 Ed. (2503)
1995 Ed. (2448)
1994 Ed. (2369)
1993 Ed. (2425)
Carolan's Irish Cream
2004 Ed. (3269, 3270)
2003 Ed. (3219)
Carolco
1991 Ed. (2390)
Carolco Pictures Inc.
1993 Ed. (1636, 2715)
1992 Ed. (1479, 1986, 4245)
1991 Ed. (3328)
Carole Berger
1999 Ed. (2258)
1994 Ed. (1762)
Carole Black
2003 Ed. (2371)
Carole Little
1996 Ed. (1006)
1995 Ed. (3787)
Carolina
1997 Ed. (3806)
Carolina Beverage Corp.
2008 Ed. (4457)
2007 Ed. (4474)
2006 Ed. (4412)
2005 Ed. (4396)
Carolina Builders Corp.
2004 Ed. (784, 785)
1995 Ed. (847)
1994 Ed. (795)
Carolina Cooperative Credit Union
2006 Ed. (2160, 2161)
Carolina Financial
1994 Ed. (215)
Carolina First Bank
1998 Ed. (428)
Carolina Freight
1996 Ed. (3751, 3754, 3756)
1990 Ed. (3656)
1989 Ed. (2880)
Carolina Freight Carriers Corp.
1995 Ed. (3356, 3669, 3670, 3682)
1994 Ed. (3275, 3572, 3589, 3599, 3605)
1993 Ed. (3285, 3630, 3635, 3639, 3644, 3645)
1992 Ed. (4357, 4358, 4359)
1991 Ed. (3428, 3434)
Carolina Group
2008 Ed. (4692)
2007 Ed. (4767, 4772, 4773)
2006 Ed. (2298, 4767)
2005 Ed. (4714)
2004 Ed. (1571, 4338)
Carolina Holdings Inc.
2004 Ed. (784, 785)
2003 Ed. (774, 775, 2790)
2000 Ed. (2492)
1999 Ed. (2711)
1998 Ed. (1967, 1973)
1997 Ed. (830, 832, 835)
1996 Ed. (814, 815, 819)
The Carolina Inn
2006 Ed. (2931)
Carolina Mills Inc.
2004 Ed. (4585)
1994 Ed. (3518)
1990 Ed. (3570)
Carolina Mills Employees Credit Union
2004 Ed. (1932)
2003 Ed. (1888, 1898)
Carolina Moon
2003 Ed. (720)
Carolina North Baptist Hospital
2007 Ed. (1924)
Carolina Panthers
2007 Ed. (2632)
2005 Ed. (2667)
2004 Ed. (2674)
2001 Ed. (4346)
2000 Ed. (2252)
1998 Ed. (1749)
Carolina Power & Light Co.
2002 Ed. (4873)
2001 Ed. (1822, 3553)
2000 Ed. (1527)
1999 Ed. (1716, 1951)
1998 Ed. (1182, 1385, 1390, 1391)
1997 Ed. (1491, 1697, 1698)
1996 Ed. (1430, 1618, 1619, 2855)
1995 Ed. (1641, 1642, 2792, 2793, 2794, 2795, 2797, 2798, 3034, 3356)
1994 Ed. (1599, 1600, 2683, 2975, 3275)
1993 Ed. (1559, 2735, 2936, 3285, 3463)
1992 Ed. (1902, 1903, 3275)
1991 Ed. (1501, 1502, 3089)
1990 Ed. (1604, 1605)
1989 Ed. (1300, 1301, 2284)
Carolina Turkeys Inc.
1997 Ed. (2738, 3139)
1995 Ed. (2520, 2521, 2960, 2961)
1992 Ed. (2989, 3506)
Carolina Web LLC
2003 Ed. (3928)
Carolinas HealthCare System
2006 Ed. (3590)
2003 Ed. (3471)
2002 Ed. (3296)
2000 Ed. (3180, 3185)
1999 Ed. (3462, 3466)
1998 Ed. (2548, 2554)
Carolinas Hospital System
2008 Ed. (2073)
Carolinas Medical Center
2000 Ed. (2529)
1999 Ed. (2479, 2638)
1998 Ed. (1991)
Carolinas Telco Credit Union
2008 Ed. (2250)
2007 Ed. (2135)
2006 Ed. (2214)
2005 Ed. (2119)
2004 Ed. (1977)
2003 Ed. (1937)
2002 Ed. (1883)
Caroline
1992 Ed. (4251)
Caroline Kabigting
1996 Ed. (1910)
Caroline Levy
2000 Ed. (1986)
1999 Ed. (2213)
1994 Ed. (1792)
1993 Ed. (1809)
Carollo Engineers PC
2004 Ed. (2385)
Carolyn Grant Fay
1994 Ed. (890)
Carolyn Katz
1997 Ed. (1930)
Carolyn Murphy
2004 Ed. (3498)
2003 Ed. (3429)
Carolyn Wiess Law
1994 Ed. (890)
Carondelet Health System Inc.
2008 Ed. (1943)
Carondelet St. Mary's Hospital
2006 Ed. (2917)
Caronia Corp.
1996 Ed. (3258)
1995 Ed. (3163)
1994 Ed. (3115)
1993 Ed. (3052)
1992 Ed. (3743)
Carotell Paper Board Corp.
2007 Ed. (1977)
Carousel Automobiles
1996 Ed. (264)
1995 Ed. (260)
1994 Ed. (261)
1993 Ed. (292)
1992 Ed. (407)
1991 Ed. (302)
Carousel Gardens
1995 Ed. (216)
Carousel Snack Bars of Minnesota
1993 Ed. (3067)
1992 Ed. (3764)
1991 Ed. (2910)
Carpal tunnel syndrome
2002 Ed. (3529)
1996 Ed. (3883, 3884)
Carpenter Co.
2008 Ed. (4058)
2007 Ed. (3958)
1996 Ed. (3263)
1995 Ed. (3167)

Carpenter & Co. Inc.; Guy
1997 Ed. (3291)
1996 Ed. (3187)
1995 Ed. (3086)
1994 Ed. (3041)
1993 Ed. (2993)
1992 Ed. (3659)
1990 Ed. (2262)
Carpenter, Bennett & Morrissey
2000 Ed. (2900)
1999 Ed. (3155)
1998 Ed. (2331)
1997 Ed. (2599)
1995 Ed. (2419)
1994 Ed. (2354)
1991 Ed. (2289)
1990 Ed. (2423)
1989 Ed. (1884)
Carpenter; E. R.
1994 Ed. (1467, 3117)
Carpenter HealthCare Systems
1992 Ed. (2449, 2450)
1990 Ed. (2050)
Carpenter Steel Service Centers
2000 Ed. (3089)
Carpenter Technology Corp.
2008 Ed. (3656)
2007 Ed. (3494)
2006 Ed. (3470)
2005 Ed. (3463, 4477)
2004 Ed. (4534, 4535)
2003 Ed. (3363, 3381, 4553)
2002 Ed. (3303, 3305, 3312, 3324)
2001 Ed. (4367)
2000 Ed. (3095)
1999 Ed. (3354, 3359, 4471)
1998 Ed. (3403)
1997 Ed. (3630)
1996 Ed. (3586)
1995 Ed. (3510)
1992 Ed. (4134)
1991 Ed. (3217, 3218)
1990 Ed. (3435, 3436)
1989 Ed. (2636, 2637)
Carpenters
2007 Ed. (2461, 3722, 3730, 3737)
2005 Ed. (3627, 3632)
2002 Ed. (3531)
Carpenters Union
1999 Ed. (3845)
Carpet
2001 Ed. (3844)
1997 Ed. (3133)
Carpet; Anthony
1997 Ed. (1899)
Carpet Care Craftsman Inc.
2007 Ed. (4867)
2006 Ed. (795)
Carpet Care Services & Disaster Care
2008 Ed. (742, 743)
Carpet cleaners
2005 Ed. (2755)
Carpet Co-op of America
2003 Ed. (2495, 2780, 2782, 2784)
Carpet Dryclean Inc.
2008 Ed. (4788)
Carpet Fair
1990 Ed. (911, 912)
Carpet Fresh
2008 Ed. (206)
2003 Ed. (237)
Carpet One
2002 Ed. (2286, 2581, 2587)
2001 Ed. (2742)
Carpet Rite
2008 Ed. (862)
Carpet Services Inc.
1990 Ed. (1802)
Carpet Tech Ltd.
2007 Ed. (883, 884, 4867)
Carpeteria
2002 Ed. (2362)
Carpetright of London Ltd.
1993 Ed. (970)
Carpetright plc
2002 Ed. (45)
Carphone Warehouse
2008 Ed. (683)
2007 Ed. (711, 2021)
2006 Ed. (2051)
2002 Ed. (35, 3892)
2001 Ed. (1881)
2000 Ed. (3692)
Carphone Warehouse Group plc
2008 Ed. (135, 1453, 1459, 1461, 4241)
2007 Ed. (4205, 4207, 4922)
2006 Ed. (1473, 4186, 4188)
2005 Ed. (4142, 4887)
Carpita
1990 Ed. (2039)
carpoint.msn.com
2001 Ed. (4773)
CARQUEST
2008 Ed. (4075)
2007 Ed. (4040)
2006 Ed. (329)
2005 Ed. (311)
Carr Auto Group
2008 Ed. (2014, 2016, 2017, 2019)
2007 Ed. (1943)
2005 Ed. (1925)
Carr Chevrolet
2008 Ed. (4790, 4791)
Carr (Far East); W. I.
1997 Ed. (1957)
Carr Futures Inc.
2005 Ed. (2707)
2004 Ed. (2714)
2003 Ed. (2599)
2002 Ed. (4500)
2000 Ed. (826)
1999 Ed. (829)
Carr-Gottstein Inc.
1991 Ed. (219)
Carr Gottstein & Co.
1993 Ed. (960, 3492)
Carr-Gottstein Food
1995 Ed. (3161)
Carr-Gottstein Foods Co.
2006 Ed. (1538)
2005 Ed. (1647)
2004 Ed. (1621)
2003 Ed. (1606)
2001 Ed. (1609)
1999 Ed. (1929)
Carr Industries; WI
1996 Ed. (3377)
Carr Real Estate Co.
1989 Ed. (2286)
Carr, Riggs & Ingram LLC
2008 Ed. (9)
2007 Ed. (11)
2006 Ed. (15)
2005 Ed. (10)
2004 Ed. (14)
Carr Subaru
1996 Ed. (288)
1994 Ed. (284)
1993 Ed. (286)
1992 Ed. (401)
Carr; W. I.
1997 Ed. (743, 756, 758, 760, 761, 762, 763, 764, 765, 766, 769, 777, 779, 781, 785, 793, 794, 795, 796, 797, 803, 804, 805, 807, 808, 809, 810, 811, 812, 813, 814, 815, 816, 817, 818, 819, 820, 821, 822)
1996 Ed. (1851)
1995 Ed. (764, 775, 776, 780, 781, 782, 783, 784, 785, 786, 787, 788, 789, 795, 796, 797, 798, 799, 802, 811, 812, 813, 814, 815, 825, 827, 828, 829, 830, 831, 832, 833, 834, 835, 836, 837, 838, 839, 840, 841)
1994 Ed. (781, 3186)
1993 Ed. (1639, 1640, 1642, 1643, 1644, 1645, 1646, 1647)
Carr; WI
1990 Ed. (816)
Carrabba's
2004 Ed. (4121)
Carrabba's Italian Grill
2008 Ed. (4161, 4183, 4184)
2007 Ed. (4149)
2006 Ed. (4109, 4122)
2004 Ed. (4120, 4138)
2002 Ed. (4022)
1999 Ed. (4058, 4059)
1998 Ed. (2869)
Carrabba's Italian Grills
2005 Ed. (4060, 4061, 4063, 4082, 4084)
Carrafiello-Diehl & Associates
1990 Ed. (57, 71)
CarrAmerica Realty Corp.
2008 Ed. (4079)
2007 Ed. (3738, 4093, 4105)
2006 Ed. (2115, 3738, 4049, 4054)
2005 Ed. (4024)
2004 Ed. (4090)
2003 Ed. (3670, 4064)
2002 Ed. (3921)
1999 Ed. (3999, 4005)
Carrara
1997 Ed. (1827)
Carraway Methodist Health Systems
2007 Ed. (1563)
2006 Ed. (1533)
2005 Ed. (1643)
2004 Ed. (1617)
Carre Orban
1993 Ed. (1691)
Carrefour
2008 Ed. (4238)
2007 Ed. (4203)
2000 Ed. (790, 791, 1434, 1435, 3815, 4284)
1999 Ed. (773, 774, 1631, 1632, 1633, 4110, 4524, 4644)
1998 Ed. (668, 987, 3095)
1997 Ed. (702, 1409, 1410, 1411, 3353, 3355)
1994 Ed. (1373, 2065, 3112, 3565)
1993 Ed. (3498, 3609)
1992 Ed. (4177)
1991 Ed. (1290, 1991, 1992)
1990 Ed. (1368, 2142, 3053, 3056)
1989 Ed. (2333)
Carrefour Belgium
2005 Ed. (1663)
Carrefour France
2004 Ed. (4929)
2001 Ed. (4818)
2000 Ed. (4387)
1999 Ed. (4110)
1991 Ed. (2897)
Carrefour Group
2000 Ed. (1436)
Carrefour SA
2008 Ed. (26, 41, 1719, 1738, 1759, 1760, 1761, 1762, 4234, 4235, 4573, 4575)
2007 Ed. (37, 1688, 1689, 1691, 1709, 1732, 1733, 1734, 1811, 2241, 4199, 4200, 4206, 4631, 4632, 4633, 4634, 4635)
2006 Ed. (46, 1692, 1693, 1695, 1714, 1721, 1724, 1725, 1726, 1804, 4178, 4179, 4183, 4187, 4641, 4642, 4643, 4945)
2005 Ed. (17, 39, 71, 1759, 1768, 1777, 1806, 1817, 4122, 4132, 4133, 4135, 4140, 4566, 4567, 4912)
2004 Ed. (45, 76, 97, 1711, 2764, 4204, 4206, 4213, 4641)
2003 Ed. (1671, 1681, 1682, 4177, 4179, 4187, 4665, 4779)
2002 Ed. (761, 762, 1417, 1656, 1658, 1659, 4060, 4532, 4533, 4534)
2001 Ed. (1707, 1709, 1710, 1711, 2826, 2827, 4103, 4104, 4114, 4116, 4512, 4613)
1997 Ed. (1407, 3679, 3783)
1996 Ed. (765, 1348, 1349, 3244, 3253, 3404, 3414, 3730)
1995 Ed. (1398, 2196, 3155, 3156, 3157, 3650)
1990 Ed. (1366, 3635)
Carreker
2003 Ed. (2189)
Carrera
2001 Ed. (2117)
Carrera Industrial Contractors Inc.
1997 Ed. (2222, 2227)
Carreras
2000 Ed. (2875)
1999 Ed. (3126, 3127)
1997 Ed. (2582, 2583)
Carreras Group
2006 Ed. (3232)
2002 Ed. (3033, 3034)
2000 Ed. (2874)
1996 Ed. (2437)
1994 Ed. (2339)
Carrey; Jim
2008 Ed. (2590)
2006 Ed. (2485)
Carriage House
1995 Ed. (288)
1994 Ed. (282)
Carriage House Imports Ltd.
2006 Ed. (830)
2005 Ed. (922)
2004 Ed. (927)
2003 Ed. (907)
Carriage House Motor Car
1990 Ed. (317, 317)
Carriage House Motor Cars Inc.
1992 Ed. (399)
1991 Ed. (294)
Carriage House Motor Cars of Greenwich
1993 Ed. (284)
Carriage House Motors
1993 Ed. (284)
Carriage House Rolls-Royce
1996 Ed. (286)
Carriage Industries
1994 Ed. (2666)
Carriage Yugo
1992 Ed. (414)
Carrie Tolstedt
2008 Ed. (4944)
Carrier Corp.
2008 Ed. (1697, 3144)
2007 Ed. (1672)
2006 Ed. (1666)
2005 Ed. (1747)
2003 Ed. (1660)
2001 Ed. (30, 286, 1676)
1993 Ed. (166, 1908)
1992 Ed. (2973)
1991 Ed. (187)
1990 Ed. (195, 196, 197, 1861, 2140)
Carrier Access Corp.
2003 Ed. (1652, 2709)
2002 Ed. (2487, 4288, 4568)
2001 Ed. (2190)
2000 Ed. (1742)
Carrier Travel Inc.
1992 Ed. (4345)
Carrig; John
2007 Ed. (1065)
2006 Ed. (969)
Carrillo Business Technologies Inc.
2008 Ed. (1356, 4954)
2007 Ed. (3536)
Carrillo; Roberto
1996 Ed. (1899, 1901)
Carrington Cotton
2004 Ed. (3950)
Carrington Laboratories Inc.
1992 Ed. (4150)
Carrion; Richard L.
2007 Ed. (1444)
2005 Ed. (978)
Carris Financial Corp.
1997 Ed. (2170)
Carrix Inc.
2008 Ed. (4818)
2007 Ed. (4886)
Carrizo Oil & Gas Inc.
2008 Ed. (4363, 4429)
2005 Ed. (3739, 3740)
2004 Ed. (3831)
Carro, Velez, Carro & Mitchell
2004 Ed. (3237)
2003 Ed. (3187)
Carroll; Betty H.
1994 Ed. (3666)
Carroll College
2008 Ed. (1066)
2001 Ed. (1323)
1999 Ed. (1226)
Carroll County, KY
2006 Ed. (3315)
2005 Ed. (3322)
2004 Ed. (3304)
Carroll Hubbard Jr.
1992 Ed. (1039)
Carroll Industries Corp. PLC
1993 Ed. (965)
1992 Ed. (1191)

Carroll; James
1997 Ed. (1889)
1996 Ed. (1815)
1995 Ed. (1837)
1994 Ed. (1799)
1993 Ed. (1816)
Carroll; P. J.
1989 Ed. (37)
Carroll; Roisin
2008 Ed. (4899)
2007 Ed. (4919)
Carroll University; John
1994 Ed. (1046)
1993 Ed. (1019)
Carroll's Foods Inc.
2003 Ed. (3234)
2001 Ed. (3153)
1998 Ed. (757)
1997 Ed. (1016)
1995 Ed. (1018)
Carrollton Federal Bank
2001 Ed. (583)
1998 Ed. (3144)
Carrols Corp.
2003 Ed. (2531, 4139)
1993 Ed. (1899)
1991 Ed. (2884)
Carron & Co.
1992 Ed. (422)
1991 Ed. (312)
1990 Ed. (348)
1989 Ed. (309)
Carrot
1997 Ed. (3832)
1992 Ed. (4384)
Carrots
2007 Ed. (4873)
2006 Ed. (4877)
2001 Ed. (4669)
1999 Ed. (4702)
1998 Ed. (3658)
1996 Ed. (3774)
1992 Ed. (2111)
Carrows
1998 Ed. (3074)
1993 Ed. (3018)
1992 Ed. (3710)
Carruth Capital
1998 Ed. (895)
Cars
2008 Ed. (549, 2387, 3754, 3756)
2005 Ed. (1599, 1600)
2001 Ed. (1093, 4484, 4485)
1993 Ed. (1725)
1992 Ed. (92, 2951)
Cars & light trucks, dealers sales & leasing
1997 Ed. (36)
Cars & light trucks, factory sales & leasing
1997 Ed. (36)
Cars & trucks
2004 Ed. (178)
1994 Ed. (1733)
1992 Ed. (2627)
1991 Ed. (2056, 2057)
1990 Ed. (2188)
Cars, Asian
2000 Ed. (4210)
Cars, domestic
2000 Ed. (952, 4210)
1996 Ed. (860)
Cars, Domestic Factory
2000 Ed. (4212)
Cars, foreign
1996 Ed. (860)
Cars.com
2008 Ed. (3359)
2007 Ed. (3229)
2001 Ed. (4773)
CarsDirect.com
2004 Ed. (3160)
2003 Ed. (3052)
2002 Ed. (2995)
2001 Ed. (4673)
Carso Global Telecom
2006 Ed. (68)
2004 Ed. (66, 1548)
2003 Ed. (1757, 1758, 4705)
2002 Ed. (1715, 1726)
Carso Global Telecom, SA de CV
2008 Ed. (1925, 1926)
2007 Ed. (1877)
2006 Ed. (1849, 1876)
2005 Ed. (1865, 4638)
2004 Ed. (1795, 4675)
Carso SA de CV; Grupo
2008 Ed. (1926, 3571)
2007 Ed. (1877, 1878)
2006 Ed. (1876, 1878, 3392)
2005 Ed. (1865, 2218)
Carson
1999 Ed. (2062, 2630)
1998 Ed. (1894)
Carson City, NV
2000 Ed. (3817)
1990 Ed. (997)
Carson Cole
2000 Ed. (2064)
Carson Cos.
2002 Ed. (1495)
Carson; Donald
1996 Ed. (1846)
Carson; Johnny
1994 Ed. (1667)
1993 Ed. (1633)
1989 Ed. (1347)
Carson Medlin Co.
2005 Ed. (1432)
Carson-Newman College
1999 Ed. (1225)
1996 Ed. (1042)
Carson Pirie Scott
1999 Ed. (1834)
1998 Ed. (1259, 1261)
1997 Ed. (1591)
1996 Ed. (1532)
1990 Ed. (911, 912, 1492)
1989 Ed. (1237)
Carson Pirie Scott & Co.
1991 Ed. (1141)
Carson Products Co.
2003 Ed. (2663, 2665)
Carson's
1992 Ed. (1794, 1795, 1796)
Carstairs White Seal
1998 Ed. (2373)
1997 Ed. (2653)
1994 Ed. (2384)
1993 Ed. (2434)
1991 Ed. (2318)
1990 Ed. (2452)
CarStation.com
2001 Ed. (4767)
Carswell AFB
1996 Ed. (2643)
CART
2001 Ed. (4349)
Carta Blanca
2001 Ed. (683)
Cartaya Gonzalez Bates
1997 Ed. (135)
1996 Ed. (131)
Carte Blanche
2001 Ed. (1446, 1447)
Cartel Creativo
2004 Ed. (131)
2003 Ed. (173)
The Cartel Group
2007 Ed. (113, 2833)
2006 Ed. (121)
2005 Ed. (114)
2003 Ed. (80)
Carter
2008 Ed. (3821)
2007 Ed. (3738)
1999 Ed. (1191)
1998 Ed. (761)
1997 Ed. (1021)
1994 Ed. (232, 1010)
1992 Ed. (1208)
Carter & Associates
2005 Ed. (3637)
2004 Ed. (3726)
Carter & Associates; Robert
1992 Ed. (3575)
Carter & Burgess Inc.
2008 Ed. (1169, 1171, 1206, 2520, 2530, 2531, 2533, 2534, 2537, 2538, 2570)
2007 Ed. (2408, 2414, 2443, 4190)
2006 Ed. (1209, 2456, 2477)
2005 Ed. (2437, 4118)
2004 Ed. (2338, 2345, 2372, 2378, 2384, 2388)
2003 Ed. (2295, 2301, 2306)
2002 Ed. (2136, 2140, 2986)
1999 Ed. (283, 2017)
1997 Ed. (265, 1743)
1996 Ed. (1663)
Carter & Spencer Supplies
2004 Ed. (4923)
Carter; Andrew M.
1997 Ed. (2522, 2530)
Carter Brothers LLC
2008 Ed. (3704, 4380)
Carter-Burgess
2000 Ed. (1793)
Carter Center
1993 Ed. (892)
Carter Credit Union
2006 Ed. (2199)
2004 Ed. (1962)
2003 Ed. (1922)
2002 Ed. (1868)
Carter Design Group
1999 Ed. (2842)
Carter Foundation; Amon G.
1994 Ed. (1903)
Carter; Gary
1989 Ed. (278, 719)
Carter Halt Harvey
1995 Ed. (1467)
Carter; Harriet
1991 Ed. (868)
Carter Hawley Hale
1997 Ed. (2322)
1996 Ed. (1533, 1534, 1535, 1990)
1994 Ed. (10, 132, 1520, 1521, 1522, 2210, 2750)
1992 Ed. (1089, 1091, 1785, 1786, 1789, 1791, 3739)
1990 Ed. (1491)
1989 Ed. (1235)
Carter Hawley Hale Stores
1995 Ed. (149, 1550, 1551, 1553, 1554, 1958, 3154)
1993 Ed. (150, 151, 367, 368, 369, 1475, 1476)
1991 Ed. (171, 886, 1411, 1412, 2896)
1990 Ed. (173)
1989 Ed. (2462)
Carter Healthcare Facilities
2001 Ed. (1399)
1998 Ed. (183)
1997 Ed. (261)
1996 Ed. (1130)
1995 Ed. (234)
Carter Holdings Inc.
2005 Ed. (4144)
Carter Holt Harvey Ltd.
2006 Ed. (3394, 3703)
2004 Ed. (1826, 3767)
2003 Ed. (1792)
2002 Ed. (1745, 3497, 3498)
2001 Ed. (1818)
2000 Ed. (3331, 3332)
1999 Ed. (1715, 3622, 3623)
1997 Ed. (1490, 2939, 2940)
1996 Ed. (1429, 2844, 2845)
1994 Ed. (1432, 2670, 2671)
1993 Ed. (2721, 2722)
1992 Ed. (3233, 3234)
1991 Ed. (1330, 2594, 2595)
Carter; J.
1995 Ed. (1240)
Carter-Jones Lumber
2001 Ed. (2728, 2729)
The Carter Mining Co.
1993 Ed. (1003, 1003)
Carter Mining Co., Caballo mine
1990 Ed. (1071)
The Carter Mining Co., Rawhide
1989 Ed. (950)
Carter Mining Co., Rawhide mine
1990 Ed. (1071)
Carter Museum of Western Art; Amon
1994 Ed. (1903)
Carter Oil Co., Inc.
2006 Ed. (4340)
Carter Overseas Motors; Don
1995 Ed. (276)
Carter Rolls-Royce; Don
1996 Ed. (286)
Carter Ryley Thomas
2005 Ed. (3950, 3957, 3976)
2004 Ed. (3983, 3995, 4034)
2003 Ed. (3983, 3986, 3991, 3992, 4019)
2002 Ed. (3833, 3834, 3835, 3852)
1999 Ed. (3955)
1998 Ed. (2960)
Carter Subaru
1994 Ed. (284)
1993 Ed. (286)
1992 Ed. (401)
1991 Ed. (296)
Carter-Wallace Inc.
2003 Ed. (2004, 2674)
2001 Ed. (1386, 1914, 1989)
2000 Ed. (3509)
1998 Ed. (2811)
1994 Ed. (1519)
1993 Ed. (1227)
1992 Ed. (4307)
1991 Ed. (1882, 3398)
1990 Ed. (3603)
Carter Co.; William
1997 Ed. (1019)
1996 Ed. (999)
Carteret
1990 Ed. (1795)
Carteret Federal Savings Bank
1994 Ed. (2551, 3531)
Carteret Mortgage
2006 Ed. (2594)
2005 Ed. (2592)
Carteret Savings Bank
1989 Ed. (638)
Carteret Savings Bank, FA
1993 Ed. (3079, 3095, 3569)
1992 Ed. (3781, 3796)
1991 Ed. (363)
1990 Ed. (420, 428, 2606)
Carteret Savings Bank FA, Morristown
1989 Ed. (2831)
Carter's
2008 Ed. (982, 4670)
2007 Ed. (1100)
2006 Ed. (1015)
1996 Ed. (1001)
Cartex Ltd.
2007 Ed. (2668)
2006 Ed. (2679)
2005 Ed. (2703)
2004 Ed. (2709)
Cartia XT
2002 Ed. (2049)
Cartier
2008 Ed. (651, 657, 3529)
2007 Ed. (687, 3398)
1991 Ed. (3474)
Cartier Eau de Cartier
2008 Ed. (2768)
Cartier Pasha Eau de Toilette
2008 Ed. (2768)
Cartier Pasha Fraicheur Mint
2008 Ed. (2768)
Cartiere Burgo SpA
2004 Ed. (3768)
Cartledge; Raymond E.
1992 Ed. (2063)
1991 Ed. (1632)
Cartmell Public Relations Group
1996 Ed. (3116)
Cartner Glass Systems Inc.
2002 Ed. (1292)
2001 Ed. (1476)
2000 Ed. (1262, 2343)
1999 Ed. (1370, 2600)
Cartones
1994 Ed. (3131, 3132)
1993 Ed. (3068, 3069)
1992 Ed. (3765, 3766)
1991 Ed. (2911, 2912)
Cartoon
2000 Ed. (4216)
Cartoon characters
1992 Ed. (2859)
Cartoon Network
2008 Ed. (4654, 4655)
2007 Ed. (4732, 4733)
2006 Ed. (4711, 4713)
cartoonnetwork.com
2001 Ed. (4775, 4776)

Cartridge World
2008 Ed. (3824)
2007 Ed. (3742)
2006 Ed. (3740)
2005 Ed. (3641)
Cartridges, ink jet & toner
2002 Ed. (2084)
Cartwright; Peter
2006 Ed. (934)
Caruso
1998 Ed. (1892, 1896)
Carvajal
2002 Ed. (4399)
Carvalho; Charlene & Michel de
2008 Ed. (4897)
2005 Ed. (4889, 4897)
Carvalho; Charlene de
2007 Ed. (4924)
Carvel Corp.
2008 Ed. (883, 3128)
2007 Ed. (908, 3007)
2006 Ed. (2979)
2005 Ed. (2982)
2004 Ed. (1049, 2970)
2002 Ed. (2721)
2001 Ed. (2837)
2000 Ed. (3786)
1998 Ed. (3077)
1995 Ed. (3123)
1993 Ed. (3022)
1992 Ed. (1460, 2113, 2564, 3714)
1991 Ed. (1657)
1990 Ed. (3011)
Carvel Ice Cream Bakery
2003 Ed. (2882)
2000 Ed. (1913)
1999 Ed. (2136, 4081)
1998 Ed. (1550)
1997 Ed. (1842)
1996 Ed. (1761)
1995 Ed. (1783)
1994 Ed. (1750, 3078)
1993 Ed. (1759)
Carver Bancorp Inc.
2000 Ed. (471)
1999 Ed. (479)
1998 Ed. (339)
Carver Federal Savings Bank
2008 Ed. (373)
2007 Ed. (391)
2006 Ed. (407)
2005 Ed. (454)
2004 Ed. (442)
2003 Ed. (455)
2002 Ed. (713)
1997 Ed. (419)
1996 Ed. (457)
1995 Ed. (430)
1994 Ed. (437)
1993 Ed. (437, 3098)
1992 Ed. (621)
1991 Ed. (2922)
1990 Ed. (3104)
Carver Savings
1990 Ed. (3121)
CAS Inc.
2008 Ed. (1399)
1994 Ed. (81)
CAS Management Inc.
2005 Ed. (2808)
1992 Ed. (3206)
Casa
2001 Ed. (270)
Casa Bahia
2001 Ed. (20)
1994 Ed. (17)
Casa Central
2002 Ed. (2559)
Casa Central Social Services
2003 Ed. (2755)
Casa de la Risa
2006 Ed. (2856)
Casa Linda Homes
2008 Ed. (1195)
Casa Madrona Hotel
1994 Ed. (2104)
Casa Ole
2008 Ed. (4180)
2000 Ed. (3774)
Casa Ole Rest Inc.
1998 Ed. (3182)
Casa Ole Restaurant, Inc.
1998 Ed. (3069)
Casa Pedro Domecq
1993 Ed. (42)
Casa Saba, SA de CV; Grupo
2005 Ed. (3395)
Casablanca
2005 Ed. (3289)
1992 Ed. (1394)
Casablanca Supermarket
2004 Ed. (4196)
Casale; Carl M.
2007 Ed. (2498)
Casanova Pendrill Inc.
2006 Ed. (121)
2005 Ed. (114)
2004 Ed. (115)
Casanova Pendrill Publicidad
2005 Ed. (105)
2003 Ed. (80, 81)
2002 Ed. (69)
2000 Ed. (55)
1991 Ed. (105, 1912)
Casares Grey
1999 Ed. (56)
1997 Ed. (58)
1996 Ed. (61)
1995 Ed. (45)
1994 Ed. (69)
1993 Ed. (79)
1992 Ed. (119)
1990 Ed. (76)
1989 Ed. (82)
Casarsa
2005 Ed. (4963, 4968)
2004 Ed. (4971)
2003 Ed. (4948)
2002 Ed. (4925)
2001 Ed. (4845)
Casas Bahia
2008 Ed. (28)
2007 Ed. (23)
2006 Ed. (31)
2005 Ed. (25)
2004 Ed. (32)
1993 Ed. (25)
1992 Ed. (42)
Casas International
2002 Ed. (2563)
Casas International Brokerage Inc.
2001 Ed. (2715)
2000 Ed. (4291)
1999 Ed. (4651)
1996 Ed. (2109)
Casas International Customs Brokerage Inc.
1998 Ed. (3613)
1997 Ed. (3787)
Cascade
2008 Ed. (2347)
2003 Ed. (2077, 2078)
2002 Ed. (1989)
2001 Ed. (2034)
2000 Ed. (1094)
1998 Ed. (744)
1997 Ed. (1006, 2995)
1994 Ed. (754)
1992 Ed. (476, 477)
1991 Ed. (343, 344)
1990 Ed. (391)
Cascade Bancorp
2008 Ed. (2140, 2147)
2007 Ed. (390)
2006 Ed. (452, 2079)
2005 Ed. (1789, 1941, 2001)
2004 Ed. (541)
2003 Ed. (519, 520)
2000 Ed. (552)
1999 Ed. (540)
Cascade Bank
2005 Ed. (3303)
Cascade Communications
1998 Ed. (1146)
1997 Ed. (1322, 3688)
1996 Ed. (1277, 3305, 3307, 3777, 3780)
Cascade/Dental Chair System
1995 Ed. (1548)
Cascade Disability Management Inc.
2005 Ed. (4035)
2004 Ed. (4095)
Cascade Engineering Inc.
2006 Ed. (4328)
Cascade Fertilizers
1990 Ed. (950)
Cascade Financial Corp.
2006 Ed. (2084)
Cascade Grain Products LLC
2003 Ed. (939)
Cascade Healthcare Community Inc.
2008 Ed. (2027)
Cascade Natural Gas Corp.
2008 Ed. (2137)
Cascade Rinse Aid
2003 Ed. (2076)
Cascade Savings
1990 Ed. (2474)
Cascades Inc.
2008 Ed. (2762)
2007 Ed. (1613, 2636)
2006 Ed. (1592, 1602)
2003 Ed. (3723)
2002 Ed. (3576, 4093)
2001 Ed. (3627)
1999 Ed. (2492, 3691)
1997 Ed. (2070)
1996 Ed. (1316, 1960)
1994 Ed. (1894)
1990 Ed. (1845)
Cascades Boxboard Group
2008 Ed. (3838, 3839, 3854)
2007 Ed. (3762, 3776)
Cascades Community Credit Union
2004 Ed. (1933)
Cascades Group
2005 Ed. (3689)
Cascades Paperboard International
1996 Ed. (2900)
Cascades Technologies Inc.
2008 Ed. (2157)
Cascades Tissue Group
2008 Ed. (3839, 3854)
2007 Ed. (3762, 3776)
Cascadia Brands
1997 Ed. (658)
Cascio Music Co.
2000 Ed. (3220)
1999 Ed. (3502)
1997 Ed. (2863)
1996 Ed. (2748)
1995 Ed. (2675)
1994 Ed. (2594)
1993 Ed. (2642)
Cascioli; Teresa
2008 Ed. (4991)
2007 Ed. (4985)
2006 Ed. (4988)
2005 Ed. (4992)
CASCO
2004 Ed. (2372)
Casco-Belton
1993 Ed. (1545)
Casco Northern Bank NA
1992 Ed. (767)
Casco Northern Bank NA (Portland)
1991 Ed. (599)
Casden Co.
1993 Ed. (1090)
1992 Ed. (1360, 1367)
Casden Properties Inc.
2002 Ed. (323)
Casdin; Jeffrey
1995 Ed. (1807)
Case Corp.
2005 Ed. (1517)
2002 Ed. (4872)
2001 Ed. (1901, 2843)
2000 Ed. (336, 1583, 2623, 3028)
1999 Ed. (1751, 2849, 2850, 2852, 3295, 3297)
1998 Ed. (1193, 2087, 2088, 2089, 2092)
1997 Ed. (1291, 1530, 2366, 2367)
1996 Ed. (2242, 2245)
1993 Ed. (3604, 3605)
Case Acura; Rick
1995 Ed. (258)
Case Design/Remodeling Inc.
2008 Ed. (3096)
2007 Ed. (2971)
2006 Ed. (2955)
2005 Ed. (2959)
Case Foundation Co.
2008 Ed. (1258)
2007 Ed. (1361)
2006 Ed. (1282)
2005 Ed. (1312)
2004 Ed. (1305)
2003 Ed. (1302)
2002 Ed. (1290)
2001 Ed. (1475)
2000 Ed. (1261)
1999 Ed. (1369)
1998 Ed. (947)
Case Hyundai; Rick
1996 Ed. (273)
1995 Ed. (270)
Case IH
1989 Ed. (220)
Case International Co.
1995 Ed. (1172)
1994 Ed. (1147)
1993 Ed. (1128)
1992 Ed. (1415)
Case Lowe & Hart Inc.
2006 Ed. (2481)
Case Poclain
1993 Ed. (1082)
Case; Stephen M.
2008 Ed. (4911)
Case studies
1993 Ed. (1594)
Case; Susie Peterson
1990 Ed. (1769)
Case Western Reserve University
2008 Ed. (2403, 3786)
2005 Ed. (813)
2004 Ed. (831)
2002 Ed. (882, 899, 1029, 1031, 1032, 1034)
2001 Ed. (1062, 2249, 3063, 3255)
2000 Ed. (924, 1034, 1037, 1827, 2906, 3068, 3072)
1999 Ed. (978, 982, 1106, 1108, 2036, 3162)
1998 Ed. (710, 711, 1460)
1997 Ed. (970, 971, 2605)
1996 Ed. (948, 949, 1685, 2460, 2464)
1995 Ed. (971, 1703)
1994 Ed. (1058, 1656, 1900)
1993 Ed. (889, 926, 1625, 1897)
1992 Ed. (1974)
1991 Ed. (1569)
Case Western University, Weatherhead School of Management
2008 Ed. (775)
CaseCentral
2006 Ed. (742)
Casein
2004 Ed. (2555)
Casella Lighting
1990 Ed. (2441)
Casella Waste Systems Inc.
2008 Ed. (2154, 2155)
2007 Ed. (2049, 2050)
2006 Ed. (2091, 2092, 4890)
2005 Ed. (1992, 1993, 3933)
2004 Ed. (1877, 1878)
2003 Ed. (1842, 1843)
Casellas; Gilbert F.
2007 Ed. (1444)
Casema N.V.
1993 Ed. (819)
Casens Transport Co.
1994 Ed. (3598)
Caser
1994 Ed. (2238)
1993 Ed. (2260)
Casesa; John
1996 Ed. (1777, 1828)
1995 Ed. (1803)
1994 Ed. (1761)
CaseStack
2007 Ed. (836)
2005 Ed. (4743)
Casey; Andrew
2006 Ed. (2578)
Casey Close
2003 Ed. (221, 225)
Casey Communications Management
1994 Ed. (2955)

Casey Communications Management of Shandwick
1992 Ed. (3567)
Casey Cowell
1999 Ed. (2083)
1998 Ed. (722, 1512, 1516)
Casey Family Program
2002 Ed. (2338)
Casey Foundation; Annie E.
1994 Ed. (1902)
1989 Ed. (1476)
Casey G. Cowell
1997 Ed. (1796, 1803)
Casey; Michael
2007 Ed. (1080)
Casey; Robert P.
1993 Ed. (1994)
Casey; Tom
2007 Ed. (385)
Casey's
2000 Ed. (2245)
Casey's General Store
2008 Ed. (1375, 1376)
2007 Ed. (1419)
2006 Ed. (1381)
2004 Ed. (2632)
2003 Ed. (1366, 1723, 2497)
2002 Ed. (1331, 2294)
2000 Ed. (2234)
1995 Ed. (1915)
Casey's General Stores Inc.
2008 Ed. (1377, 1856, 2838)
2007 Ed. (1420, 1819, 2709, 4615)
2006 Ed. (1383, 1812)
2005 Ed. (1393, 1827, 2207, 2208, 4551)
2004 Ed. (1372, 1373, 1376, 1760, 2103, 2104)
2001 Ed. (1488, 1489, 1753)
1998 Ed. (984)
1997 Ed. (1209, 1210, 2053, 3667)
1996 Ed. (1172)
1994 Ed. (1178, 1180, 1181, 1183, 1184, 1886)
Cash
1995 Ed. (2865, 2866)
Cash America International Inc.
2005 Ed. (2575)
2004 Ed. (2597)
Cash American Investments
1989 Ed. (2367)
Cash; Andrew
1997 Ed. (1861)
1996 Ed. (1785)
1995 Ed. (1810)
Cash bonus
1993 Ed. (2131)
Cash Converters International Franchise Group
2001 Ed. (2533)
Cash Converters USA Inc.
2000 Ed. (2271)
Cash grains & other crops
1999 Ed. (2102)
Cash; Johnny
2007 Ed. (891)
1994 Ed. (1100)
Cash manager
2004 Ed. (2278)
Cash Now
2005 Ed. (2777)
Cash Plus Inc.
2008 Ed. (898)
2006 Ed. (837)
2005 Ed. (928)
2004 Ed. (936)
2003 Ed. (921)
2002 Ed. (982)
1997 Ed. (119)
Cash Resources Inc.
2003 Ed. (3962)
Cash Station
2001 Ed. (584, 2185, 2186, 2188, 2189, 3826)
1996 Ed. (259)
1994 Ed. (1606)
1992 Ed. (1910, 1912)
1991 Ed. (1509, 1510)
1989 Ed. (281)
Cash Stream
1989 Ed. (281)
Cash Systems Inc.
2006 Ed. (2736)
Cash; W. Lawrence
2008 Ed. (966)
2007 Ed. (1061)
2006 Ed. (964)
Cashan & Co.
2006 Ed. (4200)
Cashbuild
2001 Ed. (2756)
CashEdge
2008 Ed. (2704)
Cashews
1996 Ed. (2858)
1994 Ed. (2687)
1993 Ed. (1749, 2736)
1992 Ed. (3281)
1990 Ed. (2727)
Cashier
1989 Ed. (2085)
Cashiers
2007 Ed. (3728)
2005 Ed. (3628, 3629, 3631)
2002 Ed. (3531)
2001 Ed. (3563)
1993 Ed. (2738, 3727)
1989 Ed. (2077)
Cashin Associates
2000 Ed. (1825)
Cashin Associates PC
1990 Ed. (1036)
Cashman & Associates
1998 Ed. (2275, 2277)
Cashman Cadillac Inc.
1994 Ed. (264)
1992 Ed. (410)
1991 Ed. (305)
Cashman Farrell & Associates
1990 Ed. (2322)
Cashman III; James E.
2005 Ed. (977)
CashMaster
1995 Ed. (2316)
CashMaster Plus
1995 Ed. (2316)
Cashmere Mist; Donna Karan
2008 Ed. (2769)
Casil Telecommunications
1999 Ed. (4166)
Casillero del Diablo
2005 Ed. (4957)
Casing Network LLC
2007 Ed. (4432)
Casino
1998 Ed. (3085)
1997 Ed. (1409)
1994 Ed. (1373)
1992 Ed. (4177)
1990 Ed. (1368, 3053)
Casino activity
1992 Ed. (2256)
Casino Data Systems
1995 Ed. (3201)
Casino du Liban
2007 Ed. (55)
2006 Ed. (64)
Casino gambling
1995 Ed. (1968)
Casino Groupe
1990 Ed. (1833)
Casino Guichard-Perrachon
2006 Ed. (1717)
Casino, Guichard-Perrachon & Cie. SA
2006 Ed. (4945)
Casino Guichard-Perrachon SA
2007 Ed. (2241, 4631, 4632)
Casino hotels
2004 Ed. (2292)
Casino Magic
1995 Ed. (3207)
Casino Queen
1998 Ed. (3594)
Casino Royale
2008 Ed. (3756)
Casinos
2008 Ed. (1432)
1994 Ed. (2192)
1992 Ed. (2624)
Casio
2003 Ed. (3797)
1995 Ed. (2453)
1994 Ed. (48, 2588)
1992 Ed. (3142)
Casio Computer Co., Ltd.
2002 Ed. (3729)
1991 Ed. (53)
Casky Telecom
2001 Ed. (1694)
CASON Engineering plc
2008 Ed. (1790)
Casos Vida R: Ed. Esp.
2007 Ed. (2847)
Casper
1997 Ed. (2817)
Casper: A Spirited Beginning
1999 Ed. (4718)
Casper Star-Tribune
1991 Ed. (2598, 2602)
Casper, WY
2008 Ed. (4353, 4730)
2007 Ed. (842, 3363, 3370)
2006 Ed. (2427, 3299, 3306, 4024)
2005 Ed. (2028, 3317, 3325, 3474)
1999 Ed. (2833, 3389)
1997 Ed. (2355, 2761)
1994 Ed. (952)
1993 Ed. (2548)
1992 Ed. (3037, 3053)
1991 Ed. (2429)
1990 Ed. (2553)
Caspers Co.
2000 Ed. (2205)
Caspian International
2002 Ed. (203)
Caspian Networks
2002 Ed. (3539)
Caspian Securities
1999 Ed. (2396)
CASPR
2005 Ed. (3287, 3288)
CASPR Library Systems Inc.
2006 Ed. (3278)
Cass IH
1989 Ed. (221)
Cass Information Systems Inc.
2006 Ed. (1905)
2005 Ed. (374, 1884)
Cassa di R. di Firenze
1996 Ed. (569)
Cassa di R. di Padova e Rovigo
1996 Ed. (569)
Cassa di R. di Verona, Vicenza, B.e A.
1996 Ed. (570)
Cassa di R. Parma e Piacenza
1996 Ed. (569)
Cassa di Risparmio delle Provincie Lombarde
2000 Ed. (558)
1994 Ed. (541, 3145)
1993 Ed. (3574)
1992 Ed. (727)
1991 Ed. (571)
1990 Ed. (616)
Cassa di Risparmio di Cento
2005 Ed. (507)
Cassa di Risparmio di Cuneo
1992 Ed. (729)
Cassa di Risparmio di Firenze
2004 Ed. (510)
1994 Ed. (3145)
Cassa di Risparmio di Prato
1993 Ed. (520)
1992 Ed. (712)
Cassa di Risparmio di Roma
1989 Ed. (562)
Cassa di Risparmio di Torino
1994 Ed. (3145)
1993 Ed. (3574)
Cassa di Risparmio di Verona
1994 Ed. (3145)
Cassa di Risparmio in Bologna
1996 Ed. (569)
1992 Ed. (722)
Cassa di Risparmio in Bologno
1996 Ed. (560)
Cassa di Risparmio Italiane
1989 Ed. (576)
Cassa di Verona
1989 Ed. (572)
Cassava Enterprises Ltd.
2007 Ed. (3230)
Cassens Transport Co.
2008 Ed. (4741, 4770)
2007 Ed. (4814, 4843)
2006 Ed. (4797, 4847, 4848)
2005 Ed. (4747, 4763)
2004 Ed. (4771)
2003 Ed. (4787)
2002 Ed. (4689)
2000 Ed. (4310)
1999 Ed. (4679)
1998 Ed. (3632)
1995 Ed. (3672, 3676)
Cassettes
1995 Ed. (1082)
Cassettes/records/CD's
1994 Ed. (732)
Cassidy's Ltd.
2000 Ed. (2243)
1999 Ed. (2482)
Cassinari; Ronald
1989 Ed. (1417)
Cast iron
1999 Ed. (3427)
Cast irons
2007 Ed. (3701)
2006 Ed. (3707)
2001 Ed. (3547)
Castalia Communications Corp.
2008 Ed. (2955)
Castalian Music LLC
2003 Ed. (837)
Castalloy
2002 Ed. (3779)
Castello Banfi
1998 Ed. (3745, 3753)
1997 Ed. (3906)
Castells & Asociados Advertising
2007 Ed. (113)
Caster Mild
2000 Ed. (1062)
1999 Ed. (1141)
1997 Ed. (993)
Castillo
2005 Ed. (4158)
2004 Ed. (4230)
2003 Ed. (4207)
2002 Ed. (285, 4070)
2001 Ed. (4142)
2000 Ed. (3834)
1999 Ed. (4124)
1998 Ed. (3108)
1997 Ed. (3366)
1996 Ed. (3267)
1995 Ed. (3170, 3174)
1994 Ed. (3122)
1993 Ed. (3057)
1992 Ed. (3749)
Castillo; Ron
1990 Ed. (3067)
Casting metals
2001 Ed. (3074)
Castino; Alfred
2008 Ed. (968)
The Castle
1994 Ed. (871)
1993 Ed. (855)
Castle & Co.; A. M.
2005 Ed. (4903, 4904)
1991 Ed. (3218)
Castle & Cooke Inc.
2008 Ed. (4128)
1994 Ed. (1117, 1118)
1993 Ed. (2124)
Castle Construction Corp.
1990 Ed. (3706)
Castle Harlan Partners III LP
2005 Ed. (2660)
Castle International Asset Management
1999 Ed. (3073)
1998 Ed. (2275, 2279)
Castle Medical Center
2008 Ed. (1775, 1776)
2007 Ed. (1749)
Castle Rock (CO) News-Press
2003 Ed. (3642)
Castle Rock News-Press
2002 Ed. (3500)
Castle, "The Window People" Inc.
2008 Ed. (3003, 3096)
2005 Ed. (2959)
Castle Underwriting Agents Ltd.
1993 Ed. (2455)
1992 Ed. (2897)
Castle Underwriting Agents Ltd.; 839,
1991 Ed. (2338)

Castlemaine XXXX
1992 Ed. (2888)
1991 Ed. (747)
1990 Ed. (768)
Castleoak Construction
2006 Ed. (2052)
Castlereagh/Pitt Street
1992 Ed. (1166)
Casto Management Services
2008 Ed. (2002)
Castor; Betty
1991 Ed. (3212)
Castor GS & B
1991 Ed. (105, 2474)
Castorama
2001 Ed. (2756)
Castors
1990 Ed. (3463)
Castro; Dan
1997 Ed. (1950)
Castro; Fidel
2007 Ed. (2703)
2005 Ed. (4880)
Castro; Michael J.
2007 Ed. (2496)
Castro-Wright; Eduardo
2007 Ed. (2496)
Castrol Ltd.
2001 Ed. (1690, 3392)
2000 Ed. (355, 1414, 3015)
1999 Ed. (347, 348, 3277)
1998 Ed. (239, 242)
1997 Ed. (317, 318)
1996 Ed. (340, 341)
1995 Ed. (326)
1994 Ed. (330)
1993 Ed. (342, 343)
1990 Ed. (388)
1989 Ed. (338, 339)
Castrol/Castroil
1994 Ed. (329)
1992 Ed. (469, 470)
1991 Ed. (338)
Castrol GTX
2001 Ed. (3392)
1989 Ed. (321)
Castrol India Ltd.
1993 Ed. (714)
Castrol Industries
2000 Ed. (755)
1999 Ed. (1609)
1996 Ed. (755)
1994 Ed. (725)
Castrol Ltd
1990 Ed. (1350)
Castrol Syntec
2001 Ed. (3392)
Casual clothing
1990 Ed. (2505)
1989 Ed. (861, 1920)
Casual Male Retail Group Inc.
2008 Ed. (886, 1909, 1924)
2006 Ed. (4184)
2005 Ed. (1022, 4136)
CAT
2001 Ed. (3337)
Cat Chow
2003 Ed. (3801)
2002 Ed. (3651)
1999 Ed. (3784)
1997 Ed. (3076)
1996 Ed. (2997)
1994 Ed. (2835)
1992 Ed. (3414)
1990 Ed. (2815)
1989 Ed. (2199)
Cat food
2005 Ed. (2754, 2756, 2759)
2002 Ed. (3646)
1996 Ed. (1561, 3096)
1995 Ed. (3528)
1990 Ed. (2823)
Cat food, semi-moist
1994 Ed. (1994)
Cat food, wet
2003 Ed. (3805)
C.A.T. FX
1996 Ed. (3099)
The Cat in the Hat
1990 Ed. (980)
Cat litter
2005 Ed. (3724)
2002 Ed. (3661)
1995 Ed. (3529)
1990 Ed. (2826)
CAT/Mitsubishi
1993 Ed. (1082)
Cat on a Hot Tin Roof
2005 Ed. (4687)
Catacosinos; William J.
1994 Ed. (1718)
1991 Ed. (1625)
Catalana de Gas
1993 Ed. (1197)
Cataldo
1995 Ed. (2429)
Catalfumo Construction Ltd.
2002 Ed. (3922)
Catalfumo Construction & Development
2006 Ed. (1182)
2000 Ed. (3719)
1998 Ed. (3004)
Catalina
2005 Ed. (3289)
1990 Ed. (3336)
Catalina Lighting
1991 Ed. (1875, 3138)
1990 Ed. (1966, 1972, 3296, 3302)
Catalina Marketing Corp.
2007 Ed. (3451)
2005 Ed. (98, 99)
2004 Ed. (101, 102)
1997 Ed. (2936)
1995 Ed. (2065, 3385)
Catalog houses
1992 Ed. (2524)
1991 Ed. (1967)
Catalog sales
1999 Ed. (4089, 4506)
1998 Ed. (2053)
Catalog showroom
1996 Ed. (1985, 1986)
Catalog showrooms
2001 Ed. (2813, 4111)
1998 Ed. (2317)
1997 Ed. (881, 2102)
1995 Ed. (678)
1994 Ed. (2068)
1993 Ed. (955)
1992 Ed. (2424)
1991 Ed. (1918, 1978)
1990 Ed. (1017, 2028)
Catalog stores/showrooms
1998 Ed. (1797)
Catalog videos
1993 Ed. (3669, 3670)
Catalogs
2001 Ed. (716, 1331, 3232, 3798, 3882, 4434, 4435, 4436, 4437, 4438)
1999 Ed. (4120)
1998 Ed. (3295)
1996 Ed. (1985, 1986)
1993 Ed. (1436, 1437, 1507, 1508)
1991 Ed. (3247)
1990 Ed. (2119, 2737)
Catalogs, direct mail
1995 Ed. (143)
Catalogs/directories
1997 Ed. (868, 2713)
Catalonia, Spain
2005 Ed. (3329)
Catalyst
2003 Ed. (1123)
Catalyst Old River Hydro Ltd.
2001 Ed. (3867)
Catalyst Paper
2008 Ed. (2762)
2007 Ed. (3989)
Catalyst Rx
2007 Ed. (2364, 2365)
2006 Ed. (2415, 2416, 2417)
Catalyst Semiconductor Inc.
2004 Ed. (2777, 4432, 4548)
Catalyst Systems
2007 Ed. (1246)
Catalysts
2007 Ed. (4385)
2006 Ed. (4320)
2005 Ed. (4372)
2004 Ed. (4424)
2001 Ed. (1296)
1996 Ed. (952)
Catamount Brewing Co.
1992 Ed. (3064)
1991 Ed. (2452)
1990 Ed. (748)
Catapano Engineering
2000 Ed. (1860)
Catapult Integrated Services Inc.
2008 Ed. (3594)
Catapult Technology
2006 Ed. (3031)
2005 Ed. (1251)
Catarumbo
2007 Ed. (3118)
Catatumbo
2008 Ed. (3261)
Catch Communications
2007 Ed. (1934)
2006 Ed. (1951)
Catch Me If You Can
2005 Ed. (4832)
Catcher Technology
2008 Ed. (2098)
2007 Ed. (2006)
Cate Blanchett
2001 Ed. (2270)
Catelli Inc.
1992 Ed. (1597)
Catellus Development Corp.
2007 Ed. (3021, 4104)
2005 Ed. (4006, 4007)
2004 Ed. (4074, 4075)
2002 Ed. (1495, 3924)
2000 Ed. (3720)
1999 Ed. (3996)
1996 Ed. (2837)
1994 Ed. (3002, 3006)
1993 Ed. (2961)
Catellus Development Corporation
1992 Ed. (3621)
Catellus Residential Group
2000 Ed. (3721)
Catena Imports; Ray
1992 Ed. (391, 397)
Catena Infiniti; Ray
1996 Ed. (295)
Catena Motor Car Corp.; Ray
1995 Ed. (279)
1994 Ed. (276)
1993 Ed. (277)
1991 Ed. (286)
1990 Ed. (333)
Catena Motorcars; Ray
1996 Ed. (279)
Catena Networks
2006 Ed. (1427)
Cater Allen Bank (Isle of Man) Ltd.
2000 Ed. (569)
1999 Ed. (558)
Catera
2001 Ed. (489)
Caterair
1996 Ed. (188)
Caterair International
1992 Ed. (1460)
Catering
2002 Ed. (4724)
Catering International & Services
2007 Ed. (1735)
2006 Ed. (1699, 1727, 2748)
Catering sales manager
2004 Ed. (2280)
Caterpillar Inc.
2008 Ed. (189, 198, 1481, 1532, 1663, 1799, 1800, 1827, 1832, 3027, 3143, 3144, 3145, 3146, 3148, 3149, 3150)
2007 Ed. (202, 211, 212, 874, 875, 1487, 1654, 1769, 1770, 2905, 3025, 3026, 3027, 3028, 3030, 3031, 3032, 3033, 3034, 3035, 3036, 3037, 3399, 3400, 4560, 4586, 4806)
2006 Ed. (777, 1493, 1639, 1762, 1763, 1785, 1789, 2991, 2992, 2993, 2995, 2996, 2997, 2998, 2999, 3342, 3343, 4600)
2005 Ed. (868, 1633, 1732, 1791, 1792, 1805, 2997, 2998, 2999, 3000, 3001, 3002, 3003, 3332, 3349, 3350, 3351, 3354, 3355, 4514)
2004 Ed. (1552, 1732, 2999, 3000, 3001, 3002, 3004, 3005, 3324, 3325, 3326, 3329, 4919)
2003 Ed. (1695, 1696, 2326, 2894, 2895, 2896, 2897, 2898, 2899, 3269, 3270, 3296)
2002 Ed. (1613, 1667, 2726, 2727, 2728, 2729, 2730, 4872, 4896)
2001 Ed. (1731, 2843, 3186, 3187, 3188, 3189, 4722)
2000 Ed. (336, 1454, 2623, 2624, 3034)
1999 Ed. (1653, 2849, 2850, 2852, 2853, 2854, 3295, 3297)
1998 Ed. (718, 1144, 1523, 2087, 2088, 2089, 2092, 2093, 2434)
1997 Ed. (977, 1428, 1814, 1816, 1827, 2366, 2367, 2369, 2371, 3027)
1996 Ed. (956, 1377, 1723, 1727, 2241, 2242, 2244, 2245, 2946)
1995 Ed. (976, 1341, 1415, 1748, 2234, 2236, 2237, 2238, 2239, 2493)
1994 Ed. (944, 1283, 1386, 1731, 2180, 2182, 2183, 2184, 2185, 2420, 2421, 2775)
1993 Ed. (931, 934, 1331, 1710, 1712, 1718, 2163, 2164, 2165, 2486, 2946)
1992 Ed. (1129, 1804, 2069, 2077, 2592, 2593, 2594, 2953, 3361)
1991 Ed. (922, 1638, 1640, 1994, 2018, 2019, 2020, 2370)
1990 Ed. (191, 970, 1735, 2789)
1989 Ed. (994, 1651, 1652, 1653, 1917)
Caterpillar Consultancy
2002 Ed. (4086)
Caterpillar Financial
2006 Ed. (4820)
1998 Ed. (388)
Caterpillar Logistic Services
1996 Ed. (1746)
Caterpillar Logistics
2008 Ed. (4814)
2007 Ed. (4879)
2006 Ed. (4887)
Caterpillar Logistics Services
2007 Ed. (1335, 3389)
2005 Ed. (3340)
Caterpillar of Canada
1989 Ed. (1930)
Catex
2001 Ed. (4754)
Catfish
2001 Ed. (2439)
1998 Ed. (3175)
1996 Ed. (3300)
1995 Ed. (3198, 3199)
1994 Ed. (3155)
1993 Ed. (3111)
1992 Ed. (349, 3816)
1991 Ed. (2938)
Cathay Airlines
1991 Ed. (209)
Cathay Bancorp Inc.
2005 Ed. (356)
2002 Ed. (443, 501, 3376)
2000 Ed. (423, 424, 3149)
1999 Ed. (581)
1998 Ed. (390, 2515)
1997 Ed. (2801)
1996 Ed. (587)
1995 Ed. (530)
Cathay Bank
2003 Ed. (3427)
1996 Ed. (3164)
1991 Ed. (2813)
1990 Ed. (463)
Cathay Chemical Works, Inc.
1992 Ed. (1119)
1990 Ed. (958)
Cathay City International
1993 Ed. (2057)
Cathay Construction
2000 Ed. (1204)
1999 Ed. (1324)
1994 Ed. (3008)
1992 Ed. (3625)
1990 Ed. (2963)

Cathay Financial
2007 Ed. (2008)
2006 Ed. (2034)
Cathay Financial Holding Co., Ltd.
2008 Ed. (2099, 2101)
Cathay Financial Holdings
2006 Ed. (2035)
Cathay General Bancorp
2007 Ed. (383)
2006 Ed. (400)
Cathay Holdings
2006 Ed. (4655)
Cathay Insurance Co. Ltd.
1994 Ed. (3282)
1990 Ed. (3268)
Cathay International Holdings
1995 Ed. (1404)
Cathay Investment Fund
1997 Ed. (2907)
Cathay Life Insurance Co.
2005 Ed. (3232)
2004 Ed. (1864)
2002 Ed. (1779, 1780, 2828, 4543)
2001 Ed. (1746, 1865, 2890)
2000 Ed. (1472, 1566, 1569, 4176)
1999 Ed. (1665, 1744, 2894, 2915, 4530)
1998 Ed. (1161)
1997 Ed. (1455, 2402, 2418, 3682)
1996 Ed. (1399, 3628)
1994 Ed. (2268, 3282, 3472)
1993 Ed. (2252, 3502)
1992 Ed. (2677, 2706, 3945, 4189)
1990 Ed. (2246, 3268)
Cathay Pacific
2003 Ed. (745)
2000 Ed. (228, 232, 234, 251, 256, 260)
1999 Ed. (208, 209, 210, 227, 234, 235, 239, 240, 241, 1647, 1648)
1998 Ed. (113, 118, 119, 139)
1997 Ed. (212)
1996 Ed. (176, 177, 178, 1382, 2138)
1995 Ed. (177, 190, 1342, 1410)
1994 Ed. (157, 159, 176, 179)
1989 Ed. (1125)
Cathay Pacific Airways Ltd.
2008 Ed. (215, 222, 223, 224)
2007 Ed. (235, 243, 244, 245)
2006 Ed. (231, 241, 243)
2005 Ed. (217, 225, 226, 227)
2004 Ed. (218)
2001 Ed. (301, 304, 305, 320, 1723)
2000 Ed. (1446, 1448, 1449, 1450, 1451)
1997 Ed. (1423, 1424)
1996 Ed. (1371)
1993 Ed. (172, 174, 175, 198, 1329, 1330, 2060)
1992 Ed. (264, 282, 290, 300, 1632, 1634, 1635, 2438, 2444)
1991 Ed. (1300, 1302, 1930, 1931)
1990 Ed. (1377, 1378, 2045, 2048, 3646)
Cathay Trust
1994 Ed. (3197)
Cathay United Bank
2008 Ed. (511)
2007 Ed. (559)
2006 Ed. (529)
Cathedral City
2008 Ed. (715)
Cathedral Energy Services
2006 Ed. (3668)
Cathedral Healthcare System
1992 Ed. (2461)
Cathedral Square Pharmacy
2008 Ed. (2175)
2007 Ed. (2067)
Cathedral Village
1990 Ed. (3061)
Catherine Baker Knoll
1995 Ed. (3505)
1993 Ed. (3443)
1991 Ed. (3210)
Catherine Bessant
2004 Ed. (410)
Catherine Gex
1996 Ed. (1897)
Catherine Montgomery
1993 Ed. (1842)
Catherine Murray
2000 Ed. (1985)
1996 Ed. (1897)
Catherine S. Abbe
1995 Ed. (936)
Catherine Zeta-Jones
2008 Ed. (4905)
2007 Ed. (4929, 4935)
2005 Ed. (4889, 4891, 4896)
Catherine's Stores Corp.
1998 Ed. (3086)
Cathleen Black
1992 Ed. (4496)
Cathode ray terminals
1995 Ed. (1094)
Cathode valves, tubes
1992 Ed. (2085)
Cathodes, photocathodes
1994 Ed. (1732)
Catholic & Community Credit Union
2002 Ed. (1826)
Catholic Charities
2004 Ed. (934)
1997 Ed. (944, 2949)
1996 Ed. (911)
1995 Ed. (941, 2780, 2784)
1994 Ed. (909, 910, 2677, 2678)
1993 Ed. (896, 2730)
1992 Ed. (3267)
1991 Ed. (2613, 2617)
Catholic Charities of the Archdiocese of St. Paul & Minneapolis
2006 Ed. (3721)
Catholic Charities USA
2008 Ed. (3788, 3793, 3794, 3796)
2007 Ed. (3703)
2006 Ed. (3709, 3710, 3716)
2005 Ed. (3607, 3608)
2004 Ed. (3698)
2003 Ed. (3651)
2001 Ed. (1819)
2000 Ed. (3346, 3348)
1998 Ed. (689)
Catholic Children's Aid Society of Toronto
2008 Ed. (1613)
2007 Ed. (1615)
2006 Ed. (1595, 1601, 1624)
Catholic Church Insurances
2002 Ed. (3777)
Catholic Health Corp.
1997 Ed. (2179, 2826)
1996 Ed. (2707)
1995 Ed. (2629, 2802)
1994 Ed. (2574, 2577)
1992 Ed. (3124, 3125, 3258, 3279)
1991 Ed. (2499, 2500, 2624)
1990 Ed. (2629, 2630, 2725)
Catholic Health Care Network
2000 Ed. (3747)
1999 Ed. (2645, 2989, 3460, 3465)
1998 Ed. (1908, 1909, 2547, 2550, 2552)
Catholic Health Care System
2001 Ed. (3164)
Catholic Health East
2008 Ed. (2888, 2890, 2891)
2007 Ed. (1703, 2769)
2006 Ed. (289, 3585, 3588)
2004 Ed. (3526)
2003 Ed. (292, 3463, 3466, 3467, 3469)
2002 Ed. (339, 3290, 4062)
2001 Ed. (2666, 2668, 2670, 3164)
2000 Ed. (3178, 3184, 3360, 3825)
1999 Ed. (3460, 3462, 3463)
Catholic Health Initiatives
2008 Ed. (2577, 2890, 2891)
2007 Ed. (2448)
2006 Ed. (1658, 1661, 1715, 2482, 2483, 2763, 3585, 3587, 3588, 3980)
2005 Ed. (1740, 1743, 2441, 2442)
2004 Ed. (1682, 1685, 2406, 3526)
2003 Ed. (1656, 3463, 3465, 3466, 3467, 3469, 3470)
2002 Ed. (3290, 3292, 3293, 3802)
2001 Ed. (2666, 2668, 2669, 2670, 3164, 3923)
2000 Ed. (3178, 3179, 3181, 3184, 3360, 3624, 3825)
1999 Ed. (3460, 3463, 3465)
1998 Ed. (2216, 2547, 2550, 2552)
Catholic Health Network
1997 Ed. (2824)
Catholic Healthcare Network
2000 Ed. (3178, 3360)
Catholic Healthcare Partners
2008 Ed. (2003)
2006 Ed. (3585)
2003 Ed. (2683, 3463, 3469)
2002 Ed. (3290, 3293)
2001 Ed. (2666, 2670, 3164)
2000 Ed. (3178)
1999 Ed. (3460)
1998 Ed. (2547, 2552)
Catholic Healthcare West
2008 Ed. (2577, 2890, 2891)
2006 Ed. (2763, 3585, 3587, 3588)
2004 Ed. (2797, 3526)
2003 Ed. (2680, 2681, 3463, 3465, 3466, 3469, 3470)
2002 Ed. (3290, 3292, 3293)
2001 Ed. (2666, 2668, 2669, 2670, 2676)
2000 Ed. (3178, 3179, 3181, 3184)
1999 Ed. (2987, 2989, 2990, 2992, 3460, 3463, 3465)
1998 Ed. (1908, 2216, 2547, 2550, 2552)
1997 Ed. (2163, 2179, 2257, 2824, 2826)
1996 Ed. (2704, 2707)
1995 Ed. (2627, 2629, 2787)
1994 Ed. (2572, 2574)
1992 Ed. (3258)
1990 Ed. (2629)
Catholic Healthcare West-Arizona Inc.
2003 Ed. (1607)
Catholic Knights Insurance Society
1996 Ed. (1972)
Catholic Materials Management Alliance
1999 Ed. (2637)
Catholic Medical Center
2008 Ed. (1971)
2005 Ed. (1900)
2004 Ed. (1816)
2003 Ed. (1781)
1989 Ed. (740)
Catholic Medical Center of Brooklyn and Queens Inc.
2001 Ed. (2775)
1999 Ed. (2751)
1998 Ed. (1995)
1997 Ed. (2273)
1996 Ed. (2157)
1995 Ed. (2146)
1993 Ed. (2076)
1992 Ed. (2462)
1991 Ed. (1935)
1990 Ed. (2058)
1989 Ed. (1609)
Catholic Medical Centers of Brooklyn and Queens Inc.
2000 Ed. (2532)
Catholic Medical Mission Board
2007 Ed. (3706)
Catholic priest
1989 Ed. (2085)
Catholic Relief Services
2007 Ed. (3706)
2006 Ed. (3714)
2000 Ed. (3349)
1995 Ed. (943, 2782)
1994 Ed. (905)
1993 Ed. (896)
1992 Ed. (3255)
1991 Ed. (896, 897, 899, 2617)
Catholic Standard & Times
1992 Ed. (3246)
1990 Ed. (2712)
Catholic Star Herald
1992 Ed. (3246)
Cathway Pacific
1998 Ed. (120)
Cathy Constable
2002 Ed. (3263)
Cathy Lyons
2007 Ed. (2496)
Catimini
2001 Ed. (1261)
Cationics
1999 Ed. (4526)
Catlin
2006 Ed. (3096)
Catlin Group
2007 Ed. (3117)
Catnapper
1999 Ed. (2545)
1993 Ed. (868)
Cato Corp.
2008 Ed. (1010)
2007 Ed. (1120, 1121, 1128)
2006 Ed. (1034, 1035, 1040)
2005 Ed. (1010, 1011)
2004 Ed. (992, 993)
1990 Ed. (3058)
Cato Johnson Worldwide
1993 Ed. (74, 3063)
1992 Ed. (3759)
Cato Johnson/Y & R
1990 Ed. (3082)
Cats
2001 Ed. (3777)
Cats Don't Dance
2001 Ed. (3391)
CatScan
1996 Ed. (3099)
Catsup
2003 Ed. (1129)
Cattaraugus County Bank
1996 Ed. (543)
Catterton Printing
1997 Ed. (3164)
Cattle
1992 Ed. (2088)
Cattleman's Meat Co.
1998 Ed. (2448, 2894)
Cattle's
2006 Ed. (2605)
Catviar
1990 Ed. (2814)
Catz; Safra
2008 Ed. (2636)
2007 Ed. (4974)
2006 Ed. (4974)
Cauble & Co.
1990 Ed. (2950)
Caucasian
2008 Ed. (1211)
Caucasians
1998 Ed. (1, 547, 1997)
Caudill; Edward B.
2006 Ed. (869)
Caudwell Holding Ltd.
2003 Ed. (2738)
Caudwell; John
2008 Ed. (4908)
2007 Ed. (4934)
2006 Ed. (2500)
2005 Ed. (4888)
Caught or compressed by equipment
2004 Ed. (1)
Cauldron Foods
2008 Ed. (713)
Cauliflower
1992 Ed. (2110, 2111)
Caulk
1992 Ed. (1778)
1991 Ed. (1409)
1990 Ed. (1488)
Causa Publicidad
1999 Ed. (141)
1997 Ed. (131)
Causes
2008 Ed. (1499)
2007 Ed. (1517)
2006 Ed. (1487)
2005 Ed. (1604)
2004 Ed. (1573)
Causeway Bay
2006 Ed. (4182)
Causeway International Value
2006 Ed. (4566)
2005 Ed. (4490)
Causeway International Value Investment
2006 Ed. (3677)
Causey Demgen & Moore Inc.
2006 Ed. (17)
2005 Ed. (4, 12)
Causley Pontiac-GMC Truck Inc.; Jim
1992 Ed. (419)
1990 Ed. (314, 346)

Causley Pontiac; Jim
1996 Ed. (283)
1995 Ed. (283)
Caustic soda
1996 Ed. (953)
Cavalier
2003 Ed. (984, 985)
2002 Ed. (380, 387, 410, 412, 416, 3586)
2001 Ed. (467, 469, 470, 472, 490, 494, 533, 3393)
1998 Ed. (219, 220)
1996 Ed. (329)
1990 Ed. (355)
1989 Ed. (316)
Cavalier; Chevrolet
2006 Ed. (315, 358, 360)
2005 Ed. (344, 347, 348)
Cavalier Homes Inc.
2008 Ed. (3538)
2007 Ed. (3409)
2006 Ed. (3355, 3356)
2005 Ed. (3496, 3497)
2004 Ed. (3346, 3496, 3497)
2003 Ed. (3283)
2002 Ed. (3739, 3740)
2001 Ed. (2500)
2000 Ed. (1195, 3588, 3589, 3590, 3591, 3594, 3595)
1999 Ed. (3873, 3874, 3875, 3876, 3877, 3878)
1998 Ed. (2902, 2903, 2904, 2905, 2906, 2907)
1997 Ed. (1125, 3149, 3150, 3151, 3158)
1996 Ed. (1104, 3068, 3070, 3071, 3072, 3073)
1995 Ed. (2970, 2971, 2972, 2973, 2975)
1994 Ed. (202, 205, 2916, 2917)
1993 Ed. (2902, 2903)
1992 Ed. (3519, 3520)
1991 Ed. (1060)
1990 Ed. (2594)
Cavaliers; Cleveland
2008 Ed. (530)
2007 Ed. (579)
Cavalry Portfolio Services LLC
2005 Ed. (2143, 2144)
Cavanagh; Jane
2007 Ed. (2463)
Cavanaugh & Associates; James T.
1995 Ed. (2339)
1993 Ed. (2270)
Cavanaugh III; W.
2005 Ed. (2509)
Cavanaugh III; William
2006 Ed. (1099)
2005 Ed. (1104)
Cavath, Swaine & Moore
1991 Ed. (2278)
Cavco Industries Inc.
2008 Ed. (3538)
2002 Ed. (3739)
2000 Ed. (3593, 3596, 3597)
1999 Ed. (3871, 3872, 3879, 3880)
1998 Ed. (2900, 2908, 2909)
1997 Ed. (3154, 3155, 3156, 3157)
1996 Ed. (3069, 3075, 3076, 3077, 3078)
1995 Ed. (2974, 2977, 2978, 2979)
1994 Ed. (2920, 2921)
1993 Ed. (2900, 2901)
1992 Ed. (3516, 3517)
Cave; Michael J.
2008 Ed. (2628)
Cave Spring Inc.
2006 Ed. (1671)
2005 Ed. (1750)
2004 Ed. (1694)
2003 Ed. (1663)
2001 Ed. (1678)
Cavendish Farms Corp.
2008 Ed. (2785)
Cavendish Farms Operations Inc.
2008 Ed. (2272)
2007 Ed. (2157)
Cavenham Forest Industries
1997 Ed. (1235)
Cavenham Holdings, Inc.
1990 Ed. (1652)
Cavill White
1997 Ed. (790, 791, 792)
1995 Ed. (806, 807, 808, 809, 810)
Caviness Motor Co.
1990 Ed. (325)
Caviness Packing Co. Inc.
1999 Ed. (3319, 3320, 3867, 3868)
Cavit
2006 Ed. (4966)
2005 Ed. (4951, 4952, 4957, 4963, 4968)
2004 Ed. (4966, 4971)
2002 Ed. (4946, 4960)
2001 Ed. (4885, 4893)
Cavotec Group
2008 Ed. (2429, 2504, 2814, 3679)
Cavotec Group Holdings NV
2008 Ed. (1967)
2007 Ed. (1906)
Cawley; C. M.
2005 Ed. (2477)
Cawley; Chuck
2005 Ed. (979)
Cawthorn; Robert E.
1993 Ed. (1706)
Cawthorne, McCollough & Canavagh
2000 Ed. (2991)
Caxton Associates
2006 Ed. (2800)
2005 Ed. (2820)
Cayahoga County, OH
1995 Ed. (1514)
Cayenne pepper
1998 Ed. (1924)
Cayman Islands
2008 Ed. (851)
2006 Ed. (783)
2001 Ed. (4585, 4586)
1997 Ed. (2573)
1994 Ed. (1508)
1993 Ed. (3061)
1992 Ed. (3754)
Cayman National Bank
2004 Ed. (461)
2003 Ed. (474)
2000 Ed. (483)
1999 Ed. (490)
1997 Ed. (432)
1996 Ed. (469)
Cayman National Bank and Trust Co., Ltd.
1992 Ed. (633)
1989 Ed. (502)
Cayman Systems
2002 Ed. (2987)
Cayne; J. E.
2005 Ed. (2490)
Cayne; James
2005 Ed. (979)
1997 Ed. (1799)
1996 Ed. (959, 1709, 1712)
Cayne; James E.
2008 Ed. (949)
2007 Ed. (1027)
2005 Ed. (981, 2474, 2475)
1996 Ed. (964, 966)
1995 Ed. (1728)
1994 Ed. (1715)
Cayside Insurance Management Ltd.
2001 Ed. (2921)
2000 Ed. (980)
1999 Ed. (1030)
1997 Ed. (899)
1996 Ed. (878)
1995 Ed. (904)
1994 Ed. (862)
1993 Ed. (849)
1992 Ed. (1059)
1991 Ed. (854)
1990 Ed. (904)
Cayuga Lake National Bank
1998 Ed. (372)
1997 Ed. (502)
Caywood Christian Capital Management
1993 Ed. (2339)
Caywood-Scholl Capital
1999 Ed. (3090)
1997 Ed. (2531)
1996 Ed. (2401)
Caywood-Scholl Capital Management
1998 Ed. (2290)
Caywood-School Capital Mgmt.
2000 Ed. (2824)
Cazadores
2005 Ed. (4676)
2004 Ed. (4699)
2003 Ed. (4721)
Cazalot Jr.; Clarence P.
2008 Ed. (953)
2007 Ed. (1031)
Cazar DDB
2001 Ed. (130)
Cazenove
1999 Ed. (867, 873)
1994 Ed. (1203)
Cazenove American
1992 Ed. (3207)
Cazenove & Co.
2004 Ed. (4375)
2003 Ed. (3059)
2002 Ed. (439)
2001 Ed. (1037, 1536, 4204)
CB
1993 Ed. (3374)
1992 Ed. (4054)
CB & I
2006 Ed. (1244, 1248)
CB & I Constructors Inc.
2008 Ed. (1229, 1233, 1301)
2007 Ed. (1342, 1346)
CB & T Inc.
1999 Ed. (540)
CB & T Holding Corp.
2001 Ed. (576)
C.B. Capital Corp.
1995 Ed. (1079)
CB Commercial Appraisal
1999 Ed. (281)
1997 Ed. (259)
1996 Ed. (228)
CB Commercial/Koll Management Svcs.
2000 Ed. (3732)
CB Commercial Real Estate Group Inc.
2000 Ed. (3712, 3715)
1999 Ed. (3993, 3995)
1998 Ed. (181, 2998, 2999, 3000, 3002, 3021, 3023)
1997 Ed. (3256, 3274)
1995 Ed. (3060)
1994 Ed. (2998)
CB Commercial Realty
1996 Ed. (2392, 2412)
CB Communities
2005 Ed. (1214)
2004 Ed. (1188)
2003 Ed. (1182)
CB Hamilton Osborne King
2007 Ed. (46)
CB Industrial Product Holdings Bhd
2008 Ed. (1898)
CB Richard Ellis Inc.
2008 Ed. (4114)
2007 Ed. (4082)
2006 Ed. (4314)
2005 Ed. (4000, 4005, 4021)
2004 Ed. (4067, 4073, 4088)
2003 Ed. (4049, 4051, 4061)
2002 Ed. (3625, 3909, 3911, 3912, 3914, 3933, 3934, 3937, 3938, 3939, 3940)
2001 Ed. (3998, 4010, 4013)
2000 Ed. (3709, 3728, 4018, 4031)
CB Richard Ellis Group Inc.
2008 Ed. (49, 808, 1707, 4108, 4114, 4123, 4124, 4336)
2007 Ed. (2554, 4075, 4082, 4087, 4103, 4380)
2006 Ed. (2584, 4035, 4040, 4041, 4043, 4052)
CB Richard Ellis Investors
2000 Ed. (2829)
CB Richard Ellis Investors LLC
2008 Ed. (4125)
2003 Ed. (4064)
2001 Ed. (3992, 4016)
CB Richard Ellis Services Inc.
2003 Ed. (4051)
2001 Ed. (3998, 4255)
CB Sport
1990 Ed. (3337)
CB Sports
1991 Ed. (3173)
CBA
2006 Ed. (651)
CBA Financial Services
1997 Ed. (2391, 2399)
CB&T Bancshares
1989 Ed. (423)
CBC Cornerstone; NY Tax-Free
1993 Ed. (2686)
CBCA Pharmacy Benefits Management
2007 Ed. (2364)
CBCA Rx
2007 Ed. (2364)
CBD-Fund
1995 Ed. (3062)
1993 Ed. (2962)
CBI Industries Inc.
2005 Ed. (1505)
1997 Ed. (3725)
1996 Ed. (1106, 1108)
1995 Ed. (1125, 1127)
1994 Ed. (1110, 2669, 2840)
1993 Ed. (1087, 2828)
1992 Ed. (1354, 1359, 3423)
1991 Ed. (1048, 2719)
1990 Ed. (937, 2832)
1989 Ed. (2206)
CBIZ
2008 Ed. (1)
2007 Ed. (2)
2006 Ed. (1, 3)
CBIZ Benefits & Insurance Services Inc.
2008 Ed. (3239)
2006 Ed. (2419)
2005 Ed. (2370)
2004 Ed. (2269)
2002 Ed. (2858)
CBIZ Colorado Inc.
2004 Ed. (8)
CBIZ-FPG Business Services Inc.
2006 Ed. (19)
CBIZ/Mayer Hoffman McCann PC
2007 Ed. (5)
CBK
1991 Ed. (34)
CBL & Associates Inc.
1998 Ed. (3003)
1997 Ed. (3257)
1994 Ed. (3004, 3297, 3302)
1993 Ed. (3304, 3305)
1992 Ed. (3620)
CBL & Associates Properties Inc.
2008 Ed. (4127)
2007 Ed. (2218, 2222, 4086, 4106)
2006 Ed. (4045, 4055)
2005 Ed. (4025)
2004 Ed. (4084, 4091)
2003 Ed. (4065, 4410, 4411)
2002 Ed. (4279)
2001 Ed. (4250)
CBL Properties
2006 Ed. (4315)
CBMC Capital Building Maintenance Corp.
2005 Ed. (761)
CBN
1990 Ed. (869, 880, 885)
CBN Steel Construction
2006 Ed. (1294)
CBOE Futures Exchange
2008 Ed. (2804)
2007 Ed. (2673)
CBPO Cia. Bras. Projetos Obras
1994 Ed. (1333)
CBR
1997 Ed. (701)
1996 Ed. (764)
CBR Material Corp. of Canada
1996 Ed. (1595)
CBR Materials Corp.
1994 Ed. (1580)
CBR Materials Corp. of Canada
1993 Ed. (961)
1992 Ed. (1185)
1990 Ed. (1024)
CBR PR: Carlman Booker Reis PR
2000 Ed. (3648)
CBRE
2008 Ed. (4121)
CBRE Holding Inc.
2005 Ed. (4005)
2004 Ed. (4073)

CBRL
2002 Ed. (2314)
CBRL Group
2008 Ed. (2757, 4171)
2007 Ed. (2629, 2630)
2006 Ed. (2649, 2652, 4107)
2005 Ed. (2658, 2666, 4045, 4046, 4054)
2004 Ed. (1866, 2632, 2664, 2667, 4108, 4129)
2003 Ed. (2525, 2534, 4085, 4086)
2002 Ed. (3993)
2001 Ed. (4050, 4056, 4057)
CBS Corp.
2008 Ed. (156, 824, 1477, 1811, 2589, 2593, 2594, 2848, 3200, 3625, 4659)
2007 Ed. (749, 1524, 2453, 2455, 2456, 2459, 2714, 3447, 4525, 4526, 4529, 4739)
2005 Ed. (1499, 1522, 1547, 4663)
2004 Ed. (1506, 4691)
2003 Ed. (1476, 4714)
2002 Ed. (1392, 1425, 2148)
2001 Ed. (2271, 3230, 3251, 3960, 4490, 4496)
2000 Ed. (1359, 1475, 1839, 1840, 1841, 3050, 3693, 3694, 4213, 4216)
1999 Ed. (822, 823, 825, 1493, 1501, 1504, 2051, 3307, 3978, 3980, 4569, 4570)
1998 Ed. (513, 2441, 2981, 3500, 3501, 3502)
1997 Ed. (730, 731, 1236, 1246, 1334, 1346, 1453, 1779, 2718, 2719, 3234, 3238, 3720, 3721)
1996 Ed. (793)
1995 Ed. (715, 716, 717, 718, 1716, 2510, 3049, 3435, 3576)
1994 Ed. (757, 758, 759, 760, 762, 2444)
1993 Ed. (752, 753, 754, 2505, 3379, 3544)
1992 Ed. (943, 944, 945, 947, 948, 949, 1291, 2979, 3602, 3940, 4059, 4241, 4243, 4256)
1991 Ed. (749, 750, 751, 1013, 1208, 2389, 3105, 3327)
1990 Ed. (1267, 1271, 1274, 2522, 2523)
1989 Ed. (186, 1934)
CBS book publishing operations
1989 Ed. (2275)
CBS Boring & Machine
2003 Ed. (3372)
CBS Broadcasting Inc.
2006 Ed. (2724)
"CBS Evening News"
1995 Ed. (3586)
1993 Ed. (3540)
1992 Ed. (4254)
CBS/Group W
1997 Ed. (3719)
CBS/Infinity
2001 Ed. (3978)
CBS MarketWatch
2003 Ed. (811)
2002 Ed. (4799)
CBS Records
1992 Ed. (1497)
1990 Ed. (2861)
CBS Records Group
1990 Ed. (1256)
CBS Stations Inc.
2000 Ed. (4214)
CBS Sunday Night Movie
2004 Ed. (3883)
The CBS Television Network
2005 Ed. (2768)
2001 Ed. (4497)
CBS Television Stations
2007 Ed. (4738)
"CBS This Morning"
1995 Ed. (3585)
1993 Ed. (3539)
1992 Ed. (4253)
CBS 2/CBS Corp.
2000 Ed. (4224)
C+BUS
2004 Ed. (3082, 3963)
2003 Ed. (3959)
CC-Chemplorer
2004 Ed. (2216)
CC Lim Charoen
1991 Ed. (1067)
cc: Mail
1997 Ed. (1104)
CCA
1992 Ed. (1384)
CCA Global Partners
2008 Ed. (2728, 2995, 3000)
2007 Ed. (2591, 2875, 2880)
2006 Ed. (2615, 2885, 2890, 4438)
2005 Ed. (2619, 2875, 2876, 2878, 2880)
2004 Ed. (2631, 2888, 2889, 2893)
CCA Industries Inc.
2008 Ed. (4414)
2003 Ed. (2674, 3626)
CCA Prison Realty Trust
2005 Ed. (1505)
2004 Ed. (1489)
2003 Ed. (1459)
2002 Ed. (1439)
2000 Ed. (1315)
CCA Silband/Golfcorp
2008 Ed. (252)
2007 Ed. (269)
2006 Ed. (262)
2005 Ed. (241)
CCarso
1993 Ed. (2559)
CCB Bond Fund
2000 Ed. (759)
CCB Financial Corp.
2002 Ed. (437)
2000 Ed. (429)
1999 Ed. (437)
1998 Ed. (330)
CCBN
2005 Ed. (3421)
CCBT Financial Companies
2002 Ed. (486)
CCC
2004 Ed. (4841)
2002 Ed. (4752)
CCC Group Inc.
2004 Ed. (1294)
2003 Ed. (1291)
2002 Ed. (1281)
CCC Information Services Inc.
2002 Ed. (1153)
CCC Information Services Group
2006 Ed. (4725)
2004 Ed. (4555, 4578)
CCC Network Systems, Inc.
2003 Ed. (2718)
Ccc Zorg BV
2007 Ed. (1906)
2006 Ed. (1922)
CCF
1993 Ed. (487)
CCF Charterhouse
2000 Ed. (1025)
CCF (Credit Commercial de France)
1996 Ed. (512)
CCG/TCA
1990 Ed. (3077, 3082, 3083, 3086)
CCH Inc.
2002 Ed. (1154)
1999 Ed. (1287)
CCH Business Owner's Toolkit
2002 Ed. (4815)
CCI Intellisys
2006 Ed. (3330)
CCI/Siegwerk
2006 Ed. (3044)
2005 Ed. (3041)
CCI Thermal Technologies Inc.
2007 Ed. (1568, 1616)
CCITelecom
2003 Ed. (1292)
CCL Industries Inc.
2008 Ed. (3839, 3854)
2007 Ed. (3762, 3776)
2003 Ed. (1218)
2001 Ed. (2375)
1996 Ed. (2900)
1994 Ed. (2718)
1992 Ed. (3323)
1991 Ed. (2383)
CCM Partners U.S. Government
1995 Ed. (2692)
CCMSI
2006 Ed. (3081)
CCN
2000 Ed. (3599, 3600, 3602)
1993 Ed. (2907)
CCN Managed Care Inc.
2002 Ed. (3741)
2001 Ed. (3873)
CCN Marketing
1993 Ed. (1486)
CCN Network
2005 Ed. (3883)
CCNI
2003 Ed. (1227)
CCO Communications
2003 Ed. (4006, 4018)
CCR
2006 Ed. (3152, 4599)
2005 Ed. (3150)
CCR Technologies Ltd.
2006 Ed. (2739)
CCS Income Trust
2008 Ed. (1619, 3917)
2007 Ed. (1621, 3865)
2006 Ed. (4594)
2005 Ed. (1702)
CCSA Inc.
2008 Ed. (3699, 4373, 4955)
2007 Ed. (4989)
CCSI Inc.
2008 Ed. (3721, 4413, 4972)
2007 Ed. (3578, 3579, 4434)
2006 Ed. (3502, 3527)
2005 Ed. (3494)
CCT
1994 Ed. (3131)
1993 Ed. (3068)
1992 Ed. (3765)
1991 Ed. (2911)
CCTV
1998 Ed. (3205)
1996 Ed. (3310)
1992 Ed. (3828)
CCU
1989 Ed. (27)
CCX Corp.
2002 Ed. (2487)
CD-A
1993 Ed. (233)
CD & L Inc.
2008 Ed. (4072, 4742)
2007 Ed. (4815)
2006 Ed. (4798, 4808)
2005 Ed. (4748)
2004 Ed. (4772)
CD-Annuity
1993 Ed. (233)
CD Group Holdings Ltd.
1995 Ed. (1007)
CD Ogilvy
2003 Ed. (146)
CD-1
1993 Ed. (233)
CD Radio Inc.
2001 Ed. (1039)
CD-ROMs
1996 Ed. (2345)
CD-ROMs, business
1998 Ed. (654)
CD-ROMs, education
1998 Ed. (654)
CD-ROMs, finance
1998 Ed. (654)
CD-ROMs, games
1998 Ed. (654)
CD-ROMs, personal productivity
1998 Ed. (654)
CD-ROMs, reference
1998 Ed. (654)
CD Warehouse Inc.
2004 Ed. (911)
2003 Ed. (892)
2002 Ed. (750)
CDA Balanced
2002 Ed. (3429, 3430)
CDA Balanced (KBSH)
2001 Ed. (3457, 3458, 3459)
CDA Common Stock
2002 Ed. (3441, 3442)
2001 Ed. (3470, 3471)
CDA Global
2004 Ed. (2478, 2479)
CDA Life Gen Continuum Aggressive Growth Mod
2003 Ed. (3586)
CDA Life Gen Continuum Growth Mod
2003 Ed. (3586)
CDA Pacific Basin
2002 Ed. (3475)
CDA Special Equity
2004 Ed. (3618)
2003 Ed. (3572)
2002 Ed. (3446, 3447, 3448)
CDA Special Equity (KBSH)
2001 Ed. (3476)
CDA U.S. Equity
2003 Ed. (3580, 3582)
2002 Ed. (3450, 3451)
Cdapstar Hotel Co.
1999 Ed. (2756)
CDB Infotek
2000 Ed. (967, 2453)
CDBaby.com
2007 Ed. (2317)
CDC
2008 Ed. (4578)
2007 Ed. (1238)
1989 Ed. (983)
CDC Asset Management
2001 Ed. (3014)
CDC Credit Union
2004 Ed. (1953)
2003 Ed. (1913)
CDC Drilling Co.
2005 Ed. (1554)
CDC Ixis
2006 Ed. (1431)
CDC IXIS Advisors
2005 Ed. (692, 3537, 3540)
CDC IXIS Asset Management
2005 Ed. (3548)
2003 Ed. (703, 3103, 3107, 3108)
CDC Nvest CGM Advisor Target Equity
2006 Ed. (3620, 3621)
CDC Nvest Harris Associate Focused Value
2006 Ed. (3623)
CDC Nvest Mid Cap Growth
2004 Ed. (3605)
CDC Solutions Ltd.
2003 Ed. (2736)
CDC Systems Inc.
2007 Ed. (4435)
C.de A.de Valencia, Castellon y Alicante
1996 Ed. (682)
CDI Corp.
2005 Ed. (4668)
2004 Ed. (4544, 4693, 4694)
2003 Ed. (4717, 4718)
2002 Ed. (4595, 4596)
2001 Ed. (4501)
2000 Ed. (4225, 4226, 4230)
1999 Ed. (4283, 4572, 4573, 4574, 4577)
1998 Ed. (3287, 3504)
1997 Ed. (3498, 3724)
1996 Ed. (3665)
1992 Ed. (3939)
1991 Ed. (2738)
1990 Ed. (3259)
CDI Business Solutions
2008 Ed. (2541, 2545, 2562)
2007 Ed. (2414, 2418, 2435)
CDI Contractors
2007 Ed. (1374)
2006 Ed. (1341, 1342)
CDI Contractors LLC
2008 Ed. (1271)
2004 Ed. (1289)
2003 Ed. (1286)
2002 Ed. (1276)
CDI Engineering Group Inc.
2004 Ed. (2329, 2338, 2355, 2366, 2370, 2378, 2380, 2388)
2003 Ed. (2301, 2306)
2002 Ed. (2140)
2001 Ed. (2241, 2243)
2000 Ed. (1794, 1799)
1999 Ed. (2022, 2029)
1998 Ed. (1443)

CDI Information Services Inc.
2001 Ed. (1352)
1998 Ed. (836)
CDI Information Systems Inc.
1999 Ed. (1270)
CDI Information Technology Services
2002 Ed. (1138)
CDI Transportation Group Inc.
1992 Ed. (422)
1991 Ed. (312)
1990 Ed. (348)
CDL Hotels International Ltd.
2000 Ed. (2547)
1999 Ed. (2772)
1993 Ed. (2057)
CDL Hotels New Zealand
2004 Ed. (1636)
CDM
2005 Ed. (2432)
2004 Ed. (1298, 2336, 2353, 2373, 2374, 2375, 2382, 2383, 2384, 2385, 2400)
2003 Ed. (2300, 2303)
1997 Ed. (908)
CDM Electronics
2008 Ed. (2464)
CDNow Inc.
2002 Ed. (4749)
2001 Ed. (2179)
1999 Ed. (3001, 3006, 3503, 4752)
cdnow.com
2001 Ed. (2981, 2984, 2992, 4780)
2000 Ed. (2753)
CDNow.com Oakdale Theatre
2003 Ed. (4529)
CDO Technologies Inc.
2008 Ed. (3726, 4421)
CDP Associates
2002 Ed. (122)
2001 Ed. (149)
2000 Ed. (111)
1999 Ed. (106)
1995 Ed. (87)
1993 Ed. (112)
1992 Ed. (166)
1989 Ed. (122)
CDP Services
1997 Ed. (261)
1994 Ed. (232)
1993 Ed. (242)
1992 Ed. (352)
CDs
1991 Ed. (2260)
CDV Holding Inc.
1996 Ed. (2487)
CDW Corp.
2008 Ed. (866, 2982, 3015, 3193, 3222, 4472, 4801)
2007 Ed. (889, 4949)
2006 Ed. (1491, 1498, 1760, 2374, 2391, 2394, 2423, 3050, 4432, 4943, 4944)
2005 Ed. (1109, 1110, 1634, 2336, 2339, 4417, 4910, 4911)
2003 Ed. (1364)
CDW Computer Centers Inc.
2006 Ed. (800)
2005 Ed. (836, 880)
2004 Ed. (862, 894, 1105, 1106, 4212, 4469, 4927, 4928)
2003 Ed. (818, 870, 1555, 2163, 4182, 4499, 4548, 4927, 4928)
2002 Ed. (946, 1567, 2804, 4036, 4888, 4898)
2001 Ed. (1135, 2871)
1998 Ed. (1889, 2076)
CDW Computer Sales
1999 Ed. (4313)
CDW Government Inc.
2008 Ed. (1374)
2007 Ed. (1418)
2006 Ed. (1356, 1380)
2005 Ed. (1392)
cdw.com
2001 Ed. (2978, 2982)
Ce De Smarties
2002 Ed. (936)
CE Franklin
2008 Ed. (3917)
2007 Ed. (3865)
C.E. Heath PLC
1995 Ed. (2273)
Ceapro Inc.
2005 Ed. (125)
Ceasar
1999 Ed. (3791)
CEB Business Insurance Services
2008 Ed. (3720, 4412)
2007 Ed. (3577, 4433)
CEBCOR
1992 Ed. (1184)
1991 Ed. (950, 3146)
Cebridge Connections Inc.
2008 Ed. (1400)
Cebu Mitsumi Inc.
2004 Ed. (1845)
2002 Ed. (1754)
CEC Entertainment Inc.
2004 Ed. (4107)
2000 Ed. (3797)
Ceca
1993 Ed. (16)
1992 Ed. (24)
Cece Sutton
2006 Ed. (4979, 4980)
Cecere; Domenico
2007 Ed. (1062)
Cecil Fielder
1995 Ed. (251)
Cecil H. Green
1994 Ed. (894)
Cecil Hotel
2002 Ed. (2649)
Cecilian Bank
1989 Ed. (557)
Ceclor
1996 Ed. (3083)
1995 Ed. (225, 1583, 1587, 2983)
1994 Ed. (2926, 2927, 2928)
1993 Ed. (1530, 2912, 2913, 2915)
1992 Ed. (1876, 3524, 3525)
1991 Ed. (2761, 2762)
1990 Ed. (2899)
1989 Ed. (2255)
CECO Concrete Construction Corp.
2008 Ed. (1223, 1255)
2007 Ed. (1338, 1357)
2006 Ed. (1238, 1266)
2005 Ed. (1297)
2004 Ed. (1246)
2003 Ed. (1243)
2002 Ed. (1232)
2001 Ed. (1472)
2000 Ed. (1258)
1999 Ed. (1366)
1998 Ed. (944)
1997 Ed. (1167)
1996 Ed. (1141)
1995 Ed. (1163)
1994 Ed. (1145)
1993 Ed. (1131)
CECO Environmental
2008 Ed. (1249)
Cecrisa-Ceramica Criciuma S/A
1990 Ed. (3593, 3594)
Cedalion Ltd
2003 Ed. (2735)
Cedar
2007 Ed. (3396)
2006 Ed. (3338)
2005 Ed. (3345)
2001 Ed. (3179)
Cedar Crest College
1995 Ed. (1056)
1994 Ed. (1048)
1993 Ed. (1021)
1992 Ed. (1273)
Cedar Crossing Business Park
1994 Ed. (2189)
Cedar Crossing Industrial Park
1997 Ed. (2375)
1996 Ed. (2249)
Cedar Fair Ltd.
2007 Ed. (274)
2006 Ed. (270)
2005 Ed. (251)
2003 Ed. (274)
2002 Ed. (309)
2001 Ed. (378)
1997 Ed. (246)
1992 Ed. (3225)
Cedar Fair LP
2008 Ed. (2363, 2371)
2007 Ed. (2223)
2005 Ed. (241, 2231)
2004 Ed. (238, 2126)
2002 Ed. (1556)
1998 Ed. (2677)
Cedar Graphics
2000 Ed. (4434)
1998 Ed. (2919)
Cedar Hill Associates
1991 Ed. (2232, 2236)
1990 Ed. (2336)
Cedar Hill Assurance
1999 Ed. (2970)
Cedar Hill Assurance Company
2000 Ed. (2722)
Cedar Management Ltd.
2008 Ed. (857)
2006 Ed. (786)
Cedar Pass Lodge
1995 Ed. (2160)
Cedar Point
1995 Ed. (215, 216, 3164)
1993 Ed. (228)
1992 Ed. (331)
1991 Ed. (239, 3156)
Cedar Rapids, IA
2008 Ed. (4092)
2006 Ed. (3311)
2005 Ed. (2388, 3065)
Cedar River Paper Co.
1998 Ed. (2748)
Cedara Software
2007 Ed. (2818, 4574)
2006 Ed. (1611, 1613)
2005 Ed. (1726, 2828)
2003 Ed. (2930, 2938)
Cedars Health Care Center
2002 Ed. (3526)
Cedars Medical Center
2002 Ed. (2620)
2000 Ed. (2527)
Cedars-Sinai Medical Center
2002 Ed. (2622)
2000 Ed. (2530, 3733)
1999 Ed. (2479, 2638, 2730, 2749)
1998 Ed. (1991, 1993)
1997 Ed. (2271)
1996 Ed. (2156)
1995 Ed. (2143, 2145)
1994 Ed. (2090)
1993 Ed. (2074)
1992 Ed. (2460)
Cedema; James A.
2006 Ed. (2521)
Cedesa
2008 Ed. (106)
2007 Ed. (96)
Cedok
2001 Ed. (4635)
Cedric Magnelia
1999 Ed. (2309)
CEE Countries
1997 Ed. (3249)
CEE Source
2003 Ed. (3030)
CEF
2000 Ed. (473, 476, 478, 590)
CEF Capital
1995 Ed. (2841)
1994 Ed. (2735)
CEF Investment Management
1997 Ed. (2393)
CEF Investment Mangagement
1995 Ed. (2396)
Cefaclor
1994 Ed. (227)
Cefalexin
1994 Ed. (227)
CEFCU
2008 Ed. (1796)
Ceftazidime
1994 Ed. (227)
Ceftin
2001 Ed. (2109)
1995 Ed. (225)
1990 Ed. (1566)
Ceftriaxone
1994 Ed. (227)
Cefuroxime
1994 Ed. (227)
CEGEDEI
1994 Ed. (2418)
Cegedel
1999 Ed. (3281)
1997 Ed. (2694)
1996 Ed. (2557)
1993 Ed. (2479)
1992 Ed. (2948, 2949)
Cegelec
2008 Ed. (1299, 1302, 1304)
2000 Ed. (1275, 1278, 1279, 1282, 1286, 1289, 1290)
1999 Ed. (1393, 1402, 1403)
1998 Ed. (969, 970)
1997 Ed. (1189, 1190, 1194, 1195)
1995 Ed. (1188, 1192)
1994 Ed. (1168, 1172)
1993 Ed. (1145)
Cegetel SA
2005 Ed. (1474, 1475)
Cegusa SA
1992 Ed. (3063)
CEI Citicorp Holdings
2000 Ed. (895, 896)
CEI Engineering
2008 Ed. (2514)
CEI Engineering Associates
2006 Ed. (4341)
The CEI Group
1994 Ed. (1148)
1993 Ed. (1130)
1992 Ed. (1417)
1991 Ed. (1084)
1990 Ed. (1205)
Ceiba Technologies
2008 Ed. (1110)
Ceiling Doctor Inc.
1996 Ed. (1967)
Cejka Search
2008 Ed. (4131)
2006 Ed. (4058)
2005 Ed. (4030)
Celadon Trucking Services
1998 Ed. (3640, 3641)
Celanes
1992 Ed. (3062)
Celanese Corp.
2008 Ed. (3186)
2007 Ed. (1542, 1560, 4281)
2005 Ed. (1502)
2002 Ed. (1010, 1013)
1999 Ed. (1078, 1083, 3366)
1990 Ed. (2780)
1989 Ed. (1020)
Celanese AG
2006 Ed. (1446, 4726)
2003 Ed. (4585)
2001 Ed. (1225, 2504, 2505, 2506)
Celanese Canada
1997 Ed. (960)
1996 Ed. (931, 932)
1994 Ed. (924)
1992 Ed. (1114)
1990 Ed. (950)
Celanese; Hoechst
1991 Ed. (904)
Celanese Mexicano
1991 Ed. (2451)
Celantano
1995 Ed. (1942)
Celarix
2001 Ed. (4758)
Celcom
2004 Ed. (65)
Celebrant
2008 Ed. (4243)
Celebrate Express Inc.
2006 Ed. (2080)
Celebrations
2008 Ed. (714)
Celebrations Total
2002 Ed. (1167)
Celebrex
2007 Ed. (3911)
2006 Ed. (2313, 3882)
2005 Ed. (2251, 2254, 3815)
2004 Ed. (2154, 2155, 2156)
2003 Ed. (2111, 2112, 2114, 2115, 2116)
2002 Ed. (2019, 2022, 2047, 3748, 3750, 3755)
2001 Ed. (2066, 2067, 2099)
Celebrities
1992 Ed. (2859)

Celebrity
1990 Ed. (355)
1989 Ed. (316)
Celebrity Cruises
2000 Ed. (1633)
1999 Ed. (1808)
1998 Ed. (1236)
Celebrity Kids Portrait Studios
2008 Ed. (4947)
Celebrity Systems
1999 Ed. (4165)
Celebrity Technology Services Inc.
2007 Ed. (3543)
Celene Dion
2001 Ed. (1381, 1382)
Celera Genomics Corp.
2008 Ed. (575)
2007 Ed. (625)
2006 Ed. (596)
2005 Ed. (682, 683)
2003 Ed. (2720)
Celerit
2008 Ed. (3695, 4369, 4953)
2006 Ed. (3497, 4341)
Celerity Technology Services Inc.
2008 Ed. (4956)
Celeron Corp.
1989 Ed. (2212)
Celery
1999 Ed. (4702)
1998 Ed. (3658)
1997 Ed. (3832)
1996 Ed. (3774)
1992 Ed. (4384)
Celesio AG
2007 Ed. (2241, 4632)
2006 Ed. (4946)
Celeste
1995 Ed. (1945, 2951)
1994 Ed. (2886)
Celeste Ford
2005 Ed. (2468)
Celestial Asia Securities
2002 Ed. (4423)
Celestial Nutrifoods
2008 Ed. (1568)
Celestial Seasonings
2008 Ed. (4599)
2005 Ed. (4605)
2003 Ed. (2502, 4676, 4678)
2001 Ed. (1939)
2000 Ed. (1133)
1999 Ed. (1219)
1995 Ed. (3547)
1994 Ed. (3478)
1992 Ed. (1240)
1991 Ed. (990)
Celestica Inc.
2008 Ed. (1640, 2473, 2930, 2932, 2935, 2939, 4314)
2007 Ed. (1632, 2344, 2348, 2804, 2807, 2812, 2819, 4355)
2006 Ed. (1228, 1229, 1230, 1231, 1452, 2401, 2812, 2814, 2815, 2817)
2005 Ed. (1271, 1272, 1278, 1725, 2356, 2830, 4510)
2004 Ed. (1084, 1112, 2238, 2241, 2259, 2260, 2825)
2003 Ed. (2247, 2892, 2933, 3634, 4575)
2002 Ed. (1226, 1227, 2502, 2503, 2504, 2505, 2506, 2786, 2812, 2814)
2001 Ed. (1458, 1459, 1460, 2865, 4192, 4380)
2000 Ed. (1397, 1749, 2458, 3877)
1999 Ed. (1736)
1998 Ed. (933)
Celestics Inc.
2005 Ed. (2833)
Celestion Ind.
1990 Ed. (3463)
Celexa
2002 Ed. (2022, 2023)
2001 Ed. (2066)
Celfin Acciones Chilenas
2005 Ed. (3578)
Celgene Corp.
2008 Ed. (573, 1534, 1975, 2857, 3635, 3646, 4613, 4614)
2007 Ed. (622, 2727, 3461, 4116, 4558, 4562, 4563, 4697)
2006 Ed. (594, 2722, 2737)
2005 Ed. (1559)
2002 Ed. (2523)
Celia
1991 Ed. (2136)
Celia Tejada
2008 Ed. (2990)
Celiant Corp.
2004 Ed. (2243)
Celik Halat
1992 Ed. (2812)
Celina, OH
2007 Ed. (3384)
Celine Dion
2008 Ed. (2583)
2006 Ed. (2486, 2661)
2005 Ed. (1160, 4873)
2001 Ed. (1384, 3404)
2000 Ed. (996, 1182)
Celizzi-Ettleson
1990 Ed. (309)
Cell
2008 Ed. (552)
Cell C
2006 Ed. (88)
2005 Ed. (79)
Cell-Loc Inc.
2002 Ed. (1604)
Cella
2005 Ed. (4968)
1995 Ed. (3772)
1992 Ed. (4463)
1990 Ed. (3698)
Cella Barr Associates
1989 Ed. (271)
Cellar Door
2000 Ed. (3621)
1999 Ed. (3905)
1998 Ed. (2931)
1996 Ed. (3101)
1995 Ed. (3000)
Cellar Door Concerts
1994 Ed. (2942)
Cellar Door Prods.
1991 Ed. (2771)
1990 Ed. (2908)
Cellar Door Productions
1997 Ed. (3179)
1993 Ed. (2924)
1992 Ed. (3553)
Cella's Cherry Dark
1993 Ed. (836)
Cella's Chocolate-Covered Cherries
1990 Ed. (896)
Cellco Partnership
2008 Ed. (1101, 1977, 4045)
2007 Ed. (1195, 1914, 4018)
2006 Ed. (1930, 4941, 4942)
2005 Ed. (4908)
2004 Ed. (4925)
Cellcom
2008 Ed. (50)
2007 Ed. (47)
2006 Ed. (56)
2005 Ed. (49)
Cellmark Pulp & Paper Inc.
2003 Ed. (2542)
Cellnet
1999 Ed. (793, 4560)
CellPro
2000 Ed. (3392)
CellStar Corp.
2001 Ed. (2841, 2842)
1999 Ed. (4372)
1998 Ed. (3341)
1997 Ed. (3550)
Celltech Group
2006 Ed. (2781)
Celltech Group plc
2006 Ed. (1430)
1994 Ed. (1003)
1993 Ed. (973, 975)
1992 Ed. (1202)
Cellufresh
1995 Ed. (1600, 1758)
Cellular Inc.
1994 Ed. (2016, 3324)
Cellular Communications
1993 Ed. (1175, 1176)
1992 Ed. (4198, 4212)
1991 Ed. (1232, 3285)
1990 Ed. (1302, 3521)
1989 Ed. (2366)
Cellular One
2007 Ed. (3620)
1998 Ed. (655)
Cellular telephone
2001 Ed. (2720)
1998 Ed. (3205)
Cellular telephones
1993 Ed. (2048)
Cellular Warehouse
1997 Ed. (3346)
Cellulosa Argentina
1991 Ed. (784, 785)
Celluvisc
1995 Ed. (1600, 1758)
Celmed Biosciences Inc.
2003 Ed. (4849)
Celof N Venezolano Ca
1995 Ed. (1450)
Celozzi Ettleson Chevrolet
1992 Ed. (375)
1991 Ed. (306)
1990 Ed. (307, 345)
Celozzi-Ettleson Chevrolet/Geo
1991 Ed. (308)
Celriver Credit Union
2006 Ed. (2166)
2005 Ed. (2072)
Celsius AB
2001 Ed. (1986)
Celta; Chevrolet
2005 Ed. (296)
Celtas
1994 Ed. (960)
Celtel International BV
2008 Ed. (54, 65, 92)
2007 Ed. (52, 85)
2006 Ed. (61, 95)
Celtic Bank Ltd.
2000 Ed. (569)
1999 Ed. (558)
1996 Ed. (567)
1993 Ed. (536)
1992 Ed. (737)
1991 Ed. (569)
Celtic Bank Limited
1989 Ed. (586)
Celtic Irish
1989 Ed. (2896)
Celtics; Boston
2007 Ed. (579)
2006 Ed. (548)
2005 Ed. (646)
Celulosa
1994 Ed. (788)
1993 Ed. (769, 770)
1992 Ed. (965, 966)
Celulosa Arauco
1989 Ed. (1100)
Celulosa Arauco y Constitucion
2006 Ed. (2543)
CEM
1995 Ed. (2797)
Cement
1998 Ed. (2318)
Cement, lime, plaster, & concrete product manufacturing
2002 Ed. (2223)
Cement Roadstone Holdings
1990 Ed. (1386)
Cementarnica "USJE" Skopje
2002 Ed. (4442)
Cementation Canada Inc.
2008 Ed. (1611)
Cementia Holding AG
2008 Ed. (3556)
Cemento Nacional
1989 Ed. (1105)
Cemento Rio Claro
2002 Ed. (4398)
Cemento Selva Alegre
2006 Ed. (4498)
Cementos Argos
2002 Ed. (4394, 4395, 4397, 4398)
Cementos Caribe
2002 Ed. (4395)
Cementos Chihuahua
2004 Ed. (1187)
Cementos de Chihuahua, SA de CV; Grupo
2005 Ed. (1213)
Cementos del Pacifico SA
2002 Ed. (4401)
Cementos del Valle
2002 Ed. (4399)
Cementos Lima
2002 Ed. (3082)
2000 Ed. (2932, 2933)
1999 Ed. (3186, 3187)
Cementos Lima (L)
1997 Ed. (2634)
Cementos Mexicano
1994 Ed. (1206)
Cementos Mexicanos
2006 Ed. (2548)
2002 Ed. (1726)
2000 Ed. (1515)
1991 Ed. (2450)
Cementos Selva Alegre
2002 Ed. (4406, 4407, 4408, 4409)
Cemex
2008 Ed. (661, 4063, 4068, 4070, 4544)
2007 Ed. (4032, 4033, 4035)
2005 Ed. (3926, 4167, 4524, 4525, 4526)
2004 Ed. (763)
2000 Ed. (3124, 3125)
1999 Ed. (3397, 3398, 3469)
1998 Ed. (2558, 2559)
1997 Ed. (2778)
1996 Ed. (2628, 2629, 2629)
1994 Ed. (2507)
1992 Ed. (1670, 3062, 3063)
1991 Ed. (2451)
Cemex-A
1997 Ed. (2779)
1994 Ed. (2508)
Cemex-B
1997 Ed. (2779)
1994 Ed. (2508)
Cemex Industries
2002 Ed. (4088)
Cemex SA
2005 Ed. (1532, 4527)
2004 Ed. (1516, 4239, 4592, 4594)
2003 Ed. (1486)
1993 Ed. (2559, 2560)
Cemex, SA de CV
2008 Ed. (752, 1188, 1886, 1925, 1926, 3571)
2007 Ed. (1290, 1877, 1878)
2006 Ed. (1849, 1851, 1876, 1877, 1878, 2547, 3392)
2005 Ed. (1213, 1842, 1843, 1844, 1865, 3241)
2004 Ed. (1187, 1776, 1777, 1778, 1795)
2003 Ed. (1175, 1181, 1735, 1739, 1740, 1741, 1757, 1758, 4596)
2002 Ed. (1717, 1718, 1719, 1720)
2001 Ed. (1778)
CEMEX USA Inc.
2008 Ed. (4545)
2007 Ed. (4594)
2006 Ed. (4610)
2003 Ed. (4217, 4614, 4615)
Cemig
2003 Ed. (1736)
2002 Ed. (4097)
2000 Ed. (3851, 3852)
1999 Ed. (4137, 4138)
1996 Ed. (3281)
Cemig Cia. Energetica MG SA
1996 Ed. (1305)
1994 Ed. (1334)
1992 Ed. (1581, 1583)
1990 Ed. (1334)
Cemig PN
1997 Ed. (3379)
1996 Ed. (3282)
1995 Ed. (3181)
1994 Ed. (3135)
CEMLIMC
2006 Ed. (3283)
Cenac Towing
2001 Ed. (4235)
Cenajans
1989 Ed. (170)

Cenajans-Gray Reklamcilik
1991 Ed. (158)
Cenajans Grey
2002 Ed. (200)
2001 Ed. (227)
2000 Ed. (183)
1999 Ed. (164)
1997 Ed. (154)
1996 Ed. (148)
1995 Ed. (134)
1993 Ed. (143)
1992 Ed. (217)
Cenajans Grey Advertising
1994 Ed. (124)
Cenajans Reklamcilik
1990 Ed. (159)
Cencor
1994 Ed. (2704)
Cencosud
2008 Ed. (22, 1664)
2007 Ed. (17, 1655)
2006 Ed. (23)
2005 Ed. (17)
2004 Ed. (24)
Cendant Corp.
2008 Ed. (883, 1494, 1847, 3034, 3445)
2007 Ed. (841, 908, 1499, 1531, 2902, 3342, 4082, 4085, 4839)
2006 Ed. (169, 747, 1078, 1079, 1499, 1524, 2929, 4040, 4726, 4825)
2005 Ed. (154, 821, 1082, 1083, 1084, 1555, 1615, 1635, 1799, 2600, 2892, 2924, 2932, 4005, 4353, 4354, 4461, 4471)
2004 Ed. (156, 847, 1078, 1079, 1454, 1540, 1554, 1610, 2906, 2933, 2939, 4073, 4485, 4489)
2003 Ed. (195, 801, 1645, 2804, 2843, 2848, 2850, 3633, 3798, 3799, 4390, 4393, 4394, 4535)
2002 Ed. (235, 751, 2001, 2640, 2642, 3231, 4362, 4365)
2001 Ed. (2782, 2792, 3728, 3729)
2000 Ed. (211, 1346, 2542, 2561, 2572, 3022, 3327, 3378, 4004, 4128)
1999 Ed. (31, 1477, 1493, 1494, 1515, 2764, 2766, 3436, 4285)
Cendant Alliance Marketing
2001 Ed. (3203)
Cendant Car Rental Group
2007 Ed. (2839)
2006 Ed. (2835)
Cendant Hotel Division
2002 Ed. (2639)
Cendant Hotel Group
2007 Ed. (2947)
2006 Ed. (2936)
Cendant Hotels
2006 Ed. (3272)
Cendant Mortgage Corp.
2005 Ed. (1902, 3302, 3509)
2002 Ed. (3389)
2001 Ed. (3345, 3346, 3347, 4522)
Cendant Real Estate Services Group Inc.
2007 Ed. (3083, 3300, 4080)
Cendant Software
1999 Ed. (1255)
Cendent
2000 Ed. (3324)
Cendent Mortgage
2000 Ed. (3158, 3161)
Cendyne Inc.
2002 Ed. (4290)
Cenergy Corp.
2008 Ed. (2495, 4042)
Cenex Inc.
2005 Ed. (1366)
1995 Ed. (1459)
1992 Ed. (3264)
Cenex Harvest States Cooperatives
2005 Ed. (2645)
2004 Ed. (4933, 4934)
2003 Ed. (1763, 1764, 4929, 4930)
2002 Ed. (1731, 4901)
2001 Ed. (1795, 4829)
Cenex/Land O' Lakes
1990 Ed. (2909)
Cenex/Land O'Lakes
1992 Ed. (3554)
Cenex Pipeline Co.
1999 Ed. (3834)
Cenex Propane Partners
2008 Ed. (4081)
2007 Ed. (4045)
2006 Ed. (4013)
2005 Ed. (3944)
2004 Ed. (3973)
2003 Ed. (3970)
2002 Ed. (3799)
Cenfed Bank
1999 Ed. (4142)
1998 Ed. (3144, 3152, 3157)
1997 Ed. (3382)
1996 Ed. (3285)
1995 Ed. (3186)
CENIT Bank
1998 Ed. (3569)
Cenlar Federal Savings Bank
1990 Ed. (2471, 2606, 3119, 3128)
Cenname; August
2008 Ed. (3376)
2007 Ed. (3248, 3249)
2006 Ed. (658, 3189)
Cenprop
1995 Ed. (3062)
1993 Ed. (2962)
Census Federal Credit Union
2005 Ed. (2136)
Cent Penn N Network
1989 Ed. (2046)
Centana Intrastate Pipeline Co.
2005 Ed. (2720, 2722)
Centech Group Inc.
1997 Ed. (2215)
Centegra Health System
2006 Ed. (2780)
Centegra Northern Illinois Medical Center
2008 Ed. (3060)
Centeir Bank
2008 Ed. (1804)
Centel Corp.
1995 Ed. (1220)
1994 Ed. (1213)
1993 Ed. (3508, 3515)
1992 Ed. (4199)
1991 Ed. (837, 1188, 3276, 3277, 3284)
1990 Ed. (3510, 3516, 3518)
1989 Ed. (2789, 2790, 2796)
Centel Cable Television
1990 Ed. (781)
Centel Cellular
1994 Ed. (877, 3482, 3489)
Centenario
1994 Ed. (19)
1993 Ed. (27)
Centenary College of Louisiana
1999 Ed. (1231)
1998 Ed. (802)
1997 Ed. (1054)
1996 Ed. (1038)
Centene Corp.
2008 Ed. (1951)
2007 Ed. (1892, 2766)
2006 Ed. (1903, 1904, 1908)
2005 Ed. (1882, 1886, 1887)
Centennial Bancorp
2003 Ed. (517)
Centennial Bank
2004 Ed. (541)
Centennial Bank Holdings Inc.
2008 Ed. (344)
2007 Ed. (423)
2004 Ed. (541)
Centennial Bank of Taos
1997 Ed. (560)
Centennial Coal
2007 Ed. (1588)
2005 Ed. (4509)
Centennial Communications Corp.
2005 Ed. (4980, 4981)
2004 Ed. (4664)
Centennial Hotel Consulting & Equity Co.
2008 Ed. (3084)
2007 Ed. (2960)
Centennial Medical Plaza
2008 Ed. (1670)
Centennial One, Inc.
1990 Ed. (736)
Centennial Partners I.
1996 Ed. (2097)
Centennial Technologies
1998 Ed. (2674)
Centennial Technology
1999 Ed. (3611)
Centennial Thift & Loan Association
1998 Ed. (365)
Centennial Thrift & Loan Association
1996 Ed. (678, 2640)
Centennial Ventures
2008 Ed. (4806)
2007 Ed. (4875)
2004 Ed. (4832)
2002 Ed. (4737)
Center Bancorp
1999 Ed. (423)
Center Companies
1990 Ed. (3290)
Center for Business Innovation
2003 Ed. (3039)
Center for Creative Leadership
2005 Ed. (804, 805, 809)
Center for Disease Control
2004 Ed. (3159)
Center for Entrepreneurial Leadership
1995 Ed. (1931)
Center for Innovation & Entrepreneurship
2008 Ed. (771)
Center for Rehabilitation
1991 Ed. (963, 965)
Center Oil Co.
2008 Ed. (4056)
2007 Ed. (4029)
2006 Ed. (3992)
2005 Ed. (3918)
Center Parcs
2008 Ed. (3085, 3444)
Center Point at 8A
1992 Ed. (2597)
Center Trust Inc.
2002 Ed. (3923)
2000 Ed. (3720)
Centerbank
1996 Ed. (575)
Centerbrook Architects
2005 Ed. (262)
Centercredit
2000 Ed. (579)
1999 Ed. (567)
Centerfire Growth
2005 Ed. (3569)
Centerior Energy
1999 Ed. (3604)
1995 Ed. (3297, 3357)
1994 Ed. (3276)
1993 Ed. (3286)
1992 Ed. (1898, 3584)
1989 Ed. (1296, 2469)
Centerline Ltd.
1993 Ed. (848)
Centerline Homes
2005 Ed. (1202)
2004 Ed. (1174)
2003 Ed. (1166)
Centerpiece Surfaces
2007 Ed. (4995)
Centerplate Inc.
2008 Ed. (252, 2759)
2007 Ed. (269)
2006 Ed. (262)
2005 Ed. (2659)
CenterPoint Energy Inc.
2008 Ed. (2500)
2007 Ed. (1550, 2385)
2006 Ed. (2355, 2360, 2362, 2364, 2690, 2694, 2696, 4471)
2005 Ed. (2311, 2401, 2715, 4469)
2004 Ed. (2314, 4496)
Centerpoint Energy Houston Electric LLC
2004 Ed. (1869, 2190)
Centerpoint Energy Minnegasco
2005 Ed. (2717, 2719)
CenterPoint Properties
2008 Ed. (3139)
1998 Ed. (3017)
1997 Ed. (3272)
CenterPoint Properties Trust
2007 Ed. (4104)
2006 Ed. (2990, 4053)
2005 Ed. (4006, 4023)
2004 Ed. (4074, 4089)
2003 Ed. (4063)
2002 Ed. (3934)
2001 Ed. (4010, 4016)
2000 Ed. (3728)
Centerprise Advisors Inc.
2005 Ed. (2)
2004 Ed. (3)
2003 Ed. (2)
2002 Ed. (2)
Centerpulse AG
2005 Ed. (1552)
2004 Ed. (3681)
Centerra Gold
2008 Ed. (2825)
2007 Ed. (1649, 2698)
Centerre Bancorp.
1990 Ed. (415)
1989 Ed. (398)
Centerre Trust
1989 Ed. (2128)
Centerre Trust, Mo.
1989 Ed. (2157)
The Centers for Habilitation
2007 Ed. (4400)
2006 Ed. (4340)
Centers for Medicare & Medicaid Services
2004 Ed. (1576)
Centers Holdings Inc.
2001 Ed. (1787, 2754, 2755)
Centex Corp.
2008 Ed. (1166, 1167, 1190, 1198, 1200, 1201, 1202, 1474, 1509, 2114, 3087)
2007 Ed. (1273, 1274, 1290, 1292, 1300, 1301, 1303, 1304, 1307, 1308, 1309, 1310, 1311, 1324, 1339, 1341, 1343, 1344, 1350, 1355, 2012, 2963, 2964, 2977)
2006 Ed. (1161, 1162, 1168, 1182, 1191, 1193, 1194, 1195, 1196, 1197, 1199, 1200, 1202, 1217, 1239, 1243, 1244, 1245, 1246, 1267, 1268, 1283, 1343, 1354, 2947, 2957, 2959, 4190)
2005 Ed. (1165, 1166, 1228, 1229, 1230, 1231, 1232, 1233, 1234, 1235, 1256, 1257, 1298, 1299, 1313, 2948, 2962, 2964)
2004 Ed. (1137, 1142, 1143, 1181, 1203, 1204, 1205, 1206, 1207, 1209, 1210, 1211, 1226, 1247, 1248, 1261, 1267, 1268, 1306, 2946, 2957, 2959, 4545)
2003 Ed. (1135, 1138, 1139, 1141, 1145, 1147, 1173, 1198, 1199, 1200, 1202, 1203, 1204, 1244, 1245, 1250, 1258, 1264, 1265, 1303, 1555, 2292, 2874)
2002 Ed. (1171, 1174, 1175, 1178, 1181, 1183, 1189, 1193, 1197, 1200, 1203, 1207, 1210, 1211, 1212, 1228, 1229, 1241, 1242, 1247, 1253, 1291, 2652, 2656, 2657, 2660, 2661, 2665, 2666, 2667, 2668, 2669, 2672, 2673, 2674, 2677, 2678, 2679, 2680, 2681, 2687, 2689, 2690, 2691, 2692, 2693, 2694)
2001 Ed. (1388, 1391, 1392, 1393, 1394, 1401, 1402, 2803)
2000 Ed. (1190, 1191, 1192, 1193, 1196, 1197, 1198, 1199, 1201, 1210, 1220, 1223, 1226, 1231, 1236, 1805, 2590)
1999 Ed. (1308, 1309, 1310, 1311, 1313, 1316, 1317, 1318, 1319, 1320, 1321, 1322, 1325, 1354, 1355, 1357, 1358, 2028, 2816)
1998 Ed. (876, 877, 878, 879, 881, 882, 885, 886, 887, 888, 889, 890, 896, 899, 902, 912, 920, 921, 1435, 2060)
1997 Ed. (1119, 1120, 1121, 1123, 1124, 1125, 1126, 1127, 1128, 1150, 1151, 1157, 1177, 1732)

1996 Ed. (1097, 1098, 1101, 1102, 1103, 1106, 1107, 1132, 1654)
1995 Ed. (1122, 1123, 1124, 1125, 1126, 1129, 1134, 1149, 1156, 1173)
1994 Ed. (1105, 1107, 1113, 1119, 1120, 3000)
1992 Ed. (1354, 1359, 1360, 3616)
1991 Ed. (1047, 1048, 1058, 1063, 1988, 2808)
1990 Ed. (1154, 1160, 2956)
1989 Ed. (1001, 1002)
Centex Concord
2008 Ed. (2916)
2006 Ed. (2794, 2797)
2005 Ed. (2814)
2002 Ed. (2456)
2001 Ed. (1399)
Centex Const. Prods.
2000 Ed. (2401)
Centex Construction
2008 Ed. (1237, 1241, 1252, 1276, 1336, 2915)
2006 Ed. (1332, 2792)
CENTEX Construction Group
2002 Ed. (1213)
2001 Ed. (1395, 1398, 1405, 1406, 1462, 1463, 1468, 2815)
2000 Ed. (1200, 1246, 1247, 1249, 1256)
1999 Ed. (3603)
1998 Ed. (891, 934, 935, 936)
1996 Ed. (1105, 1121, 1122, 1129, 1148)
1994 Ed. (1109, 1111, 1131, 1154)
1993 Ed. (1083, 1085, 1086, 1089, 1095, 1115, 1138, 2961)
1992 Ed. (1402)
Centex Construction Products Inc.
2005 Ed. (888, 889)
2004 Ed. (898, 899)
2000 Ed. (4045)
Centex General Construction Cos.
1991 Ed. (1074)
1990 Ed. (1196)
Centex Harvest States Cooperatives
2002 Ed. (1341)
Centex Homes
2006 Ed. (1164)
2005 Ed. (1166, 1168, 1179, 1180, 1181, 1185, 1186, 1189, 1191, 1192, 1194, 1196, 1197, 1199, 1200, 1202, 1203, 1204, 1205, 1207, 1210, 1211, 1215, 1216, 1219, 1221, 1224, 1225, 1236, 1237, 1238, 1239, 1241, 1242, 1243, 1246)
2004 Ed. (1145, 1150, 1151, 1152, 1157, 1158, 1161, 1163, 1164, 1166, 1168, 1169, 1170, 1172, 1174, 1176, 1177, 1180, 1185, 1189, 1190, 1193, 1194, 1195, 1198, 1199, 1212, 1213, 1214, 1217, 1218, 1219, 1221)
2003 Ed. (1142, 1149, 1150, 1152, 1153, 1156, 1161, 1162, 1163, 1164, 1166, 1168, 1169, 1170, 1178, 1183, 1185, 1189, 1190, 1193, 1194, 1205, 1206, 1207, 1210, 1211, 1212, 1214)
2002 Ed. (3924)
2000 Ed. (3721)
1999 Ed. (1328, 1335)
1998 Ed. (903, 3005)
1997 Ed. (1134)
Centex International Inc.
2007 Ed. (1273)
2006 Ed. (1161)
Centex Real Estate Corp.
2006 Ed. (1162)
2005 Ed. (1166)
2004 Ed. (1143)
2003 Ed. (1139)
1998 Ed. (916)
Centex Rooney Construction Co.
2002 Ed. (1191)
2000 Ed. (1215)
1999 Ed. (1332)
1998 Ed. (904)
Centex Telemanagement
1990 Ed. (1974, 1975, 3303)
Centier Bank
1999 Ed. (3183)
Centigram
1997 Ed. (3861)
1992 Ed. (4414, 4415)
1991 Ed. (3467)
Centigram Communications
2000 Ed. (4363)
Centillion Networks
1997 Ed. (1234, 2206)
Centillium Communications Inc.
2004 Ed. (2771, 2774)
Centimark Corp.
2008 Ed. (1263)
2007 Ed. (1367)
2006 Ed. (1291)
2005 Ed. (1294, 1319)
2004 Ed. (1313)
2003 Ed. (1313)
2002 Ed. (1296)
2001 Ed. (1480)
2000 Ed. (1257, 1266)
1999 Ed. (1374)
1998 Ed. (953)
1997 Ed. (1168)
1996 Ed. (1138)
1995 Ed. (1164)
1994 Ed. (1148)
1993 Ed. (1130)
1992 Ed. (1417)
1991 Ed. (1084)
1990 Ed. (1205)
Centivia
2006 Ed. (1130, 1131)
Cento; Juan N.
2006 Ed. (2516)
Centocor, Inc.
2001 Ed. (706, 709)
2000 Ed. (738)
1998 Ed. (465)
1997 Ed. (674)
1996 Ed. (742, 1277)
1995 Ed. (668)
1994 Ed. (710, 3044, 3045)
1993 Ed. (701, 704, 1246, 1940, 2998, 3006)
1992 Ed. (1541, 3667, 3668)
1991 Ed. (711, 2837, 2838)
1990 Ed. (732, 2984, 2985)
1989 Ed. (733)
Centra
2005 Ed. (3194)
1995 Ed. (1002)
1994 Ed. (989)
Centra Credit Union
2008 Ed. (2231)
2007 Ed. (2116)
2006 Ed. (2195)
2005 Ed. (2100)
2004 Ed. (1958)
2003 Ed. (1918)
2002 Ed. (1864)
Centra Gas Inc.
1997 Ed. (2132)
1996 Ed. (2012)
1994 Ed. (1964)
Centra Gas Manitoba
1997 Ed. (2132)
1996 Ed. (2012)
Centra Gas Ontario
1997 Ed. (2132)
1996 Ed. (2012)
1994 Ed. (1964)
Centra Marketing & Communications LLC
2008 Ed. (3594)
Centra Software Inc.
2001 Ed. (2858)
Centrade Saatchi & Saatchi
2003 Ed. (142)
2002 Ed. (175)
2001 Ed. (203)
Centrais Eletricas Brasileiras SA
2008 Ed. (1581)
2007 Ed. (1603)
2006 Ed. (1568, 4489)
2005 Ed. (1842, 1844)
Centrais Eletricas Brasileiras SA--Eletrobras
2004 Ed. (1776, 1777, 1778)
2003 Ed. (1739, 1740, 1741)
2002 Ed. (1600, 1716, 1717, 1719, 1720, 4096, 4097, 4389)
2001 Ed. (1643)
Centrais Eletricas de S. Catarina
2004 Ed. (3025)
Central African Republic
2007 Ed. (2198, 2199)
2006 Ed. (2261, 3184)
2005 Ed. (2199)
2004 Ed. (2094, 2095)
2003 Ed. (2051, 2052)
2001 Ed. (2003, 2004)
1997 Ed. (1604)
Central America
2008 Ed. (1497, 3375)
2007 Ed. (1515, 3247)
2006 Ed. (1485, 3178)
2005 Ed. (3199)
1999 Ed. (199, 3274)
1998 Ed. (2422)
1997 Ed. (2748)
1994 Ed. (189)
1993 Ed. (2027, 2045)
Central American Life
1998 Ed. (2165)
1997 Ed. (2451)
1995 Ed. (2308)
1993 Ed. (2223)
Central and South America
2001 Ed. (516, 517)
2000 Ed. (2473, 3548)
1997 Ed. (1806)
1993 Ed. (2475)
1991 Ed. (2936)
Central & South West Corp.
2000 Ed. (3673)
1999 Ed. (1503, 1555, 1948, 1952, 3846)
1998 Ed. (1392, 1393, 2964)
1997 Ed. (1699, 1700)
1995 Ed. (1643, 1644, 3363)
1994 Ed. (1601, 1602, 3284)
1993 Ed. (1560, 3292)
1991 Ed. (1503, 1504)
1990 Ed. (1606, 1607)
1989 Ed. (1302, 1303)
Central & Southwest
1996 Ed. (1620, 1621)
1992 Ed. (1904, 1905)
Central Asia; Bank
2008 Ed. (433)
2007 Ed. (468)
2006 Ed. (456)
2005 Ed. (526)
Central Audit Corp.
1997 Ed. (13, 14, 15)
1996 Ed. (16, 17)
Central Bancorp
1990 Ed. (415)
1989 Ed. (364)
Central Bancorporation, Inc.
1989 Ed. (403)
Central Bancshares
1990 Ed. (683)
1989 Ed. (673)
Central Bancshares of the South
1993 Ed. (376, 2871, 3243)
1992 Ed. (521)
1991 Ed. (375)
Central Bancshares (South)
1994 Ed. (3236)
Central Bank
2006 Ed. (539)
1995 Ed. (493)
1990 Ed. (697)
Central Bank & Trust Co.
1998 Ed. (371)
1995 Ed. (494)
Central Bank NA
1994 Ed. (455)
1993 Ed. (454)
Central Bank of Cyprus
1992 Ed. (45)
Central Bank of India
2004 Ed. (544)
2003 Ed. (528)
2002 Ed. (569, 570)
2000 Ed. (553)
1999 Ed. (542)
1997 Ed. (507, 2394)
1996 Ed. (548)
1995 Ed. (496)
1994 Ed. (514)
1993 Ed. (514)
1992 Ed. (606, 704, 705)
1991 Ed. (545)
1990 Ed. (592)
1989 Ed. (558, 573)
Central Bank of Ireland
1992 Ed. (2155)
1990 Ed. (1790)
Central Bank of Kansas City
2004 Ed. (543)
Central Bank of Kansas City (MO)
2000 Ed. (551)
Central Bank of Lesotho
2000 Ed. (594)
1999 Ed. (576)
1991 Ed. (589)
Central Bank of Malta
2000 Ed. (604)
1999 Ed. (588)
1997 Ed. (552)
1996 Ed. (599)
1995 Ed. (540)
1994 Ed. (564)
1993 Ed. (562)
1992 Ed. (772)
1991 Ed. (603)
1989 Ed. (615)
Central Bank of Samoa
1995 Ed. (635)
1994 Ed. (666)
1993 Ed. (665)
1992 Ed. (866)
1991 Ed. (692)
Central Bank of Seychelles
1996 Ed. (671)
1995 Ed. (601)
Central Bank of the Philippines
1999 Ed. (468)
1991 Ed. (649)
Central Bank of the South
1994 Ed. (405)
1993 Ed. (415)
1992 Ed. (575)
Central Bank of the South (Birmingham)
1991 Ed. (417)
Central Baptist College, Arkansas
1990 Ed. (1085)
Central Baptist Hospital
2008 Ed. (1879)
Central Bergen Credit Union
2004 Ed. (1943)
Central Brooklyn Medical Group
2000 Ed. (2393)
Central Cadillac
1990 Ed. (338)
Central Capital Corp.
1995 Ed. (439)
1994 Ed. (447, 1847)
1992 Ed. (2153)
Central Carolina Bank & Trust Co.
1998 Ed. (420)
1997 Ed. (584)
1996 Ed. (644)
1994 Ed. (603)
1993 Ed. (600)
Central Carolina Bank & Trust Co
1995 Ed. (575)
Central Carolina Bank & Trust Co. NA
1992 Ed. (807)
1991 Ed. (634)
Central Carolina Nissan
1995 Ed. (281)
Central Cerverjas
1989 Ed. (47)
Central Christian College
1990 Ed. (1085)
Central Coast Bancorp
2000 Ed. (437)
Central College
2008 Ed. (1058)
Central Concrete Supermix Inc.
2008 Ed. (2961)
Central Cooperative Bank
2005 Ed. (506)
Central Counties Newspapers Group
2002 Ed. (3517)
Central Credit Union
2008 Ed. (2208)
2006 Ed. (2156)
2005 Ed. (2063)

1998 Ed. (1216)
1996 Ed. (1504)
Central de Cervejas
1990 Ed. (44)
Central DuPage Hospital
2002 Ed. (2618)
Central/Eastern Europe/U.S.S.R.
1993 Ed. (1721)
Central Electric Power
1992 Ed. (3263)
Central Electric Power Cooperative
2007 Ed. (1428)
2006 Ed. (1393)
2005 Ed. (1407)
2003 Ed. (1377)
Central Electricity Generating Board
1992 Ed. (3941)
1991 Ed. (3106)
Central Europe
2008 Ed. (728)
2000 Ed. (3830)
1999 Ed. (189)
Central Europe Business News
2003 Ed. (3030)
Central European Distribution Corp.
2007 Ed. (2743)
2006 Ed. (2728, 2731)
2005 Ed. (4903, 4904)
2004 Ed. (4912)
Central-European International Bank
2008 Ed. (424)
2007 Ed. (460)
2006 Ed. (449)
2005 Ed. (518)
2004 Ed. (539)
1999 Ed. (537)
1997 Ed. (489)
1996 Ed. (530)
1994 Ed. (502)
Central Fidelity Bank
1999 Ed. (372, 670)
1994 Ed. (663, 3286)
1993 Ed. (662, 3294)
1992 Ed. (520, 862)
1991 Ed. (687)
Central Fidelity Banks
1999 Ed. (371)
1995 Ed. (3365)
1991 Ed. (398)
Central Fidelity National Bank
1998 Ed. (433)
1997 Ed. (643)
1996 Ed. (708)
1995 Ed. (632)
Central Fidelity (Short), Va.
1989 Ed. (2156, 2156, 2160)
Central Finance Co. Ltd.
1993 Ed. (1857)
1992 Ed. (2149)
1991 Ed. (1715)
1990 Ed. (1778)
Central Florida Dental Services
1999 Ed. (1831)
1998 Ed. (1255)
Central Florida Educators Credit Union
2008 Ed. (2225)
2007 Ed. (2110)
2006 Ed. (2189)
2005 Ed. (2094)
2004 Ed. (1952)
2003 Ed. (1912)
2002 Ed. (1858)
Central Florida Investments Inc.
2000 Ed. (3719)
Central Florida Lincoln - Mercury
1990 Ed. (331)
Central Florida Regional Hospital
2005 Ed. (2893)
Central Florida Research Park
2002 Ed. (3533)
1992 Ed. (2596)
Central Florida; University of
2008 Ed. (758, 2575, 3639)
2007 Ed. (2446)
Central Freight Lines Inc.
2006 Ed. (4841)
Central Garden & Pet Co.
2007 Ed. (921)
2006 Ed. (2958, 2960)
2000 Ed. (2397)
Central Georgia Regional Credit Union
2006 Ed. (2173)
Central Grocers
2003 Ed. (1379)
Central Grocers Co-op
2004 Ed. (1389, 1390)
Central Grocers Co-Operative
1995 Ed. (2055)
1994 Ed. (1998, 2002)
1993 Ed. (3492)
Central Grocers Cooperative
2007 Ed. (1430)
2006 Ed. (1396, 1397)
2005 Ed. (1410, 1411)
2000 Ed. (2387)
1998 Ed. (1872)
1996 Ed. (2051)
Central Guaranty Trust
1994 Ed. (3606)
1990 Ed. (3659)
Central Guaranty Trustco
1994 Ed. (3606)
1992 Ed. (4360)
Central-Hispano
1994 Ed. (723)
Central Holding
1992 Ed. (533)
Central Hudson Gas & Electric
1989 Ed. (1299)
Central Illinois Public Service
1990 Ed. (1600)
Central Impulsora
2004 Ed. (66)
Central Indiana Community Foundation
2002 Ed. (1128)
Central Industrial Services Inc.
2006 Ed. (1634)
Central Information Office
1992 Ed. (65)
Central Ink
2007 Ed. (3077)
2006 Ed. (3044)
2005 Ed. (3041)
Central Intelligence Agency
2008 Ed. (1047, 1050)
Central Investment & Finance Corp.
1990 Ed. (1778)
Central Iowa Hospital Corp.
2008 Ed. (1855)
2007 Ed. (1818)
2006 Ed. (1811)
2005 Ed. (1826)
2004 Ed. (1759)
2003 Ed. (1722)
2001 Ed. (1752)
Central Iowa Mobile Wash Inc.
2008 Ed. (3709)
Central Itambe
2001 Ed. (1972)
Central Japan Railway Co.
2007 Ed. (4069, 4585, 4834, 4836)
2004 Ed. (4062)
2003 Ed. (4042)
2002 Ed. (3903)
2000 Ed. (3701, 4293)
1998 Ed. (2995)
1996 Ed. (3738)
Central Japan Railways
1999 Ed. (3988)
1997 Ed. (3250)
1992 Ed. (3612)
Central Jersey Contractors Inc.
2004 Ed. (1191, 1192, 1712, 1713, 1819, 3947, 3948)
Central Kentucky Glass Co.
2005 Ed. (1293, 1836)
Central Leasing Co. Ltd.
2000 Ed. (2194)
1999 Ed. (2436)
1997 Ed. (2008)
Central Life Assurance
1993 Ed. (2379)
Central Life Insurance
2001 Ed. (2890)
Central Life, Iowa
1989 Ed. (1701, 1702, 1703, 1704)
Central Los Angeles New Learning Center
2008 Ed. (4280)
Central Maine Medical Center Inc.
2008 Ed. (1896)
2007 Ed. (1862)
2006 Ed. (1858)
2005 Ed. (1851)
2004 Ed. (1785)
2003 Ed. (1749)
2001 Ed. (1782)
Central Maine Power Co.
2007 Ed. (1863)
2006 Ed. (1859)
2005 Ed. (1852)
2004 Ed. (1786)
2003 Ed. (1750)
2001 Ed. (1783)
Central Minnesota Credit Union
2008 Ed. (2240)
2007 Ed. (2125)
2006 Ed. (2204)
Central National Bank
1989 Ed. (216)
Central National Life
1996 Ed. (2321)
1995 Ed. (2285)
1991 Ed. (2105)
Central National Life of Omaha
2002 Ed. (2907)
Central New Jersey
1991 Ed. (2447)
1990 Ed. (2568)
Central New Jersey, NJ
1997 Ed. (2338)
1996 Ed. (2209)
Central Newspapers
1999 Ed. (3969)
1998 Ed. (2974)
Central Office of Information
2008 Ed. (99, 102, 4096)
2007 Ed. (90, 93, 94, 4059, 4735)
2002 Ed. (42, 49, 224, 230, 232, 3892, 4591)
2000 Ed. (3692)
Central Ohio Coal Co., Muskingum mine
1990 Ed. (1072)
Central Pacific Corp.
1992 Ed. (502)
1991 Ed. (224)
Central Pacific Bank
2007 Ed. (1749)
1998 Ed. (361)
1996 Ed. (526)
1995 Ed. (482)
Central Pacific Financial Corp.
2008 Ed. (1779)
Central Park
1992 Ed. (1097, 2216)
Central Park Conservancy
1992 Ed. (1097, 2216)
Central Park USA
2002 Ed. (4019)
1995 Ed. (3115)
Central Parking Corp.
2008 Ed. (315)
2007 Ed. (328)
2006 Ed. (343)
2005 Ed. (329)
2004 Ed. (326)
2003 Ed. (345)
2001 Ed. (500)
Central Parking System Inc.
2006 Ed. (343)
Central Pattana Public
2007 Ed. (2018)
Central Plaza
1997 Ed. (839)
Central Power and Light Co.
2001 Ed. (3866)
Central Proteinaprima
1999 Ed. (1656)
Central Provident Fund
2005 Ed. (3230)
2002 Ed. (2827)
2001 Ed. (2889)
1997 Ed. (2401, 3028)
Central Puget Sound Regional Transit Authority
2000 Ed. (3102)
1999 Ed. (3989)
Central Railways
2004 Ed. (1733)
2002 Ed. (1669)
Central Re
2001 Ed. (2953, 2959)
Central Refrigerated Service Inc.
2008 Ed. (4134)
2004 Ed. (1874)
Central Refrigerated Services Inc.
2008 Ed. (4133)
2007 Ed. (4110)
2006 Ed. (4061)
Central Rents
1999 Ed. (2550)
1998 Ed. (1790)
Central Seaway
1994 Ed. (3307)
Central Security Agency
2000 Ed. (4436)
1999 Ed. (4815)
Central Security Group Inc.
2008 Ed. (4299)
2006 Ed. (4273)
Central/South America
2000 Ed. (2867)
1995 Ed. (2489)
Central/South America/Caribbean
2000 Ed. (3012)
1997 Ed. (2690)
1996 Ed. (2553)
Central Soya
1995 Ed. (1418)
1994 Ed. (1387)
1993 Ed. (1332)
1992 Ed. (1869)
1989 Ed. (1057)
Central St. Martins College of Art & Design
2008 Ed. (802)
Central States Health & Welfare Fund
1992 Ed. (3261)
Central States Mortgage Co.
2006 Ed. (2179)
Central States, SE and SW Areas Pension Funds
1996 Ed. (2946)
Central States Teamsters
2008 Ed. (2305, 3869)
2007 Ed. (3795)
1995 Ed. (2851, 2856)
1994 Ed. (2757, 2766)
Central States Teamsters Union
1996 Ed. (2927)
Central Steel & Wire Co.
2002 Ed. (3564)
1999 Ed. (3353)
1997 Ed. (3628)
1994 Ed. (3433)
1993 Ed. (3451)
1992 Ed. (4136)
1991 Ed. (3218)
1990 Ed. (3435)
1989 Ed. (2637)
Central Sunbelt Credit Union
2008 Ed. (2241)
2007 Ed. (2126)
2006 Ed. (2205)
2005 Ed. (2110)
2004 Ed. (1968)
2003 Ed. (1928)
2002 Ed. (1874)
Central Sydney Area Health
2004 Ed. (1649)
2003 Ed. (4075)
2002 Ed. (1130)
Central Telecom
2004 Ed. (1850)
Central Texas Higher Education Authority
1991 Ed. (2924)
Central Tractor Farm & Country
1997 Ed. (3359)
Central Trading
2003 Ed. (4804)
Central Transport
2005 Ed. (4592)
1999 Ed. (4681)
1998 Ed. (3639)
1997 Ed. (3807, 3809)
1996 Ed. (3757, 3759)
1995 Ed. (3679)
1994 Ed. (3600, 3602, 3605)
1993 Ed. (3640, 3642, 3645)
1991 Ed. (3434)
Central Trust Co.
1992 Ed. (2797)
1991 Ed. (672)
Central Trust & Savings
1998 Ed. (370)

Central Trust Co. NA
1993 Ed. (355, 604)
1992 Ed. (810)
1991 Ed. (637)
Central Trust of China
2005 Ed. (3232)
2002 Ed. (2828)
2001 Ed. (2890)
1999 Ed. (2894)
1997 Ed. (2402)
1992 Ed. (607)
Central Trust plc
2008 Ed. (2690, 2715)
Central U.S.
1997 Ed. (2207)
Central Valley Bank
1998 Ed. (375)
1997 Ed. (505)
Central Vermont Hospital Inc.
2008 Ed. (2153)
2007 Ed. (2049)
2001 Ed. (1892)
Central Vermont Medical Center Inc.
2008 Ed. (2153)
2007 Ed. (2049)
2006 Ed. (2091)
2005 Ed. (1992)
2004 Ed. (1877)
Central Vermont Public Service Corp.
2008 Ed. (2154, 2155)
2007 Ed. (2050)
2006 Ed. (2092)
2005 Ed. (1993)
2004 Ed. (1878)
2003 Ed. (1843)
2001 Ed. (1893)
1999 Ed. (4709)
1997 Ed. (3835)
1994 Ed. (3623)
Central Vermont Teachers Credit Union
2008 Ed. (2263)
Central Wisconsin Credit Union
2005 Ed. (2074)
2004 Ed. (1928)
Central Wyoming Regional Water Board
2001 Ed. (958)
Centrale laitiere
2006 Ed. (796)
1999 Ed. (1041)
Centrale Raiffeisen-Boerealeen
1999 Ed. (3178)
1998 Ed. (2351)
Centre County, PA
2008 Ed. (3480)
Centre Group Holdings
2008 Ed. (17)
Centre Island, NY
1998 Ed. (737, 3704)
Centre National de La Prev. contre les Accidents
2008 Ed. (62)
Centre Partners Management
2006 Ed. (4010)
Centre Reinsurance
1999 Ed. (4037)
Centre Reinsurance (Bermuda) Ltd.
1995 Ed. (901)
1994 Ed. (860)
1993 Ed. (848)
Centre Solutions
2001 Ed. (2959)
Centre Solutions United States
2002 Ed. (2952)
Centre Square
2000 Ed. (3365)
1998 Ed. (2697)
Centregold PLC
1995 Ed. (1010)
CentreLine Ltd.
1994 Ed. (860)
CentreLine Reinsurance Ltd.
1995 Ed. (901)
Centrello; Gina
2006 Ed. (4974)
Centres Leclerc
1997 Ed. (3679)
Centrespread Advertising
2003 Ed. (129)
Centric
2008 Ed. (1967, 3208)
2007 Ed. (1906)
Centric-Jones Co.
2002 Ed. (1287)
Centrica
2007 Ed. (2306)
2006 Ed. (2368)
2005 Ed. (2308)
Centrica North America
2008 Ed. (1239, 1243, 1246, 1330)
Centrica plc
2008 Ed. (2432, 2502, 2815, 2818)
2007 Ed. (1784, 1787, 2026, 2299, 2301, 2304, 2387, 2396, 2685, 2686, 2689, 2691)
2006 Ed. (2366, 2697)
2005 Ed. (2729, 2730, 2731, 3768, 3770, 3771, 3772)
2002 Ed. (4259, 4420)
2001 Ed. (3949)
2000 Ed. (1417, 4008)
Centrinity Inc.
2003 Ed. (2938)
Centris AG
2007 Ed. (2005)
2006 Ed. (2033)
Centris Credit Union
2008 Ed. (2244)
2007 Ed. (2129)
2006 Ed. (2208)
2005 Ed. (2113)
2004 Ed. (1971)
2003 Ed. (1931)
Centro Inc.
2008 Ed. (3998)
2007 Ed. (3975)
2006 Ed. (3921)
2005 Ed. (3858)
2004 Ed. (3912)
2003 Ed. (3891)
2001 Ed. (4125, 4127)
2000 Ed. (607, 609, 610, 611, 612, 613)
Centro Banamex Exhibition & Convention Center
2005 Ed. (2522)
Centro Historico de la Ciudad de Mexico SA de CV
2005 Ed. (3241)
Centro Medico del Turabo Inc.
2007 Ed. (2780)
2006 Ed. (2782)
2005 Ed. (2808)
2004 Ed. (2812)
Centro Mundo
2000 Ed. (513)
Centro Watt
2008 Ed. (4334)
2007 Ed. (4378)
Centrobanca
2002 Ed. (574)
Centrocamiones Inc.
2007 Ed. (311)
2006 Ed. (316)
2005 Ed. (297)
CentroCredit Bank
2005 Ed. (493, 502)
Centromin
1998 Ed. (3305)
1989 Ed. (1149)
Centron
2007 Ed. (107)
Centrum
2008 Ed. (2337)
2004 Ed. (2100)
2003 Ed. (4858, 4860)
1996 Ed. (3796)
1995 Ed. (1608, 1618)
1994 Ed. (1573, 3633)
Centrum Health Hospitals
2005 Ed. (1866)
Centrum in Worcester
1989 Ed. (988, 988)
Centrum Jr.
1991 Ed. (3453)
Centrum Kids
2003 Ed. (4858)
Centrum Multivitamins
1993 Ed. (1522)
Centrum O & M
1997 Ed. (73)
1996 Ed. (73)
1995 Ed. (59)
Centrum Ogilvy & Mather
1994 Ed. (79)
1993 Ed. (89)
Centrum/ Oglivy & Mather
1992 Ed. (136)
1991 Ed. (88)
Centrum 130s
1992 Ed. (1847)
Centrum Performance
2003 Ed. (4858)
Centrum Properties
2008 Ed. (1199)
Centrum Silver
2003 Ed. (4858, 4860)
1996 Ed. (3796)
1994 Ed. (3633)
Centrum Tab 100s
1991 Ed. (3454)
Centrum vitamins 130
1991 Ed. (1452)
Centrus
1997 Ed. (3026)
Centrust
1991 Ed. (3369)
Centrust Bank
1991 Ed. (225, 232, 3091)
CenTrust Bank, SSB (Miami)
1991 Ed. (3380)
CenTrust Savings Bank
1991 Ed. (3373, 3374)
1990 Ed. (257, 424, 1328, 1810, 3126, 3582)
1989 Ed. (2827)
CenTrust Tower
1990 Ed. (2731)
Centry Constructors & Engineers
2006 Ed. (2481)
2002 Ed. (1240)
Cents-off promotions
1990 Ed. (1185)
Centura
2008 Ed. (740)
2007 Ed. (764)
Centura Bank
1998 Ed. (420)
1997 Ed. (584)
1996 Ed. (644)
1995 Ed. (575, 2795)
1994 Ed. (603)
1993 Ed. (600)
1992 Ed. (807)
Centura Health Corp.
2008 Ed. (2493)
2007 Ed. (2376)
2006 Ed. (2431)
2005 Ed. (2390)
2004 Ed. (2306)
2003 Ed. (1658, 2275)
2002 Ed. (1623)
2001 Ed. (1255)
2000 Ed. (1102)
1999 Ed. (1186)
Centura Large-Cap
2000 Ed. (3262)
Centura Large Cap Equity
2001 Ed. (3431)
Centurion Energy International
2007 Ed. (1621, 4574)
2006 Ed. (1604, 1632)
Centurion Industries Inc.
2008 Ed. (4251, 4252)
2007 Ed. (4214, 4215)
2006 Ed. (4205)
2005 Ed. (4149)
Centurion Insurance Group
2008 Ed. (3265)
2007 Ed. (3119)
2003 Ed. (2983)
2002 Ed. (2878)
2000 Ed. (2716)
Century
2001 Ed. (487, 985, 3393)
1999 Ed. (2548)
1994 Ed. (828)
1993 Ed. (811)
1990 Ed. (3516)
1989 Ed. (316)
Century Advertising
2003 Ed. (97)
2002 Ed. (130)
2001 Ed. (157)
1999 Ed. (113)
1997 Ed. (110)
1996 Ed. (108)
Century Advertising (Grey)
2000 Ed. (119)
Century Aluminum Co.
2008 Ed. (3666)
2007 Ed. (3496)
1999 Ed. (3625)
Century Aluminum of West Virginia Inc.
2001 Ed. (1898, 1899)
Century Audit Corp.
1997 Ed. (13)
1996 Ed. (16, 17)
1993 Ed. (9, 10)
Century Bank
1993 Ed. (513)
Century Bottling
2008 Ed. (96)
2004 Ed. (95)
Century Builders Group
2005 Ed. (1214)
2004 Ed. (1188)
2003 Ed. (1182, 1196)
2002 Ed. (1199, 2555, 2677)
2001 Ed. (2709)
Century Business Credit Corp.
1999 Ed. (1188)
1998 Ed. (756)
Century Business Services Inc.
2005 Ed. (2)
2004 Ed. (3, 2682)
2003 Ed. (2)
2002 Ed. (2, 3, 1400)
2000 Ed. (1300)
Century Capital Associates
1989 Ed. (1801, 2140)
Century Cellunet of Southern Michigan
2005 Ed. (1849)
2004 Ed. (1783)
Century City-Beverly Hills, CA
1998 Ed. (1948)
Century City Savings
1990 Ed. (2477)
Century Communications Corp.
2001 Ed. (1540, 1542)
1998 Ed. (590)
1997 Ed. (874)
Century Crowell
2002 Ed. (2673)
Century Enka
1992 Ed. (903)
Century Express
2000 Ed. (3080)
1999 Ed. (3343)
Century Federal Credit Union
2001 Ed. (1962)
Century Finance USA LLC
2002 Ed. (2538, 2540)
2001 Ed. (2711)
2000 Ed. (2198, 2462)
Century Foods International
1998 Ed. (748, 3310)
Century Gaming
2008 Ed. (804, 4043)
Century Group
2000 Ed. (1865)
Century Home Builders LLC
2005 Ed. (2844)
Century HomeBuilders
2007 Ed. (2834)
2006 Ed. (2832, 2840)
2004 Ed. (1200, 1201, 2834, 2835)
Century Isuzu Inc.
1995 Ed. (272)
1994 Ed. (271)
Century Mitsubishi
1991 Ed. (287)
1990 Ed. (310)
Century Mold Co., Inc.
2008 Ed. (1982, 3573)
Century Motor Sales
1992 Ed. (408)
1991 Ed. (303)
1990 Ed. (336)
Century Offshore Management
1993 Ed. (959, 3336)
Century Operating Corp.
1999 Ed. (4009, 4012)
The Century Plaza, A Westin Hotel
2002 Ed. (2649)

Century Plaza & Tower
1999 Ed. (2794)
Century Plaza Hotel & Spa
2005 Ed. (2928)
2002 Ed. (1168)
Century Plaza Hotel & Tower
2000 Ed. (1185, 2573)
1999 Ed. (2796)
1998 Ed. (2034)
Century Plaza Towers I
1990 Ed. (2732)
Century Plaza Towers II
1990 Ed. (2732)
Century Plumbing & Heating
2006 Ed. (1330)
Century Saatchi & Saatchi
2003 Ed. (156)
Century Shares
2004 Ed. (3569)
Century Shares Trust
2006 Ed. (3630)
2004 Ed. (3543, 3587)
2003 Ed. (3522)
1999 Ed. (3507)
Century Small Business Solutions
2002 Ed. (28)
2000 Ed. (2267)
Century Small Cap Select
2006 Ed. (4572)
2005 Ed. (4496)
Century Small Cap Select Institutional
2008 Ed. (2620)
Century Small Cap Select Investment
2006 Ed. (3643)
Century South Banks Inc.
2002 Ed. (432, 433, 436)
Century Steel Inc.
2008 Ed. (1316, 1343)
2007 Ed. (1381, 1393)
2006 Ed. (1328, 1349)
Century Steel Erectors Co.
2008 Ed. (1266)
2007 Ed. (1370)
1995 Ed. (1161)
1994 Ed. (1146)
1993 Ed. (1129)
Century Telephone
2008 Ed. (1890)
1998 Ed. (3475)
1996 Ed. (3637)
Century Telephone Enterprises
1999 Ed. (1497, 4543)
1997 Ed. (3690)
1994 Ed. (3481, 3492)
1993 Ed. (3517)
1992 Ed. (4212)
Century Telephone of West Virginia Inc.
2006 Ed. (1855)
Century Textile Industry
1989 Ed. (1127)
Century Textiles
1995 Ed. (1416)
1994 Ed. (724)
1992 Ed. (903)
Century Textiles & Industries Ltd.
1993 Ed. (714, 715)
1992 Ed. (902)
Century Toyota
1990 Ed. (322)
Century Travel Service Inc.
2008 Ed. (3738, 4435, 4989)
2007 Ed. (3610, 3611, 4452)
2006 Ed. (3546, 4384)
Century 21
2007 Ed. (4089)
1999 Ed. (2519, 3992)
1996 Ed. (1964)
1993 Ed. (2960)
1990 Ed. (1853, 2951, 2952, 2957)
Century 21 Agmont Real Estate
1991 Ed. (2473)
1990 Ed. (2592)
Century 21 Associates
2001 Ed. (3995)
2000 Ed. (3708)
1998 Ed. (2996)
Century 21 Donita Wolf Realty
2008 Ed. (4961)
2007 Ed. (3554)
Century 21 Emery Real Estate
1994 Ed. (2999)
Century 21 Gordon Real Estate
1991 Ed. (2807)
Century 21 Judge Fite Co.
2004 Ed. (4066)
Century 21 Kee
2001 Ed. (3995)
2000 Ed. (3708)
Century 21 Lesniak Coulston & McKinney
2000 Ed. (3716)
Century 21 M & M & Associates
2007 Ed. (4071)
Century 21 Metro Alliance
2008 Ed. (4104, 4105)
2007 Ed. (4072)
Century 21 of Northeast
1992 Ed. (3613)
Century 21 Real Estate Corp.
2008 Ed. (4111)
2007 Ed. (4078)
2006 Ed. (4038, 4047)
2005 Ed. (4003)
2004 Ed. (908, 4072)
2003 Ed. (4050)
2002 Ed. (3926)
2000 Ed. (3711)
1992 Ed. (2228)
1991 Ed. (1769)
1990 Ed. (2949)
1989 Ed. (2286)
Century 21 Sunbelt Realty Inc.
2008 Ed. (4104, 4105, 4107)
2007 Ed. (4072, 4074)
Century 21 Today Inc.
2001 Ed. (3995)
2000 Ed. (3708)
1999 Ed. (3992)
1998 Ed. (2996)
Century 21 Town & Country
2001 Ed. (3995)
2000 Ed. (3708)
1999 Ed. (3992)
1998 Ed. (2996)
Century Vintage Homes
2005 Ed. (1237)
2004 Ed. (1213)
2003 Ed. (1206)
CenturyTel Inc.
2008 Ed. (1890, 4637, 4646)
2007 Ed. (1525, 1858, 2230, 4524, 4708, 4709, 4726)
2006 Ed. (1855, 4686, 4689, 4690, 4691, 4693)
2005 Ed. (1849, 4619, 4620, 4624, 4625, 4627)
2004 Ed. (1783, 4662, 4663, 4664, 4668, 4670)
2003 Ed. (1748, 4688, 4689, 4693)
2001 Ed. (1139, 4456)
CenturyTel Center
2005 Ed. (4441)
Cenveo Inc.
2008 Ed. (4026, 4028)
2007 Ed. (4008, 4009, 4552, 4587)
2006 Ed. (3959, 3968, 3969)
Cenvill Development Corp.
1990 Ed. (1164)
CEO Express
2003 Ed. (3024)
2002 Ed. (4792, 4832)
CEP Communication
1997 Ed. (2725)
1994 Ed. (2781)
1992 Ed. (3369)
1990 Ed. (2797)
Cepacol
2004 Ed. (1055)
2003 Ed. (3460)
2002 Ed. (3404, 3405)
1999 Ed. (1828, 3458)
1996 Ed. (1029, 1030)
1994 Ed. (2570)
1993 Ed. (1012)
1992 Ed. (1248, 1249, 1262, 1263, 1782)
1991 Ed. (3387, 3388)
Cepastat
1996 Ed. (1029, 1030)
1993 Ed. (1012)
1992 Ed. (1248, 1249, 1262, 1263)
1991 Ed. (3387, 3388)
CEPE
1989 Ed. (1105)
Cephalexin
2006 Ed. (2311)
2005 Ed. (2250)
2004 Ed. (2152)
2003 Ed. (2107)
2002 Ed. (2048)
2001 Ed. (2101, 2102)
2000 Ed. (2324, 2325, 3605)
1999 Ed. (2585, 3885)
1998 Ed. (1825, 2917)
1997 Ed. (1654)
1996 Ed. (1570, 1572, 2014)
1995 Ed. (1582)
1994 Ed. (1966)
1992 Ed. (1870)
Cephalon Inc.
2008 Ed. (3942, 3955, 4609)
2007 Ed. (3417, 3907, 3919)
2006 Ed. (3876)
2005 Ed. (2244)
2004 Ed. (2149)
1997 Ed. (2208, 3646)
1996 Ed. (742)
1995 Ed. (668)
1993 Ed. (704, 3113)
Cephalospoprins
1999 Ed. (1907)
Cephalosporin
1997 Ed. (2742)
1996 Ed. (1575, 2599)
Cephalosporins
2001 Ed. (2095)
2000 Ed. (1696)
1995 Ed. (2531)
1994 Ed. (228)
Cephren
2001 Ed. (4752)
Cepro, A.S.
2002 Ed. (3713)
Cepsa
2008 Ed. (200, 1185, 2083, 2084, 2086, 3581, 3678)
2007 Ed. (1988, 1990)
2006 Ed. (2019, 2020)
1997 Ed. (684, 1510)
1996 Ed. (1445)
1995 Ed. (1488)
1994 Ed. (1448)
1992 Ed. (1690)
1991 Ed. (1347)
Cepsa-Cia Espanola de Pet
2000 Ed. (1557)
Cepsa-Cia. Espanola de Petroleo
1999 Ed. (1735)
Cequel Energy Inc.
2005 Ed. (1702)
CERA
1996 Ed. (455)
1995 Ed. (428)
1994 Ed. (434, 435)
1993 Ed. (434, 435)
1992 Ed. (616, 617)
CERA Bank
2000 Ed. (469)
1999 Ed. (477)
1997 Ed. (417)
Cera Spaarbank
1991 Ed. (459)
1990 Ed. (509)
1989 Ed. (488)
Cerabati Group
1990 Ed. (3593, 3594)
Ceradyne Inc.
2008 Ed. (1596, 3645, 4352, 4606, 4608)
2007 Ed. (2718, 2721, 2722, 2734, 2737, 4395, 4533)
2006 Ed. (2744, 4331, 4676)
2005 Ed. (4611)
Ceragon Networks
2003 Ed. (2712)
Ceramco Corp. Ltd.
1996 Ed. (2845)
1994 Ed. (2671)
Ceramic & mosaic tiles
2002 Ed. (2217)
Ceramic Holding Laufen
1990 Ed. (3593)
Ceramic Protection
2007 Ed. (4574)
Ceramic tiles
2004 Ed. (2550)
Ceramica Carabobo
1994 Ed. (868)
1992 Ed. (86)
Ceramics
2007 Ed. (280)
2006 Ed. (275)
2000 Ed. (4255)
1998 Ed. (2318)
Ceramics and glass
2001 Ed. (391)
Ceramics, Chinese
1993 Ed. (2364)
CERBCO Inc.
2002 Ed. (3561)
Cerberus
2008 Ed. (4293)
Cerberus Capital
2005 Ed. (3867)
Cerberus Group
2005 Ed. (4675)
Cereal
2007 Ed. (4598)
2006 Ed. (4611)
2005 Ed. (2754, 2757, 2760)
2003 Ed. (3939, 3940)
2002 Ed. (953, 2421, 2799, 3490)
2001 Ed. (1093, 1508, 3521, 4485)
1999 Ed. (1002, 4565)
1995 Ed. (2049, 3721)
1992 Ed. (91, 92)
Cereal bars
1994 Ed. (1993)
1992 Ed. (4007)
1990 Ed. (1960)
Cereal, cold
2004 Ed. (2133, 2648)
1998 Ed. (1727, 1728, 2927, 3445)
1996 Ed. (2043, 2044)
Cereal Food Processors
1990 Ed. (1811)
Cereal, hot
2003 Ed. (880)
Cereal Partners U.K.
2002 Ed. (41)
Cereal, ready-to-eat
2003 Ed. (880)
2002 Ed. (1222, 2422, 4527)
1998 Ed. (2499)
1995 Ed. (3530)
Cerealcom SA
2006 Ed. (4531)
Cereals
2000 Ed. (952, 4212)
1996 Ed. (860)
1994 Ed. (1493, 1730, 1995, 2937, 3463)
1991 Ed. (734, 739, 3302, 3304, 3306, 3310)
1990 Ed. (3532, 3534)
Cereals and breads, high fiber
1992 Ed. (3218)
Cereals & breakfast foods
1996 Ed. (1484)
Cereals, cold
1993 Ed. (3484)
Cerebral Palsy Research Foundation
2004 Ed. (1351)
Cerebro
2000 Ed. (156)
1999 Ed. (139)
Cerebro JCM Publicidad
1996 Ed. (125)
1995 Ed. (110)
Cerebro/Y & R Panama
2003 Ed. (133)
2002 Ed. (165)
Cerebro/Young & Rubicam
2001 Ed. (194)
Cerebrovascular Disease
2000 Ed. (1642, 1644, 1645)
1992 Ed. (1768, 1769)
1990 Ed. (1472, 1473)
Ceredase
1996 Ed. (1581)
Cerent Corp.
2005 Ed. (1487, 1509)
2002 Ed. (1384)
2001 Ed. (2856)
Cereol
2005 Ed. (2645)

Ceres Conseil
2001 Ed. (226)
Ceres-DDB
2003 Ed. (159)
2002 Ed. (199)
Ceres Group Inc.
2005 Ed. (3104, 4163)
2004 Ed. (3101)
2002 Ed. (2917)
Cerezyme
2000 Ed. (1707)
Ceridian Corp.
2008 Ed. (4801)
2007 Ed. (3784, 4360)
2005 Ed. (2360, 2361, 2362, 2363, 2364, 2826, 3700)
2004 Ed. (3781, 3782)
1999 Ed. (1260, 1963)
1998 Ed. (820, 1048, 2677, 3288)
1997 Ed. (1254)
1996 Ed. (3053)
1995 Ed. (1089, 2254, 2509)
1994 Ed. (2443)
Ceridian Canada Ltd.
2008 Ed. (1102, 4320)
2007 Ed. (1197, 4364)
2006 Ed. (4297)
Ceridian Performance Partners
2002 Ed. (2852)
Ceridian Retirement Plan Services Inc.
2007 Ed. (2641)
2006 Ed. (2658)
Cerminara; Frank
2006 Ed. (961)
Cern
2004 Ed. (1863)
2002 Ed. (1777)
Cerner Corp.
2008 Ed. (1138, 1872, 1878, 2479, 2903, 3015)
2007 Ed. (1232, 1844, 2778)
2006 Ed. (1126, 2777)
2005 Ed. (2802)
2003 Ed. (2170, 2946)
2002 Ed. (2811)
Cerrejon Zona Norte
2006 Ed. (2544)
Cerrell Associates
2005 Ed. (3951, 3966)
2004 Ed. (3983, 4015)
2003 Ed. (3986)
2002 Ed. (3835)
1998 Ed. (2951)
1992 Ed. (3562, 3570)
Cerritos Acura
1996 Ed. (262)
1995 Ed. (258)
1994 Ed. (259)
1993 Ed. (290)
1992 Ed. (405)
1991 Ed. (300)
Cerritos Auto Square Dealers
1992 Ed. (375)
Cerritos Center for the Performing Arts
2002 Ed. (4345)
1999 Ed. (1295)
Cerritos College
2000 Ed. (1144)
1999 Ed. (1235)
1998 Ed. (807)
Cerritos Dodge
1996 Ed. (270)
1995 Ed. (263)
Cerritos Isuzu Inc.
1995 Ed. (272)
1994 Ed. (271)
Cerritos Nissan
2008 Ed. (310)
Cerritos Public Finance Authority
1996 Ed. (2237)
Cerritos Valley Bancorp
2002 Ed. (3553, 3554)
Cerro Grande, New Mexico
2005 Ed. (2203)
Cerro Matoso
2006 Ed. (2544)
Certa ProPainters Ltd.
2005 Ed. (2265)
2004 Ed. (2166)
2003 Ed. (4941)
2002 Ed. (2984)
1999 Ed. (2508)
Certain Teed
1993 Ed. (2866)
1990 Ed. (2877)
CertainTeed Corp.
2008 Ed. (3990, 4544)
2007 Ed. (3964, 4592, 4593)
2006 Ed. (1960, 3914, 4608, 4609)
2005 Ed. (3843, 3854)
2004 Ed. (4590, 4591)
2001 Ed. (3848)
1991 Ed. (799, 2753)
1989 Ed. (1516)
CertaPro Painters Ltd.
2007 Ed. (2253)
2006 Ed. (2322)
Certegy Inc.
2005 Ed. (4620)
2003 Ed. (2947, 2949, 4393)
Certicom Corp.
2008 Ed. (2940, 2946)
2007 Ed. (1235, 2805, 2821)
2006 Ed. (2819, 2821)
2004 Ed. (1341)
2003 Ed. (2931, 2934, 2937)
2002 Ed. (2508)
Certificates of deposit
1990 Ed. (531)
Certificates of Deposits
1994 Ed. (338)
Certified Coatings of California
2006 Ed. (1288)
2005 Ed. (1318)
1999 Ed. (1373)
1998 Ed. (952)
1997 Ed. (1172)
1996 Ed. (1144)
1995 Ed. (1168)
1994 Ed. (1142)
Certified Grocers Ltd.
1994 Ed. (3658)
Certified Grocers Midwest
1996 Ed. (2049)
1995 Ed. (1210)
1989 Ed. (924)
Certified Grocers of California
2000 Ed. (1107, 2390, 2391)
1998 Ed. (1868, 1871, 1875)
1997 Ed. (3876)
1996 Ed. (997, 1177, 1178, 2046, 2049, 3822)
1995 Ed. (1210, 2050, 2053, 2056)
1994 Ed. (1997, 1999, 2000)
1993 Ed. (978, 1998, 3488, 3489, 3490)
1992 Ed. (2351, 4165)
1991 Ed. (951, 1862, 3251, 3253, 3255)
1990 Ed. (1023, 1957, 3492, 3495)
1989 Ed. (922)
Certified Grocers of Florida
1994 Ed. (1177)
1993 Ed. (1156, 1157)
Certified Growers of California
1998 Ed. (755)
Certified of California
1996 Ed. (2052)
Certified Public Accountant
1993 Ed. (3504)
Certified Restoration DryCleaning Network
2008 Ed. (2389)
Certified Restoration DryCleaning Network LLC
2007 Ed. (2249)
Certilman Balin Adler & Hyman
2000 Ed. (2898)
1999 Ed. (3152)
Certs
2002 Ed. (786)
2001 Ed. (1122)
2000 Ed. (974, 976, 976)
1999 Ed. (1020)
1998 Ed. (614, 3437)
1995 Ed. (892, 897)
1994 Ed. (852)
1993 Ed. (835)
Certs Cool Mint Drops
2002 Ed. (786)
Certs Cool Mints
2000 Ed. (974)
Certs Extra
2000 Ed. (974)
Certs Fresh Fruit
2000 Ed. (974)
1999 Ed. (1020)
Certs Mini Mints
1999 Ed. (1020)
1998 Ed. (614, 3437)
1995 Ed. (892, 897)
Certs Powerful Mints
2002 Ed. (786)
Certs Sugar Free
1998 Ed. (614, 3437)
Certs Sugarfree
1995 Ed. (892, 897)
Certus Asset Advisors
1999 Ed. (3044, 3064)
1998 Ed. (2304)
Certus Financial
1995 Ed. (2071)
1994 Ed. (2323)
1992 Ed. (2780)
Certus HealthCare LLC
2000 Ed. (2432)
Cerus
2005 Ed. (4521)
Cerv Backus y Johnston
1989 Ed. (1149)
Cervecera Nacional
1993 Ed. (854)
Cerveceria Andina
2006 Ed. (4497, 4498)
Cerveceria Backus (L)
1997 Ed. (2633)
Cerveceria Baru-Panama
1997 Ed. (2984)
Cerveceria India Inc.
2006 Ed. (3376)
2005 Ed. (3389)
2004 Ed. (3357)
Cerveceria Leona
2001 Ed. (25)
Cerveceria Nacional
2002 Ed. (4409)
2000 Ed. (3400, 3401)
1999 Ed. (3684, 3685)
1997 Ed. (2984)
1992 Ed. (47)
Cerveceria Nacional Dominicana
1996 Ed. (31)
Cerveceria Polar
1999 Ed. (2471)
Cervecerias Nacionales
2002 Ed. (4406)
Cervecerias Peruanas Backus y Johnston; Union de
2007 Ed. (66)
Cervecia del Baru
1992 Ed. (70)
Cervecia National
1992 Ed. (70)
Cervepar
2007 Ed. (65)
2006 Ed. (74)
2005 Ed. (66)
Cervezarias de Chile Unidas
1991 Ed. (21)
Cervezas
2002 Ed. (4094)
2000 Ed. (3849)
1997 Ed. (3376, 3377)
1996 Ed. (3279)
1994 Ed. (3131)
Cervezas Nacionales
1989 Ed. (1105)
CES Construction
1991 Ed. (1067)
CES/NaBanco
1998 Ed. (272)
Cesar
2002 Ed. (3658)
1996 Ed. (3000)
Cesar canned dog food
1992 Ed. (3417)
Cesar Castillo Inc.
2007 Ed. (4946)
Cesar Dog Food
1994 Ed. (2838)
Cesar H. Odio
1995 Ed. (2668)
Cesar Iglesias
1992 Ed. (46)
Cesar Montemayor Capital L.P.
1995 Ed. (2096)
Cesar Pelli & Associates
2006 Ed. (285)
2005 Ed. (262)
Cesar's Way
2008 Ed. (622)
Cesar's Way: The Natural Everyday Guide to Understanding & Correcting Common Dog Problems
2008 Ed. (554)
Ceska Kooperativa pojistovna
2001 Ed. (2922)
Ceska Pojistovna
2006 Ed. (3946)
2001 Ed. (2922)
Ceska Sporitelina
1997 Ed. (434)
Ceska Sporitelna
2008 Ed. (403, 413)
2007 Ed. (429, 444)
2006 Ed. (431, 436, 440)
2005 Ed. (485, 494)
2004 Ed. (478, 487, 490)
2003 Ed. (482, 492)
2002 Ed. (538, 549, 553, 584, 3736, 3737)
2000 Ed. (484, 508, 3585, 3586)
1999 Ed. (491, 500, 3869, 3870)
1997 Ed. (433, 447)
1996 Ed. (470, 483)
1995 Ed. (441, 459)
Ceska Sporitelna AS
1997 Ed. (448)
Ceska Statni Sporitelina State Savings Bank
1992 Ed. (653)
Ceska Statni Sporitelna
1994 Ed. (462)
1993 Ed. (469)
Ceske Drahy Statni Organisace
2001 Ed. (4621)
Ceske Radiokomun
2006 Ed. (3946)
Cesko rakouska pojistovna
2001 Ed. (2922)
Ceskomoravska Hypotecni Banka
1997 Ed. (447)
Ceskoslovenska obchodni banka
2008 Ed. (403, 413)
2007 Ed. (429, 444)
2006 Ed. (431, 436, 440)
2005 Ed. (485, 494)
2004 Ed. (478, 490)
2003 Ed. (482, 492)
2002 Ed. (538)
2000 Ed. (508)
1999 Ed. (491, 500)
1997 Ed. (433, 434, 447, 448)
1995 Ed. (453, 459)
1993 Ed. (458, 469, 522)
Ceskoslovenska Obchodni Banka AS
1996 Ed. (484)
1994 Ed. (462, 463)
1989 Ed. (517)
Ceskoslovenska Obchodni Benka AS
1992 Ed. (647)
1991 Ed. (493)
Ceskoslovenska obchodnib Banka
2000 Ed. (484)
Ceskosolvenska obchodni banka
1995 Ed. (441)
Ceskosolvenska Obchodni Banka AS
1996 Ed. (470, 483)
Cesky Telecom
2006 Ed. (40, 86, 1669, 3946)
2005 Ed. (33, 77)
2004 Ed. (40, 82)
Cesky Telecom AS
2007 Ed. (1690)
2006 Ed. (1694)
2004 Ed. (1533)
Cesky Telecommunication
2002 Ed. (1637)
Ceso
1997 Ed. (3378)
Cesp
2002 Ed. (1717)
1996 Ed. (3281)
Cesp. Cia. Energetica S. Paulo
1994 Ed. (1332, 1334)
1990 Ed. (1334, 1335)

Cesp. Cia. Energetica Sao Paulo
1996 Ed. (1304, 1305)
1992 Ed. (1581, 1582, 1584)
Cessna
1994 Ed. (188)
Cessna Aircraft Co.
2004 Ed. (1766)
2003 Ed. (1729)
2001 Ed. (342, 1770)
Cessna Employees Credit Union
2008 Ed. (2233)
2007 Ed. (2118)
2006 Ed. (2197)
2005 Ed. (2102)
2004 Ed. (1960)
2003 Ed. (1920)
2002 Ed. (1866)
CET Environmental Services Inc.
2002 Ed. (1627)
Cetaphil
2006 Ed. (3331)
2004 Ed. (4429, 4430)
2003 Ed. (2431, 3264)
2001 Ed. (3167, 4292)
2000 Ed. (4036)
1998 Ed. (1354, 3306, 3307)
1994 Ed. (3313)
Cetrom Consulting Engineering Inc.
1998 Ed. (1932)
Cetus Corp.
1993 Ed. (1184, 1514, 1940)
1992 Ed. (892)
1991 Ed. (711)
1990 Ed. (732)
1989 Ed. (733)
CEVA Logistics
2008 Ed. (3525)
Ceval Alimentos
2000 Ed. (2229)
1999 Ed. (2471)
1997 Ed. (2047)
Ceval Alimentos, SA
1995 Ed. (1906)
Ceyba Inc.
2003 Ed. (4849)
Ceylinco Insurance Co.
2008 Ed. (87)
Ceylon; Bank of
2006 Ed. (526)
Ceylon Brewery
2000 Ed. (1150)
Ceylon Glass Co.
2002 Ed. (4478)
Ceylon Grain Elevators
2000 Ed. (1150)
1999 Ed. (1241)
Ceylon Tobacco
2006 Ed. (1073)
2002 Ed. (4476)
2000 Ed. (1149)
1999 Ed. (1240)
1997 Ed. (1070)
Cez
2006 Ed. (1669, 1697, 3946)
2002 Ed. (3736, 3737)
2000 Ed. (3585, 3586)
1999 Ed. (3869, 3870)
CEZ AS
2008 Ed. (1720)
2007 Ed. (1690, 2300)
2006 Ed. (1694)
CF & I Steel Corp.
1997 Ed. (3009)
1991 Ed. (2684)
CF-Diet Coke
2000 Ed. (4079)
CF Financial Services Corp.
1990 Ed. (906)
CF Gomma SpA
2001 Ed. (393)
CF Industries Inc.
2007 Ed. (1426)
2006 Ed. (1388, 1389)
2005 Ed. (1402)
2004 Ed. (1381)
2001 Ed. (372)
1989 Ed. (924)
CF Industries Holdings Inc.
2008 Ed. (911)
2007 Ed. (4281)
C.F. Menninger Memorial Hospital
1999 Ed. (2740)
CF Motor Freight
1999 Ed. (4680)
1998 Ed. (3638, 3642, 3644)
1997 Ed. (3806)
1995 Ed. (3682)
1994 Ed. (3590, 3595, 3599, 3605)
1993 Ed. (3635, 3645)
1992 Ed. (4357)
CF Net PEP Tracker
2000 Ed. (3297)
CF Odey European Acc
2000 Ed. (3308)
CF Quantock Inc.
2000 Ed. (3297)
CF Taylor
2006 Ed. (2062)
CF Taylor (BE) UK
2006 Ed. (2066)
CFA Inc.
2006 Ed. (3512)
CF&I Steel Corp.
1992 Ed. (3352)
CFC
1993 Ed. (351)
CFC Bank
2008 Ed. (457)
2007 Ed. (493)
2005 Ed. (556)
2004 Ed. (570)
2003 Ed. (556)
2002 Ed. (599)
2000 Ed. (580)
1999 Ed. (568)
CFC Financial Services
1994 Ed. (343)
1992 Ed. (503)
CFC-2 Grantor Trust
1989 Ed. (1112)
CFCF Inc.
1997 Ed. (729)
1994 Ed. (761)
1992 Ed. (946)
CFE
2008 Ed. (1925)
2007 Ed. (1876)
CFF
1994 Ed. (3650)
CFG Insurance Services Inc.
2004 Ed. (2269)
CFJ Properties
2008 Ed. (2149)
2007 Ed. (2047)
2006 Ed. (2089)
2005 Ed. (1991)
2004 Ed. (267, 1875)
2003 Ed. (1841)
CFM Corp.
2007 Ed. (1325)
1997 Ed. (2973)
CFM Franchising Co.
1993 Ed. (1159)
CFM SA
2007 Ed. (1860)
CFO
2008 Ed. (145, 810, 4710)
2007 Ed. (161, 844, 850)
2006 Ed. (751)
2005 Ed. (825)
2004 Ed. (856)
2001 Ed. (250)
1999 Ed. (3757, 3758)
1990 Ed. (3626)
CFO IT
2007 Ed. (1218)
CFO Strategic Partners
2008 Ed. (4947)
CFO The Magazine for Senior Financial Executives
1999 Ed. (1850)
1998 Ed. (1275)
CFO Today
2005 Ed. (2599)
C4 - London
2002 Ed. (4592)
cFour Partners
2002 Ed. (2174)
Cfour Partners ITP Worldwide
2000 Ed. (1866)
CFR Inc.
2008 Ed. (2008)
CFS Continental Inc.
1990 Ed. (1837, 1839)
CFS Financial
1994 Ed. (2703)
CFSB Corp.
2005 Ed. (375)
1998 Ed. (271)
CFSB/Credit Suisse
1993 Ed. (1652)
1992 Ed. (1996, 2040)
CFW Communications Co.
2002 Ed. (1521, 1522)
CFX Bank
1998 Ed. (3555)
CG Cap Markets Mortgage Backed
1998 Ed. (2638)
CG Capital Market Long Term-Bond
1999 Ed. (3550)
CG Capital Markets International Fixed Income
2000 Ed. (761)
CG Capital Markets Long-Term Bond
2000 Ed. (756)
1999 Ed. (743)
CG-47
1992 Ed. (4427)
CG Management
2006 Ed. (2844)
CG Management LL
2006 Ed. (2831)
CG Management LLC
2008 Ed. (2113)
2007 Ed. (2016, 2835)
2006 Ed. (2046)
2005 Ed. (1977)
CG Schmidt
2006 Ed. (1352)
C.G. Smith Ltd.
2001 Ed. (1845)
CG Technology Inc.
2006 Ed. (3539)
CGavelston County Credit Union
2006 Ed. (2154)
CGC
1990 Ed. (1669)
CGC-Cie Generale d' Electricite
1995 Ed. (1398)
CGE
1999 Ed. (4135)
1993 Ed. (731)
1992 Ed. (915, 916, 1605, 1617, 1619, 1928)
1991 Ed. (1271, 1535)
1990 Ed. (1354, 1367, 1638, 1639, 3460)
1989 Ed. (1338)
CGE (Cie Generale d'Electric)
1994 Ed. (1371)
CGE-Cie. Generale d'Electricite
1996 Ed. (1349)
1993 Ed. (1317)
CGH Technologies Inc.
2008 Ed. (3739, 4437, 4985)
2007 Ed. (3612, 3613, 4453)
2006 Ed. (3547, 4385)
CGI
2008 Ed. (2160, 2903)
CGI AMS
2006 Ed. (1365)
CGI Group
2008 Ed. (1208, 1637, 2930, 2941, 2947)
2007 Ed. (1319, 1621, 2803, 2804, 2815, 2822, 3758, 4573)
2006 Ed. (1607, 2811, 2812, 2816, 2817, 2820, 4726)
2005 Ed. (1705, 2832, 2833)
2004 Ed. (2257, 4572)
2003 Ed. (2929)
2002 Ed. (2098)
2001 Ed. (1654, 1657, 4279)
2000 Ed. (1399)
1990 Ed. (852)
CGI Systems, Inc.
1992 Ed. (1297)
CGM Capital Development
2007 Ed. (3671, 4547)
2004 Ed. (3538)
1998 Ed. (2619, 2640)
1996 Ed. (2798)
1995 Ed. (2677, 2697, 2705, 2726)
1994 Ed. (2603, 2632)
1993 Ed. (2646, 2650, 2659, 2670, 2680)
CGM Fixed Income
1998 Ed. (2594, 2641)
1997 Ed. (687, 2901)
1995 Ed. (2708)
CGM Focus
2008 Ed. (2611, 4516)
2007 Ed. (2493, 3673, 3674, 4547, 4548)
2006 Ed. (3652, 3653, 3655, 4557)
2005 Ed. (3559, 4482)
2004 Ed. (2458, 3573, 3575, 3593, 3595)
2003 Ed. (2359, 3506, 3550, 3551)
CGM Focus Fund
2007 Ed. (4539)
CGM Mutual
1995 Ed. (2680, 2707, 2739)
1994 Ed. (2606, 2639)
1993 Ed. (2662, 2673, 2693)
1992 Ed. (3152)
CGM Realty
2007 Ed. (3674, 3676)
2006 Ed. (3636, 3637, 3655, 3657)
2005 Ed. (3560)
2004 Ed. (3566)
2001 Ed. (3446)
CGM Realty Fund
2006 Ed. (3602)
2005 Ed. (3543, 3549)
1998 Ed. (2593, 2648)
CGMS Inc.
2000 Ed. (2760, 2761)
1999 Ed. (3016)
1998 Ed. (2226, 2231)
1997 Ed. (2476, 2477, 2483)
1996 Ed. (2350, 2354)
1995 Ed. (2335)
1993 Ed. (2266)
CGN
2002 Ed. (156)
CGNU Australia
2004 Ed. (3081)
CGNU plc
2005 Ed. (1981, 3089)
2004 Ed. (3084, 3117)
2003 Ed. (1701, 3001, 3099)
2002 Ed. (1786, 2968, 2969)
CGO & V Hazelton
2002 Ed. (3429, 3430)
CGR Advisors
1993 Ed. (3312)
1992 Ed. (2749, 3638)
CGR Communications
1999 Ed. (110)
1997 Ed. (107)
1995 Ed. (91)
1992 Ed. (170)
1991 Ed. (118)
1990 Ed. (120)
1989 Ed. (126)
CGR Communications SSAW
1996 Ed. (106)
CGR Koch Und Sterzel KG
1990 Ed. (1352)
CGS Food
1995 Ed. (1484, 1485)
1993 Ed. (1392, 1393, 1394, 1395)
1991 Ed. (1344, 1345)
1990 Ed. (1417, 1418)
CGTA Gift Show
2005 Ed. (4737)
2003 Ed. (4778)
CGU Corp.
2004 Ed. (1470)
CGU Group
2003 Ed. (2968, 3004, 4996)
2002 Ed. (2838, 2867, 2945)
CGU Insurance plc
2004 Ed. (2607)
2003 Ed. (1838, 2977)
CGU International Insurance plc
2003 Ed. (2977)
CGU plc
2003 Ed. (1838, 2977)
2002 Ed. (1417)
2001 Ed. (1884, 2905)
CGU PPT Europe Growth
2000 Ed. (3308)
CGU/VACC
2004 Ed. (3080)
CH Industrials PLC
1993 Ed. (1912)

C.H. Robinson Worldwide
2000 Ed. (4309)
CH Werfen
1993 Ed. (1514)
CHA HMO Inc.
2000 Ed. (2432)
Cha; Yong Keu
2008 Ed. (4851)
Chabot Credit Union
2006 Ed. (2163)
2005 Ed. (2069)
Chabraja; N. D.
2005 Ed. (2482)
Chabraja; Nicholas
2007 Ed. (961)
2006 Ed. (870, 3931)
Chabraja; Nicholas D.
2008 Ed. (951)
2007 Ed. (1029)
2005 Ed. (2517)
Chacho's
1998 Ed. (3320)
1996 Ed. (3466)
1995 Ed. (3396)
1994 Ed. (3341)
Chacko; Varkki
1997 Ed. (1927, 1935)
Chacomer
2006 Ed. (4529)
2002 Ed. (4457)
Chaconia Income & Growth
2004 Ed. (3602)
Chad
2007 Ed. (2259)
2006 Ed. (2715)
1994 Ed. (2007)
1993 Ed. (2951)
Chad C. Deaton
2008 Ed. (953)
2007 Ed. (1031)
Chad Ellis
1996 Ed. (1901)
Chad Mirkin
2005 Ed. (2453)
Chad O. Holliday
2008 Ed. (2632)
Chad Therapautics
1996 Ed. (205)
Chad Therapeutics
1999 Ed. (259)
1998 Ed. (155)
Chadbourne & Parke
1998 Ed. (2325)
Chadco Enterprises
2006 Ed. (3358)
2005 Ed. (2787)
Chadwick, Saylor
2000 Ed. (2815, 2820)
Chadwick's
1996 Ed. (885)
Chadwick's of Boston
1999 Ed. (1852)
1998 Ed. (1277)
Chaffey Credit Union
2005 Ed. (2071)
Chaffey Homes
2002 Ed. (1211)
Chagnon; Andre
2005 Ed. (4870)
Chai-Na-Ta Corp.
2007 Ed. (213)
Chaides Construction Co. Inc.; R. L.
1995 Ed. (1147)
Chaijudh Karnasuta
2006 Ed. (4920)
Chain drug stores
1998 Ed. (3092, 3680)
1990 Ed. (1432)
Chain drugstores
2000 Ed. (3546, 3802)
Chain Link Technologies Inc.
2001 Ed. (2857)
Chain stores
2002 Ed. (3747, 3756, 3757)
2001 Ed. (3030, 3031)
1998 Ed. (2360)
Chainsaw: The Notorious Career of Al Dunlap in the Era of Profit-at-Any-Price
2006 Ed. (575)
The Chair King
2003 Ed. (2594)
2002 Ed. (2385)
2000 Ed. (2298)
1999 Ed. (2559)
1998 Ed. (1793)
Chairoong Co. Ltd.
1992 Ed. (1570)
Chaitra Advertising
1993 Ed. (107)
1992 Ed. (159)
1991 Ed. (108)
1990 Ed. (110)
1989 Ed. (116)
Chaitra Leo Burnett Private
2002 Ed. (117)
Chaix Johnson Inc.
1996 Ed. (2346)
Chalco
2006 Ed. (781)
Chaleo Yoovidhya
2008 Ed. (4853)
2006 Ed. (4920)
Chalet Suisse International
1996 Ed. (2178)
Chalet Sussee International
1997 Ed. (2295)
Chalifoux Industrial Park
1997 Ed. (2374)
Chalk Line
1993 Ed. (3371)
1992 Ed. (4051)
Chalkline
1991 Ed. (3170)
Challenge
2008 Ed. (820, 821)
2003 Ed. (819)
2001 Ed. (1080)
2000 Ed. (1634, 1636, 4158)
Challenge Air
1992 Ed. (262)
Challenge Bank
1997 Ed. (412)
1996 Ed. (447)
1995 Ed. (423)
1994 Ed. (427)
1993 Ed. (427)
Challenge Butter
2003 Ed. (820)
Challenge Dairy Products
2008 Ed. (822)
2003 Ed. (821)
Challenge Dry Products
2003 Ed. (823)
Challenge Ltd.-Ordinary Division; Fletcher
1996 Ed. (2844)
Challenge Printing
1998 Ed. (2919)
Challenge Set
1994 Ed. (3557)
Challenger
1989 Ed. (65, 2342)
Challenger, Gray & Christmas
1993 Ed. (2747)
1991 Ed. (2650)
Challenger International
2002 Ed. (1584)
Challenger Minerals Inc.
2008 Ed. (3905, 3906)
2007 Ed. (3853)
2006 Ed. (3836)
2005 Ed. (3753, 3754)
2004 Ed. (3842, 3843)
Challenger Motor Freight Inc.
2008 Ed. (4779)
2007 Ed. (4856)
2006 Ed. (1597, 4853)
Challenger 604
1998 Ed. (144)
Challenger Teamwear
2008 Ed. (1870)
Chalmers Chevrolet
1994 Ed. (265)
Chalmette Refining LLC
2008 Ed. (1890)
2007 Ed. (1858)
2006 Ed. (1855)
2005 Ed. (1849)
2004 Ed. (1783)
The Chalone Wine Group Ltd.
2005 Ed. (3293, 3294)
2004 Ed. (3276, 3277)
2000 Ed. (727)
1999 Ed. (717, 718, 722)
Chambanco Inc.
2005 Ed. (453)
Chamber of Commerce for the U.S.A.
2006 Ed. (3291)
Chamber South
2002 Ed. (958)
2000 Ed. (1004)
1999 Ed. (1057)
1998 Ed. (670)
ChamberBiz
2002 Ed. (4838)
Chamberlain & Associates
2001 Ed. (929)
Chamberlain & Higbee
2001 Ed. (929)
Chamberlain & McCreery
2005 Ed. (1212)
2004 Ed. (1186)
1998 Ed. (910)
Chamberlain Group
2005 Ed. (3382)
2004 Ed. (3352)
2003 Ed. (3289)
Chamberlain, Hrdlicka, White, Johnson & Williams
1990 Ed. (2420)
Chamberlain, Hrdlicka, White, Johnston & Williams
1993 Ed. (2398)
1992 Ed. (2837)
1991 Ed. (2287)
Chamberlain; Paul
2005 Ed. (4817)
Chamberlain Research Consultants Inc.
2007 Ed. (3616)
Chamberlin Edmonds & Associates Inc.
2007 Ed. (2899)
Chambers
1998 Ed. (648)
Chambers; Anne Cox
2008 Ed. (4825)
2007 Ed. (4896, 4915)
2006 Ed. (4901)
2005 Ed. (4851, 4882)
Chambers; Barbara Cox Anthony, Anne Cox
1991 Ed. (2461)
Chambers Development
1994 Ed. (203, 204, 214, 215)
1993 Ed. (1191, 2875)
1992 Ed. (1462, 3478, 3479)
1991 Ed. (1148, 2752)
1990 Ed. (2875)
Chambers; John
2008 Ed. (940)
2007 Ed. (975)
2006 Ed. (884)
2005 Ed. (972, 979)
1996 Ed. (1710)
1992 Ed. (2905)
Chambers; John F.
1993 Ed. (2463)
Chambers; John T.
2008 Ed. (954)
2006 Ed. (935, 2524)
1995 Ed. (1728)
Chambers Memorial Hospital
2008 Ed. (3061)
2006 Ed. (2920)
Chambers; Raymond
1989 Ed. (1422)
Chambers/Williams Sonoma
1997 Ed. (2324)
Chambord
2004 Ed. (3271)
2003 Ed. (3224)
2002 Ed. (288, 3096)
2001 Ed. (3108, 3133)
2000 Ed. (2968)
1999 Ed. (3201, 3230)
1998 Ed. (2371, 2389)
1997 Ed. (2642, 2662)
1996 Ed. (2500)
1995 Ed. (2473)
1993 Ed. (2430)
1992 Ed. (2890)
The Chamer Sunbelt Group
2007 Ed. (4163, 4942)
Chamness Relocation Services Inc.
2007 Ed. (3532, 3533, 4400)
2006 Ed. (3496, 4340)
Chamomilla
1992 Ed. (2437)
Champagne
2002 Ed. (4949, 4950, 4951, 4952, 4953)
2001 Ed. (4895, 4896, 4897, 4898, 4899, 4900, 4901, 4903)
1992 Ed. (2951)
Champagne & Sparkling wine
1992 Ed. (4469, 4471, 4476, 4477, 4478)
Champaign-Urbana, IL
2007 Ed. (842, 1162)
2006 Ed. (3311)
2002 Ed. (31, 3329)
2000 Ed. (1065, 2993, 3769)
1999 Ed. (2088, 3368)
1998 Ed. (3054)
1997 Ed. (3305)
1996 Ed. (3205)
1995 Ed. (3110)
Champaign-Urbana-Rantoul, IL
1994 Ed. (3064)
Champale
2002 Ed. (4908)
2001 Ed. (4835)
1998 Ed. (3715)
1997 Ed. (3884)
1996 Ed. (3833)
1995 Ed. (3734)
Champion
2008 Ed. (991, 4479, 4480)
2007 Ed. (1112)
2006 Ed. (1023)
2005 Ed. (1017)
2001 Ed. (4348, 4350)
2000 Ed. (355, 3411)
1999 Ed. (347)
1997 Ed. (1039, 3558)
1996 Ed. (340)
1995 Ed. (326, 1034, 3400)
1993 Ed. (235, 3371, 3372, 3375)
1992 Ed. (469, 3247, 4045, 4051, 4052, 4055)
1991 Ed. (3170, 3171, 3174)
1990 Ed. (388, 3331)
Champion Auto Stores Inc.
1992 Ed. (2225)
Champion Bank, FS & LA
1993 Ed. (3090)
Champion Boxed Beef
2000 Ed. (3057, 3058, 3583, 3584)
1999 Ed. (3320, 3868)
1998 Ed. (2447, 2448, 2893, 2894)
1997 Ed. (2735, 2736, 3141, 3142)
1994 Ed. (988)
1992 Ed. (1188)
Champion Business Forms
2000 Ed. (911)
Champion Chrysler-Plymouth
1996 Ed. (269)
1995 Ed. (262)
Champion Enterprises Inc.
2008 Ed. (3527, 3528, 3538)
2007 Ed. (3390, 3391, 3409, 3625)
2006 Ed. (3332, 3333, 3355, 3356, 3555)
2005 Ed. (3341, 3342, 3496, 3497)
2004 Ed. (1202, 3318, 3319, 3346, 3496, 3497)
2003 Ed. (1197, 1644, 3265, 3266, 3283)
2002 Ed. (3739, 3740)
2001 Ed. (2500, 2501)
2000 Ed. (1195, 3588, 3589, 3590, 3591, 3592, 3593, 3594, 3595, 3596, 3597)
1999 Ed. (1317, 1320, 3871, 3872, 3873, 3874, 3875, 3876, 3877, 3878, 3879, 3880)
1998 Ed. (887, 890, 2899, 2900, 2902, 2903, 2904, 2905, 2906, 2907, 2908, 2909)
1997 Ed. (1123, 1125, 1128, 3149, 3150, 3151, 3152, 3153, 3158)
1996 Ed. (1104, 3068, 3070, 3071, 3072, 3073, 3074)
1995 Ed. (1131, 2970, 2971, 2972, 2973, 2975, 2976)
1994 Ed. (1115, 1120, 2914, 2915, 2916, 2917, 2918, 2919)

1993 Ed. (2899, 2900, 2901, 2902, 2903, 2904, 2905)
1992 Ed. (3515, 3518, 3519, 3520, 3521, 3522)
1991 Ed. (2757)
1990 Ed. (2892, 2893)
Champion Federal S & L Association
1990 Ed. (426)
Champion High-Yield U.S.A.
1992 Ed. (3155, 3166)
Champion Home Builders
1993 Ed. (1091, 1096)
1992 Ed. (1368)
1991 Ed. (1062)
1990 Ed. (1173)
1989 Ed. (1999)
Champion Industries Inc.
2008 Ed. (4027, 4030)
2007 Ed. (4007)
1999 Ed. (3894)
Champion Internaitonal
1999 Ed. (3689)
Champion International Corp.
2005 Ed. (1526, 1534)
2004 Ed. (1518)
2003 Ed. (1488)
2002 Ed. (1467, 3580, 3582, 3583, 3584)
2001 Ed. (1044, 1164, 1676, 3614, 3621, 3622, 3623, 3624, 3625, 3626, 3635, 4933)
2000 Ed. (1404, 2241, 2254, 3405)
1999 Ed. (1486, 1553, 1557, 2489, 2490, 2491, 3687, 3703)
1998 Ed. (1068, 1121, 1134, 1750, 1751, 1752, 2736, 2738, 2739, 2740, 2741, 2746, 2747)
1997 Ed. (1287, 1315, 1333, 1379, 2067, 2068, 2069, 2986, 2987, 2988, 2989, 2990, 2992, 2993)
1996 Ed. (1320, 1958, 1959, 1961, 2901, 2903, 2906)
1995 Ed. (1368, 1922, 1923, 2826, 2827, 2829, 2830, 2832, 2836)
1994 Ed. (1343, 1891, 1893, 2722, 2724, 2725, 2727, 2732)
1993 Ed. (1291, 1374, 1890, 1892, 2763, 2764)
1992 Ed. (1236, 1237, 2209, 2211, 3330, 3331, 3333)
1991 Ed. (1328, 1761, 1763, 2669, 2672)
1990 Ed. (1403, 1842, 1843, 2500, 2714, 2761, 2763, 2766)
1989 Ed. (1465, 1466, 1915, 2112)
Champion Lumber
1997 Ed. (833)
Champion Motors
1995 Ed. (284)
1994 Ed. (281)
1993 Ed. (282)
1992 Ed. (397)
1990 Ed. (315)
Champion Parts Inc.
2004 Ed. (4552)
Champion Polymer Recycling
2005 Ed. (3859)
2004 Ed. (3914)
Champion Porsche
1991 Ed. (292)
Champion Rent-To-Own
1999 Ed. (2550)
1998 Ed. (1790)
1996 Ed. (1995)
Champion Spark Plug Co.
1991 Ed. (331, 341, 342, 346)
1990 Ed. (399)
1989 Ed. (332)
Champion Technology
2002 Ed. (4423)
1997 Ed. (1358)
Champion Window & Patio Room Co.
2008 Ed. (3003, 3096)
2007 Ed. (2971)
2006 Ed. (2955)
2005 Ed. (2959)
Champlain Captive Management Inc.
2006 Ed. (791)
Champlain National Bank
1998 Ed. (372)
1997 Ed. (502)
Champlain, NY
1995 Ed. (2958)
Champlain-Rouses Point, NY
2005 Ed. (3877, 3879)
Champlain Small Company Advisor
2008 Ed. (4516)
Champlin Foundations
1995 Ed. (1929)
1994 Ed. (1905)
Champps Americana
2002 Ed. (4016)
Champps Entertainment Inc.
2005 Ed. (1734)
1997 Ed. (3330, 3650)
Champs
2001 Ed. (4338)
1993 Ed. (3369)
1992 Ed. (4046)
1991 Ed. (3167)
Champs-Elysees; Avenue des
2006 Ed. (4182)
Champs Sports
2006 Ed. (4447)
1992 Ed. (1825, 1826, 4047)
1991 Ed. (1439, 3168)
Chan; Angello
1997 Ed. (1963)
Chan; Ben
1997 Ed. (1966)
Chan Development & Construction Co. Ltd.; Kuo
1992 Ed. (3625)
Chan family
2005 Ed. (4871)
Chan Laiwa
2003 Ed. (2411)
Chan Ma
1997 Ed. (24)
1996 Ed. (22)
Chan; Nelson
2007 Ed. (2502)
Chan; Quek Leng
2008 Ed. (4847)
2006 Ed. (4917, 4919)
Chan; Timothy
2006 Ed. (2529)
2005 Ed. (2515)
Chance; Clifford
1992 Ed. (14, 15, 2835, 2836, 2838, 2839)
Chancellor
2000 Ed. (212)
Chancellor Broadcasting
1999 Ed. (3978)
Chancellor Broadcasting/Shamrock
1997 Ed. (3237)
Chancellor Capital
1996 Ed. (2377)
1995 Ed. (2358, 2366)
1994 Ed. (2301)
1993 Ed. (2320)
Chancellor Capital Management, Inc.
2000 Ed. (2830)
1992 Ed. (2764, 4073)
1990 Ed. (2348)
Chancellor Financial Futures Fund II
1989 Ed. (962)
Chancellor Hotel, San Francisco
1990 Ed. (2080)
Chancellor LGT
1999 Ed. (3058, 3059)
1998 Ed. (2259, 2264)
Chancellor LGT Asset Management
2000 Ed. (2858)
Chancellor Marketing Group
2001 Ed. (3912)
Chancellor Media
2000 Ed. (1840, 3693, 3694)
1999 Ed. (1497, 1498)
1998 Ed. (2982)
Chandabhoy & Jassoobhoy
1997 Ed. (10)
Chandler, AZ
2007 Ed. (2564)
1999 Ed. (1174, 3851)
Chandler Chicco Agency
2003 Ed. (3989, 4006)
2002 Ed. (3823)
2000 Ed. (3629)
1999 Ed. (3912)
Chandler; Christopher
2008 Ed. (4848)
Chandler family
2006 Ed. (4897)
2002 Ed. (3363)
1999 Ed. (4748)
1998 Ed. (3707)
Chandler Insurance Management Ltd.
2006 Ed. (787)
2001 Ed. (2921)
2000 Ed. (980)
1999 Ed. (1030)
1996 Ed. (878)
1995 Ed. (904)
Chandler Insurance Management Cayman Ltd.
1997 Ed. (899)
1994 Ed. (862)
1993 Ed. (849)
1992 Ed. (1059)
Chandler Liquid Asset
1999 Ed. (3078)
1996 Ed. (2400)
Chandler Liquid Asset Management
1998 Ed. (2278)
Chandler; Richard
2008 Ed. (4848)
Chandler; Victor
2008 Ed. (4907)
2007 Ed. (4933)
Chandon
1999 Ed. (1062)
1998 Ed. (675, 681)
1997 Ed. (934)
Chandra; Ramesh
2008 Ed. (4879)
Chandris
1992 Ed. (1758)
1989 Ed. (2097)
Chandross; Robert
1990 Ed. (2285)
Chanel
2008 Ed. (651, 657, 658, 2183, 3529)
2007 Ed. (687, 3398)
2001 Ed. (1915, 1916, 1929)
1994 Ed. (747)
1991 Ed. (2699)
1990 Ed. (1579)
Chanel Fragrances
1990 Ed. (2794)
Chanel No. 5
2001 Ed. (2528)
1999 Ed. (3739, 3741)
1997 Ed. (3030)
1996 Ed. (2955)
1995 Ed. (2875)
1994 Ed. (2778, 2780)
1992 Ed. (3367)
Chanel Number 5
2008 Ed. (2769)
Chanel SA
2003 Ed. (1866, 1867, 1868)
Chanen Construction Co.
2008 Ed. (1180, 1340)
2007 Ed. (1280, 1391)
2006 Ed. (1174, 1346)
Chang
1998 Ed. (2040)
Chang Chun Petrochemical Co. Ltd.
1994 Ed. (1464)
Chang Fa Engineering Co., Ltd.
1992 Ed. (1438)
Chang Hua Commercial Bank
1990 Ed. (695)
Chang Hwa Bank
2000 Ed. (4176)
1997 Ed. (624)
Chang Hwa Comm. Bank
1991 Ed. (672, 673)
Chang Hwa Commercial Bank
2008 Ed. (437, 438, 439)
2007 Ed. (559)
2006 Ed. (529)
2005 Ed. (532)
2004 Ed. (526, 627)
2003 Ed. (618)
2002 Ed. (654)
2000 Ed. (671)
1999 Ed. (646, 4530)
1997 Ed. (3682)
1996 Ed. (690, 3628)
1995 Ed. (616)
1994 Ed. (644, 1849, 3472)
1993 Ed. (425, 641, 3502)
1992 Ed. (2157)
1989 Ed. (690, 691)
Chang; Morris
2006 Ed. (690)
Chang Yun Chung
2008 Ed. (4850)
Changan Auto
2006 Ed. (4307)
Changan Ford Mazda Engine Co., Ltd.
2007 Ed. (876, 878, 2261)
Changan Motors
1999 Ed. (4297, 4298)
Changchai Group
1999 Ed. (4297)
The Change Function: Why Some Technologies Take Off and Others Crash & Burn
2008 Ed. (621)
The Change Makers
2005 Ed. (717)
Change management strategy
2001 Ed. (2167)
Change-of-control arrangement
2000 Ed. (3505)
Changes International
2006 Ed. (4216)
2005 Ed. (4162)
Changhwa Commercial Bank Ltd.
1990 Ed. (1796)
Changi Airport
1999 Ed. (249, 250)
Changi International Airport
1997 Ed. (224, 225)
1996 Ed. (194, 197, 200, 201, 202, 1596, 1599)
1993 Ed. (205, 209, 1536, 1537, 1538)
Changi International Airport Services
1995 Ed. (1480)
Changing Times
1989 Ed. (178, 182, 184, 2173, 2177, 2179)
Changjia
2004 Ed. (36)
Changjiang
1995 Ed. (2572)
Changkai-Shek
1996 Ed. (194)
Chanin Capital Partners
2005 Ed. (4670, 4671)
Chanler Lewis, Inc.
2003 Ed. (3949)
Channel
1990 Ed. (839, 841, 2023)
Channel 4
2008 Ed. (709)
2007 Ed. (740)
Channel 4 Television Co. Ltd.
2002 Ed. (39)
Channel Home Centers
1990 Ed. (1039, 1040)
Channel International
1992 Ed. (1925)
Channel Marine
1991 Ed. (718)
ChannelNet
2008 Ed. (4967)
Channos
1995 Ed. (2131)
Chanrai; Murli Kewalram
2008 Ed. (4850)
2006 Ed. (4918)
Chantefleur
2005 Ed. (4966)
1990 Ed. (3696)
Chantelle
1999 Ed. (800, 801, 802)
Chanterelle
1992 Ed. (3706)
Chantiers Modernes
1992 Ed. (1967)
Chao; Albert
2008 Ed. (2630)
Chao Cajun
2008 Ed. (2674)
Chao; David Katsujin
2007 Ed. (4874)
Chap Stick
1995 Ed. (1607)
1991 Ed. (1451)

Chap Stick Lip Balm
1990 Ed. (3037, 3039)
1989 Ed. (2326)
Chapagral Steel Co.
2007 Ed. (3496)
Chaparral Electric Co.
2006 Ed. (1330)
Chaparral Steel Co.
2008 Ed. (2108, 3656, 4529)
1997 Ed. (3628)
1990 Ed. (3436, 3440)
Chapel Group
1999 Ed. (3887, 3888)
Chapin; Linda W.
1995 Ed. (2484)
Chaplet Systems Inc.
1994 Ed. (1459)
Chaplin; Harvey
2007 Ed. (4900)
Chaplin; Kiera
2008 Ed. (4884, 4898)
2007 Ed. (4917, 4920)
The Chapman Co.
2003 Ed. (219)
1993 Ed. (708)
Chapman & Cutler
2001 Ed. (724, 744, 745, 772, 784, 803, 807, 845, 929, 4206)
2000 Ed. (2620, 3199, 3200, 3202, 3858)
1999 Ed. (3485, 3486, 3487, 3488, 4143, 4659)
1998 Ed. (2084, 2565, 2573, 2574, 2575, 2576, 2577, 3158)
1997 Ed. (2364, 2840, 2843, 2847, 3384, 3795)
1996 Ed. (2452, 2724, 2726, 2728, 2731, 3138, 3287)
1995 Ed. (2231, 2416, 2645, 2647, 2649, 2652, 2653, 3188)
1993 Ed. (2160, 2395, 2615, 2617, 2620, 2626, 2940, 3101)
1992 Ed. (2832)
1991 Ed. (2283, 2524, 2528, 2531, 2534, 2536, 2782, 2925, 3423)
1990 Ed. (2292, 2417)
Chapman & Cutler LLP
2007 Ed. (3649)
2005 Ed. (3525)
Chapman Chevrolet
1996 Ed. (268)
1995 Ed. (261)
1991 Ed. (272)
1989 Ed. (283)
Chapman Chevrolet LLC
2008 Ed. (4790)
Chapman Direct
1996 Ed. (1550)
1992 Ed. (1805)
Chapman Direct Advertising
1997 Ed. (1617, 1619)
1996 Ed. (1552, 1554)
1995 Ed. (1565)
Chapman Food Mazars
2000 Ed. (10)
Chapman; J. Baxter
2006 Ed. (348)
Chapman, Jr.; Alvah H.
1991 Ed. (1629)
1990 Ed. (1721, 1722)
1989 Ed. (1382)
Chapman Jr. Graduate School of Business; Florida International University, Alvah H.
2008 Ed. (787)
2007 Ed. (808, 2849)
2006 Ed. (2859)
2005 Ed. (2853)
Chapman Motors
1990 Ed. (318)
Chapman Printing Co.
2000 Ed. (3608)
Chapman Scottsdale Autoplex
2005 Ed. (334)
Chapman Stone & Adler
1990 Ed. (1503, 1504, 1505, 1506)
Chapman Taylor
1999 Ed. (3589)
Chapman; Ted
1992 Ed. (1098)
Chapman; Tracy
1994 Ed. (1100)
Chapman Warwick
1997 Ed. (138)
Chappel; Donald
2008 Ed. (965)
2007 Ed. (1073)
Chappell Child Development Center
1999 Ed. (4813)
Chappell Child Development Centers
2000 Ed. (4433)
Chappell Schools Inc.
2002 Ed. (4989)
Chappelle; Dave
2008 Ed. (2581)
Chapple; John
2007 Ed. (1012)
2006 Ed. (922)
Chapstick
2003 Ed. (3214)
1993 Ed. (1521)
Chapstick Flava Craze
2003 Ed. (3214)
ChapterHouse LLC
2008 Ed. (1797)
Chapters Publishers & Booksellers
1997 Ed. (3223)
chapters.ca
2001 Ed. (2976)
Chapultapec
2003 Ed. (276)
2002 Ed. (311)
2001 Ed. (380)
2000 Ed. (299)
1999 Ed. (271)
Chapultepec
2005 Ed. (252)
1997 Ed. (250)
1996 Ed. (218)
1995 Ed. (219)
Char-Broil
1999 Ed. (685)
1998 Ed. (437)
Char-Meck Credit Union
2002 Ed. (1829, 1830)
Character Group plc
2002 Ed. (46)
Charan Industries
1992 Ed. (1288)
Charbonnage de France
1992 Ed. (2343)
Charbonnages de France
1995 Ed. (1383)
1991 Ed. (1284)
1990 Ed. (1945)
Charbroil
1997 Ed. (649)
1994 Ed. (674)
Charcoal
2003 Ed. (3947, 3948)
2002 Ed. (2277)
Chardonnay
2005 Ed. (4948)
2003 Ed. (4968, 4969)
2002 Ed. (4969, 4970)
2001 Ed. (4872, 4873)
1996 Ed. (3837)
Chareon Pokphand Feedmill
1991 Ed. (2942)
Chargeurs
1995 Ed. (3604)
1994 Ed. (3520)
1993 Ed. (3557)
1992 Ed. (3943, 4280)
1991 Ed. (3359)
1990 Ed. (3264)
Chargeurs Wool
2004 Ed. (4715)
2002 Ed. (3586)
Chariot Eagle
2000 Ed. (3593, 3596, 3597)
1999 Ed. (3872, 3879, 3880)
1998 Ed. (2900, 2908, 2909)
1997 Ed. (3154, 3156, 3157)
1996 Ed. (3069, 3075, 3076, 3077, 3078)
1995 Ed. (2977, 2978, 2979)
1994 Ed. (2920)
1993 Ed. (2900)
1992 Ed. (3516, 3517)
Chariot Vans Inc.
1995 Ed. (3688)
1992 Ed. (4372)
Charitable contributions
1992 Ed. (2587, 2958)
Charitable foundations
1993 Ed. (887)
Charities, umbrella
2004 Ed. (3889)
Charity Projects Ltd.
1992 Ed. (3270)
Charlene & Michel de Carvalho
2008 Ed. (4897)
2005 Ed. (4889, 4897)
Charlene de Carvalho
2007 Ed. (4924)
Charlene de Carvalho-Heineken
2008 Ed. (4870)
Charlene Van der Pyl-Chee
2007 Ed. (2549)
Charles A. Bell & Co.
1991 Ed. (2171)
Charles A. Bell Securities Corp.
1999 Ed. (3019)
1997 Ed. (2477)
1996 Ed. (2358)
1993 Ed. (708, 2270)
Charles A Heimbold Jr.
2000 Ed. (1046)
Charles & Colvard Ltd.
2007 Ed. (2722)
2005 Ed. (3245, 3246)
2004 Ed. (3217)
Charles & David Koch
2007 Ed. (4915)
The Charles & Schwab Corp.
1999 Ed. (4487)
Charles & the Chocolate Factory
2007 Ed. (3642)
Charles B. Johnson
2004 Ed. (4861)
2002 Ed. (3356)
2000 Ed. (1883)
1994 Ed. (1716)
Charles B. Wang
2000 Ed. (1046)
1999 Ed. (2082, 2664)
1997 Ed. (982)
1993 Ed. (1702)
1992 Ed. (2057)
1991 Ed. (1627)
Charles Baillie
2001 Ed. (1219)
Charles Bailly & Co.
1999 Ed. (16)
1998 Ed. (12)
Charles Baker
2008 Ed. (963)
Charles Baker Group
1990 Ed. (105)
Charles Barker
1999 Ed. (3933, 3934, 3937, 3938, 3939, 3941)
1997 Ed. (3194, 3195, 3198, 3199)
1996 Ed. (3115, 3118, 3121, 3122)
1995 Ed. (3015, 3016, 3020)
1994 Ed. (2956, 2960, 2961, 2964)
Charles Barker/BSMG Worldwide
2000 Ed. (3649, 3652, 3655, 3656)
Charles Barker Group
1989 Ed. (109)
Charles Barkley
1997 Ed. (1724, 1725)
1995 Ed. (250, 1671)
Charles Barnett
1999 Ed. (2401)
Charles Benore
1996 Ed. (1831)
1993 Ed. (1832)
1992 Ed. (2136)
1991 Ed. (1686, 1709)
1990 Ed. (1768)
1989 Ed. (1419)
Charles Boorady
2006 Ed. (2578)
Charles Bronfman
2005 Ed. (4870)
2003 Ed. (4891)
2002 Ed. (4788)
Charles Brown
2000 Ed. (2081, 2089, 2120)
1999 Ed. (2305)
Charles Buddy Roemer
1992 Ed. (2344)
Charles Burrows
2000 Ed. (2124)
1999 Ed. (2337)
Charles Butt
2002 Ed. (3353)
Charles C. Butt
2008 Ed. (4827)
2007 Ed. (4898)
2006 Ed. (4903)
2005 Ed. (4848)
2004 Ed. (4862)
2003 Ed. (4880)
Charles C. Gates Jr.
2005 Ed. (4850)
2004 Ed. (4864)
Charles C. Locke
1996 Ed. (959, 1709, 1715)
Charles Cadogan
2008 Ed. (4910)
Charles Candy/Universal
1992 Ed. (84)
Charles Cawley
2001 Ed. (2345)
2000 Ed. (1880)
1999 Ed. (2081)
Charles Childers
1997 Ed. (980)
Charles Church Developments PLC
1994 Ed. (999)
Charles City, IA
1992 Ed. (2380)
Charles Clough Jr.
1999 Ed. (2276)
1998 Ed. (1565, 1615, 1683, 1686)
1997 Ed. (1910)
1996 Ed. (1837)
1995 Ed. (1860)
1994 Ed. (1818)
1993 Ed. (1838)
Charles Coffin
2005 Ed. (974)
Charles Communications
1990 Ed. (2212)
Charles Conaway
2005 Ed. (984)
2003 Ed. (2408)
Charles Cory
2005 Ed. (4817)
Charles D. Owen
2007 Ed. (584)
Charles David Moody Jr.
2006 Ed. (2514)
Charles de Gaulle Airport
2002 Ed. (274)
1999 Ed. (249, 250)
1998 Ed. (147)
1997 Ed. (223, 224, 225)
1996 Ed. (195, 197, 198, 200, 1597, 1598, 1599)
1993 Ed. (205, 208, 209, 1536, 1537, 1538, 1539)
1990 Ed. (1580)
Charles Dolan
2008 Ed. (4833)
2007 Ed. (4904)
2004 Ed. (2487)
Charles Donald
1999 Ed. (2319)
Charles Drimal Jr.
2008 Ed. (2634)
Charles Dunn Co.
2000 Ed. (3732)
1999 Ed. (4015)
1998 Ed. (3023)
1990 Ed. (2972)
Charles Dunstone
2008 Ed. (4908)
2007 Ed. (4934)
Charles E. Bertolina Inc.
2008 Ed. (3720, 4412)
2007 Ed. (3577, 4433)
Charles E. Bunch
2008 Ed. (946)
Charles E. Exley, Jr.
1991 Ed. (1627)
Charles E. Merrill
1990 Ed. (1583)
Charles E. Rice
2001 Ed. (2315)
1999 Ed. (386)
1992 Ed. (1138, 2060)
1991 Ed. (1629)

1990 Ed. (1721)
1989 Ed. (1382)
Charles E. Schumer
2003 Ed. (3894)
Charles E. Smith Residential Realty
2002 Ed. (3927, 3928)
Charles E. Taylor
1989 Ed. (737)
Charles Elliott
2000 Ed. (2096, 2104)
1999 Ed. (2316)
Charles Ellis
2005 Ed. (3205)
Charles Ergen
2008 Ed. (942, 4825)
2007 Ed. (971, 4896)
2006 Ed. (880, 4901)
2005 Ed. (4851)
2004 Ed. (4865)
2003 Ed. (4882)
Charles Evans BMW
1996 Ed. (265)
Charles F. Feeney
2001 Ed. (3779)
Charles F. Kettering Foundation
1989 Ed. (1476)
Charles Fisher III
1996 Ed. (965)
1995 Ed. (981)
1994 Ed. (948)
1993 Ed. (939)
1992 Ed. (1144)
1991 Ed. (927)
1990 Ed. (974)
Charles Fote
2006 Ed. (882)
2005 Ed. (971)
Charles G. Betty
2000 Ed. (1886)
Charles Gates
2000 Ed. (2028)
1999 Ed. (2246)
1998 Ed. (1656)
Charles Golden
2007 Ed. (1069)
2006 Ed. (974)
Charles H. Greenthal Residential Sales
2002 Ed. (3915)
1999 Ed. (3994)
Charles H. Harff
1996 Ed. (1228)
Charles Heidsieck
1999 Ed. (1062)
Charles Heidsieck Champagne
2002 Ed. (968)
2001 Ed. (1162, 1163)
Charles Heimbold Jr.
1999 Ed. (1126)
Charles Hurst
2007 Ed. (2035)
2006 Ed. (2062, 2063, 2065)
2005 Ed. (1984)
Charles J. Wyly Jr.
1999 Ed. (2083)
Charles Jacquin
1991 Ed. (2905)
Charles Jacquin et Cie. Inc.
2005 Ed. (4975)
2004 Ed. (3265, 4974)
2001 Ed. (3129)
Charles Jaquin et Cie.
2003 Ed. (3223)
Charles Jenkins Jr.
2005 Ed. (982)
Charles Johnson
2008 Ed. (4823)
2007 Ed. (4894)
2006 Ed. (4899)
Charles K. Gifford
2005 Ed. (2474)
Charles Klatskin & Co.
2002 Ed. (3925)
Charles Klatskin Company Inc.
2000 Ed. (3712)
Charles Klatskin Co. (Foresgate Industries)
2000 Ed. (3722)
Charles Kleman
2007 Ed. (1094)
2006 Ed. (1002)
Charles Knight
1990 Ed. (971)
Charles Koch
2008 Ed. (4824)
2007 Ed. (4895)
2006 Ed. (4900)
2005 Ed. (4845)
2004 Ed. (4859)
2003 Ed. (4878)
2002 Ed. (3359)
Charles L. Benton
1991 Ed. (3209)
Charles L. Benton Jr.
1995 Ed. (3504)
1993 Ed. (3444)
Charles Lazarus
1994 Ed. (947, 950, 1714, 1717, 1723)
1992 Ed. (1145, 2061, 2062)
1991 Ed. (925, 928, 1630, 1631)
1990 Ed. (975, 1724)
1989 Ed. (1383)
Charles Leighton
1992 Ed. (2056)
Charles Levy Co.
1994 Ed. (3668)
1991 Ed. (3512, 3514)
Charles Levy Motor Co.
1990 Ed. (325)
Charles Lo Castro
1995 Ed. (1865)
Charles LoCastro
2000 Ed. (1992)
1998 Ed. (1633)
1996 Ed. (1846)
1994 Ed. (1824, 1831, 1833)
Charles M. Cawley
2004 Ed. (2490, 2492)
1999 Ed. (386)
Charles M. Leighton
1991 Ed. (1626)
1990 Ed. (1719)
Charles M. Schultz
1989 Ed. (1347)
Charles M. Schulz
1993 Ed. (1633)
1992 Ed. (1982)
1991 Ed. (1578)
1990 Ed. (1672)
Charles Mathewson
2002 Ed. (2180)
Charles McCall
1999 Ed. (1121, 2078)
Charles Mills
1999 Ed. (2338)
Charles Montgomery Burns
2008 Ed. (640)
2007 Ed. (682)
Charles Mounts
2000 Ed. (1933)
1999 Ed. (2163)
1998 Ed. (1575)
Charles Munger
2000 Ed. (1883, 4377)
1999 Ed. (4748)
Charles N. Mathewson
1999 Ed. (2079)
1995 Ed. (978, 1727)
Charles Nasser
2001 Ed. (3319)
Charles O. Holliday Jr.
2008 Ed. (946)
2007 Ed. (1024)
Charles O. Prince
2007 Ed. (384)
Charles P. Lazarus
1996 Ed. (960)
1995 Ed. (1730)
1993 Ed. (940, 1705)
Charles Pankow Builders Ltd.
1999 Ed. (1409)
1998 Ed. (973)
1997 Ed. (1197)
1996 Ed. (1167)
1995 Ed. (1193)
1994 Ed. (1174)
1993 Ed. (1093, 1151)
1992 Ed. (1365)
1990 Ed. (1168)
Charles Peabody
1993 Ed. (1779)
Charles Peel
2005 Ed. (3868)
Charles Phillips, Jr.
2000 Ed. (2047)
1999 Ed. (2264)
1997 Ed. (1879)
Charles Prince
2008 Ed. (949)
2007 Ed. (1027)
2005 Ed. (2474, 2490)
Charles R. Bronfman
1997 Ed. (3871)
Charles R. Nicholas
1997 Ed. (1804)
Charles R. Rinehart
1994 Ed. (1720)
Charles R. Schwab
2005 Ed. (2475)
Charles Reinhart Co.
2001 Ed. (3995)
2000 Ed. (3708)
1998 Ed. (2996)
Charles Reinhart Co. Realtors
1999 Ed. (3992)
Charles Rice
2000 Ed. (1880)
Charles River Associates
2006 Ed. (4301)
Charles River Laboratories Inc.
2008 Ed. (3453)
2007 Ed. (622, 3356)
2006 Ed. (3289)
Charles River Laboratories International Inc.
2005 Ed. (675, 676)
2004 Ed. (682, 683)
Charles River Management
1992 Ed. (2767)
Charles River Saab
1991 Ed. (295)
Charles Rose
1991 Ed. (1706)
Charles Royer
1991 Ed. (2395)
Charles Ryan & Assocs.
2000 Ed. (3669)
Charles Ryan Associates
2002 Ed. (3852)
1999 Ed. (3955)
1998 Ed. (2960)
1992 Ed. (3579)
Charles S. Sanford, Jr.
1994 Ed. (357)
1991 Ed. (402, 1625)
1990 Ed. (458, 459)
1989 Ed. (417)
Charles Schelke
1999 Ed. (2274)
1997 Ed. (1900)
1991 Ed. (1684)
Charles Schorin
2000 Ed. (1955, 1956, 1964)
Charles Schulz
2007 Ed. (891)
2006 Ed. (802)
1995 Ed. (1714)
1994 Ed. (1667)
The Charles Schwab Corp.
2008 Ed. (737, 1475, 2341, 2693, 2695, 3010, 4285, 4832)
2007 Ed. (636, 647, 758, 759, 1488, 2204, 2550, 2552, 2566, 2888, 4267, 4270, 4271, 4277, 4903)
2006 Ed. (141, 632, 660, 661, 662, 778, 2268, 4252, 4253, 4908)
2005 Ed. (360, 363, 374, 755, 758, 869, 2206, 2598, 2602, 3178, 4245, 4246, 4247, 4248, 4854)
2004 Ed. (1609, 2115, 2117, 4322, 4323, 4324, 4325, 4328, 4329, 4331, 4333, 4335, 4869)
2003 Ed. (1530, 1644, 3046, 4315, 4564, 4885)
2002 Ed. (502, 504, 1520, 1571, 2817, 4189, 4812, 4816, 4840, 4868)
2001 Ed. (1569, 1603, 1648, 1745, 1874, 2433, 2971, 2973, 4177, 4200)
2000 Ed. (28, 205, 827, 828, 830, 831, 832, 835, 863, 1331, 1332, 1682, 1883, 2199, 2748, 4221, 4382)
1999 Ed. (178, 827, 830, 832, 833, 834, 837, 838, 840, 863, 1867, 2442, 4476)
1998 Ed. (75, 514, 515, 516, 517, 520, 521, 522, 524, 526)
1997 Ed. (732, 733, 734, 737, 738, 740, 741, 2166)
1996 Ed. (801, 804, 805)
1995 Ed. (232, 721, 756, 758, 759, 761, 762)
1994 Ed. (763, 778, 779)
1992 Ed. (950, 957)
1991 Ed. (769, 774, 3090)
Charles Schwab & Co.
2008 Ed. (731, 3171)
2003 Ed. (15, 768, 2184, 2481, 4316)
2002 Ed. (822, 838, 1382, 1503, 1506, 1546, 1562, 1570, 2003, 2076, 2261, 2267, 4190, 4217, 4871, 4978)
2001 Ed. (1750, 2279)
2000 Ed. (204)
1996 Ed. (809)
1993 Ed. (760, 762, 763, 827, 3218)
Charles Schwab Bank
2006 Ed. (2989)
Charles Schwab Bank NA
2008 Ed. (341, 3138)
2007 Ed. (3020)
Charles Schwab Canada
2002 Ed. (814, 815, 816, 817, 818)
Charles Shaid Co.
1991 Ed. (1089)
Charles Shaid of Pennsylvania Inc.
1995 Ed. (1168)
1993 Ed. (1135)
Charles Shaw
2006 Ed. (4962)
Charles Sirois
2005 Ed. (4870)
Charles Sonsteby
2005 Ed. (988)
Charles Spencer
2000 Ed. (2067)
Charles Stanley Group
2001 Ed. (1036)
Charles Stark Draper Laboratory
1992 Ed. (3256)
1989 Ed. (1146)
Charles Steadman Sanford Jr.
1995 Ed. (982)
Charles Stewart Mott Foundation
2002 Ed. (2329)
1993 Ed. (892)
Charles T. Brumback
1996 Ed. (1715)
Charles T. Fote
2007 Ed. (2509)
2006 Ed. (1098)
2004 Ed. (973)
Charles Thalhimer
1995 Ed. (936)
Charles Trafton
1999 Ed. (2231)
Charles W. Ergen
2006 Ed. (930)
2005 Ed. (973)
2004 Ed. (968)
2003 Ed. (954)
2002 Ed. (3349)
Charles W. McCall
2001 Ed. (2316)
Charles W. Scharf
2002 Ed. (2214)
Charles W. Shivery
2008 Ed. (956)
Charles W. Smith
1992 Ed. (533)
Charles Wall
2003 Ed. (1546)
Charles Wang
2003 Ed. (958)
2002 Ed. (1041, 2178, 2181)
2001 Ed. (1218)
1999 Ed. (1126)
Charles Watson
2004 Ed. (972)
Charles Whitworth
2000 Ed. (2142)
1999 Ed. (2356)
1997 Ed. (1974)

Charles Wigoder
2006 Ed. (836)
2005 Ed. (2463)
Charles Wilson
1990 Ed. (2288, 2290)
Charles Winston
2000 Ed. (2117, 2118)
1999 Ed. (2332)
Charles Wolf
1995 Ed. (1827)
1994 Ed. (1788)
1993 Ed. (1804)
Charles Wyly Jr.
1998 Ed. (1515)
Charles Zhang
2005 Ed. (2321)
Charlesbank
2005 Ed. (3372)
Charlesbank Capital
2002 Ed. (3014)
Charlesbridge Publishing
2001 Ed. (3951)
charlesschwab.com
2001 Ed. (2974)
Charleston Area Medical Center Inc.
2008 Ed. (2173, 2174)
2007 Ed. (2065, 2066)
2006 Ed. (2116, 2117)
2005 Ed. (2014)
2004 Ed. (1888)
2003 Ed. (1852, 1853)
2001 Ed. (1898, 1899)
Charleston Area Medical Center Health System Inc.
2008 Ed. (2173, 2174)
2007 Ed. (2065, 2066)
2006 Ed. (2116)
2005 Ed. (2014, 2015)
2004 Ed. (1888, 1889)
Charleston Gazette, Mail
1992 Ed. (3239)
1991 Ed. (2600)
1990 Ed. (2691, 2700)
1989 Ed. (2054)
Charleston/Huntington, WV
1990 Ed. (1077)
Charleston Marriott Hotel
1993 Ed. (207)
Charleston Naval Shipyard Federal Credit Union
1995 Ed. (1536)
Charleston-North Charleston, SC
2008 Ed. (3475, 4349)
2006 Ed. (3315)
2005 Ed. (3322)
2004 Ed. (3222)
2003 Ed. (2084)
2002 Ed. (2732, 2744)
2001 Ed. (2281)
Charleston/Orwig
2008 Ed. (194)
2007 Ed. (206, 207)
2006 Ed. (198, 199)
2005 Ed. (3949, 3957, 3965, 3975)
2004 Ed. (3975, 3995, 4012, 4032)
2003 Ed. (3983, 3986, 4018)
2002 Ed. (3826, 3839)
2000 Ed. (3631, 3659)
1999 Ed. (3944)
1998 Ed. (104)
Charleston, SC
2008 Ed. (4015, 4016)
2007 Ed. (3001)
2004 Ed. (2965, 3481, 3482)
2003 Ed. (3902, 3912)
2002 Ed. (2218, 2220, 2634, 4289)
2001 Ed. (2794, 2795, 2796)
2000 Ed. (3574)
1999 Ed. (1149, 1150, 1349, 2095, 2096, 2493, 2494, 2810, 3858, 3859, 3860)
1997 Ed. (2072, 2073)
1996 Ed. (3056)
1995 Ed. (1924, 2957)
1994 Ed. (2897, 2944)
1992 Ed. (1159, 1163, 1396, 1810, 2552, 3496, 3497, 3498, 3500, 3502)
1991 Ed. (2347)
1989 Ed. (828)
Charleston, WV
2008 Ed. (3481, 4817)
1999 Ed. (2813)
1992 Ed. (1389)
1989 Ed. (1904)
Charleswood
1995 Ed. (1959)
Charley; Hurricane
2007 Ed. (3005)
Charley's Crab
2004 Ed. (4146)
Charley's Grilled Subs
2008 Ed. (4273)
2007 Ed. (4135, 4239)
2006 Ed. (4224)
2005 Ed. (4170)
2004 Ed. (4241)
Charley's Steakery
2003 Ed. (4220)
2002 Ed. (4090)
Charlie
2000 Ed. (3456)
1999 Ed. (3738, 3741)
1998 Ed. (1353, 2777)
1995 Ed. (2876)
1994 Ed. (2777)
1990 Ed. (2793)
Charlie Brown's Steakhouse
2002 Ed. (4021)
Charlie Eitel
2005 Ed. (3284)
Charlie Ergen
2008 Ed. (943)
Charlie Palmer
2001 Ed. (1175)
Charlie Palmer Group
2007 Ed. (4134)
Charlie Sheen
1995 Ed. (1715)
1994 Ed. (1668)
1993 Ed. (1634)
Charlie Thomas Autoworld
1996 Ed. (3766)
Charlie Thomas Hyundai
1994 Ed. (270)
Charlie's Happy Cleaners
2004 Ed. (1704)
Charlie's Lunch Kit
1994 Ed. (2416)
Charlotte
1990 Ed. (1806)
Charlotte A. Zuschlag
1992 Ed. (1139)
Charlotte Amalie, United States Virgin Islands
2002 Ed. (2221)
Charlotte Capital LLC, SmallCap Value
2003 Ed. (3118, 3134, 3137, 3140)
Charlotte Capital LLC, SmallMid Value
2003 Ed. (3118, 3140)
Charlotte Colket Weber
2005 Ed. (4843)
Charlotte County, FL
1993 Ed. (2939)
Charlotte-Gastonia
1992 Ed. (898, 2100, 2101)
Charlotte-Gastonia-Concord, NC-SC
2008 Ed. (3475, 3508)
2007 Ed. (3383, 3387)
Charlotte-Gastonia-Gastonia-Rock Hill, NC
1999 Ed. (1148)
Charlotte-Gastonia, NC-Rock Hill, SC
1990 Ed. (2608)
Charlotte-Gastonia-Rock Hill, NC
2008 Ed. (3474)
2003 Ed. (1148, 2124, 2349, 2352, 3246)
2001 Ed. (4848, 4922)
2000 Ed. (4402)
1999 Ed. (3257, 4778)
1998 Ed. (2057, 3725)
1997 Ed. (3894)
1995 Ed. (3747)
Charlotte-Gastonia-Rock Hill, NC-SC
2006 Ed. (3309)
2005 Ed. (2457)
2004 Ed. (3309, 3314)
2002 Ed. (927, 2731, 2735, 2744, 2763, 4927)
2001 Ed. (2277)
2000 Ed. (4288)
1996 Ed. (1739, 1740)
1993 Ed. (1736, 1737)
1991 Ed. (716)
Charlotte-Gastonia-Rock Hill, SC
2008 Ed. (4348, 4354, 4357)
Charlotte International
1994 Ed. (192)
Charlotte Marriott Executive Park
1990 Ed. (2066)
Charlotte-Mecklenburg
1991 Ed. (2501)
Charlotte Mecklenburg Hospital Authority
2006 Ed. (1940)
2005 Ed. (1911)
2004 Ed. (1828)
2003 Ed. (1793)
2001 Ed. (1821)
1994 Ed. (2576)
1992 Ed. (3126)
1990 Ed. (2631)
Charlotte, NC
2008 Ed. (977, 3463, 3517)
2007 Ed. (3365, 3374, 3386)
2006 Ed. (3302)
2005 Ed. (2972, 3312, 4014)
2004 Ed. (797, 1162, 3298, 3735)
2003 Ed. (872, 1136, 3242, 3678)
2002 Ed. (1055, 2634, 4287)
2000 Ed. (3104)
1999 Ed. (254, 2810)
1996 Ed. (303, 973, 2207)
1995 Ed. (989, 2188, 2191, 2667)
1994 Ed. (3511)
1993 Ed. (948, 2622)
1992 Ed. (1356, 3293)
1991 Ed. (829)
1990 Ed. (2160, 2550, 3702)
1989 Ed. (2099)
Charlotte/Pineville/Paw Creek, NC
1992 Ed. (3291)
Charlotte Regional Medical Center
2006 Ed. (2899)
2005 Ed. (2893)
Charlotte Russe
2007 Ed. (1129)
Charlotte Russe Holding Inc.
2008 Ed. (998, 1011)
2006 Ed. (1585)
Charlotte, SC
2004 Ed. (3376)
Charlotte's Web
2008 Ed. (550)
2003 Ed. (709, 711)
1990 Ed. (981)
Charlottesville
1992 Ed. (3700)
Charlottesville, SC
1996 Ed. (3202)
1995 Ed. (3107)
Charlottesville, VA
2008 Ed. (1051)
2007 Ed. (1158, 4057)
2006 Ed. (1066, 4024)
2005 Ed. (1058, 2377, 3468, 3469)
2001 Ed. (3206)
Charlottetown, Prince Edward Island
2008 Ed. (3487, 3491, 3493)
2007 Ed. (3377)
2006 Ed. (3316)
2005 Ed. (3327)
Charlwood Group
1996 Ed. (2123)
Charman/ACE
2000 Ed. (2988)
Charman Underwriting Agencies Ltd.
1993 Ed. (2453, 2454)
1992 Ed. (2895, 2896)
Charman Underwriting Agencies Ltd.; 488,
1991 Ed. (2337)
Charmglow
1993 Ed. (673)
Charmin
2008 Ed. (4697, 4698)
2007 Ed. (4781)
2006 Ed. (4773)
2005 Ed. (4720)
2003 Ed. (3719, 4759, 4760)
2000 Ed. (3506)
1999 Ed. (3772)
1998 Ed. (2803)
1997 Ed. (3061)
1996 Ed. (2983, 3705)
1994 Ed. (3549)
1993 Ed. (3585)
1992 Ed. (3400, 4308)
Charmin Bathroom Tissue, 4-pack, white
1989 Ed. (1631)
Charmin Bathroom Tissue (White), 4-Pack
1990 Ed. (2130)
Charmin Fresh Mates
2008 Ed. (4697)
Charmin Secrets
2008 Ed. (4697)
Charmin Toilet Tissue
2002 Ed. (3585)
Charming Shoppes Inc.
2008 Ed. (998, 999, 1000, 1002, 1003, 1010)
2007 Ed. (1118, 1119, 1122, 1128)
2006 Ed. (1032, 1033, 1040, 4436)
2005 Ed. (1023, 1029)
2004 Ed. (1019, 1022)
2003 Ed. (1018, 1021, 1022, 1023)
2001 Ed. (4324)
2000 Ed. (894)
1999 Ed. (948, 4388, 4399)
1998 Ed. (531, 767, 771, 1119, 1122, 1123, 3360, 3371)
1997 Ed. (1029, 1030, 3642, 3643)
1996 Ed. (1010)
1995 Ed. (1025, 1029)
1994 Ed. (1015, 1016, 1019, 3100)
1993 Ed. (988)
1992 Ed. (1212, 1215, 1217)
1991 Ed. (975, 978)
1990 Ed. (1048, 1050)
1989 Ed. (934)
Charms Blow Pops
2008 Ed. (839)
Charms Blue Razz Berry Blow Pops
1995 Ed. (1893)
Charms/medals
1998 Ed. (2316)
Charms Pops
1995 Ed. (893, 898)
1994 Ed. (853)
Charms, Sweet/Sour
1995 Ed. (893, 898)
Charney/GBSM Public Relations
2002 Ed. (3816)
Charoen Pokphand
2000 Ed. (1694)
1995 Ed. (1340, 1346, 1503, 1577)
Charoen Pokphand Feedmill Co. Ltd.
1997 Ed. (1525)
1995 Ed. (1501, 1502)
1994 Ed. (1466)
1993 Ed. (1412)
1992 Ed. (1572, 1706, 1707)
Charoen Pokphand Feedmill Public Ltd.
2000 Ed. (1577)
Charoen Pokphand Foods PCL
2006 Ed. (3405)
Charoen Pokphand Foods Public Co., Ltd.
2008 Ed. (3585)
Charoen Pokphand Group Co., Ltd.
2004 Ed. (1871)
2002 Ed. (1783)
2000 Ed. (1573, 1578, 1579)
1999 Ed. (1566, 1567, 1568, 1569, 1887)
1997 Ed. (1526)
1996 Ed. (1457)
Charoen Sirivadhanabhakdi
2008 Ed. (4853)
Charon Systems Inc.
2003 Ed. (1086)
Charron; Paul
2007 Ed. (964)
2006 Ed. (873)
2005 Ed. (967)
Chart House
2006 Ed. (4135)
2004 Ed. (4131)
1994 Ed. (3089)
1991 Ed. (2882)
1990 Ed. (3021)

Chart House Restaurants
1997 Ed. (3334)
1992 Ed. (3717)
Chart Medical Corp.
1991 Ed. (1057, 2505, 2506)
Chart-Track
2002 Ed. (3257)
Charter
2007 Ed. (2403)
2000 Ed. (4132)
1996 Ed. (1356)
1995 Ed. (1404)
1993 Ed. (2833)
1992 Ed. (3427)
1991 Ed. (2722, 3228)
1990 Ed. (3242, 3244)
1989 Ed. (2462, 2470)
Charter Auction
2007 Ed. (4811)
Charter Bank
2008 Ed. (431)
2007 Ed. (465)
2006 Ed. (454)
2005 Ed. (521)
2002 Ed. (551)
1999 Ed. (502)
Charter Bank & Kr.
2000 Ed. (3382)
Charter Behavioral Health System
2003 Ed. (3972)
Charter Behavioral Health Systems
2000 Ed. (3624)
1999 Ed. (2643, 3907)
Charter Communications Inc.
2008 Ed. (827, 828, 1508, 1531, 1946, 1948, 1952, 1955, 1957, 3626)
2007 Ed. (866, 867, 1891, 1893, 4282)
2006 Ed. (768, 769, 1899, 1910, 2264, 3255, 3554)
2005 Ed. (845, 847, 1632, 1878, 1883, 1888, 3426, 4621)
2004 Ed. (868, 1806)
2003 Ed. (825, 829, 830, 2730)
2002 Ed. (923, 924, 1382, 1492, 1527, 3281)
2001 Ed. (1540, 1542, 3250, 4188, 4195)
2000 Ed. (1098, 4043)
1997 Ed. (871)
Charter Communications Holdings LLC
2001 Ed. (1091)
Charter Consolidated PLC
1996 Ed. (2567)
Charter European
2000 Ed. (3295, 3296)
Charter Federal Savings Bank
1994 Ed. (3531)
Charter Fiscal Associates
1995 Ed. (2338)
Charter Golf
1994 Ed. (2016, 3324)
Charter House Hotel
1993 Ed. (2094)
Charter Lakeside Behavioral Health System
2003 Ed. (3972)
Charter Medical Corp.
1995 Ed. (203, 206)
1994 Ed. (359, 360, 361, 2577)
1993 Ed. (1189)
1992 Ed. (3125, 3130, 3131, 3920)
1990 Ed. (1894)
1989 Ed. (1579, 2465)
Charter National Bancorp Inc.
1998 Ed. (286, 347)
1997 Ed. (349)
Charter National Bank
2000 Ed. (510)
Charter National Life-Helmsman (SPVA)
1991 Ed. (2155)
Charter National Life Insurance Co.
2000 Ed. (2706, 2708)
Charter National Life-Lifein Vest (VL)
1991 Ed. (2151, 2155)
Charter National VA
1999 Ed. (4697)
Charter National-ZC
1989 Ed. (2010, 260)
Charter Oak Credit Union
2008 Ed. (2223)
2007 Ed. (2108)
2006 Ed. (2187)
2005 Ed. (2092)
2004 Ed. (1950)
2003 Ed. (1910)
2002 Ed. (1853)
Charter Oak Federal Credit Union
1997 Ed. (1565)
Charter Oak Partners
1999 Ed. (3663, 3664)
Charter Oil
1990 Ed. (1860, 2848)
Charter One
2006 Ed. (1422)
Charter One Bank
2007 Ed. (467)
Charter One Bank, FSB
1998 Ed. (3531, 3532, 3533, 3561)
1997 Ed. (3742)
Charter One Bank, SSB
2003 Ed. (546, 3444, 4229, 4230, 4258, 4260, 4261, 4262, 4264, 4265, 4266, 4267, 4268, 4269, 4270, 4272, 4273, 4274, 4275, 4276, 4277, 4278, 4279, 4280, 4281)
2002 Ed. (4099, 4100, 4117, 4118, 4119, 4121, 4122, 4123, 4124, 4125, 4126, 4128, 4129, 4130, 4131, 4132, 4133, 4135, 4136, 4137, 4138, 4139)
1998 Ed. (3127, 3129, 3130, 3134, 3136, 3142)
Charter One Financial Inc.
2006 Ed. (1419, 1423, 1445)
2005 Ed. (627, 628)
2004 Ed. (416, 638, 639, 3501)
2003 Ed. (421, 3432, 4282, 4283, 4301)
2002 Ed. (3380, 4171)
2001 Ed. (568, 573, 574, 1672, 3344, 4159, 4160)
2000 Ed. (422, 2486, 4246, 4247)
1999 Ed. (4595, 4597)
1998 Ed. (3035, 3523, 3525)
1997 Ed. (3744)
1996 Ed. (3177)
1995 Ed. (3084)
1994 Ed. (3032)
Charter Savings Bank
1990 Ed. (3130)
Charter Solutions, Inc.
2002 Ed. (2515)
Charter Wireless Cable
1995 Ed. (3777)
Chartered
2006 Ed. (4289)
Chartered Bank
1999 Ed. (613)
Chartered Semiconductor Manufacturing Ltd.
2003 Ed. (3753)
2002 Ed. (305, 1763, 4468)
1998 Ed. (1538)
Chartered Semiconductor Manufacturing Pte. Ltd.
1996 Ed. (1744)
Chartered Trust
1990 Ed. (1787)
Chartered West LB
1993 Ed. (1889)
Charterhouse
1991 Ed. (1124, 1129)
Charterhouse Bank and Trust International Limited
1989 Ed. (485)
Charterhouse DC
1995 Ed. (2499)
1994 Ed. (2430)
Charterhouse/RBS
1994 Ed. (1204)
Charterhouse Securities
2001 Ed. (4204)
CharterMac
2008 Ed. (2853)
2007 Ed. (2723)
2006 Ed. (279, 281, 2733)
Charterways Transportation Ltd.
1995 Ed. (3655)
The Chartist
1993 Ed. (2360, 2361, 2363)
1992 Ed. (2800)
Chartsearch
1990 Ed. (3464)
Chartway Credit Union
2008 Ed. (2265)
2007 Ed. (2150)
2006 Ed. (2162, 2229)
2005 Ed. (2134)
2004 Ed. (1992)
2003 Ed. (1952)
2002 Ed. (1898)
Chartwell Group
1991 Ed. (2653)
Chartwell Investment Partners
2000 Ed. (2805)
1999 Ed. (3070, 3071)
Chartwell Partners
1996 Ed. (1059)
Chartwell Re
2001 Ed. (4032)
Chartwell Technology Inc.
2006 Ed. (1604, 1633)
Chartwells
2005 Ed. (2662, 2663, 2664, 2665)
2003 Ed. (2526, 2528, 2529)
2000 Ed. (3795)
Chas. Freihofer Baking Co.
1992 Ed. (494)
Chas. H. Sells
1991 Ed. (1563)
Chas. Levy Co.
2007 Ed. (4986)
2006 Ed. (4989, 4990)
2000 Ed. (4431)
1996 Ed. (3878)
1995 Ed. (3792)
1993 Ed. (3733)
1992 Ed. (4480, 4483)
1990 Ed. (3706)
Chas P. Young
1991 Ed. (3162)
Chas Roberts Air Conditioning Inc.
2008 Ed. (1342)
2007 Ed. (1392)
2006 Ed. (1252, 1347)
2005 Ed. (1282, 1345)
2004 Ed. (1236, 1340)
2003 Ed. (1340)
Chas. T. Main Inc.
1992 Ed. (355, 1955)
Chase
2008 Ed. (368, 1915)
2007 Ed. (467, 2559)
2000 Ed. (397, 431)
1995 Ed. (421, 503, 574)
1993 Ed. (387)
1992 Ed. (508, 2738)
1991 Ed. (2674)
1990 Ed. (552, 553, 554, 557, 2328)
1989 Ed. (2136, 2421, 2423)
Chase & Affiliates
1999 Ed. (3439, 3440)
Chase & Sanborn
2004 Ed. (2634)
2003 Ed. (1041)
1992 Ed. (1239)
Chase Auto Finance
1998 Ed. (229)
Chase Balanced Fund
2000 Ed. (624)
Chase Bank
2001 Ed. (595, 596, 763, 764)
Chase Bank USA
2008 Ed. (361, 362)
2007 Ed. (374)
Chase Bank USA NA
2008 Ed. (340, 342, 348, 349, 359)
2007 Ed. (353, 355, 360, 361, 371)
Chase Bankcard Services Inc.
2007 Ed. (1574)
2006 Ed. (1544)
2005 Ed. (1649)
2004 Ed. (1623)
2003 Ed. (1607)
Chase Brass & Copper Co.
1997 Ed. (2387)
Chase Brass Industries
1998 Ed. (2677)
Chase Business Marketing
1999 Ed. (958)
Chase Capital Partners
2002 Ed. (3080)
2000 Ed. (1526)
1999 Ed. (4706, 4707)
1998 Ed. (3666)
Chase Carey
2007 Ed. (971)
Chase Equipment Leasing
2003 Ed. (569)
Chase Equity Income Fund
2000 Ed. (3261)
Chase Federal Bank
1998 Ed. (3156)
Chase H & Q
2002 Ed. (4235)
2001 Ed. (4194)
Chase Home Finance
2008 Ed. (3749)
2006 Ed. (3564, 3565, 3566, 3567, 3568)
2005 Ed. (3302, 3305, 3509)
Chase Home Mortgage Corp.
1996 Ed. (2678, 2680, 2682, 2683)
1995 Ed. (2601, 2602, 2610)
1994 Ed. (2549)
1993 Ed. (2595)
1992 Ed. (3107)
Chase Industries Inc.
2004 Ed. (1393, 1394)
Chase International
1990 Ed. (902)
Chase International Bank
1989 Ed. (1373)
Chase Investment Bank
1991 Ed. (2415, 2673, 2732)
1990 Ed. (1704, 2769)
1989 Ed. (1374, 1375)
Chase Investment Counsel
1993 Ed. (2341)
Chase Investors
1989 Ed. (2131)
Chase Investors Management Corp.
1992 Ed. (2772)
1991 Ed. (2244)
1989 Ed. (1804)
Chase Investors Management Corp,
1990 Ed. (2349, 2352)
Chase JF
2002 Ed. (807, 808, 809, 820, 821, 825, 827, 828, 829, 830, 831, 835, 836, 837, 842, 843, 844, 847, 848, 849, 850, 853)
Chase Lincoln First Bank
1990 Ed. (429)
Chase Lincoln First Bank NA
1992 Ed. (513)
1991 Ed. (369)
Chase Manhattan Corp.
2005 Ed. (1482, 1497, 1500)
2004 Ed. (1466, 1481, 1484)
2003 Ed. (1414, 1440, 1451, 1454, 1496, 2759)
2002 Ed. (435, 438, 488, 490, 580, 583, 587, 588, 629, 731, 732, 733, 1354, 1385, 1393, 1484, 1818, 1920, 1935, 1937, 1939, 1940, 1941, 1942, 1943, 1944, 1945, 1946, 1948, 1950, 2270, 2271, 2272, 2273, 2275, 3043, 3188, 3209)
2001 Ed. (431, 571, 580, 581, 582, 585, 586, 587, 592, 594, 597, 598, 621, 622, 638, 639, 640, 643, 645, 965, 971, 973, 975, 1511, 1512, 1513, 1514, 1515, 1522, 1523, 3009, 3038, 3154, 3348, 3351, 3513, 4207, 4208, 4281)
2000 Ed. (282, 380, 382, 383, 385, 396, 421, 425, 426, 436, 438, 489, 504, 505, 559, 563, 564, 565, 610, 611, 612, 618, 620, 621, 676, 677, 679, 775, 776, 777, 778, 1338, 1349, 1379, 1525, 1617, 2457, 2484, 2921, 3156, 3157, 3320, 3321, 3381, 3413, 3414, 3415, 3742, 3743, 3881, 3884, 3887, 3888, 3889, 3890, 3891, 3892, 3894, 3895, 3897, 3898, 3899, 3901, 3902, 3903, 3904, 3935, 3936, 3937, 3938, 3942, 3947, 3953, 3959, 3987, 3988, 4053)

1999 Ed. (312, 374, 379, 382, 383, 400, 422, 426, 435, 439, 443, 445, 482, 548, 549, 553, 595, 596, 597, 610, 611, 651, 652, 665, 953, 1425, 1537, 1544, 1622, 1669, 1714, 1790, 1794, 1795, 2011, 2012, 2013, 2636, 2698, 3021, 3023, 3024, 3025, 3026, 3027, 3029, 3030, 3031, 3032, 3033, 3034, 3035, 3600, 3601, 3608, 3609, 3706, 3707, 3709, 4023, 4025, 4194, 4207, 4210, 4211, 4218, 4219, 4223, 4224, 4226, 4239, 4252, 4253, 4259, 4262, 4333, 4335)
1998 Ed. (202, 273, 275, 276, 277, 278, 279, 281, 284, 285, 288, 317, 319, 321, 325, 327, 328, 349, 380, 381, 382, 404, 405, 406, 419, 491, 995, 1027, 1084, 1110, 1181, 1205, 1264, 1694, 1841, 2237, 2239, 2240, 2241, 2242, 2244, 2245, 2246, 2247, 2248, 2249, 2250, 2251, 2357, 2400, 2442, 2443, 2444, 2445, 2446, 2456, 2671, 2672, 2673, 3213, 3216, 3220, 3221, 3224, 3225, 3245)
1997 Ed. (332, 337, 340, 341, 342, 344, 346, 347, 358, 387, 567, 580, 1236, 1238, 1246, 1553, 2490, 2932, 2933, 3287, 3288, 3289)
1996 Ed. (362, 369, 370, 373, 374, 377, 379, 388, 617, 618, 698, 1491, 1539, 2368, 2828)
1995 Ed. (346, 350, 355, 357, 364, 396, 553, 571, 1529, 2764, 2837, 3355)
1994 Ed. (351, 362, 367, 374, 375, 376, 402, 651, 653, 1496, 3274)
1993 Ed. (354, 356, 357, 372, 373, 411, 649, 652, 1211, 3284)
1992 Ed. (507, 808)
1991 Ed. (361, 372, 373, 393, 403, 404, 407, 413, 3099)
1990 Ed. (416, 418, 454, 464, 551, 598, 599, 659, 799, 801, 802, 805, 806, 901, 1289, 1306, 1695, 3137, 3150, 3176, 3190, 3222, 3223, 3446)
1989 Ed. (367, 369, 372, 401, 415, 416, 433, 434, 435, 437, 699, 2473)
Chase Manhattan (A), N.Y.
1989 Ed. (2153)
Chase Manhattan & Co.
2002 Ed. (444)
Chase Manhattan Bank
2003 Ed. (426, 560, 3443)
2002 Ed. (480, 482, 483, 487, 489, 505, 506, 507, 508, 626, 643, 2411, 2578, 2725, 3210, 3391)
2001 Ed. (598, 644, 1197, 1533, 3422, 3505, 3506, 3507, 3508, 3509, 3510, 3511)
2000 Ed. (399, 403, 404, 405, 406, 407, 408, 409, 410, 411, 411, 413, 414, 415, 416, 417, 418, 566, 633, 636, 1428, 2344, 2779, 2800, 2810, 2812, 2813, 2922, 2924, 2926, 2927, 2928, 3312, 3416, 3417, 3418, 3419, 3420, 3421, 4058)
1999 Ed. (380, 381, 398, 401, 405, 406, 407, 408, 409, 410, 411, 412, 413, 414, 416, 417, 418, 419, 420, 555, 615, 1836, 2014, 2069, 2601, 3178, 3179, 3313, 3314, 3315, 3316, 3317, 3432, 3433, 3434, 3436, 3649, 4334, 4339)
1998 Ed. (201, 294, 295, 297, 299, 301, 303, 304, 305, 306, 307, 308, 309, 309, 311, 313, 314, 315, 316, 318, 346, 418, 1210, 1211, 1212, 1265, 1842, 1958, 2103, 2524)
1997 Ed. (284, 336, 348, 351, 359, 360, 362, 363, 364, 365, 367, 368, 371, 372, 373, 375, 376, 380, 381, 385, 443, 511, 512, 513, 579, 1239, 1308, 1312, 1404, 1549, 1550, 1551, 1552, 1728, 1729, 1730, 2150, 2614, 2727, 2728, 2729, 2730, 2731, 2807, 3001, 3003, 3421, 3423, 3434, 3436, 3438)
1994 Ed. (341, 342, 344, 345, 350, 353, 356, 363, 368, 371, 377, 379, 381, 382, 383, 384, 386, 387, 388, 390, 391, 393, 394, 395, 397, 398, 399, 400, 401, 403, 460, 465, 520, 523, 600, 604, 1494, 1498, 1499, 1501, 1630, 1631, 1632, 1755, 2286, 2287, 2289, 2291, 2446, 2448, 2449, 2553, 2734, 2736, 2737, 2738, 2740, 3009, 3012)
1993 Ed. (394, 460)
1992 Ed. (505, 510, 513, 516, 527, 527, 528, 537, 541, 542, 544, 549, 550, 551, 552, 553, 554, 556, 557, 558, 560, 561, 563, 564, 565, 566, 567, 568, 570, 649, 673, 713, 714, 802, 804, 852, 853, 1055, 1178, 1179, 1180, 1540, 1560, 1745, 1746, 2035, 2041, 2042, 2045, 2430, 2718, 2719, 2722, 2723, 2981, 2982, 2983, 2984, 2986, 3339, 3340, 3341, 3627, 3823, 3842, 3901, 545)
1991 Ed. (401, 401, 408, 411, 412, 494, 510, 511, 555, 556, 635, 850, 852, 945, 946, 1196, 1231, 1275, 1610, 1613, 2200, 2201, 2216, 2582, 2676, 2677, 3072, 3073, 3244, 3262, 3445)
1990 Ed. (417, 455)
1989 Ed. (506, 532, 534, 640, 2783)
Chase Manhattan Bank/Chase Automotive Finance
1993 Ed. (2603)
Chase Manhattan Bank Connecticut NA
1996 Ed. (478)
1995 Ed. (449)
1994 Ed. (459)
Chase Manhattan Bank NA
2001 Ed. (3006)
2000 Ed. (381)
1996 Ed. (256, 380, 389, 390, 394, 395, 398, 399, 400, 401, 404, 405, 406, 408, 409, 412, 413, 414, 416, 418, 419, 420, 479, 552, 554, 556, 640, 641, 927, 1344, 1486, 1487, 1488, 1489, 1647, 1648, 1649, 1650, 1651, 1652, 1653, 1699, 1702, 2028, 2029, 2030, 2580, 2581, 2582, 2676, 3184)
1995 Ed. (354, 360, 365, 368, 369, 370, 372, 374, 376, 377, 378, 381, 382, 383, 385, 386, 389, 390, 393, 394, 395, 450, 501, 504, 570, 738, 740, 741, 744, 748, 1392, 1525, 1526, 1527, 1540, 1541, 1556, 2513, 2514, 2515, 2516, 2596, 2605, 2609, 2838, 2839, 2841, 2842, 2843, 3066, 3209)
1994 Ed. (249)
1993 Ed. (352, 359, 361, 361, 362, 374, 375, 380, 381, 386, 389, 391, 392, 393, 396, 397, 398, 400, 401, 403, 404, 405, 406, 408, 409, 410, 456, 525, 595, 597, 601, 1438, 1439, 1440, 1441, 1444, 1445, 1684, 1690, 1889, 2508, 2509, 2510, 2511, 2512, 2767, 2768, 2769, 2965, 2968, 2970, 3153, 3391)
1991 Ed. (362, 405, 409, 410, 486, 487, 488, 593, 628, 944, 1922, 1923, 2484, 2811)
1990 Ed. (429, 461, 462, 465, 525, 526, 527, 529, 537, 629, 653, 1014, 1015, 1016, 3165)
Chase Manhattan Bank NA (Wilmington)
1991 Ed. (496)
Chase Manhattan Bank USA
2006 Ed. (370, 372, 377, 391, 2873, 3559)
2005 Ed. (367, 383, 433, 2868)
2004 Ed. (356, 358, 364, 427, 2863)
1997 Ed. (366, 369, 382, 449)
1996 Ed. (380, 402, 415, 419, 485)
1995 Ed. (376, 379, 392, 454)
1994 Ed. (356, 381)
1993 Ed. (407)
1992 Ed. (1748)
1991 Ed. (1392)
Chase Manhattan Bank USA NA
2003 Ed. (377, 379, 385, 430, 433, 2771)
2002 Ed. (440, 479, 481, 506, 2578)
1998 Ed. (302, 312)
1991 Ed. (365)
1990 Ed. (466)
1989 Ed. (365, 425, 436, 510, 511, 512, 513)
Chase Manhattan Corporation
2000 Ed. (3940, 3943, 3948, 3949, 3952, 3958)
Chase Manhattan Foundation
2002 Ed. (978)
2001 Ed. (2516)
Chase Manhattan Mortgage
2006 Ed. (3559, 3560, 3562)
2005 Ed. (3501)
2003 Ed. (3433, 3435, 3444, 3445, 3446, 3447)
2002 Ed. (3381, 3382, 3383, 3384, 3385, 3388, 3389, 3392)
2001 Ed. (3345, 3346, 3347, 3352, 4522)
2000 Ed. (3158, 3159, 3161, 3162, 3163)
1999 Ed. (2608, 3435, 3437, 3441)
1998 Ed. (1861, 2522, 2523, 2525, 2526, 2527, 2528, 2529, 2530)
1997 Ed. (2813, 2814)
1996 Ed. (2675, 2686)
Chase Manhattan New
2000 Ed. (3328)
Chase Manhattan Private
1998 Ed. (426)
Chase Manhattan Residential Mortgage
1997 Ed. (2808, 2809, 2811)
Chase Merchant Services
2000 Ed. (379)
1999 Ed. (376)
Chase Mortgage Finance Corp.
1996 Ed. (2685)
1995 Ed. (2607)
1994 Ed. (2555)
1993 Ed. (2591)
1992 Ed. (3105)
Chase National Bank of Egypt
1989 Ed. (451, 455)
Chase-Pitkin H.C.
1997 Ed. (835)
Chase Securities, Inc.
2001 Ed. (1195, 2423, 2428, 2429, 2430)
2000 Ed. (829, 1919, 3930)
1999 Ed. (835, 2143)
1998 Ed. (518, 1561)
1997 Ed. (2489, 2491, 2499)
1996 Ed. (2360, 2361, 2362, 2363, 2364, 2365, 2367, 2369, 2370, 2371)
1995 Ed. (2341, 2342, 2344, 2345, 2348, 2349, 2350, 2351, 2352)
1993 Ed. (2270, 2272, 2274, 2276, 3123, 3129, 3180, 3181)
1992 Ed. (2727, 3855, 3863, 3867, 3869)
1991 Ed. (2165, 2518, 2977, 3003, 3005, 3035)
Chase Vista European A
1999 Ed. (3567)
Chase Vista European Shares A
2000 Ed. (623)
Chasing Cezanne
1999 Ed. (692)
Chassin; Mark R.
1995 Ed. (3503)
Chassis; Nissan
2008 Ed. (304)
2006 Ed. (323)
2005 Ed. (304)
Chassis Plans
2008 Ed. (1110)
Chassis, Steering, Suspension
1989 Ed. (329)
Chassis, Steering, Suspension (all)
1990 Ed. (398)
Chastain Park Amphitheatre
2002 Ed. (4342)
Chat
2008 Ed. (3352)
2000 Ed. (3503)
Chateau
1989 Ed. (2944)
Chateau Communities Inc.
2005 Ed. (1462, 1466)
2000 Ed. (3152)
1999 Ed. (3426)
Chateau Elan
2000 Ed. (4416)
1999 Ed. (4788)
1998 Ed. (3745)
1997 Ed. (3903, 3906, 3910)
1996 Ed. (3859)
1995 Ed. (3759)
1992 Ed. (4465)
1991 Ed. (3498)
Chateau Estates
1991 Ed. (2477)
Chateau Land Developement
1993 Ed. (2587)
Chateau Land Development Co.
1992 Ed. (3093)
Chateau Laurier Hotel
1993 Ed. (2094)
Chateau Marmont
1997 Ed. (2284)
Chateau Martin
2002 Ed. (4742)
2001 Ed. (4676)
Chateau Properties
1998 Ed. (2518)
1997 Ed. (2803)
1996 Ed. (2664)
1995 Ed. (2593)
Chateau Souverain
1996 Ed. (3859)
Chateau Ste. Michelle
1999 Ed. (4794)
1993 Ed. (876)
1989 Ed. (2940, 2944)
Chateau Stores of Canada
1997 Ed. (1033)
1996 Ed. (1013)
1994 Ed. (1020)
1990 Ed. (1056, 1057)
Chateau Tivoli, San Francisco, CA
1992 Ed. (877)
Chatha; Raj
2007 Ed. (2465)
Chatham
1996 Ed. (3682)
1995 Ed. (3607)
Chatham Manufacturing Co.
1995 Ed. (1954)
Chatham Parking Systems Inc.
1998 Ed. (3765)
Chatham-Savannah Youth Futures Authority
1994 Ed. (1902)
Chatlos Foundation Inc.
2000 Ed. (2262)
1999 Ed. (2502)
1998 Ed. (1756)
Chatri Sophonpanich
2006 Ed. (4920)
Chattahoochee Nature Center
1995 Ed. (1932)
Chattanooga Chew
1995 Ed. (3624)
1994 Ed. (3546)
Chattanooga Paperboard Corp.
2007 Ed. (2009)
2005 Ed. (1968)
Chattanooga, TN
2008 Ed. (3475)
2006 Ed. (3067)
2003 Ed. (3260)
1996 Ed. (976)
1995 Ed. (2807)
1994 Ed. (825, 2924)
1992 Ed. (3641)
Chattem Inc.
2005 Ed. (2021)
2004 Ed. (1897, 4570)
2003 Ed. (282)
2002 Ed. (3890)
2001 Ed. (2015)
2000 Ed. (3691)
1990 Ed. (271, 965)
1989 Ed. (898)

Chattern Inc.
2003 Ed. (3789)
Chaus; Bernard
1995 Ed. (1036)
1990 Ed. (1063)
Chautauqua
2006 Ed. (228)
Chavez-Camacho match
1994 Ed. (840)
Chavez-Haugen Fight
1995 Ed. (880)
Chavez; R. Martin
2008 Ed. (2628)
Chavez Sheet Metal Co.
2006 Ed. (3502)
2005 Ed. (3494)
2004 Ed. (3494, 3495)
2003 Ed. (3425, 3426)
2002 Ed. (3373)
Chavez-Whitaker Fight
1995 Ed. (880)
Chazen; Stephen
2008 Ed. (965)
2007 Ed. (1065)
2006 Ed. (969)
2005 Ed. (989)
CHB Capital Partners
2004 Ed. (4832)
2002 Ed. (4737)
CHC & MED
1994 Ed. (57, 58)
CHC Helicopter
2008 Ed. (4752)
2007 Ed. (4826)
2006 Ed. (1603)
2004 Ed. (1669)
2003 Ed. (1632)
1999 Ed. (4654)
Cheap John's
1997 Ed. (926)
Cheap Tickets
2002 Ed. (4859)
2001 Ed. (2991)
Cheap Tobacco
2005 Ed. (4139)
Chearavanont; Dhanin
2008 Ed. (4853)
2006 Ed. (4920)
Cheatham State Bank
1993 Ed. (511)
Check Capital Management, Quality Growth Program
2003 Ed. (3120)
Check-cashing card
2003 Ed. (4642)
Check Express USA Inc.
1992 Ed. (2223)
Check Point Software
2008 Ed. (1860)
2007 Ed. (1825)
2006 Ed. (1818)
Check Point Software Technologies
2006 Ed. (1819)
2005 Ed. (1154)
2004 Ed. (2215, 4562, 4567, 4569)
2003 Ed. (1111, 2161)
2002 Ed. (1571, 2809, 2812, 2814, 4882)
Check processing
1998 Ed. (290)
Check Protection Systems
1997 Ed. (1048)
Checkcare Systems
1994 Ed. (1916)
Checkered Flag Suzuki
1996 Ed. (289)
1995 Ed. (286)
Checkers
2008 Ed. (2661)
2006 Ed. (2566)
2004 Ed. (2582)
2002 Ed. (2235)
2000 Ed. (2413, 3778)
1994 Ed. (43)
1993 Ed. (50)
1992 Ed. (77)
1991 Ed. (47)
1990 Ed. (47)
1989 Ed. (50)
Checkers Drive-In
2008 Ed. (2675, 2676)
2007 Ed. (2531, 2532, 2537)
2001 Ed. (2403)
1995 Ed. (3115, 3116, 3136, 3137)
Checkers Drive-In Restaurants Inc.
2007 Ed. (2540)
2006 Ed. (2569)
2000 Ed. (2414)
1999 Ed. (2632, 2633)
1998 Ed. (1898)
1997 Ed. (1836, 2172, 2173)
1996 Ed. (2072, 3211, 3212)
1994 Ed. (2012, 2014, 3054, 3070, 3071, 3087, 3321, 3322)
1993 Ed. (2001, 2002, 3331, 3332)
Checkers/Rally's
2003 Ed. (2439)
Checkers Simon & Rosner
1998 Ed. (922)
1995 Ed. (9)
1994 Ed. (2)
1993 Ed. (4)
1992 Ed. (10)
CheckFree Corp.
2008 Ed. (3184)
2003 Ed. (2168, 3033)
2001 Ed. (1874)
1997 Ed. (3403, 3408)
CheckFree Holdings
2001 Ed. (2967)
Checking/DDA
1990 Ed. (531, 532)
Checkland Kindleysides
2002 Ed. (1958)
1999 Ed. (2836, 2837, 2838, 2839)
1996 Ed. (2235)
Checkmate Staffing Inc.
2002 Ed. (4598)
Checkpoint Security Systems Group Inc.
2000 Ed. (3921)
Checkpoint Systems, Inc.
2002 Ed. (2811)
1998 Ed. (3184)
CheckptSys
1996 Ed. (2833)
Checks & Balances Inc.
2005 Ed. (1995)
Cheddar
2002 Ed. (983)
Cheddar cheese
1993 Ed. (897)
Cheddar Cheese Popcorn
1995 Ed. (2955)
Cheddar's
2005 Ed. (4051)
Chee-Tos
2003 Ed. (4453, 4454, 4455)
1999 Ed. (4345, 4703)
Chee-Tos Cheesy Checkers
2003 Ed. (4453)
Cheeburger Cheeburger
2007 Ed. (4146)
2004 Ed. (4135)
Cheer
2008 Ed. (2329, 2331)
2007 Ed. (2197)
2006 Ed. (2256, 2258)
2005 Ed. (2197)
2004 Ed. (2093)
2003 Ed. (2040, 2043, 2044, 2045)
2002 Ed. (1961, 1963, 1966)
2001 Ed. (1241, 2000, 2001)
2000 Ed. (1095)
1999 Ed. (1179, 1181, 1837)
1998 Ed. (745, 746)
1997 Ed. (1005)
1996 Ed. (981, 982)
1995 Ed. (994, 995, 1558)
1994 Ed. (980, 981)
1993 Ed. (952, 953)
1992 Ed. (1173, 1174, 1175, 4234)
1991 Ed. (3324)
1990 Ed. (1013, 3548)
Cheerios
2008 Ed. (871)
2007 Ed. (894)
2006 Ed. (807)
2005 Ed. (892)
2004 Ed. (902)
2003 Ed. (874, 876, 879)
2002 Ed. (955)
2001 Ed. (1147)
2000 Ed. (1001, 1002, 1003)
1998 Ed. (659, 661)
1996 Ed. (891)
1995 Ed. (914, 915, 1892)
1994 Ed. (883)
1993 Ed. (860, 862, 1878)
1992 Ed. (921, 1072, 1074, 2190)
1991 Ed. (877, 878, 3322)
1990 Ed. (924, 3540)
The Cheerios Animal Play Book
2001 Ed. (981)
Cheerios/Honey Nut Cheerios
1992 Ed. (4232)
Cheerios; Nestle
2008 Ed. (718)
The Cheerios Play Book
2001 Ed. (980)
"Cheers"
2001 Ed. (4491)
1997 Ed. (3722)
1995 Ed. (3582)
1993 Ed. (3534)
1992 Ed. (4247)
1991 Ed. (3245)
Cheese
2005 Ed. (3479)
2003 Ed. (1962, 3937, 3938)
2002 Ed. (3489)
2001 Ed. (1974, 3311)
2000 Ed. (3135, 3619)
1999 Ed. (1422, 4507)
1998 Ed. (1237, 1238, 1239, 1709, 3433)
1997 Ed. (3680)
1996 Ed. (2043, 3091, 3092, 3093, 3097, 3615)
1995 Ed. (2997, 3536, 3537)
1994 Ed. (1510, 1996, 2940, 3460)
1993 Ed. (2921, 3484, 3499)
1992 Ed. (2198, 3546, 4173, 4175)
1990 Ed. (2878, 2879, 2887)
Cheese, American cheddar
2003 Ed. (928)
Cheese, American/processed
1993 Ed. (3485)
Cheese, American slices
2003 Ed. (928)
Cheese cake
1992 Ed. (3545)
Cheese, cheddar
1997 Ed. (950, 3663)
Cheese, colby
1997 Ed. (950, 3663)
Cheese, grated
2003 Ed. (928)
Cheese, loaves
2003 Ed. (928)
2002 Ed. (983)
Cheese, Monterey Jack
1997 Ed. (950, 3663)
Cheese, mozzarella
2003 Ed. (928)
1999 Ed. (3837)
1997 Ed. (950, 3663)
Cheese, muenster
1997 Ed. (950, 3663)
Cheese Nips
2000 Ed. (1293)
1999 Ed. (779, 1421)
Cheese, parmesan
1997 Ed. (950, 3663)
Cheese, provolone
1997 Ed. (950, 3663)
Cheese, puffed
2003 Ed. (4460, 4461)
Cheese puffs
1994 Ed. (3346, 3348)
Cheese, ricotta
1997 Ed. (950, 3663)
Cheese, shredded
2003 Ed. (928)
Cheese, snack
2003 Ed. (928)
Cheese snacks
2006 Ed. (4395)
1997 Ed. (3531)
Cheese, specialty
2003 Ed. (4643)
Cheese, specialty/imported
2003 Ed. (928)
Cheese, Swiss
1997 Ed. (950, 3663)
Cheeseburger Restaurants
2007 Ed. (1751)
Cheesecake
2002 Ed. (425)
1998 Ed. (1266)
1997 Ed. (327)
1995 Ed. (1557)
1994 Ed. (2938)
The Cheesecake Factory
2008 Ed. (4157, 4169, 4170)
2007 Ed. (4133, 4142)
2006 Ed. (2650, 4104, 4107, 4109, 4115, 4127, 4129, 4130)
2005 Ed. (2660, 4052, 4060, 4061, 4063, 4064, 4082, 4084, 4085)
2004 Ed. (4127)
2003 Ed. (2531, 4078, 4097, 4108, 4109, 4111, 4133, 4135, 4136)
2002 Ed. (4001, 4013)
2000 Ed. (3763, 3796, 3797)
Cheesecake, frozen
2000 Ed. (4142)
Cheeses
1992 Ed. (1777)
Cheetahmail
2008 Ed. (2477)
2007 Ed. (2353)
Cheetos
2008 Ed. (4440, 4443)
2007 Ed. (4457, 4460)
2006 Ed. (4390, 4393)
2005 Ed. (4387)
2004 Ed. (4438, 4439)
Cheetos Natural
2008 Ed. (4440)
2007 Ed. (4457)
Cheez-It
2008 Ed. (1381)
2000 Ed. (1293)
1999 Ed. (779, 1421)
Cheez-It Savory
2007 Ed. (1424)
2006 Ed. (1387)
Cheez-Its
2005 Ed. (1400)
2004 Ed. (1380)
2003 Ed. (1368, 1370)
Chef
2008 Ed. (4711)
2004 Ed. (2280)
2001 Ed. (93)
Chef America Inc.
2005 Ed. (1546, 1550)
2001 Ed. (2478)
Chef Boyardee
2003 Ed. (861, 3923)
Chef's Blend
2002 Ed. (3651)
1999 Ed. (3784)
1997 Ed. (3076)
1994 Ed. (2826, 2835)
1993 Ed. (2821)
1992 Ed. (3414)
1990 Ed. (2815)
1989 Ed. (2199)
Chefs International
1995 Ed. (3134)
Cheil
1995 Ed. (2313)
Cheil Bozell
2000 Ed. (120)
1999 Ed. (114)
1997 Ed. (111)
1996 Ed. (109)
1994 Ed. (99)
1993 Ed. (116)
1992 Ed. (174)
Cheil Communications
2008 Ed. (1564, 2079)
2003 Ed. (149)
2002 Ed. (131)
2001 Ed. (158)
2000 Ed. (120)
1999 Ed. (114)
1997 Ed. (111)
1996 Ed. (109)
1995 Ed. (94)
1994 Ed. (99)
1993 Ed. (80, 116)
1992 Ed. (174)
1991 Ed. (121)

Cheil Sugar
1994 Ed. (30)
1991 Ed. (33)
Chek Lap Kok Airport
1996 Ed. (2262)
Chekiang First Bank Ltd.
1995 Ed. (485)
1994 Ed. (501)
1993 Ed. (498)
1992 Ed. (696)
Chelan County Public Utility District No. 1
2000 Ed. (3205)
Chelan County Public Utility District, WA
2000 Ed. (1727)
Chelan County, Wash., Public Utility District
1990 Ed. (1596)
Chell Bozell
1995 Ed. (94)
Chellam; Kris
2006 Ed. (989)
Chelsea
2008 Ed. (676, 697, 4454)
2007 Ed. (704, 725, 4465)
2006 Ed. (4398)
2002 Ed. (4307)
2001 Ed. (4301)
2000 Ed. (3855)
1992 Ed. (3801)
Chelsea GCA Realty
1999 Ed. (3663, 3664)
Chelsea Green Publishing Co.
2001 Ed. (3951)
Chelsea Groton Bank
2008 Ed. (1693)
Chelsea Management Co.
1993 Ed. (2343)
Chelsea Milling
1998 Ed. (253, 3435)
1990 Ed. (1828)
Chelsea State Bank
1999 Ed. (502)
1998 Ed. (347)
Chelsfield M.H. Holdings Ltd.
2001 Ed. (2727)
Chelsfield plc
2006 Ed. (1431)
Cheltenham & Gloucester
1995 Ed. (3185)
1992 Ed. (3801)
1990 Ed. (3103)
Chem-Dry
2005 Ed. (898, 899)
2004 Ed. (904, 908)
2003 Ed. (883)
2002 Ed. (2007, 2576)
1999 Ed. (2509, 2520)
1998 Ed. (1759)
1995 Ed. (1937)
1994 Ed. (1913)
1992 Ed. (2219, 2220)
1991 Ed. (1769, 1770)
1990 Ed. (1850, 1852, 1853)
Chem-Dry Carpet, Drapery, & Upholstery Cleaning
2008 Ed. (873, 876, 877)
2007 Ed. (897, 901, 902)
2006 Ed. (810, 813, 814)
2005 Ed. (894)
Chem Dry Express
2006 Ed. (794, 795)
Chem-Tainer Industries Inc.
2007 Ed. (3975)
2005 Ed. (3858)
2004 Ed. (3912)
2003 Ed. (3891)
2001 Ed. (4126, 4127)
Chem-Tech Systems, Inc.
1991 Ed. (1911)
Chemapol Group AS
2006 Ed. (1694)
CheMatch.com
2003 Ed. (2162)
2001 Ed. (4750)
ChemCentral Corp.
2008 Ed. (916)
2007 Ed. (938)
2004 Ed. (955)
2003 Ed. (948)
2002 Ed. (1005, 1006)
1999 Ed. (1093)
Chemcial New York Corp.
1989 Ed. (434)
Chemco Electrical Contractors Ltd.
2006 Ed. (1539)
ChemConnect
2004 Ed. (2216)
2003 Ed. (2162)
2001 Ed. (4750)
Chemdex Corp.
2001 Ed. (4186, 4750)
Chemed Corp.
2008 Ed. (1250)
2002 Ed. (57)
1998 Ed. (2701)
1997 Ed. (2957)
1996 Ed. (2862)
1995 Ed. (2806)
1994 Ed. (2693)
1992 Ed. (4009, 4010)
1991 Ed. (921, 3150)
1990 Ed. (3310)
Chemence Inc.
2004 Ed. (18)
2003 Ed. (13)
Chemfirst Inc.
2004 Ed. (2591, 2592)
2001 Ed. (1214)
Chemical
2001 Ed. (3820)
1997 Ed. (348, 362, 2727, 2729, 2731)
1992 Ed. (3339, 3340, 4479)
1990 Ed. (454, 551, 552, 553, 554, 555, 557, 559, 3176)
1989 Ed. (421)
Chemical Abstracts Service
2007 Ed. (3060)
2006 Ed. (3027)
Chemical agents
1995 Ed. (1908)
Chemical & allied product manufacturers
2001 Ed. (1637, 1639, 1677, 1681, 1708, 1720, 1726, 1754, 1757, 1781, 1804, 1825, 1837, 1855, 1859, 1883)
Chemical & allied products
1999 Ed. (1941)
Chemical and Engineering News
2003 Ed. (814)
2001 Ed. (251)
1993 Ed. (2800)
Chemical Bank
1998 Ed. (274, 2351)
1997 Ed. (284, 336, 338, 351, 359, 360, 364, 365, 366, 367, 369, 371, 372, 374, 375, 376, 378, 380, 382, 383, 385, 443, 513, 579, 1549, 1550, 1551, 1552, 1728, 1729, 1730, 1731, 2150, 2620, 2621, 2622, 2623, 2807, 3002, 3529)
1996 Ed. (256, 367, 380, 389, 390, 398, 399, 400, 401, 402, 404, 405, 406, 407, 408, 409, 411, 412, 413, 415, 416, 418, 419, 420, 479, 556, 640, 1486, 1487, 1488, 1489, 1647, 1648, 1649, 1650, 1651, 1653, 2029, 2030, 2480, 2676, 2910, 3163)
1995 Ed. (347, 351, 354, 360, 361, 362, 365, 366, 368, 369, 371, 372, 374, 375, 376, 377, 378, 37938, 382, 383, 384, 385, 386, 388, 389, 390, 392, 393, 395, 450, 462, 507, 554, 570, 738, 740, 741, 745, 1047, 1525, 1526, 1527, 1541, 2436, 2596, 2604, 2605, 2609, 2838, 2843, 3066, 3513)
1994 Ed. (249, 341, 345, 346, 350, 353, 354, 356, 368, 369, 371, 372, 378, 379, 380, 381, 382, 383, 384, 386, 387, 388, 389, 390, 391, 393, 394, 395, 397, 398, 399, 400, 401, 403, 460, 600, 1039, 1494, 1499, 1630, 1631, 1632, 2448, 2552, 2553, 2557, 2737, 2738, 2740, 3009, 3012)
1993 Ed. (356, 357, 359, 361, 362, 372, 373, 374, 375, 380, 381, 386, 387, 388, 389, 391, 392, 393, 396, 400, 401, 403, 405, 410, 411, 525, 593, 595, 596, 597, 601, 648, 649, 652, 793, 1175, 1189, 1245, 1264, 1438, 1439, 1440, 1441, 1444, 1683, 1684, 2272, 2273, 2276, 2278, 2590, 2767, 2768, 2769, 2965, 2970, 3206, 3229, 3284)
1992 Ed. (527, 528, 537, 541, 542, 544, 545, 546, 549, 552, 553, 554, 556, 560, 561, 563, 565, 568, 570, 673, 714, 802, 803, 804, 820, 2719, 2722, 2723, 2983, 3104, 3341, 3627, 3823, 3841, 3843, 3874, 3901)
1991 Ed. (369, 405, 406, 409, 410, 489, 494, 510, 511, 593, 628, 630, 2190, 2196, 2200, 2484, 2673, 2674, 2811, 3012, 3072, 3262, 3278)
1990 Ed. (429, 455, 461, 462, 465, 525, 529, 629, 653, 799, 801, 805, 2769, 3137, 3199, 3222)
1989 Ed. (365, 425, 436, 506, 510, 511, 512, 513, 532, 563, 639, 640, 801, 2455, 2713)
Chemical Bank Delaware
1995 Ed. (454)
Chemical Bank International Group
1989 Ed. (1374)
Chemical Bank NA
1990 Ed. (654)
Chemical Bank, New Jersey
1992 Ed. (724)
Chemical Bank New Jersey NA
1997 Ed. (577)
1996 Ed. (637, 638)
1995 Ed. (568)
1994 Ed. (598)
1992 Ed. (800)
1991 Ed. (625)
Chemical Bank Retail Card Services
1997 Ed. (1553)
1996 Ed. (1491)
1995 Ed. (1529)
1994 Ed. (1496)
Chemical Banking Corp.
1998 Ed. (280, 425)
1997 Ed. (286, 332, 337, 340, 341, 342, 344, 346, 347, 358, 363, 387, 512, 567, 1236, 1238, 1239, 1246, 1272, 1326, 1597, 2492, 2499, 2500, 2504, 3003, 3004, 3287, 3288, 3289, 3421)
1996 Ed. (359, 362, 369, 370, 372, 373, 374, 377, 379, 388, 391, 394, 395, 552, 554, 618, 641, 656, 697, 698, 927, 1249, 1263, 1281, 1539, 2028, 2362, 2366, 2367, 2580, 2582, 2828, 3184)
1995 Ed. (2514)
1994 Ed. (251, 351, 352, 362, 363, 367, 374, 375, 376, 377, 402, 520, 523, 604, 617, 651, 653, 1287, 1307, 1498, 1501, 2286, 2289, 2449, 3229, 3274)
1993 Ed. (2274)
1992 Ed. (536, 572)
1991 Ed. (372, 373, 393, 403, 404, 408, 411, 413, 556, 635, 1275)
1990 Ed. (464, 598, 599, 659, 3446)
1989 Ed. (699)
Chemical Bond
2000 Ed. (3353)
Chemical burns
2002 Ed. (3529)
Chemical Business
1992 Ed. (1503)
Chemical/Chase Manhattan
1997 Ed. (386, 581, 2614)
Chemical engineering
2003 Ed. (2271)
Chemical-equipment controllers, operators
1989 Ed. (2078)
Chemical extraction
1992 Ed. (2378)
Chemical Fabrics
1992 Ed. (2369)
Chemical industries
1993 Ed. (3729)
Chemical Industries (Far East) Ltd.
1997 Ed. (1358)
Chemical industry
1994 Ed. (2191)
Chemical Leaman
1999 Ed. (4532, 4533, 4681, 4682)
1998 Ed. (3461, 3639)
1997 Ed. (3809)
1996 Ed. (3630, 3759)
1995 Ed. (3541, 3680)
1989 Ed. (1143)
Chemical Leaman Tank Lines
2000 Ed. (4178)
1994 Ed. (3474, 3602)
1993 Ed. (3503, 3642)
1991 Ed. (3433)
Chemical Lime Co.
2000 Ed. (2935)
Chemical manufacturing, basic
2007 Ed. (3716)
2002 Ed. (2225)
Chemical Mortgage Co.
1996 Ed. (2036, 2677, 2684)
1995 Ed. (2042, 2602, 2603, 2606)
1994 Ed. (1984, 2548, 2554)
1993 Ed. (1993, 2592, 2593)
Chemical New Jersey Holdings
1993 Ed. (614)
Chemical New York Corp.
1990 Ed. (443)
1989 Ed. (366, 420, 426, 560)
Chemical, petroleum
1989 Ed. (2347)
Chemical/Pharmaceutical
1997 Ed. (2381)
Chemical-plant and system operators
1989 Ed. (2078)
Chemical product manufacturing
2002 Ed. (2223, 2225)
Chemical Production machinery
1995 Ed. (1754, 2248)
Chemical products
2001 Ed. (2636, 2637)
1996 Ed. (1724)
Chemical Residential Mortgage Corp.
1997 Ed. (2808, 2809, 2811, 2813, 2814)
1996 Ed. (2675, 2679, 2680, 2681, 2683, 2686)
1995 Ed. (2597, 2598, 2599)
Chemical Securities Inc.
1998 Ed. (3235, 3257, 3260)
1997 Ed. (742, 1922, 2837, 3456, 3461, 3462)
1996 Ed. (3354)
1995 Ed. (3256)
1993 Ed. (3166, 3194)
1992 Ed. (3847)
1991 Ed. (2165, 2174, 2522, 2954, 2955, 2974, 2979, 2980, 3031, 3034, 3065)
1990 Ed. (3166)
Chemical treatment
1992 Ed. (2378)
Chemical Venture Partners
1996 Ed. (3782)
1995 Ed. (3695)
1994 Ed. (3621, 3622)
1993 Ed. (3662)
1991 Ed. (3443)
1990 Ed. (3668)
Chemical Venture Partners/Chemical Venture Capital Associates LP (SBIC)
1991 Ed. (3441)
Chemical Waste Management
1994 Ed. (2891)
1993 Ed. (719, 2875)
1992 Ed. (3479)
1991 Ed. (2752)
1990 Ed. (2875)
Chemical Week
2005 Ed. (139, 140)
Chemicaling Bank
1992 Ed. (713)
Chemicals
2008 Ed. (1417, 1630, 1821)
2007 Ed. (629, 3701, 4236, 4751)
2006 Ed. (600, 834, 1425, 1436, 1437, 1444, 1447, 1454, 3001, 3707, 4220, 4737)
2005 Ed. (309, 1543, 1561, 1572)
2004 Ed. (1465, 1527, 1747, 1748)

2003 Ed. (1435, 1436, 1497, 1520, 2901, 2903, 2905, 2909, 2910, 2913)
2002 Ed. (1414, 1481, 1489, 1491)
2001 Ed. (2177, 2376, 2378, 2844, 3547, 4154, 4533, 4649)
2000 Ed. (2635)
1999 Ed. (1509, 1677, 1678, 1680, 2868, 2869, 2871, 3427)
1997 Ed. (1297, 1299, 1301, 1303, 1304, 1305, 1440, 1443, 2384, 2385, 2386)
1996 Ed. (1252, 1254, 1256, 1257, 1258, 1259, 1262, 2252, 2253, 2488, 2489)
1995 Ed. (1278, 1298, 1300, 1304)
1994 Ed. (1278, 1282, 2560)
1993 Ed. (1218, 1232, 1235, 1239, 1240, 1242, 1713, 1726, 2168, 2377, 2870)
1992 Ed. (2093, 2599, 2601, 2603, 2605, 2608, 2613, 2614, 2616, 2617, 2618, 2619, 2620, 2621, 2623, 2629, 2902, 3476, 3610)
1991 Ed. (1173, 1186, 2028, 2030, 2035, 2038, 2043, 2044, 2046, 2047, 2048, 2049, 2050, 2051, 2056, 2057)
Chemicals, agricultural
2006 Ed. (3009)
1999 Ed. (1111, 1112, 1114)
1996 Ed. (952)
Chemicals & allied products
2002 Ed. (3970)
1999 Ed. (2846, 2866)
1997 Ed. (867, 1613, 1717)
1992 Ed. (2087, 2091)
1990 Ed. (1225, 1254, 1255, 1268, 1269, 1658)
Chemicals and materials, electronic
1996 Ed. (952)
Chemicals, brominated agricultural
1999 Ed. (946)
Chemicals Business
1990 Ed. (1652)
Chemicals, construction
1999 Ed. (1111, 1112, 1114)
Chemicals, electronic
1999 Ed. (1110, 1111, 1112, 1114)
Chemicals, farm
1996 Ed. (930)
Chemicals industry
1999 Ed. (1046)
1998 Ed. (1073, 1074, 1151, 1154, 1155, 2077, 2096, 2098, 2099, 2101)
1991 Ed. (2054)
Chemicals, inorganic
2008 Ed. (2644)
2007 Ed. (2515)
2001 Ed. (4389)
1998 Ed. (2064)
Chemicals, laboratory
1999 Ed. (1110)
Chemicals, medicinal
2008 Ed. (2649, 2650)
Chemicals, organic
2008 Ed. (2646, 2650)
2007 Ed. (2521)
2006 Ed. (2535)
1998 Ed. (2064)
1995 Ed. (1738)
Chemicals, paints, & coatings
2002 Ed. (1480, 1482, 1490)
1999 Ed. (1466, 1473)
1998 Ed. (1034, 1035, 1039, 1040)
1997 Ed. (1262, 1274)
1996 Ed. (1215, 1219, 1231)
1995 Ed. (1248, 1250, 1259)
1994 Ed. (1211, 1228, 1229, 1232, 1233)
1993 Ed. (1185, 1200, 1201, 1204, 1213, 1214)
1992 Ed. (1464, 1466, 1487, 1488, 1491, 1492, 1501, 1502)
1991 Ed. (1150, 1151, 1152, 1175, 1176, 1179, 1180, 1190)
1990 Ed. (1234, 1257, 1261, 1262, 1272)
Chemicals, photovoltaic
1999 Ed. (1110)
Chemicals/refining
1995 Ed. (1989)
Chemicals, water management
1996 Ed. (952)
Chemicraft International Inc.
2000 Ed. (4057)
Chemie Linz
2001 Ed. (2507)
Chemins de fer Francais
2004 Ed. (1720)
Chemins de fer Francais (Societe Nationale des)
1994 Ed. (1352)
1991 Ed. (3106)
Chemipack
2005 Ed. (86)
2004 Ed. (91)
Chemist
2004 Ed. (2282)
Chemistri
2005 Ed. (113)
Chemko Statny Podnik
2004 Ed. (1693)
2002 Ed. (1631)
Chemocentral
1999 Ed. (1094)
Chemoil
2005 Ed. (3910)
Chemolak
2000 Ed. (809, 810)
1999 Ed. (806)
Chemopetrol
1999 Ed. (3869, 3870)
Chemopetrol Group
2000 Ed. (3586)
Chemopetrol Works
1994 Ed. (925)
Chempower Inc.
1999 Ed. (1365)
1998 Ed. (943)
1997 Ed. (1174)
1996 Ed. (1145)
ChemRex Inc.
2004 Ed. (18)
2003 Ed. (13)
Chemring
2007 Ed. (188)
Chemstation
2007 Ed. (769)
2006 Ed. (673)
2005 Ed. (766)
2004 Ed. (911)
2003 Ed. (892)
2002 Ed. (957)
Chemstreat
1997 Ed. (3869)
Chemstrip
1994 Ed. (1529)
Chemstrip BG
1994 Ed. (1573)
Chemtrade Logistics Income Fund
2008 Ed. (915)
2007 Ed. (936)
Chemtronics
2002 Ed. (4880)
Chemtura Corp.
2007 Ed. (930, 932)
Chemung Financial Corp.
2004 Ed. (401, 404, 405)
Chen
1998 Ed. (2040)
Chen Hsong Holdings
2007 Ed. (1760)
Chen Hstang Enterprise Corp.
1994 Ed. (3524)
Chen Lihua
2005 Ed. (2515)
2004 Ed. (2535)
Chen Tianqiao
2007 Ed. (2508)
Chen Yuen Special Metal Corp.
1992 Ed. (1705)
Chenault; Kenneth
2007 Ed. (1010, 3617)
2005 Ed. (964)
Chenault; Kenneth I.
2008 Ed. (943, 949)
2007 Ed. (1022, 1027)
2006 Ed. (920, 932)
1989 Ed. (735)
Cheneau; Paul
1989 Ed. (872)
Chenega Corp.
2008 Ed. (1357, 1364, 1370)
2007 Ed. (1401, 1408, 1410, 1412)
2006 Ed. (1370)
Chenega Management LLC
2005 Ed. (1355)
Chenega Technology Services Corp.
2006 Ed. (1353)
Cheng Chen Machinery Co. Ltd.
1994 Ed. (2425)
Cheng; Lee Shin
2008 Ed. (4847)
2006 Ed. (4917)
Cheng Lie Navigation Co., Ltd.
1990 Ed. (240)
Cheng Loong
1993 Ed. (3501)
Cheng; Paul
2006 Ed. (2578)
Cheng; William
1997 Ed. (849)
Cheng Yu-tung
2008 Ed. (4844)
Chengda Chemical Engineering Corp. of China
1998 Ed. (966)
1997 Ed. (1194)
Chengda Engineering Corp. of China
2008 Ed. (2555, 2563)
2007 Ed. (2436)
Chengdu B-Ray Media
2008 Ed. (1568)
Chenglingji
2001 Ed. (3856)
Cheniere Energy Inc.
2006 Ed. (849, 3319, 4601)
Chenin Blanc
2003 Ed. (4968, 4969)
2002 Ed. (4969, 4970)
2001 Ed. (4872, 4873)
Chenlere Energy
2007 Ed. (3846, 4561, 4564)
Chennai Petroleum Corp.
2008 Ed. (3562)
2005 Ed. (3781)
Chenoweth; John C.
1990 Ed. (2662)
Chens Family Corp.
2005 Ed. (3297)
Cher
2006 Ed. (2486)
2005 Ed. (1160)
2001 Ed. (1138, 1384, 3404)
1990 Ed. (2504)
Cherat Cement
2008 Ed. (2030)
Cherenson Group
2002 Ed. (158)
2000 Ed. (149)
1999 Ed. (131)
1992 Ed. (3572)
1989 Ed. (2258)
Cherie Booth
2006 Ed. (4978)
Cheriton; David
2007 Ed. (4874)
2006 Ed. (4879)
Cherkasky; Michael G.
2006 Ed. (933)
Cherkasyoblenergo
2002 Ed. (4495)
Cherney; Michael
2008 Ed. (4887)
Chernoi; Lev
2008 Ed. (4880)
Cherokee
2006 Ed. (1017, 1018, 4333)
2001 Ed. (478)
2000 Ed. (1116)
1999 Ed. (1196)
1997 Ed. (2702)
1994 Ed. (1014)
Cherokee America Drilling
2007 Ed. (3591)
Cherokee Banking Co.
2004 Ed. (400)
Cherokee Communications
1996 Ed. (2918)
1995 Ed. (3560)
1994 Ed. (3493)
1993 Ed. (2775)
Cherokee Group; The
1990 Ed. (1064)
1989 Ed. (1567, 2494)
Cherokee Information Services, Inc.
2002 Ed. (2535)
2001 Ed. (1355)
Cherokee International Corp.
2006 Ed. (4260)
Cherokee Nation Enterprises LLC
2008 Ed. (2009)
Cherokee Nation Industries Inc.
2008 Ed. (1356, 3727, 3778, 4422)
2007 Ed. (3590, 3683, 4441)
Cherrelyn Health Care & Rehabilitation Center
2002 Ed. (3526)
Cherries
2008 Ed. (2792)
2005 Ed. (2695)
2003 Ed. (2575)
2001 Ed. (551, 2549)
Cherry
2000 Ed. (720)
1998 Ed. (1878, 1925)
1991 Ed. (1522)
1990 Ed. (1621, 2144)
1989 Ed. (1310)
Cherry, Bekaert & Holland
2000 Ed. (19)
1999 Ed. (23)
1998 Ed. (18)
Cherry Bekaert & Holland LLP
2008 Ed. (9, 279)
2007 Ed. (11)
2006 Ed. (15)
2005 Ed. (10)
2004 Ed. (14)
2003 Ed. (8)
2002 Ed. (22, 23)
Cherry City Electric
2006 Ed. (1334)
Cherry Coke
2003 Ed. (4470)
1989 Ed. (2515)
Cherry Creek Mortgage Co.
2005 Ed. (3913)
2002 Ed. (3386)
Cherry Creek Nursing Center
2002 Ed. (3526)
Cherry Creek School District
2008 Ed. (2494)
2007 Ed. (2377)
2006 Ed. (2432)
2005 Ed. (2391)
2004 Ed. (2307)
2003 Ed. (2276)
2002 Ed. (2418)
Cherry Electrical
1990 Ed. (1611, 2988)
Cherry Electrical Products
1991 Ed. (1507, 1508, 2845)
Cherry Hill Center
1989 Ed. (2492)
Cherry Hill Classic Cars Inc.
1995 Ed. (276)
1994 Ed. (272)
Cherry Hill Courier Post/This Week
2002 Ed. (3500)
Cherry Hill Mail
1990 Ed. (3292)
Cherry Hill Mall
2000 Ed. (4032)
1999 Ed. (4312)
1998 Ed. (3302)
1994 Ed. (3305)
1992 Ed. (3972)
1991 Ed. (3127)
1989 Ed. (2493)
Cherry Hill, NJ
2004 Ed. (2986)
2002 Ed. (1060)
2000 Ed. (1066, 2610)
1999 Ed. (1152, 2829)
1997 Ed. (2353)
Cherry Hill (NJ) Courier Post/This Week
2003 Ed. (3642)
Cherry Hill Office Center
1998 Ed. (2696)
Cherry Hill Photo Enterprises Inc.
2004 Ed. (1818)
2003 Ed. (1783)

2001 Ed. (1812)
Cherry River Coal & Coke Co.
1989 Ed. (1997)
Cherry Vanilla Dr Pepper
2007 Ed. (3695, 4473)
Cherryfield Foods Inc.
1998 Ed. (1772)
CherryMan
2001 Ed. (2550)
Chesapeake Corp.
2005 Ed. (1263, 3678, 3679)
2004 Ed. (3763, 3764)
2002 Ed. (1390, 2320)
1999 Ed. (3688, 3702)
1998 Ed. (2737)
1996 Ed. (2903)
1995 Ed. (2828)
1994 Ed. (1467)
1992 Ed. (3333)
Chesapeake Assurance Ltd.
1999 Ed. (1032)
Chesapeake Bagel
1997 Ed. (326)
Chesapeake Bagel Bakery
1998 Ed. (3047, 3048, 3060)
Chesapeake Capital Corp.
1999 Ed. (1251)
Chesapeake Capital Corp. (Diversified)
1995 Ed. (1078)
Chesapeake Core Growth
2006 Ed. (3627)
2004 Ed. (2451)
2003 Ed. (3489)
Chesapeake Energy Corp.
2008 Ed. (2007, 2010, 2011, 2807, 2808, 2850, 3896, 3898, 3903, 3911, 3937, 3940)
2007 Ed. (1941, 2676, 2751, 3838, 3839, 3844, 3848, 3858, 3894, 4519, 4522)
2006 Ed. (2686, 3823, 3829, 3841, 3864)
2005 Ed. (3734, 3735, 3754)
2004 Ed. (2773, 2776, 3826, 3827)
2003 Ed. (3835, 3836, 3837)
2002 Ed. (1549)
1998 Ed. (3409)
1996 Ed. (2886)
1995 Ed. (3202)
Chesapeake Energy Marketing Inc.
2008 Ed. (2010)
Chesapeake Financial Shares Inc.
2004 Ed. (402)
Chesapeake Fund Ltd.
1995 Ed. (1080)
Chesapeake Growth Fund
1995 Ed. (2726)
Chesapeake Homes
2005 Ed. (1205)
2004 Ed. (1178)
2003 Ed. (1170)
2002 Ed. (2694)
Chesapeake Life
1989 Ed. (1690)
Chesapeake Operating Inc.
2008 Ed. (2010)
Chesapeake Paperboard Co.
2001 Ed. (3611)
Chesapeake Utilities Corp.
2007 Ed. (2378)
1990 Ed. (1486)
Chescor Ltd.
1994 Ed. (1068)
Chescor Indian ICL Smaller Cos.
1997 Ed. (2908)
Cheseborough-Pond's
1990 Ed. (3294)
Chesebrough-Ponds Inc.
2005 Ed. (1490)
1990 Ed. (3312)
1989 Ed. (1020, 2508, 2509)
Chesebrough-Pond's; Unilever/
1991 Ed. (1145)
Chesebrough-Pond's USA Co.
2002 Ed. (3084)
1995 Ed. (2073)
1994 Ed. (2816)
Chesf Cia. Hidroeletrica S. Francisco
1996 Ed. (1303, 1304, 1305)
1994 Ed. (1332, 1334)
1992 Ed. (1582, 1584)
1990 Ed. (1334)
Cheshire County Savings Bank
1992 Ed. (799)
Cheshire Financial Corp.
1993 Ed. (591)
Chesnara
2007 Ed. (3164)
Chesney; Kenny
2007 Ed. (1267)
2006 Ed. (1157)
Chesnutt; Mark
1997 Ed. (1113)
1994 Ed. (1100)
1993 Ed. (1079)
Chesser; Michael J.
2008 Ed. (958)
Chessmaster 3000
1995 Ed. (1100)
Chest rubs
2004 Ed. (1058)
1991 Ed. (1457)
Chest X-ray
1990 Ed. (1501)
Chester
1994 Ed. (960)
Chester & Co. Ltd.; 65, H. G.
1991 Ed. (2337)
Chester Chronicle Group
2002 Ed. (3517)
Chester J. Funnye
1991 Ed. (2549)
Chester, PA
1995 Ed. (1924)
Chester the Cheetah
2007 Ed. (677)
Chester Valley Bancorp Inc.
2005 Ed. (365)
Chesterbrook Corporate Center
1992 Ed. (2598)
Chesterfield
1996 Ed. (2140, 2142)
Chesterfield County Industrial Development Authority, VA
1993 Ed. (2159)
Chesterfield County, MN
1995 Ed. (1509)
Chesterfield County, VA
1995 Ed. (1512)
Chesterfield 8A-B
1994 Ed. (1587)
Chester's
2008 Ed. (4173, 4174)
1996 Ed. (3054)
Chester's International
2008 Ed. (171)
Chester's International LLC
2008 Ed. (2683)
2007 Ed. (905, 2542)
Chestnut Run Credit Union
2008 Ed. (2224)
2007 Ed. (2109)
2006 Ed. (2188)
2005 Ed. (2093)
2004 Ed. (1951)
2003 Ed. (1911)
2002 Ed. (1854)
Cheswick Investment Co.
1993 Ed. (2332, 2336)
Cheuk Nang Properties (Holdings) Ltd.
1997 Ed. (1358)
Cheung Kong
2006 Ed. (1751)
2001 Ed. (1615, 1725)
2000 Ed. (1204, 1445, 1447, 1449, 1451)
1989 Ed. (1125)
Cheung Kong (Holdings) Ltd.
2008 Ed. (45, 1788)
2007 Ed. (41, 1761)
2006 Ed. (1752, 2896)
2003 Ed. (1175, 1690)
2002 Ed. (1580, 1665, 4421, 4422)
2001 Ed. (1627, 1724)
2000 Ed. (2493, 2494)
1999 Ed. (1324, 1580, 1647, 1649, 2715, 2716)
1997 Ed. (1357, 1423, 1424, 1426, 2247, 2248)
1996 Ed. (1371, 1373, 1374, 2136, 2137, 2141, 2143)
1995 Ed. (1410, 1412, 1413, 2128, 2130, 3514)
1994 Ed. (1385, 2077, 2078)
1993 Ed. (1329, 1330, 2058, 2060)
1992 Ed. (1632, 1634, 1635, 2438, 2439, 2442, 2443, 2444)
1991 Ed. (1302, 1930, 1931)
1990 Ed. (1377, 1378, 2045, 2048, 2958)
Cheung Kong Infrastructure
1999 Ed. (1579, 4494)
Cheung Wah Development
1995 Ed. (2127)
Cheung; Yan
2008 Ed. (4843, 4883)
Cheuvreu-De Virieu
1990 Ed. (813)
Cheuvreux De Virieu
2005 Ed. (754)
1991 Ed. (776)
Cheveron Corp.
1991 Ed. (1153)
Chevorn Corp.
1990 Ed. (887)
Chevreux de Virieu
1989 Ed. (813)
Chevrolet
2008 Ed. (139, 302, 329, 638, 639)
2007 Ed. (315, 342, 680)
2006 Ed. (313, 355, 356, 2854, 4855)
2005 Ed. (279, 283, 341, 342, 352, 741)
2004 Ed. (342, 756)
2003 Ed. (303, 317, 359, 360, 743)
2002 Ed. (366, 413, 414, 4703)
2001 Ed. (457, 458, 459, 460, 461, 462, 463, 464, 465, 483, 535, 1009)
2000 Ed. (25, 32, 344, 795, 800)
1999 Ed. (323, 326)
1998 Ed. (24, 218, 485, 488, 3495, 3497, 3498)
1997 Ed. (28, 299, 300, 705, 710, 2229)
1996 Ed. (27, 306, 310, 768, 3748)
1995 Ed. (17, 302, 690)
1994 Ed. (8, 301, 741)
1993 Ed. (265, 266, 316, 738)
1992 Ed. (442, 2413)
1991 Ed. (8, 54, 57, 319)
1990 Ed. (13, 52, 300, 343, 344, 358, 359)
1989 Ed. (13, 316, 320, 327, 1595)
Chevrolet Astro
1997 Ed. (2798)
1996 Ed. (347)
Chevrolet Blazer
1999 Ed. (3418, 4375, 4670)
1996 Ed. (345)
1994 Ed. (2529)
1993 Ed. (2580)
1992 Ed. (3087)
Chevrolet Blazer S
1999 Ed. (4376)
1992 Ed. (434)
Chevrolet Blazer Tahoe
1992 Ed. (4362)
Chevrolet C-K
1999 Ed. (3418, 4670)
1995 Ed. (299, 3666)
Chevrolet C/K 1500
2001 Ed. (468, 469, 470, 473, 474)
Chevrolet C/K Pickup
1997 Ed. (297, 3799)
1996 Ed. (307, 2492)
1994 Ed. (296)
1993 Ed. (314)
1992 Ed. (429, 434)
Chevrolet Camaro
1997 Ed. (323)
1996 Ed. (345, 3765)
1995 Ed. (329, 3431)
1994 Ed. (334)
1993 Ed. (348, 350)
1992 Ed. (436)
1991 Ed. (355)
1990 Ed. (403)
1989 Ed. (341, 344, 1670)
Chevrolet Caprice
1999 Ed. (357)
1998 Ed. (213)
1997 Ed. (323)
1996 Ed. (345)
1995 Ed. (329)
1991 Ed. (321)
1989 Ed. (315, 341, 1670)
Chevrolet cars
1992 Ed. (920)
Chevrolet Cavalier
2006 Ed. (315, 358, 360)
2005 Ed. (344, 347, 348)
2004 Ed. (346, 349, 350)
1999 Ed. (329, 330)
1997 Ed. (301, 304)
1996 Ed. (311, 314, 316, 317, 2268)
1995 Ed. (299, 301, 303, 2111)
1994 Ed. (300, 305)
1993 Ed. (313, 314, 322, 2187, 2187)
1992 Ed. (429, 433, 440, 443, 2410)
1991 Ed. (321)
1990 Ed. (349, 362, 2017, 2613)
1989 Ed. (315)
Chevrolet Cavalier station wagon
1991 Ed. (356)
Chevrolet Celebrity
1996 Ed. (345)
1993 Ed. (2187)
1991 Ed. (321)
1990 Ed. (349, 362, 2613)
1989 Ed. (315)
Chevrolet Celta
2005 Ed. (296)
2004 Ed. (302)
Chevrolet Chevette
1990 Ed. (2614)
Chevrolet Chevette 4-door
1991 Ed. (355)
Chevrolet Cobalt
2008 Ed. (298, 328, 332)
2007 Ed. (345)
Chevrolet C1500 4x2
2005 Ed. (337)
Chevrolet Corsa
2008 Ed. (303)
2006 Ed. (322)
2005 Ed. (295, 296)
2004 Ed. (301, 302)
Chevrolet Corsica
1998 Ed. (213)
Chevrolet Corsica/Beretta
1997 Ed. (304)
1996 Ed. (314)
1994 Ed. (305)
1993 Ed. (313)
1992 Ed. (429, 433, 440, 443)
1991 Ed. (321)
1990 Ed. (349, 362)
Chevrolet Corvette
1996 Ed. (316, 2266)
1992 Ed. (436)
1991 Ed. (355)
1989 Ed. (344)
Chevrolet Corvette Coupe
1993 Ed. (350)
Chevrolet Corvette ZR-1
1996 Ed. (2266)
Chevrolet Cutlass
1990 Ed. (376)
Chevrolet Full-size pickup
2000 Ed. (360)
Chevrolet G van
2001 Ed. (482)
Chevrolet-Geo
1996 Ed. (160, 315)
1993 Ed. (310)
Chevrolet Geo Prizm
1993 Ed. (319)
Chevrolet/Geo Storm
1993 Ed. (324)
Chevrolet/GMC Suburban
1996 Ed. (347, 3765)
Chevrolet Grand Vitara
2004 Ed. (301)
Chevrolet Impala
2008 Ed. (298, 331, 332)
2007 Ed. (344)
2006 Ed. (315, 358, 359)
2005 Ed. (344, 345)
2004 Ed. (346, 347)
Chevrolet Joy/Swing
2008 Ed. (303)
2006 Ed. (322)
2005 Ed. (303)
2004 Ed. (307)

Chevrolet K15
1998 Ed. (223)
Chevrolet K25
1998 Ed. (223)
Chevrolet Lumina
1999 Ed. (325, 327)
1998 Ed. (213, 217, 226)
1996 Ed. (311, 317)
1995 Ed. (301, 303)
1994 Ed. (296, 300, 305)
1993 Ed. (313, 318)
1992 Ed. (433)
Chevrolet Lumina APV
1998 Ed. (223)
1997 Ed. (2798)
Chevrolet LUV
2004 Ed. (308)
Chevrolet Malibu
2008 Ed. (331, 332)
2007 Ed. (344)
2006 Ed. (358, 359)
2005 Ed. (344, 348)
2004 Ed. (346, 350)
Chevrolet Metro
2000 Ed. (335)
Chevrolet Monte Carlo
1990 Ed. (403)
1989 Ed. (341, 344, 1670)
Chevrolet Monza
2008 Ed. (303)
2006 Ed. (322)
Chevrolet Motor Division
2005 Ed. (4452)
2003 Ed. (20)
Chevrolet Nova
1989 Ed. (348)
Chevrolet passenger cars
1991 Ed. (737)
Chevrolet pickups
2001 Ed. (3329)
Chevrolet S-Series
1999 Ed. (3418)
Chevrolet S-10
1998 Ed. (223)
1992 Ed. (434)
Chevrolet S-10 Blazer
1992 Ed. (2409)
Chevrolet S-10 Pickup
2001 Ed. (3329)
1999 Ed. (357)
1996 Ed. (2492)
Chevrolet Silverado
2008 Ed. (299, 304, 4765, 4781)
2007 Ed. (4858)
2006 Ed. (323, 4829, 4856)
2005 Ed. (304, 4777, 4785, 4786)
Chevrolet Silverado Pickup
2004 Ed. (303, 308, 4806, 4811, 4812)
Chevrolet Spectrum
1993 Ed. (350)
1992 Ed. (485)
Chevrolet Sprint
1993 Ed. (350)
1992 Ed. (485)
Chevrolet Sprint 2-door
1991 Ed. (355)
Chevrolet S10 EV
2000 Ed. (335)
Chevrolet S10 4x4 Blazer
1995 Ed. (329)
Chevrolet S10 Pickup
2001 Ed. (469, 473, 477)
1999 Ed. (4670)
Chevrolet Suburban
2006 Ed. (3577)
1999 Ed. (4375)
Chevrolet Tahoe
2007 Ed. (4858)
2006 Ed. (3577, 4829, 4856)
2005 Ed. (4427, 4777, 4786)
2004 Ed. (4477, 4806, 4812)
1999 Ed. (4375, 4376)
Chevrolet TrailBlazer
2008 Ed. (4765, 4781)
2007 Ed. (4858)
2006 Ed. (3577, 4829, 4856)
2005 Ed. (4427, 4777, 4786)
2004 Ed. (4812)
Chevrolet Uplander
2008 Ed. (299)
Chevrolet Venture
2004 Ed. (303)
Chevrolet W4 Tiltmaster
1994 Ed. (297)
Chevron Corp.
2008 Ed. (1486, 1517, 1518, 1521, 1522, 1523, 1527, 1528, 1542, 1585, 1586, 1588, 1589, 1591, 1598, 1610, 1814, 1826, 1846, 1849, 1853, 2320, 2357, 2361, 2371, 2503, 2508, 2794, 2807, 2808, 2819, 2820, 3029, 3539, 3544, 3564, 3900, 3901, 3902, 3903, 3904, 3908, 3909, 3910, 3911, 3912, 3922, 3931, 3932, 3933, 3935, 3936, 3937, 3938, 3941, 4521)
2007 Ed. (877, 1492, 1513, 1533, 1537, 1538, 1539, 1543, 1544, 1556, 1561, 1608, 1610, 1612, 1789, 1808, 1814, 2217, 2221, 2231, 2389, 2392, 2394, 2395, 2396, 2397, 2657, 2676, 2677, 2695, 2906, 3410, 3415, 3841, 3843, 3845, 3847, 3849, 3850, 3851, 3855, 3856, 3857, 3858, 3859, 3873, 3876, 3877, 3886, 3887, 3888, 3889, 3893, 3894, 3895, 3897, 3898)
2006 Ed. (3831)
2005 Ed. (1524)
2004 Ed. (1508)
2003 Ed. (912, 918, 1365, 1423, 1478, 1496, 1575, 1627, 2279, 2604, 2605, 3831, 3832, 3833, 3834, 3838, 3839, 3840, 3841, 3842, 3847, 3848, 3850, 3855, 3859, 3860, 3861, 3862, 4720)
2002 Ed. (996, 1332, 1457, 1602, 2124, 2389, 2390, 2391, 3537, 3663, 3665, 3667, 3668, 3669, 3670, 3671, 3672, 3673, 3674, 3681, 3683, 3684, 3685, 3686, 3687, 3688, 3690, 3691, 3693, 3697, 3698, 3699, 3700, 3701, 4873)
2001 Ed. (1184, 1490, 1558, 1647, 1648, 1653, 2561, 2578, 2579, 2582, 2584, 3739, 3740, 3741, 3742, 3743, 3744, 3745, 3746, 3749, 3751, 3752, 3755, 3756, 3762, 3766, 3773, 3774, 3775)
2000 Ed. (961, 1396, 2308, 2309, 2316, 2317, 3187, 3406, 3518, 3519, 3520, 3521, 3522, 3523, 3524, 3525, 3526, 3527, 3528, 3529, 3530, 3533, 3534, 3536, 3537)
1999 Ed. (276, 1079, 1412, 1591, 2568, 2569, 2575, 2576, 2584, 3318, 3468, 3651, 3793, 3795, 3797, 3798, 3799, 3800, 3801, 3802, 3803, 3804, 3805, 3806, 3808, 3810, 3812, 3814, 3815, 3816, 3850)
1998 Ed. (975, 1009, 1128, 1801, 1806, 1815, 1816, 1823, 1824, 2817, 2818, 2819, 2820, 2823, 2824, 2825, 2826, 2827, 2828, 2829, 2831, 2832, 2833, 2834, 2836, 2837, 2840)
1997 Ed. (1210, 1245, 1250, 1251, 1279, 1369, 2116, 2118, 2125, 2126, 3083, 3084, 3086, 3087, 3088, 3089, 3090, 3091, 3092, 3093, 3094, 3098, 3099, 3101, 3102, 3106, 3108, 3109)
1996 Ed. (1171, 1199, 1204, 1205, 1307, 1651, 1997, 1998, 2005, 2006, 2472, 3004, 3006, 3007, 3008, 3009, 3010, 3011, 3012, 30133, 3017, 3018, 3021, 3022, 3024, 3026)
1995 Ed. (1203, 1228, 1233, 1234, 1263, 1363, 1431, 1567, 1970, 1971, 1982, 1983, 2908, 2909, 2911, 2912, 2913, 2914, 2915, 2916, 2917, 2918, 2920, 2922, 2923, 2924, 2927, 2929, 2930, 2931, 3178)
1994 Ed. (1260)
1993 Ed. (826, 1160, 1178, 1188, 1196, 1217, 1230, 1286, 1335, 1490, 1600, 1919, 1920, 1929, 1931, 2477, 2701, 2770, 2824, 2827, 2830, 2831, 2832, 2834, 2835, 2836, 2837, 2838, 2839, 2840, 2844, 2846, 2847, 2849, 2850, 2866, 2869, 3066, 3470)
1992 Ed. (1457, 1480, 1504, 1510, 1513, 1523, 1534, 1538, 1539, 1809, 1947, 2277, 2278, 3297, 3425, 3430, 3439, 3440, 3443, 3448)
1991 Ed. (347, 349, 845, 1101, 1158, 1159, 1193, 1208, 1549, 1787, 1789, 1800, 1801, 2715, 2716, 2721, 2723, 2724, 2725, 2726, 2727, 2728, 2730, 2731, 2733, 2734, 2735, 2736, 2737, 2909)
1990 Ed. (1228, 1456, 1659, 1660, 1860, 1892, 2498, 2639, 2673, 2674, 2834, 2836, 2837, 2842, 2843, 2850, 2851, 2853, 2855, 2856, 2857, 3660)
1989 Ed. (850, 1495, 1496, 1501, 1502, 2210, 2211, 2212, 2213, 2214, 2215, 2223, 2224)
Chevron Canada
1997 Ed. (3097)
Chevron Canada Resources
1997 Ed. (3095, 3096)
1996 Ed. (3014)
1994 Ed. (2853)
1993 Ed. (1930, 2841, 2842, 2843)
1992 Ed. (4160)
1991 Ed. (2729)
1990 Ed. (3485)
Chevron Corp's Chevron PBC
1994 Ed. (1205)
Chevron Global Energy Inc.
2008 Ed. (3931)
Chevron Petroleum (United Kingdom) Ltd.
1989 Ed. (1109)
Chevron Phillips Chemical Co.
2008 Ed. (927, 929)
2007 Ed. (924, 950, 954)
2006 Ed. (843, 862, 865)
2005 Ed. (940, 958)
2004 Ed. (963)
2003 Ed. (2369)
Chevron Pipe Line Co.
2001 Ed. (3799, 3800, 3802)
2000 Ed. (2315)
1999 Ed. (3828, 3834)
1998 Ed. (2857, 2858, 2859, 2863, 2864, 2865)
1997 Ed. (3120, 3121, 3122, 3123, 3124, 3125)
1996 Ed. (3039, 3041, 3043, 3044)
1995 Ed. (2941, 2943, 2945, 2946, 2947, 2948, 2949)
1994 Ed. (2875, 2877, 2878, 2880, 2881, 2882, 2883)
1993 Ed. (2854, 2855, 2857, 2858, 2860, 2861)
1992 Ed. (3462, 3463, 3464, 3465, 3466, 3468, 3469)
1991 Ed. (2742, 2743, 2744, 2745, 2746, 2747, 2748)
1990 Ed. (2869)
1989 Ed. (2232)
Chevron Products Co.
2008 Ed. (321)
2007 Ed. (334)
2006 Ed. (349, 2700)
2004 Ed. (1374)
Chevron Refinery
2000 Ed. (3733)
Chevron USA Inc.
2006 Ed. (296, 1586)
2005 Ed. (1681, 3726, 3727)
2004 Ed. (3818)
2003 Ed. (1627, 3808, 3809)
2001 Ed. (1653, 3753, 3754)
2000 Ed. (2320)
1997 Ed. (2133)
1996 Ed. (2013)
1995 Ed. (1991)
1994 Ed. (2864)
1992 Ed. (2282)
1991 Ed. (1807)
ChevronTexaco Corp.
2007 Ed. (337, 1443, 1534, 1783, 2694, 3416, 3890, 3892)
2006 Ed. (353, 1504, 1505, 1507, 1508, 1509, 1510, 1515, 1516, 1518, 1578, 1579, 1581, 1583, 1586, 1588, 1589, 1590, 1646, 1778, 1801, 1806, 2288, 2293, 2442, 2686, 2687, 2699, 3320, 3357, 3361, 3362, 3385, 3818, 3819, 3824, 3826, 3828, 3832, 3833, 3834, 3838, 3839, 3840, 3841, 3842, 3860, 3861, 3862, 3863, 3864, 3865, 3867, 3868, 4473, 4607)
2005 Ed. (1611, 1618, 1620, 1621, 1622, 1623, 1629, 1673, 1674, 1675, 1677, 1681, 1683, 1685, 1687, 1735, 2228, 2400, 2407, 2411, 2711, 2712, 3380, 3381, 3392, 3736, 3737, 3738, 3744, 3747, 3750, 3751, 3752, 3756, 3757, 3758, 3759, 3760, 3784, 3785, 3792, 3793, 3794, 3795, 3796, 3797, 3798, 3800, 3801, 4456)
2004 Ed. (1576, 1586, 1593, 1595, 1599, 1600, 1602, 1659, 1660, 1677, 1740, 2041, 2123, 2313, 2320, 2721, 2722, 3351, 3361, 3828, 3829, 3830, 3836, 3839, 3840, 3841, 3845, 3846, 3847, 3848, 3849, 3857, 3859, 3863, 3864, 3865, 3866, 3868, 3869, 3870, 3872, 3873, 4048)
2003 Ed. (1552, 1558, 1562, 1572, 1574, 1628, 1647, 2277, 2278, 2281, 2288, 2583, 3288, 3300, 3816, 3818, 3819, 3830, 3849, 3851, 3852, 3853, 3857)
ChevronTexaco Global Energy Inc.
2008 Ed. (281, 282)
2007 Ed. (296, 1609)
Chevy Cavalier
2003 Ed. (363)
2000 Ed. (346, 347)
Chevy Chase Bank
2006 Ed. (403)
1998 Ed. (3130, 3131, 3133, 3143, 3145, 3148, 3149, 3150, 3569)
Chevy Chase Bank FSB
2008 Ed. (524, 2701)
2007 Ed. (1182, 2561, 2866, 4259, 4260, 4261)
2006 Ed. (543, 1074, 2593, 2872, 4245, 4246, 4247)
2005 Ed. (640, 1066, 2590, 2867, 4180, 4220, 4221, 4222)
2004 Ed. (1062, 2862, 4247, 4280, 4283, 4287, 4288, 4289)
2003 Ed. (4259, 4260, 4262, 4265, 4276, 4279, 4280, 4281)
2002 Ed. (4116, 4119, 4132, 4136, 4137, 4138)
1993 Ed. (353, 3079, 3082, 3083, 3090, 3091, 3096)
Chevy Chase FSB
1992 Ed. (504, 506, 3775, 3782, 3791, 3792, 3797)
Chevy Chase Savings Bank, FSB
1991 Ed. (363)
1990 Ed. (420)
Chevy Impala
2003 Ed. (362)
Chevy Lumina
2000 Ed. (347)
Chevy Malibu
2000 Ed. (343)
Chevy Silverado Pickup
2003 Ed. (4820)
Chevy Suburban
2000 Ed. (4087)
Chevy Tahoe
2003 Ed. (4820)
2000 Ed. (4087)
Chevys
2002 Ed. (4023)
1999 Ed. (3396)
Chevys Fresh Mex
2008 Ed. (4162, 4180, 4186)
2007 Ed. (4151)

2006 Ed. (4123)
2004 Ed. (4139)
2003 Ed. (4100)
Chevys Mexican Restaurants
2000 Ed. (3123)
1998 Ed. (2486)
1997 Ed. (2777)
1996 Ed. (2627)
1995 Ed. (2566)
1993 Ed. (3036)
Chew-eez
1990 Ed. (2820)
Chew-eez & others
1989 Ed. (2195)
Chew-eez, Wagtime, etc.
1992 Ed. (3410)
Chew; Lewis
2007 Ed. (1082)
Cheweez
2002 Ed. (3650)
1999 Ed. (3783)
1996 Ed. (2994)
Cheweez Master Choice
1997 Ed. (3073)
Chewing gum
2003 Ed. (855, 953)
2002 Ed. (1036)
2001 Ed. (1112)
Chewing gum, sugarfree
2003 Ed. (953)
Chewing tobacco & snuff
1994 Ed. (3462)
Chewing tobacco, loose-leaf
2001 Ed. (4554)
Chewing tobacco, plug
2001 Ed. (4554)
Chewing tobacco, twist
2001 Ed. (4554)
Chewning; Thomas
2006 Ed. (997)
Chewy
2000 Ed. (4065)
Chewy Granola
2007 Ed. (893)
2006 Ed. (806)
2005 Ed. (891)
2004 Ed. (901)
2003 Ed. (878, 4456)
1995 Ed. (3399)
Chex
2003 Ed. (876)
1996 Ed. (891)
1995 Ed. (915)
1993 Ed. (860)
1992 Ed. (1072, 1074)
1991 Ed. (877, 878)
1990 Ed. (924)
Chex Mix
2003 Ed. (4453)
1999 Ed. (4345, 4703)
Chexit
1991 Ed. (996)
Chey Garland
2007 Ed. (2463)
Cheyenne Software Inc.
1998 Ed. (154, 1930)
1997 Ed. (231, 232)
1996 Ed. (205, 213, 1290)
1995 Ed. (205, 1307, 2066, 2067, 3388)
1994 Ed. (2020)
Cheyenne, WY
2008 Ed. (4730)
2007 Ed. (842, 3370)
2006 Ed. (3306)
2005 Ed. (3317, 3474)
2002 Ed. (395)
2000 Ed. (1909)
1999 Ed. (2127, 4052, 4053, 4054)
1998 Ed. (579, 1548, 3052, 3053, 3054)
1997 Ed. (3305)
1996 Ed. (3631)
1991 Ed. (3272)
1990 Ed. (1467)
Chez Panisse
1992 Ed. (3706)
Chezik Suzuki; John
1992 Ed. (413)
1990 Ed. (321)
CHF Industries Inc.
2007 Ed. (4964)
1996 Ed. (3676)
CHG Healthcare Services
2008 Ed. (4494)
Chgoate Health Management
1999 Ed. (2723)
Chhabria
1991 Ed. (962)
1990 Ed. (1380)
Chi Cheung Investment
1993 Ed. (2056)
Chi Chi
2000 Ed. (4267)
Chi-Chi's
2006 Ed. (4123)
2004 Ed. (1035, 4139)
2003 Ed. (1030, 4100)
2002 Ed. (3106, 4003, 4023)
2001 Ed. (3116, 3293)
2000 Ed. (2947, 3122, 3123, 3788)
1999 Ed. (3207, 3395, 3396)
1998 Ed. (2486, 3126)
1997 Ed. (2776, 2777)
1996 Ed. (2626, 2627, 3283)
1995 Ed. (2565, 2566, 3396)
1994 Ed. (2504, 2506, 3136)
1993 Ed. (2558)
1992 Ed. (3060, 3061, 3707)
1991 Ed. (2448, 2449)
1990 Ed. (2569, 3013, 3019)
Chi-Chi's Margarita
1996 Ed. (2523)
1994 Ed. (2392)
1993 Ed. (2447)
1992 Ed. (2886)
Chi Chow
2008 Ed. (2692)
Chi-Iowa Corp.
2008 Ed. (1855)
2007 Ed. (1818)
2006 Ed. (1811, 1812, 2760)
2005 Ed. (1826, 1827, 2790)
2004 Ed. (1759)
Chi Mei Industrial Co.
2001 Ed. (3843)
1998 Ed. (2875)
1994 Ed. (1734)
1992 Ed. (1699, 2975)
Chi Mei Optoelectronics
2008 Ed. (1565)
2005 Ed. (3037)
CHI Mountain Region Inc.
2003 Ed. (1655)
2002 Ed. (2116)
2001 Ed. (1673)
Chia Her Industrial Co. Ltd.
1994 Ed. (3523)
1992 Ed. (4282)
1990 Ed. (3571)
Chia Hsin Cement Corp.
1994 Ed. (1460, 1464)
1992 Ed. (1701)
Chia Hsin Flour
1992 Ed. (4188)
Chia Hsin Livestock
1992 Ed. (4188)
Chia San Iron & Steel Industries
1994 Ed. (1463)
Chia Tai International
1995 Ed. (2126)
Chia Wong & Partners
1997 Ed. (24)
1996 Ed. (22)
Chiahsin Flour, Feed & Corp.
1994 Ed. (3473)
Chiang Kai-Shek Airport
1996 Ed. (202)
Chiao Tung Bank
2008 Ed. (511)
2006 Ed. (529, 4275)
2005 Ed. (616)
2004 Ed. (526, 627)
2002 Ed. (3194)
1999 Ed. (469)
1996 Ed. (690, 1647, 1648, 2909)
1995 Ed. (616)
1994 Ed. (644, 2734, 2735, 3196)
Chiapetti Lamb & Veal
2008 Ed. (3611)
Chiarelli; Joseph
1997 Ed. (1938)
Chiasso.com
2008 Ed. (2445)
Chiat/Day
1994 Ed. (85, 126)
1990 Ed. (74, 135, 162)
1989 Ed. (57, 144, 173, 174)
Chiat/Day Inc. Advertising
1998 Ed. (59)
1997 Ed. (115)
1996 Ed. (112, 152, 997)
1995 Ed. (96, 138)
Chiat/Day/Mojo
1993 Ed. (66, 75, 81)
1992 Ed. (111, 121, 204, 220, 4228)
1991 Ed. (70, 71, 74, 161, 3317)
Chiatra Leo Burnett
1996 Ed. (97)
Chiba Bank
2007 Ed. (490)
2004 Ed. (511)
1999 Ed. (546)
Chiba, Japan
2003 Ed. (3914)
2002 Ed. (3730)
Chic
2000 Ed. (1116)
1999 Ed. (1195, 1196)
1998 Ed. (760, 765, 766)
1997 Ed. (1020, 1026, 1027)
1996 Ed. (1002, 1019, 2439)
1995 Ed. (1035, 2398)
1994 Ed. (1014, 1026)
1993 Ed. (987, 994)
1992 Ed. (1210)
1989 Ed. (945)
Chic Tex Ltd.
2002 Ed. (1971)
Chicago
2005 Ed. (3519)
2004 Ed. (4717)
2000 Ed. (235, 274, 1085, 1086, 2470, 2472, 2474, 2536, 2537, 2586, 2589, 3726, 3819, 4392)
1999 Ed. (983)
1998 Ed. (2252)
1997 Ed. (2505)
1996 Ed. (3739)
1995 Ed. (2353)
1994 Ed. (1199, 2292)
1993 Ed. (1167, 1168)
1992 Ed. (98, 1011, 1012, 1013, 2864, 2877, 2907)
1991 Ed. (2231)
1990 Ed. (857, 858, 860)
Chicago Airport
2001 Ed. (1339)
Chicago & North Western Co.
1997 Ed. (3244, 3248)
1995 Ed. (2044, 3056)
1994 Ed. (2991)
1992 Ed. (3931, 4340)
Chicago & North Western Holdings
1995 Ed. (3055)
Chicago & Northeast Illinois District Council of Carpenters
1991 Ed. (3411)
Chicago & Northwest Holdings
1996 Ed. (3157)
Chicago & Northwest Industries
1996 Ed. (3155)
Chicago & Northwestern
1996 Ed. (3158, 3160)
Chicago Bandag
2007 Ed. (4760)
2006 Ed. (4754)
2005 Ed. (4696, 4699)
Chicago Bar & Grill; Pizzeria Uno
2005 Ed. (4079)
Chicago Bears
2008 Ed. (2761)
2007 Ed. (2632)
2006 Ed. (2653)
Chicago Blackhawks
2006 Ed. (2862)
2001 Ed. (4347)
2000 Ed. (2476)
1998 Ed. (1946, 3356)
Chicago Board of Education
1993 Ed. (3102)
1992 Ed. (3802)
1991 Ed. (2927, 2929)
Chicago Board of Education Department of School Food Services
1990 Ed. (3107)
Chicago Board of Options Exchange
2008 Ed. (4500)
2007 Ed. (4537)
2006 Ed. (4481)
2005 Ed. (4479)
Chicago Board of Trade
2008 Ed. (2804, 2805)
2007 Ed. (2673, 2674)
2006 Ed. (2596, 2683, 2684)
2005 Ed. (2706, 2708)
2004 Ed. (2713)
2003 Ed. (2598, 2600)
2001 Ed. (1333, 1334)
1999 Ed. (1247)
1998 Ed. (815, 816)
1996 Ed. (1057)
1994 Ed. (1071, 1072)
1993 Ed. (1039, 1040, 1915)
1989 Ed. (2642)
Chicago Board Options Exchange
2003 Ed. (3031)
2002 Ed. (4842)
1999 Ed. (1248)
1996 Ed. (1058)
Chicago Bridge & Iron Co.
2006 Ed. (1272, 1277, 2459)
2005 Ed. (1303, 1308, 2419)
2004 Ed. (1278, 1301)
2003 Ed. (1239, 1252, 1275, 1276, 1284, 1291, 1298)
2002 Ed. (1266, 1269, 1281)
2001 Ed. (1409, 1466)
2000 Ed. (1252)
1999 Ed. (1341, 1356, 1361)
Chicago Bulls
2008 Ed. (530)
2007 Ed. (579)
2006 Ed. (548)
2005 Ed. (646)
2004 Ed. (657)
2003 Ed. (4508)
2001 Ed. (4345)
2000 Ed. (704)
1998 Ed. (439, 3356)
Chicago Cable Interconnect
1998 Ed. (587, 601)
Chicago Cable Interconnect-CCI
1996 Ed. (856, 861)
Chicago Cable Marketing Council
1992 Ed. (1023)
Chicago; City of
2006 Ed. (1638)
1997 Ed. (978, 3794)
1996 Ed. (957)
1995 Ed. (977)
1994 Ed. (945)
Chicago Community Bank
2008 Ed. (395)
2007 Ed. (417)
Chicago Community Trust
1993 Ed. (892)
1989 Ed. (1474, 1475)
The Chicago Community Trust & Affiliates
2005 Ed. (2673)
2002 Ed. (1127, 1129, 2326)
2001 Ed. (2513, 2514)
Chicago Cubs
2008 Ed. (529)
2007 Ed. (578)
2006 Ed. (547)
2005 Ed. (645)
2004 Ed. (656)
1998 Ed. (438)
1995 Ed. (642)
Chicago Cutlery
2005 Ed. (3250)
2003 Ed. (3166)
Chicago Daily Calumet
1990 Ed. (2707)
Chicago Daily Defender
1990 Ed. (2707)
Chicago Dearborn Co.
1995 Ed. (2353)
Chicago Dock & Canal Trust
1992 Ed. (1134)
Chicago Equity Partners
2000 Ed. (2804)

Chicago Equity Partners LLC
2003 Ed. (3081)
Chicago, Europe Campus; University of
2005 Ed. (811)
Chicago Express
2006 Ed. (228)
Chicago First Credit Union
2002 Ed. (1828)
Chicago-Gary-Kenosha, IL-IN-WI
2008 Ed. (4350)
Chicago, Gary, Lake County
1992 Ed. (2389)
1991 Ed. (1813, 3339)
1990 Ed. (1895, 3070, 3112)
1989 Ed. (1510, 2894, 2912, 2932, 2933, 2936)
Chicago-Gary-Lake County, IL-IN
1991 Ed. (883, 2933, 3457, 3483, 3489)
Chicago Group-Morgan Stanley Asset
1990 Ed. (2345)
Chicago Hi-Speed Tool & Supply Co.
2002 Ed. (1994)
Chicago Hilton & Towers
1999 Ed. (2787)
1997 Ed. (2301)
Chicago Historical Society's Modernization Program
1991 Ed. (894)
Chicago HMO Ltd.
1997 Ed. (2197, 2198)
1996 Ed. (2095, 2096)
1995 Ed. (2093)
1994 Ed. (2040)
1993 Ed. (2022)
1990 Ed. (1995)
1989 Ed. (1585)
Chicago Hospitals; University of
2008 Ed. (3042, 3052, 3059)
2007 Ed. (2919, 2929)
2006 Ed. (2910)
2005 Ed. (2894, 2903)
1997 Ed. (2268)
1996 Ed. (2153)
1995 Ed. (2141)
1994 Ed. (2088)
1992 Ed. (2456)
1991 Ed. (1932)
Chicago Housing Authority
1992 Ed. (3487, 4032)
Chicago, IL
2008 Ed. (237, 238, 767, 2927, 3115, 3407, 3463, 3513, 4040, 4650, 4721, 4731)
2007 Ed. (259, 260, 271, 775, 1109, 1653, 2601, 2664, 2693, 2843, 2860, 3365, 3504, 3505, 3506, 3507, 3508, 3509, 3644, 3805, 4014, 4125, 4174, 4175, 4176, 4731)
2006 Ed. (250, 251, 748, 749, 767, 2848, 3302, 4059, 4429, 4707, 4785, 4970)
2005 Ed. (232, 233, 841, 843, 881, 910, 911, 921, 2202, 2204, 3312, 3321, 3333, 3336, 3472, 4654, 4734, 4825, 4826, 4827, 4927, 4933, 4934, 4935, 4936, 4937, 4938, 4972, 4973, 4974, 4983)
2004 Ed. (223, 224, 225, 226, 227, 264, 265, 268, 269, 332, 333, 334, 335, 336, 337, 731, 732, 766, 790, 791, 796, 797, 803, 804, 848, 870, 919, 920, 926, 984, 985, 988, 989, 990, 991, 994, 995, 996, 1001, 1006, 1007, 1011, 1012, 1015, 1016, 1017, 1018, 1036, 1054, 1101, 1109, 1138, 1139, 1146, 1147, 2048, 2049, 2052, 2053, 2263, 2264, 2265, 2266, 2418, 2419, 2598, 2599, 2601, 2602, 2627, 2630, 2646, 2649, 2696, 2702, 2706, 2707, 2710, 2711, 2719, 2720, 2731, 2749, 2750, 2751, 2752, 2760, 2761, 2762, 2763, 2795, 2801, 2809, 2811, 2839, 2850, 2851, 2854, 2855, 2860, 2861, 2865, 2866, 2872, 2873, 2874, 2880, 2887, 2898, 2899, 2900, 2901, 2947, 2948, 2951, 2952, 2983, 2985, 3216, 3219, 3262, 3280, 3298, 3309, 3314, 3347, 3348, 3353, 3354, 3367, 3368, 3369, 3370, 3371, 3372, 3374, 3375, 3376, 3377, 3378, 3379, 3380, 3381, 3383, 3384, 3385, 3386, 3387, 3388, 3389, 3390, 3391, 3392, 3449, 3450, 3451, 3452, 3453, 3454, 3455, 3457, 3458, 3459, 3462, 3463, 3464, 3466, 3467, 3468, 3469, 3470, 3472, 3473, 3474, 3475, 3476, 3518, 3519, 3522, 3523, 3704, 3705, 3706, 3707, 3708, 3709, 3710, 3711, 3712, 3713, 3714, 3715, 3716, 3717, 3718, 3719, 3720, 3721, 3722, 3723, 3724, 3725, 3734, 3795, 3796, 3799, 3800, 4050, 4087, 4102, 4103, 4104, 4109, 4110, 4111, 4112, 4113, 4116, 4150, 4152, 4153, 4154, 4155, 4156, 4164, 4165, 4166, 4167, 4168, 4170, 4171, 4172, 4173, 4174, 4175, 4176, 4177, 4178, 4185, 4186, 4191, 4192, 4193, 4199, 4200, 4201, 4202, 4208, 4209, 4210, 4211, 4231, 4317, 4406, 4407, 4408, 4409, 4415, 4418, 4478, 4479, 4611, 4612, 4616, 4617, 4618, 4619, 4679, 4700, 4753, 4765, 4766, 4782, 4783, 4787, 4834, 4835, 4836, 4846, 4894, 4895, 4896, 4897, 4910, 4911, 4914, 4915, 4947, 4953, 4954, 4955, 4956, 4972, 4973)
2003 Ed. (27, 254, 255, 257, 258, 260, 309, 351, 352, 353, 705, 756, 776, 777, 784, 832, 902, 903, 997, 998, 999, 1000, 1005, 1013, 1014, 1015, 1031, 1047, 1088, 1143, 1144, 1148, 2006, 2007, 2255, 2256, 2257, 2338, 2468, 2469, 2494, 2587, 2595, 2596, 2611, 2632, 2633, 2639, 2640, 2684, 2698, 2756, 2764, 2765, 2773, 2778, 2779, 2787, 2862, 2863, 2928, 3162, 3220, 3228, 3242, 3253, 3254, 3290, 3291, 3313, 3314, 3315, 3316, 3317, 3318, 3319, 3383, 3384, 3385, 3386, 3387, 3388, 3389, 3391, 3392, 3393, 3396, 3397, 3398, 3399, 3401, 3402, 3403, 3404, 3406, 3407, 3408, 3409, 3455, 3456, 3660, 3661, 3662, 3663, 3664, 3665, 3666, 3667, 3668, 3669, 3769, 3770, 4031, 4081, 4082, 4083, 4084, 4090, 4150, 4151, 4152, 4153, 4155, 4156, 4157, 4158, 4159, 4160, 4161, 4162, 4174, 4175, 4181, 4208, 4307, 4391, 4392, 4403, 4512, 4636, 4637, 4638, 4639, 4709, 4722, 4775, 4797, 4798, 4851, 4866, 4904, 4905, 4906, 4907, 4921, 4922, 4943, 4952, 4953, 4985, 4987)
2002 Ed. (75, 229, 236, 255, 336, 376, 719, 774, 921, 964, 965, 966, 1053, 1055, 1056, 1059, 1084, 1086, 1094, 1169, 1223, 2028, 2043, 2045, 2117, 2296, 2301, 2379, 2382, 2393, 2395, 2404, 2442, 2444, 2458, 2565, 2566, 2567, 2570, 2573, 2733, 2735, 2759, 2879, 3092, 3135, 3136, 3137, 3138, 3139, 3140, 3237, 3238, 3268, 3325, 3326, 3328, 3331, 3589, 3590, 3891, 3893, 3991, 3997, 3998, 4046, 4047, 4050, 4052, 4053, 4075, 4180, 4317, 4528, 4590, 4593, 4608, 4646, 4743, 4744, 4745, 4766, 4912, 4927, 4928, 4929, 4930, 4931, 4932, 4933, 4934, 4935)
2001 Ed. (416, 715, 765, 1013, 1153, 1154, 1155, 1234, 2080, 2363, 2596, 2717, 2722, 2757, 2783, 2793, 2794, 2818, 2819, 3102, 3120, 3121, 3219, 3291, 3292, 3646, 3718, 3727, 3877, 4024, 4049, 4089, 4143, 4164, 4504, 4611, 4678, 4679, 4680, 4708, 4790, 4791, 4792, 4793, 4836, 4848, 4849, 4850, 4851, 4852, 4853, 4854, 4855, 4856)
2000 Ed. (318, 331, 359, 747, 748, 802, 1006, 1010, 1067, 1071, 1072, 1073, 1074, 1075, 1077, 1079, 1080, 1081, 1082, 1083, 1084, 1091, 1115, 1117, 1158, 1330, 1662, 1713, 1790, 1908, 2306, 2330, 2392, 2416, 2580, 2604, 2606, 2607, 2609, 2614, 2621, 2637, 2938, 2950, 2951, 2952, 2953, 2954, 2955, 2996, 3051, 3052, 3053, 3054, 3055, 3103, 3105, 3106, 3109, 3110, 3111, 3112, 3113, 3114, 3115, 3116, 3117, 3119, 3120, 3121, 3508, 3766, 3770, 3771, 3835, 3865, 4014, 4207, 4234, 4270, 4357, 4396, 4397, 4402, 4403)
1999 Ed. (355, 526, 733, 734, 797, 1059, 1070, 1151, 1154, 1156, 1157, 1158, 1159, 1160, 1161, 1163, 1164, 1165, 1166, 1167, 1168, 1169, 1171, 1487, 1846, 2007, 2099, 2126, 2590, 2672, 2673, 2686, 2714, 2757, 2758, 2828, 2832, 3195, 3211, 3212, 3213, 3214, 3215, 3216, 3259, 3260, 3372, 3373, 3375, 3377, 3378, 3379, 3380, 3381, 3382, 3383, 3384, 3385, 3386, 3387, 3388, 3390, 3391, 3392, 3852, 3853, 3890, 4051, 4055, 4125, 4150, 4580, 4646, 4647, 4658, 4728, 4766, 4773, 4774, 4778, 4779, 4807)
1998 Ed. (69, 359, 474, 580, 585, 592, 672, 684, 735, 736, 741, 742, 793, 1055, 1316, 1521, 1547, 1746, 1832, 1943, 2003, 2004, 2359, 2365, 2378, 2379, 2380, 2405, 2473, 2476, 2477, 2478, 2479, 2480, 2482, 2538, 2983, 3051, 3055, 3058, 3109, 3166, 3296, 3472, 3489, 3513, 3612, 3685, 3718, 3725, 3726, 3731, 3733)
1997 Ed. (163, 270, 291, 322, 473, 678, 679, 869, 928, 940, 998, 1000, 1001, 1031, 1032, 1075, 1117, 1211, 1284, 1596, 1669, 1820, 1821, 2110, 2111, 2140, 2162, 2176, 2228, 2230, 2315, 2326, 2327, 2335, 2354, 2356, 2357, 2358, 2360, 2361, 2362, 2639, 2649, 2652, 2657, 2682, 2712, 2720, 2721, 2722, 2723, 2758, 2759, 2760, 2762, 2766, 2768, 2769, 2770, 2771, 2773, 2774, 2775, 2784, 2959, 3066, 3306, 3307, 3313, 3350, 3351, 3365, 3390, 3512, 3657, 3710, 3728, 3853, 3883, 3890, 3893, 3894, 3900)
1996 Ed. (37, 38, 156, 239, 261, 343, 346, 509, 747, 897, 907, 974, 975, 1011, 1012, 1170, 1238, 1537, 1587, 1740, 1993, 1994, 2018, 2040, 2076, 2114, 2121, 2194, 2198, 2199, 2208, 2222, 2224, 2228, 2229, 2231, 2237, 2278, 2281, 2497, 2510, 2513, 2518, 2539, 2543, 2571, 2572, 2573, 2574, 2575, 2615, 2616, 2617, 2619, 2620, 2622, 2623, 2624, 2625, 2634, 2982, 3197, 3198, 3199, 3200, 3206, 3209, 3249, 3250, 3266, 3293, 3425, 3604, 3653, 3669, 3802, 3834, 3842, 3845, 3846, 3852)
1995 Ed. (142, 230, 231, 243, 246, 257, 328, 330, 676, 872, 920, 928, 987, 990, 1026, 1027, 1113, 1202, 1282, 1555, 1609, 1964, 1966, 1995, 2048, 2080, 2113, 2116, 2181, 2183, 2184, 2205, 2213, 2215, 2219, 2220, 2222, 2223, 2451, 2459, 2464, 2467, 2539, 2553, 2554, 2555, 2557, 2558, 2560, 2561, 2562, 2563, 2571, 2900, 3102, 3103, 3104, 3105, 3113, 3149, 3150, 3173, 3195, 3300, 3369, 3522, 3543, 3562, 3563, 3564, 3565, 3566, 3567, 3593, 3651, 3715, 3735, 3742, 3745, 3746, 3747, 3753, 3780, 3781, 3782, 3783, 3784)
1994 Ed. (128, 256, 332, 482, 717, 718, 719, 720, 820, 821, 823, 824, 826, 827, 951, 963, 964, 971, 973, 1017, 1188, 1259, 1524, 1566, 1935, 1936, 1971, 1992, 2027, 2058, 2063, 2129, 2142, 2143, 2162, 2164, 2169, 2170, 2172, 2174, 2372, 2378, 2383, 2386, 2409, 2472, 2488, 2489, 2490, 2492, 2494, 2499, 2500, 2501, 2502, 2503, 2811, 2913, 3056, 3057, 3058, 3059, 3068, 3104, 3105, 3121, 3151, 3218, 3293, 3456, 3494, 3495, 3496, 3497, 3498, 3508)
1993 Ed. (57, 267, 347, 480, 707, 709, 710, 773, 808, 816, 818, 872, 884, 944, 945, 949, 989, 1158, 1221, 1424, 1478, 1525, 1598, 1852, 1913, 1943, 1999, 2015, 2042, 2044, 2071, 2106, 2107, 2108, 2112, 2139, 2142, 2145, 2146, 2148, 2149, 2439, 2444, 2540, 2542, 2543, 2544, 2545, 2546, 2550, 2551, 2552, 2553, 2812, 2953, 3012, 3043, 3045, 3060, 3105, 3223, 3299, 3481, 3518, 3519, 3520, 3521, 3522, 3523, 3549, 3606, 3675, 3700, 3708, 3710, 3711, 3717)
1992 Ed. (237, 347, 369, 374, 482, 668, 896, 897, 898, 1009, 1010, 1014, 1017, 1025, 1026, 1081, 1086, 1153, 1155, 1160, 1161, 1164, 1213, 1214, 1356, 1440, 1797, 1810, 1810, 1850, 2254, 2255, 2287, 2352, 2377, 2387, 2412, 2416, 2514, 2521, 2535, 2536, 2542, 2543, 2547, 2575, 2577, 2580, 2581, 2583, 2584, 3035, 3041, 3043, 3044, 3045, 3046, 3047, 3048, 3049, 3050, 3051, 3054, 3056, 3057, 3058, 3059, 3140, 3236, 3292, 3399, 3617, 3618, 3623, 3630, 3693, 3694, 3695, 3696, 3702, 3734, 3736, 3752, 3809, 3953, 4159, 4191, 4217, 4218, 4219, 4220, 4221, 4222, 4242, 4265, 4403, 4437, 4446, 4449, 4450, 4456)
1991 Ed. (56, 275, 348, 515, 715, 716, 826, 827, 828, 829, 831, 832, 935, 936, 937, 976, 977, 1102, 1397, 1455, 1644, 1782, 1783, 1863, 1888, 1914, 1916, 1940, 1965, 1972, 1973, 1974, 1975, 1979, 1982, 1984, 2000, 2003, 2006, 2007, 2009, 2010, 2424, 2425, 2427, 2430, 2431, 2432, 2433, 2434, 2435, 2436, 2437, 2438, 2439, 2440, 2441, 2442, 2443, 2444, 2445, 2446, 2512, 2526, 2780, 2857, 2861, 2864, 2890, 2892, 3116, 3248, 3296, 3297, 3298, 3299, 3300)
1990 Ed. (296, 301, 401, 404, 738, 875, 876, 917, 1000, 1002, 1003, 1005, 1006, 1007, 1008, 1009, 1010, 1054, 1055, 1148, 1150, 1151, 1218, 1438, 1464, 1553, 1867, 1868, 1870, 1950, 1958, 1986, 2019, 2022, 2111, 2123, 2124, 2125, 2126, 2133, 2154, 2158, 2161, 2162, 2163, 2165, 2166, 2442, 2548, 2549, 2551, 2554, 2555, 2556, 2557, 2558, 2559, 2560, 2561, 2562, 2563, 2564, 2565, 2566, 2567, 2608, 2655, 2656, 3003, 3047, 3048, 3523, 3524, 3526, 3527, 3528, 3529, 3530, 3535, 3536, 3607, 3608, 3609, 3614, 3648)

1989 Ed. (2, 225, 226, 276, 284, 350, 727, 738, 843, 844, 846, 847, 910, 911, 913, 917, 993, 1265, 1491, 1492, 1560, 1577, 1625, 1627, 1628, 1644, 1645, 1646, 1647, 1905, 1952, 1956, 1958, 1959, 1960, 1961, 1962, 1963, 1964, 1965, 1966, 1967, 2051, 2317, 2774, 2906)
Chicago (IL) PennySaver
2003 Ed. (3646)
Chicago, IL (suburbs) (Continental)
1991 Ed. (835)
Chicago International Airport
2001 Ed. (349)
Chicago-Kent College-IIT
1996 Ed. (2459, 2462)
Chicago-Kent College of Law
1999 Ed. (3166)
1998 Ed. (2336)
1997 Ed. (2604)
Chicago Limousine Service
1993 Ed. (2601)
1992 Ed. (3114)
Chicago Local Values
2002 Ed. (3505)
Chicago Marriott Downtown Hotel
1999 Ed. (2787)
1997 Ed. (2301)
Chicago Marriott Suites O'Hare
1998 Ed. (2008)
Chicago Meat Authority
2008 Ed. (3611)
Chicago Mercantile
1989 Ed. (2642)
Chicago Mercantile Exchange
2008 Ed. (2804, 2805, 2857, 3170, 3175)
2007 Ed. (2673, 2674, 2727)
2006 Ed. (2683, 2684)
2005 Ed. (2706, 2708)
2004 Ed. (2713)
2003 Ed. (2598, 2600)
2001 Ed. (1333, 1334)
1999 Ed. (1247)
1998 Ed. (815, 816)
1996 Ed. (1057)
1994 Ed. (1071, 1072)
1993 Ed. (1039, 1040, 1915)
Chicago Mercantile Exchange Holdings Inc.
2008 Ed. (2706)
2007 Ed. (4556)
2006 Ed. (4579, 4582, 4590)
Chicago Metropolitan Assurance Co.
1996 Ed. (2286)
1995 Ed. (2280)
1994 Ed. (2233)
1993 Ed. (2253)
Chicago Metropolitan Mutual Assurance Co.
1990 Ed. (2275)
Chicago Metropolitan Mutual Insurance Co.
1992 Ed. (2707)
1991 Ed. (2144)
Chicago Milwaukee Corp.
1992 Ed. (1134)
1990 Ed. (2946)
1989 Ed. (2282)
Chicago Municipal Employees Credit Union
2002 Ed. (1828)
Chicago-Naperville-Joliet, IL-IN-WI
2008 Ed. (18, 204, 3477, 3508, 3524, 4097, 4100, 4748, 4817)
2007 Ed. (217, 268, 772, 1105, 2597, 2658, 2692, 2858, 3376, 3383, 3387, 3388, 3498, 3499, 3501, 3502, 3503, 3643, 3802, 4063, 4120, 4164, 4165, 4166, 4809, 4877)
2006 Ed. (261, 676, 1019, 2620, 2673, 2698, 2868, 3321, 3324, 3473, 3474, 3476, 3477, 3478, 3578, 3796, 4098, 4141, 4142, 4143)
Chicago North Western
1995 Ed. (3058)
Chicago Northwestern
1994 Ed. (2992, 2994)
1993 Ed. (2959)
Chicago O'Hare
2000 Ed. (270, 272)
1992 Ed. (309, 310)
Chicago O'Hare Airport
1998 Ed. (108)
Chicago O'Hare International
1994 Ed. (191)
1989 Ed. (245)
Chicago O'Hare International Airport
2008 Ed. (236)
1997 Ed. (186)
1996 Ed. (172, 1061, 1061, 1061)
Chicago Pacific
1990 Ed. (2110)
1989 Ed. (1622)
Chicago Park District
1993 Ed. (2880, 3362)
1992 Ed. (3487, 4032)
Chicago Park District, IL
1999 Ed. (3474)
1998 Ed. (2563)
1991 Ed. (2527, 3161)
Chicago Pizza & Brewery
2006 Ed. (4164)
2003 Ed. (2643)
2002 Ed. (4017)
Chicago Pizza/Brewery
1998 Ed. (3069, 3182)
Chicago Pub. Bldg. Commission
1990 Ed. (2644)
Chicago Public Schools
2007 Ed. (1653)
2006 Ed. (1638)
2002 Ed. (1612)
2000 Ed. (1042, 3860)
1999 Ed. (1117)
1998 Ed. (3160)
1997 Ed. (978, 3385)
1996 Ed. (957)
1995 Ed. (977, 3190)
1994 Ed. (3146)
1991 Ed. (2926)
1990 Ed. (3106)
Chicago Public Schools Department of Food Services
1996 Ed. (3288)
Chicago Regional Transportation Authority
1993 Ed. (3361)
1991 Ed. (3160)
Chicago Rice & Cotton Exchange
1993 Ed. (1040)
Chicago Rock Cafe
2001 Ed. (4086)
Chicago School Finance Authority
1997 Ed. (3383)
Chicago School of Business; University of
1997 Ed. (865)
Chicago School Reform
2001 Ed. (808)
Chicago School Reform Board of Trustees
1999 Ed. (4144)
Chicago School Reform Board of Trustees, IL
2000 Ed. (3859)
Chicago Search Group Inc.
1991 Ed. (1615)
Chicago Suburbs, IL
2001 Ed. (1090)
Chicago Sun-Times
2002 Ed. (3509, 3510)
2001 Ed. (261)
1999 Ed. (3614)
1996 Ed. (2847)
1991 Ed. (2604)
1990 Ed. (2692, 2704)
Chicago Symphony Orchestra
2004 Ed. (929)
Chicago Theatre
1999 Ed. (1295)
Chicago Title Corp.
2002 Ed. (1391)
1990 Ed. (2265)
Chicago Title Insurance Co.
2002 Ed. (2982)
2000 Ed. (2738, 2739)
1999 Ed. (2985, 2986)
1998 Ed. (2214, 2215)
Chicago-Tokyo Bank
1991 Ed. (2813)
Chicago Town
2008 Ed. (716)
2002 Ed. (2368)
Chicago Transit Authority
2008 Ed. (756, 3454)
2007 Ed. (3357)
2006 Ed. (687, 3296)
2005 Ed. (3308, 3992)
2004 Ed. (3295)
2003 Ed. (3239)
2002 Ed. (3904)
2001 Ed. (3158, 3159)
2000 Ed. (900)
1999 Ed. (956)
1998 Ed. (538)
1997 Ed. (840)
1996 Ed. (832)
1995 Ed. (852)
1994 Ed. (801, 1076)
1993 Ed. (786, 3361)
1992 Ed. (989, 4031)
1991 Ed. (808, 3160)
1990 Ed. (847)
1989 Ed. (830)
Chicago Tribune Co.
2003 Ed. (913, 3643, 3647)
2002 Ed. (3501, 3504)
2001 Ed. (261)
1999 Ed. (3614)
1998 Ed. (83)
1997 Ed. (2943)
1996 Ed. (2847)
1993 Ed. (2724)
1992 Ed. (3237, 3238, 3241, 3243)
1991 Ed. (2603, 2604, 2606, 2609)
1990 Ed. (2692, 2693, 2697, 2703, 2704, 2706)
Chicago Tribune A
2000 Ed. (3334)
Chicago Truck Center Inc.
2001 Ed. (712)
2000 Ed. (741)
1999 Ed. (729)
1998 Ed. (467)
1997 Ed. (675)
Chicago Trust
1999 Ed. (3063)
Chicago United Industries Ltd.
1995 Ed. (2104, 2109)
Chicago University
2004 Ed. (810, 811, 812, 813, 814, 815, 816, 817, 818)
2003 Ed. (794, 796)
Chicago; University of
2008 Ed. (770, 776, 780, 788, 1059, 1353, 3431)
2007 Ed. (796, 798, 803, 810, 818, 820, 830, 832, 834, 1165, 1399, 3330)
2006 Ed. (702, 708, 709, 710, 712, 717, 718, 719, 721, 728, 732, 734, 1360, 2858, 3785)
2005 Ed. (801, 803, 810, 811, 815, 1369, 3266)
1997 Ed. (850, 951, 852, 860, 2602, 2603)
1996 Ed. (837, 838, 839, 849, 1035, 2457, 2458, 2463)
1995 Ed. (970, 1050, 1072, 2422)
1994 Ed. (806, 807, 808, 818, 937, 938, 1042, 2358)
1993 Ed. (796, 797, 798, 923, 924, 1015, 1030, 1031, 2407)
1992 Ed. (997, 998, 999, 1124, 1283, 2848, 3257)
1991 Ed. (814, 815, 816, 918, 1001, 1007, 2295)
Chicago vs. New England
1992 Ed. (4162)
Chicago White Sox
1998 Ed. (3358)
1995 Ed. (642)
Chicago,IL
1992 Ed. (3135)
ChicagoSun-Times
1990 Ed. (2707)
ChicagoTribune
1990 Ed. (2707)
Chicanos Por La Causa Inc.
2008 Ed. (2964)
2007 Ed. (2841)
2006 Ed. (2843)
2005 Ed. (2845)
2004 Ed. (2837)
2003 Ed. (2755)
Chicanos por La Causs
1994 Ed. (1904)
Chick-fil-A
2008 Ed. (2659, 2660, 2662, 2666, 4158, 4173, 4174)
2007 Ed. (2531, 4143)
2006 Ed. (2554, 2558, 4116)
2005 Ed. (2551, 2560, 4055, 4056, 4057, 4058, 4059, 4083)
2004 Ed. (2577, 4130)
2003 Ed. (2442, 2443, 2444, 2445, 2446, 2447, 2448, 4096, 4132)
2002 Ed. (2240, 2244)
2001 Ed. (2404, 2406)
2000 Ed. (1910, 3780)
1999 Ed. (2133, 2135, 4063)
1998 Ed. (1549)
1997 Ed. (1841, 3316)
1996 Ed. (1755, 1760, 3215)
1995 Ed. (1782, 3119)
1994 Ed. (1749, 3074)
1993 Ed. (1758, 3020)
1992 Ed. (2112, 2123, 3712)
1991 Ed. (1656, 2872)
1990 Ed. (3014)
Chicken
2003 Ed. (3343, 3927)
2002 Ed. (3746, 4011)
1999 Ed. (1413, 2125)
1998 Ed. (1743, 1745)
1997 Ed. (2033, 2063, 2064, 3680)
1995 Ed. (3537)
1991 Ed. (2875, 2876)
1989 Ed. (1461)
Chicken, baked
1998 Ed. (2463)
Chicken baked/broiled/grilled
1992 Ed. (3017, 3018)
Chicken, BBQ
1992 Ed. (3019)
Chicken, BBQ & fried
1997 Ed. (2059, 3669)
Chicken broilers
2003 Ed. (3327)
Chicken by George
1995 Ed. (1889)
Chicken Delight
1992 Ed. (2227)
Chicken, fried/barbecue
1993 Ed. (3499)
Chicken, fried/barbecued
1995 Ed. (3536)
1992 Ed. (1777)
Chicken, frozen
1995 Ed. (2995, 2996)
1994 Ed. (2937)
Chicken, frozen prepared
1999 Ed. (2532)
Chicken, frozen raw
1999 Ed. (2532)
Chicken Helper
1992 Ed. (3220)
Chicken Licken
1999 Ed. (2140)
Chicken of the Sea
1998 Ed. (1716)
1994 Ed. (3607)
Chicken of the Sea International
2006 Ed. (4250)
Chicken, raw
1999 Ed. (3408)
Chicken, raw frozen
1996 Ed. (2646)
Chicken sandwiches
1992 Ed. (3016)
Chicken Soup
1992 Ed. (4247)
Chicken Soup for the College Soul
2003 Ed. (709)
Chicken Soup for the Couple's Soul
2003 Ed. (722)
2001 Ed. (988)
Chicken Soup for the Kid's Soul
2003 Ed. (709)
2001 Ed. (982)
Chicken Soup for the Preteen Soul
2003 Ed. (711, 715)
Chicken Soup for the Teenage Soul
2003 Ed. (709)

2000 Ed. (710)
1999 Ed. (695)
Chicken Soup for the Teenage Soul II
2003 Ed. (709)
2001 Ed. (983)
Chicken Soup for the Teenage Soul III
2003 Ed. (715, 722)
Chicken Soup for the Teenage Soul: On Tough Stuff
2004 Ed. (738)
2003 Ed. (713)
Chicken Soup for the Woman's Soul
1999 Ed. (695)
Chicken, spicy
1992 Ed. (3019)
Chicken Tonight
1997 Ed. (165)
1992 Ed. (3220)
Chico, CA
2008 Ed. (3467)
2007 Ed. (3369)
2006 Ed. (3305)
2005 Ed. (3316)
1996 Ed. (977)
1992 Ed. (344)
Chico-Paradise, CA
2005 Ed. (2032)
Chicogo
2001 Ed. (1921, 1922, 1923, 1924)
Chicopee
1993 Ed. (2733, 2734)
1992 Ed. (3271, 3273)
1991 Ed. (2620)
Chico's FAS Inc.
2008 Ed. (888, 889, 893, 993, 998, 1002, 1003, 1004, 1010, 4540)
2007 Ed. (912, 1116, 1123, 1128, 2743, 4162, 4492, 4559, 4561, 4563, 4581, 4596)
2006 Ed. (1027, 1036, 1040, 4581, 4583, 4595, 4596)
2005 Ed. (1020, 1029, 2775)
2004 Ed. (1022, 2779, 4433, 4562, 4565, 4567, 4569)
2003 Ed. (1023, 2646, 4440, 4550)
2002 Ed. (2431)
1996 Ed. (1926)
Chico's Retail Services Inc.
2006 Ed. (4154, 4937)
Chicoutimi, Quebec
2005 Ed. (3327)
Chidambaram
1990 Ed. (1379)
Chie-Ho Engineering & Development Co. Ltd.
1994 Ed. (3008)
1992 Ed. (3625)
Chief Auto
1989 Ed. (351, 1252)
Chief Auto Parts
1999 Ed. (362)
1998 Ed. (247)
1997 Ed. (325)
1996 Ed. (354)
1995 Ed. (336)
1994 Ed. (336)
1992 Ed. (486, 1821)
1991 Ed. (357, 1434)
1990 Ed. (407, 1514)
Chief Automotive Sys.
1990 Ed. (391, 392)
Chief Ethanol Fuels Inc.
2007 Ed. (1896)
2006 Ed. (1914)
Chief executive
2008 Ed. (3809)
Chief executives
2007 Ed. (3720)
2005 Ed. (3625)
Chief financial officer
2004 Ed. (2278)
Chief technical officer
2004 Ed. (2287)
Chief Transportation Products Inc.
2007 Ed. (1896)
2006 Ed. (1914)
Chief's Blend
1996 Ed. (2997)
Chieftain Capital Management
1993 Ed. (1194)
Chien Hou Electronics Co. Ltd.
1994 Ed. (1459)
Chien Tai Cement Co. Ltd.
1994 Ed. (1460, 1464)
Chien; Thomas
1996 Ed. (1912)
Chiharu Shima
2000 Ed. (2159)
1999 Ed. (2379)
Chihuahua
2001 Ed. (2839)
Chihuahua City Exposition Center
2003 Ed. (2416)
2001 Ed. (2353)
Chikuho Bank
2002 Ed. (574)
Chilanga Cement plc
2006 Ed. (4548)
2002 Ed. (4499)
Child
2000 Ed. (3464)
1995 Ed. (2880)
1994 Ed. (2785, 2799)
1993 Ed. (2792, 2805)
1992 Ed. (3389)
Child & Elder Care Insights Inc.
2005 Ed. (2360, 2361, 2362)
A Child Called "It"
2003 Ed. (722)
2000 Ed. (710)
Child Care Resource & Referral
2000 Ed. (1780)
Child-care resource/referral
1992 Ed. (2233)
Child Care Scholarship Fund
1992 Ed. (1100)
Child care worker
1993 Ed. (3727)
1989 Ed. (2085)
Child care workers
2007 Ed. (2461)
2005 Ed. (3632)
1989 Ed. (2081, 2081)
Child-care workers, private household
1989 Ed. (2079)
Child day care services
1997 Ed. (1722)
1995 Ed. (3387)
The Child I.D. Program
2008 Ed. (971)
2007 Ed. (1095)
2006 Ed. (1004)
Child maintenance products
2001 Ed. (2636, 2637)
Child Welfare League of America
2004 Ed. (934)
1996 Ed. (917)
Child World
1995 Ed. (3144, 3644, 3646)
1994 Ed. (3563)
1992 Ed. (1077, 4330)
1991 Ed. (3164)
1989 Ed. (2860)
Childers; Charles
1997 Ed. (980)
Childers Print & Graphic Inc.
2000 Ed. (4054)
Childhood items
1990 Ed. (1083)
Children International
2000 Ed. (3349)
1996 Ed. (913)
Children of the Marshlands
2001 Ed. (3366)
Children of UPS Employees in Florida
1994 Ed. (891)
Children's Advil
2003 Ed. (281)
2002 Ed. (317, 318)
Children's Cancer Hospital
2006 Ed. (43)
Children's Charity Fund
2004 Ed. (935)
Children's Comprehensive Services
2002 Ed. (3802)
2000 Ed. (3624)
1999 Ed. (3907)
Children's Defense Fund
2004 Ed. (934)
1995 Ed. (1929)
1994 Ed. (1902)
Children's Health Care System
2008 Ed. (2164)
2007 Ed. (2055)
2006 Ed. (2099)
2001 Ed. (1896)
Children's Health System
2005 Ed. (180)
Children's Healthcare of Atlanta
2006 Ed. (2924)
2005 Ed. (1778)
Children's Hospital Corp.
2008 Ed. (2167, 3049, 3049)
2007 Ed. (2058, 2926, 2926)
2006 Ed. (2103, 2907, 2907, 2924, 3711)
2005 Ed. (2002, 2900, 2900)
2004 Ed. (1535, 1885, 2914)
2003 Ed. (2810, 2824)
2002 Ed. (2606, 2606, 2606)
2000 Ed. (2518, 2518)
1999 Ed. (2739)
1997 Ed. (2261)
1992 Ed. (4423)
1991 Ed. (3473)
1990 Ed. (3682)
1989 Ed. (2903)
Children's Hospital & Health Center
2003 Ed. (2824)
Children's Hospital Central California
2008 Ed. (1592)
Children's Hospital Foundation
1992 Ed. (1095)
Children's Hospital Los Angeles
1999 Ed. (2739)
1993 Ed. (890)
Children's Hospital Medical
1995 Ed. (1926)
Children's Hospital (Medical Care)
1991 Ed. (893)
Childrens Hospital Medical Center
2008 Ed. (2004, 3049)
2007 Ed. (1936, 2926)
2006 Ed. (2907, 2924)
2005 Ed. (2900)
2004 Ed. (2914)
2003 Ed. (2810, 2824)
2000 Ed. (2518)
Children's Hospital Medical Center Cincinatti
1999 Ed. (2739)
Children's Hospital National Medical Center
1993 Ed. (1502)
1991 Ed. (1444)
Children's Hospital of Alabama
2008 Ed. (1543)
2006 Ed. (2924)
Children's Hospital of Denver
1999 Ed. (2739)
Children's Hospital of Los Angeles
2003 Ed. (2824)
Children's Hospital of New York-Presbyterian
2007 Ed. (2926)
2006 Ed. (2907)
2005 Ed. (2900)
2004 Ed. (2914)
Children's Hospital of Oklahoma
1994 Ed. (897)
Children's Hospital of Philadelphia
2008 Ed. (2040, 2902, 3049)
2007 Ed. (2926)
2006 Ed. (2907, 2924)
2005 Ed. (2900)
2004 Ed. (2914)
2003 Ed. (2810, 2824)
2002 Ed. (2606)
2000 Ed. (2518, 2533)
1999 Ed. (1336, 2739, 2753)
1998 Ed. (1996)
1997 Ed. (2261)
Children's Hospital of Philadelphia-renovations
2000 Ed. (1227)
Children's Hospital of Pittsburgh
2005 Ed. (2900)
2004 Ed. (2914)
2003 Ed. (2810, 2832)
2002 Ed. (2606)
2000 Ed. (2518)
1999 Ed. (2739)
Children's Hospital of Wisconsin
2006 Ed. (2924)
Children's Medical Center
2006 Ed. (2924)
Children's Memorial Hospital
2008 Ed. (3049)
2006 Ed. (2907)
2005 Ed. (2804)
2004 Ed. (2914)
2003 Ed. (2823)
2002 Ed. (2606)
2000 Ed. (2518)
Children's Memorial Hospital, Chicago
1999 Ed. (2739)
Children's Miracle Network
2007 Ed. (3706)
Children's Motrin
2004 Ed. (247)
2003 Ed. (281)
2002 Ed. (317, 318)
Children's National Medical Center
2008 Ed. (2167, 3049)
2007 Ed. (2058, 2926)
2006 Ed. (2103, 2907)
2005 Ed. (2002)
2004 Ed. (1885)
2003 Ed. (1850)
2001 Ed. (1686)
2000 Ed. (2518)
1999 Ed. (2739)
Children's Orchard
2005 Ed. (900)
2004 Ed. (909)
2003 Ed. (884)
2002 Ed. (1045)
2000 Ed. (2268)
Children's pain remedies
2002 Ed. (321)
The Children's Place Retail Stores Inc.
2008 Ed. (888, 1004, 1006, 4205)
2006 Ed. (1031)
2003 Ed. (1021, 1022)
2002 Ed. (2431)
2001 Ed. (4323, 4325)
1999 Ed. (4165)
Children's products
1992 Ed. (4390)
Childrens Programming
1994 Ed. (2663)
Children's shows
1996 Ed. (865)
Children's Technology Workshop
2008 Ed. (2411)
Children's Television Workshop
1991 Ed. (2615)
Children's Tylenol
1996 Ed. (1026)
Children's videos
1993 Ed. (3669, 3670)
Children's vitamins
1994 Ed. (3636)
Children's Wish Foundation International
2004 Ed. (935)
1996 Ed. (918)
Childress Racing; Richard
2007 Ed. (327)
Childs Bertman Tseckares
2005 Ed. (3163)
Childs; Estate of J. Rives
1991 Ed. (888)
A Child's Waiting Adoption Program LLC
2008 Ed. (4947)
Chile
2008 Ed. (460, 1386, 2205, 2397, 2720, 2721, 3211, 3521, 3522, 3523, 3593, 3747, 4341, 4622, 4623, 4918)
2007 Ed. (500, 1435, 1854, 2095, 2264, 2583, 2584, 2829, 3291, 3429, 3626, 4387, 4390, 4413, 4416, 4941)
2006 Ed. (484, 1403, 2151, 2333, 2608, 2609, 2721, 2825, 3227, 3411, 3556, 4227, 4322, 4325, 4508, 4935)
2005 Ed. (563, 1418, 2057, 2539, 2540, 2609, 2610, 2766, 3242, 3402, 3499, 4376, 4499, 4729, 4902, 4970, 4971)
2004 Ed. (1395, 1396, 1922, 2620, 2621, 3214, 3395, 3499, 4427, 4540, 4909)

2003 Ed. (562, 1382, 2214, 2488, 2489, 3154, 3431, 4425, 4700, 4920)
2002 Ed. (679, 1345, 1346, 1820, 2423, 2424, 4094, 4283, 4973)
2001 Ed. (511, 512, 518, 1088, 1140, 1182, 1227, 1502, 1951, 2156, 2448, 2449, 2554, 2873, 3299, 3343, 3846, 4269, 4309, 4591, 4592, 4906, 4907, 4908, 4909)
2000 Ed. (1614, 1891, 1901, 2361, 2368, 2369, 3849, 4033)
1999 Ed. (385, 1763, 1785, 2597, 4130, 4803)
1998 Ed. (1839, 3113, 3304)
1997 Ed. (941, 1268, 1546)
1996 Ed. (1481, 1645, 2024, 2647, 2652, 3434, 3662)
1995 Ed. (1522, 1740, 2007, 2014, 2026, 2033, 2040, 3418, 3578)
1994 Ed. (1231, 1490, 1980, 1987)
1993 Ed. (844, 858, 1964, 1971, 1978, 1988, 3321, 3722, 3726)
1992 Ed. (1446, 1738, 1739, 2095, 2307, 2314, 2319, 2324, 4475)
1991 Ed. (1384, 1831, 1838, 1843, 1851, 3506, 3508)
1990 Ed. (1451, 1475, 1908, 1915, 1922, 1937, 3694, 3700)
1989 Ed. (2965)
Chile Fund
1994 Ed. (2649)
Chile; Republic of
2005 Ed. (3240)
Chilean peso
2008 Ed. (2274)
2006 Ed. (2239)
Chilectra
2002 Ed. (4095)
2000 Ed. (3849, 3850)
1999 Ed. (4135, 4136)
1997 Ed. (3376)
1996 Ed. (3279)
1994 Ed. (3131, 3132)
Chilectra-Cia Chilena de Electricidad
1989 Ed. (1100)
Chilena Consolidada Seguros de Vida
2008 Ed. (3255)
2007 Ed. (3110)
Chilena Consolidada Seguros Generales
2008 Ed. (3255)
2007 Ed. (3110)
Chiles; Lawton
1993 Ed. (1994)
Chiles Offshore Corp.
1996 Ed. (1211)
Chilgener
2000 Ed. (3849, 3850)
1999 Ed. (4136)
1997 Ed. (3376, 3377)
1996 Ed. (3279, 3280)
1994 Ed. (3132)
1993 Ed. (3069)
1992 Ed. (3766)
1991 Ed. (2912)
Chili
2003 Ed. (3926, 3927)
2002 Ed. (3746)
1997 Ed. (2032)
Chili, canned
1993 Ed. (3485)
Chili peppers
1998 Ed. (1859)
Chilies
2002 Ed. (3709)
Chili's
2008 Ed. (4153)
1992 Ed. (3688, 3709, 3717)
1991 Ed. (2878, 2882)
1990 Ed. (3021)
Chili's Grill & Bar
2008 Ed. (4152, 4157, 4169, 4170, 4181, 4182, 4191)
2007 Ed. (4142, 4148)
2006 Ed. (4104, 4115, 4126)
2005 Ed. (4052, 4053, 4061, 4062, 4064, 4081)
2004 Ed. (4127, 4128, 4137)
2003 Ed. (4078, 4097, 4104, 4106, 4107, 4108, 4109, 4110, 4111, 4121)
2002 Ed. (4001, 4013)
2001 Ed. (4063)
2000 Ed. (3781, 3782)
1999 Ed. (4064, 4065)
1998 Ed. (3063)
1997 Ed. (3317, 3334)
1996 Ed. (3216, 3231)
1995 Ed. (3120, 3139)
1994 Ed. (3070, 3075, 3089)
1993 Ed. (3017, 3034)
ChiliSoft Inc.
2001 Ed. (1869, 2849)
Chilled convenience foods
2008 Ed. (2839)
Chillicothe, OH
2000 Ed. (4369)
Chillingsworth
1992 Ed. (3706)
Chilquinta
2002 Ed. (4095)
Chilton & Medley plc
2008 Ed. (1880)
Chilton Engineering Inc.
1999 Ed. (3425)
1994 Ed. (2533)
Chilton Publishing Co.
1999 Ed. (3745)
Chime Online
2002 Ed. (3864)
Chimerix
2006 Ed. (592)
Chimica Pomponesco
2001 Ed. (2507)
Chimicles Burt & Jacobsen
1995 Ed. (2411)
Chimney Challenge
2008 Ed. (4812)
Chin Lim
1999 Ed. (2279)
Chin Tung
1993 Ed. (1644, 1647)
Chin Y. Lim
1997 Ed. (1960)
China
2008 Ed. (248, 251, 257, 379, 528, 533, 576, 577, 831, 864, 867, 868, 1013, 1279, 1280, 1386, 1389, 1421, 2190, 2191, 2201, 2333, 2334, 2417, 2438, 2626, 2689, 2721, 2727, 2826, 2840, 2842, 2843, 3038, 3091, 3160, 3406, 3411, 3434, 3448, 3535, 3537, 3590, 3591, 3619, 3650, 3671, 3742, 3747, 3780, 3785, 3807, 3847, 3863, 3920, 4018, 4103, 4246, 4248, 4255, 4270, 4327, 4338, 4340, 4341, 4467, 4468, 4469, 4499, 4549, 4550, 4551, 4552, 4558, 4582, 4583, 4584, 4590, 4591, 4597, 4601, 4602, 4675, 4676, 4677, 4686, 4694, 4784, 4804, 4917, 4918, 4995, 5000)
2007 Ed. (265, 266, 267, 281, 397, 583, 626, 627, 748, 869, 887, 890, 892, 1133, 1435, 1439, 2079, 2081, 2082, 2083, 2084, 2091, 2199, 2200, 2257, 2282, 2310, 2547, 2584, 2590, 2699, 2711, 2917, 3292, 3298, 3334, 3352, 3405, 3407, 3426, 3427, 3440, 3444, 3476, 3619, 3626, 3686, 3700, 3702, 3714, 3767, 3789, 3800, 3871, 3956, 3999, 4070, 4198, 4210, 4212, 4221, 4237, 4372, 4382, 4384, 4390, 4415, 4485, 4486, 4488, 4489, 4536, 4600, 4601, 4602, 4603, 4604, 4605, 4610, 4651, 4670, 4671, 4680, 4689, 4692, 4693, 4752, 4753, 4754, 4762, 4777, 4861, 4863, 4868, 4872, 4940, 4941, 4996, 5000)
2006 Ed. (258, 259, 260, 276, 412, 549, 597, 598, 773, 798, 801, 804, 931, 1011, 1028, 1045, 1403, 1407, 1439, 1442, 2131, 2133, 2134, 2135, 2136, 2147, 2237, 2261, 2262, 2346, 2372, 2537, 2538, 2539, 2576, 2609, 2614, 2701, 2704, 2718, 2719, 2720, 2721, 2895, 3228, 3239, 3261, 3285, 3349, 3353, 3409, 3410, 3425, 3429, 3453, 3551, 3556, 3691, 3705, 3708, 3731, 3770, 3791, 3795, 3848, 3909, 3941, 4034, 4194, 4196, 4211, 4221, 4306, 4317, 4319, 4325, 4421, 4424, 4425, 4427, 4478, 4613, 4614, 4615, 4616, 4617, 4618, 4623, 4651, 4652, 4653, 4659, 4660, 4669, 4671, 4672, 4738, 4739, 4740, 4756, 4771, 4777, 4858, 4860, 4866, 4873, 4934, 4935, 4995)
2005 Ed. (237, 238, 240, 256, 459, 647, 684, 685, 853, 861, 862, 863, 864, 875, 876, 886, 890, 1036, 1123, 1418, 1422, 1540, 2035, 2037, 2038, 2039, 2040, 2054, 2199, 2200, 2278, 2317, 2531, 2532, 2533, 2571, 2610, 2616, 2734, 2742, 2764, 2766, 2767, 2883, 3031, 3032, 3243, 3252, 3269, 3291, 3363, 3375, 3401, 3415, 3419, 3444, 3499, 3591, 3603, 3604, 3614, 3659, 3660, 3661, 3702, 3706, 3766, 3840, 3881, 3999, 4146, 4148, 4155, 4166, 4363, 4369, 4371, 4376, 4404, 4407, 4408, 4410, 4478, 4532, 4533, 4534, 4535, 4536, 4537, 4542, 4570, 4586, 4587, 4594, 4595, 4603, 4606, 4607, 4691, 4692, 4701, 4718, 4787, 4789, 4799, 4801, 4901, 4902, 4997)
2004 Ed. (210, 231, 232, 233, 237, 253, 663, 687, 688, 689, 873, 874, 889, 890, 897, 900, 1029, 1395, 1396, 1401, 1524, 1905, 1906, 1907, 1908, 1919, 2095, 2096, 2178, 2202, 2593, 2621, 2626, 2741, 2745, 2768, 2905, 3215, 3223, 3243, 3244, 3259, 3339, 3344, 3394, 3406, 3428, 3499, 3676, 3688, 3694, 3703, 3784, 3794, 3855, 3902, 4063, 4218, 4220, 4228, 4238, 4413, 4421, 4423, 4427, 4459, 4462, 4463, 4538, 4598, 4599, 4600, 4601, 4602, 4603, 4608, 4650, 4656, 4657, 4720, 4721, 4725, 4739, 4751, 4813, 4815, 4820, 4888, 4909, 4991)
2003 Ed. (249, 266, 267, 268, 285, 461, 654, 851, 868, 871, 873, 1026, 1096, 1097, 1382, 1386, 1875, 1876, 1877, 1974, 2052, 2053, 2129, 2149, 2210, 2211, 2218, 2223, 2225, 2226, 2227, 2228, 2467, 2489, 2493, 2627, 2795, 3155, 3167, 3200, 3213, 3276, 3282, 3336, 3362, 3431, 3629, 3650, 3658, 3759, 3826, 3877, 4043, 4192, 4194, 4201, 4216, 4401, 4425, 4496, 4497, 4554, 4617, 4618, 4628, 4667, 4698, 4699, 4735, 4736, 4743, 4757, 4825, 4898, 4920, 4970, 4971)
2002 Ed. (301, 302, 683, 742, 743, 744, 745, 746, 747, 1345, 1346, 1812, 2413, 2415, 2423, 2424, 2425, 3073, 3074, 3075, 3229, 3302, 3519, 3520, 3521, 3724, 4283, 4379, 4623, 4624, 4705, 4998, 4999)
2001 Ed. (367, 373, 392, 400, 509, 510, 662, 668, 710, 711, 1101, 1102, 1129, 1133, 1137, 1143, 1182, 1192, 1193, 1286, 1414, 1509, 1935, 1936, 1938, 1947, 1969, 2004, 2005, 2127, 2128, 2134, 2163, 2362, 2364, 2365, 2371, 2372, 2419, 2449, 2451, 2614, 2615, 2699, 2700, 2724, 2759, 2838, 2968, 3022, 3025, 3045, 3075, 3199, 3212, 3244, 3275, 3343, 3370, 3530, 3546, 3548, 3558, 3659, 3763, 3764, 3950, 3967, 3987, 4121, 4122, 4135, 4155, 4156, 4229, 4262, 4264, 4269, 4318, 4319, 4369, 4370, 4371, 4372, 4373, 4383, 4384, 4386, 4388, 4390, 4402, 4426, 4427, 4428, 4446, 4447, 4495, 4534, 4535, 4549, 4567, 4590, 4598, 4647, 4650, 4690, 4785, 4831, 4914, 4936)
2000 Ed. (823, 1032, 1610, 1649, 1650, 1890, 1902, 2295, 2354, 2379, 3355, 3571, 4033, 4183, 4271, 4272)
1999 Ed. (182, 212, 256, 821, 1207, 1212, 1214, 1744, 1781, 2005, 2015, 2090, 2091, 2103, 2105, 2443, 2553, 2583, 2606, 3203, 3449, 3586, 3632, 3654, 3695, 3696, 3698, 3842, 3848, 4368, 4473, 4477, 4478, 4481, 4594, 4624, 4625)
1998 Ed. (115, 123, 856, 1324, 1418, 1524, 1526, 1530, 1554, 1732, 1791, 2660, 2707, 2735, 2742, 2743, 2745, 2830, 2897, 2898, 2929, 3304, 3589, 3590, 3591, 3592)
1997 Ed. (204, 305, 725, 824, 917, 1008, 1542, 1556, 1812, 2107, 2557, 2559, 2561, 2565, 2567, 2786, 2997, 2998, 2999, 3104, 3105, 3249, 3372, 3509, 3513, 3634, 3769)
1996 Ed. (157, 170, 929, 936, 941, 1477, 1726, 2470, 2471, 3019, 3020, 3633, 3662, 3692, 3717, 3821)
1995 Ed. (186, 310, 345, 713, 1038, 1244, 1518, 1544, 1657, 1736, 1737, 1741, 1742, 1744, 1745, 1746, 1749, 1751, 1752, 1753, 1785, 1962, 2040, 2925, 2926, 3169, 3421, 3626)
1994 Ed. (179, 180, 786, 957, 1486, 1581, 1980, 1983, 2005, 2859, 2860, 3308, 3522, 3656)
1993 Ed. (240, 1067, 1463, 1467, 1988, 2000, 2366, 2481, 2848, 3301, 3350, 3357, 3456, 3558, 3559, 3692)
1992 Ed. (362, 499, 1152, 1732, 1759, 1774, 1776, 2072, 2075, 2081, 2083, 2329, 2336, 2360, 3449, 3450, 3742, 3957, 3973, 3974, 4139, 4185, 4186, 4240, 4324)
1991 Ed. (259, 934, 1381, 1408, 1844, 1868, 2754, 3268, 3269, 3273, 3357)
1990 Ed. (241, 1448, 1481, 2148, 3276, 3624, 3633, 3689)
1989 Ed. (1181, 2121)
China Air Lines
2000 Ed. (1568)
China Airline
1990 Ed. (51)
China Airlines
2008 Ed. (222)
2007 Ed. (243)
2006 Ed. (231, 241)
2005 Ed. (225)
2004 Ed. (217)
2001 Ed. (301, 305, 312, 320)
1999 Ed. (1575, 1743)
1996 Ed. (176, 3627)
1995 Ed. (177, 190, 1498)
1994 Ed. (3282)
1993 Ed. (194)
1992 Ed. (3945)
1990 Ed. (240, 3268)
1989 Ed. (54)
China American Petrochemical Co.
1992 Ed. (1705)
China & Eastern Investment Co. Ltd.
1995 Ed. (1874)
China and glassware
1998 Ed. (927)
China & satellites
1990 Ed. (3439)
China & South Sea Bank
2000 Ed. (548)
1999 Ed. (536)
1997 Ed. (497)

1993 Ed. (452)
1992 Ed. (638)
1991 Ed. (480, 481)
1990 Ed. (522)
1989 Ed. (505)
China/Asia CPEC
2000 Ed. (3830)
China Assets Holdings
1996 Ed. (2140)
China; Bank of
2008 Ed. (647, 4537)
2007 Ed. (398, 420, 3250)
2006 Ed. (413, 426, 1644)
2005 Ed. (361, 460, 477, 3938, 4577)
China Banking Corp.
2008 Ed. (492)
2007 Ed. (541)
2006 Ed. (513)
2005 Ed. (597)
1999 Ed. (623)
China Bicycles
1999 Ed. (4297, 4298)
1994 Ed. (3291, 3292)
China Chemicals Import & Export Corp.
2001 Ed. (2496, 2497)
China Chemicals Imports & Exports
1998 Ed. (2559)
China CITIC Bank
2008 Ed. (397)
China Civil Engineering Construction Corp.
2006 Ed. (1318)
China Coast
1997 Ed. (3338)
China Commercial Advertising
1990 Ed. (155)
1989 Ed. (166)
China Construction Bank
2008 Ed. (380, 397, 444, 647, 1665, 1666, 1667, 1816)
2007 Ed. (398, 420, 1656, 1659, 1785, 4585)
2006 Ed. (413, 426, 458, 1644, 4275)
2005 Ed. (460, 477)
2004 Ed. (448, 465, 500, 547)
2003 Ed. (462, 475, 1709)
2002 Ed. (518, 520, 521, 522, 542, 552)
2000 Ed. (462, 495)
1999 Ed. (467, 496)
China Develop
2000 Ed. (4176)
China Development
2002 Ed. (4543)
1999 Ed. (1743)
1997 Ed. (3692, 3683)
1996 Ed. (3629)
1994 Ed. (3196)
1992 Ed. (4189)
China Development & Trust Co. Ltd.
1994 Ed. (3473)
China Development Finance
1997 Ed. (3472)
1996 Ed. (3376)
1995 Ed. (2840, 3267)
1994 Ed. (2734, 2735, 3185)
China Development Industrial
2005 Ed. (3938)
China Development Industrial Bank
2002 Ed. (516, 522, 552)
2001 Ed. (1865)
China Eastern
2008 Ed. (215)
1997 Ed. (205)
China Eastern Airlines
2006 Ed. (232)
2004 Ed. (218)
2003 Ed. (4578)
1999 Ed. (1594, 4495)
China Entertainment
1990 Ed. (2047, 2049)
China equities
1996 Ed. (2430)
China Everbright Bank
2008 Ed. (435)
2007 Ed. (420, 470)
2006 Ed. (426, 458)
2005 Ed. (477, 529)
2004 Ed. (465)
2003 Ed. (475)
2002 Ed. (516, 542)
China First Pencil
1994 Ed. (3289, 3290)
China Foods Ltd.
2008 Ed. (3550)
China Glaze Co. Ltd.
1994 Ed. (933)
China Grill
2001 Ed. (4054)
China Grill Management
2008 Ed. (4150, 4151)
2007 Ed. (4132, 4134)
China Harbour Engineering Co.
2006 Ed. (1320)
2002 Ed. (1302)
2000 Ed. (1273, 1291)
1999 Ed. (1384)
1995 Ed. (1191)
China Harbour Engineering Co. (Group)
2004 Ed. (1331)
2003 Ed. (1332, 1336)
China (Hong Kong); Bank of
2007 Ed. (459)
2006 Ed. (448)
2005 Ed. (517)
China International Capital Corp.
2007 Ed. (3250, 4317)
2006 Ed. (4275)
2005 Ed. (4314)
2004 Ed. (4339, 4341, 4373)
2003 Ed. (2362, 4325, 4354)
2002 Ed. (1920, 4198, 4202, 4237, 4556)
China International Marine
2001 Ed. (1670)
2000 Ed. (4012)
China International Marine Containers
1997 Ed. (3506)
China International Marine Containers Group Ltd.
2008 Ed. (3554)
China International Petroleum & Chemical United Co.
2001 Ed. (2497)
China International Trust & Investment Corp.
2006 Ed. (4275)
1999 Ed. (2885)
1991 Ed. (451)
China International Water & Electric Corp.
2006 Ed. (1322)
China Investment Bank
1996 Ed. (474)
1995 Ed. (445)
1992 Ed. (729)
China Jilin International Econ. & Tech. Corp.
2000 Ed. (1273)
China Lake Murders
1992 Ed. (1033)
China Life
2008 Ed. (647)
China Life Insurance Co., Ltd.
2008 Ed. (1665, 1666, 1667, 4524, 4529, 4539)
2007 Ed. (1514, 1656, 1658, 1659, 1660, 1798, 1799, 1800, 1801, 1803, 1804, 1805, 3161)
2006 Ed. (1641, 1643, 1644)
2005 Ed. (1799, 4250, 4251, 4513)
1994 Ed. (2268)
1992 Ed. (2677)
China Light
1994 Ed. (1385, 2077, 2078)
1990 Ed. (1377, 2045, 2048)
China Light & Power
2001 Ed. (1725)
2000 Ed. (1447, 1449, 2493)
1999 Ed. (1647, 1648, 1649)
1997 Ed. (1423, 1424, 1426, 2247, 2248)
1996 Ed. (1371, 1373, 1374, 1375, 2136, 2137, 2138, 2141, 2143)
1995 Ed. (1347, 1348, 1410, 1412, 1413, 2128, 2130, 3514)
1993 Ed. (1329, 1330, 2058, 2060)
1992 Ed. (1634, 1635, 2438, 2444)
1991 Ed. (1300, 1302, 1930, 1931)
1990 Ed. (1378, 2928)
1989 Ed. (1125)
China Light & Power Retirement Funds
1997 Ed. (2393)
China-Mainland
1993 Ed. (1466)
China Manmade Fibers
1993 Ed. (3501)
China Marine Containers
1999 Ed. (4297)
China Medical Technologies Inc.
2007 Ed. (4279)
China Merchants Bank
2008 Ed. (397, 647)
2007 Ed. (420, 1656, 1657)
2006 Ed. (426, 4304)
2005 Ed. (477)
2003 Ed. (475)
2002 Ed. (542)
2000 Ed. (495)
1999 Ed. (496)
China Merchants Holdings
2008 Ed. (1787)
2000 Ed. (2494)
China Merchants Securities Co.
2006 Ed. (4275)
China Merchants Shekou
2001 Ed. (1670)
China Merchants Shekou Port Service
1999 Ed. (4297)
1997 Ed. (3506, 3507)
China Metallurgical Construction (Group) Corp.
2000 Ed. (1273)
1999 Ed. (1384)
China Minsheng Banking Corp.
2008 Ed. (397, 1565)
2007 Ed. (420)
2006 Ed. (426, 4304)
2004 Ed. (465)
2003 Ed. (475)
China Mobile
2008 Ed. (643, 647, 656, 3743)
2007 Ed. (684, 692, 3621)
2006 Ed. (35)
2004 Ed. (1547)
China Mobile Communications Corp.
2008 Ed. (32, 1667, 1668, 4524)
2007 Ed. (27, 1659, 1660, 4557)
2006 Ed. (1644, 4698)
2005 Ed. (4633, 4986)
2003 Ed. (2947)
2002 Ed. (305)
China Mobile (Hong Kong) Ltd.
2008 Ed. (1565, 1666, 1788, 3210, 4642)
2007 Ed. (1585, 1658, 1761, 3073, 4719)
2006 Ed. (1552, 1642, 1643, 1751, 2896)
2005 Ed. (1733, 4634)
2004 Ed. (4674)
2003 Ed. (1690, 2950, 4587, 4704)
2002 Ed. (1580, 2812, 2814)
China Motor
2008 Ed. (91)
1999 Ed. (1575)
1996 Ed. (3627)
China National Cereals, Oils & Foodstuffs Corp.
2008 Ed. (4727)
2007 Ed. (4803)
China National Cereals, Oils & Foodstuffs Import & Export Corp.
2005 Ed. (2645)
China National Chemical Construction Corp.
2001 Ed. (2496, 2497)
China National Chemical Engineering Corp.
1999 Ed. (1384)
China National Chemicals Import & Export Corp.
2008 Ed. (4727)
2007 Ed. (937, 1659, 4803)
2006 Ed. (1644)
China National Complete Plant Import & Export Corp.
2005 Ed. (1330)
China National Machinery & Equipment Corp.
2008 Ed. (1302)
2006 Ed. (1318)
2005 Ed. (1336, 1337)
China National Nonferrous Metals Industry Co.
2004 Ed. (1674)
2002 Ed. (1616)
China National Offshore Oil Corp.
2008 Ed. (3914)
2007 Ed. (937, 3861)
2006 Ed. (3844)
2005 Ed. (3762)
2004 Ed. (3851)
2003 Ed. (3821)
China National Petroleum Co.
2008 Ed. (1563, 1667, 1668, 1850, 3935)
2007 Ed. (1514, 1580, 1659, 1660, 1800, 1811, 3892)
2006 Ed. (1484, 1550, 1644, 1804)
2005 Ed. (1817)
2004 Ed. (1674, 1751, 2322)
2003 Ed. (1709, 2286, 3852, 3857)
2002 Ed. (3679, 3680, 3695, 3696)
2001 Ed. (1614, 1620, 1669)
2000 Ed. (3531, 3532)
1999 Ed. (3817, 3818)
1998 Ed. (2838, 2839)
1997 Ed. (3110, 3111)
1996 Ed. (3027, 3028)
1995 Ed. (2932, 2933)
1994 Ed. (2869, 2870)
China National Petroleum Group
2002 Ed. (1616)
China Netcom Group
2006 Ed. (1751, 4258)
China Netcom Group Corp. (Hong Kong) Ltd.
2008 Ed. (1666, 1788)
2007 Ed. (1658, 1761)
China North Industries Co.
2004 Ed. (1674)
2002 Ed. (1616)
China Northern
1997 Ed. (205)
China Northwest
1997 Ed. (205)
China Ocean Shipping
1999 Ed. (4299)
1993 Ed. (3298)
China Offshore Oil Corp.
2001 Ed. (2496, 2497)
China Oil Technology Development Co.
2001 Ed. (2496, 2497)
China Online
2002 Ed. (4828)
China Online (Bermuda)
2002 Ed. (4423)
China Overseas Land & Investment
1999 Ed. (1594, 4495)
China Pacific Insurance Co.
1999 Ed. (2885)
China Petrochemical Corp.
2001 Ed. (1614, 1669)
1999 Ed. (4531)
1997 Ed. (3683)
1996 Ed. (3629)
1995 Ed. (1765)
China Petrochemical International Business Co.
2001 Ed. (2496, 2497)
China Petroleum & Chemical Corp.
2008 Ed. (849, 913, 914, 922, 923, 928, 1563, 1665, 1666, 1667, 1668, 1850, 2501, 3554, 3935, 4524, 4539)
2007 Ed. (934, 935, 937, 946, 952, 1580, 1656, 1658, 1659, 1660, 1811, 2261, 2386, 2395, 3892, 4672)
2006 Ed. (852, 1641, 1642, 1643, 1644, 1804, 2577, 4304)
2005 Ed. (1733, 1817, 3784)
China Petroleum & Chemical Corp. (Sinopec)
2004 Ed. (1751, 3868)
2003 Ed. (1709, 3852, 3855, 3857, 4578)
2002 Ed. (305, 1687, 3683, 3695, 3696, 4194)

China Petroleum Engineering & Construction Corp.
2008 Ed. (1278)
China Petroleum Engineering Construction Corp.
2002 Ed. (1304)
2000 Ed. (1273)
China PTIC Information Industry Corp.
2003 Ed. (2200, 2202)
China PTT
1993 Ed. (3511)
China Railway Construction
2008 Ed. (1189, 1297, 1309, 1668)
2006 Ed. (1322, 1323)
2002 Ed. (1302)
2000 Ed. (1273)
1999 Ed. (1384)
China Railway Engineering Corp.
2008 Ed. (1189, 1297, 1668)
2007 Ed. (1660)
2002 Ed. (1302)
China Rebar Co. Ltd.
1994 Ed. (1176)
1993 Ed. (3501)
1992 Ed. (4188)
1991 Ed. (3271)
1990 Ed. (1213, 1498)
China Resources Enterprise Ltd.
2008 Ed. (3561)
2006 Ed. (3383)
2005 Ed. (1733)
2002 Ed. (3250)
China Road & Bridge Corp.
2003 Ed. (1330)
2000 Ed. (1273)
1999 Ed. (1384)
China Ryoden Co. Ltd.
1994 Ed. (1460, 1462, 2424)
China Securities
1999 Ed. (937)
1997 Ed. (814, 815, 817)
1995 Ed. (833, 834, 835, 836)
1993 Ed. (1646)
China Securities Investment Co.
1992 Ed. (3945)
China Securities Investment Trust Corp.
2002 Ed. (2828)
2001 Ed. (2890)
1999 Ed. (2894)
1997 Ed. (2402)
China Shanghai SFECO
2008 Ed. (1299)
China Shenhua Energy Co., Ltd.
2008 Ed. (1665)
2007 Ed. (1656, 4585)
China Shipping
2003 Ed. (2418, 2419)
China Shipping Container Line
2004 Ed. (2538, 2539)
China Shipping Development
2001 Ed. (1671)
China Southern
2008 Ed. (215)
2007 Ed. (235)
1997 Ed. (205)
China Southern Airlines Co., Ltd.
2006 Ed. (232)
2005 Ed. (217)
2004 Ed. (219)
2003 Ed. (4578)
2001 Ed. (320, 1671)
2000 Ed. (246)
China Southern Glass
2001 Ed. (1670)
2000 Ed. (4012)
1999 Ed. (4297)
1997 Ed. (3506, 3507)
1996 Ed. (3422, 3423)
1994 Ed. (3291, 3292)
China Southern Power Grid
2008 Ed. (1667, 2432, 2818)
China Southern Securities Co.
1997 Ed. (2392)
China Southwest
1997 Ed. (205)
China State Bank
2003 Ed. (501)
1995 Ed. (484)
1993 Ed. (452)
1992 Ed. (638)
1991 Ed. (480, 481)
1990 Ed. (522)
1989 Ed. (505)
China State Construction Engineering Corp.
2008 Ed. (1189, 1278, 1281, 1298, 1668)
2007 Ed. (1660)
2006 Ed. (1300, 1312, 1318)
2005 Ed. (1327, 1333)
2004 Ed. (1321, 1328)
2003 Ed. (1321, 1328)
2002 Ed. (1302, 1305, 1314)
2001 Ed. (1669)
2000 Ed. (1273, 1276, 1283)
1999 Ed. (1384, 1387, 1396)
1998 Ed. (2559)
1997 Ed. (1188)
China Steel Corp.
2008 Ed. (2101, 3584)
2007 Ed. (2008)
2006 Ed. (2034, 2035, 3404, 4655)
2003 Ed. (1702)
2001 Ed. (1864, 1865)
2000 Ed. (1568, 4176, 4177)
1999 Ed. (1743, 4530, 4531)
1997 Ed. (1520, 1521, 3682, 3683)
1996 Ed. (1454, 3627, 3628, 3629)
1995 Ed. (1497, 1498)
1994 Ed. (1457, 3472, 3473)
1993 Ed. (1409, 1739, 3502)
1992 Ed. (1697, 1698, 4189)
1991 Ed. (1356, 1357)
1990 Ed. (1425, 1426)
1989 Ed. (1165, 1166)
China Stock & Investment Co.
1994 Ed. (3282)
China Success Fund
1996 Ed. (3629)
China-Taiwan
1994 Ed. (2363)
China Tax Policy
2000 Ed. (915)
China Telecom
2008 Ed. (647)
2002 Ed. (1687)
2001 Ed. (24, 1725, 1746)
2000 Ed. (1472, 2493)
1999 Ed. (4164)
China Telecom (Hong Kong)
2002 Ed. (1683, 4421, 4422)
2001 Ed. (1623, 1627)
China Telecommunications Corp.
2008 Ed. (1665, 1666, 1668)
2007 Ed. (1656, 1658, 1659, 1660)
2006 Ed. (1641, 1643, 1644)
2005 Ed. (85, 1733)
2004 Ed. (90, 1751)
2003 Ed. (1709)
China Textile
1994 Ed. (3289, 3290)
China Times Weekly
1993 Ed. (54)
China Tire e-commerce.com Ltd.
2003 Ed. (4587)
China Travel International Investment
1999 Ed. (1594, 4495)
China Trust Co.
1999 Ed. (1798)
1993 Ed. (520)
China Trust Business Bank
1994 Ed. (3196)
China Trust Commercial
2002 Ed. (4545)
China Unicom Ltd.
2008 Ed. (1788)
2007 Ed. (1761)
2006 Ed. (1642, 1643, 1751, 2896)
2005 Ed. (1733, 3033, 4986)
2003 Ed. (1690, 4578)
2002 Ed. (305, 4194)
China Unique Garments Manufacturing Co. Ltd.
1994 Ed. (1033)
1992 Ed. (1230)
China Unique Garments Mfg. Co., Ltd.
1990 Ed. (1068)
China United Advertising Co.
1996 Ed. (72)
China United Oil Co., Ltd.
2001 Ed. (2496, 2497)
China United Telecommunications Corp.
2008 Ed. (1666)
2007 Ed. (1658)
2006 Ed. (4304)
China Vanke
2007 Ed. (1589)
1997 Ed. (3506)
China Yangtze Power Co.
2006 Ed. (4304)
China Yuchai International Ltd.
2003 Ed. (4604)
Chinaco
2002 Ed. (4610, 4613)
Chinatrust Commercial Bank
2005 Ed. (616)
2004 Ed. (526, 627)
2003 Ed. (618)
2002 Ed. (654)
2000 Ed. (671, 1567, 1569)
1999 Ed. (646)
1997 Ed. (624, 3489)
1996 Ed. (690, 3628)
1995 Ed. (616)
Chinatrust Financial Holding
2008 Ed. (434, 511)
2007 Ed. (469, 559)
2006 Ed. (529)
Chindex International
2008 Ed. (2912, 4520)
Chinese
2000 Ed. (2889, 4380)
Chinese American Bank
2004 Ed. (526)
1991 Ed. (2813)
1989 Ed. (506)
Chinese Automobile Co., Ltd.
1990 Ed. (3268)
Chinese ceramics
1992 Ed. (2804)
1991 Ed. (2262)
Chinese Community Health Plan
1994 Ed. (2035)
Chinese Estates
1996 Ed. (2135, 3596)
1990 Ed. (2049)
Chinese food
1998 Ed. (1743, 1745)
Chinese herbs
2001 Ed. (2012)
Chinese Maritime Transport, Ltd.
1990 Ed. (240)
Chinese National Tobacco
2000 Ed. (4261)
Chinese Petroleum Corp.
2008 Ed. (3914)
2007 Ed. (2007)
2006 Ed. (3844)
2005 Ed. (3762)
2004 Ed. (3851)
2003 Ed. (3821, 3852)
2002 Ed. (3695)
2001 Ed. (1864)
2000 Ed. (1566)
1997 Ed. (1522)
1995 Ed. (1498)
1994 Ed. (990, 1364)
1992 Ed. (1642)
Chinese Petroleum/Pacific Resource
1993 Ed. (1739)
Chinese renminbi yuan
2008 Ed. (2274)
Chinese State Contractors
1999 Ed. (4692)
Chinfon
1999 Ed. (1798)
Ching; Ho
2007 Ed. (4975)
2006 Ed. (4985)
2005 Ed. (4991)
Chinn's Crabhouse; Bob
1997 Ed. (3302)
1996 Ed. (3195)
1995 Ed. (3101)
1994 Ed. (3053, 3055)
1992 Ed. (3687)
Chinn's Crabhouse Restaurant; Bob
1991 Ed. (2858)
Chino, CA
1998 Ed. (245)
Chino Mines Co.
2005 Ed. (1905)
2004 Ed. (1821)
2003 Ed. (1787)
2001 Ed. (1814)
Chinook Health Region
2008 Ed. (1556)
2006 Ed. (1543)
CHIP
2008 Ed. (971)
2007 Ed. (1095)
2006 Ed. (1004)
Chip Dillon
2000 Ed. (2032)
1999 Ed. (2250)
1998 Ed. (1660)
1997 Ed. (1891)
1996 Ed. (1817)
Chip Ganassi Racing
2007 Ed. (327)
Chip-Tech Ltd.
2008 Ed. (2465)
2005 Ed. (2345)
2004 Ed. (2245)
ChipCenter
2001 Ed. (4751)
Chipcom
1995 Ed. (2568)
1994 Ed. (2402, 2403)
1993 Ed. (2002, 2459, 3332)
1992 Ed. (1673)
Chipidea-Microelectronica SA
2008 Ed. (2055)
2007 Ed. (1962)
Chipideamicroelectronica SA
2006 Ed. (1998)
Chipita International
2007 Ed. (1746)
Chipotle
2008 Ed. (2663, 2664, 2667, 2669, 2680, 4162, 4186)
2007 Ed. (2532, 2533, 2534, 4138, 4151)
2006 Ed. (2554, 2555, 2556, 2560, 2562, 4111, 4123, 4126, 4127, 4129)
2005 Ed. (2553, 2555, 2558, 4050, 4051)
2004 Ed. (4118, 4122, 4123)
2003 Ed. (4120)
Chipotle Mexican Grill Inc.
2008 Ed. (4287)
2006 Ed. (4126, 4127, 4129)
ChipPAC Inc.
2006 Ed. (1445)
Chips
2003 Ed. (4830)
Chips Ahoy!
2008 Ed. (1380)
2007 Ed. (1423)
2006 Ed. (1386, 4389)
2005 Ed. (1398)
2004 Ed. (1378)
2003 Ed. (1368, 1369)
2002 Ed. (1338)
2001 Ed. (1493, 1494)
1999 Ed. (1420)
1995 Ed. (1205)
Chips Ahoy! Chewy
2006 Ed. (1386)
Chips Ahoy Chewy; Nabisco
2008 Ed. (1379)
Chips Ahoy Chunky; Nabisco
2008 Ed. (1379)
Chips Ahoy; Nabisco
2005 Ed. (1397)
Chips Ahoy Original; Nabisco
2008 Ed. (1379)
Chips and shoestring
2001 Ed. (3862)
Chips & snacks
1998 Ed. (1727, 1728)
1996 Ed. (2044)
Chips & Technologies
1995 Ed. (3094)
1994 Ed. (3044, 3045)
1993 Ed. (1577, 2999, 3003, 3213)
1992 Ed. (1035, 1922, 1923, 1924, 3668, 3672, 3673, 3674)
1991 Ed. (1513, 1514, 1529, 1530, 1531, 2838, 2840, 2841, 3081)
1990 Ed. (1614, 2985, 3136, 3229)
Chips, bagged
2002 Ed. (4721)

Chips Deluxe
2005 Ed. (1398)
2004 Ed. (1378)
2003 Ed. (1368, 1369)
2002 Ed. (1338)
2001 Ed. (1493, 1494)
1999 Ed. (1420)
Chips Deluxe; Keebler
2005 Ed. (1397)
Chips/pretzels/snacks
2000 Ed. (2222)
Chips/snacks
1993 Ed. (3484)
Chipshot.com
2003 Ed. (3053)
ChipSoft Inc.
1995 Ed. (1241)
Chipton-Ross Inc.
2000 Ed. (4230, 4435)
1999 Ed. (4814)
1997 Ed. (1014, 2168)
Chipwich
1997 Ed. (1199, 2348)
Chiquita
1994 Ed. (1868)
1992 Ed. (500, 501)
Chiquita Brands
2004 Ed. (1637)
2003 Ed. (1959)
1996 Ed. (1939)
Chiquita Brands International Inc.
2008 Ed. (2271, 2272)
2007 Ed. (2156, 2157, 2611)
2006 Ed. (2235, 2236, 2626, 2634)
2005 Ed. (2140, 2141, 2630, 2636, 2654)
2004 Ed. (355, 1998, 1999, 2562, 2639, 2645, 2661)
2003 Ed. (1958, 1959, 2428, 2508, 2513, 3969)
2002 Ed. (2292, 2300)
2001 Ed. (281, 282)
1998 Ed. (2928)
1997 Ed. (1314, 1811, 2036)
1995 Ed. (1470, 1899)
1994 Ed. (1251, 1436, 1872, 1874)
1993 Ed. (1348, 1382, 1878)
1992 Ed. (1529)
Chiquita Brands LLC
2008 Ed. (2271)
Chirac; Jacques
2005 Ed. (4879)
Chirana Prema
1999 Ed. (806)
Chirathivat; Vanchai
2006 Ed. (4920)
ChiRex Inc.
2001 Ed. (1203, 1214)
Chiro Tool Manaufacturing Corp.
1994 Ed. (1461)
Chiron Corp.
2008 Ed. (571, 572, 1424)
2007 Ed. (622, 623, 3917, 4700)
2006 Ed. (591, 593, 595, 3886, 3887, 3894, 4586, 4605)
2005 Ed. (675, 676, 677, 678, 679, 681, 3810, 3817, 3818, 3821, 3828, 4460, 4675)
2004 Ed. (682, 683, 684, 685, 686)
2003 Ed. (684, 1598, 4534)
2001 Ed. (706, 709, 1203, 2589)
2000 Ed. (738)
1999 Ed. (728)
1997 Ed. (3299)
1996 Ed. (740)
1995 Ed. (665, 666, 3093, 3094)
1994 Ed. (710, 711, 2696, 3044, 3045)
1993 Ed. (1184, 1246, 1940, 2998, 2999, 3006)
1992 Ed. (1541, 3667)
1991 Ed. (2837, 2838)
Chiron Intraoptics
1995 Ed. (2811)
Chiron Vision
2000 Ed. (3380)
1999 Ed. (3656)
1997 Ed. (2965)
Chirpractor
2006 Ed. (3737)
Chisato Haganuma
2000 Ed. (2147)
1999 Ed. (2368)
1997 Ed. (1995)
Chisholm-Mingo
2004 Ed. (107)
2003 Ed. (31)
The Chisholm-Mingo Group Inc.
2004 Ed. (171)
2003 Ed. (215)
2002 Ed. (69, 711)
2001 Ed. (213)
2000 Ed. (68)
The Chisolm-Mingo Group Inc.
1999 Ed. (64)
Chisos Mountains Lodge
1992 Ed. (2484)
Chisso Corp.
2001 Ed. (3838)
Chittagong Cement
2002 Ed. (1969)
2000 Ed. (1665)
Chittagong Cement Clinker
1999 Ed. (1841)
1997 Ed. (1603)
1996 Ed. (1544)
Chittenden Corp.
2005 Ed. (2222)
2002 Ed. (499)
Chittenden Trust Co.
1997 Ed. (642)
Chitung Liu
1999 Ed. (2430)
Chiunglong Petrochemical Co. Ltd.
1994 Ed. (933)
1992 Ed. (1119)
Chivas Regal
2004 Ed. (4314, 4321)
2003 Ed. (3230, 4304, 4311)
2002 Ed. (296, 3163, 3165, 3175, 3177, 3178, 4174, 4181, 4182, 4183, 4184, 4185)
2001 Ed. (3131, 3133, 3141, 3143, 3145, 4161, 4167, 4168, 4169, 4170)
2000 Ed. (2968, 2970, 2977, 3864, 3869, 3870, 3871, 3872)
1999 Ed. (3245, 4149, 4154, 4155, 4156, 4157)
1998 Ed. (2389, 2395, 2396, 3163, 3164, 3170, 3171, 3172, 3173)
1997 Ed. (2667, 3387, 3392, 3393, 3394, 3395)
1996 Ed. (726, 3290, 3295, 3296, 3298)
1995 Ed. (648, 697, 2474, 3193, 3197)
1994 Ed. (3148, 3153)
1993 Ed. (2447, 3104, 3109, 3110)
1992 Ed. (2881, 2887, 2891, 3808, 3813)
1991 Ed. (2322, 2326, 2328, 2331, 2332, 2932, 2935)
1990 Ed. (2460, 2463, 3111, 3113, 3114, 3115)
1989 Ed. (2363, 2364, 2365)
Chiwan Wharf
1997 Ed. (3507)
1996 Ed. (3423)
Chiyoda Corp.
2008 Ed. (1288, 1302)
2007 Ed. (2436)
2006 Ed. (1304, 1316)
2005 Ed. (1331, 1337)
2003 Ed. (1330)
2002 Ed. (1318)
1999 Ed. (1387, 1391, 1399, 1400, 1565)
1998 Ed. (966, 967)
1997 Ed. (1180, 1185, 1187, 1192)
1996 Ed. (1156, 1163)
1994 Ed. (3551)
1993 Ed. (1141, 1142, 1146)
1992 Ed. (1571, 2712)
1991 Ed. (1092)
Chiyoda Fire & Marine Insurance Co. Ltd.
1999 Ed. (2915)
1997 Ed. (2418)
1995 Ed. (2279)
1994 Ed. (2232)
1992 Ed. (2706)
1991 Ed. (2143)
1990 Ed. (2274)
Chizen; B. R.
2005 Ed. (2497)
Chizen; Bruce
2008 Ed. (939)
2007 Ed. (985)
2006 Ed. (895)
Chloe
1990 Ed. (2793)
Chlor-Alkali Chemical
1994 Ed. (3289, 3290)
Chlor Trimeton
2003 Ed. (1049)
1999 Ed. (255)
1996 Ed. (203)
1995 Ed. (228)
1994 Ed. (196)
1993 Ed. (210, 1008)
1992 Ed. (314)
1991 Ed. (994)
Chloraseptic
1996 Ed. (1029, 1030)
1995 Ed. (2625)
1993 Ed. (1012)
1992 Ed. (1248, 1249, 1260, 1261, 1262, 1263)
1991 Ed. (3386, 3387, 3388)
Chloride
2007 Ed. (2350)
2006 Ed. (2402)
1993 Ed. (904)
Chloride Power Electronics/UP Systems Division
1998 Ed. (1878, 1925)
Chlorine
2001 Ed. (3274, 3957)
2000 Ed. (3562)
1999 Ed. (1884, 1884, 1884)
1997 Ed. (956)
1996 Ed. (924, 953)
1995 Ed. (955)
1994 Ed. (913)
1993 Ed. (899)
1992 Ed. (1104)
1991 Ed. (906)
1990 Ed. (944)
Chlorine & caustic soda
2005 Ed. (3443)
Chlorine & chlorine dioxide
1999 Ed. (1884)
Chlorine & hypochlorite
1999 Ed. (1884)
Chlorine gas
1999 Ed. (1884)
Chlorine gas, ammonia added
1999 Ed. (1884)
Chlorine gas, no ammonia
1999 Ed. (1884)
Chlorobenzene
1999 Ed. (3624)
Chlorothalonil
1990 Ed. (2813)
Chlorpyrifos
1990 Ed. (2812)
ChlorTrimeton
2002 Ed. (1099)
Cho; Eung-Rae
2008 Ed. (370)
Cho; Fujio
2006 Ed. (690, 932)
Cho Heung Bank
1992 Ed. (1665, 2821, 2822)
1991 Ed. (2272, 2273)
1989 Ed. (596)
Cho Hung
1992 Ed. (750)
Cho Hung Bank
2002 Ed. (517, 575, 600, 602, 603)
2001 Ed. (2886)
2000 Ed. (581)
1999 Ed. (468, 569, 2890)
1997 Ed. (517)
1996 Ed. (578, 2445)
1995 Ed. (523)
1994 Ed. (548, 2345)
1993 Ed. (548)
1992 Ed. (751)
1991 Ed. (584)
1990 Ed. (620)
Cho Yang
2003 Ed. (2422, 2423)
Choat & Partners; Cameron
1997 Ed. (3199)
Choate Construction Co.
2008 Ed. (1292, 1323, 1336)
2006 Ed. (1306, 1332)
2003 Ed. (1291)
Choate, Hall & Stewart
1993 Ed. (2393)
1992 Ed. (2830)
1991 Ed. (2281)
1990 Ed. (2415)
Chobe Holdings
2002 Ed. (4388)
Chock Full O'Nuts
2005 Ed. (1048)
2003 Ed. (676, 1041)
1996 Ed. (1938)
1995 Ed. (1897)
1992 Ed. (1239)
1991 Ed. (989)
1990 Ed. (1078)
Choco Taco
1998 Ed. (985, 2067)
Chocoladefabriken Lindt & Sprungli AG
2008 Ed. (843, 1160)
2007 Ed. (873)
2006 Ed. (776)
Chocolate
2008 Ed. (840)
2004 Ed. (877)
2003 Ed. (855, 856, 857)
2002 Ed. (932, 3493)
2001 Ed. (1112, 2832)
1994 Ed. (3647)
1992 Ed. (2198)
1990 Ed. (2144)
Chocolate candy bars
1991 Ed. (1456)
Chocolate chip
2001 Ed. (2832)
1998 Ed. (3660)
1990 Ed. (2144)
Chocolate chip cookies
1995 Ed. (3692)
Chocolate chips & morsels
2003 Ed. (376)
2002 Ed. (431)
Chocolate Chocolate Chocolate Co.
2008 Ed. (842)
Chocolate Collection
1992 Ed. (1044)
Chocolate Factory
2005 Ed. (3536)
Chocolate, gift box
1999 Ed. (1019)
Chocolate miniatures
2003 Ed. (856, 857)
Chocolate, novelty
2008 Ed. (974)
Chocolate, specialty
2003 Ed. (856, 857)
Chocolate, sugar-free, diet
2008 Ed. (974)
Chocolates
2006 Ed. (4493)
Choctaw-Kaul Distribution Co.
2008 Ed. (3715, 3778, 4404)
2007 Ed. (3588, 3683, 4440)
2006 Ed. (3533, 3689, 4372)
Choctaw Maid Farms Inc.
1999 Ed. (3322, 3866)
Choctaw Management Services Enterprise
2005 Ed. (1356)
2004 Ed. (1348, 1836)
2003 Ed. (1348)
Choctaw Resort Development Enterprises
2007 Ed. (1886)
2006 Ed. (1893)
Choctha Securities, Sutherland Lumber, and Reatta Partnership
1992 Ed. (4258)
Chodiev; Patokh
2008 Ed. (4861)
Chodieva; Mounissa
2008 Ed. (4880)
Choheung Bank
1997 Ed. (2591)
1993 Ed. (2383, 2384)
Chohung Bank
2005 Ed. (610)
2004 Ed. (512, 620)

2003 Ed. (611)
Chohung Bank of New York
2004 Ed. (512)
Choice
2000 Ed. (2542, 2572)
1999 Ed. (2764, 2765, 2766)
1998 Ed. (899, 2009, 2010)
1997 Ed. (2278, 2280)
Choice Balanced
2004 Ed. (3601)
Choice Financial Holdings
2005 Ed. (446, 453)
Choice Focus
2004 Ed. (3603)
Choice Homes
2005 Ed. (1180, 1181, 1191, 1192, 1241)
2004 Ed. (1163, 1164)
2003 Ed. (1157, 1158)
2002 Ed. (1186, 2692)
2000 Ed. (1188, 1210)
1999 Ed. (1328)
Choice Homes - Texas
1998 Ed. (875)
Choice Hotels
1994 Ed. (2095, 2096, 2097, 2119, 2121)
Choice Hotels & Motels International
1992 Ed. (2220)
Choice Hotels Canada
2000 Ed. (2550)
Choice Hotels International Inc.
2008 Ed. (3072, 3078, 3086)
2007 Ed. (908, 2839, 2947, 2962)
2006 Ed. (2929, 2936, 2942, 2946)
2005 Ed. (2924, 2925, 2932, 2939)
2004 Ed. (2933, 2934, 2939, 2942)
2003 Ed. (2843, 2848, 2852)
2002 Ed. (2639, 2640)
2001 Ed. (2782, 2792)
2000 Ed. (2561, 2563)
1999 Ed. (2781, 2783)
1998 Ed. (2026, 2033)
1997 Ed. (2297, 2300)
1996 Ed. (1966, 2160, 2161, 2162, 2182, 2184)
1995 Ed. (2166, 2167, 2168, 2169, 2170, 2172)
1993 Ed. (2097, 2098, 2099, 2101)
1992 Ed. (2497, 2499, 2500, 2504)
Choice II
1993 Ed. (234)
Choice Sports Network Inc.
2003 Ed. (1498)
Choice Tobacco Outlet
2005 Ed. (4139)
ChoiceBuys.com
2001 Ed. (4756)
ChoicePoint Inc.
2008 Ed. (3013)
2007 Ed. (2891)
2006 Ed. (4294)
2005 Ed. (3071, 3072)
2004 Ed. (3060, 3061)
2003 Ed. (4548)
ChoicePoint Direct
2002 Ed. (1985)
ChoicePoint Precision Marketing
2006 Ed. (2266)
Choices Entertainment Corp.
2004 Ed. (4841)
1993 Ed. (3665)
Choices Movies & Games
1998 Ed. (3671)
Choices Video
2002 Ed. (4752)
ChoiceTrade
2008 Ed. (738)
2006 Ed. (663)
2005 Ed. (757)
Choles Reducers/Rx
1997 Ed. (2742)
Cholestech Corp.
2003 Ed. (4568)
Cholesterol fighters
1991 Ed. (2579)
Cholesterol reducers
2002 Ed. (2013, 3751, 3752)
2001 Ed. (2065, 2095)
2000 Ed. (1696, 1705)
1996 Ed. (1575, 2560, 2599)
1995 Ed. (2531)
1994 Ed. (2463)
1992 Ed. (3003)
1991 Ed. (2401)
1990 Ed. (2531)
Cholesterol reducers, prescription
1999 Ed. (1907, 3324)
Cholesterol Reducers/Rx
2000 Ed. (3062)
1999 Ed. (1909)
Cholestryamine/Questran
1991 Ed. (931)
Cholet, Dupont
1991 Ed. (776)
Cholnoky; Thomas
1997 Ed. (1880)
Cholybar
1991 Ed. (1473)
Chondroitin
2001 Ed. (2013)
Chong; Christopher
1997 Ed. (2001)
1996 Ed. (1911)
Chong Partners Architecture
2007 Ed. (288)
Chong Qing Changan
2000 Ed. (4012)
Chong Un Accounting Corp.
1997 Ed. (16)
Chongqing Brewery
1995 Ed. (708)
Chonqing
2001 Ed. (1096)
Choo Choo Customs
1992 Ed. (4370)
Chookaszian; Dennis H.
1994 Ed. (1719)
Choong Wae Pharmaceutical
2007 Ed. (1982)
Choosy
2002 Ed. (3658)
1999 Ed. (3791)
1996 Ed. (3000)
Choosy canned cat food
1992 Ed. (3417)
Choosy Cat Food
1994 Ed. (2838)
Chopin
2004 Ed. (4850, 4851)
2003 Ed. (4865, 4870)
2002 Ed. (3165, 4761, 4768, 4770, 4771)
2001 Ed. (4711, 4712, 4713)
Chor Karnchang
1991 Ed. (1067)
Chori Co. Ltd.
1993 Ed. (1183)
1990 Ed. (3050)
Chorum Technologies Inc.
2003 Ed. (2733)
Chou Associates
2006 Ed. (2513)
2004 Ed. (2460, 2461)
Chou RRSP
2004 Ed. (2469, 2470)
2002 Ed. (3434)
2001 Ed. (3463, 3464, 3465)
Chou Trust & Banking Co.
1991 Ed. (513)
Chovav; Meirav
1997 Ed. (1858)
Chow & Partners; K. K.
1997 Ed. (19)
Chow; Chi
2008 Ed. (2692)
Choy; Carl
2007 Ed. (2549)
Chr. Bank og Kr. kasse
1996 Ed. (2876)
Chr. Bank og Kreditkasse
2002 Ed. (3542, 3544)
Chris Anderson
2001 Ed. (3319)
Chris Cash & Carry
2007 Ed. (30)
2006 Ed. (39)
2005 Ed. (32)
2004 Ed. (39)
Chris Chandler
2003 Ed. (297)
Chris-Craft
1990 Ed. (935, 936, 939)
1989 Ed. (880)
Chris-Craft Industries Inc.
2003 Ed. (1506)
2002 Ed. (1550)
1999 Ed. (4570)
1998 Ed. (3500, 3501)
1997 Ed. (3720)
1994 Ed. (2445)
1993 Ed. (3544)
1992 Ed. (4256)
1991 Ed. (750, 2388)
Chris-Craft Industries/United Television
1990 Ed. (3550)
Chris Craft Television Inc.
2001 Ed. (4492)
2000 Ed. (4214)
Chris Craft/United Television
1997 Ed. (3721)
1995 Ed. (3576)
Chris de Burgh
2008 Ed. (2587)
2007 Ed. (4917)
2005 Ed. (4884)
Chris Evans; Sir
2005 Ed. (4896)
Chris Evert
1998 Ed. (198, 3757)
1995 Ed. (250, 1671)
Chris Francis
2000 Ed. (2063)
Chris George Homes
2002 Ed. (2684)
Chris Heminway
2000 Ed. (2082)
Chris Kotowski
1997 Ed. (1854)
Chris LeDoux
1993 Ed. (1079)
Chris Lewis
2005 Ed. (992)
Chris Liddell
2006 Ed. (984)
Chris M. Connor
2008 Ed. (2633)
2007 Ed. (2501)
Chris McFadden
1999 Ed. (2318, 2348)
Chris Morris
2002 Ed. (2477)
Chris Pronger
2003 Ed. (298)
Chris Rowland
2000 Ed. (2099)
1999 Ed. (2320)
Chris Volvo
1996 Ed. (292)
1995 Ed. (292)
1994 Ed. (288)
1993 Ed. (289)
1992 Ed. (404)
Chris Webber
2006 Ed. (291)
Chris Wright
2005 Ed. (4891)
Chrisman & Co. Inc.
1994 Ed. (1710)
Christ Hospital and Medical Center
2001 Ed. (2769, 2770, 2771)
2000 Ed. (2525)
1999 Ed. (2746)
1998 Ed. (1987)
1997 Ed. (2268)
1996 Ed. (2153)
1994 Ed. (2088)
1992 Ed. (2456)
1991 Ed. (1932)
1990 Ed. (2054)
Christensen Boyles Corp.
1997 Ed. (1165)
1996 Ed. (1139)
1995 Ed. (1172)
1994 Ed. (1147)
Christensen Farms
2007 Ed. (3996)
2006 Ed. (3938)
2005 Ed. (3875)
2004 Ed. (3927)
2003 Ed. (3899)
2002 Ed. (3727)
Christensen Lumber
1996 Ed. (822)
Christenson, Barclay & Shaw
1995 Ed. (24, 36)
Christenson; Clifford J.
2006 Ed. (2521)
Christenson; Glenn
2008 Ed. (964)
2007 Ed. (1059)
2006 Ed. (962)
Christian A. Johnson Endeavor Foundation
1993 Ed. (1897)
Christian Aid
2008 Ed. (673)
2007 Ed. (702)
Christian Aid Ministries
2008 Ed. (3790, 3791, 3792)
2007 Ed. (3705, 3707)
2006 Ed. (3713, 3715)
2000 Ed. (3347)
The Christian and Missionary Alliance
2000 Ed. (3350)
Christian Appalachian Project
1991 Ed. (2616)
Christian, Barton, Epps, Brent & Chappell
1998 Ed. (2577)
Christian Broadcasting Network
1992 Ed. (3266)
Christian Bros. Dessert Wine
2002 Ed. (4922)
2001 Ed. (4842)
Christian Brothers
2004 Ed. (765)
2003 Ed. (755)
2002 Ed. (290, 769, 3179)
2001 Ed. (1012, 3138)
2000 Ed. (801, 2973, 2976, 2979)
1999 Ed. (796, 3240)
1998 Ed. (493, 2393)
1997 Ed. (2665)
1996 Ed. (778, 3835)
1995 Ed. (3759)
1991 Ed. (741)
1989 Ed. (755)
Christian Brothers Brandy
2004 Ed. (770)
Christian Brothers Dessert
2003 Ed. (4946)
Christian Brothers Dessert Wine
2004 Ed. (4950)
Christian Care Health System
2004 Ed. (1694)
Christian Children's Fund
2000 Ed. (3349)
1998 Ed. (689)
1996 Ed. (913)
1995 Ed. (943, 2782)
Christian Coalition
2000 Ed. (2989)
Christian Community Credit Union
2006 Ed. (2178)
Christian Dior
1995 Ed. (2131)
1991 Ed. (1654, 2298)
1990 Ed. (1579)
Christian Dior, New York
1989 Ed. (2973)
Christian Dior SA
2008 Ed. (561, 995, 2746, 4693)
2007 Ed. (2987, 3422, 3814, 3816)
Christian Financial Credit Union
2004 Ed. (1943)
Christian Heritage Academy
2008 Ed. (4282)
Christian Homes
1991 Ed. (2623)
Christian of Denmark
2001 Ed. (2113)
Christian Purchasing Network
1994 Ed. (1857)
Christian Relief Services
1996 Ed. (918)
Christian Rucker
2007 Ed. (2465)
Christian Salvesen plc
2001 Ed. (4622)
Christian Schmidt
1989 Ed. (769)
Christian Vieri
2006 Ed. (4397)
Christiana Care Health System
2005 Ed. (1750)
Christiana Mall Area, DE
1996 Ed. (1603)

Christiania
1990 Ed. (660)
Christiania Bank
2003 Ed. (595)
2002 Ed. (630)
2000 Ed. (637)
1997 Ed. (585)
1991 Ed. (636)
1989 Ed. (645)
Christiania Bank of Kreditkasse
1992 Ed. (809, 3305, 3306)
Christiania Bank og Kreditkasse
1999 Ed. (616, 3661)
1997 Ed. (2970)
1996 Ed. (646)
1995 Ed. (576)
1994 Ed. (606)
1993 Ed. (2746)
Christiansen & Belgrave
2002 Ed. (198)
2001 Ed. (225)
1999 Ed. (163)
Christiansted Credit Union
2008 Ed. (2264)
2007 Ed. (2149)
2006 Ed. (2228)
2005 Ed. (2133)
2004 Ed. (1991)
2003 Ed. (1951)
2002 Ed. (1897)
Christiansted, VI
2003 Ed. (3910)
Christie Digital Systems Canada Inc.
2008 Ed. (2929)
Christie Group Plc
1990 Ed. (1034)
Christie-Tyler PLC
1992 Ed. (2249)
1991 Ed. (1781)
Christina A. Gold
2007 Ed. (2510)
Christina Aguilera
2001 Ed. (3407)
Christina Bank og Kreditkasse
1993 Ed. (603)
Christina Boni
2000 Ed. (1943)
Christina Heuer
2000 Ed. (2017)
1999 Ed. (2253)
1996 Ed. (1789)
1995 Ed. (1857)
1994 Ed. (1774)
1993 Ed. (1771, 1791)
Christina Ricci
2001 Ed. (7)
Christine Aimar
1996 Ed. (1903)
Christine & Isabel Maxwell
2001 Ed. (3319)
Christine Daley
1998 Ed. (1581)
Christine Fasano
2000 Ed. (1942)
1999 Ed. (2158, 2171)
1998 Ed. (1570, 1586)
1997 Ed. (1931, 1944)
Christine Stafford
2008 Ed. (4884)
2007 Ed. (4920)
Christine Tsung
2003 Ed. (4984)
Christmas
2004 Ed. (2759)
2001 Ed. (2627)
1999 Ed. (1023)
1996 Ed. (1085)
1992 Ed. (2348)
1990 Ed. (1948)
A Christmas Carol
2002 Ed. (1165)
Christmas Decor Inc.
2008 Ed. (3333)
2007 Ed. (3191)
2006 Ed. (3157)
2005 Ed. (3156)
2004 Ed. (3148)
2003 Ed. (3019)
2002 Ed. (2360, 2985)
Christmas Rose
2002 Ed. (4967)
2001 Ed. (4871)
Christner Inc.
2006 Ed. (285)
Christopher Ahlberg
2003 Ed. (4685)
Christopher & Co.; B. C.
1993 Ed. (3198)
Christopher & Banks Corp.
2008 Ed. (998, 1003, 1010)
2007 Ed. (912, 1128)
2006 Ed. (1027, 1040, 1888)
2005 Ed. (1010, 1020, 1029, 4379)
2004 Ed. (992, 1022, 4433)
2003 Ed. (1023, 2646, 4440)
2002 Ed. (1549)
Christopher B. Galvin
2004 Ed. (970, 2505)
1997 Ed. (1804)
1996 Ed. (1716)
Christopher Bull
2000 Ed. (1052)
Christopher Chandler
2008 Ed. (4848)
Christopher Chong
1997 Ed. (2001)
1996 Ed. (1911)
Christopher Dawson
2005 Ed. (2463)
Christopher Dillon
2000 Ed. (1962)
1999 Ed. (2203)
1998 Ed. (1614)
1997 Ed. (1955)
Christopher Dixon
1996 Ed. (1807)
Christopher Donaghey
2006 Ed. (2579)
Christopher Ellerton
1999 Ed. (2331)
Christopher Flanagan
2000 Ed. (1964)
Christopher Francis
1999 Ed. (2283)
Christopher Heminway
1999 Ed. (2306)
Christopher Hickey
2008 Ed. (2692)
Christopher Hochuli
2007 Ed. (2549)
Christopher Hohn
2008 Ed. (897)
Christopher Homes
2003 Ed. (1137)
2002 Ed. (1170, 2654)
Christopher J. Dodd
2003 Ed. (3894)
1994 Ed. (2890)
Christopher J. Pappas
2004 Ed. (2532)
Christopher Kane
1998 Ed. (1581)
Christopher Kearney
2008 Ed. (952)
Christopher King
2008 Ed. (2691)
Christopher Klaus
2004 Ed. (3891)
Christopher Kotowski
1998 Ed. (1618)
Christopher Kubasik
2008 Ed. (963)
2007 Ed. (1039)
2006 Ed. (944)
2005 Ed. (987)
Christopher Mackenzie
2004 Ed. (2534)
Christopher Mauro
2000 Ed. (1953)
1998 Ed. (1563)
Christopher McFadden
2000 Ed. (2097, 2106)
Christopher Myers
2008 Ed. (369)
Christopher Nassetta
2008 Ed. (941)
2007 Ed. (980)
Christopher Ondaatje; Sir
2005 Ed. (3868)
Christopher S. Bond
1994 Ed. (2890)
Christopher Schaepe
2002 Ed. (4730)
Christopher Sharples
2001 Ed. (3319)
Christopher Shilakes
2000 Ed. (2047)
1999 Ed. (2264)
Christopher Stix
2000 Ed. (1998)
Christopher Vincent
1992 Ed. (3757)
Christopher Walken
2001 Ed. (6)
Christopher Williams
2000 Ed. (2078, 2088)
1999 Ed. (2302)
Christopher Willis
1996 Ed. (1846)
1995 Ed. (1865)
1994 Ed. (1824)
Christos Fund
1991 Ed. (2570)
Christos M. Cotsakos
2003 Ed. (2150, 3021)
Christ's Hospital
1997 Ed. (945)
Christus Health
2006 Ed. (3585)
2003 Ed. (3463)
2002 Ed. (3290)
2001 Ed. (2666, 2670)
Christy Parsons
2000 Ed. (1948)
Christy Turlington
2004 Ed. (3498)
2003 Ed. (3429)
2002 Ed. (3377)
2001 Ed. (3341)
Christy Turlington Burns
2006 Ed. (2499)
Christy Walton
2008 Ed. (4835, 4839)
2007 Ed. (4906, 4908)
Chroma Plus Slim
1998 Ed. (1271, 1351)
Chroma Slim
2000 Ed. (1669)
Chroma Slim Plus
1997 Ed. (1608, 1666)
Chroma Technology Corp.
2008 Ed. (2152)
Chromatis Networks Inc.
2005 Ed. (1528)
2003 Ed. (1507)
Chromatography
1992 Ed. (3805)
Chromcraft Revington
1999 Ed. (2548, 2549)
1997 Ed. (2099, 2977)
Chromos Molecular Systems Inc.
2003 Ed. (1638)
Chronar
1992 Ed. (4022)
Chronic fatigue
1996 Ed. (3883, 3884)
Chronic Liver Conditions
2000 Ed. (1644, 1645)
Chronic obstructive pulmonary disease
2000 Ed. (1642)
Chronicle Newspapers Group
2002 Ed. (3513)
The Chronicle of Higher Education
2008 Ed. (142, 143, 144)
2007 Ed. (159)
2005 Ed. (137)
2004 Ed. (143, 144)
2001 Ed. (252)
2000 Ed. (3482, 3483, 3485)
1999 Ed. (3755)
1998 Ed. (2789)
The Chronicle Publishing Co.
2002 Ed. (2001)
1998 Ed. (602)
1997 Ed. (871)
The Chronicles of Narnia
2008 Ed. (550)
2007 Ed. (3642)
The Chronicles of Narnia: The Lion, the Witch, and the Wardrobe
2008 Ed. (2387)
Chrysalis
1999 Ed. (3982)
Chrysanthemums
1993 Ed. (1871)
Chrysikopoulos; John
1997 Ed. (1891)
1996 Ed. (1817)
1995 Ed. (1839)
1994 Ed. (1801)
Chrysler Corp.
2005 Ed. (1489, 1495)
2004 Ed. (756)
2003 Ed. (303, 359)
2002 Ed. (365)
2001 Ed. (2174, 4722)
2000 Ed. (25, 27, 28, 29, 31, 198, 199, 202, 336, 338, 340, 356, 365, 795, 798, 946, 1663, 1664, 1894, 1900, 2263, 2619, 3170, 3324, 3436, 3458, 3685, 3691, 4208, 4209)
1999 Ed. (28, 177, 178, 179, 321, 322, 324, 335, 336, 337, 351, 352, 359, 1001, 1474, 1505, 1517, 1548, 1549, 1554, 1600, 1706, 1840, 2107, 2506, 3456, 3457, 3734, 3768, 3974, 3976, 4566, 4567, 4618, 4694)
1998 Ed. (22, 28, 71, 73, 75, 86, 214, 215, 216, 231, 232, 233, 243, 486, 1008, 1080, 1087, 1088, 1116, 1118, 1133, 1176, 1267, 1529, 2539, 2540, 2775, 2786, 2978, 2979, 3490, 3491, 3645)
1997 Ed. (299, 710, 2229)
1996 Ed. (2838)
1995 Ed. (2587)
1994 Ed. (307)
1993 Ed. (20, 147, 149, 154, 309, 311, 312, 320, 334, 335, 337, 736, 1219, 1230, 1368, 1480, 1481, 1710, 2381, 2581, 2605, 2606, 2607, 2784, 2785, 2945, 2952, 3366, 3529)
1992 Ed. (423, 424, 430, 431, 432, 445, 460, 481, 1560, 1563, 3116, 4346)
1991 Ed. (166, 167, 177, 314, 315, 316, 317, 318, 319, 324, 328, 330, 735, 842, 843, 1206, 1226, 1415, 1638, 2367, 2480, 2491, 2492, 2494, 2683, 2789, 2793, 3230)
1990 Ed. (350, 351, 352, 353, 357, 373, 379, 1286, 1296, 1304, 1328, 1730, 1987, 2625, 2626, 2627, 2935)
1989 Ed. (13, 16, 311, 312, 314, 317, 1059, 1386, 1388, 2014, 2104, 2277, 2643, 2803, 2882)
Chrysler/American Motors Corp.
1989 Ed. (322, 323)
Chrysler Auburn Hills
1993 Ed. (719)
Chrysler Belvidere
1994 Ed. (331)
Chrysler Bramalea
1994 Ed. (331)
Chrysler Canada Ltd.
2001 Ed. (1253)
2000 Ed. (1398)
1999 Ed. (1626)
1997 Ed. (1011, 1813)
1996 Ed. (30, 318, 1308)
1995 Ed. (1366)
1994 Ed. (309, 986)
1993 Ed. (1287)
1992 Ed. (447, 1186)
1991 Ed. (2642)
1990 Ed. (1365, 1408)
1989 Ed. (923, 1148)
Chrysler Component Operation
1999 Ed. (353)
Chrysler Conquest
1994 Ed. (334)
Chrysler Corporation
2000 Ed. (4220, 4221, 4265)
Chrysler Credit
1996 Ed. (337)
Chrysler Dart
1990 Ed. (376)
Chrysler de Mexico
1996 Ed. (1732)
1989 Ed. (1140)
Chrysler Corp. Dealers Association
1997 Ed. (32)
1994 Ed. (11, 2211)

1992 Ed. (36, 2637)
1991 Ed. (12, 3312)
Chrysler Division
2005 Ed. (341)
Chrysler Epic EV
2000 Ed. (335)
Chrysler Financial Corp.
2000 Ed. (1916, 1917, 1918)
1998 Ed. (229)
1997 Ed. (1845, 1846, 1847)
1996 Ed. (337, 1765, 1766)
1995 Ed. (1787, 1788, 1790, 1791)
1994 Ed. (1754)
1993 Ed. (845, 1763, 1764, 1765, 1766)
1992 Ed. (2130, 2131)
1991 Ed. (1663, 1664, 1665, 1666)
1990 Ed. (1759, 1760, 1761, 1762)
Chrysler Group
2005 Ed. (1755, 1776, 3987)
2004 Ed. (4048)
Chrysler LeBaron
1996 Ed. (316)
Chrysler Neon
2004 Ed. (307)
Chrysler New Yorker
1997 Ed. (302, 311)
1996 Ed. (308)
Chrysler New Yorker LHS
1996 Ed. (312)
Chrysler Omni/Horizon
1990 Ed. (2614)
Chrysler/Plymouth
2003 Ed. (15)
2001 Ed. (457, 458, 459, 460, 461, 462, 463, 464, 465)
1990 Ed. (344)
1989 Ed. (327, 1595)
Chrysler PT Cruiser
2005 Ed. (4426)
2004 Ed. (4476)
Chrysler Reliant/Aries
1990 Ed. (2613, 2614)
Chrysler; Richard R.
1994 Ed. (845)
Chrysler Shadow
1990 Ed. (376)
Chrysler Sterling Heights
1994 Ed. (331)
Chrysler TC Maserati
1992 Ed. (453)
Chrysler 300M
2004 Ed. (345)
2002 Ed. (411)
2001 Ed. (489, 505)
Chrysler Town & Country
2008 Ed. (4765)
2007 Ed. (4858)
2004 Ed. (283)
1997 Ed. (2798)
1996 Ed. (308)
Chrysler Volare
1990 Ed. (376)
Chrysler Voyager
2008 Ed. (304)
2006 Ed. (323)
2005 Ed. (304)
2004 Ed. (308)
Chryss Goulandris
2007 Ed. (4918, 4919)
CHS Inc.
2008 Ed. (1382, 1435, 1437, 1441, 1442, 1934, 1940, 4926)
2007 Ed. (1426, 1427, 1883, 1885, 4953, 4954)
2006 Ed. (1388, 1389, 1391, 1460, 1464, 1887, 1892, 4947, 4948, 4954)
2005 Ed. (1872, 4915, 4916, 4921)
2001 Ed. (3874)
CHS Cooperatives
2005 Ed. (1402, 1403, 1405)
2004 Ed. (1381, 1382, 1384)
2003 Ed. (1375, 1376)
CHS Electronics, Inc.
2001 Ed. (1566)
2000 Ed. (1423, 1735, 1741, 1763, 2207, 2395, 3387, 4385)
1999 Ed. (1262, 1500, 1515, 1618)
1998 Ed. (831)
CHS Enterprises
2001 Ed. (4807)
CHT
2008 Ed. (2068)
CH2M Hill Inc.
2008 Ed. (3684)
2001 Ed. (2243, 2290, 2291, 2292, 2293, 2296, 2298, 2299, 2300, 2301, 2302)
2000 Ed. (1102, 1240, 1785, 1807)
1991 Ed. (1557)
1990 Ed. (1181, 1664)
CH2M Hill Cos., Ltd.
2008 Ed. (1177, 1232, 1235, 1353, 1367, 1974, 2516, 2517, 2524, 2528, 2543, 2545, 2547, 2549, 2550, 2551, 2553, 2559, 2561, 2562, 2572, 2600, 2601, 2602, 2603, 2604, 2605, 2606, 2607, 2880, 2881, 3017, 3187, 4052, 4054, 4821, 4822)
2007 Ed. (1275, 1340, 1345, 2399, 2416, 2418, 2419, 2420, 2421, 2422, 2423, 2424, 2426, 2432, 2435, 2445, 2471, 2472, 2473, 2474, 2475, 2476, 2478, 2764, 2765, 2895, 4025, 4027, 4889, 4890)
2006 Ed. (1165, 1169, 1170, 1247, 1270, 1277, 1278, 1313, 1679, 2450, 2453, 2455, 2457, 2459, 2461, 2464, 2467, 2470, 2472, 2502, 2503, 2504, 2505, 2506, 2507, 3986, 3989)
2005 Ed. (1169, 1173, 1174, 1308, 1309, 1754, 2417, 2420, 2427, 2430, 2432, 2439, 3912, 3915)
2004 Ed. (1148, 1255, 1266, 1271, 1276, 1293, 1301, 1302, 1354, 2325, 2330, 2331, 2333, 2342, 2347, 2349, 2354, 2355, 2374, 2375, 2378, 2379, 2380, 2381, 2382, 2383, 2384, 2385, 2386, 2389, 2395, 2398, 2403, 2432, 2433, 2434, 2435, 2437, 2438, 2441, 2442, 2443, 2444, 2446, 3971)
2003 Ed. (1251, 1263, 1288, 1298, 1299, 2268, 2289, 2291, 2293, 2296, 2298, 2300, 2301, 2302, 2303, 2304, 2308, 2314, 2317, 2319, 3964)
2002 Ed. (1073, 1176, 1214, 1239, 1246, 1278, 1287, 2129, 2131, 2133, 2135, 2136, 2137, 2138, 2139)
2001 Ed. (1255, 2237, 2240, 2245, 2288)
2000 Ed. (1796, 1798, 1800, 1802, 1804, 1810, 1816, 1818, 1820, 1845, 1846, 1847, 1848, 1849, 1851, 1853, 1854, 1855, 1856, 1857, 1858)
1999 Ed. (1186, 1342, 1359, 2019, 2021, 2022, 2025, 2027, 2031)
1998 Ed. (751, 1436, 1438, 1441, 1442, 1444, 1447, 1449, 1450, 1453, 1454, 1479, 1480, 1481, 1482, 1483, 1486, 1488, 1489)
1997 Ed. (1138, 1733, 1734, 1735, 1739, 1748)
1996 Ed. (988, 1655, 1656, 1657, 1662, 1668)
1995 Ed. (1001, 1673, 1674, 1686)
1994 Ed. (1123, 1634, 1635, 1647)
1993 Ed. (1101, 1603, 1604, 1615, 2876)
1991 Ed. (1550, 1552)
CH2M Hill Cos. Ltd
1992 Ed. (1958, 1949)
CH2M Hill Industrial Design & Construction
2007 Ed. (2405, 2406, 2407)
2006 Ed. (2456)
Chu Lam Yu
2008 Ed. (4883)
Chuan Hup Holdings
2007 Ed. (1972)
Chubais; Anatoly
2007 Ed. (785)
The Chubb Corp.
2008 Ed. (1510, 1978, 2371, 3024, 3249, 3318)
2007 Ed. (1915, 2903, 3086, 3171, 4213)
2006 Ed. (1931, 3091, 3138, 4197, 4463)
2005 Ed. (1904, 2220, 3053, 3086, 3126, 3127)
2004 Ed. (2115, 3122, 3123)
2000 Ed. (2717, 2720, 2731)
1999 Ed. (2969, 2977)
1998 Ed. (2198, 2200, 2210)
1996 Ed. (2282, 2330)
1992 Ed. (2655, 2704)
1990 Ed. (1795, 2253, 2254)
1989 Ed. (1732, 1733)
Chubb & Son Inc.
2008 Ed. (3320)
2007 Ed. (3175)
Chubb Executive Risk Inc.
2002 Ed. (2901)
Chubb Group of Insurance Cos.
2008 Ed. (3248, 3282, 3316, 3317, 3325, 4946)
2007 Ed. (3101, 3127, 3128, 3169, 3170, 3176, 3177, 3178, 3183)
2006 Ed. (3051, 3057, 3085, 3113, 3114, 3134, 3135, 3141, 3144)
2005 Ed. (3050, 3052, 3068, 3079, 3080, 3098, 3099, 3124, 3125, 3134)
2004 Ed. (3071, 3072, 3073, 3095, 3127)
2003 Ed. (2986, 2989, 3004, 3008)
2002 Ed. (2866, 2867, 2894, 2898, 2945, 2962)
2000 Ed. (2736)
1999 Ed. (2934, 2935, 2937, 2983, 2984)
1998 Ed. (2152, 2153, 2154, 2201, 2211, 2212)
1997 Ed. (2431, 2433, 2434, 2459, 2461, 2469, 2472)
1996 Ed. (2301, 2303, 2304, 2333)
1995 Ed. (2291, 2321, 2329, 3354)
1994 Ed. (2230, 2246, 2247, 2248, 2276, 2279, 2280, 3273)
1993 Ed. (2201, 2202, 2203, 2239, 2240, 2245, 2251, 3283)
1992 Ed. (2156, 2656, 2657, 2681, 2684, 2698)
1991 Ed. (1724, 2092, 2093, 2127, 2128, 2129, 2134, 2135, 2141)
1990 Ed. (2227, 2228, 2263, 2264, 3708)
1989 Ed. (1676, 1677, 1678, 1734)
Chubb Industries
2003 Ed. (2474)
Chubb Insurance Co. of Canada
2005 Ed. (1698, 1714)
Chubb Life Insurance Co. of America
1998 Ed. (1028)
Chubb plc
2005 Ed. (4675)
Chubb Security
2004 Ed. (1153)
2002 Ed. (3800)
2000 Ed. (3086)
1996 Ed. (1360, 1363)
Chubb Security Systems Inc.
2000 Ed. (3922)
1998 Ed. (1421)
Chubs
2003 Ed. (2921)
2001 Ed. (3342)
2000 Ed. (367)
Chubs Stackables
2002 Ed. (3379)
Chubu Electric Power
2007 Ed. (2305)
2005 Ed. (2302, 2306)
2003 Ed. (2143)
2002 Ed. (3880)
2000 Ed. (3676, 3677)
1999 Ed. (3966)
1998 Ed. (2967)
1997 Ed. (3216)
1996 Ed. (3137)
1995 Ed. (3035)
1990 Ed. (2927)
1989 Ed. (2263)
Chubu Suisan Co. Ltd.
2000 Ed. (223)
1999 Ed. (200)
Chuck Burbridge
1995 Ed. (2485)
Chuck Cawley
2005 Ed. (979)
Chuck Conaway
2004 Ed. (2487)
Chuck E. Cheese
2005 Ed. (3852)
2004 Ed. (3906)
2003 Ed. (3889)
2002 Ed. (4004, 4020, 4026)
2001 Ed. (2409, 3806)
2000 Ed. (3551, 3552, 3789)
1999 Ed. (3836, 3838)
1998 Ed. (2868)
1997 Ed. (3129)
1996 Ed. (3047, 3048)
1995 Ed. (1778, 2950, 2952, 2953)
1994 Ed. (2888)
Chuck E. Cheese's
2008 Ed. (3991, 3993, 3994, 3995, 4188, 4189)
2007 Ed. (3967, 3968, 3969, 4153)
2006 Ed. (3916, 3917, 4125)
2005 Ed. (3845, 3846, 3847, 3848, 3849, 3850, 3851)
2003 Ed. (2440, 3883, 3884, 3885, 3886, 3887, 3888)
1993 Ed. (2863)
Chuck E. Cheese's Pizza
2004 Ed. (2587)
Chuck Goto
1999 Ed. (2367)
Chuck Hutton Chevrolet
2004 Ed. (319)
1991 Ed. (272)
1990 Ed. (302, 303)
Chuck Peebler
2000 Ed. (1874)
Chuck Prince
2006 Ed. (689)
2005 Ed. (979)
Chuck Ruhr Advertising
1997 Ed. (119)
Chuck Wagon
1990 Ed. (2818)
1989 Ed. (2193)
Chuck Wagon Lean
1995 Ed. (2904)
Chug Hua Pulp Corp.
1997 Ed. (3683)
Chugach Alaska Corp.
2008 Ed. (1364, 1546)
2007 Ed. (1408, 1567)
2006 Ed. (1370, 1538)
2005 Ed. (1356, 1647)
Chugach Electric Association
2003 Ed. (1077)
Chugai Pharmaceutical
2008 Ed. (1565)
2001 Ed. (2073)
1993 Ed. (1514, 3008)
Chugai Pharmaceuticals
2007 Ed. (3942)
1997 Ed. (1664)
1995 Ed. (3099)
Chugoku Bank
2004 Ed. (511)
Chugoku Electric Power
2007 Ed. (2305)
1997 Ed. (3216)
1989 Ed. (2263)
Chula Vista, CA
1995 Ed. (1621, 2230)
1992 Ed. (1154)
Chum Ltd.
2008 Ed. (729, 1430)
2007 Ed. (1446)
2006 Ed. (1452)
2002 Ed. (3658)
1999 Ed. (3791)
1997 Ed. (729)
1996 Ed. (791)
1994 Ed. (761)
1992 Ed. (946)
Chum Dog Food
1994 Ed. (2838)
1992 Ed. (3417)
Chun King
1995 Ed. (3183)
Chun Yuan Steel Industrial
2007 Ed. (2006)

Chung Buk Bank
1991 Ed. (2273)
Chung; Chang Yun
2008 Ed. (4850)
Chung Heng International Beauty
2001 Ed. (83)
Chung-Hsin Electric & Machinery Mfg. Co.
1999 Ed. (1565)
1992 Ed. (2974)
Chung Hwa Picture Tubes Ltd.
1994 Ed. (1620, 1734)
1992 Ed. (1933, 2094)
1990 Ed. (1643)
Chung Ju-yung
1997 Ed. (673)
Chung Khiaw Bank
1992 Ed. (607)
1991 Ed. (659)
Chung; Liu Ming
2008 Ed. (4854)
Chung Mong-Joon
2008 Ed. (4851)
Chung Mong-Koo
2008 Ed. (4851)
Chung-Sham Soccer Stadium
1999 Ed. (1299)
Chung Shing Textile Co. Ltd.
1999 Ed. (4531)
1997 Ed. (3683)
1996 Ed. (3629)
1994 Ed. (1033, 3473, 3523, 3525)
1993 Ed. (3501)
1992 Ed. (1230, 1697, 4188, 4282)
1991 Ed. (3271)
1990 Ed. (1068, 1425, 1426, 3571)
1989 Ed. (1166)
Chung Tae Wook
1997 Ed. (1996)
1996 Ed. (1890)
Chung Yong-Jin
2008 Ed. (4851)
Chunghwa Telecom Co.
2008 Ed. (91, 2101)
2007 Ed. (84, 2008)
2006 Ed. (94, 2034, 2035, 4655)
2004 Ed. (1864)
2002 Ed. (1780)
2001 Ed. (1626, 1864, 3336)
Chunichi Shimbun
2002 Ed. (3511)
1999 Ed. (3619)
1997 Ed. (2944)
Chunk/loaf
2001 Ed. (1172)
Chunky Chips Ahoy!
1995 Ed. (2761)
Chuntex Electronic Co. Ltd.
1994 Ed. (1089)
Chuo Audit
1999 Ed. (14)
1997 Ed. (13, 14, 15)
1996 Ed. (16, 17)
Chuo Mitsui Trust
2002 Ed. (594)
Chuo Mitsui Trust & Banking
2004 Ed. (511, 549, 550, 556)
2002 Ed. (2823)
Chuo Senko Advertising
1989 Ed. (168)
Chuo Shinko Audit Corp.
1993 Ed. (9, 10)
Chuo Trust & Banking Co.
1999 Ed. (519)
1998 Ed. (350)
1997 Ed. (466)
1995 Ed. (470)
1994 Ed. (481)
1993 Ed. (478)
1991 Ed. (384, 449, 550)
1990 Ed. (596)
1989 Ed. (480, 578)
Chuo Trust Asia
1990 Ed. (2314)
Chupp & Sons Conversions Inc.
1992 Ed. (4368)
Church & Dwight Co., Inc.
2008 Ed. (3101, 3872)
2007 Ed. (2980, 2982, 3801)
2006 Ed. (2958, 2960, 2965)
2005 Ed. (4388, 4389)
2004 Ed. (2956, 4440, 4441, 4742)
2003 Ed. (238, 952, 991, 992, 993, 995, 996, 1998, 2004, 2046, 2048, 2049, 2430, 3169, 4769)
2002 Ed. (1967, 1968)
2001 Ed. (1236, 1999)
2000 Ed. (4072)
1999 Ed. (1838)
1998 Ed. (3328, 3333)
1997 Ed. (1598, 3534)
1996 Ed. (2980)
1995 Ed. (2897, 3409)
1994 Ed. (2809, 3350)
1993 Ed. (3346)
1990 Ed. (3310)
Church Commissioners for England
1997 Ed. (945, 946)
Church Developments PLC; Charles
1994 Ed. (999)
Church Extention Plan
2008 Ed. (1507)
Church of God in Christ
2000 Ed. (3754)
Church of Jesus Christ of Latter-Day Saints
2007 Ed. (1314)
2006 Ed. (3951)
2000 Ed. (3754)
Church Street Station
1997 Ed. (248)
1992 Ed. (332)
1990 Ed. (265)
Church World Service
1996 Ed. (913)
1995 Ed. (1933)
Churches
1999 Ed. (3007)
Churches & religious charity
2004 Ed. (3889)
Churches and synagogues
1993 Ed. (886)
Churches of Christ
2000 Ed. (3754)
Churchhill Truck Lines
1996 Ed. (3757)
Churchill Corp.
2008 Ed. (1636)
2007 Ed. (1638)
2003 Ed. (4053)
2002 Ed. (3919)
1993 Ed. (3640)
Churchill Casualty Ltd.
2008 Ed. (3224)
2007 Ed. (3084)
2006 Ed. (3054)
Churchill Downs Inc.
2007 Ed. (2452)
2005 Ed. (2710)
2004 Ed. (2716, 2717)
Churchill Falls (Labrador)
1990 Ed. (2925)
The Churchill Group
1999 Ed. (3942)
1998 Ed. (2950)
Churchill Tax-Free of KY
1996 Ed. (614)
Churchill Truck Line
1994 Ed. (3600)
Churchill Truck Lines
1995 Ed. (3679)
Churchill; Winston
2006 Ed. (1450)
Churchouse; Peter
1997 Ed. (1959, 1962)
Church's
2002 Ed. (2253)
2000 Ed. (3780)
1999 Ed. (2135)
1994 Ed. (1749, 3074)
Church's Chicken
2008 Ed. (883, 2660, 2666, 4158, 4173, 4174)
2007 Ed. (2542, 4143)
2006 Ed. (2558)
2005 Ed. (2551, 2560, 4055, 4056, 4057, 4058, 4059)
2004 Ed. (1377, 2577, 2578, 4130)
2003 Ed. (2442, 2443, 2444, 2445, 2446, 2447, 2448, 2449, 4096)
2002 Ed. (2240, 2244, 2245)
2001 Ed. (2404, 2406)
2000 Ed. (1910)
1999 Ed. (4063)
1998 Ed. (1549)
1997 Ed. (1841, 3316)
1996 Ed. (1760)
1995 Ed. (1782, 3119)
1993 Ed. (1758, 3020)
Church's Fried Chicken
2006 Ed. (4116)
1992 Ed. (2112, 2123, 3712)
1991 Ed. (1141, 1656, 1774, 2872)
1990 Ed. (1855)
1989 Ed. (1488)
Churny Cheese Inc.
2003 Ed. (926)
Churny Provincia
2001 Ed. (1170)
2000 Ed. (1016, 4157)
Chuwa Wood Industry Co., Ltd.
1992 Ed. (4283)
Chuwa Wool Industry Co. Ltd.
1994 Ed. (3524)
Chuwa Wool Industry Co., (Taiwan) Ltd.
1990 Ed. (3572)
Chyuan Long Textile Co. Ltd.
1994 Ed. (3524)
CI American Growth
2004 Ed. (2462)
CI Canadian Investment
2004 Ed. (3613, 3614)
CI Explorer Sector Shares
2004 Ed. (3631)
CI Financial Inc.
2008 Ed. (1628, 1629, 1644, 1650, 1651, 1654)
2007 Ed. (1648)
CI Global
2002 Ed. (3437, 3438)
2001 Ed. (3466, 3467, 3468)
CI Global Energy Sector
2006 Ed. (3666)
CI Global Health Sciences
2002 Ed. (3444, 3468)
2001 Ed. (3494, 3495)
C.I. Global Sector
2001 Ed. (3467)
CI Global Segregated
2004 Ed. (2484)
CI Global Small Companies
2004 Ed. (2480)
CI Global Technology Sector
2004 Ed. (3621)
2003 Ed. (3579)
2002 Ed. (3467)
2001 Ed. (3473, 3474)
CI Global Telecom Sector
2002 Ed. (3444, 3445)
2001 Ed. (3473, 3474)
CI Global Telecommunications Sector
2004 Ed. (3621)
2003 Ed. (3579)
CI Global Value Segregated
2002 Ed. (3461)
CI Signature Canadian Resource
2004 Ed. (3619)
CI Signature Explorer Sector Shares
2003 Ed. (3598)
CI Signature Global Small Companies
2003 Ed. (3573, 3574)
2002 Ed. (3437, 3439)
CI Signature Select Canadian
2004 Ed. (2469, 2470)
2003 Ed. (3564, 3565, 3566)
CIA
1992 Ed. (2635)
Cia. Agricola de Seguros
2008 Ed. (3256)
2007 Ed. (3111)
Cia Antarctica Paulista Industria Brasileira de Bebidas e Conexos
2002 Ed. (4326)
Cia. Antartica Paulista
1994 Ed. (17)
Cia. Arrendataria del Monopolio de Petroleos Sa
1994 Ed. (1450)
Cia Arrendataria Monopolio De Petroleos Sa
1993 Ed. (1401)
1990 Ed. (1419)
1989 Ed. (1162)
Cia Arrendateria del Monopolio de Petroleos SA
1995 Ed. (1490)
Cia Atlantic Petroleo
1990 Ed. (1336)
Cia. Bandeirantes de Armazens Gerais
2007 Ed. (1852, 1856)
2006 Ed. (1848, 1853)
Cia. Bras de Distribuicao
1994 Ed. (17)
1993 Ed. (25)
Cia. Bras. Petroleo Ipiranga
1994 Ed. (1335)
Cia. Brasileira de Cartuchos
2005 Ed. (1841)
Cia. Brasileira Distribuicao
1990 Ed. (1336)
Cia. Cervejaria Brahma
1994 Ed. (17, 1333)
Cia. Cigarros Souza Cruz
1994 Ed. (1335)
1992 Ed. (1585)
1990 Ed. (1336)
Cia de Bebidas Das Americas
2006 Ed. (1438)
Cia. de Cervezas Nacionales
2006 Ed. (42)
2005 Ed. (35)
CIA. de Crevezas Nacionales
2002 Ed. (4407, 4408)
Cia. de Seguros Alianca do Brasil
2008 Ed. (3254)
2007 Ed. (3109)
Cia. de Seguros Fidelidade-Mundial SA
2008 Ed. (2053)
Cia. de Seguros Porto Seguro
2008 Ed. (3254)
2007 Ed. (3109)
Cia. de Seguros Qualitas
2008 Ed. (3259)
2007 Ed. (3115)
Cia. de Telecomuniciaciones de El Salvador de CV
2006 Ed. (4500)
CIA. de Telefonos
2001 Ed. (23)
Cia Espanola de Petroleos
1991 Ed. (720)
Cia Espanola de Petroleos SA
1990 Ed. (1419)
1989 Ed. (1162)
CIA Group
2000 Ed. (130)
1999 Ed. (87)
Cia. Industrial Cataguases
2006 Ed. (1848, 1852)
Cia. Int. de Automoviles
1994 Ed. (788)
Cia Interamericana de Automoviles
1999 Ed. (950)
1997 Ed. (828)
1996 Ed. (811)
CIA Medianetwork
2001 Ed. (235)
Cia. Minera Atacocha
2006 Ed. (3488)
Cia. Minera Condestable
2006 Ed. (1848, 3488)
2005 Ed. (1841)
Cia Minera, de Canannea
1991 Ed. (2450)
Cia. Minera Disputada de las Condes
2006 Ed. (2543)
2004 Ed. (1548)
Cia. Minera Dona Ines de Collhuasi SCM
2006 Ed. (2543)
Cia. Minera Raura
2006 Ed. (3488)
Cia. Minera Santa Luisa
2006 Ed. (3488)
Cia. Nacional de Seguros Sul America
2008 Ed. (3254)
2007 Ed. (3109)
Cia. Navegacao Lloyd Brasilerio
1994 Ed. (1333)
Cia Nestle
1992 Ed. (42)
Cia Niquel Tocantins
2004 Ed. (3690)
Cia. Portuguesa Radio Marconi-Bearer
1996 Ed. (2527, 2528)

Cia. Siderurgica Nacional
1996 Ed. (1303)
1994 Ed. (1331, 1334)
1992 Ed. (1582, 1584)
Cia. Suramericana de Valores
2008 Ed. (735)
2007 Ed. (756)
Cia. Suzano Papel Celulose
1994 Ed. (1331)
Cia Telefonica Nacional de Espana SA
1990 Ed. (1419, 3263)
1989 Ed. (1162)
Cia Telefonica National de Espana
1992 Ed. (901)
1991 Ed. (720)
CIA Telefonos
1994 Ed. (19)
1993 Ed. (27)
Cia. Vale do Rio Doce SA
2008 Ed. (1418)
Cia. Vale Rio Doce
1996 Ed. (1302, 1303, 1304)
1994 Ed. (1331, 1332, 1333, 1334)
1992 Ed. (1581, 1582, 1583, 1584)
1990 Ed. (1334, 1335)
CIADEA (Ex-Renault Argentina)
1996 Ed. (812)
Cialis
2006 Ed. (3881)
Cianbro Corp.
2004 Ed. (1286)
2003 Ed. (1283)
2002 Ed. (1256, 1275)
2001 Ed. (1782)
Cianci Videoland
1998 Ed. (3668)
Ciao Cucina Corp.
1998 Ed. (3069, 3182)
Cias Shell de Argentina
1989 Ed. (1089)
Ciasulli Hyundai; Bob
1995 Ed. (270)
1994 Ed. (270)
1993 Ed. (271)
1992 Ed. (385)
1990 Ed. (327)
Ciasulli Mitsubishi; Bob
1990 Ed. (310)
Ciasulli Suzuki; Bob
1995 Ed. (286)
1994 Ed. (285)
1993 Ed. (302)
1990 Ed. (321)
Ciasulli Suzuki of Eatontown Inc.; Bob
1992 Ed. (413)
Ciatti's
1998 Ed. (3412)
CIB Hungaria Bank Rt.
1997 Ed. (490)
CIB Marine Bancshares
2006 Ed. (460)
Ciba
2000 Ed. (1038, 3555)
1999 Ed. (1088, 4832)
1998 Ed. (101, 705, 2104)
1996 Ed. (938, 943)
1995 Ed. (966, 1592)
1994 Ed. (935)
1993 Ed. (1108)
Ciba/American Optical, Aosept
1990 Ed. (1187)
Ciba Consumer
1997 Ed. (2066)
Ciba-Corning
1996 Ed. (2593)
1995 Ed. (2532)
1992 Ed. (3007)
1991 Ed. (2405)
1990 Ed. (2533)
Ciba Corning Diagnostics
1993 Ed. (1514)
Ciba Crop Protection
1997 Ed. (176)
Ciba-Geigy
1998 Ed. (706, 1029)
1997 Ed. (964, 965, 1517, 1518, 1657, 1658, 1659, 2135, 3931, 3932)
1996 Ed. (939, 1452, 1580, 3888)
1994 Ed. (922, 929, 930, 1455, 1563, 2744, 2820, 2871, 3681, 3682)
1993 Ed. (161, 889, 909, 911, 913, 918, 919, 1406, 1407, 1408, 1516, 1518, 2773, 3742, 3743)
1992 Ed. (1117, 1616, 1694, 1696, 1839, 1842, 3346)
1991 Ed. (912, 1352, 1354, 1355, 2681, 3517, 3518)
1990 Ed. (15, 952, 953, 956, 959, 1028, 1423, 1424, 1568, 1569, 1570, 2780, 3478)
1989 Ed. (187)
Ciba-Geigy AG
2006 Ed. (2030)
1997 Ed. (962)
1996 Ed. (934)
1995 Ed. (958, 962, 964, 965, 1494, 1495, 1496, 1594, 3097)
1994 Ed. (928, 1196, 1456)
1992 Ed. (4497, 4498)
1990 Ed. (26, 3714)
Ciba-Geigy Canada
1997 Ed. (960)
1994 Ed. (924)
Ciba-Geigy Group
1997 Ed. (1519)
1996 Ed. (1451)
1994 Ed. (1454)
1992 Ed. (1695)
1991 Ed. (1353)
1990 Ed. (954)
1989 Ed. (891)
Ciba-Geigy Inhaber
1989 Ed. (892)
Ciba-Geigy (Registered)
1996 Ed. (3889)
Ciba-Geigy Werke Schwiezerhalle AG
1991 Ed. (911)
Ciba-Gelgy
1992 Ed. (1121)
Ciba-Giegy Corp.
1991 Ed. (168)
Ciba Specialty
1999 Ed. (1096)
Ciba Specialty Chemicals Holding Inc.
2003 Ed. (4608)
2002 Ed. (1009, 1655)
Ciba Specialty Chemicals Holdings Inc.
2007 Ed. (944, 1728)
2006 Ed. (3403)
Ciba-Vision
1999 Ed. (2115, 2117)
1995 Ed. (2811, 2814)
1994 Ed. (2696)
1992 Ed. (3302)
1991 Ed. (2645)
1990 Ed. (1186, 2743)
Ciba Vision Aosept
2003 Ed. (1220)
Ciba Vision Genteal
2003 Ed. (1220)
Ciba-Vision Ophthalmics
1997 Ed. (2965, 2968)
1996 Ed. (2870)
CIBC
2008 Ed. (1642)
2005 Ed. (1567)
2000 Ed. (328, 381)
1999 Ed. (316, 381, 3126)
1994 Ed. (1630, 3553)
1993 Ed. (3590)
1990 Ed. (561)
1989 Ed. (2446)
CIBC Canadian Index
2006 Ed. (3662)
CIBC Canadian Small Companies
2004 Ed. (3618)
2003 Ed. (3570, 3571, 3572)
2002 Ed. (3446, 3447, 3448)
CIBC Energy
2006 Ed. (3666)
CIBC Financial Companies
2002 Ed. (3427)
CIBC Global Technology
2004 Ed. (3621, 3632)
2003 Ed. (3577, 3578, 3579)
2002 Ed. (3443, 3444, 3445)
2001 Ed. (3473, 3474)
CIBC Holdings
2000 Ed. (2874)
CIBC Income-Focused Index Portfolio
2003 Ed. (3561)
CIBC Income-Focused Portfolio
2003 Ed. (3561)
CIBC Income Portfolio
2003 Ed. (3562)
CIBC Investor's Edge
2002 Ed. (813, 814, 815, 816, 817, 818)
CIBC Jamaica
2004 Ed. (461)
2003 Ed. (552)
2000 Ed. (573, 2874, 2875)
1999 Ed. (562)
1997 Ed. (528, 2582)
1996 Ed. (572, 2437)
1995 Ed. (518)
1994 Ed. (543, 2339)
1993 Ed. (541, 541)
1991 Ed. (574)
CIBC Jamaica Ltd
1992 Ed. (742)
CIBC Monthly Income
2006 Ed. (3662, 3664)
2004 Ed. (3610, 3611)
CIBC Mortgages
2008 Ed. (4782)
2007 Ed. (4859)
CIBC Oppenheimer
2000 Ed. (881, 2857)
1999 Ed. (4007, 4308)
CIBC Trust Corp.
2008 Ed. (4782)
2007 Ed. (4859)
CIBC Trust & Merchant Bank Jamaica Ltd.
1997 Ed. (528)
1996 Ed. (572)
CIBC Trust Jamaica Ltd.
1994 Ed. (543)
CIBC Trust Jamaica Ltd
1992 Ed. (742)
CIBC Trust Merchant Bank Jamaica
1995 Ed. (518)
CIBC U.S. Index RRSP Fund
2001 Ed. (3477)
CIBC (W. I.) Holdings
2002 Ed. (3033, 4187, 4188)
CIBC West Indies Holdings
2004 Ed. (453, 462)
2002 Ed. (4678)
CIBC (WI) Holdings
1999 Ed. (3126, 4668, 4669)
1997 Ed. (2582, 3797)
CIBC Wood Gundy
2000 Ed. (879)
CIBC Wood Gundy Securities
2000 Ed. (3881, 3897, 3901)
1999 Ed. (863, 2014, 3021)
1998 Ed. (2237)
CIBC World Markets
2008 Ed. (3401)
2007 Ed. (3282)
2006 Ed. (4051)
2005 Ed. (4015)
2004 Ed. (1406, 1420, 1425, 1426)
2003 Ed. (447, 448, 1396)
2002 Ed. (4276, 4277)
2001 Ed. (560, 760, 4088)
2000 Ed. (4021)
CIBC World Markets Holdings Inc.
2007 Ed. (4660, 4661)
2005 Ed. (751, 1436, 1442, 1443, 3940, 3985, 4578, 4579)
CIBC(WI) Holdings
2000 Ed. (4303)
CIBER
2008 Ed. (4803)
2006 Ed. (1645)
2002 Ed. (1627)
Cibes; William
1995 Ed. (3504)
Cibes; William J.
1993 Ed. (3444)
Ciboney Group
1997 Ed. (2583)
1996 Ed. (2438)
CIC
2001 Ed. (1957, 4694)
CIC Asset
1996 Ed. (2397)
1995 Ed. (2361)
CIC Asset Management
1992 Ed. (2763)
CIC Group
1993 Ed. (487)
1992 Ed. (676)
1991 Ed. (521)
1990 Ed. (577)
1989 Ed. (535)
CIC Systems Inc.
1998 Ed. (858)
CIC-Union Europeene International
1994 Ed. (489)
Ciccarone; Richard
1997 Ed. (1947)
CiCi's Pizza
2008 Ed. (2664, 2670, 3991, 3993, 3994, 3995, 4179, 4188, 4189)
2007 Ed. (3967, 3968, 3969, 4147, 4153)
2006 Ed. (2555, 3916, 3917, 4121, 4125)
2005 Ed. (2549, 3845, 3846, 3847, 3848, 3849, 3850, 3851, 4073, 4081)
2004 Ed. (2587, 4136)
2003 Ed. (2440, 4094, 4128)
2002 Ed. (4004, 4026)
1998 Ed. (1760, 3070)
Cicso
2004 Ed. (4950)
2003 Ed. (4946)
CIDCO
1996 Ed. (2054, 3306, 3307, 3444, 3779, 3780)
Cider
2008 Ed. (2793)
2002 Ed. (764, 2374)
2001 Ed. (356, 357, 2558, 2560)
1998 Ed. (446)
Cider Jack
2006 Ed. (1009)
2005 Ed. (999)
2002 Ed. (3108)
2001 Ed. (3117)
Cidera, Inc.
2002 Ed. (2987)
Cie de Saint-Gobain
1997 Ed. (1407)
1996 Ed. (1348)
1992 Ed. (1459)
Cie. de Saint Gobain SA
2008 Ed. (752, 1760, 3556, 3558)
2007 Ed. (780, 1288, 1290, 1732, 3423)
2006 Ed. (1721, 3380)
2005 Ed. (3390)
2004 Ed. (799)
2003 Ed. (781, 1486)
2002 Ed. (1465, 3243)
Cie. de Saint-Gobain Zweigniederlassung Deutschland
2005 Ed. (2587)
Cie. de Suez
1999 Ed. (2439, 2440)
1998 Ed. (1693)
1997 Ed. (2010)
1996 Ed. (1920)
1995 Ed. (1876)
1994 Ed. (1848)
1993 Ed. (1860)
Cie des Machines Bull
1994 Ed. (3247)
Cie du Midi
1991 Ed. (731, 732)
Cie Financiere de Paribas
2000 Ed. (561)
1996 Ed. (495, 512)
1994 Ed. (473)
1993 Ed. (470)
1990 Ed. (542)
Cie Financiere de Suez
1992 Ed. (1621)
1991 Ed. (1292)
Cie. Financiere du Groupe Victoire
1996 Ed. (1214)
Cie Financiere Industrielle Autoroutes
2004 Ed. (4797)
2002 Ed. (4672)
CIE Francaise de Distribution Total
1990 Ed. (3635)
Cie Franco-Beige D'aliment Delhaize Louis Sa
1993 Ed. (1284)

Cie Generale d'Electricite
1991 Ed. (1290, 1292, 2856)
1990 Ed. (1366, 1369, 1588, 3514)
1989 Ed. (1118, 1289)
Cie. Generale des Eaux
1999 Ed. (2032)
1998 Ed. (1446)
1997 Ed. (702, 1753)
1996 Ed. (765, 766, 1214, 1348, 3407, 3409, 3415)
1995 Ed. (1398, 3340)
1994 Ed. (1371, 3256)
1993 Ed. (1317, 3265, 3271)
1991 Ed. (731, 732, 1290)
Cie. Generale des Eaux SA
1996 Ed. (1349)
Cie Generale des ets Michelin
1994 Ed. (1358)
Cie Generale d'Industrie Partic
1998 Ed. (224)
Cie Generale Electric
1989 Ed. (1307)
Cie. Gle des Eaix
1999 Ed. (773)
Cie. Gle des Eaux
1999 Ed. (774)
Cie IBM France
2001 Ed. (3190)
Cie. Machines des Bull
1991 Ed. (1141)
Cie. Monegasque de Banque
1996 Ed. (609)
Cie Nationale Air France
2000 Ed. (4296)
1999 Ed. (4657)
1997 Ed. (1395, 3793)
1996 Ed. (3737)
1995 Ed. (3661)
1994 Ed. (3577)
1993 Ed. (3618)
Cie. Vaudoise d'Electricite SA
2005 Ed. (2303, 2305, 2408)
Ciena Corp.
2008 Ed. (4645)
2007 Ed. (4520, 4525, 4530, 4725)
2006 Ed. (1427, 4080, 4081, 4466, 4467, 4469, 4470, 4471, 4472, 4585, 4586, 4588, 4704)
2005 Ed. (4464, 4469, 4470, 4641)
2004 Ed. (2257, 2772, 2775, 4491, 4493, 4495, 4497)
2003 Ed. (1071, 1421, 1552, 4541, 4544, 4545)
2002 Ed. (1571, 2808)
2000 Ed. (1737, 1738, 1739, 1740)
1998 Ed. (829)
Ciera
1990 Ed. (355)
1989 Ed. (316)
Ciesa NCK
1991 Ed. (144)
1990 Ed. (144)
1989 Ed. (153)
Cifra
2000 Ed. (1515, 3124, 3125)
1999 Ed. (3397)
1996 Ed. (1419, 2628, 2629)
1995 Ed. (3159)
1994 Ed. (2507, 2508)
1993 Ed. (2559)
1992 Ed. (1670)
1991 Ed. (2451)
Cifra SA
1997 Ed. (1479, 2778, 2779)
Cifra SA de CV
1993 Ed. (2559)
CIG Insurance Services
2002 Ed. (2858)
CIGAN
1998 Ed. (2844)
Cigar Aficionado
1999 Ed. (3763, 3765)
Cigarette manufacturing
2004 Ed. (2292)
The Cigarette Outlets
2005 Ed. (4139)
Cigarette smoking
1991 Ed. (2627)
Cigarette Store Corp.
2007 Ed. (2525)
Cigarettes
2007 Ed. (1422)
2006 Ed. (1385)
2005 Ed. (1395, 1396, 2233, 2753, 2754, 2759, 4703)
2004 Ed. (2127, 2129, 2133)
2003 Ed. (4834, 4837)
2002 Ed. (1051, 4527, 4725)
2001 Ed. (4553, 4555, 4556, 4557, 4558, 4559)
2000 Ed. (39, 210, 2628, 4145)
1999 Ed. (1933, 1934)
1998 Ed. (2499, 3661, 3662)
1996 Ed. (3776)
1995 Ed. (2992, 2993, 3528)
1994 Ed. (2937, 3463)
1993 Ed. (1711, 3484, 3660)
1991 Ed. (733, 734, 1866, 3440)
1990 Ed. (1578, 1961, 3033, 3034, 3035, 3665)
1989 Ed. (2329, 2883)
Cigarettes & tobacco
2002 Ed. (234)
1995 Ed. (151)
Cigarettes Cheaper
2005 Ed. (4139)
Cigarettes containing tobacco
1992 Ed. (2071)
Cigarettes, other tobacco, accessories
1990 Ed. (178)
Cigarettes, tobacco
1997 Ed. (1208, 3051)
1996 Ed. (2973)
Cigarettes, tobacco, accessories
1992 Ed. (238, 3394)
Cigarettes, tobacco and accessories
1994 Ed. (2802)
1993 Ed. (2806, 2808)
1989 Ed. (192)
Cigarrest
2003 Ed. (4450)
Cigars
2005 Ed. (2753, 2759, 4703)
2002 Ed. (1051)
2001 Ed. (4553, 4555, 4556, 4557, 4558, 4559)
CIGNA Corp.
2008 Ed. (1480, 2049, 3021, 3197, 3277, 3288, 3289, 3536)
2007 Ed. (1486, 1956, 2782, 2783, 2899, 3121, 3135, 3136)
2006 Ed. (1991, 2762, 2764, 2767, 3088, 3107, 3490)
2005 Ed. (1486, 1952, 2792, 2794, 2796, 2798, 3049, 3082, 3083, 3106, 3365, 4355)
2004 Ed. (1843, 2799, 2802, 2808, 2815, 3034, 3035, 3075, 3076, 3103)
2003 Ed. (1659, 1811, 2685, 2689, 2694, 2958, 2959, 2973, 2996, 2998, 3002, 3013)
2002 Ed. (1391, 1752, 2448, 2450, 2453, 2886, 2905, 2912, 2939)
2001 Ed. (2673, 2916, 2917, 2918)
2000 Ed. (965, 1534, 2422, 2668, 2694, 2729, 2793, 2832, 2836, 3539, 3540)
1999 Ed. (1668, 1723, 2914, 2943, 2946, 2962, 3819, 4389)
1998 Ed. (1045, 1060, 1186, 2129, 2130, 2136, 2172, 2174, 2208, 2210, 2254, 2258, 2259, 2845, 3014, 3016)
1997 Ed. (1497, 2416, 2417, 2436, 2469, 2509, 2516)
1996 Ed. (1435, 1917, 2085, 2282, 2284, 2285, 2376)
1995 Ed. (1871, 1873, 1878, 2090, 2276, 2278, 2291, 2864, 3360, 3800)
1994 Ed. (1841, 1844, 2229, 2230, 2288, 2298, 3160, 3279)
1993 Ed. (1853, 1855, 1860, 2251, 2287, 2303, 2851, 2922, 3288)
1992 Ed. (2147, 2704, 2736, 3549)
1991 Ed. (1713, 2085, 2141, 2147, 2214, 2697, 2738)
1990 Ed. (1774, 1776, 2329, 2349)
1989 Ed. (1423, 1426, 1427, 2134)
CIGNA Accru VA MFS Utilities
2000 Ed. (4334)
CIGNA Accru VA OCC Managed
2000 Ed. (4328)
CIGNA Asset
1990 Ed. (2323, 2326)
1989 Ed. (2130, 2131, 2133)
CIGNA Asset Advisers
1992 Ed. (2781)
1991 Ed. (2206, 2210, 2251)
1990 Ed. (2352)
1989 Ed. (1804)
CIGNA Behavioral Health
2006 Ed. (2407, 2408)
2005 Ed. (2363, 2364, 2365)
CIGNA Corp./CIGNA HealthCare Inc.
1997 Ed. (2191)
1996 Ed. (2088)
CIGNA Closed-End Cerf. I
1994 Ed. (2315)
CIGNA Dental
2002 Ed. (1915)
1999 Ed. (1831)
Cigna Dental Care
2000 Ed. (1657)
CIGNA Dental Health of California Inc.
1999 Ed. (1832)
CIGNA Dental Health of Florida Inc.
1998 Ed. (1255)
CIGNA Employee Benefits Co.
1993 Ed. (2020)
CIGNA Employee Benefits Companies
1992 Ed. (2386)
CIGNA Employee Life & Health
2001 Ed. (2675)
CIGNA Financial Advisors
1999 Ed. (839, 852, 861, 865)
Cigna Foundation
1999 Ed. (2504)
1992 Ed. (2217)
1991 Ed. (1768)
1990 Ed. (1849)
CIGNA Fund S
1994 Ed. (2315)
CIGNA Group
1997 Ed. (2461, 3922)
1996 Ed. (2333, 2334, 3885)
1994 Ed. (2247, 2248, 2278, 2280, 2281, 3675)
1993 Ed. (2189, 2199, 2202, 2203, 2240, 2241, 3740)
1992 Ed. (2645, 2657, 2684, 2685)
1991 Ed. (2093, 2129, 2130)
1990 Ed. (2222, 2225, 2228, 2229, 2264, 3708)
1989 Ed. (1673, 1675, 1677, 1678, 1734, 1735, 2975)
Cigna Health Care of Arizona
1996 Ed. (2093)
CIGNA Health Plan
1997 Ed. (2188)
CIGNA Health plan of New Jersey Inc.
1992 Ed. (2393)
CIGNA Health Plan of New Jersey-North
1992 Ed. (2391)
CIGNA Health Plan of New Jersey-South
1992 Ed. (2391)
CIGNA Health Plan of New York
1994 Ed. (2042)
CIGNA Health Plan of N.J.
1989 Ed. (1586)
CIGNA Health Plan of NJ-South
1990 Ed. (1998)
CIGNA Health Plan of Northern New Jersey Inc.
1997 Ed. (2199)
1994 Ed. (2041)
Cigna Health Plan of NY
1995 Ed. (2094)
CIGNA Health Plans Inc.
2005 Ed. (3368)
CIGNA Health Plans of California
1990 Ed. (1997)
CIGNA HealthCare
2008 Ed. (3268, 3269)
2004 Ed. (3340)
2003 Ed. (3277, 3278)
2001 Ed. (2688, 3874)
2000 Ed. (2426, 2427, 2438, 2439, 2440, 3598, 3599)
1999 Ed. (2657, 3292)
1998 Ed. (1915, 1920, 2428)
1997 Ed. (2700, 2701)
CIGNA Healthcare, Bloomfield, CT
2000 Ed. (2429)
CIGNA HealthCare Northern New Jersey/COMED
1998 Ed. (1919)
CIGNA HealthCare of Arizona
1997 Ed. (2195)
CIGNA HealthCare of California
2002 Ed. (2463)
2000 Ed. (2436)
1999 Ed. (2656)
1998 Ed. (1918)
Cigna HealthCare of Colorado Inc.
2007 Ed. (2792)
2003 Ed. (2700, 3921)
2002 Ed. (2461, 3742)
CIGNA HealthCare of Florida Inc.
2002 Ed. (2462)
2000 Ed. (2435)
1999 Ed. (2655)
1998 Ed. (1917)
1997 Ed. (2195)
CIGNA Healthcare of Illinois Inc.
2002 Ed. (2460)
2001 Ed. (2687)
2000 Ed. (2433)
1999 Ed. (2653)
1998 Ed. (1916)
1997 Ed. (2198)
1996 Ed. (2096)
Cigna HealthCare of New York Inc.
2002 Ed. (2464, 3744)
CIGNA Healthcare of Utah
2006 Ed. (3111)
CIGNA Healthplan of Delaware
1990 Ed. (2000)
Cigna Healthplan of Illinois Inc.
1995 Ed. (2093)
1994 Ed. (2040)
1993 Ed. (2022)
1990 Ed. (1995)
Cigna Healthplan of New Jersey Inc.
1991 Ed. (1896)
1990 Ed. (2000)
1989 Ed. (1587)
CIGNA Healthplan of NY
1993 Ed. (2024)
CIGNA Healthplan of Pennsylvania Inc.
1990 Ed. (2000)
CIGNA Healthplan of Pennsylvania, New Jersey, and Delaware
1993 Ed. (2025)
Cigna Healthplans
1990 Ed. (1994)
CIGNA Healthplans of California
1993 Ed. (2023)
CIGNA High Yield
1993 Ed. (2666)
1992 Ed. (3155, 3197)
1991 Ed. (2563)
1990 Ed. (2388)
Cigna Income
1991 Ed. (2561)
Cigna Insurance Group
1996 Ed. (2267)
CIGNA International Investment
1992 Ed. (2796, 2797)
CIGNA Investment Management
2000 Ed. (3885)
1997 Ed. (3412)
CIGNA Investments
1999 Ed. (3058, 3095, 4171, 4172, 4173)
1996 Ed. (2382, 2383, 2385)
1994 Ed. (2293, 2303)
1993 Ed. (2280, 2284)
1992 Ed. (2728, 2732, 2735, 2769, 2772)
1991 Ed. (2244)
CIGNA Medical Group Health Plan
1997 Ed. (2195)
Cigna Medical Group Healthplan
1996 Ed. (2093)
CIGNA Corp. Pension Plan
1997 Ed. (3029)
1996 Ed. (2949)
1995 Ed. (2874)
CIGNA Private Securities
2000 Ed. (3900)
CIGNA Property & Casualty
2001 Ed. (4031)

Cigna Real Estate
2004 Ed. (4086)
Cigna Reinsurance
1990 Ed. (2261)
Cigna Reinsurance Company
1991 Ed. (2829)
CIGNA Retirement
2002 Ed. (729, 3017)
CIGNA Retirement & Investment
2000 Ed. (2799)
CIGNA Retirement & Investment Services
2003 Ed. (3073, 3078, 3086)
2000 Ed. (2265, 2667)
Cigna Securities Inc.
1989 Ed. (819)
CIGNA Value
1992 Ed. (3150, 3160, 3191)
CIGNA Value Fund
1993 Ed. (2651, 2660, 2689)
Cignal
1993 Ed. (3039)
Cignal Contracting Management Inc.
2006 Ed. (3513)
CIH
1997 Ed. (908, 909)
CIIT Holdings Inc.
2004 Ed. (1530)
CIL
1992 Ed. (1114)
1990 Ed. (950, 2517)
Cilag AG
1992 Ed. (1116)
Cilco PMMA Lens
1992 Ed. (3301)
Ciloxan
2001 Ed. (3588)
1996 Ed. (2871)
Ciloxan Solution
1994 Ed. (2697)
Ciloxan sterile ophthalmic solution
1997 Ed. (2966)
1995 Ed. (2810)
Cilva Holdings
1991 Ed. (1168)
CIM Vision International Corp.
2000 Ed. (1106, 2406)
Cima Labs Inc.
2005 Ed. (1607, 4382, 4383)
2003 Ed. (2721)
CIMA LABS INC.
2002 Ed. (2516)
Cimarex Energy Co.
2008 Ed. (1682, 1684, 3896, 3898)
2007 Ed. (1662, 3866)
2005 Ed. (3741)
Cimarron
2008 Ed. (4430, 4984)
CIMB
2002 Ed. (840)
1999 Ed. (905, 906, 908)
1997 Ed. (3485)
Cimcorp
1991 Ed. (2902)
Ciment
2006 Ed. (4521)
Cimentas
1996 Ed. (2434)
Ciments Calcia
2004 Ed. (4593)
Ciments du Maroc
2006 Ed. (796)
2002 Ed. (944)
Ciments Francais
1997 Ed. (2707)
1995 Ed. (2505)
1994 Ed. (2437)
1993 Ed. (2499)
1992 Ed. (2972)
Cimetidine
1992 Ed. (1870)
Ciminelli-Cowper Co.
1996 Ed. (1105)
Cimpl's Inc.
2006 Ed. (2013, 2014)
Cimpl's LLC
2008 Ed. (2078)
2007 Ed. (1980)
Cimpor
2000 Ed. (2984, 2985)
1999 Ed. (3250, 3251)
Cimpor-Cimentos Portugal
2008 Ed. (2054)
2007 Ed. (1959)
2006 Ed. (1996)
Cimsa
1991 Ed. (2267)
CIMTEK Automation Systems Inc.
2003 Ed. (1086)
Cinch 2 in 1
2001 Ed. (1239)
Cincinnati Airport
2001 Ed. (1339)
Cincinnati Bell Inc.
2007 Ed. (2714)
2006 Ed. (2724, 4690)
2005 Ed. (4625)
1993 Ed. (3508)
1992 Ed. (1339, 4199)
1991 Ed. (3277)
1990 Ed. (3510)
Cincinnati Bell Directory Inc.
2005 Ed. (3373)
Cincinnati Bell Telephone Co.
2002 Ed. (4883)
Cincinnati Children's Hospital Medical Center
2008 Ed. (2002)
Cincinnati/Dayton, OH
1995 Ed. (1622)
Cincinnati Federal Employees Credit Union
2006 Ed. (2216)
2004 Ed. (1979)
2003 Ed. (1939)
2002 Ed. (1885)
Cincinnati Financial Corp.
2008 Ed. (1509, 2370)
2007 Ed. (1525, 2230, 2231)
2005 Ed. (3083, 3086, 4507)
2004 Ed. (3078)
2003 Ed. (4561)
1998 Ed. (2201)
1997 Ed. (2459)
1996 Ed. (2330)
1995 Ed. (2318)
1994 Ed. (2276)
1993 Ed. (2250)
1992 Ed. (2703, 2705)
1991 Ed. (2140, 2142)
1990 Ed. (2272, 2273)
1989 Ed. (1742, 1743)
Cincinnati G & E
1995 Ed. (1638)
Cincinnati Gas & Electric Co. Inc.
1994 Ed. (1213, 1219, 1595, 1596)
1993 Ed. (1557)
1992 Ed. (1898, 1899)
1991 Ed. (1497, 1498)
1990 Ed. (1600)
Cincinnati-Hamilton, OH
2002 Ed. (2744)
1998 Ed. (2473, 3472)
Cincinnati-Hamilton, OH-KY-IN
2008 Ed. (4350)
Cincinnati Hospital; University of
1997 Ed. (2263)
Cincinnati Insurance Cos.
2006 Ed. (3085)
2005 Ed. (3080)
Cincinnati Life Insurance Co.
2002 Ed. (2918)
1998 Ed. (2165)
1997 Ed. (2451)
1991 Ed. (2106)
Cincinnati Microwave
1989 Ed. (1325)
Cincinnati, Middletown, OH
2008 Ed. (3475)
Cincinnati-Middletown, OH-KY-IN
2008 Ed. (3508)
2007 Ed. (3383)
2006 Ed. (3321)
Cincinnati Milacron
1999 Ed. (2851)
1998 Ed. (2090)
1994 Ed. (2419)
1993 Ed. (2480)
1991 Ed. (2369, 2902)
1990 Ed. (2501, 3064)
1989 Ed. (1916)
Cincinnati, OH
2008 Ed. (3110, 3117)
2007 Ed. (2995, 3003, 3365, 4100)
2006 Ed. (250, 3302, 3310, 3741, 3743, 4885)
2005 Ed. (3312, 3333, 4014, 4802)
2004 Ed. (1036, 3298, 3309, 3314)
2003 Ed. (1031, 3242)
2002 Ed. (1055, 2634)
2001 Ed. (2274, 2275, 3121)
1999 Ed. (1172, 3373, 3890, 4040)
1998 Ed. (738, 2693)
1997 Ed. (1820)
1996 Ed. (1739, 2206)
1993 Ed. (370, 1736, 2465)
1992 Ed. (2100, 3641, 4191)
1991 Ed. (1103, 1985)
1990 Ed. (1004, 1149, 2910, 3516)
Cincinnati, OH/KY/IN
2001 Ed. (2358)
Cincinnati Reds
1998 Ed. (3358)
Cincinnati Stock Exchange
1994 Ed. (3437)
Cincinnati Student Loan Corp.
1995 Ed. (2646)
Cincinnati Student Loan Funding Corp, OH
2000 Ed. (3859)
Cinderella
1992 Ed. (4398)
1991 Ed. (3448, 3449)
Cindrich Mahalak & Co.
2008 Ed. (2)
2006 Ed. (4)
Cindy
1995 Ed. (2131)
Cindy Crawford
2002 Ed. (3377)
2001 Ed. (3341)
2000 Ed. (2743)
1997 Ed. (1726)
Cine Colombia
1989 Ed. (28)
Cine 5
2001 Ed. (86)
"Cine Millionario"
1993 Ed. (3531)
Cinema & General
2001 Ed. (3390)
Cinemania
1996 Ed. (1076)
Cinemark Corp.
2001 Ed. (3388, 3389)
Cinemark Theatres
1990 Ed. (2610)
Cinemark USA
1999 Ed. (3451)
Cinemax
2001 Ed. (3389)
1998 Ed. (604)
1992 Ed. (1022)
Cineplex
1991 Ed. (20)
Cineplex Entertainment LP
2008 Ed. (4201)
Cineplex Odeon
1999 Ed. (3451)
1997 Ed. (2054)
1996 Ed. (1698)
1995 Ed. (1916)
1994 Ed. (1670, 1887)
1993 Ed. (26)
1992 Ed. (1594, 1595, 1984)
Cineplex Odeon Corporation
1992 Ed. (43)
Cineplex Odeon Theatres
1990 Ed. (2610)
Cineponto/Leo Burnett
1992 Ed. (200)
Ciner; Turgay
2008 Ed. (4876)
Cinergy Corp.
2008 Ed. (1402)
2007 Ed. (2297, 2913)
2006 Ed. (2356, 2359, 2361, 2362, 2363, 2364, 2446, 2693, 2694, 2695, 2696, 4471)
2005 Ed. (1795, 2309, 2310, 2395, 2413)
2004 Ed. (1834, 1835, 2191, 2196, 2197, 2311, 2314, 2319)
2003 Ed. (1802, 2137, 2282, 2285)
1999 Ed. (1948, 1949, 3846, 3964)
1998 Ed. (1386, 2964)
1997 Ed. (1293, 1693)
Cinergy/PSI
2002 Ed. (3878, 3879, 4710)
"Cinevision Specials"
1993 Ed. (3531)
Cingular
2008 Ed. (139, 636, 638, 639)
2007 Ed. (678, 680)
2006 Ed. (648)
2005 Ed. (738, 741)
2004 Ed. (755)
2003 Ed. (742)
Cingular Wireless
2008 Ed. (2971, 3033, 3201, 3743, 4045, 4261, 4942)
2007 Ed. (2851, 2910, 3621)
2006 Ed. (803, 1419, 1422, 1423, 1448, 1471, 3490, 4687)
2005 Ed. (4445, 4622, 4639)
2004 Ed. (4666)
2003 Ed. (4690, 4975, 4976, 4977, 4980)
Cingular Wireless LLC
2007 Ed. (1195, 1737, 3620)
2006 Ed. (1730)
2005 Ed. (1779, 4978, 4986)
Cini-Little International Inc.
1992 Ed. (2207)
1991 Ed. (1759)
1990 Ed. (1840)
Cinn-a-Burst
1999 Ed. (1116)
Cinnabar Networks Inc.
2007 Ed. (2821)
2006 Ed. (2819)
Cinnabon
2008 Ed. (337, 1028)
2007 Ed. (351)
2004 Ed. (353)
2003 Ed. (370, 2091)
2002 Ed. (426, 428)
2001 Ed. (4064)
2000 Ed. (3783)
1999 Ed. (2136, 4081)
1998 Ed. (1550)
1997 Ed. (1834, 3319)
Cinnabon Cinnamon Rolls
1992 Ed. (3703)
Cinnamon
1998 Ed. (3348)
Cinnamon Mini Buns
1995 Ed. (915)
Cinnamon Schnapps
2002 Ed. (3087, 3098)
2001 Ed. (3101, 3111)
Cinnamon Toast Crunch
2006 Ed. (807)
2005 Ed. (892)
2004 Ed. (902)
2003 Ed. (874)
2002 Ed. (955)
2001 Ed. (1147)
2000 Ed. (1001)
CinnaMonster
2002 Ed. (428)
Cinnzeo
2004 Ed. (353)
2003 Ed. (370)
2002 Ed. (428)
Cinram International
2007 Ed. (3024)
2005 Ed. (1549, 1708)
2002 Ed. (1224)
Cinram International Income Fund
2008 Ed. (3142, 4783)
Cintas Corp.
2008 Ed. (993, 3833, 3886, 3887, 4061, 4077)
2007 Ed. (839, 1113, 1116, 3756, 3757, 3809, 3826, 3827, 4042)
2006 Ed. (745, 1027, 1079, 1960, 1962, 1963, 1964, 1966, 3759, 3761, 3810, 3811)
2005 Ed. (821, 1020, 1083, 1925, 1929, 3663, 3664, 3720, 3721)
2004 Ed. (842, 847, 1079, 1564, 1568, 3748, 3749, 3811, 3812)
2003 Ed. (801, 3704, 3705, 3798, 3799, 4393, 4394)
2002 Ed. (3545, 3546)
2001 Ed. (3728, 3729)

1999 Ed. (4283)
1998 Ed. (3287)
1997 Ed. (1642, 3498)
1996 Ed. (1565)
1994 Ed. (3233)
1993 Ed. (3240)
1992 Ed. (3937)
1991 Ed. (3102)
1990 Ed. (3261)
1989 Ed. (2477)
Cintas Canada
2007 Ed. (1606)
2005 Ed. (1698, 1713, 1714, 1715, 1716, 1718, 2471)
Cintas Corp. No. 1
2008 Ed. (3886, 3887)
2007 Ed. (3826, 3827)
Cintas Sales Corp.
2005 Ed. (3721)
2004 Ed. (3812)
2003 Ed. (3799)
Cintermex
2005 Ed. (2522)
2003 Ed. (2416)
2001 Ed. (2353)
Cintra
2001 Ed. (317)
Cintra A
1999 Ed. (3398)
CINVen
1995 Ed. (2499, 2500)
1994 Ed. (2430)
Cinven Group Ltd.
2006 Ed. (1430)
2005 Ed. (1474)
CinVen's Gardner Merchant Services Group
1995 Ed. (1243)
Cinzano
2005 Ed. (4821, 4823)
2004 Ed. (4833)
2003 Ed. (4850)
2002 Ed. (4742)
2001 Ed. (4676)
1989 Ed. (2943, 2945, 2946)
Cinzano Asti
1992 Ed. (1083)
CIO
2008 Ed. (811)
2007 Ed. (161, 845)
2006 Ed. (752)
2005 Ed. (826)
2004 Ed. (145, 852)
2003 Ed. (810)
2001 Ed. (254, 255)
2000 Ed. (3486, 3488)
1999 Ed. (3759, 3762)
1997 Ed. (3044)
CIOR
2002 Ed. (944)
2000 Ed. (991)
1999 Ed. (1041)
1997 Ed. (909)
Cipher Data
1989 Ed. (2308)
Cipher Data Products
1992 Ed. (3682)
1991 Ed. (1020, 1029, 2853)
1990 Ed. (1113, 1127, 2997)
CipherTrust
2006 Ed. (4266)
Cipla
2008 Ed. (1801)
2007 Ed. (1771)
Cipriani
1995 Ed. (2174)
Cipro
2001 Ed. (2110)
2000 Ed. (3605)
1997 Ed. (3162)
1996 Ed. (1569, 2598, 3083)
1995 Ed. (225, 2983)
1994 Ed. (2928)
1992 Ed. (1870)
Cipro Tablets
1991 Ed. (2400)
1990 Ed. (1566, 2530)
Ciprofloxacin
1994 Ed. (227)
1992 Ed. (1870)
Ciprofloxacin HCI
2006 Ed. (2310)
Cipsco
1999 Ed. (1949)
1998 Ed. (1387)
1997 Ed. (1694)
1996 Ed. (1615)
1995 Ed. (1637)
Ciputra Development
1999 Ed. (1657)
1997 Ed. (1432)
CIR
1993 Ed. (2571)
1992 Ed. (3074)
1991 Ed. (2459)
Ciragan Palace Kempinski
2000 Ed. (2564)
1999 Ed. (2789)
Circa Pharmaceuticals Inc.
1997 Ed. (1259, 2178)
Circle Fine Art Corp.
1995 Ed. (3793)
1994 Ed. (3669)
1993 Ed. (3734)
1992 Ed. (4484)
1991 Ed. (3513)
1990 Ed. (3705)
The Circle Group
2008 Ed. (1325)
2006 Ed. (1307, 1336)
Circle International
2002 Ed. (238)
2000 Ed. (2258)
1999 Ed. (1351, 2498)
1998 Ed. (1755)
Circle K
2008 Ed. (1375, 1376)
2007 Ed. (1419)
2006 Ed. (1381)
2004 Ed. (1372)
2003 Ed. (1366)
2002 Ed. (1331)
2000 Ed. (2234)
1998 Ed. (984)
1997 Ed. (1209, 1210, 1354, 2053)
1996 Ed. (1171, 1172, 1227, 2487)
1995 Ed. (1203, 1915)
1994 Ed. (1189, 1886, 3238, 3444)
1993 Ed. (1159, 1160, 3244)
1992 Ed. (1441, 3922, 3928, 3934)
1991 Ed. (1101, 1754, 2588, 3224, 3254)
1990 Ed. (1217, 1963, 3491)
1989 Ed. (2776)
Circle K Sunkus
2007 Ed. (4636)
Circles
2003 Ed. (3044)
Circo Craft (Quebec)
1991 Ed. (2764)
Circon
1996 Ed. (2884)
1995 Ed. (884)
Circor International
2008 Ed. (1910)
2006 Ed. (3391)
2005 Ed. (3394)
Circuit breakers/switching equipment
1994 Ed. (1732, 1733)
Circuit City
2000 Ed. (32, 800, 1684, 2481, 2483, 2488, 2581, 3804, 3806, 3808, 4348)
1998 Ed. (24, 87, 485, 488, 3498)
1995 Ed. (17, 690, 2120, 3426)
1994 Ed. (8)
1992 Ed. (348, 1077, 1820, 1824, 1936, 2423, 2426, 2428, 2516, 4035, 4038)
1990 Ed. (928, 1516, 1517, 1646, 2026, 2031, 2032, 2033, 3045, 3327, 3479)
1989 Ed. (1256)
Circuit City Group
2000 Ed. (1581, 4085)
Circuit City Stores Inc.
2008 Ed. (886, 2159, 2161, 2162, 2171, 2478, 2982, 2993, 2994, 4228, 4229, 4476, 4478)
2007 Ed. (2053, 2054, 2062, 2354, 2355, 2863, 2873, 2874, 2875, 2880, 4163, 4191, 4192, 4493, 4495, 4496, 4523, 4942)
2006 Ed. (2096, 2097, 2109, 2403, 2404, 2871, 2879, 2880, 2882, 2887, 4167, 4431, 4433, 4436, 4438, 4442, 4443, 4444)
2005 Ed. (358, 896, 1996, 1997, 2006, 2357, 2358, 2864, 2873, 2874, 4120, 4121, 4414, 4416, 4418, 4420, 4422, 4424, 4425)
2004 Ed. (906, 1880, 1881, 2162, 2857, 2879, 2883, 2884, 4195, 4466, 4468, 4470, 4472, 4473, 4474, 4475, 4843)
2003 Ed. (742, 887, 1845, 1846, 2186, 2767, 2772, 2774, 2776, 2777, 2866, 4500, 4501, 4502, 4503, 4505, 4506)
2002 Ed. (228, 763, 1795, 2055, 2583, 2696, 4044, 4334, 4335, 4336, 4748, 4750)
2001 Ed. (1008, 1374, 1453, 1895, 2124, 2217, 2736, 2737, 2745, 2748, 2750, 2751, 4099, 4100, 4322, 4326)
2000 Ed. (206, 207, 792, 1180)
1999 Ed. (178, 179, 180, 775, 1749, 1876, 1877, 1879, 1882, 2694, 2696, 4106, 4371, 4374)
1998 Ed. (74, 86, 859, 861, 1191, 1295, 1302, 1303, 1314, 1955, 1956, 1957, 1964, 2704, 3080, 3086, 3340, 3344, 3345, 3346)
1997 Ed. (167, 258, 710, 925, 1528, 1622, 1631, 1632, 1633, 1642, 2237, 2241, 3347, 3549, 3552, 3553)
1996 Ed. (27, 160, 161, 162, 768, 775, 894, 1090, 1459, 1555, 1565, 2128, 3237, 3239, 3246, 3487)
1995 Ed. (149, 150, 229, 2119, 2123, 3306, 3446)
1994 Ed. (131, 132, 133, 229, 741, 2071, 2125, 3221, 3226, 3227, 3286, 3367, 3448)
1993 Ed. (150, 151, 867, 2104, 3219, 3365, 3462)
1991 Ed. (248, 1247, 1433, 1436, 1437, 1541, 1920, 1921, 1959, 3164, 3227)
1990 Ed. (2038, 2104, 3030, 3043)
1989 Ed. (264, 1622, 2328)
Circuit City Stores West Coast Inc.
2008 Ed. (2993, 2994)
2007 Ed. (2873, 2874)
2006 Ed. (2879, 2880)
2005 Ed. (2873, 2874)
2004 Ed. (2883, 2884)
2003 Ed. (2776, 2777)
2001 Ed. (2750)
Circuit Empire
2005 Ed. (57)
Circuit Planete
2001 Ed. (55)
Circuit Systems Inc.
1992 Ed. (1131, 2565)
Circuit Wise
1990 Ed. (2902)
CircuitCity.com
2007 Ed. (2317)
2006 Ed. (2379)
Circulatory problems
1995 Ed. (3798, 3799)
Circulatory products
2001 Ed. (2105)
Circus Circus
2001 Ed. (2801)
1998 Ed. (2006, 2007)
1996 Ed. (2163, 2164, 2167)
1995 Ed. (2151, 2154)
1992 Ed. (2478)
1990 Ed. (2074)
Circus Circus Casinos Inc.
2004 Ed. (1814)
2003 Ed. (1779)
2001 Ed. (1808)
Circus Circus Enterprises Inc.
2001 Ed. (1809, 2787)
2000 Ed. (2560)
1999 Ed. (2760, 2762, 2786, 4492)
1998 Ed. (2005)
1997 Ed. (911, 2281, 2282, 2283)
1994 Ed. (2098, 2099, 2100, 2665)
1993 Ed. (2082, 2088)
1992 Ed. (2473, 2474)
1991 Ed. (1938, 1939, 1945)
1990 Ed. (2081)
1989 Ed. (1614, 1615)
Circus Circus Entertainment
2000 Ed. (2540)
Circus World Toy Stores
1992 Ed. (4330)
CIRI Alaska Tourism Corp.
2003 Ed. (2273)
Cirkle
2008 Ed. (129)
Cirm Corp.
2003 Ed. (1659, 1660, 4935)
Cirque de Soleil
2008 Ed. (644)
Cirrhosis of liver
1992 Ed. (1767, 1768)
1990 Ed. (1471, 1472)
Cirrus Logic Inc.
2007 Ed. (3418)
2004 Ed. (1105)
2003 Ed. (4382)
2001 Ed. (4209)
2000 Ed. (1736, 3032)
1999 Ed. (1961, 4267)
1998 Ed. (3276)
1996 Ed. (1069, 1628)
1992 Ed. (2365, 3985, 3994)
1991 Ed. (1876, 3145)
CIS
2001 Ed. (2615)
2000 Ed. (2982, 4033, 4361)
1996 Ed. (936)
CIS a
2000 Ed. (4360)
CIS Environmental
2000 Ed. (3299)
CIS Trade Selection Program
1991 Ed. (2257)
CISA
1995 Ed. (327)
Cisalfa Sport SpA
2008 Ed. (1865, 4230)
2007 Ed. (1831)
2006 Ed. (1824)
Cisco
2008 Ed. (4632)
2007 Ed. (4703)
2006 Ed. (4960)
2005 Ed. (4930)
2003 Ed. (4686)
2002 Ed. (4922)
2001 Ed. (4842)
2000 Ed. (3846)
1998 Ed. (3416)
1996 Ed. (246, 1762, 1763, 3260, 3261, 3861, 3863)
Cisco System
1992 Ed. (2367)
Cisco Systems Inc.
2008 Ed. (1097, 1098, 1099, 1114, 1158, 1159, 1471, 1502, 1585, 1586, 1588, 1589, 1591, 1594, 1598, 1599, 1600, 1601, 1602, 1603, 1610, 1711, 2280, 3022, 3144, 3196, 3782, 4262, 4268, 4521, 4524, 4528, 4636)
2007 Ed. (154, 876, 1189, 1190, 1191, 1192, 1214, 1216, 1263, 1442, 1447, 1520, 1608, 1610, 1611, 1612, 1791, 2799, 2900, 3026, 3074, 3691, 3693, 4234, 4280, 4554, 4717)
2006 Ed. (163, 1083, 1084, 1085, 1086, 1109, 1112, 1113, 1145, 1148, 1151, 1418, 1467, 1490, 1499, 1522, 1578, 1579, 1581, 1583, 1584, 1586, 1587, 1589, 1590, 1784, 2421, 2892, 2992, 3033, 3034, 3688, 3696, 4218, 4577, 4589, 4602, 4607)
2005 Ed. (740, 1091, 1092, 1093, 1094, 1109, 1110, 1113, 1120, 1158, 1159, 1464, 1487, 1509, 1615, 1638, 1675, 1677, 1681, 1682, 1685, 1804, 2998, 3034, 3182, 3370, 3593, 3695, 4164, 4463, 4501, 4502, 4504, 4516, 4522, 4613, 4632)
2004 Ed. (1082, 1083, 1085, 1090, 1106, 1134, 1135, 1136, 1471,

1493, 1582, 1659, 1660, 3001, 3020, 3662, 3678, 3776, 4099, 4554, 4568, 4672)
2003 Ed. (818, 826, 1069, 1079, 1101, 1106, 1125, 1441, 1463, 1512, 1526, 1527, 1551, 1583, 1628, 2251, 2252, 2253, 2895, 2926, 2943, 2944, 2946, 3631, 3751, 4073, 4559, 4566, 4569, 4701)
2002 Ed. (1122, 1134, 1136, 1378, 1400, 1443, 1484, 1493, 1503, 1528, 1535, 1536, 1546, 1554, 1570, 1571, 1681, 1686, 1693, 2078, 2098, 2510, 2805, 3484, 3485, 3966, 4560, 4561, 4876)
2001 Ed. (1347, 1348, 1364, 1365, 1567, 1568, 1570, 1573, 1574, 1585, 1587, 1590, 1591, 1599, 1647, 1648, 1741, 1748, 1749, 1750, 1867, 1868, 2169, 2170, 2172, 2196, 2860, 3187, 3202, 3203, 3208, 4153, 4449, 4453, 4766, 4770)
2000 Ed. (940, 967, 1157, 1160, 1162, 1333, 1339, 1369, 1370, 1372, 1373, 1376, 1380, 1735, 1738, 2453, 2643, 2992, 3368, 3388, 3389, 3390, 4126, 4378)
1999 Ed. (993, 1259, 1262, 1264, 1476, 1477, 1485, 1496, 1527, 1529, 1542, 1956, 1959, 1962, 1963, 2879, 3255, 3256, 3643, 3644, 3669, 3670, 3671, 3672, 3673, 4547, 4750)
1998 Ed. (196, 829, 831, 833, 1043, 1047, 1051, 1063, 1064, 1533, 1881, 2402, 2703, 2719, 2720, 2721, 2722, 2723, 3359, 3413)
1997 Ed. (1081, 1083, 1234, 2206, 2211, 2976, 2977, 2978, 2979, 3411, 3640)
1996 Ed. (1066, 1069, 1397, 2888, 2889, 2890, 2891, 2893, 2894, 3259, 3594, 3595)
1995 Ed. (1086, 1091, 1283, 1286, 1287, 1432, 2067, 2069, 2258, 2821, 2822, 3517)
1994 Ed. (1079, 1092, 1402, 2018, 2019, 2708, 2712)
1993 Ed. (827, 1069, 2008, 2010, 3335)
1992 Ed. (2362, 2363, 2365, 2366, 2368, 3821, 3985, 3986, 3987, 3988, 3989, 3991)
1991 Ed. (2340)
Cisco Systems Canada Co.
2008 Ed. (2945)
2007 Ed. (2820)
2006 Ed. (2818)
2003 Ed. (1115)
Cisco Systems International BV
2006 Ed. (1918)
Cisco Systems Luxembourg SARL
2007 Ed. (1860)
CISI
1990 Ed. (1139)
Cisneros Asset
1995 Ed. (2364)
Cisneros Asset Management
1992 Ed. (2759, 2767)
1991 Ed. (2236)
Cisneros Group of Cos.
1996 Ed. (2487)
Cisneros; Gustavo
2008 Ed. (4840, 4878)
2007 Ed. (4913)
2006 Ed. (4925)
2005 Ed. (4881)
Cisplatin
1990 Ed. (274)
Cistel Technology
2008 Ed. (2946)
Cistoca d.o.o.
2008 Ed. (2071, 4323)
CIT Group Inc.
2008 Ed. (1475, 2706)
2007 Ed. (2551, 2554, 2569, 4282)
2006 Ed. (2584, 2595, 2597, 2600, 4820)
2005 Ed. (2582, 2593, 2596)
2004 Ed. (1543, 1571, 2604, 4338, 4436, 4574)
2003 Ed. (1422, 1714)
2002 Ed. (2263, 2805)
2001 Ed. (1452, 2848)
1999 Ed. (4170)
1998 Ed. (388)
1994 Ed. (1754, 1755)
1992 Ed. (1497)
CIT Group/Factoring
1993 Ed. (1742)
CIT Group Holdings Inc.
2000 Ed. (1916, 1917, 1918)
1999 Ed. (4164, 4216)
1997 Ed. (1845, 1846)
1996 Ed. (1765, 1766)
1995 Ed. (1787, 1789, 1790, 1791)
1993 Ed. (1764, 1767)
1991 Ed. (1669, 1663, 1665, 1667)
1990 Ed. (1759, 1761, 1763)
CIT Group, Small Business Lending
2002 Ed. (4296)
CIT Small Business Lending Corp.
2008 Ed. (4397)
2005 Ed. (4385, 4386)
2002 Ed. (1121, 4293)
2001 Ed. (4282)
The Citadel
2008 Ed. (1087)
2001 Ed. (1326)
1999 Ed. (1231)
1998 Ed. (802)
1996 Ed. (1038)
1993 Ed. (1018)
1992 Ed. (1270)
Citadel Bank
2008 Ed. (431)
Citadel Broadcasting Corp.
2007 Ed. (3451, 4062)
2006 Ed. (4028)
2005 Ed. (4144, 4251)
Citadel Communications Corp.
2005 Ed. (3991)
2004 Ed. (4054)
2003 Ed. (4033, 4034)
2002 Ed. (3285, 3894)
2001 Ed. (3961, 3977)
Citadel Credit Union
2008 Ed. (2255)
2007 Ed. (2140)
2006 Ed. (2219)
2005 Ed. (2124)
2004 Ed. (1982)
2003 Ed. (1942)
2002 Ed. (1888)
Citadel Federal Credit Union
1996 Ed. (1515)
1994 Ed. (1507)
1993 Ed. (1454)
1991 Ed. (1396)
1990 Ed. (1462)
Citadel Holding Corp.
1997 Ed. (236)
1995 Ed. (211, 3186)
1994 Ed. (208, 3144)
1993 Ed. (222)
1992 Ed. (326, 4288)
1991 Ed. (232)
1990 Ed. (3579)
1989 Ed. (2825)
Citadel Investment
2005 Ed. (3867)
Citadel Investment Group
2006 Ed. (2800)
2005 Ed. (2820)
Citadel Security Software Inc.
2007 Ed. (1240)
2005 Ed. (1347)
Citation Ultra
1998 Ed. (144)
Citc Life Insurance Co., Ltd.
1990 Ed. (2246)
Citgo
2002 Ed. (3663)
1998 Ed. (1824)
1992 Ed. (2277, 2278, 3441, 3442, 3444, 3919, 3929)
1991 Ed. (347, 349)
1990 Ed. (2847)
Citgo Lube
2008 Ed. (322)
2007 Ed. (335)
2006 Ed. (350)
2003 Ed. (364)
2002 Ed. (418)
2001 Ed. (531)
CITGO Petroleum Corp.
2008 Ed. (321, 1740, 2010, 2819, 2820, 3932, 3934, 4047)
2007 Ed. (334, 337, 1711, 1940, 2694, 2695, 3874, 3887, 3891, 4020)
2006 Ed. (349, 353, 849, 1716, 1958, 2699, 2700, 3319, 3859, 3860, 3981)
2005 Ed. (1923, 3780, 3782, 3794)
2004 Ed. (1837, 3307, 3865)
2003 Ed. (1804, 3850)
2002 Ed. (3691)
2001 Ed. (1184, 1830, 3746)
2000 Ed. (2320, 3132)
1999 Ed. (2584)
1998 Ed. (1823)
1997 Ed. (2133)
1996 Ed. (2013, 2644)
1995 Ed. (1471, 1991)
1994 Ed. (1437, 1965, 2864)
1993 Ed. (1383, 2832)
1992 Ed. (2282)
1991 Ed. (1222)
1990 Ed. (1021)
Citgo Pipeline Investment Co.
2003 Ed. (3878, 3879)
2001 Ed. (3802, 3803)
Citi
2008 Ed. (368, 641, 656, 663, 2699, 3226, 4946)
2007 Ed. (683, 692, 696, 2559)
Citi Assurance Services Group
2008 Ed. (3286, 3287)
Citi Habitats
1999 Ed. (3994)
Citi Investment Research
2008 Ed. (3405)
Citi Trends Inc.
2008 Ed. (893, 4352)
2007 Ed. (4279, 4571)
Citibank
2008 Ed. (403)
2007 Ed. (418, 429, 432, 433, 435, 496, 538, 539, 570, 2561)
2006 Ed. (431, 543, 3211, 3562, 3563)
2005 Ed. (561, 565, 567, 568, 595, 640, 3501)
2004 Ed. (489, 577)
2003 Ed. (558, 560, 916, 919)
2002 Ed. (1496, 1818, 2270, 2271, 2272, 2273, 2274, 2275, 2411)
2001 Ed. (432, 580, 581, 600, 601, 602, 613, 614, 615, 617, 618, 634, 641, 646, 647, 648, 656, 1954)
2000 Ed. (399, 404, 405, 406, 407, 409, 413, 414, 415, 416, 418, 419, 456, 458, 460, 461, 463, 492, 497, 498, 499, 500, 501, 513, 515, 689, 690, 691, 693, 1426, 1428, 1429, 1430, 1431, 1620, 2344, 4058)
1999 Ed. (401, 408, 409, 410, 412, 414, 416, 418, 419, 420, 421, 1622, 1624, 1625, 1792, 1795, 1797, 1798, 2012, 2013, 2014, 2601, 3313, 3315, 3316, 3317)
1998 Ed. (491, 1213, 1694, 1842)
1997 Ed. (336, 1400, 1404, 1405, 1555, 2150, 2727, 2728, 2731, 3529)
1996 Ed. (256, 361, 361, 420, 556, 1340, 1342, 1343, 1344, 1345, 1493, 2029, 2030, 2480, 3460, 3684, 3685)
1995 Ed. (347, 365, 366, 420, 421, 737, 740, 741, 742, 744, 745, 747, 748, 1391, 1392, 1531, 1540, 1541, 2437, 2513, 2516)
1992 Ed. (602, 673, 2964, 2981, 2982, 2986, 3105, 3175, 3794)
1991 Ed. (185, 265, 406, 752, 755, 766, 1601, 2300, 2302, 2304, 2305, 2308, 2582, 2640, 3244, 3445)
1990 Ed. (416, 417, 429, 549, 551, 552, 553, 554, 555, 556, 557, 558, 560, 562, 564, 565, 567, 568, 569, 570, 573, 629, 682, 795, 796, 798, 799, 800, 801, 802, 803, 805, 806, 807, 808, 2434, 2437, 3137)
1989 Ed. (506, 532, 534, 566, 639, 640, 793, 801, 802, 1370, 2783)
Citibank-Arizona
1990 Ed. (466)
Citibank AS
1997 Ed. (448)
Citibank Australia/Diners Club
2001 Ed. (1956)
Citibank Budapest
2007 Ed. (460)
2006 Ed. (449)
2004 Ed. (489)
Citibank Budapest Rt.
1999 Ed. (537)
1997 Ed. (490)
1995 Ed. (486)
Citibank Canada
2008 Ed. (392)
2007 Ed. (413)
1999 Ed. (487)
1997 Ed. (431, 463)
1996 Ed. (468, 500)
1995 Ed. (440)
1994 Ed. (478)
1993 Ed. (447)
1992 Ed. (630, 664)
1990 Ed. (517)
Citibank/Citicorp
1994 Ed. (1204)
1990 Ed. (2319)
Citibank (Costa Rica)
2008 Ed. (400)
2007 Ed. (426)
Citibank Delaware
1997 Ed. (284)
1992 Ed. (1179)
1990 Ed. (466)
Citibank Federal Savings Bank
2002 Ed. (4622)
2001 Ed. (4282)
1994 Ed. (527, 3532)
1992 Ed. (3799)
Citibank FSB
2008 Ed. (524)
2007 Ed. (1182, 1183, 2866, 3635, 3636, 4245, 4249, 4250, 4251, 4254, 4256, 4259, 4261)
2006 Ed. (1074, 2872, 3570, 4231, 4235, 4236, 4237, 4238, 4240, 4245)
2005 Ed. (1066, 2867, 3510, 4179, 4183, 4211, 4212, 4215, 4216, 4217, 4220)
2004 Ed. (1062, 2862, 3506, 4246, 4250, 4278, 4279, 4281, 4282, 4283, 4284, 4286, 4287, 4289)
2003 Ed. (4230, 4258, 4259, 4260, 4263, 4264, 4265, 4266, 4267, 4268, 4269, 4272, 4276, 4279, 4281)
2002 Ed. (4099, 4100, 4117, 4120, 4121, 4122, 4123, 4124, 4127, 4128, 4131, 4135, 4136, 4138, 4139)
1998 Ed. (426, 3127, 3128, 3130, 3131, 3132, 3133, 3134, 3135, 3137, 3139, 3140, 3143, 3144, 3145, 3146, 3147, 3148, 3149, 3150, 3151, 3156, 3522, 3530, 3532, 3534, 3535, 3536, 3538)
1997 Ed. (3740, 3741)
1992 Ed. (506, 506, 3775, 3775, 3782, 3784, 3791, 3792, 3792, 3792)
Citibank Germany
2001 Ed. (1958)
Citibank Global Asset Management
1999 Ed. (3099)
1998 Ed. (2299)
1997 Ed. (1353)
1995 Ed. (2380, 2383, 2386)
Citibank Global Asset Management (Asia)
1997 Ed. (2544)
Citibank International plc
2008 Ed. (1719)
Citibank Investment Management
1993 Ed. (2356, 2357)

Citibank Korea Inc.
2008 Ed. (505)
2007 Ed. (553)
Citibank (Maryland) NA
1995 Ed. (508)
1994 Ed. (344, 373, 565)
Citibank N A Inc.
2001 Ed. (598)
Citibank NA Inc.
2008 Ed. (340, 341, 342, 347, 348, 349, 350, 356, 357, 359, 360, 361, 362, 363, 364, 1090, 1091, 2987, 3138)
2007 Ed. (210, 353, 354, 355, 359, 360, 361, 362, 368, 369, 371, 372, 373, 374, 376, 406, 508, 511, 1185, 2867)
2006 Ed. (203, 370, 371, 372, 376, 377, 378, 379, 385, 386, 388, 389, 390, 391, 393, 486, 489, 1077)
2005 Ed. (191, 367, 368, 369, 382, 383, 384, 385, 424, 425, 428, 430, 431, 432, 433, 435, 436, 566, 1069)
2004 Ed. (356, 357, 358, 363, 364, 365, 366, 419, 422, 424, 425, 426, 427, 428, 429, 430, 493, 1065)
2003 Ed. (377, 378, 379, 384, 385, 386, 387, 426, 428, 430, 431, 432, 433, 435, 436, 1056)
2002 Ed. (440, 442, 479, 480, 481, 482, 483, 487, 489, 505, 506, 507, 508, 3210)
2001 Ed. (644, 1197, 3508, 3509, 3510)
2000 Ed. (411, 633)
1999 Ed. (406, 407, 417, 611, 1836, 4339)
1998 Ed. (294, 297, 299, 302, 303, 304, 305, 306, 307, 309, 311, 312, 313, 314, 315, 316, 318, 349, 381, 418, 1841, 1958, 2400, 2442, 2443, 2444, 2445, 2673)
1997 Ed. (351, 359, 360, 364, 365, 366, 367, 368, 369, 371, 372, 373, 374, 375, 376, 378, 381, 443, 579)
1996 Ed. (380, 389, 390, 398, 399, 400, 401, 402, 403, 404, 405, 406, 407, 408, 409, 411, 412, 413, 414, 418, 419, 479, 640, 2829, 3163)
1995 Ed. (360, 368, 369, 372, 374, 375, 376, 377, 378, 379, 380, 381, 382, 383, 384, 385, 386, 388, 389, 390, 391, 392, 395, 450, 570, 2596, 2605, 2765, 3066)
1994 Ed. (249, 341, 353, 356, 368, 371, 379, 381, 382, 383, 384, 385, 386, 387, 388, 389, 390, 391, 393, 394, 395, 396, 400, 401, 403, 425, 460, 600, 1501, 2446, 2449, 2553, 2662, 3009, 3012, 3527, 3528, 3532)
1993 Ed. (352, 353, 353, 353, 359, 361, 380, 381, 385, 389, 390, 391, 392, 393, 394, 395, 396, 397, 398, 399, 400, 401, 403, 404, 405, 406, 407, 408, 410, 423, 531, 563, 588, 595, 629, 1889, 2414, 2418, 2421, 2508, 2509, 2512, 2591, 2965, 2967, 2968, 3074, 3075, 3076, 3077, 3079, 3082, 3084, 3090, 3091, 3091, 3092, 3093, 3094, 3097, 3163, 3564, 3565, 3566, 3568)
1992 Ed. (513, 527, 528, 541, 542, 545, 549, 551, 552, 553, 554, 556, 557, 558, 559, 560, 561, 563, 564, 565, 566, 568, 570, 802, 835, 2430, 3627)
1991 Ed. (369, 401, 405, 409, 410, 486, 487, 488, 593, 628, 662, 1922, 1923, 2484, 2811)
1990 Ed. (429, 461, 462, 465, 525, 526, 527, 529, 653, 3165)
Citibank NA Congo
2000 Ed. (503)
Citibank Nevada
2005 Ed. (367, 368, 383)
2004 Ed. (357)
1999 Ed. (417)
1991 Ed. (401)
Citibank Nevada NA
2007 Ed. (360, 374)
2006 Ed. (370, 377, 391)
2000 Ed. (404)
1999 Ed. (406)
1998 Ed. (302, 309, 312, 414)
1997 Ed. (366, 369, 382, 574)
1996 Ed. (398, 402, 415, 633)
1995 Ed. (375, 379, 564)
1994 Ed. (342, 344, 373, 380, 384, 595)
1992 Ed. (505, 550, 554, 567)
1991 Ed. (362)
1989 Ed. (365, 365, 425, 436, 510, 512, 513, 561)
Citibank (New York)
1992 Ed. (548)
Citibank—New York State
2004 Ed. (364)
2003 Ed. (385)
2002 Ed. (481)
2000 Ed. (414)
1999 Ed. (417)
1998 Ed. (312)
1997 Ed. (369)
1996 Ed. (402)
1995 Ed. (379)
1994 Ed. (384)
1992 Ed. (554)
1990 Ed. (466)
Citibank Nigeria
2007 Ed. (530)
2005 Ed. (588)
2004 Ed. (600)
2003 Ed. (592)
2002 Ed. (628)
2000 Ed. (635)
Citibank Online
2003 Ed. (3046)
2002 Ed. (4840)
Citibank (Phoenix)
1991 Ed. (447)
Citibank Private Bank Common Trust Special Equity
1994 Ed. (2311)
Citibank Securities
1997 Ed. (798)
Citibank (Slovakia)
2006 Ed. (521)
2002 Ed. (645)
Citibank South Dakota
2000 Ed. (404)
Citibank South Dakota NA
2008 Ed. (197, 340, 341, 348, 359, 361, 362, 2077, 3138)
2007 Ed. (353, 360, 361, 371, 373, 374, 1979)
2006 Ed. (370, 377, 378, 388, 390, 391, 2013)
2005 Ed. (367, 383, 384, 430, 432, 433, 1961)
2004 Ed. (356, 364, 365, 424, 426, 427, 1858)
2003 Ed. (377, 385, 1822)
2002 Ed. (440, 479, 506)
2001 Ed. (1849)
2000 Ed. (411, 414)
1999 Ed. (406, 414, 417)
1998 Ed. (302, 303, 309, 312, 429)
1997 Ed. (365, 366, 369, 372, 382, 616)
1996 Ed. (398, 402, 405, 415, 419, 681)
1995 Ed. (375, 376, 379, 382, 392, 608)
1994 Ed. (342, 344, 355, 373, 380, 384, 387, 399, 633)
1992 Ed. (505, 527, 550, 554, 557, 567)
1991 Ed. (362, 401)
1989 Ed. (365)
Citibank Trinidad & Tobago Ltd.
2000 Ed. (675)
1999 Ed. (650)
1997 Ed. (631)
1996 Ed. (696)
1995 Ed. (622)
1994 Ed. (649)
1993 Ed. (647)
1992 Ed. (851)
Citibank Visa
1991 Ed. (3247)
Citibank (West), FSB
2007 Ed. (1182, 1183, 2866, 3019, 3635, 3636, 4245, 4247, 4248, 4249, 4250, 4251, 4252, 4254, 4255, 4256, 4257, 4258, 4259, 4260, 4261)
2006 Ed. (1074, 1075, 2872, 2988, 3570, 3571, 4231, 4233, 4234, 4235, 4236, 4237, 4238, 4240, 4241, 4242, 4243, 4244, 4245, 4246, 4247)
2005 Ed. (1066, 1067, 2867, 2993, 3502, 3510, 3511, 4179, 4181, 4182, 4183, 4211, 4212, 4213, 4215, 4216, 4217, 4218, 4219, 4220, 4222)
2004 Ed. (1062, 1063, 2862, 3502, 3506, 3507, 4246, 4247, 4248, 4249, 4250, 4278, 4280, 4282, 4288)
Citibank (Zaire) SARL
1991 Ed. (698)
Citibank Zambia Ltd.
2000 Ed. (699)
1999 Ed. (683)
1991 Ed. (699)
CITIC
2006 Ed. (4275)
1999 Ed. (761, 1578)
CITIC Industrial Bank
2007 Ed. (420, 470)
2006 Ed. (426)
2005 Ed. (477, 529)
2004 Ed. (465, 547)
2003 Ed. (475)
1997 Ed. (2392)
CITIC Ka Wah Bank
2008 Ed. (423)
2007 Ed. (459)
2004 Ed. (505, 538)
2003 Ed. (501)
CITIC Pacific Ltd.
2006 Ed. (1642)
2005 Ed. (1733)
2002 Ed. (1665)
2000 Ed. (1450, 2493, 2494, 4128)
1999 Ed. (1649, 2715, 2716)
1997 Ed. (1423)
1996 Ed. (2137, 2141)
Citic Securities
2008 Ed. (4533)
CitiCapital
2006 Ed. (4820)
2003 Ed. (570, 571, 572)
Citicare
1993 Ed. (2683)
Citicasters
1997 Ed. (3234)
Citicasters/OmniAmerica
1997 Ed. (3237)
Citicorp
2006 Ed. (385, 3318)
2005 Ed. (424, 1497, 1514, 1551)
2004 Ed. (419, 1498)
2003 Ed. (426, 1468)
2002 Ed. (1448)
2001 Ed. (431, 598, 598)
2000 Ed. (328, 374, 375, 380, 381, 397, 421, 425, 426, 431, 438, 505, 559, 561, 564, 565, 566, 636, 676, 677, 1469, 1617, 3157, 3187, 3328, 4265)
1999 Ed. (313, 316, 370, 379, 381, 382, 383, 400, 426, 435, 443, 445, 482, 548, 549, 551, 553, 554, 555, 610, 615, 651, 652, 665, 1537, 1542, 1543, 1544, 1714, 1790, 1793, 1794, 2011, 2069, 2636, 3026, 3030, 3033, 3034, 3035, 3468, 3600, 3601, 3608, 3609, 3706, 3707, 3709, 4023, 4024, 4025, 4255, 4618)
1998 Ed. (202, 203, 273, 274, 275, 277, 278, 279, 280, 281, 284, 285, 288, 293, 317, 319, 321, 325, 326, 327, 328, 380, 382, 384, 389, 406, 419, 1083, 1084, 1086, 1110, 1113, 1117, 1181, 1205, 1210, 1211, 1212, 1214, 1264, 1265, 1503, 2103, 2246, 2249, 2251, 2357, 2671, 2672, 2673, 3407)
1997 Ed. (285, 286, 337, 338, 340, 341, 342, 346, 347, 348, 358, 362, 363, 386, 387, 511, 512, 513, 514, 519, 580, 581, 735, 1273, 1276, 1286, 1295, 1308, 1309, 1312, 1325, 1326, 1328, 1333, 1436, 1446, 1451, 1489, 1549, 1550, 1551, 1552, 1553, 1597, 1728, 1729, 1730, 1731, 2487, 2488, 2489, 2490, 2492, 2495, 2498, 2932, 2933, 3001, 3002, 3003, 3004, 3287, 3288, 3289, 3421, 3765)
1996 Ed. (257, 258, 362, 367, 369, 370, 373, 374, 377, 379, 388, 391, 394, 395, 552, 554, 562, 641, 697, 698, 927, 1229, 1230, 1236, 1240, 1249, 1263, 1264, 1267, 1280, 1281, 1428, 1486, 1487, 1488, 1489, 1491, 1539, 1647, 1648, 1649, 1650, 1651, 1652, 1653, 1974, 2028, 2360, 2361, 2362, 2363, 2364, 2366, 2367, 2368, 2370, 2827, 2828, 2829, 2843, 2909, 2910, 3184, 3322, 3336, 3410)
1995 Ed. (253, 254, 346, 350, 351, 354, 355, 357, 358, 364, 370, 396, 501, 504, 571, 1257, 1258, 1263, 1264, 1269, 1312, 1319, 1525, 1526, 1527, 1529, 1556, 2341, 2342, 2343, 2344, 2345, 2347, 2348, 2352, 2763, 2764, 2765, 2771, 2837, 2838, 2839, 2841, 2842, 2843, 3209, 3220, 3224, 3236, 3240, 3241, 3251, 3284, 3302, 3308, 3355, 3437, 3446)
1994 Ed. (250, 251, 345, 346, 350, 351, 352, 362, 363, 367, 374, 375, 376, 377, 402, 520, 523, 586, 604, 650, 651, 653, 1242, 1243, 1287, 1311, 1314, 1494, 1496, 1498, 1499, 1605, 1630, 1631, 1632, 1675, 1676, 1687, 1689, 1696, 1708, 1709, 1920, 2060, 2286, 2291, 2322, 2430, 2558, 2579, 2661, 2662, 2664, 2713, 2734, 2735, 2736, 2737, 2738, 2740, 3168, 3176, 3229, 3274, 3438)
1993 Ed. (264, 351, 354, 356, 357, 362, 372, 373, 374, 375, 386, 387, 411, 412, 519, 525, 597, 601, 648, 649, 652, 1211, 1245, 1265, 1438, 1439, 1440, 1441, 1442, 1444, 1445, 1683, 1684, 1686, 1904, 2273, 2276, 2277, 2278, 2279, 2591, 2611, 2711, 2712, 2717, 2719, 2767, 2768, 2769, 2970, 3125, 3147, 3163, 3206, 3221, 3229, 3242, 3284, 3381, 3563)
1992 Ed. (37, 371, 507, 508, 515, 516, 536, 537, 544, 572, 713, 714, 804, 808, 852, 853, 1055, 1450, 1504, 1509, 1540, 1745, 1746, 1748, 1749, 1911, 1991, 2013, 2029, 2035, 2040, 2041, 2042, 2044, 2045, 2636, 2718, 2719, 2720, 2722, 2724, 2779, 2964, 3105, 3133, 3222, 3339, 3340, 3341, 3342, 3823, 3842, 3874, 3901)
1991 Ed. (361, 371, 372, 373, 374, 393, 403, 404, 407, 408, 411, 413, 494, 510, 511, 548, 549, 553, 555, 556, 557, 558, 559, 563, 635, 722, 850, 852, 1193, 1196, 1198, 1208, 1228, 1231, 1392, 1512, 1597, 1610, 1612, 1613, 1760, 2078, 2178, 2197, 2198, 2199, 2202, 2508, 2583, 2584, 2640, 2673, 2674, 2676, 2677, 2732, 3072, 3073, 3262)
1990 Ed. (294, 418, 419, 436, 437, 438, 439, 441, 443, 445, 454, 455, 460, 464, 536, 594, 595, 597, 598, 599, 603, 605, 609, 659, 701, 702, 706, 899, 901, 1231, 1277, 1289, 1306, 1346, 1673, 1695, 1699, 1705, 1706, 1707, 1800, 2609, 2639, 2679, 2769, 2771, 2772, 2971, 3141, 3156, 3176, 3185, 3190, 3197, 3199, 3222, 3223)

1989 Ed. (49, 366, 367, 369, 372, 374, 375, 377, 378, 401, 415, 416, 420, 421, 422, 426, 434, 437, 560, 567, 568, 570, 571, 581, 699, 1045, 1113, 1368, 1372, 1436, 1757, 2016, 2119, 2120, 2122, 2136, 2381, 2421, 2423, 2446, 2455, 2473)
Citicorp Acceptance Co.,Inc.
1990 Ed. (2620)
Citicorp & Affiliates
1991 Ed. (2481)
Citicorp Bankers
1996 Ed. (2696, 2697)
1995 Ed. (2620)
Citicorp Banking Corp.
2007 Ed. (2089)
Citicorp/CBS
1990 Ed. (534, 535)
Citicorp CI Hong Kong Equity
1990 Ed. (2399)
Citicorp CI Japan Equity
1990 Ed. (2400)
Citicorp/Citibank
1994 Ed. (2555, 3184)
1989 Ed. (1099)
Citicorp/Citibank/Housing Sec. Inc.
1996 Ed. (2685)
1995 Ed. (2607)
Citicorp Credit Services Inc.
2008 Ed. (1986)
2006 Ed. (1936)
2003 Ed. (1550)
1998 Ed. (2411, 2670)
Citicorp Equity Investments
1999 Ed. (949)
1996 Ed. (811)
Citicorp Euqity Investments
1997 Ed. (827)
Citicorp Information Resources
1992 Ed. (1762)
1991 Ed. (1716, 3376, 3379)
1990 Ed. (1781)
Citicorp Insurance USA Inc.
1991 Ed. (857)
1990 Ed. (906)
Citicorp International
1997 Ed. (3472)
1994 Ed. (3194)
1991 Ed. (2411, 2412)
1989 Ed. (1779)
Citicorp Investment Bank
1993 Ed. (1688, 1689, 1690)
1991 Ed. (1609)
1990 Ed. (1704, 2310, 2311, 2317)
1989 Ed. (1373, 1375)
Citicorp Investment Management
1989 Ed. (1802, 2138)
Citicorp Investment Services
2004 Ed. (4327)
2000 Ed. (830)
1999 Ed. (836)
1998 Ed. (519)
1997 Ed. (738)
1996 Ed. (802)
1995 Ed. (759)
Citicorp Mortgage
1995 Ed. (2600, 2601, 2602, 2610)
1994 Ed. (2549)
1993 Ed. (2593, 2595)
1992 Ed. (3107)
1991 Ed. (1660, 1661, 1856, 2483)
1990 Ed. (2601, 2602, 2604, 2605)
1989 Ed. (2006, 2007)
Citicorp Mortgage and affiliates
1991 Ed. (2486)
Citicorp Mortgage Securities Inc.
1991 Ed. (2482)
Citicorp National Services Inc.
1993 Ed. (2603)
Citicorp Overseas Software
1994 Ed. (1095)
Citicorp Peru
2008 Ed. (740)
2007 Ed. (764)
Citicorp Proyeccion
2004 Ed. (3654)
CitiCorp Real Estate Inc.
2001 Ed. (3350)
1994 Ed. (3019)
1991 Ed. (2820)
Citicorp Retail Services
1995 Ed. (931)
1994 Ed. (888)
1992 Ed. (1090)
1991 Ed. (887)
Citicorp Savings
1991 Ed. (3370, 3370)
Citicorp Savings of Florida
1990 Ed. (2470)
Citicorp Savings of Florida, FS & LA (Miami)
1991 Ed. (3380)
Citicorp Savings of Florida, FS&LA
1990 Ed. (424, 3580)
Citicorp Savings of Illinois
1990 Ed. (3101)
1989 Ed. (2356)
Citicorp Savings of Illinois, FS & LA
1991 Ed. (363, 2920, 3362)
Citicorp Savings of Illinois, FS&LA
1990 Ed. (426, 3577, 3580)
Citicorp Scrimgeour Vickers
1989 Ed. (1421)
Citicorp Securities Inc.
2000 Ed. (829, 3974, 3977, 3981)
1999 Ed. (835, 4240)
1998 Ed. (518, 2252, 3233, 3234, 3237, 3252)
1997 Ed. (742, 1922, 2505)
1996 Ed. (806)
1992 Ed. (953, 3847)
1991 Ed. (2518, 2977, 2992)
Citicorp Securities Markets Inc.
1997 Ed. (3450)
1995 Ed. (763)
1991 Ed. (3003, 3005, 3034, 3042, 3043)
Citicorp Securities Markets Inc
1990 Ed. (3209)
CitiCorp/Source One Mortgage
2001 Ed. (3352)
Citicorp (Styleshift), N.Y.
1989 Ed. (2145, 2146, 2147)
Citicorp Trust Bank, FSB
2007 Ed. (3635, 4246, 4247, 4248, 4249, 4250, 4253, 4256, 4257, 4258, 4260)
2006 Ed. (3570, 4232, 4235, 4236, 4237, 4238, 4239, 4241, 4242, 4244, 4246)
2005 Ed. (3510, 4180, 4183, 4211, 4212, 4213, 4214, 4217, 4219, 4221)
2004 Ed. (3506, 4247, 4249, 4250, 4278, 4279, 4280, 4281, 4284, 4286)
Citicorp Venture Capital Ltd.
2006 Ed. (385)
1991 Ed. (3443)
1990 Ed. (3668)
Citicorp Vickers
1995 Ed. (817, 818)
Citicorp Voluntary Political Fund Federal
1992 Ed. (3475)
Cities
1993 Ed. (2473)
Cities and towns
1991 Ed. (2773)
CitiFinancial
2005 Ed. (3305)
CitiFunds National Tax Free
2000 Ed. (625, 3285)
CitiFunds National Tax-Free Inc
1999 Ed. (3571)
CitiFunds National Tax-Free Income
2000 Ed. (768, 770)
CitiFunds NY Tax Free Income
2000 Ed. (625)
Citifunds-U.S. Emerging Health Care Fund
1993 Ed. (2683)
Citigate
1999 Ed. (3935, 3938, 3939, 3941)
1994 Ed. (2957, 2959)
Citigate Communications Group
1997 Ed. (3194, 3195, 3197, 3200)
1996 Ed. (3117, 3118, 3119, 3120, 3123, 3124, 3125, 3126)
Citigate Dewe Rogerson
2000 Ed. (3649, 3652, 3654, 3656)
Citigate Gordon Diaz-Balart
2000 Ed. (3648)
Citigate Group
1995 Ed. (3015, 3019, 3022)
Citigroup Inc.
2008 Ed. (356, 358, 366, 441, 443, 444, 447, 448, 486, 734, 762, 816, 818, 1043, 1390, 1391, 1392, 1393, 1396, 1397, 1398, 1475, 1495, 1518, 1520, 1522, 1523, 1527, 1528, 1529, 1536, 1537, 1538, 1542, 1814, 1844, 1845, 1848, 1853, 1988, 2112, 2196, 2198, 2281, 2296, 2300, 2306, 2351, 2355, 2357, 2361, 2365, 2366, 2486, 2698, 2706, 2712, 2882, 3010, 3036, 3398, 3403, 3410, 3683, 4290, 4292, 4303, 4304, 4305, 4306, 4617, 4665, 4666)
2007 Ed. (58, 134, 368, 370, 378, 382, 387, 389, 390, 475, 476, 478, 479, 482, 483, 532, 649, 650, 651, 755, 787, 788, 789, 854, 856, 858, 860, 916, 1440, 1480, 1500, 1534, 1538, 1539, 1543, 1544, 1545, 1547, 1555, 1556, 1557, 1561, 1783, 1788, 1806, 1807, 1809, 1814, 1817, 1921, 2015, 2162, 2175, 2182, 2186, 2215, 2217, 2221, 2225, 2226, 2366, 2558, 2567, 2569, 2851, 2888, 2914, 3133, 3134, 3139, 3140, 3142, 3143, 3145, 3250, 3254, 3255, 3276, 3278, 3285, 3286, 3295, 3522, 3523, 3630, 3632, 3633, 3650, 3651, 3652, 3653, 3654, 3655, 3662, 3697, 3698, 3986, 3990, 4268, 4283, 4285, 4286, 4288, 4289, 4298, 4299, 4300, 4301, 4302, 4303, 4304, 4305, 4306, 4307, 4308, 4309, 4310, 4311, 4312, 4313, 4314, 4315, 4316, 4317, 4318, 4319, 4320, 4321, 4322, 4323, 4324, 4325, 4326, 4327, 4328, 4329, 4330, 4331, 4332, 4333, 4334, 4335, 4336, 4337, 4338, 4339, 4340, 4341, 4342, 4586, 4652, 4653, 4654, 4655, 4656, 4657, 4658, 4659, 4660, 4661, 4662, 4663, 4664, 4665, 4666, 4667, 4668, 4669, 4698)
2006 Ed. (141, 168, 385, 387, 395, 396, 402, 463, 465, 466, 469, 470, 507, 611, 694, 695, 696, 761, 835, 1408, 1409, 1410, 1411, 1414, 1416, 1446, 1466, 1467, 1470, 1500, 1505, 1508, 1509, 1510, 1515, 1516, 1517, 1518, 1519, 1525, 1526, 1527, 1531, 1532, 1646, 1774, 1799, 1800, 1802, 1806, 1807, 1808, 1809, 1938, 2242, 2284, 2285, 2287, 2288, 2293, 2422, 2590, 2591, 2595, 2597, 2598, 2600, 2603, 2835, 2860, 2892, 3191, 3195, 3197, 3236, 3686, 3687, 3698, 3699, 3700, 3701, 3702, 4219, 4261, 4276, 4277, 4278, 4279, 4600, 4722, 4723, 4724, 4726)
2005 Ed. (358, 361, 364, 366, 373, 376, 377, 424, 429, 438, 449, 490, 534, 535, 537, 538, 541, 542, 543, 544, 590, 706, 707, 708, 790, 834, 848, 1002, 1064, 1177, 1259, 1423, 1424, 1425, 1426, 1429, 1430, 1431, 1434, 1435, 1436, 1441, 1442, 1446, 1447, 1451, 1452, 1453, 1459, 1460, 1467, 1468, 1482, 1497, 1542, 1621, 1622, 1623, 1627, 1628, 1629, 1630, 1637, 1638, 1735, 1800, 1803, 1805, 1806, 1807, 1811, 1812, 1814, 1815, 1819, 1820, 1821, 1824, 1825, 1910, 2046, 2048, 2145, 2147, 2170, 2174, 2175, 2177, 2178, 2179, 2180, 2182, 2183, 2184, 2185, 2186, 2189, 2194, 2195, 2222, 2223, 2224, 2228, 2329, 2448, 2583, 2588, 2593, 2594, 2595, 2596, 2597, 2601, 2604, 2605, 2866, 3054, 3093, 3094, 3108, 3109, 3110, 3111, 3113, 3206, 3208, 3212, 3221, 3222, 3249, 3503, 3505, 3506, 3508, 3526, 3527, 3528, 3529, 3530, 3531, 3535, 3548, 3596, 3938, 3939, 3941, 3942, 3943, 4165, 4252, 4255, 4257, 4258, 4259, 4260, 4261, 4262, 4263, 4264, 4265, 4266, 4267, 4268, 4269, 4270, 4271, 4272, 4273, 4274, 4275, 4276, 4277, 4278, 4279, 4280, 4281, 4295, 4296, 4297, 4298, 4299, 4300, 4301, 4302, 4303, 4304, 4305, 4306, 4307, 4308, 4309, 4310, 4311, 4312, 4313, 4314, 4315, 4316, 4317, 4318, 4319, 4320, 4321, 4322, 4323, 4324, 4325, 4326, 4327, 4328, 4329, 4330, 4331, 4332, 4333, 4334, 4335, 4336, 4337, 4338, 4339, 4516, 4571, 4572, 4573, 4574, 4575, 4576, 4577, 4578, 4579, 4580, 4581, 4582, 4583, 4584, 4585, 4670, 4671, 4672, 4770, 4771)
2004 Ed. (81, 417, 419, 423, 432, 440, 552, 554, 555, 560, 601, 809, 858, 1402, 1403, 1404, 1405, 1406, 1407, 1410, 1411, 1412, 1413, 1414, 1424, 1429, 1430, 1431, 1434, 1435, 1436, 1442, 1443, 1444, 1445, 1450, 1466, 1481, 1526, 1547, 1552, 1570, 1576, 1582, 1596, 1597, 1598, 1599, 1600, 1601, 1602, 1605, 1606, 1612, 1613, 1677, 1741, 1752, 1753, 1754, 1757, 1758, 1825, 2007, 2008, 2028, 2057, 2058, 2060, 2061, 2062, 2063, 2064, 2066, 2069, 2070, 2071, 2072, 2074, 2075, 2076, 2077, 2078, 2079, 2081, 2082, 2083, 2084, 2085, 2087, 2088, 2089, 2090, 2091, 2117, 2118, 2119, 2123, 2600, 2603, 2605, 2608, 2609, 2610, 2611, 2612, 2818, 3085, 3086, 3105, 3106, 3107, 3108, 3110, 3174, 3180, 3181, 3183, 3184, 3185, 3186, 3187, 3188, 3189, 3190, 3191, 3197, 3198, 3199, 3200, 3201, 3202, 3203, 3205, 3207, 3503, 3504, 3505, 3679, 3680, 4326, 4339, 4341, 4343, 4352, 4353, 4354, 4355, 4356, 4357, 4358, 4359, 4360, 4361, 4362, 4363, 4364, 4365, 4366, 4367, 4368, 4369, 4370, 4371, 4372, 4373, 4374, 4375, 4376, 4377, 4378, 4379, 4380, 4381, 4382, 4383, 4384, 4385, 4386, 4387, 4388, 4389, 4390, 4391, 4392, 4393, 4394, 4395, 4396, 4397, 4557, 4564, 4575, 4581, 4695)
2003 Ed. (429, 438, 536, 538, 539, 543, 594, 1387, 1388, 1389, 1390, 1391, 1392, 1395, 1396, 1397, 1398, 1399, 1403, 1404, 1405, 1409, 1410, 1411, 1416, 1417, 1418, 1424, 1451, 1496, 1509, 1512, 1526, 1527, 1531, 1544, 1545, 1547, 1548, 1560, 1562, 1569, 1570, 1571, 1572, 1573, 1574, 1575, 1579, 1580, 1586, 1587, 1591, 1647, 1705, 1711, 1712, 1716, 1717, 1720, 1721, 1791, 1980, 2013, 2014, 2015, 2016, 2017, 2018, 2019, 2020, 2021, 2023, 2024, 2025, 2026, 2027, 2028, 2031, 2033, 2034, 2035, 2368, 2470, 2471, 2473, 2474, 2475, 2476, 2478, 2479, 2974, 2997, 3062, 3067, 3096, 3098, 3211, 3638, 3639, 3640, 4323, 4324, 4332, 4333, 4334, 4335, 4336, 4337, 4338, 4339, 4340, 4341, 4342, 4343, 4344, 4345, 4346, 4347, 4348, 4349, 4350, 4351, 4352, 4353, 4354,

4355, 4356, 4357, 4358, 4359, 4360, 4361, 4362, 4363, 4364, 4365, 4366, 4367, 4368, 4369, 4370, 4371, 4372, 4373, 4374, 4375, 4564, 4567, 4719)
2002 Ed. (444, 488, 490, 504, 581, 583, 587, 629, 868, 1393, 1484, 1504, 1505, 1506, 1507, 1508, 1511, 1529, 1532, 1534, 1535, 1536, 1537, 1539, 1540, 1541, 1542, 1555, 1557, 1560, 1561, 1564, 1571, 1618, 1621, 1686, 1688, 1692, 1693, 1741, 1742, 1743, 1924, 1925, 1926, 1927, 1928, 1929, 1930, 1934, 1935, 1936, 1937, 1938, 1939, 1940, 1941, 1944, 1945, 1949, 1950, 2003, 2004, 2260, 2263, 2264, 2276, 2835, 2957, 3004, 3188, 3209, 3495, 3496, 3567, 4189)
2001 Ed. (433, 569, 575, 576, 585, 586, 587, 592, 597, 607, 639, 640, 643, 965, 1165, 1533, 1581, 1583, 1584, 1588, 1590, 1591, 1593, 1594, 1740, 1742, 2431, 2433, 2434, 2435, 2898, 2916, 3084, 3154, 3229, 3403, 3682)
2000 Ed. (204, 382, 383, 396, 420, 504, 563, 1338, 1342, 1344, 1349, 1360, 1379, 1382, 1525, 2192, 2193, 2205, 2668, 3320, 3321, 3416, 3417, 3418, 3419, 3420, 3448, 3743, 4440)
Citigroup Alternative Investments
2005 Ed. (2820)
Citigroup Asset
2002 Ed. (3023, 3419)
Citigroup Asset Management
2006 Ed. (3213)
2005 Ed. (3228)
2004 Ed. (3786)
2003 Ed. (3100, 3622)
CitiGroup Finance Canada
2007 Ed. (2574)
Citigroup Foundation
2005 Ed. (2676)
2002 Ed. (977, 2336)
Citigroup Global Markets
2008 Ed. (339, 2803, 4294)
2007 Ed. (2672, 4290)
2006 Ed. (2682, 4262)
2005 Ed. (2707, 4283)
Citigroup Global Markets Holding Inc.
2008 Ed. (4294)
2007 Ed. (4290)
2006 Ed. (4262)
2005 Ed. (4283)
Citigroup Global Markets Holdings Inc.
2008 Ed. (4264, 4269)
2007 Ed. (4235, 4269, 4270, 4271, 4272, 4273, 4274, 4275)
2006 Ed. (4251)
2005 Ed. (1433, 3217)
Citigroup Global Prime Brokerage
2008 Ed. (2922)
Citigroup (Grupo)
2000 Ed. (476)
Citigroup Investment Research
2007 Ed. (3289)
Citigroup; Salomon Smith
2005 Ed. (3219)
Citigroup; Smith Barney
2006 Ed. (3208, 3209, 3223)
2005 Ed. (111, 162, 164, 545, 546, 664, 849, 867, 949, 952, 1119, 1142, 1178, 2287, 2301, 2342, 2450, 2451, 2464, 2643, 2983, 3029, 3055, 3102, 3117, 3175, 3223, 3233, 3236, 3237, 3238, 3356, 3369, 3430, 3685, 3687, 3714, 3716, 3812, 3986, 4020, 4048, 4112, 4131, 4341, 4348, 4564, 4615, 4617, 4715, 4719, 4772, 4982)
Citijet
1995 Ed. (193)
CitiMortgage Inc.
2008 Ed. (3749)
2006 Ed. (3562, 3563, 3565, 3566, 3567, 3568)
2005 Ed. (3302, 3501, 3509)
2002 Ed. (3382, 3385)
CitiPostal (old)
1990 Ed. (2748)
CitiStreet LLC
2008 Ed. (2767)
Citivalores SA
1997 Ed. (2985)
Citizen
2001 Ed. (1243)
1995 Ed. (1096)
Citizen Community Credit Union
2003 Ed. (1938)
Citizen Electronics Co.
2006 Ed. (4511)
Citizen Hearst
2005 Ed. (710)
Citizen Marketers: When People Are the Message
2008 Ed. (621)
Citizen Watch
2007 Ed. (3821)
1992 Ed. (2865)
1989 Ed. (2297)
Citizen Watches
1994 Ed. (48)
Citizens Corp.
2000 Ed. (1103)
Citizens & Northern Corp.
2002 Ed. (3551, 3555)
Citizens & Northern (Ralston)
1991 Ed. (647)
Citizens & Peoples
1990 Ed. (545)
Citizens & Southern
1996 Ed. (359)
1994 Ed. (1219)
1993 Ed. (1179)
1992 Ed. (1472)
1991 Ed. (379, 663, 1140, 1154, 1156, 1160)
1990 Ed. (683, 684, 685)
1989 Ed. (386, 408, 428)
Citizens & Southern Commercial
1993 Ed. (1742)
Citizens & Southern National Bank
1993 Ed. (628)
1992 Ed. (663, 681, 834)
1991 Ed. (661)
1990 Ed. (579)
1989 Ed. (540)
Citizens & Southern National Bank (Atlanta)
1991 Ed. (526)
Citizens & Southern National Bank (Fort Lauderdale)
1991 Ed. (507)
Citizens Bancorp
1998 Ed. (269)
1989 Ed. (423)
Citizens Bancorp-Laurel
1998 Ed. (266)
Citizens Bancshares Corp.
2008 Ed. (373)
1999 Ed. (444)
Citizens Bank
2008 Ed. (2034, 2059)
2005 Ed. (366)
2000 Ed. (573, 2875)
1999 Ed. (562)
1998 Ed. (366, 395)
1997 Ed. (496)
1996 Ed. (537, 544, 572)
1994 Ed. (509)
1989 Ed. (213, 557)
Citizens Bank & Trust Co.
1997 Ed. (180)
1993 Ed. (371, 504, 505, 505, 511)
1989 Ed. (204)
Citizens Bank, (Delavan, WI)
1992 Ed. (702)
Citizens Bank NA
2008 Ed. (2151)
Citizens Bank of Americus
2004 Ed. (541)
Citizens Bank of Armore
1998 Ed. (374)
Citizens Bank of Canada
2005 Ed. (3491)
Citizens Bank of Connecticut
2007 Ed. (424)
2006 Ed. (428)
2005 Ed. (481)
2004 Ed. (473)
2003 Ed. (478)
Citizens Bank of Maryland
1998 Ed. (393)
1997 Ed. (553)
1996 Ed. (600)
1995 Ed. (541)
1994 Ed. (565)
1993 Ed. (563)
1992 Ed. (773)
Citizens Bank of Maryland (Laurel)
1991 Ed. (604)
Citizens Bank of Massachusetts
1998 Ed. (3522, 3550)
Citizens Bank of New Hampshire
2003 Ed. (1781)
2001 Ed. (871, 1810)
1998 Ed. (3555)
Citizens Bank of New Ulm
1998 Ed. (370)
Citizens Bank of Northwest Arkansas
1995 Ed. (494)
Citizens Bank of Rhode Island
2001 Ed. (911)
Citizens Bank of Weir
1996 Ed. (387)
Citizens Bank, Oregon, MO
1992 Ed. (703)
Citizens Bank Park
2005 Ed. (4439)
Citizens Banking Corp.
2005 Ed. (2220)
2002 Ed. (1728, 4294)
2001 Ed. (568, 588)
1999 Ed. (384, 395)
Citizens Business Bank
1999 Ed. (581)
Citizens Chillicothe, Mo.
1989 Ed. (2151)
Citizens Commercial & Savings Bank
1997 Ed. (558)
Citizens Communications Co.
2008 Ed. (4637, 4646)
2007 Ed. (4524, 4529, 4708, 4709, 4728)
2006 Ed. (2298, 4468, 4690, 4691, 4693)
2005 Ed. (4625)
2003 Ed. (4569)
Citizens Community Credit Union
2008 Ed. (2251)
2007 Ed. (2136)
2006 Ed. (2215)
2005 Ed. (2120)
2004 Ed. (1978)
Citizens Core Growth
2007 Ed. (4468)
Citizens Core Growth Standard
2008 Ed. (4517)
2006 Ed. (4404)
Citizens Emerging Growth
2007 Ed. (4469)
2006 Ed. (4407)
1999 Ed. (3528)
Citizens Emergingging Growth
2000 Ed. (3281)
Citizens Equity
1999 Ed. (1800)
Citizens Equity Credit Union
2002 Ed. (1835, 1863)
Citizens Equity FCU
1999 Ed. (1801)
Citizens Equity Federal Credit Union
1998 Ed. (1222, 1225, 1227, 1228)
1997 Ed. (1560, 1564, 1567, 1569)
1996 Ed. (1497, 1498, 1500)
1995 Ed. (1535)
Citizens Equity First Credit Union
2008 Ed. (2230)
2007 Ed. (2115)
2006 Ed. (2178, 2194)
2005 Ed. (2084, 2099)
2004 Ed. (1957)
2003 Ed. (1917)
2002 Ed. (1842)
Citizens Federal Bank
1998 Ed. (3156, 3551, 3561)
Citizens Federal Bank, FSB (Miami)
1991 Ed. (3380)
Citizens Federal Savings & Loan
1997 Ed. (560)
Citizens Federal Savings Bank
1991 Ed. (2922, 3372)
1990 Ed. (3104)
Citizens Fidelity Bank & Trust Co.
1994 Ed. (355, 546, 2550, 507, 509, 510)
1993 Ed. (545)
1992 Ed. (747)
1991 Ed. (2300)
Citizens Fidelity Bank & Trust Co. (Louisville)
1991 Ed. (581)
Citizens Fidelity National Bank
1991 Ed. (360)
Citizens Financial Corp.
2004 Ed. (4436)
Citizens Financial Group Inc.
2006 Ed. (1422)
2005 Ed. (356, 365, 4385)
2001 Ed. (568, 573)
2000 Ed. (619, 3739)
1999 Ed. (4029)
1998 Ed. (267)
1991 Ed. (623)
1990 Ed. (452, 648)
Citizens Financial Services
1998 Ed. (3544)
Citizens First Bancorp
1996 Ed. (360)
1991 Ed. (1166)
Citizens First Bank
1999 Ed. (440)
1998 Ed. (333)
1997 Ed. (496)
1996 Ed. (537)
1994 Ed. (507, 509, 510)
Citizens First Bank of Ocala
1997 Ed. (499)
Citizens First Naitional Bank
1992 Ed. (800)
Citizens First National Bank
1994 Ed. (598)
1991 Ed. (625)
1989 Ed. (208, 209)
Citizens Global Equity
2007 Ed. (4470)
2006 Ed. (4400)
2000 Ed. (3291)
Citizens Heritage (Cliran)
1989 Ed. (2147)
Citizens Income
2007 Ed. (4467)
2006 Ed. (4402)
Citizens Index
2000 Ed. (3271)
1999 Ed. (3556)
Citizens Investment Trust Management Co.
1997 Ed. (2397)
Citizens Lehman Power Sales
1999 Ed. (3962)
Citizens National Bank
1999 Ed. (442)
1998 Ed. (335, 370, 376)
1997 Ed. (495, 500, 508)
1996 Ed. (536, 544)
1995 Ed. (490, 492)
1994 Ed. (508, 509, 510, 511)
1993 Ed. (503, 506, 512)
1989 Ed. (219, 596)
Citizens 1st Bank
2000 Ed. (433)
Citizens Savings Bank
1998 Ed. (3522, 3524, 3533, 3549)
Citizens' Scholarship Foundation
1996 Ed. (916)
Citizen's Scholarship Fund of America
2000 Ed. (3344)
Citizens Small Cap Core Growth
2007 Ed. (4469)
2006 Ed. (4409)
Citizens State Bank
2006 Ed. (454)
1999 Ed. (502)
1998 Ed. (347)
1997 Ed. (180)
1993 Ed. (512)
1989 Ed. (213, 218)
Citizens, State Bank & Trust Co.
1989 Ed. (210)
Citizens State Bank of Lometa
1997 Ed. (180)

Citizens State Bank of Pembina County
1989 Ed. (215)
Citizens Thrift & Loan
1999 Ed. (539)
Citizens Trust Bank
2007 Ed. (391)
2006 Ed. (407)
2005 Ed. (454)
2004 Ed. (442)
2003 Ed. (455)
2002 Ed. (713)
2000 Ed. (471)
1998 Ed. (339)
1997 Ed. (419, 503)
1996 Ed. (457, 544)
1995 Ed. (430, 431)
1994 Ed. (437)
1993 Ed. (437, 438, 3098)
1992 Ed. (621)
1991 Ed. (463)
1990 Ed. (510)
Citizens Trust Bank of Atlanta
1999 Ed. (479)
Citizens Utilities
1998 Ed. (3474)
1997 Ed. (3688)
1996 Ed. (3637, 3639)
1995 Ed. (3548, 3550)
1994 Ed. (3481, 3482)
1993 Ed. (1177)
1992 Ed. (4198)
1991 Ed. (3276, 3285)
1990 Ed. (3509, 3521)
1989 Ed. (2789)
Citizens Value
2007 Ed. (4468)
2006 Ed. (4405)
2003 Ed. (3492)
Citra
2005 Ed. (4968)
2000 Ed. (4128)
Citra:Lintas; P. T.
1991 Ed. (109)
Citra Lotion
1989 Ed. (35)
Citracel
2003 Ed. (2063)
Citrix Systems Inc.
2005 Ed. (1823)
2002 Ed. (4363)
2001 Ed. (1348, 1577, 1587)
2000 Ed. (2399, 2401, 2402, 2404, 2450, 4045, 4046, 4048)
1999 Ed. (2450)
1998 Ed. (1705)
Citrobrasil S.A.
1992 Ed. (1585)
Citroen
2007 Ed. (714)
2002 Ed. (393)
2001 Ed. (455)
1993 Ed. (332, 741)
1989 Ed. (30)
Citroen AX
1996 Ed. (320)
1993 Ed. (321)
1992 Ed. (446)
1991 Ed. (323)
1990 Ed. (369, 380)
Citroen Berlingo Van
2004 Ed. (301)
Citroen BX
1993 Ed. (321, 323)
1992 Ed. (446)
1991 Ed. (323)
1990 Ed. (369, 377)
1989 Ed. (321)
Citroen Hispania
1991 Ed. (1346)
Citroen Hispania SA
1997 Ed. (1508)
Citroen Nederland BV
2004 Ed. (1701)
2000 Ed. (1418)
Citroen-Peugeot-Talbot
1992 Ed. (78)
Citroen SpA
1990 Ed. (27, 48)
Citroen (Ste. Commerciale)
1992 Ed. (4432)
Citroen U.K. Ltd.
2002 Ed. (48)
Citron; Bob
1993 Ed. (2464)
Citron Haligman Bedecarre
2002 Ed. (210)
Citron; Robert L.
1992 Ed. (2906)
1991 Ed. (2345)
Citronella
1999 Ed. (1015)
Citrucel
2004 Ed. (249)
2003 Ed. (3197, 3198)
2001 Ed. (3073)
1994 Ed. (2360)
Citrus
1990 Ed. (1806)
Citrus College Child Development Center
1999 Ed. (1128)
Citrus County, FL
1996 Ed. (1474, 1475)
Citrus fruits
2003 Ed. (3967)
1991 Ed. (1867)
Citrus Hill
1992 Ed. (2240, 2241, 3304)
1990 Ed. (724)
Citrus Valley Medical Center
2002 Ed. (2622)
Citrus World
2000 Ed. (2284)
1996 Ed. (992)
1991 Ed. (956)
Citrus World Donald Duck
2005 Ed. (3657)
Cittio
2006 Ed. (1102)
City & County Credit Union
2003 Ed. (1927)
2002 Ed. (1873)
City & County Employees Credit Union
2005 Ed. (2109)
2004 Ed. (1967)
City & County of Denver
2008 Ed. (2494)
2007 Ed. (2377)
2006 Ed. (2432)
2005 Ed. (2391)
City & County of Denver Career Service Authority
2004 Ed. (2307)
City & County of Honolulu
1991 Ed. (1885)
City & Suburban Distributors Inc.
1990 Ed. (2592)
City Bank
2008 Ed. (2141, 2147)
2006 Ed. (2076, 2079)
2003 Ed. (505)
1999 Ed. (539)
1998 Ed. (364)
1996 Ed. (453)
1995 Ed. (427)
City Bank & Trust
1995 Ed. (494)
City Bank of Taipei
1992 Ed. (845, 2157)
1991 Ed. (672, 673)
1990 Ed. (695, 1796)
1989 Ed. (690)
City banks
1992 Ed. (2640)
City Business Journals Network
2008 Ed. (759)
City Center Bank
1993 Ed. (503)
City Cleaning Co. Inc.
2000 Ed. (4436)
1999 Ed. (4815)
1998 Ed. (3766)
1997 Ed. (3919)
City-County Credit Union
2008 Ed. (2240)
2007 Ed. (2125)
2006 Ed. (2204)
2005 Ed. (2109)
2004 Ed. (1967)
2003 Ed. (1927)
2002 Ed. (1873)
City Development Ltd.
1996 Ed. (3438)
1992 Ed. (1686)
1989 Ed. (1156)
City Development Warrants
1992 Ed. (3979)
City Developments
2002 Ed. (4468)
2001 Ed. (1843)
2000 Ed. (1550, 4034)
1999 Ed. (1729, 1731, 4316)
1997 Ed. (1504, 1505, 3519)
1996 Ed. (1396, 1440)
1994 Ed. (3310, 3311)
1993 Ed. (3323)
1991 Ed. (3130)
City-Fed
1990 Ed. (1795)
City Fed Financial
1990 Ed. (2609)
City Federal Savings
1990 Ed. (2477)
City Federal Savings & Loan Assn.
1989 Ed. (2831)
City Federal Savings & Loan Association
1990 Ed. (3585)
City Federal Savings Bank
1991 Ed. (3371, 3374)
1990 Ed. (651, 2469, 2606)
1989 Ed. (638)
City Fibers Inc.
1997 Ed. (3277)
City Financial Beck Bio-Tech
1997 Ed. (2909)
1996 Ed. (2815)
City Financial Buckley World
1997 Ed. (2918)
City Financial Frmnt. Capital Growth
1997 Ed. (2917)
City Financial Frmnt. International
1997 Ed. (2917)
City Ford
2004 Ed. (3957, 3966)
2003 Ed. (3953, 3955)
2002 Ed. (383, 3772, 3785)
City Furniture Inc.
2008 Ed. (2999)
2003 Ed. (2781)
1998 Ed. (1784, 1788)
City Garage
2007 Ed. (347)
City Gas Co. of Florida
2000 Ed. (2318)
1999 Ed. (2582)
1998 Ed. (1822, 2966)
City Holding Co.
2005 Ed. (2869)
2004 Ed. (4555, 4570, 4578)
City Index (Holdings) Ltd.
1995 Ed. (1011, 1016)
City Investing Co.
2000 Ed. (3027)
1997 Ed. (2703)
1995 Ed. (2498)
1994 Ed. (2429)
1993 Ed. (2492)
1992 Ed. (3595)
1991 Ed. (2791)
City Lights Electrical Co., Inc.
2008 Ed. (3714, 4403, 4966)
2007 Ed. (3565, 3566, 4426)
2006 Ed. (3519, 4358)
City Line
2004 Ed. (28, 97)
City Line Business Machines
1991 Ed. (2638)
City Management Corp.
1999 Ed. (2059)
1998 Ed. (1491)
1997 Ed. (1780)
City Markets
1994 Ed. (1065)
1993 Ed. (1034)
1992 Ed. (1287)
City Mill Co.
2008 Ed. (1775, 1776)
City Mortgage Services
2001 Ed. (3349)
City Moving & Storage Inc.
2005 Ed. (3494)
City National Corp.
2007 Ed. (2215)
2005 Ed. (360, 448, 635, 636)
2004 Ed. (646, 647)
1998 Ed. (283, 330, 331, 390, 3035)
1997 Ed. (543)
1996 Ed. (587)
1995 Ed. (530)
1994 Ed. (1245)
1993 Ed. (554)
1992 Ed. (867)
1991 Ed. (693)
1990 Ed. (716, 718)
1989 Ed. (423, 424, 712)
City National Bancshares Corp.
2007 Ed. (391)
2006 Ed. (407)
2005 Ed. (451, 454)
City National Bank
2002 Ed. (4296)
2000 Ed. (4056)
1999 Ed. (581)
1998 Ed. (341, 426)
1997 Ed. (427)
1996 Ed. (464)
1995 Ed. (437)
1994 Ed. (354, 355, 373, 445, 556)
1993 Ed. (445, 512)
1992 Ed. (628)
1991 Ed. (472)
1989 Ed. (208)
City National Bank (Beverly Hills)
1991 Ed. (471)
City National Bank of New Jersey
2008 Ed. (373)
2004 Ed. (442)
2003 Ed. (455)
2002 Ed. (713)
2000 Ed. (471)
1999 Ed. (479)
1998 Ed. (339)
1990 Ed. (510)
City NB
1990 Ed. (513)
City of Angels
2001 Ed. (3412)
City of Bridgeport
1990 Ed. (1743)
City of Brisbane
2002 Ed. (30)
The City of Calgary
2006 Ed. (1541)
City of Chicago
2006 Ed. (1638)
2002 Ed. (1612)
2000 Ed. (1042)
1999 Ed. (1117)
1997 Ed. (978, 3794)
1996 Ed. (957)
1995 Ed. (977)
1994 Ed. (945)
City of Detroit
2005 Ed. (1755)
2004 Ed. (1698)
2000 Ed. (1663)
1997 Ed. (1600)
1996 Ed. (1542)
1995 Ed. (1559)
City of Detroit Retirement Systems
1999 Ed. (3734)
The City of Edmonton
2006 Ed. (1541)
City of Gold Coast
2002 Ed. (30)
City of Hope
2005 Ed. (3606)
2000 Ed. (3345)
1996 Ed. (914)
1995 Ed. (940, 2140, 2779)
1994 Ed. (906)
1993 Ed. (1701)
1991 Ed. (898, 2619)
City of Hope National Medical Center
2006 Ed. (3784)
City of Industry, CA
1996 Ed. (2537)
1995 Ed. (2482)
1994 Ed. (2406)
City of Industry Industrial Parks
1990 Ed. (2180)
City of London
2000 Ed. (3298, 3304)
City of London PR Group
1994 Ed. (2959)

City of London Public Relations Group
1996 Ed. (3120)
City of Melbourne
2002 Ed. (30)
City of New Madrid
1996 Ed. (2240)
City of New York
1996 Ed. (2534)
1991 Ed. (2582)
City of Pascagoula
2005 Ed. (2719)
City of Raleigh
1989 Ed. (2284)
City of San Antonio
2001 Ed. (3866)
City of San Francisco
2002 Ed. (2420)
City of Seattle
2001 Ed. (3867)
City of Sunrise Gas System
1999 Ed. (2582)
1998 Ed. (1822, 2966)
City of Tallahassee Gas Operations
2000 Ed. (2318)
1999 Ed. (2582)
1998 Ed. (2966)
City of Tallhassee
1998 Ed. (1822)
City of Toronto
1991 Ed. (3402)
City of Tucson
1991 Ed. (255)
City Parochial Foundation
1995 Ed. (1934)
City Refrigeration Holdings
2006 Ed. (2748)
City Refrigeration Holdings (UK) Ltd.
2006 Ed. (1699, 2069)
City Resources
1992 Ed. (2441)
City Sales Inc.
1998 Ed. (977)
City Savings
1990 Ed. (3124, 3133)
City Savings Bank
1992 Ed. (547)
1991 Ed. (3363)
City Savings, FSB
1992 Ed. (3771, 3772, 3778, 3780, 3781, 3788, 3789, 3796)
City Securities Corp.
2001 Ed. (815)
City Service Inc. of Kalispell
2006 Ed. (1913)
City Slickers
1993 Ed. (3668)
City Team Ministries
2008 Ed. (4135)
City Trust Investment Phils
1990 Ed. (2316)
City University
1997 Ed. (863)
City University Construction Fund
1992 Ed. (3265)
City University of New York
2002 Ed. (3917)
1994 Ed. (1713)
City University of New York, Baruch College
2006 Ed. (714)
2004 Ed. (824, 829)
City Wide Maintenance Franchise Co.
2008 Ed. (745)
City Wide Security Services Inc.
1995 Ed. (2100)
Cityfed Financial
1991 Ed. (2653, 3368)
1990 Ed. (3582)
1989 Ed. (2827)
CityFed Mortgage Co.
1990 Ed. (2601)
1989 Ed. (2006)
CityHomes
2003 Ed. (1157, 1158)
Cityscape Financial Corp.
1999 Ed. (2625, 3675)
CityServiceValcon LLC
2008 Ed. (1959)
2007 Ed. (1895)
Citytrust
1992 Ed. (548, 643)
1991 Ed. (485, 2814)
Citytrust Bancorp Inc.
1991 Ed. (623)
Citytrust Investment
1994 Ed. (3194)
Citywide Banks of Colorado Inc.
2008 Ed. (344)
2007 Ed. (357)
2005 Ed. (379)
Ciudad Acuna, Mexico
1993 Ed. (2500)
Ciudad Chihuahua, Mexico
1993 Ed. (2500)
Ciudad Juarez, Mexico
1993 Ed. (2500, 2557)
Ciudad Obregon/Navojoa
1994 Ed. (2440)
Civic
2002 Ed. (380, 387, 410, 412, 416)
2001 Ed. (466, 467, 471, 472, 479, 485, 533)
1998 Ed. (219, 220)
Civic Center of Greater Des Moines
1999 Ed. (1295)
Civic Com
1999 Ed. (1858)
Civic Entertainment Group
2006 Ed. (3413, 3414, 3417)
2005 Ed. (3404, 3405)
Civic Entertainment Group LLC
2008 Ed. (3594)
2007 Ed. (3431)
Civic; Honda
2008 Ed. (298, 328, 332)
2007 Ed. (345)
2006 Ed. (315, 358, 360)
2005 Ed. (344, 347, 348)
Civic SI
2003 Ed. (356)
Civic Stadium
2001 Ed. (4357, 4359)
1989 Ed. (987)
Civic Video
2004 Ed. (4841)
Civica
2006 Ed. (3279)
2005 Ed. (3287)
CivicSi; Honda
2005 Ed. (337)
Civil
1992 Ed. (4479)
A Civil Action
2006 Ed. (582)
2001 Ed. (4700)
1999 Ed. (695)
Civil engineer
1989 Ed. (2088, 2089, 2093)
Civil Engineering
2008 Ed. (4708)
2007 Ed. (4791)
2003 Ed. (2271)
Civil Rights; Commission on
1992 Ed. (26)
Civil Service Co-op Credit Union
2005 Ed. (2090)
2002 Ed. (1851)
Civil Service Co-operative Credit Society
1999 Ed. (1804)
1997 Ed. (1571)
1996 Ed. (1513)
1995 Ed. (1537)
1993 Ed. (1451)
1992 Ed. (1755)
1990 Ed. (1459)
Civil Service Employees Association
1996 Ed. (2534)
Civil Service Pension Fund
1997 Ed. (2398)
Civil Service Political Action Fund
1996 Ed. (2534)
Civil War
1992 Ed. (4396)
Civilian aircraft
1995 Ed. (1738)
Civilization
2008 Ed. (4810)
Civitan International
1992 Ed. (1094, 1280)
CIVS
2001 Ed. (4902)
Ciyoda Mutual Life
1999 Ed. (2961)
CJA Associates
1994 Ed. (1710)
Cjsc Nizhnekamsk Refinery
2008 Ed. (849)
CK Acquisitions Corp.
1996 Ed. (2487)
CK Geos
2001 Ed. (4635)
CK one
1999 Ed. (3740, 3741)
1997 Ed. (3030, 3031)
CKE Restaurants Inc.
2008 Ed. (3074, 3440, 4145)
2007 Ed. (53, 2630)
2006 Ed. (27, 62, 1900, 1911, 2491, 2649, 2652)
2005 Ed. (55, 247, 1879, 1883, 2658, 2666, 4046)
2004 Ed. (2664, 2667, 4108)
2003 Ed. (2525, 2534, 4085, 4086, 4105)
2002 Ed. (1518, 1519, 1544, 2314, 3993, 4025)
2001 Ed. (1566, 1649, 4050, 4056, 4057, 4058, 4081)
2000 Ed. (2217, 2236, 3796)
1999 Ed. (4485)
1998 Ed. (3072, 3420)
1997 Ed. (3330, 3650)
1996 Ed. (3228)
CKI Cryptek
2003 Ed. (1364)
CKP Associates
2007 Ed. (1188)
CKS Group
1999 Ed. (102)
1998 Ed. (34)
CKS, N.A.
1993 Ed. (1075)
CKS Packaging
1999 Ed. (3840)
CL-Alexanders Laing & Cruickshank
1989 Ed. (1421)
C.L. Costalas
1992 Ed. (531)
CL Pakistan Growth
1997 Ed. (2908)
CL Singapore Growth
1996 Ed. (2817, 2818)
CLA Architecture Inc.
2008 Ed. (2512)
Claddagh Irish Pub
2007 Ed. (4136, 4139)
Claffey Pools
2005 Ed. (4027)
Claiborne Deming
2007 Ed. (987)
Claiborne; Liz
1997 Ed. (1025, 1034, 1035, 1036, 1037, 1038)
1996 Ed. (1015, 1016, 1017, 1018, 1020, 3510)
1995 Ed. (1033, 1036)
1994 Ed. (1021, 1023, 1024, 1025, 1027, 1028, 1029, 1030, 1290, 1309, 3222, 3226)
1993 Ed. (990, 991, 992, 993, 995, 996, 997, 998, 1225, 1227, 1229, 1253, 1255, 2756, 3471)
1992 Ed. (1224, 1225, 1226, 1227, 1526)
1991 Ed. (980, 981, 982, 983, 984, 985, 1246, 1247, 2655, 2660)
1990 Ed. (1058, 1059, 1060, 1061, 1062, 1063, 1064, 1065, 1295)
1989 Ed. (941, 942, 943, 944, 1195, 2670)
Claim Jumper
2004 Ed. (4131)
Claim Jumper Restaurants
2000 Ed. (3763)
Claimspro Health Claims Services Inc.
2000 Ed. (2434)
1999 Ed. (2644)
Clair Audi
1990 Ed. (335)
Clair Peugeot
1991 Ed. (290)
Claire Gargalli
1992 Ed. (4496)
Claire Kendrick
2000 Ed. (1936)
1998 Ed. (1578)
1997 Ed. (1934)
Claire Kent
2000 Ed. (2085, 2125)
1999 Ed. (2309)
Claire Murray
2007 Ed. (4225)
2005 Ed. (4157)
2003 Ed. (4206)
Claire Watts
2008 Ed. (2990)
Claire's
2008 Ed. (3596)
1998 Ed. (3347)
Claire's Stores Inc.
2008 Ed. (889)
2007 Ed. (1122, 1123)
2006 Ed. (1033, 1036)
2005 Ed. (1010, 1011)
2004 Ed. (992, 993)
1994 Ed. (3099)
1991 Ed. (2589)
Clairol Inc.
2005 Ed. (1535)
2004 Ed. (2788)
2003 Ed. (650, 651, 2661, 2662, 2663, 2664, 2666, 2667, 3784, 3786)
2001 Ed. (2656)
2000 Ed. (3319, 3507, 4009)
1999 Ed. (1754, 2628, 2629, 3773, 3774, 4290, 4291, 4292)
1998 Ed. (1194, 1892, 1893, 1896, 2805, 2806)
1997 Ed. (1532, 3060, 3062)
1996 Ed. (2984, 2985, 2986)
1995 Ed. (1508, 2901, 2902)
1994 Ed. (1471, 1472, 2813, 2814, 2815)
1993 Ed. (1418, 1419, 2813, 2814)
1992 Ed. (1710, 3401, 3402, 3403)
1991 Ed. (1363, 1880, 2713, 2714)
1990 Ed. (1433, 1593, 1981, 2808, 2809)
1989 Ed. (2189)
Clairol Condition
1991 Ed. (1879)
Clairol Daily Defense
2002 Ed. (2435)
Clairol Final Net Hair Spray, 12 oz.
1989 Ed. (2185)
Clairol Herbal Essences
2008 Ed. (2869, 2870, 2872, 2873)
2007 Ed. (2756)
2006 Ed. (2750)
2005 Ed. (2778)
2004 Ed. (659, 2783, 2785, 2786)
2003 Ed. (646, 2648, 2649, 2650, 2653, 2654, 2657, 2658, 2659, 2669, 2671, 4465)
2002 Ed. (2433, 2434, 2435, 2437, 2438)
Clairol Hydrience
2004 Ed. (2784)
2003 Ed. (2671)
2000 Ed. (2409)
1999 Ed. (2627)
Clairol Loving Care
2003 Ed. (2647)
2000 Ed. (2409)
1999 Ed. (2627)
Clairol Mist
1991 Ed. (1881)
Clairol Natural Instincts
2008 Ed. (2874)
2007 Ed. (2757)
2004 Ed. (2783, 2784)
2003 Ed. (2647, 2655, 2671)
2000 Ed. (2409)
1999 Ed. (2627)
Clairol Nice 'N Easy
2008 Ed. (2874)
2007 Ed. (2757)
2006 Ed. (2751)
2005 Ed. (2779)
2004 Ed. (2784)
2003 Ed. (2647, 2649, 2671)
2001 Ed. (2653)
2000 Ed. (2409)
1990 Ed. (2805)
Clairol Nice'n Easy
1999 Ed. (2627)

Clairol Option
1994 Ed. (2021)
Clairol Renewal 5X
2008 Ed. (2869)
Clairol Ultress
2000 Ed. (2409)
1999 Ed. (2627)
Clairol Ultresse
2003 Ed. (2647)
Clairvest Group Inc.
2006 Ed. (1611)
Clal Electronic Industries
1994 Ed. (3480)
1993 Ed. (3507)
Clal Industries
1999 Ed. (4540)
1997 Ed. (3685, 3686)
1994 Ed. (3479, 3480)
1993 Ed. (3506, 3507)
1992 Ed. (4196, 4197)
1991 Ed. (3274)
Clal Industries & Investments Ltd.
2002 Ed. (4558)
Clal Industry
1996 Ed. (3634, 3635)
Clal (Israel) Ltd.
2004 Ed. (1763)
2002 Ed. (1698)
2000 Ed. (4184)
1999 Ed. (4539)
1997 Ed. (3685)
1996 Ed. (3634)
1993 Ed. (3506)
1991 Ed. (3274, 3275)
Clal (Israel) Ltd. 10
1993 Ed. (3507)
Clal (Isreal)
1992 Ed. (4196, 4197)
Clampett; Jed
2008 Ed. (640)
2007 Ed. (682)
Clams
2008 Ed. (2723)
2007 Ed. (2581, 2586)
2006 Ed. (2606, 2611)
2005 Ed. (2607, 2612)
2004 Ed. (2618, 2619, 2623)
2003 Ed. (2490)
2002 Ed. (4186)
2001 Ed. (2439, 2441, 2447)
1998 Ed. (3175)
1996 Ed. (3300)
1995 Ed. (3198, 3199)
1994 Ed. (3155)
1993 Ed. (3111)
1992 Ed. (3815, 3816)
1991 Ed. (2938)
Clan Campbell
1996 Ed. (2525)
Clan MacGregor
2004 Ed. (4316)
2003 Ed. (4306)
2002 Ed. (300, 3173, 4173)
2001 Ed. (3139, 4163)
1999 Ed. (3243)
1998 Ed. (2394, 3163, 3164)
1997 Ed. (3387)
1996 Ed. (3290)
1995 Ed. (3193)
1994 Ed. (3148)
Clanbro Corp.
2004 Ed. (1269)
Clancy & Theys Construction Co.
2004 Ed. (1288)
2003 Ed. (1285)
Clancy Gardiner
2001 Ed. (899)
Clancy Moving Systems Inc.
2002 Ed. (4297)
2001 Ed. (4285)
Clanton's Auto Action
1992 Ed. (373)
Clanton's Auto Auction
1990 Ed. (299)
Clapman; Peter
2005 Ed. (3200)
Clapton; Eric
2006 Ed. (836)
1994 Ed. (1099, 1101)
Clara Furse
2006 Ed. (4978)
Clara Maass Medical Center
1998 Ed. (1994)
1997 Ed. (2272)
1993 Ed. (2075)
1992 Ed. (2461)
Clarcor Inc.
2005 Ed. (314)
2004 Ed. (315)
1992 Ed. (1130)
Clare Scheidermayer
1998 Ed. (1586)
Clare Schiedermayer
2000 Ed. (1942, 1945)
1999 Ed. (2171, 2174)
1997 Ed. (1944)
Claremont Acura
1991 Ed. (300)
Claremont Graduate School
1989 Ed. (841)
Claremont McKenna College
2008 Ed. (1068)
2001 Ed. (1328)
1999 Ed. (1227)
Claremont Partners Inc.
2006 Ed. (2406, 2407)
2005 Ed. (2363, 2364)
Claremont Resort & Spa
1996 Ed. (2170)
Claremount Underwriting Agency Ltd.
1993 Ed. (2454)
Clarence Douglas Dillon
1995 Ed. (2580)
Clarence P. Cazalot Jr.
2008 Ed. (953)
2007 Ed. (1031)
Clarendon Group
2004 Ed. (1154)
Clarendon Homes
2002 Ed. (3773)
Clarendon Marketing
1992 Ed. (3443)
Clarendon Mktg.
1990 Ed. (1860, 1891, 2848)
Clarendon National Insurance Co.
2004 Ed. (3055, 3133, 3136)
2003 Ed. (2970, 2985, 4993)
2002 Ed. (3954, 3955, 3957)
2001 Ed. (2908, 4031)
2000 Ed. (2681)
1996 Ed. (2267)
Clarendon Select Insurance Co.
2005 Ed. (3141)
2004 Ed. (3133)
2003 Ed. (2985)
2002 Ed. (3955)
2000 Ed. (2681)
Clarent
2000 Ed. (1168)
Clarian Health Partners
2008 Ed. (3052)
2006 Ed. (2765, 3589)
2005 Ed. (1794)
2004 Ed. (1734)
2003 Ed. (1697, 2835)
Clariant Ltd.
2008 Ed. (3583)
2006 Ed. (3403)
2002 Ed. (998, 1009)
2001 Ed. (1188, 1211)
2000 Ed. (1038, 1561)
1999 Ed. (1096)
Clarica MVP Growth
2002 Ed. (3446)
2001 Ed. (3475, 3476)
Clarica Premier Blue Chip
2003 Ed. (3593, 3594)
2002 Ed. (3466)
Clarica SF Premier Blue Chip
2003 Ed. (3595)
Clarica SF Trimark Balanced
2004 Ed. (3610, 3611)
Clarica Summit Canadian Equity
2004 Ed. (3613)
Claridge
1993 Ed. (855)
Claridge Hotel & Casino
1999 Ed. (760, 1042)
1997 Ed. (912)
Claridge Investments Ltd.
2002 Ed. (4404)
Claridge's
2000 Ed. (2564)
1999 Ed. (2789)
1995 Ed. (2174)
Claridge's LTD
2004 Ed. (274)
Clarify Inc.
2001 Ed. (1366)
Clarina
2001 Ed. (4275)
Clarinet
1999 Ed. (3504)
Clarinex
2005 Ed. (3813)
Clarington Canadian Balanced
2003 Ed. (3558)
2002 Ed. (3429, 3430)
Clarington Canadian Equity
2004 Ed. (3615)
2003 Ed. (3567, 3568, 3569)
2002 Ed. (3441, 3442)
Clarington Canadian Income
2002 Ed. (3429)
Clarington Canadian Small Cap
2004 Ed. (3616, 3617)
Clarington Global Communication
2001 Ed. (3473, 3474)
Clarington Global Communications
2003 Ed. (3604)
Clarington Global Opportunities
2001 Ed. (3468)
Clarington Global Small Cap
2004 Ed. (2480)
2003 Ed. (3575)
2002 Ed. (3439)
Clarington U.S. Growth
2004 Ed. (2466, 2467)
2003 Ed. (3606, 3607)
Clarins
2007 Ed. (742, 744)
Clarion
2004 Ed. (2036, 4086)
2003 Ed. (2238, 3087, 4058)
1998 Ed. (2022)
1996 Ed. (1465, 2181)
1995 Ed. (1507, 1508, 2899)
1994 Ed. (1471, 1472)
1993 Ed. (1418, 1419, 1420)
1992 Ed. (1709, 1710, 3756)
1991 Ed. (1363)
1990 Ed. (1436, 1741)
Clarion Advertising
1992 Ed. (159)
1990 Ed. (110)
Clarion Advertising Services
1994 Ed. (94)
1993 Ed. (107)
Clarion Business Communications
1996 Ed. (2246)
Clarion/CRA
2000 Ed. (2840)
Clarion Health Partners
2002 Ed. (2600)
Clarion Hotel
1993 Ed. (207)
Clarion Hotel & Conference Center
1996 Ed. (2172)
Clarion Hotels
2000 Ed. (2555)
1999 Ed. (2779)
1997 Ed. (2296)
1992 Ed. (312, 2494)
Clarion Market & Communications
1994 Ed. (3127)
Clarion Marketing & Communications
1997 Ed. (1618)
1996 Ed. (3276)
1993 Ed. (3063)
1992 Ed. (1806, 3758)
Clarion Partners
2004 Ed. (4090)
2003 Ed. (4064)
2000 Ed. (2829, 2841)
Clarion Partners/CRA
2002 Ed. (3625, 3908, 3929, 3931, 3936, 3937, 3941, 3942)
2001 Ed. (4014)
Claris Works Upgrade
1998 Ed. (852)
1997 Ed. (1096)
Clarisa
1996 Ed. (3663)
Claritin
2008 Ed. (1037, 1038)
2007 Ed. (1155)
2006 Ed. (1065)
2005 Ed. (1054)
2004 Ed. (2156)
2003 Ed. (2113)
2002 Ed. (2019, 2022, 2047, 3749, 3755)
2001 Ed. (2068, 2097, 2098, 2110)
2000 Ed. (1704, 1708, 3604)
1999 Ed. (1892, 1908)
1998 Ed. (1341)
1996 Ed. (1571)
1995 Ed. (226)
Claritin D
2008 Ed. (1037, 1038)
2007 Ed. (1155)
2006 Ed. (1065)
Clarity International
2003 Ed. (1618)
Clarity Visual Systems Inc.
2002 Ed. (2531)
Clark
2007 Ed. (1352, 2412)
2006 Ed. (1636)
2005 Ed. (3103)
Clark & Co.
1999 Ed. (3940)
Clark & Butcher Ltd.
1992 Ed. (1202)
Clark & Sullivan Constructors Inc.
2006 Ed. (1327)
Clark Associates
2008 Ed. (1895)
Clark Atlanta University
2006 Ed. (730)
2005 Ed. (794)
2000 Ed. (744)
Clark Automotive Group Inc.
2008 Ed. (1783)
2007 Ed. (1755)
2006 Ed. (1746)
Clark/Bardes Inc.
2005 Ed. (1486)
2004 Ed. (3100)
Clark Ltd.; C. & J.
1997 Ed. (2616)
1996 Ed. (2469)
1995 Ed. (1005, 1008, 1013, 1014, 2432, 2432)
1994 Ed. (992, 995, 1001, 2362)
1993 Ed. (965, 966, 976)
1992 Ed. (1191, 1192, 1195)
1991 Ed. (958, 961)
1990 Ed. (1032, 1033)
Clark; C. L.
1993 Ed. (830)
Clark Clifford
1993 Ed. (1693)
The Clark Construction Group Inc.
2008 Ed. (1222, 1224, 1228, 1237, 1238, 1241, 1242, 1244, 1252, 1276, 1326)
2007 Ed. (1339)
2006 Ed. (1176, 1239, 1268, 1283, 1354, 2458, 2796)
2005 Ed. (1279, 1313)
2004 Ed. (1250, 1256, 1268, 1306, 2748)
2003 Ed. (1247, 1254, 1255, 1257, 1260, 1265, 1303, 2630)
2002 Ed. (1212, 1234, 1241, 1244, 1251, 1255, 1262, 1285, 1291)
2001 Ed. (1468)
2000 Ed. (1215, 1249, 2417)
1999 Ed. (1332, 1357, 1358)
1998 Ed. (904, 936, 959)
1997 Ed. (1151, 1160, 1177)
1996 Ed. (1122, 1148)
1995 Ed. (1149, 1173)
1994 Ed. (1131, 1154)
1993 Ed. (1138)
1992 Ed. (1402, 1424)
1991 Ed. (1074)
1990 Ed. (1196, 1199)
Clark Construction Group - California
2008 Ed. (1182)
Clark Construction Group LLC
2008 Ed. (1329)
2006 Ed. (1243, 1246, 1308, 1335, 1343)
Clark Construction Co. Inc.; John S.
1994 Ed. (3298)

Clark County
1995 Ed. (3663)
Clark County Credit Union
2008 Ed. (2245)
2007 Ed. (2130)
2006 Ed. (2209)
2005 Ed. (2114)
2004 Ed. (1972)
2003 Ed. (1932)
2002 Ed. (1878)
Clark County Detention Center
1994 Ed. (2935)
Clark County, ID
1999 Ed. (2831)
1997 Ed. (1540)
Clark County, NV
2008 Ed. (3473)
2004 Ed. (2966)
2003 Ed. (3436, 3439)
1999 Ed. (1764, 2008)
1998 Ed. (2085, 3616)
1996 Ed. (1471)
1995 Ed. (1512, 2230)
1993 Ed. (1431)
1991 Ed. (2016)
Clark County (NV) School District
1991 Ed. (2926)
Clark County, NY
1995 Ed. (1621)
Clark County Public Utility District No. 1
1998 Ed. (1377)
Clark County School District
2007 Ed. (4698)
2004 Ed. (4311)
1999 Ed. (4144)
1993 Ed. (3099)
Clark County School Employees Credit Union
2002 Ed. (1831)
Clark Development
2007 Ed. (1289)
Clark Enterprises Inc.
2008 Ed. (4059)
2007 Ed. (4031)
2006 Ed. (3996, 4049)
2005 Ed. (1373, 2004, 3922)
Clark Equipment Co., Inc.
2005 Ed. (1506)
2004 Ed. (3956)
1997 Ed. (3725)
1996 Ed. (2242, 3509)
1995 Ed. (1289, 1418)
1994 Ed. (1387)
1993 Ed. (1332)
1992 Ed. (2952)
1991 Ed. (2369)
1990 Ed. (1153, 2501)
1989 Ed. (994)
Clark Foodservice
2000 Ed. (2244)
Clark Foundations LLC
2004 Ed. (1243)
Clark Graphics Inc.
2001 Ed. (3891)
1998 Ed. (2921)
Clark Group
2007 Ed. (1341)
Clark Hill
1999 Ed. (3149)
Clark Hill plc
2008 Ed. (3423)
2005 Ed. (3264)
2004 Ed. (3234)
2001 Ed. (3056)
2000 Ed. (2895)
1998 Ed. (2328)
Clark International Ltd.; C. & J.
1997 Ed. (2616)
1996 Ed. (2469)
1994 Ed. (2362)
Clark; James
1997 Ed. (1886, 1888)
1996 Ed. (1812)
Clark Co.; John H.
1992 Ed. (3964)
Clark Co.; John S.
1993 Ed. (3308)
1991 Ed. (3123)
Clark Kenneth Leventhal
1996 Ed. (19)
Clark, Klein & Beaumont
1996 Ed. (2453)
1995 Ed. (2417)
1994 Ed. (2353)
1993 Ed. (2397)
1992 Ed. (2834)
1991 Ed. (2285)
1989 Ed. (1879)
Clark Melvin Securities Corp.
1998 Ed. (3233)
Clark Memorial Hospital
2008 Ed. (1804)
Clark National Inc.
2006 Ed. (2618)
2005 Ed. (2622)
Clark, NV
1998 Ed. (191)
1992 Ed. (1723)
1991 Ed. (1373)
Clark Oil & Refining
1994 Ed. (1423)
Clark Oil Trdg.
1990 Ed. (1860)
Clark Productions; Dick
1992 Ed. (4245)
1991 Ed. (3328)
Clark; R. Kerry
2008 Ed. (948)
Clark Realty Builders
2007 Ed. (1305)
2006 Ed. (1198)
2000 Ed. (1194)
Clark Realty Builders LLC
2004 Ed. (254, 1311)
2003 Ed. (286)
2002 Ed. (2655, 2662)
Clark Refining & Marketing
1995 Ed. (1460)
Clark Retail Enterprises Inc.
2004 Ed. (1374, 1376)
2002 Ed. (1071)
Clark, Richardson & Biskup Consulting Engineers
2008 Ed. (2533)
2004 Ed. (2363)
Clark, Schaefer, Hackett & Co.
2007 Ed. (9)
Clark; Sir Arnold
2007 Ed. (4926)
Clark; Stephen H.
2006 Ed. (1099)
Clark Street Futures
1999 Ed. (1249)
Clark Street Futures Fund
1989 Ed. (962)
Clark Trading
1992 Ed. (3443)
Clark USA
2000 Ed. (1519)
1999 Ed. (1708)
Clark; W. H.
1992 Ed. (1143, 2059)
Clark Whitehill
1997 Ed. (8, 9)
Clark Wilson Homes
2002 Ed. (2691)
Clarke Inc.
2002 Ed. (4695)
2000 Ed. (4320)
Clarke Advertising & Public Relations
2000 Ed. (3648)
Clarke & Co.
2005 Ed. (3965, 3967)
2004 Ed. (4012, 4016)
1999 Ed. (3927)
1998 Ed. (2942)
1997 Ed. (3189)
1996 Ed. (3110)
1995 Ed. (3010)
1994 Ed. (2949, 2951)
1992 Ed. (3562, 3564)
Clarke Associates; David
1997 Ed. (3202)
1996 Ed. (3127)
Clarke Capital Management
2005 Ed. (1087)
1995 Ed. (1079)
Clarke Ford
1996 Ed. (271)
Clarke Goward
2004 Ed. (106, 127, 128)
2003 Ed. (169)
Clarke Hooper Consulting
2000 Ed. (1678, 3844)
1993 Ed. (3065)
1992 Ed. (3761)
1990 Ed. (3088)
Clarke; Jack G.
1989 Ed. (1376)
Clarke; Richard A.
1990 Ed. (1718)
Clarks
2005 Ed. (271)
Clarks International Ltd.
2002 Ed. (36)
Clarkson Construction Co.
2004 Ed. (2828)
Clarkson Gordon
1990 Ed. (5)
1989 Ed. (6, 7)
Clarkson Potter
2008 Ed. (629)
2007 Ed. (670)
Clarkson University
2008 Ed. (768)
2007 Ed. (793)
2006 Ed. (700)
1995 Ed. (937, 1069)
Clarksville-Hopkinsville, TN-KY
2005 Ed. (2028)
2002 Ed. (2118)
Clarksville Refrigerated Lines Ltd.
2007 Ed. (4111)
Clarus Corp.
2005 Ed. (1154)
1992 Ed. (2434)
Clarus Public Relations Inc.
2002 Ed. (3816)
Clary Corp.
2004 Ed. (4587)
Class Act
1999 Ed. (1303)
1998 Ed. (869, 870, 871, 932)
1997 Ed. (1115, 1116)
Class Guacamole
2001 Ed. (2017)
Classic
1993 Ed. (3056)
Classic Automobiles
1996 Ed. (284)
1995 Ed. (284)
Classic Automotive
2004 Ed. (338)
Classic Commercial Service
2006 Ed. (794, 795)
Classic Communications
2003 Ed. (826)
Classic Components Corp.
2005 Ed. (2346)
2004 Ed. (2246)
2002 Ed. (2094)
2001 Ed. (2200, 2201)
2000 Ed. (1770)
1999 Ed. (1990)
1998 Ed. (1415)
1996 Ed. (1633)
Classic Construction Ltd.
2008 Ed. (1549)
Classic Containers Inc.
1999 Ed. (2676)
Classic FM
2002 Ed. (3896)
2001 Ed. (3980)
Classic Games
1995 Ed. (3648)
Classic Guacamole
2008 Ed. (2338)
Classic Malt Society
1999 Ed. (4154)
Classic Malt - UD USA
2000 Ed. (3869, 3871, 3872)
Classic Marketing
1998 Ed. (3107)
1997 Ed. (3367)
1996 Ed. (3268)
1994 Ed. (3123)
1992 Ed. (3748)
Classic Millwork & Products Inc.
2005 Ed. (4996)
Classic Optical
2007 Ed. (3750)
2006 Ed. (3751)
Classic Optical Laboratories
2001 Ed. (3592)
Classic Pontiac-Buick-GMC
2004 Ed. (167)
Classic Purex
2002 Ed. (1962)
Classic Sport
2002 Ed. (2815)
Classic Sport Cos. Inc.
2002 Ed. (1072)
Classic Stereo
2007 Ed. (2865)
Classic Wines of California
2006 Ed. (4963)
2005 Ed. (4946)
Classical
2001 Ed. (3405)
Classico
2002 Ed. (4332)
2000 Ed. (475)
Classico Pasta Anytime
2003 Ed. (861)
Classified
1992 Ed. (3278)
Classified ads
2008 Ed. (155)
2007 Ed. (171)
2006 Ed. (167)
2005 Ed. (151)
2004 Ed. (153)
Classified advertising
2001 Ed. (4020)
2000 Ed. (3478)
classifieds2000.com
2001 Ed. (4773)
Classmates Online Inc.
2007 Ed. (2326)
2006 Ed. (2385)
2003 Ed. (2187)
Classmates.com
2008 Ed. (3370, 3371)
Claton, Williams & Sherwood
1995 Ed. (2593)
Claude Bebear
2005 Ed. (789)
Claude Gable Co. Inc.
1994 Ed. (1928)
Claudia Mott
2000 Ed. (1976, 1977)
1999 Ed. (2183)
1998 Ed. (1597)
1997 Ed. (1912)
1996 Ed. (1839)
1995 Ed. (1862)
1994 Ed. (1820)
1993 Ed. (1772, 1774, 1840)
Claudia Schiffer
2002 Ed. (3377)
2001 Ed. (3341)
Claudine B. Malone
1998 Ed. (1135)
Claudio Baglion
1993 Ed. (1080)
Claus; Santa
2007 Ed. (682)
Clausen; A. W.
1991 Ed. (402)
Clausen; A.W.
1990 Ed. (458, 459)
Clausen Miller P.C.
2001 Ed. (3053)
Clausthaler
2006 Ed. (559)
2005 Ed. (656)
1997 Ed. (654)
1995 Ed. (643)
1994 Ed. (679)
1993 Ed. (677)
1992 Ed. (880)
1991 Ed. (703)
Clausthaler NA
2001 Ed. (684)
Clave
1997 Ed. (2954)
Claxson Interactive Group Inc.
2004 Ed. (2836)
Clay
2005 Ed. (1480)
1990 Ed. (1806)
Clay & Co.; Sherman
1995 Ed. (2673)
1994 Ed. (2592, 2597)
1993 Ed. (2640, 2644)

Clay; Andrew Dice
1992 Ed. (1349, 1349, 1349, 1349, 1349)
1991 Ed. (1042, 1042)
Clay County Dispatch-Tribune/Press Dispatch
2002 Ed. (3500)
Clay Development & Construction Inc.
2006 Ed. (1171)
Clay Electric Cooperative Inc.
2002 Ed. (3881)
2000 Ed. (3675)
1999 Ed. (3965)
1998 Ed. (2965)
Clay Finlay
2005 Ed. (3213)
1998 Ed. (2273)
1995 Ed. (2371)
1993 Ed. (2305, 2330)
Clay Riddell
2005 Ed. (4864)
Clay shooting
1999 Ed. (4384)
Clay Walker
2000 Ed. (1184)
1999 Ed. (1294)
1997 Ed. (1113)
1996 Ed. (1094)
Clayco
2008 Ed. (1329)
2007 Ed. (1386, 2412)
Clayco Construction
2006 Ed. (1295)
2005 Ed. (2418)
2004 Ed. (1260)
2003 Ed. (1257, 1286)
2002 Ed. (1244)
Claydon Heeley
2000 Ed. (1676, 1678)
Claydon Heeley International
2000 Ed. (3843)
Claydon Heeley Intl.
2000 Ed. (3844)
Claydon Heeley Jones Mason
2002 Ed. (1981)
Claymore
1999 Ed. (3248)
1996 Ed. (2526)
1994 Ed. (2394)
1992 Ed. (2892)
1991 Ed. (2934)
Clayton & Dubilier, Inc.
1992 Ed. (1503)
Clayton-Brown & Associates
1995 Ed. (2638)
1993 Ed. (3187)
1990 Ed. (3209)
Clayton-Clarkesville, GA
1989 Ed. (2336)
Clayton Daley Jr.
2008 Ed. (964)
2007 Ed. (1052)
2006 Ed. (956)
2005 Ed. (988)
Clayton, Dubilier & Rice
2008 Ed. (4293)
2002 Ed. (3080)
1998 Ed. (2105)
1997 Ed. (2627)
1996 Ed. (2487)
Clayton Dublier & Rice Inc.
2005 Ed. (2856)
2004 Ed. (2848)
Clayton Environmental Consultants Inc.
1998 Ed. (1475)
1997 Ed. (1780)
Clayton Group Services Inc.
2007 Ed. (3715)
2006 Ed. (3732)
2005 Ed. (3615)
2003 Ed. (2355, 2356)
2002 Ed. (2151)
2001 Ed. (2304)
2000 Ed. (1843)
1999 Ed. (2059)
Clayton Homes Inc.
2008 Ed. (3187, 3527)
2007 Ed. (3390, 3391, 3409, 3625)
2006 Ed. (1441, 3332, 3355, 3356, 3555)
2005 Ed. (1168, 3341)
2004 Ed. (1145, 3346, 3496, 3497)
2003 Ed. (3265, 3266, 3283)
2002 Ed. (3740)
2001 Ed. (1405, 2500, 2501)
2000 Ed. (1195, 3152, 3588, 3589, 3590, 3591, 3594, 3595, 4126)
1999 Ed. (1316, 3426, 3873, 3874, 3875, 3876, 3877, 3878)
1998 Ed. (885, 2518, 2902, 2903, 2904, 2905, 2906, 2907)
1997 Ed. (1125, 1128, 2803, 3149, 3150, 3151, 3152, 3153, 3156, 3157, 3158)
1996 Ed. (1104, 1107, 2664, 3068, 3069, 3070, 3071, 3072, 3073, 3074, 3077, 3078)
1995 Ed. (1126, 1131, 2970, 2971, 2972, 2973, 2975, 2976)
1994 Ed. (1115, 1120, 2914, 2915, 2916, 2917, 2918, 2919, 3000)
1993 Ed. (1091, 2899, 2902, 2903, 2904, 2905, 2961)
1992 Ed. (1368, 3226, 3515, 3518, 3519, 3520, 3521, 3522)
1991 Ed. (1060, 1062, 2757)
1990 Ed. (2594)
Clayton Lee Mathile
2008 Ed. (4827)
2007 Ed. (4898)
2006 Ed. (4903)
2005 Ed. (4848)
Clayton Mathile
2002 Ed. (3353)
Clayton Utz
2003 Ed. (3180, 3181)
2002 Ed. (3055)
Clayton, Williams & Sherwood
1999 Ed. (3426)
1998 Ed. (2518)
1997 Ed. (2803)
1996 Ed. (2664)
1994 Ed. (2534)
1993 Ed. (2587)
1992 Ed. (3093)
1991 Ed. (2477)
Clayton Woltas
1997 Ed. (980)
CLE
2001 Ed. (1971)
Cle ion Advertising Services
1989 Ed. (116)
Clean & Clear
2003 Ed. (4427)
2001 Ed. (5, 4292, 4293)
2000 Ed. (22, 4036)
1998 Ed. (3307, 3309)
1996 Ed. (3441)
Clean & Smooth
2008 Ed. (4452)
2003 Ed. (647, 4464)
2001 Ed. (4298, 4299)
2000 Ed. (4073)
1998 Ed. (3331)
Clean as a Whistle Inc.
2006 Ed. (794)
Clean as a Whistle of Kansas Inc.
2008 Ed. (4962)
2007 Ed. (3557)
Clean Diesel Technologies Inc.
2004 Ed. (4588)
Clean Environment Global Equity
2002 Ed. (3462, 3463)
Clean Harbors Inc.
2008 Ed. (1911, 1924, 4816)
2006 Ed. (1874, 4301)
2005 Ed. (3870, 4360)
2004 Ed. (3663, 3921, 3922)
2001 Ed. (3834)
2000 Ed. (1859)
1998 Ed. (1477)
Clean Harbors Environmental Services
2007 Ed. (4881)
2006 Ed. (4890)
2005 Ed. (4836)
Clean Power
2006 Ed. (666, 667, 668)
2005 Ed. (762, 764)
Clean Shower
2001 Ed. (1238)
Clean Tech Inc.
2008 Ed. (4132)
2005 Ed. (3859)
2004 Ed. (3914)
2001 Ed. (3819)
Clean The Uniform Co.
2008 Ed. (4422)
Clean Up; Clorox
2008 Ed. (981)
Cleaner Image Maintenance
2005 Ed. (4036)
Cleaners
2007 Ed. (3723, 3728, 3729)
2005 Ed. (2045, 3628, 3629, 3631)
2002 Ed. (1035)
1994 Ed. (978, 3462)
1992 Ed. (1170)
1991 Ed. (3304)
Cleaners, all purpose
1992 Ed. (1172)
Cleaners and deodorizers, rug/upholstery
1994 Ed. (978)
Cleaners and deodorizers, toilet bowl
1994 Ed. (978)
Cleaners and servants
1989 Ed. (2081, 2081, 2082, 2083)
Cleaners, biodegradable
1992 Ed. (1172)
Cleaners, carpet
1992 Ed. (1172)
Cleaners, citrus
1992 Ed. (1172)
Cleaners/degreasers, industrial
1992 Ed. (1172)
Cleaners, disinfectant liquid
2002 Ed. (1065)
Cleaners, glass
2000 Ed. (4142)
Cleaners, household
2003 Ed. (3947, 3948)
1999 Ed. (1789)
Cleaners, industrial
1996 Ed. (952)
Cleaners, industrial & institutional
1999 Ed. (1111, 1112, 1114)
Cleaners, non-disinfectant liquid
2002 Ed. (1065)
Cleanevent
2002 Ed. (1581)
Cleaning and building service occupations
1989 Ed. (2082)
Cleaning & building service workers
1998 Ed. (1326, 2694)
Cleaning & polishing products
1998 Ed. (29)
The Cleaning Authority
2008 Ed. (746)
2007 Ed. (770)
2006 Ed. (674)
2005 Ed. (767)
2004 Ed. (781)
2003 Ed. (771)
2002 Ed. (857)
Cleaning items
1993 Ed. (2109)
Cleaning Masters NV
2007 Ed. (1601)
2006 Ed. (1566)
Cleaning products
2008 Ed. (2839)
2000 Ed. (2588)
1997 Ed. (2329)
1991 Ed. (1977)
Cleaning tools
2004 Ed. (4190)
Cleanliness
1991 Ed. (1861)
1990 Ed. (1951)
CleanNet
1994 Ed. (1912, 1914)
CleanNet USA Inc.
2008 Ed. (744, 872, 876)
2007 Ed. (768, 901)
2006 Ed. (672, 808, 813)
2005 Ed. (765, 898)
2004 Ed. (779, 908)
2003 Ed. (769, 889)
2002 Ed. (856, 2359)
2001 Ed. (2532)
2000 Ed. (2267)
1999 Ed. (2510, 2520)
1998 Ed. (1759, 1762)
1997 Ed. (2078, 2079)
1995 Ed. (1937, 1938)
Cleansers
2005 Ed. (2961)
Cleansers, abrasive
2002 Ed. (1065)
Cleanup services
1992 Ed. (3477)
CleanworldUSA
2008 Ed. (3732, 4427)
2007 Ed. (3599)
2006 Ed. (3539)
Clear
2003 Ed. (3212)
2001 Ed. (3089)
Clear and Present Danger
1997 Ed. (3845)
1996 Ed. (2687)
Clear Anti Ketombe
2001 Ed. (42)
Clear Blue
1991 Ed. (1929)
Clear Capital
2008 Ed. (4113)
Clear Channel
2000 Ed. (3694, 4215)
1997 Ed. (3238)
1990 Ed. (2938)
Clear Channel Comm Inc.
1998 Ed. (3410, 3411)
Clear Channel Communications Inc.
2008 Ed. (3018, 3624, 4261, 4269, 4293)
2007 Ed. (172, 749, 1552, 2455, 2456, 2459, 2896, 3447, 3448, 3449, 4060, 4062, 4529, 4736)
2006 Ed. (169, 170, 2490, 2494, 2497, 2498, 3436, 4028, 4219)
2005 Ed. (154, 749, 750, 1566, 1609, 2445, 2446, 2452, 3425, 3427, 3991)
2004 Ed. (778, 1578, 1584, 1609, 2420, 2421, 3412, 3414, 3415, 4054)
2003 Ed. (196, 1424, 1453, 1521, 1583, 2339, 2343, 3346, 3351, 4033, 4034)
2002 Ed. (1433, 1485, 1570, 2145, 2147, 3284, 3285, 3894)
2001 Ed. (1033, 2271, 3251, 3960, 3961, 3972, 3976, 3977, 3979)
2000 Ed. (825, 1840, 3683, 3693)
1999 Ed. (824, 1477, 1481, 1485, 3972, 3978, 3980, 4486, 4487)
1998 Ed. (510, 2440, 2981, 2982)
1997 Ed. (3237, 3641)
1991 Ed. (2795)
Clear Channel Entertainment Inc.
2007 Ed. (1266)
2006 Ed. (1152)
2003 Ed. (1126)
Clear Channel Outdoor Holdings Inc.
2008 Ed. (3626)
Clear Channel Radio
2001 Ed. (3971)
Clear Channel/Universal
2000 Ed. (212)
Clear Channel Vertical Real Estate
2005 Ed. (4984)
Clear Eyes
1997 Ed. (1817)
1995 Ed. (1601, 1759)
Clear Logix
2000 Ed. (22)
Clear Passage
2003 Ed. (3779)
Clear Plan
1993 Ed. (2758)
Clearasil
2003 Ed. (12, 4429)
2002 Ed. (29)
2001 Ed. (5)
2000 Ed. (22)
1994 Ed. (3315)
Clearasil Clear Stick
1994 Ed. (3315)
Clearasil Stayclear
2003 Ed. (12)
2002 Ed. (29)
ClearBlue
2001 Ed. (3725)
Clearblue Easy
2003 Ed. (3922)
1996 Ed. (3081)

1993 Ed. (2910)
1992 Ed. (3523)
ClearCommerce
2001 Ed. (1873, 2853)
Clearfield Bank & Trust Co.
2004 Ed. (407)
ClearForest Corp.
2007 Ed. (3058)
2006 Ed. (1102, 3025)
Clearlogic Inc.
2000 Ed. (4383)
Clearly Canadian
2005 Ed. (737)
2002 Ed. (754)
2000 Ed. (722, 731, 782)
1999 Ed. (767)
1998 Ed. (455, 482)
1996 Ed. (759, 3616)
1995 Ed. (686)
1994 Ed. (688)
Clearly Canadian Beverage
2006 Ed. (1571)
1999 Ed. (723)
1997 Ed. (667)
1996 Ed. (734, 739)
1995 Ed. (653, 657, 658, 661, 662)
1994 Ed. (691, 697, 701, 702, 703, 706, 2709, 2710)
1993 Ed. (685, 2752, 2753)
ClearNova Inc.
2007 Ed. (1211, 1251)
Clearplan Easy
1996 Ed. (2897)
Clearplan Easy Ovulation Predictor
1992 Ed. (3320)
ClearSource Inc.
2007 Ed. (2598)
Clearstar Financial Credit Union
2008 Ed. (2245)
ClearStation
2003 Ed. (3032)
2002 Ed. (4807, 4836, 4850, 4853)
Clearview Credit Union
2008 Ed. (2255)
2007 Ed. (2140)
2006 Ed. (2219)
Clearwater Gas
2000 Ed. (2318)
Clearwater Gas System
1999 Ed. (2582)
1998 Ed. (1822, 2966)
Clearwater Mitsubishi
1996 Ed. (280)
1995 Ed. (280)
1994 Ed. (277)
1993 Ed. (278)
Clearwater Seafoods Income Fund
2007 Ed. (4576)
Clearway Disposals
2007 Ed. (2034)
Clearwire
2008 Ed. (2140)
Cleary, Gottleib, Steen & Hamilton
1993 Ed. (2388, 2389)
Cleary Gottlieb
1995 Ed. (2414)
Cleary, Gottlieb, Steen & Hamilton
2008 Ed. (3416, 3418, 3427)
2007 Ed. (3299)
2006 Ed. (3242)
2005 Ed. (1438, 1439, 1450, 1454, 1455, 1457, 1461, 3258, 3275)
2004 Ed. (1417, 1432, 1433, 1437, 1438, 1440, 1446, 3239, 3251)
2003 Ed. (1400, 1401, 1407, 1408, 1412, 1413, 1415, 3177, 3189, 3191, 3205)
2002 Ed. (1359, 1361, 1373, 1374)
2001 Ed. (561, 562, 564, 3086)
2000 Ed. (2892)
1999 Ed. (3142)
1992 Ed. (2826)
1990 Ed. (1701, 1708)
1989 Ed. (1369)
Cleary, Gottlieb, Steen & Hamilton LLP
2008 Ed. (3438)
2007 Ed. (3338)
2006 Ed. (3266)
Cleburne Sheet Metal
2005 Ed. (4149)
Cleco Power LLC
2007 Ed. (2297)
2006 Ed. (2361, 2693)
Clegg's Termite & Pest Control Inc.
2008 Ed. (4419)
Clelands Cold Storage
1999 Ed. (1220)
Clemenger BBDO
2000 Ed. (60)
1999 Ed. (57)
1997 Ed. (60)
1996 Ed. (62)
1995 Ed. (46)
1994 Ed. (70)
1993 Ed. (81)
1992 Ed. (121, 187)
1991 Ed. (74)
1990 Ed. (77)
1989 Ed. (83)
Clemenger BBDO/Colenso
2000 Ed. (151)
Clemenger/BBDO New Zealand
1991 Ed. (133)
Clemenger Colenso Communications
2002 Ed. (159)
Clemenger Colenso Group BBDO
2001 Ed. (187)
Clemenger Communications
2003 Ed. (43, 127)
2002 Ed. (77)
Clemenger Group BBDO
2001 Ed. (104)
Clemens; Roger
2005 Ed. (267)
Clement; Helen
1997 Ed. (1926)
Clementina Ltd.
1996 Ed. (2467)
1995 Ed. (2431)
1994 Ed. (2361)
1993 Ed. (2409)
1992 Ed. (2852)
1990 Ed. (2431)
1989 Ed. (1890)
Clementine Lockwood Peterson
1995 Ed. (937, 1069)
Clements, Jr.; William P.
1992 Ed. (2345)
1991 Ed. (1857)
1990 Ed. (1946)
Clemmens Markets Inc.
1990 Ed. (1043)
Clemmie Dixon Spangler Jr.
2006 Ed. (4898)
Clemson University
2004 Ed. (824)
Cleo
1995 Ed. (2045)
Cleo Wallace Centers Hospital
2003 Ed. (3972)
Cleocin Phos
1990 Ed. (1566)
Cleopatra Kohlique
1989 Ed. (2368)
Cler. Med. Japan Growth
1996 Ed. (2814)
Clergy
2007 Ed. (3727)
2005 Ed. (3626)
1999 Ed. (3903)
1997 Ed. (3177)
Clerical
1994 Ed. (2587)
Clerical Med Evergreen
2000 Ed. (3299)
Clerical/support staff/office manager
2001 Ed. (2994)
Clerks, stock
2005 Ed. (3620)
Cleveland Airport
2001 Ed. (1339)
Cleveland-Akron-Lorain, OH
1990 Ed. (2134)
1989 Ed. (2936)
Cleveland-Akron, OH
2007 Ed. (3805)
1992 Ed. (1017)
1991 Ed. (832)
1990 Ed. (875, 876)
Cleveland Browns
2008 Ed. (2761)
2007 Ed. (2632)
2006 Ed. (2653)
2005 Ed. (2667)
2004 Ed. (2674)
2002 Ed. (4340)
Cleveland Cavaliers
2008 Ed. (530)
2007 Ed. (579)
1998 Ed. (439)
Cleveland Cement Contractors Inc.
1997 Ed. (1167)
1996 Ed. (1141)
1995 Ed. (1163)
1993 Ed. (1131)
1991 Ed. (1085)
Cleveland-Cliffs Inc.
2008 Ed. (3141, 3653, 3654)
2007 Ed. (3022, 3479, 3480, 3495, 3516)
2006 Ed. (3456, 3457)
2005 Ed. (3447, 3448, 3483)
2004 Ed. (3432)
2001 Ed. (3322)
Cleveland Clinic
2008 Ed. (3043, 3044, 3045, 3046, 3048, 3051, 3052, 3053, 3054, 3055, 3056, 3057)
2007 Ed. (2921, 2922, 2923, 2925, 2928, 2929, 2930, 2931, 2932, 2933, 2934)
2006 Ed. (2902, 2903, 2904, 2906, 2909, 2910, 2911, 2912, 2914, 2915, 2916)
2005 Ed. (2895, 2897, 2898, 2899, 2902, 2903, 2905, 2907, 2909, 2910)
2004 Ed. (2909, 2910, 2911, 2912, 2913, 2916, 2917, 2918, 2919, 2920, 2921, 2923, 2924)
2003 Ed. (2806, 2808, 2809, 2812, 2813, 2814, 2815, 2816, 2817, 2819, 2820, 2821, 2831, 2835)
2002 Ed. (2601, 2602, 2604, 2605, 2608, 2609, 2610, 2611, 2612, 2613, 2615, 2616)
2000 Ed. (2509, 2511, 2512, 2514, 2516, 2520, 2522, 2523, 2524)
1999 Ed. (2730, 2732, 2733, 2734, 2735, 2737, 2743, 2744, 2745)
1995 Ed. (2140)
Cleveland Clinic Breast Cancer
2004 Ed. (1833)
Cleveland Clinic Florida
2008 Ed. (3060)
Cleveland Clinic Foundation
2008 Ed. (2004, 3787, 3788, 3793, 3798)
2007 Ed. (1936)
2006 Ed. (1953, 3710, 3714, 3716)
2005 Ed. (1919)
2004 Ed. (1833)
2003 Ed. (1800)
2001 Ed. (1827)
Cleveland Consolidated Inc.
1992 Ed. (1425)
1990 Ed. (1200)
Cleveland Construction Inc.
2004 Ed. (1319)
1999 Ed. (1379)
1998 Ed. (958)
1997 Ed. (1173)
1996 Ed. (1136)
1995 Ed. (1169)
1994 Ed. (1143)
1993 Ed. (1126)
Cleveland Downtown, OH
1996 Ed. (1603)
Cleveland Electric Co.
2008 Ed. (1293)
2006 Ed. (1307, 4347)
Cleveland Electric Illuminating Co.
1990 Ed. (1241)
Cleveland-Elyria-Mentor, OH
2008 Ed. (3524, 4100)
2007 Ed. (3383, 3388, 3802)
2005 Ed. (3333)
Cleveland Environmental Service Inc.
1996 Ed. (1145)
Cleveland Environmental Services Inc.
1997 Ed. (1174, 1782)
1995 Ed. (1170, 1718)
1994 Ed. (2892)
1993 Ed. (1136)
The Cleveland Foundation
2005 Ed. (2673, 2674)
2002 Ed. (1127, 1129)
2001 Ed. (2513, 2514)
2000 Ed. (3341)
1995 Ed. (936, 936)
1989 Ed. (1474)
Cleveland Group Inc.
1990 Ed. (1202)
Cleveland Health Network
1999 Ed. (2987, 2989, 2990, 2992)
Cleveland Indians
2004 Ed. (656)
2001 Ed. (664)
2000 Ed. (703)
1998 Ed. (438, 3357)
1995 Ed. (642)
The Cleveland Institute of Art
2008 Ed. (775)
Cleveland-Lorain-Elyria, OH
2004 Ed. (1036, 2809, 3470, 4210)
2003 Ed. (1031, 3253, 3254, 3404, 3903)
2002 Ed. (2028, 2045, 2735, 3139, 3237, 3238)
2001 Ed. (2080, 3121)
2000 Ed. (1713, 2954, 3113)
1999 Ed. (3215, 3383)
1998 Ed. (2482)
1997 Ed. (1669, 1820, 1821)
1996 Ed. (1587, 1739, 1740)
1995 Ed. (1609)
Cleveland Museum of Art
2001 Ed. (3549)
Cleveland, OH
2008 Ed. (3110)
2007 Ed. (3011, 4096)
2005 Ed. (2972)
2004 Ed. (2049, 3298, 3347, 3348, 3367, 3387, 3734, 4208)
2003 Ed. (3242, 3314, 3677)
2002 Ed. (396, 1055, 2219)
2000 Ed. (1330)
1999 Ed. (1487)
1998 Ed. (738, 1316, 2056, 2693)
1997 Ed. (1284, 2333)
1996 Ed. (346)
1995 Ed. (230, 231, 1282, 3543)
1994 Ed. (1103, 1259, 2913)
1993 Ed. (710, 816, 1221)
1992 Ed. (1026, 1159, 1356, 2544, 2552, 3038, 4040)
1991 Ed. (935, 1985, 2901, 3300)
1990 Ed. (295, 1000, 2608)
1989 Ed. (343, 911, 1265, 2247)
Cleveland Orchestra
2004 Ed. (929)
Cleveland Plain Dealer
2002 Ed. (3509)
Cleveland Research Co.
2008 Ed. (3390, 3393)
Cleveland Securities PLC
1992 Ed. (1198)
Cleveland State University
1996 Ed. (2460)
Cleveland Steel
1992 Ed. (1386)
Cleveland, Waters & Bass
1999 Ed. (3154)
Cleveland Wrecking Co.
2008 Ed. (1256)
2007 Ed. (1359)
2006 Ed. (1280)
2005 Ed. (1310)
2004 Ed. (1303)
2003 Ed. (1300)
2002 Ed. (1288)
2001 Ed. (1473)
2000 Ed. (1259)
1999 Ed. (1367)
1998 Ed. (945)
1997 Ed. (1175)
1996 Ed. (1146)
1995 Ed. (1171)
1994 Ed. (1151)
1993 Ed. (1134)
1992 Ed. (1421)
1991 Ed. (1088)
1990 Ed. (1203)
Clevenger Associates
1992 Ed. (2207)

Clevenger Frable Associates
1991 Ed. (1759)
1990 Ed. (1840)
Clever Technologies Group
2006 Ed. (3358)
Clevetrust Rlty. Inv.
1990 Ed. (2965)
Clews & Strawbridge
1996 Ed. (287)
1995 Ed. (289)
1994 Ed. (283)
1993 Ed. (285)
1992 Ed. (400)
1991 Ed. (295)
1990 Ed. (318)
CLH
2007 Ed. (2396)
2005 Ed. (3781)
Click
2008 Ed. (2386)
Click Commerce Inc.
2008 Ed. (1137, 1139)
2004 Ed. (2769)
2003 Ed. (2708)
2002 Ed. (1153, 2500)
Click Wine Group
2006 Ed. (2621)
2005 Ed. (2625)
Clickpaper.com
2003 Ed. (2178)
clickrewards.com
2001 Ed. (2995, 2996)
Clicquot
2006 Ed. (830)
2005 Ed. (922)
2004 Ed. (927)
2003 Ed. (907)
1995 Ed. (925)
1993 Ed. (874)
Clicquot Champagne
1997 Ed. (932)
1996 Ed. (905)
Client
2005 Ed. (2684)
Client Center Alliance
2005 Ed. (4647, 4649, 4650)
Client/Server Software Solutions
2008 Ed. (3719, 4410, 4970)
2007 Ed. (3575, 3576, 4432)
2006 Ed. (3525)
Client Services Inc.
2007 Ed. (4430)
2006 Ed. (4362)
ClientLogic
2005 Ed. (4645, 4647, 4648, 4649)
2004 Ed. (2205)
ClientSoft Inc.
2005 Ed. (1149)
Cliff Findlay
2006 Ed. (333)
Cliff Freeman & Partners
1994 Ed. (85)
Cliff House at Pikes Peak
2006 Ed. (2931)
Cliff Lede
2005 Ed. (4873)
Cliff Viessman Inc.
2005 Ed. (4781)
Cliffhanger
1995 Ed. (2612, 3703, 3708)
The Clifford Ball
1998 Ed. (867)
Clifford Chance
2003 Ed. (1407, 1408)
2001 Ed. (1539, 4180)
2000 Ed. (2897)
1999 Ed. (3151)
1992 Ed. (14, 15, 2034, 2043, 2835, 2836, 2838, 2839)
1991 Ed. (1607, 1611, 2286)
1990 Ed. (1701, 1708)
1989 Ed. (1369)
Clifford Chance International
2005 Ed. (3265)
2004 Ed. (3235)
2003 Ed. (3183, 3184)
Clifford Chance LLP
2008 Ed. (3428)
2007 Ed. (3317)
2006 Ed. (3251)
2005 Ed. (1440, 1449, 1450, 1454, 1455)
2004 Ed. (1416, 1432, 1433, 1437)
2002 Ed. (1361, 3797)
Clifford Chance Rogers & Wells
2005 Ed. (1457)
Clifford Chance Rogers & Wells LLP
2004 Ed. (3238)
2003 Ed. (3186, 3188, 3190)
Clifford Chance U.S. LLC
2006 Ed. (3266)
2005 Ed. (3275)
2004 Ed. (3250, 3251)
Clifford Chance U.S. LLP
2008 Ed. (3437, 3438)
2007 Ed. (3337, 3338, 3657)
2006 Ed. (3265)
2005 Ed. (3274, 3533)
Clifford Chrysler-Plymouth
1996 Ed. (269)
1995 Ed. (262)
Clifford; Clark
1993 Ed. (1693)
Clifford J. Christenson
2006 Ed. (2521)
Clifford J. Grum
1990 Ed. (976, 1726)
Clifford Public Relations
2005 Ed. (3956)
2004 Ed. (3990)
2003 Ed. (3984, 3991)
Clifford Schorer
2004 Ed. (819)
Cliffs Drilling
2000 Ed. (2397)
Clifton Casualty Insurance Co.
1995 Ed. (906)
1994 Ed. (864)
1993 Ed. (851)
Clifton Commons at Farmingdale
2000 Ed. (1219)
Clifton E. Haley
1991 Ed. (1628)
1990 Ed. (973)
Clifton Group
2003 Ed. (3089)
2002 Ed. (3020)
2000 Ed. (2778, 2797)
1999 Ed. (3046, 3061)
1998 Ed. (2288, 2302)
Clifton Group Investment Management
1999 Ed. (3087, 3088, 3090)
Clifton Gunderson & Co.
2008 Ed. (2)
2006 Ed. (4)
Clifton Gunderson LLC
2002 Ed. (12, 19, 865)
Clifton Gunderson LLP
2008 Ed. (7)
2007 Ed. (5, 9)
2006 Ed. (13)
2005 Ed. (8)
2004 Ed. (8, 12)
2003 Ed. (3, 6)
Clifton Investment Co.
1989 Ed. (271)
Clifton, NJ
1997 Ed. (2353)
Clifton (NJ) North Jersey Prospector
2003 Ed. (3642)
Clifton Waller Barrett
1994 Ed. (889, 1056)
Clifty Creek
1992 Ed. (1896)
Climat de France
1990 Ed. (2089)
Climate
1993 Ed. (2949)
1992 Ed. (2910)
Climax Research Services Inc.
2001 Ed. (4283)
Clin D'Oeil
2002 Ed. (125)
Cline Davis & Mann
2003 Ed. (35)
2002 Ed. (67)
2001 Ed. (212)
1999 Ed. (43)
1998 Ed. (38)
1997 Ed. (45)
1996 Ed. (48)
1995 Ed. (33)
1994 Ed. (57)
1993 Ed. (67)
1992 Ed. (110)
Cline; Richard G.
1989 Ed. (1380)
Cline Williams
2001 Ed. (861)
Cling Free
2003 Ed. (2429)
Clinic
2001 Ed. (1444, 1447)
Clinical Data Inc.
2008 Ed. (4347, 4360, 4402)
2007 Ed. (2719, 2721, 2746, 4697)
2006 Ed. (1866, 1875, 2738, 2739, 2744, 4676)
2005 Ed. (1859)
Clinical/diagnostic equipment maintenance
2008 Ed. (3039)
2006 Ed. (2897)
2005 Ed. (2890, 2891)
2001 Ed. (2686, 2766)
2000 Ed. (2503)
1998 Ed. (1981)
Clinical equipment maintenance
2001 Ed. (2761)
Clinical research associate
2008 Ed. (3816)
CliniCorp Inc.
1996 Ed. (210, 2562)
CliniCorp Managed Health Care Inc.
1996 Ed. (2562)
Clinics
2002 Ed. (3747, 3756)
1999 Ed. (1895)
1995 Ed. (1588)
Clinique
2008 Ed. (2182, 2183, 2184, 2187, 2652, 3450, 4344)
2007 Ed. (2075)
2006 Ed. (2125)
2003 Ed. (1859, 1861, 1864, 3215, 3625, 4427, 4432, 4619, 4620, 4621, 4622)
2001 Ed. (1916, 1927, 4275)
1998 Ed. (1197)
1996 Ed. (1463)
1993 Ed. (1420)
1992 Ed. (1711)
1991 Ed. (3135)
1990 Ed. (1435, 1436, 1740, 1741)
Clinique Happy
2008 Ed. (2769)
2003 Ed. (2545)
Clinique Laboratories Inc.
2003 Ed. (1866, 1867, 1868, 3216, 3626, 3784, 4434, 4438, 4624, 4625, 4626, 4627)
2001 Ed. (1915)
Clinique Skin Supplies
2003 Ed. (4430)
ClinPhone Group Ltd.
2008 Ed. (574, 2908)
2002 Ed. (2499)
Clint Black
2000 Ed. (1184)
1997 Ed. (1113)
1994 Ed. (1100)
1993 Ed. (1076, 1077, 1079)
Clint Holmes
2003 Ed. (848)
Clinton Capital Corp./Columbia Capital Corp.
1991 Ed. (3443)
1990 Ed. (3668)
Clinton Capital Corp. (SBIC)/Columbia Capital Corp. (MESBIC)
1991 Ed. (3441)
Clinton; Hillary Rodham
2006 Ed. (4986)
Clinton Mills Inc.
1992 Ed. (1205)
1991 Ed. (971)
1990 Ed. (1044)
ClinTrials Research Inc.
2001 Ed. (1461)
Clio
2002 Ed. (382)
Clio; Renault
2005 Ed. (295)
Clipper
2006 Ed. (4564)
2005 Ed. (4489)
2004 Ed. (2452)
2003 Ed. (3496, 3526)
1995 Ed. (2735)
Clipper Exxpress Co.
1995 Ed. (3792)
1994 Ed. (3668)
1993 Ed. (3733)
1992 Ed. (4483)
1991 Ed. (3514)
Clipper Fund
2006 Ed. (3630, 3631, 3632, 4572)
2005 Ed. (4496)
2004 Ed. (3551, 3553, 3554, 3577, 3578)
2003 Ed. (3492, 3534)
1999 Ed. (3519)
Clipper Teas
2007 Ed. (743)
Clipper Windpower
2007 Ed. (2307)
Clive A. Meanwell
2003 Ed. (681)
Clive Anderson
2000 Ed. (2098, 2137)
1999 Ed. (2350)
Clive Beddoe
2004 Ed. (971, 1667)
Clive Calder
2008 Ed. (4910)
2007 Ed. (4932)
2005 Ed. (4894)
2004 Ed. (4875)
Clive Davis
2003 Ed. (2347)
CLM/BBDO La Compagnie
1997 Ed. (89)
1996 Ed. (88)
1995 Ed. (75)
1994 Ed. (88)
CLM Insurance Fund
2000 Ed. (2988)
Clock/furniture shops
1993 Ed. (955)
Clock radios
1990 Ed. (1018)
Clock shops/furniture stores
1990 Ed. (1017)
Clocks
1991 Ed. (1977)
1990 Ed. (721)
Clocks/watches
1994 Ed. (1967)
1993 Ed. (1941)
1992 Ed. (2283)
A Clockwork Orange
2001 Ed. (4689)
Clois du Bois
1999 Ed. (4792, 4793)
The Cloister
1995 Ed. (2155)
1994 Ed. (3051)
1992 Ed. (3686)
Clonazepam
2002 Ed. (2048)
1996 Ed. (1566)
Cloninger III; Kriss
2007 Ed. (1067)
2006 Ed. (972)
2005 Ed. (985)
Clopay Corp.
2005 Ed. (3854)
Cloquet, MN
2005 Ed. (2204)
Clor-Trimeton
1995 Ed. (227)
Clorets
1998 Ed. (614, 3437)
1995 Ed. (892, 897)
1994 Ed. (852)
1993 Ed. (835)
Clorex
1989 Ed. (1629)
The Clorox Co.
2008 Ed. (979, 3032, 3101)
2007 Ed. (136, 2220, 2974, 2976, 2977, 2979, 2980, 2982, 3410, 3804, 3808, 3810)
2006 Ed. (143, 193, 1013, 2292, 2958, 2960, 2962, 2963, 2965, 2966, 3798, 3799)

2005 Ed. (1000, 1001, 1679, 2966, 2968, 2970, 3710, 3711, 4388, 4389)
2004 Ed. (982, 2956, 2961, 2963, 3801, 4440, 4441, 4682)
2003 Ed. (685, 686, 975, 986, 987, 988, 991, 995, 996, 2049, 2872, 2953, 3168, 3169, 3767, 3768, 3771, 3772)
2002 Ed. (1063, 3639, 4302)
2001 Ed. (1236, 3711, 3721, 3722)
2000 Ed. (1094, 1242, 4068, 4071, 4072)
1999 Ed. (1178, 1179, 1344, 3776, 4350, 4352)
1998 Ed. (744, 745, 926, 2052, 2807, 3327, 3328, 3329)
1997 Ed. (1005, 1006, 2328, 3056, 3534, 3535, 3536)
1996 Ed. (981, 982, 2200, 3469, 3470)
1995 Ed. (994, 2897, 3409, 3410, 3411)
1994 Ed. (691, 979, 980, 2809, 3350, 3351, 3352)
1993 Ed. (726, 952, 2809, 3249, 3346, 3347, 3348)
1992 Ed. (1173, 1174, 2537, 3395, 3397, 4008, 4009, 4010, 4234)
1991 Ed. (843)
1990 Ed. (1013, 2128, 2131, 2810, 3310, 3311, 3312)
1989 Ed. (1632, 2508, 2509)
Clorox bleach gal
1991 Ed. (1453)
Clorox Clean Up
2008 Ed. (981)
2007 Ed. (1099)
2006 Ed. (1014)
2003 Ed. (977, 981)
2002 Ed. (1064)
2001 Ed. (1237, 1240)
2000 Ed. (1096)
1999 Ed. (1182)
1995 Ed. (996)
Clorox Cleanup
1998 Ed. (747)
Clos du Bois
2008 Ed. (4938)
2005 Ed. (4953, 4956)
2002 Ed. (4945, 4958, 4959)
2001 Ed. (4883, 4884, 4891, 4892)
2000 Ed. (4416)
1995 Ed. (3758)
Close Brothers
2007 Ed. (2560, 2579)
2006 Ed. (2592, 2605)
2005 Ed. (2589)
Close Brothers Group plc
2008 Ed. (2700)
2001 Ed. (4204)
Close-Up
2003 Ed. (4767, 4770)
2001 Ed. (4575)
1999 Ed. (1829, 4617)
1994 Ed. (3552)
1993 Ed. (1469)
1992 Ed. (1781)
Closed circuit television
2001 Ed. (4205)
1993 Ed. (1456)
Closed-circuit TV
1992 Ed. (3831)
Closed circuit TV in stores
1990 Ed. (845)
Closed-End Fund Center
2002 Ed. (4817)
Closet & Storage Concepts
2008 Ed. (3334)
Closet Concepts
1992 Ed. (4037)
The Closet Factory
2008 Ed. (3334)
2007 Ed. (3192)
2003 Ed. (3018)
2002 Ed. (4513)
ClosetMaid
2007 Ed. (3971)
2005 Ed. (1267)
2003 Ed. (1230)
Closets By Design
2004 Ed. (3147)
2003 Ed. (3018)
2002 Ed. (4513)
Closets By Design Franchising
2008 Ed. (3334)
2005 Ed. (3157)
Closeup
2000 Ed. (4264)
Closing Bell
2008 Ed. (809)
2007 Ed. (843)
2006 Ed. (750, 757)
Closing of the American Mind
1989 Ed. (745)
Cloth, manmade
2007 Ed. (2518)
Clothes dryers
2000 Ed. (2583)
Clothes washers
2001 Ed. (4743)
2000 Ed. (2583)
Clothestime
1998 Ed. (1300)
1997 Ed. (1637)
1994 Ed. (3099)
1990 Ed. (1053)
1989 Ed. (936)
Clothing
2008 Ed. (2646, 2647, 2650)
2007 Ed. (1321)
2002 Ed. (1220)
2001 Ed. (2987, 2988, 4333)
1999 Ed. (4314)
1995 Ed. (2248)
1992 Ed. (2074)
1991 Ed. (2058)
1990 Ed. (3629)
Clothing and furs
2000 Ed. (4245)
Clothing manufacturing
2002 Ed. (2223)
Clothing/shoes franchises
1992 Ed. (2218)
Clothing stores
1998 Ed. (3295)
Clothing, women's
2007 Ed. (157)
Cloths, polishing/cleaning
2002 Ed. (2707)
Cloudscape Inc.
2001 Ed. (2859)
Clough Harbour & Associates
2008 Ed. (2523)
Clough Jr.; Charles
1997 Ed. (1910)
1996 Ed. (1837)
1995 Ed. (1860)
1994 Ed. (1818)
1993 Ed. (1838)
Clougherty Packing
1999 Ed. (4139)
1994 Ed. (2452, 2904)
Clouse Construction Corp.
2005 Ed. (4149)
Clouston Foods
1994 Ed. (3307)
Clover
2002 Ed. (1909)
1999 Ed. (1816)
1996 Ed. (1517)
1994 Ed. (1511)
Clover Capital Management
1993 Ed. (2337, 2342)
Clover Communications
1998 Ed. (836)
Clover Dairy Spread
1992 Ed. (1761)
Clover Farms
1998 Ed. (3441, 3469)
1996 Ed. (3632)
Clover Technologies Inc.
1999 Ed. (1270)
Clover Technologies Group
2005 Ed. (1105)
Cloverdale Foods Co. Inc.
1993 Ed. (2517, 2895)
Cloverleaf Cold Storage
2008 Ed. (4815)
CloverLeaf Group
2008 Ed. (4227)
2007 Ed. (4190)
Clovis Community Development Agency
1996 Ed. (2239)
Clowers; J. D.
1991 Ed. (2547)
Clozaril
2001 Ed. (2057)
1996 Ed. (1579)
CLP Holdings Ltd.
2008 Ed. (1788)
2007 Ed. (1761)
2006 Ed. (1641, 1752)
2005 Ed. (2304, 2305)
2003 Ed. (1690)
2002 Ed. (1665, 4421)
2001 Ed. (1617, 1723, 1724)
2000 Ed. (1450)
CLP Power Hong Kong
2001 Ed. (2882)
CLR Select Diversified (A$) Trading
1999 Ed. (1250)
CLR Select Diversified (DM) Trading
1999 Ed. (1250)
CLR Select Diversified (FF) Trading
1999 Ed. (1250)
CLR Select Diversified ($) Trading
1999 Ed. (1250)
CLSA
2004 Ed. (3204)
2000 Ed. (867, 868, 869, 870, 870, 871, 872, 873, 873, 875, 876, 877, 878, 888, 890, 891)
CLSA Asia-Pacific Markets
2007 Ed. (3278)
CLSA Emerging Markets
2003 Ed. (3096)
2002 Ed. (807, 808, 809, 819, 820, 821, 823, 825, 827, 828, 830, 831, 839, 841, 844, 845, 846, 847, 853, 2166)
CLSA Global Emerging Markets
2001 Ed. (2426)
2000 Ed. (2058)
CLSI
1991 Ed. (2310, 2311)
CLT-UFA
2002 Ed. (1415)
Club Corp.
2005 Ed. (241)
2004 Ed. (238)
1990 Ed. (3095)
Club Car
1990 Ed. (1939, 1940, 1941)
Club Cocktails
2004 Ed. (1035)
2003 Ed. (1030)
2002 Ed. (3106)
2001 Ed. (3116)
2000 Ed. (2947)
1999 Ed. (3207, 4763)
1998 Ed. (3715)
1997 Ed. (3884)
1996 Ed. (3833)
Club Corp Inc.
2008 Ed. (252)
2005 Ed. (242)
2004 Ed. (239)
2003 Ed. (271)
Club Hotel by Doubletree
1998 Ed. (2022)
Club Hotels by Doubletree
2000 Ed. (2555)
Club Corp. International Inc.
2001 Ed. (375, 376)
2000 Ed. (2238)
Club-Internet
2001 Ed. (4777)
Club Med
1996 Ed. (2167)
Club Mediterranee
1992 Ed. (2507)
1990 Ed. (2089, 2090, 2433)
Club Mediterranee SA
1999 Ed. (2790)
1997 Ed. (2304)
1996 Ed. (2186)
1995 Ed. (2171)
1994 Ed. (2120)
1993 Ed. (2100)
1990 Ed. (2093)
Club memberships
1989 Ed. (2183)
Club One
2007 Ed. (2787)
Club Photo
2004 Ed. (3158)
Club Pilsner Lager
2001 Ed. (87)
Club soda/seltzer
1993 Ed. (723)
Club stores
1998 Ed. (1317, 3336)
Club/warehouse store
1996 Ed. (2987)
Club Wholesale
1991 Ed. (3468)
1990 Ed. (3679)
Club Z In-Home Tutoring Services
2008 Ed. (2412)
2007 Ed. (2279)
2006 Ed. (2343)
Clubcorp Inc.
2008 Ed. (252, 3081)
2007 Ed. (269, 270)
2006 Ed. (262)
Clubcorp USA Inc.
2001 Ed. (375)
Clubhouse
2000 Ed. (3554)
Clubhouse Inns
1994 Ed. (2114)
Clubhouse Inns of America
2000 Ed. (2556)
1997 Ed. (2291)
1996 Ed. (2177)
1993 Ed. (2084)
1992 Ed. (2475)
1991 Ed. (1942)
The Clubhouse...Where You Belong
2007 Ed. (4128)
ClubLink Corp.
2008 Ed. (2591)
2007 Ed. (2457)
Cluckcorp International
1998 Ed. (3069, 3182)
The Cluetrain Manifesto
2005 Ed. (719)
Clune Construction Co.
2008 Ed. (1295)
2006 Ed. (1308)
Cluny
2004 Ed. (4316)
2003 Ed. (4306)
2002 Ed. (290, 4173)
2001 Ed. (4163)
1998 Ed. (3163, 3164)
Clutch Doctors
2007 Ed. (347)
Clvoer Fixed Income
2000 Ed. (757)
Clyde Cos.
2008 Ed. (1341, 1344)
2006 Ed. (1269, 1275)
2005 Ed. (1306)
Clyde D'Souza
1999 Ed. (2419)
Clyde Expro Plc.
1990 Ed. (1413)
Clyde 1 FM
2002 Ed. (3896)
Clyde Ostler
2007 Ed. (3223)
2003 Ed. (2150)
Clyde Petroleum PLC
1991 Ed. (1338)
Clyde Turner
1998 Ed. (1513)
Clyde1 FM
2001 Ed. (3980)
Clyde's Restaurant Group
2007 Ed. (4134)
C.M. de Crinis & Co.
2000 Ed. (2759, 2763)
CM IT Solutions
2008 Ed. (168)
2006 Ed. (4674)
CM Logistique Sud-Est
2004 Ed. (4797)
CM Professionals
2007 Ed. (3051)
CMA, Inc.
1991 Ed. (1911)
CMA CGM
2004 Ed. (4799)

2003 Ed. (1228, 2418, 2419)
CMA CGM Group
2004 Ed. (1231, 2538, 2539)
CMAC
1998 Ed. (3417)
CMB
2000 Ed. (1679)
1991 Ed. (1258)
CMB Packaging
1994 Ed. (2484)
CMC
1992 Ed. (1436)
CMC High Yield Fund
2003 Ed. (3530)
CMC Industries
1996 Ed. (3257)
CMC Magnetics Corp.
2002 Ed. (4544)
CMC Small Cap Fund
2003 Ed. (3537)
CMC Steel Group
1993 Ed. (3449)
CME/GDL & W
1994 Ed. (117)
CME KHBB
1994 Ed. (57, 59, 67, 102)
CME-KHBB Advertising
1995 Ed. (32, 34, 42, 65)
CMF & Z Marketing Communications
2003 Ed. (3973)
CMF & Z Public Relations
2002 Ed. (3826, 3839)
1999 Ed. (3915, 3944)
1998 Ed. (104, 2952)
1997 Ed. (3206)
1996 Ed. (3130)
1995 Ed. (3026)
CMF&Z
1992 Ed. (3571)
CMF&Z PR
2000 Ed. (3631, 3659)
CMG
2003 Ed. (1311)
2000 Ed. (4131)
1993 Ed. (968, 969)
CMG (Computer Management Group) Ltd.
1992 Ed. (1196)
CMG Information Services
1997 Ed. (2714, 3648)
1996 Ed. (2059, 3305, 3443, 3449, 3777)
CMGI Inc.
2008 Ed. (1912)
2006 Ed. (2826, 3175, 3177)
2005 Ed. (2835)
2003 Ed. (4526)
2002 Ed. (1530, 1553)
2001 Ed. (1595, 1597, 1745)
2000 Ed. (1340, 3391)
CMH Homes Inc.
2005 Ed. (771)
CMH Manufacturing Inc.
2003 Ed. (3266)
CMI Industries Inc.
2000 Ed. (4244)
CMI International Inc.
1989 Ed. (928)
CMI Management Inc.
2007 Ed. (3608, 4451)
CMi Solutions
2002 Ed. (2530)
CMIA Income Account
1997 Ed. (2886)
1996 Ed. (2783)
CMIC
1996 Ed. (3394)
CMIC Finance & Securities
1994 Ed. (3158, 3197)
CMK
2008 Ed. (4022)
2007 Ed. (4004)
2006 Ed. (3947)
2005 Ed. (3884)
CML Group
2000 Ed. (3330)
1997 Ed. (168, 3550)
1996 Ed. (163, 3486, 3490)
1995 Ed. (1025)
1994 Ed. (3099, 3100)
CML Healthcare Income Fund
2008 Ed. (1656)
2006 Ed. (1613)
Cmlenses
1996 Ed. (2871)
1995 Ed. (2810)
CMP Group Inc.
2006 Ed. (1859)
2003 Ed. (1750)
2001 Ed. (1783)
CMP Media Inc.
2001 Ed. (1541)
CMP Media LLC
2008 Ed. (3031)
2007 Ed. (2908)
2003 Ed. (4777)
CMP Publications
1991 Ed. (964, 966)
1990 Ed. (1035)
CMPC
2008 Ed. (1664)
2007 Ed. (1655)
2006 Ed. (1640, 4227)
1999 Ed. (4135)
1997 Ed. (3376)
1996 Ed. (3279, 3280)
1994 Ed. (19)
1993 Ed. (27)
CMPNET
1999 Ed. (32)
CMS Cameron McKenna
2004 Ed. (1432)
CMS Energy Corp.
2008 Ed. (1479)
2007 Ed. (1484, 2385, 4529)
2006 Ed. (2441, 2446, 4468, 4587)
2005 Ed. (1466, 1756, 2312, 2395, 2413, 4466)
2004 Ed. (1699, 2199, 2314, 4494)
2003 Ed. (1761, 2139, 2282, 4535)
2002 Ed. (1727, 1728, 2154, 3877)
2001 Ed. (1790)
2000 Ed. (1516, 1664)
1999 Ed. (1706, 1840, 1949)
1998 Ed. (1176, 1267)
1997 Ed. (1480, 1601)
1996 Ed. (1420, 1543)
1995 Ed. (1560)
1994 Ed. (1527)
1993 Ed. (1481)
1992 Ed. (1801, 3934)
1990 Ed. (1499)
CMS Enhancements Inc.
1990 Ed. (2580)
CMS Forex
2008 Ed. (2704)
CMS Graphite LLC
2001 Ed. (1675)
CMS Uniforms & Equipment Inc.
2008 Ed. (4983)
2007 Ed. (3602)
CMT Pensions
1996 Ed. (2944)
CMX LLC
2008 Ed. (2513, 2529)
2007 Ed. (2404)
CN North America/Grand Truck Western
1997 Ed. (3246)
CNA
2000 Ed. (2670, 2714, 2731, 4410)
CNA Financial Corp.
2008 Ed. (3197, 3238, 3252)
2006 Ed. (3056, 3089)
2005 Ed. (3126, 3127)
2004 Ed. (3123)
2002 Ed. (1391, 1613)
2000 Ed. (2668)
1999 Ed. (2914, 2914)
1998 Ed. (718, 2130, 2208)
1997 Ed. (977, 2417, 2614)
1996 Ed. (956, 2285)
1995 Ed. (976, 2319, 3438)
1994 Ed. (944, 2230, 2231)
1993 Ed. (931, 935, 2250, 2251)
1992 Ed. (1129, 2704)
1991 Ed. (922, 2141)
1990 Ed. (970)
1989 Ed. (902)
CNA Healthcare Systems Inc.
2004 Ed. (1730, 3059)
2003 Ed. (1694, 2972)
2001 Ed. (2915)
CNA Insurance
1992 Ed. (2757)
CNA Insurance Companies
2001 Ed. (2903, 2905)
1990 Ed. (2222, 2229, 2250, 2252, 2264, 3708)
CNA Insurance Cos.
2008 Ed. (3024, 3233, 3248, 3316, 3317, 3325)
2007 Ed. (3092, 3101, 3168, 3169, 3170, 3177, 3183, 4998)
2006 Ed. (3064, 3085, 3133, 3134, 3135, 3143, 4997)
2005 Ed. (3056, 3062, 3079, 3080, 3100, 3107, 3110, 3113, 3123, 3124, 3125, 3133, 3135, 4998)
2004 Ed. (3053, 3071, 3072, 3073, 3104, 3105, 3107, 3110, 3119, 3126, 3128, 4997)
2003 Ed. (2968, 2987, 3004, 3007, 3009, 3013, 4994, 4996)
2002 Ed. (2838, 2866, 2867, 2898, 2901, 2943, 2945, 2949, 2959, 2960, 2970, 2976, 4991)
2000 Ed. (2732, 2735)
1999 Ed. (2901, 2902, 2913, 2935, 2937, 2963, 2972, 2978, 2979, 2983, 2984, 3047)
1998 Ed. (2115, 2116, 2141, 2142, 2152, 2153, 2154, 2196, 2203, 2211, 2212, 2213, 3769)
1997 Ed. (2407, 2434, 2461, 2471, 3922)
1996 Ed. (2304, 2329, 2331, 2333, 2335, 2337, 3885)
1995 Ed. (2267, 2268, 2291, 2317, 2320, 2322, 2324, 2328, 3800)
1994 Ed. (2220, 2248, 2269, 2171, 2278, 2280, 3675)
1993 Ed. (2189, 2199, 2203, 2232, 2238, 2240, 2246, 2317, 3740)
1992 Ed. (2645, 2678, 2684, 2691)
1991 Ed. (2081, 2121, 2129, 2226)
1989 Ed. (1673, 1678, 1710, 2142, 2975)
CNA Insurance Group
2008 Ed. (3320)
2002 Ed. (2957)
2000 Ed. (2656, 2683, 2715, 2721, 2723, 2725, 2736, 2737, 3750, 4440)
1999 Ed. (2971)
1997 Ed. (2465)
1992 Ed. (2687)
1991 Ed. (2123)
CNA Lloyd's of Texas
1993 Ed. (2237)
1992 Ed. (2680)
CNA Malpractice
1990 Ed. (1489)
CNA Re
2001 Ed. (2954)
CNA Trust
2005 Ed. (2679)
2004 Ed. (2682)
CNBC
1992 Ed. (1032)
CNBC Bancorp
2003 Ed. (525, 526)
CNBC on MSN Money
2003 Ed. (3046)
CNBC.com
2002 Ed. (4799)
C.N.C.
1997 Ed. (2633, 2634)
CNC Global Ltd.
2008 Ed. (2947)
2007 Ed. (2822)
2006 Ed. (2820)
CNCA Credit Agricole
1990 Ed. (564)
CNET
2008 Ed. (2453)
2007 Ed. (2327)
2002 Ed. (4805)
1999 Ed. (32)
1998 Ed. (3774, 3778, 3779)
CNET Builder.com
2002 Ed. (4805)
CNET Investor
2002 Ed. (4857)
CNET Networks
2008 Ed. (812)
2007 Ed. (846, 850, 3222)
2006 Ed. (753, 757, 3180)
2005 Ed. (827, 1672, 1676)
2003 Ed. (807, 811, 3022)
CNET News
2002 Ed. (4858)
Cnet Software Download Services
2000 Ed. (2753)
CNET.com
2004 Ed. (853)
2002 Ed. (914)
2001 Ed. (2966)
1999 Ed. (4754)
CNF Inc.
2008 Ed. (3147)
2007 Ed. (2645, 2646, 3029, 4810, 4816, 4822, 4823, 4825)
2006 Ed. (211, 2664, 2665, 4799, 4802, 4807, 4810, 4814, 4830)
2005 Ed. (195, 196, 197, 2685, 2686, 4750, 4778, 4779, 4780, 4782)
2004 Ed. (194, 195, 2687, 2688, 4777, 4808, 4809, 4810)
2003 Ed. (2554, 2555, 4791, 4796, 4819)
2002 Ed. (4685)
2001 Ed. (2535)
CNF Industries Inc.
1997 Ed. (1154)
1996 Ed. (1126)
CNF Transportation Inc.
2004 Ed. (1342)
2003 Ed. (4793, 4799, 4817)
2002 Ed. (4665, 4683, 4686)
2001 Ed. (2536, 4628, 4631, 4640)
2000 Ed. (4306, 4309, 4317)
1999 Ed. (206, 4672, 4675)
1998 Ed. (3627)
CNG Power Services
1999 Ed. (3962)
CNG Producing
1999 Ed. (3651)
CNG Transmission Corp.
2001 Ed. (1899)
2000 Ed. (2312)
1995 Ed. (1973, 1975, 1978)
1994 Ed. (1947, 1948, 1950)
1993 Ed. (1923, 1924)
1992 Ed. (2263, 2264)
1991 Ed. (1793, 1794, 1796)
CNH Global
2002 Ed. (3223)
CNH Global NV
2008 Ed. (3572)
2006 Ed. (3393)
2005 Ed. (3002)
2003 Ed. (3307)
CNH Italia SpA
2008 Ed. (3556)
CNI
1996 Ed. (856, 861)
CNL Financial Group Inc.
2006 Ed. (1417, 1418)
CNL Hospitality Corp.
2006 Ed. (2937)
CNL Hotels & Resorts Inc.
2008 Ed. (3081)
2007 Ed. (2948)
CNL Retirement Properties Inc.
2008 Ed. (1401)
2006 Ed. (4192)
CNM Management Ltd.
1996 Ed. (3431)
CNN
2008 Ed. (3365)
2007 Ed. (3236)
2003 Ed. (754, 3050)
1998 Ed. (589, 605, 3778)
1997 Ed. (870)
1996 Ed. (854)
1994 Ed. (829)
1993 Ed. (743, 812, 822)
1992 Ed. (1015, 1022)
1991 Ed. (838, 839)
1990 Ed. (869)
CNN Interactive
2007 Ed. (2327)
CNN Money
2008 Ed. (3366)

2007 Ed. (3237)
CNN.com
2008 Ed. (812, 3367)
2007 Ed. (846, 3238)
2006 Ed. (753)
2004 Ed. (853, 3158)
2001 Ed. (4774)
1999 Ed. (4754)
CNNfn
2002 Ed. (4813)
CNN+HN
2001 Ed. (1089)
CNNMoney.com
2008 Ed. (812)
CNNSI.com
2003 Ed. (3054)
CNOOC Ltd.
2008 Ed. (1788, 2501, 3561, 3921)
2007 Ed. (1585, 1761, 3872)
2006 Ed. (1642, 1643, 1751, 2896, 3383, 4089)
2005 Ed. (1733, 2410, 3774, 3775, 3776)
2003 Ed. (1690, 3301, 4318)
CNP
1999 Ed. (1632, 2917, 2919, 2962)
1997 Ed. (2422)
1994 Ed. (2235)
CNP & Grey
1991 Ed. (141)
1990 Ed. (141)
1989 Ed. (150)
CNP Assurances
2006 Ed. (3094)
1998 Ed. (2136)
CNP Assurances SA
2008 Ed. (3258, 3310)
2007 Ed. (1734, 3113, 3159, 3161)
2004 Ed. (3116)
2003 Ed. (3001)
2002 Ed. (2939, 2941, 2942)
CNPC
2000 Ed. (2494)
CNS
1998 Ed. (1877)
CNS Communications LLC
2008 Ed. (4952)
CNSI
2008 Ed. (2886)
CNW Corp.
1991 Ed. (3333)
1990 Ed. (2944, 2945, 2946)
1989 Ed. (2282, 2283)
CNW Securities Japan (Holdings) Ltd.
2001 Ed. (1692)
CNX Gas Corp.
2008 Ed. (2042)
2007 Ed. (1954)
Co-Advantage Resources
2006 Ed. (2409)
2005 Ed. (2366)
2003 Ed. (1675)
Co-Hancock: Growth & Inc.
1992 Ed. (4377)
Co-Med HMO
1989 Ed. (1586)
Co-op
2008 Ed. (720)
2007 Ed. (742, 743, 745)
1996 Ed. (3623)
1992 Ed. (4172)
1991 Ed. (50)
1990 Ed. (50)
1989 Ed. (53)
CO OP Ag.
1992 Ed. (4433)
1991 Ed. (3261)
1990 Ed. (3053)
Co-op Atlantic
2008 Ed. (1385)
2006 Ed. (1401)
2003 Ed. (1381)
2001 Ed. (1499)
Co-op Bank of Concord
1997 Ed. (3743)
Co-op Bulk Handling
2004 Ed. (3962)
2002 Ed. (3787)
Co-Op Network
2006 Ed. (2179)
2001 Ed. (2185, 2186, 2188, 3826)
Co-op 99
1996 Ed. (725)
Co-op 99 Tea
1994 Ed. (693)
1992 Ed. (887)
Co-Op Promotions
1992 Ed. (3757)
Co-op Services Credit Union
2002 Ed. (1856)
Co-operative
1993 Ed. (2255)
Co-operative Bank
2007 Ed. (743)
1991 Ed. (633)
Co-operative Bank of Kenya
2008 Ed. (457)
2007 Ed. (493)
2005 Ed. (556)
2004 Ed. (570)
2003 Ed. (556)
2002 Ed. (599)
2000 Ed. (580)
1999 Ed. (568)
1991 Ed. (582)
Co-operative Bank of Taiwan
1990 Ed. (695)
Co-operative Bank plc
2001 Ed. (1958)
Co-operative Central Bank Ltd.
2000 Ed. (507)
1999 Ed. (499)
1997 Ed. (446)
1994 Ed. (461)
Co-operative Credit Society of Manitoba
1999 Ed. (1804)
Co-operative Retail
2001 Ed. (262)
Co-operative Trust
1990 Ed. (3659)
Co-operative Trust Co. of Canada
2006 Ed. (2604)
Co-operative Wholesale Society Ltd.
1991 Ed. (3480)
1990 Ed. (1831)
The Co-operators
2008 Ed. (17)
Co-operators Canadian Conservation Focused Equity
2004 Ed. (2469, 2470)
Co-operators Canadian Conservative Foc. Equity
2002 Ed. (3434)
Co-Operators Canadian Equity
2004 Ed. (3615)
2003 Ed. (3567, 3568)
2002 Ed. (3440, 3441)
Co-operators Financial Service Ltd.
1995 Ed. (2325)
1993 Ed. (2242)
1992 Ed. (2693)
Co-Operators Financial Services
1991 Ed. (2131)
Co-operators General Insurance Co.
2008 Ed. (3235)
2007 Ed. (2573, 3094)
2006 Ed. (1623, 2604, 3066)
1999 Ed. (2980)
1997 Ed. (2468)
1996 Ed. (2342, 2343)
1994 Ed. (2282)
1992 Ed. (2694)
1990 Ed. (2257)
Co-operators Group
2008 Ed. (1384, 3327)
2007 Ed. (1433, 3179)
2006 Ed. (1400)
2001 Ed. (1498)
1996 Ed. (2342)
1994 Ed. (2282)
1992 Ed. (2692)
Co-operators Life Insurance
2008 Ed. (1384)
2007 Ed. (1433)
2001 Ed. (1498)
Co-operators US Equity
2002 Ed. (3473, 3474)
2001 Ed. (3498, 3499)
Co-Q-10 enzyme
2004 Ed. (2101)
Co-Steel Inc.
2002 Ed. (3323, 3324)
1996 Ed. (3587)
1994 Ed. (3434)
1992 Ed. (4137)
1991 Ed. (3219)
1990 Ed. (3437)
Co-Tylenol
1991 Ed. (991, 992, 995, 996, 997, 998)
Coach Inc.
2008 Ed. (893, 992, 1213, 3106, 3435, 3436, 3539, 3872, 3881, 4288, 4496, 4527)
2007 Ed. (912, 1111, 1113, 1115, 2750, 3335, 3336, 3410, 3801, 3809)
2006 Ed. (650, 1018, 1026, 1217, 1522, 3263, 3264, 4465, 4584, 4729, 4730)
2005 Ed. (1823, 2773, 2775, 3273, 4683, 4684)
2004 Ed. (3248, 4711, 4712)
2003 Ed. (3203, 3292)
1995 Ed. (3582)
Coach America
2008 Ed. (755)
Coach Canada
2008 Ed. (755)
Coach House Card & Gift Shop
1995 Ed. (3420)
1994 Ed. (3361)
1993 Ed. (3358)
Coach Leatherware Co.
2002 Ed. (3076)
Coach Realtors
2000 Ed. (3711)
1992 Ed. (3613)
Coach Stores Inc.
2001 Ed. (3081)
Coach USA Inc.
2008 Ed. (755)
2007 Ed. (783)
2006 Ed. (686)
2004 Ed. (4778)
2003 Ed. (4792, 4794)
2002 Ed. (863)
2001 Ed. (4629)
2000 Ed. (989)
1999 Ed. (957, 1440)
Coach Wristlet
2007 Ed. (3430)
Coach.com
2005 Ed. (2328)
Coachman Industries Inc.
1995 Ed. (3078, 3685)
1994 Ed. (2666)
Coachmen
1998 Ed. (3028, 3029)
1996 Ed. (3172, 3173)
1994 Ed. (2922, 2923, 3026)
Coachmen Housing
1991 Ed. (1061)
Coachmen Housing & Building Systems Group
2003 Ed. (1197)
Coachmen Industries Inc.
2005 Ed. (3496, 3497)
2004 Ed. (3496, 3497)
1996 Ed. (3171)
1993 Ed. (1092, 2983, 2985, 2986)
1992 Ed. (3642, 3643, 3644)
1990 Ed. (2976)
1989 Ed. (2298)
Coach's Catastrophe Cleaning
2008 Ed. (742, 743)
2007 Ed. (766, 767)
2006 Ed. (669)
CoActive Marketing Group
2008 Ed. (3594)
2006 Ed. (3417)
Coahuila
2001 Ed. (2839)
Coakley & Co., Inc.; C. H.
2006 Ed. (3549)
Coakley-Tech
2006 Ed. (3976)
Coal
2007 Ed. (2309)
2006 Ed. (2371)
2005 Ed. (2316)
2001 Ed. (2155, 2162)
1994 Ed. (1627)
1992 Ed. (1887, 1944, 1945, 3610)
1990 Ed. (1663, 2183)
Coal & Allied
2004 Ed. (3490)
The Coal Creek Mining & Manufacturing Co.
2004 Ed. (4583, 4587)
Coal India
1994 Ed. (1395)
1992 Ed. (1646)
Coal Mines Provident Fund
1997 Ed. (2394)
Coal mining
2002 Ed. (2785)
1996 Ed. (2)
1993 Ed. (2157)
Coal Network Inc.
2007 Ed. (3588, 4440)
2006 Ed. (3533, 4372)
Coal Properties Corp.
2005 Ed. (2015)
Coalition for Christian Outreach
2008 Ed. (4135)
Coalition of Labor Union Women
1998 Ed. (193)
Coast
2008 Ed. (4451)
2003 Ed. (643, 4463)
2002 Ed. (4304)
2001 Ed. (4297)
2000 Ed. (4069)
1999 Ed. (4351, 4354)
1998 Ed. (3330)
1993 Ed. (3349)
1992 Ed. (3400, 4011)
1991 Ed. (3325)
1990 Ed. (3549)
Coast Arbitrage Fund II Ltd.
2003 Ed. (3150)
Coast Cadillac
1993 Ed. (295)
Coast Capital Savings Credit Union
2008 Ed. (1384, 1584, 1614, 2221)
2007 Ed. (1433, 2106)
2006 Ed. (1400, 2185, 2588)
2005 Ed. (2090, 2585)
Coast Dental Services Inc.
2004 Ed. (4551)
The Coast Distribution System Inc.
2008 Ed. (4370)
Coast Federal Bank
1994 Ed. (3144)
1992 Ed. (4286)
Coast Federal Bank FSB
1999 Ed. (4142)
1998 Ed. (2400, 3128, 3143, 3538)
1996 Ed. (3285)
1995 Ed. (3186)
1992 Ed. (3776, 3777, 3779, 3786, 3787, 3795)
Coast Federal Bank, FSH
1993 Ed. (3086)
Coast Federal Savings & Loan Association
1991 Ed. (3332)
Coast Financial Group Inc.
2001 Ed. (1831)
Coast Gas Industries
1992 Ed. (3554)
Coast Line Credit Union
2003 Ed. (1893)
Coast Plaza at Stanley Park
1993 Ed. (2094)
Coast S & L A
1990 Ed. (3100)
Coast Savings and Loan
1991 Ed. (2486)
Coast Savings & Loan Assn.
1991 Ed. (3374, 3375)
Coast Savings & Loan Association
1989 Ed. (2825)
Coast Savings Financial
1998 Ed. (3157)
1997 Ed. (3382)
1996 Ed. (3688, 3689)
1995 Ed. (3608, 3610, 3611)
1994 Ed. (3258, 3526, 3534, 3535)
1993 Ed. (3216, 3218, 3562)
Coast Spas Manufacturing Inc.
2008 Ed. (1616)
2005 Ed. (1700)
Coast to Coast Tickets
2008 Ed. (4207)

Coast Value Fund I Ltd.
2003 Ed. (3150)
The Coastal Corp.
2005 Ed. (1508)
2003 Ed. (1422)
2002 Ed. (3662, 3667, 3668, 3670, 3673, 4946, 4960)
2001 Ed. (2561, 3740, 3741, 3751, 3766, 4885, 4893)
2000 Ed. (3406, 3537, 4417)
1999 Ed. (1504, 1559, 2570, 4793)
1998 Ed. (1189, 1809, 2663, 2824, 2836)
1997 Ed. (1524, 2119, 2925, 3084, 3106)
1996 Ed. (1456, 1999, 2819, 3004, 3022)
1995 Ed. (1335, 1500, 1972, 2752, 2906, 2908, 2909, 2927)
1994 Ed. (1178, 1179, 1183, 1186, 1187, 1312)
1993 Ed. (1411, 1922, 2871)
1992 Ed. (2262, 3212)
1991 Ed. (1140, 1156, 2573, 3333)
1990 Ed. (1860, 1883, 1891, 2835, 2846)
1989 Ed. (742, 1500, 2209)
Coastal Banc SSB
1998 Ed. (3567)
Coastal Banking Co., Inc.
2004 Ed. (400, 403)
Coastal Chem Inc.
2003 Ed. (1858)
2001 Ed. (1903)
Coastal Conservation Association Florida
2002 Ed. (340)
Coastal Construction Co., Inc.
2006 Ed. (1742)
Coastal Construction Group
2008 Ed. (1276)
Coastal Contacts
2006 Ed. (1572)
Coastal Contracts Bhd
2008 Ed. (1898)
Coastal Credit Union
2008 Ed. (2250)
2007 Ed. (2135)
2006 Ed. (2214)
2005 Ed. (2119)
2004 Ed. (1977)
2003 Ed. (1937)
2002 Ed. (1883)
Coastal Eagle Point Oil Co.
2000 Ed. (2345)
1999 Ed. (2602)
1998 Ed. (1843)
Coastal Empire Exteriors
2008 Ed. (1165)
Coastal Equipment Corp.
2007 Ed. (4424)
Coastal Financial Corp.
2003 Ed. (517)
The Coastal Group
2008 Ed. (1248, 1277, 1337, 1339)
2007 Ed. (1390)
2006 Ed. (1183, 1344)
2005 Ed. (1344)
1992 Ed. (2446, 2453)
Coastal Healthcare Group
1996 Ed. (2144, 2150)
1995 Ed. (2132)
1994 Ed. (2079, 2080)
1993 Ed. (2061, 2062)
Coastal Hotel Group
1992 Ed. (2467)
Coastal Motorcars
2008 Ed. (166)
Coastal Physician
1997 Ed. (2184)
Coastal Physician Contract Management Services
1997 Ed. (2259)
Coastal Physician Group
2000 Ed. (3544)
1997 Ed. (2249, 2251)
Coastal Physician Services
1998 Ed. (1980, 1982)
1997 Ed. (2258)
Coastal Physicians Contract Management Service
1996 Ed. (2152)
Coastal Towing
2001 Ed. (4235)
CoastAmerica Corp.
1990 Ed. (1985)
CoastFed Properties
1991 Ed. (1059)
1990 Ed. (1172)
Coastline Community Credit Union
2006 Ed. (2154)
Coastway Credit Union
2008 Ed. (2257)
2007 Ed. (2142)
2006 Ed. (2160, 2161, 2221)
2005 Ed. (2126)
2004 Ed. (1928, 1984)
2003 Ed. (1944)
2002 Ed. (1890)
Coat Factory
1994 Ed. (2139)
Coated Sales
1990 Ed. (3455)
Coates
2001 Ed. (2877)
Coates Brothers
1992 Ed. (1618)
Coates; Denise
2007 Ed. (2463)
Coates Hire
2008 Ed. (1567)
2007 Ed. (1588)
Coates; Peter & Denise
2008 Ed. (2595)
Coating
2002 Ed. (997)
Coatings
2007 Ed. (2755)
2006 Ed. (2749)
2001 Ed. (3845)
1999 Ed. (1111)
Coatings, industrial
1999 Ed. (1112, 1114)
1996 Ed. (952)
Coatings, inks, & paints
2002 Ed. (3242)
Coats Credit Union
2003 Ed. (1893)
Coats Patons Ltd.
2002 Ed. (4618)
2001 Ed. (4511)
2000 Ed. (4243)
Coats Patons PLC
1999 Ed. (4593)
1997 Ed. (3737)
1996 Ed. (3680)
1995 Ed. (3604)
1994 Ed. (3520)
1993 Ed. (1389, 3557)
1992 Ed. (4280)
1991 Ed. (1337, 3356)
1990 Ed. (1412)
Coats Viyella
1995 Ed. (3604, 3606)
1989 Ed. (2820)
Coats Viyella Clothing Ltd.
2001 Ed. (4511)
2000 Ed. (4243)
Coats Viyella plc
2001 Ed. (4511)
2000 Ed. (4243)
1999 Ed. (4593)
1998 Ed. (1141)
1997 Ed. (3737)
1996 Ed. (3680, 3681)
1994 Ed. (3520, 3521)
1993 Ed. (1342, 3557, 3560)
1992 Ed. (4280, 1646)
1991 Ed. (1279, 3356, 3359)
COB Banque de Epargne
1993 Ed. (434)
Cobalt Corp.
2006 Ed. (1441)
Cobalt; Chevrolet
2008 Ed. (298, 328, 332)
2007 Ed. (345)
Cobalt Group
2004 Ed. (2204)
2003 Ed. (2155, 2744)
2002 Ed. (2536)
2001 Ed. (4767)
Cobalt Networks Inc.
2001 Ed. (2856)
CoBank
2007 Ed. (1429)
2006 Ed. (1390, 1394, 1395)
2005 Ed. (1404, 1408, 1409)
2004 Ed. (1383, 1387, 1388)
2003 Ed. (1378)
CoBank ACB
2002 Ed. (3191)
Cobas Amplicor/Automated PCR
2000 Ed. (3075)
Cobas Integra
1999 Ed. (3336)
Cobb Electric Membership Corp.
2002 Ed. (3878, 3879)
Cobb Group
1999 Ed. (1851)
Cobb Prime Time Video
1993 Ed. (3666)
Cobbledick - Kibbe Inc.
1991 Ed. (1087)
1990 Ed. (1206)
Cobblers and crisps
1995 Ed. (1557)
Cobblers/crisps
1998 Ed. (1266)
Coberco
1999 Ed. (1815)
Cobham
2008 Ed. (165)
2007 Ed. (187, 188)
2006 Ed. (181, 182)
2005 Ed. (168)
Cobham plc
2003 Ed. (208)
2001 Ed. (268)
Cobi Foods
1992 Ed. (1588)
CoBiz Inc.
2008 Ed. (344, 1707)
2007 Ed. (357, 1682)
2006 Ed. (1679)
2005 Ed. (379, 446)
Cobo Center, Detroit
1991 Ed. (1104)
Cobo Convention Center
1999 Ed. (1418)
Cobra
1998 Ed. (25, 1856)
1996 Ed. (29, 2035, 3172, 3173)
1994 Ed. (2922, 2923)
1993 Ed. (1991, 2985, 2986)
1991 Ed. (1109)
Cobra Golf Inc.
2005 Ed. (1536)
Cobra Industries
1997 Ed. (2153, 2154, 2935)
1996 Ed. (3257)
Cobra Products Inc.
2004 Ed. (3444)
Cobra-Van American Inc.
1992 Ed. (3644)
Coburn
1990 Ed. (2741, 2743)
Coburn; David A.
1995 Ed. (3504)
Coburn; Gordon
2008 Ed. (968)
2007 Ed. (1051)
2006 Ed. (955)
The Coca-Cola Co.
2008 Ed. (27, 29, 33, 34, 39, 50, 56, 57, 59, 61, 62, 65, 71, 77, 80, 94, 95, 106, 108, 156, 556, 558, 559, 562, 563, 565, 566, 568, 641, 654, 655, 656, 663, 692, 723, 1041, 1465, 1500, 1764, 1765, 1766, 2734, 2735, 2739, 3019, 3683, 3686, 3688, 4062, 4065, 4266, 4268, 4448, 4457, 4460, 4462, 4542)
2007 Ed. (22, 24, 26, 28, 29, 34, 35, 38, 47, 52, 54, 55, 56, 57, 66, 74, 85, 88, 96, 603, 604, 605, 606, 607, 611, 612, 613, 614, 616, 683, 691, 692, 696, 721, 1471, 1518, 1736, 1737, 1738, 1784, 1785, 1816, 2599, 2600, 2619, 2842, 2851, 3523, 3524, 4032, 4034, 4037, 4234, 4462, 4474, 4476, 4478, 4778)
2006 Ed. (23, 26, 28, 30, 32, 34, 38, 44, 47, 52, 61, 63, 64, 66, 68, 70, 75, 81, 84, 88, 98, 99, 561, 563, 564, 566, 567, 568, 569, 570, 654, 1449, 1456, 1466, 1467, 1468, 1470, 1488, 1729, 1730, 1731, 1775, 1850, 2287, 2291, 2622, 2623, 2635, 2643, 2847, 2851, 2854, 2860, 3225, 3357, 3491, 3702, 3997, 3999, 4002, 4218, 4389, 4411, 4412, 4414, 4602)
2005 Ed. (14, 17, 20, 22, 24, 26, 28, 30, 31, 34, 36, 37, 40, 45, 52, 53, 54, 56, 58, 59, 61, 66, 67, 72, 73, 79, 82, 88, 90, 94, 658, 660, 661, 665, 667, 668, 669, 670, 672, 735, 742, 1498, 1605, 1778, 1779, 1780, 1805, 2226, 2626, 2627, 2637, 2657, 2846, 2847, 2851, 3596, 3925, 3928, 4164, 4394, 4395, 4396, 4398)
2004 Ed. (20, 24, 27, 28, 31, 33, 35, 37, 38, 39, 42, 43, 46, 51, 57, 58, 59, 61, 63, 66, 71, 74, 77, 78, 82, 91, 93, 94, 99, 671, 673, 674, 675, 676, 679, 761, 762, 764, 809, 886, 887, 1482, 1574, 1719, 1721, 1722, 1723, 1742, 1743, 2121, 2633, 2636, 2647, 2655, 2840, 2842, 2845, 2846, 4447, 4448, 4451, 4452)
2003 Ed. (665, 666, 667, 668, 670, 671, 673, 678, 732, 737, 740, 751, 752, 754, 867, 910, 911, 916, 917, 919, 920, 1217, 1452, 1524, 1526, 1545, 1577, 1684, 1685, 2500, 2504, 2515, 2517, 2522, 2637, 3640, 4468, 4469, 4470, 4472, 4475, 4476, 4477, 4481, 4521, 4677)
2002 Ed. (691, 696, 704, 705, 753, 767, 768, 1432, 1521, 1660, 1675, 2228, 2295, 2310, 2311, 4321, 4322, 4325, 4326, 4327, 4476)
2001 Ed. (12, 13, 16, 17, 19, 21, 23, 24, 25, 26, 40, 41, 43, 45, 48, 49, 50, 53, 55, 57, 59, 60, 62, 66, 72, 73, 75, 77, 79, 84, 86, 87, 88, 91, 92, 689, 695, 696, 698, 699, 1011, 1585, 1713, 2461, 2465, 2470, 3228, 4303, 4310)
2000 Ed. (714, 718, 719, 721, 722, 723, 725, 726, 727, 728, 730, 731, 732, 1243, 1339, 1369, 1372, 1376, 1377, 1380, 1426, 1428, 1430, 1431, 1437, 1470, 1479, 1480, 2212, 2220, 2231, 2266, 3132, 3325, 3326, 3328, 3692, 3822, 4077, 4078, 4080, 4092)
1999 Ed. (175, 701, 702, 708, 709, 711, 712, 713, 715, 716, 718, 719, 720, 721, 723, 724, 725, 769, 776, 784, 789, 795, 1344, 1474, 1483, 1488, 1490, 1491, 1496, 1505, 1516, 1526, 1530, 1531, 1532, 1534, 1538, 1539, 1540, 1545, 1546, 1547, 1620, 1624, 1625, 1634, 1663, 1672, 1673, 1681, 1682, 2463, 2469, 2473, 2484, 3112, 3605, 3606, 4108, 4356, 4359, 4361, 4362, 4363, 4365, 4366, 4367, 4369, 4391, 4488, 4489, 4496, 4498, 4694)
1998 Ed. (443, 447, 448, 449, 452, 453, 454, 455, 456, 457, 459, 460, 461, 489, 490, 926, 1048, 1063, 1065, 1070, 1081, 1085, 1099, 1100, 1101, 1102, 1104, 1105, 1106, 1107, 1108, 1111, 1142, 1150, 1158, 1167, 1168, 1721, 1729, 2675, 3119, 3338, 3362, 3407, 3415, 3425)
1997 Ed. (712, 3711)
1996 Ed. (31, 718, 720, 722, 726, 727, 776, 777, 1340, 1343, 1344, 1345, 1350, 1384, 1389, 1392, 1979, 3472, 3478, 3479, 3480, 3654)
1995 Ed. (141, 645, 646, 647, 650, 651, 652, 653, 654, 655, 656, 657, 658, 659, 660, 661, 662, 1284, 1288, 1292, 1306, 1310, 1315, 1321, 1327, 1336, 1390, 1391,

1392, 1393, 1399, 1891, 1895, 1896, 1900, 1904, 2766, 2772, 2824, 3151, 3414, 3416, 3433)
1994 Ed. (12, 13, 27, 33, 38, 127, 681, 683, 684, 685, 686, 689, 690, 694, 695, 696, 697, 697, 698, 698, 699, 700, 701, 702, 703, 704, 706, 1861, 1867, 1870, 1871, 1873, 1874, 1877, 2668, 2717, 2749, 3355, 3449)
1993 Ed. (22, 27, 36, 42, 46, 56, 678, 679, 682, 683, 684, 686, 687, 697, 740, 741, 1223, 1229, 1244, 1247, 1248, 1250, 1253, 1270, 1318, 2716, 2720, 2760, 3354, 3377, 3470, 3530)
1992 Ed. (44, 70, 83, 93, 97, 224, 884, 885, 923, 924, 925, 1241, 1507, 1542, 1543, 1548, 1564, 1641, 2183, 2185, 2200, 2356, 2888, 3322, 4012, 4016, 4019, 4020, 4049, 4228, 4230)
1991 Ed. (8, 54, 3316, 3317, 3320)
1990 Ed. (1858)
1989 Ed. (13, 726, 1117, 2510, 2511, 2514, 2515, 2517, 2752, 2801)
Coca-Cola Amatil
2005 Ed. (1660)
2004 Ed. (1630, 1632, 2651)
2002 Ed. (2303)
2000 Ed. (1386, 1387, 2224)
1999 Ed. (310, 1583)
Coca-Cola Argentina
1999 Ed. (2471)
Coca-Cola Beverages
2000 Ed. (3879)
1998 Ed. (458)
1996 Ed. (1942)
1994 Ed. (705)
Coca-Cola Bottlers
1992 Ed. (71)
Coca-Cola Bottling Co.
2001 Ed. (1003)
2000 Ed. (786)
1998 Ed. (448)
1995 Ed. (647)
Coca-Cola Bottling Company Consolidated
2000 Ed. (4082)
Coca-Cola Bottling Company (Herb Group)
2000 Ed. (4082)
Coca-Cola Bottling Company United
2000 Ed. (4082)
Coca-Cola Bottling Co. Consolidated
2008 Ed. (635, 4069, 4071)
2007 Ed. (676)
2006 Ed. (561, 647)
2005 Ed. (658, 661, 666, 4394, 4395)
2004 Ed. (673, 2633, 4447, 4448, 4449)
2003 Ed. (4474)
2001 Ed. (4306)
2000 Ed. (786)
1999 Ed. (769, 769, 4369, 4369)
1997 Ed. (657, 672, 3543)
1996 Ed. (720, 722)
1995 Ed. (645, 646, 653, 1288, 1289, 1468)
1994 Ed. (683, 686, 1433)
Coca-Cola Bottling Co. (Herb Group)
2001 Ed. (1003, 4306)
Coca-Cola Bottling Co. of New York
1999 Ed. (769, 4369)
Coca-Cola Bottling Co. United Inc.
2008 Ed. (635)
2007 Ed. (676)
2006 Ed. (647, 1535)
2004 Ed. (4449)
2003 Ed. (4474)
2001 Ed. (1003, 4306)
2000 Ed. (786)
Coca-Cola Chicago (Herb)
1997 Ed. (3543)
Coca-Cola Classic
2008 Ed. (860, 4458, 4459)
2007 Ed. (882, 4475)
2006 Ed. (793, 4413)
2005 Ed. (674, 874, 4397)
2004 Ed. (681)
2003 Ed. (866)
2002 Ed. (4311, 4312, 4313, 4314, 4315, 4316, 4319, 4320)
2001 Ed. (4302, 4307, 4308)
2000 Ed. (4079, 4081)
1998 Ed. (3334, 3337, 3492)
1997 Ed. (3541, 3544)
1996 Ed. (3473, 3477)
1995 Ed. (3415)
1994 Ed. (3357)
1993 Ed. (3352, 3355, 3356)
1992 Ed. (4013, 4015)
1991 Ed. (3152)
Coca-Cola Classic Bottle, 2-Liter
1990 Ed. (3315, 3316)
Coca-Cola Classic Cans, 6-Pack, 12-Oz.
1990 Ed. (3315)
Coca-Cola Classic Cans, 12-Pack, 12-Oz.
1990 Ed. (3316)
Coca-Cola Classic Cans, 24-Pack, 12-Oz.
1990 Ed. (3315)
Coca-Cola Consolidated
1996 Ed. (738)
1994 Ed. (705)
Coca-Cola de Argentina
1997 Ed. (2047)
1996 Ed. (1947)
Coca Cola de Panama
2000 Ed. (3400, 3401)
1997 Ed. (2984)
Coca-Cola Enterprise
1998 Ed. (448, 3338)
Coca-Cola Enterprises Inc.
2008 Ed. (559, 563, 565, 566, 635, 1508, 1765, 1766, 2734, 2735, 2739, 4066, 4067, 4069, 4071)
2007 Ed. (605, 606, 607, 611, 612, 614, 616, 676, 1737, 1738, 2599, 2600, 2607, 4476)
2006 Ed. (561, 563, 564, 566, 567, 570, 647, 1494, 1730, 1731, 2622, 2623, 2630, 4411)
2005 Ed. (657, 658, 659, 660, 661, 666, 668, 669, 672, 1779, 1780, 2626, 2627, 2633, 2637, 4394, 4395)
2004 Ed. (670, 671, 672, 673, 675, 677, 679, 1722, 1723, 2635, 2636, 4447, 4448, 4449)
2003 Ed. (665, 666, 667, 668, 670, 1421, 1685, 2503, 2504, 2511, 4474)
2002 Ed. (691, 696, 704, 705, 1660, 2299)
2001 Ed. (689, 695, 696, 698, 1003, 1042, 2461, 2464, 2465, 4306)
2000 Ed. (714, 719, 721, 723, 724, 728, 729, 730, 732, 733, 786, 1242, 1437, 4082)
1999 Ed. (701, 709, 715, 720, 721, 724, 725, 769, 1495, 1634, 4369, 4390)
1998 Ed. (443, 447, 456, 460, 461, 1142)
1997 Ed. (655, 656, 657, 661, 662, 663, 666, 670, 672, 1333, 1412, 3401, 3540, 3543)
1996 Ed. (718, 720, 722, 728, 729, 733, 737, 1350, 3472)
1995 Ed. (645, 646, 647, 650, 651, 652, 653, 656, 660, 1399, 3414)
1994 Ed. (683, 684, 685, 686, 695, 696, 700, 704, 705, 1374, 1861, 2717, 3355)
1993 Ed. (678, 682, 683, 684, 686, 1318, 2760)
1992 Ed. (2189, 881, 882, 883, 884, 885, 1869, 2186, 3322, 4012)
1991 Ed. (704, 705, 706, 707, 2661, 2663, 2664, 2665)
1990 Ed. (725, 726, 727, 1893, 3313)
1989 Ed. (2510, 2514)
The Coca-Cola Export Corp.
2007 Ed. (1823)
Coca-Cola Femsa
2003 Ed. (672)
2000 Ed. (727, 733)
1999 Ed. (725)
1998 Ed. (457, 462)
Coca-Cola FEMSA, SA de CV
2008 Ed. (3571)
2007 Ed. (1877)
2006 Ed. (1845, 1847, 2547, 3392)
2005 Ed. (666, 671, 1465, 1549)
2004 Ed. (677, 678, 1772)
2003 Ed. (4596)
Coca-Cola Foods
1990 Ed. (723)
Coca-Cola Foods Div.
1995 Ed. (2824)
Coca Cola Great Britain & Ireland
2002 Ed. (34)
Coca-Cola HBC
2008 Ed. (1772)
2007 Ed. (1745)
2006 Ed. (1737, 1738)
Coca Cola HBC SA
2006 Ed. (290)
Coca-Cola Hellenic Bottling Co. SA
2008 Ed. (1773, 3560)
2007 Ed. (609, 610, 1746, 1747, 2616, 4774)
2006 Ed. (1739, 3382)
Coca-Cola Holdings (U.K) Ltd.
2001 Ed. (1690)
2000 Ed. (1414)
Coca-Cola Japan
1994 Ed. (1367)
Coca-Cola Light
2008 Ed. (4462)
2007 Ed. (4478)
Coca-Cola New York
1997 Ed. (3543)
Coca-Cola Northern New England
1997 Ed. (3543)
Coca-Cola Philadelphia (Llewellyn)
1997 Ed. (3543)
Coca-Cola Southwest (Hoffman)
1997 Ed. (3543)
Coca-Cola Star Lake Amphitheatre
2001 Ed. (374)
1999 Ed. (1291)
Coca-Cola Swire
1997 Ed. (3543)
Coca-Cola United
1997 Ed. (3543)
Coca-Cola USA
2008 Ed. (4481)
2003 Ed. (15, 20)
Coca-Cola West Japan
2007 Ed. (615)
Coca, FL
1992 Ed. (4041)
Cocaine
1996 Ed. (1566)
CoCal Landscape
2005 Ed. (3495)
Cocelco
2002 Ed. (4396)
CoCensys
1995 Ed. (3202)
Cochlea
2008 Ed. (1567)
2007 Ed. (1588)
Cochran Inc.
2006 Ed. (1348, 1351)
Cochran, Cochran & Yale Inc.
2008 Ed. (1984)
Cochran III; John R.
2005 Ed. (2512)
Cochran Pontiac
1995 Ed. (283)
1991 Ed. (291)
1990 Ed. (314)
Cochran Suzuki
1996 Ed. (289)
Cockburns
2005 Ed. (4950)
2004 Ed. (4965, 4968)
2002 Ed. (4939, 4940)
2001 Ed. (4875)
2000 Ed. (4411)
1998 Ed. (3739, 3741)
1997 Ed. (3908, 3909)
1996 Ed. (3861, 3862, 3863)
1995 Ed. (3761, 3762)
1991 Ed. (3497)
Cockburn's Port
1992 Ed. (4459, 4466)
Cockburn's Porto
2005 Ed. (4960)
Cockerill Sambre
1999 Ed. (1587)
1997 Ed. (1366)
1995 Ed. (1359, 2545, 3511)
1994 Ed. (1328, 1330, 3435)
1992 Ed. (914, 1578)
1991 Ed. (729)
Cockerill Sambre SA
1996 Ed. (1299, 2606)
1993 Ed. (1284, 3454)
1989 Ed. (1095)
Cocktail mixes
2003 Ed. (4480)
2002 Ed. (4310)
2001 Ed. (2559)
1999 Ed. (2535)
Cocktails
2002 Ed. (3142, 3167, 3168)
Cocktails for Two
1992 Ed. (2886)
1990 Ed. (2460, 2463)
Coco
1997 Ed. (3030)
1994 Ed. (2780)
Coco-Cola Amatil
2000 Ed. (325)
Coco Pazzo
2000 Ed. (3773, 3774)
Coco Pops
1996 Ed. (892)
Coco Pops; Kellogg's
2008 Ed. (718)
Cocoa
2008 Ed. (1094)
Cocoa Processing Co.
2006 Ed. (4505)
Cocoanut Grove night club
2005 Ed. (2204)
Coconino County, AZ
1996 Ed. (1473)
Coconut
2002 Ed. (431)
Coconut Grove Convention Center
2002 Ed. (1334)
1999 Ed. (1417)
Coconut oil
1992 Ed. (3299)
Coco's
2004 Ed. (4132)
2002 Ed. (4014, 4032)
2000 Ed. (3784)
1999 Ed. (4067, 4069, 4085)
1998 Ed. (3064)
1997 Ed. (3335)
1996 Ed. (3232)
1993 Ed. (3018)
Cod
2001 Ed. (2439, 2440)
1998 Ed. (3175)
1996 Ed. (3300)
1995 Ed. (3198, 3199)
1994 Ed. (3155)
1993 Ed. (3111)
1992 Ed. (3816)
1991 Ed. (2938)
Cod, Atlantic
2008 Ed. (2722)
2007 Ed. (2585)
2006 Ed. (2610)
2005 Ed. (2611)
2004 Ed. (2622)
Codan
2004 Ed. (3956)
Codan Forsikring
1991 Ed. (1105)
Code-Alarm
1989 Ed. (1566, 2500)
Code, Hennessey & Simmons
1993 Ed. (1184)
Code, Hennessy & Simmons LLC
2001 Ed. (4675)
Code Red
2006 Ed. (1147)
2003 Ed. (4473)
CodeBaby Corp.
2008 Ed. (1549)
2007 Ed. (1570)
Codeco
1995 Ed. (1211)

CodeCorrect
2007 Ed. (2768)
2006 Ed. (2758)
Codeine
2002 Ed. (3752)
2000 Ed. (1705)
1996 Ed. (1566, 1572)
Codeine & Comb, non-injectable
1999 Ed. (1909)
Codelco
2007 Ed. (1851)
1996 Ed. (1540)
1991 Ed. (1322)
1990 Ed. (1396)
1989 Ed. (1100)
Codelco Chile
2006 Ed. (2543)
1993 Ed. (1340)
Codemaster
2001 Ed. (1881)
Codemasters Software Co. Ltd.
2002 Ed. (2499)
Codep
1992 Ed. (616)
CODEP Banque d'Epargne
1996 Ed. (454)
Codetel
1992 Ed. (46)
Codex
1991 Ed. (2478)
1990 Ed. (2595, 2596)
Codi Mobil
1989 Ed. (1102)
Codina Bush Klein-ONCOR Intl.
2000 Ed. (3709)
Codina Development Corp.
2002 Ed. (3922)
2000 Ed. (3719)
Codina; Francisco N.
2008 Ed. (2628)
Codina Group Inc.
2005 Ed. (2844)
2004 Ed. (2830, 2834, 2835)
2003 Ed. (2749)
2002 Ed. (3911)
Codiroli Mazda
1993 Ed. (276)
CODIS
1996 Ed. (863)
Codman & Shurtleff
1994 Ed. (3470)
Codorniu
2000 Ed. (1009)
1999 Ed. (1068)
1998 Ed. (682)
1997 Ed. (933, 942, 3910)
1996 Ed. (909)
1993 Ed. (874, 876, 882, 883)
1992 Ed. (1084)
1989 Ed. (872)
Codorniu Wines
1992 Ed. (1082, 1083, 1085)
1991 Ed. (884, 885)
Cody Mercantile
2006 Ed. (799)
Cody Pools
2007 Ed. (4646)
Coeur Alaska Inc.
2008 Ed. (1545)
2007 Ed. (1566)
2006 Ed. (1537)
Coeur d'Alene, AD
2005 Ed. (3467)
Coeur d'Alene, ID
2008 Ed. (2490, 3461)
2007 Ed. (2370, 2375, 3359, 3363)
1997 Ed. (3356)
Coeur d'Alene Mines
2008 Ed. (2139)
2006 Ed. (2085)
2005 Ed. (2739, 2740)
2004 Ed. (2742, 2743)
Coex Coffee International Inc.
1997 Ed. (3872)
Cofap
1992 Ed. (3768)
COFCO
2008 Ed. (4727)
2007 Ed. (4803)
2005 Ed. (2645)
2001 Ed. (1669)
1997 Ed. (1377)
Coffee
2008 Ed. (557, 1093)
2007 Ed. (3694)
2004 Ed. (2553, 2556, 2648)
2002 Ed. (687, 688, 689, 690, 697, 698, 699, 700, 701, 1088, 2421, 3087, 3098, 4309)
2001 Ed. (687, 688, 701)
2000 Ed. (711, 712)
1999 Ed. (699, 700)
1996 Ed. (721, 3611)
1992 Ed. (2088)
1991 Ed. (733, 1867, 1867)
1990 Ed. (3665)
1989 Ed. (731, 1463, 1663, 2883)
Coffee, amaretto royale
1998 Ed. (784)
Coffee & tea
2000 Ed. (4141)
Coffee & tea makers
2002 Ed. (2702)
The Coffee Bean & Tea Leaf
2008 Ed. (1029, 1031)
The Coffee Beanery
2008 Ed. (1029, 1030, 1031)
2007 Ed. (1149)
2006 Ed. (1060)
2005 Ed. (1050)
2003 Ed. (2457)
2002 Ed. (1091)
Coffee, chocolate raspberry
1998 Ed. (784)
Coffee, chocolate swiss almond
1998 Ed. (784)
Coffee Connection SA Coffeeway
2008 Ed. (3442, 4203)
Coffee creamer, non-dairy
1996 Ed. (2646)
Coffee creamers
1996 Ed. (3617)
Coffee Crisp
1999 Ed. (1132)
Coffee Fest Las Vegas
2006 Ed. (4784)
Coffee Fest Seattle
2006 Ed. (4784)
Coffee Fest Summer
2007 Ed. (4800)
Coffee filters
2002 Ed. (4092)
1997 Ed. (3171)
Coffee, freeze-dried
2003 Ed. (4833, 4840)
Coffee, freeze-dried decaf
2002 Ed. (4720)
Coffee, freeze-dried regular
2002 Ed. (4720)
Coffee, freeze-dried specialty
2002 Ed. (4720)
Coffee, fresh-brew
2003 Ed. (4833, 4840)
Coffee, fresh-brew decaf
2002 Ed. (4720)
Coffee, fresh-brew regular
2002 Ed. (4720)
Coffee, fresh-brew specialty/flavored
2002 Ed. (4720)
Coffee, gourmet
1995 Ed. (1042)
Coffee grinders
2003 Ed. (4644)
Coffee, ground
2003 Ed. (1040)
1998 Ed. (2498, 2499)
Coffee, ground & whole bean
1998 Ed. (3433, 3434)
Coffee Growers in Colombia
1995 Ed. (649)
Coffee, hazelnut creme
1998 Ed. (784)
Coffee, instant
1998 Ed. (2498)
1994 Ed. (1996)
Coffee, instant flavored
1994 Ed. (3460)
Coffee, irish cream
1998 Ed. (784)
Coffee/Mocha
2001 Ed. (2832)
Coffee mugs
1994 Ed. (1967)
1993 Ed. (1941)
1992 Ed. (2283)
Coffee News
2008 Ed. (118)
2007 Ed. (124)
2006 Ed. (130)
Coffee, pecan
1998 Ed. (784)
Coffee People Inc.
1998 Ed. (3069, 3182)
Coffee, ready-to-drink
1999 Ed. (4364)
Coffee, regular
1995 Ed. (1042)
1994 Ed. (1996)
Coffee Shop
2008 Ed. (4146)
2007 Ed. (4128)
Coffee/snacks
2002 Ed. (4011)
Coffee, soluble
2003 Ed. (1040)
Coffee, specialty
1996 Ed. (3617)
1995 Ed. (3529)
Coffee Sugar & Cocoa Exchange
1999 Ed. (1247)
1998 Ed. (815, 816)
1996 Ed. (1057)
1994 Ed. (1071, 1072)
1993 Ed. (1039, 1040)
Coffee/tea
2006 Ed. (4101)
1991 Ed. (3304)
Coffee, tea & cocoa
1990 Ed. (3534)
Coffee/tea/cocoa
1991 Ed. (3306)
Coffee, toasted almond cream
1998 Ed. (784)
Coffee, toasted nut fudge
1998 Ed. (784)
Coffee, vanilla
1998 Ed. (784)
Coffee, vanilla nut
1998 Ed. (784)
Coffeemakers
2004 Ed. (2864)
1999 Ed. (2759)
1993 Ed. (2109)
Coffees, flavored
1998 Ed. (1859)
Coffey International
2007 Ed. (1588)
Coffin; Charles
2005 Ed. (974)
Coffman; V. D.
2005 Ed. (2482)
Cofidur SA
2004 Ed. (3003, 3419)
Cofiec
2000 Ed. (513, 515)
The Cog
2002 Ed. (3257)
Cogdell Group
2001 Ed. (1399)
1998 Ed. (949)
1996 Ed. (1130)
Cogeco Inc.
2007 Ed. (750)
2005 Ed. (2832)
2003 Ed. (2932)
1997 Ed. (729)
1996 Ed. (791)
1994 Ed. (761)
1992 Ed. (946, 1589)
Cogeco Cable Inc.
2008 Ed. (2938, 2948)
2007 Ed. (2810, 2823)
2005 Ed. (1568)
2003 Ed. (3034)
Cogecom
1992 Ed. (2343)
1990 Ed. (1945)
Cogefarimpresit
1992 Ed. (1436)
Cogefin
1992 Ed. (1482)
Cogena (Pathfinder Mines)
1990 Ed. (3660)
Cogent Inc.
2008 Ed. (2854)
2007 Ed. (2724)
2006 Ed. (2743, 2744, 2745, 4254, 4255, 4257, 4259)
2001 Ed. (236)
Cogent Communications
2008 Ed. (4645)
Cogent Communications Group Inc.
2006 Ed. (2736, 2740, 2741)
Cogentrix Inc.
1997 Ed. (1016)
1995 Ed. (1018)
1994 Ed. (1006)
1992 Ed. (1184)
1991 Ed. (950, 3146)
Cogentrix Energy Inc.
1998 Ed. (757)
Coggin Pontiac Inc.
1991 Ed. (273)
1990 Ed. (302)
Coghlan; Paul
2008 Ed. (968)
2007 Ed. (1082)
2006 Ed. (989)
Coghlin Electric/Electronics
2001 Ed. (2205)
1999 Ed. (1984, 1988)
Cognac
2008 Ed. (3451)
1999 Ed. (1933, 1934)
1990 Ed. (1578)
Cognex Corp.
2008 Ed. (1910)
2006 Ed. (3391)
2005 Ed. (3654)
2004 Ed. (3745)
COGNICASE Inc.
2003 Ed. (2929)
2002 Ed. (2485)
Cognis
2001 Ed. (1212)
Cognitronics Corp.
2000 Ed. (286)
1999 Ed. (258)
1995 Ed. (204)
Cognizant Corp.
2000 Ed. (3041)
1999 Ed. (1281, 3304, 3305, 4285)
1998 Ed. (842, 2436, 3288)
Cognizant Technology Solutions Corp.
2008 Ed. (1142, 1975, 2857, 2885, 2886, 3643, 4288)
2007 Ed. (876, 1207, 1265, 2727, 2749, 3069, 3758, 4395)
2006 Ed. (1150, 3040, 4331, 4584, 4676)
2005 Ed. (4379, 4611, 4810)
2004 Ed. (2779, 4433)
2003 Ed. (2646)
2002 Ed. (1156, 1157)
2001 Ed. (4278)
Cognizant Technology Solutions US Corp.
2008 Ed. (1976)
Cognos Inc.
2008 Ed. (1132, 2929, 2930, 2944)
2007 Ed. (1234, 2803, 2804, 2818, 4573)
2006 Ed. (692, 1128, 2812, 2816, 2817)
2005 Ed. (793, 1705, 2832)
2003 Ed. (1114, 2932, 2936)
2002 Ed. (2504)
Cogsdale Corp.
2005 Ed. (2776)
Cohanzick High Yield Partners LP
2003 Ed. (3119, 3122)
Cohen & Co.
2008 Ed. (2003)
Cohen & Steers
2003 Ed. (4058)
2002 Ed. (3929, 3937, 3942)
Cohen & Steers Capital
2000 Ed. (2840)
1999 Ed. (3098)
1997 Ed. (2522, 2542, 3271)
Cohen & Steers Capital Management
1998 Ed. (2275, 2280, 3012)
Cohen & Steers Realty Shares
2008 Ed. (3766)
2006 Ed. (3602, 3656, 4568)
2005 Ed. (4493)
2001 Ed. (3446)
1998 Ed. (2648)

Cohen; Betsy Z.
1994 Ed. (3666)
Cohen Brothers Inc.
2006 Ed. (3468)
Cohen Financial
2005 Ed. (4016)
2004 Ed. (4083)
2003 Ed. (4057)
2000 Ed. (3723)
Cohen; I. R.
1994 Ed. (1723)
Cohen, Klingenstein & Marks
1998 Ed. (2277)
Cohen; Leonard
1993 Ed. (1696)
1992 Ed. (2051)
Cohen; Marc D.
1995 Ed. (1796, 1812)
1994 Ed. (1771, 1832)
1993 Ed. (1788)
Cohen; Marc I.
1997 Ed. (1855, 1902)
1996 Ed. (1780, 1829)
1995 Ed. (1806, 1851)
1994 Ed. (1813, 1833, 1834)
1990 Ed. (1767)
Cohen Milstein Hausfeld & Toll
1995 Ed. (2411)
Cohen; Oren
1997 Ed. (1930, 1942)
Cohen; Peter
1989 Ed. (2340)
Cohen; Sanford
1996 Ed. (1831)
Cohen, Shapiro, Polisker, Sheikman & Cohen
1995 Ed. (2653)
Cohen; Sir Ronald
2005 Ed. (3868)
Cohen; Sir Ronnie
2008 Ed. (4006)
Cohen; Stephen R.
1996 Ed. (958)
Cohen; Steven
2007 Ed. (4894)
2006 Ed. (2798, 4899)
2005 Ed. (3202)
Coherent
1992 Ed. (1315, 3677)
1991 Ed. (1019, 1030, 2846)
1990 Ed. (1123, 1126)
1989 Ed. (972, 978)
Coherent Communication Systems
2000 Ed. (3387)
1999 Ed. (3667)
Coherent Medical Group
1997 Ed. (2965)
Cohn & Co.; J. H.
1997 Ed. (21)
1994 Ed. (5)
1993 Ed. (11)
1992 Ed. (19)
Cohn & Wells
1999 Ed. (1861)
1997 Ed. (139)
Cohn & Wolfe
2004 Ed. (3998, 4007, 4014)
2003 Ed. (3995)
2002 Ed. (3808, 3859, 3860, 3863)
2001 Ed. (3926)
2000 Ed. (3628, 3643, 3653)
1999 Ed. (3911, 3926, 3933, 3936)
1998 Ed. (444, 1712, 2934, 2938, 2941, 3353)
1997 Ed. (3183, 3186, 3188)
1996 Ed. (3109)
1995 Ed. (3009)
1994 Ed. (2950)
1993 Ed. (2929, 2932)
1992 Ed. (3558, 3561, 3563, 3578)
1990 Ed. (2916)
J. H. Cohn
2000 Ed. (15)
JH Cohn
2000 Ed. (17)
Cohn; Lawrence
1997 Ed. (1853)
Cohn LLP; J. H.
2008 Ed. (8)
2007 Ed. (10)
2006 Ed. (14)
2005 Ed. (9)
Cohn; Mark A.
1995 Ed. (1717)
Cohn Restaurant Group
2007 Ed. (4134)
Coho Energy
2002 Ed. (2122)
COHR
2000 Ed. (2495, 2497)
1999 Ed. (2717, 2718)
Cohu Inc.
2002 Ed. (1520, 1522, 2004)
COI Communications
2008 Ed. (99, 102, 4096)
2007 Ed. (90, 92, 93, 94, 4059, 4735)
2002 Ed. (55)
Coil Steels
2002 Ed. (3779)
Coin Dominoes
2008 Ed. (4809)
Coinage
2007 Ed. (4385)
2006 Ed. (4320)
2005 Ed. (4372)
2004 Ed. (4424)
Coinmach Corp.
2006 Ed. (3811)
2005 Ed. (3721)
Coinmach Laundry Corp.
2005 Ed. (3721)
Coins
1999 Ed. (2605, 4315)
1991 Ed. (2262)
1990 Ed. (2401)
Coinstar Inc.
2006 Ed. (2074)
Cointreau
2004 Ed. (3274)
2002 Ed. (293)
Cointreau Liqueur
2004 Ed. (3266)
Coinvalores Fator FIA
2005 Ed. (3577)
Coinvest
2005 Ed. (1564)
Coit Drapery & Carpet Cleaners
2003 Ed. (883)
2002 Ed. (2007)
Coit Services Inc.
2008 Ed. (861, 4788)
Cojuangco; Eduardo Danding
2006 Ed. (4921)
Coke
2008 Ed. (567, 722)
2007 Ed. (618, 679)
2006 Ed. (572)
2004 Ed. (2128)
2000 Ed. (715)
1999 Ed. (703, 704)
1998 Ed. (450, 451, 1717)
1995 Ed. (696)
1989 Ed. (2505, 2506)
Coke; Cherry
1989 Ed. (2515)
Coke Classic
2008 Ed. (570)
2007 Ed. (620)
2006 Ed. (574)
Coke C2
2007 Ed. (3695)
Coke with Lime
2007 Ed. (4473)
Coke Zero
2008 Ed. (4456, 4461)
2007 Ed. (4473, 4477)
Cokem International
2006 Ed. (1214)
2004 Ed. (4434)
2003 Ed. (4441)
Coker College
1999 Ed. (1225)
1998 Ed. (796)
Cokerill Sambre
1990 Ed. (3456)
Cokoladovny
2001 Ed. (28, 77)
2000 Ed. (3585)
Cokoladovny Praha
1999 Ed. (3869)
Col. C. P. and Anna Crouchet Simpson
1993 Ed. (893, 1028)
Col-Hancock: Aggr. Income
1992 Ed. (4375)
Cola
2005 Ed. (2754, 2758)
2003 Ed. (4478, 4479)
2002 Ed. (943)
2000 Ed. (720)
1994 Ed. (3358)
Cola, diet
2005 Ed. (2754, 2758)
2003 Ed. (4478, 4479)
Colabor Income Fund
2008 Ed. (1636)
Colace
2003 Ed. (3198)
2001 Ed. (3073)
1993 Ed. (2408)
Colahan-Saunders Corp.
2002 Ed. (4297)
2001 Ed. (4285)
Colangelo
2008 Ed. (3594, 3598)
Colangelo Associates; Ted
1989 Ed. (2352)
Colangelo Synergy Marketing
2006 Ed. (3414)
2005 Ed. (3405)
2001 Ed. (3912)
Colas SA
2008 Ed. (1186)
2007 Ed. (1287)
Colasanti Corp.
2006 Ed. (1266)
2005 Ed. (1297)
2004 Ed. (1246)
2003 Ed. (1243)
2002 Ed. (1232, 1303)
1998 Ed. (944)
1997 Ed. (1167)
Colbert/Ball Tax Service
2008 Ed. (4592)
Colbert Nocom
1999 Ed. (2421)
Colbert Report
2008 Ed. (649)
Colbert; Steven
1995 Ed. (1831)
1993 Ed. (1810)
Colbond bv
2007 Ed. (3708)
2006 Ed. (3725)
2005 Ed. (3609)
2004 Ed. (3699)
2001 Ed. (3551)
Colbun
2004 Ed. (1775)
Colby
2002 Ed. (983)
Colby & Partners
2003 Ed. (175)
Colby College
2001 Ed. (1316, 1328)
1993 Ed. (1897)
Colby; David
2008 Ed. (966)
2007 Ed. (1070)
2006 Ed. (975)
2005 Ed. (990)
Colcom
1999 Ed. (4830)
1997 Ed. (3930)
Cold/allergy liquid/powder
1995 Ed. (2996)
Cold/allergy/sinus
2000 Ed. (3618, 3618)
Cold/allergy/sinus/cough tablets
2001 Ed. (2107)
Cold/allergy/sinus liquid
2000 Ed. (1715)
Cold/allergy/sinus liquids
2004 Ed. (1058, 3751)
Cold/allergy/sinus medicines
1994 Ed. (2937)
Cold, allergy, sinus remedies
2002 Ed. (1101, 2029, 2039, 3636, 3637, 3769)
1997 Ed. (3175)
1996 Ed. (2979, 3090)
Cold/allergy/sinus tablets
2004 Ed. (1058, 3751)
Cold/allergy/sinus tablets/cough drops
2001 Ed. (2083, 2085)
Cold/allergy sinus tablets/lozenges
2000 Ed. (1715)
Cold & Sinus Remedies
2000 Ed. (4212)
1997 Ed. (3172)
Cold and sinus tablets
1995 Ed. (2895, 2896)
Cold & sinus tablets/cough drops
1997 Ed. (1674, 3053, 3054, 3174)
1996 Ed. (1561, 3095, 3096)
Cold beverages
2002 Ed. (4725)
1993 Ed. (3660)
1991 Ed. (3440)
Cold caplets
1996 Ed. (2976, 2978)
Cold cereal
2001 Ed. (4405)
Cold cereals
2000 Ed. (2222)
1992 Ed. (2349, 3548)
1991 Ed. (1866)
1990 Ed. (1961)
Cold/cough remedies
1991 Ed. (3302, 3306, 3310)
Cold creams
1995 Ed. (2903)
Cold cuts, packaged
1994 Ed. (1993, 1995)
Cold Eeze
2003 Ed. (1878)
2002 Ed. (1803)
2001 Ed. (1939)
2000 Ed. (1133)
Cold-Eze
1999 Ed. (1219)
Cold/flu or fever
1996 Ed. (221)
Cold medicines
1994 Ed. (2808, 2938)
Cold Mountain
2000 Ed. (707)
1999 Ed. (692)
Cold products
2001 Ed. (2106)
Cold remedies
2005 Ed. (2233)
2004 Ed. (2127)
1993 Ed. (2811)
1992 Ed. (3545)
1991 Ed. (1456, 3304)
1990 Ed. (3532, 3534)
Cold remedies, adult
2003 Ed. (1054)
2002 Ed. (1096)
1996 Ed. (3609)
Cold remedies, children
2003 Ed. (1054)
2002 Ed. (1096)
Cold rolled sheet
2001 Ed. (4366)
Cold/sinus tablets
1996 Ed. (2045)
Cold Spring
1990 Ed. (751)
Cold Spring Brewing
1990 Ed. (752)
Cold Spring Harbor Laboratory
2000 Ed. (3344)
Cold Stone Creamery
2008 Ed. (2372, 2373, 2663, 2664, 2673, 3126, 3127, 3128, 4160, 4191)
2007 Ed. (1150, 2532, 2533, 3007, 3430, 4136, 4137, 4138, 4139)
2006 Ed. (2979, 4111, 4112)
2005 Ed. (2982)
2004 Ed. (2970, 4124)
2003 Ed. (2883)
2002 Ed. (2723)
Cold Storage Holdings Plc
1990 Ed. (1414)
Coldplay
2007 Ed. (3430, 3658)
Colds
2000 Ed. (2446)
Coldseal Ltd.
2002 Ed. (45, 3892)
Coldseal Windows
2000 Ed. (3692)
Coldwater Creek Inc.
2008 Ed. (887, 888, 998, 1010)

2006 Ed. (2075, 2085, 4601)
Coldwell Banker
2008 Ed. (4117)
2007 Ed. (4089)
2002 Ed. (3913)
1999 Ed. (2514)
1995 Ed. (1938)
1993 Ed. (2960)
1992 Ed. (3613, 3614, 3615)
1991 Ed. (2804, 2805, 2806)
1990 Ed. (2953, 2955)
1989 Ed. (2285)
Coldwell Banker Bain
2008 Ed. (4109)
Coldwell Banker Barbara Sue Seal
2008 Ed. (4109)
Coldwell Banker Commercial American Spectrum
2002 Ed. (3935)
Coldwell Banker Commercial Group
1991 Ed. (2375)
Coldwell Banker Commercial Real Estate Services
1990 Ed. (2954)
Coldwell Banker Devonshire Realty
2008 Ed. (4107)
2004 Ed. (4066)
Coldwell Banker Elite Realtors
2007 Ed. (2572)
Coldwell Banker Hunt Kennedy
2002 Ed. (3915)
2001 Ed. (3997)
2000 Ed. (3714)
1999 Ed. (3994)
Coldwell Banker JME Realty
2008 Ed. (4104, 4105)
Coldwell Banker Jon Douglas Co.
2000 Ed. (3713)
Coldwell Banker Legacy
2004 Ed. (4066)
Coldwell Banker Los Angeles
1995 Ed. (3061)
1994 Ed. (2999)
Coldwell Banker Moore & Co.
2002 Ed. (3910)
Coldwell Banker Prime Properties
2008 Ed. (4107)
Coldwell Banker Professional Realtors
2007 Ed. (2051)
Coldwell Banker Real Estate Corp.
2007 Ed. (4078)
2006 Ed. (4038)
2005 Ed. (4003)
2004 Ed. (908, 4072)
2003 Ed. (4050)
2002 Ed. (3926)
1989 Ed. (2286)
Coldwell Banker Real Estate Group
1990 Ed. (2949)
Coldwell Banker Real Estate Management Services
1990 Ed. (2972)
Coldwell Banker, Realty One
2000 Ed. (3716)
Coldwell Banker Residential Affiliates Inc.
1998 Ed. (1757, 1763)
1996 Ed. (1966)
Coldwell Banker Residential Brokerage
1995 Ed. (3059)
Coldwell Banker Residential Real Estate
1998 Ed. (2997)
Coldwell Banker Richard Smith Co.
2004 Ed. (4066)
Coldwell Banker Sammis
2000 Ed. (3711)
Coldwell Banker Schweitzer Real Estate Inc.
2001 Ed. (3995)
2000 Ed. (3708)
1999 Ed. (3992)
1998 Ed. (2996)
Coldwell Banker, The Real Estate Group
2008 Ed. (4107)
2007 Ed. (4074)
2004 Ed. (4070)
Coldwell Banker Triad, Realtors
2008 Ed. (4107)
Coldwell Banker United, Realtors
2008 Ed. (4110)
Cole Chemical & Distributing Inc.
2008 Ed. (3734, 4430)
2007 Ed. (3603, 3604, 4448)
2006 Ed. (3541)
Cole Engineering Inc.; S. W.
2008 Ed. (4399)
Cole Haan
2008 Ed. (1897)
2001 Ed. (4244, 4245)
Cole Haan's
2007 Ed. (4596)
Cole Hersee Co.
2002 Ed. (4791)
Cole; Jennifer
1997 Ed. (1883)
Cole; Lily
2008 Ed. (4898)
Cole; Lyndon B.
2008 Ed. (2632)
2007 Ed. (2499)
Cole Martinez Curtis & Assoc.
1990 Ed. (2287)
Cole Martinez Curtis & Associates
2007 Ed. (2960)
2000 Ed. (2741)
1999 Ed. (2994)
1998 Ed. (2218)
1997 Ed. (2474)
1996 Ed. (2346)
Cole National (Cole Vision, Eyelab)
1991 Ed. (2644)
Cole; Paulette
2008 Ed. (2990)
Cole Productions; Kenneth
1997 Ed. (2936)
Cole; Robert K.
2007 Ed. (1021)
2006 Ed. (930)
Cole + Russell Architects
2008 Ed. (3084)
Cole Taylor Bank
2008 Ed. (394)
2007 Ed. (416)
2006 Ed. (424)
2002 Ed. (539)
1996 Ed. (472)
1995 Ed. (443)
1994 Ed. (451, 506)
1991 Ed. (478)
Cole Taylor Banks
1993 Ed. (450)
1992 Ed. (636)
Cole Taylor Financial Group
1998 Ed. (287)
Cole Vision
2005 Ed. (3655)
2003 Ed. (3701)
2002 Ed. (3540)
Coleco
1992 Ed. (4326)
1989 Ed. (2858)
Coleco Industries
1990 Ed. (2682)
1989 Ed. (2855, 2856, 2857)
Coleman Co.
2008 Ed. (1876)
2007 Ed. (1842)
2003 Ed. (2953)
2001 Ed. (1108)
2000 Ed. (4088)
1999 Ed. (2540, 3168, 4018, 4378, 4379, 4631)
1998 Ed. (1780, 3027, 3350, 3351)
1997 Ed. (184, 2096, 3275, 3556, 3557, 3558)
1996 Ed. (3171, 3492, 3493)
1995 Ed. (167, 1950, 3078, 3428)
1994 Ed. (148, 1583, 1926, 3370, 3371)
1993 Ed. (164, 1909, 3367)
1992 Ed. (260, 2243, 4042)
1991 Ed. (1778, 3165)
1990 Ed. (196, 1862, 2974)
1989 Ed. (2296)
Coleman A. Young
1995 Ed. (2518)
1993 Ed. (2513)
1992 Ed. (2987)
1991 Ed. (2395)
1990 Ed. (2525)
Coleman & Associates Enterprises Inc.
2006 Ed. (3518, 4357)
Coleman & Pellet
1992 Ed. (3572)
1989 Ed. (2258)
Coleman (Fleetwood)
1992 Ed. (3644)
Coleman H. Peterson
1997 Ed. (3068)
Coleman Holdings
1999 Ed. (4017)
1998 Ed. (3597)
1997 Ed. (3774)
Coleman; Lewis W.
1997 Ed. (979, 1797)
Coleman Peterson
1996 Ed. (2989)
Coleman Research
1995 Ed. (2097)
Coleman; Robert
2006 Ed. (658, 3189)
Coleman Technologies, Inc.
2003 Ed. (2714, 2715)
2002 Ed. (2489)
Colemans Food Centres
2008 Ed. (1614, 2057)
Colenso Communications
1999 Ed. (133)
1997 Ed. (125)
1996 Ed. (120)
1995 Ed. (105)
1994 Ed. (106)
1993 Ed. (123)
1990 Ed. (133)
1989 Ed. (143)
Coler Memorial Hospital
1990 Ed. (2058)
1989 Ed. (1609)
Coles
1994 Ed. (3634)
Coles & Co. Ltd.; G. J.
1989 Ed. (22)
Coles Group Ltd.
2008 Ed. (1570)
Coles, Jr.; Jesse A.
1991 Ed. (3209)
Coles Meyer
1991 Ed. (15)
Coles Myer Ltd.
2008 Ed. (23, 1569)
2007 Ed. (18, 1592, 4635)
2006 Ed. (24, 1553, 1557)
2005 Ed. (18, 1656)
2004 Ed. (25, 1630, 1632, 1634, 1640, 1642, 1648)
2003 Ed. (1616, 1620)
2002 Ed. (32, 1578, 1586, 1590, 1591, 1594, 2708, 4532)
2001 Ed. (14, 1629, 1632, 1633)
2000 Ed. (325, 1386, 1387, 1388)
1999 Ed. (1584)
1997 Ed. (282, 1361)
1996 Ed. (253, 254, 1294, 2562, 3242)
1995 Ed. (200, 1353, 1354, 1355)
1994 Ed. (13, 247, 1323, 1324)
1993 Ed. (23, 261, 1279, 1280)
1992 Ed. (40, 1574, 1575, 4181)
1991 Ed. (1253, 1254, 1255, 3264, 3265)
1990 Ed. (21, 1331)
1989 Ed. (2333)
Coles Myer International Pty. Ltd.
2004 Ed. (1634)
2002 Ed. (1594)
Colestipol/Colestid
1991 Ed. (931)
Coley Porter Bell
2002 Ed. (1957)
1999 Ed. (2841)
1996 Ed. (2233, 2234, 2236)
1995 Ed. (2227, 2228)
Colfor Manufacturing
2005 Ed. (3461)
Colgate
2008 Ed. (711, 3877, 3884, 4699, 4700)
2007 Ed. (3811, 3819, 4782)
2006 Ed. (35, 3800, 4775)
2005 Ed. (4721)
2004 Ed. (4743, 4745)
2003 Ed. (1994, 4397, 4398, 4766, 4767, 4768, 4770, 4771)
2002 Ed. (3644, 4261, 4638, 4639)
2001 Ed. (4227, 4572, 4573, 4574, 4575, 4576, 4577, 4578)
2000 Ed. (1655, 1656, 3319, 3506, 4264)
1999 Ed. (1829, 3772, 3773, 3779, 4295, 4296, 4616, 4617)
1998 Ed. (744, 1254, 2803, 2804, 3582, 3583)
1997 Ed. (1588, 3059, 3061, 3063)
1996 Ed. (1525, 2983, 2985, 2988, 3708, 3709)
1995 Ed. (2901, 3628, 3630, 3631)
1994 Ed. (2812, 2814, 2819, 3552)
1993 Ed. (740, 1469, 1471, 3589)
1992 Ed. (46, 54, 61, 83, 1779, 1780, 1781, 3400, 3403, 3404)
1990 Ed. (2808)
Colgate/Colgate Tartar-Control
1991 Ed. (2495)
Colgate/Flourigard
1991 Ed. (2495)
Colgate Motion
2004 Ed. (4741)
Colgate Navigator
2003 Ed. (4764)
2002 Ed. (4637)
Colgate Pahnolive (India) Ltd.
1996 Ed. (754)
Colgate-Palmolive Co.
2008 Ed. (32, 37, 56, 58, 68, 69, 72, 75, 1487, 1526, 1532, 2351, 2360, 2367, 3099, 3100, 3101, 3108, 3189, 3539, 3841, 3873, 3874, 3875, 3883, 4496, 4946)
2007 Ed. (27, 33, 35, 38, 51, 54, 67, 1493, 1542, 2219, 2220, 2227, 2973, 2974, 2976, 2979, 2980, 2987, 2989, 3410, 3803, 3804, 3806, 3808, 3809, 3810, 3813, 3816, 3818)
2006 Ed. (28, 37, 42, 44, 47, 52, 60, 63, 65, 76, 79, 81, 103, 105, 1215, 1418, 1514, 1782, 1850, 2291, 2292, 2860, 2958, 2960, 2962, 2963, 2966, 3798, 3799, 3803, 3806, 3807, 3808, 4462)
2005 Ed. (20, 22, 24, 35, 37, 40, 45, 53, 56, 58, 66, 68, 70, 72, 1255, 1626, 2226, 2227, 2963, 2965, 2966, 2968, 2970, 3371, 3487, 3710, 3711, 3715, 3717, 3718, 3719, 4388, 4389, 4459)
2004 Ed. (27, 29, 31, 37, 43, 46, 51, 58, 61, 63, 66, 72, 75, 77, 99, 1225, 1553, 1604, 1616, 1641, 2121, 2122, 2956, 2958, 2960, 2961, 2963, 3801, 3807, 4440, 4441, 4487, 4558, 4563, 4742, 4982)
2003 Ed. (648, 650, 651, 652, 750, 991, 995, 1217, 1578, 1996, 1998, 2004, 2081, 2082, 2083, 2430, 2757, 2871, 2872, 3462, 3766, 3767, 3768, 3771, 3772, 3784, 3786, 3787, 3793, 4399, 4537, 4765, 4769)
2002 Ed. (38, 237, 990, 1559, 1566, 1967, 1968, 2705, 3639, 3643, 4302, 4305, 4352, 4875)
2001 Ed. (16, 18, 25, 31, 41, 49, 53, 54, 56, 57, 59, 65, 67, 70, 72, 85, 88, 91, 1179, 1180, 1236, 1453, 1932, 1991, 1999, 2718, 2719, 3711, 3720, 3721, 3722)
2000 Ed. (195, 1094, 1242, 1243, 1592, 1654, 2212, 4068, 4071, 4072, 4075)
1999 Ed. (1178, 1344, 1345, 1600, 1830, 1838, 3777, 4108, 4350, 4352)
1998 Ed. (68, 926, 1133, 2052, 2807, 3327, 3328, 3329)
1997 Ed. (162, 1006, 1316, 1599, 2328, 3056, 3534, 3535, 3536)
1996 Ed. (31, 155, 981, 1342, 1462, 1467, 1523, 2200, 3469, 3470)
1995 Ed. (141, 1894, 2897, 3151, 3409, 3410, 3411, 3413)
1994 Ed. (979)
1993 Ed. (29, 33, 41, 42, 46, 47, 55, 56, 1421, 2809, 2810, 2814, 3346, 3347, 3348)

1992 Ed. (87, 903, 34, 47, 56, 64, 70, 73, 84, 96, 1778, 2411, 2537, 3395, 3397, 4008, 4009, 4010)
1991 Ed. (9, 22, 30, 35, 36, 39, 42, 43, 52, 55, 1409, 1913, 1976, 2581, 2711, 2712, 2714, 3150, 3151)
1990 Ed. (1488, 2018, 2128, 2810, 3310, 3311, 3312)
1989 Ed. (41, 2188, 2508, 2509)
Colgate Palmolive (India) Ltd.
1993 Ed. (715)
Colgate Palmolive Philipines
1992 Ed. (71)
Colgate Peroxyl
2003 Ed. (1995)
2002 Ed. (3404, 3405)
Colgate Plus
2003 Ed. (4763)
1995 Ed. (3628)
Colgate Precision
2003 Ed. (1989)
Colgate Simply White
2004 Ed. (2128, 4741, 4744)
Colgate Tartar
1990 Ed. (1489)
Colgate Tartar Control
1995 Ed. (3631)
Colgate Tartar Paste Tube 6.4 oz
1996 Ed. (3710)
Colgate Toothpaste
1997 Ed. (3764)
Colgate Toothpaste 7 oz
1996 Ed. (3710)
Colgate Total
2008 Ed. (4699)
2004 Ed. (4743)
2003 Ed. (1989, 1994, 4763, 4767, 4768)
2002 Ed. (4637, 4638)
1999 Ed. (1827)
Colgate Total Brush
1997 Ed. (1587)
Colgate Total Fresh Stripe
2003 Ed. (4768)
2002 Ed. (4638)
Colgate Total Professional
2003 Ed. (4764)
Colgate Total Toothpaste
2001 Ed. (1988)
Colgate 2-in-1
2008 Ed. (4699)
2003 Ed. (4768)
Colgate University
2008 Ed. (1067)
2007 Ed. (4597)
2001 Ed. (1316)
1993 Ed. (893)
Colgate Wave
2003 Ed. (4764)
2002 Ed. (4637)
Colin Blaydon
2004 Ed. (819)
Colin Bradbury
2000 Ed. (2139)
1999 Ed. (2282)
1997 Ed. (1959)
1996 Ed. (1853)
Colin Devine
2004 Ed. (3165)
Colin Farrell
2008 Ed. (4884)
2007 Ed. (4920)
2005 Ed. (4885)
Colin Fell
2000 Ed. (2124)
1999 Ed. (2337)
Colin Gibson
1999 Ed. (2306)
Colin McRae
2005 Ed. (268)
2003 Ed. (299)
Colin Powell
2002 Ed. (3077)
2001 Ed. (3943)
Colin Tennant
2000 Ed. (2092, 2128)
1999 Ed. (2341)
CollabNet
2008 Ed. (1144)
2007 Ed. (1225, 1253)
2006 Ed. (1133)
2005 Ed. (1144)
Collaborative Research
1992 Ed. (892)
1989 Ed. (733)
CollabraSpace
2008 Ed. (1126)
Collabria
2001 Ed. (4762)
Collagen
1996 Ed. (741)
1995 Ed. (667)
1994 Ed. (712)
1992 Ed. (893)
CollaGenex Pharmaceuticals, Inc.
2003 Ed. (2728)
Collateral Mortgage
1994 Ed. (2547)
Collateralized Mortgage Obligation Trust
1990 Ed. (1357)
Collateralized Mortgage Securities Corp.
1990 Ed. (1357)
Collazo Carling & Mish
2004 Ed. (3237)
2003 Ed. (3187)
Collazo Enterprises Inc.
2003 Ed. (2750)
2002 Ed. (2545, 2546)
2001 Ed. (2714)
2000 Ed. (2449, 2467, 2468, 4005)
1999 Ed. (2683, 4284)
Colle & McEvoy
1999 Ed. (3946)
Colle & McVoy
2001 Ed. (211)
1998 Ed. (37)
1997 Ed. (51, 119)
Colle & McVoy Advertising Agency
1989 Ed. (59)
Colle + McVoy
2004 Ed. (125)
Colleagues
2000 Ed. (1677)
Colleagues Direct Marketing
1997 Ed. (1615)
1996 Ed. (1551)
1995 Ed. (1563)
1994 Ed. (1534)
1993 Ed. (1487)
Colleagues Group
2001 Ed. (2025)
Collect-A-Card
1995 Ed. (3648)
Collectables
1998 Ed. (3486)
Collectible figurines
1997 Ed. (1049)
Collectibles
1996 Ed. (2491)
1992 Ed. (4390)
Collecting Bank NA
1991 Ed. (2814)
Collection and transfer
1992 Ed. (2379)
The Collection House
1997 Ed. (1048)
Collections
2001 Ed. (2760)
2000 Ed. (2503)
Collective Bancorp
1998 Ed. (3035, 3153)
1997 Ed. (3280)
1995 Ed. (3084)
1994 Ed. (3536)
1993 Ed. (3218)
Collective Bank
1999 Ed. (4601)
1998 Ed. (3144, 3556)
Collective Bankcorp
1996 Ed. (3177)
Collective Bond
1996 Ed. (626, 627)
1994 Ed. (581, 582)
Collective Federal Savings Bank
1990 Ed. (428)
Colleen Barrett
2004 Ed. (2486)
Colleen Kvetko
2006 Ed. (4979, 4980)
Colleen Wegman
2007 Ed. (4161)
College
2001 Ed. (3794)
College & university teachers
1993 Ed. (2739)
College basketball
1989 Ed. (2523)
"College Basketball Game"
2001 Ed. (1100)
College Board Property
2008 Ed. (3358)
2007 Ed. (3228)
College football
1989 Ed. (2523)
"College Football Game"
2001 Ed. (1100)
College Hill
2002 Ed. (3862, 3866)
2000 Ed. (3652)
College Hill Associates
1997 Ed. (3197)
1995 Ed. (3019)
1994 Ed. (2959)
College Inn
2004 Ed. (4455)
2003 Ed. (4483)
1998 Ed. (636)
College Nannies & Tutors
2008 Ed. (169)
College of American Pathologists
1998 Ed. (194)
College of Creative Studies
2008 Ed. (775)
College of Idaho
1995 Ed. (1065)
College of New Jersey
2008 Ed. (1086)
2001 Ed. (1325)
2000 Ed. (1139)
1999 Ed. (1230)
1998 Ed. (801)
College of Notre Dame
1994 Ed. (1051)
College of Saint Benedict
2006 Ed. (3719)
The College of Saint Catherine
2006 Ed. (3719)
College of Santa Fe
1998 Ed. (797)
1997 Ed. (1060)
1996 Ed. (1044)
College of St. Catherine
1989 Ed. (956)
College of St. Scholastica
1995 Ed. (1058)
College of the Atlantic
2008 Ed. (1069)
College of the Holy Cross
2008 Ed. (1067)
2001 Ed. (1316)
College of the Ozarks
1999 Ed. (1223)
1993 Ed. (1023)
College of William & Mary
2008 Ed. (784, 1062, 1065)
2007 Ed. (805, 832, 1163)
2006 Ed. (720)
College of William & Mary; Endowment Association of the
1997 Ed. (1065)
College Park at Princeton Forrestal
1997 Ed. (2377)
College Park Carwash Inc.
2006 Ed. (364, 365)
College professor
2007 Ed. (3731)
College Ret. Equities Fund
1999 Ed. (1669, 2439)
1997 Ed. (2005)
College Retirement Equities Fund
1998 Ed. (1690, 1691)
1995 Ed. (1262)
College Retirement Equities Fund; Teachers Insurance & Annuity Association-
2008 Ed. (1475, 3306, 3309, 3379)
2007 Ed. (1559, 2563, 2715, 3130, 3138, 3156, 3160, 3253)
2006 Ed. (1529, 2725, 3118, 3120, 3123, 3124, 3125, 3196)
2005 Ed. (171, 1640, 3051, 3105, 3114, 3115, 3118, 3119, 3211, 3218, 3906)
College Station-Bryan, TX
2007 Ed. (3375)
College teachers
1999 Ed. (3903)
1997 Ed. (3177)
College textbooks
2001 Ed. (976)
College, university faculty
1989 Ed. (2079)
Colleges
2007 Ed. (3717)
2004 Ed. (2292)
1993 Ed. (3543)
Colleges & universities
1995 Ed. (3314)
1994 Ed. (2366, 3235)
1992 Ed. (3664)
Collegiate Funding Services Inc.
2007 Ed. (2062)
2006 Ed. (380)
Collegiate Pacific Inc.
2008 Ed. (4360, 4429)
2007 Ed. (2753)
Collett Dickenson Pearce
1991 Ed. (102)
1989 Ed. (110)
The Collett Dickenson Pearce International Group Ltd.
1994 Ed. (996)
Colley; James E.
1992 Ed. (3139)
Colley's Pools & Spas
2005 Ed. (4027)
Collier
1990 Ed. (1806)
Collier County, FL
1998 Ed. (1201)
Colliers ABR Inc.
2000 Ed. (3729)
1999 Ed. (4011)
1998 Ed. (3019)
1997 Ed. (3273)
Colliers Bennett & Kahnweiler Inc.
2002 Ed. (3909)
Colliers, Houston & Co.
2002 Ed. (3914)
1999 Ed. (3993)
1998 Ed. (2999)
Colliers International
2008 Ed. (4108, 4123)
2007 Ed. (4075, 4103)
2006 Ed. (4035, 4052)
2005 Ed. (4000, 4021)
2004 Ed. (4067, 4088)
2003 Ed. (4049, 4062)
Colliers International Property Consultants Inc.
2002 Ed. (3933)
Colliers Lanard & Axilbund
2000 Ed. (3715, 3730)
1999 Ed. (3995)
Colliers Macaulay Nicolls
1990 Ed. (2951)
Colliers Seeley International Inc.
2002 Ed. (3912)
Collin County, TX
1996 Ed. (2538)
Collin Raye
1995 Ed. (1120)
Collin, TX
2000 Ed. (1593)
1998 Ed. (191)
Collins
1991 Ed. (359)
1990 Ed. (3268)
Collins & Aikman Corp.
2008 Ed. (3217)
2007 Ed. (365, 3076, 4745, 4746)
2006 Ed. (340, 3043, 3395, 4727, 4728, 4819)
2005 Ed. (324, 3040, 3397, 4680, 4681, 4682)
2004 Ed. (323, 324, 1580, 1591, 3027, 3365, 4708, 4709, 4710)
2003 Ed. (4728)
2001 Ed. (4507, 4508, 4513)
1998 Ed. (240, 1555, 3519, 3521)
1990 Ed. (2720)
1989 Ed. (2816)
Collins & Aikman Decorative Fabrics Group
1995 Ed. (1954, 3607)

Collins & Aikman Group
1997 Ed. (837, 3734)
1996 Ed. (3677, 3678, 3682)
1995 Ed. (1468, 3597, 3598)
1994 Ed. (1433, 3512, 3514)
Collins & Aikman Products Co.
2007 Ed. (4745, 4746)
2006 Ed. (4727, 4728)
2005 Ed. (4681, 4682)
2004 Ed. (4709, 4710)
Collins Associates
1992 Ed. (2741)
Collins Barrow
1999 Ed. (4)
1996 Ed. (8, 9)
1995 Ed. (7)
1992 Ed. (8, 9)
Collins Barrow Maheu Noiseux
1991 Ed. (2)
1990 Ed. (5)
1989 Ed. (6, 7)
Collins Community Credit Union
2008 Ed. (2232)
2007 Ed. (2117)
2006 Ed. (2196)
2005 Ed. (2101)
2004 Ed. (1959)
2003 Ed. (1919)
2002 Ed. (1865)
Collins Foods International
1992 Ed. (3715)
1991 Ed. (2859, 2874, 2884)
1990 Ed. (3004, 3018)
Collins Futures Fund I
1989 Ed. (962)
Collins Jr.; Arthur
2008 Ed. (937)
2007 Ed. (994)
2006 Ed. (904)
2005 Ed. (969)
Collins; Michelle
2008 Ed. (184)
Collins Oldsmobile
1996 Ed. (282)
1995 Ed. (282)
Collins; Phil
1996 Ed. (1093, 1095)
1992 Ed. (1348)
Collins; Robert
1997 Ed. (2003)
Collins Stewart
2001 Ed. (1036)
Collins Stewart Tullett
2007 Ed. (2579)
Collins; Tim
2005 Ed. (3201)
Collum Mechanical Construction
2008 Ed. (1325)
Collyrium
1995 Ed. (1760)
Collyrium Fresh
1995 Ed. (1602)
Colm Doyle
2008 Ed. (4884)
2007 Ed. (4920)
Cologne
2005 Ed. (2234)
2003 Ed. (2553)
1997 Ed. (3782)
Cologne & lotions, men's
2002 Ed. (4633)
Cologne & perfume, women's
2002 Ed. (3633)
Cologne Fairgrounds
1992 Ed. (1443)
Cologne, Germany
1992 Ed. (3293)
Cologne Re
1998 Ed. (3039)
Cologne Reinsurance Co.
1999 Ed. (4034)
1996 Ed. (3188)
1995 Ed. (3088)
1994 Ed. (3042)
1993 Ed. (2994)
1991 Ed. (2132, 2133)
Cologne Reinsurance Co. (Bermuda) Ltd.
1995 Ed. (901)
1994 Ed. (860)
1993 Ed. (848)
Cologne Reinsurance Group
1992 Ed. (3660)
Cologne, West Germany
1991 Ed. (2632)
Colombia
2008 Ed. (1019, 1032, 1033, 1034, 2205, 2822, 3593, 3848, 3999)
2007 Ed. (1139, 1151, 1152, 1153, 1854, 2095, 2829, 3429, 3768, 3976, 4599)
2006 Ed. (801, 1050, 1062, 1063, 1064, 2151, 2825, 3411, 3771, 3923, 4508)
2005 Ed. (886, 1041, 1051, 1052, 1053, 2057, 2539, 2540, 2824, 3402, 3672, 3860)
2004 Ed. (897, 1040, 1050, 1051, 1052, 2823, 3757, 3915)
2003 Ed. (871, 1035, 1045, 1046, 2214, 2215, 2702, 3711, 3892)
2002 Ed. (679, 742, 1820, 3521)
2001 Ed. (518, 1088, 1137, 1227, 1298, 1307, 1308, 1341, 1951, 2156, 2369, 2370, 2554, 2696, 2873, 3299, 3610, 3821, 3846, 4309, 4591, 4592)
2000 Ed. (497, 498, 500, 501, 502, 1614, 1902, 2348, 2368, 2369, 4237)
1999 Ed. (385, 1133, 1212, 1763, 1785, 2105, 4130)
1998 Ed. (2749, 3113)
1997 Ed. (1546, 1557, 1791, 3371)
1996 Ed. (1481, 3662)
1995 Ed. (1043, 1522, 1740, 1741, 1742, 2007, 2014, 2026, 2033, 3578, 3634)
1994 Ed. (1490)
1993 Ed. (1964, 1978, 1984, 1988, 2367)
1992 Ed. (1738, 2171, 2307, 2314, 2330, 2336, 4240, 4320)
1991 Ed. (1384, 1831, 1838, 1847, 1851)
1990 Ed. (1451, 1830, 1922, 1937)
1989 Ed. (1180)
Colombia Telecommunication
2007 Ed. (1851)
Colombia Telecomunicaciones
2008 Ed. (33)
2007 Ed. (28)
Colombo Inc.
2008 Ed. (4998)
2003 Ed. (4998)
1998 Ed. (3782)
1996 Ed. (1977)
1995 Ed. (1946)
Colombo Dry Docks Ltd.
1996 Ed. (1052, 1053)
1994 Ed. (1062)
Colombo Fort Land & Building Co. Ltd.
1996 Ed. (1053)
Colombo International Airport
2005 Ed. (883)
Colombo Marsala
2006 Ed. (4965)
2005 Ed. (4959, 4962)
2004 Ed. (4967, 4970)
Colomer USA
2003 Ed. (2665)
Colomsat
2001 Ed. (2985)
Colon; Gretchen
2006 Ed. (2516)
Colon, Panama
2003 Ed. (3916)
Colon/rectum cancer
1995 Ed. (887, 888)
Coloney Communications & King Holding Co.
1997 Ed. (871)
Colonial
2008 Ed. (3257)
2007 Ed. (3112)
2001 Ed. (1631, 1818)
1997 Ed. (565)
1995 Ed. (557)
Colonial A
1999 Ed. (3534)
Colonial Advanced Strategic Gold
1990 Ed. (2373)
Colonial Advanced Strategies Gold
1989 Ed. (1849)
Colonial Advisory Services
2000 Ed. (2815, 2817)
Colonial Banc Group Inc.
1999 Ed. (1446)
Colonial Bancgroup
2008 Ed. (345)
2007 Ed. (383)
2005 Ed. (448)
2003 Ed. (627, 628)
2002 Ed. (445)
2000 Ed. (394, 420, 526, 2486)
Colonial Bank
1998 Ed. (336)
1997 Ed. (389)
1996 Ed. (422)
1995 Ed. (398)
1994 Ed. (405)
1993 Ed. (415)
1992 Ed. (575)
Colonial Bank, Nevada Region
2005 Ed. (1898)
Colonial Bank-Northern Region (Montgomery)
1991 Ed. (417)
Colonial Beef Co.
1992 Ed. (2991, 3485)
The Colonial Center
2005 Ed. (4444)
Colonial Center Savings Bank, FSB
1990 Ed. (3102)
Colonial Central Savings Bank
1992 Ed. (3800)
1991 Ed. (2921)
1990 Ed. (3119)
Colonial Commercial Corp.
2006 Ed. (2741)
Colonial Data
1996 Ed. (208)
Colonial Data Technologies
1998 Ed. (1877)
1997 Ed. (229, 233)
Colonial Dodge
1996 Ed. (270)
1994 Ed. (267)
1993 Ed. (268)
1992 Ed. (382)
1991 Ed. (277)
1990 Ed. (334, 341)
Colonial Downs Holdings
1999 Ed. (4165)
Colonial Equity Income Trust
1990 Ed. (2368)
Colonial First State Investment Managers
2002 Ed. (2818)
Colonial First State Investments
2005 Ed. (3224)
2001 Ed. (2880)
Colonial Fund A
1999 Ed. (3509)
Colonial Fund B
1999 Ed. (3532)
Colonial Group
1991 Ed. (3147)
1990 Ed. (1294)
Colonial High Income Municipal
1991 Ed. (2940)
Colonial High Securities A
1994 Ed. (2621)
Colonial High Yield
1990 Ed. (2388)
Colonial High Yield A
1999 Ed. (753)
1997 Ed. (688)
Colonial High Yield Securities
1994 Ed. (2610)
Colonial High-Yield Securities A
2000 Ed. (766)
1996 Ed. (2781)
Colonial High Yield See
1991 Ed. (2563)
Colonial Homes
2005 Ed. (1197)
2004 Ed. (1170)
2003 Ed. (1162)
Colonial L & A
1993 Ed. (2198)
Colonial Life
1994 Ed. (2267)
Colonial Life & Accident
1999 Ed. (2925, 2930)
1998 Ed. (2151)
1997 Ed. (2427)
1996 Ed. (2300)
Colonial Life & Accident Insurance Co.
2008 Ed. (3273, 3274)
2007 Ed. (3123)
2002 Ed. (2889)
2001 Ed. (2932)
2000 Ed. (2676)
Colonial Management
1998 Ed. (2654, 2658)
Colonial Mills
2007 Ed. (4225)
Colonial Mutual Life Assurance Society
1997 Ed. (2391, 2399)
Colonial National Bank USA
1997 Ed. (449)
1996 Ed. (361, 485)
1995 Ed. (454)
1994 Ed. (342)
Colonial Natural Resources A
1995 Ed. (2723)
Colonial Natural Resources B
1995 Ed. (2723)
Colonial Newport Tiger T
1997 Ed. (2875)
Colonial Penn
1994 Ed. (2222)
Colonial Penn Group Inc.
1990 Ed. (2281)
Colonial Penn Insurance Co.
1996 Ed. (2267)
Colonial Pipeline Co.
2007 Ed. (3961)
2006 Ed. (3911)
2005 Ed. (3842)
2004 Ed. (3904)
2003 Ed. (3878, 3879, 3882)
2001 Ed. (3799, 3800, 3801, 3802, 3803)
2000 Ed. (2311, 2313, 2315)
1999 Ed. (3828, 3830, 3831, 3834, 3835)
1998 Ed. (2857, 2859, 2860, 2862, 2863, 2864, 2865, 2866)
1997 Ed. (3121, 3122, 3123, 3124, 3125)
1996 Ed. (3038, 3041, 3042, 3043, 3044)
1995 Ed. (2940, 2942, 2943, 2944, 2945, 2947, 2949, 3304, 3305, 3312)
1994 Ed. (2876, 2877, 2880, 2881, 2883, 3222, 3223, 3224)
1993 Ed. (2855, 2856, 2858, 2860, 2861, 3217, 3225)
1992 Ed. (3463, 3464, 3466, 3468, 3923, 3924)
1991 Ed. (2743, 2745, 2746, 2747)
1989 Ed. (2232, 2233)
Colonial Press
1999 Ed. (2678)
Colonial Properties Trust
2007 Ed. (283, 2223)
2000 Ed. (4022)
Colonial Savings
1990 Ed. (2471)
Colonial Savings & Loan Association, FA
1998 Ed. (3567)
Colonial Select Value A
1999 Ed. (3520)
Colonial State
2001 Ed. (1956)
Colonial State Bank
2002 Ed. (524, 586)
2000 Ed. (464)
Colonial Storage Centers
1996 Ed. (3395)
1992 Ed. (3909)
Colonial Strategic Income A
1999 Ed. (747)
1995 Ed. (2732)
Colonial Subaru
1996 Ed. (288)
1995 Ed. (285)
Colonial Supplemental Insurance
2008 Ed. (2073)

Colonial Tax-Exempt
2000 Ed. (3285)
Colonial Tax Exempt A
2000 Ed. (768)
Colonial Tax-Exempt High Yield
1989 Ed. (1855)
Colonial Utilities Fund A
1994 Ed. (2618)
Colonial VIP High-Yield Municipal Bond
1992 Ed. (3147)
Colonial Williamsburg
1995 Ed. (1930)
Colonial Williamsburg Foundation
2005 Ed. (3605)
2000 Ed. (3343)
ColonialWebb Contractors
2008 Ed. (1249, 1337)
Colonnese Lintas
1996 Ed. (61)
1994 Ed. (69)
1993 Ed. (79)
1992 Ed. (119)
1991 Ed. (73)
Colonnese Lintas Argentina
1995 Ed. (45)
1990 Ed. (76)
Colony Bay Coal Co.
1989 Ed. (1997)
Colony Homes
2005 Ed. (1185, 1225)
2004 Ed. (1151, 1199)
2003 Ed. (1149, 1194)
2002 Ed. (1178, 2687)
1999 Ed. (1325)
1998 Ed. (875, 893)
Colony Plaza
1990 Ed. (2731)
Colony Printing & Labeling Inc.
2005 Ed. (1794)
2004 Ed. (1734)
Colony Surf Hotel
1993 Ed. (2090)
1992 Ed. (2482)
Coloplast A/S
2008 Ed. (574, 1706, 2908)
2007 Ed. (1681)
Color Associates
1996 Ed. (3482)
1995 Ed. (3422)
1993 Ed. (3363)
1992 Ed. (4033)
Color Classics
1998 Ed. (2049)
1996 Ed. (2197)
1995 Ed. (2182)
Color Converting Industries Co.
2006 Ed. (3045)
2001 Ed. (2876, 2878)
Color cosmetics
2001 Ed. (1920)
Color Ferries
1996 Ed. (1596)
Color-Glo International Inc.
2007 Ed. (2668)
2005 Ed. (2703)
2004 Ed. (2709)
2002 Ed. (4757)
Color Kinetics
2006 Ed. (1100)
2005 Ed. (1254)
Color Line
2001 Ed. (2414)
Color Me Mine
2002 Ed. (2362)
Color Me Mine Enterprises Inc.
2007 Ed. (4366)
2006 Ed. (817)
2005 Ed. (902)
2004 Ed. (911)
The Color of Water
2000 Ed. (710)
1999 Ed. (695)
Color Purple
1992 Ed. (4249)
Color Shampoo
1990 Ed. (1960)
Color Spot Nurseries Inc.
2003 Ed. (1958)
2001 Ed. (281)
Color Stay; Revlon
2006 Ed. (3286)
Color Systems Technology Inc.
1990 Ed. (889)
1989 Ed. (2669)
Color Tile
1999 Ed. (388, 389)
1998 Ed. (1968)
1996 Ed. (2132)
1994 Ed. (1912)
1993 Ed. (781)
Color Your Carpet Inc.
1992 Ed. (2223)
Colorado
2008 Ed. (1012, 2494, 2897, 3134, 3136, 3280, 3351, 3779, 3830, 3885, 4009, 4326, 4355, 4361, 4463, 4596, 4733, 4916)
2007 Ed. (1131, 2272, 2377, 3014, 3015, 3017, 3210, 3685, 3749, 3824, 3992, 4001, 4021, 4371, 4396, 4687, 4804)
2006 Ed. (1043, 1095, 1096, 2432, 2755, 2982, 2986, 3131, 3259, 3690, 3750, 3934, 3943, 3982, 3983, 4305, 4332, 4476, 4933)
2005 Ed. (397, 400, 402, 406, 408, 413, 782, 1034, 1070, 1099, 2916, 2984, 2985, 2986, 3300, 3318, 3524, 3589, 3652, 3871, 3882, 4186, 4187, 4188, 4195, 4196, 4203, 4206, 4226, 4235, 4237, 4362, 4601, 4816, 4900, 4928, 4929)
2004 Ed. (387, 389, 394, 439, 775, 805, 895, 1028, 1037, 1038, 1066, 1067, 1073, 1091, 1093, 1097, 2000, 2293, 2296, 2305, 2568, 2971, 2972, 2974, 2975, 2976, 2977, 2978, 2979, 2988, 3037, 3090, 3264, 3282, 3294, 3299, 3477, 3675, 3743, 3923, 4252, 4253, 4254, 4255, 4270, 4293, 4304, 4412, 4453, 4499, 4500, 4502, 4503, 4505, 4509, 4701, 4702, 4818, 4848, 4884, 4887, 4900, 4904, 4905, 4948, 4949, 4980, 4993)
2003 Ed. (388, 389, 409, 412, 414, 443, 444, 786, 1025, 1033, 1068, 2145, 2276, 2751, 2829, 2884, 2885, 3222, 3238, 3628, 3700, 4249, 4250, 4251, 4253, 4254, 4255, 4256, 4297, 4400, 4418, 4419, 4482, 4723, 4724, 4843, 4868, 4896, 4910, 4913, 4914, 4944, 4945)
2002 Ed. (446, 454, 462, 467, 470, 472, 668, 869, 950, 952, 2008, 2230, 2548, 2552, 2892, 3088, 3090, 3091, 3112, 3113, 3114, 3123, 3124, 3125, 3126, 3129, 3201, 3202, 3273, 3734, 4114, 4115, 4152, 4153, 4159, 4161, 4162, 4163, 4164, 4166, 4167, 4168, 4169, 4170, 4195, 4196, 4286, 4328, 4371, 4372, 4376, 4520, 4522, 4523, 4551, 4605, 4606, 4607, 4732, 4762, 4764, 4777, 4778, 4892, 4909, 4910, 4911)
2001 Ed. (412, 413, 415, 429, 992, 993, 1084, 1085, 1086, 1131, 1284, 1288, 1290, 1346, 1370, 1371, 1375, 1417, 1422, 1426, 1979, 1980, 2049, 2050, 2286, 2287, 2591, 2592, 2612, 2613, 2626, 2705, 3043, 3104, 3123, 3173, 3294, 3327, 3330, 3354, 3524, 3525, 3526, 3527, 3573, 3574, 3582, 3583, 3589, 3590, 3597, 3747, 3748, 3768, 3769, 3781, 3785, 3849, 3898, 3913, 3963, 3964, 3994, 4012, 4211, 4212, 4223, 4228, 4260, 4261, 4272, 4273, 4274, 4311, 4335, 4336, 4406, 4409, 4410, 4412, 4414, 4505, 4580, 4581, 4595, 4614, 4657, 4710, 4719, 4782, 4800, 4837, 4838, 4839, 4923)
2000 Ed. (2452, 2475, 2506, 2608, 2961, 2964, 2966, 3007, 3688, 4095, 4098, 4099, 4110, 4111, 4232, 4235, 4356, 4391, 4393)
1999 Ed. (1209, 1848, 2811, 3197, 3222, 3225, 3227, 3258, 3595, 3975, 4401, 4402, 4403, 4404, 4410, 4424, 4450, 4454, 4581, 4582, 4727, 4764, 4765)
1998 Ed. (472, 1024, 1945, 1977, 2059, 2386, 2406, 2452, 3378, 3381, 3385, 3388, 3392, 3511, 3512, 3717)
1997 Ed. (331, 1573, 2651, 3570, 3571, 3582, 3622, 3623, 3726, 3727, 3785, 3882)
1996 Ed. (2508, 2856, 3513, 3528, 3529, 3542, 3580, 3581, 3667, 3668, 3832)
1995 Ed. (1669, 2114, 2799, 3449, 3450, 3462, 3500, 3591, 3592, 3733)
1994 Ed. (2334, 2414, 2556, 3309, 3376, 3377, 3390, 3426, 3506, 3507)
1993 Ed. (2151, 3320, 3398, 3399, 3438, 3442, 3547, 3548, 3661, 3677, 3691, 3732)
1992 Ed. (1066, 1942, 2414, 2810, 2918, 2931, 2932, 3819, 3977, 4023, 4085, 4087, 4089, 4090, 4114, 4127, 4128, 4263, 4264, 4429)
1991 Ed. (325, 791, 796, 2354, 2916, 3128, 3189, 3192, 3337, 3338, 3482)
1990 Ed. (365, 435, 1748, 2021, 2411, 2429, 3350, 3359, 3360, 3370, 3373, 3374, 3383, 3389, 3396, 3397, 3409, 3413, 3415, 3416)
1989 Ed. (1899, 2534, 2537, 2538, 2914)
Colorado Access
2003 Ed. (2700)
2002 Ed. (2461)
Colorado Association of School Boards
1991 Ed. (2521, 2923)
Colorado at Boulder; University of
1997 Ed. (2604)
1996 Ed. (2459)
1995 Ed. (2424)
Colorado Avalanche
2006 Ed. (2862)
2003 Ed. (4509)
2001 Ed. (4347)
2000 Ed. (2476)
1998 Ed. (3357)
Colorado Bank & Trust Co.
1989 Ed. (207)
Colorado Bond Shares Tax-Exempt A
1998 Ed. (2644)
Colorado-Boulder; University of
2006 Ed. (705)
2005 Ed. (798)
Colorado Boulevard Motors
2002 Ed. (2562)
Colorado Boxed Beef Co.
2000 Ed. (3059, 3060, 3581, 3582)
Colorado Business Bank Inc.
2007 Ed. (423)
2005 Ed. (480)
Colorado Business Bankshares Inc.
2002 Ed. (544)
Colorado Capital
1993 Ed. (2314)
Colorado Capital Advisors
1990 Ed. (2338)
Colorado College
1994 Ed. (896, 1057)
Colorado Commodities Management Corp.
1994 Ed. (1069)
1993 Ed. (1036)
Colorado Community First National Bank
2000 Ed. (434)
Colorado Community First State
1998 Ed. (364)
Colorado Compensation Insurance Authority
2003 Ed. (3010)
Colorado Compressor Inc.
2008 Ed. (4053)
Colorado County Employees' Retirement Association
2002 Ed. (3630)
Colorado Credit Union; University of
2007 Ed. (2107)
2006 Ed. (2174, 2186)
2005 Ed. (2080, 2091)
Colorado-Denver; University of
2008 Ed. (3639)
2006 Ed. (706)
Colorado Employees
2008 Ed. (2303, 2312)
2007 Ed. (2190)
2004 Ed. (2033)
2002 Ed. (3610, 3616)
2001 Ed. (3675, 3677)
2000 Ed. (3435, 3444, 3445)
1999 Ed. (3728)
Colorado Federal Savings Bank
2006 Ed. (453)
2005 Ed. (523)
Colorado Fire & Police Pension Association
2002 Ed. (3630)
Colorado Funding Co.
2005 Ed. (379)
Colorado Group
2004 Ed. (1652)
2002 Ed. (3909)
Colorado Hardscapes
2006 Ed. (1279)
Colorado Health Facilities Authority
1993 Ed. (2618)
Colorado Health Sciences Center; University of
2005 Ed. (3439)
Colorado Hospital Authority; University of
2008 Ed. (1690)
2007 Ed. (1668)
2005 Ed. (1742)
Colorado Hospital; University of
2008 Ed. (3054)
2007 Ed. (2931, 2932)
2006 Ed. (2913)
2005 Ed. (2906)
Colorado Housing & Finance Agency
1999 Ed. (2818)
Colorado Housing & Finance Authority
1993 Ed. (2116)
Colorado Insurance Corp.; University of
1994 Ed. (864)
Colorado Interstate Gas Co.
1995 Ed. (1975, 1978)
1994 Ed. (1948)
1991 Ed. (1793)
1990 Ed. (1881)
1989 Ed. (1499)
Colorado Lending Source Ltd.
2002 Ed. (1121)
Colorado Memory Systems
1994 Ed. (1512)
Colorado Mountain Bank
2007 Ed. (464)
2006 Ed. (453)
2005 Ed. (523)
2004 Ed. (542)
Colorado National Bank
1998 Ed. (345)
1997 Ed. (440)
1996 Ed. (476)
1995 Ed. (447)
1994 Ed. (455, 581)
1993 Ed. (454)
Colorado National Bankshares
1994 Ed. (340, 667)
Colorado Public Employees
1998 Ed. (2768)
1997 Ed. (3021)
1996 Ed. (2932)
1995 Ed. (2854)
1994 Ed. (2762)
Colorado Public Employees' Retirement Association
2002 Ed. (3630)
Colorado; Regents of the University of
1995 Ed. (2787)
Colorado Rockies
2001 Ed. (664)
2000 Ed. (703)
1998 Ed. (438, 3356, 3357)

Colorado School of Mines
2001 Ed. (2259)
2000 Ed. (1837)
1999 Ed. (2047)
1990 Ed. (1086)
Colorado Springs, CO
2008 Ed. (3475)
2006 Ed. (2973)
2005 Ed. (2377, 2989, 3321)
2004 Ed. (3303)
2002 Ed. (2743, 2996)
1998 Ed. (176, 733, 736, 2003)
1997 Ed. (2334, 2767)
1994 Ed. (825)
1993 Ed. (1548)
1992 Ed. (345, 1163)
Colorado Springs Gazette Tele
1990 Ed. (2694, 2696)
Colorado Springs Gazette Telegraph
1992 Ed. (3240, 3244)
1991 Ed. (2607)
Colorado Springs World Arena
2003 Ed. (4528)
2001 Ed. (4352)
Colorado State Employees Credit Union
2008 Ed. (2222)
2007 Ed. (2107)
2006 Ed. (2186)
2005 Ed. (2091)
2004 Ed. (1949)
2003 Ed. (1909)
2002 Ed. (1852, 1855)
Colorado State Fair
2001 Ed. (2355)
1997 Ed. (1805)
1996 Ed. (1718)
Colorado; State of
2005 Ed. (2391)
Colorado State University
2008 Ed. (769)
2007 Ed. (794)
2006 Ed. (1071)
2002 Ed. (1104, 2116)
Colorado Structures Inc.
2002 Ed. (2396)
Colorado Student Obl. Bond Authority
1991 Ed. (2924)
Colorado Trust
2002 Ed. (981, 2343)
1995 Ed. (1931)
Colorado United Credit Union
2006 Ed. (2169)
2005 Ed. (2075)
2004 Ed. (1935)
Colorado; University of
2008 Ed. (1687, 2494)
2007 Ed. (809, 2377)
2006 Ed. (2432)
2005 Ed. (2391)
1992 Ed. (3265)
Colorado Valley Bank
2007 Ed. (464)
Colorado Western Bancorp
1995 Ed. (492)
Colorbrite Inc.
2004 Ed. (3937)
2003 Ed. (3933)
Colordynamics
1998 Ed. (2919)
Colored theme book, 8.5 in. x 10.5 in.
1989 Ed. (2633)
Colores Origenes
2008 Ed. (3596)
Colorforms
1995 Ed. (3647)
Colorgraphic
1993 Ed. (1486)
ColorHouse Inc.
2003 Ed. (3933)
Colorin
2007 Ed. (1855)
Colorocs Corp.
1993 Ed. (2749)
Coloroll Group PLC
1992 Ed. (4280)
Colorox
1996 Ed. (2980)
Colors On Parade
2008 Ed. (334)
2007 Ed. (349)
2006 Ed. (366)
2005 Ed. (351)
2004 Ed. (351)
2003 Ed. (366)
2002 Ed. (419)
Colorsilk
2003 Ed. (2647)
2001 Ed. (2654, 2655)
ColorStay
2003 Ed. (2647)
2001 Ed. (1904, 1905, 1906, 1907, 2382, 2383)
Colorstay; Revlon
2008 Ed. (2185)
ColorStyles
1999 Ed. (1756)
ColorSyst
1989 Ed. (2664)
ColorTyme
2003 Ed. (2592)
2002 Ed. (326)
1996 Ed. (1995)
The Colosseum at Caesars Palace
2006 Ed. (1155)
Colour-Chem
1996 Ed. (1600)
Colour Endure
2001 Ed. (1906)
Colpatria
2000 Ed. (501)
Colpatria Red Multibanca
2001 Ed. (616, 617, 618)
Colruyt; Groep
2008 Ed. (1575)
2007 Ed. (1598, 2241, 4632)
COLSA Corp.
2005 Ed. (2149)
2004 Ed. (2011)
2003 Ed. (1965)
1999 Ed. (2665, 2680)
1998 Ed. (1927, 1940, 1941, 3289)
1997 Ed. (2213, 2218, 2221, 3495)
1996 Ed. (2106, 2112, 2113, 3400)
1995 Ed. (2098, 2103, 2105, 3287)
1994 Ed. (2047, 2054)
1993 Ed. (2034, 2039, 2041)
1991 Ed. (1902, 1908)
1990 Ed. (2003, 2014)
Colson & Colson
2006 Ed. (4191, 4192)
1993 Ed. (1090)
Colson & Colson Construction Co.
2004 Ed. (254)
2003 Ed. (286)
2002 Ed. (2655)
2000 Ed. (1194)
1999 Ed. (1312, 1935, 1936)
1998 Ed. (874, 880, 3099)
1997 Ed. (1122)
1996 Ed. (1100)
Colson & Colson/Holiday Retirement
2007 Ed. (1305)
2000 Ed. (1723, 1724)
1998 Ed. (2055)
Colson, Jr.; Joseph S.
1989 Ed. (735)
Colstrip 1&2
1998 Ed. (3401)
Colt
1997 Ed. (989)
1993 Ed. (1863)
Colt Express Outsourcing Services Inc.
2007 Ed. (2360)
Colt 45
1998 Ed. (498, 3440)
1996 Ed. (780)
1989 Ed. (775, 778, 779)
Colt Holdings
1990 Ed. (1358)
Colt HR
2007 Ed. (2360)
Colt Industries
1990 Ed. (378)
1989 Ed. (193, 197, 337, 1654)
COLT Telecom
2007 Ed. (4723)
2006 Ed. (4703)
2002 Ed. (4419)
2000 Ed. (4127, 4129)
Colt Telecom ADR
2000 Ed. (3391)
Coltabaco
2002 Ed. (4398)
Coltec Industries
1999 Ed. (183, 185)
1998 Ed. (95)
1995 Ed. (3657, 3658)
1994 Ed. (3573)
Coltejer
1989 Ed. (1102)
Colter's Bar-B-Q
2002 Ed. (4009)
Colton Piano Co.
1994 Ed. (2597)
1993 Ed. (2644)
Colton's of Northern CA
1993 Ed. (2644)
Colubris Networks
2006 Ed. (1090)
Columbia
2008 Ed. (3753)
2005 Ed. (3547)
2001 Ed. (511, 512)
2000 Ed. (1901, 2361, 3840)
1999 Ed. (1788)
1997 Ed. (2819)
1996 Ed. (2689, 2690, 2691)
1995 Ed. (1067, 2615)
1994 Ed. (1980)
1993 Ed. (1971, 2313, 2596, 3374)
1992 Ed. (1009, 2324, 4054)
1991 Ed. (2739, 3173, 3330)
1990 Ed. (860, 1088, 1908, 1915, 1932, 3333, 3335)
Columbia Acorn
2008 Ed. (2621)
2007 Ed. (2491)
2006 Ed. (3640, 3641)
Columbia Acorn International
2006 Ed. (3678)
Columbia Acorn Select
2008 Ed. (2618)
2007 Ed. (2488)
Columbia Acorn USA
2007 Ed. (2491)
Columbia Analytical Services Inc.
2006 Ed. (4384)
Columbia & Cornell; New York-Presbyterian University Hospital of
2008 Ed. (3043, 3044, 3045, 3046, 3049, 3053, 3056, 3057, 4084)
Columbia Aventura Hospital and Medical Center
1999 Ed. (2747)
1998 Ed. (1989)
Columbia Balanced
1996 Ed. (2806)
Columbia Bancorp
2006 Ed. (2593)
2005 Ed. (2590)
Columbia Banking Federal S & L Association
1990 Ed. (430)
Columbia Banking Federal Savings Association
1994 Ed. (3531)
Columbia/BOA
2008 Ed. (3764)
Columbia Capital Management
2001 Ed. (738, 859)
Columbia Casualty Co.
2008 Ed. (3262)
2006 Ed. (3099)
2005 Ed. (3095)
2004 Ed. (3089)
2002 Ed. (2876)
2001 Ed. (1730, 2927)
1998 Ed. (2145)
Columbia Cedars Medical Center
1999 Ed. (2747)
1998 Ed. (1989)
Columbia College
2008 Ed. (2972)
2001 Ed. (1322)
1999 Ed. (983, 1225)
1998 Ed. (796)
1997 Ed. (1058)
1996 Ed. (1042)
1991 Ed. (891)
Columbia College of Columbia University
1990 Ed. (1087)
Columbia College of Physicians & Surgeons Faculty Practice
2000 Ed. (2393)
Columbia Colstor Inc.
2006 Ed. (4888)
Columbia Community Bank
2005 Ed. (1932, 1938)
Columbia Community Credit Union
2002 Ed. (1899)
Columbia Continental
1999 Ed. (2991, 2993)
Columbia Continental Division
1999 Ed. (2988)
Columbia-Cornell Care LLC
2000 Ed. (2618)
Columbia Credit Union
2008 Ed. (2266)
2007 Ed. (2151)
2006 Ed. (2230)
2005 Ed. (2135)
2004 Ed. (1993)
2003 Ed. (1953)
Columbia Crest
2005 Ed. (4955, 4957)
2000 Ed. (4414)
1998 Ed. (3742, 3750)
1997 Ed. (3907)
1996 Ed. (3857, 3860, 3866)
1995 Ed. (3760, 3765, 3770)
1993 Ed. (3720)
1992 Ed. (4458, 4464)
Columbia Data Products
2006 Ed. (1118)
2005 Ed. (1129)
Columbia Energy Group
2002 Ed. (1388)
2001 Ed. (1895, 3946, 3947, 3948)
2000 Ed. (1581, 3674)
1999 Ed. (1749, 3964)
Columbia Equity Financial Corp.
2001 Ed. (790)
2000 Ed. (2766)
Columbia Falls Aluminum Co.
2001 Ed. (1801)
Columbia Falls Aluminum Co. LLC
2003 Ed. (1771)
Columbia Farms Inc.
1995 Ed. (2520, 2521, 2960, 2961)
Columbia First Bank
1994 Ed. (3225, 3286)
Columbia First Federal
1990 Ed. (3127)
Columbia Fixed-Income Securities
1997 Ed. (2887)
Columbia Funds
2005 Ed. (3548)
Columbia Funds/BOA
2007 Ed. (2480)
Columbia Funds Management
1992 Ed. (3157)
Columbia Gas Distribution Co.
2005 Ed. (2716, 2718, 2723, 2724, 2725)
Columbia Gas of Ohio Inc.
1999 Ed. (2577, 2579, 2580)
1998 Ed. (1817, 1819)
1997 Ed. (2129, 2131)
1996 Ed. (2008, 2011)
1995 Ed. (1985, 1986, 1988)
1994 Ed. (1960, 1963)
1993 Ed. (1937)
1992 Ed. (2271, 2275)
1991 Ed. (1802)
1990 Ed. (1886)
Columbia Gas System
2000 Ed. (390)
1999 Ed. (390, 3594)
1998 Ed. (2662, 2665, 2964)
1997 Ed. (354, 1380, 2924, 2927)
1995 Ed. (2753, 2756, 3324)
1994 Ed. (1941, 2652, 2654, 3244)
1992 Ed. (1518, 2259, 3213, 3215, 3920)
1991 Ed. (1786, 2574, 2576)
1990 Ed. (1486, 1876, 2669, 2672)
1989 Ed. (1494, 2034, 2037)
Columbia Gas Systems Inc.
1996 Ed. (383, 1321, 2820, 2823)
1993 Ed. (366, 367, 368, 369, 2703, 3221, 3250)
Columbia Gas Tranmission Co.
1992 Ed. (2266)

Columbia Gas Transmission Corp.
2003 Ed. (3880, 3881)
2000 Ed. (2310, 2312, 2314)
1999 Ed. (2571, 2572, 2574)
1998 Ed. (1810, 1811, 1814)
1997 Ed. (2122, 2124, 2127, 2130)
1996 Ed. (2000, 2001, 2004)
1995 Ed. (1973, 1974, 1977, 1978, 1980, 1981)
1994 Ed. (1944, 1946, 1949, 1950, 1951, 1952, 1953, 1954)
1993 Ed. (1924, 1925, 1926, 1927)
1992 Ed. (2263, 2264, 2265, 2267)
1991 Ed. (1795, 1796, 1797)
1990 Ed. (1879, 1880)
1989 Ed. (1497, 1498)
Columbia Greater China
2008 Ed. (3771, 4511)
Columbia Gulf Transmission Co.
1997 Ed. (2120, 2121, 2130)
1996 Ed. (2002, 2003)
1995 Ed. (1976, 1980)
1994 Ed. (1949, 1951, 1953)
1993 Ed. (1925, 1926)
1992 Ed. (2266)
Columbia/HCA
1995 Ed. (2081, 2627)
Columbia/HCA Healthcare Corp.
2005 Ed. (1515)
2004 Ed. (1499)
2003 Ed. (1469)
2002 Ed. (1449, 4600)
2001 Ed. (1043, 1876, 2667, 2668, 2669, 2673, 2676, 2677, 3923)
2000 Ed. (1381, 1571, 2419, 2421, 2422, 3179, 3181, 3624)
1999 Ed. (257, 1452, 1456, 1502, 1523, 1541, 1552, 1745, 2639, 2641, 2643, 3461, 3463, 3907)
1998 Ed. (1908, 2549, 2550)
1997 Ed. (1240, 1296, 1435, 1523, 2180, 2182, 2270, 2824, 2825)
1996 Ed. (1192, 1200, 1239, 1289, 1455, 2077, 2078, 2079, 2084, 2704, 3412)
Columbia/HCA Healthcare Corp.-Georgia Division
1999 Ed. (2988, 2990)
Columbia/HCA Healthcare Corp.-Greater Houston
1999 Ed. (2988, 2989)
Columbia Healthcare Corp.
2005 Ed. (1515)
2004 Ed. (1499)
2003 Ed. (1469)
2002 Ed. (1449)
2000 Ed. (1311)
1998 Ed. (1018, 1112, 1118, 1188, 1703, 1901, 1903, 2933)
1997 Ed. (1252)
1996 Ed. (1191, 1193, 1206, 2155)
1995 Ed. (1229, 1235, 3301, 3345)
Columbia/HealthOne
2003 Ed. (1658)
1999 Ed. (1244)
Columbia High Income
2008 Ed. (596)
Columbia High-Yield
2004 Ed. (696, 3221)
2000 Ed. (766, 767, 3255)
Columbia High-Yield Fund
2003 Ed. (3530)
2000 Ed. (3254)
Columbia Homecare Group
1999 Ed. (2705, 2706)
1998 Ed. (1965, 1966, 3419)
Columbia Hospital Corp.
2005 Ed. (1515)
2004 Ed. (1499)
2003 Ed. (1469)
2002 Ed. (1449)
1996 Ed. (2084)
1995 Ed. (1220, 2069)
1994 Ed. (2019)
1992 Ed. (1477, 1478)
Columbia House
1999 Ed. (3006, 4752)
1998 Ed. (3776)
Columbia House Compact Disc Club
1999 Ed. (1854)
Columbia House Video Club & Video Library
1999 Ed. (1854)
Columbia Income
2008 Ed. (597)
Columbia International
1997 Ed. (871, 871)
Columbia Kendall Medical Center
1999 Ed. (2747)
1998 Ed. (1989)
Columbia Laboratories, Inc.
1991 Ed. (227)
Columbia Management Co.
1999 Ed. (370)
1998 Ed. (2282, 2286)
Columbia Management Group
2007 Ed. (3252)
Columbia Marsico 21st Century
2008 Ed. (2615)
2007 Ed. (2485)
Columbia, MD
2002 Ed. (3329)
Columbia, MO
2008 Ed. (1051, 1055, 3462, 4092)
2007 Ed. (1158, 1162)
2006 Ed. (1066, 3311)
2005 Ed. (1058, 4797)
2002 Ed. (31)
2001 Ed. (2359)
1999 Ed. (2127)
1998 Ed. (1548)
1997 Ed. (2336, 2763)
1994 Ed. (2498)
1992 Ed. (345, 3055)
Columbia New Port Richey Hospital
1999 Ed. (2747)
1998 Ed. (1989)
Columbia Newport Greater China
2005 Ed. (3570)
Columbia Partners
1997 Ed. (2522, 2526, 2530)
Columbia Pictures
2000 Ed. (33, 793)
1996 Ed. (2578)
1992 Ed. (1497, 3111)
1990 Ed. (261, 262)
Columbia Pictures & Recordings
1994 Ed. (131)
Columbia Pictures Entertainment
1992 Ed. (4245)
1991 Ed. (3328)
1990 Ed. (263)
Columbia Presbyterian
1989 Ed. (740)
Columbia-Presbyterian Medical Center
2000 Ed. (2513, 2514, 2518, 2519)
1999 Ed. (2735, 2740)
1998 Ed. (1986, 1992)
Columbia Printing & Graphics
2008 Ed. (2021, 2022, 2023, 2024, 2025, 2026)
Columbia Propane Corp.
2002 Ed. (3799)
Columbia Real Estate
1990 Ed. (2964)
Columbia Real Estate Equity
1998 Ed. (2648)
Columbia Regional Medical Center Southwest Florida
1999 Ed. (2747)
Columbia Regional Medical Center/ S.W. Florida
1998 Ed. (1989)
Columbia River
1998 Ed. (3703)
Columbia River Bank
2005 Ed. (1928)
Columbia S & L Association
1992 Ed. (3771, 3772, 3773, 3790, 3796, 4146)
Columbia Savings & Loan Assn.
1991 Ed. (3099, 3224, 3363, 3368)
Columbia Savings & Loan Association
1993 Ed. (531, 3073, 3075, 3566, 3567)
1990 Ed. (428, 3579, 3582, 3583)
1989 Ed. (2822, 2825, 2827)
Columbia Savings & Loans Association
1990 Ed. (3577)
Columbia Savings Bank
2002 Ed. (627)
2000 Ed. (3856)
1998 Ed. (3556)
Columbia Savings S & L Association
1992 Ed. (3773, 3775)
Columbia, SC
2008 Ed. (4349)
2006 Ed. (1180, 3314)
2004 Ed. (3304)
2002 Ed. (2629, 2744, 4289)
1999 Ed. (254)
1997 Ed. (2233)
1994 Ed. (952, 965, 969, 3325)
1993 Ed. (2112)
1990 Ed. (1467)
Columbia (SC) Teachers Federal Credit Union
2002 Ed. (1891)
Columbia Small Cap
2006 Ed. (3651)
Columbia-Snake River, OR
2002 Ed. (2219)
Columbia Special
1997 Ed. (2865)
1992 Ed. (3193)
1990 Ed. (2369)
Columbia Sportswear Co.
2008 Ed. (993, 2029)
2007 Ed. (1116, 1947, 3410, 3801)
2006 Ed. (1027, 1976, 2080, 4730)
2005 Ed. (272, 1007, 1008, 1020, 1789, 1941, 2001, 4433, 4683, 4684)
2004 Ed. (986, 987, 998, 2779, 4712)
Columbia Strategic Investor
2007 Ed. (2481)
Columbia Sussex
1993 Ed. (2077, 2078, 2079)
1992 Ed. (2464, 2465, 2470)
Columbia Technology
2006 Ed. (3639)
Columbia, TN
2008 Ed. (3509)
Columbia/Tri-Star
1994 Ed. (2562)
1993 Ed. (3524)
1992 Ed. (3110)
1991 Ed. (2487)
Columbia-TriStar
2001 Ed. (4497)
1999 Ed. (4715)
Columbia-TriStar Film Distributors International
2001 Ed. (4702)
Columbia TriStar Home Video
2001 Ed. (2122, 4691, 4692, 4697)
Columbia TriStar Motion Picture Companies
2001 Ed. (3360, 3377, 3380, 4694)
Columbia University
2008 Ed. (181, 182, 770, 776, 780, 785, 788, 1059, 1064, 3431, 3639, 3864)
2007 Ed. (798, 803, 806, 810, 814, 816, 817, 820, 822, 828, 1164, 1165, 2848, 2849, 3330)
2006 Ed. (693, 702, 704, 707, 708, 709, 710, 721, 728, 730, 731, 732, 734, 736, 2858, 2859)
2005 Ed. (795, 797, 801, 803, 806, 807, 809, 811, 2852, 2853, 3266, 3440)
2004 Ed. (808, 813, 815, 816, 818, 820, 821, 828, 829, 928, 3241, 3424)
2003 Ed. (789, 793)
2002 Ed. (873, 876, 877, 879, 881, 882, 898, 2349, 3981)
2001 Ed. (1054, 1057, 1058, 1059, 1061, 1062, 1319, 1329, 3059, 3064, 3065)
2000 Ed. (916, 919, 920, 921, 923, 924, 927, 928, 1137, 1143, 2907, 2908, 2911, 3065, 3066, 3067, 3320)
1999 Ed. (969, 972, 973, 975, 977, 978, 980, 982, 1228, 3158, 3163, 3164)
1998 Ed. (548, 553, 560, 2334, 2337, 2338, 2761)
1997 Ed. (850, 854, 1062, 1063, 1064, 2602, 2606, 2607, 2933)
1996 Ed. (841, 849, 1035, 2457, 2461, 2462, 2828, 2941)
1995 Ed. (863, 1049, 1063, 1064, 1066, 2422, 2426, 2427, 2764, 3091)
1994 Ed. (806, 809, 818, 896, 939, 1042, 1055, 1057, 2358, 2771)
1993 Ed. (794, 796, 800, 806, 888, 926, 1015, 1028, 2407, 2782)
1992 Ed. (1001, 1267, 2848, 3257, 3357)
1991 Ed. (814, 819, 1003, 1007, 1767, 2295, 2402, 2688, 2695)
1990 Ed. (1094, 1095, 2785)
1989 Ed. (842, 2164)
Columbia University, College of Physicians & Surgeons
2008 Ed. (3640)
2007 Ed. (3953)
2001 Ed. (3252, 3254, 3258)
1999 Ed. (3327, 3328, 3329)
Columbia University, Columbia Business School
2008 Ed. (787)
2007 Ed. (808)
2005 Ed. (800)
Columbia University, main division
1991 Ed. (918)
Columbia University Medical Center
2008 Ed. (3983)
Columbia University, Teachers College
2008 Ed. (1089)
2007 Ed. (1181)
2005 Ed. (1063)
Columbia U.S. Government Securities
1996 Ed. (2778, 2811)
Columbia West Florida Regional Medical Center
1999 Ed. (2747)
1998 Ed. (1989)
Columbiahouse.com
2000 Ed. (2753)
Columbian Advertising
1992 Ed. (3758)
1990 Ed. (3078, 3083, 3086)
1989 Ed. (2351)
Columbian Chemicals
1998 Ed. (643)
Columbine Capital Services
2006 Ed. (3190)
Columbus Bank & Trust Co.
1999 Ed. (441)
1998 Ed. (334, 360)
1997 Ed. (2617)
1996 Ed. (515)
Columbus Bank & Trust, Ga.
1989 Ed. (2155)
Columbus Circle Investors
1992 Ed. (2761)
1990 Ed. (2344)
Columbus City School District
2004 Ed. (1833)
2003 Ed. (1800)
Columbus Dent
1990 Ed. (1488)
Columbus Dispatch
1993 Ed. (2723)
Columbus Foundation
1994 Ed. (901)
1989 Ed. (1474, 1475)
The Columbus Foundation & Affiliated Organizations
2005 Ed. (2673, 2674)
2002 Ed. (1127, 1128, 1129)
2001 Ed. (2513, 2514)
Columbus-Franklin County, OH
1990 Ed. (2910)
Columbus, GA
2005 Ed. (1190)
Columbus, IN
2000 Ed. (1090, 3817)
1990 Ed. (997)
Columbus Line
2003 Ed. (1226, 1227)
Columbus McKinnon Corp.
2008 Ed. (3602)
2007 Ed. (3436)
2006 Ed. (3421)
2005 Ed. (3270, 3271, 3373)
2004 Ed. (3245, 3246, 3397)
2003 Ed. (3320)

Columbus, OH
2008 Ed. (977, 3110, 3117, 3475, 4119, 4350)
2007 Ed. (2995, 4095, 4099, 4100)
2006 Ed. (3313, 3321, 3741, 4050, 4885)
2005 Ed. (1190, 2458, 2972, 3333, 3642, 3643, 3645, 4014, 4835)
2004 Ed. (2427, 2861, 3735, 4192, 4852)
2003 Ed. (2350, 4872)
2002 Ed. (2735, 2996, 3237, 4046)
2001 Ed. (4922)
2000 Ed. (1084, 1909)
1999 Ed. (1169)
1998 Ed. (738, 2693)
1997 Ed. (1820)
1996 Ed. (973, 1739, 2279, 2280, 3206)
1995 Ed. (2188, 2807, 3780, 3781, 3782, 3783, 3784)
1994 Ed. (970, 2584, 3065)
1993 Ed. (947, 2465)
1992 Ed. (1162, 2544, 2913, 3038)
1991 Ed. (1985)
1990 Ed. (1156, 1438, 2487)
1989 Ed. (827)
Columbus Regional Hospital
2008 Ed. (1804)
Columbus-Tupelo-West Point, OH
2008 Ed. (825)
Column Financial Inc.
2007 Ed. (4101)
2006 Ed. (4051)
2005 Ed. (4015)
Columnar candy
2002 Ed. (4729)
Columnar pastry
2002 Ed. (4729)
Colusa County, CA
1997 Ed. (1681)
Colyer-Lloyd
2006 Ed. (4205)
Inc.com
2002 Ed. (4810)
Com Dev International Ltd.
2008 Ed. (2937)
2007 Ed. (2809)
2003 Ed. (2941)
COMAC Financial Services
1991 Ed. (3379)
Comadur SA
1997 Ed. (2708)
Comair Inc.
2007 Ed. (232)
2006 Ed. (225, 226)
2003 Ed. (1080)
2000 Ed. (239)
1999 Ed. (219, 1252)
1998 Ed. (132, 137, 817)
1994 Ed. (163)
1991 Ed. (1017)
1990 Ed. (210)
Comair Holdings, Inc.
2001 Ed. (333)
1995 Ed. (171)
1993 Ed. (184, 185)
1992 Ed. (272, 273, 275, 2369)
Comalco
2001 Ed. (369)
1990 Ed. (2540)
Comark, Inc.
2002 Ed. (2813)
2001 Ed. (2870)
Comart
1994 Ed. (3127)
1993 Ed. (3063)
1992 Ed. (3760)
Comart Associates
1989 Ed. (2351)
Comart-KLP
1992 Ed. (3759)
1990 Ed. (3077, 3083, 3086)
Comau SpA
2001 Ed. (3185)
Combat
2003 Ed. (2952)
Combat Support Associates
2008 Ed. (1366, 1367)
Combe Inc.
2003 Ed. (2664, 3786)
2002 Ed. (2318)
2001 Ed. (2493)
2000 Ed. (2249, 2250, 2251)
1997 Ed. (2066)
CombiMatrix
2006 Ed. (2074, 2085)
Combination Shampoo
2000 Ed. (4154)
Combinatul de Vinuri din Taraclia
2006 Ed. (4521)
Combined A & H Group
2008 Ed. (3286)
2007 Ed. (3133)
Combined Communications
2005 Ed. (1932, 1934, 1938)
Combined Communications Services
1992 Ed. (3541)
Combined Independents (Holdings) Ltd.
1993 Ed. (974)
1992 Ed. (1201)
Combined Insurance Company of America
2000 Ed. (2684)
Combined Insurance Co. of America
2008 Ed. (3273, 3274, 3275)
2007 Ed. (3124, 3125)
2002 Ed. (2889, 2890, 2891, 2906)
2001 Ed. (2930, 2932, 2945)
2000 Ed. (2674, 2676, 2678)
1999 Ed. (2925)
1997 Ed. (2427)
1993 Ed. (2196, 2197, 2198)
Combined Jewish Phil. of Greater Boston
1992 Ed. (3269)
Combined Life of New York
1999 Ed. (2925)
Combined of America
1999 Ed. (2930, 2931, 2932, 2955)
1998 Ed. (2149, 2150, 2151)
1996 Ed. (2298, 2299, 2300)
Combined Penny Stock Fund Inc.
2004 Ed. (4553)
Combined Specialty A & H Group
2005 Ed. (3093)
2004 Ed. (3085)
Combined Specialty Insurance Co.
2005 Ed. (3144)
2004 Ed. (3136)
Combinet
1997 Ed. (1234, 2206)
Combo supermarket
1997 Ed. (881)
Combos
2008 Ed. (4442)
2007 Ed. (4459)
2006 Ed. (4392)
2000 Ed. (4063)
1998 Ed. (3319)
1997 Ed. (3530, 3664)
1996 Ed. (3463)
1994 Ed. (3344)
1990 Ed. (722)
1989 Ed. (1242)
Combs; Sean
2006 Ed. (2499)
Combs; Sean (Diddy)
2008 Ed. (2584)
Combs; Sean "P. Diddy"
2005 Ed. (2453)
Combunox
2007 Ed. (3912)
Combustion Credit Union
2006 Ed. (2224)
2005 Ed. (2129)
2004 Ed. (1987)
2003 Ed. (1947)
2002 Ed. (1893)
Combustion Engineering Inc.
2005 Ed. (1512)
1992 Ed. (1925)
1991 Ed. (2421, 2823)
1990 Ed. (1169, 1300, 2541)
1989 Ed. (1947)
Comcar Industries
2008 Ed. (4133)
2007 Ed. (4110)
2006 Ed. (4061, 4800)
Comcare Australia
2002 Ed. (1592)
ComCarp Cleaning Co., Inc.
2007 Ed. (883)
Comcarp Cleaning Services Inc.
2006 Ed. (795)
Comcast Corp.
2008 Ed. (828, 896, 1100, 1101, 1402, 1405, 1469, 1693, 2034, 2041, 2049, 2589, 3033, 3623, 3624, 3625, 3626, 4060, 4061, 4078, 4093, 4521, 4635, 4643)
2007 Ed. (863, 865, 867, 1194, 1195, 1475, 1952, 1956, 2910, 3447, 3448, 3456, 4032, 4033, 4043, 4705, 4710, 4720)
2006 Ed. (657, 765, 769, 1088, 1089, 1499, 1662, 1773, 1777, 1982, 1991, 2264, 2492, 3433, 3435, 3436, 3438, 3439, 3554, 3688, 3997, 3998, 4009, 4688, 4692, 4697, 4882)
2005 Ed. (845, 1096, 1487, 1499, 1548, 1570, 1612, 1615, 1943, 1945, 1952, 3425, 3426, 4457, 4623, 4626)
2004 Ed. (864, 865, 868, 1450, 1452, 1471, 1483, 1526, 1531, 1532, 1556, 1588, 1589, 1842, 1843, 3414, 4667, 4669)
2003 Ed. (766, 767, 825, 829, 830, 1441, 1504, 1594, 1810, 1811, 2336, 3347, 3350, 3351, 4148, 4691, 4692)
2002 Ed. (1378, 1387, 1388, 1752, 3281, 3287, 3288, 4562, 4566)
2001 Ed. (1033, 1083, 1091, 1540, 1540, 1542, 3202, 3250)
2000 Ed. (825, 944, 999, 3022, 3024, 3540, 3683)
1999 Ed. (822, 824, 998, 1863, 3312, 3972)
1998 Ed. (510, 511, 512, 588, 590, 593, 1286, 2976)
1997 Ed. (727, 728, 871, 873, 874, 1285, 1313, 2716)
1996 Ed. (789, 790, 855, 858, 864)
1995 Ed. (717, 877)
1994 Ed. (759, 760, 828, 832)
1993 Ed. (753, 811, 813, 814, 817, 821, 1189, 2381)
1992 Ed. (943, 944, 945, 1019, 1021, 1024)
1991 Ed. (749, 750, 751, 834)
1990 Ed. (779, 781, 868, 870, 872, 877)
1989 Ed. (781, 782)
Comcast Corp. and Tele-Communications Inc.
1990 Ed. (1267)
Comcast Atlantic Division
2005 Ed. (844)
2004 Ed. (867)
Comcast Bay Area
2005 Ed. (844)
2004 Ed. (867)
Comcast Cable
2006 Ed. (768)
Comcast Cable Communications
2008 Ed. (827)
2007 Ed. (866)
2005 Ed. (842, 847)
2004 Ed. (866)
2003 Ed. (828)
2002 Ed. (923, 924)
Comcast Cable Holdings LLC
2005 Ed. (1740, 1743)
Comcast Cable/TKR Partners
1997 Ed. (876)
Comcast CableVision
2008 Ed. (1903)
Comcast Center
2005 Ed. (4444)
Comcast Corp. Colorado
2008 Ed. (1707)
2007 Ed. (1682)
Comcast Eastern Division
2005 Ed. (844)
2004 Ed. (867)
Comcast Greater Chicago
2004 Ed. (867)
Comcast Greater Chicago Region
2006 Ed. (770)
2005 Ed. (844)
Comcast Greater Detroit
2004 Ed. (867)
Comcast Greater Detroit Region
2005 Ed. (844)
Comcast Holdings Corp.
2008 Ed. (2040)
2007 Ed. (1951)
2006 Ed. (1981)
Comcast Corp./Knight-Ridder Inc./ Tele-Communications Inc.
1990 Ed. (1230)
Comcast Metrophone
1998 Ed. (2712)
Comcast Michigan Region
2006 Ed. (770)
Comcast New England Region
2006 Ed. (770)
Comcast New Jersey Region
2006 Ed. (770)
Comcast Pennsylvania/Delaware Region
2006 Ed. (770)
Comcast/QVC
1996 Ed. (2577)
Comcast San Francisco Bay Area Region
2006 Ed. (770)
Comcast Seattle
2004 Ed. (867)
Comcast Washington
2005 Ed. (844)
Comcast Washington State
2006 Ed. (770)
Comcel
2006 Ed. (37)
Comcereal SA
2006 Ed. (4531)
Comcoa
1996 Ed. (1995)
Comdata Holdings Corp.
1997 Ed. (1254)
COMDEX
2003 Ed. (4774)
2002 Ed. (4644)
1996 Ed. (3728)
Comdial
1990 Ed. (3522)
Comdisco, Inc.
2004 Ed. (2824)
2003 Ed. (1091, 2705)
2002 Ed. (1132, 1148)
2001 Ed. (2184)
2000 Ed. (1159)
1999 Ed. (1260, 1266)
1998 Ed. (388, 820, 826, 3288)
1997 Ed. (1078, 1082, 3497)
1996 Ed. (1064, 1068, 3402)
1995 Ed. (1089, 2068, 2805)
1993 Ed. (2741)
1992 Ed. (3284, 3286)
1991 Ed. (1035, 2635, 3086)
1990 Ed. (1137, 2204, 2734, 3260)
1989 Ed. (2101, 2465, 2471, 2480)
Come Away with Me
2005 Ed. (3536)
Come 'N Get It
2003 Ed. (3802)
2002 Ed. (3652)
1999 Ed. (3785)
1997 Ed. (3070)
1994 Ed. (2822, 2829)
1993 Ed. (2815)
1990 Ed. (2818)
1989 Ed. (2193)
Come On Over
2001 Ed. (3407, 3408)
Comeau; Edward
1997 Ed. (1918)
1996 Ed. (1845)
1995 Ed. (1864)
1994 Ed. (1822)
Comeau; Judith
1991 Ed. (1671, 1702)
Comecon
1990 Ed. (3433)
CoMed HMO
1994 Ed. (2041)
1992 Ed. (2391)
1990 Ed. (1998)
Comedy Channel
1992 Ed. (1032)
Come'N Get It
1996 Ed. (2991)
1992 Ed. (3408)

Comer; Gary C.
2005 Ed. (4846)
Comercial
1990 Ed. (711)
Comercial America
2000 Ed. (2671)
Comercial Antioqueno
1990 Ed. (523)
Comercial de Manabi
2000 Ed. (515)
Comercial del Plata
1999 Ed. (950)
Comercial E. C. C. S. A.
2008 Ed. (31)
2007 Ed. (26)
2006 Ed. (34)
2005 Ed. (28)
2004 Ed. (35)
Comercial Eccsa
1989 Ed. (27)
Comercial Manabi
2000 Ed. (513)
Comercial Mexicana
2003 Ed. (4180)
Comercial Siglo XXI SA—La Polar
2005 Ed. (3241)
Comerica Inc.
2008 Ed. (1467, 3683)
2007 Ed. (1473)
2006 Ed. (397, 401)
2005 Ed. (439, 627, 628, 790, 1064, 4386)
2004 Ed. (433, 638, 639, 862)
2003 Ed. (421, 629, 630)
2002 Ed. (438, 1408, 1729, 4294)
2001 Ed. (588, 636, 637, 1683, 4280)
2000 Ed. (384, 392, 393, 428, 3744, 3745, 3746)
1999 Ed. (1706)
1998 Ed. (286, 329, 1267)
1996 Ed. (378, 619, 1543)
1993 Ed. (358, 569, 1184, 1189, 3279)
1992 Ed. (526, 1801)
1991 Ed. (377, 389)
1990 Ed. (442, 444, 449)
1989 Ed. (394)
Comerica Bank
2008 Ed. (3176, 3177)
2007 Ed. (1184)
2006 Ed. (1076)
2005 Ed. (480)
2003 Ed. (378)
2002 Ed. (551, 4295)
2001 Ed. (620)
2000 Ed. (510, 2921)
1999 Ed. (384, 393, 436, 662, 3101, 3179, 3314, 4030, 4031, 4032)
1998 Ed. (395, 2307)
1997 Ed. (349, 558, 1601, 2617, 2620, 2622, 2626, 3283)
1996 Ed. (605, 2421, 2581)
1995 Ed. (359, 371, 395, 507, 546, 1047, 1241, 1560, 2389, 2604, 3350)
1994 Ed. (400, 570, 571, 1039, 1526, 3035, 3269)
1993 Ed. (568)
1992 Ed. (779)
1990 Ed. (636, 2320)
Comerica Bank-California
1998 Ed. (341, 426)
Comerica Bank (Detroit)
1991 Ed. (608, 2300)
1989 Ed. (621)
Comerica Bank Illinois
1994 Ed. (451, 506)
Comerica Bank NA
1992 Ed. (779)
Comerica Bank Private Banking
2002 Ed. (3022)
Comerica Bank-Texas
1998 Ed. (431)
1997 Ed. (627)
1996 Ed. (692)
1995 Ed. (618)
Comerica Capital Management
1991 Ed. (2205)
Comerica Insurance Services
2001 Ed. (2913)
Comerica-Midwest NA
1992 Ed. (514)
Comerica Park
2003 Ed. (4531)
2001 Ed. (4355)
Comerica Private Banking
2001 Ed. (3018)
2000 Ed. (2846)
Comerset CPAs, P.C.
2008 Ed. (1805)
Comet
2001 Ed. (1238, 2220)
2000 Ed. (1094)
1999 Ed. (1178, 1182)
1998 Ed. (744)
1997 Ed. (1006)
1996 Ed. (981)
1994 Ed. (979)
1992 Ed. (1173)
1991 Ed. (2893)
1990 Ed. (1013)
1989 Ed. (754)
Comet Cleaners
2007 Ed. (2249)
2006 Ed. (2318)
2005 Ed. (2258)
2004 Ed. (2158)
Comet Cleanser
1989 Ed. (2326)
Comet Cleanser, 14 oz.
1989 Ed. (1631, 2324)
Comet cleanser powder 14oz
1992 Ed. (1848)
Comet Confectionary Inc.
1997 Ed. (2170)
Comet Group plc
2002 Ed. (52)
Comet-Saturn Probes
1992 Ed. (4027)
Comet Store
1993 Ed. (742, 3046)
1992 Ed. (3737)
Comex
2008 Ed. (3844)
1989 Ed. (2642)
ComFed Bancorp
1992 Ed. (4292)
1991 Ed. (1723)
1990 Ed. (1793)
Comfed Savings Bank
1990 Ed. (2470, 3118)
Comfees
2000 Ed. (1666)
ComForcare Senior Services Inc.
2008 Ed. (187)
2007 Ed. (200)
2006 Ed. (194)
Comforce Corp.
2000 Ed. (2407)
Comfort
2008 Ed. (717)
2002 Ed. (2227)
1999 Ed. (1839)
1996 Ed. (1541)
1995 Ed. (2163)
1994 Ed. (1525)
Comfort Fabric Conditioner
1992 Ed. (1799)
Comfort Hotel International
2008 Ed. (3075)
2006 Ed. (2938)
2005 Ed. (2934)
2004 Ed. (2941)
2003 Ed. (2849)
Comfort Inn
2008 Ed. (3079)
2007 Ed. (2954)
2006 Ed. (2943)
1998 Ed. (2023, 2024, 2027)
1992 Ed. (2495)
Comfort Inn/Comfort Suites
2002 Ed. (2644)
Comfort Inns
2005 Ed. (2935)
2000 Ed. (2556, 2562)
1999 Ed. (2784)
1997 Ed. (2296, 2298, 2299, 2302)
1996 Ed. (2177, 2181, 2183)
1995 Ed. (2164, 2165)
1994 Ed. (2111, 2112, 2115, 2118)
1993 Ed. (2085, 2095, 2096)
1992 Ed. (2476, 2494)
1991 Ed. (1943, 1951, 1954)
1990 Ed. (2077, 2086, 2088)
Comfort Keepers
2008 Ed. (173, 187, 883)
2007 Ed. (200)
2006 Ed. (194)
2005 Ed. (179, 904)
2004 Ed. (179, 913)
Comfort Research
2006 Ed. (1214)
Comfort Suites
2006 Ed. (2941)
1998 Ed. (2025)
1992 Ed. (2496)
1991 Ed. (1952)
1990 Ed. (2078)
Comfort Systems USA Inc.
2008 Ed. (1225, 1227, 1239, 1243, 1246, 1261, 1265, 1337, 4000, 4003)
2007 Ed. (1351, 1354, 1364, 1369, 1390, 3980)
2006 Ed. (1240, 1252, 1257, 1259, 1263, 1287, 1293, 1344)
2005 Ed. (1282, 1287, 1288, 1289, 1291, 1292, 1293, 1317, 1321, 1344)
2004 Ed. (1234, 1236, 1237, 1239, 1242, 1243, 1310, 1315, 1339, 3748)
2003 Ed. (1231, 1233, 1234, 1236, 1239, 1240, 1307, 1315, 1339)
2002 Ed. (1294, 1298)
2001 Ed. (1410, 1469, 1478)
2000 Ed. (1264, 1267, 1300)
ComGlobal Systems, Inc.
2003 Ed. (2726)
2002 Ed. (2481)
ComGraphics Inc.
2006 Ed. (3965)
Comics
2005 Ed. (3359)
2004 Ed. (3334, 3335)
1992 Ed. (3235)
Cominar REIT
2008 Ed. (1656)
Cominco Ltd.
2003 Ed. (3376)
2002 Ed. (3314, 3369)
2001 Ed. (3277, 4270)
2000 Ed. (3095, 3098, 3340)
1999 Ed. (3359, 3362, 3364, 3365, 3415)
1998 Ed. (149)
1997 Ed. (2946)
1996 Ed. (1317, 2649)
1995 Ed. (2774)
1994 Ed. (2526, 2672)
1993 Ed. (223, 2726)
1992 Ed. (325, 327, 3085, 3253)
1991 Ed. (231, 233, 748, 2467)
1990 Ed. (1337, 2586)
Cominco Alaska
2003 Ed. (3421)
2001 Ed. (1609)
Cominco Fertilizers
1996 Ed. (932)
Comision Federal de Electricidad
2008 Ed. (1886, 1925)
2007 Ed. (1853, 1876)
1989 Ed. (1140)
Comit
1994 Ed. (2519, 2520)
1993 Ed. (2570, 2571)
Comitato Olimpico Natzionale Italiano (CONI)
1995 Ed. (2490)
Comitato Olimpico Nazionale Italiano
1993 Ed. (2474)
Comlease AFG
2004 Ed. (3961)
2002 Ed. (3774)
Comm. Auth. Thailand
1993 Ed. (3511)
Comm Bancorp
2003 Ed. (520)
Comm. Union of Canada Holdings
1992 Ed. (2694)
Command & Conquer
1997 Ed. (1097)
Command Center
2007 Ed. (4439)
Command Center of Anoka
2007 Ed. (4439)
Command Web Offset
2002 Ed. (3767)
Commerbank AG
1995 Ed. (2840)
Commerce
2008 Ed. (609)
Commerce Asset-Holding
2008 Ed. (473)
2007 Ed. (516)
2006 Ed. (1860)
Commerce-Asset Holding Bhd
2002 Ed. (3051)
Commerce Bancorp Inc.
2008 Ed. (355)
2007 Ed. (367, 381, 386)
2006 Ed. (401, 2289)
2005 Ed. (629, 630, 2229, 4386)
2004 Ed. (641, 2124)
2003 Ed. (451)
2001 Ed. (570)
2000 Ed. (647)
1999 Ed. (425, 622, 4340)
1998 Ed. (425, 3318)
1996 Ed. (656)
1995 Ed. (587)
1994 Ed. (617)
Commerce Bancshares Inc.
2008 Ed. (1872, 1873, 1953)
2006 Ed. (1833, 1834)
2005 Ed. (1880, 1884)
2004 Ed. (638)
2003 Ed. (630)
2000 Ed. (3738, 3739)
1999 Ed. (664)
1998 Ed. (291)
1996 Ed. (375)
1995 Ed. (3352)
1994 Ed. (347, 366, 3271)
1993 Ed. (378, 3281)
1992 Ed. (517, 520, 522, 540)
1991 Ed. (391)
1990 Ed. (3253)
1989 Ed. (398)
Commerce Bank
2002 Ed. (626, 4840)
2000 Ed. (632)
1998 Ed. (397, 398, 416, 2235)
1997 Ed. (560)
1996 Ed. (678, 2640)
1993 Ed. (2318)
Commerce Bank & Trust Co.
1989 Ed. (636)
Commerce Bank NA
1997 Ed. (577)
Commerce Bank NA Clayton
1997 Ed. (562)
1996 Ed. (608)
Commerce Bank NA Kansas City
1997 Ed. (562)
1996 Ed. (608)
Commerce Bank of Kansas City, NA
1995 Ed. (550)
1994 Ed. (575)
1993 Ed. (573)
1992 Ed. (784)
1991 Ed. (612)
Commerce Bank of Omaha NA
1998 Ed. (369)
Commerce Bank of St. Louis, NA
1995 Ed. (550)
1994 Ed. (575)
1993 Ed. (573)
1992 Ed. (784)
Commerce Bank of St. Louis NA (Clayton)
1991 Ed. (612)
Commerce Business Park
1990 Ed. (2180)
Commerce Cleaning
1989 Ed. (2480)
Commerce Clearing
1994 Ed. (2982)
1993 Ed. (2944)
1990 Ed. (2932, 3260)
1989 Ed. (2268)
Commerce Clearing House
1997 Ed. (2714, 3648)
1992 Ed. (3589)
1991 Ed. (1246, 2787)
1990 Ed. (1295)

Commerce Credit Union; Department of
2008 Ed. (2267)
2007 Ed. (2152)
2006 Ed. (2231)
2005 Ed. (2136)
Commerce Department
1998 Ed. (2512)
1995 Ed. (1666)
Commerce Group Corp.
2008 Ed. (1916, 1919, 2371)
2007 Ed. (2231, 3102, 3173)
2006 Ed. (1866, 3090)
2005 Ed. (1859, 1860, 1864)
2004 Ed. (3122)
2003 Ed. (2973)
1999 Ed. (2966)
1998 Ed. (2199)
1997 Ed. (2460)
1996 Ed. (2330, 2332)
Commerce Insurance Services Inc.
2005 Ed. (3069)
Commerce International
1994 Ed. (3193)
Commerce International Bankers
1991 Ed. (2413)
Commerce International Merchant
1989 Ed. (1781)
Commerce International Merchant Bankers
1996 Ed. (3391)
1995 Ed. (3279)
1992 Ed. (3023)
Commerce Int'l Merchant Bankers
1990 Ed. (2315)
Commerce National Insurance
2000 Ed. (1779)
Commerce One, Inc.
2003 Ed. (2181, 2703, 2731)
2001 Ed. (2164, 4184, 4186, 4451)
2000 Ed. (1753, 4340)
Commerce Union
1989 Ed. (364)
Commerce Union, Tenn.
1989 Ed. (2156, 2160)
Commerce; U.S. Department of
2008 Ed. (2830)
2007 Ed. (2701)
2006 Ed. (2706, 3293)
Commercebank Holding Corp.
2007 Ed. (388)
Commercial
2006 Ed. (2370)
2005 Ed. (2315, 3130)
2001 Ed. (2160, 3528)
1999 Ed. (1180)
1992 Ed. (750)
1991 Ed. (1000)
Commercial & Credit Bank
1992 Ed. (697)
Commercial & Development Bank Ltd.
1997 Ed. (524)
1996 Ed. (567)
1995 Ed. (514)
1994 Ed. (538)
Commercial & Savings Bank of Somalia
1989 Ed. (670)
Commercial auto
2002 Ed. (2954)
Commercial auto insurance
1995 Ed. (2323)
Commercial auto liability
2002 Ed. (2964)
Commercial auto physical damage
2002 Ed. (2964)
Commercial Bancorp of Colorado
1995 Ed. (491, 492)
Commercial Bank
2006 Ed. (1073)
2002 Ed. (4476)
2000 Ed. (518, 542, 1149, 1149, 1150)
1998 Ed. (2353)
1997 Ed. (1070)
1994 Ed. (2345, 2346)
1993 Ed. (253, 2383, 2384)
1992 Ed. (363, 1665)
1991 Ed. (260, 534, 2261)
1989 Ed. (207, 546)
Commercial Bank Biochim
1997 Ed. (424)
1996 Ed. (461)
1994 Ed. (442)
1993 Ed. (442)
1992 Ed. (625)
Commercial Bank ''Businessbanca
2004 Ed. (469)
Commercial Bank Ethiopia
1999 Ed. (641)
Commercial Bank for the Development of the Automobile Industy
1993 Ed. (631)
Commercial Bank for the Devleopment of the Petro-Chemical Industry
1993 Ed. (631)
Commercial Bank Hemus Ltd.
1994 Ed. (442)
Commercial Bank Imperial
1997 Ed. (604)
Commercial Bank Ion Tiriac
1999 Ed. (627)
1997 Ed. (601)
1996 Ed. (663)
Commercial bank loans
1996 Ed. (3457)
Commercial Bank of Africa
2008 Ed. (457)
2007 Ed. (493)
2005 Ed. (556)
2004 Ed. (570)
2003 Ed. (556)
2002 Ed. (599)
2000 Ed. (580)
1999 Ed. (568)
1997 Ed. (533)
1996 Ed. (577)
1995 Ed. (522)
1994 Ed. (547)
1993 Ed. (546)
1991 Ed. (582)
1989 Ed. (594)
Commercial Bank of Cameroon
2008 Ed. (390)
2007 Ed. (411)
Commercial Bank of Ceylon
2006 Ed. (526)
2004 Ed. (622)
2003 Ed. (613)
2002 Ed. (649)
2000 Ed. (666)
1999 Ed. (640, 1240, 1241)
1997 Ed. (618)
1996 Ed. (684)
1995 Ed. (610)
1994 Ed. (637)
1993 Ed. (634)
1991 Ed. (665)
Commercial Bank of Ceylon Ltd
1992 Ed. (838)
Commercial Bank of Dubai
2008 Ed. (519)
2007 Ed. (566)
2006 Ed. (535, 4545)
2005 Ed. (622)
2004 Ed. (634)
2003 Ed. (625)
2002 Ed. (658)
2000 Ed. (455, 687)
1999 Ed. (464, 677)
1997 Ed. (407, 637)
1996 Ed. (442, 704)
1995 Ed. (416, 628)
1994 Ed. (423)
Commercial Bank of Ethiopia
2008 Ed. (408)
2007 Ed. (438)
2005 Ed. (492)
2004 Ed. (484, 623)
2003 Ed. (487)
2002 Ed. (556)
2000 Ed. (520)
1999 Ed. (509)
1994 Ed. (471)
1993 Ed. (467)
1992 Ed. (657)
1991 Ed. (416, 502)
1989 Ed. (524)
Commercial Bank of Ethopia
2002 Ed. (509)
Commercial Bank of Greece
2005 Ed. (514)
2004 Ed. (491, 535)
2003 Ed. (500)
2002 Ed. (341, 342, 565)
2000 Ed. (320, 321, 541)
1999 Ed. (303, 532)
1997 Ed. (276, 277, 481)
1996 Ed. (247, 248, 522)
1995 Ed. (478)
1994 Ed. (242, 243, 496)
1993 Ed. (254, 494)
1992 Ed. (689)
1990 Ed. (585)
Commercial Bank of Korea
2000 Ed. (581)
1999 Ed. (519, 569, 2890)
1998 Ed. (350)
1997 Ed. (534)
1996 Ed. (578, 2445)
1995 Ed. (470, 523)
1994 Ed. (548)
1993 Ed. (548)
1992 Ed. (605, 751)
1991 Ed. (584, 2272, 2273)
1990 Ed. (620)
1989 Ed. (596)
Commercial Bank of Kuwait
2008 Ed. (458)
2007 Ed. (494)
2006 Ed. (478, 4513)
2005 Ed. (557)
2004 Ed. (513, 571)
2003 Ed. (557)
2002 Ed. (604)
2000 Ed. (447, 582)
1999 Ed. (457, 570)
1997 Ed. (400, 535)
1996 Ed. (435, 579)
1995 Ed. (408, 524, 525)
1993 Ed. (549)
1992 Ed. (63, 588, 752)
1991 Ed. (433, 585)
1990 Ed. (482, 621, 622)
1989 Ed. (459, 597)
Commercial Bank of Malawi
2004 Ed. (588)
2003 Ed. (581)
2002 Ed. (616)
2000 Ed. (601, 602)
1999 Ed. (585, 586)
1997 Ed. (550)
1996 Ed. (596)
1995 Ed. (538)
1994 Ed. (562)
1993 Ed. (560)
1991 Ed. (600)
1989 Ed. (612)
Commercial Bank of Namibia
2003 Ed. (590)
2000 Ed. (627)
1999 Ed. (604)
1997 Ed. (570)
1996 Ed. (628)
1995 Ed. (558)
1994 Ed. (588)
1993 Ed. (581)
Commercial Bank of New York
1999 Ed. (423)
Commercial Bank of Oman
2002 Ed. (631)
2000 Ed. (451)
1994 Ed. (609)
Commercial Bank of Oman Ltd. (S.A.O.)
1989 Ed. (647)
Commercial Bank of Oman Ltd. (SAOG)
1997 Ed. (588)
1996 Ed. (649)
1995 Ed. (579)
Commercial Bank of Oman Ltd. SAOG (Ruwi)
2000 Ed. (638)
Commercial Bank of Ozark
1998 Ed. (373)
Commercial Bank of Qatar
2008 Ed. (76, 495)
2007 Ed. (544)
2006 Ed. (516)
2005 Ed. (600)
2004 Ed. (610)
2003 Ed. (602)
2002 Ed. (638)
2000 Ed. (452, 651)
1999 Ed. (461)
1997 Ed. (404)
1996 Ed. (439)
1995 Ed. (412)
1994 Ed. (419)
1989 Ed. (448)
Commercial Bank of Qatar (QSC)
1999 Ed. (626)
1989 Ed. (659)
The Commercial Bank of Seoul
1992 Ed. (2821, 2822)
Commercial Bank of Syria
2007 Ed. (471)
2006 Ed. (459)
2005 Ed. (530)
2004 Ed. (548)
2003 Ed. (532)
2002 Ed. (573)
1992 Ed. (597, 844)
1991 Ed. (423, 441)
1990 Ed. (470, 472, 492, 693)
1989 Ed. (446, 449, 469, 687, 688)
Commercial Bank of Zimbabwe
2008 Ed. (526)
2007 Ed. (575)
2005 Ed. (642)
2004 Ed. (654)
2003 Ed. (640)
2002 Ed. (666)
Commercial Bank Vuzrazhdane PLC
1994 Ed. (442)
Commercial banks
2002 Ed. (1407, 1413, 1414, 2769, 2772, 2777, 2778)
2000 Ed. (1350, 1351, 1354, 1355, 2646)
1998 Ed. (1075, 1076, 1079, 1152, 1153, 1156, 2097, 2098, 2099, 2100, 2101)
1997 Ed. (178, 1298, 1300, 1303, 1442, 1445, 2382, 2383, 2384, 2385, 2386)
1996 Ed. (1257, 2255, 2257)
1995 Ed. (2244, 2246, 3290, 3293, 3294, 3310, 3311)
1994 Ed. (2193, 2195, 3206, 3207, 3208, 3211, 3212)
1993 Ed. (2170, 2171, 2174, 2926, 3232, 3233, 3234, 3236, 3237)
Commercial Banks/Savings & Loans
1989 Ed. (1486)
Commercial Building Maintenance Co.
2005 Ed. (760)
Commercial cafeterias
2001 Ed. (4078)
Commercial Capital Corp.
2000 Ed. (4058)
1999 Ed. (4339)
Commercial Capital Bancorp Inc.
2006 Ed. (2736)
Commercial Capital Bank, FSB
2007 Ed. (4245)
2006 Ed. (4231)
Commercial Carriers
1999 Ed. (4679)
1998 Ed. (3632)
1995 Ed. (3676)
1994 Ed. (3598)
1993 Ed. (3638)
1991 Ed. (3431)
Commercial communications
1992 Ed. (4387)
Commercial Consolidators Corp.
2004 Ed. (236)
2003 Ed. (1637)
Commercial/contract law
1997 Ed. (2613)
Commercial Credit Co.
1996 Ed. (1767)
1995 Ed. (1789, 1790)
1991 Ed. (1664)
1990 Ed. (1760)
Commercial Credit Company
2000 Ed. (1918)
Commercial Data Systems Inc.
2008 Ed. (1356, 3705, 4381)
2007 Ed. (3548, 4408)
2005 Ed. (1357)
Commercial de France
1991 Ed. (2301)
Commercial del Norte
1990 Ed. (498)

Commercial/diverse services
2005 Ed. (3017)
Commercial Energy of Montana
2005 Ed. (2392)
Commercial Equipment
2000 Ed. (3088, 4117)
1999 Ed. (3352)
Commercial Facilities
2006 Ed. (4513)
Commercial Federal Corp.
2005 Ed. (4223, 4224)
2004 Ed. (4290, 4291)
2001 Ed. (4523)
2000 Ed. (1315, 4247)
1998 Ed. (3526, 3554)
1997 Ed. (3745)
1996 Ed. (3689)
1995 Ed. (3353, 3609, 3611)
1994 Ed. (3225, 3272, 3533, 3535)
1993 Ed. (3282)
Commercial Federal Bank
2008 Ed. (399)
2007 Ed. (431)
2003 Ed. (4261, 4270, 4271, 4278, 4280, 4282, 4283)
1992 Ed. (3785)
Commercial Federal Bank, a FSB
2002 Ed. (4118, 4126, 4133, 4134, 4135, 4137)
Commercial Federal Bank, FSB
2006 Ed. (3571, 4230, 4234, 4244, 4246)
2005 Ed. (3511, 4177, 4178, 4179, 4182, 4213, 4221)
2004 Ed. (3507, 4244, 4245, 4287, 4288)
Commercial Federal Mortgage Corp.
2002 Ed. (3386)
1996 Ed. (2678)
Commercial Federal Savings & Loan Assn.
1991 Ed. (617)
Commercial Financial Services Inc.
2001 Ed. (1829)
2000 Ed. (1098, 4043)
1999 Ed. (1184, 2119, 4321)
Commercial Financial/SPC Acquisitions Inc.
2001 Ed. (1829)
Commercial Flooring Systems Inc.
1997 Ed. (2016)
1993 Ed. (1867)
1992 Ed. (2165, 2165)
1990 Ed. (1802)
Commercial Flooring Systems/Mid-Atlantic Flooring Co. Inc.
1996 Ed. (1923)
1995 Ed. (1880)
1994 Ed. (1852)
Commercial Freight Services Inc.
2007 Ed. (3568)
Commercial Indemnity
1999 Ed. (2970)
1998 Ed. (2202)
Commercial/Installment loan
1990 Ed. (532)
Commercial Int. Bank
1991 Ed. (428)
Commercial International Bank
2005 Ed. (488)
2004 Ed. (482)
2003 Ed. (485)
2000 Ed. (445)
1999 Ed. (453)
1997 Ed. (396, 456)
1996 Ed. (431)
1995 Ed. (461)
1990 Ed. (477)
Commercial International Bank (Egypt)
2008 Ed. (405)
2007 Ed. (434)
2006 Ed. (433)
2002 Ed. (554)
1999 Ed. (506)
1996 Ed. (493)
1995 Ed. (404)
1994 Ed. (411)
1993 Ed. (465)
1992 Ed. (583, 655)
Commercial Laundry Business
2000 Ed. (3026)
Commercial lithographic printing
1995 Ed. (2502)
1993 Ed. (2496)
Commercial loan processing
1998 Ed. (290)
Commercial loans
1990 Ed. (531)
Commercial market
1992 Ed. (2379)
Commercial Merit Inc.
1991 Ed. (1080)
Commercial Metals Co.
2008 Ed. (3141, 3539, 3651, 3652, 3655)
2007 Ed. (1548, 3022, 3477, 3478, 3484, 3485, 3495, 3516, 4559, 4560)
2006 Ed. (1496, 1502, 2042, 3454, 3455, 3458, 3460, 3461, 3462, 3463, 3468)
2005 Ed. (3446, 3449, 3451, 3452, 3453, 3460, 4031)
2004 Ed. (3429, 3434, 3436, 3437, 3438, 3446)
2003 Ed. (3363, 3365, 3370, 3373, 4552, 4553)
2002 Ed. (3303, 3304, 3321, 3323)
2001 Ed. (4367, 4368)
1999 Ed. (3364)
1998 Ed. (3403)
1997 Ed. (3629, 3630)
1996 Ed. (3586)
1995 Ed. (3510)
1994 Ed. (778)
1993 Ed. (760)
1992 Ed. (957)
1991 Ed. (774)
1990 Ed. (1101, 3435)
1989 Ed. (960, 2637)
Commercial Motor Vehicles
2004 Ed. (4922)
2003 Ed. (3957)
2002 Ed. (3788)
Commercial multiple peril
2002 Ed. (2833, 2954, 2964)
Commercial multiple peril insurance
1995 Ed. (2323)
Commercial National Financial Corp.
2004 Ed. (408)
2003 Ed. (525)
Commercial Net Lease Realty Inc.
2007 Ed. (2223)
2006 Ed. (2296)
2005 Ed. (2231)
2004 Ed. (2126)
2002 Ed. (1556)
Commercial Online services
1996 Ed. (2345)
Commercial printing
1996 Ed. (3085)
1992 Ed. (2969)
Commercial printing and lithographic
1990 Ed. (2515)
Commercial printing industry
1998 Ed. (2433)
Commercial, professional & technical services
1999 Ed. (2100, 4286)
Commercial real estate law
1997 Ed. (2613)
Commercial Realty Online
2001 Ed. (4763)
Commercial Risk Partners Ltd.
1994 Ed. (860)
Commercial Risk Re
2001 Ed. (2957, 2958)
Commercial Risk Re-Insurance
2005 Ed. (3149)
2004 Ed. (3141)
2003 Ed. (4995)
2002 Ed. (3958)
Commercial Risk Reinsurance Co. Ltd.
1995 Ed. (901)
Commercial State Bank
1994 Ed. (512)
1993 Ed. (507)
1989 Ed. (217)
Commercial Tire Inc.
2006 Ed. (4746)
2005 Ed. (4696)
Commercial Travelers Association
1999 Ed. (296)
Commercial Trust
1989 Ed. (1785)
Commercial Union
2001 Ed. (1552)
1997 Ed. (2420, 2469)
1996 Ed. (1355)
1995 Ed. (2284)
1994 Ed. (1380)
1993 Ed. (2231, 2255, 2259)
1991 Ed. (2157)
1990 Ed. (2277, 2283)
Commercial Union Associates
1995 Ed. (2433)
Commercial Union Assurance Co.
1996 Ed. (1214)
1990 Ed. (2242)
Commercial Union Assurance Co. PLC
1999 Ed. (2913, 2921, 4287)
1991 Ed. (2145)
1990 Ed. (2276, 2280, 2284)
Commercial Union Canada
1990 Ed. (2257)
Commercial Union Canadian Bond Index
2003 Ed. (3589)
Commercial Union France
1997 Ed. (2422)
Commercial Union Investment Managament
1997 Ed. (2546)
Commercial Union of Canada Holdings Ltd.
1996 Ed. (986)
Commercial Union of S.A.
2000 Ed. (2673)
Commercial Union Plc
1998 Ed. (2210)
Commerciale du Moroc
1991 Ed. (435)
CommercialWare Inc.
2001 Ed. (1872, 2852)
Commerx, Inc.
2002 Ed. (2500)
2001 Ed. (4750)
Commerz International
1993 Ed. (2307)
Commerz International Capital Management
1993 Ed. (2357)
Commerz Securities (Japan)
2002 Ed. (2169)
Commerzbank
2008 Ed. (418)
2007 Ed. (452)
2006 Ed. (446, 462, 1688, 1771)
2005 Ed. (512)
2000 Ed. (538)
1999 Ed. (510, 512, 528, 529, 3180)
1998 Ed. (1502, 2353, 2356)
1997 Ed. (478, 516, 1731)
1995 Ed. (475)
1994 Ed. (493, 722, 1673, 1677, 1708)
1993 Ed. (491, 712, 1657, 1672, 1676, 1865)
1992 Ed. (683, 1998, 2010, 2016, 2021)
1991 Ed. (528, 529, 777, 1585, 2415)
1990 Ed. (552, 580, 581, 814, 1682, 1693)
1989 Ed. (542, 814, 1351, 1362, 1783)
Commerzbank AG
2008 Ed. (1411)
2004 Ed. (493)
2002 Ed. (563, 3206)
2001 Ed. (607, 624, 1958)
2000 Ed. (2928)
1996 Ed. (517, 751, 1971)
Commerzbank Aktiengesellschaft
2000 Ed. (2922, 2923, 2926)
Commerzbank Asset Management Group
2001 Ed. (3013)
1997 Ed. (2546)
Commerzbank International
1996 Ed. (589)
1989 Ed. (609)
CommGap
2008 Ed. (3735)
Commission des Communautes Europeennes
2004 Ed. (1656)
2002 Ed. (1598)
Commission Express
2006 Ed. (2599)
2005 Ed. (2599)
2004 Ed. (2613)
2003 Ed. (2480)
2002 Ed. (2262)
Commission on Civil Rights
1992 Ed. (26)
Commission on Preservation and Access
1991 Ed. (895)
Commissioned officer
1989 Ed. (2088)
Commissions
1993 Ed. (3683)
Commmerzbank
2004 Ed. (504, 533)
2003 Ed. (498)
CommNet Cellular Inc.
1999 Ed. (1461)
Commodex
1991 Ed. (2257)
Commoditech Inc.
1999 Ed. (1245)
Commodities
1993 Ed. (3683)
Commodities Trust
2000 Ed. (3309)
Commodity Components International Inc.
2005 Ed. (2346)
2004 Ed. (2246)
2002 Ed. (2094)
Commodity Exchange
1994 Ed. (1071, 1072)
1993 Ed. (1039, 1040)
Commodity Futures Forecast
1990 Ed. (2364)
Commodity International Trading Pte. Ltd.
2004 Ed. (1853)
2002 Ed. (1762)
Commodity Sourcing Group
2008 Ed. (4042)
2007 Ed. (2768, 4015)
2006 Ed. (2758)
Commodity Trend Service
1991 Ed. (2257, 2258)
1990 Ed. (2364)
Commodity Trend Timing I
1996 Ed. (1060)
Commodity Trend Timing II
1996 Ed. (1060)
Commodore
2002 Ed. (384)
1996 Ed. (2637)
1995 Ed. (2573)
1994 Ed. (2510)
1993 Ed. (1058, 1061, 1091, 2566, 2567)
1992 Ed. (1368, 3065, 3069, 3489, 3515, 3518, 3519, 3520, 3522)
1991 Ed. (1060, 2757)
1990 Ed. (2206, 2570)
1989 Ed. (1980)
Commodore Americus Janus Worldwide Growth
2000 Ed. (4333)
Commodore/Amiga
1992 Ed. (1317)
Commodore Electronics Taiwan Ltd.
1992 Ed. (1323, 1324)
1990 Ed. (1132)
Commodore Enhanced Nauticus Janus Worldwide Growth
2000 Ed. (4333)
Commodore Environmental Services
1990 Ed. (1974, 1975, 3303)
Commodore International Ltd.
1993 Ed. (2565)
Commodore Nauticus VA Janus Aspen Worldwide Growth
2000 Ed. (4333)
Commodore Savings Association
1990 Ed. (3592)
Common Fund
2000 Ed. (2776)
1999 Ed. (3044)

1998 Ed. (2300)
1993 Ed. (2291)
1992 Ed. (2741)
Common Fund for Non-Profit Organizations
1992 Ed. (3265)
Common Health
2000 Ed. (149)
Common Sense
1998 Ed. (2049)
1996 Ed. (2197)
Common Trust Fund
1996 Ed. (625)
1994 Ed. (579)
Common Trust (G)
1996 Ed. (625)
1994 Ed. (580)
Commonfund
2004 Ed. (3192)
2003 Ed. (3074, 3088)
2002 Ed. (2350, 3005, 3006, 3017)
2000 Ed. (2799)
Commonfund Group
2000 Ed. (2832)
CommonHealth
2003 Ed. (35)
2002 Ed. (67)
2001 Ed. (212)
2000 Ed. (58, 1672, 1675)
CommonHealth USA
2000 Ed. (57)
1999 Ed. (43, 50, 54, 55, 131)
1998 Ed. (38, 45)
1997 Ed. (43, 57)
1996 Ed. (46, 48)
Commons Bros.
1995 Ed. (1586, 3729)
Commons Brothers Inc.
1994 Ed. (1557)
Commons Development Group
2000 Ed. (1206)
1991 Ed. (250)
Commons Medical
2001 Ed. (404)
2000 Ed. (312)
1999 Ed. (286)
1996 Ed. (230)
Commons Medical Development
2002 Ed. (1173)
Commons Medical Development Group
1995 Ed. (234)
Commonwealth Australia/New Zealand
2007 Ed. (4550)
Commonwealth Bancorp Inc.
2005 Ed. (356)
2004 Ed. (4570)
Commonwealth Bancshares Corp.
1995 Ed. (1242)
The CommonWealth Bank
2002 Ed. (3550, 3553)
2000 Ed. (325, 326, 3857, 4251)
1991 Ed. (453)
Commonwealth Bank Group
2008 Ed. (380, 381)
2007 Ed. (398, 399)
2006 Ed. (413, 414)
2004 Ed. (449)
2003 Ed. (462, 463)
2000 Ed. (464, 1388)
1999 Ed. (310, 311, 467, 471, 1584)
1997 Ed. (411, 412, 1361)
1996 Ed. (446, 447, 1294)
1995 Ed. (422, 423, 1354)
1994 Ed. (426, 427)
1993 Ed. (426, 427)
Commonwealth Bank of Australia
2008 Ed. (1566, 1569)
2007 Ed. (1586, 1592, 4658, 4659)
2006 Ed. (294, 1552, 1553, 1554)
2005 Ed. (460, 461, 1656, 1657, 3939, 4577)
2004 Ed. (495, 1630, 1633, 1638, 1639, 1640, 1642, 1643, 1647)
2003 Ed. (1615, 1617, 1619, 1620)
2002 Ed. (32, 345, 346, 519, 520, 521, 523, 524, 1583, 1585, 1586, 1588, 1593, 2269)
2001 Ed. (1628, 1631, 1634, 1635, 1956)
2000 Ed. (1386, 1387)
1999 Ed. (1583)
1997 Ed. (1362)
1996 Ed. (1295)
1995 Ed. (1355, 2839)
1994 Ed. (247, 1324)
1993 Ed. (526)
1991 Ed. (2302)
1990 Ed. (505, 559)
1989 Ed. (562, 1372)
Commonwealth Banking Corp.
1990 Ed. (504, 505)
1989 Ed. (481, 482)
Commonwealth Banking Group
1994 Ed. (1323)
1992 Ed. (605, 608)
Commonwealth Bkg
1991 Ed. (452)
Commonwealth Capital Partners
2000 Ed. (2760)
1999 Ed. (3016)
1998 Ed. (2231)
1997 Ed. (2476)
1996 Ed. (2350, 2354)
1995 Ed. (2335)
Commonwealth Controls Corp.
2003 Ed. (2203)
Commonwealth Credit Union
2008 Ed. (2234)
2007 Ed. (2119)
2006 Ed. (2198)
2005 Ed. (2103)
2004 Ed. (1961)
2003 Ed. (1921, 1956)
2002 Ed. (1867)
Commonwealth Dev Ban
1991 Ed. (453)
Commonwealth Edison Co.
2002 Ed. (3535)
2001 Ed. (1554, 2145, 2154, 3553, 3870)
1999 Ed. (3963)
1998 Ed. (1374)
1996 Ed. (1609)
1995 Ed. (1273, 1335, 3033, 3332, 3337, 3447)
1994 Ed. (3253)
1993 Ed. (1553, 3259)
1992 Ed. (1135, 1521, 1892, 3932)
1991 Ed. (923, 1488, 1493, 1497)
1990 Ed. (1598, 1600, 1601)
1989 Ed. (1291, 1296, 2469)
Commonwealth Energy
1999 Ed. (1950)
1998 Ed. (1389)
1997 Ed. (1696)
1991 Ed. (1500)
1990 Ed. (1603, 2671)
1989 Ed. (1299, 2036)
Commonwealth Equity Services
1999 Ed. (843, 846, 847, 848, 849)
Commonwealth Federal S & L Association
1991 Ed. (3383)
Commonwealth Federal Savings and Loan Association
1990 Ed. (3591)
1989 Ed. (2832)
Commonwealth Federal Savings Bank
1992 Ed. (4294)
Commonwealth Financial Group
2000 Ed. (844)
Commonwealth Financial Network
2008 Ed. (3168, 3177, 3179, 3180)
2002 Ed. (788, 797, 798, 799, 800)
2000 Ed. (840, 841, 842, 843, 845, 846)
Commonwealth Financial Services
2001 Ed. (2880)
Commonwealth FSA
1992 Ed. (3771)
Commonwealth Futures Fund I
1989 Ed. (962)
Commonwealth Futures Fund II
1989 Ed. (962)
Commonwealth Government
1990 Ed. (45)
Commonwealth Hospitality Ltd.
1995 Ed. (2148)
1991 Ed. (1937)
Commonwealth II
1999 Ed. (1250)
Commonwealth Industries Inc.
2005 Ed. (3460)
1999 Ed. (3625)
Commonwealth International
1989 Ed. (962)
Commonwealth Investment Management
2002 Ed. (2818)
Commonwealth L & A
1989 Ed. (1691)
Commonwealth Land Title Co.
2000 Ed. (2739)
1998 Ed. (2214, 2215)
Commonwealth Land Title Insurance Co.
2002 Ed. (2982)
2000 Ed. (2738)
1999 Ed. (2985, 2986)
Commonwealth Life Insurance Co.
1991 Ed. (2108)
Commonwealth Mortgage Assurance
1989 Ed. (1711)
Commonwealth Mortgage Corp. of America
1990 Ed. (2602, 2605)
1989 Ed. (2006, 2007)
Commonwealth Mtg. Co. of Am.
1991 Ed. (2591)
Commonwealth New Zealand
2004 Ed. (3647)
Commonwealth of Dominica
2004 Ed. (2765)
Commonwealth of Independent States
2008 Ed. (4583)
2007 Ed. (4670)
2002 Ed. (2413, 4283)
2001 Ed. (4715)
2000 Ed. (3830)
1999 Ed. (804, 1820, 4734, 4735)
1998 Ed. (1805, 2745, 3304, 3691, 3692)
1997 Ed. (2998, 3249, 3859, 3860)
1996 Ed. (3019, 3020, 3692, 3808, 3809, 3871)
1995 Ed. (1999, 2040, 2925, 2926, 3169, 3616, 3718, 3719, 3774)
1994 Ed. (1958, 1980, 2859, 2860, 3642, 3643)
Commonwealth of Puerto Rico
2003 Ed. (3231)
Commonwealth Realty Advisors
1998 Ed. (2275, 2280)
Commonwealth Savings Assn.
1990 Ed. (3578)
Commonwealth Savings Bank
1999 Ed. (4601)
1998 Ed. (3564)
Commonwealth Savings Bank of Australia
1993 Ed. (522)
1990 Ed. (505)
Commonwealth Stadium
1999 Ed. (1300)
Commonwealth Super Scheme
2004 Ed. (3081)
Commonwealth United Mortgage
1995 Ed. (2597, 2598, 2599)
1994 Ed. (2547)
Commonwealth Variable Annuity Oppenheimer High Income
1992 Ed. (4373)
Commonwealth Variable Annuity VIP High Income
1992 Ed. (4373)
Commonwealth Volkswagen
1996 Ed. (291)
1995 Ed. (291)
1994 Ed. (287)
1993 Ed. (288)
CommScope Inc.
2006 Ed. (3037, 3693, 3694)
2005 Ed. (1090, 1532, 3464)
2004 Ed. (1080, 1081)
CommStar Futures Inc.
1993 Ed. (1037)
Commtouch Software Ltd.
2008 Ed. (1139, 1140)
2007 Ed. (1240)
Commtron
1993 Ed. (2598)
1992 Ed. (3109)
1990 Ed. (175)
Communica Publicidad
1995 Ed. (79)
1993 Ed. (104)
1992 Ed. (155)
1990 Ed. (107)
1989 Ed. (112)
Communica Publicidad S. A.
1991 Ed. (104)
Communicating Arts Credit Union
2006 Ed. (2173)
Communication
2001 Ed. (1720, 1726, 1727, 1781, 1825, 1855, 3876)
Communication; Bank of
2008 Ed. (647)
Communication Concepts
1990 Ed. (848)
Communication Credit Union
2008 Ed. (2253)
2007 Ed. (2138)
2006 Ed. (2217)
2005 Ed. (2122)
2004 Ed. (1980)
2003 Ed. (1940)
2002 Ed. (1886)
Communication equipment
2008 Ed. (3154, 3155, 3156)
2007 Ed. (3042, 3043)
2006 Ed. (3002, 3003, 3004, 3007)
Communication equipment and electronic components
1991 Ed. (1904)
The Communication Group
2002 Ed. (3865, 3866, 3870, 3871, 3873)
Communication-public relations
1996 Ed. (3873)
Communication Service for the Deaf
2007 Ed. (4446)
2006 Ed. (4378)
Communication systems
1996 Ed. (3310)
Communication tools
2005 Ed. (4815)
Communications
2006 Ed. (2509)
2005 Ed. (1556)
2004 Ed. (1542)
2003 Ed. (1500, 1501, 4845)
2002 Ed. (1480, 1482, 1488, 1490, 1996, 1997, 1998, 1999)
2001 Ed. (2021, 4674)
2000 Ed. (1307, 1312, 1313, 1326, 1327, 1670, 2630, 4339)
1999 Ed. (1453, 1468, 2010, 2863, 2864, 4554)
1998 Ed. (1019, 1035, 3772)
1997 Ed. (1243, 1244, 1266, 1612, 2018, 3716)
1996 Ed. (2063)
1995 Ed. (1226, 1227, 1248, 1250, 1251, 1260, 1670)
1994 Ed. (1210, 1211, 1229, 1233, 2192)
1993 Ed. (1213, 1573)
1992 Ed. (91, 1465, 1492)
1991 Ed. (1176)
1990 Ed. (1224, 1225, 1268, 1269, 1613)
Communications & Entertainment
1994 Ed. (2018)
Communications & public relations
1999 Ed. (2009)
Communications & public utilities
1997 Ed. (36)
Communications; Bank of
2007 Ed. (420)
2006 Ed. (426)
2005 Ed. (477)
Communications Central Inc.
1996 Ed. (2918)
1995 Ed. (3560)
1994 Ed. (3493)
1993 Ed. (2775)
Communications Concepts Unlimited
1992 Ed. (3571)
Communications Concepts Unltd.
1996 Ed. (3130)
1995 Ed. (3026)
Communications Credit Union
1998 Ed. (1217)
Communications Diversified
1993 Ed. (3064)
1990 Ed. (3087)

Communications equipment
2008 Ed. (1630)
2006 Ed. (3013)
2005 Ed. (3014)
1999 Ed. (2102)
1997 Ed. (188)
Communications equipment operators
1989 Ed. (2081, 2081, 2083)
Communications Family Credit Union
2004 Ed. (1943)
2003 Ed. (1903)
Communications Group
2002 Ed. (77)
2001 Ed. (104)
Communications Group/G. Patterson Bates
2000 Ed. (60)
Communications industry
1993 Ed. (1185, 1186, 1187)
Communications International Group
1996 Ed. (3104, 3107)
Communications LLC
2002 Ed. (3080)
Communications media
1990 Ed. (2185)
1989 Ed. (1657)
Communications Northwest Inc.
2008 Ed. (3728, 4423, 4979)
Communications Products & Services Inc.
2002 Ed. (3374)
Communications Resources Inc.
2006 Ed. (1370)
Communications Supply Co.
2003 Ed. (2205)
Communications/Utilities
1993 Ed. (2130)
Communications Week
1994 Ed. (2796)
CommunicationsWeek
1998 Ed. (2795)
1996 Ed. (2969)
Communicator
2000 Ed. (1678)
Communigroup Inc.
2005 Ed. (1874)
2004 Ed. (1803)
2001 Ed. (1797)
Communique Public Relations
2002 Ed. (3856)
Communique Telecommunications
1994 Ed. (985, 3330)
Communities Foundation of Texas Inc.
2005 Ed. (2673, 2674)
2000 Ed. (3341)
1989 Ed. (1474, 1475)
Communities in Schools
2004 Ed. (930)
Community
2008 Ed. (3352)
2007 Ed. (3218)
2005 Ed. (3635, 3636)
Community activities
1993 Ed. (2949)
1992 Ed. (2910)
Community America Credit Union
2008 Ed. (2242)
2007 Ed. (2127)
2006 Ed. (2206)
2005 Ed. (2111)
2004 Ed. (1969)
2003 Ed. (1929)
2002 Ed. (1844, 1875)
Community Asphalt Corp.
2002 Ed. (2558)
2001 Ed. (2712)
2000 Ed. (3147)
1997 Ed. (1149)
1996 Ed. (1120)
Community association managers
2007 Ed. (3726)
Community Bancorp
2007 Ed. (463)
Community Bank
2008 Ed. (430)
2004 Ed. (409)
2003 Ed. (526)
1998 Ed. (397)
1996 Ed. (3164)
1995 Ed. (3067)
1994 Ed. (556, 3010)
1991 Ed. (594)
Community Bank & Trust
1995 Ed. (494)
Community Bank NA
1994 Ed. (508, 511)
1993 Ed. (503, 554)
The Community Bank (NC)
2002 Ed. (3554)
Community Bank of Bergen County
1993 Ed. (596)
Community Bank of El Dorado Springs
1997 Ed. (181)
Community Bank of Lawndale
2005 Ed. (3307)
1995 Ed. (548)
1994 Ed. (573)
1993 Ed. (571)
1992 Ed. (782)
1990 Ed. (643)
Community Bank of Northern Virginia
2006 Ed. (2593)
2005 Ed. (380)
Community Bank System
1995 Ed. (491)
Community Banks Inc.
2007 Ed. (2229)
2005 Ed. (362)
Community Banks of Colorado
2007 Ed. (423)
Community Bankshares Inc.
2008 Ed. (344)
2007 Ed. (357)
2005 Ed. (379)
1999 Ed. (1446)
1993 Ed. (591)
Community Care Network Inc.
1999 Ed. (3883)
1998 Ed. (2912)
1997 Ed. (3160)
1996 Ed. (3080)
1990 Ed. (2897)
Community Central Bank Corp.
2002 Ed. (3548)
Community Centre Theatre
2006 Ed. (1155)
Community Child Care Council of Santa Clara County
2007 Ed. (2841)
Community Choice Credit Union
2008 Ed. (2232)
2007 Ed. (2117)
2006 Ed. (2196)
2005 Ed. (2101)
2004 Ed. (1959)
2003 Ed. (1919)
2002 Ed. (1865)
Community Credit Union
2008 Ed. (2221, 2251)
2007 Ed. (2106, 2136, 2146)
2006 Ed. (1400, 2185, 2215, 2225)
2005 Ed. (2083, 2090, 2120, 2130)
2004 Ed. (1978, 1988)
2003 Ed. (1887, 1938, 1948)
2002 Ed. (1884, 1894)
2000 Ed. (221)
1997 Ed. (1561)
Community Credit Union of Lynn
2006 Ed. (2165)
Community CU
2000 Ed. (1629)
Community Dental Services/Smilecare
1999 Ed. (1832)
Community Development Foundation
1996 Ed. (2239, 2240)
Community Distributors
2002 Ed. (2035, 2036)
Community Financial Credit Union
2006 Ed. (2164)
Community Financial Services
2005 Ed. (374)
Community First Bank
1999 Ed. (424, 541)
1998 Ed. (3551)
Community First Banking Co.
2003 Ed. (521)
Community First Bankshares
2004 Ed. (2117)
Community First Credit Union
2008 Ed. (2269)
2007 Ed. (2110, 2154)
2006 Ed. (2168, 2233)
2005 Ed. (2138)
2004 Ed. (1996)
2003 Ed. (1956)
2002 Ed. (1835, 1901)
Community First Credit Union of Florida
2008 Ed. (2225)
Community First Guam Credit Union
2008 Ed. (2227)
2007 Ed. (2112)
2006 Ed. (2191)
2005 Ed. (2096)
2004 Ed. (1954)
Community First National Bank
2005 Ed. (480)
2003 Ed. (477)
2002 Ed. (544, 1121)
Community First State Bank
1997 Ed. (501)
The Community Foundation Alliance Inc.
1994 Ed. (1907)
Community Foundation for Southeastern Michigan
2002 Ed. (2354)
2001 Ed. (2519)
2000 Ed. (2261)
1994 Ed. (1907)
Community Foundation of Frederick County
1995 Ed. (936)
Community Foundation of Grant County, Indiana
1994 Ed. (1907)
Community Foundation of Greater Memphis
2002 Ed. (1128, 2330)
Community Foundation Silicon Valley
2005 Ed. (2674)
2002 Ed. (1128)
Community foundations
2002 Ed. (2344, 2345, 2346, 2347)
Community Health Computer
1996 Ed. (2887)
Community Health Network
2008 Ed. (2902)
2007 Ed. (2779)
Community Health Partners
2001 Ed. (2231)
Community Health Plan
1999 Ed. (2654)
1997 Ed. (2195)
1996 Ed. (2093)
Community Health Plan of the Rockies Inc.
2003 Ed. (2700)
2002 Ed. (2461)
Community Health Systems Inc.
2008 Ed. (2106, 2174, 2883, 2895, 3634)
2007 Ed. (2010, 2775, 2790, 2791, 2935)
2006 Ed. (2795, 2925, 3586, 3587)
2005 Ed. (1969, 2915)
2004 Ed. (2927)
2003 Ed. (2825, 3464, 3465)
2002 Ed. (3291, 3293)
2001 Ed. (2667, 2668)
2000 Ed. (3179)
1999 Ed. (3461)
1998 Ed. (2548, 2549)
1997 Ed. (2825, 2829)
1993 Ed. (2004, 3328)
Community Hospital East
2005 Ed. (2912)
Community Hospital of New Port Richey
2002 Ed. (2620)
Community Hospitals of Indiana Inc.
2005 Ed. (1794)
2001 Ed. (1736)
Community Link
1991 Ed. (3294)
Community Living Services Inc.
2002 Ed. (3522)
2001 Ed. (3550)
Community Medical Center Inc.
2008 Ed. (1958)
2007 Ed. (1894)
2006 Ed. (1912)
2005 Ed. (1890)
2004 Ed. (1807)
2003 Ed. (1770)
2002 Ed. (2457)
2001 Ed. (1800)
1997 Ed. (2260, 2272)
1994 Ed. (2091)
1993 Ed. (2075)
Community Mutual Insurance Co.
1997 Ed. (2463)
1994 Ed. (2273)
Community National Bancorp
1993 Ed. (215)
Community National Bank
1998 Ed. (371)
1997 Ed. (501)
Community Newspaper Holdings Inc.
2006 Ed. (1535)
2004 Ed. (1559)
Community One Credit Union
2008 Ed. (2245)
2007 Ed. (2130)
2006 Ed. (2209)
2005 Ed. (2114)
2004 Ed. (1972)
2003 Ed. (1897, 1932)
2002 Ed. (1878)
Community 1st Credit Union
2008 Ed. (2232)
2007 Ed. (2117)
Community Program Loan 1987 A
1989 Ed. (1112)
Community Psych
1991 Ed. (1890)
1990 Ed. (1988)
Community Psychiatric
1989 Ed. (1578)
Community Psychiatric Centers
1997 Ed. (3644)
1993 Ed. (1189)
1992 Ed. (2381, 2383)
1991 Ed. (1892)
1990 Ed. (1991)
Community Recovery Services Inc.
2007 Ed. (3530)
Community Resource Credit Union
2004 Ed. (1937)
Community Savings
2000 Ed. (4249)
1999 Ed. (4599)
1998 Ed. (3540)
1991 Ed. (3369)
Community Savings & Loan
1991 Ed. (3371)
Community Savings Bank
2008 Ed. (4674)
2007 Ed. (4750)
2006 Ed. (4736)
Community Service Communications Inc.
2002 Ed. (3562, 3563)
Community State Bank
2005 Ed. (520, 521)
Community State Bank of Indianola
1997 Ed. (181)
Community Trust Bancorp, Inc.
2004 Ed. (2125)
Community Trust of Metropolitan Tarrant County
1989 Ed. (1475)
Community's Bank
2007 Ed. (464)
Communitywide Credit Union
2006 Ed. (2160, 2172)
2005 Ed. (2067)
Commuting times
1993 Ed. (2949)
1992 Ed. (2910)
COMNET International Co.
2003 Ed. (2708)
2002 Ed. (2501)
Comp Benefits
2002 Ed. (1915)
Comp Portuguesa Radio Marconi-bearer
1997 Ed. (2674)
Comp. Seg. Mundial Conficanca
2002 Ed. (3185, 3186)
Comp-U-Card
1992 Ed. (4213)
1991 Ed. (3292)
Comp USA
2000 Ed. (1167, 2483)
1995 Ed. (21)
1994 Ed. (1098)

Comp USA-Los Angeles
1997 Ed. (1111)
1996 Ed. (1091)
1995 Ed. (1115)
COMPA Industries Inc.
2008 Ed. (3723, 4416, 4974)
Compact car
2001 Ed. (502)
Compact Disc Club
2007 Ed. (30)
2006 Ed. (39)
Compact discs
2000 Ed. (3568)
1999 Ed. (3005)
1995 Ed. (1082)
Compact disk players
1993 Ed. (2048)
Compact disks
2005 Ed. (2234, 2858)
Compact disks, recordable
2002 Ed. (2084)
Compact Equipment Co.
1995 Ed. (3687)
1992 Ed. (4367, 4369)
Compact sport utility vehicle
2001 Ed. (502)
Compaetnia Espaetnola de Petroleos SA
2004 Ed. (3867)
Compaetnia Valenciana de Cementos Portland SA
2004 Ed. (4593)
Compagnie Bancaire
1991 Ed. (521)
Compagnie de Machines Bull
1993 Ed. (2565)
Compagnie de Saint-Gobain
2002 Ed. (862)
2001 Ed. (1146, 1235, 1707, 2605, 4025)
1999 Ed. (1631)
1997 Ed. (1411)
1995 Ed. (2544)
1994 Ed. (2476)
1991 Ed. (1292)
1990 Ed. (1369)
Compagnie De Saint-Gobain Zweigniederlassung Deutschland
1992 Ed. (2972)
Compagnie des Machines Bull SA
2001 Ed. (2214)
Compagnie du Midi
1993 Ed. (731)
1991 Ed. (1292)
1990 Ed. (1369, 2958, 3264)
Compagnie Financiere de Credit Ind'l et Comm'l
1991 Ed. (384)
Compagnie Financiere de Paribas
2000 Ed. (535, 557)
1999 Ed. (527, 551)
1997 Ed. (460)
1995 Ed. (463, 472)
1994 Ed. (472, 489)
1993 Ed. (468, 487, 518)
1992 Ed. (658, 676)
1991 Ed. (384, 551)
1989 Ed. (710)
Compagnie Financiere de Suez
1994 Ed. (1370)
1993 Ed. (1316)
1991 Ed. (383)
Compagnie Financiere E. de Rothschild
2008 Ed. (416)
2007 Ed. (450)
Compagnie Financiere Michelin
1997 Ed. (2232)
Compagnie Financiere Richemont
2002 Ed. (3247)
Compagnie Financiere Richemont AG
2003 Ed. (1830, 3301)
2001 Ed. (1862)
1999 Ed. (1740)
Compagnie Financiere Richemont SA
2008 Ed. (3583)
2007 Ed. (2987, 3814, 3816)
2006 Ed. (2028, 3403, 4540)
Compagnie Francaise de Paribas
1997 Ed. (475)
Compagnie Generale d'Electricite
2001 Ed. (3648)
1992 Ed. (1621, 1930)
1991 Ed. (1536)
Compagnie Generale des Eaux
1999 Ed. (1608, 1631, 1632)
1997 Ed. (1411)
1995 Ed. (1397, 3326)
1994 Ed. (1370, 3246)
1993 Ed. (1316)
1992 Ed. (1621)
1991 Ed. (1292)
Compagnie Generale des Etablissements Michelin
2008 Ed. (312, 1762, 3556, 3558, 4678)
2007 Ed. (312, 324, 3973, 4756)
2006 Ed. (335, 336, 3380, 4749)
2005 Ed. (322)
2003 Ed. (2326, 4203)
2002 Ed. (4069)
2001 Ed. (50, 4540, 4544)
Compagnie Int. de Wagons Lits et du Tourisme
1994 Ed. (1330)
Compagnie Int. des Wagons Lits. et du Tourisme
1995 Ed. (1361)
Compagnie Laitere Europeene
1999 Ed. (1815)
Compagnie Luxembourgeoise de la Dresdner Banque
1989 Ed. (609)
Compagnie Maritime d'Affretement
2001 Ed. (4624)
Compagnie Monegasque de Banque
1999 Ed. (592)
1997 Ed. (563)
1995 Ed. (551)
1994 Ed. (576)
1993 Ed. (574)
1992 Ed. (785)
1991 Ed. (613)
1989 Ed. (627)
Compagnie Monegasque de Banque (Monte Carlo)
2000 Ed. (614)
Compagnie Nationale a Portefeuille
2008 Ed. (1576)
2007 Ed. (1599)
Compagnie Nationale Air France
2006 Ed. (4821)
Compagnie UAP
1999 Ed. (2922)
1998 Ed. (2134)
1997 Ed. (2423)
Compagnies Europeennes Reunies
1991 Ed. (2897)
Compal Electronic
2002 Ed. (4544)
Compal Electronics Inc.
2008 Ed. (3584)
2006 Ed. (1236)
1994 Ed. (1089)
Companhia Brasileira de Distr
2006 Ed. (31)
Companhia Brasileira de Distribucao
2004 Ed. (32)
Companhia Brasileira de Distribuicao
2008 Ed. (28)
2007 Ed. (23, 1604)
Companhia Cervejaria Brahma
2002 Ed. (4326)
Companhia de Bebidas das Americas
2008 Ed. (3551)
2006 Ed. (1569, 3374)
2005 Ed. (25)
2004 Ed. (32)
2003 Ed. (4574)
Companhia de Bebidas das Americas--AmBev
2002 Ed. (1716)
Companhia de Bebidas das Americas SA
2006 Ed. (1851, 4489)
2005 Ed. (1564)
Companhia de Celulose do Caima
1992 Ed. (2893)
1991 Ed. (2333, 2334)
Companhia de Investimentos e Servicos Financeiros
1991 Ed. (2333, 2334)
Companhia Portuguesa de Hipermercados
2003 Ed. (1812)
Companhia Portuguesa De Producao De Elecricadade
2000 Ed. (1544)
Companhia Portuguesa de Producao de Electricidade
2003 Ed. (1812)
2001 Ed. (1839)
1999 Ed. (1726)
Companhia Portuguesa Radio Marconi
1994 Ed. (2395)
1992 Ed. (2893, 2894)
1991 Ed. (2333, 2334)
Companhia Providencia
2008 Ed. (3799)
Companhia Siderurgic
2005 Ed. (4505)
Companhia Siderurgica de Tubarao
2005 Ed. (1564)
Companhia Siderurgica Nacional
2008 Ed. (1581, 3551)
2007 Ed. (1603)
2005 Ed. (3241)
2002 Ed. (3247)
Companhia Vale do Rio Doce
2008 Ed. (3551)
2001 Ed. (1778)
Companhia Vale do Rio Doce SA
2008 Ed. (1581, 3659)
2007 Ed. (1603, 1604)
2006 Ed. (1569, 1851, 2542, 3374, 4489)
2005 Ed. (1564)
Compania Anonima Nacional Telefonos de Venezuela
2003 Ed. (4611)
Compania Celular de Colombia
2002 Ed. (4397)
Compania Cerverza Unidas
1993 Ed. (27)
Compania Chilena de Tabacos SA
2004 Ed. (1673)
2002 Ed. (1614)
Compania de Alumbrado Electrico de San Salvador
2002 Ed. (4410)
Compania de Minas Buenaventura SA
2008 Ed. (1745, 1749, 1752, 1753)
2007 Ed. (1724, 1725)
2003 Ed. (4600)
Compania de Petroleos de Chile SA
2006 Ed. (1851, 4227)
Compania de Petroleos de Chile SA--Copec
2004 Ed. (1777)
2003 Ed. (1740)
2002 Ed. (4094, 4095)
Compania de Telecomunicaciones de Chile, SA
2003 Ed. (4577)
Compania de Telecomunicaciones de Chile SA--CTC
2002 Ed. (4094, 4095)
Compania de Telecomunicaciones de El Salvador
2002 Ed. (4410)
Compania Espanola de Pet
1999 Ed. (1734)
Compania Espanola de Petroleos (Cepsa)
2003 Ed. (3853)
2002 Ed. (1766, 3692)
2001 Ed. (1852)
Compania Espanola de Petroleos SA
2008 Ed. (200, 1185, 2083, 2084, 2086, 3581, 3678)
2007 Ed. (1987, 1988, 1990)
2006 Ed. (2018, 2019, 2020, 3401)
2001 Ed. (1851)
2000 Ed. (1556, 3538)
Compania Minera Antamina
2006 Ed. (2546)
Compania Minera Autlan
2003 Ed. (3306)
Compania Salus SA
2006 Ed. (4547)
2002 Ed. (4496, 4497)
Companias de Cervecerias Nacionales
2006 Ed. (4497, 4498)
Companie Lyonaisse
1992 Ed. (4426)
Companies that investigate job applicants
1991 Ed. (2769)
COMPanion Corp.
2006 Ed. (3278)
2005 Ed. (3288)
2004 Ed. (3257)
Companion HealthCare Corp.
2007 Ed. (4397, 4445)
Companion Systems
2008 Ed. (3735, 4431, 4987)
2007 Ed. (3605, 3606, 4449)
2006 Ed. (4381)
The Company
2005 Ed. (722)
2000 Ed. (3502)
Company cars or auto allowances
1989 Ed. (2183)
Company-owned jobbers
1994 Ed. (2179)
Company owners
1993 Ed. (3694)
Company plane
1994 Ed. (2807)
Company Sleuth
2002 Ed. (4803)
Company stock
1992 Ed. (2805)
Company stock funds
1995 Ed. (3160)
The Company Store
1998 Ed. (648)
1997 Ed. (2324)
1990 Ed. (2114)
Compaq
2007 Ed. (736, 1229)
2003 Ed. (1125, 3796, 3797, 4686)
2002 Ed. (1136)
2001 Ed. (1347, 3296)
2000 Ed. (1157, 1162, 2638, 2639, 3129, 4441)
1999 Ed. (1257, 1258, 1600, 3404)
1998 Ed. (825)
1997 Ed. (2782)
1996 Ed. (774, 2105)
1995 Ed. (1092, 2569)
1994 Ed. (1084)
1990 Ed. (2200, 2570, 2573, 3136)
1989 Ed. (1980, 1982, 2305)
Compaq Canada Inc.
2003 Ed. (1115)
Compaq Computer Corp.
2006 Ed. (1471)
2005 Ed. (1352, 1378, 1523, 1972, 2997, 2998)
2004 Ed. (857, 1108, 1118, 1119, 1131, 1133, 1344, 1362, 1369, 1543, 2256, 2262, 3000, 3001, 3331, 4919)
2003 Ed. (815, 818, 1087, 1089, 1092, 1098, 1099, 1100, 1120, 1122, 1344, 1358, 1362, 1427, 1477, 1835, 1836, 1837, 2199, 2239, 2251, 2252, 2254, 2894, 2895, 2898, 2926, 2927, 2945, 3639, 3751, 4029, 4030)
2002 Ed. (33, 37, 227, 751, 915, 1039, 1133, 1135, 1137, 1140, 1141, 1456, 1782, 2106, 2109, 2728, 2804, 2805, 3334, 3335, 3336, 3337, 3338, 3339, 3495, 3496, 3567, 3729, 3886, 4876, 4993)
2001 Ed. (1071, 1073, 1076, 1344, 1349, 1350, 1363, 1684, 1877, 1878, 2170, 2198, 2869, 3186, 3187, 3297, 3534, 3535, 3958, 4209, 4213)
2000 Ed. (204, 205, 932, 933, 937, 940, 1161, 1164, 1166, 1429, 1572, 1743, 2747, 3035, 3132, 3327, 3328, 3367, 3370, 4378)
1999 Ed. (987, 991, 1261, 1263, 1264, 1265, 1267, 1271, 1272, 1273, 1446, 1476, 1658, 1672, 1746, 1966, 2874, 2875, 2881, 3298, 3405, 3470, 3608, 3609, 3641, 3644, 3646, 3647, 3648, 3856)
1998 Ed. (571, 821, 827, 830, 832, 833, 837, 1043, 1133, 1189, 1399,

2492, 2493, 2494, 2555, 2556, 2676, 2700, 2703, 2705, 2884)
1997 Ed. (30, 1079, 1080, 1084, 1085, 1292, 1435, 1439, 1524, 1707, 2205, 2372, 2780, 2781, 2783, 2785, 2958)
1996 Ed. (1063, 1065, 1067, 1070, 1071, 1245, 1246, 1247, 1388, 1396, 1456, 1746, 2247, 2260, 2261, 2632, 2633, 2635, 2636, 2638, 2639, 3055)
1995 Ed. (20, 21, 1084, 1085, 1087, 1088, 1283, 1291, 1432, 1500, 2240, 2251, 2257, 2570, 2573, 2575)
1994 Ed. (1078, 1080, 1081, 1082, 1086, 1088, 1465, 2212, 2510, 2511, 2512, 2514, 2515, 2517, 2713, 2715, 2896)
1993 Ed. (1047, 1048, 1056, 1058, 1061, 1062, 1063, 1583, 1712, 2166, 2561, 2562, 2565, 2566, 2567, 2881, 2882, 3390)
1992 Ed. (1298, 1299, 1300, 1306, 1307, 1308, 1317, 1924, 1929, 2631, 3065, 3068, 3069, 3488, 3489, 3490, 3673, 4145)
1991 Ed. (169, 1018, 1021, 1022, 1025, 1026, 1530, 1531, 2075, 2453, 2454, 2455, 2456, 2850)
1990 Ed. (1114, 1120, 1122, 1129, 1327, 1618, 1619, 1626, 1631, 2209, 2571, 2572, 2994)
1989 Ed. (968, 974, 977, 1043, 1054, 1321, 1981, 2655, 2665)
Compaq Computer Manufacturing Ltd.
2002 Ed. (3224)
2000 Ed. (3021)
Compaq Federal LLC
2004 Ed. (1363)
2003 Ed. (1355)
Compaq LTE
1991 Ed. (2579)
Comparator Systems
2001 Ed. (4195)
Comparex
1994 Ed. (2200)
1991 Ed. (2066)
Comparex IS
1990 Ed. (2197)
Compart
1999 Ed. (711, 1668, 2469, 2470)
Compart SpA
2002 Ed. (1699)
2001 Ed. (1760)
Compas Inc.
2008 Ed. (176)
2007 Ed. (193)
2006 Ed. (187)
2005 Ed. (174)
Compass
2005 Ed. (4361)
2000 Ed. (4129)
Compass Bancshares Inc.
2008 Ed. (371)
2007 Ed. (367, 386)
2006 Ed. (401)
2005 Ed. (631, 632)
2004 Ed. (416, 642, 643)
2003 Ed. (421)
2002 Ed. (491)
2000 Ed. (3738, 3740)
1999 Ed. (653, 4027)
1995 Ed. (3316, 3518)
Compass Bank
2008 Ed. (1670, 1671)
2003 Ed. (477)
1998 Ed. (336, 431)
1997 Ed. (389, 627)
1996 Ed. (422, 692)
1995 Ed. (398)
Compass Bank for Savings
1998 Ed. (3550)
Compass Capital Equity Income
1997 Ed. (2885)
Compass Capital Fixed-Income
1996 Ed. (615)
Compass Capital-International Bond Institutional
1999 Ed. (599)
1998 Ed. (408)
Compass Capital International Equity
1996 Ed. (616)
Compass Capital International Fixed-Income
1996 Ed. (2809)
Compass Capital-Small Capital Growth Institutional
1998 Ed. (400, 407)
Compass Capital-Small Capital Growth Service
1998 Ed. (400, 2608)
Compass Capital-Tax-Free Income Service
1998 Ed. (411, 2602, 2639)
Compass Contract Services (UK), Ltd
1990 Ed. (2093)
Compass Energy Services Inc.
2008 Ed. (2157)
2007 Ed. (896)
2006 Ed. (809)
Compass Equity Income
1996 Ed. (2777)
Compass Group
2001 Ed. (1889, 2484)
2000 Ed. (2235)
1999 Ed. (2790)
1998 Ed. (1738)
1997 Ed. (2304)
Compass Group Canada
2008 Ed. (3077, 4200)
2007 Ed. (2952, 4158)
Compass Group Holdings plc
2003 Ed. (2856)
Compass Group NAD
2005 Ed. (2659)
2004 Ed. (2666)
2003 Ed. (2533)
Compass Group North America
2004 Ed. (2665)
Compass Group plc
2008 Ed. (1719, 1738, 2758, 2760)
2007 Ed. (1689, 1709, 2631, 2956, 3346, 3349, 4159)
2006 Ed. (1687, 1693, 1714, 1804, 2051, 2651, 2944, 4138, 4302, 4303)
2005 Ed. (1768, 1817, 2661, 2940, 3282, 4090)
2004 Ed. (2670, 4696)
2003 Ed. (2531, 2532)
2002 Ed. (4419)
2001 Ed. (4087)
2000 Ed. (2566, 3796)
1993 Ed. (2100)
Compass Group The Americas
2008 Ed. (2759)
Compass Group USA
2008 Ed. (4069, 4071, 4211)
2007 Ed. (4170)
2006 Ed. (4147)
2005 Ed. (1769, 3907, 4095)
2004 Ed. (4105, 4106)
2001 Ed. (4081)
Compass Group USA Investments Inc.
2008 Ed. (1991)
Compass Group USA Investments LLP
2008 Ed. (1739, 4046, 4143, 4144)
2007 Ed. (1710, 4019, 4121, 4122)
2006 Ed. (1715, 1941, 3980, 4102, 4103)
2005 Ed. (1769, 1912, 3907, 4043, 4044)
2004 Ed. (4105, 4106)
2003 Ed. (4079, 4080)
Compass Healthcare Ltd.
1997 Ed. (2704)
Compass Homes
2008 Ed. (1164)
Compass Ireland
2005 Ed. (1985)
Compass Management & Leasing Inc.
2000 Ed. (3730)
1999 Ed. (4013)
1998 Ed. (3021)
1997 Ed. (3274)
Compass Minerals International Inc.
2008 Ed. (3675)
2005 Ed. (4144)
Compass Retail Inc.
1998 Ed. (3003, 3300)
1997 Ed. (3257, 3517)
Compassion International
2000 Ed. (3349)
1996 Ed. (913)
Compatibilizers
1996 Ed. (3052)
CompConsol
1990 Ed. (248)
Compel PLC
1993 Ed. (968)
Compensa
2001 Ed. (2926)
Compensation & Benefits
2000 Ed. (1783, 1784)
Compensation, benefits, & job analysts
2006 Ed. (3736)
Compensation data
1997 Ed. (1076)
Compeq
2006 Ed. (3947)
2005 Ed. (3884)
Competing on Internet Time
2000 Ed. (780)
Competition
1994 Ed. (2659)
1992 Ed. (993, 4385)
Competition Demystified: A Radically Simplified Approach to Business Strategy
2007 Ed. (659)
Competition, domestic
1997 Ed. (1077)
Competition, foreign
1997 Ed. (1077)
Competitive Foods
2004 Ed. (1648, 3954, 3965)
2003 Ed. (3952, 3960)
2002 Ed. (2304, 3771, 3785)
Competitive Strategy
2005 Ed. (720)
Competitive Technologies
2003 Ed. (2711)
CompHealth
2006 Ed. (4456)
Comphealth Staffing
1997 Ed. (2259)
Complas Inc.
2003 Ed. (2746, 2750)
2002 Ed. (2561)
2001 Ed. (2714)
2000 Ed. (3033)
1999 Ed. (3296)
1998 Ed. (1938)
Complete Auto Transit
1995 Ed. (3676)
1994 Ed. (3598)
1993 Ed. (3638)
1991 Ed. (3431)
Complete Business Solutions Inc.
2002 Ed. (1138)
2001 Ed. (1352)
1999 Ed. (1270, 2620, 4163, 4168, 4327)
1998 Ed. (836)
Complete Management
2000 Ed. (3330)
Complete Music
2008 Ed. (4322)
2007 Ed. (4366)
2006 Ed. (4299)
2005 Ed. (4358)
2004 Ed. (4410)
2002 Ed. (4260)
1995 Ed. (1936)
Complete Production Services Inc.
2008 Ed. (4289)
Complex 15
1993 Ed. (3325)
Complex Litigation Integrators
2005 Ed. (816)
Compliance failure
1990 Ed. (1141)
CompManagement Inc.
2006 Ed. (3081)
Component Resources Inc.
1999 Ed. (1988)
ComponentArt
2008 Ed. (1146)
Componente Auto
2002 Ed. (4460)
ComponentOne LLC
2008 Ed. (1146)
2007 Ed. (1248)
2006 Ed. (1134)
2005 Ed. (1145)
Components
1993 Ed. (1573)
1991 Ed. (1515)
1990 Ed. (1613)
Components Center
1998 Ed. (1407)
Components Specialties Inc.
2002 Ed. (3561, 3562)
Compose
2003 Ed. (14, 3775)
Composite Bond & Stock
1990 Ed. (2372)
Composite Income Fund
1993 Ed. (2664, 2685)
Composite Income Fund A
1998 Ed. (402)
Composite Northwest 50
1993 Ed. (2660, 2689)
Composite Software
2006 Ed. (3176)
Composite US Government A
1997 Ed. (690)
Composite U.S. Government Securities
1993 Ed. (2685)
1990 Ed. (2603)
Composition Book, 70-count
1990 Ed. (3430)
Composition book, 70-ct
1989 Ed. (2633)
Comprehensive Behavioral Care Inc.
1998 Ed. (2911)
Comprehensive Care Corp.
1993 Ed. (2065, 2066, 2068)
1990 Ed. (2051, 2052)
Comprehensive Care Service Solution
2001 Ed. (3270)
Comprehensive Computer Consulting Inc.
2008 Ed. (4958)
2007 Ed. (3547)
Comprehensive Health Services Inc.
2001 Ed. (2680)
2000 Ed. (2423, 2434)
1999 Ed. (2644, 2654)
1992 Ed. (2390)
1991 Ed. (1894)
1990 Ed. (1996)
Comprehensive International Technologies
1992 Ed. (2406)
Comprehensive Pharmacy
2005 Ed. (3808)
Comprehensive Pharmacy Services
2003 Ed. (2798)
1993 Ed. (2069)
1992 Ed. (2454)
1990 Ed. (2052)
Comprehensive Technologies International Inc.
1996 Ed. (2065, 2106, 2113)
1995 Ed. (2098, 2105, 2108)
1992 Ed. (2407)
Comprehensive Technology International Inc.
1994 Ed. (2047, 2054, 2057)
Comprehensive Therapeutics
2008 Ed. (1797)
Comprehensive Vision Plan Inc.
1990 Ed. (2895)
ComprehnCr
1996 Ed. (2833)
CompressorWorks
2006 Ed. (3358)
ComPsych Corp.
2006 Ed. (2406, 2407, 2408)
2005 Ed. (2360, 2361, 2362, 2363, 2364, 2365)
2002 Ed. (2852)
Compteam Inc.
2004 Ed. (1868)
Comptek Research Inc.
1993 Ed. (214, 217)
Comptoirs Modernes
1992 Ed. (4177)
Compton Community Redevelopment Agency, CA
1991 Ed. (1478)
Compton Petroleum
2007 Ed. (1621, 1623, 1637)

Compton's Interactive Encyclopedia
1997 Ed. (1098)
Comptronix
1996 Ed. (1119)
1990 Ed. (1020, 2002, 3304)
Compu-Print Inc.
2000 Ed. (3607)
Compu-Val Investments
1990 Ed. (2322)
CompuAdd
1993 Ed. (856)
1992 Ed. (1298)
1990 Ed. (2002)
1989 Ed. (2502)
CompuAdd Corp. (Austin, TX)
1991 Ed. (1037)
Compubank
2001 Ed. (631)
Compucare
1995 Ed. (2138)
CompuChild
2008 Ed. (4604)
CompuCom Systems Inc.
2006 Ed. (943, 4010)
2004 Ed. (3015, 3016, 3018, 4550, 4578)
2003 Ed. (3671, 3672, 4560)
2000 Ed. (2345)
1993 Ed. (2008)
CompuCredit Corp.
2008 Ed. (2703)
2007 Ed. (2555, 2563, 2717, 2721, 2722)
2006 Ed. (2596, 2738)
2002 Ed. (1551)
CompuDyne Corp.
2008 Ed. (4302)
2007 Ed. (4297)
2004 Ed. (4432)
2002 Ed. (4541)
1992 Ed. (319)
Compugen
2008 Ed. (1637, 2935, 2946)
2007 Ed. (2807, 2822)
2006 Ed. (2815)
Compugen Services Ltd.
2003 Ed. (1086, 2929)
Compugraphic
1989 Ed. (978)
Compumat Inc.
1992 Ed. (2565)
1991 Ed. (1993)
1990 Ed. (2145)
Compunite Computers Inc.
2008 Ed. (4973)
CompuPay Inc.
2008 Ed. (1895)
CompUSA Inc.
2008 Ed. (2993, 2994)
2007 Ed. (854, 1037, 2354, 2863, 2873, 2874)
2006 Ed. (942, 2403, 2871, 2879, 2880, 4169, 4438)
2005 Ed. (1974, 2357, 2864, 2873, 2874, 4121, 4422, 4424)
2004 Ed. (2857, 2883, 2884, 4473)
2003 Ed. (2767, 2776, 2777, 4505)
2002 Ed. (4336, 4888)
2001 Ed. (1365, 1374, 2745, 2750, 2751, 4326)
2000 Ed. (1180, 2488, 3690, 3804, 3806, 3811)
1999 Ed. (1288, 1873, 1877, 1878, 2694, 3977)
1998 Ed. (859, 860, 861, 1062, 1300, 1303, 1304, 1956, 1957, 2674, 2980, 3408)
1997 Ed. (925, 1110, 1291, 1633, 1636, 1637)
1996 Ed. (894, 1090, 3146)
compusa.com
2001 Ed. (2982)
CompuServe
2000 Ed. (2745)
1998 Ed. (1929, 2713, 3180)
1997 Ed. (2963)
1992 Ed. (4216, 4366)
1991 Ed. (3289, 3293)
1990 Ed. (1645)
1989 Ed. (1212)
Compuserve Infoplex
1992 Ed. (1934)
Compuserve Information Service Co.
1991 Ed. (2641)
Compuserve Information Service, H & R Block
1991 Ed. (3450)
CompuServe Interactive
1999 Ed. (2999)
CompuServe Interactive Services Inc.
2007 Ed. (2352)
CompuServe Membership Kit
1995 Ed. (1098, 1103)
CompuServe Windows Membership Kit
1995 Ed. (1104)
compuserve.com
2001 Ed. (2977)
Compuset Printing
2005 Ed. (3885, 3897)
Computacenter
2008 Ed. (1121)
2007 Ed. (1262)
2006 Ed. (1146)
2005 Ed. (1157)
2000 Ed. (3879)
Computalog
1997 Ed. (2962)
1996 Ed. (2868)
1994 Ed. (2694)
1992 Ed. (3296)
Computalog Gearhart
1990 Ed. (2740)
Compute!
1993 Ed. (2798, 2801)
1992 Ed. (3372, 3374)
Computed sonography
1996 Ed. (2596)
Computer
2007 Ed. (157)
1993 Ed. (2793)
1991 Ed. (1964)
Computer Access
1998 Ed. (1938, 2513, 3761)
1997 Ed. (2222, 2223)
1996 Ed. (3879)
1995 Ed. (3794)
Computer accessories
2007 Ed. (2518, 2519, 2521, 2522)
2006 Ed. (2535, 2536)
1999 Ed. (2093, 2848)
1996 Ed. (1728)
1995 Ed. (1738)
Computer Accounting Doctor
2004 Ed. (6, 7)
Computer-aided software engineering
1996 Ed. (2914)
Computer-Aided Technologies International Inc.
2008 Ed. (4381)
2007 Ed. (4408)
2006 Ed. (4348)
Computer and data-processing services
1994 Ed. (3327, 3329)
1991 Ed. (1138, 1187)
1990 Ed. (1224, 1657)
Computer and data services
2004 Ed. (3007)
2003 Ed. (2902)
2002 Ed. (2772)
2000 Ed. (1350)
1997 Ed. (1299, 1300, 1303, 1304, 1305)
1996 Ed. (1251, 1255, 1256, 1257, 1258, 1259, 1262)
Computer & electronics
2002 Ed. (2989)
Computer & equipment dealers
2002 Ed. (4884)
Computer & Hi-Tech Management Inc.
2006 Ed. (3545, 4383)
2005 Ed. (1350, 1356, 1357)
2004 Ed. (1348)
2003 Ed. (1347, 1348)
2002 Ed. (2535)
2001 Ed. (1355)
Computer & information systems managers
2007 Ed. (3720)
Computer & infosystems managers
2006 Ed. (3736)
Computer and office
2001 Ed. (3876)
Computer & office equipment
2004 Ed. (1455)
Computer & peripherals
1989 Ed. (2647)
Computer & peripherals manufacturing
2007 Ed. (3716)
Computer Assoc Intl
2000 Ed. (2461)
Computer Associates Inc.
2008 Ed. (2060)
2006 Ed. (1125)
2005 Ed. (1135)
2004 Ed. (1128)
2003 Ed. (1112)
2002 Ed. (1149)
2001 Ed. (1362)
1999 Ed. (1282, 1283, 1286, 2877)
1994 Ed. (1091, 1092, 1093, 1096, 1097, 3227)
1993 Ed. (1069, 1070, 1072, 1073, 1074, 1704, 2472, 3227)
1992 Ed. (1327, 1329, 1332, 1333, 1922, 1924, 3684)
1991 Ed. (1036, 1529, 2841, 2855)
1990 Ed. (410, 411, 1119, 1135, 1136, 2734, 3343)
1989 Ed. (1043, 2101, 2654)
Computer Associates International Inc.
2008 Ed. (4262)
2007 Ed. (914, 1232, 1233, 1241, 1258, 1413)
2006 Ed. (831, 1119, 1120, 1123, 1127, 1375)
2005 Ed. (793, 923, 1108, 1130, 1131, 1133, 1136, 1141, 1155, 1156, 1362, 1385, 1576)
2004 Ed. (1104, 1123, 1124, 1126, 1130, 1132, 1554, 4496, 4982)
2003 Ed. (803, 1106, 1107, 1109, 1118, 1122, 1595, 2945, 4543, 4546)
2002 Ed. (1146, 1147, 1150, 1156, 1157, 1158, 2101, 4603)
2001 Ed. (1071, 1348, 1351, 1359, 1363, 1364, 1365, 1550)
2000 Ed. (1172, 1173, 1174, 1175, 1335, 1737, 1739)
1999 Ed. (1259, 1264, 1281, 1284, 1476, 1478, 1479, 1961, 1965, 3264, 3643, 3644, 4044)
1998 Ed. (826, 842, 843, 844, 855, 2412, 3043)
1997 Ed. (1078, 1082, 1087, 1107, 1108, 1292, 3294)
1996 Ed. (1064, 1068, 1072, 1073, 1087, 1089)
1995 Ed. (1089, 1097, 1110, 1114, 2255)
1992 Ed. (1328, 1330, 2940)
1991 Ed. (358, 1034, 1035, 1513, 1514, 2359)
1990 Ed. (1137, 1307)
Computer Associates Supercalc
1995 Ed. (1108)
Computer Association International
2000 Ed. (1179)
1995 Ed. (3288, 3306)
Computer-based messaging
1999 Ed. (3009)
Computer-based systems
1993 Ed. (1573)
1991 Ed. (1515)
1990 Ed. (1613)
Computer Business Supplies
1989 Ed. (831)
Computer Buyer
1995 Ed. (2893)
Computer chips
1989 Ed. (2343)
Computer City
2000 Ed. (1180)
1999 Ed. (1288)
1998 Ed. (859, 860, 861)
1997 Ed. (1110, 1111)
1996 Ed. (1091)
Computer Concepts
2000 Ed. (1179, 2460)
1999 Ed. (2623, 2670)
Computer Consoles
1990 Ed. (250, 2583, 2991)
1989 Ed. (969)
Computer-consultant liaison
1989 Ed. (2972)
Computer crime
1992 Ed. (4430)
Computer Decisions
1990 Ed. (1133)
Computer Design & Integration LLC
2003 Ed. (2723)
2002 Ed. (2523)
Computer Discount Warehouse
2001 Ed. (1134)
2000 Ed. (1180)
1999 Ed. (1044)
1998 Ed. (859)
Computer disk drives
1993 Ed. (1725)
Computer Doctor Franchise Systems Inc.
2002 Ed. (2492)
Computer Doctor International Inc.
2003 Ed. (894)
Computer Dynamic Inc.
1990 Ed. (2010)
Computer Dynamics. Inc.
1991 Ed. (1902, 1908, 1909)
1990 Ed. (2003, 2011, 2012, 2014)
Computer engineers
2001 Ed. (3564)
2000 Ed. (3363)
Computer engineers & scientists
1997 Ed. (1721)
Computer Enterprises
2000 Ed. (903)
Computer equipment
1999 Ed. (3005)
Computer equipment and parts
1991 Ed. (1636, 1637)
Computer equipment & services
2006 Ed. (3294)
Computer Explorers
2007 Ed. (2278)
2006 Ed. (2342)
Computer facility management
2002 Ed. (2948)
The Computer Factory
1989 Ed. (984)
Computer Factory (Elmsford, NY)
1991 Ed. (1037)
Computer files
2004 Ed. (4992)
2001 Ed. (2216)
Computer Games
2000 Ed. (4212)
Computer games, software, and accessories
2001 Ed. (1093)
Computer Gaming
2000 Ed. (3468)
Computer Gaming World
2000 Ed. (3486, 3488)
1999 Ed. (3759, 3762)
Computer hardware
2008 Ed. (2439)
2007 Ed. (2312)
2002 Ed. (4193)
2001 Ed. (2988, 4674)
1997 Ed. (867)
1992 Ed. (4387)
Computer hardware/software
2001 Ed. (2990)
Computer/home office equipment
2005 Ed. (2858)
Computer industry
1997 Ed. (3527)
Computer/information systems managers
2005 Ed. (3625)
Computer/information technology analyst
2007 Ed. (3731)
Computer Innovations Dist.
1990 Ed. (3060)
Computer integrated systems
2002 Ed. (2948)
Computer/Internet
2000 Ed. (3466)
Computer jacks
1999 Ed. (2759)
Computer keyboards
1995 Ed. (1094)
Computer Life
1999 Ed. (1851, 3749)
1997 Ed. (3042, 3046)

Computer Management Sciences Inc.
1998 Ed. (1707)
Computer manufacturers
2007 Ed. (3038)
Computer Marketing Plc
1990 Ed. (1034)
Computer memory chips
1993 Ed. (1725)
Computer modem connections
1994 Ed. (2101)
Computer monitors
1995 Ed. (1094)
Computer Motion, Inc.
2002 Ed. (2479)
Computer Network Technology Corp
1992 Ed. (1478)
Computer operator
1989 Ed. (2089)
Computer operators
2007 Ed. (3719)
2005 Ed. (3620)
Computer Palace
1996 Ed. (1091)
1995 Ed. (1115)
1994 Ed. (1098)
Computer paper
1995 Ed. (3079)
Computer parts and accessories
1993 Ed. (1711, 1725)
Computer peripheral equipment
1990 Ed. (2514)
1989 Ed. (1927)
Computer peripherals
2003 Ed. (2906, 2908)
2002 Ed. (2769, 2771, 2777)
2001 Ed. (2732)
2000 Ed. (1350, 1352, 1355, 1357)
1999 Ed. (1506, 1507, 1508, 1509, 1512, 1513)
Computer Power Inc.
1991 Ed. (1716, 3379)
1990 Ed. (1781)
Computer Power (Chase Manhattan unit)
1989 Ed. (981)
Computer Power Group Inc.
1997 Ed. (846, 1140)
1994 Ed. (1126)
1993 Ed. (1103)
1992 Ed. (1615)
Computer products
2000 Ed. (2751)
1999 Ed. (2995)
1998 Ed. (1704)
1992 Ed. (1778, 1779)
1991 Ed. (1409, 1410)
Computer Professionals Inc.
2007 Ed. (3602)
2006 Ed. (3540)
Computer programmer
1989 Ed. (2088, 2089, 2094)
Computer programmers
2005 Ed. (3624)
Computer programming
2001 Ed. (94)
Computer Renaissance
2008 Ed. (880)
1999 Ed. (2512, 2517, 2521)
Computer rental leasing
2002 Ed. (2948)
Computer Reseller News
2001 Ed. (253, 256)
2000 Ed. (3470, 3487, 3489)
1999 Ed. (3760, 3761)
1998 Ed. (2792, 2793, 2794, 2795)
1997 Ed. (3040, 3043, 3047)
1996 Ed. (2968, 2969)
1995 Ed. (2883, 2892)
1990 Ed. (3625)
1989 Ed. (985)
Computer Resource Management
1990 Ed. (2006)
Computer sales & services
1999 Ed. (696, 1809)
Computer science
2003 Ed. (2271)
Computer Sciences Corp.
2008 Ed. (163, 806, 1120, 1141, 1143, 1157, 1348, 1354, 1355, 1358, 1362, 1371, 1372, 1399, 1470, 1519, 4798, 4803)
2007 Ed. (838, 1217, 1228, 1242, 1243, 1244, 1259, 1265, 1395, 1396, 1398, 1400, 1402, 1405, 1406, 1411, 1414, 1415, 1417, 1476, 1535, 2167, 2168, 2171, 2172, 2778, 2820, 3068, 4213, 4871)
2006 Ed. (743, 744, 1107, 1132, 1144, 1150, 1355, 1356, 1357, 1359, 1361, 1363, 1368, 1373, 1376, 1377, 1379, 2105, 2243, 2244, 2248, 2777, 2807, 2808, 2818, 3032, 3035, 3042, 4202, 4872)
2005 Ed. (817, 818, 1107, 1108, 1117, 1134, 1143, 1349, 1352, 1353, 1354, 1359, 1364, 1365, 1370, 1371, 1373, 1375, 1377, 1381, 1386, 1387, 1391, 1464, 2008, 2148, 2149, 2152, 2153, 2154, 2157, 2158, 2802, 2825, 2826, 3039, 3373, 4809)
2004 Ed. (844, 1103, 1104, 1113, 1115, 1122, 1127, 1131, 1133, 1344, 1345, 1346, 1349, 1355, 1360, 1361, 1363, 1364, 1367, 1453, 2011, 2824, 3015, 3018, 4655)
2003 Ed. (803, 1091, 1106, 1119, 1122, 1344, 1345, 1350, 1352, 1355, 1359, 1362, 1746, 1965, 1969, 2705)
2002 Ed. (1132, 1148, 1216, 1603, 2807, 3976, 3977, 4879)
2001 Ed. (1068, 1365, 1442, 2184)
2000 Ed. (1159, 1174, 2639, 3386)
1999 Ed. (955, 1264, 1266, 1275, 1280, 1281, 1289, 2878, 3644)
1998 Ed. (536, 826, 842, 2414)
1997 Ed. (1078, 1082, 3497)
1996 Ed. (1064, 1068, 1245, 1278, 3402)
1995 Ed. (1089, 1308)
1994 Ed. (1077, 2206, 3232)
1993 Ed. (1051, 1057)
1992 Ed. (1327, 1329)
1990 Ed. (1137, 2211)
Computer Sciences Canada Inc.
2001 Ed. (1443)
Computer Sciences Federal Sector
2008 Ed. (2160)
Computer security
1992 Ed. (3831)
Computer service technician
1989 Ed. (2086, 2089)
Computer services
2008 Ed. (1822)
2002 Ed. (2783, 2784, 4292)
2001 Ed. (1755)
Computer services/programming
1994 Ed. (2066)
Computer Shopper
2008 Ed. (146, 1122)
2007 Ed. (1218)
2005 Ed. (141, 142, 143, 144)
2004 Ed. (145)
2001 Ed. (253, 256, 3193)
2000 Ed. (3469, 3470, 3487, 3489)
1999 Ed. (3749, 3760, 3761)
1998 Ed. (2792, 2793, 2795)
1997 Ed. (3043, 3047)
1996 Ed. (2968, 2969)
1995 Ed. (2883, 2892, 2893)
1994 Ed. (2795)
1993 Ed. (2799)
1992 Ed. (3374)
Computer skills
1993 Ed. (1595)
Computer software
2008 Ed. (761, 1408, 1423, 1426, 1432)
2006 Ed. (1426, 1436, 1440, 1444, 1447, 1454)
2005 Ed. (132, 1471, 1543, 1561, 1572)
2004 Ed. (1456, 1469, 1527, 1546, 1558)
2003 Ed. (1426, 1435, 1439, 1497, 1516, 1520, 2769)
2002 Ed. (1398, 1399, 1413, 1420, 1481, 1489, 1491, 2084, 2948, 4884)
2001 Ed. (2732, 2988)
1999 Ed. (3005)
1998 Ed. (1071, 1072, 1073, 1074, 1075, 1076, 1079, 2077)
1997 Ed. (867, 3165)
1994 Ed. (2931)
1993 Ed. (1210, 2917)
1992 Ed. (3535)
1991 Ed. (3223)
Computer software & services
2002 Ed. (2212, 4193)
2001 Ed. (4674)
Computer/software dealers
1993 Ed. (3651)
Computer software design
1997 Ed. (1722)
Computer software engineers
2007 Ed. (3721, 3724, 3726)
2006 Ed. (3734, 3737)
2005 Ed. (3621, 3624, 3630)
Computer software, supplies & services
2005 Ed. (1556, 1557)
2004 Ed. (1542)
2003 Ed. (1500, 1501)
2002 Ed. (1480, 1482, 1488, 1490, 1996, 1997, 1998, 1999)
2000 Ed. (1307, 1312, 1313, 1325, 1326, 1327)
1999 Ed. (1447, 1453, 1454, 1466, 1467)
1998 Ed. (1014, 1019, 1020, 1034, 1039)
1997 Ed. (1242, 1243, 1244, 1262, 1263, 1266)
1996 Ed. (1196, 1197, 1198, 1215, 1216, 1219, 1225, 1231)
1995 Ed. (1225, 1227, 1250, 1251, 1260)
1994 Ed. (1209, 1211, 1228, 1232, 1239)
1993 Ed. (1185, 1186, 1187, 1204, 1205, 1213)
1992 Ed. (1501, 1464, 1487)
1991 Ed. (1150, 1190)
1990 Ed. (1233, 1257, 1261, 1272)
Computer Solutions Integrators & Products
2002 Ed. (2516)
Computer Source
2003 Ed. (2717)
Computer specialists
1992 Ed. (4488)
Computer specialty retailers
1994 Ed. (2068)
Computer Staffing Services LLC
2008 Ed. (4980)
Computer stores
2001 Ed. (4111)
Computer superstores
1994 Ed. (2509)
Computer Supply Source
2008 Ed. (1984, 2953)
Computer support
2005 Ed. (3622, 3623)
Computer support specialists
2007 Ed. (3722, 3725)
2004 Ed. (2291)
2001 Ed. (3563, 3564)
Computer system administrators
2005 Ed. (3624)
Computer system analyst
2006 Ed. (3737)
Computer system designers & consultants
2002 Ed. (4884)
Computer systems
1993 Ed. (2410, 3389)
Computer systems analyst
1989 Ed. (2088, 2094, 2095)
Computer systems analysts
2007 Ed. (3721, 3726)
2005 Ed. (3621, 3624)
1989 Ed. (2076)
Computer systems analysts and scientists
1991 Ed. (2629)
Computer Systems Policy Project
2000 Ed. (1163, 2990)
Computer Systems Tech, Inc.
2003 Ed. (1354)
Computer Systems Technology Inc.
2004 Ed. (4985)
Computer Task Group
2008 Ed. (1985)
1992 Ed. (1342)
Computer Technology Associates
1990 Ed. (2003, 2014)
Computer Technology Link
2006 Ed. (3535)
Computer Total/ECW Corp.
1994 Ed. (1916)
Computer Troubleshooters
2008 Ed. (880)
2007 Ed. (906)
2006 Ed. (818)
2005 Ed. (903)
2004 Ed. (912)
2003 Ed. (894)
Computer use
2004 Ed. (4992)
Computer/video franchises
1992 Ed. (2218)
Computer Weekly
1995 Ed. (2893)
ComputerCare
2008 Ed. (986)
ComputerJobs.com
2002 Ed. (4801)
Computerland Corp.
2000 Ed. (1181)
1994 Ed. (1098)
1992 Ed. (1336)
1991 Ed. (951)
1989 Ed. (984)
ComputerLand (Pleasanton, CA)
1991 Ed. (1037)
ComputerPles Sales & Service Inc.
2006 Ed. (4377)
Computers
2008 Ed. (2451)
2007 Ed. (1321, 2325, 2516, 3044)
2006 Ed. (138, 834, 3001)
2005 Ed. (134, 852, 3359, 3635, 3636, 3662)
2004 Ed. (141, 1747, 1748, 3334, 3335)
2003 Ed. (22, 24, 190)
2002 Ed. (56, 220, 2212, 2771, 2773, 2778)
2001 Ed. (2987, 4609)
2000 Ed. (38, 39, 1892, 3460)
1999 Ed. (2104)
1998 Ed. (561, 927, 2224)
1997 Ed. (188, 1612, 3698)
1996 Ed. (1728, 2468)
1995 Ed. (1653, 1670)
1994 Ed. (2434, 2435)
1993 Ed. (1210, 1711, 2377)
1992 Ed. (2618, 2621, 2626, 2628)
1991 Ed. (1515, 1636, 1637, 2027, 2052, 2056, 2058, 3225)
1990 Ed. (1613)
Computers & communications
1998 Ed. (2096)
1997 Ed. (2379)
1994 Ed. (2191)
Computers & computer applications
2008 Ed. (4722)
2006 Ed. (4786)
2005 Ed. (4735)
2003 Ed. (4776)
2002 Ed. (4643)
Computers & computer parts
1999 Ed. (2110)
Computers & Electronics
2000 Ed. (30, 797)
1997 Ed. (707)
Computers and industrial machinery
1994 Ed. (1730)
Computers and office equipment
2003 Ed. (2908)
2000 Ed. (1352, 1355, 1356, 1357, 2628, 2633)
1999 Ed. (1508, 1509, 1510, 1678, 3767)
1998 Ed. (1071, 1072, 1074, 1151, 1152, 1154, 1155, 2101, 2800)
1997 Ed. (1297, 1298, 1300, 1301, 1304, 1440, 1443, 3051)
1995 Ed. (147, 1295, 1296, 1300, 1301, 1302, 1304, 2891)
Computers & peripherals
2003 Ed. (2230, 2231)
1998 Ed. (1371)

1995 Ed. (1754)
Computers & related products
1998 Ed. (23, 487)
Computers & software
2002 Ed. (216, 225, 226, 3887)
2000 Ed. (947)
Computers (includes office equipment)
1992 Ed. (2599, 2601, 2606, 2609, 2611, 2613, 2616, 2617, 2619, 2620, 2622, 3394)
1991 Ed. (2028, 2031, 2033, 2034, 2037, 2039, 2041, 2043, 2046, 2047, 2048, 2049, 2050, 2051)
Computers, Office Equipment
2002 Ed. (2787, 2788, 2789, 2790, 2791, 2795)
1996 Ed. (1251, 1252, 1255, 1258, 2973)
1994 Ed. (1271, 1273, 1275, 1282, 2802)
1993 Ed. (1218, 1232, 1234, 1240, 1241, 2806, 2808)
Computers, office equipment & stationery
1995 Ed. (2888)
Computers, office equipment, & supplies
1998 Ed. (598)
Computers/peripherals
1998 Ed. (1556)
1993 Ed. (1111)
Computers/software
1994 Ed. (2560)
Computershare Ltd.
2005 Ed. (363, 871)
Computertots
2007 Ed. (2278)
2006 Ed. (2342)
ComputerTots/Computer Explorers
2008 Ed. (4604)
2005 Ed. (4609)
2003 Ed. (4681)
2002 Ed. (4555)
Computervision
1998 Ed. (844)
1997 Ed. (1087, 2587, 2934)
1996 Ed. (1087)
1995 Ed. (1110, 2259)
1994 Ed. (842, 843, 1093)
1993 Ed. (809)
1989 Ed. (2304)
Computervision (Prime)
1990 Ed. (1111, 1112, 1138)
ComputerWare
1992 Ed. (1184)
Computerworld
2008 Ed. (146, 147, 148, 149, 811)
2007 Ed. (162, 163, 164, 165, 845)
2005 Ed. (141, 142, 143, 144, 826)
2004 Ed. (145, 146)
2003 Ed. (810)
2001 Ed. (253, 256)
2000 Ed. (3470, 3487, 3489)
1999 Ed. (3760, 3761)
1998 Ed. (2792, 2795)
1997 Ed. (3040, 3043, 3047)
1996 Ed. (2968, 2969)
1995 Ed. (2892)
1990 Ed. (1133, 3625)
1989 Ed. (985)
Computerworld.com
2004 Ed. (853)
Computing
2008 Ed. (2454)
2007 Ed. (2329)
1995 Ed. (2893)
Computing and electronics
2001 Ed. (2178)
Computing Devices Canada Ltd.
1996 Ed. (2108)
Computron Software
1998 Ed. (2726)
1997 Ed. (3408)
Compuware
2008 Ed. (1150, 1152)
2007 Ed. (1254)
2006 Ed. (1120, 1127, 1140, 1141)
2005 Ed. (1109, 1131, 1133, 1136, 1150, 1151, 1866)
2004 Ed. (1105, 1123, 1124, 1126, 1796)
2003 Ed. (1105, 1107, 1109)
2002 Ed. (1138, 1146, 1147, 1150, 1771)
2001 Ed. (1348, 1352, 1364, 1750, 2377, 4449, 4747)
2000 Ed. (1160, 1900, 2394, 2396, 3368)
1999 Ed. (1270, 1282, 1498, 1658, 2107, 4390)
1998 Ed. (836, 844, 1529, 3408)
1997 Ed. (1087)
1993 Ed. (1074)
1989 Ed. (926)
Compuware Sports Arena
2005 Ed. (4440)
CompuWeb Inc.
2000 Ed. (4383)
CompX International Inc.
2005 Ed. (2782, 2783)
2004 Ed. (2790, 2791)
ComReal
1990 Ed. (2953)
Comrie; Bill
2005 Ed. (4872)
Comrie; Keith
1995 Ed. (2668)
1993 Ed. (2638)
1992 Ed. (3136)
1991 Ed. (2546)
1990 Ed. (2657)
Comsat
1994 Ed. (2443)
1993 Ed. (2504)
Comsat Video
1990 Ed. (883)
ComScore Networks
2006 Ed. (106, 3176)
Comshare Inc.
2001 Ed. (1352)
1999 Ed. (1270)
1998 Ed. (836, 1529)
ComSouth Bankshares Inc.
1998 Ed. (158)
Comstock & Co. Inc.; L. K.
1997 Ed. (1162)
1996 Ed. (1133, 1134)
1995 Ed. (1158, 1159)
1994 Ed. (1139, 1140)
1993 Ed. (1123, 1124)
1992 Ed. (1410, 1411)
1991 Ed. (1077, 1078)
Comstock & Co. Inc.; L.K.
1990 Ed. (1202)
Comstock Capital Value
2007 Ed. (3679)
Comstock Group Inc.
1990 Ed. (1200, 1667)
Comstock Homebuilding
2006 Ed. (2113)
Comstock Homebuilding Cos.
2008 Ed. (1196)
2006 Ed. (2732)
Comstock Homes
2005 Ed. (1225)
Comstock Partners
2002 Ed. (4833)
Comstock Partners Strategy
1993 Ed. (2699)
1990 Ed. (3135, 3186)
Comstock Partners Strategy A
1998 Ed. (408)
Comstock Partners Strategy Fd.
1990 Ed. (1359)
Comstock Partners Strategy O
1998 Ed. (408)
Comstock Resources Inc.
2006 Ed. (3865)
COMSTOW
1991 Ed. (2310, 2311)
ComStream Corp.
1996 Ed. (1722)
Comsys Technical Services
1995 Ed. (2097)
Comtech Telecom
2005 Ed. (4611)
Comtech Telecommunications Corp.
2008 Ed. (1350, 1985, 4606, 4634)
2007 Ed. (1397, 1404, 2718, 2750)
2006 Ed. (2388, 4676)
2005 Ed. (1362, 1363, 1388)
2003 Ed. (2189)
Comter Systems Inc.
2005 Ed. (1346)
COMTEX News Network Inc.
2004 Ed. (4548)
Comtrade Electronics USA
1998 Ed. (754)
Comtrak
1990 Ed. (3657)
Comtrak Logistics
2003 Ed. (4786)
Comtrex
1996 Ed. (1025, 1031)
1995 Ed. (227)
1994 Ed. (196, 1576)
1993 Ed. (1013)
1992 Ed. (1244, 1250, 1251, 1254, 1255, 1256, 1257)
1991 Ed. (991, 992, 995, 996, 997, 998)
Comtrex Systems Corp.
2004 Ed. (4551, 4552)
Comtrust Credit Union
2008 Ed. (2260)
2007 Ed. (2145)
Com21
2003 Ed. (826)
Comunica Leo Burnett Publicidad
1995 Ed. (110)
Comunicart
1990 Ed. (98)
comunidad; la
2008 Ed. (122)
2007 Ed. (113)
ComVentures
2004 Ed. (4831)
Comverge
2006 Ed. (2436)
ComVergent
2004 Ed. (1088)
Comverse Tech
1991 Ed. (3467)
Comverse Technology Inc.
2007 Ed. (4969)
2006 Ed. (4080)
2004 Ed. (4493)
2003 Ed. (2243, 4544, 4688, 4693)
2002 Ed. (2078, 2098, 2526)
2001 Ed. (4380, 4455)
2000 Ed. (2460, 4363)
Comvex
2002 Ed. (4460)
ComVort Group
2008 Ed. (117)
Con
1996 Ed. (2032)
1994 Ed. (1981)
Con-Agra
1992 Ed. (2957)
Con Agra Grocery Products Co.
2004 Ed. (1658)
CON Bank Apeldoorn
1993 Ed. (585)
Con Cap Rlty. Inv.
1990 Ed. (2965)
Con Cap Spc Trust
1990 Ed. (2965)
Con-Drain
1991 Ed. (1554)
1990 Ed. (1669)
Con Edison Co. of NY
1996 Ed. (1608)
Con Freightways Inc.
1998 Ed. (110, 111, 3630)
Con-way Inc.
2008 Ed. (291, 2772, 2773, 3198, 4737, 4743)
1998 Ed. (3637)
Con-Way Carriers
1998 Ed. (3642, 3644)
1997 Ed. (3805, 3807)
Con-Way Express Carriers
2000 Ed. (4308, 4315, 4321)
1995 Ed. (3682)
1994 Ed. (3605)
1993 Ed. (3631, 3632, 3633, 3645)
Con-Way Express Group
1999 Ed. (4683, 4690)
1992 Ed. (4359)
Con-Way Freight
2008 Ed. (4763, 4769, 4780)
Con-Way Transportation
2003 Ed. (4803)
2000 Ed. (4314)
1999 Ed. (4677, 4678, 4686)
1998 Ed. (3628)
1996 Ed. (3757)
1995 Ed. (3679)
Con-Way Transportation Services Inc.
2008 Ed. (2350, 4776)
2007 Ed. (4824, 4847, 4853, 4857)
2006 Ed. (4806, 4839, 4843, 4844, 4849, 4850, 4854)
2005 Ed. (1757, 4754, 4784)
2004 Ed. (4769)
2002 Ed. (4691, 4696, 4698)
2001 Ed. (1130, 2535)
2000 Ed. (4316)
Con-Way Truckload Services
1998 Ed. (3641)
ConAgra Inc.
2005 Ed. (1366)
2004 Ed. (1350, 2654, 2655)
2003 Ed. (679, 680, 1775, 2037, 2505, 2507, 2514, 2515, 2522, 2561, 3158, 3159, 3328, 4458)
2002 Ed. (1733, 2291, 2297, 2299, 2302, 2303, 2308, 2309, 2310, 2311, 3274, 3275, 3277, 4789)
2001 Ed. (1042, 1803, 2458, 2461, 2463, 2464, 2465, 2470, 2474, 2476, 2478, 2479)
2000 Ed. (1243, 1520, 2212, 2214, 2216, 2218, 2220, 2227, 2231, 2232, 2279, 3059, 3061, 3131, 3580, 3581)
1999 Ed. (711, 1479, 1551, 1709, 1813, 1814, 2455, 2456, 2461, 2463, 2464, 2469, 2470, 2473, 2475, 2527, 3321, 3323, 3598, 3864, 3865, 4139, 4140)
1998 Ed. (1179, 1202, 1240, 1710, 1715, 1721, 1722, 1723, 1729, 1730, 1731, 1767, 2451, 2453, 2454, 2455, 2501, 2889, 2895, 3325)
1997 Ed. (1575, 2024, 2025, 2029, 2034, 2046, 2048, 2088, 2732, 2733, 2734, 2930, 3134, 3143, 3144, 3145)
1996 Ed. (1423, 1928, 1932, 1935, 1937, 1946, 1949, 2583, 2589, 2590, 2591, 3058, 3062, 3063, 3064)
1995 Ed. (1461, 1883, 1886, 1888, 1891, 1895, 1900, 1905, 1909, 2519, 2520, 2521, 2525, 2526, 2527, 2760, 2762, 2959, 2960, 2961, 2962, 2964, 2966, 2967)
1994 Ed. (1208, 1424, 1859, 1862, 1864, 1865, 1867, 1870, 1873, 1874, 1880, 1882, 2451, 2457, 2458, 2459, 2658, 2717, 2903, 2907, 2909)
1993 Ed. (1192, 1268, 1371, 1872, 1873, 1875, 1876, 1882, 1883, 1884, 2514, 2516, 2520, 2521, 2522, 2523, 2525, 2709, 2760, 2879, 2887, 2888, 2890, 2891, 2892, 2894, 2898)
1992 Ed. (1516, 2175, 2177, 2183, 2185, 2188, 2191, 2200, 3221)
1991 Ed. (258, 1149, 1209, 1733, 1736, 1738, 1739, 1740, 1750, 2580)
1990 Ed. (1815, 1817, 1820, 2890, 2891)
1989 Ed. (1444, 1450, 1453)
ConAgra Beef Co.
2004 Ed. (1682)
2003 Ed. (1656)
ConAgra Carriers
1997 Ed. (1483)
ConAgra Foods Inc.
2008 Ed. (1961, 1962, 2740, 2743, 2748, 2753, 2754, 2756, 2776, 2777, 2778, 2783, 2785, 3124, 3613, 3615, 3617)
2007 Ed. (1897, 1898, 2214, 2600, 2605, 2607, 2610, 2618, 2621, 2628, 4529)
2006 Ed. (105, 1915, 1916, 2623, 2624, 2625, 2628, 2630, 2633, 2638, 2641, 2648, 3430, 3431, 4250)
2005 Ed. (1893, 1894, 2232, 2626, 2627, 2628, 2629, 2631, 2633,

2635, 2641, 2644, 2645, 2646, 2647, 2656, 2657, 2751, 2752, 3420, 4466)
2004 Ed. (1810, 1811, 2635, 2636, 2637, 2638, 2640, 2644, 2647, 2650, 2756, 2757, 3407, 3408)
2003 Ed. (862, 863, 864, 865, 1773, 2427, 2500, 2503, 2504, 2509, 2510, 2511, 2512, 2519, 2521, 2524, 2560, 2562, 2567, 2568, 2569, 3324, 3329, 3330, 3331, 3337, 3338, 3339, 3340, 3341, 3342, 3688, 3690, 4228, 4312, 4313, 4487, 4557, 4762)
ConAgra International SA
1997 Ed. (3879)
ConAgra-Maple Leaf Milling Inc.
2003 Ed. (233, 234, 1773)
ConAgra Packaged Foods
2007 Ed. (1888)
ConAgra, Inc. (Prepared Foods Segment)
1992 Ed. (3505)
ConAgra Refrigerated Foods Co.
1998 Ed. (1733)
1997 Ed. (2048)
ConAgra Seafood Cos.
1998 Ed. (1734)
ConAgra's Healthy Choice
1992 Ed. (2237)
Conair Corp.
2008 Ed. (25)
2007 Ed. (20, 3807)
2006 Ed. (27)
2005 Ed. (21, 3707)
2004 Ed. (2867)
2003 Ed. (3790)
2002 Ed. (2072, 2440, 2441)
2000 Ed. (1729, 2411, 2412, 3507, 4202)
1999 Ed. (1945, 2631, 3450, 3774, 3775, 4716)
1998 Ed. (1379, 1892, 1896, 2805, 2806)
1997 Ed. (3060, 3062)
1996 Ed. (2984, 2986)
1995 Ed. (166, 2902)
1994 Ed. (147, 813, 2815)
1993 Ed. (163, 2813)
1992 Ed. (257, 3401, 3402)
1991 Ed. (2713)
1990 Ed. (194, 2809)
1989 Ed. (2189)
Conair Interplak
2003 Ed. (4766)
Conair Trio Curling Iron/Brush
1990 Ed. (2803, 2804)
Conam Management Corp.
2000 Ed. (305)
Conant; D. R.
2005 Ed. (2492)
Conant; Douglas
2007 Ed. (979)
Conaprole
2008 Ed. (105)
2005 Ed. (93)
1989 Ed. (1169)
Conari Press
1997 Ed. (3223)
Conase
2000 Ed. (3400)
Conasupo
1989 Ed. (1140)
Conaty; William J.
1997 Ed. (3068)
1996 Ed. (2989)
1995 Ed. (1726)
Conavi
2005 Ed. (30)
Conavi Banco Comercial
2007 Ed. (421)
Conaway; Charles
2005 Ed. (984)
Concentra Inc.
2008 Ed. (2481, 2482)
2007 Ed. (2358, 2359, 4112)
2006 Ed. (2410, 2411, 4066)
2005 Ed. (4035)
Concentra Financial Services
2008 Ed. (1384)
Concentra Integrated Services Inc.
2004 Ed. (4095)
Concentra Managed Care
2000 Ed. (3544)
Concentrated Capital Ltd.
2006 Ed. (4482)
Concentrated Persil Automatic Powder
1993 Ed. (742)
Concentrates/mixes
2002 Ed. (3488)
Concentrek
2006 Ed. (4794)
Concentric Network
1999 Ed. (2999)
Concentrics Restaurants
2007 Ed. (4134)
ConcentWave Software Inc.
2006 Ed. (2747)
Concepcion
1990 Ed. (521)
Concept
2003 Ed. (179)
2001 Ed. (239)
1999 Ed. (168)
1992 Ed. (1335)
Concept 4 Inc.
1997 Ed. (2474)
Concept (Lowe)
2000 Ed. (189)
ConceptOne Communications
2005 Ed. (3404)
Conceptrol
2002 Ed. (1166)
1999 Ed. (1303)
1998 Ed. (932)
Concepts 4
2008 Ed. (3344, 3345)
2007 Ed. (3194, 3202, 3203)
2006 Ed. (3168, 3169)
2005 Ed. (3167)
2004 Ed. (2943)
2003 Ed. (2855)
2002 Ed. (2646)
2001 Ed. (2798)
2000 Ed. (2567)
1999 Ed. (2788)
1998 Ed. (2029)
1990 Ed. (2286)
ConceptWave Software Inc.
2007 Ed. (2739)
Concern Kalina
2006 Ed. (28)
Concern Kamaz
2004 Ed. (1851)
2002 Ed. (1759)
Concert
2005 Ed. (40)
Concert Group Logistics
2008 Ed. (4738)
Concert Industries
2006 Ed. (1575)
2005 Ed. (1669)
Concert Prods. International
1990 Ed. (2908)
Concert Prods, International/BCL Group
1991 Ed. (2771)
Concert Productions International
1996 Ed. (3101)
1995 Ed. (3000)
Concert Productions International/BCL Group
1993 Ed. (2924)
1992 Ed. (3553)
Concerta
2002 Ed. (3754)
Concerto Networks Inc.
2008 Ed. (880)
Concerto Office Products
2008 Ed. (3733, 4428)
2007 Ed. (3601, 4447)
Concerts
1994 Ed. (837)
Concerts On the Commons
1989 Ed. (987)
Concerts West
2003 Ed. (1126)
2002 Ed. (3798)
Concessionaria Pubblicita SpA Publitalia '80
1996 Ed. (86)
Concessions
2003 Ed. (4510)
Concha y Toro
2006 Ed. (4966)
2005 Ed. (4955, 4963, 4965)
2004 Ed. (763, 4971)
2003 Ed. (753, 4948)
2002 Ed. (4925, 4941, 4943)
2001 Ed. (4845, 4879, 4881)
2000 Ed. (4412, 4421)
1999 Ed. (4788, 4794, 4796, 4799)
1998 Ed. (3743, 3749, 3751, 3754)
1997 Ed. (3902, 3904, 3905, 3911)
1996 Ed. (3858, 3864, 3865, 3869)
1995 Ed. (3756, 3760, 3769, 3772)
Conchita Martinez
1998 Ed. (198, 3757)
Conco Cement Co.
1994 Ed. (1145)
1993 Ed. (1131)
1992 Ed. (1418)
1991 Ed. (1085)
1990 Ed. (1204)
Concord
1996 Ed. (759, 3616)
1994 Ed. (40)
Concord Assets Group
1993 Ed. (3313)
Concord Assets Management
1995 Ed. (3373, 3378)
1994 Ed. (3304)
Concord Business Investments Inc.
1996 Ed. (833)
1995 Ed. (853)
Concord Camera Corp.
2005 Ed. (3653, 3654)
2004 Ed. (3745)
Concord Capital Management
1993 Ed. (2331)
Concord Communications
2001 Ed. (2190, 2856)
Concord Computing
1992 Ed. (2369)
Concord Confections
2005 Ed. (962)
Concord Construction Corp.
1992 Ed. (3625)
Concord Development Corp.
1999 Ed. (1327)
1998 Ed. (897)
Concord Diablo Credit Union
1996 Ed. (1508)
Concord EFS Inc.
2006 Ed. (457, 464, 467, 1419)
2005 Ed. (378, 528, 536, 539, 2542, 4353)
2004 Ed. (546, 553, 557, 847, 1113)
2003 Ed. (530, 537, 540, 801, 1121, 2471)
2002 Ed. (585)
2001 Ed. (583, 1955, 2185)
1999 Ed. (4487)
1998 Ed. (3411)
Concord Electric Co.
2001 Ed. (3866)
Concord EPS
2002 Ed. (572, 582)
Concord Fabrics
1992 Ed. (4270, 4276)
1991 Ed. (3349)
Concord Healthcare Development
1995 Ed. (234)
1994 Ed. (232)
1992 Ed. (352)
Concord Homes
2005 Ed. (1186)
2004 Ed. (1158)
2003 Ed. (1153)
2002 Ed. (1183)
Concord Hospital Inc.
2006 Ed. (1926)
2005 Ed. (1900)
2004 Ed. (1816)
2003 Ed. (1781)
2001 Ed. (1810)
Concord Industries Inc.
2008 Ed. (3701, 4375, 4956)
Concord-Liberty Savings & Loan Association
1990 Ed. (3590)
Concord Media Group
2001 Ed. (3979)
Concord, NH
2000 Ed. (1090, 3817)
1990 Ed. (997)
Concord Partners
1990 Ed. (3668)
Concord Resort Hotel
2000 Ed. (2538)
1999 Ed. (4048)
Concord Savings Bank
1992 Ed. (799)
Concorde
2001 Ed. (495)
Concorde International Travel
2004 Ed. (1655, 3962)
2003 Ed. (3955)
2002 Ed. (3787, 4674)
Concordia Bogvirksomheden AS
1997 Ed. (1381)
Concordia College Corp.
2006 Ed. (3719)
Concordia Special Growth
2004 Ed. (3618)
2002 Ed. (3446)
2001 Ed. (3475)
Concordia University
2008 Ed. (1071, 1079, 1080, 1081)
1999 Ed. (1226)
1996 Ed. (1044)
1993 Ed. (807)
Concordia University College of Alberta
2007 Ed. (1167, 1179)
Concordia University, John Molson School of Business
2004 Ed. (837)
2003 Ed. (791)
Concours Mold Inc.
2008 Ed. (3746)
Concrete
2005 Ed. (1480)
Concrete Cutting & Breaking Inc.
2003 Ed. (1300)
2002 Ed. (1288)
2000 Ed. (1259)
Concrete Masonry Construction
2008 Ed. (1318)
Concrete Raising of America Inc.
2007 Ed. (782)
Concrete Services
2007 Ed. (1358)
Concur Technologies Inc.
2008 Ed. (1127, 2139, 2144, 2145, 2147, 2163, 4436)
2006 Ed. (2085)
Concurrent Computer
2003 Ed. (827)
1999 Ed. (2453)
1993 Ed. (2574)
1992 Ed. (3080, 3081, 3681)
1991 Ed. (2463, 2851)
Concurrent Technologies Corp.
2008 Ed. (1367)
Condado Plaza Hotel & Casino
1995 Ed. (2157)
1993 Ed. (2089)
Condal Distributors Inc.
2000 Ed. (3150)
1999 Ed. (3424)
1998 Ed. (2516, 3711)
1997 Ed. (2802, 3872)
1996 Ed. (2661, 3823)
1995 Ed. (2591, 3727)
1994 Ed. (2532)
1993 Ed. (2584)
1992 Ed. (3092)
1991 Ed. (2474)
1990 Ed. (2593)
Conde Nast
2000 Ed. (3459)
1998 Ed. (2711, 2781)
1990 Ed. (2796)
Conde Nast/Advance Pub.
2000 Ed. (3684)
Conde Nast House & Garden
2000 Ed. (3492)
1999 Ed. (3754, 3763)
Conde Nast Publications Inc.
2001 Ed. (3954)
1999 Ed. (3742, 3744)
1997 Ed. (3034)
1996 Ed. (2956, 3143)
1995 Ed. (2878, 3041, 3044)

1994 Ed. (2980)
Conde Nast Traveler
2007 Ed. (150)
2006 Ed. (158, 3346)
1997 Ed. (3036)
1992 Ed. (3377)
1991 Ed. (2705, 2708)
Condensed Milk
2000 Ed. (3135)
Condiments
2008 Ed. (2732)
2005 Ed. (2624)
2003 Ed. (3939, 3940)
2002 Ed. (3494)
2001 Ed. (1385, 4288)
2000 Ed. (2222)
1999 Ed. (3599)
1997 Ed. (2929)
1994 Ed. (2657)
1993 Ed. (2708)
Condiments, gravies, sauces
1999 Ed. (1789)
Condisco
1994 Ed. (2691)
Condit; P. M.
2005 Ed. (2482)
Conditioner
2004 Ed. (2787)
2001 Ed. (2636, 2637)
Conditions in the perinatal period
1990 Ed. (1468)
Condoleezza Rice
2008 Ed. (4950)
2007 Ed. (4983)
2006 Ed. (4986)
Condominium
1992 Ed. (3818)
Condominium Property Management
1999 Ed. (4008, 4010)
Condoms
1991 Ed. (1864)
1990 Ed. (1194, 1959)
Condon Johnson & Associates Inc.
2007 Ed. (1361)
Condon-Johnson Associates Inc.
2003 Ed. (1302)
Condor Communications Inc.
1998 Ed. (1940)
1997 Ed. (2218, 2226)
1996 Ed. (2066, 2112)
1995 Ed. (2103, 2109)
Condor Construction Engineering Corp.
1992 Ed. (1438)
1990 Ed. (1213)
Condotte
1992 Ed. (1436)
Conduant
2006 Ed. (2249, 3988)
2005 Ed. (3914)
Conductive inks and pastes
2001 Ed. (1207)
Conductors
2007 Ed. (4385)
2006 Ed. (4320)
2005 Ed. (4372)
Conduit & Foundation Corp.
1990 Ed. (1214)
Conduit plc
2003 Ed. (2716)
2002 Ed. (2496)
Condumex Inc.
1996 Ed. (331)
Condumex SA de CV
1995 Ed. (327)
Cone
2003 Ed. (3974, 3975, 3977, 3978, 3982, 3997, 4007)
2002 Ed. (3810, 3827, 3828, 3830)
2001 Ed. (3933)
Cone Communications
2000 Ed. (3644)
1999 Ed. (3912, 3916, 3923, 3927)
1998 Ed. (2942, 3353)
1997 Ed. (3199)
1995 Ed. (3005, 3010)
1992 Ed. (3564)
1990 Ed. (2911, 2914, 2916)
Cone/Coughlin Communications
1996 Ed. (3110)
C1 Group
2007 Ed. (1695, 1744, 2742)
Cone Mills Corp.
2004 Ed. (2868, 4707, 4708)
1999 Ed. (4590)
1998 Ed. (3519, 3520)
1997 Ed. (3734, 3735)
1996 Ed. (3677, 3678, 3679)
1995 Ed. (1468, 2504, 3597, 3598, 3601, 3602)
1994 Ed. (1433, 2436, 3512, 3514, 3516)
1993 Ed. (980, 1379, 3552, 3554)
1992 Ed. (4271, 4273)
1991 Ed. (970, 3351)
1990 Ed. (1042, 2720)
C1500 4X2
2003 Ed. (356)
2002 Ed. (406)
C1500 4x2; Chevrolet
2005 Ed. (337)
Conecell
2006 Ed. (42)
Conectiv Inc.
2006 Ed. (1672)
2005 Ed. (1751)
2004 Ed. (1695, 2196, 2197)
2003 Ed. (1664, 1665)
2002 Ed. (1632)
2000 Ed. (1405, 3678)
Conectiv Services
2000 Ed. (1225)
Conergy AG
2008 Ed. (2429, 2504, 2814, 3679)
Conesco
1993 Ed. (3466)
Conestoga Cold Storage
2007 Ed. (1616, 1942)
Conestoga-Rovers & Associates
2008 Ed. (2559)
2007 Ed. (1616, 1942, 2432)
2006 Ed. (2467)
Conetwork GmbH
2003 Ed. (4396)
Conexant Systems Inc.
2008 Ed. (1114)
2005 Ed. (1089, 1090, 2343)
2004 Ed. (1081, 2236, 4405)
2003 Ed. (2193, 2243, 4389, 4541, 4543, 4545)
2002 Ed. (2081, 2099, 4359, 4361, 4363)
2001 Ed. (1040)
CONEXPO-CON/AGG
2003 Ed. (4774)
Conexpo Leon, Exposition & Convention Center
2001 Ed. (2353)
Conexpo: The International Construction Equipment Exposition
1990 Ed. (3627)
1989 Ed. (2861)
Conexus Credit
2007 Ed. (2573)
Conexus Credit Union
2008 Ed. (2713)
Confectionary foods
2007 Ed. (3048)
Confectioneries
1996 Ed. (2899)
Confectionery
2007 Ed. (4598)
2006 Ed. (4611)
2005 Ed. (95)
2002 Ed. (3494)
2001 Ed. (4385)
2000 Ed. (3135)
1999 Ed. (1933, 1934)
1990 Ed. (1578)
Confectionery & snacks
2002 Ed. (4586)
Confectionery & soft drinks
1992 Ed. (32)
Confectionery, snacks & soft drinks
1998 Ed. (586)
Confectionery, snacks, & softdrinks
1996 Ed. (3655)
Confections
1996 Ed. (3776)
1993 Ed. (3660)
1991 Ed. (3440)
Confed Investment
1994 Ed. (2325)
1992 Ed. (2783)
Confed Investment Counseling Ltd.
1992 Ed. (2784)
1991 Ed. (2254, 2255)
Confed Investment Counselling Ltd.
1993 Ed. (2345)
1989 Ed. (1786)
Confederated Tribes of Warm Springs Reservation of Oregon
2006 Ed. (2656, 2657)
2005 Ed. (2671, 2672)
2004 Ed. (2679, 2680)
2003 Ed. (2543)
2001 Ed. (2502, 2503)
Confederation caisses populaires Desjardins
1995 Ed. (1537, 1875)
1993 Ed. (1451, 1858)
1990 Ed. (1459)
Confederation des Caisses Populaires Desjardins
1992 Ed. (1755, 2152)
Confederation Desjardins
1996 Ed. (3690)
1995 Ed. (3613)
1994 Ed. (3537)
1993 Ed. (3575)
Confederation Life Assurance
1996 Ed. (2325)
Confederation Life, Canada
1990 Ed. (2238)
1989 Ed. (1687, 1688)
Confederation Life Insurance Co.
1995 Ed. (2311)
1994 Ed. (986, 2263)
1993 Ed. (2228, 2344)
1992 Ed. (1186, 2672, 2673, 2679)
1991 Ed. (2103, 2110)
1990 Ed. (2241)
1989 Ed. (923)
Confederation Life International
1994 Ed. (2315)
Confederation Life, Ontario
1989 Ed. (2151)
ConferencePlus Inc.
2008 Ed. (4384)
ConferTech International Inc.
1997 Ed. (1255)
Confezioni di Matelica Spa
1993 Ed. (1355)
Confia
2000 Ed. (608)
1999 Ed. (591)
Confidence
2006 Ed. (635)
Configuration Inc.
2007 Ed. (3612, 4453)
2006 Ed. (3547, 4385)
Configuresoft
2006 Ed. (3031)
Confinancial Corp.
2000 Ed. (3323)
Confirm
2003 Ed. (3922)
Conflict Catcher III
1997 Ed. (1096)
conflict management
2000 Ed. (3025)
Confluence Holdings Corp.
2008 Ed. (3998)
Confluence Watersports
2008 Ed. (3998)
Confronting Reality
2006 Ed. (634)
Conga Foods
2004 Ed. (4923)
Congenital Anomalies
1992 Ed. (1764)
1990 Ed. (1468, 1469, 1470)
Conger; Harry M.
1992 Ed. (2055)
Conger Life Insruance Co.
1993 Ed. (2224)
Congestion Mitigation/Air Quality Programs
1993 Ed. (3619)
Conglomerate
1997 Ed. (1274)
1990 Ed. (1234)
Conglomerates
2003 Ed. (2911)
1996 Ed. (3508)
1989 Ed. (1658, 1661)
Congo
2008 Ed. (863, 1018, 2332, 2333)
2007 Ed. (886, 1138, 2198, 2199, 2259)
2006 Ed. (797, 1049, 2260, 2261, 3184)
2005 Ed. (1040, 2198, 2199)
2004 Ed. (1033, 2094, 2095)
2003 Ed. (1029, 2051, 2052)
2001 Ed. (1297, 2003, 2004)
2000 Ed. (824)
Congratulations
2001 Ed. (76)
Congregation Emanu-El
1995 Ed. (1927)
Congreso de Latinos Unidos
2006 Ed. (2843)
2003 Ed. (2755)
Congress Street Properties Inc.
1996 Ed. (1213)
Congress Talcott
1993 Ed. (1742)
Congressional Credit Union
2008 Ed. (2267)
2007 Ed. (2152)
2006 Ed. (2231)
Congrove Construction
2007 Ed. (1336)
Conifer Park
2003 Ed. (3972)
Conigliaro; Laura
2008 Ed. (2691)
1997 Ed. (1876)
1996 Ed. (1803)
1995 Ed. (1796, 1826)
1994 Ed. (1823)
1993 Ed. (1805)
Conill
2008 Ed. (113)
Conill Advertising
1991 Ed. (105)
Coniston Partners
1992 Ed. (1460)
1990 Ed. (3554)
ConjuChem Inc.
2006 Ed. (1615)
2005 Ed. (1704, 1730)
Conklin Bros. Floorcoverings
1997 Ed. (2016)
1996 Ed. (1923)
1995 Ed. (1880)
1992 Ed. (2165)
1990 Ed. (1802)
Conklin Brothers Floorcoverings
1994 Ed. (1852)
1993 Ed. (1867)
Conklin Shows
2005 Ed. (2523)
2000 Ed. (987)
1999 Ed. (1039)
1998 Ed. (646)
1997 Ed. (907)
1995 Ed. (910)
Conkling Fiskum & McCormick Inc.
2007 Ed. (1944)
2006 Ed. (1967, 1968, 1972, 1973)
The Conlan Co.
2004 Ed. (1260)
Conlee; John
1997 Ed. (1113)
1994 Ed. (1100)
Conley Buick Inc.
1992 Ed. (409)
Connacher Oil & Gas Ltd.
2007 Ed. (1620, 1650, 4578)
Connaught
2000 Ed. (2564)
1999 Ed. (2789, 2793)
1998 Ed. (2032)
1997 Ed. (2305, 2307)
1996 Ed. (2185)
1995 Ed. (2174, 2175)
1994 Ed. (2108, 2122)
1990 Ed. (2096)
Connaught Biosciences Inc.
1992 Ed. (1597)
Connaught Pacific Enterprise Fund
1990 Ed. (2397)
Conneautville Courier
2002 Ed. (3502)

Connect
2004 Ed. (3025)
Connect Austria
2005 Ed. (19)
2004 Ed. (26)
Connect Public Relations
2005 Ed. (3972, 3977)
2004 Ed. (4036)
2003 Ed. (4020)
ConnectiCare
2008 Ed. (2919)
Connecticut
2008 Ed. (1104, 1106, 1107, 2414, 2415, 2416, 2641, 2906, 3118, 3133, 3134, 3351, 3885, 3984, 4010, 4361, 4603)
2007 Ed. (1198, 1200, 1201, 2163, 2164, 2272, 2280, 2281, 3014, 3015, 3210, 3709, 3793, 3824, 3954, 3993, 4682, 4694)
2006 Ed. (1094, 1095, 1096, 2344, 2345, 2981, 2982, 3097, 3259, 3301, 3480, 3726, 3904, 3905, 3935, 4661, 4673)
2005 Ed. (400, 410, 412, 913, 1073, 1076, 1077, 1099, 1100, 1101, 2276, 2277, 2525, 2916, 2919, 2920, 2984, 2985, 2986, 3301, 3837, 3838, 3872, 3945, 4189, 4199, 4200, 4201, 4237, 4238, 4597, 4598, 4599, 4600, 4608, 4722, 4828, 4829, 4943, 4944)
2004 Ed. (391, 393, 395, 922, 1026, 1069, 1071, 1074, 1076, 1091, 1092, 1093, 1094, 1095, 1096, 1097, 1098, 1903, 2175, 2176, 2186, 2187, 2308, 2317, 2565, 2566, 2574, 2805, 2929, 2930, 2972, 2974, 2975, 2976, 2977, 2978, 2979, 2987, 2988, 3300, 3426, 3477, 3480, 3489, 3672, 3673, 3674, 3898, 3899, 3924, 4251, 4256, 4261, 4262, 4266, 4267, 4296, 4297, 4304, 4305, 4306, 4318, 4319, 4500, 4503, 4504, 4505, 4509, 4513, 4514, 4515, 4516, 4519, 4523, 4528, 4529, 4530, 4654, 4658, 4818, 4837, 4838, 4848, 4904, 4960, 4994)
2003 Ed. (398, 412, 414, 1060, 1061, 1062, 1065, 1067, 1081, 1082, 1083, 2128, 2687, 2838, 2839, 2884, 2885, 3874, 3896, 4237, 4245, 4247, 4248, 4288, 4289, 4297, 4308, 4309, 4412, 4413, 4680, 4852, 4853, 4868, 4913, 4957)
2002 Ed. (460, 470, 472, 959, 961, 2067, 2068, 2121, 2624, 2625, 2848, 2895, 3088, 3090, 3091, 3112, 3124, 3197, 3252, 3708, 4074, 4104, 4105, 4109, 4110, 4147, 4154, 4165, 4176, 4178, 4179, 4367, 4373, 4376, 4554, 4739, 4740, 4741, 4762, 4764, 4765, 4775, 4776, 4777, 4778, 4779, 4915, 4920, 4921)
2001 Ed. (341, 371, 661, 667, 978, 1157, 1159, 1244, 1245, 1361, 1966, 2265, 2266, 2436, 2437, 2662, 2663, 2691, 2692, 2807, 2829, 2840, 3042, 3096, 3097, 3223, 3225, 3226, 3262, 3287, 3288, 3589, 3662, 3707, 3716, 3717, 3782, 3815, 3816, 3906, 4165, 4166, 4176, 4253, 4254, 4413, 4414, 4448, 4459, 4479, 4480, 4515, 4570, 4594, 4682, 4683, 4684, 4710, 4718, 4720, 4739, 4740, 4822, 4865, 4867, 4869, 4917, 4918, 4919)
2000 Ed. (1007, 1378, 1792, 2608, 3005, 3006, 3007, 3866, 4097, 4098, 4100, 4179, 4356, 4398, 4404, 4405, 4407)
1999 Ed. (1060, 1171, 1457, 1535, 1859, 2811, 2834, 3225, 3267, 3268, 3269, 3272, 3975, 4151, 4404, 4405, 4406, 4407, 4408, 4409, 4410, 4411, 4412, 4420, 4421, 4433, 4450, 4455, 4463, 4465, 4468, 4535, 4727, 4781, 4782, 4783)
1998 Ed. (742, 1109, 1322, 2085, 2383, 2415, 2416, 2417, 2438, 2970, 3167, 3168, 3377, 3384, 3390, 3393, 3394, 3464, 3465, 3616, 3684, 3706, 3729, 3736)
1997 Ed. (996, 998, 1247, 1283, 2647, 2831, 3227, 3388, 3389, 3566, 3577, 3581, 3582, 3583, 3584, 3587, 3588, 3589, 3600, 3601, 3602, 3604, 3605, 3606, 3607, 3621, 3786, 3851, 3889, 3891, 3899)
1996 Ed. (36, 974, 1237, 2091, 2496, 2507, 3291, 3292, 3515, 3519, 3521, 3523, 3525, 3537, 3541, 3542, 3543, 3544, 3547, 3548, 3549, 3560, 3561, 3562, 3564, 3565, 3566, 3567, 3582, 3739, 3799, 3841, 3844, 3850, 3851, 3853)
1995 Ed. (363, 919, 1231, 1281, 2457, 2460, 2646, 3172, 3192, 3194, 3299, 3457, 3461, 3462, 3463, 3464, 3466, 3467, 3468, 3479, 3480, 3481, 3483, 3484, 3485, 3486, 3497, 3713, 3740, 3744, 3751, 3752, 3754)
1994 Ed. (161, 977, 1258, 2376, 3028, 3120, 3149, 3150, 3217, 3385, 3389, 3390, 3391, 3392, 3395, 3396, 3397, 3408, 3409, 3410, 3412, 3413, 3414, 3415, 3427, 3639)
1993 Ed. (364, 1190, 1220, 1544, 2138, 2180, 2427, 2441, 2443, 2526, 2614, 3059, 3107, 3108, 3222, 3403, 3404, 3405, 3406, 3407, 3418, 3420, 3421, 3422, 3423, 3424, 3436, 3437, 3438, 3621, 3623, 3661, 3677, 3715, 3716)
1992 Ed. (973, 1468, 2863, 2873, 2879, 2920, 2942, 2943, 2944, 2945, 2946, 3089, 3360, 3751, 3811, 3812, 4076, 4077, 4080, 4082, 4083, 4086, 4088, 4095, 4096, 4097, 4098, 4099, 4110, 4111, 4112, 4113, 4114, 4115, 4116, 4129, 4386, 4405, 4443, 4445, 4452, 4454, 4455, 4457)
1991 Ed. (325, 789, 797, 882, 1155, 1651, 1812, 2321, 2353, 2360, 2361, 2362, 2364, 2365, 2510, 2523, 2815, 3178, 3179, 3180, 3183, 3185, 3186, 3194, 3195, 3197, 3201, 3203, 3204, 3207, 3213, 3421, 3422, 3459, 3488, 3492)
1990 Ed. (365, 760, 834, 1237, 2168, 2411, 2429, 2447, 2492, 2493, 2494, 2495, 2496, 2512, 2648, 2867, 3069, 3109, 3110, 3345, 3346, 3347, 3348, 3349, 3350, 3352, 3355, 3359, 3361, 3363, 3365, 3369, 3370, 3371, 3372, 3374, 3375, 3376, 3377, 3386, 3387, 3388, 3390, 3409, 3417, 3419, 3421, 3426, 3428, 3429, 3677)
1989 Ed. (1, 870, 1641, 1897, 1908, 1909, 1910, 1987, 2544, 2548, 2554, 2555, 2614, 2617, 2620, 2893, 2927, 2930)
Connecticut Bancshares Inc.
2005 Ed. (355)
Connecticut Bank & Trust Co.
1989 Ed. (509)
Connecticut Bank & Trust Co. NA
1992 Ed. (529, 548, 566, 643, 2430)
1991 Ed. (485, 1922, 1923, 2814)
1990 Ed. (524)
Connecticut Bank of Commerce
2004 Ed. (361)
2003 Ed. (519, 521)
Connecticut Brewing Co.
1992 Ed. (927)
Connecticut Cable Corp.
1994 Ed. (830)
Connecticut Department of Transportation
2008 Ed. (1103)
Connecticut Development Authority
2001 Ed. (781)
1996 Ed. (2730)
1993 Ed. (2619)
1991 Ed. (2525)
Connecticut General Corp.
2008 Ed. (1696)
2007 Ed. (1671)
2006 Ed. (1665)
2005 Ed. (1746)
2004 Ed. (1688)
2001 Ed. (1675)
1994 Ed. (1219)
1993 Ed. (1179, 2258)
1992 Ed. (1472, 2664, 2671, 2674)
1991 Ed. (2112)
1990 Ed. (2235, 2243)
Connecticut General Life
1993 Ed. (2194, 2195, 2200, 2205, 2206, 2207, 2209, 2210, 2211, 2213, 2215, 2216, 2217, 2218, 2220, 2221, 2222, 3248)
1990 Ed. (2218, 2226, 2231, 2233, 2238, 2239)
1989 Ed. (1679, 1681, 1686)
Connecticut General Life Insurance Co.
2008 Ed. (3272, 3276)
2007 Ed. (3122, 3126, 3147)
2002 Ed. (2887, 2888, 2893, 2909, 2915, 2920, 2922, 2923, 2927, 2928, 2929, 2930, 2934)
2001 Ed. (2929, 2931, 2934, 2936, 2937, 2939, 2940, 2943, 2944, 2946, 2947)
2000 Ed. (2649, 2675, 2677, 2679, 2686, 2687, 2692, 2697, 2699, 2701, 2702, 2704, 2705, 2706, 2707, 2708, 2709, 2711)
1999 Ed. (2928, 2929, 2939, 2947, 2948, 2950, 2951, 2953, 2954, 2955, 2956, 2957, 2958)
1998 Ed. (171, 2108, 2140, 2142, 2147, 2148, 2155, 2156, 2157, 2158, 2160, 2163, 2166, 2167, 2168, 2170, 2177, 2178, 2180, 2181, 2183, 2184, 2185, 2186, 2187, 2189, 2190, 2193, 3038)
1997 Ed. (2430, 2437, 2439, 2441, 2443, 2444, 2447, 2448, 2453, 2456)
1996 Ed. (2265, 2297, 2305, 2306, 2307, 2308, 2309, 2310, 2312, 2314, 2315, 2316, 2320, 2323, 2328)
1995 Ed. (2292, 2294, 2299, 2301, 2305, 2306, 2307, 2314, 3322)
1994 Ed. (2249, 2251, 2255, 2256, 2257, 2258, 2259, 2260, 2266, 2267, 3242)
1992 Ed. (2653, 2660, 2663, 2666, 2711)
1991 Ed. (2091, 2095, 2099, 2104)
Connecticut Hardware Supply Co.
1992 Ed. (2374)
Connecticut Health & Education Facilities Agency
2001 Ed. (781)
Connecticut Health & Education Facilities Auth.
1999 Ed. (3483)
Connecticut Health & Educational Facilities Authority
1997 Ed. (2842)
Connecticut Health Center; University of
2008 Ed. (1696)
1994 Ed. (890)
Connecticut Health System
1991 Ed. (2500, 2502)
Connecticut Housing Finance Authority
2001 Ed. (781)
2000 Ed. (2592)
1999 Ed. (2818)
1998 Ed. (2062)
1997 Ed. (2340)
1996 Ed. (2211)
1995 Ed. (2192)
1993 Ed. (2116)
1991 Ed. (1986, 2519, 2519)
Connecticut Interlocal Risk Management Agency
2008 Ed. (4250)
2006 Ed. (4201)
Connecticut Investment
1993 Ed. (2315)
Connecticut Mutual
1993 Ed. (2379, 2380, 3248)
1989 Ed. (1701, 1703, 1704)
Connecticut Mutual Financial Services Inc.
1989 Ed. (819)
Connecticut Mutual Life
1998 Ed. (2143, 2149)
1996 Ed. (2298, 2317)
1995 Ed. (3322)
1991 Ed. (2086)
Connecticut Mutual Panorama Growth
1994 Ed. (3611)
Connecticut Mutual - Panorama (VA)
1991 Ed. (2151)
Connecticut National Bank
1994 Ed. (378, 2552)
1993 Ed. (456)
1992 Ed. (529, 553, 643)
1991 Ed. (485, 1922, 1923, 2484)
1990 Ed. (524)
1989 Ed. (509, 2160)
Connecticut Natural Gas Corp.
1998 Ed. (1821)
1997 Ed. (2130)
Connecticut Outlet Center
1996 Ed. (2878)
Connecticut Public Broadcasting System-Discover The World of Science
1992 Ed. (1096)
Connecticut Resource Recovery Agency
2001 Ed. (781)
Connecticut Resource Recovery Authority
1998 Ed. (2560)
1990 Ed. (2876)
Connecticut Retirement
2004 Ed. (2027)
2002 Ed. (3615)
2001 Ed. (3680)
2000 Ed. (3440)
Connecticut River Bancorp Inc.
2002 Ed. (3553, 3554)
1993 Ed. (591)
Connecticut River Bank
1994 Ed. (597)
Connecticut State Employees Credit Union
2008 Ed. (2223)
2007 Ed. (2108)
2006 Ed. (2163, 2187)
2005 Ed. (2069, 2092)
2004 Ed. (1950)
2003 Ed. (1910)
2002 Ed. (1853)
Connecticut Total Return
1993 Ed. (2662)
Connecticut Trust
1994 Ed. (2763)
Connecticut Trust Funds
2000 Ed. (3444)
Connecticut; University of
2008 Ed. (782, 800, 3430)
2007 Ed. (802, 3329)
2006 Ed. (716)
Connecticut Water Service Inc.
2005 Ed. (4838, 4839)
2004 Ed. (4854, 4855)
Connecting Point Computer Center
1996 Ed. (1091)
1995 Ed. (1115)
Connecting Point of America
1989 Ed. (984)
Connection Strategies Enterprises Inc.
2008 Ed. (4990)
Connectiut
1989 Ed. (2931)
Connectivity products
2005 Ed. (4815)
Connectivity tools
2005 Ed. (4815)
Connectology
2001 Ed. (1882)

ConnectSouth Communications
2001 Ed. (4673)
The Connell Co.
1994 Ed. (1004)
1992 Ed. (1203)
1991 Ed. (968)
Connell & Associates
1996 Ed. (2356)
Connell Corporate Park
1997 Ed. (2377)
Connell, Foley & Geiser
1999 Ed. (3155)
Connell; Grover
1995 Ed. (2580)
1992 Ed. (3079)
1991 Ed. (2462)
1990 Ed. (2578)
Connell Limited Partnership
1991 Ed. (967)
1990 Ed. (1038)
1989 Ed. (929)
Connell Rice & Sugar Co.
1990 Ed. (1039)
The Connelly Foundation
1999 Ed. (2504)
1992 Ed. (2217)
1991 Ed. (1768)
1990 Ed. (1849)
Connelly; John F.
1989 Ed. (1378, 1380)
Connelly Partners/CGN
2004 Ed. (127)
Conner
1992 Ed. (1832, 1833, 4147)
Conner; Dennis
1989 Ed. (278)
Conner; Finis
1989 Ed. (2341)
Conner Peripherals
1997 Ed. (1503)
1995 Ed. (1087, 1091, 2068, 2260)
1994 Ed. (1079, 1083, 1548, 2205, 2713, 2715)
1993 Ed. (828, 1049, 1052, 1057, 3004)
1992 Ed. (1035, 1308, 1312, 1314, 1522, 1529, 3673, 3682)
1991 Ed. (1020, 1211, 1442, 2841)
1990 Ed. (1113)
Connetics Corp.
2004 Ed. (2776)
Connex Credit Union
2008 Ed. (2223)
2007 Ed. (2108)
2006 Ed. (2187)
2005 Ed. (2092)
Connex International, Inc.
2003 Ed. (2711)
Connie Lee Insurance Co.
2000 Ed. (3206, 3208, 3211, 3215)
1999 Ed. (3489, 3491, 3494, 3497)
1998 Ed. (2579, 2581, 2582)
1997 Ed. (2851, 2857, 2859)
1996 Ed. (2734, 2736, 2742)
1995 Ed. (2655, 2657, 2664)
Conning Asset Management
2002 Ed. (3936)
1998 Ed. (2271)
Conning Asset Mgmt..
2000 Ed. (2801, 2803, 2806)
Connock; Stuart W.
1991 Ed. (3209)
Connolly Construction Co.; Don
1989 Ed. (265)
Connolly; J. Wray
1995 Ed. (1728)
Connolly O'Malley
2001 Ed. (784)
Connor; C. M.
2006 Ed. (2520, 2522)
2005 Ed. (2481)
Connor; Chris M.
2008 Ed. (2633)
2007 Ed. (2501)
Connors Aquaculture Inc.
2004 Ed. (2624)
2001 Ed. (2445)
Connors Bros. Income Fund
2008 Ed. (2745, 4284)
2007 Ed. (2615, 4265)
Connors Brothers Income Fund
2004 Ed. (3173)
Connors; Jimmy
1995 Ed. (250, 1671)
Connors; John
2006 Ed. (990)
Connors; Mary Jean
2006 Ed. (2525)
Conn's Inc.
2008 Ed. (2997, 3098)
2005 Ed. (2949, 2950, 4144)
Conn's Appliance
2005 Ed. (2877)
Conoco Inc.
2007 Ed. (4282)
2005 Ed. (1524, 1551)
2004 Ed. (1543, 1869, 2721, 2722, 3828, 3829, 3839, 3840, 3841, 3845, 3846, 3849, 3864, 3865, 3872, 3873)
2003 Ed. (1427, 1509, 1836, 1837, 2259, 2278, 2281, 2605, 3816, 3818, 3819, 3831, 3832, 3834, 3838, 3839, 3840, 3842, 3847, 3848, 3850, 3851, 3861, 3862)
2002 Ed. (1618, 1782, 2391, 3663, 3667, 3669, 3670, 3671, 3672, 3673, 3674, 3681, 3690, 3699)
2001 Ed. (1878, 2579, 3739, 3740, 3741, 3742, 3745, 3751, 3752, 3756, 3762, 3775)
2000 Ed. (2309, 2320, 3324, 3520, 3521, 3522, 3524, 3529, 3530, 3963)
1999 Ed. (2569, 2576, 2584, 3652, 3798, 3800, 3802, 3804, 3806, 3816)
1998 Ed. (1816, 1824, 2817, 2823, 2826, 2827, 2831, 2840, 2872)
1997 Ed. (2126, 2133, 3086, 3088, 3089, 3092, 3101, 3109, 3124)
1996 Ed. (2006, 3006, 3007, 3009, 3011, 3013, 3018, 3026)
1995 Ed. (1222, 1983, 2911, 2913, 2914, 2916, 2920, 2924, 2931)
1994 Ed. (1212, 1956, 1957, 2844, 2845, 2847, 2849, 2852, 2858, 2868)
1993 Ed. (1188, 2701, 2770, 2827, 2834, 2835, 2837, 2847)
1992 Ed. (1457, 1480, 3430)
1991 Ed. (1153, 2716, 2724, 2726, 2728)
1990 Ed. (2842)
1989 Ed. (1023)
Conoco Mineraloel GmbH
2004 Ed. (3491)
Conoco Pipe Line Co.
2003 Ed. (3882)
2001 Ed. (3800)
2000 Ed. (2311)
1999 Ed. (3830)
1998 Ed. (2859, 2864)
1996 Ed. (3039)
1995 Ed. (2941, 2948)
1994 Ed. (2875, 2878)
1993 Ed. (2854)
1992 Ed. (3462, 3469)
1991 Ed. (2742, 2746, 2748)
Conoco Pipeline Co.
1990 Ed. (2869)
1989 Ed. (2232)
Conoco Power Marketing Inc.
2004 Ed. (1869, 2190)
Conoco (U.K.) Ltd.
2001 Ed. (3326)
2000 Ed. (3139)
ConocoPhillips Co.
2008 Ed. (281, 282, 321, 1402, 1405, 1486, 1511, 1515, 1517, 1518, 1521, 1522, 1523, 1527, 1528, 1537, 1540, 1542, 1846, 1849, 2009, 2010, 2111, 2115, 2503, 2508, 2807, 2808, 2819, 2820, 3029, 3539, 3544, 3564, 3900, 3902, 3903, 3904, 3908, 3909, 3910, 3912, 3922, 3931, 3932, 3935, 3936, 3937, 3938, 3940, 3941)
2007 Ed. (334, 337, 1443, 1492, 1527, 1533, 1534, 1537, 1538, 1539, 1543, 1559, 1789, 1808, 1814, 2014, 2017, 2389, 2394, 2395, 2397, 2676, 2677, 2694, 2695, 2753, 2906, 3410, 3415, 3841, 3843, 3845, 3847, 3849, 3850, 3851, 3855, 3856, 3857, 3858, 3859, 3873, 3876, 3886, 3887, 3888, 3889, 3890, 3892, 3893, 3894, 3895, 3897, 3898)
2006 Ed. (349, 353, 1446, 1495, 1501, 1504, 1505, 1507, 1508, 1509, 1510, 1773, 2044, 2047, 2442, 2686, 2687, 2699, 2700, 3361, 3362, 3824, 3826, 3828, 3831, 3832, 3833, 3834, 3838, 3839, 3840, 3841, 3842, 3858, 3859, 3860, 3861, 3862, 3863, 3864, 3865, 3867, 3868, 4464, 4473)
2005 Ed. (1609, 1612, 1621, 1623, 1799, 1922, 1923, 1973, 1978, 2400, 2411, 2711, 2712, 3380, 3381, 3587, 3588, 3738, 3744, 3747, 3750, 3751, 3756, 3757, 3758, 3759, 3760, 3784, 3785, 3792, 3792, 3793, 3793, 3794, 3795, 3796, 3797, 3798, 3800, 3801, 4456, 4457, 4461, 4471)
2004 Ed. (1580, 1591, 1836, 1837, 1870, 2320, 3351, 3830, 3836, 3857, 3859, 3863, 3863, 3864, 3866, 4485, 4489)
ConocoPhillips Alaska Inc.
2007 Ed. (1567)
2006 Ed. (1538)
2005 Ed. (1647, 3841)
2004 Ed. (1620, 1621, 3903)
ConocoPhillips Holding Co.
2006 Ed. (1646, 3858)
2005 Ed. (1735)
2004 Ed. (1677)
ConocoPhillips Refining & Marketing
2008 Ed. (3673, 3897)
Conoil plc
2006 Ed. (4525)
Conor, Michelle, & Joanne Roche
2005 Ed. (4885)
Conor Pacific Group
2005 Ed. (1664)
Conpania Cervecerias Unidas SA
2003 Ed. (4577)
Conqueror Fund
1993 Ed. (2684)
Conquest
2005 Ed. (2159)
Conquest Exploration Co.
1992 Ed. (1476)
Conrad
1997 Ed. (2289)
Conrad Burns
1999 Ed. (3844, 3960)
Conrad Industries
2008 Ed. (4419)
2004 Ed. (4547)
Conrad International
2000 Ed. (2557)
Conrad M. Black
2000 Ed. (1879)
Conrad N. Hilton Foundation
1995 Ed. (1929)
1994 Ed. (1899, 1904)
1993 Ed. (895, 1897)
1990 Ed. (1848)
Conrad N. Hilton Fund for Sisters
1994 Ed. (1899)
Conrail Inc.
2008 Ed. (4098)
2007 Ed. (4065)
2005 Ed. (1537)
2001 Ed. (3984)
1999 Ed. (3984, 3985)
1998 Ed. (1013, 1013, 1026, 1026, 2989, 2990, 2992, 2993, 2994, 3614)
1997 Ed. (3242, 3243, 3244, 3245, 3247, 3401)
1996 Ed. (3155, 3156, 3157, 3158, 3159)
1995 Ed. (2044, 3054, 3056)
1989 Ed. (2282)
Conrail Inc. Supplemental Pension Plan
1997 Ed. (3029)
Conran Design Group
2002 Ed. (1958)
1999 Ed. (2838, 2839)
1991 Ed. (2014)
1990 Ed. (2170)
ConseCo.
2000 Ed. (2714)
Conseco Inc.
2008 Ed. (352, 1808, 2848)
2007 Ed. (364, 1777, 3141)
2006 Ed. (1769, 3121)
2005 Ed. (420, 1625, 1626, 1796, 3104, 3116, 4163)
2004 Ed. (412, 1555, 1734, 1736, 3101, 3113, 4571)
2003 Ed. (1699, 1714, 2995, 4547)
2002 Ed. (1670, 2933, 4359, 4360, 4361, 4365)
2001 Ed. (1736, 2933)
2000 Ed. (1332, 1461, 2696)
1999 Ed. (1481, 1485, 1494, 1655, 1658, 2442, 2944, 3076, 3078, 4487)
1998 Ed. (1022, 1046, 1058, 1061, 1145, 2131, 2175, 2176, 3411, 3418)
1997 Ed. (1292, 1293, 1430, 2435, 2442, 3641)
1996 Ed. (1202, 2319, 2322)
1995 Ed. (1270, 2293, 2300)
1994 Ed. (1245, 2250, 2254, 3443)
1993 Ed. (2219, 2714)
1992 Ed. (1561, 2665, 2668)
1991 Ed. (2098, 2587)
Conseco Capital Management
1998 Ed. (2278)
1995 Ed. (3074)
Conseco Capital Mgmt.
2000 Ed. (2806)
Conseco Equity
2004 Ed. (2453)
Conseco Equity Fund
2003 Ed. (3537)
Conseco Financial Corp.
2003 Ed. (3635)
Conseco High Yield A
2000 Ed. (767)
Conseco Insurance Group
2002 Ed. (2886)
Conseco Senior Health Insurance Co.
2002 Ed. (2889)
2001 Ed. (2932)
Conseco 20 Fund
2004 Ed. (3604)
Conseco Variable Insurance Co.
2006 Ed. (1767)
2005 Ed. (1794)
2004 Ed. (1734)
2003 Ed. (1697)
Consejo Estatal del Azucar
1999 Ed. (1698)
ConServ Building Services
2006 Ed. (4346)
Conservation Fund
2006 Ed. (3715)
2004 Ed. (931)
Conservation International
2004 Ed. (931)
Conservation Trust of Puerto Rico
1995 Ed. (2786)
CONSERVCO
1996 Ed. (3767)
1995 Ed. (3683)
1994 Ed. (3608)
1993 Ed. (3647)
Conservicare
1990 Ed. (2894)
Conseva
2003 Ed. (2717)
Consignia plc
2004 Ed. (3753)
2003 Ed. (3709)
Consilent Technologies Corp.
2007 Ed. (2803)
Consistent Asset Management Co.
1991 Ed. (2227, 2235, 2243)
Consistent Asset Mgmt.
1990 Ed. (2335)
Consmng
1995 Ed. (2585)
1993 Ed. (2577)
Consoer Townsend Envirodyne Engineers Inc.
2006 Ed. (2454)

1998 Ed. (2709)
Consol Inc.
2001 Ed. (1291, 1292, 1833)
1989 Ed. (948)
CONSOL Coal Group
2000 Ed. (1127)
1999 Ed. (1208, 1210)
1998 Ed. (782)
Consol Energy Inc.
2008 Ed. (1014, 1015, 1016, 2046, 2047, 2048, 2050)
2007 Ed. (1130, 1134, 1135, 1136, 1950, 1953, 1954, 1955, 3514)
2006 Ed. (1042, 1046, 1047, 1985, 1986, 1987, 1988, 1989, 3463, 3825, 3827)
2005 Ed. (1032, 1033, 1037, 1038, 1950, 3449, 3454, 3745)
2004 Ed. (1024, 1025, 1030, 1031, 3434, 3437)
2003 Ed. (1027, 1028, 2277)
2002 Ed. (2124)
2001 Ed. (1291, 1292)
2000 Ed. (1129)
Consol Freightways
1996 Ed. (3754)
1994 Ed. (3589)
1993 Ed. (3630)
1992 Ed. (4352)
1991 Ed. (3426)
1990 Ed. (3656)
1989 Ed. (2878, 2880)
Consol Natural Gas
2000 Ed. (1348)
1999 Ed. (3594)
1998 Ed. (1114, 2662, 2665)
1995 Ed. (2753)
1994 Ed. (2652, 2654)
1993 Ed. (2703)
1992 Ed. (3215)
1990 Ed. (2672)
1989 Ed. (2034, 2037)
Consol Pennsylvania Coal Co.
2008 Ed. (1016)
2007 Ed. (1136)
1993 Ed. (1002)
Consol Sales
2000 Ed. (1893)
ConSol Software
2008 Ed. (1711, 1712, 1714)
Consolidado
1990 Ed. (712)
Consolidar
2003 Ed. (3765)
2002 Ed. (3631)
Consolidar Cia. de Seguros de Retiro
2007 Ed. (3108)
Consolidata de Cementos
1999 Ed. (1037)
Consolidated
1999 Ed. (1880)
1998 Ed. (1307, 1310, 1311)
1997 Ed. (2095)
Consolidated Bank & Trust
1995 Ed. (431)
1993 Ed. (437, 438, 3098)
1992 Ed. (621)
1990 Ed. (510)
Consolidated Bank of Kenya
2005 Ed. (556)
2004 Ed. (570)
2003 Ed. (556)
2002 Ed. (599)
2000 Ed. (580)
1999 Ed. (568)
1997 Ed. (533)
Consolidated-Bathurst Inc.
1991 Ed. (1170, 3331)
1990 Ed. (1365, 1845, 2714)
1989 Ed. (1154)
Consolidated BF
1994 Ed. (804)
Consolidated Business Forms
1995 Ed. (855)
1993 Ed. (787)
1991 Ed. (810)
Consolidated Cigar Corp.
2003 Ed. (967, 4753)
1999 Ed. (1143, 1144, 4512)
Consolidated Coal Co.
2004 Ed. (1031)
2001 Ed. (1291)
1993 Ed. (1002, 1199)
1992 Ed. (1233)
Consolidated Coal (DuPont)
1990 Ed. (1069)
Consolidated Communications
2002 Ed. (3856, 3861, 3870, 3873)
1999 Ed. (3935)
Consolidated Container Co., LLC
2008 Ed. (578)
2007 Ed. (630)
2006 Ed. (601)
2005 Ed. (686)
2004 Ed. (690)
2003 Ed. (687, 4197)
2001 Ed. (718)
Consolidated Contractors International Co.
2008 Ed. (1773)
Consolidated Contractors International Co. SAL
2008 Ed. (1288, 1300, 1303, 1306)
2006 Ed. (1304, 1314, 1317)
2005 Ed. (1331, 1335, 1338, 1339)
2004 Ed. (1325, 1330)
2003 Ed. (1325, 1331)
2002 Ed. (1309, 1317)
2000 Ed. (1280)
1999 Ed. (1391)
1997 Ed. (1185, 1186)
1996 Ed. (1156, 1157, 1159, 1164, 1166)
1995 Ed. (1182, 1183)
1994 Ed. (1163, 1173)
Consolidated Edison Inc.
2008 Ed. (1479, 3035)
2007 Ed. (1484, 2295, 2301, 2680, 2686, 2913, 4524)
2006 Ed. (2353, 2355, 2356, 2365)
2005 Ed. (2290, 2292, 2293, 2309, 2310, 2715)
2004 Ed. (2191, 2193, 2194, 2196, 2197, 2311)
2003 Ed. (2139, 2607)
2002 Ed. (3875, 3877, 4873)
2001 Ed. (3944, 3945)
2000 Ed. (1731, 3320)
1999 Ed. (1950, 3600, 3961, 3963)
1998 Ed. (1388, 1389)
1997 Ed. (1695, 1696, 3214)
1996 Ed. (1616, 1617)
1995 Ed. (1639, 1640)
1994 Ed. (1590, 1598)
1993 Ed. (1558)
1992 Ed. (1900, 1901)
1991 Ed. (1499, 1500)
1990 Ed. (1603)
Consolidated Edison New York Inc.
2005 Ed. (2716, 2717, 2721)
Consolidated Edison Co.-NY Inc.
2003 Ed. (2134)
Consolidated Edison Co. of New York Inc.
2008 Ed. (3683, 3685)
2001 Ed. (1816, 2145, 2154)
1999 Ed. (1947, 2578)
1998 Ed. (1384, 1818, 2672, 2963)
1997 Ed. (1691, 2933, 3213)
1996 Ed. (1609, 2828, 3136)
1995 Ed. (1632, 2764)
1993 Ed. (1553)
1992 Ed. (1892, 3362)
1991 Ed. (1488, 1493)
1990 Ed. (1598)
Consolidated Edison Co. of N.Y.
1989 Ed. (1291)
Consolidated Electric
1995 Ed. (2232)
Consolidated Electrical Distribution
2008 Ed. (2463)
Consolidated Electrical Distributors
2006 Ed. (4356)
2003 Ed. (2204, 2205, 3966)
2002 Ed. (1078)
2000 Ed. (1107)
Consolidated Engineering Services
2005 Ed. (1371)
Consolidated Film Industries
1999 Ed. (2053)
Consolidated Financial Management
1995 Ed. (2338)
1993 Ed. (2269)
Consolidated Freightways Corp.
2004 Ed. (3664, 4769, 4808, 4809)
2003 Ed. (1538, 4817, 4819)
2002 Ed. (4683, 4685, 4686, 4696, 4697)
2001 Ed. (1130, 4237, 4640)
2000 Ed. (4306, 4308, 4309, 4314, 4316, 4317, 4321)
1999 Ed. (4672, 4675, 4678, 4683, 4686, 4690)
1998 Ed. (1053, 3627, 3628, 3629)
1997 Ed. (1277, 1279, 3801, 3802, 3803, 3804, 3805)
1996 Ed. (3751, 3752, 3753, 3755, 3756)
1995 Ed. (3656, 3668, 3669, 3670, 3678)
1994 Ed. (3587, 3588, 3604)
1993 Ed. (3629, 3639)
1992 Ed. (3763, 4353, 4358)
1990 Ed. (3655, 3658)
1989 Ed. (2879)
Consolidated Freightways Corp. (Del)
1993 Ed. (3644)
Consolidated Freightways Motor Freight
1992 Ed. (4359)
1991 Ed. (3427, 3428, 3434)
Consolidated Freightways Corp. of Delaware
2005 Ed. (2686)
2004 Ed. (2688)
Consolidated Gas Distribution Companies
1992 Ed. (2275)
1990 Ed. (1886, 1887)
Consolidated Gas Distribution Cos.
1998 Ed. (1817, 1818, 1819, 1820, 1821)
1997 Ed. (2127, 2128, 2129, 2131)
1996 Ed. (2007, 2008, 2009, 2010, 2011)
1995 Ed. (1984, 1985, 1986, 1987, 1988)
1994 Ed. (1959, 1960, 1961, 1962, 1963)
1993 Ed. (1933, 1934, 1935, 1936, 1937)
1992 Ed. (2271, 2272, 2273, 2274, 3467)
1991 Ed. (1802, 1803, 1804, 1805)
Consolidated Gas Transmission Corp.
1989 Ed. (1498, 1499)
Consolidated Gold Fields
1990 Ed. (2588, 2589)
Consolidated Gold Fields PLC
1991 Ed. (1147, 1168, 1343, 2269, 2270)
Consolidated Graphic Communications
1999 Ed. (961)
Consolidated Graphics Inc.
2005 Ed. (3893)
2004 Ed. (3934, 3935)
2002 Ed. (1501)
2001 Ed. (1577)
2000 Ed. (1300)
1999 Ed. (3887, 3888, 3894)
1998 Ed. (2918, 2919)
Consolidated HCI Holdings
1990 Ed. (2961)
Consolidated Hydro Inc.
2000 Ed. (388)
Consolidated Investment Services Inc.
2001 Ed. (1850)
Consolidated Minerals
2005 Ed. (4509)
Consolidated National Corp.
1996 Ed. (1213)
Consolidated Natural Gas Co.
2008 Ed. (2159)
2005 Ed. (2727, 2729, 2730, 2731, 3768, 3770, 3771, 3772)
1999 Ed. (2577, 2578, 2579, 2580, 2581, 3964)
1998 Ed. (1045, 1060, 2964)
1997 Ed. (2924, 2927)
1996 Ed. (2820, 2823)
1995 Ed. (2756)
1994 Ed. (1941)
1993 Ed. (1268, 1918)
1992 Ed. (2259, 3213, 3431)
1991 Ed. (1786, 2574, 2576)
1990 Ed. (1876, 2669)
1989 Ed. (1494)
Consolidated Office Products LLC
2008 Ed. (3733, 4428)
2007 Ed. (3601, 4447)
Consolidated Paper
1995 Ed. (2828)
Consolidated Papers
2002 Ed. (3580)
2001 Ed. (3623, 3626)
1999 Ed. (1553, 3688, 3701, 3703)
1998 Ed. (2736, 2737, 2747)
1997 Ed. (2987, 2988, 2991)
1996 Ed. (2901, 2902, 2906)
1995 Ed. (1506, 2827)
1994 Ed. (1469, 2723, 2725, 2726, 2732)
1993 Ed. (1416, 2764, 2765)
1992 Ed. (1236, 1237, 1533, 3329, 3330, 3332)
1991 Ed. (2668, 2669, 2670)
1990 Ed. (2761, 2762, 2763)
1989 Ed. (2112, 2113, 2114)
Consolidated Personnel Systems Inc.
2001 Ed. (1610)
Consolidated Plantations
1990 Ed. (1397)
1989 Ed. (1139)
Consolidated Plantations Bhd
1994 Ed. (146)
1993 Ed. (162)
1992 Ed. (256)
1991 Ed. (1324)
1990 Ed. (1398)
Consolidated Press
2004 Ed. (3952)
2002 Ed. (3772, 3774)
1995 Ed. (1353)
Consolidated Press Holdings
2003 Ed. (1616)
Consolidated Rail Corp.
2001 Ed. (3984)
1997 Ed. (3246)
1995 Ed. (3055, 3057)
1994 Ed. (2990, 2991, 2992, 2993)
1993 Ed. (2851, 2956, 2957, 2958)
1992 Ed. (3457, 3608, 3609, 3611)
1991 Ed. (2697, 2738, 2798, 2799, 2800)
1990 Ed. (1399, 2858, 2859, 2860)
1989 Ed. (1113, 2281, 2369)
Consolidated Standish
1993 Ed. (2343)
Consolidated Stores Corp.
2003 Ed. (2776, 2777)
2002 Ed. (4364)
2001 Ed. (2031, 2032, 2750, 2750, 2751)
2000 Ed. (3811, 3811, 3813, 4282)
1999 Ed. (1200, 1477, 1872, 1922)
1998 Ed. (1299, 1359, 1360)
1997 Ed. (926, 1627, 1628, 1629, 1668)
1996 Ed. (895, 1586)
1995 Ed. (917)
1994 Ed. (887)
1992 Ed. (1078, 1845)
1991 Ed. (1247)
1990 Ed. (1509)
1989 Ed. (1255, 1256, 1257)
Consolidated Systems Inc.
1992 Ed. (1205)
Consolidated Technology Group Ltd.
1997 Ed. (1257)
Consolidated-Tomoka Land Co.
2007 Ed. (2743)
1997 Ed. (2021)
Consolidated Vision Group
2005 Ed. (3655)
Consolidated Water Co.
2008 Ed. (1744, 1749, 1751, 1755)
2007 Ed. (1714, 1715, 1721, 1723, 1727)
2005 Ed. (3241)
Consolidation Coal Co.
2005 Ed. (1037, 1038)
2004 Ed. (1030)
2003 Ed. (1027)
2001 Ed. (1292)
1993 Ed. (1002)
Consolidation Coal Co., Bailey mine
1990 Ed. (1072)

Consolidation Coal Co., Blackville No. 2 mine
1990 Ed. (1072)
Consolidation Coal Company
1989 Ed. (952)
Consolidation Coal Co., Humphrey No. 7 mine
1990 Ed. (1072)
Consolidation Group
1989 Ed. (949)
Consoltex Canada
1992 Ed. (4279)
1990 Ed. (3569)
Consorcio
2007 Ed. (755)
Consorcio Ara
2003 Ed. (1181)
2002 Ed. (1715)
Consorcio Ara, SA de CV
2005 Ed. (1213)
2004 Ed. (1187)
Consorcio G Grupo Dina
1997 Ed. (2935)
Consorcio Minero
2006 Ed. (2546)
Consorcio Nacional
2008 Ed. (3255)
2007 Ed. (3110)
Consort Hotels Ltd.
1992 Ed. (2505)
Consort N.A. Ltd.
1992 Ed. (2499)
Consorta
2008 Ed. (2892, 2893)
2006 Ed. (2771, 2772, 2773)
2005 Ed. (2918)
2004 Ed. (2928)
Consorta Catholic Resource Partners
2003 Ed. (2110)
Conspec Marketing & Manufacturing Co.
2007 Ed. (1842)
2006 Ed. (1837)
Conspiracy of Fools
2007 Ed. (652)
Conspiracy Theory
2001 Ed. (4695)
2000 Ed. (4349)
1999 Ed. (4716)
Const. Norberto Odebrecht SA
1994 Ed. (1158)
Constance Insurance Co.
1995 Ed. (906)
1994 Ed. (864)
1993 Ed. (851)
Constant Contact
2008 Ed. (804, 2477)
2007 Ed. (2353)
Constantia Industriehold
1991 Ed. (1256, 3451, 3452)
Constantia-Verpackungen Aktiengesellschaft
1999 Ed. (2688)
Constantin Associates
2004 Ed. (13)
2003 Ed. (7)
2002 Ed. (18, 21)
2000 Ed. (16, 17)
1999 Ed. (19, 20)
Constantin Walsh-Lowe Consulting
2001 Ed. (1052)
Constantine (Gus) Fliakos
1997 Ed. (1888)
1994 Ed. (1798)
1993 Ed. (1815)
Constar International Inc.
2008 Ed. (578)
2007 Ed. (630)
2006 Ed. (601)
2005 Ed. (686, 3855, 3856)
2004 Ed. (1571)
1998 Ed. (2872)
1994 Ed. (3118)
1993 Ed. (1110, 1410, 3054)
1992 Ed. (1383)
1991 Ed. (1071, 2904)
1990 Ed. (936, 3065)
1989 Ed. (2880)
Constellation
1994 Ed. (1075)
Constellation Brands Inc.
2008 Ed. (558, 559, 2731, 4668, 4935)
2007 Ed. (605, 606, 607, 2596, 3354, 4966)
2006 Ed. (560, 561, 562, 563, 564, 570, 828, 3287, 4959, 4963, 4967)
2005 Ed. (657, 658, 659, 660, 661, 2655, 3293, 3294)
2004 Ed. (670, 671, 672, 673, 769, 1039, 2633, 2734, 3276, 3277, 3283, 4320, 4703, 4849, 4906)
2003 Ed. (259, 665, 666, 667, 668, 673, 759, 1034, 2500, 2520, 2614, 3229, 4310, 4725, 4869, 4915, 4916, 4917)
2002 Ed. (691, 696)
Constellation Energy Group Inc.
2008 Ed. (1400, 1403, 1903, 1904, 2169, 2419, 2422, 2431, 2496, 2499, 2505, 2506, 2507, 2809, 2817, 3192)
2007 Ed. (1868, 1869, 2060, 2288, 2378, 2383, 2384, 2390, 2391, 2745, 4522)
2006 Ed. (1863, 1864, 2107, 2109, 2354, 2357, 2437, 2440, 2443, 2445, 2447, 4464)
2005 Ed. (1612, 1854, 1855, 2004, 2291, 2294, 2309, 2310, 2398, 2399, 2401, 2403, 2404, 2405, 4457)
2004 Ed. (1789, 1790, 2194, 2321)
2003 Ed. (1752, 1753, 4561)
2002 Ed. (1722)
Constellation Software Inc.
2008 Ed. (1132, 1637, 2944)
2007 Ed. (1234, 1942)
2006 Ed. (1128)
Constellation Ventures
2002 Ed. (4736)
Constit Reinsurance Corp. NY
2000 Ed. (2718)
Constitution Reinsurance Corp.
2001 Ed. (2907)
2000 Ed. (2660)
1999 Ed. (2905)
1996 Ed. (3186)
1995 Ed. (3087)
1994 Ed. (3040)
1990 Ed. (2261)
Constitution Reinsurance Corporation
2000 Ed. (2680)
Constitution Research & Mgmt.
2000 Ed. (2823)
Constr. Andrade Gutierrez SA
1996 Ed. (1306)
1994 Ed. (1335)
1992 Ed. (1585)
Constr. Norberto Odebrecht S.A.
1994 Ed. (1333)
1992 Ed. (1585)
Construccion
2007 Ed. (3110)
Construcciones JFM Inc.
2007 Ed. (3596)
Construcoes Metalomecanicas Mague
1992 Ed. (2894)
Construct Two Group
2000 Ed. (1099, 2398)
Construction
2008 Ed. (2957, 3152, 3153, 3157, 4722)
2007 Ed. (264, 2461, 2523, 2755, 3041, 3732, 3733, 3734, 3735, 3736)
2006 Ed. (257, 2749, 2833, 4786)
2005 Ed. (2839, 2841, 3633, 3634, 4735)
2003 Ed. (2269, 2753, 2754, 4445, 4446, 4447)
2002 Ed. (2543, 2547, 2551, 2553, 2554)
2001 Ed. (2178, 2703, 2706, 2707, 3560, 3561, 3844, 4364)
2000 Ed. (2464, 2934, 3088, 3556)
1999 Ed. (2102, 2863, 2865, 2933, 3352, 4821)
1998 Ed. (21, 150, 1933)
1997 Ed. (1644, 1723, 2018, 2220, 2378, 3133)
1996 Ed. (2, 2663, 2908, 3458, 3874)
1995 Ed. (1, 16, 2670, 3785, 3789)
1994 Ed. (1625, 2028, 2029, 2889)
1993 Ed. (2152, 2157)
1992 Ed. (1943, 2418, 3747, 4482)
1989 Ed. (1636)
Construction administrator
2004 Ed. (2275)
Construction Aggregates Corp.
1990 Ed. (3094)
Construction & Business Bank
2005 Ed. (492)
2004 Ed. (484)
2003 Ed. (487)
2002 Ed. (556)
2000 Ed. (520)
1999 Ed. (509)
Construction & extraction workers
2007 Ed. (3730)
Construction & Supplies House
1994 Ed. (2349)
Construction chemicals
2002 Ed. (1035)
2001 Ed. (1210)
Construction contractors
1999 Ed. (1447)
Construction contractors and engineering service
1990 Ed. (1258)
Construction, contractors & engineering services
2002 Ed. (1999)
Construction Coordinators
1989 Ed. (1000)
Construction/Engineering
1991 Ed. (2027)
Construction equipment
1993 Ed. (2410)
Construction firms
2008 Ed. (1417, 1420)
Construction Goods
2000 Ed. (4117)
Construction, home improvement
1995 Ed. (1935)
1992 Ed. (2229)
Construction inspectors (public administration)
1990 Ed. (2729)
Construction labor
2002 Ed. (2711)
Construction laborers
2005 Ed. (3616)
Construction machinery
1997 Ed. (188)
Construction management
1996 Ed. (2881)
1995 Ed. (2816)
Construction Management Assoc. Inc.
1990 Ed. (2013)
1989 Ed. (1590)
Construction management superintendent
2004 Ed. (2275)
Construction managers
2007 Ed. (2461)
Construction materials
1999 Ed. (3119)
Construction, mining & oil equipment & machinery
1997 Ed. (1274)
1996 Ed. (1232)
1994 Ed. (1240)
Construction One Inc.
2003 Ed. (1311)
Construction other than building contractors
2001 Ed. (1726, 1838)
Construction/repair
1994 Ed. (2066)
Construction Services Inc.
1992 Ed. (1673)
Construction trades
1989 Ed. (2080, 2080)
Construction workers
2003 Ed. (3659)
1998 Ed. (1326, 2694)
Construction.com
2005 Ed. (827)
2004 Ed. (853)
2003 Ed. (2164)
2001 Ed. (4752)
Construtora Andrade Gutierrez SA
1996 Ed. (1155)
Construtora Beter
2007 Ed. (1852)
Construtora Noberto Odebrecht SA
2002 Ed. (1308, 1319, 1322)
Construtora Norberto Odebrecht SA
2008 Ed. (1278, 1286, 1303, 1306)
2006 Ed. (1299, 1303, 1319, 1320)
1991 Ed. (1091, 1095)
Construtora Odebrecht
2005 Ed. (1326, 1330)
2004 Ed. (1320)
Construtora Odebrecht SA
2004 Ed. (1332, 1335)
2003 Ed. (1320, 1324, 1336)
Consulier Engineering Inc.
1994 Ed. (1857)
Consult-Net
2006 Ed. (3543)
Consultant
2007 Ed. (4798)
2001 Ed. (2994)
Consultants
1992 Ed. (3830)
Consultants & Builders
2007 Ed. (1272)
Consultants Consortium
1990 Ed. (1840)
Consultare International
2008 Ed. (3084)
Consultatio Balance Latin America
2004 Ed. (3652)
Consultatio Bozano Brazil Fund
2002 Ed. (3478)
Consultatio Growth Latin America
2004 Ed. (3652)
Consultatio Income Latin America
2004 Ed. (3652)
Consulting
2008 Ed. (4216)
2006 Ed. (1070)
2005 Ed. (1062)
2002 Ed. (917)
1994 Ed. (2066)
1993 Ed. (1864, 2377)
1990 Ed. (3081)
Consulting Group International Fixed Income
1997 Ed. (691)
Consulting Group Small Cap Growth
1996 Ed. (2797)
Consulting, planning, strategy
1990 Ed. (3080)
Consulting services
2007 Ed. (3717, 3718)
Consultis Inc.
2002 Ed. (4597)
Consultrix Technologies
2008 Ed. (1313)
Consumable goods
2000 Ed. (4245)
Consumer
2007 Ed. (2755)
2006 Ed. (2749)
2001 Ed. (729, 3876)
Consumer and industrial
2001 Ed. (3811)
Consumer & institutional products
1993 Ed. (2867)
Consumer automotive
1997 Ed. (1612)
Consumer Bankers Association
2001 Ed. (3829)
Consumer consulting
1992 Ed. (3251)
Consumer direct
2001 Ed. (4111)
Consumer Distribution
1990 Ed. (914)
Consumer durables
2007 Ed. (264)
2006 Ed. (257)
2003 Ed. (265)
2002 Ed. (3254)
2001 Ed. (363, 364)
1998 Ed. (150, 2096)
Consumer electronics
2008 Ed. (2439)
2007 Ed. (2312)
2006 Ed. (4165)
2003 Ed. (2230, 2231)

1998 Ed. (1556)
1994 Ed. (2889)
1993 Ed. (2917)
1992 Ed. (3535)
Consumer Electronics AG
2005 Ed. (2346)
Consumer electronics stores
1994 Ed. (2509)
Consumer Entertainment Business
1997 Ed. (2702)
Consumer Excepcional Nazca Saatchi & Saatchi
2003 Ed. (61)
2002 Ed. (94)
2001 Ed. (123)
2000 Ed. (81)
1999 Ed. (75)
Consumer food products
2002 Ed. (2771, 2773, 2775)
Consumer goods
2007 Ed. (790, 791, 792)
2006 Ed. (697, 698, 699)
2002 Ed. (2989)
2001 Ed. (2175, 2176, 2178, 2376)
2000 Ed. (3568)
1996 Ed. (1724)
Consumer goods, nondurable
1992 Ed. (2623)
Consumer Impact Marketing Ltd.
2008 Ed. (1616)
Consumer items
1993 Ed. (2377)
Consumer magazines
2004 Ed. (861)
2003 Ed. (817)
2002 Ed. (918)
2001 Ed. (1078)
1999 Ed. (992)
Consumer nondurables
2002 Ed. (3254)
1998 Ed. (2096)
1997 Ed. (2379)
1996 Ed. (2252)
1994 Ed. (2191)
1993 Ed. (2168)
Consumer nondurables companies
1991 Ed. (2054)
Consumer products
2007 Ed. (3048)
2003 Ed. (2913)
2001 Ed. (1205)
2000 Ed. (3556)
1996 Ed. (1734, 2063)
1992 Ed. (2958, 3593)
1991 Ed. (1186)
1990 Ed. (2185)
Consumer Products Division
1997 Ed. (2702)
Consumer Programs Inc.
2001 Ed. (3729)
Consumer Promotions International Inc.
2006 Ed. (3930)
Consumer Publicadad
1995 Ed. (60)
Consumer-related
1992 Ed. (4387)
Consumer Reports
2001 Ed. (3192, 3196)
2000 Ed. (3472, 3481)
1999 Ed. (1853, 3752)
1994 Ed. (2793, 2794)
Consumer services
1996 Ed. (3655)
1995 Ed. (3395)
1992 Ed. (32, 2625, 2958)
Consumer staples
1995 Ed. (3395)
Consumerbank
1990 Ed. (654)
ConsumerPowerline
2008 Ed. (2495)
ConsumerReview.com
2004 Ed. (3160)
Consumers
1994 Ed. (2659)
Consumers' Co-op. Refineries
2007 Ed. (3864)
Consumers Cooperative
1995 Ed. (1538)
1990 Ed. (1460)
1989 Ed. (1191)
Consumers Cooperative Credit Union
2008 Ed. (2230)
2007 Ed. (2115)
2006 Ed. (2194)
2005 Ed. (2099)
2004 Ed. (1957)
2003 Ed. (1917)
2002 Ed. (1863)
1994 Ed. (1505)
1993 Ed. (1452)
Consumers County Mutual Insurance Co.
2001 Ed. (2908)
Consumers Distributing
1992 Ed. (1065)
1991 Ed. (865, 867)
1990 Ed. (915, 1518)
1989 Ed. (860)
Consumers Distributing (U.S.)
1994 Ed. (872)
Consumers Energy Co.
2005 Ed. (2716, 2717, 2718, 2719, 2721, 2723, 2724, 2725)
Consumers' Gas Co.
1997 Ed. (2132)
1996 Ed. (2012)
1994 Ed. (1964)
1992 Ed. (1597, 2276)
1991 Ed. (2778)
1990 Ed. (1888, 2925)
Consumers, occupational
1998 Ed. (2221)
Consumers Packaging Inc.
2003 Ed. (1218)
2002 Ed. (1224)
1996 Ed. (2900)
1994 Ed. (2718)
1992 Ed. (3323)
Consumers Power Co.
1999 Ed. (2573, 2577, 2579, 2580)
1998 Ed. (1813, 1817, 1819, 1820)
1997 Ed. (2128, 2130, 2131)
1996 Ed. (2000, 2008, 2009, 2010, 2011)
1995 Ed. (1985, 1986, 1988)
1994 Ed. (1960, 1962, 1963)
1993 Ed. (1933, 1936, 1937)
1992 Ed. (2271, 2274, 2275)
1991 Ed. (1802, 1805, 1806)
1990 Ed. (1886, 1887)
Consumers, recreational
1998 Ed. (2221)
Consumers Union of the U.S.
2002 Ed. (2473)
Consumers (USA)
1991 Ed. (866)
Consumerware, Inc.
2003 Ed. (2744)
2002 Ed. (2536)
Contac
2002 Ed. (1100)
1995 Ed. (227)
1992 Ed. (1252, 1253)
1991 Ed. (993, 994, 995, 996, 998)
Contact
1999 Ed. (4716)
Contact Ad Agency
2003 Ed. (63)
2002 Ed. (96)
2001 Ed. (125)
Contact Energy Ltd.
2006 Ed. (3703)
2002 Ed. (1745, 3497, 3498)
Contact lens care
1995 Ed. (2895)
Contact lens products
2001 Ed. (2106)
Contact lens solution
2002 Ed. (2052)
Contact lens solutions
2003 Ed. (2106)
Contact lenses
1995 Ed. (2815)
Contact 24
1991 Ed. (3283)
Contacto Gullco
2002 Ed. (84)
2001 Ed. (112)
2000 Ed. (69)
Contacto Publicidad
1996 Ed. (73)
Contactual
2007 Ed. (1196)
Contadina-Buitoni
2003 Ed. (3739)
Container
1993 Ed. (2381)
Container Corp. of America
1991 Ed. (1142, 1274)
Container Products
1992 Ed. (1386)
The Container Store
2008 Ed. (1501, 1503)
2007 Ed. (1519, 1521)
2006 Ed. (1492, 2040, 2659)
2005 Ed. (1606)
2004 Ed. (1575)
2002 Ed. (1503)
1992 Ed. (4037)
Containers
2008 Ed. (3152)
2007 Ed. (264)
2006 Ed. (257, 3007)
2003 Ed. (265, 3165)
2001 Ed. (4364)
Containers and packaging
2001 Ed. (363, 364)
1989 Ed. (1659)
Containers/packaging
1992 Ed. (3651, 3652)
Contango Oil & Gas Co.
2005 Ed. (3755)
Conte/McCann-Erickson
2003 Ed. (133)
2002 Ed. (165)
2000 Ed. (156)
1999 Ed. (139)
1997 Ed. (129)
1996 Ed. (125)
1995 Ed. (110)
1993 Ed. (126)
Conte/McCann-Erickson (Panama)
2001 Ed. (194)
Contel Corp.
1993 Ed. (1175, 1176)
1992 Ed. (3584, 4199, 4208, 4209, 4212)
1991 Ed. (871, 3277, 3284)
1990 Ed. (2926)
1989 Ed. (2644, 2790)
Contel Cellular
1994 Ed. (3492)
1993 Ed. (3517)
1991 Ed. (1232, 3285)
1990 Ed. (1302, 3521)
Contempo Women's Workout World
1999 Ed. (2517)
Contemporary Computer Services
2000 Ed. (903, 1167)
Contemporary Imports
1990 Ed. (334)
Contemporary/Modern
2000 Ed. (2740)
Contemporary Productions
1997 Ed. (3179)
Contemporary Products
1991 Ed. (2638)
Contemporary Watercrafters Inc.
2005 Ed. (4027)
Contempri Homes Inc.
1994 Ed. (1116, 2921)
1993 Ed. (2900, 2901)
1992 Ed. (1369)
1991 Ed. (1061)
1990 Ed. (1174)
Content management
2001 Ed. (2165)
ContentGuard
2006 Ed. (3026)
ContentGuard Holdings Inc.
2007 Ed. (3059)
Conteras Morales Lucia
1995 Ed. (1450)
Contessa
2002 Ed. (2370)
Contests
1990 Ed. (1185)
Context Media
2003 Ed. (2175)
Conti Communications Inc.
2004 Ed. (1296)
Conti General
2001 Ed. (4544)
The Conti Group
2008 Ed. (1317)
Conti of New York LLC
2006 Ed. (1186)
ContiFinancial Corp.
2000 Ed. (2407)
1999 Ed. (2625, 3603)
1998 Ed. (3183)
1997 Ed. (2492)
1996 Ed. (2366)
1995 Ed. (2347)
ContiGroup Companies, Inc.
2002 Ed. (1066)
2001 Ed. (2725, 3851, 3852)
ContiGroup Cos., Inc.
2008 Ed. (2849, 3505)
2007 Ed. (2715)
2006 Ed. (2725)
2005 Ed. (2769)
ContiMortgage Corp.
1999 Ed. (3650)
Contin Color; Cover Girl
2006 Ed. (3286)
CONTINC
2006 Ed. (3283)
Continent-Policy
1999 Ed. (2924)
Continental
2006 Ed. (4742, 4750)
2001 Ed. (295, 486, 646, 647, 648)
2000 Ed. (514, 640, 641, 643, 644, 645, 646, 4253)
1999 Ed. (220, 222, 225, 226, 229, 4117, 4602)
1998 Ed. (248, 249, 250)
1997 Ed. (306)
1996 Ed. (184, 359, 1260, 3693)
1995 Ed. (2319)
1994 Ed. (2271)
1993 Ed. (344, 346, 811)
1992 Ed. (266, 278, 280, 284, 287, 288, 289, 291, 295, 302, 1021, 1379, 2856, 4298, 4299)
1991 Ed. (2764, 3086, 3392)
1990 Ed. (206, 208, 209, 226, 668, 868, 877, 2260, 2902, 2977)
1989 Ed. (240, 376, 1655)
Continental AG
2008 Ed. (3556, 4678)
2007 Ed. (312, 4756)
2006 Ed. (335, 336, 340, 1683, 1685, 1700, 4749)
2005 Ed. (322, 326, 327, 3328)
2003 Ed. (4204)
2002 Ed. (1111, 1472, 4068, 4506)
2001 Ed. (4133, 4540)
2000 Ed. (3829)
1998 Ed. (3572)
Continental Airlines Inc.
2008 Ed. (208, 209, 210, 211, 212, 213, 217, 220, 221, 227, 235, 1217, 1496, 1526, 1541, 1827, 1828, 1830, 1831, 1832, 1833, 1834, 3007, 4760)
2007 Ed. (222, 224, 225, 226, 227, 228, 229, 230, 231, 238, 241, 242, 247, 248, 1560, 1743, 2851, 2885, 3212)
2006 Ed. (214, 215, 216, 217, 218, 220, 221, 222, 223, 224, 239, 240, 244, 246, 247, 248, 1530, 1742, 1786, 1788, 1789, 2860, 3272)
2005 Ed. (200, 201, 202, 203, 206, 207, 208, 209, 210, 211, 212, 220, 223, 224, 229, 230, 231, 2842, 2854)
2004 Ed. (198, 199, 200, 203, 204, 205, 206, 207, 208, 211, 212, 213, 215, 216, 219, 221, 222, 2832, 2846)
2003 Ed. (239, 240, 242, 243, 244, 245, 246, 247, 248, 250, 251, 253, 2759, 2927, 4796)
2002 Ed. (257, 258, 259, 260, 261, 262, 263, 264, 265, 266, 268, 269, 271, 272, 1916, 4665)
2001 Ed. (271, 292, 294, 296, 298, 299, 300, 311, 315, 318, 321, 322, 323, 324, 325, 327, 328, 329, 334, 335, 337, 338)
2000 Ed. (233, 236, 237, 238, 239, 240, 241, 242, 243, 244, 245, 247,

248, 249, 250, 252, 259, 262, 263, 264, 266, 267, 268, 4381)
1999 Ed. (214, 215, 216, 218, 219, 221, 223, 224, 228, 231, 236, 237, 240, 241, 244, 245, 363, 4485)
1998 Ed. (124, 125, 126, 127, 128, 129, 130, 131, 132, 133, 134, 135, 136, 137, 140, 141, 142, 925, 1052, 1065)
1997 Ed. (3638)
1996 Ed. (173, 175, 180, 182, 183, 185, 186, 189, 191, 355, 1115, 1260, 1284, 3410, 3413, 3414)
1995 Ed. (174, 175, 176, 178, 179, 1077, 1328, 3302, 3304, 3305, 3312, 3653)
1994 Ed. (154, 155, 162, 164, 165, 166, 168, 169, 172, 173, 174, 175, 177, 183, 185, 190, 1065, 3444, 3567, 3569)
1993 Ed. (169, 170, 177, 181, 187, 188, 189, 190, 191, 193, 196, 202, 1034, 1106, 3467)
1992 Ed. (262, 265, 276, 279, 281, 283, 285, 535, 1287, 1520)
1991 Ed. (189, 190, 196, 197, 200, 203, 204, 206, 207, 208, 210, 211, 212, 213, 1010, 3318)
1990 Ed. (199, 200, 213, 215, 216, 218, 222, 223, 224, 225, 227, 229, 233, 235, 242, 1100, 3541)
1989 Ed. (234, 235, 236, 242, 243)
Continental Airlines Arena
2006 Ed. (1153)
2003 Ed. (4527)
2002 Ed. (4343)
2001 Ed. (4351)
1999 Ed. (1298)
Continental Airlines Holdings.
2000 Ed. (390)
1999 Ed. (390)
1997 Ed. (354)
1996 Ed. (383)
1994 Ed. (182, 1291, 1294, 1296, 1298, 1300, 1304, 1306, 1310)
1993 Ed. (220, 222, 366, 1256, 1257, 1258, 1259, 1260, 1261, 1263, 2785, 3610, 3612)
1992 Ed. (236, 270, 271, 320, 324, 326, 1554, 1555, 1556, 3934, 4334, 4336, 4340)
Continental Airlines/Salomon
1993 Ed. (1267)
Continental America Co.
2000 Ed. (2675, 2677)
Continental Asset Management
1992 Ed. (2766)
Continental Assurance Co.
2002 Ed. (2888, 2893)
2001 Ed. (2929, 2931)
2000 Ed. (2649, 2682, 2781, 2843)
1999 Ed. (2928, 2929)
1998 Ed. (2147, 2148, 2255, 3038)
1996 Ed. (2070, 2265, 2296, 2297, 2387)
1995 Ed. (2277, 2290)
1994 Ed. (2294)
1993 Ed. (2194, 2195, 2200, 2281, 3653, 3654)
1992 Ed. (338, 2729, 4381, 4382)
1991 Ed. (2091)
1990 Ed. (2218, 2226)
Continental Assurance Company
2000 Ed. (2679)
Continental Baking
1998 Ed. (254)
1997 Ed. (328)
1995 Ed. (342)
1992 Ed. (491, 493, 494, 495, 496, 497)
1989 Ed. (354, 357, 358, 359, 360, 361)
Continental Bancorp
1995 Ed. (492)
Continental Bancorp, Pa.
1989 Ed. (2145, 2149, 2154)
Continental Bank
1997 Ed. (3529)
1996 Ed. (360, 377, 420, 1539)
1995 Ed. (362, 381, 389, 393, 394, 443, 489, 501, 504, 585, 2343, 2344, 2345, 2347, 2367, 3332)
1994 Ed. (35337, 375, 376, 386, 394, 398, 399, 451, 506, 520, 523, 615, 2287, 2740, 3012, 3253)
1993 Ed. (396, 404, 408, 409, 450, 502, 525, 612, 2274, 2509, 2603, 2968, 3259)
1992 Ed. (539, 636, 713, 714, 818, 2982)
1991 Ed. (478, 555, 556, 609, 646)
1990 Ed. (3256)
Continental Bank N.A.
1992 Ed. (569, 701, 2720, 2722, 2723)
1991 Ed. (405)
1990 Ed. (465)
Continental Bank NA (Chicago)
1991 Ed. (543)
Continental-Bentall
2002 Ed. (1211)
Continental Bldrs.
1990 Ed. (841)
Continental Bolsa
2008 Ed. (740)
2007 Ed. (764)
Continental Cablevision Inc.
2005 Ed. (1487)
1999 Ed. (1441, 1460)
1998 Ed. (588, 602, 1013, 1026, 1027)
1997 Ed. (871, 873, 874, 876, 1235, 2716)
1996 Ed. (855, 858)
1994 Ed. (828, 832)
1993 Ed. (814, 817, 2381)
1992 Ed. (1019, 1024)
1991 Ed. (834, 1142)
1990 Ed. (870, 872)
Continental Can
1997 Ed. (1145)
1996 Ed. (1118)
1995 Ed. (1144, 2070)
1993 Ed. (2865)
1992 Ed. (1048, 1384, 3321, 3473)
Continental Can Canada Inc.
1992 Ed. (1597)
Continental Can Europe Inc.
2005 Ed. (1512)
Continental Canada Group
1992 Ed. (2692)
Continental Capital & Equity Corp.
2002 Ed. (3818)
2000 Ed. (3648)
1998 Ed. (2949)
Continental Cargo
1994 Ed. (153)
Continental Cas.
1990 Ed. (2251)
Continental Casualty Co.
2008 Ed. (1798, 3319)
2007 Ed. (1768, 3174)
2006 Ed. (1761)
2005 Ed. (1790, 3129, 3142, 3143, 3144)
2004 Ed. (3055, 3132, 3134, 3135, 3136)
2003 Ed. (4993, 4996)
2002 Ed. (2958, 2963, 3956, 3957)
2001 Ed. (1730, 2900, 4031, 4034, 4036)
2000 Ed. (2653, 2724, 2728)
1999 Ed. (2900, 2973, 2976)
1998 Ed. (2114, 2128, 2204, 2207)
1997 Ed. (2410, 2462, 2464, 2470, 3921)
1996 Ed. (2270, 2336, 2338)
1994 Ed. (2216, 2270, 2272)
1993 Ed. (2184, 2233, 2234)
1991 Ed. (2122, 2124)
Continental Casualty Company
1992 Ed. (2686, 2688)
Continental Casualty Cos.
1999 Ed. (2921)
Continental Casualty Group
2006 Ed. (3142)
Continental Companies
1992 Ed. (2470, 2471)
The Continental Cos.
1996 Ed. (991)
1995 Ed. (2147, 2148, 2149)
1994 Ed. (2092, 2093, 2094)
1991 Ed. (955, 1937, 2884)
1990 Ed. (1030, 1031, 2060, 2061)
Continental Design & Engineering Inc.
2006 Ed. (3512)
Continental Development
2004 Ed. (1190)
2002 Ed. (1201)
Continental Electrical Construction Co.
2006 Ed. (1309, 1339)
Continental Engineering Corp.
1994 Ed. (1176)
1992 Ed. (1438)
1990 Ed. (1213)
Continental Express
2003 Ed. (1080)
2002 Ed. (272)
2000 Ed. (268)
1999 Ed. (245, 1252)
1998 Ed. (141, 817)
1997 Ed. (218)
1996 Ed. (191)
1995 Ed. (192)
Continental Garage
1996 Ed. (263)
1995 Ed. (259)
Continental General
1993 Ed. (3578)
Continental/General Tire
1997 Ed. (3751, 3753)
1990 Ed. (3597)
Continental Grain
2000 Ed. (1100, 1108)
1999 Ed. (1185, 1188)
1998 Ed. (749, 756)
1997 Ed. (1009, 1015)
1996 Ed. (985, 998)
1995 Ed. (1017)
1994 Ed. (984, 1005)
1993 Ed. (957, 958, 979, 2712)
1992 Ed. (1182, 1183, 1204)
1991 Ed. (947, 949, 969, 1858)
1990 Ed. (1021, 1041, 1947)
1989 Ed. (920)
Continental Grain Exports
2000 Ed. (1893)
Continental Graphics Corp.
1990 Ed. (1246)
Continental Group Inc.
2005 Ed. (1525)
1997 Ed. (3750)
Continental Gummi Werke
1990 Ed. (2176)
Continental Heritage Government Securities
1990 Ed. (2375)
Continental Holdings
1995 Ed. (187)
1993 Ed. (199, 200, 2057)
1992 Ed. (299, 301)
Continental Homes
2005 Ed. (1191, 1192, 1193, 1202, 1223, 1237, 1241, 1242)
2004 Ed. (1163, 1164, 1165, 1174, 1197, 1217, 1218)
2003 Ed. (1157, 1158, 1163, 1166, 1178, 1206, 1210, 1211)
2002 Ed. (2676)
1999 Ed. (1311, 1316, 1319, 1329, 1337)
1998 Ed. (879, 889, 915)
1993 Ed. (214)
Continental Homes/D. R. Horton
2000 Ed. (1211, 1222, 1230)
Continental Homes Holding Corp.
1993 Ed. (217)
Continental Homes Holdings
1996 Ed. (2841)
Continental Homes of Texas LP
2005 Ed. (1166)
2004 Ed. (1143)
Continental Hose
1997 Ed. (704)
Continental Illinois Corp.
1992 Ed. (547)
1991 Ed. (1994)
1990 Ed. (703)
1989 Ed. (369, 370, 388, 416, 2473)
Continental Illinois National Bank & Trust Co.
1990 Ed. (591)
1989 Ed. (556)
Continental Industrial Capital LLC
2002 Ed. (1495)
Continental Information Systems
1990 Ed. (1303, 2202, 3260)
Continental Information Syustems
1990 Ed. (2200)
Continental Informations Systems
1991 Ed. (2591)
Continental Ins Cos
1990 Ed. (2228, 2229, 2263)
Continental Insurance Co.
2005 Ed. (3066, 3141)
2004 Ed. (3055, 3133)
2003 Ed. (2970, 2985)
2002 Ed. (3954, 3955)
Continental Insurance Cos.
1997 Ed. (2433, 2461, 2471, 2472, 3922)
1996 Ed. (2303, 2333, 2334, 3885)
1995 Ed. (2327, 2328, 2329, 3800)
1994 Ed. (2223, 2280, 2281, 2283, 3675)
1993 Ed. (2202, 2240, 2245, 2246, 3740)
1992 Ed. (2657, 2685, 2695, 2698)
1991 Ed. (1725, 2090, 2093, 2130, 2134)
1990 Ed. (2225)
1989 Ed. (1675, 1676, 1677, 1734, 1735)
Continental Insurance Group
1992 Ed. (2684)
1991 Ed. (2129)
Continental International Group
1994 Ed. (2247)
Continental Land Title Co.
1990 Ed. (2265)
Continental Lawyers Title Co.
1999 Ed. (2986)
1998 Ed. (2215)
Continental Life Insurance Co.
1998 Ed. (2165)
1997 Ed. (2451)
1995 Ed. (2308)
1993 Ed. (2224)
1992 Ed. (2662)
Continental Life Insurance Co. of PA
2002 Ed. (2911)
Continental Life Insurance Co. - PA
2000 Ed. (2689)
Continental Lime Inc.
2000 Ed. (2935)
Continental Lithograph Corp.
2001 Ed. (3890)
Continental Lloyds
1999 Ed. (2970)
1998 Ed. (2202)
1997 Ed. (2467)
1996 Ed. (2341)
1994 Ed. (2275)
1993 Ed. (2237)
Continental Lloyds Insurance Co.
2000 Ed. (2722)
1992 Ed. (2680)
Continental Materials Corp.
2005 Ed. (774, 775)
2004 Ed. (788)
Continental Medical
1994 Ed. (2033)
Continental Medical Systems
1990 Ed. (2725)
Continental Merchant Bank Nigeria
1994 Ed. (602)
1993 Ed. (599)
Continental Mills
1998 Ed. (253, 3435)
Continental Motor Co.
1995 Ed. (285)
1994 Ed. (284)
1993 Ed. (286)
1992 Ed. (401)
1991 Ed. (296)
Continental Motors
1990 Ed. (320, 345)
Continental National Bank
1990 Ed. (587)
Continental National Bank of Miami
1990 Ed. (587)
Continental Park
1990 Ed. (2180)
Continental Plastic Co.
2002 Ed. (4988)

Continental Plastic Containers
1998 Ed. (2872)
Continental Plastics Co.
2005 Ed. (4995)
2004 Ed. (4990)
2001 Ed. (4924)
2000 Ed. (4432)
Continental Plaza
1997 Ed. (2377)
Continental Properties
2003 Ed. (1184)
2002 Ed. (2685)
Continental Real Estate Cos.
2002 Ed. (3911)
2000 Ed. (3709)
Continental SA; Grupo
2005 Ed. (3395)
Continental Savings Association
1989 Ed. (2823)
Continental Savings Bank
1998 Ed. (3570)
1990 Ed. (2474)
Continental Service Group Inc.
2008 Ed. (4324)
Continental Tire & Rubber
1989 Ed. (2836)
Continental Tire North America Inc.
2008 Ed. (4681)
2007 Ed. (4758)
2006 Ed. (780, 3919, 4752)
Continental Tire North American Inc.
2003 Ed. (4205)
Continental Volkswagen
1996 Ed. (291)
Continental Web Press
2007 Ed. (4010)
1992 Ed. (3541)
Continental Webs
2008 Ed. (4036)
Continental White Corp.
1992 Ed. (1388)
Continuing Care Associates Inc.
1990 Ed. (1977)
Continuous Computing Corp.
2003 Ed. (2706)
Continuous filaments
2001 Ed. (3839)
Continuous forms
1992 Ed. (3287)
Continuous Forms & Charts
2000 Ed. (912)
Continuum Co. Inc.
1998 Ed. (1930)
1997 Ed. (3299)
1995 Ed. (3093)
1994 Ed. (3044)
1993 Ed. (2998, 3006)
1992 Ed. (3667)
1991 Ed. (2837)
1990 Ed. (2984)
Continuum Health Partners
2006 Ed. (3591)
2005 Ed. (1908)
2004 Ed. (1823, 2813)
2002 Ed. (1744)
2001 Ed. (2773)
2000 Ed. (2529, 3186, 3320)
1999 Ed. (2645)
Continuum Healthcare
2004 Ed. (4095)
Contllinfo
1990 Ed. (2684)
Contmeporary Color Graphics
2000 Ed. (3607)
Contour
2001 Ed. (485, 3393)
Contourmam
1996 Ed. (2596)
Contours Express
2008 Ed. (2914)
2007 Ed. (2789)
2006 Ed. (2758, 2789)
2005 Ed. (2813)
2004 Ed. (2817)
2003 Ed. (2697)
2002 Ed. (2454)
Contra Costa County, CA
2003 Ed. (3438, 3440)
1997 Ed. (2848)
1995 Ed. (2218)
1993 Ed. (1429, 2144)
Contra Costa Times
1998 Ed. (78, 80, 84)
Contra Costa Water District, CA
1997 Ed. (3217)
Contra Viento y Marea
2007 Ed. (2847)
Contraceptives
2002 Ed. (3641)
1997 Ed. (3173)
1991 Ed. (1457)
1990 Ed. (2531)
Contraceptives, oral
2002 Ed. (3752)
Contract Advertising
2001 Ed. (144)
1997 Ed. (99)
1996 Ed. (97)
1995 Ed. (83)
1994 Ed. (94)
1993 Ed. (107)
1992 Ed. (159)
1990 Ed. (110)
1989 Ed. (116)
Contract Advertising (JWT)
2000 Ed. (104)
Contract cleaners
1999 Ed. (1180)
Contract Counsel
2005 Ed. (816)
Contract Distributors Corp.
1990 Ed. (1802)
Contract Emergency Department Physician Staffing & Management
1997 Ed. (2259)
1996 Ed. (2152)
Contract Freighters
2000 Ed. (4312, 4315)
1999 Ed. (4684)
1998 Ed. (3640, 3641)
1995 Ed. (3671, 3673)
1994 Ed. (3591, 3592)
1993 Ed. (3631, 3632)
Contract (JWT)
1999 Ed. (100)
Contract Management Services By Tx
2001 Ed. (3555)
2000 Ed. (3359)
Contract officers
1992 Ed. (3829)
Contractor Tools & Supplies
2008 Ed. (4708)
2007 Ed. (4791)
Contractor Yard Inc.
2004 Ed. (1829, 4926)
Contractors, heating service
1999 Ed. (697, 1810, 1812, 2712)
Contractors, home remodeling
1999 Ed. (696, 697, 698, 1809, 1810, 1811, 1812, 2712)
Contractors Hot Line
1999 Ed. (1850)
1998 Ed. (1275)
Contractors, painting/wallpapering
1999 Ed. (697, 1810, 1812, 2712)
Contractors, paving
1999 Ed. (697, 1810, 1812, 2712)
Contractors, plumbing
1999 Ed. (697, 1810, 1812, 2712)
Contractors, siding
1999 Ed. (697, 1810, 1812, 2712)
Contractors, trade
1999 Ed. (2010)
Contran Corp.
2008 Ed. (4057)
2006 Ed. (3995)
1990 Ed. (1045)
Contrans Corp.
2002 Ed. (1610, 4695)
2001 Ed. (1657)
2000 Ed. (4320)
Contrans Income Fund
2008 Ed. (4779)
2007 Ed. (4856)
2006 Ed. (4853)
Contreras Morales Lucia
1996 Ed. (1413)
Contrex
2007 Ed. (675)
2002 Ed. (757)
Contributions
2004 Ed. (178)
Contrica plc
2005 Ed. (2727)
Control Data
1996 Ed. (3886)
1995 Ed. (1258, 2253)
1994 Ed. (1077, 1238)
1993 Ed. (1054, 1212, 2504)
1992 Ed. (1307, 1311, 1316, 1499, 1500, 1518, 1535, 1537, 1556, 1559, 3679)
1991 Ed. (1025, 1028, 1031, 1188, 1189, 1214, 1227, 1237, 2070, 2470, 2637, 2839, 2848)
1990 Ed. (1116, 1121, 1124, 1125, 1127, 1309, 1343, 1612, 2190, 2204, 2735, 2990, 2992, 2997, 3488, 3489)
1989 Ed. (975, 979, 1324, 2103, 2307)
Control Data Canada
1990 Ed. (2005)
1989 Ed. (1589)
Control Data Systems
1999 Ed. (2615, 2666)
Control Deck
1990 Ed. (3620)
Control/Stabilization
2001 Ed. (4154)
Control Technologies Inc.
2006 Ed. (4366)
Controladora Comercial Mexicana
2005 Ed. (61)
Controladora Comercial Mexicana, SA de CV
2005 Ed. (4137)
2004 Ed. (4207)
Controladora Commercial Mexicana
1995 Ed. (3159)
Controlled Access Inc.
1998 Ed. (1421)
Controlled Flight into Terrain (CFIT)
1994 Ed. (337)
Controlled Risk Insurance Co. of Vermont Inc.
2000 Ed. (983)
1999 Ed. (1033)
1998 Ed. (641)
1997 Ed. (904)
Controller
2004 Ed. (2278)
Controls/TAB
2006 Ed. (1285)
2005 Ed. (1315)
2004 Ed. (1308)
Controls West Inc.
2008 Ed. (4952)
2007 Ed. (3533)
Contship
2004 Ed. (2538, 2542)
2003 Ed. (2419, 2422)
Contship Containerlines Ltd.
2002 Ed. (4673)
Convalec
1994 Ed. (2685)
Convatec
1997 Ed. (2953)
1995 Ed. (2799)
1992 Ed. (3277)
1991 Ed. (2622)
1990 Ed. (2528, 2723)
Convection ovens
1996 Ed. (2192)
Convenicence stores
1992 Ed. (4003)
Convenience Corp. Of America Inc.
1998 Ed. (470)
Convenience Store
1990 Ed. (1191)
Convenience Store Distributing
1998 Ed. (979, 980, 981)
1997 Ed. (1205, 1206, 1207)
1995 Ed. (1198, 1199, 1201)
1993 Ed. (1157)
Convenience Store Distributing Co. LLC
2003 Ed. (4937)
Convenience Store News
2001 Ed. (251)
Convenience stores
2008 Ed. (1161, 4020, 4702)
2002 Ed. (2719, 4011)
2001 Ed. (681)
1999 Ed. (2485, 3823, 4089, 4360, 4506)
1998 Ed. (1317, 1744, 3321, 3336)
1997 Ed. (997)
1996 Ed. (364, 3467)
1995 Ed. (1935, 3402, 3545, 3707)
1992 Ed. (1146, 3725)
1991 Ed. (724, 2706)
Convenience stores/gas'n go outlets
1990 Ed. (987)
Convenient Food Mart Inc.
1992 Ed. (1441)
1991 Ed. (1101, 1754)
Convenient store location
1991 Ed. (1861)
1990 Ed. (1951)
Convera Corp.
2006 Ed. (3030)
2003 Ed. (2175)
Converge Inc.
2008 Ed. (177, 2457)
2007 Ed. (194, 196, 2331, 3565)
2006 Ed. (188, 190, 3519, 4358)
2005 Ed. (175, 2346)
2004 Ed. (2246)
2003 Ed. (2167)
2002 Ed. (2094)
Convergent
1989 Ed. (2306)
Convergent Capital Management LLC
2005 Ed. (360)
Convergent Communications Inc.
2002 Ed. (1624, 1627, 4568)
Convergent Resources Inc.
2005 Ed. (1055)
2001 Ed. (1312, 1314)
Convergent Technologies
1989 Ed. (1319, 1990)
Convergenz
2007 Ed. (3064)
Convergys Corp.
2008 Ed. (1157, 2926, 3188, 3833, 4269, 4801)
2007 Ed. (1259, 2800, 3756, 3757, 4235)
2006 Ed. (1144, 3032, 3759, 3761, 4219)
2005 Ed. (3024, 3027, 3663, 3664, 4165, 4645, 4646, 4647, 4648, 4649, 4650)
2004 Ed. (842, 1104, 2205, 3748, 3749)
2003 Ed. (801, 1702, 2156, 3704, 3705, 4393, 4394)
2002 Ed. (3545, 3546)
2001 Ed. (4463, 4465, 4466, 4468, 4469)
2000 Ed. (4195)
Converium Ltd.
2006 Ed. (3150, 3151, 4605)
2005 Ed. (3153)
Converium Group
2006 Ed. (3154)
Converium Holding Ltd.
2007 Ed. (3188, 3189)
Converium Holding AG
2004 Ed. (3143)
Converium Reinsurance (North America) Inc.
2005 Ed. (3067, 3145, 3146, 3147, 3148, 3149)
2004 Ed. (3137, 3138, 3139, 3140, 3141)
Conversations with God, Book 1
2000 Ed. (708)
1999 Ed. (693)
Converse
2008 Ed. (273, 637, 4479, 4480)
2007 Ed. (295, 3214, 4502, 4503)
2006 Ed. (293, 4445)
2005 Ed. (270, 4429, 4430, 4431, 4432)
2004 Ed. (261)
2001 Ed. (425)
2000 Ed. (323, 324)
1999 Ed. (309)
1998 Ed. (200, 2674)
1997 Ed. (279, 280, 281)
1996 Ed. (251)
1995 Ed. (252)
1994 Ed. (244, 246)
1993 Ed. (256, 258, 260)

1992 Ed. (366, 368)
1991 Ed. (262, 264)
1990 Ed. (289)
1989 Ed. (279)
Converse College
1998 Ed. (802)
1997 Ed. (1054)
1995 Ed. (1057)
1994 Ed. (1049)
1993 Ed. (1022)
1992 Ed. (1274)
Conversion Industries
1996 Ed. (210)
ConvertBond.com
2002 Ed. (4797)
Convertible arbitrage
2005 Ed. (2818)
Convertible bond funds
1993 Ed. (717)
Convertible debt
2001 Ed. (707)
Convertible Securities
1992 Ed. (3196)
Convertible Securities & Income
1990 Ed. (2371)
Convertible Securities Portfolio Management
2003 Ed. (3116)
Convertibles
2006 Ed. (622)
Convertidora Industrial
2006 Ed. (1852)
Convex Computer
1993 Ed. (1054)
1992 Ed. (488)
1991 Ed. (358)
1990 Ed. (1974, 1975, 3303)
Conway; Andrew
1997 Ed. (1855)
1996 Ed. (1771, 1780)
Conway; John W.
2007 Ed. (1029)
Conway Transportation
1994 Ed. (3600)
1993 Ed. (3640)
Conwest Associates
2002 Ed. (3563)
Conwood Co.
1998 Ed. (3575)
1989 Ed. (2504)
conxion.com
2001 Ed. (2986)
Conyers Riverside Ford Inc.
1998 Ed. (468)
Conyers Riverside Ford Sales Inc.
1997 Ed. (676)
1996 Ed. (744)
1991 Ed. (714)
Coogee Chemicals
2004 Ed. (3960)
2002 Ed. (3782)
Cook
1993 Ed. (3727)
1989 Ed. (2085)
Cook Advertising; William
1990 Ed. (149)
1989 Ed. (158, 159)
Cook Agency; The William
1992 Ed. (206)
1991 Ed. (149)
Cook & bakeware
1997 Ed. (2329)
1991 Ed. (1977)
Cook Associates Inc.
2002 Ed. (2172)
Cook Audi; Bill
1991 Ed. (302)
Cook-Boynton & Hilton Inc.
1998 Ed. (754)
Cook County
2006 Ed. (1638)
2000 Ed. (1042)
1999 Ed. (1117)
Cook County Bureau of Health Services
2000 Ed. (3185)
1998 Ed. (2554)
Cook County Employees
2004 Ed. (2029)
Cook County Hospital
2002 Ed. (2618)
2001 Ed. (2770, 2771)
2000 Ed. (2525, 2529)
1999 Ed. (2479, 2638, 2746)
1998 Ed. (1987, 1991)
1997 Ed. (2268)
1996 Ed. (2153)
1995 Ed. (2141, 2143)
1994 Ed. (2088)
1992 Ed. (2456)
1991 Ed. (1932)
1990 Ed. (2054)
Cook County, IL
2007 Ed. (1653)
2004 Ed. (794, 1004, 2643, 2704, 2718, 2807, 2858, 2982, 3521, 4182, 4183)
2003 Ed. (3436, 3438, 3439, 3440, 4986)
2002 Ed. (374, 1085, 1612, 1804, 1807, 2044, 2298, 2380, 2394, 2443, 3992, 4048, 4049)
1999 Ed. (1764, 1766, 1767, 1768, 1769, 1770, 1771, 1772, 1773, 1774, 1775, 1776, 1777, 1778, 2008, 2830, 4630)
1997 Ed. (978, 1537, 1538, 1539, 2352, 3559)
1996 Ed. (957, 1468, 1469, 1470, 1471, 2226)
1995 Ed. (977, 1510, 1511, 1514, 1515, 2217)
1994 Ed. (945, 1475, 1476, 1477, 1482, 1483, 2166)
1993 Ed. (1426, 1427, 1428, 1432, 1434, 1435, 2141)
1992 Ed. (1714, 1715, 1716, 1717, 1725, 2579)
1991 Ed. (1994)
Cook County Traffic/DomesticViolence Court
2002 Ed. (2419)
Cook; Dave
1989 Ed. (2522)
Cook Family Foods
1996 Ed. (3602)
Cook, fast-food
2008 Ed. (3810)
Cook-Ft. Worth Children's Medical Center
1994 Ed. (890)
Cook Group Inc.
2005 Ed. (1466, 1550)
Cook, IL
2000 Ed. (1594, 1595, 1596, 1597, 1598, 1599, 1600, 1601, 1602, 1604, 1605, 1606, 2611, 2613)
1998 Ed. (191)
1991 Ed. (1369, 1374, 1375, 1377, 2005)
1990 Ed. (1440, 1442, 1483, 2156)
1989 Ed. (1175, 1177, 1926)
Cook Imported Cars; Bill
1994 Ed. (261)
1992 Ed. (407)
Cook Inlet Energy Supply
2003 Ed. (3427, 3966)
2002 Ed. (1078, 3376)
2000 Ed. (1106, 2406)
Cook Inlet Pipe Line Co.
1993 Ed. (2859)
Cook Inlet Processing
2003 Ed. (2523)
Cook Co.; J. F.
2007 Ed. (3616)
2006 Ed. (3549)
Cook; Linda
2008 Ed. (4949)
2007 Ed. (4982)
2006 Ed. (4974, 4985)
Cook; Suzanne
1993 Ed. (1816)
1989 Ed. (1417)
Cook; Thomas
1994 Ed. (3579)
1993 Ed. (3626)
1990 Ed. (3650, 3651, 3652)
Cook Travel U.S.; Thomas
1996 Ed. (3744)
Cook vegetables
1989 Ed. (1983)
Cook, Vetter, Doerhoff & Landwehr
2001 Ed. (563)
Cook; William
2008 Ed. (4829)
2007 Ed. (4899)
Cook; William A.
2006 Ed. (4904)
2005 Ed. (4849)
Cooke & Bieler Inc.
2008 Ed. (2709)
Cooke & Bleier
1998 Ed. (2310)
Cooke Aquaculture Inc.
2007 Ed. (1910)
Cooke Douglas Farr Lemons Ltd.
2008 Ed. (2519)
The Cooker Bar & Grille
1996 Ed. (3212)
1995 Ed. (3115)
Cooker Restaurants
2002 Ed. (4019)
Cookie Bouquet
2008 Ed. (2829)
2007 Ed. (4194)
2006 Ed. (4172)
Cookie Bouquet; Cookies By Design/
2005 Ed. (2744)
Cookie-Crisp
1995 Ed. (915)
Cookie dough
2005 Ed. (2045)
Cookie Factory Bakery
2006 Ed. (368)
2005 Ed. (1399)
2004 Ed. (1379)
2003 Ed. (373)
Cookie flavor
2001 Ed. (2832)
Cookies
2005 Ed. (2045, 2045, 2624, 2754, 2757, 2760)
2003 Ed. (375, 1372, 2093, 4830)
2002 Ed. (430, 1222, 1336, 2006, 2421, 2422, 3490, 4527)
2001 Ed. (3908, 4288, 4405)
1998 Ed. (257, 1266, 1727, 1728, 2927, 3445)
1997 Ed. (3171, 3173)
1995 Ed. (1557)
1990 Ed. (1954)
1989 Ed. (1461)
Cookies and crackers
1994 Ed. (3347)
Cookies & cream
2001 Ed. (2832)
Cookies, bagged/jumbo
2002 Ed. (4721)
Cookies By Design
2008 Ed. (2829)
2007 Ed. (4194)
2006 Ed. (4172)
Cookies By Design/Cookie Bouquet
2005 Ed. (2744)
2004 Ed. (2747)
2003 Ed. (2629)
2002 Ed. (2417)
Cookies/crackers
1998 Ed. (2499)
1996 Ed. (2899)
1993 Ed. (3484)
1990 Ed. (3306)
Cookies, crackers, biscuits
1992 Ed. (2349)
Cookies, frozen
1995 Ed. (2995, 2996)
Cookies in Bloom
2002 Ed. (2417)
Cookies 'N Cream
1990 Ed. (2144)
Cookies, soft
1992 Ed. (3220)
Cookies/wafers, chocolate covered
1999 Ed. (1019)
Cooking
2001 Ed. (2779)
Cooking and salad oils
2001 Ed. (4314)
Cooking bags
2002 Ed. (4337)
Cooking Light
2007 Ed. (127)
2005 Ed. (130, 3358)
2004 Ed. (139)
2001 Ed. (4887)
2000 Ed. (3473)
1999 Ed. (3746)
1997 Ed. (3037)
1994 Ed. (2786)
1993 Ed. (2793)
1992 Ed. (3378)
1991 Ed. (2708)
Cooking meat sauce
1995 Ed. (3529)
Cooking sprays
2003 Ed. (3691, 3692)
2002 Ed. (3538)
2000 Ed. (4155)
1992 Ed. (3298)
Cooking.com
2008 Ed. (2445)
2004 Ed. (3160)
2003 Ed. (3052)
Cooks
2007 Ed. (3730)
2006 Ed. (827)
2005 Ed. (909, 3627)
2004 Ed. (918)
2003 Ed. (899)
2002 Ed. (962)
2001 Ed. (1150)
1998 Ed. (674, 680, 681, 3442, 3724)
1996 Ed. (3839)
1993 Ed. (869, 874, 876, 878, 880, 882)
1992 Ed. (1084)
1989 Ed. (868)
Cook's Champagne
1997 Ed. (931, 937, 938, 3886)
1996 Ed. (900, 901, 902, 903, 905, 906, 3866, 3867, 3868)
1995 Ed. (921, 925, 926, 927, 3766, 3767)
1992 Ed. (1082, 1083, 4462)
1991 Ed. (884, 3498, 3501)
Cook's Sparkling
2003 Ed. (908)
2002 Ed. (967, 970)
2001 Ed. (1161)
1999 Ed. (1061, 1066)
Cook's Varietals
2000 Ed. (4414)
Cookson
2007 Ed. (2032)
2006 Ed. (2480)
Cookson Group
1999 Ed. (1644)
1989 Ed. (959)
Cookson Group plc
2002 Ed. (3308)
2001 Ed. (3283, 4025)
2000 Ed. (3082)
CookTek
2005 Ed. (1254, 3902)
Cookware
2005 Ed. (2961)
1996 Ed. (3610)
Cookware & bakeware
2000 Ed. (2588)
Cool Aid
1998 Ed. (450)
Cool Blue Barbie Doll
2000 Ed. (4276)
Cool Breeze
1991 Ed. (3497)
Cool Creations Mini Sandwich
1997 Ed. (2347)
Cool Creations Pocahontas Cups
1997 Ed. (2349, 2931)
Cool Creations Suprise Pops
1997 Ed. (2347)
Cool Ranch Doritos
1992 Ed. (3219)
Cool Runnings
1996 Ed. (3791)
Cool Temptations Liqueur
2001 Ed. (3106)
Cool Water
2001 Ed. (2527)
1996 Ed. (2950)
CoolBrands International Inc.
2008 Ed. (1430, 3077, 4200, 4998)
2007 Ed. (2952, 4158)
2006 Ed. (1615)
2005 Ed. (1568, 1729)

Coolers
2002 Ed. (690)
1993 Ed. (680)
Cooley Godward
2007 Ed. (3324)
2004 Ed. (3228, 3232)
2003 Ed. (3192)
Cooley Godward Castro Huddleson & Tatum
1993 Ed. (2404)
1990 Ed. (2426)
Cooley Godward LLP
2007 Ed. (1502, 3323)
2004 Ed. (3225)
2003 Ed. (3182)
2002 Ed. (3057)
Coolidge Bank & Trust Co.
1990 Ed. (647)
1989 Ed. (636)
Cooling
2001 Ed. (2779)
Cooling & Heating System Parts
1990 Ed. (398)
1989 Ed. (329)
Cooljobs.com
2002 Ed. (4802)
coolsavings.com inc.
2002 Ed. (2500, 2527)
Coombs; Mark
2008 Ed. (4901)
Cooney, Rikard & Curtin
2001 Ed. (2909)
Cooney/Waters Group
2005 Ed. (3954, 3970)
2004 Ed. (3988)
Coop
1993 Ed. (53)
1992 Ed. (81)
1990 Ed. (1424)
1989 Ed. (1164)
Coop AG
1997 Ed. (1516)
Coop Basel
2008 Ed. (89)
2007 Ed. (82)
2006 Ed. (92)
Coop Danmark A/S
2008 Ed. (1704)
Coop federee; La
2008 Ed. (199, 1385)
2007 Ed. (213, 1434)
Coop Norden
2008 Ed. (66)
2007 Ed. (62, 81)
2006 Ed. (71, 91)
2005 Ed. (82)
Coop Norden Danmark A/S
2007 Ed. (1679)
Coop Norge AS
2007 Ed. (2956, 4159)
Coop Schweiz
2005 Ed. (83)
2004 Ed. (88)
1999 Ed. (4760)
Coop Schweiz Coop-Gruppe
1995 Ed. (1496)
1994 Ed. (1456)
Coop Suisse
1990 Ed. (1220)
Coop Switzerland AG
2000 Ed. (1562)
1999 Ed. (1741)
Coop. Vereniging van Bondspaarbanken
1992 Ed. (794)
Coopeative Vereniging van Bondsspaarbank
1993 Ed. (585)
Cooper
2008 Ed. (4679, 4680)
2006 Ed. (4743, 4744, 4748)
2001 Ed. (4542)
1996 Ed. (3693)
1990 Ed. (3597)
Cooper Biomedical Inc.
1990 Ed. (1248)
Cooper Buick-GMC Truck Inc.
1995 Ed. (268)
Cooper Cameron Corp.
2007 Ed. (2382, 3025, 3836)
2006 Ed. (2434, 2438, 3820, 3821)
2005 Ed. (2393, 2396, 3352, 3353, 3730, 3731)
2004 Ed. (2311, 2312, 2315, 3327, 3328, 3822, 3823)
2003 Ed. (3810, 3812)
2001 Ed. (3757, 3758)
1999 Ed. (2850)
1998 Ed. (2088)
Cooper Carry
2007 Ed. (3204)
2006 Ed. (3161)
Cooper/Cilco
1990 Ed. (2741)
Cooper Communities Inc.
2008 Ed. (3413, 4112)
2007 Ed. (3083, 3300, 4080)
1996 Ed. (1099)
Cooper Cos.
2007 Ed. (3466)
2006 Ed. (3447)
1990 Ed. (1300, 2536)
Cooper Development
1993 Ed. (1514)
Cooper; Edith
2008 Ed. (184)
Cooper Farms Builders
2003 Ed. (1179)
Cooper Gay (Holdings) Ltd.
2008 Ed. (3331)
2007 Ed. (3186)
2006 Ed. (3149)
The Cooper Health System
2000 Ed. (965, 2533)
1999 Ed. (1011)
1998 Ed. (1996)
The Cooper HealthSystem
1999 Ed. (2753)
Cooper HMS Partners Advertising Inc.
2000 Ed. (95)
Cooper Hospital/University Medical Center
2002 Ed. (2457)
Cooper Industries Ltd.
2008 Ed. (2418)
2007 Ed. (1602, 2284, 2285, 2337)
2006 Ed. (2347, 2348, 2349, 2350)
2005 Ed. (2280, 2285, 2286, 3352, 3353)
2004 Ed. (2179, 2184)
2003 Ed. (2130, 2132, 2194, 2196, 4562)
2002 Ed. (1440, 2081, 2082)
2001 Ed. (1040, 1146, 2140, 2141, 2605)
2000 Ed. (1746)
1999 Ed. (1550)
1998 Ed. (1398, 2091)
1997 Ed. (2368)
1996 Ed. (1269, 1626, 1627, 2243)
1995 Ed. (1500, 1651, 1652, 2235, 2493)
1994 Ed. (1465, 1583, 1608, 1610, 2181, 2421)
1993 Ed. (1411, 1546, 1569, 1571, 2871)
1992 Ed. (1883, 1916, 2592)
1991 Ed. (1482, 2018)
1990 Ed. (1586, 1587, 2171)
1989 Ed. (1287, 1288, 1917)
Cooper; Kathleen
1989 Ed. (1753)
Cooper Lasersonics
1990 Ed. (1248)
Cooper Medical Buildings
2005 Ed. (2815)
2002 Ed. (1173)
2000 Ed. (312)
1999 Ed. (286)
Cooper; Milton
2007 Ed. (1018)
2006 Ed. (928)
Cooper Neff
1996 Ed. (3100)
Cooper Physician Association
2000 Ed. (3545)
Cooper River Convalescent Center
1990 Ed. (1739)
Cooper Roberts Simonsen Architects
2008 Ed. (266, 267)
2006 Ed. (287)
Cooper Square Realty
1998 Ed. (3018)
Cooper Stadium
1999 Ed. (1299)
Cooper-Standard Automotive Inc.
2008 Ed. (3454)
2005 Ed. (1757)
Cooper/Standard Automotive Products
2001 Ed. (393)
Cooper, T. A.
1991 Ed. (1618)
Cooper Technicon
1993 Ed. (1514)
Cooper Tire & Rubber Co.
2008 Ed. (4678, 4681)
2007 Ed. (2905, 4217, 4529, 4756, 4758)
2006 Ed. (312, 4206, 4207, 4749, 4752)
2005 Ed. (292, 310, 317, 318, 4150, 4151, 4693, 4694)
2004 Ed. (284, 312, 318, 1579, 4222, 4223, 4722, 4723)
2003 Ed. (316, 4196, 4197, 4204, 4205, 4737, 4738)
2002 Ed. (1523, 4066, 4067)
2001 Ed. (475, 4129, 4139, 4537, 4538, 4540, 4544)
2000 Ed. (341, 3827, 3828)
1999 Ed. (324, 349, 4115, 4116, 4602)
1998 Ed. (216, 241, 3103, 3104)
1997 Ed. (316, 3361, 3362, 3751, 3753)
1996 Ed. (338, 339, 3262, 3263)
1995 Ed. (324, 325, 1290, 3167, 3168)
1994 Ed. (326, 328, 3117, 3118, 3538)
1993 Ed. (341, 1216, 1227, 3054, 3055, 3462, 3576, 3577)
1992 Ed. (468, 3745, 3746, 4296, 4297)
1991 Ed. (337, 1220, 2903, 2904, 3391)
1990 Ed. (3065, 3066, 3595, 3596)
1989 Ed. (2349, 2834, 2835)
Cooper Transport Co.; Jack
1993 Ed. (3638)
Cooper Union
2008 Ed. (775, 2573)
1996 Ed. (1047)
1995 Ed. (1062)
1994 Ed. (1054)
1993 Ed. (1027)
1992 Ed. (1279)
Cooper Vision
1990 Ed. (1186)
Cooper; Warren F.
1995 Ed. (1726)
1994 Ed. (1712)
Cooper; William
2007 Ed. (1017)
2006 Ed. (927)
Cooper; William A.
1994 Ed. (1720)
Cooperativa Agraria Virgen del Rocio Andaluza SC
2006 Ed. (2018)
2005 Ed. (1963)
2003 Ed. (1825)
Cooperativa de Ahorro y Credito Arecibo
2004 Ed. (2606)
Cooperativa de Ahorro y Credito de Arecibo
2007 Ed. (2557)
2006 Ed. (2589)
2005 Ed. (2586)
Cooperativa de Ahorro y Credito de Rincon
2007 Ed. (2557)
2006 Ed. (2589)
2005 Ed. (2586)
Cooperativa de Ahorro y Credito Vega Alta
2006 Ed. (2589)
2004 Ed. (2606)
Cooperativa de Productores de Leche RL
2004 Ed. (1692)
2002 Ed. (1630)
Cooperativa de Seguros de Vida de Puerto Rico
2006 Ed. (3093)
2005 Ed. (3088)
2004 Ed. (3083)
Cooperativa de Seguros Multiples de Puerto Rico
2006 Ed. (3093)
2005 Ed. (3088)
2004 Ed. (3083)
Cooperative
1992 Ed. (4161)
Cooperative Bank of Kenya
1997 Ed. (533)
1995 Ed. (522)
1994 Ed. (547)
1993 Ed. (546)
The Cooperative Bank of Taiwan
1994 Ed. (1849)
1992 Ed. (606, 2157)
1990 Ed. (1796)
1989 Ed. (690, 691)
Cooperative Credit Bank (Bankcoop)
1996 Ed. (663)
1994 Ed. (624)
Cooperative Credit Bank SA
1995 Ed. (594)
Cooperative Federal de Empleados Telephone Credit Union
2008 Ed. (2256)
2007 Ed. (2141)
2006 Ed. (2220)
2005 Ed. (2125)
2004 Ed. (1983)
2003 Ed. (1943)
2002 Ed. (1889)
Cooperative Federee de Quebec
2006 Ed. (1401)
2003 Ed. (1381)
Cooperative Finance Corp.
2007 Ed. (1429)
2006 Ed. (1390, 1394, 1395)
2005 Ed. (1404, 1408, 1409)
2004 Ed. (1383, 1387, 1388)
Cooperative Finance Corporation (NRUCFC)
2003 Ed. (1378)
Cooperative Housing Foundation
1994 Ed. (1906)
Cooperative Muratori & Cementisti--C.M.C. di Ravenna
2002 Ed. (1323)
Cooperative Power
1992 Ed. (3263)
Cooperative Retail Services
2002 Ed. (232)
Cooperative Vereniging van Bondsspaarbank
1994 Ed. (592)
Cooperatives
2001 Ed. (2153)
Cooperman; Leon
2006 Ed. (2798)
1996 Ed. (1914)
Cooperman; Saul
1991 Ed. (3212)
Coopers & Lybrand
2000 Ed. (1, 3, 6, 7, 9, 901, 1775)
1999 Ed. (1, 2, 3, 4, 5, 6, 7, 8, 9, 10, 11, 12, 13, 15, 18, 19, 21, 22, 26, 959, 960, 1997, 1998, 1999, 2000, 2001, 4113)
1998 Ed. (3, 4, 6, 7, 8, 9, 10, 11, 14, 15, 17, 541, 542, 545, 546, 922, 1423, 1424, 1425, 1426, 2293, 3102)
1997 Ed. (6, 7, 8, 9, 12, 17, 18, 20, 21, 22, 25, 26, 27, 845, 1715)
1996 Ed. (4, 5, 7, 8, 9, 11, 12, 13, 14, 15, 18, 19, 20, 23, 834, 1114, 3258)
1995 Ed. (4, 5, 6, 7, 8, 9, 10, 11, 12, 13, 1142, 3163)
1994 Ed. (1, 2, 3, 4, 5, 6, 7, 3115)
1993 Ed. (1, 2, 3, 4, 6, 7, 8, 11, 12, 15, 1104, 1589, 1590, 1591, 1592, 3009, 3052)
1992 Ed. (2, 3, 4, 5, 6, 7, 8, 9, 10, 16, 17, 18, 19, 21, 22, 995, 996, 1941, 3743)
1991 Ed. (2, 3, 4, 5, 6, 7, 812, 1544, 1545, 2899)

1990 Ed. (1, 2, 3, 4, 5, 6, 7, 9, 10, 11, 12, 851, 854, 855, 1650, 1651, 2255, 3703)
1989 Ed. (5, 6, 7, 8, 9, 10, 11, 12, 1007)
Coopers & Lybrand-Actuarial, Benefit & Compensation Group
1991 Ed. (1543)
Coopers & Lybrand-Actuarial, Benefits & Compensation Group
1992 Ed. (1940)
1990 Ed. (1648)
Coopers & Lybrand-Casualty Actuarial & Risk Management Consulting
1990 Ed. (3062)
Coopers & Lybrand Consulting
1997 Ed. (847)
Coopers & Lybrand Deloitte
1993 Ed. (5, 13, 3728)
1992 Ed. (11, 12)
Coopers & Lybrand Human Resource Advisory Group
1998 Ed. (1422, 1427)
1996 Ed. (1638, 1639)
1995 Ed. (1661, 1662)
1994 Ed. (1622, 1623, 1624)
Coopers & Lybrand International
1996 Ed. (6)
Coopers & Lybrand LLP
2000 Ed. (1776)
1997 Ed. (4, 5, 23, 1716, 3360)
1996 Ed. (10, 21)
Coopers Deloitte
1992 Ed. (13)
Coopervision
1990 Ed. (2741)
1989 Ed. (1635)
Coopervision, Unisol, 4/8 oz.
1990 Ed. (1187)
Coor
1994 Ed. (3479, 3480)
Coordinadora Democratica
2005 Ed. (94)
Coordinated Graphics, Inc.
2000 Ed. (3607)
Coorpbanca
2000 Ed. (490, 491)
Coors
2008 Ed. (534)
2007 Ed. (594)
1999 Ed. (807, 813, 815)
1995 Ed. (707, 712)
1993 Ed. (746, 747)
1992 Ed. (928, 935, 4049, 4231)
1990 Ed. (55, 747, 749, 750, 753, 754, 755, 763, 764, 769, 770, 771, 772, 773, 774, 775, 776, 777)
1989 Ed. (761, 763, 764, 765, 766, 768, 771, 772, 773, 774, 776, 777)
Coors Co.; Adolp
1992 Ed. (930)
Coors Co.; Adolph
2007 Ed. (616)
2006 Ed. (552, 561, 563, 570, 1650, 1659, 2549, 3287)
2005 Ed. (70, 236, 652, 657, 658, 659, 660, 661, 672, 744, 745, 1498, 1737, 1739, 1741, 1745, 2541)
1997 Ed. (655, 656, 657, 661, 716, 717, 718, 722, 2037)
1996 Ed. (718, 720, 722, 728, 739, 1941)
1995 Ed. (645, 646, 647, 651, 661, 1076, 1367, 1898)
1994 Ed. (127, 681, 683, 684, 685, 686, 689, 695, 704, 751, 1064, 1342, 1875)
1993 Ed. (56, 682, 683, 684, 686, 687, 748, 749, 1033, 1290)
1992 Ed. (885)
1991 Ed. (9, 55, 705, 706, 707, 742, 743, 1009, 1913)
1990 Ed. (725, 726, 727, 2446, 2449)
1989 Ed. (726, 759, 1893, 1894)
Coors Artic Ice
1998 Ed. (2066)
Coors Brewing Co.
2008 Ed. (537, 3019)
2007 Ed. (3523)
2005 Ed. (1744, 2655, 2842, 4450, 4452)
2004 Ed. (1684, 1686, 2832)
2003 Ed. (20, 662, 764, 1655, 2275, 2520)
2002 Ed. (678, 787, 3630)
2001 Ed. (674, 1025, 1673)
2000 Ed. (718, 724, 732, 733, 814, 815, 816, 817, 818)
1999 Ed. (708, 809, 811)
1998 Ed. (453, 499, 503)
1996 Ed. (784)
1990 Ed. (757)
Coors Brewing Co.; Molson
2008 Ed. (244, 559, 566, 1509, 1688, 1689, 1692, 2739)
2007 Ed. (606, 607, 1525, 1667, 1670, 1719, 3354)
2006 Ed. (256, 560, 562, 564, 1655, 1656, 1657, 1663)
Coors Cutter
1997 Ed. (653)
1996 Ed. (717)
1995 Ed. (707)
1994 Ed. (679)
1993 Ed. (677)
Coors Electronic Package Co.
1999 Ed. (2117)
Coors Events Center
2005 Ed. (4444)
Coors Light
2008 Ed. (535, 536, 539, 546)
2007 Ed. (590, 591, 594, 602)
2006 Ed. (550, 551, 554)
2005 Ed. (648, 649, 650, 651, 4445)
2004 Ed. (664, 665, 667, 887)
2003 Ed. (656, 657, 660, 661, 664)
2002 Ed. (674, 675, 676)
2001 Ed. (673, 676, 677, 678)
2000 Ed. (813, 819)
1999 Ed. (1920, 4511)
1998 Ed. (496, 500, 504, 3446)
1997 Ed. (715, 720, 3665)
1996 Ed. (781, 782)
1995 Ed. (701, 702, 703, 706)
1994 Ed. (752)
1993 Ed. (746, 747)
1992 Ed. (932, 935, 936)
1990 Ed. (749, 758, 761, 763, 3544)
1989 Ed. (771, 774, 776, 777)
Coors/Light/Extra Gold
1991 Ed. (3321)
Coors NA
2001 Ed. (684)
Coors Non-Alcohol
2006 Ed. (559)
2005 Ed. (656)
2004 Ed. (669)
2002 Ed. (685)
Coors Premium
1992 Ed. (936)
1990 Ed. (758)
Coors products
1990 Ed. (765)
Copa Holdings
2008 Ed. (216)
Copam Electronics Corp.
1994 Ed. (1089)
1990 Ed. (1132)
Copans Motors
1996 Ed. (284)
Copart Inc.
2007 Ed. (4361)
2006 Ed. (4295)
2005 Ed. (339)
2004 Ed. (340)
2003 Ed. (4548)
Cope Linder Associates
1999 Ed. (291)
Copec
2006 Ed. (1851, 4227)
2000 Ed. (3849, 3850)
1999 Ed. (4135, 4136)
1997 Ed. (3376, 3377)
1996 Ed. (3279, 3280)
1994 Ed. (3131, 3132)
1993 Ed. (3068, 3069)
1992 Ed. (3765, 3766)
1991 Ed. (2911, 2912)
1989 Ed. (1100)
Copel
2005 Ed. (1845)
2002 Ed. (4389)
Copel Cia. Paranaense Energia
1996 Ed. (1303)
Copeland Cos.
1999 Ed. (3063)
Copeland Enterprises; A.
1991 Ed. (1141)
Copeland Enterprises Inc.; Al
1994 Ed. (1917)
1993 Ed. (1901)
1992 Ed. (2230)
Copeland's of New Orleans
2004 Ed. (4131)
Copene
2001 Ed. (1200)
1993 Ed. (909)
1992 Ed. (3767, 3768)
1991 Ed. (2913, 2914)
Copenhagen
2000 Ed. (4258)
1999 Ed. (4609)
1998 Ed. (3580)
1996 Ed. (3700)
1995 Ed. (3620, 3623)
Copenhagen, Denmark
2007 Ed. (256, 257)
1994 Ed. (976, 3545)
1993 Ed. (1425)
1991 Ed. (2632)
Copenhagen Fine Cut
2003 Ed. (4449)
Copenhagen Handels.
1991 Ed. (497)
Copenhagen Handelsbank
1992 Ed. (650)
1990 Ed. (538, 572)
1989 Ed. (518)
Copenhagen International Airport
1996 Ed. (1597)
1993 Ed. (1538)
Copenhagen Kastrup Airport
2001 Ed. (2121)
Copenhagen Long Cut
2003 Ed. (4449)
2000 Ed. (4258)
Copenhagen Stock Exchange
1997 Ed. (3631)
1993 Ed. (3457)
Copernic Technologies Inc.
2006 Ed. (3030)
Copesul
2006 Ed. (1846)
2004 Ed. (1781)
2003 Ed. (1737)
1993 Ed. (909)
Copiers
2001 Ed. (1077)
2000 Ed. (938)
Copiers/printers
2002 Ed. (917)
Copithorne & Bellows
2000 Ed. (3628, 3638, 3644, 3645, 3667, 3668)
1999 Ed. (3911, 3926, 3927, 3928, 3953, 3954)
1998 Ed. (2941, 2942, 2944, 2959)
1996 Ed. (3105, 3109, 3110, 3134)
1995 Ed. (3005, 3010, 3031)
1994 Ed. (2949, 2951, 2971)
1993 Ed. (2932)
1992 Ed. (3564, 3578)
Copithorne & Bellows of Porter/Novelli
1997 Ed. (3188, 3189, 3211)
Copley
1995 Ed. (2735)
1992 Ed. (3191)
Copley Financial Services
1993 Ed. (2333)
Copley; Helen
1996 Ed. (3876)
1995 Ed. (3788)
1991 Ed. (3512)
Copley; Helen K.
1993 Ed. (3731)
Copley Pharmaceuticals
1995 Ed. (1241, 3787)
Copley Press, Inc.
1992 Ed. (4480)
1991 Ed. (3512)
1990 Ed. (3704)
1989 Ed. (2973)
Copley R.E. Advisors
1993 Ed. (2972)
Copley Real Estate
1996 Ed. (2384, 3165, 3166)
1995 Ed. (3071, 3072)
1994 Ed. (2305, 2319, 3015, 3016)
1993 Ed. (2285, 2974, 2975)
1992 Ed. (2733, 3635)
1990 Ed. (2332, 2970)
1989 Ed. (2129)
Copley Real Estate Advisors
1998 Ed. (3011)
1997 Ed. (3267, 3268)
1996 Ed. (2417)
1992 Ed. (2775, 3634)
1991 Ed. (2211, 2238, 2241, 2247, 2817, 2819)
1990 Ed. (2340, 2347, 2349, 2355, 2968)
1989 Ed. (1807)
Coppel, SA de CV
2005 Ed. (4137)
Coppenbarger Homes
2003 Ed. (1163)
2002 Ed. (2678)
Copper
2008 Ed. (1093, 2644)
1992 Ed. (3647)
Copper & Brass Sales Inc.
1989 Ed. (927, 2332)
Copper-base alloys
2001 Ed. (3547)
Copper-based alloys
2007 Ed. (3701)
2006 Ed. (3707)
Copper Cellar Corp.
2007 Ed. (4134)
Copper Mines
1992 Ed. (87)
Copper Mountain
1994 Ed. (1102)
Copper Mountain Networks, Inc.
2002 Ed. (1551, 2482, 2527)
2001 Ed. (4182)
Copper Mountain Resort
2008 Ed. (4342)
2007 Ed. (4391)
2006 Ed. (4327)
2005 Ed. (4377)
2004 Ed. (4428)
2002 Ed. (4284)
Copperfield; David
2007 Ed. (2450)
2006 Ed. (2485)
1997 Ed. (1777)
1995 Ed. (1714)
1989 Ed. (990, 990)
Copperfield; The Magic of David
1992 Ed. (1349, 1349)
1991 Ed. (1042, 1042, 1042)
Coppermark Bank
2008 Ed. (2008)
Copperstate Staffing Inc.
2007 Ed. (3533)
Coppertone
2008 Ed. (4553)
2003 Ed. (2916, 4619, 4620, 4621, 4622, 4623)
2001 Ed. (4392, 4394, 4395)
2000 Ed. (4039, 4139)
1999 Ed. (4505)
1998 Ed. (1358, 3432)
1997 Ed. (711, 3658)
1996 Ed. (3605)
1994 Ed. (3457)
1993 Ed. (3482)
1990 Ed. (3487)
Coppertone Endless Summer
2003 Ed. (4623)
Coppertone Kids
2008 Ed. (3162)
2003 Ed. (4623)
2001 Ed. (4392)
2000 Ed. (4139)
1999 Ed. (4505)
Coppertone Kids Colorblock
2000 Ed. (4039)
Coppertone Lotion
1997 Ed. (3659)
Coppertone Sport
2008 Ed. (4553)
2003 Ed. (4623)

2001 Ed. (4392)
2000 Ed. (4039, 4139)
1999 Ed. (4505)
1998 Ed. (1358, 3432)
Coppertone Water Babies
2008 Ed. (3162)
2003 Ed. (4623)
2000 Ed. (4039, 4139)
1999 Ed. (4505)
Copperweld
2006 Ed. (3994)
2005 Ed. (3920)
Coppin State University
2007 Ed. (4698)
Coppola Cos.
2006 Ed. (2499)
Coppola; Francis Ford
2006 Ed. (2499)
Coppola; Michael
2007 Ed. (965)
Coppola/Ryan
1996 Ed. (2533)
Copps Corp.
2000 Ed. (2388)
1998 Ed. (1873)
Copps Inc.; Bill
1995 Ed. (286)
Copps Coliseum
1994 Ed. (3373)
Copps Distributing
2000 Ed. (2386)
Cops: Caught in the Act
1998 Ed. (3674)
Cops: Too Hot for TV
1998 Ed. (3674)
Copy Central
2005 Ed. (3900)
1997 Ed. (3164)
1996 Ed. (3086)
Copy Club Inc.
2005 Ed. (3896)
2004 Ed. (3940)
2003 Ed. (3932)
Copy Craft Printers
2006 Ed. (3970)
2005 Ed. (3900)
Copycat
1998 Ed. (3676)
Copyright Printing, Inc.
2000 Ed. (3607, 3608)
1999 Ed. (3888)
Copytech Printing
1997 Ed. (3164)
Copywriter
2004 Ed. (2284)
CoQ10
2001 Ed. (2013)
Cora
1997 Ed. (1409)
1994 Ed. (1373)
1990 Ed. (1368)
The Cora Franchise Group
2007 Ed. (1965)
Cora Mussely Tsouflidou
2004 Ed. (4986)
Coral Cadillac
1996 Ed. (267)
1991 Ed. (305)
1990 Ed. (338)
Coral Cos.
1991 Ed. (2651)
Coral Energy Holding LP
2005 Ed. (2289)
Coral Gables Fedcorp
1995 Ed. (3612)
Coral Gables Federal Savings & Loan Association
1991 Ed. (3380)
Coral Gables, FL
1996 Ed. (1604)
Coral Springs
1997 Ed. (3130)
Coral Springs, FL
2007 Ed. (3010)
1999 Ed. (1174, 3851)
1998 Ed. (2871)
Coram Healthcare Corp.
2002 Ed. (1625)
2000 Ed. (2490)
1999 Ed. (2704, 2705)
1998 Ed. (1965, 1966, 3419)
1997 Ed. (2242)
1996 Ed. (2131)
Coras Iompair Eireann
2005 Ed. (48)
Corazon Inc.
2008 Ed. (2037)
Corazon Salvaje
1996 Ed. (3663)
Corban College
2008 Ed. (1066)
Corbank
1991 Ed. (2416, 2417)
Corbett Canyon
2005 Ed. (4957)
2002 Ed. (4946, 4948, 4955, 4960)
2001 Ed. (4877, 4878, 4885, 4888, 4893)
2000 Ed. (4417)
Corbett Inc.; Frank J.
1989 Ed. (62)
Corbett HealthConnect
1996 Ed. (2246)
Corbett; L. R.
2005 Ed. (2496)
Corbett; Luke R.
2008 Ed. (2633)
2007 Ed. (1031)
Corbin A. McNeill Jr.
2002 Ed. (2213)
Corbin Advertising
1989 Ed. (86, 169)
Corbin & Co.; P. G.
1997 Ed. (2478, 2481, 2482, 2483, 2486)
1996 Ed. (2349, 2350, 2353, 2359)
1995 Ed. (2330, 2331, 2334, 2338)
1993 Ed. (2261, 2262, 2267, 2268, 2271)
1991 Ed. (2164, 2171, 2173, 2175)
Corbin Asset; P. G.
1995 Ed. (2357, 2365)
Corbin Communications
2002 Ed. (198)
1999 Ed. (163)
Corbin, KY
1994 Ed. (969)
Corbin Small Cap Value
2004 Ed. (3573)
2003 Ed. (2359)
Corbis Corp.
2008 Ed. (3018)
2005 Ed. (4355)
Corboy; Philip
1997 Ed. (2612)
Corby Distilleries
2008 Ed. (560)
2007 Ed. (608)
1997 Ed. (658, 2669, 2672)
1996 Ed. (724)
1994 Ed. (692)
1992 Ed. (886)
Corby's Canadian
2003 Ed. (4900)
2002 Ed. (3180)
Corcept Therapeutics Inc.
2006 Ed. (4260)
Corcoran, Davis-Zweig Futures Hotline; Craig
1990 Ed. (2366)
Corcoran Expositions Inc.
2008 Ed. (4723)
2006 Ed. (4787)
2005 Ed. (4736)
Corcoran Group Inc.
2002 Ed. (3915)
2001 Ed. (3996, 3997)
2000 Ed. (3714)
1999 Ed. (3994)
Cordant
1996 Ed. (99)
Cordant Technologies Inc.
2003 Ed. (1352, 1841, 3364)
2001 Ed. (1891, 3280)
Cordero Mining Co.
1993 Ed. (1003)
Cordero Mining Co., Codero mine
1990 Ed. (1071)
Cordero Mining Co., Cordero
1989 Ed. (950)
Cordero Rojo
2002 Ed. (3365)
Cordero, WY
2000 Ed. (1126)
Cordials
2002 Ed. (282, 3132, 3133, 3142, 3167, 3168, 3169, 3170)
2001 Ed. (3150)
Cordials & liqueurs
2002 Ed. (3143)
Cordials/Schnapps
2001 Ed. (3124, 3125)
Cordiant
2002 Ed. (1982)
Cordiant Communications Group
2007 Ed. (112)
2003 Ed. (43, 86)
2000 Ed. (93)
Cordiant Communications Group plc
2004 Ed. (111, 118)
2003 Ed. (72, 88)
2002 Ed. (120, 121)
2001 Ed. (32)
2000 Ed. (4007)
Cordiant PLC
1999 Ed. (87)
1998 Ed. (50, 57, 58)
1997 Ed. (55, 87, 101, 103, 2702)
Cordiem
2004 Ed. (2203)
2003 Ed. (2153)
Cordis Corp.
1997 Ed. (1259, 2178, 3725)
1993 Ed. (702)
Cordis de Mexico SA de CV
2008 Ed. (3563)
Cordoba Corp.
1995 Ed. (2100)
Cordon Rouge de Mumm
1997 Ed. (934)
Cordorniu
1995 Ed. (930)
Cordova Ventures
2003 Ed. (4848)
Cordovan
2006 Ed. (4743)
Cordy Oilfield Services Inc.
2007 Ed. (1620, 1650)
Core Capital Management Futures
1997 Ed. (1074)
CORE Construction Group
2008 Ed. (1242)
CORE Construction Services of Nevada Inc.
2006 Ed. (1327)
Core Group Marketing
1990 Ed. (3078)
Core Laboratories NV
2003 Ed. (4581)
Core-Mark Holding Co.
2008 Ed. (2349)
2007 Ed. (1610, 4960, 4961)
Core-Mark International, Inc.
2003 Ed. (1588, 1590, 4923, 4924, 4938)
2002 Ed. (4894)
1998 Ed. (976, 978, 982, 983)
1997 Ed. (1200, 1202, 1203)
1995 Ed. (1195, 1197, 1200, 1201)
1994 Ed. (1177)
1993 Ed. (1154, 1156)
1990 Ed. (1337, 3690)
Core Molding Technologies Inc.
2008 Ed. (4420)
The CORE Network
2008 Ed. (4108)
2007 Ed. (4075)
2006 Ed. (4035)
2004 Ed. (4067, 4088)
2003 Ed. (4049)
Core Pacific Securities
1997 Ed. (3489)
1994 Ed. (3196)
Core Plus Fixed Income
2003 Ed. (3113, 3150)
Core Resource Inc.
1999 Ed. (4014)
1998 Ed. (3022)
Core Staff Services
2002 Ed. (4598)
Core States Financial Corp.
1999 Ed. (3819)
Core Systems LLC
2007 Ed. (3588, 4440)
Core Technology
1994 Ed. (2598)
Coreast Federal Savings Bank
1993 Ed. (3071, 3571)
Coreco Inc.
2002 Ed. (2504)
CoreFund Equity Index A
1996 Ed. (613)
CoreFund Equity Y
1998 Ed. (2598)
CoreFund Global Bond Fund Y
1999 Ed. (599)
1998 Ed. (408)
Corefund International Growth A
1996 Ed. (616)
1995 Ed. (556)
Coregis Group
2000 Ed. (2718)
1995 Ed. (2289)
Corel
2008 Ed. (1132, 2944)
2003 Ed. (1114, 1505, 2931)
2002 Ed. (4882)
2001 Ed. (1659)
1999 Ed. (2668)
Corel Gallery
1997 Ed. (1091, 1096)
1996 Ed. (1082)
Corel Printhouse
1998 Ed. (853)
Corel WordPerfect Suite Upgrade
1998 Ed. (846)
Corella Companies
2002 Ed. (2558)
2000 Ed. (1272)
Corella Cos.
2001 Ed. (2712)
1999 Ed. (2675, 3296)
1998 Ed. (2432)
Corella Electric Inc.
1996 Ed. (2109)
1990 Ed. (2006)
Corelle
2007 Ed. (4674)
2005 Ed. (4588)
2003 Ed. (4670)
1999 Ed. (2598, 2599, 2808)
1998 Ed. (2051, 3458, 3459)
1996 Ed. (2026, 3625)
1995 Ed. (2001, 2185)
1994 Ed. (2147)
1993 Ed. (2110)
Corelle Abundance Pattern
2000 Ed. (4173)
Corelle Blue Velvet Pattern
2000 Ed. (4173)
Corelle Callaway Pattern
2000 Ed. (4173)
Corelle/Corning/Visions
1997 Ed. (2330)
Corelle Rosemarie Pattern
2000 Ed. (4173)
Corelle Sand Art Pattern
2000 Ed. (4173)
Corelle Summer Blush Pattern
2000 Ed. (4173)
Coreplus Credit Union
2008 Ed. (2223)
2007 Ed. (2108)
CoreScore Inc.
2000 Ed. (1093)
CoreSource Inc.
2008 Ed. (3247)
2007 Ed. (3099, 3100)
2006 Ed. (3082, 3083)
2001 Ed. (2914)
1996 Ed. (980)
1995 Ed. (992)
1994 Ed. (2284)
CoreStaff Inc.
2000 Ed. (4229)
Corestates Bank
2000 Ed. (220, 2927, 3539)
1999 Ed. (399, 413)
CoreStates Bank NA
1999 Ed. (403, 416, 609, 3436, 4334, 4340)
1998 Ed. (299, 308, 316, 424, 2591, 2653, 3316)
1997 Ed. (383, 443, 593)
1996 Ed. (416, 479, 654)
1995 Ed. (393, 450, 585)
1994 Ed. (398, 460, 615)
1993 Ed. (408, 612)

1992 Ed. (818, 2985)
CoreStates Bank of Delaware
1996 Ed. (361)
CoreStates Bank of Delaware NA
1992 Ed. (510)
1991 Ed. (365)
Corestates Capital Markets Group
1990 Ed. (3210)
Corestates Center
1999 Ed. (1298)
CoreStates Enterprise Capital Group
1999 Ed. (4708)
CoreStates Enterprise Fund
1990 Ed. (3669)
CoreStates Financial Corp.
1999 Ed. (371, 372, 393, 397, 439, 547, 622, 668, 1459, 1490, 3650, 4031, 4032)
1998 Ed. (267, 283, 285, 329, 425, 2357, 2712, 2844, 3318)
1997 Ed. (332, 345, 3281, 3282)
1996 Ed. (656)
1995 Ed. (587, 3360, 3518)
1993 Ed. (601, 614, 653, 3288)
1992 Ed. (502, 648, 820, 1911, 3657)
1991 Ed. (396, 1512)
1990 Ed. (442, 536, 608, 669, 707, 2858)
1989 Ed. (622)
CoreStates Financial Corp
1994 Ed. (617, 654, 1605, 1850, 3279)
Corestates First Philadelphia Bank NA
1992 Ed. (568)
CoreStates New Jersey National Bank
1997 Ed. (577)
1996 Ed. (637)
1995 Ed. (568)
1994 Ed. (598)
1993 Ed. (593)
Coretec
2007 Ed. (2812)
CoreTek Inc.
2003 Ed. (1502)
Corgan Associates
2007 Ed. (286)
2000 Ed. (310)
1999 Ed. (284)
Corgentech Inc.
2006 Ed. (4260)
Coricidin
1991 Ed. (997)
Corillian Corp.
2006 Ed. (2075, 2080, 2081)
2003 Ed. (2727)
2002 Ed. (2531)
Corimon
2000 Ed. (986)
Corimon C.A.
1996 Ed. (883, 884)
Corimon SA
2003 Ed. (4611)
Corina
1992 Ed. (45)
Corinne Goddijn-Vigreux
2008 Ed. (4897, 4901)
Corinthian
2002 Ed. (3789)
Corinthian Colleges Inc.
2005 Ed. (1610, 1616, 2775, 4379)
2004 Ed. (2779, 4433)
2003 Ed. (2646)
2002 Ed. (1549, 2428)
Corinthian Construction Co.
2006 Ed. (2830)
Corixa Corp.
2006 Ed. (2084)
2003 Ed. (684)
Cork & Limerick Savings Bank
1994 Ed. (536)
1992 Ed. (735)
Cork International Ltd.
2004 Ed. (3358)
The Corkey McMillin Cos.
2006 Ed. (1189, 1190)
The Corky McMillin Cos.
2004 Ed. (1200)
2003 Ed. (1211)
2002 Ed. (1210, 2659)
Corliss J. Nelson
2008 Ed. (2630, 2632)
Corman Foundation
2002 Ed. (2330)
Cormar
1989 Ed. (1103)
Cormark Inc.
2008 Ed. (4546)
Cormel Balanced
2001 Ed. (3458, 3459)
Cormier Hyundai
1991 Ed. (280)
1990 Ed. (327)
Corn
2008 Ed. (1093, 2643, 2791, 2802)
2007 Ed. (2518, 2671)
2006 Ed. (2681)
2005 Ed. (2705)
2004 Ed. (2715)
2003 Ed. (2573, 2601, 4827, 4828)
2001 Ed. (708, 1332, 2665)
1999 Ed. (2565)
1998 Ed. (3658)
1997 Ed. (3832)
1994 Ed. (1939, 2699)
1993 Ed. (1711, 1914, 1916, 2744)
1992 Ed. (2071, 2085, 2089, 4384)
1990 Ed. (897, 1871, 2742)
Corn/bunion treatments
1995 Ed. (1921)
Corn, CBOT
1996 Ed. (1996)
Corn chips
2003 Ed. (4460, 4461)
2002 Ed. (4298)
2000 Ed. (4066)
1995 Ed. (3403, 3406)
1994 Ed. (3333, 3334, 3346, 3348)
1993 Ed. (3338)
1992 Ed. (3997)
1991 Ed. (3149)
1990 Ed. (3307, 3308)
Corn, cob
2008 Ed. (2791)
Corn, cream style
2003 Ed. (4827)
Corn, creamed
2002 Ed. (4715)
Corn Flakes
2002 Ed. (955)
2001 Ed. (1147)
2000 Ed. (1001, 1002, 1003)
1994 Ed. (883, 884)
1993 Ed. (860, 862)
1992 Ed. (1072, 1074)
1991 Ed. (877, 878)
1990 Ed. (924)
Corn Flakes; Kellogg's
2008 Ed. (718)
Corn, frozen
1994 Ed. (3460)
Corn, grain
1999 Ed. (1807)
Corn meal
2003 Ed. (2496)
2002 Ed. (2289)
Corn nuts
2006 Ed. (4395)
Corn oil
1992 Ed. (3299)
Corn on the cob
2003 Ed. (2573)
Corn on the cob, frozen
1993 Ed. (3485)
Corn Pops
2000 Ed. (1003)
Corn/potato starch
2002 Ed. (431)
Corn Products International Inc.
2008 Ed. (2737, 2740)
2007 Ed. (2603, 2611)
2006 Ed. (2626, 2631, 2632, 2634)
2005 Ed. (2630, 2636, 2645, 2751, 2752)
2004 Ed. (2756, 2757)
Corn Silk
1998 Ed. (1195, 1356)
1990 Ed. (1436)
Corn snacks
2006 Ed. (4395)
1997 Ed. (3531)
Corn, sweet
2007 Ed. (4873)
2006 Ed. (4877)
2001 Ed. (4669)
Corn/torilla chips
1992 Ed. (4005)
Corn/tortilla chips
1994 Ed. (3347)
1990 Ed. (3306)
Corn, whole kernel
2002 Ed. (4715)
Cornbread
1998 Ed. (255)
Corneliani
2006 Ed. (1030)
Cornelius
2002 Ed. (1110)
Cornelius (Perk) Thornton
1995 Ed. (1838)
1994 Ed. (1800)
1993 Ed. (1817)
Cornelius Thornton
2000 Ed. (2031)
1999 Ed. (2249)
1998 Ed. (1659)
1997 Ed. (1890)
1996 Ed. (1816)
Cornelius Vanderbilt
2008 Ed. (4837)
2006 Ed. (4914)
Cornell & Co. Inc.
1994 Ed. (1146)
Cornell Capital Management
1993 Ed. (2337)
Cornell Computer
1991 Ed. (1038, 1289)
1990 Ed. (1140)
Cornell; New York-Presbyterian University Hospital of Columbia &
2008 Ed. (3043, 3044, 3045, 3046, 3049, 3053, 3056, 3057, 4084)
Cornell Physician Organization
2000 Ed. (2393)
Cornell; Robert
1997 Ed. (1865)
1996 Ed. (1790, 1791)
1995 Ed. (1815, 1816)
1994 Ed. (1775, 1776)
1993 Ed. (1793)
Cornell University
2008 Ed. (773, 779, 786, 2574, 2576, 3169, 3175)
2007 Ed. (201, 800, 807, 1165)
2006 Ed. (713, 714, 716, 719, 723)
2005 Ed. (2440)
2004 Ed. (810, 811, 3241)
2002 Ed. (882, 898, 1033, 3983, 3984)
2001 Ed. (1062, 1330, 2247, 2248, 2251, 2252, 2253, 2256, 2257, 3059)
2000 Ed. (924, 928, 1036, 1137, 1146, 1148, 1829, 1830, 1831, 1835, 2911, 3759)
1999 Ed. (978, 980, 1109, 1237, 1239, 2038, 2039, 2040, 2041, 2042, 2044, 2045, 4046)
1998 Ed. (713, 809, 810, 1459, 1465, 3046, 3161)
1997 Ed. (969, 1063, 1067, 1069, 1764, 1766, 3297)
1996 Ed. (946, 947, 1048, 1050, 1051, 1683, 1695, 3192)
1995 Ed. (969, 970, 1050, 1063, 1066, 1071, 1072, 1073, 1701, 1713, 3095, 3189)
1994 Ed. (937, 938, 1060, 1654, 1661, 1713, 2743, 3046)
1993 Ed. (794, 923, 924, 1029, 1030, 1031, 1621, 3000)
1992 Ed. (1123, 1124, 1267, 1281, 1282, 1283, 1970, 1981, 3257, 3663, 3669)
1991 Ed. (817, 823, 916, 917, 918, 1004, 1006, 1007, 1565, 2402, 2833, 2928)
1990 Ed. (856, 1092, 1094, 1095, 1096, 2053, 2999)
1989 Ed. (958)
Cornell University, Johnson
1995 Ed. (864)
Cornell University, Johnson School
2008 Ed. (182)
Cornell University, Johnson School of Management
2007 Ed. (795, 798, 2849)
2006 Ed. (702, 707, 708, 709, 711, 712, 718, 2859)
Cornell University Medical College
1999 Ed. (3327)
cornell.edu
2001 Ed. (2965)
Corner Bakery
2007 Ed. (2534, 2545)
2003 Ed. (4120)
2002 Ed. (4017)
2001 Ed. (4060, 4061)
Corner Bakery Cafe
2007 Ed. (4240)
Cornercap Investment Counsel, Core Equities
2003 Ed. (3125)
Cornercap Investment Counsel, Small Cap Equity
2003 Ed. (3120, 3135)
Cornerstone Bancorp Inc.
2005 Ed. (2869)
Cornerstone Bank
1994 Ed. (597)
1993 Ed. (590)
Cornerstone Behavioral Health System
2002 Ed. (3803)
Cornerstone Construction
2008 Ed. (1164)
Cornerstone Construction & Materials Inc.
1998 Ed. (3123)
Cornerstone Construction & Materials, Inc./Hanson Industries
2000 Ed. (3847)
Cornerstone Design
2007 Ed. (3550)
2006 Ed. (3510)
Cornerstone Funmd IV
1993 Ed. (1043)
The Cornerstone Group
2007 Ed. (1299)
2004 Ed. (254)
Cornerstone Health Management
1999 Ed. (2723)
1997 Ed. (2255)
1996 Ed. (2147)
1995 Ed. (2135)
1994 Ed. (2087)
1993 Ed. (2065)
Cornerstone Imaging
1995 Ed. (2063, 3384)
Cornerstone Interior Design
2007 Ed. (3550)
2006 Ed. (3510)
Cornerstone International Group
2002 Ed. (866, 2174)
2000 Ed. (1866)
CornerStone Propane
2005 Ed. (3944)
2004 Ed. (3973)
2003 Ed. (3970)
2002 Ed. (3799)
2000 Ed. (1316, 3622)
CornerStone Propane Operating LLC
2006 Ed. (4013)
Cornerstone Propane Partners
2006 Ed. (382)
1999 Ed. (3906)
Cornerstone Propane Partners, LP
2000 Ed. (3623)
Cornerstone Properties Inc.
2005 Ed. (1530)
2004 Ed. (1514)
2003 Ed. (1484)
2002 Ed. (1463)
1999 Ed. (4000, 4170)
Cornerstone Real Estate
1997 Ed. (2541)
Cornerstone Theater Co.
2004 Ed. (929)
Cornerstone Total Return Fund
2005 Ed. (3214)
Cornes Motors
1994 Ed. (260, 282)
1993 Ed. (284, 291)
1992 Ed. (399, 406)
Cornet Technology Inc.
2005 Ed. (1357)

Cornhill
1993 Ed. (2255)
Cornhusker Bank
1998 Ed. (371)
1997 Ed. (501)
Cornice
2006 Ed. (1102)
Corning Inc.
2008 Ed. (1098, 1476, 1525, 1986, 2462, 3022, 3177, 3199, 3651, 3652, 3782)
2007 Ed. (1190, 1191, 1481, 1919, 2338, 2799, 2900, 3477, 3478, 3691, 4520, 4701)
2006 Ed. (831, 1083, 1085, 1086, 1512, 1936, 2395, 3454, 3455, 3696, 4466, 4467, 4470)
2005 Ed. (923, 1091, 1093, 1094, 1265, 1532, 1908, 2214, 3445, 3446, 3464, 3593)
2004 Ed. (1082, 1085, 1516, 1587, 2110, 3430, 3431, 3678, 4493)
2003 Ed. (1069, 1229, 1486, 1550, 1552, 1553, 1576, 3375, 3631, 3638, 4541, 4542, 4545, 4612, 4613, 4687, 4701)
2002 Ed. (859, 1122, 1465, 1484, 1571, 4207, 4563)
2001 Ed. (1047, 1144, 1145, 1164, 1600, 1816, 2463, 2487, 2605, 3218, 3220, 3221)
2000 Ed. (897, 898, 1018, 1374, 1375, 1740, 1748, 2337, 3056, 3517)
1999 Ed. (780, 951, 952, 1972, 2598, 2599, 2701, 2807, 3295, 4544, 4547)
1998 Ed. (532, 533, 535, 907, 1102, 1557, 1840, 3458, 3459)
1997 Ed. (829, 836, 2148, 2331, 2747)
1996 Ed. (1210)
1995 Ed. (843, 844, 850, 949, 1323, 2185, 2544, 3550)
1994 Ed. (2145, 2147)
1993 Ed. (771, 774, 1191, 1953, 2110, 2495, 2529, 3508)
1992 Ed. (980, 2294, 2538, 2967, 3010, 3011)
1991 Ed. (799, 2381, 2408, 2409)
Corning/Corelle/Visions
2000 Ed. (2587, 4172)
Corning Glass Works
1990 Ed. (836, 837, 1625, 1902, 2037, 2516, 2535)
1989 Ed. (823, 1099, 1313, 1516, 1601, 1928, 1942)
Corning Lasertron
2002 Ed. (3223)
Corning Precision Lens
2002 Ed. (3223)
Corning Ware
1996 Ed. (2026, 2201, 2202, 3625)
1995 Ed. (2001)
Corningware
2007 Ed. (1425)
2005 Ed. (1401, 2967)
2003 Ed. (744, 1374)
Cornish; Michael
2005 Ed. (4888)
Cornish Weekly Newspapers Group
2002 Ed. (3517)
Cornland Beef Industries
1992 Ed. (2989, 2990, 2995, 3506, 3507)
Cornnut
2008 Ed. (3804)
2007 Ed. (3712)
2006 Ed. (3729)
Cornnuts
1996 Ed. (2858)
Cornnuts BBQ
1996 Ed. (2858)
Cornnuts, chili picante
1996 Ed. (2858)
Cornsilk
2000 Ed. (1589)
Cornwell; Kevin L.
2006 Ed. (3920)
Corolla
2002 Ed. (384, 387, 410, 412, 416)
2001 Ed. (466, 467, 471, 472, 490, 494, 533)
1998 Ed. (219, 221)
Corolla Gifu (Toyota)
1997 Ed. (293, 294)
Corolla Hiroshima (Toyota)
1997 Ed. (293)
Corolla Kanagawa (Toyota)
1997 Ed. (293, 294)
Corolla; Toyota
2008 Ed. (298, 328, 332)
2007 Ed. (345)
2006 Ed. (315, 358, 360)
2005 Ed. (344, 347)
Corolle
2001 Ed. (1926, 1927, 1928, 1929, 1930)
Corona
2008 Ed. (534, 545, 661)
2007 Ed. (601)
2004 Ed. (763)
2003 Ed. (753)
2001 Ed. (677)
2000 Ed. (821, 822)
1999 Ed. (808, 813, 815, 817, 818, 819)
1998 Ed. (507, 508)
1997 Ed. (724)
1993 Ed. (27)
1992 Ed. (940)
1991 Ed. (229)
1989 Ed. (27, 772, 776)
Corona & Lightolier Employee Credit Union
1996 Ed. (1507)
Corona, CA
1999 Ed. (1174, 3851)
Corona Corporation
1990 Ed. (258)
Corona Extra
2008 Ed. (535, 536, 540, 543, 544)
2007 Ed. (590, 591, 592, 599, 600)
2006 Ed. (550, 551, 556, 557, 558)
2005 Ed. (648, 650, 651, 654, 655)
2004 Ed. (664, 665, 668)
2003 Ed. (656, 657, 660, 661)
2002 Ed. (281, 675, 676)
2001 Ed. (673, 678, 682, 683, 1024)
2000 Ed. (812, 819)
1999 Ed. (1920, 4511)
1998 Ed. (497, 504, 3446)
1997 Ed. (721)
1996 Ed. (783, 786)
1995 Ed. (704, 711)
1994 Ed. (753)
1993 Ed. (751)
1992 Ed. (937)
1991 Ed. (746)
1990 Ed. (766, 767)
1989 Ed. (770, 780)
Corona Light
2008 Ed. (540, 543, 544, 546)
2007 Ed. (599, 600, 602)
2006 Ed. (556, 557, 558)
2005 Ed. (655)
1992 Ed. (939)
Corona Nissan
1993 Ed. (279)
1992 Ed. (393)
Corona Research Inc.
2004 Ed. (3970)
Coronado Group Ltd.
2005 Ed. (1367)
Coronado Wrecking & Salvage Co.
2007 Ed. (1383)
2006 Ed. (1330)
Coronary artery disease & heart attacks
1998 Ed. (2039)
Coronet
2003 Ed. (3735, 4668, 4759)
1999 Ed. (796, 3504)
1998 Ed. (493)
1996 Ed. (3705)
1991 Ed. (741)
1989 Ed. (755)
Coronet Brandy
2004 Ed. (765)
2003 Ed. (755)
2002 Ed. (290, 769)
2001 Ed. (1012)
2000 Ed. (801)
Coronet Carpet
1990 Ed. (2039)
Coronet Carpets
1992 Ed. (2434)
Coronet Paper Towels
1990 Ed. (3037)
Coronet Paper Towels, 105-Sheet
1990 Ed. (2129, 2130, 3041)
Coronet Thirsty
1996 Ed. (2907)
Corovin
1995 Ed. (2789)
1992 Ed. (3272)
CORP
2007 Ed. (755)
Corp Banca
2008 Ed. (396, 734)
2007 Ed. (418, 419)
2006 Ed. (425)
2005 Ed. (476, 500)
2004 Ed. (464, 530)
2002 Ed. (541, 941)
2001 Ed. (614, 654, 655, 656)
2000 Ed. (589, 689, 690, 692, 694)
Corp Venezolana De Transporte Silva Ca
1995 Ed. (1450)
Corpa
1997 Ed. (157)
1995 Ed. (137)
1994 Ed. (125)
1993 Ed. (145)
1992 Ed. (219)
1991 Ed. (160)
1990 Ed. (161)
1989 Ed. (172)
Corpa (O & M)
1996 Ed. (151)
Corpacion Banex SA
2002 Ed. (4401)
Corpacion BCT SA
2002 Ed. (4401)
Corpbanca
2000 Ed. (587, 588)
Corpinfo Services
1999 Ed. (1274)
1998 Ed. (862)
CorpInfo Services/MicroAge
1997 Ed. (1111)
1996 Ed. (1091)
Corporacion Alba
1996 Ed. (1227)
Corporacion Alimentaria Guissona
2008 Ed. (2747)
2007 Ed. (1992)
2006 Ed. (2022)
Corporacion Andina de Fomento
1993 Ed. (520)
1992 Ed. (711)
Corporacion Anidina de Fomento
1992 Ed. (729)
Corporacion Bancaria de Espana
1999 Ed. (546)
1995 Ed. (1489)
Corporacion Banex
2005 Ed. (482)
Corporacion BCT
2008 Ed. (400)
2007 Ed. (426)
2005 Ed. (482)
2004 Ed. (474)
Corporacion BCT SA
2006 Ed. (4494)
Corporacion Durango, SA de CV
2005 Ed. (3395)
Corporacion Financiera Caja de Madrid SA
2008 Ed. (2083)
Corporacion Geo
2003 Ed. (1181)
Corporacion Geo, SA de CV
2005 Ed. (1213)
2004 Ed. (1187)
Corporacion Grupo Quimico
2002 Ed. (942)
Corporacion Industrial San Luis
1991 Ed. (2451)
Corporacion Interamericana de Entretenimiento
2003 Ed. (3353)
Corporacion Interamericana de Entretenimiento, SA de CV
2005 Ed. (3429)
2004 Ed. (3417)
Corporacion Moctezuma
2002 Ed. (1715)
Corporacion Nacional del Cobre de Chile (Codelco)
2001 Ed. (1503, 1504)
Corporacion Serbo
2003 Ed. (1702)
Corporacion Thompson
2003 Ed. (177)
2002 Ed. (206)
2001 Ed. (237)
2000 Ed. (187)
1999 Ed. (167)
1997 Ed. (156)
1996 Ed. (150)
1995 Ed. (136)
1993 Ed. (144)
1992 Ed. (218)
1991 Ed. (159)
1990 Ed. (160)
1989 Ed. (171)
Corporacion UBC Internacional
2008 Ed. (393, 490)
2007 Ed. (415, 537)
Corporacion UBC SA
2006 Ed. (4494)
Corporacion Venezolana de Guayana
1991 Ed. (1322)
Corporacion Venezolana, de Guyana
1990 Ed. (1395)
Corporacion Venezolana de Transporte Silva CA
2004 Ed. (1876)
2002 Ed. (1794)
1997 Ed. (1471)
Corporaction Mexicana de Restaurantes
2003 Ed. (2518)
Corporaction Moctezuma
2004 Ed. (1187)
2003 Ed. (1181)
Corporaction Moctezuma, SA de CV
2005 Ed. (1213)
Corporaction San Luis
2004 Ed. (2113)
Corporate America
1995 Ed. (1538)
1990 Ed. (1460)
1989 Ed. (1191)
Corporate America Family Credit Union
2008 Ed. (2230)
2007 Ed. (2115)
2006 Ed. (2194)
2005 Ed. (2099)
2004 Ed. (1957)
2003 Ed. (1917)
2002 Ed. (1863)
Corporate America Federal Credit Union
1994 Ed. (1505)
1993 Ed. (1452)
Corporate and securities
2001 Ed. (3055)
Corporate Benefit Services of America Inc.
2006 Ed. (3105)
Corporate bonds
1993 Ed. (2257)
1992 Ed. (730, 2667)
1991 Ed. (2260)
Corporate Care
2007 Ed. (884)
Corporate Collection Services Inc.
2001 Ed. (1313)
Corporate Commercial Bank
1996 Ed. (460)
Corporate Communications
1992 Ed. (3557, 3574)
Corporate Communications PLC
1993 Ed. (970, 2927)
Corporate Concepts Inc.
2006 Ed. (4989)
1995 Ed. (3792)
1994 Ed. (3668)
1993 Ed. (3733)
1992 Ed. (4483)
Corporate Counsel
2007 Ed. (4796)

Corporate Counseling Associates Inc.
2005 Ed. (2362)
Corporate Edge
2002 Ed. (1958)
Corporate entertainment
1993 Ed. (3370)
Corporate Environments of Georgia Inc.
2008 Ed. (4380, 4958)
2007 Ed. (3546, 3547, 4407)
2006 Ed. (3508)
The Corporate Executive Board Co.
2008 Ed. (1210)
2007 Ed. (1320, 4360)
2006 Ed. (1211, 4294)
2005 Ed. (1252)
2003 Ed. (2644, 2646)
2002 Ed. (2429, 2431)
Corporate Express Inc.
2008 Ed. (1758, 3190)
2007 Ed. (1729)
2006 Ed. (1658, 1720, 2274)
2005 Ed. (1740, 1775, 2211)
2004 Ed. (1682, 1685, 4920)
2002 Ed. (4897)
2001 Ed. (1674)
2000 Ed. (1402, 1403)
1999 Ed. (1243, 1440, 1493, 1595, 3343, 3640)
1998 Ed. (1023, 1067, 2465, 2699, 2702)
1997 Ed. (1240)
1993 Ed. (959, 3336)
1992 Ed. (1184)
Corporate Express North America
2008 Ed. (866)
2007 Ed. (889)
2006 Ed. (800)
2005 Ed. (880)
2004 Ed. (894)
2003 Ed. (870)
Corporate Express of the South
1998 Ed. (2706)
Corporate Family Solutions
2000 Ed. (1305, 1315)
Corporate Foods Ltd.
1992 Ed. (492)
1989 Ed. (355)
Corporate foundations
2002 Ed. (2344, 2345, 2346, 2347)
Corporate-general bond funds
1993 Ed. (717)
Corporate Health Group LLC
2007 Ed. (3597, 3598, 4444)
2006 Ed. (3538, 4376)
Corporate-high-quality bond funds
1993 Ed. (717)
Corporate-high yield bond funds
1993 Ed. (717)
Corporate-identity consultant
1989 Ed. (2972)
Corporate income tax
1999 Ed. (4320, 4534, 4538)
Corporate income taxes
1998 Ed. (3463)
Corporate Investment
1994 Ed. (2325)
1993 Ed. (2344)
1992 Ed. (2783)
1991 Ed. (2254)
1990 Ed. (2362)
1989 Ed. (2143)
Corporate Investment Associates (RT) Inc.
1989 Ed. (1786)
Corporate Investments Philippines Inc.
1996 Ed. (3392)
Corporate Legal Times
2007 Ed. (4796)
Corporate Maintenance Services
2007 Ed. (4867)
Corporate Management Group
1994 Ed. (1857)
1989 Ed. (2656)
Corporate Office Properties Trust
2008 Ed. (4118)
2007 Ed. (4093)
2006 Ed. (4049)
Corporate overhead/travel
1993 Ed. (3370)
Corporate Park at Cypress Creek
1990 Ed. (2178)
Corporate PC Source
2007 Ed. (3551, 4410)
Corporate Professional Services Inc.
2005 Ed. (1346)
Corporate Profiles DDB
2003 Ed. (137)
2002 Ed. (169)
2000 Ed. (161)
Corporate Profiles DDB Needham
1999 Ed. (144)
1997 Ed. (133)
Corporate Profiles DDB/Poland
2001 Ed. (198)
Corporate Property
1991 Ed. (2211)
1989 Ed. (2129)
Corporate Property Investors
2000 Ed. (2829, 4023)
1999 Ed. (3096)
1998 Ed. (3012)
1997 Ed. (3271)
1996 Ed. (2920, 3169)
1995 Ed. (2375, 3372)
1994 Ed. (2305, 2319, 3019, 3296)
1993 Ed. (2973, 3303, 3316)
1992 Ed. (2775)
1990 Ed. (2355, 2970)
1989 Ed. (1807, 2490)
Corporate recognition
1993 Ed. (2131)
Corporate Relations Group
1999 Ed. (89)
Corporate Securities Group
2000 Ed. (842)
1999 Ed. (843, 845)
Corporate social responsibility
1996 Ed. (3873)
Corporate Software Inc.
1991 Ed. (1878)
Corporate Software & Technology Inc.
2000 Ed. (1181)
Corporate Straight Fixed Inc. High Yield
2003 Ed. (3122)
Corporate strategy development
1998 Ed. (544)
Corporate Systems Group Inc.
2000 Ed. (2462)
Corporate Technology Inc.
1991 Ed. (1167)
Corporate Technology Communications
2003 Ed. (3996, 3999)
2001 Ed. (3934)
Corporate Telemanagement
1997 Ed. (1234, 2206)
Corporate trainer
1989 Ed. (2972)
Corporate Travel Consultants
1998 Ed. (3623)
Corporate Travel Management Group
2000 Ed. (4431)
Corporate Travel Services
2002 Ed. (4677, 4987)
2000 Ed. (4430)
1999 Ed. (4811)
1998 Ed. (3761)
1996 Ed. (3879)
1995 Ed. (3794)
Corporates
2001 Ed. (730)
Corporation Bank
2007 Ed. (466)
2006 Ed. (455)
2005 Ed. (525)
2003 Ed. (528)
2002 Ed. (569, 570)
1992 Ed. (606)
Corporation for Public Broadcasting
1994 Ed. (1903)
1992 Ed. (3266)
Corporation for Supportive Housing
1995 Ed. (1929, 1929)
1994 Ed. (1902, 1902)
Corporation Mas por Menos SA
2004 Ed. (1692)
2002 Ed. (1630)
Corporations
2000 Ed. (1013)
1994 Ed. (2742)
1993 Ed. (887, 2926, 3543)
1991 Ed. (2818)
Corporations, foreign
2002 Ed. (3597, 3598)
Corporations, United States
2002 Ed. (3597, 3598)
Corporex Cos., LLC
2008 Ed. (1881)
Corporte Property
1993 Ed. (2978)
Corporte Property Inv.
1991 Ed. (2640)
Corporte Property Investors
1992 Ed. (3638)
Corps Diplomatique Deauville
2001 Ed. (2116)
Corps of Engineers Employees Credit Union
2004 Ed. (1933, 1937)
Corpus Christi National Bank
1994 Ed. (507)
Corpus Christi Regional Economic Development Corp.
2004 Ed. (3302)
Corpus Christi, TX
2006 Ed. (3324)
2003 Ed. (3419, 3905, 3906, 3907, 3909, 3913)
2000 Ed. (3575)
1996 Ed. (2864)
1995 Ed. (875, 2808)
1994 Ed. (2150, 2487)
1992 Ed. (3491, 3493, 3495, 3499)
1991 Ed. (2756)
1990 Ed. (2885)
Corpus Christie, TX
2003 Ed. (3910)
Corral Group
2005 Ed. (2837)
Correct Building Products
2007 Ed. (3412)
Correct Communications
2005 Ed. (103)
2004 Ed. (107)
Correction fluid
2003 Ed. (3675)
Correctional facilities
2003 Ed. (4835)
2002 Ed. (4722, 4723)
Corrections Corp.
2008 Ed. (803)
2003 Ed. (716, 718)
Corrections Corp. Amer
1998 Ed. (3409, 3410)
Corrections Corp. of America
2008 Ed. (4612)
2005 Ed. (1505)
2004 Ed. (4085)
1999 Ed. (4486)
1997 Ed. (2934, 3638, 3639)
Correctol
2003 Ed. (3198)
2001 Ed. (3073)
Corredores Asociados
2008 Ed. (735)
Correios do Brasil
2004 Ed. (3025)
Correios e Telecommunicacoes de Portugal Ep.
1996 Ed. (1437)
1993 Ed. (1387)
Correios e Telecommunications de Portugal Ep.
1995 Ed. (1477)
Correios e Telecomunicacoes de Portugal Ep
1994 Ed. (1441)
1990 Ed. (1410)
1989 Ed. (1153)
Correll
1992 Ed. (2538)
Correll; A. D.
2005 Ed. (2499)
Correll; Alston D.
1996 Ed. (964)
Correspondent Services
2000 Ed. (1097)
Correval
2008 Ed. (735)
Corrigan Co.
2008 Ed. (4820)
2007 Ed. (3978)
1998 Ed. (951)
1996 Ed. (1135)
1993 Ed. (1125)
Corrigan Co. Mechanical Contractors
1995 Ed. (1160)
Corrigan; Wilfred
1997 Ed. (1800)
Corroon & Black Corp.
1992 Ed. (1469, 1482, 2702)
1991 Ed. (2137, 2138, 2139, 2142)
1990 Ed. (1223, 2266)
1989 Ed. (1739)
Corroon PLC; Willis
1993 Ed. (15, 2248)
Corroon; Robert F.
1989 Ed. (1741)
The Corrosion of Character
2000 Ed. (780)
Corrs Chambers Westgarth
2003 Ed. (3181)
2002 Ed. (3055)
Corrugated paperboard
1995 Ed. (3724)
Corsa
2002 Ed. (382, 385)
Corsa; Chevrolet
2008 Ed. (303)
2006 Ed. (322)
2005 Ed. (295, 296)
Corsica/Beretta
1990 Ed. (355)
Corsodyl
2001 Ed. (3402)
Cort Furniture
1991 Ed. (2375)
Cort Furniture Rental
1998 Ed. (2706)
Cortaid
2003 Ed. (3773)
Cortaid Intensive Therapy
2003 Ed. (3773)
Cortefiel SA
2004 Ed. (1010)
Cortelco Inc.
2008 Ed. (3717, 4407)
2006 Ed. (3522, 4361)
Corti; Robert
2007 Ed. (1052)
2006 Ed. (956)
Corticaira Amorim
1992 Ed. (2893)
Corticeira Amorim
1993 Ed. (2452)
1992 Ed. (2894)
Corticeira Amorim SGPS
1997 Ed. (2674)
Corticoids
2000 Ed. (2322)
Corticosteroids
2001 Ed. (2096)
Cortisone 10
2004 Ed. (2616)
Cortizone 10
2003 Ed. (3773)
Cortizone 10 Plus
2003 Ed. (3773)
Corton Beach
1990 Ed. (1373)
CorTrans Logistics LLC
2008 Ed. (2967)
Corus Bancshares Inc.
1998 Ed. (287)
Corus Bank
2000 Ed. (486)
1999 Ed. (428, 494)
Corus Bank NA
2008 Ed. (394, 395)
2007 Ed. (416, 417)
2006 Ed. (424)
2002 Ed. (539, 540)
1998 Ed. (363)
Corus Bankshares
2008 Ed. (372, 426, 2362)
2007 Ed. (389, 390, 2216)
2006 Ed. (2289, 2290)
2002 Ed. (443, 499)
2001 Ed. (572)
Corus Entertainment
2008 Ed. (2591)
2007 Ed. (2457)
2005 Ed. (1568)
Corus Group plc
2008 Ed. (3660)
2007 Ed. (2030, 3486, 3488)

2006 Ed. (1792, 1795, 1796, 1798, 3225, 3407)
2004 Ed. (3442, 4539)
2003 Ed. (1701, 3377)
2002 Ed. (3309, 3311, 4420)
2001 Ed. (4376)
Corus U.K. Ltd.
2004 Ed. (3441)
2002 Ed. (3308)
Corvallis, OH
2003 Ed. (3056)
Corvallis, OR
2008 Ed. (1051, 1055)
2007 Ed. (1158, 1162, 3370)
2006 Ed. (1066, 2426, 3306)
2005 Ed. (1058, 2381, 3317, 3468, 3471)
CorVel Corp.
2008 Ed. (2482, 4529, 4538)
2007 Ed. (2359, 4112)
2006 Ed. (2411, 4066)
2005 Ed. (4035)
2004 Ed. (4095)
2000 Ed. (3598, 3599, 3600)
Corvette
2001 Ed. (493)
Corvinbank Industrial Development Bank
1997 Ed. (489)
1996 Ed. (530)
Corvis
2008 Ed. (4616)
2005 Ed. (4249, 4641)
2002 Ed. (4207)
Corvo
1999 Ed. (4791, 4793, 4795)
1997 Ed. (3901)
1995 Ed. (3757, 3760)
1992 Ed. (4460, 4465)
1990 Ed. (3698)
CorVu Corp.
2001 Ed. (2854, 2855)
Corvus International
1998 Ed. (752)
1997 Ed. (1013)
Cory; Charles
2005 Ed. (4817)
Coryo Securities
1997 Ed. (3484)
1996 Ed. (3390)
1995 Ed. (3278)
Cosamin DS
2003 Ed. (4855, 4859)
2002 Ed. (1974)
Cosapi
1989 Ed. (1149)
CosaTech Inc.
2007 Ed. (3552)
Cosby
1991 Ed. (3245)
Cosby; Bill
1997 Ed. (1726)
1995 Ed. (1714)
1993 Ed. (1633)
1992 Ed. (1349, 1982)
1989 Ed. (989, 990, 1347)
Cosby, Bill and Camille
1991 Ed. (891, 1003)
Cosby Jr.; William H.
1994 Ed. (1667)
1991 Ed. (1578)
1990 Ed. (1672)
"The Cosby Show"
2001 Ed. (4491)
1992 Ed. (4247)
Coscan Development
1997 Ed. (3258)
1996 Ed. (3162)
1992 Ed. (3624)
1990 Ed. (2961)
Coscan Developmental
1994 Ed. (3005)
Coscan Homes
2004 Ed. (1188)
2003 Ed. (1182)
2002 Ed. (1199)
1998 Ed. (902)
Coscia; Anthony
1993 Ed. (3445)
Cosco
2004 Ed. (1231, 2538, 2542, 2557, 2558, 2559, 2560)
2003 Ed. (1228, 2425, 2426)
2002 Ed. (4266, 4267, 4270)
2000 Ed. (1118)
1998 Ed. (931, 3293)
1997 Ed. (1147)
COSCO Fire Protection
2008 Ed. (1227, 2719)
2007 Ed. (2580)
2005 Ed. (1281)
2003 Ed. (1232)
Cosgrove; Robert J.
1994 Ed. (896, 1057)
Cosi
2006 Ed. (4110)
2005 Ed. (2553, 4051)
2004 Ed. (4124)
Cosi Fan Tutte
2001 Ed. (3586)
Cosimo's
1994 Ed. (2884)
Cosimo's Brick Oven
1997 Ed. (3126)
Cosimo's Pizza
1998 Ed. (2869)
1997 Ed. (3126)
Cosinio's Pizza/Cosimo's Brick Oven
1996 Ed. (3045)
Cosipa
1999 Ed. (4472, 4475)
Cosmair
1999 Ed. (3191)
1996 Ed. (1462)
1995 Ed. (2073)
1993 Ed. (1421)
1992 Ed. (3396)
1991 Ed. (2581)
1990 Ed. (1434)
Cosmedics Australia Ltd.
2006 Ed. (4482)
Cosmetic application brushes
2002 Ed. (3642)
Cosmetic/nail accessories
2002 Ed. (3642)
Cosmetic storage
2004 Ed. (1902)
Cosmetics
2008 Ed. (2647)
2003 Ed. (3791)
2002 Ed. (220, 3636, 3637)
2001 Ed. (1911)
2000 Ed. (196)
1997 Ed. (33, 3053, 3054)
1996 Ed. (930, 2042, 2045)
1995 Ed. (2895, 2896)
1993 Ed. (3389)
1992 Ed. (91, 99, 917, 2625, 2951)
1991 Ed. (2053)
Cosmetics & beauty aids
2007 Ed. (131)
2006 Ed. (138)
2005 Ed. (134)
2003 Ed. (190)
Cosmetics & toiletries
2002 Ed. (56, 216)
1999 Ed. (176)
1997 Ed. (164)
1993 Ed. (58)
Cosmetics Center
1997 Ed. (1636)
Cosmetics, facial
2004 Ed. (3804)
2002 Ed. (2029, 2039, 3768, 4038)
Cosmetics/fragrances
1989 Ed. (2329)
Cosmetics/frangrances
1990 Ed. (3035)
Cosmetics storage items
2002 Ed. (3768)
Cosmetics/toiletries
1995 Ed. (2248)
Cosmetics, women's
1999 Ed. (1933, 1934)
Cosmetique
1999 Ed. (1854)
Cosmetologists
2007 Ed. (2461, 3725)
2005 Ed. (3623, 3632)
Cosmo Girl!
2004 Ed. (140)
Cosmo Oil
2007 Ed. (3878)
2005 Ed. (3778, 3782)
1997 Ed. (1503)
1993 Ed. (1341, 1343)
1992 Ed. (1643, 1644)
1989 Ed. (1344)
Cosmo Oil Sekiyu KK
1994 Ed. (2861)
Cosmo Securities
1995 Ed. (1352)
Cosmo Srl
2006 Ed. (1824)
CosmoCom, Inc.
2002 Ed. (2525)
Cosmofon
2006 Ed. (66)
CosmoGirl
2005 Ed. (148, 3358)
Cosmopolis
2005 Ed. (714)
Cosmopolitan
2007 Ed. (138, 149, 3403)
2006 Ed. (157)
2004 Ed. (3337)
2003 Ed. (3275)
2001 Ed. (1231, 2631, 3195)
2000 Ed. (3480, 3502)
1999 Ed. (3751)
1996 Ed. (2959, 2975)
1994 Ed. (2784, 2790)
1993 Ed. (2791, 2796)
1992 Ed. (3375, 3383, 3387)
1991 Ed. (3246)
Cosmopolitan Bank & Trust
2007 Ed. (417)
2000 Ed. (433, 487)
1999 Ed. (440, 494)
1998 Ed. (333, 344)
Cosmopolitan en Espanol
2005 Ed. (3360)
Cosmopulos, Crowley & Daly
1989 Ed. (65, 139)
Cosmos Forms
1992 Ed. (990)
1991 Ed. (810)
1990 Ed. (848)
Cosmos Steel Sheet Co.
1994 Ed. (1463)
COSMOTE
2006 Ed. (1738)
Cosmote Mobile
2007 Ed. (3070)
Cosmote Mobile Communications SA
2008 Ed. (1773)
2007 Ed. (1747)
Cosmote Mobile Telecommunications
2007 Ed. (4715)
Cosmote Mobile Telecommunications SA
2006 Ed. (290)
Cosopt
2001 Ed. (2099, 3588)
Cosopt Ophthalmic Solution
2000 Ed. (3379)
Cosorcio Cemex SA de CV
2008 Ed. (3844)
Coss; Lawrence
1997 Ed. (1796, 1799)
Cossette Communication Group
2007 Ed. (1636)
2003 Ed. (57)
2002 Ed. (90)
2001 Ed. (119)
2000 Ed. (76)
Cossette Communication Marketing
2000 Ed. (75, 76)
1997 Ed. (70)
1996 Ed. (69)
1995 Ed. (53, 54, 55)
1994 Ed. (74, 75)
1993 Ed. (85, 132)
1990 Ed. (86, 157)
1989 Ed. (91)
Cossette Communications-Marketing
1999 Ed. (70, 71)
1992 Ed. (130, 131, 132, 202, 215)
1991 Ed. (82, 83, 84)
Cossette Media
2002 Ed. (3278)
Cost Care Inc.
1998 Ed. (3650)
1996 Ed. (3767)
1995 Ed. (3683)
1994 Ed. (3608)
1993 Ed. (3647)
Cost control
2005 Ed. (1600)
1995 Ed. (857)
Cost Cutters
1999 Ed. (2513)
1995 Ed. (1615)
1994 Ed. (1572)
Cost Cutters Family Hair Care
2008 Ed. (2876)
2007 Ed. (2759)
2006 Ed. (2752)
2005 Ed. (2780)
2004 Ed. (2789)
2003 Ed. (2675)
Cost data
1997 Ed. (1076)
Cost Engineering of Hawaii Inc.
2003 Ed. (1689)
Cost of living
1993 Ed. (2949)
1992 Ed. (2910)
Cost of medical care
1990 Ed. (276)
Cost Plus Inc.
2008 Ed. (3002)
2007 Ed. (2882)
2006 Ed. (2889)
2004 Ed. (2881)
2001 Ed. (2744)
1999 Ed. (4373)
Cost Plus World Market
2008 Ed. (3001)
2007 Ed. (2881)
Cost-U-Less
2006 Ed. (2075)
Costa
1992 Ed. (1758)
1990 Ed. (2774)
1989 Ed. (2097)
Costa Crociere SpA
2004 Ed. (4799)
Costa Cruise Lines
1998 Ed. (1236)
Costa Enterprises Inc.
2002 Ed. (2541)
Costa Rica
2008 Ed. (1032, 1033, 1034, 2205, 3593, 3848)
2007 Ed. (1151, 1152, 1153, 2095, 2264, 3768)
2006 Ed. (1062, 1063, 1064, 2151, 2333, 3411, 3771, 4508)
2005 Ed. (1051, 1052, 1053, 2057, 2539, 2540, 4729)
2004 Ed. (1050, 1051, 1052, 1922, 2766, 3395)
2003 Ed. (1045, 1046, 2214, 2215)
2002 Ed. (537, 1820)
2001 Ed. (1307, 1308, 1951, 2156, 2554, 4587, 4588, 4591, 4592)
2000 Ed. (1614, 1901, 1902)
1999 Ed. (1785)
1997 Ed. (1546)
1996 Ed. (1481)
1995 Ed. (1043, 1522, 1740, 1741, 1742)
1992 Ed. (1738, 2170)
1991 Ed. (1384)
1989 Ed. (1180)
Costain Froup
1994 Ed. (1380)
Costain Group PLC
2000 Ed. (1290)
1999 Ed. (1395, 1403)
Costal Corp.
1997 Ed. (3083)
Costalas; C.L.
1992 Ed. (531)
CoStar Group
2008 Ed. (1901, 3643)
2007 Ed. (3075)
2006 Ed. (2113)
2003 Ed. (2179)
2002 Ed. (2513)
2001 Ed. (4763)
Costa's
2004 Ed. (4920)
2002 Ed. (3788)
Costas Michael Lemos
1992 Ed. (888)

Costco
2008 Ed. (4566)
2007 Ed. (4619)
2006 Ed. (4633)
2005 Ed. (4554)
2004 Ed. (4625)
2003 Ed. (4649)
2000 Ed. (1684, 1689, 1690, 2581, 3808, 3810, 4085, 4367, 4368)
1999 Ed. (1200, 1872, 1873, 1876, 1878, 1879, 1882, 4092, 4106, 4111, 4371, 4737, 4738)
1998 Ed. (772, 1298, 3080, 3342)
1995 Ed. (2186, 3425, 3722)
1992 Ed. (4147)
1990 Ed. (928, 1516, 1526, 2117, 3479)
1989 Ed. (1254, 1255, 1256, 2901)
Costco Canada
1995 Ed. (3153)
Costco Companies Inc.
2001 Ed. (1897, 4092)
2000 Ed. (1582)
Costco Wholesale Corp.
2008 Ed. (890, 892, 894, 2136, 2138, 2142, 2146, 2165, 2166, 2342, 2344, 2728, 3000, 3093, 3612, 3649, 3822, 4209, 4210, 4214, 4219, 4223, 4235, 4471, 4472, 4477, 4478, 4564, 4797)
2007 Ed. (911, 913, 2043, 2044, 2056, 2057, 2205, 2207, 2354, 2875, 2967, 3430, 3475, 3740, 4168, 4169, 4173, 4178, 4180, 4181, 4184, 4187, 4200, 4202, 4206, 4491, 4493, 4500, 4501, 4617, 4870)
2006 Ed. (825, 826, 2071, 2072, 2077, 2078, 2082, 2100, 2101, 2269, 2270, 2271, 2299, 2300, 2403, 2882, 2949, 3451, 3452, 4145, 4146, 4151, 4159, 4166, 4171, 4178, 4179, 4433, 4435, 4443, 4444, 4625, 4629, 4630, 4632, 4634, 4643, 4870)
2005 Ed. (907, 908, 1539, 1999, 2000, 2237, 2238, 2880, 2954, 2957, 3442, 3655, 4093, 4094, 4099, 4114, 4119, 4124, 4128, 4132, 4133, 4138, 4140, 4415, 4416, 4418, 4420, 4425, 4546, 4550, 4553, 4556, 4567, 4807)
2004 Ed. (916, 917, 1523, 1883, 1884, 2105, 2162, 2764, 2877, 2893, 2894, 2954, 3154, 3427, 4157, 4158, 4161, 4180, 4194, 4198, 4212, 4214, 4467, 4468, 4470, 4472, 4475, 4626, 4634, 4642, 4646, 4824, 4843)
2003 Ed. (897, 1012, 1016, 1493, 1848, 1849, 2068, 2069, 2070, 2071, 2074, 2075, 2428, 2784, 2866, 4145, 4146, 4166, 4167, 4168, 4169, 4171, 4172, 4173, 4182, 4184, 4186, 4188, 4500, 4501, 4506, 4629, 4650, 4656, 4824)
2002 Ed. (1472, 1796, 1987, 1988, 2055, 2586, 2696, 4037, 4041, 4042, 4044, 4059, 4334, 4335, 4525, 4714, 4747, 4750)
2001 Ed. (1897, 2027, 2030, 2031, 2124, 2741, 2748, 3273, 4090, 4097, 4098, 4108, 4322)
2000 Ed. (1688, 3807)
1996 Ed. (1206)
1995 Ed. (1229, 1574, 3366)
1993 Ed. (1348, 1498, 2111, 3295, 3364, 3462, 3684)
1990 Ed. (3253)
Costco Wholesale Canada
2008 Ed. (4049, 4226)
2007 Ed. (4023, 4188)
2006 Ed. (3984)
2005 Ed. (3911)
2004 Ed. (3967)
Costco Wholesale Club
1999 Ed. (1750, 1871, 2703, 4091)
1998 Ed. (1192)
1997 Ed. (1261)
1994 Ed. (1254, 1545, 2141, 2148, 3287, 3364, 3365, 3645, 3646)
1992 Ed. (1561, 1819, 1823, 1824, 1825, 2534, 3919, 3925, 4034, 4416, 4417, 4418, 4419)
1991 Ed. (1202, 1436, 1437, 1438, 1969, 1970, 3084, 3090, 3468, 3469, 3470)
1990 Ed. (3679, 3680)
Costco.com
2008 Ed. (2447)
Costelloe & Co. Ltd.; T.
1993 Ed. (969)
1992 Ed. (1196)
1991 Ed. (960)
Costeno
2001 Ed. (66)
Costner; Kevin
1995 Ed. (1714)
1994 Ed. (1667)
1993 Ed. (1633)
Costume jewelry
1998 Ed. (1325)
Cosumar
1999 Ed. (1040)
1997 Ed. (908)
Cote; D. M.
2005 Ed. (2478)
Cote; David M.
2007 Ed. (1029)
Cote d'Azur
1996 Ed. (513)
1994 Ed. (488)
Cote d'Azur, France
2005 Ed. (3329)
Cote De France
2001 Ed. (1264)
Cote d'Ivoire
2002 Ed. (1815)
1995 Ed. (1043)
COTE 100 Amerique
2002 Ed. (3459, 3460)
2001 Ed. (3486, 3487)
COTE 100 EXP
2002 Ed. (3470)
COTE 100 REER
2002 Ed. (3470, 3471)
Coteau Properties Co., Freedom mine
1990 Ed. (1071)
Cotelligent
2000 Ed. (4044)
Cotielligent
2000 Ed. (2400)
Coto Cicsa
2006 Ed. (23)
Cotonificio Olcese Veneziano SpA
1996 Ed. (1332)
Cott Corp.
2008 Ed. (2745, 4457)
2007 Ed. (2615, 4474)
2006 Ed. (4412)
2005 Ed. (667, 4396)
2003 Ed. (1218, 4477)
2002 Ed. (1224, 4321)
2001 Ed. (4303)
2000 Ed. (731, 4080)
1998 Ed. (2728)
1997 Ed. (663, 667, 668, 671, 1376, 2035)
1996 Ed. (730, 731, 734, 735, 736, 739, 2895, 2896)
Cottage cheese
2003 Ed. (1962, 3937, 3938, 4492)
2002 Ed. (984)
1998 Ed. (1237)
1995 Ed. (2997)
Cottage cheese, creamed
2008 Ed. (902)
2007 Ed. (919)
2006 Ed. (838)
2005 Ed. (929)
2004 Ed. (937)
2003 Ed. (929)
Cottage cheese, curd
2008 Ed. (902)
2007 Ed. (919)
2006 Ed. (838)
2005 Ed. (929)
2004 Ed. (937)
2003 Ed. (929)
Cottage cheese, lowfat
2008 Ed. (902)
2007 Ed. (919)
2006 Ed. (838)
2005 Ed. (929)
2004 Ed. (937)
2003 Ed. (929)
Cottage cheese/sour cream
2001 Ed. (2078)
Cottage Development
1990 Ed. (2006, 2009)
Cottage Living
2007 Ed. (128)
Cottages
1999 Ed. (1222)
1997 Ed. (1049)
COTTCO
2006 Ed. (4999)
2002 Ed. (4997)
Cotter & Co.
1998 Ed. (750)
1997 Ed. (1012, 2332)
1996 Ed. (987, 2203)
1995 Ed. (1000, 2186)
1994 Ed. (987, 2148)
1993 Ed. (962, 3649)
1992 Ed. (1187, 2374, 3595)
1991 Ed. (952, 2791, 2792)
1990 Ed. (1025, 1985, 2132)
1989 Ed. (924)
Cotter High School
1991 Ed. (892)
Cottingham & Butler Inc.
2006 Ed. (2419)
2005 Ed. (2370)
2004 Ed. (2269)
Cottman Transmission Systems LLC
2007 Ed. (331)
2006 Ed. (346)
2005 Ed. (332)
2004 Ed. (330)
2003 Ed. (349)
2002 Ed. (401)
Cotton
2008 Ed. (1094, 2643)
2001 Ed. (708)
2000 Ed. (1895, 1897)
1996 Ed. (1516)
1993 Ed. (1714)
1992 Ed. (2088)
Cotton balls
1997 Ed. (3175)
1996 Ed. (2979, 3090)
Cotton Bowl
1989 Ed. (986)
Cotton Club
1991 Ed. (2490)
Cotton, lint & seed
1999 Ed. (1807)
Cotton (Mirfield) Ltd.; John
1993 Ed. (971)
Cotton Staple Cooperative Association
2007 Ed. (1887)
2006 Ed. (1894)
Cotton States Group
1999 Ed. (2967)
Cotton swabs/balls/rolls
2003 Ed. (2487)
2002 Ed. (2284)
Cotton Value Resource
2000 Ed. (292)
Cottonelle
2008 Ed. (4698)
2007 Ed. (4781)
2006 Ed. (4773)
2005 Ed. (4720)
1996 Ed. (3705)
Cottonelle; Kleenex
2008 Ed. (4697)
Cottonelle Wipes; Kleenex
2008 Ed. (4697)
Cottonseed oil
1992 Ed. (3299)
Coty Inc.
2008 Ed. (3099, 3873)
2003 Ed. (649, 2550)
2001 Ed. (4391)
2000 Ed. (1589)
1999 Ed. (1754, 3189, 3190, 3191)
1998 Ed. (1194, 1353, 2777)
1997 Ed. (1532, 1533, 2635)
1996 Ed. (1463, 1465)
1995 Ed. (1507, 1508)
1994 Ed. (1471)
1993 Ed. (1419)
1991 Ed. (1363)
1990 Ed. (1435, 1436)
Coty Adidas Moves for Her
2003 Ed. (2547, 2549)
Coty Healing Garden
2004 Ed. (2684)
2003 Ed. (642, 2547)
Coty Jovan Musk for Women
2003 Ed. (2549)
Coty Jovan White Musk
2003 Ed. (2549)
Coty Stetson
2005 Ed. (2680)
2004 Ed. (2684)
Coty Vanilla Fields
2003 Ed. (2547)
CoTylenol
1993 Ed. (1013)
1992 Ed. (1254, 1256)
CoTylenol Children's
1992 Ed. (1264)
A Couch in New York
1999 Ed. (4721)
Couche-Tard Inc.; Alimentation
2008 Ed. (2744, 4232)
2007 Ed. (2614, 4196, 4573)
2006 Ed. (4173)
Coudert Brothers
2004 Ed. (3239)
2003 Ed. (3191)
1992 Ed. (2826, 2839)
Cougar Software
2008 Ed. (1140)
Cough and cold remedies
2003 Ed. (3945, 3946)
2001 Ed. (2084)
1996 Ed. (1484)
Cough & Gilmour
2004 Ed. (4922)
Cough/cold/allergy/sinus remedies
2000 Ed. (3510, 3511)
Cough/Cold Medicine
1992 Ed. (1871)
Cough/cold remedies
1998 Ed. (2809, 2810)
Cough cold/respiratory
2001 Ed. (2105)
Cough drops
2003 Ed. (1054)
2002 Ed. (1096)
1992 Ed. (3548)
Cough medicines
1994 Ed. (1038, 1993, 2938)
Cough remedies
1993 Ed. (2811)
Cough/sore throat drops
2004 Ed. (1058)
2002 Ed. (1101)
1997 Ed. (3064)
Cough syrup
2004 Ed. (1058)
2003 Ed. (1054)
2002 Ed. (1101)
2000 Ed. (1715, 3618)
1992 Ed. (3545, 3548)
Cough syrups & tablets
2002 Ed. (1096)
Coughlin Asset Management
1991 Ed. (2236)
Coughlin; Thomas M.
2007 Ed. (2503, 2505)
Coulson; N. M.
1991 Ed. (1618)
Coulter Corp.
1999 Ed. (3337)
1996 Ed. (995)
1993 Ed. (964)
1992 Ed. (3007)
1991 Ed. (2405)
1990 Ed. (2533)
Coulter & Justus PC
2008 Ed. (2103)
Coulter Electronics Inc.
1991 Ed. (954, 955)
1990 Ed. (1030, 1031)
Coulter; Jamie B.
2006 Ed. (2530)
Coulter; John
2007 Ed. (4931)
Coulthard; David
2005 Ed. (268)
Coumadin Tabs
1998 Ed. (2915)

Council for Economic Opportunities in Greater Cleveland
2001 Ed. (3549)
Council of Better Business Bureaus
2002 Ed. (4844)
Council of Economic Advisers
1992 Ed. (25, 27)
Council on Foreign Relations
1994 Ed. (1906)
Counsel Corp.
2007 Ed. (2853)
Counsel Corporation
1992 Ed. (4360)
Counsel Fixed Income
2006 Ed. (3665)
Counsel on Call
2006 Ed. (742)
Counsel Trust
1990 Ed. (3659)
Counselor Realty Inc.
2004 Ed. (4066)
Counselors
2007 Ed. (3727)
2005 Ed. (3626)
Countdown to Oscars
2007 Ed. (4740)
2006 Ed. (4719)
Counter attendant
2008 Ed. (3810)
Counter Research Corp.
1994 Ed. (1067)
Counter Technology Inc.
1997 Ed. (2222, 2224, 2225)
Counterfeit
2005 Ed. (2683)
Counterpane
2003 Ed. (1074)
Countertrade Products Inc.
2008 Ed. (1364)
2007 Ed. (1408)
Counties
1991 Ed. (2773)
Counting Crows
1996 Ed. (1093)
Country
2001 Ed. (3405, 3962)
2000 Ed. (2740)
Country America
1995 Ed. (2880)
1994 Ed. (2785, 2800)
1993 Ed. (2793, 2798, 2801)
Country Bank
2004 Ed. (402, 407, 408, 409)
Country Club
1998 Ed. (498, 3440)
1997 Ed. (3857, 3858)
1996 Ed. (780, 2022, 2023, 3805, 3806)
1994 Ed. (1972, 2807)
1993 Ed. (1949, 1950)
1992 Ed. (2289, 2291, 4410)
1991 Ed. (1817, 3464)
1990 Ed. (1899)
1989 Ed. (1513)
Country Club Bank
1998 Ed. (371)
Country club membership
2000 Ed. (3505)
Country Clutter
2005 Ed. (902)
2004 Ed. (2729)
2003 Ed. (2608)
2002 Ed. (2397)
Country Cooler
1989 Ed. (2911)
Country Energy
2004 Ed. (1646)
Country Ford
1992 Ed. (420)
1991 Ed. (310)
Country Garden
2005 Ed. (43)
2004 Ed. (49)
1999 Ed. (367)
Country Garden (Shunde)
2001 Ed. (39)
Country Harvest Buffet
1999 Ed. (4062)
1997 Ed. (3331, 3332, 3336)
Country Home
2007 Ed. (145, 3402)
2006 Ed. (153)
2004 Ed. (3338)
2003 Ed. (3273)
1996 Ed. (2961)
1991 Ed. (2705)
1989 Ed. (178, 2173)
Country Home Bakers Inc.
2001 Ed. (2475)
Country Inn Hotel & Conference Center
1994 Ed. (2106)
Country Inns & Suites
2006 Ed. (2941)
2000 Ed. (2556)
1998 Ed. (2019, 2025)
1997 Ed. (2291)
Country Inns & Suites By Carlson
2008 Ed. (3078)
2005 Ed. (2939)
2004 Ed. (2942)
2003 Ed. (2852)
Country Inns & Suites By Carlton
2007 Ed. (2953)
Country Insurance & Financial Services
2007 Ed. (3172)
2006 Ed. (3139)
2005 Ed. (3131)
Country Kitchen
2003 Ed. (4098)
2002 Ed. (4002)
2001 Ed. (4065)
2000 Ed. (3785)
1999 Ed. (4066)
1997 Ed. (3314)
1995 Ed. (3117)
1994 Ed. (3072)
1993 Ed. (3018)
1992 Ed. (3710)
1990 Ed. (3005)
Country Life
1992 Ed. (1761)
Country Life Butter
1994 Ed. (1511)
Country Life Insurance Co.
2008 Ed. (3313)
2007 Ed. (3165, 3166)
1995 Ed. (2277)
Country Living
2007 Ed. (145, 3402)
2006 Ed. (153)
2004 Ed. (3338)
2003 Ed. (3273)
2001 Ed. (3192)
2000 Ed. (3481, 3498)
1997 Ed. (3036)
1990 Ed. (2800)
1989 Ed. (180, 183, 2175, 2178)
Country Long-Term Bond Fund
2003 Ed. (3535)
Country Market Restaurant & Buffet
2007 Ed. (4141)
2006 Ed. (4114)
Country Music
1994 Ed. (2791, 2800)
"Country Music Association Awards"
1995 Ed. (3583)
Country Mutual Insurance Co.
2002 Ed. (2956)
Country Pride
2000 Ed. (3773, 3774)
Country Time
2000 Ed. (2283)
1996 Ed. (1981)
1995 Ed. (1948)
Country View Properties
2000 Ed. (1219)
Country Women
1999 Ed. (1857)
Countryline Lexus
1994 Ed. (258)
Countrymark Cooperative
1995 Ed. (3333)
Countryside Bank
2005 Ed. (3307)
Countryside Credit Union
2004 Ed. (1938)
CountryTime Lemonade N' Berry Sippers
2000 Ed. (2283)
CountryWatch.com
2002 Ed. (4820)
Countrywide
2007 Ed. (4092)
2005 Ed. (2600)
Countrywide Adjustable Rate U.S. Government
2001 Ed. (3434)
Countrywide Aggressive Growth
2001 Ed. (3425)
Countrywide Bank NA
2008 Ed. (341, 342, 350, 363, 2987)
2007 Ed. (354, 375, 2867)
Countrywide Banking Corp.
2000 Ed. (634)
Countrywide Communications
1994 Ed. (2956, 2957, 2958, 2960, 2961, 2964)
Countrywide Communications Group
1997 Ed. (3194, 3195, 3196, 3198, 3199, 3201)
1996 Ed. (3115, 3117, 3118, 3119, 3121, 3122, 3123, 3125, 3126)
1995 Ed. (3014, 3015, 3016, 3018, 3020, 3022)
Countrywide Credit
1999 Ed. (2142, 2442)
1998 Ed. (1558, 2710)
1997 Ed. (2813, 2814)
1994 Ed. (1842)
1993 Ed. (2714)
Countrywide Credit Industries, Inc.
2004 Ed. (2610, 2611)
2003 Ed. (2470, 2475, 2477, 3432)
2002 Ed. (3380, 3381, 3382, 3383, 3384, 3385)
2001 Ed. (3344)
2000 Ed. (3158, 3159, 3161, 3162)
1996 Ed. (2675)
Countrywide/CWMBS
1996 Ed. (2685)
1995 Ed. (2607)
Countrywide Farmers plc
2004 Ed. (191)
Countrywide Financial Corp.
2008 Ed. (358, 1475, 1515, 2112, 2199, 2694, 2697, 2717, 3748, 3749)
2007 Ed. (1527, 1531, 2015, 2089, 2554, 2555, 2556, 2578, 3627, 3628)
2006 Ed. (380, 405, 2145, 2326, 2584, 2585, 2587, 2731, 3318, 3557, 3558, 3559, 3560, 3561, 3562, 3563, 3564, 3565, 3566, 3567, 3568, 4465, 4734, 4735)
2005 Ed. (374, 417, 437, 447, 2052, 2582, 2584, 2594, 2595, 2866, 2869, 3302, 3305, 3500, 3501, 3509, 4503, 4689, 4690)
2004 Ed. (2604, 2609, 3501, 4486)
Countrywide Fund Services, Inc.
2001 Ed. (3422)
Countrywide Funding
1997 Ed. (2808, 2809, 2810, 2811)
1996 Ed. (2036, 2677, 2678, 2679, 2680, 2682, 2683, 2684, 2686)
1995 Ed. (2042, 2597, 2598, 2599, 2600, 2601, 2602, 2603, 2606, 2609, 2610, 2611)
1994 Ed. (1984, 2547, 2548, 2549, 2554, 2557, 2558)
1993 Ed. (1993, 2592, 2593, 2595)
1991 Ed. (1661)
1990 Ed. (2601)
Countrywide GrowthValue
2001 Ed. (3438)
Countrywide Home Loans
2003 Ed. (3433, 3434, 3435, 3443, 3444, 3445, 3446, 3447, 3448)
2002 Ed. (3388, 3389, 3392)
2001 Ed. (1072, 3345, 3346, 3347, 3348, 3351, 3352, 4522)
2000 Ed. (954, 3163)
1999 Ed. (2608, 3435, 3437, 3439, 3440, 3441)
1998 Ed. (1861, 2456, 2522, 2523, 2525, 2526, 2527, 2528, 2529, 2530)
Countrywide International Network
1995 Ed. (720)
Countrywide Mortgage
2005 Ed. (3330)
Countrywide Mortgage Securities
1999 Ed. (3438)
Countrywide Porter Novelli
2002 Ed. (3855, 3856, 3857, 3859, 3860, 3861, 3864, 3865, 3867, 3868, 3869, 3871)
2000 Ed. (3649, 3650, 3651, 3655, 3656)
1999 Ed. (3933, 3934, 3936, 3938, 3939, 3941)
Countrywide Securities Corp.
2007 Ed. (3634, 4300, 4301, 4319, 4320)
2005 Ed. (3507)
2004 Ed. (2008, 4354, 4377)
County Bank
2008 Ed. (429)
2007 Ed. (462)
2006 Ed. (451)
2005 Ed. (522)
1998 Ed. (372)
County Commissioners Assoc. of Ohio, Columbus, OH
1990 Ed. (1484)
The County Credit Union
2003 Ed. (1923)
2002 Ed. (1869)
County Educators Credit Union
2004 Ed. (1937)
County Line
1996 Ed. (920)
1995 Ed. (946)
County Lumber
1997 Ed. (834)
County National (Clearfield)
1991 Ed. (647)
County NationalWest Investment Management
1992 Ed. (3350)
County NatWest
1999 Ed. (867, 868, 869, 870, 871, 910, 912, 914)
1997 Ed. (744, 745, 746, 747, 748, 790, 791, 792)
1995 Ed. (765, 766, 767, 768, 769)
1993 Ed. (1173, 1638, 1846, 1847, 2350)
1991 Ed. (775, 778)
1990 Ed. (1706)
1989 Ed. (1375)
County Natwest Australia
1990 Ed. (810)
County NatWest Capital Markets
1990 Ed. (2313)
County NatWest Investment
1991 Ed. (2218)
County NatWest Investment Management
1994 Ed. (2774)
1990 Ed. (2321)
County NatWest Securities
1990 Ed. (1771)
1989 Ed. (1421)
County NatWest Ventures
1994 Ed. (2430)
County NatWest Wood
1992 Ed. (2158)
County NatWest WoodMac
1992 Ed. (2139, 2785)
1991 Ed. (1712)
County of Los Angeles
2002 Ed. (2420)
County of Los Angeles-Dept. of Health
1992 Ed. (3126)
1991 Ed. (2501)
1990 Ed. (2631)
County Seat
1999 Ed. (387, 389)
Countyline Lexus
1996 Ed. (294)
1995 Ed. (273)
Countywide Funding
1996 Ed. (2681)
Couples, older
1999 Ed. (2543)
Couples, young
1999 Ed. (2543)
Coupling
2005 Ed. (4665)
Coupling agents
1996 Ed. (3052)
Couponing
2001 Ed. (3921)

Couponing consumer direct
1990 Ed. (1185)
Couponing in retailers' ads
1990 Ed. (1185)
Couponing/Sampling
1992 Ed. (3251)
Courage
1993 Ed. (750)
Courage Brewing Ltd.
1995 Ed. (1380)
1994 Ed. (1356)
Courage Center
2006 Ed. (3721)
Courage/Grand Met
1994 Ed. (756)
The Courage to Be Rich
2001 Ed. (985)
Courage Under Fire
1999 Ed. (4716, 4719)
Couric; Katie
2008 Ed. (2585)
Courier Corp.
2008 Ed. (4036)
2007 Ed. (2216)
2006 Ed. (2284, 2286, 2294, 2295)
2005 Ed. (3892, 4360)
2004 Ed. (3934, 4039)
2001 Ed. (3956)
Courier Complete Inc.
2005 Ed. (2777)
Courier Express Inc.
1998 Ed. (2465)
Courier Graphics Corp.
2008 Ed. (3694, 4368, 4952)
2007 Ed. (3532, 3533, 4400)
2006 Ed. (3496, 4340)
Courier; Jim
1995 Ed. (251)
Courier-Post
1999 Ed. (1011)
1998 Ed. (609)
1992 Ed. (3246)
1990 Ed. (2712)
Courier services
1999 Ed. (3666)
Courion
2002 Ed. (4205)
Couristan
2005 Ed. (4157)
2003 Ed. (4206)
Courlstan
2007 Ed. (4225)
Courses
1992 Ed. (1779)
1991 Ed. (1410)
1990 Ed. (1489)
Courshon; Arthur H.
1992 Ed. (531, 1138)
Court & Co.
2004 Ed. (4)
The Court & The Plaza at King of Prussia
2000 Ed. (4032)
1999 Ed. (4312)
1998 Ed. (3302)
1994 Ed. (3305)
Court Courier Systems Inc.
1996 Ed. (2065)
Court Reporter's Clearinghouse
2005 Ed. (816)
The Court Trust PLC
1994 Ed. (998)
Courtalds PLC
1999 Ed. (260)
Courtaulds
1998 Ed. (152, 156)
1996 Ed. (1023)
1992 Ed. (1238, 3324, 3325, 3326)
Courtaulds Coatings Inc.
1998 Ed. (1968)
Courtaulds Fibers
1999 Ed. (3847)
1996 Ed. (3718)
1993 Ed. (176)
Courtaulds North America
1993 Ed. (922)
Courtaulds PLC
2000 Ed. (285, 287, 290)
1998 Ed. (159, 162, 164)
1997 Ed. (228, 230, 234, 235, 237, 238, 2982, 2983)
1996 Ed. (212)
1995 Ed. (207, 208, 209, 210, 212, 213)
1994 Ed. (206, 207, 209, 210, 213)
1993 Ed. (218, 219, 220, 221, 225, 3473)
1992 Ed. (322, 323, 325, 4280, 324)
1991 Ed. (228, 229, 230, 231, 233, 3356)
1990 Ed. (255, 256, 258, 259, 260)
Courtaulds Textiles Ltd.
2004 Ed. (1010)
1999 Ed. (4593)
1997 Ed. (1040)
Courtaulds Textiles (Holdings) Ltd.
2004 Ed. (4716)
2002 Ed. (4618)
2001 Ed. (4511)
2000 Ed. (4243)
1997 Ed. (3737)
1996 Ed. (3680)
1995 Ed. (3604)
Courtaulds Textiles plc
2002 Ed. (1087)
2001 Ed. (1282)
2000 Ed. (1125)
1999 Ed. (1206, 1644)
1996 Ed. (1021)
1995 Ed. (1037)
1994 Ed. (1031)
Courter; James A.
2008 Ed. (955)
2007 Ed. (1033)
Courtesy Auto Group
2001 Ed. (440, 443)
2000 Ed. (1102)
1999 Ed. (1186)
1998 Ed. (205, 751)
1996 Ed. (988)
Courtesy Chevrolet
2008 Ed. (284, 310, 311)
2005 Ed. (320)
2004 Ed. (319)
1991 Ed. (272)
Courtesy Distributors Inc.
1995 Ed. (3793)
Courtesy Ford
2004 Ed. (4803, 4804)
2002 Ed. (354, 355, 356)
Courtesy Funding
1995 Ed. (2598, 2600)
Courtesy Funding/Directors Mortgage
1996 Ed. (2680, 2682)
Courtesy Isuzu
1996 Ed. (274)
1995 Ed. (272)
1994 Ed. (271)
1992 Ed. (386)
1991 Ed. (281)
Courtesy Jeep-Eagle
1996 Ed. (276)
Courtesy Kia (CA)
1996 Ed. (293)
Courtesy Kia (NV)
1996 Ed. (293)
Courtesy Mitsubishi
1996 Ed. (280)
1994 Ed. (277)
Courtesy Pontiac
1996 Ed. (283)
Courtney Cox
2002 Ed. (2142)
Courtney Cox Arquette
2004 Ed. (2409)
2003 Ed. (2329)
Courtney Ross Holst
2002 Ed. (3364)
Courts
2007 Ed. (707)
2006 Ed. (85)
2005 Ed. (76)
2004 Ed. (81)
2001 Ed. (76)
Courts Furniture
1994 Ed. (42)
1993 Ed. (49)
1991 Ed. (46)
1990 Ed. (46)
CourtSmart Digital Systems
2006 Ed. (1100)
2005 Ed. (2333)
Courtyard by Marriott
2008 Ed. (3070)
2007 Ed. (2945)
2006 Ed. (2934)
2005 Ed. (2931, 2936)
2001 Ed. (2780, 2789)
2000 Ed. (2555)
1999 Ed. (2779)
1998 Ed. (2019)
1997 Ed. (2291, 2298)
1996 Ed. (2177, 2183)
1994 Ed. (2114)
1993 Ed. (2084)
1992 Ed. (2475, 2492, 2494)
1991 Ed. (1942)
1990 Ed. (2076)
Courtyard by Marriott, Atlanta
1990 Ed. (2080)
Courtyard Inns
2008 Ed. (3075)
2007 Ed. (2950)
Courvoisier
2004 Ed. (770, 1053)
2003 Ed. (760)
2002 Ed. (283, 775, 776, 777, 779, 3174, 3175)
2001 Ed. (1016, 1017, 1018, 3140, 3141)
2000 Ed. (2980)
1999 Ed. (800, 801, 3244, 3247)
1997 Ed. (2667)
1991 Ed. (741)
1989 Ed. (756)
Coury; Jennifer
1994 Ed. (1764)
1991 Ed. (1675, 1709)
Cousins/New Market
1994 Ed. (3302)
Cousins Properties Inc.
1992 Ed. (3619)
Cousins Submarines
1999 Ed. (2508)
Cousins Subs
2006 Ed. (4226)
2005 Ed. (4176)
2004 Ed. (4243)
2003 Ed. (4227)
2002 Ed. (4091)
2000 Ed. (2268)
1998 Ed. (1761, 3071)
Coustic-Glo International Inc.
2002 Ed. (2058)
Coutu Group; Jean
1994 Ed. (1523)
Coutu; Jean
2005 Ed. (4872, 4875, 4876)
Covad Communications Group Inc.
2005 Ed. (1672, 1676)
2001 Ed. (1645, 4451)
Covalence Specialty Materials Corp.
2008 Ed. (3996)
Covalent Technologies
2002 Ed. (2987)
Covan World-Wide Moving Inc.
2008 Ed. (4768)
2007 Ed. (4846)
2002 Ed. (3406)
Covance Inc.
2007 Ed. (2766, 2777)
2006 Ed. (2775)
2001 Ed. (1461)
Covansys Corp.
2008 Ed. (1927)
2007 Ed. (290, 292, 3551)
Covanta Energy Corp.
2006 Ed. (4890)
2005 Ed. (4836)
Covanta Holding
2008 Ed. (2859, 4816)
2007 Ed. (2729, 4881)
Covantage Credit Union
2008 Ed. (2269)
2007 Ed. (2154)
2006 Ed. (2233)
2005 Ed. (2138)
2004 Ed. (1996)
2003 Ed. (1956)
Covenant Capital Management
2007 Ed. (1187)
2005 Ed. (1088)
Covenant College
2008 Ed. (1063)
Covenant Eyes
2008 Ed. (1507)
Covenant Health
2007 Ed. (2779, 4698)
1999 Ed. (2988)
Covenant House
1996 Ed. (2853)
1995 Ed. (941, 2780)
1994 Ed. (2681)
1991 Ed. (2614, 2616)
Covenant Ministries of Benevolence
2003 Ed. (3468)
2002 Ed. (3294, 4062)
Covenant Transport Inc.
2008 Ed. (2104, 4744, 4764)
2007 Ed. (2009, 4817, 4850)
2006 Ed. (4800, 4835)
2005 Ed. (2688, 4753)
2004 Ed. (4780)
2003 Ed. (4795)
2002 Ed. (4693, 4694)
1998 Ed. (3641, 3643)
Covenant Trucking
1999 Ed. (4687)
Covent Garden
2008 Ed. (713)
Covent Gardens
2003 Ed. (4484)
Coventry
2000 Ed. (3855)
1993 Ed. (2008, 2021)
Coventry Credit Union
2008 Ed. (2257)
2007 Ed. (2142)
2006 Ed. (2221)
2005 Ed. (2126)
2004 Ed. (1984)
2003 Ed. (1944)
2002 Ed. (1890)
Coventry First
2005 Ed. (3081)
Coventry First LLC
2007 Ed. (3103, 4016)
2006 Ed. (3086, 3972, 3977)
Coventry Health Care Inc.
2008 Ed. (1904, 2910, 2912, 3270)
2007 Ed. (1869, 2061, 2766, 2775, 2777, 2786, 3121)
2006 Ed. (1494, 1520, 1864, 2775, 2785, 3107, 4580, 4581)
2005 Ed. (1631, 1855, 2004, 2009, 2800, 3365, 4503)
2004 Ed. (1790, 2794, 4545)
2003 Ed. (1753, 3277, 3278, 3354, 4558)
2001 Ed. (2675)
Coventry Homes
2003 Ed. (1171)
Cover Girl
2008 Ed. (2180, 2182, 2183, 2184, 2186, 2187, 3449, 3450, 3777, 3877)
2007 Ed. (2073, 2074, 2075, 3353, 3811)
2006 Ed. (2125, 2126, 2127, 3800)
2005 Ed. (2023)
2004 Ed. (1899, 1900, 3260)
2003 Ed. (1859, 1860, 1861, 1864, 3215, 3625)
2002 Ed. (1800)
2001 Ed. (1906, 1907, 1908, 1909, 1910, 1913, 1931, 2384, 3516, 3517)
2000 Ed. (1586, 1587, 1588, 1589, 1590, 1903, 1904, 2936, 3313)
1999 Ed. (1754, 1755, 1756, 1757, 1758, 1759, 1760, 2111, 2112, 2113, 2114, 3189, 3190)
1998 Ed. (1194, 1196, 1197, 2803)
1997 Ed. (1531, 1532, 1533, 1534, 2635, 2923)
1996 Ed. (767, 1463, 1464, 1465, 1583, 2983)
1995 Ed. (1507, 1508, 2899)
1994 Ed. (1471, 1472, 1473)
1993 Ed. (1418, 1419, 1420)
1992 Ed. (1709, 1710, 1711)
1991 Ed. (1363)
1990 Ed. (1430, 1431, 1433, 1435, 1436, 1740, 1741)
Cover Girl Advanced
2008 Ed. (2185)
Cover Girl Aquasmooth
2004 Ed. (1896)

Cover Girl Cheekers
2001 Ed. (1905)
Cover Girl Clean
2004 Ed. (1901)
2003 Ed. (1863, 1865)
2002 Ed. (1799)
2001 Ed. (1904, 1905)
1998 Ed. (1195, 1356)
Cover Girl Contin Color
2006 Ed. (3286)
Cover Girl Continuous Color
2003 Ed. (3217)
1998 Ed. (1355, 2361, 2362)
Cover Girl Eye Enhancer
2001 Ed. (2382, 2383)
Cover Girl Eye Enhancers
2005 Ed. (2024)
2003 Ed. (1862)
Cover Girl Fresh Look
2002 Ed. (1799)
Cover Girl Moisture
2001 Ed. (1905)
Cover Girl Moisture Wear
1998 Ed. (1195, 1356)
Cover Girl Nail Slicks
2003 Ed. (3624)
Cover Girl NailSlicks
2001 Ed. (3514, 3515)
Cover Girl Outlast
2006 Ed. (3286)
2005 Ed. (3292)
2004 Ed. (1896, 1901)
2003 Ed. (3217)
Cover Girl Professional
2003 Ed. (1862)
2001 Ed. (2382, 2383)
Cover Girl Replenishing
2001 Ed. (1904, 1905)
1998 Ed. (1195, 1356)
Cover Girl Simply Powder
2003 Ed. (1863, 1865)
2002 Ed. (1799)
2001 Ed. (1904)
Cover Girl Smoothers
2003 Ed. (1863, 1865)
2002 Ed. (1799)
Cover Girl Trublend
2008 Ed. (2185)
Cover Girl Ultimate
2001 Ed. (1904, 1905)
Cover Girl Ultimate Finish
2003 Ed. (1863, 1865)
2002 Ed. (1799)
1998 Ed. (1195, 1356)
Covera-hs
2002 Ed. (2049)
Covera-HS Tablets
1999 Ed. (3325)
Coverall
1990 Ed. (1850)
Coverall Cleaning Concepts
2008 Ed. (168, 744, 872, 883)
2007 Ed. (768, 895)
2006 Ed. (672, 808, 813)
2005 Ed. (765, 893, 898)
2004 Ed. (779)
2001 Ed. (2529, 2532)
1999 Ed. (2509, 2510, 2520)
1998 Ed. (1757, 1759)
1997 Ed. (2078, 2079)
Coverall North America
2007 Ed. (196, 290, 291, 2840, 3545, 4984, 4991)
2003 Ed. (769, 881, 889)
2002 Ed. (856, 2357, 2359, 2576)
1997 Ed. (2085)
1996 Ed. (1965, 1969)
1995 Ed. (1937, 1939)
1994 Ed. (1913, 1914, 1915, 1917)
1993 Ed. (1901)
1992 Ed. (2220)
1991 Ed. (1772)
Coverall of North Central Florida
2005 Ed. (760, 763)
Covered hopper
1997 Ed. (3240, 3241)
Covert Buick
1996 Ed. (266)
1995 Ed. (265)
Covert Isuzu
1992 Ed. (386)
1991 Ed. (281)
CoVest Bancshares
1999 Ed. (423)
Covett Emerging Markets
1995 Ed. (2727)
Covington
1996 Ed. (3675)
Covington & Burling
2007 Ed. (3326, 3327, 3328)
2005 Ed. (3258)
2004 Ed. (3240)
2003 Ed. (3179, 3193, 3195)
1994 Ed. (2352)
1993 Ed. (2406)
1992 Ed. (2847)
1991 Ed. (2294)
1990 Ed. (2428)
Covington Fabrics Store
1995 Ed. (3596)
Covington Industries Inc.
2000 Ed. (4239)
Covington Pike
1994 Ed. (270)
Covington Pike Toyota
1996 Ed. (290)
1995 Ed. (287)
1990 Ed. (304, 307, 322)
Covisint
2004 Ed. (2204)
2003 Ed. (2155)
2001 Ed. (4767)
Covonia
1996 Ed. (1033)
Cow & Gate
1996 Ed. (2258)
1994 Ed. (2198)
Cow & Gate Baby Food
1999 Ed. (2872)
Cow & Gate Baby Foods
1992 Ed. (2630)
Cow & Gate Baby Milk
2002 Ed. (2803)
Cow & Gate Baby Milks
1992 Ed. (2630)
Cow & Gate Milk
1999 Ed. (2872)
Cow & Gate Olvarit
2002 Ed. (2803)
Cow & Gate Premium
2001 Ed. (543)
Cow Town Catering
2007 Ed. (4987)
Cowboys; Dallas
2008 Ed. (2761)
2007 Ed. (2632)
2006 Ed. (2653)
2005 Ed. (2667)
Cowell; Casey G.
1997 Ed. (1796, 1803)
Cowell; Simon
2008 Ed. (2584)
Cowen
1998 Ed. (3176)
1993 Ed. (1768)
1992 Ed. (2132)
1991 Ed. (1670, 1671, 1676, 1678, 1698, 1702, 1703, 1706, 1707, 1708, 1708)
1990 Ed. (1770)
Cowen & Co.; SG
2005 Ed. (3811)
Cowen Asset Management
1992 Ed. (2754)
Cowen Funds Opportunity
1995 Ed. (2724)
Cowen Income & Growth A
1997 Ed. (2900)
COWI
2000 Ed. (1816)
Cowie Interleasing
1999 Ed. (3455)
1997 Ed. (2821)
Cowie; Sir Tom
2005 Ed. (3868)
Cowles Business/Enthusiast Media
1999 Ed. (3745)
Cowles Media Co.
2001 Ed. (1541)
Cowley; Harrison
1997 Ed. (3203)
Cowlitz Bancorporation
2006 Ed. (2073)
Cox
1997 Ed. (876, 3238, 3719)
1995 Ed. (3049)
1992 Ed. (1021, 3602)
1990 Ed. (877)
Cox & Dinkins
2008 Ed. (2525)
Cox & Smith Inc.
2001 Ed. (566)
Cox; Anne
1997 Ed. (1913)
Cox Arena at Aztec Bowl
2005 Ed. (4444)
Cox Broadcasting
1998 Ed. (2982)
1997 Ed. (3237)
Cox Cable
1997 Ed. (727, 728, 874, 1317)
1995 Ed. (878, 882)
1994 Ed. (832, 838, 839)
1992 Ed. (1019, 1024)
1990 Ed. (868)
Cox Cable Communications
1996 Ed. (855, 858)
1993 Ed. (814, 817)
1991 Ed. (834)
1990 Ed. (870, 872)
Cox Communications Inc.
2008 Ed. (827, 1400, 2059, 3033, 4635)
2007 Ed. (866, 2910, 4710)
2006 Ed. (1417, 3437, 4726)
2005 Ed. (839, 840, 842, 847)
2004 Ed. (864, 865, 866, 4666)
2003 Ed. (825, 828, 830, 3634, 4690)
2002 Ed. (923, 924, 1492, 1524, 1565)
2001 Ed. (1083, 1091)
1999 Ed. (822, 823)
1998 Ed. (510, 511, 588, 590)
Cox Dayton International Airport; James M.
1991 Ed. (216)
Cox Enterprises Inc.
2008 Ed. (828, 1100, 3625, 3783, 4060, 4061, 4078)
2007 Ed. (867, 1194, 3448, 3699, 4033, 4062)
2006 Ed. (768, 769, 1417, 2264, 3436, 3554, 3704, 4019, 4020, 4028, 4726)
2005 Ed. (845, 3425, 3600, 3923, 3935, 3979, 3980)
2004 Ed. (868, 3412, 3414, 3685, 4040, 4041)
2003 Ed. (829, 3346, 3641, 4022, 4033, 4713)
2002 Ed. (3280, 3281, 3283, 3285, 3287)
2001 Ed. (3230, 3231, 3250, 3540, 3886, 3887, 3960)
2000 Ed. (944, 3050, 3333, 3693, 4213)
1999 Ed. (328, 998, 3307, 3612, 3978, 4569)
1998 Ed. (593, 2441, 2679, 2981, 3500)
1997 Ed. (873, 2942, 3234, 3720)
Cox Health System
1999 Ed. (2988)
Cox-II inhibitors
2002 Ed. (2013)
Cox Insurance
2000 Ed. (2988)
Cox Insurance Holdings
1999 Ed. (1645)
Cox Medical Center; Lester E.
1989 Ed. (740)
Cox Nissan Inc.
2008 Ed. (166)
Cox Pavilion
2005 Ed. (4444)
Cox Radio Inc.
2007 Ed. (4060, 4736)
2005 Ed. (3991)
2004 Ed. (4054)
2003 Ed. (4034)
2002 Ed. (3894)
2001 Ed. (3961, 3979)
1999 Ed. (3980)
Cox School of Business; Southern Methodist University
2007 Ed. (796)
COX-2 Inhibitors
2002 Ed. (3751)
2001 Ed. (2065)
Coxco Inc.
2008 Ed. (4951)
Coxdayton Municipal Airport; James M.
1994 Ed. (152)
Coyle Music Inc.
1994 Ed. (2595)
1993 Ed. (2645)
Coyne Beahm
2002 Ed. (182)
Coyne et Belier
1995 Ed. (1695)
Coyote
1997 Ed. (3731, 3732, 3733)
1996 Ed. (3672, 3673, 3674)
1995 Ed. (3595)
1994 Ed. (3510)
1993 Ed. (3551)
Coyote Canyon Rehabilitation Center
2005 Ed. (762)
Coyote Network Systems
2001 Ed. (1645)
Cozaar & Hyzaar
2000 Ed. (3063)
Cozad Asset
1999 Ed. (3088)
1993 Ed. (2311)
Cozad/Westchester Agricultural
1995 Ed. (2377)
Cozard/Westchester Agricultural
1996 Ed. (2412)
Cozen & O'Connor
2000 Ed. (2902)
1998 Ed. (2712)
1997 Ed. (2601)
1995 Ed. (2421)
1994 Ed. (2356)
Cozies
1996 Ed. (1546)
1995 Ed. (1562)
Cozon & O'Connor
1996 Ed. (2456)
Cozumel
2001 Ed. (350)
Cozzar & Hyzaar
1999 Ed. (3325)
1997 Ed. (2741)
CP & L Energy Inc.
2002 Ed. (3876)
CP & P Inc.
2004 Ed. (1721, 3761, 3762)
CP Bhd
2000 Ed. (2885)
CP Commercial Specialists
2004 Ed. (4347, 4348)
CP Forest Products
1995 Ed. (2829)
1991 Ed. (1764, 2790)
C.P. Hotels & Resorts
1994 Ed. (2110)
CP Hotels (Canadian-Pacific)
1990 Ed. (2092)
CP Industries Inc.
2006 Ed. (3542)
CP Industries LLC
2008 Ed. (3735, 4431, 4987)
CP Rail System/Soo Line Railroad
1997 Ed. (3246)
CP Ships Ltd.
2007 Ed. (4826)
CP Ships Group
2003 Ed. (1228)
CPA
1991 Ed. (3265)
CPA Australia
2002 Ed. (3781)
CPA Client Bulletin
1989 Ed. (277)
The CPA Group Inc.
2005 Ed. (2362)
CPA Mutual Insurance Co. of America Risk Retention Group Corp.
1994 Ed. (866)
1993 Ed. (852)
CPA Mutual Management Co.
2006 Ed. (791)

CPAC Inc.
2005 Ed. (3653)
2004 Ed. (3744)
CPB Inc.
2003 Ed. (545)
CPC
2000 Ed. (3403)
CPC Baking Business
1999 Ed. (369)
1998 Ed. (265)
CPC Best Foods
1997 Ed. (330)
CPC International
1999 Ed. (2455, 2456, 2459, 2470, 2473, 3598)
1998 Ed. (256, 258, 259, 1180, 1710, 1715, 1720, 1721, 1722, 1723, 1724, 1730)
1997 Ed. (1488, 2024, 2025, 2028, 2029, 2030, 2038)
1996 Ed. (1427, 1928, 1931, 1932, 1933, 2912)
1995 Ed. (1465, 1883, 1885, 1886, 1888, 1890, 1895, 1900, 1904)
1994 Ed. (1429, 1859, 1862, 1864, 1865, 1866)
1993 Ed. (1376, 1872, 1873, 1875, 1877, 2707)
1992 Ed. (491, 493, 494, 495, 2174, 2177, 2178, 2181, 2185, 3344)
1991 Ed. (32, 45, 1732, 1735, 1738)
1990 Ed. (44, 1812, 1816, 1822)
1989 Ed. (1447, 1448, 1450, 1452)
CPC International (Mueller's)
1991 Ed. (2679)
CPC-Rexcel
1992 Ed. (3474)
CPCS
1996 Ed. (188)
C.P.F. Corp.
1999 Ed. (2674)
1996 Ed. (2065)
1994 Ed. (2056)
CPFL
2005 Ed. (1846)
2004 Ed. (1774)
CPI Corp.
2008 Ed. (1947, 1950, 1952, 1955)
2006 Ed. (1905, 3810)
2005 Ed. (1884, 1889, 3653, 3654)
2004 Ed. (3744, 3745)
2001 Ed. (3729)
1996 Ed. (3486)
1995 Ed. (3423)
1994 Ed. (3365)
1992 Ed. (2855)
1991 Ed. (2299)
CPI Aerostructures Inc.
2005 Ed. (4379)
CPI Business Groups Inc.
2005 Ed. (1907)
CPI Group
2002 Ed. (4897)
CPI Plastics Group
2005 Ed. (4511)
CPI Security Systems Inc.
2008 Ed. (4300)
2006 Ed. (4269)
2005 Ed. (4293)
CPL Resources plc
2008 Ed. (1209, 1722, 1859, 2868)
2007 Ed. (1695, 1824, 2742)
2006 Ed. (1699, 1817, 2748)
CPM
2004 Ed. (3026)
2002 Ed. (3264, 3265, 3266)
CPM Credit Union
2008 Ed. (2258)
2007 Ed. (2143)
2006 Ed. (2222)
2005 Ed. (2127)
2004 Ed. (1985)
2003 Ed. (1945)
2002 Ed. (1891)
CPM In TelMark
2002 Ed. (4573)
CPM InTelMark
2002 Ed. (4574, 4575, 4578, 4579)
1996 Ed. (3645)
CPR
2002 Ed. (562)
CPR Worldwide
2000 Ed. (3653, 3655)
CPR Worldwide (Complete Pharma)
1999 Ed. (3936, 3938)
CPS Chemical
1998 Ed. (3702)
CPS Credit Union (SA) Ltd.
2002 Ed. (1849)
CPS Direct
2001 Ed. (211)
CPS/Madison Industries
1991 Ed. (1889)
CPTE
2005 Ed. (1663)
2003 Ed. (1624)
2001 Ed. (1638)
CPV/BJK & E
1990 Ed. (145)
CPVE/BJK & E
1989 Ed. (154)
Cr Almeida S.A. Eng. Constrs.
1992 Ed. (1583, 1585)
CR Bard Inc.
2000 Ed. (739)
1999 Ed. (3340)
1998 Ed. (2458)
1997 Ed. (651)
1993 Ed. (2529)
1989 Ed. (1942)
CR Capital Management
1997 Ed. (1074)
C.R. England Inc.
2000 Ed. (3734)
CR/T
2008 Ed. (3218)
2007 Ed. (3077)
2006 Ed. (3044)
CR-V; Honda
2008 Ed. (299, 4781)
CRA
1999 Ed. (310, 311)
1997 Ed. (282, 283, 1360, 1361, 1362)
1996 Ed. (253, 254, 255, 1293, 1294, 1295)
1995 Ed. (1353, 1354, 1355)
1994 Ed. (247, 248, 1324)
1993 Ed. (261, 262, 1278, 1280)
1992 Ed. (1573, 1574, 1575, 1680, 4181, 4182)
1991 Ed. (1253, 1254, 1255, 3264)
1990 Ed. (2587)
1989 Ed. (2070)
CRA International Inc.
2008 Ed. (1911)
CRA Qualified Investment
2007 Ed. (4467)
CRA Qualified Investment Fund
2006 Ed. (4402)
CRA Real Estate Securities
1999 Ed. (3098)
1998 Ed. (2275, 2280)
Crab
2002 Ed. (4186)
2001 Ed. (2439)
1994 Ed. (3155)
The Crab House
2002 Ed. (4028)
2000 Ed. (3873)
1999 Ed. (4158)
Crabar Business Systems
2000 Ed. (913)
Crabar/GBF Inc.
2005 Ed. (3886, 3887, 3888, 3889, 3897)
Crabbe Huson Asset Allocation
1995 Ed. (2725)
Crabbe Huson Contrarian Inc.
2000 Ed. (3253)
Crabbe Huson Equity
1995 Ed. (2677, 2705)
Crabbe Huson Growth
1994 Ed. (2625)
Crabbe Huson Special
1996 Ed. (2788, 2800)
1995 Ed. (2703, 2724)
Crabbe Huson Special Primary Class
1999 Ed. (3530)
Crabmeat
1993 Ed. (3111)
1992 Ed. (3816)
Crabs
2008 Ed. (2723)
2007 Ed. (2586)
2006 Ed. (2611)
2005 Ed. (2612)
2004 Ed. (2623)
2003 Ed. (2490)
2001 Ed. (2441)
1998 Ed. (3175)
1996 Ed. (3300)
1995 Ed. (3199)
1991 Ed. (2938)
Crabtree-Haas Mitsubishi
1990 Ed. (310)
Crabtree Hall/Plan Creatif
1995 Ed. (2229)
Crabtree Toyota
1991 Ed. (311)
1990 Ed. (347)
Cracker Barrel
2003 Ed. (4098)
2001 Ed. (4065, 4066, 4067, 4069, 4070, 4071, 4072, 4073)
2000 Ed. (3784, 3785)
1999 Ed. (4066, 4067, 4069, 4070, 4071, 4072, 4075, 4076, 4082)
1998 Ed. (3056, 3064, 3067, 3339)
1997 Ed. (3314, 3320, 3321, 3322, 3324, 3325, 3327, 3335, 3546)
1996 Ed. (920)
1995 Ed. (3117, 3124, 3125, 3126, 3129, 3130, 3131, 3140, 3141)
1993 Ed. (3018, 3026, 3027, 3028, 3029)
1992 Ed. (3710)
1991 Ed. (2877, 2878)
Cracker Barrel Old Country Store
2008 Ed. (4159, 4175, 4176, 4181, 4182)
2007 Ed. (4144, 4148)
2006 Ed. (4109, 4117)
2005 Ed. (4065, 4066, 4067, 4068, 4069, 4070)
2004 Ed. (4119, 4132, 4133, 4137)
2003 Ed. (4112, 4113, 4114, 4115, 4116, 4117, 4118, 4121)
2002 Ed. (4002, 4014)
2001 Ed. (4079)
1997 Ed. (3328)
1996 Ed. (3213, 3220, 3221, 3228, 3232)
1994 Ed. (1740, 1741, 1742, 1744, 1745, 1746, 3054, 3071, 3072, 3079, 3080, 3082, 3083, 3085, 3086, 3443)
1993 Ed. (3011, 3036)
1992 Ed. (3688)
Cracker Jack
2008 Ed. (4008)
2007 Ed. (3991)
2006 Ed. (3933)
Cracker sandwiches
2003 Ed. (4830)
2002 Ed. (4721)
Crackers
2005 Ed. (2624)
2003 Ed. (4830)
2002 Ed. (1336, 2421, 2422, 4527)
2001 Ed. (4405)
1998 Ed. (1727, 1728)
1995 Ed. (3403)
1989 Ed. (1461)
Crackers, bagged
2002 Ed. (4721)
Crackers, butter
2003 Ed. (1373)
Crackers, cheese
2003 Ed. (1373)
Crackers, flavored snack
2003 Ed. (1373)
Crackers, graham
1999 Ed. (1422)
Crackers, oyster
1999 Ed. (1422)
Cracklin' Oat Bran
1995 Ed. (915)
Crad Preps - Beta Blocker
1991 Ed. (2401)
Cradle and All
2003 Ed. (706)
Craft apprentices
1990 Ed. (2728)
Craft-Co Enterprises Inc.
2007 Ed. (3571, 4429)
Craft/floral stores
2000 Ed. (3546, 3802)
Craft Oil Corp.
2008 Ed. (3729, 4425, 4980)
Craft World International Inc.
1990 Ed. (1245)
CraftClick.com
2003 Ed. (1512)
The Craftmark Group
2002 Ed. (2664)
Crafton Tull & Associates Inc.
2008 Ed. (2514)
Crafts
2005 Ed. (2870, 4728)
1996 Ed. (2122)
1993 Ed. (2046)
Craftsman
1997 Ed. (709)
Craftsmen Glass & Glazing
1993 Ed. (1954)
Cragin Federal Bank
1991 Ed. (3370)
Cragin Federal Bank for Savings
1995 Ed. (3184)
1994 Ed. (3142)
1992 Ed. (3799)
1991 Ed. (2920)
1990 Ed. (3101)
Cragin Federal Savings & Loan
1989 Ed. (2356)
Cragin Financial
1995 Ed. (3612)
1994 Ed. (3536)
Craig Corp.
1999 Ed. (2624, 3265)
Craig A. Conway
2003 Ed. (2371, 4684)
Craig A. Dubow
2008 Ed. (948)
Craig Barrett
2006 Ed. (917)
2005 Ed. (971)
2000 Ed. (1047, 1875)
Craig Benson
1995 Ed. (1717)
Craig Corcoran, Davis-Zweig Futures Hotline
1990 Ed. (2366)
Craig Donohue
2007 Ed. (3223)
Craig Drummond
1999 Ed. (2289)
1997 Ed. (1965)
1996 Ed. (1854)
Craig E. Schneier
2008 Ed. (2635)
Craig Eric Schneier
2008 Ed. (3120)
Craig Fanning
1998 Ed. (1636)
1997 Ed. (1865)
1996 Ed. (1791)
1995 Ed. (1816)
1994 Ed. (1776)
1993 Ed. (1793)
1991 Ed. (1707)
1989 Ed. (1416)
Craig Gardner
1999 Ed. (12, 13)
1996 Ed. (14, 15)
1993 Ed. (7, 8)
1992 Ed. (17, 18)
Craig Gore
2006 Ed. (4922)
Craig Hospital
2008 Ed. (3050)
2007 Ed. (2927)
2006 Ed. (2908)
2005 Ed. (2901)
2004 Ed. (2915)
2003 Ed. (2811)
2002 Ed. (2607)
2000 Ed. (2521)
1999 Ed. (2742)
1997 Ed. (2261)
Craig International; Jenny
1992 Ed. (4480)
Craig Irvine
2000 Ed. (2069)

Craig J. Mundie
2005 Ed. (2476)
Craig; Jenny
1995 Ed. (3788)
1994 Ed. (3667)
1993 Ed. (3240, 3731)
Craig Kloner
1998 Ed. (1666)
1997 Ed. (1903)
1996 Ed. (1821, 1830)
1995 Ed. (1843, 1852)
1994 Ed. (1805, 1814, 1832)
1993 Ed. (1831)
Craig Kocian
1995 Ed. (2668)
Craig McCaw
2001 Ed. (2279)
Craig Mostyn
2004 Ed. (4921)
Craig O. McCaw
2007 Ed. (4905)
2006 Ed. (4910)
2005 Ed. (4856)
2004 Ed. (4866)
2002 Ed. (3349)
1995 Ed. (1729)
1991 Ed. (925, 1619)
Craig R. Barrett
2000 Ed. (1882)
Craig; Robert
2006 Ed. (2578)
Craig Stine
1997 Ed. (1928)
Craig Weight Loss Centres; Jenny
1990 Ed. (1020)
Craig Winkler
2006 Ed. (4922)
2005 Ed. (4862)
Craigie Inc.
1991 Ed. (3034)
Craigie Taylor International
1997 Ed. (3203)
1996 Ed. (3116)
craigslist
2008 Ed. (649)
CraigsList.org
2008 Ed. (3359)
2007 Ed. (3229)
Craik Jones Watson Mitchell Voelkel
2002 Ed. (1979)
Crain Communications Inc.
2001 Ed. (4608)
1995 Ed. (3793, 3795)
1994 Ed. (3669, 3670)
1993 Ed. (3734, 3735)
1992 Ed. (4484, 4485)
1991 Ed. (3513, 3515)
Crain Communications inc.
1990 Ed. (3705, 3707)
Crain; R. L.
1990 Ed. (2765)
Crain; R.L.
1992 Ed. (3335)
Crain's Chicago Business
2008 Ed. (142, 144)
2007 Ed. (160)
2001 Ed. (250)
Crain's Detroit Business
2005 Ed. (3602)
2004 Ed. (3687)
Cram-A-Lot Equipment Services
2007 Ed. (4401)
Cramer Inc.
2003 Ed. (1360)
Cramer-Krasselt
2008 Ed. (116)
2007 Ed. (108)
2006 Ed. (110, 119)
2005 Ed. (102, 109)
2003 Ed. (30, 4018)
2002 Ed. (64, 3839, 3874)
2000 Ed. (3629, 3659, 3671)
1998 Ed. (2948, 2962)
Cramer-Krasselt Direct
1992 Ed. (1806)
Cramer-Krasselt Public Relations
1999 Ed. (3923, 3945, 3957)
1998 Ed. (2937, 2952)
1997 Ed. (3187, 3206)
1996 Ed. (3106, 3108, 3130)
Cramer-Krasselt Public Relatons
1999 Ed. (3922)
Cramer Rosenthal McGlynn
2003 Ed. (3081)
Cramer Systems Group Ltd.
2003 Ed. (2736)
2002 Ed. (2498)
Cramer's Mad Money: Watch TV, Get Rich; Jim
2008 Ed. (620)
Cramton, Jr.; Martin R.
1991 Ed. (2548)
Cranberries
2003 Ed. (2576)
2002 Ed. (2371)
Cranberry
2000 Ed. (720)
Cranberry cocktail/juice drinks
2001 Ed. (2558)
Cranberry drinks/juices
2005 Ed. (2758)
Cranberry juice
2003 Ed. (2580, 2581)
2002 Ed. (2374)
Cranberry juice/juice cocktail
2001 Ed. (2558)
Cranbrook Capital Management Inc.
1998 Ed. (2307)
Crandall; Robert L.
1994 Ed. (1719)
1990 Ed. (972, 1711)
Crandell; James
1993 Ed. (1816)
Crane Co.
2005 Ed. (1377, 3350, 3351, 4456)
2004 Ed. (1361, 2999, 3325, 3326)
2003 Ed. (2893, 3270)
2001 Ed. (3220)
2000 Ed. (3034)
1999 Ed. (4285)
1998 Ed. (2090, 3290)
1997 Ed. (2370)
1996 Ed. (1212)
1992 Ed. (2595)
1991 Ed. (2018)
Crane & Sons Inc.; F. L.
2008 Ed. (1268)
2007 Ed. (1372)
1997 Ed. (1173)
1996 Ed. (1136)
Crane Bank
2004 Ed. (95)
2000 Ed. (685)
Crane Canada
1996 Ed. (2611)
1994 Ed. (2482)
Crane Construction Co.
1995 Ed. (3376)
Crane Group
2004 Ed. (4918)
2002 Ed. (4895)
Crane-Hogan Structural Systems
2008 Ed. (1192, 1982)
Crane Plastics Co.
2008 Ed. (3990)
2007 Ed. (3964)
Crane; Samuel
1995 Ed. (3505)
Cranfield
2002 Ed. (908)
Cranfield Precision Systems Ltd.
1993 Ed. (968)
Cranfield University
2004 Ed. (840)
2003 Ed. (799)
Cranford Johnson Robinson Woods
1995 Ed. (3026)
Cranston; Alan
1992 Ed. (1038)
Cranston Securities
1989 Ed. (2370)
Cranswick
2007 Ed. (2626)
2006 Ed. (2646)
Cranwell Resort
2007 Ed. (4118)
Crash Bandicoot 2
2000 Ed. (4345)
CRAssociates
2005 Ed. (2787)
Crate & Barrel
2008 Ed. (3001, 4585)
2007 Ed. (2881, 4675)
2006 Ed. (2886, 2888)
2000 Ed. (2302)
1999 Ed. (2564)
1997 Ed. (2097)
1992 Ed. (1136)
Crate & Barrell
1998 Ed. (1781, 1784, 1788)
Crate; Darrell
2007 Ed. (1047)
CrateandBarrel.com
2006 Ed. (2381)
2005 Ed. (2328)
Craters & Freighters
2007 Ed. (3998)
2006 Ed. (3940)
2005 Ed. (3880)
2004 Ed. (3930)
2003 Ed. (3917)
2002 Ed. (3732)
Craters & Freighters Franchise Co.
2008 Ed. (4993)
2007 Ed. (4990)
2006 Ed. (4993)
2004 Ed. (4989)
Cratos Technology Solutions Inc.
2005 Ed. (2777)
Cravath, Swaine & Moore
2006 Ed. (3245, 3247)
2005 Ed. (3255, 3257, 3258)
2004 Ed. (1417, 1440, 1446, 3225, 3236)
2003 Ed. (1400, 1401, 1413, 1415, 3175, 3176, 3177, 3188, 3189)
2002 Ed. (1359, 1361, 1373)
2001 Ed. (3058)
2000 Ed. (2893, 2901)
1999 Ed. (1431, 3142, 3143, 3144, 3145, 3146, 3156, 4257)
1998 Ed. (2325, 2326, 2332)
1997 Ed. (2600)
1996 Ed. (2455)
1995 Ed. (2420)
1994 Ed. (2355)
1993 Ed. (2389, 2402)
1992 Ed. (2827)
1991 Ed. (2290)
1990 Ed. (2424)
Cravath, Swaine & Moore LLP
2008 Ed. (3414, 3425, 3426, 3427)
2007 Ed. (3302, 3303, 3304, 3321)
Crave
1989 Ed. (2199)
Crave Whiskas
1997 Ed. (3076)
1996 Ed. (2997)
1994 Ed. (2826, 2835)
Craven Supply Ltd.
1993 Ed. (971)
Cravendale
2008 Ed. (715)
Crawfish
1992 Ed. (349)
Crawford & Co.
2008 Ed. (3238)
2007 Ed. (2358, 2359, 3099, 3100, 4112)
2006 Ed. (2410, 2411, 3083, 3265, 3266, 4066)
2005 Ed. (2575, 3070, 4035)
2004 Ed. (2596, 2597, 3059, 4095)
2003 Ed. (2972)
2001 Ed. (2914, 2915)
2000 Ed. (1093)
1996 Ed. (980)
1995 Ed. (992)
1994 Ed. (2284)
1993 Ed. (2244)
1992 Ed. (1169, 2697)
1991 Ed. (941, 2587)
1990 Ed. (1012)
1989 Ed. (918)
Crawford Broadcasting
2001 Ed. (3974)
Crawford Care Alliance
1993 Ed. (2907)
Crawford; Cindy
1997 Ed. (1726)
Crawford Construction; Tony
1995 Ed. (3375, 3376)
1994 Ed. (3299)
1993 Ed. (3307, 3309)
1992 Ed. (3963)
1991 Ed. (3122)
Crawford, Crawford Perspectives; Arch
1990 Ed. (2366)
Crawford; Curtis J.
1989 Ed. (735)
Crawford; Edwin
2008 Ed. (937)
2007 Ed. (983)
Crawford; Edwin M.
2008 Ed. (945)
2007 Ed. (1035)
2006 Ed. (893, 938)
Crawford; Gordon
2008 Ed. (4007)
2005 Ed. (3200)
Crawford Group Inc.
2008 Ed. (315, 316, 1944)
2007 Ed. (328, 329, 1889)
2006 Ed. (343, 344, 1897)
2005 Ed. (329, 330)
2004 Ed. (326, 327)
2003 Ed. (345, 346)
2001 Ed. (500, 501)
Crawford Homes
2004 Ed. (1171)
2003 Ed. (1163)
Crawford Investment
1997 Ed. (2530, 2534, 2538)
Crawfords
2004 Ed. (4316)
2003 Ed. (4306)
2002 Ed. (4173)
2001 Ed. (4163)
Cray
2005 Ed. (2332)
1995 Ed. (2253)
1990 Ed. (2901, 3488)
1989 Ed. (2307)
Cray Band; Robert
1997 Ed. (1112)
Cray Research Inc.
1998 Ed. (1930)
1996 Ed. (1070)
1995 Ed. (3447)
1994 Ed. (1082, 2203, 3048)
1993 Ed. (1054, 3003, 3005, 3483)
1992 Ed. (1299, 1308, 1311, 1316, 3672, 3674, 3679)
1991 Ed. (1018, 1021, 1022, 1027, 1028, 1031, 1247, 1529, 2070, 2470, 2840, 2842, 2848)
1990 Ed. (1114, 1116, 1120, 1122, 1124, 1612, 1614, 1619, 1626, 1630, 2204, 2986, 2992, 3489)
1989 Ed. (968, 973, 974, 976, 977, 979, 1051, 1052, 1323, 1325, 1342, 2312)
Craycom Eurotel
1993 Ed. (2612)
Craycom Master Systems
1993 Ed. (2612)
Crayfish Co. Ltd.
2002 Ed. (4192)
Crayola
2008 Ed. (4707)
2006 Ed. (4782)
2001 Ed. (4606, 4607)
2000 Ed. (4116)
1999 Ed. (4469, 4470)
1998 Ed. (3400)
1997 Ed. (3625, 3626)
1996 Ed. (3583, 3584, 3720)
1995 Ed. (3507)
1994 Ed. (3429)
1993 Ed. (3446, 3602)
1992 Ed. (2346, 4132, 4326)
1991 Ed. (3215)
1990 Ed. (3432)
1989 Ed. (2634)
Crayola Colored Pencils
1998 Ed. (3601)
Crayola Crayons
1998 Ed. (3601)
1997 Ed. (3772)
Crayola Crayons, assorted, 24-count
1990 Ed. (3431)
Crayola Crayons, assorted, 24-ct.
1989 Ed. (2632)
Crayola Crayons 24 CT
1990 Ed. (1544)
Crayola Kids
2000 Ed. (3492)

Crayons
2002 Ed. (3536)
Crazy Eddie
1991 Ed. (1541)
1990 Ed. (2026)
Crazy Horse
2001 Ed. (3776)
CRC & Associates Inc.
2007 Ed. (3591)
CRC Insurance Services Inc.
2008 Ed. (3244, 3245)
2006 Ed. (3076)
2005 Ed. (3075)
2004 Ed. (3064)
CRDB Bank
2008 Ed. (512)
2007 Ed. (560)
CRE-AD
2003 Ed. (107)
Creacion Saatchi & Saatchi
2000 Ed. (101)
1999 Ed. (96)
Creacion/SSA
1995 Ed. (79)
Creacion SSAW
1997 Ed. (94)
1996 Ed. (93)
Creaciones Francisco Munoz, S.L.
2002 Ed. (2383)
Cream
2003 Ed. (3414)
2002 Ed. (3342, 3343)
Cream cheese
2008 Ed. (902)
2007 Ed. (919)
2006 Ed. (838)
2005 Ed. (929)
2004 Ed. (937)
2003 Ed. (928, 929)
2002 Ed. (983)
2001 Ed. (1173)
1994 Ed. (3460)
1993 Ed. (897, 3485)
Creamer Dickson Basford
1990 Ed. (2919)
Creamers
2000 Ed. (4140)
1999 Ed. (4508)
1995 Ed. (3529)
Creamers, liquid
2003 Ed. (3413)
Creamers, powdered
2003 Ed. (3413)
Creamery butter
2001 Ed. (3311)
Creamette
2008 Ed. (3858)
2003 Ed. (3740)
1999 Ed. (782, 3712)
Creams
2001 Ed. (2652)
Creams, gels, jellies, and foams
1990 Ed. (1194)
Creamsicle Frozen Yogurt
1997 Ed. (2347)
Crean
1991 Ed. (1476, 1477)
Crean; James
1992 Ed. (1877, 1878)
Crean PLC; James
1993 Ed. (1533)
CreatAbility
1998 Ed. (2949)
Creating a Life
2004 Ed. (734)
Creations Galore
2008 Ed. (4964)
Creative Alliance
1998 Ed. (2960)
Creative Associates International Inc.
2006 Ed. (2831)
Creative Bath Products Inc.
2007 Ed. (580, 582)
Creative Colors International
2008 Ed. (2799)
2007 Ed. (2668)
2006 Ed. (2679)
2004 Ed. (2709)
Creative Computers, Inc.
2001 Ed. (1374)
Creative Computers' MacMall
1998 Ed. (862)
Creative Consultants
1992 Ed. (3757)
Creative Design Consultants
2008 Ed. (3346)
2007 Ed. (3204)
2006 Ed. (3170)
2005 Ed. (3168)
Creative development
2001 Ed. (2166)
Creative director
2004 Ed. (2284)
Creative Hair Dressers Inc.
2003 Ed. (3798)
2001 Ed. (3728)
Creative Hairdressers Inc.
2007 Ed. (3826)
2006 Ed. (3810)
2005 Ed. (3720)
2004 Ed. (3811)
Creative Host Services
2001 Ed. (2482)
Creative Images
2005 Ed. (1935)
Creative Industries Group Inc.
1992 Ed. (422)
1991 Ed. (312)
1990 Ed. (348)
1989 Ed. (309)
Creative Labs Inc.
2007 Ed. (2859)
Creative Management Strategies Ltd.
1998 Ed. (1507)
1995 Ed. (1724)
1994 Ed. (1711)
Creative Printed Solutions
2000 Ed. (907)
Creative Printing Services Inc.
2006 Ed. (3964)
2005 Ed. (3897)
2002 Ed. (3763)
Creative services
1990 Ed. (3080, 3081)
Creative Source International
2001 Ed. (3912)
Creative Technology
2000 Ed. (1546, 1549, 1551, 1552, 3035)
1999 Ed. (1262, 1568, 1573, 1729, 1730, 3298, 3469)
1998 Ed. (2728)
1996 Ed. (1439, 2895, 2896)
Creative Workshop
1995 Ed. (101)
Creative Workshop (Saatchi)
1996 Ed. (117)
CreativeOndemanD
2008 Ed. (122)
2004 Ed. (109)
Creatividad y Diseno SA
2001 Ed. (1851)
Creativity Publicidad Y & R Asociados
1996 Ed. (127)
1995 Ed. (112)
Creativity Publicidad Y&R Associados
1999 Ed. (141)
Creativity Publicidad-Young & Rubicam Asociados
1997 Ed. (131)
Creativity-Young & Rubicam Asociados
2000 Ed. (158)
Creda
1996 Ed. (1563)
Credence Systems Corp.
2006 Ed. (1580)
Credibel
2000 Ed. (474)
Credibolsa
2008 Ed. (740)
2007 Ed. (764)
Credicorp Ltd.
2003 Ed. (4600)
2002 Ed. (3082)
2000 Ed. (2932, 2933)
1999 Ed. (3186, 3187)
Crediop
1995 Ed. (516)
1993 Ed. (539, 3269)
1992 Ed. (740)
1991 Ed. (572)
Credit
1994 Ed. (2519)
1993 Ed. (2570)
Credit a l'Industrie
1997 Ed. (417)
Credit agencies other than banks
2001 Ed. (1637, 1825, 1855)
1990 Ed. (1658)
Credit Agricola
2006 Ed. (1722)
Credit Agricole
2003 Ed. (490)
2002 Ed. (588, 3795)
2001 Ed. (624, 1957)
2000 Ed. (521, 522, 523, 535, 564, 565, 566, 1474)
1999 Ed. (513, 514, 516, 518, 527, 553, 554, 555, 953, 1667)
1998 Ed. (383, 384, 1163)
1997 Ed. (460, 464, 475, 514, 519)
1996 Ed. (495, 501, 512, 562, 996, 1337)
1995 Ed. (463, 468, 472, 510, 1387)
1994 Ed. (472, 479, 489, 518, 525, 531)
1993 Ed. (468, 476, 487, 527, 529, 532, 1660)
1992 Ed. (658, 676, 716, 728, 1190)
1991 Ed. (503, 504, 508, 521, 548, 557, 558, 563, 691, 957)
1990 Ed. (297, 543, 547, 548, 577, 594, 603, 604, 605, 609)
1989 Ed. (535, 567, 568, 570, 581)
Credit Agricole Asset Management
2007 Ed. (3284)
2006 Ed. (3216)
2003 Ed. (3103)
Credit Agricole Asset Management Alternative Investments
2008 Ed. (2923)
Credit Agricole Group
2000 Ed. (563)
Credit Agricole Groupe
2004 Ed. (488, 531, 554, 1547)
2003 Ed. (491, 494, 496, 538)
2002 Ed. (529, 557, 562, 587, 663)
Credit Agricole Groupe/ Landbouwkrediet
2004 Ed. (455)
Credit Agricole Indo-Lazard Freres
2003 Ed. (4324, 4363)
Credit Agricole Indosuez
2004 Ed. (503)
2001 Ed. (1197)
1999 Ed. (551)
Credit Agricole Mutual
2000 Ed. (560)
Credit Agricole Mutual (France)
2000 Ed. (562)
Credit Agricole Mutuel
1999 Ed. (552)
1994 Ed. (526, 530)
1992 Ed. (726)
1990 Ed. (445, 578, 601)
1989 Ed. (561, 564, 566)
Credit Agricole SA
2008 Ed. (385, 409, 411, 416, 441, 443, 447, 1721, 1759, 1761, 1813, 2698)
2007 Ed. (403, 440, 447, 450, 476, 478, 482, 1730, 1733, 1803, 1804, 2558, 3286)
2006 Ed. (419, 438, 444, 463, 465, 1721, 1725, 2590)
2005 Ed. (496, 508, 510, 537, 754, 1475, 1483, 3940, 3941, 3942, 3943)
Credit Agricole SA/Landbouwkrediet
2005 Ed. (465)
Credit Andorra
2008 Ed. (375)
2007 Ed. (392)
2006 Ed. (409)
2005 Ed. (456)
2004 Ed. (444)
2003 Ed. (457)
2002 Ed. (511)
2000 Ed. (441)
1999 Ed. (448)
1997 Ed. (392)
1996 Ed. (425)
1995 Ed. (400)
1994 Ed. (407)
1993 Ed. (416)
1992 Ed. (578)
1991 Ed. (420)
Credit Bank
1996 Ed. (247, 248)
1994 Ed. (242, 243, 496)
1993 Ed. (253, 254, 494)
1992 Ed. (363, 364, 689)
1991 Ed. (260, 261, 534)
Credit Bank A.E.
1996 Ed. (522)
1995 Ed. (478)
Credit Bank of Korea
1993 Ed. (547)
1992 Ed. (749)
Credit Bank of Moscow
2005 Ed. (493, 502)
Credit-Bankverein
1991 Ed. (454)
Credit bureaus
1991 Ed. (2769)
Credit card companies
1999 Ed. (2528)
Credit card industry
1999 Ed. (2529)
1997 Ed. (3527)
Credit Card; Operator Service/
1991 Ed. (2356)
Credit Card Opn. Sun Exploration & Production Co.
1990 Ed. (1230)
Credit card services
2006 Ed. (4712)
Credit cards
2005 Ed. (1600)
2004 Ed. (1572)
2001 Ed. (1093)
2000 Ed. (952, 4051)
1999 Ed. (4565)
1996 Ed. (3456, 3457)
1991 Ed. (3247)
Credit collection services
1999 Ed. (3665, 4330)
Credit Comm. Belg.
1991 Ed. (459)
Credit Commercial de France
2007 Ed. (450)
2006 Ed. (444)
2005 Ed. (510)
2004 Ed. (531)
2002 Ed. (1416)
2000 Ed. (614)
1999 Ed. (592)
1994 Ed. (1680, 1692, 1694, 1695)
1993 Ed. (1660, 1673)
1992 Ed. (2001, 2017, 2018, 2019, 2021, 676)
1991 Ed. (776, 1586, 1596, 1598)
1990 Ed. (578, 1679, 1686, 1687)
1989 Ed. (535, 1359, 1361)
Credit Commercial de France (CCF)
2002 Ed. (562)
Credit Communal de Belgique
1997 Ed. (417)
1996 Ed. (455)
1995 Ed. (428)
1994 Ed. (435, 1684)
1993 Ed. (435)
1992 Ed. (617)
1990 Ed. (509)
1989 Ed. (488)
Credit Communal Holding
2001 Ed. (1641)
Credit coverage
2002 Ed. (2850)
Credit de Maroc
2008 Ed. (479)
2007 Ed. (523)
2006 Ed. (502)
Credit de Monaco pour le Commerce
1993 Ed. (574)
1992 Ed. (785)
1991 Ed. (613)
Credit de Monaco pour le Commerce C.M.C.
1994 Ed. (576)
Credit du Maroc
2004 Ed. (594)
2000 Ed. (450, 990)
1999 Ed. (459, 1040)
1991 Ed. (425)
1990 Ed. (474)
1989 Ed. (447)

Credit du Maroc SA
1989 Ed. (629)
Credit du Nord
2001 Ed. (1957)
Credit Europeen
1993 Ed. (1662)
Credit Europeen Luxembourg
2004 Ed. (584)
Credit Europeen SA
1994 Ed. (729)
Credit Foncier de France
1990 Ed. (1785)
Credit Foncier de Monaco
1999 Ed. (592)
1997 Ed. (563)
1996 Ed. (609)
1994 Ed. (576)
1993 Ed. (574)
1992 Ed. (785)
1991 Ed. (613)
1989 Ed. (627)
Credit Foncier de Monaco (Monte Carlo)
2000 Ed. (614)
Credit Foncier du Cameroon
2000 Ed. (481)
1999 Ed. (486)
1997 Ed. (428)
1996 Ed. (465)
1995 Ed. (438)
1994 Ed. (446)
1993 Ed. (446)
1992 Ed. (629)
Credit Foncier et Commercial de Tunisie SA
1995 Ed. (623)
1994 Ed. (655)
1992 Ed. (854)
Credit Industrial d'Alsace et de Lorraine
1989 Ed. (562)
Credit Industriel et Commercial
2004 Ed. (503)
Credit institutions
2005 Ed. (1470)
Credit Kassen
1990 Ed. (3474)
Credit Libanais
2008 Ed. (469)
2007 Ed. (512)
2006 Ed. (491)
2004 Ed. (581)
2000 Ed. (448)
Credit Libanais SAL
2000 Ed. (592)
1999 Ed. (575)
1997 Ed. (539)
1996 Ed. (583)
1995 Ed. (527)
1994 Ed. (553)
1993 Ed. (551)
1992 Ed. (757)
1991 Ed. (588)
Credit Local de France
2000 Ed. (529)
1999 Ed. (3177)
1998 Ed. (2355, 2356)
1997 Ed. (475, 2015, 2624, 2625)
1994 Ed. (1699, 1705)
1993 Ed. (1678)
1992 Ed. (2022)
Credit Local De France-CAECL
2000 Ed. (2927, 2929)
1996 Ed. (2475, 2482, 2485)
1995 Ed. (2433, 2439, 2441)
Credit Locale de France
2001 Ed. (626)
Credit Lyonnais
2005 Ed. (510)
2004 Ed. (503, 531, 1444)
2003 Ed. (496)
2000 Ed. (530, 532, 533, 535, 557, 1475)
1999 Ed. (510, 511, 520, 522, 523, 524, 527, 551, 554, 872, 873, 874, 875, 876, 877, 878, 879, 880, 881, 882, 883, 884, 885, 886, 887, 888, 889, 890, 891, 903, 905, 907, 908, 909, 915, 917, 918, 919, 922, 926, 927, 928, 929, 930, 939, 941, 942, 943, 944, 945, 1668)
1998 Ed. (192, 351, 357, 379, 384)
1997 Ed. (465, 468, 475, 514, 517, 743, 750, 751, 752, 753, 754, 755, 756, 757, 758, 759, 760, 761, 762, 764, 765, 766, 767, 769, 783, 784, 787, 793, 794, 795, 796, 797, 803, 804, 805, 807, 813, 814, 915, 816, 817, 819, 820, 822, 1731, 2617)
1996 Ed. (495, 502, 503, 505, 512, 557, 558, 561, 1347)
1995 Ed. (463, 469, 472, 505, 506, 509, 764, 770, 771, 772, 773, 774, 775, 776, 777, 778, 779, 780, 781, 782, 783, 784, 786, 787, 802, 803, 811, 812, 813, 814, 815, 822, 823, 824, 837, 838, 840, 841, 2840, 3268, 3277)
1994 Ed. (472, 473, 480, 489, 525, 526, 530, 1630, 1632, 1680, 1692, 1694, 1695, 1708, 2738, 3185)
1993 Ed. (468, 470, 477, 487, 517, 527, 529, 1199, 1315, 1639, 1640, 1647, 1660, 1673, 1674, 1676, 1677, 1684, 1686, 1859, 2358, 2359, 2768)
1992 Ed. (658, 676, 1618, 1620, 1996, 2001, 2003, 2017, 2018, 2020, 2029)
1991 Ed. (503, 504, 521, 691, 776, 1291, 1586, 1596)
1990 Ed. (542, 543, 563, 564, 577, 578, 1686, 1687)
1989 Ed. (535, 710, 1361, 2446)
Credit Lyonnais Bank Nederland
1991 Ed. (620)
1990 Ed. (646)
Credit Lyonnais (Canada)
1996 Ed. (500)
1994 Ed. (478)
Credit Lyonnais Group
1997 Ed. (1410)
1995 Ed. (1396)
1994 Ed. (1369)
1990 Ed. (548)
Credit Lyonnais SA
2005 Ed. (1475, 1483)
2002 Ed. (560, 562, 727, 3191, 3192)
2001 Ed. (627, 629, 1197, 1530, 1957)
1997 Ed. (459)
Credit Lyonnais Securities
1999 Ed. (866, 2278)
1996 Ed. (1851)
Credit Lyonnais Securities (Asia)
1997 Ed. (1957, 3472)
Credit Lyonnais Securities USA Inc.
2005 Ed. (3235)
Credit Lyonnais Senegal
2008 Ed. (499)
2007 Ed. (548)
Credit Martinquais S.A.
1989 Ed. (709)
Credit Mutuel
2008 Ed. (416)
2007 Ed. (450)
2006 Ed. (444)
2005 Ed. (510)
2004 Ed. (531)
2003 Ed. (496)
2002 Ed. (562)
2001 Ed. (1957)
2000 Ed. (535)
1999 Ed. (527)
Credit Mutuel Confederation Nat.
1995 Ed. (472)
Credit Mutuel Confederation Nationale
1997 Ed. (475)
1994 Ed. (489)
Credit National
1999 Ed. (527)
1991 Ed. (848)
Credit ord.
1994 Ed. (2520)
Credit Polulaire d'Algerie
2000 Ed. (443)
Credit Pop d'Algerie
1991 Ed. (426)
Credit Populaire d'Algerie
2008 Ed. (374)
2006 Ed. (381, 408)
2005 Ed. (419, 455)
2004 Ed. (399, 443)
2003 Ed. (420, 456)
2002 Ed. (510, 584)
2000 Ed. (440)
1999 Ed. (447, 451)
1997 Ed. (390, 394)
1996 Ed. (423, 429)
1995 Ed. (399, 402)
1994 Ed. (406, 409)
1993 Ed. (418)
1992 Ed. (577, 581)
1991 Ed. (419, 425)
1990 Ed. (469, 475)
1989 Ed. (445, 447, 453)
Credit Populaire du Maroc
2008 Ed. (479)
2007 Ed. (523)
2006 Ed. (406, 457, 502)
2005 Ed. (528, 583)
2004 Ed. (594)
2003 Ed. (588)
2002 Ed. (623)
2000 Ed. (450, 616)
1999 Ed. (459, 594)
1996 Ed. (437, 610)
1995 Ed. (410, 552)
1994 Ed. (417, 577)
1992 Ed. (591)
1990 Ed. (486)
Credit Populaire du Marocaine
1997 Ed. (402, 564)
Credit Populaire du Moroc
1993 Ed. (575)
Credit Populaire Marocaine
1992 Ed. (787)
1991 Ed. (435, 614)
Credit Rolo Gestioini
2000 Ed. (2847)
Credit Saison
2007 Ed. (2548)
Credit Services of Oregon
2005 Ed. (1938)
Credit Social Bank
1996 Ed. (575)
Credit Suisse
2008 Ed. (2923, 3398, 3400, 3405, 4946)
2007 Ed. (754, 2567)
2006 Ed. (2598)
2005 Ed. (495)
2000 Ed. (524, 564, 1474, 1476, 2849, 2926, 2930)
1999 Ed. (2438)
1998 Ed. (192, 354, 379, 2351, 2355)
1997 Ed. (470, 1404, 2545, 2618, 2621, 2625, 2626)
1996 Ed. (506, 553, 2422, 2423, 2474, 2475, 2476, 2480, 2481, 2482, 2483)
1995 Ed. (728, 2390, 2391, 2436, 2440, 2442, 2837)
1994 Ed. (521, 1683, 1703, 1704, 2326, 2327)
1993 Ed. (524, 640, 1664, 2346, 2419, 2421, 2422, 2423)
1991 Ed. (560, 670, 1597, 2220)
1990 Ed. (555, 600, 691, 692, 794, 1423, 1686, 1690, 2437, 3223, 3478)
1989 Ed. (686, 1360)
Credit Suisse Asset
2003 Ed. (2701, 3085)
2002 Ed. (728, 3020)
2000 Ed. (2787, 3452)
Credit Suisse Asset Management
2006 Ed. (3192)
2005 Ed. (3207)
1992 Ed. (2747)
Credit Suisse Asset Management Hedge Fund Investment Group
2004 Ed. (2819)
Credit Suisse Bank
2003 Ed. (490, 491)
Credit Suisse Canada
1995 Ed. (440)
1993 Ed. (447)
Credit Suisse/CSFB Group
1993 Ed. (1680, 1681, 1682, 1683, 1684, 1865, 2769, 3203, 3204, 3205, 3206)
1992 Ed. (843, 3898, 3899, 3900)
1991 Ed. (3066, 3067, 3068, 3069, 3070, 3071)
Credit Suisse First Boston Corp.
2008 Ed. (1390, 1391, 1392, 1393, 1396, 1397, 1398, 1482, 2281, 3410, 4290, 4292, 4303, 4304, 4305, 4306, 4617, 4666)
2007 Ed. (650, 651, 1440, 1488, 2162, 2888, 3250, 3276, 3278, 3279, 3280, 3281, 3285, 3289, 3295, 3630, 3631, 3632, 3633, 3634, 4101, 4268, 4283, 4285, 4286, 4288, 4289, 4298, 4299, 4300, 4301, 4302, 4303, 4304, 4305, 4306, 4307, 4309, 4311, 4312, 4313, 4315, 4317, 4318, 4319, 4320, 4321, 4322, 4323, 4324, 4325, 4326, 4327, 4328, 4329, 4330, 4331, 4332, 4333, 4334, 4336, 4337, 4338, 4339, 4340, 4342, 4652, 4653, 4654, 4656, 4657)
2006 Ed. (1408, 1409, 1410, 1411, 1414, 1415, 2242, 3208, 3209, 3212, 3223, 3224, 3236, 3686, 3687, 3700, 3701, 4051, 4251, 4261, 4262, 4276, 4277, 4278, 4279, 4722, 4723)
2005 Ed. (111, 164, 215, 544, 546, 662, 664, 706, 707, 708, 751, 752, 822, 848, 849, 867, 948, 952, 1021, 1142, 1177, 1178, 1259, 1423, 1424, 1425, 1426, 1429, 1430, 1431, 1433, 1434, 1435, 1436, 1442, 1443, 1446, 1447, 1448, 1451, 1452, 1453, 1456, 1458, 1460, 2147, 2176, 2178, 2184, 2187, 2188, 2297, 2448, 2451, 2464, 2576, 2577, 2639, 2643, 2806, 2816, 3055, 3217, 3219, 3220, 3221, 3222, 3223, 3233, 3236, 3237, 3238, 3249, 3356, 3386, 3430, 3465, 3503, 3504, 3505, 3506, 3507, 3684, 3685, 3716, 3748, 3811, 3819, 3943, 3985, 3986, 4015, 4019, 4048, 4110, 4111, 4112, 4131, 4252, 4255, 4256, 4257, 4258, 4259, 4260, 4261, 4262, 4263, 4264, 4265, 4266, 4267, 4268, 4269, 4270, 4271, 4272, 4273, 4276, 4277, 4278, 4279, 4283, 4295, 4296, 4297, 4298, 4299, 4300, 4301, 4302, 4303, 4304, 4305, 4306, 4307, 4308, 4309, 4310, 4312, 4314, 4315, 4316, 4317, 4318, 4319, 4320, 4321, 4322, 4323, 4324, 4325, 4326, 4327, 4328, 4329, 4330, 4331, 4332, 4333, 4334, 4335, 4336, 4337, 4338, 4341, 4348, 4356, 4564, 4572, 4573, 4575, 4576, 4616, 4618, 4642, 4643, 4670, 4671, 4672, 4770, 4772)
2004 Ed. (525, 1402, 1403, 1404, 1405, 1406, 1407, 1410, 1411, 1412, 1413, 1414, 1415, 1419, 1424, 1425, 1426, 1429, 1430, 1431, 1434, 1435, 1436, 1439, 1441, 1442, 1444, 1445, 2007, 2008, 2072, 2084, 3179, 3180, 3181, 3183, 3184, 3187, 3190, 3191, 3197, 3198, 3200, 3201, 3202, 3203, 3204, 3205, 3207, 3255, 3504, 3505, 4082, 4339, 4341, 4342, 4343, 4344, 4352, 4353, 4354, 4355, 4356, 4357, 4358, 4359, 4360, 4361, 4362, 4363, 4364, 4365, 4366, 4367, 4368, 4369, 4371, 4374, 4375, 4376, 4377, 4378, 4379, 4380, 4381, 4382, 4383, 4384, 4385, 4386, 4387, 4388, 4389, 4390, 4391, 4392, 4393, 4395, 4396, 4695)
2003 Ed. (490, 1387, 1388, 1389, 1390, 1391, 1395, 1396, 1397, 1398, 1399, 1403, 1404, 1405, 1406, 1409, 1410, 1411, 1414, 1417, 1418, 2031, 2362, 2368, 3059, 3066, 3090, 3091, 3093, 3094, 3095, 3096, 3097, 3098,

4055, 4323, 4324, 4325, 4332, 4333, 4334, 4335, 4336, 4337, 4338, 4339, 4340, 4341, 4342, 4343, 4344, 4345, 4346, 4347, 4348, 4349, 4350, 4351, 4353, 4354, 4355, 4356, 4357, 4358, 4359, 4360, 4361, 4362, 4363, 4364, 4365, 4366, 4367, 4368, 4369, 4370, 4371, 4372, 4373, 4719)
2002 Ed. (439, 727, 730, 732, 734, 735, 736, 807, 808, 809, 812, 823, 825, 828, 835, 837, 845, 846, 847, 850, 999, 1348, 1349, 1350, 1351, 1352, 1353, 1354, 1355, 1358, 1360, 1362, 1363, 1364, 1365, 1366, 1367, 1368, 1369, 1370, 1371, 1372, 1375, 1376, 1377, 1403, 1404, 1405, 1421, 1950, 2157, 2161, 2162, 2165, 2166, 2167, 2168, 2270, 2272, 2273, 2274, 2275, 2817, 2999, 3001, 3002, 3003, 3012, 3015, 3016, 3042, 3191, 3192, 3203, 3204, 3205, 3206, 3207, 3208, 3796, 4197, 4198, 4201, 4202, 4206, 4208, 4209, 4210, 4211, 4212, 4213, 4215, 4218, 4219, 4220, 4221, 4222, 4223, 4224, 4225, 4226, 4227, 4228, 4229, 4230, 4231, 4232, 4233, 4235, 4236, 4237, 4239, 4240, 4241, 4242, 4243, 4244, 4245, 4246, 4247, 4248, 4249, 4250, 4251, 4252, 4556, 4557, 4601, 4602, 4648, 4649, 4650, 4651, 4663, 4868)
2001 Ed. (552, 553, 554, 555, 556, 560, 961, 962, 963, 964, 965, 966, 967, 968, 969, 970, 971, 972, 973, 1037, 1195, 1196, 1510, 1512, 1515, 1516, 1517, 1518, 1519, 1520, 1521, 1522, 1523, 1524, 1525, 1526, 1527, 1529, 1530, 1531, 1532, 1538, 2424, 2425, 2426, 2427, 2429, 2881, 3006, 3007, 3009, 4178, 4193, 4194, 4204, 4207, 4208)
2000 Ed. (376, 377, 378, 507, 532, 778, 828, 864, 867, 880, 881, 1025, 1921, 1922, 2073, 2107, 2111, 2455, 2457, 2768, 2769, 3725, 3880, 3881, 3883, 3884, 3886, 3887, 3888, 3889, 3890, 3891, 3892, 3893, 3894, 3895, 3897, 3898, 3899, 3901, 3902, 3903, 3904, 3908, 3911, 3912, 3915, 3916, 3917, 3924, 3935, 3936, 3937, 3938, 3939, 3940, 3941, 3942, 3943, 3944, 3945, 3947, 3948, 3949, 3950, 3951, 3952, 3953, 3954, 3955, 3956, 3957, 3960, 3961, 3985, 3986, 3987, 3988, 4021)
1999 Ed. (522, 828, 834, 864, 882, 884, 885, 886, 893, 915, 917, 1087, 1089, 1425, 1426, 1427, 1428, 1429, 1430, 1432, 1435, 1436, 1438, 1439, 2012, 2013, 2063, 2065, 2066, 2151, 2321, 2322, 2396, 3021, 3022, 3023, 3024, 3025, 3026, 3027, 3028, 3029, 3030, 3031, 3032, 3033, 3034, 3035, 3036, 3037, 3706, 3707, 4007, 4177, 4180, 4185, 4188, 4205, 4206, 4207, 4208, 4210, 4211, 4212, 4214, 4215, 4217, 4218, 4219, 4220, 4221, 4222, 4223, 4224, 4225, 4226, 4227, 4228, 4239, 4252, 4253, 4254, 4255, 4256, 4258, 4259, 4260, 4261, 4262, 4263, 4264, 4265, 4308)
1998 Ed. (322, 340, 342, 525, 995, 996, 997, 998, 999, 1001, 1002, 1003, 1004, 1005, 1494, 1495, 1496, 1497, 1499, 1561, 2237, 2238, 2239, 2240, 2241, 2242, 2243, 2244, 2245, 2246, 2247, 2248, 2249, 2250, 2251, 2252, 2253, 3176, 3181, 3186, 3187, 3192, 3193, 3208, 3209, 3211, 3212, 3213, 3214, 3215, 3216, 3217, 3218, 3219, 3220, 3221, 3222, 3223, 3224, 3225, 3226, 3227, 3228, 3229, 3230, 3243, 3244, 3246, 3248, 3249, 3262, 3263, 3265, 3266, 3267, 3268, 3269, 3270, 3271, 3272, 3273, 3414)
1997 Ed. (736, 742, 788, 789, 790, 792, 1220, 1231, 1788, 1789, 1848, 1849, 1850, 2487, 2488, 2489, 2490, 2491, 2492, 2493, 2494, 2495, 2496, 2497, 2498, 2499, 2500, 2501, 2502, 2503, 2504, 2505, 2506, 2812, 3003, 3004, 3417, 3418, 3419, 3420, 3421, 3422, 3423, 3424, 3425, 3426, 3427, 3428, 3429, 3430, 3431, 3432, 3433, 3434, 3435, 3436, 3437, 3438, 3439, 3440, 3441, 3442, 3443, 3444, 3445, 3446, 3449, 3450, 3451, 3452, 3453, 3457, 3458, 3459, 3460, 3461, 3462, 3463, 3465, 3466, 3467, 3470, 3471, 3474, 3475, 3476, 3480, 3481)
1995 Ed. (2842)
1994 Ed. (729, 764, 765, 767, 1701)
1993 Ed. (720, 1685, 1687, 1689, 3209)
1992 Ed. (905, 951, 952, 953, 960, 1054, 1055, 1456, 1484, 1989, 1990, 1991, 2023, 2024, 2027, 2028, 2029, 2030, 2031, 2032, 2033, 2035, 2042, 2044, 2045, 2161, 3339, 3342, 3896, 3897, 3906)
1991 Ed. (1111, 1112, 1114, 1115, 1116, 1117, 1118, 1119, 1120, 1122, 1130, 1131, 1132, 1133, 1134, 1609, 2732, 3078)
1990 Ed. (899, 900, 901, 1694, 1695, 1696, 1698, 1700, 1704, 1705, 1707, 2317, 2770, 2771, 2772, 3218, 3219, 3220, 3221, 3222, 3227)
1989 Ed. (1348, 1349, 1350, 1351, 1352, 1353, 1354, 1356, 1357, 1358, 1362, 1365, 1366, 1367, 1368, 1373, 1375, 2118, 2119, 2447, 2448, 2449, 2450, 2451, 2452)

Credit Suisse First Boston/Credit Suisse
1997 Ed. (1223, 1224, 1225, 1226, 1227, 1228, 1229, 1230, 1728, 1730, 1783, 1784, 1786, 1787, 1790, 3477, 3478, 3479, 3483)
1991 Ed. (722, 1581, 1586, 1587, 1590, 1591, 1592, 1593, 1594, 1595, 3077)
1990 Ed. (1691, 1692, 1693)

Credit Suisse First Boston Europe Ltd.
2001 Ed. (1692)

Credit Suisse First Boston/First Boston
1991 Ed. (850, 851, 852, 1599, 1600, 1601, 1602, 1603, 1604, 1605, 1606, 1608, 1610, 1612, 1613, 2676, 2677)

Credit Suisse First Boston (U.K.) Investment Holdin
2001 Ed. (1692)

Credit Suisse First Boston (USA) Inc.
2007 Ed. (4275)
2004 Ed. (4333)

Credit Suisse First of Boston
1998 Ed. (1501)

Credit Suisse GI Post-Venture Cap-Com
2004 Ed. (3645)

Credit Suisse Global Tech-Com
2004 Ed. (3645)

Credit Suisse Global Technology-Communications
2003 Ed. (2364)

Credit Suisse Group
2008 Ed. (89, 339, 409, 448, 510, 733, 1818, 2094, 2095, 2096, 2707, 2709, 2882, 3184, 3404, 4120)
2007 Ed. (439, 441, 482, 483, 558, 2000, 2001, 2002, 2003, 2577, 3284, 3287, 3288, 3988)
2006 Ed. (437, 469, 470, 528, 2028, 2030, 2031, 2032, 3218)
2005 Ed. (533, 541, 615, 1467, 1546, 1549)
2004 Ed. (525, 559, 626, 3206, 3208, 4394)
2003 Ed. (494, 539, 542, 617, 1830, 3099, 3105, 3106)
2002 Ed. (557, 578, 580, 583, 588, 653, 663, 1483, 1776, 1778, 2467, 2819, 3025, 4603)
2001 Ed. (630, 1552, 1861, 1862, 1863, 3017, 3019)
2000 Ed. (522, 523, 559, 560, 561, 670, 1561, 1563, 2847, 2848)
1999 Ed. (510, 513, 514, 551, 645, 953, 1622, 1659, 1667, 1740, 1742, 3103, 3104, 3106, 3181, 3184, 3587, 4831, 4832)
1995 Ed. (1494)
1994 Ed. (1454)

Credit Suisse Group (Switzerland)
2000 Ed. (562)

Credit Suisse (Guernsey) Ltd.
2000 Ed. (485)
1997 Ed. (435)
1996 Ed. (471)

Credit Suisse Holding
1997 Ed. (458, 460, 623, 1517, 1518, 1519, 3931, 3932)
1994 Ed. (643, 3682)

Credit Suisse Holdings Inc.
2008 Ed. (4294)
2007 Ed. (4290)
1995 Ed. (502)

Credit Suisse (Luxembourg)
1996 Ed. (589)

Credit Suisse of Canada
1997 Ed. (463)
1996 Ed. (500)
1994 Ed. (478)
1992 Ed. (664)

Credit Suisse Private Banking
2001 Ed. (653)

Credit Suisse Securities (USA) LLC
2008 Ed. (3010)

Credit Suisse Small Cap Value
2006 Ed. (3650)
2004 Ed. (3576)

Credit Suisse Small Cap Value Fund
2003 Ed. (3540)

Credit Suisse South Africa
1997 Ed. (2907, 2909)

Credit Suissse First Boston
1999 Ed. (2069)

Credit Systems
1992 Ed. (1747)

Credit union
1991 Ed. (2261)

Credit Union Australia
2004 Ed. (3952)
2002 Ed. (1849)

Credit Union Central Falls
2008 Ed. (2257)
2007 Ed. (2142)
2006 Ed. (2221)
2005 Ed. (2126)
2004 Ed. (1936, 1984)
2003 Ed. (1896, 1944)
2002 Ed. (1836, 1890)
2000 Ed. (1625)

Credit Union Central of British Columbia
2008 Ed. (1384)
2007 Ed. (1433, 2106)
2006 Ed. (1400)
2001 Ed. (1498)

Credit Union Central of Canada Ltd.
1997 Ed. (1571)
1996 Ed. (1513)
1993 Ed. (1451)

Credit Union Central of Ontario
2006 Ed. (1400)
1997 Ed. (1571)
1996 Ed. (1513)
1995 Ed. (1537)
1993 Ed. (1451)
1992 Ed. (1755)

Credit Union Central of Saskatchewan
2008 Ed. (1384)
2007 Ed. (1433)
2006 Ed. (1400)
2001 Ed. (1498)
1997 Ed. (1571)
1996 Ed. (1513)
1995 Ed. (1537)
1993 Ed. (1451)
1992 Ed. (1755)
1990 Ed. (1459)

Credit Union Central Saskatchewan
2007 Ed. (2106)

Credit Union Direct Lending
2006 Ed. (2179)

Credit Union Electronic Transaction Services Inc.
2007 Ed. (2573)

Credit Union National Association
2000 Ed. (2989)

Credit Union Northwest
2002 Ed. (1833)

The Credit Union of Alabama
2008 Ed. (2216)
2007 Ed. (2101)

Credit Union of America
2008 Ed. (2233)
2007 Ed. (2118)
2006 Ed. (2197)
2005 Ed. (2102)
2004 Ed. (1960)
2003 Ed. (1920)
2002 Ed. (1866)

Credit Union of Denver
2008 Ed. (2222)
2007 Ed. (2107)
2006 Ed. (2186)
2005 Ed. (2091)
2004 Ed. (1949)
2003 Ed. (1909)
2002 Ed. (1852, 1855)

Credit Union of Johnson County
2008 Ed. (2233)
2007 Ed. (2118)
2006 Ed. (2197)
2005 Ed. (2102)
2004 Ed. (1960)
2003 Ed. (1920)
2002 Ed. (1866)

Credit Union of New Jersey
2008 Ed. (2247)

The Credit Union of Palm Beach
2008 Ed. (2213)

Credit Union of Texas
2008 Ed. (2261)
2007 Ed. (2146)
2006 Ed. (2164, 2225)
2005 Ed. (2070, 2130)
2004 Ed. (1930, 1988)
2003 Ed. (1892, 1948)

Credit Union 1
2008 Ed. (2217, 2230, 2239)
2007 Ed. (2102, 2115, 2124)
2006 Ed. (2181, 2194, 2203)
2005 Ed. (358, 2086, 2108)
2004 Ed. (1945, 1966)
2003 Ed. (1905, 1926)
2002 Ed. (1846, 1856, 1872)
2001 Ed. (1963)
2000 Ed. (1630)
1998 Ed. (1231)
1997 Ed. (1572)
1996 Ed. (1514)
1995 Ed. (1539)
1994 Ed. (1506)
1993 Ed. (1453)
1992 Ed. (1756)
1991 Ed. (1395)
1990 Ed. (1461)

Credit Union 1 of Kansas
2005 Ed. (2102)
2004 Ed. (1960)
2003 Ed. (1920)
2002 Ed. (1866)

Credit Union 24
2001 Ed. (2189)

Credit Union United
2007 Ed. (2118)
2006 Ed. (2197)
2005 Ed. (2102)

Credit Union West
2008 Ed. (2218)

2007 Ed. (2103)
2006 Ed. (2182)
2005 Ed. (2087)
2004 Ed. (1946)
2003 Ed. (1906)
2002 Ed. (1847)
Credit unions
2003 Ed. (2262)
1992 Ed. (1750)
CreditAgricole-CreditLyonnais
2005 Ed. (4581)
Creditanstalt
1997 Ed. (3847)
1995 Ed. (1356)
1992 Ed. (1576, 1649)
1991 Ed. (1257)
1989 Ed. (483)
Creditanstalt AG
2002 Ed. (2259)
2001 Ed. (1697)
2000 Ed. (1418)
Creditanstalt AS
1996 Ed. (484, 1296, 3793)
Creditanstalt-Bankverein
1999 Ed. (472, 500, 551, 1586, 4722)
1997 Ed. (413, 1364)
1996 Ed. (449, 1297)
1995 Ed. (424)
1994 Ed. (429, 1325, 1326, 3632)
1993 Ed. (429, 1281, 3672)
1992 Ed. (610, 1577, 4401)
1991 Ed. (3452)
1990 Ed. (506)
1989 Ed. (23)
Creditanstalt-Nova Banks dd
1996 Ed. (677)
Creditanstalt (ordinary)
1996 Ed. (3792)
Creditanstalt (preferred)
1996 Ed. (3792)
Creditanstalt Rt.
1999 Ed. (537)
1995 Ed. (486)
CREDITC
2006 Ed. (3283)
Creditex
2004 Ed. (2222)
2001 Ed. (4754)
CreditFYI
2002 Ed. (4804)
Creditinfo Group Ltd.
2008 Ed. (1792, 2690, 2715)
2007 Ed. (1764)
2006 Ed. (1756)
CREDITO
2006 Ed. (4227)
2001 Ed. (646, 647, 648)
2000 Ed. (640, 641, 643, 644, 645, 646)
Credito Agricola
2008 Ed. (494)
2007 Ed. (543)
2006 Ed. (515)
2005 Ed. (599)
2004 Ed. (609)
Credito Bergamasco
1992 Ed. (1618)
Credito Hipotecario Nacional de Guatemala
2008 Ed. (421)
2007 Ed. (455, 456)
2005 Ed. (515)
1992 Ed. (690)
1991 Ed. (535)
Credito Italiano
2000 Ed. (571, 1468, 1487, 1488, 2870, 2871)
1999 Ed. (560, 1688)
1997 Ed. (526, 1459)
1996 Ed. (570)
1995 Ed. (516, 1438, 1439)
1994 Ed. (541, 1406)
1993 Ed. (539, 1353, 1354, 1667)
1992 Ed. (740)
1991 Ed. (571, 572)
1990 Ed. (567, 615, 616)
1989 Ed. (589)
Credito Predial Poetugues
2000 Ed. (650)
Credito Predial Portugues
1999 Ed. (625)
1997 Ed. (598)
1996 Ed. (660)
1994 Ed. (2395)
Credito Romagnolo
1996 Ed. (560)
Creditors Interchange Receivable Management LLC
2008 Ed. (4418)
Creditors Multisystems Inc.
2001 Ed. (1313)
Credity Lyonnais
1995 Ed. (826)
CREDO Petroleum Corp.
2008 Ed. (4372)
2007 Ed. (3866)
2006 Ed. (4333)
2005 Ed. (4384)
Credtio Italiano
2000 Ed. (557)
Cree Inc.
2007 Ed. (4556)
2006 Ed. (4285, 4579)
Cree Research Inc.
2006 Ed. (2396)
1995 Ed. (2796, 2797)
Creecy; David A.
1992 Ed. (2742)
Creepy Crawlers
1995 Ed. (3647)
Creganna Ltd.
2008 Ed. (1859)
Cregem International Bank
1993 Ed. (720)
Creighton University
2008 Ed. (1085, 3179, 3180)
2001 Ed. (1324)
2000 Ed. (1138)
1999 Ed. (1229)
1998 Ed. (800)
1997 Ed. (1055)
1996 Ed. (1039)
1995 Ed. (1054)
1994 Ed. (1046)
1993 Ed. (1019)
1992 Ed. (1271)
Cremation Society of New Hampshire
2007 Ed. (3212)
Creme de Grand Marnier
1999 Ed. (3201)
Creme of Nature
2001 Ed. (2656)
Creme rinse
2003 Ed. (2670)
2002 Ed. (2439)
Creme Savers
2008 Ed. (836, 839)
2006 Ed. (1006)
2005 Ed. (858, 859)
Cremer II; Max B.
2007 Ed. (4441)
Crenshaw Lumber
1996 Ed. (816, 822, 825)
Creo Inc.
2007 Ed. (2806, 2807, 2813)
2006 Ed. (2811, 2812, 2815, 2817)
2005 Ed. (2828)
1999 Ed. (151)
Creo Products Inc.
2003 Ed. (2939)
2002 Ed. (2507)
Creo/Young & Rubicam
2003 Ed. (146)
2002 Ed. (179)
2000 Ed. (169)
1997 Ed. (142)
Crescent Bank & Trust Co.
2005 Ed. (380)
1999 Ed. (440)
1998 Ed. (333)
1997 Ed. (497)
1996 Ed. (538)
Crescent Banking Co.
2006 Ed. (451, 452)
2005 Ed. (374, 522)
Crescent Communications
1999 Ed. (3926)
1998 Ed. (2941)
1997 Ed. (3188)
Crescent Court
1990 Ed. (2073)
Crescent Court Hotel, Dallas
1990 Ed. (2079)
Crescent Electric Supply Co.
2008 Ed. (2463)
2003 Ed. (2204, 2205)
Crescent Healthcare
2004 Ed. (2896)
2003 Ed. (2785)
Crescent Real Estate
1999 Ed. (3999, 4000, 4003, 4005)
Crescent Real Estate Equities Co.
2007 Ed. (4105)
2005 Ed. (4018)
1999 Ed. (4216)
Crescent Real Estate Equity Co.
2000 Ed. (3727)
Crescott
1991 Ed. (3332)
Cresline
1993 Ed. (2866)
Crest
2008 Ed. (3877, 3878, 3884, 4699, 4700)
2007 Ed. (3811, 3819, 4782)
2006 Ed. (35, 3800, 4775)
2005 Ed. (4721)
2004 Ed. (2153, 4743, 4745)
2003 Ed. (1994, 4763, 4766, 4767, 4768, 4770, 4771)
2002 Ed. (4638, 4639)
2001 Ed. (4572, 4575, 4576, 4578)
2000 Ed. (1655, 1656, 3319, 3506, 4264)
1999 Ed. (1829, 3772, 3773, 4616, 4617)
1998 Ed. (1254, 2803, 2804, 3582, 3583)
1997 Ed. (1588, 3059, 3061, 3764)
1996 Ed. (1524, 1525, 2983, 2985, 3709)
1995 Ed. (2901, 3628, 3630)
1994 Ed. (2812, 2814, 3552)
1993 Ed. (1469, 2814, 3589)
1992 Ed. (1781, 3400, 3403, 3404)
1991 Ed. (2714)
1990 Ed. (2808)
Crest Advanced Formula
1995 Ed. (3631)
Crest Baking Soda Toothpaste
1995 Ed. (1548)
Crest Complete
1997 Ed. (1587)
1996 Ed. (3708)
1995 Ed. (1548)
Crest Computers & Supplies
1995 Ed. (2589)
Crest Gum Care Toothpaste
1997 Ed. (1587)
Crest Hotels
1990 Ed. (2090)
Crest Multi Care Toothpaste
1999 Ed. (1826)
Crest Multicare
2008 Ed. (4699)
2003 Ed. (4767, 4768)
2002 Ed. (4638)
Crest Plus Scope
2004 Ed. (4741)
Crest Sensitive Protection Paste
1997 Ed. (3763, 3763)
Crest Spinbrush Classic
2004 Ed. (4741)
Crest Spinbrush Pro
2004 Ed. (4741)
Crest Tartar
1990 Ed. (1489)
Crest Tartar Control
1997 Ed. (3055, 3666)
1996 Ed. (3608)
1995 Ed. (3526, 3631)
Crest Tartar Control 6.4
1990 Ed. (1542)
Crest Tartar Control Tube 6.4 oz
1996 Ed. (3710)
Crest Toothpaste 6.4 oz
1996 Ed. (3710)
Crest Whitening
2008 Ed. (4699)
Crest Whitestrips
2004 Ed. (2128, 4741, 4743, 4744)
Cresta Holidays (Holdings) Ltd.
1994 Ed. (994)
Cresta Motors
1993 Ed. (291)
Crestanks Ltd.
2001 Ed. (87)
Crestar Asset Mgmt.
2000 Ed. (2804)
Crestar Bank
1998 Ed. (433)
1997 Ed. (451, 553, 643)
1995 Ed. (456, 632)
1994 Ed. (663, 665)
1993 Ed. (662)
1992 Ed. (862)
1991 Ed. (687)
1990 Ed. (713)
Crestar Bank NA
1996 Ed. (488, 708)
Crestar Financial
2000 Ed. (374, 375, 2486)
1999 Ed. (670, 4028)
1998 Ed. (268)
1997 Ed. (3286)
1995 Ed. (1878, 3365)
1994 Ed. (634, 3286)
1993 Ed. (3294)
1992 Ed. (521, 523, 836)
1991 Ed. (398, 663)
1990 Ed. (638)
1989 Ed. (622, 674)
Crestbrook Forest Industries
1993 Ed. (1739, 1740)
Crestcom International Ltd.
2008 Ed. (882, 4735)
2007 Ed. (4807)
2006 Ed. (3352)
2005 Ed. (905, 3374)
2004 Ed. (914, 3343)
2003 Ed. (3281)
2002 Ed. (2363, 3232)
Crested Butte Mountain Resort
2008 Ed. (4342)
2007 Ed. (4391)
2006 Ed. (4327)
2005 Ed. (4377)
2004 Ed. (4428)
2002 Ed. (4284)
Crested Butte State Bank
1993 Ed. (503)
Crestline Capital Corp.
2004 Ed. (2934, 2935)
2003 Ed. (2844)
2002 Ed. (1567, 1722, 2630, 2638)
Crestline Homes
2007 Ed. (3625)
2004 Ed. (1202)
2003 Ed. (1197)
2000 Ed. (3592)
1999 Ed. (3871, 3872)
1998 Ed. (2899, 2900)
1997 Ed. (3154)
Crestline Hotels & Resorts
2008 Ed. (3065)
2007 Ed. (2936)
Creston plc
2008 Ed. (1209)
2006 Ed. (2069)
Crestone Capital Advisors
2008 Ed. (3402)
2007 Ed. (3283)
Crestone Capital Management
1998 Ed. (2277)
Crestor
2007 Ed. (3910)
2006 Ed. (2312, 3881, 3882)
Crestwood Community Credit Union
2004 Ed. (1931)
Creswell, Munsell, Fultz & Zirbel
2001 Ed. (211)
1999 Ed. (42)
1998 Ed. (37)
1997 Ed. (51)
1996 Ed. (56)
1995 Ed. (35)
1994 Ed. (63)
1990 Ed. (3079)
1989 Ed. (59)
Cretabank
2000 Ed. (541, 542)
1999 Ed. (532)
Crete Carrier Corp.
2008 Ed. (4744, 4764, 4773)
2007 Ed. (4817, 4850)
2006 Ed. (4800, 4808, 4833)

2005 Ed. (2689, 4753, 4761, 4762, 4763)
2004 Ed. (4789)
2003 Ed. (4795, 4802)
2002 Ed. (4690, 4694)
2000 Ed. (4312, 4315, 4319)
1999 Ed. (4684, 4685, 4689)
1998 Ed. (3635, 3640, 3641)
1995 Ed. (3671, 3673)
1994 Ed. (3591)
1993 Ed. (3636)
Crevier BMW
2008 Ed. (285, 286)
1996 Ed. (265)
1995 Ed. (264)
1994 Ed. (262)
1993 Ed. (293)
1992 Ed. (408)
1991 Ed. (303)
1990 Ed. (336)
Crew Gold
2007 Ed. (4577)
Crew; J.
1996 Ed. (885)
1991 Ed. (3247)
CREW Technical Services
2007 Ed. (3554)
2006 Ed. (3512)
Crews & Associates Inc.
2001 Ed. (948)
Crews; Terrell
2008 Ed. (962)
Crews; Terrell K.
2007 Ed. (2498)
CRH
2006 Ed. (1814)
2000 Ed. (1485, 2865, 2866)
1992 Ed. (1877, 1878)
1991 Ed. (1476, 1477)
CRH plc
2008 Ed. (752, 1188, 1406, 1751, 1857, 1858, 3556, 3565)
2007 Ed. (780, 1288, 1290, 1821, 1822, 1823)
2006 Ed. (1815, 3226, 3386)
2004 Ed. (1540, 1762)
2002 Ed. (1695, 1696, 1697, 3028, 3029, 4512)
2001 Ed. (1755, 1756)
2000 Ed. (1484, 3037)
1999 Ed. (1684, 1685, 3117, 3118, 3300)
1997 Ed. (1457, 2574, 2575, 2707)
1996 Ed. (1401, 2431, 2432, 2567)
1995 Ed. (1437)
1994 Ed. (1405, 1578, 1579, 2437)
1993 Ed. (1352, 1533, 1534, 2499)
1992 Ed. (1651, 1652)
1990 Ed. (1387)
CRI Inc.
1994 Ed. (3014)
1993 Ed. (238)
1991 Ed. (247)
CRI Insd. Invts.
1990 Ed. (2966)
CRI Insd. Mtg.
1990 Ed. (2967)
CRI Liquidating Real Estate Investment Trust
1992 Ed. (3616, 3628)
Cribari
1996 Ed. (3835, 3856, 3860)
1990 Ed. (3693)
1989 Ed. (2945)
Cribari Dessert
2004 Ed. (4950)
2003 Ed. (4946)
2002 Ed. (4922)
2001 Ed. (4842)
Cribari Vermouth
2004 Ed. (4833)
2003 Ed. (4850)
The Crichton Muir Partnership
1996 Ed. (3127)
CricInfo
2003 Ed. (3053)
Cricket Communications Inc.
2008 Ed. (2035)
2006 Ed. (1680)
Criimi Mae Inc.
2006 Ed. (2113)
2005 Ed. (4673)
Crime
2000 Ed. (4218)
1990 Ed. (276)
Crime Prevention Association
1991 Ed. (929)
1990 Ed. (977)
Criminal justice
1997 Ed. (1645)
Criminal records check
2001 Ed. (3037)
Crimson Exploration Inc.
2007 Ed. (3853, 3854)
Crimson Tide Ltd.
2002 Ed. (2494)
1997 Ed. (2817)
Crisan
2001 Ed. (2650)
Crisco
2003 Ed. (3683, 3684, 3686)
Crisoba
1999 Ed. (3398)
Crisp Computing Ltd.
2002 Ed. (2499)
Crisp Hughes Evans
2000 Ed. (19)
1999 Ed. (23)
Crisp Hughes Evans LLP
2005 Ed. (10)
2004 Ed. (14)
2003 Ed. (8)
2002 Ed. (22, 23)
Crispers
2008 Ed. (4165)
Crispin Energy
2006 Ed. (4594)
Crispin Odey
2008 Ed. (4897, 4902)
Crispin Porter & Bogusky Advertising
2002 Ed. (108)
Crispin Porter + Bogusky
2004 Ed. (129, 130)
2003 Ed. (172)
2002 Ed. (183)
Crispix
1995 Ed. (915)
Crisps
1992 Ed. (4007)
Crissey Fowler
1995 Ed. (849)
Cristal
2001 Ed. (66)
Cristal Geyser
1997 Ed. (698)
Cristaline
2002 Ed. (757)
Cristensen Lumber
1997 Ed. (833)
Cristina
2007 Ed. (2847)
2006 Ed. (2856)
2005 Ed. (3360)
2000 Ed. (4086)
1993 Ed. (3531)
Cristina Siletto
2006 Ed. (4984)
Cristobal
1992 Ed. (1392)
Cristophe
2007 Ed. (2758)
Critical Care America Inc.
1997 Ed. (1261)
1994 Ed. (2075)
1993 Ed. (2017, 2055)
Critical Care Congress
2005 Ed. (4730)
Critical Industries
1990 Ed. (1966, 3296)
1989 Ed. (1566, 1570, 1571, 2497, 2498, 2500)
Critical Path
2001 Ed. (4451, 4452)
Critical Research Group
2002 Ed. (3256)
Critical Software SA
2007 Ed. (1962)
2006 Ed. (1998)
Crittenden County Jail
1994 Ed. (2935)
Crittenden; Gary
2006 Ed. (991)
2005 Ed. (985)
Critter Control Inc.
2008 Ed. (3889)
2007 Ed. (3828)
2006 Ed. (3813)
2005 Ed. (766)
2004 Ed. (3813)
2003 Ed. (3800)
2002 Ed. (3645)
CRK
1989 Ed. (55)
CRM Small Cap Value Fund
2003 Ed. (3542)
CRN
2008 Ed. (146, 147, 148, 149, 811, 4718)
2007 Ed. (163, 165, 4799)
2006 Ed. (4783)
2005 Ed. (142, 143, 144, 826)
2004 Ed. (145, 146)
CRN/Computer Reseller News
1994 Ed. (2795)
1993 Ed. (2799)
Croatia
2008 Ed. (2203, 3160)
2007 Ed. (2093, 4198)
2006 Ed. (2149, 4770)
2005 Ed. (2055, 2534)
2004 Ed. (1920, 4750)
2003 Ed. (488)
2002 Ed. (1813)
2001 Ed. (1948)
2000 Ed. (1611)
1999 Ed. (1782, 2067)
Croatia Banka
2002 Ed. (547)
1999 Ed. (498)
Croatia Banka dd
1997 Ed. (444, 445)
1996 Ed. (481)
Croatian Bourse Equity Index
2008 Ed. (4502)
Crocker National Bank
1991 Ed. (412)
Crocker National; Wells Fargo/
1991 Ed. (1145)
Crocker Realty Investors Inc.
1997 Ed. (2020)
Crocodile Dundee
1993 Ed. (3536)
1992 Ed. (4249)
1991 Ed. (3448)
Crocodile Dundee II
1991 Ed. (3449)
Croda International
2008 Ed. (930)
2007 Ed. (955, 956)
2006 Ed. (866, 867)
2005 Ed. (959)
Croft-Leominster Income
2008 Ed. (597)
Croissant Pockets
2008 Ed. (2786)
1998 Ed. (1726, 2668)
Croissants
1998 Ed. (255)
Crompton Corp.
2006 Ed. (848)
2005 Ed. (939, 1467)
2004 Ed. (949, 4097)
2003 Ed. (933, 4070)
2002 Ed. (3965)
2001 Ed. (1213)
Crompton & Knowles
2000 Ed. (1038)
1999 Ed. (1080, 3708)
1998 Ed. (714, 1022)
1997 Ed. (974)
1995 Ed. (974)
1994 Ed. (942)
1990 Ed. (965)
1989 Ed. (897)
Cromwell Architects Engineers Inc.
2008 Ed. (2514)
Cromwell Partners
2002 Ed. (2175)
Cronus Technologies Inc.
2008 Ed. (2929)
2007 Ed. (2803)
Crookes Healthcare Ltd.
2002 Ed. (50)
Crop production
2007 Ed. (3716)
Cropper Public Relations; Maureen
1995 Ed. (3017)
Cropton & Knowles
1996 Ed. (951)
Crosbie; Harry
2005 Ed. (4884)
Crosbie Warren Sinclair
2004 Ed. (6)
Crosby
1997 Ed. (743, 750, 751, 752, 754, 755, 756, 757, 759, 760, 761, 762, 764, 765, 766, 767, 768, 769, 783, 784, 785, 786, 787, 793, 794, 795, 796, 797, 798, 799, 800, 801, 802, 803, 804, 805, 806, 807, 808, 809, 811, 812, 818, 819, 822)
1995 Ed. (764, 770, 771, 772, 773, 774, 775, 776, 777, 778, 779, 781, 784, 785, 786, 787, 789, 801, 802, 803, 804, 805, 811, 812, 813, 814, 815, 817, 818, 819, 821, 822, 823, 824, 825, 826, 827, 828, 829, 830, 831, 837, 838, 839, 840, 841)
1993 Ed. (1639, 1640, 1643, 1645, 1647)
Crosby & Overton Inc.
1995 Ed. (1718)
1994 Ed. (2892)
Crosby-Brownlie Inc.
2005 Ed. (1907)
Crosby, Heafey, Roach & May
1993 Ed. (2404)
1992 Ed. (2845)
1991 Ed. (2292)
Crosby Marketing Communications
2005 Ed. (3965, 3978)
Crosby Securities
1997 Ed. (1957)
1996 Ed. (1851)
1994 Ed. (781)
Crosby, Stills, Nash & Young
2002 Ed. (1162, 1163)
Croscill
2006 Ed. (2950)
1996 Ed. (3676)
1991 Ed. (1389)
Croscill Home
2007 Ed. (580, 585, 4964)
Crosland Contractors
1996 Ed. (1100)
Crosman Corp.
2008 Ed. (3573)
Cross
2008 Ed. (552)
Cross & Trecker
1993 Ed. (3378)
1992 Ed. (4058, 4072)
Cross Colours
1994 Ed. (714)
Cross-Continent Auto Retailers
2001 Ed. (448, 449, 450)
2000 Ed. (332)
Cross Country
1997 Ed. (872, 3914)
Cross Country Energy LLC
2006 Ed. (1420)
Cross Country Healthcare
2008 Ed. (4494)
2006 Ed. (4456)
2001 Ed. (3554)
2000 Ed. (3358)
1997 Ed. (2954)
1996 Ed. (2857)
Cross Country Nurses & Recruitment
1995 Ed. (2800)
Cross Country Staffing Recruitment
2001 Ed. (3555)
2000 Ed. (3359)
Cross Country Wireless Cable
1995 Ed. (3777)
Cross Creek
1992 Ed. (1228)
Cross Current
1997 Ed. (3178)
1995 Ed. (2999)
Cross Match Technologies Inc.
2005 Ed. (3903, 4284)
Cross Media Marketing Corp.
2004 Ed. (236)
Cross-Midwest Tire
2007 Ed. (4755)

Cross Research
2007 Ed. (3274)
Cross Road Chrysler-Jeep Inc.
2004 Ed. (167)
Cross Roads Savings
1990 Ed. (3125, 3134)
Cross Systems
2001 Ed. (435)
Cross Timbers
2002 Ed. (2123)
Cross Timbers Oil
2002 Ed. (1549)
Cross Timbers Royalty Trust
2008 Ed. (3906)
Cross Townsend
2000 Ed. (3425)
Cross-training
2001 Ed. (422)
Cross-training shoes
2001 Ed. (426)
1993 Ed. (257)
Crossair
2003 Ed. (1080)
2001 Ed. (333)
1989 Ed. (242)
Crossbeam Systems
2006 Ed. (4266)
Crossbow Technology
2006 Ed. (1102)
CrossCountry Energy
2006 Ed. (1453)
Crossett Paper Mills Employees Credit Union
2008 Ed. (2219)
2007 Ed. (2104)
2006 Ed. (2183)
2005 Ed. (2088)
2004 Ed. (1947)
2003 Ed. (1907)
2002 Ed. (1848)
CrossLand
1990 Ed. (3061)
Crossland Construction Co.
2008 Ed. (2961, 4251, 4252)
2007 Ed. (1336, 1376, 1389)
2006 Ed. (1171)
2005 Ed. (1175, 4149)
2002 Ed. (2555)
2001 Ed. (2709)
2000 Ed. (1272)
1999 Ed. (1382)
1998 Ed. (960)
1995 Ed. (1147)
CrossLand Federal Savings Bank
1997 Ed. (3749)
1996 Ed. (3691)
Crossland Mortgage Co.
2001 Ed. (3348)
1997 Ed. (2809)
CrossLand Mortgage/First Security Bank
2002 Ed. (3384)
Crossland Savings
1995 Ed. (353, 3614)
1992 Ed. (1551, 1552, 1553, 1556, 1558, 1560, 3772, 3779, 3783, 3787, 3788, 3790, 3796, 4146, 4285, 4287, 4289)
1991 Ed. (2588, 3224, 3361, 3367, 3382)
1990 Ed. (3105, 3574, 3579, 3589)
1989 Ed. (639, 2361)
CrossLand Savings, FSB
1993 Ed. (1256, 1257, 1258, 1259, 1260, 1261, 1262, 1263, 1267, 3071, 3072, 3078, 3079, 3080, 3081, 3083, 3086, 3087, 3095, 3569, 3570, 3572)
1992 Ed. (4293)
1991 Ed. (3381)
1990 Ed. (3583)
1989 Ed. (2822, 2824, 2825, 2831)
CrossLand Savings FSB (Brooklyn, NY)
1991 Ed. (3364)
Crosslin
1997 Ed. (834)
Crossman Communities
2004 Ed. (1180, 1186)
2001 Ed. (1388)
Crossmann Communities
2004 Ed. (1157, 1159)
2003 Ed. (1152, 1154, 1156)
2002 Ed. (1181, 1184, 1193, 1201)
2000 Ed. (1209, 1217)
1998 Ed. (906)
Crosspoint Venture Partners
1999 Ed. (4706)
1998 Ed. (3666)
1995 Ed. (3695)
1994 Ed. (3621)
Crossroads Community Church
2008 Ed. (4137)
Crossroads Investment
1998 Ed. (2259)
Crossroads Systems, Inc.
2003 Ed. (2733)
Crosstex Energy Inc.
2008 Ed. (3901)
2007 Ed. (1554, 3884)
2006 Ed. (3857)
Crosstex Energy Services
2005 Ed. (2722)
Crosstown Holding Co.
2007 Ed. (462)
Crossways/Gateways
1991 Ed. (2023)
1990 Ed. (2179)
Crosswinds Communities
2008 Ed. (1199)
2006 Ed. (1189, 1190)
2005 Ed. (1194)
2004 Ed. (1166)
2003 Ed. (1160)
2002 Ed. (1188)
2001 Ed. (1390)
2000 Ed. (1212, 3718)
1998 Ed. (873, 901)
Crothall Healthcare
2000 Ed. (2500)
Crothall Services Group
2006 Ed. (2768, 2778, 2954, 3240)
2005 Ed. (2797, 2887, 2888, 2958, 3253, 3665)
2003 Ed. (2801, 2802)
2002 Ed. (2596)
2001 Ed. (2810)
Crotty Center for Entrepreneurial Leadership; L. William
2008 Ed. (774)
Croudace Holdings Ltd.
1994 Ed. (1000)
1990 Ed. (1032)
Crouse-Hinds ECM
1992 Ed. (2973)
Croutons
2003 Ed. (376)
2002 Ed. (431)
1996 Ed. (2041)
Crow-Burlingame Co.
2005 Ed. (311)
Crow Holdings Industrial Trust
2005 Ed. (1546, 1550)
2004 Ed. (4089)
2003 Ed. (2888, 4063)
2001 Ed. (4001, 4016)
Crow Residential; Trammell
1992 Ed. (1364)
Crow Wing Power Credit Union
2008 Ed. (2212)
2006 Ed. (2160, 2161, 2168)
Crowder Construction Co.
2005 Ed. (1309)
Crowe Chizek
2000 Ed. (2)
1997 Ed. (4)
Crowe Chizek & Co.
2008 Ed. (1796, 1974, 2003, 2103)
2001 Ed. (814)
2000 Ed. (1)
1999 Ed. (2)
1998 Ed. (6)
Crowe, Chizek & Co. LLP
2006 Ed. (13)
2005 Ed. (8)
2004 Ed. (12)
2003 Ed. (6)
2002 Ed. (7, 12, 19)
Crowe Group
2008 Ed. (7)
2007 Ed. (9)
Crowe; James Q.
2006 Ed. (1097, 1098)
2005 Ed. (1103)
Crowell Advertising, Marketing & PR
2006 Ed. (128)
Crowell & Moring
2007 Ed. (3326)
1993 Ed. (2406)
1992 Ed. (2847)
1991 Ed. (2294)
Crowell Industries
1992 Ed. (1361)
Crowell; J.B.
1992 Ed. (532)
Crowell Weedon & Co.
2002 Ed. (838)
2000 Ed. (885)
1999 Ed. (904)
1998 Ed. (529)
1997 Ed. (782)
1996 Ed. (809)
1995 Ed. (800)
Crowley
1996 Ed. (1977)
1995 Ed. (1946)
1993 Ed. (1907)
Crowley American Transport
2004 Ed. (2541)
2003 Ed. (1226, 1227, 2422, 2423)
Crowley Foods
2003 Ed. (4493)
Crowley Liner Services
2004 Ed. (2557, 4857)
2003 Ed. (1225, 2418)
Crowley Marine Services Inc.
2006 Ed. (4894)
Crowley Maritime Corp.
2008 Ed. (4818, 4819)
2007 Ed. (4887)
2006 Ed. (4894, 4895)
2005 Ed. (3910, 4841, 4842)
2004 Ed. (1360, 4857, 4858)
2003 Ed. (4876, 4877)
2002 Ed. (3564)
2001 Ed. (4626, 4627)
1990 Ed. (1023)
Crowley Milner
1999 Ed. (1056)
Crown
2001 Ed. (4639)
Crown America Bond Inc.
1989 Ed. (260)
Crown American Corp.
1994 Ed. (3004, 3021, 3301)
1993 Ed. (3303, 3304, 3310, 3311, 3316)
1992 Ed. (3209)
1991 Ed. (2810, 3117, 3118, 3124, 3125)
1990 Ed. (3283, 3285, 3286, 3288, 3289)
Crown Andersen
1993 Ed. (2009)
Crown Berger Ireland Ltd.
2003 Ed. (1725)
Crown Beverage Packaging Inc.
2003 Ed. (1809)
2001 Ed. (1833)
Crown Books Corp.
2001 Ed. (991)
1994 Ed. (733)
Crown Bottlers
2008 Ed. (96)
Crown Castle International Corp.
2007 Ed. (4704)
2006 Ed. (4685)
2005 Ed. (4984)
Crown Castle U.K. Ltd.
2006 Ed. (1431)
Crown Center Area, KS
1996 Ed. (1603)
Crown Central
2000 Ed. (2245)
1994 Ed. (1419)
Crown Central Petroleum
1998 Ed. (984)
1993 Ed. (1366)
Crown Comm
1990 Ed. (3464)
Crown Coor Inc.
1991 Ed. (1084)
Crown Cork & Seal Co., Inc.
2008 Ed. (3662, 3663)
2007 Ed. (3491, 3492)
2006 Ed. (3466, 3467)
2005 Ed. (1525, 3457)
2004 Ed. (690, 1227, 1228, 1232, 1233, 1509, 3443, 3444, 3681, 4578)
2003 Ed. (687, 1223, 1479, 1811, 3380)
2002 Ed. (1458, 3309, 3316, 3317)
2001 Ed. (718, 1454, 1455, 1456, 1834, 3278, 3279, 3286)
2000 Ed. (1244, 1534, 3084, 3085, 3397, 3540)
1999 Ed. (1347, 1723, 3347, 3348, 3682)
1998 Ed. (928, 929, 930, 1037, 1047, 1186, 2468, 2469, 2731, 2845, 3184)
1997 Ed. (1144, 1145, 1270, 2752, 2753)
1996 Ed. (1117, 1118, 2609, 2610)
1995 Ed. (1143, 1144, 2547, 2548)
1994 Ed. (1127, 1128, 1129, 1225, 2479, 2481)
1993 Ed. (1109, 1110, 2535, 2537, 2851)
1992 Ed. (1048, 1381, 1382, 1383, 1388, 1514, 1522, 1597, 3027, 3029)
1991 Ed. (1070, 1071, 1072, 2419, 2421, 2738)
1990 Ed. (1188, 1190, 2541, 2542)
1989 Ed. (1008, 1945, 1947)
Crown Cork & Seal Co. Inc. Retirement Trust
1997 Ed. (3029)
1996 Ed. (2949)
1995 Ed. (2874)
Crown Corr Inc.
2008 Ed. (1264)
2007 Ed. (1368)
2006 Ed. (1292)
2005 Ed. (1320)
2004 Ed. (1314)
2003 Ed. (1314)
2002 Ed. (1297)
2001 Ed. (1481)
2000 Ed. (1267)
1999 Ed. (1375)
1998 Ed. (954)
1997 Ed. (1168)
1996 Ed. (1138)
1995 Ed. (1164)
1993 Ed. (1130)
1992 Ed. (1417)
Crown Crafts
2000 Ed. (2585)
1996 Ed. (3676)
1994 Ed. (3517, 3518)
1992 Ed. (4270, 4276, 4277)
1991 Ed. (1389, 3349, 3350)
Crown Disposal
2006 Ed. (4060)
1998 Ed. (3030)
1997 Ed. (3277)
1996 Ed. (3176)
1995 Ed. (3080)
Crown Equipment
2005 Ed. (1829)
2004 Ed. (4802)
2003 Ed. (1725, 4815)
2002 Ed. (2323)
2001 Ed. (1755)
Crown Financial Ministries
2008 Ed. (4135)
Crown Forest Industries
1991 Ed. (748, 1764)
Crown Group Inc.
2004 Ed. (2771)
Crown Holdings Inc.
2008 Ed. (1219, 1530, 3662, 3663, 4778)
2007 Ed. (1330, 1331, 1332, 1333, 3491, 4567, 4855)
2006 Ed. (1221, 1222, 1223, 1224, 1225, 1226, 1530, 3466, 3467, 4587, 4852)
2005 Ed. (1261, 1262, 1264, 1266, 1268, 1269, 1641, 3457, 3458)
2004 Ed. (1230, 1608)
Crown International
1994 Ed. (2589)
Crown Jaguar
1996 Ed. (275)

1994 Ed. (272)
1993 Ed. (273)
1992 Ed. (387)
1991 Ed. (282)
Crown; Lester
2008 Ed. (4823)
2007 Ed. (4893)
2006 Ed. (4898)
2005 Ed. (4847)
1989 Ed. (732, 1986)
Crown Life Assurance Co.
1996 Ed. (2326)
Crown Life, Canada
1989 Ed. (1683)
Crown Life Insurance Co.
1999 Ed. (2959)
1997 Ed. (2455)
1995 Ed. (2304, 2311)
1993 Ed. (2228)
1992 Ed. (2672, 2673, 2783)
1991 Ed. (2110)
1990 Ed. (2241)
Crown Life (U.S. grp.), Ontario
1989 Ed. (2147)
Crown Media Holdings Inc.
2008 Ed. (4530)
2005 Ed. (839, 840)
2003 Ed. (826, 1642)
2002 Ed. (1624)
Crown Pacific LP
2005 Ed. (2671, 2672)
2004 Ed. (2679)
2003 Ed. (2543)
2001 Ed. (2502)
Crown Pacific Partners LP
2006 Ed. (2656, 2657)
2005 Ed. (2671, 2672)
2004 Ed. (2679, 2680)
2003 Ed. (2543, 2544)
2001 Ed. (2502, 2503)
Crown Plaza Los Angeles Airport
1999 Ed. (2794)
Crown Publishing
1989 Ed. (743)
Crown Roofing Services Inc.
2008 Ed. (3712, 4398)
2006 Ed. (3516, 4355)
Crown Royal
2008 Ed. (241, 242)
2007 Ed. (262)
2006 Ed. (252, 254, 255)
2005 Ed. (235)
2004 Ed. (229, 3279, 3284, 4890, 4907)
2003 Ed. (263, 3225, 3230, 4900, 4918)
2002 Ed. (278, 296, 3130, 3131, 3134, 3144, 3145, 3146, 3147, 3148, 3156, 3163, 3164, 3165, 3166, 3173, 3175, 3177, 3180)
2001 Ed. (3118, 3131, 3133, 3134, 3135, 3139, 3141, 3144, 3148, 4801, 4802)
2000 Ed. (2949, 2968, 2969, 2974, 2977)
1999 Ed. (3228, 3231, 3241, 3242, 3244)
1998 Ed. (2374, 2387, 2389, 2390)
1997 Ed. (2654, 2658, 2659, 2662, 2663, 2667)
1996 Ed. (2515, 2519, 2520, 2522)
1995 Ed. (2455, 2466, 2470, 2471, 2473)
1994 Ed. (2374, 2385, 2389, 2390)
1993 Ed. (2433, 2435, 2445, 2447, 2448, 2450)
1992 Ed. (2867, 2868, 2871, 2883, 2885)
1991 Ed. (2315, 2319, 2322, 2324, 2326, 2328, 2329, 2332)
1990 Ed. (2453, 2454, 2456, 2458, 2461)
Crown Royal Canadian Whiskey
2008 Ed. (243)
Crown Royal Special Reserve
2004 Ed. (4907)
2003 Ed. (4900)
2002 Ed. (3180)
2001 Ed. (3148)
Crown-Simplimatic Business
1999 Ed. (3293)
Crown Sterling Suites
1997 Ed. (2293)
1996 Ed. (2175, 2179)
1994 Ed. (2116)
1993 Ed. (2086)
Crown Trophy Inc.
2008 Ed. (879)
2007 Ed. (904)
2006 Ed. (817)
2005 Ed. (902)
2004 Ed. (911)
2003 Ed. (892)
2002 Ed. (957)
Crown Vantage
1998 Ed. (2747)
1997 Ed. (2987)
Crown Victoria
2001 Ed. (495, 3393)
Crowne Plaza
2001 Ed. (2789)
Crowne Plaza Laguardia
1998 Ed. (2008)
Crowne Plaza Philadelphia, Center City
2000 Ed. (2576)
CrownPeak Technology
2007 Ed. (3057)
2006 Ed. (3024)
Crowson Ltd.; Derek
1994 Ed. (996)
Crowther Group PLC; John
1991 Ed. (3356)
Crowther Roofing & Sheet Metal of Florida Inc.
2008 Ed. (1263)
2007 Ed. (1367)
Croxley Group PLC
1992 Ed. (1197)
Crozar-Keystone Health System
2000 Ed. (1653)
Crozer-Keystone Health System
2000 Ed. (2533)
1999 Ed. (1824, 2753)
1998 Ed. (1253, 1996)
1992 Ed. (2463)
Crozer-Keystone Home Health Services
1999 Ed. (2708)
CRR Holdings LLC
2008 Ed. (4098, 4099)
CRS Engineering INc.
2008 Ed. (2512)
CRS Sirrine Inc.
1990 Ed. (280, 1183, 1666)
CRSA Inc.
1998 Ed. (2055, 3099)
CRSS Inc.
1996 Ed. (234, 1665, 1671)
1995 Ed. (237, 1140, 1149, 1181, 1186, 1191, 1682, 1689, 1692)
1994 Ed. (235, 1109, 1123, 1125, 1131, 1135, 1136, 1160, 1163, 1168, 1636, 1643, 1650)
1993 Ed. (246, 1085, 1100, 1101, 1102, 1114, 1115, 1119, 1143, 1145, 1146, 1601, 1602, 1605, 1608, 1610, 1618)
1992 Ed. (355, 1357, 1376, 1401, 1402, 1407, 1948, 1955, 1966, 3939)
1991 Ed. (1068, 1069, 1073, 1074, 1550, 1551, 1560, 1562)
1990 Ed. (1664)
CRSS Construction
2000 Ed. (1200)
1995 Ed. (1141)
1989 Ed. (1000)
CRSS Constructors
1999 Ed. (1321)
1998 Ed. (891)
1995 Ed. (1124)
CRST Inc.
1992 Ed. (4355)
CRST International Inc.
2008 Ed. (4744, 4764, 4773)
2007 Ed. (4817, 4850)
2006 Ed. (4800)
2005 Ed. (4753)
2004 Ed. (4780)
1994 Ed. (3601)
CRT, Custom Products Inc.
2008 Ed. (3733, 4428, 4983)
2006 Ed. (3540)
Crucible Specialty Metals
1992 Ed. (2973)
Cruddas; Peter
2008 Ed. (2595, 4907)
2007 Ed. (2462, 4933)
2005 Ed. (2463)
Crude materials
1992 Ed. (2086, 2087)
Crude oil
2008 Ed. (1094)
2003 Ed. (3757)
2001 Ed. (1332)
1999 Ed. (2565)
1996 Ed. (1735, 2872)
1995 Ed. (2813)
1994 Ed. (1733, 1939, 2699)
1993 Ed. (1727, 1914, 1916, 2744)
1990 Ed. (1871, 2742)
Crude Oil, NYMEX
1996 Ed. (1996)
Crude oil production
2008 Ed. (1821, 1822, 1823, 1824)
2001 Ed. (3655)
Crude petroleum
1992 Ed. (2073, 2084)
Crude petroleum and products
1991 Ed. (1637)
Cruex
1993 Ed. (255)
1992 Ed. (365)
Cruikshank; Thomas H.
1995 Ed. (1732)
Cruise & Travel Masters
2006 Ed. (3542)
Cruise Holidays
2004 Ed. (4800)
2003 Ed. (4813)
Cruise Holidays International
2008 Ed. (4761)
2007 Ed. (4840)
2006 Ed. (4826)
2005 Ed. (4774)
Cruise Planners
2007 Ed. (4840)
2006 Ed. (4826)
2005 Ed. (904, 4774)
2004 Ed. (913, 4800)
2003 Ed. (893, 4813)
Cruise Planners Franchising LLC
2008 Ed. (4761)
Cruise ships
1996 Ed. (2473)
Cruise; Tom
2008 Ed. (2579, 2580)
2007 Ed. (2451)
2006 Ed. (2488)
1990 Ed. (2504)
CruiseOne Inc.
2008 Ed. (4761)
2007 Ed. (4840)
2006 Ed. (4826)
2005 Ed. (4774)
2004 Ed. (4800)
2003 Ed. (889, 4813)
2002 Ed. (4676)
Cruiser
1998 Ed. (2542)
Cruises
1997 Ed. (1118)
Crum & Forster Cos.
1994 Ed. (2248)
1993 Ed. (2203)
1990 Ed. (2228, 3708)
1989 Ed. (1675, 1677, 1678, 1734, 2975)
Crum & Forster Managers Group
1994 Ed. (2241)
1993 Ed. (2192)
1991 Ed. (2088)
Crum & Forter Cos.
1995 Ed. (2291)
Crumb & Colby Co. Inc.
1992 Ed. (2649)
Crummy, Del Deo, Dolan, Griffinger & Vecchione
1999 Ed. (3155)
1998 Ed. (2331)
1997 Ed. (2599)
1995 Ed. (2419)
1993 Ed. (2401)
1992 Ed. (2843)
1991 Ed. (2289)
Crummy, Del Deo, Dolan, Griffinger & Vecchione P.C.
2000 Ed. (2900)
Crummy, DelDeo, Dolan, Griffinger & Vecchione P.C.
1994 Ed. (2354)
Crump Cos. Inc.
1995 Ed. (1246)
Crump E & S Group
1991 Ed. (2089)
Crump Insurance Services Inc.
2008 Ed. (3245)
2006 Ed. (3076)
2005 Ed. (3075)
2004 Ed. (3064)
2002 Ed. (2854)
Crunch
1995 Ed. (890, 895)
1994 Ed. (846, 848, 850)
1992 Ed. (1042)
1991 Ed. (847)
1990 Ed. (892)
Crunch N Munch
2008 Ed. (4008)
2007 Ed. (3991)
2006 Ed. (3933)
1995 Ed. (2955)
Crunch'N Munch
1989 Ed. (856, 857)
Crunchy Nut Corn Flakes
1994 Ed. (884)
1992 Ed. (1075)
Crunchy Nut Cornflakes
1996 Ed. (892)
Crunchy Nut; Kellogg's
2008 Ed. (718)
Crusade of Mercy
1992 Ed. (3268)
Crusader Holding Corp.
2003 Ed. (519)
Crusader Holdings
1993 Ed. (2059)
Crusader International Management Ltd.
2000 Ed. (980)
Crusader International Management (Cayman) Ltd.
2001 Ed. (2921)
1999 Ed. (1030)
1997 Ed. (899)
1996 Ed. (878)
1995 Ed. (904)
Crush
1989 Ed. (2516)
Crutchfield
2005 Ed. (2358)
Crutchfield.com
2008 Ed. (2443)
2007 Ed. (2317)
2006 Ed. (2379)
Cruz del Sur
2008 Ed. (3255)
2007 Ed. (3110)
Cruz; Zoe
2008 Ed. (2636, 4950)
2007 Ed. (2506, 4974)
2006 Ed. (2526, 4974)
Cruzan
2005 Ed. (4158)
1991 Ed. (2906)
1990 Ed. (3067)
Cruzan International Inc.
2007 Ed. (3430)
Cruzan Rum
2004 Ed. (4230)
2003 Ed. (4207)
2002 Ed. (4070)
Cruzcampo
2008 Ed. (545)
1992 Ed. (942)
CRV; Honda
2005 Ed. (4426)
Crvena Zvezda Skopje
2002 Ed. (4442)
CRW Graphics
2006 Ed. (3970)
CRX/Digilog
1993 Ed. (3697)
A Cry for Help: The Tracey Thurman Story
1992 Ed. (4251)

Cryder; Ralph
1992 Ed. (3139)
Crye-Leike Inc.
2008 Ed. (4110)
2007 Ed. (4077)
2006 Ed. (4037)
2005 Ed. (4002)
Crye-Leike Franchises Inc.
2008 Ed. (4111)
Cryner; Bobbie
1995 Ed. (1120)
CryoCor Inc.
2007 Ed. (4287)
Cryovac Inc.
2008 Ed. (3996)
2007 Ed. (3972)
2006 Ed. (3918)
2005 Ed. (3853)
2004 Ed. (3907)
2003 Ed. (3890)
1998 Ed. (2874)
Cryovac Division
2001 Ed. (3817)
Cryovac Rigid Packaging
2001 Ed. (4520)
CryptoLogic
2008 Ed. (1132)
2007 Ed. (1234, 2816)
2006 Ed. (1128)
2003 Ed. (2707, 2932, 2935)
2002 Ed. (2503)
Crystal
2008 Ed. (108, 3729)
2001 Ed. (93)
1997 Ed. (698)
Crystal Bay
2000 Ed. (782)
Crystal Bay, NV
2006 Ed. (2972)
Crystal Brands Inc.
1996 Ed. (384, 385, 386)
1995 Ed. (1032, 1318, 1328, 2768)
1994 Ed. (1022, 1024, 1028, 1291, 1308, 1310, 2667)
1993 Ed. (990, 992, 996)
1992 Ed. (1220, 1222, 1224, 1225)
1991 Ed. (981, 984, 1211)
Crystal Breath
2000 Ed. (811)
Crystal City Marriott
1996 Ed. (2173)
1991 Ed. (217)
Crystal City Marriott Hotel
1997 Ed. (221, 2287)
1995 Ed. (198)
1992 Ed. (312)
1990 Ed. (244)
1989 Ed. (253)
Crystal Comfort
1997 Ed. (2644)
1996 Ed. (2501)
Crystal Decisions
2006 Ed. (1429)
2005 Ed. (1549, 2343)
Crystal Farms
2008 Ed. (820, 821, 822, 899, 901)
2003 Ed. (820, 823, 924, 925)
2001 Ed. (1080, 1166, 1170, 1945)
2000 Ed. (1014, 1016, 1634, 1636, 4147, 4157, 4158)
1996 Ed. (921)
1995 Ed. (946)
Crystal Gateway Marriott
2000 Ed. (2541)
Crystal Geyser
2008 Ed. (4492)
2007 Ed. (671, 672, 673)
2005 Ed. (734, 736)
2004 Ed. (754)
2003 Ed. (731, 732)
2002 Ed. (702, 752, 753)
2001 Ed. (995, 996, 1001)
2000 Ed. (781, 784)
1999 Ed. (765, 768, 4510)
1998 Ed. (480, 483)
1997 Ed. (695, 696, 3661)
1994 Ed. (688)
1993 Ed. (685)
Crystal Geyser Water Co.
2005 Ed. (735)
2004 Ed. (674)
Crystal Holidays
2000 Ed. (3396)
Crystal Light
2000 Ed. (2283, 4182)
1996 Ed. (1981)
1995 Ed. (1948)
1992 Ed. (2241)
Crystal Light Teas
2000 Ed. (2283)
Crystal Light Tropical Passions
2000 Ed. (2283)
Crystal Oil Co.
1994 Ed. (2714)
1990 Ed. (1343)
Crystal Palace
1997 Ed. (2139)
1991 Ed. (1810)
Crystal Palace Gin
2004 Ed. (2730)
2003 Ed. (2609)
2002 Ed. (2399)
2001 Ed. (2595)
2000 Ed. (2329)
1999 Ed. (2586, 2589)
1998 Ed. (1829)
Crystal Palace Vodka
2002 Ed. (287)
Crystal Pepsi
1996 Ed. (2825)
Crystal S.A.
2001 Ed. (3190)
Crystal Shine
2003 Ed. (2077, 2079)
Crystal Springs
2003 Ed. (731)
2002 Ed. (752)
2000 Ed. (785)
1998 Ed. (480)
Crystal Systems Solutions
1999 Ed. (4163, 4168)
Crystallex International Corp.
2008 Ed. (1430)
2007 Ed. (1446)
2005 Ed. (1669)
CS Business Systems Inc.
2006 Ed. (3530, 4369)
CS First Boston
1996 Ed. (396, 796, 800, 806, 1538, 1699, 1700, 1702, 1703, 1704, 1705, 1706, 1768, 1769, 1774, 1892, 2360, 2361, 2362, 2363, 2364, 2365, 2366, 2367, 2368, 2369, 2370, 2371, 2372, 2373, 2712, 2713, 2714, 2715, 2716, 2717, 2718, 2719, 2720, 2721, 2866, 2867, 3311, 3313, 3314, 3316, 3317, 3318, 3319, 3320, 3321, 3322, 3323, 3324, 3325, 3326, 3327, 3328, 3329, 3330, 3331, 3332, 3333, 3334, 3335, 3336, 3337, 3338, 3339, 3340, 3341, 3343, 3344, 3346, 3347, 3348, 3349, 3350, 3351, 3353, 3354, 3355, 3356, 3359, 3360, 3361, 3362, 3363, 3364, 3367, 3370, 3371, 3372, 3374, 3375, 3378, 3379, 3380, 3385, 3386, 3387)
1995 Ed. (722, 724, 725, 727, 729, 730, 732, 733, 734, 735, 736, 737, 738, 739, 740, 741, 742, 743, 744, 745, 746, 747, 748, 749, 750, 806, 807, 808, 809, 810, 1213, 1214, 1215, 1719, 1721, 1793, 1794, 1799, 2341, 2342, 2343, 2344, 2345, 2346, 2347, 2348, 2349, 2350, 2351, 2352, 2633, 2634, 2635, 2636, 2637, 2638, 2639, 2640, 2641, 2642, 3204, 3213, 3215, 3218, 3219, 3220, 3221, 3222, 3223, 3224, 3225, 3226, 3227, 3228, 3229, 3230, 3231, 3232, 3234, 3235, 3236, 3237, 3238, 3239, 3240, 3241, 3242, 3243, 3244, 3246, 3247, 3249, 3250, 3251, 3252, 3253, 3254, 3273, 3274, 3280)
1993 Ed. (755, 757, 1174, 1851)
1990 Ed. (1226, 1256)
CS First Boston/Credit Suisse
1996 Ed. (1184, 1185, 1186, 1187, 1188, 1189, 3381, 3382, 3383, 3384, 3389)
1995 Ed. (1216, 1217, 1218, 1219, 1720, 1722, 2839, 3269, 3270, 3271, 3272, 3275, 3277)
CS First Boston Institution T-E MMF
1996 Ed. (2668)
CS First Boston Institutional MMF
1996 Ed. (2669)
CS Group
2006 Ed. (4540)
2002 Ed. (4486)
CS Group N
2000 Ed. (4447, 4448)
CS Holding
1996 Ed. (1452, 3888)
1995 Ed. (615, 1243, 1495)
1994 Ed. (1455)
1993 Ed. (1407, 3742, 3743)
1992 Ed. (1695, 1696, 4497)
1991 Ed. (1354)
CS Holding (Credit Suisse)
1996 Ed. (495, 689)
CS Holding Group
1996 Ed. (1451)
CS Holding/SKA
1992 Ed. (4498)
CS Integrated
2001 Ed. (4724, 4725)
CS STARS
2007 Ed. (4213)
2006 Ed. (4202)
CS Trans s.r.o.
2008 Ed. (1700)
CS Wireless
1999 Ed. (999)
1997 Ed. (3913)
C.S. Wo & Sons
1998 Ed. (1789)
CS-Zivnostensk-a pojistovna
2001 Ed. (2922)
CSA
2007 Ed. (3060)
2006 Ed. (3027)
1993 Ed. (1707)
CSA Group
2007 Ed. (3588, 4440)
CSAA
1995 Ed. (2287)
CSAV
2004 Ed. (2541, 2542)
2003 Ed. (1226, 1227, 2422, 2423)
CSC
2006 Ed. (3760)
2001 Ed. (1450)
2000 Ed. (901)
1997 Ed. (846, 1140, 2973)
1995 Ed. (2256)
1991 Ed. (2077)
CSC Australia
2004 Ed. (1654)
CSC Computer Sciences
2005 Ed. (3373)
CSC Consulting
1999 Ed. (959)
1998 Ed. (543)
1996 Ed. (834)
CSC Consulting Group
2000 Ed. (902)
CSC Credit Services
1997 Ed. (1044, 1045, 1046, 1047, 1048)
CSC Healthcare Systems
1998 Ed. (836)
CSC Laboratories
2007 Ed. (3751)
2001 Ed. (3591, 3592)
CSC Partners
1994 Ed. (1126)
1993 Ed. (1103)
1991 Ed. (811)
CSC Peat Marwick
2001 Ed. (1449)
C.S.E. Credit Union
1996 Ed. (1510)
CSE Global
2008 Ed. (2068)
Cseh International
1995 Ed. (2357, 2373)
1993 Ed. (2307)
Cseh International & Association
1992 Ed. (2797)
CSF
2007 Ed. (4631)
CSF Holdings
1996 Ed. (3687)
1995 Ed. (3328, 3609)
1994 Ed. (3225, 3249, 3533)
1993 Ed. (3255)
CSFB
2001 Ed. (3038)
1995 Ed. (765, 766, 767, 768, 769)
1993 Ed. (839, 840, 841, 842)
1992 Ed. (3343)
1990 Ed. (2769)
CSFB/Credit Suisse
1996 Ed. (1647, 1649, 1652, 2910)
1994 Ed. (1632, 1672, 1673, 1674, 1675, 1676, 1677, 1679, 1680, 1686, 1688, 1689, 1691, 1693, 1694, 1695, 1696, 1697, 1698, 1700, 1702, 1706, 1707, 2736, 2740, 3187, 3188)
1993 Ed. (1648, 1649, 1650, 1651, 1653, 1654, 1655, 1658, 1659, 1667, 1668, 1669, 1670, 1674, 1675, 1676, 2767, 3201, 3202)
1992 Ed. (1993, 1994, 1995, 1998, 1999, 2000, 2005, 2010, 2011, 2012, 2013, 2014, 2016, 2018, 2019, 2020, 2021, 2036, 2037)
1990 Ed. (1674, 1675, 1676, 1677, 1678, 1679, 1680, 1682, 1683, 1685)
CSFB/First Boston
1990 Ed. (3225)
CSFB USA
2007 Ed. (2161)
CSFP/CS First Boston
1995 Ed. (421, 462, 503, 574)
CSG Advisors Inc.
2001 Ed. (738, 742, 826, 859, 899, 923, 927, 943, 955)
CSG Systems
2006 Ed. (1653)
CSG Systems International Inc.
2004 Ed. (1679)
2003 Ed. (1642, 1648, 1649)
2002 Ed. (1625)
CSH
1994 Ed. (3681)
CSHQA Architects
2008 Ed. (266, 267)
CSHQA Architects/Engineers/Planners
2006 Ed. (286, 2479)
CSI
2008 Ed. (4660)
2007 Ed. (2845, 4740)
2006 Ed. (2855)
2005 Ed. (4665, 4666)
2004 Ed. (1916, 4692)
2003 Ed. (4716)
CSI Cardenas Inc.
2002 Ed. (2556)
2001 Ed. (2710)
2000 Ed. (2469)
1999 Ed. (2685)
1998 Ed. (1942)
CSI/CDC Corp.
1996 Ed. (1923)
1995 Ed. (1880)
1994 Ed. (1852)
1993 Ed. (1867)
1992 Ed. (2165)
The CSI Group of Cos.
2003 Ed. (1310, 1311, 1312)
CSI: Miami
2007 Ed. (2845)
2006 Ed. (2855)
2005 Ed. (4666)
2004 Ed. (4692)
CSI Wireless Inc.
2008 Ed. (1133)
2007 Ed. (1569, 2809)
2005 Ed. (125, 1688, 1693, 1694, 1695)
CSIRO
2004 Ed. (4100)
2003 Ed. (4075)
2002 Ed. (3800, 3964)
CSK Corp.
2007 Ed. (1237, 1257, 1261, 2912)

2006 Ed. (1143)
2005 Ed. (1154)
CSK Auto Corp.
2008 Ed. (326, 3193)
2007 Ed. (320, 338, 340)
2006 Ed. (329, 354)
2005 Ed. (273, 285, 311, 315, 336, 4109)
2004 Ed. (266, 266, 316)
2003 Ed. (307, 307)
2002 Ed. (421)
CSK Automotive Inc.
2001 Ed. (540)
1999 Ed. (362)
CSL Ltd.
2006 Ed. (1421)
2004 Ed. (1653, 4100)
2003 Ed. (4075)
CSL Group Inc.
1996 Ed. (3733)
1990 Ed. (3642)
CSM Corp.
2003 Ed. (4051)
CSM Systems
1992 Ed. (2369)
CSMA
2007 Ed. (745)
CSMi
2003 Ed. (2743)
CSN
2006 Ed. (1845)
2003 Ed. (1736, 1740)
1999 Ed. (4472, 4475)
CSN-Cia Siderurgica
2006 Ed. (1568)
CSO Aker Maritime Inc.
2003 Ed. (1274, 1298)
CSP Corp.
2002 Ed. (4986)
CSP Internationale Industria
1998 Ed. (1976)
CSR
2007 Ed. (2832)
2006 Ed. (1114)
2005 Ed. (1546)
2004 Ed. (798)
2002 Ed. (861)
2001 Ed. (1632)
1997 Ed. (1360, 1361)
1996 Ed. (253, 255, 1293)
1993 Ed. (261, 262, 1278, 1280)
1992 Ed. (1573, 1575, 1679)
1991 Ed. (3265)
1990 Ed. (1227)
CSR America Inc.
2003 Ed. (3416, 3417, 4217, 4614, 4615)
2002 Ed. (4088, 4510, 4511)
2001 Ed. (1145)
2000 Ed. (3847)
1998 Ed. (3123)
CSR Business Service Center
2004 Ed. (785)
CSR Group
1999 Ed. (1584)
1991 Ed. (1254)
CSR Materials Corp.
2005 Ed. (4523)
CSS Inc.
1992 Ed. (1957)
CSS & Grey
2003 Ed. (101)
2002 Ed. (135)
2001 Ed. (161)
2000 Ed. (121, 123)
1999 Ed. (115, 117, 149)
1997 Ed. (112, 114, 140, 155)
1996 Ed. (110, 111, 134, 149)
1995 Ed. (135)
CSS Industries Inc.
2005 Ed. (3678, 3679)
2004 Ed. (3763, 3764)
1994 Ed. (201, 215)
1992 Ed. (317)
1991 Ed. (1872, 3139)
1990 Ed. (1967, 3297)
CSSI Inc.
1998 Ed. (1936)
CST
1999 Ed. (4472, 4475)
CST Environmental Inc.
2008 Ed. (271, 1254, 1256, 3696, 4371)
2007 Ed. (1356, 1359, 4402)
2006 Ed. (1265, 1280)
2005 Ed. (1296, 1310)
2004 Ed. (1245)
2003 Ed. (1242)
CST Group, Inc.
1992 Ed. (3528)
1991 Ed. (809)
1990 Ed. (849)
1989 Ed. (832)
CST Office Products
1999 Ed. (3894, 3895)
1995 Ed. (856)
1994 Ed. (805)
1993 Ed. (788)
1992 Ed. (991)
CST/Star Forms
2000 Ed. (911, 912, 914)
1999 Ed. (962)
CST2000 LLC
2007 Ed. (3562, 4424)
2006 Ed. (3517, 4356)
CSU
2008 Ed. (1715)
CSW Inc.
2008 Ed. (3714, 4403, 4966)
CSX Corp.
2008 Ed. (291, 1730, 1731, 1734, 3026, 3198, 4098, 4099, 4737, 4750)
2007 Ed. (1702, 1705, 4064, 4065, 4067, 4068, 4821, 4823)
2006 Ed. (1494, 1707, 1709, 1710, 4029, 4030, 4031, 4032, 4033, 4802, 4805, 4807, 4812)
2005 Ed. (1537, 1761, 1763, 1764, 3993, 3994, 3995, 3996, 3997, 3998, 4749, 4756, 4758, 4759)
2004 Ed. (1521, 1581, 1880, 1881, 4055, 4056, 4057, 4058, 4059, 4060, 4488, 4774, 4785, 4788)
2003 Ed. (1491, 1845, 1846, 4035, 4036, 4037, 4038, 4039, 4041, 4801)
2002 Ed. (1470, 1526, 1795, 3899, 3900, 3903, 4362, 4885)
2001 Ed. (1895, 3981, 3982, 3983, 3984, 3985, 4616)
2000 Ed. (1581, 3699, 3700, 3701, 4292)
1999 Ed. (1749, 3984, 3985, 3986, 3987, 3988, 4652)
1998 Ed. (1007, 1191, 2989, 2992, 2993, 2994, 2995, 3614)
1997 Ed. (1528, 3242, 3243, 3244, 3245, 3246, 3247, 3250)
1996 Ed. (1459, 3155, 3156, 3157, 3158, 3159, 3411)
1995 Ed. (1272, 2044, 3054, 3055, 3056, 3057, 3303, 3365, 3653)
1994 Ed. (2990, 2991, 2992, 2993, 3286, 3567, 3569)
1993 Ed. (2956, 2957, 2958, 3294, 3610, 3612)
1992 Ed. (3608, 3609, 3611, 3612, 4334, 4336, 4340)
1991 Ed. (2798, 2799, 2800, 3413, 3415, 3418)
1990 Ed. (1293, 2944, 2945, 2946, 3475, 3637, 3638)
1989 Ed. (1500, 2281, 2282, 2283, 2867, 2868)
CSX Capital
2004 Ed. (4374)
CSX Freight Services
2006 Ed. (4849)
CSX Insurance Co.
1992 Ed. (1061)
CSX Transportation Inc.
2008 Ed. (4098, 4099)
2007 Ed. (4064, 4065)
2006 Ed. (4029, 4030)
2005 Ed. (3995, 3996)
2004 Ed. (1705, 4057, 4058)
2003 Ed. (1676, 4036, 4037)
2001 Ed. (1703, 3983, 3984)
1998 Ed. (2990)
CT Corp.
2001 Ed. (3998)
CT & T Montag. & Caldwell Growth
1997 Ed. (2899)
CT Financial Serives Inc.
1999 Ed. (2437)
CT Financial Services Inc.
1997 Ed. (2009, 3811)
1996 Ed. (1317, 1318, 1919, 3690, 3761)
1995 Ed. (1875, 3613)
1994 Ed. (1341, 3537, 3606)
1993 Ed. (1858)
1992 Ed. (2152)
1990 Ed. (1780)
CT Investment
1989 Ed. (2143)
CT Investment Counsel Inc.
1996 Ed. (2420)
1992 Ed. (2784)
1991 Ed. (2255)
1989 Ed. (1786)
CT machines
1992 Ed. (3006)
CTA Inc.
1999 Ed. (2665, 2680, 2683)
1998 Ed. (1927, 1937, 1940, 1941, 2432)
1997 Ed. (2213, 2216, 2217, 2221, 2706)
1996 Ed. (2106, 2111, 2113, 2565)
1995 Ed. (2098, 2102, 2105, 2501)
1994 Ed. (2047, 2051, 2054)
1993 Ed. (2034, 2038, 2041)
1991 Ed. (1902, 1908)
CTA Public Relations
2005 Ed. (3977)
2004 Ed. (4036)
CT&T Montag. & Caldwell Growth N
1998 Ed. (2601)
CTB International Corp.
2004 Ed. (181, 182)
CTC
2003 Ed. (1744)
2002 Ed. (2522)
2000 Ed. (4204)
1999 Ed. (4135, 4136)
CTC-A
2006 Ed. (4227)
2000 Ed. (3849, 3850)
CTC Canadian Telephone Corp.
1997 Ed. (3700)
CTC Communications Group Inc.
2004 Ed. (3664)
CTC Mansfield Funding
1990 Ed. (1358)
CTCI Corp.
2005 Ed. (1334)
CTF Holdings Inc.
2001 Ed. (1686)
CTF Two-Year Government
1997 Ed. (569)
CTG Investments
2006 Ed. (2844)
C3 Inc.
1993 Ed. (1567)
C3i
2005 Ed. (3023)
CTI
2007 Ed. (3564)
CTI Engineering Co. Ltd.
1998 Ed. (1454)
CTI Holdings SA
2005 Ed. (1564)
CTI Magazine
1999 Ed. (1858)
CTI Molecular Imaging Inc.
2004 Ed. (4830)
CTI Semiconductor
2002 Ed. (4435)
CTI Strategic Growth
2004 Ed. (3629)
2003 Ed. (3596, 3597, 3598)
2002 Ed. (3475)
CTI Temporaries Inc.
1992 Ed. (2401)
CTL Corp.
2006 Ed. (3535)
CTL Engineering Inc.
2008 Ed. (4421)
CTL Thompson
2008 Ed. (2572)
CTM
1997 Ed. (909)
CTMS Inc.
2008 Ed. (2103)
CTN
1999 Ed. (1006)
Ctrip.com International Ltd.
2005 Ed. (4250)
CTS Corp.
2001 Ed. (2872)
1993 Ed. (1563)
1992 Ed. (1908, 1909)
1991 Ed. (1507, 1508, 1518)
1990 Ed. (1611, 2988)
CTT Sceta
1993 Ed. (3266)
CTV Television Network
1996 Ed. (791)
CTW Tool Supply
1994 Ed. (2178)
C2 Multimedia, Inc.
2002 Ed. (2535)
2001 Ed. (1355)
c2o Interactive Architects
2001 Ed. (148)
2000 Ed. (106)
CTX Mortgage
2006 Ed. (3560, 3561)
2002 Ed. (3383, 3386)
2000 Ed. (3163)
CTX Mortgage LLC
2003 Ed. (3433)
CU Life
1995 Ed. (2315)
CU PPT Fixed & Convertible Income
1997 Ed. (2913)
CU PPT Income
1995 Ed. (2750)
Cuadra Associates
1994 Ed. (2522)
Cuadra Cardenal (McCann)
2000 Ed. (152)
Cuadra Cardenal Publicidad
2003 Ed. (128)
2002 Ed. (160)
2001 Ed. (189)
1999 Ed. (134)
Cuauhemoc Moctezuma
2004 Ed. (3026)
Cub Foods
2007 Ed. (4629)
2004 Ed. (4636)
1992 Ed. (490)
Cuba
2008 Ed. (1018)
2007 Ed. (1097, 1138, 4599, 4602, 4604)
2006 Ed. (1008, 1049, 2329, 4612, 4614, 4615, 4617)
2005 Ed. (1040, 4531, 4533, 4534, 4536)
2004 Ed. (1033, 4597, 4599, 4600, 4602)
2003 Ed. (1029, 4617)
2002 Ed. (3521)
2001 Ed. (1297, 2156, 2838, 4384, 4386)
2000 Ed. (2473)
1993 Ed. (1465, 2045)
1991 Ed. (1406)
1990 Ed. (2148)
Cuban; Mark
2008 Ed. (4833)
2007 Ed. (4904)
2006 Ed. (4909)
Cubana
2006 Ed. (235)
2005 Ed. (219)
2001 Ed. (316)
1990 Ed. (228)
Cubapetroleo
2008 Ed. (3928)
2007 Ed. (3879)
Cubbage C-P-D; Allen
1990 Ed. (340)
Cubbage Chrysler-Plymouth-Dodge; Allen
1994 Ed. (266)
1991 Ed. (307)
The Cube Corp.
2007 Ed. (2835)
2004 Ed. (2829)
2003 Ed. (2747, 2748)
2002 Ed. (2539, 2540)

2001 Ed. (4701)
Cube Route Inc.
2008 Ed. (1140)
Cubed
2001 Ed. (1172)
Cubellis Associates
2008 Ed. (3347)
2007 Ed. (3205)
2006 Ed. (3161, 3171)
Cubic Corp.
2007 Ed. (1401)
2005 Ed. (2283)
1993 Ed. (1579)
1991 Ed. (1519)
1990 Ed. (3092)
Cubiertas
1993 Ed. (713)
Cubs; Chicago
2008 Ed. (529)
2007 Ed. (578)
2006 Ed. (547)
2005 Ed. (645)
Cubus
2004 Ed. (69)
CUC Broadcasting
1992 Ed. (1030)
CUC International Inc.
2005 Ed. (1500)
2004 Ed. (1484)
2003 Ed. (1454)
2002 Ed. (1434)
1999 Ed. (33, 1443, 1444, 4313)
1998 Ed. (27, 1012, 3290, 3303, 3776)
1997 Ed. (34, 1634, 1635, 1636, 2166, 3518)
1996 Ed. (32, 1397, 3432)
1994 Ed. (2692)
1993 Ed. (2740)
1992 Ed. (3285)
CUC Software
1999 Ed. (1287, 1858)
Cucina! Cucina! Italian Cafe
2002 Ed. (4019, 4020)
Cucumbers
2007 Ed. (4873)
2006 Ed. (4877)
2001 Ed. (2555, 4669)
1998 Ed. (3658)
1997 Ed. (3832)
1996 Ed. (3774)
1993 Ed. (1749)
1992 Ed. (2111, 4384)
Cuddles
2000 Ed. (1666)
1991 Ed. (1418)
Cuddy Food Products Ltd.
1992 Ed. (2998, 3513)
Cuddy Group
2008 Ed. (1187)
C.U.E. Industries Corp.
1990 Ed. (1248)
Cuellar; Hector
2008 Ed. (2628)
Cuellar LLC
2008 Ed. (2955, 2965)
Cuervo Especial
1990 Ed. (3558, 3560)
1989 Ed. (2809)
Cuervo; Jose
1991 Ed. (3336, 3340, 3341, 3343)
1990 Ed. (3558, 3559)
Cuff links/tie tacks
1998 Ed. (2316)
CUFund Adjustable-Rate Mortgage
1996 Ed. (2794)
Cufund Adjustable-Rate Portfolio
1998 Ed. (2650)
Cugai
1990 Ed. (1571)
CUH Industrials PLC
1992 Ed. (2249)
CUH2A
2007 Ed. (3206)
2006 Ed. (3172)
2005 Ed. (3170)
2002 Ed. (335)
1990 Ed. (283)
Cuisinart
2007 Ed. (1425)
2005 Ed. (1401, 3250)
2002 Ed. (2313)
2000 Ed. (2233)
1999 Ed. (2476)
1998 Ed. (1735)
1997 Ed. (2050)
1995 Ed. (1910)
1994 Ed. (1883)
1993 Ed. (1885)
1992 Ed. (2201)
1991 Ed. (1751)
1990 Ed. (1834)
Cuisine de France
2008 Ed. (710)
Cuisine Solutions Inc.
2006 Ed. (2946)
Cukurova
1991 Ed. (2267)
Cukurova Elektrik
2000 Ed. (2869)
1999 Ed. (3121)
1996 Ed. (2434)
1994 Ed. (2335, 2336)
1993 Ed. (2370)
1992 Ed. (2811, 2812)
1991 Ed. (2266)
Culbertson Enterprises Inc.
1999 Ed. (1371)
Culbro
1997 Ed. (2934)
1995 Ed. (3622)
1994 Ed. (3544)
1993 Ed. (3583)
1992 Ed. (4305)
1991 Ed. (3397)
1990 Ed. (3601)
1989 Ed. (2462, 2843)
Culinar Inc.
1998 Ed. (265)
1995 Ed. (342)
1994 Ed. (1877)
Culinary nuts
2001 Ed. (551)
Culinova upscale entrees
1992 Ed. (3220)
Culiver Kia
1996 Ed. (293)
Culiver Pontiac/GMC/Nissan/Suzuki
1990 Ed. (304)
Cullen & Dykman
2000 Ed. (2898)
1999 Ed. (3152)
Cullen & Sons Inc.; J. P.
2008 Ed. (1345)
2006 Ed. (1352)
Cullen Bank, Texas
1989 Ed. (2159)
Cullen Foundation
1993 Ed. (1028, 1897)
Cullen/Frost
1990 Ed. (697)
Cullen/Frost Bankers Inc.
2006 Ed. (2284)
2005 Ed. (633, 634)
2004 Ed. (644, 645)
2003 Ed. (454)
1993 Ed. (654)
1990 Ed. (686)
1989 Ed. (368)
Cullen Value
2006 Ed. (3633)
Culler Currency System
1995 Ed. (2999)
Culler System; Mike
1993 Ed. (2923)
Culligan
2005 Ed. (2952)
2003 Ed. (235)
1999 Ed. (2513, 2516)
1993 Ed. (726)
1991 Ed. (725)
Culligan International
2005 Ed. (735)
Culligan Water
2000 Ed. (729)
Culligan Water Conditioning
2006 Ed. (4299)
2005 Ed. (4358)
2004 Ed. (4410)
2002 Ed. (2058)
Culligan Water Technologies Inc.
2002 Ed. (1451)
1999 Ed. (717)
Cullinet
1990 Ed. (2986)
Cullinet Software
1991 Ed. (1036, 2842, 2855)
1990 Ed. (1119, 1135, 1630, 2510, 2984)
Cullman, AL
2008 Ed. (3509)
2007 Ed. (3384)
2006 Ed. (3322)
2005 Ed. (3334)
Cullman Economic Development Agency
2006 Ed. (3308)
Cullum Construction Co. Inc.
1998 Ed. (957)
1991 Ed. (1086)
Culp Inc.
2005 Ed. (4679, 4680)
2004 Ed. (4707, 4708)
2000 Ed. (4244)
1996 Ed. (3682)
1995 Ed. (1954, 3607)
Culp Jr.; H. Lawrence
2008 Ed. (934)
2007 Ed. (976, 1029)
2005 Ed. (966, 2494)
Culp Jr.; Larry
2005 Ed. (979)
Culp; Stephen
2006 Ed. (4140)
The Cult
1995 Ed. (1119)
Cultor Ltd.
1992 Ed. (2396)
Cultor Oyj
2002 Ed. (2469)
Cultural activities
1993 Ed. (2949)
1992 Ed. (2910)
Cultural Experiences Abroad
2005 Ed. (2271)
Culture and values
2000 Ed. (1782)
Culture Warrior
2008 Ed. (554)
Cultured Products & Yogurt
2000 Ed. (3135)
Culver; Alberto
1990 Ed. (3311)
Culver City, CA
2006 Ed. (2809)
Culver City Redevelopment Finance Authority
1996 Ed. (2237)
Culver; Curt
2006 Ed. (906)
Culver Franchising System Inc.
2008 Ed. (3128)
2007 Ed. (3007)
2006 Ed. (2978)
2005 Ed. (2981)
2004 Ed. (2969)
2003 Ed. (2883)
2002 Ed. (2722)
The Culver Group
2000 Ed. (1865)
Culver Personnel Services Inc.
1999 Ed. (2072)
1998 Ed. (1505)
1997 Ed. (1794)
Culvercareers
2002 Ed. (2173)
Culverhouse; Hugh Franklin
1990 Ed. (457, 3686)
Culver's
2005 Ed. (2558)
Culver's Frozen Custard
2006 Ed. (4129)
2004 Ed. (4122, 4123, 4124)
Culver's Frozen Custard & Butterburgers
2008 Ed. (2664, 4156)
2007 Ed. (2532, 2533, 2545)
2006 Ed. (2555, 2556, 2574)
2005 Ed. (2548, 2549)
CUMAnet LLC
2006 Ed. (2179)
Cumber International
1993 Ed. (2657)
Cumberland
1992 Ed. (1896)
Cumberland County Civic Center
2002 Ed. (4344)
Cumberland Drugs
1995 Ed. (1617)
Cumberland Electronics
2005 Ed. (2349)
2004 Ed. (2249)
2002 Ed. (2087)
Cumberland Farms
1997 Ed. (1209)
1996 Ed. (1172)
1994 Ed. (1189)
1993 Ed. (1159, 1160)
1992 Ed. (1441, 3441, 3444)
1991 Ed. (1101)
Cumberland, MD
2006 Ed. (1067)
2005 Ed. (1059)
Cumberland, MD-WV
2005 Ed. (2991)
1995 Ed. (3779)
Cumberland Packing
1990 Ed. (3502)
Cumberland Resources Ltd.
2008 Ed. (249)
Cumberland River
1998 Ed. (3703)
Cumberland--Samford University
1998 Ed. (2340)
Cumberland Securities Co.
1998 Ed. (2234)
Cumberland Security Bank
2005 Ed. (522)
Cumbre, Inc.
1991 Ed. (1907)
Cumbre Nazca Saatchi & Saatchi
2003 Ed. (67)
2002 Ed. (100)
2001 Ed. (130)
2000 Ed. (87)
Cumbre/Saatchi & Saatchi
1991 Ed. (93)
1990 Ed. (95)
Cumbre/Saatchi & Saatchi Advertising
1993 Ed. (94)
Cumbre/SSA
1999 Ed. (81)
1995 Ed. (66)
1992 Ed. (142)
Cumbrian Weekly Newspapers Group
2002 Ed. (3517)
Cumin seed
1998 Ed. (3348)
CUMIS Life Balanced
2004 Ed. (3625)
Cumming; Ian M.
2007 Ed. (1020)
1997 Ed. (982)
Cummingham Communications
2002 Ed. (3812)
Cummings Research Park
1997 Ed. (2376)
1996 Ed. (2248, 2250)
1994 Ed. (2187)
1992 Ed. (2596)
1991 Ed. (2022)
Cummins Inc.
2008 Ed. (845, 1807, 1808, 3027, 3148, 3183, 3530, 3539)
2007 Ed. (212, 874, 1526, 1776, 1777, 2905, 3031, 3032, 3033)
2006 Ed. (777, 1455, 1768, 1769, 2993, 2995, 2996, 3342, 3343, 3344)
2005 Ed. (312, 313, 1795, 1796, 2999, 3000, 3001, 3349, 3355, 4039, 4460)
2004 Ed. (314, 1735, 1736, 3002, 3004, 3324)
2003 Ed. (340, 341, 1698, 1699, 2896, 2897, 2898, 3269)
1992 Ed. (1804)
Cummins Americas Inc.
2008 Ed. (1807, 4923)
Cummins Engine Co.
2006 Ed. (340, 341)
2005 Ed. (324, 325)
2004 Ed. (323, 1560)
2002 Ed. (1670, 2726, 2727, 2728, 4791)
2001 Ed. (1737, 2843, 3188, 3189)
2000 Ed. (336, 357, 1461, 2623)

1999 Ed. (349, 1655, 2849, 2852, 3295)
1998 Ed. (216, 240, 241, 1145, 2087, 2092)
1997 Ed. (315, 1430, 2366)
1996 Ed. (338, 1379, 2241)
1995 Ed. (324, 1291, 1418, 2236, 2237, 2239)
1994 Ed. (326, 327, 1387, 2182, 2183)
1993 Ed. (340, 1332, 2163, 2164)
1992 Ed. (467)
1990 Ed. (378, 399, 2172, 2173)
1989 Ed. (332)
Cummins Engine Co, Inc.
1991 Ed. (331, 335, 336, 341, 2019, 2020)
Cummiskey; Marie Quintana
2006 Ed. (2516)
Cumorah Credit Union
2008 Ed. (2245)
2007 Ed. (2130)
2006 Ed. (2209)
2005 Ed. (2114)
Cumulus
1993 Ed. (2033)
Cumulus Media Inc.
2007 Ed. (4062)
2006 Ed. (2722, 4028)
2005 Ed. (3991)
2004 Ed. (4054)
2002 Ed. (3285, 3894)
2001 Ed. (3961)
2000 Ed. (1300)
CUNA Brokerage Services, Inc.
2004 Ed. (4327, 4334)
Cuna Mut Ins Group
1990 Ed. (2263)
CUNA Mutual
1997 Ed. (2457)
CUNA Mutual Group
2008 Ed. (3286, 3287)
2007 Ed. (3083, 3133, 3134, 3138, 3300, 4080)
2006 Ed. (3056, 3120)
2005 Ed. (3093, 3094, 3115)
2004 Ed. (431, 3017, 3085, 3086, 3112)
2003 Ed. (2477, 2994)
2000 Ed. (2736)
CUNA Mutual Insurance Group
1997 Ed. (2472)
1995 Ed. (2329)
1993 Ed. (2245)
1992 Ed. (2698)
1991 Ed. (2134)
Cuna Mutual Insurance Society
2002 Ed. (2906, 2907)
2000 Ed. (2684, 2685)
1999 Ed. (2983)
1998 Ed. (2159, 2161, 2212)
1997 Ed. (2449, 2450)
1996 Ed. (2321)
1995 Ed. (2285, 2286)
1994 Ed. (2253)
1992 Ed. (2647)
Cunard
1992 Ed. (1758)
1990 Ed. (2774)
1989 Ed. (2097)
Cunard Line Ltd.
2006 Ed. (4894)
2005 Ed. (4841)
2004 Ed. (4857)
2003 Ed. (4876)
2001 Ed. (4626)
Cunard Line Limited
2000 Ed. (1633)
Cundill Canadian Security A
2001 Ed. (3476)
Cundill Value A
2001 Ed. (3488)
Cunnane; James J.
1996 Ed. (967)
Cunningham Communication
2001 Ed. (3933, 3942)
2000 Ed. (3628, 3630)
1999 Ed. (3914, 3921, 3927, 3928, 3930)
1998 Ed. (1926, 2938, 2939, 2942)
1997 Ed. (3182, 3186, 3189)
1995 Ed. (3004, 3007, 3010)
Cunningham Communication, Cambridge
2000 Ed. (3644)
Cunningham Communications
2002 Ed. (3809, 3823)
2000 Ed. (3645, 3647)
1998 Ed. (2946)
1996 Ed. (3110)
1994 Ed. (2948, 2951)
1992 Ed. (3561)
Cunningham Communications-Santa Clara
1998 Ed. (2944)
Cunningham Graphics
2000 Ed. (3607, 3608, 3614)
1999 Ed. (3887)
Cunningham Graphics International
2002 Ed. (3767)
Cunningham Lindsey Group
2008 Ed. (1636, 4321)
Cunningham Motors Inc.
1995 Ed. (268)
CUNY-Queens College
2001 Ed. (3060)
2000 Ed. (2903)
1999 Ed. (3159)
1998 Ed. (2335)
1997 Ed. (2603)
1996 Ed. (2458)
1995 Ed. (2423)
Cuomo; Mario M.
1995 Ed. (2043)
1993 Ed. (1994)
1992 Ed. (2345)
1991 Ed. (1857)
1990 Ed. (1946)
Cup
2002 Ed. (4726)
Cup beverage
2002 Ed. (4717)
Cup drinks
1990 Ed. (3665)
1989 Ed. (2883)
Cupertino Electric Inc.
2008 Ed. (1257)
2007 Ed. (1283, 1360)
2006 Ed. (1177, 1281)
2005 Ed. (1311)
2004 Ed. (1304)
2003 Ed. (1301)
2002 Ed. (1289)
2001 Ed. (1474)
2000 Ed. (1260)
1999 Ed. (1368)
1998 Ed. (946)
1997 Ed. (1162)
1996 Ed. (1134)
1995 Ed. (1159)
Cupples Products
1994 Ed. (1152)
1990 Ed. (1206)
Cuprum
2008 Ed. (3871)
2007 Ed. (3797)
2003 Ed. (3765)
2002 Ed. (3631)
Cups, disposable
2002 Ed. (4092)
Curad
2002 Ed. (2278)
2001 Ed. (2438)
1998 Ed. (1697)
Curaflex Health Services Inc.
1996 Ed. (2084)
CuraGen Corp.
2003 Ed. (2711)
Curascript Pharmacy Inc.
2008 Ed. (1733, 4932)
Curasore
1996 Ed. (2103)
Curative Health Services
1998 Ed. (465)
Curel
2006 Ed. (3331)
2003 Ed. (3264, 4426, 4428, 4429)
2001 Ed. (3167, 3168)
2000 Ed. (4038)
1998 Ed. (1354, 3306)
1996 Ed. (2550)
The Curious Incident of the Dog in the Night-Time
2007 Ed. (665)
2006 Ed. (640)
Curis Inc.
2003 Ed. (684)
Curity
2003 Ed. (14)
2001 Ed. (2438)
1999 Ed. (27)
1998 Ed. (1697)
1993 Ed. (984)
Curity Kerlix
2002 Ed. (2282)
Curl/wave products
2001 Ed. (2636, 2637)
Curlander; P. J.
2005 Ed. (2497)
Curlander; Paul
2008 Ed. (2640)
2007 Ed. (985)
2006 Ed. (895, 2531)
2005 Ed. (971)
Curlander; Paul J.
2007 Ed. (1023)
2006 Ed. (932)
Curler; Jeffrey H.
2008 Ed. (3997)
2007 Ed. (3974)
2006 Ed. (3920)
2005 Ed. (3857)
Curler, John
1991 Ed. (2406)
Curley & Pynn Public Relations Management Inc.
1998 Ed. (2949)
Curley Insurance Group
2007 Ed. (3103)
Curling irons
2004 Ed. (2864)
Curls, Brown & Roushon
2000 Ed. (1726, 3204)
1999 Ed. (1942, 3967)
Curran Partners
2003 Ed. (3118, 3121)
Currency notes
2000 Ed. (4245)
Current Inc.
1999 Ed. (1852)
1998 Ed. (1277)
1991 Ed. (868, 869)
A Current Affair
1992 Ed. (4244)
Current Communications
2007 Ed. (1196)
Currie; Martin
1995 Ed. (2372)
Currie; Richard
2005 Ed. (4866)
1997 Ed. (980)
Currrency Funds (others)
1990 Ed. (2396)
Currugh Inc.
1994 Ed. (2527)
Curry A. Roberts
1991 Ed. (3211)
Curry Acura
1996 Ed. (262)
1995 Ed. (258)
1994 Ed. (259)
1993 Ed. (290)
Curry Chevrolet
1991 Ed. (311)
Curry Chevrolet Sales & Service
1990 Ed. (339)
Curry Industries
1992 Ed. (4354)
Currys
1991 Ed. (24, 740, 2893)
1989 Ed. (754)
Currys Group plc
2002 Ed. (43, 52, 230, 232)
2001 Ed. (2220)
Currys Store
1993 Ed. (742, 3046)
1992 Ed. (52, 100, 3737)
Cursed
2003 Ed. (4715)
2002 Ed. (4583)
Cursitor' Eaton
1997 Ed. (2549)
1996 Ed. (2426)
Cursitor-Eaton Asset Management Co.
1991 Ed. (2243)
1990 Ed. (2350)
Curt Culver
2006 Ed. (906)
Curt Launer
2000 Ed. (2026)
1999 Ed. (2243, 2244)
1998 Ed. (1654)
1997 Ed. (1884)
1996 Ed. (1810)
1995 Ed. (1832)
1994 Ed. (1794)
1993 Ed. (1811)
Curtains
2005 Ed. (2870)
Curtains & Home
1996 Ed. (3488, 3489)
1995 Ed. (3427)
1994 Ed. (2139, 3368)
Curtice-Burns
1997 Ed. (2036, 2037)
1995 Ed. (1897)
1994 Ed. (1872, 1875, 2901)
Curtice Burns Foods
1998 Ed. (2928)
1996 Ed. (1941)
Curtin & Pease
1998 Ed. (55)
Curtin & Pease/Peneco
2000 Ed. (95)
1999 Ed. (89)
Curtin University of Technology
2004 Ed. (1060)
Curtin; William
1997 Ed. (1951)
1993 Ed. (1843)
Curtis Cox Kennerly
1992 Ed. (360)
Curtis; Helene
1997 Ed. (3061, 3535, 3536)
Curtis Industries; Helene
1996 Ed. (1462, 3469, 3470)
1995 Ed. (2073, 3323, 3410, 3411)
1994 Ed. (1261, 3243, 3351, 3352)
1993 Ed. (932, 1421, 3249, 3347, 3348)
1991 Ed. (2712)
Curtis Institute of Music
1997 Ed. (1066)
Curtis J. Crawford
1989 Ed. (735)
Curtis; Mark
2008 Ed. (3376)
2007 Ed. (3248, 3249)
Curtis; Mark T.
2006 Ed. (658, 3189)
Curtis Mathes
1992 Ed. (1937, 2425)
1991 Ed. (1542)
1990 Ed. (1647, 2030)
Curtis Restaurant Equipment Inc.
2007 Ed. (2594)
1996 Ed. (1956)
Curtis Rosenthal & Associates
1998 Ed. (181)
1997 Ed. (259)
1996 Ed. (228)
Curtis Rosenthal Associates
1999 Ed. (281)
Curtis Shambaugh
1998 Ed. (1565)
Curtis Stigers
1994 Ed. (1099)
Curtis Trimble
2006 Ed. (2579)
Curtis-Young Corp.
1992 Ed. (3289)
Curtiss Ely Frank
1993 Ed. (893)
Curtiss-Wright Corp.
2007 Ed. (859)
2006 Ed. (1980)
2005 Ed. (1943, 2160, 2161)
2004 Ed. (2020, 2021)
2003 Ed. (205)
1992 Ed. (273)
Curve for Men
2006 Ed. (2662)
2001 Ed. (2527)
Curves
2008 Ed. (877, 2914)
2007 Ed. (895, 898, 902, 2789)
2006 Ed. (808, 811, 814, 2789)

Curves for Women
2006 Ed. (2787)
2005 Ed. (893, 895, 899, 2811, 2813)
2004 Ed. (903, 905, 908, 2817)
2003 Ed. (881, 885, 2697)
2002 Ed. (2454)
2001 Ed. (2533)
2000 Ed. (2271)
1999 Ed. (2521)
CUSA LLC
2007 Ed. (783)
2006 Ed. (686)
CUSCAL
2004 Ed. (1644, 3953)
2002 Ed. (3774)
Cuscatlan de Costa Rica
2007 Ed. (425)
Cuscatlan de Guatemala
2007 Ed. (455)
Cusenier SA
1989 Ed. (1109)
Cushman/Amberg
2005 Ed. (3957, 3969)
2004 Ed. (4019)
Cushman/Amberg Communications
2005 Ed. (3961)
2004 Ed. (4005)
2003 Ed. (3992, 4015)
Cushman & Associates; Aaron D.
1994 Ed. (2953)
1993 Ed. (2930)
1990 Ed. (2921)
Cushman and Assocs.; Aaron D.
1992 Ed. (3565)
Cushman & Wakefield Inc.
2008 Ed. (1711, 4108, 4114, 4123)
2007 Ed. (4075, 4082, 4103)
2006 Ed. (4035, 4040, 4052)
2005 Ed. (4000, 4005, 4005, 4021)
2004 Ed. (4067, 4073, 4088)
2003 Ed. (4049, 4062)
2002 Ed. (3933)
2001 Ed. (4010, 4013)
2000 Ed. (3728, 3729)
1999 Ed. (4011)
1998 Ed. (3019, 3021)
1997 Ed. (3273, 3274)
1995 Ed. (3075)
1994 Ed. (3022)
1992 Ed. (3615)
1991 Ed. (2804, 2805, 2806)
1990 Ed. (2972)
1989 Ed. (2285)
Cushman & Wakefield Holdings Inc.
2006 Ed. (4040)
2005 Ed. (4005)
2004 Ed. (4073)
Cushman & Wakefield of Calif. Inc.
2000 Ed. (3732)
Cushman & Wakefield of California Inc.
2005 Ed. (4005)
2004 Ed. (4073)
2002 Ed. (3912)
1999 Ed. (281, 4015)
1998 Ed. (2998, 3023)
1997 Ed. (259, 3256)
1996 Ed. (228)
1995 Ed. (3060)
1994 Ed. (2998)
1992 Ed. (3614)
1990 Ed. (2954)
Cushman & Wakefield of Colorado Inc.
2002 Ed. (3909, 3935)
Cushman & Wakefield of Florida Inc.
2002 Ed. (3911)
2000 Ed. (3709)
1998 Ed. (3002)
Cushman & Wakefield of Illinois Inc.
2002 Ed. (3934)
Cushman & Wakefield of New Jersey, Inc.
2002 Ed. (3914)
2000 Ed. (3712)
1999 Ed. (3993)
1998 Ed. (2999)
Cushman & Wakefield of Pennsylvania Inc.
2000 Ed. (3715, 3730)
1999 Ed. (3995, 4013)
1998 Ed. (3000, 3020)
Cusmano, Kandler & Reed, Inc.
2001 Ed. (3156)
2000 Ed. (2991)
CUSO Mortgage Corp.
2006 Ed. (2179)
Custodial Trust Co.
2001 Ed. (3505)
Custody Agreements
2000 Ed. (1788)
Custom Carpet Professional
2007 Ed. (883, 884)
Custom Center Inc.
1992 Ed. (4368, 4372)
Custom Computer Solutions International
2006 Ed. (3502)
2005 Ed. (3494, 3495)
Custom Computer Solutions International (CCSI)
2004 Ed. (3494)
2003 Ed. (3425)
Custom Computer Specialists
2000 Ed. (903, 1167)
1991 Ed. (1038)
1990 Ed. (1140)
Custom development
2001 Ed. (2168)
Custom Graphics Inc.
2001 Ed. (3890)
Custom House
2008 Ed. (1616)
Custom-Pak Inc.
2001 Ed. (717)
Custom Papers LLC
2007 Ed. (1919)
Custom Plus
2001 Ed. (3988)
Custom Plus for Women
2001 Ed. (3988)
Custom publishing
2000 Ed. (3478)
Custom Tape Duplicators
1999 Ed. (2117)
Customcall
2003 Ed. (1618)
Customer Dev. Corp.
2000 Ed. (1673)
Customer Development Corp.
1999 Ed. (1860, 1862)
1998 Ed. (1284, 1285, 1288)
1997 Ed. (1614, 1616, 1617, 1619)
1996 Ed. (1550, 1552, 1554)
1995 Ed. (1564)
1990 Ed. (1505)
1989 Ed. (2502)
Customer information file
1990 Ed. (531)
Customer lists
1997 Ed. (1076)
Customer management services
1999 Ed. (3665, 4330)
Customer Potential Management Corp.
2002 Ed. (4879)
Customer service
1999 Ed. (2009, 3009)
1995 Ed. (857)
1993 Ed. (1595)
1992 Ed. (3251)
Customer service representatives
2007 Ed. (3723, 3728, 3729)
2006 Ed. (3735)
2005 Ed. (3628, 3629, 3631)
2004 Ed. (2291)
Customer Value Partners
2008 Ed. (2157)
Customers Ltd.
2008 Ed. (2928)
CustomInk.com
2007 Ed. (4167)
Customized Transportation
2000 Ed. (4311, 4318)
1999 Ed. (4674, 4688)
1998 Ed. (3633, 3643)
1995 Ed. (3674)
1994 Ed. (3593, 3594)
Customs & Border Protection; U.S.
2007 Ed. (1161)
2006 Ed. (1069)
2005 Ed. (1061)
Customs duties
1998 Ed. (3463)
Customs Service; U.S.
1991 Ed. (257)
Cut-sheet paper
1992 Ed. (3287)
Cutcher & Neale
2004 Ed. (6)
Cutera Inc.
2006 Ed. (2735)
Cutex
2008 Ed. (3777)
2000 Ed. (1586)
1999 Ed. (1760)
1997 Ed. (2923)
1996 Ed. (1463)
1995 Ed. (2899)
Cuthbert Heath Underwriting Ltd.
1992 Ed. (2897)
Cuthbert Heath Underwriting Ltd.; 404,
1991 Ed. (2338)
Cutie Pie
2000 Ed. (369)
Cutlass
1996 Ed. (329)
Cutler; A. M.
2005 Ed. (2484)
Cutler; Alexander
2008 Ed. (952)
2007 Ed. (991, 1030)
2006 Ed. (901, 936)
Cutler & Co.
1998 Ed. (2276, 2278)
Cutler Equity Income
2000 Ed. (3228)
1999 Ed. (3511)
Cutler Group; David
1991 Ed. (1066)
Cutler-Hammer Inc.
2001 Ed. (4816)
Cutler, Market Mania; Glenn
1990 Ed. (2366)
Cutler Willard; Miriam
1994 Ed. (1828)
Cutlery, machinery, and tools
1990 Ed. (3629)
Cuts Fitness For Men
2007 Ed. (2789)
Cuts for Men
2006 Ed. (2787)
Cuts, lacerations
2002 Ed. (3529)
Cutter
2003 Ed. (2952)
1995 Ed. (643)
Cutter & Buck
2008 Ed. (865, 2141)
2006 Ed. (1018)
Cutters Choice
2001 Ed. (4568)
Cutting and wear-resistant material
2001 Ed. (1296)
Cutting and wear-resistant materials
2001 Ed. (4649)
Cutty Sark
2004 Ed. (4314, 4321)
2003 Ed. (4304, 4311)
2002 Ed. (298, 4174, 4181, 4183, 4185)
2001 Ed. (3131, 4161, 4167, 4170)
2000 Ed. (3864, 3869, 3871, 3872)
1999 Ed. (3230, 4149, 4155, 4156, 4157)
1998 Ed. (3163, 3164, 3170, 3172, 3173)
1997 Ed. (3387, 3393, 3394, 3395)
1996 Ed. (2525, 3290, 3295, 3297, 3298)
1995 Ed. (3193, 3197)
1994 Ed. (3148, 3153)
1993 Ed. (3104, 3109)
1992 Ed. (3808, 3813)
1991 Ed. (2324, 2932, 2935)
1990 Ed. (3111, 3113, 3114, 3115)
1989 Ed. (2363, 2365)
Cutty Sark Blended
1989 Ed. (2364)
The Cuttyhunk Fund Ltd.
2003 Ed. (3120, 3135)
Cutugno & Associates
1992 Ed. (2747, 2759, 2767)
CUU
1994 Ed. (19)
Cuyahoga County
1993 Ed. (1435)
1990 Ed. (2646)
Cuyahoga County, OH
2004 Ed. (2807)
2002 Ed. (2044)
1999 Ed. (1769)
1994 Ed. (1482)
Cuyahoga County, Ohio
1999 Ed. (3483)
1990 Ed. (2649)
Cuyahoga, OH
2000 Ed. (1597)
1991 Ed. (1374)
1989 Ed. (1177)
CV-Online
2003 Ed. (2713)
CV 7 7/8s 04
1990 Ed. (740)
CV Technologies Inc.
2008 Ed. (1548)
2007 Ed. (1570)
CVB Financial Corp.
2008 Ed. (426)
2007 Ed. (389)
2006 Ed. (2295)
2005 Ed. (2229)
2002 Ed. (499, 501)
1995 Ed. (202)
1993 Ed. (379)
CVC
2007 Ed. (1590)
CVC Capital Partners Ltd.
2005 Ed. (1474)
1995 Ed. (2500)
CVD Equipment Corp.
2004 Ed. (4546)
CVERDEC
2006 Ed. (3283)
CVG
2001 Ed. (369)
CVG-Bauxilum
2001 Ed. (669)
CVG Edelca
2007 Ed. (1850)
CVN Companies
1991 Ed. (837, 2390)
CVN Cos.
1990 Ed. (1307, 3043)
CVO Group
2008 Ed. (1790)
CVPS Employees' Credit Union
2003 Ed. (1950)
2002 Ed. (1896)
CVRD
2008 Ed. (1581, 3659)
2007 Ed. (1603, 1604)
2006 Ed. (781, 1849, 1851, 2542, 4489)
2005 Ed. (1842, 1843)
2004 Ed. (1776, 1777)
2003 Ed. (1739, 1740, 1741)
2002 Ed. (1718)
1989 Ed. (1553)
CVRD Vitoria
2004 Ed. (3026)
CVS Corp.
2008 Ed. (891, 892, 1405, 2062, 2374, 2375, 2376, 2377, 3445, 4214, 4562, 4563, 4575)
2007 Ed. (910, 911, 1967, 1967, 1968, 2232, 2233, 2234, 2235, 2236, 2237, 2238, 2239, 4170, 4171, 4202, 4613, 4614, 4615, 4616, 4627, 4635)
2006 Ed. (821, 823, 825, 1500, 2002, 2002, 2003, 2299, 2300, 2301, 2302, 2303, 2304, 2305, 2306, 2307, 3948, 3953, 3954, 3958, 4147, 4148, 4625, 4628, 4629, 4630, 4631, 4632, 4642)
2005 Ed. (907, 1539, 1956, 1956, 1957, 2235, 2236, 2239, 2240, 2241, 2243, 4095, 4096, 4128, 4415, 4416, 4549, 4551, 4552, 4553, 4566)
2004 Ed. (916, 1523, 1577, 1848, 1848, 1849, 2130, 2131, 2132, 2134, 2135, 2136, 2137, 2138, 2140, 2143, 2145, 2146, 2147, 4159, 4160, 4163, 4197, 4467,

4468, 4613, 4620, 4621, 4622, 4624)
2003 Ed. (897, 898, 1493, 1814, 1814, 1815, 2095, 2096, 2097, 2098, 2099, 2100, 2101, 2104, 2105, 4147, 4148, 4149, 4182, 4640, 4648)
2002 Ed. (1472, 1757, 2030, 2031, 2032, 2033, 2034, 2037, 2041, 2042, 4042, 4043, 4524, 4526, 4532)
2001 Ed. (1841, 2081, 2082, 2086, 2087, 2090, 2091, 2092, 2093, 2747, 4404)
2000 Ed. (1545, 1686, 1687, 1690, 1702, 1714, 1717, 1718, 1719, 1720, 1721, 1722, 2219, 2420, 3807)
1999 Ed. (955, 1727, 1870, 1877, 1879, 1924, 1925, 1926, 1927, 1928, 1930, 1931, 2462, 4093, 4371)
1998 Ed. (1115, 1124, 1187, 1297, 1359, 1361, 1362, 1363, 1364, 1365, 1366, 3080)
1997 Ed. (1670, 1671, 1672, 1673, 1676, 1677)
1996 Ed. (1585, 1589, 1590, 1591, 1592)
1995 Ed. (1611, 1612, 1613, 1614, 1616)
1994 Ed. (1569, 1570, 1571)
1992 Ed. (1852, 1853, 1854, 1857)
1991 Ed. (1459, 1460)
1990 Ed. (1555, 1556)
1989 Ed. (1266, 1267, 1268)
CVS/Caremark Corp.
2008 Ed. (2062, 2063, 4211, 4212)
CVS HC Inc.
2001 Ed. (1841)
CVS (Mellville)
1997 Ed. (1678)
CVS New York Inc.
2008 Ed. (2062, 4211)
2007 Ed. (1967, 4170)
2006 Ed. (2002, 4147)
2005 Ed. (1956, 4095)
2004 Ed. (1848, 4159, 4160)
2003 Ed. (1814)
2001 Ed. (1841)
CVS of DC & VA Inc.
2001 Ed. (1841)
CVS/Peoples
1993 Ed. (1527, 1528)
1992 Ed. (1855, 1856)
CVS Pharmacy Inc.
2008 Ed. (2061, 2062)
2007 Ed. (1966, 1967, 4170)
2006 Ed. (2001, 2002)
2005 Ed. (1955, 1956)
2004 Ed. (1847, 1848)
2003 Ed. (1813, 1814)
2001 Ed. (1841)
CVS Revco D.S. Inc.
2007 Ed. (1967)
2006 Ed. (2002)
2005 Ed. (1956)
2004 Ed. (1848)
2003 Ed. (1814)
2001 Ed. (1841)
CVS.com
2007 Ed. (2316)
2005 Ed. (2328)
CVTech Group
2008 Ed. (297)
CW Johnson Xpress LLC
2008 Ed. (3711, 4396)
2006 Ed. (3515, 4354)
C.W. Zumbiel Co.
1992 Ed. (3529)
CWS Community Trust
2000 Ed. (3152)
CX Economica Federal
1989 Ed. (25)
Cx. Economics Federal
1991 Ed. (19)
Cxpress
1996 Ed. (2594)
CXR Telcom Corp.
1991 Ed. (2571, 3148)
1990 Ed. (1970, 3300)
CXR Telecom Corp.
1990 Ed. (889)
CXY Chemicals Canada LP
2001 Ed. (1223)
CYA Technologies Inc.
2006 Ed. (2822)
2005 Ed. (2834)
Cyanamid
1998 Ed. (101)
Cyanamid Agricultural Products
2005 Ed. (1493)
Cyanamid/AHP
2001 Ed. (276)
Cyanamid Canada
1990 Ed. (950)
1989 Ed. (1930)
CyBelle's
1989 Ed. (2234)
cyber communications
2002 Ed. (1702)
Cyber Dialogue Inc.
2001 Ed. (4196)
Cyber ENET-Kaps, Inc.
2000 Ed. (2746)
Cyber Warrior Inc.
2000 Ed. (2746)
CyberCore Technologies
2006 Ed. (4871)
CyBerCorp
2002 Ed. (4807)
2001 Ed. (4200)
CyberCrop.com
2001 Ed. (4749)
Cyberdog
1999 Ed. (4749)
Cyberg8t Internet Services, Inc.
1999 Ed. (3000)
Cybergenics Cybertrim
1997 Ed. (1608, 1666)
1996 Ed. (1547)
Cybergenics Quick Meal
1998 Ed. (1272, 1352)
Cybergenics Quick Trim
1998 Ed. (1271, 1351)
1997 Ed. (1608, 1609, 1666, 1667)
1996 Ed. (1548)
cybergold.com
2001 Ed. (2995, 2996)
CyberGuard Corp.
2006 Ed. (1420)
Cyberian Outpost
2003 Ed. (2185)
2002 Ed. (2990)
Cyberlink
2008 Ed. (2098)
CyberMedia
1999 Ed. (1287, 2624, 3265)
Cybernet Software Systems Inc.
2007 Ed. (1240)
Cybernex
2000 Ed. (2746)
Cyberonics, Inc.
2003 Ed. (2733)
1996 Ed. (2884)
CyberOptics Corp.
2006 Ed. (1885, 1888, 1890)
Cyberpets
1999 Ed. (4639)
Cyberpower Inc.
2004 Ed. (4434)
Cybersettle Service
2007 Ed. (3216)
CyberSource Corp.
2008 Ed. (1596, 3643, 4608)
2002 Ed. (4879)
Cybertech International
2000 Ed. (1098, 1109, 2408, 4043)
CyberTools Inc.
2006 Ed. (3280)
2005 Ed. (3286)
CyberTrader
2008 Ed. (738)
2006 Ed. (663)
Cybex
2001 Ed. (2349)
Cybex International Inc.
2008 Ed. (1920)
2006 Ed. (1219)
Cybill Shepherd
1997 Ed. (1726)
Cyborg Systems Inc.
2002 Ed. (1153)
Cybozu
2008 Ed. (1866)
Cycle
2003 Ed. (3802)
1999 Ed. (3781)
1997 Ed. (3071)
1996 Ed. (2992)
1994 Ed. (2830)
1993 Ed. (2818)
1992 Ed. (3386)
1990 Ed. (2822)
1989 Ed. (2196)
Cycle & Carriage
2000 Ed. (1547, 1694)
1999 Ed. (1574, 1729)
1997 Ed. (1503)
1996 Ed. (3437)
1995 Ed. (1479, 1480)
1994 Ed. (1443)
1993 Ed. (1390)
Cycle Custom Fitness
1999 Ed. (3597)
Cycle Life
1995 Ed. (2904)
Cycle World
2006 Ed. (162)
1992 Ed. (3386)
Cycling
2001 Ed. (422, 4343)
Cycling, stationary
1999 Ed. (4386)
Cyclone
1999 Ed. (3904)
Cyclophosphamide
1990 Ed. (274)
Cyclops
1989 Ed. (1948)
Cyclops Industries
1993 Ed. (3451)
1992 Ed. (1532)
1991 Ed. (1224)
Cyclosporine
1992 Ed. (1870)
CyDex Inc.
2005 Ed. (1831)
Cydsa
2004 Ed. (2113)
2003 Ed. (2090)
1991 Ed. (2451)
Cydsa SA
1992 Ed. (3063)
Cydsa, SA de CV
2005 Ed. (2218)
Cydsasa
1993 Ed. (2560)
Cygna Corp.
1990 Ed. (1667)
Cygnal Technologies
2007 Ed. (2809)
2001 Ed. (1655)
Cygne Designs
1998 Ed. (780)
1997 Ed. (1025, 1038, 2169, 2702, 2975)
1996 Ed. (1006, 2069)
Cygnus Expositions
2008 Ed. (4723)
2006 Ed. (4787)
2005 Ed. (4736)
Cylink Corp.
2004 Ed. (4345, 4346)
Cymat Corp.
2003 Ed. (1632)
Cymbalta
2007 Ed. (3910, 3911, 3912)
CyMed Inc.
2006 Ed. (2757)
Cymer Inc.
2008 Ed. (1596, 3644)
2005 Ed. (3653, 3654)
2004 Ed. (3744, 3745)
Cynasea
1994 Ed. (3307)
Cyntell Tool Co.
2001 Ed. (3519)
Cynthia B. Sample
1994 Ed. (3666)
Cynthia Cooper
2004 Ed. (1551)
Cynthia Woods Mitchell Pavilion
2003 Ed. (269)
2002 Ed. (4342)
Cyota
2006 Ed. (3176)
Cyotec
1992 Ed. (339, 3002)
Cypress
2000 Ed. (3707)
1999 Ed. (4277, 4278)
1998 Ed. (3283, 3284)
1997 Ed. (3253)
1990 Ed. (2984)
Cypress Capital
2001 Ed. (826)
Cypress Gardens
1992 Ed. (333)
1990 Ed. (265, 266)
Cypress Gas Pipe Line Co.
2005 Ed. (2722)
Cypress Point Club
2000 Ed. (2381)
Cypress Semiconductor Corp.
2005 Ed. (4500)
2001 Ed. (3910, 3911)
2000 Ed. (4000, 4001)
1994 Ed. (2996, 3048)
1993 Ed. (1566, 1567, 3003, 3005, 3006, 3211, 3213)
1992 Ed. (1922, 3667, 3672, 3674, 3683, 3915)
1991 Ed. (358, 1513, 1514, 1520, 3081, 3082)
1990 Ed. (3229)
1989 Ed. (2366)
Cyprus
2008 Ed. (2206, 2400, 4795)
2007 Ed. (674, 2096)
2006 Ed. (2152, 4591)
2005 Ed. (2058)
2004 Ed. (1923)
2002 Ed. (1821, 4427)
2001 Ed. (521, 522, 1952)
2000 Ed. (1615)
1999 Ed. (1786)
1997 Ed. (1547, 2567)
1996 Ed. (1482)
1995 Ed. (1523, 1999, 2012, 2024)
1994 Ed. (956, 1491)
1992 Ed. (1740, 4319)
1991 Ed. (1385)
1990 Ed. (1447, 3503)
Cyprus Amax Coal Co.
2000 Ed. (1127, 1129)
Cyprus Amax Minerals Co.
2008 Ed. (1015, 1016)
2007 Ed. (1135, 1136)
2006 Ed. (1046, 1047, 1545)
2005 Ed. (1037, 1038)
2004 Ed. (1030, 1031, 1624)
2003 Ed. (1027, 1028, 1608)
2001 Ed. (1291, 1292, 1674, 3320)
2000 Ed. (1402, 3098, 3099, 3100, 3136, 3137)
1999 Ed. (1208, 1210, 1560, 1595, 3362, 3412, 3413, 4492)
1998 Ed. (782, 813, 1129, 2507, 2508, 2685)
1996 Ed. (1319, 2648, 2850, 2851)
1995 Ed. (1076, 1274, 1367, 2775)
Cyprus; Bank of
2007 Ed. (30, 428)
2006 Ed. (39, 430, 4496)
2005 Ed. (32, 484)
Cyprus Climax Metals Co.
2005 Ed. (3447)
2003 Ed. (3366)
2001 Ed. (3323)
Cyprus Commercial Bank Ltd.
1999 Ed. (499)
Cyprus Copper Co.
1995 Ed. (1211)
Cyprus Credit Union
2008 Ed. (2262)
2007 Ed. (2147)
2006 Ed. (2226)
2005 Ed. (2131)
2004 Ed. (1989)
2003 Ed. (1949)
2002 Ed. (1895)
Cyprus Development Bank Ltd.
2000 Ed. (507)
Cyprus General Market Index
2008 Ed. (4502)

Cyprus Minerals
1997 Ed. (1378, 2792, 2793, 2947)
1995 Ed. (1220)
1994 Ed. (1064, 1342, 2480, 2485, 2673, 2674)
1993 Ed. (1033, 1290, 2534, 2536, 2727)
1992 Ed. (1232, 1286, 1561, 3028, 3252, 3254)
1991 Ed. (988, 1009, 2420, 2466, 2611)
1990 Ed. (1070, 1073, 2584, 2585, 2716, 2833)
1989 Ed. (947, 1058, 1991, 1992)
Cyprus Popular Bank Ltd.
2006 Ed. (4496)
2004 Ed. (501)
2002 Ed. (548, 4404, 4405)
2000 Ed. (507)
1999 Ed. (499)
1997 Ed. (446)
1996 Ed. (482)
1995 Ed. (452)
1994 Ed. (461)
1993 Ed. (457)
1992 Ed. (45, 646)
1991 Ed. (492)
Cyprus Popular Bank Limited
1989 Ed. (516)
Cyprus Telecoms Authority
2006 Ed. (39)
Cyprus Trading Corp. Ltd.
2002 Ed. (4404, 4405)
Cyprus Turkish Co-operative Central Bank Ltd.
2000 Ed. (507)
1999 Ed. (499)
CyraCom
2008 Ed. (2905)
CyraCom International Inc.
2006 Ed. (2780)
Cyras Systems Inc.
2003 Ed. (1507)
Cyril J. Yansouni
1992 Ed. (2057)
Cyrix
1999 Ed. (4275)
1998 Ed. (3280)
1997 Ed. (2788, 3300)
1995 Ed. (2060, 2061, 2065, 3094, 3206, 3381, 3383, 3385, 3694)
Cyrix/National Semi.
2000 Ed. (3997)
Cyrk-Simon
2000 Ed. (1672, 1675)
Cyrk-Simon Worldwide
2001 Ed. (3920)
Cyro Industries
2001 Ed. (3818)
Cyrus; Billy Ray
1994 Ed. (1100)
Cystic Fibrosis Foundation
1996 Ed. (914)
1994 Ed. (906)
1993 Ed. (1701)
1991 Ed. (2614)
Cytarabine
1990 Ed. (274)
Cytec
2000 Ed. (3563)
Cytec Industries Inc.
2008 Ed. (905)
2006 Ed. (848, 868)
2005 Ed. (934, 935, 945)
2004 Ed. (944, 945)
2003 Ed. (932)
2002 Ed. (988)
1999 Ed. (1082, 1113)
1998 Ed. (715, 3702)
1997 Ed. (973, 3869)
1996 Ed. (2835, 3718)
Cytiva Software Inc.
2008 Ed. (1140)
Cytokinetics
2003 Ed. (682)
Cytos Biotechnology AG
2007 Ed. (2005)
Cytostatic drugs
2001 Ed. (2065)
Cytostatics
2002 Ed. (3751)
2001 Ed. (2095)
2000 Ed. (1696, 2322)
Cytotec 200 Tabs
1991 Ed. (1473, 2400)
CytrxCp
1990 Ed. (2750)
Cytyc Corp.
2007 Ed. (1875)
2006 Ed. (1427, 3447, 4331)
2005 Ed. (1859, 1864)
2004 Ed. (1583)
Czarnecki; Gerald M.
1995 Ed. (1726)
Czarnecki; Leszek
2008 Ed. (4872)
Czarnikow Holdings Ltd.
1993 Ed. (969)
1991 Ed. (961)
Czech & Slovak Republics
2000 Ed. (2355, 2356)
Czech Republic
2008 Ed. (2203, 2400, 2949, 3206, 3499, 3500, 4583)
2007 Ed. (2093, 2826, 3379, 3393, 3397, 4868)
2006 Ed. (2149, 2823, 3335, 3339, 4652, 4669, 4770, 4866)
2005 Ed. (497, 501, 2055, 2534, 2535, 2765, 2766, 3346, 4160, 4497, 4586, 4801)
2004 Ed. (1463, 1920, 3287, 3321, 4750)
2003 Ed. (2053, 2212, 2213, 2617, 3232)
2002 Ed. (681, 1813, 2751, 2754)
2001 Ed. (513, 514, 670, 704, 1021, 1088, 1125, 1140, 1171, 1274, 1285, 1413, 1944, 1948, 2005, 2043, 2094, 2135, 2139, 2442, 2543, 2552, 2553, 2658, 2735, 3315, 3602, 3644, 3850, 3863, 3864, 4017, 4028, 4112, 4151, 4249, 4339, 4370, 4426, 4548, 4670, 4671, 4732)
2000 Ed. (1611, 2335, 4271)
1999 Ed. (1139, 1782, 2067, 3653, 4480)
1998 Ed. (1847)
1997 Ed. (1543, 2567, 3767)
1996 Ed. (1478)
1995 Ed. (1519)
1994 Ed. (1487)
Czechoslavakia
1992 Ed. (1735)
Czechoslovakia
2007 Ed. (4070)
2006 Ed. (4034)
2005 Ed. (3999)
2004 Ed. (4063)
2003 Ed. (4043)
2001 Ed. (3987)
1995 Ed. (713, 2031)
1994 Ed. (1974, 3643)
1993 Ed. (1209, 1463, 1464, 1466, 1467, 1952)
1992 Ed. (1734, 2297, 2357, 2359)
1991 Ed. (1382, 1406)
1990 Ed. (778, 1449, 1476, 1481, 1732)
Czernin; Mary
2007 Ed. (4924)

D

D. A. Berthiaume
2005 Ed. (2494)
2004 Ed. (2510)
2003 Ed. (2391)
2002 Ed. (2195)
2001 Ed. (2329)
D. A. Campbell
1994 Ed. (1756)
D. A. Carp
2004 Ed. (2495)
2003 Ed. (2374)
2002 Ed. (2196)
2001 Ed. (2330)
D. A. Davidson & Co.
2001 Ed. (3210, 3211)
D. A. Scarborough
2003 Ed. (2375)
D. A. Warner III
2002 Ed. (2185)
2001 Ed. (2320)
D & B
2007 Ed. (3060)
2006 Ed. (3027)
D & B Capital Management (Derivatives)
1996 Ed. (1055)
D & B Marketing Information Services
1997 Ed. (2710)
1996 Ed. (2569)
1995 Ed. (2508)
D & B Software Services Inc.
1994 Ed. (1097)
D & C Bank
1993 Ed. (2386)
D & C Mitsui Merchant Bankers
1991 Ed. (2413)
D & C Nomura Merchant Bankers
1989 Ed. (1781)
D & C Saatchi & Saatchi
2003 Ed. (183)
2002 Ed. (213)
2001 Ed. (243)
D & C Sakura
1996 Ed. (3391)
1995 Ed. (3279)
1994 Ed. (3193)
D & D Saw Works Inc.
2008 Ed. (4954)
D & D Tool & Supply
2008 Ed. (4954)
D & H Distributing
2005 Ed. (4811)
D & K Enterprises Inc.
1997 Ed. (2085)
1996 Ed. (1969)
1995 Ed. (1939)
1994 Ed. (1917)
D & K Healthcare
2003 Ed. (4568)
D & K Healthcare Resources Inc.
2006 Ed. (1900, 4949, 4950)
2005 Ed. (2247, 4917, 4918)
2004 Ed. (2151, 4935, 4936)
2003 Ed. (2095, 2096, 4931)
2002 Ed. (4902)
2001 Ed. (2062, 2081)
D & K Optical
1991 Ed. (2644)
D & K Stores Inc.
1999 Ed. (4701)
D & K Wholesale
1999 Ed. (1896)
D & M Garage Door Sales Inc.
2007 Ed. (3597, 3598, 4444)
D & N Bank
1999 Ed. (4141)
1998 Ed. (3155)
1994 Ed. (3530)
D & N Bank, FSB
1998 Ed. (3551)
D & N Financial Corp.
2001 Ed. (4528)
D & R Boats
1991 Ed. (718)
D & R Henderson
2002 Ed. (3789)
D & S
2003 Ed. (1744)
D & S Fueling Inc.
1997 Ed. (1014, 2168)
D & Z Inc.
1992 Ed. (1969)
D. B. Marron
2001 Ed. (2334)
D. B. Rickard
2002 Ed. (2199)
D. B. Western
2001 Ed. (2504)
D Bhd
1999 Ed. (3138)
1997 Ed. (2594)
D. C. Heath
1990 Ed. (1583)
D. C. Hopkins
2002 Ed. (2208)
D. C. McDougall
2003 Ed. (2396)
2002 Ed. (2203)
2001 Ed. (2338)
D. C. Novak
2005 Ed. (2491)
2003 Ed. (2388)
2001 Ed. (2327)
D. C. Stanzione
2001 Ed. (2343)
D. C. Thomson & Co. Ltd.
1994 Ed. (991, 992, 993)
1991 Ed. (958)
D. C. Ustian
2005 Ed. (2484)
D. Carnegie & Co.
1997 Ed. (1971)
D. Crocker II
2003 Ed. (2377)
D. Crocker III
2002 Ed. (2207)
D. D. Dammerman
2002 Ed. (2189)
2001 Ed. (2324)
D. D. F. Transportation
1991 Ed. (3429)
D. Dwayne Calloway
1994 Ed. (950)
D. E. Baird
2004 Ed. (2514)
2003 Ed. (2395)
2002 Ed. (2202)
2001 Ed. (2337)
D. E. Collins
2003 Ed. (2375)
2002 Ed. (2197)
2001 Ed. (2332)
D. E. Foster
2002 Ed. (2208)
2001 Ed. (2343)
D. E. Frey & Co.
2000 Ed. (851, 853, 854, 855, 857, 858, 860)
D. E. Graham
2005 Ed. (2502)
D. E. Pyott
2005 Ed. (2501)
D. E. Shaw Group
2006 Ed. (2800)
D. E. Washkewicz
2005 Ed. (2480)
2004 Ed. (2496)
D. Euan Baird
1991 Ed. (1624)
D. F. D'Alessandro
2005 Ed. (2490)
D. F. Elliott
2004 Ed. (2509)
D. F. King & Co.
1997 Ed. (3207)
1995 Ed. (3027)
1994 Ed. (2967)
D. F. Zarcone
2001 Ed. (2330)
D. G. de Telecom
1990 Ed. (1943)
D. G. des Postes
1990 Ed. (1943)
D. G. Yuengling & Son Inc.
2008 Ed. (537)
2006 Ed. (552)
2003 Ed. (764)
2001 Ed. (1023, 1026)
2000 Ed. (816, 817, 818)
1999 Ed. (3399)
1998 Ed. (2491)
1997 Ed. (713)
D. H. Blair
1999 Ed. (4707)
1992 Ed. (3880)
D. H. Davis Jr.
2005 Ed. (2489)
2004 Ed. (2505)
2002 Ed. (2191)
2001 Ed. (2326)
D. H. Francisco
2003 Ed. (2392)
D. H. Griffin Wrecking Co., Inc.
2008 Ed. (1256)
2007 Ed. (1359)
2006 Ed. (1280)
2005 Ed. (1310)
D. H. Hughes
2001 Ed. (2318)
D. H. Komansky
2004 Ed. (2506)

2003 Ed. (2387)
2002 Ed. (2200)
D. H. Layton
2003 Ed. (2372)
D. H. McCorkindale
2005 Ed. (2502)
2004 Ed. (2518)
2003 Ed. (2399)
2002 Ed. (2205)
2001 Ed. (2340)
D. H. Reilley
2005 Ed. (2487)
2004 Ed. (2503)
2003 Ed. (2384)
2002 Ed. (2188)
D. I. Jager
2002 Ed. (2204)
2001 Ed. (2339)
D. J. Anderson
2003 Ed. (2390)
D. J. Hovind
2003 Ed. (2381)
D. J. Lesar
2005 Ed. (2498)
D. J. O'Reilly
2005 Ed. (2496)
2002 Ed. (2198)
D. K. B.
1991 Ed. (1720)
D. Kent Dewell
1990 Ed. (2659)
D. Kimmerle
2006 Ed. (334)
D. L. Blair Inc.
1998 Ed. (1287)
1997 Ed. (1618)
1996 Ed. (1553, 3276)
1994 Ed. (3127)
1993 Ed. (3063)
1992 Ed. (3759)
D. L. Blankenship
2005 Ed. (2517)
D. L. Burner
2005 Ed. (2482)
2004 Ed. (2498)
2002 Ed. (2184)
D. L. G. L. Ltd.
2008 Ed. (1616)
D. L. Geary Brewing Co.
1999 Ed. (3400)
1998 Ed. (2489)
1997 Ed. (714)
D. L. King & Associates Inc.
2007 Ed. (3578, 3579, 4434)
D. L. Rock
2005 Ed. (2498)
2002 Ed. (2202)
D. L. Runkle
2003 Ed. (2381)
2001 Ed. (2319)
D. L. Withers Construction
2008 Ed. (1180, 1340)
2007 Ed. (1280)
2006 Ed. (1174)
D-Link
2008 Ed. (667)
D. M. Cole
2002 Ed. (2189)
D. M. Cote
2005 Ed. (2478)
2004 Ed. (2493)
2003 Ed. (2373)
D. M. James
2001 Ed. (2322)
D. M. Rickey
2003 Ed. (2386)
D. Masoutis SA
2008 Ed. (1774, 4230)
2006 Ed. (1740)
D. Maydan
2002 Ed. (2194)
2001 Ed. (2331)
D. N. Daft
2005 Ed. (2485)
2004 Ed. (2501)
2003 Ed. (2382)
2002 Ed. (2186)
D. N. Farr
2004 Ed. (2505)
D. O. Allen Custom Homes
2002 Ed. (1207)
D. O. C. Optics
2005 Ed. (3655)
D. P. Amos
2005 Ed. (2490)
D. P. Burnham
2005 Ed. (2482)
2004 Ed. (2498)
2003 Ed. (2378)
2002 Ed. (2184)
2001 Ed. (2317)
D. P. Electric Inc.
2006 Ed. (3496)
D. Pfan. und Hypothek. AG
2003 Ed. (532)
D-propoxyphene
1996 Ed. (1566)
D. R. Conant
2005 Ed. (2492)
2004 Ed. (2508)
D. R. DiMicco
2004 Ed. (2521)
2003 Ed. (2401)
D. R. Goode
2005 Ed. (2503)
2004 Ed. (2519)
2003 Ed. (2400)
2001 Ed. (2341)
D. R. Horton Inc.
2008 Ed. (1167, 1190, 1198, 1200, 1201, 1202, 1213, 1509, 2114)
2007 Ed. (1269, 1273, 1274, 1290, 1300, 1301, 1303, 1304, 1307, 1308, 1309, 1310, 1311, 1324, 2012, 2964, 2977)
2006 Ed. (1161, 1162, 1191, 1193, 1194, 1195, 1196, 1197, 1199, 1200, 1202, 1203, 1520, 1523, 1742, 2041, 2947, 2957, 2959, 4190)
2005 Ed. (1166, 1179, 1180, 1181, 1183, 1185, 1186, 1191, 1192, 1193, 1196, 1197, 1199, 1202, 1203, 1204, 1206, 1210, 1211, 1215, 1219, 1221, 1222, 1223, 1224, 1225, 1228, 1229, 1230, 1231, 1232, 1233, 1234, 1235, 1237, 1238, 1240, 1241, 1242, 1243, 1244, 1256, 2948, 2962, 2964, 4503)
2004 Ed. (1137, 1140, 1143, 1150, 1184, 1189, 1195, 1198, 1201, 1203, 1204, 1205, 1206, 1207, 1209, 1210, 1211, 1216, 1578, 2946, 2957, 2959)
2003 Ed. (1135, 1139, 1141, 1145, 1147, 1177, 1183, 1194, 1198, 1199, 1200, 1202, 1203, 1204, 1207, 1209, 1213, 1597, 4548, 4558)
2002 Ed. (1171, 1172, 1174, 1178, 1181, 1183, 1186, 1187, 1196, 1200, 1203, 1205, 1206, 1209, 1210, 2656, 2657, 2660, 2661, 2665, 2666, 2667, 2668, 2669, 2670, 2672, 2678, 2681, 2682, 2685, 2686, 2687, 2690, 2691, 2692, 2693, 2694)
2001 Ed. (1391, 1392, 1393, 1394, 1405, 1406)
2000 Ed. (1189, 1190, 1191, 1192, 1193, 1197, 1198, 1199)
1999 Ed. (1306, 1307, 1311, 1318, 1319, 1325, 1328)
1998 Ed. (899)
D. R. Laurance
2003 Ed. (2393)
2002 Ed. (2198)
2001 Ed. (2333)
D. R. Nickelson & Co., Inc.
2006 Ed. (4994)
D. R. Whitwam
2005 Ed. (2483)
2004 Ed. (2499)
2003 Ed. (2380)
2001 Ed. (2318)
D S B
1990 Ed. (1352)
D/S 1912
2002 Ed. (1342)
1991 Ed. (1105)
D/S 1912 A
1999 Ed. (1423)
1997 Ed. (1218)
1996 Ed. (1179)
1994 Ed. (1194)
1993 Ed. (1161, 1162)
1992 Ed. (1444, 1445)
D/S 1912 A/S
2005 Ed. (1475, 1483, 1562)
D/S 1912 B
1999 Ed. (1423)
1997 Ed. (1218)
1996 Ed. (1179, 1180)
1994 Ed. (1194, 1195)
D/S Svendborg
2002 Ed. (1342)
1991 Ed. (1105)
D/S Svendborg A
1999 Ed. (1423)
1997 Ed. (1218)
1996 Ed. (1179)
1994 Ed. (1194)
1993 Ed. (1161, 1162)
1992 Ed. (1444, 1445)
D/S Svendborg A/S
2005 Ed. (1475, 1483, 1562)
D/S Svendborg B
1999 Ed. (1423)
1997 Ed. (1218, 1219)
1996 Ed. (1179, 1180)
1994 Ed. (1194, 1195)
D. S. Ware Homes
2004 Ed. (1171)
D. Scott Davis
2008 Ed. (963)
2007 Ed. (1040)
2006 Ed. (945)
2005 Ed. (987)
D. Swarovski & Co.
2002 Ed. (3234)
1997 Ed. (2708)
D. Thomas Moody
1990 Ed. (1721)
1989 Ed. (1382)
D. Travis Engen
2006 Ed. (905)
D. V. Gonzalez Electric Inc.
1993 Ed. (2039)
D. W. Bernauer
2005 Ed. (2481)
D. W. Dorman
2005 Ed. (2506)
2003 Ed. (2402)
D. W. Johnson
2003 Ed. (2389)
D. W. Quinn
2003 Ed. (2377)
D. W. Sullivan
2002 Ed. (2197)
2001 Ed. (2332)
D. Waldner Co.
1991 Ed. (2638)
D. Wayne Calloway
1998 Ed. (721)
1997 Ed. (982)
1996 Ed. (958, 960)
DA Burns & Sons
2008 Ed. (743)
D.A. Management
1995 Ed. (2377)
1992 Ed. (2751)
The Da Vince Code
2008 Ed. (2387)
The Da Vinci Code
2008 Ed. (555, 622, 623, 3754, 3756)
2007 Ed. (662)
2006 Ed. (636)
2005 Ed. (723, 725)
Dabur
2001 Ed. (41)
Dabur India
2008 Ed. (47, 1801)
2007 Ed. (43, 1771)
2006 Ed. (52)
2005 Ed. (45)
2004 Ed. (51)
The DAC Group
2005 Ed. (2350, 2351, 2352)
2004 Ed. (135, 2250, 2251)
2003 Ed. (181)
2002 Ed. (2088, 2090, 2092)
2001 Ed. (241, 2206, 2207)
2000 Ed. (54, 1766, 1768)
1999 Ed. (1985)
1998 Ed. (1411)
1996 Ed. (1636)
DAC Technologies Group International Inc.
2008 Ed. (2457, 2464, 2468, 2469, 2470)
2007 Ed. (2340)
Dacca, Bangladesh
1989 Ed. (2245)
D'Accord Inc.
1989 Ed. (1757)
Dachser
1999 Ed. (963)
Dacom Corp.
2002 Ed. (3048)
2000 Ed. (4190)
1999 Ed. (3135, 3136, 4549)
1995 Ed. (3552)
Dacom Corporation
2000 Ed. (2882)
Dacome International Inc.
2006 Ed. (1591)
Dacotah Paper Co.
2006 Ed. (4371)
Dacriose
1995 Ed. (1602, 1760)
Dada SpA
2005 Ed. (1830)
Dadas
1999 Ed. (3253)
1997 Ed. (2675, 2676)
Daddy's Junky Music
1993 Ed. (2643)
Dade
1990 Ed. (1805, 2533)
Dade; Bank of
2008 Ed. (431)
Dade Behring Inc.
2003 Ed. (3357)
2002 Ed. (1069, 3297, 3298, 3299)
2001 Ed. (3267)
2000 Ed. (3076)
1998 Ed. (1337)
Dade Behring Holdings Inc.
2007 Ed. (2774)
2006 Ed. (2769)
2005 Ed. (2799)
Dade Behring Products and Services
2001 Ed. (3268)
Dade County, FL
2004 Ed. (1004, 2643, 2704, 2718, 2807, 2858, 3521, 4182, 4183)
2003 Ed. (3436, 3439)
2002 Ed. (374, 1085, 1804, 2044, 2298, 2380, 2394, 2443, 3992, 4048, 4049)
2000 Ed. (3680)
1999 Ed. (1766, 1767, 1769, 1770, 1771, 1772, 1773, 1774, 1775, 1776, 1777, 3471, 3474, 4658)
1998 Ed. (1201, 1701)
1997 Ed. (1537, 1539, 3217, 3559)
1996 Ed. (1468, 1470)
1995 Ed. (1510, 1515)
1994 Ed. (1475, 1477, 1483)
1993 Ed. (1426, 1428, 1431, 1432, 1434, 3624)
1992 Ed. (1714, 1715, 1717, 1720, 1725)
1991 Ed. (3422)
Dade County (FL) School District
1991 Ed. (2923, 2926, 2927)
Dade County (FL) Schools
1996 Ed. (3288)
1991 Ed. (2521)
Dade County (Fla.) Public Schools
1990 Ed. (3106, 3107)
Dade County Public Schools
1995 Ed. (3190)
Dade County School Employees Federal Credit Union
1998 Ed. (1226)
1994 Ed. (1503)
1993 Ed. (1448)
Dade County Schools
2000 Ed. (3860)
1998 Ed. (3160)
1997 Ed. (3385)
1994 Ed. (3146)
1993 Ed. (3102)
1992 Ed. (3802)

1991 Ed. (2929)
Dade, FL
2000 Ed. (1594, 1595, 1597, 1598, 1599, 1600, 1601, 1602, 1604, 1605, 1606, 1607, 2437, 2613)
1991 Ed. (1369, 1370)
1990 Ed. (1441, 1442, 1443, 1483)
1989 Ed. (1175, 1176)
Dade Pharmaceuticals Inc.
1991 Ed. (2405)
Dadeland Mall
2000 Ed. (4029)
1999 Ed. (4309)
1998 Ed. (3299)
Dadonghai
1999 Ed. (4298)
Dad's
1997 Ed. (3545)
Dad's Products Co. Inc.
2003 Ed. (3803, 3804)
Dae Advertising
2008 Ed. (112)
2007 Ed. (102)
2006 Ed. (113)
2005 Ed. (104)
2004 Ed. (108)
Dae Hong Advertising
1995 Ed. (94)
The Daedalus Foundation
1994 Ed. (898)
Daeduck Group
2008 Ed. (4022)
2007 Ed. (4004)
2006 Ed. (3947)
2005 Ed. (3884)
Daegu Bank
2007 Ed. (553)
2003 Ed. (611)
2002 Ed. (577, 601)
2000 Ed. (581)
Daehan
1995 Ed. (2313)
Daehan Investment Trust Co.
2002 Ed. (2824)
2001 Ed. (2886)
1999 Ed. (2890)
1997 Ed. (2397)
Daehan Investment Trust Management Co.
2005 Ed. (3231)
Daehong Ad
1991 Ed. (121)
Daehong Advertising
1993 Ed. (116)
1992 Ed. (174)
1990 Ed. (123)
1989 Ed. (129)
Daehong Communications
2003 Ed. (149)
2002 Ed. (131)
2001 Ed. (158)
2000 Ed. (120)
1999 Ed. (114)
1997 Ed. (111)
1996 Ed. (109)
Daelim Engineering Co. Ltd.
1999 Ed. (1408)
Daelim Industrial Co.
1992 Ed. (1662)
1991 Ed. (1320)
Daemonsgate
1995 Ed. (1106)
Daesang Corp.
2001 Ed. (1623)
Daeshin
1995 Ed. (798)
Daewong Pharmaceutical
1991 Ed. (33)
Daewoo Corp.
2005 Ed. (1516)
2003 Ed. (306, 327, 357, 4354)
2002 Ed. (388, 390, 391, 392, 393, 1713, 2001, 3050, 3340)
2001 Ed. (51, 68, 1774, 1775)
2000 Ed. (356, 1203, 1501, 1505, 1508, 3130)
1999 Ed. (337, 340, 352, 899, 900, 901, 902, 1401, 1408, 1695, 1697, 1887, 1889, 1994, 3469)
1998 Ed. (1420, 1537, 2496, 2559)
1997 Ed. (777, 778, 779, 780, 781, 1131, 1467, 1469, 1470, 1714, 2592)
1996 Ed. (1151, 1412, 1637, 1744, 1745, 2444, 2445)
1995 Ed. (795, 796, 797, 798, 799, 1135, 1341, 1387, 1447, 1449)
1994 Ed. (1121, 1163, 1171, 1414, 1618, 2346)
1993 Ed. (977, 1097, 1141, 1362, 1505, 1642, 2383, 2384)
1992 Ed. (1370, 1426, 1572, 1661, 1662, 1663, 1664, 1665, 2822)
1991 Ed. (1064, 1096, 1319, 1320, 2273)
1990 Ed. (1175, 1393, 1394)
1989 Ed. (1133, 1134)
Daewoo Bank
2004 Ed. (487)
Daewoo Electronics Co., Ltd.
2003 Ed. (2200, 2202)
2002 Ed. (3050)
2001 Ed. (2199)
2000 Ed. (1501, 1504)
1996 Ed. (2445)
1994 Ed. (30, 2346)
1993 Ed. (40, 1586, 2384)
1992 Ed. (62, 2822)
1991 Ed. (2273)
Daewoo Electronics & Motors
1989 Ed. (40)
Daewoo Engineering & Construction Co., Ltd.
2006 Ed. (1299)
1998 Ed. (968, 970)
1997 Ed. (1185, 1195)
Daewoo Group
1998 Ed. (2558)
1996 Ed. (996, 1337)
1994 Ed. (990, 1364)
1992 Ed. (1190)
1991 Ed. (957)
1990 Ed. (1532)
Daewoo Heavy Industries Ltd.
2002 Ed. (3050)
2001 Ed. (4045)
2000 Ed. (1501)
1996 Ed. (2445)
Daewoo Heavy Industry
2000 Ed. (2882)
1999 Ed. (3135)
1997 Ed. (2591, 2592)
1994 Ed. (2346)
1992 Ed. (2822)
Daewoo International Corp.
2007 Ed. (4580)
Daewoo Motor Co.
2004 Ed. (1557)
2000 Ed. (1501, 1504)
Daewoo Motor Polska
2000 Ed. (3030)
Daewoo Securities
2001 Ed. (1034)
2000 Ed. (2883)
1997 Ed. (1784, 3484)
1996 Ed. (2444, 3390)
1991 Ed. (2272)
1990 Ed. (1394)
1989 Ed. (1134)
Daewoo Telecom Co. Ltd.
2002 Ed. (2104)
2001 Ed. (4045)
1992 Ed. (1925)
Daewoo TU
2001 Ed. (2926)
Daewoong Pharmaceuticals
1994 Ed. (30)
1993 Ed. (40)
DAF
1994 Ed. (3584)
1992 Ed. (4347)
1990 Ed. (3654)
Daffy Duck
1992 Ed. (1064)
Daffy's
2001 Ed. (4925)
Daft; D. N.
2005 Ed. (2485)
Dag Hammarskjold Cancer Treatment Center
2002 Ed. (2455)
Dagfu
1995 Ed. (1383)
1994 Ed. (1358)
1993 Ed. (1307)
1990 Ed. (1352)
The Dagger
2001 Ed. (3382)
Daggett Architects
1996 Ed. (231)
D'Agostino Associates
2006 Ed. (1253, 1256, 1286)
2005 Ed. (1286)
D'Agostino General Contractors Inc.
2007 Ed. (1918)
Dah An
1999 Ed. (1797)
Dah Sing Bank Ltd.
1997 Ed. (488)
Dah Sing Financial Holdings
2007 Ed. (459, 1760)
2006 Ed. (448)
2005 Ed. (517)
2004 Ed. (538)
Dahaf
1999 Ed. (107)
1997 Ed. (105)
1996 Ed. (103)
1995 Ed. (88)
Dahin Co., Ltd.
1990 Ed. (958)
Dahl & Associates; Lauren
1997 Ed. (843)
1996 Ed. (833)
1995 Ed. (853)
Dahlin Smith White Inc.
1996 Ed. (2246)
1995 Ed. (43)
1992 Ed. (109)
Dahlkemper's
1994 Ed. (872)
1991 Ed. (866, 867)
1990 Ed. (915)
Dahlonega, GA
2008 Ed. (4245)
Dahl's
1994 Ed. (2154)
Dahn Corp.
1999 Ed. (4266)
1996 Ed. (3395)
Dai-Ichi
1997 Ed. (1664)
1993 Ed. (1517)
Dai-ichi Bank Ltd.
1992 Ed. (3626)
Dai-Ichi Hotel Ltd.
1991 Ed. (1950)
1990 Ed. (2082, 2092)
Dai-Ichi Housing Loan Co. Ltd.
1999 Ed. (2436)
1997 Ed. (2008)
Dai-Ichi Kangyo
1991 Ed. (2675)
1989 Ed. (530, 568, 570, 571, 2122)
Dai-Ichi Kangyo Bank Ltd.
2002 Ed. (587, 595, 597, 731, 4434)
2001 Ed. (603, 626)
2000 Ed. (462, 528, 531, 565, 574, 575, 576, 1474)
1999 Ed. (466, 516, 521, 550, 552, 554, 563, 564, 565, 1575, 1659, 1667, 1691, 4614)
1998 Ed. (351, 353, 354, 382, 383, 384, 1163)
1997 Ed. (352, 514, 519, 1447, 1464, 3761)
1996 Ed. (501, 502, 506, 507, 511, 557, 558, 561, 562, 573, 574, 1408, 2552, 3706)
1995 Ed. (420, 468, 469, 505, 506, 509, 510, 519, 520, 1444)
1994 Ed. (479, 480, 483, 484, 518, 525, 526, 530, 531, 544, 545, 1365, 1409, 1755, 3013, 3550)
1993 Ed. (424, 476, 477, 483, 484, 485, 517, 518, 527, 529, 532, 542, 543, 544, 1333, 1349, 1358, 1672, 1859, 2415, 2969, 3475, 3587)
1992 Ed. (603, 604, 665, 666, 667, 671, 672, 674, 709, 710, 716, 721, 726, 728, 743, 744, 1497, 1638, 1660, 2154, 3340, 4151, 4310)
1991 Ed. (1305)
1990 Ed. (297, 501, 502, 547, 575, 594, 595, 597, 601, 603, 604, 607, 609, 617, 1385, 1390, 1392, 1789)
1989 Ed. (561)
Dai-Ichi Kangyo Bank Lottery
2000 Ed. (3014)
1995 Ed. (2490)
Dai-Ichi Kangyo Bank, Lottery Division
1997 Ed. (2689)
1993 Ed. (2474)
Dai-Ichi Kangyo Bank of California
1991 Ed. (2812)
Dai-Ichi Kangyo Banks
1989 Ed. (564)
Dai-Ichi Kangyo Group
1991 Ed. (1594)
Dai-Ichi Kangyo International Ltd.
1998 Ed. (2347, 2356)
1995 Ed. (2437)
1991 Ed. (2304, 2306, 2307, 3278)
1990 Ed. (2434, 2436)
Dai-Ichi Kangyou Bank
1999 Ed. (522)
Dai-Ichi Kikaku
1999 Ed. (111)
1997 Ed. (108)
1996 Ed. (107)
1995 Ed. (92)
1994 Ed. (98)
1993 Ed. (80, 115)
1992 Ed. (120, 171)
1991 Ed. (119)
1990 Ed. (102, 121)
1989 Ed. (127)
Dai-Ichi Kungyo Bank
1989 Ed. (531, 1433)
Dai-ichi Life
1989 Ed. (1698)
Dai-ichi Mutual Lie Insurance
1990 Ed. (2278)
Dai-Ichi Mutual Life
2000 Ed. (2712)
1997 Ed. (2396, 2423, 2424, 2547)
1996 Ed. (2287, 2327, 2423)
1995 Ed. (2312, 2391)
1994 Ed. (2236, 2265, 2327)
1993 Ed. (2230, 2256, 2346)
Dai-Ichi Mutual Life Insurance
1999 Ed. (2889, 2922, 2961, 3104)
1998 Ed. (2134, 2135)
1992 Ed. (1190, 2710)
1991 Ed. (957, 2147)
1989 Ed. (1746)
Dai-ichi Mutual Life Insurance Group
2008 Ed. (3309, 3311)
2007 Ed. (1836, 3160)
2006 Ed. (1827, 3125, 3127)
2005 Ed. (1798, 3091, 3121, 3227)
2004 Ed. (3084, 3115, 3117, 3211)
2003 Ed. (3000)
2002 Ed. (2823, 2940, 2942)
2001 Ed. (2885, 2925)
Dai-Ichi Sankyo
2007 Ed. (3942)
Dai-Ichi Securities
1994 Ed. (1322)
1993 Ed. (1276)
Dai-lchi Kangyo
1990 Ed. (1783, 1784, 2773)
Dai-lchi Kangyo Bank
2000 Ed. (532)
Dai-Ichi Kangyo Bank Ltd. (Japan)
2000 Ed. (562)
Dai Nippon Ink & Chemicals
1997 Ed. (959)
Dai Nippon Printing Co., Ltd.
2007 Ed. (2460, 3452, 4056)
2004 Ed. (4047)
2003 Ed. (4028)
2002 Ed. (3766)
2000 Ed. (3408, 3611, 3612)
1999 Ed. (3690, 3897, 3973)
1998 Ed. (2922, 2977)
1997 Ed. (2994, 3169, 3225)
1995 Ed. (2833)
1994 Ed. (2728)
1993 Ed. (2766)
1992 Ed. (3334)
1991 Ed. (2671)
1990 Ed. (2764, 2934)
1989 Ed. (2482)

Dai-Tokyo
1992 Ed. (2712)
Dai-Tokyo Fire & Marine
1993 Ed. (2252)
Dai-Tokyo Fire & Marine Insurance Co. Ltd.
1999 Ed. (2915)
1995 Ed. (2279)
1994 Ed. (2232)
1992 Ed. (2706)
1991 Ed. (2143)
1990 Ed. (2274)
Dai; Weili
2008 Ed. (4883)
Daicel
2001 Ed. (2508)
Daicel Chemical Industries
2002 Ed. (1000)
Daichi
2000 Ed. (2713)
Daido
2000 Ed. (2713)
Daido Steel
2007 Ed. (3490)
Daidone Electric
2008 Ed. (1318)
The Daiei Inc.
2008 Ed. (1815, 4236)
2007 Ed. (1780, 1786, 4201)
2006 Ed. (1484, 1791, 1793, 1794, 1797, 4175, 4181)
2005 Ed. (4128, 4134)
2004 Ed. (4205)
2003 Ed. (4178)
2002 Ed. (4059, 4061)
2000 Ed. (3821, 3823, 3824)
1999 Ed. (4107, 4112)
1998 Ed. (668, 3096)
1996 Ed. (3253)
1995 Ed. (3156, 3157, 3158)
1994 Ed. (3112, 3113)
1993 Ed. (3050)
1992 Ed. (3738, 3741)
1990 Ed. (3054)
1989 Ed. (2333)
The Daiei (USA) Inc.
2008 Ed. (1786)
2007 Ed. (1759)
2006 Ed. (1749)
Daifuku Co., Ltd.
2008 Ed. (3602, 4576)
2007 Ed. (3436)
2006 Ed. (3421, 4646)
2004 Ed. (3397)
2003 Ed. (3320)
Daihan Investment & Finance Corp.
1994 Ed. (1846)
Daihatsu Inc.
1993 Ed. (34, 307)
1992 Ed. (462, 463)
1990 Ed. (33)
1989 Ed. (308)
Daihatsu Cars
1989 Ed. (35)
Daihatsu Charade
1992 Ed. (2409)
1991 Ed. (353)
Daihatsu Motor
1994 Ed. (1392)
Daihatsu Move
1999 Ed. (339)
Daiichi
1990 Ed. (1571)
Daiichi Housing Loan Co. Ltd.
2000 Ed. (2194)
Daiichi Pharmaceutical Co.
1995 Ed. (3099)
Daiichi Seiyaku
1989 Ed. (1280)
Daiichiya-Love's Bakery Inc.
2008 Ed. (1786)
Daikin
2007 Ed. (878)
Daikin Industries
2007 Ed. (2401)
Daiko
1992 Ed. (172)
Daiko Advertising
2003 Ed. (94)
2002 Ed. (127)
2001 Ed. (154)
2000 Ed. (116)
1999 Ed. (111)
1997 Ed. (108)
1996 Ed. (107)
1995 Ed. (92)
1994 Ed. (98)
1993 Ed. (80, 115)
1992 Ed. (120, 171)
1991 Ed. (119)
1990 Ed. (102, 121)
1989 Ed. (127)
Daikyo Inc.
2006 Ed. (1777)
2001 Ed. (1622)
Daikyo oil Co. Ltd.
1994 Ed. (923)
1993 Ed. (908, 1276)
1992 Ed. (1113, 1571)
1991 Ed. (909)
Dailey & Associates
2006 Ed. (110)
2004 Ed. (133, 134)
2003 Ed. (30, 175, 176)
2002 Ed. (64, 137, 210, 211)
2000 Ed. (125)
1999 Ed. (119)
1998 Ed. (59)
1997 Ed. (115)
1996 Ed. (112)
1995 Ed. (96)
1992 Ed. (220)
1991 Ed. (161)
1990 Ed. (162)
1989 Ed. (174)
Dailey & Co.; R. E.
1994 Ed. (1157)
1993 Ed. (1150)
1992 Ed. (1435)
1991 Ed. (1099)
Dailey & Co.; R.E.
1990 Ed. (1211)
Daily Breeze
2002 Ed. (3512)
2000 Ed. (3338)
1999 Ed. (3620)
Daily Business Products
1989 Ed. (831)
Daily Care
2001 Ed. (544)
2000 Ed. (366)
Daily Challenge
2001 Ed. (3543)
Daily Defense
2001 Ed. (2632, 2633)
Daily Express
2003 Ed. (4783)
2002 Ed. (4688)
Daily Grind Coffee House & Cafe
2008 Ed. (1030)
Daily Herald
1990 Ed. (2707)
Daily Journal Corp.
1999 Ed. (3266)
Daily Mail
2008 Ed. (675, 696)
2007 Ed. (703, 724)
2002 Ed. (231, 3511, 3514)
2001 Ed. (3544)
Daily Mail & General Trust
2007 Ed. (3457, 3458)
2006 Ed. (3442)
2005 Ed. (3431)
Daily Mail & General Trust plc
2002 Ed. (3249, 3762)
2001 Ed. (3900)
2000 Ed. (3610)
1990 Ed. (1350)
Daily Mirror
2008 Ed. (675, 696)
2007 Ed. (703, 724)
2002 Ed. (231)
1997 Ed. (2944)
Daily News
2002 Ed. (3512)
2001 Ed. (3543)
2000 Ed. (3334, 3338, 3339)
1999 Ed. (3620, 3621)
1998 Ed. (2682, 2683)
1997 Ed. (2943, 2945)
1996 Ed. (2847, 2849)
1992 Ed. (3237, 3238)
Daily News of Los Angeles
2001 Ed. (1543)
Daily newspapers
2001 Ed. (3245, 3246)
Daily Record
2002 Ed. (3514)
Daily Record Scotland
2002 Ed. (233)
Daily Rental
1990 Ed. (2615)
The Daily Show
2008 Ed. (649)
Daily Southtown Economist
1990 Ed. (2707)
Daily Star
2008 Ed. (671, 675)
2007 Ed. (703)
2002 Ed. (3514)
The Daily Telegraph
2002 Ed. (231, 3514)
2001 Ed. (3544)
The Daily Tribune
2005 Ed. (3601)
2004 Ed. (3686)
2001 Ed. (3541)
2000 Ed. (3335)
1999 Ed. (3616)
Daily Variety
2008 Ed. (815, 4718)
2007 Ed. (849, 4799)
2000 Ed. (3338)
DailyAccess.com Inc.
2005 Ed. (2679)
Daimaru
2007 Ed. (4204)
1994 Ed. (3113)
1990 Ed. (1497)
Daimler-Benz
2000 Ed. (356, 1427, 1430, 1431, 1439, 1477, 4034)
1999 Ed. (322, 335, 336, 337, 351, 352, 1604, 1605, 1606, 1608, 1610, 1611, 1614, 1621, 1635, 1636, 1637, 1638, 1666, 2525, 2883, 3456, 4047, 4656)
1998 Ed. (214, 232, 233, 243, 2540, 2557)
1997 Ed. (298, 306, 308, 319, 1386, 1387, 1388, 1389, 1390, 1393, 1401, 1405, 1413, 1415, 2086, 2087, 2388, 2823, 3791)
1995 Ed. (300, 306, 316, 1374, 1375, 1376, 1377, 1378, 1381, 1382, 1389, 1400, 1401, 1402, 1420, 1421, 3097, 3659)
1994 Ed. (22, 304, 315, 1350, 1351, 1352, 1353, 1354, 1355, 1357, 1359, 1375, 1376, 1377, 1390, 1395, 1918, 1919, 3575)
1993 Ed. (39, 334, 1269, 1296, 1297, 1298, 1300, 1301, 1302, 1303, 1305, 1306, 1319, 1320, 1321, 1338, 1902, 1903)
1992 Ed. (1603, 1604, 1605, 1606, 1609, 1622, 1624, 1648, 2231, 2232)
1991 Ed. (41, 1270, 1271, 1272, 1273, 1287, 1293, 1295, 1360, 1775, 1776)
1990 Ed. (363, 372, 1347, 1354, 1355, 1363, 1371, 3461, 3654)
1989 Ed. (325, 1111)
Daimler-Benz Aerospace
1999 Ed. (192, 1821)
Daimler Benz AG
2005 Ed. (1489, 1495)
2004 Ed. (1473, 1479)
2003 Ed. (1443, 1449)
2002 Ed. (1423, 1429)
2001 Ed. (1555, 1751)
2000 Ed. (1411, 1413, 1415, 1416, 1418, 1438, 2274, 3760)
1999 Ed. (2526)
1998 Ed. (97, 1248)
1997 Ed. (1394)
1996 Ed. (305, 327, 1326, 1327, 1328, 1329, 1330, 1333, 1341, 1345, 1351, 1352, 1353, 1383, 1387, 1393, 1970, 1971, 3735)
1992 Ed. (1607)
1990 Ed. (174, 1348, 1349, 1351, 1353, 1356, 1370)
1989 Ed. (1106, 1107, 1110, 1119, 1144)
Daimler Benz AG-Germany
2000 Ed. (1302, 1303, 1304, 1329)
Daimler-Benz Group
2000 Ed. (1440)
1997 Ed. (1414)
1992 Ed. (1623)
1991 Ed. (1294)
1990 Ed. (368)
Daimler-Benz Interservices AG
1997 Ed. (3500)
Daimler-Benz Interservices (BEBIS) AG
1999 Ed. (4288)
Daimler-Benz Luft-Und Raumfahrt Holding Aktiengesellschaft
1995 Ed. (2494)
Daimler-Benz NA
2000 Ed. (3170)
Daimler-Benz North America Corp.
2001 Ed. (4618)
Daimler-Chrysler
2000 Ed. (4130)
Daimler Chrysler AG
2000 Ed. (945, 951, 3038)
Daimler-Chrysler North American Holding Corp.
2003 Ed. (1563, 1564, 1565, 1566, 1760, 4806, 4807)
DaimlerChrylser Corp.
2001 Ed. (3693)
DaimlerChrylser AG
2001 Ed. (2845)
DaimlerChrysler Corp.
2008 Ed. (1464, 1500, 1928, 1929, 3682, 3684, 4753, 4754)
2007 Ed. (1470, 1518, 1879, 1880, 3645, 4827, 4828)
2006 Ed. (20, 306, 1488, 1715, 1880, 1881, 3225, 3579, 3980, 4815, 4816)
2005 Ed. (1866, 1867, 2854, 3521, 4764)
2004 Ed. (884, 1592, 1698, 1712, 1713, 1718, 1796, 1797, 3330, 3947, 3948, 4776, 4792)
2003 Ed. (304, 1563, 1564, 1565, 1566, 1759, 1760, 4806, 4807)
2001 Ed. (1250, 1251, 1706, 1791, 1792, 4617, 4618)
2000 Ed. (23, 204, 207, 208)
DaimlerChrysler Aerospace AG
2001 Ed. (267, 269, 2267, 4320)
DaimlerChrysler AG
2008 Ed. (20, 140, 186, 287, 293, 296, 301, 1354, 1718, 1719, 1721, 1737, 1738, 1767, 1768, 1769, 1846, 1849, 2351, 2969, 3009, 3559, 3564, 3757, 3758, 4140, 4652, 4656, 4755)
2007 Ed. (15, 16, 126, 130, 137, 199, 312, 314, 316, 1327, 1688, 1689, 1691, 1708, 1709, 1739, 1740, 1741, 1742, 1743, 1787, 1808, 1810, 2844, 2846, 2887, 3381, 3416, 3423, 3523, 3646, 4716, 4830)
2006 Ed. (21, 22, 33, 132, 135, 137, 144, 305, 314, 320, 772, 781, 1468, 1692, 1693, 1695, 1713, 1714, 1723, 1732, 1733, 1734, 1801, 1803, 2484, 2548, 2849, 2852, 3378, 3381, 3385, 3580, 3581, 4504, 4708, 4709, 4714, 4818)
2005 Ed. (15, 16, 55, 83, 129, 133, 135, 150, 285, 288, 294, 298, 300, 301, 1605, 1758, 1759, 1766, 1767, 1768, 1781, 1813, 1816, 1822, 2842, 3020, 3328, 3330, 3331, 3391, 3392, 3692, 4038, 4040, 4657, 4659, 4767)
2004 Ed. (20, 21, 22, 23, 60, 76, 138, 142, 279, 285, 286, 287, 288, 289, 290, 291, 292, 293, 294, 295, 296, 297, 298, 299, 305, 306, 885, 1355, 1574, 1701, 1702, 1703, 1708, 1709, 1710, 1711, 1719, 1724, 1750, 1755, 2026, 2040, 2561, 2832, 3017, 3212, 3360, 3361, 3520, 3524, 3773, 4564, 4681, 4919)

2003 Ed. (16, 17, 19, 188, 189, 313, 318, 319, 320, 321, 322, 323, 324, 325, 326, 327, 328, 329, 330, 331, 332, 835, 1522, 1525, 1669, 1670, 1671, 1672, 1678, 1686, 1687, 1713, 1715, 1718, 1972, 1978, 1986, 2208, 2209, 2326, 3148, 3299, 3300, 3372, 3457, 3458, 3748, 4076, 4585, 4809)
2002 Ed. (60, 218, 219, 375, 381, 398, 1415, 1497, 1639, 1640, 1643, 1645, 1655, 1661, 1662, 1663, 1664, 1687, 1691, 2364, 2734, 3244, 3246, 3400, 3402, 3403, 3594, 3604, 3605, 3609, 3618, 4414, 4415, 4416, 4417, 4587, 4588, 4670, 4896)
2001 Ed. (22, 34, 52, 71, 89, 456, 506, 519, 520, 1092, 1578, 1689, 1691, 1693, 1704, 1705, 1714, 1715, 1716, 1717, 1740, 1742, 1744, 1747, 2225, 2227, 2228, 2230, 3021, 3215, 3217, 3229, 3395, 3647, 3669, 3670, 3674, 3682, 3835, 4044)
2000 Ed. (1473)
DaimlerChrysler Canada
2008 Ed. (297, 1646, 4049)
2007 Ed. (310, 4023)
2006 Ed. (3984)
2005 Ed. (3911)
DaimlerChrysler Italia Holding SpA
2008 Ed. (1862)
DaimlerChrysler Mopar Xpress Lube
2006 Ed. (352)
DaimlerChrysler North American Holding Corp.
2005 Ed. (1769, 1867, 3907, 4764)
2004 Ed. (1592, 1712, 1713, 1797, 3947, 3948, 4776, 4792)
DaimlerChrysler Schweiz Holding AG
2004 Ed. (1703)
DaimlerChrysler Services Canada Inc.
2007 Ed. (2574)
2005 Ed. (2372)
Dain Bosworth Inc.
1998 Ed. (3255, 3259)
1997 Ed. (2837, 2838, 3456, 3464)
1996 Ed. (2717)
1995 Ed. (3257)
1993 Ed. (3195)
1992 Ed. (3840)
1991 Ed. (2948, 3034, 3035, 3046)
Dain Rauscher Corp.
2002 Ed. (822)
2001 Ed. (733, 738, 740, 741, 742, 751, 756, 759, 760, 761, 774, 775, 794, 806, 819, 852, 855, 867, 888, 923, 951, 960, 3211, 4382)
2000 Ed. (2759, 2760, 2761, 2762, 2764, 3191, 3195, 3965, 3975)
Dain Rauscher/Interra
1999 Ed. (826)
Dainippon Ink & Chemicals Inc.
2008 Ed. (913, 914, 3219)
2007 Ed. (934, 935, 3078)
2006 Ed. (852, 854, 3046)
2005 Ed. (950)
2002 Ed. (1000, 1001)
2001 Ed. (2877)
1999 Ed. (1090)
1996 Ed. (940, 1406)
1995 Ed. (959)
1994 Ed. (931)
1993 Ed. (908, 914, 915)
1992 Ed. (1113)
1991 Ed. (909)
1989 Ed. (894)
Dainippon Screen
2002 Ed. (2104)
1998 Ed. (3275)
1996 Ed. (3397)
Dainippon Screen Manufacturing
2003 Ed. (4377)
Dainippon Sumitomo Pharmaceutical
2008 Ed. (3955)
2007 Ed. (3942)
Dainyang Advertising Co.
1996 Ed. (72)
Daio Paper Corp.
2000 Ed. (3408)
1999 Ed. (3690)
1997 Ed. (2994)
1995 Ed. (2833)
Daiopai
2006 Ed. (36)
2005 Ed. (29)
2004 Ed. (36)
Dairy
2008 Ed. (557)
2002 Ed. (3494)
2001 Ed. (3521)
2000 Ed. (3620, 4151, 4165)
1991 Ed. (3440)
Dairy Box
2000 Ed. (1060)
Dairy Bureau
1992 Ed. (65)
Dairy Bureau of Canada
1996 Ed. (3148)
Dairy Crest
2007 Ed. (2626)
2006 Ed. (2646)
Dairy Ease
1994 Ed. (2350)
Dairy Farm International
2001 Ed. (1723)
1999 Ed. (3469, 4317)
1997 Ed. (1425)
1996 Ed. (1372, 2138)
1995 Ed. (1411)
1994 Ed. (1384)
1991 Ed. (1300)
Dairy Farm International Holdings Ltd.
2004 Ed. (1853)
2002 Ed. (1762)
Dairy Farmers Group
2005 Ed. (3909)
2004 Ed. (2652, 3966)
2003 Ed. (3953, 3955)
2002 Ed. (2303, 3772, 3775)
Dairy Farmers of America Inc.
2008 Ed. (1382, 1944, 2278, 2279, 2781)
2007 Ed. (1426, 1427, 1889, 2160)
2006 Ed. (1388, 1389, 1391, 1897)
2005 Ed. (1402, 1403, 1405, 1876, 2142)
2004 Ed. (1381, 1382, 1384, 1805, 2005)
2003 Ed. (821, 1375, 1376, 1419, 1768, 1960, 1961, 3412)
2002 Ed. (1341, 1910)
2001 Ed. (1973, 2476)
2000 Ed. (1635, 2230)
Dairy Mail
1997 Ed. (2726)
Dairy Mart
2004 Ed. (1373)
2003 Ed. (1366)
1990 Ed. (1217)
Dairy Mart Convenience Stores Inc.
1998 Ed. (984)
1997 Ed. (1209)
1996 Ed. (1171, 1172)
1995 Ed. (1203)
1994 Ed. (1178, 1180, 1181, 1189)
1993 Ed. (1159, 1160)
1992 Ed. (1441)
1991 Ed. (1101)
1990 Ed. (1307)
Dairy products
2008 Ed. (2839)
2007 Ed. (131, 4598)
2006 Ed. (4611)
2003 Ed. (4837)
2002 Ed. (4725)
1999 Ed. (3599)
1998 Ed. (2499, 3661, 3662)
1997 Ed. (2929)
1996 Ed. (1516, 3776)
1995 Ed. (2998)
1994 Ed. (1493, 2657)
1993 Ed. (2708, 3660)
Dairy products, cultured
1998 Ed. (1239)
1994 Ed. (1510)
Dairy products, frozen
1998 Ed. (1238, 1239)
Dairy Queen
2008 Ed. (2372, 2373, 2665, 3126, 3127, 4160)
2007 Ed. (1150, 2531, 3007)
2006 Ed. (1061, 2979, 4128)
2005 Ed. (2982, 4173, 4175)
2004 Ed. (1049, 1377, 2589, 2970, 4143, 4144)
2003 Ed. (2437, 2458, 2882, 2883, 4134, 4137, 4142, 4221, 4222, 4225)
2002 Ed. (2237, 2721, 2723, 4012, 4027, 4033, 4034)
2001 Ed. (2407, 2837, 4082)
2000 Ed. (1911, 1912, 1913, 2246, 3764, 3786)
1999 Ed. (2134, 2136, 2511, 2515, 2519, 2522, 2523, 4050, 4081, 4084)
1998 Ed. (1550, 1551, 1762, 1764, 1765, 3073, 3074)
1997 Ed. (1832, 1842, 2080, 2081, 2082, 3319)
1996 Ed. (1759, 1761, 1964, 3210, 3218)
1995 Ed. (1781, 1783, 3123)
1994 Ed. (1748, 1750, 1909, 1910, 1913, 3078)
1993 Ed. (1757, 1759, 3022)
1992 Ed. (2113, 2124, 2564, 3704, 3714, 3722, 3723)
1990 Ed. (3011, 3024, 3025, 3026)
Dairy Queen Canada Inc.
2003 Ed. (4141)
2001 Ed. (4085)
Dairy Queen; International
1991 Ed. (1655, 1657, 1658, 1659, 1769, 2859, 2866, 2879, 2885, 3147)
Dairy toppings
2002 Ed. (984)
Dairylea
2008 Ed. (715)
2002 Ed. (1909)
1996 Ed. (1517)
Dairylea Cheese Spread
1999 Ed. (1816)
1994 Ed. (1511)
1992 Ed. (1761)
Dairylea Cooperative Inc.
2008 Ed. (3453)
2007 Ed. (3356)
2006 Ed. (3289)
2005 Ed. (3297)
2004 Ed. (3289)
2003 Ed. (3234)
Dairymen Inc.
1993 Ed. (1457)
Dairymen's Cooperatiave Creamery
1993 Ed. (1457)
Dairymen's Cooperative Creamery Association
1999 Ed. (197)
1997 Ed. (177)
DaiseyTek International
1997 Ed. (3358)
Daishi Bank
2002 Ed. (596)
Daishin Securities Co.
2001 Ed. (1034, 1035, 1777)
1997 Ed. (777, 778, 779, 780, 781)
1996 Ed. (3390)
1994 Ed. (2346)
Daishinpan Co. Ltd.
1995 Ed. (1874)
1994 Ed. (1846)
1993 Ed. (1857)
1992 Ed. (2149)
1991 Ed. (1715)
1990 Ed. (1778)
Daishowa
1999 Ed. (3703)
Daishowa-Marubeni
1997 Ed. (2992)
Daishowa Paper
1989 Ed. (1467)
Daishowa Paper Manufacturing Co. Ltd.
2000 Ed. (3408)
1999 Ed. (3690)
1997 Ed. (2994)
1995 Ed. (2833)
1994 Ed. (1322, 2728)
1993 Ed. (1276, 2766)
1992 Ed. (3334)
1991 Ed. (2671)
Daishowa Paper Mfg. Co. Ltd.
1990 Ed. (2764)
Daiso-sangyo
2006 Ed. (4173)
Daisy
2001 Ed. (4313)
2000 Ed. (1638, 4162)
1991 Ed. (1929)
1990 Ed. (1111, 1112)
Daisy Brand Inc.
2003 Ed. (4493)
Daisy Light
2001 Ed. (4313)
2000 Ed. (1638, 4162)
Daisy Plus
2001 Ed. (3988)
Daisy Plus; Gillette
2008 Ed. (2875)
Daisy Systems
1991 Ed. (1023, 2837, 2838)
1990 Ed. (1117)
1989 Ed. (972)
Daisytek International Corp.
2004 Ed. (3729)
2003 Ed. (3674)
Daito Trust Construction
2007 Ed. (1294)
Daivd S. Williams, Jr.
1991 Ed. (2549)
Daiwa
1999 Ed. (894, 896, 897, 898, 927)
1997 Ed. (772, 773, 774, 775, 776, 806)
1995 Ed. (793)
1994 Ed. (3371)
1993 Ed. (1641, 3367)
1992 Ed. (4042)
1990 Ed. (1772)
Daiwa Bank
2003 Ed. (553)
2002 Ed. (731, 4434)
2001 Ed. (1556)
2000 Ed. (557)
1998 Ed. (377)
1997 Ed. (464)
1995 Ed. (468, 2439)
1993 Ed. (542)
1989 Ed. (479, 480)
Daiwa Bank Holdings
2004 Ed. (1738, 1740)
Daiwa Bank Trust Co.
1992 Ed. (548)
Daiwa Europe
1994 Ed. (1702)
1993 Ed. (586, 1687, 1688, 1690)
Daiwa Europe (Netherlands)
1994 Ed. (593)
Daiwa House
1990 Ed. (1846)
1989 Ed. (1006)
Daiwa House Industry Co., Ltd.
2007 Ed. (1292, 1293, 1800, 1836, 2991)
2006 Ed. (1185, 1793)
2005 Ed. (1208)
2000 Ed. (1203)
1999 Ed. (1323, 2032)
1998 Ed. (535, 907, 1446)
1997 Ed. (1131, 1753)
1995 Ed. (1135)
1994 Ed. (1121)
1993 Ed. (1097)
1991 Ed. (1064)
1990 Ed. (1175)
Daiwa Insitute of Research
1999 Ed. (2363)
Daiwa Institute of Research
2007 Ed. (3279)
2003 Ed. (3097)
2002 Ed. (2169)
2000 Ed. (2145)
1997 Ed. (1975)
1996 Ed. (1868)
Daiwa International
1996 Ed. (2404)
Daiwa International Capital
1992 Ed. (2746)
Daiwa International Capital Management
1998 Ed. (2279)
Daiwa Real Estate Finance Corp.
1999 Ed. (4006, 4306)

Daiwa Securities
1999 Ed. (893, 2889)
1998 Ed. (528, 1497, 1500, 3268)
1997 Ed. (770, 1359, 1783, 1784, 1785, 1790, 3471, 3483)
1996 Ed. (808, 1699, 1700, 1701, 1703, 1706, 3345, 3383, 3384)
1995 Ed. (728, 3272, 3276)
1994 Ed. (729, 783, 1322, 1672, 1678, 1688, 1690, 1700, 1701, 1704, 1707, 1709, 3191)
1993 Ed. (767, 1648, 1649, 1650, 1651, 1652, 1653, 1656, 1657, 1671, 1673, 1675, 1680, 1681, 1682, 1685, 1686, 3201, 3202, 3203, 3204, 3205, 3208, 3209, 3268)
1992 Ed. (905, 960, 961, 1569, 1655, 1989, 1992, 1993, 1994, 1997, 2015, 2016, 2019, 2023, 2024, 2026, 2033, 2041, 2638, 3898, 3899, 3906)
1991 Ed. (722, 780, 781, 1315, 1581, 1583, 1584, 1590, 1591, 1593, 1595, 3066, 3067, 3068, 3069, 3070, 3075, 3076, 3077, 3078)
1990 Ed. (794, 817, 1390, 1674, 1675, 1677, 1678, 1680, 1681, 1692, 1693, 1694, 1788, 2314, 3218, 3219, 3220, 3221)
1989 Ed. (817, 1350, 1352, 1353, 1354, 1361, 1365, 1371, 1433, 2388, 2449, 2450, 2451, 2452, 2453)
Daiwa Securities Group
2007 Ed. (2548)
2001 Ed. (4178)
Daiwa Securities (Hong Kong)
1997 Ed. (3472)
Daiwa Securities SMBC
2007 Ed. (3288, 4341)
2005 Ed. (1459, 4255, 4339)
2004 Ed. (1443, 4397)
2003 Ed. (1416, 4374)
Daiwa Securities Trust & Banking, Europe
2007 Ed. (477)
2006 Ed. (464)
2005 Ed. (536)
2004 Ed. (553)
2003 Ed. (537)
Daiwa Singapore
1990 Ed. (2317)
Daiwabo Co. Ltd.
1997 Ed. (3736)
1995 Ed. (3603)
1994 Ed. (3519)
1993 Ed. (3556)
1992 Ed. (4278)
1991 Ed. (3355)
1990 Ed. (3568)
Daiwai
2002 Ed. (834)
Daka Inc.
1992 Ed. (2202)
Daka International
1998 Ed. (3412)
1997 Ed. (3330, 3650)
Daka Restaurants
1998 Ed. (1738)
1997 Ed. (2057)
Dakota
2001 Ed. (477)
1993 Ed. (2710)
Dakota Clinic Ltd.
2006 Ed. (1945)
2005 Ed. (1916)
2003 Ed. (1796)
Dakota County, MN
1995 Ed. (1509)
Dakota Gasification Co.
2008 Ed. (1995)
2004 Ed. (1832)
2003 Ed. (1797)
2001 Ed. (1824)
Dakota Heartland Health System
2004 Ed. (1831)
2003 Ed. (1796)
2001 Ed. (1823)
Dakota State Bank of Milbank
1996 Ed. (542)
Dakota West Credit Union
2008 Ed. (2251)
2007 Ed. (2136)
2006 Ed. (2215)
2005 Ed. (2062, 2120)
2004 Ed. (1978)
2003 Ed. (1938)
Dakotah
1991 Ed. (1390)
Dakotah Direct, Inc.
1997 Ed. (3699)
Dakotaland Credit Union
2008 Ed. (2259)
2007 Ed. (2144)
2006 Ed. (2223)
2005 Ed. (2128)
2004 Ed. (1986)
2003 Ed. (1946)
2002 Ed. (1892)
DAKR
1996 Ed. (863)
DakTech Computers Inc.
2006 Ed. (4371)
Daktronics Inc.
2008 Ed. (2077)
Dakwood Homes
1999 Ed. (1329)
Dal-Tile Corp.
2008 Ed. (961)
1990 Ed. (3593, 3594)
Dal-Tile Group Inc.
2003 Ed. (4612)
2001 Ed. (1144)
Dal-Tile International Inc.
2003 Ed. (779, 4612)
2001 Ed. (3822)
1999 Ed. (1314)
Dalby, Wendland & Co.
2008 Ed. (3)
2007 Ed. (4)
2005 Ed. (4)
Dalby, Wendland & Co., PC
2007 Ed. (13)
2006 Ed. (17)
2005 Ed. (12)
2004 Ed. (16)
Dale & Associates Architects
2008 Ed. (2519)
Dale Carnegie Training
2005 Ed. (3374)
Dale Earnhardt Inc.
2007 Ed. (327)
2002 Ed. (344)
2001 Ed. (419)
2000 Ed. (322)
1999 Ed. (306)
1998 Ed. (197)
Dale Murphy
1989 Ed. (719)
Dale Oldsmobile
1993 Ed. (280)
1992 Ed. (394)
1991 Ed. (311)
1990 Ed. (312)
Dale Oldsmobile-Pontiac
1991 Ed. (289, 291)
Dale System
2000 Ed. (3905)
Dale Tiffany
2005 Ed. (3289)
Dale Westhoff
2000 Ed. (1972, 1974)
1999 Ed. (2199, 2201)
1998 Ed. (1612)
1997 Ed. (1954)
Dale; William
1990 Ed. (850)
D'Alessandro; D. F.
2005 Ed. (2490)
D'Alessandro; Dominic
2005 Ed. (2514)
Daley; Ann
1995 Ed. (3504)
Daley Jr.; Clayton
2008 Ed. (964)
2007 Ed. (1052)
2006 Ed. (956)
2005 Ed. (988)
Daley; Richard M.
1993 Ed. (2513)
Dalgety Ltd.
2000 Ed. (224)
1991 Ed. (1747)
1989 Ed. (1459)
Dalgety Foods Ltd.
1997 Ed. (2042)
Dalgety PLC
1999 Ed. (201, 2467)
1997 Ed. (659, 2044, 2045)
1996 Ed. (1945)
1991 Ed. (3480)
1990 Ed. (1831)
Dalgety U K Ltd.
1991 Ed. (3479)
Dalhaize America Inc.
2002 Ed. (4535)
Dalhousie University
2008 Ed. (1074, 1080, 3642, 4279)
2007 Ed. (1180)
2004 Ed. (835)
2003 Ed. (790)
2002 Ed. (903)
Dalia
2001 Ed. (3776)
Dalian
2001 Ed. (3854, 3855)
Dalian Chemical Industries
2000 Ed. (4076)
Dalian, China
2007 Ed. (1098)
2006 Ed. (1012)
Dalian City Commercial Bank
2008 Ed. (435)
Dalian Co. of China United Oil Co., Ltd.
2001 Ed. (2496, 2497)
Dalien
2001 Ed. (1096)
Dall E. Forsythe
1993 Ed. (3444)
Dall W. Forsythe
1991 Ed. (3209)
Dallah Al Baraka
2004 Ed. (1852)
2002 Ed. (1760)
Dallah Group
1994 Ed. (3139)
Dallas
2000 Ed. (1086, 2536, 2586, 2589, 3819, 4392)
1995 Ed. (3581)
1993 Ed. (3542)
1992 Ed. (1012)
Dallas & Mavis Forwarding Co.
1995 Ed. (3672, 3676)
Dallas & Mavis Specialized Carrier
2007 Ed. (4845)
Dallas & Mavis Specialized Carriers
2006 Ed. (4801, 4809)
Dallas Area Rapid Transit
2008 Ed. (1103)
2002 Ed. (3905)
1996 Ed. (1062)
1993 Ed. (785)
Dallas Area Rapid Transit District
1991 Ed. (3160)
Dallas Auto Auction
1990 Ed. (299)
Dallas Convention Center
2005 Ed. (2518)
2001 Ed. (2350)
1999 Ed. (1418)
1996 Ed. (1173)
1991 Ed. (1104)
Dallas County, TX
2004 Ed. (794, 1004, 2643, 2704, 2718, 2858, 2966, 2982, 3521, 4182, 4183)
2003 Ed. (3436)
2002 Ed. (374, 1085, 1804, 1807, 2298, 2380, 2394, 2443, 3992, 4048, 4049)
1999 Ed. (1764, 1766, 1767, 1768, 1770, 1771, 1772, 1773, 1774, 1775, 1776, 1777, 1778, 2008, 2830, 4630)
1997 Ed. (1537, 1538, 1539, 2352, 3559)
1996 Ed. (1469, 1470, 1471, 2226)
1995 Ed. (1511, 1514, 1515, 2217)
1994 Ed. (1477, 1482, 1483)
1993 Ed. (1428, 1434, 1435)
1992 Ed. (1716, 1717, 1718, 2579)
Dallas Cowboys
2008 Ed. (2761)
2007 Ed. (2632)
2006 Ed. (2653)
2005 Ed. (2667)
2004 Ed. (2674)
2002 Ed. (4340)
2001 Ed. (4346)
2000 Ed. (2252)
1998 Ed. (1749, 3356)
Dallas/Fort Worth
2000 Ed. (235, 2470, 3726)
Dallas/Fort Worth Airport
1998 Ed. (146)
Dallas Fort Worth Airport Hilton
1990 Ed. (244)
Dallas-Fort Worth-Arlington, TX
2007 Ed. (268, 772, 1105, 2597, 2658, 2692, 2858, 3374, 3383, 3387, 3498, 3499, 3501, 3502, 3503, 3643, 3802, 4120, 4164, 4165, 4166, 4809, 4877)
2006 Ed. (261, 676, 1019, 2620, 2673, 2698, 2868, 3321, 3324, 3473, 3474, 3476, 3477, 3478, 3578, 3796, 4098, 4141, 4142, 4143)
2005 Ed. (3333, 3336)
Dallas-Fort Worth-Houston
1991 Ed. (195)
Dallas/Fort Worth International
1989 Ed. (245)
Dallas-Fort Worth International Airport
1997 Ed. (186, 219, 222)
1992 Ed. (307, 3487, 4032, 313)
1991 Ed. (214, 215, 218, 3161)
Dallas-Fort Worth Regional Airport
1993 Ed. (3624)
Dallas-Fort Worth, TX
2008 Ed. (4119)
2007 Ed. (259, 260, 271, 775, 864, 1109, 2601, 2664, 2693, 2860, 3386, 3504, 3505, 3507, 3508, 3509, 3644, 3805, 4095, 4125, 4174, 4175, 4176, 4230, 4731)
2006 Ed. (250, 251, 766, 3309, 3741, 4100, 4707, 4884)
2004 Ed. (187, 226, 264, 265, 332, 333, 334, 731, 790, 803, 869, 984, 985, 990, 991, 996, 1011, 1012, 1015, 1101, 1138, 1139, 2048, 2049, 2263, 2264, 2418, 2598, 2599, 2627, 2696, 2710, 2760, 2761, 2795, 2850, 2851, 2865, 2866, 2880, 2898, 2899, 2947, 2948, 3216, 3347, 3348, 3367, 3368, 3369, 3370, 3371, 3372, 3374, 3375, 3377, 3378, 3379, 3380, 3381, 3383, 3384, 3385, 3386, 3389, 3390, 3391, 3392, 3476, 3481, 3482, 3518, 3704, 3705, 3706, 3707, 3708, 3709, 3710, 3711, 3712, 3713, 3714, 3733, 3734, 3795, 3796, 4050, 4081, 4102, 4103, 4104, 4109, 4150, 4152, 4153, 4154, 4155, 4156, 4164, 4165, 4167, 4199, 4200, 4208, 4209, 4406, 4407, 4415, 4478, 4611, 4612, 4616, 4679, 4765, 4766, 4910, 4911)
2000 Ed. (3109)
1999 Ed. (733, 2007, 3372)
1998 Ed. (69, 1943, 2359, 2983, 3058, 3489)
1997 Ed. (163, 1002, 2228, 2338, 2682, 2712, 2720, 2721, 2722, 2723)
1992 Ed. (306, 309, 310, 1025, 2100, 2101, 2545, 2554, 2913, 3039, 3048, 3290, 3618, 3630, 3693, 3695, 4218, 4219, 4220, 4221, 4222)
1991 Ed. (832, 883, 1644, 2348, 2438, 2439, 2933, 3296, 3297, 3298, 3299, 3300, 3339, 3483, 3489)
1990 Ed. (243, 245, 286, 876, 1157, 2442, 2486, 2487, 2566, 2567, 3112, 3523, 3524, 3526, 3527, 3528, 3529, 3530, 3702)
Dallas/Ft. Worth
2000 Ed. (272, 274)

Dallas-Ft. Worth Airport
2001 Ed. (1339)
Dallas-Ft. Worth Airport Hilton
1989 Ed. (253)
Dallas-Ft. Worth-Arlington, TX
2008 Ed. (3458, 3508, 3524, 4100, 4748)
Dallas/Ft. Worth International
2000 Ed. (271)
Dallas-Ft. Worth International Airport
2008 Ed. (236)
1998 Ed. (108)
1996 Ed. (172, 193, 196, 199, 2114)
1995 Ed. (169, 194, 195, 199)
1994 Ed. (152, 191, 194)
1993 Ed. (168, 206, 2880, 3362)
Dallas-Ft. Worth, TX
2008 Ed. (237, 238, 4650)
2005 Ed. (232, 233, 838, 3642, 3643, 4014, 4654)
2004 Ed. (223, 224, 225)
2003 Ed. (254, 255, 257, 258, 351, 776, 831, 1013, 2255, 2595, 3313, 3316, 3317, 3318, 3319, 3455, 4031, 4081, 4150, 4151, 4153, 4636, 4709)
2002 Ed. (229, 236, 376, 920, 2570, 3268, 3891, 3893, 3998, 4052, 4053, 4287, 4317, 4590, 4593)
2001 Ed. (3727)
2000 Ed. (2607, 3051, 3052, 3053, 3054, 3055)
1996 Ed. (37, 156, 2571, 2572, 2573, 2574, 2575, 3198, 3208)
1995 Ed. (142, 2188, 2205, 3103, 3112, 3562, 3563, 3564, 3565, 3566)
1994 Ed. (128, 2058, 2536, 3057, 3067, 3494, 3495, 3496, 3497, 3498)
1993 Ed. (57, 818, 948, 2042, 2071, 2465, 2953, 3518, 3519, 3520, 3521, 3522, 3523)
1989 Ed. (727, 844, 1903, 1951, 2906, 2912)
Dallas-Houston
1992 Ed. (267)
Dallas Independent School District
2000 Ed. (3860)
1998 Ed. (3160)
1997 Ed. (3385)
1996 Ed. (3288)
1995 Ed. (3190)
1994 Ed. (3146)
1993 Ed. (3102)
1992 Ed. (3802)
1991 Ed. (2927)
1990 Ed. (3107)
Dallas-Irving, TX
2008 Ed. (3112)
Dallas Market Center Co.
2006 Ed. (4787)
2005 Ed. (4736)
2004 Ed. (4754)
2003 Ed. (4777)
2002 Ed. (4645)
Dallas Mavericks
2008 Ed. (530)
2007 Ed. (579)
2006 Ed. (548)
2005 Ed. (646)
2004 Ed. (657)
2003 Ed. (4508)
Dallas Morning News
2003 Ed. (3643, 3647)
2002 Ed. (3501, 3504)
1998 Ed. (76, 77, 78, 79, 81, 82, 83, 84, 85)
1993 Ed. (2723)
Dallas Morning News A.
2000 Ed. (3334)
Dallas News
1999 Ed. (3613)
Dallas Public Schools
2004 Ed. (4311)
Dallas-Richardson, TX
1991 Ed. (939)
1990 Ed. (999, 1001, 2484)
Dallas Schools
1991 Ed. (2929)
Dallas Security Systems Inc.
2007 Ed. (4295)
2006 Ed. (4271)
Dallas-Semiconductor Corp.
2003 Ed. (2199)
1992 Ed. (1914)
Dallas Stars
2006 Ed. (2862)
2003 Ed. (4509)
2001 Ed. (4347)
Dallas Teachers Credit Union
2002 Ed. (1894)
Dallas Theological Seminary
2008 Ed. (1056)
Dallas, TX
2008 Ed. (977, 3117, 3407, 3463, 4721)
2007 Ed. (2843, 3365, 4014)
2006 Ed. (748, 749, 2848, 3302, 3310, 3975, 4429, 4785, 4970)
2005 Ed. (2030, 2461, 3312, 4734, 4983)
2004 Ed. (227, 268, 269, 335, 337, 797, 804, 988, 994, 1001, 1007, 1016, 1017, 1018, 1146, 1147, 2053, 2265, 2266, 2419, 2426, 2430, 2431, 2601, 2602, 2630, 2646, 2649, 2702, 2706, 2707, 2711, 2719, 2720, 2762, 2801, 2839, 2854, 2860, 2861, 2872, 2873, 2874, 2887, 2901, 2951, 2985, 3297, 3298, 3387, 3451, 3452, 3454, 3458, 3462, 3463, 3464, 3466, 3467, 3468, 3469, 3472, 3473, 3474, 3475, 3487, 3488, 3519, 3522, 3523, 3715, 3716, 3717, 3718, 3719, 3720, 3721, 3722, 3723, 3724, 3725, 3799, 3800, 4110, 4111, 4113, 4116, 4170, 4171, 4172, 4173, 4174, 4178, 4185, 4186, 4191, 4192, 4193, 4201, 4202, 4408, 4409, 4479, 4618, 4619, 4700, 4753, 4782, 4787, 4895, 4897, 4914, 4915)
2003 Ed. (27, 260, 309, 353, 705, 777, 784, 973, 997, 999, 1005, 1014, 1143, 1148, 2006, 2256, 2257, 2338, 2349, 2353, 2468, 2469, 2494, 2587, 2596, 2639, 2684, 2756, 2764, 2773, 2778, 2779, 2862, 2928, 3162, 3242, 3262, 3290, 3385, 3386, 3387, 3388, 3392, 3396, 3397, 3398, 3399, 3401, 3402, 3403, 3406, 3407, 3408, 3409, 3418, 3419, 3456, 3660, 3661, 3662, 3663, 3664, 3665, 3667, 3668, 3669, 3676, 3677, 3769, 3770, 4082, 4084, 4090, 4155, 4156, 4157, 4158, 4175, 4181, 4391, 4392, 4448, 4512, 4638, 4722, 4775, 4797, 4907, 4921, 4922)
2002 Ed. (75, 255, 373, 719, 1052, 1055, 1056, 1059, 1084, 1223, 2117, 2296, 2379, 2393, 2442, 2565, 2566, 2567, 2633, 2731, 2735, 2743, 2748, 3140, 3325, 3326, 3328, 3991, 3997, 4046, 4047, 4050, 4608, 4646, 4912)
2001 Ed. (715, 1234, 2275, 2277, 2717, 2783, 3292, 4049, 4089, 4504, 4611, 4793, 4836)
2000 Ed. (331, 359, 747, 748, 1067, 1069, 1071, 1072, 1073, 1074, 1075, 1077, 1078, 1079, 1081, 1083, 1084, 1087, 1117, 1158, 1330, 1594, 1595, 1596, 1598, 1599, 1600, 1601, 1602, 1604, 1605, 1606, 1662, 1908, 2306, 2604, 2606, 2609, 2611, 2613, 2614, 2955, 3105, 3106, 3111, 3112, 3117, 3120, 3121, 3769, 4014, 4234, 4268, 4287)
1999 Ed. (355, 526, 734, 1151, 1154, 1156, 1157, 1158, 1159, 1160, 1161, 1163, 1164, 1165, 1167, 1168, 1169, 1171, 1487, 1846, 2126, 2757, 2758, 2810, 2828, 3216, 3373, 3375, 3377, 3381, 3384, 3388, 3392, 3852, 3853, 3890, 4580, 4766)
1998 Ed. (359, 474, 735, 741, 742, 793, 1055, 1316, 2004, 2380, 2405, 2478, 2480, 2482, 2538, 3296, 3513, 3718)
1997 Ed. (291, 322, 473, 678, 679, 998, 1000, 1001, 1003, 1117, 1284, 1820, 1821, 2111, 2326, 2327, 2354, 2652, 2758, 2760, 2762, 2773, 2774, 2959, 3306, 3313, 3351, 3523, 3710, 3728, 3883)
1996 Ed. (261, 343, 346, 509, 747, 974, 975, 1011, 1012, 1238, 1537, 1739, 1740, 1993, 1994, 2194, 2198, 2199, 2208, 2224, 2280, 2513, 2539, 2615, 2619, 2622, 2864, 2982, 3197, 3209, 3249, 3250, 3425, 3653, 3669, 3834)
1995 Ed. (257, 328, 987, 989, 1026, 1027, 1113, 1202, 1282, 1555, 1668, 1964, 1966, 2181, 2183, 2184, 2215, 2464, 2539, 2561, 2667, 2808, 2900, 3102, 3111, 3113, 3149, 3150, 3300, 3369, 3567, 3593, 3735)
1994 Ed. (256, 717, 820, 821, 827, 964, 967, 972, 1017, 1188, 1259, 1524, 1936, 1992, 2142, 2143, 2164, 2383, 2472, 2500, 2585, 2811, 3104, 3218, 3293, 3508, 3511)
1993 Ed. (267, 707, 808, 945, 946, 949, 1158, 1221, 1424, 1455, 1478, 1736, 1737, 2107, 2108, 3043, 3223, 3299, 3549, 3606)
1992 Ed. (374, 668, 1010, 1014, 1153, 1155, 1157, 1160, 1162, 1164, 1213, 1214, 1440, 1797, 2387, 2521, 2536, 2549, 2577, 3040, 3045, 3046, 3135, 3140, 3293, 3399, 3696, 3702, 3736, 3953, 4190, 4191, 4217, 4242, 4265)
1991 Ed. (515, 826, 827, 935, 936, 937, 1102, 1369, 1975, 2003, 2427, 2432, 2435, 2436, 2550, 2631, 2901, 3272)
1990 Ed. (404, 1000, 1003, 1005, 1006, 1008, 1009, 1148, 1150, 1440, 1464, 2072, 2126, 2158, 2546, 2556, 2642, 3536, 3608, 3609)
1989 Ed. (2, 828, 911, 913, 993, 1176, 1577, 1588, 1625, 1628, 1905, 1926)
Dallas, TX-OK
2001 Ed. (3219)
Dallas; University of
1992 Ed. (1008)
Dallas Co. Utilities & Recycle Distributor, TX
1991 Ed. (2781)
Dallas vs. Denver
1992 Ed. (4162)
Dallas,TX
1990 Ed. (1002)
D'Allessandro; Dominic
2006 Ed. (2518)
Dallis Homes
2004 Ed. (1159)
Dalmatinska banka
2004 Ed. (485)
2003 Ed. (480)
2002 Ed. (547)
2001 Ed. (619)
1999 Ed. (498)
1996 Ed. (480, 481)
Dalmatinska Banka DD Zadar
1997 Ed. (444, 445)
The Dalmore
2004 Ed. (4315)
2003 Ed. (4305)
2002 Ed. (4175, 4184)
2001 Ed. (4162, 4169)
2000 Ed. (3868)
1999 Ed. (4153)
1998 Ed. (3165, 3169)
1997 Ed. (3391)
1995 Ed. (3196)
1994 Ed. (3152)
1993 Ed. (3106)
1992 Ed. (3810)
Dalmys
1992 Ed. (1218)
Dalmys (Canada)
1994 Ed. (1020)
1990 Ed. (1056, 1057)
Dalrybbank
1995 Ed. (596)
Dalsa Corp.
2008 Ed. (2929, 2939)
2007 Ed. (2812)
2006 Ed. (2811)
2005 Ed. (2829)
2003 Ed. (2931, 2936)
Dalton
2002 Ed. (3789)
Dalton Coffee Co.; R.
2007 Ed. (2840)
Dalton, GA
2008 Ed. (1052)
2007 Ed. (1159, 3370)
Dalton, Greiner, Hartman, Maher
2000 Ed. (2820)
Dalton, Greiner, Hartman, Maher & Co.
2005 Ed. (360)
1993 Ed. (2337)
Dalwa
1995 Ed. (3428)
Dalwa Bank Trust Co.
1994 Ed. (373)
Dalwa Securities
1990 Ed. (3227)
Dalwhinnie
1997 Ed. (3391)
Daly; Ann
2007 Ed. (2506)
Daly Co.; Leo A.
2008 Ed. (263, 2534, 3337, 3341, 3342, 3344, 3345, 3348)
2007 Ed. (287, 3195, 3197, 3198, 3199, 3200, 3203, 3207)
2006 Ed. (284, 3160, 3162, 3163, 3164, 3165, 3166, 3173)
2005 Ed. (3160, 3161, 3162, 3163, 3165, 3167)
2000 Ed. (309)
1997 Ed. (264, 1742)
1996 Ed. (233, 1664)
1995 Ed. (236, 1681)
1994 Ed. (234, 1642)
1993 Ed. (245, 1609)
1992 Ed. (354, 1954)
1990 Ed. (279, 1665)
Daly; Sean
2008 Ed. (370)
Damage to software
1989 Ed. (967)
Damark International
2003 Ed. (869)
1993 Ed. (959, 3336)
Damark Office Equipment
1998 Ed. (1274)
Damas
2008 Ed. (98)
2006 Ed. (100)
Damascus International
2008 Ed. (90)
2007 Ed. (83)
2006 Ed. (93)
D'Amato; Alfonse M.
1992 Ed. (1038)
D'Amelio; Frank
2007 Ed. (1053)
2006 Ed. (957)
Dames
1997 Ed. (987)
Dames & Moore
2000 Ed. (1794)
1999 Ed. (2018, 2021, 2022, 2034, 2057, 2060, 4113)
1998 Ed. (1438, 1449, 1456, 1475)
1997 Ed. (1734, 1741, 1748, 1761)
1996 Ed. (1656, 1668, 1680)
1995 Ed. (1673, 1686, 1698, 1700)
1994 Ed. (1647)
1993 Ed. (1603, 1611, 2876)
1992 Ed. (1956, 1958, 1963)
1991 Ed. (1552, 1557)
Dames & Moore Group
2001 Ed. (2240, 2244)
2000 Ed. (1798, 1800, 1803, 1807, 1816, 1843, 1852, 1861, 3826)

Damian Fraser
1999 Ed. (2417)
Damian K. Frilot & Associates
2006 Ed. (3516, 4355)
D'Amico Alfa Romeo; Peter
1996 Ed. (263)
Damien Duff
2005 Ed. (4885)
Damm Group
1992 Ed. (942)
Dammam
1992 Ed. (1393)
Dammeyer; Rod
1996 Ed. (1715)
Damon
1998 Ed. (3028, 3029)
1996 Ed. (3173)
1995 Ed. (1232)
1994 Ed. (2019, 2922)
1993 Ed. (2985)
Damon & Douglas Co.
2002 Ed. (1202)
Damon Clinical Labs
1990 Ed. (2051)
Damon Creations
1990 Ed. (251)
Damon's
2002 Ed. (4018, 4029)
Damon's Grill
2007 Ed. (4156)
2006 Ed. (4136)
2004 Ed. (4147)
Damon's International
2003 Ed. (4103)
2002 Ed. (4009)
Dampskibsselskabet AF 1912
2002 Ed. (1634)
2001 Ed. (1682, 1820)
2000 Ed. (1407)
1999 Ed. (1598)
1997 Ed. (1382)
1996 Ed. (1323)
1995 Ed. (1370)
1994 Ed. (1345)
1993 Ed. (1293)
1992 Ed. (1602)
1991 Ed. (1268)
Dampskibsselskabet Svenborg
2002 Ed. (1634)
2001 Ed. (1682)
2000 Ed. (1407)
1999 Ed. (1598)
1997 Ed. (1382)
1996 Ed. (1323)
1995 Ed. (1370)
1994 Ed. (1345)
1993 Ed. (1293)
Dampskibsselskabet Svendborg
1992 Ed. (1602)
1991 Ed. (1268)
Damson Energy Co., L.P.
1992 Ed. (321, 321)
Damson Oil Corp.
1991 Ed. (236)
Dan-Air
1990 Ed. (221, 231)
Dan Brewster
2004 Ed. (2487)
Dan Brown
2008 Ed. (280, 2580, 2586)
2007 Ed. (2450)
Dan Burns Oldsmobile
1994 Ed. (279)
1993 Ed. (280)
1992 Ed. (394)
Dan Castro
2000 Ed. (1955, 1956)
1999 Ed. (2185, 2187)
1998 Ed. (1599)
1997 Ed. (1950)
Dan Dee Display Fixtures
2000 Ed. (4135)
Dan F. Smith
2008 Ed. (946)
2006 Ed. (2520)
Dan Fegan
2003 Ed. (222, 226)
Dan Foody
2006 Ed. (1003)
Dan Helwig Inc.
2000 Ed. (3716)
Dan Klores Associates
2002 Ed. (3827, 3828, 3830, 3834)
1999 Ed. (3911)
1998 Ed. (2938)
1997 Ed. (3187)
1996 Ed. (3106, 3108)
Dan Klores Communications
2004 Ed. (3976, 3982, 3983, 3986, 3990, 3995, 3997, 4011, 4021)
2003 Ed. (4004)
Dan L. Duncan
2008 Ed. (4824)
2007 Ed. (4895)
2006 Ed. (4900)
Dan Lepore & Sons Co.
1993 Ed. (1137)
Dan; Leslie
2005 Ed. (4868)
Dan Lubash
2000 Ed. (2184)
1999 Ed. (2358, 2424)
Dan M. Palmer
2004 Ed. (973)
Dan Marino
1997 Ed. (1724)
Dan Maydan
1997 Ed. (1797)
Dan Murphy Foundation
2002 Ed. (2330)
Dan Peter Kopple & Associates
1998 Ed. (189)
Dan Pettit
2002 Ed. (1043)
Dan Pinger PR
2000 Ed. (3663)
Dan Quisenberry
1989 Ed. (719)
Dan River
2008 Ed. (3092)
2007 Ed. (585, 588)
2006 Ed. (2950, 2951)
2005 Ed. (1995, 4677, 4678)
2004 Ed. (4705, 4706)
2000 Ed. (1314, 2585)
1999 Ed. (2805, 2806)
1998 Ed. (2048)
1997 Ed. (2316, 2317)
1996 Ed. (2196)
1994 Ed. (2131)
1990 Ed. (1654)
Dan Schaefer
1999 Ed. (3843, 3959)
Dan Seals
1996 Ed. (1094)
Dan Sittrle Homes
2004 Ed. (1220)
Dan Smith
2008 Ed. (2631, 2633)
2007 Ed. (2501)
Dan Snyder
2006 Ed. (4912)
2005 Ed. (4859)
2004 Ed. (4873)
2003 Ed. (4888)
Dan Sullivan
1997 Ed. (2705)
Dan W. Evins
1996 Ed. (958)
Dan Warmenhoven
2003 Ed. (961)
Dan Wilson
1999 Ed. (2295)
Dan Young Chevrolet Honda
1991 Ed. (273)
Dana Corp.
2008 Ed. (314, 353, 1443, 1444, 1445, 1446, 1447, 1448, 1449, 1450, 3009, 4534)
2007 Ed. (326, 2887, 4583)
2006 Ed. (308, 310, 312, 330, 332, 336, 342, 1955, 3395)
2005 Ed. (289, 292, 313, 316, 318, 322, 323, 328, 1496, 1921, 3397, 4456)
2004 Ed. (281, 284, 314, 317, 320, 325, 1480, 1835, 3365, 4556, 4566)
2003 Ed. (313, 315, 316, 338, 340, 344, 1450, 1801, 1802)
2002 Ed. (397, 399, 1430, 1749, 3401, 4365, 4791)
2001 Ed. (475, 498, 499, 529, 1828, 3395, 4617, 4618)
2000 Ed. (341, 357, 1531, 3170, 3171)
1999 Ed. (321, 324, 349, 353, 1472, 1720, 2117, 3457)
1998 Ed. (216, 240, 244, 1183, 2539, 2540)
1997 Ed. (315, 704, 1494, 2822, 2823)
1996 Ed. (338, 1432, 2698, 2699)
1995 Ed. (324, 335, 1470, 2621, 2622)
1994 Ed. (327, 1436, 2566, 2567)
1993 Ed. (340, 346, 1382, 2605, 2606)
1992 Ed. (465, 471, 474, 475, 478, 479, 3115, 3116, 466)
1991 Ed. (331, 335, 336, 341, 342, 345, 346, 2491, 2492)
1990 Ed. (393, 394, 395, 396)
1989 Ed. (334, 2014)
Dana Buchman
2008 Ed. (991)
2007 Ed. (1112)
2006 Ed. (1023)
2005 Ed. (1017)
1997 Ed. (1039)
1995 Ed. (1034)
Dana Cohen
1999 Ed. (2260)
1998 Ed. (1620)
Dana; Deane
1990 Ed. (2483)
Dana Dugas Affordable Homes
2005 Ed. (1163)
Dana Eisman Cohen
2000 Ed. (2043)
Dana-Farber Cancer Institute
2008 Ed. (3042)
2007 Ed. (2919)
2006 Ed. (2900)
2005 Ed. (2894, 3606)
2004 Ed. (2908)
2003 Ed. (2805)
2000 Ed. (2508)
1999 Ed. (2729)
1997 Ed. (2261)
Dana Mead
1997 Ed. (1800)
Dana Petroleum
2007 Ed. (3882)
2000 Ed. (2866)
Dana Telsey
2000 Ed. (2043)
1999 Ed. (2260)
1998 Ed. (1620)
Danaher Corp.
2008 Ed. (845, 1123, 2168, 2170, 2172, 2353, 3220, 3221, 3530, 3588, 4528, 4668)
2007 Ed. (773, 774, 1220, 2059, 2061, 2064, 2283, 2330, 2337, 3037, 3425, 4263, 4560)
2006 Ed. (678, 679, 777, 1115, 2104, 2111, 2112, 2386, 3049, 3342, 3343, 3344, 3408, 4249, 4580)
2005 Ed. (314, 315, 868, 2003, 2011, 3046, 3354, 3457, 3458, 4244)
2004 Ed. (315, 316, 882, 1886, 1887, 2999, 3031, 3329, 3443, 3444, 4312)
2003 Ed. (1559, 1851, 2131, 2133, 2197, 2893, 3378, 3379, 3380, 4302)
2002 Ed. (940, 1636, 3316, 3317)
2001 Ed. (1687, 3218, 3220, 3221, 3278, 3286)
2000 Ed. (1410, 3034, 3084, 3085)
1999 Ed. (2851, 3347)
1998 Ed. (2090, 2091, 2468)
1997 Ed. (2370)
1995 Ed. (325, 1290, 1372)
1994 Ed. (328, 1266, 1347, 2419)
1993 Ed. (341, 1295, 2485)
1992 Ed. (468, 472, 473, 476, 477, 2952)
1991 Ed. (336)
1990 Ed. (1327)
Danaher/Viridor-GLI.Thomson.Raytek
2007 Ed. (4044)
2006 Ed. (4011)
2005 Ed. (3937)
Danamon; Bank
2007 Ed. (1779)
2006 Ed. (1770)
Danamon Indonesia; Bank
2008 Ed. (433)
2007 Ed. (468)
2006 Ed. (456)
2005 Ed. (526)
Danareksa
1994 Ed. (3186)
1989 Ed. (1780)
Danareksa Fund Management
2001 Ed. (2884)
Danareksa Sekuritas
1999 Ed. (888)
1997 Ed. (3473)
1996 Ed. (3377)
Danbury, CT
2005 Ed. (2050, 2990, 3469)
1991 Ed. (2447)
1990 Ed. (2568)
Danbury Hilton & Towers
1994 Ed. (2106)
Danbury Hospital
2008 Ed. (3062)
2006 Ed. (2921)
Danbury Mint
1997 Ed. (1050)
Danbury News-Times
1990 Ed. (2709, 2711)
1989 Ed. (2063, 2065)
Dancake
2002 Ed. (765, 928)
1999 Ed. (367)
Dancall
1990 Ed. (919)
Dance Brothers Inc.
1992 Ed. (1418)
1991 Ed. (1085)
Dance classes
1996 Ed. (3036)
Dance Jeep-Eagle; Bob
1995 Ed. (277)
1994 Ed. (273)
1993 Ed. (274)
Dance of the Gods
2008 Ed. (553)
Dance upon Air
2003 Ed. (720)
Dances with Wolves
1993 Ed. (3668)
Dancing Deer Baking
2002 Ed. (2815)
Dancing with the Stars
2008 Ed. (4660)
2007 Ed. (2845)
Dancor
2005 Ed. (3377)
Dancow Milk Powder
1989 Ed. (35)
Danczak-Lyons; Karen
1993 Ed. (2639)
D&C Mitsui Merchant Bankers
1990 Ed. (2315)
D&C Saatchi & Saatchi
2000 Ed. (193)
Dandelion
1996 Ed. (2102)
D&N Financial Corp.
2000 Ed. (3854)
D&S
2000 Ed. (3850)
Dandy Candy Co.
2006 Ed. (28)
2005 Ed. (22)
2004 Ed. (29)
2001 Ed. (18, 31, 49, 54, 56, 73, 75)
Dane A. Miller
2005 Ed. (973, 978)
2004 Ed. (968)
2003 Ed. (954, 956)
1993 Ed. (1697, 1699)
1992 Ed. (2052, 2054)
Dane Miller
2002 Ed. (2179, 2180)
2000 Ed. (1872)
Danegu Bank
1991 Ed. (584)

Danek Group
1994 Ed. (2012, 3322)
1993 Ed. (2007, 3334)
Danel Adir Yehoshua Ltd.
2004 Ed. (1763)
2002 Ed. (1698)
Danella Cos., Inc.
2008 Ed. (1235)
2007 Ed. (1348)
Danese; Danielle
1996 Ed. (1834)
1995 Ed. (1856)
Danfloss Fluid Power a/s
2004 Ed. (1697)
2002 Ed. (1635)
Danfords Inn
1994 Ed. (2105)
Danfords Inn, Marina, Conference Center
1995 Ed. (2159)
Danfords on the Sound
2006 Ed. (2940)
Danforth Foundation
2002 Ed. (2325)
1989 Ed. (1469, 1471)
Danforth Co.; John W.
2008 Ed. (4001, 4820)
2007 Ed. (3978, 4888)
Danforth Meierhenry
2001 Ed. (917)
Danfoss
2007 Ed. (1678)
1999 Ed. (2897)
Danfoss AS
1997 Ed. (2405)
D'Angelo
2002 Ed. (1161)
D'Angelo Grilled Sandwiches
2008 Ed. (4276)
2007 Ed. (4238)
D'Angelo Sandwich Shops
2006 Ed. (4223)
2005 Ed. (4169)
2004 Ed. (4240)
1996 Ed. (3278)
1995 Ed. (3180)
1994 Ed. (3130)
Dangerous Minds
1998 Ed. (3675)
Dangerously in Love
2005 Ed. (3536)
Danica Patrick
2007 Ed. (3430)
Daniel
2008 Ed. (4147)
2007 Ed. (4129)
Daniel Abut
1999 Ed. (2403)
Daniel Aegerter
2002 Ed. (2150)
Daniel Amos
2007 Ed. (990)
2006 Ed. (900)
2005 Ed. (964)
Daniel Barry
2000 Ed. (2041)
1999 Ed. (2216)
1998 Ed. (1668)
1997 Ed. (1896)
1996 Ed. (1822)
1995 Ed. (1844)
1994 Ed. (1806)
1993 Ed. (1823)
Daniel Ben-Horin
2008 Ed. (3789)
2007 Ed. (3704)
Daniel Benton
1994 Ed. (1788)
1993 Ed. (1803, 1804)
1990 Ed. (1766)
Daniel Breen
1996 Ed. (2407)
Daniel Carasso
1999 Ed. (2361)
Daniel Cook & Associates
2006 Ed. (287)
Daniel D. Villanueva
1995 Ed. (2579, 3726)
1994 Ed. (2059, 2521, 3655)
Daniel DiMicco
2008 Ed. (933)
2007 Ed. (995)
2006 Ed. (905)
Daniel E. Lungren
2000 Ed. (2593)
Daniel E. Smith
2002 Ed. (3358)
Daniel F. and Ada L. Rice Foundation
1995 Ed. (1926)
1993 Ed. (891)
Daniel Fineman
2000 Ed. (2062)
Daniel Fluor Construction Co.
2004 Ed. (1192)
Daniel Gale Real Estate
2000 Ed. (3711)
Daniel Gate Agency
1992 Ed. (3613)
Daniel Gelbtuch
2008 Ed. (2692)
Daniel Healy
2007 Ed. (1092)
2006 Ed. (1000)
Daniel Hellberg
2000 Ed. (2190)
Daniel; Homozel Mickel
1995 Ed. (937, 937, 1069, 1069, 1069)
Daniel J. Edelman
1995 Ed. (3014, 3016, 3017, 3020)
1994 Ed. (2956, 2960, 2961, 2962, 2964, 2967)
1991 Ed. (2775)
1990 Ed. (2917, 2918, 2920)
Daniel J. Edelman Public Relations Worldwide
1995 Ed. (3027)
Daniel J. Keating Co.
1990 Ed. (1212)
Daniel J. Keating Construction Co.
1994 Ed. (1175)
1993 Ed. (1153)
1991 Ed. (1100)
Daniel Jaffe
2002 Ed. (3069)
Daniel Jorndt
2004 Ed. (2528)
Daniel Kahneman
2005 Ed. (3201)
Daniel Khoshaba
2000 Ed. (2031)
1999 Ed. (2249)
1998 Ed. (1659)
1997 Ed. (1890)
1996 Ed. (1771, 1816)
Daniel Lemaitre
2000 Ed. (2016)
1999 Ed. (2232)
1998 Ed. (1652)
1997 Ed. (1921)
1996 Ed. (1849)
1995 Ed. (1798, 1868)
1994 Ed. (1784, 1828, 1834)
1993 Ed. (1801)
1992 Ed. (2138)
1991 Ed. (1708)
1989 Ed. (1416)
Daniel Ludwig
1995 Ed. (938)
Daniel Mandresh
1997 Ed. (1876)
1996 Ed. (1803)
1995 Ed. (1796, 1797, 1825)
1994 Ed. (1787, 1833)
1993 Ed. (1803)
1991 Ed. (1676)
1989 Ed. (1416)
Daniel, Mann, Johnson & Mendenhall
2001 Ed. (2238, 2244)
2000 Ed. (315, 1797, 1803)
1999 Ed. (283, 290, 2017, 2020, 2026)
1998 Ed. (187, 1437, 1441, 1455)
1997 Ed. (265, 267, 1736, 1739, 1740, 1743)
1996 Ed. (234, 235, 1113, 1661, 1665)
1995 Ed. (237, 239, 1140, 1678, 1682)
1994 Ed. (235, 236, 1125, 1639, 1643)
1993 Ed. (246, 1102, 1607, 1610)
1992 Ed. (355, 358, 1955, 1952)
1991 Ed. (1551)
Daniel, Mann, Johnson, & Mendenhall (DMJM)
2002 Ed. (334)
1990 Ed. (280, 1666)
Daniel, Mann, Johnson, Mendenhall
2000 Ed. (1793, 1806)
Daniel Miglio
1999 Ed. (2076)
Daniel O. Ikemoto
1993 Ed. (2463)
Daniel O'Bryant
2006 Ed. (983)
Daniel Och
2006 Ed. (2798)
Daniel O'Neill
2006 Ed. (2528)
Daniel P. Amos
2005 Ed. (2475)
1999 Ed. (2080)
1997 Ed. (1802)
Daniel P. Tully
1993 Ed. (1696)
Daniel R. DiMicco
2008 Ed. (942, 1108)
2007 Ed. (1202)
2005 Ed. (978, 2505)
Daniel R. Hesse
2008 Ed. (955)
Daniel R. Meyer
1996 Ed. (1056)
Daniel Reingold
2000 Ed. (2056)
1999 Ed. (2274)
1998 Ed. (1679)
1997 Ed. (1900)
1996 Ed. (1826)
1995 Ed. (1848)
1994 Ed. (1810, 1832)
Daniel Roling
2000 Ed. (2027)
1999 Ed. (2245)
1998 Ed. (1655)
1996 Ed. (1811)
1995 Ed. (1796, 1812)
1994 Ed. (1771, 1832)
1993 Ed. (1788)
1989 Ed. (1416)
Daniel S. Kampel
1992 Ed. (2754)
Daniel S. Saunders
1997 Ed. (3068)
Daniel Sanders
1996 Ed. (2989)
Daniel Scotto
2000 Ed. (1930)
1999 Ed. (2160)
1998 Ed. (1573)
1997 Ed. (1926)
1993 Ed. (1841)
Daniel T. Murphy
1992 Ed. (2904)
1991 Ed. (2343)
Daniel Tabbush
2000 Ed. (2191)
1999 Ed. (2431)
Daniel Tellep
1996 Ed. (963)
1995 Ed. (979)
1992 Ed. (2058)
Daniel Tulis
1999 Ed. (2243)
1995 Ed. (1832)
1994 Ed. (1794)
Daniel V. Santi
2003 Ed. (681)
Daniel Vasella
2006 Ed. (691)
Daniel Ward
2000 Ed. (1936)
1999 Ed. (2166)
1998 Ed. (1578)
1997 Ed. (1934)
Daniel Zinsser
1991 Ed. (1709)
Danieli & C. SpA-Officine Meccaniche
1992 Ed. (1431)
Daniell & C. SPA-Officine Meccaniche
1995 Ed. (1187)
Danielle Danese
1996 Ed. (1834)
1995 Ed. (1856)
"Danielle Steele's Kaleidoscope"
1993 Ed. (3537)
Daniels & Associates
2001 Ed. (1510)
Daniels & Bell
1989 Ed. (2379)
Daniels; Bill
2008 Ed. (895)
1991 Ed. (891)
Daniel's Broiler, Prime Steaks & Chops
2008 Ed. (4146)
2007 Ed. (4128)
Daniels Motors; Jack
1996 Ed. (264)
1995 Ed. (260)
1994 Ed. (261)
1993 Ed. (292)
1992 Ed. (407)
1991 Ed. (292, 302)
1990 Ed. (315, 335)
Daniels Moving & Storage Inc.
2007 Ed. (3532, 3533)
Daniels School of Business; University of Denver
2007 Ed. (815, 826)
2006 Ed. (740)
Daniels; Terrence D.
1991 Ed. (1621)
Danielson Associates
2004 Ed. (1418)
2002 Ed. (1406)
2001 Ed. (554)
Danielson Holding Corp.
2006 Ed. (4601)
Danis-Benton & Bowles
1990 Ed. (151)
Danis Environmental Industries Inc.
2004 Ed. (2445)
2003 Ed. (1289, 1297, 1299)
2000 Ed. (1844, 1856)
Danisco
2006 Ed. (1402, 1674)
1999 Ed. (1423, 1424, 1598, 1599)
1997 Ed. (1218, 1219)
1994 Ed. (1195)
1993 Ed. (1161, 1162, 1294)
1992 Ed. (1444)
1991 Ed. (1266)
Danisco A/S
2008 Ed. (3555)
2007 Ed. (1677)
2006 Ed. (3377)
2002 Ed. (1343)
1996 Ed. (1179, 1180, 1324)
Danisco AS
2000 Ed. (1406)
1995 Ed. (1371)
Danish
1990 Ed. (3295)
Danish Creamery
2008 Ed. (820)
Danish Crown
2006 Ed. (3430)
2003 Ed. (3337)
Danish Crown AmbA
2008 Ed. (1704)
2004 Ed. (2653)
Danish knone
2008 Ed. (2275)
Danish kroner
2008 Ed. (2273)
2007 Ed. (2159)
2006 Ed. (2239)
Danish Sugar
1990 Ed. (3457)
Dank Dhofar
2006 Ed. (4526)
Danka Business Systems
1999 Ed. (3676, 3677)
1995 Ed. (200)
Danka Business Systems PLC
1998 Ed. (2727)
1996 Ed. (2896)
Danka Holding Co.
2005 Ed. (1384)
2004 Ed. (1347, 1366)
2003 Ed. (1346, 4926)
2001 Ed. (4816)
Danka Industries Inc.
1998 Ed. (2704)

Dankoff Solar Products
2005 Ed. (2392)
Dankos Laboratories
2007 Ed. (1778)
Danmark Office Equipment
1999 Ed. (1849)
Dann Brothers Inc.
1999 Ed. (2908)
Dann Dee Display Fixtures
1999 Ed. (4501)
1997 Ed. (3653)
Danner
2005 Ed. (272)
Dannon
2008 Ed. (630, 631, 632, 2755, 4998)
2007 Ed. (671, 672, 4999)
2006 Ed. (646)
2005 Ed. (736, 4999)
2004 Ed. (4998)
2003 Ed. (733, 736, 1960, 4997, 4998, 4999)
2002 Ed. (755)
2001 Ed. (1001, 4939, 4940)
2000 Ed. (781, 4160, 4443, 4444)
1999 Ed. (765, 766, 4510, 4828)
1998 Ed. (1770, 3782)
1997 Ed. (3927)
1996 Ed. (3887)
1990 Ed. (3713)
Dannon Blended
2000 Ed. (4160, 4444)
1999 Ed. (4828)
Dannon Danimals
2008 Ed. (4999)
Dannon Double Delights
1999 Ed. (4828)
Dannon Fruit on the Bottom
2008 Ed. (4999)
2001 Ed. (4940)
2000 Ed. (4160, 4444)
1999 Ed. (4828)
Dannon Light
2006 Ed. (4998)
2002 Ed. (4995)
2001 Ed. (4940)
2000 Ed. (4160, 4444)
1999 Ed. (4828)
1997 Ed. (2093)
Dannon Light n' Fit
2008 Ed. (4999)
2005 Ed. (4999)
2004 Ed. (4998)
2003 Ed. (4997)
Dannon Sprinkl'ins
1995 Ed. (1887)
Danny Fiszman
2007 Ed. (4931)
Danny Hale
2008 Ed. (970)
2007 Ed. (1074)
Danny Huff
2007 Ed. (1077)
2006 Ed. (984)
Danny Truell
1997 Ed. (1959)
1996 Ed. (1864)
Danny's Construction Co., Inc.
2008 Ed. (1266)
2007 Ed. (1370)
2006 Ed. (1294)
2005 Ed. (1322)
1991 Ed. (1083)
Danone
2008 Ed. (651, 715)
2007 Ed. (687)
2000 Ed. (1640, 2225)
1999 Ed. (1815, 2467)
1998 Ed. (1730, 1731)
1997 Ed. (659, 702, 703, 1576, 2042, 2044, 2045)
1996 Ed. (785, 1176)
1993 Ed. (741)
Danone (Brazil)
2001 Ed. (1972)
Danone Group
2000 Ed. (718)
1997 Ed. (2046)
1996 Ed. (1946, 3404)
Danone; Groupe
2008 Ed. (21, 22, 26, 35, 41, 46, 58, 62, 63, 73, 74, 77, 78, 83, 86, 94, 95, 108, 561, 1762, 1812, 2746, 2748, 2751, 2753, 2754, 4693)
2007 Ed. (17, 21, 31, 37, 42, 60, 68, 69, 72, 73, 77, 80, 87, 613, 1731, 2617, 2618, 2619, 2621, 4778)
2006 Ed. (23, 29, 40, 46, 51, 77, 78, 90, 97, 142, 565, 2639, 2641, 2643, 4768)
2005 Ed. (17, 23, 33, 39, 69, 81, 88, 663, 667, 1798, 2642, 2644, 2646, 4716)
Danone International
2001 Ed. (996)
Danone Nederland BV
2006 Ed. (4946)
2005 Ed. (1895)
Danone SA
2000 Ed. (1639)
Danone Waters
2005 Ed. (735)
2003 Ed. (732)
2002 Ed. (753)
Danone Waters of North America Inc.
2005 Ed. (1462)
2004 Ed. (674)
Dan's Excavating Inc.
1993 Ed. (1132)
1992 Ed. (1419)
1991 Ed. (1086)
Dansfords Inn
1996 Ed. (2172)
Dansk Landbrugs Grovvarreselskab AMBA (Koncern)
1996 Ed. (3830)
Dansk Olie & Naturgas A/S-Koncern
1995 Ed. (1371)
Dansk Shell A/s
1993 Ed. (1294)
1990 Ed. (1344)
Dansk Shell-Koncern; A/S
1990 Ed. (1344)
Dansk Spil
2008 Ed. (36)
Dansk Supermarked
2008 Ed. (36)
Dansk Supermarked A/S
2008 Ed. (1704)
Dansk Supermarked Gruppen
2004 Ed. (41)
Dansk Tipstjeneste
2007 Ed. (32)
2006 Ed. (41)
2005 Ed. (34)
2004 Ed. (41)
2001 Ed. (29)
Danske Bank
2007 Ed. (1678)
2006 Ed. (1402)
2005 Ed. (486)
2004 Ed. (479)
2003 Ed. (483, 1666)
1992 Ed. (724, 727)
1990 Ed. (3457)
Danske Bank A/S
2008 Ed. (404, 1703, 1705)
2007 Ed. (430, 1677, 1680)
2006 Ed. (432, 1674, 1675, 1677)
Danske Bank Group
2008 Ed. (36)
2007 Ed. (32)
2006 Ed. (41)
Danske Bank International
1993 Ed. (530)
Danske Luftfartselskab
1992 Ed. (1445)
Danske Sukkerfabrikker
1991 Ed. (1106)
Danske Tralast A/S
1999 Ed. (3278)
Dante Mazzocco
1993 Ed. (790)
Dante's
1989 Ed. (2234)
Dante's Peak
1999 Ed. (4716)
Dantzler Law Offices
1997 Ed. (3795)
Danubius
2000 Ed. (893)
Danubius Hotels
1999 Ed. (947)
1997 Ed. (825, 826)
Danville, IL
2008 Ed. (1052, 3114)
2005 Ed. (3334)
2004 Ed. (3310)
2003 Ed. (3247)
2002 Ed. (2745)
Danville, VA
2008 Ed. (1052, 2491, 3511)
2007 Ed. (1159, 2369)
2006 Ed. (1067)
2005 Ed. (1059, 2991)
1994 Ed. (2493)
1989 Ed. (1612)
Danwang Pharmaceutical
2004 Ed. (36)
Danzas Corp.
2000 Ed. (2258)
1998 Ed. (1755)
1992 Ed. (4343)
Danzas AEI Inc.
2003 Ed. (4792)
2002 Ed. (4885)
Danzas AEI Intercontinental
2004 Ed. (4781)
2003 Ed. (4796)
Danzas AG
1997 Ed. (1516, 2077, 3793)
1996 Ed. (1453, 3737)
1995 Ed. (1496, 3661)
1993 Ed. (3618)
Danzas Group
1990 Ed. (3645)
Danzas Pty. Ltd.
1997 Ed. (191)
Dao Hang Hong Kong Fund
1990 Ed. (2399)
Dao Heng Bank
2005 Ed. (517)
2004 Ed. (538)
2003 Ed. (501)
2002 Ed. (566)
2000 Ed. (547)
1999 Ed. (535, 536)
1997 Ed. (487, 488)
1996 Ed. (529)
1995 Ed. (485)
1994 Ed. (501)
1993 Ed. (498)
D.A.O.R. Security Inc.
1999 Ed. (2677)
D.A.O.R. Security Ind.
1998 Ed. (1936)
DAOU Systems
1999 Ed. (4163, 4168)
DAP Inc.
2001 Ed. (11)
Daphne-Fairhope, AL
2008 Ed. (3509)
Daqing Oil Management
2001 Ed. (1621)
Daqing Oil Management Bur.
2001 Ed. (1669)
Daqing Petrochemical General
1995 Ed. (960)
Daquil; Linda
1997 Ed. (1996)
Dar Al-Dawa Development & Investment
1997 Ed. (242)
Dar Al-Handasah Consultants
2008 Ed. (1308, 1309, 2552, 2554, 2558, 2565, 2566)
2007 Ed. (2425, 2427, 2431, 2438, 2439)
2006 Ed. (1322, 1323, 2460, 2462, 2466, 2473, 2474)
2005 Ed. (2421, 2422, 2426, 2432, 2433, 2434, 2435)
2004 Ed. (2387, 2390, 2394, 2400, 2401, 2402, 2403)
2003 Ed. (2305, 2309, 2313, 2316, 2317, 2319, 2320, 2321, 2322)
2000 Ed. (1808, 1813, 1814, 1815, 1820, 1821, 1822)
1998 Ed. (1445)
1997 Ed. (1746, 1751, 1752, 1755, 1756, 1758, 1760, 1762)
1996 Ed. (1671, 1672, 1674, 1677, 1679, 1681)
1995 Ed. (1689, 1690, 1692, 1695, 1697, 1699)
1994 Ed. (1650, 1651, 1652)
1993 Ed. (1618, 1620)
1992 Ed. (1966, 1967)
1991 Ed. (1560, 1561)
Dar Al-Handasah Consultants (Shair & Partners)
1990 Ed. (1671)
Dar Al-Maal Al Islami
1991 Ed. (568)
1990 Ed. (613)
Dar Al Opera
2008 Ed. (38)
Dar-Cars Toyota
1996 Ed. (290)
Dara Khosrowshahi
2006 Ed. (970)
Darby; S.
1996 Ed. (2447)
DarCars
2002 Ed. (350)
D'Arcy
2004 Ed. (125)
2003 Ed. (91, 96, 130, 137, 142, 164)
2002 Ed. (124, 162, 175, 205)
2001 Ed. (233)
D'Arcy Directory Marketing
2004 Ed. (135)
2003 Ed. (181)
D'Arcy Kiev
2003 Ed. (162)
2002 Ed. (202)
D'Arcy, Masius, Benton & Bowles
2004 Ed. (114)
2003 Ed. (167, 168)
2002 Ed. (63, 101, 102, 151)
2001 Ed. (128, 129, 146, 186)
2000 Ed. (41, 47, 49, 53, 54, 86, 142, 148, 3474)
1999 Ed. (40, 44, 45, 50, 51, 52, 80, 82, 124, 132)
1998 Ed. (35, 36, 39, 40, 45, 46, 47, 53, 54, 62, 597, 3493)
1997 Ed. (39, 42, 43, 46, 47, 48, 49, 50, 52, 53, 56, 72, 85, 92, 117, 118, 122, 124, 127, 133, 135, 137, 149)
1996 Ed. (40, 45, 46, 49, 50, 51, 52, 53, 54, 55, 58, 59, 71, 76, 81, 89, 91, 101, 104, 114, 115, 118, 123, 129, 131, 133, 143)
1995 Ed. (24, 25, 30, 31, 34, 36, 37, 39, 40, 41, 42, 44, 50, 56, 58, 62, 67, 74, 77, 98, 99, 99, 102, 104, 108, 115, 119, 129)
1994 Ed. (50, 54, 55, 59, 60, 61, 62, 64, 65, 67, 68, 72, 76, 84, 90, 93, 102, 103, 105, 106, 110, 113)
1993 Ed. (59, 60, 61, 62, 63, 64, 68, 71, 72, 74, 75, 76, 78, 86, 93, 101, 102, 106, 110, 114, 122, 123, 128, 129)
1992 Ed. (101, 102, 103, 104, 105, 106, 107, 111, 112, 113, 116, 133, 141, 161, 162, 164, 180, 180, 186, 190, 191, 3598, 4228)
1991 Ed. (58, 59, 60, 61, 62, 63, 64, 70, 71, 72, 92, 111, 112, 113, 127, 127, 132, 135, 136, 161, 840)
1990 Ed. (58, 59, 62, 68, 69, 70, 71, 72, 74, 75, 94, 114, 115, 128, 134, 136, 881)
1989 Ed. (58, 63, 66, 69, 74, 79, 80, 83, 87, 98, 118, 119, 120, 135, 136, 142, 143, 144, 145, 155, 173)
D'Arcy Masius Benton & Bowles/DDB Needham
1990 Ed. (13)
D'Arcy Masius Benton & Bowles/Lund & Lommer
1993 Ed. (124)
D'Arcy Masius Benton & Bowles Oy
1996 Ed. (87)
D'Arcy Masius Benton & Bowles Result
1993 Ed. (112)
D'Arcy Masius Benton & Bowles Seoul
1993 Ed. (116)
D'Arcy Masuis Benton & Bowles
2000 Ed. (150)

D'Arcy-Moscow
2003 Ed. (143)
2002 Ed. (176)
D'Arcy Turon
2003 Ed. (178)
Darden Restaurants Inc.
2008 Ed. (2757, 2758, 3066, 3439, 3685, 4142, 4143, 4144, 4171)
2007 Ed. (2630, 2897, 2937, 2949, 3339, 3343, 3522, 3523, 4119, 4121, 4122, 4127, 4133)
2006 Ed. (2649, 2651, 2652, 2898, 3268, 3271, 4102, 4103, 4107)
2005 Ed. (2658, 2661, 2666, 2892, 3277, 3278, 3280, 4043, 4044, 4045, 4046, 4054)
2004 Ed. (1706, 2632, 2664, 2667, 2906, 3252, 3253, 3254, 4105, 4106, 4107, 4108, 4129)
2003 Ed. (1677, 2497, 2525, 2532, 2534, 3209, 4079, 4080, 4085, 4086, 4092, 4105, 4536)
2002 Ed. (1648, 1649, 2314, 3993, 4025)
2001 Ed. (3087, 4050, 4056, 4057, 4058, 4059, 4081)
2000 Ed. (949, 2204, 2207, 2217, 2236, 2240, 2920)
1999 Ed. (2449, 2451, 2478, 2480, 2481, 4082, 4388)
1998 Ed. (1045, 1120, 1137, 1708, 1736, 1737, 3067, 3068)
1997 Ed. (3327)
Darden School of Business; University of Virginia
2007 Ed. (798, 815, 827)
2006 Ed. (707, 709, 711)
2005 Ed. (803, 804)
Dare
1996 Ed. (1174)
Dargan Construction Co.
2008 Ed. (1326)
2006 Ed. (1335)
Daria
2002 Ed. (4907)
Daria; Winterstorm
2005 Ed. (884)
Darien, CT
1989 Ed. (1634, 2773)
Darier, Hentsch & Cie
2001 Ed. (652)
Darigold Inc.
1999 Ed. (197)
1998 Ed. (1240)
1997 Ed. (177)
Darik Enterprises
1994 Ed. (3307)
Dario Franchitti
2005 Ed. (4895)
2003 Ed. (299)
Dario Lizzano
1999 Ed. (2277)
Dark & Lovely
2008 Ed. (2871)
2003 Ed. (2652, 2656)
2001 Ed. (2634, 2635, 2656, 2657)
Dark & Lovely Creme Relaxer
1990 Ed. (1979)
Dark & Lovely Creme, Relaxer Plus
2000 Ed. (2410)
1990 Ed. (1979)
Dark & Lovely Creme, Relaxer, Regular
2000 Ed. (2410)
Dark & Lovely Plus
2003 Ed. (2652)
Dark & Natural Men's Hair Color
2001 Ed. (2657)
Dark blue
1992 Ed. (425, 426, 427)
Dark Forces
1997 Ed. (1088, 1094, 1097, 1102)
Dark Horse Foundation
2003 Ed. (1770)
2001 Ed. (1800)
Dark Red
2001 Ed. (536)
1992 Ed. (425, 426, 427)
Darkes; Maureen Kempston
2005 Ed. (4991)
Darla Moore School of Business; University of South Carolina
2008 Ed. (777)
Darling Industries
1991 Ed. (256)
Darling Store Fixtures
1999 Ed. (4500)
Darlings
1992 Ed. (63)
Daroff Design
2008 Ed. (3080)
2002 Ed. (2646)
2001 Ed. (2798)
2000 Ed. (316, 2567)
1999 Ed. (2788)
1998 Ed. (2029)
Daroff Design & DDI Architects
2008 Ed. (3345, 3348)
2007 Ed. (3194, 3203, 3207)
2006 Ed. (3161, 3168, 3173)
Daroff Design + DDI Architects
2008 Ed. (3344)
2007 Ed. (3202)
Darr Mazda; Don
1994 Ed. (275)
1993 Ed. (276)
1992 Ed. (390)
Darrel Issa
2003 Ed. (3206)
Darrel Reswinkel
1995 Ed. (3505)
Darrell Crate
2007 Ed. (1047)
Darren Chadwick
2000 Ed. (2125)
Darren Clarke
2003 Ed. (299)
Darren Jackson
2007 Ed. (1060)
2006 Ed. (963)
Darren Kimball
2000 Ed. (1983)
1999 Ed. (2211)
1998 Ed. (1626)
1997 Ed. (1857)
Darren Winder
2000 Ed. (2074, 2114)
Darretta Jr.; Robert
2007 Ed. (1071)
2006 Ed. (976)
Darrow Chrysler-Plymouth; Russ
1991 Ed. (307)
Darrow Waukesha Inc.; Russ
1994 Ed. (266)
1992 Ed. (412)
1990 Ed. (340)
Darryl Strawberry
1997 Ed. (1725)
Dart & Kraft
1992 Ed. (3075)
Dart Container Corp.
2008 Ed. (4673)
2007 Ed. (4749)
2006 Ed. (4733)
2005 Ed. (4688)
2004 Ed. (4718)
2003 Ed. (4734)
2001 Ed. (4520)
1999 Ed. (2116)
Dart Group Corp.
1990 Ed. (3555)
Dart Industries Inc.
1994 Ed. (1219)
1993 Ed. (1179)
1992 Ed. (1472)
1991 Ed. (1160)
1990 Ed. (1241)
Dart Mail
2008 Ed. (2477)
2007 Ed. (2353)
Dartford River Crossing Ltd.
1994 Ed. (996)
Dartmoor
2000 Ed. (3301)
Dartmouth
1990 Ed. (858)
Dartmouth (Amos Tuck)
1992 Ed. (1009)
Dartmouth College
2008 Ed. (781, 783, 785, 786, 1059)
2007 Ed. (801, 803, 804, 806, 807, 810, 2848)
2006 Ed. (701, 715, 717, 719, 720, 723, 729, 739)
2005 Ed. (795, 801, 2273, 2852)
2004 Ed. (821, 828)
2003 Ed. (789)
2002 Ed. (878)
2001 Ed. (1058, 1317, 1329)
2000 Ed. (920, 928, 1137)
1999 Ed. (969, 980, 1228)
1998 Ed. (548, 560, 799)
1997 Ed. (850, 858, 1051)
1996 Ed. (837, 1035)
1995 Ed. (858, 932, 1050, 1063, 1065, 1068)
1994 Ed. (1042)
1993 Ed. (794, 1015)
1992 Ed. (1002, 1267)
1991 Ed. (820, 1001, 3113)
1990 Ed. (1087, 1088)
1989 Ed. (954)
Dartmouth College, AMOS Tuck School of Business Administration
1994 Ed. (806, 810, 818)
Dartmouth College, Tuck
1995 Ed. (859, 862)
1993 Ed. (796, 801)
1992 Ed. (997)
1991 Ed. (814)
Dartmouth College, Tuck School of Business
2008 Ed. (182, 780, 787, 788)
2007 Ed. (798, 814, 815, 825, 2849)
2006 Ed. (693, 702, 707, 709, 711, 718, 727, 728, 2859)
2005 Ed. (800, 803)
Dartmouth-Hitchcock Alliance
2006 Ed. (1926, 1927)
2005 Ed. (1900, 1901)
2004 Ed. (1816)
2003 Ed. (1781)
Dartmouth-Hitchcock Medical Center
2008 Ed. (1971, 1972)
1991 Ed. (3113)
Dartmouth-Hitchcock Obligated Group
2008 Ed. (1971)
2007 Ed. (1911)
Dartmouth University
2004 Ed. (808, 814)
Dartmouth University, Tuck School of Business
2005 Ed. (2853)
2004 Ed. (810, 811, 818)
Dartmouth Unversity
1990 Ed. (856)
Darvin Furniture
1999 Ed. (2562)
Darvocet-N
1990 Ed. (2899)
1989 Ed. (2255)
Darvocet-N 100 mg
1990 Ed. (1572)
Darwall Smith Associates
1999 Ed. (3940)
Darwill Press Inc.
2008 Ed. (4960)
2007 Ed. (3552)
Darwin E. Smith
1990 Ed. (976, 1726)
Darwin N. Davis
1989 Ed. (735)
Darwin Professional Underwriters Inc.
2008 Ed. (1694)
Darwin Smith
2005 Ed. (974)
1989 Ed. (2340)
Daryl J. White
1997 Ed. (979)
Daryl Katz
2005 Ed. (4872)
DASA
1998 Ed. (2502)
1996 Ed. (1521)
Dasani
2008 Ed. (568, 630, 631, 632, 634, 4492)
2007 Ed. (671, 672, 675, 4511)
2006 Ed. (646, 4454)
2005 Ed. (734, 736, 4448)
2004 Ed. (754, 886, 4481)
2003 Ed. (731, 4520)
2002 Ed. (752, 755)
Daschle; Tom
1994 Ed. (2890)
Dasco Co.
2001 Ed. (1399)
DASCO Cos.
2006 Ed. (2794, 2797)
2005 Ed. (2814)
1998 Ed. (183, 3004)
1997 Ed. (261)
1996 Ed. (230)
1995 Ed. (234)
Dash 8
1994 Ed. (187)
Dash 7
1994 Ed. (187)
Dashen Bank
2008 Ed. (408)
2007 Ed. (438)
2005 Ed. (492)
2004 Ed. (484)
2003 Ed. (487)
Dassault
1994 Ed. (188, 252)
Dassault Aviation
1994 Ed. (1514)
Dassault Aviation SA
2001 Ed. (268, 269, 342, 1986)
Dassault Electronique
1994 Ed. (1514)
Dassault; Serge
2008 Ed. (4866)
Dassault Systemes SA
2008 Ed. (1743, 1744, 1752)
2007 Ed. (1236, 1260, 1714, 1715, 1724, 4116)
2006 Ed. (4084, 4094)
Dassault Systems
1998 Ed. (1929, 3180)
Data Inc.
2008 Ed. (1114)
Data base management
1990 Ed. (533)
Data Broadcasting
1997 Ed. (2714, 3648)
Data Business Forms
1999 Ed. (3894)
1996 Ed. (2904)
1994 Ed. (2729)
Data Card
1996 Ed. (366)
1989 Ed. (972, 978)
Data Center World; AFCOM's
2008 Ed. (4719)
Data communication analysts
2005 Ed. (3624, 3630)
Data communications
1992 Ed. (4387)
Data communications analyst
2005 Ed. (2384)
Data communications analysts
2007 Ed. (3721, 3724, 3726)
Data Connection
2007 Ed. (2023)
2006 Ed. (2053)
2005 Ed. (1980)
Data Critical
2003 Ed. (2744)
2002 Ed. (2537)
Data Development Corp.
1992 Ed. (2977)
Data Distilleries
2003 Ed. (2722)
Data Dynamics
2008 Ed. (1146)
2007 Ed. (1248)
Data-entry keyers, except composing
1989 Ed. (2079)
Data Exchange Center Inc.
2008 Ed. (4990)
2007 Ed. (3616)
Data General
1996 Ed. (3886)
1995 Ed. (1456, 2254)
1994 Ed. (1420)
1993 Ed. (1216, 1367, 2574)
1992 Ed. (3080, 3081, 3681)
1991 Ed. (2072, 2463, 2464, 2851)
1990 Ed. (2202, 2206, 2510, 2582, 2991)
1989 Ed. (1990, 2306)
Data Group Income Fund
2008 Ed. (3839, 3854)

Data I/O
1997 Ed. (1105)
Data Industries Ltd.
2008 Ed. (3703, 4378)
2006 Ed. (3530)
Data-Label Inc.
2005 Ed. (3251, 3889)
Data Line Service Co.
1992 Ed. (1762)
Data-Mail Inc.
2006 Ed. (4344)
Data Management Inc.
2005 Ed. (3885)
Data Marine Systems
2001 Ed. (1881)
Data Micro Computers Inc.
1997 Ed. (1111)
Data One
1994 Ed. (804)
Data Papers Inc.
2005 Ed. (3886)
Data/Private line
1991 Ed. (2356)
Data processing
2002 Ed. (2598)
1998 Ed. (1884)
1997 Ed. (1570)
1992 Ed. (1753)
Data processing and reproduction
1995 Ed. (2243)
Data processing assets of Zenith Electronics Corp.
1991 Ed. (1141)
Data-processing-equipment repairers
1989 Ed. (2076)
Data-processing staff
2007 Ed. (3737)
Data Recognition Corp.
2006 Ed. (4384)
Data Source
2000 Ed. (907)
Data Supplies
2000 Ed. (907, 908, 909, 910)
1999 Ed. (961)
1995 Ed. (855)
1994 Ed. (804)
1993 Ed. (787)
1992 Ed. (990)
1991 Ed. (810)
1990 Ed. (848)
1989 Ed. (831)
Data Switch
1992 Ed. (1915)
1991 Ed. (1014)
Data Systems Corp.
1991 Ed. (3379)
Data Systems Network Corp.
1999 Ed. (1270, 2669)
Data tape
1998 Ed. (828)
Data 393
2008 Ed. (1114)
Data Transmission Network
2003 Ed. (2154)
1997 Ed. (2714, 3648)
Data warehouse manager
2004 Ed. (2286)
Data Warehousing
2000 Ed. (1789)
Database
1996 Ed. (2914)
Database access
1996 Ed. (859)
Database administrator
2008 Ed. (3818)
2005 Ed. (2384)
Database administrators
2006 Ed. (3736)
2001 Ed. (3564)
Database Administrators, Computer Support Specialists, other Computer Scientists
2000 Ed. (3363)
Database/decision support
1999 Ed. (3009)
DataCert
2006 Ed. (742)
DataChannel, Inc.
2002 Ed. (2536)
DataDirect Technologies
2008 Ed. (1147)
2005 Ed. (1146)
Dataflex Corp.
1998 Ed. (861)
Dataflux, SA de CV; Grupo
2005 Ed. (3429)
DATAG-Ernst & Whinney Group
1990 Ed. (8)
Datagraphic
2000 Ed. (912, 914)
1999 Ed. (962)
1995 Ed. (856)
Datakey
1991 Ed. (1875, 3138)
Dataline Inc.
2008 Ed. (2959, 3737, 4362, 4433, 4988)
2007 Ed. (2840, 3608, 3609, 4451)
2006 Ed. (3545, 4383)
2004 Ed. (1348)
2003 Ed. (1347)
Datalink Corp.
2007 Ed. (3692)
Datalogic
2008 Ed. (1123)
2001 Ed. (659)
DatamanUSA LLC
2008 Ed. (1139, 1140)
2007 Ed. (1240, 3538)
Datamark Inc.
1996 Ed. (2904)
1994 Ed. (2729)
1992 Ed. (3335)
Datamark Business Forms
1990 Ed. (2765)
Datamark Systems Group Inc.
2005 Ed. (3251, 3886, 3887, 3888, 3890, 3897)
Datamation
1992 Ed. (3372)
1990 Ed. (1133)
Datamation Magazine
1998 Ed. (1275)
DATAMAX Corp.
1996 Ed. (1722)
Datamaxx
1991 Ed. (1717)
Datametrics
1998 Ed. (165)
1996 Ed. (208)
DataMirror
2007 Ed. (2818)
2003 Ed. (2936)
2002 Ed. (2485)
2001 Ed. (1655)
Datang International Power General Co., Ltd.
2007 Ed. (2390)
DataPath Inc.
2008 Ed. (1370)
2007 Ed. (1410, 4242)
2006 Ed. (4228)
Datapoint
1993 Ed. (1045, 3378, 3380, 3382)
1992 Ed. (1293, 1294, 4058, 4060)
1991 Ed. (1015, 3224)
1990 Ed. (1303, 2993)
1989 Ed. (2311, 2648)
DataPower
2006 Ed. (1102)
DataPower Technology Inc.
2005 Ed. (1149)
Dataproducts
1992 Ed. (1314, 3682)
1991 Ed. (1029, 2853)
1990 Ed. (1125, 1127, 2202, 2997)
1989 Ed. (980, 2308)
DataRace
1996 Ed. (2884)
Datas II
1990 Ed. (239)
1989 Ed. (2315)
Datasaab
1990 Ed. (1782)
Datasaab/Ericcson
1992 Ed. (1310)
1991 Ed. (1717)
DataSage Inc.
2001 Ed. (2858)
Datascope Corp.
1993 Ed. (3465)
Dataserv Inc.
1989 Ed. (981)
DataServ LLC
2003 Ed. (2730)
DataSource, Inc.
2002 Ed. (2513)
DataStream Market Intelligence
2007 Ed. (2379)
2006 Ed. (2433)
Datastream Systems
2004 Ed. (2210)
2003 Ed. (2160)
2000 Ed. (3387, 4042)
1999 Ed. (3667)
Datasweep
2003 Ed. (1110)
DataSynapse
2008 Ed. (1126)
Datatec
2004 Ed. (1854)
Datatech Enterprises Co. Ltd.
1994 Ed. (1089)
1992 Ed. (1323, 1324)
1990 Ed. (1132)
Datatel Resources Corp.
2006 Ed. (3971)
Datatrac Information Services Inc.
2008 Ed. (1399)
2007 Ed. (2016)
2004 Ed. (1348, 1362, 4985)
DataTrend Information Systems Inc.
2004 Ed. (3969)
Dataview
1992 Ed. (3488)
Datavue
1990 Ed. (2881)
Dataware Systems
2005 Ed. (1665)
Dataware Technologies
1997 Ed. (2715, 3649)
DataWorks Corp.
1999 Ed. (1445)
Datek
1999 Ed. (4476)
Datek Online
2003 Ed. (768, 3046)
2002 Ed. (4812, 4868)
2001 Ed. (2973, 4200)
Datek Online Holdings Corp.
2005 Ed. (1550)
2001 Ed. (4672, 4673)
Datek Securities
2000 Ed. (2747)
datek.com
2001 Ed. (2974)
"Dateline NBC"
2001 Ed. (4487, 4498)
Datem Esters
1998 Ed. (3462)
Dates
2002 Ed. (2372)
1994 Ed. (1994)
Datev
1992 Ed. (1335)
1990 Ed. (1139)
Datex-Ohmeda Inc.
2005 Ed. (1775)
2004 Ed. (1717)
Daticon, Inc.
2003 Ed. (2711)
Dating
2007 Ed. (2311)
Datron Systems Inc.
1993 Ed. (1567)
Datrose Industries
2008 Ed. (1982, 4324)
Datskow
1995 Ed. (2429)
DATTEL
1996 Ed. (863)
Datum Inc.
2005 Ed. (4673)
Dauch; Richard
2005 Ed. (984)
Dauch; Richard E.
2007 Ed. (1030)
2006 Ed. (936)
Daugherty Resources Inc.
2006 Ed. (3835)
Daughters of Charity
1990 Ed. (2635)
Daughters of Charity Health Systems
1996 Ed. (2155, 2704, 2707)
1994 Ed. (2089, 2572, 2574, 3070, 3071)
1993 Ed. (2073)
Daughters of Charity National Health System
2000 Ed. (3178, 3179, 3181, 3184, 3360)
1998 Ed. (1908, 2547, 2550, 2552)
1992 Ed. (2458, 2459, 3122, 3123, 3124, 3130, 3131)
1991 Ed. (1934, 2497, 2498, 2499, 2506)
1990 Ed. (2629, 2636, 2637, 2638)
Daughters of Charity National Health Systems
1999 Ed. (3460, 3463, 3465)
1997 Ed. (2179, 2270, 2824, 2826)
1995 Ed. (2144, 2627, 2629)
Daum
2006 Ed. (4537)
Daum Commercial
1991 Ed. (2805)
Daum Commercial Real Estate Services
2002 Ed. (3912)
1995 Ed. (3060)
Daum/Johnstown American
1990 Ed. (2954)
Dauman; Philippe
1997 Ed. (2611)
Daun & Cie. AG
2004 Ed. (4716)
2002 Ed. (4618)
2001 Ed. (4511)
Dauphin Associates Inc.
2003 Ed. (2203)
Dauphin County, PA
2008 Ed. (3480)
Dauphin Deposit Corp.
1999 Ed. (371, 372, 668)
1996 Ed. (375)
1995 Ed. (356)
1994 Ed. (347, 348, 349, 654, 3032)
1992 Ed. (3656)
1990 Ed. (637)
Dauphin Deposit Bank & Trust Co.
1998 Ed. (266, 424)
1997 Ed. (593)
1996 Ed. (654)
1995 Ed. (585, 3084)
1994 Ed. (615)
1993 Ed. (612)
Dauphin Deposit (Short), Pa.
1989 Ed. (2155)
Dauphin Technology
2002 Ed. (2501)
Dav-El Boston
2000 Ed. (3168)
1999 Ed. (3453)
1995 Ed. (2617)
Dav-El New York
2000 Ed. (3168, 3169)
1999 Ed. (3453, 3454)
1996 Ed. (2692, 2693)
1995 Ed. (2616, 2617)
1993 Ed. (2600)
1992 Ed. (3113)
Davco Futures Fund
1993 Ed. (1043)
DavCo Restaurants
2003 Ed. (4139)
1998 Ed. (1882, 3061)
1997 Ed. (2165)
1995 Ed. (3135, 3161)
Dave
2008 Ed. (129)
Dave & Buster's
2003 Ed. (4094)
2002 Ed. (4016)
2001 Ed. (4084)
2000 Ed. (3763)
1999 Ed. (4049, 4058)
1998 Ed. (3072, 3420)
Dave Chappelle
2008 Ed. (2581)
Dave Cook
1989 Ed. (2522)
Dave Cromwell
2004 Ed. (819)
Dave Gill Pontiac-GMC Inc.
1991 Ed. (291)
1990 Ed. (314)

Dave Lede
2005 Ed. (4873)
Dave Matthews Band
2008 Ed. (2583)
2007 Ed. (1267)
2006 Ed. (2486)
2004 Ed. (2410, 2412)
2003 Ed. (1127, 2330, 2332)
2002 Ed. (1162, 1163, 1164, 3413)
2001 Ed. (1382, 1384)
1997 Ed. (1113)
Dave Smith Auto Group
2008 Ed. (288)
Dave Smith Motors
2008 Ed. (284, 285, 286, 310)
2006 Ed. (300)
2004 Ed. (4803, 4804)
2002 Ed. (354, 355, 356, 357)
Dave West
2008 Ed. (4909)
Davel Communication Group
1995 Ed. (3560)
Davel Communications Group
1997 Ed. (2977)
Davel Communications Groups Inc.
1996 Ed. (2918)
Davenetics
2002 Ed. (4799)
Davenport & Co.
2001 Ed. (939, 940)
Davenport & Sons Inc.; J. T.
2006 Ed. (3993)
2005 Ed. (3919)
1997 Ed. (1202, 1205, 1206)
1995 Ed. (1199)
1993 Ed. (1155)
Davenport Bank & Trust Co.
1993 Ed. (533)
1991 Ed. (406)
1989 Ed. (423, 424)
Davenport Bank & Trust Co. NA
1994 Ed. (373, 532)
Davenport, IA
2008 Ed. (2189)
2006 Ed. (2129)
2005 Ed. (2026)
2003 Ed. (1871)
1996 Ed. (2204)
1994 Ed. (2493)
1989 Ed. (1904)
Davenport, IA/Moline, IL
1998 Ed. (579)
Davenport; Lindsay
2007 Ed. (293)
Davenport-Moline-Rock Island, IA-IL
2002 Ed. (2713)
Davenport-Rock Island-Moline, IA
1993 Ed. (2548)
Davenport-Rock Island-Moline, IA-IL
1992 Ed. (3037, 3053)
Dave's Supermarket
2004 Ed. (4645)
Davey Tree Co. Inc.
2001 Ed. (279)
Davey Tree Expert Co.
2008 Ed. (201, 202, 3432)
2007 Ed. (215, 216, 3331)
2006 Ed. (205, 3253, 4008)
2005 Ed. (193, 3267, 3934)
2004 Ed. (192, 193)
2003 Ed. (233, 234)
2001 Ed. (280)
David
2008 Ed. (4446)
2007 Ed. (4461)
2006 Ed. (3729, 4394)
2004 Ed. (4439)
1994 Ed. (2403)
David A. Brandon
2004 Ed. (2530)
David A. Coburn
1995 Ed. (3504)
David A. Coulter
2000 Ed. (386)
David A. Creecy
1992 Ed. (2742)
David A. Jones
1996 Ed. (962)
David A. Krall
2005 Ed. (976)
David A. Sachs
1990 Ed. (1712)
David A. Schoenholz
2002 Ed. (2214)
David A. Stonecipher
2006 Ed. (1099)
2005 Ed. (1104)
David A. Widlak
1992 Ed. (533)
David Adelman
2000 Ed. (2053)
1999 Ed. (2268)
David Allchurch
1999 Ed. (2328)
David Alliance; Sir
2005 Ed. (4890)
David Altman
1995 Ed. (1816)
1994 Ed. (1775, 1776)
1993 Ed. (1792, 1793)
1992 Ed. (2136)
1991 Ed. (707, 1709)
1990 Ed. (1769)
David & Frederick Barclay
2008 Ed. (4910)
David & Heather Stevens
2008 Ed. (897)
The David & Lucile Packard Foundation
2005 Ed. (2677, 2678)
2004 Ed. (2681)
2002 Ed. (2324, 2326, 2327, 2329, 2331, 2333, 2334, 2335, 2337, 2340, 2342)
2001 Ed. (2517, 2518, 3780)
2000 Ed. (2259, 2260)
1999 Ed. (2499)
1995 Ed. (1926, 1931)
David & Lucille Packard
2008 Ed. (895)
David & Lucille Packard Foundation
2008 Ed. (2766)
David & Luisa Scacchetti
2007 Ed. (2464)
David & Simon Reuben
2008 Ed. (4910)
2007 Ed. (4923)
2005 Ed. (4897)
David & Sir Frederick Barclay; Sir
2005 Ed. (4893)
David & Usita DDB
1999 Ed. (95)
David Anders
2000 Ed. (2011)
David Anderson
2007 Ed. (1054)
2006 Ed. (958)
David Aserkoff
1999 Ed. (2358)
David Atkinson
2000 Ed. (2148)
1999 Ed. (2369)
1997 Ed. (1982, 1983)
1996 Ed. (1875, 1876)
David Azrieli
2008 Ed. (4855)
2007 Ed. (4910)
2006 Ed. (4923)
2005 Ed. (4871, 4875, 4876)
David B. Greytak
2006 Ed. (334)
David B. Trindle FSA MAAA
2008 Ed. (16)
David Barrett
2008 Ed. (4884)
2007 Ed. (4920)
David Beach
2007 Ed. (2462)
David Beckham
2008 Ed. (272, 4453)
2007 Ed. (294, 4464, 4925)
2006 Ed. (292, 4397)
2005 Ed. (268, 4895)
2003 Ed. (299)
David Bell
1996 Ed. (2032)
1994 Ed. (1981)
David Berdon & Co.
1999 Ed. (20)
1998 Ed. (3, 16)
David Berdon & Co. LLP
2002 Ed. (18, 21)
David Bernauer
2007 Ed. (1015)
2006 Ed. (925)
David Bitterman
2000 Ed. (1940, 1946)
1999 Ed. (2175)
David Blitzer
2002 Ed. (3026)
David Bloom
2004 Ed. (3213)
David Bolotsky
2000 Ed. (2042)
1999 Ed. (2230)
1998 Ed. (1669)
1997 Ed. (1897)
1996 Ed. (1823)
1995 Ed. (1845)
David Booth
2008 Ed. (2629)
David Bowers
2000 Ed. (2074, 2075)
1999 Ed. (2297, 2298)
David Bowie
2006 Ed. (1157)
1989 Ed. (989)
David Bradley
2000 Ed. (1982)
1999 Ed. (2210)
1998 Ed. (1627)
David Bradshaw
2000 Ed. (2029)
1999 Ed. (2247)
1998 Ed. (1657)
1997 Ed. (1887)
1996 Ed. (1814)
1995 Ed. (1835)
1994 Ed. (1797)
1993 Ed. (1814)
1992 Ed. (2135)
David Brandon
2001 Ed. (2346)
2000 Ed. (1045)
1996 Ed. (965)
1995 Ed. (981)
1994 Ed. (948)
David Brooks
2004 Ed. (411)
David C. Bos Construction
2004 Ed. (1175)
David C. Novak
2007 Ed. (1026)
2004 Ed. (2491, 2507, 2530, 2531, 2532)
David C. Swanson
2008 Ed. (1108)
2007 Ed. (1202)
David Cheriton
2007 Ed. (4874)
2006 Ed. (4879)
David Clarke Associates
1997 Ed. (3202)
1996 Ed. (3127)
David Clayton
1999 Ed. (2336)
David Colby
2008 Ed. (966)
2007 Ed. (1070)
2006 Ed. (975)
2005 Ed. (990)
David Collins
2001 Ed. (1446, 1448)
David Copperfield
2007 Ed. (2450)
2006 Ed. (2485)
2002 Ed. (2143)
2001 Ed. (1381, 1381, 1383)
1999 Ed. (2049)
1998 Ed. (1470)
1997 Ed. (1777)
1995 Ed. (1714)
1989 Ed. (990, 990)
David Coulthard
2005 Ed. (268)
2003 Ed. (299)
David Cowan
2002 Ed. (4730)
David Cronheim Mortgage Corp.
2000 Ed. (3724, 4017)
David Cutler Group
2005 Ed. (1222)
2004 Ed. (1196)
2003 Ed. (1191)
2002 Ed. (1204)
2000 Ed. (1229)
1991 Ed. (1066)
David D. Glass
1996 Ed. (961)
David D. Mandarich
2007 Ed. (2509, 2511)
2002 Ed. (2177)
1999 Ed. (1411)
David D. Wood
1995 Ed. (2486)
1991 Ed. (2345)
David Deno
2006 Ed. (987)
David Deutsch Associates
1989 Ed. (65)
David DeVoe
2007 Ed. (1056)
David Devonshire
2007 Ed. (1086)
2006 Ed. (994)
David Dillon
2006 Ed. (925)
David Dorman
2006 Ed. (3931)
David Dreler
1992 Ed. (1039)
David Duffield
2004 Ed. (4870)
2003 Ed. (4886)
2002 Ed. (3351)
2000 Ed. (1881, 2448)
1999 Ed. (2082, 2664)
David Duncan
2004 Ed. (1549)
David Dunn
2003 Ed. (223, 227)
David Dusenbury
2000 Ed. (2045)
David Dwyer
2000 Ed. (1990)
1999 Ed. (2218)
1998 Ed. (1632)
1997 Ed. (1860)
1996 Ed. (1784)
1995 Ed. (1809)
1994 Ed. (1768)
David E. Berges
2008 Ed. (3997)
David Ebersman
2007 Ed. (1045)
David Evans & Associates Inc.
2007 Ed. (1943)
2006 Ed. (1960, 1965, 1966, 2453, 2455, 2457)
2004 Ed. (2368, 2384)
2001 Ed. (2243)
David Farrel
1999 Ed. (1122, 4302)
David Felk
2003 Ed. (222, 226)
David Field
2008 Ed. (938)
2007 Ed. (1004)
David Filo
2008 Ed. (4834)
2007 Ed. (4905)
2006 Ed. (4896, 4912)
2005 Ed. (4856, 4859)
2004 Ed. (4873)
2003 Ed. (4888)
2002 Ed. (3355, 4787)
David Fitzpatrick
2006 Ed. (958)
David Fleischer
2000 Ed. (2026)
1999 Ed. (2244)
1998 Ed. (1654)
1997 Ed. (1884)
1996 Ed. (1810)
1995 Ed. (1832)
1994 Ed. (1794)
1990 Ed. (1769)
David Freedman
1999 Ed. (2272)
David Friedson
2004 Ed. (2527)
1991 Ed. (1629)
David Fuente
2000 Ed. (1876)
David G. Sadler
1992 Ed. (2057)
David Garrard; Sir
2005 Ed. (3868)

David Geffen
2008 Ed. (4825)
2007 Ed. (4896)
2006 Ed. (2515, 4901)
2005 Ed. (4851)
2002 Ed. (3352)
2000 Ed. (4377)
1999 Ed. (4748)
1998 Ed. (3707)
1995 Ed. (933)
David; George
2008 Ed. (934, 943, 951)
2007 Ed. (961, 1022, 1029)
2006 Ed. (870, 937, 938)
2005 Ed. (966, 980, 981, 2469, 2482)
David Glass
2003 Ed. (2408)
2000 Ed. (1876)
David Goatley
1997 Ed. (1998)
David Gold
2008 Ed. (4904)
2007 Ed. (4927, 4928)
2005 Ed. (4892)
David Goldfarb
2006 Ed. (952)
David Gomez & Associates Inc.
2001 Ed. (2311)
David Green
2008 Ed. (4831)
2006 Ed. (4907)
2005 Ed. (4853)
David Grey, Attorney
1989 Ed. (1889)
David Grogan
1999 Ed. (2343)
David H. Murdock
2005 Ed. (3936, 4843)
David Hains
2001 Ed. (3317)
David Hale
1991 Ed. (2160)
David Handleman
1993 Ed. (939)
1991 Ed. (927)
1990 Ed. (974)
David Harris
2002 Ed. (871)
David Hatcher
2008 Ed. (2634)
David Havens
2000 Ed. (1926)
David Hawkins
2000 Ed. (1963)
1999 Ed. (2186)
1998 Ed. (1600)
1997 Ed. (1905)
1996 Ed. (1832)
1995 Ed. (1854)
1994 Ed. (1836)
1993 Ed. (1833)
1991 Ed. (1687)
David Healy
1991 Ed. (1672)
David Hendler
1997 Ed. (1923)
David Holding Inc.
1991 Ed. (1140)
David Hunt
1997 Ed. (2705)
David Hurd
1999 Ed. (2293, 2401)
1996 Ed. (1856)
David I. Fuente
1994 Ed. (1722)
David Ingles
1999 Ed. (2334)
David Ireland
1999 Ed. (2328)
David J. Bermingham
2004 Ed. (1549)
David J. Evans
2006 Ed. (1097, 1098)
David J. Greene & Co.
1990 Ed. (2318)
1989 Ed. (1801, 2140)
David J. Joseph Co.
2006 Ed. (3468)
2005 Ed. (4031)
David J. O'Reilley
2008 Ed. (953)
2007 Ed. (1031)
David J. Vitale
2001 Ed. (2314, 2315)
1996 Ed. (1716)
David Jacob
1999 Ed. (2198)
David Johnson
2007 Ed. (1067)
2006 Ed. (972)
2005 Ed. (985)
David Jones
2007 Ed. (18)
2004 Ed. (1652)
2002 Ed. (2708)
1996 Ed. (253, 1294, 3242)
1995 Ed. (1354)
David Judd Product Aid International
1995 Ed. (2228)
David K. Burnap Advertising
1994 Ed. (57)
David K. Peterson
2000 Ed. (1941)
David Kadarauch
1999 Ed. (2395)
1997 Ed. (1973)
1996 Ed. (1865)
David Karlgaard
2006 Ed. (2527)
David Katsujin Chao
2007 Ed. (4874)
David Kears
1990 Ed. (2482)
David Kelley
2001 Ed. (2026, 2269)
David Kelsey
2006 Ed. (983)
David Khalili
2008 Ed. (4901)
David Knott
1999 Ed. (2300)
David Koch
2008 Ed. (4824)
2007 Ed. (4895)
2006 Ed. (4900)
2005 Ed. (4845)
2004 Ed. (4859)
2003 Ed. (4878)
2002 Ed. (3359)
David Komansky
2002 Ed. (3026)
1999 Ed. (1126)
David Korus
1996 Ed. (1770, 1772, 1773, 1800, 1803)
1995 Ed. (1827)
1994 Ed. (1788)
1993 Ed. (1804)
David Kostin
2000 Ed. (1995)
David Krell
2006 Ed. (3185)
2005 Ed. (3183)
David L. Andreas
1992 Ed. (532)
David L. Babson
1996 Ed. (2395)
1992 Ed. (2754, 2762)
David L. Goebel
2008 Ed. (958)
David L. Murphy
2008 Ed. (2635, 3120)
David L. Paul
1990 Ed. (1712, 1721)
1989 Ed. (1382)
David L. Steward
1999 Ed. (2055)
David Letterman
2008 Ed. (2585)
2006 Ed. (2487)
2004 Ed. (2415)
2003 Ed. (2335)
2002 Ed. (4546)
2001 Ed. (4439)
David Lipscomb University
1997 Ed. (1058)
David Llewellyn
2008 Ed. (16)
David Londoner
2000 Ed. (2008)
1999 Ed. (2226)
1998 Ed. (1639)
1997 Ed. (1881)
1996 Ed. (1783, 1807)
1995 Ed. (1808, 1830)
1994 Ed. (1767, 1791)
1993 Ed. (1808)
1991 Ed. (1695)
David Lothson
1998 Ed. (1643, 1652)
1997 Ed. (1869, 1921)
1995 Ed. (1868)
1994 Ed. (1784, 1828)
1993 Ed. (1801)
David Lowe
1999 Ed. (2360)
David M. Cote
2007 Ed. (1029)
David M. Roberts
1990 Ed. (850)
David M. Roderick
1990 Ed. (972)
David Malpass
1996 Ed. (1895)
David Manlowe
2000 Ed. (1994)
1999 Ed. (2265)
1998 Ed. (1673)
1997 Ed. (1862)
David Marquardt
2007 Ed. (4874)
David Maxwell
2005 Ed. (974)
David McCarthy
2000 Ed. (2133)
1999 Ed. (2345)
David McDavid Acura
1993 Ed. (290)
David McDavid Nissan Inc.
1994 Ed. (278)
1993 Ed. (279)
David McDavid Subaru
1990 Ed. (320)
David Moffett
2008 Ed. (370)
2006 Ed. (999)
David Molowa
2000 Ed. (2012)
1999 Ed. (2214)
1998 Ed. (1630)
1997 Ed. (1858)
1996 Ed. (1782)
David Moore
1995 Ed. (1859)
1994 Ed. (1817)
1993 Ed. (1837)
1991 Ed. (1693)
David Mosena
1991 Ed. (2548)
David Movtady
2004 Ed. (1529)
David Murdock
2008 Ed. (4830)
2007 Ed. (4893)
David Murray
2007 Ed. (4926, 4928)
2005 Ed. (4892)
David N. Dinkins
1995 Ed. (2518)
1993 Ed. (2513)
1992 Ed. (2987)
David N. Weidman
2008 Ed. (2630, 2632)
2007 Ed. (1036, 2499)
David Neeleman
2007 Ed. (963)
2006 Ed. (872)
2005 Ed. (787, 2323)
David Nelson
1998 Ed. (1633)
David Nisbet
2000 Ed. (2126)
1999 Ed. (2339)
David Novak
2008 Ed. (935, 2640)
2007 Ed. (1005, 2512)
2006 Ed. (915, 2531)
David O. Maxwell
1992 Ed. (1142, 2050)
David Ogilvy
2000 Ed. (37)
David O'Neal Suzuki
1996 Ed. (289)
David Ossip
2005 Ed. (2473)
David Overton
2007 Ed. (1005)
2004 Ed. (2488)
1998 Ed. (721)
David Owen
2000 Ed. (2114)
David P. Hanlon
1998 Ed. (1513)
David P. Johst
2008 Ed. (3120)
David Packard
2005 Ed. (974)
1990 Ed. (3687)
1989 Ed. (1986, 2751, 2905)
David Payne
2008 Ed. (369)
David Payne & Co. Ltd.
1992 Ed. (1193, 1194)
David Pejcha
2000 Ed. (2072)
David Penske Chevrolet
1993 Ed. (296)
1992 Ed. (411)
David Peterschmidt
2002 Ed. (1042)
David Poneman
1999 Ed. (2216)
1997 Ed. (1896)
1996 Ed. (1822)
1995 Ed. (1844)
David Porges
2006 Ed. (979)
2005 Ed. (989)
David Pottruck
2003 Ed. (2150, 3058)
2002 Ed. (3026)
2001 Ed. (1218)
1997 Ed. (1797)
David Pyott
2008 Ed. (937)
2007 Ed. (1011)
2006 Ed. (921)
2005 Ed. (969)
David R. Hamilton
1993 Ed. (1706)
David R. Huber
2002 Ed. (3358)
David R. Mosena
1992 Ed. (3138)
David R. Parker
1990 Ed. (1722)
David R. Tacke
1990 Ed. (976, 1726)
David Rabinowitz
1999 Ed. (2228)
David, Ralph & Jacqueline Gold
2008 Ed. (4903)
David Ratto/BBDO
1999 Ed. (56)
1995 Ed. (45)
1994 Ed. (69)
1993 Ed. (79)
1992 Ed. (119)
1990 Ed. (76)
1989 Ed. (82)
David Readerman
1996 Ed. (1801)
1995 Ed. (1828)
David Richards
1999 Ed. (2370)
David Rickard
2007 Ed. (1090)
2006 Ed. (998)
David Rickards
1999 Ed. (2289)
David Rickey
2003 Ed. (961)
2002 Ed. (2179)
David Robinson
2003 Ed. (296)
David Rockefeller
1994 Ed. (889, 1056)
David Rockefeller Sr.
2007 Ed. (4895)
2006 Ed. (4900)
2005 Ed. (4845)
2004 Ed. (4859)
2003 Ed. (4878)
2002 Ed. (3359)
David Ross
2008 Ed. (4908)
2007 Ed. (4934)

David S. De Luz Sr. Enterprises Inc.
2008 Ed. (1783)
2007 Ed. (1755)
2006 Ed. (1742, 1746)
David S. Hollingsworth
1992 Ed. (2055)
1989 Ed. (1380)
David S. Smith (Holdings) plc
2002 Ed. (3577)
2000 Ed. (3409)
David S. Tappan, Jr.
1990 Ed. (1717)
1989 Ed. (1381)
David Sachs
1990 Ed. (1723)
David Sainsbury
1993 Ed. (698)
David Salem
2005 Ed. (3201)
David Scott
2000 Ed. (2062)
1999 Ed. (2282)
David Seifer
1996 Ed. (1806)
1995 Ed. (1829, 1867)
1994 Ed. (1790, 1826)
1993 Ed. (1807)
David Shairp
1996 Ed. (1852, 1853)
David Sharp
1997 Ed. (1959)
David Shedlarz
2006 Ed. (974)
2005 Ed. (990)
David Shein
2002 Ed. (2477)
David Sherman
2003 Ed. (4725)
2000 Ed. (1995, 4236)
1999 Ed. (4583)
1998 Ed. (3510)
1997 Ed. (3730)
1994 Ed. (3509)
1993 Ed. (3550)
1992 Ed. (4261)
David Smith
2006 Ed. (2517)
1995 Ed. (3503)
1990 Ed. (3341)
David Snyder
1999 Ed. (2240)
1998 Ed. (1650)
1997 Ed. (1883)
1996 Ed. (1809)
David Southwell
2007 Ed. (1085)
David Stafford
2008 Ed. (4884)
2007 Ed. (4920)
David Steiner
2007 Ed. (978)
David Stone
1995 Ed. (1807)
David Strohm
2005 Ed. (4817)
2004 Ed. (4828)
David Stumpf
2004 Ed. (3165)
2003 Ed. (3057)
1999 Ed. (433, 2148)
David Sullivan
2008 Ed. (4904)
2007 Ed. (4928, 4935)
2005 Ed. (4892, 4896)
David T. Kollat
1998 Ed. (1135)
David T. Mitchell
1993 Ed. (1702)
David Tepper
2006 Ed. (2798)
David Thompson Health Region
2007 Ed. (1573)
David Thompson Regional Health Authority
2008 Ed. (1550, 1556)
2006 Ed. (1543)
David Thomson
2008 Ed. (4856, 4878, 4882)
David Togut
2000 Ed. (1991, 1996)
1999 Ed. (2220)
1998 Ed. (1634)
1997 Ed. (1872)
1996 Ed. (1799)
David Troyer
2000 Ed. (1947)
1999 Ed. (2176)
David V. Singer
2008 Ed. (1108)
David Viniar
2008 Ed. (970)
2007 Ed. (1047)
2006 Ed. (952)
2005 Ed. (985)
David W. Johnson
1999 Ed. (2085)
David W. Kemper
2008 Ed. (958)
2006 Ed. (2530)
David W. Knall
2006 Ed. (658)
David Waill
2000 Ed. (1941)
1997 Ed. (1938)
David Wall
1999 Ed. (2169)
David Walton
2000 Ed. (2114)
David Weekley Homes
2007 Ed. (1306)
2005 Ed. (1181, 1191)
2004 Ed. (1152, 1163, 1164)
2003 Ed. (1150, 1158, 1171, 1210)
2002 Ed. (1186, 1192, 2691, 2692)
1999 Ed. (1328, 1333)
1994 Ed. (1117)
David Weekly Homes
2008 Ed. (1504)
2007 Ed. (1522)
2006 Ed. (2040)
2005 Ed. (1206)
David-Weill; Michel
1997 Ed. (2004)
1990 Ed. (1773)
1989 Ed. (1422)
David Weis
1992 Ed. (1065)
1991 Ed. (866, 867)
1990 Ed. (915)
1989 Ed. (860)
David Wells
1999 Ed. (2168)
David West
2007 Ed. (1058)
David Wetherell
2002 Ed. (1042, 3355)
David Whitwam
2004 Ed. (2527)
David Wilson
1999 Ed. (2289)
1997 Ed. (1965)
1996 Ed. (1854)
David Wilson Homes
2002 Ed. (51)
David Wyss
1991 Ed. (2160)
Davidandgoliath
2007 Ed. (108)
2006 Ed. (119)
2004 Ed. (133)
2003 Ed. (175)
Davidoff
1999 Ed. (800, 801)
Davidoff Ambassadrice
2001 Ed. (2114)
Davidoff & Malito
1996 Ed. (2533)
1992 Ed. (2901)
Davidoff Cool Water
2006 Ed. (2662)
2004 Ed. (2684)
2001 Ed. (3702)
Davidoff Mini Cigarillos
2001 Ed. (2113)
Davidoff No.2
2001 Ed. (2114)
Davidoff 1000
2001 Ed. (2114)
Davidoff 2000
2001 Ed. (2114)
Davidson College
2008 Ed. (1057)
2000 Ed. (1136)
1999 Ed. (1227)
1996 Ed. (1036)
1992 Ed. (1268)
Davidson Communities
1994 Ed. (1118)
Davidson Hotel Co.
2008 Ed. (2104)
1995 Ed. (2148)
Davidson Interior Trim/Textron
1990 Ed. (2675)
Davidson Investment Advisors, Equity Income
2003 Ed. (3141)
Davidson Co. Inc.; J. L.
1997 Ed. (1164)
1996 Ed. (1140)
1995 Ed. (1161)
1993 Ed. (1129)
1992 Ed. (1416)
Davidson Kempner International Ltd.
2003 Ed. (3146)
Davidson Pearce
1989 Ed. (110)
Davidson; R. K.
2005 Ed. (2503)
Davidson; Richard K.
2007 Ed. (1029)
Davidson Securities
2001 Ed. (3210)
Davidson; William M.
2008 Ed. (4833)
2007 Ed. (4904)
2006 Ed. (4909)
2005 Ed. (4855)
Davies; Eddie
2005 Ed. (927)
Davies Knox Maynards
2004 Ed. (4, 6)
Davies Office Refurbishing Inc.
2008 Ed. (4975)
Davies Public Relations
2005 Ed. (3966)
Davies Riley-Smith Maclay
2000 Ed. (3048)
Davies Ward Phillips & Vineberg LLP
2004 Ed. (1427, 1428)
DaVinci
2008 Ed. (3858)
DaVinci Email
1994 Ed. (1621)
Davis
1998 Ed. (2040)
1993 Ed. (1863)
Davis and family; Marvin
1992 Ed. (2143)
1991 Ed. (2265)
Davis & Sons Inc.; F. A.
1997 Ed. (1201, 1202, 1204, 1207)
1995 Ed. (1204)
Davis Baldwin Inc.
2000 Ed. (1775)
1999 Ed. (1998)
1998 Ed. (1424)
Davis; Barbara
2007 Ed. (4895)
Davis, Brody & Associates
1990 Ed. (284)
Davis Brody & Associates Architects
1997 Ed. (268)
Davis Brody Bond Architects & Planners
1998 Ed. (188)
Davis Brown
2001 Ed. (816)
Davis Cadillac; Bud
1996 Ed. (267)
1995 Ed. (266)
1992 Ed. (410)
Davis Convertible Securities
2002 Ed. (726)
Davis Convertible Securities A
1999 Ed. (3525, 3526, 3563)
1998 Ed. (2604)
Davis Cos.
1993 Ed. (1126)
1992 Ed. (1413)
1991 Ed. (1080)
Davis; D. Scott
2008 Ed. (963)
2007 Ed. (1040)
2006 Ed. (945)
2005 Ed. (987)
Davis; Darwin N.
1989 Ed. (735)
Davis Electric Wallingford
1996 Ed. (3602)
Davis Environmental Industries Inc.
2000 Ed. (1850)
Davis Financial
2006 Ed. (3636, 4561)
2005 Ed. (4486)
2001 Ed. (739, 809, 847, 3433)
2000 Ed. (3289)
Davis Fire Protection & Services LLC
2008 Ed. (2719)
Davis; George Strait, Billy Joe Royal, Linda
1991 Ed. (1040)
Davis-Giovinazzo Construction Co.
2000 Ed. (3151)
1999 Ed. (3425)
Davis, Graham & Stubbs
1995 Ed. (3664)
1993 Ed. (3622, 3625)
Davis Graham & Stubbs LLC
2008 Ed. (3422)
2007 Ed. (3313)
2006 Ed. (3250)
2005 Ed. (3263)
2004 Ed. (3233)
2003 Ed. (3182)
Davis Graham & Stubbs LLP
2008 Ed. (3421)
2007 Ed. (3311, 3314)
2005 Ed. (3262)
Davis H. Elliot Co. Inc.
2002 Ed. (1300)
2001 Ed. (1483)
2000 Ed. (1270)
1999 Ed. (1378)
1998 Ed. (957)
1997 Ed. (1171)
1996 Ed. (1142)
1992 Ed. (1419)
Davis H. Elliot & Co. Inc.
1999 Ed. (23)
Davis Hamilton Associates
1991 Ed. (2232)
Davis Hamilton Jackson
1999 Ed. (3070)
1997 Ed. (2533)
1996 Ed. (2407)
1995 Ed. (2368)
1993 Ed. (2326)
Davis Hamilton Jackson & Associates
1992 Ed. (2754)
Davis Hays & Co.
1999 Ed. (3947)
1998 Ed. (2953)
Davis + Henderson Income Fund
2008 Ed. (3839, 3854)
Davis Homes
2005 Ed. (1207)
2004 Ed. (1180)
2003 Ed. (1172)
2002 Ed. (1193, 2658, 2659)
2000 Ed. (1217)
1998 Ed. (906)
Davis International Total Return
2004 Ed. (3651)
Davis; J. Morton
1989 Ed. (1422)
Davis; Jeff
2008 Ed. (2691)
Davis; Jim
2008 Ed. (4826)
2007 Ed. (4897)
Davis, Johnson, Mogul & Colombatto
1989 Ed. (2338)
Davis Jr.; D. H.
2005 Ed. (2489)
Davis Large-Cap Value Equity
2007 Ed. (752)
Davis Lumber
1996 Ed. (816, 825)
Davis Lumber (AR)
1996 Ed. (823)
Davis; Martin S.
1993 Ed. (1698)
1992 Ed. (1145, 2053)
1991 Ed. (924, 928, 1619)
1990 Ed. (972, 975, 1713)
Davis; Marvin
2006 Ed. (4900)

2005 Ed. (4845)
1991 Ed. (1140, 3333)
Davis; Marvin Harold
1990 Ed. (2576)
Davis Mitsubishi; Don
1995 Ed. (280)
1994 Ed. (277)
Davis-Monthan Air Force Base
1991 Ed. (255, 257)
Davis Moore Automotive Inc.
1991 Ed. (270, 271)
Davis; Ned
1997 Ed. (1915)
1990 Ed. (1767, 1769)
Davis New York Venture
2006 Ed. (3630)
2004 Ed. (3555)
Davis New York Venture A
1999 Ed. (3519)
Davis NY Venture A
1998 Ed. (2640)
1997 Ed. (2881)
Davis Oldsmobile Inc.; Don
1991 Ed. (270)
1990 Ed. (305)
Davis Partnership Architects
2008 Ed. (265)
2007 Ed. (289)
2005 Ed. (263)
2002 Ed. (332)
Davis Polk & Wardell
2004 Ed. (3236)
2003 Ed. (3186, 3188)
2001 Ed. (3058)
2000 Ed. (2901)
1995 Ed. (2414, 2420)
Davis Polk & Wardwell
2008 Ed. (3414, 3416, 3425, 3426)
2007 Ed. (3299, 3302, 3303, 3304, 3306, 3321)
2006 Ed. (3242, 3245)
2005 Ed. (1439, 1449, 1450, 1454, 3255)
2004 Ed. (1417, 1438, 1440, 1446, 3239)
2003 Ed. (1400, 1412, 3175, 3176, 3177, 3178, 3189, 3191)
2002 Ed. (1373, 1374)
2001 Ed. (3051)
2000 Ed. (2892, 2893)
1999 Ed. (1431, 3142, 3143, 3144, 3145, 3146, 3156, 4257)
1998 Ed. (2332)
1997 Ed. (2600)
1996 Ed. (2455)
1994 Ed. (2355)
1993 Ed. (2388, 2389, 2402)
1992 Ed. (2827, 2844)
1991 Ed. (2278, 2290)
1990 Ed. (2424)
Davis; Private Group-Marvin
1991 Ed. (1156, 1156)
Davis; Richard K.
2008 Ed. (369)
Davis; Ruth
1995 Ed. (1256)
Davis; Sandra
1992 Ed. (2906)
1991 Ed. (2345)
Davis; Sandra M.
1993 Ed. (2464)
The Davis Service Group plc
2002 Ed. (3218)
2001 Ed. (3180)
2000 Ed. (3017)
1999 Ed. (3278)
Davis-Shows Hyundai-Isuzu
1993 Ed. (271)
Davis; Stephanie
1996 Ed. (1094)
1995 Ed. (1118, 1119, 1120)
Davis Tax-Free High Income A
1998 Ed. (2602)
Davis Vision Inc.
2002 Ed. (3744)
2001 Ed. (3874)
2000 Ed. (2439, 3603)
Davis Wilkins Advertising Ltd.
1991 Ed. (959)
Davis Wright Tremaine LLP
2007 Ed. (1511)
Davis-Zweig Futures Hotline
1991 Ed. (2257)
1990 Ed. (2364, 2365, 2367)
DavisBaldwin Insurance & Risk Management
2002 Ed. (2112)
DavisElen Advertising
2002 Ed. (137)
DaVita Inc.
2007 Ed. (2777, 2791, 3460)
2006 Ed. (2775, 2781, 2795)
2005 Ed. (2801, 2913)
2004 Ed. (180, 2925, 4697)
Davivienda
2001 Ed. (616, 617, 618)
2000 Ed. (497, 500, 502)
Davy Corp.
1992 Ed. (1968)
Davy Group
1992 Ed. (1430)
Davy McKee Corp.
1992 Ed. (1401, 1404, 1405, 1407, 1948, 1950, 1953)
Davy Corp. PLC
1993 Ed. (1142, 1147, 1148, 1614, 1615, 1617, 1619, 1620)
1992 Ed. (1427, 1432, 1433, 1962, 1967)
1991 Ed. (1091, 1092, 1093, 1095, 1097, 1098)
1990 Ed. (1209)
Dawes; Alan
2006 Ed. (948)
Dawes Communications Ltd.; Martin
1994 Ed. (999)
Dawewoo
1991 Ed. (2272)
Dawn
2003 Ed. (2078)
2000 Ed. (1094)
1999 Ed. (1178, 1179)
1998 Ed. (744, 745)
1997 Ed. (1005, 1006)
1996 Ed. (981, 982)
1995 Ed. (994)
1994 Ed. (979, 980)
1993 Ed. (952)
1992 Ed. (1173, 1174)
1991 Ed. (943)
Dawn Food Products Inc.
2008 Ed. (2780)
Dawn G. LePore
2002 Ed. (4980)
Dawn Hudson
2002 Ed. (3263)
Dawn Lepore
2005 Ed. (3183)
Dawn liquid 22 oz.
1991 Ed. (1453)
Dawn Meverriecks
2004 Ed. (976)
Dawn Mountain Spring
2003 Ed. (2079)
Dawn Special Care
2003 Ed. (2079)
Dawson; Christopher
2005 Ed. (2463)
Dawson Co-Op Credit Union
1996 Ed. (1505)
Dawson Companies
2001 Ed. (2912)
Dawson/Duncan Communications
2000 Ed. (3647)
Dawson Holdings Ltd.; Willis
1992 Ed. (1193)
Dawson International PLC
1997 Ed. (3737)
1993 Ed. (3557)
1991 Ed. (3356)
Dawson Wallace Construction Ltd.
2005 Ed. (1693, 1694)
Dawsongroup
1995 Ed. (1404)
Dawson's Creek
2000 Ed. (4217)
DAX
2008 Ed. (4501)
The Day After Tomorrow
2006 Ed. (3576)
Day & Ross Inc.
2007 Ed. (1910)
Day & Ross Transportation Group
2008 Ed. (4779)
2007 Ed. (4856)
2000 Ed. (4320)
Day & Zimmerman
2007 Ed. (1337, 2408)
2004 Ed. (1249, 1254, 1262, 1284, 2332, 2338, 2352)
Day & Zimmerman Group
2007 Ed. (2443)
2006 Ed. (2477)
Day & Zimmerman International
2005 Ed. (2437)
2003 Ed. (1252, 1272)
2000 Ed. (1800, 1818)
Day & Zimmermann Inc.
2000 Ed. (1110)
1996 Ed. (1671)
1995 Ed. (237, 1682, 1689, 1700)
1994 Ed. (235, 1643)
1993 Ed. (246, 1610)
1992 Ed. (355, 1955)
1990 Ed. (280, 1043, 1479, 1666)
1989 Ed. (269, 932)
The Day & Zimmermann Group Inc.
2008 Ed. (1234, 2530, 2538, 2570)
2007 Ed. (1347)
2006 Ed. (1249, 1273)
Day & Zimmermann International Inc.
2003 Ed. (1281)
2002 Ed. (1238, 1272, 2133)
2001 Ed. (2239, 2240)
1999 Ed. (1189, 1362, 2018, 2022, 2034)
1998 Ed. (758, 940, 1456)
1997 Ed. (265, 1743, 1763)
1996 Ed. (234, 1665, 1682)
Day, Berry & Howard
2001 Ed. (780)
1998 Ed. (2084)
Day care assistance
1992 Ed. (2235)
Day Care Association of Montgomery County Inc.
1991 Ed. (929)
1990 Ed. (977)
Day care, education
1993 Ed. (2046)
Day; Harry M.
1992 Ed. (1098)
Day; J. C.
2005 Ed. (2498)
Day; James
2007 Ed. (1000)
2006 Ed. (910)
2005 Ed. (968)
Day; Julian C.
2008 Ed. (959)
A Day Late and a Dollar Short
2003 Ed. (716)
Day Runner
1995 Ed. (2818)
Day Software
2007 Ed. (3057)
Dayapi
1992 Ed. (2824)
Daybreak Venture
2008 Ed. (3801)
Dayco Products Inc.
2003 Ed. (4196)
2001 Ed. (4131)
Daydream
1998 Ed. (3025)
Daylight Donut Shops
1997 Ed. (1842)
1996 Ed. (1761)
1995 Ed. (1783)
DayMed Health Maintenance Plan Inc.
2000 Ed. (2432)
Daypro
1995 Ed. (2530)
Dayrunner
1999 Ed. (4470)
Days Inn
2000 Ed. (2550, 2553)
1999 Ed. (2776, 2782)
1998 Ed. (2016, 2023, 2027)
1995 Ed. (2160, 2163, 2164, 2165)
1994 Ed. (2111, 2112, 2118)
1991 Ed. (217)
Days Inn of America
1999 Ed. (2784)
1991 Ed. (1055, 1951, 1953, 1954, 1955)
Days Inn Worldwide
2008 Ed. (3079)
2007 Ed. (2954)
2006 Ed. (2943)
2005 Ed. (2935)
Days Inns
1990 Ed. (2068, 2069)
Days Inns of America, Inc.
2002 Ed. (2640)
2001 Ed. (2790)
2000 Ed. (2562)
1997 Ed. (2292, 2296, 2298, 2299, 2302)
1996 Ed. (2181, 2183)
1993 Ed. (2095, 2096, 2097, 2098, 2099, 2101)
1992 Ed. (2225, 2488, 2489, 2495, 2497, 2498, 2499, 2500, 2501, 2502, 2503, 2504, 2506, 2507, 2508)
1990 Ed. (2076, 2086, 2088)
Days Inns Worldwide Inc.
2008 Ed. (3078)
2007 Ed. (2953)
2006 Ed. (2942)
2005 Ed. (2939)
2004 Ed. (2942)
2003 Ed. (2843, 2852)
2002 Ed. (2644)
"Days of Our Lives"
1995 Ed. (3587)
1993 Ed. (3541)
1992 Ed. (4255)
Days of Thunder
1993 Ed. (3668)
Day's Work
1996 Ed. (3700)
Dayspring Inc.
2001 Ed. (4283)
Daystar Technologies Inc.
2006 Ed. (4260)
Dayton
2006 Ed. (4744, 4747, 4748)
2000 Ed. (270)
1992 Ed. (310)
Dayton Airport
2001 Ed. (349)
Dayton Andrews Inc.
1994 Ed. (266)
1993 Ed. (297)
Dayton Hudson Corp.
2001 Ed. (1164, 1165, 1795, 2742, 2749, 4092, 4093, 4094, 4095, 4097, 4103, 4104, 4105)
2000 Ed. (206, 207, 1011, 1517, 1621, 1689, 1690, 3412, 3810, 3811, 3816, 3818, 3823, 4175)
1999 Ed. (179, 180, 1071, 1200, 1707, 1833, 1872, 1873, 1879, 1882, 4092, 4093, 4095, 4098, 4099, 4103, 4105, 4112)
1998 Ed. (74, 86, 664, 665, 667, 685, 772, 1177, 1259, 1298, 1304, 1305, 1314, 1359, 3078, 3079, 3083, 3089, 3096)
1997 Ed. (167, 350, 921, 922, 924, 943, 1280, 1481, 1592, 1632, 1637, 1639, 1665, 1668, 3343, 3345, 3348, 3354)
1996 Ed. (161, 162, 910, 1421, 1533, 1535, 1584, 3240, 3241, 3245, 3247, 3251, 3253)
1995 Ed. (149, 916, 931, 1554, 1596, 1606, 3143, 3145, 3146, 3147, 3309, 3351)
1994 Ed. (132, 133, 885, 886, 888, 1522, 1544, 1567, 2138, 2146, 3095, 3096, 3098, 3101, 3102, 3230, 3270, 3452)
1993 Ed. (863, 864, 866, 1442, 1476, 1477, 1520, 3040, 3041, 3042, 3280)
1992 Ed. (235, 236, 1076, 1089, 1091, 1784, 1787, 1788, 1790, 1792, 1816, 1844, 1845, 3726, 3729, 3730, 3732, 3741)
1991 Ed. (171, 879, 886, 1052, 1413, 1414, 1427, 1450, 1969, 1970, 2471, 2887, 2888, 2889, 2895)

1990 Ed. (1490, 1493, 1508, 1509, 2118, 3027, 3042, 3044, 3049)
1989 Ed. (866, 1099, 1245, 1248, 2320, 2322)
Dayton Hudson Department Store Co.
1990 Ed. (1494)
Dayton Hudson Department Stores
2003 Ed. (910, 913, 919)
2002 Ed. (4039)
2000 Ed. (3814)
1990 Ed. (1495)
Dayton Hudson Foundation
1989 Ed. (1473)
Dayton Hundon
2000 Ed. (1118)
Dayton International
1994 Ed. (191)
Dayton International Airport; James M. Cox
1991 Ed. (216)
Dayton Mining Corp.
2002 Ed. (307)
Dayton, OH
2008 Ed. (3117, 3510)
2007 Ed. (2995, 3003)
2005 Ed. (2379, 3326)
1994 Ed. (2149)
1993 Ed. (2112)
1992 Ed. (3293)
1991 Ed. (1985)
Dayton-Springfield, OH
2006 Ed. (2975, 3314)
1998 Ed. (2485)
1991 Ed. (1980)
Dayton; University of
2008 Ed. (774)
1997 Ed. (971, 1055)
1996 Ed. (949, 1039)
1993 Ed. (1019)
Daytona Beach Boardwalk
1999 Ed. (4622)
Daytona Beach Community College
2002 Ed. (1105)
Daytona Beach, FL
2005 Ed. (2947)
2003 Ed. (972)
2002 Ed. (3726)
2000 Ed. (3108)
1997 Ed. (2772)
1995 Ed. (2191)
1993 Ed. (2115, 2554)
Daytona Beach News-Journal
2000 Ed. (3337)
1999 Ed. (3618)
Daytona Beach-Ormond Beach, FL
2007 Ed. (3361)
Dayton's
1998 Ed. (1258, 1262, 1786, 3093)
Dayton's/Hudson's/Manhall Field's
1995 Ed. (1553, 1958)
Daytons Hudson's Marshall Field's
2000 Ed. (1660, 2290)
1998 Ed. (3460)
1997 Ed. (1593, 2104, 2322, 3340, 3681)
1996 Ed. (1534, 1990, 3238, 3626)
Daz
2008 Ed. (717)
2002 Ed. (2227)
1999 Ed. (1839)
1996 Ed. (1541)
1994 Ed. (1525)
1992 Ed. (1799)
Daz Automatic
1997 Ed. (165)
Dazey
1997 Ed. (1042)
1995 Ed. (1045, 2179)
1994 Ed. (1036)
1993 Ed. (1006)
1992 Ed. (1243)
Dazhong Taxi
1994 Ed. (3289, 3290)
Dazzling
2001 Ed. (2528)
Dazzling Dunks A Basketball Bloopers
1992 Ed. (4396)
DB Breweries
2004 Ed. (1641)
DB Investments
2003 Ed. (1437)
DB Investor
2000 Ed. (4130)
DB Johnson Construction
2005 Ed. (1243)
2004 Ed. (1219)
DB Marketing Inc.
2007 Ed. (1966)
2006 Ed. (2001)
2005 Ed. (1955)
2004 Ed. (1847)
DB Professionals Inc.
2007 Ed. (3592, 4442)
2006 Ed. (3535, 4374)
DBA Systems Inc.
1999 Ed. (2453)
DBana Zahorie a.s.
2002 Ed. (4470)
dBase
1994 Ed. (1094)
1993 Ed. (1071)
1992 Ed. (1334)
dBase/Quattro Pro
1995 Ed. (1112)
dBase/QuattroPro
1996 Ed. (1088)
DBB Needham Worldwide
1996 Ed. (42)
DBG & H Unlimited
1989 Ed. (167)
DBG Canada Ltd.
2007 Ed. (1942)
DBI Architects
2005 Ed. (3165)
DBM Contractors Inc.
1990 Ed. (1204)
DBM/Hatch Inc.
2005 Ed. (1285)
DBP Telekom
1995 Ed. (3554, 3555)
1992 Ed. (4204)
DBS
2000 Ed. (4034)
1997 Ed. (1504, 3519)
DBS Asset Management
2001 Ed. (2889)
1999 Ed. (2893)
DBS Bank
2008 Ed. (501)
2007 Ed. (549)
2006 Ed. (520)
2005 Ed. (606)
2004 Ed. (448, 616)
2003 Ed. (462, 607)
2000 Ed. (463, 661)
1999 Ed. (467, 470, 635, 4316)
1997 Ed. (411, 609, 3488)
1996 Ed. (446, 673, 1439, 3393, 3438)
1995 Ed. (420, 422, 603, 3282)
1994 Ed. (426, 630, 1846, 3195, 3310)
1993 Ed. (625, 1857, 3322)
1992 Ed. (832, 2149)
1991 Ed. (452, 1715)
1990 Ed. (606, 676)
1989 Ed. (569, 668)
DBS Bank Ltd. - Foreign
1994 Ed. (3310)
DBS Bank (Hong Kong)
2008 Ed. (423)
2007 Ed. (459)
2006 Ed. (448)
DBS Bank-Preference
1996 Ed. (3439)
DBS Group
2007 Ed. (1974)
2006 Ed. (2007, 4326)
2003 Ed. (1818)
2002 Ed. (4468)
2001 Ed. (1844)
DBS Group Holdings Ltd.
2008 Ed. (2070)
2007 Ed. (4658, 4659)
2006 Ed. (2008)
2002 Ed. (1763)
DBS Land
2000 Ed. (1546, 4035)
1999 Ed. (4316, 4317)
1997 Ed. (3520)
1993 Ed. (3322, 3323)
1992 Ed. (1686, 3979)
1991 Ed. (3130)
DBS Land A Warrant 1995
1997 Ed. (3520)
DBS Securities
1997 Ed. (803, 805, 807, 818)
1995 Ed. (823, 824)
DBSI Group
2007 Ed. (1289)
DBT
1996 Ed. (3415)
1995 Ed. (3340)
DBTS
2008 Ed. (4042)
DC Holding AS
2008 Ed. (1887, 3442, 4203)
DC Personal
2002 Ed. (3479)
DC TF Interm Bond
1997 Ed. (569)
D.C. Thomson & Co. Ltd.
1992 Ed. (1202)
D.C. Thomson & Company Ltd.
1990 Ed. (1032, 1033)
DC VAMC Credit Union
2004 Ed. (1931)
D.C. Yuengling Brewing Co.
2000 Ed. (3127)
DCA
1991 Ed. (1015)
DCA Advertising
1991 Ed. (135)
DCB Bank
1999 Ed. (587)
1997 Ed. (551)
DCB Merchant Bankers
1997 Ed. (3485)
DCC
2007 Ed. (2742)
DCC Constructors Inc.
1998 Ed. (904)
1996 Ed. (1096)
DCC Energy
2007 Ed. (2033)
DCC plc
2008 Ed. (1209, 1858, 1859)
2007 Ed. (1695, 1824)
2006 Ed. (1817)
DCC Services LLC
2006 Ed. (4355)
DCH Healthcare Authority
2008 Ed. (1543)
2007 Ed. (1563)
2006 Ed. (1533)
2005 Ed. (1643)
2004 Ed. (1617)
2003 Ed. (1600)
2001 Ed. (1606)
1999 Ed. (3466)
1997 Ed. (2828)
1996 Ed. (2706)
1995 Ed. (2631)
1992 Ed. (3126)
DCH Regional Medical Center
2006 Ed. (2923)
DCI Marketing
2005 Ed. (4528)
1994 Ed. (3127)
1993 Ed. (3064)
1992 Ed. (3759)
DCL Advertising
1991 Ed. (1912)
Dcny
1991 Ed. (3084)
1990 Ed. (3249, 3255)
1989 Ed. (1047, 1424)
DCP Midstream
2008 Ed. (1691)
DCP Midstream LLC
2008 Ed. (1691)
DCP Midstream Partners LP
2008 Ed. (1682)
DCS Group plc
2001 Ed. (4279)
DCS II
1996 Ed. (3099)
1994 Ed. (2941)
DCSW Architects Inc.
2007 Ed. (2406)
DCT Industrial Trust Inc.
2008 Ed. (1678, 1680)
DCT Systems Group
2007 Ed. (3546, 3547)
2006 Ed. (3508, 4347)
DCU Center
2006 Ed. (1156)
DD & F Consulting Group
2005 Ed. (1432)
DD & J
2008 Ed. (3713)
DD-M Leasing Co. Inc.
2004 Ed. (2829)
2003 Ed. (2748)
2002 Ed. (2541)
DDB
2005 Ed. (97, 101)
2004 Ed. (103, 126, 132)
2002 Ed. (63, 70, 210)
DDB Australia Worldwide
2003 Ed. (43)
2002 Ed. (77)
2001 Ed. (104)
DDB Bahrain
2003 Ed. (45)
2002 Ed. (79)
2001 Ed. (106)
2000 Ed. (62)
1999 Ed. (59)
1997 Ed. (62)
DDB/Belgium
2000 Ed. (66)
1999 Ed. (62)
DDB Bratislava
2000 Ed. (169)
1999 Ed. (151)
DDB-Bulgaria
2001 Ed. (116)
2000 Ed. (72)
DDB Canada
1999 Ed. (70)
DDB Casers
2003 Ed. (129)
DDB CCL
2003 Ed. (97)
2001 Ed. (157)
DDB Chicago
2003 Ed. (816)
DDB Clued Media
2001 Ed. (159)
DDB Communication Group France
2003 Ed. (74)
2002 Ed. (110)
DDB Communications Group France
2001 Ed. (137)
DDB Denmark
2003 Ed. (65)
2002 Ed. (98)
2001 Ed. (127)
2000 Ed. (85)
1999 Ed. (79)
DDB Egypt
1997 Ed. (83)
DDB France
2000 Ed. (96)
1999 Ed. (90)
DDB Germany
2003 Ed. (76)
2002 Ed. (111)
2000 Ed. (97)
DDB Group
2000 Ed. (75, 76)
DDB Group/Belgium
2003 Ed. (49)
2002 Ed. (83)
2001 Ed. (110)
DDB Group Canada
2002 Ed. (90)
2001 Ed. (119)
DDB Helsinki OY
1999 Ed. (88)
DDB Honduras
2003 Ed. (82)
DDB/Hungary
2003 Ed. (83)
2002 Ed. (116)
2001 Ed. (143)
2000 Ed. (103)
1999 Ed. (99)
DDB Kuwait
1997 Ed. (112)
DDB Needham
2000 Ed. (43, 142, 173)
1999 Ed. (37, 91, 124, 155)
1998 Ed. (30, 60)
1997 Ed. (64, 89, 95, 96, 98, 118, 122, 125, 141, 142)

1996 Ed. (59, 62, 66, 88, 95, 115, 135)
1995 Ed. (44, 46, 50, 63, 75, 81, 82, 99, 102, 121, 122, 130)
1994 Ed. (70, 72, 81, 88, 92, 102, 120)
1993 Ed. (78, 81, 83, 86, 91, 99, 120)
1992 Ed. (113, 121, 149, 157, 180, 187, 4228)
1991 Ed. (72, 74, 99, 107, 133, 135, 3317)
1990 Ed. (103, 109, 133)
1989 Ed. (58, 119, 143, 168)
DDB Needham & Guerreiro
1996 Ed. (130)
DDB Needham & Guerreiro Publicidade
1995 Ed. (116)
1994 Ed. (111)
1993 Ed. (130)
1992 Ed. (200)
DDB Needham Australia
1999 Ed. (57)
1997 Ed. (60)
DDB Needham Australia Worldwide
2000 Ed. (60)
DDB Needham Bratislava
1996 Ed. (136)
DDB Needham Budapest
1996 Ed. (96)
DDB Needham Canada
1999 Ed. (71)
1996 Ed. (69)
DDB Needham Chicago
2000 Ed. (77)
1998 Ed. (52)
1995 Ed. (56)
1994 Ed. (76)
1991 Ed. (127)
1990 Ed. (128)
1989 Ed. (136)
DDB Needham Colombia
1999 Ed. (74)
DDB Needham Costa Rica
1999 Ed. (75)
DDB Needham Dallas
1998 Ed. (66)
DDB Needham DIK
1993 Ed. (105)
DDB Needham DIK Korea
1997 Ed. (111)
1996 Ed. (109)
1994 Ed. (99)
DDB Needham Guerreiro
1997 Ed. (134)
DDB Needham Hong Kong
1999 Ed. (98)
DDB Needham Idees & Communication
1997 Ed. (114)
1996 Ed. (111)
DDB Needham/Los Angeles
1995 Ed. (138)
1994 Ed. (126)
DDB Needham New Zealand
2000 Ed. (151)
1999 Ed. (133)
1996 Ed. (120)
1995 Ed. (105)
1993 Ed. (123)
DDB Needham Panama
1999 Ed. (139)
DDB Needham Praha
1996 Ed. (77)
DDB Needham Sydney
1989 Ed. (83)
DDB Needham Worldwide
2000 Ed. (42, 44, 45, 46, 47, 48, 50, 51, 53, 56, 57, 110, 125, 178)
1999 Ed. (35, 36, 38, 40, 41, 47, 48, 49, 51, 53, 98, 105, 119, 161)
1998 Ed. (31, 32, 33, 35, 39, 41, 42, 43, 44, 46, 48, 49, 56, 59, 597, 3494)
1997 Ed. (37, 38, 39, 40, 41, 46, 48, 49, 50, 53, 54, 56, 85, 102)
1996 Ed. (39, 40, 41, 43, 44, 45, 49, 51, 52, 53, 54, 57, 112)
1995 Ed. (25, 26, 27, 28, 29, 37, 38, 40, 41, 42, 54, 96)
1994 Ed. (50, 51, 52, 53, 54, 55, 61, 62, 65, 66, 67, 68)
1993 Ed. (60, 61, 62, 63, 64, 69, 70, 71, 75, 76, 97, 111)
1992 Ed. (101, 103, 104, 105, 106, 107, 115, 116, 133, 141, 1201)
1991 Ed. (58, 59, 61, 62, 63, 64, 65, 70, 85, 111, 840)
1990 Ed. (87, 94)
1989 Ed. (64, 66, 98, 114)
DDB Needham Worldwide/Colombia
2000 Ed. (80)
DDB Needham Worldwide Costa Rica
2000 Ed. (81)
DDB Needham Worldwide Dallas Group
1997 Ed. (77, 146)
1996 Ed. (140)
1995 Ed. (126)
DDB New Zealand
2003 Ed. (127)
2002 Ed. (159)
2001 Ed. (187)
DDB Paraguay
2002 Ed. (166)
DDB Promoaction
1997 Ed. (140)
DDB Public Relations
2003 Ed. (4017)
DDB Singapore
2003 Ed. (145)
2002 Ed. (178)
2001 Ed. (206)
2000 Ed. (168)
1999 Ed. (150)
DDB/Slovak Republic
2003 Ed. (146)
2002 Ed. (179)
2001 Ed. (207)
DDB/Tarek Nour Communications Group
2003 Ed. (69)
2002 Ed. (104)
DDB Worldwide
2007 Ed. (114)
2002 Ed. (150, 151, 184, 185)
2001 Ed. (146)
DDB Worldwide/Colombia
2003 Ed. (60)
2002 Ed. (93)
2001 Ed. (122)
DDB Worldwide Communications
2008 Ed. (119, 123)
2007 Ed. (109, 116)
2006 Ed. (107, 109, 120, 122)
2005 Ed. (110, 116)
2004 Ed. (112, 117)
2003 Ed. (28, 29, 36, 37, 38, 39, 40, 87, 168, 174)
2002 Ed. (65, 72, 73, 74, 119, 137)
2001 Ed. (97, 98, 99, 100, 101, 102, 164, 202, 220, 223)
DDB Worldwide Communications Group
2002 Ed. (71)
DDB Worldwide Costa Rica
2003 Ed. (61)
2002 Ed. (94)
2001 Ed. (123)
DDB Worldwide/Finland
2003 Ed. (73)
2002 Ed. (107)
2001 Ed. (135)
DDB Worldwide-Hong Kong
2003 Ed. (59)
2001 Ed. (121)
DDB Worldwide-Taiwan
2003 Ed. (155)
2001 Ed. (218)
DDBN Needham
1990 Ed. (77)
DDE Needham Worldwide Inc.
1992 Ed. (114)
D.D.F. Transportation
1990 Ed. (3657)
DDFH & B
2003 Ed. (89)
2002 Ed. (122)
2000 Ed. (111)
1995 Ed. (87)
DDFH & B Advertising
2001 Ed. (149)
1999 Ed. (106)
1997 Ed. (104)
1996 Ed. (102)
1993 Ed. (112)
DDG-51
1992 Ed. (4427)
DDH & M
2002 Ed. (214)
2001 Ed. (244)
1999 Ed. (173)
DDH & M (JWT)
2000 Ed. (194)
DDi Corp.
2006 Ed. (4606)
2004 Ed. (4580)
2002 Ed. (2811)
2001 Ed. (3334)
1997 Ed. (3694, 3695, 3762)
DDM Advertising
1991 Ed. (1419)
DDM Direct
2005 Ed. (3902)
DDT, total
1990 Ed. (2812)
De A. Edwards
2000 Ed. (490, 491, 492, 493, 494)
1990 Ed. (521)
De Agostini
1992 Ed. (59)
De Amertek Corp.
2006 Ed. (288, 3492, 3511, 4350)
de Ayala; Jaime Zobel
2008 Ed. (4849)
De Bartolo Realty Corp.
1997 Ed. (3514)
De Beers
2007 Ed. (129)
2006 Ed. (136)
1995 Ed. (1427, 2586)
1992 Ed. (1689, 4147)
1991 Ed. (1343, 2469)
1990 Ed. (1416, 2589)
De Beers Centenary
1996 Ed. (1442, 1443)
1994 Ed. (1446)
De Beers Centendry
1995 Ed. (1483)
De Beers Consol Mines
2000 Ed. (2876, 2877)
De Beers Consolidated Mines Ltd.
2002 Ed. (3038, 3039, 3250, 4447, 4448)
2001 Ed. (1846)
1999 Ed. (3130, 3131)
1998 Ed. (1161)
1997 Ed. (1455, 2585, 2586)
1996 Ed. (1391, 2442, 2443)
1994 Ed. (1397, 2342, 2343)
1993 Ed. (1340, 1344, 2375, 2376, 2579)
1992 Ed. (1641, 1642, 1645, 2815, 2816, 3314, 3315)
1991 Ed. (2269, 2270, 2657, 2658)
1990 Ed. (2588)
De Beers SA
2008 Ed. (1892)
De Bogota
1990 Ed. (523)
de Burgh; Chris
2005 Ed. (4884)
de Carvalho; Charlene & Michel
2005 Ed. (4889, 4897)
de Carvalho-Heineken; Charlene
2008 Ed. (4870)
De Chile
2000 Ed. (494)
1990 Ed. (521)
De Chili
2000 Ed. (489, 490, 491, 492, 493)
De Cholet-Dupont
1990 Ed. (813)
1989 Ed. (813)
De Colombia
1990 Ed. (523)
De Corrientes
2000 Ed. (460)
De Credito & Inversiones
1990 Ed. (521)
De Credito Argentino
1990 Ed. (498)
De Credito del Peru
2007 Ed. (503)
1990 Ed. (668)
De Credito e Inversiones
2000 Ed. (490, 491, 492, 493, 494)
De Credito Nacional
1990 Ed. (511)
De Credito Rural Argentino
1990 Ed. (498)
De Crillon
1997 Ed. (2305)
De Efteling
2007 Ed. (273)
2006 Ed. (268)
2003 Ed. (273)
2002 Ed. (308)
2001 Ed. (377)
2000 Ed. (297)
1999 Ed. (269)
1997 Ed. (247)
1996 Ed. (216)
1995 Ed. (217)
De Facto Consultants
1999 Ed. (3941)
1997 Ed. (3202)
De Forenede Bryggerier A/S Koncern
1989 Ed. (1104)
D.E. Frey & Co.
2000 Ed. (856)
De Galicia & Buenos Aires
1990 Ed. (498)
De Galicia Buenos Aires
2000 Ed. (456, 458, 461)
de Gaspe Beaubien family
2005 Ed. (4870)
de Gaulle
1992 Ed. (311)
de Gaulle Airport; Charles
1993 Ed. (205, 1536, 1537, 1538, 1539)
De Graaf
2002 Ed. (928)
De Guayaquil
2000 Ed. (514, 517)
De Haan; Roger & Peter
2005 Ed. (4888)
De Iberoamerica
1990 Ed. (664)
De Inversion y Comercio Exterior
2000 Ed. (459)
De Jager Construction Inc.
1995 Ed. (3375)
1994 Ed. (3299)
1993 Ed. (3307)
1992 Ed. (3963)
1991 Ed. (3122, 3123)
De Jerez
2004 Ed. (770)
2003 Ed. (760)
2002 Ed. (775, 777)
2001 Ed. (1017)
De Kuyper
2008 Ed. (241)
2006 Ed. (254)
2003 Ed. (3226)
De la Ciudad de Buenos Aires
2000 Ed. (458)
1990 Ed. (498)
De la Cruz
1999 Ed. (146, 3422, 4756)
1998 Ed. (64, 1934, 1937, 2514, 3711)
De la Cruz & Associates
1996 Ed. (131)
1993 Ed. (131)
De la Cruz & Goachet
1992 Ed. (201)
1991 Ed. (145)
1990 Ed. (145)
De la Cruz Associates
1995 Ed. (117)
De La Cruz Cos.
1997 Ed. (2216, 3872)
1996 Ed. (2110, 3823)
De la Cruz Group
2003 Ed. (139)
2002 Ed. (172)
2001 Ed. (201)
2000 Ed. (163)
De La Fuente Auto Group
1993 Ed. (2039)
De La Nacion
2000 Ed. (640, 643, 646)
1990 Ed. (668)

De la Nacion Argentina
2000 Ed. (456, 458, 461, 489, 494)
1990 Ed. (498)
De La Plaza International Inc.
1992 Ed. (994)
De la Provincia de Buenos Aires
2000 Ed. (456, 458, 461)
1990 Ed. (498)
De la Provincia de Cordoba
1990 Ed. (498)
De la Republic Oriental del Uruguay
2000 Ed. (459)
De la Republica Oriental del Uruguay
1990 Ed. (711)
De La Rosa & Co.; E. J.
1996 Ed. (2351, 2359)
De La Rue
1996 Ed. (1359)
De La Rue Giori SA
2005 Ed. (1355)
2003 Ed. (1346)
De la Rue plc
2004 Ed. (3941)
2001 Ed. (3900)
2000 Ed. (3610)
De Lara Associates
1999 Ed. (3012)
De Laurentiis Entertainment
1989 Ed. (2656)
De Lay First National Bank & Trust Co.
1989 Ed. (214)
De Leuw, Cather & Co.
1992 Ed. (1952, 1966)
1991 Ed. (1560)
De Maruri Publicidad
1995 Ed. (69)
D.E. Miller
1990 Ed. (1719)
de Mol; John
2008 Ed. (4870)
de Molina; Alvaro
2008 Ed. (970)
de Molina; Alvaro G.
2007 Ed. (2496)
"De Mujeres"
1993 Ed. (3531)
De-No-Fa Lilleborg
1992 Ed. (68)
de Polanco; Jesus
2008 Ed. (4874)
De Prevision Social
2000 Ed. (460)
de Quesada; Julio A.
2008 Ed. (2628)
De Rigo SpA
2003 Ed. (4592)
De Salta
2000 Ed. (460)
De San Juan
2000 Ed. (460)
De Santiago
1990 Ed. (521)
De Santiago del Estero
2000 Ed. (460)
De Soto
1993 Ed. (2761)
1990 Ed. (2757)
De Surinaamsche Bank NV
2000 Ed. (668)
1999 Ed. (642)
De Venezuela
1990 Ed. (712)
De Vere Group
2008 Ed. (3085, 3444)
2007 Ed. (2961, 3348)
2006 Ed. (2945, 3274)
De Vizia Transfer SpA
2008 Ed. (1187, 1865)
2007 Ed. (1831)
2006 Ed. (1824)
De Vries Public Relations
1998 Ed. (1545, 1961)
De Walden Estates Ltd.; Howard
1995 Ed. (1006)
1994 Ed. (993)
De Witt County, IL
2002 Ed. (1808)
De Zen; Vittorio
2005 Ed. (4869)
DEA
1992 Ed. (2635)
Dea Mineraloel AG
2004 Ed. (3867)
2003 Ed. (3853)
2002 Ed. (3678)
2001 Ed. (3759)
2000 Ed. (3538)
1999 Ed. (3811)
1997 Ed. (3107)
1996 Ed. (3023)
Deacon; S. D.
1996 Ed. (3428, 3429)
1995 Ed. (3375)
Deaconess-Billings Clinic
2006 Ed. (1912, 1913)
2005 Ed. (1890, 1891)
2004 Ed. (1807, 1808)
2003 Ed. (1770, 1771)
2001 Ed. (1800, 1801)
Deaconess-Billings Clinic Health System
2005 Ed. (1890)
2004 Ed. (1807)
2003 Ed. (1770)
Deacons
2003 Ed. (3180, 3181)
Deacons Lawyers
2002 Ed. (3055)
The Dead
2005 Ed. (1161)
Dead-bolt door locks
1994 Ed. (2107)
Dead Homiez
1999 Ed. (4721)
Dead Man on Campus
2001 Ed. (4698, 4701)
Dead Poet's Society
1992 Ed. (4399)
Dead-Sea Works
1999 Ed. (4539)
1997 Ed. (3685)
1996 Ed. (3634)
1994 Ed. (3479)
1993 Ed. (3506, 3507)
1992 Ed. (4196, 4197)
1991 Ed. (3274, 3275)
"Deadly Matrimony (Pt. 2)"
1995 Ed. (3584)
Dealer Label
2008 Ed. (4029)
Dealer Specialties International Inc.
2004 Ed. (846)
2003 Ed. (806)
2002 Ed. (912)
Dealernews International Powersports Dealer Expo
2006 Ed. (4784)
Dealers
1994 Ed. (2509)
Dealers Election Action Committee of the National Automobile Dealers Association
1990 Ed. (2874)
1989 Ed. (2236, 2237)
DealerTrack Inc.
2008 Ed. (3169, 3175)
Dealing: The Cleveland Indian's New Ballgame—Inside the Front Office & the Process of Rebuilding a
2008 Ed. (613)
DealTime.com
2004 Ed. (3160)
2003 Ed. (3052)
2002 Ed. (2995)
Dean & Dean Associates Architects PA
2008 Ed. (2519)
Dean Bailey Daihatsu
1992 Ed. (380)
Dean; Billy
1997 Ed. (1113)
Dean Buick; Grant
1992 Ed. (409)
1991 Ed. (304)
Dean Construction Inc.; M. J.
2008 Ed. (1315)
2007 Ed. (1380)
2006 Ed. (1327)
Dean Dolan
1997 Ed. (1932)
Dean, Dorton & Ford PSC
2008 Ed. (1880)
Dean Eberling
1999 Ed. (2217)
1997 Ed. (1908)
1996 Ed. (1835)
1995 Ed. (1820)
1994 Ed. (1780)
Dean Foods Co.
2008 Ed. (1515, 2278, 2279, 2751, 2756, 2781, 3669, 4062, 4069, 4071)
2007 Ed. (2160, 2596, 2608, 2609, 2610, 2621, 2628)
2006 Ed. (2041, 2240, 2624, 2626, 2632, 2633, 2648)
2005 Ed. (2142, 2630, 2634, 2636, 2653, 2654)
2004 Ed. (2005, 2633, 2639, 2645, 2660, 2661)
2003 Ed. (927, 1556, 1883, 1960, 1961, 2508, 3412, 4493)
2002 Ed. (1910, 2292, 2300)
2001 Ed. (1973, 2476)
2000 Ed. (1635, 1641)
1999 Ed. (1813, 1814)
1998 Ed. (1240, 2928)
1997 Ed. (1575)
1994 Ed. (1874)
1992 Ed. (2188)
1991 Ed. (1210, 1732, 1738)
1990 Ed. (1820)
1989 Ed. (1447, 1453)
Dean G. Miller
1995 Ed. (1717)
Dean Investment Associates, Tactical
2003 Ed. (3138)
Dean Koontz
2004 Ed. (262)
2003 Ed. (302)
2002 Ed. (347)
2001 Ed. (430)
Dean L. Buntrock
1994 Ed. (1721)
1992 Ed. (1142, 1143, 2050, 2059)
1991 Ed. (1628)
1990 Ed. (973, 1720)
Dean L. Macris
1992 Ed. (3138)
1991 Ed. (2548)
Dean R. O'Hare
1998 Ed. (720, 2138)
1994 Ed. (2237)
1991 Ed. (1632)
Dean Witter
1998 Ed. (273, 528, 1210, 1211, 1212, 1558, 1690, 1691, 1696, 2645)
1997 Ed. (3401)
1995 Ed. (232, 755)
1992 Ed. (956, 961, 1053, 2718, 2722, 3832, 3836, 3839, 3841, 3842, 3847, 3849, 3851, 3856, 3863, 3874, 3876, 3877, 3886, 3887, 3888, 3891, 3892)
1991 Ed. (780, 1707, 2182, 2183, 2184, 2185, 2188, 2190, 2993)
1990 Ed. (2291, 2643, 3199)
1989 Ed. (1754, 2293)
Dean Witter American Value
1995 Ed. (2734)
Dean Witter Balanced Income C
1999 Ed. (3536)
Dean Witter Capital Growth
1995 Ed. (2719)
Dean Witter Capital Markets
1993 Ed. (3120, 3123, 3153, 3155)
1991 Ed. (3012, 3014, 3015)
Dean Witter Convertible Securities
1998 Ed. (2621)
Dean Witter Cornerstone Fund IV
1999 Ed. (1249)
Dean Witter Development Growth
1997 Ed. (2873, 2896)
1995 Ed. (2703)
Dean Witter Discover
1995 Ed. (1220, 3203)
Dean Witter Discover & Co.
2005 Ed. (1500)
2004 Ed. (1484)
2003 Ed. (1454)
2002 Ed. (1434)
1999 Ed. (379, 1343, 1444, 1790)
1997 Ed. (337, 770, 2005, 2007)
1996 Ed. (362, 808, 1234, 1915)
1994 Ed. (784)
Dean Witter Diversified Futures Fund II LP
2005 Ed. (1086)
Dean Witter Diversified Futures Fund III LP
2005 Ed. (1086)
Dean Witter Diversified Futures Fund LP
2005 Ed. (1086)
Dean Witter Equity Income
1994 Ed. (2636)
Dean Witter European Growth
1998 Ed. (2612)
1997 Ed. (2975)
Dean Witter Federal
1997 Ed. (690)
Dean Witter Federal Securities B
1999 Ed. (3553)
Dean Witter Financial Services Group
1990 Ed. (812)
Dean Witter Futures & Curr.
1999 Ed. (1246)
Dean Witter Futures & Currency Management
1994 Ed. (1068)
Dean Witter Health Sciences
1997 Ed. (2895, 2905)
1995 Ed. (2722)
Dean Witter High-Yield
1998 Ed. (2625, 2626)
1997 Ed. (689, 2867)
1995 Ed. (2710)
1994 Ed. (2621)
1993 Ed. (2677)
1992 Ed. (3172, 3174)
1991 Ed. (2570)
Dean Witter Managed Assets
1996 Ed. (2791)
Dean Witter Managed Futures Program
1992 Ed. (2742)
Dean Witter Multi-Market Portfolio LP
2005 Ed. (1086)
Dean Witter Pacific Growth
1996 Ed. (2804)
1995 Ed. (2706, 2718, 2728)
Dean Witter Premier Income
1996 Ed. (2794)
Dean Witter Reynolds Inc.
2003 Ed. (4326)
2001 Ed. (4197)
1999 Ed. (827, 834, 836, 837, 838, 904)
1998 Ed. (517, 519, 520, 521, 523, 526, 529, 814, 2566, 3213, 3241)
1997 Ed. (738, 739, 740, 741, 782, 2838, 3435, 3440, 3442, 3451, 3466)
1996 Ed. (799, 802, 803, 804, 805, 809, 810, 3315, 3322, 3336, 3338, 3340, 3342, 3344, 3345, 3364, 3372)
1995 Ed. (751, 757, 759, 760, 761, 762, 800, 816, 1719, 2638, 2642, 3213, 3216, 3217, 3218, 3224, 3229, 3231, 3232, 3233, 3234, 3237, 3242, 3245, 3247, 3248, 3252, 3262, 3264, 3265)
1994 Ed. (764, 765, 766, 783, 2292, 2583, 2623, 3159, 3168, 3171, 3172, 3178, 3180, 3181)
1993 Ed. (755, 756, 757, 758, 759, 761, 763, 764, 765, 766, 767, 3118, 3129, 3139, 3140, 3142, 3143, 3145, 3146, 3168, 3170, 3172, 3173, 3174, 3179, 3180, 3181, 3183, 3187, 3192, 3193, 3194, 3195, 3199, 3200)
1992 Ed. (951, 952, 953, 954, 959, 962, 1290, 2148, 2727, 3865, 3867)
1991 Ed. (770, 771, 772, 773, 783, 1012, 1670, 1691, 1697, 2513, 2946, 2947, 2954, 2955, 2960, 2976, 2978, 2982, 2986, 2987, 2988, 2989, 2991, 3001, 3033, 3036, 3037, 3049, 3052, 3053, 3056, 3057, 3061, 3063)
1990 Ed. (819, 3165, 3212)
1989 Ed. (821, 1777, 2381, 2389, 2402, 2411, 2441)
Dean Witter Select Dimensions
1997 Ed. (3823)

Dean Witter Select Dimensions Developing Growth
1997 Ed. (3818)
Dean Witter Select Futures
1995 Ed. (1080)
Dean Witter U.S. Government Securities
1993 Ed. (716)
Dean Witter U.S. Government Securities B
1999 Ed. (3553)
Dean Witter VA Equity NQ
1989 Ed. (261)
Dean Witter VA II-2
1997 Ed. (3816)
Dean Witter Variable Annuity I Quality Income Plus
1997 Ed. (3820)
Dean Witter World Currency
1999 Ed. (1249)
Dean Witter World Income
1992 Ed. (3163, 3180)
Dean Witter World Wide Income B
1999 Ed. (3579)
Dean Witter World Wide Investment Trust
1995 Ed. (2743)
Deanco Inc.
1996 Ed. (1636)
Deane Dana
1990 Ed. (2483)
DeAngelo's Pizzeria Co.
2008 Ed. (3992)
Deanna Bucko
2004 Ed. (4987)
2003 Ed. (4989)
Dean's
2008 Ed. (2338, 3670)
2005 Ed. (3477, 3657)
2003 Ed. (923, 1882, 3410, 3411)
2001 Ed. (1168, 2017, 2018, 3309, 3310, 3312, 4313)
2000 Ed. (1015, 1637, 1638, 3133, 3134, 4150, 4159, 4162)
1999 Ed. (1075)
1998 Ed. (2074, 2075)
Deans; Alison
1997 Ed. (1908)
1996 Ed. (1835)
1995 Ed. (1820)
1994 Ed. (1780)
1993 Ed. (1772, 1797)
1991 Ed. (1680)
Dean's Chocolate Riffic
2008 Ed. (3672)
DeAnza Corp.
1993 Ed. (2587)
1992 Ed. (3093)
1991 Ed. (2477)
DeAnza Assets
1995 Ed. (2593)
1994 Ed. (2534)
Dear John
2008 Ed. (552)
Dearborn
1997 Ed. (3869)
Dearborn Bancorp Inc.
2002 Ed. (1729)
Dearborn Credit Union
2004 Ed. (1966)
2003 Ed. (1926)
2002 Ed. (1872)
Dearborn Economic Development Corp. MI
1993 Ed. (2619)
Dearborn Federal Credit Union
2002 Ed. (1856)
2001 Ed. (1963)
2000 Ed. (1630)
1998 Ed. (1231)
1997 Ed. (1559, 1561, 1563, 1565, 1572)
1996 Ed. (1509, 1514)
1995 Ed. (1539)
1994 Ed. (1506)
1993 Ed. (1450, 1453)
1992 Ed. (1756)
1991 Ed. (1395)
1990 Ed. (1461)
Dearborn Federal Savings Bank
2002 Ed. (4621)
2001 Ed. (4528)
2000 Ed. (3854)
1999 Ed. (4141)
1998 Ed. (3155)
1992 Ed. (3800)
1991 Ed. (2921)
Dearborn, MI
2005 Ed. (2202)
Dearborn Street Fund
2000 Ed. (1153)
Dearborn Wholesale Grocers
2000 Ed. (2384)
Deardoff Automotive Group
2001 Ed. (441, 442)
Death Valley National Park
1999 Ed. (3705)
Deaton & Co. Chartered
2008 Ed. (279)
Deaton; Chad C.
2008 Ed. (953)
2007 Ed. (1031)
DEB Shops Inc.
2005 Ed. (1010)
DeBartola Corp.; Edward J.
1989 Ed. (2490)
DeBartolo Corp.; The Edward J.
1995 Ed. (3063, 3075, 3372)
1994 Ed. (3003, 3004, 3021, 3022, 3296, 3297, 3301, 3302)
1993 Ed. (2964, 2972, 3303, 3304, 3310, 3311, 3316)
1992 Ed. (1093, 1280, 3620, 3622, 3958, 3959, 3965, 3966, 3967, 3968)
1991 Ed. (2810, 3117, 3118, 3124, 3125, 3126)
1990 Ed. (3283, 3286, 3288, 3289, 3290)
1989 Ed. (2491)
DeBartolo Jr.; Edward
2007 Ed. (4902)
2006 Ed. (4906)
DeBartolo Properties Management Inc.
1997 Ed. (3517)
1996 Ed. (3430)
DeBartolo Realty
1997 Ed. (1235)
1996 Ed. (3312)
Debary 7-10
1994 Ed. (1587)
Debbi Brainerd
2004 Ed. (3891)
Debby Hopkins
2002 Ed. (4981)
DeBeers Centenary
1993 Ed. (1397)
Debeka Versicherungen und Bausparkasse
1999 Ed. (2920)
Debenhams
2008 Ed. (698)
2007 Ed. (721)
2000 Ed. (3495, 3497, 3502)
Debenhams plc
2006 Ed. (782)
2001 Ed. (4115)
Debevoise & Plimpton
2008 Ed. (3427)
2007 Ed. (3299)
2006 Ed. (3242)
2005 Ed. (1439, 1461, 3258)
2004 Ed. (1417, 1440, 3236)
2003 Ed. (1400, 3179, 3186, 3188, 3189)
2002 Ed. (1359, 1374)
2001 Ed. (3057, 3058)
2000 Ed. (2892, 2901)
1999 Ed. (3142, 3156)
1995 Ed. (2420)
1994 Ed. (2352, 2355)
Debi Mazar
2001 Ed. (7)
Debica
2000 Ed. (4370)
1999 Ed. (4739)
debis AirFinance
2001 Ed. (345)
Debis Assekuranz Makler GmbH
2006 Ed. (4946)
Deborah
2001 Ed. (1926, 1927, 1929, 1930)
Deborah Bronston
1995 Ed. (1849)
1994 Ed. (1811)
1993 Ed. (1828)
1991 Ed. (1685)
Deborah C. Hopkins
2002 Ed. (4980)
Deborah Harry
1993 Ed. (1078, 1080)
Deborah Heart and Lung Center
1999 Ed. (955)
1998 Ed. (536)
Deborah Hopkins
2006 Ed. (3185)
Deborah Lawson
2000 Ed. (2013)
Deborah S. Larson
1992 Ed. (3137)
Deborah Thielsch
1993 Ed. (1796)
1991 Ed. (1679)
Debra A. Cafaro
2006 Ed. (4975)
Debra Bromberg
2008 Ed. (2692)
Debra Cafaro
2007 Ed. (2512)
2006 Ed. (2531)
Debra Levin
2000 Ed. (2039)
1999 Ed. (2259)
1998 Ed. (1619)
1997 Ed. (1918)
1996 Ed. (1845)
1995 Ed. (1864)
1994 Ed. (1822)
Debra Wang Smith
1999 Ed. (2413)
Debrox
1996 Ed. (1601)
1993 Ed. (1541)
The Debt and the Deficit: False Alarms/Real Possibilities
1991 Ed. (708)
Debt Free
2007 Ed. (199)
2006 Ed. (193)
Debuono; Barbara A.
1995 Ed. (3503)
Debursa
2007 Ed. (753)
Debut Gold
2000 Ed. (2338)
Debut Platinum
2000 Ed. (2341)
Debvoise & Plimpton
1992 Ed. (2844)
DEC
1999 Ed. (3894)
1998 Ed. (3770)
1995 Ed. (1090, 1116)
1994 Ed. (3676, 3679)
1993 Ed. (1064, 3739)
1992 Ed. (1320, 4039, 4492, 4493)
1991 Ed. (1443, 1516, 1540, 2341)
1990 Ed. (1114, 1134, 1627, 1644, 2582, 2901, 3710)
1989 Ed. (983, 1317, 1318, 1342, 2306)
DEC Capital
2006 Ed. (1082)
DEC Direct
1998 Ed. (651, 2426)
1997 Ed. (913, 914, 2697, 2698)
1996 Ed. (886)
1995 Ed. (911)
DEC Futures Fund Ltd.
2008 Ed. (1096)
DEC Japan
1996 Ed. (2639)
1993 Ed. (1585)
1991 Ed. (1537)
1990 Ed. (1640)
DeCA
1997 Ed. (2790)
DeCaro, Doran, Siciliano, Gallagher & DeBlasis
2007 Ed. (3319)
2003 Ed. (3185)
Decathlon
2001 Ed. (4512)
Decathlon Hotel
2002 Ed. (2641)
Decatur, AL
2008 Ed. (3511)
2006 Ed. (2426)
2003 Ed. (4195)
1997 Ed. (3304)
1996 Ed. (3207)
Decatur Fund
1990 Ed. (2385)
Decatur, IL
2007 Ed. (2369)
2006 Ed. (2426)
2005 Ed. (2381, 2389)
2002 Ed. (2713)
1994 Ed. (2493)
1992 Ed. (3037)
1990 Ed. (2553)
Decatur Industrial Development Board, AL
1991 Ed. (2016)
Decauter, IL
1993 Ed. (2548)
Decaux; Jean-Claude
2008 Ed. (4866)
Deccan Herald
1995 Ed. (2773)
DECCO Inc.
2004 Ed. (1338)
December
2002 Ed. (415, 4704)
2001 Ed. (1156, 4681, 4857, 4858, 4859)
December 18, 1899
1999 Ed. (4497)
1989 Ed. (2748)
December 18, 1995
1998 Ed. (2718)
December 18, 1931
1989 Ed. (2750)
December 15, 1995
1998 Ed. (2718)
December 5, 1995
1998 Ed. (2718)
December 14, 1987
1989 Ed. (2746)
December 14, 1995
1998 Ed. (2718)
December 9, 1996
1999 Ed. (4397)
December 19, 1986
1989 Ed. (2045)
December 19, 1995
1998 Ed. (2718)
December 19, 1996
1999 Ed. (4395, 4397)
December 6, 1995
1998 Ed. (2718)
December 13, 1961-June 26, 1962
1989 Ed. (2749)
December 31, 1996
1999 Ed. (4396, 4398)
December 3, 1968-May 26, 1970
1989 Ed. (2749)
December 12, 1914
1989 Ed. (2748)
December 12, 1996
1999 Ed. (4398)
December 20, 1995
1998 Ed. (2718)
Decente
1990 Ed. (3340)
Deception Point
2007 Ed. (664)
2006 Ed. (639)
2005 Ed. (727)
Dechert
2008 Ed. (3417)
Dechert LLP
2007 Ed. (3322)
Dechert Price & Rhoads
2000 Ed. (2902)
1999 Ed. (3157)
1997 Ed. (2601)
1996 Ed. (2456)
1995 Ed. (2421)
1994 Ed. (2356)
1993 Ed. (2403)
1991 Ed. (2291)
1990 Ed. (2425)
1989 Ed. (1885)
Dechert Price & Rhodes
1998 Ed. (2333)

Decima Research Inc.
2007 Ed. (1942)
Decision Consultants Inc.
2002 Ed. (1138)
2001 Ed. (1352)
Decision Industries
1990 Ed. (1127)
1989 Ed. (980, 2308)
Decision Point Systems
2002 Ed. (2531)
Decisioneering Inc.
2008 Ed. (1708)
Decisionism Inc.
2001 Ed. (1869, 2849)
Decisionmark
2005 Ed. (2333)
DecisionOne Corp.
2000 Ed. (1039)
1999 Ed. (1115)
1998 Ed. (1929, 3180, 3184)
DecisionPoint Applications
2003 Ed. (2727)
The Decisions Group
1997 Ed. (3702, 3703, 3704, 3705)
1996 Ed. (3643, 3645, 3646)
1995 Ed. (3557)
1993 Ed. (3513)
1991 Ed. (3283)
Deck The Walls
2007 Ed. (3955)
2006 Ed. (3908)
2005 Ed. (3839)
2004 Ed. (3901)
2003 Ed. (3876)
2002 Ed. (3710)
Deckare Services
2003 Ed. (782)
Decker Acquisition Corp.
2008 Ed. (4394)
Decker Anstrom
1999 Ed. (3254)
Decker Coal Co., Decker East & West
1989 Ed. (950)
Decker; Susan
2008 Ed. (968, 2636)
2007 Ed. (1066)
2006 Ed. (970)
2005 Ed. (2513)
1997 Ed. (1894)
1996 Ed. (1775, 1820)
1995 Ed. (1800, 1842)
1994 Ed. (1759, 1804)
1993 Ed. (1775, 1821)
Deckers Outdoor
2007 Ed. (2737)
2006 Ed. (4333)
1996 Ed. (2889)
1995 Ed. (2059, 3380)
DECLAT
1993 Ed. (1065)
Declining Consumer Confidence
1992 Ed. (993)
DECnet
1993 Ed. (1065)
DECO Security Services
2008 Ed. (3716, 3778, 4295, 4406)
2007 Ed. (3569, 3683, 4291, 4428)
2006 Ed. (3521, 4360)
Decom Medical Waste Systems
1993 Ed. (1458)
Decoma International Inc.
2007 Ed. (3076)
2006 Ed. (3043)
2005 Ed. (3040)
2004 Ed. (3027)
1996 Ed. (318)
DeConcini; Dennis
1992 Ed. (1038)
Decongestants
2001 Ed. (2096)
Decor Corp.
2004 Ed. (3960)
2002 Ed. (3782)
Decor & You
2008 Ed. (173, 3333)
2007 Ed. (3191)
2006 Ed. (3157)
2005 Ed. (3156)
2004 Ed. (3148)
Decorah State Bank
1989 Ed. (209)
Decorated Industries
1995 Ed. (3602)
Decorating Den
1995 Ed. (1937, 1938)
Decorating Den Interiors
2003 Ed. (3019)
2002 Ed. (2985)
Decorating Den Systems
1992 Ed. (2226)
Decorating Remodeling
1992 Ed. (3372)
Decorative accessories
2001 Ed. (2608)
1991 Ed. (1977)
Decorator Industries Inc.
2005 Ed. (4679)
2004 Ed. (4707)
1995 Ed. (3600)
1994 Ed. (202, 205)
Decorator wall clocks
1990 Ed. (1018)
DeCotiis Fitzpatrick
2001 Ed. (873)
Dedham, MA
1991 Ed. (938, 2004)
Dedicated short bias
2005 Ed. (2818)
Dee Corp.
1990 Ed. (3053, 3055)
1989 Ed. (2333)
Dee Brown Inc.
2008 Ed. (1260)
2007 Ed. (1363)
2006 Ed. (1253, 1256, 1286)
2005 Ed. (1286, 1316)
2004 Ed. (1309)
2003 Ed. (1306)
2002 Ed. (1293)
2001 Ed. (1477)
2000 Ed. (1263)
1999 Ed. (1371)
1998 Ed. (950)
1997 Ed. (1166)
1996 Ed. (1147)
1995 Ed. (1162)
1994 Ed. (1144)
1993 Ed. (1137)
Dee Cramer Inc.
2007 Ed. (1368)
2006 Ed. (1292)
2001 Ed. (1481)
Dee Corp. PLC
1990 Ed. (3265)
Dee Shoring Co.
1991 Ed. (1085)
Dee Thomason Ford Inc.
1995 Ed. (267)
Deel Porsche
1993 Ed. (282)
1991 Ed. (292)
Deel Volvo
1996 Ed. (292)
1995 Ed. (292)
1994 Ed. (288)
1992 Ed. (404)
1991 Ed. (299)
Deel Volvo-Volkswagen
1993 Ed. (289)
Deeley Harley-Davidson Canada
2005 Ed. (1699, 1703)
Deen & Black
2002 Ed. (3811)
Deep-discount drug stores
1998 Ed. (3092, 3680)
Deep discount stores
1996 Ed. (3797)
Deep sea
2001 Ed. (4234)
Deepak Narula
1997 Ed. (1953, 1954)
Deepak Raj
1999 Ed. (2221, 2235)
1998 Ed. (1645)
1997 Ed. (1870)
1996 Ed. (1787, 1797)
1995 Ed. (1813, 1824)
1994 Ed. (1772, 1785)
1993 Ed. (1789, 1802)
1991 Ed. (1701)
Deepend London
2002 Ed. (1956)
Deer & Co.
1991 Ed. (168)
Deer Creek Music Center
1999 Ed. (1291)
Deer Park
2008 Ed. (630, 631, 632)
2007 Ed. (671, 672, 673)
2006 Ed. (646)
2005 Ed. (734)
2004 Ed. (754)
2003 Ed. (731, 733, 736)
2002 Ed. (752, 755)
2001 Ed. (995, 1001)
2000 Ed. (783, 784)
1999 Ed. (765, 766, 768, 4510)
1998 Ed. (480, 483)
1997 Ed. (695, 696, 3661)
1995 Ed. (685)
1992 Ed. (910)
Deer Park Deep Rock
1996 Ed. (760)
1995 Ed. (687)
1994 Ed. (734)
Deer Valley
1999 Ed. (4788)
1996 Ed. (3858)
Deere
2008 Ed. (2302)
2000 Ed. (2623, 2624, 4128)
1999 Ed. (2849, 2852, 2853, 2854, 3297)
1998 Ed. (2093, 2434)
1994 Ed. (1386)
1990 Ed. (193, 2171, 2172, 2173, 2502)
1989 Ed. (177, 220, 221, 222, 1651, 1652, 1653, 1917)
Deere & Co.
2008 Ed. (189, 198, 1481, 1663, 1800, 1833, 3027, 3144, 3145, 3146, 3148, 3149, 3150, 3530)
2007 Ed. (201, 202, 211, 212, 875, 1487, 1654, 1770, 2905, 3026, 3027, 3028, 3030, 3031, 3032, 3033, 3034, 3035, 3036, 3037, 3399)
2006 Ed. (777, 1639, 1763, 2992, 2993, 2995, 2996, 2997, 2998, 2999, 3342, 3343, 3363)
2005 Ed. (180, 181, 182, 868, 1574, 1575, 2998, 2999, 3000, 3001, 3002, 3003, 3349, 3354)
2004 Ed. (181, 182, 2028, 3001, 3002, 3004, 3005, 3324, 3329)
2003 Ed. (313, 2895, 2896, 2897, 2898, 2899, 3269)
2002 Ed. (2726, 2727, 2729, 2730, 4872)
2001 Ed. (2843, 3187, 3188, 3189)
2000 Ed. (336)
1999 Ed. (2850, 3295, 3603)
1998 Ed. (1523, 2087, 2088, 2089, 2092)
1997 Ed. (1814, 1816, 2366, 2367, 2369, 2371)
1996 Ed. (1727, 2241, 2242, 2244, 2245)
1995 Ed. (1272, 1305, 1415, 1748, 2234, 2236, 2237, 2238, 2239, 2493)
1994 Ed. (1731, 2180, 2182, 2183, 2184, 2185, 2420, 2421)
1993 Ed. (1331, 1718, 2163, 2164, 2165, 2486, 3604, 3605)
1992 Ed. (1129, 1133, 2077, 2592, 2593, 2594, 2953, 4331)
1991 Ed. (1640, 2018, 2019, 2020, 2370)
1990 Ed. (169, 191, 1735)
1989 Ed. (187)
Deere Capital Corp.; John
1995 Ed. (1788)
1993 Ed. (845, 1766)
Deere Community Credit Union
2006 Ed. (2154, 2196)
2005 Ed. (2101)
2004 Ed. (1959)
2003 Ed. (1919)
2002 Ed. (1865)
Deere Ltd.; John
1992 Ed. (1185)
1990 Ed. (15)
Deerfield Beach High School, FL
1992 Ed. (1098)
Deerfield Federal Savings & Loan Association
1995 Ed. (3184)
Deerfield Plastics
1996 Ed. (3051)
Deering; A. W.
2005 Ed. (2504)
Deerwood Park
2002 Ed. (3533)
Deets; Horace
1991 Ed. (2406)
Def Leppard
2001 Ed. (2354)
1990 Ed. (1144)
Defeat Diabetes Foundation
2004 Ed. (935)
DeFehr family
2005 Ed. (4869)
Defence Health
2002 Ed. (3777)
Defender Security
2005 Ed. (4284, 4293)
Defense
2008 Ed. (3158)
2006 Ed. (3012, 3013, 3014)
2005 Ed. (3019)
2002 Ed. (2785)
2001 Ed. (2622)
1994 Ed. (3331)
1991 Ed. (3250)
Defense Advanced Research Projects Agency
1992 Ed. (25)
Defense Communications
2003 Ed. (2230, 2231)
Defense Department
1998 Ed. (2512)
1995 Ed. (1666)
Defense; Department of
1992 Ed. (29)
Defense Distribution Region
2001 Ed. (4723)
Defense Finance & Accounting Service Center
1996 Ed. (2643)
Defense Fuel Supply Center
1992 Ed. (3444)
Defense Logistics Agency
2008 Ed. (3691)
2007 Ed. (3528)
Defense Logistics Agency; U.S.
2008 Ed. (2831)
Defense; Office of the Under Secretary of
2006 Ed. (4793)
Defense; U.S. Department of
2008 Ed. (2830, 2835, 3691)
2007 Ed. (2701, 2707, 3528)
2006 Ed. (2706, 2711, 3293, 3493)
2005 Ed. (2745, 2750)
DefenseWeb Technologies Inc.
2008 Ed. (1134)
Deffenbaugh Industries
2006 Ed. (4060)
Defiance, Inc.
1992 Ed. (475, 478, 479)
Defiance Precision
1991 Ed. (345, 346)
Defined benefit pension
1995 Ed. (3390)
Defined contribution plan
1995 Ed. (3390)
Definitive Audio
2008 Ed. (2985)
Definity Health
2008 Ed. (3267, 3268)
2006 Ed. (3106)
Defrost foods
1989 Ed. (1983)
DeGasperis; Alfredo
2005 Ed. (4871)
DEGEF/DBAM
1996 Ed. (2943)
DeGeorge Financial Corp.
1999 Ed. (1445)
Degree
2008 Ed. (2326)
2005 Ed. (2164)
2004 Ed. (3803)
2003 Ed. (2001, 2002, 2003)

2001 Ed. (1990)
2000 Ed. (1658, 1659)
1998 Ed. (1256, 1257)
1997 Ed. (1589)
1995 Ed. (1549)
DeGroote; Michael
2005 Ed. (4873)
Degussa
1998 Ed. (643, 1346)
1990 Ed. (952)
1989 Ed. (959)
Degussa AG
2008 Ed. (917)
2007 Ed. (939, 947)
2006 Ed. (853, 854, 863)
2005 Ed. (950, 953, 954, 956)
2004 Ed. (962)
2003 Ed. (944, 947)
2001 Ed. (1211)
1999 Ed. (4760)
1997 Ed. (961, 3878)
1996 Ed. (943, 3829)
1990 Ed. (2717)
1989 Ed. (2071)
Degussa Ag (Konzern)
1994 Ed. (3660)
1993 Ed. (3695)
Degussa Aktiengesellschaft
1995 Ed. (3730)
1992 Ed. (4432)
1991 Ed. (3479)
Degussa-Huls
2003 Ed. (944)
2002 Ed. (998, 1011, 1021)
2001 Ed. (1188, 1225, 2504)
Dehler; Martin D.
1992 Ed. (533)
Dehydrated
2001 Ed. (3862)
DEI Services
2008 Ed. (2288)
Deihl; Richard
1990 Ed. (1723)
Deihl; Richard H.
1994 Ed. (1720)
DEIL
1997 Ed. (1106)
Deinhard estate-bottled and regional wines
1990 Ed. (3697)
Deion Sanders
1997 Ed. (278, 1725)
Deja News
1998 Ed. (3780)
DeJager Construction
1993 Ed. (3309)
1992 Ed. (3964)
Dejarnette Connectivity Products
2001 Ed. (3270)
DeJesse Inc. Advertising; Paul A.
1989 Ed. (60)
Deka Department Stores
1993 Ed. (44)
Deka/Despa
1997 Ed. (2546)
Deka Investment
2006 Ed. (3217)
DekaBank Deutsche Girozentrale
2008 Ed. (436)
2007 Ed. (471)
2005 Ed. (530)
2004 Ed. (548)
Dekalb
1992 Ed. (3908)
1989 Ed. (1452)
DEKALB Genetics Corp.
2005 Ed. (1493)
1994 Ed. (3049)
Dekalb Plant Genetics
1994 Ed. (1196)
Dekka Resins Inc.
2008 Ed. (4132)
2007 Ed. (4109)
2005 Ed. (3859)
2004 Ed. (3914)
Dekker/Perich/Sabatini Ltd.
2008 Ed. (2522)
2007 Ed. (2406)
DeKnatel
1993 Ed. (2491)
DeKuyper
2006 Ed. (252)
2004 Ed. (3261, 3279)
2002 Ed. (291, 3085, 3131)
2001 Ed. (355, 3100, 3115)
2000 Ed. (2937)
1995 Ed. (2452)
1994 Ed. (2373)
1993 Ed. (2429, 2432)
1991 Ed. (2320)
1990 Ed. (2458)
DeKuyper Cordials
2004 Ed. (3266)
2003 Ed. (3218, 3224)
2002 Ed. (3093, 3095)
1999 Ed. (3194)
1997 Ed. (2642)
1996 Ed. (2501, 2505)
1992 Ed. (2872)
1991 Ed. (2313, 2332)
1990 Ed. (2445)
DeKuyper Line
1991 Ed. (2312)
1990 Ed. (2443, 2451, 2454)
DeKuyper Peachtree
1989 Ed. (1895)
Del Amo Dodge
1990 Ed. (341)
Del Amo Fashion Center
2003 Ed. (4407)
2000 Ed. (4030)
1999 Ed. (4310)
1995 Ed. (3377)
1994 Ed. (3300)
Del Atlantico
1990 Ed. (634)
Del Desarrollo
2001 Ed. (615)
2000 Ed. (490, 491, 493)
Del E. Webb
1989 Ed. (1001)
Del E. Webb Construction
1989 Ed. (1010)
Del E. Webb Memorial Hospital
1997 Ed. (2264)
Del Estado
2000 Ed. (490, 491, 492)
Del Estado de Chile
2008 Ed. (465)
1990 Ed. (521)
Del Frisco's
2001 Ed. (4060, 4061)
Del Frisco's/Sullivan's
2004 Ed. (4121)
Del Gr. Premium: High Yield
1992 Ed. (4375)
Del-Jen Inc.
2005 Ed. (1374)
2004 Ed. (1358)
Del Laboratories Inc.
2005 Ed. (2021)
2003 Ed. (1866, 2674, 3216, 3626)
2001 Ed. (1914)
2000 Ed. (3509)
1998 Ed. (2811)
1990 Ed. (3603)
Del Labs Inc.
2000 Ed. (2250)
1999 Ed. (3191)
1990 Ed. (1430, 1431)
Del Mar Fair
2003 Ed. (2417)
2002 Ed. (2215)
2000 Ed. (1888)
1995 Ed. (1733)
Del Maracaibo
1990 Ed. (712)
Del Monte
2008 Ed. (2741)
2007 Ed. (2612)
2006 Ed. (2713)
2000 Ed. (2215)
1999 Ed. (2457, 2458, 4366)
1998 Ed. (1714, 1716, 1717)
1996 Ed. (876)
1995 Ed. (698, 1343, 1345, 1348, 1892, 3151, 3400)
1994 Ed. (858, 1868)
1993 Ed. (740)
1992 Ed. (2961, 2963)
1990 Ed. (723)
Del Monte Canned Fruit
1999 Ed. (1027)
Del Monte Foods Co.
2005 Ed. (1674, 2634, 2645, 2651, 2652)
2004 Ed. (355, 2658, 2659)
2003 Ed. (862, 863, 2574, 3969, 4762, 4826)
1999 Ed. (4108)
1998 Ed. (2928)
Del Monte Foods International Ltd.
1995 Ed. (1012)
Del Monte Tropical Fruit Co.
1991 Ed. (1169)
Del-Nat
2006 Ed. (4745)
Del Norte Credit Union
2008 Ed. (2248)
2007 Ed. (2133)
2006 Ed. (2212)
2005 Ed. (2117)
2004 Ed. (1975)
2003 Ed. (1935)
2002 Ed. (1881)
Del Pacifico
1990 Ed. (540)
Del Pharmaceuticals Inc.
2003 Ed. (3788)
Del Pichincha
1990 Ed. (540)
del Piero; Alessandro
2007 Ed. (4464)
2006 Ed. (4397)
del Pino; Rafael
2008 Ed. (4874)
Del Progresso
2000 Ed. (641, 644, 645)
Del Rey
2005 Ed. (731)
2004 Ed. (750)
Del Rio, TX
2005 Ed. (3878)
Del Rivero Messianu DDB
2005 Ed. (105)
2004 Ed. (109)
2003 Ed. (81)
Del Sol
2000 Ed. (459, 460)
Del Taco
2008 Ed. (2659, 2660, 2669, 2680, 4162, 4186)
2007 Ed. (4151)
2006 Ed. (2554, 2562, 2570, 4123, 4128)
2005 Ed. (2555, 2565, 4171, 4172, 4174)
2004 Ed. (2585, 4121, 4139)
2003 Ed. (2456, 4223, 4224, 4226)
2002 Ed. (3333, 4023)
2000 Ed. (3123)
1999 Ed. (3396)
1998 Ed. (2486)
1997 Ed. (2777)
1996 Ed. (2627)
1995 Ed. (2566)
1994 Ed. (2506)
1993 Ed. (2558)
1992 Ed. (3707)
1991 Ed. (2448, 2449)
1990 Ed. (2569)
Del Trabajo
2000 Ed. (641, 644, 645)
1990 Ed. (521)
Del Tucuman
2000 Ed. (460)
Del Valle & Gordon
2003 Ed. (3187)
Del Vecchio; Leonardo
2008 Ed. (4869)
Del Webb
2005 Ed. (1210)
2003 Ed. (1142, 1192)
2002 Ed. (1196, 1205, 2656, 2657, 2661, 2665, 2667, 2668, 2669, 2673, 2674, 2691, 3918)
2001 Ed. (1391, 1392, 1394, 1406, 2803)
2000 Ed. (774, 1191, 1193, 1218, 1230)
1999 Ed. (1309, 1311, 1317, 1318, 1334)
1998 Ed. (876, 877, 879, 887, 888, 889, 890, 908, 915)
1997 Ed. (1119, 1123, 1124, 1128)
1996 Ed. (1099, 1107)
1993 Ed. (1096)
Del Webb Communities
1999 Ed. (1337)
Del Webb Home Finance/Mortgage
2006 Ed. (3561)
Del Webbb Corp.
2002 Ed. (3932)
Delacher + Co. Rail Transport Szallitmanyoazsi Kft.
2001 Ed. (3986)
Delaco Steel Corp.
1990 Ed. (2006)
Delacorte
2003 Ed. (726)
Delafield
2006 Ed. (4565)
2005 Ed. (4491)
2004 Ed. (3592)
Delafield Brewhaus LLC
2003 Ed. (1854)
Delafield Fund
2007 Ed. (3665)
2003 Ed. (3542, 3548, 3550)
1998 Ed. (2613)
Delagar
2000 Ed. (705)
Delameter, James D.
1992 Ed. (534, 1139)
Delancy Estates
2001 Ed. (1888)
Delaney; Ian
1997 Ed. (980)
Delaney; Malcolm J.
1992 Ed. (1140)
Delano Technology Corp.
2005 Ed. (1553, 1559)
2002 Ed. (2505, 2507, 2508)
Delavan, WI
1994 Ed. (969)
Delaware
2008 Ed. (343, 586, 1104, 1106, 2415, 2416, 2608, 3004, 3133, 3278, 3482, 3800, 4009, 4010, 4082, 4593)
2007 Ed. (1198, 1200, 1201, 2163, 2164, 3015, 3992, 3993, 4021, 4046, 4682, 4683)
2006 Ed. (1094, 1095, 1096, 2345, 2981, 3256, 3483, 3935, 3982, 4014, 4476, 4661, 4663)
2005 Ed. (388, 389, 390, 392, 393, 396, 397, 399, 400, 401, 412, 441, 444, 445, 1075, 1078, 1079, 1099, 1100, 1101, 2277, 2525, 2528, 2920, 2984, 3298, 3318, 3872, 4184, 4185, 4186, 4191, 4192, 4193, 4194, 4197, 4203, 4210, 4227, 4228, 4229, 4230, 4232, 4236, 4241, 4242, 4722, 4943, 4944)
2004 Ed. (369, 370, 371, 373, 374, 378, 379, 381, 383, 389, 394, 435, 438, 439, 768, 775, 1038, 1066, 1072, 1073, 1092, 1093, 1094, 1095, 1096, 1097, 2022, 2296, 2565, 2566, 2574, 2733, 2806, 2930, 2975, 2976, 2987, 2988, 3090, 3264, 3282, 3291, 3293, 3480, 3700, 3924, 3933, 4233, 4251, 4252, 4258, 4259, 4260, 4261, 4264, 4270, 4277, 4294, 4295, 4296, 4297, 4303, 4305, 4308, 4309, 4319, 4509, 4516, 4517, 4528, 4848, 4902, 4904, 4949, 4960, 4979)
2003 Ed. (390, 391, 392, 394, 395, 400, 403, 404, 405, 406, 409, 414, 441, 442, 443, 444, 758, 1033, 1064, 1081, 1082, 1083, 2128, 2606, 2613, 2839, 2885, 3222, 3235, 3237, 3652, 3896, 4210, 4233, 4234, 4238, 4239, 4240, 4241, 4242, 4245, 4257, 4286, 4287, 4288, 4289, 4295, 4299, 4300, 4309, 4868, 4913, 4945, 4957)
2002 Ed. (441, 447, 448, 449, 450, 451, 452, 454, 455, 456, 462, 492, 497, 770, 772, 1114, 1118, 1177, 1906, 2068, 2069, 2351, 2352, 2400, 2402, 2625, 2848, 2919,

2953, 2979, 3088, 3090, 3110, 3112, 3113, 3121, 3123, 3124, 3125, 3198, 3524, 3623, 4071, 4073, 4101, 4104, 4105, 4106, 4107, 4112, 4141, 4143, 4146, 4148, 4155, 4156, 4176, 4178, 4367, 4550, 4762, 4764, 4775, 4776, 4777, 4779, 4909, 4911, 4914, 4915, 4919, 4920, 4921)
2001 Ed. (361, 1015, 2576, 2598, 3123, 3736, 4145, 4166, 4174, 4253, 4409, 4411, 4412, 4413, 4414, 4710, 4718, 4719, 4795, 4837, 4839, 4862, 4864, 4865, 4867, 4869)
2000 Ed. (804, 2328, 2608, 2940, 2957, 2961, 2964, 3832, 3866, 4098, 4105, 4290, 4356, 4393, 4404, 4405, 4406)
1999 Ed. (799, 1848, 2588, 2834, 3222, 3225, 3595, 4122, 4151, 4402, 4406, 4407, 4409, 4412, 4421, 4424, 4433, 4447, 4463, 4536, 4727, 4765, 4781, 4783)
1998 Ed. (1831, 1977, 2041, 2367, 2383, 2416, 2419, 2420, 3106, 3167, 3384, 3395, 3464, 3466, 3684, 3717, 3735, 3737, 3755)
1997 Ed. (2138, 2647, 3147, 3364, 3388, 3568, 3577, 3584, 3601, 3602, 3621, 3786, 3851, 3882)
1996 Ed. (2016, 2091, 2507, 2508, 2509, 3174, 3265, 3291, 3514, 3516, 3537, 3544, 3557, 3561, 3562, 3578, 3799, 3832, 3854)
1995 Ed. (675, 1994, 2457, 2460, 3172, 3194, 3457, 3476, 3480, 3481, 3483, 3497, 3713)
1994 Ed. (1969, 2376, 2379, 3120, 3385, 3397, 3409, 3410, 3639)
1993 Ed. (315, 1945, 2441, 2442, 2443, 3395, 3407, 3419, 3420, 3436, 3677, 3718)
1992 Ed. (2586, 2873, 2876, 2879, 2880, 2918, 2919, 2924, 2931, 2945, 2946, 3152, 4080, 4081, 4099, 4107, 4111, 4112, 4127, 4129, 4405)
1991 Ed. (1651, 1812, 2321, 2349, 2352, 2354, 2360, 2364, 2365, 3179, 3181, 3183, 3184, 3186, 3194, 3199, 3200, 3203, 3204, 3207, 3347, 3459)
1990 Ed. (2219, 2411, 2447, 2492, 2494, 2495, 3345, 3346, 3353, 3356, 3357, 3358, 3359, 3364, 3366, 3377, 3390, 3394, 3412, 3417, 3423, 3425, 3428, 3429, 3507, 3677)
1989 Ed. (1508, 1649, 1650, 1888, 1906, 2542, 2549, 2551, 2557, 2559, 2563, 2616, 2619, 2848, 2893, 2935)
Delaware Aggressive Growth
2000 Ed. (3244, 3246)
Delaware Aggressive Growth A
1999 Ed. (3560)
Delaware American Services
2008 Ed. (2617)
2007 Ed. (2487)
2006 Ed. (3643)
Delaware Capital Formation Inc.
2006 Ed. (1672)
Delaware Capital Holdings Inc.
2006 Ed. (1672)
2005 Ed. (1751)
Delaware Charter
1999 Ed. (3065)
Delaware Corporate Bond
2008 Ed. (597)
Delaware County Authority, PA
1991 Ed. (2525)
Delaware County Daily and Sunday Times
1992 Ed. (3246)
Delaware County, IN
1998 Ed. (2082, 2083)
Delaware County Industrial Development Authority
2000 Ed. (3201)
Delaware County Industrial Development Authority, PA
1993 Ed. (2625)
Delaware County, PA
2007 Ed. (3337)
Delaware Credit Union
2008 Ed. (2224)
2007 Ed. (2109)
2006 Ed. (2172, 2188)
2005 Ed. (2093)
2004 Ed. (1951)
2003 Ed. (1911)
2002 Ed. (1854)
Delaware Decatur
1991 Ed. (2560)
Delaware Decatur Income A
1999 Ed. (3510)
Delaware Decatur Total Return
1999 Ed. (3510)
Delaware Decatur Total Return A
1997 Ed. (2900)
Delaware Delcap I
1990 Ed. (2379)
Delaware Delchester
2008 Ed. (583, 593, 596, 599)
2006 Ed. (628)
1995 Ed. (2688, 2715)
Delaware Department of Technology & Information
2007 Ed. (2564)
Delaware Dividend Income
2008 Ed. (2612)
Delaware Economic Development Agency
2001 Ed. (785)
Delaware Economic Development Authority
2000 Ed. (3201)
1999 Ed. (2844)
Delaware Extended Duration Bond
2003 Ed. (3119, 3123)
Delaware First Credit Union
2008 Ed. (2224)
2007 Ed. (2109)
2006 Ed. (2188)
2005 Ed. (2093)
Delaware Global Value
2008 Ed. (2623)
The Delaware Group
1999 Ed. (3110)
Delaware Group Decatur I
1990 Ed. (2368)
Delaware Group Decatur II
1993 Ed. (2690)
Delaware Group Delaware
1993 Ed. (2693)
Delaware Group-Delaware Fund Institution
1999 Ed. (3532)
Delaware Group Tax-Free-USA
1990 Ed. (2377)
Delaware Group Tax-Free USA Insured
1992 Ed. (4193)
Delaware Group Trend
1993 Ed. (2687)
1991 Ed. (2555)
1990 Ed. (2369)
Delaware Group Value
1992 Ed. (3189)
Delaware Health Facilities Agency
2001 Ed. (785)
Delaware Hi Yield-Delchester
1991 Ed. (2563)
Delaware High Delchester I
1993 Ed. (2666)
Delaware High Yield Opportunities
2008 Ed. (596)
Delaware High Yield Opportunity
2008 Ed. (599)
Delaware Housing Authority
1993 Ed. (2619)
Delaware Co. Industrial Development Authority, Pa
1990 Ed. (2876)
Delaware International
1999 Ed. (3069, 3073)
1995 Ed. (2371)
Delaware International Advisers
2000 Ed. (2807)
Delaware International Advisors
2000 Ed. (2803)
Delaware Investment
1992 Ed. (2737)
1991 Ed. (2215, 2225, 2233)
1990 Ed. (2327)
1989 Ed. (2135)
Delaware Investment Advisers
2005 Ed. (3213)
1991 Ed. (2229)
Delaware Investment Advisors
1994 Ed. (2307)
Delaware Investment & Retirement
1998 Ed. (2293, 2304)
Delaware Investments
2007 Ed. (3251)
2000 Ed. (2860)
Delaware Management
2008 Ed. (3765)
2007 Ed. (648)
2006 Ed. (611, 3671)
2005 Ed. (691, 3548)
2004 Ed. (3637)
2003 Ed. (3487)
1998 Ed. (2310, 2592)
1993 Ed. (2295)
1990 Ed. (2322)
Delaware National Bank
1996 Ed. (544)
Delaware National Hi-Yield
2000 Ed. (3285)
Delaware National High Yield A
2000 Ed. (768, 769)
Delaware North Co.
2003 Ed. (2804)
2000 Ed. (2235)
Delaware North Companies
2004 Ed. (2665)
2001 Ed. (2484)
Delaware Pooled International Equity
1998 Ed. (2634)
Delaware Pooled Labor Select International Equity
2000 Ed. (3293)
Delaware Pooled Real Estate
1998 Ed. (2648)
Delaware Pooled Tr-High Yield Bond
1999 Ed. (3538)
Delaware River
1993 Ed. (3690)
Delaware River Port Authority
2001 Ed. (874)
Delaware River Port Authority (NJ)
1991 Ed. (2755)
Delaware Select Growth
2004 Ed. (3597, 3598)
2002 Ed. (3421)
Delaware Social Awareness
2004 Ed. (4443)
Delaware State Police Credit Union
2008 Ed. (2224)
2007 Ed. (2109)
2006 Ed. (2188)
2005 Ed. (2093)
2004 Ed. (1951)
2003 Ed. (1911)
2002 Ed. (1854)
Delaware State University
2005 Ed. (2273)
Delaware Tax-Free U.S.A.
1995 Ed. (2689)
Delaware Treasury Reserves-Investor
1990 Ed. (2375)
Delaware Trend
2006 Ed. (3645)
2004 Ed. (3576)
1995 Ed. (2733)
1994 Ed. (2602)
Delaware Trust Co.
1997 Ed. (449)
1996 Ed. (485)
1994 Ed. (465)
1992 Ed. (649)
Delaware Trust Co (Wilmington)
1991 Ed. (496)
Delaware; University of
1997 Ed. (1065)
1996 Ed. (948)
1995 Ed. (971)
1992 Ed. (3265)
Delaware Valley Cable Co-op
1992 Ed. (1023)
Delaware Valley HMO Inc.
1997 Ed. (2199)
1992 Ed. (2393)
1991 Ed. (1896)
1990 Ed. (2000)
1989 Ed. (1587)
Delaware Valley Wholesale Florists, Inc.
2000 Ed. (2345)
1999 Ed. (2602)
1998 Ed. (1843)
Delaware Value
1990 Ed. (2370)
Delaware-Voyageur National High Yield A
1999 Ed. (756)
Delay; Rep. Ton
2007 Ed. (2706)
Delbert C. Staley
1991 Ed. (928)
Delbert McClinton
1995 Ed. (1120)
Delby Services Ltd.
1993 Ed. (968)
Delcan Corp.
2005 Ed. (2427)
Delchester High Yield
1990 Ed. (2388)
Delco Electronics Corp.
1999 Ed. (353)
1998 Ed. (244)
1997 Ed. (3494)
1996 Ed. (331, 342)
Delco Remy America
2005 Ed. (325)
2004 Ed. (321, 322)
Delco Remy International Inc.
2002 Ed. (1397)
Delcor Homes
2004 Ed. (1166)
2003 Ed. (1160)
Delek, The Israel Fuel Corp.
1992 Ed. (4197)
1991 Ed. (3275)
DeLeon; J. Russell
2007 Ed. (4899)
d'Elepot Conversions
1995 Ed. (3686)
Delfield
1990 Ed. (2977)
Delfos Publicidad
2001 Ed. (142)
1999 Ed. (97)
1997 Ed. (95)
Delfos Publicidad (Y & R)
2000 Ed. (102)
Delfos/Y & R Honduras
2003 Ed. (82)
2002 Ed. (115)
Delft University of Technology Design Institute
2008 Ed. (802)
Delgado; Carlos
2006 Ed. (291)
Delgado Lozano Martin Armando
2004 Ed. (1794)
2002 Ed. (1725)
Delhaiaze
1992 Ed. (1578)
Delhaize
2000 Ed. (789)
1999 Ed. (772, 1587, 1589)
1998 Ed. (3085)
1997 Ed. (701, 1365)
1995 Ed. (1361)
1994 Ed. (737, 738)
1993 Ed. (729, 730, 1283)
1992 Ed. (914)
1991 Ed. (730)
Delhaize America Inc.
2008 Ed. (1991, 3612, 4560, 4561, 4568, 4569, 4570, 4571, 4572)
2007 Ed. (1925, 4611, 4612, 4623, 4624, 4625, 4626, 4628)
2006 Ed. (1941, 1942, 4626, 4627, 4628, 4634, 4635, 4636, 4637, 4638, 4639)
2005 Ed. (1912, 1913, 4547, 4548, 4549, 4557, 4563)
2004 Ed. (2964, 4620, 4627, 4629, 4635)
2003 Ed. (1794, 4634, 4635, 4640, 4650, 4651, 4653, 4655, 4657, 4658, 4659, 4660, 4661, 4664)

2002 Ed. (4043, 4524, 4530, 4531)
2001 Ed. (4416, 4417, 4419)
Delhaize Freres Et Cie-Le Lion Sa
2000 Ed. (1393)
Delhaize Freres-Le Lion
1991 Ed. (1258)
Delhaize Group
2008 Ed. (1575, 1577, 4574)
2007 Ed. (1597, 1598, 1599, 1600, 2241, 4631, 4632)
2006 Ed. (1562, 1564, 1565)
Delhaize Le Lion
1997 Ed. (1366)
1996 Ed. (764, 1299, 1301)
1994 Ed. (1328, 1329, 1330)
1992 Ed. (4177)
1991 Ed. (1259)
1989 Ed. (24)
Delhaize Le Lion Group
2000 Ed. (1394)
1995 Ed. (1359)
Delhaize ''Le Lion'' SA
2008 Ed. (1576)
2002 Ed. (760, 1597)
2001 Ed. (1640)
Delhaize Sa Freres et Compagnie
1993 Ed. (1284)
Delhaize S.A. Freres Et Compagnie ''Le Lion''
1989 Ed. (1095)
Delhi
1997 Ed. (2960)
Delhi, India
1995 Ed. (991)
Deli
2003 Ed. (4643)
2000 Ed. (3620, 4144, 4151)
1995 Ed. (3530)
1994 Ed. (3463)
Deli-Cat
1999 Ed. (3784)
1997 Ed. (3076)
1996 Ed. (2997)
Deli/pizza/bagel/coffee shop
1999 Ed. (2485)
Deli products
1998 Ed. (1743, 1745)
Deli/soup/salad
2002 Ed. (4724)
Delia Associates
1992 Ed. (3572)
1989 Ed. (2258)
Delia Femina, McNamee/EWDB
1991 Ed. (67)
Delia Femina, McNamee WCRS
1991 Ed. (130, 135, 3317)
Delia Moog
2005 Ed. (4871)
delial
2001 Ed. (4396)
Delia's Inc.
2008 Ed. (997)
2003 Ed. (2186)
delias.com
2001 Ed. (2975, 2983)
Delicados
1997 Ed. (994)
Delicato
2000 Ed. (4416)
1999 Ed. (4792)
Delicato Vineyards
2000 Ed. (4396)
1999 Ed. (4772)
1998 Ed. (1773, 1774, 3722)
1994 Ed. (3664)
1993 Ed. (3705)
1991 Ed. (3491)
Delicato Wine
1995 Ed. (3758)
Delicato Wines
1996 Ed. (3858)
del.icio.us
2007 Ed. (3058)
1996 Ed. (1174)
1995 Ed. (1208)
Delimex
1999 Ed. (3293)
Delis
1998 Ed. (1744)
Deliver Us from Eva
2005 Ed. (3518)
Delivery damage
1995 Ed. (1956)
Delivery time
1995 Ed. (857)
Dell Inc.
2008 Ed. (104, 139, 186, 627, 638, 639, 830, 866, 1111, 1115, 1117, 1119, 1129, 1159, 1347, 1362, 1363, 1471, 1526, 2111, 2115, 2395, 2449, 2452, 2475, 2981, 2982, 3014, 3143, 3144, 3196, 3540, 3688, 4228, 4229, 4234, 4262, 4523)
2007 Ed. (668, 680, 715, 721, 736, 889, 1204, 1208, 1210, 1213, 1214, 1215, 1229, 1263, 1264, 1400, 1402, 1405, 1407, 1411, 1415, 1447, 1448, 1477, 1542, 1551, 1812, 1815, 1923, 2014, 2017, 2171, 2326, 2347, 2799, 2862, 2863, 2893, 3026, 3070, 3071, 3410, 3524, 3690, 3692, 3823, 3825, 4191, 4192, 4197, 4199, 4563, 4588, 4703)
2006 Ed. (168, 643, 692, 772, 800, 1101, 1103, 1104, 1105, 1106, 1108, 1110, 1111, 1121, 1148, 1151, 1361, 1363, 1364, 1368, 1369, 1373, 1377, 1457, 1467, 1469, 1470, 1498, 1499, 1523, 1805, 2044, 2047, 2247, 2326, 2374, 2385, 2400, 2869, 2871, 2992, 3033, 3038, 3039, 3041, 3357, 3491, 3688, 3695, 4174, 4177, 4583, 4595, 4647)
2005 Ed. (76, 152, 731, 793, 836, 880, 1106, 1109, 1110, 1111, 1112, 1113, 1114, 1115, 1116, 1118, 1121, 1125, 1126, 1158, 1159, 1352, 1359, 1361, 1379, 1380, 1381, 1384, 1578, 1615, 1634, 1793, 1808, 1810, 1818, 1973, 1978, 2329, 2355, 2357, 2542, 2864, 2998, 3025, 3034, 3035, 3036, 3038, 3182, 3371, 3987)
2004 Ed. (750, 760, 764, 1135)
2003 Ed. (728, 1125, 3796, 4686)
2002 Ed. (1136, 2995)
2001 Ed. (1347, 3296)
2000 Ed. (1162, 3129, 3846)
1999 Ed. (1258, 3404, 4484, 4485)
1997 Ed. (2782, 2783)
1995 Ed. (1092, 2569)
1992 Ed. (1317)
1991 Ed. (2075)
Dell Americas Desktop Operations
2003 Ed. (3308, 3309)
Dell Canada Inc.
2008 Ed. (1639)
2007 Ed. (1631)
Dell Computer Corp.
2008 Ed. (1372)
2007 Ed. (132, 199, 913, 4280)
2006 Ed. (139, 193, 826)
2005 Ed. (908)
2004 Ed. (154, 894, 1102, 1105, 1106, 1110, 1111, 1114, 1116, 1118, 1119, 1134, 1136, 1344, 1363, 1569, 1581, 1582, 1609, 1870, 2256, 2262, 2857, 3001, 3016, 3020, 3021, 3022, 3024, 3160, 3662, 4498, 4568, 4582)
2003 Ed. (192, 194, 818, 870, 1087, 1089, 1090, 1092, 1094, 1095, 1099, 1100, 1101, 1124, 1344, 1355, 1361, 1524, 1559, 1560, 1581, 1583, 1836, 2163, 2184, 2187, 2251, 2252, 2767, 2895, 2926, 2943, 2944, 2947, 2948, 2950, 3052, 3302, 3673, 4566)
2002 Ed. (37, 946, 1133, 1134, 1135, 1137, 1139, 1140, 1141, 1528, 1529, 1546, 1562, 1570, 1681, 1770, 1782, 2076, 2100, 2109, 2809, 2810, 2990, 3248, 3249, 3334, 3335, 3336, 3337, 3338, 3339, 3484, 3485, 4876, 4993)
2001 Ed. (1071, 1134, 1135, 1344, 1348, 1349, 1350, 1574, 1595, 1603, 1684, 1750, 2169, 2170, 2172, 2196, 2860, 2868, 2872, 3187, 3202, 3203, 3208, 4153, 4195, 4213, 4449)
2000 Ed. (940, 953, 993, 995, 1160, 1161, 1164, 1166, 1331, 1332, 1333, 1334, 1471, 1479, 1572, 1740, 2394, 2396, 2643, 2644, 3022, 3023, 3024, 3030, 3367, 3368, 3370, 3388, 3389, 3390, 4125, 4127, 4378)
1999 Ed. (987, 993, 1043, 1044, 1261, 1263, 1264, 1265, 1267, 1283, 1476, 1477, 1480, 1481, 1483, 1484, 1485, 1491, 1495, 1496, 1498, 1542, 1658, 1664, 1863, 1963, 2874, 3287, 3288, 3290, 3405, 3641, 3644, 3671, 3672, 3673, 3856, 4387, 4750)
1998 Ed. (570, 651, 653, 821, 823, 827, 830, 832, 833, 1043, 1046, 1048, 1050, 1058, 1062, 1063, 1065, 1286, 2425, 2426, 2427, 2492, 2493, 2700, 2703, 2884, 3408, 3409)
1997 Ed. (30, 913, 914, 1079, 1080, 1084, 2205, 2697, 2698, 2699)
1996 Ed. (886, 1063, 1065, 1067, 1070, 1245, 1388, 1540, 2247, 2632, 2633, 2635, 2636, 2639)
1995 Ed. (20, 911, 1088, 1283, 2257, 2573, 2574, 2575)
1994 Ed. (1078, 1082, 1084, 1250, 1265, 2186, 2511, 2512, 2514, 2515)
1993 Ed. (856, 1055, 1056, 1222, 2166)
1992 Ed. (234, 1298)
1991 Ed. (2454)
1990 Ed. (2579)
Dell Computer Products Europe Ltd.
2008 Ed. (1858)
Dell Computers
2000 Ed. (1377)
Dell Construction Co., Inc.
2008 Ed. (4990)
Dell Dimension
2005 Ed. (4655)
The Dell Group
1999 Ed. (1352)
Dell Marketing
2007 Ed. (1406)
Dell; Michael
2008 Ed. (957, 4835)
2007 Ed. (4906, 4908)
2006 Ed. (689, 1450, 3262, 3898, 3931, 4911, 4912, 4915)
2005 Ed. (788, 971, 2323, 4858, 4859, 4860)
1995 Ed. (1717)
Dell; Michael & Susan
2007 Ed. (3949)
2005 Ed. (3832)
Dell Products LP
2006 Ed. (3318)
2003 Ed. (1835)
2001 Ed. (1877)
Dell; Susan
2006 Ed. (3898)
Della Femina/Jeary & Partners
2000 Ed. (3474)
Della Femina/Jerry & Partners
2000 Ed. (41)
Della Femina, McNamee
1993 Ed. (66)
1992 Ed. (109, 112, 190, 220)
Della Femina, McNamee WCRS
1990 Ed. (66, 131)
Della Femina Rothschild Jeary & Partners
2003 Ed. (165)
Della Notte
1996 Ed. (2500)
Dell.com
2008 Ed. (2443)
2006 Ed. (2379)
2001 Ed. (2978, 2984)
Dellinger; Robert
2006 Ed. (995)
Dellovade Inc.; A. C.
1995 Ed. (1164)
1994 Ed. (1148)
1993 Ed. (1127)
1992 Ed. (1414)
1991 Ed. (1081)
1990 Ed. (1205)
Delloyd Ventures
2007 Ed. (1864)
Delly; Gayla
2007 Ed. (1055)
2006 Ed. (959)
Delmarva Power & Light Co.
2008 Ed. (1702)
1999 Ed. (1950)
1998 Ed. (1389)
1997 Ed. (1696)
1996 Ed. (1616, 1617)
1995 Ed. (1640)
1994 Ed. (1597)
1992 Ed. (1901)
1991 Ed. (1499, 1500)
1990 Ed. (1602, 1603)
1989 Ed. (1299)
Delmarva Systems Corp.
2000 Ed. (3922)
1999 Ed. (4204)
Delmas; Gladys Krieble
1995 Ed. (937, 1069)
Delnor-Community Health System
2008 Ed. (1796)
Delo Revije
2008 Ed. (83)
Deloitte
2008 Ed. (1042, 1044)
2007 Ed. (3, 2021, 4017)
2005 Ed. (2367, 2369)
Deloitte & Touche
2008 Ed. (2487, 4946)
2007 Ed. (1750, 2894, 4979)
2006 Ed. (19)
2000 Ed. (1, 2, 3, 6, 8, 9, 10, 11, 12, 15, 16, 18, 901, 904, 1778, 3826)
1999 Ed. (1, 2, 4, 5, 6, 7, 9, 10, 12, 13, 15, 18, 19, 21, 22, 26, 281, 959, 960, 1997, 1999, 2000, 2726, 2727, 4113)
1998 Ed. (2, 3, 4, 5, 6, 7, 8, 9, 11, 14, 15, 17, 541, 542, 543, 546)
1997 Ed. (18, 21, 22, 24, 26, 27, 845, 1715)
1996 Ed. (4, 5, 8, 9, 10, 14, 15, 18, 20, 21, 23, 835, 836, 1114, 3258)
1995 Ed. (4, 5, 6, 7, 8, 9, 11, 12, 13, 854, 1142, 3163)
1994 Ed. (1, 2, 4, 5, 6, 7, 3115)
1993 Ed. (1, 2, 3, 4, 7, 8, 11, 12, 15, 1103, 1104, 3052)
1992 Ed. (2, 3, 7, 8, 9, 10, 17, 18, 19, 21, 22, 995, 996, 1377, 3743)
1991 Ed. (2, 3, 6, 7, 2899)
Deloitte & Touche Consulting Group
2002 Ed. (1218)
2000 Ed. (902)
1997 Ed. (847)
Deloitte & Touche Human Capital Advisory Services
2004 Ed. (2267, 2268)
2002 Ed. (2111, 2113)
2001 Ed. (2221, 2222)
2000 Ed. (1774, 1777)
Deloitte & Touche LLP
2008 Ed. (1, 4, 1053, 1583, 1777, 1778, 2484, 2921)
2007 Ed. (1, 6, 1160)
2006 Ed. (1, 2, 6, 7, 9, 10, 1068, 1934)
2005 Ed. (1, 5, 1060, 2367, 2369)
2004 Ed. (2, 8, 9)
2003 Ed. (1, 3, 2324)
2002 Ed. (1, 3, 7, 9, 10, 11, 17, 25, 865, 1216, 4064, 4881)
2001 Ed. (3, 1069, 4123)
1997 Ed. (4, 5, 23, 3360)
Deloitte & Touche Risk Management Consulting Services
1998 Ed. (3102)
Deloitte & Touche Tohmatsu
2000 Ed. (4, 7)
Deloitte & Touche (U.K.)
2001 Ed. (1537, 4179)
Deloitte & Touche US LLP
2005 Ed. (4742)

Deloitte & Touche USA LLP
2008 Ed. (1054, 1351, 1796, 1973, 3016)
2007 Ed. (1161, 2449)
2006 Ed. (2418, 4792)
Deloitte & Touche Valuation
1998 Ed. (181)
1997 Ed. (259)
Deloitte & Touches USA LLP
2007 Ed. (5)
Deloitte Consulting
2008 Ed. (4799)
2006 Ed. (2774, 3760)
2002 Ed. (866)
2001 Ed. (1052, 1442, 1443, 1449, 1450)
Deloitte Consulting Group
2002 Ed. (1216)
Deloitte Consulting LLP
2006 Ed. (4204)
Deloitte, Haskins & Sells
1997 Ed. (11)
1991 Ed. (4, 5)
1990 Ed. (1, 2, 3, 4, 6, 7, 9, 10, 11, 12, 855, 3703)
1989 Ed. (5, 8, 9, 10, 11, 12)
Deloitte Samson
1990 Ed. (5)
1989 Ed. (6, 7)
Deloitte Touche Tohmatsu
2008 Ed. (13, 14, 15, 276, 277, 1489, 4044)
2007 Ed. (1495)
2006 Ed. (5, 3978)
2005 Ed. (3, 3905)
2004 Ed. (5, 7, 3961)
2003 Ed. (3951)
2002 Ed. (5, 6, 1066, 2807, 3784)
2001 Ed. (1246)
2000 Ed. (5)
Deloitte Touche Tohmatsu Consulting
2003 Ed. (2929)
Deloitte Touche Tohmatsu International
1999 Ed. (3, 8, 11)
1998 Ed. (10, 545)
1997 Ed. (6, 7, 12, 17, 20)
1996 Ed. (6, 7, 11, 12, 19)
Delong
1993 Ed. (3375)
1992 Ed. (4055)
1991 Ed. (3174)
DeLonghi
2002 Ed. (2466)
2000 Ed. (2441)
1999 Ed. (2658)
1998 Ed. (1921)
1994 Ed. (2043)
1993 Ed. (2026)
1992 Ed. (2394)
Del'Orme Chevrolet
1991 Ed. (306)
1990 Ed. (339)
Deloro Stellite Holdings Corp.
1999 Ed. (3293)
Delph
2001 Ed. (4396)
Delphi Corp.
2008 Ed. (292, 314, 1443, 1445, 1446, 1449, 1450, 1508, 1531, 1739, 1740, 1811, 1817, 1835, 1838, 1839, 1843, 1929, 1930, 3009, 3217, 4046, 4047, 4534, 4753, 4754, 4756)
2007 Ed. (302, 303, 307, 325, 326, 365, 1457, 1524, 1710, 1711, 1798, 1799, 1802, 1803, 1805, 1880, 1881, 2887, 3076, 4019, 4020, 4583, 4645, 4827, 4828, 4831)
2006 Ed. (305, 306, 308, 310, 312, 330, 332, 335, 336, 338, 342, 1881, 1882, 2548, 3043, 4069, 4815, 4816, 4819)
2005 Ed. (285, 289, 292, 310, 312, 313, 316, 318, 322, 324, 328, 1756, 1867, 1868, 3040, 3397, 3692, 4764, 4765, 4768)
2004 Ed. (281, 284, 314, 317, 320, 323, 325, 1699, 1797, 1798, 3027, 4776, 4792)
2003 Ed. (3303)
1999 Ed. (280)
1998 Ed. (3417)
1997 Ed. (2963)
1992 Ed. (4216)
Delphi Automotive Systems Corp.
2004 Ed. (305, 312, 318, 1559, 3773, 4794)
2003 Ed. (315, 316, 332, 337, 338, 340, 344, 1760, 1761, 3748, 4806, 4807, 4810)
2002 Ed. (397, 399, 405, 1221, 1408, 3401, 4668)
2001 Ed. (393, 475, 498, 499, 528, 529, 537, 1045, 1790, 2236, 2377, 4188, 4617)
2000 Ed. (357)
1999 Ed. (350, 353, 361)
1998 Ed. (244)
1996 Ed. (331)
Delphi Automotive Systems LLC
2007 Ed. (1879)
2006 Ed. (1880)
Delphi Automotive Systems USA LLC
2008 Ed. (1928)
Delphi Chassis Systems
1997 Ed. (704)
Delphi Connection Systems
2005 Ed. (2279)
Delphi Delco Electronics Systems
2004 Ed. (1734)
2000 Ed. (2619)
Delphi Energy & Engine Management Systems
2000 Ed. (2619)
Delphi Financial Group Inc.
2008 Ed. (3249)
Delphi, General Videotext Corp.
1991 Ed. (3450)
Delphi Insurance
2002 Ed. (1727)
Delphi Interior & Lighting
1996 Ed. (352)
Delphi Mechatronic Systems Inc.
2006 Ed. (1880)
2005 Ed. (1866)
2004 Ed. (1796)
Delphi Packard Electric
1998 Ed. (1537)
Delphi Value Return
2004 Ed. (3535)
Delphis Bank
2004 Ed. (570)
2003 Ed. (556)
2002 Ed. (599, 620)
2000 Ed. (606)
1999 Ed. (568)
Delray Beach, FL
1992 Ed. (3036)
Delray Lincoln Mercury
2008 Ed. (311)
2005 Ed. (320)
2004 Ed. (319)
Delray Mazda
1995 Ed. (275)
1992 Ed. (390)
Delray Medical Center
2006 Ed. (2917)
Delray Toyota
1996 Ed. (290)
1995 Ed. (287, 296)
1994 Ed. (286, 290)
1993 Ed. (287)
1992 Ed. (402)
1991 Ed. (297)
Delsener Enterprises; Ron
1994 Ed. (2942)
1993 Ed. (2924)
1992 Ed. (3553)
1991 Ed. (2771)
1990 Ed. (2908)
Delsener-Slater Enterprises
2000 Ed. (3621)
1999 Ed. (3905)
1998 Ed. (2931)
1997 Ed. (3179)
1996 Ed. (3101)
1995 Ed. (3000)
Delson Business Systems
1991 Ed. (2639)
Delsym
2008 Ed. (1038)
2004 Ed. (1055)
2003 Ed. (1051)
2002 Ed. (1095)
1996 Ed. (1027)
1993 Ed. (1010)
1992 Ed. (1246, 1259)
1991 Ed. (1366, 1367)
Delta
2007 Ed. (956)
2006 Ed. (867, 4999)
2002 Ed. (259, 4996, 4997)
2001 Ed. (295, 1605)
2000 Ed. (2550, 4445, 4446)
1997 Ed. (3929, 3930)
1994 Ed. (175)
1993 Ed. (253, 254)
1992 Ed. (280, 291)
1990 Ed. (206, 207, 208, 209, 226)
1989 Ed. (240)
Delta Air Lines Inc.
2008 Ed. (208, 209, 212, 213, 217, 219, 221, 225, 226, 227, 235, 352, 1443, 1444, 1445, 1446, 1450, 1463, 1508, 1764, 1765, 1766, 1811, 1835, 1837, 1838, 1840, 1843, 2305, 2308, 2321, 3007, 4534)
2007 Ed. (156, 221, 222, 229, 230, 231, 238, 240, 241, 242, 246, 247, 248, 364, 365, 1469, 1524, 1736, 1737, 1738, 1780, 1798, 1799, 1801, 1802, 1803, 1804, 1805, 2176, 2184, 2186, 2885, 3790, 4582, 4583, 4584, 4832)
2006 Ed. (213, 214, 215, 216, 220, 221, 222, 223, 224, 239, 240, 244, 245, 246, 248, 1729, 1731, 1791, 1792, 1794, 1795, 1798, 4466, 4467, 4469, 4472, 4812)
2005 Ed. (199, 200, 201, 202, 203, 206, 209, 210, 211, 212, 220, 223, 224, 228, 229, 230, 1778, 1780, 4470, 4759)
2004 Ed. (196, 197, 198, 199, 200, 203, 204, 206, 207, 208, 211, 212, 213, 214, 215, 216, 220, 221, 222, 1721, 1723, 4494, 4495, 4788)
2003 Ed. (239, 240, 242, 243, 244, 246, 247, 248, 250, 251, 252, 253, 1667, 1683, 1684, 1685, 4796, 4801, 4811)
2002 Ed. (257, 258, 260, 261, 262, 263, 264, 265, 266, 267, 268, 269, 271, 272, 1552, 1660, 1916, 3604, 3608, 4665)
2001 Ed. (271, 292, 293, 294, 296, 297, 298, 299, 300, 311, 315, 318, 321, 322, 323, 324, 325, 327, 328, 329, 330, 334, 335, 337, 338, 1680, 1712, 1713, 3669, 3673, 3830, 4616, 4620)
2000 Ed. (236, 258, 1437, 1475, 3436, 3440, 3441, 4292, 4381)
1999 Ed. (214, 215, 216, 218, 219, 220, 221, 222, 223, 224, 225, 226, 228, 229, 231, 232, 236, 237, 238, 240, 241, 242, 243, 244, 245, 363, 1479, 1493, 1599, 1634, 4652, 4657, 4829)
1998 Ed. (112, 114, 124, 125, 126, 127, 128, 129, 130, 131, 132, 133, 134, 135, 136, 137, 138, 140, 141, 142, 248, 249, 250, 818, 925, 1142, 3614)
1997 Ed. (189, 190, 194, 195, 196, 197, 198, 199, 200, 201, 202, 203, 206, 209, 210, 211, 212, 213, 215, 216, 217, 218, 1412)
1994 Ed. (20, 154, 155, 158, 162, 164, 165, 166, 167, 168, 169, 172, 173, 174, 177, 181, 182, 183, 185, 190, 1308, 2985, 3250, 3567, 3569)
1993 Ed. (150, 169, 170, 177, 181, 183, 185, 186, 187, 188, 189, 190, 191, 193, 194, 195, 196, 197, 199, 200, 202, 1106, 2175, 3256, 3610, 3612)
1992 Ed. (54, 262, 265, 266, 270, 271, 272, 273, 274, 276, 277, 278, 279, 281, 283, 284, 285, 287, 288, 289, 297, 298, 299, 300, 301, 302, 303, 1379, 3596, 4334, 4336, 4340)
1991 Ed. (196, 197, 198, 199, 200, 201, 203, 204, 206, 207, 208, 209, 825, 2793, 3318, 3413, 3415, 3418)
1990 Ed. (212, 213, 214, 217, 223, 224, 225, 238, 242, 1894, 2936, 3541, 3637, 3638, 3647)
1989 Ed. (231, 232, 233, 234, 235, 236, 238, 2463, 2867, 2868)
Delta Airlines
2008 Ed. (211)
2007 Ed. (226)
2006 Ed. (218)
2005 Ed. (208)
2004 Ed. (205)
2003 Ed. (245)
2000 Ed. (229, 233, 237, 238, 239, 240, 241, 242, 243, 244, 245, 246, 247, 248, 249, 250, 252, 253, 259, 261, 262, 263, 264, 265, 266, 267, 268)
1999 Ed. (4830)
1996 Ed. (173, 174, 175, 180, 181, 182, 183, 184, 185, 186, 189, 190, 191, 355, 1115, 1350, 3738)
1995 Ed. (172, 173, 174, 175, 176, 178, 179, 182, 184, 185, 187, 188, 189, 192, 2867, 3297, 3329, 3653, 3662)
1994 Ed. (153)
1992 Ed. (295)
Delta & Pine Land Co.
2008 Ed. (2272)
2007 Ed. (2157, 2157)
2006 Ed. (2236)
2005 Ed. (181, 182, 2141)
2004 Ed. (181, 182)
Delta Asset
1993 Ed. (2317, 2321)
Delta Banka
2006 Ed. (519)
2005 Ed. (605)
Delta Beverage Group
2000 Ed. (786, 4082)
Delta Business Systems
1998 Ed. (2704)
Delta Catalytic
1991 Ed. (1554)
Delta Community Credit Union
2008 Ed. (2226)
2007 Ed. (2111)
The Delta Cos.
2008 Ed. (2107)
Delta Dairies
2007 Ed. (40)
2006 Ed. (49)
Delta Dairy
2008 Ed. (44)
1997 Ed. (276)
1994 Ed. (242)
Delta Dairy SA
1996 Ed. (247)
Delta Dental Insurance Co.
1999 Ed. (1831)
Delta Dental of Massachusetts
1989 Ed. (1146)
Delta Dental of Oklahoma
2008 Ed. (2008)
Delta Dental Plan of California
1999 Ed. (1832)
Delta Dental Plan of Illinois
2001 Ed. (2687)
Delta Dental Plan of Michigan
2001 Ed. (2680)
2000 Ed. (2423, 2434)
1999 Ed. (2644)
The Delta Discovery
2006 Ed. (4339)
Delta Diversified Enterprises Inc.
2008 Ed. (1181)
2007 Ed. (1281)
2006 Ed. (1175)
Delta Electronics
2000 Ed. (3875)
Delta Employees Credit Union
2006 Ed. (2190)
2005 Ed. (2095)
2004 Ed. (1953)
2003 Ed. (1913)
2002 Ed. (1859)
Delta Energy LLC
2008 Ed. (3690, 3726, 4977, 4986)

Delta Engineering Holdings Ltd.
1996 Ed. (1332)
Delta Financial Corp.
2000 Ed. (2407, 3323)
Delta Galil Industries Ltd.
2004 Ed. (4716)
Delta Holding SA
2005 Ed. (1782)
Delta Holdings
2007 Ed. (1746)
Delta Hotels Ltd.
2007 Ed. (2952, 4158)
Delta Industrial Services Inc.
2006 Ed. (4339)
Delta International Bank
1999 Ed. (453)
Delta Life & Annuity
1998 Ed. (172)
Delta Lloyds of Houston Texas
1993 Ed. (2237)
Delta News Journal & Press Merit
2002 Ed. (3500)
Delta of Venus
1998 Ed. (3676)
Delta Petroleum Corp.
2008 Ed. (1682, 2853)
2007 Ed. (2723, 3839, 3866)
2006 Ed. (1645, 1653)
2003 Ed. (1653)
Delta Plastics
1998 Ed. (2873)
Delta plc
2002 Ed. (3307)
Delta Printing Solutions Inc.
2006 Ed. (3964)
The Delta Queen
2005 Ed. (4042)
Delta Shoe Group Inc.
1993 Ed. (2040)
Delta Shuttle
2002 Ed. (272)
2000 Ed. (268)
1999 Ed. (245)
1998 Ed. (141)
1997 Ed. (218)
1996 Ed. (191)
1995 Ed. (192)
1994 Ed. (185)
Delta Sonic
2005 Ed. (350)
Delta Sonic Car Wash
1999 Ed. (1035)
Delta Tooling Co.
2004 Ed. (3913)
Delta Woodside
1991 Ed. (3349, 3350)
Delta Woodside Industries Inc.
2005 Ed. (4679, 4680)
2004 Ed. (4707, 4708)
1999 Ed. (4590)
1998 Ed. (3520)
1997 Ed. (3735)
1995 Ed. (1487, 3597, 3599, 3600, 3601, 3602)
1994 Ed. (1447, 3514, 3515, 3516, 3518)
1993 Ed. (1216, 1398, 3552, 3553, 3555)
1992 Ed. (4274, 4275, 4276, 4277)
1991 Ed. (3348, 3354)
1990 Ed. (1328, 3566)
Delta Woodside International
1996 Ed. (3679)
Deltec Banking Corp. Ltd.
1992 Ed. (612)
1991 Ed. (456)
Deltek Systems
1999 Ed. (2619, 4326)
Deltic Timber Corp.
2008 Ed. (2764, 2765)
2007 Ed. (2639, 2640)
Deltona-Daytona Beach-Ormond Beach, FL
2008 Ed. (3459)
2007 Ed. (2374)
DeLuca Enterprises Inc.
2000 Ed. (1229)
Deluca Homes
2002 Ed. (1204)
Deluxe Corp.
2008 Ed. (4026, 4028)
2007 Ed. (4008, 4009)
2006 Ed. (2298, 3959, 3968, 3969, 4294, 4726)
2005 Ed. (1083, 3892, 3893, 3894, 3899)
2004 Ed. (3731, 3934, 3935, 3936, 3942, 4487)
2003 Ed. (3671, 3672, 3674, 3930, 3934, 3935, 4536, 4537, 4546)
2002 Ed. (1626, 3764, 4352, 4364)
2001 Ed. (3565, 3566, 3902)
2000 Ed. (3613)
1999 Ed. (3891)
1998 Ed. (2701, 2920, 2923)
1997 Ed. (3167, 3170)
1996 Ed. (2861, 2862)
1995 Ed. (1459, 2805, 2806)
1994 Ed. (1422, 2691, 2692, 2693, 2932)
1993 Ed. (1369, 2740, 2741, 2918, 2919, 2920)
1992 Ed. (3284, 3285, 3286, 3536, 3537, 3538)
1991 Ed. (2766, 2767)
1990 Ed. (1295, 2736)
Deluxe Check
1989 Ed. (2264, 2268)
Deluxe Check Printers
1991 Ed. (2470)
1989 Ed. (2102)
Deluxe Data
1998 Ed. (1397)
1996 Ed. (1625)
Deluxe Data Systems
1997 Ed. (1703)
1994 Ed. (1605)
1992 Ed. (1911)
1991 Ed. (1512)
Deluxe Electronic Payment Systems
2001 Ed. (2187)
2000 Ed. (1733)
1999 Ed. (1955)
Deluxe Homes
2004 Ed. (1161)
2002 Ed. (2689)
DeLuxe Homes of PA
1995 Ed. (1132)
1994 Ed. (1116)
DeLuxe Homes of Pennsylvania
1993 Ed. (1092)
1991 Ed. (1061)
1990 Ed. (2597)
Demarest E Almeida
2005 Ed. (1461)
DeMaria Building Co. Inc.
2003 Ed. (1249)
2002 Ed. (1236)
2000 Ed. (1274)
1997 Ed. (1179)
1996 Ed. (1150)
1995 Ed. (1176)
1994 Ed. (1157)
1993 Ed. (1150)
1992 Ed. (1435)
1991 Ed. (1099)
1990 Ed. (1211)
DeMaruri
1999 Ed. (83)
1997 Ed. (82)
1996 Ed. (82)
DeMaruri Communications Group
2002 Ed. (103)
DeMaruri Publicidad
2001 Ed. (131)
DeMaruri Publicidad (Grey)
2000 Ed. (89)
DEMASZ Rt.
2006 Ed. (664)
2002 Ed. (854)
Dematic GmbH
2008 Ed. (3602, 4576)
DeMatteis Corp.; Leon D.
1991 Ed. (963, 965)
DeMattia Development
2000 Ed. (3717)
DeMattia Co.; R. A.
1996 Ed. (1150)
1995 Ed. (1176)
1994 Ed. (1157)
1993 Ed. (1150)
1992 Ed. (1435)
1991 Ed. (1099)
DeMattia Co.; R.A.
1990 Ed. (1211)
DeMenno/Kerdoon
1998 Ed. (3030)
1997 Ed. (3277)
1996 Ed. (3176)
1995 Ed. (3080)
Demestications
1992 Ed. (2527)
Demetra Investment Co.
2006 Ed. (4496)
Demi Moore
2000 Ed. (2743)
DEMICA plc
2003 Ed. (2734)
Deming; Claiborne
2007 Ed. (987)
Demirbank
2003 Ed. (540, 541, 623)
2002 Ed. (585, 586)
Demmert; William G.
1991 Ed. (3212)
Demner & Merlicek
1999 Ed. (58)
1996 Ed. (63)
1995 Ed. (47)
1994 Ed. (71)
1993 Ed. (82)
1992 Ed. (122)
1991 Ed. (75)
1990 Ed. (78)
1989 Ed. (84)
Demner, Merlicek & Bergmann
2003 Ed. (44)
2002 Ed. (78)
2001 Ed. (105)
2000 Ed. (61)
1997 Ed. (61)
Demo/Bozell
1996 Ed. (73)
Demo; Murray
2007 Ed. (1063)
2006 Ed. (967)
Demo Publicidad
1997 Ed. (73)
Democracy Data & Communcations LLC
2003 Ed. (2743)
Democratic Republic of Congo
2000 Ed. (824)
Democratic Republican Independent Voter Education Committee
1993 Ed. (2872, 2873)
Demon
2001 Ed. (4781)
2000 Ed. (2745)
DeMoss Foundation
1991 Ed. (1768)
DeMoss Foundation; Arthur S.
1992 Ed. (2217)
DeMoss Group Inc.
2008 Ed. (1507)
Demoulas
2007 Ed. (4622)
DeMoulas/Market Basket
1991 Ed. (3113)
DeMoulas Supermarkets Inc.
1989 Ed. (929)
Dempsey, Myers & Co.
2002 Ed. (4064, 4065)
2001 Ed. (4123, 4124)
Den Danske
1989 Ed. (518)
Den Danske Bank
2002 Ed. (550, 578, 1342, 1343, 1633, 1634)
2000 Ed. (509, 1407, 1408)
1999 Ed. (501, 1423, 1424, 1598)
1997 Ed. (450, 1218, 1219, 1382)
1996 Ed. (487, 1179, 1180, 1322, 1323)
1995 Ed. (455, 1370)
1994 Ed. (467, 1194, 1195, 1345)
1993 Ed. (462, 1161, 1162, 1293, 1666)
1992 Ed. (1444, 1445, 1602)
1991 Ed. (497, 1105, 1106)
1990 Ed. (538)
Den Danske Bank A/S
2000 Ed. (3020)
Den Danske Bank AF
1990 Ed. (1871, 1688)
Den Danske Bank af 1871
1992 Ed. (650)
Den Danske Bank Aktieselskab
2001 Ed. (1682)
Den Danske Bank Group
1992 Ed. (712)
Den-Mat Corp.
2004 Ed. (4742)
2003 Ed. (4769)
2001 Ed. (1987)
2000 Ed. (1654)
1999 Ed. (1825)
1997 Ed. (1586)
1996 Ed. (1523)
1995 Ed. (1547)
1992 Ed. (1778)
Den norsk Bank
2004 Ed. (517)
Den norske Bank
2000 Ed. (3382, 3383)
1999 Ed. (3662)
1996 Ed. (646, 2877)
Den Norske Bank A
1993 Ed. (2746)
Den norske Bank Group
2002 Ed. (630)
2000 Ed. (637)
1999 Ed. (616)
1997 Ed. (585, 2970)
1995 Ed. (576)
1994 Ed. (606)
1993 Ed. (603)
Den norskê Creditbank
1991 Ed. (636)
1990 Ed. (572, 660)
1989 Ed. (577, 645)
Den norske Creidtbank
1992 Ed. (809)
Den Norske Stat Ojeselskap AS Statoil
1995 Ed. (2583)
Den Norske State Ojeselskap AS Statoil
1995 Ed. (1469)
Den Norske Stats Oijeselskap AS
2003 Ed. (1798, 1799)
Den Norske Stats Oljeselskap
2005 Ed. (3239)
Den Norske Stats Oljeselskap A/s Statoil
1993 Ed. (1381)
1990 Ed. (1406)
Den Norske Stats Oljeselskap AS
2003 Ed. (4318, 4321)
2002 Ed. (3370)
2001 Ed. (1826)
1999 Ed. (1717, 3416)
1997 Ed. (2796)
1996 Ed. (1431, 2651)
1993 Ed. (3696)
Den Norske Stats Oljeselskap A.S. (Statoil)
2002 Ed. (1684)
2000 Ed. (1528)
1997 Ed. (1391, 1492)
1994 Ed. (1435, 2528)
1989 Ed. (1147)
Den of Thieves
2006 Ed. (578)
Denaka
1992 Ed. (4407, 4409, 4410)
1991 Ed. (3461, 3463, 3464)
1989 Ed. (2897, 2898)
Denali Advanced Integration
2005 Ed. (4808)
Denali Alaskan Credit Union
2008 Ed. (2217)
2007 Ed. (2102)
2006 Ed. (2181)
2005 Ed. (2086)
2004 Ed. (1945)
2003 Ed. (1905)
2002 Ed. (1846)
Denali Foods
2003 Ed. (4093)
Denali National Park
1990 Ed. (2667)
Denali State Bank
1993 Ed. (513)
Denali Ventures
2005 Ed. (4004)
Denault; Leo
2007 Ed. (1089)

Denbury Resources Inc.
2007 Ed. (3846, 4532)
2005 Ed. (3741)
2004 Ed. (2773, 2776, 2777)
2003 Ed. (3828, 3835, 3836, 3837)
DenCap Dental Plans
1990 Ed. (2896)
Deneba Systems Inc.
1994 Ed. (2052)
Deneil Biotech Inc.
2007 Ed. (3615)
Denham; Jill
2006 Ed. (4980)
Denis & Caroline Desmond
2005 Ed. (4884)
Denis Jen
2008 Ed. (4850)
Denis O'Brien
2007 Ed. (4918)
Denise Coates
2007 Ed. (2463)
Denise Gilbert
1994 Ed. (1766)
1993 Ed. (1782)
Denise O'Donoghoe
2007 Ed. (2463)
Denison Mines Corp.
2008 Ed. (1617, 1659)
1997 Ed. (2795)
1996 Ed. (2650)
1994 Ed. (2527)
1992 Ed. (1601)
Denison University
1994 Ed. (896, 1057)
Denizbank
2006 Ed. (458)
2005 Ed. (493, 506)
Denki Kagaku Kogyo
2002 Ed. (1003, 1702)
Denmark
2008 Ed. (414, 1109, 1412, 1414, 2194, 2204, 2399, 2400, 2720, 2721, 2823, 2841, 2844, 3502, 3503, 3504, 3592, 4387, 4392, 4582, 4627, 4630, 4631, 4794)
2007 Ed. (446, 577, 1142, 2086, 2094, 2263, 2266, 2524, 2583, 2584, 2827, 3428, 3983, 4415, 4416, 4417, 4418, 4551, 4651, 4702, 4776)
2006 Ed. (441, 545, 656, 1053, 1432, 1433, 1434, 1435, 2124, 2138, 2150, 2332, 2335, 2540, 2608, 2609, 2702, 2716, 2717, 2824, 2985, 3188, 3325, 3412, 3425, 3553, 3928, 4176, 4214, 4502, 4651, 4681, 4682, 4769)
2005 Ed. (505, 644, 747, 930, 1044, 1122, 1477, 1478, 2042, 2056, 2269, 2538, 2609, 2610, 2735, 2761, 2763, 3030, 3198, 3337, 3403, 3415, 3864, 4130, 4160, 4570, 4602, 4717, 4977)
2004 Ed. (655, 1043, 1921, 2170, 2620, 2621, 2737, 2767, 3164, 3287, 3315, 3402, 3918, 4203, 4237, 4650, 4738)
2003 Ed. (493, 641, 860, 949, 1085, 1430, 1431, 1879, 2151, 2488, 2489, 2616, 2617, 2618, 2619, 2620, 2641, 3023, 3232, 3258, 3332, 4176, 4214, 4556, 4667)
2002 Ed. (1409, 1412, 1809, 1823, 2426, 2752, 2756, 2997, 3101, 3183, 3595, 4055, 4773, 4971)
2001 Ed. (386, 390, 662, 670, 704, 979, 989, 1021, 1081, 1125, 1141, 1149, 1171, 1242, 1259, 1301, 1311, 1496, 1497, 1688, 1917, 1919, 1944, 1949, 2008, 2020, 2035, 2038, 2042, 2044, 2045, 2135, 2142, 2147, 2278, 2395, 2442, 2443, 2444, 2448, 2449, 2543, 2552, 2639, 2658, 2724, 2734, 2735, 2835, 3151, 3160, 3207, 3209, 3227, 3240, 3315, 3368, 3420, 3638, 3644, 3691, 3825, 3847, 3850, 3864, 3875, 4151, 4378, 4500, 4548, 4566, 4596, 4601, 4686, 4687, 4705, 4715, 4732, 4831, 4904, 4905, 4915, 4920, 4921, 4941)
2000 Ed. (820, 1064, 1154, 1155, 1585, 1612, 2335, 2862, 4360)
1999 Ed. (1253, 1254, 1462, 1753, 1783, 2015, 3289, 3697, 3790, 4734, 4801, 4804)
1998 Ed. (633, 634, 635, 1031, 1131, 1367, 2707, 2744, 3467, 3691)
1997 Ed. (723, 896, 897, 1544, 1557, 2107, 2117, 2475, 3860, 3924)
1996 Ed. (872, 874, 1479, 1963, 3763, 3809)
1995 Ed. (683, 899, 900, 1516, 1520, 1723, 3520, 3605, 3719)
1994 Ed. (335, 836, 854, 855, 1533, 2006, 3125, 3436, 3476, 3643)
1993 Ed. (843, 1046, 1540, 1542, 1992, 3681)
1992 Ed. (226, 227, 229, 305, 1029, 1040, 2046, 2251, 2312, 2358, 3000, 4140, 4324, 4413, 4472)
1991 Ed. (930)
1990 Ed. (778, 984, 1577, 1830, 3508)
1989 Ed. (1179)
Denmark Insurance Services
2001 Ed. (2912)
Denmark State Bank
1989 Ed. (219)
Denner
2008 Ed. (89)
1992 Ed. (81)
1991 Ed. (50)
1990 Ed. (50)
1989 Ed. (53)
Dennis Adler
2000 Ed. (1959)
1999 Ed. (2193)
1998 Ed. (1610)
Dennis Auto Plaza
1990 Ed. (303)
Dennis Chevrolet Co. Inc.
1991 Ed. (271)
Dennis Conner
1989 Ed. (278)
Dennis Davidson Associates
2000 Ed. (3633)
1999 Ed. (3917)
1998 Ed. (1472)
Dennis DeConcini
1992 Ed. (1038)
Dennis F. Hightower
1989 Ed. (736)
Dennis F. Strigl
2004 Ed. (2490)
Dennis FitzSimons
2006 Ed. (913)
Dennis; Geoffrey
1996 Ed. (1855, 1856, 1894, 1906)
Dennis Gormley
1994 Ed. (948)
Dennis H. Chookaszian
1994 Ed. (1719)
Dennis H. Liberson
2007 Ed. (2504)
2005 Ed. (2511)
Dennis H. Reilley
2008 Ed. (946, 2632, 2633)
2007 Ed. (1024, 2499, 2501)
2006 Ed. (2522)
Dennis Hastert
1999 Ed. (3843, 3959)
Dennis Homsey
2001 Ed. (3353)
Dennis J. Gormley
1996 Ed. (965)
Dennis K. Williams
2002 Ed. (2213)
Dennis Keegan
1997 Ed. (2004)
Dennis Leibowitz
2000 Ed. (1987, 2044)
1999 Ed. (2219)
1998 Ed. (1601, 1678)
1997 Ed. (1859, 1871, 1878)
1996 Ed. (1783, 1798, 1805)
1995 Ed. (1795, 1808)
1994 Ed. (1767, 1786)
1993 Ed. (1783, 1785)
1991 Ed. (1699, 1706)
1990 Ed. (1766)
Dennis M. Baker & Associates
2007 Ed. (1289)
Dennis M. Donovan
2008 Ed. (2635, 3120)
2007 Ed. (2504)
2006 Ed. (2525)
2005 Ed. (2511)
Dennis M. Seremet
2005 Ed. (2517)
Dennis Moore
2003 Ed. (3893)
1999 Ed. (1120)
Dennis O'Leary, M.D.
1991 Ed. (2406)
Dennis Picard
1996 Ed. (963)
1995 Ed. (979)
Dennis Powell
2008 Ed. (969)
2007 Ed. (1053)
2006 Ed. (957)
2005 Ed. (993)
Dennis Reilley
2008 Ed. (933)
2007 Ed. (1009)
2006 Ed. (919)
2005 Ed. (965)
Dennis; Richard
1989 Ed. (1422)
Dennis Rodman
1998 Ed. (197, 199)
1997 Ed. (1725)
Dennis Rosenberg
2000 Ed. (2052)
1999 Ed. (2267)
Dennis RSI
1997 Ed. (3178)
Dennis Sage Home Entertainment
2008 Ed. (2986)
Dennis Schaney
1999 Ed. (2164)
1998 Ed. (1576)
1997 Ed. (1930)
Dennis Shea
1998 Ed. (1618)
1997 Ed. (1854)
1996 Ed. (1779)
1995 Ed. (1805)
1994 Ed. (1763)
Dennis Trading Group Inc.
1997 Ed. (1074)
1996 Ed. (1056)
Dennis V. Arriola
2006 Ed. (2516)
Dennis Weatherstone
1994 Ed. (357)
1991 Ed. (402)
1990 Ed. (458, 459)
Dennis Wraase
2005 Ed. (982)
Dennison Manufacturing, Co.
1991 Ed. (2766, 2767)
1989 Ed. (2114)
Dennison Mfg.
1990 Ed. (2736, 2903)
Denny; James M.
1997 Ed. (1804)
Denny's Corp.
2008 Ed. (3684, 3685, 3686, 4175, 4176, 4177, 4181, 4182)
2007 Ed. (2715, 4144, 4145, 4148)
2006 Ed. (2725, 3490, 4117, 4118)
2005 Ed. (171, 2768, 2769, 3488, 3492, 4065, 4066, 4067, 4068, 4069, 4070, 4071)
2004 Ed. (4132, 4133, 4134, 4137)
2003 Ed. (4112, 4113, 4114, 4115, 4116, 4117, 4118, 4119, 4121)
2002 Ed. (4014, 4015)
2001 Ed. (4079)
2000 Ed. (3784)
1999 Ed. (2514, 2515, 4067, 4069, 4083)
1998 Ed. (1763, 3056, 3064)
1997 Ed. (3314, 3335)
1996 Ed. (3213, 3232)
1995 Ed. (3117, 3140)
1994 Ed. (3072, 3090)
1993 Ed. (1757, 3018, 3033)
1992 Ed. (2124, 3710, 3719)
1991 Ed. (2879, 2881)
1990 Ed. (3024)
1989 Ed. (922)
Denny's Japan Co. Ltd.
2000 Ed. (2547)
1999 Ed. (2772)
1997 Ed. (2288)
1995 Ed. (2162)
1994 Ed. (2109)
1993 Ed. (2093)
1992 Ed. (2486)
Denny's Restaurants
1990 Ed. (1851, 3022)
Deno; David
2006 Ed. (987)
Denofa & Lilleborg Fabr.
1991 Ed. (40)
Denofa Lileborg Fabrikker A/S
1993 Ed. (45)
Denofa og Lilleborg
1994 Ed. (36)
Dense Pac Microsystems
1990 Ed. (1294)
Densei
2001 Ed. (659)
Denso Corp.
2008 Ed. (312)
2007 Ed. (317, 324, 325, 1836)
2006 Ed. (335, 336, 337, 4085, 4510)
2005 Ed. (322, 323, 3692)
2004 Ed. (320, 3773)
2003 Ed. (332, 2249, 3748)
2001 Ed. (528, 659, 2236)
1999 Ed. (350)
Denso ID Systems
2006 Ed. (1115)
Denso International America Inc.
2008 Ed. (314)
2007 Ed. (326)
2006 Ed. (342)
2005 Ed. (328, 1776)
2004 Ed. (325, 1718)
2003 Ed. (344)
2002 Ed. (399, 405)
2001 Ed. (529, 537, 1706)
2000 Ed. (1432)
1999 Ed. (1628)
1998 Ed. (1139)
Denso International Americas Inc.
1999 Ed. (361)
Denstu
2000 Ed. (180)
Denstu Thailand
2003 Ed. (157)
2002 Ed. (197)
2001 Ed. (224)
Denstu, Young & Rubicam
2003 Ed. (59, 145, 157)
2002 Ed. (92, 178, 197)
2000 Ed. (79, 168, 178, 180)
Dent Doctor
2005 Ed. (351)
2004 Ed. (351)
2003 Ed. (366)
2002 Ed. (419)
Dental
2001 Ed. (3820)
1992 Ed. (2321)
1991 Ed. (1845)
Dental accessories
2005 Ed. (2045)
2003 Ed. (1999)
2002 Ed. (1913)
1997 Ed. (3053)
Dental accessories/tools
2004 Ed. (4746)
Dental assistants
2007 Ed. (3724)
Dental care
2004 Ed. (2864)
2003 Ed. (951)
1996 Ed. (2083)
1995 Ed. (3390)
Dental Care; Arm & Hammer
2008 Ed. (4699)
Dental Care Network
1991 Ed. (2760)
The Dental Concern/Humana
2000 Ed. (1657)
Dental equipment
2005 Ed. (3443)
2001 Ed. (3274)

Dental floss
2004 Ed. (4746)
2003 Ed. (1999)
2002 Ed. (1913)
Dental Health Alliance
2000 Ed. (2439)
Dental hygienists
2007 Ed. (3724, 3725)
2005 Ed. (3623)
Dental insurance
2001 Ed. (2223)
Dental needs
2005 Ed. (3708)
Dental products
2001 Ed. (3713)
1991 Ed. (3306, 3310)
1990 Ed. (3534)
Dental services
2001 Ed. (3271)
Dental supplies
1991 Ed. (3304)
Dental White Professional Tooth Whitening System
1997 Ed. (3764)
Dentalco Inc.
2001 Ed. (1787)
Dentax
1999 Ed. (4616)
Dentek Temparin
2003 Ed. (1995)
DentiCare Inc.
1999 Ed. (1831)
1998 Ed. (1255)
Dentifrice
2000 Ed. (3510, 3511)
1998 Ed. (2809, 2810)
Dentifrices
1997 Ed. (3064)
1996 Ed. (2976, 2978)
1994 Ed. (2808, 2818)
Dentipatch/Lidocane Transoral Delv. Systems
1999 Ed. (1826)
Dentist Barbie
1999 Ed. (4641)
Dentistry
2002 Ed. (2414)
2001 Ed. (2610)
Dentists
1999 Ed. (3903)
1997 Ed. (3177)
1994 Ed. (1041, 2028, 2029)
1991 Ed. (813, 2628)
1989 Ed. (2080, 2080)
The Dentist's Choice
2008 Ed. (2325)
2006 Ed. (2251)
2005 Ed. (2163)
2004 Ed. (2047)
2003 Ed. (2000)
2002 Ed. (1914)
Denton County, TX
1995 Ed. (1512)
Denton Hall Burgin & Warrens
1992 Ed. (14, 2835, 2836)
1991 Ed. (2286)
Denton Plastics Inc.
2008 Ed. (2027)
2007 Ed. (1945)
2006 Ed. (1974)
Dentotape
2003 Ed. (1989)
Dentrix Dental Software
2001 Ed. (1988)
Dentsply International Inc.
2008 Ed. (2368, 2898)
2007 Ed. (3082, 3466)
2006 Ed. (3447)
2003 Ed. (943)
2001 Ed. (1987)
2000 Ed. (1654)
1999 Ed. (3340)
1998 Ed. (2458)
1997 Ed. (651, 1586)
1996 Ed. (1523, 2601)
1995 Ed. (1547)
Dentssply International Inc.
1999 Ed. (1825)
Dentsu Inc.
2008 Ed. (123, 124)
2007 Ed. (116, 117, 3452)
2006 Ed. (108, 122, 123)
2005 Ed. (100, 116, 118)
2004 Ed. (117, 118)
2003 Ed. (86, 87, 88, 94)
2002 Ed. (119, 120, 121, 127, 1382)
2001 Ed. (97, 147, 154)
2000 Ed. (108, 109, 116)
1998 Ed. (57, 58)
1997 Ed. (101, 103, 108)
1996 Ed. (99, 101, 107)
1995 Ed. (85, 86, 92)
1994 Ed. (96, 98)
1993 Ed. (80, 109, 110)
1992 Ed. (163, 164, 165, 171)
1991 Ed. (111, 112, 119)
1990 Ed. (102, 112, 121)
1989 Ed. (118, 127)
Dentsu Pacific
2002 Ed. (77)
2001 Ed. (104)
Dentsu Taipei
2000 Ed. (178)
Dentsu Taiwan
2003 Ed. (155)
2002 Ed. (191)
2001 Ed. (218)
Dentsu, Young & Rubicam
2003 Ed. (94, 106, 136, 155, 180)
2002 Ed. (140, 168)
2001 Ed. (121, 168, 206, 218, 224)
2000 Ed. (116, 128)
1999 Ed. (73, 98, 103, 104, 111, 122, 150, 161, 162)
1997 Ed. (116, 141, 152)
1996 Ed. (95, 113, 135, 146)
1995 Ed. (81, 97, 121)
1994 Ed. (92, 100, 114, 122)
1993 Ed. (80, 118, 135, 141)
1992 Ed. (120, 135, 157)
Dentsu, Young & Rubicam Alcantara
1997 Ed. (132)
1996 Ed. (128)
1995 Ed. (114)
1994 Ed. (109)
1993 Ed. (128)
1992 Ed. (198)
Dentsu, Young & Rubicam China
1996 Ed. (71)
1995 Ed. (58)
1994 Ed. (78)
1993 Ed. (88)
Dentsu, Young & Rubicam Hong Kong
1997 Ed. (96)
1993 Ed. (105)
Dentsu, Young & Rubicam Korea
1992 Ed. (174)
Dentsu Young & Rubicam Malaysia
1992 Ed. (178)
Dentsu, Young & Rubicam Pacific
1999 Ed. (57)
Dentsu, Young & Rubicam Singapore
1992 Ed. (204)
Dentsu Young & Rubicam Taiwan
1999 Ed. (161)
Dentsu Young & Rubicam Thailand
1999 Ed. (162)
1992 Ed. (214)
Denture adhesives
2002 Ed. (1913)
Denture cleansers
2005 Ed. (2045)
2003 Ed. (1999)
2002 Ed. (1913)
2000 Ed. (4155)
Denture products
1995 Ed. (2992)
Dentyne
2003 Ed. (951)
2000 Ed. (1041, 1041)
1999 Ed. (1116)
1994 Ed. (943)
Dentyne Fire
2008 Ed. (931)
Dentyne Ice
2008 Ed. (931)
2005 Ed. (963)
Dentyne Ice Sugarless
2002 Ed. (1037)
Denver
2000 Ed. (272, 274, 275, 2589, 2938, 4392)
1992 Ed. (309, 3290)
Denver Airport
1995 Ed. (199)
Denver-Boulder, CO
1998 Ed. (2473, 3472)
1992 Ed. (2545, 2550, 2554, 3039)
1990 Ed. (2135)
Denver-Boulder-Greeley, CO
2008 Ed. (4358)
Denver Broncos
2008 Ed. (2761)
2007 Ed. (2632)
2006 Ed. (2653)
2005 Ed. (2667)
2004 Ed. (2674)
2001 Ed. (4346)
2000 Ed. (2252)
Denver Burglar Alarm
1992 Ed. (3827)
Denver Career Service Authority
2003 Ed. (2276)
2002 Ed. (2418)
Denver; City & County of
2008 Ed. (2494)
2007 Ed. (2377)
2006 Ed. (2432)
2005 Ed. (2391)
Denver CMSA, CO
1990 Ed. (1157)
Denver, CO
2008 Ed. (237, 3113)
2007 Ed. (259, 260, 2998, 3506, 4096)
2006 Ed. (250, 251, 4100)
2005 Ed. (232, 233, 2459, 2946, 4014, 4802, 4927)
2004 Ed. (187, 223, 224, 225, 797, 1036, 2428, 2707, 2965, 3262, 3382, 3481, 3482, 3487, 3488, 4700, 4896, 4897, 4947)
2003 Ed. (255, 258, 1031, 2351, 3220, 3418, 3419, 4722, 4906, 4907, 4943)
2002 Ed. (255, 1801, 2633, 2634, 2761, 3092, 3140, 4317, 4912)
2001 Ed. (1090, 2282, 2818, 3102, 4793, 4836)
2000 Ed. (2955, 3106, 4234, 4297)
1999 Ed. (1024, 1148, 1153, 2757, 3195, 3216, 3257, 4514, 4580, 4658, 4766)
1998 Ed. (2380, 2405, 3058, 3718)
1997 Ed. (1002, 1003, 1075, 2333, 2652, 2959, 3523, 3883)
1996 Ed. (1061, 2206, 2207, 2208, 3202, 3204, 3631)
1995 Ed. (1113, 1622, 2188, 3107, 3663)
1994 Ed. (972, 973, 2409, 2585)
1993 Ed. (946, 1598, 2159, 3549, 3624)
1992 Ed. (3293, 4265)
1991 Ed. (1103, 2447, 2631, 3116)
1990 Ed. (243, 1438, 2910, 3702)
1989 Ed. (225, 350, 2098)
Denver Dan
2002 Ed. (2009, 2010)
1998 Ed. (3324)
Denver, Daniels School of Business; University of
2007 Ed. (815, 826)
2006 Ed. (740)
Denver Employees' Retirement Plan
2002 Ed. (3630)
The Denver Foundation
2006 Ed. (1681)
2002 Ed. (981)
1989 Ed. (1475)
Denver Health
2008 Ed. (2494)
2007 Ed. (2377)
2006 Ed. (2432)
2003 Ed. (2276)
2002 Ed. (2418, 2617)
Denver Health & Hospital Authority
2006 Ed. (2780)
2003 Ed. (1655)
Denver Health & Hospitals Foundation
2004 Ed. (1684)
Denver Health Medical Center
2008 Ed. (3059)
Denver International
2000 Ed. (271)
Denver International Airport
1998 Ed. (146)
Denver Investment Advisors
1993 Ed. (2341)
Denver Investment Advisors LLC
2008 Ed. (3402)
2007 Ed. (3283)
2002 Ed. (3021)
Denver Jet Center
1995 Ed. (193)
Denver Management Advisors LLC
2006 Ed. (1681)
Denver Marriott City Center
2002 Ed. (2645)
Denver Marriott Southeast
2002 Ed. (2645)
Denver Metro Baseball Stadium District
1993 Ed. (2622)
Denver Museum of Natural History
1992 Ed. (1096, 1098)
The Denver Newspaper Agency LLP
2006 Ed. (1651)
Denver Newspapers
2001 Ed. (1543)
Denver Online Development
2002 Ed. (2991)
Denver Options Inc.
2007 Ed. (1682)
Denver Post
1998 Ed. (76, 77, 81, 84, 85)
Denver Postal Credit Union
2002 Ed. (1855)
Denver Public School Employees Credit Union
2003 Ed. (1909)
2002 Ed. (1852)
Denver Public Schools
2008 Ed. (2494)
2007 Ed. (2377)
2006 Ed. (2432)
2005 Ed. (2391)
2004 Ed. (2307)
2003 Ed. (2276)
2002 Ed. (2418)
Denver Public Schools Credit Union
2007 Ed. (2107)
2006 Ed. (2186)
2005 Ed. (2091)
2004 Ed. (1949)
2002 Ed. (1855)
Denver Public Schools Retirement System
2002 Ed. (3630)
Denver Rocky Mountain News
1998 Ed. (77, 82, 85)
Denver School District No. 1, CO
2000 Ed. (3205, 3859)
Denver; University of
2007 Ed. (801, 1164, 2376)
2006 Ed. (715, 729, 2431)
1991 Ed. (888, 891)
Denver Urban Renewal Authority, CO
1991 Ed. (1478)
Denys Shortt
2005 Ed. (2463)
Denz; Silvio
2008 Ed. (4909)
Denzel Washington
2008 Ed. (183, 2579)
Deodorant
2004 Ed. (3804, 3805)
2002 Ed. (1917, 2256, 3637)
2001 Ed. (3715, 3724)
2000 Ed. (3510, 3511)
1998 Ed. (2810)
1997 Ed. (3053, 3054, 3064, 3065)
1995 Ed. (2895, 2896)
Deodorant, aerosol
2003 Ed. (2005)
Deodorant, roll-on
2003 Ed. (2005)
Deodorant, stick/solid
2003 Ed. (2005)
Deodorant/talcum powders
1990 Ed. (1956)
Deodorants
2005 Ed. (2234, 3708)
2001 Ed. (1920, 3712)
1996 Ed. (2976, 2978, 3609)
1994 Ed. (2808, 2818)

Dep Corp.
2003 Ed. (2665)
1999 Ed. (2629)
1995 Ed. (2073)
1991 Ed. (1880)
Dep Hair
2003 Ed. (2654)
Dep Hair Styling Products
1990 Ed. (1981)
Dep Corp./Lavoris
1991 Ed. (2495)
Dep Sculpt & Hold Hair Spray
1990 Ed. (1981)
DePalma Hotel Corp.
1993 Ed. (2080, 2081)
Department 56 Inc.
2006 Ed. (1888)
2005 Ed. (4903, 4904)
2004 Ed. (4912, 4913)
Department of Agriculture
2001 Ed. (2862)
1992 Ed. (29)
Department of Agriculture; U.S.
2008 Ed. (1054, 2830, 2835)
2007 Ed. (1161, 2058, 2059, 2448, 2449, 2701, 2707)
2006 Ed. (1069, 2706, 2711, 3293)
2005 Ed. (2745, 2750)
Department of Commerce Credit Union
2008 Ed. (2267)
2007 Ed. (2152)
2006 Ed. (2231)
2005 Ed. (2136)
2004 Ed. (1994)
2003 Ed. (1954)
2002 Ed. (1857)
Department of Commerce; U.S.
2008 Ed. (2830)
2007 Ed. (2701)
2006 Ed. (2706, 3293)
Department of Defense
1992 Ed. (29)
Department of Defense; U.S.
2008 Ed. (2830, 2835, 3691)
2007 Ed. (2701, 2707, 3528)
2006 Ed. (2706, 2711, 3293, 3493)
2005 Ed. (2745, 2750)
Department of Education
1992 Ed. (28)
Department of Education; U.S.
2008 Ed. (3691)
2006 Ed. (3493)
Department of Energy
2001 Ed. (2862)
1992 Ed. (29)
Department of Energy; U.S.
2005 Ed. (2745)
1991 Ed. (1056)
Department of Hawaiian Homes
2001 Ed. (801)
Department of Health and Human Services
1998 Ed. (2512)
Department of Health & Human Services; U.S.
2008 Ed. (2835, 3691, 4611)
2007 Ed. (2707)
2006 Ed. (2711, 3293, 3493)
2005 Ed. (2750)
Department of Homeland Security; U.S.
2008 Ed. (2830, 2835)
2007 Ed. (2701, 2707)
2006 Ed. (1142, 2706, 2711)
2005 Ed. (2750, 3177)
Department of Housing and Urban Development
1992 Ed. (26)
Department of Housing & Urban Development; U.S.
2005 Ed. (2746)
Department of Human Resources Subsidized Day Care
1990 Ed. (977)
Department of Justice
2001 Ed. (2862)
1992 Ed. (29)
Department of Justice; U.S.
2008 Ed. (2830, 2835)
2007 Ed. (2701, 2707)
2006 Ed. (2706, 2711)
2005 Ed. (2745, 2750)
Department of Labor
1992 Ed. (29)
Department of State
1992 Ed. (29)
Department of State; U.S.
2008 Ed. (1047, 1049, 1050, 2487, 2835)
2007 Ed. (2707)
2006 Ed. (2711)
2005 Ed. (2750)
Department of Telecommunications
2004 Ed. (1733)
Department of the Army Staff's Chief Information Officer; U.S.
2007 Ed. (2564)
Department of the Interior; U.S.
2008 Ed. (2830, 2835)
2007 Ed. (2701, 2707)
2006 Ed. (2706, 2711)
2005 Ed. (2745, 2750)
Department of the Treasury
2001 Ed. (2862)
Department of the Treasury; U.S.
2008 Ed. (2830, 2835)
2007 Ed. (2701, 2707)
2006 Ed. (2706, 2711)
2005 Ed. (2745, 2750)
Department of Transportation
2001 Ed. (2862)
1998 Ed. (2512)
Department of Transportation; Kansas
2008 Ed. (3455)
2007 Ed. (3358)
Department of Transportation; Maryland
2008 Ed. (1903)
2007 Ed. (1868)
Department of Transportation; U.S.
2008 Ed. (2830, 2835)
2007 Ed. (2701, 2707, 3528)
2006 Ed. (2706, 2711, 3293, 3493)
2005 Ed. (2745, 2750)
Department of Treasury; U.S.
2006 Ed. (3293)
Department of Veterans Affairs
1997 Ed. (2055)
1996 Ed. (1952)
1995 Ed. (1666, 1913, 1918, 2631)
1994 Ed. (1888, 2576)
Department of Veterans Affairs NJ Health Care System
1998 Ed. (1994)
Department of Veterans Affairs; U.S.
2008 Ed. (2830, 2835)
2007 Ed. (2701, 2707)
2006 Ed. (2706, 2711, 3587, 3588, 3590)
2005 Ed. (2745, 2750)
Department store
1992 Ed. (3725)
Department store, discount
1998 Ed. (1797)
1997 Ed. (881)
Department store, mid-priced
1998 Ed. (1797)
Department store private label
1992 Ed. (2445)
Department stores
2006 Ed. (3014, 4165, 4712)
2005 Ed. (149, 3988)
2004 Ed. (150)
2001 Ed. (94, 541, 716, 1331, 2813, 3030, 3031, 3232, 3798, 4434, 4435, 4436, 4437, 4438, 4602, 4603)
2000 Ed. (39, 2628, 3546, 3802, 4281)
1999 Ed. (3710, 3823, 4089, 4120, 4506)
1998 Ed. (994, 1862, 2053, 2317, 2360, 3295)
1997 Ed. (36, 881, 2319, 3057, 3716)
1996 Ed. (2, 3, 2987)
1995 Ed. (678, 3523, 3707)
1994 Ed. (2068)
1993 Ed. (675, 955, 1436, 1437, 1507, 1508, 3500)
1992 Ed. (1743, 1744, 1837, 1838, 2424, 2524, 4183)
1991 Ed. (739, 859, 860, 880, 1387, 1388, 1447, 1448, 1918, 1967, 1978, 2061, 3266, 3302)
1990 Ed. (908, 909, 1017, 1432, 1453, 1454, 1537, 1538, 2028, 2119)
Departures
1999 Ed. (3754, 3763)
Depatie Fluid Power Co. Inc.
2002 Ed. (1994)
DePaul & Son; Tony
1990 Ed. (1214)
DePaul University
2008 Ed. (771, 774)
2007 Ed. (809)
2006 Ed. (704)
2005 Ed. (797)
2002 Ed. (899)
2001 Ed. (1063, 3063, 3064)
2000 Ed. (925, 2906)
1999 Ed. (3162)
1997 Ed. (2605)
1996 Ed. (2460)
1995 Ed. (1054, 2425)
1994 Ed. (1046)
1993 Ed. (1019)
Depend
2003 Ed. (14, 3430, 3775)
1998 Ed. (1269)
1993 Ed. (1482)
Depend Poise
2003 Ed. (14, 3775)
Dependable Component Supply
2008 Ed. (2465)
2005 Ed. (2345, 2348, 2351)
2004 Ed. (2245)
2002 Ed. (2085)
2001 Ed. (2209, 2210)
2000 Ed. (1769)
1999 Ed. (1989)
Dependable Components Supply Corp.
2005 Ed. (2347)
2004 Ed. (2247)
Dependable Hawaiian Express
1999 Ed. (2498)
Dependable Hawaiian Express/DHX Inc.
2000 Ed. (2258)
Dependant Foundations
2006 Ed. (1290)
Depends
1999 Ed. (27)
Depends Overnight
1999 Ed. (27)
Depends Poise
1999 Ed. (27)
Depfa ACS Bank
2006 Ed. (2241)
DEPFA Bank
2008 Ed. (436, 450, 1857)
2007 Ed. (471, 485, 1821)
2006 Ed. (459, 472, 1814)
2005 Ed. (530, 548)
2000 Ed. (1862)
DEPFA USA
2004 Ed. (508)
Depilatories
2004 Ed. (4431)
2002 Ed. (4262)
Deploy Solutions
2006 Ed. (4329)
Depo
2008 Ed. (667)
Depo-Provera
1998 Ed. (1341)
DePodesta; Paul
2005 Ed. (786)
Deposit Guaranty Corp.
1999 Ed. (371, 372)
1990 Ed. (686)
1989 Ed. (676)
Deposit Guaranty National Bank
1998 Ed. (399)
1997 Ed. (561)
1996 Ed. (607)
1995 Ed. (549)
1994 Ed. (574)
1993 Ed. (572)
1992 Ed. (783)
Deposit Guaranty National Bank (Jackson)
1991 Ed. (611)
Deposit Insurance Japan
2005 Ed. (1562)
Deposit Insurance Corp. of Japan
2005 Ed. (1483)
Deposit-taking financiers
2002 Ed. (2779, 2780)
Deposition materials
2001 Ed. (1207)
Depository accounts
1997 Ed. (910)
Depository institutions
2002 Ed. (2265)
2001 Ed. (2021)
2000 Ed. (1670)
1990 Ed. (1224, 1269)
Depp; Johnny
2008 Ed. (2579)
2007 Ed. (2451)
2006 Ed. (2488)
Deppe Homes
2003 Ed. (1167)
2002 Ed. (2683)
Deprenyl Research Ltd.
1994 Ed. (2709)
1993 Ed. (2752, 2753)
Depression
2000 Ed. (2446)
1991 Ed. (2627)
DePrince, Race & Zollo Inc., Large Cap Value
2003 Ed. (3127)
Dept. of Veterans Affairs
2001 Ed. (2485)
Deptford Mall
2000 Ed. (4032)
1999 Ed. (4312)
1998 Ed. (3302)
1994 Ed. (3305)
1992 Ed. (3972)
1991 Ed. (3127)
1990 Ed. (3292)
DePuy
1998 Ed. (3177)
Dequindre Properties Inc.
2000 Ed. (4054)
Der Beck GmbH
2008 Ed. (2747)
Der Spiegel
2000 Ed. (915)
Derby & Co.
1996 Ed. (2400)
Derby Line, VT
1995 Ed. (2958)
Derby Savings Bank
1998 Ed. (3539)
1994 Ed. (3529)
Derbyshire
2000 Ed. (3855)
Derchin; Michael
1993 Ed. (1777)
1991 Ed. (1711)
Derek Crowson Ltd.
1994 Ed. (996)
Derek Jeter
2006 Ed. (291)
2005 Ed. (267)
2003 Ed. (295)
Derek Jones
1998 Ed. (1580)
1997 Ed. (1936)
Dergunova; Olga
2006 Ed. (4984)
Deridder, LA
2004 Ed. (3310)
Deripaska; Oleg
2008 Ed. (4894)
2006 Ed. (4929)
Derivados Forestales
2001 Ed. (2510)
DerivaTech
2003 Ed. (2708)
Derivative Markets Mgmt.
1990 Ed. (2343, 2346)
Derlan Industries
1992 Ed. (1879)
Dermatologicals
2001 Ed. (2096)
Dermet de Mexico
2004 Ed. (3363)
Dermo-Expertise; L'Oreal
2008 Ed. (2652)

Dermody Properties
2001 Ed. (4016)
Dermoplast
1993 Ed. (231)
1992 Ed. (336)
Dermot Desmond
2008 Ed. (4885)
2007 Ed. (4918)
Derollo Mazda
1990 Ed. (332)
Deromedi; R. K.
2005 Ed. (2492)
DeRosa-Farag; Sam
1997 Ed. (1952)
DeRosa; Patricia
1996 Ed. (3875)
DeRose; Montague
2007 Ed. (3656)
Derpao Construction Co. Ltd.
1994 Ed. (1176)
Derr Construction Co.
2006 Ed. (1294)
2005 Ed. (1322)
2004 Ed. (1317)
2001 Ed. (1482)
1999 Ed. (1377)
1998 Ed. (956)
1997 Ed. (1164)
1996 Ed. (1140)
Derrel's Mini Storage Inc.
2000 Ed. (3989)
1999 Ed. (4266)
1998 Ed. (3274)
1996 Ed. (3395)
1992 Ed. (3909)
Derrer Trust Fund; Harold and Elizabeth
1992 Ed. (1095)
Derry Bank & Trust
1990 Ed. (649)
Derthick Henley & Wilkerson Architects
2006 Ed. (285)
Derwent Howard
2006 Ed. (1555)
Derwent Valley
2006 Ed. (4048)
Deryck Maughan
2003 Ed. (2150)
Des Moines
1992 Ed. (2549)
Des Moines-Ames, IA
2006 Ed. (4099)
Des Moines, IA
2008 Ed. (3117, 3460, 4091)
2006 Ed. (3312, 3314)
2004 Ed. (3297)
2001 Ed. (2834)
1996 Ed. (303, 2278, 2279, 2281)
Des O'Meara & Partners
1996 Ed. (102)
1993 Ed. (112)
1990 Ed. (116)
Des Plaines Publishing
2000 Ed. (911)
Desai; Bharat
2006 Ed. (2527)
Desai Capital
1998 Ed. (2259)
Desai Capital Management
1992 Ed. (2721)
DeSantis Jr.; Frank
1997 Ed. (1853)
1996 Ed. (1778)
1995 Ed. (1804)
1994 Ed. (1762)
Desarrollos Metropolitanos SE
2007 Ed. (1285)
2006 Ed. (1178)
2005 Ed. (1184)
2004 Ed. (1156)
Desc
2005 Ed. (1846)
2003 Ed. (2090)
1993 Ed. (2560)
Desc, SA de CV
2005 Ed. (2218)
2004 Ed. (321, 322, 2113)
Desc Sociedad de Fomento Industrial
1991 Ed. (2451)
Descartes
2001 Ed. (4424)
The Descartes Systems Group Inc.
2008 Ed. (2944)
2007 Ed. (1234, 2818)
2006 Ed. (1128)
2003 Ed. (1114)
2001 Ed. (2863)
Descente
1993 Ed. (3374)
1992 Ed. (4054)
1991 Ed. (3173)
Deschutes Brewing Co.
2000 Ed. (3128)
1999 Ed. (3403)
1998 Ed. (2488)
Deschutes County, OR
1996 Ed. (1472, 1474, 1475)
Deschutes Mirror Pond Pale Ale
2007 Ed. (595)
Desecration
2003 Ed. (716)
Desenex
2004 Ed. (2672)
2003 Ed. (2537)
2002 Ed. (2317)
2001 Ed. (2491, 2492, 2494)
2000 Ed. (2247)
1999 Ed. (305, 2486)
1998 Ed. (1747)
1996 Ed. (249, 1957)
Deseret First Credit Union
2008 Ed. (2262)
2007 Ed. (2147)
2006 Ed. (2226)
2005 Ed. (2131)
2004 Ed. (1989)
2003 Ed. (1949)
2002 Ed. (1895)
Deseret Healthcare
2006 Ed. (3111)
Deseret Mutual Insurance Co.
2006 Ed. (3111)
Desert Moon-Fresh Mexican Grille
2005 Ed. (2565)
2004 Ed. (2585)
2003 Ed. (2456)
Desert Palace Inc.
2008 Ed. (1968)
2007 Ed. (1907)
2006 Ed. (1923)
2005 Ed. (1896)
2004 Ed. (1813)
2003 Ed. (1778)
2001 Ed. (1808)
Desert Paper & Envelope Co., Inc.
2007 Ed. (3581, 3582, 4436)
Desert Radiologists
2005 Ed. (1898)
Desert Schools Credit Union
2008 Ed. (2218)
2007 Ed. (2103)
2006 Ed. (2182)
2005 Ed. (2087)
2004 Ed. (1946)
2003 Ed. (1897, 1906)
2002 Ed. (1847)
Desert Schools FCU
1999 Ed. (1802)
Desert Schools Federal Credit Union
1998 Ed. (1215, 1226, 1229)
1997 Ed. (1568)
1993 Ed. (1448)
Desert Valley Hospital
2008 Ed. (3061)
Desert View Homes
2002 Ed. (2663)
Desgrippes Cato Gobe
1992 Ed. (2589)
Desgrippes Cato Gobe & Associates
1996 Ed. (231)
Desh Deshpande
2001 Ed. (2279)
DeShano Construction Co.
2002 Ed. (2663)
Deshpande; Gururaj
2005 Ed. (4874)
Design
2005 Ed. (3635, 3636, 3662)
Design Academy Eindhoven
2008 Ed. (802)
Design and analysis of remediation plans
2003 Ed. (2358)
Design & Build Corp.
2007 Ed. (4214, 4215)
Design & Manufacturing
1995 Ed. (1576)
1990 Ed. (1527)
Design Bridge
2002 Ed. (1957)
1999 Ed. (2841, 2842)
1996 Ed. (2233, 2234)
1995 Ed. (2228)
Design Build Team, Inc.
1991 Ed. (1910)
Design Development Co
1999 Ed. (2994)
Design Directions
2007 Ed. (3208)
Design Forum
2008 Ed. (3336, 3337, 3347, 4227)
2007 Ed. (3205, 4190)
2006 Ed. (3160, 3171)
2005 Ed. (3169, 4118)
2002 Ed. (2986)
1999 Ed. (287)
1998 Ed. (184)
1997 Ed. (262)
Design Group
2000 Ed. (311)
Design Homes
1999 Ed. (3871)
1998 Ed. (2899)
1997 Ed. (3155)
1996 Ed. (3076)
1995 Ed. (2974)
Design House
2001 Ed. (1444, 1447)
1996 Ed. (2235)
Design in Action
1996 Ed. (2232)
1995 Ed. (2225, 2226)
1994 Ed. (2175)
1993 Ed. (2158)
1992 Ed. (2588)
1991 Ed. (2014)
Design Interiors
1990 Ed. (2287)
Design Masonry
2006 Ed. (1255, 1256)
Design Materials Inc.
2008 Ed. (3700)
Design News
2007 Ed. (158)
2001 Ed. (249, 252)
2000 Ed. (3482, 3483, 3484, 3485)
1998 Ed. (2790)
1990 Ed. (3625)
Design 1 Interiors
1997 Ed. (2474)
1996 Ed. (2346)
1990 Ed. (2286)
Design services
2001 Ed. (2171)
The Design Solution
2001 Ed. (1447)
Design Systems Builders Inc.
2008 Ed. (4252)
2007 Ed. (4214, 4215)
2006 Ed. (1171)
2005 Ed. (1175)
Design Within Reach Inc.
2006 Ed. (2734, 2745)
Designed to Build
2005 Ed. (262)
Designer Holdings Ltd.
1998 Ed. (3183)
Designer Imposters
2001 Ed. (3698, 3699, 3704)
Designer Shoes
2007 Ed. (1913)
Designer Vans
1995 Ed. (3687)
Designers
1992 Ed. (2859)
"Designing Women"
1993 Ed. (3534)
Designs of the Interior (DOTI)
2003 Ed. (2590)
Desitin
2008 Ed. (4586)
2003 Ed. (2919, 2920, 3783)
2001 Ed. (544)
2000 Ed. (366)
Desjardins Credit Union
2008 Ed. (2221)
2006 Ed. (2185)
Desjardins Distinct
2003 Ed. (3562, 3563)
Desjardins Distinct - Bond
2003 Ed. (3561)
Desjardins Equity
2002 Ed. (3465, 3466)
Desjardins Financial Security Life Assurance Co.
2008 Ed. (3308)
2007 Ed. (3158)
Desjardins Group
2008 Ed. (391, 1384)
2007 Ed. (412, 1433, 2574)
2006 Ed. (423, 1400)
2005 Ed. (473)
2004 Ed. (460)
2003 Ed. (473)
2002 Ed. (535)
2000 Ed. (482)
1999 Ed. (488)
1997 Ed. (429)
1996 Ed. (467)
1995 Ed. (439)
1994 Ed. (447)
1991 Ed. (3445)
Desjardins-Laurentian Bond
2002 Ed. (3431, 3432, 3433)
2001 Ed. (3460, 3461, 3462)
Desjardins-Laurentian Life Group
1999 Ed. (2959)
1997 Ed. (2455)
DesJardins; Luc
2006 Ed. (2518)
Desjardins Securities
2008 Ed. (3401)
2007 Ed. (3282)
Desjardins Trustco
1997 Ed. (3811)
1996 Ed. (3761)
Desk accessories
1999 Ed. (2713)
Desk/Office Accessories
2000 Ed. (3842)
Desk/office/business accessories
1999 Ed. (4132)
1998 Ed. (3117)
Desk pen sets
1990 Ed. (3712)
Desk sets
1992 Ed. (2283)
Desk sets/accessories
1994 Ed. (1967)
1993 Ed. (1941)
Desks
1999 Ed. (2541)
Desktop computers
1993 Ed. (1573)
Desktop Engineering
2007 Ed. (4790)
Desktop PC
2001 Ed. (2720)
Desktop publisher
2005 Ed. (2384)
Desktop publishing specialists
2001 Ed. (3564)
Desmarais; Andre
2008 Ed. (2637)
Desmarais; Paul
1997 Ed. (3871)
1991 Ed. (1617)
Desmarais Sr.; Paul
2008 Ed. (4855, 4856)
2007 Ed. (4910)
2006 Ed. (4923)
2005 Ed. (4865, 4875, 4876)
Desmarest; Thierry
2006 Ed. (691)
The Desmond
1996 Ed. (2173)
1994 Ed. (193)
Desmond Americana
1992 Ed. (312)
1991 Ed. (1949)
Desmond; Denis & Caroline
2005 Ed. (4884)
Desmond; Dermot
2008 Ed. (4885)
2007 Ed. (4918)

Desmond-Hellmann; Susan
2008 Ed. (2636)
2007 Ed. (2506, 4974)
2006 Ed. (2526)
Desnoes & Geddes
2006 Ed. (3232)
2002 Ed. (3033, 3034, 3035)
2000 Ed. (2874)
1997 Ed. (2582)
1996 Ed. (2437, 2438)
1994 Ed. (2339)
Desoer; Barbara
2008 Ed. (4944, 4945)
2006 Ed. (2526)
Desoto Inc.
1993 Ed. (3545)
1992 Ed. (2537, 3325)
1991 Ed. (2666, 3332)
Desperate Housewives
2008 Ed. (2579)
2007 Ed. (2845)
Dessa M. Bokides
2007 Ed. (2510)
Dessau-Soprin
2008 Ed. (2058)
Dessert
2003 Ed. (3941, 3942)
2002 Ed. (430)
Dessert & fortified wine
2001 Ed. (4896, 4897, 4898, 4899, 4903)
Dessert/fruit toppings, frozen
2001 Ed. (2078)
Dessert toppings
2002 Ed. (1959)
Dessert wine
2001 Ed. (4847)
1991 Ed. (3504, 3505, 3509, 3510, 3511)
Desserts
2002 Ed. (1959, 3489, 3494)
1995 Ed. (3536)
1992 Ed. (4173)
Desserts & toppings
2000 Ed. (4141)
Desserts, frozen
1994 Ed. (1510, 2937)
Desserts, pot
2002 Ed. (764)
Desserts, ready-to-serve
2003 Ed. (2039)
Desserts/toppings
2000 Ed. (4146, 4164)
Desserts/toppings, frozen
1995 Ed. (2992)
Dessloch; Sally
1997 Ed. (1946)
Destec Energy
1998 Ed. (2822)
1997 Ed. (2387, 3085)
DeStefano & Partners
2001 Ed. (406, 407, 408)
DeStefano + Partners
2006 Ed. (285)
Destileria Serralles Inc.
2006 Ed. (3376)
2005 Ed. (3389)
2004 Ed. (3357)
Destination Arizona Meeting & Conference Planners Inc.
2008 Ed. (4952)
Destiny Health
2006 Ed. (3105)
Destiny Industries
1996 Ed. (3069, 3077, 3078)
1995 Ed. (2979)
1994 Ed. (2920)
1993 Ed. (2900)
1992 Ed. (3516)
1991 Ed. (2758, 2759)
Destiny WebSolutions Inc.
2003 Ed. (2728)
2002 Ed. (2533)
Destiny's Child
2003 Ed. (848)
Destra Consulting Group
2002 Ed. (4985)
Destrehan, LA
2003 Ed. (3908)
Deswell Industries Inc.
2004 Ed. (885)
Det Danske Traelastkompagni AB
1997 Ed. (2692)
Det Danske Traelastkompagni Aktieselskab
1996 Ed. (2555)
1995 Ed. (2492)
Det Danske Traelastkompagni Aktieselskab (Koncern)
1994 Ed. (2415)
Det Norske Luftfartselskap A S (DNL)
1990 Ed. (1406)
Det Oestasiatiske Kompagni A/S
1990 Ed. (1344)
1989 Ed. (1104)
Details
2005 Ed. (131, 3358)
2004 Ed. (149)
2001 Ed. (3197)
1996 Ed. (2960)
1995 Ed. (2880)
1994 Ed. (2786, 2791)
Dete Immobilien Deutsche Telekom Immobilien und Service GmbH
2004 Ed. (4411)
Detective & armored car services
2001 Ed. (3559)
Detectives, security guards, collection agencies
1994 Ed. (2243)
Detergents
2003 Ed. (3947, 3948)
1996 Ed. (1484)
1995 Ed. (3721)
1992 Ed. (95, 2569)
1991 Ed. (1997)
1990 Ed. (2149)
Detergents & cleaners
1995 Ed. (2210, 2980)
1994 Ed. (2925)
Detergents & cleansers
1993 Ed. (2134)
Detergents, liquid
2002 Ed. (1964)
Detergents, packaged
2002 Ed. (1964)
Deterrent Technologies Inc.
2000 Ed. (3922)
Detmold Holdings
2002 Ed. (3789)
Detmold Packaging
2004 Ed. (3767)
2003 Ed. (3957)
Detour Lake
1996 Ed. (2032)
1994 Ed. (1981)
The Detrick Cos.
2007 Ed. (4072)
Detroit
2000 Ed. (272, 274, 1086, 2586, 3771, 3819, 3835)
1992 Ed. (1013, 2864, 2877)
Detroit/Ann Arbor
1992 Ed. (2101)
1989 Ed. (1510)
Detroit-Ann Arbor, MI
1994 Ed. (2536)
1992 Ed. (2544)
1991 Ed. (883, 1813, 3339, 3457, 3483, 3489)
1990 Ed. (1895, 3070)
1989 Ed. (2894, 2912, 2932, 2936)
Detroit Brewing
2005 Ed. (746)
Detroit Cable Interconnect
1998 Ed. (587, 601)
1996 Ed. (856, 861)
1994 Ed. (830)
Detroit; City of
2005 Ed. (1755)
1996 Ed. (1542)
1995 Ed. (1559)
Detroit (City of) General Retirement System
2001 Ed. (3693)
Detroit Department of Transportation
1991 Ed. (1885)
Detroit Diesel Corp.
2007 Ed. (1879)
2005 Ed. (1866)
2004 Ed. (1796)
2003 Ed. (1759)
2001 Ed. (499, 1791, 2377)
2000 Ed. (1900)
1999 Ed. (321, 2107)
1998 Ed. (1529)
1997 Ed. (316)
1995 Ed. (3205, 3206, 3693, 3694)
1992 Ed. (1804)
Detroit Downtown Development Authority
1999 Ed. (2844)
Detroit Downtown, MI
1996 Ed. (1603)
Detroit Economic Development Corp.
1993 Ed. (2624)
Detroit Edison Co.
2002 Ed. (4873)
2001 Ed. (2154, 3693)
1999 Ed. (1948, 3734, 3846)
1998 Ed. (1267, 2775)
1997 Ed. (1601, 1694)
1996 Ed. (1543, 1614, 1615)
1995 Ed. (1560, 1637, 1638, 3350)
1994 Ed. (1526, 1527, 1595, 1596, 3269)
1993 Ed. (1480, 1481, 3217, 3268, 3279)
1992 Ed. (1800, 1801, 1898, 3924)
1991 Ed. (1415, 1497)
1990 Ed. (3252)
1989 Ed. (1296, 2469)
Detroit Edison Credit Union
2008 Ed. (2239)
2007 Ed. (2124)
2006 Ed. (2203)
2005 Ed. (2108)
2004 Ed. (1966)
2003 Ed. (1889, 1926)
2002 Ed. (1856, 1872)
2001 Ed. (1963)
2000 Ed. (1630)
1998 Ed. (1231)
1997 Ed. (1572)
1996 Ed. (1514)
1995 Ed. (1539)
1994 Ed. (1506)
1993 Ed. (1453)
1992 Ed. (1756)
1991 Ed. (1395)
Detroit Edison Employees Credit Union
1990 Ed. (1461)
Detroit Federal Savings & Loan Association
1990 Ed. (3102)
Detroit Free Press
2005 Ed. (3601)
2004 Ed. (3686)
2001 Ed. (1683, 3541)
2000 Ed. (3335)
1999 Ed. (3616)
1997 Ed. (2943)
1996 Ed. (2847)
1993 Ed. (2724)
1992 Ed. (3237, 3238, 3241, 3243)
1991 Ed. (2603, 2604, 2606, 2609)
1990 Ed. (2692, 2693, 2697, 2703, 2704, 2706)
Detroit Institute of Arts
2002 Ed. (3522)
2001 Ed. (3550)
2000 Ed. (3351)
1999 Ed. (3627)
1995 Ed. (1930)
Detroit Institute of Arts Founders Society
1998 Ed. (2686)
Detroit Interconnect
1992 Ed. (1018)
1991 Ed. (833, 841)
Detroit Lions
2002 Ed. (4340)
Detroit-Macomb Hospital Corp.
1998 Ed. (1988)
1997 Ed. (2269)
1996 Ed. (2154)
1995 Ed. (2142)
The Detroit Medical Center
2005 Ed. (1755)
2004 Ed. (1698)
2002 Ed. (2619)
2001 Ed. (2225, 2772)
2000 Ed. (1663, 2526, 3182, 3186, 3747)
1999 Ed. (3467)
1998 Ed. (1988)
1997 Ed. (1600, 2269)
1996 Ed. (1542, 2154, 2705)
1995 Ed. (1559, 2142, 2628)
1994 Ed. (1526, 2573)
1993 Ed. (1480, 2072)
1992 Ed. (1095, 1800, 2457, 3127)
1991 Ed. (1415, 1933, 2502)
1990 Ed. (1500, 2055, 2632)
Detroit Metro Airport
1997 Ed. (220)
1996 Ed. (193, 195)
Detroit, MI
2008 Ed. (2489, 2806, 4041)
2007 Ed. (259, 271, 2368, 3011, 3805, 4014, 4094, 4095, 4096, 4174, 4731)
2006 Ed. (749, 767, 2448, 3068, 4707, 4885, 4970)
2005 Ed. (841, 843, 881, 910, 911, 921, 2972, 3064, 3642, 3877, 3879, 4654, 4802, 4933, 4934, 4983)
2004 Ed. (223, 225, 227, 264, 268, 269, 333, 335, 336, 337, 731, 732, 766, 796, 804, 870, 919, 920, 926, 984, 988, 989, 990, 994, 995, 996, 1001, 1006, 1054, 1138, 1146, 1147, 2048, 2052, 2053, 2418, 2419, 2630, 2646, 2702, 2706, 2711, 2719, 2731, 2752, 2760, 2761, 2762, 2763, 2795, 2801, 2809, 2850, 2851, 2854, 2855, 2865, 2872, 2873, 2899, 2901, 2947, 2948, 2951, 2952, 2983, 3219, 3262, 3280, 3304, 3309, 3314, 3347, 3348, 3353, 3354, 3368, 3370, 3371, 3374, 3375, 3379, 3380, 3381, 3385, 3386, 3387, 3389, 3392, 3449, 3450, 3451, 3452, 3453, 3455, 3457, 3458, 3462, 3463, 3464, 3466, 3467, 3468, 3469, 3470, 3472, 3473, 3475, 3518, 3519, 3522, 3704, 3705, 3706, 3707, 3710, 3711, 3712, 3714, 3715, 3716, 3717, 3718, 3719, 3720, 3721, 3722, 3723, 3724, 3725, 3795, 3796, 3799, 3800, 4050, 4102, 4110, 4112, 4116, 4150, 4152, 4164, 4166, 4167, 4168, 4170, 4171, 4173, 4174, 4175, 4177, 4178, 4185, 4186, 4191, 4201, 4202, 4208, 4209, 4210, 4211, 4231, 4406, 4408, 4409, 4418, 4478, 4479, 4537, 4617, 4618, 4619, 4679, 4783, 4846, 4894, 4895, 4914, 4915, 4953, 4954, 4973)
2003 Ed. (27, 255, 258, 260, 309, 352, 353, 705, 756, 784, 832, 872, 901, 902, 903, 997, 998, 999, 1000, 1005, 1014, 1015, 1047, 1143, 1144, 2006, 2007, 2338, 2469, 2494, 2587, 2596, 2611, 2633, 2639, 2640, 2684, 2698, 2764, 2765, 2773, 2787, 2862, 2863, 3162, 3220, 3228, 3253, 3254, 3290, 3291, 3313, 3314, 3316, 3319, 3383, 3384, 3386, 3387, 3389, 3391, 3392, 3396, 3397, 3398, 3399, 3401, 3402, 3403, 3404, 3406, 3407, 3409, 3455, 3456, 3660, 3661, 3662, 3663, 3664, 3665, 3666, 3667, 3668, 3669, 3676, 3769, 3770, 4031, 4082, 4083, 4084, 4090, 4150, 4152, 4153, 4155, 4157, 4158, 4159, 4161, 4162, 4174, 4175, 4181, 4208, 4391, 4392, 4403, 4512, 4637, 4638, 4639, 4709, 4798, 4866, 4904, 4905, 4921, 4922, 4952)
2002 Ed. (75, 236, 376, 407, 719, 774, 921, 964, 965, 966, 1086, 1094, 1223, 2028, 2045, 2301, 2382, 2395, 2404, 2444, 2458, 2735, 2759, 2879, 3092, 3135, 3136, 3137, 3237, 3238, 3325, 3326, 3328, 3331, 3589, 3590, 3893, 3997, 3998, 4050, 4052,

4053, 4075, 4317, 4528, 4593, 4766, 4927, 4928, 4933)
2001 Ed. (715, 1013, 1153, 1154, 1155, 1234, 2080, 2358, 2363, 2596, 2757, 2796, 3102, 3120, 3291, 3292, 3646, 3718, 3727, 4049, 4089, 4143, 4708, 4790, 4791, 4848, 4849, 4851)
2000 Ed. (331, 359, 747, 748, 802, 1006, 1010, 1069, 1115, 1117, 1158, 1662, 1713, 1908, 2306, 2330, 2392, 2416, 2580, 2604, 2606, 2614, 2938, 2950, 2951, 2952, 3051, 3052, 3053, 3054, 3055, 3105, 3110, 3111, 3112, 3113, 3114, 3115, 3116, 3117, 3119, 3120, 3121, 3508, 3680, 3766, 3770, 4014, 4207, 4268, 4357, 4402)
1999 Ed. (355, 734, 797, 1059, 1070, 1151, 1170, 1171, 1175, 1846, 2007, 2099, 2126, 2590, 2672, 2673, 2714, 2810, 2815, 2832, 3195, 3211, 3212, 3213, 3259, 3260, 3372, 3375, 3377, 3378, 3380, 3381, 3382, 3383, 3384, 3385, 3386, 3387, 3388, 3390, 3391, 3392, 3852, 3853, 4051, 4054, 4055, 4125, 4646, 4647, 4728, 4778)
1998 Ed. (474, 592, 672, 684, 738, 742, 793, 1520, 1521, 1547, 1746, 1832, 2359, 2365, 2378, 2379, 2474, 2476, 2477, 2478, 2479, 2482, 2693, 2983, 3051, 3054, 3055, 3109, 3489, 3612, 3685, 3725)
1997 Ed. (291, 322, 678, 679, 928, 940, 998, 1003, 1031, 1032, 1211, 1596, 1669, 1821, 2110, 2111, 2140, 2162, 2176, 2315, 2326, 2327, 2333, 2356, 2357, 2358, 2360, 2361, 2362, 2639, 2649, 2657, 2712, 2720, 2721, 2722, 2723, 2758, 2759, 2762, 2766, 2768, 2769, 2771, 2773, 2774, 2775, 2784, 2959, 3066, 3306, 3307, 3313, 3350, 3351, 3365, 3512, 3523, 3657, 3710, 3853, 3894)
1996 Ed. (37, 261, 302, 343, 344, 346, 747, 748, 897, 907, 974, 1011, 1012, 1170, 1537, 1587, 1993, 1994, 2018, 2040, 2076, 2194, 2198, 2199, 2208, 2222, 2228, 2229, 2231, 2497, 2510, 2518, 2571, 2572, 2573, 2574, 2575, 2615, 2616, 2617, 2619, 2620, 2622, 2623, 2624, 2982, 3197, 3198, 3199, 3200, 3206, 3209, 3249, 3250, 3266, 3425, 3604, 3653, 3802, 3846)
1995 Ed. (230, 231, 243, 257, 328, 330, 676, 677, 920, 928, 987, 1026, 1027, 1202, 1555, 1609, 1964, 1966, 1995, 2048, 2080, 2181, 2183, 2184, 2213, 2219, 2220, 2222, 2223, 2451, 2459, 2467, 2553, 2554, 2555, 2557, 2558, 2560, 2561, 2562, 2563, 2665, 2900, 2958, 3102, 3103, 3104, 3105, 3113, 3149, 3150, 3173, 3369, 3522, 3543, 3544, 3562, 3563, 3564, 3565, 3566, 3567, 3715, 3746, 3747)
1994 Ed. (256, 332, 333, 719, 720, 964, 965, 1017, 1103, 1188, 1524, 1566, 1935, 1936, 1971, 1992, 2027, 2129, 2142, 2143, 2162, 2169, 2170, 2172, 2174, 2372, 2378, 2386, 488, 2489, 2490, 2492, 2494, 2499, 2500, 2501, 2502, 2811, 2913, 3056, 3057, 3058, 3059, 3065, 3068, 3104, 3105, 3121, 3293, 3325, 3456, 3494, 3495, 3496, 3497, 3498)
1993 Ed. (267, 347, 707, 709, 710, 773, 816, 818, 872, 884, 945, 949, 950, 989, 1158, 1424, 1455, 1478, 1525, 1737, 1913, 1943, 1999, 2015, 2071, 2106, 2107, 2108, 2139, 2145, 2146, 2148, 2149, 2439, 2444, 2527, 2540, 2543, 2544, 2545, 2546, 2550, 2551, 2552, 2553, 2812, 2953, 3012, 3043, 3045, 3060, 3299, 3481, 3518, 3519, 3520, 3521, 3522, 3523, 3675, 3700, 3708, 3711)
1992 Ed. (237, 374, 482, 896, 897, 1014, 1017, 1025, 1026, 1081, 1086, 1155, 1159, 1160, 1161, 1164, 1213, 1214, 1440, 1797, 1850, 2254, 2255, 2287, 2352, 2377, 2387, 2521, 2535, 2536, 2542, 2552, 2575, 2580, 2581, 2583, 2584, 3035, 3038, 3040, 3041, 3043, 3044, 3045, 3046, 3049, 3050, 3051, 3056, 3057, 3058, 3059, 3135, 3140, 3236, 3399, 3693, 3694, 3695, 3696, 3699, 3702, 3734, 3736, 3752, 3953, 4040, 4040, 4040, 4159, 4191, 4217, 4218, 4219, 4220, 4221, 4222, 4403, 4437, 4446, 4450)
1991 Ed. (275, 348, 715, 826, 829, 831, 832, 935, 936, 976, 977, 1102, 1397, 1455, 1644, 1782, 1783, 1863, 1888, 1965, 1972, 1973, 1974, 1975, 1982, 2000, 2006, 2007, 2009, 2010, 2424, 2425, 2427, 2430, 2431, 2432, 2433, 2435, 2436, 2437, 2438, 2439, 2440, 2441, 2442, 2443, 2444, 2445, 2446, 2523, 2550, 2857, 2861, 2864, 2890, 2892, 2901, 3116, 3248, 3296, 3297, 3298, 3299, 3300)
1990 Ed. (301, 401, 404, 738, 875, 876, 1000, 1005, 1007, 1054, 1055, 1218, 1464, 1553, 1867, 1868, 1958, 1986, 2111, 2123, 2124, 2125, 2126, 2154, 2161, 2162, 2163, 2165, 2166, 2442, 2548, 2549, 2551, 2554, 2555, 2556, 2557, 2558, 2559, 2560, 2561, 2562, 2563, 2564, 2565, 2566, 2567, 2608, 2648, 2656, 2661, 3003, 3047, 3048, 3523, 3524, 3526, 3527, 3528, 3529, 3530, 3535, 3607)
1989 Ed. (284, 343, 350, 727, 738, 846, 911, 1265, 1491, 1492, 1560, 1577, 1625, 1627, 1628, 1644, 1645, 1646, 1647, 1905, 1950, 1952, 1956, 1958, 1959, 1960, 1961, 1962, 1963, 1964, 1965, 1966, 1967, 2051, 2099, 2317, 2774)

Detroit Municipal Credit Union
2006 Ed. (2163)
2005 Ed. (2069)
2001 Ed. (1963)
2000 Ed. (1630)
1998 Ed. (1231)
1997 Ed. (1572)
1996 Ed. (1514)
1995 Ed. (1539)
1994 Ed. (1506)
1993 Ed. (1453)
1992 Ed. (1756)
1991 Ed. (1395)
1990 Ed. (1461)

The Detroit News
2005 Ed. (3601)
2004 Ed. (3686)
2001 Ed. (3541)
2000 Ed. (3335)
1999 Ed. (3616)
1992 Ed. (3237, 3238, 3241, 3243)
1991 Ed. (2603, 2606, 2609)
1990 Ed. (2692, 2693, 2697, 2703, 2706)

Detroit News & Free Press
2003 Ed. (3647)
2002 Ed. (3504)

Detroit News/Free Press
1999 Ed. (3613)

Detroit Opera House
2003 Ed. (4529)
2002 Ed. (4345)
2001 Ed. (4353)

Detroit Pistons
2008 Ed. (530)
2007 Ed. (579)
2006 Ed. (548)
2005 Ed. (646)
2001 Ed. (4345)
2000 Ed. (704)
1998 Ed. (439, 3356)

Detroit Police & Firemen Retirement System
2001 Ed. (3693)

Detroit Public Schools
2005 Ed. (1755)
2004 Ed. (1698)
2001 Ed. (2225)
2000 Ed. (1663, 3860)
1997 Ed. (1600, 3385)
1996 Ed. (1542, 3288)
1995 Ed. (1559, 3190)
1993 Ed. (3102)
1992 Ed. (3802)
1991 Ed. (2926)
1990 Ed. (3106)

Detroit Red Wings
2006 Ed. (2862)
2001 Ed. (4347)
2000 Ed. (2476)
1998 Ed. (1946, 3356)

Detroit Savings Bank
1991 Ed. (2921)

Detroit Savings Bank, FSB
1992 Ed. (3800)

Detroit Teachers Credit Union
2002 Ed. (1856, 1872)
2001 Ed. (1963)
2000 Ed. (1630)
1998 Ed. (1231)
1997 Ed. (1572)
1996 Ed. (1514)
1995 Ed. (1539)
1994 Ed. (1506)
1993 Ed. (1453)
1992 Ed. (1756)
1991 Ed. (1395)
1990 Ed. (1461)

Detroit Tigers
1998 Ed. (3358)
1995 Ed. (642)

Detroit-Warren-Livonia, MI
2008 Ed. (3508, 4100)
2007 Ed. (268, 3383, 3387, 3388, 3502, 3643, 3802, 4164)
2006 Ed. (261, 3315, 3321, 3324, 3477, 3578, 3796, 4141)
2005 Ed. (3322, 3333, 3336)

Detrol
2001 Ed. (2099)

Detwiler, Mitchell, Fenton & Graves
2007 Ed. (3274, 3275)
2006 Ed. (3206)

Deutch; Sylvia
1991 Ed. (2548)

Deutches Lufthansa AG
2001 Ed. (4620)

Deutsch
2002 Ed. (210, 211)
2001 Ed. (185)
1996 Ed. (58)
1992 Ed. (112, 190)
1991 Ed. (135)
1989 Ed. (1286)

Deutsch & Sons Ltd.; W. J.
2006 Ed. (4967)

Deutsch & Sons Ltd./Winesellers; W. J.
2005 Ed. (4976)

Deutsch Associates; David
1989 Ed. (65)

Deutsch/Dworin
1995 Ed. (43, 68)
1994 Ed. (85)

Deutsch/LA
2004 Ed. (134)
2003 Ed. (176)

Deutsche Inc.
2006 Ed. (107)
2005 Ed. (97)
2004 Ed. (103, 105, 123, 124)
2003 Ed. (165, 166)
1992 Ed. (1993, 1995, 1996, 1998, 1999, 2000, 2010, 2014, 2016, 2018, 2019, 2020, 2036, 2037)
1991 Ed. (510)
1990 Ed. (552)
1989 Ed. (530)

Deutsche Aerospace AG
1994 Ed. (2422)
1993 Ed. (3253)

Deutsche Asset
2002 Ed. (3627, 3629)

Deutsche Asset Management
2008 Ed. (3377)
2007 Ed. (3284)
2006 Ed. (3192, 3214, 3217, 3218, 3220, 3222)
2005 Ed. (3208, 3210, 3228)
2004 Ed. (2038, 2044, 2045, 2046, 3206, 3209, 3210, 3786)
2003 Ed. (3073, 3077, 3083, 3084, 3099, 3101, 3104, 3105, 3107, 3110, 3111)
2002 Ed. (3010, 3023, 3024)
1993 Ed. (2356)

Deutsche Asset Management (Australia)
2005 Ed. (3224)
2002 Ed. (2818)

Deutsche Asset Management Life & Pension Ltd.
2004 Ed. (2607)

Deutsche Asset Management, Micro Cap Equity
2003 Ed. (3121, 3136)

Deutsche Aussenhandelsbank
1991 Ed. (554)

Deutsche Aussenhandelsbank AG
1992 Ed. (684)
1991 Ed. (527)
1989 Ed. (541)

Deutsche Babcock AG
2000 Ed. (2477)

Deutsche Bahn
2000 Ed. (3701)
1999 Ed. (4289)
1998 Ed. (1169, 2995)

Deutsche Bahn AG
2008 Ed. (4102)
2007 Ed. (4069)
2006 Ed. (1773, 4821)
2005 Ed. (4769)
2004 Ed. (1724, 4061, 4062)
2003 Ed. (4042, 4811)
2002 Ed. (1643, 1662, 3902, 3903)
2001 Ed. (1689, 1695, 3986, 4620)
2000 Ed. (1413, 1416, 4008, 4296)
1999 Ed. (1608, 1611, 1668, 3988, 4657)
1997 Ed. (1389, 1393, 1435, 1449, 3250, 3499, 3793)

Deutsche Banc Alex. Brown Inc.
2004 Ed. (1439, 4342)
2003 Ed. (2362, 3066, 3090, 3093, 3094, 3095, 4325)
2002 Ed. (2157, 2817, 2999, 3000, 3001, 4235)
2001 Ed. (2423, 3006, 4194)

Deutsche Banc Mortgage Capital, LLC
2001 Ed. (4088)

Deutsche Bandesbahn
1995 Ed. (1376)

Deutsche Bank
2008 Ed. (650, 2699)
2007 Ed. (685, 686, 2559)
2006 Ed. (481, 1723)
2005 Ed. (475, 577)
2003 Ed. (2368)
2000 Ed. (521, 522, 523, 530, 534, 538, 563, 564, 565, 566, 1025, 1428, 1439, 1474, 2344, 2451, 2456, 2848, 3878, 3934, 3986, 4130)
1999 Ed. (278, 487, 510, 511, 512, 513, 514, 516, 520, 528, 529, 550, 552, 553, 554, 555, 953, 1575, 1622, 1636, 1637, 1667, 2438, 2525, 2526, 2601, 3099, 3103, 3104, 3184)
1998 Ed. (384, 1163, 1841, 1842)
1997 Ed. (458, 459, 460, 463, 478, 514, 1404, 1415, 2015, 2087, 2388, 2545, 3003, 3004, 3483)
1996 Ed. (495, 517, 1344, 1352, 1703, 1704, 1705, 2422, 2910)
1995 Ed. (463, 464, 475, 505, 506, 509, 1392, 1401, 1540, 1541,

1720, 1722, 1723, 2390, 2843, 3271)
1994 Ed. (472, 473, 493, 522, 531, 1348, 1376, 1672, 1674, 1675, 1676, 1677, 1681, 1689, 1692, 1693, 1694, 1695, 1696, 1697, 1698, 1699, 1700, 1701, 1702, 1704, 1705, 1708, 1709, 1918, 1919, 2326, 3188, 3191, 3195)
1993 Ed. (468, 470, 491, 517, 518, 521, 526, 530, 1320, 1648, 1649, 1650, 1651, 1652, 1653, 1654, 1655, 1657, 1659, 1663, 1667, 1671, 1672, 1674, 1675, 1676, 1677, 1679, 1680, 1681, 1682, 1685, 1865, 1902, 3203, 3204, 3209)
1992 Ed. (658, 683, 709, 710, 715, 721, 728, 905, 1054, 1604, 1609, 1624, 1989, 1990, 1992, 2022, 2023, 2024, 2030, 2031, 2032, 2033, 2231, 2232, 2638, 3896, 3897, 3898, 3899, 3904, 3906, 3907)
1991 Ed. (503, 504, 528, 529, 691, 722, 777, 850, 851, 1168, 1295, 1581, 1582, 1583, 1585, 1586, 1588, 1589, 1590, 1591, 1592, 1593, 1594, 1595, 1598, 1602, 1603, 1604, 1605, 1606, 1775, 1776, 2367, 3066, 3067, 3068, 3069, 3070, 3071, 3077, 3078, 3232, 3399)
1990 Ed. (543, 549, 580, 581, 605, 607, 814, 900, 1371, 1674, 1675, 1677, 1678, 1682, 1684, 1685, 1686, 1691, 1692, 1693, 1694, 1695, 1696, 1697, 1702, 2317, 3218, 3219, 3220, 3221, 3224, 3225, 3226, 3227, 3461)
1989 Ed. (542, 564, 571, 814, 1351, 1352, 1353, 1354, 1357, 1362, 1365, 1366, 1367, 1368, 1783, 2118, 2448, 2449, 2450)
Deutsche Bank AG
2008 Ed. (409, 418, 447, 1396, 1398, 1475, 1495, 1767, 1769, 1844, 2281, 2698, 2882, 2922, 3010, 3404, 3410, 4120, 4303, 4304, 4305, 4306, 4617, 4665, 4666)
2007 Ed. (439, 452, 476, 496, 509, 510, 511, 649, 650, 651, 1440, 1739, 1740, 1742, 1743, 2162, 2558, 2577, 2888, 3250, 3278, 3285, 3295, 3630, 3631, 3632, 3633, 4268, 4283, 4286, 4288, 4289, 4299, 4300, 4301, 4303, 4304, 4305, 4306, 4307, 4308, 4310, 4311, 4312, 4313, 4315, 4317, 4318, 4319, 4320, 4321, 4322, 4323, 4324, 4325, 4326, 4327, 4328, 4329, 4330, 4331, 4332, 4333, 4334, 4335, 4336, 4337, 4338, 4339, 4340, 4652, 4653, 4654, 4655, 4656, 4657, 4662, 4663, 4664, 4665, 4666, 4667)
2006 Ed. (437, 438, 446, 463, 470, 1408, 1409, 1414, 1416, 1732, 1734, 2242, 2590, 3236, 3341, 4276, 4277, 4278, 4279, 4504, 4722, 4723, 4724)
2005 Ed. (495, 496, 508, 512, 534, 535, 541, 558, 559, 560, 706, 707, 708, 1423, 1429, 1430, 1431, 1441, 1446, 1447, 1448, 1451, 1452, 1453, 1459, 1460, 1546, 1552, 1811, 2147, 2588, 3249, 3504, 3940, 4258, 4259, 4260, 4261, 4262, 4264, 4265, 4266, 4267, 4268, 4269, 4270, 4271, 4272, 4273, 4274, 4275, 4276, 4277, 4278, 4279, 4280, 4281, 4296, 4297, 4298, 4300, 4304, 4305, 4307, 4308, 4310, 4314, 4315, 4316, 4317, 4318, 4319, 4320, 4321, 4322, 4323, 4324, 4325, 4326, 4327, 4328, 4329, 4330, 4331, 4332, 4333, 4335, 4336, 4337, 4338, 4571, 4572, 4573, 4574, 4575, 4576, 4578, 4579, 4580, 4581, 4582, 4583, 4672)
2004 Ed. (488, 533, 552, 559, 572, 573, 574, 578, 579, 1402, 1403, 1405, 1406, 1407, 1410, 1411, 1412, 1414, 1424, 1429, 1430, 1431, 1435, 1436, 1534, 1702, 1708, 2007, 2008, 2057, 2058, 2059, 2065, 2066, 2067, 2068, 2069, 2072, 2073, 2074, 2075, 2076, 2077, 2078, 2080, 2081, 2082, 2083, 2084, 2086, 2087, 2091, 2714, 3197, 3200, 3201, 3202, 3205, 3207, 3212, 4339, 4341, 4343, 4352, 4353, 4354, 4355, 4356, 4357, 4360, 4361, 4362, 4363, 4364, 4365, 4366, 4368, 4371, 4374, 4375, 4376, 4377, 4378, 4379, 4380, 4381, 4382, 4383, 4384, 4385, 4386, 4387, 4388, 4389, 4390, 4392, 4393, 4394, 4395, 4396, 4695)
2003 Ed. (490, 491, 494, 498, 536, 538, 542, 1387, 1388, 1390, 1391, 1397, 1402, 1403, 1405, 1406, 1409, 1411, 1417, 1418, 1434, 1686, 2012, 2014, 2015, 2017, 2018, 2019, 2022, 2023, 2025, 2031, 2032, 2033, 2034, 2035, 2474, 3059, 3096, 3098, 4323, 4332, 4333, 4334, 4335, 4336, 4337, 4338, 4339, 4340, 4341, 4342, 4343, 4344, 4345, 4346, 4348, 4351, 4353, 4355, 4356, 4357, 4358, 4359, 4360, 4361, 4362, 4363, 4364, 4365, 4366, 4367, 4368, 4369, 4370, 4371, 4373, 4375, 4719)
2002 Ed. (338, 557, 563, 578, 579, 580, 581, 583, 588, 663, 730, 731, 732, 733, 734, 735, 736, 999, 1349, 1350, 1351, 1354, 1362, 1371, 1372, 1389, 1421, 1661, 1663, 1922, 1923, 1924, 1926, 1927, 1930, 1931, 1932, 1933, 1934, 1935, 1936, 1937, 1941, 1943, 1946, 1948, 1950, 2161, 2162, 2167, 2270, 2272, 2273, 2274, 2275, 2276, 2364, 2411, 2819, 3011, 3012, 3016, 3025, 3042, 3043, 3188, 3190, 3191, 3192, 3195, 3196, 3203, 3204, 3205, 3206, 3207, 3208, 3209, 3220, 3793, 3794, 3795, 3796, 4198, 4201, 4202, 4206, 4208, 4209, 4210, 4211, 4212, 4213, 4215, 4216, 4218, 4219, 4220, 4221, 4222, 4223, 4224, 4225, 4226, 4227, 4229, 4232, 4233, 4236, 4237, 4238, 4239, 4240, 4241, 4242, 4243, 4244, 4245, 4246, 4247, 4248, 4249, 4250, 4251, 4414, 4416, 4417, 4556, 4557, 4601, 4602)
2001 Ed. (574, 607, 624, 628, 630, 638, 639, 640, 643, 961, 962, 963, 964, 965, 966, 967, 968, 969, 970, 971, 973, 974, 975, 1037, 1195, 1196, 1197, 1514, 1515, 1517, 1519, 1521, 1523, 1530, 1531, 1532, 1533, 1538, 1715, 1716, 1717, 1958, 2427, 2428, 2879, 2881, 3017, 3021, 3038, 3154, 3155, 3505, 3506, 3507, 3508, 3509, 3510, 3512, 3922, 4193, 4204, 4208)
2000 Ed. (560, 3416, 3417, 3419, 3421)
1998 Ed. (383)
1996 Ed. (496, 1329, 1970, 1971, 2483, 2484, 3383, 3385, 3386)
1990 Ed. (542)
Deutsche Bank AG, Frankfurt
1989 Ed. (710)
Deutsche Bank AG-Germany
2000 Ed. (1329)
Deutsche Bank Americas
2004 Ed. (504)
Deutsche Bank (Canada)
1996 Ed. (500)
Deutsche Bank Capital Corp.
1997 Ed. (2621)
1995 Ed. (728)
1994 Ed. (773)
Deutsche Bank Capital Markets
1993 Ed. (1687)
Deutsche Bank Compagnie Financiere Luxembourg
1989 Ed. (609)
Deutsche Bank Frankfurt
1999 Ed. (524)
Deutsche Bank (Germany)
2000 Ed. (562)
Deutsche Bank Group
2000 Ed. (1440, 2849)
1997 Ed. (1414)
1996 Ed. (1338, 1351)
1995 Ed. (1388, 1400)
1994 Ed. (1365, 1375, 2327)
Deutsche Bank Luxembourg
1996 Ed. (589)
Deutsche Bank Securities
2008 Ed. (2703, 3400, 3405)
2007 Ed. (3280, 3281, 3289, 4272, 4275)
2006 Ed. (3208, 3223, 3224, 4251)
2005 Ed. (164, 215, 293, 299, 664, 751, 752, 848, 849, 867, 948, 952, 961, 1142, 1258, 1458, 2169, 2170, 2172, 2173, 2175, 2176, 2178, 2179, 2180, 2181, 2182, 2183, 2184, 2186, 2187, 2188, 2189, 2190, 2191, 2192, 2193, 2195, 2296, 2299, 2301, 2342, 2447, 2448, 2450, 2576, 2639, 2643, 3013, 3055, 3102, 3117, 3175, 3217, 3219, 3220, 3222, 3223, 3235, 3236, 3238, 3455, 3594, 3668, 3684, 3685, 3716, 3767, 3811, 3819, 3985, 4131, 4256, 4348, 4618, 4643, 4719)
2004 Ed. (3181, 3184, 3185, 3187, 3188, 3190, 3191, 3203, 4330, 4333)
2002 Ed. (2168, 4657)
2001 Ed. (2429, 2430)
2000 Ed. (829, 2073, 2107, 2145)
Deutsche Bank Trust Co. Americas
2008 Ed. (1091)
2007 Ed. (1185)
2006 Ed. (1077)
2005 Ed. (1069)
2004 Ed. (185, 365, 1065)
Deutsche Boerse
2007 Ed. (2576)
Deutsche BP AG
2008 Ed. (200, 1185, 3678)
2004 Ed. (3491)
2002 Ed. (3370)
2001 Ed. (3326)
Deutsche BP Aktiengesellschaft
1994 Ed. (2528)
Deutsche BP Holding AG
1999 Ed. (3416)
1997 Ed. (2796)
Deutsche BP Holding Aktiengesellschaft
1995 Ed. (2583)
Deutsche Bundesbahn
1996 Ed. (3415, 3737)
1995 Ed. (1381, 1383, 3340, 3661, 3662)
1994 Ed. (1352, 1357, 1358, 3261, 3577, 3578)
1993 Ed. (1301, 1307, 3618, 3620)
1992 Ed. (3612, 3941)
1991 Ed. (3106)
1990 Ed. (1351, 1352, 1370, 3645)
1989 Ed. (1119)
Deutsche Bundespost
1994 Ed. (1352, 3246, 3261)
1993 Ed. (819, 1300, 1301, 3252)
1992 Ed. (1603, 1606)
1991 Ed. (1272, 1360)
1990 Ed. (1108, 1348, 1351, 1356, 1370, 3263)
1989 Ed. (31, 966)
Deutsche Bundespost Postdienst
1996 Ed. (1329, 3403)
1995 Ed. (1376)
Deutsche Bundespost Telekom
1996 Ed. (1329, 3137, 3403)
1995 Ed. (1376, 3035, 3326, 3326)
Deutsche Financial
1998 Ed. (2708)
Deutsche Genossenschafts Bank
2003 Ed. (1429)
Deutsche Genossenschaftsbank
1991 Ed. (528)
1990 Ed. (581, 1682)
Deutsche Girozentrale
1989 Ed. (576)
Deutsche Girozentrale-Deutsche Kommunalbank
1993 Ed. (530)
Deutsche Girozentrale Overseas Ltd.
2000 Ed. (483)
Deutsche Handelsbank AG
1992 Ed. (684)
1991 Ed. (527)
1989 Ed. (541)
Deutsche Herold
2002 Ed. (2937)
Deutsche Hyp
2000 Ed. (1862)
Deutsche International Select Equity Fund Institutional
2003 Ed. (3529)
Deutsche Japanese Equity
2000 Ed. (3279)
Deutsche/LA
2004 Ed. (133)
2003 Ed. (175)
Deutsche Lufhansa Ag
1993 Ed. (3618)
Deutsche Lufthansa
1999 Ed. (4657)
Deutsche Lufthansa AG
2008 Ed. (218, 219, 220, 222, 223, 224, 225, 226, 227)
2007 Ed. (239, 240, 241, 243, 244, 245, 246, 247, 248, 3346, 4832)
2006 Ed. (237, 238, 239, 241, 244, 245, 246, 4821)
2005 Ed. (221, 223, 226, 227, 228, 229, 230)
2004 Ed. (211, 212, 213, 214, 215, 220, 221, 222)
2003 Ed. (250, 251, 252, 253, 1670, 4811, 4812)
2002 Ed. (256, 266, 267, 1664)
2001 Ed. (297, 298, 306, 307, 308, 311, 313, 319, 321, 322, 323, 324, 327, 328, 329, 330, 331, 332, 334)
2000 Ed. (4008, 4296)
1997 Ed. (3793)
1990 Ed. (3645)
Deutsche mark
1996 Ed. (2872)
1992 Ed. (2025, 2047)
1990 Ed. (1871, 2742)
Deutsche mark, CME
1996 Ed. (1996)
Deutsche Micro Cap Fund Institutional
2003 Ed. (3541)
Deutsche Morgan Grenfell
2001 Ed. (1535)
2000 Ed. (775, 776, 777, 2924, 3880)
1999 Ed. (490, 492, 866, 867, 868, 869, 870, 871, 913, 921, 922, 923, 924, 925, 926, 927, 929, 942, 1087, 1436, 2063, 2064, 2066, 2069, 2278, 2296, 2321, 2363, 4193, 4217, 4258, 4260, 4261, 4265)
1998 Ed. (349, 1265, 1494, 1495, 1498, 1501, 3248, 3249, 3264, 3267, 3269, 3271, 3272)
1997 Ed. (1230, 1231, 1232, 1597, 1787, 1788, 1789, 1790, 1967, 3002, 3476, 3479, 3480)
Deutsche Morgan Grenfell (CI) Ltd.
2000 Ed. (485)
Deutsche Pfandbrief Hypotheken
2005 Ed. (3943)
Deutsche Pfandbrief -und Hypothekenbank
2002 Ed. (573)
1998 Ed. (1502)
Deutsche Pfandbrief- und Hypothekenbank AG
2004 Ed. (548)

Deutsche Post
2002 Ed. (1639)
2000 Ed. (3576)
1999 Ed. (1608, 1611, 3681, 3861, 4287)
1998 Ed. (1169, 2888)
1997 Ed. (1389, 1449, 3136, 3499)
Deutsche Post AG
2008 Ed. (1738, 1767, 1769, 1850, 4328, 4329, 4331)
2007 Ed. (853, 856, 1689, 1709, 1739, 1741, 1742, 1743, 1804, 4374, 4376, 4833, 4834)
2006 Ed. (1693, 1714, 1732, 1733, 4309)
2005 Ed. (1546, 1768, 4359, 4365)
2004 Ed. (1711, 1724, 3753)
2003 Ed. (3709, 4812)
2002 Ed. (1662, 3573, 4265)
2001 Ed. (1689, 1695)
2000 Ed. (1413, 1416, 4006, 4008)
1999 Ed. (4289)
Deutsche Post World Net
2008 Ed. (1719, 1768)
Deutsche Postbank
2004 Ed. (548)
Deutsche Postbank International
2005 Ed. (573)
2004 Ed. (584)
Deutsche Reinsurance
2001 Ed. (2959, 2960)
1999 Ed. (4034)
Deutsche/Scudder
2003 Ed. (3621)
Deutsche Securities
2007 Ed. (753, 3279, 3288)
2003 Ed. (3097)
2002 Ed. (2169)
2000 Ed. (868, 869, 2058)
Deutsche Securities Asia
2000 Ed. (873)
Deutsche Shell AG
2002 Ed. (3678)
2001 Ed. (3759)
1999 Ed. (3811)
1997 Ed. (3107)
1996 Ed. (3023)
Deutsche Shell GmbH
2004 Ed. (4930)
Deutsche Siedlungs und Landesrentenbank
1997 Ed. (516)
1991 Ed. (550)
Deutsche Siedlungs- und Landesrentnebank
1998 Ed. (1502)
Deutsche Small-Cap Investment
2004 Ed. (3570)
Deutsche SPAR-Zentrale
1990 Ed. (1220)
Deutsche Telekom
2000 Ed. (1439, 1440, 4130, 4191, 4192)
1999 Ed. (1606, 1607, 1635, 1636, 1637, 1638, 2525, 2883, 4287, 4289, 4551, 4552, 4553)
1998 Ed. (1149, 1164, 2217, 3210, 3477)
1997 Ed. (1390, 1393, 1413, 3499, 3501, 3692, 3693)
1996 Ed. (3649, 3650, 3651)
1994 Ed. (2976, 3484)
Deutsche Telekom AG
2008 Ed. (24, 34, 35, 42, 46, 82, 1425, 1735, 1767, 1768, 1769, 4640, 4641, 4643)
2007 Ed. (19, 29, 31, 42, 57, 76, 1706, 1739, 1741, 1742, 1743, 2161, 4588, 4713, 4714, 4717, 4718, 4719, 4721)
2006 Ed. (25, 38, 48, 51, 1093, 1723, 1732, 1733, 1734, 3039, 4598, 4696, 4697)
2005 Ed. (19, 31, 41, 1489, 1570, 1758, 1781, 1797, 4359, 4634, 4652)
2004 Ed. (26, 38, 40, 47, 1459, 1473, 1556, 4673, 4674, 4676)
2003 Ed. (1423, 1443, 1496, 1506, 1518, 1686, 2948, 4396, 4585, 4702, 4704, 4720)
2002 Ed. (1403, 1638, 1661, 1663, 2000, 2364, 4414, 4415, 4416, 4417, 4569, 4570)
2001 Ed. (37, 1551, 1693, 1695, 1696, 1697, 1714, 1715, 1716, 1717, 1749)
2000 Ed. (1412, 1416, 1438, 2274, 4006, 4008)
Deutsche Telekom MobilNet
2001 Ed. (3340)
Deutsche Terminborse
1993 Ed. (1915)
Deutsche Texaco
1990 Ed. (1249)
Deutsche Top 50 World
2000 Ed. (3291)
Deutsche Treuhand-Gessellschaft
1990 Ed. (8)
Deutsche Verkehrsbank
2004 Ed. (504)
Deutsche Waggonbau
1997 Ed. (2704)
Deutsche Woolworth GMBH
2000 Ed. (3026)
Deutsche Zentral-Genossenschaftsbank AG
2008 Ed. (418)
2007 Ed. (452)
2006 Ed. (446)
2005 Ed. (512, 3943)
Deutsche Zentral-Genossenschaftsbank—DZ Bank
2004 Ed. (533, 548)
Deutschemark
1995 Ed. (2813)
1994 Ed. (1939, 2699)
1993 Ed. (1914, 1916, 2744)
Deutz-Allie
1989 Ed. (221)
Deutz-Allis Corp.
1992 Ed. (2961, 4331)
1989 Ed. (220)
Dev Sol, Turkey
2000 Ed. (4238)
Devcon Construction Inc.
2008 Ed. (1182)
2007 Ed. (1282)
2003 Ed. (1269)
2002 Ed. (1259)
Devcon International Corp.
2005 Ed. (772, 773)
2004 Ed. (786, 787)
Devcon Security Services Corp.
2008 Ed. (4296, 4299)
2007 Ed. (4295)
Developed cinema film
1992 Ed. (2076)
Developer Express
2008 Ed. (1146)
2005 Ed. (1145)
Developers Diversified
1999 Ed. (4311)
1993 Ed. (3313)
1991 Ed. (3119, 3125)
1990 Ed. (3285)
Developers Diversified Realty Corp.
2008 Ed. (4127, 4334, 4335)
2007 Ed. (4086, 4106, 4379)
2006 Ed. (4045, 4055, 4312, 4313, 4315)
2005 Ed. (4025)
2004 Ed. (4091)
2003 Ed. (4061, 4409, 4410, 4411)
2002 Ed. (4278)
2001 Ed. (4250, 4255)
2000 Ed. (4018, 4019, 4020, 4031)
1999 Ed. (4004)
1998 Ed. (3297, 3301)
1995 Ed. (3378)
Developers of Nevada
2002 Ed. (1196)
1999 Ed. (1334)
1998 Ed. (908)
Development & Commercial Bank
1996 Ed. (597)
1995 Ed. (539, 2838)
1994 Ed. (563)
1993 Ed. (51)
1992 Ed. (769, 770)
1991 Ed. (601)
1989 Ed. (613)
Development as Freedom
2006 Ed. (579)
Development Bank of Japan
2004 Ed. (511)
2002 Ed. (3193)
Development Bank of Mauritius
1991 Ed. (606)
Development Bank of Seychelles
1999 Ed. (633)
Development Bank of Seychelles (Victoria)
2000 Ed. (659)
Development Bank of Singapore
2002 Ed. (515, 518, 520, 521, 644)
2001 Ed. (1843)
2000 Ed. (529, 1546, 1548, 1551, 1553)
1999 Ed. (519, 1730, 1731)
1998 Ed. (350)
1997 Ed. (1505)
1996 Ed. (1440)
1995 Ed. (1480, 1481, 2841)
1994 Ed. (1444)
1993 Ed. (1391)
1992 Ed. (1687, 2823, 3978)
1991 Ed. (451, 659, 1341, 2274, 3129)
1990 Ed. (503, 573, 1415)
Development Bank of Singapore Asset Management
1997 Ed. (2401)
Development Bank of the Philippines
2008 Ed. (492)
2007 Ed. (541)
2006 Ed. (513)
2005 Ed. (597)
2004 Ed. (607)
2003 Ed. (599)
2002 Ed. (635)
2000 Ed. (648)
1999 Ed. (2892)
1997 Ed. (3487)
1996 Ed. (3392)
1994 Ed. (618)
1993 Ed. (615)
1992 Ed. (821)
1991 Ed. (649)
1990 Ed. (670)
1989 Ed. (655)
Development Bank of Zambia
2000 Ed. (699)
Development Counsellors International
2005 Ed. (3958)
2004 Ed. (3997)
2003 Ed. (3993)
Development Design Group Inc.
1998 Ed. (184)
Development Dimensions International
2008 Ed. (2034)
Development Finance Corp. of Ceylon
1997 Ed. (1070)
1996 Ed. (1052)
1994 Ed. (1061)
Development InfoStructure
2003 Ed. (1341)
Development Corp. of Snyder
1996 Ed. (2239)
Development Studies Center
1992 Ed. (1100)
Developnment Lottery
1992 Ed. (79)
Developpement ed de Commerce Exterieur
1992 Ed. (854)
Deven Associates International Inc.
1992 Ed. (2048)
Devereux
1998 Ed. (717)
The Devereux Foundation
2000 Ed. (1039)
1999 Ed. (1115)
Devil Canyon 3-4
1994 Ed. (1587)
The Devil in the White City
2007 Ed. (665)
2006 Ed. (640)
The Devil Wears Prada
2008 Ed. (623)
2005 Ed. (725)
Devil Without a Cause
2001 Ed. (3407)
DeVille
2001 Ed. (486, 505)
The Devil's Advocate
2000 Ed. (4349)
The Devil's Own
1999 Ed. (4720)
Devin banka
2002 Ed. (645, 785)
1999 Ed. (636)
1997 Ed. (610)
1996 Ed. (674)
Devine
2005 Ed. (4509)
Devine III; Michael
2008 Ed. (964)
2007 Ed. (1042)
2006 Ed. (947)
Devine; John
2007 Ed. (1043)
2006 Ed. (948)
2005 Ed. (988)
Devine, Millimet & Branch
1999 Ed. (3154)
Devitre; Dinyar
2006 Ed. (993)
Devo Capital Management Corp.
1999 Ed. (1245)
Devoe & Raynolds
1996 Ed. (2132)
DeVoe; David
2007 Ed. (1056)
Devon Canada
2007 Ed. (3864)
Devon Direct
2003 Ed. (2067)
2002 Ed. (1985)
2000 Ed. (1673)
1999 Ed. (1860)
1994 Ed. (108)
1993 Ed. (127)
Devon Direct Marketing & Advertising Inc.
2000 Ed. (159)
1999 Ed. (142)
1998 Ed. (1284, 1285)
1997 Ed. (1614)
1996 Ed. (1550)
1995 Ed. (113)
1992 Ed. (197, 1808)
1991 Ed. (69, 142, 950, 1420, 3146)
1990 Ed. (1503)
Devon Energy Corp.
2008 Ed. (1510, 2010, 2011, 2807, 2808, 3676, 3680, 3896, 3899, 3902, 3903, 3904, 3908, 3909, 3910, 3911, 3912, 3921, 3927, 3937, 3938, 3940, 3941)
2007 Ed. (1541, 1940, 1941, 2676, 2677, 2751, 3832, 3840, 3843, 3844, 3849, 3850, 3851, 3855, 3856, 3857, 3858, 3859, 3872, 3894, 3895, 3897, 3898, 4521)
2006 Ed. (1495, 1958, 1959, 2442, 2686, 2687, 3819, 3823, 3825, 3826, 3827, 3832, 3833, 3834, 3838, 3839, 3841, 3864, 3867, 4463, 4464)
2005 Ed. (1465, 1468, 1611, 1612, 1923, 1924, 2400, 2711, 2712, 3586, 3733, 3743, 3744, 3745, 3750, 3751, 3756, 3757, 3758, 3759, 3760, 3773, 3777, 3797, 3798, 3800, 3801, 4456, 4457, 4461, 4506)
2004 Ed. (1457, 1838, 2320, 2721, 2722, 3668, 3835, 3838, 3839, 3847, 3848, 3869, 3872, 3873)
2003 Ed. (1509, 1805, 2604, 3304, 3813, 3817, 3840, 3841, 3859, 3860, 4539)
2002 Ed. (307, 3250, 3537, 3664, 4356)
1991 Ed. (227)
Devon Fund
2000 Ed. (3236)
Devon Health Services
2005 Ed. (3883)
2000 Ed. (3603)
Devon Institutional Realty
1992 Ed. (2751, 2759)
Devonshire Cream
1990 Ed. (2460)

Devonshire; David
2007 Ed. (1086)
2006 Ed. (994)
DeVos; Richard
2008 Ed. (4832)
2007 Ed. (4903)
2006 Ed. (4908)
2005 Ed. (4854)
Devoteam
2006 Ed. (1727)
DeVries
2003 Ed. (3984, 3987, 3991)
DeVries PR
2000 Ed. (3632, 3639)
Devries Public Relations
2005 Ed. (3953, 3954, 3956, 3965, 3970)
2004 Ed. (3976, 3986, 3988, 3990, 4012, 4021)
2003 Ed. (3989)
2002 Ed. (3821, 3827, 3833, 3842)
1999 Ed. (3916, 3922)
1992 Ed. (3562)
Devro
2000 Ed. (4132)
DeVry Inc.
1998 Ed. (2677)
DevStudios International Inc.
2005 Ed. (1690)
Devtek
1990 Ed. (2005)
Devx Energy
2002 Ed. (2122)
Dew Otani Co., Ltd.
1990 Ed. (2092)
Dewan Salman
1997 Ed. (2589)
Dewan Salman Fiber
2000 Ed. (2878)
Dewan Salman Fibre
1999 Ed. (3133)
Dewan Salman Fibres Ltd.
2002 Ed. (3044, 4454)
Dewan Salmon Fibre
1997 Ed. (2588)
Dewar's
2004 Ed. (4314, 4321)
2003 Ed. (4304, 4311)
2002 Ed. (285, 3156, 3164, 3171, 3174, 3178, 4174, 4181, 4183, 4184, 4185)
2001 Ed. (3118, 3132, 3135, 3137, 3140, 3145, 4161, 4167, 4168, 4169, 4170)
2000 Ed. (2949, 2967, 2968, 2970, 2972, 2974, 2978, 3864, 3869, 3870, 3871, 3872)
1999 Ed. (3228, 3229, 3230, 3233, 3239, 3241, 3245, 3247, 4149, 4154, 4155, 4156, 4157)
1998 Ed. (2387, 2388, 2392, 2395, 2396, 3163, 3164, 3170, 3172, 3173)
1997 Ed. (2658, 2659, 2661, 2664, 2667, 3387, 3392, 3393, 3394, 3395)
1996 Ed. (2519, 2520, 2524, 3290, 3295, 3297, 3298)
1995 Ed. (2455, 2470, 2471, 2474, 3193, 3197)
1994 Ed. (2374, 2389, 2390, 2393, 3148, 3153)
1993 Ed. (2433, 2445, 2447, 2448, 2449, 2450, 3104, 3109, 3110)
1992 Ed. (2867, 2868, 2874, 2883, 2885, 3808, 3813)
1991 Ed. (2315, 2316, 2324, 2326, 2932, 2935)
Dewar's White Label
1991 Ed. (2331)
1990 Ed. (2454, 2458, 3111, 3113, 3114, 3115)
1989 Ed. (2363, 2364, 2365)
Dewberry
2008 Ed. (2531, 2570)
2007 Ed. (2410)
Dewberry & Davis LLC
2008 Ed. (1357)
The Dewberry Cos.
2004 Ed. (2379)
Dewberry-Goodkind
2008 Ed. (2521, 2536)
Dewe Rogerson
1999 Ed. (3934, 3935, 3939)
1997 Ed. (3186, 3194, 3195, 3197, 3201, 3202)
1996 Ed. (3105, 3117, 3118, 3120, 3126)
1995 Ed. (3004, 3014, 3015, 3016, 3018, 3019, 3022)
1994 Ed. (2956, 2957, 2958, 2959, 2960, 2964)
1992 Ed. (3561)
Dewe Rogerson Group Ltd.
1993 Ed. (971)
Dewell; D. Kent
1990 Ed. (2659)
Dewey Corp.
2001 Ed. (4441)
1996 Ed. (3630)
Dewey Ballantine
1999 Ed. (3143, 3144, 3146, 4257)
Dewey Ballantine LLP
2008 Ed. (3417, 3418)
2005 Ed. (1439)
2004 Ed. (1417, 1438, 1440, 3225)
2003 Ed. (1400, 1401, 1412, 1413, 1415, 3188)
2002 Ed. (1356, 1357, 1359, 1373, 1374)
2000 Ed. (2892)
The Dewey Electronics Corp.
2004 Ed. (4588)
Dewey Group
1999 Ed. (4533)
Dewey Stevens
1989 Ed. (2911)
Dewhirst Group plc
2001 Ed. (1282)
Dewhit Inc.
2008 Ed. (3732, 4427)
Dewhurst; Moray
2008 Ed. (965)
2007 Ed. (1089)
DeWitt County, IL
1994 Ed. (2167)
DeWitt Wallace Fund for Colonial Williamsburg
1995 Ed. (1930)
DeWitt Wallace-Reader's Digest Fund, Inc.
1995 Ed. (1929)
1994 Ed. (1902, 1904, 1906)
1992 Ed. (1094, 1280)
The DeWolfe Cos., Inc.
2004 Ed. (235, 4069, 4071)
Dewy
2001 Ed. (4645)
Dex Media Inc.
2007 Ed. (2452, 3449, 4730)
2006 Ed. (4258, 4706)
Dexatrim
2003 Ed. (2059)
2002 Ed. (4889, 4890)
2001 Ed. (2009, 2010)
2000 Ed. (1669)
1998 Ed. (1271, 1351)
1997 Ed. (1667)
1996 Ed. (1547, 1549)
1995 Ed. (1603, 1604)
1993 Ed. (1484)
Dexatrim Caffeine-Free
1997 Ed. (1608, 1609, 1666, 1667)
1995 Ed. (1603, 1604)
Dexatrim Caplets/Vitamin C
1997 Ed. (1608, 1609, 1667)
Dexatrim Caplets/Vitamin C 40
1997 Ed. (1666)
Dexatrim Caplets/Vitamin C 20
1997 Ed. (1666)
Dexatrim Extended Duration
1997 Ed. (1608, 1609, 1666, 1667)
1995 Ed. (1603, 1604)
Dexatrim Natural
2002 Ed. (4890)
Dexia
2008 Ed. (385)
2007 Ed. (403)
2006 Ed. (419)
2005 Ed. (465)
2004 Ed. (455)
2003 Ed. (467)
Dexia Bank
2004 Ed. (497)
Dexia—Banque Internationale a Luxembourg
2008 Ed. (472)
2007 Ed. (515)
2006 Ed. (495)
2005 Ed. (573)
2004 Ed. (584)
Dexia Belgium
2002 Ed. (759, 760, 1596, 1597)
2001 Ed. (1548, 1640)
2000 Ed. (558)
Dexia CC
2000 Ed. (788, 789)
Dexia Credit Local
2004 Ed. (503)
Dexia Group
2008 Ed. (1575, 1577, 1578, 1813)
2007 Ed. (1597, 1600, 3990)
2006 Ed. (1562, 1563, 1565, 3341)
2003 Ed. (1623)
Dexion Group Ltd.
2004 Ed. (2708, 3397)
2003 Ed. (3320)
Dexla
2000 Ed. (1394)
Dexsta Credit Union
2008 Ed. (2224)
2007 Ed. (2109)
2006 Ed. (2188)
2005 Ed. (2093)
2004 Ed. (1951)
2003 Ed. (1911)
2002 Ed. (1854)
The Dexter Corp.
2005 Ed. (1533)
2002 Ed. (991)
2001 Ed. (1214, 3551, 4509, 4510)
1997 Ed. (2952)
1995 Ed. (2788, 2790, 3370)
1994 Ed. (940)
1993 Ed. (259, 927)
1992 Ed. (1127, 2162)
1991 Ed. (263, 919, 921)
1990 Ed. (962, 965)
1989 Ed. (901)
Dexter Credit Union
2008 Ed. (2257)
2007 Ed. (2142)
2006 Ed. (2221)
2005 Ed. (2126)
2004 Ed. (1984)
2003 Ed. (1944)
2002 Ed. (1836, 1890)
Dexter II Inc.; B. W.
2007 Ed. (1363)
Dexter Nonwovens
2000 Ed. (3356)
1999 Ed. (3631)
1998 Ed. (2689)
1996 Ed. (2854)
1994 Ed. (2682)
1993 Ed. (2733, 2734)
1992 Ed. (3271, 3273)
1991 Ed. (2620)
Dexter Shoe Co.
2004 Ed. (1786)
Deza Works
1994 Ed. (925)
DF & R Restaurants
1997 Ed. (3330, 3650)
1995 Ed. (3135)
DF Mainland
1999 Ed. (914)
DFA Continental Small Co.
1994 Ed. (2626)
DFA Continental Small Company
1992 Ed. (3182)
DFA Emerging Markets
2000 Ed. (3257)
DFA Five-Year Government
1998 Ed. (2597)
1992 Ed. (3165)
DFA Group Japan Small Company
1998 Ed. (2656)
DFA Intermediate Government Bond
1997 Ed. (2890)
DFA International Small Cap Value
2003 Ed. (3146)
DFA Japan Small Co.
1994 Ed. (2626)
1989 Ed. (1846)
DFA Japan Small Company
2001 Ed. (3504)
DFA Japanese Small Company
1999 Ed. (3582)
1992 Ed. (3172, 3183)
DFA One-Year Fixed Income
1992 Ed. (3164)
DFA Real Estate Securities Portfolio
2003 Ed. (3117)
DFA UK Small Company
2001 Ed. (3500)
DFA United Kingdom Small Co.
1989 Ed. (1846)
DFA United Kingdom Small Company
1998 Ed. (2635)
DFA U.S. Micro Cap Fund
2003 Ed. (3540)
DFA U.S. Small Cap Value Fund
2003 Ed. (3542)
DFAS Satellite Center
1996 Ed. (2643)
DFCC
1999 Ed. (1240, 1241)
DFCC Bank
2006 Ed. (1073)
2002 Ed. (4476, 4477)
2000 Ed. (666, 1149)
DFCU Financial Credit Union
2008 Ed. (2239)
2007 Ed. (2124)
2006 Ed. (2203)
2005 Ed. (2108)
dfcu Group
2008 Ed. (517)
DFDS Transport
2005 Ed. (873)
DFDS Transport AS
2004 Ed. (3905)
DFDSTor Line A/S
2005 Ed. (3239)
DFFC
2000 Ed. (1150)
DFS
2008 Ed. (99, 104, 4096)
2007 Ed. (90, 94, 707)
2002 Ed. (766)
DFS Furniture
2005 Ed. (4142)
DFS Furniture Co., plc
2008 Ed. (102)
2002 Ed. (2383)
2001 Ed. (2571)
2000 Ed. (2294)
The DFS Group
2005 Ed. (3890, 3895)
2002 Ed. (3037)
1999 Ed. (247)
1997 Ed. (1680)
DFS Northern Upholstery
2002 Ed. (45, 52, 232)
DFSoutheastern
1993 Ed. (3256)
DFW Executive Conference Center
1992 Ed. (312)
DFW Hilton Conference Center
1991 Ed. (217)
DFW Hilton Executive Conference Center
1995 Ed. (198)
DFW Lakes Hilton
2000 Ed. (2541)
DG Bank
2001 Ed. (606)
2000 Ed. (538)
1999 Ed. (528, 529)
1996 Ed. (517)
1995 Ed. (464, 475)
1994 Ed. (493)
1993 Ed. (491, 1672, 1676, 1865)
1992 Ed. (683, 1998)
1991 Ed. (529, 777)
1990 Ed. (580)
1989 Ed. (542)
DG Bank Deutsche Genossenschaftsbank
2003 Ed. (498)
2002 Ed. (563)
1991 Ed. (1585)
DG Bank Luxembourg
1992 Ed. (722)
DG Hyp
2000 Ed. (1862)

DG Jewellery Canada
1999 Ed. (4169)
DG Yuengling & Son
2005 Ed. (652)
1990 Ed. (752)
1989 Ed. (757, 767)
DGC Capital Contracting
2008 Ed. (1275)
DGL Acquisition Corp.
2006 Ed. (4010)
D.G.M. Commodity (Cotton Trading Partners)
1996 Ed. (1056)
D.G.P.R.S.B.
1994 Ed. (1849)
1992 Ed. (2157)
1990 Ed. (1796)
DGT-Direction Generale des Communications
1997 Ed. (3694)
1996 Ed. (1349, 3405)
1995 Ed. (1381, 1398, 3327)
1994 Ed. (1357, 1371, 3248)
1993 Ed. (1305, 1317, 3254)
1990 Ed. (1351, 1366, 3263)
1989 Ed. (1118)
DGZ DekaBank
2003 Ed. (532)
2002 Ed. (573)
DH Blair
1990 Ed. (2294)
D.H. Direct
1989 Ed. (848)
Dhaka Fisheries Ltd.
2002 Ed. (1970)
Dhamija; Dinesh
2005 Ed. (2463)
Dhan Fibre
2000 Ed. (2878)
Dhan Fibres Ltd.
2002 Ed. (3045, 4454)
1999 Ed. (3133)
Dhana Siam
1994 Ed. (3197)
Dhana Siam Finance & Securities
1999 Ed. (2895, 4162)
1996 Ed. (3394)
1995 Ed. (3284)
1992 Ed. (3824)
1989 Ed. (1785)
Dhani Harrison
2007 Ed. (4925)
Dhanin Chearavanont
2008 Ed. (4853)
2006 Ed. (4920)
Dharmala Sec
1995 Ed. (3268)
Dhawan & Co.; S. N.
1997 Ed. (10, 11)
DHD Management
1999 Ed. (4008, 4010)
DHI
2002 Ed. (4400)
DHI Mortgage
2006 Ed. (3561)
DHL
2008 Ed. (4751)
2000 Ed. (230, 4013)
1999 Ed. (207, 1623, 4301)
1998 Ed. (109, 114, 116, 117)
1997 Ed. (189, 1402)
1995 Ed. (1391)
1994 Ed. (150)
DHL Americas
2008 Ed. (4066, 4067, 4072, 4743)
2007 Ed. (4816)
DHL Danzas Air & Ocean
2007 Ed. (1334, 1335, 2648)
DHL Exel Supply Chain
2008 Ed. (4814)
DHL Express
2008 Ed. (4742)
2007 Ed. (4815)
2006 Ed. (4805, 4806)
2005 Ed. (4754)
DHL Express USA Inc.
2008 Ed. (4771, 4774, 4775, 4777)
DHL Global Forwarding
2008 Ed. (850)
DHL Holdings Inc.
2004 Ed. (196)
DHL International
2008 Ed. (3525)
DHL Worldwide Express Inc.
2007 Ed. (4848, 4851, 4852, 4853, 4854)
2005 Ed. (1546, 1549)
2002 Ed. (3214)
Dhofar; Bank
2008 Ed. (488)
2007 Ed. (534)
2006 Ed. (509)
Dhofar International Development & Investment
2002 Ed. (4451, 4452)
Dhofar International Development & Investment Holding
2006 Ed. (4526)
DHR International
2008 Ed. (2627)
2007 Ed. (2495)
2002 Ed. (2172)
2001 Ed. (2310)
2000 Ed. (1863, 1864, 1866)
1998 Ed. (1504)
1997 Ed. (1792)
1996 Ed. (1708)
DHV
2006 Ed. (1922)
DHV Beheer BV
1997 Ed. (1756, 1762)
1996 Ed. (1675, 1681)
1995 Ed. (1693, 1699)
DHV Group
2006 Ed. (2472, 2475)
2004 Ed. (2398)
2003 Ed. (2317)
Di Fini
1990 Ed. (3341)
Di-Gel
1992 Ed. (341)
Di Giorgio Corp.
2006 Ed. (4947)
2005 Ed. (4916)
1991 Ed. (1737)
Di Giorno Natural
2003 Ed. (925)
Di Saronno Amaretto
2004 Ed. (3266, 3267, 3269)
2003 Ed. (3219, 3224)
2002 Ed. (285, 3086, 3093, 3095, 3096, 3097, 3165)
2000 Ed. (2942)
1999 Ed. (3199, 3200)
1998 Ed. (2364, 2369, 2370, 2372)
1997 Ed. (2636, 2641, 2643, 2644)
1996 Ed. (2494, 2499, 2502, 2503)
1995 Ed. (2448, 2452)
1994 Ed. (2369, 2373)
Di Serena Amaretto
2001 Ed. (3105, 3107, 3110)
Di Tomasso Group
2008 Ed. (1095)
2007 Ed. (1188)
2006 Ed. (1082)
1996 Ed. (1056)
Di Zinno Thompson
1997 Ed. (138)
Dia Kenetsu Co. Ltd.
2000 Ed. (2547)
Dia Kensetsu Co. Ltd.
1999 Ed. (2772)
1997 Ed. (2288)
Dia Met Minerals Ltd.
2003 Ed. (1638)
Diabetes
2000 Ed. (1642, 1644, 1645)
1995 Ed. (2078)
Diabetes medication, oral
1999 Ed. (3324)
Diabetes mellitus
1990 Ed. (1473)
Diabetes-Oral
2000 Ed. (3062)
Diabetes treatment
2001 Ed. (2686)
Diabetes treatments
2001 Ed. (2065)
Diabetic Supplies
1992 Ed. (1871)
Diabetic Tussin
2003 Ed. (1051)
2002 Ed. (1095)
Diablo, CA
2007 Ed. (3000)
Diablo Canyon-1
1990 Ed. (2722)
Diageo
2003 Ed. (750)
2000 Ed. (23, 31, 211, 718, 798, 945, 946, 1442, 2225, 2227, 2998, 4208, 4211)
1999 Ed. (708, 1001)
Diageo Beer Division
2005 Ed. (652)
Diageo Chateau & Estates
2007 Ed. (4966)
2006 Ed. (4959)
Diageo Chateau & Estates Wines
2008 Ed. (4935)
Diageo Ireland
2006 Ed. (565, 1816, 2639, 4768)
Diageo Nederland BV
2006 Ed. (1918)
Diageo North America
2008 Ed. (566)
2007 Ed. (616)
Diageo plc
2008 Ed. (43, 49, 65, 244, 537, 556, 561, 562, 564, 565, 1459, 1743, 1753, 2746, 2749, 4204, 4693, 4695)
2007 Ed. (45, 46, 52, 609, 610, 612, 613, 614, 617, 1328, 1463, 1467, 2616, 2619, 3988, 4774, 4778)
2006 Ed. (49, 54, 55, 61, 142, 256, 552, 565, 566, 567, 571, 1220, 2067, 2639, 4768)
2005 Ed. (32, 42, 48, 54, 57, 236, 663, 665, 668, 1596, 1985, 1988, 2642, 3295, 4091, 4716)
2004 Ed. (48, 53, 60, 62, 156, 230, 675, 676, 1715, 2655, 3366)
2003 Ed. (195, 670, 671, 841, 1519, 1838, 1839, 2515, 2531, 4091, 4092, 4610)
2002 Ed. (235, 704, 705, 925, 2305, 2307, 2310, 3184, 3245, 3889, 3999, 4025, 4589)
2001 Ed. (44, 1092, 1887, 2468, 2470, 3021)
2000 Ed. (949, 1412, 1441, 1443, 2226, 2864)
DiagnoCure Inc.
2005 Ed. (1728)
Diagnostek
1995 Ed. (2496)
1994 Ed. (1215)
1993 Ed. (2008, 2010, 3335)
Diagnostek/HPI Health Care Services
1997 Ed. (2252)
Diagnostic aids
1999 Ed. (1110, 1111, 1114)
Diagnostic Chemicals Ltd.
2008 Ed. (1612)
2007 Ed. (1614)
Diagnostic imaging
2001 Ed. (3598)
Diagnostic kits
1996 Ed. (2978)
Diagnostic Laboratory of Oklahoma
2008 Ed. (2007)
Diagnostic Laboratory Services Inc.
2007 Ed. (1749)
Diagnostic Product
1994 Ed. (712)
Diagnostic Products
1996 Ed. (741)
1995 Ed. (667)
1993 Ed. (702)
1992 Ed. (893)
1991 Ed. (1874, 3141)
Diagnostic radiology
2004 Ed. (3900)
Diagnostic Radiology Supplies
2001 Ed. (3270)
Diagnostic Test Kits
1992 Ed. (1871)
Diagnostics
1993 Ed. (703)
Dial
2008 Ed. (4450, 4451, 4452)
2007 Ed. (3811, 4463)
2006 Ed. (212, 1445, 4396)
2005 Ed. (2963, 2965, 2968, 4388, 4389, 4390)
2004 Ed. (659, 2958, 2960, 2961, 3801, 4440, 4441, 4442)
2003 Ed. (238, 643, 645, 646, 647, 648, 649, 650, 651, 652, 686, 863, 864, 991, 2046, 2047, 2048, 2049, 2872, 3169, 3329, 3768, 3771, 3772, 4462, 4463, 4464)
2002 Ed. (1967, 1968, 3639, 4302, 4303, 4304)
2001 Ed. (1999, 3711, 3721, 3722, 4296, 4297, 4298, 4299, 4300)
2000 Ed. (4070, 4071)
1999 Ed. (687, 1838, 3777, 4349, 4351, 4352, 4354)
1998 Ed. (2804, 2808, 3326, 3327, 3329, 3330, 3331)
1997 Ed. (953)
1996 Ed. (1291, 2200, 2983, 2985, 3469, 3471)
1995 Ed. (3413)
1994 Ed. (916, 3238, 3354)
1993 Ed. (901, 1503, 3244, 3349)
1992 Ed. (3400, 4011)
1991 Ed. (3325)
1990 Ed. (3549)
Dial-A-Mattress
2005 Ed. (3411)
2003 Ed. (2783)
2001 Ed. (2740)
2000 Ed. (706, 2291)
Dial A Mattress Operating Corp.
2008 Ed. (2965)
2000 Ed. (3150)
1999 Ed. (3424)
1998 Ed. (440, 2516, 3084)
1997 Ed. (2802)
1996 Ed. (2661)
1995 Ed. (3142)
Dial A Phone
2002 Ed. (47)
Dial America Marketing Inc.
2000 Ed. (4195)
Dial Bank
1998 Ed. (368)
Dial Call Communications
1997 Ed. (2587)
Dial Complete
2003 Ed. (4464)
Dial Contracts
1999 Ed. (3455)
1997 Ed. (2821)
Dial/Henkel LLC
2003 Ed. (3169)
Dial National Bank
1998 Ed. (366, 368)
Dial 1
2000 Ed. (4069, 4073, 4074)
Dial '1' (Residential-business inter/intrastate)
1991 Ed. (2356)
Dial Page
1996 Ed. (3150)
Dial Porsche; Max
1991 Ed. (292)
Dial Corp. (Premier Cruise Lines)
1993 Ed. (1177)
Dial Spring Water
2003 Ed. (4463)
DialAmerica Marketing Inc.
2005 Ed. (4646, 4651)
2001 Ed. (4466)
2000 Ed. (4194)
1999 Ed. (4558)
1998 Ed. (3483)
1995 Ed. (3556)
1994 Ed. (3486)
1993 Ed. (3512)
1991 Ed. (3282)
1989 Ed. (2795)
Dialcom
1992 Ed. (1934)
1990 Ed. (1645)
DialDirect, Inc.
1997 Ed. (3700)
Dialog
1994 Ed. (2695)
Dialog Information Service Inc.
1991 Ed. (2641)
Dialog Semiconductor plc
2002 Ed. (3547, 3565, 3566)

Dialogue Agency
1999 Ed. (3940)
Dialogue Marketing Partnership
2002 Ed. (4086)
Dialtone Internet Inc.
2004 Ed. (2829)
Dialysis Corp.
2008 Ed. (2856)
2007 Ed. (2726)
2001 Ed. (2761)
Dialysis Corp. of America
2006 Ed. (3444)
Diam International
2007 Ed. (3985)
2006 Ed. (3930)
2005 Ed. (3866)
Diamandis Communications
1991 Ed. (2709)
1990 Ed. (2796)
Diamax sequels
1997 Ed. (2966)
Diamon Multimedia Systems
2000 Ed. (1756)
Diamond
2008 Ed. (3802)
2003 Ed. (3118, 3134, 3137, 3140, 3654)
1996 Ed. (2859)
Diamond Ad
2003 Ed. (149)
2002 Ed. (131)
2001 Ed. (158)
2000 Ed. (120)
1999 Ed. (114)
1997 Ed. (111)
1996 Ed. (109)
1995 Ed. (94)
1994 Ed. (99)
1993 Ed. (116)
1992 Ed. (174)
1991 Ed. (121)
Diamond Advertising
1990 Ed. (123)
1989 Ed. (129)
Diamond AgraIndustries
1998 Ed. (1775)
Diamond Bank
2008 Ed. (484)
2007 Ed. (530)
2005 Ed. (588)
2004 Ed. (600)
2003 Ed. (592)
Diamond Chevrolet Inc.
1994 Ed. (265)
1993 Ed. (296, 299, 301)
1992 Ed. (411)
Diamond Courier Service Inc.
1995 Ed. (3797)
Diamond Crystal Salt Co.
1990 Ed. (1246)
1989 Ed. (881)
Diamond Cut
2000 Ed. (2339)
Diamond Dismantling Inc.
2000 Ed. (1259)
Diamond Flower
1993 Ed. (959, 1050, 3336)
Diamond Foods Inc.
2007 Ed. (216)
Diamond Foundation; Aaron
1989 Ed. (1478)
Diamond Green Resource Co.
2006 Ed. (2656)
The Diamond Group
2006 Ed. (4263)
2005 Ed. (4284)
Diamond Healthcare Corp.
2005 Ed. (2889, 3948)
2003 Ed. (2803)
2002 Ed. (3803)
Diamond Hill Bank & Financial
2004 Ed. (3566)
Diamond Hill Large Cap
2007 Ed. (3670)
2006 Ed. (3624)
Diamond Hill Small Cap
2007 Ed. (2492)
Diamond Home Cleaning Services Inc.
2002 Ed. (857)
Diamond Homes
2005 Ed. (1191, 1192)
Diamond; Irene
1995 Ed. (935)
Diamond Lumber
1990 Ed. (840)
Diamond Multimedia Systems Inc.
1999 Ed. (1956)
1997 Ed. (2167, 2212, 3358, 3403)
Diamond; Neil
2008 Ed. (2583)
2007 Ed. (1267)
1995 Ed. (1117)
1994 Ed. (1099, 1101)
1991 Ed. (1039, 1041)
Diamond Offshore Drilling Inc.
2007 Ed. (3835, 3837)
2006 Ed. (4579)
2004 Ed. (3820)
1997 Ed. (3404)
Diamond P Enterprises Inc.
2008 Ed. (2959, 2968, 3734)
2007 Ed. (3603, 4448)
Diamond Packaging
2008 Ed. (3573)
Diamond Palace Hotel & Casino
2006 Ed. (4298)
2005 Ed. (4357)
Diamond Press
2002 Ed. (3783)
Diamond Products
2003 Ed. (2663, 2666, 2667)
Diamond Promotion Group
1993 Ed. (3064)
Diamond Recruitment
2007 Ed. (1219)
Diamond Rio
1994 Ed. (1100)
Diamond Series Trust
2002 Ed. (2170)
Diamond Shamrock Inc.
1998 Ed. (975)
1996 Ed. (3005)
1995 Ed. (2910)
1994 Ed. (1187)
1993 Ed. (2833)
1992 Ed. (3427)
1990 Ed. (2833)
Diamond Shamrock Offshore Partners L.P.
1996 Ed. (1211)
Diamond Shamrock R & M
1991 Ed. (2731)
Diamond Star
1992 Ed. (481)
Diamond Technology Partners
2002 Ed. (2427)
2001 Ed. (1451)
Diamond Trust of Kenya
2005 Ed. (556)
2004 Ed. (570)
2003 Ed. (556)
2002 Ed. (599)
2000 Ed. (580)
1999 Ed. (568, 3590)
1997 Ed. (533)
1996 Ed. (577)
1995 Ed. (522)
1994 Ed. (547)
1993 Ed. (546)
Diamond Vogel Paint Inc.
1998 Ed. (1968)
Diamond Walnut Growers Inc.
2004 Ed. (193)
2003 Ed. (3655)
Diamond White
2002 Ed. (1050)
Diamondbacks; Arizona
2008 Ed. (4318)
Diamondbank
2000 Ed. (635)
1999 Ed. (613)
1997 Ed. (583)
Diamondis Communications Inc.
1990 Ed. (1227)
DiamondRock Hospitality
2008 Ed. (3086)
Diamonds
2008 Ed. (2643)
2005 Ed. (2466)
1993 Ed. (2364)
1992 Ed. (2804)
1991 Ed. (2262)
Diamonds Trust
2004 Ed. (234, 3172)
DiamondWorks Ltd.
2004 Ed. (1665)
Diana Corp.
1999 Ed. (3611)
1997 Ed. (2934)
1994 Ed. (2666)
Diana Aviv
2008 Ed. (3789)
2007 Ed. (3704)
Diana Ferrari
2002 Ed. (3786)
Diana; Princess
1990 Ed. (2504)
Diana Temple
1998 Ed. (1675)
Diane Glossman
2000 Ed. (1984)
1999 Ed. (2212)
1998 Ed. (1628)
1997 Ed. (1853)
Diane Merdian
2000 Ed. (1985)
Diane Petan
1998 Ed. (1571)
1997 Ed. (1932)
Diane Sawyer
2008 Ed. (2585)
Diane Von Furstenberg
1991 Ed. (3512)
Diane Von Furstenberg Studio
1991 Ed. (3512)
1990 Ed. (3704)
1989 Ed. (2973)
Dianne Feinstein
2003 Ed. (3206)
2001 Ed. (3318)
Dianne Neal
2006 Ed. (993)
Dianon Systems Inc.
1991 Ed. (1878)
Diaparene
2003 Ed. (3783)
2001 Ed. (544)
2000 Ed. (366, 367)
Diapers
2002 Ed. (1222, 3769, 4038)
2001 Ed. (2083)
1997 Ed. (1674, 3053, 3054, 3172, 3174)
1996 Ed. (1561, 2042, 3095, 3096)
1995 Ed. (2994, 3528)
Diapers, disposable
2003 Ed. (3947, 3948)
2002 Ed. (3636)
Diario Clarin
2004 Ed. (3025)
Diario las Americas (Miami)
1992 Ed. (4028)
Diaro Las Americas
1990 Ed. (2708)
Diarrhea
2000 Ed. (2446)
Diarrhea remedies
2004 Ed. (252)
2003 Ed. (2106)
2002 Ed. (2052)
1994 Ed. (1993)
Diary Defender
2008 Ed. (4812)
Diasonic
1990 Ed. (249)
Diasonics
1994 Ed. (2161)
1993 Ed. (2528)
1992 Ed. (3004, 3005, 3680, 320)
1991 Ed. (223, 226, 2403, 2404, 2849)
1990 Ed. (2532)
1989 Ed. (1324)
Diaspark, Inc.
2002 Ed. (2524)
Diatreme Resources Ltd.
2006 Ed. (4482)
Diaz; Paul
2008 Ed. (2640)
2007 Ed. (2512)
2006 Ed. (2531)
Diaz Resources
2007 Ed. (1623)
Diaz Tirado Travel Bureau Inc.
1999 Ed. (3420)
Diazepam
1996 Ed. (1566)
Diazinon
1990 Ed. (2812)
Dibaq-Diproteg SA
2006 Ed. (2022)
Diblo SA de CV
2004 Ed. (1794)
2002 Ed. (1725)
DiBona Jr. Trucking; M. A.
2008 Ed. (4399)
Dibrell Brothers
1997 Ed. (1334, 3757)
1996 Ed. (3696, 3697, 3699)
1995 Ed. (1504, 3323, 3619, 3621, 3622)
1994 Ed. (1266, 1467, 3541, 3543, 3544)
1993 Ed. (1216, 1227, 1413, 2009, 3580, 3581, 3582, 3583)
1992 Ed. (4302, 4304, 4305)
1991 Ed. (3394, 3396, 3397)
1990 Ed. (1299, 3599, 3601)
1989 Ed. (2843)
DiCandilo; Michael
2006 Ed. (965)
Dice.com
2004 Ed. (3156)
2003 Ed. (3047)
2002 Ed. (4801)
Diceon
1991 Ed. (2764)
Dick Corp.
2008 Ed. (1237)
2006 Ed. (1354, 3994)
2005 Ed. (1371, 1373, 3920)
2004 Ed. (1282, 1285)
2003 Ed. (1279, 1299, 1316)
2002 Ed. (1242, 1271, 1286, 1287, 1322)
2001 Ed. (2293, 2302)
2000 Ed. (1292, 1846, 1849, 1857)
Dick Anderson Travel
1990 Ed. (3650)
Dick Brown
2004 Ed. (2487)
Dick Clark Productions Inc.
2004 Ed. (3508, 3509)
1992 Ed. (4245)
1991 Ed. (3328)
Dick Donnelly
1992 Ed. (386)
Dick Donnelly Isuzu
1996 Ed. (274)
1995 Ed. (272)
Dick Gidron Cadillac & Ford Inc.
1996 Ed. (2661)
1995 Ed. (2591)
1994 Ed. (2532)
1993 Ed. (2584)
1992 Ed. (894, 3092)
1991 Ed. (712, 2474)
1990 Ed. (734, 2593)
Dick Grasso
2005 Ed. (3204)
Dick Griffey Productions
1991 Ed. (713)
Dick Ide Hyundai
1994 Ed. (270)
1993 Ed. (271)
Dick; Rollin M.
1997 Ed. (979)
1996 Ed. (967)
1995 Ed. (983)
Dick Simon Trucking Inc.
2003 Ed. (1840)
2001 Ed. (1890)
2000 Ed. (3734, 4313)
1999 Ed. (4019, 4687)
Dick Smith Nissan
1992 Ed. (393)
Dick Tracy
1992 Ed. (3112)
Dick Wolf
2008 Ed. (2582)
Dickel; George
1989 Ed. (748, 751, 752)
Dickerson & Bowen Inc.
2008 Ed. (1312)

Dickerson GT2
1994 Ed. (1587)
Dickey
1993 Ed. (985)
Dickey Jr.; Lewis
2006 Ed. (914)
Dickey's
2006 Ed. (4110)
Dickey's Barbecue Pit Restaurants
2003 Ed. (4103)
Dickie Walker Marine Inc.
2004 Ed. (4340)
Dickies
2000 Ed. (1114)
1999 Ed. (1193, 1194)
1998 Ed. (763)
1997 Ed. (1023, 1024)
1996 Ed. (1005)
1995 Ed. (1023)
1994 Ed. (1013)
1992 Ed. (1209)
Dickinson Financial Corp.
2001 Ed. (572)
Dickinson Wright Moon Van Dusen
1993 Ed. (2623)
1991 Ed. (2536)
Dickinson Wright Moon Van Dusen & Freeman
2000 Ed. (3198, 3202)
1999 Ed. (3484)
1998 Ed. (2084, 2328, 2576)
1996 Ed. (2453)
1995 Ed. (2417)
1994 Ed. (2353)
1993 Ed. (2397, 2620, 2627)
1992 Ed. (2834)
1991 Ed. (2285)
1990 Ed. (2419)
1989 Ed. (1879)
Dickinson, Wright, Moon, Van Duslin & Freeman
1999 Ed. (3149)
Dickinson Wright PLLC
2008 Ed. (3423)
2007 Ed. (3315)
2005 Ed. (3264)
2004 Ed. (3234)
2001 Ed. (841, 3056)
2000 Ed. (2895)
Dickles
1996 Ed. (1004)
Dick's
2001 Ed. (4338)
Dick's Clothing & Sporting Goods
2001 Ed. (4337)
1999 Ed. (4381)
Dick's Sporting Goods Inc.
2008 Ed. (893, 4205, 4473, 4474, 4482, 4483, 4484, 4485, 4486)
2007 Ed. (4504, 4505, 4506, 4507)
2006 Ed. (1979, 1985, 1988, 4436, 4447, 4448, 4449, 4450, 4451)
2005 Ed. (1942, 1947, 1949, 1951, 4421, 4435)
2004 Ed. (4337)
Dickson Concepts
2007 Ed. (1760)
2000 Ed. (1448)
1993 Ed. (2057)
1992 Ed. (2440)
1990 Ed. (2046)
Dickson Ho
1996 Ed. (1912)
Dickstein & Co.
1996 Ed. (2099)
Dickstein Shapiro
2005 Ed. (3259, 3260)
Dickstein Shapiro Morin & Oshinsky
2007 Ed. (3326, 3327)
2006 Ed. (3244)
2004 Ed. (3240)
2003 Ed. (3193, 3195)
Dicomm Advertising
2003 Ed. (184)
2002 Ed. (214)
2001 Ed. (244)
1999 Ed. (173)
1997 Ed. (161)
Dicomm Advertising (Grey)
2000 Ed. (194)
1996 Ed. (154)
Dicon Inc.
1993 Ed. (3306)
Dicson
1990 Ed. (2902)
Dictionary.com
2004 Ed. (3159)
Dictograph Franchise Corp.
1992 Ed. (3827)
Dicus; John B.
2006 Ed. (2530)
Diddy Kong Racing
1999 Ed. (4712)
Dider Rabattu
1999 Ed. (2314)
Didier Primat
2008 Ed. (4866)
Didier Rabattu
2000 Ed. (2102)
Didier-Werke AG
2001 Ed. (1235, 4025)
Die cast cars
1993 Ed. (3599)
Die-cast products
1999 Ed. (1222)
Die Cuts With a View
2007 Ed. (1323)
Die Erste
1990 Ed. (506)
1989 Ed. (483)
Die Erste-First Austrian
1994 Ed. (428)
1993 Ed. (428)
Die Erste Osterreichische Bank
1997 Ed. (413)
1996 Ed. (449)
Die Erste Osterreichische Spar-Casse
1996 Ed. (448)
Die Fledermaus
2001 Ed. (3586)
Die Hard 2
1993 Ed. (3668)
1992 Ed. (3112)
Die Hard With a Vengeance
1997 Ed. (2817)
Die Schweizerische Post
2004 Ed. (1863)
2002 Ed. (1777)
Die Sieber
1990 Ed. (78)
1989 Ed. (84)
Die Sparkasse in Bremen
1994 Ed. (492)
1993 Ed. (490)
1992 Ed. (682)
Die Zauberflote
2001 Ed. (3586)
Diebold Inc.
2008 Ed. (1113, 2364, 3148, 4302, 4801)
2007 Ed. (2224, 2339, 3033, 4297)
2006 Ed. (1106, 1149, 1493, 2281, 2397, 2997, 4274)
2005 Ed. (1115, 1116, 1566, 2219, 2341, 3638, 3639, 4294)
2004 Ed. (263, 2114, 2235, 2239, 2242, 3728, 3729, 3731, 4351)
2003 Ed. (2196, 3671, 3672, 3674, 4330)
2002 Ed. (913, 2002, 4541)
2001 Ed. (435, 3565, 3566)
2000 Ed. (1747, 3079)
1999 Ed. (1971, 3341, 3642, 4489)
1998 Ed. (1320, 2701, 2702)
1994 Ed. (2692)
1993 Ed. (1053, 2740)
1992 Ed. (1310, 1313, 1315, 3285)
1991 Ed. (1717, 2634, 2636)
1990 Ed. (1782, 2733, 2993)
1989 Ed. (2100)
Diebold Incorporated
2000 Ed. (4126)
Diedrich Coffee Inc.
2002 Ed. (1380)
1998 Ed. (3069, 3182)
Diego Espinosa
1996 Ed. (1898)
Diehl GMBH & Co.
2000 Ed. (3086)
1997 Ed. (2754)
1995 Ed. (2549)
Diehl Motor Co.
2006 Ed. (4868)
2004 Ed. (4823)
Diehl; R. H.
1991 Ed. (1618)
Diehl; Richard H.
1990 Ed. (1712)
Diehl Stiftung & Co.
2004 Ed. (3447)
Diehl Toyota
2002 Ed. (361)
Diekat SA
2006 Ed. (1740)
Diekel; Theodore
1990 Ed. (1719)
Diekmann; Michael
2006 Ed. (691)
Dielectric Communications
2002 Ed. (4594)
Dierbergs Markets
1992 Ed. (4174)
Dierberg's Video
1998 Ed. (3671)
Diesel fuel
1992 Ed. (3435)
Dieste & Partners
2003 Ed. (80, 81)
2002 Ed. (69, 184)
2001 Ed. (213)
2000 Ed. (55)
Dieste/BBDO
1993 Ed. (119)
1992 Ed. (179)
Dieste, Harmel & Partners
2008 Ed. (113)
2007 Ed. (103)
2006 Ed. (114, 121)
2005 Ed. (105, 114)
2004 Ed. (109, 115, 131, 132)
2003 Ed. (33, 173, 174)
Diesters
2000 Ed. (3016)
Diet A & W
1992 Ed. (4018)
1991 Ed. (3154)
Diet aids
2005 Ed. (3708)
1996 Ed. (2041)
1995 Ed. (2995)
Diet Black Cherry Vanilla Coke
2008 Ed. (4456)
Diet books
2001 Ed. (2011)
Diet cherry Coke
1990 Ed. (3320)
Diet Cherry Vanilla Dr Pepper
2007 Ed. (4473)
Diet Coke
2008 Ed. (570, 722, 860, 4458, 4459, 4461, 4462)
2007 Ed. (620, 882, 4475, 4477, 4478)
2006 Ed. (574, 793, 4413, 4415)
2005 Ed. (674, 874, 4393, 4397, 4399)
2004 Ed. (681, 886, 887, 2128)
2003 Ed. (678, 866, 4469, 4470, 4475, 4476)
2002 Ed. (4311, 4312, 4313, 4314, 4315, 4316, 4319, 4320, 4325)
2001 Ed. (4302, 4307, 4308)
2000 Ed. (4079, 4081)
1999 Ed. (4356, 4358, 4361, 4362, 4365, 4370)
1998 Ed. (3334, 3335, 3337)
1997 Ed. (3541, 3542, 3544)
1996 Ed. (3473, 3477)
1995 Ed. (3415)
1994 Ed. (3357)
1993 Ed. (3352, 3352, 3355, 3356)
1992 Ed. (4013, 4015, 4018, 4019, 4230)
1991 Ed. (3152, 3154, 3320)
1990 Ed. (3320, 3539, 3543)
1989 Ed. (2516)
Diet Coke Bottle, 2-Liter
1990 Ed. (3315, 3316)
Diet Coke, caffeine-free
1997 Ed. (3541, 3542, 3544)
Diet Coke Cans, 6-Pack, 12-Oz.
1990 Ed. (3315)
Diet Coke Cans, 24-Pack, 12-Oz.
1990 Ed. (3315)
Diet Coke with Splenda
2007 Ed. (4473)
Diet Crush
1992 Ed. (4018)
1991 Ed. (3154)
Diet desserts
1990 Ed. (1952)
Diet Dr Pepper
2008 Ed. (570, 4456, 4458, 4461)
2007 Ed. (4477)
2006 Ed. (574, 4413, 4415)
2005 Ed. (874, 4399)
2004 Ed. (681, 886)
2003 Ed. (4471)
2002 Ed. (4313, 4314, 4315, 4316)
1999 Ed. (4358, 4370)
1998 Ed. (3335)
1997 Ed. (3542)
1992 Ed. (4018)
1991 Ed. (3154)
1990 Ed. (3320)
Diet formulas
2004 Ed. (3666)
Diet Fuel
2001 Ed. (2009, 2010)
Diet Lemon-Lime Slice
1990 Ed. (3320)
Diet meal replacements
1995 Ed. (2903)
1992 Ed. (4176)
Diet Minute Maid
1998 Ed. (3335)
1997 Ed. (3542)
1991 Ed. (3154)
Diet Mountain Dew
2008 Ed. (570, 4456, 4458, 4461)
2007 Ed. (620, 4477)
2006 Ed. (4415)
2005 Ed. (874, 4399)
2003 Ed. (4473)
2002 Ed. (4313, 4314, 4315, 4316)
1999 Ed. (4358, 4370)
1998 Ed. (3335)
1997 Ed. (3542)
1994 Ed. (3356)
1992 Ed. (4018)
Diet Pepsi
2008 Ed. (570, 860, 4458, 4459, 4461, 4462)
2007 Ed. (620, 882, 4475, 4477, 4478)
2006 Ed. (574, 793, 4413, 4415)
2005 Ed. (674, 874, 4393, 4397, 4399)
2004 Ed. (681, 886, 887)
2003 Ed. (678, 866, 4469, 4473, 4475, 4476)
2002 Ed. (4311, 4312, 4313, 4314, 4315, 4316, 4319, 4320, 4325)
2001 Ed. (4302, 4307, 4308)
2000 Ed. (4079, 4081)
1999 Ed. (4356, 4358, 4361, 4362, 4365, 4370)
1998 Ed. (3334, 3335, 3337)
1997 Ed. (3541, 3542, 3544)
1996 Ed. (3473, 3477)
1995 Ed. (3415)
1994 Ed. (3357)
1993 Ed. (3352, 3352, 3355, 3356, 3530)
1992 Ed. (224, 3219, 4013, 4015, 4018, 4019, 4228, 4230)
1991 Ed. (3152, 3154, 3320)
1990 Ed. (3320, 3543)
1989 Ed. (2516)
Diet Pepsi Bottle, 2-Liter
1990 Ed. (3315, 3316)
Diet Pepsi, caffeine-free
1997 Ed. (3541, 3542, 3544)
Diet Pepsi Cans, 6-Pack, 12-Oz.
1990 Ed. (3316)
Diet Pepsi Jazz
2008 Ed. (4456)
Diet Pepsi Lime
2007 Ed. (4473)
Diet Pepsi Vanilla
2005 Ed. (4393)
Diet pills
1994 Ed. (2938)
1992 Ed. (3545)
Diet products
2001 Ed. (1112)

Diet programs
2001 Ed. (2011)
Diet RC Cola
2003 Ed. (4471)
Diet Rite
2006 Ed. (4415)
2005 Ed. (4399)
2000 Ed. (715)
1999 Ed. (703, 4358, 4370)
1998 Ed. (3335)
1997 Ed. (3542)
1992 Ed. (4018)
1991 Ed. (3154)
1990 Ed. (3320)
1989 Ed. (2516)
Diet Rite Colas
2003 Ed. (4471)
Diet 7 Up
2008 Ed. (4461)
2007 Ed. (4477)
2006 Ed. (4415)
2005 Ed. (4399)
2003 Ed. (4471)
1999 Ed. (4358)
1998 Ed. (3335)
1991 Ed. (3154)
1989 Ed. (2516)
Diet 7UP
1999 Ed. (4370)
1997 Ed. (3542)
1993 Ed. (3355, 3356)
1992 Ed. (4018)
1990 Ed. (3320)
Diet Sierra Mist
2006 Ed. (4415)
2005 Ed. (4393, 4399)
Diet Slice
1991 Ed. (3154)
Diet Snapple
2008 Ed. (4598, 4600)
2007 Ed. (4690, 4691)
2006 Ed. (4670)
2005 Ed. (4604)
2000 Ed. (4148, 4181)
Diet Sprite
2008 Ed. (4461)
2007 Ed. (4477)
2006 Ed. (4415)
2005 Ed. (4399)
2003 Ed. (4470)
1999 Ed. (4358, 4370)
1998 Ed. (3335)
1997 Ed. (3542)
1992 Ed. (4018)
1991 Ed. (3154)
1990 Ed. (3320)
1989 Ed. (2516)
Diet Squirt
1992 Ed. (4018)
Diet supplements
2001 Ed. (2013)
1994 Ed. (1994)
Diet System 6
2001 Ed. (2009, 2010)
2000 Ed. (1669)
Diet Vanilla Coke
2005 Ed. (4393)
Dietary services
1999 Ed. (3666)
Dietche & Field
1993 Ed. (2322, 2330)
Dieter Schwarz Stiftung Gemeinnutzige GmbH
2005 Ed. (2587)
D'Ieteren
2005 Ed. (23)
1994 Ed. (16)
1989 Ed. (24)
Dieteren Group
2007 Ed. (21)
Dietetic candy
2002 Ed. (932)
Diethelm Advertising
1989 Ed. (168)
Dieting aids
2005 Ed. (2045)
Dietmar Hopp
1999 Ed. (727)
Dietrich Mateschitz
2008 Ed. (4860)
Dietz & Watson Inc.
2008 Ed. (3616)
Dietz-Crane
2003 Ed. (1171, 1192)
Dietz-Crane Homes
2005 Ed. (1206, 1223)
The Diez Group
2008 Ed. (2956, 2963)
2006 Ed. (2842)
2005 Ed. (2529, 2843)
2004 Ed. (2833)
Diez Software Services Inc.
1998 Ed. (1939)
DiFeo Auto Supermart
1992 Ed. (421)
DiFeo Lexus
2002 Ed. (357)
DiFeo Volkswagen
1990 Ed. (323)
A Different World
1992 Ed. (4247)
Diffie; Joe
1994 Ed. (1100)
Diffle; Joe
1993 Ed. (1079)
DiFini
1991 Ed. (3172)
1990 Ed. (3330)
Diflucan
2001 Ed. (2495)
1998 Ed. (1341)
1994 Ed. (1560)
Diflucan One
2001 Ed. (3725)
Diflucan Tabs & IV
1992 Ed. (1868, 3002)
Digatron
2004 Ed. (3493)
Digene Corp.
2008 Ed. (575, 1901, 3646)
2007 Ed. (625)
2006 Ed. (596)
2005 Ed. (682, 683)
Digestive aids
1991 Ed. (3310)
Digestive/intestinal disorders
1995 Ed. (3799)
Digestive/intestinal remedies
2001 Ed. (2105)
Digg
2007 Ed. (3215)
Diggins & Rose Inc.
2006 Ed. (4366)
Dighton World Wide Investment
2008 Ed. (1095)
2007 Ed. (1187)
Digi-Cell Inc.
1998 Ed. (2410)
Digi International
1992 Ed. (2367, 3991)
1991 Ed. (1875, 1876, 3138, 3145)
Digi-Key Corp.
2008 Ed. (2457, 2464, 2466, 2468, 2469, 2470, 4578)
2007 Ed. (2331, 2340)
2006 Ed. (2387)
2005 Ed. (2348, 2350, 2351, 2352, 4349)
2004 Ed. (2248, 2250, 2251, 2252, 4402)
2002 Ed. (2090, 2091)
2001 Ed. (2207, 2208)
2000 Ed. (1767)
1999 Ed. (1986)
1998 Ed. (1416)
1997 Ed. (1711)
DiGi Telecommunications
2006 Ed. (67)
DigiFlight Inc.
2008 Ed. (3739, 4437)
DigiLink Network Services
1999 Ed. (3000)
DigiLog Capital
2007 Ed. (1187)
Digimarc Corp.
2003 Ed. (2727)
2002 Ed. (2531)
Diginet Americas
2001 Ed. (4672)
DiGiorgio Corp.
1991 Ed. (3332)
Digiorno
2008 Ed. (899, 2787, 2788)
2007 Ed. (2650)
2006 Ed. (2667)
2005 Ed. (2692)
2004 Ed. (2692)
2003 Ed. (2559, 2566, 3739)
2002 Ed. (4331)
2001 Ed. (2546)
DiGiorno Pizza
1998 Ed. (1726, 2668, 2669)
DiGiovine Hnilo Jordan + Johnson Ltd.
2008 Ed. (1797)
Digirad Corp.
2008 Ed. (2846)
2007 Ed. (2712)
Digital
2001 Ed. (124)
2000 Ed. (3386, 4441)
1999 Ed. (1258, 3470, 3646)
1998 Ed. (653, 823, 3771, 3780)
1997 Ed. (2973, 3923)
1996 Ed. (246, 1072, 2260, 2261, 2632, 2635, 3886)
1995 Ed. (1092)
1994 Ed. (1096)
1992 Ed. (1317, 2631)
Digital Animations Group plc
2002 Ed. (2497)
Digital Audiotape Machines
1989 Ed. (2042)
Digital cellular
1996 Ed. (3872)
Digital Comm
1996 Ed. (207)
Digital Communications
1992 Ed. (1294, 3675)
1991 Ed. (1529, 1531, 2844)
1990 Ed. (1105, 1106, 2987)
1989 Ed. (963, 1319, 1325)
Digital Communications Associates
1991 Ed. (1014)
1990 Ed. (1614)
Digital Communications Technology
1999 Ed. (262)
Digital Connections
2006 Ed. (4871)
Digital Credit Union
2008 Ed. (2238)
2007 Ed. (2123)
2006 Ed. (2159, 2171, 2202)
2005 Ed. (2066, 2068, 2077, 2107)
2004 Ed. (1927, 1965)
2003 Ed. (1889, 1891, 1925)
2002 Ed. (1871)
The Digital Daily
2003 Ed. (3046)
2002 Ed. (4800)
Digital Dispatch Systems
2008 Ed. (1133)
Digital Employees FCU
1999 Ed. (1799)
Digital Employees Federal Credit Union
1994 Ed. (1504)
Digital Equipment Corp.
2005 Ed. (1523)
2004 Ed. (1507)
2001 Ed. (1789, 3186)
2000 Ed. (1157, 1161, 1166, 1174, 1736, 1751, 1760, 3370, 3758)
1999 Ed. (1044, 1261, 1265, 1267, 1271, 1272, 1273, 1283, 1289, 1704, 1960, 1965, 1966, 2875, 2877, 2878, 2881, 3641, 3647, 3648, 4269, 4400, 4493)
1998 Ed. (153, 564, 821, 827, 837, 1056, 1069, 1120, 1175, 1246, 1399, 2700, 2705, 2714, 3421, 3424, 3775)
1997 Ed. (30, 240, 1079, 1085, 1333, 1452, 1477, 1707, 2205, 2372, 2958, 2967, 32980)
1996 Ed. (1063, 1260, 1284, 1286, 1418, 1629, 1762, 1764, 2247, 2562)
1995 Ed. (20, 21, 1084, 1085, 1087, 1088, 1093, 1111, 1456, 1655, 2240, 2251, 2252, 2253, 2254, 2255, 2256, 2257, 2258, 2259, 2260, 2261, 2570, 2574, 3092, 3447)
1994 Ed. (212, 1077, 1080, 1081, 1084, 1085, 1088, 1283, 1308, 1420, 1611, 1613, 2186, 2201, 2202, 2204, 2205, 2206, 2207, 2208, 2404, 2698, 3043, 3677, 3678)
1993 Ed. (224, 1047, 1048, 1051, 1056, 1060, 1062, 1063, 1352, 1367, 1374, 1565, 1572, 1574, 1583, 2166, 2177, 2574, 2705, 2997, 3002)
1992 Ed. (328, 487, 1300, 1306, 1307, 1319, 1321, 1337, 1338, 1340, 1342, 1343, 1919, 1921, 1929, 2633, 3080, 3081, 3216, 3666, 3671, 3681, 4491)
1991 Ed. (234, 1018, 1025, 1026, 1032, 1033, 1209, 1328, 1329, 1526, 1528, 1535, 2063, 2068, 2072, 2340, 2463, 2464, 2577, 2637, 2836, 2839, 2851, 3516)
1990 Ed. (408, 1120, 1121, 1129, 1131, 1629, 2190, 2201, 2206, 2735, 2983, 2990, 2991, 3453, 3475, 3711)
1989 Ed. (968, 974, 975, 976, 1329, 1330, 1333, 1338, 2103)
Digital Equipment (India)
1994 Ed. (1095)
Digital Equipment International Ltd.
1996 Ed. (1401)
1995 Ed. (1437)
1994 Ed. (1405)
1992 Ed. (1651, 1652)
1990 Ed. (1386)
Digital Equipment International Ltd
1990 Ed. (1387)
Digital Equipment of Canada Ltd.
1999 Ed. (2668)
1997 Ed. (2214)
1996 Ed. (2107, 2108)
1995 Ed. (2099)
1994 Ed. (2048)
1993 Ed. (2036)
1992 Ed. (2399)
1991 Ed. (1903)
1989 Ed. (1589)
Digital Equipment Taiwan Ltd.
1994 Ed. (1089, 1461, 1462)
1992 Ed. (1323, 1324)
1990 Ed. (1132)
Digital Equipments
2002 Ed. (4426)
Digital Federal Credit Union
2005 Ed. (2047)
Digital Focus
2003 Ed. (2743)
Digital Fortress
2007 Ed. (664)
2006 Ed. (639)
Digital Generation Systems Inc.
2005 Ed. (98)
2004 Ed. (101)
Digital Impact
2007 Ed. (2353)
Digital Insight Corp.
2003 Ed. (2719)
2002 Ed. (2479)
Digital Intelligence Systems Corp.
2008 Ed. (3737, 4433)
2007 Ed. (3608, 4451)
Digital International
1992 Ed. (3993)
Digital Island
2001 Ed. (2859)
Digital Lava, Inc.
2002 Ed. (2478)
Digital Lifestyle Outfitters
2008 Ed. (1212, 4037)
Digital Lightwave Inc.
2003 Ed. (2715)
Digital Mail Maker
2005 Ed. (4613)
Digital Metcom
1989 Ed. (2656)
Digital Microwave
1995 Ed. (2819)
1991 Ed. (1876, 3145)
Digital Music Group Inc.
2008 Ed. (4291)
Digital Oilfield Inc.
2008 Ed. (2866, 2931)
Digital Payment Technologies Corp.
2006 Ed. (2746)

Digital Pianos
1992 Ed. (3145)
Digital Processing Systems Inc.
2001 Ed. (2864)
Digital Prospectors Corp.
2008 Ed. (3721, 4413, 4972)
2007 Ed. (3578, 3579, 4434)
2006 Ed. (3527)
Digital Rapids Corp.
2008 Ed. (2866)
Digital River Inc.
2008 Ed. (1932, 3643)
2006 Ed. (1884, 1885, 1890, 4677)
2005 Ed. (4810)
2002 Ed. (2515)
Digital Satellite System
2001 Ed. (2720)
Digital Sound Corp.
1992 Ed. (3822, 4414, 4415)
1991 Ed. (3467)
Digital Systems International
1992 Ed. (2367, 3991)
Digital Teleport Inc.
2001 Ed. (2422)
Digital Visual Display Technologies
2006 Ed. (1100)
2004 Ed. (3943)
Digital@JWT
2005 Ed. (115)
Digitalk Ltd.
2002 Ed. (2493)
1996 Ed. (1722)
Digitally Unique
2007 Ed. (4026)
DigitalNet Holdings Inc.
2006 Ed. (4675)
2005 Ed. (4144)
DigitalRiver.com
2002 Ed. (4878)
DigitalWork
2002 Ed. (4810)
DigitalWork.com
2001 Ed. (4765)
Digitape
1989 Ed. (2344)
Digitas
2008 Ed. (3597, 3599, 3601, 4800)
2007 Ed. (3431, 3432, 3434, 3435)
2006 Ed. (2266, 3415, 3418, 3420, 4301)
2005 Ed. (115, 3406, 4360)
2004 Ed. (116)
2001 Ed. (245)
Digitech Systems Inc.
2008 Ed. (4317)
Digitel (Ammirati)
1999 Ed. (76)
Digitel (APL)
2000 Ed. (82)
Digitel GSM
2008 Ed. (106)
DigitMcrw
1996 Ed. (2885)
Digitos
2003 Ed. (2065, 2066)
Digitran Systems
1995 Ed. (202)
1994 Ed. (201)
Digitron Packaging Inc.
2005 Ed. (2843)
2004 Ed. (2833)
2002 Ed. (2556)
2001 Ed. (2710)
Digitron Trading Co.
1991 Ed. (1909)
Digits
2001 Ed. (148)
Digiturk
2005 Ed. (89)
Digre; Richard
1992 Ed. (3137)
1991 Ed. (2547)
The DII Group, Inc.
2001 Ed. (1459, 1460)
DII Industries LLC
2008 Ed. (3893)
2007 Ed. (3831)
2006 Ed. (3818, 3819)
DIK-Ocean
1989 Ed. (166)
Dikembe Mutombo
2003 Ed. (296)
Dikshit; Anurag
2008 Ed. (4896, 4907)
2007 Ed. (4914, 4933)
Dilacor XR
1995 Ed. (2530)
Dilantin kaps 100 mg
1990 Ed. (1572, 1574)
Dilbeck Realtors
1994 Ed. (2999)
Dilbeck Realtors - Better Homes & Gardens
2000 Ed. (3713)
Dilbeck Realtors GMAC Real Estate
2002 Ed. (3913)
The Dilbert Future
1999 Ed. (690)
The Dilbert Principle
1999 Ed. (691)
DiLeonardo International
2008 Ed. (3080, 3344, 3345, 3349)
2007 Ed. (2955, 3202, 3203, 3208)
2006 Ed. (3168, 3169, 3174)
2005 Ed. (3167)
2004 Ed. (2943)
2003 Ed. (2855)
2002 Ed. (2646)
2001 Ed. (2798)
2000 Ed. (2567)
1999 Ed. (2788)
1998 Ed. (2029)
1993 Ed. (243)
Dilip Shanghvi
2006 Ed. (4926)
Dillard
2000 Ed. (207)
1990 Ed. (3044)
1989 Ed. (1238, 1239)
Dillard; Alex
2007 Ed. (2503)
Dillard Department Stores
1999 Ed. (180, 1564, 1833, 1834, 4098, 4103, 4105)
1998 Ed. (1127, 1258, 1259, 1260, 1261, 1262, 1786, 3078, 3083, 3093, 3460)
1997 Ed. (167, 350, 1355, 1590, 1591, 1592, 1593, 2104, 2322, 3340, 3342, 3348, 3681)
1996 Ed. (910, 1292, 1531, 1532, 1533, 1534, 1535, 1990, 3245, 3247, 3626)
1995 Ed. (149, 931, 1550, 1551, 1553, 1554, 1958, 3147, 3319)
1994 Ed. (131, 132, 133, 888, 1520, 1521, 1522, 2138, 2146, 3108, 3226, 3239)
1993 Ed. (864, 1442, 1475, 1476, 1477, 3048, 3219, 3245)
1991 Ed. (886, 1411, 1412, 1413, 1970, 3092, 3227, 3229)
1990 Ed. (1491, 1492, 3255)
1989 Ed. (1235, 1237)
Dillard Departmentment Stores
1999 Ed. (4095)
Dillard Door & Entrance Control Systems
2008 Ed. (1328)
Dillard II; William
2007 Ed. (2503)
Dillard Paper Co.
1991 Ed. (970)
1990 Ed. (1042)
Dillard's Inc.
2008 Ed. (1561, 1562, 2328, 4217, 4219)
2007 Ed. (1123, 1578, 1579, 2195, 4182, 4184)
2006 Ed. (166, 1496, 1548, 1549, 2252, 2254, 4149, 4153, 4160, 4161)
2005 Ed. (1653, 1654, 2165, 2166, 2167, 3244, 4097, 4101, 4104, 4507)
2004 Ed. (152, 1555, 1627, 1628, 2050, 2051, 2054, 2055, 2869, 4161, 4179, 4184, 4188, 4484)
2003 Ed. (193, 1542, 1611, 1612, 2008, 2009, 2010, 2011, 4146, 4163, 4164, 4170, 4561)
2002 Ed. (228, 1514, 1577, 1918, 1919, 2580, 4045, 4051, 4054)
2001 Ed. (1613, 4092, 4105)
2000 Ed. (206, 1385, 1660, 2290, 3816, 3818, 4175)
1999 Ed. (1601)
1992 Ed. (1089, 1091, 1785, 1786, 1787, 1788, 1789, 1790, 1791, 1792, 2531, 3733, 3927)
1990 Ed. (1490, 1493, 1494, 1495, 2118)
Dillard's Credit Union
2002 Ed. (1826)
Diller; Barry
2008 Ed. (957)
2006 Ed. (898, 938)
2005 Ed. (2319)
Dillinger Huttenwerke
1991 Ed. (1285)
Dillingham Corp.
1989 Ed. (922)
Dillingham Construction
1991 Ed. (951)
1990 Ed. (1199)
Dillingham Construction Holdings Inc.
2004 Ed. (1258, 1269, 1284)
2003 Ed. (1256, 1266, 1291, 2630)
2002 Ed. (1243, 1256, 1260, 1262, 1281)
1998 Ed. (941)
Dillingham Construction NA Inc.
1996 Ed. (1167)
1995 Ed. (1193)
1994 Ed. (1174)
1993 Ed. (1151)
1992 Ed. (1437)
Dillingham County, AK
1999 Ed. (2831)
1997 Ed. (1540)
1996 Ed. (2227)
1995 Ed. (2218)
1994 Ed. (2167)
Dillion, Read & Co.
1990 Ed. (3207, 3212)
Dillman; Linda
2005 Ed. (2323)
Dillon Co., Inc.
2008 Ed. (2493)
2007 Ed. (2376)
2006 Ed. (1838, 2431)
2005 Ed. (1833, 2390)
2004 Ed. (1767)
2003 Ed. (1730)
2000 Ed. (2245)
Dillon; Chip
1997 Ed. (1891)
1996 Ed. (1817)
Dillon; Christopher
1997 Ed. (1955)
Dillon; Clarence Douglas
1995 Ed. (2580)
Dillon Consulting
2008 Ed. (2012)
Dillon Cos.
2008 Ed. (1877)
2001 Ed. (1489, 1771)
1998 Ed. (984)
1997 Ed. (1209)
1996 Ed. (1172)
1993 Ed. (1159)
Dillon; David
2006 Ed. (925)
Dillon Inn
1991 Ed. (1942)
Dillon Inns
1992 Ed. (2475)
Dillon, Read
1999 Ed. (1087, 3037, 4246)
1997 Ed. (3452)
1995 Ed. (1214, 1216, 1217, 2349, 3264)
1994 Ed. (2289, 3175, 3182)
1992 Ed. (3859, 3878)
1990 Ed. (2647, 3159, 3160, 3172)
1989 Ed. (1013, 2370, 2371, 2373, 2382, 2383, 2391, 2392, 2404, 2415)
Dillon, Read & Co.
2000 Ed. (3977, 3982)
1996 Ed. (1186, 2368, 3350, 3361, 3371)
1993 Ed. (1166, 1167, 1168, 1170, 1172, 2272, 2491, 3138, 3140, 3145, 3155, 3157, 3162, 3171, 3175, 3189, 3192, 3193)
1991 Ed. (2166, 2167, 2181, 2184, 2192, 2513, 2515, 2516, 2517, 2522, 2944, 2950, 2958, 2972, 2975, 2981, 2988, 2989, 2990, 2991, 3000, 3002, 3004, 3013, 3018, 3026, 3032, 3052, 3053, 3056, 3057, 3060, 3061, 3064)
1990 Ed. (3164, 3216)
Dillon, Read Capital
1991 Ed. (2222)
Dillon, Read International
1992 Ed. (2747)
Dillow; Jan
1997 Ed. (1925, 1931)
Diltiazem
2002 Ed. (3754)
1992 Ed. (1870)
Dilworth, Paxson, Kalish & Kauffman
1991 Ed. (2531)
DIM
1998 Ed. (1976)
Dim SA
2004 Ed. (4716)
DIMAC Direct
2000 Ed. (1680)
1999 Ed. (1860, 1862)
1998 Ed. (51, 1284, 1285, 1288)
1997 Ed. (1614, 1616, 1617, 1619)
1996 Ed. (1552, 1554)
1995 Ed. (1564, 1565, 1566)
1993 Ed. (1489)
DiMark
2000 Ed. (1680)
1997 Ed. (229)
1996 Ed. (211)
1995 Ed. (214)
Dime Bancorp, Inc.
2003 Ed. (421)
2002 Ed. (626, 627, 3380, 4171)
2001 Ed. (437, 568, 573, 643, 3344, 3348, 4159, 4160, 4523, 4530)
2000 Ed. (4246, 4247, 4250)
1999 Ed. (4595, 4596, 4597)
1998 Ed. (3523, 3526, 3527, 3558)
1997 Ed. (3747, 3749)
1996 Ed. (360, 3687, 3688)
Dime Bancorp Inc./Dime Savings Bank NY
1999 Ed. (4600)
Dime Bancorp/North American Mortgage
1999 Ed. (3439)
Dime Commercial Corp.
2003 Ed. (569)
Dime Community Bancorp Inc.
1998 Ed. (3183)
Dime/North American Mortgage
2002 Ed. (3383, 3384, 3385)
Dime Savings
1990 Ed. (2609)
Dime Savings Bank
1999 Ed. (611)
1994 Ed. (1291)
1991 Ed. (3371)
1989 Ed. (2643)
Dime Savings Bank of New York
2003 Ed. (4230, 4258, 4259, 4260, 4261, 4264, 4265, 4266, 4267, 4268, 4269, 4271, 4272, 4274, 4275, 4278, 4279, 4281)
2002 Ed. (4099, 4100, 4117, 4119, 4121, 4122, 4123, 4124, 4125, 4127, 4128, 4129, 4131, 4135, 4136, 4137, 4138, 4139)
2001 Ed. (3350)
1998 Ed. (3128, 3132, 3133, 3134, 3135, 3136, 3137, 3139, 3140, 3142, 3143, 3146, 3147, 3148, 3149, 3150, 3151, 3530, 3531, 3534, 3535, 3536, 3557)
1997 Ed. (3740, 3741, 3742)
1996 Ed. (3691)
1995 Ed. (3608, 3610, 3614)
1994 Ed. (1310, 3526, 3527, 3534)
1990 Ed. (3105, 3589)
1989 Ed. (639, 2361, 2831)
Dime Savings Bank of New York FSB
1991 Ed. (3381, 3382)
1990 Ed. (430, 3577, 3583)
1989 Ed. (2822)

Dime Savings Bank of NY
1993 Ed. (523, 1261, 3074, 3076, 3077, 3078, 3079, 3080, 3084, 3092, 3093, 3095, 3097, 3562, 3564, 3565, 3572)
1992 Ed. (1477, 3774, 3776, 3777, 3778, 3779, 3780, 3784, 3793, 3798, 4285, 4286, 4293)
Dime Savings Bank of Williamsburg
2007 Ed. (4245)
Dime Savings Bank of Williamsburgh
2006 Ed. (4231)
2005 Ed. (4179)
2004 Ed. (4246)
2003 Ed. (4272)
2002 Ed. (4128)
1998 Ed. (3528)
Dimeco Inc.
2002 Ed. (3554)
Dimed
2003 Ed. (1738)
Dimension
2007 Ed. (3639)
Dimension AR
1996 Ed. (2594)
Dimension Cable, Times Mirror Cable TV
1995 Ed. (878)
Dimension Data
2007 Ed. (1262)
2006 Ed. (1146)
2001 Ed. (1846)
Dimension Data Holdings Ltd.
2002 Ed. (3039)
Dimension Health Inc.
2002 Ed. (3743)
2000 Ed. (3602)
1999 Ed. (3882)
1998 Ed. (2911)
Dimensional Asset Management
1993 Ed. (2356)
1992 Ed. (2793)
Dimensional Fund
2008 Ed. (2291)
2002 Ed. (3621)
1993 Ed. (2283, 2293)
1992 Ed. (2731)
1991 Ed. (2209)
Dimensional Fund Advisor
2000 Ed. (2786)
Dimensional Fund Advisors Inc.
2004 Ed. (2034, 3209)
2003 Ed. (3076, 3077)
2001 Ed. (3689)
2000 Ed. (2859)
1999 Ed. (3051, 3108)
1998 Ed. (2283, 2309)
1997 Ed. (2513, 2518, 2553)
1996 Ed. (2381, 2388, 2429)
1994 Ed. (2295, 2302, 2328)
1990 Ed. (2330)
1989 Ed. (2126)
Dimensional Japanese Small Cos.
1996 Ed. (2814)
Dimensional Rxl Clinical Chemistry Systems
2000 Ed. (3075)
Dimensions International Inc.
2008 Ed. (175)
Dimeo Construction Co.
1998 Ed. (183)
1997 Ed. (261)
Dimetapp
2003 Ed. (1050, 1052)
2002 Ed. (1098)
2001 Ed. (1310)
2000 Ed. (277, 1135)
1999 Ed. (1218)
1998 Ed. (788, 789)
1996 Ed. (203, 1024, 1026)
1995 Ed. (227)
1994 Ed. (196, 1574, 1576)
1993 Ed. (210, 1008, 1009)
1992 Ed. (314, 1244, 1245, 1250, 1251, 1252, 1253, 1256, 1257, 1264)
1991 Ed. (993, 994, 997, 998)
Dimetapp DM
1996 Ed. (1028)
Dimetapp Elixer
1991 Ed. (991, 992)
Dimetapp elixir 4 oz.
1990 Ed. (1082, 1541)
DiMicco; Daniel
2008 Ed. (933)
2007 Ed. (995)
2006 Ed. (905)
DiMicco; Daniel R.
2008 Ed. (942, 1108)
2007 Ed. (1202)
2005 Ed. (978, 2505)
Dimitri
1994 Ed. (1972)
1993 Ed. (1947, 1950)
1992 Ed. (2887, 4408)
1991 Ed. (1814, 1815, 3462, 3463)
Dimmitt Cadillac Inc.
1995 Ed. (266)
DIMON Inc.
2006 Ed. (4759, 4761, 4762)
2005 Ed. (4705, 4706, 4707, 4709, 4710, 4711)
2004 Ed. (1225, 4728, 4729, 4730, 4732, 4733, 4734)
2003 Ed. (4746, 4748, 4749, 4752)
2002 Ed. (4628, 4630)
2001 Ed. (4551, 4560, 4563)
2000 Ed. (4256, 4257)
1999 Ed. (1522, 4606, 4607, 4610)
1998 Ed. (3574, 3576, 3577)
1997 Ed. (3755, 3758)
Dimon; James
2008 Ed. (949)
Dina Dublon
2006 Ed. (2526)
Dinara Kulibaeva
2008 Ed. (4888)
Diners Club
2007 Ed. (2088)
2006 Ed. (2142, 2143, 2144)
2005 Ed. (2049, 2051)
2004 Ed. (1913, 1914)
2003 Ed. (1884)
2002 Ed. (1817)
2000 Ed. (1619)
1995 Ed. (349, 1528)
1994 Ed. (1495)
1990 Ed. (1799)
Diner's Club/Carte Blanche
1993 Ed. (1443)
The Dines Letter
1992 Ed. (2803)
Dinesh Dhamija
2005 Ed. (2463)
Ding Lei; William
2007 Ed. (2508)
2006 Ed. (2529)
2005 Ed. (2515)
Dingbats
1991 Ed. (1784)
Dingley Press
1998 Ed. (2919)
Dingmann; Ward
2007 Ed. (4161)
Dining club
1994 Ed. (2807)
Dinkelspiel, Belmont & Co.
1999 Ed. (3011)
1995 Ed. (2336)
Dinkins; David N.
1995 Ed. (2518)
1993 Ed. (2513)
1992 Ed. (2987)
Dinner entrees, refrigerated
1999 Ed. (4509)
Dinner houses
2002 Ed. (4011)
Dinner rolls
2003 Ed. (2093)
1998 Ed. (255)
1990 Ed. (1954)
Dinner Rounds
2002 Ed. (3655)
1999 Ed. (3789)
1997 Ed. (3072)
1996 Ed. (2993)
1994 Ed. (2831)
1993 Ed. (2819)
1992 Ed. (3412)
1990 Ed. (2821)
1989 Ed. (2197)
Dinners
1999 Ed. (3408)
Dinners/entrees
2000 Ed. (4146, 4164)
1998 Ed. (1768)
Dinners/entrees, frozen
1994 Ed. (1996, 3460)
Dinners, frozen
1999 Ed. (2532)
Dinnerware
1999 Ed. (4529)
Dino Lift Oy
2008 Ed. (1728)
Dinosaur
2002 Ed. (3397)
Dinosaur: A Read Aloud Storybook
2003 Ed. (714)
Dinosaurs Before Dark
2008 Ed. (550)
Dinty Moore
2003 Ed. (861)
Dinverno Recycling Inc.
1999 Ed. (2059)
1998 Ed. (1491)
Dinwiddie Construction Co.
1999 Ed. (1409)
1997 Ed. (1197)
1996 Ed. (1167)
1994 Ed. (1174)
1993 Ed. (1151)
Dinwiddle Construction Co.
1998 Ed. (973)
Dinyar Devitre
2006 Ed. (993)
Dio Wong
2000 Ed. (2139)
Diocese of Rockville Centre
1993 Ed. (2471)
1992 Ed. (2939)
1991 Ed. (2358)
1990 Ed. (2489)
Diodes Inc.
2007 Ed. (4394, 4533)
2006 Ed. (2742)
2000 Ed. (279)
Dion; Celine
2008 Ed. (2583)
2006 Ed. (2486, 2661)
2005 Ed. (1160, 4873)
Dionex Corp.
2005 Ed. (938)
2004 Ed. (948)
Diong TP
1997 Ed. (24)
1996 Ed. (22)
Dionics Inc.
2004 Ed. (4548)
Dionisio Martin Jose Bourie Corneille
2008 Ed. (732)
Dionne; Richard H.
1992 Ed. (533)
Dionne Textiles
1992 Ed. (4279)
1990 Ed. (3569)
Dior
2001 Ed. (2117)
Diovan
1999 Ed. (1890)
Diovan Capsules
1999 Ed. (3325)
Dip
2002 Ed. (1977, 4298)
Dipl. Ing. Fust AG
1997 Ed. (2106)
Diplomacy in dealing with operating departments
1990 Ed. (3089)
Diplomat Gold
1995 Ed. (2316)
Dippin' Dots Franchising Inc.
2006 Ed. (819, 2979)
2005 Ed. (904, 2982)
2004 Ed. (913, 2970)
2003 Ed. (893, 2883)
Dippity Do
1991 Ed. (1880)
Dips
2003 Ed. (4460)
Dips & dip mixes
1998 Ed. (3434)
Dir. Recog.
1993 Ed. (233)
Dire Straits
1993 Ed. (1080)
Direccion Corporativa Impulsora
1991 Ed. (36)
1990 Ed. (39)
Direc4U Inc.
2007 Ed. (154)
2006 Ed. (168)
Direcion Corporativo Impulsora
1994 Ed. (33)
Direct Credit Union
2008 Ed. (2238)
2007 Ed. (2123)
2006 Ed. (2202)
2005 Ed. (2107)
2004 Ed. (1965)
2003 Ed. (1925)
2002 Ed. (1838, 1871)
Direct Focus, Inc.
2002 Ed. (2429, 2430, 2431)
2001 Ed. (1579)
Direct General Corp.
2005 Ed. (4250, 4253)
Direct international trade
1998 Ed. (607)
Direct Line Insurance plc
2002 Ed. (40)
Direct Link
2008 Ed. (187)
2007 Ed. (200)
Direct mail
2004 Ed. (1912)
2002 Ed. (1983)
2001 Ed. (2022, 2024, 3030, 3031)
2000 Ed. (3478, 3504)
1998 Ed. (994, 2360, 3090)
1997 Ed. (868, 2256)
1996 Ed. (2466)
1992 Ed. (94)
1990 Ed. (2737)
Direct mail subscription agencies
2000 Ed. (3504)
Direct Maisposable Cameras
1989 Ed. (2042)
Direct Marketing
2000 Ed. (941)
1997 Ed. (848)
1990 Ed. (3080, 3081)
Direct marketing firms
1991 Ed. (2769)
The Direct Marketing Group
1993 Ed. (1488, 1489)
1992 Ed. (1807, 1808, 1805)
1991 Ed. (1420)
1990 Ed. (1503, 1505)
The Direct Marketing Practice
2002 Ed. (1980)
Direct Marketing Services Inc.
1997 Ed. (3700)
Direct Marketing Solutions Inc.
2006 Ed. (4374)
Direct Relief International
2008 Ed. (3790, 3791, 3792)
2007 Ed. (3705, 3707)
2006 Ed. (3713, 3715)
1993 Ed. (896)
Direct reponse
2000 Ed. (3460)
Direct reponse companies
1998 Ed. (2800)
Direct response
2003 Ed. (190)
Direct response advertising
2006 Ed. (104)
Direct response companies
2007 Ed. (131)
2006 Ed. (138)
2005 Ed. (134)
2004 Ed. (141)
2002 Ed. (59, 216, 217, 220, 225, 226, 926)
2001 Ed. (246)
2000 Ed. (201)
1999 Ed. (3767)
1997 Ed. (3051)
1996 Ed. (2973)
1995 Ed. (2888, 2891)
1994 Ed. (2509, 2802)
1993 Ed. (2806, 2808)
1992 Ed. (3394)
Direct sales
2001 Ed. (3522)
1998 Ed. (1975, 2053)

Direct Stock Market
2002 Ed. (4860)
Direct Transit
1995 Ed. (3672)
1994 Ed. (3593)
DirectAg.com
2001 Ed. (4749)
DirectBuy Inc.
2008 Ed. (4322)
2007 Ed. (4366)
Directech Holding Co.
2008 Ed. (1881)
Direction des Constructions Navales
1998 Ed. (1247)
1997 Ed. (1583)
Direction Generale des Postes
1990 Ed. (1945)
Directional Movement
1992 Ed. (3551)
The Director
2000 Ed. (4338)
1999 Ed. (4699)
1998 Ed. (3655)
1997 Ed. (3817)
Directorate General of Postal Remittances of Saving Banks
1997 Ed. (2402)
Directorate General of Telecommunications
2004 Ed. (1864)
2002 Ed. (1780)
Directories
2008 Ed. (3352)
2007 Ed. (2311, 3218)
DirectTV, Inc.
2002 Ed. (923, 3284)
DirecTV Inc.
2008 Ed. (3625)
2007 Ed. (2714)
2006 Ed. (768, 2264, 2265, 2724, 3433, 3436)
2005 Ed. (847, 3425)
2004 Ed. (3412)
2003 Ed. (825, 2064)
2001 Ed. (2019, 3251)
1999 Ed. (1847)
The DirecTV Group Inc.
2008 Ed. (827, 828, 1101, 1512, 3623, 3626)
2007 Ed. (865, 866, 867, 1552, 3447, 3448, 4710)
2006 Ed. (178, 1453, 4692)
DirecTV Latin America
2004 Ed. (1719)
Direxion Small Cap Bear
2008 Ed. (4518)
Dirk Rossmann GmbH
2008 Ed. (4232)
Dirk Van Doren
1997 Ed. (1935, 1946)
Dirks, Van Essen & Associates
2001 Ed. (1513)
Dirodon; Rod
1991 Ed. (2346)
Dirt Devil
2008 Ed. (4796)
2007 Ed. (4869)
2003 Ed. (4823)
1996 Ed. (2202)
DIRTT Inc.
2001 Ed. (1896)
Dirty Dancing
1991 Ed. (3449)
Dirty Dancing soundtrack
1990 Ed. (2862)
Disability & Impairment Evaluation Centers of America Inc.
2003 Ed. (1601)
Disability Insurance
2000 Ed. (1781)
1999 Ed. (2529)
Disability, long-term
2007 Ed. (4113)
2006 Ed. (4067)
Disability RMS
2008 Ed. (1894)
Disability, short-term
2007 Ed. (4113)
2006 Ed. (4067)
Disabled American Veterans
1998 Ed. (1280)
1995 Ed. (942, 2781)
Disaster Kleenup
2006 Ed. (669, 670, 671)
Disaster Kleenup International
2008 Ed. (2389)
2006 Ed. (2956)
2005 Ed. (2960)
Disaster Restoration Inc.
2008 Ed. (742)
2007 Ed. (766)
Disbank—Turkish Foreign Trade Bank
2007 Ed. (564)
2006 Ed. (533)
2005 Ed. (620)
2004 Ed. (632)
2003 Ed. (540, 541)
2002 Ed. (585, 586, 657)
DISC
2000 Ed. (943)
Disc Graphics
1998 Ed. (2919)
Discos
1992 Ed. (4006)
Discos Melody
2001 Ed. (59)
Discount Auto Parts
2002 Ed. (421)
2001 Ed. (540)
1999 Ed. (362, 1875)
1998 Ed. (247, 1301)
1997 Ed. (1635)
Discount Bank
2007 Ed. (570)
1992 Ed. (58)
Discount Department
2000 Ed. (4348)
Discount Drug Mart
2006 Ed. (2308)
2003 Ed. (2099, 2100)
2002 Ed. (2035, 2036)
2001 Ed. (2090, 2091)
2000 Ed. (1716)
Discount drug store chains
1998 Ed. (2102)
Discount Freight Express
2002 Ed. (3787)
Discount House
1995 Ed. (2541, 2542)
Discount Imaging Franchise Corp.
2005 Ed. (3641)
Discount Investment
2006 Ed. (4684)
2002 Ed. (4558, 4559)
2000 Ed. (4185)
1999 Ed. (4540)
1997 Ed. (3686)
1996 Ed. (3635)
1994 Ed. (3479, 3480)
1993 Ed. (3506, 3507)
1992 Ed. (4196, 4197)
1991 Ed. (3274, 3275)
Discount Labels
2008 Ed. (4027)
2007 Ed. (4007)
2005 Ed. (3251)
2000 Ed. (914)
Discount/mass merchants
1996 Ed. (1985, 1986)
Discount Corp. of New York
1992 Ed. (1516)
1990 Ed. (2334)
Discount retailing
1994 Ed. (2931)
Discount Smoke Shop
2005 Ed. (4139)
Discount stock brokerage
1997 Ed. (1570)
Discount store
1992 Ed. (3406, 3407)
1990 Ed. (1191)
Discount Store News
1991 Ed. (2703)
Discount stores
2004 Ed. (3892, 3893)
2001 Ed. (541, 2813, 3030, 3031, 3784, 4602, 4603)
2000 Ed. (3861)
1999 Ed. (3823, 4089, 4506)
1998 Ed. (773, 1858, 1975, 2053, 2102, 3092, 3295, 3680)
1997 Ed. (694, 2102, 3057)
1996 Ed. (2987, 3797)
1995 Ed. (3506, 3707, 3710)
1993 Ed. (955)
1992 Ed. (3725)
1991 Ed. (724, 880, 2061, 2706)
1990 Ed. (1017, 1432)
Discount Tire Co.
2008 Ed. (4682)
2007 Ed. (3214, 4759)
2006 Ed. (4753)
2005 Ed. (4697)
2001 Ed. (4539, 4541, 4543)
Discount/variety stores
2002 Ed. (749)
1998 Ed. (2360)
Discount Video
1990 Ed. (3672, 3673)
Discount/wholesale stores
1995 Ed. (3523)
Discountcell Inc.
2008 Ed. (3735, 4431, 4987)
Discounters
1999 Ed. (4120)
1998 Ed. (790, 791)
1991 Ed. (1978)
1990 Ed. (722)
Discover
2008 Ed. (2197, 2198)
2007 Ed. (2088)
2006 Ed. (2142, 2143, 2144)
2005 Ed. (2049)
2004 Ed. (1913, 1914)
2003 Ed. (1884, 4641)
2002 Ed. (1817, 1819)
2001 Ed. (1954, 2989)
2000 Ed. (397, 431, 1619)
1999 Ed. (1792, 1794, 1867)
1998 Ed. (1205, 1213, 1214, 2785)
1997 Ed. (336, 1549, 1550, 1551, 1552, 1555, 3037)
1996 Ed. (34, 1486, 1487, 1488, 1489, 1490, 1493, 2152, 2961)
1995 Ed. (349, 1525, 1526, 1527, 1528, 1531, 2881)
1994 Ed. (345, 1494, 1495, 1500, 1501)
1993 Ed. (1438, 1439, 1440, 1441, 1443)
1990 Ed. (1799)
Discover Bank
2008 Ed. (340, 341, 348, 362)
2007 Ed. (353, 354, 360, 374)
2006 Ed. (370, 371, 372, 377, 391)
2005 Ed. (367, 368, 369, 383, 433)
2004 Ed. (356, 357, 358, 364)
2003 Ed. (377, 378, 379, 385, 433)
2002 Ed. (440, 442, 479, 481, 482)
Discover Brokerage Direct
1999 Ed. (862, 3002, 4476)
Discover Card
2005 Ed. (2051)
2000 Ed. (26, 4219)
1992 Ed. (1752)
Discover Card/Greenwood Trust Co.
1997 Ed. (1553)
1996 Ed. (1491)
1995 Ed. (346, 1529)
Discover Card Services
1992 Ed. (2104)
Discover, etc.
2000 Ed. (1620)
Discover Financial Services
2008 Ed. (2703)
2001 Ed. (580)
Discover/Novus
2000 Ed. (1618)
Discover Reinsurance Co.
2005 Ed. (3144)
discoverbrokerage.com
2001 Ed. (2974)
Discovery
2007 Ed. (740)
2001 Ed. (1089)
1998 Ed. (583, 589, 605)
1996 Ed. (854)
1992 Ed. (1015)
The Discovery Channel
1997 Ed. (709, 870, 3717)
1994 Ed. (829)
1993 Ed. (812, 822)
Discovery Communications Inc.
2008 Ed. (824, 4059)
2007 Ed. (152, 863, 2452, 3450, 4031)
2006 Ed. (160, 765, 3440, 3996, 4982)
2005 Ed. (3922)
2000 Ed. (944)
1999 Ed. (998)
1998 Ed. (593, 3339)
Discovery Computers Canada Inc.
2004 Ed. (2780)
Discovery Holding Co.
2008 Ed. (1684)
2007 Ed. (1663)
Discovery Laboratories Inc.
2008 Ed. (4530)
Discovery Partners International
2003 Ed. (2726)
Discovery Select
2000 Ed. (4338)
1999 Ed. (4699)
Discovery Zone
1999 Ed. (387)
1998 Ed. (478)
Discovision
1993 Ed. (2035)
Disctronics
2004 Ed. (3939)
2002 Ed. (3783, 4617)
Discus
2001 Ed. (4350)
Discus Dental Inc.
2001 Ed. (1987)
2000 Ed. (1654)
1999 Ed. (1825)
Discussion
2008 Ed. (3352)
Diseases of the Heart
2000 Ed. (1642, 1644, 1645)
1990 Ed. (1471, 1472, 1473)
DISH Ltd.
2001 Ed. (2019)
DISH Network
2003 Ed. (825)
Dishcloths
2001 Ed. (3039)
Dishwasher
2008 Ed. (3810)
Dishwasher additives
1990 Ed. (1955)
Dishwasher detergents
2002 Ed. (1964)
Dishwasher rinsing aids
2005 Ed. (2045)
2002 Ed. (1964)
Dishwashers
2001 Ed. (4743)
2000 Ed. (2583)
1998 Ed. (2047)
Dishwashing accessories
2003 Ed. (3165)
2002 Ed. (3046)
Disinfectants
2002 Ed. (1065)
1992 Ed. (1170, 1172)
Disks, floppy
2002 Ed. (2084)
The Dismal Scientist
2002 Ed. (4833)
Disney
2008 Ed. (641, 655, 1129)
2007 Ed. (683, 691, 1229)
2006 Ed. (654, 1121)
2005 Ed. (742)
2004 Ed. (762)
2003 Ed. (752)
2002 Ed. (768)
2001 Ed. (3358, 4497)
1999 Ed. (776, 795, 1526, 1601)
1998 Ed. (489, 593, 2441, 2981, 3500, 3778)
1992 Ed. (923, 924, 4328)
1990 Ed. (3552, 3632)
Disney/ABC Stations
2007 Ed. (4738)
Disney Adventures
1994 Ed. (2800)
Disney Attractions; Walt
2007 Ed. (274)
2006 Ed. (270)
2005 Ed. (251)
Disney Channel
2008 Ed. (4654, 4655)
2007 Ed. (4732, 4733)
1998 Ed. (604)

1991 Ed. (836)
The Disney Channel Magazine
1993 Ed. (2794, 2795)
Disney Collection Screen Saver
1995 Ed. (1098)
Disney Enterprises Inc.
2008 Ed. (1597, 3750, 3751)
2007 Ed. (1609, 3637, 3638)
2006 Ed. (1585, 3572, 3573)
2005 Ed. (1680, 3515, 3516)
2004 Ed. (3510, 3511)
2003 Ed. (3449, 3450)
2001 Ed. (1652, 3361, 3362)
Disney Entertainment
2006 Ed. (2496)
Disney High School Musical Junior Novel
2008 Ed. (551)
Disney Juvenile Publishing
2001 Ed. (3955)
1999 Ed. (3970)
Disney-MGM Studios
2001 Ed. (381)
2000 Ed. (296, 300)
1997 Ed. (245, 249, 251)
1996 Ed. (219, 3481)
1992 Ed. (333)
Disney-MGM Studios at Walt Disney World
1999 Ed. (270, 272, 4622)
1998 Ed. (166, 167)
Disney-MGM Studios Theme Park
2007 Ed. (275, 277)
2006 Ed. (269, 272)
2005 Ed. (250, 253)
2004 Ed. (244)
2003 Ed. (275, 277)
2002 Ed. (310, 312)
2001 Ed. (379)
2000 Ed. (298)
Disney-MGM Studios Theme Park at Walt Disney World
1996 Ed. (217)
1995 Ed. (215, 218)
Disney-MGM Studios Theme Park; Walt Disney World's Magic Kingdom, EPCOT Center,
1991 Ed. (239)
Disney on Ice
2002 Ed. (1165)
Disney Online
2008 Ed. (4808)
2001 Ed. (2966, 4774)
Disney Parks & Resorts LLC; Walt
2008 Ed. (3195)
Disney Pop Assorted
1990 Ed. (2143)
Disney Pops
1994 Ed. (853)
Disney Publising
1997 Ed. (3224)
Disney Sea; Tokyo
2007 Ed. (272, 275)
2006 Ed. (267, 269)
Disney Store
1999 Ed. (3006, 4752)
1998 Ed. (3339)
1997 Ed. (3546)
The Disney Version
2005 Ed. (715)
Disney Village
1995 Ed. (3420)
Disney Co.; Walt
2008 Ed. (19, 20, 156, 763, 824, 830, 1044, 1045, 1047, 1049, 1050, 1100, 1101, 1440, 1477, 1597, 1598, 1610, 1826, 1827, 1828, 1829, 1830, 1831, 1832, 1833, 1834, 1852, 2449, 2452, 2487, 2588, 2589, 2593, 2594, 3018, 3624, 3625, 3626, 3630, 3755, 4093, 4094, 4521, 4659, 4662)
2007 Ed. (15, 16, 152, 749, 787, 852, 863, 1194, 1195, 1454, 1482, 1513, 1609, 1610, 1612, 1791, 1792, 1793, 1794, 1795, 1796, 1797, 2453, 2454, 2455, 2456, 2458, 2459, 2896, 3447, 3448, 3456, 4062, 4737, 4741)
2006 Ed. (20, 21, 22, 23, 160, 166, 169, 657, 765, 772, 1088, 1089, 1585, 1586, 1590, 2490, 2492, 2493, 2494, 2497, 2498, 2850, 3433, 3434, 3435, 3436, 3437, 3438, 4025, 4028, 4708, 4714, 4716)
2005 Ed. (15, 16, 150, 154, 243, 244, 845, 850, 851, 1096, 1097, 1499, 1555, 1680, 1681, 1687, 1809, 2445, 2446, 2452, 3425, 3426, 3427, 3428, 3989, 4282, 4656, 4657, 4658, 4659, 4660)
1997 Ed. (29, 31, 167, 246, 706, 727, 1778, 1779, 2054, 2283, 2688, 2818, 3713, 3718)
1996 Ed. (789, 1340, 1342, 1343, 1345, 1696, 1697, 2167, 2548, 2688, 3591, 3656)
1995 Ed. (681, 1325, 1327, 1390, 1391, 1393, 1716, 1916, 2151, 2154, 2488, 2613, 2770, 2812, 3288, 3298, 3341, 3437, 3519, 3570, 3580, 3641)
1994 Ed. (212, 1215, 1669, 1671, 1887, 2098, 2100, 2413, 2561, 2562, 2698, 3228, 3441, 3503)
1993 Ed. (224, 719, 1635, 1636, 2596, 2597, 2598, 3228, 3262, 3267, 3268, 3379, 3470, 3524, 3533)
1992 Ed. (328, 4144)
1991 Ed. (234, 1579, 2391, 2392, 2881, 3089, 3105, 3226, 3399)
1990 Ed. (1809, 3022)
Disney World
1997 Ed. (709)
Disney World; Blizzard Beach at Walt
2007 Ed. (4884)
2006 Ed. (4893)
2005 Ed. (4840)
Disney World/Disneyland
1994 Ed. (745)
Disney World/Disneyland; Walt
1993 Ed. (733, 734, 739, 743)
Disney World; Epcot at Walt
2007 Ed. (275, 277)
2006 Ed. (269, 272)
2005 Ed. (250, 253)
Disney World/Epcot Center/Disney-MGM Studios; Walt
1995 Ed. (3420)
1993 Ed. (3358)
Disney World/Epcot Center, Walt
1991 Ed. (3156)
Disney World Florida
1999 Ed. (786, 787, 788)
Disney World; The Magic Kingdom at Walt
2007 Ed. (275, 277)
2006 Ed. (269, 272)
2005 Ed. (250, 253)
Disney World Resorts; Walt
2006 Ed. (2941)
1996 Ed. (2176)
Disney World Swan & Dolphin; Walt
2005 Ed. (2519)
Disney World; Typhoon Lagoon at Walt
2007 Ed. (4884)
2006 Ed. (4893)
2005 Ed. (4840)
Disney World Co.; Walt
2008 Ed. (252, 253, 1732)
2007 Ed. (269, 270, 1703)
2006 Ed. (262, 263, 1708)
2005 Ed. (241, 242, 1762)
1992 Ed. (332, 333)
Disney World's Magic Kingdom, EPCOT Center, Disney-MGM Studios Theme Park; Wal
1991 Ed. (239)
Disney World's Magic Kingdom, EPCOT Center, Disney-MGM Studios Theme Park; Walt
1994 Ed. (3361)
Disney World's Magic Kingdom; Walt
1993 Ed. (228)
1992 Ed. (331)
disney.com
2001 Ed. (4780)
1999 Ed. (4754)
Disneyland
2007 Ed. (275, 277)
2006 Ed. (269, 272)
2005 Ed. (250, 253)
2004 Ed. (244)
2003 Ed. (275, 277)
2002 Ed. (310, 312)
2001 Ed. (379, 381)
2000 Ed. (296, 298, 300)
1999 Ed. (268, 270, 272)
1998 Ed. (166, 167)
1997 Ed. (245, 249, 251, 709, 3546)
1996 Ed. (217, 219, 3481)
1995 Ed. (215, 218, 3420)
1994 Ed. (218, 219, 3361)
1993 Ed. (228, 3358)
1992 Ed. (331, 4026)
1991 Ed. (239, 3156)
1990 Ed. (264, 3325)
Disneyland International
2004 Ed. (239)
2003 Ed. (271)
2001 Ed. (376)
Disneyland Paris
2007 Ed. (273, 275)
2006 Ed. (268, 269)
2005 Ed. (249, 250)
2003 Ed. (273, 275)
2002 Ed. (308, 310)
2001 Ed. (377, 379)
2000 Ed. (297, 298)
1999 Ed. (269, 270)
1998 Ed. (166)
1997 Ed. (247, 249)
Disneyland; Tokyo
2007 Ed. (272, 275)
2006 Ed. (267, 269)
2005 Ed. (250)
disneyonline.com
2001 Ed. (4776)
Disney's All-Star Music Resort
2002 Ed. (2648)
Disney's All-Star Resorts
1999 Ed. (2791)
1998 Ed. (2030)
Disney's All-Star Resorts Music/Sports
2000 Ed. (2568)
Disney's All-Star Sports Resort
2002 Ed. (2648)
Disney's Animal Kingdom
2007 Ed. (275, 277)
2006 Ed. (269, 272)
2005 Ed. (253)
2004 Ed. (244)
2003 Ed. (275, 277)
2002 Ed. (310, 312)
2001 Ed. (379, 381)
2000 Ed. (298, 300)
Disney's Animal Stories
2003 Ed. (714)
Disney's California Adventure
2007 Ed. (277)
2006 Ed. (272)
2005 Ed. (253)
2004 Ed. (244)
2003 Ed. (277)
Disney's Caribbean Beach Resort
2002 Ed. (2648)
2000 Ed. (2568)
1999 Ed. (2791)
1998 Ed. (2030)
Disney's Contemporary Resort
2000 Ed. (2568)
1999 Ed. (2791)
1998 Ed. (2030)
Disney's Contemporary Resort Hotel
1999 Ed. (2795)
1998 Ed. (2035)
Disney's Coronado Springs Resort
2002 Ed. (2650)
2000 Ed. (2574)
Disney's Dixie Landings Resort
2002 Ed. (2648)
2000 Ed. (2568)
1999 Ed. (2791)
1998 Ed. (2030)
Disney's 5-Minute Adventure Stories
2003 Ed. (712)
Disney's Princess Collection
2003 Ed. (708)
Disney's Storybook Collection
2003 Ed. (708)
Disney's Tarzan
2001 Ed. (981)
Disney's Tarzan Read-Aloud Storybook
2001 Ed. (981)
Disneysea; Tokyo
2005 Ed. (250)
DisneyWar
2007 Ed. (652)
Display Industries
2008 Ed. (3704, 4380)
Display Products Technology Ltd.
2003 Ed. (2735)
2002 Ed. (2497)
Displaywrite
1992 Ed. (4490)
The Disposable American: Layoffs & Their Consequences
2008 Ed. (611)
Disposable baby diapers
1991 Ed. (1457)
Disposable cameras
2001 Ed. (3908)
Disposable diapers
1994 Ed. (2937)
Disposable Heroes of Hiphoprisy
1994 Ed. (1099)
Dist. Comercial
2008 Ed. (69)
2007 Ed. (64)
Dist. Saray
2007 Ed. (64)
2006 Ed. (73)
Distalgas-Distribuicao E Instalacao de Gas Lda.
2005 Ed. (1953)
Distance learning
1996 Ed. (859)
Distant Replays
2006 Ed. (1214)
Distilled spirits
2002 Ed. (687, 688, 689, 697, 698)
2001 Ed. (356, 357, 687, 688)
2000 Ed. (711, 712)
1999 Ed. (699, 700, 705, 706, 707)
1993 Ed. (680, 681)
1989 Ed. (731)
Distilled Spirits Council of the U.S.
2002 Ed. (3151, 3154)
Distillerie Stock U.S.A.
2005 Ed. (4830)
2004 Ed. (4839)
2003 Ed. (4854)
Distilleries
2006 Ed. (1073)
2002 Ed. (4478)
Distilleries Co. of Ceylon Ltd.
1996 Ed. (1052)
Distilleries Co. of Sri Lanka
1999 Ed. (1240)
1997 Ed. (1071)
1996 Ed. (1053)
1994 Ed. (1061, 1062)
Distillers Corp.
1994 Ed. (43)
1992 Ed. (77)
Distinctive Creations
2005 Ed. (4996)
Distiny Industries
1995 Ed. (2978)
Distressed debt
2005 Ed. (2818)
Distrib Produtos Petroleo
2000 Ed. (1395)
Distribucion y Servicio D & S, SA
2003 Ed. (4577)
Distribuidora Ancap
1989 Ed. (1169)
Distribuidora de Articulos Comerciales
1995 Ed. (1450)
Distribuidora de Electricidad del Sur
2002 Ed. (4410)
Distribuidora de Produtos Petroleo
2001 Ed. (1643)
Distributed Energy Systems Corp.
2007 Ed. (2824)
Distributed processing
1996 Ed. (2914)
Distribution
2005 Ed. (1557)
1993 Ed. (3729)
1991 Ed. (1515)

Distribution & Trading Business
1994 Ed. (2428)
Distribution Management Systems, Inc.
2003 Ed. (2711)
Distribution network
1995 Ed. (857)
Distribution Service
1997 Ed. (1811)
Distribution y Servicio D & S SA
2002 Ed. (1614)
Distribution y Servicio SA
2004 Ed. (1673)
Distributive Education Clubs of America
1999 Ed. (298)
1997 Ed. (273)
1996 Ed. (242)
Distributors
2008 Ed. (1632)
Distributor's Stock Forms
1999 Ed. (962)
1995 Ed. (856)
Distributorship JV
2004 Ed. (1651)
District National Bank
1990 Ed. (467)
District of Columbia
2001 Ed. (1015, 1157, 1159, 2598, 2840, 3096, 3536, 3537, 3707, 4145, 4166, 4410, 4411, 4413, 4448, 4459, 4505, 4682, 4684, 4710, 4718, 4800, 4862, 4864, 4867, 4869)
2000 Ed. (804, 1007, 2328, 2961, 2966, 3009, 3010, 3832, 3866, 4105, 4235, 4290, 4356, 4404, 4405, 4406, 4407)
1999 Ed. (799, 1996, 2588, 3222, 3227, 4122, 4151, 4406, 4407, 4408, 4409, 4411, 4418, 4421, 4425, 4433, 4440, 4444, 4447, 4450, 4451, 4453, 4460, 4463, 4465, 4466, 4468, 4536, 4581, 4727, 4780, 4781, 4782, 4783)
1997 Ed. (930, 996, 2138, 2647, 2651, 3148, 3364, 3388, 3569, 3577, 3581, 3582, 3583, 3584, 3587, 3589, 3593, 3594, 3595, 3596, 3597, 3599, 3600, 3601, 3602, 3603, 3604, 3605, 3606, 3727, 3851, 3889, 3891, 3896, 3899)
1996 Ed. (899, 2016, 2507, 2508, 2509, 2512, 3265, 3291, 3521, 3523, 3525, 3537, 3541, 3542, 3543, 3544, 3547, 3549, 3553, 3554, 3555, 3556, 3557, 3559, 3560, 3561, 3562, 3564, 3565, 3566, 3668, 3799, 3841, 3844, 3848, 3851, 3853, 3854)
1995 Ed. (919, 1994, 2457, 2460, 2461, 2463, 3172, 3194, 3457, 3461, 3462, 3463, 3464, 3466, 3467, 3468, 3472, 3473, 3474, 3475, 3476, 3478, 3479, 3480, 3481, 3483, 3484, 3485, 3592, 3713, 3740, 3744, 3749, 3752, 3754, 3755)
1994 Ed. (1969, 2376, 2379, 2380, 2382, 3120, 3150, 3385, 3389, 3390, 3391, 3392, 3395, 3396, 3397, 3401, 3402, 3403, 3404, 3405, 3407, 3408, 3409, 3410, 3412, 3413, 3414, 3507, 3639)
1993 Ed. (364, 1945, 2441, 2442, 2443, 3059, 3107, 3403, 3404, 3405, 3406, 3407, 3411, 3412, 3413, 3414, 3415, 3417, 3418, 3419, 3420, 3421, 3422, 3423, 3436, 3437, 3438, 3548, 3677, 3707, 3713, 3716, 3718)
1992 Ed. (976, 2863, 2873, 2879, 2880, 2942, 2943, 3106, 3751, 3811, 4095, 4096, 4097, 4098, 4099, 4103, 4104, 4105, 4106, 4107, 4110, 4111, 4112, 4113, 4114, 4115, 4130, 4264, 4405, 4436, 4443, 4445, 4452, 4455, 4457)
1991 Ed. (1812, 1813, 2161, 2321, 2360, 2361, 2362, 2485, 2511, 3194, 3195, 3196, 3197, 3205, 3206, 3207, 3208, 3214, 3338, 3344, 3459, 3482, 3488, 3492)
1990 Ed. (402, 827, 2219, 2492, 2664, 3069, 3109, 3363, 3364, 3366, 3368, 3369, 3370, 3371, 3374, 3375, 3377, 3381, 3382, 3383, 3384, 3386, 3387, 3388, 3390, 3394, 3419, 3421, 3422, 3507, 3677)
1989 Ed. (1, 870, 1508, 1510, 1987, 2893, 2894, 2914, 2927, 2931, 2935)
District of Columbia Housing Finance Agency
2001 Ed. (789)
Distrigas SA
2008 Ed. (2816)
Distrigaz SA
2005 Ed. (2730, 2731, 3771, 3772)
Disturbing Behavior
2001 Ed. (4701)
Ditech Communications
2008 Ed. (2860)
2007 Ed. (2730)
2002 Ed. (1550)
Ditewoong Pharmaceutical
1992 Ed. (62)
Ditka's Restaurant; Mike
2007 Ed. (4128)
Ditropan XL
2001 Ed. (2067)
Dittmer; Thomas H.
1994 Ed. (892)
Dittus Communications
2005 Ed. (3949, 3958, 3978)
Diuretics
2001 Ed. (2096)
1996 Ed. (2560)
Diuretics (potassium sparing)
1996 Ed. (2560)
Diurex
1995 Ed. (1603)
Diurex Water Pills
1997 Ed. (1609, 1667)
Div/Gro-Laser & Advanced Technology
1989 Ed. (1847)
Divatex Home Fashions
2007 Ed. (588)
DivCon LLC
2007 Ed. (3560, 3561)
Diversa Corp.
2004 Ed. (3774)
Diverse
1991 Ed. (2875)
Diverse Staffing Inc.
2007 Ed. (2835, 2836)
Diversey Corp.
1997 Ed. (3869)
1994 Ed. (1366)
1993 Ed. (1312)
Diversicare Leasing Corp.
2004 Ed. (1865)
Diversified
1997 Ed. (3556)
1996 Ed. (3490)
1995 Ed. (3428)
1994 Ed. (3371)
Diversified Agency Services Ltd.
2001 Ed. (32)
1999 Ed. (87)
Diversified Business Communications
2008 Ed. (1895)
Diversified Collection Services
1997 Ed. (1044, 1047)
Diversified emerging markets
2004 Ed. (2449)
2003 Ed. (3500)
Diversified Executive Systems Inc.
2006 Ed. (3494)
Diversified farming & farm home
2000 Ed. (3466)
Diversified financials
2007 Ed. (3043, 3047)
2006 Ed. (3004, 3008)
2005 Ed. (3004, 3008, 3009, 3012)
2004 Ed. (1744, 1745, 1746, 1748, 3006, 3007, 3010, 3011, 3014)
2003 Ed. (2900, 2904, 2905, 2906, 2908)
2002 Ed. (2789, 2791, 2793, 2794, 2797)
2000 Ed. (1350, 1351, 1353, 1354, 1356, 2631)
1999 Ed. (1510, 1511, 1513, 1514, 1676, 2867)
1998 Ed. (1075, 1078, 1079, 1152, 1153, 1155, 1156, 2097)
1997 Ed. (1298, 1300, 1301, 1303, 1305, 1441, 1442, 1445, 2383)
1996 Ed. (1252, 1257, 1259, 1262, 2254, 2255, 2256, 2257)
1995 Ed. (2244, 2245, 2246, 2247, 3290, 3291, 3292, 3293, 3294, 3295, 3296, 3310, 3311)
1994 Ed. (2193, 2194, 2195, 2196, 3206, 3207, 3208, 3209, 3210, 3211, 3212, 3213, 3214)
1993 Ed. (2169, 2170, 2171, 2172, 2173, 2174, 3231, 3232, 3233, 3234, 3235, 3236, 3237, 3238, 3239)
Diversified Foods
1990 Ed. (3455)
Diversified Futures Management
2003 Ed. (3112)
Diversified Health Service/VHA Long Term Care
1995 Ed. (2801)
Diversified Health Services
1991 Ed. (2625)
1990 Ed. (2726)
Diversified Investment
2002 Ed. (3005, 3006, 3017)
1998 Ed. (2266)
Diversified Investment Advisors
2004 Ed. (3192)
2003 Ed. (3088)
2000 Ed. (2776, 2799)
1999 Ed. (3044, 3068)
Diversified Investments
2000 Ed. (2832)
1997 Ed. (2512)
1996 Ed. (2379)
Diversified Investors Growth & Income Q
2000 Ed. (4336)
Diversified Labeling Solutions Inc.
2008 Ed. (4024, 4029)
2006 Ed. (3971)
2005 Ed. (3895)
Diversified Labelling Solutions
2005 Ed. (3251)
Diversified Maintenance
2006 Ed. (666, 667, 668)
Diversified Maintenance Services
2005 Ed. (760, 761, 762, 764)
Diversified Pharmaceutical Services Inc.
1996 Ed. (2084)
Diversified Products
1996 Ed. (3492)
1993 Ed. (1707, 3367)
1992 Ed. (2065)
1991 Ed. (1634)
Diversified Search Inc.
2000 Ed. (1868)
Diversified Search Cos.
2005 Ed. (4030)
Diversified service
1996 Ed. (2254, 2255, 2256, 2257)
1995 Ed. (2247, 3290, 3291, 3292, 3293, 3294, 3295, 3296, 3310, 3311)
1994 Ed. (2193, 2194, 2195, 2196, 3206, 3207, 3208, 3209, 3210, 3211, 3212, 3213, 3214)
1993 Ed. (2169, 2170, 2171, 2172, 2173, 2174, 3231, 3232, 3233, 3234, 3235, 3236, 3237, 3238, 3239)
Diversified services
2002 Ed. (4193)
1995 Ed. (2244, 2245, 2246)
Diversified Supply Inc.
2008 Ed. (3692, 4365)
2006 Ed. (3531, 4370)
Diversified Technology Services
2005 Ed. (1367)
Diversified Transportation Ltd.
1999 Ed. (957)
1998 Ed. (539)
1997 Ed. (841)
1996 Ed. (831)
1995 Ed. (851)
1994 Ed. (800)
1992 Ed. (988)
Diversified Utility Services Inc.
2007 Ed. (1371)
Diversinet Corp.
2006 Ed. (1131, 2819, 2821)
2005 Ed. (2776)
Diversion
2007 Ed. (4798)
1996 Ed. (2602)
1994 Ed. (2470)
1992 Ed. (3012)
1991 Ed. (2410)
1990 Ed. (2538)
Diversity
2000 Ed. (1782)
Diversity Pro Corp.
2008 Ed. (2954)
Diversity Services of DC Inc.
2007 Ed. (3612, 3613, 4453)
DiversitySearch.com
2008 Ed. (3728, 4979)
Divertido
2006 Ed. (271)
2005 Ed. (252)
2003 Ed. (276)
2002 Ed. (311)
2001 Ed. (380)
2000 Ed. (299)
1999 Ed. (271)
1997 Ed. (250)
1996 Ed. (218)
1995 Ed. (219)
Divestco Inc.
2007 Ed. (1569)
Divestiture
2005 Ed. (1473)
Divide, CO
1997 Ed. (999)
Dividend
2006 Ed. (4521)
divine Inc.
2005 Ed. (1553, 1559)
2004 Ed. (116, 1540)
Divine Secrets of the Ya-Ya Sisterhood
2000 Ed. (710)
Divinestate Ltd.
1995 Ed. (1009)
Diving/diving boards
1999 Ed. (4527)
Division M/E Latvia
2003 Ed. (100)
2002 Ed. (134)
2001 Ed. (160)
Division M/E Latvia (McCann)
2000 Ed. (122)
1999 Ed. (116)
Division M/E Tallinn
2003 Ed. (71)
2002 Ed. (106)
2001 Ed. (134)
Division M/E Tallinn (McCann)
2000 Ed. (92)
1999 Ed. (86)
Divosta & Co.
1996 Ed. (993, 1132)
DiVosta Homes
2003 Ed. (1166)
Dix & Eaton
2000 Ed. (3663)
1999 Ed. (3949)
1998 Ed. (2938, 2955)
1997 Ed. (3209)
1996 Ed. (3132)
1995 Ed. (3004, 3029)
1994 Ed. (2948, 2969)
1992 Ed. (3575)
Dixcel Kitchen Towels
1999 Ed. (4604)
Dixcel Toilet Tissue
2002 Ed. (3585)
1999 Ed. (4604)
Dixie
2000 Ed. (3319)
1999 Ed. (4590)
1993 Ed. (674)
1990 Ed. (751)
Dixie Chicks
2005 Ed. (1160)

2002 Ed. (1159, 1163, 3413)
Dixie Everyday
1999 Ed. (3597)
Dixie Group Inc.
2005 Ed. (4679, 4680)
2004 Ed. (4707, 4708)
Dixie Home Crafters Inc.
2008 Ed. (3003, 3096)
Dixie-Portland Flour Mills
1990 Ed. (1811)
Dixie Yarns
1998 Ed. (3520)
1997 Ed. (3735)
1996 Ed. (3679)
1995 Ed. (3599)
1994 Ed. (3515)
1993 Ed. (3555)
1992 Ed. (4274, 4275)
1991 Ed. (3348, 3353, 3354)
1990 Ed. (3564, 3565, 3566)
1989 Ed. (2814)
Dixon & Hughes
2008 Ed. (9)
2007 Ed. (11)
2006 Ed. (15)
Dixon Builders
2005 Ed. (1187)
2004 Ed. (1159)
2003 Ed. (1154)
Dixon; Christopher
1996 Ed. (1807)
Dixon Odom
2000 Ed. (19)
1999 Ed. (23)
Dixon, Odom & Co.
1998 Ed. (18)
Dixon Odom PLLC
2005 Ed. (10)
2004 Ed. (14)
2003 Ed. (8)
2002 Ed. (22, 23)
Dixon; Richard B.
1993 Ed. (2461)
1992 Ed. (2903)
1991 Ed. (2342)
1990 Ed. (2478)
Dixon Schwabl Advertising
2008 Ed. (4346)
Dixons
2007 Ed. (705)
2006 Ed. (4186)
2000 Ed. (3692)
1992 Ed. (52, 100)
1991 Ed. (24, 2893)
1989 Ed. (754)
Dixons Group
2006 Ed. (55)
1990 Ed. (29)
Dixons Group plc
2007 Ed. (4501)
2006 Ed. (101)
2005 Ed. (92)
2004 Ed. (98)
2002 Ed. (1650)
2001 Ed. (90, 2220)
Dixons Stores Group Ltd.
2002 Ed. (230)
DIY Home Warehouse
1997 Ed. (835)
1996 Ed. (821)
1995 Ed. (3391)
DIY Home Wholesale
1996 Ed. (824)
Diyanni Homes
2005 Ed. (1189)
2004 Ed. (1161)
2003 Ed. (1156)
2002 Ed. (2689)
DJ Orthopedics Inc.
2006 Ed. (3365, 3395)
2003 Ed. (4321)
dj Orthopedics LLC
2007 Ed. (3424)
Djangos.com Inc.
2004 Ed. (1528)
Djarum
2006 Ed. (53)
2005 Ed. (46)
2004 Ed. (52)
1993 Ed. (34)
1992 Ed. (57)
Djarum Super -- Filter Clove Cigarette
2001 Ed. (42)
DJC Inc.
2005 Ed. (1891)
2004 Ed. (1807, 1808)
Djibouti
2006 Ed. (2140, 2146)
1993 Ed. (2951)
DJM Sales & Marketing Inc.
2006 Ed. (3510, 4349)
djpa
2002 Ed. (1957)
DJS/Inverness & Castle Harlan
1992 Ed. (1460)
DJ's Music
2000 Ed. (3219)
1997 Ed. (2862)
DJW Associates & Crossing Construction
1990 Ed. (1214)
DK Publishing
2001 Ed. (3955)
DKB
1990 Ed. (554)
DKM Building Enterprises
1994 Ed. (2920, 2921)
DKMBE Manufacturing
1993 Ed. (2900, 2901)
1992 Ed. (3516, 3517)
DKNY
2001 Ed. (2117)
1995 Ed. (3787)
DKW Communications Inc.
2008 Ed. (1346)
D.L. Blair Corp.
1990 Ed. (3077, 3082, 3085, 3086, 3087)
1989 Ed. (2352)
D.L. Geary Brewing Co.
1989 Ed. (758)
DLA
2004 Ed. (1872)
DLA Piper
2008 Ed. (1395)
DLA Piper Rudnick Gray Cary
2007 Ed. (3301, 3309, 3328)
DLA Piper Rudnick Gray Cary U.S. LLP
2006 Ed. (3266)
DLA Piper U.S. LLP
2008 Ed. (3420, 4725)
D'Lance Golf
2004 Ed. (3970)
DLB Associates
2004 Ed. (2337)
D.L.B. Johnson Construction
2000 Ed. (1236)
DLB Oil & Gas Inc.
1997 Ed. (3404)
DLC
2008 Ed. (1207)
DLC Management
2008 Ed. (4334)
DLCO Financial
2000 Ed. (2758)
Dlhopis FNM SR
2002 Ed. (4469, 4470)
DLJ
2005 Ed. (3372)
1998 Ed. (1559, 1560, 1561, 3176, 3244, 3245, 3246)
1994 Ed. (1835)
1993 Ed. (1768, 176)
1992 Ed. (1450, 1451, 1452, 3881, 3883, 3885)
1991 Ed. (2998)
1990 Ed. (3203)
1989 Ed. (1413)
DLJ Direct
1999 Ed. (862, 3002, 3888, 4476)
DLJ Merchant Banking Partners
2006 Ed. (1420)
1999 Ed. (3185)
1997 Ed. (2628)
DLJ-Pershing Div.
1989 Ed. (1137, 1901)
DLJdirect Inc.
2001 Ed. (2973, 4183, 4200)
dljdirect.com
2001 Ed. (2974)
DLK Architecture Inc.
2001 Ed. (406)
DLR Grop
2008 Ed. (2535)
DLR Group
2004 Ed. (2335)
2000 Ed. (309)
1999 Ed. (282, 2016)
1995 Ed. (236, 1681)
DLS Enterprises Inc.
2004 Ed. (1868)
DLT Solutions Inc.
2007 Ed. (1410, 1412, 1418)
2006 Ed. (1374, 1380)
DLW AG
2002 Ed. (4618)
2001 Ed. (4511)
2000 Ed. (4243)
1999 Ed. (4593)
1997 Ed. (3737)
DLW Aktiengesellschaft
1995 Ed. (3604)
DLZ Ohio Inc.
2006 Ed. (3533, 4372)
DM Credit Union
2007 Ed. (2103)
2006 Ed. (2182)
2005 Ed. (2087)
2004 Ed. (1946)
2003 Ed. (1906)
2002 Ed. (1847)
DM-9 DDB Needham
1999 Ed. (67)
DM 9 Publicidade
1993 Ed. (84)
Dmax
2004 Ed. (3330)
DMB & B
2002 Ed. (1982)
2001 Ed. (137, 191, 231)
2000 Ed. (96, 99, 154, 161)
1999 Ed. (73, 90, 93, 98, 136, 144)
1997 Ed. (79, 155)
1996 Ed. (79)
1995 Ed. (65)
1994 Ed. (83, 101, 107)
1993 Ed. (83)
1992 Ed. (125, 150, 151, 152, 153, 166, 168, 203, 208)
1991 Ed. (74, 78, 100, 101, 102, 114, 116, 126, 133, 146)
1990 Ed. (77, 81, 104, 105, 118, 127, 130, 133, 137, 146, 153, 156)
1989 Ed. (110)
DMB & B de Venezuela
1997 Ed. (157)
DMB & B Dublin
1990 Ed. (116)
DMB & B Kiev
2001 Ed. (229)
2000 Ed. (185)
1999 Ed. (165)
DMB & B/Lund & Lommer
1992 Ed. (192)
1991 Ed. (137)
DMB & B/Merkur
1993 Ed. (91)
DMB & B Middle East
1999 Ed. (166)
DMB & B Moscow
2001 Ed. (204)
2000 Ed. (165)
1999 Ed. (148)
1993 Ed. (133)
DMB & B/Noble
1992 Ed. (179)
DMB & B Perwanal
1989 Ed. (117)
DMB & B Public Relations
2001 Ed. (3936)
DMB&B GmbH
2000 Ed. (97)
DMB&B Oslo
1989 Ed. (146)
DMB&B Tengri
2001 Ed. (156)
2000 Ed. (118)
DMB&B Turon
2001 Ed. (238)
2000 Ed. (188)
DMCA Direct
1992 Ed. (1807)
DMCI Holdings
2000 Ed. (1540)
DMG
1999 Ed. (887, 888, 889, 890, 891, 900, 903, 908, 910, 911)
dmg world media
2008 Ed. (4723)
2006 Ed. (4787)
2005 Ed. (4736)
2004 Ed. (4754)
2003 Ed. (4777)
2002 Ed. (4645)
DMH Manufacturing
2008 Ed. (3538)
DMJM
2006 Ed. (2477)
DMJM Design
2007 Ed. (3199, 3200, 3207)
2006 Ed. (3166)
DMJM H & N
2008 Ed. (263, 2531)
2007 Ed. (1316, 2443)
DMJM Rottet
2008 Ed. (3339)
2007 Ed. (3199, 3200, 3207)
2000 Ed. (2741)
1999 Ed. (2994)
1998 Ed. (2218)
DMJMH+N
2005 Ed. (1250, 2437)
DM9 DDB
2000 Ed. (71)
DM9 DDB Publicidade
2003 Ed. (54)
2002 Ed. (87)
2001 Ed. (115)
DMR Consulting Group Inc.
2001 Ed. (1052)
1999 Ed. (2668)
DMR Group
1992 Ed. (1960)
1990 Ed. (852)
DMS Direct Marketing Services
1998 Ed. (3479)
DNA Finland
2006 Ed. (45)
2004 Ed. (44)
DNA Genotek
2006 Ed. (592)
DNA Plant Technology Corp.
1995 Ed. (668)
1993 Ed. (704)
DNA Search Inc.
2002 Ed. (2173)
DnB
1999 Ed. (3661)
DNB Fonds
2001 Ed. (1522)
DnB Group
2006 Ed. (508)
2005 Ed. (591)
2004 Ed. (602)
2003 Ed. (595)
DnB Holding
2002 Ed. (3542)
DnB NOR
2006 Ed. (1949, 1950, 3757)
DnB NOR ASA
2008 Ed. (1999)
2007 Ed. (1933)
DnB NOR Group
2008 Ed. (487)
2007 Ed. (533)
DnC
1991 Ed. (2647)
Dniproenergo
2002 Ed. (4495)
DNL
1990 Ed. (3474)
DNL B
1997 Ed. (2971)
DNL-Det Norske Luffart
1991 Ed. (1333)
DNP Select Income Fund Inc.
2005 Ed. (3215, 3216)
2004 Ed. (3176, 3177)
DNX
1993 Ed. (3113)
Do Brasil
2000 Ed. (489, 494)
1990 Ed. (511)
Do Estado de Sao Paulo
2000 Ed. (489)
1990 Ed. (511)

Do-it-Best Corp.
2008 Ed. (1382, 1807, 3190)
2007 Ed. (1427, 1431, 1776)
2006 Ed. (1391, 1398, 1399, 1768)
2005 Ed. (1405, 1412, 1413, 1795, 4417)
2004 Ed. (1391, 1392, 1735)
2003 Ed. (1380, 1698, 4499)
Do It Center
2008 Ed. (69)
2007 Ed. (64)
2006 Ed. (73)
Doane
2000 Ed. (3513)
1998 Ed. (2813)
1997 Ed. (3069)
1992 Ed. (3405)
Doane Farm Management
1991 Ed. (1648)
1990 Ed. (1744, 1745)
1989 Ed. (1410, 1411, 1412)
Doane Pet Care Enterprises Inc.
2002 Ed. (3656)
Doane Products Co.
1999 Ed. (3786)
1994 Ed. (2828)
Doane Raymond Associates
1991 Ed. (2)
1990 Ed. (5, 852)
1989 Ed. (6, 7)
Doane Raymond Grant Thornton
1999 Ed. (4)
1996 Ed. (8, 9)
1995 Ed. (7, 8)
Doane Raymond Pannell Associates
1993 Ed. (3)
1992 Ed. (7, 8, 9)
Doane Western Co.
1994 Ed. (1736, 1737)
1992 Ed. (2106)
1991 Ed. (1646, 1647)
1990 Ed. (1745)
1989 Ed. (1410)
Doan's PM
1994 Ed. (221)
Dobbs
1996 Ed. (188)
Dobbs Brothers
1996 Ed. (3766)
Dobbs Brothers Management
1998 Ed. (205)
Dobbs International
1991 Ed. (1752, 1755)
Dobbs International Services
2001 Ed. (2482)
2000 Ed. (254)
Dobbs, Ram & Co.
2001 Ed. (741, 798, 923)
1993 Ed. (2268)
1991 Ed. (2172)
Dobbs-Wiggins McCann-Erickson
1991 Ed. (133)
1990 Ed. (133)
1989 Ed. (143)
Dobi; Stephen
1994 Ed. (1768)
1993 Ed. (1784)
Dobson
2007 Ed. (3620)
Dobson Builders
2005 Ed. (1185, 1225)
Dobson Communications Corp.
2008 Ed. (4942)
2007 Ed. (4552, 4587)
2005 Ed. (4979)
Dobson; Harry
2007 Ed. (4926, 4928)
2005 Ed. (4892)
Dobson; James
2007 Ed. (2497)
1997 Ed. (1904)
D.O.C. Optics
1998 Ed. (1766)
Doc Otis
2005 Ed. (4924, 4926)
2004 Ed. (4946)
2003 Ed. (4942)
Doce PN; Vale R.
1996 Ed. (3281, 3282)
Doce; Vale R.
1994 Ed. (3133)
Docent Inc.
2002 Ed. (2471)
Dock St. Brewing Co.
1992 Ed. (927)
Dock Street Brewing Co.
1998 Ed. (2487)
1996 Ed. (2631)
1991 Ed. (2452)
1990 Ed. (748)
1989 Ed. (758)
Dockers
2008 Ed. (983, 984, 991)
2007 Ed. (1101, 1103, 1112, 4747)
2006 Ed. (1015, 1016, 1023)
2005 Ed. (1017)
2001 Ed. (424)
1997 Ed. (1039)
1995 Ed. (1034)
1994 Ed. (1027)
1993 Ed. (995)
1992 Ed. (1228)
Docks de France
1997 Ed. (1392, 1409)
1992 Ed. (4177)
1990 Ed. (1368)
Dockson; Robert
1990 Ed. (1723)
Dockson; Robert R.
1990 Ed. (1712)
Doco Regional Credit Union
2006 Ed. (2173)
Doc's Hard Lemon
2005 Ed. (3364)
2003 Ed. (261)
The docSpace Co.
2001 Ed. (2854, 2855)
Doctor Zhivago
1998 Ed. (2536)
Doctors
1997 Ed. (3177)
1996 Ed. (2083)
1991 Ed. (813, 2628)
Doctors Co. an Interinsurance Exchange
2000 Ed. (2727)
Doctors Associates Inc.
2008 Ed. (4154, 4172)
2006 Ed. (4108)
2005 Ed. (1748, 4049)
2004 Ed. (1690, 4117, 4684)
2003 Ed. (1661, 4092)
Doctors' Center Hospital Inc.
2007 Ed. (2780)
2006 Ed. (2782)
2005 Ed. (2808)
2004 Ed. (2812)
Doctors' Corner Personnel Services
1997 Ed. (1794)
Doctors Co. Insurance Group
2007 Ed. (3168)
2006 Ed. (3133)
2005 Ed. (3123)
2004 Ed. (3119)
2002 Ed. (2943, 2951)
2000 Ed. (2683, 2715)
1999 Ed. (2963, 2975)
1998 Ed. (2196)
1996 Ed. (2329)
1995 Ed. (2317)
1994 Ed. (2269)
1993 Ed. (2232)
Doctors Insurance Reciprocal RRG
2004 Ed. (3135)
2002 Ed. (3956)
Doctors Co. Int-Ins Exchange
1992 Ed. (2690)
Doctors Co. Inter. Ex.
1991 Ed. (2121)
Doctors Co. Interins Exchange
1994 Ed. (2274)
Doctors' Co. Interns Exchange
1996 Ed. (2340)
Doctors' offices
1992 Ed. (89, 90)
Doctors' offices and clinics
1995 Ed. (3387)
Doctors' Research Fund of Houston (The Methodist Hospital)
1994 Ed. (890)
Doctors Without Borders
2004 Ed. (933)
DocuMart Copies & Printing
2005 Ed. (3900)
Document publishing
1999 Ed. (3009)
Documentaries
1996 Ed. (865)
Documentation Inc.
2001 Ed. (1870, 2850)
Documentum Inc.
2005 Ed. (2343)
2004 Ed. (2206)
1998 Ed. (839, 1323)
Docusate sodium
1996 Ed. (1572)
Dodd; Christopher J.
1994 Ed. (2890)
Dodd; Giles G.
1992 Ed. (3137)
Doddridge; John
1997 Ed. (980)
Dodge
2008 Ed. (329)
2007 Ed. (342, 680)
2006 Ed. (355, 356, 4855)
2005 Ed. (283, 341, 342)
2004 Ed. (342, 756)
2003 Ed. (303, 317, 359, 360, 743)
2002 Ed. (413, 414, 4703)
2001 Ed. (457, 458, 459, 460, 461, 462, 463, 464, 465, 483, 535)
2000 Ed. (25, 32, 344, 795, 800)
1999 Ed. (323, 326, 360)
1998 Ed. (24, 218, 226, 488, 3497, 3498)
1997 Ed. (28, 292, 300, 705)
1996 Ed. (306, 310, 315, 3748)
1995 Ed. (17, 302, 690)
1994 Ed. (301)
1993 Ed. (310, 316)
1992 Ed. (442, 2413)
1990 Ed. (300, 343, 344, 359)
Dodge & Cox
2008 Ed. (2315, 2318)
2004 Ed. (3194)
2000 Ed. (2835)
1996 Ed. (2764)
1991 Ed. (2222)
Dodge & Cox Balanced
2008 Ed. (2612)
2007 Ed. (2482)
2005 Ed. (3581)
2004 Ed. (2448, 3545, 3547, 3549)
2003 Ed. (3486)
2000 Ed. (3249, 3250)
1999 Ed. (3508, 3533, 3562)
1998 Ed. (2614)
1997 Ed. (2871, 2884)
1996 Ed. (2755, 2771, 2776, 2791, 2806)
1995 Ed. (2739)
1992 Ed. (3152, 3195)
Dodge & Cox Balanced Fund
2006 Ed. (3593)
2005 Ed. (3538)
2004 Ed. (3540)
2003 Ed. (2366, 3483, 3520)
Dodge & Cox Equity
2007 Ed. (752)
Dodge & Cox Income
2008 Ed. (584, 595)
2007 Ed. (646)
2006 Ed. (623, 627, 629, 3683)
2005 Ed. (702)
2004 Ed. (692)
2003 Ed. (691)
2000 Ed. (757)
1997 Ed. (2888)
1996 Ed. (2758, 2784)
Dodge & Cox Income Fund
2008 Ed. (589)
2007 Ed. (639)
2006 Ed. (616, 617)
2004 Ed. (714)
2003 Ed. (3531)
Dodge & Cox International
2007 Ed. (3669)
Dodge & Cox International Stock
2008 Ed. (4514)
2007 Ed. (4546)
2006 Ed. (3676, 3677, 4563, 4566)
2005 Ed. (4490)
Dodge & Cox Stock
2008 Ed. (2610, 2616, 3769, 4510, 4513)
2007 Ed. (2486)
2006 Ed. (2510, 3613, 3630, 3631, 3632)
2005 Ed. (3552, 3558, 4489)
2004 Ed. (2452, 3551, 3553, 3554, 3555, 3657)
2003 Ed. (3492)
2002 Ed. (2159)
1999 Ed. (3542, 3543, 3558)
1997 Ed. (2874)
1996 Ed. (2753, 2774, 2789)
1992 Ed. (3150)
1991 Ed. (2557)
Dodge & Cox Stock Fund
2006 Ed. (3606)
2005 Ed. (3550)
2004 Ed. (3577, 3578)
2003 Ed. (2367, 3493, 3526, 3534)
Dodge Arena
2006 Ed. (1154)
Dodge Atoz
2008 Ed. (303)
2005 Ed. (303)
2004 Ed. (307)
Dodge Car & Truck
1996 Ed. (160)
Dodge Car-Truck Division
2005 Ed. (4450)
Dodge Caravan
2008 Ed. (299, 4765)
2007 Ed. (4858)
2006 Ed. (4829, 4856)
2005 Ed. (291, 4786)
2004 Ed. (283, 303, 4806, 4812)
2003 Ed. (4820)
1999 Ed. (3418, 4670)
1998 Ed. (226)
1997 Ed. (2798)
1996 Ed. (307, 2492)
1995 Ed. (299)
1994 Ed. (296, 2529)
1993 Ed. (2580)
1992 Ed. (434, 3087)
Dodge cars, trucks & vans
1993 Ed. (738)
Dodge Central Credit Union
2003 Ed. (1891)
Dodge Charger/Shelby
1991 Ed. (355)
Dodge-Chrysler-Plymouth-Jeep
2002 Ed. (366)
Dodge Colt
1998 Ed. (213)
Dodge Dakota
2004 Ed. (303)
1998 Ed. (226)
Dodge Daytona
1992 Ed. (485)
Dodge Diplomat
1990 Ed. (2614)
Dodge Durango
2006 Ed. (3577)
1999 Ed. (4375)
Dodge Dynasty
1998 Ed. (213)
Dodge Intrepid
1999 Ed. (325)
1996 Ed. (347)
Dodge; Jack R.
1995 Ed. (2486)
1992 Ed. (2906)
1991 Ed. (2345)
Dodge Neon
2004 Ed. (349)
Dodge; Patti
2007 Ed. (1072)
Dodge/Plymouth
1996 Ed. (2268)
Dodge/Plymouth Neon
2000 Ed. (346)
1999 Ed. (327, 330)
Dodge Ram
2008 Ed. (299, 304, 4765, 4781)
2007 Ed. (4858)
2006 Ed. (323, 4829, 4856)
2005 Ed. (304, 4777, 4785, 4786)
1999 Ed. (3418)
1995 Ed. (3666)

Dodge Ram Pickup
2004 Ed. (303, 308, 4806, 4811, 4812)
2003 Ed. (4820)
1999 Ed. (4670)
1998 Ed. (226)
1997 Ed. (3799)
Dodge Ram 250
1998 Ed. (223)
Dodge Shadow
1996 Ed. (316)
1989 Ed. (342, 1671)
Dodge Spirit
1998 Ed. (213)
Dodge Stealth
1996 Ed. (348)
1993 Ed. (328)
1992 Ed. (453)
Dodge Stratus
2006 Ed. (322)
2005 Ed. (303)
2004 Ed. (307)
Dodge Viper
1994 Ed. (297, 306)
Dodge Warren & Peters
1998 Ed. (2125)
Dodge World
1990 Ed. (341)
Dodge World Kissimmee
1991 Ed. (277)
Dodgeland Inc.
1991 Ed. (311)
1990 Ed. (347)
Dodger
1993 Ed. (3375)
1992 Ed. (4055)
1991 Ed. (3174)
Dodgers; Los Angeles
2008 Ed. (529)
2007 Ed. (578)
2006 Ed. (547)
2005 Ed. (645)
Dodwell BMS
2007 Ed. (1832)
Doe-Anderson
2004 Ed. (129)
2002 Ed. (182)
Doe Run
1989 Ed. (2882)
Doe Run Peru
2006 Ed. (2546)
Doe Run Resources Corp.
2008 Ed. (3653, 3654)
2007 Ed. (3479, 3480)
2006 Ed. (3456, 3457)
2005 Ed. (3448)
2004 Ed. (3433)
2003 Ed. (3367)
Doepke; Scott
2007 Ed. (4161)
Doeren Mayhew
2006 Ed. (13)
2005 Ed. (5)
2004 Ed. (9)
2002 Ed. (10)
2001 Ed. (3)
1999 Ed. (5)
1998 Ed. (8)
Doeren Mayhew & Co.
2008 Ed. (2)
2002 Ed. (12)
2000 Ed. (8)
Doeren Mayhew, CPA
2006 Ed. (4)
Doerfler, Ronald J.
1996 Ed. (967)
Doerr; L. John
2007 Ed. (4874)
2006 Ed. (4879)
2005 Ed. (4817)
Dofasco Inc.
2008 Ed. (1611, 4498)
2007 Ed. (1613, 4535)
2006 Ed. (1592, 1606, 1623)
2005 Ed. (3485)
2004 Ed. (4536)
2003 Ed. (2892)
2002 Ed. (2786)
1999 Ed. (3364, 3365)
1998 Ed. (3406)
1996 Ed. (1314, 3587)
1994 Ed. (3434)
1993 Ed. (3453)
1992 Ed. (4137)
1991 Ed. (3219)
1990 Ed. (2517, 3437)
Dog Chow
2008 Ed. (3890)
2003 Ed. (3802)
2002 Ed. (3652)
1999 Ed. (3785)
1997 Ed. (3070)
1996 Ed. (2991)
1994 Ed. (2829)
1993 Ed. (2815)
1992 Ed. (3408)
1990 Ed. (2818)
1989 Ed. (2193)
Dog food
2005 Ed. (2754, 2756, 2759)
2002 Ed. (1222, 3646, 4038)
1996 Ed. (1561, 3096)
1995 Ed. (2994, 3528)
1992 Ed. (95)
1990 Ed. (2823)
Dog food, semi-moist
1994 Ed. (1994)
Dog food, wet
2003 Ed. (3805)
Dog in home
1990 Ed. (845)
Dog Meal
1997 Ed. (3070)
1996 Ed. (2991)
Dog n Suds Drive In Restaurants Inc.
2002 Ed. (2249)
Dog treats
2003 Ed. (3805)
2002 Ed. (3646)
Dogan; Aydin
2008 Ed. (4876)
Dogan Holding
2008 Ed. (2119)
2007 Ed. (2020)
2006 Ed. (2050)
2000 Ed. (2869)
1999 Ed. (3121)
1997 Ed. (2577)
1996 Ed. (2434)
Dogbert's Top Secret Management Handbook
1999 Ed. (690)
Dog.com
2008 Ed. (865)
Dogfish Head Craft Brewery
2008 Ed. (2733)
2007 Ed. (2598)
Dogpile
2008 Ed. (3355)
2007 Ed. (3225)
2005 Ed. (3189)
Dogpile Search Toolbar
2005 Ed. (3186)
Dogs
2001 Ed. (3777)
Dogus Insaat Ve Ticaret AS
1992 Ed. (1426)
Doha Bank
2008 Ed. (76, 495)
2007 Ed. (71, 544)
2006 Ed. (516)
2005 Ed. (600)
2004 Ed. (610)
2000 Ed. (452, 651)
1999 Ed. (461, 626)
1997 Ed. (404)
1996 Ed. (439)
1995 Ed. (412)
1994 Ed. (419)
1992 Ed. (593)
1991 Ed. (437)
1990 Ed. (488)
1989 Ed. (465)
Doheny Eye Institute
2008 Ed. (3047)
2007 Ed. (2924)
2006 Ed. (2905)
2005 Ed. (2908)
1999 Ed. (2736)
1993 Ed. (890)
Doherty Advertising
1991 Ed. (114)
Doherty; Moya
2005 Ed. (4884)
Dohme Corp.; I. A.
2008 Ed. (1977)
Dohmen Co.; The F.
1994 Ed. (1557)
Dolan; Beverly F.
1994 Ed. (1715)
Dolan; Charles
2008 Ed. (4833)
2007 Ed. (4904)
Dolan; Dean
1997 Ed. (1932)
Dolan; P. R.
2005 Ed. (2501)
Dolan; Peter R.
2007 Ed. (1028)
Dolans
1996 Ed. (816, 822, 825)
Dolby Laboratories Inc.
2008 Ed. (1590)
Dolby; Ray
2008 Ed. (4828)
2007 Ed. (4891)
Dolce; Domenico
2007 Ed. (1102)
Dolce Vita
1997 Ed. (3030)
Dolco
1992 Ed. (3474)
Dolder Grand
1996 Ed. (2185)
Dole
2008 Ed. (2741)
2007 Ed. (679, 2612)
2006 Ed. (2713)
2005 Ed. (3657)
1998 Ed. (1778, 2070, 2071)
1997 Ed. (2177)
1996 Ed. (2825)
1995 Ed. (3400)
1994 Ed. (1868, 1922)
1993 Ed. (688, 1878)
1992 Ed. (500, 501, 2240, 2241)
1990 Ed. (723, 724)
Dole & Bailey
1992 Ed. (2991, 3485)
Dole Blended Fruit Drink
2006 Ed. (2672)
Dole Blended Fruit Juice
2007 Ed. (2656)
Dole; Bob
1992 Ed. (1038)
Dole Food Co., Inc.
2008 Ed. (2271, 2272, 2782, 4128)
2007 Ed. (2156, 2157, 2610)
2006 Ed. (2235, 2236)
2005 Ed. (1493, 1553, 2140, 2141, 2635, 3936)
2004 Ed. (355, 1998, 1999, 2562, 2638, 2644, 2659)
2003 Ed. (1746, 1958, 1959, 2428, 2505, 2507, 2513, 2574, 3969)
2002 Ed. (337, 2290, 2297, 2571, 3371)
2001 Ed. (281, 282, 1164)
1999 Ed. (2822)
1998 Ed. (1773, 1774, 1775, 2928)
1997 Ed. (1810, 1811, 2688)
Dole Foods Co. Inc.
2001 Ed. (2477)
Dole Fresh Vegetables Inc.
2007 Ed. (216)
2006 Ed. (206)
2005 Ed. (194)
2001 Ed. (280)
Dole Fruit & Juice
2003 Ed. (2876)
2001 Ed. (2830)
2000 Ed. (2600, 2601, 4152)
Dole Fruit Juices
1996 Ed. (1981)
Dole Fruit 'n Cream Bar
1997 Ed. (2349, 2931)
Dole Holding Co.
2008 Ed. (2271, 2272)
Dole Ocean Cargo Express
2004 Ed. (2538)
2003 Ed. (1225, 1227, 2419, 2422)
Dole Packaged Foods Corp.
2002 Ed. (2718)
Dole Sugar-Free Juice Bar
1997 Ed. (2347)
Dolenjska Banka
1999 Ed. (637)
1997 Ed. (612)
Dolenjska banka d.d.
2003 Ed. (609)
2002 Ed. (646)
Dolfin
1990 Ed. (3339)
Dolfus Mieg Et Cie
1994 Ed. (3520)
Dolgin/Acme Grocers
1995 Ed. (1197)
Dolgin Candy & Tobacco Co.
1993 Ed. (1156)
Doll; Eugenia
1994 Ed. (898)
Dollar
2000 Ed. (351, 352, 353, 2742)
1999 Ed. (342, 343, 344, 346)
1998 Ed. (235, 236, 238)
1997 Ed. (312, 313, 314)
1996 Ed. (332, 333, 334, 335)
1995 Ed. (322, 323)
1994 Ed. (321, 322, 323, 324)
1990 Ed. (382, 383, 384, 2621)
dollar; Australian
2008 Ed. (2275)
Dollar Bank
1998 Ed. (3127, 3564)
Dollar Bank, FSB
1993 Ed. (3089)
1991 Ed. (3383)
1990 Ed. (432)
Dollar Bill$
1998 Ed. (1313)
Dollar Bills
1997 Ed. (1638)
1996 Ed. (1562)
dollar; Canadian
2008 Ed. (2274)
Dollar Discount of America
2001 Ed. (2029)
Dollar Discount Stores
2006 Ed. (4874)
2005 Ed. (902)
2004 Ed. (911)
2003 Ed. (892)
2002 Ed. (957)
Dollar Dry Dock
1995 Ed. (353)
Dollar Dry Dock Bank
1992 Ed. (504, 4293)
1991 Ed. (3381, 3382)
1990 Ed. (3105, 3589)
1989 Ed. (2361)
Dollar-Dry Dock Savings Bank
1990 Ed. (430)
1989 Ed. (639, 2831)
Dollar General Corp.
2008 Ed. (890, 891, 1448, 2105, 2106, 2342, 2343, 2344, 2346, 2998, 4221)
2007 Ed. (909, 910, 2010, 2011, 2205, 2206, 2207, 2209, 2878, 4181, 4182)
2006 Ed. (822, 823, 2038, 2039, 2269, 2270, 2271, 2273, 2885, 3320, 4149, 4153, 4155, 4159, 4160, 4875, 4876)
2005 Ed. (1969, 1970, 2207, 2208, 2210, 2878, 4097, 4101, 4102, 4104, 4105, 4108, 4812)
2004 Ed. (1866, 1867, 2103, 2104, 2105, 2107, 2117, 2891, 4180, 4184, 4825)
2003 Ed. (1834, 2068, 2069, 2070, 2071, 2782, 4185, 4563)
2002 Ed. (1781, 2584, 4036)
2001 Ed. (1876, 2027, 2028, 2030, 2031, 2032, 2033, 4096)
2000 Ed. (1331, 1571, 1661)
1999 Ed. (1835, 1874, 1880, 1922, 4487)
1998 Ed. (663, 1263, 1299, 1301, 1307, 1310, 1311, 1359, 1360)
1997 Ed. (923, 1594, 1627, 1628, 1629, 1634, 1668)
1996 Ed. (1584, 1586)
1995 Ed. (1606, 3515)
1994 Ed. (1911)
1992 Ed. (1821, 1826)
1991 Ed. (1434)

1990 Ed. (1509, 1514, 1519, 1520, 1522, 1523, 1524)
1989 Ed. (1248, 1252, 1257)
Dollar Rent-A-Car
2000 Ed. (28, 4221)
1992 Ed. (464)
1991 Ed. (333, 334)
Dollar Rent A Car Systems
2008 Ed. (307)
2007 Ed. (319)
2006 Ed. (327)
2005 Ed. (307)
2004 Ed. (311)
2003 Ed. (336)
Dollar Rental
1993 Ed. (338, 339)
dollar; Singaporean
2008 Ed. (2275)
Dollar stores
2008 Ed. (1161)
Dollar Thrifty Automotive Group Inc.
2008 Ed. (817, 4750)
2005 Ed. (4758)
2004 Ed. (4785)
Dollar Trader
1996 Ed. (3099)
1994 Ed. (2941)
1993 Ed. (2923)
Dollar Tree Stores Inc.
2008 Ed. (891, 2171, 2342, 2343, 2344, 2346, 4217, 4221)
2007 Ed. (910, 2205, 2206, 2207, 2209)
2006 Ed. (822, 823, 2109, 2269, 2270, 2271, 2273, 4875, 4876)
2005 Ed. (2210, 3332, 4812)
2004 Ed. (2103, 2104, 2107, 4825)
2003 Ed. (2068, 2069, 2070, 2073, 4182, 4185)
2002 Ed. (4036)
2001 Ed. (2029, 2032)
1999 Ed. (1874, 1875, 1881)
1998 Ed. (1299, 1301, 1313, 2724, 3086)
1997 Ed. (1638)
1996 Ed. (1562)
1994 Ed. (887)
DollarDays International
2008 Ed. (804)
Dollens; R. W.
2005 Ed. (2501)
Dollfus Mieg et Cie
1995 Ed. (3604)
Dolls
2005 Ed. (4728)
2001 Ed. (4593, 4605)
1999 Ed. (1222, 4633)
1997 Ed. (1049)
1993 Ed. (1715)
Dolls & stuffed toys
1998 Ed. (29)
Dolly Madison
2008 Ed. (338, 4445)
2003 Ed. (852)
2000 Ed. (368, 370, 371)
1998 Ed. (260, 261)
1996 Ed. (358)
1995 Ed. (339, 341)
1990 Ed. (2102)
Dolly Parton
2006 Ed. (4977)
1992 Ed. (1351)
Dolmio
1996 Ed. (1948)
1994 Ed. (1881)
Dolmio Pasta Sauce
1999 Ed. (2474)
1992 Ed. (2172)
Dolmio Pasta Sauces
2002 Ed. (2312)
Dolomite
1992 Ed. (3981)
Dolph Briscoe Jr.
2005 Ed. (4022)
Dolphin Cruise Line
1999 Ed. (1808)
1998 Ed. (1236)
Dolphins; Miami
2005 Ed. (2667)
Dom Pablo's
1997 Ed. (3332)
Dom Perignon
2003 Ed. (908)
1999 Ed. (1062, 1063, 1067)
Domain
2000 Ed. (2305)
Domain Associates
2004 Ed. (4831)
2000 Ed. (1535, 4341, 4342)
1999 Ed. (2562, 4706, 4708)
1998 Ed. (1788, 3666, 3667)
1996 Ed. (3782)
1995 Ed. (3695)
1994 Ed. (3621)
1993 Ed. (3662, 3663)
1992 Ed. (4388)
1991 Ed. (3444)
Domain Partners
1997 Ed. (3833)
Domain Technology
1989 Ed. (2501)
Domaine Chandon
2006 Ed. (827)
2005 Ed. (909, 915, 4953, 4956)
2004 Ed. (918, 924)
2003 Ed. (899)
2002 Ed. (962, 972)
2001 Ed. (1150, 1161)
2000 Ed. (1008)
1998 Ed. (3442, 3724)
1997 Ed. (3886)
1996 Ed. (3839)
1995 Ed. (923, 927)
1992 Ed. (1082, 1083, 1084)
1989 Ed. (868)
Domaine Chandon Winery
1991 Ed. (3495)
1989 Ed. (2940)
Domaine St. George
1997 Ed. (934)
Domaine St. Michelle
1993 Ed. (874)
Domaine Ste. Michelle
2006 Ed. (827)
2005 Ed. (909, 915)
2004 Ed. (918, 924)
2003 Ed. (899)
2002 Ed. (962, 968, 974, 4956)
2001 Ed. (1150, 1160, 1162, 1163, 4889)
1999 Ed. (1062, 1067)
1998 Ed. (679, 681)
1997 Ed. (932, 938, 3886)
1996 Ed. (900, 901, 905, 906, 3868)
Doman Industries Ltd.
2003 Ed. (3723)
Domania.com
2002 Ed. (4822)
Domb Real Estate; Allan
1991 Ed. (2807)
Domco Industries
1990 Ed. (2039)
Dome
1996 Ed. (2032)
1994 Ed. (1981)
Dome Communications
2004 Ed. (3976, 3986, 4005)
2003 Ed. (3988, 3992)
Dome Petroleum Ltd.
1997 Ed. (1260, 1270, 2115, 3100)
1996 Ed. (1224)
1995 Ed. (1255)
1994 Ed. (1236)
1993 Ed. (1208)
1992 Ed. (1495)
1991 Ed. (1183)
1990 Ed. (1251, 1266, 3485)
1989 Ed. (2038)
Domecq
1994 Ed. (3509)
1993 Ed. (3550)
1992 Ed. (4261)
1991 Ed. (3335)
Domecq Importers
2000 Ed. (4236)
1999 Ed. (4583)
1998 Ed. (3510)
1997 Ed. (3730)
Domecq; Pedro
1989 Ed. (42)
Domecq Sherries
2005 Ed. (4961)
Domecq Var Wine
2002 Ed. (4962, 4964)
Domenico Cecere
2007 Ed. (1062)
Domenico Dolce
2007 Ed. (1102)
Domestic & General
2006 Ed. (3096)
Domestic bonds
1995 Ed. (2865, 2866)
Domestic cars
1991 Ed. (3302, 3308, 3310)
1990 Ed. (3532)
Domestic dessert wine
1989 Ed. (2966, 2967, 2968)
Domestic hybrid
2004 Ed. (2449)
2003 Ed. (3500)
Domestic kosher wine
1991 Ed. (3504, 3505, 3509, 3510, 3511)
1989 Ed. (2966, 2967, 2968)
Domestic stocks
1995 Ed. (2865, 2866)
Domestic table wine
1989 Ed. (2966, 2967, 2968)
Domestications
1998 Ed. (648)
1997 Ed. (2324)
1994 Ed. (2132, 2134, 2135, 2140)
1992 Ed. (2526, 2533)
1991 Ed. (1969)
Domestos
2002 Ed. (2709)
1999 Ed. (1183)
1996 Ed. (983)
Domestos Bleach
1994 Ed. (983)
Domestros Bleach
1992 Ed. (1177)
Domglas
1992 Ed. (3323)
Domian Associates
1996 Ed. (3781)
Domik v derevne
2008 Ed. (664)
Domingo; Julio M. Santo
2008 Ed. (4878)
2007 Ed. (4913)
Domingo; Julio Mario Santo
2008 Ed. (4858)
Domingo; Placido
1995 Ed. (1715)
1994 Ed. (1668)
1993 Ed. (1634)
Dominguez Hills Industrial Park
1990 Ed. (2180)
Dominguez North Industrial Center
1990 Ed. (2180)
Domini; Amy
2005 Ed. (3200)
Domini Social Bond
2007 Ed. (4467)
2006 Ed. (4402)
Domini Social Equity
2007 Ed. (4468)
Domini Social Index Trust
1995 Ed. (2730)
Dominic Armstrong
1999 Ed. (2416)
1997 Ed. (1997)
Dominic D'Alessandro
2005 Ed. (2514)
2004 Ed. (971, 1667)
Dominic D'Allessandro
2006 Ed. (2518)
Dominican Republic
2008 Ed. (2193, 3785)
2007 Ed. (1139, 2258, 3702, 4482)
2006 Ed. (1050, 2139, 3016, 3708, 4422, 4612)
2005 Ed. (1041, 3604, 4405, 4531, 4729)
2004 Ed. (1040, 2765, 3694, 4460, 4597)
2003 Ed. (1035, 3650)
2002 Ed. (679, 3521, 4080)
2001 Ed. (2156, 2838, 3548, 4148, 4315, 4585)
2000 Ed. (1901, 1902, 2361, 2368, 2369, 3841, 4252)
1999 Ed. (1133, 1146, 2105, 4131)
1998 Ed. (3114)
1997 Ed. (823, 3372)
1996 Ed. (3274)
1995 Ed. (1740, 1741, 1742, 2007, 2014, 2026, 2033, 3176)
1994 Ed. (2363, 3126)
1993 Ed. (178, 1964, 1971, 2411, 3062, 3595)
1992 Ed. (268, 2292, 2307, 2324, 2853, 3601, 3755, 4321)
1991 Ed. (1821, 3406)
1990 Ed. (204, 2148, 3074, 3611, 3612, 3613, 3618)
1989 Ed. (229)
Dominick; Paula
1997 Ed. (1926)
Dominick's
2004 Ed. (2141, 4636)
1995 Ed. (977, 1000, 3534)
1992 Ed. (1136)
Dominick's Finer Foods
2007 Ed. (4629)
1997 Ed. (978)
1996 Ed. (957, 987)
1994 Ed. (945, 987)
1993 Ed. (962)
1992 Ed. (490, 1135, 1187)
1991 Ed. (923, 952)
1990 Ed. (1025)
1989 Ed. (924)
Dominion Bank NA
1994 Ed. (663)
1993 Ed. (662, 3294)
1992 Ed. (862)
1991 Ed. (687)
Dominion Bank of Middle Tennessee
1994 Ed. (645)
1993 Ed. (643)
1992 Ed. (847)
1991 Ed. (675)
Dominion Bankshares
1994 Ed. (340)
1991 Ed. (398)
1990 Ed. (638, 685)
1989 Ed. (412)
Dominion Enterprises
2008 Ed. (3359)
Dominion Equity Resource
2006 Ed. (2512, 3666)
2005 Ed. (3568)
2004 Ed. (3619, 3620)
2003 Ed. (3583)
Dominion Exploration & Production Inc.
2008 Ed. (2807, 3911, 3937, 3940)
2007 Ed. (2676, 2677, 3858, 3894, 3897)
2006 Ed. (2686, 2687, 3841, 3864, 3867)
2005 Ed. (2711, 2712, 3759, 3797, 3800)
2004 Ed. (3869)
2003 Ed. (3833)
Dominion Field Services Inc.
2008 Ed. (2174)
2007 Ed. (2066)
2005 Ed. (2015)
Dominion Homes
2005 Ed. (1189)
2004 Ed. (1161)
2003 Ed. (1156, 1179)
2002 Ed. (2682, 2689)
2001 Ed. (1387, 1390)
Dominion-Hope
2002 Ed. (3879)
Dominion Insight Growth
1997 Ed. (2873, 2905)
Dominion Jaguar
1991 Ed. (282)
Dominion Mining
1993 Ed. (3472)
Dominion Motor Cars
1994 Ed. (272)
1993 Ed. (273)
1992 Ed. (387)
1990 Ed. (329)
Dominion of Canada General Insurance Co.
2008 Ed. (3235)
2007 Ed. (3094)
2006 Ed. (3066)
1993 Ed. (2242)

1992 Ed. (2694)
1991 Ed. (2131)
Dominion Resources Inc.
2008 Ed. (1479, 2158, 2159, 2161, 2162, 2171, 2422, 2425, 2811, 2815, 3035)
2007 Ed. (2052, 2053, 2054, 2062, 2288, 2289, 2291, 2295, 2301, 2385, 2680, 2686, 2913)
2006 Ed. (2095, 2096, 2097, 2352, 2354, 2355, 2357, 2443, 2447, 2690)
2005 Ed. (1995, 1996, 1997, 2006, 2290, 2292, 2302, 2303, 2304, 2311, 2312, 2715)
2004 Ed. (1879, 1880, 1881, 2029, 2191, 2193, 2194, 2198, 2199, 2311, 2321, 2725, 3818, 3819)
2003 Ed. (1845, 1846, 2137, 2139, 2607)
2002 Ed. (1795, 3876, 3877)
2001 Ed. (1046, 1895)
2000 Ed. (1581, 1731)
1999 Ed. (1434, 1481, 1749, 1951, 3961)
1998 Ed. (1191, 1390, 1391)
1997 Ed. (1528, 1697, 1698)
1996 Ed. (1459, 1618, 1619)
1995 Ed. (1641, 1642, 3365)
1994 Ed. (1312, 1590, 1599, 1600, 3286)
1993 Ed. (1559, 2718, 3294)
1992 Ed. (1562, 1902, 1903)
1991 Ed. (1501, 1502)
1990 Ed. (1604, 1605)
1989 Ed. (1291, 1300, 1301)
Dominion Securities Inc.
1990 Ed. (822)
1989 Ed. (812, 2392)
Dominion Securities Pitfield
1995 Ed. (728)
1994 Ed. (773)
Dominion Stock Index
1996 Ed. (1059)
1995 Ed. (1081)
Dominion Textile
1998 Ed. (1555, 3521)
1997 Ed. (1141)
1996 Ed. (1054)
1995 Ed. (3601)
1994 Ed. (1066, 2428, 3516)
1992 Ed. (4279)
1990 Ed. (3569)
Dominion Transmission Inc.
2008 Ed. (2174)
2007 Ed. (2066)
2006 Ed. (2117)
2005 Ed. (2015)
2004 Ed. (1889)
2003 Ed. (1853)
Dominion Trust
1991 Ed. (2235)
Dominion Virginia Power
2002 Ed. (3878, 4710)
Dominique Heriard Dubreuil
2002 Ed. (4983)
Domino & Associates; Carl
1992 Ed. (2763)
Domino Associates; Carl
1991 Ed. (2228, 2232)
Domino Credit Union
2005 Ed. (2078)
Domino Printing
2008 Ed. (2476)
Domino Printing Sciences
2007 Ed. (2350)
2006 Ed. (2402)
Domino's Inc.
2003 Ed. (4092)
2000 Ed. (3552, 3789)
1990 Ed. (1753, 2870, 3020, 3024, 3542)
Domino's Pizza
2008 Ed. (883, 2658, 2668, 2670, 2681, 3991, 3994, 4152, 4153, 4172, 4185, 4188, 4189, 4193, 4194)
2007 Ed. (908, 2529, 2530, 2535, 3968, 4150, 4153, 4154)
2006 Ed. (2553, 2561, 2564, 3917, 4125, 4131, 4132)
2005 Ed. (2546, 2554, 2557, 2564, 3847, 3848, 3849, 3850, 3851, 3852, 4080)
2004 Ed. (2575, 2587, 2589, 3906, 4142, 4143, 4144, 4145)
2003 Ed. (2437, 2440, 2458, 2520, 3883, 3884, 3885, 3886, 3887, 3888, 3889, 4130, 4137, 4138, 4142, 4143)
2002 Ed. (2237, 2253, 3714, 3715, 3716, 4004, 4026, 4027, 4031, 4033, 4034)
2001 Ed. (1256, 2407, 2409, 2534, 3806, 4068, 4080, 4082, 4083)
2000 Ed. (1103, 1911, 1912, 2246, 2273, 3551, 3553, 3764, 3775, 3799, 3800)
1999 Ed. (1187, 2134, 2522, 2523, 2524, 3836, 3838, 3839, 4050, 4083, 4084, 4085, 4087)
1998 Ed. (752, 1551, 1764, 1765, 1766, 2867, 2868, 3050, 3073, 3074, 3076, 3077)
1997 Ed. (1013, 1832, 2081, 2082, 2084, 3127, 3128, 3129)
1996 Ed. (989, 1759, 1964, 1968, 3046, 3047, 3048, 3049)
1995 Ed. (1002, 1780, 1781, 2950, 2952, 2953)
1994 Ed. (989, 1747, 1748, 1885, 1909, 1910, 2885, 2887, 2888, 3069, 3084)
1993 Ed. (963, 1753, 1756, 1757, 1886, 2862, 2863, 2864, 3013, 3037)
1992 Ed. (1189, 2120, 2124, 2205, 2224, 3470, 3471, 3472, 3704, 3705, 3720, 3721, 3722, 3723, 4229)
1991 Ed. (953, 1655, 1658, 1659, 1756, 1769, 1770, 2749, 2750, 2751, 2866, 2867, 2879, 2886, 3319)
1990 Ed. (1850, 1853, 2871, 2872, 3026)
1989 Ed. (2235, 2801)
Domino's Pizza LLC
2008 Ed. (874, 2685, 3993)
2007 Ed. (2544, 2949, 3343, 3967, 4127)
2006 Ed. (2573, 3916)
2005 Ed. (2567, 2655, 3845, 3846, 3916)
2004 Ed. (2662, 2845, 3972)
Domnick Hunter Group Ltd.
1994 Ed. (997)
Domotex
2004 Ed. (4758)
Domotex Hannover
2004 Ed. (4756)
Domtar Inc.
2008 Ed. (2762)
2007 Ed. (2636)
2005 Ed. (4510)
2003 Ed. (3723, 3733)
2002 Ed. (3576, 3584)
2001 Ed. (3627)
1999 Ed. (2492, 3691, 3699)
1997 Ed. (2070, 2989, 2995)
1996 Ed. (1960, 3812)
1994 Ed. (1894)
1991 Ed. (2383)
1990 Ed. (1411, 1845)
1989 Ed. (1154)
Domus Academy
2008 Ed. (802)
Don A. Mattrick
2005 Ed. (785)
Don-A-Vee Jeep-Eagle
1996 Ed. (276)
1995 Ed. (277)
1994 Ed. (273)
1993 Ed. (274)
1991 Ed. (283)
1990 Ed. (330)
Don-A-Vee Jeep-Engle Inc.
1992 Ed. (388)
Don-A-Vee Kia
1996 Ed. (293)
Don Alejo Tequila
2003 Ed. (4726)
2002 Ed. (4610, 4612, 4614)
Don & Co.; Edward
1997 Ed. (2060)
1996 Ed. (1955)
1995 Ed. (1919)
1993 Ed. (1887)
1992 Ed. (2206)
1991 Ed. (1757)
1990 Ed. (1839)
Don Baizley
2003 Ed. (224, 228)
Don Bell Homes
2005 Ed. (1209)
2004 Ed. (1183)
2003 Ed. (1176)
2002 Ed. (2684)
Don Carter Overseas Motors
1995 Ed. (276)
Don Carter Rolls-Royce
1996 Ed. (286)
Don Coleman Advertising Inc.
2003 Ed. (215)
2002 Ed. (69, 711)
2001 Ed. (128, 129, 213, 241)
2000 Ed. (68)
1999 Ed. (64)
Don Connolly Construction Co.
1989 Ed. (265)
Don Darr Mazda
1994 Ed. (275)
1993 Ed. (276)
1992 Ed. (390)
Don Davis Mitsubishi
1995 Ed. (280)
1994 Ed. (277)
Don Davis Oldsmobile Inc.
1991 Ed. (270)
1990 Ed. (305)
Don Evans, Evans, Brinkerhof, Nelson
1990 Ed. (2366)
Don Francisco Presenta
2007 Ed. (2847)
2006 Ed. (2856)
Don Gallaway Homes
2002 Ed. (1181)
Don Giovanni
2001 Ed. (3586)
Don Henley
1993 Ed. (1078)
Don Henry Jr. & Sons
2008 Ed. (1971)
2007 Ed. (1911)
2006 Ed. (1926)
2005 Ed. (1900)
Don Horton
2006 Ed. (1201)
Don Imus
2001 Ed. (3959)
Don Jagoda Associates
1990 Ed. (3078, 3087)
Don Jose
2008 Ed. (3672)
Don Julian Builders
2004 Ed. (1183)
2003 Ed. (1176)
2002 Ed. (2684)
Don Julio
2004 Ed. (4704)
2003 Ed. (4726)
Don Kott Auto Center
2002 Ed. (370)
2000 Ed. (4435)
1999 Ed. (4814)
1998 Ed. (209, 3764)
1996 Ed. (301, 3882)
Don Kott Ford
2000 Ed. (334)
1999 Ed. (320)
1991 Ed. (268)
Don Kott Lincoln-Mercury
1994 Ed. (274)
1993 Ed. (275)
Don Kuratko
2006 Ed. (703)
2005 Ed. (796)
2004 Ed. (819)
Don L. Motors Finance Inc.
1993 Ed. (1194)
Don Massey Cadillac Inc.
2002 Ed. (369)
1999 Ed. (319, 1187)
1998 Ed. (208, 752)
1997 Ed. (1013)
1996 Ed. (267, 300, 989, 3766)
1995 Ed. (266, 288, 297)
1994 Ed. (264, 293)
1993 Ed. (303)
1992 Ed. (410, 419)
1990 Ed. (319, 338)
1989 Ed. (283)
Don Massey Cadillac Group
2004 Ed. (3972)
2001 Ed. (439, 446, 448, 454, 1256)
2000 Ed. (333)
Don Mathieson & Staff Glass
2004 Ed. (3958)
Don Mattingly
1989 Ed. (719)
Don Maung Airport
1996 Ed. (194)
Don Mayer
2006 Ed. (2514)
Don McGill Imports
1996 Ed. (284)
1995 Ed. (284)
1994 Ed. (281)
Don Meeham
2003 Ed. (224, 228)
Don Morissette Homes
2005 Ed. (1224)
2004 Ed. (1198)
2003 Ed. (1193)
Don Morissette Homes/Country Lane Acres
1999 Ed. (1338)
Don Morrison
2006 Ed. (2518)
Don n' Dlaye Rose & Troupe; The Rolling Stones Living Colour,
1991 Ed. (1039)
Don Nickles
1999 Ed. (3844, 3960)
Don Pablo's
2008 Ed. (4162, 4180, 4186)
2007 Ed. (4151)
2006 Ed. (4123)
2004 Ed. (4139)
2003 Ed. (4100)
2000 Ed. (3123)
1999 Ed. (3396, 4049)
1998 Ed. (2486, 3047)
1997 Ed. (3331)
Don Pablo's Mexican Kitchen
2002 Ed. (4003, 4023)
Don Pedro
2004 Ed. (771)
2000 Ed. (806, 807)
1999 Ed. (800)
Don Perata
1991 Ed. (2346)
Don Petersen
1990 Ed. (971)
Don Q
1999 Ed. (4124, 4126, 4127)
1998 Ed. (3108)
1997 Ed. (3366)
1995 Ed. (2473, 3175)
1994 Ed. (3122, 3124)
1993 Ed. (3057)
1992 Ed. (2881, 3749, 3753)
1991 Ed. (2906, 2907)
1990 Ed. (3067, 3072)
Don R. Kornstein
1998 Ed. (1513)
Don Ray Media
1998 Ed. (91)
Don Rosen Imports
1996 Ed. (264)
1995 Ed. (260)
Don Sanderson Ford
2005 Ed. (320)
1991 Ed. (270, 272)
Don Shula's Hotel & Golf Club
2000 Ed. (2545)
1998 Ed. (2012)
Don Tech
2000 Ed. (4205)
Don-Ton Stores Inc.
2008 Ed. (2175)
Don Walker
2007 Ed. (1030)
Don Warnock Chevrolet
1991 Ed. (311)
Don Warnock Chrysler-Plymouth
1990 Ed. (340)

Don Was
1995 Ed. (1118, 1120)
Don Wolanchuk, The Wolanchuk Report
1990 Ed. (2366)
Don Wright
2005 Ed. (2514)
2004 Ed. (2534)
Don Young
1994 Ed. (1787)
Dona Cultural Festival
2005 Ed. (71)
Donaghey; Christopher
2006 Ed. (2579)
Donah Construction Industries Co. Ltd.
1998 Ed. (968)
Donahoe Purohit Miller Advertising
2008 Ed. (115)
2007 Ed. (107)
2005 Ed. (108)
Donahue
1992 Ed. (4244)
Donahue; J. Christopher
2005 Ed. (2475)
Donahue Schriber
1994 Ed. (3297)
Donahue; Tim
2005 Ed. (979)
Donahue; Timothy
2005 Ed. (972)
Donahue; Timothy M.
2006 Ed. (922, 2532)
Donal & Zoe Quinn
2007 Ed. (4920)
Donald A. Pels
1991 Ed. (925, 928, 1619)
Donald & Zoe Quinn
2005 Ed. (4885)
Donald Anderson
2005 Ed. (982)
Donald B. Marron
1998 Ed. (724)
1995 Ed. (982)
1993 Ed. (940)
Donald Blair
2007 Ed. (1042)
2006 Ed. (947)
Donald Bren
2008 Ed. (3979, 4830)
2007 Ed. (4902)
2006 Ed. (1201, 4906)
2005 Ed. (3832, 4852)
2004 Ed. (3890, 4867)
2003 Ed. (4883)
2002 Ed. (3360)
Donald Carson
2000 Ed. (1992, 1993)
1998 Ed. (1633)
1996 Ed. (1846)
Donald Chappel
2008 Ed. (965)
2007 Ed. (1073)
Donald Duck
1992 Ed. (1064)
Donald Dufresne
2000 Ed. (2026)
1999 Ed. (2244)
1998 Ed. (1654)
1996 Ed. (1810)
Donald E. Felsinger
2008 Ed. (956)
Donald E. Graham
2005 Ed. (978)
Donald E. Newhouse
1993 Ed. (699)
1992 Ed. (890)
1991 Ed. (710)
1990 Ed. (731, 3688)
1989 Ed. (732)
Donald E. Nordlund
1990 Ed. (1720)
Donald E. Stephens Convention Center
2005 Ed. (2518)
2003 Ed. (2412)
Donald E. Williamson
1995 Ed. (3503)
Donald Edward Newhouse
1995 Ed. (664)
Donald Edward Newhouse, Jr.
1989 Ed. (1986)
Donald F. Flynn
1989 Ed. (1376)
Donald Fisher
2003 Ed. (4884)
2002 Ed. (3348)
1989 Ed. (2751)
Donald Fisher family
1989 Ed. (2905)
Donald G. Fisher
2006 Ed. (4902)
2005 Ed. (4846)
2004 Ed. (4860)
Donald George Fisher
1996 Ed. (961)
Donald Gordon
2008 Ed. (4895)
2005 Ed. (926, 927)
Donald Gray
2007 Ed. (2507)
Donald Hall
2002 Ed. (3357)
Donald Hanna
1999 Ed. (2281)
Donald J. Finely
1991 Ed. (3212)
Donald J. Hall
2008 Ed. (4828)
2007 Ed. (4901)
2006 Ed. (4905)
2005 Ed. (4850)
2004 Ed. (4864)
Donald J. Tomnitz
2008 Ed. (947, 959)
2007 Ed. (1025, 1036)
2006 Ed. (933)
Donald J. Trump
2008 Ed. (4830)
2007 Ed. (4902)
2006 Ed. (4906)
2005 Ed. (4844, 4852)
2004 Ed. (4867)
2003 Ed. (4883)
1991 Ed. (1140, 2640)
Donald J. Walker
2008 Ed. (3997)
Donald; James
1997 Ed. (1796)
1996 Ed. (959, 1709)
Donald; James L.
2008 Ed. (948)
2007 Ed. (1026)
Donald K. Peterson
2000 Ed. (1050)
Donald Levinson
2000 Ed. (1878)
Donald Levinson, Executive Vice President
2000 Ed. (2425)
Donald Listwin
2001 Ed. (2345)
Donald M. James
2008 Ed. (2631, 2633)
2007 Ed. (2501)
2006 Ed. (2522)
Donald M. Levinson
2007 Ed. (2504)
2005 Ed. (2511)
Donald Mandich
1991 Ed. (927)
1990 Ed. (974)
Donald Mayo-Fire Protection Consultant Inc.
2004 Ed. (4349)
Donald Newhouse
2008 Ed. (4825)
2007 Ed. (4896)
2006 Ed. (4901)
2005 Ed. (4851)
2004 Ed. (4865)
2003 Ed. (4882)
2002 Ed. (3352)
1994 Ed. (708)
Donald Petersen
1992 Ed. (1144)
1991 Ed. (927)
Donald Peterson
1990 Ed. (974)
Donald R. Horton
2007 Ed. (4902)
Donald R. Keough
1994 Ed. (1715)
1992 Ed. (2051)
1991 Ed. (1620)
Donald R. Weber
1990 Ed. (2271)
1989 Ed. (1741)
Donald S. Kwalick
1990 Ed. (2482)
Donald Schupak
1991 Ed. (1626)
Donald Scifres
2003 Ed. (2409)
Donald Scott
2002 Ed. (3068)
Donald Smith & Co.
1990 Ed. (2318)
Donald Smith & Co., Large Cap Concentrated Value Equity
2003 Ed. (3127)
Donald Smith & Co., Midcap Value Equity
2003 Ed. (3128, 3131, 3140)
Donald Soderquist
2000 Ed. (1876)
Donald Straszheim
1998 Ed. (1607, 1611, 1685)
1997 Ed. (1956)
1991 Ed. (2160)
Donald Sturm
2002 Ed. (3349)
Donald Textor
2000 Ed. (2029)
1999 Ed. (2222, 2247)
1998 Ed. (1635, 1657)
1997 Ed. (1886, 1887)
1996 Ed. (1812, 1814)
1995 Ed. (1834, 1835)
1994 Ed. (1796, 1797)
1993 Ed. (1814)
1989 Ed. (1416, 1419)
Donald Tomnitz
2008 Ed. (935)
2007 Ed. (984)
2006 Ed. (894)
Donald Troh
1997 Ed. (1897)
Donald Trott
1996 Ed. (1823)
1995 Ed. (1845)
1994 Ed. (1807)
1993 Ed. (1824)
1991 Ed. (1691)
Donald Trump
2008 Ed. (2584)
2002 Ed. (3360)
1993 Ed. (1693)
1990 Ed. (2577)
Donald V. Fites
1994 Ed. (1719)
Donald W. Reynolds Foundation
2002 Ed. (2327, 2331)
Donald W. Riegle Jr.
1992 Ed. (1038)
Donald Walker
2008 Ed. (2637)
2004 Ed. (2534)
1999 Ed. (1123)
Donald Young
2000 Ed. (2033, 2046)
1999 Ed. (2251, 2263)
1998 Ed. (1661, 1672)
1993 Ed. (1803)
Donaldson Co., Inc.
2007 Ed. (874, 2211)
2006 Ed. (2995)
2005 Ed. (3355, 3869, 3870)
2004 Ed. (2999, 3921, 3922)
2003 Ed. (2893, 3270)
2002 Ed. (940)
1998 Ed. (2090)
1997 Ed. (2370)
1992 Ed. (467)
Donaldson Acoustics
2008 Ed. (1322, 1333, 1334)
Donaldson Lufkin
1992 Ed. (2132, 2133, 3905, 3834, 3843)
1991 Ed. (1669, 1670, 1705, 1706, 1706, 1708, 1708, 1709, 2184, 2191, 2192, 2832, 3023)
1990 Ed. (1770, 2305, 2641, 2643)
1989 Ed. (1415)
Donaldson, Lufkin & Jenrette, Inc.
2002 Ed. (733, 1358, 2157, 2165, 2168, 3043, 4197, 4235, 4652, 4657)
2001 Ed. (971, 975, 1195, 1196, 1197, 1510, 1511, 1512, 1513, 1515, 1517, 1518, 1520, 1522, 1524, 1525, 1526, 1527, 1528, 1529, 1532, 2423, 2425, 2428, 2435, 3007, 3008, 3038, 4193, 4194, 4207)
2000 Ed. (864, 1919, 1920, 1921, 1922, 2451, 2455, 2457, 3883, 3884, 3886, 3889, 3890, 3891, 3892, 3893, 3894, 3895, 3896, 3897, 3898, 3899, 3901, 3902, 3904, 3909, 3911, 3926, 3934, 3935, 3939, 3941, 3944, 3945, 3946, 3947, 3948, 3949, 3950, 3951, 3954, 3955, 3956, 3957, 3958, 3960, 3961, 3962)
1999 Ed. (828, 830, 864, 1089, 1425, 1426, 1429, 1430, 2143, 2150, 2151, 2152, 2851, 3021, 3022, 3023, 3024, 3025, 3028, 3029, 3031, 3032, 3033, 3035, 3037, 4176, 4180, 4190, 4205, 4206, 4207, 4208, 4209, 4210, 4211, 4212, 4213, 4214, 4215, 4218, 4219, 4220, 4221, 4222, 4223, 4224, 4225, 4227, 4228, 4239, 4256, 4261, 4263, 4264)
1998 Ed. (322, 342, 525, 998, 999, 1000, 1003, 1562, 2105, 2237, 2238, 2239, 2240, 2243, 2244, 2245, 2247, 2248, 2249, 2253, 3181, 3188, 3192, 3200, 3207, 3208, 3209, 3211, 3212, 3214, 3216, 3217, 3218, 3219, 3221, 3222, 3223, 3224, 3225, 3226, 3227, 3230, 3231, 3242, 3247, 3266, 3268, 3270, 3272, 3273, 3414)
1997 Ed. (736, 1225, 1848, 1849, 1850, 1922, 2487, 2488, 2491, 2492, 2493, 2494, 2496, 2497, 2499, 2500, 2501, 2502, 2503, 2504, 2506, 2812, 3405, 3417, 3418, 3419, 3420, 3422, 3423, 3424, 3428, 3429, 3433, 3434, 3435, 3436, 3437, 3438, 3439, 3440, 3441, 3442, 3443, 3444, 3445, 2446, 3468, 3477, 3478)
1996 Ed. (396, 796, 800, 1768, 1769, 1774, 2368, 2369, 2371, 2373, 2866, 2867, 3311, 3314, 3315, 3316, 3318, 3319, 3320, 3321, 3323, 3325, 3326, 3331, 3332, 3334, 3335, 3337, 3338, 3339, 3340, 3341, 3342, 3343, 3344, 3345, 3346, 3347, 3349, 3350, 3382, 3386)
1995 Ed. (722, 723, 724, 725, 726, 727, 730, 731, 732, 733, 1216, 1217, 1793, 1794, 1799, 2346, 2349, 2350, 2351, 2443, 2635, 3204, 3213, 3216, 3218, 3219, 3220, 3221, 3225, 3226, 3227, 3228, 3230, 3232, 3233, 3235, 3238, 3239, 3240, 3241, 3242, 3243, 3244, 3245, 3246, 3247, 3251, 3253, 3254, 3260, 3261, 3262, 3263, 3269, 3270, 3275)
1994 Ed. (727, 728, 768, 769, 770, 771, 772, 774, 775, 776, 777, 1197, 1758, 1829, 1830, 3163, 3169, 3170, 3172, 3173, 3174, 3190)
1993 Ed. (839, 840, 842, 1770, 2272, 22783, 3124, 3125, 3128, 3131, 3132, 3139, 3140, 3142, 3147, 3148, 3151, 3152, 3153, 3156, 3158, 3160, 3164, 3173, 3179, 3180, 3181, 3183, 3200, 3207)
1992 Ed. (955, 1050, 1051, 1052, 2134, 2718, 3845, 3846, 3850, 3862, 3866, 3872, 3873, 3878, 3894, 3860, 3861, 3890, 3902)
1991 Ed. (1110, 1677, 1681, 1682, 1684, 1693, 1694, 1699, 1701, 1703, 1704, 2196, 2203, 2949,

2958, 2959, 2988, 2992, 3009, 3013, 3018)
1990 Ed. (1222, 3149, 3158, 3171, 3195, 3196)
1989 Ed. (1414, 2372, 2384, 2385, 2411, 2418, 2420, 2423)
Donaldson, Lufkin & Jenrette Securities Corp.
2002 Ed. (1487, 2999)
2001 Ed. (552, 553, 554, 555, 556, 557, 559)
2000 Ed. (2769)
1997 Ed. (3449)
1996 Ed. (833, 3354, 3359, 3366, 3371, 3373)
1992 Ed. (2726)
1991 Ed. (3043, 3046, 3047, 3048, 3049, 3050, 3051, 3053, 3056)
1990 Ed. (2138, 3211, 3214, 3215)
Donaldson Volkswagen
1990 Ed. (323)
Donaldsons Volkswagen
1993 Ed. (288)
Donato Eassey
1999 Ed. (2243)
Donatos Pizza
2007 Ed. (2545)
2006 Ed. (2574)
2005 Ed. (2558)
1998 Ed. (1760, 3070)
Donatos Pizzeria
2008 Ed. (3995)
2007 Ed. (3969)
Donbasenergo
2002 Ed. (4495)
Doncafe International
2007 Ed. (22)
Done Brothers (Cash Betting) Ltd.
1992 Ed. (1197)
Donegal Group Inc.
2005 Ed. (2221)
Doner
2008 Ed. (116)
2007 Ed. (108)
2006 Ed. (119)
2005 Ed. (109)
2004 Ed. (126)
2003 Ed. (167, 168)
2002 Ed. (151)
Doner & Co.; W. B.
1997 Ed. (79, 145)
1996 Ed. (79, 139)
1995 Ed. (65, 125)
1994 Ed. (83, 116)
1993 Ed. (93)
1992 Ed. (141, 206)
1991 Ed. (92, 149)
1989 Ed. (98, 159)
W.B. Doner & Co.
2000 Ed. (86)
1990 Ed. (94, 149)
Dong-A Pharmaceutical
2007 Ed. (1982)
2004 Ed. (85)
Dong-A Pharmaceuticals
1989 Ed. (40)
Dong Ah
1995 Ed. (2313)
Dong Ah Construction Industrial Co.
1989 Ed. (1134)
Dong Bang Advertising
1989 Ed. (129)
Dong-Bin; Shin
2008 Ed. (4851)
Dong Hai Co.
2007 Ed. (97)
Dong-Joo; Shin
2008 Ed. (4851)
Dong Suh
2008 Ed. (2079)
Dong Yang Investment Trust Co.
1997 Ed. (2397)
Dong Yang Securities
1995 Ed. (3278)
Dongah Construction Ind. Co. Ltd.
2000 Ed. (1283, 1292)
1999 Ed. (1324, 1386, 1401, 1405, 1408, 1574, 1889)
1996 Ed. (1151, 1160, 1162)
Dongah Construction Industries Co. Ltd.
1998 Ed. (972)
1997 Ed. (1180, 1189, 1191)
DongbuAnam
2006 Ed. (4289)
Dongfang Advertising Co.
1996 Ed. (72)
Dongfang Electric Corp.
2004 Ed. (1325, 1332)
1999 Ed. (1384, 1402)
Dongfeng Motor
2006 Ed. (4818)
Dongguh Foods
1991 Ed. (33)
Donghwa Bank
1996 Ed. (578)
1995 Ed. (523)
Dongnam Accounting Firm
1997 Ed. (16)
Dongsuh
1999 Ed. (899, 900, 901, 902)
Dongsuh Foods
1993 Ed. (40)
1992 Ed. (62)
Dongsuh Securities
1997 Ed. (777, 3484)
1996 Ed. (3390)
1994 Ed. (2346)
1993 Ed. (2384)
Dongwon Securities Co.
2001 Ed. (1035)
Dongyang Mechatronics
2007 Ed. (1982)
Donkey Kong
1996 Ed. (3721)
Donlen Corp.
1996 Ed. (2696, 2697)
1994 Ed. (2565)
1993 Ed. (2602, 2604)
Donley County State Bank
1997 Ed. (498)
Donna Dubinsky
2002 Ed. (4981)
2001 Ed. (2279)
Donna Halverstadt
2000 Ed. (1932)
1999 Ed. (2162)
Donna Jaegers
2008 Ed. (2692)
Donna Karan
2001 Ed. (1995)
1999 Ed. (4808)
1997 Ed. (1025)
1996 Ed. (3876)
1995 Ed. (3788)
Donna Karan Cashmere Mist
2008 Ed. (2769)
Donna Karan International Inc.
2001 Ed. (1257)
1998 Ed. (3183)
Donna M. Alvarado
2008 Ed. (1428)
Donna S. Birks
2002 Ed. (4980)
Donna Steigerwaldt
1994 Ed. (3667)
Donna W. Steigerwaldt
1993 Ed. (3731)
Donna Wolf Steigerwaldt
1996 Ed. (3876)
1995 Ed. (3788)
1991 Ed. (3512)
Donnagel
1993 Ed. (1532)
1992 Ed. (1872)
Donnelley & Sons Co.; R. R.
2008 Ed. (3031, 3200, 3623, 3630, 4026, 4028, 4085, 4086)
2007 Ed. (2908, 3445, 4008, 4009, 4049, 4050, 4053, 4054, 4358)
2006 Ed. (747, 1080, 1446, 3434, 3959, 3968, 3969, 4019, 4020, 4022, 4023, 4460)
2005 Ed. (98, 821, 1082, 1083, 3892, 3893, 3894, 3898, 3899, 3979, 3980, 3984)
1997 Ed. (3167, 3170, 3219, 3221)
1996 Ed. (3087, 3089, 3139, 3141)
1995 Ed. (2986, 3039, 3040, 3042)
1994 Ed. (2930, 2932, 2977, 2978, 2981, 2982)
1993 Ed. (2916, 2918, 2919, 2920, 2941, 2943)
1992 Ed. (3527, 3533, 3536, 3537, 3585, 3586, 3588, 3533, 3538, 3541)
1991 Ed. (2765, 2766, 2767, 2784, 2786, 2787)
1990 Ed. (2212, 2904, 2905, 2929, 2931)
Donnelley & Sons; RR
1989 Ed. (2264, 2265, 2267)
Donnelley/Chicago; R. R.
1992 Ed. (3531)
Donnelley/Mattoon; R. R.
1992 Ed. (3531)
Donnelley; R. R.
1992 Ed. (3530)
1990 Ed. (2903, 2930)
Donnelley/Warsaw; R. R.
1992 Ed. (3531, 3539)
Donnellon Public Relations
2004 Ed. (3995)
2003 Ed. (3984, 3988, 3992)
2002 Ed. (3834)
Donnelly Corp.
2004 Ed. (316)
2001 Ed. (2874)
Donnelly; Dick
1992 Ed. (386)
Donnelly Garages
2006 Ed. (2062)
Donnelly Isuzu; Dick
1996 Ed. (274)
1995 Ed. (272)
Donnelly Mechanical Corp.
2008 Ed. (4975)
Donnie Darko
2003 Ed. (3045)
Donohue
2002 Ed. (3518, 3576)
2001 Ed. (2375, 3627)
2000 Ed. (3410)
1999 Ed. (2497, 3692, 3701)
1992 Ed. (2213)
1991 Ed. (1764)
1990 Ed. (1845)
Donohue; Craig
2007 Ed. (3223)
Donors to a Children's Disease Foundation
1998 Ed. (1280)
Donovan Associates; Judith
1991 Ed. (1419)
Donovan; Dennis M.
2008 Ed. (2635, 3120)
2007 Ed. (2504)
2006 Ed. (2525)
2005 Ed. (2511)
Donruss/Leaf
1993 Ed. (3608)
1990 Ed. (3634)
Don't Sweat the Small Stuff...
2000 Ed. (710)
1999 Ed. (695)
Don't Sweat the Small Stuff at Work
2001 Ed. (988)
Don't Sweat the Small Stuff with Your Family
2000 Ed. (710)
DonTech
1999 Ed. (4562)
1998 Ed. (2709, 3487)
Donut Inn
2002 Ed. (2362)
Donuts
1997 Ed. (327)
Donuts/sweet rolls
1989 Ed. (1463)
Doo Gro
2003 Ed. (2651)
Dooin Electronics
2002 Ed. (4435)
Dookie
1996 Ed. (3031)
Dooley's Millwork Ltd.
2006 Ed. (4994)
Doom II
1997 Ed. (1088, 1094, 1097)
1996 Ed. (1080)
Doom II (MPC)
1996 Ed. (1083)
Dooner; Marlene
2008 Ed. (2628)
Door-drops
2002 Ed. (1983)
Doosan
2008 Ed. (4778)
Doosan Engine Co.
2007 Ed. (878)
Dop
2001 Ed. (2646)
Dop/P'tit Dop
2001 Ed. (2640)
Dopaco
2000 Ed. (3402)
1999 Ed. (3686)
Doppelmayr Holding AG
2007 Ed. (1596)
2006 Ed. (1561)
Doprastav
2002 Ed. (784)
Dora Maar With a Cat
2008 Ed. (268)
Dorado Health Inc.
2007 Ed. (2780)
2006 Ed. (2782)
Dorado, Puerto Rico
1992 Ed. (3015)
Doraemon
2001 Ed. (3376)
Doral
2008 Ed. (976, 4691)
2007 Ed. (4771)
2006 Ed. (4765)
2005 Ed. (4713)
2004 Ed. (4736)
2003 Ed. (970, 971, 4751, 4756)
2002 Ed. (4629)
2001 Ed. (1230)
2000 Ed. (1061)
1999 Ed. (1135)
1998 Ed. (727, 728, 729, 730)
1997 Ed. (985)
1996 Ed. (971)
1995 Ed. (986)
1994 Ed. (953, 955)
1992 Ed. (1151)
1991 Ed. (932)
1990 Ed. (992, 993)
Doral Arrowwood
2006 Ed. (4097)
2002 Ed. (2641)
Doral Financial Corp.
2008 Ed. (2355, 2370, 2371, 4534, 4535)
2007 Ed. (70, 1964, 2230, 2231, 2557, 4590)
2006 Ed. (400, 404, 1999, 2284, 2286, 2294, 2295, 2589, 2737, 4734, 4735)
2005 Ed. (378, 450, 1731, 1954, 2225, 2229, 2230, 2586, 3241)
2004 Ed. (1671, 1672, 2606)
2003 Ed. (423, 424, 427)
2002 Ed. (500, 501, 1531)
Doral Forrestal
2002 Ed. (2641)
Doral Golf Resort & Spa
2002 Ed. (2650)
Doral Lights
1995 Ed. (985)
Doral Resort/Country Club
1996 Ed. (2165, 2166)
Doran Chevrolet-Peugeot
1990 Ed. (313)
Dora's Backpack
2004 Ed. (738)
Dora's World Adventure!
2008 Ed. (551)
Dorchester
2000 Ed. (2564)
1999 Ed. (2789)
1997 Ed. (2305)
1996 Ed. (2185)
1993 Ed. (1081)
1992 Ed. (1352)
1991 Ed. (1046)
1990 Ed. (1147)
Dorchester Hugoton Ltd.
2005 Ed. (3753)
2004 Ed. (3842, 3843, 3844)
2003 Ed. (3835, 3836, 3837)

Dorchester Mineral Ltd.
2008 Ed. (3906)
2007 Ed. (3853)
Dorchester Minerals
2008 Ed. (2860)
2007 Ed. (2730)
2005 Ed. (3754, 3755)
Dorchester Minerals LP
2008 Ed. (3905)
Dorcol
1996 Ed. (1028)
1993 Ed. (1011)
1992 Ed. (1247, 1264)
Dordtsche Petroleum
1997 Ed. (1453)
1996 Ed. (1397)
1995 Ed. (1433)
1994 Ed. (1403)
1993 Ed. (1350)
1991 Ed. (237, 1327)
Dordtsche Petroleum Mij
2000 Ed. (295)
Doreen Toben
2007 Ed. (1088)
2006 Ed. (996)
Doreen Woo Ho
2008 Ed. (4945)
2007 Ed. (4978)
2006 Ed. (4980)
Dorel
2007 Ed. (2663)
Dorel Inds.
1999 Ed. (2551)
Dorel Industries
2008 Ed. (1215)
2007 Ed. (1325)
2006 Ed. (1427, 2874)
2004 Ed. (2867, 2870)
2003 Ed. (1218)
2002 Ed. (1224)
1997 Ed. (2105)
Doremus & Co.
2003 Ed. (816)
1990 Ed. (63, 66)
1989 Ed. (69)
Doremus Porter Novelli
1989 Ed. (2259)
Doren, Mayhew & Co.
1998 Ed. (5)
Dorf & Stanton Communications
1992 Ed. (3573)
1990 Ed. (2918)
Dorf & Stanton of Shandwick
1992 Ed. (3580)
Dorfman; Henry
1994 Ed. (948)
Dorinco Re
2001 Ed. (2954)
Dorinco Reinsurance Co.
2004 Ed. (3056)
2003 Ed. (2971)
2002 Ed. (3950)
2001 Ed. (2907, 4032)
2000 Ed. (2660)
Dorinco Reinsurance Company
2000 Ed. (2680)
Dorinco Reinsurance Co., MI
2000 Ed. (2716)
Doris Duke
1992 Ed. (3079)
1991 Ed. (2462)
1990 Ed. (2578)
1989 Ed. (1989)
Doris Duke Charitable Foundation
2002 Ed. (2333)
Doris F. Fisher
2006 Ed. (4902)
2005 Ed. (4846)
2004 Ed. (4860)
Doris Fisher
2003 Ed. (4884)
2002 Ed. (3348)
Doritos
2008 Ed. (721, 4443, 4448, 4701, 4703)
2007 Ed. (4460, 4462, 4783)
2006 Ed. (4389, 4393, 4776)
2005 Ed. (4387)
2004 Ed. (4437, 4438, 4439)
2003 Ed. (4454, 4455)
2002 Ed. (4299, 4301, 4640)
2001 Ed. (4290, 4579)
2000 Ed. (4064, 4267)
1999 Ed. (1021, 1022, 4344, 4347)
1998 Ed. (623, 3320)
1997 Ed. (3532)
1996 Ed. (3466)
1995 Ed. (19, 694, 3396)
1994 Ed. (3341)
1993 Ed. (1878, 3345)
1992 Ed. (921, 2190)
Doritos Thins
1997 Ed. (3532)
1996 Ed. (2825)
Doritos 3Ds
2006 Ed. (4391)
2003 Ed. (4453)
2001 Ed. (4289)
Doritos Tortilla Thins
1995 Ed. (2761)
1994 Ed. (3341)
Doritos Wow!
2002 Ed. (4640)
2001 Ed. (4579)
2000 Ed. (4267)
Dorland
1989 Ed. (110)
Dorland Advertising
1989 Ed. (109)
Dorland Global Corp.
2008 Ed. (115)
2007 Ed. (107)
Dorland Global Health Communications
2006 Ed. (118)
2005 Ed. (108)
Dorland Public Relations
2005 Ed. (3954, 3965, 3971)
Dorland Sweeney Jones
2004 Ed. (3988, 4023)
2003 Ed. (3979, 4012)
2002 Ed. (3847)
2000 Ed. (159, 3664)
1999 Ed. (78, 142, 3950)
1998 Ed. (63)
1996 Ed. (3133)
1995 Ed. (113)
1994 Ed. (108)
Dorland Sweeney Jones Health Communications
2001 Ed. (3941)
Dorling Kindersley
1996 Ed. (1364)
Dorma Holding Gmbh & Co. KgaA
2006 Ed. (1736)
Dorman & Wilson Inc.
1997 Ed. (3263)
1995 Ed. (3068)
Dorman; D. W.
2005 Ed. (2506)
Dorman; David
2006 Ed. (3931)
Dorman, Jr.; Marvin K.
1993 Ed. (3444)
Dorman; Margaret
2007 Ed. (1076)
2006 Ed. (982)
Dornan; Robert K.
1994 Ed. (845)
Dornbirner
1992 Ed. (609)
Dornbirner Sparkasse
1994 Ed. (428)
1993 Ed. (428)
Dorney Park
1995 Ed. (216)
Dornier
2000 Ed. (3001, 3002, 3031)
Dornier Medical Systems
1990 Ed. (2528)
Dorning Supply Co.
1994 Ed. (2178)
Dorothy Draper & Co.
1992 Ed. (2716)
Dorrance; Bennett
2008 Ed. (4827)
2005 Ed. (4843)
Dorrance III; John
2008 Ed. (4885)
Dorrance; John
2007 Ed. (4918)
Dorrance, Jr. & Family; John
1990 Ed. (3687)
Dorrepaal; Karin
2006 Ed. (4984)
Dorrit J. Bern
2000 Ed. (1887)
1999 Ed. (2085, 4805)
Dorritie & Lyons
1991 Ed. (68)
1990 Ed. (67)
1989 Ed. (60)
Dorritie Lyons & Nickel
1995 Ed. (33)
1993 Ed. (67)
1992 Ed. (110)
Dorsch Consult Ingenieur GmbH
2000 Ed. (1820)
1997 Ed. (1749, 1758, 1762)
1996 Ed. (1666, 1674, 1677, 1681)
1995 Ed. (1684, 1692, 1695, 1699)
Dorsch Consult Ingenieurgesellschaft GmbH
1994 Ed. (1644)
Dorschel Automotive Group
2008 Ed. (4239)
Dorsey
1999 Ed. (4649)
1994 Ed. (3566)
1993 Ed. (2327)
Dorsey & Co.
1992 Ed. (2767)
Dorsey & Whitney
2006 Ed. (1412, 1413)
2005 Ed. (1427, 1428)
2004 Ed. (1408, 1409, 3225)
2003 Ed. (1393, 1394)
2000 Ed. (2593)
1999 Ed. (2817)
1998 Ed. (2061)
1997 Ed. (2341, 2849, 3384)
1996 Ed. (2212, 3287)
1995 Ed. (2193)
1993 Ed. (2117, 2400)
1992 Ed. (2842)
1991 Ed. (2288, 2531, 2925)
1990 Ed. (2422)
Dorsey & Whitney LLP
2008 Ed. (1394, 1395, 3025)
2007 Ed. (3320)
2002 Ed. (1356, 1357)
2001 Ed. (567, 724, 816, 845, 849, 885, 917)
Dorvin D. Leis Co.
2008 Ed. (1248, 1785)
2007 Ed. (1757)
2006 Ed. (1748)
Dos Equis
1990 Ed. (766, 767)
1989 Ed. (780)
Dos Mujeres, Un Camino
1996 Ed. (3663)
DOS 7.0 Upgrade
1997 Ed. (1099)
Doskocil
1992 Ed. (1528, 1532, 2186)
1991 Ed. (1211, 3224)
Doskocil Cos. Inc.
1997 Ed. (3134)
1996 Ed. (2586, 2587, 2590, 3062, 3065, 3066)
1995 Ed. (1471, 2523, 2527, 2963, 2966)
1994 Ed. (1412, 2455, 2456, 2458, 2906, 2907, 2911)
1993 Ed. (1225, 1226, 1360, 2515, 2516, 2519, 2521, 2879, 2889, 2890, 2893, 2894)
1992 Ed. (2989, 2990, 3506, 3507)
Doskocil Manufacturing
1996 Ed. (1743)
Doss; Ron
1990 Ed. (850)
Dossier
2005 Ed. (710)
Doster Construction Co.
2008 Ed. (1269)
2007 Ed. (1373)
2006 Ed. (1341)
1999 Ed. (1380)
1998 Ed. (959)
1996 Ed. (1131)
DOT
1997 Ed. (3695)
1991 Ed. (1461)
Dot C Software Inc.
2006 Ed. (3509, 4348)
Dot Hill Systems Corp.
2007 Ed. (3692)
2006 Ed. (2739)
dot stores
1992 Ed. (1858)
dot.com
2004 Ed. (734)
Dot.con
2005 Ed. (711)
Dothan, AL
2008 Ed. (4353)
2005 Ed. (2028)
2003 Ed. (4195)
DOTI Design Stores
2008 Ed. (2801)
2007 Ed. (2670)
DotPhoto
2004 Ed. (3163)
Dots Ink LLC
2008 Ed. (3726, 4421, 4977)
Douala
1992 Ed. (1394)
Douala, Cameroon
1994 Ed. (976)
Double-Cola
2003 Ed. (4477)
2001 Ed. (4303)
2000 Ed. (4080)
Double Exempt Cap. Conserv.
1989 Ed. (1854)
Double Extra Large (13-19.9 ounces)
1990 Ed. (2888)
Double Fudge
2004 Ed. (737)
The Double Helix
2005 Ed. (715)
Double Jeopardy
2001 Ed. (3364)
Double JJ Trucking LLC
2008 Ed. (3709, 4394)
Double Live
2001 Ed. (3408)
Double Platinum
2001 Ed. (4689)
Double postcards
2000 Ed. (3504)
DoubleClick Inc.
2005 Ed. (99)
2004 Ed. (102)
2003 Ed. (2175, 2724)
2002 Ed. (1500, 1553)
DoubleDave's Pizzaworks Systems
2003 Ed. (4128)
Doubleday
2006 Ed. (641)
2005 Ed. (729)
2004 Ed. (748)
2003 Ed. (726)
Doubleday & Co.
1989 Ed. (2275)
Doubleday Book Club
1999 Ed. (1854)
Doublemint
2003 Ed. (951)
1996 Ed. (954)
1995 Ed. (889, 975)
1994 Ed. (943)
1993 Ed. (832, 930)
Doublemint Gum
1990 Ed. (3037)
Doublemint Gum Plen-T-Pak
1990 Ed. (893, 894, 3041)
1989 Ed. (856, 857, 2324)
DoubleShot
2008 Ed. (1025, 1026)
2007 Ed. (1146, 1148)
2006 Ed. (1058)
Doubleshot Light
2008 Ed. (1026)
Doubletree
2008 Ed. (3070)
1999 Ed. (2770, 2783)
Doubletree Guest Suites
2000 Ed. (2558)
1999 Ed. (2780)
1997 Ed. (2293)
Doubletree Hotel
2007 Ed. (2944)
2006 Ed. (2933)
2000 Ed. (2541)

DoubleTree Hotel Denver
2002 Ed. (2645)
Doubletree Hotel Los Angeles Airport
1998 Ed. (2034)
Doubletree Hotel Philadelphia
2000 Ed. (2576)
1998 Ed. (2038)
Doubletree Hotels
2005 Ed. (2931)
2004 Ed. (2941)
2003 Ed. (2849)
1998 Ed. (2022)
1991 Ed. (2865)
Doubletree Hotels, Suites, Resorts, Clubs
2007 Ed. (2953)
2006 Ed. (2942)
Doubletree Metropolitan
2007 Ed. (2942)
Doublewood
2002 Ed. (4184)
Douches
2002 Ed. (2256)
Doug Ashy Building Materials
1997 Ed. (834)
Doug Barlage
2003 Ed. (4685)
Doug Berthiaume
2003 Ed. (961)
Doug Doust
2008 Ed. (2629)
Doug Ose
2003 Ed. (3206)
Doug Rock
2008 Ed. (953)
Doug Shapiro
2000 Ed. (2044)
Doug Smaill
2000 Ed. (2181)
1999 Ed. (2419)
Doug Stone
1996 Ed. (1094)
1993 Ed. (1079)
Doug van Dorsten
2000 Ed. (2050)
Doug Weight
2003 Ed. (298)
Dougan; Pat
1997 Ed. (2705)
Dough products
2003 Ed. (1962, 3937, 3938)
Doughboy
2007 Ed. (677)
Dougherty Dawkins Inc.
1999 Ed. (3017)
1998 Ed. (2233, 3254)
1995 Ed. (2497)
Dougherty, Dawkins, Strand & Yost Inc.
1991 Ed. (2167, 3035)
Dougherty; James
1996 Ed. (1775)
1995 Ed. (1800)
1994 Ed. (1759)
Dougherty Summit Securities LLC
2001 Ed. (919, 920)
2000 Ed. (2756, 3979)
Doughnut
2006 Ed. (4101)
Doughnuts
2003 Ed. (367, 369)
2002 Ed. (425)
1998 Ed. (257)
Doughty; Nigel
2008 Ed. (4006)
Douglas Inc.
2006 Ed. (4361)
1992 Ed. (304)
Douglas A. Warner III
1994 Ed. (357)
Douglas & Lomason Co.
1996 Ed. (352)
Douglas & Mary Perkins
2008 Ed. (4897)
Douglas Arthur
2000 Ed. (2036)
1999 Ed. (2255)
1998 Ed. (1665)
1997 Ed. (1894)
Douglas Augenthaler
1998 Ed. (1605)
1997 Ed. (1893)
1996 Ed. (1819)
1995 Ed. (1796, 1841)
Douglas B. Roberts
1995 Ed. (3505)
Douglas Barber
1999 Ed. (1124)
Douglas Berman
1993 Ed. (3443)
Douglas Berthiaume
2002 Ed. (1041)
Douglas, CO
2000 Ed. (1593)
1994 Ed. (339)
Douglas Colandrea
2000 Ed. (1934)
Douglas Commodity Investments
1993 Ed. (1037)
Douglas Conant
2007 Ed. (979)
Douglas County, CO
1999 Ed. (1765)
1995 Ed. (1509)
1993 Ed. (1433)
Douglas County SD No. 17
2001 Ed. (862)
Douglas Dunsmuir
2005 Ed. (3857)
douglas e. barnhart inc.
2002 Ed. (1245)
Douglas Elliman
2002 Ed. (3915)
2001 Ed. (3997)
2000 Ed. (3714)
Douglas Elliman Millstein Prop.
1999 Ed. (3994)
Douglas Elliman Milstein Properties
1993 Ed. (239)
Douglas Emmett Inc.
2008 Ed. (4289)
Douglas fir
2007 Ed. (3395, 3396)
2006 Ed. (3337, 3338)
2005 Ed. (3344, 3345)
2001 Ed. (3178, 3179)
Douglas; George
1991 Ed. (1709)
1990 Ed. (1769)
1989 Ed. (1419)
Douglas Groh
2000 Ed. (1992)
1998 Ed. (1633)
1996 Ed. (1846)
Douglas; Gustaf
2008 Ed. (4873)
Douglas H. McCorkindale
2006 Ed. (913, 2532)
2005 Ed. (2517)
Douglas Hayashi
2000 Ed. (2175)
Douglas Holloway
2008 Ed. (183)
Douglas Hsu
2008 Ed. (4852)
Douglas Johnston
2000 Ed. (1958)
Douglas Co.; Jon
1995 Ed. (3061)
1994 Ed. (2999)
Douglas Linde
2007 Ed. (1093)
Douglas Lumber
1996 Ed. (822)
Douglas McCorkindale
2005 Ed. (970)
Douglas; Michael
2008 Ed. (4905)
2007 Ed. (4929)
2005 Ed. (4889, 4891)
Douglas Motors Corp.
1995 Ed. (291)
1994 Ed. (287)
1993 Ed. (288)
1991 Ed. (298)
1990 Ed. (319, 323)
Douglas; P.
2006 Ed. (348)
Douglas Preiser
1995 Ed. (1853)
Douglas Roberts
1993 Ed. (3443)
Douglas Rock
2007 Ed. (1000)
2006 Ed. (910)
Douglas Rockel
2000 Ed. (2054)
1999 Ed. (2269)
1998 Ed. (1676)
1997 Ed. (1903)
1996 Ed. (1830)
1995 Ed. (1852)
1994 Ed. (1814)
1993 Ed. (1831)
Douglas Roesch Communications
1998 Ed. (1421)
Douglas Runte
1998 Ed. (1596)
Douglas Scovanner
2007 Ed. (1046)
2006 Ed. (951)
Douglas Terreson
2000 Ed. (1999, 2019)
1999 Ed. (2222, 2236)
1998 Ed. (1635, 1646)
1997 Ed. (1888)
Douglas W. Leatherdale
2002 Ed. (2873)
1994 Ed. (2237)
Douglas Wight
2000 Ed. (2106)
Douglass; Scott R.
1993 Ed. (3444)
Douglass; Steven J.
2005 Ed. (2516)
Dounia Enterprises Inc.
1999 Ed. (4336)
Dourlet; Ernest F.
1989 Ed. (1377)
Doust; Doug
2008 Ed. (2629)
Douwe Egberts
2008 Ed. (1035)
2007 Ed. (1154)
DOV Pharmaceutical Inc.
2004 Ed. (4340)
DOVatron
1998 Ed. (933)
DOVatron International
1996 Ed. (1290)
Dove
2008 Ed. (532, 637, 693, 711, 973, 2326, 2869, 2872, 3877, 3878, 4450, 4451)
2007 Ed. (679, 722, 2756, 3430, 3811, 4463)
2006 Ed. (2750, 3800, 4396)
2005 Ed. (2778, 4390)
2004 Ed. (658, 659, 3803, 4442)
2003 Ed. (643, 645, 646, 2002, 2003, 2078, 2079, 4462, 4465, 4466)
2002 Ed. (4303, 4304)
2001 Ed. (3726, 4296, 4297, 4299, 4300)
2000 Ed. (4069, 4070, 4074)
1999 Ed. (687, 4349, 4351, 4354)
1998 Ed. (2070, 2071, 2808, 3326, 3330, 3331)
1997 Ed. (3537)
1996 Ed. (3471)
1995 Ed. (3412)
1994 Ed. (2812, 3354)
1993 Ed. (3349)
1992 Ed. (4011)
1991 Ed. (3325)
1990 Ed. (3549)
Dove Bar
2001 Ed. (2830)
2000 Ed. (2600, 2601, 4152)
1997 Ed. (1199, 2348)
Dove Creek State Banks
1996 Ed. (387)
Dove International
1999 Ed. (2822)
Dove liquid 48 oz.
1991 Ed. (1453)
Dove Nutrium
2003 Ed. (4466)
Dove; Thomas G.
1992 Ed. (532, 1137)
DoveBid
2004 Ed. (2209)
2003 Ed. (2158, 2163)
2001 Ed. (4772)
Dover Corp.
2008 Ed. (1123, 1162, 2364)
2007 Ed. (212, 1220, 1268, 1546, 2224, 3032)
2006 Ed. (2281, 2993, 2996)
2005 Ed. (2219, 2999, 3000, 3350, 3351, 3354)
2004 Ed. (2114, 3002, 3004, 3325, 3326, 3329)
2003 Ed. (2893, 2896, 2897, 3269, 3270)
2002 Ed. (940, 1111, 2100, 2726, 2727)
2001 Ed. (2843, 3188, 3189, 3218)
2000 Ed. (2623)
1999 Ed. (2849, 2851, 2852, 3297)
1998 Ed. (2087, 2090, 2091, 2092, 2434)
1997 Ed. (2366, 2368, 2370)
1996 Ed. (2241, 2243)
1995 Ed. (2235, 2236, 2237)
1994 Ed. (2181, 2182, 2183, 2420)
1993 Ed. (2163, 2486)
1992 Ed. (1938, 2592, 2594, 2595, 2953)
1991 Ed. (2018, 2019, 2020, 2021, 2370)
1990 Ed. (1160, 1529, 2172, 2502)
1989 Ed. (1002, 1259, 1917)
Dover Air Force Base
1990 Ed. (1487)
Dover Credit Union
2008 Ed. (2224)
2007 Ed. (2109)
2006 Ed. (2188)
2005 Ed. (2093)
2004 Ed. (1951)
2003 Ed. (1911)
2002 Ed. (1854)
Dover, DE
2008 Ed. (3468, 3481)
2006 Ed. (2427)
1998 Ed. (246)
1996 Ed. (3248)
1995 Ed. (3148)
Dover Downs Enterprises
1999 Ed. (2616, 4323)
Dover Downs Gaming & Entertainment Inc.
2005 Ed. (2709)
Dover/Ideal Homes
1999 Ed. (1333)
Dover Investments Corp.
2002 Ed. (3558)
Dover Mortgage Co.
2005 Ed. (362)
Dover-Phila Credit Union
2003 Ed. (1903)
Doverie Obedinen Holding AD
2002 Ed. (4391)
DoverSaddlery.com
2008 Ed. (2448)
Dovrat Shrem & Co. Ltd.
1999 Ed. (4705)
Dow
2001 Ed. (1238)
1994 Ed. (980)
Dow Agrisciences LLC
2001 Ed. (1737)
Dow Agrosciences LLC
2007 Ed. (923, 1776)
2004 Ed. (967)
2001 Ed. (275)
Dow Alliance
1998 Ed. (101)
Dow B. Hickman Inc.
1993 Ed. (1183)
Dow Canada
1996 Ed. (931)
Dow Canada Chemical Inc.
2001 Ed. (1223)
Dow Chemical Co.
2008 Ed. (907, 908, 909, 910, 922, 923, 925, 926, 927, 928, 929, 1466, 1929, 1930, 2395, 3011, 3186)
2007 Ed. (923, 924, 925, 926, 927, 928, 929, 932, 933, 941, 945, 946, 948, 949, 951, 952, 954, 1472, 1880, 1881, 2187, 2889)
2006 Ed. (840, 841, 842, 843, 844, 845, 846, 847, 850, 851, 856, 859,

860, 861, 863, 865, 1449, 1501, 1522, 1881, 1882, 3366, 3422)
2005 Ed. (931, 932, 933, 935, 940, 941, 942, 943, 944, 945, 947, 951, 953, 954, 955, 956, 958, 1502, 1867, 1868, 3409, 3694)
2004 Ed. (940, 941, 942, 943, 945, 950, 951, 953, 954, 958, 959, 960, 961, 962, 963, 964, 1486, 1797, 1798, 2561, 3775, 4097, 4560)
2003 Ed. (933, 934, 935, 936, 937, 939, 940, 941, 942, 944, 945, 946, 947, 1424, 1456, 1760, 1761, 2287, 2369, 2427, 3750, 4070)
2002 Ed. (246, 987, 990, 991, 992, 994, 995, 1012, 1013, 1016, 1018, 1020, 1021, 1436, 1727, 3591, 3965, 4880)
2001 Ed. (276, 1038, 1176, 1177, 1178, 1179, 1180, 1181, 1184, 1198, 1199, 1209, 1221, 1225, 1792, 2309, 3837, 3843, 4138)
2000 Ed. (1017, 1018, 1020, 1022, 1023, 1024, 1029, 1030, 1031, 1033, 1516, 1894, 3056, 3423, 3512, 3517, 3567)
1999 Ed. (1078, 1079, 1081, 1083, 1084, 1085, 1086, 1097, 1098, 1101, 1102, 1103, 1105, 1536, 1554, 1706, 3318, 3713, 3793, 3850, 4618)
1998 Ed. (692, 693, 694, 697, 698, 699, 700, 701, 702, 703, 704, 705, 706, 707, 709, 1118, 1176, 2751, 2876, 3702)
1997 Ed. (951, 954, 955, 957, 958, 963, 964, 965, 967, 1236, 1246, 1275, 1293, 1349, 1480, 1600, 3005, 3765)
1996 Ed. (922, 923, 925, 926, 928, 938, 939, 945, 1420, 2915, 3711)
1995 Ed. (948, 950, 953, 954, 956, 957, 958, 965, 966, 968, 1458)
1994 Ed. (912, 914, 917, 918, 919, 920, 921, 922, 926, 929, 930, 932, 936, 1252, 1421, 2744, 2854, 3555)
1993 Ed. (161, 898, 900, 903, 905, 906, 907, 912, 913, 916, 919, 925, 952, 1184, 1368, 2773, 2844, 2869, 3592)
1992 Ed. (1106, 1108, 1109, 1111, 1112, 1115, 1117, 1118, 1125, 3346, 3666, 4312)
1991 Ed. (3239, 3399, 3404)
1990 Ed. (18, 951, 955, 2213)
1989 Ed. (874, 875, 884, 885, 886, 889, 2016)
Dow Chemical Canada
2000 Ed. (1027)
1999 Ed. (1091)
1996 Ed. (932)
1994 Ed. (924)
1992 Ed. (1114)
Dow Chemical Employees' Credit Union
2008 Ed. (2239)
2007 Ed. (2124)
2006 Ed. (2203)
2005 Ed. (2108)
2004 Ed. (1966)
2003 Ed. (1926)
2002 Ed. (1872)
1998 Ed. (1215)
1993 Ed. (1449)
Dow Chemical/Merrell Texize
1991 Ed. (1145)
Dow Chemical USA
1992 Ed. (2102)
Dow Corning Corp.
2002 Ed. (991, 1017, 3591)
2001 Ed. (1213)
2000 Ed. (3423)
1999 Ed. (390, 1079, 3318, 3713, 3793)
1998 Ed. (714, 2751)
1997 Ed. (354, 355, 356, 357, 972, 3005)
1996 Ed. (2915)
1995 Ed. (972, 1458)
1994 Ed. (940, 1421, 2744)
1993 Ed. (919, 927, 1368, 2773, 3317, 3318, 3319)
1992 Ed. (1127, 3346)
1991 Ed. (919, 2681)
1990 Ed. (962, 963, 964)
1989 Ed. (895, 896, 897)
Dow Deutschland Inc.
2001 Ed. (4133)
1999 Ed. (4117)
Dow Deutschland Inc., Sweigniederlassung Stade
2000 Ed. (3829)
Dow Elanco
1999 Ed. (196, 4711)
1998 Ed. (2104)
1997 Ed. (176)
1994 Ed. (1196, 2820)
Dow Environmental Inc.
1997 Ed. (1194)
Dow (Europe) SA
1997 Ed. (3500)
1994 Ed. (928)
1991 Ed. (911)
Dow Interbranch Denmark
2005 Ed. (1753)
Dow Jones
2000 Ed. (3681)
1999 Ed. (178, 1482, 1556, 1557, 1601, 3612, 3968, 3971)
1998 Ed. (75, 512, 564, 2679, 2972, 2973, 2975, 2976)
1997 Ed. (168, 2717, 2942, 3219, 3220, 3221)
1995 Ed. (3038, 3039, 3040)
1994 Ed. (2695, 2977, 2978, 2979, 2981, 2982, 2986)
1993 Ed. (2941, 2942, 2943, 2944)
1992 Ed. (3585, 3586, 3587, 3589, 3940)
1991 Ed. (1209, 1210, 1217, 2783, 2785, 2786, 2787)
1990 Ed. (2929, 2930, 2931, 2932, 2933)
1989 Ed. (2264, 2265, 2266, 2267, 2268)
Dow Jones & Co., Inc.
2008 Ed. (3031, 3366, 3783, 4087)
2007 Ed. (3060, 3220, 3237, 3699)
2006 Ed. (3027, 3180, 3434, 3704, 4021, 4462)
2005 Ed. (3423, 3424, 3600, 3981, 3982, 3983, 4459)
2004 Ed. (151, 2417, 3410, 3411, 3413, 3685, 4042, 4043, 4045, 4487, 4558)
2003 Ed. (2152, 3022, 3345, 3351, 3641, 4024, 4025, 4026, 4537)
2002 Ed. (3283, 3288, 3883, 4355)
2001 Ed. (1033, 1257, 3247, 3248, 3540)
2000 Ed. (205, 3333)
1996 Ed. (163, 2846, 3139, 3140, 3141)
1991 Ed. (2388, 3332)
1990 Ed. (2522, 2689)
1989 Ed. (1933)
Dow Jones Industrial
2006 Ed. (4479)
Dow Jones Industrial Average
2005 Ed. (4518)
Dow Jones Industrial Index; Mini ($5)
2007 Ed. (2671)
Dow Jones Interactive
2003 Ed. (3046)
2002 Ed. (4799, 4812)
Dow Jones Markets
2001 Ed. (1543)
Dow Jones/News Retrieval
1989 Ed. (1212)
Dow Jones News Retrieval Service
1991 Ed. (2641, 3450)
Dow Jones Online
2007 Ed. (2327)
Dow Louisiana Credit Union
2008 Ed. (2235)
2007 Ed. (2120)
2006 Ed. (2199)
Dow Scrubbing Bubbles
2001 Ed. (1238)
Dowa Fire & Marine Insurance Co. Ltd.
1997 Ed. (2418)
Dowa Metal Industry Co. Ltd.
2001 Ed. (1505, 3076, 4944)
DowBrands Inc.
2002 Ed. (1967, 3084)
1995 Ed. (2073)
Dowdle; James C.
1997 Ed. (1804)
1996 Ed. (1716)
DowElanco
1998 Ed. (2812)
1995 Ed. (964)
Dowell & Associates
2001 Ed. (234)
Dowell Schlumberger
1999 Ed. (3416)
Dowell Schlumberger (Eastern)
2003 Ed. (1667)
Dowle Patterson Brown
1997 Ed. (788, 789, 790, 791, 792)
Dowling & Partners Securities
2008 Ed. (3385, 3386)
2007 Ed. (3261, 3262)
Dowling, Langley & Associates
2005 Ed. (3959)
2004 Ed. (3999)
1999 Ed. (3926)
1998 Ed. (2941)
1997 Ed. (3188)
Down and Out in Beverly Hills
1992 Ed. (4249)
Down Life International
2007 Ed. (586)
Down to Earth
2003 Ed. (3454)
Down to the Wire: UPI's Fight for Survival
1991 Ed. (708)
Down Wave Digest
1990 Ed. (2367)
Downe Egberts
1992 Ed. (65)
Downer EDI
2004 Ed. (1153)
Downer Group
2002 Ed. (1179, 1652)
Downey
2000 Ed. (1094)
1990 Ed. (1013)
Downey; Bruce
2007 Ed. (1011)
2006 Ed. (921)
Downey Financial Corp.
2005 Ed. (635, 636)
2004 Ed. (646, 647)
2003 Ed. (454)
Downey S & L
1992 Ed. (4291)
Downey S & L Association
1998 Ed. (3139, 3538)
1992 Ed. (4288)
Downey Savings & Loan Association
2007 Ed. (3635, 4249)
2006 Ed. (3570, 4235)
2005 Ed. (3510, 4183)
2004 Ed. (3506)
2003 Ed. (4267, 4271)
2002 Ed. (4124)
1995 Ed. (3306)
1994 Ed. (3533)
1990 Ed. (3579)
1989 Ed. (2825)
Downey Savings & Loan Association, FA
2007 Ed. (3019)
2006 Ed. (2988)
2005 Ed. (2993)
2004 Ed. (2995, 4282)
Downey Toyota
1991 Ed. (297)
1990 Ed. (304, 322)
Downing-Frye Realty Inc.
2008 Ed. (4104)
2007 Ed. (4071)
Downing Stadium
1999 Ed. (1299)
Downing Stadium at Randall's Island
2002 Ed. (4348)
2001 Ed. (4357, 4359)
Downtown L.A. Motors
1996 Ed. (279)
1995 Ed. (279)
1994 Ed. (276)
1993 Ed. (277)
1991 Ed. (286)
Downtown L.A. Motors, M-B
1992 Ed. (391)
Downtown Legal Copies LLC
2006 Ed. (1538)
Downtowner Inns
1998 Ed. (2021)
Downy
2003 Ed. (2045, 2429)
1999 Ed. (1178, 1179)
1997 Ed. (1005)
1996 Ed. (982)
1995 Ed. (994)
1994 Ed. (980)
Downy Liquid Fabric Softener, 64-Oz.
1990 Ed. (2129)
1989 Ed. (1630, 1631)
Dow's
2006 Ed. (4965)
2005 Ed. (4950, 4960, 4962)
2004 Ed. (4965, 4968, 4970)
2003 Ed. (4964)
2002 Ed. (4939, 4940)
2001 Ed. (4875)
2000 Ed. (4411)
Dowty
1993 Ed. (2612)
Dowty Group PLC
1992 Ed. (1773)
Doxey
1995 Ed. (1959)
Doxidan
1993 Ed. (2408)
1992 Ed. (2850)
Doxorubicin
1990 Ed. (274)
Doxycycline Hyclate
1993 Ed. (1939)
Doyle; Aidan
2008 Ed. (4884)
2007 Ed. (4920)
Doyle Arnold
2008 Ed. (970)
2007 Ed. (1092)
2006 Ed. (1000)
Doyle; Colm
2008 Ed. (4884)
2007 Ed. (4920)
Doyle; John
2008 Ed. (4884)
2007 Ed. (4920)
Doyle; Joseph
1995 Ed. (1792)
1993 Ed. (1809)
1991 Ed. (1675, 1696)
Doyle, 1910; Joe
1991 Ed. (702)
Doyle Paterson Brown
1999 Ed. (910, 911, 912, 913, 914)
Doyle Patterson Brown
1995 Ed. (806, 807, 808, 809, 810, 3280)
Doyle; Thomas
1997 Ed. (1937)
Doyle; William
2008 Ed. (2633, 2637)
2007 Ed. (2501)
Doyle; William J.
2008 Ed. (2631)
Doylestown, PA
1997 Ed. (2353)
1996 Ed. (2225)
Doyon
1996 Ed. (2032)
1994 Ed. (1981)
Doyon/Universal Ogden
2003 Ed. (1604, 4093)
Doyon Universal Services JV
2005 Ed. (1646)
2004 Ed. (1620)
2003 Ed. (1605)
Doyon Universal Services LLC
2008 Ed. (1545)
2007 Ed. (1566)
2006 Ed. (1537)
Dozal & Associates/ITR
2004 Ed. (3494)
2003 Ed. (3425)
DP
2008 Ed. (4578)

DP & A
2002 Ed. (1979)
DP Fitness
1999 Ed. (2117)
DP Partners
2005 Ed. (3332)
Dpa-300
2000 Ed. (1655)
DPC
2001 Ed. (3337)
DPL Inc.
2005 Ed. (2295)
2003 Ed. (2277)
2002 Ed. (4599)
1999 Ed. (1949)
1998 Ed. (1386, 1387)
1997 Ed. (1693, 1694)
1996 Ed. (1614, 1615)
1995 Ed. (1637, 1638)
1994 Ed. (1595, 1596)
1993 Ed. (1557)
1992 Ed. (1898, 1899)
1991 Ed. (1497)
1990 Ed. (1600)
DPL Credit Union
2008 Ed. (2224)
2007 Ed. (2109)
2006 Ed. (2188)
2005 Ed. (2093)
2004 Ed. (1951)
2003 Ed. (1911)
2002 Ed. (1854)
DPL Gas Service
1991 Ed. (1805)
DPR Construction Inc.
2008 Ed. (1182, 1235, 1240, 3017)
2007 Ed. (1282, 1337, 1350, 2895)
2006 Ed. (2796)
2005 Ed. (1172, 3910)
2004 Ed. (1256, 1259, 1272, 1281, 1291)
2003 Ed. (1250, 1254, 1269, 1277, 1288, 1294, 2290)
2002 Ed. (1212, 1259, 1270, 1278)
2001 Ed. (1465)
2000 Ed. (1238, 1249, 1256)
1999 Ed. (1340)
1997 Ed. (1010)
DPSU Bottling
2005 Ed. (735)
DPZ
1999 Ed. (67)
DPZ Duailibi Petit Zaragoza Propaganda
2003 Ed. (54)
DPZ-Dualibi, Petit, Zaragoza Propaganda
2000 Ed. (71)
DQE, Inc.
2004 Ed. (2126)
1999 Ed. (1950)
1998 Ed. (1386)
1997 Ed. (1693, 1694)
1996 Ed. (1614, 1615)
1995 Ed. (1637)
1994 Ed. (1595)
Dr. Atkins' New Carbohydrate Gram Counter
2005 Ed. (728)
Dr. Atkins' New Diet Revolution
2005 Ed. (727, 728)
2004 Ed. (746)
2000 Ed. (709)
1999 Ed. (694)
Dr. Atkins' New Diet Revolution: Completely Updated!
2005 Ed. (724)
Dr. Dan David
2001 Ed. (3319)
Dr. David A. Jaffray
2005 Ed. (2473)
Dr. Dennis Gillings
2008 Ed. (897)
Dr. Dobb's Journal
2004 Ed. (146)
Dr. Dre
2005 Ed. (2444)
2002 Ed. (1161, 3413)
Dr. Fred Palmer
1999 Ed. (4318)
Dr. H. Tschudin Associates Inc.
1992 Ed. (994)
DR Holdings Inc. of DE
1994 Ed. (359, 360)
DR Holdings Inc. of Delaware
1993 Ed. (1367)
D.R. Horton, Inc.
2001 Ed. (2803)
1999 Ed. (1316)
Dr. Ing. h. c. F. Porsche AG
2004 Ed. (290, 291)
2003 Ed. (1668)
Dr. Jan Hruska
2007 Ed. (2464)
2006 Ed. (2500)
2005 Ed. (2463)
Dr. Jenkins System
1992 Ed. (3551)
Dr. John and Betty Jane Anlyan
1994 Ed. (889, 1056)
Dr. John Mull
2005 Ed. (4868)
Dr. Joy Browne
2001 Ed. (3959)
Dr. Laura Schlessinger
2007 Ed. (4061)
2001 Ed. (3959)
Dr. McGullicudy's
2002 Ed. (294)
Dr. Mo Ibrahim
2008 Ed. (4908)
2007 Ed. (4934)
Dr. Nick's Transmissions
2002 Ed. (401)
Dr. Notes Inc.
2005 Ed. (2788)
Dr. Oetker
2008 Ed. (716)
Dr. Palmer
1994 Ed. (3314)
Dr Pepper
2008 Ed. (567, 568, 570, 860, 4456, 4458, 4459, 4462)
2007 Ed. (618, 620, 882, 4475, 4478)
2006 Ed. (572, 574, 793, 4413)
2005 Ed. (674, 874, 4397)
2004 Ed. (681, 886)
2003 Ed. (678, 866, 4469, 4471, 4475, 4476)
2002 Ed. (4311, 4312, 4313, 4314, 4315, 4316, 4319, 4320, 4325)
2001 Ed. (4302, 4307, 4308)
2000 Ed. (715, 4079, 4081)
1999 Ed. (703, 704, 4356, 4361, 4362, 4365)
1998 Ed. (450, 451, 3334, 3337)
1997 Ed. (3541, 3544)
1996 Ed. (3473, 3477)
1995 Ed. (3415)
1994 Ed. (3357, 3359)
1993 Ed. (3352, 3354, 3355, 3356)
1992 Ed. (4013, 4016, 4017, 4019, 4230)
1991 Ed. (3152, 3153)
1990 Ed. (3317, 3543)
1989 Ed. (2511, 2515, 2516)
Dr. Pepper Bottling Company of Texas
2000 Ed. (4082)
Dr. Pepper Bottling Co. of Texas
2000 Ed. (786)
1999 Ed. (769, 4369)
Dr. Pepper/Diet Dr. Pepper
1991 Ed. (3320)
Dr. Pepper Holding Co.
1990 Ed. (1227)
Dr Pepper/Seven Up Inc.
2003 Ed. (867, 4472, 4477)
2002 Ed. (4321)
2001 Ed. (4303)
2000 Ed. (4077, 4078, 4080)
1995 Ed. (645, 646, 647, 653, 657, 3414, 3416)
1994 Ed. (681, 683, 684, 685, 689, 691)
1991 Ed. (707)
1990 Ed. (725, 3321, 3322)
Dr Pepper/Seven Up Bottling Group
2008 Ed. (635)
2007 Ed. (676, 4030)
2006 Ed. (647, 3995, 4412)
2005 Ed. (666, 3921, 4396)
2004 Ed. (677, 4449)
2003 Ed. (4474)
Dr. Pepper/Seven-Up Cos.
1997 Ed. (663, 667, 668, 669, 672)
1996 Ed. (720, 722, 734, 735, 736, 1286, 3475)
1993 Ed. (682, 687)
Dr. Peter Lammer
2006 Ed. (2500)
2005 Ed. (2463)
Dr. Peter Ogden
2005 Ed. (926)
Dr. Peter Vardy
2006 Ed. (836)
Dr. Phil McGraw
2008 Ed. (2585)
Dr. Philip & Patricia Brown
2005 Ed. (4889)
Dr. Philip Brown
2005 Ed. (3868)
Dr. Puttner & BSB
1994 Ed. (71)
1993 Ed. (82)
Dr. Puttner & Ted Bates
1991 Ed. (75)
Dr. Reddy's Laboratories Ltd.
2003 Ed. (4320)
Dr. Robert Shillman
1999 Ed. (2055)
Dr. Scholl
2004 Ed. (2672)
2000 Ed. (2247, 2248)
Dr. Scholl Advanced Pain Relief
2000 Ed. (2248)
Dr. Scholl Advantage
2004 Ed. (2671, 2672)
Dr. Scholl Air Pillo
2004 Ed. (2671)
Dr. Scholl Air Pillow
2000 Ed. (2248)
Dr. Scholl Double Air Pillow
2000 Ed. (2248)
Dr. Scholl Dynastep
2000 Ed. (2248)
Dr. Scholl Flexo
2000 Ed. (2248)
Dr. Scholl Maximum Comfort
2000 Ed. (2248)
Dr. Scholl One Step
2000 Ed. (2248)
Dr. Scholl Pedicare Essentials
2004 Ed. (2671)
Dr. Scholl Relief
2004 Ed. (2671)
Dr. Scholl's
2007 Ed. (3807)
2005 Ed. (3707)
2003 Ed. (2536, 2537, 2537, 3790)
2002 Ed. (2317)
2001 Ed. (2491, 2492, 2494)
1999 Ed. (305, 2486, 2487)
1998 Ed. (1747)
1992 Ed. (2208)
Dr. Scholl's Advantage
2003 Ed. (2536)
Dr. Scholl's Air Pillo
2003 Ed. (2536)
1999 Ed. (2487)
Dr. Scholl's Air Pillow
1998 Ed. (1748)
Dr. Scholl's Double Air Pillo
2003 Ed. (2536)
Dr. Scholl's Dynastep
2003 Ed. (2536)
1999 Ed. (2487)
Dr. Scholl's Flexo
1999 Ed. (2487)
1998 Ed. (1748)
Dr. Scholl's Foam Ease
1999 Ed. (2487)
1998 Ed. (1748)
Dr. Scholl's Foot Care
1998 Ed. (1748)
Dr. Scholl's Maximum Comfort
2003 Ed. (2536)
Dr. Scholl's Odor Destroyers
2002 Ed. (2317)
2001 Ed. (2491, 2492)
Dr. Scholl's One Step
2003 Ed. (2536)
Dr. Scholl's Smooth Touch
1998 Ed. (1748)
Dr. Scholl's Workday
1999 Ed. (2487)
1998 Ed. (1748)
Dr. Scholl's Zino
1999 Ed. (2487)
1998 Ed. (1748)
Dr. Seuss
2007 Ed. (891)
Dr. Seuss' How the Grinch Stole Christmas
2002 Ed. (3397)
Dr. Smiths
2003 Ed. (2919)
2001 Ed. (544)
2000 Ed. (366)
Dr. Tichenor
2002 Ed. (3405)
Dr. Vinyl & Associates Ltd.
2008 Ed. (2799)
2007 Ed. (2668)
2006 Ed. (2679)
2005 Ed. (2703)
2004 Ed. (2709)
2002 Ed. (4757)
Dr. William McGuire
2005 Ed. (2469)
DRA
1994 Ed. (2522, 2523)
1991 Ed. (2310, 2311)
DRA Advisors
1997 Ed. (2522, 2542)
Drabinsky; Garth H.
1991 Ed. (1621)
DRAC
1990 Ed. (2623)
Draft
2007 Ed. (2202, 3432)
2006 Ed. (2266, 3415, 3418)
2005 Ed. (3406, 3408)
The Draft: A Year Inside the NFL's Search for Talent
2008 Ed. (613)
Draft Direct Worldwide Inc.
1998 Ed. (2709)
Draft Worldwide
2001 Ed. (236, 3912, 3920)
2000 Ed. (1671, 1672, 1673, 1674, 3474)
DraftDirect
2003 Ed. (2067)
2002 Ed. (1985)
DraftDirect Worldwide
1999 Ed. (50, 1860, 1861, 1862)
1998 Ed. (45, 52, 1284, 1285, 1288)
1997 Ed. (43, 105, 157, 1614)
DraftFCB
2008 Ed. (119, 2339, 3597, 3599, 3601)
Drafting/art supplies
1999 Ed. (2713)
Draftworldonline
2000 Ed. (77)
DraftWorldwide
2003 Ed. (49, 57, 2065, 2066)
2002 Ed. (90, 4085, 4087)
2000 Ed. (41, 1680)
Dragados
1996 Ed. (752)
Dragados FCC International
1999 Ed. (1390, 1405)
Dragados Group
2002 Ed. (1308, 1316, 1322, 1327)
Dragados SA; Grupo
2005 Ed. (1330, 1338, 1339, 1340)
Dragados y Construcciones
1994 Ed. (1448)
1992 Ed. (901)
Dragados y Construcciones S.A.
2000 Ed. (1279)
1998 Ed. (968)
1997 Ed. (1184, 1191, 1195, 1508)
1996 Ed. (1155)
1995 Ed. (1181, 1188, 1189)
Dragoco
1998 Ed. (1698)
Dragoco Gerberding
1999 Ed. (2444)
1997 Ed. (2013)
Dragon Systems Inc.
2002 Ed. (4882)
DragonWave Inc.
2008 Ed. (2925, 2931)
The Dragos Co.
2005 Ed. (1205)

2004 Ed. (1178)
Drain pipe openers
2002 Ed. (2707)
Draka
1998 Ed. (1557)
Drake
2008 Ed. (338, 4445, 4449)
2003 Ed. (852)
2000 Ed. (369, 370, 371, 4059, 4060)
1999 Ed. (366)
1998 Ed. (263)
1996 Ed. (356, 3464)
Drake Beam Morin
1996 Ed. (2879)
1993 Ed. (2747)
1991 Ed. (2650)
Drake; Carl
2008 Ed. (2691)
Drake Center
2003 Ed. (4067)
Drake University
2008 Ed. (1085)
2001 Ed. (1324)
2000 Ed. (1138)
1999 Ed. (1229)
1998 Ed. (800)
1996 Ed. (1039)
Drake Univesity
1997 Ed. (1055)
Drake-Williams Steel Inc.
2006 Ed. (4364)
Drake's
1995 Ed. (2939)
Drakkar Noir
2007 Ed. (2643)
2006 Ed. (2660, 2662)
2003 Ed. (2546)
2001 Ed. (3702)
1995 Ed. (2877)
1990 Ed. (3604)
Drakkar Noir Mens
1996 Ed. (2950)
Drakkor Noir
2004 Ed. (2684)
DRAM
2001 Ed. (1356)
2000 Ed. (3702)
Drama Kids International Inc.
2008 Ed. (2411)
2006 Ed. (2342)
2005 Ed. (2274)
2004 Ed. (2173)
2003 Ed. (2125)
Drambuie
2004 Ed. (3266, 3273)
2003 Ed. (3224)
2002 Ed. (285)
1999 Ed. (3199, 3200)
1998 Ed. (2369, 2370)
1997 Ed. (2641, 2643)
1996 Ed. (2499, 2502)
1995 Ed. (2452)
1994 Ed. (2373)
1993 Ed. (2425, 2429, 2432)
1992 Ed. (2861)
1991 Ed. (2328, 2330, 2331)
1990 Ed. (2444)
Drano
2003 Ed. (986)
Draper & Co.; Dorothy
1992 Ed. (2716)
Draper Fisher Jurvetson
2008 Ed. (4805)
2006 Ed. (4880)
2005 Ed. (4818, 4819)
2004 Ed. (4831)
2003 Ed. (4848)
Draper Laboratory; Charles Stark
1989 Ed. (1146)
Draper; Timothy
2007 Ed. (4874)
The Draper Tool Group Ltd.
1995 Ed. (1016)
1993 Ed. (975)
Drapergrain & Agricultural Supply Ltd.
1992 Ed. (1198)
Draperies
2005 Ed. (2870)
Dravo
1995 Ed. (912)
1994 Ed. (879)
1993 Ed. (859)
Draw Passive
2000 Ed. (3013)
Drawer Box Associates
2007 Ed. (4995)
2006 Ed. (4994)
DrawPerfect 1.1
1993 Ed. (1068)
Drax Group
2007 Ed. (2307)
Drax Group plc
2008 Ed. (1723)
DRB Electric Inc.
2008 Ed. (3723, 4416, 4974)
2007 Ed. (3581, 3582, 4436)
DRCA Medical
1992 Ed. (2367, 3991)
Dream Angels
2008 Ed. (2769)
Dream Dinners Inc.
2008 Ed. (881, 3605)
Dream Land R. Est
2001 Ed. (30)
Dream Snow
2003 Ed. (714)
Dreamcatcher
2003 Ed. (716)
Dreamcatcher Direct Instruction Centers
2002 Ed. (2066)
Dreamcraft Homes
2003 Ed. (1212)
dreamlife, inc.
2002 Ed. (3560)
DreamMaker Bath & Kitchen
2006 Ed. (2956)
2005 Ed. (2960)
DreamMaker Bath & Kitchen by Worldwide
2008 Ed. (2392)
2007 Ed. (2255)
2003 Ed. (2122)
Dreams plc
2008 Ed. (4230)
DreamWorks
2006 Ed. (3574, 3575)
2005 Ed. (3517)
2004 Ed. (3512)
2003 Ed. (3451)
2002 Ed. (3394)
2001 Ed. (3358)
1999 Ed. (3442)
1997 Ed. (2719)
DreamWorks Animation Inc.
2007 Ed. (3213)
2006 Ed. (4258)
DreamWorks Animation SKG
2008 Ed. (3755)
2006 Ed. (4680)
DreamWorks Pictures
2000 Ed. (3164)
Dreamworks Pictures LLC
2002 Ed. (3393)
DreamWorks SKG
2008 Ed. (1401)
2007 Ed. (3639)
2006 Ed. (2493)
2004 Ed. (4141)
2003 Ed. (3352, 3452)
2002 Ed. (3396)
2001 Ed. (3360)
2000 Ed. (3165)
Drean
1989 Ed. (15)
Dreco Energy Services
1997 Ed. (2962)
1996 Ed. (2868)
1994 Ed. (2694)
1992 Ed. (3296)
The Drees Co.
2007 Ed. (1306)
2006 Ed. (1193)
2005 Ed. (1187, 1188, 1216)
2004 Ed. (1159, 1160, 1190)
2002 Ed. (1184, 1186, 2653, 2687)
1999 Ed. (1328)
1998 Ed. (898, 899)
Drees & Sommer AG
2008 Ed. (1309)
2006 Ed. (1322, 1323)
Drees Custom Homes
2003 Ed. (1157)
Drees Homes
2003 Ed. (1154, 1172, 1194)
Dreft
2003 Ed. (2042)
1999 Ed. (1839)
1996 Ed. (1541)
1994 Ed. (1525)
Dreier; R. Chad
2008 Ed. (947)
Dreifontein Consolidated
1990 Ed. (1416)
Dreiss Research Corp.
2008 Ed. (1096)
Dreler; David
1992 Ed. (1039)
Dreman High Return
1996 Ed. (2801)
Dreman High Return Portfolio
1994 Ed. (2618, 2635)
Dremen High Return
1995 Ed. (2735)
1993 Ed. (2689)
Drenik
2008 Ed. (27, 80)
2007 Ed. (22, 74)
2006 Ed. (30, 84)
2005 Ed. (75)
2004 Ed. (80)
Drescoll Co.; L. F.
1997 Ed. (1198)
Dresdner
1992 Ed. (1998, 2016, 2021)
Dresdner Bank
2008 Ed. (418)
2007 Ed. (452, 471)
2006 Ed. (446, 459, 462)
2005 Ed. (512, 533)
2004 Ed. (533)
2003 Ed. (498)
2001 Ed. (3155)
2000 Ed. (521, 538)
1999 Ed. (510, 511, 512, 528, 529, 3103, 3181, 3709)
1995 Ed. (475, 1401, 2434)
1994 Ed. (493, 1673, 1677, 1688, 1691, 1694, 1698, 1708, 1918)
1993 Ed. (470, 491, 1650, 1651, 1657, 1667, 1672, 1674, 1676, 1865, 1902, 1903, 2415)
1992 Ed. (683)
1991 Ed. (503, 528, 529, 691, 777, 1583, 1585, 1594, 2367)
1990 Ed. (543, 580, 581, 814, 1676, 1682, 3461)
1989 Ed. (542, 814, 1362)
Dresdner Bank AG
2005 Ed. (495)
2003 Ed. (1421)
2002 Ed. (563, 3209, 3220)
2001 Ed. (1958)
2000 Ed. (2274, 3416, 3417, 3418, 3419, 3421)
1997 Ed. (459, 478, 2015, 2086, 3480)
1996 Ed. (517, 1970)
1990 Ed. (542)
1989 Ed. (710)
Dresdner Bank Berlin AG
1996 Ed. (496)
Dresdner Bank CZ
2006 Ed. (431)
Dresdner Bank Group
2001 Ed. (3012, 3013)
2000 Ed. (2848)
1997 Ed. (2545)
1996 Ed. (2422)
Dresdner Bank Latinamerica A.G.
2001 Ed. (645)
Dresdner Bank Luxembourg
1996 Ed. (589)
Dresdner Kleinwort Benson
2002 Ed. (732, 733, 1355, 1360, 2161, 2162, 2167, 4240)
2001 Ed. (1037, 1520, 1521, 1523, 1527, 1529, 1530, 1535, 1538, 2427, 4208)
2000 Ed. (2073, 2145)
1999 Ed. (1087, 1437, 2296, 2321, 2325)
Dresdner Kleinwort Benson (Asia)
1999 Ed. (2363)
Dresdner Kleinwort Wasserstein
2007 Ed. (3211, 3285, 4326)
2005 Ed. (754, 3234, 3238, 4303, 4580, 4581, 4585, 4616)
2004 Ed. (504, 1415, 1444, 1445, 3205, 3207)
2003 Ed. (1389, 1390, 1392, 1396, 1398, 1399, 1403, 1404, 1405, 1406, 1409, 1410, 1411, 3059, 4324)
2002 Ed. (999, 1363, 1364, 1365, 1366, 1368, 1369, 1370, 1372, 1375, 3000, 3189, 3190, 3195, 3196, 3793, 3794, 3796)
Dresdner RCM
2004 Ed. (3193)
Dresdner RCM Biotechnology
2003 Ed. (3551)
2002 Ed. (4504)
Dresdner RCM Europe
2001 Ed. (3500)
Dresdner RCM European Special
2000 Ed. (3307)
Dresdner RCM Global Health Care
2002 Ed. (4504)
Dresdner RCM Global Investor
2000 Ed. (2812)
Dresdner RCM Global Investors
2000 Ed. (2800)
Dresdner RCM Global Investors, Micro Cap Equity
2003 Ed. (3121, 3136)
Dresdner RCM Global Investors, Municipal Bond Management
2003 Ed. (3139)
Dresdner Rcm Global Small Cap
1999 Ed. (3580)
Dresdner (S.E.A.)
1989 Ed. (1783)
Dress Co.
2000 Ed. (1209)
The Dress Barn Inc.
2008 Ed. (888, 998, 1007)
2007 Ed. (1125)
2006 Ed. (1039)
2005 Ed. (1011, 1025, 1026)
2004 Ed. (992, 993, 1020, 1021, 4697)
2003 Ed. (1019)
2001 Ed. (1270, 4324)
2000 Ed. (1119)
1999 Ed. (1197, 1198)
1998 Ed. (768, 770)
1997 Ed. (1029)
1996 Ed. (1007)
1995 Ed. (1025, 1028)
1994 Ed. (1018)
1992 Ed. (1216, 1822, 1826)
1991 Ed. (979, 1439)
1990 Ed. (1053)
1989 Ed. (936)
Dress Code
2000 Ed. (1783, 1784)
Dresser Inc.
2008 Ed. (4057)
2007 Ed. (4030)
2006 Ed. (3995)
2005 Ed. (3921)
Dresser Canada
1989 Ed. (1930)
Dresser Equipment Group Inc.
2003 Ed. (3379)
Dresser Industries Inc.
2005 Ed. (1506, 1511)
2004 Ed. (1490)
2003 Ed. (1460)
2002 Ed. (1440)
2000 Ed. (2623, 3032)
1999 Ed. (2849, 2852, 3297, 3794)
1998 Ed. (1057, 2087, 2092, 2816, 2821)
1997 Ed. (2366, 3081, 3082)
1996 Ed. (2241, 3002, 3003)
1995 Ed. (1291, 1500, 2236, 2237, 2907)
1994 Ed. (1465, 2182, 2183, 2185, 2839, 2840, 2841)
1993 Ed. (1411, 2163, 2164, 2828, 2829)
1992 Ed. (2593, 2594, 3422, 3423, 3424)

1991 Ed. (2019, 2020, 2718, 2719, 2720)
1990 Ed. (2172, 2173, 2502, 2830, 2831)
1989 Ed. (1652, 1653, 2203, 2206, 2208, 2644)
Dresser-Rand
2006 Ed. (1417)
2003 Ed. (3271)
2002 Ed. (3223)
Dresser-Rand Group Inc.
2007 Ed. (4281)
Dresses
2005 Ed. (1005, 1009)
1989 Ed. (1921)
Dressmann
2006 Ed. (71)
2005 Ed. (64)
2004 Ed. (69)
Drew Bledsoe
2003 Ed. (297)
Drew Carey
2002 Ed. (4583)
"The Drew Carey Show"
2001 Ed. (4486)
Drew Carey's Improv All-Stars
2003 Ed. (846)
Drew Ford
1992 Ed. (381)
Drew Ford VW Hyundai Isuzu
2006 Ed. (298)
2005 Ed. (276)
2004 Ed. (272)
2002 Ed. (358)
Drew Industrial
1998 Ed. (3702)
Drew Industries
1998 Ed. (155)
1997 Ed. (3869)
1996 Ed. (205)
Drew Oil Corp.
2007 Ed. (4444)
Drew Peck
2000 Ed. (2006)
1998 Ed. (1671)
1995 Ed. (1817)
Drew Rosenhaus
2003 Ed. (223, 227)
Drexel Burnham
1995 Ed. (3209)
1992 Ed. (3884)
1991 Ed. (1670, 1706, 1706, 1706, 1707, 1708, 1709, 2176, 2177, 2181, 2184, 2186, 2187, 2190, 2191, 2195, 2520, 2995, 2996, 2997, 2998, 2999, 3023, 3024, 3025, 3079)
1990 Ed. (1770, 2291, 2312, 2643, 3201, 3202, 3203, 3204, 3205, 3206)
1989 Ed. (803, 805, 807, 808, 1413, 1754)
Drexel Burnham Lambert
1992 Ed. (535, 1454, 3838, 3848, 3875, 3889)
1991 Ed. (1672, 1710, 1711)
1990 Ed. (783, 785, 787, 788, 789, 790, 791, 792, 793, 796, 797, 798, 800, 803, 804, 807, 808, 1221, 1764, 1765, 1797, 1798, 2295, 2296, 2298, 2299, 2300, 2305, 2307, 2310, 2311, 2981, 2982, 3138, 3139, 3140, 3141, 3142, 3143, 3144, 3145, 3146, 3147, 3148, 3149, 3150, 3151, 3152, 3153, 3154, 3155, 3156, 3158, 3159, 3160, 3163, 3170, 3171, 3172, 3173, 3174, 3175, 3185, 3187, 3188, 3189, 3191, 3192, 3193, 3194, 3195, 3196, 3197, 3198, 3199, 3200, 3224, 3226, 3228)
1989 Ed. (792, 798, 799, 1013, 1414, 1415, 1758, 1759, 1760, 1762, 1763, 1764, 1766, 1767, 1768, 1769, 1770, 1773, 1776, 1872, 2373, 2374, 2376, 2378, 2380, 2381, 2383, 2384, 2385, 2387, 2388, 2389, 2390, 2393, 2394, 2395, 2396, 2397, 2398, 2399, 2400, 2401, 2402, 2403, 2404, 2405, 2406, 2407, 2408, 2409, 2410, 2411, 2412, 2413, 2414, 2415, 2416, 2417, 2420, 2422, 2436, 2437, 2438, 2440, 2441, 2442, 2443, 2444, 2445, 2453, 2454)
Drexel Burnham Lambert Kidder, Peabody
1989 Ed. (800)
Drexel Burnham Lambert Securities
1990 Ed. (1702)
Drexel-Heritage
2007 Ed. (2666)
2003 Ed. (2591)
1999 Ed. (2563)
Drexel National Bank
1996 Ed. (457)
1995 Ed. (430, 431, 548)
1994 Ed. (437, 573)
1993 Ed. (437, 438, 571, 3098)
1992 Ed. (621, 782)
1991 Ed. (463)
Drexel University
2008 Ed. (774, 2403, 3786)
2000 Ed. (931)
1997 Ed. (2632)
Dreyer Health Plans
1997 Ed. (2198)
1996 Ed. (2096)
1995 Ed. (2093)
Dreyer HMO
1994 Ed. (2040)
1993 Ed. (2022)
Dreyer's
2008 Ed. (3121, 3123, 3123, 3123)
2006 Ed. (2976)
2003 Ed. (2877, 2878, 2879)
1999 Ed. (2824)
1998 Ed. (1770, 1770, 1770, 2072, 2073, 2074, 2075)
1993 Ed. (1907, 2121, 2122)
Dreyer's Edy's
2008 Ed. (3122)
2004 Ed. (2967)
2002 Ed. (2716)
2001 Ed. (2547, 2833)
2000 Ed. (2281, 2597, 2598, 2602, 4153)
1997 Ed. (2092, 2344, 2345)
1996 Ed. (1977, 2215)
Dreyer's Edy's Grand
2007 Ed. (3006)
2006 Ed. (2977)
2005 Ed. (2980)
2004 Ed. (2967, 2968)
2002 Ed. (2717)
2001 Ed. (2831)
2000 Ed. (799)
1997 Ed. (2093)
Dreyer's/Edy's Grand Ice Cream
2003 Ed. (1961)
Dreyer's/Edy's Grand Light
2002 Ed. (2716)
2001 Ed. (2831)
2000 Ed. (799, 2598, 2602, 4153)
Dreyer's/Edy's Whole Fruit
2000 Ed. (2597)
Dreyer's Grand/Edy's
1995 Ed. (2197)
Dreyer's Grand Ice Cream Inc.
2008 Ed. (2781, 3124, 3125)
2004 Ed. (4931, 4932)
2003 Ed. (2880)
2001 Ed. (2476)
1997 Ed. (2035, 2038)
1996 Ed. (1938, 1940)
1995 Ed. (1896)
Dreyers Grand Ice Cream Holdings Inc.
2008 Ed. (2278)
2007 Ed. (2609)
2006 Ed. (2240, 2632, 2647)
2005 Ed. (4913, 4914)
Dreyer's Grand Light
2003 Ed. (2878)
Dreyer's Inspirations
1997 Ed. (2093)
Dreyfus
2003 Ed. (3621)
2001 Ed. (3453, 3513, 3687)
2000 Ed. (2788, 2832, 3312)
1999 Ed. (3054, 3527)
1998 Ed. (2262, 2618, 2645)
1996 Ed. (163)
1995 Ed. (557, 1872)
1994 Ed. (1842, 2612, 2623)
1993 Ed. (2668)
1992 Ed. (2145, 3181)
1991 Ed. (2565)
1990 Ed. (1775)
1989 Ed. (1424)
Dreyfus A Bonds Plus
2001 Ed. (3428)
1991 Ed. (2561)
1990 Ed. (2386)
Dreyfus Appreciation
2006 Ed. (4559)
2005 Ed. (4483)
2000 Ed. (3239, 3259, 3263)
1998 Ed. (2623)
Dreyfus Appreciation Fund
2003 Ed. (3514)
Dreyfus Asset Allocation Fund
1999 Ed. (601)
Dreyfus Asset Allocation Total Return
1999 Ed. (3525, 3526)
1996 Ed. (623)
Dreyfus Balanced Fund
1996 Ed. (623, 2791)
Dreyfus Basic GNMA
1999 Ed. (751)
1998 Ed. (2638)
1997 Ed. (690)
Dreyfus BASIC Government MMF
1996 Ed. (2667)
Dreyfus Basic Interm Municiapal Bond
2000 Ed. (625)
Dreyfus Basic Intermediate Municipal
2000 Ed. (768, 770)
Dreyfus Basic Intermediate Municipal Bond
2004 Ed. (702)
2003 Ed. (694)
1998 Ed. (411)
Dreyfus Basic Municipal Bond
2005 Ed. (687)
2000 Ed. (768, 771, 3285)
1999 Ed. (757, 3573)
Dreyfus Basic Municipal Bond Fund
2000 Ed. (625)
1999 Ed. (602)
Dreyfus Basic S&P Index
2002 Ed. (2158)
Dreyfus Basic US Mortgage Securities
2006 Ed. (612)
Dreyfus Basic U.S. Mortgage Securities Fund
2003 Ed. (3531)
Dreyfus Capital Growth
1994 Ed. (2633)
Dreyfus Capital Value
1992 Ed. (3152)
1991 Ed. (2559)
Dreyfus Cash Management
1994 Ed. (2542)
1992 Ed. (3098, 3099)
Dreyfus Cash Management Plus
1994 Ed. (2542)
1992 Ed. (3098)
Dreyfus Cash Management Plus/Class A
1996 Ed. (2666, 2670)
Dreyfus Convertible Securities
1990 Ed. (2371)
Dreyfus Core Bond
2001 Ed. (727)
Dreyfus Disciplined Equity Income Rest
1999 Ed. (3546)
Dreyfus Disciplined Midcap Rest
1999 Ed. (3569)
Dreyfus Disciplined Stock
1999 Ed. (3558)
Dreyfus Emerging Market Fund
2000 Ed. (3257)
Dreyfus Emerging Markets
2003 Ed. (3484, 3521)
2001 Ed. (3429)
Dreyfus Emerging Markets Fund
2001 Ed. (2307)
Dreyfus Founders Balanced
2004 Ed. (3602)
Dreyfus Founders International Equity
2004 Ed. (3650)
Dreyfus Founders Mid Cap Growth
2008 Ed. (598, 2618)
Dreyfus Founders Passport
2008 Ed. (3768)
2007 Ed. (3667)
2006 Ed. (3678, 3681)
Dreyfus Founders Passport Fund
2006 Ed. (3612)
Dreyfus Funds
2002 Ed. (4816)
Dreyfus General Municipal
1995 Ed. (3542)
Dreyfus Government Cash Management
1994 Ed. (2541)
Dreyfus Gr & Value-Aggressive Val
2000 Ed. (3246)
Dreyfus Group
1992 Ed. (2778)
1991 Ed. (2250)
1990 Ed. (2359)
1989 Ed. (1811)
Dreyfus Growth & Income
1994 Ed. (2614)
Dreyfus Growth & Value Emerging Leaders
2000 Ed. (3224, 3287)
1998 Ed. (407)
Dreyfus High Yield Securities
2001 Ed. (727)
1999 Ed. (603, 754, 3535, 3538)
Dreyfus Institutional Short-Term Treasury A
1998 Ed. (2650)
Dreyfus Interim Term Income
2001 Ed. (727)
Dreyfus Interm-Term Income
1999 Ed. (3536, 3550)
Dreyfus Intermediate-Term Income
2003 Ed. (690)
Dreyfus Intermediate-Term Income Fund
2003 Ed. (3531)
Dreyfus Investment Advisers
2005 Ed. (3583)
Dreyfus Investment-Grade Intermediate-Term Income Investment
2004 Ed. (692)
Dreyfus Investors GNMA
1996 Ed. (2760, 2780)
Dreyfus/Laurel Institutional Short Term Bond 1
1996 Ed. (621)
Dreyfus Lifetime Income Rest
2000 Ed. (626)
Dreyfus Midcap Index
2006 Ed. (3641)
Dreyfus MidCap Index Fund
2003 Ed. (3536)
Dreyfus MidCap Value
2003 Ed. (3499)
2002 Ed. (3422)
Dreyfus Municipal Cash Management Plus
1994 Ed. (2540)
Dreyfus NJ Municipal Bond
1992 Ed. (3146)
Dreyfus NY Tax Exempt Bond
2000 Ed. (625)
Dreyfus OH Municipal Money Market Fund
1994 Ed. (2538)
Dreyfus 100% Treas. Long
1994 Ed. (2609)
Dreyfus 100% Treasury Intermediate
1995 Ed. (2686, 2745)
Dreyfus 100% Treasury Long
1995 Ed. (2687, 2745)
1993 Ed. (2676)
Dreyfus 100% Treasury Short
1995 Ed. (2685)
Dreyfus 100% U.S. Treasury International
1994 Ed. (2643)
Dreyfus 100% U.S. Treasury L-T
1994 Ed. (2643)
Dreyfus 100% U.S. Treasury Long
1999 Ed. (749)
Dreyfus 100% U.S. Treasury Short Term
1996 Ed. (2778)

Dreyfus 100% UST Long Term
1999 Ed. (603)
1998 Ed. (402, 403)
Dreyfus PA Intermediate Municipal
1996 Ed. (622)
Dreyfus Premier
2000 Ed. (3262)
Dreyfus Premier Alpha Growth
2006 Ed. (3628)
Dreyfus Premier Balanced
2000 Ed. (3226, 3252)
Dreyfus Premier Balanced Fd
2000 Ed. (3252)
Dreyfus Premier Balanced Fund R
2000 Ed. (624)
1999 Ed. (601, 3532)
1998 Ed. (410)
Dreyfus Premier Enterprise
2008 Ed. (2621)
2007 Ed. (2490)
2006 Ed. (3608, 3643, 3644)
Dreyfus Premier Greater China
2008 Ed. (3771, 4511)
2007 Ed. (4550)
2004 Ed. (3649)
Dreyfus Premier Growth A
1998 Ed. (2609)
Dreyfus Premier Growth & Income A
1998 Ed. (407, 2598)
Dreyfus Premier Growth & Income B
1998 Ed. (407)
Dreyfus Premier International Small Cap
2007 Ed. (3669)
Dreyfus Premier Large Co. Stock
2000 Ed. (3261)
Dreyfus Premier Large Co. Stock A
1999 Ed. (3545)
Dreyfus Premier Midcap Stock
2000 Ed. (3282)
Dreyfus Premier Municipal Bond
1995 Ed. (3542)
Dreyfus Premier Technology Growth
2002 Ed. (4505)
Dreyfus Premier Third Century
2006 Ed. (4404)
Dreyfus Premier TX Municipal A
1999 Ed. (602)
Dreyfus Premier Worldwide
2000 Ed. (3291)
Dreyfus Premier Worldwide Growth
2000 Ed. (3232)
Dreyfus Premier Worldwide Growth A
2000 Ed. (623)
1999 Ed. (600, 3514, 3580)
Dreyfus Premier Worldwide Growth B
2000 Ed. (623)
1999 Ed. (600)
Dreyfus Premier Worldwide Growth C
2000 Ed. (623)
1999 Ed. (600)
Dreyfus Premium Greater China
2005 Ed. (3570)
Dreyfus Realty Advisors
1991 Ed. (2239)
Dreyfus Retirement Services
1998 Ed. (2293, 2304)
Dreyfus S & P Stars
2006 Ed. (3624)
Dreyfus Short Interim Tax-Exempt
2001 Ed. (726)
Dreyfus Short-intermediate Government
1997 Ed. (2889)
1996 Ed. (2778)
1995 Ed. (2685)
Dreyfus Short-Intermediate Tax Exempt
1996 Ed. (622)
Dreyfus Short-Term High Yield
1999 Ed. (603)
Dreyfus Short-Term Income
1997 Ed. (2886)
Dreyfus Short-Term Income Fund
2003 Ed. (3539)
2001 Ed. (727)
1998 Ed. (412)
Dreyfus Small Company Value
2006 Ed. (3654)
2005 Ed. (3560)
Dreyfus Strategic Aggressive
1990 Ed. (2379)
Dreyfus Strategic Growth LP
1995 Ed. (2725)
Dreyfus Strategic Income
1999 Ed. (603)
1998 Ed. (403, 412)
1991 Ed. (2560)
Dreyfus Strategic Muni Bond Fund
1991 Ed. (1275, 2940)
Dreyfus Strategic Municipals
1989 Ed. (2369)
Dreyfus Strategic World
1993 Ed. (2692)
1990 Ed. (2379)
Dreyfus Strategic World Inv.
1994 Ed. (2646)
Dreyfus Strategic World Investing
1995 Ed. (2743)
Dreyfus Strategic World Investment
1992 Ed. (3151, 3161)
Dreyfus T-E Cash Management
1994 Ed. (2540, 2544)
Dreyfus Tax-Exempt Cash Management
1992 Ed. (3097, 3101)
Dreyfus Technology Growth
2000 Ed. (3225, 3290)
Dreyfus Third Century
1996 Ed. (2813)
Dreyfus 3rd Century
1995 Ed. (2730)
Dreyfus/Transamerica Triple Adavantage Growth & Income
1997 Ed. (3819)
Dreyfus/Transamerica Triple Advantage
1997 Ed. (3829)
Dreyfus U.S. Government
1993 Ed. (2697)
1992 Ed. (3199)
Dreyfus U.S. Government Intermediary
1992 Ed. (3199)
Dreyfus U.S. Treasuries Long Term
2000 Ed. (3269)
Dreyfus UST Long-Term
2000 Ed. (626)
Dreyfus Worldwide Dollar MMF
1994 Ed. (2539)
1992 Ed. (3096)
Dreyfuss Corp.
1991 Ed. (3229)
DRG
1991 Ed. (1168)
DRG Construction Corp.
2005 Ed. (3493)
Dribeck Import Co.
1999 Ed. (814, 1923)
Dribeck Importers
1991 Ed. (745)
Dribeck Light
1992 Ed. (939)
Drie Cons
1995 Ed. (2041)
1993 Ed. (1989)
1991 Ed. (1852)
1990 Ed. (1938)
Dried
2001 Ed. (394, 2551)
Dried fruit
2001 Ed. (2078)
Driefontein Consolidated Ltd.
1997 Ed. (2586)
1996 Ed. (2443)
1995 Ed. (1483)
1994 Ed. (1446)
1993 Ed. (1397, 2376)
1992 Ed. (1689, 2815, 2816)
1991 Ed. (1343, 2269, 2270)
Driehaus Emerging Markets Growth
2008 Ed. (3768)
2004 Ed. (2476)
Driehaus Emerging Markets Growth Fund
2006 Ed. (3612)
Driehaus European Opportunity
2004 Ed. (3649)
Driehaus International Discovery
2007 Ed. (3667)
2006 Ed. (3679)
2004 Ed. (3641, 3643)
2003 Ed. (3613)
Drijver Groep
2006 Ed. (1922)
Drilling & oilfield equipment
1999 Ed. (2093, 2848)
Drimal Jr.; Charles
2008 Ed. (2634)
Drink
1993 Ed. (58)
1992 Ed. (99)
Drink additives
1993 Ed. (3685)
Drink/cocktail drink concentrate
2001 Ed. (2559)
Drink mixes
2002 Ed. (699, 700, 701)
Drinker Biddle & Reath
2000 Ed. (2902)
1999 Ed. (3157)
1998 Ed. (2333)
1997 Ed. (2601)
1996 Ed. (2456)
1995 Ed. (2421)
1994 Ed. (2356)
1993 Ed. (2403)
1991 Ed. (2291)
1990 Ed. (2425)
1989 Ed. (1885)
Drinker Biddle & Reath LLP
2007 Ed. (3322)
Drinker Biddle & Shanley
2001 Ed. (788)
Drinker, Biddle & Shanley, LLP
2002 Ed. (3060)
DrinkMore Water
2005 Ed. (2625)
Drinks
2002 Ed. (687, 688, 689, 4310)
Drinks, bottled & canned
1996 Ed. (1169)
Drinks, liquid concentrate
2000 Ed. (4142)
Drinks, powdered
1999 Ed. (699, 700)
Drinks, regular carbonated
1998 Ed. (3433)
Drinks, sports
1999 Ed. (705, 706, 707)
Drinks that aren't 100% juice
1990 Ed. (1859)
Drinkworks!
2005 Ed. (96)
Driscoll; L. F.
2008 Ed. (1170)
1996 Ed. (1168)
1995 Ed. (1194)
1994 Ed. (1175)
1993 Ed. (1153)
1991 Ed. (1100)
Driscoll Co.; L.F.
1990 Ed. (1212)
Driscoll; Thomas
1997 Ed. (1887)
1996 Ed. (1814)
1995 Ed. (1796, 1798, 1835)
1994 Ed. (1797)
1993 Ed. (1814)
Driscopipe
1993 Ed. (2866)
Dristan
2001 Ed. (3518)
2000 Ed. (1134)
1995 Ed. (227)
1994 Ed. (196)
Drive
2004 Ed. (3533)
Drive Assist UK
2001 Ed. (1882)
Drive Financial Services
2008 Ed. (1404)
DriveCam
2008 Ed. (4738)
2007 Ed. (1203)
The Driver Guide
2005 Ed. (3187)
Driver-sales workers
2005 Ed. (3616)
Drivers
2007 Ed. (3737)
1994 Ed. (2587)
Drivers Management Inc.
2003 Ed. (1772)
2001 Ed. (1802)
Drivers Management LLC
2005 Ed. (1892)
2004 Ed. (1809)
Driving Buddies
2008 Ed. (551)
Driving Force
2008 Ed. (1547)
Driving Miss Daisy
1992 Ed. (4399)
Driving under the influence
1990 Ed. (1463)
Driving with a suspended license
1990 Ed. (1463)
Drixoral
1996 Ed. (203, 1025)
1994 Ed. (1576)
1993 Ed. (210, 1008)
1992 Ed. (314, 1244, 1252, 1253, 1254, 1255, 1256, 1257)
1991 Ed. (993, 994, 995, 996, 997, 998)
Drixoral 10s
1990 Ed. (1082)
DrKoop.com
2001 Ed. (4452)
DRM
1993 Ed. (6)
Droga
2000 Ed. (2986, 2987)
1999 Ed. (3252)
Droga Kolinska
2007 Ed. (74)
Drogeriemarkt
1989 Ed. (23)
Drogueria Central Inc.
2006 Ed. (4939)
2005 Ed. (4907)
Drosdick; J. G.
2005 Ed. (2496)
Drosdick; John G.
2008 Ed. (953)
2007 Ed. (960, 1031)
Drotovna
2002 Ed. (784)
2000 Ed. (810)
Drovers Bank
1996 Ed. (543)
Drowning Ruth
2003 Ed. (706)
DRP Construction Inc.
2006 Ed. (1176)
1997 Ed. (3526)
DRS Technologies Inc.
2008 Ed. (1360, 1975, 2285)
2007 Ed. (173, 2170)
2006 Ed. (1366, 1367, 1493)
2003 Ed. (205, 209, 4550)
DrsFosterSmith.com
2008 Ed. (2448)
2006 Ed. (2384)
2001 Ed. (4779)
DRT
1993 Ed. (6)
DRT International
1992 Ed. (4, 5, 6, 16)
DRTV
2002 Ed. (1983)
Druckenmiller; Stanley
2006 Ed. (4899)
1996 Ed. (1914)
1995 Ed. (1870)
Drug
1989 Ed. (1661)
Drug abuse
1991 Ed. (2627)
1990 Ed. (276)
Drug/alcohol possession
1990 Ed. (1463)
Drug and food stores
1997 Ed. (694)
Drug and mass merchandise stores
1992 Ed. (4003)
Drug chains
2002 Ed. (3758, 3759)
1990 Ed. (722)
1989 Ed. (1242, 1243)
Drug Discovery & Development
2008 Ed. (4717)
Drug distribution
1990 Ed. (2182)
Drug Emporium
2006 Ed. (2305)
2005 Ed. (2239)
2003 Ed. (2097)

2002 Ed. (2032, 2033, 2036)
2000 Ed. (1716, 1717, 1718, 1719, 1720)
1999 Ed. (1924, 1925, 1930)
1997 Ed. (1671)
1996 Ed. (1588)
1995 Ed. (1610, 1615)
1994 Ed. (1568, 1572)
1993 Ed. (1520, 1526)
1992 Ed. (1845, 1851, 1858)
1991 Ed. (1458, 1461)
1990 Ed. (928, 1554, 3479)
Drug Guild
1999 Ed. (1896)
1998 Ed. (1331, 1332)
Drug Palace
1995 Ed. (1610, 1615)
1994 Ed. (1568)
1993 Ed. (1526)
1992 Ed. (1851, 1858)
1991 Ed. (1461)
Drug Palace (Rite Aid)
1991 Ed. (1458)
Drug retailers
1992 Ed. (2625)
Drug screen
2001 Ed. (3037)
Drug store
2001 Ed. (3784)
Drug store chains
1995 Ed. (3710)
Drug Store News
2000 Ed. (3482, 3483)
Drug stores
2008 Ed. (1161, 4020, 4702)
2006 Ed. (4165)
2004 Ed. (3892, 3893)
1999 Ed. (3710, 3823, 4360)
1998 Ed. (790, 791, 1862, 2053, 3295, 3321)
1997 Ed. (650, 997, 3057)
1996 Ed. (2987, 3467)
1995 Ed. (678, 3402, 3506, 3545, 3707, 3709)
1993 Ed. (675, 955)
1992 Ed. (1146, 3406, 3407, 3725)
1991 Ed. (724, 880, 1978, 2706)
1990 Ed. (987, 1017, 1193)
Drug stores, chain
1999 Ed. (1895, 1904)
1998 Ed. (1975)
1997 Ed. (3949)
1996 Ed. (3797)
Drug stores, independent
2002 Ed. (3758, 3759)
1998 Ed. (1975, 3092, 3680)
1996 Ed. (3797)
1995 Ed. (3710)
Drug Topics
2008 Ed. (4717)
Drug trade
1997 Ed. (3848)
Drug Trading Co., Ltd.
2002 Ed. (2041, 2042)
2001 Ed. (2093)
1999 Ed. (1927)
Drug Wars: The Camarena Story
1992 Ed. (4250)
Drugaya Firma
2004 Ed. (96)
Druggists/pharmacists
1999 Ed. (3903)
DrugMax
2006 Ed. (2308)
Drugs
2008 Ed. (1407, 1417, 1423, 1426)
2007 Ed. (1321, 3048, 4284)
2006 Ed. (1425, 1426, 1444, 1447)
2005 Ed. (1471, 1481, 1543, 1561)
2004 Ed. (1455)
2003 Ed. (24)
2002 Ed. (1398, 1488, 3969)
2001 Ed. (246)
1997 Ed. (188)
1994 Ed. (2028)
1991 Ed. (2058, 2059)
Drugs and medical devices
1994 Ed. (2029)
Drugs and medicines
1991 Ed. (1904)
Drugs & Personal Care
2000 Ed. (30, 797)
Drugs and remedies
2000 Ed. (201, 3460)
1999 Ed. (3767)
1998 Ed. (586, 598, 2800)
1997 Ed. (3051)
1996 Ed. (2083, 2973)
1995 Ed. (147, 2888, 2891)
1994 Ed. (743, 2802)
1993 Ed. (735)
1989 Ed. (192)
Drugs for Less
1996 Ed. (1588)
1995 Ed. (1610)
1994 Ed. (1568)
Drugs for Less (Big B)
1991 Ed. (1458)
Drugs, medical supplies, & equipment
2005 Ed. (1556)
2004 Ed. (1541)
2002 Ed. (1996)
2000 Ed. (1313, 1325, 1326, 1327)
1999 Ed. (1454, 1466)
1998 Ed. (1014, 1020, 1034, 1036, 1039)
1997 Ed. (1242, 1243, 1244, 1262, 1263, 1266)
1996 Ed. (1196, 1197, 1198, 1215, 1216, 1219, 1220, 1225)
1995 Ed. (1225, 1248, 1250, 1260)
1994 Ed. (1209, 1228, 1232, 1239)
1993 Ed. (1185, 1186, 1187, 1200, 1201, 1204, 1213)
1992 Ed. (1501, 1464, 1465, 1466, 1487, 1488)
1991 Ed. (1151, 1152, 1175, 1176)
1990 Ed. (1233, 1234, 1257, 1258, 1261)
Drugs, Medical Supplies & Services
2000 Ed. (1312)
Drugs, non-prescription
2005 Ed. (3708)
Drugstore
1990 Ed. (267, 1191, 2802)
Drugstore and pharmacy
1997 Ed. (891)
Drugstore.com
2006 Ed. (2378)
2003 Ed. (2185, 2186)
2001 Ed. (1247, 1866, 2079, 4780)
Drugstores
2001 Ed. (681, 2813)
2000 Ed. (3579, 3861, 4061, 4067)
Drukkerij Verstraete NV SA
2006 Ed. (1566)
Drukos
2004 Ed. (82)
Drukos v konkurze
2006 Ed. (655)
Drum
2003 Ed. (982, 4750)
2001 Ed. (4568)
Drumearl Ltd.
2001 Ed. (283)
Drummond Co.
2006 Ed. (1535, 2544)
1999 Ed. (1210)
Drummond; Craig
1997 Ed. (1965)
1996 Ed. (1854)
Drummond Press
1998 Ed. (3763)
Drummondville Industrial Park
1997 Ed. (2373)
Drumstick
2003 Ed. (2877)
2001 Ed. (2830)
2000 Ed. (2600, 2601, 4152)
1999 Ed. (2823)
1998 Ed. (2070, 2071)
1997 Ed. (2346)
1996 Ed. (1976)
Drumstick Cone Vanilla
1990 Ed. (2143)
Drumstick Cookies 'n Cream Cone
1997 Ed. (2349, 2931)
Drumstick, vanilla
1998 Ed. (985)
Drury College
1999 Ed. (1229)
1998 Ed. (800)
1996 Ed. (1039)
Drury Inn
2000 Ed. (2556)
Drury Inns
1994 Ed. (2114)
1993 Ed. (2084)
1992 Ed. (2475)
1991 Ed. (1942)
Drury; James
1997 Ed. (1925)
Drury University
2008 Ed. (1085)
Dry
2000 Ed. (3515)
Dry-B-Lo International Inc.
2006 Ed. (685)
2005 Ed. (781)
2004 Ed. (800)
2003 Ed. (782)
Dry beans/vegetables
1992 Ed. (3545, 3548)
Dry beer
2001 Ed. (675)
Dry Blackthorn
2002 Ed. (1050)
Dry-cleaned goods
1998 Ed. (122)
Dry-cleaning
2003 Ed. (2260)
Dry cleaning & laundry companies
1999 Ed. (696, 1809)
Dry Cleaning Station
2008 Ed. (2384)
2007 Ed. (2249)
Dry Cleaning To-Your-Door
2006 Ed. (2317)
2005 Ed. (2257)
Dry Cycle
1999 Ed. (3785)
Dry Grocery/Food
2000 Ed. (4165)
Dry Grocery/Nonfoods
2000 Ed. (4165)
Dry Sack
2006 Ed. (4965)
2005 Ed. (4961, 4962)
2004 Ed. (4965, 4969, 4970)
2003 Ed. (4964)
2002 Ed. (4924, 4940, 4957)
2001 Ed. (4844, 4875, 4890)
2000 Ed. (4411, 4423)
1999 Ed. (4787)
1998 Ed. (3740, 3741)
1997 Ed. (3887)
1995 Ed. (3761)
1994 Ed. (3662)
1989 Ed. (2963)
Dry Sack Sherry
1989 Ed. (2947, 2948, 2950)
Dry Storage Corp.
1995 Ed. (3792)
Dry View Laser Imager
2001 Ed. (3270)
2000 Ed. (3077)
DryClean USA
2008 Ed. (2384)
2007 Ed. (2249)
2005 Ed. (2258)
2004 Ed. (2158)
2003 Ed. (2118)
2002 Ed. (2054)
1997 Ed. (2084)
Dryden & Petisi Promotion
1992 Ed. (3757)
Dryel
2003 Ed. (3168)
Dryers
2001 Ed. (2006)
Drypers
2003 Ed. (2054, 2055, 2056, 2057, 2058, 3720)
2002 Ed. (1973)
2001 Ed. (2007)
2000 Ed. (367, 1666, 1667)
1999 Ed. (1843)
1998 Ed. (1270)
1996 Ed. (1546, 3306, 3779)
1995 Ed. (998, 3392)
Drzavna Lutrija Srbije
2008 Ed. (80)
DS Capital Management Corp.
1995 Ed. (1079)
DS Diversified Equity
1994 Ed. (2618)
DS Selective
1991 Ed. (2561)
DS Smith
2007 Ed. (2032)
DSB
1994 Ed. (1358)
1993 Ed. (1307)
DSB Ferries
1997 Ed. (1679)
1996 Ed. (1596, 1598)
1993 Ed. (1539)
DSB Group
2008 Ed. (36)
2007 Ed. (32)
2006 Ed. (69)
2005 Ed. (34, 62)
DSC Communications
2000 Ed. (1760, 4187)
1999 Ed. (1560, 4400, 4544, 4545)
1998 Ed. (1120, 2402, 3421, 3475)
1997 Ed. (2979, 3688)
1996 Ed. (1736, 1742, 3509, 3637)
1995 Ed. (1285, 1289, 3446, 3548)
1994 Ed. (2703)
1993 Ed. (1045)
1992 Ed. (1292, 1293, 1294, 3675)
1991 Ed. (1015, 2844)
1990 Ed. (2191)
1989 Ed. (963, 2309, 2312)
DSC Logistics Inc.
2008 Ed. (3707, 4960)
2007 Ed. (4986)
2006 Ed. (4989, 4990)
2005 Ed. (3332)
2001 Ed. (4722, 4723)
2000 Ed. (4431)
1998 Ed. (1534)
1996 Ed. (3878)
DSFI
2007 Ed. (4007)
2006 Ed. (3966, 3967, 3971)
2005 Ed. (3886, 3887, 3888, 3889, 3895)
DSFI Distributor's Stock Forms
2000 Ed. (912)
DSG International
2007 Ed. (46, 92, 4193, 4205)
DSG International plc
2008 Ed. (49, 102, 4241, 4478)
DSGAY Law Group PLLC
2004 Ed. (3237)
DSI International
2003 Ed. (3077)
DSI International Management
2001 Ed. (3690)
DSI Toys
1999 Ed. (4165, 4169)
DSI Transport
1999 Ed. (4532, 4533, 4681, 4682)
1997 Ed. (3809)
1995 Ed. (3541, 3680)
1994 Ed. (3474, 3602)
DSI Transports
2000 Ed. (4178)
1998 Ed. (3461, 3639)
1996 Ed. (3630, 3759)
1993 Ed. (3503, 3642)
DSK Bank
2008 Ed. (389)
2005 Ed. (471)
2004 Ed. (459)
2003 Ed. (472)
2002 Ed. (533)
DSL Extreme
2006 Ed. (4705)
DSLExtreme.com
2007 Ed. (4727)
DSL.net Inc.
2006 Ed. (2822)
DSM
2006 Ed. (856)
2000 Ed. (3566)
1999 Ed. (1096)
1997 Ed. (244)
1994 Ed. (217)
1992 Ed. (330)
1991 Ed. (1325, 1327)
DSM NV
2006 Ed. (3393)
2005 Ed. (1474)

2002 Ed. (1009, 1010, 1012, 1650, 4506)
2001 Ed. (1188, 1198, 1211, 3837)
2000 Ed. (1028)
1995 Ed. (1464)
1994 Ed. (1427)
1993 Ed. (227, 1373)
1990 Ed. (1400)
DSM NV; Koninklijke
2008 Ed. (3572)
DSM NV; Royal
2008 Ed. (919)
2007 Ed. (940, 1905)
2006 Ed. (855)
DSM 20 Index
2008 Ed. (4503)
DSP
2001 Ed. (4220)
1997 Ed. (761)
1995 Ed. (781, 782, 784)
DSP Builders Inc.
2007 Ed. (4988)
2006 Ed. (4992)
2005 Ed. (4993, 4994)
2004 Ed. (4988)
2003 Ed. (4990)
2002 Ed. (4986, 4987)
2000 Ed. (4430)
1999 Ed. (4811)
1998 Ed. (3761)
DSP Communications
2001 Ed. (4278)
1997 Ed. (3409)
DSP Global Diversified Program
2003 Ed. (3112)
DSP Group Inc.
2001 Ed. (4216)
dspfactory Ltd.
2004 Ed. (2781, 2782)
DSS
1992 Ed. (2850)
DSS Fire Inc.
2007 Ed. (4295)
2006 Ed. (4271)
DST Output
2004 Ed. (3365)
DST Systems Inc.
2008 Ed. (1872, 1873, 1874, 1875, 2714, 4801)
2007 Ed. (1237, 1265, 1840, 1841, 2570, 2575, 2800)
2006 Ed. (1150, 1833, 1834, 1835, 1836, 2808, 3035)
2005 Ed. (3024, 3027)
2004 Ed. (842, 1103)
2003 Ed. (801, 1108)
2001 Ed. (3421, 3422, 3423)
DSU Peterbilt & GMC Inc.
2006 Ed. (4374)
DSV Partners
1996 Ed. (3782)
1994 Ed. (3621)
1993 Ed. (3663)
1992 Ed. (4388)
1991 Ed. (3444)
DSW Inc.
2008 Ed. (4333)
Dt Bonn
1993 Ed. (1903)
DTE Energy Co.
2008 Ed. (3035, 3192)
2007 Ed. (2913)
2005 Ed. (171, 2290, 2293, 2311, 3284, 3488, 4519)
2004 Ed. (1699, 2311, 2321)
2002 Ed. (1408, 1728, 3487)
2001 Ed. (1790)
2000 Ed. (1664)
1999 Ed. (1706, 1840)
1998 Ed. (1387)
1997 Ed. (1693)
DTE Energy Music Center
2003 Ed. (269)
DTEC
1999 Ed. (2718, 2722)
1997 Ed. (2252)
1996 Ed. (2149)
1995 Ed. (2137)
DTG Operations Inc.
2007 Ed. (1939)
D3 Publisher
2001 Ed. (4688)
DTI IBM
2001 Ed. (3114)
DTI Investors LLC
2003 Ed. (4612)
DTI Toshiba
2001 Ed. (3114)
DTJ Design Inc.
2007 Ed. (289)
2005 Ed. (263)
DTM Corp.
1999 Ed. (4165, 4169)
DT.Telekom AG
2006 Ed. (4504)
du Boisrouvray; Albina
1995 Ed. (932, 1068)
DU International
2007 Ed. (3577, 4433)
2006 Ed. (3526, 4365)
du Maurier King Size
1999 Ed. (1136)
du Maurier Light King Size
1999 Ed. (1136)
du Maurier Light Regular
1999 Ed. (1136)
du Maurier Regular
1999 Ed. (1136)
Du Page County, IL
2008 Ed. (3473)
Du Pont
2000 Ed. (1375, 3056)
1999 Ed. (1083, 1084, 3796, 4593)
1998 Ed. (3407)
1992 Ed. (1103, 1110, 1122)
1991 Ed. (3239)
1990 Ed. (1235, 1239, 1240, 1487, 2432)
1989 Ed. (177, 879, 883, 886, 1023, 1286, 1319, 1329, 1388, 2008, 2009, 2192, 2969, 2970)
Du Pont & Family; Irenee, Edward
1990 Ed. (3687)
Du Pont Automotive
1996 Ed. (342, 351)
Du Pont Canada
1997 Ed. (960)
1996 Ed. (931, 932)
1994 Ed. (924)
1990 Ed. (950)
Du Pont Canada; E. I.
1992 Ed. (1114)
Du Pont Community Credit Union
2008 Ed. (2265)
2007 Ed. (2150)
2006 Ed. (2229)
2005 Ed. (2134)
2003 Ed. (1952)
Du Pont De Nemours
2000 Ed. (1018)
1990 Ed. (2685)
du Pont de Nemours & Co.; E. I.
2008 Ed. (906, 907, 908, 909, 910, 912, 921, 922, 923, 925, 926, 928, 929, 1017, 1466, 1701, 1702, 2351, 3011, 3799, 3996)
2007 Ed. (922, 923, 924, 925, 926, 928, 929, 932, 933, 941, 944, 945, 946, 947, 948, 949, 951, 952, 954, 1137, 1457, 1472, 1675, 1676, 2889, 3708, 3972, 3989)
2006 Ed. (840, 841, 842, 843, 845, 846, 847, 850, 851, 856, 859, 860, 861, 863, 864, 865, 1048, 1453, 1671, 1672, 1673, 3725, 3918)
2005 Ed. (931, 932, 933, 940, 941, 942, 943, 944, 947, 951, 953, 954, 955, 956, 957, 958, 1493, 1750, 1751, 1752, 2213, 2214, 3609, 3694, 3853, 4445)
1997 Ed. (952, 954, 955, 957, 958, 963, 965, 967, 1273, 1276, 1286, 1309, 1325, 1380, 3085)
1996 Ed. (756, 850, 922, 923, 925, 926, 928, 938, 939, 945, 1023, 1230, 1236, 1276, 1282, 1321, 1733, 2487, 2854, 2915, 2924, 2925, 2930, 2932, 2938, 3145, 3718)
1991 Ed. (168, 177, 235, 889, 903, 904, 908, 1053, 1137, 1170, 1194, 1197, 1200, 1226, 1638, 2508, 2685, 2690, 2694, 2697, 2734, 3399)
1990 Ed. (169, 951, 955, 1251, 1399, 1486, 2782, 3324)
Du Pont de Nemours & Co.; E.I.
1996 Ed. (1732)
1989 Ed. (187, 2161)
Du Pont de Nemours; E. I.
1997 Ed. (3024)
1995 Ed. (154, 948, 951, 953, 954, 956, 957, 958, 964, 965, 966, 968, 1222, 1258, 1263, 1280, 1292, 1293, 1306, 1310, 1336, 1369, 1393, 1431, 2788, 2790, 2850, 2854, 2857, 2860, 2910, 3045)
1994 Ed. (912, 915, 917, 918, 919, 920, 921, 922, 929, 930, 932, 936, 1212, 1238, 1257, 1268, 1269, 1283, 1313, 1344, 1726, 2466, 2579, 2744, 2753, 2754, 2759, 2762, 2768, 2820, 2984)
1993 Ed. (154, 161, 176, 719, 889, 892, 898, 902, 903, 905, 906, 907, 912, 913, 916, 919, 922, 925, 1175, 1188, 1212, 1217, 1229, 1230, 1231, 1270, 1292, 1335, 1347, 1408, 1490, 1710, 1741, 1898, 2013, 2611, 2733, 2734, 2773, 2779, 2833, 2869, 2874, 2945, 2997)
1992 Ed. (1118)
1991 Ed. (2592)
1990 Ed. (943, 946, 1296, 1313, 1730, 2639, 2851)
Du Pont de Nemours; E.I.
1992 Ed. (3228, 3232)
1989 Ed. (885, 889, 1059, 1142, 1386, 2016, 2222)
du Pont de Nemours Int.
1989 Ed. (1164)
Du Pont de Nemours International SA
2003 Ed. (1829)
2001 Ed. (1860)
Du Pont Dow Elastomers LLC
2004 Ed. (1694)
2003 Ed. (1663)
Du Pont; E. I.
1990 Ed. (942, 1283, 1291)
Du Pont Energy Co.
2001 Ed. (1679)
Du Pont family
2006 Ed. (4897)
2002 Ed. (3363)
1995 Ed. (664)
Du Pont Foreign Sales Corp.
2008 Ed. (1701)
2004 Ed. (1694)
2003 Ed. (1663)
Du Pont Hospital for Children
2008 Ed. (1701)
2007 Ed. (1675)
Du Pont Industrial Products
1994 Ed. (2682)
Du Pont Ink Jet
2007 Ed. (3077)
Du Pont Merck Pharmaceuticals
1993 Ed. (1292)
Du Pont Pharmaceutical Co.
2004 Ed. (1694)
2003 Ed. (1663)
du Pont Pharmaceuticals
1995 Ed. (2532, 2534)
Du Pont Pharmaceuticals; E.I.
1997 Ed. (2258, 2743)
Du Pont Sourcing
1997 Ed. (3226)
Du Pont Stainmaster
1994 Ed. (3499)
1993 Ed. (3530)
Du Pont Textiles & Interiors Inc.
2005 Ed. (4681)
2004 Ed. (4709)
Du Pont's Stainmaster carpet
1989 Ed. (2801)
Du Sha
2006 Ed. (2529)
Du Trac Community Credit Union
2008 Ed. (2232)
2007 Ed. (2117)
2006 Ed. (2196)
2005 Ed. (2101)
2004 Ed. (1959)
2003 Ed. (1919)
2002 Ed. (1865)
Duacne
2000 Ed. (2286)
Duailibi, Petit, Zaragoza
1997 Ed. (67)
1994 Ed. (73)
1993 Ed. (117)
1992 Ed. (128, 175)
1991 Ed. (80)
1989 Ed. (89)
Duailibi Petit Zaragoza Propaganda
2002 Ed. (87)
2001 Ed. (115)
1996 Ed. (68)
1993 Ed. (84)
1990 Ed. (83)
Dual-Cassette Portable Stereo, AM/FM
1990 Ed. (2803, 2804)
Dual-fired gas/petroleum
2007 Ed. (2309)
Dual Thrust System
1993 Ed. (2923)
Duallibi, Petit, Zaragoza Propaganda
1995 Ed. (52)
Duane Ebesu
2004 Ed. (976)
Duane L. Burnham
2000 Ed. (1884)
1996 Ed. (962)
1994 Ed. (1721)
Duane Morris & Heckscher
2001 Ed. (567)
2000 Ed. (2902)
1999 Ed. (3157)
1998 Ed. (2333)
1997 Ed. (2601)
1996 Ed. (2456)
1995 Ed. (2421)
1994 Ed. (2356)
1993 Ed. (2403)
1991 Ed. (2291)
1990 Ed. (2425)
1989 Ed. (1885)
Duane Reade Inc.
2008 Ed. (2374, 2375, 2377)
2007 Ed. (2235, 2236, 2239)
2006 Ed. (2303, 2304, 2305, 2307, 2308, 4010)
2005 Ed. (2239, 2240, 2241, 2247)
2004 Ed. (2136, 2137, 2138, 2145, 2151)
2003 Ed. (2097, 2098, 2099, 2100, 2101)
2002 Ed. (2032, 2033, 2034, 2037)
2001 Ed. (2090, 2091)
2000 Ed. (1718)
1999 Ed. (1924)
Duany; Andres
2006 Ed. (1201)
Duarte; Ana
2008 Ed. (2628)
Duarte Nissan
1991 Ed. (288)
Dubai Development & Investment Authority
2007 Ed. (89)
2006 Ed. (100)
Dubai Duty Free Shops
1994 Ed. (48)
Dubai Financial Market Index
2008 Ed. (4503)
Dubai Free Zone/Jebel Ali
1997 Ed. (2375)
1996 Ed. (2249)
1994 Ed. (2189)
Dubai; Government of
2008 Ed. (98)
Dubai Investment
2006 Ed. (4545)
Dubai Islamic Bank
2008 Ed. (519)
2007 Ed. (566)
2006 Ed. (535, 4545)
2005 Ed. (622)
2004 Ed. (634)
2003 Ed. (625)
2002 Ed. (658)
2000 Ed. (455, 687)
1999 Ed. (464)
1997 Ed. (407)
1990 Ed. (613)
Dubai Media City
2006 Ed. (100)

Dubai Petroleum Co.
2008 Ed. (3929)
2007 Ed. (3880)
2006 Ed. (3854)
2005 Ed. (3788)
2004 Ed. (3861)
2003 Ed. (3844)
Dubai Resort Area
2007 Ed. (89)
Dubai Shop. Festival
2006 Ed. (100)
2005 Ed. (91)
Dubai Shopping Festival
2008 Ed. (98)
2007 Ed. (89)
Dubai Summer Surprises
2007 Ed. (89)
2006 Ed. (100)
Dubai Tourism
2006 Ed. (100)
Dubai, United Arab Emirates
2008 Ed. (1221)
DubaiLand
2007 Ed. (89)
Duber Security Services
1992 Ed. (3825)
Dubl-Duty
1989 Ed. (2344)
Dublin
2000 Ed. (3373)
1997 Ed. (193)
Dublin, CA
1991 Ed. (938, 2004)
Dublin, Ireland
2006 Ed. (783, 4182)
2005 Ed. (3313)
2002 Ed. (2749, 2750)
Dublin-Irish Independent
2002 Ed. (3516)
Dublin - London
1996 Ed. (179)
Dublon; Dina
2006 Ed. (2526)
Dubonnet
2005 Ed. (4822, 4823)
2004 Ed. (4833)
2003 Ed. (4850)
2002 Ed. (4742)
2001 Ed. (4676)
2000 Ed. (4411)
1999 Ed. (4786, 4787, 4797)
1998 Ed. (3739, 3741, 3751)
1997 Ed. (3904, 3911)
1996 Ed. (3858)
1989 Ed. (2948, 2950)
DuBouchett Cordial
2002 Ed. (290)
DuBouchett Cordials
1997 Ed. (2644)
Dubow; Craig A.
2008 Ed. (948)
Dubrovacka Banka
2002 Ed. (547)
Dubrovacka Banka DD
1999 Ed. (498)
1997 Ed. (444)
1996 Ed. (481)
Dubrovacka Banka dd Dubrovnik
1997 Ed. (445)
1995 Ed. (451)
Dubs Inc.
1999 Ed. (2053)
Dubuque, IA
2008 Ed. (4730)
2007 Ed. (842)
2005 Ed. (2388, 3065, 3471, 3474)
2002 Ed. (2713)
1998 Ed. (1520, 2474)
1992 Ed. (3053)
1991 Ed. (2429)
Dubuque Star (Rhomberg)
1989 Ed. (758)
Dubuque Telegraph Herald
1992 Ed. (3245)
1991 Ed. (2597, 2599, 2602, 2608)
1990 Ed. (2695, 2696, 2699, 2702)
1989 Ed. (2053)
Ducab
2007 Ed. (878)
Ducados
1994 Ed. (960, 962)
Ducane
2002 Ed. (667)
2000 Ed. (702)
1999 Ed. (685, 2539, 2540)
1998 Ed. (437, 1779, 1780)
1997 Ed. (649, 2095, 2096)
1995 Ed. (1949, 1950)
1994 Ed. (674, 1925, 1926)
1993 Ed. (673, 1908, 1909)
1992 Ed. (2242, 2243)
1991 Ed. (1777, 1778)
1990 Ed. (720, 1861, 1862)
Ducati
2000 Ed. (3173)
Ducati Motor Holding SpA
2001 Ed. (3399)
Duchossois Industries Inc.
2003 Ed. (1972)
1989 Ed. (924)
Ducis-DDB
2003 Ed. (51)
Duck Creek Technologies
2008 Ed. (3250)
2007 Ed. (1224)
Duck Hill Bank
1997 Ed. (181)
Duckert & Partners (Lowe); Wibroe
1996 Ed. (78)
Ducks Unlimited Inc.
2008 Ed. (2724, 2725)
2007 Ed. (2587, 2588)
2006 Ed. (2612)
2005 Ed. (2613, 2614)
2004 Ed. (2624, 2625)
2003 Ed. (2491, 2492)
2001 Ed. (2445, 2446)
2000 Ed. (3342)
1996 Ed. (915)
1995 Ed. (944, 2783)
1994 Ed. (907)
1993 Ed. (1637)
1992 Ed. (1987)
1991 Ed. (1580)
Duckster
1990 Ed. (3329, 3342)
Ducktales The Movie
1994 Ed. (3630)
Duckwall-ALCO Stores Inc.
2008 Ed. (884, 1871, 2345)
2007 Ed. (2208)
2006 Ed. (4876)
2005 Ed. (4812)
2004 Ed. (4825)
Duckworth; Anthony
1997 Ed. (1973)
Ducommun
1989 Ed. (1336)
Ducommun Electronics
1989 Ed. (1335)
Ducon Technologies Inc.
2008 Ed. (269, 271, 3724)
Duct Doctor USA Inc.
2008 Ed. (203)
2006 Ed. (207)
2005 Ed. (766)
Ductbusters
2006 Ed. (207)
2003 Ed. (770)
2002 Ed. (2058)
Ductil
2002 Ed. (4460)
Ductz International Inc.
2008 Ed. (203)
Duda & Sons Inc.; A.
2007 Ed. (2157)
2006 Ed. (2236)
2005 Ed. (2141)
1996 Ed. (992)
1991 Ed. (956)
Dudley
1991 Ed. (3166)
Dudley Hafner
1993 Ed. (1701)
Dudley Jenkins Group
1993 Ed. (1486)
Dudnyk Co.
1993 Ed. (73)
Dudnyk Advertising & Public Relations
2000 Ed. (159)
1994 Ed. (63)
Dudnyk Healthcare Group
2007 Ed. (107)
2006 Ed. (118)
2005 Ed. (108)
Dudnyk PR
2000 Ed. (3631)
Dudnyk PR, Horsham
2000 Ed. (3664)
Dudnyk Public Relations
2002 Ed. (3826, 3847)
1995 Ed. (3030)
1994 Ed. (2970)
Due Diligence Board
2002 Ed. (4844)
Duelguide plc
2006 Ed. (1431, 1438)
Duesburys
1992 Ed. (4, 5, 6)
Duesseldorf
2000 Ed. (107)
Duesseldorf, Germany
2002 Ed. (109)
2001 Ed. (136)
Duferco Trading Corp.
1996 Ed. (998)
1995 Ed. (1017)
Duff & Phelps
1997 Ed. (2715, 3649)
1996 Ed. (2831)
1994 Ed. (1757, 1758)
1993 Ed. (2290)
1992 Ed. (2158, 2769)
1991 Ed. (1668, 2831)
1990 Ed. (1764, 1798, 2981)
Duff & Phelps Credit Rating
2000 Ed. (2403, 4047)
Duff & Phelps Selected Utilities
1989 Ed. (1113, 2369)
Duff; Damien
2005 Ed. (4885)
Duff Gordon
2004 Ed. (4969, 4970)
2002 Ed. (4924)
2001 Ed. (4844)
1997 Ed. (3887)
Duff; Thomas M.
2007 Ed. (2500)
Duffel Fin. & Const.
1992 Ed. (1361)
Dufferin Concrete
2006 Ed. (3369)
Duffey Communications
2003 Ed. (3995)
Duffy Homes
2005 Ed. (1189)
2004 Ed. (1161)
2003 Ed. (1156)
Dufourg; Laurent
2007 Ed. (2758)
Dufresne; Donald
1996 Ed. (1810)
Dugan/Farley Communication Associates
1989 Ed. (141)
Dugan/Farley Communications
1992 Ed. (185)
1991 Ed. (131)
Dugan/Farley Communications Associates Inc.
1993 Ed. (121)
Dugan Valva Contess
2000 Ed. (149)
1999 Ed. (131)
Dugas Jr.; Richard
2007 Ed. (984)
Duggan & Marcon Inc.
1991 Ed. (1080)
Duggan Homes
2005 Ed. (1209)
2004 Ed. (1183)
2003 Ed. (1176)
Duggan Petroleum
1996 Ed. (3879)
1995 Ed. (3794)
Duikers
1995 Ed. (2584)
Dukakis; Michael
1990 Ed. (2504)
Duke & Co.
1999 Ed. (1184, 4321)
Duke Associates
1994 Ed. (3002)
1992 Ed. (3621)
Duke Capital LLC
2007 Ed. (1925, 2288)
2006 Ed. (1941, 2352)
Duke Construction
2008 Ed. (1296)
2006 Ed. (1310)
Duke Corporate Education
2007 Ed. (827)
2005 Ed. (804)
Duke; Doris
1992 Ed. (3079)
1991 Ed. (2462)
1990 Ed. (2578)
1989 Ed. (1989)
Duke Endowment
2002 Ed. (2325, 2326)
Duke Energy Corp.
2008 Ed. (1402, 1404, 1479, 1991, 1992, 1993, 2421, 2422, 2423, 2425, 2427, 2811, 2815, 2849)
2007 Ed. (1484, 1925, 1926, 1927, 2287, 2288, 2295, 2303, 2381, 2384, 2390, 2391, 2679, 2680, 2688, 2913, 4527)
2006 Ed. (1941, 1943, 1944, 2351, 2352, 2354, 2357, 2365, 2435, 2437, 2440, 2441, 2445)
2005 Ed. (1176, 1573, 1912, 1914, 1915, 2289, 2291, 2292, 2300, 2311, 2312, 2394, 2398, 2402, 2404, 2406, 4465, 4507)
2004 Ed. (1452, 1537, 1595, 1829, 1830, 2189, 2190, 2192, 2195, 2198, 2199, 2313, 2314, 2322, 2725)
2003 Ed. (1556, 1560, 1645, 1647, 1704, 1794, 1795, 2136, 2137, 2140, 2141, 2144, 2279, 2280, 2282, 2285, 2286)
2002 Ed. (1388, 1525, 1529, 1618, 1621, 1747, 2126, 2127, 3875, 3880, 4353)
2001 Ed. (1822, 2148, 2154, 3553, 3553, 3868, 3869, 3870, 3944, 3945, 4661, 4662, 4663)
2000 Ed. (1476, 1527, 1731, 3672, 3673, 3674, 3676, 3677)
1999 Ed. (1477, 1515, 1716, 1951, 3961, 3964)
Duke Energy Field Services, Inc.
2002 Ed. (4084)
Duke Energy Field Services LLC
2007 Ed. (1669)
2006 Ed. (1658, 1661)
2005 Ed. (1740, 1743)
Duke Energy Field Services LP
2007 Ed. (1669)
Duke Energy Gas Transmission
2007 Ed. (3885)
Duke Energy Natural Gas Corp.
2008 Ed. (2422)
Duke Engineering & Services
2004 Ed. (2351, 2358, 2359, 2366, 2367, 2368, 2388, 2399)
2003 Ed. (2299, 2306)
2002 Ed. (2134, 2140)
2001 Ed. (2242)
2000 Ed. (1798, 1801, 1806)
Duke; Joseph C. and Lillian
1994 Ed. (901)
Duke/Louis Dreyfus LLC
1999 Ed. (3962)
Duke Nukem 3D
1998 Ed. (847, 851)
Duke of Northumberland
2005 Ed. (926, 927)
Duke of Westminster
2007 Ed. (4923)
2005 Ed. (4878, 4897)
Duke Power Co.
2007 Ed. (2297)
2005 Ed. (1508)
2004 Ed. (1492)
2003 Ed. (1462)
2002 Ed. (1442)
1998 Ed. (1010, 1182, 1374, 1390, 1391)
1997 Ed. (1491, 1697, 1698)
1996 Ed. (1430, 1618, 1619, 2855)
1995 Ed. (1641, 1642, 2792, 2793, 2794, 2795, 2797, 2798, 3034, 3356, 3518)

1994 Ed. (1312, 1590, 1599, 1600, 2683, 2975, 3275)
1993 Ed. (1268, 1553, 1559, 2735, 3285)
1992 Ed. (1562, 1892, 1902, 1903, 3275, 3924, 4025)
1991 Ed. (1493, 1501, 1502, 2691, 2779, 3089, 3155)
1990 Ed. (1598, 1604, 1605, 3243)
1989 Ed. (1291, 1300, 1301)
Duke Realty Corp.
2008 Ed. (1797, 1804, 2003, 2103, 2368, 3139, 3821, 4125, 4126)
2007 Ed. (2223, 3021, 4104, 4105)
2006 Ed. (2990, 4053, 4054)
2005 Ed. (4008, 4010, 4023, 4024)
2004 Ed. (2997, 3726, 4084, 4085, 4089, 4090)
2003 Ed. (2888, 3670, 4063, 4064)
Duke Realty Investments
1998 Ed. (3003)
1997 Ed. (3257)
Duke University
2008 Ed. (784, 786, 1059, 1064, 3431, 3640)
2007 Ed. (800, 803, 805, 807, 1924, 3468)
2006 Ed. (721, 731, 737, 2858)
2005 Ed. (3266, 3440)
2004 Ed. (822, 828, 3424)
2003 Ed. (789, 794, 797, 798)
2002 Ed. (873, 876, 878, 879, 881, 884, 898, 2349)
2001 Ed. (1054, 1058, 1061, 1066, 1317, 1319, 2249, 3059, 3252, 3256, 3258, 3259, 3260)
2000 Ed. (916, 920, 923, 928, 1137, 1827, 2911, 3065, 3069, 3070, 3071, 3074)
1999 Ed. (969, 973, 974, 977, 980, 981, 982, 1228, 2036, 3158, 3327, 3331, 3332, 3335)
1998 Ed. (548, 799, 1460, 2334)
1997 Ed. (850, 1051, 1063, 1767, 2602)
1996 Ed. (837, 1035, 1685, 2457)
1995 Ed. (858, 1050, 1066, 1703, 2422)
1994 Ed. (806, 1042, 1656, 2358)
1993 Ed. (1015, 1625, 2407)
1992 Ed. (1267, 1974, 2848, 3257)
1991 Ed. (1001, 1569, 2295, 2402)
1990 Ed. (856)
1989 Ed. (954)
Duke University, Faqua School of Business
2007 Ed. (2849)
2006 Ed. (707, 708, 709, 710, 711, 712, 724, 2859)
2005 Ed. (2853)
2004 Ed. (811, 812, 813, 814, 815, 816, 817, 818)
Duke University, Fuqua
1993 Ed. (796, 806)
1992 Ed. (997)
1991 Ed. (814)
Duke University, Fuqua School of Business
2008 Ed. (182, 770, 787)
2007 Ed. (808, 823)
Duke University, Fuqua School of Business, Global Program
2007 Ed. (834)
2005 Ed. (812, 813, 815)
Duke University, Fuqua School of Business, Weekend Executive Program
2005 Ed. (815)
Duke University Health System Inc.
2008 Ed. (1990)
2007 Ed. (1924)
2006 Ed. (1940)
2005 Ed. (1911)
2004 Ed. (1828)
2003 Ed. (1793)
Duke University Medical Center
2008 Ed. (3042, 3044, 3045, 3047, 3048, 3052, 3053, 3054, 3056, 3057, 4084)
2007 Ed. (2919, 2920, 2921, 2922, 2924, 2925, 2928, 2929, 2931, 2932, 2934, 4048)
2006 Ed. (2900, 2901, 2902, 2903, 2905, 2906, 2909, 2910, 2912, 2913, 2915, 2916)
2005 Ed. (2894, 2895, 2896, 2897, 2899, 2902, 2903, 2905, 2906, 2908, 2909, 2910, 3947)
2004 Ed. (2908, 2909, 2910, 2911, 2913, 2916, 2917, 2919, 2922, 2923, 2924, 3974)
2003 Ed. (2805, 2806, 2807, 2808, 2809, 2812, 2813, 2815, 2818, 2819, 2820, 2821, 2831, 2835, 3971)
2002 Ed. (2600, 2601, 2602, 2603, 2605, 2608, 2609, 2611, 2612, 2614, 2615, 2616, 3801)
2000 Ed. (2508, 2509, 2510, 2511, 2512, 2513, 2514, 2515, 2516, 2520, 2522, 2523, 2524)
1999 Ed. (2729, 2730, 2732, 2733, 2734, 2735, 2736, 2737, 2741, 2743, 2744, 2745)
1995 Ed. (1926)
Duke-Weeks Construction
2002 Ed. (1259)
Duke-Weeks Realty Corp.
2002 Ed. (3920, 3922, 3930)
2001 Ed. (4001, 4016)
Dukes County, MA
2003 Ed. (3437)
Dulac-Chauvin, LA
2000 Ed. (2200)
Dulcolax
2008 Ed. (2380)
2004 Ed. (249, 251)
2003 Ed. (3198)
2001 Ed. (3073)
1993 Ed. (2408)
1992 Ed. (2850)
Dulkers
1993 Ed. (2578)
Dulles International
2001 Ed. (351)
Duluth, MN
2003 Ed. (1871)
2002 Ed. (2219)
1997 Ed. (2336, 2763)
1996 Ed. (976)
1994 Ed. (2493)
1992 Ed. (3037, 3053)
1991 Ed. (2429)
1990 Ed. (2553)
1989 Ed. (1904)
Duluth-Superior, MN
2008 Ed. (825)
2007 Ed. (864)
2006 Ed. (766, 3314)
2005 Ed. (838)
2004 Ed. (869)
2003 Ed. (831, 3908)
Duluth-Superior, MN-WI
2002 Ed. (920, 2713)
Dum Dum
1995 Ed. (893, 898)
Dum Dum Pops
1994 Ed. (853)
Dum Dum; Spangler
2008 Ed. (839)
Dumars Travel Management LLC
2007 Ed. (3568)
Dumb and Dumber
1997 Ed. (3845)
DUMEZ
1994 Ed. (1160, 1168, 1169)
1993 Ed. (1143, 1147, 1148)
1991 Ed. (1093, 1098)
1990 Ed. (1209)
Dumez North America Inc.
1990 Ed. (1024)
Dumez SA
1996 Ed. (1110)
1992 Ed. (1372, 1428, 1432, 1433, 1483)
1991 Ed. (1065)
The Dun & Bradstreet Corp.
2008 Ed. (1092, 2714, 3013)
2007 Ed. (1186, 2570, 2575, 2714, 2891, 4054)
2006 Ed. (1080)
2005 Ed. (1083, 1084, 1545)
2002 Ed. (1132, 1425, 4881)
2001 Ed. (1312, 1313, 2184)
2000 Ed. (1159)
1999 Ed. (1260, 1266, 4562)
1998 Ed. (820, 826, 1124, 3487)
1997 Ed. (1078, 1082, 3222)
1996 Ed. (1064, 1068, 1244, 1320, 3140, 3142)
1995 Ed. (1089, 2509, 3038, 3042, 3323, 3339)
1994 Ed. (2443, 2977, 2979, 2982, 3243, 3260)
1993 Ed. (1072, 2504, 2942, 2944, 3249, 3262, 3267)
1992 Ed. (1985, 3585, 3587, 3589, 3592, 3940)
1991 Ed. (2785, 2787, 3105)
1990 Ed. (1138, 2929, 2932, 2933)
1989 Ed. (1935, 2266, 2268)
Dun & Bradstreet Receivable Management Services
2005 Ed. (1055)
Dun & Bradstreet Software
1995 Ed. (1114)
Dun & Bradstreet Software Services Inc.
1992 Ed. (1330)
Duna
2002 Ed. (382)
Dunabi International Airport
1996 Ed. (1599)
Dun.Accessories*Scs
2001 Ed. (58)
Dunavant Enterprises Inc.
2003 Ed. (1874)
Duncan & Miller Design
2008 Ed. (3336, 3349)
2006 Ed. (3160)
Duncan & Toplis
2006 Ed. (7)
Duncan Aviation
1995 Ed. (193)
Duncan Bannatyne
2006 Ed. (2500)
Duncan Cameron
2008 Ed. (4907)
2007 Ed. (4933)
Duncan; Dan L.
2008 Ed. (4824)
2007 Ed. (4895)
2006 Ed. (4900)
Duncan Ford Inc.; Jerome
1997 Ed. (3917)
1996 Ed. (3880)
1995 Ed. (3795)
Duncan Fox
2005 Ed. (1841)
Duncan-Hurst Capital Management
1993 Ed. (2296, 2318, 2322)
1992 Ed. (2759, 2763)
Duncan Inc.; Jerome
1994 Ed. (3670)
Duncan Lawrie (Isle of Man) Ltd.
1997 Ed. (524)
1996 Ed. (567)
1994 Ed. (538)
1993 Ed. (536)
Duncan Lawrie (Isle of Man) Ltd
1992 Ed. (737)
Duncan Moore
2000 Ed. (2131)
Duncan P. Hennes
2001 Ed. (2315)
Duncan; Paul R.
1997 Ed. (979)
Duncane
1992 Ed. (875)
Duncanson & Holt
2000 Ed. (2988)
Dundas Data Visualization
2008 Ed. (1146)
Dundas Software Ltd.
2007 Ed. (1248)
2006 Ed. (1134)
2005 Ed. (1145)
Dundee Corp.
2006 Ed. (1593, 1617)
Dundee Bancorp
2005 Ed. (1707)
2003 Ed. (1641)
Dundee Mills
1996 Ed. (2196)
Dundee Realty Corp.
2002 Ed. (3919)
Dune
1999 Ed. (3741)
1996 Ed. (2955)
Dune Management Co. Inc.
1999 Ed. (4008, 4010)
Dunedin Fund
1993 Ed. (2306)
1991 Ed. (2219)
Dunedin Fund Managers
1996 Ed. (2391, 2403)
1995 Ed. (2372)
Dunedin Income Growth
2000 Ed. (3298, 3304)
The Dunes at Maui Lani Golf Course
2008 Ed. (1777, 1778)
Dunfey San Mateo Hotel
1989 Ed. (253)
Dungan; E. Bruce
1992 Ed. (532)
Dungeon Master II
1997 Ed. (1094)
Dunham & Smith Agencies
2008 Ed. (4206, 4919)
Dunham's
2006 Ed. (4450)
Dunham's Athleisure
2001 Ed. (4337)
1999 Ed. (4381)
1998 Ed. (3352)
Dunhill
2003 Ed. (982, 4750)
1994 Ed. (958)
1990 Ed. (1579)
Dunhill Personnel System
1992 Ed. (2226)
Dunhill Staffing Systems Inc.
2004 Ed. (4482)
2003 Ed. (4532)
2002 Ed. (4597)
Dunk
2006 Ed. (59)
2005 Ed. (52)
Dunkin' Brands Inc.
2008 Ed. (4172)
2007 Ed. (908)
Dunkin' Donuts
2008 Ed. (337, 872, 874, 1028, 2372, 2373, 2657, 2668, 2673, 2681, 3126, 3127, 4185, 4192)
2007 Ed. (351, 898, 1150, 2529, 2535, 4150)
2006 Ed. (811, 1061, 2553, 2561, 2565, 4131, 4132)
2005 Ed. (895, 2546, 2547, 2554, 2559, 2564, 4081)
2004 Ed. (1049, 2575)
2003 Ed. (2091, 2092, 4132, 4138, 4143)
2002 Ed. (426, 2005, 2253, 4012, 4034)
2001 Ed. (4064, 4068, 4080, 4083)
2000 Ed. (1913, 2269, 3783, 3800)
1999 Ed. (2136, 4081, 4084)
1998 Ed. (1550, 3073, 3077)
1997 Ed. (1842, 2078, 2080, 3319)
1996 Ed. (1761, 1965, 3218)
1995 Ed. (1246, 1783, 3123)
1994 Ed. (1750, 1913, 1914, 3078)
1993 Ed. (1759, 3022)
1992 Ed. (1460, 2113, 3714, 3723)
1991 Ed. (1657, 2885)
1990 Ed. (1750, 3011)
Dunkin' Donuts Center
2005 Ed. (4440, 4441)
Dunklin (MO) Delta News Journal & Press Merit
2003 Ed. (3642)
Dunlap & Associates Inc.
2000 Ed. (2756)
Dunlop
2007 Ed. (4757)
2006 Ed. (4741)
2001 Ed. (4542)
1997 Ed. (2153, 3929)
1993 Ed. (1990, 3578)
1992 Ed. (2337, 2338)
1991 Ed. (1854)
Dunlop Corbin Advertising
1989 Ed. (126)
Dunlop Corbin Communications
2002 Ed. (126)
2001 Ed. (153)

1999 Ed. (110)
Dunlop Corbin Communications (JWT)
2000 Ed. (115)
Dunlop GmbH
2004 Ed. (4224)
Dunlop Maxfli
1996 Ed. (29, 2035)
Dunlop Maxfli Sports
2001 Ed. (2616)
Dunlop Slazenger Group Ltd.
2002 Ed. (3234)
2001 Ed. (3216)
2000 Ed. (3036)
Dunlop Slazenger International Ltd.
2000 Ed. (3036)
Dunlop Tire
2001 Ed. (4544)
Dunmore Homes
2005 Ed. (1163, 1226, 1227, 1238)
1992 Ed. (1361)
Dunn Associates
2006 Ed. (2481)
Dunn Bros. Coffee
2008 Ed. (1030)
2007 Ed. (1149)
2005 Ed. (1050)
Dunn Capital Management Inc.
1999 Ed. (1246, 1251)
1997 Ed. (1073)
1994 Ed. (1069)
Dunn Capital Management Inc. (Diversified)
1995 Ed. (1079)
Dunn Capital Management Inc. (World Monetary)
1995 Ed. (1078)
Dunn Co.; Charles
1990 Ed. (2972)
Dunn Computer
1999 Ed. (2614, 4322)
Dunn Construction Group
2002 Ed. (1241, 1242, 1245, 1253)
Dunn Construction Co.; J. E.
2008 Ed. (1224, 1228, 1238, 1241, 1244, 1247, 2915)
2007 Ed. (1341, 1350, 1352)
2006 Ed. (1168, 1283, 2792)
2005 Ed. (1172, 1279, 1305, 1313)
1997 Ed. (1126)
1993 Ed. (1085)
1992 Ed. (1357)
Dunn Edwards Corp.
1998 Ed. (1968)
1996 Ed. (2132)
Dunn Southeast
2008 Ed. (1292, 1326)
Dunne; Anne
2008 Ed. (4899)
2007 Ed. (4919)
Dunne; Frank
2007 Ed. (4918)
Dunne; George W.
1991 Ed. (2346)
1990 Ed. (2483)
Dunnes Stores
2008 Ed. (2123)
2007 Ed. (1822, 2037, 2039, 2040)
2006 Ed. (55, 2067, 2068)
2005 Ed. (1988, 1989)
2001 Ed. (44)
2000 Ed. (1484)
1999 Ed. (1684)
1997 Ed. (1457)
1996 Ed. (1401)
1995 Ed. (1437)
1994 Ed. (1405)
1993 Ed. (1352)
1992 Ed. (1651, 1652)
1990 Ed. (1386)
Dunnewood
1999 Ed. (4789, 4795, 4797)
1998 Ed. (3743, 3749, 3751)
1997 Ed. (3904, 3911)
1996 Ed. (3858)
Dunning Holdings Ltd.
1992 Ed. (1200)
Dunsmuir; Douglas
2005 Ed. (3857)
Dunston Checks In
1998 Ed. (3674)
Dunstone; Charles
2008 Ed. (4908)
2007 Ed. (4934)
Dunwoody & Co.
1992 Ed. (7, 8, 9)
Dunwoody & Company
1991 Ed. (2)
Dunwoody Robson McGladrey & Pullen
1993 Ed. (2)
Dunwoody Village
1991 Ed. (2898)
1990 Ed. (3061)
Duo-Form/Better Bath Components
2001 Ed. (4519)
Dupaco Community Credit Union
2008 Ed. (2232)
2007 Ed. (2117)
2006 Ed. (2196)
2005 Ed. (2101)
2004 Ed. (1959)
2003 Ed. (1919)
2002 Ed. (1865)
DuPage County, IL
1994 Ed. (716, 1478)
DuPage Credit Union
2008 Ed. (2211)
2005 Ed. (2062)
DuPage Schools Credit Union
1994 Ed. (1505)
Duplex Products Inc.
1993 Ed. (789)
1992 Ed. (992, 3528)
1990 Ed. (1536)
Duplicating, mail, and other office machine operators
1989 Ed. (2082)
Duplifax
1992 Ed. (3289)
Duplo
1992 Ed. (4329)
duPont
2008 Ed. (2295, 2296, 2309, 2322)
2007 Ed. (2193)
2000 Ed. (1017, 1019, 1022, 1024, 1029, 1031, 2415, 3356, 3423, 3427, 3430, 3437, 3442, 3512, 3559, 3563, 3566, 3685)
1999 Ed. (196, 1078, 1079, 1081, 1085, 1086, 1088, 1097, 1098, 1100, 1101, 1102, 1103, 1532, 1597, 1963, 1973, 2538, 2635, 3318, 3631, 3713, 3719, 3721, 3724, 3793, 3850, 4605)
1998 Ed. (101, 569, 576, 578, 692, 703, 704, 707, 1346, 2104, 2689, 2692, 2751, 2757, 2760, 2768, 2812, 2876, 2880)
1997 Ed. (176, 1328, 2175, 2952, 2983, 3005, 3012, 3013, 3021)
Dupont Answers Flooring
1999 Ed. (2727)
DuPont Automotive
2005 Ed. (1757)
2002 Ed. (405)
2001 Ed. (272)
2000 Ed. (219)
1999 Ed. (195)
1998 Ed. (100, 244)
DuPont Canada
2000 Ed. (1027)
1999 Ed. (1091)
1998 Ed. (2873)
DuPont Capital
2003 Ed. (3086, 3442, 4844)
2002 Ed. (729, 3390, 4733)
DuPont Coatings & Color Technologies Group
2008 Ed. (3843, 3844)
2007 Ed. (3763, 3764)
2006 Ed. (3766, 3767)
Dupont Community Credit Union
2002 Ed. (1898)
DuPont de Nemours & Co.; E. I.
1990 Ed. (1161)
duPont De Nemours; E.I.
1992 Ed. (1107)
DuPont Dow Elastomers LLC
2001 Ed. (1678)
Dupont Flooring Systems Inc.
2001 Ed. (1410)
2000 Ed. (2504)
DuPont Hospital for Children
2006 Ed. (1671)
2005 Ed. (1750)
DuPont Ink Jet
2008 Ed. (3218)
2006 Ed. (3044)
2005 Ed. (3041)
DuPont Merck Pharmaceutical Co.
2000 Ed. (740, 1712)
1998 Ed. (1349)
DuPont Performance Coatings & Polymers
2005 Ed. (1039)
2004 Ed. (1032)
Dupont Pharmaceuticals
1996 Ed. (2151, 2593)
DuPont Photomasks Inc.
2006 Ed. (2997)
2005 Ed. (3001)
2003 Ed. (2898)
DuPont Power Marketing
1999 Ed. (3962)
DuPont Stainmaster
1995 Ed. (3569)
Dupree KY Tax-Free Short-to-Medium
1992 Ed. (3146)
Duques; Henry
1997 Ed. (1901)
Duques; Henry C.
2008 Ed. (957)
2007 Ed. (2509, 2511)
Duquesne Light
2001 Ed. (3553, 3868)
1990 Ed. (1600)
Duquesne Light Holdings Inc.
2005 Ed. (1946, 1949)
Duquesne/Morino
1990 Ed. (1138)
Duquesne University
2006 Ed. (1072)
Dur-A-Flex Inc.
2008 Ed. (1694)
Dura Automotive Systems Inc.
2008 Ed. (353)
2005 Ed. (4506)
2004 Ed. (313, 321)
2003 Ed. (337, 339, 4560)
2002 Ed. (1729, 1771)
2001 Ed. (499)
1999 Ed. (3667)
Dura Builders
2005 Ed. (1207)
2004 Ed. (1180)
2000 Ed. (1217)
Dura Lube
2001 Ed. (2588)
Dura Operating Corp.
2005 Ed. (4764)
Dura Pharmaceuticals Inc.
1998 Ed. (3408, 3409)
Durable equipment
1996 Ed. (2080)
Durable goods
1996 Ed. (3827)
1993 Ed. (2989)
1992 Ed. (3651, 3652)
1991 Ed. (2827)
Durable medical equipment
2001 Ed. (2761)
Duracell
2008 Ed. (834, 2981, 3982)
2007 Ed. (870, 2862, 3952)
2006 Ed. (2869, 3900)
2004 Ed. (661, 662)
2003 Ed. (653, 748)
2002 Ed. (672, 673)
2000 Ed. (966, 2478)
1999 Ed. (786, 787, 788, 1012, 3824)
1998 Ed. (610, 1949, 2849)
1997 Ed. (3116)
1996 Ed. (715, 868, 2074, 2126, 3034, 3607)
1995 Ed. (3525)
1993 Ed. (1523, 1524, 2853)
1992 Ed. (876, 3460)
1989 Ed. (721)
Duracell AA Alkaline Batteries
1990 Ed. (3036)
1989 Ed. (2325)
Duracell AA Alkaline Batteries, 4-Pack
1990 Ed. (3040)
Duracell AA Alkaline, 4-Pack
1989 Ed. (722, 723, 2323)
Duracell AA Alkaline, 2-Pack
1989 Ed. (722, 723)
Duracell AA 8 pk
1991 Ed. (1454)
Duracell AA 4 pk
1991 Ed. (1453)
Duracell AA 2-pack
1992 Ed. (1848)
Duracell Alkaline Battery AA 4 CT
1990 Ed. (1544, 1545, 1548)
Duracell Alkaline Battery AA 2 CT
1990 Ed. (1544)
Duracell Alkaline Battery C 2 CT
1990 Ed. (1544, 1545, 1548)
Duracell Alkaline Battery D 2 CT
1990 Ed. (1544)
Duracell Alkaline Battery 9V
1990 Ed. (1548)
Duracell Alkaline, 9-volt
1989 Ed. (722)
Duracell C Alkaline, 2-Pack
1989 Ed. (722)
Duracell D Alkaline, 2-Pack
1989 Ed. (722)
Duracell Easytab
2004 Ed. (661)
Duracell Holdings Corp.
1992 Ed. (66)
1991 Ed. (38, 967)
1990 Ed. (1038)
Duracell International Inc.
2005 Ed. (1509)
2003 Ed. (4144)
1998 Ed. (1027, 2807)
1997 Ed. (2328, 2936, 3056)
1996 Ed. (2200)
1994 Ed. (2433)
1993 Ed. (2495)
Duracell Ultra
2004 Ed. (661, 662)
2003 Ed. (653)
2002 Ed. (672, 673)
Duraclean
1995 Ed. (1937)
1994 Ed. (1915)
1992 Ed. (2222)
Duraclean International
2008 Ed. (2389)
2007 Ed. (2252)
2006 Ed. (2321)
2005 Ed. (2264)
2004 Ed. (904)
2003 Ed. (883)
2002 Ed. (2007)
Duracom Computer Systems
1996 Ed. (3455)
Duracraft
2002 Ed. (251)
2000 Ed. (225)
1999 Ed. (202, 2819)
1998 Ed. (105, 2063)
1997 Ed. (183, 2200, 2342)
1995 Ed. (2194)
1994 Ed. (2043, 2152)
1993 Ed. (2119)
Duract
1999 Ed. (1890)
Duraflame
1998 Ed. (190)
Durakon Industries Inc.
2001 Ed. (4519)
Durango
2001 Ed. (478)
1992 Ed. (4439, 4440)
Durango; Dodge
2006 Ed. (3577)
Durango Steakhouse
2002 Ed. (4018)
Durant Industrial Authority
2004 Ed. (3302)
Durascreen
1997 Ed. (3658)
Durashine Car Polish
1997 Ed. (2390)
Duratek Inc.
2008 Ed. (2597)
2007 Ed. (2063, 2468)
2006 Ed. (2106)
2005 Ed. (3869, 3870)
2004 Ed. (2442, 3922)
Duration
2001 Ed. (3518)

2000 Ed. (1134)
Duray Inc.
1995 Ed. (1920)
Durazo Communications
2002 Ed. (3828)
Durban
2000 Ed. (3376)
1992 Ed. (1394)
Durban Development Co. Ltd.
1994 Ed. (3008)
Durban Roodepoort Deep Ltd.
2005 Ed. (239)
Durco International Inc.
2004 Ed. (1522)
2003 Ed. (1492)
2002 Ed. (1471)
Duretek
2004 Ed. (2445)
Durex
2003 Ed. (1130)
2002 Ed. (1166)
2001 Ed. (3725)
1995 Ed. (1604)
Durham Corp.
1991 Ed. (2795)
Durham Builders Supply
1997 Ed. (833)
Durham Downtown, NC
1996 Ed. (1603)
Durham; G. Robert ''Bull''
1989 Ed. (903)
Durham Life Insurance Co.
1991 Ed. (2108)
Durham, NC
2008 Ed. (3460, 3464, 3476, 3477, 3510)
2007 Ed. (3362, 3376)
Durham Regional Police Service
2008 Ed. (1613)
Durham School Services LP
2008 Ed. (3454)
2007 Ed. (3357)
2006 Ed. (3296)
2005 Ed. (3308)
Duriron
1991 Ed. (1877)
Durocher Dixson Werba L.L.C.
2001 Ed. (3936)
Duron
1992 Ed. (3728)
Duron Paints & Wallcoverings
1998 Ed. (1968)
1996 Ed. (2132)
Durr Environmental Inc.
2002 Ed. (2151)
2001 Ed. (2304)
1999 Ed. (2059)
1998 Ed. (1491)
1997 Ed. (1780)
Durr Fillauer
1993 Ed. (1513)
1990 Ed. (1551)
1989 Ed. (1942)
Durr Mechanical
2007 Ed. (1388)
Durr Mechanical Construction
2008 Ed. (1322, 1333, 1334)
2007 Ed. (4888)
2006 Ed. (1264)
2005 Ed. (1295)
2004 Ed. (1338)
Durrant
2004 Ed. (2335)
Durum
2001 Ed. (4783, 4784)
DUSA Distribution Center
1998 Ed. (980)
1997 Ed. (1207)
Dusco
1994 Ed. (3019)
Dushock; Susan
1997 Ed. (1948)
Dusit/Kempinski Hotels
1998 Ed. (2018)
Dusit Thani
2000 Ed. (1574, 1576, 1578, 1579)
1999 Ed. (1748, 2773)
1997 Ed. (1526)
1996 Ed. (1457)
1995 Ed. (1503)
Dusit Thani Hotel
2000 Ed. (2548)
1995 Ed. (2161)
Duslo a.s.
2002 Ed. (4469)
Duslo Statny Podnik
2004 Ed. (1693)
2002 Ed. (1631)
Dusseldorf
1997 Ed. (1004, 3782)
Dusseldorf, Germany
2003 Ed. (187)
1999 Ed. (1177)
1996 Ed. (978, 979, 2541)
1993 Ed. (2468)
Dusseldorf, West Germany
1991 Ed. (2632)
Dusseldorfer Hypothekenbank
2008 Ed. (436)
2007 Ed. (471)
2006 Ed. (459)
2005 Ed. (530)
2004 Ed. (548)
2003 Ed. (532)
Dust diseases of the lungs
2005 Ed. (3619)
Dust Networks
2006 Ed. (1090)
Duta Visual Nusantara TV7
2008 Ed. (48)
Dutailier
1999 Ed. (2551)
1997 Ed. (2105)
Dutch
2000 Ed. (2889, 4380)
Dutch Boy
1999 Ed. (2634)
1998 Ed. (1899)
1997 Ed. (2175)
1996 Ed. (2074, 2075)
1995 Ed. (2079)
1994 Ed. (2026)
1993 Ed. (2014)
1992 Ed. (2376)
1990 Ed. (1984)
Dutch Florin
1992 Ed. (2047)
Dutch Harbor, AK
2000 Ed. (2200)
Dutch Harbor, Unalaska
2000 Ed. (3573)
Dutch Lady Milk Industries
2006 Ed. (103)
Dutch Masters
2003 Ed. (966)
1998 Ed. (731, 3438)
Dutch Point Credit Union
2008 Ed. (2223)
2006 Ed. (2187)
2005 Ed. (2092)
2004 Ed. (1950)
2003 Ed. (1910)
2002 Ed. (1853)
Dutch Treats
1998 Ed. (731, 3438)
Dutch Treats Regular 10/20
1990 Ed. (986)
Dutchess County, NY
2004 Ed. (2984, 4221)
Dutchess Coutny, NY
2005 Ed. (3325)
Dutchland Plastics Corp.
2001 Ed. (4125)
Dutchmen Manufacturing Inc.
1993 Ed. (2986)
1992 Ed. (3644)
Dutral Sri
1995 Ed. (1380)
Dutral Srl
1994 Ed. (1356)
1993 Ed. (1304)
Dutta; Rajiv
2007 Ed. (1066)
2006 Ed. (970)
2005 Ed. (992)
Dutton
2006 Ed. (641)
2005 Ed. (729)
Duty Free International
1999 Ed. (247)
1997 Ed. (1680)
1994 Ed. (3100)
Duty Free Philippines
1997 Ed. (1680)
Duty Free Shops SA
2002 Ed. (342)
Duval
1990 Ed. (1805)
Duval County, FL
1998 Ed. (1201)
Duvanska indusrija Vranje a.d. Vranje
2006 Ed. (4535)
Duvernay Oil Corp.
2006 Ed. (1632)
DV 8 Saatchi & Saatchi
2001 Ed. (183)
DV Magazine
2007 Ed. (4793)
DVC Group, Inc.
2002 Ed. (158)
DVC Worldwide
2006 Ed. (3414, 3416)
2005 Ed. (3405, 3407)
DVD
2001 Ed. (2720)
DVD Empire
2002 Ed. (4749)
DVD players
2003 Ed. (2763)
2001 Ed. (2730)
DVD.com
2004 Ed. (4844)
DVDs
2005 Ed. (2858)
DV.8 Saatchi & Saatchi
2003 Ed. (125)
2002 Ed. (154)
2000 Ed. (146)
1999 Ed. (128)
DVI Health Services Corp.
1995 Ed. (884)
Dvirka & Bartilucci
1994 Ed. (1653)
1991 Ed. (1563)
Dvirka & Bartilucci Consulting Engineers
2000 Ed. (1825)
DVR
2002 Ed. (4752)
Dvyniu Ratas & Leo Burnett
2000 Ed. (124)
Dvyniu Ratas Leo Burnett
2003 Ed. (102)
2002 Ed. (136)
2001 Ed. (162)
1999 Ed. (118)
Dwayne O. Andreas
1992 Ed. (1143, 2059)
Dwell
2008 Ed. (150, 152, 3532)
2007 Ed. (128)
DWG Corp.
1995 Ed. (1882)
1994 Ed. (205, 1265, 1308, 1362, 1854, 3512, 3514, 3515)
1993 Ed. (1310, 1870, 2925, 3552, 3554, 3555)
1992 Ed. (4271, 4273, 4274)
1991 Ed. (223, 3351, 3353, 3354)
1990 Ed. (3564, 3565, 3566)
1989 Ed. (2663)
DWG Propane
1994 Ed. (2943)
DWG Propane Cos.
1992 Ed. (3554)
1990 Ed. (2909)
Dwight Asset Management Co.
2003 Ed. (3083)
2000 Ed. (2776)
1999 Ed. (3044)
Dwight C. Schar
2006 Ed. (935, 2532)
2005 Ed. (981, 2517)
2004 Ed. (973)
1999 Ed. (1411)
Dwight H. Hibbard
1990 Ed. (1715)
Dwight Look
1995 Ed. (932, 1068)
1994 Ed. (1055)
Dwight Manley
2003 Ed. (226)
Dwight Opperman
1999 Ed. (1072)
DWL Inc.
2004 Ed. (2780)
2003 Ed. (4849)
2002 Ed. (2484)
Dworsky Associates
1995 Ed. (239)
1994 Ed. (236)
DWP/Bates Technology
2004 Ed. (129)
2002 Ed. (182)
DWS Global Opportunities
2008 Ed. (2623)
DWS GNMA
2008 Ed. (605)
DWS Scudder Emerging Markets Fixed Income
2008 Ed. (592, 593, 594)
DWS Scudder Latin America Equity
2008 Ed. (3772)
DWS Short Duration Plus Investment
2008 Ed. (606)
Dwyer; David
1997 Ed. (1860)
1996 Ed. (1784)
1995 Ed. (1809)
1994 Ed. (1768)
Dwyer Group Inc.
2005 Ed. (3936)
DX Services
2007 Ed. (4838)
DY & R-Alcantara
2001 Ed. (197)
Dyazide
1993 Ed. (2914)
1992 Ed. (3524, 3526)
1990 Ed. (2898, 2900)
1989 Ed. (2254, 2255, 2256)
Dyazide caps
1990 Ed. (1572, 1573, 1574)
Dyckerhoff AG
2002 Ed. (1465, 4512)
2000 Ed. (3037)
Dyckerhoff & Widmann
1999 Ed. (1394)
Dyckerhoff & Widmann AG
2004 Ed. (1167)
2003 Ed. (1332)
2001 Ed. (1412)
1991 Ed. (1091)
Dycom Industries Inc.
2007 Ed. (1295)
2006 Ed. (1163, 1166)
2004 Ed. (2182)
DycomInd
1996 Ed. (2833)
Dydo
1992 Ed. (1241)
Dye; Peter
2008 Ed. (2827)
Dye, Van Mol & Lawrence
2000 Ed. (3669)
1999 Ed. (3912, 3955)
1998 Ed. (2960)
1994 Ed. (2949)
1992 Ed. (3579)
Dye, Van Mol & Lawrence Public Relations
2005 Ed. (3976)
2004 Ed. (4034)
2003 Ed. (4019)
2002 Ed. (3852)
Dyeing & printing
2002 Ed. (997)
Dyer & Dyer
1991 Ed. (299)
1990 Ed. (324)
Dyer & Dyer Volvo
1996 Ed. (292)
1995 Ed. (292)
1994 Ed. (288)
1993 Ed. (289)
1992 Ed. (404)
Dyes
2002 Ed. (3054)
Dyes & pigments
2002 Ed. (1035)
Dyestuffs
2002 Ed. (1014)
Dykema Gossett
1999 Ed. (3149)
1998 Ed. (2328)
1996 Ed. (2453)
1995 Ed. (2417)
1994 Ed. (2353)

1993 Ed. (2397)
1992 Ed. (2834)
1991 Ed. (2285)
1990 Ed. (2419)
1989 Ed. (1879)
Dykema Gossett PLLC
2008 Ed. (3423)
2007 Ed. (3315)
2005 Ed. (3264)
2004 Ed. (3234)
2001 Ed. (562, 3056, 3156)
2000 Ed. (2895, 2991)
Dykes; Ronald
2007 Ed. (1088)
2006 Ed. (996)
Dykon Computer Help Center Inc.
2007 Ed. (3560)
Dykstra; Karen
2007 Ed. (1051)
Dylan Tinker
1997 Ed. (1964)
Dylex Ltd.
2002 Ed. (3301)
1999 Ed. (4109)
1997 Ed. (1033)
1996 Ed. (1013, 3243)
1994 Ed. (1020)
1993 Ed. (3590)
1992 Ed. (1218, 1594)
1990 Ed. (3052)
Dynacorp
2000 Ed. (1785)
Dynacq International Inc.
2005 Ed. (1616, 4378, 4383)
2004 Ed. (1583, 4432, 4433)
2003 Ed. (4440)
Dynafix Group BV
2008 Ed. (1967)
2007 Ed. (1906)
DynaGen, Inc.
2002 Ed. (2521)
Dynair Services
2003 Ed. (241)
Dynalectric Co., Inc.
2005 Ed. (1995)
2004 Ed. (1879)
1996 Ed. (1149)
1990 Ed. (1200, 1202)
Dynamark
1993 Ed. (2068)
Dynamark Security Centers
1992 Ed. (3827)
Dynamex Inc.
2008 Ed. (4072, 4742, 4771)
2007 Ed. (4815, 4848)
2006 Ed. (4798, 4808)
2005 Ed. (4748)
2004 Ed. (4772)
Dynamic Inc.
2008 Ed. (2963)
1992 Ed. (3982)
Dynamic Alpha Performance
2006 Ed. (3667)
Dynamic Canadian Precious Metals
2004 Ed. (3620, 3622)
2003 Ed. (3576)
Dynamic Corporate Solutions
2006 Ed. (2409)
Dynamic Education Systems Inc.
2005 Ed. (1374)
2004 Ed. (1358)
Dynamic Focus + Balanced
2006 Ed. (3664)
2004 Ed. (3610, 3611)
Dynamic Focus + Canadian
2004 Ed. (2474)
Dynamic Focus + Guaranteed American
2003 Ed. (3608)
Dynamic Focus + Guaranteed Balanced
2004 Ed. (3610, 3611)
Dynamic Focus + Guaranteed Canadian
2003 Ed. (3592)
Dynamic Focus Plus American
2002 Ed. (3472)
Dynamic Focus Plus Canadian
2002 Ed. (3458)
Dynamic Focus + Small Business
2004 Ed. (3631)
Dynamic Fund of Canada
2001 Ed. (3491)
Dynamic Global Precious Metals
2005 Ed. (3567)
2004 Ed. (3620)
2003 Ed. (3576)
Dynamic Global Resource
2005 Ed. (3567)
Dynamic Holdings
1995 Ed. (2127)
Dynamic Income
2003 Ed. (3561, 3562)
2001 Ed. (3482, 3483, 3484)
Dynamic International
2001 Ed. (3466)
Dynamic Language Center
2008 Ed. (4989)
Dynamic Materials Corp.
2008 Ed. (2865)
2007 Ed. (1662, 4571)
2006 Ed. (1653)
Dynamic Metals International LLC
2008 Ed. (3701, 4375, 4956)
Dynamic Oil & Gas
2006 Ed. (1572)
Dynamic Power Canadian Growth
2006 Ed. (3663)
2004 Ed. (3615)
2003 Ed. (3567, 3568, 3569)
2002 Ed. (3440, 3442)
Dynamic Power Hedge
2006 Ed. (3667)
2005 Ed. (3567)
Dynamic Power Small Cap
2005 Ed. (3567)
Dynamic Restoration
2008 Ed. (2596)
2007 Ed. (2466)
Dynamic Supplies
2004 Ed. (4922)
Dynamic Textile Industries Ltd.
2002 Ed. (1970, 1971)
Dynamic Variable Life
1991 Ed. (2120)
Dynamic Wealth Management
2002 Ed. (3427)
Dynamics Corp.
1999 Ed. (3602)
Dynamics Advertising
1999 Ed. (149)
Dynamics Research Corp.
2008 Ed. (1114)
2006 Ed. (1365)
1998 Ed. (98, 1249)
Dynamit Nobel
2006 Ed. (1417, 1446, 1453, 3276)
Dynamo
2000 Ed. (3844)
1999 Ed. (1837)
DynaMotive Energy Systems Corp.
2008 Ed. (2936)
Dynaplast
2007 Ed. (1778)
Dynarand
2006 Ed. (2758)
Dynascan
1992 Ed. (2427)
1991 Ed. (1014, 1015)
1990 Ed. (1106)
1989 Ed. (963, 1321)
Dynastar
1993 Ed. (3326)
1992 Ed. (3982)
1991 Ed. (3133)
Dynasty Ceramic
2008 Ed. (2117)
Dynasty Wood Products
1997 Ed. (2105)
Dynatech Corp.
2002 Ed. (3560)
1998 Ed. (1042)
1993 Ed. (1045)
1992 Ed. (1293, 1294, 3675)
1991 Ed. (1014, 1015, 2844)
1990 Ed. (2191)
1989 Ed. (963, 2309)
Dynatrim
1998 Ed. (1272, 1352)
1993 Ed. (1484)
DynCorp
2008 Ed. (1210)
2005 Ed. (1464)
2004 Ed. (845, 1354, 1359, 1552, 3748)
2003 Ed. (804, 2268, 2951)
2002 Ed. (2115, 2813)
2001 Ed. (2224, 2870)
1989 Ed. (1002)
Dyncorp Information & Enterprise Technology Inc.
2003 Ed. (1844, 3799)
DynCorp International LLC
2007 Ed. (4030)
Dyncorp Systems & Solutions LLC
2004 Ed. (1879)
Dynegy Inc.
2008 Ed. (2499, 2848, 2849)
2007 Ed. (1559, 2383, 2384, 4525, 4526, 4529)
2006 Ed. (2437, 2440, 2441, 4472)
2005 Ed. (1466, 1632, 2291, 2294, 2398, 2399, 2402, 3588, 4469, 4470, 4506)
2004 Ed. (1533, 1587, 2192, 2195, 2314, 2319, 2322, 3669, 3670, 3682, 4493, 4494, 4495, 4496, 4571)
2003 Ed. (1589, 1836, 1837, 2136, 2259, 2279, 2280, 2284, 2285, 2286, 3811, 3814, 3845, 4540)
2002 Ed. (1563, 1569, 1772, 1782, 2123, 2127, 2128, 3711, 3712, 4358, 4501)
2001 Ed. (2841, 2842, 3767, 4662)
2000 Ed. (3549, 3550)
Dynegy Holdings Inc.
2003 Ed. (2136)
Dynegy Marketing & Trade
2003 Ed. (2136)
2001 Ed. (4662)
Dynetech
2007 Ed. (836, 4015)
2006 Ed. (741)
Dynex Capital Inc.
2004 Ed. (4544)
Dynex Power
2007 Ed. (2811)
2003 Ed. (2707, 2935, 2941)
Dynix
2006 Ed. (3279)
2005 Ed. (3287)
2004 Ed. (3256)
1994 Ed. (2522, 2523)
1991 Ed. (2310, 2311)
Dyno Industrier
1991 Ed. (1333)
Dyson
2008 Ed. (678, 699)
2007 Ed. (706, 727, 3430)
Dyson Foundation
2002 Ed. (2336, 2341)
1993 Ed. (890)
Dyson; James
2005 Ed. (4888)
Dyson-Kissner-Moran Corp.
1994 Ed. (1005)
1992 Ed. (1204)
Dyxis
1994 Ed. (2692)
DZ Bank
2008 Ed. (418)
2007 Ed. (452)
2006 Ed. (446)
2005 Ed. (512, 3943)
2004 Ed. (504)
DZ Bank International
2008 Ed. (472)
2007 Ed. (515)
2006 Ed. (495)
Dzirlo
2001 Ed. (26)
DZS/Baker LLC
2006 Ed. (1742)

E

E. A. Haberli
2001 Ed. (2338)
E. A. Uffman and Associates
1997 Ed. (1048)
E Allg Stamm
1993 Ed. (3671)
E & D Web
1999 Ed. (3895)
E & G Food Co.
1998 Ed. (3711)
E & G Printing Service Inc.
2001 Ed. (3891)
1999 Ed. (3887)
1998 Ed. (2918, 2919)
1997 Ed. (3166)
E & G Printing Services Inc.
1998 Ed. (2921)
E & J
2008 Ed. (242)
2007 Ed. (262)
2006 Ed. (255)
2005 Ed. (235)
2004 Ed. (229, 765)
2003 Ed. (263)
2002 Ed. (769, 3134)
2001 Ed. (1012, 3146, 3147)
2000 Ed. (801)
1999 Ed. (796, 800, 801, 3243, 3246)
1998 Ed. (493, 2397)
1989 Ed. (755)
E & J Brandy
2004 Ed. (770)
2002 Ed. (279, 775, 777, 3172, 3175, 3176, 3179)
2001 Ed. (1016, 1017, 3141, 3142)
2000 Ed. (805, 807)
1992 Ed. (2889)
1991 Ed. (741, 2322, 2330)
E & J Cask & Cream
2004 Ed. (3261)
2003 Ed. (755, 3218)
E & J Cask & Cream Liqueur
2001 Ed. (3105, 3107)
E & J Gallo
2008 Ed. (247)
1997 Ed. (2665, 2668)
1996 Ed. (778)
1993 Ed. (679, 3705, 3714, 3721)
1990 Ed. (3695)
1989 Ed. (2929)
E & J Gallo Reserve Cellars
1997 Ed. (3885)
E & J Gallo Vineyards
2001 Ed. (4874)
E & J Gallo Winery
2008 Ed. (3189, 4935)
2007 Ed. (4966)
2006 Ed. (828, 3034, 4959, 4963, 4967)
2005 Ed. (914, 2655, 3026, 4830, 4945, 4946, 4947)
2004 Ed. (769, 923, 2662, 3017, 4839, 4961, 4962, 4963)
2003 Ed. (259, 759, 906, 2520, 3227, 4854, 4951, 4958, 4959, 4961)
2002 Ed. (4913)
2001 Ed. (4840, 4841, 4902)
2000 Ed. (4396, 4408)
1999 Ed. (4772, 4784)
1998 Ed. (1774, 3722, 3738)
1997 Ed. (3897)
1996 Ed. (3849)
1995 Ed. (3739, 3750)
1994 Ed. (690, 3664)
1992 Ed. (4453, 4473)
1991 Ed. (3490, 3491)
E & K Cos., Inc.
2008 Ed. (1268)
2007 Ed. (1372)
2006 Ed. (1297)
E & L Transport Co.
2007 Ed. (4843)
1993 Ed. (3638)
E & M Enterprises Inc.
2008 Ed. (3720, 4412)
E & P Cabot Blue Chip
2003 Ed. (3569)
2002 Ed. (3440, 3441, 3442)
E & P Cabot Canadian Equity
2003 Ed. (3567, 3568, 3569)
2002 Ed. (3440, 3441, 3442)
E & P Cabot Global Multistyle
2002 Ed. (3438)
E & S Reinsurance
1999 Ed. (4034)
E & Y Kenneth Leventhal Real Estate Group
1998 Ed. (181)

1997 Ed. (259)
E. B. Eddy
1996 Ed. (2906)
E. Biscom SpA
2006 Ed. (1824)
E. Bruce Dungan
1992 Ed. (532)
E. Bruce Harrison Co.
1995 Ed. (3004, 3032)
1994 Ed. (2972)
1993 Ed. (2927, 2933)
1992 Ed. (3557, 3561, 3566, 3581)
E-Builder.com
2001 Ed. (4752)
E. C. Roessler
2005 Ed. (2477)
E Center of West Valley City
2003 Ed. (4530)
2002 Ed. (4346)
2001 Ed. (4354)
E-Chemicals
2001 Ed. (4750)
E-ChoiceNet
2001 Ed. (4753)
E-CHX Inc.
2008 Ed. (4324)
E-commerce
2008 Ed. (760, 761)
2002 Ed. (1991)
2000 Ed. (1789, 2750)
E-Commerce CFO
2000 Ed. (1789)
E-commerce package integration
2001 Ed. (2168)
E-Commerce Times
2002 Ed. (4858)
E D & F Man Group plc
2002 Ed. (250)
2001 Ed. (283)
E. D. & F. Man International Inc.
2000 Ed. (826)
1999 Ed. (829)
1998 Ed. (814)
E. D. Breen
2005 Ed. (2478)
2004 Ed. (2493)
E. Dagga
1993 Ed. (2578)
e-DependentCare Work/Life Services
2005 Ed. (2360, 2361, 2362)
e-Dispatch.com Wireless Data Inc.
2003 Ed. (1116)
E-Dr. Network
2001 Ed. (3594)
E. E. Cruz & Co. Inc.
2003 Ed. (1287)
E. E. R. Enterprises, Inc.
1991 Ed. (301)
E. E. Reed Construction Co.
2003 Ed. (1259)
E. E. Whitacre Jr.
2005 Ed. (2506)
2004 Ed. (2522)
2003 Ed. (2402)
2002 Ed. (2208)
2001 Ed. (2343)
E! Entertainment Television
1992 Ed. (1032)
E. F. Degraan
2002 Ed. (2204)
E. F. Hutton
1989 Ed. (803, 806, 807, 808, 821, 2374, 2375, 2376, 2377, 2380, 2381, 2384, 2385, 2386, 2387, 2388, 2390, 2391, 2395, 2397, 2401, 2407, 2418, 2419, 2420, 2422)
E. F. Hutton Group
1989 Ed. (809)
E. F. Hutton Life
1989 Ed. (1707, 1709)
E-fact
2002 Ed. (1954)
E Federal Credit Union
2008 Ed. (2235)
2007 Ed. (2120)
2006 Ed. (2199)
2005 Ed. (2104)
2004 Ed. (1962)
2003 Ed. (1922)
2002 Ed. (1868)
E. Follin Smith
2007 Ed. (1089)
2006 Ed. (997)
E-Force
1997 Ed. (2390)
E-470 Public Highway Authority, CO
2000 Ed. (4297)
E G & G
1997 Ed. (2404, 3386)
E. G. Smith
1993 Ed. (1133)
E-Group
1997 Ed. (2702)
E. I. Du Pont
1990 Ed. (942, 1283, 1291)
E. I. Du Pont Canada
1992 Ed. (1114)
E. I. Du Pont de Nemours
1998 Ed. (694, 700, 701, 702, 705, 706, 1042, 1083, 1132, 1555, 2822, 2874, 2878, 2978, 3521)
1997 Ed. (3024)
1995 Ed. (154, 948, 951, 953, 954, 956, 957, 958, 964, 965, 966, 968, 1222, 1258, 1263, 1280, 1292, 1293, 1306, 1310, 1336, 1369, 1393, 1431, 2788, 2790, 2850, 2854, 2857, 2860, 2910, 3045)
1994 Ed. (912, 915, 917, 918, 919, 920, 921, 922, 929, 930, 932, 936, 1212, 1238, 1257, 1268, 1269, 1283, 1313, 1344, 1726, 2466, 2579, 2744, 2753, 2754, 2759, 2762, 2768, 2820, 2984)
1993 Ed. (154, 161, 176, 719, 889, 892, 898, 902, 903, 905, 906, 907, 912, 913, 916, 919, 922, 925, 1175, 1188, 1212, 1217, 1229, 1230, 1231, 1270, 1292, 1335, 1347, 1408, 1490, 1710, 1741, 1898, 2013, 2611, 2733, 2734, 2773, 2779, 2833, 2869, 2874, 2945, 2997)
1992 Ed. (234, 243, 1809, 1108, 1111, 1115, 1117, 1125, 1238, 1457, 1467, 1480, 1500, 1504, 1539, 1546, 2162, 3271, 3273, 3324, 3326, 3346, 3666, 1563, 1106, 1112, 1510, 1513, 1534, 1565, 2069, 2236, 3133, 3260, 3354, 3363, 3427, 4057, 4059)
1991 Ed. (2592)
1990 Ed. (943, 946, 1296, 1313, 1730, 2639, 2851)
1989 Ed. (885, 889, 1059, 1142, 1386, 2016, 2222)
E. I. du Pont de Nemours & Co.
2008 Ed. (906, 907, 908, 909, 910, 912, 921, 922, 923, 925, 926, 928, 929, 1017, 1466, 1701, 1702, 2351, 3011, 3799, 3996)
2007 Ed. (922, 923, 924, 925, 926, 928, 929, 932, 933, 941, 944, 945, 946, 947, 948, 949, 951, 952, 954, 1137, 1457, 1472, 1675, 1676, 2889, 3708, 3972, 3989)
2006 Ed. (840, 841, 842, 843, 845, 846, 847, 850, 851, 856, 859, 860, 861, 863, 864, 865, 1048, 1453, 1671, 1672, 1673, 3725, 3918)
2005 Ed. (931, 932, 933, 940, 941, 942, 943, 944, 947, 951, 953, 954, 955, 956, 957, 958, 1493, 1750, 1751, 1752, 2213, 2214, 3609, 3694, 3853, 4445)
2004 Ed. (940, 941, 942, 943, 951, 952, 954, 958, 959, 960, 961, 962, 963, 964, 967, 1477, 1694, 1695, 1696, 2029, 2109, 2110, 2561, 3154, 3398, 3699, 3775, 3907, 4097, 4488)
2003 Ed. (933, 936, 937, 938, 940, 941, 942, 945, 946, 947, 1447, 1519, 1522, 1551, 1663, 1664, 1665, 1980, 2287, 2427, 3750, 3890, 4070, 4935, 4936)
2002 Ed. (246, 980, 987, 988, 989, 990, 991, 994, 995, 1012, 1013, 1015, 1016, 1017, 1020, 1021, 1185, 1427, 1510, 1521, 1632, 1688, 1689, 1690, 2100, 2101, 3591, 3965, 3966, 4351, 4880)
2001 Ed. (275, 276, 1038, 1041, 1176, 1178, 1181, 1183, 1198, 1199, 1557, 1576, 1581, 1601, 1678, 1679, 2069, 2070, 2071, 2073, 2504, 3551, 3670, 3692, 3755, 3756, 3817, 3958, 4043)
1997 Ed. (952, 954, 955, 957, 958, 963, 965, 967, 1273, 1276, 1286, 1309, 1325, 1380, 3085)
1996 Ed. (756, 850, 922, 923, 925, 926, 928, 938, 939, 945, 1023, 1230, 1236, 1276, 1282, 1321, 1733, 2487, 2854, 2915, 2924, 2925, 2930, 2932, 2938, 3145, 3718)
1991 Ed. (168, 177, 235, 889, 903, 904, 908, 1053, 1137, 1170, 1194, 1197, 1200, 1226, 1638, 2508, 2685, 2690, 2694, 2697, 2734, 3399)
1990 Ed. (169, 951, 955, 1251, 1399, 1486, 2782, 3324)
1989 Ed. (187, 2161)
E. I. Du Pont deNemours
1992 Ed. (1118)
E. I. DuPont de Nemours & Co.
1990 Ed. (1161)
E. I. I. Realty Securities
2003 Ed. (4058)
2002 Ed. (3929, 3942)
1998 Ed. (2275, 2280)
E-II Holdings Inc.
1994 Ed. (360)
1990 Ed. (1226, 1247)
1989 Ed. (1112, 2369)
E-II Holdings Inc./American Brands Inc.
1990 Ed. (1230)
E. J. & E. Central Credit Union
1996 Ed. (1507)
E. J. Brach
1997 Ed. (893)
1995 Ed. (896)
1994 Ed. (2658)
1993 Ed. (830, 831)
1992 Ed. (1041)
E. J. Brooks Co.
2006 Ed. (4367)
E. J. de La Rosa & Co.
2008 Ed. (2962)
1999 Ed. (3020)
1996 Ed. (2351, 2359)
E-J Electric Installation
2008 Ed. (1275, 1322, 1333, 1334)
E. J. Ferland
2003 Ed. (2407)
2001 Ed. (2344)
E. J. Reynolds Inc.
1999 Ed. (1998)
1998 Ed. (1424)
E. J. Rhodes
1994 Ed. (1711)
E. J. Zander
2003 Ed. (2394)
2002 Ed. (2201)
2001 Ed. (2336)
E. James Ferland
2007 Ed. (1034)
1992 Ed. (2063)
E. James White
2003 Ed. (171)
E. K. F. (Aluminium) Ltd.
1991 Ed. (959)
E. Krasnoff
2005 Ed. (2478)
2004 Ed. (2493)
2002 Ed. (2189)
E L & C Baillieu
1995 Ed. (767)
E L & C Ballieu
1995 Ed. (768)
E-L Financial Corp.
2008 Ed. (1621, 1623, 3327)
2007 Ed. (3179)
2006 Ed. (1610)
2005 Ed. (1708)
2003 Ed. (1634)
1996 Ed. (2342)
1994 Ed. (2282)
E-L Financial Corporation
1992 Ed. (2694)
E. Leclerc
1995 Ed. (3156)
1993 Ed. (3050)
E. Leclerc; Association des Centres Distributeurs
2005 Ed. (39)
E. Leon Jimenes
1992 Ed. (46)
E-Loan
2003 Ed. (3041)
2001 Ed. (577)
e-loanship.com
2008 Ed. (132, 136)
E. M. Liddy
2004 Ed. (2506)
E. M. Warburg
1998 Ed. (2105)
E. M. Warburg Pincus & Co.
2005 Ed. (1514)
2004 Ed. (1498)
2003 Ed. (1468)
2002 Ed. (1448)
E-mail
2008 Ed. (3352)
2007 Ed. (3218)
2004 Ed. (4992)
2001 Ed. (1142, 2216)
e-Media LLC
2003 Ed. (2710, 2711)
E Mini NASDAQ 100
2008 Ed. (2802)
2007 Ed. (2671)
2006 Ed. (2681)
2005 Ed. (2705)
2004 Ed. (2715)
E-Mini Russell 2000 Index
2008 Ed. (2802)
E Mini S & P
2001 Ed. (1332)
E Mini S & P 500 Index
2008 Ed. (2802)
2007 Ed. (2671)
2006 Ed. (2681)
2005 Ed. (2705)
2004 Ed. (2715)
2003 Ed. (2601)
E. Morris Communications
2008 Ed. (111)
2007 Ed. (101, 193)
2006 Ed. (112)
2005 Ed. (103)
2003 Ed. (31, 215)
2002 Ed. (711)
2000 Ed. (68)
E. N. Elec. Or
1994 Ed. (723)
E. N. Tool & Supply Ltd.
1999 Ed. (2845)
E. Neville Isdell
2008 Ed. (947)
2007 Ed. (966, 1025)
E-One Moli Energy
2007 Ed. (2380)
E! Online
2004 Ed. (3158)
2003 Ed. (3050)
E-Osuuskunta EKA
1995 Ed. (1385)
1994 Ed. (1361)
1993 Ed. (1309)
1990 Ed. (1360)
1989 Ed. (1114)
E-Paper
2003 Ed. (2178)
E. Pierce Marshall
2005 Ed. (4845)
2004 Ed. (4859)
E-Plus Mobilfunk
2001 Ed. (3340)
E-Plus Mobilfunk GmbH & Co.
2005 Ed. (1570)
e point
2003 Ed. (2713)
E. R.
2006 Ed. (2855)
E. R. Carpenter
1994 Ed. (1467, 3117)
E. Rogas, Jr.
2001 Ed. (2329)
E. S. O'Neal
2005 Ed. (2490)
2004 Ed. (2506)

E S 2 Enterprise Sales Solutions
1997 Ed. (3701)
E. Scott Urdang
1995 Ed. (2357, 2377)
E-Series
2001 Ed. (534)
E-Stamp Corp.
2004 Ed. (1538)
E. Stanley Korenke
2002 Ed. (3362)
E. Stanley Kroenke
2008 Ed. (4833)
2007 Ed. (4904)
2006 Ed. (4909)
2005 Ed. (4855)
2004 Ed. (4868)
2003 Ed. (4884)
E. Stanley O'Neal
2008 Ed. (949)
2007 Ed. (1027)
2005 Ed. (2474)
E. Stanton McKee Jr.
1995 Ed. (983)
E-Steel
2003 Ed. (2176)
2001 Ed. (4761)
E-Systems
1997 Ed. (1583)
1995 Ed. (157)
1994 Ed. (1609)
1993 Ed. (158, 1570, 1579)
1992 Ed. (1917, 1920)
1991 Ed. (178, 182, 1519, 1524, 1527)
1990 Ed. (186, 190, 1628, 1632, 2995)
1989 Ed. (197, 1308, 1314, 1328, 1329)
E. T. & L. Construction Corp.
2008 Ed. (3714, 4403, 4966)
E. T. - The Extra-Terrestrial
2004 Ed. (3513)
1991 Ed. (2489, 3448, 3449)
E. T. Transport Inc.
2006 Ed. (4356)
e-Tech Solutions
2000 Ed. (1109, 2408)
E-Tek Dynamics Inc.
2005 Ed. (1510)
2004 Ed. (1494)
2003 Ed. (1464, 1496)
2000 Ed. (2399, 2450)
E-TON Solar Technology
2008 Ed. (2928)
E Trade
1999 Ed. (4476)
e-Travel
2008 Ed. (4800)
e TV
2005 Ed. (79)
E. V. Goings
2008 Ed. (2639)
2005 Ed. (3857)
2004 Ed. (2496)
E. V. (Rick) Goings
2008 Ed. (3997)
2007 Ed. (3974)
E. W. Barnholt
2005 Ed. (2494)
2004 Ed. (2510)
2003 Ed. (2391)
2002 Ed. (2195)
2001 Ed. (2329)
E. W. Blanch Co. Inc.
2002 Ed. (3960)
2001 Ed. (4037)
1998 Ed. (3036)
1997 Ed. (3291)
1996 Ed. (3187)
1995 Ed. (3086)
1994 Ed. (3041)
1993 Ed. (2993)
1992 Ed. (3659)
1991 Ed. (2830)
1990 Ed. (2262)
E. W. Deavenport Jr.
2003 Ed. (2384)
2002 Ed. (2188)
The E. W. Scripps Co.
2008 Ed. (3623, 3624, 4087)
2007 Ed. (100, 3445, 3449, 4051, 4052, 4053, 4054)
2006 Ed. (3435, 3439, 4021, 4022, 4023, 4718)
2005 Ed. (3422, 3424, 3598, 3599, 3983)
2004 Ed. (3411, 3683, 3684)
2003 Ed. (4025, 4026)
2002 Ed. (2146)
2001 Ed. (3247)
1998 Ed. (2440)
1997 Ed. (2716, 3220)
1996 Ed. (2846, 3140, 3142)
1995 Ed. (3038)
1994 Ed. (2977)
1993 Ed. (1292)
1992 Ed. (2980)
1991 Ed. (2783)
E-Z-Go
1990 Ed. (1939, 1940, 1941)
E-Z Serve Corp.
1998 Ed. (984)
1997 Ed. (1209)
1996 Ed. (1172)
EA Fisher Architectural Woodwork Ltd.
2005 Ed. (4996)
EA-Generali
2000 Ed. (4351)
1999 Ed. (4722)
1997 Ed. (3846, 3847)
1996 Ed. (3793)
1995 Ed. (1357)
1994 Ed. (1326, 3631, 3632)
EA-Generali AG
1993 Ed. (1281, 3672)
EA Generali (ordinary)
1996 Ed. (3792)
E.A. Horrigan, Jr.
1990 Ed. (1713, 1714)
EA Industries
2000 Ed. (3330)
1998 Ed. (2678)
EA Online
2008 Ed. (3361)
2007 Ed. (3231)
EA Portland
1999 Ed. (3591)
EA Sports
2006 Ed. (1121)
EA Sports Supercross
2003 Ed. (846)
EAB
2000 Ed. (1433)
1999 Ed. (1630)
1998 Ed. (1140)
1995 Ed. (1394)
1994 Ed. (1368)
1993 Ed. (1313)
EADS
2008 Ed. (162, 163, 1963, 1964, 1965, 1966, 2395, 3558)
2007 Ed. (180, 181, 182, 183, 184, 186, 1899, 1900, 1903, 1904, 2260, 3423, 4830)
2006 Ed. (178, 179, 1918, 1919, 1920, 3225, 3393)
2005 Ed. (163, 165, 167, 1895, 3396, 3691)
2001 Ed. (270)
Eagle
2005 Ed. (1265)
2003 Ed. (1229)
2001 Ed. (463)
1997 Ed. (292, 3530, 3532, 3664)
1996 Ed. (820, 824, 826, 2859, 3463, 3466)
1995 Ed. (3652)
1994 Ed. (3341, 3345)
Eagle Asset Management
1992 Ed. (2768)
1991 Ed. (2226, 2230, 2243)
1989 Ed. (1803, 2139)
Eagle Asset Management, Small Cap Core
2003 Ed. (3120, 3135)
Eagle Asset Mgmt.
2000 Ed. (2818)
Eagle Bancorp Inc.
2008 Ed. (2701)
Eagle/Betty Crocker
2007 Ed. (3970)
Eagle Brand
1998 Ed. (3319, 3320)
Eagle Brands Inc.
2001 Ed. (2716)
2000 Ed. (4386)
1995 Ed. (3727)
1992 Ed. (2404)
1991 Ed. (1909)
Eagle Broadband Inc.
2008 Ed. (250)
2007 Ed. (4591)
Eagle Butte
2002 Ed. (3365)
Eagle Butte, WY
2000 Ed. (1126)
Eagle, CO
1994 Ed. (339)
Eagle Comtronics Inc.
1992 Ed. (2973)
Eagle Construction
2002 Ed. (1207)
2000 Ed. (1232)
1998 Ed. (917)
Eagle Construction of Virginia
2005 Ed. (1236)
2004 Ed. (1212)
2003 Ed. (1205)
Eagle Cos.
1999 Ed. (4651)
1998 Ed. (3613)
1997 Ed. (3787)
1996 Ed. (3731)
Eagle Country Credit Union
2005 Ed. (2068)
Eagle Country Markets
2004 Ed. (4636)
Eagle Creek
2001 Ed. (1108)
Eagle El Grande
1994 Ed. (3341)
Eagle Family Foods Inc.
2003 Ed. (3412)
Eagle Federal
1990 Ed. (3134)
Eagle Federal Savings Bank
1998 Ed. (3539)
Eagle Food Centers
2003 Ed. (4654)
Eagle Global Logistics
2007 Ed. (4812)
2006 Ed. (4803, 4804)
2005 Ed. (3340, 3491)
Eagle Global Logistics LP; EGL—
2007 Ed. (2013)
2006 Ed. (2043)
Eagle Group International Inc.
2008 Ed. (1364)
2007 Ed. (192, 1408)
2006 Ed. (1370, 3508, 4347)
2005 Ed. (1356)
Eagle Growth Shares
2006 Ed. (3640)
1990 Ed. (2370)
Eagle Hardware
1999 Ed. (2709)
1998 Ed. (1967, 1970, 1972)
1997 Ed. (835, 2244, 2245, 2246)
Eagle Hardware & Garden Inc.
2000 Ed. (2492)
Eagle Hospitality Properties Trust
2008 Ed. (1885)
Eagle Industry
2007 Ed. (1832)
Eagle Insurance Co.
2003 Ed. (2970)
2002 Ed. (4477, 4478)
1996 Ed. (2267)
1992 Ed. (79)
Eagle Legacy Credit Union
2008 Ed. (1708)
2007 Ed. (1683)
Eagle Lodge
2002 Ed. (2641)
2000 Ed. (2545)
1999 Ed. (2769)
Eagle Lodge Conference Center
1998 Ed. (2012)
1996 Ed. (2172)
Eagle Lodge Conference Center & Country Club
1997 Ed. (2286)
1995 Ed. (2159)
Eagle Materials Inc.
2007 Ed. (777)
Eagle Mitsubishi
1993 Ed. (278)
1992 Ed. (392)
Eagle Ottawa LLC
2008 Ed. (1928, 3435, 3436)
2007 Ed. (3335, 3336)
2006 Ed. (3263, 3264)
2005 Ed. (3272, 3273)
2004 Ed. (3247, 3248)
2003 Ed. (3202)
Eagle Pass, TX
2005 Ed. (3878)
Eagle Pension Funds
1993 Ed. (2356, 2357)
Eagle-Picher
1989 Ed. (877)
Eagle-Picher Automotive
2003 Ed. (341)
Eagle-Picher Industries
1995 Ed. (1305, 2768)
1993 Ed. (3467)
1992 Ed. (474, 475, 478)
1990 Ed. (1300)
Eagle Premier
1996 Ed. (3765)
Eagle Promotions
2008 Ed. (3720, 4412)
2007 Ed. (3577, 4433)
Eagle Ridged
1994 Ed. (2902)
Eagle Ripples
1997 Ed. (3137)
Eagle River Motel
2006 Ed. (2939)
Eagle Select Fund Ltd.
2003 Ed. (3121, 3136)
Eagle Sentry
2008 Ed. (4943)
2007 Ed. (4973)
2005 Ed. (2859)
Eagle Snacks
1997 Ed. (3533)
1995 Ed. (3397, 3407, 3408)
1994 Ed. (2901)
Eagle Star
1993 Ed. (2255)
Eagle Star Holdings Plc
1995 Ed. (1383)
Eagle Star UK High Income
1995 Ed. (2750, 2751)
Eagle Talon
1995 Ed. (3431)
Eagle Thins
1999 Ed. (3862)
1997 Ed. (3137, 3138)
1996 Ed. (3057)
1994 Ed. (2902)
Eagle Trust PLC
1993 Ed. (973)
Eagle USA Airfreight
1999 Ed. (4331)
1998 Ed. (2724)
Eagle Vision
1996 Ed. (347)
EagleDirect.com
2002 Ed. (3761)
EagleRider Motorcycle Rental
2008 Ed. (4130)
2005 Ed. (305)
2004 Ed. (309)
2003 Ed. (4066)
2002 Ed. (363)
The Eagles
2008 Ed. (2583)
2007 Ed. (1267)
2006 Ed. (2486)
2005 Ed. (1160)
2002 Ed. (1164)
2001 Ed. (1380)
1998 Ed. (866, 867, 1470)
1997 Ed. (1114, 1777)
1996 Ed. (1095)
Eagles; Philadelphia
2008 Ed. (2761)
2007 Ed. (2632)
2006 Ed. (2653)
2005 Ed. (3281)
EagleVentures Inc.
2001 Ed. (1465)
EAI Resource Investments
1991 Ed. (2240)

EAI (Unilever)
1992 Ed. (61)
Eamer; Richard K.
1993 Ed. (937, 1695)
1991 Ed. (924)
1990 Ed. (972)
E&G Printing Service Inc.
2000 Ed. (3609)
E&J
2000 Ed. (2976, 2979)
1998 Ed. (2393, 2394)
E&J Gallo Vineyards
2000 Ed. (4409)
E&J Gallo Wine Cellars
1998 Ed. (3439, 3723)
EAR Professional
1996 Ed. (2747)
Earhart Foundation
2000 Ed. (2261)
Earhart; J. Troy
1991 Ed. (3212)
Earl Jean Inc.
2003 Ed. (3965)
2002 Ed. (1077)
Earl L. Mason
2000 Ed. (1050)
Earl of Jersey
2007 Ed. (4925)
Earl of Pembroke
2007 Ed. (4925)
Earl Oldsmobile
1995 Ed. (282)
Earl R. Hawkins Jr.
1995 Ed. (2485)
Earl S. Tupper
1995 Ed. (939)
Earl S. Washington
1989 Ed. (737)
Earl Singleton
1998 Ed. (3707)
Earl Swensson Associates
2008 Ed. (261, 2527)
2006 Ed. (2791)
2002 Ed. (330)
2001 Ed. (403)
1999 Ed. (285)
1998 Ed. (182)
1996 Ed. (229)
1995 Ed. (233)
1994 Ed. (231)
Earle E. Morris, Jr.
1991 Ed. (3210)
Earle M. Jorgensen Co.
2008 Ed. (3664)
2007 Ed. (2210, 3494)
2006 Ed. (3470)
2005 Ed. (3463)
1991 Ed. (3218)
1990 Ed. (3435)
1989 Ed. (2637)
Earle M. Jorgenson Co.
2007 Ed. (3493)
2006 Ed. (3469)
2005 Ed. (3462)
2004 Ed. (3448)
2003 Ed. (3381, 3382)
Earle M. Jorgenson Co. (EMJ)
2002 Ed. (3315, 3319)
Earle Palmer Brown
2000 Ed. (159, 3664)
1999 Ed. (142, 3950)
1998 Ed. (63, 2956)
1995 Ed. (113, 125, 3030)
1994 Ed. (108, 116)
1992 Ed. (206, 1806, 3558, 3561)
1991 Ed. (149)
1990 Ed. (149)
1989 Ed. (159)
Earle Palmer Brown & Spiro
1993 Ed. (127)
1992 Ed. (197)
1991 Ed. (142)
1990 Ed. (142)
1989 Ed. (151)
Earle Palmer Brown Cos.
1996 Ed. (139, 3105)
Earle Palmer Brown PR
2000 Ed. (3629)
Earle Palmer Brown Public Relations
2003 Ed. (4000, 4007, 4012)
2002 Ed. (3814, 3847)
1997 Ed. (145, 3210)
1996 Ed. (3133)
1994 Ed. (2948, 2970)
1992 Ed. (3576)
Earley Jr.; Anthony F.
2008 Ed. (956)
2007 Ed. (1034)
Earl's Restaurants Ltd.
2003 Ed. (4141)
2001 Ed. (4085)
Early forms of advertising
1990 Ed. (1083)
Early Times
2004 Ed. (4892, 4908)
2003 Ed. (4902, 4919)
2002 Ed. (286, 3107, 3160, 3161, 3162)
2001 Ed. (4788, 4806)
2000 Ed. (2948)
1999 Ed. (3208, 3236, 3238)
1998 Ed. (2376)
1997 Ed. (2660)
1996 Ed. (2521)
1995 Ed. (2472)
1994 Ed. (2391)
1993 Ed. (2446)
1992 Ed. (2869)
1991 Ed. (727, 2317)
1989 Ed. (748, 751, 752)
EarlyBirdCapital.com
2002 Ed. (4818, 4860)
eArmyU
2005 Ed. (3182)
Earned income
1993 Ed. (3051)
Earnest Partners LLC
2008 Ed. (180)
2007 Ed. (197)
2006 Ed. (191)
2004 Ed. (172)
2003 Ed. (216)
2002 Ed. (712)
Earnhardt Inc.; Dale
2007 Ed. (327)
Earnhardt Ford
1991 Ed. (270)
Earnhardt Ford Sales Co.
2005 Ed. (277, 334, 4806)
2004 Ed. (273, 338, 4803, 4804, 4822, 4823)
2002 Ed. (354, 355, 359, 360, 362)
Earnhardt Suzuki
1990 Ed. (321)
Earnhardt's Gilbert Dodge
2005 Ed. (4805)
2004 Ed. (4822, 4823)
1996 Ed. (270, 297)
1995 Ed. (263)
EarningsWhispers.com
2002 Ed. (4850)
Earrings
1998 Ed. (2316)
Eart-Harding Inc.
2007 Ed. (1374)
Earth Color Group
2000 Ed. (3607, 3608)
Earth drillers
1990 Ed. (2728)
Earth Friendly
2003 Ed. (2079)
Earth Friendly Products
2003 Ed. (2083)
Earth Grains
2001 Ed. (545)
Earth Observing System
1992 Ed. (4027)
Earth Sun Moon Trading
2006 Ed. (1214)
Earth Tech Inc.
2008 Ed. (1232, 1299, 1303, 2543, 2547, 2551, 2556, 2561, 2564, 2567, 2601, 2602, 2603, 2604, 2605, 2606, 4821, 4822)
2007 Ed. (1345, 2416, 2420, 2424, 2429, 2434, 2437, 2440, 2472, 2473, 2474, 2475, 2476, 2477, 4889)
2006 Ed. (1170, 1247)
2005 Ed. (1306, 1308, 1309, 1334, 1338, 1339, 1340, 2423, 2424, 2427, 2429, 2432, 2435)
2004 Ed. (1251, 1253, 1255, 1266, 1271, 1285, 1290, 1292, 1293, 1296, 1297, 1298, 1300, 1301, 1302, 1329, 1333, 2327, 2328, 2329, 2330, 2331, 2333, 2338, 2340, 2342, 2346, 2347, 2353, 2354, 2355, 2356, 2363, 2366, 2368, 2369, 2373, 2374, 2375, 2379, 2380, 2381, 2382, 2383, 2384, 2385, 2386, 2389, 2391, 2392, 2393, 2395, 2397, 2400, 2403, 2433, 2434, 2435, 2437, 2440, 2443, 2444, 2446)
2003 Ed. (1248, 1251, 1253, 1263, 1268, 1282, 1289, 1290, 1292, 1293, 1297, 1298, 1299, 1330, 1334, 2291, 2293, 2294, 2296, 2298, 2300, 2302, 2303, 2304, 2307, 2308, 2311, 2316, 2318, 2319, 2322)
2002 Ed. (1176, 1214, 1235, 1239, 1240, 1243, 1248, 1252, 1258, 1277, 1279, 1285, 1286, 1287, 1316, 1320, 2131, 2133, 2135, 2136, 2138, 2139)
2001 Ed. (2288, 2291, 2292, 2293, 2294, 2295, 2297, 2300, 2301, 2302)
2000 Ed. (1250, 1798, 1802, 1804, 1857)
1999 Ed. (2025)
1998 Ed. (1479)
Earth Technology Corp.
2002 Ed. (2152)
2000 Ed. (1861)
1992 Ed. (358)
EarthCare Co.
2004 Ed. (3342)
Earthgrains Co.
2003 Ed. (371, 761)
2001 Ed. (2475)
2000 Ed. (373)
1999 Ed. (369)
1998 Ed. (256, 265, 3713)
Earthjustice
2004 Ed. (931)
EarthLink Inc.
2008 Ed. (2848, 3033)
2007 Ed. (2352, 2720, 2910, 3221)
2006 Ed. (2730, 3175, 3177, 3179, 3182, 4687)
2005 Ed. (1553, 2771, 3171, 3172, 3174)
2004 Ed. (3149, 3150, 4666)
Earthlink Network, Inc.
2002 Ed. (2479, 2993)
2001 Ed. (2967)
1999 Ed. (2624, 2999, 3000, 3265)
earthlink.net
2001 Ed. (2986)
Earthmover Credit Union
2004 Ed. (1927)
Earthquake Recovery Fund
1993 Ed. (895)
Earthquakes, etc.
1991 Ed. (2060)
Earth's Best
2008 Ed. (3161)
EarthShell Corp.
2004 Ed. (1232, 1233)
EarthWalk Communications, Inc.
2003 Ed. (2743)
EarthWeb
2003 Ed. (3048)
2002 Ed. (4805)
2001 Ed. (4450)
2000 Ed. (2640)
Earthweb.com
2004 Ed. (3157)
Earvin "Magic" Johnson
1995 Ed. (250, 1671)
Earvin "Magic" Johnson Jr.
2008 Ed. (183)
EAS
2008 Ed. (4444, 4913)
EAS nonink-type tags
1993 Ed. (1456)
Easco
1997 Ed. (3359, 3410)
Easco Hand Tools
1992 Ed. (471)
Easel Corp.
1992 Ed. (3821)
East Africa Beverages
2007 Ed. (85)
2006 Ed. (95)
East Africa Portland Cement Ltd.
2006 Ed. (3685)
East African Breweries Ltd.
2008 Ed. (54, 96)
2007 Ed. (52)
2006 Ed. (61, 3685, 4543)
2005 Ed. (54)
2002 Ed. (3482, 3483)
East African Gold Mines
2006 Ed. (1429)
East Asia
1996 Ed. (1730, 1731)
East Asia; Bank of
2008 Ed. (440)
2007 Ed. (459)
2006 Ed. (448)
2005 Ed. (517)
East Asiatic
2000 Ed. (230, 4013)
1999 Ed. (207, 1599, 4301)
1991 Ed. (1266, 1267)
1990 Ed. (3457)
The East Asiatic Company Ltd.
2000 Ed. (1406)
East Asiatic Co. (Thailand), Ltd.
1989 Ed. (1167)
East Baton Rouge, LA
1993 Ed. (2982)
East Baton Rouge Parish, LA
2008 Ed. (3478)
East Bay BMW
1996 Ed. (265)
East Bay Municipal Utilities District (CA)
1991 Ed. (3159)
East Bay Municipal Utility District (CA)
1992 Ed. (4030)
East Brunswick Buick Pontiac GMC
2007 Ed. (189)
East Brunswick, NJ
2004 Ed. (2986)
2000 Ed. (1066, 2610)
1999 Ed. (1152, 2829)
1991 Ed. (939)
1990 Ed. (999, 1001)
East Carolina University
2002 Ed. (2062)
2001 Ed. (3257)
2000 Ed. (3073)
1999 Ed. (3330, 3334)
East Carolina University, Brody School of Medicine
2007 Ed. (3462)
East Carroll County, LA
2002 Ed. (1806)
East Central
2000 Ed. (4161)
East Central United States
2002 Ed. (680, 756, 2373, 3141, 4318, 4341, 4553, 4936)
East China Electric Power
2001 Ed. (1621, 1669)
East Coast Computer Systems
1992 Ed. (4487)
East Coast Fire Protection
2008 Ed. (1227, 2719)
2007 Ed. (2580)
2005 Ed. (1281)
2004 Ed. (1235)
East Coast Petroleum
2008 Ed. (4966)
East Eagle Hydro-Vac Services
2006 Ed. (1539)
East Europe
2001 Ed. (1098)
East Gate Center
1998 Ed. (2696)
East German
1999 Ed. (3585)
East Germany
1992 Ed. (1735, 1776, 2359)
1991 Ed. (1382)
1990 Ed. (778, 1449, 1476)
1989 Ed. (2957)
East Hampton, NY
1992 Ed. (1168)
East-Harding Inc.
2008 Ed. (1271)

East Idaho Credit Union
2008 Ed. (2229)
2007 Ed. (2114)
2006 Ed. (2193)
2005 Ed. (2098)
2004 Ed. (1956)
2003 Ed. (1916)
2002 Ed. (1862)
East Japan Railway Co.
2008 Ed. (4102)
2007 Ed. (4069, 4199, 4834, 4836)
2004 Ed. (4062)
2003 Ed. (4042)
2002 Ed. (3903)
2001 Ed. (1620)
2000 Ed. (3701, 4293)
1999 Ed. (3988, 4653)
1998 Ed. (2995)
1997 Ed. (3250, 3762, 3788)
1996 Ed. (3707, 3738)
1995 Ed. (3662)
1994 Ed. (3578)
East Japan Railways
1990 Ed. (3645)
East Jefferson Hospital
2008 Ed. (1889)
2007 Ed. (1857)
2006 Ed. (1854)
2005 Ed. (1848)
2004 Ed. (1782)
East Jersey State Prison & Satellites
1999 Ed. (3902)
East Kentucky Power
1992 Ed. (3263)
East Kentucky Power Cooperative
2006 Ed. (1392)
2005 Ed. (1406)
2004 Ed. (1385)
The East L.A. Community Union
1996 Ed. (2660)
1995 Ed. (2590)
1993 Ed. (2583)
East Los Angeles, CA
2006 Ed. (2857)
East Midlands Airport
1995 Ed. (197)
East Midlands Electricity
1996 Ed. (1356)
East New York Savings Bank
1998 Ed. (3522, 3533)
East North Central U.S.
2008 Ed. (3483)
East of Chicago Pizza Co.
2003 Ed. (2454)
2002 Ed. (3717)
East of Eden
2005 Ed. (728)
East Ohio Gas Co.
2005 Ed. (2719)
1998 Ed. (1813)
1997 Ed. (2123)
East Ohio United Methodist Conference Credit Union
2006 Ed. (2168)
East Orange, NJ
1994 Ed. (333, 831)
1992 Ed. (1020)
1990 Ed. (871, 873)
1989 Ed. (343)
East Orange, NJ (Maclean Hunter)
1991 Ed. (835)
East Prospect State Bank
1994 Ed. (511)
1993 Ed. (506)
East Side Mario's
2002 Ed. (4019)
1998 Ed. (1760, 1761, 3060, 3062, 3070, 3071)
1997 Ed. (3128)
1996 Ed. (3047)
East Side S & L (Chicago, IL)
1991 Ed. (2918)
East South Central U.S.
2008 Ed. (3483)
East Surrey Holdings
2006 Ed. (2697)
East Tennessee State University
2001 Ed. (3257)
2000 Ed. (3073)
1999 Ed. (3334)
1994 Ed. (1058, 1900)
East Timor
2008 Ed. (2192)
East West Bancorp
2007 Ed. (383)
2006 Ed. (400)
2002 Ed. (500)
East-West Bank
1999 Ed. (581)
1998 Ed. (390)
1997 Ed. (543)
East-West Federal Bank FSB
1996 Ed. (3285)
East-West Network (Gross)
1989 Ed. (2180)
East-West Savings
1990 Ed. (463)
East-West Venture Group
2002 Ed. (4736)
Eastbridge Capital
1993 Ed. (2318, 2326)
Eastbrook Cos.
2002 Ed. (2683)
Eastbrook Homes
2004 Ed. (1175)
2003 Ed. (1167)
Eastchester Park Nursing Home
1998 Ed. (3765)
Eastcliff Total Return
2000 Ed. (3247)
1999 Ed. (3531)
Eastdil Realty
1994 Ed. (3019)
1993 Ed. (2978)
1992 Ed. (3638)
1989 Ed. (2127)
Easter
2004 Ed. (2759)
2003 Ed. (854)
2001 Ed. (2627)
1999 Ed. (1023)
1992 Ed. (2348)
1990 Ed. (1948)
Easter Seals
2005 Ed. (3606)
Easter Seals Hawaii
2006 Ed. (1741)
Eastern Corp.
2007 Ed. (4214, 4215)
2006 Ed. (4205)
2005 Ed. (4149)
2002 Ed. (3558)
1992 Ed. (280)
1990 Ed. (206, 208, 209, 751)
1989 Ed. (240)
Eastern Ad Co.
1990 Ed. (123)
Eastern Advertising
1996 Ed. (145)
1995 Ed. (131, 132)
1991 Ed. (121, 155)
1989 Ed. (166)
Eastern Air Lines Inc.
1996 Ed. (383)
1990 Ed. (235)
Eastern Airlines
1997 Ed. (3009)
1993 Ed. (188, 202, 366)
1992 Ed. (262, 281, 284, 295, 302, 303, 535, 1379)
1991 Ed. (200, 206, 210, 211, 212, 3318)
1990 Ed. (238, 1809)
1989 Ed. (234, 235, 236, 244)
Eastern America Insurance Agency Ltd.
2008 Ed. (3228)
Eastern Asia
2000 Ed. (4343)
1999 Ed. (199, 1820)
Eastern Associated Coal Corp.
2003 Ed. (1853)
2001 Ed. (1899)
1993 Ed. (1002)
1989 Ed. (952)
Eastern Bag & Paper Co., Inc.
2008 Ed. (3701, 4956)
2007 Ed. (3542, 3543)
Eastern Bank Ltd.
2000 Ed. (467)
1999 Ed. (475)
1998 Ed. (3550)
Eastern banks
1992 Ed. (2624)
Eastern Brewing Co.
1990 Ed. (752)
1989 Ed. (757)
Eastern Business Systems
2000 Ed. (3148)
Eastern Casualty Insurance Co.
1999 Ed. (2964)
Eastern/Central Europe
2001 Ed. (368)
Eastern Christian College
1990 Ed. (1085)
Eastern Colorado Bank
1989 Ed. (207)
Eastern Communications
2000 Ed. (4010, 4011)
1999 Ed. (4293, 4294)
Eastern Construction Co. Ltd.
1994 Ed. (1176)
Eastern Dentists Insurance Co.
1994 Ed. (866)
Eastern Electricity
1996 Ed. (1367)
Eastern Enterprises
1999 Ed. (3593)
1998 Ed. (2664)
1997 Ed. (2926)
Eastern Environmental
1989 Ed. (1566, 2500)
Eastern Environmental Services
1989 Ed. (1571, 2498)
Eastern Environmental Services of the Southeast Inc.
1991 Ed. (1090)
Eastern Europe
2008 Ed. (728)
2005 Ed. (3031, 3032, 3659, 3660, 3661)
2002 Ed. (4323, 4324)
2001 Ed. (516, 517, 728, 1192, 1193, 3857)
2000 Ed. (3548, 4343)
1999 Ed. (199, 1820, 4039, 4118, 4827)
1998 Ed. (1241, 1554, 2735)
1997 Ed. (1806)
1996 Ed. (26, 325, 1466)
1995 Ed. (1785)
1993 Ed. (2483, 2845, 3350)
1992 Ed. (1235, 3555)
Eastern Financial Credit Union
2006 Ed. (2189)
2005 Ed. (2094)
2004 Ed. (1952)
2003 Ed. (1912)
2002 Ed. (1858)
Eastern Financial FCU
1999 Ed. (1805)
Eastern Financial Federal
1992 Ed. (3262)
Eastern Financial Federal Credit Union
2000 Ed. (1631)
1998 Ed. (1232)
1994 Ed. (1504)
1991 Ed. (1394)
Eastern Financial Florida Credit Union
2008 Ed. (2225)
2007 Ed. (2110)
Eastern Fish
1994 Ed. (3307)
Eastern Fisheries Inc.
2003 Ed. (2492)
Eastern Food Equipment
2007 Ed. (2594)
Eastern Gas & Fuel
1990 Ed. (3639)
1989 Ed. (947)
Eastern Group plc
2001 Ed. (2897)
Eastern Housing
1996 Ed. (1544)
Eastern Idaho Regional Medical Center Inc.
2004 Ed. (1727)
2003 Ed. (1691)
2001 Ed. (1728)
Eastern Kentucky University
2006 Ed. (4198)
Eastern Lakes
1997 Ed. (2207)
Eastern Maine Healthcare Systems
2008 Ed. (1897)
2007 Ed. (1863)
2006 Ed. (1859)
2005 Ed. (1852)
Eastern Maine Medical Center Inc.
2006 Ed. (1858)
2005 Ed. (1851)
2004 Ed. (1785)
2003 Ed. (1749)
2001 Ed. (1782)
Eastern Marine Construction Inc.
1990 Ed. (1977)
Eastern Market Beef Processing
1991 Ed. (1746)
1990 Ed. (1828)
Eastern Mennonite University
2001 Ed. (1322)
1999 Ed. (1225)
1998 Ed. (796)
Eastern Mercy Health System
1998 Ed. (2547, 2552)
1997 Ed. (2826)
1996 Ed. (2707, 2709)
1995 Ed. (2627, 2629, 2632)
1994 Ed. (2574)
1992 Ed. (3124)
1990 Ed. (2629)
Eastern Mercy Health Systems
1991 Ed. (2499)
Eastern Metal Supply Inc.
2002 Ed. (4989)
2000 Ed. (4433)
1999 Ed. (4813)
1998 Ed. (3763)
Eastern Michigan University
2001 Ed. (2229)
Eastern Mingo Coal Co.
1993 Ed. (1002)
Eastern Mortgage Services Inc.
1999 Ed. (3436)
Eastern New Mexico Medical Center
2005 Ed. (1905)
2004 Ed. (1821)
Eastern Oil Co.
2005 Ed. (3789)
Eastern Petrochemical Co.
1994 Ed. (3140)
Eastern Point Advisors Twenty
2004 Ed. (3535)
Eastern Realty Investment
1992 Ed. (2751)
Eastern Savings Bank
2007 Ed. (465)
2005 Ed. (3307)
1998 Ed. (3549)
Eastern Savings Bank, FSB
2007 Ed. (4248, 4260)
2006 Ed. (4234, 4246)
2005 Ed. (4181, 4182, 4221)
2004 Ed. (4248, 4249, 4288)
2003 Ed. (4229, 4277, 4280)
2002 Ed. (4137)
Eastern State Farm Credit Union
2004 Ed. (1925)
2003 Ed. (1886)
Eastern States Exposition
2006 Ed. (2534)
2005 Ed. (2524)
2003 Ed. (2417)
2002 Ed. (2215)
1999 Ed. (2086)
Eastern States Exposure
2000 Ed. (1888)
Eastern U.S. banks
1994 Ed. (2192)
Eastern Warehouse Distributors
2008 Ed. (4425)
Eastex Employees Credit Union
2003 Ed. (1893, 1894)
Eastgate Fund LP
1998 Ed. (1923)
Eastgate Pools
2005 Ed. (4027)
EastGroup Properties Inc.
2006 Ed. (2296)
2005 Ed. (2231)
Eastham, Johnson, Monnheimer & Jontz PC
2001 Ed. (566)
Eastland Center
2002 Ed. (4280)
2001 Ed. (4252)
2000 Ed. (4028)

Eastland Marketplace
1996 Ed. (2878)
EastLink
2008 Ed. (2001)
Eastlink, Western Union
1991 Ed. (3450)
Eastman
1999 Ed. (3850)
1998 Ed. (2880)
Eastman & Beaudine Inc.
1992 Ed. (2048)
Eastman Chemical Co.
2008 Ed. (2104, 2105, 2106)
2007 Ed. (914, 932, 2009, 2010, 2011)
2006 Ed. (840, 844, 845, 848, 850, 851, 2037, 2038, 2039)
2005 Ed. (931, 940, 941, 947, 1968, 1969, 1970, 3855, 3856)
2004 Ed. (941, 950, 951, 954, 964, 1865, 1866, 1867, 2216, 3910, 4097)
2003 Ed. (933, 936, 937, 940, 941, 1832, 1833, 1834, 4070)
2002 Ed. (991, 995, 1526, 1781, 3965, 4351, 4880)
2001 Ed. (1181, 1209, 1211, 1875, 1876)
2000 Ed. (1017, 1020, 1022, 1023, 1571)
1999 Ed. (276, 1079, 1081, 1086, 1536, 1745, 3318, 3793)
1998 Ed. (692, 693, 697, 699, 1188)
1997 Ed. (951, 954, 973, 1523)
1996 Ed. (922, 928, 950, 1191, 1234, 1455)
1995 Ed. (948, 950, 973)
Eastman Credit Union
2008 Ed. (2260)
2007 Ed. (2145)
2006 Ed. (2224)
2005 Ed. (2129)
2004 Ed. (1987)
2003 Ed. (1947)
2002 Ed. (1893)
Eastman; John
1997 Ed. (2611)
1991 Ed. (2297)
Eastman Kodak Co.
2008 Ed. (1492, 1534, 1811, 1986, 3022, 3189, 3220, 3221, 3441, 3684, 3685, 3980, 4283)
2007 Ed. (1498, 1518, 1919, 2460, 2851, 2900, 2914, 3008, 3065, 3079, 3080, 3082, 3341, 3344, 3950, 4108, 4263, 4264, 4525, 4526, 4567, 4568)
2006 Ed. (264, 265, 1215, 1488, 1936, 3047, 3048, 3049, 3270, 4057, 4071, 4249)
2005 Ed. (245, 246, 1255, 1516, 1605, 1798, 1908, 2836, 3042, 3043, 3046, 3279, 3488, 3653, 3654, 4039, 4244, 4467, 4508, 4519, 4520)
2004 Ed. (242, 243, 1225, 1574, 1577, 1579, 1823, 2827, 2903, 3028, 3031, 3744, 3745, 4312, 4313, 4484, 4566)
2003 Ed. (1789, 2245, 2729, 2955, 2956, 2957, 3207, 3208, 4302, 4303, 4557)
2002 Ed. (58, 1552, 2705, 2830, 2831, 3225, 3534, 3608, 3619, 4172, 4355)
2001 Ed. (1104, 1816, 2767, 2892, 2895, 2896, 3087, 3269, 3650, 3669, 3673, 3683)
2000 Ed. (1243, 1341, 1359, 1754, 2212, 2263, 2482, 2647, 2920, 3079, 3369, 3448, 3862, 3863)
1999 Ed. (1345, 1502, 2697, 2896, 3341, 3645, 3714, 3731, 3822, 3827, 4146, 4147, 4148)
1998 Ed. (2106, 2346, 2771, 3162)
1997 Ed. (1273, 1660, 2404, 3007, 3018, 3386)
1996 Ed. (869, 1230, 1273, 1285, 2263, 2930, 3289, 3607)
1995 Ed. (698, 1258, 1305, 1426, 1466, 1656, 2263, 2845, 2846, 2936, 3092, 3191)
1994 Ed. (833, 834, 912, 916, 1088, 1237, 1261, 1270, 1430, 1558, 1607, 1612, 1920, 2213, 2365, 2436, 2466, 2746, 2759, 2872, 3025, 3043, 3147)
1993 Ed. (176, 823, 825, 895, 901, 1063, 1175, 1191, 1231, 1377, 1564, 1898, 1904, 2182, 2413, 2497, 2772, 2874, 2984, 2997, 3103, 3458)
1992 Ed. (2236, 2642, 2855, 3229, 3345, 3666, 4049)
1991 Ed. (11, 177, 843, 902, 1033, 1235, 1449, 2080, 2299, 2405, 2407, 2590, 2740, 2741, 2836, 2930, 3303, 3309)
1990 Ed. (17, 37, 878, 879, 882, 1230, 1236, 1990, 2518, 3553)
1989 Ed. (882, 1388, 1891, 2230, 2231, 2295, 2362, 2673)
Eastman Video
1995 Ed. (3699)
1994 Ed. (3627, 3628)
1993 Ed. (3666)
1992 Ed. (4392, 4393)
Easton
1992 Ed. (4044)
1991 Ed. (3166)
Easton Gym
2000 Ed. (2424)
Eastover Capital Management
1998 Ed. (2290)
Eastover Capital Mgmt.
2000 Ed. (2824)
Eastpak
2001 Ed. (1108)
Eastport, ID
2005 Ed. (3877)
Eastshore/MacArthur/Nimitz
1990 Ed. (3063)
Eastside Nissan-Yugo
1990 Ed. (325)
EastWest Creative
2006 Ed. (3414)
2005 Ed. (3405, 3408)
Eastwick Comms.
2000 Ed. (3645)
Eastwood Construction Co.
2004 Ed. (1157, 1177)
2003 Ed. (1152, 1169)
Eastwood Homes
2008 Ed. (1196, 1197)
2005 Ed. (1185, 1204)
Eastwood Printing
2002 Ed. (3761)
Easy
1999 Ed. (791, 3128)
Easy Cheese
2003 Ed. (922)
Easy Mac; Kraft
2008 Ed. (2730)
Easy Spirit
2003 Ed. (300)
2001 Ed. (4245)
1997 Ed. (280)
1995 Ed. (3371)
Easy Ups; Pampers
2008 Ed. (2335)
Easy Video
2000 Ed. (4346)
1998 Ed. (3671)
1992 Ed. (4392)
easyGroup
2004 Ed. (758)
EasyJet
2008 Ed. (668, 689)
2007 Ed. (699, 720)
2006 Ed. (238)
easyJet Airline Co. Ltd.
2002 Ed. (1793)
EasyJet plc
2008 Ed. (218, 228, 229, 230, 231, 232, 233, 234, 4759)
2007 Ed. (249, 250, 251, 252, 253, 254)
Easylink
1992 Ed. (1934)
Easynet Group
2006 Ed. (4702)
Easyplex
1992 Ed. (1934)
Easyriders
2008 Ed. (150)
2007 Ed. (167)
2001 Ed. (1645)
1993 Ed. (2798, 2801)
1992 Ed. (3389)
1991 Ed. (2708)
EAT
2000 Ed. (232, 256)
1992 Ed. (878)
Eat 'n Park
2004 Ed. (4119)
Eating and drinking places
1996 Ed. (2)
1995 Ed. (3387)
1993 Ed. (2152)
1990 Ed. (1657)
Eating places
1989 Ed. (2647)
Eating Right
1993 Ed. (1906)
Eating Well
2000 Ed. (3473)
1999 Ed. (3763)
Eating Well for Optimum Health
2003 Ed. (707)
Eat'n Park
2008 Ed. (2034)
Eaton Corp.
2008 Ed. (189, 198, 2005, 2006, 2459, 2460, 3145, 3146, 3150)
2007 Ed. (202, 211, 212, 1546, 1938, 2211, 2333, 2334, 3027, 3032, 3036, 3399)
2006 Ed. (777, 1980, 2279, 2389, 2393, 2996, 3342, 3343, 3344, 3363)
2005 Ed. (312, 313, 2334, 2338, 2341, 3349, 3354)
2004 Ed. (313, 314, 2233, 2234, 2237, 2242, 2999, 3324, 3329)
2003 Ed. (316, 337, 339, 340, 341, 2190, 2194, 2196)
2002 Ed. (940, 2079, 2082, 4791)
2001 Ed. (529, 1672, 2140, 2141, 2192, 2193, 3647)
2000 Ed. (357, 1744, 1745, 3032)
1999 Ed. (1939, 1968, 1969, 1970, 1973)
1998 Ed. (1372, 1398, 1401)
1997 Ed. (315, 2822, 2823)
1996 Ed. (338, 339, 342, 2698, 2699)
1995 Ed. (324, 325, 1470, 2621, 2622)
1994 Ed. (326, 327, 328, 1436, 2185, 2566, 2567)
1993 Ed. (340, 341, 1382, 2605, 2606)
1992 Ed. (466, 467, 468, 3115)
1991 Ed. (335, 336, 341, 342, 345, 346, 2491, 2492)
1990 Ed. (393, 394, 395, 396)
1989 Ed. (1313, 1316)
Eaton Corporation and subsidiaries
1990 Ed. (2489)
Eaton Electrical Inc.
2006 Ed. (4941)
Eaton Family Credit Union
1998 Ed. (1218)
Eaton; Fredrik
1997 Ed. (3871)
1991 Ed. (1617)
Eaton; George
1997 Ed. (3871)
Eaton Hydraulics Inc.
2008 Ed. (4253)
2007 Ed. (4216)
2006 Ed. (4206)
2005 Ed. (4150)
2003 Ed. (4196)
Eaton Corp. - Innovation Center division
2000 Ed. (2459)
Eaton; John Craig
1997 Ed. (3871)
Eaton Office Supply
1990 Ed. (848)
Eaton; Robert J.
1997 Ed. (981)
1996 Ed. (965)
Eaton; Thor
1997 Ed. (3871)
Eaton Vance
2008 Ed. (585, 2359, 4528)
2007 Ed. (635, 636, 2219, 3660, 3661, 3681)
2006 Ed. (610, 2286, 2291, 3210)
2005 Ed. (691, 2226, 3547, 3563)
2004 Ed. (2121, 2124, 4562)
2002 Ed. (1520, 2004)
1998 Ed. (1320, 2591)
1997 Ed. (565)
Eaton Vance Asian Small Companies
2007 Ed. (3667)
2004 Ed. (3647, 3649)
Eaton Vance China Growth
1995 Ed. (2728)
Eaton Vance Equity Income
1993 Ed. (2690)
Eaton Vance Government
1992 Ed. (3188)
Eaton Vance Government Obligations
2003 Ed. (691)
Eaton Vance Greater China
1995 Ed. (2706)
Eaton Vance Greater China Growth
2005 Ed. (3554)
Eaton Vance Greater India
2008 Ed. (3770)
2007 Ed. (3672)
2006 Ed. (3608, 3612)
2001 Ed. (3445)
Eaton Vance Growth
2004 Ed. (3538, 3598)
Eaton Vance Hi-Yield Munis A
1999 Ed. (3571)
Eaton Vance Income Boston
1999 Ed. (754)
Eaton Vance Income Fund Boston
2000 Ed. (766)
1999 Ed. (753)
Eaton Vance Income Fund of Boston
2001 Ed. (3441)
1996 Ed. (2781)
Eaton Vance Income of Boston
1999 Ed. (3535)
1995 Ed. (2700)
1994 Ed. (2610)
1993 Ed. (2674)
Eaton Vance Information Age
2001 Ed. (3435)
Eaton Vance Investors
1992 Ed. (3195)
1991 Ed. (2566)
1990 Ed. (2372)
Eaton-Vance Marathon Emerging Markets
1998 Ed. (2630)
Eaton Vance Marathon High-Yield Municipal
1999 Ed. (755)
Eaton Vance Municipal Bond
2006 Ed. (3683)
2000 Ed. (768)
1999 Ed. (3573)
1993 Ed. (2667)
1990 Ed. (2389)
Eaton Vance Municipal Bond I
1999 Ed. (757)
Eaton Vance Municipal Bond LP
1999 Ed. (755)
Eaton Vance National Municipal A
1999 Ed. (755, 3571, 3573)
Eaton Vance National Municipal B
1999 Ed. (3573)
Eaton Vance National Municipal C
1999 Ed. (3573)
Eaton Vance National Municipals
2008 Ed. (603)
2007 Ed. (643)
1992 Ed. (3147)
Eaton Vance Natural Resources
1995 Ed. (2723)
Eaton Vance Prime Rate Reserve
2000 Ed. (757)
Eaton Vance Short-Term Treasury
1996 Ed. (2811)
Eaton Vance Tax Managed International Growth
2004 Ed. (3650, 3651)

Eaton-Vance Traditional Emerging Markets
1998 Ed. (2630)
Eaton Vance Traditional Government Obligation
1999 Ed. (752)
Eaton Vance Traditional High-Yield Municipal
1999 Ed. (755)
Eaton Vance Utilities
2007 Ed. (3677)
2004 Ed. (2463)
Eaton Vance Worldwide Health
2000 Ed. (3232)
Eaton Vance Worldwide Health A
1999 Ed. (3514)
Eaton Vance Worldwide Health Science
2006 Ed. (3636)
2004 Ed. (3565, 3567, 3568)
Eaton Vance Worldwide Health Sciences
2005 Ed. (4487)
2003 Ed. (3549)
2002 Ed. (4504)
2001 Ed. (3440)
Eaton's
1993 Ed. (48)
Eaton's of Canada
1996 Ed. (30, 3148)
1994 Ed. (18)
Eats, Shoots & Leaves
2006 Ed. (637)
Eau Claire, WI
1994 Ed. (2245)
1992 Ed. (2576, 3042)
Eau de Cartier; Cartier
2008 Ed. (2768)
Eaux
2000 Ed. (790, 791)
1997 Ed. (703)
1994 Ed. (739, 740)
1992 Ed. (915, 3941)
Eaux (Cie Generale)
1991 Ed. (3106)
Eaux (Compagnie Generale)
1993 Ed. (732, 3252)
Eaux de Toilette
2001 Ed. (3715)
EB Inc.
1996 Ed. (1213)
EB Capital Apprec.
1996 Ed. (624)
EB Fixed Fund
1994 Ed. (581, 582)
EB - Konsernet
1995 Ed. (1469)
1994 Ed. (1435)
EB Managed Maturity
1996 Ed. (626)
1994 Ed. (581)
EB Short-Term Inc.
1997 Ed. (569)
EB Small Capital
1994 Ed. (579)
EB Special Equity
1996 Ed. (625)
1994 Ed. (580)
eBags.com
2006 Ed. (2382)
ebank Financial Services Inc.
2005 Ed. (363)
Ebara Corp.
2006 Ed. (1313)
2002 Ed. (1702)
1991 Ed. (1285)
Ebasco Services Inc.
1995 Ed. (1177, 1188)
1994 Ed. (1124, 1133, 1135, 1633, 1635, 1638)
1993 Ed. (1100, 1119, 1601, 1603, 1606, 2876)
1992 Ed. (1403, 1404, 1406, 1407, 1408, 1948, 1951)
1991 Ed. (1069, 1075, 1076, 1550)
1990 Ed. (1197, 1198, 1664)
eBay
2008 Ed. (637, 658, 683, 691, 692, 704, 1511, 1588, 1599, 1601, 1603, 2450, 2850, 2851, 3350, 3353, 3354, 3369, 3374, 4208, 4238, 4288, 4523)
2007 Ed. (690, 711, 721, 732, 1526, 1692, 2314, 2315, 2623, 2716, 2720, 3209, 3217, 3222, 3241, 3246, 4162, 4180, 4186, 4203, 4361, 4516, 4522, 4588, 4696)
2006 Ed. (650, 1142, 1502, 1581, 2373, 2375, 2376, 2377, 2726, 2730, 2731, 3183, 3187, 3688, 4163, 4295, 4464, 4603, 4677)
2005 Ed. (1107, 1117, 1607, 1616, 1674, 1675, 2324, 2325, 2327, 2542, 2770, 2771, 3176, 3184, 3196, 3197, 4108, 4141, 4249, 4457, 4460, 4461, 4462, 4610, 4611)
2004 Ed. (2209, 2225, 2226, 2769, 2770, 2771, 2772, 2775, 3019, 3152, 3160, 3162, 4189, 4214, 4485, 4486, 4488, 4489, 4561, 4660)
2003 Ed. (2186, 2187, 2642, 2704, 2731, 2942, 3052, 4188)
2002 Ed. (2990, 2995, 4824)
2001 Ed. (1644)
2000 Ed. (2640, 2641)
eBay Motors U.S.
2008 Ed. (3356)
2007 Ed. (3226)
eBay.com
2007 Ed. (2321)
2006 Ed. (2383)
2001 Ed. (2979, 2981, 2984, 2992, 2993, 4776)
2000 Ed. (2753)
EBC Computer Corp.
2007 Ed. (2514)
EBC Computers Corp.
2002 Ed. (2539)
EBE
2004 Ed. (1779)
Eber & Co.
1993 Ed. (2342)
Eber; Jose
2007 Ed. (2758)
Eberling; Dean
1997 Ed. (1908)
1996 Ed. (1835)
1995 Ed. (1820)
1994 Ed. (1780)
Ebersman; David
2007 Ed. (1045)
Eberspacher North America Inc.
2008 Ed. (313)
EBES
1992 Ed. (913, 914, 1579)
1991 Ed. (729, 730, 1258, 1260)
1990 Ed. (1333, 3456)
EBES, Stes Reunies d'Energie du Bassin de l'Escaut
1996 Ed. (1301)
EBF
1995 Ed. (1960)
1994 Ed. (1931)
EBF Equity-S
1996 Ed. (624)
Ebiocare.com
2003 Ed. (4148)
Ebix Inc.
2008 Ed. (1662, 4364, 4383)
EBN: Electronic Buyers' News
2004 Ed. (143)
Ebone
1999 Ed. (1756)
Ebony
2000 Ed. (746)
ebookers plc
2004 Ed. (3663)
Ebos Group
2007 Ed. (1922)
EBP HealthPlans Inc.
1996 Ed. (980)
1995 Ed. (992)
ebrary Inc.
2007 Ed. (3056)
2006 Ed. (3023)
Ebro
1993 Ed. (1879)
Ebro Puleva SA
2008 Ed. (3581)
2006 Ed. (3401)
Ebsco Industries Inc.
2008 Ed. (1544)
2007 Ed. (1564, 3060)
2006 Ed. (1534, 1535, 3027)
2003 Ed. (1601)
Ebsworth & Ebsworth
2003 Ed. (3180)
ebuild.com
2004 Ed. (853)
2003 Ed. (811)
Ebura Corp.
1997 Ed. (1781)
EBV
1997 Ed. (1713)
Eby-Brown Co.
2002 Ed. (1071)
1998 Ed. (976, 980, 982, 983)
1997 Ed. (1200, 1203, 1204, 1207)
1995 Ed. (1000, 1195, 1200, 1201, 1204)
1994 Ed. (987, 1177)
1993 Ed. (962, 1154)
Eby-Brown Co., LLC
2008 Ed. (4051)
2007 Ed. (4024)
2006 Ed. (3985)
2003 Ed. (4937, 4938)
Eby-Brown Co. L.P.
1996 Ed. (987)
EC Co.
2006 Ed. (1334, 1348)
EC & M
2008 Ed. (4708)
EC Cubed Inc.
2001 Ed. (1872, 2852)
EC-Gate
2003 Ed. (2722)
EC Outlook
2002 Ed. (2472)
ECASA
1989 Ed. (1149)
ECC Capital Corp.
2007 Ed. (4287)
ECC International Inc.
2001 Ed. (3325)
1996 Ed. (2835)
1993 Ed. (1567)
1992 Ed. (1771)
1990 Ed. (409, 411)
Ecclestone; Bernard
2008 Ed. (4910)
Ecclestone; Bernie & Slavica
2008 Ed. (4897, 4906)
2007 Ed. (4930)
2005 Ed. (4889, 4897)
Ecclestone; Slavice
2007 Ed. (4924)
Ecco
2005 Ed. (271)
Ecco Domani
2005 Ed. (4968)
2002 Ed. (4941, 4943, 4947, 4948, 4955, 4961)
2001 Ed. (4877, 4878, 4879, 4881, 4886, 4888, 4894)
2000 Ed. (4413, 4415, 4418, 4419, 4422, 4423)
Ecco Publicadad Integral
1995 Ed. (51)
Ecco Publicidad/DDB Needham
1997 Ed. (66)
Ecco Publicidad Integral
1996 Ed. (67)
ECCO Select
2003 Ed. (2717)
Ecco Sko A/S
2004 Ed. (3249)
2002 Ed. (4264)
ECE, SA de CV
2005 Ed. (3429)
E.Central
2002 Ed. (2991)
ECF Value Fund LP
2003 Ed. (3118, 3134, 3137, 3140)
EcFood.com
2001 Ed. (4755)
eChapman.com Inc.
2002 Ed. (4200)
Echelon International
2000 Ed. (2209)
Echelon Mall
2000 Ed. (4032)
1999 Ed. (4312)
1998 Ed. (3302)
1994 Ed. (3305)
1992 Ed. (3972)
1991 Ed. (3127)
1990 Ed. (3292)
1989 Ed. (2493)
Echelon Mortgage
1994 Ed. (2547)
Echinacea
2001 Ed. (2012)
2000 Ed. (2445, 2447)
1998 Ed. (1924)
1996 Ed. (2102)
Echlin Inc.
2005 Ed. (1496)
1999 Ed. (324)
1998 Ed. (216, 240)
1997 Ed. (315)
1996 Ed. (338, 339, 2699)
1995 Ed. (324, 325, 2621)
1994 Ed. (326, 327, 2567)
1993 Ed. (340, 2605, 2606)
1992 Ed. (466, 467, 471, 472, 473, 3115)
1991 Ed. (331, 336, 339, 340)
1990 Ed. (386, 387, 399, 2626)
1989 Ed. (330, 331)
Echlin Industries
1990 Ed. (378)
Echo Inc.
2006 Ed. (4386)
Echo Bay
1990 Ed. (249)
Echo Bay gs
1989 Ed. (2667)
Echo Bay Mines Ltd.
2003 Ed. (2626)
2002 Ed. (3738)
2000 Ed. (283, 288)
1999 Ed. (261, 4388, 4400)
1998 Ed. (154, 160, 162, 1119, 1120, 1122, 3305)
1997 Ed. (231, 232, 237, 2152)
1996 Ed. (213, 2033, 3509)
1995 Ed. (205, 208, 3436)
1994 Ed. (204, 214, 1982)
1993 Ed. (216, 219)
1992 Ed. (320, 2335)
1991 Ed. (1846)
1990 Ed. (1936, 2586, 3459)
Echo; Toyota
2008 Ed. (298)
2006 Ed. (315)
Echostar
1999 Ed. (1550, 1847)
EchoStar Communications Corp.
2008 Ed. (827, 828, 1675, 1677, 1681, 1682, 1683, 1684, 1685, 1686, 1688, 1690, 1691, 1692, 3625, 3626)
2007 Ed. (749, 865, 866, 867, 1528, 1663, 1664, 1665, 1666, 1667, 1668, 1669, 1670, 2455, 3448, 4710)
2006 Ed. (657, 768, 1092, 1647, 1648, 1649, 1650, 1652, 1654, 1655, 1656, 1657, 1659, 1660, 1661, 1662, 1663, 2264, 2265, 2492, 4882)
2005 Ed. (750, 847, 1098, 1631, 1736, 1738, 1739, 1740, 1741, 1742, 1744, 1745, 1943, 3426)
2004 Ed. (778, 1451, 1483, 1526, 1556, 1607, 1678, 1680, 1681, 1683, 1684, 1685, 1687)
2003 Ed. (1581, 1643, 1648, 1650, 1651, 1654, 1657, 2064, 2275, 3349)
2002 Ed. (923, 1124, 1620, 1622, 1624, 3284, 3890, 4568)
2001 Ed. (1745, 3251)
EchoStar DBS Corp.
2008 Ed. (1691)
2007 Ed. (1669)
2004 Ed. (1685)
Echostar Satellite
2008 Ed. (4633)
ECI
2008 Ed. (2480)
ECI Telecom Ltd.
1999 Ed. (3676, 3677)
1998 Ed. (2727, 2728)
1996 Ed. (2896)

1994 Ed. (2709, 2710)
1993 Ed. (2753)
Eckenfelder; Laurence
1995 Ed. (1820)
Eckenfelder; Lawrence
1994 Ed. (1780)
1993 Ed. (1797)
1991 Ed. (1680)
1989 Ed. (1418, 1419)
Ecker
2004 Ed. (2145)
Ecker Enterprises Inc.
2006 Ed. (1309, 1339)
2004 Ed. (1312, 1319)
Eckerd Corp.
2006 Ed. (2305, 2307)
2005 Ed. (1763, 2239, 2240, 2241, 2243, 4095, 4096)
2004 Ed. (1705, 2132, 2134, 2136, 2137, 2138, 2140, 2142, 2143, 2146, 4159, 4160)
2003 Ed. (898, 1676, 2097, 2098, 2099, 2100, 2101, 2104, 2105, 4147, 4148)
2002 Ed. (2030, 2031, 2032, 2033, 2034, 2037, 2041, 2042, 4043)
2001 Ed. (1703, 2086, 2087, 2090, 2091, 2092, 2093)
2000 Ed. (1687, 1717, 1718, 1719, 1720, 1721, 1722)
1999 Ed. (1870, 1924, 1925, 1926, 1927, 1928, 1930, 1931)
1998 Ed. (1065, 1137, 1297, 1360, 1361, 1362, 1363, 1364, 1365, 1366, 1703, 1707, 1708)
1997 Ed. (1398, 1665, 1670, 1671, 1672, 1673, 1676, 1677, 1678, 2019, 2026)
1996 Ed. (1245, 1336, 1584, 1585, 1589, 1590, 1591, 1592, 1924)
1994 Ed. (1569, 1570, 1571, 3249)
1992 Ed. (1852, 1853, 1854, 1855, 1856, 1857, 1860)
1990 Ed. (1552, 1555)
1989 Ed. (1268)
Eckerd Drug
1995 Ed. (1596, 1611, 1612, 1613, 1614, 1616, 3328)
1991 Ed. (1459, 1460, 1462)
Eckerd Drug Store
1992 Ed. (1859)
Eckerd Drugs
2000 Ed. (3547, 3809)
Eckerd Corp.; Jack
1995 Ed. (1003)
1993 Ed. (964, 1527, 1528, 3255)
1991 Ed. (954, 955, 1463)
1990 Ed. (1029, 1030)
1989 Ed. (1266)
Eckerd Vision Group
1991 Ed. (2644)
Eckert; Robert
2007 Ed. (989)
2006 Ed. (899)
Eckert Seamans
2001 Ed. (889, 901)
Eckert Seamans Cherin & Mellott LLC
2007 Ed. (1509)
Eckhard Pfeiffer
1999 Ed. (2083)
1996 Ed. (959, 1709)
Eckhardt Trading Co. Inc.
1999 Ed. (1246)
1997 Ed. (1074)
1995 Ed. (1078)
1994 Ed. (1070)
Eckler Partners Ltd.
2008 Ed. (15)
Ecko
1995 Ed. (2185)
Eckrich
2008 Ed. (2770, 3606, 4277)
2002 Ed. (2365)
2000 Ed. (2275, 3853)
1995 Ed. (1940)
Eckrich Lunch Makers
2001 Ed. (3182)
1994 Ed. (2416)
Eclaro International
2008 Ed. (3724)
eClinicalWorks
2008 Ed. (2886)
Eclipse
2001 Ed. (492)
1990 Ed. (3486)
Eclipse Balanced
1999 Ed. (3562)
Eclipse-Bond
2003 Ed. (699)
Eclipse E400/8-hour Microscope
1999 Ed. (3336)
Eclipse Equity Fund
2000 Ed. (3287)
Eclipse Financial Asset Balance
1996 Ed. (2806)
Eclipse Financial Asset Balanced
1995 Ed. (2739)
Eclipse Financial Asset Trust Balanced
1996 Ed. (2776)
Eclipse Flash Strips
2008 Ed. (727)
Eclipse Foundation
2008 Ed. (1153, 1155)
2007 Ed. (1251, 1255, 1256)
2006 Ed. (1141, 1142)
2005 Ed. (1152, 1153)
Eclipse Indexed Bond
2004 Ed. (713)
Eclipse Internet Access
2002 Ed. (2994)
Eclipse Marketing
2002 Ed. (1984)
Eclipse Marketing Services
2000 Ed. (1677)
Eclipse Ultra Short-Term Income
2001 Ed. (3450)
Eclipse; Wrigley's
2008 Ed. (931)
2005 Ed. (963)
Eclipsys Corp.
2008 Ed. (2479, 3165)
2007 Ed. (2779)
2003 Ed. (2170)
ECN
2008 Ed. (4709)
2007 Ed. (4792)
ECNext
2006 Ed. (3023)
ECO
1993 Ed. (215)
Eco Publicidad
1993 Ed. (104)
ECO/Y & R Guatemala
2003 Ed. (79)
2002 Ed. (114)
Eco Young & Rubicam
2001 Ed. (141)
2000 Ed. (101)
1999 Ed. (96)
1997 Ed. (94)
1996 Ed. (93)
1995 Ed. (79)
Ecobank Ghana
2003 Ed. (499)
Ecobank-Togo
1999 Ed. (648)
1997 Ed. (630)
1996 Ed. (695)
1995 Ed. (621)
1994 Ed. (648)
Ecobank Transnational
2004 Ed. (629)
2003 Ed. (620)
2000 Ed. (674)
1997 Ed. (629)
1996 Ed. (694)
1995 Ed. (620)
Ecofsa
2008 Ed. (736)
Ecogen Inc.
1996 Ed. (742)
1995 Ed. (668)
1993 Ed. (704)
Ecolab Inc.
2008 Ed. (905, 924, 3099, 3873, 4267)
2007 Ed. (928, 957, 958, 2974, 3804)
2006 Ed. (840, 846, 848, 868, 1493, 3798)
2005 Ed. (931, 943, 1574, 1575, 3409, 3710, 4388, 4389)
2004 Ed. (842, 3398, 4440, 4441, 4577)
2003 Ed. (801, 943, 3767)
2002 Ed. (911)
2001 Ed. (1213, 1214, 3720)
2000 Ed. (1242, 4072)
1999 Ed. (1344, 4283)
1998 Ed. (3287, 3328)
1997 Ed. (3498, 3534)
1995 Ed. (3409)
1994 Ed. (2809, 3350)
1993 Ed. (2809)
1992 Ed. (3921)
1991 Ed. (2470, 2711)
1990 Ed. (2810, 3259, 3310, 3312)
1989 Ed. (2476, 2479, 2508, 2509)
Ecolah
1992 Ed. (3939)
Ecole des Hautes Etudes Commerciales
1995 Ed. (871)
1994 Ed. (819)
1993 Ed. (807)
eCollege
2003 Ed. (2709)
eCollege.com
2008 Ed. (2858)
2007 Ed. (1652, 2728, 4696)
2006 Ed. (1653, 2722)
Ecology & Environment Inc.
2006 Ed. (2467)
2004 Ed. (2342)
2003 Ed. (2356, 2357)
EColombia
2006 Ed. (4493)
eCompanyStore Inc.
2008 Ed. (4380)
Econ Industries SA
1997 Ed. (277)
1996 Ed. (248)
Econcern BV
2008 Ed. (1967)
Econet
2002 Ed. (4996, 4997)
eConnections
2002 Ed. (2472)
Econo Lodge
2008 Ed. (3079)
2007 Ed. (2954)
2006 Ed. (2943)
2001 Ed. (2790)
1996 Ed. (2183)
1995 Ed. (2163, 2164)
1993 Ed. (2085, 2095, 2096)
1992 Ed. (2495)
Econo Lodge of America
1999 Ed. (2774, 2782)
1998 Ed. (2015)
1997 Ed. (2295, 2298)
Econo Lodges of America
2000 Ed. (2551)
1994 Ed. (2111, 2112, 2115)
1992 Ed. (2499, 2500, 2501)
1991 Ed. (1943, 1951, 1954)
1990 Ed. (2086, 2088)
Econoco Corp.
2005 Ed. (4528)
1997 Ed. (3653)
1996 Ed. (3600)
Econoco Corporation
2000 Ed. (4135)
Econocom
1990 Ed. (2205)
Econoinvest
2008 Ed. (741)
2007 Ed. (765)
Econoline
2002 Ed. (4684, 4702)
2001 Ed. (482, 3394)
Econoline; Ford
2008 Ed. (4765)
2005 Ed. (291)
Econolodge
2002 Ed. (2644)
Econolube and Tune
1990 Ed. (406)
Economic Advisers; Council of
1992 Ed. (25, 27)
Economic Bank
1999 Ed. (483)
1997 Ed. (423, 424)
1996 Ed. (460, 461)
1995 Ed. (434)
1994 Ed. (442)
Economic development
1993 Ed. (2473)
Economic Times
1995 Ed. (2773)
Economical Group
1997 Ed. (2468)
1996 Ed. (2343)
1995 Ed. (2325)
1993 Ed. (2242)
1992 Ed. (2692, 2693)
1990 Ed. (2256, 2257)
Economical Mutual Insurance Co.
2008 Ed. (3235, 3327)
2007 Ed. (3094, 3179)
2006 Ed. (3066)
1999 Ed. (2980)
1996 Ed. (2342)
1994 Ed. (2282)
1992 Ed. (2694)
Economico
1990 Ed. (511)
Economics
2007 Ed. (786)
Economics/finance
2003 Ed. (2271)
The Economics of Attention: Style & Substance in the Age of Information
2008 Ed. (617)
The Economist
2008 Ed. (144, 145, 810)
2007 Ed. (160, 161, 844)
2006 Ed. (751)
2005 Ed. (138, 825)
2004 Ed. (851)
2003 Ed. (807, 809)
2002 Ed. (914)
2001 Ed. (260)
2000 Ed. (203, 3491)
1999 Ed. (3769)
1998 Ed. (70, 2797)
1997 Ed. (3041)
1996 Ed. (2964)
1995 Ed. (2890)
1994 Ed. (2785, 2797, 2803, 2804)
1993 Ed. (2792, 2807)
1992 Ed. (3376)
Economy Laundries, Inc.
1991 Ed. (1912)
Economy Lodging Systems
1993 Ed. (2077)
Economy Restaurant Fixtures Inc.
2007 Ed. (2593, 2594)
Econoprint
2006 Ed. (3970)
2005 Ed. (3900)
Econotax
2006 Ed. (4662)
2005 Ed. (4596)
2004 Ed. (4653)
Econotel Business Systems
2008 Ed. (3731, 4426, 4981)
2007 Ed. (3597, 3598, 4444)
2006 Ed. (3538, 4376)
Ecopetrol
2008 Ed. (3928)
2007 Ed. (3879)
2006 Ed. (2544, 3852)
2005 Ed. (3786)
1990 Ed. (1396)
Ecopia BioSciences Inc.
2005 Ed. (1730)
eCopy
2006 Ed. (741)
2005 Ed. (1105)
Ecosport; Ford
2008 Ed. (304)
2006 Ed. (323)
eCost.com Inc.
2007 Ed. (4591)
2006 Ed. (4254, 4255, 4259)
Ecotek
1993 Ed. (2033)
Ecotrin
2002 Ed. (319, 320)
2001 Ed. (385)
1997 Ed. (253)
1996 Ed. (223)
1993 Ed. (230)
1992 Ed. (334)
Ecotrust Canada
2008 Ed. (1613)

2007 Ed. (1615)
2006 Ed. (1595, 1596)
Ecountries
2002 Ed. (4820)
Ecover
2007 Ed. (743, 743)
Ecredit.com
2001 Ed. (4754)
ECS Inc.
2003 Ed. (2258)
ECS Underwriting Inc.
2002 Ed. (2855)
ECU
2000 Ed. (2742)
1995 Ed. (683)
ECU Silver Mining Inc.
2007 Ed. (1619, 1620, 1650)
Ecuador
2008 Ed. (864, 1019, 1033, 3848)
2007 Ed. (887, 1139, 1152, 2829, 3768, 4480)
2006 Ed. (798, 1029, 1050, 1063, 2825, 3771, 4418, 4508)
2005 Ed. (876, 1041, 1052, 2540, 4729)
2004 Ed. (890, 1040, 1051, 4461)
2003 Ed. (868, 1035, 1045, 2215)
2001 Ed. (511, 512, 1133, 1298, 1307, 2554, 4316)
2000 Ed. (2361, 2368, 2369)
1999 Ed. (1133)
1996 Ed. (3273, 3275)
1995 Ed. (2007, 2014, 2026, 2033, 3177)
1994 Ed. (3308)
1993 Ed. (240, 1964, 1971, 1978)
1992 Ed. (2307, 2314, 2324, 3973, 3974, 4240)
1991 Ed. (1831, 1838)
Ecuadorian Line
2003 Ed. (1227)
Ecuatoriana de Aviacion
2002 Ed. (4406)
Ecureuil Vie
2002 Ed. (2937)
Ecusa
2008 Ed. (31)
2006 Ed. (34)
2001 Ed. (23)
Eczacibasi Ilac
1994 Ed. (2336)
1993 Ed. (2369, 2370)
Eczacibasi Yatirim
1994 Ed. (2336)
Eczacidasi Yatirim
1993 Ed. (2370)
ED & F Man International Inc.
2002 Ed. (4500)
Ed & Joan Deluca
2002 Ed. (1330)
Ed Austin
1993 Ed. (2513)
Ed Barwick Chrysler-Plymouth Inc.
1994 Ed. (266)
1990 Ed. (340)
Ed Edleman
1991 Ed. (2346)
Ed Hyman
2005 Ed. (3205)
2004 Ed. (3167)
2000 Ed. (1966)
Ed Hyman Jr.
1999 Ed. (2192, 2195)
Ed K. Voyles Acura
1995 Ed. (258)
Ed Kenley Ford
2006 Ed. (3542)
Ed Meyer
2000 Ed. (1874)
Ed Morse Automotive Group
2002 Ed. (1075)
2001 Ed. (439, 441, 443, 444, 445, 446, 448)
2000 Ed. (1104)
1999 Ed. (317)
1998 Ed. (205)
Ed Morse Cadillac
1996 Ed. (267)
1995 Ed. (266, 266)
Ed Morse Chevrolet
1995 Ed. (293, 295, 296)
1994 Ed. (254, 255, 265, 289, 291, 292)
1993 Ed. (296, 299, 300, 301)
1992 Ed. (377, 378, 379, 411, 415, 417, 418)
1991 Ed. (269, 274, 276, 306)
1990 Ed. (339)
Ed Morse Dodge
1994 Ed. (267)
1991 Ed. (277)
Ed Morse's Heartland
1994 Ed. (280)
Ed Mullinax Ford
1996 Ed. (271, 297)
1995 Ed. (267)
Ed Necco & Associates
2005 Ed. (2787)
Ed Phillips & Sons
1990 Ed. (2457)
Ed Ryan
1993 Ed. (2639)
Ed Stanky, 1951
1991 Ed. (702)
Ed Trawinski
1991 Ed. (3211)
Ed Voyles Acura
1996 Ed. (262)
1994 Ed. (259)
Ed Voyles Chrysler-Plymouth
1996 Ed. (269)
1995 Ed. (262)
Ed Voyles Honda
1994 Ed. (269)
Ed Voyles Oldsmobile
1990 Ed. (302)
Ed Voyles Oldsmobile-Hyundai-Sterling
1992 Ed. (394)
Ed Voyles Oldsmobile Sterling
1991 Ed. (273)
Ed Zublin
1999 Ed. (1394, 1405)
1997 Ed. (1191)
Ed. Zublin AB
2002 Ed. (1320)
Ed. Zublin AG
2008 Ed. (1304, 1306)
1998 Ed. (972)
Edaran Otomobil
1996 Ed. (2446)
Edaran Otomobil Nasional
2000 Ed. (1297)
1999 Ed. (1700)
1997 Ed. (1474)
1995 Ed. (1341, 1453)
Edaran Otomobil Nasional Bhd
2000 Ed. (1510)
EDASZ Rt.
2006 Ed. (664)
2002 Ed. (854)
Edbro
1993 Ed. (3474)
EDC
2000 Ed. (992)
Eddie Bauer
2003 Ed. (2186)
1999 Ed. (1199, 1852, 2119)
1998 Ed. (771, 1277)
1993 Ed. (3369)
1992 Ed. (1215)
Eddie C. Brown
2008 Ed. (184)
Eddie Davies
2005 Ed. (927)
Eddie Griffin
1992 Ed. (1349)
Eddie Irvine
2003 Ed. (299)
Eddie Murphy
2008 Ed. (183)
2002 Ed. (2141)
1991 Ed. (1578)
1990 Ed. (1672, 2504)
1989 Ed. (1347)
Eddie Murray
1989 Ed. (719)
Eddie N. Moore Jr.
1993 Ed. (3443)
Eddie Plank, 1910
1991 Ed. (702)
EddieBauer.com
2007 Ed. (2320)
2006 Ed. (2382)
2001 Ed. (2975, 2980, 2983)
Eddy; E. B.
1996 Ed. (2906)
Edegel B
2000 Ed. (2932)
1999 Ed. (3186)
EDEGELC
2006 Ed. (3283)
Edeka
1998 Ed. (987, 3095)
Edeka/AVA
2001 Ed. (4102, 4114)
Edeka/AVA-Gruppe
1999 Ed. (4524)
Edeka Group
2001 Ed. (1714, 4613)
2000 Ed. (1438, 4171, 4284)
1999 Ed. (1635, 1638, 4644)
1997 Ed. (3679)
Edeka Handelsgesellschaft Baden-Wurttemberg Mit Beschrankter Haftung
2003 Ed. (4779)
Edeka Zentrale
2001 Ed. (4103)
2000 Ed. (4389)
1995 Ed. (3155, 3157, 3731)
1993 Ed. (3269, 3270)
1990 Ed. (1220)
Edeka Zentrale AG
2008 Ed. (24, 4929)
2007 Ed. (4955)
2000 Ed. (4388)
1999 Ed. (4761, 4762)
1998 Ed. (668, 3714)
1997 Ed. (3879, 3880)
1996 Ed. (3244, 3830)
Edeka Zentralhandels GmbH
2004 Ed. (4930)
Edeka Zentralhandelsgesellschaft mbH
1996 Ed. (3830)
Edeka Zentralhandelsgesellschaft Mit Beschraenkter Haftung
2001 Ed. (4819)
Edelman
2004 Ed. (1418)
Edelman; Daniel J.
1995 Ed. (3014, 3016, 3017, 3020)
1994 Ed. (2956, 2960, 2961, 2962, 2964, 2967)
1991 Ed. (2775)
1990 Ed. (2921, 2922)
Edelman Europe
1995 Ed. (719)
Edelman; Jeffrey
1991 Ed. (1690)
Edelman PR Worldwide
2000 Ed. (3625, 3627, 3630, 3631, 3632, 3633, 3634, 3635, 3636, 3637, 3638, 3639, 3640, 3641, 3642, 3643, 3646, 3647, 3654, 3656, 3662, 3667, 3670)
1999 Ed. (3923, 3926)
1998 Ed. (2941)
Edelman PR WW
2000 Ed. (3645)
Edelman Public Relations Worldwide
2005 Ed. (3949, 3950, 3951, 3952, 3953, 3954, 3955, 3956, 3957, 3958, 3959, 3960, 3961, 3963, 3964, 3966, 3970, 3972, 3973, 3974, 3978)
2004 Ed. (3975, 3976, 3977, 3978, 3979, 3980, 3981, 3982, 3983, 3984, 3985, 3986, 3987, 3988, 3989, 3990, 3991, 3992, 3993, 3994, 3995, 3996, 3997, 3998, 3999, 4001, 4002, 4003, 4004, 4005, 4007, 4008, 4009, 4011, 4013, 4014, 4015, 4020, 4021, 4025, 4026, 4027, 4028, 4029, 4030, 4037, 4038)
2003 Ed. (3983, 3984, 3985, 3986, 3987, 3988, 3989, 3990, 3991, 3992, 3993, 3994, 3995, 3996, 3998, 3999, 4001, 4003, 4005, 4006, 4010, 4014, 4017, 4021)
2002 Ed. (3806, 3807, 3808, 3809, 3811, 3813, 3815, 3817, 3819, 3820, 3823, 3825, 3826, 3827, 3828, 3829, 3830, 3831, 3832, 3833, 3834, 3835, 3836, 3843, 3844, 3851, 3859, 3860, 3861, 3862, 3864, 3866, 3873)
2001 Ed. (3924, 3925, 3926, 3927, 3928, 3929, 3930, 3931, 3932, 3934, 3935, 3937, 3938, 3940, 3942)
2000 Ed. (3652)
1999 Ed. (3908, 3909, 3913, 3914, 3915, 3917, 3918, 3919, 3920, 3921, 3922, 3924, 3925, 3928, 3929, 3930, 3933, 3935, 3937, 3938, 3939, 3948, 3953, 3956)
1998 Ed. (104, 444, 1472, 1474, 1545, 1712, 1902, 1926, 1961, 2313, 2935, 2936, 2939, 2940, 2944, 2945, 2946, 2950, 2954, 2959, 2961, 3353, 3618)
1997 Ed. (3181, 3182, 3184, 3185, 3188, 3191, 3192, 3204, 3205, 3207, 3208, 3211, 3212)
1996 Ed. (3103, 3104, 3107, 3111, 3112, 3113, 3128, 3129, 3131, 3134)
1995 Ed. (3002, 3003, 3006, 3007, 3008, 3011, 3012, 3023, 3024, 3028, 3031)
1994 Ed. (2945, 2946, 2947, 2953, 2954, 2965, 2966, 2968, 2971)
1993 Ed. (2927, 2928, 2930, 2931, 2932, 2933)
1992 Ed. (3556, 3557, 3559, 3560, 3565, 3566, 3568, 3569, 3574, 3578, 3580, 3581)
Edelman Public Relations Worldwide; Daniel J.
1995 Ed. (3027)
Edelman; Thomas J.
2006 Ed. (1097)
Edelman Worldwide
1992 Ed. (3573)
Edelmann; Ric
2006 Ed. (658)
Edelweiss Enterprises Inc.
2008 Ed. (4964)
2007 Ed. (3561)
Edelweiss Group
2005 Ed. (746)
Eden Foods Inc.
2003 Ed. (3412)
Eden Roc
2004 Ed. (918)
2002 Ed. (962)
2001 Ed. (1150)
1998 Ed. (3442, 3724)
1997 Ed. (3886)
1996 Ed. (900, 901, 902, 906, 3839, 3867)
1995 Ed. (921, 922, 923, 924, 3768, 3769, 3770)
Eden State Bank
2004 Ed. (542)
1993 Ed. (512)
Edenor
2003 Ed. (1517)
Edens & Avant
2006 Ed. (4315)
Edenton Motors Inc.
1994 Ed. (263, 280)
1993 Ed. (268, 280, 281, 294, 297)
1992 Ed. (382, 412)
Eder Associates
1994 Ed. (1653)
Ederan Otomobil Nasional Sdn. Bhd.
1989 Ed. (41)
EDF
2007 Ed. (4585)
1997 Ed. (3502)
1992 Ed. (2343)
1990 Ed. (1945)
EDF - Electricite de France
1995 Ed. (1398)
1993 Ed. (1307, 1317)
1990 Ed. (1366)
1989 Ed. (1110, 1118, 1144)
Edgar & Charles Bronfman
1989 Ed. (2751, 2905)
Edgar Boettcher Mason Contractor Inc.
1995 Ed. (1162)
Edgar Bronfman
2004 Ed. (2487)

Edgar Bronfman Sr.
2007 Ed. (4900)
2006 Ed. (4903)
2005 Ed. (4848)
2004 Ed. (4862)
2003 Ed. (4880)
Edgar, Charles Bronfman & Family
1990 Ed. (3687)
The Edgar Lomax Co.
2008 Ed. (180)
2006 Ed. (191)
2004 Ed. (172)
2003 Ed. (216)
2002 Ed. (712)
2000 Ed. (2816, 2818)
1999 Ed. (3075, 3077)
1998 Ed. (2277)
1997 Ed. (2523, 2527)
Edgar M. Bronfman Sr.
2002 Ed. (3353)
Edgar Miles Bronfman
1989 Ed. (1986)
EDGAR Online Inc.
2006 Ed. (3027)
2005 Ed. (2834)
2004 Ed. (2826, 4549)
2003 Ed. (2710)
Edgar Snyder & Associates
2008 Ed. (2035)
Edgars
1994 Ed. (43)
Edgars Cons Stores Ltd.
2006 Ed. (4523)
Edgars Stores
2000 Ed. (4445)
1999 Ed. (4829)
Edgcomb
1997 Ed. (3628)
Edge
2003 Ed. (3777, 3778, 4397, 4398)
2002 Ed. (4261)
2001 Ed. (4227)
1999 Ed. (4295, 4296)
1997 Ed. (3063)
1995 Ed. (2879)
Edge Active Care
2003 Ed. (4398)
EDGE Development Inc.
2007 Ed. (1272, 4016)
Edge Petroleum Corp.
2008 Ed. (2852, 4347, 4359, 4360, 4363, 4429)
2007 Ed. (2753, 3839)
2005 Ed. (3736, 3737)
2004 Ed. (3828, 3829)
Edge Pro Gel
2003 Ed. (4398)
Edge Products
2007 Ed. (1323)
2006 Ed. (4794)
Edge Teleservicing Center Inc.
1998 Ed. (3480)
1997 Ed. (3701)
Edge Wireless
2005 Ed. (1934, 1936, 1937, 1938)
Edge Wireless LLC
2008 Ed. (2014, 2017, 2018, 2019)
2007 Ed. (1943)
2006 Ed. (1960, 1962, 1963, 1964, 1965, 1966)
EdgeNet Inc.
2001 Ed. (1873, 2853)
Edgerrin James
2003 Ed. (297)
2001 Ed. (420)
edge2net
2002 Ed. (2536)
The Edgewater
2007 Ed. (2942)
Edgewater Medical Center
2008 Ed. (2771)
Edgewater Technology Inc.
2008 Ed. (1137)
2002 Ed. (4599)
Edgewood Mgmt.
2000 Ed. (2818)
EDialog
2008 Ed. (2477)
2007 Ed. (2353)
Edible Arrangements
2008 Ed. (2829)
2007 Ed. (4194)
2006 Ed. (819, 4172)
2005 Ed. (2744)
Edible Arrangements International
2008 Ed. (2733, 4037)
Edible groceries
2000 Ed. (3620, 4151)
Edicomm Advertising
2003 Ed. (75)
eDiets.com
2004 Ed. (2229)
Edina Realty
1995 Ed. (3059)
Edinburgh
2000 Ed. (3375)
1997 Ed. (2920)
Edinburgh Income
2000 Ed. (3302, 3305)
Edinburgh Investment
1996 Ed. (2816)
1995 Ed. (2748)
1994 Ed. (2647)
1993 Ed. (2700)
1992 Ed. (3204)
1991 Ed. (2259)
1990 Ed. (2398)
Edinburgh, Scotland
2000 Ed. (3374)
Edinburgh UK Growth
2000 Ed. (3297)
The Edinburgh Woollen Mill Ltd.
1993 Ed. (974)
EDIS Co. Construction Managers
1993 Ed. (1153)
Edison
2008 Ed. (1861)
1995 Ed. (1538)
1990 Ed. (1460)
1989 Ed. (1191)
Edison Bros.
1998 Ed. (767)
Edison Bros. Stores
1995 Ed. (1025)
1992 Ed. (1212, 1217)
Edison Brosthers Stores
1991 Ed. (978)
Edison Brothers
1990 Ed. (1048)
Edison Brothers Stores Inc.
2002 Ed. (2001)
1997 Ed. (355, 356, 357, 1030, 2935)
1996 Ed. (1010)
1994 Ed. (1016)
1993 Ed. (988, 3300)
1992 Ed. (1476)
1991 Ed. (3115)
1990 Ed. (3277, 3278)
1989 Ed. (934, 2486)
Edison (Commonwealth) Credit Union
1994 Ed. (1505)
Edison Credit Union
1993 Ed. (1452)
Edison Electric Institute
2006 Ed. (3291)
Edison International
2008 Ed. (1479, 2425, 2811)
2007 Ed. (1484, 2286, 2291, 2293, 2294, 2295, 2391, 2678, 2680, 2913)
2006 Ed. (2352, 2355, 2360, 2435, 2445, 2446, 2690)
2005 Ed. (2292, 2295, 2304, 2313, 2314, 2394, 2413, 2715)
2004 Ed. (2193, 2200, 2201, 2311, 2725)
2003 Ed. (1701, 1746, 2139, 2285, 2607, 4537)
2002 Ed. (1603, 3875, 3876, 3877)
2001 Ed. (1046, 1646, 2148, 3944, 3945, 4662, 4663)
2000 Ed. (1731, 3672)
1999 Ed. (1947, 1953, 3961, 3963)
1998 Ed. (1384, 1394, 1395, 2414, 2963)
1997 Ed. (1701, 3213)
Edison Mission Energy Co.
2004 Ed. (1451)
Edison, NJ
2008 Ed. (3131)
Edison Schools Inc.
2005 Ed. (3936)
Edison Security Services
2002 Ed. (4204)
2001 Ed. (4201, 4202)
2000 Ed. (3918, 3919, 3920, 3921)
Edison SpA
2008 Ed. (1864, 2505, 2507, 3567)
2007 Ed. (1830, 2390)
2006 Ed. (1696, 3388)
2004 Ed. (1459, 2656)
Edison; Thomas
2006 Ed. (1450)
Edison Venture Fund
2000 Ed. (4342)
1999 Ed. (4708)
1993 Ed. (3663)
1992 Ed. (4388)
1991 Ed. (3444)
Edison Venture Fund LP
2000 Ed. (1535)
1998 Ed. (3667)
eDispatch.com Wireless Data Inc.
2002 Ed. (1604)
Edith Cooper
2008 Ed. (184)
Edith-Marie Appleton
1993 Ed. (1028)
Editions Amaury
1994 Ed. (2781)
1992 Ed. (3369)
1990 Ed. (2797)
Editions Mondiales
1994 Ed. (2781, 2933)
1992 Ed. (3369)
1990 Ed. (2797)
Editor-in-chief
2004 Ed. (2284)
Editora Panama America
2006 Ed. (73)
editorial
2000 Ed. (3471)
Editorial Agea
2005 Ed. (17)
2001 Ed. (12)
Editorial America S.A.
1990 Ed. (2016)
Editorial Atlantida
2008 Ed. (22)
2007 Ed. (17)
2006 Ed. (23)
2005 Ed. (17)
2001 Ed. (12)
Editorial Perfil
2001 Ed. (12)
1994 Ed. (12)
Editorial Portada
1989 Ed. (27)
Editoriale La Repubblica
1989 Ed. (1109)
Edizione Holding SpA
2005 Ed. (1475, 1483)
1995 Ed. (103)
Edlehoff/VEW
1994 Ed. (3650)
Edleman; Ed
1991 Ed. (2346)
EDLON-PSI
2002 Ed. (3223)
Edmark
1997 Ed. (2714, 3648)
Edmiston; Robert
2008 Ed. (4006)
2007 Ed. (917)
2006 Ed. (836)
2005 Ed. (926)
1996 Ed. (1717)
Edmond Safra
2000 Ed. (1883)
Edmonds; Scott
2007 Ed. (1019)
2006 Ed. (929)
Edmonton
1992 Ed. (530)
Edmonton, AB
2001 Ed. (4109)
2000 Ed. (2549)
Edmonton, Alberta
2008 Ed. (1550, 3487, 3490)
2007 Ed. (1571)
2006 Ed. (3316)
2005 Ed. (3327, 3476)
2003 Ed. (3251)
1993 Ed. (2556)
Edmonton; The City of
2006 Ed. (1541)
Edmonton Journal
2003 Ed. (3649)
2002 Ed. (3506, 3507)
1999 Ed. (3615)
Edmonton Public School District No. 7
2008 Ed. (1556)
2007 Ed. (1573)
Edmonton School District No. 7
2006 Ed. (1543)
Edmund Brandt
1999 Ed. (2421)
Edmund English
2004 Ed. (2529)
Edmund Groves
2006 Ed. (4922)
2005 Ed. (4862)
Edmund Kroll
1998 Ed. (1643)
Edmund N. Ansin
1990 Ed. (2577)
Edmund T. Pratt
1990 Ed. (975)
edmunds.com
2001 Ed. (4773)
EDN
2008 Ed. (4709)
2005 Ed. (137, 138)
2004 Ed. (143)
2001 Ed. (249, 252)
2000 Ed. (3484, 3485)
1999 Ed. (3755, 3756)
1998 Ed. (2788, 2789, 2790, 2791)
1994 Ed. (2795)
1993 Ed. (2799)
1990 Ed. (3625)
EDN Worldwide
2007 Ed. (4792)
edNET
2002 Ed. (2497)
EDO Corp.
2008 Ed. (1357, 1399)
2007 Ed. (1401)
2006 Ed. (1362)
2005 Ed. (1358, 1363, 1616, 2161)
2003 Ed. (205)
1998 Ed. (98, 1249)
Edo Japan Inc.
2003 Ed. (2441)
EDO Western Corp.
2008 Ed. (2148)
2007 Ed. (2046)
2006 Ed. (2088)
edocs
2005 Ed. (1129)
Edouard Bugnion
2005 Ed. (994)
EDP
2008 Ed. (2053)
2007 Ed. (1958)
2006 Ed. (1995)
2005 Ed. (1953)
2002 Ed. (3185, 3186)
2000 Ed. (2984, 2985)
EDP Distribuicao-Energia SA
2006 Ed. (1995)
2005 Ed. (1953)
EDP (Electricidade de Portugal) SA
1999 Ed. (1726)
1996 Ed. (1437)
1994 Ed. (1441)
EDP-Electricidede de Portugal SA
1995 Ed. (1477)
EDP machinery
2004 Ed. (2549, 2551)
Edper Enterprises
1996 Ed. (1314)
EdperBrascan Corp.
2002 Ed. (306)
2001 Ed. (1658)
2000 Ed. (281, 284, 285, 287, 289, 290, 291)
Edrington Holdings Ltd.
1995 Ed. (1004, 1006)
1994 Ed. (991, 993)
1993 Ed. (966, 967)
EDS
2008 Ed. (805, 806, 1120, 1141, 1143, 1157, 1159, 1348, 1355, 1361, 1362, 1368, 1371, 1372, 1470, 1512, 1534, 2110, 2114,

2284, 2286, 2926, 3013, 3203, 4613, 4798, 4802)
2007 Ed. (837, 838, 1211, 1217, 1228, 1242, 1243, 1244, 1259, 1263, 1265, 1395, 1405, 1406, 1411, 1414, 1415, 1476, 2012, 2013, 2169, 2171, 2778, 2891, 3066, 3068, 4567, 4700, 4871)
2006 Ed. (743, 744, 1107, 1132, 1144, 1148, 1150, 1355, 1356, 1361, 1363, 1368, 1373, 1376, 1377, 2041, 2043, 2047, 2247, 2774, 2777, 2807, 3032, 3033, 4296, 4472, 4587, 4872)
2005 Ed. (817, 818, 1117, 1143, 1158, 1353, 1354, 1359, 1364, 1378, 1379, 1381, 1386, 1387, 1971, 1972, 1978, 2152, 2802, 2825, 2826, 3024, 4353, 4354, 4809)
2004 Ed. (1135)
2000 Ed. (328, 967, 1163, 1733, 2453, 2990, 3386)
1999 Ed. (316, 1266, 1275, 1280, 1289, 1460, 1746, 1955, 2875, 2878, 4557)
1998 Ed. (203, 1204, 1397)
1997 Ed. (285, 1239, 1703, 2973)
1996 Ed. (257, 397, 1068, 1492, 1625, 2260, 2261, 2880, 2880, 3407, 3414)
1995 Ed. (1116, 1245, 2251, 2252, 2256)
1994 Ed. (1605, 2206, 2208)
1992 Ed. (1747, 1911, 2631)
1991 Ed. (2075)
1990 Ed. (2209)
EDS Canada Inc.
2008 Ed. (2945)
2007 Ed. (2820)
2006 Ed. (2818)
2003 Ed. (1115)
1999 Ed. (2668)
1996 Ed. (2108)
EDS Card Processing Services
1999 Ed. (1791)
1998 Ed. (1206)
1997 Ed. (1554)
EDS Centrobe
2001 Ed. (4463, 4468)
EDS Informatique SA
2001 Ed. (1860)
EDS Spectrum Corp.
2003 Ed. (2325)
EDSA
2004 Ed. (2943)
Edsal Manufacturing
2005 Ed. (3330)
Edscha North America
2003 Ed. (343)
Eduard Shifrin
2008 Ed. (4880)
2007 Ed. (4930)
Eduardo Cabrera
1999 Ed. (2402)
1996 Ed. (1894, 1906)
Eduardo Castro-Wright
2007 Ed. (2496)
Eduardo Danding Cojuangco
2006 Ed. (4921)
Eduardo Tapia
1996 Ed. (1850)
Education
2008 Ed. (2451, 4722)
2007 Ed. (1322, 2325)
2006 Ed. (4786)
2005 Ed. (3635, 3636, 4735)
2004 Ed. (3889)
2003 Ed. (2912, 4776)
2002 Ed. (4643)
2001 Ed. (2622, 4609)
2000 Ed. (1012, 1788)
1999 Ed. (2864, 4554)
1997 Ed. (2157, 2158)
1995 Ed. (2203)
1993 Ed. (886, 1864, 2473)
1989 Ed. (1636)
Education administrators
2005 Ed. (3625)
Education administrators, postsecondary
2007 Ed. (3720)
Education Alternatives
1997 Ed. (2164, 3521)
Education and entertainment
1990 Ed. (3629)
Education & training services
1999 Ed. (2100, 4286)
Education Department
1995 Ed. (1666)
Education; Department of
1992 Ed. (28)
Education Funding Association
2001 Ed. (804)
Education Management Corp.
2008 Ed. (4079)
2007 Ed. (4361)
2006 Ed. (1985, 4295)
2005 Ed. (1942, 1947)
Education, post-school
2002 Ed. (2222)
Education, preschool
2002 Ed. (2782)
Education, private
1999 Ed. (2010)
Education Reimbursement
2000 Ed. (1781)
Education Sales Management
2008 Ed. (1670, 1671)
Education, school
2002 Ed. (2779)
Education services
1992 Ed. (2902)
Education Trust
2004 Ed. (930)
Education; U.S. Department of
2008 Ed. (3691)
2006 Ed. (3493)
Education verification
2001 Ed. (3037)
Educational
2005 Ed. (4728)
1999 Ed. (1180)
1994 Ed. (3143)
Educational & Governmental Credit Union
2004 Ed. (1933)
Educational & Institutional Cooperative Service Inc.
2008 Ed. (1383)
Educational Broadcasting Corp.
1996 Ed. (3664)
1994 Ed. (2681)
1992 Ed. (3266)
Educational Building Society
1990 Ed. (1790)
Educational children's shows
1995 Ed. (3577)
Educational Community Credit Union
2006 Ed. (2189)
2005 Ed. (2094)
2004 Ed. (1952)
Educational Credit Union
2008 Ed. (2233)
2007 Ed. (2118)
2006 Ed. (2197)
2003 Ed. (1920)
Educational Development Corp.
2004 Ed. (4039)
1997 Ed. (3223)
Educational Directories Unlimited
2005 Ed. (2271)
Educational Employees Credit Union
2003 Ed. (1929)
2002 Ed. (1875)
1993 Ed. (1449)
Educational facilities
2002 Ed. (4722)
Educational Outfitters
2008 Ed. (878, 2404)
2007 Ed. (903, 2271)
2006 Ed. (815)
Educational services
2007 Ed. (3732, 3733, 3734, 3735)
1999 Ed. (2863)
Educational support services, private
2007 Ed. (3718)
Educational Testing Service
2007 Ed. (2268)
1992 Ed. (3256)
1989 Ed. (275)
Educators
1999 Ed. (3854)
Educators Credit Union
2008 Ed. (2269)
2007 Ed. (2154)
2006 Ed. (2233)
2005 Ed. (2138)
2004 Ed. (1996)
2003 Ed. (1956)
2002 Ed. (1901)
Educators Mutual Insurance Association of Utah
2006 Ed. (3111)
Edutainment
1996 Ed. (2104)
Edward A. Brennan
1991 Ed. (926, 1628)
1990 Ed. (973, 1720)
Edward A. Fox
1989 Ed. (1380)
Edward A. Labry III
2007 Ed. (2509, 2511)
Edward A. Lesser
1989 Ed. (417)
Edward A. Schmitt
2007 Ed. (2499, 2500)
Edward Atsinger III
2006 Ed. (2527)
Edward B. Caudill
2006 Ed. (869)
Edward Bass
2002 Ed. (3359)
1995 Ed. (664)
Edward Blank Associates Inc.
1998 Ed. (3479, 3483)
1997 Ed. (3697)
1996 Ed. (3642)
1995 Ed. (3556)
1994 Ed. (3486)
1993 Ed. (3512)
1992 Ed. (4205)
Edward Breen
2007 Ed. (976)
2006 Ed. (885)
Edward Brennan
1997 Ed. (1796)
1992 Ed. (2056)
Edward Briscoe Design
1996 Ed. (2232)
Edward Brogan
1999 Ed. (2374, 2375)
Edward Comeau
2000 Ed. (2039)
1999 Ed. (2259)
1998 Ed. (1619)
1997 Ed. (1918)
1996 Ed. (1845)
1995 Ed. (1864)
1994 Ed. (1822)
Edward Crosby Johnson III
2005 Ed. (4847)
2004 Ed. (4861)
2003 Ed. (4879)
2002 Ed. (3356)
Edward D. Breen
2008 Ed. (951)
Edward D. Jones Co.
2005 Ed. (755)
2004 Ed. (1575)
2003 Ed. (1549)
2002 Ed. (1069, 1503)
2000 Ed. (3946)
1991 Ed. (2177, 2179, 2189, 3020)
1990 Ed. (2299, 2302, 3174, 3196)
Edward D. Jones & Co.
2008 Ed. (4294)
2006 Ed. (4262)
2001 Ed. (860, 2224, 3455)
1999 Ed. (826, 827, 830, 836, 837, 838, 863, 2119)
1997 Ed. (737, 738, 740, 741)
1996 Ed. (802, 804, 805)
1995 Ed. (759, 761, 762)
1993 Ed. (763, 765, 766)
1990 Ed. (784)
Edward D. Miller
2002 Ed. (2873)
Edward DeBartolo Jr.
2007 Ed. (4902)
2006 Ed. (4906)
Edward Don & Co.
2008 Ed. (2729)
2007 Ed. (2593, 2595)
2006 Ed. (2619)
2005 Ed. (2623)
2000 Ed. (2243)
1999 Ed. (2482)
1997 Ed. (2060)
1996 Ed. (1955)
1995 Ed. (1919)
1993 Ed. (1887)
1992 Ed. (2206)
1991 Ed. (1757)
1990 Ed. (1839)
Edward E. Whitacre Jr.
2008 Ed. (955)
2007 Ed. (1033)
Edward F. Konikowski
1991 Ed. (1631)
Edward Fritzky
2000 Ed. (1871)
Edward Garlich
2000 Ed. (2057)
1999 Ed. (2275)
1998 Ed. (1682)
Edward Greenberg
1991 Ed. (1684)
Edward H. Able Jr.
2007 Ed. (3704)
Edward H. Budd
1990 Ed. (2282)
Edward H. McNamara
1993 Ed. (2462)
1992 Ed. (2904)
1991 Ed. (2343)
Edward H. Snowden
2005 Ed. (977)
Edward Hagenlocker
2000 Ed. (1885)
1998 Ed. (1517)
Edward Harrington
1995 Ed. (2669)
1993 Ed. (2639)
Edward Heffernan
2006 Ed. (955)
Edward Hennessy Jr.
1989 Ed. (1383)
Edward Hildago
1995 Ed. (2480)
Edward Hines
1996 Ed. (824)
Edward Hines Jr. VA Hospital
1998 Ed. (1987)
1997 Ed. (2268)
1995 Ed. (2141)
1994 Ed. (2088)
1992 Ed. (2456)
1991 Ed. (1932)
Edward Howard & Co.
2005 Ed. (3975)
2004 Ed. (4022)
2003 Ed. (4011)
2002 Ed. (3846)
2000 Ed. (3663)
1999 Ed. (3912, 3949)
1998 Ed. (2955)
1997 Ed. (3209)
1996 Ed. (3106, 3108, 3132)
1995 Ed. (3029)
1994 Ed. (2969)
1992 Ed. (3575)
Edward Hyman
1989 Ed. (1418, 1753)
Edward Hyman Jr.
1999 Ed. (2190)
1998 Ed. (1565, 1604, 1607, 1611)
1997 Ed. (1906, 1956)
1996 Ed. (1773, 1833)
1995 Ed. (1855)
1994 Ed. (1837)
1993 Ed. (1774, 1834)
1992 Ed. (2138)
1991 Ed. (1708)
1990 Ed. (1767, 1769)
Edward I. Koch
1991 Ed. (2395)
1990 Ed. (2525)
Edward J. DeBartola Corp.
1989 Ed. (2490)
The Edward J. DeBartolo Corp.
1995 Ed. (3063, 3075, 3372)
1994 Ed. (3003, 3004, 3021, 3022, 3296, 3297, 3301, 3302)

1993 Ed. (2964, 2972, 3303, 3304, 3310, 3311, 3316)
1992 Ed. (1093, 1280, 3620, 3622, 3958, 3959, 3965, 3966, 3967, 3968)
1991 Ed. (2810, 3117, 3118, 3124, 3125, 3126)
1990 Ed. (3283, 3286, 3288, 3289, 3290)
1989 Ed. (2491)
Edward J. Noha
1994 Ed. (2237)
1992 Ed. (1143, 2059, 2713)
1991 Ed. (926, 1628)
1990 Ed. (973, 1720, 2282)
Edward J. Noha (CNA Financial Corp)
1991 Ed. (2156)
Edward J. Zander
2008 Ed. (954)
2007 Ed. (1032)
Edward Johnson III
2008 Ed. (4823)
2007 Ed. (4894)
2006 Ed. (4899)
Edward Jones
2008 Ed. (730, 1502, 1670, 1671, 1694, 1777, 1778, 1796, 1804, 1879, 1895, 1974, 2002, 2007, 2033, 2060, 2073, 2102, 2107, 2152, 2276, 4056, 4264)
2007 Ed. (751, 1520, 1750, 4029, 4269, 4270, 4271, 4273, 4274, 4276)
2006 Ed. (659, 1741, 3992)
2005 Ed. (753, 1606, 3918)
2004 Ed. (4327, 4328, 4329, 4331, 4332, 4334)
2000 Ed. (828, 830, 831, 832, 863)
Edward Jones & Co.
1998 Ed. (517, 519, 520, 521, 523, 524)
Edward Jones Canada
2008 Ed. (3488, 3496, 3498)
2007 Ed. (3378)
2005 Ed. (1717)
Edward Jones Investments
2003 Ed. (2268)
2002 Ed. (2115)
Edward Kennedy
2001 Ed. (3318)
Edward Kerschner
2000 Ed. (1975)
1999 Ed. (2204)
1998 Ed. (1615)
1997 Ed. (1910)
1995 Ed. (1860)
1993 Ed. (1838)
1990 Ed. (1769)
Edward Kraemer & Sons Inc.
2004 Ed. (774)
Edward L. Hennessy Jr.
1994 Ed. (1723)
1993 Ed. (1705)
1992 Ed. (2061, 2063)
1991 Ed. (1630)
1990 Ed. (1724)
Edward L. Moyers
1994 Ed. (1721)
Edward Lampert
2007 Ed. (4894)
2006 Ed. (2798, 4899)
Edward Liddy
2008 Ed. (941)
2007 Ed. (998)
Edward Linde
2007 Ed. (1018)
2006 Ed. (928)
2005 Ed. (964)
Edward Mally
1997 Ed. (1938)
Edward Marrinan
1999 Ed. (2299)
Edward Nicoski
2000 Ed. (1978)
1998 Ed. (1622)
Edward P. Bass
1993 Ed. (888)
Edward P. Evans
1990 Ed. (1714)
Edward R. Niles Architect
2006 Ed. (285)
Edward Rogers Jr.
2008 Ed. (4855, 4856)
2005 Ed. (4870)
2002 Ed. (4788)
Edward Rogers Sr.
2007 Ed. (4910)
2006 Ed. (4923)
Edward Rose & Sons
1989 Ed. (926)
Edward Rose Building Enterprise
1999 Ed. (1306)
1996 Ed. (1100)
1994 Ed. (3023)
Edward S. Gordon Co.
1997 Ed. (3273)
Edward S. Rogers
1997 Ed. (980)
Edward Siegel
1999 Ed. (2181)
Edward Surovell Co.
2001 Ed. (3995)
2000 Ed. (3708)
1998 Ed. (2996)
Edward Surovell Realtors
1999 Ed. (3992)
Edward (Ted) Rogers
1991 Ed. (1617)
Edward Tian
2002 Ed. (2150)
Edward Tirello Jr.
1993 Ed. (1832)
1991 Ed. (1686)
Edward V. Fritzky
2003 Ed. (954)
Edward V. Regan
1991 Ed. (3210)
Edward Via Virginia, College of Osteopathic Medicine
2007 Ed. (3462)
Edward W. Barnholt
2003 Ed. (4684)
Edward W. Ingram, Jr.
1995 Ed. (936)
Edward Weck
1994 Ed. (3470)
Edward Weller
1994 Ed. (1806)
1993 Ed. (1771, 1823)
Edward Whitacre Jr.
2008 Ed. (940)
2007 Ed. (1013)
2006 Ed. (923)
Edward White, Jr.
2000 Ed. (2005)
1998 Ed. (1670)
Edward Yardeni
2000 Ed. (1966)
1999 Ed. (2190)
1998 Ed. (1604, 1607)
1997 Ed. (1906, 1956)
1996 Ed. (1833)
1995 Ed. (1855)
1994 Ed. (1815, 1837)
1993 Ed. (1834)
1991 Ed. (1708)
Edward Zander
2008 Ed. (940)
2006 Ed. (939)
Edwardian Group Ltd.
1995 Ed. (1005)
1994 Ed. (992)
1993 Ed. (965)
1992 Ed. (1191)
Edwards
2002 Ed. (4525)
Edwards; A. G.
1995 Ed. (232, 721, 751, 755, 756, 758, 759, 760, 761, 762, 2641)
1992 Ed. (956)
1989 Ed. (809, 1754)
Edwards; A.G.
1990 Ed. (809, 2291)
Edwards & Angell
2001 Ed. (925)
Edwards & Kelcey
2008 Ed. (2531, 2538, 2570)
2004 Ed. (2374, 2378, 2379)
2003 Ed. (2301)
2002 Ed. (2136)
2001 Ed. (2243)
Edwards & Sons; A. G.
1997 Ed. (732, 733, 734, 737, 738, 739, 740, 741, 2485, 2833, 2835, 3449, 3456, 3464, 3470)
1996 Ed. (795, 798, 799, 801, 802, 803, 804, 805, 3342, 3357)
1994 Ed. (763, 766, 778, 779, 784, 3173)
1993 Ed. (758, 759, 760, 762, 763, 764, 765, 766, 768, 3137, 3169, 3170, 3180, 3187, 3191, 3199)
1992 Ed. (954, 959)
1991 Ed. (773, 774, 2948, 3044)
1989 Ed. (821)
Edwards & Sons; A.G.
1990 Ed. (784, 785, 786)
1989 Ed. (819)
Edwards Azusa Foothill Center Cinemas
1997 Ed. (2820)
Edwards Bros. Inc.
2001 Ed. (3891)
2000 Ed. (3609)
1998 Ed. (2921)
Edwards Brothers, Inc.
1992 Ed. (3533)
Edwards, CO
2007 Ed. (3500)
2006 Ed. (3475)
Edwards Fine Foods
2001 Ed. (2475)
Edwards; James F.
1995 Ed. (939)
Edwards Jones
2000 Ed. (836)
Edwards Jr.; George W.
1995 Ed. (1728)
Edwards La Verne Cinemas
1997 Ed. (2820)
Edwards Lifesciences Corp.
2007 Ed. (3466)
Edwards; Marvin
1990 Ed. (2658)
Edwards; Murray
2005 Ed. (4864)
Edwards Paper Co. Inc.
1999 Ed. (2677)
Edwards Supply Co.
2008 Ed. (4983)
2007 Ed. (3602)
Edwards West Covina Stadium 18 Theater
2000 Ed. (3167)
Edwardson; John A.
1996 Ed. (1716)
Edwin Crawford
2008 Ed. (937)
2007 Ed. (983)
Edwin Garrison
1995 Ed. (979)
Edwin Harper
1999 Ed. (3254)
Edwin Lloyd
2000 Ed. (2123)
Edwin Lupberger
1991 Ed. (1625)
Edwin M. Crawford
2008 Ed. (945)
2007 Ed. (1035)
2006 Ed. (893, 938)
Edwin Shaw Rehabilitation Hospital
2002 Ed. (2455)
EDX Electronics Inc.
2002 Ed. (2094)
Edymion Systems Inc.
2001 Ed. (1871, 2851)
Edy's
2008 Ed. (3123)
2006 Ed. (2976)
1998 Ed. (2074, 2075)
1993 Ed. (1907, 2121)
Edy's/Dreyer's
1997 Ed. (3711)
Edy's Grand
2008 Ed. (3123)
Edy's Grand Light
1998 Ed. (2072, 2073)
Edy's Slow Churned
2008 Ed. (3123)
Edy's Whole Fruit
2008 Ed. (3121)
Edythe Broad
2006 Ed. (3898)
EE Product News
2008 Ed. (4709)
2007 Ed. (4792)
EE Times
2008 Ed. (143, 145, 811, 4709, 4718)
2007 Ed. (159, 161, 845, 4792, 4799)
2006 Ed. (752, 4783)
2005 Ed. (137, 138)
2004 Ed. (143)
2001 Ed. (249, 252)
2000 Ed. (3483, 3484, 3485)
1999 Ed. (3755, 3756)
EEC
1990 Ed. (3439)
EEC Group Plc
1995 Ed. (1246)
EEG diagnostics
2001 Ed. (2761)
EEI Corp.
2004 Ed. (1845)
2002 Ed. (1754)
EEPROM
2001 Ed. (1356)
2000 Ed. (3702)
EER Systems Inc.
2003 Ed. (1354)
Eermel
2002 Ed. (4446)
Eest Ohispank (Union Bank of Estonia)
1996 Ed. (494)
Eesti Krediidipank
1999 Ed. (508)
1997 Ed. (457)
Eesti Maapank
2000 Ed. (519)
1999 Ed. (508)
Eesti Mobiiltelefon
2004 Ed. (43)
Eesti Telefon
2005 Ed. (37)
2004 Ed. (43)
Eesti Telekom
2006 Ed. (4501)
2002 Ed. (4412, 4413)
2001 Ed. (31)
Eesti Uhispank
2007 Ed. (437)
2006 Ed. (434, 435)
2005 Ed. (491)
2003 Ed. (486)
2002 Ed. (527, 555, 4412, 4413)
2000 Ed. (519)
1999 Ed. (507, 508)
eEye Digital Security
2006 Ed. (4266)
EFA Corp.
1994 Ed. (1462)
Efacec-Emp. Fabril Maq. Electricas
1994 Ed. (2396)
Efamil
2003 Ed. (2914)
Efax.com
2002 Ed. (4878)
Efes Beverages Group
2005 Ed. (746)
Efes Vitanta Moldova Breweryi
2006 Ed. (4521)
The Effective Executive
2006 Ed. (582)
Effective Marketing Development Inc.
1998 Ed. (3480)
1997 Ed. (3701)
Effective Phrases for Performance Appraisals
2006 Ed. (638)
Effem Inc.
2008 Ed. (4319)
Effems
1992 Ed. (81)
Efferdent
2008 Ed. (2324)
2003 Ed. (1992, 1993)
1996 Ed. (1526)
1993 Ed. (1472)
Efferdent Plus
2003 Ed. (1992, 1993)
Effergrip
2008 Ed. (2324)

2003 Ed. (1991, 1992, 1992)
Effervescent remedies
2002 Ed. (321)
Effexor
2008 Ed. (2379)
2007 Ed. (2243)
1997 Ed. (2741)
1996 Ed. (2598)
Effexor Tables for Depression
1999 Ed. (2727)
Effexor XR
2007 Ed. (2246, 3910, 3912)
2006 Ed. (2313, 3881)
2005 Ed. (2251)
Efficient Engineering Co. Inc.
1992 Ed. (422)
Efficient Homes
2005 Ed. (1188)
2004 Ed. (1160)
2003 Ed. (1155)
Efficient Networks Inc.
2003 Ed. (1505, 2199, 2733)
Effingham, IL
2005 Ed. (3334)
2004 Ed. (3310)
EFG Bank—European Financial Group
2008 Ed. (510)
2007 Ed. (558)
2006 Ed. (528)
2005 Ed. (615)
2004 Ed. (626)
2003 Ed. (617)
2002 Ed. (653)
EFG Eurobank
2000 Ed. (542)
EFG Eurobank Ergasias
2008 Ed. (410, 420, 1772)
2007 Ed. (454, 1745)
2006 Ed. (447, 1737, 1738)
2005 Ed. (504, 514)
2004 Ed. (491, 535)
EFG Eurobank Ergasias Bank SA
2006 Ed. (290)
EFG Eurobank SA
2002 Ed. (341)
EFG International
2008 Ed. (434, 510)
EFI Electronics Corp.
1992 Ed. (4150)
EFIBANCA-ente Finanziario Interbancario SpA
2000 Ed. (1486)
EFJ Inc.
2008 Ed. (4347, 4359, 4364, 4429)
2004 Ed. (4551)
EFM Dragon
1992 Ed. (3205)
Eforcity
2008 Ed. (4207)
E45
2001 Ed. (1933)
E4L, Inc.
2001 Ed. (1651)
EFPZ/FCB
2001 Ed. (237)
EFPZ Publicidad
2003 Ed. (177)
2002 Ed. (206)
2000 Ed. (187)
EFS Bank
2007 Ed. (4750)
2006 Ed. (4736)
EFS National Bank
1998 Ed. (364, 368)
EFSNetwork
2003 Ed. (2169)
Efteling
2005 Ed. (249)
Efteling; De
2007 Ed. (273)
2006 Ed. (268)
eFusion Inc.
2001 Ed. (2856)
EG & G
2000 Ed. (1747, 1750, 3862)
1999 Ed. (1971, 1976)
1998 Ed. (2106)
1996 Ed. (2263, 3289)
1995 Ed. (1077, 1456, 2235, 2263, 3191)
1994 Ed. (1065, 1108, 1420, 2181, 2213, 3147)
1993 Ed. (1034, 1084, 1367, 2182, 3103)
1992 Ed. (1287, 1308, 1355, 3804)
1991 Ed. (1027, 1050, 2930)
1990 Ed. (411, 743)
1989 Ed. (1314)
Egan & Sons Co.
1992 Ed. (1414)
1991 Ed. (1081)
Egan Cos., Inc.
2005 Ed. (1280)
2004 Ed. (1234)
2003 Ed. (1231)
1999 Ed. (1375)
1998 Ed. (954)
1997 Ed. (1169)
1996 Ed. (1137)
1995 Ed. (1165)
1994 Ed. (1149)
1993 Ed. (1127)
Egan; Kian
2008 Ed. (4884)
2005 Ed. (4885)
EG&G
2000 Ed. (1693)
1992 Ed. (2642)
1989 Ed. (197, 1313, 1316, 2362)
Egarden.com
2001 Ed. (4769)
EGAT
1999 Ed. (1748)
Ege Biracilik
1994 Ed. (2335)
1992 Ed. (2811, 2812)
Egenera
2007 Ed. (1205)
2003 Ed. (1093)
Egenor
2002 Ed. (3083)
Egg
2008 Ed. (132, 437, 438, 439)
2007 Ed. (472, 473)
Egg-coloring kits/dyes
2005 Ed. (2759)
Egg plc
2006 Ed. (538)
Egg substitutes, frozen
1995 Ed. (2992, 2993, 2995, 2996)
Egged Israel Transport Cooperative Society Ltd.
2004 Ed. (4796)
Eggert Werbeagentur
1990 Ed. (104)
1989 Ed. (108)
Egghead Computer
1999 Ed. (3006, 4752)
Egghead.com
2003 Ed. (2185)
2002 Ed. (2990)
2001 Ed. (2978, 2981, 2984, 4780)
Eggland Best
1996 Ed. (773, 1934)
Eggnog
2005 Ed. (2234)
2002 Ed. (3342)
Eggrock Partners Inc.
2003 Ed. (1515)
L'eggs
2008 Ed. (991)
2007 Ed. (1112)
2006 Ed. (1017, 1023, 3284)
2005 Ed. (1017)
2003 Ed. (1962, 3937, 3938)
2002 Ed. (3492)
2000 Ed. (3619)
1999 Ed. (1195, 4507, 4508)
1998 Ed. (766)
1997 Ed. (1027, 1039)
1995 Ed. (1035)
1994 Ed. (1014, 1027)
1993 Ed. (987, 995)
1992 Ed. (1210, 1228, 2445)
1991 Ed. (1867)
1990 Ed. (916)
1989 Ed. (1461, 1463, 1663)
Eggs, fresh
1996 Ed. (3091, 3092, 3093, 3097, 3615)
L'Eggs Products
1996 Ed. (3607)
L'eggs Sheer Energy
1995 Ed. (3525)
EGI Canada Corp.
2005 Ed. (4512)
EGI Capital
1998 Ed. (2264)
Egis
2008 Ed. (2554, 2566)
2007 Ed. (2427, 2439)
2006 Ed. (664, 2462, 2474)
2005 Ed. (2422, 2434)
2004 Ed. (2400, 2402)
2003 Ed. (2309, 2319, 2321)
2002 Ed. (854)
2000 Ed. (893)
1999 Ed. (947)
1997 Ed. (825, 826)
EGL Inc.
2008 Ed. (205, 3147, 4736, 4746, 4747)
2007 Ed. (219, 2393, 4819, 4820, 4822, 4879)
2006 Ed. (211, 2994, 4810, 4887)
2005 Ed. (197, 2303, 2305, 2408, 2410, 2688, 3340, 4751, 4752, 4755, 4757)
2004 Ed. (1453, 2690, 4414, 4778, 4779, 4786)
2003 Ed. (3708, 4792)
2002 Ed. (238)
EGL—Eagle Global Logistics LP
2007 Ed. (2013, 4819)
2006 Ed. (2043, 4803)
Egleston Hospital; Henrietta
1995 Ed. (1926)
Eglifloor AG
1994 Ed. (3520)
Eglin Credit Union
2007 Ed. (2110)
2006 Ed. (2189)
2005 Ed. (2094)
2004 Ed. (1952)
2003 Ed. (1912)
2002 Ed. (1858)
Eglin FCU
1999 Ed. (1805)
Eglin Federal Credit Union
2000 Ed. (1631)
1998 Ed. (1232)
eGlobe Solutions Inc.
2008 Ed. (4435, 4989)
2007 Ed. (3611)
2006 Ed. (3546, 4384)
Egnatia Bank
2008 Ed. (420)
2007 Ed. (454)
2006 Ed. (447)
2005 Ed. (514)
2004 Ed. (535)
Egoli
1993 Ed. (2578)
Egon Zehnder
1997 Ed. (1793)
Egon Zehnder International
2002 Ed. (2175)
2001 Ed. (2310, 2313)
2000 Ed. (1863, 1864)
1999 Ed. (2071)
1998 Ed. (1504)
1997 Ed. (1792)
1996 Ed. (1707, 1708)
1993 Ed. (1691)
1992 Ed. (2048)
eGroups
2002 Ed. (4808)
EGS Associates L.P.
1995 Ed. (2096)
EGS Overseas
1993 Ed. (2657)
Egypt
2008 Ed. (903, 2191, 2689, 2727, 2822, 3163, 3448, 3832, 4686, 4793, 4795)
2007 Ed. (920, 1438, 2081, 2082, 2084, 2547, 2590, 2830, 3049, 3352, 3755, 4762)
2006 Ed. (1406, 2133, 2134, 2136, 2137, 2576, 2614, 2701, 2827, 3285, 3756, 4591)
2005 Ed. (1421, 2037, 2038, 2040, 2041, 2058, 2616, 2734, 3022, 3291, 3658)
2004 Ed. (1400, 1905, 1906, 1908, 1910, 1923, 2626, 3259, 3747)
2003 Ed. (1385, 1875, 1877, 2493, 3213, 3258, 3703)
2002 Ed. (328, 329, 682, 1821, 2423)
2001 Ed. (507, 508, 671, 1129, 1936, 1952, 2232, 2373, 2451, 3596, 3950)
2000 Ed. (1615, 1650, 1890, 1896, 2365, 2370, 2371)
1999 Ed. (1786)
1998 Ed. (2311)
1997 Ed. (1547, 3633)
1996 Ed. (426, 1482, 3821)
1995 Ed. (1523, 1545, 1735, 2008, 2015, 2027, 2034)
1994 Ed. (1491, 3656)
1993 Ed. (1464, 1965, 1972, 1979, 1985, 2366, 3692)
1992 Ed. (305, 498, 1740, 2082, 2308, 2315, 2325, 2331)
1991 Ed. (1406, 1642, 1832, 1839, 1848)
1990 Ed. (241, 413, 1447, 1581, 1728, 1909, 1916, 1923, 1933, 3689)
1989 Ed. (362, 1869)
Egypt Air
2008 Ed. (38)
2007 Ed. (34)
2006 Ed. (43)
2005 Ed. (36)
Egypt; Government of
2008 Ed. (38)
EgyptAir
2006 Ed. (230)
2004 Ed. (42)
2001 Ed. (30, 302, 303)
1993 Ed. (39)
Egyptian American Bank
2003 Ed. (485)
1999 Ed. (453)
1996 Ed. (431)
1995 Ed. (404)
1994 Ed. (411)
1992 Ed. (583)
1991 Ed. (425, 428)
1990 Ed. (473, 474)
Egyptian Co. for Mobile Services
2006 Ed. (4499)
Egyptian General Petroleum Corp.
2008 Ed. (3913)
2007 Ed. (3860)
2006 Ed. (3843)
2005 Ed. (3761)
2004 Ed. (3850)
2003 Ed. (3820)
Egyptian Mobil Phone
2001 Ed. (1793)
Egyptian pound
2008 Ed. (2274)
2006 Ed. (2238)
Egyptian President
2008 Ed. (38)
EH Building Group II
2007 Ed. (1271)
EH Clinic Foundation Inc.
2007 Ed. (1870)
EH Industries
1994 Ed. (2044)
eHarmony.com
2006 Ed. (4878)
EHealthInsurance Services
2002 Ed. (2473)
Ehime Bank
2006 Ed. (460, 461)
Ehlers & Associates Inc.
2001 Ed. (851, 955)
1996 Ed. (2351)
Ehlers Cadillac-Sterling; Lou
1990 Ed. (319)
Ehlers; Herbert E.
1994 Ed. (1722)
1993 Ed. (1703)
1992 Ed. (2060)
EHM Engineers Inc.
2006 Ed. (2479)
Ehman
1993 Ed. (1050)
Ehrardt Keefe Steiner & Hottman
2008 Ed. (3)
2007 Ed. (4)

Ehrenstraehle & Co.
1997 Ed. (149)
1992 Ed. (211)
Ehrenstrahle & Co.
1995 Ed. (129)
1994 Ed. (119)
Ehrhardt Keefe Steiner & Hoffman PC
2005 Ed. (4)
Ehrhardt Keefe Steiner & Hottman
2006 Ed. (1679)
Ehrhardt Keefe Steiner & Hottman PC
2008 Ed. (11, 1707)
2007 Ed. (5, 13, 1682)
2006 Ed. (17)
2005 Ed. (12)
2004 Ed. (8, 16)
2003 Ed. (3, 10)
2002 Ed. (9, 15, 865)
Ehrlich Bober & Co.
1991 Ed. (2164, 2979, 2980, 3065)
1990 Ed. (3166)
Ehrlich-Rominger Architects
2000 Ed. (310)
Ehrlich-Rominger Associates
1999 Ed. (284)
EHS Christ Hospital & Medical Center
1995 Ed. (2141)
EHS Health Care
1995 Ed. (2630)
ehs:realtime
2002 Ed. (1952, 1954, 1956, 1979, 1981)
E.I. Du Pont de Nemours
2000 Ed. (1023, 1030, 1405)
1992 Ed. (3228, 3232)
E.I. Du Pont de Nemours & Co.
1996 Ed. (1732)
E.I. Du Pont Pharmaceuticals
1997 Ed. (2258, 2743)
EI Dupont de Nemours
2000 Ed. (3517)
1992 Ed. (1107)
E.I. DuPont de Nemours & Co.
2000 Ed. (3428)
1998 Ed. (2758)
EI Telemarketing
1997 Ed. (3700)
EIB
1991 Ed. (849)
1990 Ed. (898)
Eichel Inc.
1997 Ed. (259)
1996 Ed. (228)
Eichholz GmbH & Co. Bauunternehmung
2004 Ed. (1703)
Eichleay Engineers Inc.
1992 Ed. (1956)
Eichleay Holdings Inc.
2004 Ed. (2377)
2003 Ed. (1291)
Eicoff & Co.; A.
1995 Ed. (56)
Eide Bailly
2008 Ed. (2008)
2000 Ed. (13)
Eide Bailly LLP
2008 Ed. (5, 277)
2007 Ed. (7)
2006 Ed. (11)
2005 Ed. (6)
2004 Ed. (10)
2003 Ed. (4)
2002 Ed. (13, 14)
Eide Helmeke
1999 Ed. (16)
1998 Ed. (12)
Eiffage
2007 Ed. (1287)
2002 Ed. (1311)
2000 Ed. (1282)
1999 Ed. (1393)
1998 Ed. (963)
1995 Ed. (1137, 3335, 3337)
Eiffage SA
2008 Ed. (1411)
Eiffel
2008 Ed. (1967)
2006 Ed. (1922)
Eiger Technology Inc.
2003 Ed. (2930, 2940)
2002 Ed. (2503, 2508)
2001 Ed. (2864)
800
1990 Ed. (2466)
888.com
2007 Ed. (710, 731)
800-GOT-JUNK
2008 Ed. (1583)
2007 Ed. (1606)
800-numbers, interactive
1996 Ed. (2345)
800 Services
1991 Ed. (2356)
839
1990 Ed. (2467)
839, Castle Underwriting Agents Ltd.
1991 Ed. (2338)
800, Wren Underwriting Agencies Ltd.
1991 Ed. (2335)
800BuyMovies.com
2002 Ed. (4749)
800.com
2003 Ed. (2727)
2002 Ed. (4749)
8 Mile
2004 Ed. (3533)
Eight O'Clock
2003 Ed. (676, 1041)
2001 Ed. (1306)
Eight O'Clock Whole
2002 Ed. (1089)
8-07
2004 Ed. (46)
8 SN
1993 Ed. (732)
8 Weeks to Optimum Health
1999 Ed. (693)
Eighteen-38 Investment Advisors
1990 Ed. (2322)
Eighteenth Bank
2008 Ed. (437, 438, 439)
8th Continent
2008 Ed. (569)
2007 Ed. (619)
2006 Ed. (573)
2005 Ed. (673)
2004 Ed. (680)
Eighty Eight
2001 Ed. (495)
Eighty Four
1990 Ed. (840)
84 Lumber Co.
2008 Ed. (748, 749, 2976, 2977)
2007 Ed. (774, 2854, 2855)
2006 Ed. (2865, 2866, 3994)
2005 Ed. (771, 3920)
2004 Ed. (785)
2003 Ed. (775, 2788, 2789, 2790)
2002 Ed. (4984)
2001 Ed. (2728, 2729)
2000 Ed. (2492)
1997 Ed. (830, 831, 832, 2245, 2246)
1996 Ed. (815, 817, 820, 821, 2134)
1995 Ed. (845, 847, 848)
1994 Ed. (794, 795, 796)
1993 Ed. (775, 777, 778)
1992 Ed. (2419)
1991 Ed. (801)
1990 Ed. (838)
84 Lumber
1999 Ed. (2711, 4808, 4809)
87J
2002 Ed. (4907)
80-20
2007 Ed. (3067)
80-20 Software
2005 Ed. (3028)
84 Lumber
1998 Ed. (1967, 1969, 1973, 1974)
E.I.I. Realty
2000 Ed. (2841)
E.I.I. Realty Secruities
2000 Ed. (2840)
E.I.I. Realty Securities
2001 Ed. (3992)
1999 Ed. (3098)
1997 Ed. (3271)
Eiichi Katayama
2000 Ed. (2159)
1999 Ed. (2379)
1996 Ed. (1870)
Eiker Sparebank
1996 Ed. (645)
Eiko Kono
2005 Ed. (4991)
2003 Ed. (4984)
Eileen Dowling
2000 Ed. (1936)
1999 Ed. (2166)
1998 Ed. (1578)
Eileen Fisher
2008 Ed. (4345)
2005 Ed. (2468)
2001 Ed. (4925)
Eiler Communications
2001 Ed. (3936)
Eimpskipafelag Islands HF
2001 Ed. (4624)
Eimskipafelag Islands; Hf.
2006 Ed. (4506)
2001 Ed. (4624)
Ein Hrzn "VA1":NSAT Com
1994 Ed. (3619)
Einhorn; Steven
1995 Ed. (1860)
1994 Ed. (1818)
1993 Ed. (1774, 1838)
1990 Ed. (1767)
1989 Ed. (1418)
Einhorn Yaffee Prescott
2008 Ed. (2539)
Einson Freeman
1993 Ed. (3064)
1992 Ed. (3760)
1990 Ed. (3077, 3084, 3085)
1989 Ed. (2351)
Einstein Bagel Corp.
1998 Ed. (3069, 3182)
Einstein Bros.
2000 Ed. (3777)
1999 Ed. (4058, 4059)
1997 Ed. (326)
Einstein Bros. Bagels
2004 Ed. (4242)
2002 Ed. (2252)
2000 Ed. (3762, 3848)
Einstein Bros./Noah's Bagels
2000 Ed. (3773, 3774)
Einstein Brothers Bagels
2008 Ed. (4271, 4274, 4275)
2007 Ed. (4240)
2006 Ed. (4225)
Einstein Community Health Associates Inc.
2006 Ed. (1981)
2005 Ed. (1944)
2004 Ed. (1841)
Einstein Healthcare Foundation; Albert
1991 Ed. (1936)
1990 Ed. (2059)
Einstein/Noah Bagel
2000 Ed. (3798)
Einstein/Noah's Bagels
2008 Ed. (2667, 2671)
2007 Ed. (2534)
2006 Ed. (2560, 4222)
Einstein Practice Plan
2000 Ed. (3545)
EIP Micro
1993 Ed. (2749)
Eircom
2004 Ed. (53)
Eircom Group plc
2008 Ed. (4644)
Eircom plc
2003 Ed. (4590)
2002 Ed. (1697, 3028, 3029)
2001 Ed. (4188)
EIS Fund Ltd.
2004 Ed. (3175)
Eisai
2007 Ed. (3942)
1997 Ed. (1664)
1995 Ed. (3099)
1993 Ed. (1517)
1990 Ed. (1571)
Eisaku Ohmori
2000 Ed. (2163)
Eisaman, Johns & Laws
1997 Ed. (97)
Eisen und Huettenwerke AG
1989 Ed. (1109)
Eisenberg & Co. Inc.; Leo
1993 Ed. (3305, 3313, 3314, 3315)
Eisenberg; George
1994 Ed. (897)
Eisenberg Co.; Leo
1992 Ed. (3620, 3622, 3958, 3960, 3965, 3967)
1991 Ed. (1052, 3117, 3119, 3120, 3125)
1990 Ed. (3284, 3285, 3286, 3287, 3289)
Eisenberg; Steven
1997 Ed. (1919)
1996 Ed. (1847)
1995 Ed. (1795, 1866)
1994 Ed. (1825)
Eisenhower Medical Center
2006 Ed. (2917)
Eisenhower Valley, VA
1996 Ed. (1603)
Eisenmann
2006 Ed. (3421)
Eisenmann GmbH
2008 Ed. (3602)
Eisenworld Corp.
2005 Ed. (1140)
Eisman; Steven
1997 Ed. (1908)
Eisner
2002 Ed. (18, 21)
2000 Ed. (17)
Eisner & Associates
2000 Ed. (172)
1999 Ed. (154)
1998 Ed. (65)
Eisner & Co.; Richard A.
1997 Ed. (22)
1996 Ed. (20)
1995 Ed. (12)
1994 Ed. (6)
1993 Ed. (12)
1992 Ed. (21)
1991 Ed. (6)
Eisner Communications
2004 Ed. (129, 130)
2003 Ed. (171, 172)
2002 Ed. (182, 183)
Eisner LLP
2008 Ed. (8)
2007 Ed. (10)
2006 Ed. (14)
2005 Ed. (9)
2004 Ed. (13)
Eisner; M. D.
2005 Ed. (2502)
Eisner; Michael
2006 Ed. (2517)
Eisner; Michael D.
2007 Ed. (1026)
2005 Ed. (975)
1997 Ed. (1799)
1995 Ed. (978, 1727, 1730)
1992 Ed. (1141, 1142, 2050, 2053)
1991 Ed. (924, 925, 1619, 1623)
1990 Ed. (972, 1713, 1716)
Eisner; Michael Damann
1996 Ed. (1712)
Eisner; Michael Dammann
1996 Ed. (960)
Richard A. Eisner
2000 Ed. (16)
Eiszner, James R.
1991 Ed. (1631)
Eitaro Itoyama
2008 Ed. (4846)
2005 Ed. (4861)
2004 Ed. (4876)
1991 Ed. (709)
1990 Ed. (730)
Eitel; Charlie
2005 Ed. (3284)
Eitlejorg Museum of the American Indian and Western Art Inc.
1994 Ed. (1903)
Eizai
1989 Ed. (1280)
Eizo Uchikura
2000 Ed. (2172)
1999 Ed. (2384, 2389)
1996 Ed. (1877)
EJ Associates of New York Ltd.
2002 Ed. (2176)

E.J. De La Rosa & Co.
2000 Ed. (3969)
EJ Gallo Twin Valley
2008 Ed. (4936)
EJE Sociedad Publicitaria
2003 Ed. (139)
2002 Ed. (172)
1998 Ed. (64)
Ejer industries
1993 Ed. (1088)
EjL Corp.
1996 Ed. (2830)
EK Asia Fund
2003 Ed. (3142)
Ek Chor China Motorcycle Co., Ltd.
2003 Ed. (4587)
EK Global Hedge Fund
2003 Ed. (3149, 3152)
EK Hong Kong & China Fund
2003 Ed. (3142, 3152)
Eka Corporation
1990 Ed. (1220)
Eka Tjipta Widjaja
2006 Ed. (4916)
Ekapat
1996 Ed. (3394)
EKC Inc.
2008 Ed. (1294)
EKCO
2005 Ed. (3250)
2003 Ed. (3166)
2000 Ed. (2587)
1999 Ed. (2807)
1998 Ed. (2050)
1997 Ed. (2331)
1996 Ed. (2201)
Ekco Group
1995 Ed. (2769)
1991 Ed. (1165)
E.K.F. (Aluminium) Ltd.
1990 Ed. (1034)
Eko-Elda SA
2008 Ed. (1773)
Eko International Bank
2003 Ed. (592)
2002 Ed. (628)
Ekoagrobanka
1997 Ed. (447)
Ekono Oy
1991 Ed. (1557)
Ekoterm
2001 Ed. (289)
Ekran
1999 Ed. (1579, 4494)
Ekran Bhd
2002 Ed. (3052)
Eksportfinans
1997 Ed. (585)
1996 Ed. (646)
1995 Ed. (576)
1994 Ed. (606)
Ekta 950IRC/Ektachem 950IRC
1996 Ed. (2594)
Ektachem 700XR
1992 Ed. (3008)
Ektron Inc.
2007 Ed. (3057)
2006 Ed. (3024)
Ekvall; Ralph and Erma
1994 Ed. (897)
El Agulla
1992 Ed. (942)
El Al
2001 Ed. (303)
1991 Ed. (193)
1990 Ed. (201, 236)
1989 Ed. (243)
El Al Israel Airlines Ltd.
2008 Ed. (214)
2007 Ed. (234)
2006 Ed. (229, 230)
2005 Ed. (216)
2002 Ed. (270)
2001 Ed. (314)
El Camino College
1999 Ed. (1235)
1998 Ed. (807)
El Camino Hospital
2008 Ed. (3041)
El Centro, CA
2008 Ed. (1052)
2007 Ed. (1159, 3369)
El Charo Avitia
1991 Ed. (2858)
El Chico
2004 Ed. (4139)
2002 Ed. (4023)
2000 Ed. (3123)
1999 Ed. (3396)
1998 Ed. (2486)
1997 Ed. (2777)
1996 Ed. (2627)
1995 Ed. (2566)
1994 Ed. (2504, 2506)
1993 Ed. (2558)
1992 Ed. (3707)
1991 Ed. (1906, 2449)
1990 Ed. (2008)
El Chico Cafe
2008 Ed. (4180)
El-Com/Cabletek
1999 Ed. (1988)
El Corte Ingles
2007 Ed. (1991)
2005 Ed. (81, 743)
2004 Ed. (86)
2001 Ed. (80)
1999 Ed. (1734)
1997 Ed. (1508)
1994 Ed. (44, 1450)
1993 Ed. (51, 1401)
1992 Ed. (78)
1991 Ed. (48)
El Corte Ingles Group
1990 Ed. (48)
1989 Ed. (51)
El Corte Ingles SA
2008 Ed. (86, 2083)
2007 Ed. (80, 1987, 4952)
2006 Ed. (90)
2005 Ed. (1963)
2004 Ed. (1861)
2002 Ed. (1767)
2001 Ed. (1851)
2000 Ed. (1556)
1996 Ed. (1447)
1995 Ed. (1490)
1990 Ed. (1419)
1989 Ed. (1162)
El Diario-La Prensa (New York)
1992 Ed. (4028)
El Dorado Furniture Corp.
2008 Ed. (2965)
2007 Ed. (2833)
2006 Ed. (2844)
2002 Ed. (2560)
2001 Ed. (2713)
1999 Ed. (2558, 4090)
1998 Ed. (3081)
1997 Ed. (3339)
1996 Ed. (3234)
1995 Ed. (3142)
El Dorado Furniture Group
2000 Ed. (3147)
El Dorado National (Kansas) Inc.
2006 Ed. (1837)
El Dorado Ventures
1996 Ed. (3782)
El du Pont de Nemours
2000 Ed. (3757)
El Gaitero
2006 Ed. (1009)
2005 Ed. (999)
2002 Ed. (3108)
2001 Ed. (3117)
El Gallo Giro
2002 Ed. (4035)
El Globo
1992 Ed. (44)
El Mercurio
1989 Ed. (27)
El Monte, CA
2006 Ed. (2857)
El Monte Plastics Inc.
2001 Ed. (4125)
El Monterey
2008 Ed. (2786)
2002 Ed. (1330)
El Nilein Industrial Development Bank
2003 Ed. (615)
2002 Ed. (651)
2000 Ed. (667)
1997 Ed. (619)
1996 Ed. (685)
El Nuevo Dia
2006 Ed. (4298)
2005 Ed. (4357)
El Nuevo Herald (Miami)
1992 Ed. (4028)
El Pacifico Peruano Suiza
2008 Ed. (3260)
2007 Ed. (3116)
El Pacifico Vida
2008 Ed. (3260)
2007 Ed. (3116)
El Pais
2008 Ed. (105)
2005 Ed. (93, 743)
2002 Ed. (4396)
El Paso Corp.
2008 Ed. (1486, 2425, 2811, 2849, 3902)
2007 Ed. (3849, 3850, 3884, 3963, 4525, 4526, 4527, 4529)
2006 Ed. (1771, 2437, 2446, 3857, 3913, 4471, 4472, 4588)
2005 Ed. (1573, 2289, 2300, 2395, 2398, 2402, 2406, 2413, 2711, 2712, 3586, 3751, 3752, 3759, 3797, 3800, 4464, 4465, 4469, 4470)
2004 Ed. (1559, 1579, 1585, 1740, 1869, 2190, 2314, 2319, 2322, 2721, 2722, 3667, 3668, 3840, 3841, 3848, 3869, 3872, 4484, 4488, 4494, 4579)
2003 Ed. (1552, 1556, 1558, 1704, 1837, 2280, 2282, 2286, 2604, 2605, 3288, 3304, 3811, 3832, 3833, 3841, 3859, 3861, 4539)
2000 Ed. (3376)
1992 Ed. (1013, 98)
El Paso CGP Co.
2004 Ed. (3864)
El Paso Chemical
1990 Ed. (948)
El Paso County, CO
2008 Ed. (3478)
El Paso Electric Co.
2001 Ed. (427, 3866)
1998 Ed. (157)
1996 Ed. (1621)
1995 Ed. (1644)
1994 Ed. (1602)
1993 Ed. (1560)
1992 Ed. (1905)
1991 Ed. (1504)
1990 Ed. (1607)
El Paso Energy Corp.
2005 Ed. (1508)
2004 Ed. (1492)
2003 Ed. (1423, 1462, 4720)
2002 Ed. (1397, 1525, 1685, 2128, 3711, 3712)
2001 Ed. (3767, 3947)
2000 Ed. (3550)
1999 Ed. (1500, 2570)
1998 Ed. (1066, 1067, 2663)
El Paso Independent School District
2002 Ed. (2062)
El Paso Natural Gas Co.
2003 Ed. (3880, 3881)
2000 Ed. (2310, 2312, 2314, 3549)
1999 Ed. (2571, 2572, 3832, 3833)
1998 Ed. (1082, 1809, 1810, 1811, 1812, 1814, 2856)
1997 Ed. (2119, 2120, 2121, 2122, 2124)
1996 Ed. (1999, 2001, 2002, 2003, 2004)
1995 Ed. (1972, 1973, 1974, 1975, 1976, 1978, 1979, 1980, 1981, 2752, 2906)
1994 Ed. (1941, 1944, 1946, 1948, 1949, 1950, 1951, 1952, 1953, 1954)
1993 Ed. (1923, 1925, 1926, 1927)
1992 Ed. (2264, 2265, 2266, 2267)
1991 Ed. (1792, 1795, 1796, 1797, 1798)
1990 Ed. (1879, 1880, 1881)
1989 Ed. (1497, 1498, 1499)
El Paso Refinery
1994 Ed. (2667)
El Paso Refinery LP
1992 Ed. (1479)
El Paso Tennessee Pipeline Co.
2006 Ed. (2044, 2352)
2005 Ed. (1973, 2289)
2004 Ed. (2190)
El Paso, TX
2008 Ed. (3112, 3119, 4119, 4349)
2007 Ed. (2997, 3004, 3012, 4098, 4099, 4100)
2006 Ed. (2857, 2975, 3742, 3743, 4050, 4099, 4189, 4885)
2005 Ed. (2974, 3644, 3645, 3878, 3879, 4143, 4796, 4835)
2004 Ed. (1162, 3736, 3737, 4081, 4852)
2003 Ed. (1136, 2756, 3262, 3679, 3680, 3681, 3682, 4054, 4872)
2002 Ed. (2565, 2566, 2567, 3330)
2001 Ed. (2358, 2717, 4022)
2000 Ed. (1065, 2993)
1999 Ed. (2686, 2813)
1997 Ed. (163, 2228, 2230)
1996 Ed. (2121)
1995 Ed. (875, 2116)
1994 Ed. (2063, 2913)
1993 Ed. (2044)
1992 Ed. (345, 2412, 2416, 4242)
1991 Ed. (56, 1914, 1916, 1979, 1985)
1990 Ed. (2019, 2022)
El Pedregal Industrial Park
1997 Ed. (2373)
El Pollo Loco
2008 Ed. (2660, 2666, 4158, 4173, 4174)
2007 Ed. (2542, 4143)
2006 Ed. (4116)
2005 Ed. (4055, 4056, 4057, 4058, 4059)
2004 Ed. (2578, 4130)
2003 Ed. (2442, 2443, 2444, 2445, 2446, 2447, 2449)
2002 Ed. (2244, 2245)
2000 Ed. (1910)
1999 Ed. (2135)
1998 Ed. (1549)
1997 Ed. (1841)
1996 Ed. (1760)
1995 Ed. (1782)
1994 Ed. (1749)
1993 Ed. (1753, 1758, 3015, 3020)
1992 Ed. (2112, 3703)
1991 Ed. (1656, 2877, 2878)
1990 Ed. (1751)
El Pomar Foundation
2002 Ed. (981)
El Puerto de Liverpool
2003 Ed. (4180)
1995 Ed. (3159)
1994 Ed. (3114)
El Puerto de Liverpool, SA de CV
2005 Ed. (4137)
2004 Ed. (4207)
1993 Ed. (2559)
El Ran Furniture
1999 Ed. (2551)
1997 Ed. (2105)
El Ranchito
1999 Ed. (4620)
1998 Ed. (3585)
1996 Ed. (3713)
El Rio Nacho Cheese Sauce
1992 Ed. (3769)
El Rio Nacho Cheese Sauce (mild)
1992 Ed. (3769)
El Salitre Magica
2003 Ed. (276)
2002 Ed. (311)
El Salitre Magico
2007 Ed. (276)
2006 Ed. (271)
2005 Ed. (252)
El Salvador
2008 Ed. (1032, 1033, 2397)
2007 Ed. (1152, 2095, 2264)
2006 Ed. (1063, 2137, 2151, 2333)
2005 Ed. (1051, 1052, 2041, 2057, 2540)
2004 Ed. (1050, 1051, 1922, 2766)
2003 Ed. (1045, 2215)
2002 Ed. (537, 4774)
2001 Ed. (1307, 2838, 4587, 4588)
1993 Ed. (2367)

1990 Ed. (1581)
El Sitio
2001 Ed. (2985)
El Taller Creativo
2003 Ed. (67)
2002 Ed. (100)
2001 Ed. (130)
1999 Ed. (81)
1997 Ed. (80)
1996 Ed. (80)
El Taller Creativo (Grey)
2000 Ed. (87)
El Tesoro Don Felipe
2002 Ed. (4610, 4613)
El Torito
2008 Ed. (4180, 4186)
2007 Ed. (4151)
2006 Ed. (4123)
2004 Ed. (4139)
2002 Ed. (4023)
2000 Ed. (3123)
1999 Ed. (3396)
1998 Ed. (2486)
1997 Ed. (2777)
1996 Ed. (2627)
1995 Ed. (2566)
1994 Ed. (2504, 2506)
1992 Ed. (3060, 3061, 3707)
1991 Ed. (2448, 2449)
El Torito Restaurants
1993 Ed. (2558)
1990 Ed. (2569)
El Toro
2001 Ed. (4503)
2000 Ed. (4233)
1999 Ed. (4579)
1997 Ed. (3729)
1996 Ed. (3670)
1995 Ed. (3590, 3594)
1994 Ed. (3505)
1993 Ed. (3546)
1992 Ed. (4262)
1991 Ed. (3336, 3340)
1990 Ed. (3558, 3559)
1989 Ed. (2808, 2809)
El Valle; University of
1994 Ed. (1906)
Elaine Garzarelli
1996 Ed. (1838)
1995 Ed. (1858, 1861)
1994 Ed. (1816, 1818, 1819)
1993 Ed. (1771, 1774, 1838, 1839)
1991 Ed. (1708, 1709)
1990 Ed. (1767)
1989 Ed. (1418, 1419)
Elaine Minacs
2007 Ed. (4985)
2006 Ed. (4988)
2005 Ed. (4992)
2004 Ed. (4987)
2003 Ed. (4989)
Elais
1992 Ed. (54)
Elan Corp.
2008 Ed. (1857)
2007 Ed. (4590)
2006 Ed. (1686, 1687, 1688, 1815, 3226, 4088, 4601)
2005 Ed. (239)
2001 Ed. (709, 1756)
2000 Ed. (1485)
1999 Ed. (1685, 2677, 3117)
1997 Ed. (2574)
1996 Ed. (2431)
1994 Ed. (1578)
1993 Ed. (1533, 1907, 3326)
1992 Ed. (3982)
1991 Ed. (3133)
Elan Corporation
2000 Ed. (2865)
Elan Development
2006 Ed. (4039)
Elan International Inc.
1998 Ed. (1932)
1996 Ed. (2064, 2068)
Elan Corp. plc
2005 Ed. (1467)
2004 Ed. (3682)
2003 Ed. (4590)
2002 Ed. (304, 1697, 3028)
Elance
2001 Ed. (4771)
Elanco
2001 Ed. (4685)
Elanco Animal Health
2000 Ed. (4344)
Elanco Products Co.
1991 Ed. (168)
1990 Ed. (15)
1989 Ed. (177)
Elandsrand
1995 Ed. (2041)
1993 Ed. (1989)
Elantec Semiconductor Inc.
2004 Ed. (2243)
2003 Ed. (2189)
2002 Ed. (1550, 4502)
Elantra
2002 Ed. (416)
2001 Ed. (490, 534)
Elantra; Hyundai
2007 Ed. (345)
2006 Ed. (360)
2005 Ed. (347)
Elastic goods
2001 Ed. (2106)
Elastomers
2001 Ed. (3845)
1999 Ed. (1110)
ElastomerSolutions.com
2001 Ed. (4750)
ElB
1992 Ed. (2022)
Elbeo
1995 Ed. (2131)
Elbert, CO
2000 Ed. (1593)
Elbert County, CO
1999 Ed. (1765)
Elbit
1997 Ed. (3686)
1996 Ed. (3635)
Elbit Computers
1994 Ed. (3480)
1993 Ed. (3506, 3507)
Elbit Systems Ltd.
2008 Ed. (1359, 1360)
Elbow macaroni
1996 Ed. (2913)
Elco
1993 Ed. (2035)
1992 Ed. (1925)
Elco Freight International Inc.
1996 Ed. (3731)
Elco Holdings Ltd.
2006 Ed. (3387)
Elcom International Inc.
2002 Ed. (2078)
2000 Ed. (1741)
Elcom Services Group Inc.
2000 Ed. (1181)
Elcor
2005 Ed. (56)
2004 Ed. (61, 2323, 2324)
Elcose Credit Union
2004 Ed. (1931)
Elcotel Inc.
1996 Ed. (1926, 2054, 3444)
Elcoteq Network Corp.
2008 Ed. (3557)
2004 Ed. (1084, 2241, 3003)
2002 Ed. (3250)
2001 Ed. (1458)
Elcoteq Network Oyj
2008 Ed. (2473)
2007 Ed. (2344, 2348)
2006 Ed. (1227, 1228, 1229, 1230, 2401, 3379)
2005 Ed. (1270, 1271, 1274, 1278, 2356)
2004 Ed. (2259, 2260)
2003 Ed. (2247)
Eldec Corp.
1996 Ed. (1212)
1993 Ed. (156)
1992 Ed. (245, 246, 247)
1991 Ed. (1518)
1990 Ed. (181, 182, 185)
Eldeco Inc.
2008 Ed. (1325)
2006 Ed. (1336)
Elden L. Smith
2007 Ed. (959)
Elder Automotive Group
2008 Ed. (2960)
2007 Ed. (2837)
2006 Ed. (2832, 2839)
2005 Ed. (2838, 2843, 4995)
2003 Ed. (2749)
2002 Ed. (2544, 2562)
Elder-Beerman
2001 Ed. (1993)
The Elder-Beerman Stores Corp.
2004 Ed. (2869, 4550, 4551)
Elder Care Resource & Referral
2000 Ed. (1780)
Elder Ford Inc.
2004 Ed. (2833, 4990)
2002 Ed. (369)
2001 Ed. (2704, 2708)
Elder respite care
1992 Ed. (2233)
Elder services resource/referral
1992 Ed. (2233)
Elder Viewpoint on Futures
1990 Ed. (2364)
Elderly care facilities
2007 Ed. (3718)
Elderly Parents
2000 Ed. (1788)
Elders Finance
1991 Ed. (848)
Elders Investments
1990 Ed. (2046)
Elders IXL
1992 Ed. (1573, 1574, 1575, 4181, 4182)
1991 Ed. (1253, 1254, 1255, 1279, 3264, 3265)
1990 Ed. (1331)
1989 Ed. (2908)
Elders Resources
1990 Ed. (1249)
Elders Resources NZFP Ltd.
1993 Ed. (2721, 2722)
1992 Ed. (3233, 3234)
1991 Ed. (1330, 2594, 2595)
Eldorado Bancshares Inc.
2002 Ed. (434, 436, 484)
ElDorado Furniture Corp.
2000 Ed. (3805)
Eldorado Gold
2006 Ed. (1575)
2005 Ed. (4510)
2002 Ed. (3738)
2001 Ed. (1656)
Eldorado National of California Inc.
2006 Ed. (1585)
Elduris Iceland
1991 Ed. (3461)
Elease
2001 Ed. (4754)
Elecsys Corp.
2008 Ed. (1871)
2006 Ed. (1831, 1832)
Electra
1997 Ed. (2920)
1996 Ed. (2816)
1995 Ed. (2499, 2500, 2748)
1993 Ed. (2700)
1992 Ed. (3204)
1990 Ed. (2398)
Electra Investment Trust
2006 Ed. (4881)
2001 Ed. (1818)
Electra Private Equity
2007 Ed. (3290)
Electrabel
2001 Ed. (1638)
2000 Ed. (788, 789, 1392)
1999 Ed. (771, 772, 1588, 1589)
1996 Ed. (763, 764, 1300)
1995 Ed. (1360)
1994 Ed. (737, 738, 1328, 1329)
1993 Ed. (729, 1283)
Electrabel Invest Luxembourg SA
2007 Ed. (1860)
Electrabel SA
2008 Ed. (1576, 2430)
2007 Ed. (1599, 2302, 2393)
2006 Ed. (1563, 1564, 2366)
2005 Ed. (1663, 2303, 2304, 2306, 2408)
2004 Ed. (1656)
2003 Ed. (1623, 1624)
2002 Ed. (759, 760, 1596, 1598, 3220, 4259)
2001 Ed. (1641)
2000 Ed. (1393)
1997 Ed. (700, 701, 1365, 1367, 3215)
Electrafina
2002 Ed. (1596)
1997 Ed. (700, 1367)
1996 Ed. (1300)
1994 Ed. (1329)
1993 Ed. (1283)
1992 Ed. (1579)
1991 Ed. (1260)
Electrafina SA
2003 Ed. (1429)
Electrasol
2008 Ed. (2347)
2003 Ed. (2077, 2078)
2002 Ed. (1989)
2001 Ed. (2034)
Electric & electronic equipment
1996 Ed. (2253)
Electric & gas utilities
2000 Ed. (1356)
1999 Ed. (1513, 1676, 1680, 2867, 2871)
1998 Ed. (1075, 1078, 1153, 1156, 2097, 2099, 2101)
1997 Ed. (1301, 1303, 1441, 1442, 1445, 2393, 2385, 2556)
1996 Ed. (1252, 1257)
Electric apparatus
2007 Ed. (2518, 2519, 2521)
2006 Ed. (2535)
1996 Ed. (1728)
1995 Ed. (1738)
Electric appliances
1995 Ed. (2209, 2212)
1993 Ed. (2135, 2136)
1992 Ed. (2571)
1991 Ed. (1996, 1999)
1990 Ed. (2153)
Electric Boat Corp.
2008 Ed. (1696)
2007 Ed. (1671)
2006 Ed. (1665)
2005 Ed. (1746)
2004 Ed. (1688)
2003 Ed. (1659)
2001 Ed. (1675)
Electric Clearinghouse
1999 Ed. (3962)
Electric Cloud
2008 Ed. (1144)
2007 Ed. (1246)
Electric distribution equipment
1994 Ed. (1732, 1733)
Electric/electronics products
1994 Ed. (2889)
Electric Factory Concerts
2001 Ed. (3917, 3919)
1998 Ed. (2931)
1996 Ed. (3101)
1994 Ed. (2942)
1992 Ed. (3553)
1991 Ed. (2771)
1990 Ed. (2908)
Electric Factory Productions
1993 Ed. (2924)
Electric Fuels Corp.
2003 Ed. (1027, 1028)
2001 Ed. (1291)
Electric, gas & sanitary services
2001 Ed. (1637, 1639, 1677, 1699, 1726, 1727, 1804, 1855, 1883, 1883)
Electric, gas, & water distribution
2002 Ed. (1407)
Electric, gas, & water utilities
2004 Ed. (1455)
2003 Ed. (1425, 1436, 1497, 1520)
2002 Ed. (1398)
Electric, gas, water, & sanitary services
2002 Ed. (1480, 1482, 1996)
2000 Ed. (1312, 1313, 1326, 1327)
1999 Ed. (1453, 1454, 1466)
1998 Ed. (1019, 1020, 1036)
1997 Ed. (1243, 1244, 1266)
1996 Ed. (1197, 1198, 1219, 1220, 1231)
1995 Ed. (1225, 1226, 1251)

1994 Ed. (1209, 1210)
1993 Ed. (1201)
Electric General Cos.
1993 Ed. (1861)
Electric Lightwave Inc.
2006 Ed. (3330)
Electric Machinery Enterprises Inc.
2003 Ed. (2420, 2421)
2002 Ed. (2555, 3375)
2001 Ed. (2709)
2000 Ed. (1272, 3147)
1999 Ed. (3422)
1998 Ed. (2514)
1996 Ed. (1120)
Electric motor
1989 Ed. (2343)
Electric Outsource Inc.
2002 Ed. (1072)
Electric power
1991 Ed. (2053)
Electric Power Development Co.
2008 Ed. (2505)
2007 Ed. (2305)
2006 Ed. (4598)
Electric power-line and cable installers and repairers
1990 Ed. (2728)
Electric Power Reseach Institute
1992 Ed. (3256)
Electric Power Research Institute
1997 Ed. (275)
1996 Ed. (244)
Electric repair shops
1994 Ed. (3329)
Electric services
1995 Ed. (3314)
1994 Ed. (3235)
Electric utilities
2006 Ed. (3294)
1994 Ed. (2191)
1992 Ed. (2629)
1991 Ed. (2057)
1990 Ed. (2187, 2188)
1989 Ed. (1657)
Electric utility
1992 Ed. (3435)
Electric utility plants
2001 Ed. (3528)
Electrical
2007 Ed. (264)
2006 Ed. (257)
2001 Ed. (363, 364, 3820)
2000 Ed. (3556)
1998 Ed. (150)
1992 Ed. (986, 3476, 4479)
1990 Ed. (842)
Electrical accessories
2001 Ed. (2812)
Electrical and electronic equipment
1991 Ed. (1138, 1139, 1174, 1186, 1187)
1990 Ed. (1224, 1225, 1254, 1268, 1269)
Electrical & electronic repairers
1998 Ed. (1326, 2694)
Electrical & electronics
2007 Ed. (2755)
2006 Ed. (2749)
2001 Ed. (3811)
Electrical & Pump Services Ltd.
2006 Ed. (1817)
Electrical apparatus
1990 Ed. (3629)
Electrical appliances
1999 Ed. (2110)
1996 Ed. (3827)
Electrical components
2005 Ed. (132)
Electrical contacts
2007 Ed. (4385)
2006 Ed. (4320)
2005 Ed. (4372)
2004 Ed. (4424)
2003 Ed. (4421)
Electrical, electronic
1989 Ed. (2347)
Electrical, electronic assemblers
1989 Ed. (2078)
Electrical/electronic equipment assemblers
2005 Ed. (3620)
Electrical engineering
2003 Ed. (2271)
1998 Ed. (561)
Electrical equipment
2008 Ed. (1638)
2002 Ed. (1480, 1488, 1490, 1997, 3969, 3970)
2001 Ed. (4364)
2000 Ed. (1325, 3088, 4117)
1999 Ed. (1467, 1468, 3352)
1996 Ed. (1219, 1220, 1724)
1995 Ed. (1250)
1994 Ed. (1228, 1232, 1233, 1239)
1993 Ed. (1186, 1187, 1200, 1201, 1204, 1205)
1992 Ed. (1491, 1492, 2902)
1991 Ed. (1191)
1990 Ed. (1257, 2185)
1989 Ed. (1657)
Electrical equipment & appliance manufacturing
2002 Ed. (2225)
Electrical equipment & machinery manufacturers
2001 Ed. (1637, 1681, 1699, 1708, 1726, 1754, 1757, 1758, 1781, 1837, 1838, 1859, 1883)
Electrical Goods
2000 Ed. (1898)
Electrical Industries Joint Board
2008 Ed. (3869)
2007 Ed. (3795)
Electrical Insulation Suppliers Inc.
1996 Ed. (1630)
Electrical lighting
2005 Ed. (3443)
2001 Ed. (3274)
Electrical, lighting equipment
1995 Ed. (2208)
Electrical Machinery
2000 Ed. (1670, 1895)
1994 Ed. (1732, 1733)
1993 Ed. (1726)
1989 Ed. (1636)
Electrical machinery and parts
1990 Ed. (1733)
Electrical machinery, equipment & supplies
1997 Ed. (1717)
Electrical power installers
2005 Ed. (3616)
Electrical power systems
1995 Ed. (1754)
Electrical products
1993 Ed. (779, 2870)
1991 Ed. (3223)
1990 Ed. (2184, 2188)
Electrical services
1989 Ed. (2475)
Electrical suppliers
1991 Ed. (805)
Electrical supplies
2005 Ed. (2781)
Electrical switches
1993 Ed. (1727)
Electrical switchgear apparatus
1992 Ed. (2084, 2085)
Electrical Systems Design
2000 Ed. (4324)
Electrical technician
1989 Ed. (2089)
Electrical-Wiring
2000 Ed. (4323, 4324)
Electrical Workers IBEW Local 38
2001 Ed. (3040)
Electrical Workers Local 58
2001 Ed. (3041)
2000 Ed. (2888)
1999 Ed. (3139)
1998 Ed. (2323)
Electrical Workers, National Contractors Assoc.
1991 Ed. (3412)
Electrical Workers, National Contractors Association
1998 Ed. (2774, 3609)
1996 Ed. (2939, 3729)
1994 Ed. (2769, 3564)
1993 Ed. (2780, 3607)
1992 Ed. (3355, 4333)
1991 Ed. (2686)
1990 Ed. (2783, 3628)
1989 Ed. (2163, 2862)
Electrician
1989 Ed. (2086)
Electricians
2007 Ed. (3730)
2005 Ed. (3622, 3627)
Electricid
1993 Ed. (3068)
Electricidad de Caracas
2007 Ed. (1850)
2006 Ed. (792)
2002 Ed. (941, 942)
2000 Ed. (985, 986)
1999 Ed. (1036, 1037)
1997 Ed. (906)
1996 Ed. (883, 884)
1993 Ed. (854)
1992 Ed. (1062)
1991 Ed. (858)
Electricidade de Portugal
2002 Ed. (1756)
2000 Ed. (1543)
1999 Ed. (4164)
Electricidade de Portugal (Edp) Ep
1993 Ed. (1387)
1990 Ed. (1410)
1989 Ed. (1153)
Electricidade de Portugal SA
2008 Ed. (2053)
2007 Ed. (1958)
2006 Ed. (1430, 1995, 1997)
2005 Ed. (1953)
1997 Ed. (1392)
Electricidade de Portugal SA (EDP)
2003 Ed. (4601)
Electricidade do Norte SA
2003 Ed. (1812)
2001 Ed. (1839)
2000 Ed. (1544)
1999 Ed. (1726)
Electricite (Compagnie Generale D)
1992 Ed. (3942)
Electricite de France
2008 Ed. (1759, 1760, 1761, 2430, 2432, 2502, 2818)
2007 Ed. (1730, 1732, 1733, 2299, 2300, 2303, 2304, 2688, 2689)
2006 Ed. (1724, 1725, 2366)
2005 Ed. (1777, 4359)
2004 Ed. (1720)
2003 Ed. (1682, 2143, 2144)
2002 Ed. (1657, 2127, 3880, 4259)
2001 Ed. (3949)
2000 Ed. (1435, 1482, 3676, 3677, 4008)
1999 Ed. (1632, 1675, 3966, 4289)
1998 Ed. (1166, 2967)
1997 Ed. (1407, 1448, 3216, 3499)
1996 Ed. (996, 1337, 1349, 3137, 3403)
1995 Ed. (1387, 3035, 3326)
1994 Ed. (990, 1364, 1371, 2976, 3246, 3258)
1993 Ed. (2937, 3252)
1992 Ed. (3941)
1991 Ed. (3106)
1990 Ed. (1943, 2927)
Electricite de France Service National
2001 Ed. (1707)
Electricite de Portugal
2006 Ed. (1996)
The Electricity Council
1993 Ed. (1327)
1992 Ed. (53)
1991 Ed. (26, 2380)
1990 Ed. (29, 31, 1374, 1376, 1943, 2511, 2927)
Electricity Generating
2000 Ed. (3875)
Electricity Generating Authority
2001 Ed. (1879)
Electricity Generating Authority of Thailand
2004 Ed. (1871)
2002 Ed. (1783)
2000 Ed. (1575)
Electricity supply
2002 Ed. (2785)
1996 Ed. (2944)
1990 Ed. (2788)
Electricity Supply Board
2004 Ed. (53)
2001 Ed. (44)
2000 Ed. (1484)
1999 Ed. (1684)
1997 Ed. (1457)
1996 Ed. (1401)
1995 Ed. (1437)
1994 Ed. (1405)
1993 Ed. (1352)
1992 Ed. (1651, 1652)
1990 Ed. (1386, 1387)
Electrics
2000 Ed. (2588)
Electridad de Caracas
1994 Ed. (868)
Electro Aco Altona
2007 Ed. (1856)
Electro Banque
2008 Ed. (416, 442)
2007 Ed. (450, 477)
2006 Ed. (444, 464)
2005 Ed. (510, 536)
2004 Ed. (531, 553, 557)
2003 Ed. (496, 537, 540)
2002 Ed. (562, 582)
Electro Design Manufacturing Inc.
2003 Ed. (1971)
Electro Enterprises Inc.
2008 Ed. (2464)
Electro Magnetics (1992) Ltd.
1996 Ed. (3439)
Electro National Corp.
2006 Ed. (3522)
Electro-Nucleonics
1990 Ed. (732)
1989 Ed. (733)
Electro-Optical Systems
1996 Ed. (1519)
Electro Rent Corp.
2005 Ed. (3270, 3271)
2004 Ed. (3245, 3246)
Electro Scientific
1991 Ed. (1019)
Electro-Sensors Inc.
2004 Ed. (4546)
Electro Sonic Inc.
2002 Ed. (2087)
Electro-Voice
1994 Ed. (2589)
1992 Ed. (3142, 3143, 3144)
Electro-Wire Inc.
2007 Ed. (3551)
2000 Ed. (3144)
Electrobras
2001 Ed. (1778)
2000 Ed. (3851)
1994 Ed. (3133)
1992 Ed. (1580)
1991 Ed. (2913)
1990 Ed. (1395)
1989 Ed. (1553)
Electrobras Centrais Eletr. Bras. S.A.
1994 Ed. (1331)
Electrobras Centrais Eletrs Bras. SA
1996 Ed. (1304)
1990 Ed. (1335)
Electrobras ON
1997 Ed. (3378, 3379)
1996 Ed. (3282)
Electrobras PN
1996 Ed. (3281)
Electrobras PNB
1996 Ed. (3282)
Electrocardiogram
1990 Ed. (1501)
ElectroCom Automation
1995 Ed. (2766, 2806)
Electrocomponents
1996 Ed. (1357, 1360, 1361, 1363)
Electrocomponents plc
2004 Ed. (2244)
2001 Ed. (2182)
Electroglas
1996 Ed. (2056, 2882, 3446)
Electrolima
1989 Ed. (1149)
Electrolux
2008 Ed. (3088)
2007 Ed. (2966, 4869)
2006 Ed. (2948)
2003 Ed. (4823)
2001 Ed. (286, 2809)

2000 Ed. (227, 1111, 1652, 1691, 2203, 2487, 2582, 3735, 4136, 4137, 4326, 4366)
1999 Ed. (204, 1190, 1738, 1823, 1883, 2448, 2699, 4020, 4502, 4503, 4696, 4741)
1998 Ed. (107, 759, 1252, 1315, 1700, 1959, 3032, 3428, 3429, 3651, 3697)
1997 Ed. (185, 1017, 1018, 1437, 1513, 1515, 1640, 2017, 2114, 2238, 2313, 3278, 3635, 3636, 3655, 3656, 3812, 3865)
1995 Ed. (1019, 1020, 1491, 1492, 1576, 1881, 1969, 2121, 2577, 3082, 3684, 3723)
1994 Ed. (149, 1007, 1008, 1451, 1452, 1547, 1853, 1940, 2072, 2518, 3030, 3439, 3440, 3454, 3455, 3609, 3649)
1993 Ed. (165, 166, 981, 982, 1403, 1404, 1499, 1868, 1917, 2053, 2569, 2988, 3461, 3478, 3480, 3648, 3686)
1992 Ed. (261, 1692, 2167, 2258, 3072, 3650, 4142, 4143, 4363, 4421)
1991 Ed. (1349, 1351, 1360, 1966, 3221, 3222, 3437)
1990 Ed. (1028, 1803, 1804, 2112, 2113, 3477, 3661)

Electrolux; AB
2008 Ed. (2088, 2089, 2992, 3582)
2007 Ed. (1994, 1995, 1996, 2872, 2985, 2990, 3422)
2006 Ed. (780, 782, 2024, 2025, 2026, 2878, 3225, 3402)
2005 Ed. (1966, 2956)
2001 Ed. (1856)
2000 Ed. (1559, 4124)
1996 Ed. (1448, 1449, 1450, 2193, 3590)

Electrolux AB Oy
2003 Ed. (1827)

Electrolux (Anaheim)
1991 Ed. (1785)

Electrolux Austria GmbH
2001 Ed. (2727)

Electrolux B Fria
1989 Ed. (1626)

Electrolux Canada
2008 Ed. (1215)
2007 Ed. (1325)

Electrolux Domestic Appliances Ltd.
2002 Ed. (43)

Electrolux Group
2003 Ed. (2119)
2000 Ed. (1560)
1999 Ed. (1739, 2804)
1998 Ed. (2046)
1997 Ed. (1514)
1991 Ed. (1350)
1990 Ed. (2034)
1989 Ed. (1599)

Electrolux Home Products
2005 Ed. (2951)
2004 Ed. (2953)

Electrolux Professional GmbH
2006 Ed. (2944, 4138)

Electrolux (WCI)
1992 Ed. (1206, 1207, 1831, 2431, 4156, 4158)
1991 Ed. (972, 973, 1924)

Electromagnetic discharges
1990 Ed. (1141)

Electromedics Inc.
1995 Ed. (1241)

Electron House
1990 Ed. (1373)
1989 Ed. (1120)

Electron tubes
2003 Ed. (2230, 2231)

Electronic
1992 Ed. (2858)

Electronic access control
1992 Ed. (3831)

Electronic access control system
1998 Ed. (3205)

Electronic accessories
1998 Ed. (1953)

Electronic & electrical equipment
2008 Ed. (1408, 1423, 1426, 1432)
2006 Ed. (1426, 1444, 1447)
2005 Ed. (1471, 1543, 1561, 1572)
2004 Ed. (1456, 1527, 1546, 1558)
2003 Ed. (1425, 1426, 1497, 1516, 1520)
2002 Ed. (1398, 1399, 1407, 1481, 1489, 1491)
1997 Ed. (867, 1300, 1304, 2382, 2383, 2384, 2385, 2386, 2630, 2631)
1996 Ed. (1258, 2063, 2489)

Electronic article surveillance
1992 Ed. (3831)

Electronic Arts Inc.
2008 Ed. (1128, 1131, 1534, 3015, 4613)
2007 Ed. (1223, 1226, 1230, 1233, 1241, 1258, 2892, 3341, 4116, 4280, 4527, 4786)
2006 Ed. (1119, 1120, 1122, 1123, 1124, 1127, 2727, 3434, 4463, 4779, 4780)
2005 Ed. (1130, 1131, 1132, 1133, 1134, 1136, 1141, 1155, 3423, 4460, 4471, 4610, 4611)
2004 Ed. (1122, 1123, 1124, 1125, 1126, 1127, 1130, 1132, 3410, 4484)
2003 Ed. (1107, 1109, 1118, 2243, 2603, 3345, 3349, 4569)
2002 Ed. (1146, 1150)
2001 Ed. (1362)
1999 Ed. (1255, 4632)
1998 Ed. (3603)
1997 Ed. (3779)

Electronic Buyers' News
2001 Ed. (249)
2000 Ed. (3484, 3485)
1999 Ed. (3755, 3756)
1998 Ed. (2789, 2790)
1997 Ed. (3044)

Electronic Cash Systems
2005 Ed. (2592)

Electronic chemicals
2002 Ed. (1035)
2001 Ed. (1210)

Electronic cleaning products
2002 Ed. (2084)

Electronic Component News
2000 Ed. (3483)

Electronic components & accessories
1996 Ed. (2566)

Electronic components and instruments
1995 Ed. (2243)

Electronic components and parts
1989 Ed. (1387)

Electronic computers
1993 Ed. (2496)

Electronic computing equipment
1991 Ed. (2382)
1989 Ed. (1929)

Electronic Consulting Services Inc.
2006 Ed. (2094)
2005 Ed. (3023)

Electronic data processing services
1992 Ed. (2902)

Electronic Data Products
1993 Ed. (3474)

Electronic Data Systems Corp.
2008 Ed. (805, 806, 1120, 1141, 1143, 1157, 1348, 1355, 1361, 1362, 1368, 1371, 1372, 1470, 1512, 1534, 2110, 2114, 2284, 2286, 2926, 3013, 3203, 4613, 4798, 4802)
2007 Ed. (837, 838, 1211, 1217, 1228, 1242, 1243, 1244, 1259, 1265, 1395, 1405, 1406, 1411, 1414, 1415, 1476, 2012, 2013, 2169, 2171, 2778, 2891, 3066, 3068, 4567, 4700, 4871)
2006 Ed. (743, 744, 1107, 1132, 1144, 1150, 1355, 1356, 1361, 1363, 1368, 1373, 1376, 1377, 2041, 2043, 2047, 2247, 2774, 2777, 2807, 3032, 3033, 4296, 4472, 4587, 4872)
2005 Ed. (817, 818, 1117, 1143, 1353, 1354, 1359, 1364, 1378, 1379, 1381, 1386, 1387, 1971, 1972, 1978, 2152, 2802, 2825, 2826, 3024, 4353, 4354, 4809)
2000 Ed. (1159, 1174, 1572, 1743, 2639)
1998 Ed. (1027)
1995 Ed. (253, 1089, 3298, 3339, 3341)
1994 Ed. (464, 1077, 1092, 3260)
1993 Ed. (459, 1051, 1069, 3262, 3267)
1992 Ed. (1337)
1991 Ed. (1035, 1716, 3376, 3378)
1990 Ed. (1137, 1781, 3258)
1989 Ed. (2102, 2474, 2478)

Electronic Data Systems/ADP
1991 Ed. (1512)

Electronic Data Systems Corp. (EDS)
2004 Ed. (843, 844, 1113, 1115, 1127, 1131, 1132, 1133, 1345, 1346, 1355, 1363, 1364, 1367, 1585, 1654, 1868, 1870, 2262, 2824, 3015, 3018)
2003 Ed. (802, 803, 804, 1091, 1105, 1106, 1108, 1119, 1120, 1121, 1122, 1345, 1350, 1355, 1359, 1362, 1363, 1835, 2156, 2705, 3673)
2002 Ed. (1132, 1148, 1151, 2807, 2810, 3800)
2001 Ed. (432, 436, 1067, 1068, 1364, 1365, 1877, 2184, 2187, 2198, 2228)

Electronic Data Systems; Hitachi Ltd. and
1991 Ed. (1141)

Electronic Design
2008 Ed. (4709)
2007 Ed. (158, 160, 4792)
2000 Ed. (3484)
1999 Ed. (3755, 3756)
1998 Ed. (2789, 2790)

Electronic design engineer
2004 Ed. (2274)

Electronic door locks
1994 Ed. (2101)

Electronic, electric equipment except computers
1992 Ed. (2091)

Electronic/electrical
1993 Ed. (2867)

Electronic engineering
2007 Ed. (157)
2000 Ed. (3466)
1990 Ed. (165, 166)

Electronic Engineering Times
1998 Ed. (2789, 2790)
1997 Ed. (3043, 3044)
1993 Ed. (2799)
1990 Ed. (3625)

Electronic Engineers Master
2007 Ed. (4792)

Electronic equipment
2006 Ed. (3012, 3014)

Electronic equipment & components
1999 Ed. (2102, 2863)

Electronic equipment & instruments
2008 Ed. (1633, 1638)

Electronic equipment manufacturing
2002 Ed. (2225)

Electronic games lead programmer
2004 Ed. (2286)

Electronic Gaming Monthly
2005 Ed. (147, 148)
2001 Ed. (254, 255, 3193)
2000 Ed. (3486, 3488)
1999 Ed. (3759, 3762)

Electronic ignitions for automobiles
1995 Ed. (334)

Electronic Instruments
1992 Ed. (3145)

Electronic intrusion
1990 Ed. (1141)

Electronic items
1992 Ed. (2283)

Electronic Library
2002 Ed. (4848)

Electronic mail
1995 Ed. (3577)

Electronic mail, facsimiles
1993 Ed. (2564)

Electronic Maintenance Co., Inc.
2008 Ed. (3712, 4398, 4964)
2007 Ed. (3560, 3561, 4423)
2006 Ed. (3516)

Electronic manufacturing
2005 Ed. (3019)

Electronic manufacturing services
2006 Ed. (3013)
2004 Ed. (2238, 3003)

Electronic Metallurgy
1993 Ed. (2035)

Electronic 'monitoring
2004 Ed. (4992)

Electronic Paper
2003 Ed. (2716)

Electronic parts
1999 Ed. (2104)

Electronic parts industry
1998 Ed. (2433)

Electronic Payment Services, Inc.
2001 Ed. (2187)
2000 Ed. (1733)
1999 Ed. (1955)
1998 Ed. (1397)
1997 Ed. (1703)

Electronic plotters
1990 Ed. (2775)

Electronic Privacy Information Center
2004 Ed. (3162)

Electronic Processing
1999 Ed. (4168)

Electronic Product Integration Corp.
2006 Ed. (1234)
2005 Ed. (1275)
2004 Ed. (2232, 3419)

Electronic Product News
2008 Ed. (4709)

Electronic Products
2008 Ed. (4709)
2007 Ed. (4792)

Electronic Realty Associates
1992 Ed. (2219)
1990 Ed. (1850, 1853)

Electronic Resources
2001 Ed. (2182)

Electronic Retailing Systems
1995 Ed. (3202)

Electronic-semiconductor processors
1989 Ed. (2078)

Electronic sensors in windows
1990 Ed. (845)

Electronic software
1992 Ed. (2860)

Electronic Technologies Corp.
2005 Ed. (4294)
2004 Ed. (4351)
2003 Ed. (4330)
2002 Ed. (4541)

Electronic Workers
1996 Ed. (3603)

Electronica Ion SRL
2004 Ed. (1622)
2002 Ed. (1575)
1999 Ed. (1698)

Electronics
2005 Ed. (132)
2003 Ed. (1500, 1710)
2002 Ed. (1490, 1997, 2414, 3242, 4193)
2001 Ed. (1964, 2175, 2176, 2177, 2990, 3603, 3844)
2000 Ed. (1325)
1999 Ed. (1508, 2605)
1997 Ed. (2329, 2381)
1995 Ed. (1989)
1993 Ed. (1200, 1204, 1205, 1214, 2501)
1992 Ed. (92, 1487, 1501, 2600, 2603, 2605, 2608, 2611, 2615, 2616, 2617, 2618, 2619, 2620, 2621, 4390)
1991 Ed. (1175, 2029, 2034, 2036, 2041, 2045, 2046, 2047, 2048, 2049, 2050, 2051, 2057)
1990 Ed. (2184, 3035)
1989 Ed. (2329)

Electronics & components
1997 Ed. (188)

Electronics & electrical equipment
2005 Ed. (1480)
2000 Ed. (2631, 2633, 2634, 2635)
1999 Ed. (1676, 1677, 1678, 1679, 1680, 2866, 2867, 2868, 2869, 2870, 2871)
1998 Ed. (1151, 1152, 2097, 2098, 2099, 2100, 2101)

Electronics & office equipment wholesalers
2004 Ed. (1749)
Electronics & semiconductors
1998 Ed. (1072, 1073, 1074, 1075, 1076)
Electronics/appliance chains
1992 Ed. (2424)
1991 Ed. (1918)
Electronics Boutique
2001 Ed. (2220)
Electronics Boutique Holdings Corp.
2007 Ed. (910, 2874, 4498)
2006 Ed. (823, 2880, 4436, 4441, 4676)
2005 Ed. (4611)
2003 Ed. (4504)
Electronics chains
1992 Ed. (2424)
1991 Ed. (1918)
1990 Ed. (2028)
Electronics, defense
1998 Ed. (3363)
Electronics Design Group
2008 Ed. (2983, 2984)
2007 Ed. (2864)
2005 Ed. (2859)
Electronics Design, Technology, & News Network
2002 Ed. (4858)
Electronics, electrical equipment
2006 Ed. (3005)
2005 Ed. (3005, 3009)
2002 Ed. (2788, 2789, 2792, 2795, 2797)
1997 Ed. (1440, 1443)
1995 Ed. (1295, 1296, 1297, 1301, 1302, 1303, 1304, 2445)
1994 Ed. (1273, 1282)
1993 Ed. (1218, 1232, 1713)
Electronics, electromedical
2003 Ed. (2230, 2231)
Electronics, entertainment equipment, & supplies
1998 Ed. (598)
Electronics For Imaging
1998 Ed. (3409)
1996 Ed. (2055, 2056, 2060, 3445, 3446, 3450)
1995 Ed. (2067)
Electronics, industrial
2003 Ed. (2230, 2231)
Electronics, radio, TV
1995 Ed. (2207, 2208, 2209, 2211, 2212)
1993 Ed. (2132, 2133, 2135, 2136, 2137)
1992 Ed. (2567, 2568, 2570, 2571, 2572)
1991 Ed. (1995, 1996, 1998, 1999)
1990 Ed. (2150, 2151, 2152, 2153)
Electronics/records/tapes
1995 Ed. (3721)
Electronics (semiconductors)
1996 Ed. (3508)
Electronics specialty retailers
1994 Ed. (2068)
Electronics stores
2001 Ed. (4111)
1999 Ed. (1047)
1998 Ed. (3295)
1995 Ed. (678)
Electronics/video store
1997 Ed. (881)
Electronika Inc.
2005 Ed. (1545)
Electronix Systems Central Station Alarms
2000 Ed. (3906)
Electropac Co. Inc.
1999 Ed. (2671)
Electropaz SA
2006 Ed. (4487)
Electroplating anodes
2007 Ed. (3701)
2006 Ed. (3707)
2001 Ed. (3547)
Electropolis Corp.
1995 Ed. (2103, 2109)
Electropura
1997 Ed. (698)
Electrospace Systems
1989 Ed. (1308, 1323, 1328)
Electrotech Equipments Ltd.
1994 Ed. (997)
Electrovaya Inc.
2005 Ed. (1704, 1730)
Electrowatt Engineering Services Ltd.
2000 Ed. (1819)
1997 Ed. (1749, 1757)
1995 Ed. (1694)
1993 Ed. (1617)
1991 Ed. (1560)
Electrowatt SA
1997 Ed. (1516)
Electzonica Commercial Bank
1994 Ed. (441)
Eledar SA
1996 Ed. (1413)
1995 Ed. (1450)
Elegant Bride
2007 Ed. (4993)
1993 Ed. (2798)
ElekTek
1996 Ed. (2885)
Elektra
1991 Ed. (2739)
Elektra Credit Union
2006 Ed. (2161)
2003 Ed. (1890)
2002 Ed. (1829)
Elektra, SA de CV; Grupo
2005 Ed. (4137)
Elektrarny Opatov
2000 Ed. (3586)
Elektrim
2002 Ed. (4780)
2000 Ed. (4370, 4371)
1999 Ed. (4739, 4740)
1997 Ed. (3863, 3864)
1996 Ed. (3817)
1994 Ed. (3648)
Element Books
1997 Ed. (3223)
Elemental Security
2006 Ed. (4266)
Elementary & secondary education
1997 Ed. (1722)
Elementary & secondary schools
1995 Ed. (3314)
1994 Ed. (3235)
Elementary-high school
2002 Ed. (748)
Elementary-High School textbooks
2001 Ed. (976)
Elementary school teacher
1993 Ed. (3727)
Elementis
2007 Ed. (956)
2006 Ed. (867)
Elemica
2004 Ed. (2216)
2003 Ed. (2162)
Elena
1991 Ed. (2136)
Elena Ambrosiadou
2008 Ed. (2595)
2007 Ed. (2464)
Elena Baturina
2008 Ed. (4883)
Elena Castro
1999 Ed. (2433)
Elenac
2001 Ed. (3837)
Elephant Bar Restaurant
2007 Ed. (4135)
Elephant House
2004 Ed. (3732)
2003 Ed. (2635)
2002 Ed. (3587)
Elephants Can't Jump
2008 Ed. (129)
Eletricidad de Caracas
1991 Ed. (858)
Eletrobras
2008 Ed. (1581)
2007 Ed. (1603)
2006 Ed. (1568, 4489)
2005 Ed. (1842, 1844)
2000 Ed. (1395, 1472, 3852)
1999 Ed. (1590, 1665, 4137, 4138)
1998 Ed. (1161)
1996 Ed. (1399)
1994 Ed. (3134)
Eletrobras Centrais Eletr. Bras. S.A.
1994 Ed. (1332, 1333)
Eletrobras Centrais Eletrs. Bras. S.A.
1992 Ed. (1582, 1583, 1585)
1990 Ed. (1336)
Eletrobras Centrais Eletrs. Brasileiras SA
1996 Ed. (1302)
Eletrobras PNB
1997 Ed. (1455, 3379)
1995 Ed. (3181, 3182)
1994 Ed. (3135)
Eletronics/Appliance chains
1990 Ed. (2028)
Eletronorte Centrais Eletrs. Nort. BR
1990 Ed. (1335)
Eletropaulo
2000 Ed. (3851)
1999 Ed. (4137)
Eletropaulo Electricidade Sao Paulo SA
1997 Ed. (3378)
Eletropaulo Eletriciadade S. Paulo S.A.
1990 Ed. (1334)
Eletropaulo Eletricidade Sao Paulo SA
1996 Ed. (1305, 1306)
1994 Ed. (1332, 1334, 1335)
1992 Ed. (1581)
Elevations Credit Union
2008 Ed. (2222)
1199 Healthcare Employees
1999 Ed. (3733)
11 Million Business Phone Book
1997 Ed. (1099)
1996 Ed. (1081)
Eleven on Top
2008 Ed. (553)
Elf
2005 Ed. (3519, 3520)
2000 Ed. (3533, 3534)
Elf Antar France
2002 Ed. (3678)
2001 Ed. (3759)
2000 Ed. (3538)
1997 Ed. (3107)
1996 Ed. (3023)
Elf Aquitaine
2003 Ed. (1682, 3827)
2002 Ed. (3683)
2001 Ed. (1187, 1707, 1709, 1710, 2845)
2000 Ed. (790, 791, 1031, 1415, 1435)
1999 Ed. (773, 774, 1102, 1607, 1610, 1631, 1632, 1633, 3808, 3812)
1998 Ed. (707, 2557, 2834)
1997 Ed. (702, 703, 965, 1260, 1390, 1394, 1407, 1408, 1410, 1411, 2115, 2388, 2796, 3100, 3102)
1996 Ed. (765, 766, 938, 1328, 1347, 1348, 3021)
1995 Ed. (1396, 1397, 2583, 2919, 2928)
1994 Ed. (739, 740, 1350, 1369, 1370, 1372, 2528, 2851, 2865)
1993 Ed. (731, 732, 1199, 1269, 1314, 1315, 1316)
1992 Ed. (915, 916, 1117, 1617, 1619, 1620, 1621)
1991 Ed. (731, 1290, 1292, 2367)
1990 Ed. (1367, 1369, 1944, 3460)
Elf Aquitaine Gaz
2002 Ed. (3713)
Elf Aquitaine Group
2000 Ed. (1436)
1991 Ed. (1291)
1990 Ed. (2849)
Elf Aquitaine Norge A/S
1989 Ed. (1147)
Elf Aquitaine SA
2008 Ed. (200, 1185, 1718, 1760, 3678)
2007 Ed. (214, 1286, 3519)
2006 Ed. (204, 1181, 3487)
2005 Ed. (192, 1195, 1777, 3486)
Elf Aquitaine; Societe Nationale
2005 Ed. (1521)
Elf Aquitanine
2000 Ed. (1434)
Elf Atochem
2001 Ed. (1198, 1224, 2583, 3843)
2000 Ed. (3555)
Elf Atochem SA
2001 Ed. (1189)
Elf Attack
2008 Ed. (4812)
Elf Equitaine
2000 Ed. (3536)
Elf Exploration Inc.
1999 Ed. (3652)
Elf-Frances
1989 Ed. (1118)
Elf Mineraloel Ges Mit Beschraenkter Haf
2002 Ed. (3678)
Elfa
2007 Ed. (3971)
Elfun Income
1999 Ed. (745)
1997 Ed. (2887)
1995 Ed. (2683)
Elfun International Equity
2004 Ed. (3642)
Elfun Trusts
1999 Ed. (3519)
1995 Ed. (2731)
Elgin Area Chamber
2005 Ed. (3320)
Elgin Area Chamber of Commerce
2007 Ed. (3373)
Elgin DDB of Omnicom
1999 Ed. (3954)
Elgin Financial Center Savings Bank
2002 Ed. (4620)
Elgin Financial Savings Bank
2001 Ed. (4525, 4526)
Elgin Syferd Public Relations
1998 Ed. (2962)
Elgin U.S. & Canadian Federal Credit Union
2005 Ed. (308)
Eli & Edythe Broad
2008 Ed. (3979)
2007 Ed. (3949)
2005 Ed. (3832)
Eli Broad
2008 Ed. (4823)
2007 Ed. (4893)
2006 Ed. (3898, 4898)
2005 Ed. (4847)
2004 Ed. (3890, 4864)
2003 Ed. (4879)
2002 Ed. (3345)
2000 Ed. (4377)
1999 Ed. (2080, 4748)
1998 Ed. (1514, 2139, 3707)
1997 Ed. (1802)
1994 Ed. (889, 1056)
Eli Harari
2007 Ed. (2502)
Eli Lilly
2000 Ed. (1461, 1695, 1697, 1698, 1700, 1701, 1702, 1706, 1709, 2420, 3424)
1999 Ed. (1073, 1655, 1897, 1900, 1901, 1902, 1912, 1915, 3715)
1998 Ed. (565, 1041, 1064, 1145, 1328, 1329, 1330, 1333, 1334, 1335, 1338, 1347, 1906, 2531, 2753)
1997 Ed. (1261, 1275, 1288, 1430, 1646, 1649, 1650, 1651, 1662, 3006)
1995 Ed. (1418, 1579, 1581, 1584, 1592, 1594, 2084, 2844, 2934)
1994 Ed. (1308, 1387, 1397, 1398, 1551, 1552, 1553, 1554, 1555, 1556, 2034, 2745, 2871)
1993 Ed. (1224, 1332, 1340, 1509, 1510, 1511, 1512, 1514, 1515, 1516, 1575, 2718, 2771, 2774)
1992 Ed. (1527, 1548, 1559, 1642, 1842, 1861, 1862, 1864, 1865, 1922, 3347, 1863, 1866, 1869, 1924, 2102, 2104, 2105)
1990 Ed. (1558, 1559, 1560, 1561, 1562, 1564, 1570, 2779)
1989 Ed. (1271, 1272, 1273, 1276, 1277)

Eli Lilly & Co.
2008 Ed. (906, 907, 910, 1179, 1488, 1806, 1807, 1808, 2895, 3030, 3185, 3943, 3944, 3945, 3947, 3950, 3953, 3957, 3958, 3960, 3962, 3963, 3964, 3965, 3966, 3967, 3968, 3972, 3973, 3974, 3975, 3976, 3977, 4267)
2007 Ed. (915, 922, 923, 929, 1279, 1494, 1775, 1776, 1777, 2907, 3901, 3902, 3904, 3905, 3908, 3913, 3914, 3918, 3921, 3922, 3924, 3926, 3927, 3928, 3929, 3930, 3931, 3932, 3935, 3937, 3940, 3941, 3943, 3944, 3945, 3946, 4980)
2006 Ed. (831, 832, 841, 842, 847, 1173, 1764, 1767, 1768, 1769, 3329, 3869, 3870, 3871, 3873, 3874, 3877, 3879, 3883, 3884, 3885, 3888, 3890, 3891, 3895, 4602, 4982)
2005 Ed. (740, 923, 924, 933, 944, 1539, 1795, 1796, 1801, 1802, 2244, 2245, 3177, 3370, 3802, 3803, 3804, 3805, 3806, 3807, 3809, 3810, 3816, 3822, 3824, 3825, 3826, 3829, 4989)
2004 Ed. (953, 966, 1523, 1603, 1735, 1736, 1742, 1743, 2121, 2148, 2149, 2171, 2270, 2272, 3874, 3875, 3876, 3877, 3878, 3879, 3880, 3886, 3887, 3888)
2003 Ed. (935, 942, 1493, 1577, 1697, 1698, 1699, 1706, 1707, 2695, 3863, 3864, 3865, 3866, 3867, 3870, 3872, 4072)
2002 Ed. (980, 994, 1472, 1558, 1559, 1565, 1670, 1689, 1690, 2012, 2014, 2015, 2016, 2024, 2449, 3247, 3593, 3971, 4600)
2001 Ed. (1601, 1736, 1737, 2054, 2058, 2059, 2060, 2063, 2073, 2074, 2075, 2076, 2077, 2100, 2589)
2000 Ed. (208, 3064)
1999 Ed. (1536, 1911)
1996 Ed. (1191, 1192, 1200, 1200, 1210, 1233, 1242, 1379, 1382, 1567, 1568, 1573, 2916)
1991 Ed. (1210, 1217, 1464, 1465, 1466, 1468, 1469, 1470, 1471, 1472, 1529, 1531, 2682)
Eli Lilly Credit Union
2008 Ed. (2231)
2007 Ed. (2116)
2006 Ed. (2195)
2005 Ed. (2100)
2004 Ed. (1958)
2003 Ed. (1903, 1918)
2002 Ed. (1844, 1864)
Eli Lilly International Corp.
2007 Ed. (1775)
2004 Ed. (1734)
2003 Ed. (1697)
2001 Ed. (1736)
Eli Lustgarten
1998 Ed. (1650)
1997 Ed. (1883)
1995 Ed. (1831)
1994 Ed. (1793)
1993 Ed. (1810)
Eli Witt Co.
1998 Ed. (976, 978, 983)
1997 Ed. (1200, 1201, 1202, 1203, 1205)
1995 Ed. (1195, 1196, 1197, 1200, 1201)
1994 Ed. (1177)
1993 Ed. (1154, 1156)
Elias; Arturo
2007 Ed. (2496)
Elias Bros. Corp.
2000 Ed. (2273)
Elias Bros. Restaurants Inc.
2001 Ed. (2534)
2000 Ed. (3775)
Elias Brothers
1999 Ed. (2524, 4087)
1998 Ed. (1766, 3076)
Elias Brothers Restaurants Inc.
1991 Ed. (953, 1746)
1990 Ed. (1027)
1989 Ed. (925, 926)
Elias de la Garza Insurance
2007 Ed. (2836)
Elias, Matz, Tieman & Herrick
2001 Ed. (564)
Elias, Matz, Tiernan & Herrick
2005 Ed. (1437, 1438)
Elias Wilf Corp.
1998 Ed. (1699)
1995 Ed. (1879)
1993 Ed. (1866)
1992 Ed. (2166)
Eliasch; Johan
2008 Ed. (897, 4007)
2007 Ed. (917)
Eliasch; Philip
2008 Ed. (897)
Eliaschev Publicidad
2003 Ed. (179)
Eliason & Knuth Cos., Inc.
2005 Ed. (1324)
2004 Ed. (1319)
2003 Ed. (1319)
2002 Ed. (1301)
2001 Ed. (1484)
1999 Ed. (1379)
1992 Ed. (1413)
Eliassen Group Inc.
2008 Ed. (3714, 4403, 4966)
2007 Ed. (3565, 3566, 4426)
2006 Ed. (3519)
Elida Cosmetics
1992 Ed. (81)
Elida Faberge Ltd.
2002 Ed. (4591)
2001 Ed. (1932)
2000 Ed. (34)
Elida Fabrege Ltd.
2002 Ed. (38)
Elijah Craig
1989 Ed. (751)
eLinear Inc.
2008 Ed. (250)
Eliodoro Matte
2008 Ed. (4857, 4878)
Elior SA
2007 Ed. (2956, 4159)
2006 Ed. (2944, 4138)
Eliot & Co. Ltd.; G. P.
1993 Ed. (2456)
1992 Ed. (2898)
Eliot Spitzer
2005 Ed. (3204)
2004 Ed. (3169)
Elira SA
2004 Ed. (1622)
2002 Ed. (1575)
Elisa Corp.
2008 Ed. (39, 40)
2007 Ed. (36)
2006 Ed. (44)
2005 Ed. (37, 38)
Elisabeth Murdoch
2007 Ed. (4977)
Elise Horowitz
1999 Ed. (2361)
Elitch Gardens
1995 Ed. (216)
Elite
2006 Ed. (81)
2005 Ed. (72)
2004 Ed. (77)
2001 Ed. (45)
1994 Ed. (27)
1993 Ed. (36)
1992 Ed. (58)
1991 Ed. (29)
Elite Communities
2008 Ed. (1164)
Elite Homes
2002 Ed. (2682)
Elite Information Systems
2002 Ed. (1154)
Elite New Opportunity
2004 Ed. (3607)
Elite Service Partner A/S
2008 Ed. (2000)
Elite Sewing Machine Manufacturing Co. Ltd.
1994 Ed. (2425)
Elite Sewing Machine Mfg. Co. Ltd.
1992 Ed. (2956)
Elite-Weiler Pools Inc.
2007 Ed. (4646)
Elite.com
2003 Ed. (3048)
2002 Ed. (4800)
EliteGroup Computer Systems Inc.
2004 Ed. (3019)
2003 Ed. (2942, 2947, 2950)
1994 Ed. (1089)
1992 Ed. (1700, 1702, 1703)
EliteGroup Computer Systems Holding Co.
2006 Ed. (1236)
Eliza Jennings Group
2001 Ed. (3549)
Elizabeth Arden Inc.
2006 Ed. (3797, 3801)
2005 Ed. (2022, 3709, 3712)
2004 Ed. (1897, 3798, 3802)
2003 Ed. (1868, 2550, 3768, 3772)
2001 Ed. (1915)
Elizabeth Arden & Fabrege
2005 Ed. (1535)
Elizabeth C. Reveal
1991 Ed. (2547)
Elizabeth Daniels
1999 Ed. (2370)
Elizabeth Dole
2001 Ed. (3943)
Elizabeth Gooch
2007 Ed. (2463)
Elizabeth Grady Franchising Co., Inc.
2007 Ed. (2072)
Elizabeth Grossman
2006 Ed. (4973)
Elizabeth Huebner
2007 Ed. (1063)
Elizabeth Hurley
2001 Ed. (3341)
Elizabeth II; Queen
2007 Ed. (2703)
2005 Ed. (4880)
1994 Ed. (708)
1993 Ed. (699)
1992 Ed. (890)
1991 Ed. (710, 3477)
1990 Ed. (731, 3688)
Elizabeth James
2006 Ed. (4980)
Elizabeth Kaye Inc.
2000 Ed. (199)
1998 Ed. (73, 88)
Elizabeth M. Belding-Royer
2003 Ed. (4685)
Elizabeth McLaughlin
2006 Ed. (929)
Elizabeth Murdoch
2007 Ed. (4976)
2006 Ed. (4976)
Elizabeth, NJ
1994 Ed. (333)
Elizabeth Reid
2002 Ed. (3357)
Elizabeth Samuel
2005 Ed. (4869)
Elizabeth State Bank
1993 Ed. (504)
Elizabeth Taylor
1997 Ed. (1726)
Elizabeth Taylor White Diamonds
2003 Ed. (2547, 2549)
Elizabeth Taylor's White Diamonds
2004 Ed. (2684)
2001 Ed. (3698, 3704)
Elizabeth Thompson
2008 Ed. (370)
2007 Ed. (385)
Elizabethton/Kingsport/Bristol/Johnson City, TN
1994 Ed. (825)
Elizabethtown College
2008 Ed. (1060)
2001 Ed. (1321)
1999 Ed. (1224)
1998 Ed. (795)
1997 Ed. (1057)
1996 Ed. (1041)
Elizabethtown Water Co.
2002 Ed. (4711)
Eljer Industries
1995 Ed. (1128)
1994 Ed. (1112)
Elk Enterprises
1995 Ed. (3687)
1992 Ed. (4367)
Elk Environmental Services
2007 Ed. (4443)
Elk Industries Inc.
1992 Ed. (4369)
Elk River
1989 Ed. (948)
Elk River Resources
1989 Ed. (949)
Elk River Resources (Sun)
1990 Ed. (1069)
Elk Transportation Inc.
2007 Ed. (4443)
Elkay Cabinetry Group
2007 Ed. (3297)
ElkCorp
2005 Ed. (2415, 2416)
Elkem
2006 Ed. (3757)
1996 Ed. (2877)
1994 Ed. (2701)
1992 Ed. (3306, 4149)
1991 Ed. (2647, 2648)
1990 Ed. (3469, 3474)
Elkem A/s
1993 Ed. (1381)
1990 Ed. (1406)
Elkem Aluminium ANS
2008 Ed. (1719)
Elkem AS
1997 Ed. (2971)
1989 Ed. (1147)
Elkes; Terrence A.
1989 Ed. (1377)
Elkhart County Farm Bureau Cooperative Credit Union
1996 Ed. (1511)
Elkhart County, IN
1998 Ed. (2081, 2082, 2083)
Elkhart-Goshen, IN
2005 Ed. (2386, 3469)
1998 Ed. (2484)
1994 Ed. (974, 2496)
Elkhart, IN
1993 Ed. (2982)
Elkhorn Valley Bank
1997 Ed. (181)
Elkin Management Services Inc.
1998 Ed. (3022)
Elkin Travel Inc. & Cruises Only!
1990 Ed. (3707)
Elkman Advertising
1992 Ed. (197)
1991 Ed. (142)
1990 Ed. (142)
1989 Ed. (151)
Elkman Advertising & Public Relations
1998 Ed. (63)
1995 Ed. (113)
1994 Ed. (108)
1993 Ed. (127)
Elko County, NV
1993 Ed. (1433)
Elko, Fischer, McCabe & Rudman
2000 Ed. (18)
1996 Ed. (21)
1995 Ed. (13)
1994 Ed. (7)
Elko, Fisher, McCabe & Rudman Ltd.
1997 Ed. (23)
Elko, NV
2000 Ed. (1090, 3817)
1997 Ed. (999)
Elks
1990 Ed. (1056, 1057)
Elkus/Manfredi Architects
2008 Ed. (3336)
Ell-Holdings Inc.
1990 Ed. (1238)
Ell Realty Securities
1998 Ed. (3012)
1997 Ed. (2542)
Ellacoya Networks
2006 Ed. (1090)
Ellason & Knuth Cos. Inc.
1998 Ed. (958)

Elle
2008 Ed. (3532)
2007 Ed. (139, 147)
2006 Ed. (147)
2000 Ed. (3502)
1992 Ed. (3387)
1991 Ed. (3246)
1990 Ed. (2798)
1989 Ed. (179, 181, 182, 183, 184, 2174, 2176, 2177, 2178, 2179)
Elle Decor
2007 Ed. (3402)
2004 Ed. (3338)
2003 Ed. (3273)
2000 Ed. (3490, 3492)
1997 Ed. (3037, 3042)
1996 Ed. (2961, 2966)
Elle Girl
2007 Ed. (128)
2006 Ed. (134)
Elleburg Capital
1999 Ed. (3426)
ElleGirl
2007 Ed. (167, 169)
Ellen Alemany
2008 Ed. (4945)
2007 Ed. (4978)
Ellen Betrix
2001 Ed. (1921, 1922, 1923, 1924)
Ellen Gordon
1996 Ed. (3875)
Ellen Hancock
2002 Ed. (4981)
Ellen Marram
1993 Ed. (3730)
Ellenburg Capital
1998 Ed. (2518)
1997 Ed. (2803)
1996 Ed. (2664)
1995 Ed. (2593)
1994 Ed. (2534)
1993 Ed. (2587)
1992 Ed. (3093)
1991 Ed. (2477)
Eller Media
1998 Ed. (91)
Eller School of Business; University of Arizona
2008 Ed. (796)
Eller; Timothy R.
2008 Ed. (959)
2007 Ed. (1036)
2006 Ed. (1201)
Ellerbe Inc.
1991 Ed. (1551)
Ellerbe Associates
1989 Ed. (268)
Ellerbe Becket
2007 Ed. (3198, 3201)
2006 Ed. (3164)
2005 Ed. (3162, 3164)
2004 Ed. (2334, 2372, 2376)
2002 Ed. (330)
2001 Ed. (403)
2000 Ed. (309, 311)
1999 Ed. (282, 285, 2016, 2020)
1998 Ed. (182, 1437)
1997 Ed. (260, 261, 264, 1736, 1742)
1996 Ed. (229, 233, 1658)
1995 Ed. (233, 236, 1675, 1681)
1994 Ed. (231, 234, 236, 1636, 1642)
1993 Ed. (241, 245, 248, 1602, 1609)
1992 Ed. (351, 354, 358, 359, 1954, 1957, 2716)
1991 Ed. (251)
1990 Ed. (2287)
Ellerbee Becket Co.
1996 Ed. (1664)
Ellerman Holdings Ltd.
1990 Ed. (1033)
Ellery Queen
1991 Ed. (2703)
Ellesse
1993 Ed. (3376)
Ellessee
1990 Ed. (3338)
Ellettsville Landscaping
2003 Ed. (234)
Elliason & Knuth Cos. Inc.
1991 Ed. (1080)
Elling; George
1995 Ed. (1826)
1994 Ed. (1823)
Ellinghausen; James R.
2008 Ed. (2635, 3120)
Elliot Co. Inc.; Davis H.
1997 Ed. (1171)
1996 Ed. (1142)
1992 Ed. (1419)
Elliot Homes
2000 Ed. (1188)
Elliot Hospital
1997 Ed. (2204)
Elliot Hospital of the City of Manchester
2008 Ed. (1971)
2007 Ed. (1911)
2006 Ed. (1926)
2005 Ed. (1900)
2004 Ed. (1816)
2003 Ed. (1781)
2001 Ed. (1810)
Elliot Rogers
1993 Ed. (1790)
Elliott & Company Appraisers
2002 Ed. (327)
Elliott & Page
1996 Ed. (2419)
Elliott & Page Blue Chip
2004 Ed. (3615)
Elliott & Page Canadian Equity
2004 Ed. (3615)
Elliott & Page Growth Opportunities
2004 Ed. (3616, 3617)
2003 Ed. (3570, 3571, 3572)
Elliott & Page Value Equity
2004 Ed. (3628)
Elliott Davis & Co.
2002 Ed. (22)
2000 Ed. (19)
1998 Ed. (18)
Elliott Davis LLP
2006 Ed. (15)
2005 Ed. (10)
2004 Ed. (14)
2003 Ed. (8)
2002 Ed. (23)
Elliott Dental
2008 Ed. (4947)
Elliott Homes
2005 Ed. (1238)
2004 Ed. (1200, 1201, 1214)
2003 Ed. (1207)
2002 Ed. (2658, 2659, 2674)
2000 Ed. (1189)
Elliott; J. Raymond
2007 Ed. (994)
2006 Ed. (904)
Elliott Platt
1999 Ed. (2195)
1998 Ed. (1611)
Elliott Rogers
2000 Ed. (2005)
1999 Ed. (2261)
1998 Ed. (1670)
1997 Ed. (1863)
1996 Ed. (1788)
1995 Ed. (1814)
1994 Ed. (1773)
1991 Ed. (1702)
Elliott Stikeman
1992 Ed. (2831, 2846)
Elliott Wave Commodity Forecast
1990 Ed. (2364)
Elliott Wave Short-Term Commodity Hotline
1990 Ed. (2365)
Elliott Wave Theorist
1990 Ed. (2364, 2367)
Elliott/Wilson Capitol Trucks LLC
2007 Ed. (4425)
Ellipsat
1994 Ed. (1075)
The Ellis Co.
2007 Ed. (3560, 4423)
1999 Ed. (2752)
Ellis & Everard
2002 Ed. (1004, 1005, 1006)
1999 Ed. (1092, 1093, 1094)
1996 Ed. (933)
1995 Ed. (1404)
Ellis & Partners
2001 Ed. (1036)
Ellis Atlanta; Jim
1996 Ed. (284)
1995 Ed. (284)
1991 Ed. (292)
1990 Ed. (315, 335)
Ellis; Chad
1996 Ed. (1901)
Ellis; Charles
2005 Ed. (3205)
Ellis Communications Inc.
2008 Ed. (1543)
2007 Ed. (1563)
2006 Ed. (1533)
Ellis Dodge, Inc.; Pete
1991 Ed. (283)
Ellis-Don Construction Inc.
2003 Ed. (1322)
2002 Ed. (1234, 1236, 1261, 1306)
2000 Ed. (1277)
1999 Ed. (1388)
1997 Ed. (1182)
Ellis-Don Michigan Inc.
2001 Ed. (1485)
2000 Ed. (1274)
1999 Ed. (1385)
1998 Ed. (961)
1997 Ed. (1179)
1996 Ed. (1150)
Ellis Fairbank
2008 Ed. (2130)
Ellis; Gary
2008 Ed. (966)
Ellis; Joseph
1996 Ed. (1822)
1995 Ed. (1797, 1798, 1844, 1845)
1994 Ed. (1806, 1807)
1993 Ed. (1773, 1774, 1823, 1824)
1992 Ed. (2138)
1991 Ed. (1690, 1691, 1707)
Ellis Management
1992 Ed. (2467)
Ellis Mazda; Jim
1996 Ed. (278)
1995 Ed. (275)
1994 Ed. (275)
1991 Ed. (285)
Ellis Motors; Pete
1992 Ed. (375)
1989 Ed. (285)
Ellis/Naeyaert/Genheimer Assoc.Inc.
1989 Ed. (267)
Ellis/Naeyaert/Genheimer Associates Inc.
1995 Ed. (238)
1993 Ed. (247)
1992 Ed. (357)
1991 Ed. (252)
1990 Ed. (282)
Ellis, Inc.; Richard
1990 Ed. (2355, 3287)
1989 Ed. (1807)
Ellis Volkswagen; Jim
1996 Ed. (291)
1995 Ed. (291)
1994 Ed. (287)
1993 Ed. (288)
1992 Ed. (403)
1991 Ed. (298)
1990 Ed. (323)
EllisDon Inc.
2008 Ed. (1184)
2007 Ed. (1284, 1942)
2006 Ed. (1591)
2005 Ed. (1698, 1715, 1718, 2472)
EllisDon Construction Inc.
2004 Ed. (1322)
Ellison; Lawrence
2008 Ed. (939)
2007 Ed. (1008)
Ellison; Lawrence J.
2008 Ed. (945, 954, 4839)
2007 Ed. (1020, 1032, 1035, 4908)
2006 Ed. (935, 937, 2524, 4915, 4927)
2005 Ed. (980, 981, 983, 2476, 2497, 4860)
1993 Ed. (1702)
1992 Ed. (2057)
1991 Ed. (1622, 1627)
1989 Ed. (1984)
Ellison; Lawrence Joseph
2008 Ed. (4835)
2007 Ed. (4906)
2006 Ed. (4911)
2005 Ed. (4858)
Ellison Mortgage; Ray
1995 Ed. (1048, 3076)
Ellison-Taylor; Kimberly N.
2005 Ed. (994)
Ellmann; Michael
1997 Ed. (1892)
1996 Ed. (1818)
1995 Ed. (1840)
1993 Ed. (1819)
1989 Ed. (1419)
Ellos
1997 Ed. (2704)
Elluminate Inc.
2008 Ed. (2931)
ELM
2000 Ed. (232)
Elm Financial
1990 Ed. (2288)
Elm Insurance Co.
1990 Ed. (906)
Elma-Electronic AG
1996 Ed. (2559)
Elmen Rent All Inc.
1996 Ed. (2467)
1995 Ed. (2431)
1994 Ed. (2361)
Elmers
1998 Ed. (3399)
1996 Ed. (3584)
1994 Ed. (3429)
Elmer's School Glue, 4-Oz.
1990 Ed. (3430, 3431)
Elmer's White Glue, 4 oz.
1989 Ed. (2632, 2633)
Elmhurst College
2008 Ed. (1058)
Elmhurst Lincoln-Mercury
1990 Ed. (331)
Elmira College
2008 Ed. (1060)
Elmira, NY
2008 Ed. (2491)
2007 Ed. (2369)
2006 Ed. (2426)
2005 Ed. (2381, 2389)
2004 Ed. (4221)
1999 Ed. (2088, 3368)
1998 Ed. (1520, 2474)
1994 Ed. (2245)
1992 Ed. (3053)
1990 Ed. (874, 2553)
Elmira Star-Gazette
1991 Ed. (2598)
1990 Ed. (2698)
1989 Ed. (2052)
Elmo Pio
2000 Ed. (4418)
1999 Ed. (4794)
1998 Ed. (3748)
Elmo Pio Asti Spumante
1997 Ed. (3901)
1996 Ed. (900, 906)
1995 Ed. (923)
Elmo's Preschool
1998 Ed. (849)
Elms Haven Care Center
2002 Ed. (3526)
ELMU Rt.
2006 Ed. (664)
2002 Ed. (854)
Elmwood Ford Inc.
2007 Ed. (2833)
Elnett
2001 Ed. (2644, 2647)
ElNilein Industrial Development Bank
1995 Ed. (611)
ELO Somers Licensing
2006 Ed. (2499)
Elon Musk
2005 Ed. (2453)
Elon University
2008 Ed. (769, 1087)
2007 Ed. (794)
Eloqua Corp.
2006 Ed. (2747, 4296)
2005 Ed. (2777)

Eloquent Inc.
2001 Ed. (2858)
Elosua SA
1996 Ed. (1447)
1995 Ed. (1490)
ELP LLC
2006 Ed. (3535)
Elpida
2008 Ed. (4310)
Elpida Memory Inc.
2008 Ed. (1116, 2471)
2003 Ed. (1702)
Elrene Home Fashions
2007 Ed. (3296, 4673)
Elrick and Laridge Inc.
1992 Ed. (2976)
Elrick & Lavidge Inc.
1995 Ed. (2508)
Elron Electronic Industries Ltd.
1993 Ed. (3507)
1992 Ed. (4197)
Elsag Bailey Process Automation NV
1996 Ed. (1212)
Elscint Ltd.
2003 Ed. (4591)
1994 Ed. (2466)
Elseve
2001 Ed. (2640, 2641, 2643, 2645, 2646)
Elsevier
1999 Ed. (266, 267, 1710)
1996 Ed. (214, 215, 1425)
1995 Ed. (1463)
1994 Ed. (216, 217, 1426)
1993 Ed. (1350, 1372)
1992 Ed. (1672)
1991 Ed. (237, 238, 1327)
1990 Ed. (1401, 3468)
Elsevier NV
1997 Ed. (243, 244, 1487)
1994 Ed. (1206)
Elsevier Operations
1994 Ed. (1227)
Elsie Sokol
1994 Ed. (3666)
Elson; Karen
2008 Ed. (4898)
Eltek
1999 Ed. (4169)
Elterich; Steven
2007 Ed. (3223)
2006 Ed. (3185)
2005 Ed. (3183)
Eltete Ltd.
2008 Ed. (1728, 4757)
2007 Ed. (1701)
2006 Ed. (1705)
Elton John
2008 Ed. (2583)
2007 Ed. (1267, 2451)
2005 Ed. (1160)
2004 Ed. (2412)
2003 Ed. (2332)
2001 Ed. (1380)
2000 Ed. (1182)
1997 Ed. (1114)
1996 Ed. (1093, 1095)
1994 Ed. (1099, 1101)
1991 Ed. (1041)
1990 Ed. (1142)
Elton John; Sir
2006 Ed. (836)
2005 Ed. (926, 927, 4894)
Eltron International
1999 Ed. (4331)
1998 Ed. (1888, 2724)
Elvia
1994 Ed. (2239)
1991 Ed. (2158)
Elvia Vie
1991 Ed. (2114)
Elvis Presley
2007 Ed. (891)
2006 Ed. (802)
El'Vital
2001 Ed. (2648, 2649, 2650)
Elvive
2001 Ed. (2653)
Elvive Shampoo
2001 Ed. (2653)
Elward Inc.
1992 Ed. (1420)
1991 Ed. (1087)
1990 Ed. (1206)
Elward Construction Co.
2003 Ed. (1304)
2002 Ed. (1292)
2001 Ed. (1476)
2000 Ed. (1262)
1999 Ed. (1370)
1998 Ed. (948)
Elwyn Inc.
2000 Ed. (1653)
1999 Ed. (1824)
1998 Ed. (1253)
Ely, Jr.; Paul C.
1992 Ed. (2057)
Elyashar Imports
1993 Ed. (36)
Elysian Federal Savings Bank
1990 Ed. (3588)
EMA Architects
2006 Ed. (287)
EMA Design Automation
2008 Ed. (1126)
2007 Ed. (1224, 1918)
2006 Ed. (1935)
EMA Textiles Ltd.
1995 Ed. (1009)
Emaar
2008 Ed. (79)
2005 Ed. (91)
Emaar Properties
2008 Ed. (98)
2007 Ed. (89)
2006 Ed. (4545)
eMachines
2003 Ed. (3796)
2002 Ed. (3334, 3335)
2001 Ed. (4672, 4673)
Emageon Inc.
2006 Ed. (2757)
Email
2002 Ed. (3306)
EmailLabs
2007 Ed. (99)
EMAK Worldwide
2006 Ed. (3416)
Emancipator I (VL)
1991 Ed. (2118)
Emanuel Goldman
2000 Ed. (1986)
1999 Ed. (2213)
1998 Ed. (1629, 1675)
1997 Ed. (1855, 1902)
1996 Ed. (1780, 1829)
1995 Ed. (1806, 1851)
1994 Ed. (1764, 1813, 1833, 1834)
1993 Ed. (1781, 1830)
1992 Ed. (2137)
1991 Ed. (1675, 1706, 1707)
1990 Ed. (1768)
1989 Ed. (1416)
Emanuel; Richard
2008 Ed. (4908)
2007 Ed. (4934)
Emanuel Tire Co.
2005 Ed. (4695)
Emap
2005 Ed. (3431)
1999 Ed. (3982)
1996 Ed. (1364)
Emap plc
2007 Ed. (3457, 3458)
2006 Ed. (3441, 3442)
2002 Ed. (3762)
2001 Ed. (3900)
Emballage Carons Services
2001 Ed. (3180)
Embarcadero Technologies Inc.
2006 Ed. (1135, 1139)
2005 Ed. (1146, 1150)
2001 Ed. (1869, 2849)
Embark.com Inc.
2002 Ed. (2474)
Embarq Corp.
2008 Ed. (1876, 4547)
EMBARQ Logistics Inc.
2008 Ed. (4637)
Embarq Management Co.
2008 Ed. (1876)
Embassy
1997 Ed. (991)
Embassy Filter
1996 Ed. (972)
Embassy, Hampton Inn
2000 Ed. (2559)
Embassy No. 1
2001 Ed. (1233)
Embassy No. 1 King Size
1996 Ed. (972)
Embassy Suites
2008 Ed. (3075)
2007 Ed. (2950)
2006 Ed. (2933, 2938)
2005 Ed. (2934)
2004 Ed. (2941)
2003 Ed. (2849)
2001 Ed. (2780)
2000 Ed. (2558)
1999 Ed. (2780)
1998 Ed. (2022)
1996 Ed. (2175, 2179)
1994 Ed. (2116)
1992 Ed. (312, 2225, 2477, 2490, 2491, 2492, 2494, 2496)
1991 Ed. (1944, 1952)
1990 Ed. (2078)
1989 Ed. (1204)
Embassy Suites Airport
2006 Ed. (2933)
Embassy Suites Chevy Chase
2005 Ed. (2938)
Embassy Suites East
2006 Ed. (2933)
Embassy Suites Greystone
2006 Ed. (2933)
Embassy Suites Hotel
1993 Ed. (2086, 2092)
Embassy Suites Hotels
1997 Ed. (2293)
Embassy Suites Monterey Bay
2006 Ed. (2933)
Embassy Suites O'Hare
2007 Ed. (2944)
1991 Ed. (217)
Embassy Suites Outdoor World
2006 Ed. (2933)
Emblaze
2006 Ed. (1146)
Emblem; A. B.
2008 Ed. (4419)
Emblem Ohio Regional Equity
1993 Ed. (580)
Embotelladora Andina SA
2003 Ed. (4577)
Embotelladoras Arca
2003 Ed. (672)
Embotelladoras Arca, SA de CV
2005 Ed. (671)
2004 Ed. (678)
Embotelladoras Argos
2004 Ed. (678)
Embotelladoras Chilenas Unidas
2007 Ed. (26)
Embotelladoras Unidas
2004 Ed. (678)
Embotelladoras Unidas, SA de CV; Grupo
2005 Ed. (671)
Embraer
2008 Ed. (3551)
1999 Ed. (246)
Embraer Aircraft Corp.
2001 Ed. (343, 344, 346)
Embraer Brasilia
1996 Ed. (192)
Embraer-Empresa Brasileira de Aeronautica SA
2006 Ed. (180, 2542, 3374, 4489)
2002 Ed. (1496)
Embratel
2005 Ed. (1847)
1993 Ed. (3511)
Embratel Emp. Brasileira Telecom. SA
1996 Ed. (1302, 1303)
Embratel Emp. Brasileira Telecoms S.A.
1992 Ed. (1581, 1583)
Embratel Emp. Brasileria Telecom. S.A.
1994 Ed. (1331, 1333)
Embratel Part.
2002 Ed. (4096)
Embratel Participacoes SA
2003 Ed. (4574)
Embrey Partners
1998 Ed. (875)
1997 Ed. (1122)
1996 Ed. (1100)
1995 Ed. (1130)
EmbroidMe
2008 Ed. (4671)
2007 Ed. (905, 4748)
2006 Ed. (819, 4732)
2005 Ed. (4358)
2004 Ed. (4410)
Embry Riddle Aeronautical University
2008 Ed. (2573)
2002 Ed. (1106)
2000 Ed. (1142)
1999 Ed. (1233)
1998 Ed. (805)
EMC Corp.
2008 Ed. (1124, 1158, 1908, 1912, 1914, 1917, 1919, 1921, 1923, 3148, 4086, 4262, 4734)
2007 Ed. (1208, 1209, 1212, 1221, 1222, 1237, 1407, 1871, 1872, 1873, 1874, 2799, 3033, 4806)
2006 Ed. (1101, 1105, 1106, 1116, 1117, 1369, 1427, 1868, 1869, 1871, 1872, 1873, 2826, 2997, 3033, 3699)
2005 Ed. (1106, 1110, 1113, 1115, 1116, 1124, 1127, 1128, 1156, 1360, 1361, 1362, 1385, 1857, 1858, 1862, 1863, 2343, 2835, 3001, 3025)
2004 Ed. (1102, 1106, 1117, 1119, 1120, 1121, 1582, 1792, 1793, 3680, 4560, 4568)
2003 Ed. (1087, 1098, 1101, 1102, 1103, 1104, 1583, 1755, 1756, 2898, 2946, 3638, 4566)
2002 Ed. (1039, 1134, 1139, 1143, 1144, 1528, 1554, 1562, 1570, 1723, 1770, 2728, 3495, 3567)
2001 Ed. (1348, 1349, 1351, 1357, 1587, 1600, 1603, 2860, 4449)
2000 Ed. (1160, 1165, 1169, 1332, 1333, 1738, 1752, 2643, 3322, 3368, 4125, 4127)
1999 Ed. (1262, 1268, 1269, 1276, 1476, 1480, 1490, 1542, 1959, 3644, 4387)
1998 Ed. (822, 829, 831, 833, 1046, 2703)
1997 Ed. (1081, 1083)
1996 Ed. (1066, 1069, 1396, 1397)
1995 Ed. (1086, 1276, 1283, 1289, 3515)
1994 Ed. (2666)
1992 Ed. (3226)
1991 Ed. (1024)
1990 Ed. (1977, 2684)
1989 Ed. (2366)
EMC Capital Management
1995 Ed. (1078)
1993 Ed. (1038)
1992 Ed. (2743)
1990 Ed. (2290)
EMC Engineering Services
2008 Ed. (2517)
EMC Security
2006 Ed. (4269)
EMC Software
2007 Ed. (3054, 3057)
2006 Ed. (3024)
EmCare
2006 Ed. (2405, 2778)
2005 Ed. (2359, 2885)
2000 Ed. (2496, 2497, 2498)
1999 Ed. (2721)
1998 Ed. (1982)
1996 Ed. (2150)
1992 Ed. (2453)
EmCare Holdings Inc.
2003 Ed. (2797, 2798, 2799)
2002 Ed. (2592, 2593, 2594)
2001 Ed. (2763, 2764, 2765)
1997 Ed. (2251, 3358)
EMCO
2007 Ed. (3560, 3561, 4423)
2006 Ed. (208, 3516, 3926)
1996 Ed. (2611)

1994 Ed. (2482)
1992 Ed. (3030)
Emco Motor Holdings Inc.
1996 Ed. (3766)
EMCO Technologies
2008 Ed. (3712, 4398, 4964)
EMCON
2000 Ed. (1844, 1855)
1998 Ed. (1488)
EMCOR Inc.
2006 Ed. (4012)
2000 Ed. (1196)
EMCOR Group Inc.
2008 Ed. (1177, 1178, 1183, 1227, 1239, 1243, 1245, 1246, 1248, 1249, 1250, 1251, 1253, 1257, 1261, 1265, 1275, 1277, 1293, 1316, 1318, 1320, 1322, 1332, 1333, 1334, 1339, 1343, 2719, 3187, 4000, 4002, 4003, 4820)
2007 Ed. (1283, 1351, 1353, 1354, 1360, 1364, 1369, 1381, 1388, 1393, 2399, 2580, 3977, 3979, 3980, 4888)
2006 Ed. (1164, 1165, 1167, 1183, 1242, 1252, 1257, 1258, 1259, 1260, 1261, 1262, 1263, 1264, 1281, 1287, 1293, 1307, 1309, 1328, 1339, 1340, 1345, 1349, 2450, 3924)
2005 Ed. (1169, 1171, 1281, 1282, 1287, 1288, 1289, 1290, 1291, 1292, 1293, 1294, 1295, 1311, 1317, 1320, 1321, 1343, 2331, 2417, 3861)
2004 Ed. (842, 1148, 1235, 1236, 1237, 1238, 1239, 1240, 1241, 1242, 1243, 1304, 1310, 1314, 1315, 1338, 2325)
2003 Ed. (1145, 1232, 1233, 1234, 1235, 1236, 1237, 1238, 1239, 1240, 1241, 1301, 1307, 1314, 1315, 1338, 2289)
2002 Ed. (1171, 1174, 1289, 1294, 1297, 1298)
2001 Ed. (1409, 1410, 1469, 1474, 1478, 1481)
2000 Ed. (1254, 1260, 1264, 1267, 1268)
1999 Ed. (1363, 1368, 1372, 1375, 1376, 2028, 4283)
1998 Ed. (946, 951, 955, 3287)
1997 Ed. (1127, 1161, 1162, 1163, 1169, 1178, 3498)
1996 Ed. (1654)
Emcor Holding Corp.
2005 Ed. (1293)
EMCOR International Inc.
2008 Ed. (1250)
EMCOR Services
2008 Ed. (1693)
EMD
2003 Ed. (945)
1999 Ed. (1264)
EMD AG
2008 Ed. (2093)
EMD Sales Inc.
2006 Ed. (1862)
2005 Ed. (1853)
Emde Companies
1990 Ed. (1200, 1201, 1208)
Emdeon Corp.
2008 Ed. (4667)
2007 Ed. (2778)
Emera Inc.
2008 Ed. (1655, 4531)
2007 Ed. (1647, 4575)
2006 Ed. (1608, 1616, 1629)
2005 Ed. (1706)
2004 Ed. (1669)
Emerald
2008 Ed. (3803, 3805)
2005 Ed. (1206)
2004 Ed. (1179)
1998 Ed. (905)
Emerald Advisors
2000 Ed. (2821, 2823)
Emerald HMO Inc.
2000 Ed. (2432)
Emerald Homes
2002 Ed. (1207)
1998 Ed. (917)
1990 Ed. (2966)
Emerald Prime Fund
1994 Ed. (2541)
Emerald Prime Fund/Emerald Shares
1996 Ed. (2666, 2670)
Emerald Prime Trust Fund
1994 Ed. (2541)
Emerald Tax-Exempt Fund
1992 Ed. (3097)
Emerald Texas Inc.
1994 Ed. (2428)
Emeraude
2000 Ed. (992)
1990 Ed. (2793)
eMerge Interactive Inc.
2004 Ed. (2774)
2003 Ed. (2154)
2002 Ed. (2476)
2001 Ed. (4749)
Emergency
2008 Ed. (3039)
2006 Ed. (2897)
2005 Ed. (2890, 2891)
2002 Ed. (2599)
2001 Ed. (2761)
Emergency Consultants
1992 Ed. (2453)
Emergency Health Services Inc.
2005 Ed. (1906)
Emergency Housing Assistance Program
1991 Ed. (895)
Emergency management specialists
2006 Ed. (3736)
Emergency Medical Services Corp.
2008 Ed. (1685, 2899, 3454, 3455)
2007 Ed. (3357, 3358)
Emergency medical technicians
2005 Ed. (3623)
Emergency medicine
2004 Ed. (3900)
1995 Ed. (2538)
1992 Ed. (3012)
1991 Ed. (2410)
1990 Ed. (2538)
Emergency Networks Inc.
1993 Ed. (3115)
Emergency Restoration Experts
2006 Ed. (671)
Emergent Business Capital Inc.
2000 Ed. (4055)
1999 Ed. (4337)
1998 Ed. (3314)
Emerging Fixed Income Markets Series
2004 Ed. (3655)
Emerging Growth Fund
1996 Ed. (625)
1994 Ed. (580)
Emerging market
2001 Ed. (3456)
Emerging Market Arbitrage
2003 Ed. (3144, 3153)
Emerging Market Debt
2003 Ed. (3144, 3153)
Emerging markets
2006 Ed. (622)
2005 Ed. (2818)
1998 Ed. (2273)
1992 Ed. (2747)
1991 Ed. (2220)
Emerging markets bond
2004 Ed. (691)
Emerging Markets Bond Fixed Income
2003 Ed. (3144, 3153)
Emerging markets, diversified
2006 Ed. (2509)
Emerging markets equities
1996 Ed. (2430)
Emerging Markets Free
1993 Ed. (844)
Emerging Mexico Fund
1997 Ed. (2908)
1994 Ed. (2649)
Emerging Vision
2005 Ed. (3655)
Emergingson Electric Co.
2000 Ed. (3032)
Emergis Inc.
2008 Ed. (1622, 2942, 2948)
2007 Ed. (2816, 2823)
Emeril Lagasse
2008 Ed. (904)
2004 Ed. (939)
2003 Ed. (931)
2002 Ed. (986)
2001 Ed. (1175)
Emeritius Corp.
2000 Ed. (1723, 1724)
Emeritus Corp.
2004 Ed. (235)
1999 Ed. (1935, 1936)
1997 Ed. (2183, 3402, 3406)
Emeritus Assisted Living
2006 Ed. (4191)
2005 Ed. (265)
2004 Ed. (258)
2003 Ed. (291)
Emerson
2008 Ed. (275, 2385, 2979, 3668)
2001 Ed. (3304)
2000 Ed. (1151, 4347)
1999 Ed. (1242, 2691, 2693, 4714)
1998 Ed. (812, 1950, 1952, 2051, 3672)
1997 Ed. (1072, 2234, 2342, 3844)
1996 Ed. (2127)
1995 Ed. (1075, 2118, 2194, 3702)
1994 Ed. (1063, 2152)
1992 Ed. (258, 1285, 2421, 2557, 3071, 4395)
1991 Ed. (187, 1008, 1917, 1990, 2457, 3447)
1990 Ed. (1098, 2027, 2141, 3674)
Emerson Contract
1995 Ed. (1576)
1993 Ed. (2990)
1992 Ed. (3655)
1991 Ed. (2828)
1990 Ed. (1527, 2979)
Emerson Electric Co.
2008 Ed. (1162, 1476, 1944, 1946, 1947, 1948, 1949, 1953, 1954, 1956, 1957, 2364, 2418, 2461, 2462, 3220, 3221)
2007 Ed. (1268, 1889, 1891, 1893, 2224, 2284, 2285, 2335, 2337, 2338, 2339, 2915, 3079, 3080)
2006 Ed. (1772, 1897, 1899, 1901, 1905, 1906, 1910, 2281, 2347, 2348, 2350, 2393, 2395, 2397, 3034, 3047, 3048, 3363)
2005 Ed. (1512, 1611, 1876, 1878, 1880, 1884, 1885, 1888, 2219, 2280, 2281, 2282, 2285, 2286, 2338, 2340, 2341, 2353, 3002, 3042, 3043, 3382)
2004 Ed. (1496, 1805, 1806, 2114, 2179, 2180, 2181, 2184, 2237, 2242, 2254, 2999, 3028, 3352)
2003 Ed. (1466, 1768, 1769, 2130, 2132, 2194, 2196, 2197, 2198, 2235, 2893, 2955, 2956, 3289, 4562)
2002 Ed. (940, 1446, 1732, 2079, 2081, 2082, 4754)
2001 Ed. (1799, 2140, 2141, 2191, 2895, 2896)
2000 Ed. (1519, 1744, 1745, 1746)
1999 Ed. (1345, 1708, 1939, 1968, 1969, 1970, 1973)
1998 Ed. (1056, 1178, 1372, 1373, 1398, 1400, 1401, 1417, 1537, 2320)
1997 Ed. (1482, 1684, 1685, 1705, 1706)
1996 Ed. (1422, 1607, 1626, 1627)
1995 Ed. (1460, 1624, 1625, 1651, 1652, 3323)
1994 Ed. (1205, 1423, 1582, 1583, 1584, 1608, 1610, 1615, 1619, 2069, 2070, 2128, 3629)
1993 Ed. (165, 1032, 1184, 1370, 1543, 1546, 1569, 1571, 1577, 1578, 1588, 1729, 2050, 2051, 2119, 2382, 3667)
1992 Ed. (361, 487, 1882, 1883, 1884, 1916, 1918, 2818)
1991 Ed. (258, 892, 1210, 1481, 1482, 1483, 1523, 1525, 1539, 2271)
1990 Ed. (1585, 1586, 1587, 1623, 1624, 1642, 2110)
1989 Ed. (273, 1287, 1288, 1312, 1315)
Emerson; Henry
2005 Ed. (3205)
Emerson Investment Management, Fixed Income—Core
2003 Ed. (3123)
Emerson Lane Fortuna
1989 Ed. (139)
Emerson Process Management
2008 Ed. (4080)
2007 Ed. (4044)
2006 Ed. (4011)
2005 Ed. (3937)
Emerson Quiet Kool
1992 Ed. (261)
1990 Ed. (197)
Emerson Radio Corp.
2005 Ed. (2860, 2861)
2004 Ed. (2777, 2852, 2853)
1996 Ed. (208)
1995 Ed. (2180, 2768)
1994 Ed. (1223)
1992 Ed. (2427, 2520)
1991 Ed. (1532, 1963)
1990 Ed. (1634, 2110)
1989 Ed. (1321, 1337, 2471)
Emery
1994 Ed. (150)
Emery Air Freight
1990 Ed. (198)
1989 Ed. (223)
Emery Roth & Sons
1995 Ed. (240)
1994 Ed. (237)
1993 Ed. (248)
1992 Ed. (359)
1989 Ed. (268)
Emery Roth & Sons P.C.
1991 Ed. (253)
Emery Telecommunications
2006 Ed. (3186, 3330)
Emery Waterhouse Co.
1990 Ed. (1985)
Emery Worldwide
2002 Ed. (4885)
2001 Ed. (335, 3161)
2000 Ed. (229)
Emery Worldwide ACF Co.
1997 Ed. (2077)
Emery Worldwide Express
2002 Ed. (3214)
eMeta Corp.
2007 Ed. (3059)
2006 Ed. (3026)
Emetra
2003 Ed. (2176)
Emetrol
1996 Ed. (1031)
EMF Broadcasting
2008 Ed. (3621)
EMG
2003 Ed. (2355)
2000 Ed. (1843)
EMH Regional Medical Center
2001 Ed. (2231)
Emhart Corp.
2005 Ed. (1512)
1991 Ed. (3331, 3333)
1990 Ed. (1622, 2516, 2541, 2542, 3274)
1989 Ed. (1917, 1945, 1947)
Emhart Corporation
1992 Ed. (3230)
Emhart Industries Inc.
2001 Ed. (3278)
EMI Corp.
2007 Ed. (1385)
2000 Ed. (4133)
1999 Ed. (278, 1664, 3285)
1996 Ed. (2744, 3032)
EMI Group
2004 Ed. (41)
EMI Group plc
2003 Ed. (3479)
2001 Ed. (2213)
2000 Ed. (3020)
EMI Music
1990 Ed. (2663)
Emich Oldsmobile Inc. & Affiliates
1994 Ed. (988)
Emich Oldsmobile-GMC Truck
1994 Ed. (257)

Emich Subaru West
1996 Ed. (288)
1995 Ed. (285)
1993 Ed. (286)
Emigrant Bancorp
2005 Ed. (1464)
2001 Ed. (4529, 4530)
1999 Ed. (482, 4600)
1998 Ed. (3558)
Emigrant Bancorp Inc./Emigrant Savings Bank
2000 Ed. (4250)
Emigrant Savings Bank
1998 Ed. (3557)
1997 Ed. (3749)
1996 Ed. (3691)
1995 Ed. (3614)
1994 Ed. (3529)
1992 Ed. (4293)
1991 Ed. (3382)
1990 Ed. (3105, 3589)
1989 Ed. (2361)
Emilio Alvarez
2000 Ed. (2080)
Emilio Azcarraga Jean
2008 Ed. (4886)
Emilio Estefan
1995 Ed. (1715)
1994 Ed. (1668)
1993 Ed. (1634)
Emilio Estevez
1995 Ed. (1715)
1994 Ed. (1668)
1993 Ed. (1634)
Emilio Navaira
1997 Ed. (1113)
Emily Barrett
2008 Ed. (4884)
2007 Ed. (4920)
Eminase Inject
1992 Ed. (1868)
Eminem
2003 Ed. (848)
Eminem Show
2004 Ed. (3533)
Eminont
1991 Ed. (912)
Emirates
2005 Ed. (216)
2001 Ed. (89, 303, 314)
Emirates Air Lines
2008 Ed. (214, 223, 224)
2007 Ed. (234, 244, 245)
2006 Ed. (229, 230, 242, 243)
2005 Ed. (91, 226, 227)
2004 Ed. (218, 219)
Emirates Airlines
2007 Ed. (720, 742)
Emirates Bank International
2008 Ed. (377, 477, 519)
2007 Ed. (394, 522, 566)
2006 Ed. (410, 535, 4545)
2005 Ed. (582, 622)
2004 Ed. (634)
2003 Ed. (625)
2002 Ed. (658)
2000 Ed. (455, 687)
1999 Ed. (464, 677)
1997 Ed. (407, 637)
1996 Ed. (442, 703, 704)
1995 Ed. (416, 627, 628)
1994 Ed. (423, 659)
1993 Ed. (658)
1992 Ed. (599, 858)
1991 Ed. (443)
Emirates Call
2004 Ed. (97)
Emirates General Petroleum
1991 Ed. (53)
Emirates International Bank
1990 Ed. (495)
EMJ Corp.
2008 Ed. (1327)
2006 Ed. (1341, 1342)
2004 Ed. (1289)
2003 Ed. (1286, 1310, 1311, 1312)
2002 Ed. (1276)
1999 Ed. (3354)
1997 Ed. (3515, 3516)
1996 Ed. (3428, 3429)
1995 Ed. (3374, 3375, 3376)
1993 Ed. (3306, 3307, 3308, 3309)
1992 Ed. (3962, 3963, 3964)
1991 Ed. (3121, 3123)
EMJ Corp
2000 Ed. (4026, 4027)
1994 Ed. (3298, 3299)
Emjoi
2008 Ed. (25)
Emkay
1993 Ed. (2604)
Emlen Wheeler Co.
1991 Ed. (2807)
1989 Ed. (2286)
Emma Eccles Jones
1994 Ed. (896, 1057)
Emma Griffin
1999 Ed. (2347)
Emma Harrison
2007 Ed. (2463)
Emmanuel Kerr Kilsby
2004 Ed. (4006)
2003 Ed. (4000)
2002 Ed. (3814)
Emmerson; Archie Aldis
2007 Ed. (4902)
2006 Ed. (4906)
2005 Ed. (4852)
Emmerson; Archie (Red)
2005 Ed. (4022)
Emmet's
2004 Ed. (3270)
1998 Ed. (2364)
1997 Ed. (2636)
1996 Ed. (2494, 2503)
1995 Ed. (2448)
1994 Ed. (2369)
1992 Ed. (2861)
Emmet's Irish Cream
1990 Ed. (2444)
Emmett; Martin F. C.
1994 Ed. (1718)
Emmis
1995 Ed. (3049)
1992 Ed. (3602)
Emmis Broadcasting
1999 Ed. (3980)
1998 Ed. (2982)
Emmis Communications
2008 Ed. (1804)
2006 Ed. (1764, 4028)
2005 Ed. (3991)
2004 Ed. (777, 2775, 4054)
2003 Ed. (4033, 4034)
2002 Ed. (3894)
2001 Ed. (3960, 3976)
Emmitt Smith
1998 Ed. (199)
1997 Ed. (1724)
Emmpak Foods
1998 Ed. (2453)
Emmy Awards
2004 Ed. (1009)
Emmy Building
2000 Ed. (1219)
Emory and Henry College
2001 Ed. (1322)
1999 Ed. (1225)
1998 Ed. (796)
1997 Ed. (1058)
1996 Ed. (1042)
1994 Ed. (1049)
Emory Healthcare Inc.
2004 Ed. (1721)
Emory Inn & Conference Center
2007 Ed. (2951)
Emory University
2008 Ed. (781, 1064)
2007 Ed. (794, 801)
2006 Ed. (701, 715, 716)
2004 Ed. (820, 831, 832, 928, 4661)
2003 Ed. (794, 797, 798)
2002 Ed. (876)
2000 Ed. (1143, 2910, 3431)
1999 Ed. (982, 1228, 3166)
1998 Ed. (2761)
1997 Ed. (1062, 2609)
1996 Ed. (2941)
1995 Ed. (1049, 1064, 1067, 1070, 1928)
Emory University, Goizueta Business School
2008 Ed. (773)
2007 Ed. (797, 2849)
2006 Ed. (2859)
Emory University, Goizueta School of Business
2008 Ed. (777)
2007 Ed. (831, 833, 834)
2005 Ed. (812, 814, 815, 2853)
Emory University Hospital
2006 Ed. (2903)
2005 Ed. (2897)
2004 Ed. (2911)
2003 Ed. (2818, 2819, 2833)
2002 Ed. (2601, 2614)
2000 Ed. (2509)
EMOS
1997 Ed. (3376)
EMP
2004 Ed. (4841)
2002 Ed. (4752)
Emp Colombiana de Petroleos
1989 Ed. (1102)
EMP Management Group Ltd.
2008 Ed. (2002)
Emp Nac de Telecommunicaciones
1989 Ed. (1089)
Emp Nac del Petroleo (ENAP)
1989 Ed. (1100)
Empacadora Nac.
1994 Ed. (3306)
Empact Software
1993 Ed. (1075)
Empaques Ponderosa
2004 Ed. (3363)
2003 Ed. (1738)
Emperior
2001 Ed. (4871)
Emperor
2002 Ed. (4967, 4968)
2001 Ed. (4870)
Emperor International
1996 Ed. (2142)
Emphasys Medical
2006 Ed. (592)
EMPI
1993 Ed. (2748)
Empire Co., Ltd.
2008 Ed. (1644, 2744)
2007 Ed. (1635, 1642)
2006 Ed. (1622, 1626)
2004 Ed. (1669)
2003 Ed. (1634, 1640)
1997 Ed. (2160, 3626)
1995 Ed. (1578)
1993 Ed. (1504)
1992 Ed. (1835, 2960)
1990 Ed. (1531)
Empire BC & BS
2000 Ed. (2649, 2679)
Empire Beef Co., Inc.
2002 Ed. (3275, 3276)
1998 Ed. (2449, 2450, 2891, 2892)
Empire Blue Cross and Blue Shield
1999 Ed. (3292, 3649)
1998 Ed. (2428)
Empire Blue Cross & Blue shield HEALTHNET
1993 Ed. (2024)
1992 Ed. (2392)
1991 Ed. (1895)
1990 Ed. (1999)
Empire Blue Cross Blue Shield
2002 Ed. (2464, 3744)
2001 Ed. (2688, 3874)
2000 Ed. (2438, 2439)
Empire Blue Cross/Blue Shield Healthnet
1994 Ed. (2042)
Empire Company
1992 Ed. (2195)
Empire East Land Holdings Inc.
2002 Ed. (3704)
2000 Ed. (3542)
Empire Energy Corp.
1997 Ed. (3180)
Empire Equity Growth
2002 Ed. (3435)
Empire Equity Growth 3
2001 Ed. (3469)
Empire Falls
2004 Ed. (745, 747)
Empire Federal Bancorp Inc.
2005 Ed. (1545)
Empire Financial
1992 Ed. (3311)
Empire Financial Holding Co.
2004 Ed. (4340)
Empire Foreign Currency Canadian Bond
2001 Ed. (3482)
Empire Funding Corp.
2001 Ed. (3349)
Empire Gas
1997 Ed. (3180)
1995 Ed. (3001)
1994 Ed. (2943)
1993 Ed. (2925)
1992 Ed. (3554)
1990 Ed. (2909)
Empire Graphics Inc.
1999 Ed. (3888)
Empire Insurance Group
2002 Ed. (2951)
2000 Ed. (2718)
Empire International
2000 Ed. (1868, 3169)
1999 Ed. (3454)
Empire Kosher Poultry
1994 Ed. (2347)
Empire Life Insurance
2008 Ed. (3308)
2007 Ed. (3158)
Empire of America Federal Savings Bank
1991 Ed. (232, 363, 3363, 3369, 3373, 3374, 3381)
Empire of America, F.S.B.
1992 Ed. (547)
1990 Ed. (257)
1989 Ed. (2824)
Empire of America Realty Credit
1996 Ed. (2680)
1995 Ed. (2598)
1991 Ed. (1856, 2483)
Empire of American FSB
1990 Ed. (430)
Empire of Carolina
2000 Ed. (2209)
1995 Ed. (2797)
Empire Optical of California
2007 Ed. (3750, 3751, 3753)
2006 Ed. (3751, 3752)
Empire Records
1998 Ed. (3676)
Empire Screen Printing Inc.
2007 Ed. (4455)
Empire Specialty Steel
2002 Ed. (3320)
Empire State Building
1997 Ed. (839)
Empire State Certified Development Corp.
1999 Ed. (4339)
Empire State Loss Prevention Ltd.
2000 Ed. (3905)
The Empire Strikes Back
1991 Ed. (2489)
1990 Ed. (2611)
Empire Transport Service
1996 Ed. (2692, 2693)
1995 Ed. (2616)
1992 Ed. (3113)
Empire-Venice, LA
2000 Ed. (2200, 3573)
Empire Video Superstore
1995 Ed. (3699, 3700, 3701)
1994 Ed. (3627, 3628)
1992 Ed. (4393, 4394)
Empire Video Superstores
1993 Ed. (3666)
Empired
2006 Ed. (1555)
Empirical Research Partners
2008 Ed. (3387, 3394)
2007 Ed. (3263, 3272)
2006 Ed. (3204)
Empirix Inc.
2008 Ed. (1152)
Employ-Ease Inc.
2006 Ed. (4012)
Employco Inc.
2008 Ed. (1798)
2007 Ed. (1768)
2006 Ed. (1761)
2005 Ed. (1790)

2004 Ed. (1730)
2003 Ed. (1694)
Employease Inc.
2007 Ed. (2361, 2362)
2006 Ed. (2413, 2414)
2003 Ed. (2172)
Employease Network
2008 Ed. (2483)
Employee
2005 Ed. (2684)
Employee assistance program
1994 Ed. (2806)
Employee Assistance Programs
2000 Ed. (1780)
Employee awareness programs
1993 Ed. (1456)
Employee Benefit News
2008 Ed. (4714)
Employee Benefit Plans Inc.
1994 Ed. (2284, 2667)
1993 Ed. (2244)
1992 Ed. (1169, 2697)
1991 Ed. (941)
1989 Ed. (918)
Employee Benefit Specialists Inc.
2002 Ed. (2858)
Employee benefits/pensions law
1997 Ed. (2613)
Employee cross-training
1993 Ed. (2948)
Employee dishonesty
1991 Ed. (2060)
Employee involvement
1993 Ed. (2948)
Employee Package Control programs
1993 Ed. (1456)
Employee relocation assistance
1992 Ed. (2909)
Employee revenge
1991 Ed. (2060)
Employee Solutions
1998 Ed. (3313)
1996 Ed. (2054, 2062, 3444)
Employee turnover & retraining costs
1998 Ed. (2039)
Employees
1997 Ed. (1077)
1993 Ed. (3694)
Employees, contractural
1997 Ed. (1077)
Employees 1st Credit Union
2002 Ed. (1826)
Employees Only Inc.
2007 Ed. (1879)
Employees Provident Fund
2005 Ed. (3229)
2002 Ed. (2825)
2001 Ed. (2883, 2887)
1999 Ed. (2891)
1997 Ed. (2394, 2398)
Employer Management Solutions Inc.
2008 Ed. (4957)
2007 Ed. (4991)
Employer Services Group
2007 Ed. (3540, 4403)
Employer Solutions Group
2006 Ed. (3110, 4012)
Employer stock
2001 Ed. (2525)
Employers
1991 Ed. (2769)
Employers General Insurance Group Inc.
2004 Ed. (4585)
Employers Health
1998 Ed. (2148)
Employers Health Insurance Co.
2002 Ed. (2887, 2888)
2001 Ed. (2929)
1999 Ed. (2929)
1993 Ed. (2195)
Employers Insurance of Wausau
1999 Ed. (2898, 2974)
1998 Ed. (2110, 2205)
1997 Ed. (2411, 2463)
1996 Ed. (2267, 2271, 2339)
1994 Ed. (2217, 2273)
1993 Ed. (2185, 2235)
1992 Ed. (2689)
1991 Ed. (2125)
Employers Insurance of Wausau, a Mutual Co.
2002 Ed. (2956)
2001 Ed. (1900)
Employers Insurance of Wausau & Mutual Co.
2000 Ed. (2651, 2726)
Employers Insurance Wausau
2000 Ed. (2730)
Employers Re
2001 Ed. (2953)
Employers Re Group
2003 Ed. (3013)
2001 Ed. (2907, 2950, 4030, 4035, 4036, 4038, 4040)
Employers Reassurance Corp.
2007 Ed. (3150)
1998 Ed. (2179, 3037, 3038, 3039, 3040)
Employers Reinsurance Corp.
2007 Ed. (3184, 3188, 3189)
2005 Ed. (3108, 3110, 3146, 3147, 3148, 3149)
2004 Ed. (3107, 3139, 3140, 3141, 3142)
2003 Ed. (2971, 3014, 3016, 3017, 4995)
2002 Ed. (2974, 3948, 3949, 3950, 3951, 3952, 3953, 3958, 3959)
2000 Ed. (3748, 3752)
1993 Ed. (2198, 2992, 2994)
1991 Ed. (2133, 2829)
1990 Ed. (2261)
Employers Reinsurance Corporation
2000 Ed. (2680)
Employers Reinsurance Group
2006 Ed. (3154)
2005 Ed. (3154)
2002 Ed. (2972, 2973)
2000 Ed. (3749)
1999 Ed. (2967, 4033, 4035, 4036, 4037)
1997 Ed. (3293)
1996 Ed. (3186, 3188)
1995 Ed. (3087, 3088)
1994 Ed. (3040, 3042)
Employers Reinsurance US Group
2002 Ed. (2943)
Employers Reinsurnace
1992 Ed. (3658)
Employers Solutions Group
2006 Ed. (2087)
Employment
1994 Ed. (2686)
1992 Ed. (3002, 3008, 3278)
Employment agencies
1996 Ed. (3452)
Employment contracts
2000 Ed. (3505)
Employment interviewers, private or public-employment service
1989 Ed. (2076)
Employment Plus
2008 Ed. (1880)
Employment Screening Services
2007 Ed. (3530)
Employment services
2007 Ed. (3717)
Employment specialists
2007 Ed. (3726)
Employment verification
2001 Ed. (3037)
Employment Verification Resources Inc.
2008 Ed. (4971)
Emporiki Bank
2008 Ed. (420)
2007 Ed. (454)
2006 Ed. (447)
2005 Ed. (504)
Emporiki Bank of Greece
2007 Ed. (1745)
Emporio Armani
2001 Ed. (2117)
Emporio Armani for Him
2001 Ed. (2527)
Emporium-Capwell
1991 Ed. (1968)
1990 Ed. (2118)
Empower MediaMarketing Inc.
2007 Ed. (4393)
2003 Ed. (109, 116)
2001 Ed. (166)
2000 Ed. (134)
Empres Ferroviaria Oriental SA
2006 Ed. (4487)
Empresa Brasileira Aeronautica SA
2007 Ed. (1604)
Empresa Brasileira de Aeronautica SA
2008 Ed. (3551)
Empresa Brasileira de Correios e Telegrafos
1999 Ed. (1698)
1997 Ed. (1471)
Empresa Colombiana
1991 Ed. (1283)
Empresa Colombiana de Petroleos
2008 Ed. (3928)
2007 Ed. (3879)
2006 Ed. (3852)
2004 Ed. (1675)
2003 Ed. (3843)
2002 Ed. (1617)
Empresa Colombiana de Petroleos--Ecopetrol
2004 Ed. (3860)
Empresa Corani SA
2006 Ed. (4487)
Empresa de Desenvalvimento de Recursos Minerais Codemin SA
2004 Ed. (3690)
Empresa de Transformacion Agraria SA
2004 Ed. (191)
Empresa Electrica de Orient SA de CV
2006 Ed. (4500)
Empresa Fabril Maquinas Electricas
1991 Ed. (2334)
Empresa General de Inversiones
2000 Ed. (3400, 3401)
1999 Ed. (3684, 3685)
1997 Ed. (2984)
Empresa General de Inversiones SA
2006 Ed. (3772)
2002 Ed. (3574)
Empresa Minera del Centro del Peru SA
2004 Ed. (1844)
2002 Ed. (1753)
Empresa Nacional de Correos y Telegrafos--ENCOTEL
2004 Ed. (1622)
2002 Ed. (1575)
Empresa Nacional de Electricidad
1992 Ed. (900)
1990 Ed. (1703)
1989 Ed. (1162)
Empresa Nacional de Electricidad, SA
2003 Ed. (4577)
2000 Ed. (1556)
1999 Ed. (1734)
1997 Ed. (1508)
1996 Ed. (1447)
1995 Ed. (1490)
1994 Ed. (1450)
1993 Ed. (1401)
Empresa Nacional del Petroleo
2005 Ed. (3786)
2004 Ed. (3860)
2003 Ed. (3843)
Empresa Nacional Del Petroleo Sa
1989 Ed. (1162)
Empresa Pesquera Ecuatoriana
2006 Ed. (2545)
Empresa Petrolera Chaco SA
2006 Ed. (4487)
Empresa Publica de Abastecimmnto de Cereais
1993 Ed. (1387)
Empresa Termoelectrica de Ventanilla
2006 Ed. (1848)
Empresas Bechara Inc.
2006 Ed. (3376)
2005 Ed. (3389)
2004 Ed. (1156)
Empresas Berrios Inc.
2007 Ed. (4189)
2006 Ed. (4168)
2005 Ed. (4117)
2004 Ed. (4196)
Empresas Cablevision, SA de CV
2005 Ed. (3429)
Empresas Cabo de Hornos
2007 Ed. (1852, 1856)
Empresas CMPC SA
2002 Ed. (4094, 4095)
Empresas Cordero Badillo
2005 Ed. (1731, 1954, 4117)
2004 Ed. (1671, 1672, 4196)
Empresas Diaz Inc.
2007 Ed. (1285)
2006 Ed. (1178)
2005 Ed. (1184)
2004 Ed. (1156)
Empresas Ferrer
2005 Ed. (1184)
Empresas Fonalledas Inc.
2007 Ed. (1963)
2006 Ed. (2000, 4298)
2005 Ed. (4357)
Empresas Iansa
2007 Ed. (1850)
Empresas ICA
2003 Ed. (1181)
Empresas ICA Sociedad Controladora, SA de CV
2005 Ed. (1213)
2004 Ed. (1187)
Empresas Master
2006 Ed. (3376)
2005 Ed. (3389)
2004 Ed. (3357)
Empresas Polar
2005 Ed. (94)
2004 Ed. (99)
Empresas Punto Ogilvy & Mather
1995 Ed. (136)
Empresas Sadia
1995 Ed. (1906)
Empresas Santana
2006 Ed. (4298)
2005 Ed. (4357)
Empresas Tolteca de Mexico
1992 Ed. (3063)
Empresas Tolteca de Mexico SA de CV
1993 Ed. (2559)
Empresas VRM
2007 Ed. (1285)
2006 Ed. (1178)
2005 Ed. (1184)
Empressa Brasileira de Correios e Telegrafos
2004 Ed. (1657)
2002 Ed. (1601)
Emptoris
2006 Ed. (3176)
"Empty Nest"
1993 Ed. (3534)
1992 Ed. (4247)
EMR Inc.
2006 Ed. (3514, 4353)
Emre Yigit
1999 Ed. (2432)
Emro
2000 Ed. (2245)
Emro Marketing
1997 Ed. (2053)
1995 Ed. (1915)
1994 Ed. (1189, 1886)
1993 Ed. (1159)
1992 Ed. (1441)
1991 Ed. (1101)
EMRO Propane
1995 Ed. (3001)
1994 Ed. (2943)
1993 Ed. (2925)
EMS
2006 Ed. (4451)
EMSA Limited Partnership
1994 Ed. (2080)
1992 Ed. (2453)
EMSA Ltd. Partnership
1996 Ed. (2150)
Emsbla
2000 Ed. (1625)
EMT
2006 Ed. (44)
2005 Ed. (37)
EMTR
1995 Ed. (2095)
EM.TV Merchandis
2002 Ed. (4414, 4417)
Emulex Corp.
2007 Ed. (3692)
2001 Ed. (1651)

1991 Ed. (1020)
1990 Ed. (1113)
EMV
2002 Ed. (4413)
EMX Corp.
2006 Ed. (2396)
"En Carne Propia"
1993 Ed. (3531)
En Pointe Technologies Inc.
2007 Ed. (290, 292, 3535)
2006 Ed. (288, 3498, 4342)
1999 Ed. (1274)
En Vogue
2005 Ed. (1161)
ENA
2008 Ed. (2103)
Enablence Technologies Inc.
2008 Ed. (2943)
Enami
2006 Ed. (2543)
ENAMI-Emp Nac de Minera
1989 Ed. (1100)
Enamics Inc.
2007 Ed. (2824)
2006 Ed. (2822)
ENAP Inc.
2007 Ed. (1431)
2006 Ed. (1398, 1399)
2005 Ed. (1412, 1413)
2004 Ed. (1391, 1392)
2003 Ed. (1380)
Enasa
1992 Ed. (4347)
Enbrel
2008 Ed. (2378, 2379, 2381)
2006 Ed. (3881)
Enbridge Inc.
2008 Ed. (1551, 1555, 1611, 1655, 3923)
2007 Ed. (1572, 1613, 1642, 1723, 3885)
2006 Ed. (1451, 1629)
2003 Ed. (1631, 3846)
2002 Ed. (3689)
Enbridge Energy Management plc
2005 Ed. (3779)
Enbridge Energy Partners LP
2008 Ed. (1512, 3988, 3989)
2007 Ed. (1559, 3884, 3961, 3962)
2006 Ed. (1529, 3857, 3911, 3912)
2005 Ed. (3791, 3842)
Enbridge Gas Distribution
2008 Ed. (2428, 2813)
2007 Ed. (2298, 2684)
Enbridge Income Fund
2007 Ed. (3885)
Enbridge Pipelines East Texas
2005 Ed. (2720)
Enbridge (US) Inc.
2007 Ed. (3961)
2006 Ed. (3911)
2004 Ed. (3903)
ENBW Gas GmbH
2006 Ed. (4300)
ENC Marketing & Communications
2008 Ed. (4947)
EnCana Corp.
2008 Ed. (1429, 1551, 1552, 1553, 1554, 1555, 1615, 1624, 1635, 1640, 1641, 1642, 1645, 3552, 3680, 3915, 3916, 3921, 3924, 3927)
2007 Ed. (1445, 1572, 1617, 1625, 1633, 1634, 1637, 1785, 2389, 3862, 3864, 3872, 3875)
2006 Ed. (1429, 1445, 1542, 1598, 1600, 1612, 1618, 1620, 1621, 1630, 3375, 3845, 3849, 3851, 4726)
2005 Ed. (1648, 1710, 1719, 1720, 1722, 1723, 3763, 3773, 3775, 3777)
2004 Ed. (1666, 1670)
EnCana Oil & Gas
2008 Ed. (1758)
Encare
2002 Ed. (1166)
Encarta
2003 Ed. (3051)
ENCI
1989 Ed. (1149)
EnClean Inc.
1995 Ed. (1239)
Enclos Corp.
2008 Ed. (1259, 2821)
2007 Ed. (1362, 2696)
2006 Ed. (1284)
2005 Ed. (1314, 2733)
2004 Ed. (1307)
Enco International Inc.
2008 Ed. (4972)
Encompass Electrical (Cleveland) Inc.
2004 Ed. (1243)
ENCOMPASS Health Management Systems
2007 Ed. (2359)
2006 Ed. (2411)
1998 Ed. (3650)
Encompass Service Corp.
2005 Ed. (3663)
2004 Ed. (1304, 1310, 1315, 3748)
2002 Ed. (1289, 1294, 1298, 1527, 3546)
Encompass Services Corp.
2005 Ed. (3861)
2004 Ed. (1236, 1237, 1239, 1242, 1243, 1339, 3682, 3749)
2003 Ed. (1233, 1234, 1236, 1239, 1240, 1301, 1307, 1315, 1339, 3704, 3705, 4560)
Encompass Software
1999 Ed. (2727)
ENCOR Energy
1992 Ed. (4160)
1990 Ed. (3485)
1989 Ed. (2038)
Encore
1998 Ed. (604)
Encore Acquisition Co.
2005 Ed. (3741)
Encore Bancshares Inc.
2005 Ed. (357)
Encore Books
1994 Ed. (733)
Encore Capital Group
2008 Ed. (2856)
2007 Ed. (2726)
2006 Ed. (2723)
Encore Computer Corp.
2000 Ed. (2209)
1995 Ed. (3093)
1993 Ed. (1568, 1578, 2574, 3004)
1991 Ed. (1876, 3145)
1990 Ed. (1977)
Encore Enterprises Inc.
2008 Ed. (2113)
Encore Mystery
1998 Ed. (604)
Encore Plex
1998 Ed. (604)
Encore Receivable Management Inc.
2006 Ed. (4353)
Encore Software, Inc.
2003 Ed. (2719)
Encore Westerns
1998 Ed. (604)
Encore Wire Corp.
2005 Ed. (2281, 2282)
2004 Ed. (2180, 2181)
Encorpar
2007 Ed. (1855)
Encuentro Progresista
2007 Ed. (95)
Encyclopaedia Britannica
1991 Ed. (2788)
Encyclopedia Britannica
2004 Ed. (3159)
1992 Ed. (3590)
The End of Poverty: Economic Possibilities for Our Time
2007 Ed. (655)
Endeavor Information Systems
2006 Ed. (3279)
2005 Ed. (3287)
2004 Ed. (3256)
2002 Ed. (2501)
Endeavor Mining Capital Corp.
2005 Ed. (4512)
Endeavour Credit Union Ltd.
2002 Ed. (1849)
Endeca Technologies Inc.
2007 Ed. (3063)
2006 Ed. (3030)
Enderlin; Peter
1996 Ed. (1818)
1995 Ed. (1840)
1994 Ed. (1802)
1993 Ed. (1819)
ENDESA
2006 Ed. (4227)
2000 Ed. (752, 753, 1555, 3849, 3850)
1999 Ed. (739, 740, 1733, 1735, 4135, 4136)
1997 Ed. (683, 684, 1511, 3376, 3377)
1996 Ed. (751, 752, 1227, 1446, 3279, 3280)
1995 Ed. (1488, 1489, 3338)
1994 Ed. (722, 1448, 1449, 3131, 3132)
1993 Ed. (712, 1399, 1400, 3068, 3069, 3268)
1992 Ed. (1690, 1691, 3765, 3766)
1991 Ed. (719, 1346, 1348, 2911, 2912)
1990 Ed. (1420, 2928, 3476)
ENDESA-Emp Nac de Electricidad
1989 Ed. (1100)
Endesa Empresa
1997 Ed. (3215)
Endesa Group
2000 Ed. (1557)
1997 Ed. (1510)
1996 Ed. (1445)
Endesa SA
2008 Ed. (1411, 1427, 1751, 2083, 2084, 2086, 2430)
2007 Ed. (1443, 1728, 1987, 1988, 1990, 2299, 2300, 2302, 2303, 2304, 2688, 2689)
2006 Ed. (1846, 2018, 2019, 2020, 2021, 2366, 2367, 4538)
2005 Ed. (1842, 2302, 2304, 2306, 2307)
2003 Ed. (1428, 1826, 4606)
2002 Ed. (721, 722, 1685, 1717, 1766, 1768, 4094, 4095, 4471, 4472, 4473, 4474, 4475)
2001 Ed. (1554, 1852, 1853, 1854)
Endicott Isuzu; Tom
1996 Ed. (274)
1995 Ed. (272)
1994 Ed. (271)
1993 Ed. (272)
1992 Ed. (386)
Endicott Johnson
1991 Ed. (263)
Endicott Pipeline Co.
1998 Ed. (2862)
Endless Vacation
2006 Ed. (158)
2001 Ed. (3196)
1990 Ed. (2799)
1989 Ed. (179, 184, 2174, 2179)
Endless Video
1992 Ed. (4392)
Endo; Koji
1997 Ed. (1976)
Endo Pharmaceuticals Holdings Inc.
2007 Ed. (2752, 3907, 3919)
2004 Ed. (2149)
Endoscopy
1990 Ed. (1501)
Endosulfan, total
1990 Ed. (2812)
Endot Industries Inc.
2007 Ed. (4992)
Endotronics
1989 Ed. (2656)
Endowment Association of the College of William & Mary
1997 Ed. (1065)
Endowments Bond Portfolio
2000 Ed. (3254)
Endura SA
1996 Ed. (2264)
Endurance Specialty Holdings Ltd.
2007 Ed. (3105, 3185, 3190)
2006 Ed. (3153)
2005 Ed. (4253)
Enduro
1994 Ed. (687)
Endust
2008 Ed. (980)
2003 Ed. (980, 984)
Enea
2007 Ed. (1250)
2006 Ed. (1137)
eNeighborhoods
2007 Ed. (4081)
Enel
2000 Ed. (3676, 3677)
1998 Ed. (2967)
1990 Ed. (1943, 2927)
Enel Distribuzione SpA
2008 Ed. (1862)
2006 Ed. (1822)
2005 Ed. (1830)
Enel Ente Nazionale per l'Energia Elettrica
1993 Ed. (3252)
1992 Ed. (3941)
1991 Ed. (3106)
Enel Societa per Azioni
2002 Ed. (1038)
Enel SpA
2008 Ed. (1861, 1862, 1863, 2430, 2432, 2818)
2007 Ed. (1826, 1827, 1828, 1829, 2299, 2300, 2302, 2303, 2304, 2688, 2689, 3987, 4585)
2006 Ed. (1820, 1821, 1822, 1823, 2366, 3230, 4598)
2005 Ed. (1830, 2302, 2304, 2306, 4513)
2004 Ed. (55, 1764)
2003 Ed. (1726, 1727, 2143, 2288, 4592)
2002 Ed. (1699, 1700, 1701, 2125, 2259, 3880)
2001 Ed. (1759, 1762, 4188)
2000 Ed. (1486)
1999 Ed. (1686, 3966, 4289)
1997 Ed. (3216, 3499)
1996 Ed. (3137, 3403)
Enel Telegestore
2007 Ed. (3212)
Enelpower SpA
2006 Ed. (1316)
2005 Ed. (1331, 1337)
2004 Ed. (1325, 1332)
Enemy of the State
2001 Ed. (2125, 4699, 4700)
Enerco New Zealand Ltd.
1996 Ed. (2845)
Enercon Services Inc.
2004 Ed. (2358)
Enerflex Manufacturing
2000 Ed. (3028)
Enerflex Systems
2008 Ed. (3142)
2007 Ed. (3024)
2006 Ed. (1593)
Energas Co.
2005 Ed. (2721)
Energem Resources Inc.
2006 Ed. (3486)
Energen Corp.
2008 Ed. (1544, 2419, 2809)
2007 Ed. (1564, 2218, 2681)
2006 Ed. (2691)
2005 Ed. (2294, 2403, 2405, 3587)
2004 Ed. (3669)
Energen Resources Corp.
2007 Ed. (3853)
2006 Ed. (3835, 3836)
Energex
2004 Ed. (1646)
2002 Ed. (4708)
Energia-Bogota
1989 Ed. (1102)
Energia Concon
2007 Ed. (931)
Energias
1991 Ed. (720)
Energias de Portugal
2007 Ed. (1959, 1960, 2300)
Energias de Portugal SA (EDP)
2008 Ed. (2054, 2431, 2817)
Energie AG Mitteldeutschland EAM
2003 Ed. (1670)
Energiedienst Holding AG
2005 Ed. (2303, 2305, 2408)
Energis ADS
2000 Ed. (3391)

Energis UK
2004 Ed. (3664)
Energizer
2008 Ed. (834, 3982)
2007 Ed. (870, 3952)
2006 Ed. (2869, 3902)
2004 Ed. (661, 662)
2003 Ed. (653)
2002 Ed. (672, 673)
1996 Ed. (3654)
1995 Ed. (19, 694, 3525)
1993 Ed. (3530)
1992 Ed. (93, 224, 4228)
1991 Ed. (3317)
1989 Ed. (721)
Energizer AA
1993 Ed. (1523, 1524)
Energizer Alkaline Battery AA 4 CT
1990 Ed. (1544, 1545, 1548)
Energizer Alkaline Battery AA 2 CT
1990 Ed. (1544, 1545, 1548)
Energizer Alkaline Battery C 2 CT
1990 Ed. (1548)
Energizer Alkaline Battery D 2 CT
1990 Ed. (1548)
Energizer Bunny
2007 Ed. (677)
Energizer E2 Lithium
2004 Ed. (661)
Energizer E2 Titanium
2004 Ed. (661, 662)
2003 Ed. (653)
Energizer EZ Change
2004 Ed. (661)
Energizer Holdings Inc.
2008 Ed. (1946, 1947, 1952, 1955, 3101)
2007 Ed. (1891, 2979, 2980, 2982, 3810)
2006 Ed. (1900, 1901, 1906, 1907, 1909, 2958, 2960, 2962, 2963, 3799)
2005 Ed. (54, 1879, 1880, 1882, 1885, 1886, 1887, 2860, 2861, 2963, 2965, 2966, 2968, 3711)
2004 Ed. (2179, 2184, 2242, 2853, 4065, 4697)
2003 Ed. (3287)
Energizer Max
2004 Ed. (662)
Energobank
2006 Ed. (4514)
2000 Ed. (686)
1997 Ed. (636)
Energogarant
1999 Ed. (2924)
Energoinvest
1991 Ed. (1361)
Energoprojekt Consulting & Engineering Co.
1991 Ed. (1560)
Energoprojekt Consulting Engineers
1992 Ed. (1966)
Energpgarant
1995 Ed. (2283)
Energy
2008 Ed. (760, 761, 1820, 1821, 1824, 3159)
2007 Ed. (3040)
2006 Ed. (3001, 3258)
2005 Ed. (1600)
2004 Ed. (1744, 1745, 1746, 1749)
2003 Ed. (1710, 2902, 2910, 2911)
2002 Ed. (2767, 2768, 2770, 2775, 2776, 2787, 2794, 2796, 4193)
2001 Ed. (729)
2000 Ed. (2635)
1999 Ed. (1680, 2871)
1997 Ed. (1691, 1699)
1995 Ed. (2243, 3395)
1994 Ed. (3331)
1991 Ed. (1139, 1186, 1187)
Energy Africa Ltd.
2005 Ed. (3761)
2004 Ed. (3850)
2003 Ed. (3820)
Energy Australia
2002 Ed. (4708)
Energy bars & mixes
2002 Ed. (3493)
Energy bars/gels
2004 Ed. (3666)
Energy Conservation Program-UWF
2002 Ed. (4291)
Energy Conversion Devices Inc.
1998 Ed. (1931)
Energy Department
1998 Ed. (2512)
Energy; Department of
1992 Ed. (29)
Energy drinks
2007 Ed. (3694)
2002 Ed. (3488)
Energy East Corp.
2008 Ed. (1897)
2007 Ed. (1863)
2005 Ed. (2291, 2294, 2309, 2310, 2404)
2004 Ed. (2192, 2195, 2311)
Energy equipment & services
2008 Ed. (1633, 1643)
1995 Ed. (2243)
Energy Foundation
2002 Ed. (2333)
Energy Fuels Inc.
2008 Ed. (1658)
Energy Group
2001 Ed. (1554)
Energy Group plc
2005 Ed. (1482, 1508)
Energy Holdings (No. 3) Ltd.
2001 Ed. (2727)
Energy Metals Corp.
2008 Ed. (1617)
2007 Ed. (1619)
Energy Partners Ltd.
2008 Ed. (1403)
2004 Ed. (3843)
Energy recovery
2001 Ed. (3831)
Energy Savings Income Fund
2007 Ed. (4860)
2005 Ed. (1709)
Energy Service Co. Inc.
1997 Ed. (232)
1996 Ed. (213)
1995 Ed. (205, 208)
1994 Ed. (209)
1993 Ed. (216)
1991 Ed. (2017)
1989 Ed. (2668)
Energy services
1998 Ed. (1036, 2077)
1995 Ed. (1259)
1994 Ed. (1240)
1993 Ed. (1214)
1991 Ed. (223)
1990 Ed. (1273)
Energy Services of Pensacola
2000 Ed. (2318)
1999 Ed. (2582)
1998 Ed. (1822, 2966)
Energy sources, compact
1996 Ed. (2104)
Energy Supplements
2001 Ed. (2013)
Energy Transfer Co.
2006 Ed. (1418)
2005 Ed. (3921)
Energy Transfer Equity LP
2008 Ed. (1526, 1541)
Energy Transfer Partners LP
2008 Ed. (3923, 4525)
2007 Ed. (1529, 2383)
Energy; U.S. Department of
2005 Ed. (2745)
Energy West Inc.
2005 Ed. (2231)
2004 Ed. (2116)
EnergyAustralia
2004 Ed. (1646)
Energynet.com
2003 Ed. (2177)
EnergyNorth Inc.
2002 Ed. (2004)
Enerjy
2007 Ed. (1254)
Enermetrix
2001 Ed. (4753)
Enerplus Resources Fund
2008 Ed. (4783)
2007 Ed. (1621, 4860)
2006 Ed. (4857)
2004 Ed. (3173)
ENERSIS
2006 Ed. (4227)
2005 Ed. (1842)
2004 Ed. (1776)
2003 Ed. (1739, 4577)
2000 Ed. (3849, 3850)
1999 Ed. (4135, 4136)
1997 Ed. (3376, 3377)
1996 Ed. (3279, 3280)
1994 Ed. (3131, 3132)
1993 Ed. (3068, 3069)
1992 Ed. (3766)
1991 Ed. (2912)
Enersis SA
2002 Ed. (1717, 1719, 1720, 4094, 4095)
EnerSys Inc.
2004 Ed. (1447)
Enertel
2002 Ed. (4389)
Enesco
2001 Ed. (1236)
Enesco Group
2000 Ed. (4072)
Enfamil
2008 Ed. (3161)
2003 Ed. (2914)
2002 Ed. (2800, 2802)
2001 Ed. (2846, 2847)
1994 Ed. (2197)
Enfamil Lactofree
2002 Ed. (2802)
Enfamil with Iron, R-T-U
1990 Ed. (3039)
ENFL Inc.
2004 Ed. (2359)
Enforma Exercise in a Bottle
2002 Ed. (4890)
Enforma Fat Trapper
2002 Ed. (4889, 4890)
Eng; Kevin
1997 Ed. (1940)
Eng; Kim
1997 Ed. (752, 753, 754, 783, 784, 785, 787, 803)
1994 Ed. (781)
Eng Lim Goh
2006 Ed. (1003)
Engage Technologies Inc.
2002 Ed. (1492)
Engel Automatisierungstechnik GmbH
2001 Ed. (3216)
1997 Ed. (2709)
Engel; Glenn
1997 Ed. (1856)
1994 Ed. (1765)
1993 Ed. (1777)
Engel Vertriebsgessellschaft mbH
2001 Ed. (2875)
Engelberth Construction Inc.
1997 Ed. (2170)
Engelhard Corp.
2008 Ed. (1424, 4668)
2007 Ed. (957)
2006 Ed. (844, 846, 868)
2005 Ed. (931, 943, 945, 1614, 3482, 3483)
2004 Ed. (940, 941, 951, 952, 1581, 3485, 3486)
2003 Ed. (932, 937, 940, 3368, 3371, 3374)
2002 Ed. (988, 992, 995, 1018, 4501)
2001 Ed. (1183, 3289)
2000 Ed. (1038, 3092)
1999 Ed. (1080, 3708)
1998 Ed. (695, 703, 2684, 2685)
1997 Ed. (952, 2750, 2947, 2948)
1996 Ed. (1241, 2606, 2850, 2851, 2852)
1995 Ed. (951, 961, 2506, 2775, 2776, 2921)
1994 Ed. (2477)
1993 Ed. (902, 2498)
1992 Ed. (1110, 2971, 3252)
1991 Ed. (901, 2611, 2612)
1990 Ed. (932, 2715, 2716)
1989 Ed. (879, 883, 2068, 2069)
Engelhard (Compagnie Des Metaux Precieux)
1991 Ed. (2385)
Engelhard; Jane B.
1995 Ed. (2580)
1991 Ed. (2462)
1990 Ed. (2578)
Engelhardt; Henry
2007 Ed. (4935)
Engelhardt; Irl
2007 Ed. (995)
Engemann & Associates; Roger
1992 Ed. (2762)
Engemann; Roger
1993 Ed. (2318, 2322)
Engen; D. Travis
2006 Ed. (905)
Engen; Travis
2005 Ed. (2514)
Engerix-B
2000 Ed. (1707)
Enghouse Systems
2007 Ed. (2818)
2006 Ed. (2813)
2003 Ed. (2940)
2001 Ed. (2864)
Engibous; T. J.
2005 Ed. (2476, 2489)
Engine Parts
1989 Ed. (329)
Engine Parts (Internal)
1990 Ed. (398)
Engine treatment
2003 Ed. (365)
Engine treatment & additive
2002 Ed. (420)
Engineer, aeronautical
2004 Ed. (2277)
Engineer and Architectural Services
1990 Ed. (1657)
Engineer, chemical
2004 Ed. (2277)
Engineer, civil
2008 Ed. (3815)
2004 Ed. (2277)
Engineer, electrical
2004 Ed. (2277)
Engineer, environmental
2004 Ed. (2277)
Engineer, industrial
2004 Ed. (2277)
Engineer, mechanical
2004 Ed. (2277)
Engineer, mining
2004 Ed. (2277)
Engineer; Navin & Varsha
2005 Ed. (4889)
Engineer, nuclear
2004 Ed. (2277)
Engineer, project
2008 Ed. (3815)
Engineered Carbons
1998 Ed. (643)
Engineered Demolition Inc.
2007 Ed. (3549, 3550, 4409)
Engineered Erection Co. Inc.
1993 Ed. (1133)
Engineered Fluid Power Services Inc.
1994 Ed. (2178)
Engineered Structures Inc.
2008 Ed. (1294, 1341)
Engineered Support Systems Inc.
2007 Ed. (2748)
2006 Ed. (1362, 1367, 1902, 1903, 1907, 1909)
2005 Ed. (1358, 1362, 1363, 1881, 1882, 1883, 1886, 1887, 2160, 2161, 4379)
2004 Ed. (2020, 2021)
2003 Ed. (209)
Engineered Systems Associates
2006 Ed. (2479)
Engineering
2008 Ed. (3152, 3153, 3157)
2007 Ed. (3041)
2005 Ed. (3635, 3636)
2002 Ed. (2766, 2770, 2794, 2796, 3975)
2001 Ed. (2378, 4609)
Engineering and construction
2004 Ed. (1749, 3006, 3008, 3009, 3011, 3012)
2003 Ed. (2900, 2901, 2906, 2907)
2000 Ed. (1350)
1997 Ed. (1298, 1302, 1442, 1445)

1992 Ed. (4070, 2626)
1990 Ed. (165)
Engineering Animation
2000 Ed. (1742)
Engineering, construction
1999 Ed. (1506, 1512, 1514)
1998 Ed. (1153, 1156)
1996 Ed. (1253)
1991 Ed. (2055)
1990 Ed. (2182)
Engineering, design/construction
2006 Ed. (1070)
2005 Ed. (1062)
Engineering Enterprises Inc.
2008 Ed. (1797)
Engineering Equipment Inc.
1996 Ed. (2564, 3029)
1990 Ed. (1409)
1989 Ed. (1152)
Engineering Ingegneria Informatica SpA
2008 Ed. (1209, 1865)
2007 Ed. (1831)
Engineering, management services
1999 Ed. (2010)
1992 Ed. (2902)
Engineering manager, manufacturing
2004 Ed. (2274)
Engineering manager, process development
2004 Ed. (2274)
Engineering, project
2005 Ed. (1062)
Engineering-Science Inc.
1992 Ed. (1949)
Engineering services
1991 Ed. (3223)
Engineering Technology Ltd.
1991 Ed. (312)
1989 Ed. (309)
Engineering Technology Ltd. (Entech)
1990 Ed. (348)
Engineers
2007 Ed. (3737)
1999 Ed. (3903)
1997 Ed. (3177)
1993 Ed. (2739)
1990 Ed. (2729)
1989 Ed. (2080, 2080)
Engineers, architects, and surveyors
1991 Ed. (2629)
Engineers, biomedical
2006 Ed. (3736)
Engineers, environmental
2006 Ed. (3736)
Engineers, Operating, International
2000 Ed. (3451)
1998 Ed. (2774, 3609)
1996 Ed. (3729)
1994 Ed. (2769, 3564)
1993 Ed. (2780, 3607)
1992 Ed. (3355, 4333)
1991 Ed. (2686, 3412)
1990 Ed. (2783, 3628)
1989 Ed. (2163, 2862)
Engineers, Operating, International, Washington, DC
2000 Ed. (4283)
Engineers, software
2006 Ed. (3736)
Engineous Software, Inc.
2002 Ed. (2530)
Engines
2004 Ed. (2548)
Engines, aircraft
1999 Ed. (2093, 2848)
Engines and Motors
2000 Ed. (1892)
Engines, industrial
1999 Ed. (2093, 2848)
Engines, turbines and parts
1991 Ed. (1904)
England
2002 Ed. (681)
2001 Ed. (1002, 2020, 4221)
1993 Ed. (1067, 2167)
England & Sons; C. R.
1995 Ed. (3081)
1994 Ed. (3029, 3593)
1993 Ed. (2987, 3633)
1992 Ed. (3648)
England, Wales
1992 Ed. (3141)
Englander
2003 Ed. (3321)
1997 Ed. (652)
Engle Homes
2005 Ed. (1193, 1221)
2004 Ed. (1165, 1169, 1195)
2003 Ed. (1159, 1161, 1162, 1190)
2002 Ed. (1187, 1203, 2652, 2677, 2681)
2000 Ed. (1226)
1999 Ed. (1329, 1335)
1998 Ed. (903, 3005)
1997 Ed. (1134)
Engle Homes/Arizona
2002 Ed. (1170, 2654)
Engle Homes/Colorado Inc.
2002 Ed. (2676)
Engle; John
1996 Ed. (1911)
Englehard Corp.
2002 Ed. (3312, 3314, 3315, 3322)
2000 Ed. (1019, 3095, 3138)
1999 Ed. (3359, 3360, 3364, 3365, 3625)
Englehard; Jane B.
1992 Ed. (3079)
Engler; John
1993 Ed. (1994)
Engles; Gregg
2007 Ed. (979)
2006 Ed. (889)
Engles; Gregg L.
2008 Ed. (959)
2007 Ed. (1036)
Englewood Hospital & Medical Center
2008 Ed. (3179)
English
2000 Ed. (2890)
English China Clays Inc.
2001 Ed. (3324, 3325)
The English Electric Co. Ltd.
1994 Ed. (1356)
1991 Ed. (2371)
English; Floyd L.
1997 Ed. (1796, 1803)
English Leather
1996 Ed. (2952)
The English Patient
1999 Ed. (3450)
Engman; Lars
2008 Ed. (2990)
Engraving & Printing; U.S. Bureau of
2005 Ed. (2002)
Engravings, antiques
1992 Ed. (2076)
Engro Chemical
2002 Ed. (3044, 4454)
1999 Ed. (3132)
1997 Ed. (2588)
Engro Chemical Pakistan
2008 Ed. (2030)
2007 Ed. (1948)
Engro Chemical Pakistan Limited
2000 Ed. (2879)
Engro Chemicals Ltd.
2006 Ed. (4527)
EngroTUS d.o.o.
2008 Ed. (2071, 4230)
EngySvc
1989 Ed. (2663)
Enhanced Benchmark—Government/ Corporate
2003 Ed. (3113)
Enhanced Cash, Hedged Preferred Total Return
2003 Ed. (3115)
Enhanced Cash, Hedged Taxable Preferred
2003 Ed. (3115)
Enhanced Cash Portfolios
2003 Ed. (3115)
Enhanced Investment Technologies
1993 Ed. (2322)
Enhanced Mortgage Backed Sec. Strat.
2003 Ed. (3123)
ENI
2005 Ed. (192, 1195, 1759, 1830, 3486)
2000 Ed. (1487, 1488, 2870, 2871, 3533, 3534, 3536)
1999 Ed. (1604, 1607, 1686, 1687, 1688, 3122, 3123, 3808, 3812)
1998 Ed. (2834)
1991 Ed. (1273)
1990 Ed. (1944)
1989 Ed. (1111)
ENI-Ente Naz Idrocarburi
1996 Ed. (996)
ENI-Ente Nazionaic ldrocarburi
1995 Ed. (1387)
ENI-Ente Nazionale Idrocarburi
1997 Ed. (1260, 1387, 2115, 3100, 3102, 3404)
1996 Ed. (1337, 1404, 3021)
1995 Ed. (1379, 1440)
1994 Ed. (929, 990, 1350, 1353, 1354, 1355, 1359, 1364, 1408, 2528)
1990 Ed. (2849)
Eni Ente Nazionale Idrocarburi SPA
1990 Ed. (1353, 1388)
ENI SpA
2008 Ed. (200, 927, 1185, 1717, 1735, 1736, 1742, 1745, 1750, 1754, 1861, 1862, 1863, 1864, 2502, 2508, 3567, 3678, 3918, 3922, 3935, 3936)
2007 Ed. (214, 1286, 1687, 1688, 1706, 1707, 1713, 1722, 1724, 1725, 1726, 1826, 1827, 1828, 1829, 1830, 2387, 2392, 2393, 2394, 2395, 2397, 3519, 3867, 3868, 3873, 3876, 3877, 3892, 3893)
2006 Ed. (204, 1181, 1698, 1712, 1820, 1821, 1822, 1823, 3230, 3388, 3487, 3846, 3862, 3863, 4603)
2005 Ed. (1474, 1765, 2409, 2411, 2412, 3764, 3784, 3785, 3796)
2004 Ed. (1707, 3853, 3857, 3859, 3868)
2003 Ed. (1428, 1726, 2288, 3824, 3830, 3855, 4592)
2002 Ed. (1038, 1699, 1701, 2125, 3216, 3683, 3701, 4506)
2001 Ed. (1553, 1693, 1759, 1760, 1761, 1762)
2000 Ed. (1412, 1486)
1995 Ed. (2583)
EniChem
1993 Ed. (912, 918)
1992 Ed. (1121)
Enichem SpA
2001 Ed. (2309, 4138)
1999 Ed. (1082)
1997 Ed. (1260, 1395, 2115, 3100)
1995 Ed. (1440, 1440)
1994 Ed. (1358, 1408)
Enid Annenberg Haupt
1994 Ed. (890)
Enid Eagle News
1990 Ed. (2700)
1989 Ed. (2054)
Enid News & Eagle
1991 Ed. (2600)
Enid, OK
2005 Ed. (2031, 2381, 2976)
2000 Ed. (1076, 2886, 3107, 4365)
1994 Ed. (2493)
1993 Ed. (2548)
1992 Ed. (3037)
The Enigma of Japanese Power
1991 Ed. (708)
Enigmatec Corp. Ltd.
2007 Ed. (2572)
Enimont
1992 Ed. (1118, 1483, 1654)
Enimont SpA
1997 Ed. (1260, 2115, 3100)
1996 Ed. (1404)
1994 Ed. (1408)
1993 Ed. (1176, 1197)
EnimontSpA
1992 Ed. (1653)
Eninem
2005 Ed. (2444)
Enix Corp.
2001 Ed. (1765, 4688)
Enjo
2003 Ed. (1618)
2002 Ed. (1582)
Enka
2008 Ed. (2119)
Enka Insaat
2006 Ed. (3229)
Enlightened
2006 Ed. (1210)
Enlisted military person
1989 Ed. (2088)
Enmax Corp.
2006 Ed. (1594)
Ennis Inc.
2008 Ed. (4025, 4027, 4030, 4031, 4032, 4033, 4034)
2007 Ed. (4006, 4007)
2006 Ed. (3964, 3965, 3966, 3967)
Ennis BF
1994 Ed. (805)
Ennis Business Forms Inc.
2005 Ed. (3251, 3886, 3887, 3888, 3889, 3897)
2004 Ed. (3728)
2000 Ed. (914)
1999 Ed. (962)
1996 Ed. (1565)
1995 Ed. (856)
1993 Ed. (788, 1506)
1992 Ed. (991, 992, 1836)
1991 Ed. (809, 1446)
1990 Ed. (849)
1989 Ed. (832)
Ennis Economic Development
1996 Ed. (2240)
Ennis Homes
2008 Ed. (1593)
Ennis Knupp
2008 Ed. (2290, 2314)
Ennis Knupp & Associates
2008 Ed. (2710, 2711)
Ennistee
1992 Ed. (3030)
Eno River Labs LLC
2007 Ed. (3586)
Enodis
2007 Ed. (2403)
2002 Ed. (1111)
Enogex Inc.
2008 Ed. (2010)
Enon Microwave Inc.
2005 Ed. (1559)
E.nopi
2008 Ed. (169)
Enopi Daekyo USA Inc.
2008 Ed. (2412)
2007 Ed. (2279)
2006 Ed. (2343)
eNorthern
2002 Ed. (813, 814, 816, 817, 818)
Enova
1999 Ed. (1953)
1998 Ed. (1394, 1395)
1997 Ed. (1701)
Enovia Corp.
2001 Ed. (1870, 2850)
Enoxy Coal, Inc.
1989 Ed. (1997)
Enpath Medical Inc.
2006 Ed. (2722)
Enquirer/Star Group
1995 Ed. (1308)
ENR
2008 Ed. (144)
1999 Ed. (3757, 3758)
Enrico; Roger
1997 Ed. (1797)
Enrico; Roger A.
1994 Ed. (1715)
Enright & Co.
1991 Ed. (2174)
Enrique Banuelos
2008 Ed. (4874)
Enrique Figueroa
1999 Ed. (2406)
Enron Corp.
2008 Ed. (352)
2007 Ed. (364)
2006 Ed. (1453)
2005 Ed. (420, 1573)
2004 Ed. (1559, 1750, 2314, 2322, 2489)
2003 Ed. (1556, 1574, 1589, 1704, 1836, 1837, 2184, 2279, 2280,

2282, 2286, 2287, 4029, 4030, 4526, 4936)
2002 Ed. (868, 1506, 1508, 1525, 1527, 1541, 1542, 1545, 1569, 1672, 1676, 1782, 2125, 2127, 2128, 3711, 3712, 3886, 4353, 4873)
2001 Ed. (1185, 1567, 1569, 1571, 1878, 2841, 2842, 3766, 3767, 3958, 4153, 4222, 4662, 4663)
2000 Ed. (1359, 1371, 1572, 3518, 3520, 3521, 3523, 3524, 3527, 3549, 3550, 3846, 4004)
1999 Ed. (1528, 1669, 1746, 2570, 3798, 3801, 3803, 3832, 3833, 4285)
1998 Ed. (1057, 1103, 1189, 1809, 2663, 2819, 2825, 2826, 2856, 2861, 3290)
1997 Ed. (1345, 1524, 2119, 2925, 3090, 3093, 3118, 3119)
1996 Ed. (1456, 1999, 2819, 3007, 3010, 3037, 3038)
1995 Ed. (1319, 1972, 2752, 2906, 2914, 2917, 2940, 3363)
1994 Ed. (1251, 1312, 1941, 1945, 1952, 2651, 2879, 3216, 3234, 3284)
1993 Ed. (1918, 1922, 1923, 2701, 3220, 3241, 3292)
1992 Ed. (2259, 2262, 3212, 3425, 3438, 3929, 3933, 3938)
1991 Ed. (1786, 2573, 3084, 3094, 3098)
1990 Ed. (1876, 1883, 2670, 3250, 3563)
1989 Ed. (1494, 1500, 1635, 2035, 2462, 2471)
Enron Facility Services
2003 Ed. (1307)
2002 Ed. (1294)
Enron Field
2001 Ed. (4355)
Enron Intrastate Pipelines
1995 Ed. (1977)
1992 Ed. (2263)
1991 Ed. (1795)
Enron Oil & Gas Co.
2001 Ed. (2578, 3744)
Enron Oil Trading & Transportation Ltd.
1993 Ed. (961)
1992 Ed. (1185)
Enron Oil Trading & Transportation Canada Ltd.
1995 Ed. (999)
1994 Ed. (2853)
Enron Online
2001 Ed. (4753)
Enron Power Marketing
1999 Ed. (3962)
Enron Products Pipeline Inc.
1998 Ed. (2862)
1997 Ed. (3122)
1996 Ed. (3042)
EnronOnline
2003 Ed. (2166, 2182)
ENSCO
1989 Ed. (2667)
Ensco International Inc.
2008 Ed. (2108)
2005 Ed. (3741, 3742)
2004 Ed. (3833, 3834)
2002 Ed. (1573)
1999 Ed. (4486)
1998 Ed. (2821)
Ensemble Communications
2002 Ed. (4976)
Ensemble II (VL)
1991 Ed. (2118)
Ensemble Workforce Solutions
2008 Ed. (269, 270, 3690, 3696)
2007 Ed. (290, 291, 3526, 3535)
Ensenada
1994 Ed. (2440)
Enserch
1999 Ed. (3832)
1998 Ed. (2665, 2856, 2861)
1997 Ed. (2927, 3118, 3119)
1996 Ed. (2823, 3037, 3038)
1995 Ed. (1139, 1150, 1155, 1271, 1673, 2753, 2756, 2940)
1994 Ed. (1947, 2652, 2654)
1993 Ed. (2703)
1992 Ed. (2259, 3213, 3215)
1991 Ed. (1786, 1792, 2574, 2576)
1990 Ed. (1880)
1989 Ed. (1494, 2034, 2037)
Enserv Corp.
1997 Ed. (1375, 2962)
1996 Ed. (2868)
1994 Ed. (2694)
Enseval Putera Megatrading Terbuka
2007 Ed. (1778)
Ensidesa
1994 Ed. (3435)
Ensign Credit Union
2004 Ed. (1972)
2003 Ed. (1932)
2002 Ed. (1878)
Ensign Energy Services Inc.
2008 Ed. (1628, 1629, 1650, 1651, 1652, 1654, 3917)
Ensign FSB
1992 Ed. (3780)
Ensign Resource Service Group Inc.
2007 Ed. (1643, 1644, 1646, 3865)
2006 Ed. (1607)
1997 Ed. (2962)
1996 Ed. (2868)
Ensite
1992 Ed. (447)
1990 Ed. (1024)
Enskilda
1991 Ed. (776, 782)
Enso
2000 Ed. (1422)
1999 Ed. (1616, 2495, 2661, 3694)
1998 Ed. (2746)
Enso Fine Papers Oy
2000 Ed. (3409)
Enso-Gutzeit
1991 Ed. (1276, 1900)
Enso Gutzeit Oy
2003 Ed. (1674)
2001 Ed. (1698)
2000 Ed. (1419)
1999 Ed. (1615)
1997 Ed. (2071, 2074, 2203, 2204)
1996 Ed. (2100)
1995 Ed. (1243, 2492)
1994 Ed. (2045)
1990 Ed. (1360)
1989 Ed. (1114)
Enso-Gutzelt
1990 Ed. (3458)
Enso Oyj
2006 Ed. (1703)
2000 Ed. (2443, 3409)
Enso Oyj R
2000 Ed. (2444)
Enso Timber OY Ltd
2000 Ed. (3017)
ENSR Corp.
2001 Ed. (2289, 2294, 2297)
2000 Ed. (1818, 1844, 1852)
1999 Ed. (2022)
1998 Ed. (1476)
1992 Ed. (318, 1963)
1991 Ed. (1552, 1557)
ENSR International
2004 Ed. (2445)
Enstar Group Inc.
1993 Ed. (368)
1992 Ed. (4146)
1991 Ed. (3368)
Enstr
1992 Ed. (3311)
Enstrom
1991 Ed. (1899)
Ensure
2008 Ed. (4913)
2004 Ed. (2098)
2003 Ed. (2060, 2061)
2002 Ed. (4891)
2000 Ed. (1668)
1999 Ed. (1844)
1996 Ed. (767, 1548, 1583)
Ensure Glucema
2004 Ed. (2097)
Ensure Glucerna
2003 Ed. (2060)
Ensure Glucerna OS
2002 Ed. (4891)
Ensure Light
2002 Ed. (4891)
2000 Ed. (1668)
1999 Ed. (1844)
Ensure Plus
2004 Ed. (2098)
2003 Ed. (2060)
2002 Ed. (4891)
2000 Ed. (1668)
1999 Ed. (1844)
1996 Ed. (1548)
Ensynch Inc.
2007 Ed. (4400)
ENT Credit Union
2008 Ed. (2222)
2007 Ed. (2107)
2006 Ed. (2186)
2005 Ed. (2080, 2091)
2004 Ed. (1939, 1949)
2003 Ed. (1909)
2002 Ed. (1839, 1852)
ENT Federal Credit Union
1997 Ed. (1561, 1563)
1993 Ed. (1449)
Ente Nazionale Idroca
2005 Ed. (192, 1195, 1759, 1830, 3486)
Ente Nazionale Idrocarburi
1993 Ed. (1176, 1197, 1298, 1300, 1336, 1355)
1992 Ed. (1483)
1990 Ed. (1356)
Ente Nazionale per l'Energia
2001 Ed. (1554)
Ente Tabacchi Italiani SpA
2005 Ed. (1474)
Entech Personnel Services Inc.
2008 Ed. (4967)
2007 Ed. (3568)
2001 Ed. (1801, 4502)
2000 Ed. (4227, 4432)
1999 Ed. (4575, 4812)
1998 Ed. (3762)
1997 Ed. (3917)
1996 Ed. (3880)
Entegram
2004 Ed. (2826)
Entegris Inc.
2006 Ed. (1884, 2738)
Entegrity Solutions
2002 Ed. (4205)
Entel
2008 Ed. (31)
2006 Ed. (34)
2005 Ed. (28)
2002 Ed. (4095)
1999 Ed. (4136)
1997 Ed. (3377)
1996 Ed. (3279, 3280)
1994 Ed. (3132)
1993 Ed. (3068)
1992 Ed. (3765, 3766)
1991 Ed. (2911, 2912)
ENTEL Peru
1989 Ed. (1149)
Entenmann's
2008 Ed. (338, 4445)
2003 Ed. (852)
2002 Ed. (928)
2000 Ed. (368, 369, 370, 371)
1999 Ed. (367)
1998 Ed. (254, 260, 261, 262, 263)
1996 Ed. (356, 357, 358, 3464)
1995 Ed. (338, 339, 341, 2939)
1992 Ed. (491, 494, 497)
1989 Ed. (354, 356, 357, 358)
Entenmann's Fat Free
1994 Ed. (1858)
Entenmann's Multi Grain
2000 Ed. (4065)
Entente International Communication
1995 Ed. (720)
Enter the Matrix
2005 Ed. (4831)
Enterasys Networks
2006 Ed. (4701)
2005 Ed. (4637)
2003 Ed. (1781, 2926)
Enterchange
1996 Ed. (2879)
Entercom Communications Corp.
2007 Ed. (3451, 4062)
2006 Ed. (3439, 4028)
2005 Ed. (749, 3991)
2004 Ed. (777, 4054)
2003 Ed. (4033, 4034)
2002 Ed. (3285, 3894)
2001 Ed. (3961)
Entergy Corp.
2008 Ed. (1179, 1479, 1890, 1891, 2425, 2426, 2811)
2007 Ed. (1484, 1859, 1887, 2289, 2290, 2291, 2293, 2294, 2915, 3988)
2006 Ed. (1855, 2353, 2356, 2359, 2365, 2435, 2443, 2690)
2005 Ed. (1849, 1850, 2290, 2293, 2311, 2312, 2401)
2004 Ed. (1783, 1784, 2191, 2193, 2194, 2198, 2199, 2313)
2003 Ed. (1748, 2139, 2140, 2141, 2607)
2002 Ed. (1185, 3875, 3876, 3877)
2001 Ed. (1046, 1780, 2148, 4662, 4663)
2000 Ed. (3672, 3674)
1999 Ed. (1434, 1947, 1948, 1952, 3846, 3961, 3963)
1998 Ed. (1384, 1392, 1393, 2963)
1997 Ed. (1700, 3213)
1996 Ed. (1275, 1289, 1608, 1609, 1620, 1621, 3136, 3412)
1995 Ed. (1632, 1643, 1644, 3346)
1994 Ed. (1213, 1601, 1602, 3265)
1993 Ed. (1560, 3275)
1992 Ed. (1904, 1905)
1991 Ed. (1503, 1504, 2779)
Entergy Arkansas Inc.
2008 Ed. (1561, 2427)
2006 Ed. (2361, 2363, 2693, 2695)
2003 Ed. (1611)
2001 Ed. (1613)
Entergy Louisiana Inc.
2006 Ed. (1855)
2005 Ed. (1849)
2004 Ed. (1783)
2003 Ed. (1748, 1748)
2001 Ed. (1780)
Entergy Louisiana LLC
2008 Ed. (1890)
Entergy Mississippi Inc.
2008 Ed. (1942)
2007 Ed. (1887)
2006 Ed. (1894)
2005 Ed. (1874)
2004 Ed. (1803)
2003 Ed. (1766)
2001 Ed. (1797)
Entergy Operations Inc.
2008 Ed. (1942)
2007 Ed. (1887)
2003 Ed. (1766)
Entergy Security Inc.
1999 Ed. (4200, 4201, 4203)
1998 Ed. (3201)
Enteron Group
1996 Ed. (3482)
1995 Ed. (3422)
1993 Ed. (3363)
1992 Ed. (4033)
1991 Ed. (3163)
Enterprise
2008 Ed. (306)
2007 Ed. (318)
2006 Ed. (326, 1480)
2005 Ed. (306)
2004 Ed. (310)
2003 Ed. (335)
2002 Ed. (394)
2001 Ed. (527)
2000 Ed. (354)
1999 Ed. (345, 346, 2836, 2837)
1998 Ed. (235, 236, 237, 2217)
1997 Ed. (312, 313, 314)
1996 Ed. (332, 333)
1994 Ed. (321, 322)
1993 Ed. (338, 2602, 2604)
1990 Ed. (382, 383, 384, 2622)
Enterprise Capital
2003 Ed. (3556)
Enterprise Capital Appreciation
1994 Ed. (2633)

1993 Ed. (2687)
Enterprise Capital Management
2004 Ed. (3599)
The Enterprise Community Investment Inc.
2008 Ed. (259)
Enterprise Computing Solutions
2005 Ed. (1105)
The Enterprise Cos.
2008 Ed. (1196, 1197, 1199)
2007 Ed. (1299)
2006 Ed. (1192)
Enterprise Electric LLC
2008 Ed. (1328, 1338)
Enterprise Engineering, Inc.
2002 Ed. (2524)
Enterprise Equity Fund
2008 Ed. (3773)
Enterprise Financial Service Corp.
2004 Ed. (401, 405)
Enterprise Flasher Co.
2006 Ed. (4345)
Enterprise Foundation
1993 Ed. (892)
1991 Ed. (895)
Enterprise Global Socially Responsible
2006 Ed. (4400)
Enterprise Government Sec.
1994 Ed. (2620)
Enterprise Government Securities A
1998 Ed. (2597)
Enterprise GP Holdings LP
2008 Ed. (1540, 2422)
The Enterprise Group of Funds Inc.
2001 Ed. (855)
Enterprise Growth Portfolio A
1998 Ed. (2601, 2632)
Enterprise IG
2002 Ed. (1952, 1953)
Enterprise Information Management
2006 Ed. (3031)
Enterprise Inns
2007 Ed. (4160)
2006 Ed. (3275, 4139)
Enterprise Inns plc
2007 Ed. (3349)
2006 Ed. (1682, 1684, 1685)
Enterprise Investors
1994 Ed. (3622)
Enterprise Leasing
1992 Ed. (464)
1990 Ed. (385)
Enterprise Managed
2004 Ed. (3601)
Enterprise Managed Portfolio A
1997 Ed. (2899)
Enterprise Managed Portfolio Y
1998 Ed. (2604)
Enterprise Middle East
1991 Ed. (123)
1990 Ed. (124)
1989 Ed. (131)
Enterprise Oil
1992 Ed. (1627)
Enterprise Partners
2000 Ed. (4341)
1999 Ed. (4706)
1998 Ed. (3666)
1996 Ed. (3782)
1995 Ed. (3695)
Enterprise Partners Venture Capital
2006 Ed. (4880)
Enterprise Petroleum Ltd.
1995 Ed. (1380)
Enterprise Precious Metal
1994 Ed. (2627)
Enterprise Precious-Metals
1990 Ed. (2373)
Enterprise Products Co.
2006 Ed. (4657)
Enterprise Products Partners
2002 Ed. (3712)
Enterprise Products Partners LP
2008 Ed. (2422, 3923, 3989)
2007 Ed. (1559, 3884, 3962)
2006 Ed. (1495, 1529, 3857, 3912)
2005 Ed. (1631, 1640, 3585, 3586, 3791)
2004 Ed. (1615, 3667, 3668, 3862)
2003 Ed. (3845)
Enterprise relationship management
2002 Ed. (1991)
Enterprise Rent-A-Car
2008 Ed. (307, 315, 316, 1054, 1944, 2007, 2276, 2487, 4056)
2007 Ed. (319, 328, 329, 1161, 1889, 4029)
2006 Ed. (327, 343, 344, 1069, 1897, 3992)
2005 Ed. (307, 329, 330, 1061, 1716, 1876, 3918)
2004 Ed. (311, 326, 327)
2003 Ed. (336, 345, 346, 2804)
2001 Ed. (500, 501)
1999 Ed. (328)
1991 Ed. (333, 334)
Enterprise Rent A Car Co. of Hawaii
2007 Ed. (1750)
Enterprise resource planning
2002 Ed. (1991)
Enterprise-Small Company Value A
1999 Ed. (3575)
Enterprise-Small Company Value B
1999 Ed. (3575)
Enterprise Solutions Inc.
1993 Ed. (1075)
Enterprise Technology Partners LLC
2007 Ed. (1394)
Enterprise Transportation Co.
2008 Ed. (4588, 4772)
2007 Ed. (4677, 4849)
2003 Ed. (4790)
2002 Ed. (4547)
EnterpriseDB
2007 Ed. (1205)
Enterprises Merchandise
2005 Ed. (63)
2004 Ed. (68)
Enterra
1991 Ed. (2587)
Enterra Energy
2006 Ed. (4594)
Enterra Energy Trust
2008 Ed. (1619)
2006 Ed. (1603)
2005 Ed. (1702)
Entertain
1992 Ed. (878)
Entertainment
2008 Ed. (1499, 1820, 2454, 3352)
2007 Ed. (790, 1517, 2311, 2329, 3218)
2006 Ed. (697, 699, 1487)
2005 Ed. (1604, 3012, 3635, 3636)
2004 Ed. (1573, 1745, 1746, 3012, 3014)
2003 Ed. (2902, 2906, 2912)
2002 Ed. (919, 1220, 2768, 2791, 2989, 3254)
2001 Ed. (1142, 3585, 4694)
2000 Ed. (38, 196, 210, 1357, 2289, 4325)
1999 Ed. (176, 1008, 1506, 1507, 1514, 2865, 2933, 2995)
1998 Ed. (582, 1071, 1072)
1997 Ed. (33, 164, 1142, 1297, 1299, 1300, 3716)
1996 Ed. (770, 1251, 1252, 1253, 1256, 2960)
1995 Ed. (692)
1994 Ed. (743, 2785)
1993 Ed. (2725)
1992 Ed. (238, 2626, 4070)
1991 Ed. (2058, 2610)
1990 Ed. (2182, 2183, 2186)
Entertainment/Amusement
1991 Ed. (174)
Entertainment & amusements
1998 Ed. (586, 598)
1997 Ed. (3233)
1995 Ed. (151)
1990 Ed. (178)
1989 Ed. (192)
Entertainment and information
1997 Ed. (2379)
1996 Ed. (2252)
1994 Ed. (2191)
1993 Ed. (2168)
Entertainment and information industries
1991 Ed. (2054)
Entertainment & media
2003 Ed. (24)
2002 Ed. (56)
1993 Ed. (735)
1992 Ed. (917)
Entertainment and movies
1997 Ed. (707)
Entertainment businesses
1994 Ed. (2243)
Entertainment centers/armoires
1999 Ed. (2541, 2542)
Entertainment expense accounts
1989 Ed. (2183)
Entertainment furniture
2001 Ed. (2568)
Entertainment, Information
1992 Ed. (3250)
Entertainment Marketing
1989 Ed. (2501)
Entertainment, movies & media
1998 Ed. (23, 487)
Entertainment Properties Trust
2008 Ed. (1878)
Entertainment Publishing
1992 Ed. (2364, 3990)
Entertainment, recorded
1992 Ed. (3249)
Entertainment Risk Management Insurance Co. Inc.
2000 Ed. (982)
1999 Ed. (1032)
1998 Ed. (639)
1997 Ed. (902)
Entertainment services
1999 Ed. (2100, 4286)
"Entertainment Tonight"
2001 Ed. (4499)
2000 Ed. (4222)
1995 Ed. (3579)
1993 Ed. (3532)
1992 Ed. (4244)
Entertainment Weekly
2007 Ed. (146)
2006 Ed. (154)
2001 Ed. (248, 1231)
1998 Ed. (72, 2782, 2799)
1997 Ed. (3036)
1995 Ed. (2880)
1994 Ed. (2789)
1993 Ed. (2792, 2801, 2805)
Entex
1999 Ed. (2577)
1998 Ed. (1817, 1820)
1992 Ed. (2273, 2275)
1991 Ed. (1804)
1990 Ed. (1886)
Entex Information Systems
2000 Ed. (1108)
1999 Ed. (2116, 2117)
The Enthusiastic Employee: How Companies Profit by Giving Workers What They Want
2007 Ed. (657)
Entolo
2002 Ed. (2986, 4514)
Entology
2005 Ed. (1251)
Entopia Inc.
2006 Ed. (3021)
Entravision Communications Corp.
2005 Ed. (4662)
Entre Computer Centers
1989 Ed. (984)
Entre Computer Services
2008 Ed. (1983, 2953)
Entree
1990 Ed. (3698)
Entrees
2008 Ed. (2732)
2005 Ed. (2758)
1999 Ed. (3408)
1997 Ed. (2929)
1994 Ed. (2657)
1993 Ed. (2708)
Entrees, chilled
1995 Ed. (3536)
Entrees, Dinner
2000 Ed. (4140)
Entrees, frozen
1999 Ed. (2532)
1998 Ed. (2497)
Entrees, hot
1997 Ed. (3669)
Entrees, low calorie/diet
2001 Ed. (2011)
Entrees, refrigerated
1997 Ed. (3669)
Entrefinos
1994 Ed. (962)
Entremont
2001 Ed. (1971)
Entrepreneur
2008 Ed. (810, 4243)
2007 Ed. (844)
2000 Ed. (3465)
1992 Ed. (3376)
1991 Ed. (2705)
Entrepreneurial Woman
1993 Ed. (2793)
The Entrepreneur's Source
2008 Ed. (757)
2007 Ed. (784)
2006 Ed. (688)
2005 Ed. (783)
2004 Ed. (802)
2003 Ed. (783)
2002 Ed. (912)
Entreprise (Societe Auxiliare D')
1994 Ed. (1122)
Entreprise Tunisienne Activites Petrolieres
2005 Ed. (3761)
2004 Ed. (3850)
2003 Ed. (3820)
Entreprises
1993 Ed. (1099)
1992 Ed. (1372)
1991 Ed. (1065)
Entreprises (Societe Generale D')
1994 Ed. (1122)
EntreWorld
2002 Ed. (4810)
Entrieva Inc.
2006 Ed. (3025)
Entrust Inc.
2004 Ed. (1108)
Entrust Plus
2003 Ed. (14)
Entrust Technologies Inc.
2001 Ed. (4181, 4192)
Entry-Level Workers
2000 Ed. (1787)
Enutrition.com
2001 Ed. (2079)
Envases Vzlos.
1994 Ed. (868)
Envera.com
2001 Ed. (4750)
Envios R. D./Pronto Envios
2000 Ed. (1099)
Envios, R.D./Pronto Envios
2000 Ed. (2398)
Envirodyne Industries Inc.
1991 Ed. (1993)
1990 Ed. (1189, 1327, 2516, 3066)
1989 Ed. (2349)
ENVIRON
2008 Ed. (2559)
2007 Ed. (2432)
2006 Ed. (2467)
2005 Ed. (2427)
2004 Ed. (2395)
2003 Ed. (2314)
1990 Ed. (3062)
ENVIRON International Corp.
1999 Ed. (2057)
1998 Ed. (1475)
Environics Communications
2008 Ed. (3488, 3494, 3495, 3496, 3497, 3498)
2004 Ed. (3982, 4006)
2003 Ed. (3985, 4000)
2002 Ed. (3814)
EnvironMax Inc.
2008 Ed. (3735, 4431)
2007 Ed. (3605, 4449)
2006 Ed. (3543, 4381)
Environment
2004 Ed. (3334, 3335, 3889)
2003 Ed. (2913)
1993 Ed. (886, 2473)
Environment and animals
1997 Ed. (2157, 2158)
Environment support breakdown
1990 Ed. (1141)
Environment/Wildlife
2000 Ed. (1012)

Environmental
2000 Ed. (2934)
1992 Ed. (4488)
1991 Ed. (3250)
Environmental & Occupational Risk Management Inc.
2003 Ed. (2356)
Environmental audits of real estate
2003 Ed. (2358)
Environmental Biotech Inc.
2002 Ed. (4260)
Environmental Care Inc.
2003 Ed. (234)
2001 Ed. (280)
Environmental compliance
2001 Ed. (2303)
Environmental Control Industries
1995 Ed. (1718)
1994 Ed. (2892)
1992 Ed. (3480)
Environmental controls
1998 Ed. (3205)
Environmental Defence Fund
1992 Ed. (1987)
Environmental Defense Fund
1999 Ed. (298)
1993 Ed. (1637)
1992 Ed. (254)
1991 Ed. (1580)
Environmental Elements Corp.
2004 Ed. (2436)
1993 Ed. (2007, 3334)
Environmental engineer
2006 Ed. (3737)
Environmental Industries Inc.
2003 Ed. (233, 234)
2001 Ed. (279, 280)
1996 Ed. (2063)
Environmental industry
1999 Ed. (1046)
Environmental law
1997 Ed. (2613)
Environmental Management Resources Inc.
2006 Ed. (3514, 4353)
Environmental Management Services Inc.
2007 Ed. (4429)
Environmental Management Solutions
2008 Ed. (2592)
2007 Ed. (2479)
Environmental Planning & Management
2000 Ed. (1860)
Environmental products
1992 Ed. (3535)
Environmental Products & Services of Vermont
2007 Ed. (2466)
Environmental products/services
1998 Ed. (2077)
Environmental Protection Agency
2005 Ed. (2745, 2746)
2002 Ed. (3962, 3972, 3986, 3987, 3988, 3989)
Environmental Quality Management
2005 Ed. (1370)
Environmental regulations
1993 Ed. (2467)
Environmental Research Institute of Michigan
1999 Ed. (2669)
Environmental Resources Management Ltd.
2008 Ed. (2597, 2598, 2602, 2603)
2007 Ed. (2468, 2469, 2473, 2474)
2006 Ed. (2504, 2505)
2003 Ed. (2356)
2000 Ed. (1843)
1999 Ed. (2034, 2057)
1998 Ed. (1456, 1475)
1997 Ed. (1763)
1996 Ed. (1682)
1995 Ed. (1700)
1991 Ed. (1564)
Environmental risks
1996 Ed. (1)
Environmental, Safety & Health Inc.
2006 Ed. (2830)
Environmental sciences
2002 Ed. (3963, 3975, 3976, 3977)
Environmental Service Systems LLC
2007 Ed. (3529, 4398)
Environmental Services Co., Inc.
2008 Ed. (3695, 4369, 4953)
2007 Ed. (3534, 4401)
2006 Ed. (3497)
1999 Ed. (3666)
Environmental site assessment
2003 Ed. (2358)
Environmental Systems Corp.
2006 Ed. (4379)
Environmental Testing Lab
2000 Ed. (1860)
Environmental Treatment & Technical Corp.
1990 Ed. (1248)
Envirosource, Inc.
1992 Ed. (476)
Envirotest Systems
2000 Ed. (278)
1998 Ed. (469)
1996 Ed. (746)
1995 Ed. (672)
Envision
2003 Ed. (65)
Envision Credit Union
2008 Ed. (2221)
2007 Ed. (1433, 2106)
2006 Ed. (1400, 2185)
2005 Ed. (2090)
Envision Financial Credit Union
2006 Ed. (2588)
2005 Ed. (2585)
Envision Financial Systems, Inc.
2001 Ed. (3424)
Envision Pharma Inc.
2008 Ed. (1694)
Envision Plastics
2007 Ed. (4109)
Envision Plastics Industries LLC
2008 Ed. (4132)
Envision Technologies Inc.
2001 Ed. (4747)
Envive Corp.
2001 Ed. (1870, 2850)
Envotec
2004 Ed. (3939)
Envoy
1996 Ed. (3053)
Envoy Financial
2008 Ed. (1507)
Envoy; GMC
2006 Ed. (3577)
Enwisen Inc.
2007 Ed. (2360)
2006 Ed. (2412)
Enya
2008 Ed. (2587)
2007 Ed. (4917)
2005 Ed. (4884)
Enzian Technology Inc.
1998 Ed. (1932)
Enzo
2001 Ed. (4245)
Enzo Biochem
2002 Ed. (1502)
Enzon Pharmaceuticals Inc.
2005 Ed. (675, 1466)
Enzymatics Inc.
1995 Ed. (668)
1993 Ed. (704)
Enzymes, industrial
1999 Ed. (1110)
EOG Resources Inc.
2008 Ed. (2497, 2808, 3911, 3940)
2007 Ed. (2677, 3842, 3848, 3858, 3897, 4519, 4522, 4589)
2006 Ed. (2442, 3829, 3830, 3841, 3867, 4461)
2005 Ed. (3585, 3586, 3759, 3800, 4457)
2004 Ed. (3667, 3668, 3835, 3848)
2003 Ed. (3841)
2002 Ed. (2123, 3537, 3671, 4354)
E.On
2002 Ed. (4664)
1996 Ed. (1415)
1995 Ed. (1452, 1454, 3151)
E.On AG
2008 Ed. (1427, 1717, 1750, 1754, 1755, 1767, 1768, 1769, 2430, 2506, 2507, 3559)
2007 Ed. (1720, 1722, 1726, 1739, 1741, 1742, 2299, 2302, 2303, 2387, 2391, 2392, 2395, 2685, 2688, 3987)
2006 Ed. (1723, 1732, 1733, 1734, 1735, 2366, 2445, 3381, 4504)
2005 Ed. (1475, 1759, 1781, 2302, 2306, 2407, 3391, 4359)
2004 Ed. (1458, 1467, 1701, 1702, 4761)
2003 Ed. (1686, 2288, 3299, 3750, 4585, 4780)
2002 Ed. (1008, 1016, 1640, 1661, 2125, 3244)
EON Bank
2008 Ed. (473)
2007 Ed. (516)
2006 Ed. (497)
2005 Ed. (575)
2004 Ed. (589)
2003 Ed. (582)
E.On Energie
2003 Ed. (2144)
Eon Labs Manufacturing Inc.
2001 Ed. (2061)
EON Office Products
2006 Ed. (4993)
2004 Ed. (4989)
E.On plc
2008 Ed. (1742)
2007 Ed. (1713)
E.ON Ruhrgas
2006 Ed. (1690)
E.On US LLC
2007 Ed. (1846)
EOS International
2006 Ed. (3280)
2005 Ed. (3286)
EOTT Energy LLC
2004 Ed. (3682)
E.P. Medellin
2001 Ed. (2985)
Epac Communities
1998 Ed. (909)
EPAC-Empresa Publica de Abastecimento de Cereais
1990 Ed. (1410)
1989 Ed. (1153)
EPAM Systems Inc.
2007 Ed. (1239, 3064)
ePartners
2002 Ed. (1067)
EPC Partners Ltd.
1996 Ed. (3043)
Epcon Communities
2008 Ed. (1199)
2007 Ed. (1301, 1302)
Epcon Communities Franchising Inc.
2007 Ed. (1300)
Epcor Utilities Inc.
2008 Ed. (1611, 2428, 2813)
2007 Ed. (1613, 2298, 2684)
2006 Ed. (1594, 1623)
2004 Ed. (2754)
Epcos
2007 Ed. (876)
EPCOS AG
2006 Ed. (1687, 1689)
2003 Ed. (2245, 4585)
2002 Ed. (2809)
2001 Ed. (4188)
Epcot
2002 Ed. (310, 312)
2000 Ed. (296)
EPCOT at Wait Disney World
1996 Ed. (217, 219, 3481)
Epcot at Walt Disney World
2007 Ed. (275, 277)
2006 Ed. (269, 272)
2005 Ed. (250, 253)
2004 Ed. (244)
2003 Ed. (275, 277)
1995 Ed. (215, 218)
Epcot Center
2001 Ed. (379, 381)
2000 Ed. (300)
1997 Ed. (245, 249, 251, 3546)
1993 Ed. (228)
1992 Ed. (331, 332, 333)
1990 Ed. (265, 266)
Epcot Center at Walt Disney World
2000 Ed. (298)
1999 Ed. (270, 272, 4622)
1998 Ed. (166, 167)
EPCOT Center, Disney-MGM Studios Theme Park; Walt Disney World's Magic Kingdom,
1991 Ed. (239)
Epeda-Bertrand-Faure
1993 Ed. (1912)
1992 Ed. (2249)
EPG Leasing
2007 Ed. (2565)
EPG TBWA
1997 Ed. (134)
Ephraim; Bank of
2006 Ed. (374)
Ephrata National
1991 Ed. (647)
EPI Bates
2000 Ed. (87)
EPI Bates Publicidad
2003 Ed. (67)
2002 Ed. (100)
EPI Enterprises Inc.
2003 Ed. (3965)
2002 Ed. (1077)
EPI Printers Inc.
2008 Ed. (4404)
EPI Systems Integration
2007 Ed. (2864)
Epic
2007 Ed. (3971)
2005 Ed. (1267)
2003 Ed. (1230)
1991 Ed. (2739)
Epic Bancorp
2007 Ed. (463)
Epic Cos.
2006 Ed. (3516, 4355)
Epic Data
2005 Ed. (1664)
Epic Data International Inc.
2003 Ed. (2931)
Epic Games
2003 Ed. (3348)
EPIC Healthcare
1990 Ed. (1653)
Epic Healthcare Group
1995 Ed. (1664, 2632)
1992 Ed. (3128)
1991 Ed. (1546, 2503)
1990 Ed. (1654, 2633)
Epic Holdings Inc.
1996 Ed. (2084)
Epic Systems Corp.
2008 Ed. (2479)
2006 Ed. (2757)
2005 Ed. (2788)
Epicor
2001 Ed. (4450)
Epicor Software Corp.
2008 Ed. (1127, 4577, 4803)
2005 Ed. (4810)
2004 Ed. (3317)
Epicyte
2003 Ed. (682)
Epidemiologist
2006 Ed. (3737)
Epil Stop
2003 Ed. (2673)
Epilady
1991 Ed. (2713)
Epilepsy Foundation of America
1996 Ed. (914)
Epinet plc
2003 Ed. (2736)
Epinions
2003 Ed. (3052)
Epinions.com
2004 Ed. (3160)
E.piphany
2003 Ed. (2165)
2002 Ed. (1385)
2001 Ed. (4187)
Epiq Systems Inc.
2008 Ed. (1871)
2006 Ed. (2388, 4336, 4871)
2005 Ed. (4378, 4384)
2003 Ed. (2189)
EPIQual/CCN Health Care
1998 Ed. (2910)
Epiqual/CCN Healthcare
2000 Ed. (3601)

Episcopal Church
2008 Ed. (2305, 3865)
2007 Ed. (2187, 3791)
2004 Ed. (2029, 3787)
2003 Ed. (1980, 3761)
2002 Ed. (3608)
2001 Ed. (3673)
1994 Ed. (2755)
Epistar
2008 Ed. (2098)
Epivir-HBV
2001 Ed. (2099)
EPIX Holdings Corp.
2002 Ed. (1075, 2114)
EPIX Pharmaceuticals Inc.
2007 Ed. (4572)
Epixtar Corp.
2006 Ed. (2733, 2735)
ePlus Inc.
2008 Ed. (1135, 1156, 2847)
2007 Ed. (1257, 2713)
2006 Ed. (1143, 3042)
2005 Ed. (3039)
Epmark
2006 Ed. (1195, 4190)
2005 Ed. (1226, 1227)
Epoch Internet
2002 Ed. (2991)
Epoch Properties
1998 Ed. (872)
Epogen
2008 Ed. (2378, 2381, 2382)
2007 Ed. (2242, 2247)
2006 Ed. (2315)
2005 Ed. (2254)
2003 Ed. (2112)
2002 Ed. (3748, 3750)
2000 Ed. (1704, 1707)
1999 Ed. (1891, 1892, 1908)
1997 Ed. (1648)
1995 Ed. (1590)
1993 Ed. (1529)
1992 Ed. (1868)
1991 Ed. (1473, 2579)
Epoint Ltd.
2003 Ed. (2712, 2735, 2740, 2741)
Epolin Inc.
2004 Ed. (4546)
Epoxies
2001 Ed. (2628)
2000 Ed. (3569)
Epoxy
2001 Ed. (3813)
Epperson; Stuart
2006 Ed. (2527)
Eppler Guerin
1990 Ed. (2294)
Eppler Guerin & Turner Inc.
1991 Ed. (2171)
1989 Ed. (821)
Eprise Corp.
2002 Ed. (2475)
2001 Ed. (2859)
ePrize
2006 Ed. (3417)
ePrize LLC
2008 Ed. (3598)
2007 Ed. (3431)
2006 Ed. (3413, 3416)
2005 Ed. (3404)
EPrize.net
2008 Ed. (3360)
2007 Ed. (3230)
EPROM
2001 Ed. (1356)
2000 Ed. (3702)
EPropertyTax
2003 Ed. (2179)
EPSA
2006 Ed. (4493)
Epsilon
2008 Ed. (2339, 3599)
2007 Ed. (2202, 3432)
2006 Ed. (2266)
1990 Ed. (1504)
1989 Ed. (140)
Epsilon Interactive
2008 Ed. (2477)
2007 Ed. (2353)
Epsilon Net SA
2008 Ed. (1774)
2007 Ed. (1748)
2006 Ed. (1740)
Epsilon Systems Solutions
2005 Ed. (2159)
Epsom salts
2004 Ed. (2673)
Epson
1996 Ed. (3055)
1995 Ed. (1096, 2576)
1994 Ed. (1084, 1090, 2512)
1993 Ed. (1066)
1992 Ed. (1317, 1325, 3065, 3488, 3489)
1991 Ed. (2456)
Epson America Inc.
1992 Ed. (1298)
1990 Ed. (2580)
Epstein and Sons; A.
1992 Ed. (355, 356, 1955)
1990 Ed. (280, 1666)
Epstein & Sons International Inc.; A.
2007 Ed. (287)
2006 Ed. (284, 2454)
2000 Ed. (309)
1997 Ed. (265, 1743)
1996 Ed. (234, 1665)
1995 Ed. (237, 1682)
1994 Ed. (235, 1643)
1993 Ed. (246, 1610)
1990 Ed. (281)
Epstein Becker & Green
2008 Ed. (3415)
Epstein; Theo
2005 Ed. (785)
EPT
2003 Ed. (3922)
2002 Ed. (2255)
1996 Ed. (3081)
1991 Ed. (1929)
e.p.t/e.p.t. Plus
1992 Ed. (3523)
e.p.t. plus
1993 Ed. (2910)
Epworth Hospital
2002 Ed. (3776)
EPX
2000 Ed. (911)
EQ--The Environmental Quality Co.
2002 Ed. (2151)
2001 Ed. (2304)
1999 Ed. (2059)
1997 Ed. (1780)
EQE International Inc.
2002 Ed. (4064, 4065)
2001 Ed. (4123, 4124)
2000 Ed. (3826)
1999 Ed. (4113)
EQK
2001 Ed. (287)
Equal
1996 Ed. (3624)
1995 Ed. (3539)
1994 Ed. (3471)
Equalactin
2003 Ed. (3782)
EqualFooting
2001 Ed. (4759)
Equality State Bank
1996 Ed. (535)
EqualLogic
2007 Ed. (1205)
Equals Three Communications Inc.
2006 Ed. (187)
2005 Ed. (174)
2004 Ed. (171)
2003 Ed. (215)
Equant BV
2007 Ed. (4711)
Equant NV
2003 Ed. (4581)
2001 Ed. (1807)
Equatorial Guinea
2006 Ed. (2715)
EQUI-VEST
2000 Ed. (4338)
1999 Ed. (4699)
1998 Ed. (3655)
EQUI-VEST/Personal Retirement Programs
1997 Ed. (3817)
Equi-Wright Italian
1994 Ed. (2627, 2630)
1993 Ed. (2681)
Equi-Wright Spanish
1994 Ed. (2627, 2630)
Equibank
1994 Ed. (615, 3010)
1993 Ed. (612)
1992 Ed. (818)
1991 Ed. (646)
Equifax Inc.
2008 Ed. (2714, 3184)
2007 Ed. (835, 2555, 2570, 3065)
2006 Ed. (747, 1080, 2585)
2005 Ed. (437, 821, 1083, 4353)
2004 Ed. (431, 4487)
2003 Ed. (2477, 2705, 4546)
2002 Ed. (911, 1148, 4352)
2001 Ed. (1314)
2000 Ed. (1159)
1999 Ed. (1260, 1266)
1998 Ed. (820, 3288)
1996 Ed. (3402)
1995 Ed. (3315)
1994 Ed. (3232)
1992 Ed. (3927)
1990 Ed. (1758)
1989 Ed. (1427)
Equifax Risk Management Services
1997 Ed. (1044, 1045, 1048, 3497)
Equilibrium Fund (905) Can.
2000 Ed. (1153)
Equilon Enterprises LLC
2008 Ed. (3931)
2007 Ed. (3886)
2005 Ed. (1770, 3793, 3908)
2004 Ed. (1713, 1869, 3864, 3948)
2003 Ed. (1365, 1566, 1836, 3848)
2001 Ed. (1251, 1489, 1490, 1878, 3756, 3773)
Equilon Enterprises LLC/Motiva Enterprises LLC
2002 Ed. (1332)
Equilon Pipeline Co. LLC
2003 Ed. (3882)
2001 Ed. (3799, 3800, 3801)
Equimark Corp.
1994 Ed. (340, 2666)
1992 Ed. (504)
1989 Ed. (2466)
Equimark Corp./Liberty Bank
1990 Ed. (3591)
Equinix Inc.
2005 Ed. (1672, 1676)
Equinoccial
2008 Ed. (3257)
2007 Ed. (3112)
Equinox Fitness Clubs
2006 Ed. (2786)
Equinox Holdings Inc.
2008 Ed. (252)
2007 Ed. (269)
2006 Ed. (262)
2005 Ed. (241)
Equinox Insurance Co.
1992 Ed. (1061)
Equinox International
1998 Ed. (748, 3310)
Equinox Investments
1997 Ed. (2523, 2543)
Equinox Systems
1995 Ed. (3202)
EQUIP
2008 Ed. (4136)
Equipe Technologies
1998 Ed. (748, 3310)
Equipment
2007 Ed. (264)
2006 Ed. (257)
2005 Ed. (3617)
2003 Ed. (4511)
2001 Ed. (4333)
Equipment accidents
1996 Ed. (1)
Equipment costs
1992 Ed. (4385)
Equipment, durable
1994 Ed. (2931)
Equipment, heavy electric
2006 Ed. (3014)
Equipment installation, maintenance & repair services
1999 Ed. (2100, 4286)
Equipment maintenance, clinical/diagnostic
2002 Ed. (2598, 2599)
Equipment Manufacturers
1989 Ed. (1486)
Equipment, materials handling
2007 Ed. (2515, 2516)
Equipment Supply Co.
1998 Ed. (2345)
1997 Ed. (2615)
EquipNet Direct
2003 Ed. (2173)
Equipto
1999 Ed. (4500)
Equistar Chemicals LP
2007 Ed. (954)
2006 Ed. (843, 862, 865)
2005 Ed. (940)
2004 Ed. (963)
2003 Ed. (2369)
2001 Ed. (1184, 1185, 2309)
Equitable
2000 Ed. (827, 2265, 2667)
1997 Ed. (2426, 2509)
1996 Ed. (2282, 2376)
1994 Ed. (2298)
1993 Ed. (2011, 2258, 2281, 3655)
1992 Ed. (2370, 2671, 3549)
1990 Ed. (2329)
1989 Ed. (2134, 2974)
Equitable Accumulator
2000 Ed. (4338)
Equitable Accumulator Alliance High Yield
2000 Ed. (4331)
Equitable Accumulator Select Alliance High Yield
2000 Ed. (4331)
Equitable Assurance
1992 Ed. (2740)
Equitable Balanced
1990 Ed. (2372)
Equitable Balanced B
1993 Ed. (2662, 2673)
Equitable Balanced Back-Load
1994 Ed. (2639)
1993 Ed. (2693)
Equitable Bancorp.
1992 Ed. (502)
Equitable Bancorporation
1991 Ed. (387)
1990 Ed. (447)
1989 Ed. (392)
Equitable Bank
1996 Ed. (545)
Equitable Bank NA (Baltimore)
1991 Ed. (604)
Equitable Banking Corp.
2002 Ed. (3702)
2001 Ed. (2888)
2000 Ed. (648)
1999 Ed. (469, 623)
1991 Ed. (649)
Equitable Capital
1992 Ed. (2739)
Equitable Capital Management Corp.
1994 Ed. (2304, 2316, 3160)
1993 Ed. (2332, 2336, 2341, 2922)
1992 Ed. (2772)
1991 Ed. (2244)
1990 Ed. (2352)
1989 Ed. (1804)
Equitable Cos.
2001 Ed. (3010, 4667)
2000 Ed. (2668, 2672, 2772, 2774, 2775, 2777)
1999 Ed. (2923, 3039, 3040, 3042, 3043, 3045)
1998 Ed. (2137, 2174, 2265, 2295, 2297, 2298, 2303)
1995 Ed. (2378, 2379, 2380, 2382, 2386, 2388)
Equitable Equi-Best Aggressive Stock
1998 Ed. (3652)
Equitable Equi-Vest
1996 Ed. (3771)
Equitable Equi-Vest Aggressive Stock
1994 Ed. (3610)
Equitable Equi-Vest Common Stock
1998 Ed. (3652)

Equitable Equi-Vest Ser100-200 High Yield
2000 Ed. (4331)
Equitable Equi-Vest Ser300-400 High Yield
2000 Ed. (4331)
Equitable Estate Investment Management Inc.
1995 Ed. (3070)
Equitable Ethical
2000 Ed. (3300)
Equitable Financial Cos.
1992 Ed. (2676, 2710)
Equitable Group
2003 Ed. (2996)
2002 Ed. (2931)
Equitable Growth
1990 Ed. (2379)
Equitable Income Manager VA 97 Alliance High Yield
2000 Ed. (4331)
Equitable Insurance
1991 Ed. (2214)
Equitable Investment Corp.
1994 Ed. (2320, 2321)
1992 Ed. (2776, 2777, 2779, 2781, 2782)
1991 Ed. (2249, 2251, 2252, 2253)
1990 Ed. (2357, 2358, 2360, 2361)
1989 Ed. (1808, 1809, 1810, 1812, 1813)
Equitable Life
1991 Ed. (243, 2086, 2147, 2207)
1990 Ed. (1326, 2235, 2324)
1989 Ed. (2137)
Equitable Life & Casualty Insurance Co.
2008 Ed. (3313, 3314)
2007 Ed. (3166)
Equitable Life Assr. Society of the US
2000 Ed. (2674, 2703, 2705, 2706, 2707, 2708, 2709)
Equitable Life Assurance Corp.
1997 Ed. (2456)
1993 Ed. (1199, 2196, 2206, 2207, 2214, 2215, 2216, 2217, 2218, 2221, 2227, 2230, 2287, 2301, 2302, 2303, 2380, 3653, 3654)
1992 Ed. (2674)
1991 Ed. (246, 1234, 2095, 2099, 2112, 2113)
1990 Ed. (1322, 2231, 2233, 2236, 2237, 2238, 2239, 2240, 2243)
1989 Ed. (1679, 1681, 1683, 1684, 1686, 1687)
Equitable Life Assurance "A" EquiVest: Aggressive Stock
1995 Ed. (3689)
Equitable Life Assurance Society
2000 Ed. (2690, 2697)
1999 Ed. (2931, 2941, 2947, 2948, 2956, 4700)
1998 Ed. (171, 2143, 2149, 2158, 2178, 2193, 2304, 3654, 3656)
1996 Ed. (2288, 2298, 2305, 2320)
1995 Ed. (223, 2292, 2294, 2301, 2303, 2306, 2314)
1994 Ed. (224, 2249, 2251, 2256, 2258, 2261, 2262, 2266, 2267, 2314, 2322)
1992 Ed. (338, 2639, 2659, 2660, 2663, 2666, 2670, 2675, 2711, 2729, 2736, 4381, 4382)
1991 Ed. (244, 2102, 2103, 2104, 2109)
Equitable Life Assurance Society of the U.S.
2006 Ed. (3122)
2005 Ed. (3051)
2002 Ed. (2891, 2920, 2925, 2926, 2929, 2938)
2001 Ed. (2934, 2937, 2943, 2944, 2945, 2946, 4666, 4668)
2000 Ed. (2699, 2711, 4327)
1992 Ed. (3224)
Equitable Life Assurance Society SA-8
1994 Ed. (2313, 2315)
Equitable Life Assurance Society SA-4
1994 Ed. (2313, 2314)
Equitable Life Canada Accumulated Income
2004 Ed. (727)
2003 Ed. (3563)
Equitable Life Canadian Equity Value
2004 Ed. (2469, 2470)
Equitable Life Insurance Society
1996 Ed. (2323, 2328)
Equitable Life of Iowa
1995 Ed. (2293, 2298)
Equitable Life (Q-vest 18) N.Y.
1989 Ed. (2145, 2149, 2153)
Equitable Life Segregated Accum.
2002 Ed. (3431, 3432, 3433)
2001 Ed. (3460, 3461, 3462)
Equitable Momentum High Yield Q
2000 Ed. (4331)
Equitable of Iowa
1998 Ed. (2175, 2176, 3418)
1997 Ed. (2435, 2442)
1996 Ed. (2319, 2322)
1994 Ed. (2250)
1993 Ed. (1475)
1992 Ed. (1786)
1991 Ed. (1411, 1412)
1990 Ed. (1492)
1989 Ed. (1237)
Equitable PCI Bank
2008 Ed. (492)
2007 Ed. (541)
2006 Ed. (513)
2005 Ed. (597)
2004 Ed. (607)
2003 Ed. (599)
2002 Ed. (516, 517, 635, 2826)
Equitable Production
2004 Ed. (3843)
Equitable Real Estate
1998 Ed. (2286, 3013, 3015, 3016)
1996 Ed. (2382, 2384, 2410, 2920, 2921, 3165, 3166, 3168)
1993 Ed. (2284, 2285, 2308, 2972, 2973, 2974, 2975, 2976, 2978, 3009, 3303, 3312, 3316)
1992 Ed. (2732, 2733, 2748, 3634, 3635, 3636, 3638, 3968)
1991 Ed. (2210, 2211, 2237, 2817, 2819, 2820, 3117)
1990 Ed. (2332, 2970, 2971)
1989 Ed. (2127, 2129)
Equitable Real Estate Investment
1990 Ed. (2340)
Equitable Real Estate Investment Management
2000 Ed. (4023)
1998 Ed. (2294, 3009, 3011, 3298)
1997 Ed. (2540, 3263, 3265, 3267, 3268, 3270, 3514)
1996 Ed. (2417)
1995 Ed. (2374, 3068, 3071, 3072, 3074, 3075, 3372)
1994 Ed. (2303, 2305, 2319, 3014, 3015, 3016, 3018, 3019, 3296)
1992 Ed. (2775, 3958, 3629)
1991 Ed. (2247, 2809, 2810, 3126)
1990 Ed. (2349, 2968)
1989 Ed. (2491)
Equitable Resources Inc.
2008 Ed. (2046, 2050)
2007 Ed. (2286, 2678, 2681, 2687, 3684)
2006 Ed. (1983, 1984, 1987, 1988, 2354, 2357, 2691)
2005 Ed. (1946, 1948, 1949, 2291, 2294, 2403, 2405, 3585)
2004 Ed. (2192, 2195, 3667, 3668)
2003 Ed. (2138, 3814)
2001 Ed. (3767)
2000 Ed. (3549, 3550)
1999 Ed. (3594, 3652, 3833)
1998 Ed. (2665, 2856, 2861)
1997 Ed. (2927, 3118, 3119)
1996 Ed. (2823, 3037)
1995 Ed. (2756)
1994 Ed. (1941, 2654)
1993 Ed. (2703)
1992 Ed. (3215)
1991 Ed. (2576)
1990 Ed. (2672, 2835)
1989 Ed. (2037, 2209)
Equitable Shop Ctrs.
1990 Ed. (2966)
Equitable Special Situations
1997 Ed. (2912)
Equitable Supply Co.
2008 Ed. (3906)
2007 Ed. (3853)
2006 Ed. (3835, 3836)
2005 Ed. (3753, 3754, 3759)
Equitable Trust Savings
1990 Ed. (3134)
Equitable Variable
1995 Ed. (2295)
Equitable Variable Life
1990 Ed. (2236)
1989 Ed. (1683)
Equitable Variable Life Insurance Co.
1998 Ed. (2168, 2169)
1997 Ed. (2437)
1994 Ed. (2260)
1991 Ed. (2101)
Equitable Variable Life Insurance Co. of America
1996 Ed. (2288, 2313)
Equitec Siebel Government Income
1992 Ed. (3165)
Equitec Siebel U.S. Government Securities
1990 Ed. (2375)
Equiticorp
1990 Ed. (3470)
Equities
1992 Ed. (730)
Equities funds
1992 Ed. (2805)
Equitilink Australia
1993 Ed. (2358)
EquiTrust—Blue Chip
2004 Ed. (3585)
Equitrust Srs. Strategic Yield
2004 Ed. (696)
Equity & Income Funds
2000 Ed. (772)
Equity Bank
2008 Ed. (457)
Equity Certificates of Deposit
1989 Ed. (2042)
Equity Consultants
2008 Ed. (4113)
Equity Fund of Latin America
1993 Ed. (2683)
Equity funds
1995 Ed. (3160)
1994 Ed. (338, 1908)
Equity Funds (others)
1990 Ed. (2396)
Equity income
1991 Ed. (2568)
Equity Inns Inc.
2006 Ed. (2937)
2005 Ed. (2933)
2004 Ed. (2940)
1999 Ed. (4001)
Equity Investment Corp., Midcap Value
2003 Ed. (3129)
Equity Japan
2003 Ed. (3142, 3152)
Equity Korea
2003 Ed. (3142, 3142, 3143, 3143)
Equity market neutral
2005 Ed. (2818)
Equity Marketing
2005 Ed. (3407)
1998 Ed. (3313)
Equity Ofc. Property Trust
2000 Ed. (3727)
Equity Office
1999 Ed. (4003)
Equity Office Properties
2002 Ed. (3918, 3932)
Equity Office Properties Trust
2008 Ed. (3821, 4122, 4126, 4293)
2007 Ed. (1552, 1683, 1943, 4084, 4085, 4087, 4105)
2006 Ed. (1680, 4041, 4042, 4043, 4044, 4046, 4054)
2005 Ed. (819, 4008, 4009, 4010, 4011, 4013, 4017, 4018, 4024)
2004 Ed. (1603, 3726, 4076, 4077, 4078, 4079, 4080, 4084, 4085, 4090, 4566)
2003 Ed. (1141, 1147, 2874, 3670, 4052, 4060, 4064)
2002 Ed. (3930)
2001 Ed. (1405, 1406, 1667, 1668, 4007)
1999 Ed. (3999, 4000, 4005)
Equity Plus
2007 Ed. (4081)
Equity portfolio manager
2004 Ed. (2278)
Equity Properties and Development Co.
1991 Ed. (3126)
1990 Ed. (3290)
Equity Protector
1991 Ed. (2119)
Equity Protector - 1
1997 Ed. (3813)
Equity real estate
1995 Ed. (2865, 2866)
Equity Residential
2008 Ed. (258, 259)
2007 Ed. (282, 283, 284, 4085, 4087, 4524)
2006 Ed. (278, 280, 281, 4041, 4043, 4044, 4046)
Equity Residential Properties
2002 Ed. (3918, 3932)
Equity Residential Properties Trust
2006 Ed. (4042)
2005 Ed. (257, 258, 4008, 4009, 4010, 4011, 4012, 4013, 4017, 4018)
2004 Ed. (255, 256, 4076, 4077, 4078, 4079, 4080, 4084, 4085, 4088, 4566)
2003 Ed. (287, 289, 1141, 1147, 2874, 4052, 4059, 4060, 4062)
2002 Ed. (323, 325, 3920, 3927, 3928, 3930)
2001 Ed. (1667, 4007, 4013)
2000 Ed. (305, 306)
1998 Ed. (177, 178)
Equity Residential Property
1999 Ed. (3998, 4003)
Equity Residential Property Trust
2000 Ed. (3727)
Equity Residential Trust Properties
2007 Ed. (4084)
Equity Strategies
1992 Ed. (3170)
Equity Title Co.
2000 Ed. (2739)
EquityCity.com
2001 Ed. (4763)
ER
2005 Ed. (4665, 4666)
2004 Ed. (300, 1916, 3515, 3808, 4686, 4687, 4692)
2003 Ed. (4715, 4716)
2002 Ed. (4583)
2001 Ed. (4487, 4491, 4498, 4499)
2000 Ed. (4222)
ER Solutions Inc.
2006 Ed. (4384)
Era
2008 Ed. (2329)
2006 Ed. (2256)
2003 Ed. (2040, 2044)
2001 Ed. (2001)
2000 Ed. (1095)
1999 Ed. (1181, 1837)
1998 Ed. (746)
1995 Ed. (1558)
1993 Ed. (2960)
1992 Ed. (4234)
1991 Ed. (3324)
1990 Ed. (2952, 3548)
Era A.S.
2008 Ed. (1700)
ERA Aviation
2003 Ed. (241)
ERA-Bank Ltd.
1997 Ed. (457)
ERA Franchise Systems Inc.
2007 Ed. (4078)
2006 Ed. (4038)
2005 Ed. (4003)
2004 Ed. (4072)
ERA Hamlet Realty of Islip
2000 Ed. (3711)
ERA Kline & May Realty
2008 Ed. (2157)
2007 Ed. (2051)
ERA Pank
2000 Ed. (519)
1999 Ed. (508)

Era Plus
2001 Ed. (2000)
ERA Real Estate
1992 Ed. (2228)
ERA Tradewind Real Estate
2008 Ed. (1672, 1673)
Erach Desai
2000 Ed. (2050)
Eragon
2008 Ed. (550)
Eram (Manufacture Francais de Chaussures)
1995 Ed. (2432)
Eram (Manufacture Francaise de Chaussures)
1996 Ed. (2469)
Erasermate
1992 Ed. (4131)
Erb Lumber Inc.
1998 Ed. (669)
1995 Ed. (848)
1994 Ed. (796)
1992 Ed. (985)
1990 Ed. (840)
1989 Ed. (927, 2332)
Erbamont & Farmitalia Carlo Erba
1995 Ed. (1243)
ERC Frankona
2001 Ed. (2957, 2960)
ERC Life Reinsurance Corp.
2002 Ed. (2906)
Erceg; Lynette
2008 Ed. (4848)
Erciyas Biracilix
1993 Ed. (2370)
Erdehir
1993 Ed. (2369)
Erdenet Khivs
2002 Ed. (4446)
Erdman & Associates; Marshall
1997 Ed. (261)
1996 Ed. (230)
1995 Ed. (234)
1994 Ed. (232)
1993 Ed. (242)
1992 Ed. (352)
Erdos Cashmere
1999 Ed. (4293, 4294)
Erdos Cashmere (Inner Mongolia)
2000 Ed. (4010, 4011)
ERE Rosen Real Estate Securities
1999 Ed. (3075)
ERE Yarmouth
2000 Ed. (4023)
1999 Ed. (3086, 3095, 3096, 3097, 4307, 4311)
Eregli Demir Celik
1999 Ed. (3120, 3121)
1997 Ed. (2576)
1996 Ed. (2434)
1994 Ed. (2335, 2336)
1993 Ed. (2370)
1992 Ed. (2812)
1991 Ed. (2266, 2267)
Eregli Demir Ve Celik Fabrikalari TAS
2008 Ed. (3586)
Eregli Dernir Celik
2000 Ed. (2869)
eResearch Technology
2008 Ed. (2854)
2007 Ed. (2724)
2006 Ed. (4330, 4335, 4337)
eResearchTechnology Inc.
2008 Ed. (4424)
2007 Ed. (2752, 4394)
2006 Ed. (2727, 2728, 2731)
E.R.F. Holdings
1990 Ed. (3463)
ERG
2004 Ed. (1631)
2002 Ed. (3964)
ERG SpA
2008 Ed. (3567)
2006 Ed. (3388)
Ergee Gruppe
1998 Ed. (1976)
Ergen; Charles
2008 Ed. (942, 4825)
2007 Ed. (971, 4896)
2006 Ed. (880, 4901)
2005 Ed. (4851)
Ergen; Charles W.
2006 Ed. (930)
2005 Ed. (973)
Ergen; Charlie
2008 Ed. (943)
Ergo Bank
2002 Ed. (341)
2000 Ed. (320, 321, 542)
1999 Ed. (303, 304, 532)
1997 Ed. (276, 277, 481)
1994 Ed. (242, 243, 496)
1993 Ed. (253, 254)
1992 Ed. (363, 364)
1991 Ed. (260, 261)
Ergobank
2002 Ed. (565)
2000 Ed. (541)
1996 Ed. (247, 248, 522)
1995 Ed. (478)
Ergon Inc.
2008 Ed. (1942)
2007 Ed. (1887)
2006 Ed. (1894)
2005 Ed. (1874)
2004 Ed. (1803)
2003 Ed. (1766)
2001 Ed. (1797)
Ergon BV
1999 Ed. (1331)
1997 Ed. (1133)
Ergon Energy
2004 Ed. (1646)
Ergon Energy Retail
2002 Ed. (4708)
Ergon West Virginia Inc.
2008 Ed. (2173, 2174)
2007 Ed. (2065, 2066)
2006 Ed. (2116, 2117)
Ergonomic Group
2001 Ed. (4925)
Ergonomic program assistance
2005 Ed. (3618)
Eric Appleby
2007 Ed. (4161)
Eric Benhamou
1996 Ed. (1711, 1714)
Eric Berg
2000 Ed. (2021)
1999 Ed. (2238)
Eric Bonabeau
2003 Ed. (4685)
Eric Bram & Co.
2000 Ed. (3712)
1999 Ed. (3993)
1998 Ed. (2999)
Eric Brandt
2006 Ed. (992)
2005 Ed. (990)
Eric Brown
2007 Ed. (1083)
Eric Buck
1994 Ed. (1827)
1993 Ed. (1835)
Eric Clapton
2006 Ed. (836)
2004 Ed. (2412)
2003 Ed. (1127, 2332)
2000 Ed. (1182)
1994 Ed. (1099, 1101)
Eric E. Schmidt
2003 Ed. (3021)
Eric Gan
2000 Ed. (2174)
1999 Ed. (2391)
1997 Ed. (1991)
1996 Ed. (1885)
Eric Goldschmidt
2003 Ed. (221, 225)
Eric Greenberg
2004 Ed. (3891)
Eric Hecht
2000 Ed. (2012)
1999 Ed. (2214)
1998 Ed. (1630)
Eric Hemel
2000 Ed. (1995, 2025, 2040)
1999 Ed. (2257)
1998 Ed. (1617)
1997 Ed. (1877, 1917)
1996 Ed. (1804, 1844)
1995 Ed. (1846, 1863)
1994 Ed. (1808, 1821)
1993 Ed. (1825)
1992 Ed. (2136)
Eric I. Cantor
2003 Ed. (3893)
Eric Idle
2008 Ed. (2582)
Eric Lapointe
1997 Ed. (1112)
Eric Larson
1998 Ed. (1640)
1997 Ed. (1868)
1996 Ed. (1794)
1993 Ed. (1798)
1991 Ed. (1681)
Eric Miller
2000 Ed. (1927, 1929)
1999 Ed. (2158)
Eric Philo
1997 Ed. (1894)
1996 Ed. (1820)
1995 Ed. (1796, 1797, 1842)
1994 Ed. (1804)
1993 Ed. (1821)
1991 Ed. (1689)
Eric Schmidt
2008 Ed. (4834)
2007 Ed. (988, 4905)
2006 Ed. (4910)
2005 Ed. (2319)
Eric Schneider
2005 Ed. (2473)
Eric Sieracki
2008 Ed. (970)
2007 Ed. (1072)
Eric Sorensen
2000 Ed. (1967, 1976)
1999 Ed. (2191)
1998 Ed. (1606, 1616)
1997 Ed. (1914)
1996 Ed. (1841)
Eric Tibi
2000 Ed. (2102)
Eric Vandercar
1999 Ed. (2203)
1998 Ed. (1614)
1997 Ed. (1955)
Eric Watson
2008 Ed. (4848)
Erich Rohde KG Schuhfabriken
2000 Ed. (2917)
Erickson; Gary
2005 Ed. (2468)
Erickson Retirement Communities
2008 Ed. (1796)
2006 Ed. (4191)
Ericsson Inc.
2008 Ed. (960)
2007 Ed. (1037, 1442)
2006 Ed. (942)
2005 Ed. (1974)
2004 Ed. (759)
2003 Ed. (3428, 4075)
2001 Ed. (3331, 3649)
2000 Ed. (997, 998, 1429, 4123, 4124, 4206)
1999 Ed. (1623, 4482, 4483)
1995 Ed. (2990, 3553)
1994 Ed. (875, 1074, 3439, 3440)
1993 Ed. (1403, 1404, 1581, 3460, 3461, 3509)
1992 Ed. (1928, 3544, 4200, 4201, 4202)
1990 Ed. (919, 1638, 3512)
1989 Ed. (1338, 2794)
Ericsson AB
2005 Ed. (1966)
Ericsson Canada
2008 Ed. (2945)
Ericsson; L. M.
1997 Ed. (916, 1513, 1514, 1515, 1584, 3635, 3636, 3708)
1996 Ed. (1390, 1448, 1449, 3589, 3590, 3640)
1995 Ed. (1491, 1492, 3551)
1994 Ed. (1451, 1452, 2709, 2710, 3483)
1992 Ed. (1649, 1692, 1693, 4143)
1991 Ed. (1349, 1350, 1351, 3222, 3281, 3286)
Ericsson Mobile Communications; Sony
2005 Ed. (3498)
Ericsson Radio Access AB
2000 Ed. (3036)
Ericsson Radio Systems AB
2004 Ed. (2185)
2003 Ed. (1827)
2002 Ed. (2097)
2001 Ed. (1856)
Ericsson, Telefonab; LM
2006 Ed. (4575)
Ericsson; Telefonaktiebolaget LM
2008 Ed. (1099, 2088, 2089, 2091, 3582)
2007 Ed. (1192, 1214, 1216, 1994, 1995, 1996, 1997, 1998, 2825, 3074, 3422, 4717)
2006 Ed. (1109, 1112, 1696, 1785, 2024, 2025, 2026, 2027, 4603, 4699)
2005 Ed. (1120, 1966, 3034, 3698, 4517, 4630, 4632, 4635)
Ericsson Telephone Co.; L. M.
1996 Ed. (2895, 2896)
1991 Ed. (2658)
Ericsson Telephone Co.; LM
2006 Ed. (1087, 3402)
2005 Ed. (239, 1095)
Ericssonkoncernen
1997 Ed. (1512)
1996 Ed. (1450)
1995 Ed. (1493)
1994 Ed. (1453)
1993 Ed. (1405)
1990 Ed. (1421)
1989 Ed. (1163)
Eridania
1991 Ed. (1311)
Eridania Beghin-Say
2002 Ed. (2307)
2000 Ed. (2225)
1999 Ed. (2467)
1997 Ed. (659, 2042, 2044, 2045)
1996 Ed. (1945)
1995 Ed. (1902)
Eridania Beghin-Say America Inc.
2001 Ed. (1737)
Eridania Beghin-say SA
2005 Ed. (663, 2642, 4716)
Eridania Zuccherifici Nazionali Spa
1994 Ed. (1879)
1993 Ed. (1881)
Erie
1995 Ed. (2268)
Erie County Medical Center
1999 Ed. (2752)
Erie County Prison Authority
1993 Ed. (2621)
Erie Financial Group Inc.
2005 Ed. (362)
Erie Indemnity Co.
2008 Ed. (2355)
2007 Ed. (3173)
2005 Ed. (3126)
2004 Ed. (3122)
Erie Insurance Exchange
2000 Ed. (2652, 2727)
1999 Ed. (2899, 2975)
1998 Ed. (2111, 2206)
1997 Ed. (2412, 2466)
1996 Ed. (2272, 2340)
1994 Ed. (2218, 2274)
1993 Ed. (2186, 2236)
1992 Ed. (2690, 2696)
1991 Ed. (2126)
Erie News Times
1991 Ed. (2602)
1990 Ed. (2702)
Erie, NY
1989 Ed. (1177)
Erie, PA
2005 Ed. (2388)
1994 Ed. (969)
Erie Times, News
1992 Ed. (3240)
1991 Ed. (2597)
1990 Ed. (2696)
Erik Bynjolfsson
2005 Ed. (2322)
Erik Dybesland
2000 Ed. (1948)
Erik Jorgensen
2003 Ed. (2150)

Erik Olbeter
2008 Ed. (2692)
Erika Gritman Long
2000 Ed. (2010)
Eriksson A/S; M. J.
2008 Ed. (1706)
ERIM International Inc.
2001 Ed. (2698)
2000 Ed. (2459)
Erin Brockovich
2002 Ed. (3397)
Erin O'Connor
2008 Ed. (4898)
Erivan Haub
1995 Ed. (664)
Erlandson; Patrick
2007 Ed. (1070)
Erlanger Lumber
1996 Ed. (816, 823, 825)
Erlanger Medical Center
2008 Ed. (2771)
1997 Ed. (2828)
1996 Ed. (2706)
1995 Ed. (2631)
1994 Ed. (2576)
ERLY Foods
1994 Ed. (3664)
1993 Ed. (3705)
Erly Industries
1999 Ed. (3266)
1996 Ed. (1939)
1995 Ed. (1897, 1899)
1990 Ed. (939)
1989 Ed. (880)
ERM Inc.
1992 Ed. (1969)
ERM Group
2008 Ed. (2597, 2598, 2602, 2603)
2007 Ed. (2468, 2469, 2473, 2474)
2006 Ed. (2504, 2505)
2005 Ed. (2427)
2004 Ed. (2331, 2333, 2342, 2347, 2388, 2395, 2434, 2436, 2439, 2445, 2446)
2003 Ed. (2296, 2306, 2314)
2002 Ed. (2131, 2140)
2001 Ed. (2292, 2294, 2297)
2000 Ed. (1798, 1816, 1844, 1848, 1851, 1852)
1999 Ed. (2021)
1998 Ed. (1438, 1449, 1481, 1484)
1997 Ed. (1734)
1996 Ed. (1656, 1680)
1995 Ed. (1673, 1698)
1994 Ed. (1635)
1993 Ed. (1603)
1992 Ed. (1958)
1991 Ed. (1552)
1989 Ed. (269)
ERM Holdings Ltd.
2008 Ed. (2541, 2543, 2559)
2007 Ed. (2414, 2416, 2432)
2006 Ed. (2467)
ERM Northeast
2000 Ed. (1825, 1860)
Ermenegildo Zegna
2006 Ed. (1030)
L'Ermitage Hotel
1991 Ed. (1946)
1990 Ed. (2063)
L'Ermitage Hotels
1994 Ed. (2117)
1993 Ed. (2087)
1992 Ed. (2472)
Ernest & Julio Gallo
2002 Ed. (4975)
2001 Ed. (359, 4911)
Ernest Cannon
1991 Ed. (2296)
Ernest (Chip) Brown
1999 Ed. (2405)
1996 Ed. (1895)
Ernest E. Stempel
2006 Ed. (4904)
2005 Ed. (4849)
2004 Ed. (4863)
Ernest F. Dourlet
1989 Ed. (1377)
Ernest Gallo
2007 Ed. (4900)
2005 Ed. (4857)
Ernest J. Glinka
1990 Ed. (2662)
Ernest Liu
2000 Ed. (2001)
1999 Ed. (2270)
1998 Ed. (1680)
1997 Ed. (1904)
1996 Ed. (1831)
1995 Ed. (1798, 1853)
1994 Ed. (1815, 1834)
1993 Ed. (1832)
1991 Ed. (1686, 1707)
1990 Ed. (1767, 1768)
Ernest M. Fleischer
1990 Ed. (457, 3686)
Ernest Morial Convention Center
1999 Ed. (1418)
Ernest N. Morial Convention Center
2005 Ed. (2518)
2003 Ed. (2412)
2001 Ed. (2350)
Ernest Stempel
2002 Ed. (3354)
Ernestine M. Raclin
1994 Ed. (3666)
Ernesto Bertarelli
2008 Ed. (4875)
2004 Ed. (4880)
2003 Ed. (4892)
Ernie Schneider
1993 Ed. (2461)
1992 Ed. (2903)
Ernie Von Schledorn Ltd.
1991 Ed. (270)
Ernst & Whinney
1991 Ed. (4, 812)
1990 Ed. (3, 4, 6, 7, 9, 10, 11, 12, 851, 854, 855, 1650, 2255, 3703)
1989 Ed. (5, 8, 9, 10, 11, 12, 1007)
Ernst & Young
2001 Ed. (1052, 1246, 1450)
2000 Ed. (1, 2, 3, 4, 5, 6, 7, 8, 9, 10, 11, 12, 15, 16, 18, 901, 902, 904, 1778, 3826)
1999 Ed. (1, 2, 3, 4, 5, 6, 7, 8, 9, 10, 11, 12, 13, 15, 18, 19, 21, 22, 26, 959, 960, 1185, 1289, 2000, 4113)
1998 Ed. (2, 3, 4, 5, 6, 7, 8, 9, 10, 11, 14, 15, 17, 541, 542, 545, 546, 922, 1423, 3102)
1997 Ed. (4, 5, 6, 7, 8, 9, 12, 18, 20, 21, 22, 23, 25, 26, 27, 845, 847, 1716, 3360)
1996 Ed. (4, 5, 6, 7, 8, 9, 10, 11, 12, 13, 14, 15, 18, 20, 21, 23, 228, 835, 836, 1114, 3258)
1995 Ed. (4, 5, 6, 7, 8, 9, 10, 11, 12, 13, 14, 854, 1142, 2430, 3163)
1994 Ed. (1, 2, 3, 4, 5, 6, 7, 3115)
1993 Ed. (1, 2, 3, 4, 5, 6, 7, 8, 11, 12, 13, 15, 1104, 1590, 3052, 3728)
1992 Ed. (2, 3, 4, 5, 6, 7, 8, 9, 10, 11, 12, 13, 16, 17, 18, 19, 21, 22, 995, 996, 1338, 1346, 1377, 1941)
1991 Ed. (2, 3, 5, 6, 7, 1544, 1615)
1990 Ed. (1, 2)
Ernst & Young Conseil
2001 Ed. (1449)
Ernst & Young Consulting Services (Canada)
2001 Ed. (1442, 1443)
Ernst & Young/Huggins Financial Services
1992 Ed. (3743)
Ernst & Young (Hungary)
2001 Ed. (4)
Ernst & Young International
2008 Ed. (1042, 1044, 2921)
2001 Ed. (3, 4123)
Ernst & Young LLP
2008 Ed. (1, 4, 14, 15, 276, 277, 1054, 1102, 1502, 1796, 1804, 2484, 3016, 3169, 3188, 3488, 4038, 4044, 4320, 4734, 4946)
2007 Ed. (1, 3, 5, 6, 1161, 1197, 2448, 2894, 4012, 4364, 4805)
2006 Ed. (1, 2, 5, 6, 9, 10, 19, 745, 1069, 1602, 1606, 1715, 1934, 2418, 2482, 2483, 3295, 3973, 3978, 3980, 4204, 4297, 4792)
2005 Ed. (1, 3, 5, 1061, 1555, 1769, 2441, 2442, 3901, 3907, 4742)
2004 Ed. (2, 5, 8, 9, 845, 1712, 2406, 3946, 3947, 3961, 3965)
2003 Ed. (1, 3, 804, 3951)
2002 Ed. (1, 3, 5, 7, 9, 10, 11, 17, 25, 1066, 3784, 4064, 4881)
2000 Ed. (1776)
Ernst & Young LLP Global Employment Solutions
2004 Ed. (2267, 2268)
Ernst & Young LLP, Human Capital
2005 Ed. (2367, 2369)
Ernst & Young LLP, Human Resource Services
2002 Ed. (2111, 2113)
2001 Ed. (2221, 2222)
2000 Ed. (1777)
The Ernst & Young Tax Guide
2006 Ed. (638)
2004 Ed. (744)
2003 Ed. (721)
Ernst & Young (U.K.)
2001 Ed. (1537)
Ernst G. Mortensens Forlag AS
1991 Ed. (40)
Ernst Haupt-Stummer
1989 Ed. (84)
Ernst Home & Nursery
1996 Ed. (2493)
Ernst Home Center
1997 Ed. (2244)
Ernst Home Centers
1998 Ed. (1970)
Ernst Weil
1992 Ed. (2051)
1991 Ed. (928, 1620)
Ernte
1994 Ed. (959)
Ernte 23
1997 Ed. (987)
Erol Sabanci
2008 Ed. (4876)
Erol's
1994 Ed. (3624)
1992 Ed. (4391, 4394)
1991 Ed. (1542, 3446)
1990 Ed. (3671, 3672)
1989 Ed. (2888)
erols.com
2001 Ed. (2986)
eRoom Technology
2003 Ed. (1110)
eRoom.net
2003 Ed. (3048)
2002 Ed. (4800)
ERP Operating LP
2004 Ed. (1730)
2001 Ed. (3998)
Erpenbeck Co.
2003 Ed. (1154)
2002 Ed. (1184)
Erre Saatchi & Saatchi
2003 Ed. (104)
Errico; R. Christopher
2008 Ed. (3376)
The Ersatz Elevator
2003 Ed. (712)
Erskine College
1995 Ed. (1069)
1992 Ed. (1274)
Erskine House Group PLC
1996 Ed. (1991)
1994 Ed. (1931)
1993 Ed. (1912)
Erste Allgemeine
1991 Ed. (3452)
Erste Allgemeine (common shares)
1991 Ed. (3451)
Erste Allgemeine Vers.
1992 Ed. (1577, 1649, 4401)
Erste & Steiermarkische Bank
2003 Ed. (480)
2002 Ed. (547)
Erste & Steiermarkische Bank d.d. Rijeka
2008 Ed. (401)
2007 Ed. (427)
2006 Ed. (429)
Erste Bank
2008 Ed. (382, 1572)
2007 Ed. (400, 1593)
2006 Ed. (415, 1558, 1559, 3946, 4883)
2005 Ed. (462, 507)
2004 Ed. (450, 493, 496)
2003 Ed. (464)
2002 Ed. (525)
2001 Ed. (607, 608)
2000 Ed. (465, 1390)
Erste Bank der Oesterreichischen Sparkassen AG
2008 Ed. (1410)
2007 Ed. (1595)
2006 Ed. (1560)
2002 Ed. (4756)
2001 Ed. (1697, 2432)
Erste Bank Hungary
2008 Ed. (424)
2007 Ed. (460)
Erste Bank St
2000 Ed. (4351)
Erva-Latvala Oy
1993 Ed. (98)
1992 Ed. (148)
1991 Ed. (98)
1990 Ed. (101)
1989 Ed. (105)
Ervin J. Nutter Center
2002 Ed. (4346)
2001 Ed. (4354)
1999 Ed. (1297)
Erwin-Penland
2004 Ed. (129)
2003 Ed. (171)
Erythromcyin Stearate
1993 Ed. (1939)
Erythromycin
1996 Ed. (1572)
1994 Ed. (227)
Erythropoietin Alfa
2001 Ed. (3778)
Erythropoietins
2002 Ed. (3751)
2000 Ed. (1696)
1999 Ed. (1907)
Erythropoletins
2001 Ed. (2095)
E+S Re
2001 Ed. (2956, 2961)
ES 300 System
1992 Ed. (3008)
ESA Environmental Specialists Inc.
2006 Ed. (3531)
ESAB
2007 Ed. (3497)
ESADE
2008 Ed. (801)
2007 Ed. (795, 812, 813, 815, 829, 830)
2006 Ed. (726, 727)
2002 Ed. (909)
ESasa
2003 Ed. (2173)
Esat Digifone
2004 Ed. (53)
ESAT Telecom Group plc
2002 Ed. (3028, 3547, 3566)
ESB Bank
1998 Ed. (3144)
Escada AG
2004 Ed. (1010)
2002 Ed. (1087)
2001 Ed. (1282)
2000 Ed. (1125)
1999 Ed. (1206)
1997 Ed. (1040)
1996 Ed. (1021)
Escada Aktiengesellschaft
1995 Ed. (1037)
Escala Group Inc.
2008 Ed. (4530)
Escalade Inc.
2005 Ed. (4028)
2001 Ed. (481)
Escalate, Inc.
2002 Ed. (2473)
Escalon Medical Corp.
2008 Ed. (4424)
2002 Ed. (2533)
Escanaba, MI
1994 Ed. (969)
Escape for Men
1997 Ed. (3031)

Escape; Ford
2008 Ed. (299)
2006 Ed. (4856)
2005 Ed. (4426, 4777)
Eschelbeck; Gerhard
2005 Ed. (994)
Eschelon Telecom
2006 Ed. (1680)
Eschelon Telecommunications
2006 Ed. (3330)
e.Schwab
1999 Ed. (862, 3002)
ESCO Electronics Corp.
1999 Ed. (2615, 2666)
1998 Ed. (1878, 1925)
ESCO LLC
2001 Ed. (2205)
2000 Ed. (1768)
Esco Technologies Inc.
2006 Ed. (1904, 1908)
2005 Ed. (1882, 2160, 2161)
2004 Ed. (2020, 2021)
2003 Ed. (205, 209)
Escom
1996 Ed. (1071)
Escondido, CA
1992 Ed. (1154, 1156)
Escondido Hyundai
1990 Ed. (327)
Escort
2002 Ed. (382, 412, 416)
2001 Ed. (466, 467, 469, 470, 472, 490, 494, 533, 534)
1998 Ed. (219, 220, 221)
1990 Ed. (355)
1989 Ed. (316)
Escort; Ford
2005 Ed. (295)
Escorts
1992 Ed. (1636)
1989 Ed. (34)
Escude Life Insurance Co. Inc.
1993 Ed. (2223)
Escuela Superior de Administracion y Direccion de Empresas
2008 Ed. (801)
2007 Ed. (795, 812, 813, 815, 829, 830)
2006 Ed. (726, 727)
Escuelita VIP
2006 Ed. (2856)
E7thshoes.com
2001 Ed. (4769)
Esfera Grey
1996 Ed. (73)
1995 Ed. (59)
Esfera Publicidad
1993 Ed. (89)
1992 Ed. (136)
ESI America Inc.
2001 Ed. (1610)
ESI Ergonomic Solutions
2008 Ed. (3694, 4952)
ESI Lederle Inc.
2001 Ed. (2064)
2000 Ed. (1706)
1999 Ed. (1911)
ESIC Realty Partners
2007 Ed. (284)
eSilicon Corp.
2007 Ed. (1203, 4011)
Esirg
1994 Ed. (3314)
ESIS Inc.
2008 Ed. (3247)
2007 Ed. (3100, 4213)
2006 Ed. (3083, 4197)
2001 Ed. (2914)
2000 Ed. (1093)
1994 Ed. (2284)
1993 Ed. (2244)
1992 Ed. (1169, 2697)
1991 Ed. (941)
1990 Ed. (1012)
1989 Ed. (918)
Eskanos & Adler PC
2001 Ed. (1315)
Eskaton
1991 Ed. (2623)
Eskay Business Systems
1991 Ed. (2639)
1990 Ed. (1036)
Eskenazi; Nicole
1996 Ed. (3875)
Eskew; Michael
2007 Ed. (962)
2006 Ed. (871)
2005 Ed. (966)
Eskimo Pie Corp.
2002 Ed. (2718)
2001 Ed. (2830)
2000 Ed. (2600, 2601, 4152)
1999 Ed. (2822)
1997 Ed. (2350)
1995 Ed. (1944)
1993 Ed. (2124)
Eskimo Pie Sugar Freedom
1996 Ed. (1976)
Eskom
1995 Ed. (1486)
1993 Ed. (1396)
ESkye Solutions
2003 Ed. (2169)
Eskye.com
2001 Ed. (4755)
ESL Credit Union
2008 Ed. (2249)
2007 Ed. (2134)
2006 Ed. (2213)
2005 Ed. (2077, 2118)
2004 Ed. (1976)
2003 Ed. (1936)
2002 Ed. (1882)
ESL FCU
1999 Ed. (1800)
ESL Federal Credit Union
1998 Ed. (1227)
Eslambolchi; Hossein
2006 Ed. (1003)
Esmark
1990 Ed. (1823)
Esmark; Beatrice/
1991 Ed. (1146)
Esmee Fairbairn Charitable Trust
1997 Ed. (945)
Esmeralda County, NV
1998 Ed. (1200, 2080)
Esmertec AG
2007 Ed. (2005)
2006 Ed. (2033)
EsmorCorrect
1996 Ed. (2884)
eSoft Inc.
2002 Ed. (1152)
ESOP
2003 Ed. (3211)
1992 Ed. (2235)
Espalau
1992 Ed. (1589)
Espanol de Credito
1991 Ed. (664)
Espanola Petroleos
1991 Ed. (1346)
Esparza Enterprises
2006 Ed. (2846)
Espe-Premier
1999 Ed. (1825)
Esperion Therapeutics Inc.
2006 Ed. (4726)
2002 Ed. (2154)
Espeseth & Molkom
1989 Ed. (146)
Espinosa; Diego
1996 Ed. (1898)
Espiritio Santo Financial Holding
1992 Ed. (2948, 2949)
Espirito Santo e Comercial
1989 Ed. (657)
Espirito Santo Financial
2008 Ed. (1893)
2007 Ed. (1861)
2006 Ed. (1857)
Espirito Santo Financial Group
2006 Ed. (3340)
2005 Ed. (1772)
Espirito Santo Financial Group SA
2008 Ed. (1892)
2006 Ed. (1856)
2003 Ed. (4595)
Espirito Santo Financial Holding
1994 Ed. (2418)
1993 Ed. (2479)
1991 Ed. (2368)
Esplin; J. Kimo
2008 Ed. (2630)
ESPN
2008 Ed. (3372, 4655, 4808)
2007 Ed. (3243, 4733, 4739)
2006 Ed. (133, 4711, 4713)
2005 Ed. (130, 4663)
2004 Ed. (139, 4691)
2003 Ed. (3050, 4714)
2002 Ed. (3228)
2001 Ed. (1089, 2966, 4496, 4774)
2000 Ed. (943)
1998 Ed. (583, 589, 605)
1997 Ed. (730, 870, 3717)
1996 Ed. (854)
1994 Ed. (829)
1993 Ed. (812)
1992 Ed. (1015, 1022, 4243)
1991 Ed. (838, 839)
1990 Ed. (869, 880, 885)
ESPN Internet Group
2008 Ed. (2453)
ESPN Magazine
2007 Ed. (140)
ESPN Sports Center
2005 Ed. (823)
2004 Ed. (850)
ESPN Sports News
2008 Ed. (3367)
2007 Ed. (3238)
ESPN SportsCenter
2008 Ed. (809)
2007 Ed. (843, 850)
2006 Ed. (750, 757)
ESPN The Magazine
2006 Ed. (148, 154, 162)
2005 Ed. (3358)
2003 Ed. (4525)
2001 Ed. (258, 3197)
ESPN 2002 Almanac
2003 Ed. (721)
ESPN.com
2004 Ed. (3158)
2003 Ed. (3054)
ESPNET Sports Zone
1998 Ed. (3779)
ESPNet SportsZone
1997 Ed. (3926)
espnet.sportszone.com
1999 Ed. (4751)
(ESPN)sportszone.com
1999 Ed. (4754)
ESPN2
1997 Ed. (730)
Esporta plc
2001 Ed. (1888)
Espotting Media
2006 Ed. (1699, 2069, 2748)
Esprit
2008 Ed. (996)
2007 Ed. (1117)
Esprit de Corp.
2001 Ed. (1261)
1992 Ed. (4480)
1989 Ed. (2973)
Esprit Exploration
2005 Ed. (1709)
Esprit Group
1997 Ed. (1034)
Espriteye/Esprit eyewear
1997 Ed. (2969)
Esprocket
2001 Ed. (4757, 4772)
ESPS, Inc.
2002 Ed. (2533)
2000 Ed. (1109, 2408)
Esquire
2006 Ed. (3346)
2000 Ed. (3490, 3492, 3499)
Esquire Extra Dry
1993 Ed. (745)
Esquivel; Josephine
1997 Ed. (1901)
1996 Ed. (1827)
1995 Ed. (1849)
1994 Ed. (1811)
1993 Ed. (1828)
Esrey; W. T.
2005 Ed. (2506)
ESRI
2008 Ed. (1146)
ESS Technologies
1997 Ed. (3403, 3408)
ESS Technology Inc.
2003 Ed. (4550)
2001 Ed. (4209)
Essar
2007 Ed. (931)
The Essays of Warren Buffett: Lesson for Corporate America
2006 Ed. (580)
Essbio
2004 Ed. (1775)
Essco Wholesale Electric
2008 Ed. (2968)
Essel Propack Ltd.
2008 Ed. (1801)
2007 Ed. (1771)
Esselte
1990 Ed. (3468)
Esselte B Fria
1989 Ed. (2482)
Esselte Business Systems Inc.
1991 Ed. (2359, 2636)
1990 Ed. (2490)
1989 Ed. (2102)
Esselte Canada
1996 Ed. (2904)
1994 Ed. (2729)
Essence
2005 Ed. (3358)
2000 Ed. (746)
Essence Communication Inc.
1991 Ed. (2474)
Essence Communications Inc.
2000 Ed. (3150)
1999 Ed. (3424)
1998 Ed. (2516)
1997 Ed. (2802)
1996 Ed. (2661)
1995 Ed. (2591)
1994 Ed. (2532)
1993 Ed. (2584)
1992 Ed. (3092)
1990 Ed. (2593)
Essence Communications Group
2002 Ed. (3763)
Essent Energie
2007 Ed. (2296, 2683)
Essential Data Corp.
2008 Ed. (4956)
The Essential 55: An Award Winning Educator's Rules
2005 Ed. (726)
Essential oils
2001 Ed. (2450)
Essential PlayStation
2000 Ed. (3496)
Esserman Nissan
1996 Ed. (281)
1995 Ed. (281)
Essex Corp.
2008 Ed. (2858)
2007 Ed. (2728)
2006 Ed. (2113, 2114, 2722, 2739)
2005 Ed. (2013)
2000 Ed. (2339)
1992 Ed. (2519)
1990 Ed. (2108)
Essex Bancorp
2003 Ed. (524)
Essex Business Forms Ltd.
2001 Ed. (3216)
Essex Chemical
1990 Ed. (948)
1989 Ed. (880)
Essex County, MA
1995 Ed. (2483)
1994 Ed. (2407)
Essex County Newspaper Group
2002 Ed. (3517)
Essex % Eurotrader
1990 Ed. (1869, 1869)
Essex Group
1994 Ed. (1387)
1993 Ed. (1332)
Essex Homes SE Inc.
2008 Ed. (1195)
The Essex House
2002 Ed. (2631)
The Essex House-Hotel Nikko
1994 Ed. (2103)

Essex Insurance Co.
2008 Ed. (3262)
2006 Ed. (3099)
2005 Ed. (3095)
2004 Ed. (3089)
2001 Ed. (2928)
1999 Ed. (2926)
Essex International
2000 Ed. (3095, 3097, 3099, 3100)
1999 Ed. (3359)
1994 Ed. (1466)
1993 Ed. (1412)
Essex Investment Management
2006 Ed. (2602)
1993 Ed. (2335)
Essex Monitor Co. Ltd.
1994 Ed. (1459)
Essex, NJ
1992 Ed. (1724)
1991 Ed. (1374)
Essex Property Trust Inc.
2006 Ed. (280)
Essex Savings Bank
1990 Ed. (3130)
Essex Specialty Products Inc.
1993 Ed. (1728)
Essilor International
2007 Ed. (2781)
1999 Ed. (3659)
Essilor Laboratories of America
2007 Ed. (3752, 3753)
2006 Ed. (3753, 3754)
2001 Ed. (3591, 3592)
Essilor of America Inc.
2008 Ed. (960)
Essner; Robert
2008 Ed. (950)
2007 Ed. (1028)
Esso
2008 Ed. (2794)
2007 Ed. (2657)
2005 Ed. (1663)
2003 Ed. (1624)
2001 Ed. (1638)
1996 Ed. (1301)
1995 Ed. (1361)
1994 Ed. (1330)
1993 Ed. (1284)
1992 Ed. (3445)
Esso AG
2001 Ed. (2583, 3759)
1999 Ed. (3811)
1997 Ed. (3107)
1996 Ed. (3023)
Esso Australia Resources
2002 Ed. (3760)
Esso Brasileira de Petr
1989 Ed. (1096)
Esso Brasileira Petroleo S.A.
1990 Ed. (1336)
Esso Colombiana
1989 Ed. (1102)
Esso Deutschland GmbH
2004 Ed. (3867)
Esso Exploration & Production (U.K.) Ltd.
2004 Ed. (3491)
Esso/Exxon Corp.
1997 Ed. (1403)
1996 Ed. (1344)
1995 Ed. (1345, 1348, 1392)
Esso Italiana SpA
2001 Ed. (1759)
1999 Ed. (1686)
1997 Ed. (1458)
Esso Italiana Srl
2004 Ed. (3867)
2003 Ed. (1727)
2002 Ed. (3678)
Esso Malaysia Bhd.
1994 Ed. (1417)
1993 Ed. (1365)
1992 Ed. (1668, 1669)
1991 Ed. (1323)
1990 Ed. (1398)
Esso Nederland Bv
1996 Ed. (1426)
Esso Norge A/s
1993 Ed. (1381)
1990 Ed. (1406)
Esso Norge AS
2005 Ed. (1918)
2000 Ed. (1528)
1999 Ed. (1717)
1997 Ed. (1492)
1996 Ed. (1431)
1995 Ed. (1469)
1994 Ed. (1435)
1989 Ed. (1147)
Esso Petrolera Arg
1989 Ed. (1089)
Esso Petroleum Co. Ltd.
1991 Ed. (3480)
Esso Resoures Canada Ltd.
1995 Ed. (999)
Esso Saf
2007 Ed. (2393)
Esso Standard Thailand
2001 Ed. (1879)
1997 Ed. (1525)
1991 Ed. (1359)
1990 Ed. (1428)
1989 Ed. (1168)
Esso UK
1991 Ed. (1639)
Esso UK Plc
2000 Ed. (3139)
1996 Ed. (2651)
1989 Ed. (1107)
Essroc
1999 Ed. (1048)
Essroc Canada
1992 Ed. (1071)
L'Est et Nord de l'Ile de France
1992 Ed. (675)
Est-et-Nord-Ile-de-France
1993 Ed. (486)
Estab Jeronimo Martins & Filho SGPS SA
2006 Ed. (1995)
2005 Ed. (1953)
Estabelecimentos Jeronimo Martins
1997 Ed. (2673, 2674)
1994 Ed. (2395)
Estabelecimentos Jeronnimo Martins
1996 Ed. (2527)
Estabrook Capital
1999 Ed. (3070)
1997 Ed. (2534)
1996 Ed. (2408)
1993 Ed. (2314)
Estabrook Capital Management
1998 Ed. (2276)
Estado de Sao Paulo
1989 Ed. (573)
eStaffControl/United Staffing Systems
2007 Ed. (3583, 3584, 4437)
Estate and gift taxes
1998 Ed. (3463)
Estate of Alfred L. Foulet
1991 Ed. (888)
Estate of Daniel and Ada Rice
1991 Ed. (888, 894, 894, 894)
Estate of Edwin B. Green
1991 Ed. (888)
Estate of Emert and Edna Witaschek
1991 Ed. (888)
Estate of Frank H. Ricketson, Jr.
1991 Ed. (888)
Estate of J. Rives Childs
1991 Ed. (888)
Estate of Louise Lenoir Locke
1991 Ed. (888)
Estate of Richard H. Larson
1991 Ed. (888)
Estate of Robert J. Gill
1991 Ed. (888)
Estate of Winthrop Bushnell Palmer
1991 Ed. (888)
Estate tax
1999 Ed. (4320)
EstatePlanningLinks.com
2003 Ed. (3038)
Esteban E. Torres
1992 Ed. (1039)
Esteban's Cafe
1999 Ed. (4338)
Estee
2005 Ed. (858)
1997 Ed. (884, 885, 1606, 1607)
Estee Lauder
2008 Ed. (2182, 2183, 2184, 2187, 2652, 3450, 4344)
2007 Ed. (2075, 3819)
2003 Ed. (1859, 1861, 1864, 3215, 3625, 4427, 4428, 4432, 4619, 4620, 4621)
2001 Ed. (1915, 1916, 1925, 1928, 1929, 2401, 3711, 3720, 3721, 3722, 4275, 4391)
2000 Ed. (1586, 1591, 2461, 4041, 4068, 4071)
1999 Ed. (1762, 3776, 4350, 4352, 4355)
1998 Ed. (1197, 2052, 2670, 3327, 3329)
1997 Ed. (1533, 1535, 2328, 3407, 3535)
1994 Ed. (747, 1471)
1993 Ed. (1420, 1421, 1423)
1992 Ed. (1288, 1711)
1991 Ed. (2699, 3135, 3512)
1990 Ed. (1436, 1437, 1740, 1741, 3294, 3704)
1989 Ed. (2973)
The Estee Lauder Companies Inc.
2008 Ed. (3032, 3099, 3100, 3841, 3873, 3874, 3875, 3879, 3880)
2007 Ed. (155, 2909, 2974, 2979, 3804, 3806, 3810, 3812, 3813)
2006 Ed. (164, 2849, 2962, 3797, 3798, 3799, 3801, 3802, 3803, 3804)
2005 Ed. (2021, 2022, 2966, 3709, 3710, 3711, 3712, 3713, 3715, 3717)
2004 Ed. (1897, 1898, 2956, 2961, 3798, 3801, 3802, 3807)
2003 Ed. (1866, 1867, 1868, 2550, 2871, 2872, 3216, 3626, 3767, 3768, 3771, 3772, 3784, 3786, 3787, 3789, 3793, 4433, 4434, 4435, 4437, 4438, 4624, 4625, 4626)
2002 Ed. (2705, 3639, 3643, 4302, 4305)
Estee Lauder Cos.
1996 Ed. (1054, 1462, 1467)
Estee Lauder Cosmetics
1997 Ed. (1141)
1994 Ed. (1066)
1992 Ed. (4480)
1990 Ed. (1024)
Estee Lauder pleasures
1999 Ed. (3739)
1997 Ed. (3030)
Estefan; Emilio
1995 Ed. (1715)
1994 Ed. (1668)
1993 Ed. (1634)
Estefan; Gloria
1995 Ed. (1715)
1994 Ed. (1668)
1993 Ed. (1634)
Esterbauer & Windisch Personalservice GmbH
2008 Ed. (4323)
Esterline
1993 Ed. (1578)
Esterline Technologies Corp.
2005 Ed. (3044, 3045)
2004 Ed. (3029, 3030)
The Estes Co.
1989 Ed. (270)
Estes Express Lines
2008 Ed. (4058, 4763, 4769, 4780)
2007 Ed. (4847, 4857)
2006 Ed. (4839, 4840, 4849, 4854)
2005 Ed. (4762, 4763, 4784)
2004 Ed. (4769)
2003 Ed. (4803)
2002 Ed. (4691, 4696)
2000 Ed. (4312, 4313, 4315)
1999 Ed. (4684, 4685, 4687)
1998 Ed. (3640, 3641)
1995 Ed. (3671, 3672, 3673)
1994 Ed. (3591, 3592)
1993 Ed. (3631, 3632)
Esteve
2006 Ed. (1690)
Estevez; Emilio
1995 Ed. (1715)
1994 Ed. (1668)
1993 Ed. (1634)
Esther Dyson
2001 Ed. (3943)
Esther Koplowitz
2008 Ed. (4874)
Estimator
2004 Ed. (2275)
Estlander & Ronnlund
1997 Ed. (1073)
Estonia
2008 Ed. (2203, 2399, 3500, 3501, 4390, 4620, 4621, 4793, 4794)
2007 Ed. (2093, 2263, 2266, 2826, 3393, 4416)
2006 Ed. (2149, 2332, 2335, 2823, 3335, 4502)
2005 Ed. (2055, 2269, 2535)
2004 Ed. (1920, 4750)
2003 Ed. (2213, 3258)
2002 Ed. (1813)
2001 Ed. (1948, 4119)
2000 Ed. (1611)
1999 Ed. (1782, 2067, 4734)
1998 Ed. (3691)
1997 Ed. (1543, 3860)
1996 Ed. (1478, 3809)
1995 Ed. (1519)
1994 Ed. (1487)
The Estonian Bank of Industry
1999 Ed. (508)
Estonian Commercial Bank of Industry & Construction
1997 Ed. (457)
Estonian Credit Bank
2000 Ed. (519)
Estonian Forexbank
2000 Ed. (519)
1999 Ed. (508)
1997 Ed. (457)
Estonian Innovation Bank
1999 Ed. (508)
Estonian Investment Bank
2000 Ed. (519)
1999 Ed. (508)
Estrada Hinojosa & Co.
2000 Ed. (2762, 2764)
1997 Ed. (2485)
1995 Ed. (2330, 2333)
Estrella Insurance Group
1999 Ed. (2441)
1998 Ed. (1695)
The Estridge Cos.
2005 Ed. (1207)
2004 Ed. (1180)
2003 Ed. (1172)
The Estridge Group
2002 Ed. (1193)
Estrogenic substances, conjugated
2001 Ed. (3778)
Estrogens
2001 Ed. (2096)
1996 Ed. (2560)
Estroven
2003 Ed. (4856)
Esturo Ogisu
1997 Ed. (1981)
Esty Co. Inc. Advertising; William
1989 Ed. (98)
Esty; William
1989 Ed. (135)
Esys
2007 Ed. (3412)
2006 Ed. (1210)
E.T.
1998 Ed. (2536)
1992 Ed. (4398)
E.T. Lafore, Inc.
1990 Ed. (2006)
ET NETERA
2003 Ed. (2713)
E.T. The Extra-Terrestrial
1999 Ed. (3446)
1991 Ed. (2489, 3448, 3449)
1990 Ed. (2611)
E.T. The Extraterrestrial
1995 Ed. (3704)
ETA SA
1996 Ed. (2264)
ETA, Spain
2000 Ed. (4238)
Etablissements Delhaize Freres et Cie Le Lion SA
2001 Ed. (1638)
Etat Belge
1994 Ed. (16)

ETB
2006 Ed. (37)
2005 Ed. (30)
2004 Ed. (37)
Etch A Sketch
1995 Ed. (3647)
eTeam Inc.
2008 Ed. (1974)
Etec Systems Inc.
2000 Ed. (2399, 2450)
Etel Group
2003 Ed. (2716)
Etela-Karjalan Saastopankki
1996 Ed. (497)
Etela-Pohjanmaa
1994 Ed. (475)
Etela-Pohjanmaan Saastopankki
1993 Ed. (473)
Etela-Savo
1994 Ed. (475)
Etela-Savon
1992 Ed. (661)
Etela-Savon Saastopankki
1993 Ed. (473)
eTelecare Global Solutions
2008 Ed. (804)
2007 Ed. (836)
Etelligent Consulting
2008 Ed. (1870)
Eternit
2004 Ed. (1775)
Eternit Uruguay SA
2002 Ed. (4497)
Eternity
2003 Ed. (2545)
2001 Ed. (2528)
1999 Ed. (3739, 3740)
1996 Ed. (2954)
1993 Ed. (2788)
Eternity for Men
2006 Ed. (2662)
2003 Ed. (2551)
2001 Ed. (2527, 3703)
1997 Ed. (3031)
1995 Ed. (2877)
eTesting Labs
2002 Ed. (4881)
Etevensa
2006 Ed. (1853)
Ethan Allen Inc.
2008 Ed. (2800)
2007 Ed. (2663, 2666, 2669)
2006 Ed. (2680)
2005 Ed. (2702, 2704)
2004 Ed. (2712, 2870, 2894)
2003 Ed. (2591, 2597)
2002 Ed. (2386)
2001 Ed. (2743)
2000 Ed. (2287, 2292, 2296, 2299, 2300, 2303, 2304)
1999 Ed. (2544, 2548, 2549, 2557, 2563)
1998 Ed. (1783, 1787)
1997 Ed. (2098)
1996 Ed. (1987)
1995 Ed. (1951, 1952, 1967)
1992 Ed. (2244)
1991 Ed. (2375, 3240)
Ethan Allen Galleries
1992 Ed. (2253)
Ethan Allen Home Interiors
1996 Ed. (1983)
1994 Ed. (1933, 1934, 1937, 1938)
Ethan Allen Interiors Inc.
2005 Ed. (2697, 2698)
2004 Ed. (2698, 2699)
Ethan Group
2007 Ed. (1590)
Ethan Heisler
2000 Ed. (1933, 1937)
1999 Ed. (2167)
1998 Ed. (1579)
Ethan Zuckerman
2005 Ed. (786)
Ethical Drugs
2000 Ed. (3062)
Ethical North American Equity
2002 Ed. (3449)
2001 Ed. (3478)
Ethical Pacific Rim
2004 Ed. (3634)
Ethical Special Equity
2004 Ed. (3616, 3617)
Ethical standards
1992 Ed. (571)
EthicalHldg
1996 Ed. (2885)
Ethicon
1990 Ed. (2528)
Ethics
1992 Ed. (4430)
Ethinylestradiol
2001 Ed. (3778)
Ethiopia
2008 Ed. (1032, 1033, 1034)
2007 Ed. (1151, 1152, 1153, 4480, 4483)
2006 Ed. (1062, 1063, 1064, 2329, 4418, 4423)
2005 Ed. (1051, 1052, 1053)
2004 Ed. (1050, 1051, 1052, 4461)
2003 Ed. (1046)
2001 Ed. (1307, 1308, 4312, 4316)
2000 Ed. (1896)
1995 Ed. (1043)
1994 Ed. (2007)
1991 Ed. (1406, 2826)
1989 Ed. (2240)
Ethiopian Air
2008 Ed. (214)
Ethiopian Airlines
2005 Ed. (216)
2001 Ed. (302)
Ethnic hair care
2001 Ed. (3712)
Ethnic Solutions
2008 Ed. (112)
2007 Ed. (102)
EthnicGrocer.com
2004 Ed. (3160)
2003 Ed. (3052)
2002 Ed. (2995)
Ethyl Corp.
2005 Ed. (934)
2001 Ed. (1212, 3171)
1999 Ed. (1082)
1998 Ed. (1134)
1996 Ed. (945, 2915)
1995 Ed. (968, 973, 1504, 2491)
1994 Ed. (914, 941, 1467, 2744)
1993 Ed. (900, 919, 1413, 1712, 2477, 2773)
1992 Ed. (1122)
1991 Ed. (905, 920)
1990 Ed. (951)
1989 Ed. (874, 875, 886, 900, 901)
Ethylene
1997 Ed. (956)
1996 Ed. (924, 953)
1995 Ed. (955)
1994 Ed. (913)
1993 Ed. (899, 904)
1992 Ed. (1104)
1991 Ed. (906)
1990 Ed. (944)
Ethylenepropylene
1994 Ed. (3116)
ETI
2007 Ed. (88)
2002 Ed. (2994)
ETI Bank
1992 Ed. (711)
ETI Professionals Inc.
2007 Ed. (4987)
2006 Ed. (4991)
Etibank
1993 Ed. (520, 656)
1992 Ed. (729)
1991 Ed. (552)
Etisalat
2002 Ed. (1730)
2001 Ed. (89, 1793)
Etkin Construction Co.; A. J.
1997 Ed. (1179)
1996 Ed. (1150)
1995 Ed. (1176)
1994 Ed. (1157)
1993 Ed. (1150)
1992 Ed. (1435)
1991 Ed. (1099)
Etkin Construction Co.; A.J.
1990 Ed. (1211)
1989 Ed. (926)
Etkin Equities
2000 Ed. (3717)
1999 Ed. (4014)
Etkin Equities L.L.C.
2000 Ed. (3731)
Etkin Skanska Construction Co.
2002 Ed. (1303)
2001 Ed. (1485)
ETMA
1991 Ed. (261)
Etonic
1997 Ed. (281)
1994 Ed. (244)
1993 Ed. (258, 259)
1991 Ed. (263)
Etonne
2003 Ed. (760)
2002 Ed. (776)
Etoposide
1990 Ed. (274)
Etowah Steelworkers Credit Union
2003 Ed. (1904)
2002 Ed. (1845)
eToys
2002 Ed. (2995)
eToys.com
2007 Ed. (2322)
2001 Ed. (2992, 4780)
ETP Software Inc.
1997 Ed. (2212)
E*Trade
2008 Ed. (737)
2002 Ed. (4812, 4868)
1999 Ed. (862, 3002)
E*Trade Bank
2008 Ed. (524)
2007 Ed. (2866, 3629, 3635, 4249, 4250, 4252, 4253, 4254)
2006 Ed. (2872, 3569, 4232, 4236, 4238, 4239, 4240)
2005 Ed. (2867, 3502, 4180, 4211, 4213, 4215, 4218, 4219)
2004 Ed. (3502, 4278, 4279, 4280)
2003 Ed. (546, 3033, 4258, 4262, 4273)
2002 Ed. (4840)
E*Trade Canada
2002 Ed. (813, 815, 816, 817, 818)
E*Trade Financial Corp.
2008 Ed. (2693, 2703, 2716)
2007 Ed. (2552, 2572, 3072, 3277, 4267, 4520, 4523)
2006 Ed. (660, 661, 662, 2582, 2602, 2726, 2730, 4253)
2005 Ed. (758, 759, 2580, 4248)
E*Trade Group Inc.
2008 Ed. (2341)
2007 Ed. (2204)
2006 Ed. (2268, 4252)
2005 Ed. (437, 2205, 2770, 2771, 4247)
2004 Ed. (431, 4323, 4324, 4325)
2003 Ed. (768, 2642, 4315, 4316)
2002 Ed. (2076, 3485, 4217)
2001 Ed. (573, 1745, 2169, 2179, 2967, 2971, 4200)
E*Trade Pro
2008 Ed. (738)
2007 Ed. (762)
E*Trade S & P 500 Index
2008 Ed. (3767)
E*Trade Securities
2008 Ed. (731)
E*Trade Serious Investor
2007 Ed. (758, 761)
etrade.com
2001 Ed. (2974)
Etsusuke Masuda
1999 Ed. (2382)
1997 Ed. (1979, 1987)
1996 Ed. (1871, 1881)
Etsusuki Masuda
2000 Ed. (2170)
Ettleson Chevrolet; Celozzi
1992 Ed. (375)
E.tv
2008 Ed. (84)
2007 Ed. (78)
2004 Ed. (84)
E2 Consulting Engineers Inc.
2008 Ed. (3698)
2007 Ed. (3539)
2003 Ed. (3426)
2002 Ed. (3374)
E2open
2003 Ed. (2167)
Eu. E. (Malaysia)
1996 Ed. (2447)
Eu Yan Sang International
2008 Ed. (2068)
EUB-525 Ultrasound System
2000 Ed. (3077)
1999 Ed. (3338)
Eubel, Brady & Suttman Asset Management, Balanced
2003 Ed. (3138)
Eubert, M.D.; Paul
1991 Ed. (2406)
Eucerin
2006 Ed. (3331)
2004 Ed. (4430)
2003 Ed. (3264, 4426)
2001 Ed. (3167, 3168, 4298)
2000 Ed. (4038)
1998 Ed. (1354, 3306)
1994 Ed. (3312)
1993 Ed. (3325)
Euclid Insurance Services Inc.
2002 Ed. (2862)
Eufaula BancCorp
2003 Ed. (527)
Eugene B. Shanks, Jr.
1994 Ed. (357)
1989 Ed. (417)
Eugene Chung
1999 Ed. (2282)
Eugene Froelich
2000 Ed. (1878, 2425)
Eugene Galbraith
1997 Ed. (1974)
1996 Ed. (1866)
Eugene Goodson
1999 Ed. (1120)
Eugene Isenberg
1999 Ed. (1121, 2078)
Eugene L. Step
1992 Ed. (2051)
Eugene M. Isenberg
2003 Ed. (957)
Eugene Melnyk
2005 Ed. (4868)
2003 Ed. (4891)
1999 Ed. (1124)
Eugene Miller
2004 Ed. (975)
2001 Ed. (1220)
2000 Ed. (1045)
1999 Ed. (1125)
1993 Ed. (939)
1992 Ed. (1144)
Eugene Nowak
1998 Ed. (1635)
1993 Ed. (1813)
1991 Ed. (1697)
1989 Ed. (1416)
Eugene, OR
2005 Ed. (3317)
1997 Ed. (2334)
Eugene P. Grisanti
1995 Ed. (980)
1994 Ed. (950)
Eugene Parker
2003 Ed. (223, 227)
Eugene R. White
1989 Ed. (1376)
Eugene Shvidler
2008 Ed. (4880)
2006 Ed. (4896)
Eugene-Springfield, OR
2001 Ed. (2359)
1994 Ed. (2150, 2487)
1992 Ed. (3055)
1990 Ed. (2553)
Eugene Upshaw
1999 Ed. (3254)
Eugene V. Polistuk
2003 Ed. (3295)
Eugenia Doll
1994 Ed. (898)
Eugenia Woodward Hitt
1994 Ed. (898)
Eukanuba
2003 Ed. (3802)

Eulen SA
2004 Ed. (1861)
2002 Ed. (1767)
Eulia
2006 Ed. (1431)
Eulogy!
2002 Ed. (3871)
Eung-Rae Cho
2008 Ed. (370)
Eur-Pac Corp.
1998 Ed. (3765)
Eural Unispar
1996 Ed. (454)
1994 Ed. (434)
1993 Ed. (434)
Eurasian Bank
2001 Ed. (632)
2000 Ed. (579)
1999 Ed. (567)
Eurco Ltd.
2006 Ed. (790)
Eureka
2008 Ed. (4796)
2007 Ed. (4869)
2003 Ed. (4823)
2002 Ed. (2698, 4712, 4713)
2001 Ed. (27)
2000 Ed. (4326)
1999 Ed. (4696)
1998 Ed. (3651)
1997 Ed. (3812)
1996 Ed. (2202)
1995 Ed. (3684)
1994 Ed. (3609)
1993 Ed. (3648)
1992 Ed. (4363)
1991 Ed. (3437)
1990 Ed. (3661)
Eureka, CA
1992 Ed. (344)
1990 Ed. (874)
Eureka Federal Savings & Loan Association
1991 Ed. (3370)
Eureka Upright Dial-A-Nap Vacuum
1990 Ed. (2105, 2106)
Eurest (Australia) Support
2004 Ed. (1636)
Eurest Dining Services
2005 Ed. (2662, 2663, 2664, 2665)
2003 Ed. (2526, 2527, 2528, 2529, 2530)
2000 Ed. (3795)
EUREX US
2008 Ed. (2804, 2805)
2007 Ed. (2673, 2674)
Euro
2008 Ed. (2273, 2275)
2006 Ed. (2239)
Euro-Billa Warenhandel AG
2001 Ed. (2727)
Euro Disney
1994 Ed. (219, 738)
Euro Disneyland
1996 Ed. (216, 217)
1995 Ed. (217, 218)
Euro FX
2008 Ed. (2802)
2007 Ed. (2671)
Euro-Leo Burnett
1990 Ed. (106)
Euro-Leo Burnett Athens
1989 Ed. (111)
Euro Motorcars
1996 Ed. (262, 279, 286, 287)
1995 Ed. (288, 289)
1993 Ed. (285)
1992 Ed. (399)
Euro Motorcars Acura
1995 Ed. (258)
Euro Motorcars Bethesda
1990 Ed. (333)
Euro Plus
1995 Ed. (720)
Euro Proteins Inc.
2004 Ed. (4434)
Euro RSCG
2006 Ed. (107, 109)
2002 Ed. (71)
2000 Ed. (59, 78, 84, 162, 177)
1999 Ed. (58, 78, 101, 145, 156, 160)
1997 Ed. (61, 87, 147)
1996 Ed. (63, 86, 99, 101, 130, 133, 144)
1995 Ed. (47, 75, 86, 130, 719)
1994 Ed. (71, 96, 120)
1993 Ed. (97, 109, 110)
Euro RSCG Ad Work! Partnership
2000 Ed. (105)
Euro RSCG Argentina
2003 Ed. (42)
2002 Ed. (76)
2001 Ed. (103)
Euro RSCG Austria Group
2001 Ed. (105)
1993 Ed. (82)
Euro RSCG Ball Partnership China
1997 Ed. (72)
1995 Ed. (58)
Euro RSCG Ball Partnership Hong Kong
1996 Ed. (95)
1995 Ed. (81)
Euro RSCG Ball Partnership Singapore
1997 Ed. (141)
1996 Ed. (135)
1995 Ed. (121)
Euro RSCG Ball Partnership Thailand
1997 Ed. (152)
1996 Ed. (146)
Euro RSCG Belgium
2003 Ed. (49)
2002 Ed. (83)
2001 Ed. (110)
Euro RSCG Brasil
2003 Ed. (54)
2002 Ed. (87)
Euro RSCG Chile
2003 Ed. (58)
2002 Ed. (91)
2001 Ed. (120)
Euro RSCG China
2003 Ed. (59)
2002 Ed. (92)
2001 Ed. (121)
Euro RSCG Colombia
2002 Ed. (93)
2001 Ed. (122)
Euro RSCG Corp. Communications
2004 Ed. (4020)
Euro RSCG Czech Republic
2003 Ed. (64)
2002 Ed. (97)
2001 Ed. (126)
Euro RSCG Denmark
1993 Ed. (92)
Euro RSCG do Brasil
2001 Ed. (115)
Euro RSCG Exit
1995 Ed. (74)
Euro RSCG Finland
2003 Ed. (73)
2002 Ed. (107)
2001 Ed. (135)
Euro RSCG 4D
2007 Ed. (2202, 3432, 3434)
2006 Ed. (2266, 3418)
Euro RSCG France
2000 Ed. (96)
1999 Ed. (90)
1997 Ed. (89)
1996 Ed. (88)
1993 Ed. (99)
Euro RSCG Germany
1993 Ed. (100)
Euro RSCG Group
2000 Ed. (61)
Euro RSCG Group France
2003 Ed. (74)
2002 Ed. (110)
2001 Ed. (137)
Euro RSCG Group Germany
1995 Ed. (76)
1994 Ed. (89)
Euro RSCG Havasi
1997 Ed. (98)
Euro RSCG Havasi & Varga
1994 Ed. (93)
Euro RSCG Holland
1993 Ed. (120)
Euro RSCG Indonesia
2003 Ed. (85)
2002 Ed. (118)
2001 Ed. (145)
Euro RSCG Interaction
2005 Ed. (115)
2004 Ed. (116)
Euro RSCG Ireland
2003 Ed. (89)
2002 Ed. (122)
Euro RSCG Israel
2003 Ed. (90)
2002 Ed. (123)
2001 Ed. (150)
Euro RSCG Italy
2003 Ed. (91)
2002 Ed. (124)
2001 Ed. (151)
Euro RSCG Life
2008 Ed. (114)
2007 Ed. (106)
Euro RSCG Mexico
2003 Ed. (121)
2002 Ed. (149)
2001 Ed. (179)
Euro RSCG Mezzano Costantini Mignani
2000 Ed. (113)
Euro RSCG MVBMS Partners
2004 Ed. (124)
Euro RSCG Netherlands
2003 Ed. (126)
2002 Ed. (155)
2001 Ed. (184)
Euro RSCG Norton
2000 Ed. (187)
1999 Ed. (167)
Euro RSCG Paraguay
2000 Ed. (157)
1999 Ed. (140)
Euro RSCG Partnership
2000 Ed. (168)
1999 Ed. (150)
Euro RSCG Peru
2003 Ed. (135)
2002 Ed. (167)
2001 Ed. (196)
Euro RSCG Poland
2003 Ed. (137)
2002 Ed. (169)
2001 Ed. (198)
2000 Ed. (161)
1995 Ed. (115)
1994 Ed. (110)
Euro RSCG Portugal
2003 Ed. (138)
2002 Ed. (170)
2001 Ed. (199)
1997 Ed. (134)
1994 Ed. (111)
Euro RSCG Publicidade
1995 Ed. (116)
Euro RSCG Puerto Rico
2003 Ed. (139)
Euro RSCG Singapore
2002 Ed. (178)
2001 Ed. (206)
Euro RSCG Spain
2003 Ed. (150)
2002 Ed. (186)
1993 Ed. (137)
Euro RSCG Sweden
2003 Ed. (152)
2002 Ed. (188)
2001 Ed. (215)
Euro RSCG Switzerland
2003 Ed. (153)
2002 Ed. (189)
2001 Ed. (217)
1997 Ed. (150)
Euro RSCG Taiwan
2003 Ed. (155)
2002 Ed. (191)
Euro RSCG Tatham
2000 Ed. (77)
1998 Ed. (52)
Euro RSCG Tatham Partners
2004 Ed. (106, 126)
Euro RSCG U.K.
2003 Ed. (164)
2002 Ed. (205)
2001 Ed. (231)
Euro RSCG United
2000 Ed. (66)
1999 Ed. (62)
Euro RSCG Uruguay
2003 Ed. (177)
2002 Ed. (206)
2001 Ed. (237)
Euro RSCG Worldwide
2007 Ed. (114)
2005 Ed. (116, 117)
2003 Ed. (36, 37, 38, 39, 40, 87, 816)
2002 Ed. (65, 72, 73, 74, 119)
2001 Ed. (97, 98, 99, 100, 101, 102, 146, 148, 220, 221, 223)
2000 Ed. (44, 45, 46, 47, 48, 49, 52, 53, 106, 110)
1999 Ed. (36, 38)
1995 Ed. (85)
EuroAgentur Prague
2001 Ed. (4635)
EuroAmerica
2008 Ed. (734)
Eurobanco
2005 Ed. (638)
Eurobancshares Inc.
2007 Ed. (2557)
2006 Ed. (2589)
2005 Ed. (2586)
Eurobank
2007 Ed. (1746)
2004 Ed. (2606)
Euroc
1991 Ed. (1285)
Euroc AB
1993 Ed. (2499)
Eurocall Ltd.
2003 Ed. (2739)
2002 Ed. (2495)
Euroclear
2004 Ed. (497)
Euroclear Bank
2008 Ed. (385, 434)
2007 Ed. (403, 469)
2006 Ed. (419)
2005 Ed. (465, 528)
2004 Ed. (455, 546)
Eurocom
1994 Ed. (86, 88)
1992 Ed. (146, 161)
1991 Ed. (110)
1990 Ed. (99, 100, 113)
1989 Ed. (104)
Eurocom Advertising
1993 Ed. (91, 139)
Eurocom Austria
1992 Ed. (122)
Eurocom Belgium
1992 Ed. (125)
Eurocom Corporate & Public Relations
1995 Ed. (3014, 3017, 3019, 3020)
Eurocom Denmark
1992 Ed. (140)
Eurocom Eggert
1992 Ed. (150)
Eurocom Group
1992 Ed. (163)
Eurocom SA
1996 Ed. (86)
1995 Ed. (73)
Eurocom Spain
1992 Ed. (209)
Eurocom Switzerland
1992 Ed. (212)
Eurocopter
1999 Ed. (2660, 4114)
1994 Ed. (1514)
Eurodesign kitchens
1989 Ed. (2342)
Eurodis-Electron
1997 Ed. (1713)
Eurodollar
2005 Ed. (2705)
2004 Ed. (2715)
2003 Ed. (2601)
2001 Ed. (1332)
1996 Ed. (2872)
1995 Ed. (2813)
1994 Ed. (1939, 2699)
1993 Ed. (1914, 1916, 2744)
1990 Ed. (2742)
Eurodollar, CME
1996 Ed. (1996)
Eurodollars
2008 Ed. (2802)

2007 Ed. (2671)
2006 Ed. (2681)
1990 Ed. (1871)
Euroexpert Holding Co.
2001 Ed. (4)
Eurofiel Confeccion SA
2004 Ed. (4716)
Eurofins Scientific
2008 Ed. (574, 2908)
2007 Ed. (1601)
2006 Ed. (1566)
Eurogentec
2006 Ed. (1566)
Eurographics AG
2008 Ed. (1216)
Eurogroup Conseil
2001 Ed. (1449)
Eurohypo
2008 Ed. (418)
2007 Ed. (452)
2006 Ed. (446)
Eurohypo AG
2008 Ed. (1411)
2007 Ed. (1781, 2161)
Eurologic
2002 Ed. (2496)
Euromarche
1990 Ed. (1368)
Euromed
2001 Ed. (994)
Euromonitor International Inc.
2006 Ed. (3027)
EuroMotorcars Inc.
2005 Ed. (334)
2004 Ed. (274)
Euronet Services Inc.
2002 Ed. (2511)
Euronet Worldwide Inc.
2008 Ed. (1870, 1871, 1878, 4609)
2007 Ed. (1839, 2719)
2006 Ed. (1830)
2005 Ed. (1834)
2003 Ed. (2717)
2002 Ed. (2528)
Euronext
2007 Ed. (2576)
Europa-Park
2007 Ed. (273)
2006 Ed. (268)
2005 Ed. (249)
2003 Ed. (273)
2002 Ed. (308)
2001 Ed. (377)
2000 Ed. (297)
1999 Ed. (269)
1997 Ed. (247)
1996 Ed. (216)
1995 Ed. (217)
Europa Press Holding
2001 Ed. (26)
EuroPacific Growth
2008 Ed. (4510)
2006 Ed. (2510, 4566)
2005 Ed. (2465, 4490)
2004 Ed. (2464)
2001 Ed. (3444, 3452)
2000 Ed. (3237)
1999 Ed. (3566)
1996 Ed. (2775)
1995 Ed. (2679, 2738)
1994 Ed. (2638)
1993 Ed. (2652, 2661, 2692)
1992 Ed. (3194, 3151, 3161)
EuroPacific Growth Fund
2003 Ed. (2361, 3518)
1992 Ed. (3178)
Europai Kereskedelmi Bank
1997 Ed. (489)
Europaisch-Iranische Handelsbank
2005 Ed. (507)
EuropaPress Holding
2007 Ed. (29)
2006 Ed. (38)
2004 Ed. (38)
Europastry
2008 Ed. (2087, 2747)
2007 Ed. (1992)
2006 Ed. (2022)
Europe
2008 Ed. (1497)
2007 Ed. (1132, 1515)
2006 Ed. (931, 1044, 1485, 2509)
2005 Ed. (791, 792, 1035, 1598)
2004 Ed. (806, 807)
2003 Ed. (544)
2002 Ed. (2026, 4057, 4058)
2001 Ed. (2023, 3157, 3371, 3372, 4156, 4374, 4383, 4384, 4428)
2000 Ed. (350, 2867, 3012)
1999 Ed. (256, 1353, 1913, 1937, 2856, 3274, 3279, 3282, 3586, 3632, 3842, 3900, 4550)
1998 Ed. (251, 505, 857, 1805, 2422, 2659, 2660, 3773)
1997 Ed. (288, 697, 1682, 2113, 2690, 2748, 3491)
1996 Ed. (26, 1175, 2553, 3814)
1995 Ed. (963, 2489)
1994 Ed. (189, 253, 1509, 2465, 2513, 3657)
1993 Ed. (1113, 1928, 2027, 2052, 2243, 2475)
1992 Ed. (1296, 2090, 2129, 2999, 3014, 3552, 3724, 4021)
1991 Ed. (1799, 2936)
1990 Ed. (2146)
1989 Ed. (1864)
Europe, Central & Eastern
2006 Ed. (4683)
Europe, Eastern
2008 Ed. (3375, 3742)
2007 Ed. (3247, 3619)
2006 Ed. (3178, 3551)
2005 Ed. (3199)
2003 Ed. (3854)
1996 Ed. (935, 936)
1995 Ed. (1785)
Europe, Northwest
2004 Ed. (2621)
2003 Ed. (2489)
Europe Online
2002 Ed. (4826)
Europe, rest of
1996 Ed. (1725)
Europe TravelBook
2008 Ed. (547)
Europe, Western
2008 Ed. (3375, 3742)
2007 Ed. (3247, 3619)
2006 Ed. (3178, 3551, 4683)
2005 Ed. (3199)
2003 Ed. (3854)
1996 Ed. (935, 936)
1995 Ed. (1785)
European Aeronautic Defence & Space Co. (EADS)
2004 Ed. (165)
2003 Ed. (210, 1975, 2209, 3307)
European Aeronautic Defense & Space Co.
2008 Ed. (162, 163, 1963, 1964, 1965, 1966, 2395, 3558)
2007 Ed. (180, 181, 182, 183, 184, 186, 1899, 1900, 1903, 1904, 2260, 3423, 4830)
2006 Ed. (178, 179, 1918, 1919, 1920, 3225, 3393)
2005 Ed. (163, 165, 167, 1895, 3396, 3691)
European Aeronautic Defense & Space Co. (EADS)
2004 Ed. (164, 166, 3364, 3772)
2003 Ed. (3747)
2002 Ed. (1911)
European American Bank
2002 Ed. (3000)
2001 Ed. (644)
2000 Ed. (633)
1999 Ed. (402, 482, 610)
1998 Ed. (419)
1997 Ed. (580)
1996 Ed. (641)
1994 Ed. (364)
1992 Ed. (513, 1615)
1991 Ed. (369, 517, 593, 1289)
1990 Ed. (429, 629)
European Bank for Reconstruction & Development
2001 Ed. (608)
1998 Ed. (1268)
1995 Ed. (1561)
European Capital London
2002 Ed. (3795, 3796)
European Car
1994 Ed. (2792)
European Central Bank
2003 Ed. (2623)
European Communications Partners
1995 Ed. (720)
European Community
1996 Ed. (1725, 1730, 1731)
1993 Ed. (1716, 1731, 1732, 2374, 3558, 3559)
1992 Ed. (4195)
1990 Ed. (1732)
European Currency Units
1992 Ed. (2025)
European Drinks & European Food
2008 Ed. (77)
European Economic Community
1990 Ed. (1673)
European Equity Funds
1990 Ed. (2396)
European Financial Group; EFG Bank—
2008 Ed. (510)
2007 Ed. (558)
2006 Ed. (528)
2005 Ed. (615)
European Foreign Trade Association
1993 Ed. (1716)
European Free Trade Association
1996 Ed. (1725)
1993 Ed. (1731, 1732)
European Free Trade Association countries
1994 Ed. (3651)
European Investment Bank
1998 Ed. (1268, 1502)
1997 Ed. (2015)
1995 Ed. (1561, 1723)
1994 Ed. (519, 1699, 1705)
1993 Ed. (719, 1678)
1991 Ed. (1582)
1990 Ed. (1673)
European Land Ltd.
1993 Ed. (967, 975)
European makes
1991 Ed. (317)
European Motor Sales Ltd.
1992 Ed. (406)
European On-Line
1995 Ed. (720)
European Patent Office
2003 Ed. (3755)
European Processed Foods Division
1992 Ed. (2961)
European Re Zurich
2001 Ed. (2957, 2958, 2961)
European Travel & Life
1991 Ed. (2703)
1990 Ed. (2799)
European Union
2008 Ed. (527, 528, 867, 903, 1024, 1389, 2720, 3619, 3671, 3807, 4103, 4247, 4258, 4467, 4469, 4549, 4550, 4551, 4591, 4785, 4786, 4917)
2007 Ed. (576, 920, 1143, 1145, 1439, 2583, 4210, 4211, 4227, 4228, 4229, 4485, 4487, 4488, 4489, 4490, 4599, 4600, 4601, 4602, 4680, 4864, 4865, 4940)
2006 Ed. (544, 1057, 2608, 4194, 4195, 4426, 4427, 4428, 4660)
2005 Ed. (643, 1047, 2609, 4146, 4147, 4409, 4410, 4411, 4595)
2004 Ed. (1046, 2620, 4218, 4219)
2003 Ed. (544, 1038, 2488, 4192, 4193)
2001 Ed. (663, 1192, 1193, 1303, 2448, 4121, 4369)
1999 Ed. (189, 190, 191, 2098)
1998 Ed. (1241, 1526, 2815)
1997 Ed. (1815)
European Utilities Cos.
2004 Ed. (2013)
2003 Ed. (1972)
EuropeanInvestor.com
2002 Ed. (4826)
Europipeline Nederland BV
2004 Ed. (1812)
2002 Ed. (1737)
Europrism
1995 Ed. (720)
Euroskilt AS
2008 Ed. (2000)
2007 Ed. (1934)
2006 Ed. (1951)
Eurosport
2007 Ed. (719)
Eurostar Ltd.
2002 Ed. (54)
EuroStyle McCann-Erickson
2003 Ed. (48)
2002 Ed. (82)
2001 Ed. (109)
2000 Ed. (65)
Eurotel
2001 Ed. (28, 77)
Eurotunnel
2007 Ed. (4838)
1997 Ed. (3792)
1996 Ed. (1358)
1992 Ed. (916)
Eurotunnel SA
2001 Ed. (1692)
2000 Ed. (1417)
Eurowings Luftverk
2001 Ed. (333)
Euroyen
1993 Ed. (1916)
EuroZinc Mining Corp.
2008 Ed. (1430)
2007 Ed. (1649)
Eurozine Mining
2007 Ed. (1623)
Eurpac
2000 Ed. (3132)
1996 Ed. (2644)
Eustis Cable Enterprise Ltd.
2008 Ed. (3736, 4432)
Eutaw Construction Co.
2008 Ed. (1312)
2007 Ed. (1379)
Euteneuer; Joseph
2007 Ed. (1079)
Euto RSCG Portugal
1993 Ed. (130)
Euzkadi
2006 Ed. (4750, 4751)
1997 Ed. (3752)
EV Adv Senior Floating Rate
2000 Ed. (3253)
Ev Clay Associates
2005 Ed. (3963)
2004 Ed. (4009)
EV Income Fund of Boston
1999 Ed. (3538)
EV Marathon Gold & Natural Resources
1998 Ed. (2593)
EV Mrthn Greater India
1997 Ed. (2906)
EV Trad Greater India
1997 Ed. (2906)
EV Traditional National Municipals
1997 Ed. (2904)
EV Traditional Worldwide Health
1998 Ed. (2609)
EVA
2006 Ed. (241)
EVA Airways Corp.
2007 Ed. (243)
2001 Ed. (305)
2000 Ed. (1565, 1567, 1569)
1999 Ed. (1744)
1997 Ed. (1521)
1996 Ed. (1454)
1995 Ed. (1498)
Eva LIC Realty Associates
2000 Ed. (4057)
Evaluation Associates
2008 Ed. (2314)
1994 Ed. (2323)
1992 Ed. (2780)
Evan Bayh
2003 Ed. (3894)
Evan Greenberg
2007 Ed. (998)
Evan Lamp
1999 Ed. (2203)
1998 Ed. (1564, 1614)
1997 Ed. (1955)
Evan Mann
2000 Ed. (1945)
1999 Ed. (2174)

1998 Ed. (1588)
Evan Ratner
2000 Ed. (1939)
1999 Ed. (2168)
1998 Ed. (1581)
1997 Ed. (1938)
Evan Thornley
2006 Ed. (4922)
2005 Ed. (4862)
Evan Williams
2004 Ed. (4892, 4908)
2003 Ed. (4902, 4919)
2002 Ed. (290, 3107, 3159, 3161, 3162)
2001 Ed. (4788, 4803, 4804)
2000 Ed. (2948)
1999 Ed. (3208, 3235, 3236, 3238)
1998 Ed. (2376)
1997 Ed. (2660)
1996 Ed. (2521)
1995 Ed. (2472)
1994 Ed. (2391)
1993 Ed. (2446)
1992 Ed. (2869)
1991 Ed. (727, 2317)
1989 Ed. (748, 751, 752)
Evander Holyfield
2001 Ed. (419, 1383)
1999 Ed. (306)
1998 Ed. (199)
1996 Ed. (250)
Evangel University
2008 Ed. (1056)
Evangelical Christian Credit Union
2008 Ed. (1506, 2208, 2209)
2006 Ed. (2156, 2169, 2170, 2178)
2005 Ed. (2063, 2064, 2075, 2076, 2080, 2084)
2004 Ed. (1935, 1936)
2003 Ed. (1896)
2002 Ed. (1835, 1836)
Evangelical Health Systems
1994 Ed. (2575)
1992 Ed. (3129)
1991 Ed. (2504)
1990 Ed. (2634)
Evangelical Homes of Michigan Society
1999 Ed. (3627)
Evangelical Lutheran
1999 Ed. (3730)
1998 Ed. (2763)
1997 Ed. (3022, 3025)
1995 Ed. (2855, 2858)
1994 Ed. (2755, 2764, 2767)
Evangelical Lutheran Church
2008 Ed. (2321)
2007 Ed. (2176)
2004 Ed. (2040)
2003 Ed. (1986)
2002 Ed. (3618)
2001 Ed. (3682)
2000 Ed. (3447)
1998 Ed. (2770)
Evangelical Lutheran Church in America
2000 Ed. (3754)
1996 Ed. (2934, 2937)
Evangelical Lutheran Church in America, Lutheran Laity Movement for Stewardship
1997 Ed. (272)
1996 Ed. (241)
Evangelical Lutheran Good Samaritan Society
2008 Ed. (2077, 2078, 3801)
2007 Ed. (1980, 3710)
2006 Ed. (2014, 3727)
2005 Ed. (1962, 3612)
2004 Ed. (1859, 3701)
2003 Ed. (1823, 3653)
2001 Ed. (1850)
2000 Ed. (3825)
1998 Ed. (2055, 3099)
1995 Ed. (2801)
1994 Ed. (2089)
1991 Ed. (2618)
Evans
1994 Ed. (872)
1992 Ed. (1065)
Evans & Sutherland Corp.
1992 Ed. (1771)
1991 Ed. (1023)
1990 Ed. (2984)
1989 Ed. (969, 972)
Evans Bancorp
2005 Ed. (453)
Evans BMW; Charles
1996 Ed. (265)
Evans; Bob
1990 Ed. (3005, 3007, 3008, 3009, 3020)
Evans County Jail
1994 Ed. (2935)
Evans; David J.
2006 Ed. (1097, 1098)
Evans; Edward P.
1990 Ed. (1714)
Evans, Evans, Brinkerhof, Nelson; Don
1990 Ed. (2366)
Evans Farms
1998 Ed. (1776)
Evans Farms Inc.; Bob
1995 Ed. (2526, 2967, 3117, 3131, 3140)
1994 Ed. (2459, 2909, 3054, 3072, 3085, 3090)
1993 Ed. (3011, 3018, 3031, 3033)
1992 Ed. (3688, 3710, 3715)
1991 Ed. (2874, 2881)
1990 Ed. (3004, 3059)
Evans Food Group Ltd.
2007 Ed. (3537)
2006 Ed. (3499)
Evans Forms Inc.; Bob
1996 Ed. (2585, 3060)
Evans Foundation Inc.; Lettie Pate
1995 Ed. (1070, 1928, 1931, 1932)
Evans Fruit Farm
1998 Ed. (1771)
Evans Hunt Scott
2000 Ed. (1676)
1991 Ed. (1419)
Evans Hunt Scott Eurocom
2001 Ed. (2025)
1997 Ed. (1615)
1993 Ed. (1487)
Evans Industries Inc.
2007 Ed. (3560, 3561, 4423)
Evans; J. R.
1991 Ed. (3211)
Evans; J. Randall
1993 Ed. (3445)
Evans Lincoln-Mercury; Stu
1996 Ed. (277)
1991 Ed. (284, 284, 309)
1990 Ed. (346)
Evans Meat Co. of Texas Inc.
1994 Ed. (2452, 2904)
Evans Motors; L. P.
1996 Ed. (279)
1995 Ed. (279)
1994 Ed. (276)
1993 Ed. (277)
Evans Restaurants; Bob
1996 Ed. (3213, 3228, 3232)
Evans; Richard
1990 Ed. (2659)
Evans; Richard J.
1991 Ed. (2549)
Evans; Sir Chris
2008 Ed. (4007)
2005 Ed. (4896)
Evans; Thomas
2005 Ed. (984)
EvansGroup PR
1998 Ed. (2946)
1997 Ed. (3192)
EvansGroup Public Realtions
1999 Ed. (3911)
EvansGroup Public Relations
1999 Ed. (3930, 3954)
1998 Ed. (1961, 2962)
1996 Ed. (3113, 3134)
1995 Ed. (3004, 3012, 3031)
Evanston Hospital
2002 Ed. (2618)
2001 Ed. (2769, 2770)
2000 Ed. (2525)
1996 Ed. (2153)
1994 Ed. (2088)
1992 Ed. (2456)
1991 Ed. (1932)
1990 Ed. (2054)
Evanston Insurance Co.
2008 Ed. (3262)
2006 Ed. (3099)
2005 Ed. (3095)
2004 Ed. (3089)
2001 Ed. (2928)
1999 Ed. (2926)
1997 Ed. (2428)
1996 Ed. (2293)
1995 Ed. (2288)
1993 Ed. (2191)
Evanston Northwestern Healthcare
2008 Ed. (3059, 3194)
2007 Ed. (2767)
2006 Ed. (2918)
Evanston State Insurance Co.
1994 Ed. (2240)
Evansville Brewing Co.
1998 Ed. (2491)
1997 Ed. (713)
Evansville Teachers Credit Union
2008 Ed. (2231)
2007 Ed. (2116)
2006 Ed. (2195)
2005 Ed. (2100)
2004 Ed. (1958)
2003 Ed. (1918)
Evansville; University of
1996 Ed. (1039)
1995 Ed. (1054)
Evanta Inc.
2008 Ed. (2015, 2016, 2019)
Evaporated condensed milk
1990 Ed. (897)
EVault
2007 Ed. (1224)
EVCI Career Colleges Holdings Corp.
2006 Ed. (2723)
Evcon Industries
1992 Ed. (2105)
EVEA Bank
2000 Ed. (519)
1999 Ed. (508)
1997 Ed. (457)
Evenest Advertising
1989 Ed. (116)
Evenflo Products Co.
2002 Ed. (2801)
Evening primrose
2000 Ed. (2445)
1998 Ed. (1924)
Evening Standard
2002 Ed. (233, 3514)
Evening Star Productions
2001 Ed. (3917, 3919)
Evening Times Glasgow
2002 Ed. (233)
Evensen Dodge Inc.
2001 Ed. (732, 733, 735, 736, 738, 739, 742, 770, 818, 830, 847, 851, 871, 879, 887, 891, 895, 919, 935, 947, 955, 959)
2000 Ed. (2759, 2760, 2764, 2765, 2766)
1999 Ed. (3010, 3012, 3015, 3016, 3018, 3019)
1998 Ed. (2226, 2227, 2229, 2231, 2233)
1997 Ed. (2476, 2477, 2479, 2481, 2482, 2484)
1996 Ed. (2348, 2349, 2350, 2351, 2352, 2354, 2355, 2356, 2357, 2358)
1995 Ed. (2330, 2331, 2332, 2333, 2335, 2336, 2337, 2338)
1993 Ed. (2262, 2263, 2266, 2267, 2268)
1991 Ed. (2165, 2169, 2170, 2174, 2175)
Evenson Dodge Inc.
2000 Ed. (2761)
Event Communications
2001 Ed. (1445, 1448)
Event marketing
1990 Ed. (3080, 3081)
Events
2005 Ed. (1603)
2003 Ed. (850)
eVentures Group Inc.
2002 Ed. (3559, 3560)
Ever Fortune Industrial Co. Ltd.
1999 Ed. (4531)
1994 Ed. (3008)
1992 Ed. (3625)
1990 Ed. (2963)
Ever Steel Enterprise Co. Ltd.
1994 Ed. (1463)
Everard Goodman
2007 Ed. (917)
Everbank
2007 Ed. (4247, 4248)
2003 Ed. (546)
Everbank.com
2002 Ed. (4840)
Everbrite LLC
2008 Ed. (4005)
2007 Ed. (3615, 3616, 3985)
2006 Ed. (3549, 3930, 4387)
2005 Ed. (3866)
Evercare
2007 Ed. (3971)
2005 Ed. (1267)
Everclear Passion
2002 Ed. (3104)
1996 Ed. (3833)
Evercom, Inc.
2003 Ed. (2733)
EverDry Waterproofing
2003 Ed. (782)
Eveready
2008 Ed. (3982)
2006 Ed. (3902)
2002 Ed. (672, 673)
2000 Ed. (29)
1999 Ed. (1012, 2690, 3824)
1998 Ed. (610, 1949, 2849)
1997 Ed. (2235, 3116)
1996 Ed. (715, 3034)
1993 Ed. (2049, 2853)
1992 Ed. (876, 3460)
Eveready AA Energizer, 4-Pack
1989 Ed. (722, 723)
Eveready AA Energizer 4 pk
1991 Ed. (1453, 1454)
Eveready AA Energizer, 2-Pack
1989 Ed. (722)
Eveready Battery
1996 Ed. (3607)
Eveready C Energizer, 2-Pack
1989 Ed. (722)
Eveready D Energizer, 2-Pack
1989 Ed. (722)
Eveready Energizer
1994 Ed. (3499)
Eveready Energizer AA 4-pack
1992 Ed. (1848)
Eveready Energizer Batteries
2000 Ed. (198)
Eveready Income Fund
2008 Ed. (1548)
2007 Ed. (1569)
Eveready Industrial Group Ltd.
2006 Ed. (1539)
2005 Ed. (1693, 1694, 1695)
Eveready Super Heavy Duty AA Battery 4 CT
1990 Ed. (1548)
Everen Securities Inc.
2001 Ed. (4382)
2000 Ed. (836, 885)
1999 Ed. (826, 4237, 4248)
1998 Ed. (523, 2252, 3240, 3241)
1997 Ed. (2838)
Everest Advertising
1995 Ed. (83)
1994 Ed. (94)
1993 Ed. (107)
1992 Ed. (159)
1991 Ed. (108)
1990 Ed. (110)
Everest & Jennings International Ltd.
1993 Ed. (2491)
Everest Bank Ltd.
2006 Ed. (4524)
1999 Ed. (499)
Everest Capital Senior Debt Ltd.
2003 Ed. (3150)
Everest Connections LLC
2007 Ed. (1839)
Everest Consultants Inc.
2008 Ed. (3728, 4423, 4979)
2007 Ed. (3592, 3593, 4442)
2006 Ed. (3535)

Everest Emerging Markets
1996 Ed. (2097)
Everest Re
2001 Ed. (2954, 2961)
Everest Re Group Ltd.
2008 Ed. (1580, 3332, 4536)
2007 Ed. (3185, 3187)
2006 Ed. (1567, 3148)
2003 Ed. (4573)
2002 Ed. (1772, 2870)
Everest Reinsurance Co.
2007 Ed. (3184)
2005 Ed. (3067, 3085, 3143, 3145, 3146, 3147, 3149)
2004 Ed. (3056, 3074, 3137, 3138, 3139, 3141)
2003 Ed. (2971, 3014, 3015, 3016, 3017, 4995)
2002 Ed. (3948, 3949, 3950, 3951, 3958, 3959)
2001 Ed. (2907, 4030, 4036)
2000 Ed. (3748)
1998 Ed. (2201, 3037)
Everest Reinsurance Company
2000 Ed. (2680)
Everest Reinsurance Holdings Group
2000 Ed. (3750)
Everett Clay Associates
1999 Ed. (3932)
1998 Ed. (2948)
Everett Events Center
2006 Ed. (1154)
Everett F. Jefferson
2004 Ed. (2488)
Everett Hospital
2008 Ed. (2009)
2007 Ed. (1939)
2006 Ed. (1957)
2005 Ed. (1922)
Everett Smith Group Ltd.
2008 Ed. (3435, 3436)
2007 Ed. (3335, 3336)
2006 Ed. (3264)
2004 Ed. (3248)
2003 Ed. (3202)
Everett W. MacLennan
1996 Ed. (2989)
1994 Ed. (1712)
Everex Systems
1994 Ed. (2512, 2704)
1993 Ed. (1052, 1055, 2561)
1992 Ed. (1035, 1298, 1301, 1308, 1312, 1314, 1914, 3068)
1991 Ed. (1020, 1029, 2454, 2841, 2850, 2853)
1990 Ed. (2580)
Everglades
2000 Ed. (3572)
Everglades Credit Union
2006 Ed. (2168)
Everglades National Park
1997 Ed. (248)
1992 Ed. (332)
1990 Ed. (265)
Evergo
1990 Ed. (2049)
Evergreen
2007 Ed. (3660)
2002 Ed. (4268, 4270, 4271)
1998 Ed. (3293)
1997 Ed. (1147, 3238)
1995 Ed. (3049)
1993 Ed. (169)
1992 Ed. (3947, 3948, 3949, 3950)
Evergreen Aggressive Growth
2006 Ed. (3645)
Evergreen by Debra LLC
2006 Ed. (3509, 4348)
Evergreen Canada Israel Investments Ltd.
1999 Ed. (4705)
Evergreen Capital Preservation & Income
2001 Ed. (3434)
Evergreen Computer Products
2006 Ed. (3546)
Evergreen Credit Union
2008 Ed. (2236)
2007 Ed. (2121)
Evergreen Department Store Corp.
1992 Ed. (1798)
1990 Ed. (1498)
Evergreen Diversified Bond B
1999 Ed. (603)
Evergreen Emerging Markets
2001 Ed. (3429)
Evergreen Emerging Markets Growth
2003 Ed. (3484)
Evergreen Emerging Markets Growth Y
1999 Ed. (3540)
Evergreen Emerging Mkts Growth
2000 Ed. (3258)
Evergreen Equity Income
2003 Ed. (3141)
Evergreen FL High Income Municipal A
1999 Ed. (602)
1998 Ed. (411)
Evergreen FL High Income Municipal B
1999 Ed. (602)
Evergreen FL Municipal Bond Y
1999 Ed. (602)
Evergreen Foundation
1996 Ed. (2755, 2806)
1995 Ed. (2739)
1994 Ed. (2617)
Evergreen Foundation Fund A
1999 Ed. (601)
Evergreen Foundation Fund B
1999 Ed. (601)
Evergreen Foundation Fund C
1999 Ed. (601)
Evergreen Foundation Fund Y
1999 Ed. (601)
Evergreen Foundation Y
1999 Ed. (3508)
1997 Ed. (2884)
Evergreen Fund
1990 Ed. (2390)
Evergreen Fund Y
1999 Ed. (3505)
Evergreen Global Opportunities
2007 Ed. (3669)
2003 Ed. (3612)
Evergreen Global Opportunities Fund
2003 Ed. (3543)
Evergreen Global Opportunity
2001 Ed. (2307, 2307)
Evergreen Growth & Income Y
1999 Ed. (3516)
1996 Ed. (613)
Evergreen High-Grade Tax Free A
1997 Ed. (692, 2904)
Evergreen High Yield Bond
2001 Ed. (727)
Evergreen High Yield Bond B
1999 Ed. (603)
Evergreen House
1992 Ed. (4318)
Evergreen Insurance National Tax-Free
1995 Ed. (2711)
Evergreen International
2000 Ed. (229)
1994 Ed. (153)
Evergreen International Aviation Inc.
2005 Ed. (1565)
Evergreen International Bond
2003 Ed. (3147)
Evergreen Investment Management Co.
2005 Ed. (3218)
Evergreen Investments
2003 Ed. (3068)
Evergreen Latin America Fund
2002 Ed. (3477)
2000 Ed. (3258)
Evergreen Latin America Fund B
1999 Ed. (601)
Evergreen Line
2004 Ed. (1231, 2557, 2558, 2559, 2560)
2003 Ed. (1226, 1228, 2422, 2423, 2425, 2426)
1999 Ed. (4299)
1998 Ed. (931)
1993 Ed. (3298)
1992 Ed. (3951)
Evergreen Marine
2000 Ed. (1564, 1565, 1569, 1570)
1999 Ed. (207, 1744, 4301)
1997 Ed. (1521)
1996 Ed. (1454, 3627)
1995 Ed. (1498)
1993 Ed. (3501)
1992 Ed. (1697)
1991 Ed. (1357)
1990 Ed. (1426)
1989 Ed. (1166)
Evergreen Marine Corp. (Taiwan) Ltd.
1994 Ed. (3282)
1992 Ed. (3945)
1990 Ed. (240, 3268)
Evergreen Media Corp.
1999 Ed. (3978)
1998 Ed. (2981)
Evergreen Media/Pyramid
1997 Ed. (3237)
Evergreen Micro Cap Y
1999 Ed. (598, 3575)
Evergreen Money Market Trust
1994 Ed. (2539, 2542)
1992 Ed. (3096)
Evergreen National Bank
1997 Ed. (499)
Evergreen Offit National Municipal
2004 Ed. (704)
Evergreen Offit New York Municipal Bond
2004 Ed. (705)
Evergreen Omega
2006 Ed. (3614)
2004 Ed. (3538)
Evergreen Precious Metals
2006 Ed. (3637, 3638, 3657)
2005 Ed. (3561)
2004 Ed. (3594, 3595)
Evergreen Precious Minerals
2008 Ed. (3770)
Evergreen Printing and Publishing Co. Inc.
2000 Ed. (3615)
1999 Ed. (3898)
Evergreen Resources Inc.
2005 Ed. (4383)
2004 Ed. (1676, 4432)
2002 Ed. (3677)
Evergreen Select Adjustable Rate
2001 Ed. (727)
Evergreen Select International Bond Income
2001 Ed. (725)
Evergreen Short-Intermediate Municipal
1996 Ed. (622)
Evergreen Short Intermediate Municipal Yield
2001 Ed. (726)
Evergreen Small Cap Equity Y
1999 Ed. (3506)
Evergreen Solar
2006 Ed. (1874)
Evergreen Special Values
2006 Ed. (3651)
Evergreen State College
2001 Ed. (1323)
1999 Ed. (1226)
1998 Ed. (797)
1997 Ed. (1060)
1996 Ed. (1044)
1995 Ed. (1059)
1994 Ed. (1051)
1993 Ed. (1024)
1992 Ed. (1276)
Evergreen Strategic Income
2005 Ed. (700)
Evergreen Strategic Income A
1999 Ed. (599)
Evergreen Strategic Income B
1999 Ed. (599)
Evergreen Strategy Income
2001 Ed. (725)
Evergreen Tax Exempt
1992 Ed. (3168)
Evergreen Tax-Exempt MMF
1996 Ed. (2672)
1992 Ed. (3095)
Evergreen Tax-Exempt Money Market Fund
1994 Ed. (2538)
Evergreen Tax Strat Foundation
1996 Ed. (623)
Evergreen Total Return
1990 Ed. (2394)
Evergreen Total Return Y
1996 Ed. (611)
Evergreen US Re Y
1999 Ed. (3522)
Evergreen Utility & Telecommunication
2007 Ed. (3677)
Everland
2007 Ed. (272, 274, 275)
2006 Ed. (267, 270)
2005 Ed. (248, 250)
2003 Ed. (272, 275)
2002 Ed. (310, 313)
2001 Ed. (379, 382)
2000 Ed. (298, 301)
1999 Ed. (270, 273)
1998 Ed. (166)
Everlight Chemical Industrial Corp.
1994 Ed. (933)
1992 Ed. (1119)
1990 Ed. (958)
Everlight Electronics
2008 Ed. (2098)
2007 Ed. (2006)
Evernham Motorsports
2007 Ed. (327)
Everready
2003 Ed. (653)
Eversheds National
2003 Ed. (3183)
Eversholt Leasing Co.
1997 Ed. (2704)
Everst Reinsurance
1999 Ed. (4033)
Evert; Chris
1995 Ed. (250, 1671)
Evertrust Financial Group
2002 Ed. (582)
Evertz Technologies Ltd.
2008 Ed. (2012, 2939)
Every Man a Speculator: A History of Wall Street in American Life
2007 Ed. (654)
Every Morning
2001 Ed. (3406)
Everybody Loves Raymond
2005 Ed. (4666)
2004 Ed. (4692)
2002 Ed. (4583)
Everyday
2007 Ed. (128)
Everyday Food
2008 Ed. (150, 152)
Everyday Health
2008 Ed. (3362)
Everypath, Inc.
2002 Ed. (4976)
Everything for Sale: The Virtues & Limits of Markets
2006 Ed. (577)
Everything Furniture
2008 Ed. (4207)
Everything Yogurt
1992 Ed. (2226)
1991 Ed. (2865)
Everything4MDs
2005 Ed. (2788)
Everything's a $1
1999 Ed. (1881)
1998 Ed. (1313)
1997 Ed. (1638)
1996 Ed. (1562)
1994 Ed. (887)
Everything's a $1.00
1992 Ed. (1078)
Everything's Eventual
2004 Ed. (739)
EveryTicket.com
2007 Ed. (4167)
2006 Ed. (4144)
Evet
2006 Ed. (93)
Evi Inc.
2002 Ed. (1445)
EVI Audio
1998 Ed. (2589)
Evian
2008 Ed. (634)
2007 Ed. (672, 675)
2005 Ed. (734, 736)
2003 Ed. (731, 733, 736)
2002 Ed. (702, 752, 755, 757)
2001 Ed. (995, 1000, 1001)
2000 Ed. (781, 783, 784)

1999 Ed. (764, 765, 766, 768, 4510)
1998 Ed. (480, 483)
1997 Ed. (695, 696, 698, 3661)
1996 Ed. (759, 760, 3616)
1995 Ed. (685, 687)
1993 Ed. (688, 725, 726)
1992 Ed. (910)
1991 Ed. (725)
Evian Waters of France
1994 Ed. (691, 734)
Evie Kreisler & Associates
1997 Ed. (1794)
Evins; Dan W.
1996 Ed. (958)
eVision International Inc.
2003 Ed. (1652)
EVN
2007 Ed. (1593)
2006 Ed. (4883)
2002 Ed. (4756)
2000 Ed. (1390, 4351, 4352)
1999 Ed. (4722, 4723)
1997 Ed. (3846, 3847)
1996 Ed. (3792, 3793)
1994 Ed. (3631, 3632)
1993 Ed. (3671)
EVN AG
2008 Ed. (1574, 1722, 2429, 2504, 2814, 2868, 3679)
2007 Ed. (1596)
Evobus (Schweiz) AG
2004 Ed. (1703)
Evoke Communications Inc.
2002 Ed. (1619, 1624, 2471)
Evoke Software Corp.
2001 Ed. (1870, 2850)
Evolution Azura Canadian Aggressive Growth
2003 Ed. (3598)
Evolution Benefits
2008 Ed. (2902)
Evolution Canadian Demographic
2004 Ed. (2472, 2473)
Evolv Solutions LLC
2008 Ed. (1870)
Evolve Manufacturing Technologies
2008 Ed. (3541)
2007 Ed. (3412)
2006 Ed. (3358)
Evolved Digital Systems
2007 Ed. (2805)
Evolving Systems Inc.
2003 Ed. (1652)
2002 Ed. (1152)
Evraz Group
2008 Ed. (1893)
Evropa Echocolate
2001 Ed. (57)
Evyap
2007 Ed. (88)
2006 Ed. (98)
2005 Ed. (89)
E.W. Blanch Co.
2000 Ed. (3751)
E.W. Blanch (E.W.) Holdings
1996 Ed. (2831)
EW Electronics
2005 Ed. (2345, 2347)
E.W. Scripps
1999 Ed. (3612)
1998 Ed. (2975)
EWA
1995 Ed. (1563)
1994 Ed. (1534)
Ewan Birney
2003 Ed. (4685)
Ewbank Preece Group Ltd.
1996 Ed. (1676)
1991 Ed. (1560)
EWDB Italia
1991 Ed. (116)
eWeek
2008 Ed. (146, 147, 148, 149, 811, 1122, 4718)
2007 Ed. (162, 163, 164, 165, 845, 1218, 4799)
2006 Ed. (752, 4783)
2005 Ed. (141, 142, 143, 144)
2004 Ed. (145)
2001 Ed. (253, 256)
Ewen Griffiths
2000 Ed. (2181)
1999 Ed. (2419)
Ewing Cole Cherry
1994 Ed. (238)
1993 Ed. (249)
Ewing Cole Cherry Brott Inc.
2004 Ed. (2376)
2000 Ed. (316)
1999 Ed. (291)
1998 Ed. (189)
1997 Ed. (269)
1996 Ed. (237)
1995 Ed. (241)
Ewing Cole Cherry Parsky
1992 Ed. (360)
1991 Ed. (254)
1990 Ed. (283, 285)
1989 Ed. (269)
Ewing-Doherty Mechanical
2008 Ed. (4003)
2006 Ed. (1259)
2004 Ed. (1239)
Ewing Kauffman
1989 Ed. (2751, 2905)
Ewing Marion Kauffman Foundation
2002 Ed. (2329)
Ewing Marion Kaufman Foundation
1995 Ed. (1931)
Ewing Properties
1997 Ed. (1122)
EwingCole
2007 Ed. (3198)
2006 Ed. (3164)
2005 Ed. (3159, 3162, 3170)
EWorld
1997 Ed. (2963)
Ex-Cell Home Fashions Inc.
2007 Ed. (580, 582, 4673)
Ex-Lax
2003 Ed. (3198)
2001 Ed. (3073)
Ex Libris
2006 Ed. (3279)
2005 Ed. (3287)
2004 Ed. (3256)
Exabyte Corp.
2002 Ed. (1625)
1994 Ed. (2019)
1993 Ed. (2008)
Exact Target
2008 Ed. (2477)
2007 Ed. (2353)
Exactech
2006 Ed. (4333)
1994 Ed. (1529)
ExactTarget
2008 Ed. (110)
Exadel
2007 Ed. (1251)
Exaktime
2008 Ed. (1165)
Exalead
2008 Ed. (1140)
Exbud
1994 Ed. (3648)
Excalibur
2001 Ed. (2801)
Excalibur Research Group
2006 Ed. (3190)
Excamilla & Poneck
2000 Ed. (3679)
Excavating machinery
2007 Ed. (2515, 2516)
Excavation
2000 Ed. (4323)
Excedrin
2008 Ed. (254)
2004 Ed. (247)
2003 Ed. (278, 279)
2002 Ed. (314, 319, 320)
2001 Ed. (385)
2000 Ed. (302)
1999 Ed. (274)
1998 Ed. (168)
1997 Ed. (253, 254)
1996 Ed. (222)
1995 Ed. (221, 1618)
1994 Ed. (220, 1573, 1575)
1993 Ed. (229, 1531)
1992 Ed. (335, 1873, 4235)
1991 Ed. (240)
1990 Ed. (3547)
1989 Ed. (256)
Excedrin Migraine
2003 Ed. (278)
2002 Ed. (319, 320)
2001 Ed. (385)
Excedrin PM
2001 Ed. (385)
1999 Ed. (274)
1994 Ed. (221)
Exceed Corp.
2008 Ed. (3713, 4401)
Exceisior Large Cap Growth Fund
2000 Ed. (622)
Excel Corp.
2006 Ed. (3430, 3431)
2005 Ed. (3420)
2004 Ed. (3407, 3408)
2002 Ed. (384)
2000 Ed. (2232)
1997 Ed. (1104)
1996 Ed. (1075)
1993 Ed. (2514, 2516, 2520, 2522, 2879, 2887, 2888, 2892, 2894)
1992 Ed. (2065)
1991 Ed. (1750)
1989 Ed. (2344, 2527)
Excel Administrative Solutions
2005 Ed. (1762)
Excel Bank
2004 Ed. (498)
Excel Cabinets & Interiors Inc.
2004 Ed. (1809)
Excel Canadian Balanced
2004 Ed. (3624)
Excel Communications
1998 Ed. (3474)
Excel Credit Union
2005 Ed. (2079)
Excel Development Group
1999 Ed. (1382)
1998 Ed. (960)
1997 Ed. (1149)
1996 Ed. (1120)
Excel Environmental
1992 Ed. (3480)
Excel for Windows
1996 Ed. (1086)
Excel Group Inc.
2008 Ed. (1311, 1338)
2007 Ed. (1378)
2006 Ed. (1326)
Excel Homes
2007 Ed. (3625)
2006 Ed. (3555)
2004 Ed. (1202)
2003 Ed. (1197)
2002 Ed. (2658)
2000 Ed. (3592, 3593)
1998 Ed. (2899, 2900)
1997 Ed. (3154, 3155)
1996 Ed. (3075, 3076)
1995 Ed. (2974, 2977)
1994 Ed. (2920, 2921)
Excel in Office Windows
1996 Ed. (1075)
Excel India
2005 Ed. (3567)
Excel Logistics North America
2000 Ed. (4311)
Excel Maritime
2000 Ed. (292)
Excel Midas Gold Shares
1995 Ed. (2718, 2721)
Excel Personnel Inc.
2008 Ed. (4955)
Excel Professional Services Inc.
2002 Ed. (3374)
2000 Ed. (3146)
1998 Ed. (2513)
Excel Railcar Corp. & Cos.
2002 Ed. (2542)
Excel Realty Trust Inc.
2000 Ed. (4022)
Excel Staffing Cos.
2008 Ed. (3723, 4416, 4974)
2006 Ed. (3529, 4368)
Excel Switching Corp.
2000 Ed. (1749, 3877)
Excel Technology
1999 Ed. (2623, 2670)
1997 Ed. (2164, 3521)
1996 Ed. (2061, 3451)
1995 Ed. (2066, 3388)
Excel Transportation
2005 Ed. (4034)
Excel Value Fund
1995 Ed. (2719)
Excelan
1991 Ed. (2341)
Exceldor Cooperative
2008 Ed. (1385)
Excelergy
2003 Ed. (2283)
Excell Agent Services LLC
2005 Ed. (4645)
Excell Global Services, Inc.
2001 Ed. (4463, 4469)
Excell Store Fixtures
2000 Ed. (4134)
1998 Ed. (3427)
1997 Ed. (3653)
Excellence
2001 Ed. (2654, 2655, 2657)
Excellence in Education Foundation
1995 Ed. (1926)
1994 Ed. (1058, 1900, 1901)
Excellus BlueCross BlueShield
2008 Ed. (3632)
eXcelon Corp.
2004 Ed. (1538)
Excelsia Otto
2006 Ed. (1430)
Excelsior Business & Industrial
1998 Ed. (2613)
1997 Ed. (2873)
Excelsior Business & Industrial Fund
1998 Ed. (401)
Excelsior Communication & Entertainment Fund
1998 Ed. (401)
Excelsior Early Life Cycle
1998 Ed. (401)
Excelsior Emerging Americas
1998 Ed. (409, 2636)
Excelsior Energy & Natural Resources
2001 Ed. (3430)
Excelsior Large Cap Growth
2000 Ed. (3241, 3274)
Excelsior Large Cap Growth Fund
2000 Ed. (3268, 3273)
Excelsior Latin America Fund
1999 Ed. (600)
Excelsior Long Supply Energy Fund
1998 Ed. (407)
Excelsior Long-Term Tax Exempt
2000 Ed. (771)
1999 Ed. (3572)
Excelsior Managed Income
1998 Ed. (402)
Excelsior Mid Cap Value Fund Institutional
2003 Ed. (3538)
Excelsior Pacific/Asia Fund
2001 Ed. (2307)
Excelsior Pan European Fund
1999 Ed. (600)
1998 Ed. (409)
Excelsior Private Equity Fund II
2000 Ed. (1526)
Excelsior Short-Term Government
2000 Ed. (626)
Excelsior Short-Term Tax Exempt
2001 Ed. (3443)
Excelsior Short-Term Tax-Exempt Securities
2001 Ed. (726)
Excelsior Tax Exempt Long
1997 Ed. (692)
Excelsior Total Return Bond Institutional
2003 Ed. (3535)
Excelsior TXE Long-Term
1998 Ed. (402, 403)
Excelsior-Val & Restruct
1999 Ed. (3574)
Excelsior Value & Restructing
2007 Ed. (4548)
Excelsior Value & Restructuring
2008 Ed. (4516)
2006 Ed. (3631, 3634)
2005 Ed. (3551, 4480)
2003 Ed. (3492)
2002 Ed. (3418)
Excelsior Value & Restructuring Fund
2003 Ed. (3493, 3534)

Excessive, unauthorized, or unsuitable trades
1992 Ed. (963)
The Exchange
2001 Ed. (2185, 2188, 2189, 3826)
1997 Ed. (1704)
1996 Ed. (259)
1995 Ed. (352)
1992 Ed. (750)
1990 Ed. (292)
1989 Ed. (281)
Exchange/Accel
1996 Ed. (1624)
1995 Ed. (1648)
1992 Ed. (1910, 1912, 1913)
1991 Ed. (1509, 1510)
1990 Ed. (293)
Exchange Bancorp
1990 Ed. (639)
Exchange Bank
1994 Ed. (512)
1990 Ed. (514)
Exchange Industrial Income Fund
2006 Ed. (1631)
Exchange International Corp.
1990 Ed. (456)
Exchange National Bank
1991 Ed. (478)
1990 Ed. (520)
Exchange National Bank (Chicago)
1991 Ed. (543)
Exchange National Bank, ILL.
1989 Ed. (2153)
Exchange State Bank
1989 Ed. (211)
The Exchange System
1994 Ed. (1606)
Excise taxes
1998 Ed. (3463)
Excite Inc.
2007 Ed. (2327, 2351)
2002 Ed. (4792)
2001 Ed. (1547, 4746, 4781)
2000 Ed. (2747, 2749)
1999 Ed. (32, 3003)
1998 Ed. (3774, 3775, 3779, 3780)
Excite Lifestyles
2007 Ed. (2328)
Excite@Home Corp.
2003 Ed. (826, 2704, 2731)
Exclamation
1998 Ed. (1353, 2777)
1997 Ed. (3032)
1996 Ed. (2951)
1995 Ed. (2876)
EXCO Resources Inc.
2005 Ed. (3936)
EXE Technologies Inc.
2004 Ed. (3317)
2003 Ed. (1123)
2002 Ed. (1992)
2001 Ed. (4424, 4425)
Exebandes
2000 Ed. (641, 645)
1995 Ed. (586)
Exec-U-Net
2002 Ed. (4811)
Exec. Univ. Life IIa
1995 Ed. (2316)
Executive
1990 Ed. (2619)
Executive Decision
1998 Ed. (3675)
Executive House
1993 Ed. (2094)
Executive Investment
1993 Ed. (2327, 2339)
Executive Investment Advisors
1995 Ed. (2365)
Executive Investors Ins T/E
2000 Ed. (3285)
Executive Investors Insured Tax Exempt
1997 Ed. (692)
Executive Janitorial Service
2005 Ed. (760, 763)
Executive-level managers
1999 Ed. (3854)
Executive Life
1993 Ed. (1199)
Executive Office of the President
2006 Ed. (3293)
Executive Property Management
1999 Ed. (4009, 4012)
Executive recruiter
1989 Ed. (2972)
Executive Risk Group
1999 Ed. (2964)
Executive Service Corps.
1997 Ed. (847)
1996 Ed. (836)
1995 Ed. (854)
1992 Ed. (996)
1991 Ed. (812)
Executive Service Corps of Southern California
2002 Ed. (866)
Executive Tans Inc.
2007 Ed. (4678)
2006 Ed. (4658)
2005 Ed. (4593)
2003 Ed. (4673)
2002 Ed. (4548)
Executive Technology Inc.
2007 Ed. (3532, 4400)
Executives
2007 Ed. (3737)
1994 Ed. (2587)
Executives, administrators, & managers
1993 Ed. (2739)
Executone
1990 Ed. (3522)
Executone Information
1992 Ed. (1294)
Executone Information Systems
1993 Ed. (1045)
ExecuTrain
2006 Ed. (3031)
Exel
2007 Ed. (4837, 4879)
2006 Ed. (4822, 4823, 4887)
2005 Ed. (4773)
2000 Ed. (1305)
1993 Ed. (3327)
1992 Ed. (3983)
1991 Ed. (1634, 3134)
Exel Americas
2008 Ed. (4739)
2007 Ed. (3389, 4812, 4816)
2006 Ed. (4795, 4799)
2005 Ed. (3340, 4750)
2004 Ed. (4777)
Exel Europe Ltd.
2004 Ed. (4797)
2002 Ed. (4672)
Exel Logistics
2001 Ed. (4723)
Exel Logistics (USA) Inc.
2006 Ed. (2665)
Exel plc
2007 Ed. (1334, 1335, 2648)
2003 Ed. (4873)
2002 Ed. (1642, 1792, 4675)
Exel Transportation Services
2007 Ed. (2647)
Exelon Corp.
2008 Ed. (1403, 1479, 2422, 2423, 3035, 3192)
2007 Ed. (1455, 1484, 2288, 2289, 2290, 2291, 2294, 2295, 2302, 2389, 2680)
2006 Ed. (1422, 2352, 2353, 2355, 2356, 2359, 2360, 2435, 2443, 2690, 4468)
2005 Ed. (1176, 1466, 2288, 2290, 2292, 2293, 2300, 2302, 2303, 2304, 2306, 2309, 2310, 2715)
2004 Ed. (1740, 2189, 2191, 2193, 2194, 2196, 2197, 2321, 2725)
2003 Ed. (2137, 2140, 2141, 2285, 2607, 4535)
2002 Ed. (3754)
Exelon Infrastructure Services Inc.
2003 Ed. (1231, 1232, 1233, 1234, 1301, 1315, 1318, 1337)
2002 Ed. (1289, 1298, 1300)
Exelon Services
2006 Ed. (1338, 3924)
2005 Ed. (1287, 1288, 1289, 1291, 1342)
2004 Ed. (1234, 1238, 1240, 1241, 1337)
Exempla Healthcare
2008 Ed. (2493)
2007 Ed. (2376)
2006 Ed. (2431)
2004 Ed. (2306)
2002 Ed. (1623)
Exempla Lutheran Medical Center
2008 Ed. (3058)
2002 Ed. (2617)
Exempla St. Joseph Hospital
2002 Ed. (2617)
Exemplar Manufacturing Co.
2004 Ed. (169, 175)
2003 Ed. (213)
2002 Ed. (715, 717)
2001 Ed. (713)
2000 Ed. (742, 3145)
1999 Ed. (730, 3421)
Exercise
2001 Ed. (4334)
2000 Ed. (1048, 1842, 2919)
1994 Ed. (3369)
1992 Ed. (878)
Exercise, aerobics or gymnastics classes
1996 Ed. (3036)
Exercise equipment
2005 Ed. (4428)
1999 Ed. (4314)
1997 Ed. (3555)
Exercise videos
1993 Ed. (3669, 3670)
Exercise Walking
2000 Ed. (4090)
1999 Ed. (4383)
1998 Ed. (3355)
1995 Ed. (3430)
Exercise wear
2001 Ed. (1277)
Exercise with equipment
1999 Ed. (4383)
1998 Ed. (3355)
Exercising with equipment
1995 Ed. (3430)
1992 Ed. (4048)
Exeter & Hampton Electric Co.
2001 Ed. (3866)
Exeter Banking Co.
1993 Ed. (590)
1990 Ed. (649)
Exeter Capital Growth
2000 Ed. (3307)
Exeter High Income
1995 Ed. (2751)
Exeter Maximum Horizon Fund
2003 Ed. (3536)
Exeter Tax Managed
2006 Ed. (3627, 3628)
Exeter Tax Managed Fund
2003 Ed. (3532)
Exeter World Opportunities
2006 Ed. (3672, 4552)
2005 Ed. (3575)
2004 Ed. (3645)
Exeter World Opportunities Fund
2003 Ed. (3543)
Exfo Electro-Optical Engineering Inc.
2008 Ed. (2937)
2007 Ed. (2809)
2003 Ed. (2934, 2937)
Exhaust System Parts
1989 Ed. (328, 329)
Exhaust System Parts (all)
1990 Ed. (397, 398)
Exhibimex
2003 Ed. (2416)
2001 Ed. (2353)
Exhibit Solutions of New Mexico Inc.
2008 Ed. (4974)
Exhibition carpets
2000 Ed. (988)
Exhibition Park
2005 Ed. (2520)
2003 Ed. (2414)
2001 Ed. (2352)
Exhibition Stadium
1994 Ed. (3373)
1989 Ed. (986)
eXI Wireless Inc.
2006 Ed. (2821)
Exide Corp.
2001 Ed. (3221)
1999 Ed. (3295)
1996 Ed. (3256)
1992 Ed. (1532)
Exide Electronics
1999 Ed. (1957)
1995 Ed. (2796)
Eximbank
1996 Ed. (575)
Eximbank Kazakhstan
2004 Ed. (569)
2003 Ed. (555)
2001 Ed. (632)
ExiService Holdings Inc.
2007 Ed. (4437)
Exista
2008 Ed. (1791)
Exit Interviews
2000 Ed. (1783, 1784)
ExLax
2003 Ed. (3776)
Exley, Jr.; Charles E.
1991 Ed. (1627)
Exmark Manufacturing
2004 Ed. (3330)
Exodus
2003 Ed. (2163)
2000 Ed. (2640, 2641)
Exodus Communications, Inc.
2003 Ed. (2731)
2002 Ed. (1530, 2483)
2001 Ed. (1644, 1867, 1868)
Exopack LLC
2008 Ed. (3837)
Exor Group
2000 Ed. (3018)
1999 Ed. (3280, 3281)
1997 Ed. (2693)
The Exorcist
1990 Ed. (2768)
Exostar
2004 Ed. (2203)
2003 Ed. (2153)
Exotic Rubber & Plastics Corp.
1993 Ed. (3735)
1992 Ed. (4485)
Expalsa Exports
1994 Ed. (3306)
Expand A Sign USA
2008 Ed. (3694)
Expanets of North America LLC
2006 Ed. (1263)
2005 Ed. (1293)
Expansion de L'Industrie (Societe Financiere pour L')
1995 Ed. (2506)
Exp.com
2002 Ed. (4835)
Expedia Inc.
2008 Ed. (817, 2143, 2440, 3373, 4667, 4747)
2007 Ed. (2315, 3244)
2005 Ed. (1823, 3193)
2004 Ed. (1756, 3019, 3023, 3161, 4565)
2003 Ed. (1719, 2942, 2949, 3055)
2002 Ed. (2536)
2001 Ed. (2991)
Expedition
2002 Ed. (4684, 4699, 4701)
2001 Ed. (468, 471, 474, 481, 3329, 4638)
2000 Ed. (3141)
Expedition; Ford
2006 Ed. (3577)
Expeditors International
1999 Ed. (206, 1351, 2498)
1998 Ed. (1755)
1997 Ed. (1811)
1989 Ed. (1567, 2494)
Expeditors International of Washington Inc.
2008 Ed. (205, 1533, 2165, 2166, 2355, 2367, 3147, 3525, 4736, 4746, 4747, 4758)
2007 Ed. (219, 1334, 1335, 2056, 2215, 3029, 3759, 4808, 4819, 4820, 4821, 4822)
2006 Ed. (211, 2100, 2994, 3763, 4803, 4804, 4810)
2005 Ed. (197, 1789, 1941, 2001, 4751, 4752, 4755, 4757, 4778, 4779)
2004 Ed. (4414, 4763, 4778, 4779, 4786, 4807, 4808)

2003 Ed. (3707, 3708, 4781, 4792)
2002 Ed. (1225, 3569, 3570, 4665)
2001 Ed. (3161, 4628)
Expensive dresses
1990 Ed. (2506)
1989 Ed. (862)
Expensive jewelry
1990 Ed. (2506)
1989 Ed. (862)
Experian
2008 Ed. (136, 2452)
Experian Group
2008 Ed. (1857, 2449)
Experiment in International Living
1991 Ed. (2618)
1989 Ed. (1146)
Expert Eyes
2001 Ed. (2382, 2383)
Expert Eyes; Maybelline
2005 Ed. (2024)
Expert Home Design for Windows
1995 Ed. (1099)
Expertcity.com
2003 Ed. (3048)
2002 Ed. (4805)
The Experts
2008 Ed. (3182)
Expetec
2006 Ed. (818)
2004 Ed. (912)
The Exploration Co.
2003 Ed. (3828, 3835, 3836)
1990 Ed. (2774)
Exploration manager
2004 Ed. (2276)
Exploration Co. of Louisiana
1996 Ed. (213)
1995 Ed. (208)
1994 Ed. (214)
Exploratorium
2003 Ed. (3045)
Explore
1995 Ed. (352)
Explorer
2002 Ed. (386, 4684, 4699, 4701)
2001 Ed. (466, 467, 468, 469, 470, 471, 472, 473, 474, 478, 3329, 3394, 4638)
2000 Ed. (3141)
Explorer; Ford
2008 Ed. (4765, 4781)
2007 Ed. (4858)
2006 Ed. (3577, 4829, 4856)
2005 Ed. (4427, 4777, 4786)
Explorer Pipeline Co.
2001 Ed. (3801)
2000 Ed. (2313)
1999 Ed. (3831)
1998 Ed. (2860, 2866)
1997 Ed. (3122, 3123)
1996 Ed. (3041)
1995 Ed. (2942)
1994 Ed. (2876)
1993 Ed. (2856, 2856, 2860)
1992 Ed. (3464, 3468)
1991 Ed. (2747)
1989 Ed. (2233)
Explorer Van Co.
1995 Ed. (3685, 3686, 3688)
1992 Ed. (4368, 4370, 4372)
Explosion
2003 Ed. (2980)
Explosions
2005 Ed. (3617)
Explosives
2006 Ed. (3733)
1999 Ed. (3624)
Explosives manufacturing and distribution
1994 Ed. (2243)
Expo Biro
2008 Ed. (2071, 3442, 4203)
Expo Design Centers
2008 Ed. (3001)
2007 Ed. (2881)
Expo Grands Travaux
2008 Ed. (4724)
Expo Group
2001 Ed. (4612)
Expo Guadalajara
2005 Ed. (2522)
2003 Ed. (2416)
2001 Ed. (2353)
Expo Santa Fe Mexico
2005 Ed. (2522)
Expo-Trade
2005 Ed. (1655)
ExpoPeubla Exhibition Center
2003 Ed. (2416)
ExpoPuebla Exhibition Center
2001 Ed. (2353)
Exporklore
2006 Ed. (2545)
Export A Medium
1999 Ed. (1136)
Export A Regular
1999 Ed. (1136)
Export & Finance Bank
2006 Ed. (4512)
2004 Ed. (568)
Export Development Corp.
2001 Ed. (1661)
1997 Ed. (2155)
1996 Ed. (1918, 2037)
1994 Ed. (1847, 1985)
1992 Ed. (2341)
1990 Ed. (1942)
Export Development Bank
1993 Ed. (616)
Export Development Bank of Iran
2008 Ed. (449)
2007 Ed. (484)
Export Development Canada
2008 Ed. (1613, 2833, 4734)
2007 Ed. (1615, 2574, 2704)
2006 Ed. (1595, 2709)
2005 Ed. (2748)
2004 Ed. (2753)
Export-Import Bank
1992 Ed. (704)
Export-Import Bank loans
1989 Ed. (1220)
Export-Import Bank of Japan
1998 Ed. (1268)
1995 Ed. (1561)
1994 Ed. (519)
1990 Ed. (605, 606)
Export-Import Bank of Korea
2004 Ed. (512)
2002 Ed. (601, 602)
1999 Ed. (468)
1994 Ed. (519, 548)
1993 Ed. (548)
1992 Ed. (607, 751)
Export-Import Bank of Moldova
2004 Ed. (469)
Export-Import Bank of the Republic of China
1992 Ed. (729)
Export Packers Co.
1998 Ed. (1734)
1997 Ed. (2049)
1996 Ed. (1950)
Export products
2001 Ed. (4364)
Export services
1992 Ed. (3535)
Exportadora Bananera Noboa
2006 Ed. (2545)
1989 Ed. (1105)
Exportdrvo
1991 Ed. (1361)
Exportlore
1994 Ed. (3306)
Exports
2007 Ed. (264, 2755)
2006 Ed. (257, 2749)
2003 Ed. (265)
2001 Ed. (363, 364, 3811)
2000 Ed. (3556)
1998 Ed. (150)
Exposure to asbestos, etc.
1993 Ed. (3737, 3738)
Express Inc.
2008 Ed. (2004)
2007 Ed. (1936)
2002 Ed. (231, 3514)
2001 Ed. (3544)
1994 Ed. (3094)
1993 Ed. (3039)
Express America
1995 Ed. (2598)
Express Credit Card Buyers
1999 Ed. (1856)
Express Finish
2001 Ed. (3514, 3515)
Express Foods Group International
1994 Ed. (3680)
Express Group
1998 Ed. (2465)
Express Human Resources
2001 Ed. (3909)
Express Mart Franchising Corp.
2006 Ed. (1384)
2002 Ed. (1333)
Express Net
2006 Ed. (227)
Express Network Inc.
2000 Ed. (3080)
Express Oil Change
2008 Ed. (323)
2007 Ed. (336)
2006 Ed. (351)
2005 Ed. (335)
2004 Ed. (339)
2003 Ed. (355, 364)
2002 Ed. (404, 418)
2001 Ed. (531)
Express One
2003 Ed. (4402)
2002 Ed. (2360, 3571)
Express Personal Services
2005 Ed. (1935, 1938)
Express Personnel Services Inc.
2008 Ed. (883, 2008, 4495)
2007 Ed. (4515)
2006 Ed. (1966, 3978, 4457)
2005 Ed. (3905, 4454)
2004 Ed. (4482)
Express Pharmacy Service
1995 Ed. (2496)
Express Press
1998 Ed. (2918)
Express Scripts Inc.
2008 Ed. (1427, 1515, 1533, 1944, 1947, 1948, 1949, 1954, 1956, 1957, 2911, 4212)
2007 Ed. (1549, 1889, 1891, 1892, 1893, 2363, 2364, 2766, 2775, 2777, 2782, 3461, 3906, 4171, 4280, 4520, 4558, 4589)
2006 Ed. (1528, 1897, 1899, 1901, 1906, 1907, 1909, 1910, 2416, 2763, 2764, 3875, 4148)
2005 Ed. (1876, 1878, 1880, 1885, 1886, 1887, 1888, 2794, 2798, 2803, 4096, 4354)
2004 Ed. (842, 1578, 1581, 1614, 1805, 1806, 2808, 3875, 4160)
2003 Ed. (1556, 1769, 2682, 2686, 3864)
2002 Ed. (911, 1732, 2517)
2001 Ed. (2678, 2679)
1996 Ed. (2882, 3454)
1995 Ed. (2496)
1994 Ed. (2009, 2015, 3317, 3323)
Express Services Inc.
2008 Ed. (805, 1739, 4046)
2007 Ed. (837, 1710, 4019)
2003 Ed. (4532)
2002 Ed. (4597)
1990 Ed. (1020, 3304)
Express Tax
2008 Ed. (4592)
2007 Ed. (4681)
2006 Ed. (4662)
2005 Ed. (4596)
Express Teller Services Inc.
2006 Ed. (4377)
Expressbank
1997 Ed. (424)
1996 Ed. (460)
Express.com
2002 Ed. (4749)
Expressions
2007 Ed. (2708)
2006 Ed. (2712)
1996 Ed. (1984)
Expressions Custom Furniture
1999 Ed. (2563)
ExpressJet Holdings Inc.
2008 Ed. (212)
2007 Ed. (224, 228)
2006 Ed. (215, 216, 217, 220, 226, 240)
2005 Ed. (202, 203, 207, 211, 213)
2004 Ed. (204, 1571, 4338)
Expresso machines
1996 Ed. (2192)
ExpressTech International Inc.
2008 Ed. (3735, 4431, 4987)
Expressway Toyota
1990 Ed. (322, 385)
Exprim McCann-Erickson
2003 Ed. (99)
Exprim McCann-Erickson, Vientaine
2002 Ed. (133)
Exprinter Losan
2000 Ed. (474, 477)
Expro International
2007 Ed. (3883)
Exstein; Michael
1997 Ed. (1896)
Exstream Software Inc.
2007 Ed. (1239)
Exta950IRC/Ektachem 950IRC Analyzer
1997 Ed. (2744)
Extebandes
2000 Ed. (644)
1997 Ed. (594)
1996 Ed. (655)
Extended Stay America
2007 Ed. (2954)
2006 Ed. (3276, 4010)
2005 Ed. (2925, 2926)
2004 Ed. (2934, 2935)
2000 Ed. (2206, 2554, 2563)
1999 Ed. (2777)
Extended StayAmerica Efficiency Studios
2002 Ed. (2643)
Extendicare Inc.
2008 Ed. (4321)
2007 Ed. (4365)
2005 Ed. (1729)
2003 Ed. (3361)
2002 Ed. (3301)
Extendicare Health Services
2008 Ed. (3801)
2007 Ed. (3710)
2006 Ed. (3727)
2005 Ed. (3612)
2004 Ed. (3701)
2003 Ed. (3653)
2000 Ed. (3361, 3825)
1999 Ed. (3636)
Extensao/Sistema
1996 Ed. (130)
1995 Ed. (116)
1994 Ed. (111)
Extensis
2005 Ed. (1933, 1936, 1938)
Exterieure d'Algerie
1989 Ed. (576)
Exterior
2000 Ed. (689, 690, 691, 693)
1990 Ed. (712)
Exterior de Espana
2000 Ed. (475, 477)
Exterior lighting
1990 Ed. (845)
EXTOL International Inc.
2008 Ed. (986)
Extra
2003 Ed. (951)
2000 Ed. (4222)
1995 Ed. (889, 975)
1994 Ed. (943)
1993 Ed. (929)
"Extra! Entertainment Magazine"
2001 Ed. (4499)
Extra Flavor Certs
2002 Ed. (786)
1999 Ed. (1020)
Extra Large (9.1-12.9 ounces)
1990 Ed. (2888)
Extra Mile Transportation
2005 Ed. (4743)
Extra Peppermint
1993 Ed. (930)
Extra Peppermint Gum Plen-T-Pak
1990 Ed. (894)
Extra Spearmint
1993 Ed. (930)
Extra Winterfresh
1993 Ed. (930)

Extra; Wrigley's
2008 Ed. (931)
2005 Ed. (963)
Extraction
2007 Ed. (2461, 3736)
Extractive occupations
1989 Ed. (2082)
Extracts
2003 Ed. (4507)
2002 Ed. (4337)
Extraordinary Popular Delusions & the Madness of Crowds
2006 Ed. (586)
2005 Ed. (711)
Extraphone Ltd.
2001 Ed. (16)
Extravagance
2005 Ed. (711)
Extreme CCTV
2007 Ed. (2812)
2005 Ed. (1665, 1670, 2776)
2004 Ed. (2780)
Extreme Makeover: Home Edition
2007 Ed. (681, 2845)
Extreme Networks, Inc.
2002 Ed. (2482, 2527, 2808)
2001 Ed. (4181, 4182)
The Extreme Pita
2008 Ed. (4272)
2007 Ed. (4238)
Extreme Pizza
2006 Ed. (2573)
ExtremeTech
2004 Ed. (3157)
2003 Ed. (3048)
Extricity Software Inc.
2001 Ed. (1873, 2853)
Extruded Snacks
2000 Ed. (4066)
1993 Ed. (3338)
1992 Ed. (3997, 4005)
1991 Ed. (3149)
1990 Ed. (3307, 3308)
Exult
2003 Ed. (2172)
EXX Inc.
2007 Ed. (4394)
2006 Ed. (2723, 2739, 4336)
Exxel Energy Corp.
2007 Ed. (1620, 1650)
Exxon
2008 Ed. (2794)
2007 Ed. (2657)
2005 Ed. (1463, 1488, 1524, 1547)
2004 Ed. (1448, 1472, 1508, 1531)
2003 Ed. (911, 917, 1420, 1442, 1478, 1503)
2002 Ed. (1379, 1383, 1386, 1457, 3230)
2001 Ed. (1165, 1184, 1185, 1556, 1585, 1592, 1740, 1741, 1742, 1744, 1748, 1751, 1878, 2174, 2578, 2579, 2582, 2584, 3084, 3217, 3403, 3678, 3683, 3739, 3740, 3741, 3742, 3743, 3745, 3754, 3762, 3774, 3775, 3836)
2000 Ed. (1017, 1018, 1029, 1031, 1302, 1303, 1304, 1328, 1339, 1342, 1344, 1349, 1360, 1380, 1382, 1428, 1469, 1470, 1473, 1478, 1481, 1482, 1572, 2308, 2309, 2316, 2317, 3027, 3038, 3056, 3187, 3325, 3326, 3406, 3448, 3517, 3518, 3519, 3520, 3521, 3522, 3523, 3524, 3525, 3526, 3528, 3529, 3530, 3536, 3537, 3685, 4092)
1999 Ed. (1078, 1079, 1098, 1102, 1469, 1488, 1516, 1517, 1538, 1539, 1540, 1543, 1545, 1546, 1547, 1548, 1549, 1660, 1661, 1662, 1663, 1666, 1671, 1674, 1675, 1681, 1682, 1746, 1864, 2568, 2569, 2575, 2576, 3294, 3318, 3468, 3605, 3606, 3651, 3651, 3731, 3793, 3795, 3797, 3798, 3799, 3800, 3801, 3802, 3804, 3805, 3806, 3808, 3810, 3812, 3813, 3814, 3815, 3816, 3850, 3974, 4391, 4488, 4496, 4498)
1998 Ed. (687, 692, 704, 707, 1037, 1080, 1081, 1083, 1085, 1086, 1087, 1088, 1111, 1113, 1116, 1117, 1133, 1149, 1157, 1158, 1159, 1162, 1164, 1165, 1166, 1168, 1189, 1289, 1801, 1806, 1815, 1816, 2430, 2435, 2557, 2675, 2771, 2817, 2818, 2819, 2820, 2823, 2824, 2825, 2826, 2827, 2828, 2831, 2832, 2833, 2834, 2836, 2837, 2840, 2978, 3362, 3425)
1997 Ed. (3084)
1996 Ed. (928, 938, 1224, 1236, 1240, 1248, 1264, 1265, 1266, 1267, 1276, 1279, 1280, 1282, 1287, 1288, 1383, 1384, 1385, 1386, 1389, 1394, 1395, 1398, 1456, 1997, 1998, 2005, 2006, 2710, 2839, 2842, 2930, 2937, 3004, 3006, 3007, 3008, 3009, 3011, 3012, 3013, 3016, 3017, 3018, 3021, 3022, 3024, 3026, 3498, 3597)
1995 Ed. (948, 966, 1255, 1263, 1266, 1267, 1268, 1269, 1280, 1284, 1292, 1293, 1306, 1309, 1310, 1311, 1313, 1314, 1336, 1421, 1422, 1423, 1424, 1429, 1430, 1431, 1434, 1435, 1500, 1567, 1970, 1971, 1982, 1983, 1991, 2498, 2772, 2860, 2864, 2867, 2908, 2909, 2911, 2912, 2913, 2914, 2915, 2916, 2918, 2919, 2920, 2922, 2923, 2924, 2927, 2928, 2929, 2930, 2931, 3433)
1994 Ed. (912, 1242, 1247, 1248, 1249, 1255, 1256, 1257, 1260, 1268, 1269, 1284, 1285, 1286, 1313, 1388, 1389, 1390, 1391, 1393, 1394, 1399, 1400, 1401, 1465, 1629, 1942, 1943, 1956, 1957, 1965, 2429, 2578, 2579, 2668, 2749, 2753, 2759, 2767, 2842, 2843, 2844, 2845, 2846, 2847, 2848, 2849, 2850, 2851, 2852, 2855, 2856, 2857, 2858, 2862, 2863, 2864, 2865, 2866, 2867, 2868, 2876, 2877, 2878, 2879, 2880, 2882, 2883, 3449)
1993 Ed. (898, 912, 1208, 1217, 1223, 1229, 1230, 1243, 1244, 1247, 1270, 1333, 1334, 1335, 1336, 1337, 1346, 1347, 1349, 1411, 1490, 1600, 1919, 1920, 1929, 1931, 2477, 2492, 2611, 2701, 2716, 2717, 2719, 2720, 2770, 2824, 2827, 2830, 2831, 2832, 2834, 2835, 2836, 2837, 2838, 2839, 2840, 2846, 2847, 2849, 2850, 2854, 2855, 2857, 2858, 2859, 2861, 3217, 3225, 3377, 3470, 3475)
1992 Ed. (1103, 1118, 1507, 1530, 1539, 1563, 1640, 1809, 2277, 2278, 3133, 3297, 3425, 3439, 3440, 3447, 3448, 4151)
1991 Ed. (235, 347, 349, 889, 890, 1136, 1143, 1154, 1170, 1183, 1185, 1193, 1194, 1197, 1198, 1199, 1200, 1222, 1226, 1228, 1229, 1230, 1233, 1235, 1248, 1304, 1305, 1306, 1307, 1309, 1549, 1787, 1789, 1800, 1801, 2376, 2508, 2583, 2584, 2590, 2592, 2593, 2715, 2716, 2721, 2723, 2724, 2725, 2726, 2727, 2728, 2730, 2733, 2734, 2735, 2736, 2737, 3230, 3235, 3331)
1990 Ed. (941, 1283, 1286, 1291, 1296, 1298, 1301, 1304, 1305, 1308, 1317, 1341, 1342, 1382, 1383, 1384, 1385, 1456, 1659, 1660, 1892, 2498, 2639, 2673, 2674, 2680, 2791, 2834, 2836, 2837, 2842, 2843, 2850, 2851, 2853, 2855, 2856, 2857, 3442, 3444)
1989 Ed. (1495, 1496, 1501, 1502, 2210, 2211, 2212, 2213, 2214, 2215, 2223, 2224)
Exxon Chemical
1999 Ed. (1097)
1998 Ed. (2873)
Exxon Chemicals
2002 Ed. (3591)
Exxon Coal & Minerals
1999 Ed. (1210)
1992 Ed. (1233)
1990 Ed. (1069)
Exxon Coal USA
1989 Ed. (949)
Exxon Education Foundation
1992 Ed. (1095)
1989 Ed. (1472, 1473)
Exxon Mobil Corp.
2008 Ed. (321, 923, 928, 929, 1435, 1437, 1442, 1486, 1495, 1517, 1518, 1521, 1522, 1523, 1527, 1528, 1529, 1537, 1538, 1542, 1814, 1815, 1826, 1829, 1830, 1831, 1834, 1845, 1846, 1848, 1849, 1853, 1854, 2111, 2114, 2115, 2357, 2361, 2365, 2366, 2371, 2497, 2503, 2508, 2807, 2808, 2819, 2820, 3029, 3544, 3564, 3893, 3894, 3900, 3901, 3902, 3903, 3904, 3908, 3909, 3910, 3911, 3912, 3922, 3933, 3935, 3936, 3937, 3938, 3940, 3941, 4521, 4524)
2007 Ed. (334, 337, 877, 916, 946, 952, 954, 1449, 1451, 1456, 1457, 1492, 1500, 1533, 1534, 1537, 1538, 1539, 1543, 1544, 1545, 1547, 1556, 1557, 1561, 1783, 1788, 1789, 1791, 1794, 1795, 1796, 1797, 1807, 1808, 1809, 1810, 1814, 1815, 1817, 2012, 2014, 2017, 2194, 2217, 2221, 2225, 2226, 2261, 2388, 2389, 2392, 2394, 2395, 2396, 2397, 2676, 2677, 2694, 2695, 2915, 3415, 3416, 3697, 3698, 3790, 3831, 3832, 3841, 3843, 3845, 3847, 3849, 3850, 3851, 3855, 3856, 3857, 3858, 3859, 3873, 3876, 3877, 3888, 3889, 3890, 3892, 3893, 3894, 3895, 3897, 3898, 3987, 4557, 4586, 4645)
2006 Ed. (295, 296, 349, 353, 835, 843, 849, 860, 863, 865, 1458, 1466, 1501, 1504, 1505, 1507, 1508, 1509, 1510, 1515, 1516, 1517, 1518, 1519, 1526, 1527, 1531, 1532, 1719, 1774, 1784, 1787, 1790, 1800, 1801, 1802, 1803, 1806, 1807, 1808, 1809, 2041, 2044, 2047, 2285, 2287, 2288, 2293, 2442, 2686, 2687, 2699, 2700, 2893, 3319, 3329, 3357, 3361, 3362, 3385, 3698, 3702, 3824, 3826, 3828, 3831, 3832, 3833, 3834, 3838, 3839, 3840, 3841, 3842, 3860, 3861, 3862, 3863, 3864, 3865, 3867, 3868, 4473, 4600, 4603)
2005 Ed. (940, 1582, 1618, 1620, 1621, 1622, 1623, 1627, 1628, 1629, 1630, 1637, 1638, 1642, 1774, 1800, 1804, 1807, 1810, 1812, 1813, 1814, 1815, 1816, 1819, 1824, 1825, 1971, 1973, 1978, 2224, 2228, 2400, 2407, 2409, 2411, 2412, 3331, 3380, 3381, 3392, 3726, 3727, 3736, 3737, 3738, 3744, 3747, 3784, 3785, 3794, 3795, 3796, 3987, 4463, 4516)
2004 Ed. (962, 1374, 1376, 1576, 1593, 1595, 1597, 1598, 1599, 1602, 1605, 1606, 1612, 1613, 1653, 1741, 1750, 1752, 1753, 1754, 1755, 1757, 1758, 1869, 1870, 2039, 2119, 2123, 2320, 2721, 2722, 3351, 3361, 3679, 3818, 3819, 3830, 3836, 3839, 3840, 3841, 3845, 3846, 3847, 3848, 3849, 3856, 3857, 3859, 3865, 3866, 3868, 3869, 3870, 3872, 3873, 4048, 4557, 4564)
2003 Ed. (916, 947, 1365, 1529, 1531, 1562, 1564, 1568, 1570, 1571, 1572, 1573, 1574, 1575, 1579, 1580, 1586, 1587, 1591, 1705, 1711, 1712, 1713, 1715, 1716, 1717, 1718, 1720, 1721, 1836, 1837, 1985, 1987, 2278, 2281, 2287, 2288, 2583, 2604, 2605, 3288, 3300, 3640, 3808, 3809, 3816, 3818, 3819, 3827, 3830, 3831, 3832, 3833, 3834, 3838, 3839, 3840, 3841, 3842, 3849, 3850, 3851, 3852, 3853, 3855, 3857, 3859, 3860, 3861, 3862, 4029, 4030, 4567)
2002 Ed. (868, 980, 989, 990, 1015, 1016, 1021, 1332, 1505, 1507, 1511, 1532, 1534, 1535, 1536, 1539, 1540, 1541, 1542, 1543, 1555, 1557, 1560, 1564, 1572, 1686, 1688, 1691, 1692, 1693, 1782, 2124, 2125, 2389, 2390, 2391, 3233, 3246, 3537, 3602, 3613, 3618, 3619, 3663, 3667, 3668, 3669, 3670, 3671, 3672, 3673, 3674, 3681, 3683, 3684, 3685, 3686, 3687, 3688, 3690, 3691, 3692, 3693, 3694, 3695, 3696, 3697, 3698, 3699, 3700, 3701, 3886, 4880)
2001 Ed. (1581, 1583, 1584, 1588, 1590, 1591, 1593, 1596, 1599, 1747, 1749, 2561, 3532, 3746, 3751, 3752, 3753, 3766, 3772, 3773)
Exxon Mobil Chemical Co.
2003 Ed. (2369)
Exxon Mobil Foundation
2005 Ed. (2676)
Exxon Mobil Oil Corp.
2002 Ed. (3694)
Exxon Mobil Pipeline Co.
2003 Ed. (3879, 3882)
Exxon Mobil Refining & Supply Co.
2003 Ed. (3856)
Exxon Pipeline Co.
2001 Ed. (3799, 3800, 3801, 3803)
2000 Ed. (2311, 2313, 2315)
1999 Ed. (3828, 3829, 3830, 3834, 3835)
1998 Ed. (2857, 2858, 2859, 2862, 2863, 2864, 2865, 2866)
1997 Ed. (3121, 3124)
1996 Ed. (3038, 3039, 3040, 3042, 3043, 3044)
1995 Ed. (2940, 2941, 2942, 2943, 2944, 2945, 2946, 2948, 2949)
1994 Ed. (3222, 3223)
1992 Ed. (3462, 3463, 3465, 3466, 3469, 3923, 3924)
1991 Ed. (2742, 2743, 2744, 2745, 2748)
1990 Ed. (2869)
1989 Ed. (2232, 2233)
Exxon Pipeline Holdings Inc.
2007 Ed. (3960)
2006 Ed. (3910)
2005 Ed. (3841)
2004 Ed. (3903)
2003 Ed. (3878, 3879)
Exxon Co. USA
2001 Ed. (1489)
1992 Ed. (2282)
1991 Ed. (1807)
ExxonMobil Corp.
2007 Ed. (2906)
2005 Ed. (925, 956, 1820, 1821, 1822, 2711, 2712, 3596, 3750, 3751, 3752, 3756, 3757, 3758, 3759, 3760, 3797, 3798, 3800, 3801)
2004 Ed. (1600, 1601)
2002 Ed. (3665)
2001 Ed. (3749)
ExxonMobil AS
2008 Ed. (1996)
ExxonMobil Chemical Co.
2008 Ed. (922)
2007 Ed. (924, 945)
2006 Ed. (859)
2005 Ed. (953, 954, 958)
2004 Ed. (960, 963)
2001 Ed. (2309)

ExxonMobil Petroleum & Chemical Sprl
2008 Ed. (1576)
EY Risk Retention Group
1996 Ed. (881)
1995 Ed. (908)
Eyak Technology LLC
2008 Ed. (1364)
EYBL International AG
2001 Ed. (4511)
Eye
2001 Ed. (2107)
Eye Care Centers of America
2005 Ed. (3655)
2003 Ed. (3701)
2002 Ed. (3540)
1991 Ed. (2644)
Eye care products
1994 Ed. (2938)
1991 Ed. (1457)
1990 Ed. (1956)
Eye/contact lens care
2004 Ed. (3751)
2000 Ed. (3510)
1997 Ed. (3065)
Eye/contact lens care products
1998 Ed. (2809)
Eye drops
2003 Ed. (2106)
Eye drops & lotions
2002 Ed. (2052)
Eye Enhancers; Cover Girl
2005 Ed. (2024)
Eye ointments
1995 Ed. (1605)
EYE-Q Vision Care
2008 Ed. (1593)
Eye shadow
2002 Ed. (3640)
Eye-Stream
1995 Ed. (1602, 1760)
Eyeball.com Network Inc.
2002 Ed. (2484)
Eyebrow and eye liner
2003 Ed. (1869)
2002 Ed. (3640)
Eyes of the Dragon
1989 Ed. (744)
Eyes Wide Shut
2001 Ed. (3376)
Eyestrain
1993 Ed. (3737, 3738)
Eyetech Pharmaceuticals Inc.
2006 Ed. (4680)
EYP Mission Critical Facilities
2008 Ed. (2548)
2007 Ed. (2421)
EYT, Inc.
2003 Ed. (3950)
Ez Hdl/Hdl Assay
1999 Ed. (3336)
EZ Link
2006 Ed. (59)
2005 Ed. (52)
2004 Ed. (57)
EZ Specialties & Design LLC
2006 Ed. (3510)
EZ Wash
2006 Ed. (363)
EZ Wireless
2007 Ed. (3212)
ezbid.com
2001 Ed. (2993)
Ezcorp Inc.
2008 Ed. (4529)
EZD Property Group PLC
1992 Ed. (1194)
Eze Castle Software
2002 Ed. (2521)
Ezra Brooks
2002 Ed. (289)
Ezra Zack
1995 Ed. (2357)
Ezypay
2003 Ed. (1618)

F

F. A. Archinaco
2003 Ed. (2383)
2002 Ed. (2187)
2001 Ed. (2322)
F. A. Cup Soccer
2003 Ed. (846)
F. A. Davis & Sons Inc.
1998 Ed. (977, 980, 983)
1997 Ed. (1201, 1202, 1204, 1207)
1995 Ed. (1204)
F/A-18 Hornet
1992 Ed. (4427)
F. A. Richard & Associates Inc.
2008 Ed. (3808)
2007 Ed. (3715, 4112)
2006 Ed. (3732, 4066, 4264)
2005 Ed. (3615)
F. A. Tucker Group Inc.
1995 Ed. (1167)
F. A. Wilhelm Construction Co.
2008 Ed. (1296, 1329)
2006 Ed. (1237, 1310, 1337)
2004 Ed. (1263)
2003 Ed. (1260)
F & F McCann
2003 Ed. (123)
2002 Ed. (153)
2001 Ed. (181)
2000 Ed. (144)
1999 Ed. (126)
F & L Construction Inc.
2001 Ed. (2702, 2709)
F & M
1992 Ed. (1858)
F & M Bancorp
2005 Ed. (356)
F & M Bank & Trust Co.
2005 Ed. (1065)
F & M Bank, Wisconsin
2004 Ed. (185)
F & M Distributors Inc.
1996 Ed. (385, 1588)
1995 Ed. (1610, 1615)
1994 Ed. (1568, 1572)
1993 Ed. (963, 1526)
1992 Ed. (1189, 1851)
1991 Ed. (953, 1458, 1461)
1990 Ed. (1027)
1989 Ed. (925, 927, 2332)
F & R Construction Corp.
2007 Ed. (1285)
2006 Ed. (1178)
2005 Ed. (1184)
2004 Ed. (1156)
F. B. Garvey & Associates
1996 Ed. (2353)
1993 Ed. (2265)
1991 Ed. (2166)
F. C. Lai Lai Dept. Store
1992 Ed. (1798)
F. C. Lanza
2005 Ed. (2489)
2004 Ed. (2505)
F. C. Tseng
2003 Ed. (3295)
F. D. Ackerman
2005 Ed. (2506)
2004 Ed. (2522)
2002 Ed. (2208)
. 2001 Ed. (2343)
F D B Faellesfor For Danmarks Brugsforeninger
1994 Ed. (1346)
1990 Ed. (1344)
F. D. Ballou-Loring Wolcott & Coolidge
1994 Ed. (2309)
F. D. Thomas Inc.
2005 Ed. (1318)
2003 Ed. (1309)
The F. Dohmen Co.
1994 Ed. (1557)
F. Duane Ackerman
2007 Ed. (1013, 1033)
F. E. Wood Holdings Ltd.
1995 Ed. (1015)
F. E. Wright
2004 Ed. (2499)
2003 Ed. (2380)
F. F. Korndorf
2003 Ed. (2390)
F-15 Eagle
1992 Ed. (4427)
F 44
2000 Ed. (277)
F. G. McGaw Hospital at Loyola University
2003 Ed. (2835)
F Group
2005 Ed. (34)
F. H. Faulding & Co. Ltd.
2002 Ed. (3760, 3964)
F. H. Joanneum University of Applied Sciences
2008 Ed. (802)
F. H. Langhammer
2005 Ed. (2500)
2004 Ed. (2516)
2003 Ed. (2397)
2002 Ed. (2204)
2001 Ed. (2339)
F. H. Menaker, Jr.
2001 Ed. (2317)
F. H. Merelli
2005 Ed. (1103)
F. Hassan
2005 Ed. (2501)
2004 Ed. (2520)
2002 Ed. (2207)
2001 Ed. (2325)
F. Hoffman-La Roche AG
2003 Ed. (1670)
F. Hoffman-La Roche & Co. Ltd.
2001 Ed. (1556)
1990 Ed. (1251)
F. Hoffman-La Roche & Co. AG
1994 Ed. (1456)
1993 Ed. (1408)
F. Hoffman-LaRoche
1995 Ed. (1496)
1990 Ed. (1423)
F. Hoffmann-La Roche
1991 Ed. (1354)
F Hoffmann-La Roche AG
2000 Ed. (1562)
F. Hoffmann-La Roche & Co. AG
1996 Ed. (1453)
F. I. A. Associates
1991 Ed. (2820, 2821)
F. J. Boutell Driveway Co.
2002 Ed. (4689)
F. J. Sclame Construction Co. Inc.
2004 Ed. (1288)
F-ka za kabli Negotino
2002 Ed. (4442)
F. Korbel & Bros.
2000 Ed. (4396)
1999 Ed. (4772)
1998 Ed. (3722)
F. Korbel & Bros./Heck Clrs.
1994 Ed. (3664)
F. L. Crane & Sons Inc.
2008 Ed. (1268, 1313, 1338)
2007 Ed. (1372)
2003 Ed. (1319)
2002 Ed. (1301)
1999 Ed. (1379)
1997 Ed. (1173)
1996 Ed. (1136)
F L I International Ltd.
2006 Ed. (1817)
F. L. Insurance Corp.
2000 Ed. (982)
1998 Ed. (639)
1997 Ed. (902)
F. L. P. Secretan & Co. Ltd.; 545,
1991 Ed. (2335)
F. L. P. Secretan & Co. Ltd.; Marine 367,
1991 Ed. (2336)
F. L. P. Secretan & Co. Ltd.; 367,
1991 Ed. (2337)
F L S Industries A/s
1994 Ed. (1346)
F. Lance Isham
2004 Ed. (2527)
F. Lezama
2002 Ed. (2204)
F. Lynn McPheeters
2006 Ed. (973)
F. M. Holding Corp.
2003 Ed. (1807)
2001 Ed. (1832)
F. M. Kirby Foundation Inc.
1995 Ed. (1926)
F. M. Poses
2005 Ed. (2486)
2004 Ed. (2502)
2003 Ed. (2383)
F. Menard
2006 Ed. (3939)
2005 Ed. (3876)
2004 Ed. (3928)
2003 Ed. (3900)
F. N. B. Corp.
2005 Ed. (625, 626)
2004 Ed. (636, 637)
F-O-R-T-U-N-E of Abington
2000 Ed. (1868)
F. R. & J. C. Warren Trust
2005 Ed. (375)
F. Ross Johnson
1990 Ed. (1713, 1714)
F. Rowe Michaels
1999 Ed. (2401)
F. Schumacher & Co.
1996 Ed. (3676)
F-Series
2002 Ed. (386, 4684, 4700)
2000 Ed. (3141)
F-Series; Ford
2008 Ed. (299, 304, 4765, 4781)
2007 Ed. (4858)
2006 Ed. (323, 4829, 4856)
2005 Ed. (304, 4777, 4785, 4786)
F-Series Pickup
2002 Ed. (4699)
F-16 Fighting Falcon
1992 Ed. (4427)
F-22 Lightning 2
1998 Ed. (847, 851)
F. V. Atlee III
2005 Ed. (2487)
F-Van Lanschot
1993 Ed. (586)
1992 Ed. (795)
1990 Ed. (645)
F. Van Lanschot Bankiers
2008 Ed. (481)
2007 Ed. (526)
2006 Ed. (504)
2005 Ed. (585)
2004 Ed. (596)
2003 Ed. (591)
2002 Ed. (625)
F. Van Lanschot Bankiers NV
1999 Ed. (606)
F. Van Lanschot, S.H'bosch
1991 Ed. (619)
F. W. Olin Foundation
2002 Ed. (2331)
F. W. Reid
2003 Ed. (2379)
F. W. Smith
2002 Ed. (2207)
2001 Ed. (2342)
F. W. Van Zile Popular Tours
2008 Ed. (4975)
2007 Ed. (3584)
F. W. Woolworth Co.
1999 Ed. (4701)
1998 Ed. (771, 1305, 1359, 3080, 3340, 3657)
1997 Ed. (1342, 1360, 1361, 1632, 1639, 1665, 3345, 3347, 3355, 3549, 3551, 3643, 3644, 3831)
1996 Ed. (893, 1286, 1293, 1294, 1536, 3242, 3243, 3246, 3251, 3426, 3485, 3773)
1995 Ed. (1395)
1994 Ed. (13, 885, 1019, 1523, 1567, 2137, 3098, 3295, 3367, 3452, 3620)
1993 Ed. (44)
1992 Ed. (1793, 3954)
1991 Ed. (978, 2896, 3115)
1990 Ed. (1496, 1508, 1509, 2121, 2132, 3049, 3052, 3060, 3274)
1989 Ed. (1245, 2486)
F. X. Matt Brewing Co.
1997 Ed. (713)
Fa
2001 Ed. (4298)
F.A. Davis & Sons Inc.
1998 Ed. (976)
FA-18 Hornet
1996 Ed. (1078)
Fa Li
2000 Ed. (4037)

Fab
1992 Ed. (4234)
1991 Ed. (3324)
1990 Ed. (3548)
Fab Industries Inc.
2005 Ed. (4679, 4680)
2004 Ed. (4707)
1995 Ed. (3600, 3602)
1994 Ed. (3517, 3518)
1992 Ed. (4277)
1991 Ed. (3350)
FAB Maintenance Corp.
2008 Ed. (3702)
Fab: The Coming Revolution on Your Desktop
2007 Ed. (652)
FabArc Steel Supply Inc.
2008 Ed. (1270, 1338)
Faber
1997 Ed. (2594)
1996 Ed. (2448)
Faber Castell GmbH & Co.; A. W.
1993 Ed. (2386, 2498)
1992 Ed. (2971)
Faberge
1991 Ed. (1169, 1362)
1990 Ed. (3311, 3312)
1989 Ed. (2508)
Faberware
2000 Ed. (1131)
1997 Ed. (2311)
1992 Ed. (1243)
1990 Ed. (2107)
Fabian & Clendenin
2006 Ed. (3252)
Fabio Cannavaro
2008 Ed. (4453)
Fabiola Arredondo
2002 Ed. (4983)
FABP Bancshares Inc.
2004 Ed. (1545)
Fabr. Nacional de Papel SA
2002 Ed. (4496, 4497)
Fabra Clean
2008 Ed. (4788)
Fabri-Centers
1999 Ed. (1054)
1998 Ed. (1531)
1994 Ed. (2667)
1992 Ed. (3226)
Fabri-Centers of America Inc.
2000 Ed. (1306)
Fabri-Form Co.
2001 Ed. (4519)
Fabri-Kal Corp.
2008 Ed. (4673)
2007 Ed. (4749)
2006 Ed. (4733)
2005 Ed. (4688)
2004 Ed. (4718)
2003 Ed. (4734)
2001 Ed. (4520)
1992 Ed. (3474)
Fabric
2008 Ed. (2646, 2647)
Fabric Development
2000 Ed. (3151)
1999 Ed. (3425)
1998 Ed. (2517)
1996 Ed. (2662)
1995 Ed. (2592)
1994 Ed. (2533)
Fabric mills
2007 Ed. (3716)
Fabric softeners
2002 Ed. (3054)
Fabric washes
2002 Ed. (3054)
Fabrica Nacional de Papel SA
2006 Ed. (4547)
Fabricacion de Automoviles Renault de Espana SA
2001 Ed. (1851)
1997 Ed. (1508)
Fabricacion de Automoviles Renault Espana SA
1996 Ed. (1447)
1990 Ed. (1419)
1989 Ed. (1162)
Fabricated
1990 Ed. (2886)
Fabricated metal product manufacturers, except machinery
2001 Ed. (1708, 1720, 1758, 1781, 1883)
Fabricated metal products
2002 Ed. (2798)
1999 Ed. (1941, 2846, 2866)
1995 Ed. (1259, 2895)
1993 Ed. (1713)
1992 Ed. (1502)
1991 Ed. (1176)
1990 Ed. (1268, 3091)
Fabricated metals
2003 Ed. (2909)
1997 Ed. (1843)
1992 Ed. (3476)
Fabricated products and machinery
1989 Ed. (2347)
Fabricators & assemblers
1998 Ed. (1326, 2694)
Fabricators, assemblers, and handworking occupations
1989 Ed. (2082)
Fabricland Inc.
1993 Ed. (3545)
Fabrics
2005 Ed. (2870)
2004 Ed. (2544, 2546, 2549)
2002 Ed. (2216, 2217)
1989 Ed. (1931)
Fabrika cementa Novi Popovac a.d. Novi Popovac
2006 Ed. (4535)
Fabrinet
2004 Ed. (2232)
Fabryka Samochodow Malolitrazowch
1994 Ed. (1206)
Fabu-laxer Relaxer Regular
2000 Ed. (2410)
Fabutan Sun Tan Studios
2002 Ed. (4548)
FAC Realty Trust Inc.
1999 Ed. (3663, 3664)
F.A.C.B.
1997 Ed. (2594)
Faccenda Group (South) Ltd.
2004 Ed. (191)
Facchinetti; Alessandra
2006 Ed. (4984)
Facciola; Thomas
1996 Ed. (1771)
Face
2000 Ed. (3499)
Face cleansers/creams
2002 Ed. (4285)
Face creams
2001 Ed. (3712)
Face/Off
2001 Ed. (4695)
1999 Ed. (4716)
Face powder
2002 Ed. (3640)
Face the Fire
2004 Ed. (743)
Face the Nation
2007 Ed. (843)
Facebook.com
2008 Ed. (3370, 3371)
Faces
2002 Ed. (1798)
Faces Day Spa
2007 Ed. (3600)
FaceTime Communications Inc.
2001 Ed. (1873, 2853)
Facial cleansers
2004 Ed. (4431)
Facial cleansers and creams
2003 Ed. (4439)
Facial cosmetics
2000 Ed. (4149)
Facial moisturizer/cleansers
1997 Ed. (3053)
Facial moisturizers
2004 Ed. (4431)
Facial moisturizers/cleaners
1995 Ed. (2895)
Facial powder
2003 Ed. (1869)
Facial preparations
1991 Ed. (1456)
Facial skin care products
2001 Ed. (3715, 3724)
Facial tissue
2002 Ed. (4092)
FaciliCom International
2001 Ed. (4474)
Facilities Management Consultants
1990 Ed. (2287)
Facilities support services
2007 Ed. (3718)
Facility/event management
2003 Ed. (4516)
The Facility Group
2004 Ed. (1264)
2003 Ed. (1261)
2002 Ed. (1244, 1249)
Facility Interiors Inc.
2008 Ed. (175)
2003 Ed. (214)
Facility location
1999 Ed. (964)
Facility Management of Alaska
2003 Ed. (4395)
Facility operations/equipment maintenance
2006 Ed. (2897)
2005 Ed. (2890, 2891)
Facility Services Management Inc.
2006 Ed. (3515)
Facility support management
2002 Ed. (2948)
FacilityPro
2004 Ed. (2210)
2003 Ed. (2160, 2179)
FacilityPro.com
2001 Ed. (4759)
Faconnable
1996 Ed. (3859)
Facsimile machines
1989 Ed. (2344)
Fact
1996 Ed. (3081)
1991 Ed. (1929)
Fact/Fact Plus
1993 Ed. (2910)
1992 Ed. (3523)
Fact Holdings Ltd.
1994 Ed. (996)
Fact Plus
1996 Ed. (3081)
Fact Plus Pro
2003 Ed. (3922)
Fact Plus Select
2003 Ed. (3922)
Factiva
2007 Ed. (3060)
2006 Ed. (3027)
Factor Report
1991 Ed. (2257)
1990 Ed. (2364)
Factories McCann
2003 Ed. (141)
Factory Design Labs Inc.
2008 Ed. (121)
Factory outlet stores
1998 Ed. (2360)
Factory Outlet World
1996 Ed. (2878)
Factory outlets
2001 Ed. (3030, 3031)
Factory 2-U
2006 Ed. (2273)
2005 Ed. (1025, 2210)
2004 Ed. (1020, 2107)
2003 Ed. (2073)
Factory 2-U Stores Inc.
2001 Ed. (1651)
FACTS
2008 Ed. (2483)
FACTS Services Inc.
2007 Ed. (2362)
2006 Ed. (2414)
FactSet Research Systems Inc.
2007 Ed. (4054)
2006 Ed. (4023)
2004 Ed. (2779)
Factual Data Corp.
2004 Ed. (1676)
The Faculty
2001 Ed. (4700)
Faded Glory
2008 Ed. (982, 984)
2006 Ed. (1017)
Faegre & Benson
2007 Ed. (2904)
2001 Ed. (816, 849)
1995 Ed. (2647)
1993 Ed. (2400)
1992 Ed. (2842)
1991 Ed. (2288)
1990 Ed. (2422)
Faegre & Benson LLP
2008 Ed. (3025, 3422)
2007 Ed. (3313, 3314, 3320)
2006 Ed. (3250)
2005 Ed. (3262, 3263)
2004 Ed. (3233)
2003 Ed. (3182)
Faellesfor For Danmarks Brugsforeninger; F D B
1990 Ed. (1344)
FAF
2008 Ed. (609)
FAG Automotive
2006 Ed. (339)
2004 Ed. (324)
Fage
2007 Ed. (40)
2002 Ed. (1960)
Fagen Inc.
2008 Ed. (1233)
2007 Ed. (4016)
Fagin, Brown, Bush, Tinney & Kiser
1998 Ed. (1376)
Fahd Bin Abdul Aziz Al Saud; King
1992 Ed. (890)
1991 Ed. (710, 3477)
1990 Ed. (731)
Fahd Hariri
2008 Ed. (4890)
Fahd; King
2005 Ed. (4882)
1989 Ed. (732)
Fahlgren
1999 Ed. (44)
Fahlgren & Swink
1989 Ed. (67)
Fahnestock & Co. Inc.
2001 Ed. (843)
1999 Ed. (920)
1998 Ed. (2232)
Fahnestock Hudson Cap A
1999 Ed. (3521)
Fahnestock Viner Holdings Inc.
2003 Ed. (1641)
1997 Ed. (749)
1996 Ed. (807)
1994 Ed. (782, 785)
1992 Ed. (958, 964)
Fahrenheit
1999 Ed. (3740)
1996 Ed. (2954)
1994 Ed. (2779)
Fai Insurances
1995 Ed. (200)
1992 Ed. (3978)
Failure to change
2005 Ed. (784)
Failure to Launch
2008 Ed. (2386, 3754)
Fair Expo Center
2002 Ed. (1334)
Fair Isaac Corp.
2007 Ed. (1232)
2006 Ed. (1126)
2005 Ed. (1679)
Fair Lanes Inc.
1996 Ed. (386)
Fair Winds Captive Management (Cayman) Ltd.
2006 Ed. (787)
Fairbairn Charitable Trust; Esmee
1997 Ed. (945)
Fairbank; Richard
2008 Ed. (941)
2007 Ed. (1010)
Fairbank; Richard D.
2008 Ed. (945)
2007 Ed. (1035)
2006 Ed. (920, 935, 938)
2005 Ed. (983, 2475)
Fairbanks
2006 Ed. (4960)
2005 Ed. (4930)
2004 Ed. (4950)

2003 Ed. (4946)
2002 Ed. (4922)
2001 Ed. (4842)
Fairbanks, AK
2008 Ed. (825)
2007 Ed. (864, 3506)
2006 Ed. (766)
2005 Ed. (838)
2004 Ed. (869)
2003 Ed. (831)
2002 Ed. (920)
2001 Ed. (2822, 3206)
1996 Ed. (3208)
1991 Ed. (2781)
1990 Ed. (997, 998)
Fairbanks Capital Corp.
2005 Ed. (3305)
2001 Ed. (3349)
Fairbanks Correctional Center
1994 Ed. (2935)
Fairbanks Enterprises
2005 Ed. (3900)
Fairbanks; Frank
1992 Ed. (3136)
Fairbanks Gold Mining Co.
2003 Ed. (3421)
Fairbanks Native Association
2003 Ed. (4395)
Fairbanks North Star Borough School District
2003 Ed. (2272)
Fairborne Energy Ltd.
2005 Ed. (1704, 1730)
The Fairchild Corp.
2004 Ed. (160)
1998 Ed. (94, 95, 98, 1249)
1994 Ed. (188)
1993 Ed. (1177)
1992 Ed. (252, 1522)
Fairchild Air Force, WA
1992 Ed. (4041)
Fairchild Aircraft Inc.
2001 Ed. (343, 344, 346, 347)
Fairchild Dornie 328
1999 Ed. (246)
Fairchild-Hiller
1991 Ed. (1898)
Fairchild Industries
1992 Ed. (1925)
1990 Ed. (181, 183)
1989 Ed. (1050, 1320)
Fairchild Medical Center
2006 Ed. (2920)
Fairchild Metro/23
1996 Ed. (192)
Fairchild Semiconductor Corp.
2007 Ed. (1862, 1863)
2006 Ed. (1859)
2005 Ed. (1852)
2004 Ed. (1786)
2003 Ed. (1749, 1750)
2001 Ed. (1782, 1783)
1999 Ed. (3293)
Fairchild Semiconductor International Inc.
2008 Ed. (1897)
2007 Ed. (1554, 1863, 2338, 4700)
2006 Ed. (1859, 2114, 2395, 2396)
2005 Ed. (1852, 2337, 2340, 4346)
2004 Ed. (885, 1786, 2236, 4400)
2003 Ed. (1750, 2198, 4379)
2001 Ed. (2158)
Faircom
1991 Ed. (2795)
Fairfax
1993 Ed. (1199)
Fairfax City County, VA
1994 Ed. (1481)
Fairfax City, VA
1991 Ed. (1368)
1990 Ed. (1006, 2158, 2159)
Fairfax County Economic Development Authority
2006 Ed. (3308)
Fairfax County Public School
2008 Ed. (2403, 3786)
Fairfax County Public Schools
2008 Ed. (3166, 3172, 3178, 3181)
2006 Ed. (2337)
2004 Ed. (4311)
Fairfax County, VA
2002 Ed. (1805)
1999 Ed. (1779, 2997)
1996 Ed. (2227)
1995 Ed. (337, 1513)
1994 Ed. (716, 1474, 1478, 1479, 1481, 2061, 2168)
1992 Ed. (1719)
Fairfax County (VA) Public Schools
1991 Ed. (2926)
1990 Ed. (3106)
Fairfax County Water Authority, VA
1991 Ed. (2780)
Fairfax Co. Economic Development Authority, Va.
1990 Ed. (2876)
Fairfax/Fairfax City/Falls Church County, VA
1992 Ed. (1718)
Fairfax-Falls Church, VA
1990 Ed. (2157)
Fairfax Financial Group
1999 Ed. (2964)
Fairfax Financial Holdings Ltd.
2008 Ed. (1623, 1659, 3327)
2007 Ed. (3179)
2005 Ed. (1708)
2003 Ed. (1634)
2002 Ed. (2268)
Fairfax Hyundai
1996 Ed. (273)
1995 Ed. (270)
1994 Ed. (270)
1993 Ed. (271)
1992 Ed. (385)
Fairfax Realty Inc.
2008 Ed. (4104, 4105)
Fairfax, VA
2002 Ed. (1057)
1998 Ed. (191)
1992 Ed. (1720, 1722, 1723)
1991 Ed. (1368, 1370, 1372, 1373, 1376)
1990 Ed. (1441, 1443, 1483)
Fairfax/Vienna/Centreville, VA
1992 Ed. (3291)
Fairfield at St. James
1991 Ed. (1045)
1990 Ed. (1146)
Fairfield Christian Academy
2008 Ed. (4281)
Fairfield Communities
1998 Ed. (2674)
1991 Ed. (3389)
Fairfield County Bank Corp.
2007 Ed. (424)
2006 Ed. (428)
Fairfield County, CN
1997 Ed. (1540)
Fairfield County, CT
2002 Ed. (1808)
1999 Ed. (2831)
1998 Ed. (1200, 2080)
1996 Ed. (2227)
1995 Ed. (2218)
1994 Ed. (239, 1474, 1480, 2167)
1993 Ed. (1429, 1430, 2144)
Fairfield Credit Union
2008 Ed. (2219)
2007 Ed. (2104)
2006 Ed. (2166, 2183)
2005 Ed. (2088)
2004 Ed. (1947)
2003 Ed. (1907)
2002 Ed. (1848)
Fairfield, CT
2005 Ed. (3642, 3643)
2001 Ed. (1940)
2000 Ed. (1603, 2612)
1998 Ed. (2058)
1991 Ed. (2002)
1990 Ed. (2157)
Fairfield Financial Group
1993 Ed. (1037)
Fairfield Homes
2003 Ed. (1213)
2002 Ed. (2670)
Fairfield Inn
2006 Ed. (2943)
2002 Ed. (2644)
1993 Ed. (2085, 2096)
Fairfield Inns
2000 Ed. (2553)
1999 Ed. (2776)
1998 Ed. (2016, 2027)
1997 Ed. (2292, 2302)
1996 Ed. (2178)
1995 Ed. (2165)
1994 Ed. (2115)
1992 Ed. (2476)
1991 Ed. (1943)
Fairfield Inns & Suites by Marriott
2007 Ed. (2954)
Fairfield Inns by Marriott
2008 Ed. (3079)
2001 Ed. (2790)
1990 Ed. (2077)
Fairfield-Noble
1990 Ed. (1064)
Fairfield Public Finance Authority, CA
1991 Ed. (1478)
Fairfield Residential LLC
2008 Ed. (258)
2007 Ed. (282)
Fairfield University
2008 Ed. (1086)
2001 Ed. (1325)
2000 Ed. (1139)
1999 Ed. (1230)
1998 Ed. (801)
1997 Ed. (1053)
1996 Ed. (1037)
1995 Ed. (1052)
1994 Ed. (1044)
1993 Ed. (1017)
1992 Ed. (1269)
Fairgrounds Surgical Center
2008 Ed. (2036)
Fairholme
2008 Ed. (2611)
2007 Ed. (2481)
Fairholme Fund
2008 Ed. (4516)
2006 Ed. (3617)
Fairlane Town Center
2002 Ed. (4280)
2001 Ed. (4252)
2000 Ed. (4028)
Fairleigh Dickinson University
2008 Ed. (774)
1997 Ed. (863)
Fairmark Press Tax Guide
2002 Ed. (4855)
Fairmark Press Tax Guide for Investors
2003 Ed. (3043)
2002 Ed. (4856)
FairMarket Inc.
2002 Ed. (2475)
Fairmont
2000 Ed. (2552)
1999 Ed. (2775)
1998 Ed. (577, 2002)
1997 Ed. (2294)
1996 Ed. (2176, 2800)
Fairmont at the Plaza
2005 Ed. (2938)
Fairmont Capital Inc.
2006 Ed. (4010)
Fairmont Capital Advisors
1991 Ed. (2171)
Fairmont Credit Union
2008 Ed. (2268)
2007 Ed. (2153)
2006 Ed. (2232)
2005 Ed. (2137)
2004 Ed. (1995)
2003 Ed. (1955)
2002 Ed. (1900)
Fairmont Homes
2000 Ed. (3588, 3594, 3595)
1999 Ed. (3873, 3875, 3877)
1997 Ed. (1125, 3149, 3150, 3152, 3153)
1996 Ed. (1104, 3068, 3069, 3070, 3071, 3072, 3073, 3074, 3077, 3078)
1995 Ed. (1131, 2970, 2971, 2972, 2973, 2975, 2976, 2977, 2979)
1994 Ed. (1115, 1120, 2914, 2915, 2916, 2917, 2918, 2919)
1993 Ed. (2899, 2902, 2903, 2904, 2905)
1992 Ed. (3515, 3518, 3519, 3520, 3521, 3522)
1991 Ed. (2757)
1990 Ed. (1173, 2892, 2893)
Fairmont Hotel
1992 Ed. (2479, 2481)
Fairmont Hotels Inc.
2008 Ed. (4319)
1999 Ed. (2778)
1998 Ed. (2020)
1994 Ed. (2113)
1993 Ed. (2083)
1990 Ed. (2075)
Fairmont Hotels & Resorts
2008 Ed. (3077, 4200)
2007 Ed. (2952, 4158, 4363)
2006 Ed. (1594, 2926)
2002 Ed. (2626)
Fairmont Hotels Management Co.
1992 Ed. (2485)
Fairmont Industries
1995 Ed. (2978)
Fairmont Minerals, Ltd.
1990 Ed. (3094)
Fairmont Specialty Group
2007 Ed. (1758)
Fairmont Supply Co.
2003 Ed. (2203)
1992 Ed. (2590)
Fairmount Capital Advisors Inc.
2001 Ed. (737, 786, 875, 891)
1999 Ed. (3015)
1998 Ed. (2227)
1997 Ed. (2478, 2486)
1995 Ed. (2334)
Fairmount Hotel
1991 Ed. (1946)
Fairmount Hotels
1991 Ed. (1941)
Fairport Midwest Growth
2000 Ed. (3294)
Fairs
2008 Ed. (1499)
2007 Ed. (1517)
2006 Ed. (1487)
2005 Ed. (1604)
Fairtrade
2007 Ed. (743)
Fairview Capital Partners Inc.
2008 Ed. (178)
2007 Ed. (195)
2006 Ed. (189)
2005 Ed. (176)
2004 Ed. (174)
2003 Ed. (218)
Fairview Construction Inc.
1991 Ed. (3515)
Fairview Health Services
2006 Ed. (3589, 3720, 3722)
2003 Ed. (1762)
2000 Ed. (3360)
Fairview Health Systems
2004 Ed. (2800)
Fairview Hospital & Healthcare Services
2001 Ed. (1794)
1998 Ed. (2551)
1994 Ed. (2575)
1990 Ed. (2632)
Fairview Hospitals and Healthcare Services
1992 Ed. (3129)
Fairview-University Medical Center
2003 Ed. (2833, 2834, 2835, 2836)
Fairway Foods
2000 Ed. (2384, 2387)
Fairway Ford
1992 Ed. (377, 379, 383, 415, 418)
1991 Ed. (278)
1990 Ed. (342)
Fairway Landscape & Nursery Inc.
2002 Ed. (2540)
Fairwinds Credit Union
2008 Ed. (2225)
2007 Ed. (2110)
2006 Ed. (2189)
2005 Ed. (2094)
2004 Ed. (1952)
2003 Ed. (1912)
2002 Ed. (1858)
Fairwinds FCU
1999 Ed. (1805)
Fairwinds Federal Credit Union
2000 Ed. (1631)
1998 Ed. (1232)

Fairwood Holdings
1996 Ed. (2140)
Fairy
2008 Ed. (717)
2002 Ed. (2227, 2709)
1999 Ed. (1183, 1839)
1996 Ed. (1541)
Fairy Detergent
1992 Ed. (1799)
Fairy Excel
1996 Ed. (983)
Fairy Idol
2008 Ed. (826)
Fairy Liquid
1992 Ed. (1177, 4237)
Fairy Washing Up Liquids
1994 Ed. (983, 1525)
Faisal Bank of Egypt
1992 Ed. (655)
Faisal Islamic Bank of Bahrain
1996 Ed. (452)
Faisal Islamic Bank of Egypt
2000 Ed. (445)
1999 Ed. (453)
1997 Ed. (396)
1996 Ed. (431, 566)
1995 Ed. (404, 461)
1994 Ed. (411)
1993 Ed. (465)
1992 Ed. (583)
1991 Ed. (428, 568)
1990 Ed. (477, 613)
1989 Ed. (455)
Faisal Islamic Bank of Sudan
2008 Ed. (508)
1992 Ed. (596)
1991 Ed. (440, 568)
1990 Ed. (613)
Faison
1998 Ed. (3004, 3300)
1996 Ed. (3431)
Faison Associates
1992 Ed. (3969)
Faison Office Products Co.
2003 Ed. (3425)
2002 Ed. (3373)
Faith Hill
1997 Ed. (1113)
1996 Ed. (1094)
Fajairah
1992 Ed. (1393)
Fakahany; Ahmass
2006 Ed. (952)
Faktab Finans AB
2008 Ed. (2092, 2690, 2715)
2007 Ed. (1999)
2006 Ed. (2029)
Falaballa y Corsi Inversora
2007 Ed. (753)
Falabela
2005 Ed. (67)
Falabella
2008 Ed. (31, 1664)
2007 Ed. (26, 1655)
2006 Ed. (34, 1640, 1845, 4227)
2005 Ed. (28, 1563)
2004 Ed. (35)
1999 Ed. (4135)
Falabella; S. A. C. I.
2007 Ed. (4196)
Falabella S.A.C.I.
2001 Ed. (23)
Falaj Hotel
1991 Ed. (41)
Falck
1999 Ed. (1424)
Falco; Peter
1995 Ed. (1808)
1994 Ed. (1767, 1804)
1993 Ed. (1783, 1821)
1991 Ed. (1689)
1990 Ed. (1768)
Falcon
2002 Ed. (384)
Falcon Associates Inc.
1995 Ed. (1170)
1994 Ed. (1150)
1993 Ed. (1136)
Falcon Bancshares
2005 Ed. (524)
Falcon Cable
2001 Ed. (1540)
1998 Ed. (602)
Falcon Cable Holdings
2002 Ed. (1384)
Falcon Cable TV
1997 Ed. (874)
1996 Ed. (855)
Falcon Drilling Co. Inc.
1997 Ed. (3404)
Falcon Fund International
1993 Ed. (2657)
Falcon International Bank
2008 Ed. (2962)
Falcon National Bank
1998 Ed. (398)
1995 Ed. (493)
Falcon Products Inc.
2005 Ed. (1879)
2004 Ed. (2773)
Falcon 2000
1998 Ed. (144)
Falconbridge Ltd.
2008 Ed. (1418, 3677)
2007 Ed. (1648, 3517, 3518)
2006 Ed. (3485)
2005 Ed. (1727, 3485)
2002 Ed. (3369)
1999 Ed. (3360, 3415)
1997 Ed. (2794)
1996 Ed. (2649)
1994 Ed. (2526)
1992 Ed. (1597, 4313)
1991 Ed. (2467, 2479, 3403)
1990 Ed. (1738, 2586)
Falconbridge Nickel Mines Ltd.
2004 Ed. (3691)
Falder Homes; Scott
1995 Ed. (1133)
Falfurrias State Bank
1998 Ed. (397)
Falgold
1997 Ed. (3930)
Falk
1997 Ed. (987)
Falk; T. J.
2005 Ed. (2500)
Falk; Thomas J.
2007 Ed. (1036)
2006 Ed. (941)
Falke
1998 Ed. (1976)
Falken
2007 Ed. (4757)
2006 Ed. (4741)
Falkner Enterprises Inc.
1991 Ed. (2473)
1990 Ed. (2592)
Fall Creek Housing
2004 Ed. (1208)
2003 Ed. (1201)
Fall International Home Furnishings Market
2004 Ed. (4755)
Fall Protection
2000 Ed. (4322, 4323, 4324)
Fall River Herald News
1990 Ed. (2710)
1989 Ed. (2064)
Fall River State Bank
1997 Ed. (181)
Fallbrook Mall
2000 Ed. (4030)
1999 Ed. (4310)
1995 Ed. (3377)
1994 Ed. (3300)
Fallen
2005 Ed. (3536)
"Falling Dollar"
1992 Ed. (993)
Falling Into You
1998 Ed. (3025)
Fallingbrook Growth
2003 Ed. (3587, 3588)
Fallon Community Health Plan
2008 Ed. (3647)
2000 Ed. (2430)
Fallon Health
1999 Ed. (2651)
Fallon McElligot
1999 Ed. (124)
Fallon McElligott
2000 Ed. (41, 41, 142, 3474, 3474)
1998 Ed. (60)
1997 Ed. (119)
1990 Ed. (73)
1989 Ed. (135)
Falls
2006 Ed. (3733)
2005 Ed. (3617)
2004 Ed. (1)
1996 Ed. (1)
1995 Ed. (2)
1992 Ed. (1763)
Falls Church City, VA
1991 Ed. (1368)
Falls Church County, VA
1998 Ed. (1200, 2080)
1996 Ed. (2227)
Falls Church, VA
2004 Ed. (2986)
2002 Ed. (1057, 1060)
2000 Ed. (1066, 1603, 2610, 2612)
1999 Ed. (1152, 2829)
1996 Ed. (2225)
Falls Management Co.
2008 Ed. (4201)
FallStreet.com
2002 Ed. (4833)
Falmer
1999 Ed. (791, 3128)
False Witness
1992 Ed. (4251)
Falson
1998 Ed. (3002)
Falstaff
1997 Ed. (718)
1990 Ed. (753)
1989 Ed. (762)
Falstaff Brewing
1991 Ed. (742)
1990 Ed. (756, 757, 762)
1989 Ed. (759)
Falstaff, Pearl & General
1992 Ed. (929, 931, 934)
Falvey Autos, Inc.
1992 Ed. (4485)
1991 Ed. (3515)
Falvey Cargo Underwriting Ltd.
2008 Ed. (2060)
Falvey Motors of Troy Inc.
1993 Ed. (3735)
Falvey, Patrick J.
1991 Ed. (3423)
FAM
2000 Ed. (943)
1991 Ed. (838)
FAM Equity Income
2004 Ed. (3557)
FAM Value
2006 Ed. (4565)
2005 Ed. (4491)
1996 Ed. (2772)
1994 Ed. (2604, 2637)
1990 Ed. (2371)
Fam Value Fund
1999 Ed. (3557)
Famco Holdings Ltd.
2002 Ed. (2383)
2001 Ed. (2571)
1992 Ed. (2249)
Fame
2001 Ed. (1381)
Fameco Management Services
2008 Ed. (4336)
2007 Ed. (4380)
Famento Economico Mexicana
1997 Ed. (2047)
Family
2004 Ed. (3334, 3335)
2000 Ed. (4216)
1997 Ed. (3037)
Family & general practitioner
2008 Ed. (3809)
Family Asset
2000 Ed. (3297)
Family Automotive Group
2007 Ed. (190)
2006 Ed. (184)
2005 Ed. (169, 170)
2001 Ed. (712)
2000 Ed. (741)
Family Bank
1998 Ed. (3550)
Family Bargain
1999 Ed. (1873)
Family Channel
1998 Ed. (583, 589, 605)
1994 Ed. (829)
1993 Ed. (812)
1992 Ed. (1015)
Family Charities Ethical
2000 Ed. (3300)
Family Christian Stores
2002 Ed. (4748)
Family Circle
2007 Ed. (142, 144, 3404, 4994)
2006 Ed. (149, 152)
2005 Ed. (3362)
2004 Ed. (3337)
2003 Ed. (3274)
2002 Ed. (3226)
2001 Ed. (3198)
2000 Ed. (3462, 3480)
1999 Ed. (1857, 3751, 3771)
1998 Ed. (1278, 2801)
1997 Ed. (3039, 3050)
1996 Ed. (2963, 2972)
1995 Ed. (2884, 2887)
1994 Ed. (2784, 2790)
1993 Ed. (2791, 2794, 2796)
1992 Ed. (3380, 3383)
1991 Ed. (2701, 2704)
1990 Ed. (2801)
Family dining
2002 Ed. (4011)
Family Dollar
1990 Ed. (1511, 1514, 1518, 1519, 1522, 1523, 1524)
1989 Ed. (1252, 1257)
Family Dollar Stores Inc.
2008 Ed. (891, 2342, 2343, 2344, 2346, 2998)
2007 Ed. (909, 910, 2205, 2206, 2207, 2209, 2878, 4181)
2006 Ed. (822, 823, 1941, 2269, 2270, 2271, 2273, 2885, 4155, 4159, 4875, 4876)
2005 Ed. (1914, 2210, 2878, 4102, 4105, 4812)
2004 Ed. (2103, 2104, 2107, 2124, 2882, 2891, 4180, 4189, 4825)
2003 Ed. (2068, 2069, 2070, 2073, 2782, 4167, 4185)
2002 Ed. (2584)
2001 Ed. (2028, 2030, 2031, 2032, 2033, 4096)
2000 Ed. (1661)
1999 Ed. (1835, 1922)
1998 Ed. (663, 1307, 1310, 1311, 1360)
1997 Ed. (923, 1627, 1634, 1668, 2321)
1996 Ed. (1586)
1995 Ed. (1606, 2792)
1994 Ed. (1565, 2134)
1993 Ed. (1520)
1992 Ed. (1821, 1845, 1826)
1991 Ed. (1434, 1439, 2621)
1990 Ed. (1509, 2719, 3058)
1989 Ed. (1248)
Family Enterprises
1996 Ed. (2561)
Family Entertainment
2000 Ed. (3820)
Family financial planning
1998 Ed. (1947)
Family First Mortgage
2006 Ed. (2594)
Family Fun
2000 Ed. (3477)
Family Guaranty Life Insurance Co.
2000 Ed. (2689)
1998 Ed. (2165)
1997 Ed. (2451)
Family Guy
2005 Ed. (2260)
2000 Ed. (4217)
Family Haircut Store/Rancar Corp.
1994 Ed. (1916)
Family Handyman
1999 Ed. (1855)
1993 Ed. (2801, 2805)
Family leave of absence
1994 Ed. (2806)
Family Life campaign
1991 Ed. (46)

Family Life Insurance Co.
1993 Ed. (2379)
Family Media
1992 Ed. (3390)
1991 Ed. (2709)
Family PC
2000 Ed. (3469)
1999 Ed. (3749)
1998 Ed. (2794)
1997 Ed. (3042, 3046)
Family Planning Association
2006 Ed. (43)
2005 Ed. (36)
Family portraits
2001 Ed. (3794)
Family practice
2004 Ed. (3900)
Family Practice News
1995 Ed. (2538)
Family Resources
2006 Ed. (799)
Family Restaurants
1997 Ed. (2051)
1996 Ed. (1951)
Family Safety and Health
1990 Ed. (287)
Family Saving and Loan Association
1991 Ed. (2922)
Family Savings & Loans Association
1990 Ed. (3104)
Family Savings Bank
2002 Ed. (713)
1998 Ed. (339)
1994 Ed. (437)
Family Savings Bank, FSB
2003 Ed. (455)
1999 Ed. (479)
1997 Ed. (419)
1996 Ed. (457)
1995 Ed. (430)
1993 Ed. (437, 3098)
1992 Ed. (621)
Family Savings Credit Union
2005 Ed. (2085)
2004 Ed. (1944)
2003 Ed. (1904)
2002 Ed. (1845)
Family Security Credit Union
2008 Ed. (2216)
2007 Ed. (2101)
2006 Ed. (2180)
2005 Ed. (2085)
2004 Ed. (1944)
Family Shopping Network
1991 Ed. (3289)
Family: The Ties That Bind...and Gag!
1989 Ed. (745)
Family Trust
1990 Ed. (2951)
Family Trust Credit Union
2008 Ed. (2258)
2007 Ed. (2143)
2006 Ed. (2222)
2005 Ed. (2127)
2004 Ed. (1985)
2003 Ed. (1945)
2002 Ed. (1891)
Family Value
1994 Ed. (2614)
1993 Ed. (2671)
Family Video
2004 Ed. (4840)
2002 Ed. (4751)
2000 Ed. (4346)
1999 Ed. (4713)
1998 Ed. (3670)
Family Video Movies
2004 Ed. (4844)
2001 Ed. (2123)
Family Violence Prevention Fund
2004 Ed. (934)
FamilyCare Inc.
2005 Ed. (2362)
FamilyFun
2004 Ed. (3333)
1996 Ed. (2960, 2966, 2967)
FamilyLife
2000 Ed. (3479)
1998 Ed. (2785)
Familymart
2007 Ed. (4636)
Familymeds
2006 Ed. (2308)
FamilyPC
2001 Ed. (254, 3193)
1999 Ed. (1851)
1998 Ed. (1276, 2785)
Famous Amos
1997 Ed. (1214)
Famous Amos Chocolate Chip
1998 Ed. (992, 993, 3659)
1996 Ed. (3775)
Famous Dave's
2008 Ed. (4187)
2007 Ed. (4152)
2006 Ed. (4124)
2005 Ed. (4050, 4051)
2004 Ed. (4122, 4123)
2003 Ed. (4094)
2000 Ed. (3798)
1998 Ed. (3069, 3182)
Famous Dave's Legendary Pit-Bar-B-Que
2008 Ed. (4164, 4197, 4198)
Famous Dave's of America Inc.
2004 Ed. (4124)
Famous Famiglia
2008 Ed. (2685, 4165)
Famous Footwear
2006 Ed. (4450)
The Famous Grouse
2008 Ed. (246)
2004 Ed. (4314)
2003 Ed. (4304)
2002 Ed. (293, 3182, 4181, 4183)
2001 Ed. (359, 3113, 4168, 4169)
2000 Ed. (3870)
1999 Ed. (3248)
1996 Ed. (2525, 2526)
1994 Ed. (2394)
1993 Ed. (3110)
1992 Ed. (2881, 2892)
1991 Ed. (2332, 2935)
1990 Ed. (2463, 3113, 3115)
1989 Ed. (2363, 2365)
Famous Players
1996 Ed. (1698)
1994 Ed. (1670)
FamousFootwear.com
2008 Ed. (2446)
Fan Fox and Leslie R. Samuels Foundation
1989 Ed. (1478)
Fan Jiang
2000 Ed. (2063, 2064)
Fan Milk
2008 Ed. (43)
Fanatic
1989 Ed. (2909)
Fanch
1998 Ed. (602)
Fancy Feast
2003 Ed. (3801)
2002 Ed. (3647)
1999 Ed. (3780)
1997 Ed. (3075)
1996 Ed. (2996)
1994 Ed. (2825, 2834)
1993 Ed. (2820)
1992 Ed. (3413)
1990 Ed. (2814)
1989 Ed. (2198)
Fancy Fittings Ltd.
2002 Ed. (4425)
F&C Latin America
2000 Ed. (3309)
F&C US Smaller Companies
1992 Ed. (3207)
F&G Reinsurance (USF&G)
1992 Ed. (3658)
Fane Valley
2007 Ed. (2034)
Fane Valley Co-op
2006 Ed. (2065)
The Faneuil Group
1998 Ed. (3479)
Fanily Savings Bank FSB
2000 Ed. (471)
Fanjul; Alfonso
1990 Ed. (2577)
Fanjul Family Holdings
1996 Ed. (992)
FanMail
2001 Ed. (3407, 3408)
Fannie Mae
2008 Ed. (2702, 3010, 3684, 3686, 3687)
2007 Ed. (1480, 2221, 2225, 2231, 2566, 2577, 4588)
2006 Ed. (395, 398, 2111, 2283, 2285, 2288, 2293, 2585, 2587, 2590, 3557)
2005 Ed. (171, 452, 1574, 1575, 1629, 1640, 1811, 1814, 1815, 2005, 2009, 2010, 2011, 2223, 2228, 2574, 2575, 2582, 2584, 2588, 2591, 2606, 3492, 3500, 4689, 4690, 4988, 4989)
2004 Ed. (1596, 1601, 1615, 1758, 1887, 2118, 2119, 2123, 2596, 2597, 2600, 2603, 2604, 2605, 2608, 2609, 3492, 3501, 4982, 4984)
2003 Ed. (1548, 1569, 1573, 1589, 2168, 2470, 2471, 2473, 2475, 2477, 3424, 3432, 4056, 4549)
2002 Ed. (244, 1499, 1537, 1561, 1569, 1636, 2003, 2260, 2263, 2276, 3371, 3372, 3380, 4189, 4207)
2000 Ed. (1338, 1379, 1410, 2192, 2195, 2199, 3725, 4427)
1999 Ed. (1221, 1494, 1537, 1544, 1603, 2435, 2440, 4016)
1998 Ed. (792, 1084, 1110, 1692, 1696, 3024)
1997 Ed. (1326)
1996 Ed. (1034, 1281, 3170)
1995 Ed. (1048, 1312, 3076)
1994 Ed. (1040, 1287, 1843, 3024)
1993 Ed. (1014, 1245, 2981)
1992 Ed. (1266, 1540, 3640)
1991 Ed. (999, 2822)
1989 Ed. (1112)
Fannie Mae Foundation
2005 Ed. (2675)
2002 Ed. (976, 978)
2001 Ed. (2515, 2516)
Fannie May Confections
2008 Ed. (865)
Fannie Wallace
1995 Ed. (933)
Fanning; Craig
1997 Ed. (1865)
1996 Ed. (1791)
1995 Ed. (1816)
1994 Ed. (1776)
1993 Ed. (1793)
1991 Ed. (1707)
1989 Ed. (1416)
Fanning Harper & Martinson
2006 Ed. (3266)
Fanning/Howey Associates
2008 Ed. (2535)
2004 Ed. (2339)
Fanning Phillips & Molnar
2000 Ed. (1860)
Fanning Sterling
1990 Ed. (319)
Fans
2003 Ed. (2868)
2002 Ed. (2702)
FansOnly.com
2003 Ed. (3054)
Fansteel
1993 Ed. (2009)
1992 Ed. (247)
1990 Ed. (182)
Fanta
2008 Ed. (570, 722, 4456, 4458, 4462)
2007 Ed. (620, 4473, 4475, 4478)
2002 Ed. (4325)
1998 Ed. (449, 490)
1996 Ed. (726, 3478)
1989 Ed. (2517)
Fanta Orange
1995 Ed. (3417)
Fantasia
1995 Ed. (3704)
Fantasiland
1997 Ed. (250)
1996 Ed. (218)
1995 Ed. (219)
Fantasilandia
1999 Ed. (271)
Fantasma Productions
2001 Ed. (3919)
Fantastic
2008 Ed. (4464)
2003 Ed. (4486)
2000 Ed. (1096)
1992 Ed. (1174)
1990 Ed. (1013)
Fantastic Beasts and Where to Find Them
2003 Ed. (713)
Fantastic Foods Inc.
2003 Ed. (4490)
Fantastic Sams
2008 Ed. (172, 883, 2876)
2007 Ed. (2759)
2006 Ed. (2752)
2005 Ed. (2780)
2003 Ed. (2675)
2002 Ed. (2432)
Fantastik
2004 Ed. (983)
2003 Ed. (977)
2002 Ed. (1064)
2001 Ed. (1237, 1240)
Fantasyland Hotel & Resort
1993 Ed. (2094)
Fantom
2003 Ed. (4823)
Fantom Technologies Inc.
2001 Ed. (1657)
Fantus
1995 Ed. (2045)
Fanuc Ltd.
2007 Ed. (2401)
2004 Ed. (2258)
2001 Ed. (1617)
1995 Ed. (2493)
1994 Ed. (2421)
1993 Ed. (2484)
1990 Ed. (1610)
Fanuc Robotics North America Inc.
2002 Ed. (2514)
2001 Ed. (2698)
2000 Ed. (2459)
1999 Ed. (2669)
1998 Ed. (1931)
FAO Inc.
2005 Ed. (4727)
2004 Ed. (891, 892)
Fapes
1997 Ed. (3026)
Faqua School of Business; Duke University
2007 Ed. (2849)
2006 Ed. (707, 708, 709, 710, 711, 712, 724, 2859)
2005 Ed. (2853)
Far East
2002 Ed. (2164)
2001 Ed. (3857)
1999 Ed. (4039)
1998 Ed. (1807)
1997 Ed. (697, 2922, 3266)
1994 Ed. (189)
1993 Ed. (2027)
1992 Ed. (3446, 3555)
1990 Ed. (51)
Far East Advertising
1997 Ed. (152)
1994 Ed. (122)
1993 Ed. (141)
1992 Ed. (214)
1991 Ed. (156)
1990 Ed. (156)
1989 Ed. (168)
Far East Asia
1994 Ed. (3657)
Far East Asset
1994 Ed. (2349)
Far East Bank & Trust Co.
2002 Ed. (635)
2001 Ed. (2888)
2000 Ed. (648, 1538)
1999 Ed. (623, 1725, 2892)
1997 Ed. (595, 2400)
1996 Ed. (657)
1995 Ed. (588, 1476)
1994 Ed. (618)
1993 Ed. (615)

1991 Ed. (649)
1990 Ed. (670)
1989 Ed. (655)
Far East Bank & Trust Company
1992 Ed. (821)
Far East Consortium Ltd.
1995 Ed. (1351)
1990 Ed. (2049)
Far East DDB
2003 Ed. (157)
2002 Ed. (197)
Far East Equity Funds
1990 Ed. (2396)
Far East (exc. Japan) equities
1996 Ed. (2430)
Far East Holdings Bhd
1997 Ed. (1358)
Far East Holdings International
1992 Ed. (2441)
Far East Hotels
1996 Ed. (2139)
Far East National Bank
1990 Ed. (463)
Far-East Securities Co., Ltd.
1990 Ed. (821)
Far East Textiles Ltd.
1989 Ed. (1165)
Far Eastern
1998 Ed. (2880)
Far Eastern Air Transport, Corp.
1990 Ed. (240)
Far Eastern Construction Co., Ltd.
1990 Ed. (1213)
Far Eastern Department Stores Ltd.
1992 Ed. (1798)
1990 Ed. (1498)
Far Eastern International Bank
2006 Ed. (460)
Far Eastern Textile Ltd.
2007 Ed. (4672)
2006 Ed. (2577)
2000 Ed. (1569)
1996 Ed. (1454)
1994 Ed. (1033, 1457, 1458, 1734, 3523, 3525)
1992 Ed. (1230, 1697, 1698, 1699, 2094, 4282)
1990 Ed. (1068, 1427, 1737, 3571)
Far Eastern Textiles Ltd.
1997 Ed. (1520, 1521)
1995 Ed. (1497)
1993 Ed. (1409)
1991 Ed. (1356)
1990 Ed. (1425, 1426)
1989 Ed. (1166)
Far Glory Group Construction
2008 Ed. (91)
Far Side Off-the-Wall
1990 Ed. (886)
Far West
1999 Ed. (2835)
1990 Ed. (2169)
Far West Federal Bank
1992 Ed. (506, 3792, 4287)
1990 Ed. (3127)
Far West Federal Savings Bank
1991 Ed. (3369, 3372, 3373)
Far West Financial
1992 Ed. (3227, 4292)
1989 Ed. (2825)
Far West FSB
1993 Ed. (3071, 3571)
Far West S & LA
1992 Ed. (3772, 3773, 3788)
Far West Savings & Loan Association
1993 Ed. (3071, 3080, 3081, 3087, 3569, 3570, 3571)
Far West Technologies LLC
2007 Ed. (3380)
FARA
2008 Ed. (3808)
2007 Ed. (3715, 4112)
2006 Ed. (3732, 4066, 4264)
2005 Ed. (3615)
FARA Health Management
2008 Ed. (2481, 2482)
2007 Ed. (2359)
Faraday Technology
2008 Ed. (2098)
Farah Inc.
1995 Ed. (1240)
1994 Ed. (1224)
Farallon Capital Management
2006 Ed. (2800)
2005 Ed. (2820)
Farber Cancer Institute; Dana
2005 Ed. (3606)
Farber; Steve
2007 Ed. (2497)
Farberware
2007 Ed. (1425, 4674)
2005 Ed. (1401, 3250, 4588)
2003 Ed. (1374, 3166, 4670)
2002 Ed. (1093, 2697)
2000 Ed. (2578)
1999 Ed. (1217, 2802)
1998 Ed. (787, 2043)
1997 Ed. (1042, 2312)
1995 Ed. (1045, 2177, 2178)
1994 Ed. (1036, 2126, 2127)
1993 Ed. (1006, 1552)
1992 Ed. (1891, 2517, 2518)
1991 Ed. (1492, 1961, 1962)
1990 Ed. (1081)
Farbman Group
2001 Ed. (4015)
2000 Ed. (3717)
Farbman Management Group
2000 Ed. (3731)
1999 Ed. (4014)
1998 Ed. (3022)
FARC, Colombia
2000 Ed. (4238)
FarEasTone
2004 Ed. (90)
2001 Ed. (3336)
Fargo-Moorhead, MD-MN
2006 Ed. (3311, 3312)
Fargo-Moorhead, ND
2006 Ed. (2975)
2005 Ed. (2974)
Fargo-Moorhead, ND-MN
2005 Ed. (3065, 3471, 3474, 4797)
2002 Ed. (4289)
Fargo, ND
2008 Ed. (1994, 3462, 4092)
2007 Ed. (1928, 3364)
2006 Ed. (3300)
2005 Ed. (3311)
1999 Ed. (1129, 1147)
1994 Ed. (969, 2498)
Fargo/SSA
1995 Ed. (110)
Fargo's Pizza Co.
2007 Ed. (3965)
Faria; Aloysio de Andrade
2008 Ed. (4854)
Farias
1994 Ed. (962)
Faridy Thorne Fraytak, P.C.
2002 Ed. (335)
Farinella Construction Co.
1992 Ed. (4487)
Farleigh Witt
2006 Ed. (1968)
Farley Inc.
2005 Ed. (1494)
2001 Ed. (1116, 1117, 1118)
1995 Ed. (896, 3401)
1994 Ed. (847)
1993 Ed. (367, 368, 369, 962)
Farley Industries Inc.
1992 Ed. (1187)
1991 Ed. (948, 952)
1990 Ed. (1025)
1989 Ed. (924)
Farley; Leon A.
1991 Ed. (1614)
Farley-1
1990 Ed. (2722)
Farley; William
2005 Ed. (1533)
1996 Ed. (1715)
1994 Ed. (1721)
1990 Ed. (3554)
Farley's
2003 Ed. (1132)
2002 Ed. (935, 936)
2001 Ed. (1119, 1120)
2000 Ed. (973)
1999 Ed. (1018, 2872)
1998 Ed. (615, 616, 624, 625)
1997 Ed. (889, 892)
1996 Ed. (2258)
1994 Ed. (2198)
Farleys Baby Milk
2002 Ed. (2803)
Farleys Dry Baby Food
2002 Ed. (2803)
Farm Aid
1997 Ed. (1113)
Farm Aid III
1989 Ed. (991)
Farm Aid IV
1992 Ed. (1351)
Farm Aid V
1994 Ed. (1100)
Farm Aid VI
1995 Ed. (1118, 1120)
Farm & food products
1992 Ed. (3610)
Farm & Home Finance Corp.
1994 Ed. (3271)
1993 Ed. (3281)
Farm & Home Financial Corp.
1995 Ed. (3352)
1992 Ed. (4288)
Farm & Home Savings
1989 Ed. (2825)
Farm Animals
1990 Ed. (978)
Farm Bureau Bank, FSB
2006 Ed. (4239)
2002 Ed. (4120)
Farm Bureau Life
1998 Ed. (170)
Farm Credit Corp.
2001 Ed. (1661)
1997 Ed. (2155, 3811)
1996 Ed. (2037, 3761)
1994 Ed. (1985)
1992 Ed. (2341)
1990 Ed. (1942)
Farm Credit Bank of Texas
2007 Ed. (1429)
2006 Ed. (1394, 1395)
2003 Ed. (1378)
Farm Credit Bank of Wichita
2004 Ed. (1388)
Farm Credit Canada
2008 Ed. (1613, 2833, 4782)
2007 Ed. (2704, 4859)
2006 Ed. (2604, 2709)
2005 Ed. (2748)
2004 Ed. (2753)
Farm Credit Services of America
2006 Ed. (1420)
Farm Credit System Association
1997 Ed. (178)
1995 Ed. (906)
1994 Ed. (864)
Farm Credit System Association Captive Insurance Co.
1993 Ed. (851)
Farm Credit System of Fargo/West Central Minnesota
2000 Ed. (222)
Farm Credit System of Michigan's Heartland
2000 Ed. (222)
Farm Credit System of Mid-America
2000 Ed. (222)
Farm Credit System of the Midlands
2000 Ed. (222)
Farm equipment
2008 Ed. (1821)
1995 Ed. (2207, 2212)
1993 Ed. (2133, 2135)
1992 Ed. (2568, 2570)
1991 Ed. (1996, 1998)
1990 Ed. (2151, 2152)
Farm Family Life
2002 Ed. (2918)
1998 Ed. (170, 172)
Farm/feed stores
2002 Ed. (3657)
Farm Foods
2001 Ed. (262)
Farm Fresh Inc.
2000 Ed. (387)
1989 Ed. (2778)
Farm House Foods
1989 Ed. (2463, 2467)
Farm Industry News
1990 Ed. (3626)
Farm Journal
2003 Ed. (814)
2000 Ed. (3467, 3482)
1999 Ed. (3748)
Farm loans
1989 Ed. (1220)
Farm occupations
2005 Ed. (3616)
Farm raw materials
1996 Ed. (3827)
Farm Science Review
2001 Ed. (4610)
Farm Stores
2000 Ed. (3147)
1999 Ed. (3422)
1998 Ed. (2514)
Farm Stores Grocery Inc.
2002 Ed. (3375)
Farm workers
1989 Ed. (2079, 2082)
Farma International
2000 Ed. (2463)
Farmacias Ahumada
2006 Ed. (1847)
Farmacias Arrocha
2008 Ed. (69)
Farmacias El Amal Inc.
2007 Ed. (4189)
2006 Ed. (2000, 4168)
2005 Ed. (4117)
2004 Ed. (4196)
2002 Ed. (2033)
2001 Ed. (70)
2000 Ed. (1718)
1999 Ed. (1924)
Farmbid.com
2001 Ed. (4749)
Farmcraft Service Inc.
1989 Ed. (1412)
Farmdale Developments Ltd.
2001 Ed. (1692)
Farmek Edonomisk Foren
2002 Ed. (250)
Farmer & Irwin Corp.
2006 Ed. (1242)
Farmer & Mechanics Bank
1998 Ed. (3528)
Farmer Automobile Insurance Association
1999 Ed. (2899)
Farmer Boys
2007 Ed. (2540)
2006 Ed. (2569)
2004 Ed. (2583)
2003 Ed. (2452)
2002 Ed. (2248)
Farmer Bros. Co.
2006 Ed. (2282)
Farmer Brothers Co.
2005 Ed. (2653)
2004 Ed. (2660, 4584)
Farmer, Greg
1993 Ed. (3445)
Farmer Jack
1999 Ed. (195)
1998 Ed. (100)
Farmer Jack Supermarkets
2005 Ed. (1757)
2001 Ed. (272)
2000 Ed. (219)
Farmer John
2008 Ed. (4278)
2002 Ed. (423, 4098)
1994 Ed. (2450)
Farmer Mac
2005 Ed. (2606)
Farmer; Richard T.
2007 Ed. (4897)
2006 Ed. (4902)
2005 Ed. (4846)
Farmers
2007 Ed. (2461, 3719)
2005 Ed. (3620, 3632)
2003 Ed. (3659)
1995 Ed. (2287)
1994 Ed. (35, 2587)
1993 Ed. (44)
1992 Ed. (67, 2643, 2655)
1989 Ed. (2079)
Farmers & Mechanics Bank
2000 Ed. (3857, 4251)
1999 Ed. (4601)

1998 Ed. (3539)
Farmers & Merchants
1990 Ed. (514, 514)
Farmers & Merchants Bank
1991 Ed. (406, 473, 594)
1989 Ed. (212, 215)
Farmers & Merchants Bank & Trust
1997 Ed. (495)
1993 Ed. (509)
1989 Ed. (217, 217)
Farmers & Merchants Bank of Long Beach
2004 Ed. (401, 403, 404, 405, 406, 408, 546)
2003 Ed. (530)
2002 Ed. (3550, 3551, 3552, 3553, 3555, 3557)
1998 Ed. (390)
1997 Ed. (543)
1996 Ed. (587)
1995 Ed. (530)
1994 Ed. (556)
1993 Ed. (554)
Farmers & Merchants Savings
1998 Ed. (371)
Farmers & Merchants Savings Bank
1997 Ed. (501)
1996 Ed. (542)
Farmers & Merchants State Bank
1996 Ed. (546)
1989 Ed. (204, 212, 219)
Farmers & ranchers
2004 Ed. (2290)
Farmers Auto Insurance Association
1998 Ed. (2111, 2206)
Farmers Automobile Association
1991 Ed. (2126)
Farmers Automobile Insurance Association
2000 Ed. (2652, 2727)
1997 Ed. (2412, 2466)
1994 Ed. (2218)
1993 Ed. (2186)
Farmers Bank
1994 Ed. (512)
1989 Ed. (213)
Farmers Bank & Trust
2004 Ed. (361)
The Farmers Bank of China
1994 Ed. (1849)
1991 Ed. (673)
Farmers Bank of Northern Missouri
1996 Ed. (392)
Farmers Co-operative Dairy
1992 Ed. (1588)
Farmers Deposit Bank
2005 Ed. (3307)
Farmers Exchange
1990 Ed. (2251)
Farmers, fishermen & forestry workers
1998 Ed. (1326, 2694)
Farmers Group Inc.
2008 Ed. (1490, 3238)
2007 Ed. (3096)
2006 Ed. (3071)
1992 Ed. (2691)
1991 Ed. (1182, 1725)
1990 Ed. (1228, 1229, 1250, 2273, 2752)
1989 Ed. (1743, 2469)
Farmers House plc
2002 Ed. (4499)
Farmers Insurance Co. Inc. and subsidiary cos.
2000 Ed. (2670)
Farmers Insurance Exchange
2008 Ed. (3321)
2005 Ed. (3066, 3141)
2004 Ed. (2846, 3055)
2003 Ed. (2759, 3010)
2002 Ed. (2872, 2958)
2001 Ed. (2899, 2901)
2000 Ed. (2650, 2652, 2681, 2724, 2727)
1999 Ed. (2899, 2904, 2973, 2975)
1998 Ed. (2111, 2118, 2204, 2206)
1997 Ed. (2409, 2412, 2462)
1996 Ed. (2269, 2272, 2336, 2340)
1994 Ed. (2215, 2218, 2270, 2274)
1993 Ed. (1458, 2183, 2186, 2233, 2236)
1992 Ed. (2686, 2690)
1991 Ed. (2122, 2126)
Farmers Insurance Group
2008 Ed. (3229, 3230, 3231, 3232, 3234, 3248, 3282, 3283, 3326)
2007 Ed. (3088, 3089, 3090, 3091, 3093, 3101, 3127, 3128, 3178)
2006 Ed. (3142, 4217)
2005 Ed. (3132)
2002 Ed. (2839, 2840, 2841, 2842, 2894, 2949, 2960, 2970)
2001 Ed. (2902, 2903, 2904, 2906, 3084)
2000 Ed. (2655, 2657, 2721, 2723)
1999 Ed. (2901, 2903, 2913, 2921, 2934, 2971, 2972, 2978, 2979)
1998 Ed. (2115, 2117, 2146, 2152, 2203, 2211)
1997 Ed. (2406, 2408, 2431, 2461, 2465, 2466)
1996 Ed. (2295, 2301, 2333, 2335, 2337)
1995 Ed. (2266, 2320, 2324)
1994 Ed. (2219, 2221, 2242, 2246, 2271, 2280)
1993 Ed. (2188, 2190, 2193, 2201, 2232, 2238)
1992 Ed. (2644, 2646, 2650, 2656, 2678, 2687)
1991 Ed. (2082, 2083, 2090, 2092, 2121, 2123)
1990 Ed. (2220, 2221, 2225, 2227, 2250)
1989 Ed. (1672, 1674, 1676, 1710)
Farmers Insurance Group Credit Union
2006 Ed. (2178)
2003 Ed. (1903)
2002 Ed. (1844)
Farmers Insurance Group of Cos.
2000 Ed. (2732, 2735)
Farmers Insurance Co. of Oregon
2008 Ed. (2013)
Farmers Investment Co.
1998 Ed. (1775)
1991 Ed. (257)
Farmers' markets
2001 Ed. (3520)
Farmers National Co.
2000 Ed. (1907)
1999 Ed. (2121, 2122, 2123, 2124)
1998 Ed. (1541, 1542, 1543, 1544)
1997 Ed. (1828, 1829, 1830, 1831)
1996 Ed. (1747, 1748, 1749, 1750)
1995 Ed. (1769, 1770, 1771, 1772)
1994 Ed. (1736, 1737, 1738, 1739)
1993 Ed. (1744, 1745, 1746, 1747)
1992 Ed. (2106, 2107, 2108, 2109)
1991 Ed. (1646, 1647, 1648, 1649)
1990 Ed. (1744, 1745)
1989 Ed. (1410, 1411)
Farmers National Bank
1989 Ed. (208, 208, 216)
Farmers National Bank of Canfield
2005 Ed. (380)
Farmers New World
1995 Ed. (2277)
1991 Ed. (2116)
Farmers of China
1991 Ed. (672)
Farmers of Los Angeles
1990 Ed. (2252)
Farmers Savings Bank
1997 Ed. (180, 496)
1996 Ed. (537)
1995 Ed. (490)
1994 Ed. (509)
1993 Ed. (504)
1992 Ed. (702)
1991 Ed. (544)
Farmers Savings, FS&LA
1990 Ed. (3585)
Farmers State Bank
2005 Ed. (523)
1997 Ed. (181)
1993 Ed. (507)
1989 Ed. (207, 209, 211, 215, 217)
Farmers Trading Co.
2007 Ed. (61)
2006 Ed. (70)
2001 Ed. (62)
Farmers Union (CENEX)
1994 Ed. (1422)
Farmers Union Central Exchange
1991 Ed. (2470)
Farmers Union Milk Marketing Cooperative
1993 Ed. (1457)
Farming
2007 Ed. (3736)
2005 Ed. (3633, 3634)
1997 Ed. (2018)
Farming/building trade
1993 Ed. (2046)
Farmington National Bank
1993 Ed. (592)
Farmington, NJ
1996 Ed. (2730)
Farmington, NM
1999 Ed. (3471)
1993 Ed. (2625)
Farmington Savings Bank
2005 Ed. (481)
Farmland
2008 Ed. (335)
2002 Ed. (423)
2000 Ed. (3134)
Farmland Dairies
2001 Ed. (3312)
Farmland Foods Inc.
2007 Ed. (2627)
2005 Ed. (3420)
2003 Ed. (2524)
2000 Ed. (3061, 3580)
1997 Ed. (2734, 2737, 3134, 3140)
1996 Ed. (2584, 2588, 2590, 3059, 3061, 3062)
1995 Ed. (1909, 2527, 2966)
1994 Ed. (2453, 2458, 2905, 2907)
1993 Ed. (2879)
Farmland Foods Production Group
2003 Ed. (3337)
Farmland Industries Inc.
2005 Ed. (1402, 1403, 1405, 1639, 1888, 2630, 2636)
2004 Ed. (1381, 1382, 1384, 1806, 2639, 2645, 2656)
2003 Ed. (1375, 1376, 1768, 1769, 2504, 2508, 2516, 3331)
2002 Ed. (1341, 1732, 2291, 2300, 2309)
2001 Ed. (372, 1799, 2458, 2463, 2479)
2000 Ed. (1519, 1914, 2214, 2216, 2230)
1999 Ed. (1708, 2456, 2461, 2470, 2472)
1998 Ed. (1178, 1553, 1710, 1713)
1997 Ed. (1482, 1844, 2025, 2039)
1996 Ed. (1388, 1422)
1995 Ed. (1460, 1784, 1898)
1994 Ed. (1423, 1873)
1993 Ed. (251, 1370, 2728)
1992 Ed. (3264)
Farmland Industries/Alliance
2001 Ed. (3851)
Farmland Management Services
1998 Ed. (1773, 1775)
Farmland National Beef
1999 Ed. (2475)
Farmland Refrigerated
2004 Ed. (3407, 3408)
Farmland Refrigerated Foods & Livestock Production Group
2003 Ed. (3338, 3340, 3342)
2002 Ed. (3274, 3275, 3277)
Farms.com
2003 Ed. (2154)
2001 Ed. (4749)
Farmstead Foods
1992 Ed. (2994, 2996, 3509, 3510)
Farmway Credit Union
2004 Ed. (1935)
Farnell Electronics plc
2005 Ed. (1539)
2004 Ed. (1523)
2003 Ed. (1493)
2002 Ed. (1472)
1997 Ed. (1235, 1713)
Farner-Bocken Co.
1997 Ed. (1203)
1995 Ed. (1200)
Farner-Publicis
1990 Ed. (154)
1989 Ed. (165)
Farner Publicis.FCB
1991 Ed. (154)
Farnham; Robert
2006 Ed. (964)
2005 Ed. (990)
Faros
2003 Ed. (3706)
Farpoint Technologies
2008 Ed. (1146)
Farquhar Ltd.; R. B.
1994 Ed. (997)
Farr Automotive Group; Mel
1997 Ed. (675, 676)
1996 Ed. (300, 743, 744)
1995 Ed. (297, 669)
1994 Ed. (293, 713)
1993 Ed. (303, 705)
1992 Ed. (894)
1991 Ed. (712)
Farr Ford Inc.; Mel
1991 Ed. (714)
1990 Ed. (737)
Farragut Mortgage
1995 Ed. (204)
Farrar, Straus & Giroux
1995 Ed. (3043)
Farrel Corp.
2001 Ed. (4130)
Farrell; Colin
2008 Ed. (4884)
2007 Ed. (4920)
2005 Ed. (4885)
Farrell Fritz
2000 Ed. (2898)
Farrell, Fritz, Caemmerer, Cleary, Barnosky & Armentano
1999 Ed. (3152)
Farrell Grant Sparks
1999 Ed. (13)
Farrell II; Thomas F.
2008 Ed. (956)
Farrell; John C.
1990 Ed. (2660)
Farrell; Robert
1995 Ed. (1858)
1994 Ed. (1816)
1993 Ed. (1836)
Farrell; W. J.
2005 Ed. (2493)
Farrell; W. James
2006 Ed. (901, 936)
2005 Ed. (966)
Farrell-Wako Global Investment Management
1999 Ed. (3087, 3089)
Farrens Tree Surgeons Inc.
2006 Ed. (206)
Farrington Bank
1995 Ed. (494)
Farris; G. Steven
2007 Ed. (999)
2006 Ed. (909)
2005 Ed. (968)
Farris Vaughan Wills & Murphy
2004 Ed. (1428)
Farrow Amusements
1997 Ed. (907)
Farrow Shows
2005 Ed. (2523)
2000 Ed. (987)
1999 Ed. (1039)
1998 Ed. (646)
Farstad Oil Inc.
2008 Ed. (1995)
2007 Ed. (1929)
2001 Ed. (1824)
Farwest Financial
1992 Ed. (3926, 3928)
Fasa-Renault
1995 Ed. (1488)
1993 Ed. (1399)
Fasa Renault Sa
1994 Ed. (1450)
Fasano; Christine
1997 Ed. (1931, 1944)
Fasciano Fund
2000 Ed. (3224)
Fasco
1994 Ed. (3453)
Fashion
2007 Ed. (790)
2006 Ed. (697)

1994 Ed. (2931)
1993 Ed. (2917)
1992 Ed. (3235, 4390)
Fashion accessories/baggage
1992 Ed. (2951)
Fashion Bug
1994 Ed. (3094)
1993 Ed. (3039)
1992 Ed. (3727)
Fashion Cafe
2001 Ed. (4086)
Fashion Channel
1991 Ed. (3290)
Fashion Industries
2007 Ed. (3957)
Fasken, Campbell, Godfrey
1994 Ed. (2357)
1993 Ed. (2394)
Fasken Martineau
1996 Ed. (2451)
1995 Ed. (2415)
Fasken Martineau Davis
1999 Ed. (3147)
1997 Ed. (2596)
1993 Ed. (2405)
1992 Ed. (2831, 2846)
1991 Ed. (2282)
Fasken Martineau Walker
1991 Ed. (2293)
1990 Ed. (2416, 2427)
Fasmatex SA
2002 Ed. (4618)
2001 Ed. (4511)
FAST
2001 Ed. (4746)
The Fast & the Furious
2004 Ed. (2160)
Fast Company
2008 Ed. (759)
2005 Ed. (138)
2002 Ed. (3228)
2001 Ed. (250, 251, 1053)
2000 Ed. (3467, 3479, 3490, 3492)
1999 Ed. (3754)
Fast-Fix Jewelry & Watch Repairs
2008 Ed. (4322)
2007 Ed. (4366)
Fast-Fix Jewelry Repairs
2006 Ed. (4299)
2005 Ed. (4358)
2004 Ed. (4410)
2002 Ed. (4260)
Fast Food
2000 Ed. (38)
1995 Ed. (1533)
1994 Ed. (1190)
1992 Ed. (91, 92, 95)
1991 Ed. (2059)
Fast Food Nation
2004 Ed. (745)
Fast food restaurants
2001 Ed. (4078)
1999 Ed. (2485)
1998 Ed. (1744)
1996 Ed. (364)
Fast Retailing Co., Ltd.
2008 Ed. (4233)
2007 Ed. (4197, 4204)
2006 Ed. (4173)
2005 Ed. (4128, 4129)
2002 Ed. (1710)
2001 Ed. (1763)
Fast Search & Transfer
2006 Ed. (3030)
2003 Ed. (2712)
Fast Search & Transfer ASA
2008 Ed. (2000)
2007 Ed. (1934, 3063)
2006 Ed. (1951)
Fast Take
2002 Ed. (1972)
Fast-teks On-site Computer Services
2008 Ed. (880)
Fast Track
1997 Ed. (2390)
Fastclick Inc.
2007 Ed. (99, 2324)
Fastclick.com
2006 Ed. (4878)
Fastenal Co.
2008 Ed. (4726)
2007 Ed. (4280)
2006 Ed. (1888, 3364, 4437, 4788, 4789)
2005 Ed. (4738, 4739, 4903, 4904)
2004 Ed. (4759, 4760, 4912, 4913)
2003 Ed. (2891)
1998 Ed. (1881)
1994 Ed. (2017)
1989 Ed. (2367)
Fasteners
2005 Ed. (2781)
Fastennal Corp.
1991 Ed. (892)
FastFrame
2008 Ed. (170)
Fastframe USA Inc.
2008 Ed. (3986)
2007 Ed. (3955)
2006 Ed. (3908)
2005 Ed. (3839)
2004 Ed. (3901)
2003 Ed. (896, 3876)
2002 Ed. (2362, 3710)
Fastino's
1995 Ed. (2952)
Fastline
2004 Ed. (57)
Fastlink
2008 Ed. (53)
2007 Ed. (50)
2006 Ed. (59)
2005 Ed. (52)
FASTNET Corp.
2002 Ed. (2533)
FastParts.com
2001 Ed. (4751)
FasTracKids International Ltd.
2008 Ed. (882, 2411)
2007 Ed. (907, 2278)
2006 Ed. (820, 2342)
2005 Ed. (905, 2274)
2004 Ed. (913, 914, 2173)
2003 Ed. (2126)
2002 Ed. (2066)
Fastsigns
2003 Ed. (4420)
2002 Ed. (4281)
1999 Ed. (2510, 2512, 2516)
1992 Ed. (2221)
FastSigns International Inc.
2008 Ed. (4337)
2007 Ed. (4381)
2006 Ed. (4316)
2005 Ed. (4368)
2004 Ed. (4420)
Fastweb SpA
2007 Ed. (1831)
Fat Bastard
2005 Ed. (4966)
Fat Burners
1996 Ed. (1547)
Fat Free Fig Newtons
1994 Ed. (1858)
Fatabella
2000 Ed. (3849)
FATE
1997 Ed. (3752)
Fater
1989 Ed. (38)
Father Flanagan's Boys' Home
1996 Ed. (912)
1995 Ed. (941, 2780)
1994 Ed. (904)
1993 Ed. (896)
1991 Ed. (2614)
Father of the Bride
1993 Ed. (2599)
Father Son & Co.: My Life at IBM & Beyond
2006 Ed. (584)
Father's Day
2004 Ed. (2759)
2001 Ed. (2627)
1992 Ed. (2348)
1990 Ed. (1948)
Fathom
2003 Ed. (3036)
Fathom Communications
2008 Ed. (3595)
Fator Plural Jaguar FIA
2005 Ed. (3577)
Faucets
2001 Ed. (4743)
Fauji Fert Al
1997 Ed. (2588)
Fauji Fertilizer Co. Ltd.
2002 Ed. (3044, 3045, 4453)
1999 Ed. (3132, 3133)
Fauji Fertilizer Bin Qasim Ltd.
2007 Ed. (1581)
2006 Ed. (4527)
Fauji Fertilizer Company Limited
2000 Ed. (2879)
Faul Oldsmobile-GMC; Larry
1990 Ed. (312)
Faul Oldsmobile-GMC-Peugeot; Larry
1990 Ed. (345)
Faul Oldsmobile-GMC Truck Inc.; Larry
1994 Ed. (279)
1993 Ed. (280)
Faul Oldsmobile; Larry
1991 Ed. (289)
Faul Pontiac; Larry
1993 Ed. (281)
1992 Ed. (396)
Faulding Inc.
2001 Ed. (2061)
Faulds Advertising
2001 Ed. (236)
Faulk; Rick
2006 Ed. (2514)
Faulkner Inc.; Henry
1991 Ed. (289)
1990 Ed. (312)
Faulkner Oldsmobile
1992 Ed. (394)
Faulkner Organization
2001 Ed. (439, 445)
Faultless
2003 Ed. (3168)
Faultless Starch/Bon Ami Co.
2003 Ed. (995, 3169)
Faure Equipements SA
1999 Ed. (2552)
Faurecia
2008 Ed. (313)
2007 Ed. (325)
2004 Ed. (320)
2003 Ed. (342, 343)
Faurecia Sieges D'Automobile SA
2004 Ed. (2708)
Fauser Oil Co., Inc.
2004 Ed. (1760)
Fausto Colovan
1999 Ed. (2362)
Favor
2008 Ed. (980)
2003 Ed. (980)
Favorite Brands
2000 Ed. (977)
Favorite Brands International Inc.
2003 Ed. (1133, 1134)
Favorite Nurses
2006 Ed. (4456)
Faw Car
2006 Ed. (4307)
FAW-VW
1995 Ed. (308)
Faw Xiali
2006 Ed. (4307)
Fax-9
2002 Ed. (2363)
1994 Ed. (1912, 1915)
1992 Ed. (2221, 2222)
1991 Ed. (1771, 1772)
Fax orders
1992 Ed. (3251)
Fax Plus Inc.
2003 Ed. (1364)
Faxon-Gillis
2005 Ed. (1212)
2004 Ed. (1186)
2003 Ed. (1180)
2002 Ed. (1198)
FaxonGillis Homes
2000 Ed. (1221)
Fay; Carolyn Grant
1994 Ed. (890)
Fay Cos.; Leslie
1996 Ed. (1284)
1994 Ed. (1022, 1024, 1028, 1029)
1993 Ed. (990, 992, 996, 997)
1991 Ed. (981)
Fay, Leslie
1995 Ed. (1031, 1032, 1318, 1320, 1328, 1334, 2768)
1992 Ed. (1220, 1221, 1222, 1224, 1225)
1990 Ed. (1062)
Fay Richwhite
1993 Ed. (1665)
1992 Ed. (2006)
1990 Ed. (1689)
Fay, Richwhite Securities New Zealand
1995 Ed. (3280)
Fayard; Gary
2007 Ed. (1044)
2006 Ed. (949)
Faye Landes
2000 Ed. (2052)
1999 Ed. (2267)
1998 Ed. (1623)
1997 Ed. (1901)
Fayette County, GA
1995 Ed. (1509)
1993 Ed. (1433)
Fayette Independent Development Authority
1996 Ed. (2240)
Fayetteville, AR
2008 Ed. (3460)
2007 Ed. (3361, 3362)
2006 Ed. (2424, 3298, 4864)
2005 Ed. (2380, 3311)
1998 Ed. (1520, 2474)
1993 Ed. (2549)
1989 Ed. (2336)
Fayetteville, NC
2008 Ed. (978, 3131)
2007 Ed. (3012)
2005 Ed. (1190, 2977)
2000 Ed. (1909)
1999 Ed. (2127)
1998 Ed. (579)
1994 Ed. (825, 969)
1993 Ed. (2555)
1992 Ed. (4041)
Fayetteville-Springdale-Rogers, AR
2008 Ed. (3459, 3479)
2005 Ed. (2387, 4797)
2004 Ed. (2289)
1999 Ed. (1173, 2088, 3368, 3370)
1997 Ed. (2767)
Fayetteville-Springdale-Rogers, AR-MO
2007 Ed. (2374)
Fayez S. Sarofim
2004 Ed. (4861)
Fayez Sarofim
2006 Ed. (4899)
1994 Ed. (2299, 2307)
1993 Ed. (2288, 2295, 2320)
1992 Ed. (2737, 2752, 2760)
Fayez Sarofim & Co.
2008 Ed. (3377)
Fayez Shalaby Sarofim
2002 Ed. (3356)
Fayor-Butikerna
1989 Ed. (52)
Fayrewood
2002 Ed. (4292)
Fay's
1996 Ed. (1591)
1992 Ed. (1854)
1990 Ed. (1552, 1557)
Fay's Drug
1990 Ed. (1550)
Faysal Bank
1999 Ed. (3133)
Faysal Islamic Bank of Bahrain
2000 Ed. (444)
1999 Ed. (452)
1997 Ed. (395)
1996 Ed. (430)
1991 Ed. (568)
Fazio; Tom
2008 Ed. (2827)
Fazio; Vic
1994 Ed. (845)
Fazoli's
2008 Ed. (2667, 2670, 4161, 4183, 4184)
2007 Ed. (2534, 4149)
2006 Ed. (2560, 4122)
2005 Ed. (2553)

2004 Ed. (4138)
2003 Ed. (2455, 4099, 4120)
2002 Ed. (4002, 4022)
2001 Ed. (4065)
2000 Ed. (3773, 3774, 3785, 3787, 3795)
1999 Ed. (2128, 2130, 2133, 2137, 2138, 4049, 4058, 4064, 4068)
1998 Ed. (3060, 3065)
Fazoli's Systems Inc.
2004 Ed. (2584)
2002 Ed. (2250)
FBA Paramount Fund Income
1992 Ed. (3177)
FBC Mortgage Securities X
1989 Ed. (1112)
FBG Services Corp.
2006 Ed. (4364)
FBI
1992 Ed. (2635)
FBL Financial Group Inc.
2005 Ed. (3103)
2004 Ed. (3100, 3101)
FBL-Growth Common Stock
1992 Ed. (3177)
FBL Series Managed
1995 Ed. (2725)
FBM
1997 Ed. (2669, 2672)
FBOP Corp.
2006 Ed. (403)
1998 Ed. (287)
FBR American Gas Index
2005 Ed. (3542)
FBR Asset Investment Corp.
2004 Ed. (1588)
FBR Funds Small Cap
2008 Ed. (598, 4515)
2006 Ed. (4570)
FBR Gas Utility Index
2007 Ed. (3677)
FBR: Sm Cap Financial
1999 Ed. (3522)
FBR Small Cap
2008 Ed. (2621, 4516)
2007 Ed. (2491)
2006 Ed. (3642, 3643)
FBR Small Cap Financial
2006 Ed. (3596, 3637, 3655, 4561)
2004 Ed. (3565, 3566, 3568, 3587, 3595)
2003 Ed. (3522)
1999 Ed. (3507)
FBS Capital Markets
1991 Ed. (3035)
FC Business Systems Inc.
2008 Ed. (1399)
2006 Ed. (1371, 1374)
F.C. Kerbeck & Sons
1990 Ed. (317)
FCA France
1994 Ed. (88)
1993 Ed. (99)
FCA International Ltd.
1997 Ed. (1044, 1045, 1046, 1048)
FCB
2003 Ed. (184)
2000 Ed. (151, 163)
1999 Ed. (81, 133, 146)
1996 Ed. (73, 130, 131)
1995 Ed. (116, 2509)
1994 Ed. (2443)
1990 Ed. (145)
1989 Ed. (154)
FCB/Advis
2001 Ed. (145)
FCB Africa
2003 Ed. (148)
FCB Argentina
2003 Ed. (42)
2002 Ed. (76)
2001 Ed. (103)
FCB/Artefilme
1992 Ed. (143, 156)
1991 Ed. (95, 106)
1990 Ed. (96)
1989 Ed. (101)
FCB/Artefilme Honduras
1990 Ed. (108)
FCB Canada
2001 Ed. (119)
2000 Ed. (75, 76)
1999 Ed. (70, 71)
1997 Ed. (70)
1996 Ed. (69)
1995 Ed. (53, 54, 55)
FCB Canada Worldwide
2003 Ed. (57)
2002 Ed. (90)
FCB Colombia
1997 Ed. (73)
FCB Costa Rica
2002 Ed. (94)
1994 Ed. (80)
FCB de Costa Rica
2001 Ed. (123)
1999 Ed. (75)
1997 Ed. (74)
1996 Ed. (74)
1995 Ed. (60)
FCB Direct
2000 Ed. (1680)
1992 Ed. (1805)
1991 Ed. (1420)
FCB Direct/U.S.
1995 Ed. (1565, 1566)
1993 Ed. (1489)
FCB Dominican Republic
2001 Ed. (130)
1997 Ed. (80)
FCB Ecuador
2003 Ed. (68)
2002 Ed. (103)
2001 Ed. (131)
2000 Ed. (89)
1999 Ed. (83)
1997 Ed. (82)
1996 Ed. (82)
1995 Ed. (69)
1993 Ed. (95)
FCB El Salvador
2001 Ed. (133)
2000 Ed. (91)
1999 Ed. (85)
1997 Ed. (84)
1996 Ed. (84)
1995 Ed. (71)
FCB Finland
2001 Ed. (135)
FCB Florida Bancorp
2008 Ed. (427)
FCB Germany
2001 Ed. (138)
FCB Guatemala
1997 Ed. (94)
FCB Healthcare
1997 Ed. (139)
1996 Ed. (48)
FCB Honduras
2003 Ed. (82)
2002 Ed. (115)
2001 Ed. (142)
2000 Ed. (102)
1999 Ed. (97)
1997 Ed. (95)
1996 Ed. (94)
1995 Ed. (80)
FCB Hong Kong
2001 Ed. (121)
FCB Jakarta
1995 Ed. (84)
1994 Ed. (95)
FCB/Leber Katz Partners
1997 Ed. (81, 124)
1996 Ed. (58, 81, 2866, 2867)
1995 Ed. (104)
FCB/Lewis, Gilman & Kynett Inc.
1993 Ed. (127)
FCB Malaysia
2003 Ed. (106)
2002 Ed. (140)
2001 Ed. (168)
2000 Ed. (128)
FCB Mexico
2003 Ed. (121)
2002 Ed. (149)
2001 Ed. (179)
FCB New Zealand
2003 Ed. (127)
2002 Ed. (159)
2001 Ed. (187)
FCB Peru
2003 Ed. (135)
2002 Ed. (167)
2001 Ed. (196)
FCB Publicidad
2003 Ed. (79)
1996 Ed. (93)
1995 Ed. (79)
1991 Ed. (104)
FCB Publicidade
1999 Ed. (96)
1994 Ed. (111)
1993 Ed. (130)
1992 Ed. (200)
1991 Ed. (144)
1990 Ed. (144)
1989 Ed. (153)
FCB Publicidade Portugal
2003 Ed. (138)
2002 Ed. (170)
FCB-Publicis
1995 Ed. (86)
1993 Ed. (110, 111, 2504)
1992 Ed. (161, 164, 165, 162)
1991 Ed. (110, 112, 113)
1990 Ed. (58, 59, 60, 61, 62, 65, 66, 67, 68, 69, 70, 72, 112)
FCB Puerto Rico
2003 Ed. (139)
2002 Ed. (172)
2001 Ed. (201)
1997 Ed. (135)
1991 Ed. (145)
FCB/Puma
1995 Ed. (59)
1994 Ed. (79)
1993 Ed. (89)
1992 Ed. (136)
1991 Ed. (88)
1990 Ed. (90)
FCB/Ronalds-Reynolds Ltd.
1994 Ed. (74, 75, 123)
1993 Ed. (85, 142)
1992 Ed. (130, 131, 215)
1991 Ed. (82)
1990 Ed. (85)
FCB/Siboney
1993 Ed. (90)
1992 Ed. (137, 145)
1991 Ed. (89, 93)
1990 Ed. (91, 95, 107)
1989 Ed. (95, 99, 112)
FCB/Siboney/Blanco Uribe
1993 Ed. (145)
1992 Ed. (219)
1990 Ed. (161)
FCB/Siboney/Uribe
1991 Ed. (160)
1989 Ed. (172)
FCB Slovakia
2003 Ed. (146)
2002 Ed. (179)
2001 Ed. (207)
2000 Ed. (169)
1999 Ed. (151)
FCB South Africa
2001 Ed. (209)
FCB Sri Lanka
2003 Ed. (151)
2002 Ed. (187)
FCB Switzerland
2002 Ed. (189)
FCB Taiwan
2002 Ed. (191)
FCB/Tapsa
2003 Ed. (150)
2002 Ed. (186)
2001 Ed. (210)
2000 Ed. (174)
FCB Thailand
2001 Ed. (224)
FCB Ulka
2003 Ed. (84)
2002 Ed. (117)
FCB-Ulka Advertising
2001 Ed. (144)
2000 Ed. (104)
1999 Ed. (100)
FCB Venezuela
2003 Ed. (179)
2002 Ed. (208)
2001 Ed. (239)
1997 Ed. (157)
FCB Worldwide
2002 Ed. (63, 65, 70, 73, 101, 102, 150, 151, 210, 211)
2001 Ed. (98, 99, 101, 164, 188, 202, 220, 221, 222, 223, 241)
FCBi
2006 Ed. (3420)
FCC
2002 Ed. (3518)
F.C.C. Fishery Co., Ltd.
1990 Ed. (2520)
FCC National Bank
2000 Ed. (404, 414)
1999 Ed. (406, 414)
1998 Ed. (298, 302, 309, 312, 346)
1997 Ed. (382, 384)
1996 Ed. (361, 415)
1995 Ed. (392)
1994 Ed. (342, 344, 397, 399, 465)
1993 Ed. (352, 382, 407, 409, 460)
1992 Ed. (505, 510, 567)
1991 Ed. (362, 365)
FCC SA
2004 Ed. (1324, 1333, 1334, 1335)
2003 Ed. (1324, 1334)
2002 Ed. (1327)
FCCI Mutual Insurance Co.
2000 Ed. (2733)
1998 Ed. (2133)
1997 Ed. (2421)
FCCSA
1994 Ed. (3650)
FCE Bank
2008 Ed. (521)
2007 Ed. (568)
2006 Ed. (537)
2005 Ed. (624)
FCE Credit Union
2007 Ed. (2129)
2006 Ed. (2208)
2005 Ed. (2113)
2004 Ed. (1971)
2003 Ed. (1931)
2002 Ed. (1877)
F.C.F. Fishery Co. Ltd.
1992 Ed. (2974, 1705)
FCI
2005 Ed. (2279)
2001 Ed. (2136, 2137, 2138)
FCI Americas Holding Inc.
2004 Ed. (1817)
FCI Constructors Inc.
2005 Ed. (1325)
2004 Ed. (3968)
FCL Builders Inc.
2008 Ed. (1797)
FCL Interstate Transport Services
2004 Ed. (3962)
FCNB Corp.
2002 Ed. (432, 433)
FCNBD
2000 Ed. (397, 431)
FCP-ECA
2000 Ed. (3403)
FCR of Boston
2006 Ed. (4060)
FD Engineers & Constructors Inc.
2001 Ed. (1070)
F.D. Thomas Inc.
2000 Ed. (1265, 1271)
FDB Faellesfor For Danmarks Brugsforeninger
1993 Ed. (1294)
1989 Ed. (1104)
FDB Faellesforeningen for Danmarks Brugsforeninge
1996 Ed. (1324)
FDL Foods Inc.
1996 Ed. (2586, 2587, 3065, 3066)
1995 Ed. (2527, 2966)
1994 Ed. (2454, 2455, 2458, 2910, 2911)
1993 Ed. (2521, 2879, 2890)
1992 Ed. (2996, 3510)
FDR
1992 Ed. (1747)
FDS
2003 Ed. (2461)
2002 Ed. (2255)
FDS Bank
2007 Ed. (4255)
2005 Ed. (4216)

2004 Ed. (4283)
FDS Field Marketing Group
2002 Ed. (3264)
FDS International
2000 Ed. (3044)
FDX Corp.
2001 Ed. (293, 1876)
2000 Ed. (1571, 3393, 3394, 3576, 4292)
1999 Ed. (1745, 4652)
Fea; Vincent
1997 Ed. (1925)
Fearnley Holdings Ltd.
1992 Ed. (1197)
Fearon; Richard
2007 Ed. (1068)
Feather O'Connor
1991 Ed. (3210)
Featherlite Enterprises
2006 Ed. (3535)
FEB Investments Inc.
1996 Ed. (3392)
Febreze
2008 Ed. (206)
2005 Ed. (198)
2003 Ed. (3168)
February
2002 Ed. (415)
2001 Ed. (1156, 4857, 4858, 4859)
February 11, 1932
1989 Ed. (2750)
February 5, 1987
1989 Ed. (2045)
February 9-October 7, 1966
1989 Ed. (2749)
February 1, 1917
1999 Ed. (4497)
February 13, 1932
1989 Ed. (2750)
February 22, 1996
1999 Ed. (4395, 4397)
Fecto Cement
1997 Ed. (2589)
Fed Nac de Cafeteras
1989 Ed. (1102)
Fed USA Insurance/Financial Services
2006 Ed. (2601)
Fedco
2001 Ed. (4403)
2000 Ed. (1688, 2595)
1999 Ed. (1871)
1998 Ed. (3695)
Fedco Drugs
2002 Ed. (2035)
Fedco Electronics Inc.
2005 Ed. (2349)
2004 Ed. (2249)
1998 Ed. (1413)
Fedders Corp.
2005 Ed. (2949, 2950)
2004 Ed. (2949, 2950)
2002 Ed. (253, 1912, 2701)
2001 Ed. (286, 287, 288)
2000 Ed. (227)
1999 Ed. (204)
1998 Ed. (107)
1997 Ed. (185, 1254)
1996 Ed. (3499)
1995 Ed. (3434, 3436)
1994 Ed. (149)
1993 Ed. (165, 166)
1992 Ed. (258, 261)
1991 Ed. (187)
1990 Ed. (197)
Fedele; Joe
2005 Ed. (2321)
Fedeli Group
2001 Ed. (2912)
Federacafe/Fondo
1989 Ed. (1135)
Federacion de Asociaciones Peruarias de Puerto Rico Inc.
2006 Ed. (201)
Federacion de Asocs. Peruarias de Puerto Rico
2005 Ed. (189)
2004 Ed. (183)
Federacion Nacional de Cafeteros
2006 Ed. (2544)
Federacion National de Cafeteros
1989 Ed. (28)
Federacion Patronal Seguros
2008 Ed. (3253)
2007 Ed. (3108)
Federal Corp.
1999 Ed. (2976)
1997 Ed. (2470)
1996 Ed. (2302)
1994 Ed. (2223, 2283)
1992 Ed. (2695)
1990 Ed. (2260)
Federal Agricultural Mortgage Corp.
2005 Ed. (2606)
2004 Ed. (2596)
1998 Ed. (2725)
Federal Aviation Administration
2008 Ed. (2167, 2168, 3437, 3438)
Federal Aviation Administration Employees Credit Union
2008 Ed. (2253)
2007 Ed. (2138)
2006 Ed. (2217)
2005 Ed. (2122)
2004 Ed. (1980)
2003 Ed. (1940)
2002 Ed. (1886)
Federal budget deficit
1990 Ed. (276)
Federal Building and Courthouse
2002 Ed. (2419)
Federal Bureau of Investigation
2008 Ed. (1047, 1049, 1050)
2006 Ed. (1069)
2005 Ed. (1061)
Federal Bureau of Investigation; U.S.
2005 Ed. (3181)
Federal Bureau of Prisons
2001 Ed. (2486)
2000 Ed. (3617)
1997 Ed. (2056)
1996 Ed. (1953)
1995 Ed. (1917)
1994 Ed. (1889)
Federal Business Center
1997 Ed. (3261)
1992 Ed. (2597)
Federal Business Development Bank
1997 Ed. (2155, 3811)
1996 Ed. (3761)
1994 Ed. (1985)
1992 Ed. (2341, 4389)
1990 Ed. (1942)
Federal Business Products
2000 Ed. (3614)
1998 Ed. (2924)
Federal Communications Commission
1989 Ed. (1202)
Federal Computer Week
2008 Ed. (146, 147, 148, 811, 4712)
2007 Ed. (162, 163, 164, 845, 4795)
2006 Ed. (752)
2004 Ed. (146)
1999 Ed. (3759, 3762)
1998 Ed. (2793, 2794)
Federal Data Corp.
2004 Ed. (1363)
2002 Ed. (1069)
Federal Deposit Insurance Corp.
2005 Ed. (361)
Federal Emergency Management Agency
2007 Ed. (4645)
Federal Express Corp.
2008 Ed. (208, 209, 2105, 2351, 4771, 4774, 4775, 4776, 4777)
2007 Ed. (221, 222, 1679, 2010)
2006 Ed. (213, 214, 2038)
2005 Ed. (199, 200, 1969)
2004 Ed. (196, 197, 1866)
2003 Ed. (239, 240, 1832, 1833)
2002 Ed. (3214, 3487, 4871, 4885)
2001 Ed. (290, 292, 293, 297, 311, 313, 324, 325, 326, 327, 328, 332, 335, 1875, 1876, 2172, 2196, 3830, 4628, 4631)
2000 Ed. (228, 229, 230, 232, 234, 244, 246, 256, 259, 260, 261, 262, 264, 265, 940, 1429, 4013, 4378)
1999 Ed. (206, 207, 208, 209, 210, 211, 224, 240, 241, 242, 993, 1038, 1623, 3678, 3681, 3861, 4301, 4750)
1998 Ed. (109, 110, 111, 112, 113, 114, 116, 117, 118, 119, 120, 121, 568, 1062, 1070, 1188, 2729, 2888, 3119, 3614)
1997 Ed. (187, 189, 190, 200, 210, 211, 212, 214, 215, 1402, 1523, 2980, 3136)
1996 Ed. (171, 173, 174, 175, 177, 178, 182, 190, 1455, 2898, 3752)
1995 Ed. (168, 172, 174, 188, 3362, 3653, 3656, 3668)
1994 Ed. (150, 151, 153, 154, 155, 157, 158, 159, 160, 173, 174, 175, 176, 178, 3283, 3567, 3568, 3569, 3572, 3587)
1993 Ed. (167, 169, 170, 172, 173, 174, 175, 181, 183, 184, 185, 195, 196, 197, 198, 2175, 3291, 3610, 3611, 3612)
1992 Ed. (262, 263, 264, 265, 276, 286, 288, 289, 290, 294, 296, 298, 4334, 4335, 4336, 4340, 4343)
1991 Ed. (188, 189, 190, 191, 192, 193, 194, 198, 205, 207, 208, 209, 212, 213, 3413, 3414)
1990 Ed. (198, 199, 200, 202, 212, 222, 225, 230, 237, 3640)
1989 Ed. (223, 231, 244)
Federal Express Canada Ltd.
1995 Ed. (3655)
1993 Ed. (3614)
Federal Express Corporation PAC
1992 Ed. (3475)
Federal Express Europe Inc.
2007 Ed. (1823)
Federal Financial Institutions Examination Council
2008 Ed. (2831)
Federal Flour Mills
2001 Ed. (1784)
1997 Ed. (1474)
1995 Ed. (1452, 1453)
Federal Flour Mills Bhd.
1994 Ed. (1417)
1993 Ed. (1365)
1992 Ed. (1668, 1669)
1991 Ed. (1323)
1990 Ed. (1398)
Federal government
2002 Ed. (3974, 3978, 3979)
2001 Ed. (2153, 3561, 4042)
1999 Ed. (4045)
1995 Ed. (2758)
1993 Ed. (3543)
1992 Ed. (3664)
Federal health facilities
2002 Ed. (3747, 3756)
Federal Home Life Insurance Co.
2002 Ed. (2927)
Federal Home Loan
1990 Ed. (2683)
Federal Home Loan Bank San Francisco
1993 Ed. (2418)
Federal Home Loan Banks
2000 Ed. (3963)
1999 Ed. (4216)
1996 Ed. (3312)
Federal Home Loan Marketing Association
1997 Ed. (2007)
Federal Home Loan Mortgage Corp.
2008 Ed. (2368)
2006 Ed. (2108, 2110, 2111)
2005 Ed. (2591)
2000 Ed. (2195, 3963)
1999 Ed. (1749, 2435, 2439, 2440)
1998 Ed. (1191, 1558, 1690, 1691, 1692, 1693, 1696, 3210)
1997 Ed. (1528, 2005, 2006)
1996 Ed. (1459, 1915, 1916, 1917, 3312, 3413)
1995 Ed. (1871, 1872, 1873, 3338, 3365)
1994 Ed. (1841, 1842, 1843, 3259, 3286)
1993 Ed. (1854, 3294)
1992 Ed. (2145, 2146, 3929)
1991 Ed. (1714, 3094)
1990 Ed. (1357)
Federal Home Loan Mortgage Corp. (Freddie Mac)
2001 Ed. (2434, 2435, 3344)
Federal Housing Administration
1993 Ed. (2113)
1991 Ed. (1981)
Federal Industries Ltd.
1993 Ed. (1504, 3453)
1992 Ed. (1835)
1990 Ed. (1531)
Federal Insurance Co.
2008 Ed. (3319, 3323)
2007 Ed. (3174)
2005 Ed. (3129, 3140)
2004 Ed. (3132)
2002 Ed. (2958, 2963)
2001 Ed. (4032, 4035)
1997 Ed. (2432)
1995 Ed. (2327)
Federal Insurance Company
2000 Ed. (2724, 2728)
Federal intramural programs
2002 Ed. (3973)
Federal judge
1989 Ed. (2084)
Federal Kemper Life Assurance
1998 Ed. (2194)
Federal Lands
1993 Ed. (3619)
Federal-Mogul Corp.
2008 Ed. (1443, 1444, 1445, 1446, 1447, 1448, 1449, 1450, 4253, 4254)
2007 Ed. (4216, 4217)
2006 Ed. (330, 4206, 4207)
2005 Ed. (316, 4150, 4151)
2004 Ed. (317, 1480, 1559, 4222, 4223)
2003 Ed. (338, 340, 341, 1450, 1537, 1542, 4196, 4197, 4204, 4205)
2002 Ed. (397, 1388, 1430, 1513, 1515, 1516, 1519, 1544, 3401)
2001 Ed. (498, 499, 1790)
2000 Ed. (1337, 1343, 1358, 1516, 1900, 3171)
1999 Ed. (2107)
1998 Ed. (1529)
1992 Ed. (467)
1991 Ed. (331, 336)
1990 Ed. (389, 390)
1989 Ed. (337)
Federal Mortgage Bank of Nigeria
1993 Ed. (599)
Federal Mortgage Bank of Nigeria (FMBN)
1992 Ed. (806)
Federal National Management Association
1993 Ed. (3219)
Federal National Meeting Association
1995 Ed. (3307, 3308)
Federal National Mortgage
1998 Ed. (3361)
1990 Ed. (1289, 1306, 1775)
1989 Ed. (1045, 1424)
Federal National Mortgage Assn.
2000 Ed. (3963)
Federal National Mortgage Association
2006 Ed. (2103, 2111)
2005 Ed. (2005, 2009, 2010, 2591, 2606)
1999 Ed. (2439, 4216)
1998 Ed. (1136, 1558, 1690, 1691, 1693, 3210)
1997 Ed. (1292, 1295, 1308, 1383, 1642, 2005, 2006, 2007, 2010)
1996 Ed. (1246, 1249, 1263, 1325, 1915, 1916, 1917, 1920, 3312)
1995 Ed. (1264, 1871, 1872, 1873, 1876, 3302, 3306, 3325, 3336)
1994 Ed. (1243, 1256, 1841, 1842, 1844, 1848, 3220, 3228, 3229, 3245)
1993 Ed. (1853, 1854, 1855, 1860, 2113, 2717, 2719, 3224, 3228, 3229, 3251, 3266)
1992 Ed. (2144, 2145, 2146, 2147, 3929, 4061, 4071)
1991 Ed. (494, 1196, 1231, 1308, 1713, 1714, 1981, 3090, 3094)

1990 Ed. (1325, 1357, 1774, 1776, 1777, 3244)
1989 Ed. (1423, 1425, 1426, 2471)
Federal National Mortgage Association (Fannie Mae)
2001 Ed. (2434, 2435, 3344)
Federal No. 2
1989 Ed. (1996)
Federal Office Products
2006 Ed. (3514, 4353)
Federal Paper Board Co. Inc.
2002 Ed. (1459)
1998 Ed. (2740)
1997 Ed. (2991, 2993)
1996 Ed. (2902)
1995 Ed. (2828, 2832, 2836)
1994 Ed. (2721, 2723, 2726, 2727)
1993 Ed. (2762, 2765)
1992 Ed. (2102, 2103, 3327, 3328, 3329, 3332)
1991 Ed. (2667, 2668, 2670)
1990 Ed. (1189, 2760, 2761, 2762, 3448)
1989 Ed. (2111, 2112, 2114)
Federal Pioneer
1992 Ed. (2399)
1991 Ed. (1903)
Federal Prison
2002 Ed. (2419)
Federal Publication
1989 Ed. (49)
Federal Realty
1995 Ed. (3069)
1994 Ed. (3000)
Federal Realty Investment Trust
2008 Ed. (2356, 4118)
2007 Ed. (2228, 4086, 4093)
2006 Ed. (4049)
2005 Ed. (2220)
2004 Ed. (2126)
2002 Ed. (1556)
1998 Ed. (3297, 3301)
1992 Ed. (3628, 3961, 3971)
1991 Ed. (2808, 2816)
Federal Reserve
2007 Ed. (4018)
2006 Ed. (3979)
2000 Ed. (3433)
Federal Reserve Board
1992 Ed. (25, 27)
Federal Reserve Employees
2008 Ed. (2305, 2322, 3865)
2007 Ed. (2193, 3791)
2004 Ed. (3787)
2003 Ed. (3761)
2001 Ed. (3668)
1999 Ed. (3722)
Federal Retirement Thrift
2008 Ed. (2320, 2322, 3865, 3867, 3870)
2007 Ed. (2193, 2194, 3791, 3793, 3796)
2004 Ed. (2039, 2041, 3787, 3788, 3791)
2003 Ed. (1985, 1987, 3761, 3762)
2002 Ed. (3602, 3603, 3619, 3620)
2001 Ed. (3665, 3666, 3668, 3683, 3684)
2000 Ed. (3430, 3433, 3446, 3448)
1999 Ed. (3718, 3721, 3722, 3729, 3731)
1998 Ed. (2760, 2763, 2771)
1997 Ed. (3012, 3014, 3018, 3020)
1996 Ed. (2924, 2928, 2930)
1995 Ed. (2857, 2858, 2860, 2861)
1994 Ed. (2753, 2759, 2761)
Federal Retirement Thrift Board
1998 Ed. (2769)
Federal Retirement Thrift Investment Board
2000 Ed. (3432)
1998 Ed. (2762)
Federal Signal Corp.
2004 Ed. (318, 340, 341, 2999)
2003 Ed. (2893)
1999 Ed. (2850)
1998 Ed. (2088)
1997 Ed. (2369)
1995 Ed. (2238)
1994 Ed. (2184)
1993 Ed. (2165)
1992 Ed. (1884)
Federal Technology Corp.
2006 Ed. (1353)
Federal Trade Commission
2002 Ed. (4844)
Federally-funded R&D centers
2002 Ed. (3974)
Federated
2008 Ed. (2609)
2000 Ed. (3547, 3809)
1999 Ed. (1833, 4093, 4095, 4098)
1998 Ed. (664)
1997 Ed. (1592, 3342)
1996 Ed. (1533, 1535)
1995 Ed. (557)
1994 Ed. (2623)
1992 Ed. (1789)
Federated Aggressive Growth A
1999 Ed. (3528)
Federated Allied
1992 Ed. (1089, 1091)
Federated Allied Credit
1993 Ed. (1442)
Federated/Allied Fed. Dept. Stores
1992 Ed. (1791)
Federated Ambulatory Surgery Association
1999 Ed. (300)
Federated ARMs I
1998 Ed. (2597)
Federated ARMs Institute
1996 Ed. (2767)
Federated Bank S.S.B.
1994 Ed. (1224)
Federated Bond
1992 Ed. (3164)
Federated Bond Fortress
1997 Ed. (687)
Federated Bond Fund F
1999 Ed. (745)
Federated Capital Appreciation
2006 Ed. (3620, 3621)
2003 Ed. (3488, 3489)
Federated Co-operative
1996 Ed. (3828)
Federated Co-operatives
2008 Ed. (1385)
2007 Ed. (1434, 4945)
2006 Ed. (1401)
2003 Ed. (1381)
2001 Ed. (1499)
1994 Ed. (3659)
Federated Department Stores Inc.
2008 Ed. (886, 887, 888, 892, 896, 1008, 1491, 1519, 2005, 2006, 2327, 2328, 2995, 3008, 4209, 4210, 4213, 4215, 4217, 4236)
2007 Ed. (153, 1126, 1535, 1937, 1938, 2195, 2886, 4168, 4169, 4177, 4180, 4181, 4182, 4183, 4201, 4202)
2006 Ed. (161, 166, 1954, 1955, 2252, 2615, 2964, 4145, 4146, 4149, 4153, 4155, 4159, 4160, 4161, 4180, 4181)
2005 Ed. (150, 1027, 1531, 1569, 1920, 1921, 1943, 2165, 2166, 2167, 2619, 2875, 2969, 4093, 4094, 4097, 4101, 4102, 4104, 4105, 4116, 4134)
2004 Ed. (151, 152, 1834, 1835, 2050, 2051, 2054, 2055, 2631, 2712, 2869, 2886, 2888, 2895, 2962, 4157, 4158, 4161, 4179, 4180, 4184, 4188, 4205)
2003 Ed. (192, 193, 1012, 1016, 1801, 1802, 2008, 2011, 2495, 2597, 2873, 4145, 4146, 4163, 4164, 4166, 4178)
2002 Ed. (227, 228, 946, 1552, 1743, 1744, 1749, 2286, 2386, 2706, 4045, 4051, 4059, 4061)
2001 Ed. (1260, 1828, 2740, 2742, 2743, 2747, 4091, 4092, 4094, 4105, 4107, 4108)
2000 Ed. (204, 206, 207, 1011, 1113, 1308, 1531, 1621, 2300, 3803, 3816, 3818, 3823)
1999 Ed. (179, 180, 390, 1043, 1071, 1200, 1448, 1720, 1834, 1872, 3288, 4103, 4105, 4112)
1998 Ed. (74, 86, 440, 651, 685, 772, 1015, 1147, 1183, 1258, 1259, 1260, 1261, 1298, 2426, 3078, 3083, 3084, 3096)
1997 Ed. (167, 350, 354, 921, 943, 1253, 1269, 1494, 1590, 1591, 2928, 3348)
1996 Ed. (161, 162, 383, 910, 1000, 1200, 1207, 1223, 1432, 1531, 1532, 2824, 2828, 3235, 3245, 3247)
1995 Ed. (149, 150, 682, 931, 1254, 1550, 1551, 1554, 3147)
1994 Ed. (132, 885, 888, 1235, 1520, 1521, 1522, 3256, 3260)
1993 Ed. (365, 366, 1207, 1476, 3215)
1992 Ed. (1475, 1494)
1991 Ed. (1163, 1182, 2896, 3099)
1990 Ed. (1228, 1229, 1236, 1250, 1267, 1326, 1494, 1495, 1809, 3042, 3059, 3249)
1989 Ed. (1235, 1237, 1238, 2320, 2322, 2327)
Federated Department Stores Inc. (Bullock's nd I. Magnin Stores)
1990 Ed. (1226, 1230, 1235, 1238, 1244, 1256, 1265, 3553)
Federated Department Stores; Campeau/Allied Stores,
1991 Ed. (1146)
Federated Deptartment Stores
2000 Ed. (390)
Federated Equity
2000 Ed. (3262)
Federated Equity Income
2001 Ed. (3431, 3432)
Federated Equity Income A
1998 Ed. (2595, 2611)
Federated GNMA
1997 Ed. (2869)
1992 Ed. (3188)
1990 Ed. (2387)
Federated GNMA Institute
1996 Ed. (2769)
Federated GNMA Trust
2004 Ed. (712)
2003 Ed. (697)
2002 Ed. (3415)
1993 Ed. (2656, 2665, 2696)
1990 Ed. (2603)
Federated GNMA Trust Instit. Sh.
1994 Ed. (2642)
Federated Government 5-10 Years I
2000 Ed. (764)
Federated Government 2-5 Years I
1997 Ed. (2889)
The Federated Group
1991 Ed. (1542)
1990 Ed. (1647, 2026, 2030)
Federated Hi Yield
1999 Ed. (3547, 3548)
Federated High Inc.
2000 Ed. (3265)
1999 Ed. (3547, 3548, 3549)
Federated High-Inc. Bond C
1999 Ed. (3547)
Federated High Income
1990 Ed. (2388)
Federated High Yield
2000 Ed. (3265)
1998 Ed. (2625, 2626)
1995 Ed. (2715)
Federated/High Yield Cash Trust
1992 Ed. (3099)
Federated High Yield Inst.
1997 Ed. (2867)
1996 Ed. (2765)
Federated High-Yield Treasury
1997 Ed. (2892)
Federated High-Yield Trust
1993 Ed. (2666, 2677)
Federated Institutional U.S. Government Bond
2007 Ed. (645)
2004 Ed. (721)
Federated Intermediary Government
1992 Ed. (3199)
Federated Intermediate Municipal
2007 Ed. (634)
2006 Ed. (608, 609)
Federated International
2008 Ed. (594)
Federated International Government Trust
1994 Ed. (2643)
Federated International High Income
2008 Ed. (593)
Federated International High Income Fund
2003 Ed. (3530)
Federated International Income A
1997 Ed. (691)
Federated Investment Counseling
1991 Ed. (2223)
Federated Investors Inc.
2008 Ed. (2050)
2007 Ed. (3251)
2006 Ed. (1988, 3210)
2005 Ed. (1942, 1946, 1948, 1949, 1951, 3208)
2003 Ed. (3556)
2001 Ed. (3422)
2000 Ed. (2830)
1998 Ed. (2262, 2655)
1992 Ed. (2778)
1991 Ed. (2375)
Federated Kaufmann
2007 Ed. (2488)
2004 Ed. (3574, 3580)
Federated Kaufmann Small Cap
2006 Ed. (3649)
Federated Liberty Equity Income A
1997 Ed. (2885)
Federated Life
1993 Ed. (2231)
Federated Lloyds of Texas
1992 Ed. (2680)
Federated Macy's Credit Card Buyers
1999 Ed. (1856)
Federated Managed Income I
1999 Ed. (746)
Federated Managed Income Select
2000 Ed. (756)
Federated Management
1992 Ed. (3157)
Federated Market Opportunity
2004 Ed. (3557)
Federated Master Trust
1994 Ed. (2543)
1992 Ed. (3100)
Federated Mid Cap Index
2006 Ed. (3641)
Federated Mid-Cap Index Fund
2003 Ed. (3536)
Federated/MN Muni Cash
1996 Ed. (2668)
Federated/MN Municipal Cash Instit. Shares
1994 Ed. (2540)
Federated-Mogul Corp.
2001 Ed. (4131)
Federated Money Market Trust
1994 Ed. (2543)
1992 Ed. (3100)
Federated Mortgage
2004 Ed. (714)
Federated Mortgage-IS
2005 Ed. (696)
Federated Mutual
1993 Ed. (2235)
1991 Ed. (2125)
Federated Mutual Insurance
2003 Ed. (3006)
2000 Ed. (2726)
1999 Ed. (2968)
1998 Ed. (2197)
1992 Ed. (2689)
Federated Mutual Insurance Cos.
2007 Ed. (3172)
2006 Ed. (3139)
2005 Ed. (3131)
2004 Ed. (3125)
Federated/OH Municipal Cash Instit. Shares
1994 Ed. (2540)
Federated Retail Holdings Inc.
2008 Ed. (4209)
2007 Ed. (1937, 4169)
2006 Ed. (4145)
Federated Securities Corp.
1995 Ed. (763)
1993 Ed. (2668)
1992 Ed. (3181)

Federated Short-Inter. Government Institute
1996 Ed. (2767)
Federated Stock & Bond Fund A
1999 Ed. (3532)
Federated Stock Trust
1999 Ed. (3541)
Federated Total Return Bond
2003 Ed. (700)
Federated Total-Return Government Bond Institutional
2004 Ed. (694)
Federated U.S. Government Bond
2002 Ed. (724)
1999 Ed. (749)
Federated Utility
2003 Ed. (3553)
Federation Day Care Services
1991 Ed. (929)
1990 Ed. (977)
Federation des Caisses Populaires Desjardins de Montreal
2001 Ed. (1498)
Federation of Jewish Agencies of Greater Phila
1992 Ed. (3269)
Federation of Migros Cooperatives
2008 Ed. (89)
2007 Ed. (82, 2004)
2006 Ed. (92)
Federative Republic of Brazil
2005 Ed. (3240)
Federazione Italiana Dei Consorzi Agrari Soc. Coop A.R.L. Federconsorzi
1991 Ed. (3479)
Federico; Richard
2007 Ed. (1005)
FedEx Corp.
2008 Ed. (205, 208, 209, 221, 222, 818, 1434, 1436, 1438, 1440, 1484, 1827, 1828, 1829, 1830, 1831, 1832, 1834, 1851, 2105, 2106, 2282, 3026, 3198, 4066, 4067, 4072, 4328, 4329, 4331, 4736, 4742, 4743)
2007 Ed. (218, 219, 221, 222, 223, 242, 243, 855, 856, 858, 1448, 1490, 1790, 1793, 1796, 1812, 2010, 2011, 2167, 3759, 3760, 4362, 4373, 4374, 4376, 4815, 4816, 4821, 4834)
2006 Ed. (209, 210, 211, 213, 214, 223, 240, 241, 242, 243, 244, 1457, 1459, 1463, 1483, 1783, 1785, 1786, 1787, 1788, 1789, 1805, 1850, 1980, 2036, 2038, 2039, 2243, 3763, 3764, 4308, 4309, 4799, 4805, 4806, 4812)
2005 Ed. (195, 196, 197, 199, 200, 212, 224, 225, 226, 227, 228, 739, 1348, 1578, 1806, 1809, 1818, 1969, 1970, 2687, 2688, 3667, 4364, 4365, 4750, 4754, 4759)
2004 Ed. (194, 195, 196, 197, 216, 217, 218, 219, 220, 1342, 1569, 1866, 1867, 2273, 2689, 2690, 3752, 3753, 4414, 4763, 4777, 4781, 4788)
2003 Ed. (236, 239, 240, 241, 1544, 1559, 1603, 1833, 1834, 1968, 2152, 3707, 3708, 3709, 4526, 4781, 4791, 4793, 4796, 4799, 4801, 4812)
2002 Ed. (1781, 2075, 3569, 3570, 3573, 4265, 4685)
2001 Ed. (292, 4233, 4616)
FedEx Express
2008 Ed. (223, 224, 225, 235, 3686, 3687, 4771, 4774, 4775, 4776, 4777)
2007 Ed. (231, 244, 245, 246, 4848, 4851, 4852, 4853, 4854)
FedEx Field
2005 Ed. (4438, 4439)
2001 Ed. (4355)
FedEx Freight Corp.
2008 Ed. (2772, 4763, 4769, 4774, 4775, 4776, 4777, 4780)
2007 Ed. (4847, 4851, 4852, 4854, 4857)
2006 Ed. (4850, 4854)
2005 Ed. (2685, 4784)
2004 Ed. (2687, 4769)
FedEx Ground Inc.
2007 Ed. (4848, 4851, 4852, 4853, 4854)
2006 Ed. (1981, 4798, 4849, 4850)
2005 Ed. (1944, 4748, 4762, 4763)
2004 Ed. (1841, 4772, 4790, 4791)
2003 Ed. (1809, 4788)
2002 Ed. (3572, 4691)
FedEx Ground Package System
2008 Ed. (291, 2040, 4737, 4771, 4774, 4775, 4776, 4777)
2007 Ed. (1951)
FedEx Kinko's Office & Print Services Inc.
2008 Ed. (961, 4026, 4028)
2007 Ed. (1038, 4008, 4009)
2006 Ed. (943, 2340, 3969, 3970, 4813)
FedEx Supply Chain Services
2007 Ed. (3389)
Fedlife
1995 Ed. (2315)
Fednav Ltd.
1999 Ed. (4654)
1997 Ed. (3789)
1993 Ed. (3614)
1992 Ed. (4338)
1991 Ed. (3417)
1990 Ed. (3642)
Fedstar Savings FSB
1990 Ed. (3129)
FedStats
2003 Ed. (3051)
FedStats Home Page
2004 Ed. (3159)
Fee Ltd.; J. & J.
1992 Ed. (1196)
1991 Ed. (960)
Feed, cattle
2008 Ed. (1094)
Feed dealers
2007 Ed. (4236)
2006 Ed. (4220)
2001 Ed. (4154)
Feed grains
1996 Ed. (1516)
Feed manufacturers
2007 Ed. (4236)
2006 Ed. (4220)
2001 Ed. (4154)
Feed store
1992 Ed. (3406, 3407)
Feed the Children
2007 Ed. (3703)
2004 Ed. (935)
FeedBurner
2007 Ed. (3053)
Feeding bowls
1990 Ed. (2826)
Feedster
2007 Ed. (3053)
2005 Ed. (3185)
Feehily; Mark
2008 Ed. (4884)
Feehily; Markus
2005 Ed. (4885)
Feeley & Driscoll
1999 Ed. (17)
1998 Ed. (13)
Feeley & Driscoll PC
2008 Ed. (6)
2007 Ed. (8)
2006 Ed. (12)
2005 Ed. (7)
2004 Ed. (11)
2003 Ed. (5)
2002 Ed. (16)
Feenan; John A.
2007 Ed. (2498)
Fees (permits, impact)
2002 Ed. (2711)
Fees too high
1989 Ed. (440)
FEI Co.
2005 Ed. (1466)
2004 Ed. (2243)
The Feil Organization
1993 Ed. (3315)
1990 Ed. (3287)
Feinberg Foundation; Joseph & Bessie
1991 Ed. (1003, 1767)
Feiner; Jeffrey
1997 Ed. (1896)
1996 Ed. (1822)
1995 Ed. (1844)
1991 Ed. (1690)
Fekkai; Frederic
2007 Ed. (2758)
Fel-Pro
1999 Ed. (1475)
1997 Ed. (1350, 2815)
1995 Ed. (335, 335, 1663)
Felbro Inc.
2007 Ed. (3985)
2006 Ed. (3930)
2005 Ed. (3866)
FelCor Lodging Trust Inc.
2008 Ed. (3073)
2007 Ed. (2948)
2006 Ed. (2863, 2937, 4042)
2005 Ed. (2933, 4009, 4011, 4012, 4018)
2004 Ed. (1533, 2940, 4076, 4077, 4078, 4079, 4085)
2003 Ed. (4052)
Felcor Suite Hotels Inc.
1999 Ed. (4001)
Feldberg; Saul
2005 Ed. (4869)
Feldene
1995 Ed. (1587)
1992 Ed. (3002)
Feldene Caps
1990 Ed. (2530)
Feldene caps 20 mg
1990 Ed. (1573)
Feldene 20mg Cap
1991 Ed. (2400)
Felder; Raoul
1997 Ed. (2611)
Felder, Raoul Lionel
1991 Ed. (2297)
Feldhusen; Jeanne
1996 Ed. (1893)
Feldman
1990 Ed. (841)
Feldman; Robert Alan
1997 Ed. (1994)
1996 Ed. (1889)
Feldmuehle Nobel
1989 Ed. (959)
Feldmuehle Vermoegensverwaltung Aktiengesellschaft
1991 Ed. (3107)
Feldmuhle Nobel
1992 Ed. (1482, 1483)
1991 Ed. (1284)
Feldstone Communities
2003 Ed. (1211)
Felicia Thornton
2007 Ed. (3617)
Felix
2008 Ed. (719)
2002 Ed. (3658)
1999 Ed. (3791)
1996 Ed. (3000)
Felix Boni
1996 Ed. (1905)
Felix Cat Food
1994 Ed. (2838)
Felix E. Wright
2005 Ed. (978, 2483)
Felix Equities Inc. & Affiliates
2002 Ed. (1274)
Felix Grucci
2003 Ed. (3893)
Felix Storch Inc.
2000 Ed. (4057)
Felix Supreme cat food
1992 Ed. (3417)
Felix Zandman
1999 Ed. (2085)
Felixstowe
1997 Ed. (1146)
1992 Ed. (1397)
Fellers Marketing & Advertising
2003 Ed. (173)
Fellheimer; Alan S.
1992 Ed. (531)
Fellon-McCord & Associates Inc.
2008 Ed. (1880)
The Fellowship of the Ring
2004 Ed. (745)
The Fellowship of the Rings
2003 Ed. (723)
Fels Naptha
2003 Ed. (2042)
Felsinger; Donald E.
2008 Ed. (956)
Felson Homes
2007 Ed. (1271)
Feltex Australia
2004 Ed. (4715)
Feltrax International
1991 Ed. (2594, 2595)
Femcare
1998 Ed. (1552)
1996 Ed. (3769)
Feminine care
2001 Ed. (2107)
Feminine deodorants
1990 Ed. (1956)
Feminine hygiene
2001 Ed. (2106)
2000 Ed. (3510, 3511)
Feminine hygiene products
2002 Ed. (3769)
Feminine Needs
2000 Ed. (1715, 3618)
Feminine pain relievers
2004 Ed. (248)
Feminine products
2001 Ed. (2083)
1997 Ed. (3171, 3173)
Feminist Majority Foundation
1994 Ed. (893)
Femizol-7
1998 Ed. (1552)
FEMSA
2008 Ed. (564, 566, 1926, 2749, 3571, 4695)
2007 Ed. (616, 1877)
2006 Ed. (570, 1849, 1876, 1878, 2547, 3392)
2005 Ed. (1564, 1844)
2001 Ed. (698)
2000 Ed. (2229, 3124, 3125)
1999 Ed. (2471)
1996 Ed. (2628, 2629)
1994 Ed. (2507, 2508)
1993 Ed. (2559)
1992 Ed. (1670, 3062)
Femsa B
1997 Ed. (2779)
FEMSA; Fomento Economico Mexicano, SA de CV--
2005 Ed. (672)
Femstat 3
1998 Ed. (1552)
Fender America Corporation
1992 Ed. (3142)
Fender Musical Instruments
2001 Ed. (3409)
2000 Ed. (3221)
1998 Ed. (2589)
1996 Ed. (2749, 2750)
1995 Ed. (2671, 2672)
1994 Ed. (2588, 2589, 2590)
1992 Ed. (3143)
Fendi
2008 Ed. (657, 3529)
2007 Ed. (3398)
2001 Ed. (2117)
Feng Hsin Iron & Steel
2007 Ed. (2006)
Feng Tay Enterprise
2007 Ed. (2006)
Fenimore Assets
1995 Ed. (2360)
Fenimore FAM Value
1999 Ed. (3515)
Fenimore International Equity
1993 Ed. (2692)
Fenley & Nicol Environmental
2000 Ed. (1860)
Fenn, Wright & Manson
1997 Ed. (2702)
Fennemore Craig PC
2007 Ed. (1501)
Fenner
1997 Ed. (1417)
Fentanyl Transdermal
2007 Ed. (2244)

Fentress Bradburn Architects
2008 Ed. (265)
2006 Ed. (285)
2005 Ed. (263)
2002 Ed. (332)
Fentress Oil
2006 Ed. (4373)
Fenway Partners Inc.
2005 Ed. (1514)
2004 Ed. (1498)
2003 Ed. (1468)
2002 Ed. (1448)
Fenwick & West LLP
2002 Ed. (1503)
Feosol
2003 Ed. (2063)
Fepasa Ferrovia Paulista SA
1996 Ed. (1305)
1992 Ed. (1584)
1990 Ed. (1335)
FER Financial (ordinary)
1990 Ed. (3472)
Fera
1993 Ed. (3374)
1992 Ed. (4054)
Fera International
1991 Ed. (3173)
Feral Services Ltd.
1995 Ed. (1007)
Ferbal Auditing & Consulting DP
2001 Ed. (4)
Ferdinand; Rio
2005 Ed. (268, 4895)
Ferfin
1992 Ed. (3073, 3074)
Fergo Nazca S & S
1999 Ed. (139)
1997 Ed. (129)
1996 Ed. (125)
Fergo Nazca Saatchi & Saatchi
2001 Ed. (194)
2000 Ed. (156)
Fergus MacLeod
2000 Ed. (2087, 2093, 2129, 2130)
1999 Ed. (2311, 2342)
Ferguson
2006 Ed. (208, 3926)
Ferguson & Co.; A. F.
1997 Ed. (11)
Ferguson Associates Inc.; Thomas G.
1992 Ed. (185)
1991 Ed. (69, 131, 2398)
1990 Ed. (57)
1989 Ed. (141)
Ferguson Communications Group
1995 Ed. (33)
1994 Ed. (58)
Ferguson Consulting Inc.
2008 Ed. (4969)
Ferguson Enterprises Inc.
2008 Ed. (2160, 4068, 4070, 4075, 4922, 4923)
2006 Ed. (2274)
2004 Ed. (2108)
1999 Ed. (2847)
1995 Ed. (2233)
Ferguson (General Re Corp.); Ronald E.
1991 Ed. (2156)
Ferguson Investment
1993 Ed. (2354)
Ferguson Investment Con.
1999 Ed. (3088)
Ferguson; J. B.
2005 Ed. (2487)
Ferguson; J. Brian
2008 Ed. (946)
2007 Ed. (1024)
Ferguson; J. J.
2006 Ed. (2521)
Ferguson, Jr.; Robert R
1991 Ed. (1632)
Ferguson Pontiac-GMC-Dodge
1995 Ed. (268)
Ferguson Pontiac-GMC-Yugo Inc.
1992 Ed. (414)
Ferguson; Ronald E.
1994 Ed. (2237)
1992 Ed. (2713)
Ferguson; Sarah
1990 Ed. (2504)
Ferguson; Thomas G.
1992 Ed. (117)
Ferguson, Wellman, Rudd, Purdy & Van Winkle
2000 Ed. (2816)
Feria
2003 Ed. (2647)
2001 Ed. (2654, 2655, 2657)
Feridexiv/Injectable Solution
1999 Ed. (3338)
Ferit Sahenk
2006 Ed. (4928)
Ferland; E. James
2007 Ed. (1034)
1992 Ed. (2063)
Ferlin
1991 Ed. (2458)
Fermi National Accelerator Lab
1996 Ed. (1049, 3193)
1994 Ed. (1059, 3047)
1993 Ed. (3001)
1992 Ed. (1284, 3670)
1991 Ed. (1005, 2834)
1990 Ed. (1097, 2998)
Fermi National Accelerator Laboratory
1995 Ed. (1074, 3096)
1991 Ed. (915)
Fermilab Particle Accelerator
2004 Ed. (3307)
Fernandes Distillers
1992 Ed. (84)
Fernandes 19
2000 Ed. (3836, 3838)
Fernandez; Joseph
1990 Ed. (2658)
Fernbank Inc.
1995 Ed. (1932)
1994 Ed. (1905)
Ferndale Honda Inc.
1998 Ed. (3762)
1997 Ed. (3917)
1996 Ed. (744, 3880)
1995 Ed. (3795)
1994 Ed. (3670)
Ferndale Motors Inc.
1990 Ed. (737)
Fernwood Fitness
2002 Ed. (1581)
Fernwood Fitness Centres
2001 Ed. (1252)
Fernwood Resort Country Club
1999 Ed. (4048)
Fernz Corp. Ltd.
1996 Ed. (2844)
1994 Ed. (2670)
Fernz Corp. Holdings
1997 Ed. (2939, 2940)
Fero; Franklin L.
1993 Ed. (893)
Ferolito, Vultaggio & Sons
2004 Ed. (674)
2003 Ed. (4677)
Feron
1996 Ed. (1581)
Ferrailles
1994 Ed. (2438)
1992 Ed. (2971)
Ferranti International
1993 Ed. (1323)
Ferrara
2003 Ed. (3738)
Ferrara & Sons; James
1996 Ed. (2049)
Ferrara Food Co.
2003 Ed. (3741)
Ferrari
2007 Ed. (1827)
2003 Ed. (747)
1990 Ed. (3631)
Ferrari Mondial
1990 Ed. (403)
Ferrari SpA
2008 Ed. (1711, 1715)
Ferrari Testarossa
1992 Ed. (483)
1991 Ed. (354)
Ferreligas
1993 Ed. (2925)
Ferrell North America
2008 Ed. (4074)
Ferrellgas
1999 Ed. (3906)
1998 Ed. (2932)
1997 Ed. (3180)
1996 Ed. (3102)
1995 Ed. (3001)
1994 Ed. (2943)
1990 Ed. (2909)
Ferrellgas North America
2007 Ed. (4039)
Ferrellgas Partners, L. P.
2002 Ed. (3799)
Ferrellgas Partners LP
2008 Ed. (4081)
2007 Ed. (1840, 1844, 4045)
2006 Ed. (4005, 4013)
2005 Ed. (3779, 3931, 3944)
2004 Ed. (3973)
2003 Ed. (1767, 3970)
2001 Ed. (1798)
2000 Ed. (3622, 3623)
Ferrera & Sons; James
1995 Ed. (2053)
Ferrere Rocher
2000 Ed. (1060)
Ferrero
2007 Ed. (1827)
2001 Ed. (37, 46)
1992 Ed. (59)
1990 Ed. (35)
The Ferrero Group
2006 Ed. (782, 2647)
Ferrero; Michele
2008 Ed. (4869)
Ferrero Rocher
2008 Ed. (674, 695)
2002 Ed. (1047)
1997 Ed. (165)
Ferrero SpA
2008 Ed. (51, 843, 1160)
2007 Ed. (39, 48, 873)
2006 Ed. (48, 57, 776)
2005 Ed. (41, 50, 865, 866, 997)
2004 Ed. (47, 55)
2003 Ed. (2517)
1994 Ed. (28)
1993 Ed. (37)
1991 Ed. (30)
Ferrero USA Inc.
2003 Ed. (3159)
2000 Ed. (975)
Ferrets
2001 Ed. (3777)
Ferretti Group
2008 Ed. (1216, 1865)
Ferrier Hodgson
2004 Ed. (7)
Ferris Baker
2001 Ed. (947)
Ferro Corp.
2005 Ed. (938, 939)
2004 Ed. (940, 948, 949)
2003 Ed. (932)
2002 Ed. (993, 1019)
2001 Ed. (4025)
1998 Ed. (714)
1997 Ed. (972)
1996 Ed. (351)
1995 Ed. (972)
1994 Ed. (940, 1261)
1993 Ed. (927)
1992 Ed. (1127)
1991 Ed. (919, 2904)
1990 Ed. (962, 3065)
1989 Ed. (895, 898)
Ferro & Ferro Saatchi & Saatchi
2003 Ed. (123)
2002 Ed. (153)
2001 Ed. (181)
Ferrocarriles Metropolitanos SA
2004 Ed. (1622)
2002 Ed. (1575)
Ferrocarriles Nac de Mexico
1989 Ed. (1140)
Ferrocarriles Nacionales de Mexico
2004 Ed. (1794)
2002 Ed. (1725)
1997 Ed. (1471)
Ferrous Metal Processing, Inc.
1991 Ed. (1907)
Ferrous Processing & Trading Co.
2005 Ed. (4031)
Ferrovial Agroman SA
2004 Ed. (1167)
Ferrovial SA; Grupo
2008 Ed. (1282, 1285, 1286, 1298, 1305, 2086)
2007 Ed. (1287, 1288, 1990)
2006 Ed. (1301, 1302, 1317, 1319, 1320, 1683, 1700)
2005 Ed. (1328, 1329, 1340)
Ferrovie Dello Stato
1992 Ed. (2022)
Ferrovie dello Stato Societa di Trasporti e Servizi SpA
2004 Ed. (1764, 4061)
2002 Ed. (1700, 3902)
Ferrum
2007 Ed. (1852, 1855)
Ferruzzi
1994 Ed. (3362)
Ferruzzi Agricola
1989 Ed. (2017)
Ferruzzi Agricola Finanziaria SpA
1995 Ed. (1440)
Ferruzzi Finanziana
1996 Ed. (1404, 1946)
Ferruzzi Finanziari
1992 Ed. (1483)
Ferruzzi Finanziaria
1998 Ed. (1731)
1997 Ed. (1458, 2046)
1995 Ed. (1905)
1994 Ed. (928, 1880)
1993 Ed. (1879, 1882)
Ferruzzi Finanziaria SpA
2003 Ed. (1727)
2001 Ed. (1759)
2000 Ed. (1486)
1999 Ed. (1686)
Ferruzzi Finanziaria's Montedison's Eridania Zuccherifici Nazionale
1994 Ed. (1227)
Ferruzzi Group
1992 Ed. (1653)
1991 Ed. (1312)
1990 Ed. (1102, 1703)
1989 Ed. (961)
Ferruzzi/Montedison
1996 Ed. (1402)
1993 Ed. (1353)
Ferruzzi/Montedison Group
1995 Ed. (1438)
1994 Ed. (1406)
FertileMind
2002 Ed. (4833)
Fertilizer
2000 Ed. (1895)
1993 Ed. (1714)
Fertilizers
2008 Ed. (2644)
2007 Ed. (2516)
2006 Ed. (3009)
2001 Ed. (1186)
1994 Ed. (1730)
Fertilizers, phosphatic
2001 Ed. (4389)
Feruzzi Agricola
1991 Ed. (1311)
Feruzzi Agricola Finanziaria Spa
1994 Ed. (1408)
Fesco
2004 Ed. (2541)
2003 Ed. (2423)
Festiva
2002 Ed. (384)
The Festival Cos.
2006 Ed. (4315)
Festivals
2008 Ed. (1499)
2007 Ed. (1517)
2006 Ed. (1487)
2005 Ed. (1604)
2004 Ed. (1573)
Feta
1999 Ed. (1076)
Fetch Logistics
2006 Ed. (4794)
2005 Ed. (4743)
Fetch! Pet Care Inc.
2008 Ed. (3892)
Fetco International
1998 Ed. (2854)
Fette Ford Inc.
1991 Ed. (311)

Fette Isuzu Inc.
1992 Ed. (386)
Fetterman; Annabelle L.
1993 Ed. (3731)
Fettucine
1996 Ed. (2913)
Fetzer
2004 Ed. (4966)
2002 Ed. (4941, 4943, 4945, 4947, 4948, 4955, 4958, 4961)
2001 Ed. (4877, 4878, 4879, 4881, 4883, 4886, 4888, 4891, 4894)
2000 Ed. (4412, 4416, 4418, 4421, 4424, 4426)
1999 Ed. (4791, 4792, 4793, 4794, 4798)
1998 Ed. (3747, 3748)
1997 Ed. (3901, 3902, 3904, 3905, 3911)
1996 Ed. (3855)
Fetzers Inc.
1999 Ed. (4500)
Feuerman; Kurt
1995 Ed. (1862, 18)
1994 Ed. (1813, 1820)
1993 Ed. (1771, 1773, 1798, 1830)
1991 Ed. (1706)
Feurman; Kurt
1992 Ed. (2135)
Feverfew
1998 Ed. (1924)
A Few Good Men
1995 Ed. (2614, 3703, 3708)
FFC Jardon
1999 Ed. (3133)
FFC Jordan
2000 Ed. (2878)
FFC Jordan Fertilizer Co. Ltd.
2002 Ed. (3044, 3045, 4453, 4454)
FFE Transportation Services Inc.
2008 Ed. (4134)
2007 Ed. (4111)
2005 Ed. (4033, 4034)
2004 Ed. (4773)
2003 Ed. (4789)
2002 Ed. (3944)
2000 Ed. (3734)
1999 Ed. (4019)
1998 Ed. (3031)
1995 Ed. (3081)
1994 Ed. (3029, 3600)
1993 Ed. (2987, 3640)
1992 Ed. (3648)
1991 Ed. (2824)
FFG AgriVest
1998 Ed. (1542)
1997 Ed. (1830)
F5 Networks Inc.
2008 Ed. (2163, 3644, 4608)
2007 Ed. (2045, 4704)
2006 Ed. (2073, 4685)
2004 Ed. (2771)
2002 Ed. (2527, 2536)
2001 Ed. (2856, 4185)
FFKR Architects
2008 Ed. (266, 267)
2006 Ed. (287)
FFP Marketing
2000 Ed. (278)
FFP Partners LP
1994 Ed. (1178)
FFP Securities
2002 Ed. (788, 797, 801)
2000 Ed. (842, 844, 845, 848)
1999 Ed. (846, 847)
FFR Inc.
2008 Ed. (4005, 4546)
2007 Ed. (3985, 4595)
FFTW Limited Duration
2004 Ed. (715)
2003 Ed. (701)
FFTW U.S. Short-Term Fixed Income
1996 Ed. (2793)
Ffwd Precision Marketing
2002 Ed. (1979, 1984)
2000 Ed. (1679)
FG Wilson
2007 Ed. (2035)
2006 Ed. (2062, 2063, 2065, 2066)
2005 Ed. (1982, 1984, 1985)
FGM Inc.
2003 Ed. (2258)
FGP International
2008 Ed. (2074)
FH Acquisition Corp.
1997 Ed. (2629)
1996 Ed. (2486)
1995 Ed. (2444)
1990 Ed. (1230, 3553)
FHC Health Systems
2008 Ed. (4058)
FHM
2004 Ed. (139, 3333)
2000 Ed. (3494, 3499)
FHP Inc.
1999 Ed. (3883)
1998 Ed. (1914)
1997 Ed. (2188, 2190, 2190, 2194, 2195)
1996 Ed. (2093)
1990 Ed. (1997)
FHP-Arizona
1996 Ed. (2087)
FHP-California
1996 Ed. (2087)
FHP/Great Lakes of Illinois Inc.
1997 Ed. (2198)
FHP Health Care
1999 Ed. (2656)
1998 Ed. (1915, 1918)
1997 Ed. (2191)
1996 Ed. (2088)
1993 Ed. (2023)
FHP Hospital-Fountain Valley
1997 Ed. (2264)
FHP International
1999 Ed. (2639)
1998 Ed. (1901, 1903)
1997 Ed. (2180, 2182)
1996 Ed. (1278, 2077, 2078, 2079, 2084, 2085, 2086)
1995 Ed. (2081, 2082, 2083)
1994 Ed. (2030, 2033)
1993 Ed. (2018, 2021)
1992 Ed. (2384)
1991 Ed. (1892, 1893)
FHP Intl.
1990 Ed. (1294)
FHP of Illinois Inc.
1998 Ed. (1916)
FHP Takecare
1997 Ed. (2700)
FHP Texas
1999 Ed. (2648)
FHTK Holding
2000 Ed. (4035)
FHV/BBDO Group
1991 Ed. (129)
1990 Ed. (130)
1989 Ed. (138)
FI
2000 Ed. (4131)
Fi-Bar Chewy & Nutty
1995 Ed. (3399)
FI Group
2000 Ed. (3386)
Fi System Brand New Media
2002 Ed. (1956)
F.I.A Associates, Inc.
1991 Ed. (2247)
1990 Ed. (2969)
1989 Ed. (2127)
FIA Associates, A Merabank Co.
1989 Ed. (1807)
FIA Card Services NA
2008 Ed. (340, 347, 348, 349, 357, 359, 361, 362, 364, 1091)
Fiat
2008 Ed. (684)
2007 Ed. (700, 714)
2001 Ed. (455)
2000 Ed. (356, 2870, 2871)
1999 Ed. (335, 336, 337, 338, 351, 352, 1604, 1605, 1606, 1608, 1686, 1686, 1687, 1688, 3122, 3123, 4656)
1998 Ed. (231, 232, 233, 243)
1997 Ed. (306, 308, 319, 1386, 2579)
1996 Ed. (326, 327, 1327, 1387, 1393, 2641)
1995 Ed. (309, 315, 316, 1374, 1375, 1420, 3097)
1994 Ed. (308, 310, 315, 1350, 1351, 1393)
1993 Ed. (741)
1992 Ed. (59, 78, 448, 458, 461, 1603, 1605, 1606, 1612, 1648, 3117, 4349)
1990 Ed. (363, 372, 1347, 1354, 1355, 1363, 2624, 2627, 3472)
1989 Ed. (325, 1111)
Fiat/Alfa/Lancia
1991 Ed. (327)
Fiat Auto
2007 Ed. (1828)
Fiat Auto France SA
1995 Ed. (3730)
Fiat Auto Partecipazioni SpA
2003 Ed. (1727)
Fiat Auto SpA
2008 Ed. (1862)
2004 Ed. (1764)
2002 Ed. (1700, 4669)
2001 Ed. (1759)
2000 Ed. (1486, 3029)
1997 Ed. (1395, 1458)
1996 Ed. (319, 1333, 1404, 1404, 3735)
1995 Ed. (1440)
1994 Ed. (1408)
1990 Ed. (1388)
1989 Ed. (1130)
Fiat Auto U.K. Ltd.
2002 Ed. (48)
Fiat Automoveis SA
1996 Ed. (1302, 1306)
Fiat Group
2000 Ed. (1487, 1488)
1997 Ed. (309, 1459, 1460)
1996 Ed. (328, 1402, 1403)
1994 Ed. (1406, 1407)
1993 Ed. (335, 1353, 1354)
1992 Ed. (460, 1653, 1654)
1991 Ed. (332, 1312, 1313)
1990 Ed. (368, 373, 1389)
1989 Ed. (326)
Fiat-Hitachi
1996 Ed. (2245)
1993 Ed. (1082)
Fiat-Iveco
2002 Ed. (3403)
Fiat ORD
1997 Ed. (2578)
1996 Ed. (2642)
1994 Ed. (2520)
Fiat (ordinary)
1992 Ed. (3073, 3074)
Fiat Palio
2005 Ed. (296)
2004 Ed. (302)
Fiat Panda
1990 Ed. (374)
Fiat Portuguesa
1992 Ed. (72)
Fiat pref.
1994 Ed. (2520)
Fiat (preferred)
1992 Ed. (3073, 3074)
1991 Ed. (2458, 2459)
Fiat PRV
1997 Ed. (2579)
1996 Ed. (2642)
Fiat SpA
2008 Ed. (28, 51, 301, 1861, 1862, 1863, 1864, 3567, 4539)
2007 Ed. (23, 48, 312, 314, 1514, 1798, 1799, 1800, 1801, 1802, 1803, 1804, 1805, 1827, 1828, 1829, 1830, 3423)
2006 Ed. (31, 57, 1791, 1792, 1793, 1795, 1796, 1797, 1798, 1822, 1823, 3378, 3388)
2005 Ed. (25, 50, 83, 298, 300, 1517, 1830, 3020, 3328)
2004 Ed. (32, 55, 306, 884, 1501, 3524)
2003 Ed. (1471, 1669, 1672, 1727, 2209, 2326, 3458, 4592)
2002 Ed. (388, 390, 391, 392, 393, 398, 1408, 1451, 1640, 1642, 1645, 1699)
2001 Ed. (20, 34, 38, 46, 515, 1578, 1689, 1691, 1759, 1760, 1761, 2845)
2000 Ed. (1411, 1413, 1415, 1486)
1999 Ed. (1610)
1997 Ed. (1393, 1395, 1458)
1995 Ed. (307, 317, 1376, 1377, 1381, 1438, 1439, 1440, 3659)
1994 Ed. (21, 26, 28, 44, 1206, 1352, 1353, 1354, 1357, 1359, 1408, 2065, 2519, 3575)
1993 Ed. (29, 35, 37, 51, 53, 1297, 1298, 1300, 1301, 1302, 1305, 1306, 1336, 1338, 1355, 1355, 2570, 2571, 2607)
1992 Ed. (1607, 2104, 2104)
1991 Ed. (22, 28, 30, 48, 328, 1269, 1271, 1272, 1273, 1282, 1287, 1311, 1360, 2494)
1990 Ed. (34, 35, 1348, 1349, 1351, 1353, 1388)
1989 Ed. (38)
Fiat SpA/Peugeot SA
1993 Ed. (1740)
Fiat Tipo
1990 Ed. (374)
Fiat Uno
2005 Ed. (296)
2004 Ed. (302)
1995 Ed. (313)
1992 Ed. (446)
1991 Ed. (323)
1990 Ed. (361, 369, 374, 381)
1989 Ed. (321)
Fiat Uno/Punto
1996 Ed. (320)
Fiatimpresit SpA
1999 Ed. (1406)
1998 Ed. (963, 964, 971, 972)
1997 Ed. (1180, 1183, 1184, 1188, 1191, 1193)
1996 Ed. (1155)
1995 Ed. (1186, 1189, 1191)
1994 Ed. (1161, 1162, 1166, 1169, 1171)
1993 Ed. (1141, 1144, 1145)
1992 Ed. (1426, 1429, 1430)
1991 Ed. (1091, 1094, 1095)
1990 Ed. (1209)
Fiat's Telettra unit
1993 Ed. (1197)
Fibam Companhia Industrial
2007 Ed. (1852, 1855)
Fiber
1994 Ed. (3636)
Fiber/Fabric
2000 Ed. (1898)
Fiber Group LLC
2005 Ed. (2672)
Fiber-optic equipment
2005 Ed. (4815)
Fiber Pad Inc.
2007 Ed. (3591)
Fiberall
1994 Ed. (2360)
FiberCom (Netedge)
1996 Ed. (1764)
Fibercon
2003 Ed. (3198)
2001 Ed. (3073)
1994 Ed. (2360)
FiberCore
2003 Ed. (2703)
Fiberglas Canada
1994 Ed. (1580)
1992 Ed. (1185, 1879)
1991 Ed. (1170)
1989 Ed. (1930)
Fiberglass
1998 Ed. (2318)
Fibermark Inc.
2007 Ed. (2050)
2006 Ed. (2092)
2005 Ed. (1993, 3679)
2004 Ed. (1878, 3764)
2003 Ed. (1843)
2001 Ed. (1893)
1999 Ed. (4709)
Fibermark North America Inc.
2008 Ed. (2153)
Fibermatics Inc.
2007 Ed. (3382)
Fibernet Telecom Group
2005 Ed. (4521)

Fibernet Telemanagement
1999 Ed. (4561)
Fiberod
2008 Ed. (2495)
Fiberoptic Lighting Inc.
2007 Ed. (3593)
Fibers
2002 Ed. (3722)
2000 Ed. (3570, 4255)
1996 Ed. (930)
FiberTech
1995 Ed. (2788)
Fibertech Networks LLC
2008 Ed. (1981, 1983, 2953)
2006 Ed. (1935)
2005 Ed. (1907)
Fiberweb Group
1996 Ed. (2854)
1995 Ed. (2788, 2789, 2790)
1994 Ed. (2682)
1993 Ed. (2734)
1992 Ed. (3272, 3273)
FIBERxperts Inc.
2008 Ed. (4788)
FIBI
1991 Ed. (3275)
FIBI Holding
2008 Ed. (1860)
2007 Ed. (1825)
2006 Ed. (1818)
Fibram Companhia Industrial
2005 Ed. (1841)
Fibre Credit Union
2008 Ed. (2266)
2007 Ed. (2151)
2006 Ed. (2230)
2005 Ed. (2135)
2004 Ed. (1993)
2003 Ed. (1953)
2002 Ed. (1899)
Fibreboard Corp.
1995 Ed. (203, 206)
1993 Ed. (1458)
1992 Ed. (2369)
Fibrenew
2005 Ed. (2703)
2004 Ed. (2709)
2002 Ed. (4757)
FibrexNylon
2006 Ed. (4531)
Fibro Source USA Inc.
2007 Ed. (3594, 4443)
2006 Ed. (3536)
Fibronics
1996 Ed. (1763)
FIC
2006 Ed. (1236)
Ficalora; Joseph R.
2007 Ed. (1021)
2006 Ed. (930)
2005 Ed. (973)
Ficelity Bankshares
2002 Ed. (484)
Fichet Bauche
1995 Ed. (1960)
1994 Ed. (1931)
1993 Ed. (1912)
1992 Ed. (2249)
1991 Ed. (1781)
Fichtner Consulting Engineers
1997 Ed. (1757)
1996 Ed. (1676)
1995 Ed. (1694)
FICM
2007 Ed. (2565)
Ficon Corp.
1993 Ed. (1132)
1992 Ed. (1419)
Ficorinvest
1989 Ed. (1780)
Ficosota Holding
2007 Ed. (24)
2006 Ed. (32)
FICSA
2000 Ed. (474, 477)
Fid & Deposit Group
1990 Ed. (2263, 2264)
Fidani; Carlo
2005 Ed. (4871)
Fiddler Gonzalez
2001 Ed. (906)
Fiddler, Gonzalez & Rodriguez
1993 Ed. (2160)
1991 Ed. (1487)
Fidel Castro
2007 Ed. (2703)
2005 Ed. (4880)
2004 Ed. (4878)
Fidelcor
1990 Ed. (415)
1989 Ed. (364, 622)
Fidelcor Capital Corp.
1990 Ed. (3669)
Fidelity
2008 Ed. (3763)
2007 Ed. (3660, 3661)
2006 Ed. (660, 661)
2005 Ed. (3547)
2003 Ed. (3501, 3517)
2002 Ed. (4795)
2001 Ed. (2973)
2000 Ed. (2748, 4382)
1999 Ed. (3523, 3524, 3527)
1998 Ed. (491, 1694, 2618, 2645)
1997 Ed. (565)
1995 Ed. (557)
1994 Ed. (2623)
1992 Ed. (3181)
1990 Ed. (2319)
1989 Ed. (1200)
Fidelity Active Investor
2007 Ed. (760)
Fidelity Active Trader
2008 Ed. (738)
2007 Ed. (762)
Fidelity Adv. Equity Growth
2000 Ed. (3260)
Fidelity Advanced Growth Opportunity
2001 Ed. (2524)
Fidelity Advanced Leveraged
2007 Ed. (3671)
Fidelity Advantage Dynamic Capital Appreciation
2008 Ed. (2615)
2006 Ed. (3627)
Fidelity Advantage High Income
2008 Ed. (596)
Fidelity Advantage International Small Cap
2007 Ed. (3669)
Fidelity Advantage Latin America
2007 Ed. (3672)
Fidelity Advantage Leverage Company Stock
2006 Ed. (3653)
Fidelity Advisor
2006 Ed. (628)
2003 Ed. (3621)
Fidelity Advisor Diversified International
2006 Ed. (3675, 3676)
Fidelity Advisor Emerging Markets A
1999 Ed. (3581)
Fidelity Advisor Emerging Markets Income
2008 Ed. (592)
Fidelity Advisor Emerging Markets T
1999 Ed. (748)
Fidelity Advisor Equity Income A
1997 Ed. (2874)
Fidelity Advisor Equity Income B
1996 Ed. (2777, 2792)
Fidelity Advisor Funds
1997 Ed. (2894)
1996 Ed. (2786)
Fidelity Advisor Global Natural Resources
1995 Ed. (2723)
Fidelity Advisor Growth Opp.
1994 Ed. (2603)
Fidelity Advisor Growth Opportunity
2000 Ed. (3264)
Fidelity Advisor High Income
1995 Ed. (2701, 3542)
1994 Ed. (2611, 2622)
Fidelity Advisor High Income Advanced
2008 Ed. (593)
Fidelity Advisor High-Income Advantage
2008 Ed. (583, 599)
2007 Ed. (642, 644)
2006 Ed. (625, 626)
2005 Ed. (699)
Fidelity Advisor High Yield
1995 Ed. (2688, 2700)
1994 Ed. (2610, 2621, 2631)
Fidelity Advisor High Yield A
1997 Ed. (688)
1996 Ed. (2808)
Fidelity Advisor High-Yield T
1999 Ed. (3535, 3539)
Fidelity Advisor Income Institutional
1997 Ed. (2882)
Fidelity Advisor Inflation-Protected Bond
2008 Ed. (607)
Fidelity Advisor Institutional Equity Growth
1996 Ed. (2798)
Fidelity Advisor International Cap Appreciation
2004 Ed. (3641)
Fidelity Advisor International Small Cap
2006 Ed. (3681)
Fidelity Advisor Japan
2001 Ed. (3503)
Fidelity Advisor Korea
2004 Ed. (3647)
Fidelity Advisor Latin America
2008 Ed. (3772)
Fidelity Advisor Latin America Institutional
2005 Ed. (3579)
Fidelity Advisor Leveraged Company Stock
2008 Ed. (2619)
2007 Ed. (2489)
Fidelity Advisor Mid Cap
2003 Ed. (3495)
Fidelity Advisor Ltd. Term Bond B
1996 Ed. (2782)
Fidelity Advisors Dynamic Capital
2007 Ed. (4547)
Fidelity Aggr. Equity
1996 Ed. (624)
Fidelity Aggressive Growth
2004 Ed. (3589, 3603, 3604)
2002 Ed. (2155, 2160)
2001 Ed. (3442)
2000 Ed. (3245, 3259, 3260, 3263)
Fidelity Aggressive International
2004 Ed. (3641)
Fidelity Aggressive Tax-Free
1996 Ed. (2812)
1995 Ed. (2689, 2701)
1992 Ed. (3167)
1990 Ed. (2378)
Fidelity American
1992 Ed. (3208)
Fidelity & Deposit Group
1995 Ed. (2329)
1993 Ed. (2245, 2246)
1992 Ed. (2698)
1991 Ed. (2134, 2135)
Fidelity & Guaranty
1991 Ed. (245)
Fidelity & Guaranty Insurance
2003 Ed. (1751)
Fidelity & Guaranty Insurance Underwriters Inc.
2008 Ed. (1902)
2007 Ed. (1867)
2005 Ed. (1853)
2004 Ed. (1788)
Fidelity ASEAN
1997 Ed. (2910)
Fidelity Asset Manager
2000 Ed. (3250, 3284)
1999 Ed. (3570)
1998 Ed. (2614)
1997 Ed. (2871)
1996 Ed. (2768)
1995 Ed. (2680, 2707, 2725)
1994 Ed. (2606)
1992 Ed. (3162)
Fidelity Asset Manager Aggressive
2004 Ed. (3601)
Fidelity Asset Manager Growth
2000 Ed. (3250, 3284)
1999 Ed. (3533, 3533, 3570)
1998 Ed. (2614)
1997 Ed. (2871)
1995 Ed. (2707, 2725)
1994 Ed. (2617)
Fidelity Asset Mgr. Growth
2000 Ed. (3249)
Fidelity Balanced
2007 Ed. (2482)
2000 Ed. (3250)
1999 Ed. (3533)
1998 Ed. (2614)
1995 Ed. (2739)
1994 Ed. (2639)
1990 Ed. (2372)
Fidelity Balanced Fund
2008 Ed. (4504)
2007 Ed. (4538)
2006 Ed. (4549)
2005 Ed. (3538)
2004 Ed. (3540)
2003 Ed. (2366)
1993 Ed. (2662)
Fidelity Bancshares Inc.
2005 Ed. (375)
Fidelity Bank
2000 Ed. (664)
1998 Ed. (347)
1995 Ed. (490)
1994 Ed. (510)
1989 Ed. (653)
Fidelity Bank Lease Corp.
1990 Ed. (2620)
Fidelity Bank NA
1999 Ed. (502, 638)
1994 Ed. (615)
1993 Ed. (360, 612)
1992 Ed. (529, 818)
1991 Ed. (646)
1990 Ed. (431, 667)
Fidelity Bank, PA
1989 Ed. (2158)
Fidelity Bankers Life Insurance Co.
1992 Ed. (2676)
Fidelity Blue Chip Growth
2001 Ed. (2524)
2000 Ed. (3264)
1996 Ed. (2752, 2773, 2788)
1995 Ed. (2677, 2691, 2697, 2713)
Fidelity Bond Index
2000 Ed. (3266)
Fidelity Brokerage
2008 Ed. (731)
2000 Ed. (831, 832, 863)
1999 Ed. (827, 837, 838, 863)
1998 Ed. (520, 521, 524)
1997 Ed. (737, 740, 741)
1996 Ed. (801, 804, 805)
1995 Ed. (758)
Fidelity Brokerage Services Inc.
1993 Ed. (766)
Fidelity Brokerage Services LLC
2007 Ed. (4270, 4273, 4277)
2004 Ed. (4328, 4331, 4335)
Fidelity Building
2000 Ed. (3365)
1998 Ed. (2697)
Fidelity California Municipal Income
2008 Ed. (581)
Fidelity Canada
2008 Ed. (2713)
2007 Ed. (2483)
2004 Ed. (3646, 3648, 3649)
Fidelity Canada Fund
2003 Ed. (3529)
Fidelity Canadian Balanced
2003 Ed. (3558, 3559)
Fidelity Canadian Growth Co.
2002 Ed. (3446, 3447)
Fidelity Canadian Growth Company
2004 Ed. (3618)
2003 Ed. (3572)
2001 Ed. (3475, 3476)
Fidelity Canadian Large Cap
2003 Ed. (3567, 3568)
Fidelity Capital & Inc.
2000 Ed. (3265)
Fidelity Capital & Income
2008 Ed. (599, 3409)
2007 Ed. (644, 3294)
2006 Ed. (625, 626, 3234)
2005 Ed. (699, 3248)
2003 Ed. (698)
2002 Ed. (3414)
2001 Ed. (3441)
2000 Ed. (766, 3255)

1999 Ed. (3535, 3547, 3548)
1998 Ed. (2626)
1996 Ed. (2765, 2808)
1995 Ed. (2688, 2692, 2694, 2700, 2710, 2715, 2716)
1994 Ed. (2610, 2621)
1992 Ed. (3155)
Fidelity Capital Appreciation
2008 Ed. (2614)
2007 Ed. (2484)
2006 Ed. (4556, 4572)
1996 Ed. (2799)
1995 Ed. (2703)
1992 Ed. (3189)
1990 Ed. (2369)
Fidelity China Region
2005 Ed. (3541)
Fidelity Commercial Real Estate
2000 Ed. (1109, 2408)
Fidelity Congress Street
2006 Ed. (3630)
Fidelity Contra
1998 Ed. (2615)
Fidelity Contrafund
2008 Ed. (2610, 3769, 4510, 4513)
2007 Ed. (2485)
2006 Ed. (2510, 3613, 3625, 3626, 3628, 4564)
2005 Ed. (2465)
2004 Ed. (2464, 3555)
2003 Ed. (2361, 3518)
2001 Ed. (2524, 3452)
2000 Ed. (3222, 3264)
1999 Ed. (3544)
1998 Ed. (2607, 2624, 2640)
1997 Ed. (2865, 2868, 2881)
1996 Ed. (2798)
1995 Ed. (2677, 2690, 2691, 2697, 2713)
1994 Ed. (2603)
1993 Ed. (2650, 2659)
Fidelity Convertible Sec.
1995 Ed. (2680)
Fidelity Convertible Securities
2006 Ed. (3593)
2005 Ed. (3538)
2004 Ed. (718, 3540, 3545, 3547)
2003 Ed. (690, 692)
2002 Ed. (725, 726)
1996 Ed. (2776)
1994 Ed. (2606, 2617)
Fidelity D-Mark Performance
1992 Ed. (3169, 3173)
Fidelity Destination Plan
2000 Ed. (3239)
Fidelity Destiny
1997 Ed. (2881)
1996 Ed. (2773)
1995 Ed. (2677)
Fidelity Destiny I
1999 Ed. (3519, 3574)
1998 Ed. (2640)
1993 Ed. (2646)
Fidelity Destiny II
1999 Ed. (3574)
1997 Ed. (2881)
1996 Ed. (2773)
1995 Ed. (2677)
Fidelity Destiny Plan
1994 Ed. (2603, 2632)
Fidelity Destiny Plan I
1997 Ed. (2873)
1996 Ed. (2752)
1995 Ed. (2697, 2705)
Fidelity Destiny Plan II
1996 Ed. (2752)
1995 Ed. (2697, 2705)
Fidelity Disciplined Equity
2003 Ed. (3564, 3565)
1994 Ed. (2634)
Fidelity Div. Growth
2000 Ed. (3259)
Fidelity Diversified International
2008 Ed. (4513)
2006 Ed. (3670, 3674, 3675, 3676, 4566)
2004 Ed. (3638, 3642)
2002 Ed. (2163)
1999 Ed. (3517, 3568)
Fidelity Dividend Growth
2006 Ed. (3605, 3631, 4564)
2005 Ed. (4489)
2003 Ed. (3493)
2002 Ed. (2159)
2000 Ed. (3239)
1998 Ed. (2613)
Fidelity Division Growth
2000 Ed. (3263)
Fidelity Emerging Growth
2000 Ed. (3286)
Fidelity Emerging Markets
2003 Ed. (3521)
1995 Ed. (2706, 2717, 2727)
Fidelity Employer Services Co.
2005 Ed. (2368)
Fidelity Equity Income
2002 Ed. (2159)
2001 Ed. (2524)
2000 Ed. (3264)
1999 Ed. (3510, 3544)
1998 Ed. (2611, 2615)
1997 Ed. (2868, 2885)
1996 Ed. (2756, 2768, 2777)
1995 Ed. (2720)
1994 Ed. (2601, 2618)
1990 Ed. (2385)
Fidelity Equity Income II
2000 Ed. (3228, 3262)
1997 Ed. (2885)
1996 Ed. (2756, 2777, 2792)
1995 Ed. (2681, 2720)
1994 Ed. (2618)
1993 Ed. (2671)
Fidelity Equity Portfolio Growth
1992 Ed. (3149, 3159)
Fidelity Europe
2007 Ed. (4540)
2004 Ed. (3648)
2000 Ed. (3276, 3278)
1999 Ed. (3512, 3566, 3567)
1998 Ed. (2612, 2635)
1997 Ed. (2921)
1992 Ed. (3202)
Fidelity Europe Capital Appr
1999 Ed. (3567)
Fidelity Europe Capital Appreciation
2008 Ed. (4505)
2007 Ed. (4540)
2006 Ed. (3669)
2005 Ed. (3573)
2004 Ed. (3646)
1998 Ed. (2612)
Fidelity Europe Fund
2006 Ed. (3669, 4550)
2005 Ed. (3571, 3573)
2004 Ed. (3636)
Fidelity European Cap Apprec
2000 Ed. (3278)
Fidelity European Values
2000 Ed. (3295, 3296)
Fidelity Exploration & Production Corp.
2005 Ed. (3753)
2004 Ed. (3848)
Fidelity Export & Multinational
2007 Ed. (2484)
2006 Ed. (3622, 3623)
2004 Ed. (2450)
2000 Ed. (3240)
Fidelity Export & Multinational Fund
2003 Ed. (3525, 3532)
Fidelity Federal Bank
2003 Ed. (4272)
1999 Ed. (4142)
1998 Ed. (3157, 3540)
1997 Ed. (3382)
1992 Ed. (3786, 3787)
Fidelity Federal Bank, a FSB
2002 Ed. (4128, 4130)
1998 Ed. (3141)
1993 Ed. (3086)
Fidelity Federal Bank & Trust
2007 Ed. (4243)
2006 Ed. (4229)
Fidelity Federal Savings & Loan Association
1990 Ed. (3586)
Fidelity Federal Savings & Loan Bank of Florida
1999 Ed. (4599)
Fidelity Federal Savings Bank
2002 Ed. (4622)
Fidelity Fifty
2008 Ed. (2614)
2006 Ed. (3621)
2004 Ed. (2450)
Fidelity Financial Services
1997 Ed. (2484)
1995 Ed. (2337)
1994 Ed. (2629)
Fidelity Financial Services L.C.
2000 Ed. (2765)
Fidelity Floating Rate High Income
2008 Ed. (595)
2007 Ed. (646)
2006 Ed. (627)
2005 Ed. (701)
Fidelity FMMT Ret. Goverment
2000 Ed. (3283)
Fidelity FMMT Ret. Money Market
2000 Ed. (3283)
Fidelity Focus Health Care
2002 Ed. (3444)
Fidelity Focused Stock
2007 Ed. (3670)
Fidelity Foundation
2005 Ed. (2675)
2002 Ed. (976)
2001 Ed. (2515)
Fidelity Four-in-One Index
2006 Ed. (3610)
Fidelity FSB
2002 Ed. (4620)
2001 Ed. (4527)
2000 Ed. (4249)
1990 Ed. (3122, 3131)
Fidelity Fund
2000 Ed. (3234)
Fidelity Funds
2002 Ed. (4816)
Fidelity Ginnie Mae
2008 Ed. (587)
2007 Ed. (637)
2006 Ed. (612, 613)
2005 Ed. (693)
2004 Ed. (712)
2003 Ed. (697)
2002 Ed. (3415)
Fidelity Global Balanced
2004 Ed. (3645)
2000 Ed. (3284)
Fidelity Global Bond
1995 Ed. (2742)
1993 Ed. (2699)
Fidelity Global Bond Fund
1992 Ed. (3180)
Fidelity GNMA Portfolio
1992 Ed. (3165, 3188)
Fidelity Government Sector
2000 Ed. (3267)
Fidelity Government Securities
1997 Ed. (2869, 2890)
1996 Ed. (2780)
Fidelity Government Services
1998 Ed. (2616)
Fidelity Growth Co.
2002 Ed. (2155, 2156)
1998 Ed. (2615)
1995 Ed. (2691, 2713)
1993 Ed. (2659, 2688)
Fidelity Growth & Income
2007 Ed. (3668)
2006 Ed. (3613, 4559)
2005 Ed. (2465, 4483)
2004 Ed. (2464)
2003 Ed. (2361, 3518)
2001 Ed. (2524, 3452)
2000 Ed. (3222, 3234, 3264, 3297)
1999 Ed. (3516, 3542, 3543, 3544)
1998 Ed. (2607, 2615)
1997 Ed. (2868, 2874, 2882)
1996 Ed. (2753, 2768, 2774)
1995 Ed. (2698)
Fidelity Growth Company
2006 Ed. (3625)
2003 Ed. (3490)
2001 Ed. (2524)
Fidelity Growth/Income
1994 Ed. (2599, 2601, 2604)
Fidelity High Income
2003 Ed. (698)
2002 Ed. (3414)
2000 Ed. (3255, 3265)
1990 Ed. (2388)
Fidelity High Income Bond
1990 Ed. (2383)
Fidelity High-Yield Tax-Free
1992 Ed. (3146, 3156, 3167)
Fidelity Homestead Association
1998 Ed. (3547)
Fidelity Hong Kong & China
2001 Ed. (3445)
Fidelity Hong Kong & China Fund
2002 Ed. (3222)
Fidelity Hong Kong/China
1998 Ed. (2600, 2646)
Fidelity "I" Rres: VIP HI
1994 Ed. (3616)
Fidelity "I" Rres: VIP OS
1994 Ed. (3618)
Fidelity "I" Rres: VP2 IG
1994 Ed. (3615)
Fidelity Income Plus
1995 Ed. (2751)
Fidelity Independence
2006 Ed. (3625)
2004 Ed. (2451)
Fidelity Information Services Inc.
2008 Ed. (1560)
2007 Ed. (1577)
2006 Ed. (1547)
Fidelity Instit. Cash Money Market
1994 Ed. (2541, 2542)
Fidelity Instit. Cash U.S. Government Portfolio
1994 Ed. (2541)
Fidelity Instit. Tax-Exempt Cash
1994 Ed. (2540, 2544)
Fidelity Institution Cash Domestic
1996 Ed. (2666, 2670)
Fidelity Institution Cash Money Market
1996 Ed. (2666, 2669, 2670)
Fidelity Institution Cash Tax-Exempt
1996 Ed. (2668, 2672)
Fidelity Institutional
1991 Ed. (2221, 2225, 2229)
Fidelity Institutional Cash Domestic
1992 Ed. (3098)
Fidelity Institutional Cash Government
1992 Ed. (3099)
Fidelity Institutional Cash Money Market
1992 Ed. (3098, 3099)
Fidelity Institutional Cash Tax-Exempt
1992 Ed. (3097, 3101)
Fidelity Institutional Cash Treasury
1992 Ed. (3099)
Fidelity Institutional Retirement Services Co.
1996 Ed. (2414)
1994 Ed. (2316, 2323)
1992 Ed. (2780)
Fidelity Institutional Short-Intermediate Government
1997 Ed. (2889)
Fidelity Inst'l Money Market
2000 Ed. (3283)
Fidelity Interm. Bond
2000 Ed. (3267)
Fidelity Intermediate
1998 Ed. (2616)
Fidelity Intermediate Bond
2008 Ed. (590)
2006 Ed. (623)
2004 Ed. (717)
2003 Ed. (691)
1999 Ed. (3549)
1997 Ed. (2869)
1991 Ed. (2561)
1990 Ed. (2386)
Fidelity Intermediate Bond Fund
2003 Ed. (3539, 3546)
Fidelity Intermediate Bond Services Co.
1996 Ed. (2769, 2783)
Fidelity Intermediate Government Income
2008 Ed. (590)
Fidelity Intermediate Municipal Income
2008 Ed. (580, 595)
2007 Ed. (646)
Fidelity International
2006 Ed. (3215)
Fidelity International Bond
1994 Ed. (726)
Fidelity International Growth & Income
2004 Ed. (3638)
2003 Ed. (2363)

1994 Ed. (2638)
Fidelity International Small Cap
2007 Ed. (3669, 3676)
2006 Ed. (3681)
Fidelity Intl
2000 Ed. (3452, 3453)
Fidelity Invest Cap & Income
2008 Ed. (596)
Fidelity Investment Co. Inc.
2002 Ed. (2076)
1999 Ed. (178)
Fidelity Investment Cos.
1997 Ed. (168)
Fidelity Investment Grade
1998 Ed. (2616)
1997 Ed. (2869)
1995 Ed. (2708, 2716)
Fidelity Investment Grade Bond
2008 Ed. (584)
Fidelity Investment Gro.
1999 Ed. (3549)
Fidelity Investments
2008 Ed. (737, 2292, 2293, 2314, 2315, 2316, 2317, 2318, 2341, 2394, 3378, 3379, 3380, 3404, 3505)
2007 Ed. (758, 759, 761, 2204, 2642, 3253, 3254, 3287, 3380)
2006 Ed. (662, 2268, 3193, 3194, 3196, 3197)
2005 Ed. (758, 759, 2206, 3207, 3209, 3211, 3212, 3218)
2004 Ed. (431, 2042, 2043, 2044, 2045, 2046, 3174, 3178, 3192, 3193, 3194, 3195, 3196, 3208, 3209, 3786, 3946)
2003 Ed. (768, 1988, 2184, 2477, 3062, 3063, 3064, 3067, 3068, 3069, 3075, 3076, 3077, 3079, 3111, 3442, 3622, 3951)
2002 Ed. (728, 3004, 3007, 3008, 3010, 3018, 3019, 3023, 3024, 3025, 3419, 3626, 3627, 3628, 3629, 3936, 4984)
2001 Ed. (3010, 3019, 3453, 3687, 3688, 3689, 4200)
2000 Ed. (2264, 2770, 2771, 2772, 2773, 2774, 2775, 2777, 2784, 2788, 2795, 2798, 2833, 2840, 2856, 3280, 4429)
1999 Ed. (3038, 3039, 3040, 3041, 3042, 3043, 3045, 3049, 3054, 3060, 3062, 3066, 3067, 3081, 3083, 3086, 3094, 3099, 3106, 3587, 3588, 4809)
1998 Ed. (75, 1533, 2262, 2263, 2265, 2281, 2282, 2283, 2285, 2286, 2293, 2295, 2296, 2297, 2298, 2300, 2301, 2303, 2647, 3100)
1997 Ed. (2507, 2508, 2510, 2515, 2520, 2524, 2528, 2532, 2540, 2894)
1996 Ed. (163, 2374, 2375, 2377, 2385, 2390, 2394, 2406, 2786)
1995 Ed. (2355, 2359, 2367, 2371, 2378, 2379, 2380, 2381, 2382, 2385, 2387, 2388, 2702)
1994 Ed. (2297, 2299, 2306, 2612)
1993 Ed. (2286, 2288, 2292, 2329, 2668)
1992 Ed. (2639, 2734, 2735, 2744, 2752, 2756, 2764, 2777, 2778, 3157)
1991 Ed. (2212, 2215, 2242, 2249, 2250, 2565)
1990 Ed. (2347)
1989 Ed. (929)
Fidelity Investments (Asia)
1997 Ed. (2544)
Fidelity Investments Charitable Gift Fund
2004 Ed. (3698)
2003 Ed. (3651)
2000 Ed. (3347)
Fidelity Investments/Fidelity Management & Research
1992 Ed. (2776)
Fidelity Invst. Grade
2000 Ed. (3267)
Fidelity Japan
2001 Ed. (3503)
2000 Ed. (3279)
1996 Ed. (2790)
1995 Ed. (2731)
Fidelity Japan Situations Trust
1990 Ed. (2400)
Fidelity Japan Small Co.
2000 Ed. (3279)
1998 Ed. (2656)
Fidelity Japan Small Companies
2000 Ed. (3230)
Fidelity Japan Small Company
2001 Ed. (3503)
Fidelity Japan Smaller Companies
2008 Ed. (4518)
2004 Ed. (3646)
Fidelity Japan Smaller Cos.
2007 Ed. (4544)
2006 Ed. (3661, 4553)
2005 Ed. (3566, 3573)
Fidelity Japanese Values
1999 Ed. (3585)
Fidelity Latin America
2008 Ed. (3772)
2007 Ed. (3663, 3672, 3675, 3676)
2006 Ed. (3656)
2005 Ed. (3579)
2003 Ed. (3619)
1999 Ed. (3518)
1998 Ed. (2636)
Fidelity Latin America Fund
2000 Ed. (3258)
Fidelity Leveraged Company
2007 Ed. (3671)
Fidelity Leveraged Company Stock
2007 Ed. (3676)
2006 Ed. (3643, 3644)
2005 Ed. (3560)
Fidelity Life Association
2001 Ed. (2935)
Fidelity Low-Priced Stock
2008 Ed. (3769, 4513)
2007 Ed. (3668)
2006 Ed. (3613, 3651)
2005 Ed. (3550, 3552, 4485)
2004 Ed. (3574, 3582)
2002 Ed. (2160)
1999 Ed. (3506, 3543, 3577)
1998 Ed. (2608)
1996 Ed. (2751, 2772, 2803)
1995 Ed. (2676)
Fidelity M & R
1989 Ed. (2130, 2132)
Fidelity Magellan
2008 Ed. (4513)
2007 Ed. (3668)
2006 Ed. (2510, 3613, 3620)
2005 Ed. (2465, 3558)
2004 Ed. (2464, 3555, 3586)
2001 Ed. (3452)
2000 Ed. (3222, 3264)
1999 Ed. (3544)
1998 Ed. (2607, 2615)
1997 Ed. (2868)
1996 Ed. (2768)
1995 Ed. (2677, 2690, 2691, 2697)
1993 Ed. (2646)
1991 Ed. (2555)
1990 Ed. (2391)
1989 Ed. (1850)
Fidelity Magellan Fund
2006 Ed. (3607)
2005 Ed. (3553)
2004 Ed. (3579)
2003 Ed. (2361, 3518, 3519)
2001 Ed. (2524)
1994 Ed. (2599, 2632)
Fidelity Malaysia
1996 Ed. (2817, 2818)
Fidelity Managed Income Portfolio
1995 Ed. (2072)
Fidelity Management & Research
2004 Ed. (3561, 3562, 3563)
2000 Ed. (2831)
1999 Ed. (3109)
1998 Ed. (2225, 2267, 2628, 2629)
1996 Ed. (2347)
1994 Ed. (2320, 2321)
1992 Ed. (2740)
Fidelity Management & Research Company
2000 Ed. (2767, 2782)
Fidelity Management Group Inc.
1999 Ed. (661)
Fidelity Management Trust Co.
2000 Ed. (680)
1998 Ed. (3012)
1995 Ed. (2071)
1991 Ed. (2217, 2225, 2229, 2233)
Fidelity Management Trust Select International
1994 Ed. (2312)
Fidelity Massachusetts Municipal Income
2008 Ed. (581)
Fidelity Mgmt. & Research
1990 Ed. (2325, 2327, 2333)
Fidelity Mid Cap Stock
2006 Ed. (3646)
2004 Ed. (3577)
Fidelity Mid-Cap Stock Fund
2003 Ed. (3495, 3537)
Fidelity MMT/Domestic MMP
1996 Ed. (2671)
1994 Ed. (2543)
Fidelity Moneybuilder
1997 Ed. (2914, 2915, 2916)
Fidelity Monitor
1993 Ed. (2360)
Fidelity Mortgage
2001 Ed. (3434)
Fidelity Mortgage Securities
2008 Ed. (600)
1999 Ed. (751)
1998 Ed. (2642)
1997 Ed. (690, 2890)
1996 Ed. (2759, 2779, 2794)
Fidelity Municipal Income
2008 Ed. (579)
Fidelity Mutual Life Insurance Co.
1990 Ed. (2281)
Fidelity National Bank
1998 Ed. (374)
Fidelity National Financial Corp.
2008 Ed. (1493, 1730, 1731, 1734, 2356, 4264)
2007 Ed. (1480, 1702, 1705, 2231, 3173)
2006 Ed. (1441, 1707, 1710, 2283, 2286, 2289, 2294, 2295, 3140, 3557)
2005 Ed. (1486, 1609, 1761, 1764, 2221, 2229, 2230, 3052, 3071, 3072, 3085, 3500)
2004 Ed. (1608, 2116, 3036, 3060, 3061, 3074, 3501)
2003 Ed. (2973, 3432)
2002 Ed. (2870)
2000 Ed. (2396)
1996 Ed. (2332, 3666)
Fidelity National Information Services
2008 Ed. (4802)
2007 Ed. (4358)
Fidelity National Title Insurance Co.
2000 Ed. (2739)
1999 Ed. (2985, 2986)
1998 Ed. (2215)
Fidelity National Title Insurance Co. of New York
2002 Ed. (2982)
Fidelity National Title Insurance Co. of NY
2000 Ed. (2738)
Fidelity National Title Insurance Co. of Pennsylvania
1998 Ed. (2214)
Fidelity New Markets Income
2008 Ed. (592, 594)
2007 Ed. (642, 643, 644)
2006 Ed. (624, 625, 626)
2005 Ed. (698, 699, 700)
2004 Ed. (720)
2003 Ed. (690, 692)
2002 Ed. (726)
1999 Ed. (747, 748, 3581)
Fidelity New Millenium
2000 Ed. (3240, 3245)
Fidelity New Millennium
2006 Ed. (3646)
2002 Ed. (2155, 2156)
1997 Ed. (2873, 2896)
Fidelity New York FSB
1990 Ed. (430)
Fidelity New York Municipal Income
2008 Ed. (581)
Fidelity Nordic
2006 Ed. (3669)
2005 Ed. (3571, 3573)
2004 Ed. (3646)
2001 Ed. (3500)
1998 Ed. (2600)
Fidelity OH Tax-Free MMP
1992 Ed. (3095)
Fidelity OTC
2000 Ed. (3260)
Fidelity OTC Portfolio
2002 Ed. (2160)
Fidelity Overseas
2000 Ed. (3277)
1999 Ed. (3565)
1998 Ed. (2617)
1997 Ed. (2870)
1996 Ed. (2770)
1995 Ed. (2693, 2714)
1992 Ed. (3184)
Fidelity Overseas Fund
2003 Ed. (2363)
Fidelity Pacific Basin
2000 Ed. (3279)
Fidelity Pound Performance
1992 Ed. (3169, 3173)
Fidelity Puritan
2004 Ed. (3549)
2000 Ed. (3222, 3249, 3250)
1999 Ed. (3533)
1998 Ed. (2607, 2614)
1997 Ed. (2868, 2884)
1996 Ed. (2755, 2768, 2776, 2791, 2806)
1995 Ed. (2680, 2690, 2720, 2739)
1994 Ed. (2601, 2607, 2618)
1991 Ed. (2559)
1990 Ed. (2368, 2394)
Fidelity Real Estate
2003 Ed. (3545)
Fidelity Real Estate Hi Income
2003 Ed. (3117)
Fidelity Real Estate Investment
2006 Ed. (3602)
2005 Ed. (3549)
2004 Ed. (3564)
2001 Ed. (3446)
1998 Ed. (2651)
Fidelity Regional Banks
1994 Ed. (2629)
Fidelity Retirement Growth
1995 Ed. (2696)
Fidelity Retirement Reserves
1997 Ed. (3830)
Fidelity Retirement Reserves High Income
1997 Ed. (3824)
1994 Ed. (3614)
1992 Ed. (4373)
Fidelity Retirement Reserves Overseas
1994 Ed. (3613)
Fidelity Savings & Loan
1994 Ed. (2629)
Fidelity Savings Bank
1998 Ed. (3546)
Fidelity Sel Computers
2000 Ed. (3290)
Fidelity Sel Developing Comm
2000 Ed. (3290)
Fidelity Sel. Energy Services
1998 Ed. (2603)
Fidelity Select Air Transportation
2004 Ed. (3565)
2002 Ed. (3422)
1997 Ed. (2895)
1990 Ed. (2374)
Fidelity Select American Gold
1993 Ed. (2682)
1990 Ed. (2373)
Fidelity Select Automotive
1994 Ed. (2613, 2624)
Fidelity Select Biotech
1994 Ed. (2631)
1993 Ed. (2658, 2669, 2680)
1992 Ed. (3148, 3158, 3170, 3173, 3179, 3182)
Fidelity Select Biotechnology
2004 Ed. (3544)
2003 Ed. (3513)
2002 Ed. (4503)

2001 Ed. (3439, 3440)
1995 Ed. (2722)
Fidelity Select-Broadcast & Media
1990 Ed. (2374)
Fidelity Select-Broker. & Inv.
1989 Ed. (1851)
Fidelity Select Broker & Investment
2004 Ed. (3567)
Fidelity Select Brokerage
1999 Ed. (3507, 3522, 3578)
1998 Ed. (2651)
1993 Ed. (2679)
1989 Ed. (1847)
Fidelity Select Brokerage & Investment
2004 Ed. (3543)
Fidelity Select—Brokerage & Investment Management
2006 Ed. (3636)
2001 Ed. (3433)
Fidelity Select Computers
2004 Ed. (3567)
2001 Ed. (3449)
2000 Ed. (3225)
1997 Ed. (2877)
1996 Ed. (2787)
1992 Ed. (3158, 3169)
Fidelity Select Defense & Aerospace
2004 Ed. (3567)
1997 Ed. (2877)
Fidelity Select Elec. Utility
1994 Ed. (2607)
Fidelity Select—Electronics
2006 Ed. (3604, 3636)
2005 Ed. (3544)
2004 Ed. (3567)
2002 Ed. (2155, 2156, 4503)
2001 Ed. (3449)
1998 Ed. (2651)
1997 Ed. (2877, 2895, 2905)
1992 Ed. (3182)
Fidelity Select—Energy
2007 Ed. (3664, 3675)
Fidelity Select Energy Service
2007 Ed. (3663, 3664, 3675)
2006 Ed. (3656)
1999 Ed. (3507)
1998 Ed. (2593)
Fidelity Select—Energy Services
2005 Ed. (3542)
2004 Ed. (3542)
1998 Ed. (2651)
1993 Ed. (2682)
1992 Ed. (3176, 3179, 3182)
1991 Ed. (2569)
Fidelity Select—Financial Services
2006 Ed. (3635)
2004 Ed. (3543, 3569)
1994 Ed. (2613, 2624)
Fidelity Select Food Agriculture
1992 Ed. (3148, 3176)
Fidelity Select Gold
2004 Ed. (3594)
Fidelity Select Health
1995 Ed. (2722)
1994 Ed. (2632)
1993 Ed. (2646, 2649, 2658)
1992 Ed. (3148, 3158, 3170, 3173, 3179, 3179)
Fidelity Select—Health Care
2006 Ed. (3635)
2004 Ed. (3544, 3569)
2001 Ed. (3440)
2000 Ed. (3289)
1996 Ed. (2787)
Fidelity Select—Home Finance
2007 Ed. (3680)
2006 Ed. (3596)
2004 Ed. (3567)
2003 Ed. (3515)
1998 Ed. (2651)
1997 Ed. (2877)
Fidelity Select—Insurance
2006 Ed. (3596, 3636)
2004 Ed. (3565, 3567)
2001 Ed. (3433)
2000 Ed. (3289)
1994 Ed. (2625)
Fidelity Select—Leisure
2006 Ed. (3635)
1999 Ed. (3578)
1990 Ed. (2374)
Fidelity Select Medical
1996 Ed. (2787)
1995 Ed. (2722)
1993 Ed. (2658)
1992 Ed. (3148, 3158)
1991 Ed. (2569)
Fidelity Select Medical Delivery
2006 Ed. (2508, 3597)
2004 Ed. (3568)
2003 Ed. (3523)
2000 Ed. (3294)
1990 Ed. (2374)
Fidelity Select Medical Equipment/Systems
2003 Ed. (3523)
Fidelity Select—Natural Gas
2007 Ed. (3675)
2006 Ed. (3595, 3656)
2002 Ed. (4504)
2001 Ed. (3430)
Fidelity Select Paper & Forest Products
2007 Ed. (3679)
Fidelity Select Precious Metal
1994 Ed. (2626)
Fidelity Select Precious Metals & Minerals
1997 Ed. (2879)
Fidelity Select-Reg Banks
2000 Ed. (3289)
Fidelity Select Regional Bank
1994 Ed. (2624, 2631)
Fidelity Select-Regional Banks
1990 Ed. (2374)
Fidelity Select Regular Banks
1994 Ed. (2613)
Fidelity Select-Restaurant Industry
1990 Ed. (2374)
Fidelity Select Retailing
1994 Ed. (2631)
1993 Ed. (2649)
1990 Ed. (2374)
Fidelity Select Savings & Loan
1994 Ed. (2613, 2624)
Fidelity Select Software
2001 Ed. (3449)
1994 Ed. (2613)
Fidelity Select Software & Computer
2004 Ed. (3567)
1997 Ed. (2877)
Fidelity Select Software & Computers
2003 Ed. (3552)
Fidelity Select—Software/Computer Services
2006 Ed. (3604, 3636)
Fidelity Select—Technology
2006 Ed. (3604, 4571)
2005 Ed. (4495)
2004 Ed. (3569)
2003 Ed. (3513)
2002 Ed. (4503)
2001 Ed. (3449)
1997 Ed. (2877)
1992 Ed. (3158)
Fidelity Select Telecom
1991 Ed. (2555)
Fidelity Select Telecommunications
1999 Ed. (3578)
1990 Ed. (2374)
Fidelity Select Transport
1994 Ed. (2625)
Fidelity Select Utilities
1994 Ed. (2607)
1993 Ed. (2654)
1992 Ed. (3153)
1991 Ed. (2560)
1990 Ed. (2390)
Fidelity Select Utilities Growth
2000 Ed. (3229)
1997 Ed. (2878)
Fidelity Select Wireless
2006 Ed. (2508, 3639, 3656)
Fidelity Selected Precious Metals
1995 Ed. (2718, 2721)
Fidelity Short-Intermediate Municipal
2008 Ed. (582)
Fidelity Short-Term Bond
2006 Ed. (630)
2005 Ed. (703)
Fidelity Small Cap America
2003 Ed. (3583)
Fidelity Small Cap Stock
2006 Ed. (4565)
2005 Ed. (4491)
Fidelity South East Asia
1997 Ed. (2921)
Fidelity Southeast Asia
2006 Ed. (3661)
Fidelity Spartan Arizona Municipal Income
2004 Ed. (708)
Fidelity Spartan CA Municipal MMP
1994 Ed. (2538)
Fidelity Spartan California Municipal Income
2007 Ed. (633)
Fidelity Spartan Connecticut Municipal Income
2006 Ed. (607)
2004 Ed. (708)
Fidelity Spartan Equity Index
2002 Ed. (2158)
Fidelity Spartan Extended Market Index Investment
2008 Ed. (3767)
Fidelity Spartan 500 Index
2004 Ed. (3550)
2003 Ed. (2365)
Fidelity Spartan GNMA
1999 Ed. (751)
Fidelity Spartan Government Income
2000 Ed. (764)
Fidelity Spartan High Inc.
1994 Ed. (2621)
Fidelity Spartan High Income
1999 Ed. (753, 3535, 3538, 3547, 3548)
1998 Ed. (2625, 2626, 2633)
1997 Ed. (688, 2892)
1996 Ed. (2761, 2781, 2795)
1995 Ed. (2688, 2710)
Fidelity Spartan Intermediate Municipal Income
2006 Ed. (604, 627)
2005 Ed. (688, 701)
2004 Ed. (702)
Fidelity Spartan International Index-Investment
2007 Ed. (3666)
Fidelity Spartan Investment Grade
1995 Ed. (2708)
Fidelity Spartan Investment Grade Bond
2006 Ed. (618, 619)
Fidelity Spartan Invst. Growth
2000 Ed. (3266)
Fidelity Spartan Limited Maturity Gov.
1999 Ed. (3553)
Fidelity Spartan Limited Maturity Government
1999 Ed. (752)
Fidelity Spartan Long Government
1995 Ed. (2709)
Fidelity Spartan Long-Term Government
1997 Ed. (2902)
Fidelity Spartan Maryland Municipal Income
2004 Ed. (709)
Fidelity Spartan Massachusetts Municipal Income
2007 Ed. (633)
2005 Ed. (689)
2004 Ed. (706, 709)
2003 Ed. (695)
Fidelity Spartan Ltd. Mature Government
1997 Ed. (2889)
Fidelity Spartan Michigan Municipal Income
2004 Ed. (709)
Fidelity Spartan MMF
1996 Ed. (2666, 2670)
Fidelity Spartan Money Market Fund
1994 Ed. (2539)
1992 Ed. (3096)
Fidelity Spartan Municipal Income
2007 Ed. (631)
2006 Ed. (602, 603)
2005 Ed. (687)
2003 Ed. (694)
1995 Ed. (2746)
Fidelity Spartan Municipal Money Fund
1994 Ed. (2538)
Fidelity Spartan New Jersey Municipal Income
2004 Ed. (708)
Fidelity Spartan New York Municipal Income
2007 Ed. (633)
2006 Ed. (607)
Fidelity Spartan Ohio Municipal Income
2004 Ed. (709)
Fidelity Spartan PA Muni MMP
1992 Ed. (3095)
Fidelity Spartan PA Municipal MMP
1994 Ed. (2544)
Fidelity Spartan Short-Intermediate Government
1997 Ed. (2889)
Fidelity Spartan Short-Intermediate Municipal
2007 Ed. (634)
2006 Ed. (608, 609)
2005 Ed. (690)
2004 Ed. (707)
Fidelity Spartan Total Market Index Investment
2008 Ed. (3767)
Fidelity Spartan U.S. Equity Index
2000 Ed. (3264)
Fidelity Spartan U.S. Equity Index Investment
2008 Ed. (3767)
Fidelity Spartan U.S. Government MMF
1994 Ed. (2537)
Fidelity Spartan U.S. Treasury MMF
1994 Ed. (2537)
Fidelity Spec. Equity Dis.
1996 Ed. (625)
Fidelity Special Situations
1990 Ed. (2391)
Fidelity State Bank
1998 Ed. (371)
1997 Ed. (501)
1996 Ed. (403, 542)
1989 Ed. (204, 210)
Fidelity Strategic Income
2005 Ed. (698)
Fidelity Tax Free Bond
2008 Ed. (603)
Fidelity True North
2002 Ed. (3435)
2001 Ed. (3465)
Fidelity U.S. Bond Index
2000 Ed. (3267)
1999 Ed. (3549)
Fidelity U.S. Equity Index
2001 Ed. (2524)
1999 Ed. (3544)
Fidelity U.S. Index
1998 Ed. (2615)
Fidelity Utilities Inc.
1994 Ed. (2607)
Fidelity Utilities Fund
2000 Ed. (3229)
Fidelity Utilities Income
1997 Ed. (2878)
1995 Ed. (2681)
Fidelity Value
2004 Ed. (3560)
1998 Ed. (2624)
1996 Ed. (2752, 2773)
Fidelity Value Fund
2008 Ed. (4512)
2007 Ed. (4545)
Fidelity Worldwide
1999 Ed. (3551)
1996 Ed. (2775, 2805)
1995 Ed. (2743)
Fidelity Worldwide Fund
2008 Ed. (4508)
Fidelity.com
2002 Ed. (4868)
2001 Ed. (2974)
Fidellity Disc. Equity
1999 Ed. (3541)
Fidelty & Deposit Group
1995 Ed. (2328)
Fidenas Investment Ltd.
1994 Ed. (1223)
Fidlelity Money Market Trust/Domestic Portfolio
1992 Ed. (3100)

Fiducial Inc.
2007 Ed. (2)
2006 Ed. (3, 2599)
2005 Ed. (2, 904, 2599)
2004 Ed. (3)
2003 Ed. (2)
Fiducial Triple Check Inc.
2004 Ed. (2613)
2003 Ed. (896)
2002 Ed. (2, 2362)
Fiduciary Asset Mgmt.
2000 Ed. (2783)
Fiduciary Capital
2002 Ed. (729)
1999 Ed. (3058)
Fiduciary Capital Management Inc.
2003 Ed. (3086)
Fiduciary Capital Mgmt.
1990 Ed. (2342)
Fiduciary Management
1996 Ed. (2400, 2408)
Fiduciary Management Associated Growth
1998 Ed. (2619)
Fiduciary Management Associates
1991 Ed. (2222)
Fiduciary Management Associates Growth
1998 Ed. (2601)
Fiduciary Mgmt. Associates
1990 Ed. (2338)
Fiduciary Trust
1996 Ed. (2426)
1995 Ed. (2371)
1993 Ed. (596)
1992 Ed. (803)
1990 Ed. (654, 706)
1989 Ed. (2136, 2144)
Fiduciary Trust International
2002 Ed. (3008)
2000 Ed. (2842)
1999 Ed. (665)
1998 Ed. (2305)
1997 Ed. (2537, 2549)
1996 Ed. (2415)
1994 Ed. (653, 2317, 2448)
1993 Ed. (652, 2309)
1992 Ed. (2773)
1991 Ed. (2245)
1990 Ed. (2353)
1989 Ed. (1805)
Fiducle Desjardins
1997 Ed. (3811)
Fiduiary Capital Management
2000 Ed. (2793)
Fiduvalor
2007 Ed. (757)
Field
2000 Ed. (3403)
Field agents
2000 Ed. (3504)
Field & Stream
2003 Ed. (4524)
2001 Ed. (1231)
2000 Ed. (3481)
1999 Ed. (1855)
1998 Ed. (1282)
Field Container
2000 Ed. (3402)
1999 Ed. (3686)
1992 Ed. (3328)
Field; David
2008 Ed. (938)
2007 Ed. (1004)
Field Facts Worldwide
2002 Ed. (3256)
Field Lining Systems Inc.
2008 Ed. (3694, 4368)
2006 Ed. (3496)
Field; Marshall
2006 Ed. (4914)
Field Museum of Natural History
1993 Ed. (891)
Field of Dreams
1993 Ed. (3536)
Field of Nature
1994 Ed. (3634)
Field sales representatives
1999 Ed. (3854)
Field Trial
1999 Ed. (3785)
1997 Ed. (3070)
1996 Ed. (2991)
1994 Ed. (2829)
1993 Ed. (2815)
1992 Ed. (3408)
Fieldcrest
2008 Ed. (3092)
2007 Ed. (2968)
2006 Ed. (2951)
2005 Ed. (4686)
2003 Ed. (2869)
1999 Ed. (2806)
1996 Ed. (2196)
1994 Ed. (2131)
1993 Ed. (1545)
1992 Ed. (1881)
1991 Ed. (861, 862, 1480)
1990 Ed. (1584)
Fieldcrest Cannon
1999 Ed. (4589, 4590)
1998 Ed. (2048, 2049, 3518, 3519)
1997 Ed. (837, 2239, 2316, 2317, 3734)
1996 Ed. (1014, 1015, 3677, 3678)
1995 Ed. (1468, 3597, 3601)
1994 Ed. (3516)
1992 Ed. (1063, 4274, 4275, 4281)
1991 Ed. (2621, 3348, 3353, 3354, 3360)
1990 Ed. (1326, 2719, 3270, 3564, 3565, 3566, 3570)
1989 Ed. (1600, 1601, 2814, 2816)
Fielder; Cecil
1995 Ed. (251)
Fielding; Roy
2008 Ed. (1151)
Fieldman, Rolapp & Associates
2001 Ed. (732, 778)
1998 Ed. (2230, 2232)
1997 Ed. (2477)
FieldPoint Petroleum Corp.
2008 Ed. (3898)
2003 Ed. (3828)
Fields Corp.
2006 Ed. (4511)
1995 Ed. (3153)
Field's; Marshall
1995 Ed. (1552)
Fields Piano & Organ
2000 Ed. (3219)
1999 Ed. (3501)
1997 Ed. (2862)
1996 Ed. (2747)
1995 Ed. (2674)
1994 Ed. (2593, 2597)
1993 Ed. (2641)
Fields Saab
1996 Ed. (287)
1995 Ed. (289)
1994 Ed. (283)
1992 Ed. (400)
1991 Ed. (295)
Fieldson PLC
1994 Ed. (997)
Fieldstone Co.
1992 Ed. (1360)
Fieldstone Communities
2007 Ed. (1297, 1298)
1997 Ed. (1124)
Fieldstone Homes
2005 Ed. (1240)
2004 Ed. (1216)
Fieldstone Lodge Nursing Home
1998 Ed. (3765)
Fierce; Hughlyn F.
1989 Ed. (735)
FierceMarkets
2008 Ed. (4042)
Fiero Fluid Power Inc.
2007 Ed. (4449)
2006 Ed. (4381)
Fiesta
2004 Ed. (4640)
2002 Ed. (667)
1997 Ed. (994)
Fiesta; Ford
2008 Ed. (303)
2006 Ed. (322)
2005 Ed. (296)
Fiesta Kitchen
2002 Ed. (3585)
FIF Pactual FX Alvancado
2004 Ed. (3653)
2003 Ed. (3616)
FIF Santander Empresas
2003 Ed. (3616)
Fifteen Beacon
2002 Ed. (2631)
Fifth Avenue
2006 Ed. (4182)
The Fifth Discipline
2005 Ed. (718)
The Fifth Element
1999 Ed. (3450)
Fifth Third
2008 Ed. (3776)
2007 Ed. (647)
2006 Ed. (632, 3658)
1992 Ed. (502)
Fifth Third Asset
2005 Ed. (3562)
Fifth Third Bancorp
2008 Ed. (345, 4264)
2007 Ed. (382, 4530, 4568)
2006 Ed. (384, 397, 399, 831, 2602)
2005 Ed. (363, 365, 423, 439, 440, 627, 628, 923, 1625)
2004 Ed. (416, 418, 433, 434, 441, 638, 639, 1603)
2003 Ed. (421, 422, 439, 449, 629, 630, 1532, 1535, 4558, 4564)
2002 Ed. (1380, 4501)
2001 Ed. (573, 574, 594, 636, 637, 1955)
2000 Ed. (422, 428, 430, 3156, 3744, 3745)
1999 Ed. (394, 397, 427, 437, 438, 667, 3315, 4026, 4027, 4028, 4029)
1998 Ed. (291, 324, 330, 332, 2464, 3034, 3035)
1997 Ed. (335, 586, 2622, 3280, 3284, 3285, 3286, 3290)
1996 Ed. (367, 647, 3177, 3181, 3182, 3183, 3185)
1995 Ed. (373, 492, 3084, 3085, 3357)
1994 Ed. (349, 366, 571, 607, 1215, 3032, 3036, 3037, 3038, 3039, 3226, 3276)
1993 Ed. (355, 376, 569, 2991, 3219, 3286)
1992 Ed. (517, 518, 519, 520, 780, 3656)
1991 Ed. (395, 609, 637)
1990 Ed. (639, 641, 53, 2466)
1989 Ed. (423, 623, 624)
Fifth Third Bank
2007 Ed. (467)
2001 Ed. (581, 583)
2000 Ed. (379)
1999 Ed. (376, 441, 441, 441)
1998 Ed. (272, 421, 2443)
1995 Ed. (351, 367, 577, 2436)
1993 Ed. (604, 2414)
1992 Ed. (810)
Fifth Third Bank Chicago
2002 Ed. (4293)
Fifth Third Bank, Mid Cap Consistent Quality Growth
2003 Ed. (3130)
Fifth Third Bank of Kentucky Inc.
1998 Ed. (387)
Fifth Third Bank of Norwest Ohio NA
2000 Ed. (434)
Fifth Third Bank Western Ohio
1998 Ed. (334)
Fifth Third Field
2005 Ed. (4443)
Fifth Third Leasing
2003 Ed. (569)
Fifth Third Micro Cap Value Institutional
2008 Ed. (2622)
2007 Ed. (2492)
Fifth Third SB of W. Kentucky
1997 Ed. (3742)
50th State Risk Management Services Inc.
1998 Ed. (640)
50 Cent
2008 Ed. (2580, 2583)
58k.com
2001 Ed. (4762)
54
2001 Ed. (4701)
59 Wall St. Euro. Equity
1994 Ed. (2616)
59 Wall St. Pacific Basin Equity
1995 Ed. (2699, 2706, 2728)
59 Wall St. Tax-Free Short-Intermed.
1996 Ed. (2796)
59 Wall Street European Equity
1998 Ed. (409)
59 Wall Street Pacific Basin Equity
2001 Ed. (2307)
59 Wall Street Tax-Free Short Fixed Income
2001 Ed. (726)
Fifty One Job Inc. Ads
2006 Ed. (4590)
51job Inc.
2006 Ed. (4255, 4257)
53, G. P. Eliot & Co. Ltd.
1991 Ed. (2335)
50th State Risk Management Services Inc.
2001 Ed. (2923)
2000 Ed. (981)
1999 Ed. (1031)
1997 Ed. (901)
1996 Ed. (880)
Fig Newton
1998 Ed. (992, 993, 3660)
1997 Ed. (1214)
1995 Ed. (1209, 3692)
Fig Newton; Nabisco
2008 Ed. (1379)
Figaro
1999 Ed. (3780)
1997 Ed. (3075)
Figaro's Italian Kitchen
1999 Ed. (2517)
Figaro's Italian Pizza
2003 Ed. (2460)
2002 Ed. (3718)
Figaro's Pizza
2008 Ed. (2687)
2007 Ed. (2546)
2006 Ed. (2575)
Figgie International
1997 Ed. (1272, 1273)
1996 Ed. (1229)
1992 Ed. (3939)
Figgie, Jr.; Harry E.
1990 Ed. (1711)
Fighting Back program
1992 Ed. (1100, 2216)
Figleaves
2007 Ed. (711)
Figurines
1999 Ed. (1222)
Figurines 100
1998 Ed. (1272, 1352)
FIH
2002 Ed. (1343)
FIH Ehrvervsbank
2008 Ed. (404)
2007 Ed. (430)
FII
1992 Ed. (1877)
1991 Ed. (1476, 1477)
F.I.I. Group
1990 Ed. (3465)
Fiji
2006 Ed. (2329)
Fiji Development Bank
1993 Ed. (472)
1992 Ed. (660)
1991 Ed. (505)
Fikosota
2007 Ed. (57)
Fil-Estate Land
1999 Ed. (3821)
Fila
2001 Ed. (425)
2000 Ed. (323, 324)
1999 Ed. (309, 792, 4377, 4380)
1998 Ed. (200, 3349)
1997 Ed. (279, 280, 281)
1996 Ed. (251)
1995 Ed. (252)
1993 Ed. (3376)
1990 Ed. (3338)
Fila Holding SpA
2001 Ed. (4350)

Fila Holdings SpA
2003 Ed. (4592)
Filal af Delta Air Lines, Inc. USA Delta Airlines
2000 Ed. (4296)
Filan; Shane
2008 Ed. (4884)
2005 Ed. (4885)
Filanbanco
2003 Ed. (484)
2000 Ed. (514, 517)
1991 Ed. (500)
1990 Ed. (540)
Filanbanco SA
2000 Ed. (516)
1999 Ed. (505)
1997 Ed. (454, 455)
1996 Ed. (491, 492)
File clerk
1989 Ed. (2087)
File clerks
2007 Ed. (3719)
Filek; Paul
2006 Ed. (4140)
FileMaker Inc.
2005 Ed. (1154)
Filemaker Pro
1997 Ed. (1096)
Filemanker Pro
1996 Ed. (1077)
Filene's Basement
2008 Ed. (1007)
2007 Ed. (1125)
2006 Ed. (1039)
2005 Ed. (1025)
2004 Ed. (1020)
2001 Ed. (1270)
2000 Ed. (1119)
1999 Ed. (1197, 1877)
1998 Ed. (768, 1303)
1997 Ed. (1029, 1633)
1996 Ed. (1007, 1010)
1995 Ed. (1025, 1028)
1994 Ed. (1018, 1537)
1992 Ed. (1216, 1824)
1991 Ed. (979)
1990 Ed. (1053)
1989 Ed. (936)
FileNet Corp.
2006 Ed. (3024)
1997 Ed. (1108)
1992 Ed. (1340)
Filertek Cos.
1993 Ed. (932)
Filial af Delta Air Lines, Inc. USA Delta Airlines
2000 Ed. (1406)
Filing supplies/accessories
1999 Ed. (2713)
Filinvest Development Corp.
1991 Ed. (2414)
Filinvest Land
1997 Ed. (3113)
Filipinas Synthetic Fibre Corp.
1989 Ed. (1152)
Filipowski; Andrew J.
1994 Ed. (1721)
Filippi's Pizza Grotto
1994 Ed. (2884)
Filippo Berio
2003 Ed. (3693)
1996 Ed. (2869)
1995 Ed. (2809)
Filippo Fochi SPA
1995 Ed. (1188)
1993 Ed. (1146)
Filler Paper, 100-count
1990 Ed. (3430, 3431)
Filler paper, 100-ct.
1989 Ed. (2633)
Fillerup Employment Services Inc.
2006 Ed. (2429)
Fillings/frostings
1999 Ed. (365)
The Fillmore Law Firm
2004 Ed. (3227)
Film
2005 Ed. (2233, 3833)
2004 Ed. (2127)
2003 Ed. (3943, 3944)
1996 Ed. (3610)
1991 Ed. (733)
1990 Ed. (3032)
Film & Video
2007 Ed. (4793)
Film & video services
2002 Ed. (2222, 2783, 2784)
Film extrusion and coatings
2000 Ed. (3570)
Film/flash products
1997 Ed. (3172)
Film Four
2001 Ed. (4694)
Film processing
1992 Ed. (2353)
Film Roman Inc.
2001 Ed. (1651)
1999 Ed. (2678)
Film, 35mm
1999 Ed. (1010)
Film 35mm, point-and-shoot
1999 Ed. (1010)
Film 35mm, SLR
1999 Ed. (1010)
Films
2002 Ed. (3722)
1993 Ed. (1594)
Filmtrax PLC
1992 Ed. (1201)
Filo; David
2008 Ed. (4834)
2007 Ed. (4905)
2006 Ed. (4896, 4912)
2005 Ed. (4856, 4859)
FiltaFry
2008 Ed. (745)
2007 Ed. (769)
2006 Ed. (673)
2005 Ed. (766)
Filter tip cigarettes
1992 Ed. (2349)
Filterfresh Coffee Service Inc.
2007 Ed. (4397, 4426)
Filters
2005 Ed. (309)
Filters & Cartridges
1989 Ed. (328, 329)
Filters & Cartridges (all)
1990 Ed. (397, 398)
FilterSolution USA Inc.
2007 Ed. (3561)
Filterwerk Mann & Hummel Gesellschaft Mit Beschraenkter Haftung
1992 Ed. (2971)
1991 Ed. (2385)
Filtration systems
2001 Ed. (3831)
Filtronic
2006 Ed. (1114)
Filtronic Comtek
1997 Ed. (1417)
FIMA
2001 Ed. (69)
1989 Ed. (47)
Fima-Fabrica de Produtos Alimentare
1990 Ed. (44)
Fimag Finanz Industrie Management AG
2007 Ed. (1595)
2006 Ed. (1560)
Fimat USA Inc.
2007 Ed. (2672)
2006 Ed. (2682)
2005 Ed. (2707)
2004 Ed. (2714)
Fimat USA LLC
2008 Ed. (2803)
Fin Cp Santa Barbara
1990 Ed. (3582)
FINA, Inc.
2000 Ed. (285, 287, 289)
1998 Ed. (159, 161, 1434)
1997 Ed. (235, 239, 1727)
1996 Ed. (1646, 2821)
1995 Ed. (209, 212, 2754)
1994 Ed. (207, 211)
1993 Ed. (220, 223)
1992 Ed. (3445)
Fina Europe SA
2000 Ed. (1393)
Finac
1992 Ed. (363)
1991 Ed. (260)
Finagro
2000 Ed. (515)
Final Fantasy VII
1999 Ed. (4712)
Final Fantasy XII
2008 Ed. (4811)
Final Net
1991 Ed. (1881)
Final Touch
2003 Ed. (2429)
Finance
2008 Ed. (2454, 2957)
2007 Ed. (166, 786, 2329, 2523)
2006 Ed. (2833)
2005 Ed. (2839, 2841)
2003 Ed. (2269, 2753, 2754)
2002 Ed. (56, 2547, 2551, 2553, 2554)
2001 Ed. (2703, 2706, 2707, 3201)
2000 Ed. (905, 2464)
1999 Ed. (2679, 3008, 4821)
1997 Ed. (1644, 2018, 2220, 2378)
1996 Ed. (2908, 3873)
1989 Ed. (1866)
Finance & accounting
1999 Ed. (2009)
Finance and banking
1997 Ed. (2572)
Finance and insurance
1993 Ed. (3729)
Finance & investment
2002 Ed. (2783, 2784)
Finance Center Credit Union
2002 Ed. (1864)
Finance companies
1991 Ed. (1000)
1989 Ed. (1486)
Finance, insurance and real estate
1997 Ed. (867)
1996 Ed. (2663, 3874)
Finance, insurance, real estate
1995 Ed. (1, 1670, 2670, 3785, 3789, 3791)
1994 Ed. (803, 1625)
Finance/interest
1996 Ed. (3453)
Finance One
1999 Ed. (1747, 4162)
Finance One Pcl
2000 Ed. (1577)
Finance, property and business services
1997 Ed. (2556)
Finance/real estate
1996 Ed. (2117)
Finance vice president
2004 Ed. (2278)
Financeware.com
2002 Ed. (4814)
Financial
2007 Ed. (131, 3736)
2006 Ed. (138)
2005 Ed. (134, 852, 3633, 3634)
2004 Ed. (2449)
2003 Ed. (190, 3500)
2002 Ed. (59, 216, 217, 220, 225, 226, 234, 926, 3887, 3888, 4584, 4585)
2001 Ed. (246)
2000 Ed. (3460)
1999 Ed. (4341)
1994 Ed. (743)
1992 Ed. (99)
1991 Ed. (3306, 3308, 3310)
1990 Ed. (167)
Financial activities
2007 Ed. (3732, 3733, 3734, 3735)
Financial advice/investing
1995 Ed. (2981)
Financial advisor
2007 Ed. (3731)
Financial Advisors
2000 Ed. (2817)
Financial advisory
1998 Ed. (544)
Financial analyst
2008 Ed. (3811)
Financial Analysts Journal
1993 Ed. (792)
Financial & Insurance Services
2000 Ed. (196)
Financial asset investors
2002 Ed. (2783, 2784)
Financial assistance
1992 Ed. (2909)
Financial Assurance Credit Union
2002 Ed. (1828)
Financial Bank
2002 Ed. (530)
Financial Benefit Group Inc.
1994 Ed. (1857)
Financial Bond High Yield
1992 Ed. (3155, 3197)
1991 Ed. (2563)
Financial Bond-Select Inc.
1994 Ed. (2600, 2619)
Financial Bond Select Income
1992 Ed. (3155, 3166)
Financial Centre
1990 Ed. (2730)
Financial controller
2008 Ed. (3811)
Financial Corporation of America
1990 Ed. (1309, 1311, 1312, 1314, 1316, 1318, 1320, 1322, 1324, 1779, 3581)
Financial counseling
2000 Ed. (3505)
Financial Counselors
1995 Ed. (2364)
Financial Credit Union
2006 Ed. (2173)
2005 Ed. (2079)
Financial data services
2008 Ed. (3155)
Financial Dynamics
1997 Ed. (3194, 3197)
1995 Ed. (3019)
1994 Ed. (2959)
Financial Engines
2002 Ed. (4814)
Financial/estate planning
1997 Ed. (1570)
Financial Federal Corp.
2003 Ed. (514)
Financial Federal Savings & Loan Association
1994 Ed. (3530)
Financial Federal Trust & Savings Bank
2002 Ed. (4620)
2001 Ed. (4527)
2000 Ed. (4248)
1999 Ed. (4598)
1998 Ed. (3154, 3543)
1997 Ed. (3381)
1996 Ed. (3284)
1995 Ed. (3184)
1994 Ed. (3142)
Financial Freedom Senior Funding
2006 Ed. (3560)
Financial Genius
1992 Ed. (3551)
Financial Graphic Service Inc.
2007 Ed. (4410)
Financial Guaranty Assurance
2000 Ed. (3208, 3210, 3213)
Financial Guaranty Insurance Co.
2001 Ed. (743)
2000 Ed. (3206, 3207, 3209, 3211, 3214, 3215, 3216)
1999 Ed. (3489, 3490, 3491, 3492, 3494, 3495, 3496, 3497, 3498, 3499)
1998 Ed. (2579, 2580, 2581, 2582, 2583, 2584, 2585, 2586, 2587, 2588)
1997 Ed. (2850, 2851, 2853, 2854, 2855, 2856, 2857, 2858, 2859, 2860)
1996 Ed. (2733, 2734, 2735, 2736, 2738, 2739, 2740, 2741, 2742)
1995 Ed. (2654, 2655, 2656, 2657, 2658, 2659, 2660, 2661, 2662, 2663, 2664)
1993 Ed. (2628, 2629, 2630, 2631, 2632, 2633, 2634, 2635, 2636, 2637)
1991 Ed. (2168, 2537, 2538, 2539, 2540, 2541, 2542, 2543, 2544, 2545)
1990 Ed. (2650, 2651, 2652, 2653)
Financial Guaranty Reinsurance Co.
1997 Ed. (2852)

Financial Independence Co.
2003 Ed. (4991)
2002 Ed. (2858, 4990)
Financial Industrial Income
1994 Ed. (2599, 2607, 2636)
1993 Ed. (2653, 2663, 2674, 2690)
1992 Ed. (3153, 3192)
Financial Industries Corp.
2004 Ed. (3100)
1995 Ed. (2822)
1994 Ed. (2706)
Financial industry
1998 Ed. (561, 1933)
Financial information
1996 Ed. (860)
Financial Information Trust
1992 Ed. (1762)
1991 Ed. (1716, 3376, 3378, 3379)
1990 Ed. (1781)
Financial institutions
1991 Ed. (2818)
Financial Institutions Reserve Risk Retention Group Inc.
1996 Ed. (881)
Financial, legal, and insurance services
2003 Ed. (4516)
Financial management
1998 Ed. (1981)
1993 Ed. (792)
Financial Management Advisors
1999 Ed. (3078)
1998 Ed. (2287, 2288, 2289, 2290)
Financial Management Advisors Inc., Tax-Exempt Fixed Income
2003 Ed. (3139)
Financial managers
2007 Ed. (3720)
2005 Ed. (3625)
1991 Ed. (2630)
Financial Mgt. Advisors
2000 Ed. (2815)
Financial Models Co., Inc.
2006 Ed. (1128)
2003 Ed. (1086)
Financial Network Investment Corp.
2002 Ed. (797, 798, 800, 801, 838)
2000 Ed. (885)
1999 Ed. (904)
1998 Ed. (529)
1997 Ed. (782)
1996 Ed. (809)
1995 Ed. (800)
Financial News Network
1992 Ed. (1027)
1991 Ed. (837, 2571, 3148)
Financial Objects
2001 Ed. (1886)
Financial Corp. of America
2005 Ed. (420)
2000 Ed. (391)
1999 Ed. (391)
1997 Ed. (353)
1996 Ed. (382)
1994 Ed. (358)
1993 Ed. (365)
1989 Ed. (2460, 2821, 2826, 2827)
Financial Corp. of Santa Barbara
1991 Ed. (3093, 3228)
1990 Ed. (3256)
Financial Partners Credit Union
2005 Ed. (358)
Financial Peace
1999 Ed. (690)
Financial planner
1990 Ed. (3701)
Financial Planning
2008 Ed. (4710)
1992 Ed. (1753)
1990 Ed. (533)
Financial Port.: Health
1992 Ed. (3173)
1991 Ed. (2569)
Financial Portfolio Environ
1994 Ed. (2627)
Financial products & services
1999 Ed. (30)
Financial Programs Gold
1993 Ed. (2682)
Financial Programs Health
1993 Ed. (2680)
Financial Relations Board
1999 Ed. (3911, 3914, 3918, 3929, 3953)
1998 Ed. (2313, 2939, 2945, 2959)
1997 Ed. (3182, 3191, 3211)
1996 Ed. (3103, 3105, 3112)
1995 Ed. (3004, 3007, 3011, 3031)
1994 Ed. (2946, 2948, 2953)
1993 Ed. (2927, 2930, 2932)
1992 Ed. (3557, 3565)
1990 Ed. (2918)
Financial Resource Management Trust Co.
1993 Ed. (3009)
Financial Resources Credit Union
2008 Ed. (2247)
2007 Ed. (2132)
2006 Ed. (2211)
2005 Ed. (2116)
2004 Ed. (1974)
2003 Ed. (1934)
2002 Ed. (1880)
Financial Review
1993 Ed. (792)
Financial Risk Management
2006 Ed. (2799)
2005 Ed. (2819)
Financial Savings
1990 Ed. (2475, 3123)
Financial Securities Asr. Group
2000 Ed. (2716)
Financial Security Assurance
2001 Ed. (743)
2000 Ed. (3206, 3207, 3209, 3211, 3212, 3214, 3215, 3216)
1999 Ed. (3489, 3490, 3491, 3492, 3493, 3494, 3495, 3496, 3497, 3498, 3499)
1998 Ed. (2579, 2580, 2581, 2582, 2583, 2584, 2585, 2586, 2587, 2588)
1997 Ed. (2850, 2851, 2852, 2853, 2854, 2855, 2856, 2857, 2858, 2859)
1996 Ed. (2733, 2734, 2735, 2736, 2737, 2738, 2739, 2740, 2741, 2742)
1995 Ed. (2654, 2655, 2656, 2657, 2658, 2659, 2660, 2661, 2662, 2663, 2664)
1993 Ed. (2628, 2629, 2631, 2632, 2633, 2635, 2636, 2637)
1991 Ed. (2542)
1990 Ed. (2650, 2652)
Financial Security Assurance Holdings Ltd.
2004 Ed. (1470)
Financial Security Insurance Co.
2000 Ed. (3208, 3210, 3213)
Financial Service Corp.
2000 Ed. (842, 843, 844, 845, 846, 847, 848)
1999 Ed. (844, 846, 847, 848, 849, 850)
Financial services
2008 Ed. (109, 760, 1643, 2451)
2007 Ed. (98, 790, 791, 792, 2325)
2006 Ed. (104, 697, 698, 699, 1486, 3258)
2005 Ed. (95)
2004 Ed. (100)
2003 Ed. (22, 24, 2910, 2911)
2002 Ed. (917, 2212, 3254)
2001 Ed. (1077, 2990)
2000 Ed. (30, 40, 736, 797, 947, 2629)
1999 Ed. (176, 1002, 1008, 2100, 4286)
1998 Ed. (607, 2096, 3760)
1997 Ed. (1723, 2379, 3698)
1996 Ed. (770, 2063, 2252)
1995 Ed. (692, 2203, 3395)
1993 Ed. (1210)
1992 Ed. (1943, 2627, 2629, 3250)
1991 Ed. (2056)
1990 Ed. (2185)
1989 Ed. (1657, 2647)
Financial services & insurance services
1997 Ed. (164)
Financial services and securities
1997 Ed. (707)
Financial services, banking
2002 Ed. (2988)
Financial services companies
1991 Ed. (2054)
Financial services, full service
2002 Ed. (2988)
Financial services, insurance & securities
1998 Ed. (23, 487)
Financial services, investment
2002 Ed. (2988)
Financial services, miscellaneous
1998 Ed. (3363)
Financial Services Roundtable
2001 Ed. (3829)
Financial Standards Group Inc.
2008 Ed. (2)
2006 Ed. (4)
Financial Statecraft: The Role of Financial Markets in American Foreign Policy
2008 Ed. (619)
Financial Strat. European
1992 Ed. (3161)
Financial Strat.-Health
1994 Ed. (2599)
Financial Strat-Health Sci
1991 Ed. (2555)
Financial Strat-Leisure
1991 Ed. (2555)
Financial Strategic Health Science
1992 Ed. (3148, 3158, 3170, 3182, 3183)
Financial Strategic-Leisure
1990 Ed. (2374)
Financial Strategic Technology
1992 Ed. (3182)
Financial Strategy Financial Service
1993 Ed. (2649)
Financial Strategy Health
1993 Ed. (2649, 2658, 2669)
Financial Strategy Technical
1993 Ed. (2658)
Financial Strategy Utilities
1993 Ed. (2654, 2663)
Financial; Superford
1992 Ed. (2441)
Financial support/services
1994 Ed. (2066)
Financial Tax-Free Income
1993 Ed. (2667, 2698)
1992 Ed. (3187, 3156, 3200)
1991 Ed. (2564)
Financial Telemarketing Services
2002 Ed. (4572)
Financial Times
2008 Ed. (675, 813, 4710)
2007 Ed. (703, 847)
2006 Ed. (754)
2005 Ed. (828)
2004 Ed. (854)
2003 Ed. (749, 812)
2002 Ed. (231, 3514, 4828)
Financial/treasury analysis
2006 Ed. (1070)
2005 Ed. (1062)
Financial Trust Corp.
1998 Ed. (266)
1993 Ed. (379)
Financial 21 Community Credit Union
2003 Ed. (1894)
Financial World
1994 Ed. (2785, 2796, 2800)
1992 Ed. (3376, 3382, 3389)
1991 Ed. (2703)
1989 Ed. (178, 182, 2173, 2177)
financialplacements
2006 Ed. (1967, 1969, 1971, 1973)
Financials, diversified
2008 Ed. (1820, 1823)
2007 Ed. (4284)
2002 Ed. (2769, 2772, 2777, 2778)
Financials, specialized
2006 Ed. (3010)
Financiera Automotriz
1997 Ed. (2984)
Financiera Maderera SA
2004 Ed. (3320)
Financiera Y Minera
1993 Ed. (713)
Financiere Darty
1995 Ed. (1243)
Financiere de L'Atlantique SA
1995 Ed. (2506)
1994 Ed. (2438)
Financiere de Suez
1992 Ed. (2161)
Financiere Diwan
2002 Ed. (945)
1997 Ed. (909)
Financiero Banorte; Grupo
2008 Ed. (1926)
2007 Ed. (1877)
Financiero Banorte, SA de CV; Grupo
2005 Ed. (579)
Financiero BBVA Bancomer, SA de CV; Grupo
2005 Ed. (579, 1865)
Financiero Inbursa, SA de CV; Grupo
2005 Ed. (579)
Financiero Santander Serfin; Grupo
2006 Ed. (1878)
Financing
2001 Ed. (707)
Financing Alternatives Inc.
2008 Ed. (186)
Financing costs
2002 Ed. (2711)
FinansBank
2008 Ed. (516)
2007 Ed. (564, 2020, 4579, 4580)
2006 Ed. (468, 533)
2005 Ed. (540, 620)
1995 Ed. (2541, 2542)
1993 Ed. (2532, 2533)
1991 Ed. (2416, 2417)
Finanziaria Ernesto Breda
1993 Ed. (3008)
Finatis
2008 Ed. (3258)
2007 Ed. (4802)
Finatis SA
2007 Ed. (4090)
2005 Ed. (2587)
Finavera Renewables Inc.
2008 Ed. (2936)
Finconesia
1989 Ed. (1780)
Find/SVP
2004 Ed. (2211)
Findeison Enterprises
1997 Ed. (2862)
1996 Ed. (2747)
1995 Ed. (2674)
Finden Synnove ASA
2007 Ed. (1934)
Finding Nemo
2005 Ed. (2259, 3519, 3520)
Finding qualified staff
2000 Ed. (1049)
Findlay; Cliff
2006 Ed. (333)
Findlay Industries Inc.
2006 Ed. (338, 339)
2005 Ed. (325)
Findlay, OH
2005 Ed. (3334)
2003 Ed. (3247)
2002 Ed. (2745)
Findorff & Son Inc.; J. H.
2008 Ed. (1345)
2006 Ed. (1352)
FindSounds.com
2004 Ed. (3163)
Findus
2008 Ed. (716)
FindWhat.com Inc.
2006 Ed. (2736)
Fine Host Corp.
2004 Ed. (2665, 2666)
2000 Ed. (2235, 3795, 3796)
1998 Ed. (3069, 3182)
Fine; Jerrold N.
1990 Ed. (2318)
Fine; Lauren
1997 Ed. (1894)
1995 Ed. (1800)
Fine Painting Co.
2006 Ed. (1288)
2005 Ed. (1318)
2004 Ed. (1312)
Fine Painting & Decorating Co.
2007 Ed. (1365)
2003 Ed. (1309)

1999 Ed. (1373)
1998 Ed. (952)
Fine Tissues
1991 Ed. (32)
FinecoGroup SpA
2006 Ed. (1688, 1689)
Finely; Donald J.
1991 Ed. (3212)
Finer Homes
2004 Ed. (1212)
2002 Ed. (1207)
Finesse
2004 Ed. (2785)
2003 Ed. (2648, 2649, 2650, 2657, 2658, 2659, 2660)
2002 Ed. (2435, 2438)
2001 Ed. (2632, 2633, 4225, 4226)
2000 Ed. (4009)
1999 Ed. (2628, 3772, 4290, 4291, 4292)
1998 Ed. (1895, 3291)
1996 Ed. (2071)
1993 Ed. (3297)
1992 Ed. (3946, 4236)
1991 Ed. (1879, 1881, 3114)
Finest Financial Corp.
1993 Ed. (591)
Finetre Corp.
2008 Ed. (2709)
Finevest Foods
1993 Ed. (3467)
1992 Ed. (1528, 2180)
1991 Ed. (1214, 1737)
Finevest Services
1991 Ed. (967)
1990 Ed. (1038)
Finewrap Australia
2004 Ed. (3960)
2002 Ed. (3782)
Finex Communications Group
2002 Ed. (1979)
Fingerhut Inc.
2003 Ed. (2870)
2002 Ed. (2704)
2001 Ed. (1135, 2746)
1998 Ed. (648, 651, 652, 653, 3303)
1995 Ed. (911)
1994 Ed. (873, 1927, 2132, 2140)
1992 Ed. (2105)
1991 Ed. (868, 869)
1990 Ed. (2508)
Fingerhut Catalog
2000 Ed. (993, 3023)
Fingerhut Cos.
2000 Ed. (995)
1999 Ed. (1043, 1044, 3288, 4313)
1997 Ed. (913, 914, 2318, 2324, 2698, 3518)
1996 Ed. (885, 886, 1743, 3432)
fingerhut.com
2001 Ed. (2977)
Fingerle Lumber
1994 Ed. (797)
1993 Ed. (780)
Fingos
1995 Ed. (915)
Fingrid System Oy
2003 Ed. (1674)
Fing'rs
2003 Ed. (3623)
Fingrs California Girl
2004 Ed. (3659)
Fininvest
2000 Ed. (474)
1993 Ed. (820)
1991 Ed. (2394)
Finis Conner
1989 Ed. (2341)
Finish
2008 Ed. (717)
2002 Ed. (2709)
1999 Ed. (1183)
1996 Ed. (983)
Finish Dishwasher Detergent
1992 Ed. (1177)
Finish Dishwasher Products
1994 Ed. (983)
Finish Line Inc.
2008 Ed. (893, 4483)
2007 Ed. (4162)
2006 Ed. (4448)
2003 Ed. (4406)
2002 Ed. (4274)
1999 Ed. (307, 308, 4304, 4305)
1998 Ed. (2725)
1995 Ed. (2818)
Finishing
2002 Ed. (997)
Finishing Edge
2006 Ed. (1279)
Finistbank
1993 Ed. (631)
Finjan Software Ltd.
2002 Ed. (4882)
Fink; Larry
2008 Ed. (943)
Fink; Richard A.
1996 Ed. (1228)
Fink; Stanley
2007 Ed. (917)
2006 Ed. (836)
Finland
2008 Ed. (975, 1018, 1109, 2194, 2204, 2399, 2844, 2949, 2950, 3503, 3592, 3650, 3999, 4388, 4627, 4793, 4794)
2007 Ed. (1097, 1138, 2086, 2094, 2266, 2827, 3394, 3397, 3428, 3476, 3700, 3777, 3976, 3982, 3984, 4412, 4414, 4415, 4417, 4419, 4702)
2006 Ed. (773, 1008, 1049, 2124, 2150, 2335, 2702, 2717, 2824, 3017, 3273, 3325, 3336, 3339, 3453, 3553, 3705, 3780, 3923, 3927, 3929, 4083, 4682)
2005 Ed. (853, 998, 1040, 1122, 1476, 2042, 2056, 2537, 2538, 2735, 2763, 3022, 3030, 3337, 3346, 3444, 3603, 3610, 3671, 3686, 3860, 3863, 3865, 4498, 4602)
2004 Ed. (873, 874, 979, 1033, 1100, 1460, 1461, 1463, 1468, 1909, 1911, 1921, 2737, 3164, 3315, 3321, 3428, 3688, 3756, 3769, 3915, 3917, 3919, 4203)
2003 Ed. (851, 965, 1029, 1084, 1085, 1430, 1431, 2151, 2234, 2616, 2618, 2619, 2620, 2641, 3023, 3258, 3259, 3362, 3710, 3892, 4176, 4556, 4700)
2002 Ed. (1409, 1410, 1810, 1823, 2424, 2756, 2997, 3302, 3519, 3520, 4378, 4427, 4507, 4773)
2001 Ed. (291, 386, 390, 670, 704, 979, 1081, 1101, 1141, 1149, 1171, 1229, 1242, 1297, 1311, 1340, 1342, 1917, 1944, 1949, 2002, 2020, 2035, 2036, 2038, 2042, 2044, 2045, 2094, 2142, 2278, 2305, 2379, 2442, 2443, 2481, 2575, 2639, 2735, 2752, 2799, 2835, 3181, 3207, 3275, 3298, 3305, 3315, 3420, 3546, 3552, 3609, 3629, 3638, 3783, 3821, 3823, 3824, 3850, 3863, 3875, 3991, 4017, 4119, 4276, 4277, 4339, 4378, 4393, 4471, 4548, 4569, 4596, 4664, 4670, 4671, 4687, 4705, 4715, 4915, 4921, 4941)
2000 Ed. (1064, 1154, 1155, 1585, 3354, 4360)
1999 Ed. (1253, 1254, 1753, 3004, 3289, 3629, 3653, 3654, 3696, 3697, 3698, 4734)
1998 Ed. (635, 1131, 1367, 1431, 2743, 2744, 2745, 3467, 3691)
1997 Ed. (287, 897, 2475, 2997, 2998, 3000, 3633, 3859, 3860)
1996 Ed. (874, 2024, 3433, 3436, 3808, 3809)
1995 Ed. (345, 683, 900, 1723, 3719)
1994 Ed. (836, 854, 1533, 1699, 1705, 2006, 2359, 2684, 2731, 3643)
1993 Ed. (1035, 1046, 1540, 1542, 2167, 2378, 3681)
1992 Ed. (226, 227, 229, 1029, 1040, 1485, 1728, 2358, 3600, 4413, 4489)
1991 Ed. (1383, 1479, 3466)
1990 Ed. (241, 1450, 1577)
1989 Ed. (1404, 2117, 2900)
Finlandia
2004 Ed. (4850, 4851)
2003 Ed. (4865, 4870)
2002 Ed. (286, 4761, 4768, 4769, 4770, 4771, 4772)
2001 Ed. (3132, 3135, 4707, 4711, 4712, 4713, 4714)
2000 Ed. (4359, 4362)
1999 Ed. (4736)
1998 Ed. (3687, 3689)
1997 Ed. (3855, 3857, 3858)
1996 Ed. (3803, 3804, 3805, 3806, 3807)
1995 Ed. (3716, 3717)
1994 Ed. (3641)
1993 Ed. (2447, 3679)
1992 Ed. (4407, 4408, 4409, 4410, 4411)
1991 Ed. (3461, 3462, 3463, 3464)
1990 Ed. (3678)
1989 Ed. (2896, 2897, 2898)
Finlay Enterprises Inc.
2005 Ed. (3245, 3246)
2004 Ed. (3217, 3218)
1999 Ed. (4372)
1998 Ed. (3341)
Finlay Fine Jewelry Corp.
2003 Ed. (3163)
2002 Ed. (3037)
Finlay; R. Derek
1994 Ed. (1715)
Finley Inc.; Gerry
1993 Ed. (1165)
Finmeccanica
2001 Ed. (270)
2000 Ed. (1488, 4127)
1999 Ed. (1688)
1997 Ed. (1459)
1996 Ed. (1402)
1995 Ed. (1438)
1992 Ed. (1925)
Finmeccanica SpA
2008 Ed. (162, 1862, 1863, 1864, 3567)
2007 Ed. (180, 181, 182, 186, 1826, 1830)
2006 Ed. (1431, 3388)
2004 Ed. (3331)
Finmedia
1999 Ed. (3253)
1997 Ed. (2676)
Finmek
2005 Ed. (1270, 1271, 1273, 1274, 1277)
2004 Ed. (2859)
Finmek SpA
2006 Ed. (1227, 1228, 1230, 1233)
Finnad-Bates Advertising
1990 Ed. (101)
Finnair
2007 Ed. (239)
2001 Ed. (319, 331)
1993 Ed. (192)
1990 Ed. (221, 231)
Finnair Oyj
2001 Ed. (309)
Finnegan Henderson Farabow Garrett & Dunner
2008 Ed. (4725)
2003 Ed. (3171, 3172, 3173)
Finnegan; John D.
2008 Ed. (949)
Finnet
2008 Ed. (40)
2007 Ed. (36)
Finnforest Oy
2001 Ed. (3180)
2000 Ed. (3017)
1999 Ed. (3278)
Finnforest Oyj
2004 Ed. (3320)
Finnigan
1991 Ed. (1023)
1990 Ed. (1115, 1117)
Finning Ltd.
1996 Ed. (3828)
1992 Ed. (4431)
1991 Ed. (2383)
1990 Ed. (3052, 3690)
Finning International
2008 Ed. (4921)
2007 Ed. (4945)
2006 Ed. (1429, 1451, 1573, 1574)
2005 Ed. (1567, 1666, 1667, 1668)
2003 Ed. (3361)
2002 Ed. (3301)
Finnpap
1996 Ed. (1332)
FINOVA Group Inc.
2005 Ed. (417)
2002 Ed. (1530)
1998 Ed. (1692)
1997 Ed. (2006)
1996 Ed. (1272, 1916)
Finportfolio.com
2003 Ed. (3026)
FINSA Nuevo Laredo Industrial Park
1997 Ed. (2373, 2374)
Finsbury Income & Growth Cap
2000 Ed. (3306)
Finsbury Income & Growth Capital
2000 Ed. (3305)
FINSIDER
1990 Ed. (3438)
Finsiel
1994 Ed. (2200)
1992 Ed. (1335)
1990 Ed. (1139)
Finsiel SpA
1995 Ed. (1114)
FinTaxi LP
2008 Ed. (2867)
FinTech Solutions Ltd.
2003 Ed. (2935)
Fintelco (UCC)
1997 Ed. (877)
Finwick
2000 Ed. (4088)
Fionia Bank
2007 Ed. (430)
2006 Ed. (432)
Fiorano Software Inc.
2006 Ed. (1138)
2005 Ed. (1149)
Fiorina; Carleton (Carly) S.
2008 Ed. (2636)
2006 Ed. (2526, 3262, 4975, 4983, 4986)
Fiorina; Carly
2005 Ed. (2513, 4990)
FIP Construction Inc.
2008 Ed. (1694)
Firan Technology Group
2007 Ed. (2812)
Firbank Kempster Group
2002 Ed. (1955, 1958)
Fire
2006 Ed. (3733)
2005 Ed. (882)
1991 Ed. (2060)
Fire Academy
2000 Ed. (4054)
Fire alarm monitoring
1998 Ed. (3205)
Fire alarms
2001 Ed. (4205)
1996 Ed. (830, 3310)
Fire & allied insurance
1995 Ed. (2323)
Fire & allied lines
2002 Ed. (2954)
Fire & Ice
1998 Ed. (1353, 2777)
Fire fighters
2007 Ed. (3730)
Fire in the Valley
2005 Ed. (709)
Fire insurance
1994 Ed. (2228)
Fire Insurance Exchange
2005 Ed. (3141)
2004 Ed. (3133)
2003 Ed. (2985, 3010)
2002 Ed. (2872, 3955)
2000 Ed. (2652, 2681, 2727)
1999 Ed. (2899, 2975)
1998 Ed. (2111, 2206)
1997 Ed. (2412, 2466)
1996 Ed. (2272, 2340)
1994 Ed. (2218, 2274)
1993 Ed. (2186, 2236)

Fire Insurance Exchanges
1992 Ed. (2690)
Fire protection
2006 Ed. (1285)
2005 Ed. (1315)
2004 Ed. (1308)
1992 Ed. (3828)
Fire Protection Solutions Inc.
2004 Ed. (4349)
Fire Suppression Systems
2003 Ed. (1232)
Firearms
2005 Ed. (4428)
2000 Ed. (4245)
Firearms Import & Export
1993 Ed. (1863)
Firearms Training Systems
1998 Ed. (1880)
Firebird
2001 Ed. (492)
Firebird New Russia Fund Ltd.
2003 Ed. (3143, 3145, 3152)
Firebird Republics Fund Ltd.
2003 Ed. (3143, 3145)
Firebirds Rocky Mountain Grill
2008 Ed. (4165)
Firedex of Butler Inc.
2008 Ed. (742, 743)
FireDEX of Pittsburgh
2006 Ed. (669, 670, 671)
Firefighter
1989 Ed. (2092, 2096)
Firefighters
1990 Ed. (2728)
Firefighters Credit Union
2005 Ed. (2078)
Firefighting and fire prevention
1989 Ed. (2080, 2080)
Firefly Communications
2007 Ed. (2022)
2002 Ed. (3864, 3871)
1999 Ed. (3937)
1997 Ed. (3200)
1996 Ed. (3124)
1995 Ed. (3021)
1994 Ed. (2963)
Firehouse
2008 Ed. (4712)
Firehouse Subs
2008 Ed. (4276)
2007 Ed. (4136, 4241)
2006 Ed. (4226)
Firely Communications
2000 Ed. (3654)
Fireman; Paul
2008 Ed. (4826)
2005 Ed. (4846)
1991 Ed. (1619, 1623)
1990 Ed. (1713, 1716)
1989 Ed. (1376)
Fireman; Paul B.
1992 Ed. (1141, 1142, 2050, 2053)
1991 Ed. (924, 925)
1990 Ed. (972)
Fireman's Fund
2000 Ed. (4410)
1992 Ed. (1486)
1990 Ed. (3093)
1989 Ed. (1732, 2644)
Fireman's Fund Cos.
1999 Ed. (2935, 2937, 2979, 2984, 4822)
1998 Ed. (2153, 2211, 2213, 3769)
1997 Ed. (2433, 2461, 2471)
1996 Ed. (2303, 2333)
1995 Ed. (2324, 2326, 2328)
1994 Ed. (2247, 2280)
1993 Ed. (2202, 2240, 2246)
1992 Ed. (2657, 2684)
1991 Ed. (1722, 1725, 2093, 2129, 2135, 2909)
1990 Ed. (2222, 2228, 2264, 3708)
1989 Ed. (1673, 1675, 1677, 1678, 1734)
Fireman's Fund Insurance Co.
2007 Ed. (3083, 3300, 4080)
2003 Ed. (4993)
2002 Ed. (2963, 3957)
1993 Ed. (1176)
Fireman's Fund Insurance Cos.
2001 Ed. (4032)
1992 Ed. (2682)
Fireman's Fund Mortae Corp.
1992 Ed. (3107)
Fireman's Fund Mortgage
1993 Ed. (1993, 2592)
1991 Ed. (1661, 1856, 2483)
1990 Ed. (2602, 2604, 2605)
1989 Ed. (2006, 2007)
Firemen's Insurance Co.
1996 Ed. (2737, 2742)
Firenze
1994 Ed. (540)
1993 Ed. (538)
1992 Ed. (739)
Fireplace logs
2002 Ed. (2277)
1996 Ed. (3617)
1990 Ed. (1959)
Fireplace logs/bricks
1990 Ed. (1955)
FirePond Inc.
2002 Ed. (4192)
Fires
2005 Ed. (3617)
Fires and explosions
1996 Ed. (1)
1995 Ed. (2)
Fires and Explosives
2000 Ed. (1643)
Fireside Thrift Co.
2000 Ed. (433)
1999 Ed. (440)
1998 Ed. (333)
Firestone
2008 Ed. (4679, 4680)
2007 Ed. (4757)
2006 Ed. (4741, 4742, 4743, 4744, 4747, 4748, 4750, 4751)
2001 Ed. (4542)
2000 Ed. (3315)
1993 Ed. (3578)
1992 Ed. (4298)
1990 Ed. (1228)
1989 Ed. (334, 2835)
Firestone Credit Union
2006 Ed. (2165, 2216)
2005 Ed. (2121)
Firestone East Africa Ltd.
2002 Ed. (3482)
2000 Ed. (3314)
1999 Ed. (3590)
Firestone-Flecther Brewing
1991 Ed. (2452)
Firestone-Fletcher Brewing
1990 Ed. (748)
Firestone Holdings
2008 Ed. (1405, 3445, 4079)
Firestone Holdings LLC
2008 Ed. (1402)
Firestone Office Federal Credit Union
2001 Ed. (1962)
Firestone Tire
1992 Ed. (1497)
1990 Ed. (378)
Firestone Tire and Rubber Co.
1991 Ed. (892)
1990 Ed. (1229)
1989 Ed. (2349, 2834, 2836)
Firestone Tire & Service Center
2006 Ed. (352)
Firewall
2008 Ed. (3754)
Fireworks by Grucci
1990 Ed. (1036)
The Firkin Group of Pubs
2008 Ed. (4190)
2006 Ed. (546)
The Firm
1995 Ed. (2612, 3703, 3708)
Firmenich
1999 Ed. (2444)
1998 Ed. (1698)
1997 Ed. (2013)
Firoz Rasul
1999 Ed. (1124)
First
2006 Ed. (4823)
1992 Ed. (750)
1991 Ed. (2416, 2417)
First Acceptance Corp.
2008 Ed. (2853, 2859)
2007 Ed. (2723, 2729)
First Active
2006 Ed. (472)
2005 Ed. (548)
2004 Ed. (562)
2003 Ed. (548)
2002 Ed. (590)
First Advantage Corp.
2006 Ed. (1424)
First Advantage Enterprise Screening Corp.
2006 Ed. (4346)
First aid
2002 Ed. (3636, 3637)
2001 Ed. (2084, 2107)
First aid accessories
2004 Ed. (3751)
1997 Ed. (1674, 3054, 3172, 3174)
First aid antiseptics
1990 Ed. (1956)
First Aid Deluxe
1998 Ed. (846)
First aid kits
2004 Ed. (2617)
First aid ointments
2004 Ed. (2617)
First aid ointments/antiseptics
2002 Ed. (2281)
First aid preparations
1996 Ed. (3094)
First aid products
2003 Ed. (3945, 3946)
2001 Ed. (2106)
1993 Ed. (2811)
First aid supplies
1996 Ed. (2041)
First aid tape/bandage/gauze/cotton
2002 Ed. (2281)
First aid treatment
1997 Ed. (1674, 3058, 3172, 3174, 3175)
1996 Ed. (2979, 3090, 3095)
First aid treatments
2004 Ed. (3751)
2003 Ed. (2487)
2002 Ed. (2284, 3769)
2001 Ed. (2083, 2085)
2000 Ed. (1715, 3618)
First Alabama Bancshares
1995 Ed. (3316)
1994 Ed. (634, 3236)
1993 Ed. (378, 630, 3243)
1992 Ed. (836)
1991 Ed. (375)
1990 Ed. (683)
1989 Ed. (371, 379)
First Alabama Bank
1998 Ed. (2348)
1997 Ed. (389)
1996 Ed. (422)
1995 Ed. (398, 2437)
1994 Ed. (405)
1993 Ed. (415)
1992 Ed. (575)
1990 Ed. (466)
First Alabama Bank (I)
1989 Ed. (2147)
First Alabama Bank (Montgomery)
1991 Ed. (417)
First Alabama, Mobile
1989 Ed. (2147, 2155)
First Albany Corp.
2005 Ed. (3594)
2001 Ed. (732, 740, 822, 851, 879)
2000 Ed. (2758, 2766, 3967, 3971, 3972)
1999 Ed. (3019, 4234)
1998 Ed. (2235)
1997 Ed. (3468)
1996 Ed. (2349)
1991 Ed. (3045)
1990 Ed. (2293)
First Albany Capital
2005 Ed. (3532)
First Alliance Bank & Trust Co.
2003 Ed. (382)
First Allied Securities, Inc.
2000 Ed. (840, 841, 842, 847)
First Amarillo Bancorp
1995 Ed. (373)
First America FSB
1992 Ed. (3782)
First America Regional Equity Institutional
1997 Ed. (2896)
First Americable Corp.
1991 Ed. (1164)
The First American Corp.
2008 Ed. (1493, 2709, 3249, 3748)
2007 Ed. (1480, 3102, 3107)
2006 Ed. (745, 1424, 3140, 3557)
2005 Ed. (3085, 3500)
2004 Ed. (1540, 3074, 3501, 4545)
2003 Ed. (1559, 2973, 3432)
2000 Ed. (3738)
1999 Ed. (669, 4027, 4028)
1995 Ed. (3362)
1994 Ed. (3283)
1993 Ed. (3291)
1992 Ed. (3922)
1991 Ed. (422, 444)
1990 Ed. (652)
1989 Ed. (673)
First American-Asset Allocation A
1996 Ed. (623)
First American Asset Management
2002 Ed. (3021)
First American-Balanced Fund A
1996 Ed. (623)
First American-Balanced Fund C
1998 Ed. (410)
First American Bank
2007 Ed. (416)
2005 Ed. (1065, 2869)
2004 Ed. (407, 408)
2003 Ed. (510, 512)
2002 Ed. (4293)
1998 Ed. (3524, 3567)
1989 Ed. (219)
First American Bank & Trust
1991 Ed. (2653)
1989 Ed. (215, 215, 216)
First American Bank NA
1996 Ed. (392)
1994 Ed. (3010)
1993 Ed. (383, 489, 643, 663)
1992 Ed. (863)
First American Bank NA (Washington, DC)
1991 Ed. (688)
First American Bank of Georgia NA
1992 Ed. (681)
First American Bank of Georgia NA (Atlanta)
1991 Ed. (526)
First American Bank of Kenya
2005 Ed. (556)
First American Bank of Maryland
1992 Ed. (773)
First American Bank of Maryland (Silver Spring)
1991 Ed. (604)
First American Bank of Virginia
1994 Ed. (663)
1993 Ed. (383, 662, 2966)
1992 Ed. (862)
1991 Ed. (687)
First American Bank, SSB
1997 Ed. (3743)
First American Bank-Thumb Area
1989 Ed. (211)
First American Bankshares
1994 Ed. (3245)
1993 Ed. (3221, 3251)
1991 Ed. (399)
1990 Ed. (496)
1989 Ed. (382, 473)
First American Engineered Solutions LLC
2008 Ed. (3741, 4439)
2007 Ed. (3615, 4455)
First American Equipment Finance
2006 Ed. (1935)
2003 Ed. (3950)
First American Equity Income
2003 Ed. (3141)
First American Equity Income Retail
2000 Ed. (3228)
First American Financial Corp.
2002 Ed. (3380)
2001 Ed. (3344)
2000 Ed. (2192)
1997 Ed. (2460)
1996 Ed. (2332)

1991 Ed. (2128)
1990 Ed. (2254)
First American Fixed Income A
1996 Ed. (615)
First American International
2001 Ed. (2307, 2307)
First American-International A
2000 Ed. (623)
First American-International Y
2000 Ed. (623)
First American-Limited Term C
1998 Ed. (412)
First American Micro Cap
2004 Ed. (3572)
First American Microcap
2004 Ed. (2457)
2003 Ed. (3507, 3508, 3549, 3551)
First American Mid Cap Growth Opportunity
2008 Ed. (2618)
2007 Ed. (2488)
First American Missouri Tax-Free
2004 Ed. (709)
First American Munis
2001 Ed. (822)
First American, Nashville
1992 Ed. (504)
First American National Bank
1999 Ed. (3432)
1998 Ed. (430)
1997 Ed. (626)
1996 Ed. (691)
1995 Ed. (617)
1994 Ed. (645)
1992 Ed. (543, 847)
1991 Ed. (675, 675)
1989 Ed. (212)
First American National Securities
1989 Ed. (821)
First American Printing & Direct Mail
2006 Ed. (3522, 4361)
First American Real Estate Securities
2008 Ed. (3762)
First American-Regional Equity A
1998 Ed. (400, 401)
First American-Regional Equity B
1998 Ed. (400)
First American-Regional Equity C
1998 Ed. (400)
First American Regional Equity Ret A
1997 Ed. (2873)
First American Savings & Loan Assn.
1990 Ed. (3586)
First American Small Cap Core Fund
2003 Ed. (3541)
First American Small Cap Growth Opportunity
2006 Ed. (3647)
2005 Ed. (3559)
First American - Special Equity
1994 Ed. (583, 585)
First American Special Equity A
1996 Ed. (612, 620)
First American-Special Equity C
1998 Ed. (407)
First American Stock A
1996 Ed. (613)
First American Strat Income
1999 Ed. (3536)
First American Strategic Aggressive Growth Allocation
2008 Ed. (2615)
First American Strategic Growth
2001 Ed. (3454)
First American Technology Fund
2001 Ed. (2306)
First American Temporary Services
2006 Ed. (3536)
First American Title Company of Los Angeles
1999 Ed. (2986)
First American Title Insurance Co.
2002 Ed. (2982)
2000 Ed. (2738)
1999 Ed. (2985)
1998 Ed. (2214)
First American Title Co. of Los Angeles
2000 Ed. (2739)
1998 Ed. (2215)
1990 Ed. (2265)
First American Trust Co.
1993 Ed. (503)
First American Trust Co., Santa Ana, CA
1992 Ed. (703)
First & Citizens Bank
1994 Ed. (511)
First Aqua Ltd.
2004 Ed. (1459)
First Asset
1993 Ed. (2313)
First Asset Management
1992 Ed. (2753)
First Atlantic Credit Union
2008 Ed. (2247)
2007 Ed. (2132)
2006 Ed. (2165, 2211)
2005 Ed. (2116)
2004 Ed. (1974)
2003 Ed. (1934)
2002 Ed. (1880)
First Australia Income
1992 Ed. (3169)
First Australia Prime Inc. Fund
1990 Ed. (253)
The First Australia Prime Income Fund, Inc.
2000 Ed. (290)
1998 Ed. (162)
1991 Ed. (236)
First Austrial Bank
1995 Ed. (424)
First Austrian Bank
1999 Ed. (472)
1994 Ed. (429)
1993 Ed. (429)
1992 Ed. (609, 610)
1991 Ed. (454)
First Automotive Works
2006 Ed. (319)
First B & TC of Illinois
2002 Ed. (540)
First BanCorp
2008 Ed. (2355, 2370, 2371)
2007 Ed. (1964, 2229, 2557)
2006 Ed. (400, 1999, 2589)
2005 Ed. (448, 1731, 1954, 2586)
2004 Ed. (1671, 2606)
2003 Ed. (451, 4602)
2000 Ed. (392, 422)
First Bancorp of Durango
2007 Ed. (465)
First Bancorp of Ohio
1989 Ed. (423)
First Bancorporation
2006 Ed. (454)
2005 Ed. (524)
First Bancshares Inc.
2002 Ed. (3556)
First Bangkok City Bank
2000 Ed. (673)
1999 Ed. (647)
1997 Ed. (628, 3400)
1995 Ed. (619)
1994 Ed. (647)
1993 Ed. (645)
1992 Ed. (849)
1991 Ed. (678, 2941)
1990 Ed. (699)
1989 Ed. (696)
First Bangkok City Bank PLC
1996 Ed. (693, 3303)
First Bank
2000 Ed. (4176)
1999 Ed. (441, 614)
1998 Ed. (373, 396, 413, 3127, 3130, 3134, 3522, 3524, 3533, 3553, 3560)
1997 Ed. (333)
1995 Ed. (393, 547, 2439)
1994 Ed. (583)
1993 Ed. (570, 2383, 2384, 2418, 3502)
1991 Ed. (544)
1989 Ed. (636)
First Bank & Trust
2000 Ed. (435)
1999 Ed. (442)
1998 Ed. (102, 335)
1997 Ed. (494)
First Bank & Trust Co. of Illinois
2008 Ed. (395)
2005 Ed. (3307)
2000 Ed. (433, 487, 550)
1999 Ed. (494, 539)
1998 Ed. (344, 364, 366)
1997 Ed. (496, 497)
First Bank & Trust of Memphis
2005 Ed. (3307)
First Bank Centre
1998 Ed. (365)
First Bank, FSB
1997 Ed. (3743)
First Bank, McComb
1996 Ed. (535)
First Bank Minnesota
1996 Ed. (2480)
First Bank NA
1997 Ed. (559)
1996 Ed. (559, 606)
1994 Ed. (572)
1992 Ed. (781)
1991 Ed. (694)
1990 Ed. (642, 1014, 1016)
First Bank NA (Minneapolis)
1991 Ed. (610)
First Bank of Delaware
2008 Ed. (429)
2005 Ed. (520)
First Bank of Eagle County
1996 Ed. (538)
First Bank of Florida
2000 Ed. (4249)
1998 Ed. (3540)
First Bank of Florida FSB
1999 Ed. (4599)
First Bank of Hennessey
1996 Ed. (392)
First Bank of Immokalee
1993 Ed. (511)
First Bank of Immokalee, FL
1992 Ed. (703)
First Bank of Marietta
1997 Ed. (496)
1996 Ed. (537)
First Bank of Milwaukee
1989 Ed. (2159)
First Bank of Montana NA
1992 Ed. (786)
First Bank of Nigeria
2008 Ed. (484, 507)
2007 Ed. (530, 555)
2006 Ed. (381, 468, 4525)
2005 Ed. (588, 612)
2004 Ed. (600, 623)
2003 Ed. (592, 614, 4555)
2002 Ed. (509, 628, 1746)
2000 Ed. (439, 635)
1999 Ed. (446, 613, 641)
1997 Ed. (583)
1996 Ed. (643)
1995 Ed. (573)
1994 Ed. (602)
1993 Ed. (599)
1992 Ed. (574, 806)
1991 Ed. (415, 416, 633)
1989 Ed. (563)
First Bank of Nigeria plc
2004 Ed. (1827)
2002 Ed. (4450)
First Bank of Northern Kentucky
2007 Ed. (464)
First Bank of Oak Park
2008 Ed. (395)
2007 Ed. (417)
2002 Ed. (540)
2000 Ed. (433, 487)
1999 Ed. (440, 494)
1998 Ed. (333, 344)
1995 Ed. (490)
First Bank of Oak Park, Illinois
1992 Ed. (702)
First Bank of South Dakota NA
1998 Ed. (429)
1997 Ed. (616)
First Bank of Toyama
2002 Ed. (574)
First Bank System
1999 Ed. (316, 376, 663, 1444)
1998 Ed. (202, 203, 267, 272, 293, 324, 329, 332, 405, 1044, 1064, 2464, 3035)
1997 Ed. (285, 286, 332, 335, 568, 1236, 1238, 1239, 1245, 1246, 1255, 3280, 3281, 3282, 3283)
1996 Ed. (360, 368, 619, 1242, 2604, 3177, 3178, 3179)
1995 Ed. (3351)
1994 Ed. (340, 571, 3033, 3034, 3270)
1993 Ed. (569, 3280)
1992 Ed. (780, 1517, 3921)
1991 Ed. (390)
1990 Ed. (450)
1989 Ed. (370, 397, 429)
First Bank Systems
1991 Ed. (2471)
First Bank Trust Farm Div.
1996 Ed. (1747, 1748, 1749, 1750)
First Bank Trust Farm Division
1998 Ed. (1541, 1542, 1543, 1544)
1997 Ed. (1828, 1829, 1830, 1831)
First Bank USA
2000 Ed. (487)
First Bankcorp Ohio
1989 Ed. (623)
First Bankers Trustshares Inc.
2004 Ed. (409)
2003 Ed. (522, 523)
First Banks America Inc.
2004 Ed. (644, 645, 4697)
First Baptist Academy
2008 Ed. (4282)
First Boston
1996 Ed. (3100)
1995 Ed. (752, 753, 757, 1048, 2353, 3076, 3209, 3255, 3256, 3257, 3259, 3260, 3262, 3263, 3264, 3265, 3266)
1994 Ed. (727, 728, 768, 769, 770, 771, 774, 776, 777, 780, 1040, 1197, 1198, 1199, 1201, 1202, 1756, 1758, 1829, 1830, 1835, 2286, 2287, 2288, 2289, 2291, 2292, 2580, 2581, 2582, 2583, 3024, 3159, 3162, 3163, 3164, 3165, 3166, 3167, 3168, 3169, 3170, 3171, 3172, 3174, 3175, 3176, 3177, 3178, 3179, 180, 3181, 3182, 3183, 3184)
1993 Ed. (761, 793, 1014, 1165, 1166, 1167, 1168, 1170, 1171, 1172, 1768, 1769, 1770, 2272, 2273, 2274, 2275, 2276, 2279, 2981, 3116, 3118, 3119, 3120, 3121, 3122, 3123, 3124, 3125, 3126, 3127, 3128, 3129, 3130, 3131, 3132, 3133, 3134, 3136, 3138, 3139, 3140, 3141, 3142, 3143, 3144, 3145, 3146, 3147, 3148, 3149, 3150, 3151, 3152, 3153, 3154, 3156, 3157, 3158, 3159, 3160, 3161, 3162, 3163, 3164, 3165, 3166, 3169, 3171, 3173, 3174, 3175, 3176, 3179, 3181, 3182, 3184, 3185, 3188, 3189, 3192, 3193, 3196, 3197, 3198, 3200)
1992 Ed. (955, 1050, 1051, 1052, 1053, 1266, 1450, 1451, 1452, 1453, 1454, 1455, 2132, 2133, 2134, 2141, 2148, 2158, 2719, 2720, 2721, 2722, 2723, 2724, 2725, 2726, 2727, 3550, 3640, 3823, 3832, 3834, 3835, 3837, 3838, 3841, 3842, 3843, 3844, 3845, 3846, 3847, 3848, 3849, 3850, 3851, 3852, 3853, 3854, 3855, 3857, 3858, 3859, 3861, 3862, 3863, 3864, 3865, 3866, 3867, 3868, 3869, 3870, 3872, 3873, 3874, 3875, 3876, 3877, 3878, 3879, 3881, 3882, 3883, 3884, 3885, 3886, 3888, 3889, 3890, 3891, 3892, 3894, 3895, 3905, 3907)
1991 Ed. (752, 753, 754, 755, 756, 759, 760, 761, 762, 763, 764, 765, 766, 767, 768, 1110, 1668, 1669, 1670, 1671, 1674, 1675, 1676, 1678, 1679, 1680, 1681, 1689, 1691, 1700, 1702, 1704, 1705, 1709, 2176, 2177, 2178, 2179, 2180, 2181, 2182, 2183, 2186,

2187, 2189, 2190, 2191, 2192, 2193, 2194, 2195, 2196, 2197, 2198, 2199, 2200, 2201, 2202, 2203, 2204, 2513, 2516, 2517, 2518, 2520, 2522, 2831, 2832, 2944, 2945, 2946, 2947, 2949, 2950, 2951, 2952, 2953, 2954, 2955, 2956, 2957, 2958, 2959, 2960, 2962, 2963, 2964, 2965, 2966, 2967, 2968, 2969, 2970, 2971, 2972, 2973, 2974, 2975, 2976, 2977, 2979, 2980, 2981, 2983, 2984, 2985, 2986, 2987, 2988, 2989, 2992, 2993, 2994, 2995, 2996, 2997, 2998, 2999, 3000, 3001, 3002, 3003, 3004, 3005, 3006, 3007, 3008, 3009, 3010, 3011, 3012, 3013, 3014, 3015, 3016, 3017, 3018, 3019, 3020, 3021, 3022, 3023, 3024, 3025, 3026, 3074, 3079)
1990 Ed. (790, 791, 792, 793, 795, 796, 797, 798, 800, 801, 802, 803, 804, 805, 806, 807, 808, 809, 1222, 1764, 1765, 1770, 1776, 2293, 2295, 2296, 2297, 2298, 2300, 2301, 2302, 2303, 2306, 2307, 2310, 2311, 2312, 2641, 2643, 2645, 2647, 2981, 2982, 3137, 3138, 3139, 3140, 3141, 3142, 3143, 3144, 3145, 3146, 3147, 3148, 3150, 3151, 3152, 3154, 3155, 3156, 3157, 3159, 3160, 3161, 3163, 3170, 3171, 3172, 3173, 3174, 3175, 3176, 3184, 3185, 3187, 3188, 3189, 3190, 3191, 3192, 3193, 3194, 3195, 3196, 3197, 3198, 3199, 3200, 3201, 3202, 3203, 3204, 3205, 3206)
1989 Ed. (791, 792, 793, 794, 795, 796, 798, 799, 800, 802, 803, 804, 805, 806, 807, 808, 809, 1013, 1047, 1413, 1414, 1415, 1423, 1426, 1757, 1758, 1759, 1760, 1761, 1762, 1763, 1764, 1765, 1766, 1768, 1769, 1770, 1771, 1774, 1775, 1776, 1778, 1872, 2370, 2374, 2375, 2376, 2377, 2379, 2380, 2381, 2382, 2384, 2385, 2386, 2387, 2388, 2390, 2391, 2392, 2393, 2394, 2395, 2396, 2397, 2398, 2399, 2400, 2401, 2402, 2403, 2404, 2405, 2406, 2407, 2408, 2409, 2410, 2411, 2412, 2413, 2414, 2415, 2416, 2417, 2418, 2419, 2420, 2421, 2422, 2423, 2436, 2437, 2438, 2439, 2440, 2441, 2442, 2443, 2444, 2445, 2453, 2454)
First Boston Asset Management
1993 Ed. (2326, 2340)
First Boston/Credit Suisse
1993 Ed. (1164)
1991 Ed. (758)
First Boston/CSFB
1990 Ed. (3226, 3228)
First Boston/CSFB/CS
1994 Ed. (2290, 3189, 3190, 3191)
1993 Ed. (3207, 3208)
1992 Ed. (3902, 3903, 3904)
1991 Ed. (3075, 3076)
First Boston Investment Management Group
1995 Ed. (2386)
First Brands
2000 Ed. (3827, 3828)
1999 Ed. (4116)
1998 Ed. (2874, 3103)
1996 Ed. (2980)
1995 Ed. (2897)
1994 Ed. (2810)
1993 Ed. (2810)
1992 Ed. (66)
1991 Ed. (38)
1990 Ed. (41, 1038)
1989 Ed. (929)
First Busey Corp.
2002 Ed. (484)
First Business Bank
1991 Ed. (2813)
First Calgary Petroleum Ltd.
2005 Ed. (1702, 1705, 1729)
First Calgary Petroleums Ltd.
2006 Ed. (1607, 1632, 4594)
2004 Ed. (1665)
First Calgary Savings Credit Union
2006 Ed. (2185)
2005 Ed. (2090)
First California Mortgage Co.
1995 Ed. (2611)
First Canadian Equity
2001 Ed. (3469, 3470)
First Canadian Title Co., Ltd.
2006 Ed. (1624, 1625, 2604)
First Capital
1999 Ed. (391, 910, 911, 912, 913, 914)
1990 Ed. (686)
1989 Ed. (676)
First Capital Advisers Inc.
1993 Ed. (2039)
First Capital Bank
1992 Ed. (799)
First Capital Bankers Inc.
2001 Ed. (568)
First Capital Group
2000 Ed. (2842)
First Capital Group LLC
2001 Ed. (558, 3688, 3690)
First Capital Holding
1992 Ed. (2665, 2668)
1991 Ed. (2098)
1990 Ed. (2232, 2234)
First Capital Holdings
2000 Ed. (391)
1997 Ed. (353)
1996 Ed. (382)
1994 Ed. (358)
1993 Ed. (365, 368)
First Capital Life
1993 Ed. (2380)
1992 Ed. (337)
1991 Ed. (2096, 2115, 2117)
1990 Ed. (2247, 2248, 2249)
First Capital Realty Inc.
2008 Ed. (1629, 1648, 1654, 1655, 4116)
2007 Ed. (4088)
2006 Ed. (1608)
2005 Ed. (1706)
First Capital Strategists
1993 Ed. (2294)
First Caribbean International Bank
2006 Ed. (3232, 4485, 4828)
First Carolina Postal Credit Union
2003 Ed. (1893)
First Cash Financial Services
2006 Ed. (4337)
First Central Bank
1997 Ed. (498)
1996 Ed. (539)
1995 Ed. (493)
1992 Ed. (799)
First Central Credit Union
1998 Ed. (1218)
First Central Financial
1999 Ed. (262)
1997 Ed. (229)
First Charter National Bank
1993 Ed. (577)
First Charter/Scudder Horizon Managed International
1994 Ed. (3613)
First Cherokee
2003 Ed. (510)
First Cherokee Bancshares Inc.
2002 Ed. (3549, 3554)
First Chicago
1999 Ed. (1452, 2012, 2013, 2014)
1998 Ed. (1018, 2606)
1997 Ed. (332, 334, 336, 337, 362, 387, 1252, 1550, 1551, 1552, 1553, 3003, 3004)
1996 Ed. (362, 372, 373, 374, 377, 391, 552, 554, 555, 927, 1486, 1487, 1488, 1489, 1491, 1539, 3180)
1995 Ed. (346, 350, 354, 501, 504, 740, 1525, 1526, 1527, 1529, 1540, 2837, 2842, 3303, 3332)
1994 Ed. (345, 374, 375, 376, 377, 520, 523, 571, 1494, 1496, 1498, 1499, 1501, 2287, 2289, 3253)
1993 Ed. (354, 372, 374, 375, 387, 525, 569, 1438, 1439, 1440, 1441, 1444, 1445, 1683, 1684, 1889, 2769, 3206, 3259)
1992 Ed. (507, 508, 713, 714, 780, 1745, 1746, 3341, 3901)
1991 Ed. (361, 373, 374, 381, 555, 556, 609, 1392, 1601, 1760, 2171, 2196, 2200, 2201, 2375, 2412, 3032, 3048, 3072, 3262)
1990 Ed. (418, 464, 555, 556, 598, 599, 641, 801, 802, 3137, 3150, 3160)
1989 Ed. (366, 376, 420, 421, 532, 534, 560, 624, 2144, 2446)
First Chicago Capital Markets Inc.
2000 Ed. (3974)
1999 Ed. (4229, 4231, 4240, 4244, 4245)
1998 Ed. (2252, 3250)
1997 Ed. (2505, 3450, 3451, 3468, 3470)
1996 Ed. (2372, 3369)
1995 Ed. (3262, 3263)
1993 Ed. (3188, 3189, 3194)
First Chicago HK
1991 Ed. (2411)
First Chicago Investment
1990 Ed. (2363)
First Chicago Investment Advisors
1991 Ed. (2375)
First Chicago National Bank
1990 Ed. (417)
First Chicago/NBD
2000 Ed. (374, 375, 380, 421, 438, 505, 636, 1617, 2842, 2922, 2923, 2925, 2928)
1999 Ed. (312, 370, 379, 380, 382, 383, 400, 426, 435, 436, 439, 443, 445, 549, 595, 615, 652, 657, 1790, 3034, 3583, 3707, 4023, 4024, 4025, 4333)
1998 Ed. (273, 275, 277, 278, 279, 280, 281, 284, 285, 287, 288, 319, 321, 324, 326, 327, 328, 329, 332, 378, 380, 404, 405, 1051, 1059, 1147, 1205, 1207, 1210, 1211, 1212, 1264, 2305, 2357, 3315)
1997 Ed. (340, 341, 342, 343, 346, 347, 358, 386, 511, 512, 566, 568, 1285, 1549, 2511, 2532, 3287, 3288, 3289)
First Chicago NBD Institutional Investment Management
2000 Ed. (2846)
First Chicago NBD Investment Management Co.
2000 Ed. (2845)
1999 Ed. (836, 3100, 3101)
1998 Ed. (2306, 2307)
First Chicago NBD Investment Services, Inc.
2000 Ed. (830)
First Chicago Trust
1995 Ed. (366)
First Chicago Trust Co. of New York
1995 Ed. (3513)
First Chicago Venture Capital & Management
1996 Ed. (2487)
First Chicago Venture Capital/First Capital Corp. of Chicago (SBIC)
1991 Ed. (3441)
First Choice
2008 Ed. (3085, 3444)
2007 Ed. (734, 2961, 3348)
First Choice & Eclipse & Enterprise
2000 Ed. (35, 3396)
First Choice Credit Union
2006 Ed. (2169)
First Choice Haircutters
2006 Ed. (2752)
2005 Ed. (2780)
2002 Ed. (2432)
1992 Ed. (2227)
1991 Ed. (1773)
1990 Ed. (1854)
1989 Ed. (1487)
First Choice Holiday
1999 Ed. (1645)
1996 Ed. (1356)
First Choice Holidays
2001 Ed. (4589)
First Choice Holidays plc
2004 Ed. (209)
2002 Ed. (256)
2001 Ed. (309)
First Choice Selection
2007 Ed. (1219)
First Citizens Bancorporation of South Carolina
2004 Ed. (401, 404, 405, 407)
2002 Ed. (3551, 3552, 3557)
First Citizens BancShares Inc.
2000 Ed. (420)
1999 Ed. (395, 425)
1998 Ed. (291, 292, 320)
1997 Ed. (333)
1995 Ed. (3356)
1994 Ed. (3275)
1993 Ed. (378, 3285)
1992 Ed. (540)
First Citizens Bank
2008 Ed. (514)
2007 Ed. (562)
2006 Ed. (531)
2005 Ed. (618)
2004 Ed. (461, 630)
2003 Ed. (474)
2000 Ed. (675)
1997 Ed. (631)
First-Citizens Bank & Trust Co.
1998 Ed. (420, 428)
1997 Ed. (584, 615)
1996 Ed. (644, 680)
1995 Ed. (575, 607)
1994 Ed. (603, 632)
1993 Ed. (600, 628)
1992 Ed. (807)
1991 Ed. (634)
First Citizens Bank Limited
1999 Ed. (650)
First Citizens National Bank
1993 Ed. (505)
First Citizens'Credit Union
2005 Ed. (2062)
First City
1995 Ed. (353)
1992 Ed. (521, 848, 848)
First City Bancorp
1992 Ed. (547)
1989 Ed. (677)
First City Bancorp of Texas Inc.
1993 Ed. (523, 654, 2715, 3292)
1991 Ed. (693)
1989 Ed. (410)
First City Bancorp Texas
1990 Ed. (686)
First City Bancorporation
1990 Ed. (3562)
First City Bancorporation of Texas, Inc.
1990 Ed. (708)
First City Bank
2004 Ed. (591)
First City/Citibank
1993 Ed. (355)
First City Financial
2002 Ed. (3386)
1992 Ed. (2153)
First City Investment
1994 Ed. (3158)
First City Investment PLC
1996 Ed. (3303)
First City Merchant Bank
1999 Ed. (613)
1997 Ed. (583)
1996 Ed. (643)
1994 Ed. (602)
First City National Bank
1989 Ed. (563)
First City National Bank of Houston
1989 Ed. (695)
First City Nat'l/Dallas
1990 Ed. (703)
First City Texas
1991 Ed. (676)
First City Texas- Dallas
1993 Ed. (385, 644)

First City Texas-Houston NA
1994 Ed. (528)
1993 Ed. (360, 383, 385, 395, 644)
1992 Ed. (722)
1991 Ed. (676)
First City Trust
1992 Ed. (4360)
First City Trustco
1990 Ed. (3659)
First-class airline seating
2000 Ed. (3505)
First Clover Leaf Financial Corp.
2008 Ed. (1951, 1953)
First Coast Capital Management
1992 Ed. (2766)
First Coast Systems Inc.
2000 Ed. (4433)
First Coastal Corp.
2003 Ed. (526)
First Coastal Bank
1998 Ed. (3524, 3569)
First Coleman National Bank
2000 Ed. (435)
1999 Ed. (442, 541)
First Coleman National Bank (Coleman, TX)
2000 Ed. (551)
First Colony Corp.
1998 Ed. (1028)
1997 Ed. (2435)
1996 Ed. (2319, 2322, 3050)
First Colony Life Insurance Co.
2008 Ed. (3300)
2003 Ed. (2999)
2002 Ed. (2914, 2916)
2000 Ed. (2690, 2691, 2693, 2703)
1999 Ed. (2952)
1998 Ed. (2157, 2164, 2170, 2182)
1997 Ed. (2443, 2445)
1995 Ed. (2293, 2300, 2302, 2304)
First Colorado Financial
1990 Ed. (2748)
First Colorado Group of Companies
2002 Ed. (3386)
First Columbia
2002 Ed. (1493)
First Commerce Corp.
2004 Ed. (402)
1999 Ed. (371, 372, 659)
1996 Ed. (375, 376)
1995 Ed. (356, 3346)
1994 Ed. (347, 348, 364, 365, 3265)
1993 Ed. (377, 3275)
1991 Ed. (386)
1990 Ed. (686)
1989 Ed. (676)
First Commerce Bank
2002 Ed. (3548, 3549)
First Commerce Farm & Ranch Management
1989 Ed. (1411)
First Commerce Firm & Ranch Management
1995 Ed. (1772)
First Commercial
2000 Ed. (374, 375)
First Commercial Bank
2008 Ed. (511)
2007 Ed. (559)
2005 Ed. (616)
2004 Ed. (526, 627)
2003 Ed. (618)
2002 Ed. (522, 654)
2000 Ed. (529, 671)
1999 Ed. (646, 4530)
1998 Ed. (338)
1997 Ed. (410, 624, 2402, 3682)
1995 Ed. (419, 616)
1994 Ed. (644, 1849, 3472)
1993 Ed. (425, 641)
1992 Ed. (845, 2157, 4189)
1991 Ed. (673)
1990 Ed. (695, 1796)
1989 Ed. (690, 691)
First Commercial Bank NA
1996 Ed. (445, 678, 690, 2640, 3628)
First Commercial Realty
1990 Ed. (2953)
First Commercial Trust
1993 Ed. (2315)
First Commonwealth Corp.
2002 Ed. (3561)
2001 Ed. (2687)
2000 Ed. (2433)
First Commonwealth Bank
1999 Ed. (2653)
1998 Ed. (424)
1997 Ed. (593)
First Commonwealth Credit Union
2005 Ed. (2124)
2004 Ed. (1982)
2003 Ed. (1942)
2002 Ed. (1888)
First Commonwealth Financial Corp.
2005 Ed. (625, 626)
2004 Ed. (636)
First Commonwealth Securities Corp.
1999 Ed. (732)
First Community Bancorp
2004 Ed. (1528)
First Community Bancshares
2007 Ed. (2229)
2004 Ed. (406)
2002 Ed. (3551, 3552, 3555, 3557)
First Community Bank
1999 Ed. (4340)
1997 Ed. (500)
1996 Ed. (541)
First Community Credit Union
2008 Ed. (2242, 2251)
2007 Ed. (2127, 2136)
2006 Ed. (2206, 2215)
2005 Ed. (2111, 2120)
2004 Ed. (1969, 1978)
2003 Ed. (1929, 1938)
2002 Ed. (1875, 1884)
2000 Ed. (221)
1997 Ed. (1559)
1996 Ed. (1511)
First Community CU
2000 Ed. (1629)
First Computer Inc.
1998 Ed. (862)
1997 Ed. (1111)
1996 Ed. (1091)
1995 Ed. (1115)
1994 Ed. (1098)
1992 Ed. (1336)
First Consulting Group
2008 Ed. (3165)
2006 Ed. (2774)
First Consumer National Bank
1997 Ed. (943)
First Consumers National Bank
1999 Ed. (1793)
1998 Ed. (368, 685)
First Continental
1990 Ed. (2965)
First County Bank
2007 Ed. (424)
2006 Ed. (428)
2005 Ed. (481)
2004 Ed. (473)
First Credit Bank
2000 Ed. (550)
1999 Ed. (539)
First Credit Union
2008 Ed. (2218)
2007 Ed. (2103)
2006 Ed. (2182)
2005 Ed. (2087)
2004 Ed. (1946)
2003 Ed. (1906)
2002 Ed. (1847)
First Data Corp.
2008 Ed. (1470, 1675, 1676, 1677, 1681, 1683, 1684, 1685, 1686, 1688, 1689, 1690, 1692)
2007 Ed. (1243, 1476, 1663, 1664, 1665, 1666, 1667, 1670, 2570, 2575, 2800, 4358)
2006 Ed. (761, 1107, 1124, 1419, 1647, 1648, 1649, 1650, 1651, 1652, 1654, 1655, 1656, 1657, 1658, 1659, 1662, 1663, 2807, 2808, 3032, 3035, 4294)
2005 Ed. (1117, 1134, 1555, 1736, 1737, 1738, 1739, 1740, 1741, 1745, 2594, 2595, 2825, 3024, 3027)
2004 Ed. (842, 847, 1078, 1079, 1113, 1678, 1679, 1680, 1681, 1682, 1683, 1685, 1687, 2610, 2611, 2824)
2003 Ed. (1091, 1106, 1108, 1121, 1642, 1648, 1649, 1650, 1651, 1654, 1657, 1774, 2705, 3673)
2002 Ed. (1132, 1148, 1438, 2807)
2001 Ed. (1068, 1364, 1601, 2184, 2187)
2000 Ed. (1159, 1733, 2639)
1999 Ed. (1260, 1266, 1503)
1998 Ed. (820, 826, 1051, 1204, 2464, 2464, 3288)
1997 Ed. (1078, 1082, 1239, 1285, 2211, 3411, 3497)
1996 Ed. (1064, 1068, 3053, 3402)
1995 Ed. (1089, 2256, 3315)
1994 Ed. (1092)
First Data & Partners
2001 Ed. (1955)
First Data Card Issuing Services
2007 Ed. (4362)
First Data Card Services Group
1999 Ed. (1791)
1998 Ed. (1206)
1997 Ed. (1554)
First Data Merchant Services
1998 Ed. (1206)
First Data Resources Inc.
2008 Ed. (1960)
2007 Ed. (1896)
2006 Ed. (1914)
2005 Ed. (1892)
2004 Ed. (1809)
2003 Ed. (1772)
2001 Ed. (1802)
1999 Ed. (1955)
1996 Ed. (1492)
1995 Ed. (1530, 1649)
1994 Ed. (1497)
1992 Ed. (1751)
1991 Ed. (1393)
1990 Ed. (1455)
First Data Technologies Inc.
2001 Ed. (1673)
First Dearborn, Federal Association
1990 Ed. (3587)
First Defiance Financial Corp.
2005 Ed. (357)
2002 Ed. (485)
First Deposit Bancshares Inc.
2004 Ed. (1545)
First Deposit National Bank
1998 Ed. (415)
1997 Ed. (576)
1996 Ed. (636)
1995 Ed. (567)
1994 Ed. (342)
1993 Ed. (592)
1991 Ed. (624)
1990 Ed. (647, 1794)
1989 Ed. (636)
First Deposit National Banks
1990 Ed. (453)
First Derivatives Ltd.
2002 Ed. (2496)
First Direct
2007 Ed. (744)
First Eagle Fund of America
2006 Ed. (3641)
2004 Ed. (3558)
2000 Ed. (3240, 3246)
1999 Ed. (3520, 3529)
1996 Ed. (2800)
First Eagle Global
2006 Ed. (4558)
2005 Ed. (4484)
First Eagle Gold
2006 Ed. (3637, 3638, 3657)
2005 Ed. (3559, 3561)
First Eagle Overseas
2007 Ed. (2483)
2006 Ed. (3678, 3679, 3680)
First Eagle SoGen Overseas
2004 Ed. (2477, 3640, 3641, 3643)
2003 Ed. (3613)
First Eagle SoGen Overseas Fund
2003 Ed. (3529, 3610, 3611)
First-East International Bank
1999 Ed. (483)
1997 Ed. (2012)
First Eastern Bank
1990 Ed. (2435, 2439)
First Eastern Bank NA
1993 Ed. (2967)
First Education Credit Union
2007 Ed. (2155)
2006 Ed. (2234)
2005 Ed. (2139)
2004 Ed. (1997)
First Empire State Corp.
2000 Ed. (281, 284, 285, 291)
1999 Ed. (437, 665, 4026, 4029)
1998 Ed. (157, 163, 3034)
1997 Ed. (236, 238)
1996 Ed. (3182)
1995 Ed. (210, 211, 3306)
1994 Ed. (365)
1993 Ed. (222, 1506)
1992 Ed. (326, 1836)
1991 Ed. (232)
1990 Ed. (257)
1989 Ed. (635)
First Engineering
2008 Ed. (2068)
First Ent Financial
2000 Ed. (3392)
First EQUICOR Life Insurance Co.
1992 Ed. (2660)
1991 Ed. (2104)
First Equity Mortgage Bankers Inc.
2008 Ed. (2962)
2007 Ed. (2834)
First Equity Mortgage Brokers
2006 Ed. (2841)
First Essex Bank, FSB
1998 Ed. (3550)
First Excess & Reinsurance Corp.
2001 Ed. (2907)
First Excess & Reinsurance Corporation
2000 Ed. (2680)
First Executive Corp.
2000 Ed. (391)
1999 Ed. (391)
1997 Ed. (353)
1996 Ed. (382)
1994 Ed. (358)
1993 Ed. (365, 367, 368)
1992 Ed. (3319)
1991 Ed. (2098, 2651)
1990 Ed. (2232, 2234)
1989 Ed. (1680, 1682)
First Executive Corp.'s Executive Life Insurance Co.'s Junk Bond Portfolio
1994 Ed. (1205)
First Farmers & Merchants National Bank
1996 Ed. (544)
First Fds-Growth & Income
1999 Ed. (598)
First Federal
1993 Ed. (3567, 3568)
1990 Ed. (2473, 3118, 3131)
First Federal Association
1990 Ed. (424)
First Federal Bancorp Inc.
1990 Ed. (3102)
First Federal Bank
2005 Ed. (1067)
1998 Ed. (3553)
1994 Ed. (3529)
First Federal Bank for Savings
1998 Ed. (3524)
First Federal Bank of California
2003 Ed. (4272)
2002 Ed. (4116, 4128)
1998 Ed. (3141, 3152, 3538)
First Federal Bank of California, FSB
2007 Ed. (4245, 4251)
2006 Ed. (4231)
2005 Ed. (4179)
2004 Ed. (4246, 4285)
First Federal Bank of Eau Claire
1998 Ed. (3571)
First Federal Bankcorp Inc.
1992 Ed. (3800)
1991 Ed. (2921)
First Federal Capital Corp.
2004 Ed. (2117)
First Federal Lincoln Bank
1998 Ed. (3554)

First Federal Michigan
1990 Ed. (3582)
1989 Ed. (2827)
First Federal of Arkansas, FA
1990 Ed. (3578)
First Federal of Colorado
1995 Ed. (3612)
First Federal of Fort Myers
1994 Ed. (3536)
First Federal of Michigan
1998 Ed. (3155)
1993 Ed. (3073, 3085, 3572, 3573)
1992 Ed. (3785)
1990 Ed. (3102)
First Federal Realty/Better Homes & Gardens
1992 Ed. (3613)
First Federal S & L Association of Scotlandville
1990 Ed. (3104)
First Federal S&L Association of Florida
2000 Ed. (4249)
1999 Ed. (4599)
First Federal Savings
1994 Ed. (3280)
First Federal Savings & Loan Association
1998 Ed. (3153, 3537, 3542, 3557, 3565)
1994 Ed. (3532)
1991 Ed. (3381, 3383)
1990 Ed. (424, 430, 432)
First Federal Savings & Loan Association of Alpena
2002 Ed. (3553)
First Federal Savings & Loan Association of Charleston
2004 Ed. (4245)
First Federal Savings & Loan Association of Florida
1998 Ed. (3540)
First Federal Savings & Loan Association of Lenawee Colorado
1990 Ed. (3580)
First Federal Savings & Loan East
2003 Ed. (478)
First Federal Savings & Loan of Lakewood
1998 Ed. (3561)
First Federal Savings & Loan of Rochester
1998 Ed. (269)
First Federal Savings & Loan of Wooster
1998 Ed. (3561)
First Federal Savings Bank
2008 Ed. (1879)
2006 Ed. (453)
2005 Ed. (522)
2004 Ed. (4719)
1998 Ed. (3569, 3571)
1994 Ed. (3529)
1991 Ed. (3384)
First Federal Savings Bank of North Texas
1998 Ed. (3138, 3567)
First Federal Savings of Arkansas
1991 Ed. (3363)
First Fidelity
1997 Ed. (334)
1996 Ed. (359, 1227)
1992 Ed. (2156)
1991 Ed. (1724, 2515)
1990 Ed. (1795)
First Fidelity Bancorp
1999 Ed. (374)
1997 Ed. (332, 1236, 1246)
1996 Ed. (371, 1242)
1995 Ed. (491, 566, 587, 1240, 3084, 3354)
1994 Ed. (365, 604, 617, 3032, 3033, 3034, 3273)
1993 Ed. (614, 3283)
1992 Ed. (820)
1991 Ed. (392, 3086)
1990 Ed. (415, 669)
1989 Ed. (364, 400, 622)
First Fidelity Bank
2005 Ed. (380)
1989 Ed. (217, 638, 2372)
First Fidelity Bank Leasing Group
1993 Ed. (2603)
First Fidelity Bank NA
2008 Ed. (2007)
1997 Ed. (351, 368, 378, 380, 391, 385, 442, 553, 2807)
1996 Ed. (380, 389, 400, 401, 404, 411, 413, 414, 418, 478, 600, 2676, 3163)
1995 Ed. (361, 361, 362, 377, 378, 388, 390, 391, 395, 568, 585, 1047)
1994 Ed. (355, 393, 395, 396, 400, 598, 1039)
1993 Ed. (406, 593)
1992 Ed. (566, 800, 800, 2430)
1991 Ed. (625, 1922, 1923)
1990 Ed. (651)
First Fidelity Bank NA/North Jersey
1991 Ed. (625)
First Fidelity Bank NJ
1996 Ed. (638)
1991 Ed. (2990)
1989 Ed. (2151)
First Fidelity (Disc.), N.J.
1989 Ed. (2147, 2151)
First Fidelity Securities
1992 Ed. (3860)
First Financial Corp.
2005 Ed. (2222)
1997 Ed. (3197)
1995 Ed. (3367)
1994 Ed. (3288)
1993 Ed. (3227, 3296)
First Financial Bancorp
2005 Ed. (426, 427)
2004 Ed. (420, 421)
1999 Ed. (444, 667)
First Financial Bank FSB
1998 Ed. (3130, 3134, 3145, 3533, 3571)
1993 Ed. (3090, 3091)
1992 Ed. (3791)
First Financial Credit Union
2008 Ed. (2248)
2007 Ed. (2133)
2006 Ed. (2212)
2005 Ed. (2117)
2004 Ed. (1937, 1975)
2003 Ed. (1935)
2002 Ed. (1881)
First Financial Group
1994 Ed. (1118)
First Financial Holdings Inc.
2008 Ed. (2073)
2005 Ed. (375)
First Financial Management
1997 Ed. (1082, 1236, 1237, 1238, 1239, 1246)
1996 Ed. (1064, 1068, 3402)
1995 Ed. (1089, 3288, 3315)
1994 Ed. (3232)
1993 Ed. (3215, 3256)
1992 Ed. (1327, 1329)
1991 Ed. (1203, 1716, 3376, 3378)
1990 Ed. (1781)
1989 Ed. (2102)
First Financial of Maryland Credit Union
2008 Ed. (2237)
2007 Ed. (2122)
2006 Ed. (2201)
2005 Ed. (2106)
2004 Ed. (1964)
2003 Ed. (1924)
2002 Ed. (1870)
First Financial Savings Association
1991 Ed. (363)
First Financial Service
2007 Ed. (1849)
First Financial Trust, N.A. U.S. Fixed Income
2003 Ed. (3123)
First Fire & Casualty
1995 Ed. (2326)
First Florida
1992 Ed. (525)
First Florida Bank NA
1992 Ed. (663)
1990 Ed. (466)
First Florida Bank NA (Tampa)
1991 Ed. (507)
First Florida Banks
1994 Ed. (340, 477)
1993 Ed. (475, 651, 3255)
1991 Ed. (378)
1989 Ed. (385)
First for Women
2004 Ed. (3337)
2001 Ed. (3195)
1994 Ed. (2790, 2792)
1993 Ed. (2796, 2801)
1992 Ed. (3383)
First Franklin Financial
2006 Ed. (3558, 3561)
1997 Ed. (2809)
First, FSB
1993 Ed. (3081, 3082)
1992 Ed. (3782)
First Funds Growth & Income
2002 Ed. (3416)
First Funds Growth & Income Portfolio
1998 Ed. (2610)
First Funds Muni MMP Institution
1996 Ed. (2668)
First Gaston Bank of North Carolina
2003 Ed. (509)
First Gibraltar Bank
1994 Ed. (3527)
First Gibraltar Bank, FSB
1993 Ed. (3083, 3088, 3094, 3096, 3097)
1992 Ed. (371, 3775, 3783, 3789, 3795, 3797, 3798)
1991 Ed. (3362)
First Gilbratar Bank, FSB
1991 Ed. (3385)
First Global Investment Trust Co.
2001 Ed. (2890)
First Growth & Income
2003 Ed. (3488)
First Guaranty Bank
2001 Ed. (568)
First Gulf Bank
2008 Ed. (377, 477, 519)
2007 Ed. (566)
2004 Ed. (399)
1989 Ed. (448)
First Hawaiian
1999 Ed. (656)
1998 Ed. (292, 361)
1997 Ed. (2177)
1994 Ed. (498, 667, 3032, 3251)
1992 Ed. (520, 524, 538, 539, 540, 867, 3656)
1991 Ed. (693)
1990 Ed. (440)
1989 Ed. (424, 712)
First Hawaiian Bank
2008 Ed. (1775, 1776)
2007 Ed. (1752)
2004 Ed. (1725)
2003 Ed. (1688)
1997 Ed. (485)
1996 Ed. (526)
1995 Ed. (482, 3330)
1993 Ed. (376, 377, 378, 496, 666, 3257)
First Hawaiian Bank (Honolulu)
1992 Ed. (693)
1991 Ed. (537)
First Health
2000 Ed. (3601)
1994 Ed. (2284)
First Health Group Corp.
2006 Ed. (3106)
2005 Ed. (3883)
2003 Ed. (3921)
2002 Ed. (3741)
2001 Ed. (1667, 3873)
The First Health Network
2005 Ed. (3883)
2002 Ed. (3744)
2001 Ed. (3874)
2000 Ed. (2439, 3598, 3599)
First Health Strategies Inc.
1996 Ed. (980)
1995 Ed. (992)
First Heritage Savings
2002 Ed. (1851)
First Heritage Savings Credit Union
1999 Ed. (1804)
First Hialeah Community Credit Union
2002 Ed. (1837)
First Home Builders of Florida
2006 Ed. (1189, 1190)
2005 Ed. (1197, 1226, 1227)
2004 Ed. (1170, 1201)
First Home Federal S & L Association
1992 Ed. (1476)
First Home Federal Savings & Loan Association
1994 Ed. (3530)
First Horizon Home Loan Corp.
2006 Ed. (3566)
2002 Ed. (3383)
First Horizon Home Loans
2006 Ed. (3559, 3561)
2003 Ed. (3433)
First Horizon National Corp.
2008 Ed. (188, 426, 2102, 2354)
2007 Ed. (201, 2214)
2006 Ed. (404, 2036)
First Horizon Pharmaceutical Corp.
2004 Ed. (2148)
2003 Ed. (2643, 2645)
First Illinois Corp.
1989 Ed. (2148)
First Impression Litho
1997 Ed. (3166)
First Independence Bank
1993 Ed. (438)
First Independence National Bank of Detroit
1991 Ed. (463)
1990 Ed. (510)
First Independent
2001 Ed. (4694)
First Independent Investment Corp.
2002 Ed. (572)
First Independent Investment Group
2003 Ed. (530)
First Indiana Corp.
2008 Ed. (2369)
2006 Ed. (2282, 4725)
2004 Ed. (2117)
First Indiana Bank
2007 Ed. (467)
1998 Ed. (3544)
First Industrial
1999 Ed. (4002)
1990 Ed. (679)
First Industrial Realty Trust Inc.
2008 Ed. (3139, 4125)
2007 Ed. (3021, 4104)
2006 Ed. (4053)
2005 Ed. (2995, 4023)
2004 Ed. (2997, 4089)
2003 Ed. (2888, 4063)
2002 Ed. (3935)
2001 Ed. (4009, 4015)
2000 Ed. (3717, 3731)
1999 Ed. (4014)
1998 Ed. (3022)
First Inland Bank
2008 Ed. (484)
First Insurance
1995 Ed. (2326)
First Insurance Co. of Hawaii Ltd.
2008 Ed. (1786)
2007 Ed. (1759)
2006 Ed. (1749)
First International
1995 Ed. (2574)
First International Asset Management
1993 Ed. (2340)
First International Bancorp Inc.
2000 Ed. (3387)
First International Bank
1994 Ed. (27)
1992 Ed. (58)
1991 Ed. (29)
First International Bank of Esrael
1995 Ed. (515)
First International Bank of Israel
2008 Ed. (451)
2007 Ed. (486)
2006 Ed. (473)
2005 Ed. (549)
2004 Ed. (563)
2003 Ed. (549)
2002 Ed. (591)
1999 Ed. (559)
1997 Ed. (525)
1996 Ed. (568)
1994 Ed. (539)

1993 Ed. (36, 537)
1992 Ed. (4196)
1991 Ed. (3274, 3275)
First International Bank of Isreal
2000 Ed. (570)
First International Computer Inc.
1994 Ed. (1089)
First Internet Bank of Indiana
2002 Ed. (4841)
First Interstate
1997 Ed. (1239, 2727, 2728, 2730)
1993 Ed. (351, 362)
1992 Ed. (538, 1747, 2985)
1991 Ed. (472)
1989 Ed. (375, 376, 377, 421)
First Interstate/Arizona
1989 Ed. (2159)
First Interstate Bancard Corp.
1992 Ed. (503)
1991 Ed. (360)
First Interstate Bancard NA
1991 Ed. (364)
1990 Ed. (421)
First Interstate Bancorp
2001 Ed. (579)
1999 Ed. (374, 1460)
1998 Ed. (203, 269, 271, 274, 280, 1027, 3359, 3361)
1997 Ed. (285, 286, 332, 333, 338, 339, 342, 343, 345, 543, 1236, 1238, 1238, 1245, 1246, 1248, 1288, 1291, 2688, 3281, 3282, 3283)
1996 Ed. (257, 258, 367, 370, 371, 391, 393, 555, 587, 2548, 3178, 3179, 3180, 3599)
1995 Ed. (253, 254, 351, 530, 2488, 3320)
1994 Ed. (250, 251, 341, 346, 377, 556, 652, 667, 1605, 3240)
1993 Ed. (264, 357, 519, 554, 650, 666, 3246)
1992 Ed. (371, 507, 515, 523, 544, 720, 867, 1911, 2151, 2941, 2961)
1991 Ed. (265, 361, 371, 372, 376, 403, 408, 411, 594, 693, 1512, 3262)
1990 Ed. (294, 419, 436, 441, 460, 464, 704, 717, 718, 1231, 1779, 3447)
1989 Ed. (369, 372, 381, 413, 420, 426, 500, 713, 714)
First Interstate BancSystem
2007 Ed. (388)
2005 Ed. (1891)
2004 Ed. (1808)
First Interstate Bank
1997 Ed. (2617, 2621)
1992 Ed. (555, 559)
1991 Ed. (2646)
First Interstate Bank California
1997 Ed. (370, 374, 381, 383, 427, 443)
1992 Ed. (509, 564, 565, 566, 628, 2430)
1990 Ed. (513)
First Interstate Bank Card Corp.
1994 Ed. (343)
First Interstate Bank/Denver
1993 Ed. (577, 578, 2298)
1992 Ed. (3853, 3861)
First Interstate Bank NA
1992 Ed. (555, 602, 848)
1991 Ed. (2814)
First Interstate Bank of Arizona
1992 Ed. (255)
1991 Ed. (185)
1989 Ed. (476)
First Interstate Bank of Arizona NA
1997 Ed. (409)
1996 Ed. (444)
1995 Ed. (418)
1994 Ed. (425)
1993 Ed. (355, 423)
1990 Ed. (500)
1989 Ed. (203, 205)
First Interstate Bank of Arizona NA (Phoenix)
1991 Ed. (447)
First Interstate Bank of California
1996 Ed. (407, 412, 413, 414, 416, 464, 479, 3163)
1995 Ed. (384, 391, 393, 437, 450, 1047, 2437)
1994 Ed. (389, 396, 398, 445, 460, 2447)
1991 Ed. (364, 486, 488, 489)
1990 Ed. (421, 515, 516, 526, 527, 528, 2620)
1989 Ed. (510, 511, 2783)
First Interstate Bank of California (Los Angeles)
1991 Ed. (471)
First Interstate Bank of California NA
1993 Ed. (355, 395, 399, 405, 406, 445, 2603)
First Interstate Bank of Denver NA
1997 Ed. (440)
1995 Ed. (447)
1994 Ed. (455)
1991 Ed. (483)
First Interstate Bank of Fort Collins
1992 Ed. (2961)
First Interstate Bank of Nevada NA
1998 Ed. (334)
1997 Ed. (574)
1996 Ed. (633)
1995 Ed. (564)
1994 Ed. (595)
1993 Ed. (588)
1992 Ed. (797)
1991 Ed. (622)
First Interstate Bank of Oklahoma
1992 Ed. (2106, 2107, 2109)
1991 Ed. (1647)
First Interstate Bank of Oregon
1989 Ed. (648)
First Interstate Bank of Oregon NA
1998 Ed. (334)
1997 Ed. (589)
1996 Ed. (650)
1995 Ed. (580)
1994 Ed. (610)
1993 Ed. (607)
1992 Ed. (813)
1991 Ed. (641)
1990 Ed. (662)
First Interstate Bank of Texas
1992 Ed. (548)
First Interstate Bank of Texas NA
1998 Ed. (334)
1997 Ed. (627)
1996 Ed. (692)
1995 Ed. (618)
1994 Ed. (646)
1993 Ed. (644)
1991 Ed. (676)
First Interstate Bank of Washington NA
1997 Ed. (370, 644)
1996 Ed. (403, 709)
1995 Ed. (633)
1994 Ed. (664)
1993 Ed. (664)
1992 Ed. (864)
1991 Ed. (689)
First Interstate Bank South Dakota NA
1993 Ed. (505)
First Interstate/California
1989 Ed. (2159)
First Interstate Capital Management
1996 Ed. (2429)
First Interstate Capital Markets Ltd.
1993 Ed. (2262, 2267)
First Interstate Central Bank
1998 Ed. (369)
First Interstate Mortgage
1990 Ed. (2971)
First Interstate of Wisconsin
1992 Ed. (502)
First Interstate/Oklahoma
1989 Ed. (2151)
First Interstate/Oregon
1989 Ed. (2150)
First Interstate Tower
1990 Ed. (2732)
First Inv Qualified Div
1991 Ed. (2570)
First Investment Bank
2006 Ed. (422)
2004 Ed. (459)
2003 Ed. (472)
First Investors
2008 Ed. (3776)
2007 Ed. (648, 3682)
2006 Ed. (3682)
2003 Ed. (704)
First Investors Fund for Income A
1999 Ed. (753, 3539)
1997 Ed. (688)
1996 Ed. (2795)
First Investors Global
1993 Ed. (2661)
1992 Ed. (3194)
1991 Ed. (2558)
First Investors High Yield A
1997 Ed. (688)
1996 Ed. (2795)
First Investors Ins Intrm. T/E
2000 Ed. (3285)
First Investors Insured Tax-Exempt
2004 Ed. (704)
1992 Ed. (4193)
First Investors Management
2004 Ed. (710)
First Investors Natural Res.
1989 Ed. (1852)
First Investors Variable Annuity C Target Mat 2007
2000 Ed. (4330)
FIRST INVSTR "C": DISCOVR
1994 Ed. (3617)
First Japan Railways Company
1992 Ed. (3612)
First Jersey
1990 Ed. (1795)
First Jersey National Corp.
1990 Ed. (415)
1989 Ed. (364)
First Jersey National, N.J.
1989 Ed. (2158)
First Kentucky National Corp.
2001 Ed. (822)
1990 Ed. (415)
1989 Ed. (371, 390, 430, 431)
First Kentucky Trust (Ret.)
1989 Ed. (2158)
First Keystone Corp.
2000 Ed. (552)
1999 Ed. (540)
First Liberty Bank
1998 Ed. (3541)
1st Liberty Credit Union
2003 Ed. (1930)
The First Life Insurance Co. Ltd.
1994 Ed. (2268)
1992 Ed. (2677)
1990 Ed. (2246)
First Los Angeles Bank
1994 Ed. (556)
1993 Ed. (554)
1991 Ed. (594)
First Madison Bank
1998 Ed. (371)
First Magnus Financial Corp.
2006 Ed. (3977)
First Mainstreet Financial Ltd.
2007 Ed. (357)
First Manhattan Co. Select Fund
1999 Ed. (3546)
First Manistique Corp.
2002 Ed. (4294)
2001 Ed. (4280)
First Marathon
1996 Ed. (807)
1992 Ed. (958)
1990 Ed. (811)
First Marathon Securities
1997 Ed. (749)
1994 Ed. (782, 785)
1992 Ed. (964)
1990 Ed. (822)
1989 Ed. (812)
First Marblehead Corp.
2008 Ed. (1905, 1918, 1919, 1920, 1924, 2853, 2854)
2007 Ed. (1875, 2723, 2724, 4556, 4566)
2006 Ed. (1870, 1874, 2733, 2734, 4582)
2005 Ed. (2574)
First Maryland
1992 Ed. (524)
First Maryland Bancorp
1999 Ed. (660)
1996 Ed. (375, 376)
1995 Ed. (3348)
1994 Ed. (3267)
1993 Ed. (3277)
1991 Ed. (387)
1990 Ed. (447, 456, 1535, 3253)
1989 Ed. (392, 432)
First McMinnville Corp.
2000 Ed. (552)
1999 Ed. (540)
First Medical Health Plan Inc.
2006 Ed. (3093)
First Mental Health
1996 Ed. (2561)
First Merchant Bank of Zimbabwe
1994 Ed. (673)
1993 Ed. (672)
First Merchants Acceptance Corp.
1999 Ed. (1118, 2622)
First Metro Investment Corp.
1997 Ed. (3487)
1996 Ed. (3392)
1990 Ed. (2316)
1989 Ed. (1782)
First Metropolitan Mortgage
2005 Ed. (3495)
First Michigan Bank Corp.
1999 Ed. (662)
First Midwest Corp.
1998 Ed. (287)
First Midwest Bank
2008 Ed. (394)
2007 Ed. (416)
2006 Ed. (424)
2001 Ed. (612)
First Midwest Bank/Illinois N.A.
1992 Ed. (636)
First Midwest Bank N.A.
2002 Ed. (539)
1998 Ed. (363)
1997 Ed. (493)
1992 Ed. (636)
First Midwest Bank North America
2001 Ed. (610, 611)
First Midwest Bankcorp.
1990 Ed. (456)
First Mississippi
1998 Ed. (702)
1997 Ed. (952, 958)
1995 Ed. (951, 3434)
1994 Ed. (1753)
1993 Ed. (1762)
1992 Ed. (2128)
1991 Ed. (1662)
1990 Ed. (935, 936, 940, 1757)
1989 Ed. (876)
1st Mississippi Credit Union
2003 Ed. (1928)
First Montauk Securities
2002 Ed. (789, 799)
2000 Ed. (842)
1999 Ed. (843, 845)
First Mortgage
1995 Ed. (2822)
First Nat Bank Hldgs
2000 Ed. (2876, 2877)
First National
1995 Ed. (1486)
1994 Ed. (203)
1993 Ed. (1396)
1991 Ed. (2571, 3148)
1990 Ed. (545, 590, 679, 680, 681, 697)
First National Bancshares Inc.
2005 Ed. (365, 374)
First National Bank
2008 Ed. (430, 431)
2005 Ed. (380, 523, 3307)
2004 Ed. (542)
1998 Ed. (294, 363, 370, 370, 371, 371, 372, 375, 394, 413)
1997 Ed. (1257)
1996 Ed. (387, 390, 392, 392, 472, 479, 534, 534, 535, 537, 541, 541, 541, 542, 542, 545, 601, 629)
1995 Ed. (359, 360, 365, 368, 443, 450, 489, 489, 542, 560, 1771)
1994 Ed. (353, 371, 451, 460, 506, 506, 507, 508, 510, 510, 546, 566, 590, 599, 3143)
1993 Ed. (359, 371, 382, 384, 502, 502, 504, 505, 506, 506, 511, 545, 564, 583, 594, 2965)

1992 Ed. (528, 681, 701, 702, 702, 747, 774, 792, 801)
1991 Ed. (367, 368, 406, 616, 638, 2811, 2811)
1990 Ed. (425, 427, 461, 462, 467, 528, 579, 591, 633)
1989 Ed. (204, 204, 207, 208, 210, 212, 214, 215, 216, 217, 218, 219, 365, 425, 436, 510, 511, 512, 513, 540, 556, 617, 626)
First National Bank Alaska
2004 Ed. (401, 403, 404, 405, 408)
First National Bank/Amarillo
1994 Ed. (581, 582)
1993 Ed. (578, 579)
First National Bank & Trust Co.
2008 Ed. (427)
2005 Ed. (1065, 3303)
1998 Ed. (370)
1989 Ed. (204, 208, 210, 214, 215, 216)
First National Bank & Trust of Broken Arrow
1996 Ed. (545)
First National Bank (Atlanta)
1991 Ed. (526)
First National Bank (Boston)
1991 Ed. (605)
First National Bank (Chicago)
1991 Ed. (543)
First National Bank-Colorado
2004 Ed. (542)
First National Bank, Ely, NV
1992 Ed. (703)
First National Bank Group
2007 Ed. (388, 462)
2005 Ed. (451)
First National Bank Holding Co.
2007 Ed. (388)
2005 Ed. (379, 451)
First National Bank Holdings
2000 Ed. (439, 664)
1999 Ed. (446, 638, 641)
1997 Ed. (388, 614)
1996 Ed. (421, 679)
1995 Ed. (397, 606)
First National Bank-Hutchinson
1991 Ed. (1648, 1649)
1989 Ed. (1411)
First National Bank in Brookings
1998 Ed. (310)
1997 Ed. (370)
1996 Ed. (403)
First National Bank in Howell
2002 Ed. (551)
2001 Ed. (620)
2000 Ed. (510)
1999 Ed. (502)
First National Bank in Philip
1998 Ed. (102)
First National Bank (Louisville)
1991 Ed. (581)
First National Bank ND
2000 Ed. (412)
First National Bank of Anchorage
2003 Ed. (2472)
2002 Ed. (3550, 3551, 3552, 3555, 3557)
First National Bank of Atlanta
1992 Ed. (1178, 1180)
1991 Ed. (944, 946)
1990 Ed. (1014)
First National Bank of Blanchardville
2005 Ed. (372)
First National Bank of Blue Earth
1996 Ed. (541)
First National Bank of Boston
1998 Ed. (305, 311)
1997 Ed. (375, 376)
1996 Ed. (400, 404, 409)
1995 Ed. (386)
1994 Ed. (390, 391, 399)
1993 Ed. (401)
1992 Ed. (569, 1180)
1991 Ed. (944, 2979)
1990 Ed. (549, 1014)
First National Bank of Botswana Ltd.
2006 Ed. (4488)
2002 Ed. (4387)
First National Bank of Chicago
2000 Ed. (399, 407, 486)
1999 Ed. (407, 410, 493, 1836, 3182)
1998 Ed. (297, 301, 305, 343, 1543)
1997 Ed. (359, 360, 364, 374, 376, 383, 436, 1728, 1729, 2622)
1996 Ed. (399, 407, 409, 416, 420, 1647, 1650, 1653, 2378, 2479, 2484)
1995 Ed. (384, 585, 386, 393, 2442)
1994 Ed. (379, 381, 389, 391, 398, 581, 582, 1631, 2737, 2740)
1993 Ed. (399, 408, 409, 410, 450, 578, 2274, 2277, 2417, 2767)
1992 Ed. (551, 559, 570, 636, 673, 1178, 2718, 2723, 3339)
1991 Ed. (478, 2673)
1990 Ed. (520, 525, 527, 2436, 3165, 3176, 3190)
1989 Ed. (2783)
First National Bank of Colorado
2005 Ed. (480)
First National Bank of Commerce
1998 Ed. (391)
1997 Ed. (544)
1996 Ed. (588)
1995 Ed. (531)
1994 Ed. (557)
1993 Ed. (555, 2269)
1992 Ed. (762)
First National Bank of Commerce (New Orleans)
1991 Ed. (595)
First National Bank of Dona Ana County
1997 Ed. (504)
1996 Ed. (545)
First National Bank of Evergreen Park
1996 Ed. (472)
1995 Ed. (443)
1994 Ed. (451)
1993 Ed. (450)
First National Bank of Holdrege
2000 Ed. (412)
1999 Ed. (415)
First National Bank of Hope
1993 Ed. (510)
First National Bank of Houma
1996 Ed. (535)
First National Bank of Howard County
1994 Ed. (511)
First National Bank of Indiana
1997 Ed. (500)
The First National Bank of Israel
1993 Ed. (3506)
First National Bank of Keystone
2000 Ed. (550)
1999 Ed. (539)
1998 Ed. (364, 366, 368)
First National Bank of La Grange
2000 Ed. (487)
1999 Ed. (494)
First National Bank of Leesport
1997 Ed. (502)
First National Bank of Louisville
1991 Ed. (2306)
First National Bank of Marin
1999 Ed. (1793)
First National Bank of Maryland
1999 Ed. (525, 3182)
1998 Ed. (358, 393)
1997 Ed. (472, 553)
1996 Ed. (508, 600)
1995 Ed. (541)
1994 Ed. (565)
1993 Ed. (563, 2325)
1992 Ed. (670, 773)
1989 Ed. (616)
First National Bank of Maryland (Baltimore)
1991 Ed. (604)
First National Bank of McIntosh
1998 Ed. (367)
First National Bank of Michigan
1999 Ed. (440)
1998 Ed. (333, 366)
1997 Ed. (494, 496)
1996 Ed. (535, 537)
1994 Ed. (507)
First National Bank of Minnesota
1997 Ed. (500)
First National Bank of Mt. Vernon
1996 Ed. (542)
First National Bank of Namibia Ltd.
2000 Ed. (627)
1999 Ed. (604)
1997 Ed. (570)
1996 Ed. (628)
1995 Ed. (558)
1994 Ed. (588)
1993 Ed. (581)
First National Bank of North Tarrytown
1992 Ed. (803)
1991 Ed. (630)
First National Bank of Northwest Florida
1998 Ed. (3314)
First National Bank of Olney
1999 Ed. (541)
1997 Ed. (180)
First National Bank of Omaha
2008 Ed. (196)
2005 Ed. (191, 1892)
2003 Ed. (1772)
2002 Ed. (248)
2000 Ed. (379)
1999 Ed. (376)
1998 Ed. (272, 2464)
1997 Ed. (335)
1996 Ed. (2604)
1995 Ed. (348)
1994 Ed. (343)
1993 Ed. (351)
First National Bank of Panhandle
1997 Ed. (370)
First National Bank of Portsmouth
1993 Ed. (592)
First National Bank of Rowena
1996 Ed. (387)
First National Bank of South Africa
1991 Ed. (415, 660)
1990 Ed. (678)
First National Bank of Southern Africa
1994 Ed. (404, 631)
1993 Ed. (414, 626, 627)
1992 Ed. (574, 833)
1990 Ed. (571)
First National Bank of Southwestern Ohio
2000 Ed. (434)
First National Bank of Stratton
1997 Ed. (505)
First National Bank of Summer
1997 Ed. (499)
First National Bank of Wheaton
1996 Ed. (678, 2640)
First National Bank-Omaha
1991 Ed. (2219, 2235)
First National Bank PT International Equity
1994 Ed. (2312)
First National Bank; Seattle-
1990 Ed. (715)
First National Bank Stratton
1998 Ed. (375)
First National Building Society
1990 Ed. (1790)
First National Capital Corp.
2008 Ed. (4371)
First National Cinc
1989 Ed. (623)
First National Cincinnati Corp.
1990 Ed. (440)
1989 Ed. (368, 403)
First National Equities
2001 Ed. (1536)
First National Lincoln, Neb.
1989 Ed. (2160)
First National of Boston
1995 Ed. (366)
First National of Nebraska Inc.
2005 Ed. (358, 2046)
2004 Ed. (401, 404, 405, 1224, 4697)
2002 Ed. (3551, 3552, 3554, 3557)
2001 Ed. (569)
1998 Ed. (283, 291)
1997 Ed. (345)
First National Realty & Development Co., Inc.
1990 Ed. (3286)
First National Securities
1990 Ed. (1787)
First National South
1998 Ed. (373)
1997 Ed. (503)
First Nationwide
1990 Ed. (3102)
First Nationwide Bank
1999 Ed. (3435)
1998 Ed. (268, 270, 2530, 3128, 3133, 3136, 3139, 3140, 3141, 3146, 3147, 3148, 3150, 3151, 3152, 3156, 3535, 3567)
1997 Ed. (3740, 3741)
1996 Ed. (360, 3684, 3685)
1994 Ed. (2551, 3527, 3528)
1992 Ed. (506, 3774, 3776, 3777, 3778, 3780, 3784, 3786, 3787, 3788, 3791, 3793, 3794, 3795, 3796, 3797, 3798, 4286)
1991 Ed. (1660, 2482, 2486, 2919)
First Nationwide Bank, A Federal Savings Bank
1990 Ed. (3097)
First Nationwide Bank, a FSB
1998 Ed. (3142, 3149)
1993 Ed. (3073, 3074, 3076, 3077, 3078, 3079, 3080, 3084, 3086, 3092, 3093, 3094, 3095, 3096, 3097, 3565, 3569)
First Nationwide Bank, FSB
1998 Ed. (3531, 3533)
1991 Ed. (363, 3373, 3374, 3375)
1990 Ed. (422, 515, 516, 2606, 3096, 3098, 3100, 3126, 3575, 3576, 3584)
First Nationwide Bank, FSB (San Francisco)
1991 Ed. (3365)
First Nationwide Bank, FSB (San Francisco, CA)
1991 Ed. (3364)
First Nationwide Mortgage
2002 Ed. (3382, 3384, 3388)
2001 Ed. (3352)
2000 Ed. (3159, 3162)
1999 Ed. (2608, 3437)
1998 Ed. (1861, 2527)
First Nationwide Savings
1995 Ed. (2437)
1991 Ed. (2304)
1990 Ed. (2434)
First Nat'l.-Chicago
1990 Ed. (2645)
First NB of Boston
1992 Ed. (561)
First NB of LaGrange
2002 Ed. (540)
First Nebraska Credit Union
2002 Ed. (1877)
First Nebraska Educators Credit Union
2008 Ed. (2244)
2007 Ed. (2129)
2006 Ed. (2208)
2005 Ed. (2113)
2004 Ed. (1971)
2003 Ed. (1931)
First New England Mortgage
2007 Ed. (2572)
First New Hampshire Bank, NA-Manchester
1993 Ed. (592)
First New Hampshire Bank of Lebanon
1990 Ed. (649)
First New Hampshire Banks Inc.
1991 Ed. (623)
First New York Bank for Business
1993 Ed. (2966, 2967)
First NH Banks Inc.
1990 Ed. (453)
First Niagara Bank
2007 Ed. (1183)
First Niagara Bank, FSB
2007 Ed. (3636)
First Niagara Financial Group
2005 Ed. (426, 427)
First North American National Bank
1998 Ed. (368)
First Northern Capital Corp.
2002 Ed. (484)
First Northern Cooperative Bank
1990 Ed. (3122, 3131)
First Northern Savings Bank
1998 Ed. (3571)

First Oak Brook Bancshares
2007 Ed. (2229)
1999 Ed. (423)
First of America
1995 Ed. (555)
1994 Ed. (578, 586, 587, 3035, 3269)
1992 Ed. (520, 522, 525, 3175)
1989 Ed. (574)
First of America Agricultural Services
1999 Ed. (2121, 2122)
1998 Ed. (1541, 1542)
1997 Ed. (1829, 1830)
1996 Ed. (1748, 1749)
1995 Ed. (1771, 1772)
1994 Ed. (1736, 1738, 1739)
1993 Ed. (1746, 1747)
1992 Ed. (2108, 2109)
First of America Bank Corp.
2000 Ed. (2485)
1999 Ed. (371, 372, 384, 662, 3175, 3182, 4028, 4029)
1997 Ed. (340)
1996 Ed. (368, 378, 619, 3180)
1995 Ed. (359, 3350)
1993 Ed. (3279)
1992 Ed. (526, 539, 779)
1991 Ed. (377, 389)
1990 Ed. (640)
1989 Ed. (625)
First of America Bank-Florida
2000 Ed. (4249)
1999 Ed. (4599)
1998 Ed. (3156)
First of America Bank-Florida, FSB
1998 Ed. (3540)
1997 Ed. (3742)
First of America Bank-Huron
1989 Ed. (211)
First of America Bank-Illinois
2000 Ed. (486)
1999 Ed. (493)
First of America Bank-Illinois NA
1998 Ed. (343, 363)
1997 Ed. (436, 493)
1996 Ed. (534)
First of America Bank-Indiana
1998 Ed. (376)
1997 Ed. (508)
First of America Bank-Michigan NA
1999 Ed. (3432)
1998 Ed. (286, 395)
1997 Ed. (558)
1996 Ed. (417, 605)
1995 Ed. (546)
First of America Bank-Mid Michigan, NA
1995 Ed. (546)
1994 Ed. (570)
1993 Ed. (568)
First of America Bank-Security
1995 Ed. (546)
First of America Bank-Southeast Michigan, NA
1995 Ed. (546)
1994 Ed. (570)
1993 Ed. (358, 568)
First of America Bank-Southeast Michigan NA (Detroit)
1991 Ed. (608)
First of America Bank-West Michigan
1996 Ed. (605)
First of America-Detroit
1996 Ed. (2479)
First of America Insurance Group
2000 Ed. (2666)
1999 Ed. (2912)
First of America Investment Corp.
1999 Ed. (3101)
First of Chicago
1989 Ed. (2145, 2153)
First of Elgin (C), IL
1989 Ed. (2148, 2148, 2152, 2156)
First of Elgin (D1), ILL.
1989 Ed. (2155)
First of Long Island Corp.
2000 Ed. (437)
1999 Ed. (444)
First of Maryland
1989 Ed. (2159)
First of Michigan Corp.
1995 Ed. (2331)
1992 Ed. (3871, 3893)
First of Neenah, Wis.
1989 Ed. (2152, 2159, 2160)
First of Omaha
1995 Ed. (2540)
First of Omaha Merchant Processing
2001 Ed. (1955)
First of Philadelphia Investment Group
1993 Ed. (768)
First of Waverly Corp.
2005 Ed. (446, 453)
First Ohio Bancshares
1992 Ed. (502)
First Omaha Equity Fund
1996 Ed. (620)
First Omaha Fixed Income Fund
2000 Ed. (626)
First Omni Bank NA
1991 Ed. (520)
First Option Health Plan
1997 Ed. (2199)
First Option Health Plan of New Jersey, Inc.
2000 Ed. (2440)
1999 Ed. (2657)
1998 Ed. (1919)
First Pacific
2001 Ed. (1723)
2000 Ed. (1452)
1999 Ed. (868, 869, 870, 871, 1648, 1650, 3469)
1997 Ed. (1423)
1996 Ed. (2138, 2139)
First Pacific Bancshares
1993 Ed. (2059)
1992 Ed. (2443)
First Pacific Capital Corp.
1991 Ed. (2414)
First Pacific Company Ltd.
2000 Ed. (1450)
First Penn-Pacific
1999 Ed. (2938, 2940)
1998 Ed. (2169, 2188)
1997 Ed. (2438, 2439, 2441)
1995 Ed. (2277, 2296, 2297, 2299)
First Pennsylvania Corp.
1992 Ed. (502)
1991 Ed. (396)
1990 Ed. (703)
1989 Ed. (405)
First Pennsylvania Bank
1989 Ed. (653)
First Pennsylvania Bank NA
1991 Ed. (646)
1990 Ed. (667)
First Peoples Financial Corp.
1993 Ed. (614)
1992 Ed. (820)
First Philippine Holdings Corp.
1994 Ed. (2432)
First Pioneer Farm Credit
2000 Ed. (222)
First Potomac Realty
2006 Ed. (2114)
First Prairie Dividend Asset
1993 Ed. (2693)
First Premier Bank
2000 Ed. (433)
1998 Ed. (364, 368)
1995 Ed. (348, 2540)
First Private Bank Ltd.
1997 Ed. (423, 424, 2012)
1996 Ed. (460, 461)
1995 Ed. (434)
1994 Ed. (441)
First Professionals Insurance Co., Inc.
2005 Ed. (3143)
2004 Ed. (3135)
First Public Savings
1990 Ed. (463)
First Quadrant
2005 Ed. (3583, 3595)
2003 Ed. (3080, 3089)
2002 Ed. (3013, 3020)
2000 Ed. (2778, 2800, 2851, 2854, 2857, 2858)
1999 Ed. (1251, 3046, 3061, 3108)
1998 Ed. (2302, 2309)
1997 Ed. (2519, 2521, 2551, 2553)
1996 Ed. (2426, 2428)
1995 Ed. (2354, 2392)
1994 Ed. (2296, 2332)
1993 Ed. (2294, 2304, 2312)
1991 Ed. (2222)
1990 Ed. (2342)
First Quadrant LP
2000 Ed. (2859)
First Quadrant LP, U.S. Market-Neutral Equity
2003 Ed. (3125)
First Quantum Minerals Ltd.
2007 Ed. (1649)
2006 Ed. (1607, 4594)
2005 Ed. (1664, 1702, 1705)
2003 Ed. (3376)
First Quardrant
2000 Ed. (2797)
First Rand Bank
2008 Ed. (84)
First Regional Bancorp
2008 Ed. (372, 427, 428)
2007 Ed. (390)
First Reliance Bank
2008 Ed. (2074)
First Republic
1998 Ed. (2400)
1995 Ed. (353)
First Republic Bancorp Inc.
1995 Ed. (884)
First Republic Bank
2005 Ed. (3303)
1996 Ed. (544)
1990 Ed. (2682, 3562)
1989 Ed. (2666)
First Republic Corp. of America
2008 Ed. (2724, 2725)
2007 Ed. (2588)
2006 Ed. (2612)
2005 Ed. (2613, 2614)
2004 Ed. (4586)
2003 Ed. (2491, 2492)
First Republicbank Corp.
1992 Ed. (547)
1989 Ed. (376, 677, 2648)
First RepublicBank Asset Management Co.
1989 Ed. (1805)
First RepublicBank Dallas NA
1990 Ed. (698)
1989 Ed. (510, 511, 513)
First Reserve Corp.
2006 Ed. (1417)
2003 Ed. (3085, 3211)
2002 Ed. (3014)
2000 Ed. (2792)
1999 Ed. (3057)
1998 Ed. (2259, 2275)
1997 Ed. (2538)
First Residential Mortgage
2008 Ed. (1879)
First Response
2003 Ed. (3922)
1996 Ed. (2897, 3081)
1993 Ed. (2758, 2910)
1992 Ed. (3320, 3523)
1991 Ed. (1929)
First Risk Management/IBC Inc.
2008 Ed. (4249)
2006 Ed. (4199)
First Russian Frontiers
1999 Ed. (3584)
First Sate Insurance Co.
1992 Ed. (2648)
First Saving Bank Hegewisch
2008 Ed. (4674)
2007 Ed. (4750)
2006 Ed. (4736)
First Savings Bank
2004 Ed. (4719)
1995 Ed. (3361)
1994 Ed. (3281)
1993 Ed. (3290)
1992 Ed. (533)
First Savings Bank of Perkasie
2000 Ed. (3857, 4251)
First Savings Bank of Washington
1998 Ed. (3570)
First Savings East Texas
1989 Ed. (2360)
First Savings of America, FS&LA
1990 Ed. (3586)
First Savings of Arkansas FA
1992 Ed. (3771)
First Securities Co., Ltd.
1990 Ed. (821)
First Securities Investment Trust Fund
1993 Ed. (2684)
First Security Corp.
2002 Ed. (437)
2001 Ed. (657, 658, 805)
2000 Ed. (3738, 3740)
1999 Ed. (4027)
1996 Ed. (3183)
1995 Ed. (492)
1994 Ed. (667, 3285)
1993 Ed. (377, 666)
1992 Ed. (519)
1989 Ed. (714)
First Security Bank
2000 Ed. (220, 398, 412, 550)
1999 Ed. (198, 399, 415, 539)
1990 Ed. (717)
First Security Bank (Lake Benton, MN)
2000 Ed. (551)
First Security Bank Missoula
1996 Ed. (538)
First Security Bank, N.A.
2002 Ed. (249)
1998 Ed. (296, 310)
First Security Bank of Craig NA
1998 Ed. (365)
First Security Bank of Idaho NA
1997 Ed. (492)
1996 Ed. (533)
1995 Ed. (488)
1994 Ed. (505)
1993 Ed. (501)
First Security Bank of Idaho NA (Boise)
1992 Ed. (700)
1991 Ed. (542)
First Security Bank of New Mexico NA
1998 Ed. (417)
1997 Ed. (578)
1996 Ed. (639)
1995 Ed. (569)
First Security Bank of Oregon NA
1998 Ed. (3563)
First Security Bank of Utah NA
1998 Ed. (432)
1997 Ed. (639)
1996 Ed. (706)
1995 Ed. (630)
1994 Ed. (661)
1993 Ed. (660)
1992 Ed. (860)
1991 Ed. (685)
First Security FSB
2006 Ed. (4736)
First Security Life & Health Assurance Co.
1999 Ed. (2960)
1998 Ed. (2191)
First Security National Bank & Trust Co.
1992 Ed. (747)
First Security National Bank & Trust Co. (Lexington)
1991 Ed. (581)
First Security Savings Bank
1996 Ed. (2680)
1990 Ed. (2476, 3124, 3133)
First Security Service Co.
2001 Ed. (1890)
First Security Van Kasper
2001 Ed. (560, 805, 931)
First Seismic
1994 Ed. (2704)
First Sentinel Bancorp Inc.
2005 Ed. (355)
First Service Bank for Savings
1990 Ed. (3455)
First Service Security Division
2008 Ed. (4302)
2007 Ed. (4297)
2006 Ed. (4274)
First Shanghai Capital
1996 Ed. (3376)
First Sierra Financial Inc.
2001 Ed. (577)
First Signature Bank & Trust Co.
1994 Ed. (597)
1993 Ed. (590)

1st Software
2003 Ed. (2738)
First Solar
2007 Ed. (2380)
First Source Inc.
2008 Ed. (3706, 4382, 4959)
2007 Ed. (3549, 3550, 4409)
2006 Ed. (3510, 4349)
1999 Ed. (658)
First Source Bancorp
2000 Ed. (3856)
First Source Bank
1998 Ed. (376)
1997 Ed. (508)
1996 Ed. (549)
1995 Ed. (497)
First Source Income Equity
2004 Ed. (3535)
First South Bancorp
2008 Ed. (429)
2007 Ed. (463)
First South Bank
2003 Ed. (4270)
2002 Ed. (4126)
1998 Ed. (364)
First South Bank of Middle Georgia
1997 Ed. (499)
First South Credit Union
2008 Ed. (2260)
2007 Ed. (2145)
2006 Ed. (2224)
2005 Ed. (2129)
2004 Ed. (1987)
2003 Ed. (1947)
2002 Ed. (1893)
First South Production Credit Association
2000 Ed. (222)
First Southern National Bank - Jessamine
1993 Ed. (506)
First Southern National Bank of Jessamine
1996 Ed. (678, 2640)
First Southwest Co.
2007 Ed. (3656, 4316)
2005 Ed. (3532)
2001 Ed. (558, 733, 735, 741, 742)
2000 Ed. (2757, 2759, 2762, 2763, 2764, 2765, 2766)
1999 Ed. (3010, 3012, 3014, 3016, 3017, 3019, 3020)
1998 Ed. (2226, 2227, 2229, 2230, 2232, 2235)
1997 Ed. (2479, 2481, 2482, 2484, 2485)
1996 Ed. (2351, 2352, 2354, 2357, 2358, 2359)
1995 Ed. (2332, 2333, 2340)
1993 Ed. (2262, 2263, 2269, 2270, 2271)
1991 Ed. (2165, 2167, 2169, 2170, 2171, 2172, 2173, 2174, 2175)
First Southwest Bancorp
2001 Ed. (736, 739)
First Specialty Insurance Corp.
2008 Ed. (3264)
2006 Ed. (3100)
First State Bancorporation
2007 Ed. (2215, 2229)
2005 Ed. (633, 634)
2004 Ed. (644, 645)
First State Bank
2008 Ed. (430)
2004 Ed. (543)
2000 Ed. (435, 435)
1999 Ed. (442, 541)
1998 Ed. (335, 373, 374)
1997 Ed. (180, 495, 495, 498, 504)
1996 Ed. (536, 536, 536)
1994 Ed. (509, 510)
1993 Ed. (371, 504, 505, 507, 509, 512)
1992 Ed. (702)
1991 Ed. (544, 544)
1990 Ed. (467)
1989 Ed. (218, 218)
First State Bank, East Detroit
2002 Ed. (551)
2001 Ed. (620)
First State Bank (Idaho Springs, CO)
2000 Ed. (551)
First State Bank in East Detroit
2000 Ed. (510)
First State Bank of California
2004 Ed. (402, 407)
First State Bank of Stratford
1998 Ed. (102)
First State Bank of Thompson Falls
1997 Ed. (505)
First State Financial Corp.
2000 Ed. (384)
1999 Ed. (384)
1998 Ed. (286)
1997 Ed. (349)
1996 Ed. (378)
1995 Ed. (359)
First State Insurance Co.
1994 Ed. (2240)
1993 Ed. (2191)
1991 Ed. (2087)
First State Management Group
1998 Ed. (2144)
1997 Ed. (2429)
1996 Ed. (2294)
1995 Ed. (2289)
First State Super Fund
2002 Ed. (1588)
First Steamship
1993 Ed. (3501)
First Student Inc.
2007 Ed. (3357)
2006 Ed. (3296)
2005 Ed. (3308)
2004 Ed. (3295)
2003 Ed. (3239, 3240)
First Sun Bank of America
1999 Ed. (541)
First SunAmerica Polaris Alliance Growth
2000 Ed. (4337)
First SunAmerica Polaris Worldwide High Income
2000 Ed. (4332)
First Surveys
2002 Ed. (3257)
First Team Sports (Ultra-wheels)
1992 Ed. (3744)
First Technology
2006 Ed. (2402)
First Technology Credit Union
2008 Ed. (2254)
2007 Ed. (2139)
2006 Ed. (2154, 2162, 2218)
2005 Ed. (2123)
2004 Ed. (1981)
2003 Ed. (1941)
2002 Ed. (1887)
First Technology Federal Credit Union
1998 Ed. (1215)
First Tennessee
2008 Ed. (2102)
First Tennessee Bank
2005 Ed. (4312, 4334)
2000 Ed. (400)
1989 Ed. (693)
First Tennessee Bank NA
2007 Ed. (354)
2006 Ed. (371)
2001 Ed. (927)
1999 Ed. (376, 2119, 4217, 4226)
1998 Ed. (272, 430)
1997 Ed. (626, 3430, 3431)
1996 Ed. (691, 3329, 3348)
1995 Ed. (617)
1994 Ed. (645, 2550, 3165)
1993 Ed. (643)
1992 Ed. (722, 847)
1991 Ed. (675)
1990 Ed. (696)
First Tennessee National Corp.
2005 Ed. (450, 452, 631, 632, 2869)
2004 Ed. (416, 441, 642, 643)
2003 Ed. (421, 424, 427, 631, 632)
2002 Ed. (491)
2001 Ed. (650, 651, 3348)
2000 Ed. (392, 393, 420, 427, 3738, 3739, 3740)
1999 Ed. (393, 397, 425, 669, 4026, 4027, 4028, 4029)
1998 Ed. (293, 320, 3034)
1997 Ed. (3290)
1996 Ed. (3181, 3182, 3183, 3185)
1995 Ed. (3362, 3518)
1994 Ed. (3283)
1992 Ed. (518)
1991 Ed. (397)
1989 Ed. (675)
First Texas Bank
1997 Ed. (419)
1996 Ed. (457)
1995 Ed. (430, 431)
1994 Ed. (437)
1993 Ed. (438)
1991 Ed. (463)
1990 Ed. (510)
First Texas Savings
1989 Ed. (2359)
First Texas Savings Association
1989 Ed. (2823)
First Transit
2006 Ed. (4017)
First Trust Corp.
2007 Ed. (431)
2005 Ed. (480)
2000 Ed. (2924, 2925, 2926, 2928, 2929)
1999 Ed. (3178, 3179, 3181, 3184)
1998 Ed. (2350, 2354, 2355, 2356)
1997 Ed. (2626)
First Trust & Savings Bank
1989 Ed. (208)
First Trust DJ Internet Index
2002 Ed. (3475)
First Trust DJIA Target
2002 Ed. (3472)
First Trust DJIA Target 10 96
2001 Ed. (3498, 3499)
First Trust Dow Jones Internet
2004 Ed. (3632, 3633)
First Trust North American Tech Trust
2003 Ed. (3577, 3578, 3605)
First Trust North American Technology
2002 Ed. (3445)
First Trust Co. of North Dakota
1997 Ed. (1829)
1996 Ed. (1748, 1749)
1995 Ed. (1771, 1772)
1994 Ed. (1738)
1992 Ed. (2108, 2109)
First Trust Co. of North Dakota NA
1993 Ed. (1746, 1747)
First Trust Pharmaceutical
2002 Ed. (3444)
First Trust Savings FSB
1990 Ed. (3134)
First Trust Co./St. Paul
1990 Ed. (703)
First Trust Tax-Free-Income
1990 Ed. (2377)
First Trust Tax-Free-Insured
1990 Ed. (2377)
First Trust Wealth Management
2002 Ed. (3427)
First Tuskeegee Bank
1998 Ed. (373)
First Tuskegee Bank
1998 Ed. (398)
1996 Ed. (538)
1995 Ed. (490)
First Ukrainian International Bank
2004 Ed. (470, 633)
2003 Ed. (624)
2000 Ed. (686)
1999 Ed. (676)
First Union Corp.
2004 Ed. (1526)
2003 Ed. (429, 438, 594, 1423, 1793, 2761, 4720)
2002 Ed. (444, 488, 498, 626, 629, 915, 1431, 1561, 1747, 3203, 3204, 3205, 3207, 3208, 3408, 3947, 4221, 4232, 4234, 4874)
2001 Ed. (431, 433, 585, 586, 587, 597, 598, 638, 639, 640, 734, 750, 751, 787, 836, 844, 848, 864, 884, 892, 904, 924, 947, 1075, 1076, 1685, 1821, 4029, 4281)
2000 Ed. (220, 327, 382, 383, 385, 396, 425, 426, 432, 436, 438, 504, 559, 618, 619, 620, 621, 632, 636, 647, 682, 940, 1527, 2263, 2484, 2921, 3156, 3157, 3413, 3414, 3415, 3737, 3741, 3742, 3743, 3886, 3896, 3936, 4021, 4053, 4378)
1999 Ed. (312, 313, 382, 383, 394, 400, 422, 435, 443, 445, 596, 597, 609, 615, 622, 666, 993, 1443, 1444, 1449, 1451, 1716, 2636, 2698, 3065, 4022, 4023, 4024, 4025, 4333, 4335, 4750)
1998 Ed. (202, 270, 275, 277, 278, 279, 281, 282, 284, 288, 317, 319, 321, 327, 328, 332, 378, 404, 406, 425, 1147, 1182, 1207, 1264, 2103, 2456, 3315)
1997 Ed. (332, 333, 334, 340, 341, 342, 343, 346, 347, 358, 363, 387, 566, 567, 1236, 1246, 1491, 3287, 3288, 3289)
1996 Ed. (359, 394, 395, 397, 2855, 2880, 3184)
1995 Ed. (254, 355, 357, 358, 364, 396, 2770, 3356)
1994 Ed. (251, 340, 350, 352, 367, 634, 2683, 3033, 3275)
1992 Ed. (502, 836, 3275, 3657)
1991 Ed. (663)
1990 Ed. (536, 2755)
1989 Ed. (422, 673, 674, 675)
First Union Arena
2003 Ed. (4530)
First Union Balanced Trust
1996 Ed. (611)
First Union Balanced Trust Shares
1994 Ed. (584)
First Union Bank
2001 Ed. (754, 755, 756)
1990 Ed. (684)
First Union Bank, N.C.
1989 Ed. (2149, 2153, 2154)
First Union Brokerage Services, Inc.
2001 Ed. (916, 940)
First Union Capital Corp.
2001 Ed. (876)
First Union Capital Markets Corp.
2001 Ed. (760, 761, 831)
2000 Ed. (3190, 3192, 3194, 3195, 3975)
1999 Ed. (3479)
1998 Ed. (2567)
First Union Capital Partners
2000 Ed. (1535)
First Union Center
2003 Ed. (4527)
2001 Ed. (4351)
First Union Direct Bank, N.A.
2002 Ed. (505)
First Union Financial Center
2000 Ed. (3364)
1998 Ed. (2695)
First Union/First Fidelity
1997 Ed. (386)
First Union Leasing
2003 Ed. (569, 570, 571, 572)
1998 Ed. (389)
First Union Mortgage
2003 Ed. (3446)
2002 Ed. (3392)
2000 Ed. (3163)
1995 Ed. (2601)
1992 Ed. (3107)
1991 Ed. (1660, 1856, 2483)
1990 Ed. (2601, 2602)
First Union National Bank
2003 Ed. (229, 230, 378, 379, 384, 386, 426, 428, 430, 431, 432, 433, 434, 435, 436, 1055, 1056, 1793, 2887, 3434, 3445, 3446, 3475)
2002 Ed. (248, 249, 442, 478, 479, 480, 482, 483, 487, 505, 506, 507, 508, 643, 1120, 2725, 3210, 3391, 3392)
2001 Ed. (432, 581, 582, 595, 596, 641, 650, 651, 763, 764, 1821, 3154, 3350, 3506, 3507, 3510, 4002)
2000 Ed. (381, 398, 399, 401, 402, 403, 405, 406, 407, 408, 409, 410, 411, 413, 415, 416, 417, 418, 419, 2925)
1999 Ed. (316, 380, 381, 398, 399, 401, 402, 403, 404, 408, 409, 411, 412, 413, 414, 416, 417, 418, 419, 420, 421, 3110, 3182, 3183, 3433, 3436, 3706)

1998 Ed. (201, 274, 295, 306, 393, 424, 1958, 2310, 2354)
1997 Ed. (284, 285, 338, 451, 553, 735, 2618, 2620)
1996 Ed. (257, 367, 488, 559)
1995 Ed. (351, 389, 456, 607, 632)
1994 Ed. (250, 346, 587, 632)
1993 Ed. (362, 405, 628, 630, 2414, 2417, 2735, 2970, 2991, 3285)
1992 Ed. (565, 681, 807)
1991 Ed. (371, 634, 2484)
1990 Ed. (656, 2337)
1989 Ed. (644)
First Union National Bank (Atlanta)
1991 Ed. (526)
First Union National Bank, Charlotte
1999 Ed. (3434)
First Union National Bank Florida
2000 Ed. (3163)
First Union National Bank of Florida
1998 Ed. (103, 295, 299, 308, 316, 348, 2524)
1997 Ed. (351, 359, 367, 368, 374, 377, 378, 379, 380, 385, 462, 2807)
1996 Ed. (380, 398, 400, 401, 407, 410, 411, 412, 413, 418, 499, 2676, 3163)
1995 Ed. (372, 375, 377, 378, 384, 388, 389, 390, 467, 1047, 2596, 2605, 3066)
1994 Ed. (356, 383, 389, 393, 394, 395, 403, 477, 2553, 3009, 3012)
1993 Ed. (361, 388, 393, 399, 403, 405, 406, 475, 530, 2590, 2965)
1992 Ed. (559, 565)
1990 Ed. (546)
First Union National Bank of Florida (Jacksonville)
1992 Ed. (663)
1991 Ed. (507)
First Union National Bank of Georgia
1998 Ed. (360)
1997 Ed. (477)
1996 Ed. (515)
1995 Ed. (474, 2596)
1994 Ed. (491)
1993 Ed. (489)
First Union National Bank of North Carolina
1999 Ed. (407, 1836)
1998 Ed. (420)
1997 Ed. (584)
1996 Ed. (256, 644)
1995 Ed. (575)
1994 Ed. (603)
1993 Ed. (600)
First Union National Bank of North Carolina Capital Management Group
1998 Ed. (2305)
First Union National Bank of South Carolina
1998 Ed. (428)
1997 Ed. (615)
1996 Ed. (680)
First Union National Bank of Tennessee
1998 Ed. (430)
1997 Ed. (626)
1996 Ed. (691)
1995 Ed. (617)
First Union National Bank of Virginia
1998 Ed. (433)
1997 Ed. (643)
1996 Ed. (708)
First Union Corp. of Florida
2002 Ed. (445)
2000 Ed. (526)
First Union Plaza
2002 Ed. (3532)
First Union Real Estate
1990 Ed. (2956)
1989 Ed. (2287)
First Union Real Estate Capital Markets
2003 Ed. (447, 448)
2002 Ed. (4276, 4277)
2000 Ed. (3723, 3725)
First Union Real Estate Equity
1991 Ed. (2816)
First Union Regional Foundation
2002 Ed. (977)
First Union Securities
2002 Ed. (822, 838, 3000)
2001 Ed. (748, 749, 757, 759, 4003, 4088)
First Union Small Business Capital
2002 Ed. (1121)
2001 Ed. (4280)
First Union Treas MMP/Trust Shares
1996 Ed. (2667)
First United Bancshares Inc.
2002 Ed. (434)
First United Bank
1999 Ed. (4337)
1998 Ed. (3314)
First United Bank & Trust Co.
2005 Ed. (1065)
First United Trust (G), IL
1989 Ed. (2148)
First USA
1999 Ed. (379, 1343, 1790, 1795)
1997 Ed. (336, 337, 1549, 1550, 1551, 1552)
1995 Ed. (1872, 2767, 3517)
First USA Bank
2004 Ed. (1694)
2001 Ed. (1678)
2000 Ed. (397, 405, 431, 954)
1998 Ed. (273, 346, 1205, 1207, 1210, 1211, 1212, 1558, 1692, 3152)
1997 Ed. (449, 1553, 2006)
1996 Ed. (361, 417, 485, 1486, 1487, 1488, 1489, 1916)
1995 Ed. (394, 454)
1994 Ed. (399, 465)
1992 Ed. (510)
1991 Ed. (406)
First USA Bank NA
2003 Ed. (378, 1663)
2002 Ed. (442)
2000 Ed. (404)
First USA Merchant Services Corp.
1997 Ed. (335)
1996 Ed. (2604)
1995 Ed. (348, 2540)
1992 Ed. (503)
1991 Ed. (360)
First USA Paymentech Inc.
1999 Ed. (376, 1791)
1998 Ed. (272, 2464)
First Valley Bank
1997 Ed. (593)
1996 Ed. (654)
1992 Ed. (543)
First Variable Direct Annuity Tilt Utility
1997 Ed. (3827)
First Variable Life, Ark.
1989 Ed. (2156)
First Variable Life Insurance
1993 Ed. (2302)
First Variable Vista II Tilt Utility
1997 Ed. (3827)
First Vermont Bank & Trust
1997 Ed. (642)
First Victoria National Bank
1989 Ed. (1410)
First Virginia
1999 Ed. (394)
First Virginia Bank
1994 Ed. (663)
1993 Ed. (378, 630, 662, 3294)
1991 Ed. (687)
First Virginia Banks Inc.
2005 Ed. (355, 356)
2004 Ed. (636, 637)
2003 Ed. (422)
2001 Ed. (569)
1999 Ed. (670)
1998 Ed. (331, 433)
1997 Ed. (643)
1996 Ed. (375, 708)
1995 Ed. (356, 632, 3365)
1994 Ed. (347, 348, 349, 366, 3286)
1992 Ed. (836)
1991 Ed. (398)
1990 Ed. (440)
1989 Ed. (371, 412)
First Voice of Business
2002 Ed. (3634)
First Wachovia
1992 Ed. (519, 538, 540, 715, 836, 2985, 3275)
1991 Ed. (394, 663)
1990 Ed. (536)
1989 Ed. (673, 674)
First Washington Management Inc.
1999 Ed. (4311)
First Weber Group
2007 Ed. (4072)
First Western
1990 Ed. (680, 681)
First Western Bank
2002 Ed. (3556)
First Wilshire Securities Management
1994 Ed. (2308)
1990 Ed. (2318)
First Wisconsin Corp.
1989 Ed. (371, 396, 414, 432)
First Wisconsin/Madison
1993 Ed. (576, 2299)
First Wisconsin National Bank
1993 Ed. (667)
1992 Ed. (868)
1991 Ed. (694)
First Wisconsin Trust
1992 Ed. (2755, 2759, 2767)
First Wisconsin Trust (Index)
1989 Ed. (2146)
The First Wives Club
1999 Ed. (4716)
First Wyoming Bancorp
1990 Ed. (456)
First Years Inc.
2002 Ed. (2801)
Firstar Corp.
2003 Ed. (1423, 1496, 4720)
2002 Ed. (435, 1389, 1797, 3947)
2001 Ed. (573, 574, 636, 637)
2000 Ed. (374, 375, 432, 1358, 1583, 2785)
1999 Ed. (671, 4026, 4027, 4028, 4029)
1998 Ed. (270, 3034)
1997 Ed. (3284, 3285, 3286)
1996 Ed. (3182, 3183)
1995 Ed. (367, 3085, 3367)
1994 Ed. (1224, 3036, 3037, 3038, 3039, 3288)
1993 Ed. (3296)
1991 Ed. (400)
1990 Ed. (639)
Firstar Bank
2003 Ed. (3444)
1997 Ed. (3290)
1996 Ed. (2475, 2482, 3185)
1994 Ed. (668)
Firstar Bank-Illinois
2001 Ed. (612)
2000 Ed. (486)
1999 Ed. (493)
1998 Ed. (343, 363)
1997 Ed. (436, 493)
Firstar Bank Iowa NA
1998 Ed. (385)
1997 Ed. (520)
Firstar Bank Madison NA
1998 Ed. (334)
Firstar Bank Milwaukee N.A.
2001 Ed. (1900)
1998 Ed. (436)
1997 Ed. (647, 735)
1996 Ed. (712)
1995 Ed. (636)
Firstar Bank Minnesota NA
1998 Ed. (396)
1997 Ed. (559)
Firstar Bank, N.A.
2002 Ed. (248, 249, 483, 643, 1120, 2725)
Firstar Bank USA N.A.
2002 Ed. (540)
Firstar Bank Wisconsin
1998 Ed. (436)
Firstar Bond IMMDEX
2002 Ed. (3415)
Firstar Equipment Finance
2003 Ed. (572)
Firstar Growth & Income Inst.
2000 Ed. (3272)
Firstar Growth & Income Institutional
2000 Ed. (3236)
Firstar Homes Inc.
2008 Ed. (1195)
Firstar IMMDEX Inst'l
2000 Ed. (3266)
Firstar Investment
1999 Ed. (3050)
Firstar Investment Research
1998 Ed. (2284)
Firstar Micro Cap Inst.
2001 Ed. (2306)
Firstar MicroCap Return
2002 Ed. (3424)
Firstar Mutual Fund Services LLC
2001 Ed. (3422)
Firstar Tax-Exempt Interim Bond Inst.
2001 Ed. (726)
firstauction.com
2001 Ed. (2979, 2981, 2984, 2993)
FirstBank
2008 Ed. (399)
2007 Ed. (431)
FirstBank Holding Co.
2008 Ed. (344)
2007 Ed. (357, 388)
2006 Ed. (403)
FirstBank Holding Co. of Colorado
2005 Ed. (379)
2003 Ed. (477)
2002 Ed. (544)
FirstBank of Colorado
2005 Ed. (480)
FirstBank Puerto Rico
1998 Ed. (427)
1997 Ed. (599)
1996 Ed. (661)
Firstcare
1994 Ed. (2035, 2037)
FirstChoice Cooperative
2008 Ed. (2892)
FirstCommand Financial Services
2006 Ed. (2602)
FirstComp
2008 Ed. (3250)
2007 Ed. (3103)
FirstComp Insurance
2006 Ed. (3086)
FirstCorp
1995 Ed. (2541, 2542)
1993 Ed. (2532, 2533)
1992 Ed. (319)
FirstCorp Merchant Bank
2001 Ed. (1534)
FirstEnergy Corp.
2008 Ed. (1451, 2426)
2007 Ed. (1937, 1938, 2286, 2291, 2293, 2294, 2295, 2297, 2678, 2680)
2006 Ed. (1954, 1955, 2352, 2355, 2359, 2360, 2362, 2364, 2443, 2690, 2694, 2696)
2005 Ed. (1799, 1920, 1921, 2289, 2309, 2310, 2715)
2004 Ed. (1835, 2196, 2197, 2321, 2725)
2003 Ed. (2140)
2001 Ed. (1672, 3944, 3948)
2000 Ed. (3674)
1999 Ed. (3964)
FirstEnergy Facilities Services Group
2007 Ed. (1387)
2006 Ed. (1240, 1257, 1258, 1259, 1261, 1338)
2005 Ed. (1280, 1282, 1290, 1342)
2004 Ed. (1234, 1236, 1237, 1240, 1241, 1337)
2003 Ed. (1231, 1233, 1234, 1236, 1237, 1238, 1337)
FirstEnergy Park
2005 Ed. (4443)
Firstfed Financial Corp.
2005 Ed. (4223, 4224)
2004 Ed. (4290, 4291)
1999 Ed. (4142)
1998 Ed. (3157)
1997 Ed. (3382)
1996 Ed. (3285)
1995 Ed. (2770, 3186)
1994 Ed. (3144, 3533)
1992 Ed. (4291)
FirstFed Michigan
1996 Ed. (3688, 3689)
1995 Ed. (3350, 3608, 3610)

1994 Ed. (3269, 3526, 3534, 3535)
1993 Ed. (3279, 3562)
1992 Ed. (3800, 4288, 4290, 4285)
1991 Ed. (2921)
FirstGov
2002 Ed. (4821)
FirstGov.gov
2004 Ed. (3159)
FirstGroup America Inc.
2008 Ed. (315, 3454, 3455)
2007 Ed. (328, 329)
2006 Ed. (343, 344)
2005 Ed. (329)
2004 Ed. (326, 327)
Firstgroup plc
2002 Ed. (4671)
2001 Ed. (4621)
FirstGroup USA Inc.
2008 Ed. (316)
Firsthand e-Commerce
2004 Ed. (3596)
Firsthand Technology Innovators
2007 Ed. (3679, 3680)
2004 Ed. (3596)
Firsthand Technology Leaders
2002 Ed. (4505)
2000 Ed. (3290)
Firsthand Technology Value
2006 Ed. (3636)
2002 Ed. (4503, 4505)
FirstHealth of the Carolinas
2008 Ed. (2902)
Firstib.com
2001 Ed. (631)
FirsTier Bank
2002 Ed. (544)
FirsTier Bank NA
1997 Ed. (571)
1996 Ed. (629)
1995 Ed. (560)
1994 Ed. (590)
1993 Ed. (583)
1992 Ed. (792)
1991 Ed. (616)
FirsTier Financial
1997 Ed. (1255)
1995 Ed. (373)
Firstline Security
2006 Ed. (4269)
2005 Ed. (4293)
Firstmark Corp.
2005 Ed. (1554)
FirstMerit Corp.
2008 Ed. (2709)
2005 Ed. (361)
1999 Ed. (667)
1998 Ed. (331)
FirstMerit Bank NA
2008 Ed. (197)
FirstPlace Software, Inc.
2003 Ed. (2717)
2002 Ed. (2511)
FirstPlus Financial
2000 Ed. (3330)
FirstPlus Financial Group
2001 Ed. (3349)
Firstrade
2008 Ed. (731, 737, 2340)
2007 Ed. (758, 2203)
2006 Ed. (2267)
2005 Ed. (2205)
FirstRand Ltd.
2008 Ed. (2072)
2007 Ed. (1975)
2006 Ed. (2009, 4523, 4536)
2002 Ed. (1734, 3038, 3040, 4447, 4449)
2001 Ed. (1846)
FirstRand Banking Group
2008 Ed. (504, 507)
2007 Ed. (552, 555)
2006 Ed. (523, 2010)
2005 Ed. (609, 612)
2004 Ed. (619, 623)
2003 Ed. (610, 614)
2002 Ed. (509, 647, 650)
Firstrust Bank
2000 Ed. (3857, 4251)
Firstrust Savings Bank
1999 Ed. (4601)
1998 Ed. (3564)
1994 Ed. (3532)
1993 Ed. (3568)
1992 Ed. (4294)
1991 Ed. (3383)
1990 Ed. (3591)
1989 Ed. (2832)
FirstService Corp.
2008 Ed. (4321)
2007 Ed. (4365)
FirstSouth Bank
2000 Ed. (4249)
1999 Ed. (4599)
FirstSouth Federal Savings Bank
2002 Ed. (4622)
FirstStreetOnline.com
2006 Ed. (2379)
Firstwave Technologies Inc.
2008 Ed. (1156)
Fiscal Advisors Inc.
1997 Ed. (2482)
1996 Ed. (2349, 2357)
1995 Ed. (2330)
Fiscal Advisors & Marketing Inc.
1993 Ed. (2261)
Fiscal Services Inc.
2001 Ed. (826, 923)
1999 Ed. (3014)
Fiscal Strategies
2001 Ed. (786)
Fisch, Meier Direct
2001 Ed. (217)
Fisch, Meier Direct (Ammirati)
2000 Ed. (177)
1999 Ed. (160)
Fischbach Corp.
2001 Ed. (1410)
1998 Ed. (946, 951, 955)
1997 Ed. (1161, 1162, 1163, 1178)
1996 Ed. (1149)
1995 Ed. (1158, 1174)
1994 Ed. (1139, 1155)
1993 Ed. (1123, 1124, 1125)
1992 Ed. (1425)
1990 Ed. (1200)
Fischbach & Moore Inc.
1999 Ed. (1368)
1996 Ed. (1134)
1995 Ed. (1159)
1994 Ed. (1140)
1992 Ed. (1410, 1411)
1991 Ed. (1077, 1078)
1990 Ed. (1202)
Fischbach & Moore Electric Inc.
2005 Ed. (1311)
Fischer
2001 Ed. (4635)
1993 Ed. (3327)
1992 Ed. (3983)
1991 Ed. (3134)
Fischer AG; Georg
1996 Ed. (2612)
1994 Ed. (2483)
Fischer AG; George
1995 Ed. (2549)
Fischer America Comunicacao
2000 Ed. (71)
Fischer America Comunicacao Total
2003 Ed. (54)
2002 Ed. (87)
2001 Ed. (115)
Fischer & Frichtel
2005 Ed. (1239)
2004 Ed. (1215)
2003 Ed. (1208)
2002 Ed. (1208)
Fischer & Porter Co. Inc.
1996 Ed. (1212)
Fischer Francis
1993 Ed. (2348)
1992 Ed. (2787)
Fischer Francis Trees
1996 Ed. (2382)
Fischer, Francis, Trees & Watts
1997 Ed. (2536)
1992 Ed. (2764)
1991 Ed. (2221)
Fischer Giessereianlagen AG; Georg
1994 Ed. (2438)
Fischer Giesserie-Anlagen AG; Georg
1996 Ed. (2568)
Fischer-Grey
1999 Ed. (168)
1997 Ed. (157)
1996 Ed. (151)
1995 Ed. (137)
1994 Ed. (125)
1993 Ed. (145)
1992 Ed. (219)
1991 Ed. (160)
1990 Ed. (161)
The Fischer Group
2005 Ed. (1187)
2002 Ed. (2682)
Fischer Health
2005 Ed. (3954)
2004 Ed. (3988)
Fischer Homes
2008 Ed. (1879)
2005 Ed. (1187)
2004 Ed. (1159)
2003 Ed. (1154)
2002 Ed. (1184)
2000 Ed. (1209)
Fischer, Justus Communicacoes
1997 Ed. (67)
Fischer, Justus Comunicacao Total
1999 Ed. (67)
Fischer, Justus Comunicacoes
1996 Ed. (68)
1994 Ed. (73)
Fischer, Justus, Young & Rubicam
1990 Ed. (83)
Fischer Rohrleitungssysteme AG; Georg
1996 Ed. (2612)
1994 Ed. (2483)
Fischer Scientific
1997 Ed. (2957)
FischerBrian Construction
2003 Ed. (1179)
FischerHealth
2005 Ed. (3966)
2004 Ed. (4015)
FischerSIPS LLC
2008 Ed. (4396)
Fiserv Inc.
2008 Ed. (1125, 2176, 2177, 2926, 4801)
2007 Ed. (1223, 1237, 2068, 2069, 2570, 2800, 4358)
2006 Ed. (1107, 1124, 3032, 3035)
2005 Ed. (1107, 1117, 1134, 3024, 3027)
2004 Ed. (847, 1079, 1103, 1113)
2003 Ed. (1108, 3673)
1996 Ed. (1278)
1995 Ed. (1223, 1308)
1994 Ed. (464)
1993 Ed. (459)
1992 Ed. (1762)
Fiserv Health Inc.
2008 Ed. (3247)
2007 Ed. (3099, 3100)
2006 Ed. (3083)
Fiserv Health Plan Administration
2008 Ed. (3268)
Fiserv Trust Co.
2008 Ed. (399)
Fish
2008 Ed. (2732)
2007 Ed. (2519)
2003 Ed. (719, 2565)
2001 Ed. (3777)
1999 Ed. (3408)
1998 Ed. (1743, 1745)
1997 Ed. (2063, 2064)
1995 Ed. (3198)
1992 Ed. (2074, 3815)
1991 Ed. (2875, 2876)
Fish & Neave
2003 Ed. (3171, 3172, 3173)
Fish & Richardson
2008 Ed. (3860, 4725)
2003 Ed. (3171, 3172, 3173)
Fish, breaded
2003 Ed. (2565)
Fish, frozen
1994 Ed. (3460)
Fish; Lawrence
1990 Ed. (1723)
Fish; Lawrence K.
1990 Ed. (1712)
Fish Oil
2001 Ed. (2013)
Fish/seafood/shrimp, frozen
1999 Ed. (2532)
Fish; William
1997 Ed. (1947)
1993 Ed. (1844)
Fish Window Cleaning Services Inc.
2008 Ed. (4933)
2007 Ed. (4963)
2006 Ed. (4955)
2005 Ed. (4922)
2004 Ed. (4942)
2003 Ed. (4939)
Fishbach Corp.
1996 Ed. (1133)
Fishbein & Co.
1992 Ed. (22)
1989 Ed. (11)
Fishburn Hedges
2008 Ed. (2120)
2007 Ed. (2024)
2004 Ed. (1872)
2002 Ed. (3857, 3858, 3862, 3867, 3870, 3871, 3872)
2000 Ed. (3651, 3652)
1999 Ed. (2840, 3935, 3938, 3941)
1997 Ed. (3197)
1996 Ed. (3118, 3120)
Fishburn Hedges Boys Williams Ltd.
2008 Ed. (2128, 2132, 2134)
Fisher
2008 Ed. (2385, 3802)
2003 Ed. (3654)
1996 Ed. (2859)
1990 Ed. (1109)
Fisher & Arnold Inc.
2008 Ed. (2527)
Fisher & Paykel
2002 Ed. (1745)
1992 Ed. (3234)
Fisher & Paykel Healthcare
2007 Ed. (1922)
Fisher & Paykel Industries Ltd.
1997 Ed. (2940)
1996 Ed. (2845)
1994 Ed. (2671)
Fisher; Andrew
1997 Ed. (2004)
Fisher Auto Parts Inc.
2007 Ed. (320)
2006 Ed. (329)
2005 Ed. (311)
2002 Ed. (421)
Fisher Capital Partners Ltd.
2002 Ed. (4737)
Fisher Communications Inc.
2005 Ed. (1098)
2004 Ed. (4584)
Fisher Companies Inc.
2002 Ed. (3560)
Fisher Control International
2005 Ed. (1512)
Fisher Development Inc.
2003 Ed. (1286, 1311)
2002 Ed. (1276)
2000 Ed. (4026)
1997 Ed. (3516)
1996 Ed. (3429)
1995 Ed. (3375, 3376)
Fisher; Donald
1989 Ed. (2751)
Fisher; Donald G.
2006 Ed. (4902)
2005 Ed. (4846)
Fisher; Donald George
1996 Ed. (961)
Fisher; Doris F.
2006 Ed. (4902)
2005 Ed. (4846)
Fisher; Eileen
2008 Ed. (4345)
2005 Ed. (2468)
Fisher family & G. Getty
1991 Ed. (3333)
Fisher family; Donald
1989 Ed. (2905)
Fisher Foods
1990 Ed. (3059)
Fisher; George M. C.
1996 Ed. (964)
Fisher-Grey
2002 Ed. (208)

Fisher Hoffman Sithole
1999 Ed. (22)
1997 Ed. (26, 27)
Fisher III; Charles
1996 Ed. (965)
1995 Ed. (981)
1994 Ed. (948)
1993 Ed. (939)
1992 Ed. (1144)
1991 Ed. (927)
1990 Ed. (974)
Fisher Investments
1991 Ed. (2231)
1990 Ed. (2343, 2346)
Fisher Island Club
2002 Ed. (3990)
Fisher; John
2008 Ed. (4831)
2006 Ed. (4902)
Fisher, Justus Comunicacoes
1995 Ed. (52)
Fisher, Justus/Young & Rubicam
1989 Ed. (89)
Fisher; Lee E.
1993 Ed. (3443)
Fisher; Max Martin
1995 Ed. (935)
Fisher; Paul
2006 Ed. (1001)
Fisher-Price
2008 Ed. (4707)
2007 Ed. (4789)
2006 Ed. (4782)
2005 Ed. (1536)
2000 Ed. (4277)
1999 Ed. (786, 788, 1192, 4628, 4629)
1998 Ed. (3596, 3599)
1997 Ed. (709, 1020, 3775, 3776)
1996 Ed. (1002, 3722, 3723, 3726)
1995 Ed. (1022, 3638, 3639, 3640, 3642, 3643)
1994 Ed. (745, 1011, 2365, 3025, 3559, 3560, 3561)
1993 Ed. (733, 734, 739, 743, 984, 2413, 2984, 3601, 3602, 3603)
1992 Ed. (4325, 4326, 4327, 4328)
1991 Ed. (3410)
1990 Ed. (3623)
1989 Ed. (2858)
Fisher-Price pre-school ranges
1992 Ed. (4329)
Fisher; Richard B.
1997 Ed. (982)
1993 Ed. (940)
Fisher; Robert
2008 Ed. (4831)
2007 Ed. (4897)
2006 Ed. (4902)
Fisher School of Business; Ohio State University
2007 Ed. (826)
2006 Ed. (740)
Fisher School of Business; Ohio State University-Columbus
2008 Ed. (799)
Fisher Science
2004 Ed. (894)
Fisher Scientific Group
1990 Ed. (2216)
1989 Ed. (2362)
Fisher Scientific International Inc.
2008 Ed. (866, 1402, 1972, 4920, 4922)
2007 Ed. (889, 1912, 2774, 4943, 4944, 4947)
2006 Ed. (800, 1927, 2761, 2769, 2781, 3447, 4936, 4938)
2005 Ed. (880, 1901, 2791, 2799, 3126, 3127, 4675, 4905, 4906)
2004 Ed. (1817, 2798, 3123, 4916, 4917)
2003 Ed. (1782, 2889, 2890, 4923, 4924)
2002 Ed. (4894)
2001 Ed. (1811)
Fisher; Stephen
2006 Ed. (986)
Fisher Transport
1989 Ed. (2368)
Fisher; William
2008 Ed. (4831)
2007 Ed. (4897)
Fishers
2005 Ed. (3616)
Fisher's Big Wheel
1990 Ed. (1519)
Fishers, hunters, and trappers
1989 Ed. (2080, 2080, 2082)
Fishers, IN
1991 Ed. (1478)
Fishers Island Electric Corp.
2003 Ed. (2134)
Fishery products
1997 Ed. (2049)
Fishery Products International
2008 Ed. (4284)
2007 Ed. (4265)
2006 Ed. (4250)
2004 Ed. (1669)
1998 Ed. (1734)
Fishing
2007 Ed. (3736)
2005 Ed. (3633, 3634, 4428)
2001 Ed. (4334, 4340, 4343)
2000 Ed. (4090)
1998 Ed. (3355)
1997 Ed. (2018)
1995 Ed. (3430)
Fishing equipment
1997 Ed. (3555)
Fishing, freshwater
1999 Ed. (4384, 4386)
Fishing, Hunting
2000 Ed. (2919)
Fishing industry
1994 Ed. (2243)
Fishing or hunting
2000 Ed. (1048)
Fishing, saltwater
1999 Ed. (4384)
Fishing, trapping or vermin destroying
1990 Ed. (2776)
Fishing World
1992 Ed. (3385)
Fishkind & Associates
1997 Ed. (2477)
1991 Ed. (2173)
Fishking Processors Inc.
1997 Ed. (2801)
1996 Ed. (2660)
Fishman; Barbara White
1995 Ed. (935)
Fishman; J. G.
2005 Ed. (2489)
Fishman; Jerald G.
2006 Ed. (2524)
Fisk Corp.
2006 Ed. (1281)
2005 Ed. (1311)
2004 Ed. (1304)
Fisk Electric Co.
2007 Ed. (1378)
2005 Ed. (1294)
2003 Ed. (1301)
2002 Ed. (1289)
2001 Ed. (1474)
2000 Ed. (1254)
1999 Ed. (1368)
1998 Ed. (946)
1997 Ed. (1162)
1996 Ed. (1134)
1993 Ed. (1124)
Fiske & Co.
2001 Ed. (1036)
Fisons
1997 Ed. (1395)
1996 Ed. (1356, 1358)
Fisons PLC
1990 Ed. (948)
FISQ Zero coupon - profit Quebec
2004 Ed. (725, 726)
Fist Wachovia
1989 Ed. (675)
Fistar Corp.
1996 Ed. (3181)
Fiszman; Danny
2007 Ed. (4931)
Fit & Trim
1999 Ed. (3785)
Fit-One Exercise Machine
1994 Ed. (1724)
Fit Pregnancy
2005 Ed. (147)
Fitch
2002 Ed. (1952, 1953, 1956, 1957, 1958)
2001 Ed. (1444, 1446, 1448)
1999 Ed. (2839, 2842)
1996 Ed. (2234, 2235)
1995 Ed. (2225, 2229)
Fitch RS
1994 Ed. (2175)
1993 Ed. (2158)
1992 Ed. (2588, 2589)
1991 Ed. (2014)
1990 Ed. (1276, 1670, 2170)
Fitch, Wiley, Richlin & Tourse
1995 Ed. (673, 2413)
Fitch Worldwide
2002 Ed. (2986)
Fitchburg-Leominster, MA
2002 Ed. (2459)
Fitchburg Sentinel-Enterprise
1990 Ed. (2710)
1989 Ed. (2064)
Fites; Donald V.
1994 Ed. (1719)
Fitger's Inn
2007 Ed. (2942)
2006 Ed. (2931)
2005 Ed. (2928)
FitLinxx Inc.
2003 Ed. (2710, 3053)
Fitness
2007 Ed. (2329)
2005 Ed. (147, 148)
2004 Ed. (3333)
2000 Ed. (3464, 3477)
1999 Ed. (3754)
1998 Ed. (2785, 2799)
1997 Ed. (3042, 3046)
1996 Ed. (2961)
Fitness Holdings Inc.
2003 Ed. (270)
2001 Ed. (375)
Fitness Quest
2001 Ed. (2349)
Fitness Together
2008 Ed. (2914)
2007 Ed. (2789)
2006 Ed. (2789)
2005 Ed. (2813)
2004 Ed. (2817)
Fitness trainers
2005 Ed. (3623)
Fitness Walking
2000 Ed. (4089)
1999 Ed. (4386)
1998 Ed. (3354)
1996 Ed. (3036)
Fitness/workout shoes
1993 Ed. (257)
Fitti
2000 Ed. (1666)
1996 Ed. (1546)
1995 Ed. (1562)
Fitz Vogt & Associates Ltd.
2007 Ed. (1911)
2006 Ed. (1926)
2005 Ed. (1900)
2004 Ed. (1816)
Fitzgerald & Co.
2004 Ed. (130)
2000 Ed. (172)
1997 Ed. (59)
FitzGerald Communications
2003 Ed. (3990, 3997, 4004, 4006)
2002 Ed. (3810, 3823)
2001 Ed. (3929, 3933)
Fitzgerald Contractors Inc.
2007 Ed. (1378)
Fitzgerald Group; Sherry
2008 Ed. (49)
Fitzgerald; Mark
2007 Ed. (2465)
Fitzgerald; Sherry
2007 Ed. (46)
Fitzgerald; W. Paul
1995 Ed. (983)
Fitzpatrick Cello Harper & Scinto
2008 Ed. (3860)
Fitzpatrick; David
2006 Ed. (958)
Fitzpatrick Dealership Group
2005 Ed. (169)
2004 Ed. (167)
Fitzpatrick Design Group Inc.
1997 Ed. (262)
1996 Ed. (231)
Fitzpatrick Electric Supply Co.
2003 Ed. (2203)
Fitzpatrick; Florence K.
1992 Ed. (1098)
Fitzpatrick; Thomas J.
2005 Ed. (2517)
FitzSimons; Dennis
2006 Ed. (913)
Fitzwilton
1991 Ed. (1477)
Five Alive
1992 Ed. (2240)
1990 Ed. (724, 545, 2466, 510, 2467)
5 & Diner Franchise Corp.
2002 Ed. (4024)
Five Arrows GI UK Equity Income
2000 Ed. (3297)
Five Arrows GI UK Major Cos
2000 Ed. (3297)
Five Arrows Ptf Emerging Markets
2000 Ed. (3310)
Five Arrows Smaller Companies Trust
1993 Ed. (2683)
Five Brothers
2001 Ed. (4321)
Five Brothers Pasta Sauce
1998 Ed. (1726, 2668)
Five County Credit Union
2008 Ed. (2236)
5 Day Business Forms
2005 Ed. (3891)
Five Flags Banks Inc.
2005 Ed. (2869)
5 Foot 10 Pack
1996 Ed. (887)
5 Ft 10 Pack Vol II
1996 Ed. (1080)
Five Guys Famous Burgers & Fries
2008 Ed. (4165)
545, F. L. P. Secretan & Co. Ltd.
1991 Ed. (2335)
510, R. J. Klin & Co. Ltd.
1991 Ed. (2338)
5. Jacques Dessange
2001 Ed. (2640)
Five Little Monkeys Jumping on the Bed
2004 Ed. (735)
The Five People You Meet in Heaven
2008 Ed. (555, 624)
2007 Ed. (662)
2006 Ed. (636)
2005 Ed. (723)
Five Point Capital
2008 Ed. (2704)
Five Star Cleaning Service
2006 Ed. (667)
5 Star Computer Systems Ltd.
2003 Ed. (2734)
Five Star Products Inc.
2004 Ed. (4553)
Five Star Quality Care
2008 Ed. (1911)
2006 Ed. (1874)
Five Star Speakers & Trainers LLC
2006 Ed. (3514, 4353)
5Linx Enterprises Inc.
2008 Ed. (1984)
The 5th Horseman
2008 Ed. (552)
Fix
1992 Ed. (2371)
Fix-It and Forget-It Cookbook
2004 Ed. (745)
Fixed Inc.-Commingled
1994 Ed. (582)
Fixed Fund
1994 Ed. (581, 582)
Fixed Income
1996 Ed. (627)
Fixed-income arbitrage
2005 Ed. (2818)
Fixed Income—Cash Enhancement Account
2003 Ed. (3115)
Fixed Income Commingled
1996 Ed. (626, 627)

Fixed Income—Global Government Hedged
2003 Ed. (3150)
Fixed Income—Non-U.S. Hedged
2003 Ed. (3147)
Fixed Income Securities LP
2006 Ed. (4343)
Fixed Retirement Account
1996 Ed. (626, 627)
1994 Ed. (581, 582)
Fixodent
2008 Ed. (2324)
2003 Ed. (1991, 1992, 1993, 1994)
Fixodent Free
2003 Ed. (1991)
Fixodent Fresh
2003 Ed. (1991)
Fizanica Lincoln-Mercury; Marty
1992 Ed. (378, 389, 417)
Fjarfestingarfelagid Straumur hf.
2006 Ed. (4506)
FKB
1990 Ed. (3088)
FKB Carlson
1997 Ed. (3374)
1996 Ed. (3277)
1994 Ed. (3128)
1993 Ed. (3065)
FKB Group PLC
1990 Ed. (1223)
FKB London
1993 Ed. (3513)
1992 Ed. (3761)
FKB Telephone Marketing
1991 Ed. (3283)
FKI
2007 Ed. (2403)
2006 Ed. (2480)
FKI plc
2008 Ed. (3602)
2007 Ed. (3436)
2006 Ed. (3421)
2004 Ed. (3397)
2003 Ed. (3320)
1997 Ed. (1256)
F.L. Smidth & Co. A/S - Koncern
1990 Ed. (1344)
1989 Ed. (1104)
Flachsmann
2001 Ed. (994)
Flack & Kurtz
1995 Ed. (1680)
1990 Ed. (1667)
Flack & Kurtz Consulting Engineers
1993 Ed. (1611)
1992 Ed. (1956)
Flack; Joe F.
1993 Ed. (2463)
1992 Ed. (2905)
Flack + Kurtz Inc.
2007 Ed. (2444)
2006 Ed. (2478)
2005 Ed. (2438)
Flack Kurtz Consulting Engineers
1994 Ed. (1641)
Flad & Associates
2008 Ed. (3341)
2007 Ed. (3206)
2006 Ed. (3172)
2005 Ed. (3163, 3170)
Flad & Associates of Florida Inc.
1998 Ed. (186)
Flag International
1992 Ed. (2505)
Flag Invest Telephone Income
1991 Ed. (2555)
Flag Investment Communications
2000 Ed. (3225)
Flag Investors Communications
2000 Ed. (3289)
Flag Investors Emerging Growth
1990 Ed. (2370)
Flag Investors Europe Mid Cap
2001 Ed. (3500)
Flag Investors Telephone Income A
1999 Ed. (3511, 3578)
1997 Ed. (2878)
1995 Ed. (2681)
Flag Investors Total Return US. Treasury
1995 Ed. (2745)
Flag Investors Value Builder
2000 Ed. (3226, 3252)
Flag Investors Value Builder A
1999 Ed. (3508, 3562)
Flaget Memorial Hospital
2008 Ed. (3061)
Flagler
1990 Ed. (1806)
Flagler County, FL
1993 Ed. (1433)
Flagship Airlines
1999 Ed. (1252)
1998 Ed. (817)
Flagship All-American Tax
1995 Ed. (2701)
Flagship All-American Tax Exempt
1995 Ed. (2689, 3542)
1994 Ed. (2622)
1993 Ed. (2667, 2678)
Flagship Construction Co.
2008 Ed. (1315)
2007 Ed. (1380)
Flagship Financial Corp.
1992 Ed. (4294)
Flagship Utility Income A
1995 Ed. (2732)
Flagship Ventures
2004 Ed. (4831)
Flagstaff, AZ
2008 Ed. (3479)
2006 Ed. (2427)
2004 Ed. (4114, 4115, 4762)
2000 Ed. (1909, 3767, 3768)
1999 Ed. (2127, 4052, 4053)
1998 Ed. (245, 1548, 3052, 3053)
1997 Ed. (3305, 3308, 3309)
1995 Ed. (3107, 3109)
1994 Ed. (3061)
Flagstaff, AZ-UT
2005 Ed. (2387, 3470)
2003 Ed. (4088, 4089)
2002 Ed. (2118, 3995, 3996)
2001 Ed. (4048, 4055)
Flagstar
1999 Ed. (1518)
1995 Ed. (3297, 3361)
Flagstar Bancorp
2005 Ed. (450, 1610)
2004 Ed. (417)
2003 Ed. (423, 424, 427, 451)
2002 Ed. (1729, 4621)
2001 Ed. (3347, 4528)
2000 Ed. (3854)
Flagstar Bank
2006 Ed. (3565, 3567, 3568)
1999 Ed. (4141)
1998 Ed. (1089, 1090, 1736, 2523, 2526, 3155, 3551)
Flagstar Bank, FSB
2007 Ed. (4251, 4259, 4260)
2006 Ed. (3570, 4237, 4245, 4246)
2005 Ed. (1066, 3510, 4182, 4212, 4220, 4221)
2004 Ed. (1062, 4249, 4279, 4287, 4288)
2003 Ed. (4259, 4277, 4280)
2002 Ed. (4116, 4137)
Flagstar Companies Inc.
2000 Ed. (387, 388, 389)
Flagstar Cos.
1999 Ed. (1519, 1520, 1521, 1522, 1523, 1524, 1525, 2478, 2480)
1998 Ed. (1737, 3067, 3068, 3412)
1997 Ed. (1507, 2051, 3327, 3329, 3651)
1996 Ed. (1243, 1269, 1444, 1951, 3228, 3606)
1995 Ed. (1911, 3133)
Flair
1998 Ed. (3399)
Flair Communications
2001 Ed. (3920)
1997 Ed. (1618)
1993 Ed. (3063)
1992 Ed. (3758)
1989 Ed. (2351)
Flair Communications Agency
1996 Ed. (1553, 3276)
1990 Ed. (3082, 3083, 3086, 3087)
Flair Homes
2005 Ed. (1241)
2004 Ed. (1217)
2003 Ed. (1210)
Flambeau Corp.
2001 Ed. (717)
Flame D'Amore
2000 Ed. (2338)
Flame Enterprises Inc.
2008 Ed. (2465, 2469)
2005 Ed. (2347)
Flame Glow
1997 Ed. (2923)
Flame retardants
2001 Ed. (391)
1999 Ed. (946)
Flame retardants, plastic
2007 Ed. (280)
Flame Seedless
2002 Ed. (4967, 4968)
2001 Ed. (4870, 4871)
Flame Tokay
2002 Ed. (4967, 4968)
2001 Ed. (4870, 4871)
Flamers Charburgers
2004 Ed. (2583)
2003 Ed. (2452)
2002 Ed. (2248)
Flamingo
2001 Ed. (2801)
Flamingo Foods
1997 Ed. (2735, 2736, 2739, 3141, 3142, 3146)
1996 Ed. (2592, 3067)
Flamson, III; R. J.
1991 Ed. (402)
Flamson 3d; R.J
1990 Ed. (458, 459)
Flanagan; Glenda
2006 Ed. (998)
Flanagan; Martin L.
1995 Ed. (1728)
Flanders Corp.
2007 Ed. (3418)
Flanigans Enterprises
1998 Ed. (155)
1996 Ed. (1926)
1995 Ed. (202)
Flannigan; Sandra
1997 Ed. (1854)
Flannigan; Sandy
1991 Ed. (1674)
Flanzer; Gloria Milstein
1992 Ed. (1093)
Flapjack Communications
2002 Ed. (3854)
Flarex
1995 Ed. (2810)
Flarion Technologies Inc.
2008 Ed. (1404)
Flash
2008 Ed. (717)
2002 Ed. (2709)
2001 Ed. (1356)
2000 Ed. (3702)
1999 Ed. (1183)
1996 Ed. (983)
1994 Ed. (983)
1992 Ed. (1177)
Flash bulbs & cubes
1992 Ed. (2354)
1991 Ed. (1865)
1990 Ed. (1960)
Flash Electronics Inc.
2006 Ed. (1227)
Flash Strips; Eclipse
2008 Ed. (727)
Flashlight Fun Stacie Doll and Pooh
2000 Ed. (4276)
Flashlights
2005 Ed. (2781)
1990 Ed. (721)
Flashline Inc.
2006 Ed. (1134)
flash.net
2001 Ed. (2986)
Flat car
1997 Ed. (3240, 3241)
Flat cars
1999 Ed. (2530)
Flat Irons Subaru
1996 Ed. (288)
1995 Ed. (285)
Flat SpA (ordinary)
1991 Ed. (2458, 2459)
Flatbreads
1998 Ed. (1859)
Flatfish
1998 Ed. (3175)
1996 Ed. (3300)
1995 Ed. (3199)
1994 Ed. (3155)
Flatfish (flounder/sole)
1991 Ed. (2938)
Flathead Bank of Bigfork
1996 Ed. (540)
Flatiron Construction
2008 Ed. (1236)
Flatiron Credit Co., Inc.
2005 Ed. (359)
Flatirons Solutions
2008 Ed. (1207)
Flatley Co.
2001 Ed. (1401)
Flatley; Michael
2008 Ed. (2587)
2007 Ed. (4917)
2005 Ed. (4884)
Flatley; Thomas
2007 Ed. (4918)
Flatley; Thomas J.
2006 Ed. (4906)
2005 Ed. (4852)
Flatware
1999 Ed. (4529)
Flavor Aid
2000 Ed. (2283)
Flavor blends
2001 Ed. (2450)
Flavor House
2004 Ed. (4437, 4439)
Flavored drinks
2003 Ed. (4480)
Flavors & fragrances
2002 Ed. (1035)
2001 Ed. (1210)
1999 Ed. (1110)
1996 Ed. (952)
Flavors of Scotland Liquors
1997 Ed. (3394)
Flaws; James
2007 Ed. (1053)
Flea & tick killer
2002 Ed. (2816)
Flea & tick products
2002 Ed. (3661)
Flea collars
2002 Ed. (3661)
1990 Ed. (2826)
Flea/tick products
2005 Ed. (3724)
Fleed Specialist
2005 Ed. (3597)
Fleer
1993 Ed. (3608)
1990 Ed. (3634)
Fleer Baseball
1995 Ed. (3649)
Fleer Basketball
1995 Ed. (3649)
Fleer Double Bubble
1997 Ed. (976)
Fleerfoot McCann
2000 Ed. (193)
1999 Ed. (172)
Fleet
2005 Ed. (2048)
2003 Ed. (3197, 3198, 3776)
1997 Ed. (362)
1996 Ed. (393, 3599)
1995 Ed. (566, 1607)
Fleet adult enema 4.5 oz.
1991 Ed. (1451)
Fleet Bank
2005 Ed. (366)
2001 Ed. (641)
2000 Ed. (2926, 3725, 4058)
1999 Ed. (4339)
1997 Ed. (3529)
1996 Ed. (3460)
Fleet Bank NA
2002 Ed. (626)
2000 Ed. (632)
1999 Ed. (609, 3180)
1998 Ed. (415, 416, 2349, 2352, 3316)
1996 Ed. (478)

1995 Ed. (449)
1994 Ed. (459, 527)
1993 Ed. (382, 384, 456)
Fleet Bank-New Hampshire
1997 Ed. (576)
1993 Ed. (590)
Fleet Bank-NH
1996 Ed. (636)
1995 Ed. (567)
1994 Ed. (597)
1991 Ed. (624)
Fleet Bank of Connecticut
1992 Ed. (643)
Fleet Bank of Maine
1998 Ed. (392)
1997 Ed. (549)
1996 Ed. (595)
1995 Ed. (537)
1994 Ed. (561)
1993 Ed. (559)
1992 Ed. (767)
Fleet Bank of Maine (Portland)
1991 Ed. (599)
Fleet Bank of Massachusetts NA
1997 Ed. (554)
1996 Ed. (601)
1995 Ed. (542)
1994 Ed. (566)
1993 Ed. (564)
Fleet Bank of New York
1998 Ed. (418)
1997 Ed. (579)
1996 Ed. (640)
1995 Ed. (361, 362, 507)
Fleet Bank of Upstate NY
1994 Ed. (354)
Fleet Boston
2005 Ed. (490)
Fleet Boston Financial
2003 Ed. (447, 448)
Fleet Call
1994 Ed. (1289, 3492)
Fleet Capital
2006 Ed. (4820)
2003 Ed. (570, 571, 572)
Fleet Car Carriers
2008 Ed. (4770)
2007 Ed. (4843)
Fleet-Car Lease
2003 Ed. (4787)
Fleet Credit Corp.
1998 Ed. (389)
Fleet Enema
1993 Ed. (1521)
1992 Ed. (1846)
Fleet enema 4.5 oz.
1990 Ed. (1542, 1575)
Fleet, farm, industrial
1994 Ed. (2179)
Fleet Feet Sports
2008 Ed. (4487)
Fleet Financial
2001 Ed. (582)
2000 Ed. (396, 438)
1999 Ed. (380, 445, 1794)
1990 Ed. (415)
Fleet Financial Bank
1998 Ed. (394)
Fleet Financial Group Inc.
2002 Ed. (1389)
2001 Ed. (433, 573, 574, 580, 587, 4281)
2000 Ed. (327, 380, 382, 383, 385, 425, 426, 436, 504, 505, 621, 1513, 3156, 3157, 3415, 3737, 3741, 3742, 3743, 4053)
1999 Ed. (312, 313, 370, 383, 397, 422, 482, 597, 611, 615, 661, 1704, 2698, 4022, 4023, 4024, 4025, 4333, 4335)
1998 Ed. (201, 202, 203, 267, 270, 277, 278, 281, 282, 284, 321, 378, 1175, 3315)
1997 Ed. (332, 334, 339, 342, 343, 346, 347, 1477, 3287, 3288, 3289)
1996 Ed. (359, 360, 368, 371, 635, 1438, 3179)
1994 Ed. (250, 346, 348, 578, 604)
1990 Ed. (452, 648)
1989 Ed. (364)
Fleet Financial/Shawmut
1997 Ed. (386)
Fleet Insurance Services LLC
2006 Ed. (2419)
2005 Ed. (2370, 3069)
Fleet Investment
2003 Ed. (3074)
2002 Ed. (2350)
Fleet Investment Advisors
2000 Ed. (2842)
1994 Ed. (2317)
Fleet Investment Advisors, Value Driven Growth
2003 Ed. (3125)
Fleet Kids
2002 Ed. (4829)
Fleet/Liberty
2003 Ed. (3621)
Fleet Maintenance Inc.
2008 Ed. (4975)
Fleet Mortgage
2002 Ed. (3381, 3382, 3385, 3388, 3389)
2001 Ed. (3345, 3346, 3347, 3352, 4522)
2000 Ed. (3158, 3159, 3161, 3162)
1999 Ed. (2608, 3435, 3437, 3439, 3440, 3441)
1992 Ed. (3107)
1991 Ed. (1856, 2483)
1990 Ed. (2602, 2605)
1989 Ed. (2006)
Fleet Mortgage Group
1998 Ed. (1861, 2456, 2522, 2523, 2525, 2526, 2527, 2528, 2529, 2530)
1997 Ed. (2808, 2810, 2811, 2813, 2814)
1996 Ed. (2036, 2675, 2677, 2679, 2681, 2682, 2683, 2684, 2686)
1995 Ed. (2042, 2597, 2599, 2600, 2601, 2606, 2609, 2610)
1994 Ed. (1984, 2548, 2549, 2554, 2557, 2558)
Fleet NA Bank
2003 Ed. (1056)
2002 Ed. (479, 480, 481, 482, 483, 487, 489, 506, 508, 643, 1120, 2578, 2725, 3210, 3391)
Fleet National Bank
2006 Ed. (376, 378, 386, 390, 392, 393, 394, 1076, 1077, 2873, 2989, 3563)
2005 Ed. (369, 382, 384, 428, 431, 432, 433, 434, 435, 436, 1068, 1069, 2868, 2994)
2004 Ed. (363, 365, 366, 422, 426, 427, 428, 429, 430, 1064, 1065, 2863, 2996)
2003 Ed. (384, 386, 387, 428, 430, 431, 432, 433, 434, 435, 436, 1055, 2771, 2887, 3445)
2000 Ed. (399, 400, 401, 408, 409, 410, 414, 417, 419)
1999 Ed. (398, 403, 405, 411, 412, 413, 421, 3433)
1998 Ed. (298, 299, 301, 303, 306, 307, 308, 313, 314, 318, 1958)
1997 Ed. (600)
1996 Ed. (417, 662)
1995 Ed. (593, 2433, 2435)
1994 Ed. (623, 1984, 2554)
1993 Ed. (409, 619, 1993, 2592)
1992 Ed. (569, 826)
1991 Ed. (654)
1990 Ed. (673)
1989 Ed. (661)
Fleet National Bank of Connecticut
1997 Ed. (442)
1994 Ed. (3011)
Fleet/Norstar
1995 Ed. (2602, 2603)
1990 Ed. (439, 1792, 2609)
1989 Ed. (378, 422)
Fleet/Norstar Financial
1990 Ed. (657, 658, 1535)
1989 Ed. (635)
Fleet/Norstar Financial Group
1993 Ed. (601, 2593, 2595, 3289)
1992 Ed. (808)
1991 Ed. (374, 623, 635, 1721, 1722, 1725, 2486)
1990 Ed. (659, 1791)
1989 Ed. (399)
Fleet/Norstar Securities Inc.
1993 Ed. (2268, 3166)
Fleet Phospho Soda
2004 Ed. (249)
2003 Ed. (3197)
Fleet Real Estate Funding Corp.
1996 Ed. (2036, 2677, 2684)
1995 Ed. (2042, 2606)
1992 Ed. (3107)
1991 Ed. (1856, 2483)
Fleet Securities Inc.
2001 Ed. (736, 740, 782, 830, 832, 839, 863, 871, 891, 892, 911, 912)
2000 Ed. (3984)
1999 Ed. (4232, 4238, 4250)
1998 Ed. (2566, 3260)
1997 Ed. (3461)
1996 Ed. (2356)
1995 Ed. (3256)
Fleet/Shawmut
1996 Ed. (395, 3184)
Fleet Transport Co.
1998 Ed. (3639)
1997 Ed. (3809)
1996 Ed. (3759)
1995 Ed. (3680)
1994 Ed. (3474)
1993 Ed. (3503)
FleetBoston Financial Corp.
2006 Ed. (387, 507, 1423)
2005 Ed. (355, 358, 373, 376, 377, 423, 424, 429, 438, 440, 448, 449, 590, 629, 630, 790, 1002, 1003, 1064, 1562, 1858, 1861, 1862, 1863, 1864, 2046, 2223, 2866, 4335, 4385, 4571, 4572, 4573, 4574, 4575, 4576)
2004 Ed. (418, 423, 432, 434, 440, 601, 640, 641, 1793, 4394, 4436)
2003 Ed. (426, 429, 437, 438, 446, 452, 453, 594, 627, 628, 818, 1756)
2002 Ed. (444, 488, 498, 502, 503, 629, 1685, 1723, 1818, 3195, 3196, 3203, 3204, 3205, 3207, 3208, 3947, 4198, 4201, 4206, 4208, 4210, 4213, 4215, 4220, 4221, 4223, 4224, 4276, 4277, 4556, 4557, 4874)
2001 Ed. (431, 585, 586, 621, 622, 639, 640, 643, 4029, 4088, 4193)
FleetCenter
2006 Ed. (1153)
2003 Ed. (4527)
2002 Ed. (4343)
2001 Ed. (4351)
1999 Ed. (1298)
Fleetmark
1993 Ed. (2604)
Fleetwood
1996 Ed. (3172, 3173)
Fleetwood Commerce Park
1991 Ed. (1044)
Fleetwood Enterprises Inc.
2008 Ed. (294, 3538)
2007 Ed. (306, 3390, 3391, 3409)
2006 Ed. (304, 307, 309, 3332, 3333, 3355, 3356)
2005 Ed. (284, 286, 287, 3341, 3342, 3496, 3497)
2004 Ed. (3318, 3319, 3346, 3497)
2003 Ed. (338, 3207, 3265, 3266, 3283)
2002 Ed. (397, 1523, 3739, 3740)
2001 Ed. (1395, 1405, 1406, 2500, 2501)
2000 Ed. (1195, 1196, 1201, 1805, 2590, 3588, 3589, 3590, 3591, 3594, 3595, 3596, 3597)
1999 Ed. (1313, 1317, 1320, 1322, 2028, 2816, 3873, 3874, 3875, 3876, 3877, 3878, 3879, 3880, 4018)
1998 Ed. (881, 886, 887, 890, 1435, 2060, 2902, 2903, 2904, 2905, 2906, 2907, 2908, 2909, 3026, 3027, 3028, 3029)
1997 Ed. (1123, 1125, 3149, 3150, 3151, 3152, 3153, 3156, 3157, 3158, 3275)
1996 Ed. (1104, 2130, 3068, 3069, 3070, 3071, 3072, 3073, 3074, 3075, 3077, 3078, 3171)
1995 Ed. (1131, 1134, 2970, 2971, 2972, 2973, 2975, 2976, 2978, 2979, 3078)
1994 Ed. (1107, 1115, 1119, 1120, 2365, 2914, 2915, 2916, 2917, 2918, 2919, 2922, 2923, 3025, 3026)
1993 Ed. (1091, 2413, 2606, 2899, 2900, 2901, 2902, 2903, 2904, 2905, 2983, 2984, 2985, 2986)
1992 Ed. (430, 1368, 1560, 2855, 3115, 3116, 3515, 3518, 3519, 3520, 3521, 3522, 3643, 3644)
1991 Ed. (314, 1060, 1062, 2299, 2491, 2757, 3420)
1990 Ed. (2892, 2893)
1989 Ed. (1001, 1891, 2295, 2298, 2871, 2872)
Fleetwood Fixtures
2008 Ed. (4546)
Fleetwood Folding Trailers Inc.
1993 Ed. (2986)
Fleetwood Mac
2006 Ed. (2486)
2005 Ed. (1160)
1999 Ed. (1292)
Fleischer; Arthur
1991 Ed. (2297)
Fleischer; David
1997 Ed. (1884)
1996 Ed. (1810)
1995 Ed. (1832)
1994 Ed. (1794)
1990 Ed. (1769)
Fleischer; Ernest M.
1990 Ed. (457, 3686)
Fleischmann's
2008 Ed. (3589)
2005 Ed. (2732)
2003 Ed. (3311, 3685)
2000 Ed. (3039, 3040, 4359)
1999 Ed. (4733)
1997 Ed. (2139)
1996 Ed. (2017)
1995 Ed. (1992, 2507)
1994 Ed. (1970, 1972, 2441)
1993 Ed. (1942, 1949, 1950, 3674)
1992 Ed. (2285, 4402)
1991 Ed. (1810, 3455, 3456)
1990 Ed. (1896, 3676)
1989 Ed. (1512, 1513)
Fleischmann's Gin
2004 Ed. (2730, 2735)
2003 Ed. (2609, 2615)
2002 Ed. (287, 2399)
2001 Ed. (2595, 2599, 2601)
2000 Ed. (2329)
1999 Ed. (2586, 2589)
1998 Ed. (1829)
1995 Ed. (1996)
Fleischmann's Light
1994 Ed. (2441)
Fleischmann's Preferred
2004 Ed. (4889)
2003 Ed. (4899)
2002 Ed. (3102)
2001 Ed. (4786)
2000 Ed. (2944)
1999 Ed. (3204)
1997 Ed. (2653)
1996 Ed. (2514)
1995 Ed. (2465)
1994 Ed. (2384)
1993 Ed. (2434)
1992 Ed. (2870)
1991 Ed. (2318)
1990 Ed. (2452)
Fleischmann's Royal
2002 Ed. (287)
Fleischmann's Royal Velvet
2004 Ed. (4845)
2003 Ed. (4864)
Fleischmann's Royal Vodka
1999 Ed. (4724)
Fleischmann's Vodka
2002 Ed. (4772)
2001 Ed. (4714)
2000 Ed. (2968)

Fleishman-Hillard Inc.
2004 Ed. (3977, 3978, 3979, 3980, 3981, 3984, 3987, 3991, 3992, 3993, 3994, 3996, 4013)
2003 Ed. (3973, 3976, 3977, 3978, 3979, 3980, 3982, 3994, 3995, 3996, 3997, 3999, 4001, 4002, 4003, 4005, 4007, 4008, 4009, 4010, 4011, 4014, 4015, 4016, 4020, 4021)
2002 Ed. (3806, 3807, 3808, 3811, 3813, 3815, 3817, 3818, 3819, 3820, 3824, 3825, 3826, 3829, 3830, 3831, 3832, 3834, 3835, 3836, 3837, 3838, 3839, 3840, 3843, 3844, 3845, 3846, 3849, 3850)
2001 Ed. (3924, 3925, 3926, 3927, 3928, 3929, 3930, 3931, 3932, 3934, 3935, 3937, 3938, 3939, 3940, 3942)
2000 Ed. (3625, 3626, 3627, 3631, 3634, 3635, 3636, 3637, 3638, 3640, 3641, 3642, 3643, 3646, 3647, 3648, 3657, 3658, 3659, 3660, 3662, 3666, 3667, 3670)
1999 Ed. (3908, 3909, 3910, 3913, 3915, 3918, 3919, 3920, 3921, 3923, 3924, 3925, 3926, 3927, 3929, 3930, 3932, 3942, 3943, 3944, 3946, 3948, 3952, 3953, 3956)
1998 Ed. (104, 444, 1474, 1712, 1902, 1926, 2313, 2935, 2936, 2939, 2940, 2941, 2942, 2943, 2946, 2950, 2951, 2952, 2954, 2958, 2961, 3353, 3618)
1997 Ed. (3181, 3182, 3184, 3185, 3188, 3190, 3192, 3204, 3205, 3206, 3212)
1996 Ed. (3103, 3104, 3107, 3109, 3111, 3113, 3128, 3129, 3130, 3131, 3135)
1995 Ed. (3002, 3006, 3007, 3008, 3009, 3023, 3024, 3025, 3026, 3032)
1994 Ed. (2945, 2946, 2947, 2950, 2952, 2966, 2972)
1993 Ed. (2927, 2928, 2929, 2933)
1992 Ed. (3556, 3557, 3559, 3560, 3563, 3569, 3570, 3571, 3576, 3580, 3581)
1990 Ed. (2911, 2912, 2913, 2914, 2916, 2917, 2918, 2920)
Fleishman-Hillard Europe
1995 Ed. (719)
Fleishman-Hillard Miami
1998 Ed. (2948)
Fleishman-Hillard UK
2002 Ed. (3853, 3857, 3863)
1994 Ed. (2957, 2962, 2964)
Fleishmann's Preferred
1998 Ed. (2373)
Fleming
2000 Ed. (1532, 2388, 2391, 4384, 4385, 4389)
1996 Ed. (1433, 3822, 3824, 3825)
1995 Ed. (3298, 3358, 3728)
1992 Ed. (3933, 3938)
1990 Ed. (1821)
1989 Ed. (1449, 2478)
Fleming Altoona Division
1997 Ed. (1204, 1205)
Fleming American Fledgeling
1993 Ed. (2657)
Fleming Inc. & Cap Units
2000 Ed. (3304)
Fleming Arthur
2000 Ed. (3845)
Fleming Asset Management; Robert
1992 Ed. (2140)
Fleming Building Co., Inc.
2006 Ed. (1171, 1172)
Fleming Chinese
2000 Ed. (3309)
Fleming Companies Inc.
2005 Ed. (421, 4915, 4921)
2004 Ed. (1614, 1616, 1870, 4613, 4626, 4764, 4931, 4932, 4933, 4934, 4938, 4940, 4941)
2003 Ed. (1804, 4650, 4654, 4656, 4873, 4929, 4930, 4933, 4935, 4936)
2002 Ed. (4535, 4893, 4901, 4903)
2001 Ed. (4828)
2000 Ed. (4166)
1990 Ed. (1652, 1957, 3495)
Fleming Continental European
2000 Ed. (3295, 3296)
Fleming Convenience Marketing & Distribution
1998 Ed. (976, 978, 979, 981, 983)
Fleming Cos.
2005 Ed. (1462)
2001 Ed. (1830, 4807, 4829)
2000 Ed. (2385)
1999 Ed. (1721, 4519, 4755, 4757, 4758, 4759, 4762)
1998 Ed. (1134, 1184, 1719, 1869, 1870, 1873, 1875, 3372, 3450, 3709, 3710, 3712, 3713, 3714)
1997 Ed. (1495, 2027, 3672, 3873, 3874, 3875, 3876, 3877, 3880)
1996 Ed. (1930, 2046, 2048, 2052, 3621, 3826)
1995 Ed. (1884, 2050, 2056, 3533)
1994 Ed. (1860, 1863, 1991, 1997, 1998, 2000, 2939, 3216, 3234, 3277, 3466, 3658)
1993 Ed. (1874, 1998, 3220, 3241, 3488, 3490)
1992 Ed. (2173, 2180, 3547, 2176, 2351, 4165)
1991 Ed. (1731, 1734, 1737, 1862, 3098, 3103, 3253, 3255)
1990 Ed. (1814, 1818, 3241, 3258, 3492)
1989 Ed. (1445, 1451, 2474)
Fleming European Fledging
2000 Ed. (3295, 3296)
Fleming Far Eastern
1996 Ed. (2816)
1991 Ed. (2259)
Fleming Flagship Japanese Fund
2002 Ed. (3222)
Fleming Fledging
2000 Ed. (3293)
Fleming Holdings; Jardine
1989 Ed. (1779)
Fleming Holdings Ltd.; Robert
2005 Ed. (1482, 1500)
Fleming Hub City Division
1997 Ed. (1205, 1206)
Fleming Income & Capital Units
2000 Ed. (3298)
Fleming Income & Growth Cap
1999 Ed. (3584)
Fleming Investment Management
1996 Ed. (2945)
1995 Ed. (2870)
1994 Ed. (2774)
Fleming; Jardine
1994 Ed. (781)
1989 Ed. (816)
Fleming/Jardine Fleming; Robert
1997 Ed. (1783, 1784)
1996 Ed. (1700)
1994 Ed. (1686, 1703, 2474, 3187)
Fleming Martin
2001 Ed. (1535)
Fleming Martin Securities
2001 Ed. (1536)
Fleming Mercantile
1994 Ed. (2647)
Fleming Merchantile
1992 Ed. (3205)
Fleming; Robert
1993 Ed. (1646)
Fleming Universal
1992 Ed. (3205)
Flemings
1999 Ed. (3588)
1995 Ed. (2871)
Fleming's Prime Steakhouse & Wine Bar
2007 Ed. (4135, 4139)
2004 Ed. (4131)
Fletcher
1992 Ed. (3247)
Fletcher Allen Health Care Inc.
2008 Ed. (2153, 2154, 2154, 2155)
2007 Ed. (2049, 2050)
2006 Ed. (2091, 2092)
2005 Ed. (1992, 1993)
2004 Ed. (1877)
2003 Ed. (1842)
2001 Ed. (1892, 1893)
1999 Ed. (4709)
Fletcher Allen Health Ventures Inc.
2008 Ed. (2154)
Fletcher & Oakes
1992 Ed. (4440)
Fletcher & Oakes Wine Spritzer
1991 Ed. (3485)
Fletcher Bright Co.
1994 Ed. (3304)
Fletcher Building Ltd.
2006 Ed. (3394, 3703)
2004 Ed. (1153, 1826)
Fletcher Challenge Ltd.
2003 Ed. (4597)
2002 Ed. (1745)
1999 Ed. (1392, 1396, 3622, 3622, 3622, 3622, 3623, 3623, 3623, 3623, 3623, 3703)
1998 Ed. (2747)
1997 Ed. (1490, 2939, 2940, 2992)
1996 Ed. (253, 1429)
1995 Ed. (1925, 2829, 2831, 2836)
1994 Ed. (1431, 1432, 1895, 2670, 2671, 2727)
1993 Ed. (1378, 1893, 2721, 2722)
1992 Ed. (1674, 1675, 3233, 3234)
1991 Ed. (39, 1330, 1331, 1332, 2594, 2595)
1990 Ed. (42, 1337, 1405, 1845, 1846)
1989 Ed. (1467)
Fletcher Challenge Building
2003 Ed. (4597)
2002 Ed. (3498)
2000 Ed. (3331, 3332)
Fletcher Challenge Canada Ltd.
2001 Ed. (3627)
2000 Ed. (3410, 3411)
1999 Ed. (2492, 3691, 3692, 3693)
1997 Ed. (2070, 2987, 2995)
1996 Ed. (1960)
1994 Ed. (1894, 1896)
1993 Ed. (1894, 2478)
1992 Ed. (2212, 2213)
1991 Ed. (748, 1764, 2366)
Fletcher Challenge Energy
2003 Ed. (4597)
2002 Ed. (3497, 3498)
2000 Ed. (3331, 3332)
Fletcher Challenge Ltd. Forest
2002 Ed. (3498)
Fletcher Challenge Forest USA Inc.
2003 Ed. (2544)
2001 Ed. (2503)
Fletcher Challenge Forests Ltd.
2004 Ed. (3767)
2000 Ed. (3331, 3332)
Fletcher Challenge-Forests Division
1997 Ed. (2939, 2940)
1996 Ed. (2844, 2845)
Fletcher Challenge Ltd.-Ordinary Division
1996 Ed. (2844, 2845)
Fletcher Challenge Ltd. Paper
2002 Ed. (3498)
2000 Ed. (3331, 3332)
Fletcher Construction
2000 Ed. (1281, 1283)
1994 Ed. (1164, 1166)
1992 Ed. (1424, 1427, 1432)
1991 Ed. (1097)
Fletcher Construction Group
1996 Ed. (1157)
Fletcher Construction Co. North America
1995 Ed. (1173)
Fletcher Construction (U.S.A.) Ltd.
1994 Ed. (1154)
1993 Ed. (1115, 1138, 1147)
1991 Ed. (1074)
1990 Ed. (1196)
Fletcher Jones Automotive Group
2001 Ed. (439)
Fletcher Jones Imports
2008 Ed. (320)
Fletcher Jones Isuzu
1991 Ed. (281)
1990 Ed. (328)
Fletcher Jones Jr.
2006 Ed. (334, 348)
Fletcher Jones Motor Cars Inc.
1995 Ed. (279)
Fletcher Jones Motorcars
2008 Ed. (285, 286, 311, 320, 4791)
2006 Ed. (299, 300, 4868)
2005 Ed. (277, 278, 334, 4806)
2004 Ed. (273, 274, 275, 338)
2002 Ed. (352, 356, 359)
1996 Ed. (279)
Fletcher; K.
1991 Ed. (1618)
Fletcher Martin Ewing
2004 Ed. (129)
Fletcher Music Centers
2000 Ed. (3218)
1999 Ed. (3500)
1997 Ed. (2861)
1995 Ed. (2673)
1994 Ed. (2592, 2597)
1993 Ed. (2644)
Fletcher Thompson
2008 Ed. (2515)
Fletchers Castoria
2003 Ed. (3197)
Fletcher's Fine Foods Ltd.
2002 Ed. (1224)
2000 Ed. (3060, 3582)
1997 Ed. (2739, 3146)
1996 Ed. (2586, 2587, 2592, 3065, 3066, 3067)
1995 Ed. (2528, 2969)
1994 Ed. (2460, 2912)
1993 Ed. (2524, 2897)
Fleur de Savane Petit
1994 Ed. (961)
Flex
2004 Ed. (149)
Flex-a-Min
2004 Ed. (2100)
2003 Ed. (4855, 4859)
Flex Able
2003 Ed. (4855)
Flex All 454
2003 Ed. (280)
2002 Ed. (315, 316)
2001 Ed. (384)
1999 Ed. (275)
Flex Fund-Growth
1992 Ed. (3177)
Flex-fund Money Market Fund
1992 Ed. (3096, 3099)
Flex-fund Muirfield Fund
2000 Ed. (3243)
Flex-funds Muirfield
2000 Ed. (3247)
Flex-Funds Murified
1996 Ed. (2791)
Flex-Fund's Total Return Utilities
2007 Ed. (4471)
Flex-N-Gate Corp.
2004 Ed. (323)
Flex-Partners Tact Asset
2000 Ed. (3247)
FlexAdmin
2008 Ed. (2483)
FlexCorp Systems
2007 Ed. (2357)
FlexCorp Systems LLC
2007 Ed. (3584)
Flexegen
2003 Ed. (4855)
Flexible Annuity Life Accounts
1997 Ed. (3817)
Flexible Benefit Service Corp.
2008 Ed. (3267, 3268)
Flexible Fixtures
2000 Ed. (3820)
Flexible hours
2005 Ed. (2371)
2000 Ed. (1783, 1784)
Flexible Plan Investments Ltd.
2002 Ed. (3022)
Flexible Premium Deferred Variable Annuity
1991 Ed. (3438, 3439)
Flexible Premium Variable Life
1991 Ed. (2119)
Flexography
2001 Ed. (3905)

Flexpipe Systems
2008 Ed. (1548)
FlexRx
1995 Ed. (2496)
Flexsteel
1999 Ed. (2545)
Flextime
1997 Ed. (2014)
1994 Ed. (2806)
Flextronics International Ltd.
2008 Ed. (2069, 2070, 2473, 3578, 4311, 4314)
2007 Ed. (1973, 1974, 2337, 2344, 2348, 4352, 4355)
2006 Ed. (1229, 1230, 1231, 1232, 1484, 2007, 2401, 3366, 3398, 4291, 4292)
2005 Ed. (1271, 1272, 1273, 1278, 2356, 4351)
2004 Ed. (1084, 1112, 2232, 2241, 2257, 2259, 2260, 3306, 4403)
2003 Ed. (2200, 2202, 2240, 2247, 2768, 3304)
2002 Ed. (1226, 1227, 1444, 1761, 2098, 3250)
2001 Ed. (1458, 1459, 1460)
1998 Ed. (933)
FLGI Acquisition
1992 Ed. (1459)
Fliakos; Constantine (Gus)
1997 Ed. (1888)
1994 Ed. (1798)
1993 Ed. (1815)
Flickr.com
2008 Ed. (3370)
Fliers
1990 Ed. (2737)
Flight Centre
2006 Ed. (1591)
2005 Ed. (1980)
2004 Ed. (1655, 1872)
2002 Ed. (4674)
Flight Centre North America
2008 Ed. (1583)
2005 Ed. (1698, 1713, 1715, 1716, 1717, 1718, 2373, 2471, 2472)
Flight International Inc.
2003 Ed. (236)
Flight operations
2001 Ed. (339)
Flight Simulator
1997 Ed. (1088)
Flightlease Ltd.
2001 Ed. (345)
Flightplan
2008 Ed. (2386)
FlightSafety International
1994 Ed. (3232, 3568)
1993 Ed. (3611)
1992 Ed. (273, 275, 3936, 4335)
1991 Ed. (3101, 3414)
1990 Ed. (3640)
1989 Ed. (2476)
Flink Ink Corp.
2008 Ed. (3218, 3219)
2007 Ed. (3077, 3078)
2006 Ed. (3044, 3045, 3046)
2005 Ed. (3041, 3916)
2004 Ed. (3972)
Flinstones
1991 Ed. (3453)
Flint Downtown Development Authority
1993 Ed. (892)
Flint Energy Services
2008 Ed. (3917)
2007 Ed. (3865)
Flint Hills Resources LLC
2007 Ed. (3960, 3961)
2006 Ed. (3910)
2005 Ed. (3841, 3842)
2004 Ed. (3903, 3904)
Flint Ink Corp.
2001 Ed. (1256, 2876, 2877, 2878)
2000 Ed. (1103)
1999 Ed. (3899)
1998 Ed. (752)
1997 Ed. (1013)
1996 Ed. (989)
1995 Ed. (1002)
1994 Ed. (989, 2934)
1993 Ed. (963)
1992 Ed. (1189)
1991 Ed. (953)
1989 Ed. (925, 928)
Flint, MI
2007 Ed. (3013)
2006 Ed. (2425)
2005 Ed. (2379, 3473, 4796)
2002 Ed. (407, 1061)
1999 Ed. (1170, 2815)
1998 Ed. (2484)
1996 Ed. (2204)
1994 Ed. (825)
Flintco Inc.
2008 Ed. (2107)
2006 Ed. (1341)
The Flintco Cos.
2008 Ed. (3690, 3727)
2004 Ed. (1257)
The Flinto Cos.
2008 Ed. (3778)
2007 Ed. (3683)
Flintstone
1996 Ed. (3796)
Flintstones
2003 Ed. (4858)
1996 Ed. (2687)
1992 Ed. (1064)
Flintstones Extra C
1996 Ed. (3796)
Flintstones Nerds Push-Ups
1997 Ed. (2347)
Flip 'N Dive Barbie
2000 Ed. (4276)
Flipdog
2003 Ed. (3040)
The Flippen Group
2008 Ed. (2107)
Flir Systems Inc.
2008 Ed. (2029)
2007 Ed. (1947)
2006 Ed. (1976, 2081, 2086, 2386)
2005 Ed. (1789, 1941, 2001)
2003 Ed. (209, 4568)
2000 Ed. (2399, 2450)
Flo Sun Inc.
2008 Ed. (2271, 4055)
2007 Ed. (2156)
Flohr Pools Inc.
2005 Ed. (4027)
Flom; Joseph
1991 Ed. (2297)
Flonase
2005 Ed. (3813)
2002 Ed. (2019)
2001 Ed. (2068)
1998 Ed. (1341)
Flood damage
1991 Ed. (2060)
Flooding
2005 Ed. (885)
Floods
2005 Ed. (884)
2003 Ed. (2980)
Floods, hail, tornadoes
2003 Ed. (2980)
Floor care
2005 Ed. (2961)
Floor care products
1992 Ed. (1170)
Floor cleaners/stripers
1992 Ed. (1172)
Floor clocks
1990 Ed. (1018)
Floor-covering specialty stores
1999 Ed. (4120)
Floor Coverings International
2008 Ed. (3335)
2007 Ed. (3193)
2006 Ed. (3159)
1992 Ed. (2221)
FloorCare Specialists
2007 Ed. (883)
Floorgraphics
2005 Ed. (96)
Flooring America
2002 Ed. (2286, 2581, 2582, 2587)
Floorplan Designer 3-D
1995 Ed. (1099)
Floppy disks
1998 Ed. (828)
Flora
2008 Ed. (715)
2002 Ed. (1909)
1999 Ed. (1816)
1996 Ed. (1517)
1994 Ed. (748, 1511, 2004)
1992 Ed. (2356)
Flora Margarine
1992 Ed. (925, 1761)
Floral
2003 Ed. (4643)
Florals
1995 Ed. (2989)
Floraplex
2001 Ed. (4771)
Florence, AL
2006 Ed. (2426)
2005 Ed. (2028, 2381, 2388, 3470)
2003 Ed. (4195)
Florence, Italy
1992 Ed. (1165)
Florence J. Gould Foundation
1989 Ed. (1478)
Florence K. Fitzpatrick
1992 Ed. (1098)
Florence, SC
2008 Ed. (3114)
2007 Ed. (4097)
2006 Ed. (1180)
2005 Ed. (1190, 2386)
1999 Ed. (2089, 3369)
1998 Ed. (1520, 2474)
Flores & Rucks
1998 Ed. (2674)
Floria; James J.
1995 Ed. (2043)
Florida
2008 Ed. (327, 354, 1105, 1757, 2405, 2406, 2407, 2492, 2648, 2654, 2655, 2832, 2918, 2958, 3037, 3129, 3130, 3137, 3266, 3280, 3281, 3469, 3512, 3633, 3648, 3759, 3760, 3859, 3862, 4009, 4010, 4011, 4012, 4048, 4355, 4361, 4455, 4497, 4595, 4596, 4661, 4690, 4733, 4838, 4940)
2007 Ed. (333, 341, 356, 366, 1199, 2274, 2371, 2372, 2520, 2526, 2527, 2702, 2838, 2916, 3009, 3018, 3372, 3459, 3474, 3515, 3647, 3648, 3788, 3992, 3993, 3994, 3995, 4002, 4022, 4396, 4472, 4534, 4684, 4686, 4687, 4770)
2006 Ed. (373, 383, 2428, 2550, 2551, 2707, 2790, 2834, 2894, 2987, 3069, 3070, 3080, 3084, 3097, 3103, 3104, 3112, 3115, 3117, 3130, 3132, 3136, 3137, 3155, 3156, 3443, 3450, 3483, 3584, 3790, 3934, 3935, 3936, 3937, 3944, 3983, 4158, 4332, 4334, 4410, 4475, 4664, 4665, 4666, 4667, 4764)
2005 Ed. (398, 401, 410, 411, 422, 443, 782, 912, 2382, 2526, 2527, 2543, 2544, 2840, 2882, 2916, 2937, 3122, 3335, 3432, 3441, 3484, 3524, 3690, 3701, 3871, 3872, 3873, 3874, 4184, 4192, 4193, 4194, 4210, 4227, 4228, 4232, 4233, 4234, 4241, 4242, 4392, 4472, 4597, 4712, 4723, 4828, 4829, 4928, 4940, 4941)
2004 Ed. (359, 367, 368, 390, 392, 396, 415, 436, 767, 775, 805, 921, 1026, 1027, 1037, 1069, 1072, 1098, 2023, 2188, 2293, 2296, 2298, 2299, 2300, 2301, 2302, 2303, 2304, 2305, 2309, 2316, 2317, 2536, 2563, 2564, 2565, 2566, 2567, 2572, 2574, 2727, 2728, 2732, 2904, 2973, 2980, 2989, 2990, 2991, 2992, 2993, 2994, 3037, 3041, 3042, 3043, 3044, 3045, 3046, 3047, 3048, 3049, 3057, 3058, 3069, 3070, 3087, 3090, 3091, 3092, 3094, 3096, 3098, 3099, 3118, 3120, 3121, 3145, 3146, 3263, 3278, 3281, 3282, 3290, 3294, 3418, 3425, 3426, 3525, 3673, 3783, 3923, 3924, 3925, 3926, 4232, 4233, 4259, 4261, 4262, 4277, 4295, 4299, 4302, 4303, 4309, 4318, 4319, 4419, 4446, 4501, 4506, 4507, 4508, 4510, 4511, 4512, 4515, 4516, 4520, 4521, 4522, 4524, 4525, 4526, 4527, 4531, 4654, 4701, 4735, 4837, 4838, 4847, 4848, 4898, 4899, 4900, 4901, 4948, 4958, 4981, 4995, 4996)
2003 Ed. (354, 403, 413, 757, 904, 1032, 1060, 1061, 2270, 2424, 2433, 2434, 2612, 2751, 2793, 2794, 2960, 2961, 2962, 2963, 2964, 2982, 2984, 2988, 3003, 3221, 3236, 3261, 3263, 3355, 3360, 3420, 3459, 3758, 3895, 3896, 3897, 3898, 4209, 4210, 4240, 4241, 4242, 4244, 4257, 4287, 4291, 4295, 4300, 4308, 4309, 4408, 4416, 4417, 4467, 4551, 4646, 4723, 4755, 4852, 4853, 4867, 4868, 4908, 4909, 4910, 4944, 4955, 4988, 4992)
2002 Ed. (273, 367, 368, 378, 454, 458, 460, 471, 474, 771, 864, 948, 960, 1102, 1115, 1401, 1402, 1824, 1904, 1906, 2063, 2064, 2120, 2226, 2229, 2401, 2548, 2549, 2552, 2843, 2844, 2845, 2846, 2847, 2849, 2851, 2865, 2868, 2874, 2877, 2881, 2882, 2883, 2892, 2895, 2896, 2897, 2899, 2902, 2903, 2944, 2946, 2947, 2953, 2961, 2971, 2977, 2978, 2979, 2980, 2981, 2983, 3053, 3089, 3115, 3116, 3117, 3118, 3119, 3120, 3123, 3212, 3289, 3300, 3327, 3367, 3600, 4071, 4072, 4073, 4074, 4106, 4107, 4108, 4111, 4112, 4113, 4147, 4149, 4150, 4151, 4155, 4176, 4177, 4178, 4179, 4196, 4308, 4367, 4368, 4369, 4370, 4375, 4376, 4521, 4606, 4627, 4681, 4739, 4740, 4741, 4762, 4763, 4764, 4765, 4910, 4917, 4918, 4992)
2001 Ed. (1, 2, 273, 274, 285, 340, 341, 396, 397, 401, 402, 410, 411, 412, 413, 414, 415, 429, 547, 548, 549, 550, 660, 661, 703, 719, 720, 721, 722, 978, 998, 1006, 1014, 1030, 1031, 1050, 1051, 1084, 1085, 1086, 1087, 1106, 1107, 1110, 1123, 1124, 1158, 1202, 1263, 1266, 1267, 1268, 1269, 1293, 1305, 1345, 1346, 1370, 1371, 1372, 1373, 1375, 1376, 1377, 1378, 1396, 1397, 1400, 1411, 1415, 1416, 1418, 1419, 1422, 1423, 1425, 1426, 1427, 1428, 1429, 1430, 1431, 1432, 1433, 1434, 1435, 1436, 1437, 1438, 1440, 1492, 1941, 1942, 1975, 1976, 1980, 2048, 2049, 2050, 2051, 2056, 2111, 2112, 2149, 2150, 2151, 2218, 2219, 2235, 2260, 2261, 2265, 2266, 2286, 2287, 2357, 2360, 2368, 2380, 2381, 2388, 2390, 2391, 2392, 2396, 2397, 2399, 2415, 2416, 2417, 2418, 2436, 2437, 2452, 2453, 2460, 2538, 2541, 2542, 2544, 2545, 2556, 2557, 2563, 2564, 2567, 2572, 2573, 2592, 2593, 2594, 2597, 2606, 2607, 2617, 2618, 2619, 2620, 2623, 2624, 2629, 2630, 2659, 2660, 2663, 2682, 2683, 2685, 2705, 2738, 2739, 2758, 2963, 2964, 2997, 2998, 2999, 3000, 3032, 3033, 3034, 3035, 3042, 3043, 3046, 3047, 3048, 3049, 3069, 3072, 3082, 3083, 3091, 3094, 3096, 3097, 3098, 3099, 3103, 3122, 3170, 3172, 3173, 3204, 3205, 3213, 3214, 3223, 3224, 3225, 3226, 3262, 3263, 3307, 3338, 3339, 3355, 3356, 3357, 3383, 3384, 3385, 3386,

3396, 3397, 3401, 3413, 3414, 3416, 3417, 3418, 3419, 3536, 3537, 3538, 3539, 3568, 3570, 3571, 3583, 3584, 3589, 3590, 3597, 3607, 3617, 3620, 3639, 3652, 3654, 3662, 3663, 3707, 3708, 3717, 3730, 3731, 3732, 3733, 3736, 3738, 3781, 3782, 3787, 3789, 3790, 3791, 3792, 3795, 3796, 3807, 3808, 3827, 3828, 3841, 3849, 3871, 3872, 3879, 3880, 3881, 3883, 3889, 3894, 3895, 3896, 3897, 3904, 3913, 3914, 3915, 3916, 3964, 3965, 3966, 3968, 3969, 3993, 3994, 3999, 4000, 4006, 4011, 4012, 4018, 4019, 4141, 4144, 4145, 4158, 4165, 4166, 4171, 4172, 4173, 4174, 4175, 4176, 4198, 4199, 4212, 4224, 4230, 4231, 4232, 4241, 4243, 4247, 4248, 4258, 4259, 4287, 4295, 4304, 4305, 4327, 4328, 4332, 4335, 4336, 4362, 4406, 4407, 4408, 4415, 4442, 4443, 4444, 4445, 4459, 4460, 4479, 4480, 4481, 4482, 4488, 4489, 4518, 4531, 4532, 4552, 4582, 4583, 4584, 4595, 4599, 4600, 4614, 4615, 4633, 4634, 4637, 4642, 4643, 4646, 4653, 4654, 4657, 4658, 4659, 4660, 4682, 4683, 4684, 4709, 4710, 4721, 4726, 4727, 4728, 4729, 4737, 4738, 4739, 4740, 4741, 4742, 4794, 4796, 4798, 4799, 4808, 4809, 4810, 4811, 4812, 4813, 4814, 4815, 4820, 4821, 4822, 4823, 4824, 4825, 4826, 4827, 4832, 4833, 4838, 4866, 4868, 4912, 4913, 4918, 4927, 4928, 4931)
2000 Ed. (751, 803, 1005, 1007, 1140, 1317, 1318, 1792, 1905, 1906, 2327, 2382, 2454, 2465, 2475, 2506, 2603, 2645, 2939, 2956, 2958, 2960, 2961, 2962, 2963, 2965, 3005, 3008, 3009, 3010, 3203, 3557, 3558, 3587, 3689, 3831, 3832, 3866, 3867, 4015, 4016, 4024, 4025, 4094, 4099, 4100, 4102, 4103, 4104, 4105, 4106, 4107, 4108, 4109, 4111, 4113, 4114, 4180, 4232, 4269, 4289, 4290, 4297, 4299, 4355, 4356, 4391, 4398, 4400, 4401, 4407)
1999 Ed. (392, 738, 798, 1058, 1060, 1145, 1457, 1458, 1848, 2587, 2588, 2681, 2911, 3196, 3217, 3219, 3221, 3222, 3223, 3224, 3226, 3258, 3267, 3269, 3270, 3595, 4121, 4122, 4151, 4152, 4402, 4413, 4414, 4415, 4416, 4417, 4418, 4419, 4422, 4423, 4424, 4427, 4428, 4429, 4432, 4434, 4435, 4436, 4437, 4438, 4439, 4444, 4456, 4457, 4458, 4459, 4462, 4464, 4467, 4582, 4621, 4664, 4726, 4727, 4764, 4776, 4777, 4782)
1998 Ed. (473, 481, 671, 732, 1024, 1025, 1535, 1799, 1830, 1831, 1928, 1935, 1945, 1977, 2041, 2366, 2381, 2383, 2384, 2385, 2401, 2404, 2406, 2415, 2417, 2418, 2459, 2901, 3105, 3106, 3167, 3168, 3373, 3374, 3388, 3389, 3391, 3392, 3396, 3397, 3398, 3511, 3517, 3620, 3683, 3684, 3716, 3728, 3729, 3732, 3736, 3755, 3759)
1997 Ed. (1, 331, 929, 1247, 1249, 1573, 1818, 1819, 2137, 2219, 2637, 2648, 2650, 2655, 2681, 2683, 2844, 3228, 3363, 3383, 3388, 3389, 3562, 3563, 3565, 3567, 3572, 3573, 3574, 3575, 3576, 3578, 3579, 3585, 3586, 3590, 3591, 3592, 3595, 3596, 3598, 3599, 3609, 3610, 3611, 3612, 3615, 3616, 3617, 3618, 3620, 3623, 3624, 3726, 3850, 3851, 3881, 3888, 3892, 3898, 3899, 3915)
1996 Ed. (898, 1201, 1203, 1644, 1721, 1737, 1738, 2015, 2016, 20902, 2504, 2506, 2507, 2508, 2509, 2511, 2516, 2536, 2701, 2856, 2875, 3174, 3254, 3255, 3264, 3265, 3286, 3291, 3292, 3512, 3522, 3524, 3526, 3530, 3531, 3532, 3533, 3534, 3535, 3538, 3539, 3544, 3545, 3546, 3550, 3551, 3552, 3555, 3556, 3558, 3563, 3568, 3570, 3571, 3572, 3573, 3576, 3577, 3578, 3667, 3743, 3798, 3799, 3831, 3840, 3843, 3850, 3851)
1995 Ed. (363, 918, 1230, 1231, 1669, 1762, 1764, 1993, 2114, 2204, 2449, 2457, 2458, 2460, 2461, 2462, 2468, 2479, 2481, 2608, 2623, 2799, 3171, 3192, 3194, 3448, 3451, 3452, 3453, 3454, 3455, 3458, 3459, 3464, 3465, 3469, 3470, 3471, 3474, 3475, 3477, 3478, 3482, 3487, 3489, 3490, 3491, 3492, 3495, 3496, 3498, 3499, 3500, 3501, 3502, 3591, 3665, 3712, 3713, 3732, 3741, 3743, 3751, 3752, 3801)
1994 Ed. (161, 749, 977, 1214, 1216, 1968, 2334, 2370, 2377, 2379, 2380, 2381, 2387, 2401, 2405, 2556, 2568, 3028, 3119, 3149, 3150, 3375, 3378, 3379, 3380, 3381, 3382, 3383, 3386, 3387, 3392, 3393, 3394, 3398, 3399, 3400, 3403, 3404, 3405, 3406, 3411, 3416, 3418, 3419, 3420, 3424, 3425, 3426, 3427, 3475, 3506, 3638, 3639)
1993 Ed. (724, 744, 870, 1190, 1195, 1501, 1734, 1735, 1945, 1946, 2151, 2426, 2437, 2440, 2441, 2442, 2443, 2460, 2585, 2586, 2608, 2622, 3058, 3107, 3108, 3353, 3394, 3396, 3397, 3400, 3401, 3402, 3404, 3408, 3409, 3410, 3413, 3414, 3416, 3423, 3426, 3427, 3428, 3429, 3430, 3431, 3432, 3434, 3435, 3439, 3441, 3505, 3547, 3621, 3623, 3677, 3678, 3698, 3703, 3706, 3709, 3715, 3716, 3719)
1992 Ed. (1, 439, 441, 908, 933, 967, 969, 970, 971, 972, 973, 974, 975, 977, 978, 1079, 1468, 1481, 1757, 1942, 2098, 2099, 2279, 2286, 2339, 2340, 2414, 2651, 2810, 2862, 2866, 2873, 2875, 2878, 2879, 2880, 2919, 2923, 2927, 2931, 2932, 2942, 2943, 2945, 2946, 3084, 3089, 3106, 3118, 3360, 3484, 3750, 3751, 3811, 3812, 3819, 4014, 4075, 4076, 4087, 4091, 4092, 4093, 4094, 4100, 4101, 4102, 4105, 4106, 4108, 4118, 4119, 4120, 4122, 4123, 4124, 4125, 4127, 4130, 4263, 4314, 4315, 4316, 4317, 4344, 4405, 4406, 4435, 4442, 4444, 4448, 4454, 4455, 4481)
1991 Ed. (1, 320, 322, 726, 786, 787, 788, 791, 792, 794, 795, 796, 881, 1155, 1157, 1398, 1645, 1652, 1811, 1812, 1853, 2163, 2314, 2321, 2349, 2350, 2363, 2396, 2397, 2475, 2476, 2485, 3177, 3178, 3186, 3188, 3189, 3190, 3191, 3193, 3201, 3202, 3213, 3337, 3421, 3459, 3460, 3481, 3482, 3486, 3487)
1990 Ed. (354, 356, 744, 759, 823, 824, 825, 828, 829, 831, 832, 833, 834, 1482, 1748, 2021, 2147, 2409, 2447, 2450, 2513, 2664, 3068, 3069, 3109, 3110, 3279, 3280, 3281, 3282, 3344, 3347, 3353, 3367, 3378, 3379, 3380, 3383, 3384, 3389, 3391, 3392, 3395, 3398, 3399, 3400, 3401, 3402, 3403, 3404, 3405, 3411, 3413, 3415, 3416, 3417, 3426, 3427, 3506, 3606, 3649, 3677, 3692)
1989 Ed. (1, 3, 4, 201, 310, 318, 746, 869, 1190, 1507, 1508, 1737, 1906, 1987, 2241, 2529, 2530, 2532, 2556, 2558, 2613, 2614, 2618, 2893, 2895, 2913, 2914, 2928, 2930)

Florida A & M University
2008 Ed. (181)
2002 Ed. (1107)
2000 Ed. (744, 1141)
1999 Ed. (1234)

Florida Agricultural & Mechanical University
1998 Ed. (806)

Florida Aircraft Credit Union
1996 Ed. (1510)

Florida Association of Realtors
2002 Ed. (340)
2000 Ed. (319)
1999 Ed. (302)
1998 Ed. (195)

Florida Atlantic University
2008 Ed. (758)
2002 Ed. (867, 1107)
2000 Ed. (1141)
1999 Ed. (1234)
1998 Ed. (806)

Florida Auto Auction of Orlando
1992 Ed. (373)
1991 Ed. (267)
1990 Ed. (299)

Florida Bar
2002 Ed. (340)
2000 Ed. (319)
1999 Ed. (302)
1998 Ed. (195)

The Florida Bar Journal
2008 Ed. (4716)

Florida Board
2000 Ed. (3440)

Florida Board of Education
1991 Ed. (2521)

Florida Business Development Corp.
2002 Ed. (4295)

Florida Chamber
2000 Ed. (1004)
1999 Ed. (1057)

Florida Chamber of Commerce
2002 Ed. (958)
1998 Ed. (670)

Florida Citrus Bowl
1990 Ed. (1841)

Florida Citrus, Business & Industries Fund
2002 Ed. (2884)

Florida Citrus Mutual
2002 Ed. (340)
2000 Ed. (319)
1999 Ed. (302)

Florida Combined Life/BCBS of Florida
2002 Ed. (1915)

Florida Community Banks
2008 Ed. (427)

Florida Community College at Jacksonville
2002 Ed. (1105)

Florida Construction
2005 Ed. (1220)

Florida Construction Services
2007 Ed. (1336)

Florida Department of Corrections
2001 Ed. (2486)
1997 Ed. (2056)
1996 Ed. (1953)
1995 Ed. (1917)
1994 Ed. (1889)

Florida Department of Environmental Protection
1998 Ed. (2560)

Florida Department of Law Enforcement
2005 Ed. (2827)

Florida Department of Lottery
2003 Ed. (271)

Florida Department of Natural Resources
1993 Ed. (2622)

Florida Department of Transportation
2001 Ed. (793)
1998 Ed. (3616)

Florida Dept. of Corrections
2000 Ed. (3617)

Florida Dept. of Environmental Protection
1999 Ed. (3474)

Florida Design Communities
1998 Ed. (3005)

Florida Drum
1992 Ed. (1386)

Florida East Coast
1993 Ed. (2959)

Florida East Coast Industries Inc.
2005 Ed. (3993, 3994)
2004 Ed. (4055, 4056)
1992 Ed. (3609)
1991 Ed. (1729, 2799)
1990 Ed. (2946)
1989 Ed. (2282)

Florida East Coast Industry
1994 Ed. (1855, 2994)

Florida Education Association
2002 Ed. (340)
2000 Ed. (319)

Florida Education Association/United
1999 Ed. (302)
1998 Ed. (195)

Florida Federal Savings
1992 Ed. (3782, 3791)
1991 Ed. (3371)

Florida Federal Savings & Loan Assn.
1990 Ed. (424)

Florida Federal Savings Bank (St. Petersburg)
1991 Ed. (3380)

Florida, Frederic G. Levin College of Law; University of
2008 Ed. (3430)
2007 Ed. (3329)

Florida Gas Transmission Co.
1991 Ed. (1794)
1990 Ed. (1880)

Florida Gold
1998 Ed. (1778)

Florida Gulf Coast University
2008 Ed. (758)
2002 Ed. (1107)
2000 Ed. (1141)
1999 Ed. (1234)
1998 Ed. (806)

Florida Health Choice
1999 Ed. (3882)

Florida Health Sciences Center Inc.
2005 Ed. (1762)
2001 Ed. (1702)

Florida Health Systems Credit Union
2004 Ed. (1929)

Florida Home Builders Association
2002 Ed. (340)
2000 Ed. (319)
1999 Ed. (302)
1998 Ed. (195)

Florida Hospital
2004 Ed. (2813)
2000 Ed. (2529)
1999 Ed. (2748)
1995 Ed. (2143)

Florida Hospital, Flagler
2008 Ed. (3061)
2006 Ed. (2920)

Florida Hospital-Orlando
2002 Ed. (2621)
2000 Ed. (2528)
1998 Ed. (1990)

Florida Hospital-Ormond Memorial
2006 Ed. (2923)

Florida Housing Finance Corp.
2001 Ed. (793, 922)

Florida Housing Finance Agency
1991 Ed. (1986)

Florida Ice & Farm
1989 Ed. (1103)

Florida, Ice & Farm SA
2002 Ed. (4401)

Florida Informanagement Services Inc.
1991 Ed. (3376, 3379)

Florida Information Services
1992 Ed. (1762)
Florida Institute of Certified Public Accountants
2000 Ed. (319)
1999 Ed. (302)
1998 Ed. (195)
Florida Institute of CPAs
2002 Ed. (340)
Florida Institute of Technology
2002 Ed. (1106)
1999 Ed. (1233)
1998 Ed. (805)
1991 Ed. (892)
Florida International University
2008 Ed. (758)
2007 Ed. (809)
2002 Ed. (867, 1107)
2001 Ed. (1066)
2000 Ed. (929, 1141)
1999 Ed. (1234)
1998 Ed. (806)
1995 Ed. (1053)
1994 Ed. (1045)
1993 Ed. (795, 1018)
1990 Ed. (2053)
Florida International University, Alvah H. Chapman Jr. Graduate School of Business
2008 Ed. (787)
2007 Ed. (808, 2849)
2006 Ed. (2859)
2005 Ed. (2853)
Florida Keys, FL
1995 Ed. (874)
Florida Lottery
1993 Ed. (2474)
Florida Lumber Co.
1997 Ed. (3339)
1996 Ed. (3234)
Florida Medical Association
2002 Ed. (340)
2000 Ed. (319)
1999 Ed. (302)
1998 Ed. (195)
Florida Medical Center
2002 Ed. (2620)
2000 Ed. (2527)
1999 Ed. (2747)
1998 Ed. (1989)
Florida Memorial College
2000 Ed. (1142)
Florida Metropolitan University
2002 Ed. (1106)
Florida Metropolitan University System
1999 Ed. (1233)
1998 Ed. (805)
Florida Metropolitan University
2000 Ed. (1142)
Florida Municipal Advisors Inc.
2000 Ed. (2757)
1996 Ed. (2357)
Florida Municipal Power Agency
1995 Ed. (1628)
Florida National Bank
1990 Ed. (546)
Florida National Bank (Jacksonville)
1991 Ed. (507)
Florida National Banks
1992 Ed. (502)
1991 Ed. (378)
1990 Ed. (684)
1989 Ed. (675)
Florida National Banks of Florida
1990 Ed. (705)
1989 Ed. (385)
Florida panther
1996 Ed. (1643)
Florida Panthers
2001 Ed. (4347)
1998 Ed. (3357)
Florida Power Corp.
2002 Ed. (3881, 4873)
2001 Ed. (3869)
2000 Ed. (3675)
1999 Ed. (3965)
1998 Ed. (2965)
Florida Power & Light Co.
2008 Ed. (1733)
2007 Ed. (1704)
2006 Ed. (1709)
2004 Ed. (1705, 2313)
2003 Ed. (1676, 2138)
2002 Ed. (3881, 4873)
2001 Ed. (1703, 2154, 3870)
2000 Ed. (3675)
1999 Ed. (3965)
1998 Ed. (1374, 2965)
1995 Ed. (1632)
1990 Ed. (1809)
Florida Progress Corp.
2004 Ed. (1829)
2002 Ed. (1649, 2002)
2001 Ed. (3948)
2000 Ed. (1423, 2207)
1999 Ed. (1951, 2451)
1998 Ed. (1137, 1390, 1391, 1708)
1997 Ed. (1398, 1697, 1698, 2019)
1996 Ed. (1336, 1618, 1619, 1924, 1925, 1927)
1995 Ed. (1641, 1642, 1882, 3328)
1994 Ed. (1599, 1600, 1854, 1855, 1856, 3249)
1993 Ed. (1559, 1869, 1870, 3255)
1992 Ed. (1902, 1903, 2168)
1991 Ed. (1501, 1502)
1990 Ed. (1604, 1605)
1989 Ed. (1300, 1301)
Florida Public Utilities Co.
2006 Ed. (2283)
2000 Ed. (2318)
1999 Ed. (2582)
1998 Ed. (1822, 2966)
Florida Restaurant Association
2002 Ed. (340)
Florida Restaurant Association/ Southeast U.S. Foodservice
1998 Ed. (2460)
Florida Retail Federation
1999 Ed. (302)
1998 Ed. (195)
Florida Retail Federation Self-Insurer Fund
2002 Ed. (2884)
Florida Rock Industrial
1995 Ed. (912)
Florida Rock Industries Inc.
2008 Ed. (1163)
2007 Ed. (777, 4593)
2006 Ed. (681, 1206, 1207)
2005 Ed. (1247, 1248, 4525, 4526, 4527)
2004 Ed. (788, 789, 4592, 4594)
2003 Ed. (4614, 4615)
2002 Ed. (4510, 4511)
1999 Ed. (259)
1996 Ed. (889)
1994 Ed. (879)
1993 Ed. (859)
1992 Ed. (1070)
1991 Ed. (876)
Florida Roofing, Sheet Metal & A/C Contractors Self-Insurer Fund
2002 Ed. (2884)
Florida Rural Electric Self-Insurer Fund
2002 Ed. (2884)
Florida scrub jay
1996 Ed. (1643)
Florida; Shands at the University of
2006 Ed. (2922)
Florida Southern College
2008 Ed. (1063)
1996 Ed. (1042)
Florida State
2000 Ed. (1140)
Florida State Board
2008 Ed. (2297, 2298, 2301, 2304, 2310, 2313, 3867, 3868)
2007 Ed. (2177, 2179, 2181, 2183, 2185, 2186, 2188, 2191, 2192, 3793, 3794)
2004 Ed. (2024, 2030, 2031, 2032, 3788, 3789, 3791)
2003 Ed. (1976, 1981, 1982, 1983, 3762, 3763)
2002 Ed. (3601, 3603, 3605, 3607, 3610, 3611, 3615, 3616, 3617)
2001 Ed. (3664, 3666, 3670, 3672, 3675, 3676, 3677, 3679, 3680, 3681, 3685, 3695)
2000 Ed. (3429, 3434, 3437, 3438, 3442, 3443, 3445, 3449, 3454)
1999 Ed. (3718, 3720, 3723, 3724, 3725, 3727, 3728, 3732)
1998 Ed. (2756, 2759, 2764, 2765, 2768, 2772)
1997 Ed. (3010, 3011, 3015, 3019, 3021, 3024)
1995 Ed. (2849, 2853, 2854, 2856, 2859)
1994 Ed. (2752, 2756, 2760, 2762, 2766, 2770)
Florida State Board Fund
1999 Ed. (3735)
Florida State Board of Administration
2000 Ed. (3432)
1998 Ed. (2762)
1993 Ed. (2777, 2781)
1992 Ed. (3356)
1991 Ed. (2687, 2690)
Florida State Board of Education
2001 Ed. (793, 922)
1999 Ed. (4144)
1998 Ed. (3159)
1997 Ed. (2831, 3383)
1996 Ed. (2922, 2923, 2926, 2931, 2932, 2936, 2940, 3286)
1995 Ed. (3187)
1993 Ed. (3100)
1991 Ed. (2510, 2533, 2923)
Florida State Citrus
1996 Ed. (1981)
1995 Ed. (1948)
1992 Ed. (2241)
Florida State Fair
1996 Ed. (1718)
Florida State Fairgrounds
2002 Ed. (1334)
1999 Ed. (1417)
Florida State Lottery
1997 Ed. (2689)
1996 Ed. (2552)
1995 Ed. (2490)
Florida; State of
1994 Ed. (11, 2211)
Florida State University
2008 Ed. (3430)
2007 Ed. (3329)
2006 Ed. (3948, 3952, 4198, 4203)
2002 Ed. (1107)
2000 Ed. (1141)
1999 Ed. (1234)
1998 Ed. (806)
1993 Ed. (888, 889, 1028)
Florida State University-Tallahassee
2004 Ed. (827)
Florida Steel
1993 Ed. (3449)
Florida Supreme Court
2006 Ed. (2809)
Florida Times-Union
2002 Ed. (3508)
2000 Ed. (3337)
1999 Ed. (3618)
1998 Ed. (2681)
Florida Tire Recycling Inc.
2005 Ed. (4695)
Florida Transportation Credit Union
2008 Ed. (2213)
Florida United Business Association
2000 Ed. (319)
Florida United Businesses Association
1999 Ed. (302)
1998 Ed. (195)
Florida; University of
2008 Ed. (758, 783, 1065)
2007 Ed. (1163, 4597)
2006 Ed. (714)
1997 Ed. (2608)
1996 Ed. (2463)
1995 Ed. (2428)
1994 Ed. (889, 1056, 2743)
1991 Ed. (2680)
Florida; University of Central
2008 Ed. (758, 2575)
2007 Ed. (2446)
Florida; University of South
2008 Ed. (758)
Florida Virtual School
2005 Ed. (3182)
Florida West
2007 Ed. (233)
2006 Ed. (227)
Florida's Natural
2007 Ed. (3754)
2006 Ed. (3755)
2005 Ed. (3656, 3657)
2004 Ed. (3746)
2003 Ed. (2578, 3702)
2002 Ed. (3541)
2001 Ed. (3595)
1999 Ed. (2536, 3660)
1998 Ed. (1778)
1996 Ed. (2875)
Florida's Natural Growers
2003 Ed. (2579)
Florida's Natural Growers Pride
2005 Ed. (3657)
Florida's Natural Orange Juice
2007 Ed. (2656)
2006 Ed. (2672)
Florida's Silver Springs
1992 Ed. (333)
1990 Ed. (266)
Florino Furago
2002 Ed. (385)
Florio
1997 Ed. (3887)
Florists' Transworld Delivery Association
1992 Ed. (36, 2637)
Florsheim
1995 Ed. (3370)
Florsheim Shoe Co.
1998 Ed. (2709)
Florstar Sales Inc.
2000 Ed. (2202)
1999 Ed. (2447)
1998 Ed. (1699)
1996 Ed. (1922)
1995 Ed. (1879)
1993 Ed. (1866)
1992 Ed. (2166)
1991 Ed. (1728)
Flotek Industries Inc.
2008 Ed. (2864, 2865)
Flouder
2004 Ed. (2622)
Flough & Co.; William R.
1991 Ed. (3063)
Flounder
2008 Ed. (2722)
2007 Ed. (2585)
2006 Ed. (2610)
2005 Ed. (2611)
2003 Ed. (2490)
2001 Ed. (2440)
Flounder/Sole
2001 Ed. (2439)
1993 Ed. (3111)
1992 Ed. (3816)
Flour
2001 Ed. (551)
1999 Ed. (4508)
Flour, all purpose
2003 Ed. (2496)
Flour, all-purpose white wheat
2002 Ed. (2289)
Flour City Architectural Metal Inc.
1995 Ed. (1166)
Flour City Architectural Metals
2003 Ed. (1304)
2001 Ed. (1476)
2000 Ed. (1262, 2343)
1999 Ed. (1370, 2600)
1998 Ed. (948)
1997 Ed. (2149)
1996 Ed. (1143)
1994 Ed. (1152, 1976)
1993 Ed. (1133, 1954)
1992 Ed. (1420)
Flour City Architectural Metals/E. G. Smith
1990 Ed. (1206)
Flour City International Inc.
2002 Ed. (1292)
Flour Daniel Inc.
1992 Ed. (1949)
Flour mixes
2001 Ed. (551)
Flour, single purpose
2002 Ed. (2289)
Flourigard
1996 Ed. (1527)
1993 Ed. (1471)
Flournoy Construction
2002 Ed. (1201)
1998 Ed. (874, 875, 880)

1996 Ed. (1096)
1993 Ed. (1094, 1096)
Flours/grains
1999 Ed. (365)
Flovent
2003 Ed. (2114)
Flow International Corp.
2004 Ed. (2323)
Flower and Garden
1994 Ed. (2791)
Flower Foods Bakeries Group
2008 Ed. (726)
Flower; Scott
1997 Ed. (1895)
Flowerama of America
2008 Ed. (879)
2007 Ed. (904)
2006 Ed. (2616)
2005 Ed. (2620)
2004 Ed. (2729)
Flowerfield Industrial Park
1991 Ed. (1043)
Flowers
2007 Ed. (2312)
1992 Ed. (2189)
Flowers & plants
1996 Ed. (2473)
Flowers Bakeries
2003 Ed. (761)
Flowers Foods Inc.
2007 Ed. (2608)
2005 Ed. (2634, 2654)
2004 Ed. (2661)
Flowers Industries Inc.
2003 Ed. (1519, 2556, 2570)
2002 Ed. (1521, 1526, 2297)
2000 Ed. (373, 1343)
1999 Ed. (369)
1998 Ed. (256, 258, 265, 1320)
1997 Ed. (328, 330)
1995 Ed. (342, 1399)
1994 Ed. (1374, 1875)
1993 Ed. (1318)
1992 Ed. (491, 495)
1990 Ed. (1893)
1989 Ed. (354, 355, 1453)
Flowers Industries Bakery Division
1989 Ed. (359)
Flowing Energy Corp.
2006 Ed. (4594)
Flowserv/Invensys Flow Control
2005 Ed. (3937)
Flowserve Corp.
2008 Ed. (3530)
2007 Ed. (4532)
2005 Ed. (1538, 3352, 3353)
2004 Ed. (1522, 2999, 3328)
2003 Ed. (1492)
2002 Ed. (1380)
1999 Ed. (2615, 2666)
Floyd County, GA
2004 Ed. (3304)
Floyd Hall
2001 Ed. (1220)
2000 Ed. (1045, 1876)
1999 Ed. (1125)
1998 Ed. (723)
Floyd; Hurricane
2005 Ed. (882, 2979)
Floyd L. English
1997 Ed. (1796, 1803)
Floyd Valley Hospital
2006 Ed. (2920)
F.L.P. Secretan & Co. Ltd.
1993 Ed. (2454, 2456)
1992 Ed. (2895, 2896, 2898)
FLS Inds.
1991 Ed. (1266)
FLS Industries
1999 Ed. (1599)
FLS Industries A/A (Koncern)
1994 Ed. (3520)
FLS Industries A/S
2006 Ed. (3377)
2000 Ed. (1406)
1995 Ed. (1371, 3604)
1993 Ed. (1294)
FLS Industries A/S (Koncern)
1996 Ed. (3680)
FLS Industries AS
1997 Ed. (1381)
FLS Industries B
1993 Ed. (1162)
Flserv Inc.
1991 Ed. (1716, 3376, 3378, 3379)
1990 Ed. (1781)
Flubber
2001 Ed. (4693)
Flughafen AG
1997 Ed. (3846)
1996 Ed. (3792, 3793)
Flughafen Frankfurt Main
2001 Ed. (352)
Flughafen Frankfurt/Main AG
2001 Ed. (309)
Flughafen Wein
1999 Ed. (4722)
Flughafen Wien
2002 Ed. (4756)
2000 Ed. (4352)
1999 Ed. (4723)
Flugleidir H. F.
2001 Ed. (309)
Fluid delivery systems
2001 Ed. (3604)
Fluidigm
2006 Ed. (592)
Fluids, drilling
1999 Ed. (946)
Fluke
2000 Ed. (1750)
1999 Ed. (1974)
1991 Ed. (1517, 2843)
1990 Ed. (1615)
1989 Ed. (2304)
Fluke; John
1989 Ed. (1326)
Fluor Corp.
2008 Ed. (1163, 1177, 1178, 1191, 1226, 1229, 1230, 1231, 1232, 1233, 1234, 1235, 1237, 1240, 1278, 1281, 1282, 1285, 1286, 1288, 1300, 1301, 1304, 1307, 1349, 1353, 1358, 1361, 1367, 1368, 1474, 2114, 2286, 2530, 2531, 2533, 2534, 2535, 2538, 2540, 2544, 2548, 2549, 2553, 2554, 2555, 2556, 2557, 2559, 2560, 2561, 2565, 2568, 2569, 2571, 2578, 2600, 2601, 2604, 2606, 2881, 3187)
2007 Ed. (1275, 1276, 1277, 1278, 1293, 1339, 1340, 1342, 1343, 1344, 1345, 1346, 1347, 1348, 1376, 1389, 1399, 2012, 2399, 2413, 2417, 2421, 2422, 2426, 2427, 2428, 2429, 2430, 2433, 2434, 2438, 2441, 2442, 2444, 2449, 2471, 2475, 2477, 2765)
2006 Ed. (1163, 1164, 1165, 1166, 1167, 1168, 1184, 1185, 1239, 1241, 1244, 1245, 1246, 1247, 1248, 1249, 1251, 1267, 1268, 1270, 1271, 1272, 1273, 1301, 1303, 1304, 1314, 1354, 1360, 2450, 2459, 2461, 2462, 2463, 2464, 2465, 2468, 2469, 2473, 2476, 2478, 2483, 2502, 2506)
2005 Ed. (1167, 1168, 1169, 1170, 1171, 1172, 1208, 1279, 1298, 1299, 1301, 1302, 1303, 1304, 1305, 1335, 1369, 1521, 1798, 2417, 2419, 2420, 2428, 2436, 2438, 2441, 2442)
2004 Ed. (1144, 1148, 1149, 1247, 1248, 1252, 1264, 1265, 1266, 1270, 1272, 1274, 1276, 1278, 1279, 1280, 1281, 1283, 1284, 1287, 1291, 1294, 1295, 1297, 1322, 1324, 1330, 1353, 1505, 1579, 2325, 2343, 2344, 2352, 2354, 2359, 2360, 2361, 2362, 2363, 2364, 2365, 2367, 2370, 2374, 2378, 2380, 2386, 2389, 2390, 2392, 2393, 2396, 2397, 2399, 2401, 2404, 2406, 2407, 2432, 2437, 2442)
2003 Ed. (1140, 1142, 1145, 1146, 1244, 1245, 1249, 1252, 1259, 1261, 1262, 1263, 1267, 1269, 1271, 1273, 1275, 1276, 1277, 1278, 1279, 1280, 1281, 1283, 1284, 1288, 1290, 1291, 1292, 1293, 1294, 1321, 1322, 1324, 1325, 1329, 1331, 1332, 1343, 1353, 1475, 2289, 2292, 2293, 2294, 2297, 2298, 2299, 2301, 2304, 2307, 2308, 2309, 2311, 2312, 2315, 2325)
2002 Ed. (331, 1171, 1174, 1175, 1176, 1194, 1195, 1228, 1229, 1236, 1238, 1242, 1244, 1246, 1248, 1249, 1250, 1252, 1254, 1257, 1259, 1260, 1264, 1265, 1266, 1267, 1268, 1269, 1270, 1271, 1272, 1273, 1275, 1278, 1281, 1282, 1305, 1306, 1308, 1309, 1313, 1315, 1317, 1319, 1455, 2132, 2133, 2134, 2136, 2139)
2001 Ed. (1069, 1070, 1204, 1395, 1403, 1404, 1646, 1649)
2000 Ed. (1196, 1805, 1824)
1999 Ed. (1313, 1315, 1591, 2028, 2032, 2033)
1998 Ed. (881, 882, 884, 1435, 1446, 3290)
1997 Ed. (1121, 1127, 1129, 1732, 1753)
1996 Ed. (1098, 1106, 1108, 1247, 1654, 2259, 3411)
1995 Ed. (1123, 1125, 1127, 3303)
1992 Ed. (1354, 1355, 1359)
1990 Ed. (1154, 1169, 1343, 3241, 3258)
1989 Ed. (2474, 2478)
Fluor Australia
2002 Ed. (1179)
Fluor Canada
2008 Ed. (1184)
2007 Ed. (1284)
Fluor City Architectural Metals Inc.
1997 Ed. (1170)
Fluor Daniel
2002 Ed. (1173)
2001 Ed. (1070, 1462, 1463, 1464, 1465, 1466, 1470, 1486, 1487, 2237, 2239, 2240, 2241, 2243, 2245, 2246, 2288, 2290, 2292, 2295, 2296, 2297, 2299, 2300)
2000 Ed. (1238, 1239, 1240, 1246, 1247, 1248, 1250, 1251, 1252, 1253, 1256, 1276, 1277, 1278, 1279, 1280, 1284, 1285, 1287, 1289, 1794, 1796, 1798, 1799, 1800, 1810, 1811, 1812, 1817, 1818, 1823, 1845, 1847, 1848, 1850, 1853, 1854, 1858)
1999 Ed. (955, 1340, 1341, 1342, 1354, 1355, 1356, 1357, 1358, 1359, 1360, 1361, 1362, 1364, 1387, 1388, 1389, 1390, 1391, 1397, 1398, 1400, 1401, 2018, 2019, 2021, 2022, 2023, 2034)
1998 Ed. (934, 935, 936, 937, 938, 939, 940, 942, 964, 967, 1436, 1439, 1447, 1451, 1476, 1480, 1481, 1483, 1484, 1485, 1486, 1489, 1490)
1997 Ed. (1136, 1137, 1138, 1150, 1151, 1153, 1154, 1156, 1157, 1158, 1177, 1181, 1183, 1184, 1187, 1192, 1733, 1737, 1741, 1748, 1750, 1759, 1763)
1996 Ed. (1111, 1112, 1121, 1122, 1123, 1124, 1125, 1126, 1128, 1129, 1148, 1152, 1154, 1155, 1156, 1158, 1161, 1163, 1655, 1659, 1663, 1667, 1668, 1669, 1670, 1673, 1678)
1995 Ed. (1138, 1139, 1140, 1148, 1149, 1150, 1151, 1152, 1153, 1154, 1156, 1157, 1173, 1178, 1179, 1180, 1181, 1185, 1187, 1190, 1192, 1672, 1675, 1676, 1677, 1679, 1680, 1685, 1686, 1687, 1688, 1691, 1693, 1696)
1994 Ed. (1106, 1108, 1110, 1123, 1124, 1125, 1130, 1131, 1132, 1133, 1134, 1135, 1136, 1137, 1154, 1160, 1163, 1165, 1167, 1170, 1171, 1633, 1637, 1638, 1640, 1641, 1646, 1647, 1649, 1652)
1993 Ed. (1084, 1087, 1093, 1100, 1101, 1102, 1114, 1115, 1116, 1117, 1118, 1119, 1120, 1121, 1142, 1143, 1144, 1148, 1601, 1602, 1605, 1606, 1608, 1611, 1615, 1618)
1992 Ed. (1365, 1375, 1401, 1402, 1403, 1404, 1405, 1406, 1407, 1408, 1424, 1428, 1429, 1433, 1948, 1950, 1953, 1956, 1957, 1963, 1964, 1968, 4025)
1991 Ed. (1048, 1050, 1068, 1069, 1073, 1074, 1075, 1076, 1093, 1094, 1095, 1550, 3103, 3155)
1990 Ed. (1168, 1176, 1181, 1182, 1195, 1196, 1198, 1199, 1210, 1664, 1667)
Fluor Enterprises Inc.
2005 Ed. (2441)
2004 Ed. (2406)
2003 Ed. (2325)
Fluor/St. Joe Minerals
1991 Ed. (1146)
Fluoxetine
2006 Ed. (2310)
2005 Ed. (2249)
2003 Ed. (2107)
2001 Ed. (3778)
The Flur Organization
1990 Ed. (2953)
Flushing Savings Bank, FSB
2007 Ed. (4245)
Flute
1999 Ed. (3504)
Fluxys SA
2005 Ed. (2730, 3771)
Fly-fishing
1999 Ed. (4384)
Flyers; Philadelphia
2006 Ed. (2862)
FLYi Inc.
2006 Ed. (4606, 4824)
Flying Dog Brewing Co.
2000 Ed. (3126)
Flying Food Fare Inc.
1990 Ed. (3706)
Flying Food Group
2000 Ed. (3144)
Flying Food Group LLC
2007 Ed. (3537, 4986)
2006 Ed. (3499, 3500, 4989, 4990)
Flying insect killer
2002 Ed. (2816)
Flying J Inc.
2006 Ed. (2898)
2003 Ed. (2804)
2001 Ed. (497, 1891)
Flying J Motel
1990 Ed. (2066)
Flying J Travel Plazas
1994 Ed. (3452)
Flying Tiger
1990 Ed. (199, 200, 201, 202, 236, 237)
Flying Tiger Line Inc.
1990 Ed. (240)
Flying Tigers
1992 Ed. (296)
1990 Ed. (221, 230, 231)
Flynco Inc.
2007 Ed. (1374)
The Flynn Co.
1999 Ed. (3995)
Flynn; Donald F.
1989 Ed. (1376)
Flynn; Raymond L.
1993 Ed. (2513)
1992 Ed. (2987)
1991 Ed. (2395)
Flyte-Time/Regency
1993 Ed. (2600)
FM Global
2008 Ed. (3265, 3316)
2007 Ed. (3119, 3169)
2006 Ed. (3102, 3134)
2005 Ed. (3068, 3096, 3097, 3100, 3124, 3136)
FM Global Group
2003 Ed. (2983, 2989)
2002 Ed. (2878)
FM Office Express Inc.
2008 Ed. (1981, 1983, 4930)

2006 Ed. (1935)
FM Resources
2006 Ed. (1935)
FM Services Corp.
1993 Ed. (3512)
FMA
1995 Ed. (2360, 2368)
FMB-First Michigan Bank
1998 Ed. (395)
FMB Holdings
2003 Ed. (640)
2002 Ed. (666)
2000 Ed. (701)
1999 Ed. (684)
1997 Ed. (648)
1996 Ed. (714)
1995 Ed. (640)
FMC Corp.
2008 Ed. (911)
2007 Ed. (930, 944)
2006 Ed. (848, 868)
2005 Ed. (934, 935, 2769)
2004 Ed. (944, 945, 4097)
2003 Ed. (4071)
2002 Ed. (246, 991, 3592, 3968, 4789)
2001 Ed. (1183, 3188, 3189)
2000 Ed. (1019, 1023, 1024, 1692)
1999 Ed. (1084, 1086, 1501, 1885)
1998 Ed. (694, 695, 701, 702, 1523, 2104, 3333)
1997 Ed. (952, 954, 955, 958, 1814, 1816)
1996 Ed. (922, 923, 926, 1727)
1995 Ed. (951, 953, 957, 961, 1748, 2921)
1994 Ed. (915, 917, 926, 932, 1731, 2420, 2854)
1993 Ed. (902, 1226, 1343, 1712, 1718, 2486, 2852, 3351)
1992 Ed. (1110)
1991 Ed. (901, 903, 1640, 2370)
1990 Ed. (946, 957, 2502)
1989 Ed. (885, 889, 1917)
FMC Gold Co.
1992 Ed. (3225)
1991 Ed. (2420)
1990 Ed. (2543)
FMC Select
2004 Ed. (3534, 3535, 3537)
2003 Ed. (3497)
FMC Technologies Inc.
2008 Ed. (2498, 3895)
2007 Ed. (2714, 3833, 3836)
2006 Ed. (2434, 2438, 2439, 3820, 3821)
2005 Ed. (2393, 2396, 2397, 3730, 3731)
2004 Ed. (2312, 2315, 3823)
2003 Ed. (3812)
FMC Wyoming Corp.
2008 Ed. (2178, 2179)
2007 Ed. (2070, 2071)
2006 Ed. (2122, 2123)
2005 Ed. (2019, 2020)
2004 Ed. (1893, 1894)
2003 Ed. (1857, 1858)
2001 Ed. (1902, 1903)
FMCG
2002 Ed. (3264, 3266)
FMG Corp.
1992 Ed. (4367)
FMH Material Handling Solutions Inc.
2006 Ed. (2549, 3987)
2005 Ed. (2541)
FMI Common Stock
2006 Ed. (3650)
2004 Ed. (3560)
FMI Focus
2006 Ed. (4557)
2005 Ed. (4482)
2004 Ed. (2457, 3572, 3593)
1999 Ed. (3560)
FMI Focus Fund
2003 Ed. (3508, 3541)
1999 Ed. (3522)
FMI Sasco Contrarian Value
2004 Ed. (3557)
FMI Stock Fund
2003 Ed. (3536)
FML-S Oph Solution
1992 Ed. (3301)
FMOQ Bond
2001 Ed. (3484)
FMOQ Canadian Equity
2004 Ed. (3615)
2003 Ed. (3569)
2001 Ed. (3470, 3471)
FMOQ Fonds De Placement
2004 Ed. (3612)
2003 Ed. (3560)
FMOQ International Equity
2001 Ed. (3467)
FMOQ Investment
2002 Ed. (3428, 3430)
2001 Ed. (3457, 3458, 3459)
FMR Corp.
2008 Ed. (1475, 1907, 4294)
2007 Ed. (134, 1488, 1870, 4290)
2006 Ed. (141, 1867, 4262)
2005 Ed. (1856, 4283)
2004 Ed. (1791, 4344)
2003 Ed. (1754, 4326)
2002 Ed. (227)
2001 Ed. (1788, 4197)
2000 Ed. (205)
1991 Ed. (967)
1990 Ed. (2356, 2357, 2359)
1989 Ed. (1811, 1812, 1813)
FMR-Fidelity Investments
1992 Ed. (2737)
FMX Inc.
2008 Ed. (4957)
FNB Corp.
2006 Ed. (404)
2005 Ed. (362)
2001 Ed. (570)
FNB Chicago
2000 Ed. (2921)
FNB of Chicago
1992 Ed. (3175)
FNF Construction Inc.
2008 Ed. (1180)
2006 Ed. (1174)
FNIC
2000 Ed. (843, 845, 846, 847, 848)
1999 Ed. (844, 845, 847, 848, 849, 850)
FNX Mining Co.
2008 Ed. (1659)
2007 Ed. (1619, 1623)
2006 Ed. (1603, 4594)
2005 Ed. (1702, 1705)
Foam Cups, 7 oz., 50-count
1989 Ed. (1631)
Foam, flexible
2001 Ed. (3845)
Foam, rigid
2001 Ed. (3845)
Foamex
1997 Ed. (3362)
1996 Ed. (3262, 3263)
1995 Ed. (1478, 3167)
Foamex Automotive Products
2006 Ed. (339)
Foamex International Inc.
2005 Ed. (4679, 4680)
2004 Ed. (4707, 4708)
2002 Ed. (4066, 4067)
2001 Ed. (4129)
2000 Ed. (3828)
1999 Ed. (2700)
1998 Ed. (2429, 3104)
1997 Ed. (3361)
Foamy
2001 Ed. (4227)
Focal
1999 Ed. (736, 3825)
1998 Ed. (2848)
1997 Ed. (3115)
1996 Ed. (750, 3035)
1995 Ed. (679)
Focal Communications Corp.
2002 Ed. (1611)
Fochi SpA; Filippo
1993 Ed. (1146)
Focus
2007 Ed. (4790)
2006 Ed. (1539)
2002 Ed. (410)
Focus Advertising
2001 Ed. (203)
1999 Ed. (147)
Focus Advertising (Publicis)
2000 Ed. (164)
Focus Apparel Group
1993 Ed. (959, 3336)
Focus Communications
2003 Ed. (182)
Focus Energy Trust
2005 Ed. (1711)
Focus FIA
2002 Ed. (3479)
Focus; Ford
2008 Ed. (298, 328, 332)
2007 Ed. (345)
2006 Ed. (315, 358, 360)
2005 Ed. (295, 303, 344, 347, 348)
FOCUS Healthcare Management Inc.
2002 Ed. (3743)
1999 Ed. (3882)
1998 Ed. (2911)
1997 Ed. (3160)
Focus: HOPE
2002 Ed. (3522)
2001 Ed. (3550)
2000 Ed. (3351)
1999 Ed. (3627)
1998 Ed. (2686)
Focus Marketing
1992 Ed. (3760)
Focus on the Family
2008 Ed. (3791)
2006 Ed. (1651)
2000 Ed. (3350)
FOCUS Wickes Ltd.
2006 Ed. (4173)
Fodor Wyllie
2002 Ed. (3854)
Fodors
2003 Ed. (3055)
Fodors.com
2004 Ed. (3161)
Foegre & Benson
2008 Ed. (3418)
Foereningssparbanken
2001 Ed. (1858)
2000 Ed. (1558)
1999 Ed. (1737)
Foersaekrings AB Skandia
2008 Ed. (1410)
Foerster, Tom
1995 Ed. (2484)
1991 Ed. (2346)
1990 Ed. (2483)
Fogarty & Klein
1989 Ed. (160)
Fogarty & Klein/Winius-Brandon
1994 Ed. (117)
Fogarty Associates; Aubrey
1996 Ed. (102)
Fogarty Klein & Partners
2000 Ed. (173)
1999 Ed. (155)
1998 Ed. (66)
1997 Ed. (97, 146)
1996 Ed. (140)
1995 Ed. (43, 126)
Fogarty Klein Monroe
2004 Ed. (132)
2003 Ed. (173, 174)
2002 Ed. (185)
Fogel Levin
1991 Ed. (115)
Fogelman Properties
1991 Ed. (1054, 1059)
1990 Ed. (1172)
Foggers, indoor
2002 Ed. (2816)
Fogo de Chao Holdings LLP
2006 Ed. (2046)
2005 Ed. (1977)
Foille
1993 Ed. (231)
Fokas Odysseus SA
2008 Ed. (1774)
2007 Ed. (1748)
Fokker
1998 Ed. (478)
Fokus
1990 Ed. (660)
Fokus Bank
2008 Ed. (487)
2007 Ed. (533)
2006 Ed. (508)
2005 Ed. (591)
2004 Ed. (602)
2000 Ed. (637, 3383)
1999 Ed. (616)
1997 Ed. (585)
1996 Ed. (646)
1992 Ed. (809)
Fokus Bank, Trondheim
1991 Ed. (636)
Folanan
1992 Ed. (4464)
Folcroft East and West Business Park
1991 Ed. (2024)
1990 Ed. (2181)
Folcroft East and West Business Parks
1992 Ed. (2598)
Folders/binders/report covers
1995 Ed. (3079)
Folexco/East Earth Herb
2001 Ed. (994)
Foley Co.
2008 Ed. (1253)
2007 Ed. (4888)
2005 Ed. (1295)
2004 Ed. (1244)
2003 Ed. (1241)
Foley, AL
1994 Ed. (2406)
Foley & Judell
2001 Ed. (824, 921)
1998 Ed. (2084)
1995 Ed. (3664)
Foley & Lardner
2006 Ed. (3267)
2004 Ed. (3250)
2003 Ed. (3171, 3194, 3204)
2002 Ed. (3058)
2001 Ed. (561, 563, 745, 941, 953, 4206)
2000 Ed. (2891, 2896)
1999 Ed. (3150)
1998 Ed. (2329)
1991 Ed. (2524)
Foley & Lardner LLP
2008 Ed. (3413, 3415, 3860, 4112)
2007 Ed. (1512, 3083, 3300, 3657, 4080)
Foley Cadillac-Rolls Royce Inc.; Steve
1992 Ed. (399)
Foley Cadillac-Rolls; Steve
1994 Ed. (282)
Foley Cadillac Inc.; Steve
1995 Ed. (288)
1993 Ed. (284)
Foley Enterprises; Steve
1991 Ed. (308)
Foley, Hoag & Eliot
1993 Ed. (2393)
1992 Ed. (2830)
1990 Ed. (2415)
Foley, Hoag & Elliot
1991 Ed. (2281)
Foley II; William P.
2008 Ed. (957, 2638, 2639)
Foley Lardner Weissburg & Aronson
2000 Ed. (3196)
Foley, Lardner, Welsburg & Aronson
1998 Ed. (2710)
Foley Rolls-Royce; Steve
1996 Ed. (286)
Foley's
1994 Ed. (2146)
1992 Ed. (1784, 1787)
1991 Ed. (1413)
1990 Ed. (1490, 1493)
Foley's/Sanger Harris
1989 Ed. (1635)
Folgers
2008 Ed. (1027, 1035, 2741)
2007 Ed. (618, 1147, 1154)
2006 Ed. (572, 1059)
2005 Ed. (1048, 1049)
2004 Ed. (1047, 2634, 2642)
2003 Ed. (676, 1039, 1041, 2524)
2002 Ed. (1089)
2001 Ed. (1306)
2000 Ed. (2215)
1999 Ed. (1215, 2457, 2458)
1998 Ed. (1716)
1997 Ed. (2031)
1996 Ed. (723, 1936)
1995 Ed. (649)

1993 Ed. (1004)
1992 Ed. (1239, 1240, 4233)
1990 Ed. (3545)
Folgers coffee
1998 Ed. (1714)
1991 Ed. (990, 3323)
Folgers Coffee House
2008 Ed. (1027)
2007 Ed. (1147)
2005 Ed. (1048)
2002 Ed. (1089, 1090)
1999 Ed. (3597)
Folgers Decaffeinated
2002 Ed. (1089)
Folger's Ground Coffee
2002 Ed. (1090)
Folgers House Ground
2003 Ed. (1039)
Folgers Instant
2006 Ed. (1059)
2002 Ed. (1089)
Folinari
1998 Ed. (3754)
1997 Ed. (3904, 3906, 3910)
FolioFn
2002 Ed. (4796)
Folker AS
1997 Ed. (1381)
Folksam
2006 Ed. (1690)
Folksamerica Group
1999 Ed. (2967)
Folksamerica Re
2001 Ed. (2954, 2955)
Folksamerica Reinsurance Co.
2005 Ed. (3067)
2004 Ed. (3056, 3139)
2003 Ed. (3016)
Follett
1994 Ed. (2523)
Follett Software Co.
2006 Ed. (3277, 3278)
2005 Ed. (3285, 3288)
2004 Ed. (3257)
2002 Ed. (1153)
Folli Follie
2007 Ed. (1746)
Follmer Rudzeqicz Advisors Inc.
2004 Ed. (9)
Follmer Rudzewicz Advisors Inc.
2005 Ed. (5)
2002 Ed. (10)
Follmer, Rudzewicz & Co.
2001 Ed. (3)
2000 Ed. (8)
1999 Ed. (5)
1998 Ed. (4, 8)
Folonari
2005 Ed. (4958, 4968)
2004 Ed. (4971)
2003 Ed. (4948)
2002 Ed. (4925, 4944, 4946, 4957)
2001 Ed. (4845, 4882, 4884, 4885, 4890)
2000 Ed. (4415, 4417, 4419, 4423)
1999 Ed. (4791, 4795, 4798)
1995 Ed. (3760, 3772)
1993 Ed. (3720)
1990 Ed. (3698)
Folonari Wines
1991 Ed. (3496, 3502)
Fomento de Construcciones y Contratas
2006 Ed. (1317, 1320)
2005 Ed. (1338, 1339, 1340)
Fomento de Construcciones y Contratas SA
2000 Ed. (1290)
1994 Ed. (1122)
Fomento Economica Mexicano SA de CV
1993 Ed. (2559)
Fomento Economico Mexicano
2003 Ed. (672, 1758, 4596)
2002 Ed. (1726)
2000 Ed. (1515)
1996 Ed. (1947)
Fomento Economico Mexicano, SA de CV
2008 Ed. (564, 566, 1926, 2749, 3571, 4695)
2007 Ed. (616, 1877)
2006 Ed. (570, 1849, 1876, 1878, 2547, 3392)
2005 Ed. (671, 1498, 1564, 1844, 1865)
2004 Ed. (678, 1795)
1995 Ed. (1906)
Fomento Economico Mexicano, SA de CV--FEMSA
2005 Ed. (672)
2004 Ed. (679, 1778)
Fomon; Robert
1989 Ed. (1377)
Fona
2001 Ed. (29)
Fonciere Euris
2005 Ed. (4134)
2004 Ed. (4205)
2003 Ed. (4178)
2002 Ed. (4061)
Fonciere Euris SA
2008 Ed. (4236)
2007 Ed. (4090, 4201)
2006 Ed. (1796, 4180, 4181)
2005 Ed. (2587)
Fond du Lac, WI
2008 Ed. (3476)
Fonda Group Inc.
2001 Ed. (1893)
Fondiaria
1993 Ed. (2570)
Fondiaria-SAI
2006 Ed. (1820)
Fondo & Forma
1999 Ed. (65)
Fondo Comun
2008 Ed. (741)
Fondo Comun Pormex
2002 Ed. (3481)
Fondo de Valores Immobiliarios
2000 Ed. (986)
Fondo de Valores Immobiliaros
2002 Ed. (942)
Fondo de Valores Inmobiliarios
2006 Ed. (792)
Fondo Dinamico de Inversiones Bursatiles
2002 Ed. (3481)
Fondo Ganadero de Cordoba
2006 Ed. (1848, 1852)
Fondo Santander Balanceado
2002 Ed. (3481)
Fondo y Forma
2003 Ed. (51)
2002 Ed. (84)
2001 Ed. (112)
Fondo y Forma (JWT)
2000 Ed. (69)
Fonds d'Aide & Garantie des Credits
1995 Ed. (438)
1994 Ed. (446)
1993 Ed. (446)
Fonds de Croissance Select
2004 Ed. (2462)
2003 Ed. (3580, 3581, 3582)
2002 Ed. (3449, 3450, 3451)
Fonds de Solidarite des Travailleurs
1992 Ed. (4389)
Fondsfinans
2001 Ed. (1522)
Fondue pots
1996 Ed. (2192)
F150
2001 Ed. (3394, 4638)
F150 4x2
2002 Ed. (406)
Fone Zone
2002 Ed. (1581)
Fong; Ng Teng
2008 Ed. (4850)
2006 Ed. (4918, 4919)
Fonko
2005 Ed. (59)
Fonseca
2006 Ed. (4965)
2005 Ed. (4950, 4960, 4962)
2004 Ed. (4965, 4968)
2003 Ed. (4964)
2002 Ed. (4924, 4939, 4940)
2001 Ed. (4844, 4875)
2000 Ed. (4411)
1997 Ed. (3887)
Font & Vaamonde
1991 Ed. (105)
Fontainbleau Hilton Resort & Towers
1999 Ed. (2791, 2795)
Fontaine Associates; Richard
1994 Ed. (2309)
1992 Ed. (2763)
Fontainebleau Hilton Resort & Towers
2002 Ed. (2648)
1998 Ed. (2030)
Fontainebleu Hilton Resort and Towers
2000 Ed. (2568)
Fontana Candida
1990 Ed. (3698)
Fontana Pietro
2008 Ed. (300, 1865)
Fontana Steel Inc.
1995 Ed. (1161)
1994 Ed. (1146)
1992 Ed. (1416)
Fontanarrosa, Capurro & Asociados
1991 Ed. (73)
Fonterra Co-op Group
2004 Ed. (1826, 2651)
Fontova
1996 Ed. (3713)
Foo Jou Min
1997 Ed. (2001)
Foo Kon & Tan
1997 Ed. (25)
1996 Ed. (23)
Food
2008 Ed. (109, 1416, 1420, 1423, 1498, 2439)
2007 Ed. (98, 1321, 1516, 2312)
2006 Ed. (104, 834, 1436, 1437, 1440, 1444, 1447, 1486)
2005 Ed. (95, 1470, 1480, 1481, 1485, 1561)
2004 Ed. (100, 178, 1455, 1464, 1465, 1469, 1527, 1546)
2003 Ed. (24, 1425, 1435, 1439, 1516)
2002 Ed. (56, 59, 216, 217, 926, 1014, 1220, 1398, 1407, 1413, 1414, 1420, 1489, 2212, 2790, 3242, 3887, 3888, 4584, 4585, 4586)
2001 Ed. (94, 246)
2000 Ed. (30, 38, 39, 40, 196, 201, 797, 1352, 1353, 2633)
1999 Ed. (176, 1508, 1509, 1512, 1677, 2868, 2869, 3301)
1998 Ed. (23, 487, 1073, 1077, 1154, 1828, 2098, 3462, 3699)
1997 Ed. (164, 707, 1142, 1299, 1302, 1304, 1305, 1441, 1444, 2384, 2386, 2630, 2631, 3698)
1996 Ed. (770, 1253, 1256, 1258, 1259, 1262, 2488, 2489)
1995 Ed. (147, 692, 1278, 1298, 1299, 1300, 1302, 1303, 1304, 1989, 2445, 2891)
1994 Ed. (1272, 1276, 1277, 1278, 1279, 1280, 1281, 1282)
1993 Ed. (58, 735, 1218, 1232, 1234, 1237, 1238, 1239, 1240, 1241, 1242, 2377)
1992 Ed. (99, 917, 1817, 2600, 2601, 2603, 2606, 2608, 2610, 2612, 2614, 2616, 2617, 2618, 2619, 2620, 2621, 2622, 2860, 3235, 3476, 4390)
1991 Ed. (1428, 2029, 2031, 2032, 2036, 2038, 2040, 2042, 2044, 2046, 2047, 2048, 2049, 2050, 2051, 2053, 2827)
Food additives
2002 Ed. (1035)
1996 Ed. (952)
Food Americas
2007 Ed. (3972)
2006 Ed. (3918)
Food & Beverage
2000 Ed. (2544)
1996 Ed. (2116, 2119)
Food & beverage director
2004 Ed. (2280)
Food & beverage processing
2001 Ed. (2175)
Food and beverages
1997 Ed. (2381)
Food & Commercial Workers, Joint Trust Funds
1996 Ed. (2939, 3729)
1992 Ed. (4333)
1991 Ed. (3412)
Food & Commercial Workers, Joint Trust Funds, Southern California
1994 Ed. (2769, 3564)
1993 Ed. (2780, 3607)
1992 Ed. (3355)
1991 Ed. (2686, 2693, 2695)
1990 Ed. (2783, 3628)
1989 Ed. (2163, 2862)
Food & drink
1999 Ed. (2995)
Food & drug stores
2004 Ed. (1744)
2003 Ed. (1710, 2900)
2002 Ed. (2774, 2778, 2792, 2795)
2000 Ed. (1357, 2634)
1999 Ed. (1512, 1514, 1677, 1679, 2868, 2870)
1998 Ed. (1077, 1154, 2098, 2100)
1997 Ed. (1302, 1444, 2382, 2386)
1996 Ed. (1253, 1255)
Food and food products
2000 Ed. (2629)
1999 Ed. (3767)
1998 Ed. (586, 598, 2800)
1997 Ed. (3233)
1996 Ed. (2253, 2973, 3655, 3776)
1995 Ed. (2888)
1993 Ed. (2806, 2808)
1992 Ed. (32, 3394)
1990 Ed. (178)
Food and kindred products
2000 Ed. (2628)
1999 Ed. (1941, 2846, 2866)
1997 Ed. (1613)
1991 Ed. (1173)
1990 Ed. (1224, 1225, 1254, 1268, 1269)
Food & kindred products manufacturers
2001 Ed. (1637, 1639, 1677, 1681, 1699, 1708, 1720, 1727, 1754, 1757, 1758, 1804, 1837, 1838, 1859, 1883)
Food and live animals
1992 Ed. (2086, 2087)
Food & More GmbH
2005 Ed. (2940, 3282, 4090)
Food & related products
1999 Ed. (2863)
Food & Spirits
1994 Ed. (39)
1991 Ed. (43)
1990 Ed. (45)
Food and tobacco products
1991 Ed. (1138, 1139, 1186, 1187)
Food & wine
2002 Ed. (2989)
2001 Ed. (4887)
2000 Ed. (3473)
1995 Ed. (2981)
1989 Ed. (178, 2173)
Food & Wines from France
2002 Ed. (4962, 4963)
1991 Ed. (3493)
1989 Ed. (2940)
Food Brokers
2001 Ed. (4902)
Food Brokers (Holdings) Ltd.
1995 Ed. (1011)
Food, Chinese
1997 Ed. (2033, 2063, 2064)
Food consumer products
2007 Ed. (3044)
2006 Ed. (3000, 3005)
2005 Ed. (3007, 3009)
2004 Ed. (1744, 1745, 1747, 3009, 3011)
2003 Ed. (2901, 2903, 2905)
Food Corporation of India
2001 Ed. (1732)
Food-counter and related workers
1989 Ed. (2077)
Food-counter, fountain & related workers
1993 Ed. (2738)
Food, deli
1999 Ed. (4507)
1998 Ed. (3433)

1997 Ed. (2063, 2064)
Food Dimensions
1990 Ed. (2052)
Food distribution
1994 Ed. (2191)
1993 Ed. (2168)
1992 Ed. (2626)
Food distributors
1996 Ed. (2252)
1990 Ed. (2185)
1989 Ed. (1657)
Food, drink and tobacco
1997 Ed. (2379)
1996 Ed. (2252)
1992 Ed. (2092, 2623)
Food, drink, and tobacco companies
1991 Ed. (2054)
Food, drink & tobacco industries
1993 Ed. (2168, 3729)
Food, drink, and tobacco industry
1994 Ed. (2191)
Food, drink, & tobacco wholesaling
2002 Ed. (2780)
Food, drinks
1992 Ed. (2858)
Food, drug
1989 Ed. (2347)
Food/drug combination stores
1998 Ed. (3092, 3680)
1990 Ed. (1432)
Food/drug combos
1996 Ed. (3797)
Food/drug stores
2002 Ed. (749)
2001 Ed. (4602, 4603)
Food, ethnic
1998 Ed. (2666)
1997 Ed. (3680)
Food, fat-free
1998 Ed. (2666)
Food/Food products
1991 Ed. (174)
Food for the Hungry
1994 Ed. (905)
1991 Ed. (2615, 2617)
Food for the Poor
2008 Ed. (3791)
Food 4 Less
2007 Ed. (4637, 4638, 4640, 4641)
2004 Ed. (4642, 4646)
1999 Ed. (2462)
1998 Ed. (1711)
Food, freshly-prepared
2002 Ed. (4719)
Food, frozen
1998 Ed. (2666)
Food, frozen-prepared
2002 Ed. (4719)
Food gifts
1996 Ed. (2221)
1994 Ed. (1967)
1993 Ed. (1941)
1992 Ed. (2283)
Food/grocery
1991 Ed. (2058)
Food, healthy
1997 Ed. (3680)
Food industry
1993 Ed. (2137)
Food ingredients
2001 Ed. (1210)
1999 Ed. (1110, 1111, 1112, 1114)
Food, Italian
1997 Ed. (2063, 2064)
Food Lion
2008 Ed. (4566)
2007 Ed. (4619)
2006 Ed. (4633)
2005 Ed. (4554)
2004 Ed. (4625)
2003 Ed. (4649)
2001 Ed. (1822, 4404, 4417, 4418, 4420, 4421, 4422)
2000 Ed. (372, 1687, 1714, 2489, 4163, 4167, 4168, 4169)
1999 Ed. (368, 1414, 1870, 1921, 4515, 4518, 4520, 4521, 4522)
1998 Ed. (264, 1297, 3443, 3444, 3449, 3451, 3452, 3453, 3454, 3455, 3456, 3457)
1997 Ed. (329, 1626, 2790, 3660, 3667, 3670, 3671, 3674, 3675, 3676, 3677)
1996 Ed. (1270, 1560, 2855, 3606, 3612, 3613, 3614, 3619, 3620, 3621)
1995 Ed. (343, 1324, 2792, 2794, 2798, 3154, 3356, 3527, 3531, 3532, 3533)
1994 Ed. (1254, 1543, 1990, 2683, 2705, 3275, 3448, 3459, 3461, 3464, 3465, 3466)
1993 Ed. (864, 1496, 1997, 2735, 2751, 2755, 3048, 3219, 3285, 3469, 3486, 3493, 3494, 3495, 3496, 3497)
1992 Ed. (489, 1815, 2350, 3275, 3317, 3739, 3927, 4025, 4163, 4164, 4166, 4167, 4168, 4169, 4170, 4171)
1991 Ed. (1426, 1860, 2621, 2654, 3252, 3254, 3256, 3257)
1990 Ed. (1963, 2719, 2752, 3029, 3058, 3255, 3491, 3494, 3496, 3498)
1989 Ed. (1556, 2459, 2465, 2776, 2778)
Food Lion Credit Association Credit Union
2003 Ed. (1893)
Food Lion LLC
2006 Ed. (4152)
Food, low-fat
1998 Ed. (2666)
Food Management
2008 Ed. (4711)
2007 Ed. (4794)
Food manufacturers
2000 Ed. (2211)
Food manufacturing
2002 Ed. (2224)
Food, Mexican
1997 Ed. (2033, 2063, 2064)
Food Motor Co. and Hertz management
1991 Ed. (2376)
Food, party
1997 Ed. (3680)
Food poisoning
2005 Ed. (3619)
Food preparation
2005 Ed. (3628, 3629)
Food preparation & serving workers
2007 Ed. (3723, 3728, 3729, 3730)
Food preparation services
1999 Ed. (3666)
Food preparation workers, waiters, waitresses, & bartenders
1998 Ed. (1326, 2694)
Food, prepared & convenience
1997 Ed. (36)
Food preparers/servers
2005 Ed. (3631)
Food processing
2003 Ed. (2909)
2002 Ed. (1997)
2001 Ed. (1205, 2378)
2000 Ed. (1325, 1327)
1999 Ed. (1468, 1473)
1998 Ed. (1034)
1997 Ed. (1243, 1244, 1262, 1263, 1266, 1274)
1996 Ed. (1197, 1198, 1215, 1216, 1219, 1225, 1231)
1995 Ed. (1250, 1251, 1259)
1994 Ed. (1210, 1211, 1228, 1229, 1232, 1233, 1239)
1993 Ed. (1186, 1187, 1201, 1204, 1205, 1213)
1992 Ed. (1171, 1465, 1466, 1487, 1488, 1491, 1492)
1991 Ed. (1151, 1175, 1176, 1179, 1180, 1190, 1191)
1990 Ed. (1233, 1234, 1257, 1258, 1261, 1262, 1272)
1989 Ed. (1636, 1661)
Food processing, consumer goods
1995 Ed. (1670)
Food processor
1991 Ed. (1964)
Food processors
1996 Ed. (2192)
1990 Ed. (2185)
1989 Ed. (1657)
Food production
2007 Ed. (3039, 3040)
2004 Ed. (1745, 3006, 3007, 3008)
2003 Ed. (2902)
2002 Ed. (2774, 2775)
Food products
2008 Ed. (1822)
2001 Ed. (2376)
1995 Ed. (2208, 2209, 2210, 2211, 2980)
1994 Ed. (743, 2802, 2925)
1993 Ed. (2132, 2133, 2134, 2136)
1992 Ed. (2567, 2568, 2569, 2571, 2572)
1991 Ed. (1995, 1996, 1997, 1999)
1990 Ed. (2149, 2150, 2151, 2153, 3090)
Food quality
1992 Ed. (4385)
Food, ready-to-serve prepared
2005 Ed. (2234)
Food, reduced-calorie
1998 Ed. (2666)
Food, refrigerated
1998 Ed. (2666)
Food, refrigerated prepared
1998 Ed. (2497)
Food Resources Solutions
2006 Ed. (2618)
Food retailers
2001 Ed. (1699, 1720, 1727)
Food retailing
1992 Ed. (2626)
Food retailing, specialized
2002 Ed. (2779)
Food service
2008 Ed. (3039)
2006 Ed. (2897)
2005 Ed. (2890, 2891)
2002 Ed. (2598, 2599, 3525)
2001 Ed. (2760)
2000 Ed. (1355, 1357, 2503, 3422)
1995 Ed. (2816)
1992 Ed. (1171)
Food Service of America
1991 Ed. (1758)
Food Service Supplies
2000 Ed. (2243)
1999 Ed. (2482)
Food services
2008 Ed. (3154, 3156)
2007 Ed. (3042, 3044, 3045)
2006 Ed. (3003, 3006, 3007)
2005 Ed. (3004, 3006, 3007, 3010)
2004 Ed. (3008, 3009, 3010, 3011, 3012)
2001 Ed. (2686, 2766, 3556)
1998 Ed. (1076, 1077, 1981)
1997 Ed. (1298, 1299, 1302, 1305)
1996 Ed. (1253, 1256, 1257, 1258, 1259, 1262, 2881)
Food Services of America
1990 Ed. (1837)
Food, shelf stable
2002 Ed. (4719)
Food storage bags
2002 Ed. (3719)
1990 Ed. (1955)
Food storage containers
2002 Ed. (3046)
Food stores
2006 Ed. (1437)
2002 Ed. (3747, 3756, 3757, 3758, 3759)
2001 Ed. (4484)
1999 Ed. (1894, 1895, 1904, 4102)
1998 Ed. (1317, 3336)
1997 Ed. (650, 1579)
1995 Ed. (1588, 3709)
1993 Ed. (675, 2152, 2157)
1991 Ed. (724, 739, 2706)
Food Stores & Supermarkets
2000 Ed. (4210)
Food systems
2002 Ed. (4727)
Food Town
2004 Ed. (4640, 4644)
Food trade
1997 Ed. (3848)
Food/trash bags
1995 Ed. (3528)
Food waste
1995 Ed. (1786)
1992 Ed. (4385)
Food World Games
1992 Ed. (3756)
Foodarama Supermarkets Inc.
2005 Ed. (4558, 4559)
2004 Ed. (4630, 4631)
2003 Ed. (4645)
Foodbrands America Inc.
2003 Ed. (1804)
2001 Ed. (2480)
1997 Ed. (2035, 2038)
Foodbuy.com
2001 Ed. (4764)
Foodcraft Equipment Co.
1995 Ed. (1920)
Foodgalaxy.com
2001 Ed. (4764)
Foodland
2004 Ed. (1648)
2002 Ed. (2304)
Foodland Associated
2007 Ed. (61)
2006 Ed. (70)
2005 Ed. (63)
2004 Ed. (68)
1996 Ed. (3242)
Foodland Distributors
1999 Ed. (1187)
1998 Ed. (752, 1872, 1873)
1997 Ed. (1013)
1996 Ed. (989, 2050, 2051)
1995 Ed. (2054)
1994 Ed. (1998, 2003)
Foodland Super Market Ltd.
2004 Ed. (1726)
Foodliner Inc.
2008 Ed. (4772)
2005 Ed. (4592)
Foodmaker
1999 Ed. (2481, 4082)
1998 Ed. (1736, 3067)
1997 Ed. (2051, 2628, 3327)
1996 Ed. (1951, 3228)
Foodquest Inc.
1997 Ed. (3329, 3651)
Foods
1993 Ed. (3660)
1991 Ed. (3440)
1990 Ed. (3629)
Foods and food products
1997 Ed. (3051)
Foods, bakery
1999 Ed. (3599)
Foods, breakfast
1999 Ed. (1413, 2125)
Foods, ethnic
1995 Ed. (3537)
Foods, frozen & refrigerated
1994 Ed. (1493)
Foods, health
1995 Ed. (3537)
Foods, hot
1995 Ed. (3536)
Foods, international
2002 Ed. (764)
Foods, mexican
1999 Ed. (1413, 2125)
Foods, packaged
1994 Ed. (2931)
Foods, prepared
1994 Ed. (1493)
Foods/soup, hot
1995 Ed. (3537)
Foodscape.com
2001 Ed. (4764)
Foodservice
2008 Ed. (4020, 4702)
2007 Ed. (1422)
2006 Ed. (1385)
2005 Ed. (1395, 1396)
FoodService Director
2008 Ed. (4711)
2007 Ed. (4794)
Foodservice distributors
2003 Ed. (4836)
Foodservices of America
2000 Ed. (2244)
Foodstuffs
2006 Ed. (70)
2005 Ed. (63)

2004 Ed. (68)
Foodstuffs Co-op
1991 Ed. (39)
1990 Ed. (42)
Foodstuffs New Zealand
2008 Ed. (64)
2007 Ed. (61)
Foodstuffs NZ
2001 Ed. (62)
Foodtown
1992 Ed. (67)
1989 Ed. (45)
Foodtrader.com
2001 Ed. (4755)
FoodUSA.com
2001 Ed. (4755)
Foody; Dan
2006 Ed. (1003)
Fooled by Randomness: The Hidden Role of Chance in the Markets & in Life
2006 Ed. (580)
Fools Rush In
1999 Ed. (4720)
Foor Concrete
2006 Ed. (1237)
Foot care devices
2004 Ed. (2673)
Foot-care insoles
1995 Ed. (2903)
Foot care medication
2004 Ed. (2673)
Foot Care Products
1992 Ed. (1871)
Foot, Cone & Belding
1998 Ed. (38)
Foot-grooming products
1995 Ed. (1921)
Foot-Joy
2000 Ed. (324)
1997 Ed. (279)
1993 Ed. (259)
1991 Ed. (263)
Foot Locker Inc.
2008 Ed. (999, 1000, 1003, 1004, 1009, 4483)
2007 Ed. (1118, 1119, 1121, 1122, 1127, 4504)
2006 Ed. (1031, 1032, 1033, 1035, 1036, 4448)
2005 Ed. (1023, 1024, 2207, 2208, 2769, 4421)
2004 Ed. (1013, 1014, 2103, 2104)
2003 Ed. (1020, 1022)
2001 Ed. (4338)
1999 Ed. (307, 308, 4304, 4305)
1993 Ed. (3368, 3369)
1992 Ed. (4046)
1991 Ed. (3167)
Foot Locker Retail Inc.
2008 Ed. (999)
2007 Ed. (1118)
2006 Ed. (1031)
2005 Ed. (1023)
2004 Ed. (1013)
Foot-odor-control products
1995 Ed. (1921)
Foot preparations
2002 Ed. (2052)
Foot soaks
1995 Ed. (1921)
Foot Solutions Inc.
2008 Ed. (2900)
2007 Ed. (899)
2006 Ed. (816, 819)
2005 Ed. (901)
2004 Ed. (910)
Foot Supply
2002 Ed. (2318)
Footaction
2003 Ed. (4405, 4406)
2002 Ed. (4273, 4274)
FootAction USA
1999 Ed. (307, 308, 4304, 4305)
Football
2005 Ed. (4446, 4453)
2001 Ed. (422, 4340, 4341)
1990 Ed. (3328)
Football, college
2005 Ed. (4453)
Football Football
2001 Ed. (4086)
Football player (NFL)
1989 Ed. (2084, 2092, 2096)
Football Stadium
1999 Ed. (1299)
Football telecasts
1991 Ed. (3245)
Foote, Cone & Belding
2005 Ed. (97, 101)
2004 Ed. (103, 105, 124, 126)
2000 Ed. (42, 43, 47, 48, 49, 50, 51, 52, 53, 56, 77, 87, 88, 142, 150, 191)
1999 Ed. (35, 37, 39, 40, 41, 43, 44, 45, 46, 48, 49, 50, 51, 53, 82, 105, 124, 132, 170)
1998 Ed. (30, 31, 33, 35, 36, 40, 41, 43, 44, 45, 46, 47, 48, 49, 54, 56, 60, 62, 64, 67, 597, 3493, 3494)
1996 Ed. (59, 80, 100, 115, 120, 152, 152)
1995 Ed. (44, 66, 99, 105, 117, 138, 138)
1994 Ed. (68, 102, 106, 112, 126, 126)
1992 Ed. (3598)
1990 Ed. (13, 75, 128, 143, 162, 881, 1505)
1989 Ed. (133, 136, 174)
Foote, Cone & Belding Chicago
1998 Ed. (52)
1995 Ed. (56)
1994 Ed. (76)
Foote, Cone & Belding Communications
1997 Ed. (37, 38, 39, 41, 42, 43, 45, 46, 47, 48, 49, 50, 52, 56, 85, 118, 125, 139, 159)
1995 Ed. (24, 25, 26, 27, 28, 29, 30, 31, 32, 34, 36, 38, 39, 40, 41, 42, 85)
1994 Ed. (50, 51, 52, 53, 55, 57, 58, 59, 60, 61, 62, 64, 66, 67, 96)
1993 Ed. (59, 60, 61, 62, 65, 66, 68, 70, 71, 72, 74, 78, 86, 94, 104, 109, 117, 123, 131, 1488)
1992 Ed. (133, 101, 103, 104, 105, 107, 111, 113, 116, 163, 1806)
1991 Ed. (58, 59, 61, 62, 63, 68, 70, 71, 72, 85, 111, 127, 161, 161, 840, 3317)
1990 Ed. (87)
1989 Ed. (56, 58, 61, 62, 63, 68, 80, 120)
Foote, Cone & Belding/Direct
1995 Ed. (1564)
1990 Ed. (1503, 1504, 1506)
Foote, Cone & Belding Publicidad
1994 Ed. (125)
Foote, Cone & Belding/Southern CA
1995 Ed. (96)
Foote, Cone & Belding Worldwide
2007 Ed. (109)
2006 Ed. (107, 109, 120)
2005 Ed. (110)
2004 Ed. (112)
2003 Ed. (28, 29, 36, 114, 165, 166, 167, 168, 176)
Foothill/Eastern Transportation Corridor
2001 Ed. (765, 777, 950)
1997 Ed. (2831)
Foothill/Eastern Transportation Corridor, CA
1999 Ed. (3472)
1998 Ed. (3616)
Foothill Nissan
1992 Ed. (375)
1990 Ed. (309)
1989 Ed. (285)
Foothills Pipe Lines
1994 Ed. (1955)
Foothills Pipelines
1992 Ed. (2268)
Footsply
2000 Ed. (2250)
Footstar Inc.
2006 Ed. (382)
2005 Ed. (4417)
2004 Ed. (2051, 4469)
Footsteps
2008 Ed. (111)
2007 Ed. (101)
2006 Ed. (112)
Footwear
2008 Ed. (2439)
2004 Ed. (2551, 2554)
2003 Ed. (4511)
2001 Ed. (3844, 4333)
2000 Ed. (1898)
1999 Ed. (2110)
1994 Ed. (1729)
1993 Ed. (1715)
1992 Ed. (3747)
1991 Ed. (1637)
For-hire truck
2001 Ed. (4234)
For Ner
2001 Ed. (2119)
For One More Day
2008 Ed. (552)
Forall
2006 Ed. (1030)
Forbes
2008 Ed. (151, 759, 810)
2007 Ed. (143, 148, 168, 844, 3237)
2006 Ed. (151, 156, 158, 751)
2005 Ed. (145, 825)
2004 Ed. (147, 851)
2003 Ed. (809)
2002 Ed. (221)
2001 Ed. (257, 260, 3710)
2000 Ed. (203, 3465, 3491, 3493)
1999 Ed. (3764, 3766, 3769)
1998 Ed. (70, 2797)
1997 Ed. (3041)
1996 Ed. (2964)
1995 Ed. (2890)
1994 Ed. (2797, 2801, 2803, 2804, 2805)
1993 Ed. (2802, 2803, 2807)
1992 Ed. (3379, 3388, 3391, 3393)
1991 Ed. (2705, 2707, 2710)
1990 Ed. (2796)
1989 Ed. (180, 181, 183, 185, 2172, 2175, 2176, 2178)
Forbes Alexander
2008 Ed. (968)
2007 Ed. (1055)
Forbes, Forbes & Associates
1998 Ed. (2968)
Forbes Futures
2007 Ed. (1188)
Forbes Group Ltd.
2000 Ed. (2664)
Forbes Jr; Malcolm S.
1995 Ed. (2580)
1992 Ed. (3079, 3392)
Forbes; Malcolm Stevenson
1990 Ed. (2578)
1989 Ed. (1989)
Forbes Medi-Tech Inc.
2005 Ed. (1728)
Forbes Video
1997 Ed. (3840)
1996 Ed. (3789)
Forbes.com
2008 Ed. (812)
2007 Ed. (846, 850)
2006 Ed. (753, 757)
2005 Ed. (827)
2004 Ed. (853)
Forbo-Alpina AG
1994 Ed. (3520)
1992 Ed. (4280)
Forbo International SA
1991 Ed. (3356)
Forbo-Stamflor AG
1996 Ed. (3680)
1994 Ed. (3520)
Forbo-Stamoid AG
1996 Ed. (3680)
1994 Ed. (3520)
1993 Ed. (3557)
1992 Ed. (4280)
Forbo-Teppichweke AG
1996 Ed. (3680)
Force Financial Ltd.
1999 Ed. (3011)
Force 3 Inc.
2008 Ed. (2966)
2006 Ed. (2845)
2005 Ed. (1357, 1382)
2004 Ed. (1348)
2003 Ed. (1347, 2750)
2002 Ed. (2546)
2000 Ed. (2449, 2468)
1999 Ed. (2665, 2675, 2676, 2677, 2680, 4284)
1998 Ed. (1939, 3289)
Forcenergy
2000 Ed. (2210)
Forcenergy Gas Exploration Inc.
1997 Ed. (3404)
Force10 Networks
2006 Ed. (4878)
Force3 Inc.
2005 Ed. (1356)
Ford
2008 Ed. (139, 302, 329, 638, 639, 684, 705, 3866)
2007 Ed. (309, 315, 342, 680, 714, 735, 3792)
2006 Ed. (313, 355, 652, 2854, 4855)
2005 Ed. (279, 283, 352, 741, 2851)
2004 Ed. (342, 756, 759)
2003 Ed. (303, 317, 333, 357, 359, 360, 743, 748, 752)
2002 Ed. (413, 414, 768, 4703)
2001 Ed. (438, 455, 483, 535, 1009)
2000 Ed. (25, 32, 344, 358, 358, 358, 358, 474, 795, 800, 3692)
1999 Ed. (323, 326, 334, 794)
1998 Ed. (24, 218, 226, 485, 488, 3495, 3497, 3625, 3646)
1997 Ed. (28, 299, 300, 705, 710, 2229)
1996 Ed. (27, 33, 309, 310, 315, 768, 3748)
1995 Ed. (17, 302, 690, 2587)
1994 Ed. (8, 49, 301, 307, 310, 741)
1993 Ed. (18, 149, 266, 305, 311, 316, 320, 332, 337, 2581, 2868, 2945, 2947, 2997, 3366, 3628)
1992 Ed. (30, 53, 68, 81, 31, 432, 442, 445, 448, 458, 460, 461, 481, 481, 481, 481, 1804, 2413, 4346, 4349, 4350, 4351)
1991 Ed. (8, 54, 319, 327, 332)
1990 Ed. (13, 52, 300, 343, 344, 351, 353, 358, 359, 373, 379, 1277, 1346, 1347, 2624, 2627, 2935, 3531, 3654)
1989 Ed. (13, 177, 314, 317, 320, 322, 323, 327, 1331, 1332, 1595, 2752)
Ford Aerospace
1990 Ed. (1138)
Ford Aerostar
1998 Ed. (223)
1997 Ed. (2798)
1994 Ed. (2529)
1993 Ed. (2580)
1992 Ed. (434, 3087)
Ford; Allyn
2005 Ed. (4022)
Ford & Family; William
1990 Ed. (3687)
Ford Aspire
1996 Ed. (2268)
Ford Associates Inc.; H. J.
1995 Ed. (2107)
Ford Association Inc.; H. J.
1994 Ed. (2052, 2056)
Ford Atlanta
1997 Ed. (320)
1994 Ed. (331)
Ford Australia
2004 Ed. (1650, 4100)
2003 Ed. (4075)
2002 Ed. (3225, 3964)
Ford Auto Dealers Assn.
1990 Ed. (19, 2214)
Ford Auto Dealers Association
1994 Ed. (11, 2211)
1993 Ed. (3526)
1992 Ed. (36, 2637, 4223)
1991 Ed. (12, 3312)
Ford Automotive Components Group
1996 Ed. (331, 342)
Ford Automotive Components Operations
1999 Ed. (350)
1992 Ed. (465)
Ford Automotive Holdings
2004 Ed. (4795)

Ford, Bacon & Davis Cos. Inc.
1995 Ed. (1192)
Ford Barclaycard
1996 Ed. (1496)
Ford Brasil
1989 Ed. (1096)
Ford Brasil S.A.
1990 Ed. (1336)
Ford Bronco
1996 Ed. (3765)
Ford Bronco II
1999 Ed. (4376)
1992 Ed. (2409)
Ford Canada
1997 Ed. (1813)
Ford Car Range
1993 Ed. (321)
Ford cars, trucks & vans
1993 Ed. (738)
1992 Ed. (920)
Ford; Celeste
2005 Ed. (2468)
Ford Center
2005 Ed. (4441)
Ford Chicago
1997 Ed. (320)
1994 Ed. (331)
Ford Contract Motoring
1999 Ed. (3455)
1997 Ed. (2821)
Ford Conventional Truck
1990 Ed. (2017)
Ford Courier
2004 Ed. (308)
Ford Credit Canada
1996 Ed. (1918)
1994 Ed. (1847)
Ford Credit Europe
1999 Ed. (531)
Ford Crown Victoria
1995 Ed. (318)
1994 Ed. (306, 318)
1989 Ed. (348)
Ford Crown Victoria CNG
2000 Ed. (335)
Ford Currency Exchange
1993 Ed. (215)
Ford Dealer Association
1998 Ed. (206, 206)
Ford Dealers
2002 Ed. (48)
1990 Ed. (2619)
Ford Dealers Association Franchise
1991 Ed. (13, 738)
Ford Del Ray
1990 Ed. (361)
Ford Division
2006 Ed. (356)
2005 Ed. (341, 342)
2001 Ed. (457, 458, 459, 460, 461, 462, 463, 464, 465)
Ford Econoline
2008 Ed. (4765)
2005 Ed. (291)
2004 Ed. (283)
Ford Econoline/Club Wagon
1996 Ed. (2492)
Ford Econoline van
1992 Ed. (434)
Ford Ecosport
2008 Ed. (304)
2006 Ed. (323)
Ford Edison
2000 Ed. (4305)
1994 Ed. (3586)
Ford Escape
2008 Ed. (299)
2006 Ed. (4856)
2005 Ed. (4426, 4777)
2004 Ed. (308, 4476, 4806)
Ford Escort
2005 Ed. (295)
2000 Ed. (346, 347)
1999 Ed. (327, 330)
1997 Ed. (297, 304)
1996 Ed. (307, 313, 314, 317, 2268)
1995 Ed. (299, 301, 305, 313, 2111)
1994 Ed. (296, 300, 305, 314)
1993 Ed. (313, 314, 319, 321, 322, 323, 350, 2187)
1992 Ed. (429, 433, 440, 443, 446, 459, 2409, 2410)
1991 Ed. (321)
1990 Ed. (349, 361, 370, 371, 377, 381, 2017, 2614)
1989 Ed. (315)
Ford Escort L
1993 Ed. (2187)
Ford Escort Wagon
1989 Ed. (342, 1671)
Ford Espana S.A.
1989 Ed. (1162)
Ford Expedition
2006 Ed. (3577)
2004 Ed. (4477, 4806)
2000 Ed. (4087)
1999 Ed. (4375, 4376)
Ford Explorer
2008 Ed. (4765, 4781)
2007 Ed. (4858)
2006 Ed. (3577, 4829, 4856)
2005 Ed. (4427, 4777, 4786)
2004 Ed. (303, 4477, 4806, 4812)
2003 Ed. (4820)
1999 Ed. (341, 3418, 4375, 4670)
1998 Ed. (234)
1997 Ed. (297, 3799)
1996 Ed. (307, 2492)
1995 Ed. (299)
1994 Ed. (296, 2529)
1993 Ed. (314, 2580)
Ford F-150
2001 Ed. (466, 467, 468, 469, 470, 471, 472, 473, 474)
1999 Ed. (341)
Ford F-150 Series
2000 Ed. (360)
Ford F-Pickup
1994 Ed. (296)
Ford F-Series
2008 Ed. (299, 304, 4765, 4781)
2007 Ed. (4858)
2006 Ed. (323, 4829, 4856)
2005 Ed. (304, 4777, 4785, 4786)
2003 Ed. (4820)
2001 Ed. (480, 3329)
1999 Ed. (3418, 4670)
1998 Ed. (234)
1995 Ed. (299, 3666)
Ford F-Series Pickup
2004 Ed. (303, 308, 4806, 4811, 4812)
1997 Ed. (297, 3799)
1996 Ed. (307, 2492)
1993 Ed. (314)
1992 Ed. (434, 429)
Ford F-350
1998 Ed. (223)
Ford F-250
2001 Ed. (468, 470, 474)
1998 Ed. (223)
Ford Falcon/Fairmont
1990 Ed. (360)
Ford Farewell Mills & Gatsch, Architects
2002 Ed. (335)
Ford Festiva
1993 Ed. (324)
1992 Ed. (449, 485)
Ford Fiesta
2008 Ed. (303)
2006 Ed. (322)
2005 Ed. (296)
2004 Ed. (302)
1996 Ed. (320)
1994 Ed. (314)
1992 Ed. (446, 459)
1991 Ed. (323)
1990 Ed. (370, 371)
Ford Focus
2008 Ed. (298, 328, 332)
2007 Ed. (345)
2006 Ed. (315, 358, 360)
2005 Ed. (295, 303, 344, 347, 348)
2004 Ed. (307, 346, 349, 350)
2003 Ed. (363)
Ford F150
1996 Ed. (2268)
The Ford Foundation
2008 Ed. (2766)
2005 Ed. (2677, 2678)
2004 Ed. (2681)
2002 Ed. (2324, 2325, 2327, 2328, 2329, 2332, 2333, 2335, 2337, 2340, 2342)
2001 Ed. (2517, 2518, 3780)
2000 Ed. (2259, 2260)
1999 Ed. (2499, 2500, 2501)
1995 Ed. (1926, 1930, 1931, 1933)
1994 Ed. (1897, 1898, 1902, 1903, 1904, 1906, 1907, 2772)
1993 Ed. (892, 1895, 1896, 2783)
1992 Ed. (1095, 1097, 1097, 1097, 1097, 1100, 1100, 2214, 2215, 2216, 3358)
1991 Ed. (895, 895, 895, 895, 895, 1765, 2689)
1990 Ed. (1847, 2786)
1989 Ed. (1469, 1470, 1471, 2165)
Ford Freestar
2008 Ed. (299)
Ford FSG Inc.
2005 Ed. (329, 330)
2004 Ed. (326, 327)
Ford Glass Division
1996 Ed. (349)
Ford Global Technologies Inc.
2002 Ed. (3594)
2001 Ed. (3647)
Ford group
1995 Ed. (309)
Ford Health Care Corp.; Henry
1991 Ed. (1415)
1990 Ed. (2055)
Ford Health Care System; Henry
1992 Ed. (3127)
1991 Ed. (1933)
Ford Health System; Henry
1997 Ed. (2163, 2261, 2269, 2830)
1996 Ed. (1542, 2154)
1995 Ed. (2142)
1994 Ed. (1526)
1993 Ed. (2072)
1992 Ed. (2457)
Ford; Henry
2006 Ed. (1450)
Ford Holdings Inc.
2008 Ed. (4114)
Ford Holdings LLC
2007 Ed. (4082)
2006 Ed. (295, 296)
Ford Jr.; William C.
2007 Ed. (1030)
2006 Ed. (936)
Ford Jr.; William Clay
2005 Ed. (984)
Ford Ka
2005 Ed. (296)
Ford Kansas City
2000 Ed. (4305)
1994 Ed. (331, 3586)
1992 Ed. (4351)
Ford Kentucky
2000 Ed. (4305)
Ford Laser
1990 Ed. (360)
Ford/Liberal
2000 Ed. (475)
Ford Life
1996 Ed. (2311)
Ford Life Insurance Co.
1997 Ed. (2450)
1995 Ed. (2285)
1994 Ed. (2252, 2253)
1992 Ed. (2647)
Ford Lio Ho Motor Co. Ltd.
1994 Ed. (1458, 2439)
1992 Ed. (1699, 2975)
1990 Ed. (1427, 2519)
Ford Local Dealers Association Franchise
1989 Ed. (753)
Ford Lorain
1994 Ed. (331)
Ford Louisville
2000 Ed. (4305)
1994 Ed. (3586)
1992 Ed. (4351)
Ford Medium
1993 Ed. (3627)
Ford Medium Duty
1994 Ed. (3582)
Ford Michigan
1994 Ed. (3586)
Ford Midway Mall
1990 Ed. (2015)
Ford Motor Co.
2008 Ed. (19, 20, 23, 26, 28, 40, 55, 59, 66, 86, 88, 91, 98, 102, 133, 140, 141, 287, 292, 293, 294, 296, 301, 1179, 1354, 1464, 1500, 1508, 1517, 1518, 1521, 1522, 1523, 1817, 1849, 1929, 1930, 2394, 2486, 2969, 3009, 3036, 3356, 3544, 3682, 3686, 3758, 4096, 4140, 4651, 4652, 4656, 4753, 4754, 4756)
2007 Ed. (15, 16, 18, 23, 25, 36, 53, 62, 73, 81, 92, 126, 130, 137, 199, 303, 304, 305, 306, 307, 314, 316, 916, 1279, 1327, 1457, 1470, 1518, 1532, 1533, 1534, 1536, 1537, 1538, 1539, 1540, 1808, 1810, 1880, 1881, 2194, 2366, 2844, 2846, 2887, 2914, 3226, 3415, 3416, 3790, 4528, 4555, 4566, 4569, 4590, 4645, 4716, 4827, 4828, 4831)
2006 Ed. (20, 21, 22, 24, 25, 33, 45, 57, 62, 71, 83, 91, 94, 101, 132, 135, 137, 144, 295, 296, 304, 307, 309, 310, 312, 314, 318, 320, 835, 1173, 1488, 1503, 1504, 1505, 1506, 1507, 1508, 1509, 1510, 1511, 1525, 1801, 1803, 1881, 1882, 2326, 2422, 2849, 2892, 3320, 3361, 3362, 3385, 3579, 3580, 3582, 4026, 4069, 4463, 4708, 4709, 4714, 4819)
2005 Ed. (14, 15, 16, 18, 21, 25, 38, 55, 63, 64, 65, 74, 81, 82, 85, 91, 92, 129, 133, 135, 284, 285, 286, 287, 288, 289, 292, 294, 298, 300, 301, 339, 340, 871, 872, 925, 1176, 1371, 1495, 1576, 1605, 1617, 1618, 1619, 1620, 1621, 1622, 1623, 1624, 1636, 1642, 1756, 1774, 1813, 1816, 1822, 1867, 1868, 2270, 2375, 2848, 2854, 3328, 3331, 3380, 3381, 3392, 3521, 3522, 3692, 3987, 3990, 4038, 4452, 4656, 4657, 4659, 4764, 4765, 4767, 4768)
2004 Ed. (21, 22, 23, 25, 28, 44, 47, 55, 60, 69, 70, 76, 79, 87, 98, 138, 142, 151, 278, 280, 281, 284, 285, 286, 287, 288, 289, 290, 291, 292, 293, 294, 295, 296, 297, 298, 299, 305, 306, 341, 884, 1355, 1479, 1574, 1576, 1592, 1593, 1594, 1595, 1599, 1600, 1602, 1611, 1616, 1699, 1750, 1755, 1797, 1798, 2039, 2838, 3308, 3351, 3361, 3520, 3524, 3773, 3785, 4048, 4099, 4564, 4566, 4680, 4681, 4776, 4792, 4794)
2003 Ed. (16, 17, 19, 20, 21, 188, 189, 192, 304, 312, 314, 315, 316, 318, 319, 320, 321, 322, 323, 324, 325, 326, 327, 328, 329, 330, 331, 332, 835, 914, 917, 1449, 1523, 1550, 1553, 1562, 1563, 1564, 1567, 1568, 1572, 1574, 1575, 1576, 1584, 1585, 1713, 1715, 1718, 1760, 1761, 1985, 2238, 2253, 2254, 2757, 2759, 3288, 3300, 3457, 3458, 3748, 3760, 4029, 4030, 4073, 4076, 4542, 4710, 4806, 4807, 4809, 4810)
2002 Ed. (33, 48, 49, 55, 57, 60, 218, 219, 224, 227, 235, 365, 366, 375, 381, 388, 390, 391, 393, 398, 868, 925, 980, 1185, 1400, 1408, 1429, 1484, 1500, 1533, 1538, 1541, 1542, 1543, 1572, 1655, 1691, 1692, 1727, 3230, 3233, 3246, 3400, 3401, 3402, 3403, 3594, 3602, 3886, 3966, 4587, 4588, 4600, 4668)
2001 Ed. (14, 20, 21, 22, 33, 34, 35, 43, 52, 53, 60, 63, 71, 74, 81, 83, 90, 456, 475, 503, 504, 506, 519, 520, 1041, 1045, 1555, 1557, 1583, 1584, 1588, 1589, 1592, 1593, 1594, 1596, 1598, 1604, 1740, 1742, 1744, 1747, 1751,

1790, 1792, 2174, 2227, 2228, 2229, 2230, 2231, 2377, 3215, 3217, 3228, 3229, 3395, 3403, 3647, 3665, 3667, 3693, 3835, 3958, 4043, 4044, 4617, 4618, 4619)
2000 Ed. (23, 31, 34, 195, 202, 204, 205, 207, 336, 340, 341, 356, 365, 798, 951, 1336, 1342, 1344, 1349, 1360, 1381, 1382, 1469, 1473, 1477, 1478, 1481, 1516, 1664, 1900, 2263, 2880, 2880, 3027, 3029, 3038, 3170, 3171, 3187, 3427, 3430, 3446, 3458, 3685, 3757, 4208, 4209, 4295)
1999 Ed. (28, 29, 177, 178, 179, 321, 322, 324, 335, 336, 337, 351, 352, 359, 994, 1488, 1516, 1517, 1537, 1541, 1543, 1547, 1548, 1549, 1554, 1612, 1660, 1661, 1662, 1666, 1670, 1674, 1706, 1840, 2107, 2505, 3112, 3294, 3456, 3457, 3468, 3719, 3721, 3729, 3734, 3768, 3974, 4043, 4044, 4566, 4567)
1998 Ed. (22, 28, 68, 71, 75, 86, 87, 214, 215, 216, 231, 232, 233, 243, 244, 486, 578, 595, 1080, 1083, 1084, 1086, 1087, 1088, 1110, 1112, 1113, 1116, 1117, 1118, 1149, 1157, 1159, 1162, 1164, 1165, 1169, 1176, 1267, 1289, 1529, 1534, 2320, 2430, 2435, 2539, 2540, 2557, 2676, 2757, 2758, 2769, 2775, 2786, 2978, 3043, 3490)
1997 Ed. (29, 31, 162, 166, 168, 295, 298, 308, 309, 319, 706, 1286, 1295, 1296, 1307, 1308, 1309, 1310, 1312, 1324, 1325, 1326, 1327, 1328, 1349, 1351, 1406, 1434, 1436, 1446, 1449, 1450, 1451, 1480, 1601, 1807, 1811, 1824, 1825, 1826, 2703, 2804, 2822, 2823, 2938, 3013, 3020, 3052, 3226, 3298, 3713, 3714)
1996 Ed. (28, 155, 158, 160, 161, 163, 304, 305, 306, 319, 323, 324, 326, 327, 328, 330, 337, 769, 775, 850, 1233, 1240, 1249, 1250, 1263, 1264, 1265, 1267, 1279, 1280, 1281, 1287, 1383, 1384, 1385, 1387, 1389, 1393, 1394, 1395, 1420, 1543, 1723, 2698, 2699, 2710, 2838, 2925, 2938, 2974, 3145, 3194, 3656, 3657, 3659, 3660, 3711, 3747)
1995 Ed. (18, 22, 23, 141, 146, 148, 150, 153, 154, 298, 300, 306, 307, 314, 315, 316, 317, 670, 691, 1261, 1264, 1265, 1266, 1267, 1269, 1280, 1284, 1292, 1293, 1294, 1309, 1311, 1312, 1313, 1314, 1420, 1421, 1423, 1429, 1430, 1435, 1458, 1560, 1567, 1747, 1763, 2498, 2621, 2622, 2771, 2850, 2855, 2861, 2889, 3045, 3092, 3570, 3571, 3572, 3574, 3667)
1994 Ed. (9, 10, 21, 23, 26, 31, 37, 41, 44, 46, 127, 129, 134, 294, 295, 298, 299, 302, 304, 308, 315, 317, 742, 1241, 1247, 1257, 1269, 1270, 1283, 1285, 1287, 1390, 1393, 1394, 1395, 1400, 1421, 1527, 1726, 1755, 1755, 2185, 2210, 2429, 2566, 2567, 2578, 2579, 2664, 2754, 2761, 2768, 2984, 3043, 3050, 500, 3555, 3583)
1993 Ed. (20, 23, 28, 31, 45, 53, 54, 56, 147, 154, 176, 309, 310, 312, 334, 335, 736, 1215, 1217, 1219, 1230, 1231, 1243, 1245, 1334, 1336, 1337, 1338, 1346, 1368, 1481, 1490, 1710, 1738, 1898, 2382, 2492, 2605, 2606, 2607, 2611, 2779, 2909, 3117, 3527, 3529, 3563, 3592)
1992 Ed. (31, 34, 37, 51, 96, 97, 232, 233, 243, 423, 424, 430, 918, 1458, 1503, 1508, 1509, 1511, 1513, 1534, 1538, 1540, 1563, 1564, 1565, 1640, 1647, 1648, 1801, 1809, 2069, 2411, 2636, 2818, 3103, 3115, 3116, 3117, 3133, 3229, 3231, 3260, 3354, 3594, 3666, 4150, 4153, 4224, 4312)
1991 Ed. (2380)
1990 Ed. (47, 56, 350, 352, 357, 1282, 1283, 1286, 1289, 1291, 1296, 1301, 1304, 1305, 1306, 1341, 1342, 1382, 1383, 1384, 1631, 1730, 2625, 2626, 2639, 2680, 2685, 2687, 2983, 3445, 3446)
1989 Ed. (311, 312, 1038, 1041, 1059, 1140, 1386, 1388, 2014, 2016, 2104, 2277, 2803)

Ford Motor Co. and Hertz management
1992 Ed. (2962)

Ford Motor Co. Brasil
2006 Ed. (2542)

Ford Motor Co. (Brook Park, OH)
1996 Ed. (1741)

Ford Motor Canada
1990 Ed. (1731)

Ford Motor Company
2000 Ed. (3428)

Ford Motor Company of Canada, Ltd.
2001 Ed. (1253)

Ford Motor Credit Corp.
2007 Ed. (3696)
2006 Ed. (2145)
2004 Ed. (1917)
2003 Ed. (1885)
2001 Ed. (1959)
1998 Ed. (229)
1997 Ed. (1845, 1846, 1847)
1996 Ed. (337, 1765, 1766, 1767)
1995 Ed. (1787, 1788, 1790, 1791)
1994 Ed. (1754, 1755)
1993 Ed. (845, 1763, 1764, 1765, 1766)
1992 Ed. (2130, 2131, 2161)
1991 Ed. (1663, 1664, 1665, 1666)
1990 Ed. (1787)

Ford Motor Credit Company
2000 Ed. (1916, 1917, 1918)

Ford Motor Co. Dealers Association
1996 Ed. (3660)
1994 Ed. (3501)

Ford Motor Co. Foundation
2002 Ed. (977)

Ford Motor Co. Fund
2005 Ed. (2676)
2002 Ed. (978, 2354)
2001 Ed. (2516, 2519)
1989 Ed. (1472)

Ford Motor Insurance Group
1992 Ed. (2645)

Ford Motor Land Service
2003 Ed. (1554, 4809)

Ford Motor Co. (Lima, OH)
1996 Ed. (1741)

Ford Motor Co. Local Dealers
1992 Ed. (239)
1991 Ed. (170, 173)
1990 Ed. (176)

Ford Motor Co./North Penn Electronics
1997 Ed. (2709)

Ford Motor Co./North Pennsylvania Electronics Facility
1998 Ed. (2520)

Ford Motor Co. of Canada
2008 Ed. (297, 4049)
2007 Ed. (310, 4023)
2006 Ed. (3984)
2005 Ed. (3911)
2004 Ed. (885, 1662, 3967)
2000 Ed. (1398)
1999 Ed. (1626)
1997 Ed. (32, 235)
1996 Ed. (318, 1308, 1312, 1316)
1995 Ed. (209, 211, 1366, 1395)
1994 Ed. (207, 208, 309, 3554)
1993 Ed. (220, 223, 1287, 3591)
1992 Ed. (324, 447, 1587, 1596, 1600, 325, 327)
1991 Ed. (230, 231, 233, 1262, 2642)
1990 Ed. (1338, 1365, 1408, 1738)
1989 Ed. (1148)

Ford Motor Co. (Switzerland) SA
2004 Ed. (1703)

Ford Motor Co./Volkswagen AG
1993 Ed. (1739, 1740)

Ford Motorcy
1992 Ed. (41)

Ford Mustang
2005 Ed. (348)
2004 Ed. (350)
2000 Ed. (360)
1999 Ed. (357, 358)
1997 Ed. (323)
1996 Ed. (316, 345)
1995 Ed. (3431)
1993 Ed. (350)
1992 Ed. (2409)
1991 Ed. (355)

Ford New Holland
1992 Ed. (4331)

Ford Norfolk
2000 Ed. (4305)
1994 Ed. (3586)
1992 Ed. (4351)

Ford Oakville
2000 Ed. (4305)
1994 Ed. (331)

Ford of Montebello
2002 Ed. (708)

Ford Ontario
1994 Ed. (3586)

Ford Ontario Truck
1992 Ed. (4351)

Ford Orion
1992 Ed. (459)
1990 Ed. (371, 380)

Ford Otosan
2006 Ed. (3229)

Ford Palio Weekend
2005 Ed. (296)
2004 Ed. (302)

Ford passenger cars
1991 Ed. (737)

Ford Pickups
1995 Ed. (333)

Ford Probe
1996 Ed. (348)
1995 Ed. (3431)

Ford Ranger
2008 Ed. (304)
2006 Ed. (323, 4829)
2005 Ed. (295, 304, 4777, 4785, 4786)
2004 Ed. (301, 4806)
1999 Ed. (341, 4670)
1997 Ed. (297, 3799)
1996 Ed. (307, 2492)
1995 Ed. (299)
1994 Ed. (296)
1993 Ed. (314)
1992 Ed. (429, 434)

Ford Ranger EV
2000 Ed. (335)

Ford Ranger Pickup
2004 Ed. (4811, 4812)
2003 Ed. (4820)

Ford; Robert
1996 Ed. (1903)

Ford; S. T.
2005 Ed. (2506)

Ford Scorpio/Granada
1990 Ed. (1110)

Ford; Scott
2008 Ed. (940)
2007 Ed. (1012)

Ford; Scott T.
2007 Ed. (1033)

Ford Sedans
1995 Ed. (333)

Ford Sierra
1994 Ed. (314)
1992 Ed. (459)
1991 Ed. (323)
1990 Ed. (370, 371, 377, 381, 1110)
1989 Ed. (321)

Ford St. Louis
2000 Ed. (4305)

Ford Tauraus
1990 Ed. (2017)

Ford Taurus
2008 Ed. (332)
2006 Ed. (358, 359)
2005 Ed. (344, 345, 348)
2004 Ed. (346, 347, 350)
2003 Ed. (362)
2000 Ed. (343, 347)
1999 Ed. (325, 327, 329)
1998 Ed. (217)
1997 Ed. (296, 297, 301, 304)
1996 Ed. (307, 311, 314, 317, 2268, 3765)
1995 Ed. (299, 301, 303, 313)
1994 Ed. (296, 300, 305)
1993 Ed. (313, 314, 318, 322)
1992 Ed. (429, 433, 440, 443)
1991 Ed. (321)
1990 Ed. (349, 376, 2613)
1989 Ed. (315)

Ford Taurus SHO
1996 Ed. (3765)

Ford Taurus station wagon
1991 Ed. (356)

Ford Tempo
1996 Ed. (317, 3765)
1995 Ed. (301)
1994 Ed. (300, 305)
1993 Ed. (313, 322)
1992 Ed. (433, 440, 2409, 2410)
1991 Ed. (321, 350)
1990 Ed. (349, 362, 2613)
1989 Ed. (315)

Ford Topaz
1990 Ed. (376)

Ford Twin Cities
2000 Ed. (4305)
1994 Ed. (3586)
1992 Ed. (4351)

Ford UK
1991 Ed. (1639)

Ford Wayne
1994 Ed. (331)

Ford; Wendell H.
1994 Ed. (2890)

Ford-Werke
1992 Ed. (1608)
1990 Ed. (363)

Ford-Werke AG
2004 Ed. (4795)
2002 Ed. (4669)
2001 Ed. (4619)
2000 Ed. (4295)
1999 Ed. (4656)
1997 Ed. (3791)
1996 Ed. (1301)
1995 Ed. (1361)
1994 Ed. (1330)

Ford Werke Ag-Fabr Te Genk
1993 Ed. (1284)

Ford Werke Aktiengesellschaft
1993 Ed. (1284)

Ford Werke Aktiengesellschaft-Fabr. Te Genk
1989 Ed. (1095)

Ford West
2002 Ed. (357)

Ford Windstar
2005 Ed. (291, 304)
2004 Ed. (283, 303, 308)
2003 Ed. (4820)
1999 Ed. (3418, 4670)
1997 Ed. (2798)

ford.com
2001 Ed. (4773)

Fordham University
2007 Ed. (796)
2000 Ed. (2912)

Fording Inc.
1999 Ed. (3415)

Fording Canadian Coal Trust
2008 Ed. (1621, 1625, 3677, 4783)
2007 Ed. (3518, 4860)
2006 Ed. (1632, 3668, 4857)

Fording Coal
1997 Ed. (2795)
1996 Ed. (2650)
1994 Ed. (2527)
1992 Ed. (3086)

Fore
1998 Ed. (196)

Fore Systems
1998 Ed. (1146)

1997 Ed. (1256, 1319, 1322)
1996 Ed. (246, 1277, 1722, 2054, 2057, 2060, 2062, 3305, 3306, 3307, 3444, 3447, 3450, 3777, 3779, 3780)
The Forecast Group
2002 Ed. (2673, 2674)
2001 Ed. (1389)
Forecast Homes
2005 Ed. (1183, 1211, 1237, 1238)
2004 Ed. (1185, 1213, 1214)
2003 Ed. (1178, 1206, 1207)
2002 Ed. (2675)
Foreign & Col Eurotrust
2000 Ed. (3296)
Foreign & Colonial
2007 Ed. (3290)
2006 Ed. (4881)
1999 Ed. (3075)
1997 Ed. (2522, 2920)
1994 Ed. (2647)
1993 Ed. (2700)
1992 Ed. (3204)
19912 Ed. (2259)
1990 Ed. (2398)
Foreign & Colonial Emerging Markets
2000 Ed. (2819)
Foreign & Colonial Eurotrust
2000 Ed. (3295)
Foreign & Colonial Income Growth
2000 Ed. (3298)
Foreign & Colonial Trust
1996 Ed. (2816)
1995 Ed. (2748)
Foreign Cars Italia
1996 Ed. (263)
Foreign exchange
1990 Ed. (2401)
Foreign government representation
2002 Ed. (2781, 2782)
Foreign investors
2000 Ed. (2646)
1993 Ed. (2926)
1991 Ed. (2818)
Foreign language services
2008 Ed. (3039)
Foreign Motors West
2002 Ed. (352)
1995 Ed. (278)
1993 Ed. (283)
1992 Ed. (395, 398)
1991 Ed. (290, 293)
1990 Ed. (313, 316)
Foreign News
2000 Ed. (4218)
Foreign Trade Bank of the Democratic People's Republic of Korea
1991 Ed. (583)
1989 Ed. (595)
Foreign trade deficit
1990 Ed. (276)
Foreign trade zone
1992 Ed. (2909)
Foreign videos
1993 Ed. (3670)
Foreline Security Corp.
1999 Ed. (4204)
1998 Ed. (1421)
Foreman; George
1997 Ed. (278)
1995 Ed. (251)
Foreman; Robert B.
2008 Ed. (2635, 3120)
2007 Ed. (2504)
2006 Ed. (2525)
2005 Ed. (2511)
Foremark
2005 Ed. (4004)
Foremost Dairy Co.
2001 Ed. (92)
Foremost Farms Cooperative USA
2001 Ed. (2476)
Foremost Farms USA Cooperative
2007 Ed. (1426)
2006 Ed. (1389)
1999 Ed. (197)
Foremost Graphics, LLC
2000 Ed. (3607)
Foremost Guaranty
1989 Ed. (1711)
Foremost Income Fund
2007 Ed. (1619)
Foremost Industries, Inc.
1991 Ed. (2758, 2759)
Foremost Industries Income Fund
2006 Ed. (1631, 3668)
Foremost Land Development Co., Ltd.
1990 Ed. (2963)
Foremost Corp. of America
1989 Ed. (1733)
Foreningen KD (Koncern)
1996 Ed. (1330, 2124)
Forenings Sparbanken
2000 Ed. (1560)
Foreningsbanken
2000 Ed. (669)
1999 Ed. (644)
1997 Ed. (622)
1996 Ed. (688)
1995 Ed. (614)
Foreningsbankernas Bank
1994 Ed. (642)
1993 Ed. (639)
ForeningsSparbanken
2000 Ed. (4123)
Foreningssparbanken AB
2004 Ed. (1862)
2002 Ed. (652, 1773, 1774, 1775)
ForeningsSparbanken (Swedbank)
2008 Ed. (509)
2007 Ed. (557, 1997)
2006 Ed. (527, 2026, 2027)
2005 Ed. (614)
2004 Ed. (625)
2003 Ed. (616)
Foreperson
2004 Ed. (2275)
Forerunner Corp.
2007 Ed. (2445)
2006 Ed. (2433)
2005 Ed. (1164, 2439)
Foresa
2001 Ed. (2510)
ForeSight Electronics Inc.
2002 Ed. (2085, 2092)
2001 Ed. (2209)
1999 Ed. (1988, 1989)
1998 Ed. (1407, 1413)
1997 Ed. (1709)
Foresight Research Solutions
2007 Ed. (3267)
Foresight Systems
2008 Ed. (2986, 4943)
Forest & Paper Products
2002 Ed. (2787, 2788, 2790)
1998 Ed. (1151, 1152, 1154, 1155)
1997 Ed. (1297, 1300, 1304)
1996 Ed. (1255)
1995 Ed. (1296, 1300, 1304)
1994 Ed. (1275, 1278, 1282)
Forest City Commercial Management Inc.
1992 Ed. (3969)
Forest City Development
1999 Ed. (3997)
1998 Ed. (3007)
1991 Ed. (1059)
Forest City Enterprises Inc.
2008 Ed. (2368)
2007 Ed. (2228)
2006 Ed. (4313)
2005 Ed. (2415, 2416, 4008, 4010)
2004 Ed. (2323, 2324, 4076, 4078)
2003 Ed. (4409)
1999 Ed. (1315)
1998 Ed. (884)
1997 Ed. (1129)
1996 Ed. (1108)
1995 Ed. (1127)
1994 Ed. (1110, 3001, 3003)
1993 Ed. (2963, 2964)
1992 Ed. (3619, 3622)
Forest City Trading Group Inc.
2005 Ed. (1940)
2004 Ed. (1840)
2003 Ed. (1807)
2001 Ed. (1832)
Forest County General Hospital
2008 Ed. (1941)
2007 Ed. (1886)
2006 Ed. (1893)
Forest Enterprises Australia
2002 Ed. (1582)
Forest Enterprises Group
2001 Ed. (1252)
Forest Expo
2005 Ed. (4737)
Forest Glen
2002 Ed. (4942, 4956, 4959)
2001 Ed. (4880, 4884, 4889, 4892)
2000 Ed. (4413, 4419, 4422)
1999 Ed. (4789, 4794, 4795, 4797)
Forest Investment
1993 Ed. (2311)
Forest Laboratories Inc.
2008 Ed. (3942, 3948, 3956, 3961, 3962, 3964, 3965, 3966, 3967, 3968, 3969, 3970, 3971, 3972, 3974, 3975)
2007 Ed. (3903, 3905, 3907, 3908, 3914, 3928, 3929, 3930, 3932, 3933, 3934, 3935, 3936, 3937, 3940, 3941, 4527)
2006 Ed. (3869, 3871, 3873, 3874, 3876, 3879, 3884)
2005 Ed. (1633, 2246, 2247, 3802, 3805, 3806, 3807, 3810, 3821, 4455, 4471)
2004 Ed. (2150, 2151, 3874, 3877, 3880, 4498, 4567)
2003 Ed. (2690, 3866, 4540)
2002 Ed. (1548)
2001 Ed. (2103)
2000 Ed. (280)
1997 Ed. (230, 234)
1995 Ed. (207, 213, 1580)
1994 Ed. (204)
1993 Ed. (216)
1990 Ed. (1302)
Forest Labs
1996 Ed. (1568)
1992 Ed. (1861)
Forest Lake C-P-D
1990 Ed. (341)
Forest Lake Chrysler-Plymouth-Dodge
1994 Ed. (267, 289, 292)
1993 Ed. (268, 297)
1992 Ed. (382, 412)
1991 Ed. (277, 307)
Forest Lake Ford
2007 Ed. (189)
2006 Ed. (183)
Forest Lane Porsche-Audi
1990 Ed. (315, 334)
Forest Manufacturing Co.
2001 Ed. (3890)
Forest Oil Corp.
2008 Ed. (1400)
2007 Ed. (1662, 3866)
2004 Ed. (1676, 1679, 3833, 3834)
2003 Ed. (1642, 1649)
2002 Ed. (1625, 3677)
Forest paper & products
1995 Ed. (2243)
Forest Pharmaceuticals Inc.
2001 Ed. (2063)
2000 Ed. (1706, 3064)
1999 Ed. (3326)
Forest products
2006 Ed. (3010)
2000 Ed. (1897)
1994 Ed. (2192)
1993 Ed. (1218, 1233, 1235, 1239)
1992 Ed. (2599, 2602, 2604, 2605, 2607, 2613, 2614, 2616, 2617, 2618, 2619, 2620, 2621, 2627)
1991 Ed. (2028, 2030, 2032, 2035, 2037, 2038, 2043, 2044, 2046, 2047, 2048, 2049, 2050, 2051, 2057)
1990 Ed. (2188)
1989 Ed. (2647)
Forest products and packaging
1994 Ed. (2191)
1993 Ed. (2168)
1992 Ed. (2623)
Forest River
1998 Ed. (3029)
Forestales Atlanticos
2001 Ed. (2510)
Forester
2001 Ed. (485)
Forester Sisters; Kenny & Christmas: Kenny Rogers, The
1991 Ed. (1040, 1040, 1040)
Foresters Growth Equity
2004 Ed. (2471)
2003 Ed. (3566)
ForestExpress
2003 Ed. (2178)
Forestry
2007 Ed. (3736)
2005 Ed. (3633, 3634)
1997 Ed. (2018)
Forestry and logging occupations
1989 Ed. (2080, 2080, 2083)
Forestry Tasmania
2004 Ed. (1637)
Forestville Lumber
1996 Ed. (822)
Forethought Life
1999 Ed. (2951)
1997 Ed. (2440)
1996 Ed. (2312)
1995 Ed. (2296, 2298)
Forever Krystle
1990 Ed. (2793)
Forever 21
2007 Ed. (4596)
Forez s.r.o.
2008 Ed. (3658)
Forgent Networks Inc.
2006 Ed. (1143)
Forgery
1992 Ed. (963)
Forget Me Not
1999 Ed. (2609)
1998 Ed. (1864)
1997 Ed. (2160)
1995 Ed. (2045, 2046, 3525)
1994 Ed. (1988, 1989)
1992 Ed. (2346)
forint; Hungarian
2008 Ed. (2273)
Forklift operator
1989 Ed. (2090, 2091)
Form
1996 Ed. (1092)
Form-All Inc.
2007 Ed. (4401)
Form Works Inc.
2006 Ed. (1237)
Formal education (College)
1995 Ed. (1665)
Formaldehyde
2001 Ed. (3290)
The Formation Creative Consultants
2001 Ed. (1445)
Formcraft
1992 Ed. (990)
Former
1994 Ed. (3307)
Former Soviet Union
1999 Ed. (3279, 3848)
1998 Ed. (1803, 1807, 2363)
1995 Ed. (713)
1994 Ed. (3656, 3657)
FormFactor
2008 Ed. (4615)
2007 Ed. (2332)
2003 Ed. (4381)
Formfill Ltd.
2003 Ed. (2739)
Formica
1993 Ed. (2381)
Formitas
2003 Ed. (147)
2002 Ed. (180)
2001 Ed. (208)
Formol y Derivados
2001 Ed. (2510)
Formosa Chemical & Fibre
1996 Ed. (3627)
Formosa Chemicals
1996 Ed. (1454)
Formosa Chemicals & Fiber Corp.
2008 Ed. (2101)
1997 Ed. (1520, 3683)
1994 Ed. (1457, 1458, 1734, 2439, 3525)
1990 Ed. (1425, 1427, 1737, 2519, 3573)
Formosa Chemicals & Fibre Corp.
2000 Ed. (1568)
1999 Ed. (1743, 4531, 4592)
1995 Ed. (1497)
1993 Ed. (1409)

1992 Ed. (1698, 1699, 2975)
1991 Ed. (1356, 2753, 3271)
1989 Ed. (1165)
Formosa Chemicals & Fibre Corporation
2000 Ed. (4242)
Formosa Group
2002 Ed. (1001, 1003)
Formosa Hydrocarbons
2005 Ed. (2720)
Formosa Petrochemical Corp.
2008 Ed. (2101, 2501, 3584, 3934)
2007 Ed. (2008, 2386, 3874, 3891)
2006 Ed. (2034, 4655)
Formosa Plastic Corp.
1989 Ed. (1165, 1166)
Formosa Plastics Corp.
2008 Ed. (913, 914)
2007 Ed. (934, 935, 4672)
2006 Ed. (852, 860, 2577, 4655)
2001 Ed. (1865, 3848)
2000 Ed. (1564, 1568, 1569, 1570)
1999 Ed. (1743, 1744, 4530)
1998 Ed. (707, 2875)
1997 Ed. (1520, 1521)
1996 Ed. (1454, 3627, 3628)
1995 Ed. (1344, 1347, 1497, 1498)
1994 Ed. (933, 1457, 1458, 1734, 2439, 3472, 3525)
1993 Ed. (1409, 1738, 1739, 3501)
1992 Ed. (1119, 1572, 1697, 1698, 1699, 2102, 2103, 2956, 2975)
1991 Ed. (1356, 1357, 3271)
1990 Ed. (2877)
Formosa Plastics Group
1992 Ed. (2102, 2103)
Formosa Plastics Corp. USA
2003 Ed. (2369)
2001 Ed. (1221)
Formosa Taffeta Co. Ltd.
1994 Ed. (3523)
1992 Ed. (4284)
1990 Ed. (3573)
Formosa United Industrial Corp.
1989 Ed. (54)
FORMost Graphic Communication
2000 Ed. (908)
Forms & supplies
1995 Ed. (855)
1994 Ed. (804)
The Forms Group
1995 Ed. (855)
1994 Ed. (804)
1993 Ed. (787)
1992 Ed. (990)
1991 Ed. (810)
1990 Ed. (848)
1989 Ed. (831)
Forms Plus
2000 Ed. (909)
FormScape, Inc.
2003 Ed. (2725)
FormsTronics
2000 Ed. (906)
Formula
2002 Ed. (4559)
2000 Ed. (4185)
1995 Ed. (3530)
1994 Ed. (3462, 3463)
1990 Ed. (409, 1013)
Formula baby food
1991 Ed. (1457)
Formula 44
2001 Ed. (1310)
2000 Ed. (1135)
1999 Ed. (1218)
Formula 409
2008 Ed. (981)
2007 Ed. (1099)
2006 Ed. (1014)
2004 Ed. (983)
2003 Ed. (977, 978, 981)
2002 Ed. (1064)
2001 Ed. (1237, 1239, 1240)
2000 Ed. (1096)
1999 Ed. (1178, 1179)
1997 Ed. (1005)
1996 Ed. (982)
1995 Ed. (994, 996)
1994 Ed. (982)
1993 Ed. (952, 954)
1992 Ed. (1174, 1176)
1991 Ed. (943)
Formula 1
2007 Ed. (20)
2006 Ed. (27)
2005 Ed. (4446)
Formula One Promotions & Administration Ltd.
1995 Ed. (1006, 1012)
Formula Servizi Societa Cooperativa A Responsabilita Limitata
2006 Ed. (1824)
Formula 20001
2001 Ed. (4744)
Formulary
2008 Ed. (4717)
Fornance Physician Services Inc.
2000 Ed. (3545)
Fornengo; John D.
1995 Ed. (1079)
Foro Sol
2003 Ed. (4531)
Foroya Banki A.S.
1989 Ed. (526)
Foroya Banki P/F
1995 Ed. (465)
1994 Ed. (474)
1993 Ed. (471)
1992 Ed. (659)
Forrer Supply Co., Inc.
2008 Ed. (4439)
Forrest; Andrew
2008 Ed. (4842)
Forrest Binkley & Brown
2000 Ed. (4341)
1999 Ed. (4706)
1998 Ed. (3666)
Forrest City, AR
2002 Ed. (1058)
Forrest County General Hospital
2003 Ed. (1765)
2001 Ed. (1796)
Forrest E. Mars
1990 Ed. (731, 3688)
Forrest E. Mars, Jr.
1992 Ed. (890)
1991 Ed. (710, 3477)
1990 Ed. (731)
1989 Ed. (732)
Forrest E. Mars, Sr.
1992 Ed. (890)
1991 Ed. (710, 3477)
1989 Ed. (732)
Forrest Gump
2004 Ed. (3513)
2001 Ed. (3412)
1998 Ed. (2537)
1997 Ed. (3845)
1996 Ed. (2687)
Forrest Homes
2004 Ed. (1141)
Forrest Jr. & John Mars
2008 Ed. (4881)
2007 Ed. (4915)
2005 Ed. (4882)
Forrest Mars Jr.
2008 Ed. (4827)
2007 Ed. (4898)
2006 Ed. (4903)
2005 Ed. (4848)
2004 Ed. (4862)
2003 Ed. (4880)
2002 Ed. (3353)
1994 Ed. (708)
1993 Ed. (699)
Forrest Mars, Sr.
1994 Ed. (708)
1993 Ed. (699)
Forrest N. Shumway
1989 Ed. (1383)
Forrest Perkins
2006 Ed. (3160)
Forrestal Hotel
1999 Ed. (2769)
Forrester Research
2006 Ed. (1866)
2005 Ed. (1859)
Forrester; Thomas
2006 Ed. (980)
Forrester; W. Thomas
2007 Ed. (1074)
ForRetail.com
2001 Ed. (4769)
Forsee; G. D.
2005 Ed. (2506)
Forsee; Gary
2007 Ed. (1012)
2006 Ed. (923, 2515, 3931)
Forsee; Gary D.
2008 Ed. (958)
2007 Ed. (1033)
2006 Ed. (2530)
2005 Ed. (2516)
Forsman Inc.
2008 Ed. (3720, 4412)
Forst Nationwide Bank, FSB
1993 Ed. (3564)
Forsta Sparbanken
1994 Ed. (641)
1993 Ed. (638, 639)
1992 Ed. (842)
1990 Ed. (690)
1989 Ed. (684, 685)
Forstaff Australia
2002 Ed. (3771)
Forste Sparbanken
1991 Ed. (669)
Forstmann
1997 Ed. (2975)
Forstmann-Leff Associates LLC, Large Cap Equity
2003 Ed. (3126)
Forstmann-Leff International
1999 Ed. (3057)
Forstmann Little & Co.
2004 Ed. (1823)
2003 Ed. (3211)
1999 Ed. (3185)
1998 Ed. (2105)
1997 Ed. (2627, 2628)
1993 Ed. (1177)
1990 Ed. (1652)
Forsys Metals Corp.
2008 Ed. (1660)
Forsyth
2003 Ed. (970)
Forsyth Company; John
1992 Ed. (4279)
Forsyth County, GA
1999 Ed. (1765)
Forsyth, GA
2000 Ed. (1593)
Forsyth Co.; John
1990 Ed. (3569)
Forsyth, MT
1995 Ed. (2482)
1994 Ed. (2406)
1991 Ed. (2530)
Forsythe; Dall E.
1993 Ed. (3444)
Forsythe; Dall W.
1991 Ed. (3209)
Fort Belvoir
1998 Ed. (2500)
1996 Ed. (2645)
Fort Bend County, TX
1995 Ed. (1509, 1512)
Fort Benjamin Harrison
1996 Ed. (2643)
Fort Bouw BV
1999 Ed. (3278)
1997 Ed. (2692)
Fort Bragg
1998 Ed. (2500)
1996 Ed. (2645)
Fort Bragg Credit Union
2008 Ed. (2250)
2007 Ed. (2135)
2006 Ed. (2214)
2005 Ed. (2119)
2002 Ed. (1883)
Fort Buchanan Credit Union
2007 Ed. (2141)
2006 Ed. (2220)
2005 Ed. (2125)
2004 Ed. (1983)
2003 Ed. (1890, 1943)
2002 Ed. (1889)
Fort Campbell Credit Union
2007 Ed. (2119)
2006 Ed. (2198)
2005 Ed. (2103)
2004 Ed. (1961)
2003 Ed. (1921)
2002 Ed. (1867)
Fort Chicago Energy Partners LP
2007 Ed. (3885)
Fort Collins, CO
2006 Ed. (1066)
2005 Ed. (1058, 2377)
1998 Ed. (743)
Fort Collins-Loveland, CO
2008 Ed. (1055)
2005 Ed. (2989)
1998 Ed. (2057)
1997 Ed. (2767, 3356)
1991 Ed. (1547)
Fort Community Credit Union
1998 Ed. (1217)
Fort Dearborn Co.
1999 Ed. (3887)
Fort Dearborn Lithograph
1992 Ed. (3541)
Fort Hood
1996 Ed. (2645)
Fort Hood National Bank
1997 Ed. (494)
1996 Ed. (535)
Fort Howard Corp.
2005 Ed. (1535)
1999 Ed. (2115, 2603, 3699, 3702)
1998 Ed. (2052)
1997 Ed. (2629)
1996 Ed. (2486)
1995 Ed. (1305, 1506, 2003, 2444)
1994 Ed. (1469)
1990 Ed. (1228, 1229, 1358, 3186)
1989 Ed. (1009, 2113, 2114)
Fort Howard Paper Co.
2005 Ed. (2736)
2004 Ed. (2738)
2003 Ed. (2621)
2002 Ed. (3790)
2000 Ed. (2346)
1998 Ed. (1844)
1997 Ed. (2151)
1996 Ed. (2031)
1994 Ed. (1977)
1993 Ed. (1416, 1955, 2381)
1992 Ed. (2298)
1991 Ed. (1212, 1227, 1822, 2309)
1990 Ed. (2440)
Fort Huachuca; U.S. Army
1991 Ed. (255, 257)
Fort Jackson Credit Union
2005 Ed. (2127)
2004 Ed. (1985)
2003 Ed. (1945)
2002 Ed. (1891)
Fort James Corp.
2008 Ed. (3849)
2007 Ed. (3769)
2006 Ed. (3774)
2005 Ed. (1526, 3676)
2004 Ed. (3761, 3762)
2003 Ed. (3714, 3716, 3720, 3736, 4669, 4742, 4761)
2002 Ed. (2319, 3575, 3578, 3579, 3582, 3583, 4093)
2001 Ed. (1044, 3614, 3621, 3622, 3623, 3624, 3625, 3626, 3641)
2000 Ed. (1581, 2241, 2254, 2256, 3405, 3407)
1999 Ed. (1553, 1749, 2489, 2490, 2491, 3687, 3689)
Fort James Operating Co.
2001 Ed. (3625)
Fort Knox Credit Union
2008 Ed. (2234)
2007 Ed. (2119)
2006 Ed. (2198)
2005 Ed. (2103)
2004 Ed. (1961)
2003 Ed. (1921)
2002 Ed. (1867)
Fort Lauderdale
1992 Ed. (2548, 2550)
Fort Lauderdale Commerce Center
1990 Ed. (2178)
Fort Lauderdale, FL
2008 Ed. (3457)
2007 Ed. (3360)
2006 Ed. (4884)
2005 Ed. (2385, 2457, 2460, 3642, 4826)
2004 Ed. (2426, 2429, 2965, 3733, 3734)

2003 Ed. (2349, 2352, 3262)
2002 Ed. (3726)
2000 Ed. (331, 1078, 3104, 3111)
1999 Ed. (254, 3381)
1998 Ed. (2472, 3586)
1997 Ed. (291, 2765)
1996 Ed. (2207, 3203)
1995 Ed. (331)
1991 Ed. (1985, 2631)
1990 Ed. (1656, 2160, 2161, 2550, 3607)
Fort Lauderdale-Hollywood Airport
1998 Ed. (145)
Fort Lauderdale-Hollywood International Airport
2002 Ed. (275)
2000 Ed. (273)
1999 Ed. (248)
Fort Lauderdale-Hollywood-Pompano Beach, FL
2005 Ed. (3323)
1993 Ed. (1736, 1737, 2554)
1991 Ed. (2862, 2863)
Fort Lauderdale News
1990 Ed. (2708)
Fort Lauderdale-Pompano Beach-Deerfield Beach, FL
2007 Ed. (2374)
Fort Lauderdale Sun-Sentinel
1990 Ed. (2708)
Fort Lee Executive Park
1997 Ed. (2377)
Fort Lewis
1998 Ed. (2500)
1996 Ed. (2645)
Fort Madison Community Hospital
2006 Ed. (2920)
Fort Meade
1998 Ed. (2500)
1996 Ed. (2645)
Fort Meyers Lincoln-Mercury
1996 Ed. (277)
Fort Myers-Cape Coral, FL
2008 Ed. (3474)
2006 Ed. (3299)
2005 Ed. (2947)
2004 Ed. (981)
2002 Ed. (3726)
2000 Ed. (3108)
1998 Ed. (2057, 2472)
1997 Ed. (2772)
1995 Ed. (1667, 2191)
1994 Ed. (2495)
1993 Ed. (2554)
1992 Ed. (3052)
1991 Ed. (2428)
1990 Ed. (2552)
1989 Ed. (1957)
Fort Myers, FL
2008 Ed. (3456)
2006 Ed. (2424)
2005 Ed. (2378)
1998 Ed. (3586)
1992 Ed. (2543, 3036)
1991 Ed. (1547, 2781)
Fort Orange Capital Management
2005 Ed. (1088)
1999 Ed. (1246)
Fort Pierce, FL
1995 Ed. (1667)
1993 Ed. (2547, 2554)
1992 Ed. (3036, 3052)
1991 Ed. (1547, 2428)
1990 Ed. (2552)
1989 Ed. (1957)
Fort Pierce-Port St. Lucie, FL
2005 Ed. (2947)
2004 Ed. (4762)
2002 Ed. (3726)
2000 Ed. (3108)
1997 Ed. (2772)
Fort Pierce Utilities Authority
1993 Ed. (2939)
Fort Pierce Utilities Authority, FL
1991 Ed. (2781)
Fort Pitt Capital Total Return
2008 Ed. (2614)
Fort Sam Houston
1998 Ed. (2500)
Fort Sill Credit Union
2008 Ed. (2253)
2007 Ed. (2138)
2006 Ed. (2217)
2005 Ed. (2122)
2004 Ed. (1980)
2003 Ed. (1940)
2002 Ed. (1886)
Fort Sill National Bank
1999 Ed. (539)
Fort Smith, AK
1992 Ed. (345)
Fort Smith, AR
2008 Ed. (1040, 3114)
2007 Ed. (1157, 2077, 2999)
2006 Ed. (2971)
2005 Ed. (3317)
2003 Ed. (1871)
1998 Ed. (579)
1994 Ed. (825)
Fort Smith, AR-OK
2005 Ed. (2031)
Fort Smith, AR-OR
2005 Ed. (3475)
Fort Smith Times Record
1990 Ed. (2701)
Fort Smith Times Register
1991 Ed. (2601)
Fort Stewart Georgia Credit Union
2006 Ed. (2173)
Fort Wainwright Credit Union
2003 Ed. (1905)
2002 Ed. (1846)
Fort Walton Beach-Crestview-Destin, FL
2007 Ed. (2375, 3359, 3363)
Fort Walton Beach, FL
2008 Ed. (2490)
2007 Ed. (2370)
2005 Ed. (4797)
1999 Ed. (3367)
1992 Ed. (3052, 3698)
1991 Ed. (2428)
1990 Ed. (2552)
Fort Washington Expo Center
1999 Ed. (1419)
Fort Washington Investment
1995 Ed. (2365, 2369)
Fort Washington Office Center
2000 Ed. (2626)
1996 Ed. (2251)
1995 Ed. (2242)
1994 Ed. (2190)
1992 Ed. (2598)
1991 Ed. (2024)
1990 Ed. (2181)
Fort Wayne Community Foundation Inc.
1994 Ed. (1907)
Fort Wayne, IN
2008 Ed. (3510)
2007 Ed. (2077)
2006 Ed. (2129)
2005 Ed. (2026)
1998 Ed. (2483)
1996 Ed. (976)
Fort Wayne National Corp.
1999 Ed. (658)
Fort Wayne National Bank
1998 Ed. (376)
Fort Worth-Arlington, TX
2008 Ed. (3112, 3119)
2006 Ed. (3314)
2005 Ed. (2030)
2004 Ed. (2426, 2430, 2431, 3222, 3487, 3488, 4787)
2003 Ed. (2084, 2349, 2353, 3262)
2002 Ed. (2731, 2748)
1997 Ed. (1003, 1820, 1821, 3523)
1996 Ed. (1739, 3207)
1993 Ed. (1736, 1737)
Fort Worth Naval Air Station
1996 Ed. (2643)
Fort Worth Star Telegram
1998 Ed. (81)
Fort Worth, TX
1998 Ed. (143)
1994 Ed. (967)
1993 Ed. (1455)
1992 Ed. (1157, 1162, 3045, 3046, 3293, 4217, 4242)
1991 Ed. (2631)
1990 Ed. (2550, 2910)
1989 Ed. (828)
Fort Worth Zoological Association
1994 Ed. (894, 1905)
Fortakas
2008 Ed. (1888)
Fortaleza Asset
1997 Ed. (2527)
Fortaleza Asset Management
1998 Ed. (2289)
Fortant
2002 Ed. (4944, 4957, 4959)
2001 Ed. (4882, 4884, 4890, 4892)
1999 Ed. (4789, 4795)
Fortant de France
2005 Ed. (4966)
Fortaz
1995 Ed. (225)
Forte
2000 Ed. (2571)
1996 Ed. (2162)
1994 Ed. (2096)
Forte Hotels Inc.
1997 Ed. (2278, 2280)
1995 Ed. (2167)
Forte Hotels International
1993 Ed. (2097)
1990 Ed. (2069)
Forte; Laura
1996 Ed. (1903)
Forte/Le Meridien Hotels
2000 Ed. (2557)
Forte plc
2006 Ed. (2944, 4138)
2003 Ed. (2856)
2001 Ed. (4087)
2000 Ed. (2566)
1999 Ed. (2790)
1998 Ed. (2026)
1997 Ed. (2300, 2304)
1996 Ed. (2184, 2186)
1995 Ed. (2169, 2170, 2171)
1994 Ed. (2120)
Forte; Sir Rocco
2005 Ed. (4893)
Forte Travelodge Ireland Ltd.
2003 Ed. (2856)
Forte (U.K.) Ltd.
1997 Ed. (2304)
1996 Ed. (2186)
1995 Ed. (2171)
1994 Ed. (2120)
Fortek Tooling Inc.
2007 Ed. (1575, 1711, 3026, 4020)
Fortel's Pizza Den
2006 Ed. (3915)
Forte's Gardner Merchant
1995 Ed. (1243)
Forth Marketing Services
2002 Ed. (1980)
Forth Ports
2007 Ed. (4838)
Forth Tugs Ltd.
1990 Ed. (1413)
Fortify
2008 Ed. (1150)
Fortify Software Inc.
2006 Ed. (1140)
Fortinet Inc.
2006 Ed. (809, 4266)
Fortis Inc.
2008 Ed. (1655, 4531)
2007 Ed. (1647)
2006 Ed. (1794, 1796, 1797)
2005 Ed. (3093, 3094, 4513)
2004 Ed. (559, 1669, 3085, 3086)
2003 Ed. (542, 1428, 1437, 1623, 3106)
2002 Ed. (580, 588, 759, 1596, 1735, 2819, 3220)
2001 Ed. (1523, 1552, 1642, 1806, 2881, 3013, 3014, 3017)
2000 Ed. (524, 2714)
1999 Ed. (771, 772, 1588, 2962)
1998 Ed. (2136)
1997 Ed. (1435, 2425, 2545)
1990 Ed. (1599, 2925)
Fortis Advantage High-Yield
1995 Ed. (2741)
Fortis AG
2000 Ed. (788, 789, 1315, 1392)
1997 Ed. (1367)
Fortis (B)
2002 Ed. (760, 1597)
2001 Ed. (1640, 1641)
Fortis Bank
2008 Ed. (385)
2007 Ed. (403)
2006 Ed. (419)
2005 Ed. (465)
2004 Ed. (455, 497)
2003 Ed. (467)
2002 Ed. (529)
Fortis Bank Nederland
2000 Ed. (629)
1999 Ed. (606, 4288)
Fortis Bank Nederland (Holding)
2006 Ed. (504)
2005 Ed. (585)
2004 Ed. (596)
Fortis Banque Luxembourg
2008 Ed. (472)
Fortis Benefits Insurance Co.
2002 Ed. (2908)
1999 Ed. (2939)
1998 Ed. (2141, 2160, 2188)
1997 Ed. (2438)
1995 Ed. (2277)
1994 Ed. (2257)
Fortis Benefits Masters Annuity Global Growth
1997 Ed. (3825)
Fortis Benefits Opportunity Annuity Global Growth
1997 Ed. (3825)
Fortis Capital
1993 Ed. (2651)
Fortis Global Growth A
1999 Ed. (3551)
Fortis Group
2000 Ed. (1394, 1523)
1999 Ed. (1587, 1712)
1997 Ed. (1366, 1486)
1996 Ed. (1424, 1920, 2422, 3770)
1995 Ed. (1462)
1994 Ed. (1425)
Fortis Homes
2005 Ed. (1203, 1225)
Fortis Insurance Co.
2001 Ed. (2930)
2000 Ed. (2678)
Fortis Investment Fund Ltd.
2003 Ed. (3149)
Fortis NV
2008 Ed. (26, 447, 1578, 1721, 1963, 1966)
2007 Ed. (21, 482, 1599, 1904, 2577, 3990)
2006 Ed. (1429, 1564, 1920, 3218, 3341)
2003 Ed. (1434)
Fortis SA/NV
2008 Ed. (1576, 1718, 3258)
2006 Ed. (1563, 1700)
Fortis Value Advantage Plus
1999 Ed. (4697)
Fortis Worldwide Global Growth A
1997 Ed. (2898)
Fortran Printing Inc.
2001 Ed. (3890)
Fortress Bond
1995 Ed. (2708)
Fortress-Florida
2005 Ed. (1199)
2004 Ed. (1171)
Fortress Group Inc.
2005 Ed. (1554, 3373)
2002 Ed. (2658, 2659)
2001 Ed. (1387)
2000 Ed. (1188, 1189)
1999 Ed. (1306, 1307)
Fortress High-Yield Municipals
1990 Ed. (2378)
Fortress Homes
2002 Ed. (2678)
Fortress Investment Group LLC
2003 Ed. (1511)
The Fortress of Konigstein
1994 Ed. (2720)
Fortress Staffing Group
2007 Ed. (2495)
Fortress Systems International
2008 Ed. (3725)
Fortress Technologies Inc.
2005 Ed. (1347)

Fortress Utility
1993 Ed. (2654)
Fortsmann-Leff International
2000 Ed. (2792)
Fortum Corp.
2008 Ed. (3557)
2004 Ed. (1458)
2002 Ed. (1319)
Fortum Engineering
2004 Ed. (1332)
Fortum Oil & Gas
2003 Ed. (3824)
Fortum Oil & Gas Oy
2001 Ed. (3759)
Fortum Oy
2005 Ed. (3764)
2004 Ed. (3853)
Fortum Oyj
2008 Ed. (1724, 1725)
2007 Ed. (1697, 1698, 1699, 2300, 2302)
2006 Ed. (1701, 1702, 1703, 1704, 2801, 3379)
2005 Ed. (1760)
2002 Ed. (1646, 2468)
2001 Ed. (1700, 1701)
Fortum Petroleum AS
2005 Ed. (1474)
Fortun Insurance Inc.
1998 Ed. (1938)
Fortun Insurance Agency Inc.
1999 Ed. (2441, 2674)
Fortuna
1994 Ed. (960)
Fortune
2008 Ed. (151, 759, 810)
2007 Ed. (143, 148, 168, 844)
2006 Ed. (151, 156, 158, 751, 757)
2005 Ed. (145, 825)
2004 Ed. (147, 148, 849, 851)
2003 Ed. (191, 807, 809)
2002 Ed. (221, 3228)
2001 Ed. (257, 260, 3194, 3710)
2000 Ed. (203, 3465, 3477, 3491)
1999 Ed. (3766, 3769)
1998 Ed. (70, 2797)
1997 Ed. (3041)
1996 Ed. (2964)
1995 Ed. (2890)
1994 Ed. (2797, 2803, 2804)
1993 Ed. (2802, 2807)
1992 Ed. (3391, 3392, 3393)
1991 Ed. (2705, 2707, 2710)
1990 Ed. (2801)
1989 Ed. (117, 181, 2176)
Fortune Bancorp
1995 Ed. (3328)
1994 Ed. (3249)
1993 Ed. (3255)
Fortune Brands Inc.
2008 Ed. (1214, 1922, 3662, 3663, 4934)
2007 Ed. (777, 1268, 1276, 2869, 2870, 3491, 3492)
2006 Ed. (681, 1217, 2875, 2876, 2957, 2959, 3466, 3467)
2005 Ed. (1257, 1633, 2871, 2872, 2962, 2964, 3457, 3458)
2004 Ed. (1226, 1449, 2875, 2876, 2957, 2959, 3342, 3443, 3444)
2003 Ed. (2775, 3287, 3292, 3296, 3378, 3379, 3380)
2002 Ed. (3309, 3316, 3317)
2001 Ed. (2616, 3221, 3278, 3279, 3286)
2000 Ed. (723, 732, 3084, 3085)
1999 Ed. (715, 716, 720, 724, 1596, 3348, 4606)
Fortune Brands Home & Hardware Inc.
2008 Ed. (2795)
2007 Ed. (2660)
2006 Ed. (2675)
Fortune Brands Var Bourbon
2001 Ed. (4803, 4804, 4805)
Fortune Communication Holdings
1989 Ed. (83)
Fortune International Realty
1998 Ed. (2997)
1997 Ed. (3255)
Fortune Natural Resources
2002 Ed. (2122)
Fortune Personnel Consultants
2003 Ed. (2370)
2002 Ed. (2171)
Fortune Practice Management
2003 Ed. (783)
2002 Ed. (912)
Fortune Promoseven
1992 Ed. (123)
1991 Ed. (76)
1990 Ed. (79)
Fortune Promoseven-Dubai
2003 Ed. (163)
2002 Ed. (203)
2001 Ed. (230)
1999 Ed. (166)
Fortune Promoseven-Dubai (McCann)
2000 Ed. (186)
Fortune Promoseven-Lebanon
2003 Ed. (101)
2002 Ed. (135)
2001 Ed. (161)
1999 Ed. (117)
Fortune Promoseven-Lorin
1999 Ed. (125)
Fortune Promoseven McCann
2003 Ed. (159)
2002 Ed. (199)
2001 Ed. (226)
2000 Ed. (182)
Fortune Promoseven-McCann Lorin
2003 Ed. (122)
2002 Ed. (152)
2001 Ed. (180)
2000 Ed. (143)
Fortune Promoseven Network
1989 Ed. (85)
Fortune Promoseven-Qatar
2003 Ed. (140)
2002 Ed. (173)
The Fortune-Red Ball Demolition Group
2002 Ed. (1288)
Fortune Savings Bank
1993 Ed. (3081)
Fortune Savings Bank (Clearwater)
1991 Ed. (3380)
Fortune Small Business
2005 Ed. (138)
2001 Ed. (250, 251)
Fortune Tobacco Corp.
2008 Ed. (72)
2007 Ed. (67)
2006 Ed. (76)
2005 Ed. (68)
2001 Ed. (67)
1994 Ed. (38)
1993 Ed. (46)
1992 Ed. (71)
1991 Ed. (42)
Fortune's Formula
2007 Ed. (652)
Fortunoff
2007 Ed. (4675)
2006 Ed. (4654)
2005 Ed. (4589)
2004 Ed. (4651)
2000 Ed. (1105, 4175)
1996 Ed. (3626)
1994 Ed. (2139, 2146)
1992 Ed. (2525, 2532)
1990 Ed. (2115, 48, 2466)
Fortunoff Fine Jewelry & Silverware Inc.
2003 Ed. (3163)
Fortunoff's
1998 Ed. (3093, 3460)
1997 Ed. (2323, 3340, 3681)
Fortunr
2000 Ed. (915)
48 Hours
1990 Ed. (3551)
The 48 Laws of Power
2006 Ed. (584)
48, Methuen (Lloyd's Underwriting Agents) Ltd.
1991 Ed. (2335)
44 Wall St.
1989 Ed. (1847)
44 Wall Street
1989 Ed. (1851)
44 Wall Street Equity
1989 Ed. (1847)
49er Credit Union
2005 Ed. (2073, 2075)
49ers Credit Union
2006 Ed. (2155)
42/40 Architecture Inc.
2005 Ed. (263)
42nd Street
2004 Ed. (4717)
Forty Winks
2004 Ed. (3959)
Forum Cahayabuana; P. T.
1991 Ed. (109)
Forum Credit Union
2008 Ed. (2231)
2007 Ed. (2116)
2006 Ed. (2169, 2195)
2005 Ed. (2100)
2004 Ed. (1958)
2003 Ed. (1918)
2002 Ed. (1864)
Forum Investors Bond
2000 Ed. (758)
1999 Ed. (744)
1996 Ed. (2757, 2783)
1992 Ed. (3164)
Forum Media Group GmbH
2008 Ed. (3629)
Forum Retirement
1990 Ed. (2967)
Forward Air Corp.
2006 Ed. (4808, 4849, 4851)
2005 Ed. (2687, 4761, 4762)
2004 Ed. (2689, 4789, 4790)
2002 Ed. (238)
Forward Industries
2008 Ed. (2847)
2007 Ed. (2713, 2722, 4395)
Forward International Small Companies
2006 Ed. (3679, 3681)
Forward Trust Group
1990 Ed. (1787)
The Forzani Group Ltd.
2008 Ed. (1550)
Fosa-Renault
1992 Ed. (78)
Fosfertil
2006 Ed. (4599)
Foss Manufacturing
1993 Ed. (2733)
1992 Ed. (3271)
1991 Ed. (2620)
Fossbankin P/F
1995 Ed. (465)
1994 Ed. (474)
1993 Ed. (471)
1992 Ed. (659)
Fossil Inc.
2006 Ed. (1018, 1024)
2005 Ed. (1014, 1015)
2004 Ed. (999, 1000)
1996 Ed. (2882)
1995 Ed. (2064, 3386, 3391)
Fost; Joshua
2005 Ed. (994)
Foster
1991 Ed. (746)
1990 Ed. (766, 767)
1989 Ed. (780)
Foster Advertising
1990 Ed. (157)
1989 Ed. (91)
Foster Bank
2002 Ed. (4293)
2001 Ed. (4282)
1995 Ed. (548)
1994 Ed. (573)
1993 Ed. (571)
1992 Ed. (782)
Foster Farms Fresh & Easy
2002 Ed. (1330)
Foster G. McGaw Hospital
1995 Ed. (2141)
Foster G. McGaw Hospital/Loyola University Medical
1996 Ed. (2153)
Foster G. McGaw Hospital/Loyola University Medical Center
1994 Ed. (2088)
1992 Ed. (2456)
1991 Ed. (1932)
Foster Co.; L. B.
2008 Ed. (2038, 2043, 2045)
2007 Ed. (1950, 1953)
2005 Ed. (2783)
1991 Ed. (2021)
1990 Ed. (1153)
Foster/McCann-Erickson
1990 Ed. (85)
Foster Mortgage Corp.
1991 Ed. (1661, 1856, 2483)
Foster Parents Plan
1991 Ed. (2616)
Foster Parents Plan International
1990 Ed. (2718)
1989 Ed. (275, 1146)
Foster Pepper & Shefelman
2001 Ed. (941)
Foster Pepper & Shefelman PLLC
2007 Ed. (1511)
Foster Poultry Farms Inc.
2008 Ed. (3453, 3610, 3615, 3616)
2007 Ed. (3356)
2006 Ed. (3289)
2001 Ed. (3152, 3153)
1998 Ed. (2447, 2893, 2895)
1997 Ed. (3143)
Foster Wheeler Ltd.
2008 Ed. (1229, 1233, 1234, 1299, 1302, 2544, 2546, 2560, 2569)
2007 Ed. (1278, 1342, 1346, 1347, 2417, 2419, 2436, 2438, 2442, 4567)
2006 Ed. (1164, 1244, 1248, 1249, 1267, 1272, 1273, 1302, 1314, 1316, 2459, 2465, 2471, 2473)
2005 Ed. (1303, 1304, 1337, 2419, 2422, 2425, 2428, 2431, 2433, 2436)
2004 Ed. (1248, 1253, 1254, 1265, 1278, 1279, 1281, 1282, 1283, 1284, 1287, 1323, 1329, 1332, 2332, 2344, 2352, 2361, 2362, 2363, 2365, 2367, 2370, 2393, 2396, 2399, 2401, 2432, 2433, 2434, 2436, 2437, 2440, 2441, 2442, 2444, 2446)
2003 Ed. (1140, 1145, 1146, 1244, 1245, 1252, 1262, 1267, 1275, 1277, 1279, 1280, 1281, 1284, 1321, 1331, 1333, 1590, 2289, 2294, 2297, 2299, 2307, 2310, 2312, 2315, 2318, 2320, 2323)
2002 Ed. (331, 1171, 1174, 1175, 1202, 1228, 1238, 1239, 1240, 1250, 1257, 1268, 1269, 1270, 1271, 1272, 1273, 1309, 1317, 1319, 1531, 2132, 2134, 2139, 4872)
2001 Ed. (1204, 1395, 1403, 1404, 1462, 1463, 1464, 1466, 2237, 2239, 2241, 2242, 2245, 2246, 2288, 2290, 2291, 2292, 2293, 2294, 2295, 2296, 2298, 2300, 2301, 2302)
2000 Ed. (1196, 1225, 1238, 1239, 1240, 1246, 1247, 1248, 1250, 1252, 1253, 1278, 1280, 1286, 1287, 1289, 1796, 1799, 1801, 1805, 1808, 1809, 1811, 1812, 1813, 1817, 1819, 1823, 1845, 1846, 1847, 1848, 1849, 1850, 1851, 1852, 1853, 1855, 1856, 1857, 1858)
1999 Ed. (1313, 1315, 1341, 1342, 1354, 1355, 1356, 1359, 1361, 1361, 1362, 1391, 1399, 1400, 2019, 2023, 2024, 2028)
1998 Ed. (881, 882, 884, 934, 935, 937, 939, 940, 942, 966, 967, 1435, 1436, 1438, 1439, 1440, 1449, 1451, 1479, 1480, 1481, 1482, 1483, 1485, 1486, 1487, 1488, 1489, 1490)
1997 Ed. (1121, 1127, 1129, 1136, 1150, 1153, 1154, 1156, 1157, 1158, 1192, 1732, 1734, 1737)
1996 Ed. (1106, 1108, 1124, 1125, 1128, 1129, 1154, 1163, 1165, 1166, 1654, 1659, 1667, 1668, 1669, 1673, 1675, 1678, 1680, 1681)
1995 Ed. (1123, 1125, 1127, 1148, 1151, 1152, 1156, 1157, 1178, 1180, 1181, 1182, 1184, 1185,

1190, 1192, 1672, 1676, 1679, 1685, 1686, 1687, 1691, 1696, 1698, 1699)
1994 Ed. (1106, 1108, 1110, 1130, 1133, 1134, 1135, 1159, 1161, 1162, 1163, 1165, 1170, 1172, 1173, 1633, 1634, 1637, 1640, 1646, 1648, 1649, 1652)
1993 Ed. (1084, 1087, 1100, 1114, 1117, 1118, 1121, 1144, 1608, 1616, 1620)
1992 Ed. (1355, 1404, 1405, 1428, 1429, 1433, 1950, 1964, 1965, 1968, 2103, 2592)
1991 Ed. (1050, 1073, 1076, 1094, 1098, 2823)
1990 Ed. (1160, 1169)
1989 Ed. (1002)
Foster Wheeler Environmental Corp.
2002 Ed. (2153)
Foster Wheller Corp.
1992 Ed. (1953)
Foster's
2008 Ed. (245)
2006 Ed. (556, 557)
2002 Ed. (686)
2001 Ed. (359, 682, 685)
2000 Ed. (821, 822)
1999 Ed. (817, 818, 819, 820)
1998 Ed. (507, 508)
1997 Ed. (724)
1996 Ed. (253, 785, 788)
1995 Ed. (709)
1993 Ed. (751)
1992 Ed. (940, 2888)
1991 Ed. (747)
1990 Ed. (768)
Fosters Brewing
2000 Ed. (326)
1994 Ed. (247, 694, 754)
Foster's Brewing Group Ltd.
2002 Ed. (2303)
1999 Ed. (1582)
1995 Ed. (712, 1354)
1994 Ed. (1323)
1993 Ed. (261, 1279)
Foster's Brewing Group Canada
1997 Ed. (658)
1996 Ed. (724, 1294)
1994 Ed. (692)
Foster's Franchise
2005 Ed. (655)
Fosters Freeze
1995 Ed. (1783)
Fosters Freeze International Inc.
1992 Ed. (2225)
Foster's Group Ltd.
2008 Ed. (3547)
2005 Ed. (1657, 1659)
2004 Ed. (2651)
Foster's Lager
2007 Ed. (600)
2006 Ed. (558)
2005 Ed. (654)
2004 Ed. (668)
2002 Ed. (281)
2001 Ed. (1024)
2000 Ed. (812)
1999 Ed. (808)
1998 Ed. (497)
1997 Ed. (721)
1996 Ed. (783, 786)
1995 Ed. (704, 711)
1994 Ed. (753)
1992 Ed. (937)
Fosters of Bradford Ltd.
1993 Ed. (970)
Fosters Poultry Farms Inc.
2008 Ed. (3452)
2007 Ed. (3355)
2006 Ed. (3288)
2005 Ed. (3296, 3297)
2004 Ed. (3288, 3289)
2003 Ed. (3233, 3234)
Foster's Wine Estates
2008 Ed. (4935)
2007 Ed. (4966)
Fote; Charles
2006 Ed. (882)
2005 Ed. (971)
Fote; Charles T.
2007 Ed. (2509)
2006 Ed. (1098)
Fotex
1997 Ed. (825)
Foth & Van Dyke
2007 Ed. (2418)
2004 Ed. (2343)
Foth Cos.
2008 Ed. (2545)
Fotios Choulairas & Co. OE
2002 Ed. (1087)
Foto-Kem
1999 Ed. (2053)
Fotomat
1989 Ed. (2229)
Fotouhi Alonso
1995 Ed. (3796)
Fougerolle
1992 Ed. (2963)
Foul Pontiac, Inc.; Larry
1991 Ed. (291)
Foulet; Estate of Alfred L.
1991 Ed. (888)
Foulkes; Helena
2006 Ed. (4140)
Foundation/Better Life
2008 Ed. (2971)
Foundation Coal Holdings Inc.
2008 Ed. (2509)
2007 Ed. (2398)
Foundation Constructors Inc.
1993 Ed. (1128)
1992 Ed. (1423)
1991 Ed. (1082)
Foundation Contractors Inc.
2008 Ed. (1293)
2006 Ed. (1295)
Foundation, cream
2002 Ed. (3640)
Foundation for the Carolinas
2002 Ed. (1128, 1129)
2001 Ed. (2514)
1989 Ed. (1475)
Foundation for the Support of International Medical Training
1993 Ed. (250, 2729)
1990 Ed. (288)
1989 Ed. (274, 2072)
Foundation Health
2000 Ed. (2419, 2435)
1999 Ed. (2639, 2655, 2656)
1998 Ed. (1114, 1340, 1901, 1904, 1905, 1918)
1997 Ed. (1315, 2181, 2189, 2194)
1996 Ed. (1194, 2081, 2086, 2092)
1995 Ed. (2083)
1994 Ed. (3442)
1993 Ed. (2021, 3465)
Foundation Health, A Florida Health Plan
2002 Ed. (2462)
Foundation Health/Care Florida
1998 Ed. (1917)
Foundation Health Plan
1990 Ed. (1998)
1989 Ed. (1586)
Foundation Health System
2000 Ed. (2422)
Foundation Health Systems
2002 Ed. (1603, 2001)
2001 Ed. (2673, 2675, 2677)
1999 Ed. (1515, 2641, 3266)
Foundation Health Systems, Woodland Hills, CA
2000 Ed. (2429)
Foundation, liquid
2003 Ed. (1869)
2002 Ed. (3640)
Foundation of the University of Medicine & Dentistry of New Jersey
1989 Ed. (1477)
The Foundation Trilogy
2005 Ed. (712)
Foundations
2000 Ed. (1013)
1993 Ed. (3543)
Founders
1999 Ed. (3524)
Founders Asset Management
1993 Ed. (2668)
Founders Asset Management LLC
2002 Ed. (3021)
Founders Balanced
1995 Ed. (2707)
Founders Balanced Fund
1998 Ed. (2620)
1997 Ed. (2884)
Founders Bank of Arizona
1997 Ed. (497, 504)
Founders Blue Chip
1993 Ed. (2689)
Founders Court Investors Inc.
1991 Ed. (3444)
Founders Credit Union
2008 Ed. (2258)
2007 Ed. (2143)
2006 Ed. (2222)
2005 Ed. (2127)
2004 Ed. (1985)
2003 Ed. (1945)
2002 Ed. (1891)
Founders Discovery
1995 Ed. (2737)
Founders Equity-Income
1992 Ed. (3192)
Founders Frontier
1993 Ed. (2691)
1992 Ed. (3183, 3193)
1990 Ed. (2369, 2379)
Founders National Bank of Los Angeles
1995 Ed. (493)
Founders Savings and Loan Association
1990 Ed. (3104)
Founders Special
1993 Ed. (2647, 2687)
1992 Ed. (3189)
Founders Worldwide Growth
1996 Ed. (2805)
1995 Ed. (2743)
1993 Ed. (2672)
Founding Partners Stable-Value Fund
2003 Ed. (3115)
Foundries
2007 Ed. (3716)
Foundry Networks Inc.
2007 Ed. (4704)
2006 Ed. (4578, 4585, 4586)
2002 Ed. (1551)
2001 Ed. (1595, 4185)
Fountain Auto Mall
1994 Ed. (279)
Fountain Construction Co.
2008 Ed. (1312)
2007 Ed. (1379)
Fountain drinks
1997 Ed. (2059, 3669)
Fountain Isuzu
1991 Ed. (281)
1990 Ed. (328)
Fountain Motors Inc.
1993 Ed. (272)
Fountain Olds
1996 Ed. (298)
Fountain Oldsmobile
1991 Ed. (289)
Fountain Oldsmobile-GMC
1995 Ed. (296)
Fountain pens
1993 Ed. (3741)
1992 Ed. (4494)
1990 Ed. (3712, 484, 2467, 404, 2467)
Fountain Tire
2005 Ed. (1689, 1703)
2001 Ed. (4543)
Fountainbleau Hilton Resort & Towers
1998 Ed. (2035)
Fountainebleau Hilton Resort & Towers
2002 Ed. (2650)
2000 Ed. (2574)
FountainGlen Properties LLC
2004 Ed. (1539)
Fountainhead Special Value
2006 Ed. (3644)
2004 Ed. (3605)
2003 Ed. (3494, 3497)
FountainHead Treatment Program
1992 Ed. (2450)
Fountn Pwrbt
1996 Ed. (207)
The Four Agreements
2004 Ed. (747)
2003 Ed. (725)
Four Blind Mice
2004 Ed. (739)
4-H Program
1989 Ed. (274)
418, Merret Underwriting Agency Management Ltd.
1991 Ed. (2337)
488, Charman Underwriting Agencies Ltd.
1991 Ed. (2337)
484, Methuen (Lloyd's Underwriting Agents) Ltd.
1991 Ed. (2338)
483, Methuen (Lloyd's Underwriting Agents) Ltd.
1991 Ed. (2337)
454 Life Sciences Corp.
2008 Ed. (4139)
448, Wellington Underwriting Agencies Ltd.
1991 Ed. (2337)
404, Cuthbert Heath Underwriting Ltd.
1991 Ed. (2338)
The 401(k) Co.
2008 Ed. (2767)
2007 Ed. (2641)
2006 Ed. (2658)
1992 Ed. (2234, 2235)
401(k) plan
2005 Ed. (2371)
2000 Ed. (1781)
406, Wellington Underwriting Agencies Ltd.
1991 Ed. (2337)
431, Wren Underwriting Agencies Ltd.
1991 Ed. (2335)
4. Italy
2001 Ed. (3209)
Four Media Film Laboratory
1999 Ed. (2053)
Four Points by Sheraton
2000 Ed. (2555)
Four Points Credit Union
2008 Ed. (2244)
Four Points Hotels
1998 Ed. (2019, 2022)
Four Seas Communications Bank
1989 Ed. (668)
Four Season Hotel
2000 Ed. (2539)
Four Season Hotels Inc.
2007 Ed. (1631)
2004 Ed. (2944)
The Four Seasons
2008 Ed. (4147)
2007 Ed. (4129)
2006 Ed. (2065)
2005 Ed. (2928)
2003 Ed. (4087)
2001 Ed. (2801, 4053)
2000 Ed. (2546, 2564, 2570, 2570, 2570, 3772)
1999 Ed. (2771, 2775, 2778, 2792, 2793)
1998 Ed. (577, 2002, 2013, 2018, 2031, 2032, 2037, 2037, 2037, 2037, 2037, 3049)
1997 Ed. (2305, 2307, 2309)
1996 Ed. (2180)
1995 Ed. (2156, 2157, 2172)
1994 Ed. (2102, 2110, 2117, 2720, 3092)
1990 Ed. (3002)
Four Seasons Chicago, IL
1996 Ed. (2189)
Four Seasons Clift
1996 Ed. (2189)
1990 Ed. (2100)
Four Seasons Greenhouses Design & Remodeling
1990 Ed. (1851)
Four Seasons Healthcare
2008 Ed. (2123)
2007 Ed. (2040)
2006 Ed. (2068)
2005 Ed. (1989)

Four Seasons Hotel
1996 Ed. (2170)
1990 Ed. (2063)
Four Seasons Hotel Philadelphia
2000 Ed. (2576)
1991 Ed. (1957)
1990 Ed. (2099)
Four Seasons Hotels Inc.
2008 Ed. (1639, 2276)
2007 Ed. (1520, 2952, 4158)
2005 Ed. (1568)
2003 Ed. (3210)
1992 Ed. (2472, 2487, 2512, 2513)
1990 Ed. (2075, 2083, 2084)
Four Seasons Hotels & Resorts
2002 Ed. (2626)
2000 Ed. (2569)
1996 Ed. (2187)
Four Seasons Housing
2007 Ed. (3409)
2006 Ed. (3356)
2002 Ed. (3739)
Four Seasons Los Angeles, CA
1996 Ed. (2189)
Four Seasons Nevis
1995 Ed. (2173)
Four Seasons New York, NY
1996 Ed. (2189)
Four Seasons/Newport Beach, Newport Beach, CA
1990 Ed. (2079)
Four Seasons Olympic Hotel
1993 Ed. (2087, 2089)
Four Seasons Olympic Hotels
1997 Ed. (2309)
Four Seasons, Philadelphia
1998 Ed. (2038)
Four Seasons/Regent
2000 Ed. (2552)
Four Seasons-Regent Hotels & Resorts
1997 Ed. (2294, 2306)
Four Seasons Resort
2008 Ed. (1785)
2006 Ed. (1748)
Four Seasons Resort & Club
2000 Ed. (2543)
Four Seasons Resort Kaupulehu Makai Venture
2005 Ed. (1783)
2004 Ed. (1725)
Four Seasons Resort Maui at Wailea
2006 Ed. (1741)
Four Seasons Sunrooms
2002 Ed. (2059)
Four Seasons Washington, DC
1996 Ed. (2189)
Four Sisters Inns
1992 Ed. (2467)
Four Square
1989 Ed. (45)
Four Suns Builders Inc.
2007 Ed. (1383)
4 Way
2003 Ed. (3627)
2002 Ed. (2998)
2001 Ed. (3518)
2000 Ed. (1134)
4 Wheel & Off Road
2001 Ed. (3191)
Four Wheeler
2001 Ed. (258, 3191)
Four Winds Hospital
2003 Ed. (3972)
4BB--4 Better Business
2002 Ed. (2519)
4C
2000 Ed. (4182)
4D Technology Corp.
2008 Ed. (4139)
2007 Ed. (4115)
2006 Ed. (4082)
Fourex
1998 Ed. (932)
1992 Ed. (1400)
4KAMM International Inc.
2006 Ed. (3526, 4365)
4Kids Entertainment, Inc.
2004 Ed. (4432)
2003 Ed. (1561)
2002 Ed. (2427)
4life Research
2005 Ed. (2787)
4Link Network Inc.
1999 Ed. (3000)
Fournier
1995 Ed. (1959)
401 N. Broad St.
1998 Ed. (2697)
4Runner
2001 Ed. (478)
4Runner; Toyota
2006 Ed. (3577)
Fours Seasons Resort
2006 Ed. (1749)
Fourth Dimension Designs
2007 Ed. (2955)
Fourth Financial Corp.
1995 Ed. (492, 1223, 1224, 3344)
1994 Ed. (347, 3263)
1990 Ed. (639)
4th of July
2008 Ed. (553)
The Fourth R
2004 Ed. (4659)
2003 Ed. (4681)
2002 Ed. (4555)
Fourtis Holding SA
2005 Ed. (1782)
FOVA
2000 Ed. (55)
Fowler Goedecke, Ellis & O'Connor
1998 Ed. (3009)
Fowler Jr.; Wyche
1994 Ed. (2890)
Fowler Packing Co. Inc.
1998 Ed. (1776)
Fowler; Robbie
2005 Ed. (4895)
Fowler White Boggs Banker
2008 Ed. (3424)
Fowler, White, Gillen, Boggs, Villareal & Banker
2002 Ed. (3058)
1999 Ed. (3150)
1998 Ed. (2329)
Fowler White Gillen Boggs Villareal & Banker PA
2000 Ed. (2896)
Fowler's
2003 Ed. (3654)
Fox
2008 Ed. (3354)
2007 Ed. (4739)
2005 Ed. (4663)
2004 Ed. (4691)
2003 Ed. (3450, 4714)
2001 Ed. (3358, 3362, 4496, 4497)
2000 Ed. (4216)
1999 Ed. (825, 3679)
1998 Ed. (513, 3501, 3502)
1997 Ed. (730, 731, 3717, 3719, 3721)
1996 Ed. (793, 2689)
1995 Ed. (718, 3576)
1993 Ed. (754, 3524, 3544)
1992 Ed. (948, 949, 4256)
1991 Ed. (3330)
Fox & Fowle Architects
1989 Ed. (268)
Fox & Fowle Architects P.C.
1991 Ed. (253)
Fox & Jacobs
2003 Ed. (1172)
Fox & Jacobs Homes
2002 Ed. (1186)
Fox & Lazo Inc.
1989 Ed. (2286)
Fox & Roach Realtors
2000 Ed. (3716)
Fox Asset Management
1999 Ed. (3070)
1998 Ed. (2270)
1997 Ed. (2533)
1992 Ed. (2755)
1991 Ed. (2224, 2232)
Fox Broadcasting Co.
1996 Ed. (3664)
1994 Ed. (762)
Fox Chase Cancer Center
2000 Ed. (3345)
1994 Ed. (1901)
Fox Chase Federal Savings & Loan Association
1999 Ed. (4601)
Fox Chase Federal Savings Bank
2000 Ed. (3857, 4251)
Fox Chevrolet Inc.
1995 Ed. (261)
Fox College; George
1994 Ed. (1051)
Fox Communities Credit Union
2008 Ed. (2269)
2007 Ed. (2154)
2006 Ed. (2233)
2005 Ed. (2075, 2138)
2004 Ed. (1996)
2003 Ed. (1956)
Fox Contractors Corp.
2008 Ed. (3708, 4385)
2007 Ed. (3553, 4411)
2006 Ed. (3512, 3689, 4351)
Fox; Edward A.
1989 Ed. (1380)
Fox Entertainment
2000 Ed. (3324)
Fox Entertainment Group Inc.
2008 Ed. (3751)
2007 Ed. (3638)
2006 Ed. (657, 2492, 3433, 3435, 3437)
2005 Ed. (749, 750)
2004 Ed. (777, 778, 3511)
2003 Ed. (827, 1598, 3450)
2001 Ed. (2272, 2273)
2000 Ed. (3963)
Fox-Everett Inc.
2004 Ed. (2269)
2002 Ed. (2858)
Fox Fashion Stores
2006 Ed. (56)
2005 Ed. (49)
Fox Filmed Entertainment
2006 Ed. (2496)
Fox Hollow Technologies Inc.
2008 Ed. (1595)
Fox Home Entertainment
2001 Ed. (2122, 4691, 4692, 4697)
Fox Hyundai
1992 Ed. (385)
Fox Interactive Media
2008 Ed. (3374, 4808)
Fox Music
1993 Ed. (2645)
Fox News
2008 Ed. (3367, 4654, 4655)
2007 Ed. (4732, 4733)
2006 Ed. (4711, 4713)
Fox NFC Championship
2008 Ed. (4660)
Fox NFL
2005 Ed. (823)
Fox Parrack Fox
1997 Ed. (3200)
Fox-Pitt, Kelton
2008 Ed. (3385)
2007 Ed. (3261)
2005 Ed. (527, 3102, 3238)
2003 Ed. (2368)
2001 Ed. (553, 556, 2429)
1998 Ed. (340)
Fox Residential Group Inc.
2001 Ed. (3996)
1999 Ed. (3994)
Fox Ridge Homes
2005 Ed. (1216)
2003 Ed. (1185)
2002 Ed. (1201)
2000 Ed. (1224)
1998 Ed. (912)
Fox; Sam
1997 Ed. (2004)
Fox School of Business; Temple University
2008 Ed. (792)
Fox Sports
2008 Ed. (3367)
Fox Sports on MSN
2008 Ed. (3372)
2007 Ed. (3243)
Fox Television
1990 Ed. (3550)
Fox Television Station
2000 Ed. (4214)
Fox Television Stations Inc.
2008 Ed. (4662)
2007 Ed. (4741)
2001 Ed. (4492)
1999 Ed. (823, 4570)
Fox Theatre
2006 Ed. (1155)
2003 Ed. (4529)
2002 Ed. (4345)
2001 Ed. (4353, 4353)
1999 Ed. (1295, 1295)
Fox TV Stations
2007 Ed. (4738)
2006 Ed. (4717, 4718)
2005 Ed. (4661, 4662)
2004 Ed. (4690)
2003 Ed. (4713)
2002 Ed. (4582)
Fox Valley Inn
1995 Ed. (2160)
Foxboro Co.
2005 Ed. (1538)
1992 Ed. (3226)
1990 Ed. (2217, 3447)
Foxboro Stadium
2003 Ed. (4531)
2002 Ed. (4347)
1999 Ed. (1300)
Foxconn
2005 Ed. (2279)
Foxconn Electronics, Inc.
2001 Ed. (2138)
Foxconn International Holdings Ltd.
2008 Ed. (3553)
foxkids.com
2001 Ed. (4775)
FoxMeyer
1998 Ed. (1331, 1332)
1995 Ed. (1586, 3729)
1994 Ed. (3108)
1993 Ed. (1513)
1990 Ed. (1551)
FoxMeyer Drug Co.
1994 Ed. (1557)
FoxMeyer Health
1999 Ed. (388, 389)
1998 Ed. (2678)
1997 Ed. (953, 3874)
1996 Ed. (1241, 3824)
Fox's Pizza Den
2008 Ed. (2685)
2007 Ed. (2544, 4135)
2006 Ed. (2573)
2005 Ed. (2567)
2004 Ed. (2588)
2003 Ed. (2454)
2002 Ed. (4021)
Fox's Rocky
2008 Ed. (712)
Foxtel Cable Television Pty. Ltd.
2001 Ed. (1095)
FoxVideo
1999 Ed. (4715)
Foxwoods Resort Casino
2005 Ed. (2936)
Foxworth-Galbraith
1996 Ed. (824)
Foxworth-Galbraith Lumber
1996 Ed. (814)
Foxworthy; Jeff
1997 Ed. (1113)
Foyle Food
2005 Ed. (1983)
FPA
1992 Ed. (3181)
1991 Ed. (1066)
FPA Capital
2006 Ed. (3650, 3651)
2005 Ed. (4482)
2004 Ed. (3574, 3576)
2003 Ed. (3548, 3550)
1999 Ed. (3505, 3574)
1998 Ed. (2640)
1997 Ed. (2880)
1996 Ed. (2751, 2772)
1995 Ed. (2737)
1994 Ed. (2602)
1993 Ed. (2670)
FPA Capital Fund
2005 Ed. (3551)
2004 Ed. (3578)
1998 Ed. (2619)
FPA Crescent
2006 Ed. (4560)

FPA Med Management
2000 Ed. (3392)
FPA Medical Management
2000 Ed. (3544)
FPA New Income
2003 Ed. (691)
2000 Ed. (759)
1999 Ed. (3537)
1998 Ed. (2641)
1997 Ed. (2887)
1996 Ed. (2757, 2783)
1995 Ed. (2683)
1994 Ed. (2608, 2619)
1993 Ed. (2656, 2665, 2676)
1991 Ed. (2562)
1990 Ed. (2387, 2603)
FPA New Income Fund
2003 Ed. (3531)
FPA Paramount
2006 Ed. (4565)
2004 Ed. (3576)
1998 Ed. (2598, 2610, 2640)
1996 Ed. (2753, 2774, 2789)
1995 Ed. (2678, 2698)
1993 Ed. (2646, 2662)
1992 Ed. (3152)
1991 Ed. (2559)
1990 Ed. (2392)
FPA Paramount Fund
1998 Ed. (2631)
FPA Perennial
2006 Ed. (3650)
2003 Ed. (3506)
1992 Ed. (3191)
FPA Perennial Fund
2003 Ed. (3540)
FPAM Exempt Ethical
2000 Ed. (3300)
FPB Holding AG
2002 Ed. (3577)
2000 Ed. (3409)
1999 Ed. (3694)
1997 Ed. (2996)
1996 Ed. (2905)
FPB Holding Aktiengesellschaft
1995 Ed. (2834)
1994 Ed. (2730)
fpBioMed
2006 Ed. (1967, 1969, 1971, 1973)
FPC Financial, FSB
2007 Ed. (4253)
2006 Ed. (4239)
2005 Ed. (4180, 4214)
2004 Ed. (4247, 4281)
2003 Ed. (4263)
FPD Savills Estate Agents
2002 Ed. (51)
FPG Business Services Inc.
2003 Ed. (10)
FPGA
1994 Ed. (230)
FPI Ltd.
2008 Ed. (1636, 2745)
2007 Ed. (2615)
2003 Ed. (1218)
FPI Management
2006 Ed. (277)
FPIC Insurance Group Inc.
2006 Ed. (3133)
2005 Ed. (3123)
FPL Group Inc.
2008 Ed. (1403, 1730, 1733, 1734, 2422, 2423, 2426)
2007 Ed. (1702, 1704, 1705, 2289, 2291, 2294, 2295, 2680)
2006 Ed. (1707, 1709, 1710, 2353, 2356, 2365, 2443, 2690)
2005 Ed. (1176, 1550, 1761, 1763, 1764, 2290, 2293, 2300, 2311, 2312, 2401)
2004 Ed. (1705, 1706, 2194, 2198, 2199, 2321)
2003 Ed. (1676, 1677, 2140, 2141)
2002 Ed. (1648, 1649, 3876)
2001 Ed. (1703, 3944)
2000 Ed. (1423, 1731, 2207, 2208)
1999 Ed. (1555, 1618, 1947, 1951, 2451, 2452, 3963, 3964)
1998 Ed. (1137, 1384, 1390, 1391, 1708, 2963)
1997 Ed. (1398, 1691, 1697, 1698, 2019, 3213)
1996 Ed. (1289, 1336, 1608, 1618, 1619, 1924, 1925, 1927, 3136)
1995 Ed. (1335, 1641, 1642, 1882, 3034, 3328)
1994 Ed. (1312, 1590, 1599, 1600, 1854, 1855, 1856, 3249)
1993 Ed. (1553, 1559, 1870, 3255)
1992 Ed. (2169)
1991 Ed. (1501, 1502)
1990 Ed. (1604, 1605, 2507)
1989 Ed. (1300, 1301)
FPS New Income
1999 Ed. (745)
Frab Bank International
1989 Ed. (456)
FRAC
1990 Ed. (2623)
Fractures
2002 Ed. (3529)
Fradd; R. Brandon
1996 Ed. (1782)
Fragrance blends
2001 Ed. (2450)
Fragrance gift sets
2002 Ed. (3633)
Fragrance Impressions
2004 Ed. (2683)
Fragrances
2002 Ed. (3638, 4634)
2001 Ed. (1911, 1920)
1994 Ed. (2818)
Fragrances/toiletries, men's
1999 Ed. (1933, 1934)
Fragrances, women's
1999 Ed. (1933, 1934)
Fraidy Cats
1997 Ed. (3771)
Frain Camins & Swartchild-Oncor International
1997 Ed. (3272)
Fraley; Robert T.
2007 Ed. (2498)
Fram
2000 Ed. (355)
1999 Ed. (347, 348)
1998 Ed. (239, 242)
1997 Ed. (317, 318)
1996 Ed. (340, 341)
1995 Ed. (326)
1994 Ed. (329, 330)
1993 Ed. (342, 343)
1992 Ed. (469, 470)
1991 Ed. (338)
1990 Ed. (388)
1989 Ed. (338, 339)
Fram (Manufacture Francaise de Chaussures)
1994 Ed. (2362)
Framatome
2004 Ed. (3447)
2001 Ed. (3282)
2000 Ed. (3086)
1997 Ed. (1683, 2754)
1992 Ed. (1925)
Framatome Anp
2005 Ed. (3461)
Frame's Motor Freight Inc.
2000 Ed. (4436)
1999 Ed. (4815)
1998 Ed. (3766)
1997 Ed. (3919)
1995 Ed. (3797)
1994 Ed. (3672)
Framework Technologies Corp.
2002 Ed. (2521)
Framingham, MA
1992 Ed. (2578)
Framingham Savings
1991 Ed. (1723)
Framlington American Turnaround
1992 Ed. (3209)
Framlington Dual Cap
2000 Ed. (3306)
1999 Ed. (3584)
Framlington Health Fund
1997 Ed. (2909, 2910)
Framlington I&C Inc.
2000 Ed. (3303)
Fran; Hurricane
2005 Ed. (2979)
Frana & Sons
2003 Ed. (1183)
franc; Swiss
2008 Ed. (2273, 2275)
France
2008 Ed. (248, 251, 414, 1020, 1021, 1022, 1279, 1280, 1283, 1284, 1287, 1289, 1291, 1412, 1413, 1414, 1415, 1419, 1421, 1422, 2204, 2334, 2417, 2626, 2727, 2824, 2845, 2924, 2949, 2950, 3164, 3411, 3590, 3592, 4270, 4339, 4387, 4499, 4552, 4554, 4555, 4556, 4557, 4558, 4582, 4587, 4597, 4793, 4794, 4918, 5000)
2007 Ed. (265, 266, 267, 285, 446, 577, 674, 748, 862, 1140, 1141, 1142, 2086, 2094, 2200, 2282, 2590, 2697, 2711, 2798, 3050, 3298, 3379, 3393, 3397, 3426, 3428, 3700, 3714, 3777, 3956, 3982, 3983, 3984, 4070, 4219, 4220, 4237, 4383, 4388, 4389, 4412, 4418, 4419, 4536, 4603, 4605, 4606, 4607, 4608, 4609, 4610, 4651, 4676, 4689, 4776, 4868, 4941, 5000)
2006 Ed. (258, 259, 282, 441, 545, 763, 839, 1010, 1051, 1052, 1053, 1055, 1407, 1432, 1433, 1434, 1435, 1439, 1442, 1443, 2138, 2150, 2262, 2328, 2346, 2538, 2539, 2614, 2703, 2718, 2719, 2720, 2806, 2985, 3017, 3116, 3239, 3261, 3335, 3339, 3349, 3409, 3412, 3425, 3429, 3479, 3705, 3731, 3780, 3909, 3927, 3928, 3929, 4034, 4176, 4209, 4210, 4214, 4221, 4318, 4323, 4324, 4478, 4573, 4616, 4618, 4619, 4620, 4621, 4622, 4623, 4651, 4656, 4669, 4769, 4777, 4861, 4862, 4866, 4934, 4935, 5000)
2005 Ed. (237, 238, 240, 259, 505, 644, 837, 861, 862, 920, 930, 1042, 1043, 1044, 1045, 1422, 1476, 1477, 1478, 1479, 1484, 1540, 1541, 2042, 2056, 2200, 2278, 2536, 2537, 2616, 2738, 2761, 2764, 2824, 3022, 3101, 3252, 3269, 3346, 3363, 3400, 3403, 3415, 3419, 3478, 3603, 3610, 3614, 3686, 3840, 3863, 3864, 3865, 3999, 4130, 4153, 4154, 4166, 4370, 4373, 4374, 4375, 4535, 4537, 4538, 4539, 4540, 4541, 4542, 4570, 4590, 4602, 4603, 4717, 4790, 4791, 4801, 4824, 4901, 4902, 4969, 4970, 4971, 4977, 5000)
2004 Ed. (210, 231, 232, 257, 655, 863, 897, 938, 1041, 1042, 1043, 1044, 1401, 1460, 1461, 1462, 1463, 1468, 1524, 1525, 1909, 1921, 2096, 2178, 2626, 2740, 2768, 2814, 2823, 3223, 3243, 3244, 3287, 3321, 3339, 3393, 3396, 3402, 3406, 3479, 3703, 3769, 3902, 3917, 3918, 3919, 4063, 4203, 4226, 4227, 4238, 4422, 4425, 4426, 4538, 4601, 4603, 4604, 4605, 4606, 4607, 4608, 4650, 4652, 4738, 4816, 4817, 4821, 4888, 4909, 4999)
2003 Ed. (249, 266, 267, 268, 290, 493, 641, 824, 871, 930, 949, 950, 1036, 1386, 1430, 1431, 1432, 1433, 1438, 1494, 1495, 1879, 1973, 1974, 2053, 2129, 2216, 2217, 2218, 2220, 2224, 2225, 2227, 2233, 2234, 2493, 2616, 2618, 2623, 2624, 2702, 3167, 3200, 3232, 3276, 3332, 3336, 3415, 3658, 3755, 3877, 4043, 4176, 4199, 4200, 4214, 4216, 4422, 4423, 4554, 4556, 4618, 4628, 4667, 4672, 4822, 4898, 4920, 4970, 4971, 4972, 5000)
2002 Ed. (280, 301, 559, 561, 681, 742, 746, 758, 780, 781, 975, 1344, 1409, 1410, 1411, 1412, 1419, 1474, 1475, 1476, 1477, 1478, 1479, 1486, 1651, 1682, 1809, 1810, 1814, 1823, 2409, 2412, 2425, 2751, 2752, 2753, 2754, 2755, 2756, 2757, 2900, 2936, 3073, 3075, 3099, 3181, 3183, 3229, 3519, 3523, 3595, 3596, 3961, 3967, 4055, 4056, 4057, 4058, 4380, 4507, 4623, 4707, 4773, 4971, 4972, 4973, 4974, 4998, 4999)
2001 Ed. (291, 358, 367, 386, 390, 395, 525, 526, 625, 662, 697, 1002, 1004, 1005, 1019, 1020, 1082, 1097, 1125, 1137, 1149, 1152, 1171, 1174, 1182, 1190, 1191, 1242, 1259, 1274, 1283, 1285, 1299, 1300, 1301, 1311, 1338, 1340, 1353, 1414, 1496, 1497, 1509, 1688, 1917, 1918, 1919, 1949, 1950, 1982, 1983, 1984, 1992, 2002, 2008, 2020, 2023, 2035, 2038, 2042, 2044, 2047, 2094, 2104, 2127, 2128, 2134, 2135, 2142, 2147, 2232, 2263, 2278, 2305, 2364, 2366, 2367, 2370, 2371, 2372, 2379, 2395, 2412, 2451, 2469, 2489, 2562, 2574, 2575, 2602, 2611, 2639, 2681, 2696, 2724, 2734, 2735, 2752, 2799, 2800, 2814, 2821, 2825, 2835, 2970, 3020, 3022, 3036, 3044, 3045, 3075, 3149, 3151, 3160, 3181, 3199, 3207, 3209, 3227, 3240, 3241, 3244, 3298, 3305, 3316, 3367, 3370, 3387, 3410, 3420, 3502, 3529, 3552, 3558, 3602, 3638, 3644, 3691, 3706, 3760, 3783, 3823, 3824, 3825, 3847, 3859, 3865, 3875, 3950, 3967, 3987, 3991, 4017, 4028, 4039, 4041, 4112, 4113, 4134, 4136, 4155, 4246, 4249, 4263, 4266, 4267, 4276, 4277, 4309, 4339, 4370, 4378, 4387, 4390, 4393, 4398, 4399, 4400, 4401, 4402, 4440, 4483, 4494, 4495, 4500, 4548, 4565, 4566, 4590, 4596, 4597, 4598, 4601, 4632, 4651, 4652, 4655, 4656, 4664, 4677, 4686, 4687, 4690, 4715, 4732, 4785, 4905, 4906, 4907, 4908, 4909, 4910, 4941, 4943)
2000 Ed. (787, 820, 1032, 1064, 1321, 1322, 1323, 1324, 1608, 1612, 1613, 1649, 1889, 2335, 2355, 2356, 2360, 2374, 2375, 2378, 2862, 2863, 2983, 3011, 3175, 3354, 3357, 3753, 4183, 4271, 4272, 4273, 4360, 4425)
1999 Ed. (332, 770, 1069, 1104, 1207, 1213, 1462, 1463, 1464, 1465, 1783, 1784, 1796, 2090, 2091, 2092, 2103, 2106, 2108, 2443, 2596, 2611, 2612, 2613, 2825, 2826, 2884, 2936, 3111, 3113, 3114, 3115, 3193, 3273, 3283, 3284, 3289, 3342, 3449, 3695, 3696, 3698, 3790, 4348, 4368, 4479, 4481, 4594, 4623, 4624, 4625, 4626, 4695, 4802, 4803, 4804)
1998 Ed. (115, 230, 352, 484, 632, 633, 656, 683, 708, 785, 856, 1030, 1031, 1032, 1033, 1367, 1369, 1527, 1528, 1530, 1732, 1792, 1803, 1838, 1846, 1850, 1860, 2192, 2209, 2223, 2421, 2461, 2742, 2743, 2745, 2814, 2897, 3467, 3589, 3590, 3591, 3592, 3593)
1997 Ed. (287, 321, 474, 518, 699, 941, 966, 1264, 1265, 1267, 1268, 1544, 1545, 1557, 1578, 1687, 1808, 1809, 2108, 2147, 2558, 2559, 2563, 2564, 2565, 2566, 2568, 2571, 2573, 2691, 2786, 2997, 2998, 2999, 3079, 3080, 3292, 3634, 3767, 3768, 3769, 3770, 3912)

1996 Ed. (363, 510, 761, 908, 942, 944, 1217, 1221, 1222, 1226, 1479, 1480, 1495, 1645, 1719, 1729, 1963, 2025, 2344, 2449, 2551, 3189, 3274, 3433, 3436, 3692, 3714, 3715, 3716, 3717, 3762, 3763, 3870, 3871, 3881)
1995 Ed. (170, 191, 663, 688, 689, 876, 929, 967, 997, 1038, 1247, 1252, 1253, 1516, 1520, 1521, 1593, 1658, 1734, 1737, 1742, 1961, 2000, 2005, 2012, 2019, 2020, 2021, 2024, 2031, 3169, 3176, 3605, 3616, 3634, 3719, 3773, 3774, 3775, 3776)
1994 Ed. (156, 184, 200, 311, 335, 486, 709, 730, 735, 736, 841, 857, 927, 934, 949, 1230, 1231, 1234, 1349, 1484, 1488, 1489, 1515, 1516, 1533, 1581, 1932, 1974, 2130, 2264, 2333, 2344, 2367, 2684, 2731, 2747, 2898, 3436, 3450, 3476, 3522, 3651)
1993 Ed. (146, 171, 178, 179, 201, 213, 479, 481, 700, 721, 727, 728, 843, 885, 917, 920, 956, 1035, 1202, 1203, 1206, 1209, 1269, 1299, 1345, 1422, 1463, 1466, 1467, 1535, 1540, 1542, 1596, 1717, 1719, 1720, 1722, 1723, 1724, 1730, 1731, 1732, 1743, 1952, 1957, 1958, 1959, 1960, 1962, 1969, 1976, 1992, 2000, 2028, 2103, 2129, 2167, 2229, 2368, 2378, 2387, 2481, 2482, 2950, 3053, 3302, 3455, 3456, 3476, 3510, 3595, 3596, 3597, 3681, 3722, 3723, 3724, 3725, 3726)
1992 Ed. (225, 228, 268, 269, 669, 723, 891, 906, 911, 912, 1040, 1049, 1087, 1088, 1120, 1234, 1373, 1485, 1489, 1490, 1493, 1496, 1639, 1713, 1727, 1728, 1736, 1737, 1759, 1774, 1776, 1880, 2046, 2070, 2072, 2078, 2079, 2080, 2081, 2171, 2252, 2293, 2297, 2300, 2301, 2302, 2304, 2305, 2312, 2320, 2322, 2358, 2806, 2854, 2936, 2937, 2950, 3276, 3348, 3599, 3600, 3685, 3806, 3807, 4139, 4140, 4141, 4152, 4184, 4185, 4194, 4203, 4238, 4239, 4320, 4321, 4322, 4413, 4474, 4475, 4495)
1991 Ed. (165, 222, 329, 352, 516, 728, 934, 1172, 1177, 1178, 1181, 1184, 1379, 1383, 1400, 1402, 1408, 1641, 1819, 1820, 1824, 1825, 1826, 1828, 1829, 1836, 1844, 1868, 2111, 2263, 2276, 2493, 2915, 3108, 3109, 3236, 3267, 3268, 3279, 3287, 3357, 3358, 3405, 3406, 3407, 3506, 3507, 3508)
1990 Ed. (203, 204, 205, 405, 742, 746, 960, 1252, 1259, 1260, 1263, 1264, 1445, 1450, 1481, 1577, 1736, 1747, 1830, 1901, 1906, 1913, 1920, 1929, 1930, 1931, 1964, 1965, 2403, 2497, 3235, 3276, 3471, 3508, 3610, 3611, 3612, 3613, 3615, 3616, 3617, 3618, 3619, 3694, 3699, 3700)
1989 Ed. (198, 229, 230, 282, 349, 565, 1178, 1179, 1389, 1390, 1394, 1406, 1865, 2638, 2956, 2957, 2964, 2965)
France (Corsica-119)
2000 Ed. (4237)
France Growth Fund Inc.
2005 Ed. (3214)
France; James
2007 Ed. (4904)
France; Joseph
1994 Ed. (1784, 1828)
1993 Ed. (1801)
1992 Ed. (2136)
France Jr.; William
2007 Ed. (4904)
France Loto
1994 Ed. (21)
1991 Ed. (22)
France Public Relations Group
2001 Ed. (3936)
France Telecom
2001 Ed. (36, 1337, 1693, 1696, 1707, 1709, 1710, 1711)
2000 Ed. (790, 1434, 1435, 1475, 2642, 4006, 4008, 4191, 4192)
1999 Ed. (1632, 4164, 4287, 4289, 4551, 4552, 4553)
1998 Ed. (2217, 3477)
1997 Ed. (1407, 3499, 3501, 3502, 3692, 3693)
1996 Ed. (3137, 3403, 3649, 3650, 3651)
1995 Ed. (3035, 3554, 3555)
1994 Ed. (3247, 3484)
1993 Ed. (2937, 3253)
1992 Ed. (2343, 3942, 4204)
1991 Ed. (3107)
1990 Ed. (1945)
France Telecom SA
2008 Ed. (41, 82, 102, 1759, 1760, 1761, 3558, 4641, 4643)
2007 Ed. (21, 37, 76, 92, 1687, 1730, 1732, 1733, 4585, 4588, 4713, 4714, 4718, 4719, 4721)
2006 Ed. (29, 46, 56, 81, 86, 101, 1093, 1431, 1438, 1721, 1722, 1724, 1725, 3039, 3380, 4598)
2005 Ed. (23, 39, 49, 77, 1475, 1483, 1797, 2146, 3284, 3390, 4282, 4359, 4634)
2004 Ed. (30, 41, 45, 54, 77, 1089, 1720, 1738, 3022, 3359, 4673)
2003 Ed. (1428, 1681, 1682, 3298, 4396, 4584, 4702, 4703)
2002 Ed. (761, 762, 1126, 1403, 1415, 1638, 1656, 1657, 1658, 4569, 4570)
Frances
2001 Ed. (600, 601, 602)
1992 Ed. (1566)
Frances del Rio de la Plata
2000 Ed. (456, 458, 461)
Frances; Hurricane
2007 Ed. (3005)
Frances Lehman Loeb
1993 Ed. (891)
Frances Loo
1996 Ed. (1907)
Frances Valores
2008 Ed. (732)
Francesca Raleigh
1999 Ed. (2344)
Franceschini; Tony
2007 Ed. (2507)
Francesco Gaetano Caltagirone
2008 Ed. (4869)
Francesco Group Holdings
2001 Ed. (2661)
Francesco Totti
2007 Ed. (4464)
Franchise Finance
1989 Ed. (2293)
Franchitti; Dario
2005 Ed. (4895)
Francis Cauffman Foley Hoffman, Architects Ltd.
1999 Ed. (291)
Francis Cauffman Foley Hoffmann
2000 Ed. (316)
Francis Cauffman Foley Hoffmann, Architects
2005 Ed. (3159)
1994 Ed. (238)
Francis Ford Coppola
2006 Ed. (2499)
Francis Freisinger
1999 Ed. (2405)
Francis Middlehurst
1997 Ed. (2003)
1996 Ed. (1913)
Francis Woollen
2000 Ed. (2097)
1999 Ed. (2318)
Francis X. Knott
1992 Ed. (2060)
Francis Yeoh
2006 Ed. (4917)
Franciscan Health System
1997 Ed. (2163, 2257)
1992 Ed. (3258)
Franciscan Health System West
2008 Ed. (2164)
2007 Ed. (2055)
Franciscan Health Systems
1989 Ed. (1610)
Francisco A. Lorenzo
1990 Ed. (1711)
Francisco L. Borges
2008 Ed. (184)
Francisco Loret de M.
2002 Ed. (3728)
Francisco N. Codina
2008 Ed. (2628)
Francisco Partners
2004 Ed. (3255)
The Franciscus Co.
2005 Ed. (1205)
2003 Ed. (1170)
2002 Ed. (2694)
Franco-American
2003 Ed. (861)
Franco-American Where's Waldo?
1995 Ed. (1887)
Franco; Anthony M.
1995 Ed. (3013)
1994 Ed. (2955)
Franco Manufacturing
2007 Ed. (588, 3296)
2006 Ed. (2950)
Franco Modigliani
2004 Ed. (3167)
Franco; Natalia
2006 Ed. (2516)
Franco Nevada Mining Corp.
2005 Ed. (1521)
2003 Ed. (2626)
Franco Public Relations
1999 Ed. (3931)
1998 Ed. (2947)
1996 Ed. (3114)
Franco Public Relations Group
2003 Ed. (4018)
2002 Ed. (3839)
1997 Ed. (3193)
Francois Gouws
2000 Ed. (2187)
1999 Ed. (2427)
Francois-Henri Pinault
2007 Ed. (1102)
Francois Pinault
2008 Ed. (4865, 4866)
2000 Ed. (735)
Franel Optical Supplies
2001 Ed. (3594)
Frangelico
2004 Ed. (3274)
2003 Ed. (3224)
2002 Ed. (300, 3093, 3095)
2001 Ed. (3105, 3107)
2000 Ed. (2942)
1998 Ed. (2369, 2370)
1997 Ed. (2641, 2643)
1996 Ed. (2499, 2502)
1994 Ed. (2373)
1993 Ed. (2429, 2432)
1992 Ed. (2889)
1990 Ed. (2444)
Frango AB
2006 Ed. (2029)
Franich Auto Center; Marty
1995 Ed. (296)
Franich Ford; Marty
1994 Ed. (268)
1991 Ed. (269)
Franich Lincoln Mercury; Marty
1996 Ed. (299)
1994 Ed. (274)
1993 Ed. (275)
1991 Ed. (284)
Frank A. Greek & Son
2002 Ed. (3925)
2000 Ed. (3722)
Frank & Stein
2002 Ed. (2249)
Frank Annunzio
1992 Ed. (1039)
Frank B. Hall
1992 Ed. (20, 2702)
1990 Ed. (2268, 2270)
1989 Ed. (1739, 2666)
Frank B. Hall & Co. Inc.
1994 Ed. (2224, 2225, 2227)
1993 Ed. (2247, 2248, 2249)
1991 Ed. (1148, 2137, 2138, 2139)
1990 Ed. (2266)
Frank B. Hall Consulting Co.
1990 Ed. (1651)
Frank B. Hall Management Co.
1990 Ed. (905)
Frank Batten Sr.
2008 Ed. (4911)
Frank, Bernstein, Conaway & Goldman
1993 Ed. (2392)
1992 Ed. (2829)
1991 Ed. (2280)
1990 Ed. (2414)
Frank Bodenchak
2000 Ed. (1988)
1999 Ed. (2215)
Frank Bommarito Mazda
1994 Ed. (275)
1992 Ed. (390)
1991 Ed. (285)
Frank Bommarito Oldsmobile
1993 Ed. (276)
Frank C. Carlucci
1998 Ed. (1135)
Frank C. Lanza
2006 Ed. (930)
2005 Ed. (973, 976)
1993 Ed. (1702)
Frank Cerminara
2006 Ed. (961)
Frank Chevrolet; Z.
1994 Ed. (265)
1993 Ed. (296, 300)
1991 Ed. (306)
Frank Consolidated Enterprises Inc.
2000 Ed. (4431)
1996 Ed. (3878)
1995 Ed. (3792)
1994 Ed. (3668)
1993 Ed. (3733)
1992 Ed. (1187, 4483)
1991 Ed. (952)
1990 Ed. (1025)
1989 Ed. (924)
Frank Crystal & Co., Inc.
2008 Ed. (3246)
2007 Ed. (3098)
2006 Ed. (3078)
2005 Ed. (3077)
2004 Ed. (3067)
2002 Ed. (2857)
Frank; Curtiss Ely
1993 Ed. (893)
Frank D'Amelio
2007 Ed. (1053)
2006 Ed. (957)
Frank DeSantis Jr.
1998 Ed. (1628)
1997 Ed. (1853)
1996 Ed. (1778)
1995 Ed. (1804)
1994 Ed. (1762)
Frank Dunn
2004 Ed. (2534)
Frank Dunne
2007 Ed. (4918)
Frank E. Weise III
2004 Ed. (971, 1667)
Frank F. Haack & Associates Inc.
2006 Ed. (2419)
2005 Ed. (2370)
2004 Ed. (2269)
Frank Fairbanks
1992 Ed. (3136)
Frank G. Wells
1992 Ed. (2051)
1991 Ed. (1620)
1990 Ed. (1713)
Frank G. Zarb
1997 Ed. (1802)
1995 Ed. (1728)
Frank Governali
2000 Ed. (2056)
1999 Ed. (2274)
1998 Ed. (1679)
1997 Ed. (1900)
1996 Ed. (1826)
1995 Ed. (1848)
1993 Ed. (1827)

Frank Gumpert Printing Co. Inc.
1997 Ed. (3164)
1996 Ed. (3086)
Frank H. Riketson, Jr.
1992 Ed. (1096, 1098)
Frank Hasenfratz
2001 Ed. (1219)
Frank Hennessey
1998 Ed. (1517)
Frank Howard Allen, Realtors
2008 Ed. (4106)
Frank J. Biondi II
1994 Ed. (950)
Frank J. Biondi Jr.
1995 Ed. (980)
Frank J. Corbett Inc.
1989 Ed. (62)
Frank J. Fertitta, III
2000 Ed. (1877)
1999 Ed. (2079)
Frank J. Marshall
1999 Ed. (2083)
Frank J. Pascale
1992 Ed. (534)
Frank J. Tasco
1990 Ed. (2271)
1989 Ed. (1741)
Frank Jordan
1995 Ed. (2518)
Frank Knuettel
2000 Ed. (1999)
1999 Ed. (2222)
1998 Ed. (1635, 1646)
1997 Ed. (1886, 1888)
1996 Ed. (1812, 1813)
1995 Ed. (1834)
1994 Ed. (1796, 1798)
1993 Ed. (1813, 1815)
Frank Lampard
2007 Ed. (4464)
Frank Lanza
2007 Ed. (961)
2006 Ed. (870)
1998 Ed. (1515)
Frank Lautenberg
2001 Ed. (3318)
Frank Lazaran
2006 Ed. (933)
Frank Lill & Son Inc.
2008 Ed. (1192, 1981, 1983)
Frank Lowy
2008 Ed. (4842)
2002 Ed. (871)
2001 Ed. (3317)
Frank Malet
1994 Ed. (899)
Frank Marshall
1998 Ed. (1515)
Frank McGann
1999 Ed. (2277, 2411)
Frank N. Newman
2000 Ed. (386)
1999 Ed. (386)
Frank Oldsmobile; Z
1991 Ed. (289)
Frank Pallone Jr.
1999 Ed. (3843, 3959)
Frank Parra
1990 Ed. (2015)
Frank Parra Autoplex
2004 Ed. (338)
1995 Ed. (2106, 2110)
1994 Ed. (2050)
Frank Parra Chevrolet Inc.
1992 Ed. (2400, 2408)
1991 Ed. (271, 1905)
1990 Ed. (2007)
Frank Parra Mitsubishi
1996 Ed. (280)
1995 Ed. (280)
1994 Ed. (277)
1993 Ed. (278)
1992 Ed. (392)
1991 Ed. (287)
Frank R. Jarc
1997 Ed. (1804)
Frank, Rimerman & Co.
2000 Ed. (21)
Frank, Rimerman & Co. LLP
2008 Ed. (12)
2007 Ed. (14)
2006 Ed. (18)
2005 Ed. (13)
2004 Ed. (17)
2003 Ed. (11)
2002 Ed. (26, 27)
Frank; Robert
1997 Ed. (1877)
1996 Ed. (1804)
Frank Robino Associates Inc.
1991 Ed. (1066)
Frank; Ronald
1996 Ed. (1806)
1995 Ed. (1867)
Frank; Rudolph J.
1989 Ed. (735)
Frank Russell Co.
2004 Ed. (3192)
2003 Ed. (3088)
2002 Ed. (3005, 3006, 3017)
2000 Ed. (2776, 2799, 2832)
1999 Ed. (3044, 3063, 3064, 3068)
1998 Ed. (2266, 2300, 2304)
1996 Ed. (2379)
1995 Ed. (2381)
1994 Ed. (2323)
1993 Ed. (2291)
1992 Ed. (2780)
Frank Russell Canada Ltd.
2007 Ed. (2573)
2006 Ed. (1601, 2604)
Frank Russell Equity II Fund Institutional
2003 Ed. (3536)
Frank Russell Investment Management
1997 Ed. (2512, 3271)
Frank Russell Trust
1992 Ed. (2741)
Frank Salizzoni
2002 Ed. (2180)
Frank Samuel
1991 Ed. (2406)
Frank Savage
1989 Ed. (737)
Frank Sherman Morgan
1990 Ed. (457, 3686)
Frank; Sidney
2007 Ed. (4900)
Frank Smathers, Jr.
1992 Ed. (1093)
Frank Smathers Jr. and Mary Belle
1992 Ed. (1280)
Frank Stronach
2008 Ed. (2637)
2007 Ed. (1030)
2006 Ed. (936, 2528, 3920)
2005 Ed. (2514, 3857, 4869)
2004 Ed. (2534)
2001 Ed. (1219)
1997 Ed. (980)
Frank Tax-Advantage High Income
1993 Ed. (2677)
Frank Templeton Fr A Micro Cap Value
2004 Ed. (4541)
Frank V. Cahouet
2001 Ed. (2314)
Frank V. Sica
1998 Ed. (1135)
Frank Weise
2006 Ed. (2528)
Frank Weise III
2006 Ed. (875)
Frank Wise
1992 Ed. (3139)
Franke Contract Group
2000 Ed. (2243)
1996 Ed. (1955, 1956)
Franke Contract Group USA
2007 Ed. (2595)
2006 Ed. (2619)
2005 Ed. (2623)
Franke; Richard J.
1994 Ed. (1721)
Franke Romont Sa.
1991 Ed. (1781)
Franke USA Group
1999 Ed. (2482)
1997 Ed. (2060, 2061)
Frankel
2005 Ed. (3406)
Frankel & Co.
2001 Ed. (3920)
2000 Ed. (77, 1675)
1998 Ed. (1287)
1997 Ed. (1618)
1993 Ed. (3063)
1992 Ed. (3758)
1990 Ed. (3077)
1989 Ed. (2351)
Frankel's
1990 Ed. (2115)
Frankenmuth Bavarian Inn
2001 Ed. (4051, 4052)
1994 Ed. (3053)
1993 Ed. (3010)
1992 Ed. (3687)
1991 Ed. (2858)
Frankenmuth Brewery Inc.
1997 Ed. (714)
1996 Ed. (2630)
1992 Ed. (3064)
Frankenmuth Brewing Co.
1998 Ed. (2490)
Frankford Elevated reconstruction project
2000 Ed. (1227)
Frankford Hospital
2000 Ed. (3539)
Frankfort; Lew
2005 Ed. (980, 2480)
Frankfort; Lewis
2008 Ed. (935, 943)
2007 Ed. (964, 1022)
2006 Ed. (873, 932, 938)
Frankfort Regional Medical Center
2008 Ed. (1879)
Frankfurt
2000 Ed. (107)
1997 Ed. (1004, 2684, 3782)
1990 Ed. (863)
Frankfurt Airport
2002 Ed. (274)
2001 Ed. (2121)
1999 Ed. (249, 250)
1998 Ed. (147)
1997 Ed. (223, 224, 225, 1679)
1992 Ed. (311)
Frankfurt am Main, Germany
2002 Ed. (276, 2750)
Frankfurt, Germany
2008 Ed. (238)
2007 Ed. (256, 257, 258, 260)
2006 Ed. (249, 251)
2005 Ed. (233, 3313)
2004 Ed. (224, 3305)
2003 Ed. (187)
2002 Ed. (109, 277, 2749)
2001 Ed. (136)
1999 Ed. (1177)
1996 Ed. (978, 979, 2541, 2543, 2865)
1995 Ed. (1869)
1993 Ed. (2468)
1992 Ed. (1165, 3292)
1990 Ed. (866)
Frankfurt-Main Airport
1996 Ed. (197, 198, 199, 200, 201, 202, 1596, 1597, 1598)
1995 Ed. (195, 199)
1994 Ed. (194)
1993 Ed. (205, 208, 209, 1536, 1538, 1539)
1990 Ed. (1580)
Frankfurt-Main, Germany
2003 Ed. (256, 257)
Frankfurt Messe
1992 Ed. (1443)
Frankfurt Rheim Airport
1996 Ed. (196)
Frankfurt, West Germany
1991 Ed. (2632)
1990 Ed. (1439)
Frankfurter Hypo Centralboden
2000 Ed. (1862)
Frankfurter Sparkasse
1996 Ed. (516)
1994 Ed. (492)
1993 Ed. (490)
1992 Ed. (682)
Frankfurters
2005 Ed. (3417)
Frankie, Johnnie & Luigi, Too
2008 Ed. (3992)
2007 Ed. (3966)
Frankie Muniz
2004 Ed. (2411)
2003 Ed. (2331)
Frankin Resources
2004 Ed. (546)
Franklin
1999 Ed. (2545)
1995 Ed. (557)
1994 Ed. (2623)
1993 Ed. (868)
Franklin Advisers
2001 Ed. (3453)
2000 Ed. (2788)
1998 Ed. (2262)
1996 Ed. (2414)
1993 Ed. (2290)
1992 Ed. (2739)
Franklin AGE High Income
2007 Ed. (644)
2005 Ed. (699)
1999 Ed. (3548)
1998 Ed. (2625, 2626)
1997 Ed. (2867)
Franklin Age High Income I
1999 Ed. (3539)
Franklin Asset Mgmt.
1990 Ed. (2345)
Franklin B. Walter
1991 Ed. (3212)
Franklin Balance Sheet
1995 Ed. (2677)
Franklin Balance Sheet Investment
1996 Ed. (2800)
Franklin Bank
2008 Ed. (2855)
2007 Ed. (2725)
2001 Ed. (620)
1995 Ed. (491)
Franklin Bank N. A.
2000 Ed. (510)
Franklin Bank N.A.
2000 Ed. (384)
Franklin Bank North America
2002 Ed. (551)
Franklin; Ben
1994 Ed. (1911, 3620)
Franklin C. Brown
2004 Ed. (1549)
Franklin CA Insured Tax-Free Income
1992 Ed. (4192)
Franklin California Growth
1997 Ed. (2873)
Franklin California Growth I
1999 Ed. (3561)
Franklin California Tax-Free Income
2008 Ed. (584)
2006 Ed. (623)
2004 Ed. (717)
2001 Ed. (3451)
1993 Ed. (716)
Franklin College
1995 Ed. (1058)
1994 Ed. (1050)
Franklin Computer
1989 Ed. (2671)
Franklin Convertible Securities
1996 Ed. (2776, 2807)
1995 Ed. (2680, 2740)
Franklin Convertible Securities I
1999 Ed. (3563)
Franklin Corporate Qualified Dividend
1996 Ed. (2776)
Franklin County Industrial Development Agency, NY
1993 Ed. (2159)
Franklin County, KY
2008 Ed. (3480)
Franklin County, OH
1993 Ed. (2619)
Franklin Covey Corp.
2006 Ed. (2090)
2004 Ed. (1874)
2001 Ed. (1890)
Franklin Credit Management
2008 Ed. (2847)
2007 Ed. (2713)
Franklin Cust. U.S. Government I
1998 Ed. (2638)
Franklin Custodian
2002 Ed. (723)
Franklin Custodian Federated Income
2007 Ed. (2482)

Franklin Custodian Income
2008 Ed. (2612)
1995 Ed. (2680)
Franklin Custodian U.S. Government 1
1999 Ed. (750)
Franklin Custodian U.S. Government Securities
1993 Ed. (716)
Franklin Distributors
1993 Ed. (2668)
Franklin Dynatech
1992 Ed. (3179)
Franklin DynaTech Fund
2006 Ed. (3609)
2004 Ed. (3581)
Franklin Electric Co., Inc.
2005 Ed. (2283)
Franklin Electronic Publishers Inc.
2004 Ed. (4039)
Franklin Equity Income
1996 Ed. (2777, 2802)
1995 Ed. (2736)
Franklin Federal Bancorp FSB
1998 Ed. (271, 3524, 3567)
1997 Ed. (3743)
Franklin Federal Savings
1998 Ed. (3569)
Franklin Federal Savings Association
1995 Ed. (508)
1994 Ed. (3531)
Franklin Federal Savings Bank
1990 Ed. (3102)
Franklin Federal Tax-Free Income
2004 Ed. (717)
2001 Ed. (3451)
1993 Ed. (716)
Franklin Federal Tax-Free Income I
1998 Ed. (2639)
Franklin Financial Corp.
2006 Ed. (452)
2003 Ed. (505)
Franklin First Savings Bank
1998 Ed. (3522, 3564)
1997 Ed. (3743)
Franklin Global Health
1995 Ed. (2722)
Franklin Global Health Care
2002 Ed. (4504)
2000 Ed. (3294)
Franklin Global Utilities
1995 Ed. (2712)
Franklin Global Utilities I
1997 Ed. (2878)
Franklin Gold
1994 Ed. (2626)
1990 Ed. (2373)
1989 Ed. (1849)
Franklin Gold Fund
1989 Ed. (1846)
Franklin Group
1991 Ed. (2253)
1990 Ed. (2358)
1989 Ed. (1808)
Franklin Group of Funds
2000 Ed. (2771)
1994 Ed. (2324)
Franklin Growth
1992 Ed. (3149)
Franklin Growth Fund
2006 Ed. (3609)
2004 Ed. (3658)
Franklin High-Yield Tax-Free
1990 Ed. (2378)
Franklin High-Yield Tax-Free Income
1996 Ed. (2785)
Franklin High Yield Tax-Free Income I
1999 Ed. (3572)
Franklin (Holdings & Management Services) Ltd.; J. & S.
1994 Ed. (996, 997)
Franklin Income
1995 Ed. (2707)
1993 Ed. (2674)
Franklin Institute Science Museum
1998 Ed. (2688)
Franklin Institutional
1993 Ed. (2288, 2290)
Franklin L. Fero
1993 Ed. (893)
Franklin Lam
2000 Ed. (2066)
1999 Ed. (2285)
Franklin-Lamoille Bank
1997 Ed. (642)
Franklin MI Insured Tax-Free Income
1992 Ed. (4192, 4192, 4193, 4193)
Franklin Microcap Value
2007 Ed. (2492)
2004 Ed. (3573)
2003 Ed. (2359, 3548, 3550)
Franklin Mills
2000 Ed. (4032)
1999 Ed. (4312)
1998 Ed. (3302)
1994 Ed. (3305)
1992 Ed. (3972)
Franklin Mint Ltd.
2002 Ed. (47)
2000 Ed. (1653)
1998 Ed. (88, 1253)
1997 Ed. (1050)
1991 Ed. (172)
1990 Ed. (2508)
Franklin Mint Federal Credit Union
1996 Ed. (1515)
1994 Ed. (1507)
1993 Ed. (1454)
1991 Ed. (1396)
1990 Ed. (1462)
Franklin Mint Mail Order
1999 Ed. (1824)
1992 Ed. (52, 100)
Franklin MN Insured Tax-Free Income
1992 Ed. (4192, 4193)
Franklin Mutual Advisors
2001 Ed. (3922)
Franklin Mutual Qualified Z
1998 Ed. (2610)
Franklin Nutter
1999 Ed. (3254)
Franklin OH Insured Tax-Free Income
1992 Ed. (4192, 4193)
Franklin Otis Booth Jr.
2000 Ed. (4377)
Franklin Pierce Law Center
2001 Ed. (3064)
2000 Ed. (2907)
1999 Ed. (3163)
1998 Ed. (2337)
1997 Ed. (2606)
1996 Ed. (2462)
1995 Ed. (2426)
Franklin Portfolio
1999 Ed. (3051)
1997 Ed. (2525)
Franklin Portfolio Associates
1998 Ed. (2273)
Franklin Premier Return
1995 Ed. (2725)
Franklin Printing
2006 Ed. (4356)
Franklin Quest
1995 Ed. (2769)
1994 Ed. (2009, 2010, 2011, 2015, 3317, 3318, 3320, 3323)
Franklin Raines
2006 Ed. (906, 1201, 2517)
2005 Ed. (964)
2004 Ed. (176)
Franklin Research
1996 Ed. (2409)
1995 Ed. (2369)
Franklin Resources Inc.
2008 Ed. (434, 442, 445, 1599, 1601, 1609, 2365, 2693, 4525, 4528)
2007 Ed. (469, 480, 2550, 2552, 2566, 3277, 4266, 4267)
2006 Ed. (457, 467, 778, 779, 2582, 2586, 3210, 4252, 4253)
2005 Ed. (528, 539, 2580, 2583, 2594, 4247, 4248)
2004 Ed. (557, 2610, 4324, 4325)
2003 Ed. (2475, 4315, 4316)
2002 Ed. (2261, 4190, 4217)
2001 Ed. (4177)
2000 Ed. (827)
1999 Ed. (832, 2142, 2435)
1998 Ed. (1558, 1692)
1996 Ed. (1916)
1995 Ed. (1872)
1994 Ed. (1842)
1992 Ed. (2145, 3993)
1991 Ed. (3147)
1990 Ed. (3305, 3448)
1989 Ed. (2503)
Franklin Rising Dividends
2004 Ed. (3557)
1994 Ed. (2635)
Franklin SA
1992 Ed. (3772, 3773, 3796)
Franklin Savings & Loan Association
1998 Ed. (369)
Franklin Savings Assn.
1991 Ed. (580)
Franklin Savings Association
1993 Ed. (531, 3072, 3073)
1992 Ed. (547)
1990 Ed. (3583)
1989 Ed. (2822)
Franklin Savings Bank
1992 Ed. (3800)
1991 Ed. (2921)
Franklin Corp. SBIC
1990 Ed. (3669)
Franklin Small-Cap
2002 Ed. (2156)
Franklin Small Cap Growth I
1999 Ed. (3542, 3577)
Franklin Small Cap Value
2004 Ed. (3557)
Franklin Small Capital Growth
1998 Ed. (2623)
Franklin Stoorza
1997 Ed. (138)
Franklin Strategic Cal. Growth
2004 Ed. (3558)
Franklin Strategic California Growth
1998 Ed. (2613)
1997 Ed. (2881, 2896)
Franklin Strategic Flexible Cap Growth
2006 Ed. (3646)
Franklin Strategic Global Utility
1995 Ed. (2729)
Franklin Strategic Income
1999 Ed. (747)
Franklin Tax-Advantage High-Yield Securities
1995 Ed. (2741)
Franklin Tax-Advantage International
1992 Ed. (3169)
Franklin Tax Advantaged High Yield
1997 Ed. (2903)
Franklin Tax-Exempt Money Market Fund
1992 Ed. (3101)
Franklin Tax-Free Federal Intermediate
1998 Ed. (2643)
Franklin Tax-Free High Yield
1998 Ed. (2602)
1997 Ed. (2893)
1995 Ed. (2689)
Franklin Tax-Free High Yield I
1996 Ed. (2762)
Franklin Tax Free High Yield 1
1999 Ed. (756)
Franklin Tax Free Tr-High Yield I
1998 Ed. (2644)
Franklin Templeton
2008 Ed. (2317, 2608, 3763, 3764, 3765)
2007 Ed. (3660, 3662, 3678)
2006 Ed. (3592, 3599, 3600)
2005 Ed. (691, 3537, 3546, 3547)
2004 Ed. (3539)
2003 Ed. (3487, 3501, 3503)
2002 Ed. (4816)
2000 Ed. (3280)
1997 Ed. (565)
1996 Ed. (2786)
1994 Ed. (2612)
Franklin Templeton Foreign
2006 Ed. (3673)
2004 Ed. (3642)
Franklin Templeton Foreign Small Companies
2006 Ed. (3678, 3680)
Franklin Templeton German Government
1997 Ed. (691)
Franklin Templeton Global Bond
2007 Ed. (642)
Franklin Templeton Global Currency
1996 Ed. (2792)
Franklin Templeton Global Hard Currency
1996 Ed. (2777, 2792)
Franklin/Templeton Group
1999 Ed. (3038, 3043)
1998 Ed. (2298, 2299, 2592, 2618, 2627, 2628, 2629, 2645, 2647)
1997 Ed. (1353)
1995 Ed. (2384, 2702)
Franklin Templeton Investments
2006 Ed. (3601)
2005 Ed. (3218)
2004 Ed. (2043, 2045, 2046, 3193, 3195, 3210, 3561, 3562, 3563, 3637)
2003 Ed. (3070, 3082, 3109, 3622)
Franklin/Templeton Japan
1998 Ed. (2656)
Franklin Templeton Services Inc.
2005 Ed. (1680)
2002 Ed. (3626, 3628, 3629)
Franklin, TN
2004 Ed. (4215)
Franklin U.S. Government
1990 Ed. (2387)
Franklin U.S. Government Sec.
2004 Ed. (717)
Franklin U.S. Government Securities
1990 Ed. (2381, 2603)
Franklin U.S. Government Securities I
1999 Ed. (3554)
Franklin US Government Security
2001 Ed. (3451)
Franklin US Long-Short
2004 Ed. (3548)
Franklin Utilities
2003 Ed. (3553)
1993 Ed. (2654)
1992 Ed. (3153)
1991 Ed. (2566)
Franklin Utilities Fund
2003 Ed. (3515)
Franklin Valuemark: Equity Growth
1992 Ed. (4376)
Franklin Valuemark: High Inc.
1992 Ed. (4375)
Franklin Valuemark II/Zero Coupon Fund 2000
1992 Ed. (4373)
Franklin Valuemark II/Zero Coupon Fund 2005
1992 Ed. (4373)
Franklin Valuemark II/Zero Coupon Fund 2010
1992 Ed. (4373)
Franklin Valuemark-IV Zero-Coupon 2010
2000 Ed. (4330)
Franklin Valuemark Zero-Coupon 2010
2000 Ed. (4330)
1997 Ed. (3821)
Franklin Variety; Ben
1996 Ed. (3773)
1995 Ed. (3690)
Franklin W. Olin College of Engineering
2008 Ed. (2408)
Franklin Whaite & Asociados
1992 Ed. (219)
Franklin Whaite & Associates
1995 Ed. (138)
1994 Ed. (125)
1993 Ed. (145)
Franklin Whaite & Associates (Lintas)
1996 Ed. (151)
Franklins
1996 Ed. (3242)
Franklins Holdings Ltd.
2002 Ed. (1653, 2304)
Franklin's Systems Inc.
2004 Ed. (3940)
2003 Ed. (3932)
2002 Ed. (3765)
Franklinton
1992 Ed. (1749)
Franklinton Financial Services
1991 Ed. (887)
Franklyn M. Bergonzi
2004 Ed. (1549)
Frankona Group
1996 Ed. (3188)

Frankona Reinsurance Co.
1999 Ed. (4034)
1997 Ed. (3293)
1995 Ed. (3088)
Frankona Reinsurance Group
1992 Ed. (3660)
Frankona Ruck
1991 Ed. (2132)
Frank's Nursery
1993 Ed. (781)
Frank's Nursery & Crafts Inc.
2006 Ed. (2141)
2001 Ed. (1943)
1999 Ed. (1054, 1056)
1998 Ed. (669)
Franks PR; Lynne
1994 Ed. (2961)
Franks Public Relations; Lynne
1997 Ed. (3199)
Frank's Supply Co., Inc.
2006 Ed. (4368)
Frans Van Schaik
2000 Ed. (2180)
1999 Ed. (2418)
Fransabank
2008 Ed. (469)
2007 Ed. (363, 512)
2006 Ed. (381, 491)
2005 Ed. (419, 570)
2004 Ed. (581)
2003 Ed. (573)
2002 Ed. (608)
2000 Ed. (448)
Fransabank SAL
2000 Ed. (592)
1999 Ed. (575)
1997 Ed. (539)
1996 Ed. (583)
1995 Ed. (527)
1994 Ed. (553)
1993 Ed. (551)
1992 Ed. (757)
1991 Ed. (588)
Frantschach AG
2002 Ed. (2575)
Franz Bakery
1989 Ed. (355)
Franz Baking Co.
1989 Ed. (356)
Franz Colruyt
2007 Ed. (1597)
2006 Ed. (1562)
Franz Haniel
2000 Ed. (4389)
1998 Ed. (3714)
Franz Haniel & Cie.
2006 Ed. (4946)
2002 Ed. (1076, 4903)
1999 Ed. (1433)
Franz Haniel & Cie. GmbH
2008 Ed. (4928)
2007 Ed. (4958, 4959)
2006 Ed. (3991, 4951, 4952)
2005 Ed. (4769, 4919)
2004 Ed. (4939)
2003 Ed. (4934)
2002 Ed. (4899)
2000 Ed. (4387)
1999 Ed. (4760, 4762)
1997 Ed. (3878, 3880)
1995 Ed. (3731)
1994 Ed. (3661)
1993 Ed. (3696)
Franz Hanniel & CIE Gmbh
1996 Ed. (3829)
Franzia
2008 Ed. (4936, 4937, 4938)
2007 Ed. (4967)
2006 Ed. (4964)
2005 Ed. (4949)
2004 Ed. (4964)
2002 Ed. (4938)
2001 Ed. (4874)
2000 Ed. (4409, 4412, 4418, 4421, 4424, 4426)
1999 Ed. (4785, 4788, 4796)
1998 Ed. (3439, 3723, 3730, 3742, 3747, 3748, 3750, 3752)
1997 Ed. (3885, 3902, 3905)
1996 Ed. (3836, 3856, 3859, 3860, 3864)
1995 Ed. (3738, 3757, 3760, 3767)
1994 Ed. (3663)
1990 Ed. (3693, 3695)
Franzia Brothers
1992 Ed. (4441)
Franzia Brothers Wine & Champagne
1991 Ed. (3495)
Franzia Brothers Wine Cooler
1991 Ed. (3485, 3499)
Franzia Winetaps
2006 Ed. (4961, 4962)
2005 Ed. (4931, 4932)
2004 Ed. (4951, 4952)
2003 Ed. (4947, 4950, 4963)
2002 Ed. (4923, 4926)
2001 Ed. (4843, 4846)
Fraport
2007 Ed. (4833)
Frappuccino
2008 Ed. (1025, 1026)
2007 Ed. (1146, 1148)
2006 Ed. (1058)
2003 Ed. (1042)
Fraser & Beatty
1997 Ed. (2596)
1996 Ed. (2451)
1995 Ed. (2415)
1994 Ed. (2357)
1993 Ed. (2394, 2405)
1992 Ed. (2831, 2846)
1991 Ed. (2282)
1990 Ed. (2427)
Fraser and Beatty, Gottlieb
1991 Ed. (2293)
1990 Ed. (2416)
Fraser & Neave Ltd.
2008 Ed. (3578)
2006 Ed. (3398)
2000 Ed. (1550)
1999 Ed. (1729, 3469)
1997 Ed. (1503)
1996 Ed. (1439, 1440, 3437, 3438)
1995 Ed. (1479, 1480)
1994 Ed. (1443, 3310)
1993 Ed. (1390)
1992 Ed. (1685, 1686)
1991 Ed. (1339, 1340)
1990 Ed. (1414)
Fraser; Brendan
2008 Ed. (2590)
Fraser Valley Edelweiss Credit Union
2005 Ed. (2585)
"Frasier"
2001 Ed. (4486, 4487, 4498)
2000 Ed. (4222)
Fraternal beneficiary societies
1997 Ed. (3684)
Fraternity Federal (Baltimore, MD)
1991 Ed. (2918)
Fraud
2000 Ed. (1632)
1993 Ed. (3693)
Fraud and embezzlement
1990 Ed. (1141)
Fraudulent and excessive claims
2000 Ed. (2654)
Fray Bentos Corned Beef
1992 Ed. (1047)
Fray Municipals
1991 Ed. (2173)
Frazee Industries Inc.
1998 Ed. (1968)
Frazer & Neave
1997 Ed. (3519)
FRCH Design Worldwide
2008 Ed. (3347, 4227)
2007 Ed. (3205)
2006 Ed. (3161, 3171)
2005 Ed. (3159, 3169)
1999 Ed. (287)
1998 Ed. (184)
1997 Ed. (262, 263)
Freakonomics
2008 Ed. (622)
2007 Ed. (663)
Freakonomics: A Rogue Economist Explores the Hidden Side of Everything
2007 Ed. (653)
Freaney & Co.; Oliver
1993 Ed. (7, 8)
1992 Ed. (17, 18)
Freaney; Oliver
1996 Ed. (14, 15)
Fred A. Moreton
2006 Ed. (3110)
Fred Alger Management
1993 Ed. (2342, 2343)
1990 Ed. (2348)
Fred & Ron Mannix
2008 Ed. (4855)
Fred Bartlit Jr.
2002 Ed. (3068)
1997 Ed. (2611)
Fred Bauer
2006 Ed. (874)
Fred Braswell
1993 Ed. (3445)
Fred Burgos Construction Co.
1991 Ed. (1912)
The Fred Factor
2006 Ed. (635)
Fred Goodwin
2008 Ed. (943)
2007 Ed. (1022)
2006 Ed. (932)
Fred Haas Toyota
2004 Ed. (271)
Fred Hassan
2007 Ed. (992, 1028)
2006 Ed. (902)
Fred Hutchinson Cancer Center
1994 Ed. (890)
Fred Hutchinson Cancer Research Center
2005 Ed. (3606)
Fred J. Meyer
1999 Ed. (1127)
Fred Jones Ford of Tulsa
1991 Ed. (272)
1990 Ed. (303)
Fred Kiesner
2005 Ed. (796)
2004 Ed. (819)
Fred Kinateder Masonry
2006 Ed. (1254)
Fred L. Turner
1991 Ed. (926)
Fred Lindstrom, 1932
1991 Ed. (702)
Fred Loya Insurance
2008 Ed. (2966)
2007 Ed. (2834, 2835)
Fred M. Baron
2002 Ed. (3071)
Fred Mannix
2005 Ed. (4863)
2003 Ed. (4891)
Fred Meyer Inc.
2008 Ed. (2028, 4559, 4565, 4566)
2007 Ed. (1946, 4618, 4619)
2006 Ed. (824, 1975, 4633)
2005 Ed. (906, 1531, 1940, 4138, 4543, 4554)
2004 Ed. (915, 1840, 4198)
2003 Ed. (1603, 1807, 2075, 2272, 4171, 4172)
2002 Ed. (4037, 4747)
2001 Ed. (1832, 4403)
2000 Ed. (1343, 1358, 1533, 1874, 2219, 2221, 2489, 2595, 4163, 4167, 4168, 4169, 4170)
1999 Ed. (1497, 1498, 1505, 1722, 1880, 2820, 4103, 4519, 4523, 4694)
1998 Ed. (1185, 1306, 1312, 1359, 2065, 3078, 3083)
1997 Ed. (350, 1496, 1630, 1665, 2343)
1996 Ed. (1434, 1555, 2214)
1995 Ed. (1575, 1596, 2196, 3359)
1994 Ed. (1546, 1567, 2154, 3278)
1993 Ed. (781, 3287)
1992 Ed. (1818, 1822, 1827, 1829, 1844, 2422)
1991 Ed. (1429, 1430, 1435, 1440, 1450, 2646)
1990 Ed. (1508, 1509, 1510, 1511, 1525, 1526, 3494)
1989 Ed. (1245, 1248, 1253, 2778)
Fred Meyer Stores Inc.
2008 Ed. (2028)
2007 Ed. (1946)
2006 Ed. (1975)
2005 Ed. (1940, 4544)
2004 Ed. (1840, 4609)
2001 Ed. (1832)
Fred P. Lampropoulos
2006 Ed. (3920)
Fred S. James
1990 Ed. (2255)
Fred S. James & Co.
1991 Ed. (2139)
1990 Ed. (2266)
Fred Sands Realtors
2002 Ed. (3913)
2000 Ed. (3713)
Fred Segal
2008 Ed. (1001)
2006 Ed. (1038)
Fred Smith
2005 Ed. (787)
Fred Tierney
2006 Ed. (348)
Fred. W. Lyons, Jr.
1992 Ed. (2051)
Fred W. Talton
1991 Ed. (3210)
Freddie Aldous
1997 Ed. (2705)
Freddie Mac
2008 Ed. (896, 1540, 2162, 2170, 2702, 2717)
2007 Ed. (1480, 2225, 2231, 2566, 2578, 3628)
2006 Ed. (1517, 2108, 2110, 2111, 2283, 2585, 3557)
2005 Ed. (264, 361, 1819, 2221, 2223, 2574, 2575, 2591, 3492, 3500)
2004 Ed. (1596, 1615, 1881, 2116, 2118, 2596, 2597, 2600, 2603, 2604, 2605, 2608, 2609, 3154, 3492, 3501)
2003 Ed. (1569, 1589, 1846, 2470, 2471, 2473, 2475, 2477, 3424, 3432, 4056, 4549, 4564)
2002 Ed. (1499, 1537, 1569, 1795, 2260, 2263, 3380, 4189)
2001 Ed. (2433, 4003)
2000 Ed. (773, 1338, 1379, 1581, 2192, 2199, 2263)
1999 Ed. (1221, 4016)
1998 Ed. (792, 3024)
1996 Ed. (1034, 3170)
1995 Ed. (1048, 3076)
1994 Ed. (1040, 3024)
1993 Ed. (1014, 2981)
1992 Ed. (1266, 3640)
1991 Ed. (999, 2822)
Freddie Mac Foundation
2005 Ed. (2675)
Freddy's
1992 Ed. (1851, 1858)
1991 Ed. (1461)
Freddy's (Melville)
1991 Ed. (1458)
Frederic
1991 Ed. (2136)
Frederic Dorwart, Esquire
2001 Ed. (566)
Frederic Fekkai
2007 Ed. (2758)
Frederic G. Levin College of Law; University of Florida
2008 Ed. (3430)
2007 Ed. (3329)
Frederic Greenberg
1990 Ed. (1766)
1989 Ed. (1416, 1417)
Frederic; Hurricane
2005 Ed. (2979)
Frederic Printing
2002 Ed. (3761)
Frederic R. Harris Inc.
2001 Ed. (2244)
2000 Ed. (1803)
1999 Ed. (2034)
1998 Ed. (1442)
1997 Ed. (1739)
1996 Ed. (1661)
1995 Ed. (1678)
1994 Ed. (1639)
1991 Ed. (1559)
Frederic V. Malek
1998 Ed. (1135)

Frederic V. Salerno
2004 Ed. (2490)
Frederick
1990 Ed. (2015)
Frederick A. Krehbiel
2002 Ed. (3357)
Frederick Atkins Inc.
1992 Ed. (1204)
Frederick B. Karl
1993 Ed. (2461)
Frederick Barclay; Sir David & Sir
2005 Ed. (4893)
Frederick Brewing
2000 Ed. (729)
1998 Ed. (462, 2489, 2490)
1997 Ed. (714)
Frederick Chevrolet Cadillac
1992 Ed. (2408)
Frederick Chevrolet Cadillac Buick Inc.
1995 Ed. (2110)
Frederick Field
1998 Ed. (3707)
Frederick Leuffer
1991 Ed. (1697, 1706)
Frederick Leuffer Jr.
1999 Ed. (2222)
1998 Ed. (1635)
1997 Ed. (1886, 1889)
Frederick Moran
1996 Ed. (1805)
Frederick P. & Sandra P. Rose Foundation
1993 Ed. (891, 1897)
Frederick Rose Co.
2002 Ed. (3935)
Frederick Ross Co.
2002 Ed. (3909)
Frederick Searby
1999 Ed. (2397)
Frederick Smith
2008 Ed. (934)
2007 Ed. (962)
2006 Ed. (871)
Frederick T. Horn
2002 Ed. (2177)
Frederick Taylor
1999 Ed. (2170)
Frederick W. Buckman
2003 Ed. (2347)
Frederick W. Smith
2008 Ed. (951)
2007 Ed. (1029)
2004 Ed. (2490)
1991 Ed. (925)
1989 Ed. (1984)
Frederick W. Wackerle
1991 Ed. (1614)
Frederick Weyerhaeuser
2008 Ed. (4837)
2006 Ed. (4914)
Frederick Wildman
2003 Ed. (4960)
Frederick Wildman & Sons Ltd.
2005 Ed. (4976)
2004 Ed. (4975)
2002 Ed. (4962, 4963)
Frederick Wise
2000 Ed. (2016)
1999 Ed. (2232)
1998 Ed. (1652)
1997 Ed. (1921)
Fredericks; J. Richard
1995 Ed. (1805)
1994 Ed. (1763)
1993 Ed. (1780)
1992 Ed. (2135, 2137)
1991 Ed. (1673, 1674)
Frederick's of Hollywood
1994 Ed. (3099)
1992 Ed. (2369)
Fredericksburg, TX
2008 Ed. (4245)
Fredericton, New Brunswick
2005 Ed. (3327)
2003 Ed. (3251)
Frederiksted Credit Union
2008 Ed. (2264)
2007 Ed. (2149)
2006 Ed. (2228)
2005 Ed. (2133)
2004 Ed. (1991)
2003 Ed. (1951)
2002 Ed. (1897)
Frediksen; John
2008 Ed. (4901)
Fredrik Eaton
1997 Ed. (3971)
1991 Ed. (1617)
Fredrik Lundberg
2008 Ed. (4873)
Fredrik Nygren
2000 Ed. (2185)
1999 Ed. (2425)
Fredriksen; John
2008 Ed. (4862)
2007 Ed. (4923)
2005 Ed. (4888)
Fredrikson & Byron
2001 Ed. (563)
1993 Ed. (2400)
1992 Ed. (2842)
1991 Ed. (2288)
1990 Ed. (2422)
Fredrikson & Byron PA
2007 Ed. (3320)
Fred's Inc.
2008 Ed. (1509, 2342, 2343, 2344, 2346)
2007 Ed. (2206, 2209, 4183)
2006 Ed. (2270, 2271, 2273, 4875, 4876)
2005 Ed. (2210, 4119, 4560, 4561, 4812)
2004 Ed. (2107, 4632, 4633, 4825)
2003 Ed. (2073, 4550)
2000 Ed. (1688)
1999 Ed. (1871)
1996 Ed. (3773)
1995 Ed. (3690)
1994 Ed. (3620)
1992 Ed. (4383)
Fred's Peugeot
1992 Ed. (395)
1991 Ed. (290)
1990 Ed. (313)
Freduenberg-NOK Group Cos.
2000 Ed. (1900)
Fredy Bush
2006 Ed. (4977)
Free Culture
2006 Ed. (634)
The Free Forum Network
2002 Ed. (4815)
The Free Library of Philadelphia Association
1998 Ed. (2688)
Free Press
2005 Ed. (733)
Free Software Foundation
2008 Ed. (1155)
2007 Ed. (1256)
Free State Consolidated Gold Mines Ltd.
1997 Ed. (2586)
1996 Ed. (2443)
Free State Consolidated Mines
1992 Ed. (4149)
Free trips
1993 Ed. (2131)
Free-weight usage
1999 Ed. (4386)
1998 Ed. (3354)
Free Weights
2000 Ed. (4089)
Free weights exercise
1997 Ed. (3561)
Free Willy
1995 Ed. (2612)
FreeAgent.com
2002 Ed. (4801, 4809)
Freebairn & Co.
1999 Ed. (42)
FreeBalance Inc.
2003 Ed. (1341)
Freedent
2002 Ed. (1037)
1999 Ed. (1116)
1996 Ed. (954)
1995 Ed. (975)
Freedent Spearmint Gum
1990 Ed. (894)
Freedent Spearmint Plen-T-Pak
1989 Ed. (857)
Freedman & Rossi/BBDO
1989 Ed. (157)
Freedman; Jay
1993 Ed. (1772, 1773, 1789, 1802)
1992 Ed. (2136, 2137, 2138)
1991 Ed. (1683)
Freedman; Jeffrey
1997 Ed. (1889)
1996 Ed. (1815)
Freedom
2006 Ed. (227)
2002 Ed. (3365)
2000 Ed. (708)
Freedom Air
2006 Ed. (228)
Freedom Boat Club
2008 Ed. (4129)
2007 Ed. (4107)
2006 Ed. (4056)
Freedom Bowl
1990 Ed. (1841)
Freedom Communications Inc.
2006 Ed. (1418)
Freedom FCU
2000 Ed. (1622)
Freedom Forum
2002 Ed. (2324, 2338, 2339)
Freedom Forum Newseum
2002 Ed. (2349)
Freedom Funds
1991 Ed. (2565)
Freedom Global Income
1992 Ed. (3153)
Freedom Health Care Inc.
1993 Ed. (2025)
Freedom Medical
2005 Ed. (2787)
Freedom National Bank of New York
1991 Ed. (463)
1990 Ed. (510)
Freedom, ND
2000 Ed. (1126)
Freedom Plus - 1
1997 Ed. (3813)
Freedom Savings & Loan Association, FS&LA
1990 Ed. (424)
Freedom Variable Annuity (SPVA)
1991 Ed. (3439)
Freedom Variable Annuity (VA)
1991 Ed. (3438)
Freegold
1995 Ed. (2041)
1994 Ed. (738)
1993 Ed. (1989)
1991 Ed. (1852)
1990 Ed. (1938)
Freehills
2003 Ed. (3181)
2002 Ed. (3055, 3784)
Freehold Chevrolet
2005 Ed. (170)
2004 Ed. (168)
2003 Ed. (211, 212)
2002 Ed. (708, 709)
Freehold Royalty Trust
2004 Ed. (3173)
Freeley & Driscoll
2000 Ed. (14)
Freeman
2003 Ed. (644)
2000 Ed. (4036)
Freeman & Partners; Cliff
1994 Ed. (85)
Freeman Bare Foot
2001 Ed. (2491, 2492)
2000 Ed. (2247)
1999 Ed. (305, 2486)
Freeman Barefoot
1998 Ed. (1747)
Freeman-Darling Construction Co.
1995 Ed. (1176)
Freeman; Einson
1993 Ed. (3064)
Freeman Foundation
2002 Ed. (2328)
Freeman, Gerald Public Relations
1989 Ed. (2258)
Freeman Mazda
1996 Ed. (278)
1995 Ed. (275)
1994 Ed. (275)
1993 Ed. (276)
1992 Ed. (390)
1991 Ed. (285)
Freeman Oldsmobile-Mazda
1990 Ed. (332)
Freemans
1992 Ed. (2960)
FreemanWhite
2008 Ed. (2532)
FreeMarkets
2004 Ed. (2212)
2003 Ed. (2173)
2001 Ed. (1873, 2164, 2180, 2853, 4186, 4757)
FreeMarkets Asset Exchange
2001 Ed. (4772)
FreeMerchant.com
2002 Ed. (4800)
freenet.de AG
2007 Ed. (1744)
Freepoart McMoRan Copper & Gold Inc.
2001 Ed. (3322)
Freeport, Bahamas
2003 Ed. (3916)
Freeport Copper
1999 Ed. (3625)
1998 Ed. (2684, 2685)
1997 Ed. (2947)
Freeport Health Network
2005 Ed. (180)
Freeport Indonesia
2000 Ed. (1462, 1463, 1466, 1467)
1999 Ed. (1657)
1997 Ed. (1432)
1996 Ed. (1380)
1995 Ed. (1419)
Freeport Industrial Park
1991 Ed. (2023)
1990 Ed. (2179)
Freeport-McMoRan
2000 Ed. (2380)
1998 Ed. (1052, 1553, 1855, 2508)
1997 Ed. (2792, 2793)
1996 Ed. (2648, 2652, 2850, 2851, 2852)
1995 Ed. (1451, 2581, 2582, 2775, 2776)
1994 Ed. (942, 1264, 1416, 2524, 2525, 2673)
1993 Ed. (928, 1350, 1364, 2575, 2576, 2844, 3689)
1992 Ed. (3438)
1991 Ed. (910, 920)
1990 Ed. (933, 937, 967, 1757, 2585, 3660)
1989 Ed. (874, 875, 878, 900, 1991, 1992)
Freeport-McMoRan, Agrico Chemical
1993 Ed. (922)
Freeport-McMoran Cooper
1990 Ed. (2543)
Freeport-McMoran Cooper & Gold
1997 Ed. (2792, 2948)
Freeport-McMoran Copper
1991 Ed. (2420)
Freeport-McMoRan Copper & Gold Inc.
2008 Ed. (1427, 1890, 1891, 3141, 3653, 3654, 3659)
2007 Ed. (914, 1526, 1528, 1529, 1548, 1858, 1859, 3022, 3479, 3480, 3482, 3485, 3495, 3513, 3514, 3516, 3844, 4518, 4519)
2006 Ed. (831, 1855, 3456, 3457, 3461, 3471, 3484)
2005 Ed. (923, 1849, 3409, 3447, 3448, 3449, 3452, 3454, 3482, 3483, 3743, 4462, 4500)
2004 Ed. (3398, 3429, 3432, 3433, 3437, 3485, 3486, 3835, 3838)
2003 Ed. (1748, 3363, 3367, 3368, 3371, 3374, 3813, 3817)
2002 Ed. (3366, 3664)
2001 Ed. (1503, 1780, 3289, 3320, 3323)
2000 Ed. (3092, 3096, 3097, 3136, 3137, 3138)
1999 Ed. (1558, 3357, 3360, 3412, 3413, 3414)
1998 Ed. (1160, 2471, 2507, 2508, 2509)

1994 Ed. (1403, 2480)
1993 Ed. (1348, 2536)
1992 Ed. (3028, 3225)
Freeport-McMoran Gold
1992 Ed. (1486)
1991 Ed. (1232)
1989 Ed. (1946)
Freeport-McMoRan Research
1994 Ed. (1753)
Freeport-McMoran Research L.P.
1995 Ed. (1784)
Freeport McMoRan Resource Partners
1997 Ed. (1844)
Freeport-McMoran Resources
1993 Ed. (1762)
1992 Ed. (2128)
Freeport Minerals Co.
1990 Ed. (1241)
Freer Gallery of Art
1995 Ed. (935)
freeride.com
2001 Ed. (2995, 2996)
Freescale Semiconductor Inc.
2008 Ed. (1402, 1405, 2280, 2462, 3022, 3445, 4079, 4293, 4309, 4313, 4616)
2007 Ed. (2338, 2900, 4348, 4350, 4353, 4356)
2006 Ed. (2725, 4258, 4281, 4290)
Freesen Inc.
2003 Ed. (1268)
Freeserve
2008 Ed. (680)
2001 Ed. (4781)
Freeserve plc
2001 Ed. (4189)
freeshop.com
2001 Ed. (2995, 2996)
Freesia
1993 Ed. (1871)
FreeSoft plc
2008 Ed. (1790)
Freestar; Ford
2008 Ed. (299)
Freeway Dodge Inc.
1992 Ed. (382)
1991 Ed. (277)
1990 Ed. (341)
FreewebCentral
2002 Ed. (4815)
Freeze-dried
2002 Ed. (4728)
Freezer bags
2002 Ed. (3719)
2000 Ed. (4155)
Freezer Queen
1996 Ed. (1975)
Fregli Dernir Celik
1997 Ed. (2577)
Frehner Construction Co.
2008 Ed. (1315)
2007 Ed. (1380)
Freia
1996 Ed. (2877)
1994 Ed. (2700, 2701)
Freia AS
1994 Ed. (36)
1993 Ed. (45, 1879)
Freia Marabou
1995 Ed. (1243)
1993 Ed. (2745)
Freibaum; Bernard
2007 Ed. (1093)
2006 Ed. (1001)
2005 Ed. (985)
Freight Liquidators Furniture
1998 Ed. (1789)
Freight management
1995 Ed. (857)
Freight Masters Systems Inc.
2008 Ed. (179, 3708, 4385)
2006 Ed. (3512, 4351)
Freight, stock, & material movers
2007 Ed. (3728, 3729)
FreightCar America Inc.
2007 Ed. (4279)
FreightDesk.com
2001 Ed. (4758)
Freightliner Corp.
2003 Ed. (1806)
2002 Ed. (4703)
2001 Ed. (1832)
2000 Ed. (4304)
1998 Ed. (3625, 3646)
1996 Ed. (3747)
1995 Ed. (3667)
1994 Ed. (3582, 3583)
1993 Ed. (3627, 3628)
1992 Ed. (4350)
1991 Ed. (3424)
Freightliner LLC
2008 Ed. (2028)
2006 Ed. (1975)
2003 Ed. (1807)
Freightmasters
2002 Ed. (4692)
FreightMatrix.com
2001 Ed. (4758)
freightquote.com
2006 Ed. (1830, 4794)
2005 Ed. (1831)
2004 Ed. (4434)
2001 Ed. (4758)
FreightWise
2001 Ed. (4758)
Freihofer
2000 Ed. (368)
1998 Ed. (260, 261)
1996 Ed. (358)
Freihofer Baking Co.; Chas.
1992 Ed. (494)
Freihofer's
1995 Ed. (2939)
Freiman; Paul E.
1993 Ed. (1699)
Freitag; Ralph
1992 Ed. (2056)
Freixenet
2006 Ed. (829)
2005 Ed. (915, 918, 919, 4953, 4955, 4956)
2004 Ed. (924, 925)
2003 Ed. (900, 908)
2002 Ed. (963, 968, 971, 972, 974, 4956, 4957, 4959)
2001 Ed. (1151, 1160, 1161, 1162, 1163, 4889, 4890, 4892)
2000 Ed. (1008, 1009, 4422)
1999 Ed. (1062, 1063, 1065, 1067, 1068, 4797, 4798)
1998 Ed. (674, 675, 677, 679, 680, 681, 682, 3442, 3724, 3750, 3751, 3753)
1997 Ed. (931, 932, 933, 934, 937, 938, 942, 3910, 3911)
1996 Ed. (900, 901, 905, 906, 909, 3839, 3866, 3868)
1995 Ed. (921, 923, 924, 925, 930)
1993 Ed. (869, 873, 874, 875, 876, 877, 882, 883)
1992 Ed. (1082, 1083, 1084, 1085, 4460)
1989 Ed. (872, 2942, 2944, 2946)
Freixenet Spanish Wine
1991 Ed. (884, 885, 3494, 3499)
Freixenet USA Inc.
2006 Ed. (830)
2005 Ed. (922)
2004 Ed. (927)
2003 Ed. (907)
Fremantle
1992 Ed. (1399)
Fremont
2000 Ed. (4410)
Fremont Argus
1998 Ed. (80)
Fremont Associates
2002 Ed. (3923)
Fremont Bancorp
2005 Ed. (2869)
Fremont Bond
2006 Ed. (629)
2005 Ed. (702)
2004 Ed. (692, 722)
2003 Ed. (691)
2000 Ed. (3253)
Fremont Bond Fund
2003 Ed. (3531)
2000 Ed. (756, 757)
Fremont, CA
1992 Ed. (1158, 3134)
Fremont Emerging Markets Fund
1999 Ed. (3540)
Fremont General Corp.
2008 Ed. (4535)
2007 Ed. (389, 2555)
2006 Ed. (404, 2585, 2723)
2005 Ed. (450)
2000 Ed. (2729)
1999 Ed. (2967)
1998 Ed. (2201, 2208)
1997 Ed. (2459, 2460)
1994 Ed. (3227)
1992 Ed. (2682)
Fremont General Group
2003 Ed. (4994)
2002 Ed. (4991)
2000 Ed. (4438, 4440)
Fremont U.S. Micro-Cap
2002 Ed. (3424)
Fremont U.S. Micro-Cap Fund
2003 Ed. (3507, 3541)
Fremont U.S. Micro Cap Institutional
2004 Ed. (2457)
Fremont U.S. Mirco-Cap
1998 Ed. (2593)
French
2000 Ed. (2889, 4380)
French AMX30B2
1992 Ed. (3078)
French/Cinnamon Toast
2003 Ed. (876)
French Colombard
2003 Ed. (4968, 4969)
2002 Ed. (4969, 4970)
2001 Ed. (4872, 4873)
French Connection
2008 Ed. (685)
2007 Ed. (716)
French Countryside
2000 Ed. (2338)
French/English, English/French Dictionary, Larousse
1990 Ed. (2768)
French Fragrances
1998 Ed. (1887)
French franc
2000 Ed. (2742)
1996 Ed. (2872)
1995 Ed. (2813)
French francs
1992 Ed. (2025, 2047)
French Gerleman Electric Co.
2006 Ed. (4362)
French Horn
1999 Ed. (3504)
French/Italian bread
1998 Ed. (255)
French Leclerc
1992 Ed. (3078)
French; Martin
1997 Ed. (1997)
French Polynesia
1990 Ed. (3616)
French toast
1992 Ed. (3019)
French Toast Crunch
1999 Ed. (3597)
French toast/pancakes/waffles, frozen
1993 Ed. (3485)
French West Vaughan
2005 Ed. (3965, 3976)
French West Vaughn
2005 Ed. (3953, 3957)
French Women Don't Get Fat
2007 Ed. (663)
French's
2008 Ed. (637)
Frenkel & Co.
1995 Ed. (2274)
1992 Ed. (2702)
1991 Ed. (2139)
Frequency Electronics Inc.
2005 Ed. (4673)
Frere; Albert
2008 Ed. (4861)
Fresard Pontiac; Jim
1996 Ed. (283)
1995 Ed. (283)
Fresca
2008 Ed. (4461)
2007 Ed. (4477)
1999 Ed. (4358)
Freschetta
2008 Ed. (2787, 2788)
2007 Ed. (2650)
2006 Ed. (2667)
2005 Ed. (2692)
2004 Ed. (2692)
2003 Ed. (2559, 2566)
Fresco; Paolo
1997 Ed. (1797)
Fresco Supermarkets
2004 Ed. (1648)
2002 Ed. (2304)
Fresenius
2007 Ed. (2781)
Fresenius AG
2005 Ed. (1515)
2004 Ed. (1499, 4930)
2003 Ed. (1469)
2002 Ed. (1449)
1999 Ed. (1471)
1998 Ed. (1041, 1340)
Fresenius Medical Care
2007 Ed. (2781)
Fresenius Medical Care AG
2008 Ed. (1424, 1744, 1751, 4668)
2003 Ed. (4585)
Fresenius Medical Care Extracorporeal Alliance
2005 Ed. (3665)
Fresenius Medical Care Holdings Inc.
2007 Ed. (3079)
2006 Ed. (3047)
2005 Ed. (3042)
2004 Ed. (4925)
2001 Ed. (2677)
Fresenius USA Inc.
1997 Ed. (1235)
Fresh
2007 Ed. (709)
2001 Ed. (394, 2551, 3862)
Fresh & Co.
2005 Ed. (75)
Fresh & Co., Sobotica
2001 Ed. (75)
Fresh & Co., Subotica
2004 Ed. (80)
Fresh beef
1991 Ed. (1866)
Fresh Brands Inc.
2005 Ed. (4558, 4559)
2004 Ed. (4630, 4631)
Fresh-brew, preground
2002 Ed. (4728)
Fresh-brew, whole bean
2002 Ed. (4728)
Fresh Catch
1994 Ed. (2834)
1993 Ed. (2820)
Fresh Chef
1992 Ed. (3220)
Fresh Choice
2002 Ed. (4010, 4020)
1999 Ed. (4062)
1997 Ed. (3336)
1996 Ed. (3211, 3212, 3233)
1995 Ed. (3136, 3207)
Fresh citrus fruits
1991 Ed. (1865)
Fresh Del Monte Produce Inc.
2008 Ed. (4931)
2007 Ed. (4960)
2006 Ed. (4953)
2005 Ed. (2634, 4920)
2004 Ed. (2633, 4940)
2003 Ed. (2513, 4576)
Fresh Express
2008 Ed. (2782)
2007 Ed. (4433)
2003 Ed. (3969)
2001 Ed. (2477)
1996 Ed. (773, 1934, 2825)
Fresh fish and other seafood
1991 Ed. (1867)
Fresh Fish/Seafood
1990 Ed. (1961)
Fresh Foods Inc.
2000 Ed. (3798)
Fresh International Corp.
2003 Ed. (233)
2001 Ed. (279)
Fresh Juice
2000 Ed. (724, 729)
1999 Ed. (722)

Fresh Kitchen
1992 Ed. (3220)
Fresh Mark Inc.
2008 Ed. (3614)
1994 Ed. (2455, 2911)
1992 Ed. (2991, 2992, 3485, 3486)
Fresh Mates; Charmin
2008 Ed. (4697)
Fresh Meadow Mechanical
2008 Ed. (1322, 1332, 1333, 1334, 4002)
2007 Ed. (1388)
Fresh potatoes
1991 Ed. (1865)
Fresh poultry
1992 Ed. (2349)
1991 Ed. (1866)
Fresh produce
2001 Ed. (3521)
Fresh Produce Sportswear Inc.
2008 Ed. (4993)
2007 Ed. (4990)
2005 Ed. (4994)
2004 Ed. (4989)
FreshCare
2003 Ed. (3168)
FreshDirect Inc.
2005 Ed. (3182)
FreshDirect LLC
2007 Ed. (4163, 4942)
FreshDirect.com
2008 Ed. (2441)
2006 Ed. (2378)
Freshens Premium Yogurt
1998 Ed. (3048)
1997 Ed. (3312, 3332)
1992 Ed. (2221)
1991 Ed. (1771)
Freshens Yogurt
1995 Ed. (3136)
1993 Ed. (3014, 3015)
Freshfields
2001 Ed. (1539)
2000 Ed. (2897)
1999 Ed. (3151)
1992 Ed. (14, 15, 2034, 2043, 2835, 2836, 2839)
1991 Ed. (1607, 1611, 2286)
Freshfields Bruckhaus Deringer
2008 Ed. (3428)
2007 Ed. (3317)
2006 Ed. (3251)
2005 Ed. (1449, 1450)
2004 Ed. (1432, 1433, 1437, 1438)
2003 Ed. (1407, 1408, 1412)
2002 Ed. (1361, 3797)
Freshfields Bruckhaus Deringer International
2005 Ed. (3265)
2004 Ed. (3235)
2003 Ed. (3183, 3184)
Freshmatic
1992 Ed. (1177)
Freshness date marked on products
1991 Ed. (1861)
1990 Ed. (1951)
Freshnex.com
2001 Ed. (4764)
Freshwater Fishing
2000 Ed. (4089)
Freshwater Software
2002 Ed. (1072, 2486)
2001 Ed. (2859)
Fresno
2000 Ed. (2470)
Fresno, CA
2006 Ed. (4863)
2005 Ed. (338, 2992, 3314, 3324, 3470, 4792, 4796, 4835)
2004 Ed. (189, 190)
2003 Ed. (231, 232, 2084)
2002 Ed. (407)
2000 Ed. (1087, 4287)
1999 Ed. (356, 2684, 2687, 3374, 3393, 3394)
1997 Ed. (2848)
1996 Ed. (344)
1994 Ed. (2495)
1993 Ed. (947, 951)
1992 Ed. (369, 1154, 1721)
1991 Ed. (1371, 3288)
1990 Ed. (286)
Fresno County, CA
1993 Ed. (1431)
Fresno County Federal Credit Union
2008 Ed. (1592)
Fresno Isuzu
1991 Ed. (281)
1990 Ed. (328)
Fresno Pacific College
1995 Ed. (1059)
1993 Ed. (1024)
Fresno-Visalia, CA
2008 Ed. (825)
2004 Ed. (187, 188)
2003 Ed. (831)
2002 Ed. (920)
Fretted products
1994 Ed. (2591)
Fretter
1997 Ed. (355)
1995 Ed. (2120)
1994 Ed. (2071)
1992 Ed. (2428)
1991 Ed. (1541)
1990 Ed. (1646, 2031)
1989 Ed. (264)
Fretwell-Downing
2005 Ed. (3287)
Freud Communications
2002 Ed. (3859, 3860, 3869, 3873)
2000 Ed. (3650)
1999 Ed. (3933)
1997 Ed. (3199)
1996 Ed. (3115, 3122)
Freudenberg
2001 Ed. (3551)
2000 Ed. (3356)
1999 Ed. (3631, 4117)
1998 Ed. (2689)
1997 Ed. (2952)
1995 Ed. (2788, 2789, 2790)
1993 Ed. (2734)
1992 Ed. (3272, 3273)
1991 Ed. (2620)
Freudenberg & Co.
2008 Ed. (3799)
2007 Ed. (3708)
2006 Ed. (3725)
2005 Ed. (3609)
2004 Ed. (3699)
2002 Ed. (4068)
2000 Ed. (3829)
Freudenberg & NOK Group Cos.
2001 Ed. (2377)
Freudenberg; Carl
1997 Ed. (2616)
1996 Ed. (2469)
1995 Ed. (2432)
1994 Ed. (2362)
Freudenberg Group
2003 Ed. (4204)
1996 Ed. (2854)
Freudenberg Household Products B.V.
2002 Ed. (1087)
Freudenberg-NOK
1999 Ed. (2107)
1993 Ed. (2705)
1992 Ed. (3216)
1991 Ed. (2577)
Freudenberg-NOK G.P.
2003 Ed. (4205)
Freudenberg Nonwovens Group
1994 Ed. (2682)
Freudenberg Nonwovens LP
2008 Ed. (4670)
Freudenberg North America LP
2008 Ed. (1972)
2006 Ed. (1927)
Frey; Thomas R.
1991 Ed. (2343)
1990 Ed. (2479)
Freymiller Trucking
1995 Ed. (3081)
1994 Ed. (3029)
1993 Ed. (2987, 3633)
Fridigaire
1991 Ed. (3242)
Fridman; Mikhail
2008 Ed. (4894)
2006 Ed. (691, 4929)
Fridson; Martin
1997 Ed. (1952)
1993 Ed. (1842)
Fried Frank
2004 Ed. (3229)
Fried Frank Harris Shriver & Jacobson
2004 Ed. (1446)
2003 Ed. (1415)
2000 Ed. (2893)
1999 Ed. (1431, 3143, 3144, 3145)
1998 Ed. (2326)
1993 Ed. (2389)
1992 Ed. (2827)
1991 Ed. (2278)
1990 Ed. (2424)
Fried Frank Harris Shriver & Jacobson LLP
2005 Ed. (1444, 1449)
Fried. Krupp
1998 Ed. (2467)
1996 Ed. (2607)
1995 Ed. (1425)
1991 Ed. (1283)
Fried Krupp AG
1999 Ed. (3286, 3346, 3351)
Fried. Krupp AG Hoesch-Krupp
2002 Ed. (3310)
2001 Ed. (3284)
2000 Ed. (3021)
1997 Ed. (2695, 2751)
1996 Ed. (2558)
1995 Ed. (2494)
Fried Krupp Aktiengesellschaft
1994 Ed. (2422)
Fried Krupp Gesellschaft mit Beschraenkter Haftung
1991 Ed. (2371)
Fried. Krupp GmbH
1992 Ed. (1644, 2954)
Frieda's Inc.
1995 Ed. (3796)
1994 Ed. (3671)
1993 Ed. (3736)
1992 Ed. (4486)
Friedberg Commodity Management (Currency)
1996 Ed. (1055)
Friedberg Communications Management
2008 Ed. (1095)
2007 Ed. (1187)
2006 Ed. (1081)
Friedberg Currency
2006 Ed. (3666, 3667)
Friedberg Diversified
2005 Ed. (3569)
2004 Ed. (3634)
Friedberg Foreign Bond
2006 Ed. (3665)
Friedberg Toronto Equity Hedge $US
2002 Ed. (3427)
Friedberg Toronto Trust International Securities
2004 Ed. (2478, 2479)
Friede Goldman
2002 Ed. (2122)
2000 Ed. (2404)
Friede Goldman International
2000 Ed. (2405)
1999 Ed. (4163, 4168)
Friede Goldman Intl.
2000 Ed. (4048, 4049, 4050)
Friedland; Richard S.
1997 Ed. (1803)
Friedland; Robert
2005 Ed. (4864)
Friedlander; George
1997 Ed. (1955)
Friedman, Billings
1995 Ed. (3254)
Friedman, Billings, Ramsey
2000 Ed. (3951)
Friedman, Billings, Ramsey & Co.
2000 Ed. (3985)
1999 Ed. (4206, 4225, 4255)
1998 Ed. (997, 3264, 3265)
1996 Ed. (3320, 3333)
Friedman, Billings, Ramsey Group Inc.
2007 Ed. (2719, 4298, 4302, 4309)
2006 Ed. (2115, 2731, 2737, 4261)
2005 Ed. (528, 536, 539, 2591, 2606, 4252, 4255, 4257, 4295, 4299)
2004 Ed. (546, 553, 556)
Friedman, Eisenstein, Raemer & Schwartz
2000 Ed. (6)
1998 Ed. (2, 3, 4, 5, 7, 922)
1996 Ed. (10)
1995 Ed. (9)
1994 Ed. (2)
1993 Ed. (4)
Friedman Elsenstein Raemer & Schwartz
1992 Ed. (10)
Friedman Industries Inc.
2008 Ed. (4363, 4429)
Friedman Luzzatto
2001 Ed. (855)
Friedman; Mark
1996 Ed. (1775)
Friedman; Philip
1997 Ed. (1851, 1963)
1996 Ed. (1776, 1788)
1995 Ed. (1801, 1814)
1994 Ed. (1773)
1993 Ed. (1776)
1991 Ed. (1702)
Friedmann & Rose
1999 Ed. (148)
1997 Ed. (137)
1996 Ed. (133)
1995 Ed. (119)
Friedman's Inc.
2005 Ed. (3245, 3246)
2004 Ed. (3217, 3218)
Friedrich
2002 Ed. (253)
2001 Ed. (288)
2000 Ed. (227)
1999 Ed. (204)
1998 Ed. (107)
1997 Ed. (185)
1994 Ed. (149)
1993 Ed. (165, 166)
1992 Ed. (258, 261)
1991 Ed. (187)
Friedrich Grohe
2007 Ed. (3497)
Friedrich Krupp
1994 Ed. (1227)
Friedrich Krupp GmbH
1993 Ed. (2487, 3454)
Friedson; David
1991 Ed. (1629)
Friendly
1996 Ed. (3213)
Friendly Chevrolet
1993 Ed. (296)
1992 Ed. (380, 381, 411)
1991 Ed. (272, 306)
1990 Ed. (339)
1989 Ed. (283)
Friendly Computers
2008 Ed. (880)
2007 Ed. (906)
2006 Ed. (818)
2005 Ed. (903)
Friendly Exchange
1993 Ed. (2795)
Friendly Ford
1994 Ed. (268)
1993 Ed. (269)
Friendly Ice Cream Corp.
2008 Ed. (1909, 1915, 3125)
2007 Ed. (1872)
2006 Ed. (1869, 4184)
2005 Ed. (1858, 4136)
1993 Ed. (3033)
1992 Ed. (2564, 3719)
1991 Ed. (2881)
1990 Ed. (3005, 3022)
Friendly Jeep-Eagle
1996 Ed. (276)
1995 Ed. (277)
1994 Ed. (273)
Friendly Mobile Computer Services
2004 Ed. (912)
Friendly's
2008 Ed. (4175, 4176)
2007 Ed. (4144)
2006 Ed. (4117)
2004 Ed. (4132)
2003 Ed. (4078)
2002 Ed. (4014)
2001 Ed. (4065)

2000 Ed. (3784)
1999 Ed. (4067)
1998 Ed. (3064)
1997 Ed. (3335)
1996 Ed. (3232)
1995 Ed. (3117, 3140)
1994 Ed. (3072, 3090)
Friendly's Ice Cream
2005 Ed. (4065, 4066, 4067, 4068, 4069)
2003 Ed. (4112, 4113, 4114, 4115, 4116, 4117, 4131, 4132)
1999 Ed. (4069)
Friendly's Restaurants Franchise Inc.
2008 Ed. (4177)
2007 Ed. (4145)
2006 Ed. (4118)
2005 Ed. (4071)
2004 Ed. (4134)
2003 Ed. (4119)
2002 Ed. (2360, 4015)
Friends
2006 Ed. (4719)
2005 Ed. (2260, 4664, 4665, 4666)
2004 Ed. (3515, 3808, 4685, 4692)
2003 Ed. (4715, 4716)
2002 Ed. (4583)
2001 Ed. (4486, 4487, 4491, 4498, 4499)
2000 Ed. (4217, 4222)
Friends Hospital
2003 Ed. (3972)
Friends of the Zoo (Atlanta)
1994 Ed. (1905)
Friends Provident
2007 Ed. (3163)
2006 Ed. (3129)
Friends Provident American Small Cos.
1997 Ed. (2909)
Friends Provident Japanese Small Cos.
1997 Ed. (2912)
Friends Provident plc
2008 Ed. (3312)
2007 Ed. (3159, 3164)
2006 Ed. (1684)
Friends Vilas Fischer Trust
1997 Ed. (2523, 2527)
Friendship
2004 Ed. (2758)
2001 Ed. (1168)
2000 Ed. (1015, 4150)
Friendship Dairies
2003 Ed. (4493)
Friendship Inns
1997 Ed. (2295)
1993 Ed. (2085, 2096)
1992 Ed. (2476, 2501)
1991 Ed. (1943)
Frierson Building Supply
1995 Ed. (849)
Fries, Frank, Harris, Shriver & Jacobson
1998 Ed. (2325)
Friesche Vlag
1990 Ed. (33)
Friesens Corp.
2008 Ed. (1900)
Friesland
2000 Ed. (1640)
Friesland Bank
2008 Ed. (481)
2007 Ed. (526)
2006 Ed. (504)
2005 Ed. (585)
2003 Ed. (591)
2002 Ed. (625)
2000 Ed. (629)
1999 Ed. (606)
1997 Ed. (572)
1996 Ed. (631)
1994 Ed. (593)
1991 Ed. (619)
Friesland Coberco
2001 Ed. (1970)
2000 Ed. (1639)
Friesland Coberco Dairy Foods Holding NV
2002 Ed. (1908)
Friesland Cooperative
1999 Ed. (1815)
Friesland (Frico Domo) Cooperative
1997 Ed. (1576)
Friets; Nels
1997 Ed. (2001)
Frigidaire
2008 Ed. (2348, 2988, 3089, 3835, 4548)
2007 Ed. (2965)
2006 Ed. (2948)
2005 Ed. (2951, 2953)
2003 Ed. (2864, 2865)
2002 Ed. (2695)
2001 Ed. (287, 288, 2037, 2808, 3600, 3601, 4027, 4731)
2000 Ed. (2577, 2914, 2915)
1999 Ed. (2801, 3169, 3170)
1998 Ed. (2042)
1997 Ed. (2314)
1996 Ed. (2190, 2195)
1993 Ed. (2569)
1992 Ed. (1830, 3649, 4154, 4420)
1991 Ed. (2825, 3471)
Frigidaire Home Products
2002 Ed. (3061, 3063)
Frigo
2003 Ed. (922)
2001 Ed. (1169)
Frigo Natural
2003 Ed. (924)
Frigorex Ag fuer Kaeltetechnik
1994 Ed. (1122)
Frigorifico Modelo SA
2006 Ed. (4547)
2002 Ed. (4496, 4497)
Frimetal
2007 Ed. (1852)
Fringe Benefits Management Co.
2008 Ed. (3239)
2006 Ed. (2419)
2005 Ed. (2370)
2004 Ed. (2269)
2002 Ed. (2858)
2000 Ed. (1775)
Fringuelli; A. Michael
1995 Ed. (1829)
Frinquelli; A. Michael
1997 Ed. (1880)
1996 Ed. (1806)
1994 Ed. (1790)
Fris
2004 Ed. (4851)
2003 Ed. (4865)
2002 Ed. (4761)
1999 Ed. (4731)
1998 Ed. (3687, 3689, 3690)
1996 Ed. (3807)
1995 Ed. (3716)
Fris Skandia
2001 Ed. (4707)
1999 Ed. (4736)
Frisby Technologies Inc.
1999 Ed. (2623, 2670)
Frischhertz Electric Co., Inc.
2007 Ed. (4423)
2006 Ed. (4355)
Frischmeyer, CTA; Michael J.
1995 Ed. (1079)
Frischmeyer; Michael J.
2008 Ed. (1096)
2005 Ed. (1088)
Frisch's Restaurants, Inc.
2004 Ed. (2120)
1998 Ed. (1320, 3072, 3420)
1991 Ed. (2884)
Frisco
1998 Ed. (3305)
Frisco Independent School District
2008 Ed. (4280)
Frisian-Flag
1992 Ed. (57)
Frisk
2001 Ed. (1122)
Friskies
2004 Ed. (3814)
2003 Ed. (3801)
2002 Ed. (3651)
1999 Ed. (3784)
1997 Ed. (3076)
1996 Ed. (2997, 3000)
1994 Ed. (2826, 2835)
1993 Ed. (2821)
1992 Ed. (3414)
1990 Ed. (2815)
1989 Ed. (2199)
Friskies Buffet
2008 Ed. (3890)
2003 Ed. (3801)
2002 Ed. (3647)
1999 Ed. (3780)
1997 Ed. (3075)
1996 Ed. (2996)
1994 Ed. (2825, 2834)
1993 Ed. (2820)
1992 Ed. (3413)
1990 Ed. (2814)
1989 Ed. (2198)
Friskies Chefs Blend
2004 Ed. (3814)
Friskies Come & Get It
2004 Ed. (3815)
Friskies Fresh Catch
1994 Ed. (2825)
Friskies Gourmet
2002 Ed. (3648)
1999 Ed. (3781)
1997 Ed. (3071)
1996 Ed. (2992)
Friskies Pet Care Products
1999 Ed. (3786)
1994 Ed. (2828)
Friskies PetCare
2003 Ed. (3803, 3804)
2002 Ed. (3656)
2000 Ed. (3513)
Friskies Petcare U.K. Ltd.
2002 Ed. (44)
Friskies Senior
1995 Ed. (2905)
Frissora; Mark
2008 Ed. (952)
2006 Ed. (936)
Frissora; Mark P.
2006 Ed. (869)
Frist Jr.; Thomas
2008 Ed. (4829)
Frist Jr.; Thomas F.
2005 Ed. (4849)
1994 Ed. (947, 1714)
Frist; Senator Bill
2007 Ed. (2706)
Frito
1999 Ed. (4345)
Frito corn chips
1999 Ed. (4703)
Frito-Lay Inc.
2008 Ed. (961, 4066, 4067, 4069, 4071, 4446, 4448)
2007 Ed. (1038, 4032, 4033, 4037, 4461, 4462)
2006 Ed. (943, 1215, 1456, 3997, 4002, 4389, 4394)
2005 Ed. (1975, 2644, 3923, 3928)
2003 Ed. (2637, 3920, 4228, 4452, 4457, 4458)
2002 Ed. (4300)
2000 Ed. (971, 3846)
1999 Ed. (1021, 1022, 3863, 4346)
1998 Ed. (622, 623, 1716, 1717, 3325)
1997 Ed. (3138, 3533)
1995 Ed. (3405, 3407, 3408, 3691)
1994 Ed. (2901, 3136, 3342, 3345)
1992 Ed. (496, 3075, 4004)
1991 Ed. (1741)
1989 Ed. (2505, 2506, 2507)
Frito-Lay Cheese/Peanut Butter Crackers
1997 Ed. (1216)
Frito-Lay Cheetos
1995 Ed. (3405, 3691)
Frito-Lay Fritos
2001 Ed. (4289)
Frito-Lay Fritos Racerz
2001 Ed. (4289)
Frito-Lay Fudge Chocolate Chip
1996 Ed. (3775)
Frito-Lay Grandma's Oatmeal/Apple Spice
1996 Ed. (3775)
Frito-Lay Grandma's Peanut Butter
1996 Ed. (3775)
Frito-Lay Light
2007 Ed. (3695)
Frito-Lay Nacho Doritos
1995 Ed. (3405, 3691)
Frito-Lay North America
2006 Ed. (4003)
2005 Ed. (3929)
Frito-Lay Ruffles
1995 Ed. (3405, 3691)
Fritos
2008 Ed. (4441)
2007 Ed. (4458)
2006 Ed. (4391)
2003 Ed. (4455)
1993 Ed. (3345)
Fritos Chili and Scoops
2001 Ed. (4289)
Fritos Corn Snacks
2004 Ed. (4439)
Fritos Flavor Twists
2008 Ed. (4441)
2007 Ed. (4458)
2006 Ed. (4391)
Fritos Scoops
2008 Ed. (4441)
2007 Ed. (4458)
2006 Ed. (4391)
2001 Ed. (4289)
Frits Fentener van Vissingen
1992 Ed. (888)
Frits Goldschmeding
2008 Ed. (4870)
Fritz
2002 Ed. (3569)
2000 Ed. (3393)
Fritz B. Burns Foundation
1990 Ed. (1848)
Fritz Companies Inc.
2002 Ed. (238, 1550, 3570)
2001 Ed. (3161, 4233, 4631)
2000 Ed. (3394, 4311)
1999 Ed. (206, 1351, 3679)
Fritz Company
1999 Ed. (2498)
Fritz Cos. Inc.
2002 Ed. (1225)
2000 Ed. (2258)
1998 Ed. (1755)
Fritz Egger Gesellschaft MBH & Co.
2000 Ed. (3017)
Fritz Egger GmbH
1999 Ed. (3278)
Fritz Egger GmbH & Co.
2004 Ed. (3320)
2002 Ed. (3218)
Fritzsche; Jennifer
2008 Ed. (2692)
Frizz Ease
2003 Ed. (2654)
2002 Ed. (2435)
2001 Ed. (2632, 2633)
Frizz-Ease; John Frieda
2008 Ed. (2870)
Frizz-Ease Serum
1996 Ed. (2981)
Frizzel Group Ltd.
1990 Ed. (2465)
The Frizzell Group Ltd.
1993 Ed. (2457)
The Frizzell Group PLC
1992 Ed. (2899)
1991 Ed. (2339)
FRM Group
1997 Ed. (1761)
Frobes
2000 Ed. (915)
Frodo Baggins
2006 Ed. (649)
The Frog and Toad
1990 Ed. (980)
Frogmore Estates
1994 Ed. (1379)
Froley, Revy
2002 Ed. (3009)
Froley, Revy Investment
2003 Ed. (3071)
Froley Revy Investments
2000 Ed. (2834)
Frollerskates
1989 Ed. (2342)
From Dusk Till Dawn 2: Texas Blood Money
2001 Ed. (4698, 4701)
Fromageries Bel
2001 Ed. (1971)

Fromberg; Barry
2006 Ed. (961)
Frommer's
2004 Ed. (3161)
Frone
1996 Ed. (1581)
Front Door Communications
2004 Ed. (3306)
Front office manager
2004 Ed. (2280)
Front Page Sports: Football Pro
1995 Ed. (1083)
Front Range Capital Corp.
2008 Ed. (344)
2007 Ed. (357)
2005 Ed. (379)
Front Range Community College
2002 Ed. (1104)
Front Range Internet Inc.
2002 Ed. (2991)
Front Street Canadian Hedge
2006 Ed. (3667)
FrontBridge Technologies
2006 Ed. (4266)
Fronteer Development Group Inc.
2007 Ed. (1619)
Frontegra Total Return Bond
2003 Ed. (700)
Frontier
2004 Ed. (4677)
2001 Ed. (477)
2000 Ed. (4203)
1999 Ed. (4543)
1997 Ed. (1277, 1278, 1281)
1996 Ed. (3637)
Frontier Adjusters of America
1995 Ed. (202)
Frontier Airlines Inc.
2008 Ed. (217, 228, 229, 234, 1687)
2007 Ed. (232, 238, 249)
2006 Ed. (225, 248)
2005 Ed. (204, 205, 213, 220)
2004 Ed. (201, 202, 208)
2002 Ed. (1916, 2429)
Frontier Bank
1994 Ed. (3332)
Frontier Capital
2004 Ed. (3195)
1997 Ed. (2525)
Frontier Communications
2003 Ed. (1519)
Frontier Communications of the South
1998 Ed. (3485)
Frontier Equity Fund
1998 Ed. (2656)
1995 Ed. (2719)
Frontier Financial
2008 Ed. (2147)
2006 Ed. (2079)
2000 Ed. (423, 437)
Frontier Ford
1992 Ed. (376, 416)
1991 Ed. (268, 271)
1990 Ed. (307, 309)
1989 Ed. (285)
Frontier Health Care Inc.
2001 Ed. (1788)
Frontier Insurance Group Inc.
2002 Ed. (2976)
Frontier Jet Express
2008 Ed. (217)
2007 Ed. (238)
Frontier Land Co.
2002 Ed. (2675)
Frontier Lights Box
2000 Ed. (1062)
1999 Ed. (1141)
1997 Ed. (993)
Frontier Oil Corp.
2008 Ed. (1530, 1533, 1540, 3901, 3926)
2007 Ed. (1548, 1549, 1551, 1559, 3838, 3846, 3848, 3889, 4533, 4559, 4561, 4562)
2005 Ed. (3742)
2004 Ed. (1583, 3833, 3834)
2003 Ed. (3304)
2002 Ed. (1501, 3250)
Frontier Oil & Refining
1992 Ed. (1188, 3602)
1990 Ed. (1026)
Frontier Real Estate Inc.
2002 Ed. (3910)
Frontier Refining Inc.
2008 Ed. (2179)
2007 Ed. (2071)
2006 Ed. (2123)
2005 Ed. (2020)
2004 Ed. (1894)
2003 Ed. (1858)
2001 Ed. (1903)
Frontier Technologies Inc.
2006 Ed. (3506)
Frontier Touring Co.
2007 Ed. (1266)
Frontier Toyota
2002 Ed. (370)
Frontier Trust Co., FSB
2002 Ed. (4125)
Frontier Vision
1997 Ed. (871)
Frontiers
1995 Ed. (2879)
Frontiers Community Builders
2005 Ed. (1183)
Frontline Ltd.
2008 Ed. (3923)
2007 Ed. (2393)
2006 Ed. (3758)
2002 Ed. (3543)
Frontline Communications
2002 Ed. (2994)
Froot Loops
2003 Ed. (876)
2000 Ed. (1003)
1998 Ed. (659, 661)
1995 Ed. (914)
1992 Ed. (1074)
Frost National Bank
1998 Ed. (431)
1997 Ed. (627)
1996 Ed. (692)
1995 Ed. (618)
1994 Ed. (646)
1993 Ed. (644)
1992 Ed. (848)
1991 Ed. (676)
Frosted Flakes
2008 Ed. (871)
2007 Ed. (894)
2006 Ed. (807)
2005 Ed. (892)
2004 Ed. (902)
2003 Ed. (876, 879)
2002 Ed. (955)
2001 Ed. (1147)
2000 Ed. (1001, 1002, 1003)
1998 Ed. (659, 661)
1996 Ed. (891)
1995 Ed. (914)
1994 Ed. (883)
1993 Ed. (860, 862)
1992 Ed. (1072, 1074)
1991 Ed. (877, 878, 3322)
1990 Ed. (924)
Frosted Mini-Wheats
2007 Ed. (894)
2003 Ed. (879)
2002 Ed. (955)
2001 Ed. (1147)
2000 Ed. (1001, 1002, 1003)
1996 Ed. (891)
1995 Ed. (914, 915)
1993 Ed. (860)
Frosties
2002 Ed. (956)
1996 Ed. (892)
1994 Ed. (884)
1992 Ed. (1075)
Frosting
2002 Ed. (431)
Frosting, icing mixes
1992 Ed. (2354, 2355)
Frostings and icings
1991 Ed. (1865)
Frou-Frou
1992 Ed. (45)
Frozen
2002 Ed. (4727)
2001 Ed. (394, 2551, 3862)
2000 Ed. (4151)
Frozen confections
2002 Ed. (4718)
Frozen dairy products
2005 Ed. (3479)
2001 Ed. (3311)
Frozen dinners
2007 Ed. (3694)
Frozen dinners/entrees
1993 Ed. (3485)
Frozen entrees/pizzas/convenience foods
2000 Ed. (2222)
Frozen fish sticks
1991 Ed. (1865)
Frozen food
1992 Ed. (92)
Frozen Food Express
2006 Ed. (4064, 4065)
Frozen Food Express Industries
2008 Ed. (4133)
2007 Ed. (4110)
2006 Ed. (4061)
Frozen foods
2008 Ed. (2839)
2007 Ed. (4598)
2006 Ed. (4611)
2002 Ed. (764)
2000 Ed. (4165)
1996 Ed. (1485)
1995 Ed. (2049, 2998)
Frozen novelties
2003 Ed. (2564, 3941, 3942)
2002 Ed. (2715)
2001 Ed. (1974, 1996)
Frozen orange juice
1992 Ed. (2355)
Frozen Orange Juice Concentrate
1990 Ed. (1962)
Frozen Oriental Foods
1990 Ed. (1960)
Frozen pastry
2001 Ed. (551)
Frozen Pies
2000 Ed. (4154)
Frozen Pizza
2000 Ed. (4154)
1992 Ed. (2355)
1991 Ed. (1867)
1990 Ed. (3306)
Frozen plain vegetables
2000 Ed. (3619)
Frozen poultry
1993 Ed. (3685)
Frozen prepared vegetables
1993 Ed. (3485)
Frozen/refrigerated meat alternatives
2000 Ed. (2222)
Frozen sandwiches
1992 Ed. (2353)
1991 Ed. (1864)
Frozen vegetables
1992 Ed. (3546)
Frozen vegetables, plain
1993 Ed. (3485)
Frozen waffles
1992 Ed. (2353)
Frozen yogurt
2002 Ed. (2720)
2000 Ed. (2596)
1995 Ed. (3529)
1993 Ed. (1479)
1992 Ed. (2353, 3016, 3017, 3018, 3019)
1990 Ed. (1953)
Frozen yogurt/tofu
2002 Ed. (2715)
2001 Ed. (1996)
Frozens
2000 Ed. (4144)
Frozsun Foods Inc.
2008 Ed. (2782)
FRS Capital Corp.
2008 Ed. (4818)
FRS Forde-Reederel
2001 Ed. (2414)
Fru-Con Construction Corp.
2008 Ed. (1253)
2004 Ed. (1264, 1271, 1282, 1286)
2003 Ed. (1255, 1261, 1268, 1281, 1283)
2002 Ed. (1243, 1249, 1258, 1275)
Fru-Con Construction Group
2001 Ed. (1464)
Fru-Con Engineering Inc.
1997 Ed. (1741)
Fru-Veg Sales Inc.
1997 Ed. (2226)
Fructis
2008 Ed. (3878)
2001 Ed. (2640, 2641, 2646, 2648, 2650, 2653)
Fructis; Garnier
2008 Ed. (2869, 2870, 2872, 2873)
Fruehauf
1999 Ed. (4649)
1994 Ed. (3566)
1993 Ed. (337)
1990 Ed. (350, 2625, 2626)
1989 Ed. (2014)
Fruehauf Trailer
1990 Ed. (379)
Fruehauf Trailer Operations
1991 Ed. (330)
Fruit
2008 Ed. (2839)
2004 Ed. (2555)
Fruit & Fibre
1990 Ed. (3540)
Fruit & fruit-flavored drinks
2002 Ed. (4309)
Fruit & Oatmeal
2003 Ed. (4456)
Fruit & vegetable drinks
2008 Ed. (557)
Fruit and vegetables
1994 Ed. (2657)
Fruit beverages
2002 Ed. (692, 693, 694, 695)
2001 Ed. (686, 690, 691, 692, 693, 694)
2000 Ed. (717)
1999 Ed. (4364)
1998 Ed. (445)
Fruit By The Foot
1995 Ed. (3401)
Fruit, canned
2003 Ed. (3939, 3940)
Fruit, canned/bottled
2004 Ed. (2648)
1998 Ed. (2927, 3445)
Fruit cocktail
2003 Ed. (2576)
2002 Ed. (2371)
Fruit d'Or Inc.
2007 Ed. (2738)
Fruit, dried & snack
2002 Ed. (2372)
Fruit, dried and snacks
2005 Ed. (2234)
2003 Ed. (2577)
Fruit drink
2001 Ed. (2560)
Fruit drinks
2008 Ed. (2793)
2005 Ed. (2758)
2002 Ed. (2374)
2001 Ed. (2558)
1999 Ed. (2537)
1998 Ed. (446)
Fruit drinks, canned
2003 Ed. (2580)
Fruit Flavored Coolers
1998 Ed. (3719, 3721)
Fruit-flavored drinks
1994 Ed. (3462)
Fruit Flowers
2008 Ed. (2829)
Fruit Hill Orchard Inc.
1998 Ed. (1771)
Fruit juice
1996 Ed. (719)
Fruit juice blend
2001 Ed. (2558)
Fruit juice, blended
2008 Ed. (2793)
1999 Ed. (2535)
Fruit juice/drinks
2002 Ed. (690)
Fruit Juicer
1993 Ed. (835)
Fruit Juicers
1994 Ed. (852)
Fruit juices
2005 Ed. (2758)
1995 Ed. (3529)

1991 Ed. (3306)
Fruit juices & drinks
1995 Ed. (644)
1994 Ed. (682)
1993 Ed. (681)
Fruit juices blended
1999 Ed. (2537)
Fruit Liqueurs
2001 Ed. (3111)
Fruit mixes & salad
2003 Ed. (2576)
2002 Ed. (2371)
Fruit 'N Fibre
1996 Ed. (892)
1994 Ed. (884)
1992 Ed. (1075)
Fruit nectar
2008 Ed. (2793)
2001 Ed. (2560)
1998 Ed. (446)
Fruit of the Earth
2003 Ed. (2486, 4619, 4624)
2002 Ed. (2280)
Fruit of the Loom
2008 Ed. (982, 983, 984, 985, 3447, 4669)
2007 Ed. (1100, 1101, 1103, 1104, 3351, 4745, 4747)
2006 Ed. (1015, 1016, 1017, 3284, 4727)
2005 Ed. (1494, 4681, 4682, 4686)
2004 Ed. (4709)
2003 Ed. (2869, 4727, 4728, 4728)
2001 Ed. (1275, 1276, 1559, 1560, 1561, 1562, 1563, 1565, 1566, 1575, 4507, 4507, 4508, 4513)
2000 Ed. (1112, 1114, 1116, 1121, 1122, 1123, 1124, 1363, 2880)
1999 Ed. (1191, 1192, 1193, 1194, 1195, 1201, 1203, 1204, 1205, 1482, 1556, 1559, 4492)
1998 Ed. (760, 761, 763, 764, 765, 766, 774, 775, 776, 777, 778, 779, 2320)
1997 Ed. (1020, 1021, 1023, 1024, 1026, 1027, 1034, 1035, 1036, 1037, 1038, 1039)
1996 Ed. (1001, 1002, 1004, 1005, 1019)
1995 Ed. (1022, 1023, 1030, 1031, 1032, 1033, 1034, 1035, 1036, 1277)
1994 Ed. (204, 206, 210, 213, 214, 215, 1010, 1011, 1012, 1013, 1021, 1022, 1023, 1024, 1025, 1026, 1027, 1028, 1029, 1030, 1402)
1993 Ed. (216, 221, 990, 991, 992, 993, 996, 997, 998, 1216, 2382)
1992 Ed. (1208, 1209, 1210, 1219, 1220, 1221, 1222, 1223, 1224, 1225, 1226, 1228, 1531, 2818)
1991 Ed. (2271)
1990 Ed. (253, 1059, 1060, 1062, 1065, 1325)
1989 Ed. (942, 943, 945)
Fruit of the Loom 'A'
1998 Ed. (3372)
Fruit punch
2002 Ed. (4310)
Fruit punch bases and syrups
2003 Ed. (4480)
Fruit Roll-Ups
1995 Ed. (3401)
Fruit, shelf-stable
1995 Ed. (2997)
Fruit, shelved
1993 Ed. (2921)
Fruit snacks, dried
1994 Ed. (3347)
1992 Ed. (3218)
Fruit Spreads
2003 Ed. (3161)
2002 Ed. (3036)
Fruitopia
2000 Ed. (2282)
1998 Ed. (3441, 3469)
Fruits
2008 Ed. (2732)
2007 Ed. (2518)
1999 Ed. (3599)
Fruits and vegetables
1997 Ed. (2929)
1993 Ed. (2708)
1992 Ed. (2198)
1990 Ed. (1733)
Fruits, citrus
2003 Ed. (3968)
Fruits, frozen
2003 Ed. (2564)
Frullati Caf¤ & Bakery
2007 Ed. (2543)
Frullati Cafe & Bakery
2008 Ed. (2684)
2000 Ed. (2271)
Frusen Gladje
1993 Ed. (2123)
Fruth Drugs
2006 Ed. (2309)
Fruth Pharmacy
2002 Ed. (2030)
Fry Multimedia Inc.
2001 Ed. (4747)
Fry; William
2005 Ed. (1444, 1445)
Fry's Electronics Inc.
2008 Ed. (154)
2005 Ed. (2358, 3910)
Fry's Food Stores Inc.
2007 Ed. (4621)
Fry's Marketplace
2008 Ed. (4565)
2007 Ed. (4618)
FSAS
2001 Ed. (1763)
FSB International Bank
2004 Ed. (600)
2000 Ed. (635)
1999 Ed. (613)
FSC (Banc One)
1992 Ed. (1747)
FSC Semiconductor Corp.
2001 Ed. (1783)
FSD/Young & Rubicam
1993 Ed. (79)
F6
1997 Ed. (990)
1994 Ed. (959)
FSP-Financial Services Portfolio
1994 Ed. (2631)
FSP-Health Sciences
1994 Ed. (2631)
FSQ Inc.
2005 Ed. (1856)
Fst Australia Prime
1990 Ed. (249)
FSTV
1999 Ed. (1006)
FSU
2001 Ed. (1097)
FSU-12
2001 Ed. (2448, 2449)
Ft. Collins-Loveland, CO
2002 Ed. (31, 3329)
Ft. Garry Brewing Co. Ltd.
2002 Ed. (4392, 4393)
FT International
1992 Ed. (3184)
Ft. Lauderdale Art Museum
1994 Ed. (898)
Ft. Lauderdale, FL
2002 Ed. (373, 376, 395)
2001 Ed. (4922)
Ft. Lauderdale-Hollywood-Pompano Beach, FL
1994 Ed. (717)
Ft. Lauderdale Sun Sentinel
1998 Ed. (77, 80, 82)
FT MarketWatch
2002 Ed. (4827)
FT Mortgage
1999 Ed. (2608, 3437)
1998 Ed. (1861, 2527, 2528)
FT Mortgage Companies
2001 Ed. (3345, 3346)
Ft. Myers, FL
1996 Ed. (3768)
Ft. Myers-Naples, FL
1996 Ed. (3204)
1992 Ed. (3701)
Ft. Myers Toyota
2006 Ed. (4867)
2005 Ed. (4805, 4806)
Ft. Pitt Group
2008 Ed. (1225, 1332)
FT S&P Day Trade
1999 Ed. (3904)
Ft. Wayne Children's Zoo
1994 Ed. (900)
Ft. Worth, TX
2002 Ed. (2633)
FTC Diversified Concept I Ltd.
1999 Ed. (1249)
FTC Farmers
1991 Ed. (39)
1990 Ed. (42)
1989 Ed. (45)
FTC Futures Fund Dynamic
2005 Ed. (1086)
FT.com
2002 Ed. (4826, 4866)
Ftd.com Inc.
2004 Ed. (2778, 4562, 4563, 4565)
2001 Ed. (4779)
F3 Forms Software
1996 Ed. (2562)
FTI Consulting Inc.
2008 Ed. (2169)
2007 Ed. (2060)
2006 Ed. (1211)
2005 Ed. (1252)
2003 Ed. (4568)
FTI Small Capitalization Equity
2002 Ed. (3424)
FTN Midwest Securities Corp.
2008 Ed. (3382, 3383, 3386)
2007 Ed. (3258, 3259, 3262)
FTP Software
1997 Ed. (2167)
1996 Ed. (2056, 2060, 3446, 3450, 3454)
1995 Ed. (2059, 2061, 2065, 3205, 3206, 3380, 3383, 3385, 3693, 3694)
FTSE 100
2008 Ed. (4501)
F27
1994 Ed. (187)
F2
1989 Ed. (2909)
Fu Sheng Industrial Co. Ltd.
1994 Ed. (2425)
Fu Tsu Construction Co. Ltd.
1994 Ed. (1176)
1992 Ed. (1438)
1990 Ed. (1213)
Fubon Financial
2006 Ed. (4655)
Fubon Financial Holding
2008 Ed. (511)
2007 Ed. (559)
2006 Ed. (529, 2034, 2035)
Fubon Group
2005 Ed. (3232)
Fubon Securities
2004 Ed. (4373)
1999 Ed. (2894)
1997 Ed. (3489)
1995 Ed. (3283)
Fubon Securities Investment Trust Co.
2001 Ed. (2890)
Fubu
2001 Ed. (1265)
Fuci Metals USA Inc.
2001 Ed. (714)
2000 Ed. (743, 3143)
FuckedCompany.com
2002 Ed. (4838)
Fuddrucker's
2008 Ed. (2667, 2686, 4156)
2007 Ed. (2533, 2534, 2545, 4146)
2006 Ed. (2560, 2574)
2005 Ed. (2547, 2553, 2558, 4072)
2004 Ed. (4135)
2003 Ed. (4120, 4129)
2002 Ed. (4024)
2001 Ed. (4063)
2000 Ed. (3781)
1999 Ed. (2632, 4813)
1997 Ed. (1838, 2172, 3328)
1996 Ed. (1966, 3216)
1995 Ed. (3120)
1994 Ed. (3075)
1993 Ed. (3017)
1991 Ed. (2869)
Fuddrukers
1990 Ed. (3006)
Fudge; Anne
2006 Ed. (4975)
Fudge Chocolate Chip
1995 Ed. (3692)
Fudge Covered; Little Debbie
2005 Ed. (1397)
Fudge marble
2001 Ed. (2832)
Fudge Shoppe
2003 Ed. (1369)
2002 Ed. (1338)
2001 Ed. (1494)
1999 Ed. (1420)
Fudge Shoppe; Keebler
2005 Ed. (1397)
Fudgesicle
2003 Ed. (2876)
Fudgesicle Sugar Free
1990 Ed. (2143)
Fudgsicle
1996 Ed. (1976)
Fudgsicle Variety Pack
1997 Ed. (2347)
Fuel
2008 Ed. (4547)
2001 Ed. (1508)
Fuel exhaustion
1994 Ed. (337)
Fuel oil
2007 Ed. (2515)
2006 Ed. (2371)
2005 Ed. (2316)
2001 Ed. (2162)
Fuel oil, distillate
2001 Ed. (3750)
Fuel oil, residual
2001 Ed. (3750)
FuelCell Energy Inc.
2004 Ed. (4569)
2002 Ed. (4502)
Fuelink
2004 Ed. (4921)
2003 Ed. (3957)
Fuels
2008 Ed. (1631)
Fuels, mineral
2008 Ed. (2643)
Fuels, stored
1998 Ed. (122)
Fuente; David I.
1994 Ed. (1722)
Fuentez Systems Concepts Inc.
2004 Ed. (4985)
Fugelberg Koch
2000 Ed. (314)
The Fugitive
1996 Ed. (3790, 3791)
1995 Ed. (2612)
Fugro Inc.
2004 Ed. (2355, 2360)
2001 Ed. (2241)
Fugro-McClelland BV
1993 Ed. (1619)
1991 Ed. (1558, 1561)
Fugro-McClelland NV
1996 Ed. (1672, 674, 1680)
1995 Ed. (1690, 1692, 1698)
1994 Ed. (1651)
Fugro NV
2008 Ed. (2552, 2555, 2556, 2557, 2558, 2560, 2561, 2565, 2568)
2007 Ed. (2425, 2428, 2429, 2430, 2431, 2433, 2434, 2438, 2441)
2006 Ed. (2460, 2463, 2464, 2465, 2466, 2468, 2476)
2005 Ed. (2421, 2423, 2424, 2425, 2426, 2428, 2433, 2436)
2004 Ed. (2387, 2391, 2392, 2393, 2394, 2396, 2404)
2003 Ed. (2305, 2310, 2311, 2312, 2313, 2315, 2323)
2001 Ed. (2246)
2000 Ed. (1811, 1823)
1998 Ed. (1445)
1997 Ed. (1749, 1752, 1754, 1755, 1758, 1759)
Fuji Ltd.
2007 Ed. (130, 870, 3952)
2006 Ed. (3900, 3902)
2002 Ed. (930, 3705)

2001 Ed. (1105, 3793)
2000 Ed. (749, 1655, 3543)
1999 Ed. (735, 736, 1012, 1013, 3824, 3825, 3826)
1998 Ed. (475, 476, 610, 611, 2848, 2849, 2852)
1997 Ed. (680, 681, 3115, 3116)
1996 Ed. (749, 750, 774, 868, 2105, 3034, 3035)
1995 Ed. (679, 2937)
1994 Ed. (2874)
1993 Ed. (2853)
1992 Ed. (463, 1991, 2020, 2712, 3340, 3460, 3461)
1990 Ed. (554, 1783, 1784)
1989 Ed. (530)
The Fuji Accounting Office
1996 Ed. (16)
Fuji APS Nexia
2004 Ed. (3895)
Fuji Bank
2002 Ed. (581, 587, 595, 597, 2276, 4434)
2001 Ed. (603, 626, 630, 1549, 2885)
2000 Ed. (462, 528, 530, 531, 531, 532, 533, 574, 575, 576, 1474, 3896)
1999 Ed. (466, 521, 563)
1998 Ed. (351, 353, 353, 354, 355, 356, 357, 382, 383, 384, 1163, 2347, 2351, 3008)
1997 Ed. (514, 519, 1433, 1447, 1454, 1464, 1731, 3001, 3761)
1996 Ed. (501, 502, 503, 504, 505, 506, 507, 507, 511, 557, 558, 561, 562, 573, 574, 1398, 1408, 2909, 3597, 3706)
1995 Ed. (468, 469, 505, 506, 509, 510, 519, 520, 1388, 1444, 2436, 2838)
1994 Ed. (479, 480, 483, 484, 485, 526, 530, 545, 1365, 3013)
1993 Ed. (424, 476, 477, 483, 485, 517, 518, 527, 529, 532, 542, 543, 544, 1333, 1349, 1358, 1683, 1684, 1859, 2419, 2421, 2768, 2969, 3206, 3475, 3587)
1992 Ed. (665, 666, 667, 671, 672, 674, 674, 744, 3626, 3626, 721, 726, 2154)
1991 Ed. (221, 508, 548, 557, 558, 559, 563, 575, 576, 577, 1305, 1309, 1318, 2675, 2678, 3073, 3235, 3400)
1990 Ed. (501, 502, 547, 594, 603, 604, 605, 607, 609, 617, 1385, 1390, 1392, 1788, 1789)
1989 Ed. (561)
Fuji Bank & Trust Co.
1999 Ed. (516, 518, 520, 521, 522, 523, 524, 525, 550, 552, 554, 555, 564, 565, 1667, 1691, 4614)
1998 Ed. (358)
1997 Ed. (472)
1996 Ed. (508)
1994 Ed. (487, 3011)
1993 Ed. (385, 482)
1992 Ed. (548, 670)
1990 Ed. (2436)
Fuji Bank Canada
1997 Ed. (463)
Fuji Bank Group
1992 Ed. (603, 604)
1991 Ed. (448, 450, 549, 551, 553)
1990 Ed. (595, 597)
Fuji Bank Ltd. (Japan)
2000 Ed. (562)
Fuji Color Superia
2004 Ed. (3895, 3896)
Fuji Electric Co. Ltd.
1990 Ed. (1588)
Fuji Fertiliser
1997 Ed. (2589)
Fuji Fire & Marine Insurance
2007 Ed. (3114)
1997 Ed. (2418)
1995 Ed. (2279)
1994 Ed. (2232)
1993 Ed. (2252)
1992 Ed. (2706)
1991 Ed. (2143)
1990 Ed. (2274)
Fuji Foto
1992 Ed. (3345)
Fuji Heavy Industries Ltd.
2002 Ed. (1408)
1998 Ed. (1148)
1995 Ed. (1543, 2493)
1994 Ed. (1322, 2421)
1993 Ed. (1276, 1461)
1992 Ed. (1772)
1991 Ed. (1405)
1990 Ed. (1478, 2177)
Fuji HQ
2002 Ed. (4755)
Fuji International Finance
1989 Ed. (1779)
Fuji Machine Manufacturing
2006 Ed. (4510)
2002 Ed. (4432)
2001 Ed. (3185)
Fuji Medical System
1992 Ed. (3009)
Fuji Medical Systems USA Inc.
2001 Ed. (3269)
2000 Ed. (3078)
1999 Ed. (3339)
1997 Ed. (2745)
1995 Ed. (2534)
Fuji 135-24 ISO-100 Color Print Film
1990 Ed. (2866)
Fuji Photo
1990 Ed. (959)
1989 Ed. (2123)
Fuji Photo Film Co., Ltd.
2008 Ed. (3980, 4283)
2007 Ed. (2342, 2460, 2987, 2992, 3816, 3950, 4264)
2006 Ed. (4087)
2005 Ed. (2836)
2004 Ed. (2827, 4313)
2003 Ed. (2249, 2729, 4144, 4303)
2002 Ed. (1674, 1709, 2831, 3534, 4506)
2001 Ed. (3651)
2000 Ed. (1026, 1490, 1495, 3863)
1999 Ed. (1100, 3822, 3827, 4147, 4148)
1997 Ed. (959)
1996 Ed. (869)
1995 Ed. (959, 1656, 2846)
1994 Ed. (923, 1320, 1612, 2746)
1993 Ed. (55, 908, 1274, 2772, 3586)
1992 Ed. (1113)
1991 Ed. (846, 909)
1990 Ed. (33, 37, 2777)
1989 Ed. (2297)
Fuji Quick Snap Flash
2004 Ed. (3895, 3896)
Fuji Quicksnap
2002 Ed. (930)
Fuji Quicksnap Flash
2002 Ed. (930)
Fuji Super HQ
2004 Ed. (3896)
Fuji Superia Xtra
2004 Ed. (3895)
Fuji Television Network
2007 Ed. (3452)
2001 Ed. (4493)
1996 Ed. (792)
Fuji Xerox
1994 Ed. (1367)
1993 Ed. (1585)
1991 Ed. (1537)
1990 Ed. (1640)
Fujian
2001 Ed. (2262)
Fujian Expressway Development
2008 Ed. (1568)
FujiFilm
2008 Ed. (833, 834, 3982)
1998 Ed. (2851)
Fujifilm Sericol International
2008 Ed. (3219)
Fujikura
1998 Ed. (1557)
Fujio Cho
2006 Ed. (690, 932)
2004 Ed. (2486)
Fujio Mitarai
2006 Ed. (690, 3262)
Fujisankei
1994 Ed. (1671)
Fujisawa
1993 Ed. (1517)
1990 Ed. (1571)
1989 Ed. (1280)
Fujisawa Pharmaceutical Co.
2006 Ed. (2781)
1997 Ed. (1664, 2745)
1995 Ed. (3099)
1992 Ed. (1497)
1991 Ed. (1475)
Fujita Corp.
2001 Ed. (1625)
2000 Ed. (1203)
1999 Ed. (1323, 1407)
1997 Ed. (1131)
1995 Ed. (1135)
1992 Ed. (1370, 4309)
1991 Ed. (1064, 1308)
1990 Ed. (1175)
1989 Ed. (1006)
Fujita Kanko Inc.
2000 Ed. (2547)
1999 Ed. (2772)
1997 Ed. (2288)
Fujita Tourist Ent. Co., Ltd.
1990 Ed. (2092)
Fujita Tourist Enterprises Co. Ltd.
1995 Ed. (2162)
1994 Ed. (2109)
1993 Ed. (2093)
1992 Ed. (2486)
1990 Ed. (2082, 2091)
Fujitsu Ltd.
2008 Ed. (1117, 3568)
2007 Ed. (1212, 1213, 2347, 2828, 3074, 3825)
2006 Ed. (2400, 3389)
2005 Ed. (1124, 1126, 2343, 2355, 3036, 3393, 3695, 3699, 4667)
2004 Ed. (263, 1117, 1118, 1119, 2256, 2261, 3362, 3776, 3780)
2003 Ed. (1098, 1099, 1100, 2239, 2248, 2250, 3305, 3751, 3756)
2002 Ed. (1141, 1497, 1706, 1707, 1708, 2106, 2108, 3251, 4431, 4518, 4635, 4636)
2001 Ed. (398, 399, 1343, 1354, 1379, 1616, 1621, 1764, 1766, 1769, 2133, 2159, 3114, 3645, 3650, 3651)
2000 Ed. (307, 308, 1166, 1495, 1772, 1795, 2638, 2639, 3370, 3704, 3760, 3994, 3995, 3996, 3997, 4003, 4263)
1999 Ed. (1271, 1272, 1273, 1995, 2030, 2874, 2875, 2876, 2877, 2878, 2880, 2881, 3646, 3647, 3648, 3714, 3716, 4272, 4273, 4275, 4276, 4279, 4281)
1998 Ed. (837, 1402, 1539, 2705, 2752, 3278, 3279, 3282, 3285)
1997 Ed. (1744)
1996 Ed. (2260, 2608, 2639, 3194, 3396, 3399, 3640)
1995 Ed. (1084, 1090, 1093, 1111, 1683, 2252, 2570, 2575, 2576, 2938, 2990, 3099, 3100, 3286, 3553)
1994 Ed. (252, 1074, 1085, 1087, 1096, 1616, 1617, 1645, 2199, 2201, 2202, 2203, 2204, 2205, 2206, 2514, 2516, 2995, 3199, 3201, 3203, 3204, 3205, 3678)
1993 Ed. (1060, 1062, 1584, 1587, 1612, 1740, 1741, 2176, 2565, 2568, 3007, 3214, 3483, 3509)
1992 Ed. (1320, 1321, 1322, 1658, 1833, 1930, 1931, 1932, 1959, 3544, 3911, 3912, 3918, 4200, 4201, 4202)
1991 Ed. (2069)
1990 Ed. (1103, 1128, 1639, 2739)
1989 Ed. (983, 1306, 1341, 2458)
Fujitsu Business Communications
1994 Ed. (2936)
Fujitsu Computer Systems Corp.
2006 Ed. (3033)
Fujitsu Hokkaido Digital Technology Co., Ltd.
2004 Ed. (1765)
2002 Ed. (1704)
Fujitsu-ICI Systems Inc.
2001 Ed. (435)
Fujitsu ICIM
1997 Ed. (1106)
Fujitsu Network Communications Inc.
2005 Ed. (1974, 4639)
Fujitsu Philippines
1998 Ed. (1537)
Fujitsu Siemens
2002 Ed. (3336, 3337, 3338, 3339)
Fujitsu Siemens Computers (Holding) BV
2007 Ed. (3825)
Fujuita Tourist Enterprises Co. Ltd.
1991 Ed. (1950)
Fukuoka City Bank
2006 Ed. (458)
2005 Ed. (529, 532)
2004 Ed. (547, 548)
Fukushima Bank
2003 Ed. (531)
Fukuzo Iwasaki
2005 Ed. (4861)
2004 Ed. (4876)
2003 Ed. (4890)
Fulbright & Jaworksi
2000 Ed. (1726, 3679)
Fulbright & Jaworski
2005 Ed. (3525)
2003 Ed. (3171, 3172, 3173)
2001 Ed. (744)
2000 Ed. (3196, 3200, 3204, 3858)
1999 Ed. (1942, 3485, 3967, 4143)
1998 Ed. (2324, 2573, 2968, 3158)
1997 Ed. (2595, 2841, 3384)
1996 Ed. (2450, 3138, 3287)
1995 Ed. (1629, 2412, 2645, 2649, 2653, 3037)
1994 Ed. (2351)
1993 Ed. (1549, 2390, 2398, 2940, 3101)
1992 Ed. (2825, 2837)
1991 Ed. (1487, 2277, 2287, 2782)
1990 Ed. (2420)
Fulbright & Jaworski LLP
2007 Ed. (3316, 3649, 3657)
2003 Ed. (3204)
2001 Ed. (3085)
Fulcrum Cap
2000 Ed. (3305, 3306)
1999 Ed. (3584)
Fulcrum Direct Inc.
2001 Ed. (1814)
Fulcrum Global Partners
2007 Ed. (3257, 3264, 3266, 3271, 3273)
2006 Ed. (3190, 3198, 3200, 3203, 3205, 3206)
Fuld Jr.; Richard
2008 Ed. (941)
2007 Ed. (969)
2006 Ed. (878)
2005 Ed. (964)
Fuld Jr.; Richard S.
2008 Ed. (943, 949)
2007 Ed. (1022, 1027, 1035)
2006 Ed. (932)
2005 Ed. (980, 981, 983, 2474, 2475, 2490)
Fulfillment Corp. of America
2007 Ed. (3592, 4442)
2006 Ed. (3535)
Fulfillment Plus Inc.
2007 Ed. (3540, 4403, 4989)
Full alloy
2001 Ed. (4665)
Full Circle Image
2002 Ed. (2492)
Full Compass
2000 Ed. (3220)
Full Court Press
2003 Ed. (3928)
"Full House"
1995 Ed. (3582)
Full Long Securities Co., Ltd.
1992 Ed. (3945)
The Full Monty
2001 Ed. (4695)
1999 Ed. (3447)
Full Sail Brewing Co.
2000 Ed. (3128)

1999 Ed. (3402, 3403)
1998 Ed. (2488)
Full-service cafeteria
2002 Ed. (4724)
Full-strength cigarettes
1990 Ed. (989)
Full Throttle
2008 Ed. (4490, 4493)
2007 Ed. (4510, 4512)
Fuller & Co.
2002 Ed. (3909)
Fuller Group
2005 Ed. (1731)
2004 Ed. (1672)
Fuller Co.; H. B.
2008 Ed. (911)
2007 Ed. (921, 930)
2005 Ed. (938, 939)
1997 Ed. (972, 1277, 1278, 2983)
1993 Ed. (16, 927)
1992 Ed. (24, 1127)
1991 Ed. (919, 921, 2470)
1989 Ed. (895, 897)
Fuller; H. Laurance
1993 Ed. (938)
Fuller; H.B.
1990 Ed. (962, 965)
Fuller Homes
2005 Ed. (1179)
2004 Ed. (1150)
Fuller Jenks Landau
1995 Ed. (8)
Fuller Jenks Landau/MacKay
1993 Ed. (3)
1992 Ed. (7)
Fuller; John
1990 Ed. (2662)
Fuller Landau LLP
2007 Ed. (3378)
Fuller; Simon
2008 Ed. (4905)
2007 Ed. (4929, 4932)
2006 Ed. (2500)
2005 Ed. (4891, 4894)
Fuller's Car Wash
2007 Ed. (348)
Fullerton & Friar Inc.
1996 Ed. (2349)
1995 Ed. (2330)
Fullerton Dodge
1995 Ed. (255)
Fullman Co.
1999 Ed. (1372)
Fullservice restaurants
2001 Ed. (4078)
Fully Completely
2007 Ed. (883, 884)
Fulmar Advertising
1990 Ed. (159)
Fulton Bank
1998 Ed. (424)
1997 Ed. (593)
Fulton Bank Lancaster
1996 Ed. (654)
Fulton County, CA
1995 Ed. (1515)
Fulton County, GA
1999 Ed. (1764, 1779, 2008, 2997)
1994 Ed. (1483)
1993 Ed. (1434)
Fulton County, Georgia
2007 Ed. (2564)
Fulton County School District
1993 Ed. (3099)
Fulton DeKalb Hospital Authority
2008 Ed. (1764)
2007 Ed. (1736)
2006 Ed. (1729)
2005 Ed. (1778)
2003 Ed. (1683)
2001 Ed. (1712)
Fulton Federal Savings
1992 Ed. (3782, 4292)
Fulton Financial Corp.
2005 Ed. (361, 365, 629)
2004 Ed. (640, 641)
2000 Ed. (429, 430)
1999 Ed. (437, 438)
1998 Ed. (330, 331)
Fulton Fish Market
2003 Ed. (2524)
Fulton, GA
1998 Ed. (2058)
Fulton Homes
2007 Ed. (1297)
2005 Ed. (1223)
2004 Ed. (1197)
2003 Ed. (1192)
2002 Ed. (1205)
1999 Ed. (1337)
1998 Ed. (915)
Fulton Press
1997 Ed. (3166)
Fulton's Crab House
2008 Ed. (4149)
2007 Ed. (4124)
2005 Ed. (4047)
2003 Ed. (4087)
2002 Ed. (3994)
2001 Ed. (4053)
2000 Ed. (3772)
1999 Ed. (4056)
Fumiaki Sato
2000 Ed. (2165)
1999 Ed. (2366, 2383)
Fumihide Goto
2000 Ed. (2163)
1999 Ed. (2383)
Fumihiko Nakazawa
2000 Ed. (2168)
1999 Ed. (2385)
1997 Ed. (1985)
1996 Ed. (1878)
Fumiko Hayashi
2007 Ed. (4982)
Fumiyuki Takahashi
2000 Ed. (2151)
1999 Ed. (2371)
Fun Bus
2008 Ed. (2913)
Fun Saver
2001 Ed. (1105)
Fun Sun Vacations Ltd.
2007 Ed. (1568)
Fun Technologies Inc.
2008 Ed. (2942)
Fun with Dick & Jane
2008 Ed. (2386)
Funai Consulting
2007 Ed. (1832)
Funai Electric Co. Ltd.
2003 Ed. (2242, 2246)
Funambol
2007 Ed. (1225)
Funcef
2008 Ed. (3871)
2007 Ed. (3797)
2002 Ed. (3631)
1997 Ed. (3026)
Funco
2000 Ed. (2397, 2400, 4044, 4050)
Functional Beverages
2000 Ed. (716)
Fund America
1994 Ed. (1040, 3024)
Fund America Investor Corp.
1996 Ed. (1034, 3170)
Fund American
1993 Ed. (1014, 1348, 2981, 3216, 3217, 3224, 3225, 3226)
Fund American Cos.
1992 Ed. (1520, 3925)
1991 Ed. (1208)
Fund American Enterprise Holdings Inc.
1998 Ed. (267)
Fund American Enterprises
1995 Ed. (3305)
Fund American Enterprises Holdings Inc.
1997 Ed. (3835)
Fund for a Feminist Majority
1994 Ed. (893)
Fund for Free Expression
1991 Ed. (895)
The Fund for Peace
1996 Ed. (917)
1992 Ed. (1097)
Fund for the City of New York
1994 Ed. (1904)
1993 Ed. (892)
Fund for Theological Education
1995 Ed. (1927)
Fund for U.S. Government
1990 Ed. (2387)
Fund for U.S. Government Securities
1990 Ed. (2603)
Fund-raising services
1992 Ed. (3249)
Fundacao Banco Central de Previdencia Privada
2006 Ed. (3792)
Fundacao CESP
2006 Ed. (3792)
1997 Ed. (3026)
Fundacao dos Economiarios Federais
2006 Ed. (3792)
Fundacao Forluminas de Seguridade Social
2006 Ed. (3792)
Fundacao Itaubanco
2006 Ed. (3792)
Fundacao Petrobras de Seguridade Social
2006 Ed. (3792)
Fundacao Sistel de Seguridade Social
2006 Ed. (3792)
Fundacao Vale do Rio Doce de Seguridade Social
2006 Ed. (3792)
FundAdvice
2002 Ed. (4834)
FundAlarm
2003 Ed. (3027)
2002 Ed. (4817, 4837)
Fundamental F/I Hi-Yld Muni
1999 Ed. (3571)
Fundamental Futures Inc.
1992 Ed. (1289)
1990 Ed. (2288)
Fundamental Investors
1997 Ed. (2882)
1995 Ed. (2678)
1992 Ed. (3150)
1991 Ed. (2557)
Fundline
1993 Ed. (2360)
Fundraiser
2008 Ed. (4243)
Fundraising
1998 Ed. (3486)
1993 Ed. (2725)
Fundraising/Cause related
1992 Ed. (3251)
Funds SA
2004 Ed. (1633)
2003 Ed. (1616)
Funds transfer
1990 Ed. (532)
Fundtec Partners
1993 Ed. (1044)
FundTrade Financial Corp.
2007 Ed. (2738)
2006 Ed. (2746)
Funeral directors
1999 Ed. (3903)
1997 Ed. (3177)
Funeral home operators
1991 Ed. (813, 2628)
Funeral leave
1995 Ed. (3389)
Funeral services
2003 Ed. (2910, 2913)
Funes Straschnoy & Dreyfus
1989 Ed. (82)
Funes, Straschnoy, Dreyfuss Y & R
1991 Ed. (73)
Fungi Care
2004 Ed. (2671)
2003 Ed. (2537)
2002 Ed. (2317)
1999 Ed. (305)
Fungi Cure
1999 Ed. (2486)
Fungicides
1996 Ed. (2990)
Fungicure
2001 Ed. (2491, 2492)
Funk/Luetke
1996 Ed. (3132)
1995 Ed. (3029)
1994 Ed. (2969)
1992 Ed. (3575)
Funnoodle Float Assortment
1997 Ed. (3772)
Funnoodles Foam Float
1998 Ed. (3601)
Funny Money
2006 Ed. (586)
Funnye; Chester J.
1991 Ed. (2549)
Fun's Family Dining
2002 Ed. (4010)
Funsa
1997 Ed. (3752)
funschool.com
2001 Ed. (4775)
Funtastic Shows
2005 Ed. (2523)
2000 Ed. (987)
1999 Ed. (1039)
1998 Ed. (646)
1997 Ed. (907)
1995 Ed. (910)
Funyuns
2003 Ed. (4453)
2002 Ed. (4300)
1999 Ed. (4346)
Fuqua
1989 Ed. (2229)
Fuqua; Duke University,
1991 Ed. (814)
Fuqua Homes, Inc.
1992 Ed. (3516)
1991 Ed. (2758, 2759)
1990 Ed. (2594)
Fuqua Industries
1992 Ed. (3459)
1991 Ed. (2741)
1990 Ed. (1893, 2110, 2863, 2864, 3582)
1989 Ed. (2231)
Fuqua School of Business; Duke University
2008 Ed. (182, 770, 787)
2007 Ed. (808, 823)
Fuqua School of Business, Global Program; Duke University
2007 Ed. (834)
2005 Ed. (812, 813, 815)
Fuqua School of Business, Weekend Executive Program; Duke University
2005 Ed. (815)
Furama Hotel Los Angeles
2002 Ed. (2649)
2000 Ed. (2573)
1999 Ed. (2794)
Furby
2001 Ed. (4606, 4607)
Furey, Doolan & Abell
2007 Ed. (3319)
Furgo N.V.
2000 Ed. (1814, 1815, 1817)
1997 Ed. (1761, 1762)
Furio
2005 Ed. (1267)
2003 Ed. (1230)
1999 Ed. (2599)
1998 Ed. (3459)
1995 Ed. (2001)
Furlaud; Richard M.
1991 Ed. (1630)
1990 Ed. (1724)
1989 Ed. (1376, 1383)
Furman Lumber
1991 Ed. (806)
1990 Ed. (843)
Furman Selz
1996 Ed. (797)
Furman Selz Holding Corp.
1995 Ed. (2497)
Furman University
1995 Ed. (937, 1069)
Furnas Centrais Eletricas SA
1996 Ed. (1304, 1305)
1992 Ed. (1581, 1582, 1584)
1990 Ed. (1334, 1335)
Furnas Centrals Eletricas S.A.
1994 Ed. (1332, 1334, 1335)
Furnishing
1997 Ed. (3133)
Furnishings
2007 Ed. (157, 2755)
2006 Ed. (2749)
2005 Ed. (1004, 1006)

Furnishings International Inc.
2003 Ed. (2584, 2585)
2001 Ed. (2569, 2570)
Furniture
2007 Ed. (1321, 2755)
2006 Ed. (2749)
2004 Ed. (2545, 2550, 2551, 2554)
2002 Ed. (2216, 2217)
2001 Ed. (3844)
2000 Ed. (1898, 2588, 3556)
1999 Ed. (1473, 3301)
1997 Ed. (2329)
1995 Ed. (1295, 1296, 1297, 1298, 1301, 1302)
1994 Ed. (1272, 1273, 1276, 1279, 1280, 1281, 2889)
1993 Ed. (1233, 1235, 1236, 2501)
1992 Ed. (1502, 2600, 2602, 2604, 2606, 2612, 2615, 2858)
1991 Ed. (1977, 2030, 2034, 2037, 2039, 2040, 2042, 2045, 3306)
Furniture & fixtures
1993 Ed. (2410)
Furniture and furnishings
2001 Ed. (3811)
Furniture Brands International Inc.
2008 Ed. (1953, 2795, 2796, 2797, 2992)
2007 Ed. (136, 2659, 2660, 2661, 2663, 2667, 2872)
2006 Ed. (143, 1905, 1942, 2674, 2675, 2676, 2677, 2678, 2878)
2005 Ed. (1913, 2696, 2697, 2698, 2699, 2700, 2701)
2004 Ed. (2159, 2697, 2698, 2699, 2700, 2701, 2703, 2705, 2870, 2871, 2878)
2003 Ed. (2119, 2584, 2585, 2586, 2588, 2589, 2772, 2774)
2002 Ed. (2378, 2381)
2001 Ed. (2565, 2569, 2570, 2736, 2737)
2000 Ed. (2255, 2287, 2288)
1999 Ed. (2544, 2546, 2547, 2549, 2700)
1998 Ed. (1782, 1783, 1785, 1787)
1997 Ed. (2098)
Furniture/furnishings
1993 Ed. (2867)
Furniture, home/office
1999 Ed. (2713)
Furniture maintenance
1996 Ed. (2881)
1995 Ed. (2816)
Furniture Medic
2008 Ed. (2391)
2007 Ed. (2254)
2006 Ed. (2323)
2005 Ed. (2263)
2004 Ed. (2166)
2003 Ed. (2593)
2002 Ed. (2384)
1998 Ed. (1758, 1759)
1996 Ed. (1967)
Furniture polish
2002 Ed. (2707)
1994 Ed. (978)
Furniture, pressed wood
1998 Ed. (122)
Furniture, ready-to-assemble
2005 Ed. (2781)
Furniture store chains
1997 Ed. (2102)
Furniture stores
2001 Ed. (4484)
2000 Ed. (4210)
1999 Ed. (4120)
1997 Ed. (3712)
1996 Ed. (1985, 1986)
Furniture Today
2008 Ed. (143, 815)
2007 Ed. (159)
2006 Ed. (756)
2005 Ed. (830)
2004 Ed. (856)
2000 Ed. (3482)
Furniture.com
2007 Ed. (2319)
FurnitureFind
2005 Ed. (4092)
Furnitureland South Inc.
2005 Ed. (2879)
2000 Ed. (2305)
Furosemide
2005 Ed. (2255)
1997 Ed. (1653)
1996 Ed. (1570, 2014)
1994 Ed. (1966)
Furosemide Oral
2007 Ed. (2245)
2006 Ed. (2311)
2005 Ed. (2250)
2004 Ed. (2152)
2001 Ed. (2101)
2000 Ed. (2324, 2325)
1999 Ed. (2585)
1998 Ed. (1825, 2917)
Furr; Randy
2008 Ed. (968)
Furr's
2008 Ed. (4167, 4168)
1992 Ed. (3711)
1991 Ed. (2871)
Furr's/Bishop's
1990 Ed. (3017)
Furr's/Bishop's Cafeterias
1993 Ed. (3019, 3032)
Furr's/Bishop's Cafeterias L.P.
1992 Ed. (3716)
1991 Ed. (2880)
Furr's Cafeterias
1997 Ed. (3336)
1996 Ed. (3233)
1994 Ed. (3073, 3091)
1990 Ed. (3005)
Furr's Family Dining
2002 Ed. (4019)
1999 Ed. (4062)
Furr's Restaurant Group Inc.
2004 Ed. (236)
Furr's Supermarkets Inc.
2003 Ed. (1788)
2001 Ed. (1815)
Furse; Clara
2006 Ed. (4978)
Furst Group
1997 Ed. (1010, 3526)
1996 Ed. (3455)
Furst Group Management Partners
2008 Ed. (4131)
Furukawa
1998 Ed. (1557)
Furukawa Electric Co., Ltd.
2005 Ed. (1532)
2004 Ed. (1516, 2258)
2000 Ed. (3093)
1999 Ed. (3358)
1997 Ed. (2757)
1996 Ed. (2613)
1995 Ed. (2550, 2552)
1994 Ed. (2484, 2486)
1993 Ed. (2539)
1992 Ed. (3032)
1991 Ed. (2423)
1990 Ed. (1588, 2545)
1989 Ed. (1655)
Furukawa Metal
1999 Ed. (4167)
Furukawa Mining & Metals Co. Ltd.
2001 Ed. (1505)
Fusco Corp.
2008 Ed. (1274)
2006 Ed. (1298)
2004 Ed. (1261)
2003 Ed. (1258)
2002 Ed. (1245)
Fuse Inc.
2008 Ed. (111, 176)
2007 Ed. (101, 193)
2006 Ed. (187)
2005 Ed. (103)
2004 Ed. (107)
Fusible alloys
2007 Ed. (629)
2006 Ed. (600)
Fusion Communications
1999 Ed. (3936)
1996 Ed. (3123)
Fusion Microsystems
2006 Ed. (3503)
Fusion Systems
1996 Ed. (3306, 3779)
Fusion Telecommunications International Inc.
2007 Ed. (4287)
Fusion Trade
2005 Ed. (2346)
FusionStorm
2005 Ed. (4808)
Fusive.com
2001 Ed. (1871, 2851)
Fuss & O'Neill
2008 Ed. (2515)
A Fussigny
2002 Ed. (778)
Futbol Club Barcelona
2008 Ed. (3442, 4203)
Futee Jr.; J. R.
1995 Ed. (3504)
Futorian Furnishings Inc.
2001 Ed. (1796)
Futronix Systems
2003 Ed. (2203)
Futura
2001 Ed. (208)
1999 Ed. (152)
1997 Ed. (143)
1996 Ed. (137)
Futura DDB
2003 Ed. (62)
2002 Ed. (95)
2001 Ed. (124)
2000 Ed. (82, 170)
Futura Industries Corp.
2006 Ed. (2087)
Future
2003 Ed. (979, 984)
Future Brands LLC
2004 Ed. (4849)
Future-Call Telemarketing West Inc.
1996 Ed. (3642)
Future Computer Technologies
2005 Ed. (1105)
Future Electronics Inc.
2008 Ed. (2457, 2470)
2007 Ed. (2331, 2340)
2006 Ed. (2387)
2005 Ed. (2352, 4349)
2004 Ed. (2252, 4402)
2003 Ed. (2188)
2002 Ed. (2077, 2089, 2095)
2001 Ed. (1789, 2182, 2183, 2203, 2211, 4817)
2000 Ed. (1761, 1762, 1771)
1999 Ed. (1938, 1987, 1988, 1991)
1998 Ed. (1403, 1405, 1406, 1407, 1412, 1413)
1997 Ed. (1708, 1712)
1996 Ed. (1630)
1990 Ed. (3234)
1989 Ed. (1335)
Future Enterprises Inc.
1999 Ed. (4810)
The Future for Investors
2007 Ed. (652)
The Future for Investors: Why the Tried & True Triumph Over the Bold & the New
2007 Ed. (656)
Future Healthcare
1995 Ed. (2819)
The Future Network plc
2004 Ed. (1716)
Future Network USA
2008 Ed. (4345)
Future Now
1996 Ed. (1069)
The Future of Competition
2006 Ed. (634)
Future Packaging Inc.
2003 Ed. (2420)
Future Shop
2008 Ed. (646)
2004 Ed. (4842)
2002 Ed. (4753)
1999 Ed. (4109)
1998 Ed. (859)
1997 Ed. (3547)
1996 Ed. (3483)
Future System Consulting
2001 Ed. (1763)
Future Telecom Inc.
2002 Ed. (4290)
FutureBrand
2002 Ed. (1952, 1953, 1957)
FutureCall Telemarketing
1998 Ed. (3478)
FutureCall Telemarketing West Inc.
2000 Ed. (4194)
1999 Ed. (4556)
Future.com
2005 Ed. (4810)
Futurekids Inc.
1994 Ed. (1912)
Futurelink
2002 Ed. (2475)
Futurelink Distribution
2001 Ed. (4451)
Futures & Options
1990 Ed. (2289)
Futures Center
1992 Ed. (4318)
Futures Management Inc.
1990 Ed. (2289)
Futuresone Diversified Fund Ltd.
2008 Ed. (1095)
Futurestep
2002 Ed. (4794)
Futuris Corp.
2004 Ed. (1632, 4918)
2002 Ed. (4895)
Futuro
2004 Ed. (2615, 2616)
2003 Ed. (2485)
2002 Ed. (2283)
Futuro Beyond Support
2003 Ed. (2485)
Futuro Sport
2004 Ed. (2615)
2003 Ed. (2485)
2002 Ed. (2283)
Fuxhou
2001 Ed. (3855)
Fuzhou
2001 Ed. (1096)
Fuzziwig's Candy Factory Inc.
2008 Ed. (842)
F.Van Lanschot Bankiers
2000 Ed. (629)
FW Woolworth & Co. (Cyprus) Ltd.
2002 Ed. (4404, 4405)
FWW Financial
2001 Ed. (887)
FX Concepts
1994 Ed. (2296, 2332)
1993 Ed. (2318, 2350)
FX Energy
2002 Ed. (2122)
FX 500 Ltd.
1996 Ed. (1055)
FX 500 Ltd. (Hedge Plus)
1996 Ed. (1055)
F.X. Matt
1990 Ed. (751)
F.X. Matt Brewing Co.
1990 Ed. (752)
1989 Ed. (757)
FX Solutions
2007 Ed. (2565)
FXall
2004 Ed. (2222)
Fybogel
2002 Ed. (2053)
Fyffes
1997 Ed. (1457)
1994 Ed. (1578, 1579)
1992 Ed. (1878)
Fyffes plc
2007 Ed. (1824)
2000 Ed. (1484)
1999 Ed. (1684)
1993 Ed. (1533)
Fyve Star Inc.
2008 Ed. (3735, 4431, 4987)
2007 Ed. (3605, 3606, 4449)
2006 Ed. (3543)

G

G. A. Andreas
2005 Ed. (2492)
2004 Ed. (2508)
2002 Ed. (2192)
2001 Ed. (2328)

G. A. Barton
2005 Ed. (2493)
2004 Ed. (2509)
2003 Ed. (2390)
2001 Ed. (2331)
G. A. Blanco & Sons Inc.
2008 Ed. (3714, 4403)
2007 Ed. (3565, 4426)
G. A. P. Adventures Inc.
2008 Ed. (4319)
2007 Ed. (1942, 4363)
G. A. Schaefer Jr.
2005 Ed. (2477)
G. A. Spector
2003 Ed. (2377)
G. A. Sullivan
2002 Ed. (2517)
G. Accion
2003 Ed. (1181)
G. Alan Zimmerman
1998 Ed. (1656)
1997 Ed. (1880)
G. Alan Zimmermann
2000 Ed. (2028)
1999 Ed. (2246)
1995 Ed. (1829)
1994 Ed. (1790)
1993 Ed. (1807)
G. Allen Andreas
2006 Ed. (2627)
G & A Partners
2008 Ed. (2966)
2007 Ed. (2834)
2006 Ed. (2831)
G & B Solutions Inc.
2008 Ed. (1346)
G & K Inc.
2003 Ed. (2134)
G & K Services Inc.
2008 Ed. (3887)
2007 Ed. (3827)
2006 Ed. (3811)
2005 Ed. (1014, 1015, 3721)
2004 Ed. (999, 1000, 3811, 3812)
2001 Ed. (3729)
G & S Research Inc.
2008 Ed. (1805)
G & W Rich & Rare
2002 Ed. (3103)
2001 Ed. (4789)
2000 Ed. (2945)
G. Barnett Group Ltd.
1994 Ed. (1002)
G. Brent Stanley
2006 Ed. (2525)
G. C. Bible
2004 Ed. (2525)
2003 Ed. (2405)
2002 Ed. (2210)
G. C. Sullivan
2005 Ed. (2500)
2004 Ed. (2516)
2002 Ed. (2204)
2001 Ed. (2339)
G. C. Wallace Inc.
2006 Ed. (2456)
G. C. Wallace Cos.
2008 Ed. (2520, 2529)
2007 Ed. (2405, 2407)
G. C. Zeman
2003 Ed. (2376)
G. D. Barri & Associates Inc.
2007 Ed. (3532, 3533)
G. D. Forsee
2005 Ed. (2506)
G. D. Searle
1990 Ed. (1192)
G. David
2004 Ed. (2498)
2003 Ed. (2378)
2002 Ed. (2184)
2001 Ed. (2317)
G. E. Capital Corp.
1998 Ed. (2131)
G. E. D. Examination Books
1998 Ed. (479)
G. E. Johnson Construction
2008 Ed. (1273)
2007 Ed. (1375)
G. E. Johnston
2005 Ed. (2500)
G. E. Supply
2002 Ed. (1993)
1999 Ed. (2847)
1998 Ed. (2086)
G. F. Namibia
1991 Ed. (2469)
G. F. Office Furniture Ltd.
2004 Ed. (1365)
G. F. Post III
2005 Ed. (2506)
G. F. Wright Steel & Wire Co.
2002 Ed. (3561, 3562)
G. H. Bass & Co.
2005 Ed. (3272)
2004 Ed. (3247, 3248)
2003 Ed. (3201)
G. H. Michell
2003 Ed. (3957)
2002 Ed. (3586, 3786)
G. H. Mumm
2005 Ed. (916)
2004 Ed. (925)
2003 Ed. (900)
2002 Ed. (963)
2001 Ed. (1151)
2000 Ed. (1009)
G. H. Thaver
1996 Ed. (124)
1991 Ed. (138)
G. H. Thaver & Co.
2003 Ed. (132)
2002 Ed. (164)
1999 Ed. (138)
1997 Ed. (128)
1995 Ed. (109)
1993 Ed. (125)
G. Haindl'sche Papierfabriken KG auf Aktien
2000 Ed. (3409)
G. Haindl'sche Papierfabriken KGAA
2002 Ed. (3577)
G. Heileman
1991 Ed. (742, 743)
1990 Ed. (753, 757)
1989 Ed. (759)
G. Heileman Brewing Co.
1999 Ed. (388, 389, 809)
1998 Ed. (499)
1997 Ed. (716, 717, 718, 722, 2628)
1996 Ed. (784)
1995 Ed. (705)
1994 Ed. (751)
1993 Ed. (748)
1992 Ed. (928, 929, 930, 931, 934, 938)
1990 Ed. (762)
1989 Ed. (726)
G. H.Mumm
1990 Ed. (1249)
G. I. Trucking Co.
2002 Ed. (4698)
G-III Apparel
1993 Ed. (997, 998)
G-III Apparel Group Ltd.
2004 Ed. (999)
G. J. Cahil & Co.
2008 Ed. (2057)
G. J. Coles & Co. Ltd.
1989 Ed. (22)
G. J. Coles & Coy Pty. Ltd.
2004 Ed. (1634)
2002 Ed. (1594)
G. J. Harad
2004 Ed. (2515)
G. J. Roberts
2002 Ed. (2201)
G. James Australia
2004 Ed. (3958)
2003 Ed. (3956)
G. K. Goh
1995 Ed. (802, 803, 804, 805, 822, 823, 824, 825, 826)
1993 Ed. (1645)
G. K. Thompson
2004 Ed. (2492)
G-Katmar Family of Cos.
2008 Ed. (1320)
2007 Ed. (1383)
G-Katmer Concrete
2007 Ed. (1336)
G. Kennedy Thompson
2008 Ed. (1108)
2007 Ed. (1016, 1202)
2006 Ed. (1099)
2005 Ed. (1104)
G. L. Hassell
2002 Ed. (2185)
G. L. Hodson & Son Inc.
1994 Ed. (3041)
1993 Ed. (2993)
1992 Ed. (3659)
1991 Ed. (2830)
1990 Ed. (2262)
G. L. Homes
2005 Ed. (1202)
2004 Ed. (1169, 1174)
2003 Ed. (1161, 1166)
2000 Ed. (1215)
G. L. Homes of Florida
2005 Ed. (1227)
2002 Ed. (1191, 2677)
2000 Ed. (1186)
G. L. I. Holding Co.
2008 Ed. (3455)
2007 Ed. (3358)
2006 Ed. (3297)
2005 Ed. (3309)
2004 Ed. (3296)
2003 Ed. (3240)
G. L. Summe
2004 Ed. (2510)
2002 Ed. (2195)
G. L. Watson
2003 Ed. (2399)
G. Leuenberger
1994 Ed. (2593)
G. Levenberger
1993 Ed. (2641)
G-Log
2004 Ed. (2220)
G. M. Binder
2001 Ed. (2325)
G. M. Fisher
2002 Ed. (2196)
2001 Ed. (2330)
G. M. Kapadia & Co.
1997 Ed. (10)
G. M. Levin
2002 Ed. (2201)
2001 Ed. (2340)
G. M. Sherman
2002 Ed. (2195)
2001 Ed. (2332)
G. Maunsell & Partners
1993 Ed. (1614)
G. Meza & Ted Bates
1990 Ed. (90)
1989 Ed. (94)
G. Modiano Ltd.
1994 Ed. (998)
G. P. C. K. Birla
1990 Ed. (1380)
G. P. D'Aloia
2003 Ed. (2383)
G. P. Eliot & Co. Ltd.
1993 Ed. (2456)
1992 Ed. (2898)
G. P. Eliot & Co. Ltd.; 53,
1991 Ed. (2335)
G-P Inverek Corp.
1992 Ed. (2961)
G. R. Wagoner Jr.
1998 Ed. (1517)
G. Richard Wagoner Jr.
2006 Ed. (874)
2005 Ed. (984)
2004 Ed. (975)
G. Robert "Bull" Durham
1989 Ed. (903)
G. Robert O'Brien
1991 Ed. (1633)
G. S. Farris
2004 Ed. (2512)
G. Scott Nirenberski
2000 Ed. (2006)
G. Steven Farris
2007 Ed. (999)
2006 Ed. (909)
2005 Ed. (968)
G. T. Baker
2005 Ed. (2479)
2004 Ed. (2495)
2003 Ed. (2375)
2002 Ed. (2197)
G. T. C. Transcontinental Group Ltd.
2003 Ed. (1078)
2002 Ed. (3269)
G. T. Japan Growth
1989 Ed. (1849)
G. Thomas Baker
1995 Ed. (983)
G. W. Buckley
2005 Ed. (2479)
2003 Ed. (2374)
G. W. Chamillard
2001 Ed. (2329)
G. W. Edwards
2003 Ed. (2393)
G. W. Loveman
2005 Ed. (2479)
2004 Ed. (2495)
2003 Ed. (2374)
2002 Ed. (2196)
G. Wallace McCain
1997 Ed. (3871)
G. Wimpey
2007 Ed. (1312)
2006 Ed. (1204)
2005 Ed. (1245)
GA Communications
2008 Ed. (4035)
GA Ins. Co. (NY)
1992 Ed. (2695)
GAB Business Services Inc.
1996 Ed. (980)
1995 Ed. (992)
1994 Ed. (2284)
1992 Ed. (1169, 2697)
1991 Ed. (941)
1990 Ed. (1012)
1989 Ed. (918)
GAB Robins North America Inc.
2000 Ed. (1093)
Gaba International AG
2006 Ed. (1418)
Gabapentin
2007 Ed. (2244)
Gabb; Roger
2008 Ed. (4006, 4909)
Gabbana; Stefano
2007 Ed. (1102)
Gabberts
1996 Ed. (1984)
1995 Ed. (1965, 2447)
1990 Ed. (1866)
Gabelli ABC
2004 Ed. (2448)
Gabelli ABC Fund
2005 Ed. (3564)
2004 Ed. (3581)
Gabelli Asset
2006 Ed. (4565)
2005 Ed. (4491)
2003 Ed. (2701)
2002 Ed. (2467)
1999 Ed. (3520)
1992 Ed. (3190)
Gabelli Blue Chip Value
2004 Ed. (3590)
Gabelli Convertible Sec.
1994 Ed. (2606)
Gabelli Convertible Securities
1995 Ed. (2740)
1992 Ed. (3162, 3177)
Gabelli Funds
2002 Ed. (4816)
Gabelli Global Growth
2005 Ed. (3539)
Gabelli Global Interactive Coach Potato
2000 Ed. (3293)
Gabelli Global Interactive CP
1999 Ed. (3513, 3514)
Gabelli Global Telecomm.
1999 Ed. (3513)
Gabelli Global Telecommunications
2005 Ed. (3539)
2000 Ed. (3233)
Gabelli Gold
2006 Ed. (3638)
2005 Ed. (3561)
Gabelli Gold Fund
1999 Ed. (3582)
Gabelli Growth
2002 Ed. (3416)
1999 Ed. (3521)
1992 Ed. (3183, 3190)

1990 Ed. (2370)
Gabelli Mathers Fund
2005 Ed. (3555, 3564, 3565)
2004 Ed. (3581)
Gabelli-O'Connor Fixed Income
1995 Ed. (2356, 2364)
Gabelli-O'Connor Fixed Income Management
1992 Ed. (2767)
Gabelli-O'Connor Treasury Fund T-E
1992 Ed. (3097)
Gabelli Small Cap Growth
2004 Ed. (3592)
1999 Ed. (3577)
Gabelli Value
2004 Ed. (3558)
2003 Ed. (3496)
1999 Ed. (3521, 3559)
1995 Ed. (2705)
Gabelli Value Fund
2000 Ed. (3240)
Gabelli/Westwood Balanced
1999 Ed. (3562)
Gabelli Westwood Equity
2005 Ed. (4489)
Gable Co. Inc.; Claude
1994 Ed. (1928)
Gable Inc.; R. R.
1994 Ed. (2999)
Gabon
2008 Ed. (3537)
2007 Ed. (3407, 3408)
2006 Ed. (3184, 3353, 3354)
2005 Ed. (3375, 3376)
2004 Ed. (3344, 3345, 4821)
2003 Ed. (3282, 4822)
2002 Ed. (4707)
2001 Ed. (3212, 4656)
1999 Ed. (2109)
1996 Ed. (1476)
1995 Ed. (1517)
1994 Ed. (1485)
1992 Ed. (1729)
1991 Ed. (1380)
1990 Ed. (1446)
Gabor GmbH
2001 Ed. (3077)
1995 Ed. (2432)
Gaborone
2000 Ed. (3376)
Gabriel Besson
2000 Ed. (2078)
Gabriel Knight
1995 Ed. (1106)
Gabriel Resources
2007 Ed. (4578)
Gabriel Vending Inc.
1992 Ed. (4487)
Gabriela Sabatini
1998 Ed. (198, 3757)
Gabrielle Napolitano
2000 Ed. (1963)
1999 Ed. (2186)
Gad Rausing
1994 Ed. (708)
Gadens Lawyers
2003 Ed. (3180)
Gadjah Tunggal
1999 Ed. (1574)
Gadjah Tunggal DBS Securities
1996 Ed. (3377)
Gadjah Tunggal PT
1997 Ed. (1431)
Gadsby & Hannah
2001 Ed. (869)
Gadsden, AL
2006 Ed. (1067)
2005 Ed. (2381, 3473, 3475)
Gadzooks Inc.
2006 Ed. (1041)
2005 Ed. (1008, 1030)
2004 Ed. (986, 1023)
2003 Ed. (1024)
Gadzoox Networks, Inc.
2003 Ed. (2731)
Gaetano Cordials
2003 Ed. (3218)
2002 Ed. (3085)
2001 Ed. (3100)
2000 Ed. (2937)
GAF
1993 Ed. (1224)
1990 Ed. (935, 936)
1989 Ed. (900, 1050, 1051)
Gaffney; Lisa
1997 Ed. (1936)
Gaft Networks Inc.
2008 Ed. (2867)
Gage-Babcock & Associates Inc.
2006 Ed. (3732, 4265)
2005 Ed. (3615, 4287, 4288)
2004 Ed. (4348)
Gage; Barbara Carlson
2008 Ed. (4836)
2007 Ed. (4907)
2006 Ed. (4913)
Gage Marketing Group
2001 Ed. (3920)
2000 Ed. (57)
1999 Ed. (54, 1862)
1998 Ed. (1287)
1997 Ed. (119, 1618)
1996 Ed. (1553, 3276)
1994 Ed. (3127)
Gagen CPA, LLC; Marilyn J.
2006 Ed. (3509)
GAI Consultants Inc.
2000 Ed. (1843)
Gai Zhong Gai
2007 Ed. (27)
2006 Ed. (35, 36)
2005 Ed. (29)
Gaia FX Ltd.
2000 Ed. (1153)
Gaia Hedge II Ltd.
2000 Ed. (1153)
1995 Ed. (1081)
Gaiam
2000 Ed. (1098, 4043)
GAIL (India) Ltd.
2008 Ed. (2816)
2006 Ed. (4507)
Gaileo Electro-Optics Corp.
1990 Ed. (409)
Gain
2008 Ed. (2329, 2330, 2331)
2007 Ed. (2196, 2197)
2006 Ed. (2256, 2257, 2258)
2005 Ed. (2196, 2197)
2004 Ed. (2093)
2003 Ed. (2040, 2043, 2044, 2045)
2002 Ed. (1961, 1963, 1965, 1966)
2001 Ed. (1241, 2000, 2001)
2000 Ed. (780, 1095)
1999 Ed. (1181)
1998 Ed. (746)
Gain Capital Group
2007 Ed. (2565)
Gain Ultra
2002 Ed. (1962)
Gainer Bank NA
1993 Ed. (515)
1992 Ed. (706)
Gainer Bank NA (Gary)
1991 Ed. (546)
Gainers Inc.
1995 Ed. (2528, 2969)
1994 Ed. (2460, 2912)
1993 Ed. (2518, 2524, 2896, 2897)
1992 Ed. (2998, 3513)
Gaines & Co.
2008 Ed. (1267)
Gaines Burgers
1999 Ed. (3788)
1997 Ed. (3074)
1996 Ed. (2995)
1994 Ed. (2823, 2833)
1993 Ed. (2816)
1992 Ed. (3409)
1989 Ed. (2194)
Gaines Gravy Train
1994 Ed. (2822)
Gainesburgers
1990 Ed. (2819)
Gainesville Area Chamber
2000 Ed. (1004)
Gainesville, FL
2007 Ed. (1162, 3366)
2006 Ed. (1066)
2005 Ed. (1058, 2377, 4797)
2002 Ed. (31, 3329)
1996 Ed. (2621)
1995 Ed. (2807)
1994 Ed. (2498)
Gainesville Regional Utilities
2000 Ed. (2318)
1999 Ed. (2582)
1998 Ed. (1822)
1997 Ed. (2129)
Gainesville Regional Utilities-Gas Dept.
1998 Ed. (2966)
Gainey Transportation Services
1992 Ed. (4354)
1991 Ed. (3429)
Gainsco
1995 Ed. (202, 214)
1994 Ed. (215)
Gainsharing
1996 Ed. (3811)
Gainsville, FL
1998 Ed. (2472)
1997 Ed. (2765)
Gai's Seattle French Baking Co.
1989 Ed. (355, 361)
Gaithersburg, MD
1997 Ed. (2233)
Gajah Tunggal
1997 Ed. (2581)
1996 Ed. (2436)
Gajba TV
2001 Ed. (78)
Gala Hedge III
1993 Ed. (1042)
Galactic Resources Ltd.
1991 Ed. (2657)
Galanter Applebaum; Michelle
1995 Ed. (1847)
Galanti; Richard
2006 Ed. (951)
Galaxy
2008 Ed. (695, 714)
2001 Ed. (1121)
1999 Ed. (785, 1026)
1996 Ed. (873)
1994 Ed. (856)
Galaxy Aerospace Co.
2005 Ed. (1492)
Galaxy Builders
2004 Ed. (1152, 1217)
Galaxy Energy
2008 Ed. (1679)
Galaxy Funds/Government Fund
1992 Ed. (3094)
Galaxy Funds II U.S. Treasury Retail A
2000 Ed. (764)
Galaxy Growth Fund
2003 Ed. (3537)
Galaxy Health Network
2005 Ed. (3883)
Galaxy II-US Treasury Idx Inv
2000 Ed. (626)
Galaxy II U.S. Treasury Index
2004 Ed. (716)
2003 Ed. (702)
Galaxy II Utility Index
1997 Ed. (2900)
Galaxy III
1999 Ed. (3904)
Galaxy International Equity
1995 Ed. (556)
Galaxy International Equity Return
1996 Ed. (616)
Galaxy Scientific
1995 Ed. (998, 3392)
Galaxy Small Cap Value Fund
2003 Ed. (3540)
Galaxy Small Cap Value Trust
1998 Ed. (2608)
Galaxy Small Company Equity Return
1998 Ed. (401)
Galaxy Strategic Equity
2003 Ed. (3526)
Galaxy Total
2002 Ed. (1167)
Galaxy High Quality Bond Institutional
2000 Ed. (626)
Galbraith; Eugene
1997 Ed. (1974)
1996 Ed. (1866)
Galbraith; Steve
2005 Ed. (3202)
Galbreath Inc.
2006 Ed. (4351)
1999 Ed. (3995)
1998 Ed. (3000)
1997 Ed. (3274)
1994 Ed. (3001)
1993 Ed. (2963)
1992 Ed. (3619, 3622)
Galbreath & Co.; John W.
1991 Ed. (1051, 2809, 2810)
1990 Ed. (2959)
Gale & Wentworth Construction Services
2002 Ed. (1202)
Gale & Wentworth, LLC
2002 Ed. (3925)
2000 Ed. (3722)
Gale E. Klappa
2008 Ed. (956)
2007 Ed. (1034)
Gale GFS
2008 Ed. (4317)
Gale Industries Inc.
2007 Ed. (1353)
Gale Norton
2007 Ed. (2497)
Gale Thomas Construction Inc.
2008 Ed. (4369)
Galeana Automotive Group
2001 Ed. (454, 2710)
Galeana Chrysler-Plymouth Inc.
1994 Ed. (266)
1990 Ed. (340)
Galeana Group
1999 Ed. (319, 2685)
1998 Ed. (208, 1942)
1996 Ed. (300)
1995 Ed. (297)
1994 Ed. (293)
1993 Ed. (303)
1992 Ed. (419)
1991 Ed. (309)
Galeana Van Dyke Dodge Inc.
1998 Ed. (204, 1934)
1996 Ed. (260, 2110)
1992 Ed. (2400, 2402, 2408)
1991 Ed. (1905)
Galeana's Van Dyke Dodge Inc.
1995 Ed. (255, 2101, 2106, 2110)
1994 Ed. (2050)
1990 Ed. (346)
Galen
2005 Ed. (1983, 1984, 1985, 1988)
Galen Health Care
2005 Ed. (1515)
1995 Ed. (1220)
1994 Ed. (2030, 2031, 2572)
Galen Holdings plc
2005 Ed. (4887)
Galen Hospital Alaska Inc.
2008 Ed. (1545)
2007 Ed. (1566)
2006 Ed. (1537)
2005 Ed. (1646)
2004 Ed. (1620)
2003 Ed. (1605)
2001 Ed. (1608)
Galen Weston
2008 Ed. (4855, 4856, 4878)
2007 Ed. (4910, 4913)
2006 Ed. (4923, 4925)
2005 Ed. (4866, 4875, 4876, 4881)
2004 Ed. (4879)
2003 Ed. (4891, 4893)
2002 Ed. (4788)
2001 Ed. (1219)
1991 Ed. (1617)
Galena Chrysler-Plymouth, Inc.
1991 Ed. (307)
Galena State Bank & Trust Co.
1996 Ed. (541)
Galeries Lafayette
2006 Ed. (4175)
2001 Ed. (4512)
Galeries Lafayette Group
2007 Ed. (55)
Gali Service Industries
2006 Ed. (3518)
Galifi; Vincent J.
2007 Ed. (3974)
2006 Ed. (3920)
Galileo International
2003 Ed. (2804)
2002 Ed. (4879)
2001 Ed. (4636)

1999 Ed. (4164)
Galindo Financial Corp.
1995 Ed. (2590)
1993 Ed. (2583)
1990 Ed. (2007, 2010, 2011, 2012)
Gall; Brenda
1997 Ed. (1901)
1996 Ed. (1827)
1995 Ed. (1797, 1849)
1994 Ed. (1811)
1993 Ed. (1828)
1991 Ed. (1685)
Gallagher
2001 Ed. (2909)
1991 Ed. (1042)
Gallagher ABOW Inc.
2001 Ed. (2913)
2000 Ed. (2666)
1999 Ed. (2912)
1998 Ed. (2127)
Gallagher & Co.; Arthur J.
2008 Ed. (3236, 3237, 3238, 3240, 3241, 3242, 3243)
2007 Ed. (3095, 3096)
2006 Ed. (1424, 2298, 2584, 3071, 3072, 3073, 3075, 3079, 3149)
2005 Ed. (1469, 2582, 3070, 3073, 3074, 3078, 3152)
1997 Ed. (2413, 2414)
1996 Ed. (2273, 2274, 2275)
1995 Ed. (2270, 2271, 2272, 2273)
1994 Ed. (2224, 2225, 2226)
1993 Ed. (2247, 2248)
1991 Ed. (2137)
1990 Ed. (2266)
Gallagher & Co.; Aurthur J.
1990 Ed. (1650)
Gallagher; Arthur J.
1992 Ed. (20)
1990 Ed. (2268)
1989 Ed. (1739)
Gallagher Bassett Services Inc.
2008 Ed. (3247)
2007 Ed. (3099, 3100, 4213, 4292)
2006 Ed. (3081, 3082, 3083, 4197)
2005 Ed. (4287)
2004 Ed. (4347, 4348)
2001 Ed. (2914)
2000 Ed. (1093)
1996 Ed. (980)
1995 Ed. (992)
1994 Ed. (2284)
1993 Ed. (2244)
1992 Ed. (1169, 2697)
1991 Ed. (941)
1990 Ed. (1012)
1989 Ed. (918)
Gallagher Benefit Services Inc.
2008 Ed. (2484)
Gallagher; Bernadette
2008 Ed. (4899)
2007 Ed. (4919)
Gallagher; C. Tom
1995 Ed. (3505)
Gallagher, Callahan & Gartrell
1999 Ed. (3154)
Gallagher Captive Services Hawaii
2006 Ed. (789)
Gallagher Ltd.; J. J.
1995 Ed. (1009)
1994 Ed. (996)
Gallagher; Mark J.
1995 Ed. (983)
Gallagher Public Relations
2004 Ed. (4015)
Gallagher Re
2008 Ed. (3331)
2007 Ed. (3186)
Gallagher; Robert E.
1990 Ed. (2271)
1989 Ed. (1741)
Gallagher; Thomas
1997 Ed. (1916)
Gallagher; Tom
1993 Ed. (3443)
Gallagher's Las Vegas
2001 Ed. (4054)
Gallaher
2005 Ed. (53)
2004 Ed. (58, 4737)
2002 Ed. (4631)
2001 Ed. (4564)
1999 Ed. (4612)
1996 Ed. (3703)
1995 Ed. (3625)
1994 Ed. (3547)
1992 Ed. (51)
Gallaher Group
2006 Ed. (60)
Gallaher Group plc
2008 Ed. (1743, 1746, 1753)
2007 Ed. (1717, 4775, 4780)
2006 Ed. (1717, 4772)
2005 Ed. (1772)
2002 Ed. (4631)
2001 Ed. (4564)
Gallaher Tobacco Ltd.
2002 Ed. (53)
1997 Ed. (3759)
Gallant Construction
2000 Ed. (4026)
Gallaudet University
1995 Ed. (1070, 1928)
1994 Ed. (1058, 1900)
1992 Ed. (1273)
Galler
2007 Ed. (1598)
The Galleria
2006 Ed. (4311)
2004 Ed. (3330)
2003 Ed. (4407)
The Galleria at Fort Lauderdale
1999 Ed. (4309)
1998 Ed. (3299)
The Gallery at Market East
2000 Ed. (4032)
1999 Ed. (4312)
1998 Ed. (3302)
1994 Ed. (3305)
1992 Ed. (3972)
1991 Ed. (3127)
1990 Ed. (3292)
1989 Ed. (2493)
Gallery Furniture
2004 Ed. (2881, 2890)
1999 Ed. (2562)
Galli; Joe
2005 Ed. (2470)
Galli Jr.; J.
2005 Ed. (2480)
Galli Jr.; Joseph
2008 Ed. (3997)
2007 Ed. (3974)
Galliard Capital
2003 Ed. (3073)
Galliard Capital Management
1999 Ed. (3072)
Galliard Capital Mgmt.
2000 Ed. (2802)
Galliford Try
2008 Ed. (1203)
2007 Ed. (1313)
Gallitzin Savings
1990 Ed. (3125)
Gallo
2000 Ed. (4413, 4415, 4418, 4419, 4422, 4423, 4424, 4426)
1999 Ed. (4791, 4794, 4795, 4798)
1998 Ed. (3742, 3744, 3745, 3747, 3748, 3749, 3750, 3752, 3753)
1997 Ed. (3902, 3903, 3905, 3906, 3907)
1996 Ed. (3835, 3855, 3857, 3858, 3859, 3860, 3864, 3865, 3866, 3867, 3868)
1995 Ed. (3756, 3758, 3759, 3760, 3764, 3765, 3766, 3767, 3768, 3769, 3770)
1994 Ed. (3663)
1993 Ed. (3704, 3720)
1992 Ed. (2888, 4447, 4458, 4460, 4461, 4462, 4464, 4465)
1990 Ed. (3693)
1989 Ed. (2943, 2944, 2946)
Gallo; E. & J.
1993 Ed. (679, 3705, 3714, 3721)
1990 Ed. (3695)
1989 Ed. (2929)
Gallo; Ernest
2007 Ed. (4900)
2005 Ed. (4857)
Gallo Livingston Cellars
1999 Ed. (4785)
1998 Ed. (3439, 3723, 3730)
1997 Ed. (3885)
1996 Ed. (3835, 3836)
1995 Ed. (3738)
Gallo Salame
2008 Ed. (3608)
2002 Ed. (3271)
Gallo Sonoma
2005 Ed. (4951, 4952, 4954, 4956, 4958)
2003 Ed. (4965)
2002 Ed. (4942, 4944, 4947, 4956, 4957, 4959)
2001 Ed. (4880, 4882, 4884, 4886, 4889, 4890, 4892)
Gallo Vermouth
2005 Ed. (4822, 4823)
2004 Ed. (4833)
2003 Ed. (4850)
2002 Ed. (4742)
2001 Ed. (4676)
Gallo Winery; E & J
1996 Ed. (3849)
1995 Ed. (3739, 3750)
1994 Ed. (690, 3664)
1992 Ed. (4453, 4473)
1991 Ed. (3490, 3491)
Gallo Wines
1991 Ed. (3496, 3501, 3502)
Gallop Logistics Corp.
2007 Ed. (1942)
Galloway Ford; Sam
1996 Ed. (271)
1995 Ed. (267)
The Gallup Organization
2007 Ed. (2894)
1999 Ed. (4042)
1998 Ed. (3042)
1997 Ed. (3295)
1996 Ed. (3190, 3191)
1993 Ed. (2995, 2996)
Galoob
1993 Ed. (3601)
Galoob Toys
1999 Ed. (4637)
1995 Ed. (2767)
Galoob Toys; Lewis
1989 Ed. (2666)
Galp Energia
2007 Ed. (1960)
Galp Energia SGPS
2008 Ed. (2054)
Galp Energia SGPS SA
2008 Ed. (2053)
2006 Ed. (1995)
Galp-Petroleo E Gas de Portugal, SGPS SA
2005 Ed. (1953)
Galpin Ford
2008 Ed. (284, 285, 286, 310, 4790, 4791)
2006 Ed. (298, 299, 300)
2005 Ed. (276, 277, 278, 319)
2004 Ed. (272, 273, 275, 4803, 4804)
2002 Ed. (354, 355, 356, 358, 359, 370)
2000 Ed. (334)
1999 Ed. (320)
1996 Ed. (271, 297, 299)
1995 Ed. (267, 294)
1993 Ed. (269, 298)
1992 Ed. (376, 383, 416)
1989 Ed. (283)
Galpin Hyundai
1992 Ed. (385)
1991 Ed. (280)
1990 Ed. (327)
Galpin Lincoln-Mercury
1995 Ed. (274)
Galpin Motors Inc.
1998 Ed. (209)
1996 Ed. (301)
1991 Ed. (268)
Galt House Hotel
2004 Ed. (2945)
2003 Ed. (2413)
The Galt House Hotel & Suites
2005 Ed. (2519)
Galtaco
1989 Ed. (1930)
Galter, Jack and Dollie
1994 Ed. (890)
Galusha, Higgins & Galusha PC
2008 Ed. (11)
2007 Ed. (13)
2006 Ed. (17)
2005 Ed. (12)
2004 Ed. (16)
2003 Ed. (10)
2002 Ed. (15)
Galvanizers
2001 Ed. (4942)
Galveston
1992 Ed. (1810)
Galveston, TX
2002 Ed. (1061)
Galvin; C. B.
2005 Ed. (2489)
Galvin; Christopher B.
1997 Ed. (1804)
1996 Ed. (1716)
Galyan's Trading Co.
2006 Ed. (4449, 4451)
GAM
1990 Ed. (2319)
GAM Amalgam Account
1997 Ed. (2915)
GAM Europe
2004 Ed. (3648)
GAM Europe A
1999 Ed. (3567)
GAM Global
1996 Ed. (2805)
GAM Global A
1999 Ed. (3513, 3514, 3551, 3580)
1997 Ed. (2876)
GAM Global Fund
1992 Ed. (3178)
GAM Hon Kong Inc.
1990 Ed. (2399)
GAM Institutional
1997 Ed. (2522)
GAM International
2001 Ed. (3444)
1996 Ed. (2754, 2804)
1992 Ed. (3178)
GAM International A
1999 Ed. (3517, 3567, 3568)
1997 Ed. (2875, 2883, 2898)
1995 Ed. (2679, 2699, 2706)
GAM International Class A
2000 Ed. (3311)
GAM North American
1992 Ed. (3207)
GAM Overseas
1995 Ed. (2095)
1994 Ed. (2598)
GAM Pacific Inc.
1990 Ed. (2397)
GAM Pacific Basin
1996 Ed. (2775, 2790)
GAM Pacific Basin A
1997 Ed. (2875)
GAM Singapore & Malaysia
1996 Ed. (2817, 2818)
GAM Trading Investment Strategy
2004 Ed. (2820)
GAM Tyche
1993 Ed. (2657)
Gambardella; Michael
1997 Ed. (1899)
Gambia
2001 Ed. (3659)
1993 Ed. (2951)
Gambia Commercial and Development Bank
1989 Ed. (539)
Gambino; Thomas and Joseph
1994 Ed. (890)
Gambling
2008 Ed. (70)
2001 Ed. (2969)
1996 Ed. (2473)
1995 Ed. (3077)
Gambone Brothers
2003 Ed. (1191)
2002 Ed. (1204)
Gambr AB
1993 Ed. (1193)
Gambrinus Co.
2003 Ed. (662)
2001 Ed. (679)
Gambro Inc.
2005 Ed. (1754)

Gambro AB
2008 Ed. (1411, 1758)
2007 Ed. (1729, 2781)
2006 Ed. (1720, 3402)
2005 Ed. (1775)
Gambro Healthcare
2006 Ed. (2781)
Gamco Investors
1993 Ed. (2297)
1991 Ed. (2226, 2230, 2241)
1990 Ed. (2344)
The Game
2000 Ed. (4349)
1993 Ed. (3371)
1992 Ed. (4051)
Game Boy
2002 Ed. (4746)
1996 Ed. (3726)
Game Gear System
1996 Ed. (3721)
1993 Ed. (3600)
Game Informer
2008 Ed. (152)
Game shows
1996 Ed. (865)
Game Workshop
2006 Ed. (1676)
Gameboy
2008 Ed. (1129)
2006 Ed. (1121)
1994 Ed. (3557)
1993 Ed. (3600)
Gamegate.com
2002 Ed. (2518)
Gameloft
2007 Ed. (2742)
Gameloft SA
2008 Ed. (1722, 1763, 2868, 3207)
2007 Ed. (1695, 1735)
Gamen Investment Group Ltd.
2008 Ed. (3736, 4432)
GamePlan Financial Marketing
2007 Ed. (3103)
2006 Ed. (3086)
2005 Ed. (3081)
GamePro
2001 Ed. (258)
2000 Ed. (3486, 3488)
Gamerica Capital
2003 Ed. (3510)
2002 Ed. (3420)
GAMerica Capital A
1999 Ed. (3560)
GAMerica Capital Fund
2005 Ed. (3557)
Games
2008 Ed. (2647, 3352)
2007 Ed. (2311, 3218)
2005 Ed. (852, 4728)
2002 Ed. (926)
2001 Ed. (4593, 4605)
1993 Ed. (2564)
1992 Ed. (3250)
1990 Ed. (2776)
Games & Toys
1990 Ed. (3534)
Games, children's action
1999 Ed. (4634)
Games, computer and video
2003 Ed. (4514)
Games Informer
2007 Ed. (169)
Games-on-demand
1996 Ed. (859)
Games/puzzles
1999 Ed. (4633)
1994 Ed. (732)
Games, simulations
1993 Ed. (1594)
Games/toys
1991 Ed. (3304)
Games, toys & children's vehicles
1998 Ed. (29)
Games, toys & hobbycraft
2000 Ed. (947)
Games, toys & hobbycrafts
1999 Ed. (1002)
Games, toys and sporting goods
1990 Ed. (3629)
Games/toys/hobbycrafts
1996 Ed. (860)
Games/toys/playing cards
1996 Ed. (2221)
Games, travel
1999 Ed. (4634)
Games Workshop
2006 Ed. (2969)
Gamesa
2007 Ed. (4962)
1989 Ed. (42)
Gamesa Corporacion Tecnologica SA
2008 Ed. (3581)
GameSpy Industries
2002 Ed. (4870)
GameStop Corp.
2008 Ed. (887, 888, 1513, 2850, 2982, 2993, 2994, 4232, 4473)
2007 Ed. (4494)
2004 Ed. (1571, 1868, 4340)
GameStop.com
2008 Ed. (2443)
Gametek Inc.
1996 Ed. (1926)
Gamier Nutrisse
2004 Ed. (2784)
Gamil Magal
2007 Ed. (2464)
Gaming dealer
2008 Ed. (3810)
Gamma Biologicals
1994 Ed. (712)
Gamma Holding
1999 Ed. (4593)
Gamma Holding NV
2002 Ed. (4618)
Gamuda
2007 Ed. (1864)
Gamut Investments
1993 Ed. (2684)
Gan
2000 Ed. (564)
1999 Ed. (1659, 2917)
1997 Ed. (2422, 2425)
1996 Ed. (1920)
1995 Ed. (1876)
1994 Ed. (1848, 2235)
1993 Ed. (1860)
1992 Ed. (1618, 1618, 2709)
1990 Ed. (2279)
GAN-Assur Nationales
2000 Ed. (1436)
1999 Ed. (1633)
1996 Ed. (1347)
1994 Ed. (1369)
Gan; Eric
1997 Ed. (1991)
1996 Ed. (1885)
Gan Framlington Managed
1997 Ed. (2917)
Gan Perpetual Managed
1997 Ed. (2914)
Gan Tee Jin
1996 Ed. (1911)
Ganadero
2001 Ed. (616, 617, 618)
2000 Ed. (497, 498, 499, 500, 502)
Ganassi Racing; Chip
2007 Ed. (327)
Gancia Asti
2002 Ed. (963)
2001 Ed. (1151)
2000 Ed. (1009)
1999 Ed. (1068)
1998 Ed. (682)
1997 Ed. (942)
1996 Ed. (909)
1995 Ed. (930)
1993 Ed. (883)
1992 Ed. (1085)
1991 Ed. (885)
1989 Ed. (872)
Gandalf
1990 Ed. (2595)
Gandalf Technologies
1999 Ed. (3676, 3677)
1998 Ed. (2727, 2728)
Gandara; Marilda L.
2006 Ed. (2516)
G&D Shoes
1992 Ed. (88)
Gandel; John
2008 Ed. (4842)
Gander Mountain Co.
2008 Ed. (4482, 4484)
2007 Ed. (4505)
2006 Ed. (4449)
Gandhi; Sonia
2006 Ed. (4986)
Gandy's Dry Inc.
2003 Ed. (4493)
Gani; Marcel
2006 Ed. (957)
Ganley Westside Imports Inc.
1992 Ed. (403)
Ganley Yugo
1992 Ed. (414)
Gannet Co.
2000 Ed. (3333)
Gannett Co., Inc.
2008 Ed. (2159, 2161, 2170, 3031, 3200, 3624, 3628, 3783, 4085, 4086, 4659)
2007 Ed. (100, 2053, 2054, 2061, 2908, 3451, 3453, 3699, 4049, 4050, 4051, 4052, 4053, 4737, 4738)
2006 Ed. (2097, 2108, 2110, 2111, 3433, 3435, 3436, 3438, 3439, 3440, 3704, 4019, 4020, 4021, 4022, 4716, 4717)
2005 Ed. (749, 750, 1997, 2005, 2010, 3422, 3424, 3425, 3427, 3600, 3979, 3980, 3983, 3984, 4660, 4661)
2004 Ed. (777, 778, 2417, 3409, 3410, 3411, 3412, 3415, 3685, 4040, 4041, 4045, 4046, 4689, 4690)
2003 Ed. (918, 1846, 2336, 3346, 3347, 3350, 3351, 3641, 4022, 4023, 4024, 4025, 4026, 4027, 4712, 4713)
2002 Ed. (1565, 1795, 2146, 3280, 3283, 3286, 3288, 3883, 3884, 3885, 4582)
2001 Ed. (1033, 1543, 3230, 3231, 3247, 3248, 3540, 3886, 3887, 3952, 4490)
2000 Ed. (825, 1581, 3050, 3681, 3682, 3683, 4213, 4427)
1999 Ed. (823, 824, 3307, 3310, 3312, 3612, 3968, 3971, 3972, 4569, 4570)
1998 Ed. (512, 1064, 1191, 1318, 2441, 2679, 2972, 2973, 2974, 2975, 2976, 2981, 3500, 3501)
1997 Ed. (1280, 1281, 1528, 2716, 2717, 2718, 2942, 3219, 3220, 3221, 3222, 3234, 3718, 3719, 3720)
1996 Ed. (1459, 2846, 3139, 3140, 3141, 3142)
1995 Ed. (715, 1257, 1504, 2510, 3038, 3039, 3040, 3042, 3576)
1994 Ed. (757, 1467, 2444, 2445, 2977, 2978, 2979, 2981, 2982)
1993 Ed. (752, 1413, 2505, 2941, 2942, 2943, 2944, 3544)
1992 Ed. (1985, 2978, 2980, 3585, 3586, 3589, 3602)
1991 Ed. (2389, 2391, 2392, 2783, 2784, 2785, 2786, 2787)
1990 Ed. (2929, 2930, 2931, 2933)
1989 Ed. (2010, 2264, 2265, 2266, 2267, 2971)
Gannett Broadcasting
2001 Ed. (4492)
2000 Ed. (4214)
1992 Ed. (4256)
Gannett Fleming
2004 Ed. (2336)
Gannett Fleming Engineers & Architects
2000 Ed. (1860)
Gannett Co. Inc
1999 Ed. (3969)
Gannett Suburban Newspapers
2000 Ed. (3339)
1999 Ed. (3621)
1997 Ed. (2945)
Gant
1994 Ed. (1027)
1993 Ed. (995)
GAO
1994 Ed. (2473)
The Gap
2008 Ed. (685, 891, 983, 985, 996, 999, 1000, 1002, 1003, 1004, 1005, 1006, 1008, 1009, 1591, 3008, 4224, 4225, 4477, 4478, 4653)
2007 Ed. (129, 716, 910, 1100, 1104, 1117, 1118, 1119, 1120, 1121, 1122, 1124, 1126, 1127, 1608, 2886, 4184, 4492, 4493, 4496, 4500, 4501)
2006 Ed. (136, 1015, 1031, 1032, 1033, 1034, 1035, 1037, 1583, 1588, 1589, 4162, 4163, 4167, 4431, 4433, 4434, 4435, 4438, 4443)
2005 Ed. (1023, 1024, 1027, 1569, 1674, 1677, 1683, 1685, 3244, 4106, 4115, 4116, 4141, 4414, 4415, 4416, 4418, 4419, 4420, 4422)
2004 Ed. (1013, 1014, 1019, 1555, 4187, 4188, 4214, 4466, 4468, 4470, 4472, 4473, 4475)
2003 Ed. (195, 1010, 1011, 1018, 1021, 1022, 4183, 4185, 4500, 4501, 4505, 4506)
2002 Ed. (1689, 4036, 4044, 4334, 4335, 4336)
2001 Ed. (1271, 1272, 1273, 1587, 1648, 1649, 2027, 2487, 4093, 4094, 4095, 4096, 4107, 4322, 4323, 4324, 4325, 4326)
2000 Ed. (950, 1118, 1123, 1333, 1334, 1689, 4125, 4427)
1999 Ed. (1198, 1199, 1200, 1204, 1872, 4093, 4095, 4098, 4374)
1998 Ed. (767, 769, 770, 771, 772, 1063, 1298, 3345, 3346, 3347)
1997 Ed. (1028, 1029, 1030, 1824, 3551, 3552)
1996 Ed. (1008, 1009, 1010, 1243, 1246, 1247, 2866, 2867, 3487)
1995 Ed. (1024, 1025, 1029, 3288, 3304, 3306, 3426, 3516)
1994 Ed. (885, 1015, 1016, 1019, 3094, 3100, 3222, 3226, 3367)
1993 Ed. (827, 828, 988, 1348, 1497, 3039, 3365, 3462, 3471)
1992 Ed. (1211, 1212, 1215, 1217, 3727, 4038)
1991 Ed. (974, 975, 978, 3227, 3229)
1990 Ed. (1048, 1049, 1050, 1051, 1052, 3031)
1989 Ed. (933, 934)
GAP Publicidad
2003 Ed. (128)
2002 Ed. (160)
1999 Ed. (134)
1997 Ed. (126)
GAP Publicidad (FCB)
2000 Ed. (152)
GAP Publicidad Nicaragua
2001 Ed. (189)
Gap Stores
2005 Ed. (1028)
Gap.com
2008 Ed. (2446)
2001 Ed. (2975, 2982, 2983)
GapKids
2001 Ed. (1260)
Garage Isla Verde Inc.
2007 Ed. (311)
2006 Ed. (316)
2005 Ed. (297)
2004 Ed. (304)
Garage.com
2002 Ed. (4818, 4860)
GarageTek Inc.
2007 Ed. (3192)
2006 Ed. (3158)
2005 Ed. (3157)
Garan Inc.
2004 Ed. (986)
1997 Ed. (1019)
1996 Ed. (999)
1995 Ed. (1036)
1994 Ed. (215, 1030)
1993 Ed. (998)

Garanimals
1999 Ed. (1192)
1997 Ed. (1020)
1995 Ed. (1022)
1992 Ed. (1208)
Garanti Bankasi
2006 Ed. (3229)
2002 Ed. (3030)
2000 Ed. (2868)
1993 Ed. (2370)
Garanti Bankasi; T.
1997 Ed. (2576)
Garbage bags
2002 Ed. (3719)
1993 Ed. (2109)
Garbage collectors
1990 Ed. (2728)
Garban Intercapital
2001 Ed. (1886)
Garbarino
2004 Ed. (24)
Garbarski Euro RSCG
1997 Ed. (64)
1996 Ed. (66)
1995 Ed. (50)
1994 Ed. (72)
1993 Ed. (83)
Garber Bros. Inc.
2003 Ed. (4937)
1998 Ed. (980, 982)
1997 Ed. (1202, 1204, 1207)
1995 Ed. (1196, 1197, 1201, 1204)
Garbett Homes
2007 Ed. (1314)
Garcia
1998 Ed. (3350)
1997 Ed. (3556)
1995 Ed. (3428)
1994 Ed. (3371)
1993 Ed. (3367)
Garcia; Andy
1994 Ed. (1668)
1993 Ed. (1634)
Garcia-Cantera; Jose
1996 Ed. (1897)
Garcia; Carlos E.
1995 Ed. (2669)
1992 Ed. (3137)
1991 Ed. (2547)
Garcia; Carlos M.
2007 Ed. (2496)
Garcia; Jerry
1995 Ed. (1715)
1993 Ed. (1634)
Garcia; Marilyn L.
1995 Ed. (2653)
Garcia Patto
1992 Ed. (179)
1991 Ed. (126)
Garcia Patto International
1989 Ed. (134)
Garcia Patto Intl.
1990 Ed. (127)
Garcia; Paul
2007 Ed. (973)
2006 Ed. (882)
Garcia Roofing Inc.
2003 Ed. (2420)
Garcia-Velez; Carlos
1991 Ed. (1629)
Garcia y Vega
2003 Ed. (966)
1998 Ed. (731, 3438)
Garcia's Mexican Restaurants
1994 Ed. (2506)
1993 Ed. (2558)
1992 Ed. (3061)
1991 Ed. (2449, 2878)
Garcy Corp.
1999 Ed. (4500)
Garda World Security
2007 Ed. (1638)
2006 Ed. (1604, 1633)
Gardaland
2007 Ed. (273)
2006 Ed. (268)
2005 Ed. (249)
2003 Ed. (273)
2002 Ed. (308)
2001 Ed. (377)
2000 Ed. (297)
1999 Ed. (269)
1997 Ed. (247)
Garden
2005 Ed. (2781)
Garden City, NY
1990 Ed. (2159)
Garden City Saab
1993 Ed. (285)
Garden Design
1999 Ed. (3754)
1998 Ed. (2785)
Garden Fresh
1998 Ed. (3072, 3420)
Garden Fresh Restaurant Corp.
2006 Ed. (4010)
Garden Grove Hyundai
1991 Ed. (280)
Garden House
2006 Ed. (74)
Garden of Life
2007 Ed. (1323)
2006 Ed. (2758)
Garden Ridge
2001 Ed. (2744)
1999 Ed. (1878, 4373)
1998 Ed. (1299, 1304)
Garden Ridge Pottery
1998 Ed. (3343)
Garden State Cable TV
1995 Ed. (671)
1994 Ed. (714)
1993 Ed. (706)
1992 Ed. (895)
Garden State Credit Union
2003 Ed. (1895)
Garden State Exhibit & Convention Center
2002 Ed. (1335)
Garden State Limousine
2000 Ed. (3169)
1999 Ed. (3454)
Garden State Park
2002 Ed. (1335)
1999 Ed. (1419)
1990 Ed. (1219)
Garden State Plaza
1990 Ed. (3291)
1989 Ed. (2492)
Gardena Honda
1996 Ed. (272)
1995 Ed. (269)
1994 Ed. (269)
1993 Ed. (270, 298)
1992 Ed. (376, 384, 416)
1991 Ed. (279)
1990 Ed. (326)
Gardenburger
2005 Ed. (2632)
2004 Ed. (2641)
2003 Ed. (2506)
The Gardens
1999 Ed. (4309)
1998 Ed. (3299)
Gardens of the Palm Beaches
2000 Ed. (4029)
Gardere & Wynne
1993 Ed. (2396)
1992 Ed. (2833)
1991 Ed. (2284)
1990 Ed. (2418)
Gardetto's
2004 Ed. (4437)
2001 Ed. (4291)
2000 Ed. (4063)
1994 Ed. (3342)
Gardetto's Chips & Twists
2001 Ed. (4291)
Gardetto's Sank Ens
2001 Ed. (4291)
Gardetto's Snak Ens
2002 Ed. (4300)
1999 Ed. (4346)
1995 Ed. (3405, 3691)
Gardiner & Clancy LLC
1999 Ed. (3011)
Gardiner & Rauen Inc.
1999 Ed. (958)
1995 Ed. (853)
Gardini; Raul
1992 Ed. (888)
Gardner; Booth
1992 Ed. (2344, 2345)
1991 Ed. (1857)
Gardner, Carton & Douglas
2002 Ed. (3535)
2001 Ed. (807, 845)
1999 Ed. (3148)
1998 Ed. (2327)
Gardner; Craig
1996 Ed. (14, 15)
1993 Ed. (7, 8)
Gardner Denver Inc.
2008 Ed. (845)
2005 Ed. (3350, 3351)
2004 Ed. (3325, 3326)
Gardner; Henry L.
1993 Ed. (2638)
1992 Ed. (3136)
1991 Ed. (2546)
Gardner; Jeffrey
2007 Ed. (1087)
Gardner Lewis Asset
1995 Ed. (2360)
Gardner Lewis Asset Management
1994 Ed. (2308)
Gardner Merchant Ltd.
1997 Ed. (2304)
1996 Ed. (2186)
1995 Ed. (2171)
1994 Ed. (2120)
Gardner Merchant Food Services
1997 Ed. (2057)
1996 Ed. (1954)
1995 Ed. (1912, 1914, 3114)
1994 Ed. (1890)
Gardner Merchant Ltd
1990 Ed. (2093)
Gardner Merchant Services Group Ltd.
1997 Ed. (2304)
Gardner Smith
2005 Ed. (3909)
2004 Ed. (4918, 4921)
2003 Ed. (3955)
2002 Ed. (3772, 3788, 4895)
Gardner Turfgrass Inc.
2004 Ed. (1712, 1998, 3947)
Garelick Farms Inc.
2008 Ed. (3669, 3670)
2001 Ed. (3310, 3312)
2000 Ed. (3133, 3134)
Garfield
1992 Ed. (1064)
Garfield Weston
1992 Ed. (888)
Garfield Weston Foundation
1997 Ed. (945)
Garfield's Restaurant & Pub
2004 Ed. (4140)
2002 Ed. (4024)
Garfunkel; Simon &
2006 Ed. (2486)
Garfunkel, Wild & Travis
2008 Ed. (3415)
Gargalli; Claire
1992 Ed. (4496)
Gargiulo Inc.
1998 Ed. (1772)
Garland
1990 Ed. (2744, 2745, 3483, 3484)
Garland; Chey
2007 Ed. (2463)
Garland Griffin Homes
2006 Ed. (1159)
Garland Homes
2004 Ed. (1208)
2003 Ed. (1201)
Garland, TX
1991 Ed. (2781)
Garland Writing Instruments
2006 Ed. (3538, 4376)
Garlic
2001 Ed. (2012)
2000 Ed. (2445, 2447)
1998 Ed. (1924)
1996 Ed. (2102)
Garlic bread
1998 Ed. (255)
Garlic supplements
1994 Ed. (3636)
Garlick & Co.
1997 Ed. (789, 3486)
1995 Ed. (806, 807, 808, 809, 810)
Garlick Farms
2005 Ed. (3477)
Garlock Bearings Inc.
1999 Ed. (2602)
Garments
1989 Ed. (1931)
Garmin Ltd.
2008 Ed. (1118, 1661, 1872, 1873, 1878, 4527, 4605)
2007 Ed. (1651, 1844, 3341, 4108)
2006 Ed. (1635, 1833, 1834)
2005 Ed. (1823, 1834)
Garn; Jake
1992 Ed. (1038)
Garner
2008 Ed. (3878)
Garner Publishing Co.
2007 Ed. (1818)
2006 Ed. (1811)
Garnett; Kevin
2006 Ed. (292)
Garney Companies Inc.
2001 Ed. (1483)
2000 Ed. (1270)
Garney Construction Co.
2005 Ed. (1323)
2004 Ed. (1318)
Garney Cos. Inc.
2003 Ed. (1318)
2002 Ed. (1283, 1300)
1999 Ed. (1378)
1998 Ed. (957)
1997 Ed. (1171)
1996 Ed. (1142)
1995 Ed. (1167)
1994 Ed. (1153)
Garney Holding Co.
2006 Ed. (1275, 1277)
2005 Ed. (1306, 1308)
2004 Ed. (1258, 1298, 1301)
Garnier
2008 Ed. (3884)
2007 Ed. (3819)
2004 Ed. (2788)
Garnier; Alberto
1994 Ed. (80)
1991 Ed. (89)
Garnier; Alberto H.
1996 Ed. (74)
1995 Ed. (60)
1990 Ed. (91)
1989 Ed. (95)
Garnier/BBDO
2002 Ed. (94)
2001 Ed. (123)
2000 Ed. (81)
1999 Ed. (75)
1997 Ed. (74)
1993 Ed. (90)
Garnier/BBDO Costa Rica
2003 Ed. (61)
Garnier Fructis
2008 Ed. (2869, 2870, 2872, 2873)
2007 Ed. (2756)
2006 Ed. (2750)
2005 Ed. (2778)
Garnier Nutrisse
2003 Ed. (2671)
Garrard; Sir David
2008 Ed. (4007)
2005 Ed. (3868)
Garrett
1996 Ed. (3700)
Garrett Bancshares
1995 Ed. (492)
Garrett Controls
1989 Ed. (272)
Garrett; Jesse James
2007 Ed. (1256)
Garrett; Levi
1994 Ed. (3546)
Garrett Yu Hussein
2003 Ed. (3989)
Garrick-Aug Assoc. Store Leasing Inc.
1990 Ed. (2950)
Garrison Accounting Group
2004 Ed. (4)
Garrison; Bruce
1996 Ed. (1804)
Garrison; Edwin
1995 Ed. (979)
Garrison, Keogh & Co.
1993 Ed. (2341)

Garrison Memorial Hospital Inc.
2006 Ed. (1945)
Garrison Protective Services
2000 Ed. (3905)
Garrison; Walter R.
1992 Ed. (2064)
Garry Struthers Associates Inc.
2008 Ed. (3689, 3738, 4435)
2006 Ed. (3546, 4384)
Garry Winnick
2000 Ed. (4377)
Garside, The Garside Forecast; Ben
1990 Ed. (2366)
Gart
1992 Ed. (4046)
Gart Bros.
1989 Ed. (2522)
Gart Sports
2006 Ed. (4450)
2005 Ed. (4435)
2004 Ed. (1676, 4094)
2003 Ed. (1646)
2001 Ed. (4337, 4338)
1999 Ed. (4381)
1998 Ed. (3352)
1997 Ed. (3560)
1996 Ed. (3494)
Garth Brooks
2000 Ed. (1182, 1184)
1999 Ed. (1292, 1294)
1998 Ed. (866, 868)
1996 Ed. (1094)
1995 Ed. (1117, 1118, 1119, 1120, 1714)
1993 Ed. (1076, 1079)
1992 Ed. (1351, 1351)
Garth H. Drabinsky
1991 Ed. (1621)
Garth Milne
1999 Ed. (2352)
Gartmore
2008 Ed. (608)
1996 Ed. (2943)
1995 Ed. (2871)
1990 Ed. (2319)
Gartmore American Emerging Growth
1992 Ed. (3208)
Gartmore Bcliff. Income Account
1997 Ed. (2918)
Gartmore Br Income & Growth Units
2000 Ed. (3298)
Gartmore Capital Management
1995 Ed. (2396)
Gartmore Capital Strategy Pacific Basin Fund
1990 Ed. (2397)
Gartmore China Opportunities
2008 Ed. (3771)
Gartmore European
2000 Ed. (3295, 3296, 3308)
Gartmore Global Bond
1994 Ed. (726)
Gartmore Global Partners
2000 Ed. (2819)
1998 Ed. (2287, 2289, 2291)
Gartmore Group
2007 Ed. (3251)
Gartmore High Income
1997 Ed. (2913)
Gartmore Hong Kong
1997 Ed. (2910)
1996 Ed. (2815)
1994 Ed. (2648)
Gartmore Hong Kong Fund
1990 Ed. (2399)
Gartmore Investment Ltd.
1996 Ed. (2945)
1995 Ed. (2870)
1994 Ed. (2774)
Gartmore Investment Management
1992 Ed. (3350)
Gartmore Micro Cap Equity
2006 Ed. (3644)
Gartmore Milennium Growth
2004 Ed. (3606)
Gartmore Nationwide
2006 Ed. (3620)
Gartmore Nationwide Leaders
2008 Ed. (2614)
Gartmore Pacific Growth
1997 Ed. (2921)
Gartmore Small Cap
2008 Ed. (2622)
2007 Ed. (3673)
Gartmore U.S. Growth Leaders
2008 Ed. (2615)
2007 Ed. (2485)
2006 Ed. (3628)
Gartner Inc.
2006 Ed. (4725)
2004 Ed. (3015, 3018)
Gartner Group
2000 Ed. (3755, 3756)
1998 Ed. (1146)
1989 Ed. (1571, 2498)
Gartner-Harf Co.
1992 Ed. (2991, 3485)
Gartner Studios
2006 Ed. (1214)
Garuda
1994 Ed. (180)
1992 Ed. (57)
Garuda Indonesia
2001 Ed. (301, 310, 312)
Garver Engineers LLC
2008 Ed. (2514, 2526)
Garvey & Associates; F. B.
1996 Ed. (2353)
1993 Ed. (2265)
1991 Ed. (2166)
The Garvey Group
2007 Ed. (4010)
Garvin School of Business; Thunderbird
2007 Ed. (813, 822, 826)
2006 Ed. (710, 727, 740)
Garwick
1992 Ed. (311)
Gary & Co.; Howard
1993 Ed. (708, 2262, 2266)
Gary & Co. Ltd.; James R.
1997 Ed. (3918)
1996 Ed. (3882)
Gary & Laura Lauder
2004 Ed. (3891)
Gary Anderson
1989 Ed. (1753)
Gary B. Smith
2003 Ed. (4695)
Gary Balter
2002 Ed. (2258)
2000 Ed. (2041, 2042)
1999 Ed. (2216, 2230)
1998 Ed. (1668, 1669)
1997 Ed. (1896, 1897)
1996 Ed. (1823)
1995 Ed. (1845)
Gary Bass
2008 Ed. (3789)
2007 Ed. (3704)
Gary Bettman
2006 Ed. (2517)
Gary Black
2000 Ed. (2053)
1999 Ed. (2268)
1998 Ed. (1675)
1997 Ed. (1902)
1996 Ed. (1772, 1773, 1829)
1995 Ed. (1795, 1797, 1798, 1851)
Gary Blake Saab
1996 Ed. (287)
1992 Ed. (400)
Gary Burrell
2008 Ed. (4828)
Gary C. Comer
2005 Ed. (4846)
Gary C. Corner
2004 Ed. (4860)
Gary C. Wyatt General Contractor LLC
2008 Ed. (1269)
2007 Ed. (1373)
Gary Cadenhead
2004 Ed. (819)
Gary Carter
1989 Ed. (278, 719)
Gary Crittenden
2006 Ed. (991)
2005 Ed. (985)
Gary D. Forsee
2008 Ed. (958)
2007 Ed. (1033)
2006 Ed. (2530)
2005 Ed. (2516)
Gary D. Gilmer
2002 Ed. (2214)
Gary Ellis
2008 Ed. (966)
Gary Erickson
2005 Ed. (2468)
Gary Fayard
2007 Ed. (1044)
2006 Ed. (949)
Gary Forsee
2007 Ed. (1012)
2006 Ed. (923, 2515, 3931)
Gary Frazier
2000 Ed. (2015)
1999 Ed. (2234)
1998 Ed. (1643)
Gary Giblen
1999 Ed. (2259)
1998 Ed. (1619)
1997 Ed. (1918)
1996 Ed. (1845)
1995 Ed. (1864)
1994 Ed. (1822)
Gary Gordon
2000 Ed. (2048)
1998 Ed. (1608, 1621)
1997 Ed. (1898, 1917)
1996 Ed. (1771, 1824, 1844)
1995 Ed. (1863)
Gary/Hammond, IN
1993 Ed. (2542)
Gary, IN
2008 Ed. (3110)
2003 Ed. (3903)
2002 Ed. (1061)
1999 Ed. (1175)
1998 Ed. (2483)
1996 Ed. (344)
1995 Ed. (2187, 2807)
Gary J. Schoennauer
1992 Ed. (3138)
Gary Jenkins
2000 Ed. (2076)
1999 Ed. (2299)
Gary Kaplan & Associates
1994 Ed. (1710)
Gary Karlin Michelson
2007 Ed. (4891)
Gary Kelly
2008 Ed. (935)
2007 Ed. (963)
2005 Ed. (988)
Gary Klott's TaxPlanet.com
2002 Ed. (4855)
Gary Krellenstein
2000 Ed. (1953)
1998 Ed. (1563)
1997 Ed. (1949)
1993 Ed. (1844)
Gary L. Santerre
1991 Ed. (2549)
Gary L. Tooker
1997 Ed. (1803)
Gary Latainer
1993 Ed. (1845)
Gary Libecap
2006 Ed. (703)
Gary Loveman
2008 Ed. (935)
2007 Ed. (980)
2006 Ed. (890)
2005 Ed. (967)
Gary M. Breaux
1995 Ed. (2669)
Gary Mathews North Inc.
1992 Ed. (414)
1990 Ed. (325)
Gary McManus
2000 Ed. (2023)
Gary Miller
2003 Ed. (3893)
Gary Morin
2006 Ed. (967)
2005 Ed. (992)
Gary Perlin
2008 Ed. (970)
Gary Raden
2004 Ed. (4975)
2003 Ed. (4960)
Gary Rall
2007 Ed. (4161)
Gary Reich
1997 Ed. (1851)
1993 Ed. (1776)
1991 Ed. (1671)
Gary Sheffield
2000 Ed. (322)
Gary Shiffman
1998 Ed. (723)
Gary Smith System 2
1997 Ed. (3178)
Gary State Bank
1994 Ed. (512)
Gary Stimac
1996 Ed. (1710)
Gary Uberstine
2003 Ed. (223)
Gary Valade
2000 Ed. (1885)
1999 Ed. (2084)
Gary Valenzuela
2001 Ed. (2345)
Gary Vineberg
1998 Ed. (1619)
1997 Ed. (1918)
1996 Ed. (1845)
1994 Ed. (1822)
1993 Ed. (1773)
Gary Viniberg
1995 Ed. (1864)
Gary W. Blake Saab
1994 Ed. (283)
Gary W. Loveman
2008 Ed. (948)
2007 Ed. (1026)
Gary Wang
2008 Ed. (4852)
Gary West
2008 Ed. (2634)
Gary-Wheaton Bank
1990 Ed. (520)
Gary Wilson
1991 Ed. (1620)
Gary Winnick
2002 Ed. (3358)
Gary Yablon
2000 Ed. (1981, 2037, 2054)
1999 Ed. (2256, 2269)
1998 Ed. (1666, 1676)
1997 Ed. (1895, 1903)
1996 Ed. (1770, 1772, 1821, 1830)
1995 Ed. (1843)
1994 Ed. (1805, 1831)
1993 Ed. (1822)
Garzarelli; Elaine
1996 Ed. (1838)
1995 Ed. (1858, 1861)
1994 Ed. (1816, 1818, 1819)
1993 Ed. (1771, 1774, 1838, 1839)
1991 Ed. (1708, 1709)
1990 Ed. (1767)
1989 Ed. (1418, 1419)
Gas
2008 Ed. (1631)
2006 Ed. (834)
2001 Ed. (2161)
Gas and transmission
1991 Ed. (3223)
Gas Authority of India Ltd.
2005 Ed. (2410, 2730, 3771)
2001 Ed. (1733, 1734)
2000 Ed. (754)
Gas del Estado
1989 Ed. (1089)
Gas/electric
2003 Ed. (2910, 2911)
Gas marts
1995 Ed. (3545)
Gas, natural
2008 Ed. (1094)
2006 Ed. (2681, 4538)
2005 Ed. (2705)
2004 Ed. (2715)
2003 Ed. (2601)
2000 Ed. (752)
1999 Ed. (739, 740, 1733)
Gas Natural SDG
2008 Ed. (2086)
2007 Ed. (1991, 2685)
2006 Ed. (2020, 2021)
2001 Ed. (1854)
2000 Ed. (1555)
1997 Ed. (1511)

1996 Ed. (1446)
Gas Natural SDG SA
2008 Ed. (2816)
2007 Ed. (1443, 2687)
2005 Ed. (2729, 2730, 2731, 3770, 3771, 3772)
2002 Ed. (721, 1768, 4471, 4472, 4473, 4475)
2001 Ed. (1853)
Gas, petroleum-plant and system jobs
1989 Ed. (2078)
Gas stations
1997 Ed. (997)
1996 Ed. (364, 3795)
Gas supply
2002 Ed. (2781, 2784, 2785)
Gas turbine
2001 Ed. (2155)
Gas, unleaded regular
1994 Ed. (1939)
Gas utilities
1991 Ed. (2055)
Gas X
2004 Ed. (249, 251)
2001 Ed. (387)
Gasco Energy Inc.
2008 Ed. (1678)
Gascor
2004 Ed. (1641)
Gases
2001 Ed. (1206)
1990 Ed. (1141)
Gaseteria Oil Corp.
2008 Ed. (2965)
2002 Ed. (2560)
2001 Ed. (2713)
2000 Ed. (3150)
1999 Ed. (3424, 4090)
1998 Ed. (2516, 3081)
1997 Ed. (2802, 3339)
1996 Ed. (2661, 3234)
1995 Ed. (2591, 3142)
1994 Ed. (2532)
1993 Ed. (2584)
Gaseteria Oil corp.
2000 Ed. (3805)
Gasoline
2008 Ed. (1094)
2001 Ed. (3750)
1997 Ed. (1208)
1992 Ed. (95, 3435)
1989 Ed. (1662)
Gasoline companies
1992 Ed. (1750)
Gasoline, lubricants, fuels
1997 Ed. (3233)
Gassman; Amy
1996 Ed. (1795)
1995 Ed. (1822)
1994 Ed. (1782)
1993 Ed. (1799)
1991 Ed. (1682)
1990 Ed. (1766, 1767)
Gaster
1992 Ed. (1841)
Gasteria Oil Corp.
1992 Ed. (2402, 3092)
GasTerra BV
2008 Ed. (1965)
Gastineau Log Homes
2004 Ed. (1208)
2003 Ed. (1201)
Gaston & Snow
1993 Ed. (2393)
1992 Ed. (2830)
1991 Ed. (2281)
1990 Ed. (2415)
Gaston Andrey of Framingham
1992 Ed. (400)
Gaston Caperton
1992 Ed. (2344)
Gastrointestinal liquids
2004 Ed. (3751)
Gastrointestinal tablets
2004 Ed. (3751)
Gasunie; NV Nederlandse
2007 Ed. (1903)
2006 Ed. (2445, 2446)
2005 Ed. (2413)
Gasunie Trade & Supply
2008 Ed. (2506)
Gate Agency; Daniel
1992 Ed. (3613)
Gate City Federal Savings Bank
1998 Ed. (3560)
Gate Construction Materials Group
2008 Ed. (1255, 1339)
2007 Ed. (1357)
Gate Gourmet
2005 Ed. (2662, 2665)
2003 Ed. (2526, 2527, 2530)
1996 Ed. (188)
Gate Gourmet Copenhagen a/s
2004 Ed. (1697)
2002 Ed. (1635)
Gate Gourmet Division Americas
2008 Ed. (2759)
2005 Ed. (2659)
Gate Gourmet-Dobbs
2004 Ed. (2666)
2003 Ed. (2533)
Gates Corp.
2008 Ed. (1758)
2007 Ed. (1729, 4216)
2006 Ed. (1720)
2005 Ed. (1775)
1998 Ed. (751)
1996 Ed. (988)
1995 Ed. (1001)
1994 Ed. (988)
1992 Ed. (1188)
1990 Ed. (1026)
Gates/Arrow Distributing Inc.
2001 Ed. (1848)
Gates Distributing
1989 Ed. (2502)
Gates Family Foundation
2002 Ed. (981)
Gates Foundation; Bill & Melinda
2008 Ed. (2766)
2005 Ed. (2677, 2678)
Gates III; William H.
2008 Ed. (4835, 4837, 4839, 4881, 4882)
2007 Ed. (4906, 4908, 4915, 4916)
2006 Ed. (689, 1450, 3262, 3898, 4911, 4915, 4927)
2005 Ed. (788, 4858, 4860, 4882, 4883)
1997 Ed. (673)
1996 Ed. (961)
1995 Ed. (664, 1717, 1731)
Gates Jr.; Charles C.
2005 Ed. (4850)
Gates; Larry A.
1997 Ed. (3068)
1996 Ed. (2989)
Gates Learning Foundation
2002 Ed. (2338, 2339)
Gates; Melinda
2007 Ed. (4983)
2006 Ed. (3898)
Gates of the Arctic National Park
1990 Ed. (2667)
Gates; Robert C.
1990 Ed. (2482)
Gates Rubber Co.
2004 Ed. (1717)
2003 Ed. (1680)
2002 Ed. (1654)
Gates; William
1997 Ed. (1798)
Gates; William & Melinda
2008 Ed. (3979)
2007 Ed. (3949)
2005 Ed. (3832)
Gates; William H.
1994 Ed. (890, 1716, 1718)
GatesMcDonald
2007 Ed. (4112)
2006 Ed. (3081, 4066)
2005 Ed. (4035)
2004 Ed. (4095)
Gateway Inc.
2008 Ed. (2848, 4613)
2007 Ed. (855, 1210, 1407, 2714, 3692, 3823, 4528)
2006 Ed. (761, 1103, 1106, 1108, 1121, 1148, 4466, 4470, 4559, 4585)
2005 Ed. (834, 1110, 1112, 1113, 1114, 1116, 1118, 1158, 4466, 4468, 4469, 4483)
2004 Ed. (1102, 1106, 1110, 1114, 1119, 1135, 2489, 4496, 4497)
2003 Ed. (818, 1087, 1089, 1092, 1095, 1100, 1125, 1355, 1595, 2895, 2898, 3796, 4547)
2002 Ed. (1133, 1134, 1135, 1136, 1137, 1139, 2728, 2990, 3334, 3335, 3336, 3337, 3338, 4363)
2001 Ed. (1071, 1344, 1347, 1350, 1600, 1849, 1850, 2170, 3296)
2000 Ed. (953, 1162, 3129)
1999 Ed. (1258)
1998 Ed. (823)
1997 Ed. (1270)
1996 Ed. (3623)
1995 Ed. (1255)
1994 Ed. (1236)
1993 Ed. (1208)
1992 Ed. (1495, 3740)
1991 Ed. (3294)
1990 Ed. (3499, 3500)
Gateway Bank, FSB
2006 Ed. (451)
2005 Ed. (522)
Gateway Casinos Income Fund
2008 Ed. (2591)
2007 Ed. (2457)
2006 Ed. (1572, 1576, 1613)
Gateway Cigar Store/Newstands
2008 Ed. (3784)
2007 Ed. (904)
2006 Ed. (3706)
2005 Ed. (902)
2004 Ed. (911)
2003 Ed. (892)
2002 Ed. (3499)
Gateway Communications
1989 Ed. (2501)
Gateway Consortium Inc.
2007 Ed. (3571, 4429)
Gateway Construction Co. Inc.
1994 Ed. (1146)
1993 Ed. (1129)
1992 Ed. (1416)
1991 Ed. (1083)
1990 Ed. (1207)
Gateway Corp PLC
1990 Ed. (3635)
Gateway Credit Union
2002 Ed. (1855)
Gateway EDI, Inc.
2002 Ed. (2517)
Gateway Educational Products
1997 Ed. (3232)
1996 Ed. (3147)
1995 Ed. (3048)
1994 Ed. (2986)
1993 Ed. (2952)
1992 Ed. (3594)
Gateway Foods, Inc.
1991 Ed. (1862)
1990 Ed. (3492)
Gateway Foods of Altoona
1995 Ed. (1195, 1196, 1198, 1199)
1993 Ed. (1155, 1156, 1157)
Gateway Fund
2003 Ed. (2365)
Gateway Health Plan Inc.
2006 Ed. (3994)
Gateway Index Plus
1996 Ed. (2789)
1994 Ed. (2635)
Gateway Index Plus Fund
1992 Ed. (3160, 3177)
Gateway Industrial Park
1994 Ed. (2188)
Gateway Metro Credit Union
2008 Ed. (2242)
2007 Ed. (2127)
2006 Ed. (2206)
2005 Ed. (2111)
2004 Ed. (1969)
2003 Ed. (1929)
2002 Ed. (1875)
Gateway National Recreation Area
1990 Ed. (2666)
Gateway Corp. PLC
1991 Ed. (1140, 1141, 1168, 1170, 1183, 2897, 3110)
Gateway Savings Bank
1990 Ed. (3585)
Gateway State Bank
1991 Ed. (630)
1990 Ed. (654)
Gateway Telecommunications
2008 Ed. (70)
2007 Ed. (65)
2006 Ed. (74)
2005 Ed. (66)
Gateway Title Co.
1998 Ed. (2215)
Gateway Toyota
1992 Ed. (402)
1991 Ed. (297)
1990 Ed. (322)
1989 Ed. (283)
Gateway Transfer Co.
1996 Ed. (3731)
1995 Ed. (3652)
Gateway 2000
2001 Ed. (1134, 3202, 3203, 3208)
2000 Ed. (967, 993, 995, 1160, 1161, 1164, 2453, 3022, 3023, 3024, 3367, 3368)
1999 Ed. (1043, 1044, 1261, 1263, 1265, 1267, 1863, 1963, 2874, 3287, 3288, 3290, 3641)
1998 Ed. (570, 651, 653, 821, 830, 832, 1286, 1537, 2425, 2426, 2427, 2492, 2493, 3776)
1997 Ed. (30, 913, 914, 1079, 1080, 2205, 2697, 2699, 2699, 2783)
1996 Ed. (886, 1065, 1067, 2632, 2633, 2882, 2889)
1995 Ed. (20, 911, 998, 1085, 1088, 2257, 2573, 2574, 2575, 3392)
1994 Ed. (985, 1086, 1263, 2512, 2514, 3330)
1993 Ed. (856, 959, 1050, 2561, 3336)
1992 Ed. (1184)
gateway.com
2001 Ed. (2978, 2984)
Gathering Blue
2004 Ed. (738)
Gato Distributors
1995 Ed. (3727)
Gator Industries Inc.
2002 Ed. (3375)
2000 Ed. (3147)
1999 Ed. (3422)
1998 Ed. (2514)
1997 Ed. (2217)
1996 Ed. (2111)
1995 Ed. (2102, 2501)
1994 Ed. (2051)
1993 Ed. (2038)
1992 Ed. (2401)
1991 Ed. (1906)
1990 Ed. (2008)
Gator Lager Beer Inc.
1992 Ed. (927)
Gator Network
2005 Ed. (3196)
2004 Ed. (3152)
Gator Outdoor
2001 Ed. (1544)
Gatorade
2008 Ed. (567, 568, 2755, 4488, 4489, 4491, 4492)
2007 Ed. (4509, 4511, 4513)
2006 Ed. (4454, 4455)
2005 Ed. (4448)
2004 Ed. (4481)
2003 Ed. (4469, 4517, 4518, 4519, 4520)
2002 Ed. (702)
2001 Ed. (1000)
2000 Ed. (4091)
1999 Ed. (704)
1998 Ed. (451, 1777)
1996 Ed. (3497)
1995 Ed. (1947, 1948, 3432)
1994 Ed. (687)
1993 Ed. (689, 690, 691, 692, 693, 694, 695, 696)
1992 Ed. (2241)
Gatorade All Stars
2008 Ed. (4488, 4489)
2007 Ed. (4509, 4513)
2006 Ed. (4455)
Gatorade Drink Mix
2006 Ed. (4455)

Gatorade Endurance
2007 Ed. (4509, 4513)
Gatorade Endurance Formula
2008 Ed. (4488, 4489)
Gatorade Fierce
2008 Ed. (4488, 4489)
2007 Ed. (4509, 4513)
2006 Ed. (4455)
Gatorade Frost
2008 Ed. (4488, 4489)
2007 Ed. (4509, 4513)
2006 Ed. (4455)
2003 Ed. (4518)
2000 Ed. (4091)
1999 Ed. (3597)
Gatorade Ice
2008 Ed. (4488, 4489)
2007 Ed. (4509, 4513)
2006 Ed. (4455)
Gatorade Lemonade
2007 Ed. (3695)
Gatorade Light
1994 Ed. (687)
Gatorade Rain
2008 Ed. (4488, 4489)
Gatorade/Tropicana North America
2005 Ed. (667)
Gatorade X Factor
2008 Ed. (4488, 4489)
2007 Ed. (4509, 4513)
2006 Ed. (4455)
Gatorade Xtremo
2008 Ed. (4488, 4489)
2007 Ed. (4509, 4513)
2006 Ed. (4455)
Gatsby Charitable Foundation
1997 Ed. (945)
1995 Ed. (1934)
Gatwick Airport
2002 Ed. (274)
1999 Ed. (249, 250)
1998 Ed. (147)
1997 Ed. (224, 225)
1996 Ed. (197, 198, 200)
1995 Ed. (197)
1993 Ed. (205, 208, 209, 1538, 1539)
1990 Ed. (1580)
GATX Corp.
2006 Ed. (2595, 2597)
2005 Ed. (2220, 2231, 2593, 2596, 2601, 3270, 3271)
2004 Ed. (2115, 3245, 3246)
2003 Ed. (2642, 4793, 4799)
2001 Ed. (4628, 4630, 4631)
1996 Ed. (3157)
1994 Ed. (3588)
1993 Ed. (204, 3629)
1992 Ed. (2145, 4335)
1991 Ed. (3414)
1990 Ed. (2945, 3640)
GATX Capital Corp.
2001 Ed. (345)
GATX Financial Corp.
2005 Ed. (4752)
GATX Logistics
2001 Ed. (4723)
Gaucho Ltd.
2007 Ed. (2833)
Gaudin Motor Co.
2008 Ed. (4791)
Gauff Ingenieure
2003 Ed. (2316)
Gauff Ingenieure GmbH & Co.
1991 Ed. (1555)
Gaulle Airport; Charles de
1993 Ed. (208, 209)
Gauloises Blondes
1994 Ed. (958)
Gauloises Brunes
1994 Ed. (958)
Gault; Stanley
1997 Ed. (1790)
Gault; Stanley C.
1993 Ed. (936)
Gauntlet Energy
2005 Ed. (4511)
2003 Ed. (1632)
Gaut; C. Christopher
2008 Ed. (965)
2007 Ed. (1076)
2006 Ed. (982)
2005 Ed. (989)
Gauthier Saab
1990 Ed. (318)
Gauze, pads
2002 Ed. (2284)
Gauze, rolls
2002 Ed. (2284)
Gavin Anderson & Co.
1999 Ed. (3911, 3914, 3918)
Gavin; Gen J. M.
1992 Ed. (1896)
Gavin White
2000 Ed. (2087, 2093)
1999 Ed. (2311)
Gaviscon
2002 Ed. (2053)
2001 Ed. (387, 2108)
1996 Ed. (226, 1594)
1993 Ed. (237)
1992 Ed. (340, 343)
Gavron; Lord
2007 Ed. (917)
Gavyn Davies
1999 Ed. (2297)
1998 Ed. (1685)
Gay & Hardaway
2003 Ed. (3187)
Gay & Robinson Inc.
2008 Ed. (1784)
2007 Ed. (1756)
2006 Ed. (1747)
Gay Love
1997 Ed. (3910)
Gay; Robert
1997 Ed. (1911)
1996 Ed. (1838)
1995 Ed. (1861)
1994 Ed. (1819)
1993 Ed. (1839)
1992 Ed. (2136)
Gayla Delly
2007 Ed. (1055)
2006 Ed. (959)
Gayle A. Anderson
1994 Ed. (3666)
Gaylord
1995 Ed. (3580)
1994 Ed. (2522)
Gaylord Broadcasting
1997 Ed. (871)
1990 Ed. (3550)
Gaylord Container Corp.
2003 Ed. (3731)
2002 Ed. (3581)
2001 Ed. (3612, 3613, 3634)
2000 Ed. (1584)
1999 Ed. (1752)
1998 Ed. (154)
1997 Ed. (1144)
1996 Ed. (2903)
1995 Ed. (1288, 2830)
1994 Ed. (1129)
1993 Ed. (934, 1110)
1992 Ed. (1132, 1385, 3333, 3338)
1991 Ed. (1071)
Gaylord Entertainment Co.
2006 Ed. (2037)
2003 Ed. (1832)
2001 Ed. (1875)
1998 Ed. (511, 2440)
1997 Ed. (246, 727, 728)
1996 Ed. (789, 790)
1995 Ed. (716, 717, 2511)
1994 Ed. (758, 759, 760, 3503)
1993 Ed. (3533)
Gaylord Entertainment Center
2001 Ed. (4355)
Gaylord Opryland Resort & Convention Center
2005 Ed. (2519)
2004 Ed. (2945)
Gaylord Opryland USA Inc.
2008 Ed. (2104)
2007 Ed. (2009)
Gaylord Palms Resort & Convention Center
2005 Ed. (2519)
2004 Ed. (2945)
Gaz
1996 Ed. (3098)
Gaz de France
2008 Ed. (2816)
2007 Ed. (2303, 2304, 2688, 2689, 4585)
2005 Ed. (1474, 1802)
2004 Ed. (3491)
2002 Ed. (3370)
2001 Ed. (3326)
2000 Ed. (3139)
1999 Ed. (3416)
1997 Ed. (2796, 3502)
1996 Ed. (2651)
1992 Ed. (2343)
1990 Ed. (1945, 2927)
1989 Ed. (1118)
Gaz de France SA
2008 Ed. (1427, 2432, 2818)
2007 Ed. (2299, 2685)
Gaz Metro LP
2008 Ed. (4783)
2007 Ed. (3885, 4860)
2006 Ed. (4857)
Gaz Metropolitain
1997 Ed. (2132)
1994 Ed. (1964)
1992 Ed. (2276)
1990 Ed. (1888)
Gaz Metropolitain & Co. LP
2003 Ed. (2142)
Gaz Metropolitan & Co. LP
2002 Ed. (4709)
Gazal Corp.
2004 Ed. (4715)
2002 Ed. (3586)
Gazelle Global
1997 Ed. (2201)
Gazette
1995 Ed. (2879)
Gazprom
2001 Ed. (1694)
2000 Ed. (1472)
1999 Ed. (629, 1606, 1665)
1998 Ed. (1802)
1997 Ed. (1502)
Gazprom; OAO
2008 Ed. (1736, 1738, 1814, 1816, 1845, 2064, 2065, 2066, 2502, 2506, 3577, 3918)
2007 Ed. (1693, 1707, 1709, 1817, 1961, 1969, 1970, 2387, 2392, 3867, 3868, 3876, 4579, 4581)
2006 Ed. (1697, 2004, 2005, 2006, 2445, 3846)
2005 Ed. (1768, 1958, 3785)
Gazprom Rao
2005 Ed. (2407)
Gazprombank
2008 Ed. (497)
2007 Ed. (443, 445, 546)
2005 Ed. (494, 499, 503, 602)
2004 Ed. (612)
2003 Ed. (489, 604)
2002 Ed. (640)
Gazprommedstrakh
2003 Ed. (2978)
GB & T Bancshares Inc.
2002 Ed. (1381)
GB Foods
1998 Ed. (3412)
1995 Ed. (3133)
1992 Ed. (2362, 2363, 3988, 3989)
GB Group Corp.
2006 Ed. (3772)
GB-Inno-BM
1991 Ed. (730, 1258, 1259)
1989 Ed. (24)
GB-Inno-BM SA
1999 Ed. (1589)
1997 Ed. (1365)
1989 Ed. (1095)
GB-Unic
2005 Ed. (1663)
GB Unic SA
2001 Ed. (1638)
2000 Ed. (1393)
GBB Buck Consultants
1990 Ed. (1649)
GBC Bancorp
2005 Ed. (356)
2003 Ed. (513, 514, 515, 545, 3427)
2002 Ed. (443, 3376)
2000 Ed. (423, 424)
1999 Ed. (428, 444, 581)
1998 Ed. (390)
1996 Ed. (587)
1995 Ed. (530)
1994 Ed. (556)
1993 Ed. (379)
GBC Canadian Growth
2004 Ed. (3618)
2001 Ed. (3475, 3476)
GBC Technologies
1995 Ed. (2060, 3381)
GBF Graphics
2000 Ed. (914)
GBL
2007 Ed. (2576)
2002 Ed. (759)
1997 Ed. (700)
1996 Ed. (763)
1993 Ed. (729, 730)
1992 Ed. (913, 914)
1991 Ed. (730)
GBM
2003 Ed. (3620)
GBM Capital Bursatil
2004 Ed. (3656)
GBM Fondo de Crecimiento
2005 Ed. (3580)
2004 Ed. (3656)
GBM Grupo Bursatil Mexicano
2008 Ed. (739)
2007 Ed. (763)
GBMI
2005 Ed. (271)
G.B.P. Industries
1990 Ed. (2212)
GBQC Architects
1998 Ed. (189)
1996 Ed. (237)
GBS
2000 Ed. (907, 908)
1999 Ed. (961)
1995 Ed. (855)
1994 Ed. (804)
1993 Ed. (787)
1992 Ed. (990)
1991 Ed. (810)
1989 Ed. (831)
GBS Corporation
2000 Ed. (910)
GBW Custom Homes
2006 Ed. (1159)
GBW Development
2006 Ed. (1159)
GBW Properties
1995 Ed. (1130)
1994 Ed. (1114, 3007)
1993 Ed. (1090)
GC America Inc.
2001 Ed. (1987)
2000 Ed. (1654)
1999 Ed. (1825)
GC Management LLC
2008 Ed. (2966)
GC Services Limited Partnership
2001 Ed. (1312, 1313, 1314, 4463, 4466)
1999 Ed. (4557)
GC Services LP
2005 Ed. (1055, 4645, 4646)
Gcarso
2000 Ed. (3124, 3125)
1999 Ed. (3397, 3398)
1997 Ed. (2778)
Gcarso A1
1997 Ed. (2779)
GCAS Sales Promotions
2002 Ed. (4086)
2000 Ed. (3845)
GCE
1993 Ed. (732)
GCG Norway
1999 Ed. (136)
1997 Ed. (127)
1996 Ed. (123)
1995 Ed. (108)
GCG Norway (Grey)
2000 Ed. (154)
GCI/APCO
2002 Ed. (3855, 3857, 3860, 3861, 3862, 3863, 3865, 3866, 3868, 3869, 3870, 3871, 3872)
2000 Ed. (3626, 3627, 3632, 3633, 3634, 3635, 3636, 3640, 3641,

3642, 3643, 3652, 3667, 3668, 3670)
GCI Communication Corp.
2008 Ed. (1546)
2003 Ed. (1605, 1606)
2001 Ed. (1608)
GCI Communications
2003 Ed. (1077)
GCI Group
2008 Ed. (3201)
2002 Ed. (3808, 3817, 3824, 3825, 3850, 3851)
1999 Ed. (3908, 3910, 3913, 3916, 3917, 3919, 3920, 3922, 3924, 3925, 3926, 3928, 3948, 3953, 3954, 3956)
1998 Ed. (104, 444, 1472, 1474, 1545, 1712, 1902, 1926, 1961, 2313, 2934, 2935, 2936, 2940, 2941, 2959, 3618)
1997 Ed. (3181, 3183, 3185, 3188, 3211)
1996 Ed. (3105, 3109, 3121, 3127, 3134)
1995 Ed. (719, 3027)
1994 Ed. (2967)
1992 Ed. (3558, 3561, 3573)
1990 Ed. (2915, 2919)
GCI Group/APCO Associates
2004 Ed. (3998, 4000, 4008, 4017, 4025, 4026, 4028, 4035)
2003 Ed. (3995, 4010, 4014, 4016, 4017)
2001 Ed. (3925, 3926, 3928, 3929, 3932, 3937, 3942)
GCI Group/APCO Worldwide
2004 Ed. (3977, 3978, 3979, 3984, 3987, 3991, 3992, 3993, 3994, 4004, 4013, 4020, 4037)
2003 Ed. (3994)
GCI Group London
1999 Ed. (3938, 3941)
1997 Ed. (3196, 3198, 3203)
GCI Indemnity Inc.
1998 Ed. (639)
1997 Ed. (902)
GCI Industries
1991 Ed. (1164)
GCI London
1994 Ed. (2957, 2964)
GCI Systems
2007 Ed. (3569, 3569, 4428, 4428)
2006 Ed. (3521, 3521)
GCI Tunheim
2003 Ed. (3974, 3976, 3977, 3979, 3981, 3982, 4009)
GCR Tire Centers LLC
2006 Ed. (4366)
GCS Credit Union
2004 Ed. (1933)
GCS Software LLC
2008 Ed. (986)
GD equipment
1994 Ed. (135)
GDC
1996 Ed. (246)
1990 Ed. (2596)
GDE Construcciones SL
2003 Ed. (1825)
2001 Ed. (1851)
GDMI (Grey Directory)
2003 Ed. (181)
GDS Engineers Inc.
2004 Ed. (2361)
GDX Automotive
2005 Ed. (1757)
2003 Ed. (343)
GE
2008 Ed. (641, 655, 656, 663, 2348, 2981, 3089, 3668, 3835, 4548)
2007 Ed. (683, 691, 692, 696, 2965, 2975)
2006 Ed. (654)
2005 Ed. (742, 2863, 2953)
2004 Ed. (661, 762)
2003 Ed. (749, 752)
2001 Ed. (287, 288)
2000 Ed. (4202, 4223)
1996 Ed. (2190, 2195)
1995 Ed. (698)
1992 Ed. (1285, 2420, 3401, 3460, 4421)
GE Access
2005 Ed. (4811)
GE Advanced Materials
2007 Ed. (924, 931, 2261)
GE Aircraft Engines
2005 Ed. (165)
GE & Associates
1999 Ed. (4691, 4692)
GE Appliance
1999 Ed. (2801)
1998 Ed. (2042)
1997 Ed. (2314)
GE Appliances
2003 Ed. (2864)
2002 Ed. (1079, 1912, 1990, 2695, 2700, 3945, 4515, 4516, 4781)
2001 Ed. (2808)
2000 Ed. (2577)
GE Asset
2005 Ed. (3547, 3563)
GE Asset Management
2008 Ed. (2609, 3763, 3765)
2007 Ed. (2494, 3251)
2006 Ed. (3599, 3659)
2005 Ed. (3208)
2004 Ed. (711, 3561, 3563)
2003 Ed. (3085, 3502, 3503)
2002 Ed. (3014, 3938)
GE Capital
2000 Ed. (1621, 2714, 3846)
1994 Ed. (1754, 1755)
GE Capital and Kidder, Peabody
1990 Ed. (2440)
GE Capital Auto Lease, Inc.
1990 Ed. (2619)
GE Capital Bank
2006 Ed. (431)
2005 Ed. (485)
2004 Ed. (478)
2003 Ed. (482)
GE Capital Consumer Card Co.
2006 Ed. (4232, 4233, 4238, 4239, 4241, 4242, 4244)
2005 Ed. (4180, 4181, 4212, 4213, 4214, 4216, 4217, 4219)
GE Capital Fleet
1996 Ed. (2696, 2697)
GE Capital Fleet Services
1995 Ed. (2620)
1993 Ed. (2602, 2604)
1990 Ed. (2617)
GE Capital Information Technology Solutions Inc.
2006 Ed. (1841)
2005 Ed. (1836)
2004 Ed. (1770)
2003 Ed. (1733)
GE Capital Investment
2002 Ed. (3938)
2000 Ed. (2828)
GE Capital/McCullagh
1994 Ed. (2565)
GE Capital Mortgage Corp.
1996 Ed. (2036, 2675, 2677, 2678, 2679, 2681, 2683, 2684, 2685, 2686)
GE Capital Mortgage Services
2000 Ed. (3159, 3162)
1995 Ed. (2042, 2597, 2599, 2601, 2602, 2606, 2607, 2609, 2610)
1994 Ed. (2549, 2558)
GE Capital Real Estate
2000 Ed. (3725)
GE Capital Retailer Financial Services
1996 Ed. (910)
1995 Ed. (931)
1994 Ed. (888)
GE Capital Small Business
2000 Ed. (4058)
GE Capital Small Business Finance Corp.
2002 Ed. (4295)
2000 Ed. (4056)
GE Capital Small Business Finance Group
2000 Ed. (4055)
GE/CGR
1990 Ed. (2537)
GE Commercial Finance
2006 Ed. (4820)
GE Commercial Finance Real Estate
2007 Ed. (4101)
GE Companies
2000 Ed. (303, 3932)
GE Consumer Products
2008 Ed. (3088)
2007 Ed. (2966)
2006 Ed. (2948)
2005 Ed. (2951, 2956)
2004 Ed. (2953)
GE Edison Life
2006 Ed. (1441)
GE Edison Life Insurance
2005 Ed. (1552, 1571)
GE Energy
2007 Ed. (4962)
GE Engine Services
2001 Ed. (271)
GE Equipment Management
2006 Ed. (4820)
GE ERC Group
2005 Ed. (3153)
2004 Ed. (3143)
GE Financial Assurance
2002 Ed. (2905)
GE Financial Assurance Group
2005 Ed. (3113)
2003 Ed. (2992, 2997)
GE Financial Assurance Holdings Inc.
2005 Ed. (3108, 3109, 3110, 3111)
2004 Ed. (3105, 3106, 3109)
GE Financial Assurance Partnership Marketing
2002 Ed. (3535)
GE Financial Assurance--PMG
2001 Ed. (4464, 4467)
GE Fund
2002 Ed. (978)
2001 Ed. (2516)
GE Global Asset Protection Services
2007 Ed. (4292, 4293)
2006 Ed. (4264, 4265)
2005 Ed. (4287, 4288)
2004 Ed. (4347, 4348, 4349)
GE Global Insurance
2004 Ed. (3119)
GE Global Insurance Group
2004 Ed. (3072)
GE Global Insurance Holding Corp.
2008 Ed. (3332)
2007 Ed. (3168, 3187)
2006 Ed. (3133, 3150)
2005 Ed. (3123)
1999 Ed. (759)
GE Global Insurance Holdings
2004 Ed. (3144)
GE Halogen Headlamps
1990 Ed. (3036)
1989 Ed. (2325)
GE Healthcare
2008 Ed. (2479, 2905, 3840)
2005 Ed. (2788, 2802)
GE Healthcare Integrated IT Solutions
2007 Ed. (2778)
GE Industrial Systems
2005 Ed. (3002)
GE Information Services
1990 Ed. (1645)
GE Infrastructure
2007 Ed. (4044)
2006 Ed. (4011)
GE Insurance Solutions
2008 Ed. (1431)
2006 Ed. (3151, 3152)
GE International Equity
1998 Ed. (2634)
GE Investment
1995 Ed. (3071, 3072, 3074)
GE Investments
2000 Ed. (2792)
1997 Ed. (2510, 2627, 3267, 3268)
1996 Ed. (2377, 2384, 2410, 2414, 3165, 3166)
1994 Ed. (2299, 2302, 2304, 2305, 2316, 2768, 3015, 3016, 3018, 3020)
1993 Ed. (1898, 2283, 2284, 2288, 2304, 2308, 2779, 2974, 2975, 2976, 2979, 3392)
1992 Ed. (2772, 4073, 2744, 2748, 3636, 3639)
1991 Ed. (2819)
1990 Ed. (2323, 2327, 2330, 2333, 2352, 2363)
1989 Ed. (2126, 2130, 2131, 2135)
GE Johnson Construction Co. Inc.
2003 Ed. (3961)
2002 Ed. (2396)
GE Light Bulbs (White), 100 watts, 4-pack
1989 Ed. (1630)
GE Light Bulbs (White), 60 watts, 4-pack
1989 Ed. (1630, 1631)
GE Lighting
2001 Ed. (3215)
GE Med/GE Med Imaging Systems
1995 Ed. (2139)
GE Medical Facilities
1989 Ed. (265)
GE Medical Systems
2006 Ed. (2774)
2001 Ed. (2767, 3269)
2000 Ed. (3078)
1999 Ed. (3339)
1996 Ed. (2595)
1995 Ed. (2138)
GE Money Bank
2008 Ed. (403)
2007 Ed. (429, 4246, 4247, 4252, 4253, 4255, 4257, 4258, 4261)
GE Mortgage Capital Mortgage Services
1994 Ed. (2555)
GE Mortgage Capital Services
1993 Ed. (2591)
GE Plastics
2004 Ed. (884, 3908)
2000 Ed. (3559)
GE Plastics Canada Ltd.
1996 Ed. (986, 1595)
GE Plastics Structured Products Division
2001 Ed. (3818)
GE Polymerland
2003 Ed. (2162)
2001 Ed. (4750)
GE Power Systems
2005 Ed. (3002)
2004 Ed. (4661)
GE/Profile
2001 Ed. (2037, 3304, 3600, 3601, 4027, 4731)
GE-RCA
1990 Ed. (1637)
GE Real Estate
2008 Ed. (4120)
GE Reinsurance Corp.
2005 Ed. (3147)
2004 Ed. (3056, 3137, 3138, 3139, 3140, 3141)
2003 Ed. (2971, 3014, 3015, 3016, 3017, 4995)
2002 Ed. (3948, 3949, 3950, 3958, 3959)
2001 Ed. (2907)
GE S & S Long Term
1997 Ed. (2887)
1996 Ed. (2769)
1995 Ed. (2686)
GE S & S Short Term
1996 Ed. (2767, 2769)
GE S & S Short Term Interest
1995 Ed. (2716)
GE Sealants & Adhesives
2004 Ed. (19)
GE Small Business Solutions
2001 Ed. (4754)
GE Supply Co.
2005 Ed. (2996)
2004 Ed. (2998)
2003 Ed. (2204, 2205)
2000 Ed. (2622)
1995 Ed. (2232, 2233)
GE 3-Way Light Bulbs (White), 50-, 100-, 150-Watt
1990 Ed. (2129, 2130)
GE Transportation
2007 Ed. (4824)
GE Value Equity
2000 Ed. (3262)
GE Value Equity A
1999 Ed. (3545)

G.E. Warren
1992 Ed. (3442)
GEA
2003 Ed. (2235)
2000 Ed. (1111, 1652, 1691, 2582, 3735, 4136, 4137, 4366)
1999 Ed. (1190, 1823, 1883, 4020, 4502, 4503, 4741)
1998 Ed. (759, 1252, 1315, 3032, 3428, 3429, 3697)
1997 Ed. (1017, 1018, 1640, 3278, 3655, 3656, 3865)
1995 Ed. (1019, 1020, 1576, 3082, 3723)
1994 Ed. (1007, 1008, 1547, 3030, 3031, 3454, 3455, 3649)
1993 Ed. (981, 982, 1499, 2988, 2990, 3478, 3480, 3686)
Geac
2006 Ed. (3279)
1994 Ed. (2523)
GEAC Advanced
1991 Ed. (2310, 2311)
Geac Computer Corp., Ltd.
2007 Ed. (1234, 2813)
2006 Ed. (1128, 1613, 2816)
2005 Ed. (1711, 1726, 2832)
2003 Ed. (1114, 1117, 2930, 2939)
2002 Ed. (2506)
2001 Ed. (1657, 1659)
Gear
2001 Ed. (3197)
Gear for Sports
2001 Ed. (4348)
Gear Holdings Inc.
2001 Ed. (4925)
Gearhart Industries Inc.
1990 Ed. (1245)
1989 Ed. (2208)
Gears of War
2008 Ed. (4811)
Gearso
1996 Ed. (2628, 2629)
1994 Ed. (2507, 2508)
Geary Brewing Co.; D. L.
1997 Ed. (714)
Geary Brewing Co.; D.L.
1989 Ed. (758)
Geauga Lake
1995 Ed. (216)
Gebr. Heinemann
1999 Ed. (247)
1997 Ed. (1680)
Gebr. Schmidt GmbH
2001 Ed. (2877)
Gebr Sulzer AG
1996 Ed. (1453)
GEC
2000 Ed. (1648)
1999 Ed. (192, 1821, 1992, 4691, 4692)
1998 Ed. (1251)
1996 Ed. (1360)
1995 Ed. (1747)
1991 Ed. (1535, 1639, 2355)
1990 Ed. (1637, 1638, 3462)
1989 Ed. (1338, 2794)
GEC Alsthom
1990 Ed. (3433)
GEC Alsthom NV
2000 Ed. (1522)
1997 Ed. (1484)
GEC Alsthom SA
1995 Ed. (2495)
1994 Ed. (2423)
GEC Alsthorn NV
1999 Ed. (1711)
GEC Marconi Ltd.
2000 Ed. (3020)
1998 Ed. (2502)
1996 Ed. (1521)
GEC/Picker
1990 Ed. (2537)
GEC PLC
1993 Ed. (1468, 1581)
1992 Ed. (1629, 1928)
GEC Plessey
1994 Ed. (2285, 3198)
1993 Ed. (3212)
GEC Siemens
1991 Ed. (1168)
GECAS
2001 Ed. (345)
GECC
2007 Ed. (2466)
1992 Ed. (1749)
GECC Retailer Financial Services
1992 Ed. (1090)
1991 Ed. (887)
Gecina
2007 Ed. (4079)
Gecis India
2007 Ed. (4806)
GECOM Corp.
2006 Ed. (341)
2005 Ed. (326, 327)
Gedalio Grinberg & family
1995 Ed. (2112, 2579, 3726)
Geddes Brecher Qualls Cunningham
1994 Ed. (238)
1993 Ed. (249)
1992 Ed. (360)
1991 Ed. (254)
1990 Ed. (285)
Geddes Grant
1994 Ed. (3580)
Gedney Farm, New Marlborough, MA
1992 Ed. (877)
Gedsden, AL
2003 Ed. (4195)
Gee & Jenson
1998 Ed. (1444)
The Geek Patrol
2006 Ed. (1540)
Geek Squad
2007 Ed. (4596)
Geeks On Call America
2008 Ed. (880)
2007 Ed. (905, 906)
2006 Ed. (818)
Geer, DuBois
1989 Ed. (65)
Geerlings & Wade
1996 Ed. (2054, 3444)
Geest
2007 Ed. (2625)
2006 Ed. (2646)
Geewax, Terker & Co.
2001 Ed. (3690)
GEFCO
1991 Ed. (2469)
Gefco SA
2004 Ed. (4798)
Geffen
1991 Ed. (2739)
Geffen; David
2008 Ed. (4825)
2007 Ed. (4896)
2006 Ed. (2515, 4901)
2005 Ed. (4851)
1995 Ed. (933)
Geffen School of Medicine; University of California-Los Angeles, David
2008 Ed. (3983)
2007 Ed. (3953)
Gefinor
2006 Ed. (3340)
1994 Ed. (2417)
Gefland Partners
1996 Ed. (2408)
Gehan Homes
2004 Ed. (1164, 1201)
2003 Ed. (1158)
Gehe AG
2004 Ed. (956)
2002 Ed. (4900)
2000 Ed. (4388)
1999 Ed. (4761)
1997 Ed. (3879)
1996 Ed. (3830)
Gehl Co.
2005 Ed. (181, 182)
2004 Ed. (181, 182)
Gehl Power Products Inc.
2004 Ed. (1858)
2003 Ed. (1822)
Gehry Partners
2005 Ed. (262)
Geico
2008 Ed. (637)
2007 Ed. (4031)
2006 Ed. (2103, 3996)
2005 Ed. (128, 3084, 3330, 3922)
2004 Ed. (3077)
2001 Ed. (1686, 3203)
1999 Ed. (3287)
1998 Ed. (1286, 2425)
1997 Ed. (1383, 2406, 2408, 2457, 2460, 2697)
1996 Ed. (1325, 2330, 2332)
1993 Ed. (2188, 2190, 2239, 2251, 2490, 3251)
1992 Ed. (2643, 2681, 2683, 2704, 2959)
1990 Ed. (2253, 2254, 2507)
1989 Ed. (1732, 1733)
Geico Auto Insurance
2002 Ed. (763)
Geico Credit Union
2006 Ed. (2167)
GEICO Direct
2005 Ed. (1061)
GEICO General Insurance Co.
2002 Ed. (2965)
2001 Ed. (2899, 2901)
GEICO Corp. Group
1995 Ed. (2266, 2321, 3325, 3516)
1994 Ed. (2219, 2221, 2230, 2276, 2279, 2426, 3245)
1992 Ed. (2644, 2646)
1991 Ed. (2083, 2127, 2128, 2373)
1990 Ed. (2221)
1989 Ed. (1672)
Geico Indemnity Co.
2007 Ed. (2058)
Geier Flynt; Helen
1993 Ed. (891, 893)
Geiger
2008 Ed. (1894)
Geiger; Julian R.
2007 Ed. (2505)
GEIS
1992 Ed. (1934, 4365, 4366)
Geisberg; Samuel
1996 Ed. (1710)
Geisel; Theodor
2007 Ed. (891)
Geisel; Theodor Seuss
2006 Ed. (802)
Geisha
1994 Ed. (3607)
Geisinger Health Plan
1997 Ed. (2186, 2187)
Geisinger Health System
2006 Ed. (2780)
Geisinger Health System Foundation
2008 Ed. (2040)
2007 Ed. (1951)
2006 Ed. (1981)
2005 Ed. (1944)
2004 Ed. (1841)
Geisler; James
2007 Ed. (1039)
Gekkeikan Sake
2006 Ed. (4960)
2005 Ed. (4930)
1991 Ed. (3497)
1989 Ed. (2947, 2950)
Gekko Boats
2003 Ed. (1554)
Gel
2004 Ed. (2787)
1992 Ed. (2371)
Gel sprays
2001 Ed. (2652)
Gelatin, diet
2002 Ed. (1959)
Gelatin/pudding mixes
2004 Ed. (2648)
Gelatin, sweetened
2002 Ed. (1959)
Gelatin-sweetened mix
2003 Ed. (2039)
Gelb; Morris
2008 Ed. (2631)
Gelb; Richard L.
1993 Ed. (937, 1695)
1991 Ed. (924)
1990 Ed. (975, 1713)
Gelbtuch; Daniel
2008 Ed. (2692)
Gelco
1990 Ed. (3651)
1989 Ed. (2462, 2471, 2880)
Geldermann Inc.
1991 Ed. (1012)
Geldof; Bob
2008 Ed. (2587)
2007 Ed. (4917)
Gelfand Partners
1996 Ed. (2396, 2400)
Gelfand, Rennergt & Feldman
2000 Ed. (12)
Gelfand Rennert & Feldman
1999 Ed. (15)
Gelfond Hochstadt Pangburn PC
2006 Ed. (17)
2005 Ed. (12)
2004 Ed. (8, 16)
2003 Ed. (3, 10)
2002 Ed. (9)
Gelfond Hockstadt Pangburn, PC
2002 Ed. (15)
Geller & Wind
2002 Ed. (1217)
Gellert; Jay M.
2008 Ed. (950)
Gelly; James
2008 Ed. (963)
2007 Ed. (1054)
Gelman Sciences
1999 Ed. (2669)
1998 Ed. (1931)
Gels
2001 Ed. (2651, 2652)
Gelsemium
1992 Ed. (2437)
Gelusil
1992 Ed. (340)
Gem
2003 Ed. (3623)
GEM Capital Management Inc.
2002 Ed. (3009)
GEM Dolphin Fund of Funds
1997 Ed. (2918)
The GEM Group
2006 Ed. (3416)
2005 Ed. (3407)
GEM Technology
1998 Ed. (1932, 1936)
Gemco Employees Credit Union
2004 Ed. (1951)
2003 Ed. (1911)
2002 Ed. (1854)
Gemco National Inc.
1994 Ed. (1857)
GemConnect.com
2001 Ed. (4769)
Gemcraft Homes
2005 Ed. (1182)
2004 Ed. (1155)
2003 Ed. (1151)
2002 Ed. (1180)
Gemeinhardt
1991 Ed. (2553)
Gemey/Maybelline
2001 Ed. (1930)
Gemfibrozil
2006 Ed. (2312)
Gemfibrozil/Lopid
1991 Ed. (931)
Gemfire
2003 Ed. (1070)
Gemina
1992 Ed. (3074)
Gemina Ordinaria
1991 Ed. (2459)
Gemini Corp.
2007 Ed. (1569)
Gemini Associates Inc.
2006 Ed. (2831)
Gemini Capital Fund Management Ltd.
1999 Ed. (4705)
Gemini Consulting
2001 Ed. (1449)
1997 Ed. (845)
1996 Ed. (834, 835)
Gemplus
1996 Ed. (2603)
1994 Ed. (2473)
Gems
1997 Ed. (3717)
Gems Absolute Return Portfolio
2003 Ed. (3151)
Gems Low Volatility Portfolio
2003 Ed. (3151)

Gems Russia Portfolio
2003 Ed. (3143, 3145, 3152)
Gemstar International Group
2001 Ed. (1595)
2000 Ed. (3003)
Gemstar-TV Guide International Inc.
2006 Ed. (4585, 4588)
2005 Ed. (1516, 2445, 2861)
2004 Ed. (2420, 2421, 2853, 4579)
2003 Ed. (2343)
Gemstone Entertainment
1995 Ed. (3698)
Gemunder; Joel
2008 Ed. (2640)
2007 Ed. (2512)
2006 Ed. (2531)
GenCorp.
2000 Ed. (3827)
1994 Ed. (140)
1989 Ed. (193, 195, 1040, 2349, 2752)
Gen. Banque
1997 Ed. (700, 701)
1996 Ed. (763, 764)
1993 Ed. (729)
Gen. Belgique
1993 Ed. (729, 730)
Gen Group
1997 Ed. (13, 14, 15)
Gen J. M. Gavin
1992 Ed. (1896)
Gen-Probe Inc.
2006 Ed. (2736)
1993 Ed. (1514)
Gen. Reserve
1996 Ed. (764)
Gen-S Hematology System
1999 Ed. (3336)
Gen Trak Inc.
1995 Ed. (668)
1993 Ed. (704)
Gena & Posta Genetica el Cuatro
2002 Ed. (3728)
Genaissance Pharmaceuticals Inc.
2007 Ed. (2824)
2006 Ed. (2822)
2005 Ed. (2834)
GenAmerica Corp.
2002 Ed. (1391)
2000 Ed. (1519, 2696)
Genbel
1995 Ed. (2584)
1993 Ed. (2578)
Gencare Health Systems Inc.
1997 Ed. (1255)
Genco
2008 Ed. (4578)
GENCO Distribution
2008 Ed. (4814)
2007 Ed. (4879)
2006 Ed. (4887)
Genco; William
1997 Ed. (1893)
1996 Ed. (1819)
1995 Ed. (1841)
1994 Ed. (1803)
1993 Ed. (1820)
1992 Ed. (2135, 2137)
1991 Ed. (1688)
1990 Ed. (1766)
Gencom American Hospitality
1997 Ed. (2275)
Gencor
2000 Ed. (2380, 2876)
1999 Ed. (3130, 3131)
1998 Ed. (1855)
1997 Ed. (2585, 2586)
1996 Ed. (1442, 1443, 2034, 2442, 2652)
1995 Ed. (1483, 2585)
1994 Ed. (1446, 2342, 2343)
1993 Ed. (1397, 2577)
1992 Ed. (1689)
1991 Ed. (2468)
1990 Ed. (2590)
Gencor Industries Inc.
2000 Ed. (279, 2396)
GenCorp Inc.
2005 Ed. (2160, 2161)
2004 Ed. (2020, 2021, 2159)
2003 Ed. (204, 3289)
2002 Ed. (4066)
2001 Ed. (4129, 4139, 4508)
2000 Ed. (3828)
1999 Ed. (4115, 4116)
1998 Ed. (3103)
1997 Ed. (172)
1996 Ed. (165, 167, 168)
1995 Ed. (160, 162)
1993 Ed. (156, 158, 159, 3576)
1992 Ed. (244, 253, 4297, 2632)
1991 Ed. (178, 183, 331, 1188, 1215)
1990 Ed. (186, 378, 1327, 3066)
Gencraft
1994 Ed. (2131)
Gendex Corp.
1993 Ed. (933)
1992 Ed. (1131)
Gendis Inc.
2003 Ed. (1640)
1994 Ed. (1523)
1992 Ed. (1793)
1991 Ed. (2894)
1990 Ed. (1496)
Gene Beard
2000 Ed. (1874)
Gene Keiffer
1996 Ed. (963)
1995 Ed. (979)
Gene Langan Volkswagen
1996 Ed. (291)
Gene Logic Inc.
2006 Ed. (596)
2005 Ed. (682)
Gene Rogers
2004 Ed. (976)
Gene W. Schneider
2005 Ed. (1103)
2004 Ed. (1099)
GeneMedicine
1996 Ed. (3304, 3778)
Genencor International Inc.
2007 Ed. (4392)
2006 Ed. (4328)
2005 Ed. (676)
2004 Ed. (683)
Genentech Inc.
2008 Ed. (571, 572, 573, 910, 1488, 1501, 1503, 1585, 1586, 1588, 1589, 3011, 3942, 3947, 3955, 3961, 3962, 3965, 3966, 3967, 3968, 3969, 3970, 3971, 3972, 3974, 3975, 3976, 4523, 4614)
2007 Ed. (621, 622, 623, 624, 1519, 1521, 2889, 3899, 3901, 3904, 3917, 3919, 3925, 3929, 3930, 3931, 3933, 3934, 3935, 3936, 3937, 3939, 3940, 3941, 3944, 4557, 4701)
2006 Ed. (591, 593, 594, 595, 1489, 1491, 1581, 1584, 2326, 2659, 3319, 3886, 3887, 3894, 4869)
2005 Ed. (675, 676, 677, 678, 679, 681, 1675, 1686, 3817, 3818, 3828, 4517, 4611)
2004 Ed. (682, 683, 684, 685, 686, 4560)
2003 Ed. (683, 684, 3863)
2001 Ed. (706, 709, 1203, 2073, 2589, 4188)
1999 Ed. (728)
1998 Ed. (1334)
1997 Ed. (1650)
1996 Ed. (741)
1995 Ed. (665, 666, 667, 3093, 3094)
1994 Ed. (710, 711, 3044, 3045)
1993 Ed. (701, 1940, 2998, 2999, 3006)
1992 Ed. (892, 1458, 1459, 1486, 3667, 3668)
1991 Ed. (711, 1465, 2837, 2838)
1990 Ed. (732, 1285, 2984, 2985, 3470)
1989 Ed. (733, 1271, 2644, 2670)
Gener SA
2003 Ed. (4577)
2002 Ed. (4095)
Generaco
1998 Ed. (921)
General
2008 Ed. (4679, 4680)
2006 Ed. (4742, 4743, 4744, 4750, 4751)
2001 Ed. (4542)
1998 Ed. (905)
1995 Ed. (322)
1994 Ed. (324)
1993 Ed. (234, 338)
1992 Ed. (4298)
1990 Ed. (383, 2621)
General Accident
1995 Ed. (2268)
1993 Ed. (1324, 2255, 2259)
1991 Ed. (2146, 2157)
1990 Ed. (2260, 2283)
General Accident Assurance
1996 Ed. (2342, 2343)
1992 Ed. (2692, 2694)
1990 Ed. (2257)
General Accident Assurance Co. of Canada
1999 Ed. (2980)
1997 Ed. (2468)
1995 Ed. (2325)
1992 Ed. (2693)
1991 Ed. (2131)
1990 Ed. (2256)
General Accident Fire & Life Assurance Corp.
1999 Ed. (2913)
General Accident Fire & Life Assurance Corp. PLC
1991 Ed. (2145)
General Accident Insurance Co.
1998 Ed. (2712)
1992 Ed. (2160)
General Accident Insurance Co. of America
1990 Ed. (2281)
General Accident Investment Management Services
1999 Ed. (3102)
General Accident of New York
1995 Ed. (2327)
General Accident of NY
1994 Ed. (2222, 2223, 2283)
General Accident plc
2003 Ed. (2977)
General Accident Prop. Services
1991 Ed. (1726)
General Agents Group
2002 Ed. (2952)
General Aggressive Growth
1992 Ed. (3189)
General American
1989 Ed. (1702, 1704)
General American Life
1996 Ed. (2317)
1995 Ed. (2299, 2303, 3352)
1994 Ed. (2262, 3271)
1993 Ed. (2214, 2227, 2302, 3281)
1992 Ed. (2658)
1991 Ed. (2094)
1989 Ed. (1685)
General American Life Insurance Long-Term Bond SA-18
1994 Ed. (2315)
General American Life Insurance Lowcap SA-20 Gross
1994 Ed. (2314)
General & Cologne Re
2002 Ed. (2871)
General Assembly of the Christian Church
1993 Ed. (894)
General Automotive Corp.
1989 Ed. (928)
General Bank
2000 Ed. (542, 3149)
1999 Ed. (3423)
1998 Ed. (2515)
1997 Ed. (2801)
1996 Ed. (3164)
1990 Ed. (463)
General Bank for Venture Financing
1994 Ed. (502)
General Bank of Greece
2007 Ed. (454)
2006 Ed. (447)
2005 Ed. (514)
2004 Ed. (535)
2003 Ed. (500)
General Banking & Trust Co.
2008 Ed. (424, 442, 445)
2007 Ed. (460, 480)
2006 Ed. (449)
2005 Ed. (518)
2004 Ed. (539)
1997 Ed. (489)
General Beverage Corp.
1994 Ed. (1227)
General BF
1994 Ed. (805)
General Binding Corp.
2005 Ed. (3639)
1999 Ed. (2615, 2666)
1998 Ed. (1878, 1925)
1992 Ed. (1478)
1991 Ed. (2636)
General Biscuit of America
1992 Ed. (497)
General Board of Pensions & Health Benefits of the United Methodist Church
1997 Ed. (3027)
General Board of Pensions and Health Benefits of United Methodist Church
1996 Ed. (2946)
General Board of Pensions, United Methodist Church
1994 Ed. (2775)
1992 Ed. (3361)
General Bronze Corp.
2008 Ed. (2821)
2007 Ed. (2696)
General building contractors
2001 Ed. (1677, 1726, 1754, 1757, 1781, 1804, 1837, 1838, 1855)
General Building Maintenance Inc.
2007 Ed. (4407)
General Business Forms
1999 Ed. (962)
1995 Ed. (856)
1993 Ed. (788)
1992 Ed. (991)
1991 Ed. (809)
1990 Ed. (849)
1989 Ed. (832)
General CA Municipal MMF
1992 Ed. (3095)
General Cable Corp.
2008 Ed. (1882, 1883, 1885, 2418)
2007 Ed. (1846, 1847, 1849, 2285, 3424)
2006 Ed. (1842, 1844, 2347, 2350)
2005 Ed. (2280, 2285, 2286, 3397, 3464)
2004 Ed. (2179)
2003 Ed. (3368, 3371, 3375, 3380)
2002 Ed. (3316)
2001 Ed. (3280)
1996 Ed. (864)
1995 Ed. (1446)
General Cable de Latinoamerica SA de CV
2008 Ed. (3563)
General Chemical
1993 Ed. (3351)
General Chemical Soda Ash Partners
2008 Ed. (2178)
2007 Ed. (2070)
2006 Ed. (2122, 2123)
2005 Ed. (2019, 2020)
2003 Ed. (1857, 1858)
2001 Ed. (1902)
General Cigar
1999 Ed. (1143, 1144, 4512)
1989 Ed. (2844)
General Cigar Holdings Inc.
2007 Ed. (4764)
2006 Ed. (4758)
2005 Ed. (4704)
2004 Ed. (4727)
2003 Ed. (967, 4745)
2001 Ed. (4561)
General Cinema Corp.
2001 Ed. (3388)
1993 Ed. (1194, 2598, 3215)
1992 Ed. (1521, 3108, 3109, 3944, 4260)
1991 Ed. (706, 1185, 1411, 1412, 3112)

1990 Ed. (262, 726, 727, 1287, 1491, 3248, 3319)
1989 Ed. (255, 726, 2510, 2514)
General Cinema Fallbrook Mall
1997 Ed. (2820)
General Cinema Theatres
2001 Ed. (3389)
1999 Ed. (3451)
1990 Ed. (2610)
General Cologne Reinsurance
2002 Ed. (2972, 2974)
General Communication Inc.
2008 Ed. (1546)
2007 Ed. (1567)
2006 Ed. (1538)
2005 Ed. (1647)
2004 Ed. (1621)
2001 Ed. (1609)
General Datacomm
1996 Ed. (2835)
1993 Ed. (1045, 2612)
1992 Ed. (3675)
1991 Ed. (2844)
1990 Ed. (1105, 2987)
1989 Ed. (2309)
General de Banque
1991 Ed. (1260)
General Development
1992 Ed. (3227)
1991 Ed. (3389)
1990 Ed. (1159)
General disability insurance
1994 Ed. (2228)
General Donlee Income Fund
2008 Ed. (3657)
General Dynamics Corp.
2008 Ed. (157, 159, 160, 162, 164, 1361, 1362, 1368, 1372, 1373, 1399, 1462, 2159, 2161, 2162, 2170, 2282, 2283, 2284, 2285, 2286, 2287, 2289, 3006, 4753, 4754, 4756)
2007 Ed. (173, 174, 175, 176, 177, 178, 179, 182, 183, 185, 1405, 1411, 1415, 1417, 1468, 2053, 2054, 2061, 2167, 2168, 2169, 2170, 2171, 2172, 2174, 2884, 4827, 4828)
2006 Ed. (171, 172, 174, 175, 176, 177, 179, 1355, 1365, 1368, 1373, 1377, 1379, 1420, 2096, 2097, 2108, 2111, 2243, 2244, 2245, 2246, 2247, 2248, 2250, 3363, 3932, 4815, 4816, 4819)
2005 Ed. (155, 158, 159, 160, 161, 166, 868, 1352, 1353, 1364, 1376, 1381, 1389, 1391, 1492, 1996, 1997, 2005, 2006, 2150, 2151, 2152, 2153, 2154, 2155, 2157, 2158, 2160, 2161, 2162, 4503, 4765, 4768)
2004 Ed. (157, 158, 161, 162, 163, 166, 882, 1344, 1345, 1360, 1364, 1368, 1370, 1476, 1533, 1880, 1881, 2009, 2010, 2012, 2014, 2015, 2016, 2018, 2019, 2020, 2021)
2003 Ed. (197, 198, 199, 200, 201, 202, 203, 207, 210, 1342, 1344, 1349, 1351, 1359, 1363, 1446, 1845, 1846, 1964, 1966, 1968, 1969, 1970, 1971, 1975, 4810)
2002 Ed. (239, 240, 241, 242, 1388, 1424, 1426, 1795, 1911, 4501, 4668)
2001 Ed. (263, 264, 265, 266, 1045, 1981)
2000 Ed. (213, 214, 215, 1646, 1647, 1648, 1651)
1999 Ed. (183, 184, 185, 186, 1819)
1998 Ed. (92, 93, 94, 95, 96, 1245, 1247, 1318)
1997 Ed. (170, 171, 172, 173, 1583)
1996 Ed. (165, 166, 167, 168, 1271, 1391, 1392, 1518, 1520)
1995 Ed. (155, 157, 158, 159, 160, 161, 162, 163, 1287, 1288, 1428, 1504, 1542, 3435)
1994 Ed. (136, 137, 138, 139, 142, 143, 144, 1213, 1237, 1245, 1251, 1263, 1264, 1467, 1513, 1517)
1993 Ed. (153, 157, 160, 1413, 1460, 1462, 1468, 2573)
1992 Ed. (244, 246)
1991 Ed. (176, 179, 180, 181, 182, 183, 184, 1329, 1403, 1407)
1990 Ed. (179, 183, 184, 191, 1404, 1480)
1989 Ed. (193, 194, 195, 196, 197, 2813)
General Dynamics Advanced Information Systems
2008 Ed. (1348, 4798, 4802)
2007 Ed. (1395, 4871)
General Dynamics Armament & Technical Products Inc.
2008 Ed. (2154)
2007 Ed. (2050)
General Dynamics Canada Ltd.
2008 Ed. (2929)
2006 Ed. (1592, 1605, 1623)
General Dynamics C4 Systems Inc.
2008 Ed. (1557)
2007 Ed. (1574)
2006 Ed. (1544)
General Dynamics: Convair Division
1990 Ed. (3092)
General Dynamics Decision Systems Inc.
2005 Ed. (1649)
2004 Ed. (1623)
General Dynamics: Electronics Division
1990 Ed. (3092)
General Dynamics Information Technology
2008 Ed. (2160)
General Dynamics Land Systems
2005 Ed. (1757)
2001 Ed. (272, 2227)
2000 Ed. (219)
1999 Ed. (195)
1998 Ed. (100)
1992 Ed. (3078)
General Dynamics: Space Systems Division
1990 Ed. (3092)
General editorial
2007 Ed. (166)
General Edward Lawrence Logan Airport
2008 Ed. (236)
General Electric Co.
2008 Ed. (154, 762, 764, 765, 816, 818, 846, 1045, 1347, 1363, 1406, 1424, 1431, 1434, 1439, 1473, 1495, 1518, 1522, 1523, 1527, 1528, 1529, 1536, 1537, 1538, 1542, 1698, 1699, 1814, 1826, 1829, 1830, 1831, 1833, 1834, 1845, 1848, 1851, 1852, 1853, 1854, 2199, 2296, 2299, 2306, 2322, 2352, 2357, 2361, 2365, 2366, 2461, 2474, 2486, 2487, 2589, 2717, 2992, 3544, 3564, 3755, 3866, 4080, 4093, 4094, 4268, 4526, 4662)
2007 Ed. (152, 788, 789, 852, 853, 855, 856, 858, 860, 954, 1268, 1448, 1452, 1453, 1479, 1500, 1534, 1538, 1539, 1543, 1544, 1545, 1546, 1547, 1555, 1556, 1557, 1561, 1562, 1584, 1673, 1674, 1692, 1783, 1790, 1791, 1792, 1794, 1795, 1797, 1807, 1809, 1810, 1812, 1813, 1814, 1815, 1816, 1817, 1923, 2089, 2175, 2178, 2179, 2181, 2182, 2187, 2193, 2194, 2212, 2213, 2217, 2221, 2225, 2226, 2283, 2335, 2345, 2366, 2554, 2578, 2872, 3023, 3415, 3416, 3697, 3698, 3792, 4234, 4553, 4554, 4570, 4741)
2006 Ed. (46, 143, 160, 695, 696, 843, 865, 1421, 1423, 1424, 1446, 1457, 1461, 1466, 1467, 1468, 1469, 1470, 1482, 1503, 1505, 1506, 1508, 1509, 1510, 1515, 1516, 1517, 1518, 1519, 1525, 1526, 1527, 1531, 1532, 1667, 1668, 1774, 1783, 1784, 1785, 1787, 1788, 1790, 1800, 1801, 1802, 1803, 1805, 1806, 1807, 1808, 1809, 2145, 2245, 2248, 2277, 2278, 2280, 2285, 2287, 2288, 2293, 2393, 2398, 2399, 2422, 2493, 2548, 2584, 2850, 2869, 2878, 3225, 3291, 3329, 3361, 3362, 3363, 3385, 3698, 3699, 3702, 4025, 4218, 4576, 4577, 4589, 4598, 4603, 4607, 4726)
2005 Ed. (358, 364, 739, 871, 940, 958, 1378, 1467, 1469, 1490, 1516, 1530, 1548, 1552, 1555, 1562, 1571, 1573, 1577, 1578, 1601, 1617, 1619, 1621, 1622, 1623, 1624, 1627, 1628, 1629, 1630, 1636, 1637, 1638, 1642, 1748, 1749, 1793, 1800, 1803, 1808, 1810, 1812, 1813, 1814, 1815, 1816, 1818, 1819, 1820, 1821, 1822, 1824, 1825, 2052, 2146, 2148, 2155, 2215, 2216, 2217, 2223, 2224, 2228, 2281, 2282, 2329, 2338, 2354, 2375, 2582, 2836, 2955, 3181, 3371, 3380, 3381, 3392, 3428, 3596, 3696, 3937, 3989, 4164, 4501, 4502, 4504, 4516, 4575, 4675)
2004 Ed. (809, 882, 963, 1362, 1454, 1474, 1500, 1514, 1532, 1533, 1540, 1553, 1559, 1561, 1565, 1569, 1570, 1576, 1594, 1596, 1597, 1598, 1599, 1600, 1601, 1602, 1605, 1606, 1611, 1612, 1613, 1690, 1691, 1741, 1750, 1752, 1753, 1754, 1755, 1757, 1758, 1917, 2009, 2010, 2014, 2016, 2019, 2029, 2031, 2039, 2111, 2112, 2118, 2119, 2123, 2180, 2181, 2237, 2562, 2604, 2608, 2609, 2827, 2871, 2878, 3351, 3361, 3416, 3679, 3680, 3777, 3785, 4554, 4557, 4564, 4581)
2003 Ed. (1342, 1424, 1444, 1446, 1470, 1484, 1496, 1503, 1512, 1519, 1522, 1524, 1525, 1526, 1527, 1528, 1544, 1545, 1547, 1551, 1562, 1563, 1564, 1567, 1568, 1569, 1570, 1571, 1572, 1573, 1574, 1575, 1579, 1580, 1585, 1586, 1587, 1591, 1660, 1661, 1662, 1705, 1711, 1712, 1713, 1715, 1716, 1717, 1718, 1720, 1721, 1964, 1966, 1968, 1970, 1977, 1980, 1982, 1985, 2086, 2087, 2088, 2152, 2184, 2194, 2237, 2238, 2253, 2254, 2470, 2473, 2475, 2729, 2865, 2867, 3288, 3289, 3300, 3352, 3633, 3638, 3639, 3640, 3752, 3760, 3762, 4144, 4559, 4567, 4806, 4807)
2002 Ed. (768, 868, 989, 990, 993, 1015, 1019, 1038, 1400, 1450, 1463, 1473, 1484, 1520, 1532, 1533, 1534, 1535, 1536, 1537, 1538, 1539, 1540, 1541, 1542, 1543, 1545, 1546, 1554, 1555, 1557, 1560, 1561, 1564, 1572, 1629, 1655, 1672, 1673, 1674, 1677, 1678, 1681, 1686, 1688, 1691, 1692, 1693, 2001, 2079, 2105, 2260, 2263, 3233, 3246, 3267, 3495, 3567, 3602, 3603, 3605, 3606, 3610, 3614, 3619, 4877)
2001 Ed. (267, 268, 1165, 1557, 1558, 1571, 1573, 1574, 1581, 1583, 1584, 1585, 1586, 1588, 1590, 1591, 1592, 1593, 1594, 1596, 1598, 1599, 1604, 1676, 1684, 1740, 1741, 1742, 1744, 1747, 1748, 1749, 1751, 1981, 2039, 2040, 2041, 2174, 2191, 2267, 2809, 2869, 3084, 3217, 3403, 3665, 3666, 3667, 3670, 3671, 3675, 3679, 3683, 3692, 3958, 4617, 4618, 4722)
2000 Ed. (942, 964, 1017, 1021, 1174, 1300, 1338, 1339, 1342, 1344, 1349, 1360, 1372, 1373, 1377, 1379, 1380, 1381, 1382, 1404, 1426, 1430, 1469, 1470, 1473, 1478, 1482, 1651, 1692, 1693, 1744, 1745, 1773, 1894, 2415, 2478, 3035, 3038, 3187, 3325, 3326, 3327, 3328, 3427, 3430, 3435, 3437, 3440, 3442, 3448, 3567, 3685, 4092)
1999 Ed. (780, 994, 1078, 1440, 1472, 1488, 1516, 1517, 1526, 1530, 1537, 1538, 1539, 1540, 1541, 1543, 1544, 1545, 1546, 1547, 1548, 1549, 1596, 1600, 1620, 1624, 1660, 1661, 1663, 1666, 1671, 1675, 1681, 1682, 1822, 1864, 1885, 1886, 1887, 1939, 1968, 1969, 1973, 1993, 1994, 2505, 2506, 2634, 2635, 2690, 2691, 2701, 2807, 3112, 3285, 3309, 3310, 3341, 3468, 3605, 3606, 3608, 3609, 3718, 3719, 3721, 3726, 3727, 3731, 3974, 4391, 4488, 4496, 4498)
1998 Ed. (95, 578, 687, 692, 696, 1080, 1081, 1083, 1084, 1085, 1086, 1087, 1088, 1110, 1111, 1112, 1113, 1116, 1117, 1130, 1133, 1149, 1158, 1159, 1162, 1164, 1166, 1168, 1244, 1246, 1319, 1372, 1373, 1398, 1400, 1417, 1420, 1899, 1949, 1950, 2050, 2051, 2320, 2435, 2557, 2591, 2627, 2647, 2675, 2756, 2757, 2760, 2764, 2766, 2771, 2805, 2806, 2978, 3362, 3407, 3407, 3425)
1997 Ed. (173, 953, 1240, 1241, 1257, 1272, 1273, 1276, 1286, 1294, 1295, 1307, 1308, 1309, 1310, 1311, 1312, 1321, 1323, 1324, 1325, 1326, 1327, 1329, 1351, 1379, 1403, 1433, 1436, 1446, 1448, 1451, 1454, 1684, 1685, 1705, 1706, 1714, 1807, 2174, 2175, 2234, 2235, 2331, 2718, 2791, 2937, 3007, 3012, 3013, 3017, 3018, 3023, 3060, 3062, 3226, 3652, 3718, 3720)
1996 Ed. (168, 850, 928, 1194, 1195, 1200, 1202, 1229, 1230, 1233, 1236, 1240, 1248, 1249, 1250, 1263, 1264, 1265, 1266, 1267, 1273, 1276, 1279, 1280, 1281, 1282, 1287, 1288, 1320, 1343, 1383, 1384, 1385, 1386, 1389, 1395, 1398, 1518, 1520, 1607, 1626, 1627, 1637, 1723, 2074, 2075, 2126, 2127, 2472, 2710, 2839, 2842, 2917, 2924, 2925, 2930, 2933, 2935, 2984, 2986, 3145, 3498, 3593, 3597, 3607, 3664)
1995 Ed. (154, 157, 160, 715, 948, 952, 1223, 1224, 1263, 1264, 1266, 1268, 1269, 1280, 1284, 1292, 1293, 1294, 1306, 1309, 1310, 1311, 1312, 1313, 1314, 1336, 1368, 1393, 1421, 1422, 1423, 1424, 1431, 1434, 1542, 1546, 1567, 1625, 1626, 1651, 1652, 1655, 1659, 2079, 2118, 2510, 2772, 2845, 2846, 2848, 2850, 2854, 2857, 2860, 2862, 2863, 2864, 2902, 3045, 3092, 3433, 3525)
1994 Ed. (1208, 1213, 1238, 1241)
1993 Ed. (154, 158, 176, 752, 898, 901, 1191, 1192, 1212, 1215, 1215, 1217, 1223, 1229, 1230, 1231, 1243, 1244, 1245, 1247, 1270, 1291, 1325, 1333, 1334, 1335, 1336, 1337, 1338, 1347, 1349, 1374, 1460, 1462, 1468, 1490, 1503, 1543, 1569, 1571, 1574, 1586, 1588, 1710, 2013, 2014, 2049, 2050, 2110, 2382, 2497, 2505, 2530, 2573, 2705, 2706, 2716, 2717, 2719, 2720, 2772, 2778, 2813, 2869, 2945,

2947, 2997, 3317, 3318, 3319, 3377, 3381, 3458, 3464, 3475)
1992 Ed. (66, 234, 243, 248, 252, 1105, 1291, 1462, 1463, 1500, 1503, 1503, 1504, 1507, 1509, 1510, 1511, 1512, 1513, 1534, 1538, 1539, 1540, 1542, 1563, 1564, 1565, 1638, 1640, 1648, 1650, 1770, 1771, 1809, 1834, 1884, 1916, 1918, 1921, 1985, 2069, 2636, 2817, 2818, 2979, 2980, 3009, 3076, 3216, 3217, 3228, 3229, 3231, 3232, 3260, 3261, 3345, 3353, 3666, 4057, 4061, 4144, 4151, 4153, 4154, 4155)
1991 Ed. (187, 972, 973, 1441, 2457, 2592, 2825, 2828, 3242, 3243, 3471)
1990 Ed. (171, 186, 197, 931, 948, 959, 1046, 1047, 1104, 1230, 1277, 1283, 1286, 1289, 1291, 1296, 1301, 1304, 1305, 1306, 1341, 1382, 1384, 1477, 1527, 1530, 1586, 1623, 1624, 1629, 1642, 1730, 1984, 1987, 2027, 2110, 2112, 2199, 2534, 2680, 2685, 2687, 2777, 2790, 2792, 2809, 2901, 2935, 2978, 2979, 2983, 3433, 3441, 3442, 3444, 3481, 3681)
1989 Ed. (193, 197, 882, 1023, 1041, 1042, 1059, 1227, 1260, 1285, 1288, 1307, 1312, 1315, 1318, 1329, 1330, 1331, 1386, 1388, 2123, 2189, 2673)
General Electric-Aerospace
1995 Ed. (1220)
General Electric Aircraft Engines
2003 Ed. (2153)
2001 Ed. (4748)
General Electric Canada
2006 Ed. (2814)
2005 Ed. (2830)
2004 Ed. (2825)
1996 Ed. (2107)
1994 Ed. (2048)
1992 Ed. (1879)
1991 Ed. (2383)
1990 Ed. (2517)
General Electric Capital Corp.
2008 Ed. (2199)
2007 Ed. (2089, 4656)
2006 Ed. (2145)
2005 Ed. (2052, 2146)
2004 Ed. (1917, 2006)
2003 Ed. (1885)
2001 Ed. (1548, 1959, 4153)
1998 Ed. (229, 388, 2456)
1996 Ed. (1765, 2483)
1995 Ed. (1787, 1789, 1790, 1791)
1993 Ed. (845, 1442, 1763, 1764, 1765, 1767)
1992 Ed. (2130, 2131)
1991 Ed. (1274, 1663, 1664, 1665, 1667)
1990 Ed. (1357, 1759, 1760, 1761, 1763)
General Electric Capital Assurance Co.
2008 Ed. (3273, 3274)
2007 Ed. (3123, 3124, 3153)
2002 Ed. (2889, 2890)
2001 Ed. (2930, 2932, 2949, 2950)
2000 Ed. (2676)
1999 Ed. (2930)
General Electric Capital Financial
1998 Ed. (368)
General Electric Capital Fleet Services
1999 Ed. (3455)
General Electric Capital Investment
1999 Ed. (3093)
General Electric Capital Mortgage Services
1999 Ed. (3435, 3438, 3440, 3441)
1998 Ed. (2523, 2525, 2529, 2530)
1997 Ed. (2814)
General Electric Capital Real Estate
1999 Ed. (4007, 4308)
General Electric Capital Retailer Financial Services
2000 Ed. (1011)
1999 Ed. (1071)
1998 Ed. (685)
1997 Ed. (943)
General Electric Capital Services Inc.
2008 Ed. (2199, 2280)
2007 Ed. (2089)
2006 Ed. (2145)
2005 Ed. (2052)
2004 Ed. (1917)
2003 Ed. (1885)
2001 Ed. (1959)
2000 Ed. (1916, 1917, 1918, 3030)
1997 Ed. (1845, 1946, 1847)
1996 Ed. (1766, 1767)
General Electric Capital Small Business Finance Corp.
1999 Ed. (4337, 4340)
1998 Ed. (3314)
General Electric Co (DH)
2000 Ed. (2880)
General Electric Co Plc
1989 Ed. (199, 1340)
The General Electric Company plc (GEC)
2001 Ed. (542, 2214, 2268)
General Electric Credit Corp.
1997 Ed. (2621)
General Electric Evendale Employees Credit Union
2008 Ed. (2252)
2007 Ed. (2137)
2006 Ed. (2216)
2005 Ed. (2121)
2004 Ed. (1979)
2003 Ed. (1939)
2002 Ed. (1885)
General Electric Financial Services, Inc.
1992 Ed. (2161)
General Electric Foundation
1989 Ed. (1473)
General Electric Group
2000 Ed. (3750)
General Electric Information Service Co.; Genie,
1991 Ed. (3450)
General Electric International Inc.
2008 Ed. (1697, 2578)
2007 Ed. (1672, 2449)
2006 Ed. (1666, 2483)
General Electric International Inc. USA
2005 Ed. (1753)
General Electric Investment Corp.
1998 Ed. (2758)
1996 Ed. (2938, 2942)
1992 Ed. (2728, 2731, 2737, 3354)
1991 Ed. (2206, 2209, 2212, 2213, 2215, 2217, 2237, 2244, 2685, 2690, 2692, 2694, 2817)
1989 Ed. (2161)
General Electric Investment Corporation
2000 Ed. (3428)
General Electric Investments
1999 Ed. (3057, 3068, 3086)
1998 Ed. (2259, 2267, 3013)
General Electric-Meter & Control
1990 Ed. (2675)
General Electric Mortgage Insurance (Ohio)
1989 Ed. (1711, 1711)
General Electric/NBC
1996 Ed. (2577)
General Electric Plastics
2002 Ed. (3720)
1998 Ed. (2875, 2876)
The General Electric Co. plc
2001 Ed. (2213)
2000 Ed. (3020)
1998 Ed. (1250)
1997 Ed. (1582, 2696)
1996 Ed. (2559)
1995 Ed. (2495)
1994 Ed. (2423)
1993 Ed. (2488)
1992 Ed. (1773, 1930, 2955)
1991 Ed. (1296, 1297, 1299, 1536, 2372)
1990 Ed. (1639, 2511)
General Electric/RCA
1991 Ed. (1145)
1989 Ed. (2039, 2806)
General Electric S & S Program Long-Term
1999 Ed. (744)
General Electric Supply Co.
1997 Ed. (2365)
General Employment Enterprises, Inc.
2000 Ed. (286)
1996 Ed. (209)
1992 Ed. (318, 321)
General Fidelity Life Insurance Co.
1994 Ed. (2252)
General Filters
1994 Ed. (2151)
1993 Ed. (2118)
1992 Ed. (2556)
1991 Ed. (1989)
1990 Ed. (2140)
General Finance & Securities
1997 Ed. (3490)
1992 Ed. (3824)
General Foods Corp.
2002 Ed. (1447)
1994 Ed. (689, 690)
1993 Ed. (679, 687, 2572)
1992 Ed. (1073, 3075)
1991 Ed. (989, 2580)
1990 Ed. (1078, 1079, 1823)
1989 Ed. (1023, 1024)
General Foods Baking Cos. Inc.
1997 Ed. (328)
1995 Ed. (342)
General Foods International
2003 Ed. (676, 1041)
2001 Ed. (1306)
2000 Ed. (4182)
General Foods International Coffee Instant
2002 Ed. (1089)
General Foods International Coffees
1996 Ed. (723)
1995 Ed. (649)
1992 Ed. (1240)
1991 Ed. (990)
General Foods/Nabisco
1996 Ed. (890)
General Foods USA
1991 Ed. (3478)
General Growth Center Cos.
1993 Ed. (3304, 3305, 3310)
1992 Ed. (3959, 3965, 3966, 3967, 3968, 3970, 3971)
1991 Ed. (3118, 3124, 3126)
General Growth Cos.
1994 Ed. (3004, 3021, 3301)
General Growth Development Corp.
1992 Ed. (3620)
1990 Ed. (3283)
General Growth Management Inc.
2000 Ed. (4022)
1996 Ed. (3430)
General Growth Properties Inc.
2008 Ed. (2356, 2368, 3821, 4127, 4128, 4335, 4336)
2007 Ed. (2216, 2222, 4084, 4085, 4086, 4087, 4103, 4106, 4379, 4380)
2006 Ed. (1422, 1423, 2289, 2294, 2295, 4041, 4042, 4043, 4044, 4045, 4055, 4312, 4313, 4314, 4315)
2005 Ed. (4008, 4010, 4011, 4025)
2004 Ed. (4076, 4078, 4091)
2003 Ed. (4061, 4065, 4410, 4411)
2002 Ed. (3920, 4279)
2001 Ed. (4250, 4255)
2000 Ed. (4019, 4031)
1999 Ed. (4004, 4307, 4311)
1998 Ed. (3003, 3298, 3300)
1997 Ed. (3514, 3517)
General Hardware Co.
1990 Ed. (1985)
General Health Services Corp.
2006 Ed. (2863)
2005 Ed. (2856)
General Homes
1990 Ed. (2682)
"General Hospital"
1995 Ed. (3587)
1993 Ed. (3541)
1992 Ed. (4255)
General Hospital of Laramie County
2005 Ed. (2020)
General Host
1990 Ed. (3043)
1989 Ed. (2328)
General Hotel & Restaurant Supply Corp.
1995 Ed. (1919)
General Instrument Corp.
2005 Ed. (1509)
2000 Ed. (1746)
1999 Ed. (4269, 4547)
1998 Ed. (3475)
1997 Ed. (1320, 2211, 3411)
1996 Ed. (3637)
1995 Ed. (1289, 1650)
1994 Ed. (1609)
1992 Ed. (1293, 1459, 1908, 1909, 3675, 3676)
1991 Ed. (1524)
1990 Ed. (1104, 1105, 1622, 1632, 2987)
1989 Ed. (1314, 1322, 2302, 2309, 2457)
General Instrument of Taiwan Ltd.
1990 Ed. (1643, 1737)
General Insurance Corp. of India
2002 Ed. (2821)
General Insurance Corp. of India Group
2001 Ed. (2883)
1999 Ed. (2887)
1997 Ed. (2394)
General Leas
2002 Ed. (4493)
General ledger
1990 Ed. (531, 532)
General liability insurance
1995 Ed. (2323)
General Lima Stock Exchange Index
2008 Ed. (4502)
General long
2006 Ed. (622)
General machinery
1989 Ed. (1658, 1660)
General Magnaplate
1990 Ed. (3454)
General Maintenance Service Co.
1992 Ed. (4422)
1991 Ed. (3472)
1990 Ed. (3683)
1989 Ed. (2902)
General manager
2004 Ed. (2280)
General managers and top executives
2001 Ed. (3563)
1993 Ed. (2738)
General managers, top executives
1989 Ed. (2077)
General manufacturing
2000 Ed. (2617)
1993 Ed. (2501)
1991 Ed. (3223)
General Maritime
2008 Ed. (2847)
2007 Ed. (2713)
2003 Ed. (4321, 4322)
General medical & surgical hospitals
1995 Ed. (3314)
1994 Ed. (3235)
1989 Ed. (2475)
General merchandise
2007 Ed. (1422)
2006 Ed. (1385)
2005 Ed. (1395, 1396)
2002 Ed. (2792, 2795)
2000 Ed. (1351, 2632, 2634, 4151)
General merchandise (not over $500)
1989 Ed. (1387)
General merchandise retailers
2001 Ed. (1708, 1754, 1855)
General Merchandise Stores
2000 Ed. (1670)
1999 Ed. (4089, 4506)
1990 Ed. (1658)
General merchandisers
2008 Ed. (3158, 3159)
2007 Ed. (3047)
2006 Ed. (3003)
2003 Ed. (1710, 2901)
2002 Ed. (2778)
1997 Ed. (2382, 2386)
General Microsystems Inc.
2007 Ed. (3610, 4452)

General Milling Corp.
1997 Ed. (1498)
General Mills Inc.
2008 Ed. (50, 830, 869, 896, 1433, 1478, 1934, 1935, 1937, 1938, 1939, 1940, 2736, 2739, 2741, 2743, 2751, 2756, 2780, 2782, 3019, 3166, 3170, 3176, 3177, 3181, 4266, 4734, 4946)
2007 Ed. (47, 135, 1883, 1884, 1885, 2602, 2604, 2605, 2607, 2610, 2612, 2621, 2897, 3052, 4805, 4979, 4980)
2006 Ed. (105, 805, 831, 1215, 1456, 1883, 1887, 1891, 1892, 2624, 2625, 2628, 2630, 2633, 2635, 2638, 2641, 2642, 2648, 2713, 4074, 4709, 4981)
2005 Ed. (14, 47, 923, 924, 1870, 1871, 1872, 2628, 2629, 2631, 2633, 2635, 2637, 2641, 2644, 2647, 2651, 2652, 2655, 2656, 2768, 4657, 4988, 4989)
2004 Ed. (20, 1560, 1801, 2637, 2638, 2640, 2644, 2650, 2658, 2659, 2662, 2845, 4485, 4558, 4681, 4982)
2003 Ed. (17, 371, 833, 844, 865, 875, 877, 911, 913, 916, 920, 1550, 1578, 1590, 1596, 1960, 2038, 2094, 2505, 2507, 2510, 2511, 2512, 2519, 2521, 2636, 2637, 3324, 3325, 4457, 4458, 4459, 4999)
2002 Ed. (2291, 2297, 2299, 2302, 4588)
2001 Ed. (1042, 1148, 1164, 1602, 1743, 2462, 2473)
2000 Ed. (956, 1336, 1517, 2221, 3131, 4209, 4443)
1999 Ed. (1483, 1491, 1664, 2459, 2460, 3598, 3637, 4567)
1998 Ed. (253, 660, 662, 1048, 1065, 1160, 1177, 1202, 1715, 1718, 1720, 1724, 2501, 3325, 3435, 3491, 3498)
1997 Ed. (875, 919, 1290, 1481, 2025, 2028, 2029, 2030, 2046, 3533, 3713)
1996 Ed. (28, 769, 862, 890, 1421, 1928, 1932, 1933, 3656, 3660)
1995 Ed. (879)
1994 Ed. (8, 9, 741, 742, 833, 834, 880, 881, 882, 1422, 1862, 1864, 1865, 1866, 1871, 1874, 2658, 2665, 3501)
1993 Ed. (20, 736, 823, 825, 861, 1369, 1873, 1875, 1876, 1877, 2124, 2572, 3526)
1992 Ed. (2185)
1991 Ed. (842, 843, 1733, 1735, 1736, 2470, 2580, 3309, 3312, 3315)
1990 Ed. (878, 879, 923, 1812, 1815, 1816, 1817, 1822, 3537)
1989 Ed. (1444, 1448, 1450)
General Mills Cheerios
2002 Ed. (954)
1999 Ed. (1050)
1997 Ed. (920)
General Mills Chex Mix
2004 Ed. (4439)
2002 Ed. (4300)
2001 Ed. (4291)
General Mills Cinnamon Toast Crunch
2002 Ed. (954)
General Mills Honey Nut Cheerios
2004 Ed. (2634)
2002 Ed. (954)
1999 Ed. (1050)
1997 Ed. (920)
General Mills Lucky Charms
2002 Ed. (954)
1999 Ed. (1050)
1997 Ed. (920)
General Mills Operations Inc.
2008 Ed. (1934, 2773)
General Mills Restaurants Inc.
1991 Ed. (1055)
General Mining Unin Corp.
1991 Ed. (2269)
General Mining Union Corp.
1993 Ed. (2375)
1992 Ed. (2815)
1990 Ed. (1416)
General Motors Corp.
2008 Ed. (19, 20, 23, 25, 28, 30, 51, 55, 79, 88, 89, 102, 140, 141, 154, 156, 186, 287, 291, 292, 293, 294, 296, 301, 830, 1179, 1354, 1464, 1500, 1508, 1517, 1518, 1521, 1522, 1523, 1524, 1811, 1846, 1849, 1929, 1930, 2299, 2301, 2303, 2304, 2306, 2307, 2310, 2311, 2312, 2321, 2449, 2452, 2486, 2969, 2970, 3009, 3183, 3356, 3544, 3564, 3682, 3757, 3758, 3866, 3867, 4094, 4140, 4651, 4652, 4656, 4737, 4753, 4754, 4755, 4756)
2007 Ed. (15, 16, 18, 23, 25, 73, 79, 80, 81, 82, 92, 126, 130, 137, 199, 302, 303, 304, 305, 306, 307, 314, 316, 678, 855, 1279, 1470, 1518, 1524, 1532, 1533, 1534, 1536, 1537, 1538, 1539, 1540, 1555, 1799, 1802, 1808, 1810, 1880, 1881, 2175, 2177, 2180, 2181, 2182, 2183, 2186, 2187, 2188, 2189, 2190, 2192, 2194, 2326, 2366, 2842, 2844, 2846, 2887, 3226, 3415, 3416, 3790, 3792, 4526, 4528, 4530, 4566, 4568, 4569, 4590, 4716, 4827, 4828, 4831, 4878)
2006 Ed. (20, 21, 22, 24, 31, 33, 79, 91, 132, 135, 137, 144, 166, 169, 193, 304, 305, 306, 307, 308, 309, 310, 312, 314, 320, 321, 772, 1173, 1467, 1468, 1488, 1503, 1504, 1505, 1506, 1507, 1508, 1509, 1510, 1511, 1525, 1801, 1803, 1850, 1881, 1882, 2297, 2422, 2548, 2847, 2849, 2851, 2852, 3361, 3362, 3385, 3491, 3579, 3580, 3581, 3582, 4026, 4708, 4709, 4714, 4815, 4816, 4819, 4886)
2005 Ed. (14, 15, 16, 18, 25, 27, 70, 74, 92, 129, 133, 135, 150, 154, 284, 285, 286, 287, 288, 289, 292, 294, 298, 300, 301, 302, 339, 340, 831, 850, 851, 1176, 1371, 1492, 1518, 1605, 1617, 1618, 1619, 1620, 1621, 1622, 1623, 1624, 1636, 1642, 1744, 1755, 1756, 1813, 1816, 1822, 1867, 1868, 2146, 2232, 2329, 2375, 2846, 2847, 2848, 2849, 2851, 2854, 3178, 3380, 3381, 3392, 3521, 3522, 3692, 3987, 3990, 4038, 4656, 4657, 4659, 4764, 4765, 4767, 4768)
2004 Ed. (20, 21, 22, 23, 25, 32, 34, 60, 70, 75, 76, 79, 87, 97, 138, 142, 151, 156, 278, 279, 280, 281, 284, 285, 286, 287, 288, 289, 290, 291, 292, 293, 294, 295, 296, 297, 298, 299, 305, 306, 340, 341, 859, 862, 871, 1476, 1537, 1543, 1574, 1576, 1592, 1593, 1594, 1595, 1596, 1599, 1600, 1602, 1611, 1616, 1686, 1698, 1699, 1750, 1755, 1797, 1798, 2015, 2024, 2025, 2026, 2032, 2039, 2159, 2838, 2840, 3307, 3351, 3361, 3520, 3524, 3773, 3785, 3788, 3791, 4048, 4099, 4564, 4680, 4681, 4776, 4792, 4794)
2003 Ed. (16, 17, 19, 21, 188, 189, 192, 193, 195, 304, 312, 313, 314, 315, 316, 318, 319, 320, 321, 322, 323, 324, 325, 326, 327, 328, 329, 330, 331, 332, 833, 835, 844, 914, 917, 1446, 1525, 1526, 1562, 1563, 1564, 1567, 1568, 1572, 1574, 1575, 1584, 1585, 1594, 1713, 1715, 1718, 1760, 1761, 1976, 1977, 1978, 1979, 1983, 1984, 1985, 1986, 1987, 2187, 2757, 2759, 3288, 3300, 3372, 3457, 3458, 3632, 3633, 3748, 3760, 3762, 4029, 4030, 4032, 4073, 4076, 4710, 4711, 4806, 4807, 4809, 4810, 4873)
2002 Ed. (33, 57, 60, 218, 219, 222, 227, 228, 235, 365, 375, 381, 398, 868, 925, 1185, 1378, 1426, 1484, 1533, 1537, 1538, 1541, 1542, 1543, 1572, 1655, 1691, 1692, 1727, 2228, 3233, 3246, 3400, 3401, 3402, 3403, 3594, 3601, 3602, 3603, 3886, 3889, 3916, 3966, 4587, 4588, 4589, 4599, 4668, 4670, 4791)
2001 Ed. (14, 17, 20, 22, 34, 37, 43, 52, 53, 60, 63, 64, 70, 71, 74, 89, 90, 456, 475, 503, 504, 506, 515, 519, 520, 577, 1041, 1045, 1092, 1165, 1557, 1583, 1584, 1589, 1592, 1593, 1598, 1604, 1744, 1747, 1751, 1790, 1792, 2174, 2225, 2227, 2228, 2229, 2230, 2377, 2718, 2719, 3215, 3217, 3228, 3395, 3403, 3647, 3664, 3665, 3666, 3667, 3693, 3695, 3835, 3958, 4043, 4044, 4617, 4618, 4722)
2000 Ed. (23, 31, 195, 202, 204, 205, 207, 211, 336, 340, 341, 356, 365, 798, 942, 945, 946, 951, 1306, 1308, 1344, 1381, 1382, 1469, 1473, 1477, 1478, 1481, 1516, 1663, 1664, 1894, 1900, 2619, 2747, 3038, 3170, 3171, 3187, 3427, 3429, 3430, 3454, 3458, 3685, 3690, 3691, 3757, 4208, 4209, 4211, 4265)
1999 Ed. (28, 177, 178, 179, 181, 321, 322, 324, 335, 336, 337, 351, 352, 994, 1000, 1001, 1073, 1448, 1474, 1488, 1489, 1505, 1516, 1517, 1541, 1543, 1547, 1548, 1549, 1554, 1600, 1660, 1661, 1662, 1666, 1670, 1671, 1674, 1706, 1817, 1840, 2107, 2505, 3112, 3310, 3456, 3457, 3468, 3718, 3719, 3720, 3721, 3734, 3768, 3974, 3976, 3977, 4043, 4044, 4566, 4567, 4568, 4618, 4693, 4694)
1998 Ed. (22, 28, 71, 75, 86, 90, 214, 215, 216, 231, 232, 233, 243, 486, 578, 595, 596, 1015, 1080, 1083, 1084, 1086, 1087, 1088, 1110, 1112, 1113, 1116, 1117, 1118, 1149, 1157, 1159, 1162, 1164, 1165, 1169, 1176, 1267, 1529, 1532, 1532, 1533, 2435, 2539, 2540, 2557, 2755, 2756, 2757, 2759, 2760, 2775, 2776, 2786, 2978, 2979, 2980, 3043, 3364, 3490, 3491, 3499)
1997 Ed. (29, 31, 166, 168, 169, 295, 298, 308, 309, 319, 700, 875, 1253, 1272, 1273, 1286, 1295, 1296, 1307, 1308, 1309, 1310, 1311, 1312, 1324, 1325, 1326, 1327, 1328, 1349, 1351, 1406, 1434, 1436, 1446, 1449, 1450, 1451, 1480, 1600, 1601, 1807, 1823, 1825, 2614, 2822, 2823, 2938, 3010, 3011, 3012, 3013, 3052, 3226, 3232, 3298, 3713, 3714, 3715, 3765)
1996 Ed. (28, 158, 159, 161, 163, 164, 304, 305, 319, 323, 326, 327, 328, 330, 769, 850, 862, 1194, 1195, 1207, 1230, 1235, 1240, 1249, 1250, 1263, 1264, 1265, 1266, 1267, 1279, 1280, 1281, 1285, 1287, 1383, 1384, 1385, 1387, 1389, 1393, 1394, 1395, 1420, 1518, 1520, 1542, 1543, 1723, 2247, 2472, 2698, 2699, 2710, 2838, 2842, 2843, 2922, 2923, 2924, 2925, 2974, 3145, 3147, 3194, 3498, 3501, 3656, 3657, 3659, 3660, 3661, 3711)
1995 Ed. (2587)
1994 Ed. (307, 310, 1395)
1993 Ed. (19, 20, 21, 26, 30, 35, 43, 45, 48, 53, 147, 148, 149, 150, 151, 152, 154, 176, 309, 311, 312, 320, 332, 334, 335, 337, 736, 823, 825, 1180, 1191, 1217, 1219, 1230, 1231, 1243, 1245, 1269, 1334, 1336, 1337, 1338, 1346, 1368, 1460, 1462, 1480, 1481, 1490, 1565, 1710, 2013, 2581, 2589, 2605, 2606, 2607, 2611, 2717, 2719, 2778, 2784, 2785, 2786, 2868, 2874, 2909, 2945, 2947, 2952, 2997, 3117, 3366, 3383, 3458, 3526, 3527, 3528, 3529, 3592)
1992 Ed. (460, 3133, 4049, 4153)
1991 Ed. (1248)
1990 Ed. (14, 17, 18, 23, 25, 27, 50, 168, 170, 172, 173, 174, 175, 180, 372, 1231, 1242, 1279, 1281, 1465, 1487, 1499, 1500, 2213, 2432, 2713, 2782, 2811, 2936, 2937)
1989 Ed. (16, 17, 20, 312, 314, 317, 319, 322, 323, 326, 345, 1023, 1038, 1041, 1042, 1059, 1087, 1332, 1339, 1386, 1388, 2014, 2016, 2166, 2277, 2673, 2752, 2803)
General Motors Acceptance Corp.
2007 Ed. (2089, 3696)
2006 Ed. (2145)
2005 Ed. (2052)
2004 Ed. (1917)
2003 Ed. (1885)
2001 Ed. (1959)
2000 Ed. (773, 774, 1916, 1917, 1918)
1999 Ed. (760, 760)
1998 Ed. (229, 2712)
1997 Ed. (1845, 1846, 1847)
1996 Ed. (337, 756, 1765, 1766, 1767, 1918)
1995 Ed. (681, 1787, 1788, 1790, 1791)
1993 Ed. (718, 845, 1763, 1764, 1765, 1766)
1992 Ed. (904, 904)
1991 Ed. (848, 1663, 1664, 1665, 1666)
1990 Ed. (898, 1759, 1760, 1761, 1762)
General Motors Acceptance Corp.-Mortgage Corp.
1993 Ed. (2595)
1991 Ed. (1661, 1856, 2483)
General Motors Acceptance Corp.-Mortgage Group
1998 Ed. (2529)
General Motors Acceptance Wholesale Receivables
1996 Ed. (337)
General Motors Acceptance, zero coupon '15
1990 Ed. (740)
General Motors Acceptance, zero coupon '12
1990 Ed. (740)
General Motors Assembly Divsion
1989 Ed. (1932)
General Motors Asset Management
2004 Ed. (2046, 3192, 3210)
2003 Ed. (3072, 3085, 3088)
2002 Ed. (3005, 3006, 3017)
General Motors Corp.; Bill Wink Chevrolet/
1989 Ed. (2332)
General Motors Canada
1990 Ed. (1731)
General Motors Chevette
1990 Ed. (361)
General Motors' Chevrolet Division
1990 Ed. (56, 3539)
General Motors -Class H
2001 Ed. (1596)
1990 Ed. (408, 411)
General Motors Coporate Directors Assn.
1990 Ed. (2214)
General Motors de Mexico
1989 Ed. (1140)
General Motors de Mexico SA de CV
1997 Ed. (1471)

General Motors de Portugal SA
1997 Ed. (1500)
General Motors Dealers
2005 Ed. (4659)
General Motors Corp. Dealers Association
1996 Ed. (3660)
1994 Ed. (11, 2211, 3501)
1993 Ed. (3526)
1992 Ed. (36, 2637, 4223)
1991 Ed. (12, 3312)
General Motors do Brasil
2006 Ed. (2542)
1989 Ed. (1096)
General Motors EDS
1992 Ed. (1329)
1991 Ed. (1246)
1990 Ed. (3260)
1989 Ed. (2480)
General Motors Espana Sa
1993 Ed. (1401)
General Motors EV1
2000 Ed. (335)
General Motors Fort Wayne
1992 Ed. (4351)
General Motors Foundation Inc.
2005 Ed. (2675, 2676)
1989 Ed. (1472, 1473)
General Motors Fund
1999 Ed. (3735)
General Motors group
1995 Ed. (309)
General Motors Hughes Electronics
1991 Ed. (1404, 1516, 1519, 1524, 1526, 1527, 1528, 1540, 2839, 2847)
General Motors Investment Management
2000 Ed. (3428)
1998 Ed. (2758)
1996 Ed. (2938)
1994 Ed. (2768)
1993 Ed. (2779)
General Motors Corp. local dealers
1996 Ed. (164)
1992 Ed. (235, 239)
1991 Ed. (170, 173)
1990 Ed. (173, 176)
General Motors Moraine
1992 Ed. (4351)
General Motors of Canada
2008 Ed. (297, 1646, 4049)
2007 Ed. (310, 4023)
2006 Ed. (3984)
2005 Ed. (3911)
2004 Ed. (1662, 3967)
2001 Ed. (1253)
2000 Ed. (1398)
1999 Ed. (1626)
1997 Ed. (32, 1011, 1813)
1996 Ed. (30, 318, 1308, 3148)
1995 Ed. (1366, 1395, 3632)
1994 Ed. (309, 986, 3553, 3554)
1993 Ed. (1287, 3590, 3591)
1992 Ed. (74, 447, 1186, 1587)
1991 Ed. (1262, 1285, 2642)
1990 Ed. (1365, 1408, 2787)
1989 Ed. (1097)
General Motors/Opel
1991 Ed. (332)
General Motors Powertrain
2003 Ed. (3271)
General Municipal Bond
1995 Ed. (2701, 2746)
1994 Ed. (2611, 2644)
1993 Ed. (2678, 2698)
1992 Ed. (3156, 3167)
General Novelty Ltd.
1995 Ed. (3420)
General Nutrition Inc.
2005 Ed. (2856)
2001 Ed. (2726)
1998 Ed. (3341)
1997 Ed. (923, 3548, 3550, 3551)
1995 Ed. (3162)
1992 Ed. (2223)
1990 Ed. (2508)
General Nutrition Center Inc.
1997 Ed. (2085)
General Nutrition Centers
2006 Ed. (3994)
2005 Ed. (3920)
General Nutrition Cos. Inc.
2003 Ed. (2109, 2761, 4861)
General Nutrition Franchising
1992 Ed. (2221)
1991 Ed. (1771)
General Occidentale
1990 Ed. (1652)
General of Berne
1990 Ed. (2244)
General office clerks
1989 Ed. (2077)
General/Pabst
1989 Ed. (777)
General Parts Inc.
2008 Ed. (4075)
2007 Ed. (320, 4040)
2006 Ed. (329, 3993)
2005 Ed. (311, 3919)
2002 Ed. (421)
1998 Ed. (757)
1997 Ed. (1016)
1995 Ed. (1018)
1994 Ed. (1006)
1993 Ed. (980)
General Physics Corp.
2008 Ed. (2545)
2007 Ed. (2418, 2435)
2001 Ed. (2240)
2000 Ed. (1800)
1999 Ed. (2022)
1998 Ed. (1450)
General Portfolio Group
1992 Ed. (1618)
General Property Trust
1993 Ed. (3472)
General Public Utilities
1997 Ed. (1695)
1996 Ed. (1617)
1995 Ed. (1639, 3354)
1994 Ed. (1598, 3273)
1993 Ed. (1558, 3283)
1992 Ed. (1901)
General Publishing Group
1997 Ed. (3223)
General Re Corp.
2007 Ed. (3188)
2006 Ed. (3151)
2005 Ed. (1519)
1992 Ed. (2159, 2704, 2705, 3924)
1990 Ed. (1152, 1792)
1989 Ed. (1742, 2471)
General Re Group
2000 Ed. (2725)
General Real Estate Corp.
2008 Ed. (2961)
2007 Ed. (2837)
2006 Ed. (2840)
General Refractories Co.
1989 Ed. (1143)
General Reinsurance Corp.
2007 Ed. (3184)
2005 Ed. (3145, 3147)
2004 Ed. (3056, 3139, 3141)
2003 Ed. (2971, 3016, 4995)
2002 Ed. (2963, 3948, 3949, 3950, 3958, 3959)
2001 Ed. (2953, 4030, 4033, 4036)
2000 Ed. (2660, 2728, 2729, 3748, 3752)
1999 Ed. (1596, 2905, 2965, 2966, 2969, 2976, 4033, 4035, 4036, 4037, 4389)
1998 Ed. (1130, 2198, 2199, 2200, 2201, 2204, 2207, 2208, 3037, 3040, 3361)
1997 Ed. (1285, 1313, 1379, 2459, 2460, 2464, 3293)
1996 Ed. (2330, 2332, 3186, 3188, 3500)
1995 Ed. (2318, 2321, 2322, 3087, 3088, 3305, 3322, 3435)
1994 Ed. (2230, 2276, 2279, 3040, 3042, 3223, 3242)
1993 Ed. (2239, 2251, 2992, 2994, 3217, 3248, 3379)
1992 Ed. (2703, 3658)
1991 Ed. (1722, 2133, 2140, 2141, 2142, 2829, 3089)
1990 Ed. (2261)
General Reinsurance Corporation
2000 Ed. (2680)
General Reinsurance Group
2000 Ed. (3750)
General Revenue Corp.
1997 Ed. (1047)
General Roofing
2006 Ed. (1336)
General Roofing Industries Inc.
2000 Ed. (1266)
General Roofing Services Inc.
2003 Ed. (1313)
2002 Ed. (1296)
2001 Ed. (1480)
General Seating of America Inc.
1996 Ed. (352)
General Securities
1996 Ed. (2791)
1992 Ed. (3191)
General Sekiyu
1994 Ed. (2861)
1992 Ed. (1680)
General services
2008 Ed. (109, 2451)
2007 Ed. (98, 2325)
2006 Ed. (104)
General Services Administration
2008 Ed. (3691)
2006 Ed. (3493)
2005 Ed. (2746)
1998 Ed. (2512)
General Services Administration (GSA); U.S.
1991 Ed. (1056)
General Signal
2000 Ed. (1760)
1998 Ed. (1401)
1997 Ed. (1272)
1996 Ed. (1202)
1994 Ed. (2420)
1993 Ed. (2486, 3210)
1992 Ed. (1318, 2641, 3914)
1991 Ed. (2079, 3083)
1990 Ed. (2518)
1989 Ed. (1288, 1313, 1316, 1667, 2362)
General Slocum steamship
2005 Ed. (2204)
General Star Indemnity Co.
2008 Ed. (3263)
2004 Ed. (3089)
2002 Ed. (2876)
2001 Ed. (2927, 2928)
1999 Ed. (2926)
1998 Ed. (2145)
1997 Ed. (2428)
1996 Ed. (2293)
1995 Ed. (2288)
1994 Ed. (2240)
1993 Ed. (2191)
1992 Ed. (2648)
1991 Ed. (2087)
General Star Management Co.
1998 Ed. (2144)
1997 Ed. (2429)
1996 Ed. (2294)
1995 Ed. (2289)
1994 Ed. (2241)
1993 Ed. (2192)
General Steel Fabricators Inc.
1991 Ed. (1083)
1990 Ed. (1207)
General surgeon
2004 Ed. (2279)
General Textile Mfg. Co., Ltd.
1990 Ed. (3572)
The General Theory of Employment, Interest, & Money
2006 Ed. (577)
General Tire Inc.
1993 Ed. (2382)
1992 Ed. (2818)
1991 Ed. (2271)
1989 Ed. (2836)
General Tobacco
2008 Ed. (2963)
General Transportation Services
2003 Ed. (4784)
General Trustco
1990 Ed. (3659)
General Trustco of Canada
1992 Ed. (4360)
General-use carpets
2000 Ed. (988)
General Welding Supply Co.
1994 Ed. (3671)
1993 Ed. (3736)
1992 Ed. (4486)
Generalbank FSB
1991 Ed. (1909)
1990 Ed. (2006)
Generaldirek For Post-& Telegrafvaesenet
1994 Ed. (1346)
1993 Ed. (1294)
1989 Ed. (1104)
Generaldirek.For Post-& Telegrafvaesenet
1990 Ed. (1344)
Generale Bank
2000 Ed. (469)
1999 Ed. (477, 1587)
1997 Ed. (417)
1993 Ed. (435)
1992 Ed. (617)
1991 Ed. (459)
1990 Ed. (509, 560)
1989 Ed. (488)
Generale Bank Grop
1995 Ed. (428)
Generale Bank Group
2000 Ed. (1394)
1997 Ed. (1366)
1996 Ed. (455, 1299)
1995 Ed. (1359)
1994 Ed. (1328)
1992 Ed. (1578)
1991 Ed. (1259)
Generale Banque
1994 Ed. (435, 737, 738)
Generale Belgiqe
2000 Ed. (788)
Generale Belgique
1990 Ed. (1333)
Generale de Banque
2000 Ed. (788, 789, 1392)
1999 Ed. (771, 772, 1588)
1997 Ed. (1367)
1996 Ed. (1300)
1995 Ed. (1360)
1994 Ed. (1329)
1993 Ed. (1283)
1991 Ed. (415, 729)
1990 Ed. (1333, 3456)
Generale de Banque SA
2001 Ed. (579)
Generale de Belgique
1999 Ed. (1587)
1992 Ed. (1579)
1991 Ed. (729, 1260)
1990 Ed. (3456)
Generale d'Electricite
1991 Ed. (1291)
Generale d'Electrique
1992 Ed. (1620)
Generale des Eaux
1999 Ed. (1606, 1633)
1997 Ed. (1386, 1408, 1410, 1781, 3215)
1994 Ed. (1369, 1372, 3650)
1993 Ed. (731, 1315)
1992 Ed. (3943, 1620)
1991 Ed. (1291)
1990 Ed. (3264, 3468)
Generale des Eaux Grope
1995 Ed. (1374)
Generale des Eaux Groupe
1996 Ed. (1327, 1347)
1995 Ed. (1396)
1990 Ed. (2927)
Generale du Luxembourg
1990 Ed. (630)
Generale Eaux
1989 Ed. (2482)
Generali
2000 Ed. (2870, 2871, 3749)
1999 Ed. (1688, 2918, 2919, 3122, 3123, 4037)
1998 Ed. (3040)
1997 Ed. (2420, 2469)
1996 Ed. (2289)
1995 Ed. (2281)
1994 Ed. (1406, 2519, 2520)
1993 Ed. (1353, 2570, 2571)
1992 Ed. (1653, 2708)
1990 Ed. (2277)

Generali Assicurazioni
1997 Ed. (2578, 2579)
1996 Ed. (2641, 2642)
Generali Budapest
2001 Ed. (2924)
Generali en France
1990 Ed. (2279)
Generali-France
1997 Ed. (2422)
Generali Group
2003 Ed. (3100, 3103)
2000 Ed. (1488)
1997 Ed. (1459, 2546)
1996 Ed. (1402)
1995 Ed. (1438)
1991 Ed. (1270, 1312, 2132)
1990 Ed. (2278)
1989 Ed. (1746)
Generali Gruppe (Roma)
1991 Ed. (2159)
Generali Holding Vienna
2006 Ed. (4883)
Generali Peru
2007 Ed. (3116)
Generali Pojistovna
2001 Ed. (2922)
Generali SpA; Assicurazioni
2008 Ed. (1861, 1862, 1863, 3258)
2007 Ed. (1826, 1828, 1829, 3113)
2006 Ed. (1820, 1821, 1822, 3094, 3095, 3127, 3213, 3216, 3230)
2005 Ed. (1486, 1830, 3089, 3090, 3091, 3121)
Generall
2000 Ed. (1390)
Generall (Assicurazionl)
1990 Ed. (1355)
generalRoofing
2006 Ed. (1291)
2005 Ed. (1319)
2004 Ed. (1313)
The General's Daughter
2001 Ed. (3364)
Generation Debt: Why Now Is a Terrible Time to be Young
2008 Ed. (614)
Generation Homes
2008 Ed. (1593)
Generation 1
1997 Ed. (3813)
Generation Securities Ltd.
1992 Ed. (1196)
Generic
2003 Ed. (3776)
Genesco Inc.
2008 Ed. (891, 1003, 4333)
2007 Ed. (910, 1121)
2006 Ed. (1035)
2005 Ed. (4366, 4367)
2004 Ed. (4416, 4417)
2003 Ed. (4405, 4406)
2002 Ed. (4273)
1998 Ed. (2674)
1996 Ed. (3426, 3499, 3510)
1995 Ed. (3434)
1993 Ed. (988)
1992 Ed. (1212, 3954)
1991 Ed. (3115)
1990 Ed. (3272, 3277)
1989 Ed. (2485, 2486)
Genesee Co.
2005 Ed. (1244)
1999 Ed. (714)
1998 Ed. (455, 458)
1997 Ed. (671)
1996 Ed. (730, 738, 739)
1995 Ed. (654, 658, 661, 662)
1990 Ed. (750, 753)
1989 Ed. (766)
Genesee & Wyoming Inc.
2005 Ed. (3993, 3994)
2004 Ed. (4055, 4056)
Genesee Brewing Co.
2003 Ed. (662, 764)
2002 Ed. (787)
2001 Ed. (674, 1023, 1026)
2000 Ed. (3127)
1999 Ed. (812)
1998 Ed. (501, 503, 2491)
1997 Ed. (713, 716, 718)
1994 Ed. (698, 702, 706)
1993 Ed. (749)
1992 Ed. (929, 931, 934)
1991 Ed. (742)
1990 Ed. (757)
1989 Ed. (759)
Genesee Cream Ale
1998 Ed. (495, 3436)
1997 Ed. (719)
Genesee Painting Co.
2002 Ed. (1295)
Genesee Portfolio
1996 Ed. (2097)
Genesee Portfolio A
1996 Ed. (2097)
Genesis
2008 Ed. (2293)
2000 Ed. (2671)
1996 Ed. (3721)
1994 Ed. (1099, 1101, 3557)
1993 Ed. (3600)
1992 Ed. (4414)
1989 Ed. (989, 989)
Genesis Asset Management
2005 Ed. (3213)
Genesis Asset Managers
2003 Ed. (3070)
2000 Ed. (2852)
1997 Ed. (2521)
1995 Ed. (2393, 2397)
Genesis Consolidated Services
1998 Ed. (748, 3310)
Genesis Crude Oil LP
2008 Ed. (3988)
2007 Ed. (3961)
2005 Ed. (3842)
2003 Ed. (3879)
2001 Ed. (3803)
Genesis Energy LP
2008 Ed. (3988)
Genesis Financial Solutions
2005 Ed. (1936, 1938)
Genesis Group Consulting Corp.
2006 Ed. (3988)
Genesis Health System
2000 Ed. (3180)
1998 Ed. (2548)
Genesis Health Ventures Inc.
2005 Ed. (3612)
2004 Ed. (258, 3701)
2003 Ed. (2680, 2692, 3635, 3653)
2002 Ed. (2451)
2000 Ed. (3361)
1999 Ed. (3636)
1998 Ed. (2691, 3184)
1997 Ed. (2936)
Genesis HealthCare Corp.
2008 Ed. (2899, 3801)
2007 Ed. (3710)
2006 Ed. (2770, 3727)
Genesis Homes
2004 Ed. (1202, 3346)
2003 Ed. (1197)
Genesis Insurance Co.
2002 Ed. (2901)
Genesis Investment Management Ltd.
1993 Ed. (2338, 2352)
Genesis Malaysia Maju
1996 Ed. (2817, 2818)
Genesis Media
2002 Ed. (3278)
Genesis Microchip Inc.
2005 Ed. (1466)
2002 Ed. (2485, 2503)
2001 Ed. (1655)
Genesis Resource Enterprises
2003 Ed. (3724)
Genesis Seed Fund Inc.
1990 Ed. (3669)
Genesis with Sonic 2
1997 Ed. (3773)
Genesse
2000 Ed. (722)
Genessee Corp.
2001 Ed. (679)
Genessee Brewing Co.
2000 Ed. (816, 817, 818)
Genesys Group
2001 Ed. (3909)
Genesys Regional Medical Center
2008 Ed. (3062)
Genetch
1990 Ed. (2684)
Genetech
2000 Ed. (738)
1997 Ed. (674, 3299, 3300)
1996 Ed. (740)
Genetics Institute
1997 Ed. (3299, 3300)
1996 Ed. (741, 1277)
1995 Ed. (665, 1307, 3093, 3094)
1994 Ed. (710, 1289, 3044, 3045)
1993 Ed. (701, 1940, 2998, 2999, 3006)
1992 Ed. (892, 3667, 3668)
1991 Ed. (711, 2837, 2838)
Genetronics Biomedical Corp.
2005 Ed. (1559)
2001 Ed. (2863)
Genetski; Robert
1990 Ed. (2285)
Geneva
2000 Ed. (2323)
1990 Ed. (1221)
Geneva Capital Mgmt.
1990 Ed. (2339)
Geneva College
2006 Ed. (1072)
Geneva Generics
1997 Ed. (2134)
Geneva Life
1991 Ed. (2114)
1990 Ed. (2245)
Geneva Luxury Motor Vans
1992 Ed. (4368)
Geneva Luxury Motor Vehicles
1995 Ed. (3688)
Geneva Pharmaceuticals
2000 Ed. (2321)
Geneva Steel Inc.
2001 Ed. (1890)
1995 Ed. (3510)
1994 Ed. (3433)
Geneva Steel Holdings Corp.
2008 Ed. (2148)
2006 Ed. (2088)
Geneva, Switzerland
2005 Ed. (2033, 3313)
1995 Ed. (1869)
1992 Ed. (1712, 2717)
1991 Ed. (1365)
1990 Ed. (1439)
Genex
2003 Ed. (2719)
2002 Ed. (2478)
GENEX Services Inc.
2008 Ed. (2482)
2007 Ed. (2359, 4112)
2006 Ed. (2410, 2411, 4066)
2005 Ed. (4035)
2004 Ed. (4095)
Genex Technologies, Inc.
2003 Ed. (2720)
2002 Ed. (2512)
GenFed Federal Credit Union
2001 Ed. (1962)
Genfoot/Karnik
2005 Ed. (272)
Genicom
1993 Ed. (1052, 1578)
1990 Ed. (1125, 2997)
Genie
1999 Ed. (1989)
1992 Ed. (4216)
1989 Ed. (1212)
Genie, G. E. Information Service Co.
1991 Ed. (3293)
Genie, General Electric Information Service Co.
1991 Ed. (3450)
Genie Group Inc.
2008 Ed. (2465, 2467)
2005 Ed. (2347, 2349)
2004 Ed. (2247, 2249)
2002 Ed. (2085, 2087)
2001 Ed. (2204, 2210)
2000 Ed. (1765, 1769)
1998 Ed. (1410, 1414)
1996 Ed. (1631)
Genie in a Bottle
2001 Ed. (3406)
GenieKnows.com
2002 Ed. (4848)
Geniki Bank
2008 Ed. (420)
Genisco Technology
1997 Ed. (227)
Genius
2008 Ed. (667)
1991 Ed. (1784)
Genius Jr.; Richard M.
1995 Ed. (938)
Genius Tympanic Thermometer
1999 Ed. (3635)
The Genlyte Group Inc.
2008 Ed. (1883)
2007 Ed. (874, 1847, 1849)
2006 Ed. (1842, 1844, 2348)
2005 Ed. (2697, 2698)
2004 Ed. (2698, 2699)
2003 Ed. (2130, 2132, 2893)
1994 Ed. (1584)
1991 Ed. (1483)
1990 Ed. (1039)
Genlyte Thomas Group LLC
2004 Ed. (1803)
Genmab A/S
2007 Ed. (1681)
Gennum Corp.
2008 Ed. (2943)
2007 Ed. (2817)
2006 Ed. (2816)
Genoa
2003 Ed. (1070)
1992 Ed. (1398)
Genoa-2
1990 Ed. (2722)
Genome mapping
1996 Ed. (2104)
Genomic Health
2006 Ed. (592)
Genomic Solutions Inc.
2002 Ed. (2154)
Genomics One Corp.
2002 Ed. (1604)
Genomma Lab
2007 Ed. (59)
Genossenschaft. Zentralbank
1989 Ed. (483)
Genossenschaftliche
1991 Ed. (454)
1990 Ed. (506)
Genossenschaftliche Zentralbank
1989 Ed. (576)
Genova & Imperia
1993 Ed. (538)
1992 Ed. (739)
Genova e Imperia
1994 Ed. (540)
Genovese Drug Stores
2000 Ed. (1719, 1720)
1999 Ed. (1922, 1924)
1998 Ed. (1360)
1997 Ed. (1668)
1996 Ed. (1586)
1995 Ed. (1606)
Genpact Ltd.
2008 Ed. (3834)
Genpak LLC
2008 Ed. (4673)
2007 Ed. (4749)
2006 Ed. (4733)
2005 Ed. (4688)
2004 Ed. (4718)
2003 Ed. (4734)
2001 Ed. (4520)
Genpass Card Solutions LLC
2006 Ed. (4375)
Genpass Technologies LLC
2006 Ed. (4380)
GenRad
1992 Ed. (372)
1991 Ed. (266, 2842, 2843)
1990 Ed. (298, 2989)
1989 Ed. (2304, 2312)
Gensar
1997 Ed. (1703)
Genscape
2007 Ed. (2379)
2006 Ed. (2433)
Gensia
1998 Ed. (465)
Gensia Pharmaceuticals
1993 Ed. (1246)
Gensia Sicor
2000 Ed. (738)

Gensler
2007 Ed. (288, 2408)
2006 Ed. (285)
2005 Ed. (260, 3160, 3161, 3162, 3163, 3164, 3165, 3169, 4118)
2003 Ed. (2295, 2306, 2313)
2002 Ed. (332, 334, 2130, 2140, 2986)
2001 Ed. (2238)
2000 Ed. (310, 315, 1797, 2741)
1999 Ed. (284, 287, 290, 2020, 2994)
1998 Ed. (184, 188, 1437, 1448, 2218)
Gensler & Assoc./Architects
1990 Ed. (278)
Gensler & Assoc./Arcitects
1990 Ed. (2287)
Gensler & Associates
1998 Ed. (187)
Gensler & Associates/Architects
1997 Ed. (263, 267, 1736, 2474)
1996 Ed. (232, 235, 236, 1658, 2346)
1995 Ed. (235, 239, 1675)
1994 Ed. (233, 236)
1993 Ed. (244)
1992 Ed. (353, 358)
1991 Ed. (1551)
Gensler Jr. & Associates Inc.; M. Arthur
2008 Ed. (262, 264, 2511, 2523, 2530, 2536, 2537, 2538, 2540, 2541, 2542, 3080, 3337, 3339, 3340, 3341, 3342, 3344, 3345, 3347, 3348, 4227)
2007 Ed. (286, 2414, 2415, 2955, 3195, 3197, 3198, 3200, 3202, 3203, 3205, 3206, 3207, 4190)
2006 Ed. (283, 3162, 3163, 3164, 3166, 3168, 3171, 3172, 3173)
Genstar Stone Products
1995 Ed. (1246)
Genta Inc.
2006 Ed. (4606)
Gentek Inc.
2005 Ed. (1900, 1901)
2004 Ed. (1816, 1817)
2003 Ed. (1781, 1782)
Gentex Corp.
2007 Ed. (305, 322)
2006 Ed. (308)
2005 Ed. (314)
2004 Ed. (315)
1998 Ed. (1881)
Genting
2008 Ed. (1899)
2007 Ed. (1865)
2001 Ed. (1785)
2000 Ed. (1294, 1296, 1298, 1299, 1511, 1694, 2884)
1999 Ed. (1701, 1702, 1887, 2772, 3137)
1997 Ed. (1475, 2593)
1996 Ed. (1415, 1416, 2447)
1995 Ed. (1454, 1455, 1577, 2162)
1994 Ed. (1418, 2109, 2348)
Genting Berhad
1998 Ed. (2558)
Genting Bhd
2002 Ed. (3051)
2000 Ed. (2547)
1997 Ed. (1358, 2288)
1993 Ed. (2093, 2385)
1992 Ed. (1667, 2486, 2823)
1991 Ed. (1324, 1950)
1990 Ed. (1397, 2082)
1989 Ed. (1139)
Gentle Giant Moving
1992 Ed. (4354)
Gentle Treatment
2008 Ed. (2871)
2003 Ed. (2656)
2001 Ed. (2634, 2635)
Gentle Treatment, Relaxer, Regular
2000 Ed. (2410)
1990 Ed. (1979)
Gentle Treatment, Relaxer, Super
2000 Ed. (2410)
Gentleman Jack
2004 Ed. (4908)
2003 Ed. (4919)
2002 Ed. (286, 3159, 3161, 3162)
2001 Ed. (4803, 4804, 4805, 4806)
1999 Ed. (3235, 3236, 3238)
Gentlemen's Quarterly
1990 Ed. (2800)
1989 Ed. (180, 2175)
Gentra Inc.
2002 Ed. (3919)
1997 Ed. (3811)
1996 Ed. (1314, 1317, 3761)
Gentry County Bank
1989 Ed. (213)
Genuardi Family Markets Inc.
2007 Ed. (4639)
Genuardi Super Markets Inc.
1990 Ed. (1043)
Genuine Black & White Bar
1999 Ed. (4353)
Genuine Draft
1989 Ed. (773)
Genuine Parts Co.
2008 Ed. (281, 282, 1766, 2349, 2364, 3190, 4920)
2007 Ed. (296, 297, 304, 305, 320, 1738, 2210, 2224, 2972, 4944)
2006 Ed. (295, 296, 308, 329, 1731, 2274, 2275, 2281, 4936, 4938)
2005 Ed. (311, 312, 313, 1780, 2211, 2212, 2219, 4905, 4906, 4908, 4909)
2004 Ed. (313, 314, 1723, 2108, 2114, 2159, 4916, 4917, 4925, 4926)
2003 Ed. (2085, 2119, 4394, 4923, 4924, 4925, 4926)
2002 Ed. (421, 1221, 4894)
2001 Ed. (4222, 4816)
2000 Ed. (336, 4004)
1999 Ed. (349, 1634, 4285, 4757)
1998 Ed. (240, 241, 1142, 3290, 3709, 3712)
1997 Ed. (315, 316, 1412, 3873, 3874)
1996 Ed. (338, 339, 1350, 3824, 3825)
1995 Ed. (324, 325, 3304, 3728)
1994 Ed. (326, 328, 2177)
1993 Ed. (341, 2162, 3225)
1992 Ed. (466, 468, 471, 474, 475, 478, 479, 2591)
1991 Ed. (335, 337, 341, 342, 345, 346, 2017)
1990 Ed. (393, 394, 395, 396)
1989 Ed. (334, 337)
Genuity Inc.
2008 Ed. (4616)
2005 Ed. (1560)
2002 Ed. (4194, 4207)
Genus
2007 Ed. (3948)
1992 Ed. (3994)
Genus plc
2004 Ed. (191)
GenVec, Inc.
2003 Ed. (2720)
Genworth Financial Inc.
2008 Ed. (2161, 2162, 2171, 3290, 3291, 3292, 3293, 3295)
2007 Ed. (2054, 2062, 3107, 3132, 3139, 3142, 3143, 3144)
2006 Ed. (2095, 4258, 4598)
Genworth Financial Services
2008 Ed. (3314, 3315)
Genzyme Corp.
2008 Ed. (571, 572, 1917)
2007 Ed. (621, 622, 915, 1873, 1875, 3917, 4518)
2006 Ed. (594, 832, 3886, 3894, 4081)
2005 Ed. (681, 3817, 3821, 3828)
2004 Ed. (686, 4561)
2003 Ed. (684)
2001 Ed. (706, 709)
1999 Ed. (728)
1998 Ed. (465)
1997 Ed. (674)
1996 Ed. (741)
1995 Ed. (665, 3093)
1994 Ed. (710)
1993 Ed. (701, 1940)
1991 Ed. (711)
1990 Ed. (732)
1989 Ed. (733)
Genzyme General
2008 Ed. (573)
2007 Ed. (623)
2006 Ed. (595, 3879)
2001 Ed. (1203)
2000 Ed. (738)
Geo
1998 Ed. (3645)
Geo. A. Hormel
1990 Ed. (2526, 2527)
Geo A. Hormel & Co.
1997 Ed. (1643)
1992 Ed. (2174, 2199, 2988, 2993, 2994, 2996, 2997, 3505, 3508, 3509, 3510, 3512)
Geo & Jem Inc.
2008 Ed. (3728, 4423, 4979)
2007 Ed. (3592, 3593, 4442)
Geo-Con Inc.
2004 Ed. (1253)
2003 Ed. (1251)
1997 Ed. (1165)
1996 Ed. (1139)
1995 Ed. (1172)
1994 Ed. (1147)
1991 Ed. (1082)
1990 Ed. (1204)
GEO II/Young & Rubicam
2003 Ed. (78)
2002 Ed. (113)
Geo Metro
1998 Ed. (213)
1996 Ed. (316)
1991 Ed. (353)
Geo Metro LSI
1991 Ed. (353)
Geo Metro XFI
1991 Ed. (353)
Geo Storm
1994 Ed. (306)
1992 Ed. (2410)
Geo Storm/Spectrum
1992 Ed. (449, 454)
Geo-Young & Rubicam
2001 Ed. (140)
2000 Ed. (100)
1999 Ed. (94)
1993 Ed. (103)
1992 Ed. (154)
Geocan Energy Inc.
2008 Ed. (1548)
GeoCapital
1992 Ed. (2758, 2762)
Geocapital Partners
2000 Ed. (4342)
Geocell
2005 Ed. (40)
2004 Ed. (46)
GeoCities
2001 Ed. (1547, 4192, 4777, 4778, 4781)
Geodex Communications
2006 Ed. (1848)
Geodis
2008 Ed. (3525)
Geodyne Resources
1992 Ed. (317)
Geoff Kieburtz
1998 Ed. (1658)
Geoff Tate
2002 Ed. (2181)
Geoff Warren
2000 Ed. (2070)
Geoffrey Bloom
1999 Ed. (1122, 4302)
Geoffrey C. Bible
1996 Ed. (966)
Geoffrey Dennis
1996 Ed. (1855, 1856, 1894, 1906)
Geoffrey Harris
1998 Ed. (1643)
1997 Ed. (1869)
1996 Ed. (1796)
Geoffrey Hedrick
2008 Ed. (2634)
Geoffrey Kieburtz
2000 Ed. (2030)
1999 Ed. (2248)
Geoffrey Rush
2001 Ed. (2270)
Geoffrey Y. Yang
2002 Ed. (4730)
Geoffrey Yang
2004 Ed. (4828)
GeoLearning
2008 Ed. (2404, 4394)
2007 Ed. (2271)
GeoLogics Corp.
2008 Ed. (2959, 3737, 4433)
Geologist
2004 Ed. (2276)
1989 Ed. (2093)
Geologistics Corp.
2006 Ed. (4804)
2004 Ed. (4778, 4779)
2003 Ed. (4792)
2001 Ed. (3161, 4629)
Geologists
1990 Ed. (2729)
Geomagic
2007 Ed. (1225)
Geomaque Explorations Ltd.
2001 Ed. (1656)
GeoMet
2008 Ed. (2495)
Geon
2002 Ed. (992)
2001 Ed. (1214)
Geonerco
2000 Ed. (1236)
GeoResources Inc.
2008 Ed. (4347)
2005 Ed. (3733)
Georg Fischer AG
1996 Ed. (2612)
1994 Ed. (2483)
Georg Fischer Giessereianlagen AG
1994 Ed. (2438)
Georg Fischer Giesserie-Anlagen AG
1996 Ed. (2568)
Georg Fischer Rohrleitungssysteme AG
1996 Ed. (2612)
1994 Ed. (2483)
George
1998 Ed. (2796, 2799)
George A. Hormel
1989 Ed. (1936, 1937)
George A. Hormel & Co.
1994 Ed. (1422, 1882, 2451, 2453, 2456, 2458, 2903, 2905, 2906, 2907)
1993 Ed. (1369, 1884, 2514, 2516, 2519, 2521, 2525, 2709, 2879, 2887, 2888, 2889, 2890, 2894, 2898)
1991 Ed. (1732, 1750)
George A. Smathers
1994 Ed. (889, 1056)
George Adler
1997 Ed. (1891)
1996 Ed. (1817)
1995 Ed. (1839)
1994 Ed. (1801)
1993 Ed. (1771, 1818)
George & Barbara Bush
2002 Ed. (3077)
2001 Ed. (3943)
George B. H. Macomber Co.
2002 Ed. (1246)
1998 Ed. (959)
George B. Kaiser
2008 Ed. (4824)
2007 Ed. (4895)
2006 Ed. (4900)
2005 Ed. (4845)
2004 Ed. (4859)
George Bailey
1990 Ed. (2483)
George Baker
1994 Ed. (1796)
1991 Ed. (1697)
George Barkow
1995 Ed. (983)
George Bjurman
1996 Ed. (2407)
1995 Ed. (2367)
George Booth & Associates
1992 Ed. (1289)
George Borkow
1996 Ed. (1710)
George Boy Manufacturing Inc.
1992 Ed. (3643)

George Brett
1989 Ed. (719)
George Buckley
2007 Ed. (989)
George Burns/Bob Hope, Dionne Warwick
1991 Ed. (1042)
George Bush
1990 Ed. (2504)
George D. Kennedy
1993 Ed. (938)
1992 Ed. (1143, 2059)
George D. Zamias Developer
1994 Ed. (3297)
George David
2008 Ed. (934, 943, 951)
2007 Ed. (961, 1022, 1029)
2006 Ed. (870, 937, 938)
2005 Ed. (966, 980, 981, 2469, 2482)
George Dickel
2002 Ed. (3161)
2001 Ed. (4803, 4804, 4806)
1989 Ed. (748, 751, 752)
George Douglas
1991 Ed. (1709)
1990 Ed. (1769)
1989 Ed. (1419)
George Duboeuf
1998 Ed. (3754)
1996 Ed. (3869)
George E. Bull III
2006 Ed. (930)
George E. Masker Inc.
1996 Ed. (1144)
George E. Warren Corp.
2008 Ed. (4055)
2007 Ed. (4028)
2006 Ed. (3990)
2005 Ed. (3917)
2002 Ed. (1075)
2000 Ed. (1104)
1998 Ed. (753)
1996 Ed. (990)
1995 Ed. (1003)
1990 Ed. (1038)
1989 Ed. (929)
George Eaton
1997 Ed. (3871)
George Eisenberg
1994 Ed. (897)
George Elling
1995 Ed. (1826)
1994 Ed. (1823)
George F. Taylor
1992 Ed. (531)
George Fischer AG
1995 Ed. (2549)
George Foreman
2005 Ed. (2955)
2003 Ed. (2867)
2002 Ed. (4253)
1997 Ed. (278)
1995 Ed. (251)
George Fox College
1997 Ed. (1060)
1996 Ed. (1044)
1995 Ed. (1059)
1994 Ed. (1051)
1992 Ed. (1276)
George Fox University
2001 Ed. (1323)
1999 Ed. (1226)
1998 Ed. (797)
George Friedlander
2000 Ed. (1962)
1999 Ed. (2203)
1998 Ed. (1564, 1614)
1997 Ed. (1955)
George G. Sharp Inc.
2003 Ed. (1354)
George Gosbee
2005 Ed. (2473)
The George Gund Foundation
1995 Ed. (1930)
George Harad
2006 Ed. (2523)
George Harrison
2007 Ed. (891)
2006 Ed. (802)
George Hyman Construction Co.
1994 Ed. (1109)
1993 Ed. (1122)
1991 Ed. (1100)
1990 Ed. (1212)
George J. Igel & Co. Inc.
1990 Ed. (1204)
George J. Sella
1991 Ed. (1632)
1990 Ed. (1724)
1989 Ed. (1383)
George J. Vojta
1989 Ed. (417)
George Jerome & Co.
2001 Ed. (1683)
George K. Baum Co.
2001 Ed. (787, 860)
1992 Ed. (3853, 3856, 3861)
George K. Baum & Co.
2003 Ed. (3478)
2002 Ed. (3410, 3411)
2001 Ed. (752, 771, 811, 928, 932, 960)
2000 Ed. (3979, 3980)
1999 Ed. (3482, 4230, 4243)
1998 Ed. (3236, 3254)
1997 Ed. (3466)
1996 Ed. (3363)
1995 Ed. (3257, 3260)
1993 Ed. (3135, 3142, 3167, 3180, 3186, 3194, 3195, 3200)
George Kaiser
2007 Ed. (3949)
George Kelly
2000 Ed. (1998)
1999 Ed. (2189)
1998 Ed. (1603)
1995 Ed. (1856)
1994 Ed. (1827)
George Kepper
2002 Ed. (872, 2477)
George King
2000 Ed. (1934)
1999 Ed. (2164)
1998 Ed. (1576)
George Krug
1994 Ed. (1824)
George L. Lindemann
1991 Ed. (1622)
George Lamond
1993 Ed. (1078)
The George Lang Corp.
1992 Ed. (2207)
1990 Ed. (1840)
George Lindemann
2005 Ed. (4843)
George Lithograph
1999 Ed. (3887)
George Little Management Co.
2002 Ed. (4645)
2001 Ed. (4612)
George Little Management LLC
2008 Ed. (4723)
2006 Ed. (4787)
2005 Ed. (4736)
2004 Ed. (4754)
2003 Ed. (4777)
George Lopez
2008 Ed. (2581)
2006 Ed. (2855)
George Lucas
2008 Ed. (2582, 2586)
2007 Ed. (2450, 2451)
2005 Ed. (2443)
2004 Ed. (2410, 2413)
2003 Ed. (2330, 2333)
2002 Ed. (2143, 3398)
2001 Ed. (1138, 2026, 2269)
1999 Ed. (2049)
George M. C. Fisher
1996 Ed. (964)
George Mason University
2005 Ed. (2273)
1996 Ed. (2462)
1990 Ed. (1086)
1989 Ed. (840)
George Melhado & Co.
1998 Ed. (978)
1997 Ed. (1202)
1995 Ed. (1197)
George Merck
2005 Ed. (974)
George Michael
1991 Ed. (1578)
1990 Ed. (1144)
George Mintz & Company Inc.
2000 Ed. (3712)
George Mitchell
2007 Ed. (4895)
George Mrkonic
2001 Ed. (2346)
George Neal South
1998 Ed. (3401)
George of the Jungle
2001 Ed. (4695)
George P. Johnson Co.
2008 Ed. (3597, 3600)
2007 Ed. (3433)
2006 Ed. (3419)
George Patterson Bates
1999 Ed. (57)
George Patterson Pty.
1996 Ed. (62)
1995 Ed. (46)
1994 Ed. (70)
1993 Ed. (81)
1992 Ed. (121)
1991 Ed. (74)
1990 Ed. (77)
1989 Ed. (83)
George Patterson Pty. (Bates)
1997 Ed. (60)
George Pedersen
2006 Ed. (3931)
George Perlegos
2003 Ed. (956)
2002 Ed. (2179)
George Phydias Mitchell
2005 Ed. (4845)
George Putnam
2000 Ed. (3249)
George Putnam-Boston
1996 Ed. (2771)
George Putnam Fund
1999 Ed. (3533)
George Putnam Fund of Boston
1997 Ed. (2871)
George R. Brown Convention Center, Houston
1991 Ed. (1104)
George R. Brown School of Engineering; Rice University
2007 Ed. (2446)
George R. Chapdelaine
2004 Ed. (2533)
George R. Lewis
1989 Ed. (736)
George R. Roberts
1998 Ed. (1135, 1689)
George; Richard L.
2007 Ed. (2507)
George Richardson
1991 Ed. (1617)
George Roberts
2007 Ed. (4894)
1999 Ed. (2434)
1995 Ed. (1870)
1994 Ed. (1840)
1990 Ed. (1773)
1989 Ed. (1422)
George S. May International Co.
1996 Ed. (3878)
1995 Ed. (3792)
1994 Ed. (1126, 3668)
1993 Ed. (1103, 3733)
1991 Ed. (811)
1990 Ed. (853)
George Salem
1993 Ed. (1779)
George Santana
1999 Ed. (2407)
1996 Ed. (1899)
George; Sara
1992 Ed. (1098)
George Schaefer Jr.
2006 Ed. (926)
2004 Ed. (411)
George Shapiro
2000 Ed. (1980)
1999 Ed. (2208)
1998 Ed. (1624)
1997 Ed. (1851)
1996 Ed. (1776)
1995 Ed. (1801)
1994 Ed. (1760, 1831)
1993 Ed. (1776)
1991 Ed. (1671)
George Sissel
2002 Ed. (2177)
George Sollitt Construction Co.
1993 Ed. (1122)
George Soros
2008 Ed. (3979, 4823)
2007 Ed. (3949, 4894)
2006 Ed. (2798, 3898, 4899)
2005 Ed. (3832, 4847)
2004 Ed. (3213, 3890, 4861)
2003 Ed. (4879)
2002 Ed. (3356)
2001 Ed. (3779)
1999 Ed. (1072, 2434)
1998 Ed. (686, 1689)
1997 Ed. (2004)
1996 Ed. (1914)
1995 Ed. (1870)
1994 Ed. (1840)
1992 Ed. (2143)
1991 Ed. (2265)
1989 Ed. (1422)
George Staphos
2000 Ed. (2031)
1999 Ed. (2249)
1998 Ed. (1659)
1997 Ed. (1890)
1996 Ed. (1816)
1995 Ed. (1838)
George Strachan
1999 Ed. (2216)
George Strait
2002 Ed. (1159)
2001 Ed. (1380)
2000 Ed. (1182, 1184)
1999 Ed. (1294)
1998 Ed. (868)
1997 Ed. (1113)
1996 Ed. (1094)
1995 Ed. (1120)
1994 Ed. (1100)
1993 Ed. (1079)
1992 Ed. (1351, 1351)
1990 Ed. (1143)
1989 Ed. (991, 991)
George Strait, Billy Joe Royal, Linda Davis
1991 Ed. (1040)
George Strait Country Music Festival
2001 Ed. (1384)
George Strait, Kathy Mattea, Baillie & The Boys
1991 Ed. (1040)
George; Susan E.
1990 Ed. (2660)
George Sutherlin Nissan
1996 Ed. (281)
George Thompson
1994 Ed. (1764, 1831)
George Ty
2006 Ed. (4921)
George V. Grune
1992 Ed. (1142, 2050)
George V. Voinovich
1993 Ed. (1994)
George Von Holtzbrinck GmbH & Co
1996 Ed. (3088)
George W. Auch Co.
2002 Ed. (1303)
2001 Ed. (1485)
2000 Ed. (1274)
1999 Ed. (1385)
1996 Ed. (1150)
1994 Ed. (1157)
1993 Ed. (1150)
1992 Ed. (1435)
1991 Ed. (1099)
1990 Ed. (1211)
George W. Buckley
2008 Ed. (951, 2631)
George W. Bush
2006 Ed. (1201)
2005 Ed. (4879)
2003 Ed. (3058)
George W. Dunne
1991 Ed. (2346)
1990 Ed. (2483)
George W. Edwards Jr.
1995 Ed. (1728)
George W. Millar Co.
1989 Ed. (831)

George Warren
1990 Ed. (2848)
George Washington Medical Center
1992 Ed. (4423)
1991 Ed. (3473)
1990 Ed. (3682)
1989 Ed. (2903)
George Washington Memorial Parkway
1990 Ed. (2666)
George Washington Savings Bank
2008 Ed. (4674)
George Washington University
2008 Ed. (779)
2007 Ed. (795, 1164, 2268)
2006 Ed. (713)
2002 Ed. (902)
2001 Ed. (3062, 3064, 3065)
2000 Ed. (2905, 2907, 2908)
1999 Ed. (3161, 3163, 3164)
1998 Ed. (2336, 2337, 2338)
1997 Ed. (2604, 2606, 2607)
1996 Ed. (2459, 2461, 2462)
1995 Ed. (2426)
1993 Ed. (1502)
1992 Ed. (1008, 4423)
1991 Ed. (1444, 3473)
1990 Ed. (3682)
1989 Ed. (2903)
George Washington University Health Plan
1995 Ed. (2089)
1994 Ed. (2036)
George Weston Inc.
2008 Ed. (726, 897, 1626, 1635, 1640, 1653, 3552, 4575, 4903)
2007 Ed. (917, 1626, 1628, 1629, 1630, 1632, 1635, 1645, 1797, 4634, 4635, 4927)
2006 Ed. (836, 1599, 1614, 1619, 1622, 3375, 4641, 4642)
2005 Ed. (926, 927, 1712, 1725, 3388, 4566)
2004 Ed. (1662, 1664)
2003 Ed. (1631, 1636, 1639, 3361)
2002 Ed. (1607, 1608, 1609, 2303, 3241, 3301)
2001 Ed. (1658, 1660, 2461)
2000 Ed. (1401)
1999 Ed. (1592, 1888)
1997 Ed. (1370, 2041)
1996 Ed. (1308, 1309, 1312, 1943)
1995 Ed. (1364, 1366)
1994 Ed. (1338, 1878, 1879, 3554)
1993 Ed. (1287, 3591)
1992 Ed. (1587, 1596, 1598, 1600, 2195)
1991 Ed. (1262, 1263, 1264, 1745, 2642)
1990 Ed. (1339, 1408, 1738, 1827, 3051)
1989 Ed. (1148, 2333)
George Weston Foods
2002 Ed. (1652)
George Weston Holdings Ltd.
1991 Ed. (1748)
George Wimpey plc
2007 Ed. (2985, 2994)
2006 Ed. (1205)
1997 Ed. (1182)
1996 Ed. (1162)
1992 Ed. (1372, 1428)
1991 Ed. (1065)
George Zeidenstein
1993 Ed. (1701)
Georges Duboeuf
2006 Ed. (4966)
2005 Ed. (4963, 4966)
2004 Ed. (4971)
2003 Ed. (4948)
2002 Ed. (4925)
2001 Ed. (4845)
2000 Ed. (4417)
1995 Ed. (3772)
Georges; Hurricane
2005 Ed. (882, 2979)
Georgeson & Co.
1997 Ed. (3207)
1995 Ed. (3027)
1994 Ed. (2967, 2358)
1992 Ed. (3573)
1991 Ed. (2775)
1990 Ed. (2922)
Georgetown Bank & Trust Co.
1997 Ed. (495)
Georgetown Community Hospital
2008 Ed. (1879)
Georgetown, KY
1993 Ed. (336)
Georgetown University
2007 Ed. (831, 1164)
2006 Ed. (714)
2005 Ed. (812, 814)
2004 Ed. (831, 832)
2003 Ed. (788, 794, 795, 797, 798, 799)
2002 Ed. (900)
2001 Ed. (789, 1066, 1329, 3060, 3061, 3062, 3065, 3066, 3067, 3068)
2000 Ed. (2903, 2904, 2905, 2908, 2909, 2910, 2912)
1999 Ed. (3159, 3164, 3165)
1998 Ed. (2335, 2338, 2339, 2340)
1997 Ed. (2603, 2607, 2608, 2609)
1996 Ed. (2458, 2460, 2461, 2463, 2464)
1995 Ed. (2423, 2427, 2428)
1994 Ed. (2358)
1993 Ed. (805, 1502)
1992 Ed. (4423)
1991 Ed. (1444, 3473)
1990 Ed. (3682)
1989 Ed. (839, 2903)
Georgetown University Hospital
1992 Ed. (4423)
1991 Ed. (3473)
1990 Ed. (3682)
1989 Ed. (2903)
Georgetown University, McDonough School of Business
2008 Ed. (775)
2007 Ed. (834, 2849)
2006 Ed. (2859)
2005 Ed. (2853)
Georgi
2002 Ed. (4771)
2001 Ed. (4713)
2000 Ed. (4359)
1999 Ed. (4730, 4732)
1998 Ed. (3687, 3688)
1997 Ed. (3856, 3858)
1996 Ed. (3803, 3806)
1995 Ed. (3716)
1994 Ed. (3641)
1993 Ed. (2447, 3679)
1992 Ed. (4408, 4409)
1991 Ed. (3462, 3463)
Georgia
2008 Ed. (327, 343, 354, 2193, 2400, 2405, 2406, 2407, 2414, 2436, 2492, 2655, 2918, 2958, 3130, 3266, 3281, 3469, 3470, 3512, 3633, 3759, 3862, 4009, 4011, 4012, 4048, 4257, 4497, 4661, 4690, 4729, 4733, 4838, 4940)
2007 Ed. (333, 341, 366, 2078, 2165, 2274, 2372, 2527, 2838, 3372, 3385, 3420, 3459, 3515, 3647, 3788, 3992, 3994, 4021, 4022, 4226, 4534, 4684, 4685, 4770, 4804)
2006 Ed. (383, 2130, 2428, 2551, 2834, 2984, 3069, 3080, 3103, 3104, 3112, 3115, 3117, 3130, 3132, 3137, 3323, 3368, 3443, 3483, 3790, 3934, 3936, 3983, 4158, 4213, 4475, 4664, 4764, 4791)
2005 Ed. (390, 393, 404, 405, 407, 418, 422, 441, 443, 444, 445, 1071, 1073, 1074, 2034, 2382, 2527, 2544, 2840, 3301, 3384, 3432, 3484, 3701, 3871, 3873, 4159, 4184, 4185, 4187, 4188, 4193, 4196, 4227, 4241, 4472, 4601, 4712, 4928, 4929)
2004 Ed. (376, 377, 378, 381, 398, 414, 415, 435, 767, 768, 1027, 1067, 1068, 1069, 1904, 2177, 2296, 2298, 2299, 2300, 2303, 2305, 2308, 2309, 2564, 2565, 2566, 2567, 2572, 2726, 2727, 2728, 2732, 2733, 2987, 2990, 2992, 3041, 3042, 3043, 3045, 3047, 3048, 3049, 3057, 3069, 3091, 3092, 3094, 3096, 3099, 3118, 3121, 3146, 3278, 3281, 3294, 3300, 3311, 3356, 3783, 3923, 3925, 3933, 4236, 4252, 4254, 4255, 4256, 4257, 4264, 4265, 4318, 4419, 4499, 4501, 4502, 4504, 4507, 4508, 4515, 4521, 4524, 4525, 4701, 4735, 4898, 4899, 4948, 4949, 4979, 4981)
2003 Ed. (354, 392, 394, 395, 406, 419, 441, 443, 757, 758, 1059, 1063, 1880, 2270, 2434, 2582, 2612, 2613, 2960, 2961, 2962, 2964, 2984, 2988, 3236, 3244, 3250, 3255, 3261, 3263, 3294, 3420, 3758, 3895, 3897, 4213, 4234, 4299, 4308, 4408, 4416, 4417, 4551, 4646, 4723, 4755, 4867, 4908, 4909, 4944, 4945)
2002 Ed. (367, 378, 441, 446, 451, 452, 454, 461, 462, 463, 465, 473, 492, 493, 495, 496, 497, 770, 771, 772, 773, 1116, 1117, 1401, 1402, 1802, 1816, 1904, 1905, 1907, 2069, 2226, 2229, 2400, 2401, 2402, 2403, 2746, 2843, 2844, 2845, 2847, 2849, 2877, 2882, 2883, 2896, 2897, 2899, 2944, 2947, 2961, 2978, 2980, 3053, 3115, 3116, 3117, 3120, 3127, 3128, 3199, 3212, 3236, 3289, 3367, 3600, 4082, 4102, 4141, 4177, 4195, 4196, 4366, 4368, 4369, 4370, 4376, 4537, 4606, 4627, 4681, 4732, 4763, 4765, 4909, 4910)
2001 Ed. (1, 2, 9, 10, 278, 284, 340, 341, 361, 397, 401, 411, 415, 547, 666, 667, 997, 998, 1014, 1015, 1028, 1029, 1050, 1051, 1085, 1087, 1110, 1123, 1126, 1127, 1202, 1245, 1262, 1263, 1266, 1267, 1268, 1293, 1372, 1376, 1377, 1378, 1396, 1400, 1416, 1418, 1421, 1422, 1425, 1430, 1431, 1432, 1433, 1441, 1491, 1492, 1934, 1975, 2048, 2049, 2050, 2111, 2112, 2129, 2131, 2143, 2144, 2152, 2218, 2219, 2265, 2360, 2361, 2380, 2381, 2385, 2386, 2387, 2389, 2390, 2391, 2392, 2393, 2394, 2417, 2418, 2421, 2459, 2466, 2471, 2472, 2537, 2572, 2573, 2577, 2597, 2598, 2604, 2606, 2607, 2624, 2629, 2630, 2738, 2739, 2804, 2806, 2963, 2964, 2999, 3034, 3047, 3070, 3083, 3090, 3098, 3169, 3174, 3205, 3213, 3214, 3235, 3236, 3295, 3338, 3339, 3355, 3357, 3384, 3537, 3539, 3545, 3567, 3571, 3576, 3577, 3606, 3615, 3620, 3633, 3636, 3637, 3639, 3640, 3652, 3654, 3660, 3661, 3708, 3717, 3730, 3731, 3781, 3782, 3786, 3788, 3789, 3791, 3796, 3807, 3808, 3810, 3827, 3828, 3840, 3841, 3849, 3871, 3872, 3878, 3892, 3896, 3904, 3914, 3963, 3964, 3965, 3966, 3968, 3969, 3993, 3994, 3999, 4000, 4005, 4006, 4011, 4150, 4165, 4171, 4199, 4230, 4247, 4248, 4258, 4259, 4286, 4287, 4294, 4295, 4304, 4327, 4360, 4362, 4406, 4407, 4408, 4415, 4429, 4430, 4442, 4459, 4460, 4481, 4482, 4515, 4516, 4517, 4518, 4532, 4552, 4580, 4581, 4642, 4646, 4659, 4660, 4709, 4719, 4726, 4727, 4728, 4729, 4794, 4796, 4799, 4808, 4809, 4810, 4811, 4812, 4813, 4814, 4815, 4820, 4823, 4824, 4825, 4826, 4827, 4832, 4833, 4837, 4838, 4927, 4928, 4929, 4931, 4937, 4938)
2000 Ed. (276, 803, 804, 1317, 1318, 2327, 2328, 2339, 2958, 2960, 2965, 3010, 3587, 3867, 4102, 4104, 4112, 4232, 4299, 4355, 4391, 4393)
1999 Ed. (392, 798, 799, 1458, 1848, 2587, 2588, 2681, 2812, 3219, 3221, 3226, 3271, 3272, 4152, 4402, 4417, 4418, 4425, 4429, 4430, 4431, 4432, 4437, 4438, 4439, 4443, 4449, 4459, 4537, 4582, 4664, 4726, 4764)
1998 Ed. (466, 473, 1025, 1535, 1536, 1702, 1830, 1831, 1928, 1935, 2041, 2381, 2384, 2385, 2401, 2404, 2406, 2419, 2420, 2901, 2926, 3168, 3382, 3386, 3388, 3391, 3396, 3397, 3398, 3511, 3620, 3683, 3716, 3755)
1997 Ed. (331, 1249, 1283, 1573, 1819, 2137, 2138, 2219, 2648, 2655, 2681, 2683, 33893, 3574, 3576, 3592, 3593, 3597, 3610, 3612, 3613, 3617, 3619, 3623, 3726, 3850, 3881)
1996 Ed. (1201, 1203, 1720, 1738, 2015, 2016, 2090, 2504, 2506, 2511, 2516, 2701, 3254, 3255, 3292, 3511, 3512, 3514, 3518, 3533, 3534, 3536, 3552, 3555, 3557, 3563, 3571, 3573, 3667, 3743, 3798, 3831)
1995 Ed. (675, 1230, 1669, 1931, 1993, 1994, 2204, 2458, 2468, 2479, 2608, 2623, 3299, 3448, 3453, 3454, 3456, 3471, 3472, 3474, 3482, 3490, 3492, 3496, 3499, 3500, 3540, 3591, 3665, 3712, 3732)
1994 Ed. (1214, 1216, 1968, 1969, 2377, 2380, 2381, 2387, 2401, 2556, 2568, 3149, 3217, 3375, 3381, 3382, 3384, 3400, 3403, 3411, 3426, 3506, 3638)
1993 Ed. (315, 1195, 1734, 1735, 1945, 1946, 2437, 2440, 2585, 2586, 2710, 3108, 3353, 3396, 3397, 3401, 3410, 3413, 3431, 3433, 3439, 3547, 3678, 3698)
1992 Ed. (967, 968, 976, 977, 978, 1468, 1481, 1757, 2098, 2099, 2279, 2286, 2339, 2340, 2574, 2866, 2873, 2875, 2878, 2879, 2880, 2923, 2927, 2931, 2968, 3084, 3118, 3542, 3812, 4014, 4081, 4082, 4093, 4102, 4105, 4106, 4119, 4124, 4126, 4263, 4406)
1991 Ed. (1, 790, 792, 793, 794, 795, 797, 1811, 1812, 1853, 2161, 2163, 2349, 2475, 2476, 3157, 3176, 3183, 3184, 3185, 3188, 3189, 3193, 3337, 3460)
1990 Ed. (760, 823, 831, 832, 1237, 1748, 2430, 2513, 3279, 3280, 3281, 3282, 3355, 3356, 3359, 3368, 3385, 3389, 3402, 3413, 3415)
1989 Ed. (1507, 1508, 1906, 2532, 2547, 2565, 2618, 2895)
Georgia Berner
2006 Ed. (2514)
Georgia Bonded Fibers
1990 Ed. (3275)
Georgia Credit Union
2008 Ed. (2226)
2007 Ed. (2111)
2006 Ed. (2190)
2005 Ed. (2095)
2004 Ed. (1953)
2003 Ed. (1913)
2002 Ed. (1859)
Georgia Department of Corrections
2001 Ed. (2486)
Georgia Division of Investment Services
1991 Ed. (2692, 2694)
Georgia Dome
2003 Ed. (4531)
2002 Ed. (4347)
2001 Ed. (4356)

Georgia Federal Bank, FSB
1993 Ed. (3092)
Georgia Group
1991 Ed. (2596)
1990 Ed. (2688)
1989 Ed. (2046)
Georgia Gulf Corp.
2008 Ed. (927)
2007 Ed. (921, 1550)
2006 Ed. (848, 862)
2005 Ed. (934, 935, 945)
2004 Ed. (944, 945)
2002 Ed. (988, 1769)
2001 Ed. (1221, 3848)
1999 Ed. (1113)
1998 Ed. (715)
1997 Ed. (973)
1996 Ed. (950)
1995 Ed. (974)
1994 Ed. (942, 1374, 2665)
1993 Ed. (928, 1318)
1992 Ed. (1126, 1128, 1526, 1529, 1530)
1991 Ed. (920, 1216, 1222, 2753)
1990 Ed. (933, 934, 938, 967, 1297, 1298, 1978, 2877)
1989 Ed. (876, 877, 900, 1050, 1054, 1055, 2645, 2655, 2665)
Georgia Institute of Technology
2008 Ed. (1062, 2574, 2575, 2576)
2007 Ed. (2446, 2447)
2005 Ed. (2440)
2004 Ed. (2405)
2002 Ed. (901, 3980, 3983)
2001 Ed. (2247, 2248, 2249, 2251, 2253, 2254, 2255, 2257)
2000 Ed. (1826, 1827, 1829, 1831, 1832, 1833, 1834, 1835)
1999 Ed. (2035, 2036, 2038, 2040, 2041, 2042, 2043, 2045)
1998 Ed. (1458, 1465, 1466)
1997 Ed. (1764, 1765, 1773)
1996 Ed. (1684, 1691)
1995 Ed. (1702, 1709)
1994 Ed. (939, 1654, 1655, 1662)
1993 Ed. (1621, 1631)
1992 Ed. (1980)
1991 Ed. (1575)
1989 Ed. (958)
Georgia Institute of Technology & Foundation
1997 Ed. (1065)
Georgia Kaolin (Asea Brown)
1995 Ed. (1246)
Georgia Kraft
1989 Ed. (1058)
Georgia Lighting Supply
1990 Ed. (2441)
Georgia Lottery Corp.
2006 Ed. (263)
2005 Ed. (242)
2004 Ed. (239)
2003 Ed. (271)
2001 Ed. (376)
Georgia Municipal Electric Authority
1991 Ed. (1486)
1990 Ed. (2655, 3504)
Georgia O'Keeffe Museum
2002 Ed. (2348)
Georgia-Pacific Corp.
2008 Ed. (3849)
2007 Ed. (136, 1483, 2638, 2898, 3769, 3770, 3771, 3772, 3774, 3775, 3778, 3779, 4749)
2006 Ed. (1417, 1730, 1731, 2655, 3773, 3774, 3775, 3776, 3777, 3778, 3779, 3781, 3782, 4733)
2005 Ed. (1526, 1534, 1779, 1780, 2669, 2670, 3675, 3676, 3677, 3680, 3681, 3682, 3683, 3688, 3689, 3929, 4688)
2004 Ed. (1510, 1722, 1723, 2561, 2677, 2678, 3318, 3319, 3435, 3760, 3765, 3766, 3770, 4718, 4764)
2003 Ed. (1480, 1519, 1684, 1685, 2539, 2540, 2541, 2542, 2544, 2638, 3265, 3266, 3369, 3717, 3720, 3721, 3722, 3725, 3726, 3729, 3730, 3731, 3733, 3736, 4669, 4734, 4761)
2002 Ed. (1459, 1660, 1684, 2319, 2320, 2321, 2322, 3575, 3578, 3579, 3581, 3582, 3583, 3584, 4093, 4603, 4872)
2001 Ed. (1580, 2500)
2000 Ed. (1437, 1584, 2241, 2254, 2257, 3405, 3411)
1999 Ed. (1553, 1634, 1752, 2489, 2490, 2491, 2496, 2497, 3687, 3688, 3689, 3700, 3702)
1998 Ed. (1068, 1142, 1750, 1751, 1752, 1753, 1754, 2424, 2736, 2737, 2738, 2739, 2740, 2741, 2746)
1997 Ed. (1412, 2067, 2069, 2069, 2075, 2076, 2986, 2988, 2989, 2990, 2992, 2993)
1996 Ed. (1350, 1958, 1959, 1961, 1962, 2901, 2903, 3812)
1995 Ed. (1399, 1922, 1923, 1925, 2826, 2827, 2830, 2832, 2835, 2836)
1994 Ed. (798, 1374, 1891, 1892, 1893, 1895, 1896, 2722, 2724, 2727)
1993 Ed. (782, 1318, 1417, 1890, 1891, 1892, 1893, 1894, 2478, 2763, 2765)
1992 Ed. (1385, 361, 987, 1458, 1459, 1461, 1516, 2209, 2210, 2211, 2212, 2961, 3331, 3332, 3333, 3338)
1991 Ed. (258, 806, 1154, 1761, 1762, 1763, 2366, 2668, 2672, 3332)
1990 Ed. (1842, 1843, 1844, 1893, 2499, 2500)
1989 Ed. (273, 1465, 1466, 1914, 1915)
Georgia-Pacific Group
2001 Ed. (1044, 1713, 2498, 2499, 2501, 2504, 3614, 3621, 3622, 3630, 3631, 3634, 3635, 3641, 4933)
2000 Ed. (2256, 3407)
Georgia-Pacific SARL
2007 Ed. (1860)
Georgia-Pacific's Harmon Associates
2007 Ed. (3216)
Georgia Ports Authority
2000 Ed. (3572)
1999 Ed. (3857)
Georgia Power Co.
2008 Ed. (2427)
2007 Ed. (2297)
2006 Ed. (2362, 2364, 2694, 2696)
2002 Ed. (4710)
2001 Ed. (3870)
1998 Ed. (1374)
1993 Ed. (1459)
Georgia State University
2006 Ed. (4198, 4203)
2005 Ed. (810)
2004 Ed. (827)
2003 Ed. (798)
2001 Ed. (1063)
2000 Ed. (925)
1994 Ed. (817)
Georgia State University, Robinson School of Business
2008 Ed. (792)
Georgia Teachers
2008 Ed. (2313)
2007 Ed. (2191)
1997 Ed. (3021)
Georgia Tech.
1992 Ed. (3663)
Georgia Tech College of Architure
2008 Ed. (775)
Georgia Telco Credit Union
2008 Ed. (2226)
2007 Ed. (2111)
2006 Ed. (2190)
2005 Ed. (2095)
2004 Ed. (1953)
2003 Ed. (1898, 1913)
2002 Ed. (1859)
Georgia, Terry School of Business; University of
2008 Ed. (792, 800)
Georgia, Terry, University of
1994 Ed. (817)
1993 Ed. (804)
Georgia; University of
2008 Ed. (782, 1065)
2007 Ed. (802, 1163)
2006 Ed. (716, 1071, 4203)
1992 Ed. (1005)
1991 Ed. (824)
Georgia World Congress Center
2005 Ed. (2518)
2003 Ed. (2412)
2001 Ed. (2350)
1999 Ed. (1418)
1996 Ed. (1173)
Georgia World Congress Center, Atlanta
1991 Ed. (1104)
Georgiadis
1999 Ed. (1137)
1997 Ed. (992)
Georgian Online
2006 Ed. (47)
Georgie
1989 Ed. (2544)
Georgie Boy
1996 Ed. (3173)
Georgie Boy Manufacturing
1994 Ed. (2922)
Georgina
2000 Ed. (4289)
Georgio Armani
2001 Ed. (2269)
Georste Mason University
1994 Ed. (896, 1057)
Geoson Advertising
1995 Ed. (94)
1994 Ed. (99)
1993 Ed. (116)
1992 Ed. (174)
GeoSyntec Consultants
2004 Ed. (2353)
Geotechnical & Environmental Services
2005 Ed. (1898)
Geotek Inc.
2008 Ed. (2520)
2007 Ed. (2405)
Geothermal Resources
1991 Ed. (225)
Gephardt; Richard A.
1994 Ed. (845)
Ger-Win Vans Inc.
1992 Ed. (4371)
Geraghty & Miller
2000 Ed. (1860)
1996 Ed. (1656)
1993 Ed. (2876)
1992 Ed. (1958)
Geraghty; Jack
1991 Ed. (1678)
Geraghty; John
1996 Ed. (1792, 1802)
1995 Ed. (1817, 1818)
1994 Ed. (1777)
1993 Ed. (1794)
Gerald A. Knechtel
1997 Ed. (3068)
1996 Ed. (2989)
1995 Ed. (1726)
1994 Ed. (1712)
Gerald Appel, Systems and Forecasts
1990 Ed. (2366)
Gerald Cahill
2008 Ed. (964)
2006 Ed. (971)
2005 Ed. (988)
Gerald Cavendish Grosvenor
2008 Ed. (4910)
2004 Ed. (4877)
Gerald D. Hines Interests
1991 Ed. (2809)
1990 Ed. (2959)
Gerald D. Prothro
1989 Ed. (736)
Gerald E. Newfarmer
1991 Ed. (2546)
Gerald F. Montry
1997 Ed. (979)
1996 Ed. (967, 1710)
Gerald F. Taylor
2001 Ed. (2316)
2000 Ed. (1051)
Gerald Freeman Inc.
1992 Ed. (3572)
Gerald Greenwald
1996 Ed. (1715)
Gerald Grossman, CTA
1996 Ed. (1056)
Gerald Grosvenor
1991 Ed. (710, 3477)
Gerald H. McQuarrie
1990 Ed. (1712)
Gerald H. Phipps Inc.
2008 Ed. (1273)
2007 Ed. (1375)
2005 Ed. (1325)
2002 Ed. (2396)
Gerald Harvey
2008 Ed. (4842)
Gerald Hosier
2002 Ed. (3071)
1997 Ed. (2612)
Gerald Isom
2000 Ed. (1878, 2425)
Gerald L. Baliles
1992 Ed. (2344)
Gerald Levin
1997 Ed. (1801)
Gerald Lewinsohn
1993 Ed. (1807)
Gerald Lewis
1993 Ed. (3444)
Gerald Lucas
2000 Ed. (1958)
Gerald M. Czarnecki
1995 Ed. (1726)
Gerald M. Levin
2004 Ed. (972, 2495)
2003 Ed. (2410)
2002 Ed. (1042, 2182, 2183)
1996 Ed. (964)
Gerald Martin General Contractor
2008 Ed. (1319)
2007 Ed. (1382)
2006 Ed. (1329)
Gerald Metals Inc.
2008 Ed. (1698)
2007 Ed. (1673)
2006 Ed. (1667)
2005 Ed. (1747, 4909)
2001 Ed. (1676, 4817)
Gerald Michaud
1991 Ed. (2296)
Gerald Mossinghoff
1991 Ed. (2406)
Gerald Newfarmer
1993 Ed. (2638)
Gerald Odening
2000 Ed. (2000)
Gerald Putnam
2007 Ed. (3223)
Gerald Schwartz
2005 Ed. (4863)
2004 Ed. (2534)
2001 Ed. (1219)
1997 Ed. (980)
Gerald Soloway
2006 Ed. (2518)
Gerald Stevens Inc.
2002 Ed. (1400)
Gerald Tsai, Jr.
1990 Ed. (1714)
Gerald V. MacDonald
1995 Ed. (981)
Geraldine State Bank
1996 Ed. (536)
Geraldo
1992 Ed. (4244)
Geraldo Rivera
1993 Ed. (1634)
Geraldo Rivers
1995 Ed. (1715)
1994 Ed. (1668)
Gerard Arpey
2007 Ed. (963)
2006 Ed. (872)
Gerard Industries
2004 Ed. (3956)
2003 Ed. (3957)
2002 Ed. (3778)
Gerard Louis-Dreyfus
2008 Ed. (4866)
Gerard R. Roche
1991 Ed. (1614)
Gerawan Farming
1998 Ed. (1776)

Gerber
2008 Ed. (3161, 3162)
2003 Ed. (2914, 2917, 2918, 2919, 2920)
1999 Ed. (1192)
1998 Ed. (760, 761)
1997 Ed. (1020, 1021)
1996 Ed. (1002)
1994 Ed. (1010, 1011, 1866, 1871, 2197)
1993 Ed. (983, 984)
1991 Ed. (1741)
Gerber Agri Inc.
2000 Ed. (3057, 3058, 3583, 3584)
1999 Ed. (3319, 3320, 3867, 3868)
Gerber Baby
2003 Ed. (2916)
Gerber Baby Products
2000 Ed. (2636)
Gerber Childrenswear Inc.
2004 Ed. (999)
1997 Ed. (1019)
1996 Ed. (999)
Gerber Graduates
1995 Ed. (2249)
Gerber Memorial Health Services
2008 Ed. (3061)
Gerber; Murry
2007 Ed. (997)
2006 Ed. (907)
2005 Ed. (968)
Gerber Plumbing Fixtures Corp.
2000 Ed. (4431)
1995 Ed. (3792)
1994 Ed. (3668)
1993 Ed. (3733)
1992 Ed. (4483)
1991 Ed. (3514)
1990 Ed. (3706)
Gerber Plumbing Fixtures Corp
1996 Ed. (3878)
Gerber Products Co.
2006 Ed. (1456)
2005 Ed. (3854)
2003 Ed. (2923)
2002 Ed. (2801)
1998 Ed. (1725)
1996 Ed. (1192, 1200)
1995 Ed. (1022, 1885, 1890, 1896, 2249)
1992 Ed. (2174)
1991 Ed. (1213)
1990 Ed. (1061)
Gerber Scientific
1993 Ed. (1053)
1992 Ed. (1313, 1315, 3677)
1991 Ed. (1030, 1517, 2843, 2846)
1990 Ed. (1123, 1126, 1615, 1620, 2989)
1989 Ed. (1309, 1326, 1667, 2654)
Gerbig Snell/Weishemer
2005 Ed. (108)
2004 Ed. (111)
Gerbino & Co.; Kenneth J.
1994 Ed. (2309)
Gerbino; Kenneth J.
1993 Ed. (2297)
Gerdau
2007 Ed. (1604)
Gerdau Acominas
2007 Ed. (1851)
Gerdau Ameristeel
2008 Ed. (4498)
2007 Ed. (3497, 4535, 4577)
2006 Ed. (1609, 1611, 1617)
2005 Ed. (1729)
Gerhard Andlinger
1992 Ed. (2143)
1991 Ed. (2265)
Gerhard Berger
1996 Ed. (250)
Gerhard Eschelbeck
2005 Ed. (994)
Gerhard Schroder
2005 Ed. (4879)
Geriatric care manager
2008 Ed. (4243)
Geriatric Medical Care
1998 Ed. (1984)
GeriMed of America Inc.
2003 Ed. (3962)
Geritol Complete
2003 Ed. (4858)
Geritol Tab 40
1991 Ed. (3454)
Gerlands
2004 Ed. (4640)
Gerling
2001 Ed. (2926)
1999 Ed. (4037)
1998 Ed. (3040)
Gerling Global Re
2001 Ed. (2956)
2000 Ed. (3749)
Gerling Global Reinsurance Group
2005 Ed. (3154)
2004 Ed. (3144)
2002 Ed. (2973)
2001 Ed. (4030, 4038, 4040)
1999 Ed. (4034, 4035, 4036)
1998 Ed. (3039)
1997 Ed. (2469, 3293)
1996 Ed. (3188)
1992 Ed. (3660)
Gerling Global Reinsurance Corp. of America
2005 Ed. (3067, 3148)
2004 Ed. (3056, 3137, 3138, 3139, 3140, 3141, 3142, 3143)
2003 Ed. (2971, 3014, 3015, 3017, 4995)
2002 Ed. (3948, 3949, 3950, 3951, 3953, 3959)
Gerling-Konzern Global Reinsurance Group
2002 Ed. (2972, 2974)
Gerling-Konzern Globale Reinsurance Group
1991 Ed. (2132, 2133)
Germain; Groupe
2007 Ed. (1965)
German
2000 Ed. (2889, 2890, 4380)
German American Acquisition Group
1999 Ed. (958)
1998 Ed. (540)
1997 Ed. (843)
1995 Ed. (853)
German bond
1993 Ed. (1916)
German Leopard II
1992 Ed. (3078)
German mark
2000 Ed. (2742)
German Motors Corp.
1993 Ed. (293)
German Post Office
1994 Ed. (22)
1993 Ed. (30)
1992 Ed. (50)
German PTT
1991 Ed. (1273)
German Smaller Companies
1992 Ed. (3205)
German Stock Exchange
1997 Ed. (3631, 3632)
1993 Ed. (3457)
Germane Systems LC
2007 Ed. (2051)
Germanos
2007 Ed. (1746)
2006 Ed. (49)
2004 Ed. (33, 48)
Germanos Group
2008 Ed. (44)
Germantown Savings Bank
1992 Ed. (4291, 4294)
1991 Ed. (3383)
1990 Ed. (3591)
1989 Ed. (2832)
Germanwings GmbH
2008 Ed. (229)
2007 Ed. (250)
Germany
2008 Ed. (248, 251, 260, 414, 823, 831, 1020, 1021, 1022, 1109, 1279, 1280, 1283, 1291, 1412, 1413, 1414, 1415, 1419, 1421, 1422, 2194, 2204, 2417, 2438, 2626, 2824, 2842, 2845, 2924, 2950, 3038, 3091, 3164, 3411, 3434, 3448, 3502, 3590, 3592, 3847, 4018, 4256, 4270, 4499, 4552, 4555, 4582, 4587, 4918, 5000)
2007 Ed. (265, 266, 267, 285, 446, 577, 674, 748, 862, 869, 1140, 1141, 1142, 2094, 2282, 2310, 2592, 2697, 2711, 2794, 2798, 2827, 2917, 3050, 3298, 3334, 3352, 3379, 3393, 3394, 3397, 3426, 3428, 3700, 3714, 3767, 3777, 3956, 3982, 3983, 3984, 3999, 4070, 4219, 4220, 4222, 4237, 4388, 4389, 4414, 4419, 4536, 4603, 4605, 4607, 4651, 4689, 4776, 4862, 4941, 5000)
2006 Ed. (258, 259, 260, 282, 441, 545, 763, 773, 839, 1011, 1051, 1052, 1053, 1055, 1432, 1433, 1434, 1435, 1439, 1442, 1443, 2138, 2150, 2346, 2372, 2537, 2538, 2539, 2540, 2617, 2703, 2718, 2719, 2720, 2802, 2806, 2824, 2895, 2985, 3017, 3116, 3239, 3261, 3285, 3335, 3336, 3339, 3409, 3412, 3426, 3429, 3479, 3705, 3731, 3770, 3780, 3909, 3927, 3928, 3929, 3941, 4034, 4209, 4210, 4212, 4214, 4221, 4323, 4324, 4421, 4424, 4478, 4573, 4616, 4618, 4620, 4651, 4669, 4769, 4777, 4859, 4861, 4862, 4934, 4935, 5000)
2005 Ed. (237, 238, 240, 259, 644, 837, 853, 861, 862, 920, 930, 1042, 1043, 1044, 1045, 1476, 1477, 1478, 1479, 1484, 1540, 1541, 2043, 2278, 2530, 2531, 2536, 2537, 2621, 2738, 2764, 2821, 2824, 2883, 3101, 3198, 3252, 3269, 3291, 3346, 3400, 3403, 3416, 3419, 3478, 3603, 3610, 3614, 3686, 3840, 3863, 3864, 3865, 3881, 3999, 4153, 4154, 4156, 4160, 4166, 4373, 4374, 4375, 4404, 4407, 4478, 4499, 4535, 4537, 4539, 4570, 4717, 4788, 4790, 4791, 4901, 4902, 4970, 4971, 5000)
2004 Ed. (210, 231, 232, 233, 237, 257, 655, 733, 863, 873, 874, 900, 938, 1029, 1041, 1042, 1043, 1044, 1460, 1461, 1462, 1463, 1468, 1524, 1525, 1909, 1921, 2170, 2178, 2202, 2740, 2768, 2814, 2821, 2823, 2905, 3223, 3243, 3244, 3259, 3287, 3321, 3393, 3396, 3403, 3406, 3479, 3703, 3769, 3902, 3917, 3918, 3919, 3931, 4063, 4203, 4226, 4227, 4229, 4237, 4238, 4425, 4426, 4459, 4462, 4538, 4601, 4603, 4605, 4650, 4738, 4814, 4816, 4817, 4888, 4909, 4999)
2003 Ed. (249, 266, 267, 268, 290, 493, 641, 824, 851, 860, 873, 930, 949, 950, 1026, 1036, 1085, 1096, 1430, 1431, 1432, 1433, 1438, 1494, 1495, 1879, 1973, 1974, 2129, 2149, 2216, 2217, 2218, 2219, 2220, 2221, 2224, 2225, 2226, 2227, 2228, 2233, 2234, 2483, 2618, 2623, 2624, 2641, 2702, 2795, 3167, 3200, 3213, 3232, 3258, 3333, 3336, 3415, 3658, 3755, 3877, 3918, 4043, 4176, 4199, 4200, 4202, 4214, 4216, 4422, 4423, 4496, 4554, 4556, 4618, 4667, 4698, 4700, 4897, 4898, 4920, 4970, 4972, 5000)
2002 Ed. (301, 302, 303, 559, 561, 681, 737, 740, 741, 743, 745, 746, 747, 758, 780, 781, 975, 1344, 1345, 1409, 1410, 1411, 1412, 1419, 1474, 1475, 1476, 1477, 1478, 1479, 1486, 1651, 1682, 1809, 1814, 1823, 2409, 2410, 2412, 2425, 2426, 2751, 2752, 2753, 2754, 2755, 2756, 2757, 2900, 2936, 3073, 3075, 3099, 3100, 3101, 3181, 3183, 3519, 3595, 3596, 3724, 3961, 3967, 4055, 4056, 4057, 4058, 4081, 4379, 4380, 4507, 4623, 4773, 4774, 4972, 4973, 4998, 4999)
2001 Ed. (358, 367, 373, 386, 390, 395, 525, 526, 625, 662, 697, 704, 979, 989, 1002, 1004, 1005, 1019, 1082, 1097, 1101, 1125, 1143, 1149, 1152, 1174, 1182, 1190, 1191, 1259, 1274, 1283, 1285, 1286, 1299, 1300, 1301, 1311, 1338, 1342, 1353, 1414, 1497, 1688, 1918, 1919, 1944, 1949, 1950, 1983, 1984, 1985, 1992, 2020, 2023, 2035, 2038, 2042, 2044, 2047, 2104, 2127, 2128, 2134, 2135, 2139, 2142, 2147, 2163, 2232, 2263, 2278, 2305, 2362, 2364, 2366, 2367, 2371, 2372, 2379, 2412, 2454, 2469, 2481, 2489, 2562, 2574, 2575, 2602, 2611, 2639, 2658, 2681, 2694, 2696, 2697, 2724, 2734, 2752, 2759, 2800, 2814, 2821, 2825, 2970, 3020, 3022, 3036, 3045, 3075, 3149, 3151, 3160, 3181, 3207, 3209, 3227, 3241, 3244, 3298, 3305, 3316, 3367, 3370, 3410, 3502, 3529, 3530, 3552, 3558, 3602, 3629, 3691, 3694, 3706, 3760, 3783, 3823, 3824, 3825, 3847, 3859, 3967, 3987, 3991, 4017, 4039, 4041, 4112, 4113, 4134, 4136, 4137, 4149, 4151, 4155, 4221, 4246, 4249, 4265, 4266, 4267, 4276, 4277, 4309, 4318, 4339, 4370, 4371, 4373, 4378, 4387, 4390, 4393, 4399, 4483, 4500, 4548, 4565, 4566, 4596, 4597, 4598, 4601, 4632, 4648, 4651, 4652, 4655, 4664, 4686, 4687, 4690, 4705, 4715, 4716, 4732, 4785, 4831, 4906, 4907, 4908, 4909, 4914, 4921, 4943)
2000 Ed. (787, 820, 1032, 1064, 1155, 1321, 1322, 1323, 1324, 1608, 1612, 1613, 1649, 1889, 1899, 1902, 2335, 2355, 2356, 2360, 2374, 2375, 2378, 2862, 2863, 2983, 3011, 3175, 3354, 3355, 3357, 3753, 4183, 4272, 4273, 4361)
1999 Ed. (212, 332, 770, 821, 1069, 1104, 1146, 1207, 1213, 1214, 1253, 1462, 1463, 1464, 1465, 1783, 1784, 1796, 2005, 2015, 2090, 2091, 2092, 2094, 2101, 2103, 2106, 2108, 2488, 2554, 2596, 2611, 2612, 2613, 2826, 2884, 2936, 3111, 3113, 3114, 3115, 3273, 3283, 3284, 3289, 3342, 3629, 3630, 3653, 3654, 3695, 3696, 3790, 3848, 4130, 4329, 4348, 4368, 4473, 4478, 4479, 4481, 4594, 4625, 4626, 4695, 4734, 4735, 4801, 4802, 4803, 4804)
1998 Ed. (115, 123, 230, 352, 484, 506, 632, 633, 634, 635, 656, 683, 708, 785, 856, 1031, 1032, 1033, 1367, 1369, 1419, 1431, 1522, 1525, 1527, 1528, 1530, 1792, 1803, 1838, 1846, 1847, 1848, 1850, 1860, 2192, 2209, 2223, 2312, 2421, 2461, 2707, 2742, 2743, 2814, 2898, 2929, 3113, 3589, 3591, 3593, 3691, 3692)
1997 Ed. (287, 321, 474, 518, 693, 699, 723, 725, 823, 824, 896, 897, 939, 941, 966, 1264, 1265, 1267, 1544, 1545, 1578, 1687, 1808, 1809, 2108, 2117, 2557, 2560, 2561, 2562, 2563, 2564, 2566, 2567, 2568, 2569, 2570, 2571, 2691, 2786, 2997, 2999, 3079, 3080, 3266, 3292, 3371, 3509, 3634, 3767, 3768, 3769, 3770, 3859, 3860)
1996 Ed. (363, 510, 761, 762, 872, 874, 908, 942, 944, 1217, 1218, 1221, 1222, 1226, 1479, 1480,

1495, 1645, 1719, 1726, 1729, 1963, 2025, 2344, 2449, 2551, 3189, 3273, 3275, 3692, 3715, 3716, 3717, 3762, 3763, 3808, 3809, 3871, 3881)
1995 Ed. (170, 191, 310, 345, 663, 688, 689, 710, 713, 876, 899, 900, 929, 967, 997, 1038, 1247, 1249, 1252, 1253, 1516, 1520, 1521, 1593, 1657, 1658, 1734, 1736, 1737, 1739, 1740, 1741, 1742, 1743, 1744, 1749, 1961, 1962, 2000, 2005, 2012, 2019, 2020, 2021, 2024, 2031, 3169, 3418, 3520, 3605, 3616, 3634, 3718, 3719, 3774, 3775, 3776)
1994 Ed. (156, 184, 311, 335, 486, 709, 730, 731, 736, 786, 854, 855, 857, 927, 934, 949, 957, 1230, 1231, 1234, 1349, 1484, 1488, 1489, 1515, 1516, 1533, 1581, 1932, 1974, 2006, 2130, 2264, 2359, 2367, 2731, 2747, 3125, 3436, 3450, 3476, 3522, 3642, 3643, 3651)
1993 Ed. (146, 171, 178, 179, 201, 213, 345, 700, 721, 722, 727, 728, 885, 917, 920, 956, 1046, 1067, 1269, 1299, 1345, 1422, 1467, 1535, 1540, 1542, 1582, 1596, 1719, 1720, 1722, 1723, 1724, 1731, 1732, 1743, 1952, 1957, 1958, 1959, 1962, 1969, 1976, 1992, 2000, 2028, 2103, 2129, 2167, 2229, 2368, 2378, 2387, 2411, 2412, 2476, 2481, 2482, 3053, 3061, 3302, 3455, 3456, 3476, 3510, 3595, 3596, 3597, 3680, 3722, 3723, 3724, 3725)
1992 Ed. (499, 723, 912, 1029, 1049, 1087, 1088, 1120, 1152, 1485, 1493, 1496, 1727, 1728, 1736, 2046, 2068, 2070, 2072, 2078, 2079, 2080, 2081, 2083, 2170, 2171, 2251, 2252, 2297, 2300, 2301, 2302, 2305, 2312, 2322, 2566, 2806, 2950, 3348, 4194, 4203, 4238, 4321, 4495)
1991 Ed. (930, 1824, 1825, 1826, 1829, 1836, 2915)
1990 Ed. (1577, 1906, 1913, 1920, 1929, 1930, 1931)

Germany Fund
1991 Ed. (2589)

Germany Stock Exchange
2001 Ed. (4379)

Gernsbacher's Inc.
1995 Ed. (1920)

Geroge Adler
1998 Ed. (1660)

Gerrard & King
2002 Ed. (573)

Gerrard & National
1992 Ed. (1627)

Gerrard & National Holdings PLC
1991 Ed. (1719)
1990 Ed. (1786)

Gerrard; Steven
2008 Ed. (4453)

Gerrity
1990 Ed. (840)

Gerrity Oil & Gas Corp.
1996 Ed. (3010)
1995 Ed. (2917)

Gerruzzi/Montedison Group
1997 Ed. (1459)

Gerry B. Cameron
2000 Ed. (386)

Gerry Cameron
1999 Ed. (2081)

Gerry Finley Inc.
1993 Ed. (1165)

Gerry Harvey
2002 Ed. (871, 872)
2001 Ed. (3317)

Gerry Paul
1998 Ed. (1627)
1997 Ed. (1852)
1996 Ed. (1770, 1777)
1995 Ed. (1803)

Gerry R. Trias
1991 Ed. (2344)

Gerson Lehrman Group
2006 Ed. (3201, 3203, 3206)

Gerstel; Martin S.
1993 Ed. (1700)

Gerstner Jr.; Louis V.
1996 Ed. (959, 964, 966, 1709)

Gerstner; Louis V.
1997 Ed. (982)

Gert Steens
1999 Ed. (2418)

Gertrude Geddes Willis Life Insurance Co.
2002 Ed. (714)

Gertrude Michelson
1995 Ed. (1256)

Gervais Danone
1994 Ed. (16, 28)
1991 Ed. (18)

Gervais; Patrice
2005 Ed. (2473)

GES International Ltd.
2006 Ed. (1234)
2005 Ed. (1274, 1275, 1277)

GESA Credit Union
2008 Ed. (2266)
2007 Ed. (2151)
2006 Ed. (2230)
2005 Ed. (2135)
2004 Ed. (1937, 1993)
2003 Ed. (1953)
2002 Ed. (1899)

Gesellschaft fuer Geld und Kapitalverkehr mbH
1996 Ed. (2124)

Gesparal SA
2004 Ed. (3806)

Gestalt LLC
2008 Ed. (1346)

Gestetner
1992 Ed. (1449)

Gestetner Holdings PLC
1995 Ed. (2264)
1994 Ed. (2214)

Gestion Bemacon
1991 Ed. (1554)

Gestion Tecnica de Montajes y Construcciones GTM SA
2008 Ed. (1187)
2007 Ed. (1992)

GET
1990 Ed. (1869, 1869, 3518)

Get Away Today Vacations
2006 Ed. (3542)

Get Rich or Die Tryin'
2005 Ed. (3536)

Get Well
2004 Ed. (2758)

Get with the Program!
2004 Ed. (742)

The Getaway
2005 Ed. (4831)

GETCH Holdings Corp.
2008 Ed. (1424)

Getman; Paul
1989 Ed. (1753)

Geto & deMilly
1992 Ed. (2901)

Getraenke Beteiligungs AG
2005 Ed. (1474)

Getronics
2008 Ed. (4800)

Getronics NV
2004 Ed. (1357, 1369)

Getspeed.com
2002 Ed. (4806)

Getting Things Done
2006 Ed. (638)

Getty
1989 Ed. (1023)

Getty; Fisher family & G.
1991 Ed. (3333)

Getty; Gordon
2007 Ed. (4900)
2006 Ed. (4903)
2005 Ed. (4857)

Getty Images
2008 Ed. (2143, 3200, 4540)
2007 Ed. (3008, 4054)
2006 Ed. (4023, 4293)
2003 Ed. (2175)
2001 Ed. (4760)

Getty Oil Co.
1997 Ed. (1245)
1996 Ed. (1199)
1995 Ed. (1222, 1228, 2429)
1994 Ed. (1212)
1993 Ed. (1188)
1992 Ed. (1457, 1467, 1480, 3441)
1990 Ed. (1235, 1239, 1240)
1989 Ed. (1024)

Getty Oil C.
1991 Ed. (1153)

Getty Petroleum
2008 Ed. (321)
1999 Ed. (3264)
1994 Ed. (1178, 1186)
1993 Ed. (1704, 2472, 3364)
1992 Ed. (2940, 3427)
1991 Ed. (2359, 2722)
1990 Ed. (1891, 2835)
1989 Ed. (2209)

Getty Realty Corp.
2005 Ed. (4006)
2004 Ed. (4074)

Getty Trust; J. Paul
2008 Ed. (2766)
2005 Ed. (2677)
1994 Ed. (1897, 2772)
1993 Ed. (1895, 2783)
1992 Ed. (2214, 3358)
1991 Ed. (2689)
1990 Ed. (1847, 1848, 2786)
1989 Ed. (1470, 1471, 1476, 2165)

Gettys Group
2006 Ed. (3160, 3168, 3169)
2005 Ed. (3159, 3167)
1998 Ed. (2029)

Gettysburg National Indemnity Ltd.
2008 Ed. (3225)

Gevity HR
2004 Ed. (845, 4693)
2003 Ed. (804, 3704)

Gewurztraminer
2002 Ed. (4969)
2001 Ed. (4873)
1996 Ed. (3837)

Gex; Catherine
1996 Ed. (1897)

Geyser
2000 Ed. (782)

Geyser Peak
2002 Ed. (4945, 4958)
2001 Ed. (4883, 4891)
2000 Ed. (4416)
1999 Ed. (4791, 4792)

Geze
1992 Ed. (3980)
1991 Ed. (3131)

GF Coal
1995 Ed. (1040)

GF Industries
1996 Ed. (1176)

GF Namib
1995 Ed. (2585)
1993 Ed. (2577)

GF Scotiabank Inverlat
2008 Ed. (476)
2007 Ed. (520)
2005 Ed. (578)
2004 Ed. (592)

GFB
1999 Ed. (3398)
1997 Ed. (2778)
1996 Ed. (2628, 2629)
1994 Ed. (2507)

GFI Group Inc.
2007 Ed. (4279)

GfK
2002 Ed. (3259)

GfK AG
2008 Ed. (4141)
1999 Ed. (3305)

GfK AG USA
2008 Ed. (4138)
2007 Ed. (4114)

GfK Group
2007 Ed. (4117)
2006 Ed. (4096)
2005 Ed. (4041)
2004 Ed. (4101)
2003 Ed. (4077)
2002 Ed. (3255)
1990 Ed. (3000, 3001)

GfK Holding AG
2000 Ed. (3041)

GfK Marketing Services
2000 Ed. (3045)
1996 Ed. (2570)

GFNorte
2006 Ed. (1876)

GFPromex Finamex
2005 Ed. (500)

GFS Manufacturing Co. Inc.
1999 Ed. (2671)

GFS/Northstar
1994 Ed. (3023)
1993 Ed. (239)

GFSA
2000 Ed. (2380)
1998 Ed. (1855)
1995 Ed. (2585)
1993 Ed. (2577)
1991 Ed. (2468)
1990 Ed. (2590)

GGK
1991 Ed. (154)
1990 Ed. (78, 154)
1989 Ed. (84, 165)

GGK Basel
1997 Ed. (150)
1996 Ed. (144)
1992 Ed. (212)

GGK Basel/Geneva/Zurich
1993 Ed. (139)

GGK Basel/Geneva/Zurich/Kuesnacht
1994 Ed. (120)

GGK Bratislava
1997 Ed. (142)
1996 Ed. (136)
1995 Ed. (122)

GGK Bucharest
1997 Ed. (136)

GGK Bucuresti
1996 Ed. (132)

GGK Budapest
1997 Ed. (98)
1996 Ed. (96)
1995 Ed. (82)
1994 Ed. (93)
1993 Ed. (106)
1992 Ed. (158)

GGK CSFR
1994 Ed. (81)

GGK Holding AG
1991 Ed. (110)
1990 Ed. (113)

GGK Ljubljana
1997 Ed. (143)
1996 Ed. (137)

GGK Moscow
1996 Ed. (133)
1995 Ed. (119)

GGK Prague
1997 Ed. (76)
1996 Ed. (77)

GGK Prague/Bratislava
1993 Ed. (91)

GGK Praha
1995 Ed. (63)

GGK Sofia
1997 Ed. (68)

GGK Vienna/Salzburg
1997 Ed. (61)
1996 Ed. (63)
1994 Ed. (71)
1993 Ed. (82)
1992 Ed. (122)
1991 Ed. (75)

GGK Warsaw
1997 Ed. (133)
1996 Ed. (129)
1995 Ed. (115)
1994 Ed. (110)
1993 Ed. (129)

GGK Zurich
1996 Ed. (144)

GGOF Alexandria Global Growth Mutual
2003 Ed. (3599)

GGOF Global Growth Mutual
2004 Ed. (2482, 2483)

GGOF RSP Global Growth Classic
2004 Ed. (2483)

GGOF RSP Global Growth Mutual
2004 Ed. (2482, 2483)
GGT Direct Advertising
2000 Ed. (1678)
GH Bass Co. Inc.
2001 Ed. (3080)
GH Michell
2004 Ed. (4714)
G.H. Thaver
1990 Ed. (138)
G.H. Thaver & Co
1992 Ed. (193)
GHA Technologies
2008 Ed. (4430)
Ghafari Associates Inc.
2001 Ed. (409)
2000 Ed. (313)
1999 Ed. (288)
1998 Ed. (185)
1997 Ed. (266)
1995 Ed. (238)
1993 Ed. (247)
1992 Ed. (357)
1991 Ed. (252)
1990 Ed. (282)
Ghafari Associates LLC
2008 Ed. (2545)
2007 Ed. (2418)
2004 Ed. (2329)
Ghana
2008 Ed. (863, 1019, 2200, 2332, 2333, 2826, 3537)
2007 Ed. (886, 1139, 1143, 2090, 2198, 2199, 2699, 3407)
2006 Ed. (797, 1050, 1054, 2146, 2260, 2261, 2704, 3016, 3353)
2005 Ed. (875, 1041, 2198, 2199, 2742, 3375)
2004 Ed. (889, 1040, 2095, 2745, 3344)
2003 Ed. (1035, 2051, 2052, 2627, 3282)
2002 Ed. (1815, 2409)
2001 Ed. (508, 1102, 1298, 1946, 2003, 2004, 2614, 2615, 3212)
2000 Ed. (1609, 1896)
1999 Ed. (1133, 1780)
1998 Ed. (2311)
1997 Ed. (1541, 1604, 3633)
1996 Ed. (1476)
1995 Ed. (1517)
1990 Ed. (1075)
Ghana Advertising & Marketing
2001 Ed. (139)
1999 Ed. (92)
Ghana Advertising & Marketing (JWT)
2000 Ed. (98)
Ghana Breweries Ltd.
2006 Ed. (4505)
2002 Ed. (4418)
Ghana Commercial Bank
2008 Ed. (419)
2007 Ed. (453)
2006 Ed. (4505)
2005 Ed. (513)
2004 Ed. (534)
2003 Ed. (499)
2002 Ed. (564, 4418)
2000 Ed. (539)
1999 Ed. (530)
1997 Ed. (388, 479)
1996 Ed. (421, 518)
1995 Ed. (397, 476)
1994 Ed. (404, 494)
1993 Ed. (414, 492)
1992 Ed. (685)
1989 Ed. (543)
Ghana Cooperative Bank
2000 Ed. (539)
1999 Ed. (530)
GHBM Healthworld
1999 Ed. (55)
Ghella SpA
2008 Ed. (1286)
Ghent Seaport
1997 Ed. (2375)
1996 Ed. (2249)
1994 Ed. (2189)
Ghersy Bates
1997 Ed. (157)
1996 Ed. (151)
Ghersy/Quintero & Ted Bates
1990 Ed. (161)
1989 Ed. (172)
Ghez; Nomi
1997 Ed. (1868)
1996 Ed. (1794)
1995 Ed. (1821)
1994 Ed. (1781)
1993 Ed. (1773, 1798)
1991 Ed. (1681, 1707)
GHI
1999 Ed. (3292)
Ghosn; Carlos
2007 Ed. (1022)
2006 Ed. (690, 932, 1450, 3262)
2005 Ed. (789)
Ghost
1998 Ed. (2537)
1993 Ed. (3668)
1992 Ed. (3112)
The Ghost and the Darkness
1999 Ed. (4720)
Ghost Recon: Advanced Warfighter
2008 Ed. (4811)
Ghost Soldiers
2003 Ed. (719)
Ghostbusters
1992 Ed. (4329)
1991 Ed. (2489)
1990 Ed. (2611)
Ghostbusters II
1991 Ed. (2488)
Ghosts
1990 Ed. (886)
The GHP Financial Group
2005 Ed. (4)
GHP Horwath
2008 Ed. (11)
2007 Ed. (4, 13)
GHP Horwath PC
2008 Ed. (3)
GHR Group
2004 Ed. (4)
Ghurair; Abdul Aziz Al
2008 Ed. (4892)
2007 Ed. (4921)
2006 Ed. (4928)
2005 Ed. (4886)
GI
1994 Ed. (1607)
1993 Ed. (1564)
G.I. Joe
1995 Ed. (3647)
1992 Ed. (4328)
GI Joe figures
1993 Ed. (3599)
G.I. Joe-Hasbro
1991 Ed. (3409)
GI Minera Mexico
1992 Ed. (3063)
G.I. Multi-Strategy
1997 Ed. (2202)
Giambi; Jason
2005 Ed. (267)
Giambruno; Anthony
1991 Ed. (2346)
Giancario's Pizza
1996 Ed. (3045)
Giancarlo's Pizza
1997 Ed. (3126)
Gianettino & Meredith
2002 Ed. (158)
2000 Ed. (149)
1999 Ed. (131)
1993 Ed. (121)
1992 Ed. (185)
1991 Ed. (131)
1989 Ed. (141)
Gianluigi & Rafaela Aponte
2008 Ed. (4875)
Gianni Origoni & Partners
2005 Ed. (1449)
Gianpaolo Trasi
2000 Ed. (2144)
1999 Ed. (2362)
Giant
2008 Ed. (667)
1995 Ed. (1569, 1573)
1994 Ed. (1981)
Giant Carlisle
2008 Ed. (4572)
Giant Center
2005 Ed. (4441)
Giant Eagle Inc.
2006 Ed. (3994, 4152, 4640)
2005 Ed. (3920, 4100, 4565)
2004 Ed. (2964, 4623, 4637, 4647)
2003 Ed. (4654)
2002 Ed. (4529, 4536)
2001 Ed. (4696)
2000 Ed. (2388)
1998 Ed. (1869, 1873)
1996 Ed. (2046, 2048, 2050)
1995 Ed. (2050, 2054, 3534, 3538)
1994 Ed. (3468, 3624)
Giant Food Inc.
2005 Ed. (4562)
2004 Ed. (2147)
2000 Ed. (287, 1512, 4170)
1999 Ed. (1703, 1929, 4523)
1998 Ed. (159, 1174, 1318, 3443, 3444, 3451)
1997 Ed. (235, 1476, 1626, 3176, 3660, 3667, 3668, 3673)
1995 Ed. (209, 3524, 3527, 3534, 3535)
1994 Ed. (1539, 1990, 3267, 3459, 3461, 3467)
1993 Ed. (220, 221, 225, 1492, 1496, 1506, 1997, 3048, 3277, 3486)
1992 Ed. (1815, 1828, 2350, 3927, 4164)
1991 Ed. (230, 1422, 1426, 1860, 3092, 3252, 3254, 3259, 3260)
1990 Ed. (1507, 1963, 3029, 3255, 3491, 3494)
1989 Ed. (1556, 2459, 2465, 2776, 2778)
Giant Food Stores Inc.
2007 Ed. (4639)
Giant Foods
1996 Ed. (1417, 3606, 3613, 3622)
Giant Group Ltd.
2001 Ed. (1645)
Giant Industries Inc.
2008 Ed. (1558, 3901)
2007 Ed. (3848)
2006 Ed. (3830)
2005 Ed. (3740, 3746)
2004 Ed. (3831, 3832)
Giant Landover
2008 Ed. (4572)
Giant Manufacturing
2007 Ed. (2006)
Giant of Maryland Inc.
2003 Ed. (1752)
Giants; San Francisco
2008 Ed. (529)
2006 Ed. (547)
2005 Ed. (645)
Giants Stadium
2003 Ed. (4531)
2002 Ed. (4347)
2001 Ed. (4356, 4358)
1999 Ed. (1300)
1989 Ed. (986, 986)
Giat Industries
1995 Ed. (2549)
1994 Ed. (1514)
1992 Ed. (3078, 3078)
Giattina Fisher Aycock Architects Inc.
2008 Ed. (2512)
GIB
1999 Ed. (1587)
1997 Ed. (701, 1366)
1996 Ed. (764)
1993 Ed. (730)
1991 Ed. (18)
1990 Ed. (23)
GIB Group
2001 Ed. (2756)
2000 Ed. (1394)
1996 Ed. (1299)
1995 Ed. (1359)
1994 Ed. (1328)
1992 Ed. (41, 1578)
GIB SA
2002 Ed. (1597)
2001 Ed. (1640)
1996 Ed. (1301)
1995 Ed. (1361)
Gibb & Partners Ltd./Law Cos. International Group; Sir Alexander
1993 Ed. (1613)
Gibb Building Maintenance Co.
2006 Ed. (668)
Gibb; Gordon
2007 Ed. (4925)
Gibb; Sir Alexander
1994 Ed. (1636, 1648)
Gibbon Packing Co. Inc.
1997 Ed. (2733, 2738, 3139)
1996 Ed. (2586, 2587, 2589, 3065, 3066)
1995 Ed. (2525)
Gibbons, Del Deo, Dolan, Griffinger & Vecchione
2002 Ed. (3060)
Gibbons, Esposito & Boyce
2000 Ed. (1825)
1994 Ed. (1653)
1991 Ed. (1563)
Gibbons, Green Van Amerongen
2005 Ed. (1514)
2004 Ed. (1498)
2003 Ed. (1468)
2002 Ed. (1448)
Gibbons; James
1997 Ed. (1927)
Gibbons PC
2008 Ed. (1973)
Gibbs
2001 Ed. (4573)
Gibbs & Soell Inc.
2008 Ed. (192)
2007 Ed. (205)
2006 Ed. (197)
2005 Ed. (185, 3949, 3956, 3960, 3961, 3964, 3970, 3974, 3976)
2004 Ed. (3975, 3990, 4003, 4005, 4011, 4030, 4034)
2003 Ed. (3983, 3991, 4003, 4019)
2002 Ed. (3820, 3823, 3826, 3833, 3852)
2001 Ed. (3928)
2000 Ed. (3631, 3639, 3657, 3669)
1999 Ed. (3915, 3942, 3955)
1998 Ed. (104, 2950, 2960)
1997 Ed. (3204)
1996 Ed. (3103, 3128)
1995 Ed. (3007, 3023)
1994 Ed. (2946, 2948, 2965)
1993 Ed. (2927)
1992 Ed. (3557, 3568, 3579)
1990 Ed. (2918)
Gibbs Racing; Joe
2007 Ed. (327)
Gibco Motor Express
2005 Ed. (4781)
Giblen; Gary
1997 Ed. (1918)
1996 Ed. (1845)
1995 Ed. (1864)
1994 Ed. (1822)
Gibley's
1995 Ed. (1998)
Gibleys of Ireland Ltd.
2006 Ed. (4946)
Gibraltar and Iberian Bank
1991 Ed. (531)
Gibraltar Financial Corp.
2000 Ed. (391)
1999 Ed. (391)
1997 Ed. (353)
1994 Ed. (358)
1993 Ed. (365)
1991 Ed. (1235, 1237, 3367)
1990 Ed. (1309, 3256, 3574)
1989 Ed. (2826)
Gibraltar Mines
1992 Ed. (3086)
Gibraltar Packaging
2008 Ed. (3838)
Gibraltar Savings
1991 Ed. (3363)
1990 Ed. (3098, 3100)
1989 Ed. (2359)
Gibraltar Steel Corp.
2005 Ed. (4474, 4475)
2004 Ed. (4532, 4533)
Gibralter Financial Corp.
1996 Ed. (382)

Gibson
2008 Ed. (2837)
2007 Ed. (2708)
2006 Ed. (2712)
1999 Ed. (2599, 2610)
1998 Ed. (1863, 1864)
1997 Ed. (2159, 2160)
1995 Ed. (2045, 2046, 3525)
1992 Ed. (1896, 3649)
1991 Ed. (2825)
Gibson Buzza
1991 Ed. (3215)
Gibson Inc.; C. R.
1997 Ed. (1255)
Gibson, Dunn & Crutcher
2006 Ed. (1412, 1413, 3244, 3245, 3248)
2005 Ed. (1427, 1428, 1440, 1455, 1457, 3255, 3261)
2004 Ed. (1408, 1409, 1416, 1427, 1437, 3225, 3232)
2003 Ed. (1393, 1394)
2002 Ed. (1356, 1357)
2001 Ed. (3086)
2000 Ed. (2891, 2899)
1999 Ed. (3141, 3153)
1998 Ed. (2324, 2330)
1997 Ed. (2595, 2598)
1996 Ed. (2450, 2454)
1995 Ed. (2412, 2414, 2418)
1994 Ed. (2351)
1992 Ed. (2825, 2826, 2827, 2838, 2839, 2840, 2841)
1991 Ed. (2277, 2278)
1990 Ed. (2412, 2421)
Gibson, Dunn & Crutcher LLP
2008 Ed. (1394, 1395, 3414, 3426)
2007 Ed. (3304, 3306, 3309, 3318)
2002 Ed. (3059)
Gibson, Dunn & Crutchet
1993 Ed. (2388, 2390, 2399)
Gibson Greetings
1996 Ed. (1540, 3607)
1995 Ed. (2986)
1994 Ed. (1989, 2810)
1993 Ed. (1995, 1996, 2413, 2810, 2984)
1992 Ed. (3397)
1991 Ed. (1859)
1990 Ed. (1949)
Gibson; James F.
1992 Ed. (533)
Gibson; Kenneth L.
1991 Ed. (3211)
Gibson-Lewis Cos. Inc.
1997 Ed. (1173)
1996 Ed. (1136)
1995 Ed. (1169)
1994 Ed. (1143)
1993 Ed. (1126, 1133)
1992 Ed. (1413, 1420)
Gibson; Mel
2007 Ed. (2450, 2451)
2006 Ed. (2485, 2488)
Gibson Research Corp.
2004 Ed. (3157)
2003 Ed. (3048)
Gibson; Verna
1992 Ed. (4496)
Gibsons
2003 Ed. (4087)
1990 Ed. (1520)
Gibsons Bar Steakhouse
2008 Ed. (4146, 4146, 4149)
2007 Ed. (4128, 4131)
2006 Ed. (4105)
2005 Ed. (4047)
Gibson's Discount Center
1990 Ed. (1524)
GIC/BDA
1992 Ed. (2805)
Giddings & Lewis
1999 Ed. (4399)
1994 Ed. (1469, 2419)
1993 Ed. (2480, 2484)
Gideon Franklin
2000 Ed. (2082)
1999 Ed. (2306)
Gidron Cadillac & Ford Inc.; Dick
1996 Ed. (2661)
1995 Ed. (2591)
1994 Ed. (2532)
1993 Ed. (2584)
1992 Ed. (894, 3092)
1991 Ed. (712, 2474)
1990 Ed. (734, 2593)
GIE SpA
1991 Ed. (1096)
Gieco Corp.
2003 Ed. (1850)
Gierer Jr.; V. A.
2005 Ed. (2508)
Giesecke & Devrient GmbH
2004 Ed. (3941)
Giffeis Associates Inc.
1998 Ed. (185)
Giffels Associates Inc.
2000 Ed. (313, 1793)
1999 Ed. (283, 288, 2017)
1997 Ed. (266)
1995 Ed. (237, 238)
1993 Ed. (247)
1992 Ed. (357)
1991 Ed. (252, 1557)
1990 Ed. (280, 282, 1666)
1989 Ed. (267)
Giffels Hoyem Basso Inc.
1991 Ed. (252)
1990 Ed. (282)
Gifford; C. K.
2005 Ed. (2477)
Gifford; Charles K.
2005 Ed. (2474)
Gifford; John
2007 Ed. (1007)
2006 Ed. (917)
Gift boxes
2008 Ed. (974)
Gift cards
2008 Ed. (2439)
Gift certificates
2008 Ed. (2439)
Gift Host USA
1991 Ed. (3295)
Gift packs
2004 Ed. (2685)
Gift Sender
1991 Ed. (3295)
Gift sets
2003 Ed. (2553)
Gift sets & travel kits
2002 Ed. (4633)
Gift shops
1999 Ed. (3823)
Gift wrap
2005 Ed. (4473)
2001 Ed. (2089)
GiftBaskets.com
2007 Ed. (2318)
GiftCollector.com
2006 Ed. (2380)
Gifts
2008 Ed. (4722)
2007 Ed. (2312)
2006 Ed. (4786)
2005 Ed. (4735)
2004 Ed. (178)
2003 Ed. (4776)
2002 Ed. (4643)
1999 Ed. (2995)
1992 Ed. (2858, 2860, 4390)
Gifts & flowers
2002 Ed. (2989)
2000 Ed. (2751)
Gifts & Giftware
2001 Ed. (4609)
Gifts for the home
1997 Ed. (2136)
Gifts in Kind America
1995 Ed. (2785)
1994 Ed. (903, 904)
Gifts In Kind International
2008 Ed. (3790, 3792)
2007 Ed. (3705, 3707)
2006 Ed. (3709, 3713, 3715)
2005 Ed. (3608)
2000 Ed. (3347)
Gifts of food
1997 Ed. (2136)
Gifts, personal
1997 Ed. (2136)
Gifts to Foundations
2000 Ed. (1012)
Giftware
2005 Ed. (2961)
2001 Ed. (4432)
Gifu Bank
2003 Ed. (531)
Gifu Shinkin Bank
2007 Ed. (472, 473, 474)
Giga-Byte Technology
2000 Ed. (2644)
Giga Pets
1999 Ed. (4640, 4641)
Giga-tronics Inc.
1995 Ed. (884)
Gigabyte
2008 Ed. (667)
GigaMedia Ltd.
2008 Ed. (4538)
Gigante, SA de CV; Grupo
2005 Ed. (4137)
Gig@Byte Ltd.
2002 Ed. (2498)
Giggs; Ryan
2005 Ed. (4895)
Gil Shwed
2004 Ed. (4880)
Gilardini SpA
1995 Ed. (2549)
1994 Ed. (2483)
Gilbane Co.
2007 Ed. (1384)
2006 Ed. (1164)
2005 Ed. (1168, 3026, 3178)
2004 Ed. (1145)
Gilbane Building Co.
2008 Ed. (1172, 1173, 1175, 1176, 1206, 1224, 1228, 1235, 1237, 1241, 1242, 1247, 1252, 1274, 1317, 1331, 1345, 2062, 2915)
2007 Ed. (1316, 1341, 1348, 1355, 1386, 1967)
2006 Ed. (1168, 1186, 1209, 1243, 1250, 1274, 1283, 1298, 1308, 1337, 2001, 2792)
2005 Ed. (1172, 1250, 1299, 1301, 1302, 1305, 1313, 1956)
2004 Ed. (1252, 1257, 1259, 1261, 1263, 1281, 1285, 1295, 1306, 1316, 1848, 2748)
2003 Ed. (1142, 1247, 1255, 1258, 1277, 1303, 1316, 2290, 2630, 2927)
2002 Ed. (1182, 1202, 1212, 1228, 1234, 1241, 1242, 1245, 1251, 1257, 1270, 1274, 1291)
2001 Ed. (1462, 1464, 1468)
2000 Ed. (1225, 1237, 1238, 1247, 1249)
1999 Ed. (1339, 1355, 1357, 1410)
1998 Ed. (891, 936, 974)
1997 Ed. (1126, 1137, 1139, 1151, 1198)
1996 Ed. (1105, 1112, 1113, 1122, 1168)
1995 Ed. (1136, 1140, 1149, 1175, 1194)
1994 Ed. (1109, 1125, 1131, 1156, 1175)
1993 Ed. (1085, 1098, 1102, 1115, 1149, 1153)
1992 Ed. (1357, 1371, 1376, 1402, 1434)
1991 Ed. (967, 1100)
1990 Ed. (1038, 1176, 1183, 1210, 1211)
1989 Ed. (929, 1000)
Gilbert Advertising; Peter
1997 Ed. (160)
1995 Ed. (139)
1992 Ed. (222)
1991 Ed. (162)
Gilbert Advertising (Saatchi); Peter
1996 Ed. (153)
Gilbert Advertising/S&S
1999 Ed. (172)
Gilbert Associates Inc.
1996 Ed. (1660)
1995 Ed. (1677)
1994 Ed. (1638)
1989 Ed. (1143)
Gilbert Central Corp.
2007 Ed. (1296, 1897)
2005 Ed. (1218, 1893)
2004 Ed. (1192, 1810)
Gilbert, Christopher & Associates
1995 Ed. (3026)
Gilbert/Commonwealth Inc.
1993 Ed. (1606)
1992 Ed. (1951)
Gilbert; Denise
1994 Ed. (1766)
1993 Ed. (1782)
Gilbert E. Ahye
2008 Ed. (184)
Gilbert F. Casellas
2007 Ed. (1444)
Gilbert Palter
2005 Ed. (2473)
Gilbert; S. Parker
1991 Ed. (924)
1990 Ed. (972)
Gilbert Tweed Associates Inc.
1994 Ed. (1711)
1993 Ed. (1692)
1991 Ed. (1616)
Gilbert, Whitney & Johns Inc.
1993 Ed. (121)
1992 Ed. (3572)
1989 Ed. (2258)
Gilberto Benetton
2008 Ed. (4869)
Gilbey Canada
1997 Ed. (2669, 2672)
1996 Ed. (724)
1994 Ed. (692)
Gilbeys
2005 Ed. (2732)
2000 Ed. (4353)
1997 Ed. (2139)
1996 Ed. (2017, 2019, 3800)
1995 Ed. (1992, 1997, 3711, 3714)
1994 Ed. (1970, 1972, 3640)
1993 Ed. (1942, 1947, 1948, 1950, 3674)
1992 Ed. (2285, 2289, 2290, 2291, 4402)
1991 Ed. (1810, 1814, 1815, 1816, 1817, 3455, 3456)
1990 Ed. (1896, 1897, 1898, 1899, 3676)
1989 Ed. (1509, 2892)
Gilbey's Gin
2004 Ed. (2730)
2003 Ed. (2609)
2002 Ed. (291, 2399)
2001 Ed. (2595)
2000 Ed. (2329)
1999 Ed. (2586, 2589)
1998 Ed. (1829)
1995 Ed. (1996)
Gilbeys London Dry
1989 Ed. (1511, 1512, 1513)
Gilbeys of Ireland Ltd.
2006 Ed. (1816)
Gilbeys of Ireland (R & D) Ltd.
2005 Ed. (1829)
Gilbey's Vodka
2002 Ed. (291, 4760)
2001 Ed. (4706)
2000 Ed. (4354)
1999 Ed. (4724)
1998 Ed. (3682)
1997 Ed. (3852)
Gilbrane Building Co.
1999 Ed. (1340)
Gilda Marx Inc.
1996 Ed. (3882)
Gilda Marx Industries
1995 Ed. (3796)
1994 Ed. (3671)
1993 Ed. (3736)
1992 Ed. (4486)
Gildan Activewear
2008 Ed. (1215)
2007 Ed. (1325)
Gildo & Paolo Zegna
2007 Ed. (1102)
Gilead Sciences Inc.
2008 Ed. (571, 572, 573, 1596, 1599, 1604, 2851, 2895, 3646, 3942, 3955, 4496, 4668)
2007 Ed. (621, 622, 623, 2719, 3899, 3904, 3917, 3919, 4517, 4522, 4697)

2006 Ed. (591, 593, 594, 595, 3879, 3886, 3887, 3894, 4072, 4081, 4464)
2005 Ed. (677, 678, 679, 946, 3817, 3818, 3828)
2003 Ed. (683, 4548)
1997 Ed. (2208, 3646)
Giles Darby
2004 Ed. (1549)
Giles G. Dodd
1992 Ed. (3137)
Gilette
2000 Ed. (1513, 2212)
1995 Ed. (1290)
Gill Capital Management Ltd.
1994 Ed. (1067)
Gill; Estate of Robert J.
1991 Ed. (888)
Gill Foundation
2002 Ed. (981)
Gill; Johnny
1993 Ed. (1076, 1077)
Gill Pontiac-GMC Inc.; Dave
1991 Ed. (291)
1990 Ed. (314)
Gill; R. B.
1992 Ed. (2056)
1991 Ed. (1626)
Gill Savings Assn.
1990 Ed. (3578)
Gill Savings Association
1989 Ed. (2823)
Gill Studios Inc.
2008 Ed. (4024, 4027)
2006 Ed. (3965)
2005 Ed. (3889)
Gill; Vince
1997 Ed. (1113)
1994 Ed. (1100)
1993 Ed. (1079)
Gilleland; Richard A.
1990 Ed. (976, 1726)
Gilles Lupien
2003 Ed. (228)
Gillespie
2002 Ed. (158)
2000 Ed. (3661)
Gillespie Advertising
1989 Ed. (141)
The Gillespie Organization
2000 Ed. (149)
1999 Ed. (131)
1993 Ed. (121)
1992 Ed. (185)
1991 Ed. (131)
Gillespie Public Relations
1999 Ed. (3947)
1998 Ed. (2953)
Gillett Agricultural Management
1992 Ed. (2107)
1991 Ed. (1646, 1647)
Gillett Entertainment Group
2006 Ed. (1152)
Gillett Holdings
1996 Ed. (2163)
1992 Ed. (4256)
Gillette Co.
2008 Ed. (131, 711, 3662, 3841, 3877, 3878, 3884, 4481)
2007 Ed. (155, 1443, 2909, 2973, 3491, 3803, 3811, 3819)
2006 Ed. (164, 780, 782, 1215, 1219, 1868, 1869, 1870, 1871, 1872, 1873, 1875, 2962, 2966, 3466, 3467, 3797, 3799, 3800, 3801, 3802, 3803, 3804, 3806, 3807, 4076, 4462, 4710)
2005 Ed. (47, 1255, 1260, 1491, 1509, 1626, 1857, 1858, 1861, 1862, 1863, 2021, 2022, 2966, 2970, 3457, 3458, 3709, 3711, 3712, 3713, 3715, 3717, 3718, 4522, 4658)
2004 Ed. (1493, 1792, 1793, 1897, 1898, 2122, 2956, 2961, 2963, 3443, 3444, 3798, 3801, 3802, 3806, 3807, 4065, 4742)
2003 Ed. (1445, 1463, 1755, 1756, 1996, 1998, 2004, 2674, 2872, 3378, 3379, 3768, 3771, 3772, 3784, 3786, 3787, 3793, 4048, 4399, 4438, 4765)
2002 Ed. (1424, 1443, 1723, 3317, 3318, 3643, 4302, 4305)
2001 Ed. (57, 75, 1789, 1914, 1932, 1989, 1991, 3278, 3279, 3711, 3714, 3721, 3722, 3723)
2000 Ed. (1242, 1243, 3085, 3087, 3506, 3509, 4068)
1999 Ed. (776, 795, 1344, 1345, 1531, 1704, 1762, 1830, 3348, 3350, 3773, 3774, 3776, 3990, 3991, 4350, 4355)
1998 Ed. (926, 1010, 1057, 1175, 2052, 2468, 2469, 2803, 2805, 2807, 2811)
1997 Ed. (712, 1292, 1477, 2328, 2752, 2753, 3056, 3059, 3061, 3062)
1996 Ed. (777, 1246, 1418, 1467, 2200, 2609, 2610, 2613, 2980, 2983, 2984, 3161)
1995 Ed. (698, 2901)
1994 Ed. (747, 1420, 1519, 2479, 2481, 2484, 2665, 2809, 2810, 2812, 2813, 2817, 2997, 3243)
1993 Ed. (740, 1343, 1350, 1367, 1421, 2535, 2537, 2809, 2810, 3249)
1992 Ed. (3401)
1991 Ed. (38, 1215, 1224, 1976, 2419, 2421, 2581, 2711, 2712, 2801, 2802, 2803, 3398)
1990 Ed. (1437, 2128, 2541, 2542, 2807, 2810, 2947, 2948, 3475, 3603)
1989 Ed. (1629, 1945, 1947, 2188)
Gillette Agility
2003 Ed. (2672)
Gillette Atra
2003 Ed. (4045)
1997 Ed. (3254)
1990 Ed. (2805, 2806)
Gillette Atra Plus
2003 Ed. (4046, 4047)
Gillette Atra, 10s
1989 Ed. (2184, 2185)
Gillette Canada Inc.
1996 Ed. (986)
1994 Ed. (1066)
1993 Ed. (961)
Gillette Company
1990 Ed. (252, 743)
Gillette Custom Plus
2004 Ed. (4064)
2003 Ed. (4044)
Gillette Custom Plus for Women
2003 Ed. (2672, 4044)
Gillette Daisy Plus
2008 Ed. (2875)
2003 Ed. (2672, 4044)
1990 Ed. (2806)
Gillette Excel Sensor for Women
2003 Ed. (2672)
Gillette Foamy
2003 Ed. (4397, 4398)
2002 Ed. (4261)
1999 Ed. (4295, 4296)
1997 Ed. (3063)
Gillette Good News
2004 Ed. (4064)
2003 Ed. (3777, 4044, 4045)
1997 Ed. (3254)
Gillette Good News Disposable Razors, 10s
1989 Ed. (2184, 2185)
Gillette Good News Pivot Plus
2003 Ed. (4044)
Gillette Good News Plus
2003 Ed. (4044)
1997 Ed. (3254)
1990 Ed. (2806)
Gillette Mach 3
2004 Ed. (2153, 3803, 4064)
2003 Ed. (3777, 4045, 4046, 4047)
Gillette Mach 3 Cool Blue
2003 Ed. (4047)
Gillette Mach 3 Turbo
2004 Ed. (2128, 3797, 3803, 4064)
Gillette Mach3
2008 Ed. (3876)
2002 Ed. (3907)
2001 Ed. (3726)
Gillette Mach3 Turbo
2008 Ed. (3876)
Gillette Safety Razor Co.
2006 Ed. (1867)
2005 Ed. (1856)
2004 Ed. (1791)
Gillette Satin
2002 Ed. (4261)
Gillette Satin Care
2008 Ed. (2875)
2003 Ed. (4398)
1999 Ed. (4295, 4296)
Gillette Sensor
2008 Ed. (3876)
2004 Ed. (3803, 4064)
2003 Ed. (3777, 4045, 4046, 4047)
2002 Ed. (3907)
1997 Ed. (3254)
1991 Ed. (2579)
Gillette Sensor Blades
1996 Ed. (3608)
Gillette Sensor Cartridge Refills
1995 Ed. (1607, 1608)
Gillette Sensor Cartridges
1993 Ed. (1521, 1522)
Gillette Sensor Excel
2008 Ed. (3876)
2004 Ed. (3803, 4064)
2003 Ed. (3777, 4045, 4046, 4047)
2002 Ed. (3907)
1999 Ed. (4295, 4296)
Gillette Sensor Excel for Women
2008 Ed. (2875)
2002 Ed. (3907)
Gillette Sensor Excel Women
2003 Ed. (4046, 4047)
Gillette Sensor for Women
2003 Ed. (4046)
1997 Ed. (3254)
Gillette SensorExcel
1997 Ed. (3254)
Gillette Series
2008 Ed. (2326, 3876)
2005 Ed. (2164, 2680)
2003 Ed. (2002, 3777, 3778, 4397, 4398)
2002 Ed. (4261)
2001 Ed. (3702, 3723, 3726, 4227)
1999 Ed. (4295, 4296)
1997 Ed. (3063)
Gillette Trac II
2003 Ed. (3777, 4045)
Gillette Trac II Plus
2003 Ed. (4046, 4047)
2002 Ed. (3907)
1997 Ed. (3254)
Gillette U.K. Ltd.
2004 Ed. (3447)
2002 Ed. (38)
Gillette Venus
2008 Ed. (2875)
2004 Ed. (3797, 3803, 4064)
2003 Ed. (4046, 4047)
Gillette Venus Devine
2008 Ed. (2875)
Gilliam; Margaret
1994 Ed. (1807)
1991 Ed. (1691)
Gilliam; Terry K.
1992 Ed. (532)
Gillian Anderson
2000 Ed. (2743)
Gillian C. Ivers-Read
2007 Ed. (2510)
Gillies Stransky Brems Smith PC
2008 Ed. (266, 267)
Gillings; Dr. Dennis
2008 Ed. (897)
Gillis; M. E.
1994 Ed. (1712)
Gillis; Manly E.
1995 Ed. (1726)
Gillman Honda
2004 Ed. (271)
2002 Ed. (353)
Gillman Suzuki
1994 Ed. (285)
1993 Ed. (302)
1992 Ed. (413)
Gillpatrick Woodworks Inc.
2008 Ed. (4994)
Gilman & Ciocia Inc.
2007 Ed. (2)
2006 Ed. (3)
2005 Ed. (2)
2003 Ed. (2)
Gilman & Clocia, Inc.
2002 Ed. (2)
Gilman + Ciocia Inc.
2004 Ed. (3)
Gilman Paper Co.
2001 Ed. (3641)
1998 Ed. (2740)
1997 Ed. (2993)
1995 Ed. (2832)
Gilmartin; Raymond
2006 Ed. (2517)
Gilmartin; Raymond V.
1992 Ed. (2063)
Gilmore & Bell
2001 Ed. (816, 857)
2000 Ed. (2593)
1999 Ed. (1942, 2843, 3487)
1998 Ed. (2576)
1997 Ed. (2843)
1996 Ed. (2728)
1995 Ed. (2231, 2649, 2651)
1993 Ed. (2117, 2623)
1991 Ed. (1987, 2015)
Gilmore Construction
2003 Ed. (1179)
Gilram Supply, Inc.
1991 Ed. (1907)
Gil's Jeep-Eagle-Peugeot
1992 Ed. (395)
1990 Ed. (313)
GIM Capital
1996 Ed. (3169)
GIM Global
1996 Ed. (2413)
1995 Ed. (2373)
GIM Global Advisor
1993 Ed. (2357)
Gimelstob Realty-Better Homes & Gardens
1998 Ed. (2997)
1997 Ed. (3255)
Gin
2002 Ed. (3132, 3133, 3142, 3143, 3167, 3168, 3169, 3170)
2001 Ed. (3124, 3125, 3150)
Gin or vodka tonic
1990 Ed. (1074)
Gina Centrello
2006 Ed. (4974)
Ginbayashi; Toshihiko
1997 Ed. (1977)
Ginger
1998 Ed. (1924)
Gingiss Formalwear
2003 Ed. (1017)
2002 Ed. (1080)
Gingiss Formalwear Centers
1999 Ed. (2516)
Gingko/SSA
1995 Ed. (136)
Gingko SSAW
1996 Ed. (150)
Gingl; Manfred
2008 Ed. (3997)
2007 Ed. (3974)
2006 Ed. (2528, 3920)
2005 Ed. (3857)
Gingrich; Newt
1994 Ed. (845)
Ginkgo
2003 Ed. (177)
2000 Ed. (2447)
Ginkgo Biloba
2001 Ed. (2012)
1998 Ed. (1924)
Ginkgo Saatchi & Saatchi
2000 Ed. (187)
Ginkgo SSAW
1999 Ed. (167)
1997 Ed. (156)
Ginkoba
2003 Ed. (4856)
1998 Ed. (1273, 1357)
Ginna
1990 Ed. (2721, 2722)
Ginnie Mae
1999 Ed. (1221, 4016)

1998 Ed. (792, 3024)
Ginny's Printing
2005 Ed. (3900)
Ginoli & Co.
2008 Ed. (278)
Gino's
1989 Ed. (2234)
Ginsana
1998 Ed. (1273, 1357)
1996 Ed. (3796)
1994 Ed. (3635)
Ginsburg; Ruth Bader
2006 Ed. (4986)
Ginseng
2001 Ed. (2012)
2000 Ed. (2445, 2447)
1998 Ed. (1924)
1996 Ed. (2102)
Ginseng supplements
1994 Ed. (3636)
Ginsters
2008 Ed. (713)
Gintel & Co.
1995 Ed. (1240)
Gintel Capital Appreciation
1990 Ed. (2369)
Gintel Erisa
1990 Ed. (2371)
Gintel Fund
2004 Ed. (3580, 3581)
1998 Ed. (2632)
1994 Ed. (2615)
Ginza
2006 Ed. (4182)
1992 Ed. (1166)
Giogio Arman's Acqua di Gio Pour Homme
2006 Ed. (2662)
Gioia Tauro, Italy
2008 Ed. (1220)
Giordano, Halleran & Ciesta
1995 Ed. (2651)
Giordano Holdings
2000 Ed. (1448, 1451)
Giorgio
1999 Ed. (3741)
1996 Ed. (2955)
1995 Ed. (2875)
1994 Ed. (2778, 2780)
1991 Ed. (2699)
Giorgio Armani
2008 Ed. (4869)
2007 Ed. (1102)
2001 Ed. (1915, 1995)
Giorgio Beverly Hills
1993 Ed. (2788)
Giovanni Agnelli
1992 Ed. (888)
Giovanni/FCB
2001 Ed. (115)
2000 Ed. (71)
Gipsy
1995 Ed. (2131)
Giralda Farms
1997 Ed. (2377)
Girard Manufacturing Inc.
2008 Ed. (2056)
Girard Savings Bank
1998 Ed. (3146, 3147)
Girard; Stephan
2008 Ed. (4837)
Girard; Stephen
2006 Ed. (4914)
Girassol
2001 Ed. (3776)
Girgenti, Hughes, Butler & McDowell
1998 Ed. (45)
1997 Ed. (43, 45, 57)
1996 Ed. (46, 48)
1995 Ed. (31, 33)
1994 Ed. (56)
1993 Ed. (65)
Girit Projects Inc.
2006 Ed. (2747)
2005 Ed. (2777)
Girl Scouts
2004 Ed. (934)
Girl Scouts of the USA
2006 Ed. (3714)
2005 Ed. (3607)
2001 Ed. (1819)
2000 Ed. (3346, 3348)
1997 Ed. (2949)
1996 Ed. (911)
1995 Ed. (942, 2781, 2784)
1991 Ed. (2618)
1989 Ed. (275)
Girl Scouts U.S.A
1993 Ed. (895)
The Girl Who Loved Tom Gordon
2001 Ed. (984)
Girl with a Pearl Earring
2003 Ed. (723, 725)
Girls Clubs
1991 Ed. (2617, 2618)
Girls Clubs of America
1992 Ed. (1100)
Girls in Pants: The Third Summer of the Sisterhood
2008 Ed. (551)
Giro
2002 Ed. (283, 4604)
2001 Ed. (4503)
2000 Ed. (4233)
1999 Ed. (4579)
1998 Ed. (3508, 3509)
1997 Ed. (3729)
1996 Ed. (3670, 3671)
1995 Ed. (3590)
Giro/Sauza
1991 Ed. (3336)
GiroBank-Denmark A/S
1996 Ed. (487)
1995 Ed. (455)
GiroBank-Denmarka A/S
1997 Ed. (450)
GiroCredit
1999 Ed. (472)
1997 Ed. (413)
1995 Ed. (424)
GiroCredit Bank der Sparkassen
1996 Ed. (448, 449)
Girod; B. A.
2005 Ed. (2483)
Girod; Bernard A.
2006 Ed. (869)
2005 Ed. (976, 978)
Girola SpA
1994 Ed. (1169)
Girolamo; Mark
1997 Ed. (1928)
Girozentrale-Vienna
1991 Ed. (454)
1990 Ed. (506)
1989 Ed. (483)
Girozentrale Vienna GZV
1994 Ed. (429)
1993 Ed. (429)
1992 Ed. (610)
Girozentrale Wien
1992 Ed. (609)
Girsky; Stephen
1997 Ed. (1852, 1857)
1996 Ed. (1777, 1828)
1995 Ed. (1795, 1803, 1850)
1994 Ed. (1761, 1812, 1831, 1832, 1833, 1834)
Gisele Bundchen
2008 Ed. (3745)
2004 Ed. (3498)
2003 Ed. (3429)
2002 Ed. (3377)
Gish Biomedical Inc.
2005 Ed. (1544)
1998 Ed. (1011)
1991 Ed. (1870, 1877, 3143)
Gish, Sherwood & Friends
1999 Ed. (3955)
GIT Equity-Special Growth
1990 Ed. (2390)
Gitab BBDO
2000 Ed. (112)
Gitam BBDO
2003 Ed. (90)
2002 Ed. (123)
2001 Ed. (150)
1999 Ed. (107)
1997 Ed. (105)
1996 Ed. (103)
Gitam Image
1991 Ed. (115)
Gitam Image Promotion
1995 Ed. (88)
1993 Ed. (113)
Gitam Image Promotion Systems
1992 Ed. (167)
Gitam Image Promotions
1989 Ed. (123)
Gitanes Brunes
1994 Ed. (958)
Gitano
1999 Ed. (1196)
1998 Ed. (765)
1997 Ed. (1026, 1027, 1039)
1996 Ed. (1002, 1005, 1019, 2836)
1995 Ed. (1022, 1023, 1032, 1034, 1035, 1324, 1328, 1332, 2398)
1994 Ed. (1011, 1013, 1014, 1022, 1026, 2667)
1993 Ed. (984, 986, 987, 994, 995)
1992 Ed. (1210, 1226)
1989 Ed. (945)
Gitano Group
1996 Ed. (384, 385)
1993 Ed. (990, 992, 993, 996)
1992 Ed. (1220, 1223)
1991 Ed. (982, 984)
GITI Tire Investment Co.
2007 Ed. (937)
GITIC Enterprises
1999 Ed. (4166)
Gitt; Jerry
1997 Ed. (1898)
1996 Ed. (1824)
1995 Ed. (1846)
1994 Ed. (1808, 1833)
1993 Ed. (1825)
1992 Ed. (2137)
1991 Ed. (1692)
Gitterman; Jeffrey
2006 Ed. (2514)
Giuliana Benetton
2008 Ed. (4869, 4883)
Giuliano; L. J.
2005 Ed. (2493)
Giumara Vineyards Corp.
1998 Ed. (1773)
Giumarra Vineyards Corp.
1998 Ed. (1774)
GIV-SP
1998 Ed. (144)
Givaudan
1998 Ed. (1698)
Givaudan-Roure
1997 Ed. (2013)
Givaudan-Roure Aromen AG
1996 Ed. (1944)
Givaudan SA
2008 Ed. (920)
2007 Ed. (943)
2006 Ed. (857)
Givaudan/Tastemaker
1999 Ed. (2444)
Given Contracting Inc.; W. E.
2008 Ed. (3728, 4423)
Givenchy
1992 Ed. (2445)
The Giver
2008 Ed. (550)
2004 Ed. (738)
2001 Ed. (982)
Giza Group Ltd.
1999 Ed. (4705)
Gjensididge Nor Spareforsikring ASA
2006 Ed. (1947)
Gjensidige NOR
2005 Ed. (591)
GJW
1997 Ed. (3198)
1995 Ed. (3016)
1994 Ed. (2960)
GK Goh
1999 Ed. (906, 908, 926, 927, 928, 929, 930)
1997 Ed. (783, 784, 785, 786, 787, 803, 804, 805, 806, 807)
GK Goh Ometraco
1994 Ed. (3186)
GK Group Ltd.
1992 Ed. (1197)
GKK Grundstucks
2007 Ed. (4090)
GKN
2008 Ed. (165)
2007 Ed. (187)
2006 Ed. (324)
2003 Ed. (1434)
1997 Ed. (1745)
1993 Ed. (344)
1990 Ed. (400)
GKN Aerospace North America
2006 Ed. (173)
GKN America Corp.
2006 Ed. (1954, 4609)
2005 Ed. (4524)
GKN Automotive Inc.
2005 Ed. (324, 1776)
2003 Ed. (3271)
GKN Automotive Driveline Division
2004 Ed. (1718)
GKN plc
2006 Ed. (337)
2003 Ed. (3747)
2002 Ed. (1642, 1792)
1992 Ed. (1773, 480)
GKN (United Kingdom) PLC
1997 Ed. (2754)
1996 Ed. (2612)
1995 Ed. (2549)
1994 Ed. (2483)
GKR Neumann
1999 Ed. (2071)
1997 Ed. (1793)
G.L. Homes
1999 Ed. (1304, 1305)
GLAC
2001 Ed. (1971)
Glaceau Vitamin Water
2008 Ed. (631)
Glaceau Vitaminwater
2008 Ed. (632)
Glacier Bancorp Inc.
2005 Ed. (2230)
2000 Ed. (437)
1999 Ed. (444)
Glacier Bank of Whitefish
2006 Ed. (1912)
Glacier Bay
2005 Ed. (4925)
2004 Ed. (4945)
Glacier Bay National Park
1990 Ed. (2667)
Glacier Fish Co.
2005 Ed. (2613)
2004 Ed. (2624)
2003 Ed. (2491)
Glacier Fish Co. LLC
2008 Ed. (2724)
2007 Ed. (2587, 2588)
2006 Ed. (2612)
2005 Ed. (2614)
2004 Ed. (2625)
2003 Ed. (2492)
2001 Ed. (2445)
Glacier Peak
2000 Ed. (782)
Glacier Ridge
2000 Ed. (782)
Glacier Ventures International Corp.
2006 Ed. (2746)
Glacier Ventures Intl.
2008 Ed. (4088)
2007 Ed. (4055)
Glacier Water
2005 Ed. (735)
2003 Ed. (732)
2002 Ed. (753)
Glacier Water Services Inc.
2005 Ed. (4839)
2004 Ed. (4855)
2001 Ed. (996)
Glackens; Ira
1994 Ed. (898)
Glad
1994 Ed. (2147)
Glad Corn
2007 Ed. (3712)
2006 Ed. (3729)
Glad Products Co.
2005 Ed. (3853)
2003 Ed. (3890)
2001 Ed. (3817)
Glade
2008 Ed. (206)
2005 Ed. (198)
2003 Ed. (237)
2002 Ed. (2709)
1999 Ed. (1183)

Gladiator
2002 Ed. (3397)
Gladstone Capital Corp.
2008 Ed. (2860)
2007 Ed. (2730)
2006 Ed. (2115, 2735, 2740)
Gladstone's 4 Fish
2002 Ed. (4035)
2000 Ed. (3801)
1999 Ed. (4088)
1995 Ed. (3101)
1994 Ed. (3055)
1993 Ed. (3010)
Gladstone's Malibu
2008 Ed. (4148)
2007 Ed. (4130)
2001 Ed. (4051)
Gladstone's Universal
2000 Ed. (3801)
Gladwell; Malcolm
2007 Ed. (3617)
Gladys Krieble Delmas
1995 Ed. (937, 1069)
Glamis Gold Ltd.
2008 Ed. (1424, 2825)
2006 Ed. (3486)
2005 Ed. (1670, 4510)
2004 Ed. (3681, 4578)
Glamour
2007 Ed. (127, 149)
2006 Ed. (157)
2001 Ed. (1231, 3794)
2000 Ed. (3480)
1992 Ed. (3375, 3387)
1991 Ed. (3246)
Glamour Shots Licensing Inc.
2004 Ed. (3894)
2003 Ed. (3873)
2002 Ed. (3706)
Glanbia
2005 Ed. (2656)
Glanbia plc
2008 Ed. (3565)
2006 Ed. (3386)
2004 Ed. (2653)
Glantz; Ronald
1991 Ed. (1672)
Glasgow
2000 Ed. (3375)
Glasgow Income
2000 Ed. (3301)
Glasgow, Scotland
2000 Ed. (3374)
Glasrock Home Health Care
1992 Ed. (2435)
1991 Ed. (1927)
Glasrock Home Healthcare
1993 Ed. (2055)
Glass
2008 Ed. (1824)
2007 Ed. (280)
2006 Ed. (275)
2005 Ed. (1480)
2001 Ed. (1457)
1998 Ed. (3699)
1992 Ed. (3645, 3646, 3653)
Glass Castle
2008 Ed. (555, 624)
Glass containers
1994 Ed. (3027)
1990 Ed. (2187)
Glass; David D.
1996 Ed. (961)
Glass Doctor
2008 Ed. (2391)
2007 Ed. (2254)
2006 Ed. (2323)
2005 Ed. (2263)
2004 Ed. (4944)
2003 Ed. (4941)
2002 Ed. (4906)
Glass Glover Group PLC
1993 Ed. (972)
Glass industry
1993 Ed. (2870)
Glass Magic
2003 Ed. (2076)
Glass, metal, and plastic
1995 Ed. (1786)
Glass Molders Pottery Plastics
1996 Ed. (3602)
Glass Plus
2001 Ed. (1239)
Glassalum Engineering Corp.
1992 Ed. (1420)
1990 Ed. (1206)
Glassalum International Corp.
1996 Ed. (1143)
1995 Ed. (1166, 2002)
1994 Ed. (1152, 1976)
1993 Ed. (1133, 1954)
Glassboro State College
1995 Ed. (932, 1068)
Glasscock; Larry
2007 Ed. (993)
2005 Ed. (979)
Glasses, reading
2001 Ed. (2088)
Glassfront
2002 Ed. (4729)
Glasspack Participations
2006 Ed. (1446)
Glassrock County, TX
1997 Ed. (1681)
Glassware & crystal
1999 Ed. (4529)
Glassware/Ceramics
2000 Ed. (3842)
1999 Ed. (4132)
1998 Ed. (3117)
1996 Ed. (2221)
Glassware/crystal
1994 Ed. (1967)
1992 Ed. (2283)
Glastonbury Bank & Trust Co.
1990 Ed. (647)
1989 Ed. (636)
Glasurit
1993 Ed. (909)
Glatfelter
2004 Ed. (3935)
Glatfelter Insurance Group
2008 Ed. (2033)
Glatfelter Co.; P. H.
2005 Ed. (3892)
1996 Ed. (2902)
1995 Ed. (2828)
1994 Ed. (2725, 2726)
1993 Ed. (221, 2765)
1992 Ed. (3329, 3330, 3332)
1991 Ed. (2668, 2670)
1990 Ed. (2761)
Glaval Corp.
1995 Ed. (3685, 3686, 3687, 3688)
1992 Ed. (4367, 4368, 4370, 4371, 4372)
Glaxo
2000 Ed. (1665)
1997 Ed. (1602, 2686)
1996 Ed. (1357, 1360, 1361, 1362, 1364, 1365, 1367, 1382, 1576, 1580)
1995 Ed. (1592, 1594, 1663, 2241, 2934)
1992 Ed. (1608, 1625, 1839, 1840, 1842, 1867, 3001)
1991 Ed. (1472, 2399)
1990 Ed. (1372, 1565, 1569, 1570, 2529, 3462)
Glaxo Group Ltd.
2000 Ed. (1414)
1997 Ed. (1392)
1995 Ed. (1380)
1994 Ed. (1356)
Glaxo Holdings
1997 Ed. (1660, 2685)
1996 Ed. (1326, 1354, 1369, 1391, 1392, 1574, 1582, 2544, 2545, 2546)
1994 Ed. (199, 902, 1348, 1378, 1382, 1397, 1398, 1556, 1562, 1563, 2410, 2411, 2664, 2698, 2871)
1993 Ed. (33, 232, 1296, 1304, 1322, 1326, 1339, 1340, 1512, 1516, 2469, 3473)
1992 Ed. (1604, 1609, 1626, 1631, 1641, 1642, 2935)
1991 Ed. (1270, 1297, 1299, 2355)
1990 Ed. (1375, 1568, 1993)
1989 Ed. (1583)
Glaxo, Holdings PLC
1996 Ed. (204, 1331)
1995 Ed. (1373, 1379, 1403, 1408, 1427, 1428, 1585, 1595, 2771, 2812, 3098)
1994 Ed. (212)
1990 Ed. (3459)
Glaxo India
1992 Ed. (56)
Glaxo Laboratories
1989 Ed. (34)
Glaxo SmithKline
2001 Ed. (2100)
Glaxo Wellcome Inc.
2002 Ed. (4875)
2000 Ed. (1442, 1479, 1480, 1701, 1709, 1710, 2998, 2999)
1999 Ed. (1095, 1607, 1613, 1642, 1646, 1664, 1672, 1673, 1906, 1911, 1912, 1914, 1915, 1916, 1917, 1918, 3262, 3263)
1998 Ed. (73, 1150, 1159, 1160, 1167, 1329, 1342, 1344, 1345, 1347)
1997 Ed. (1350, 1385, 1416, 1422, 1438, 1439, 1655, 1657, 1658, 1659, 1661, 1662, 1663, 2740, 2815)
Glaxo Wellcome plc
2002 Ed. (1011, 1417, 1500, 1689, 1690, 1785, 1791, 1969, 2016, 2017, 2018, 2024, 2025, 3215, 3217)
2001 Ed. (1189, 1693, 1719, 1885, 2058, 2069, 2072, 2074, 2075, 2076)
2000 Ed. (957, 1028, 1412)
GlaxoSmithKlin
2007 Ed. (3915)
GlaxoSmithKline Inc.
2008 Ed. (3951)
2005 Ed. (933, 1770, 1945, 3908)
2004 Ed. (1828)
2003 Ed. (1793)
GlaxoSmithKline Consumer Healthcare
2008 Ed. (2034)
GlaxoSmithKline plc
2008 Ed. (19, 54, 105, 141, 912, 1048, 1454, 1456, 1457, 1461, 1717, 1735, 1736, 1815, 2121, 2124, 2135, 3030, 3105, 3109, 3587, 3842, 3942, 3943, 3944, 3945, 3952, 3953, 3954, 3957, 3958, 3959, 3960, 3961, 3962, 3963, 3964, 3965, 3966, 3967, 3968, 3970, 3971, 3973, 3974, 3975, 3977, 3978, 4267, 4651, 4653, 4656)
2007 Ed. (15, 52, 95, 133, 137, 1494, 1687, 1693, 1706, 1707, 1784, 2026, 2027, 2031, 2041, 2907, 2986, 2993, 3815, 3913, 3916, 3918, 3920, 3921, 3922, 3923, 3924, 3925, 3926, 3928, 3929, 3930, 3931, 3933, 3934, 3936, 3938, 3939, 3941, 3943, 3945, 3946, 3947, 3948)
2006 Ed. (61, 77, 140, 772, 780, 782, 1449, 1691, 1698, 1711, 1712, 1718, 1775, 2054, 2057, 2058, 2060, 2070, 2968, 3328, 3407, 3877, 3880, 3883, 3884, 3885, 3888, 3889, 3890, 3891, 3895, 3896, 3897, 4546, 4710)
2005 Ed. (54, 850, 851, 1592, 1594, 1596, 1758, 1765, 1766, 1801, 1981, 2971, 3399, 3693, 3809, 3814, 3816, 3820, 3822, 3823, 3824, 3825, 3826, 3829, 3830, 3831, 4038, 4040, 4658)
2004 Ed. (59, 91, 1707, 3366, 3774, 3879, 3881, 3882, 3884, 3885, 3886, 3888, 4563, 4680, 4682, 4742)
2003 Ed. (833, 840, 844, 1704, 1706, 1707, 1839, 2695, 3310, 3749, 3864, 3868, 3869, 3870, 3872, 4610, 4710, 4711)
2002 Ed. (1638, 1788, 1789, 1790, 2014, 2021, 3245, 3753)
Glaze/Lotions
1992 Ed. (2371)
Glazer's Wholesale Distributors
2005 Ed. (3921)
Glazer's Wholesale Drug Co.
2008 Ed. (4057)
2007 Ed. (4030)
2006 Ed. (3995)
2005 Ed. (666)
2004 Ed. (677)
Glazing/sheet
2000 Ed. (3568)
Gleacher
2001 Ed. (1520, 1525, 1527)
1996 Ed. (1187)
Gleacher & Co.
2003 Ed. (3059)
Gleacher NatWest/Hawkpoint
2000 Ed. (2455)
Gleaner
2002 Ed. (3035)
Gleaner Life Insurance Society
1996 Ed. (1972)
Gleason Works
1993 Ed. (2480)
Gleeson, Sklar, Sawyers & Cumpata
2002 Ed. (8)
Gleiss Lutz
2005 Ed. (1444, 1445, 1450)
Glen Burnie (MD) Maryland Gazette
2003 Ed. (3645)
Glen Canyon National Recreation Area
1990 Ed. (2665)
Glen Cove, NY
1992 Ed. (1168)
Glen Deveron
2003 Ed. (4305)
2001 Ed. (4162)
2000 Ed. (3868)
1999 Ed. (4153)
1991 Ed. (2934)
Glen Electric
2006 Ed. (2064)
Glen Ellen
2002 Ed. (4941, 4947, 4948, 4955, 4961)
2001 Ed. (4877, 4878, 4879, 4886, 4888, 4894)
1999 Ed. (4785)
1998 Ed. (3730, 3747, 3748)
1997 Ed. (3901)
1995 Ed. (3757, 3760)
1993 Ed. (3704, 3721)
1992 Ed. (4447)
Glen Ellen Proprietor's Reserve
1998 Ed. (3439, 3723)
Glen Ellen Reserve
1997 Ed. (3885)
Glen Ellyn Savings & Loan Association, FS&LA
1990 Ed. (3586)
Glen Falls Press-Star
1990 Ed. (2698)
Glen Garioch
1991 Ed. (2934)
Glen Meakem
2001 Ed. (1217)
Glen Reynolds
1993 Ed. (1841)
Glen River Industries
1996 Ed. (3069, 3077, 3078)
1995 Ed. (2978, 2979)
Glen Senk
2008 Ed. (2990)
Glen Taylor
2008 Ed. (4833)
2007 Ed. (4904)
2006 Ed. (4909)
2005 Ed. (4855)
2003 Ed. (4885)
Glenayre
1991 Ed. (3467)
Glenayre Technologies
2000 Ed. (1735)
1998 Ed. (3410, 3421)
1997 Ed. (3639, 3640)
1995 Ed. (2796, 2797, 2819)
Glenbriar Technologies Inc.
2005 Ed. (1691, 1696)
Glenbrook
1997 Ed. (256, 361)
Glenbrook Life STI Classic/Capital Growth
1999 Ed. (4697)
Glenbrook, NV
2006 Ed. (2972)

Glencar Mining plc
2008 Ed. (1858)
Glenco
1990 Ed. (2977)
Glencoe Foods
2003 Ed. (4488)
Glencoe Insurance Ltd.
2008 Ed. (3263)
Glencore AG
1997 Ed. (3879)
Glencore Holding AG
1997 Ed. (2232)
Glencore International
2002 Ed. (1076)
1999 Ed. (1741, 4644)
Glencore International AG
2008 Ed. (2093)
2006 Ed. (3991)
2005 Ed. (1967, 4122, 4912)
2003 Ed. (1671, 1672, 1829)
2001 Ed. (1860)
2000 Ed. (1562, 4284)
Glenda Flanagan
2006 Ed. (998)
Glendale Adventist Medical Center
1997 Ed. (2264)
Glendale, CA
1994 Ed. (970, 2244, 2584)
1993 Ed. (947)
Glendale Federal
1990 Ed. (2469, 3117)
Glendale Federal Bank
1999 Ed. (4142)
1998 Ed. (3140, 3157, 3523, 3525, 3527, 3538)
1997 Ed. (3382, 3740, 3744, 3746, 3747)
1996 Ed. (397, 1284, 2880, 3285, 3685, 3686, 3688)
1995 Ed. (1328, 3186, 3608, 3610)
1994 Ed. (2551, 3144, 3527, 3528)
1991 Ed. (2482, 2919)
Glendale Federal Bank, FSB
1999 Ed. (4595)
1998 Ed. (3128, 3132, 3133, 3135, 3139, 3141, 3143, 3146, 3147, 3148, 3149, 3151, 3532)
1993 Ed. (3074, 3076, 3077, 3079, 3081, 3082, 3084, 3085, 3086, 3087, 3088, 3089, 3090, 3093, 3094, 3096, 3097, 3564, 3565, 3572, 3573)
1992 Ed. (3774, 3776, 3777, 3784, 3786, 3787, 3788, 3790, 3791, 3794, 3795, 3797, 3798, 4286)
1991 Ed. (3362, 3375)
Glendale Federal Bank, FSB (CA)
1991 Ed. (3365)
Glendale Federal Bank, FSB (Los Angeles, CA)
1991 Ed. (3364)
Glendale Federal Savings & Loan Association
1991 Ed. (363, 2481, 3374)
1990 Ed. (422, 2606, 3096, 3097, 3098, 3100, 3575, 3576, 3577, 3583, 3584)
1989 Ed. (2822)
Glendale Galleria
2000 Ed. (4030)
1999 Ed. (4310)
1995 Ed. (3377)
1994 Ed. (3300)
Glendale International
2008 Ed. (2975)
Glendale Mitsubishi
1992 Ed. (392)
Glendive, MT
2001 Ed. (2822)
Glenealy Plantations (M) Bhd
1991 Ed. (1252)
Glenex Industries
1992 Ed. (1984)
Glenfed
1995 Ed. (2768)
1994 Ed. (1291, 1294, 1298, 1310, 3444, 3526, 3534)
1993 Ed. (519, 523, 1261, 3562, 3563)
1992 Ed. (4290, 2150, 2151, 4285, 4289)
1991 Ed. (2486, 2917, 3361, 3366, 3367)
1990 Ed. (1779, 2609, 3099, 3446, 3574, 3581)
1989 Ed. (2355, 2643, 2821, 2826)
Glenfiddich
2004 Ed. (4315, 4321)
2003 Ed. (4305, 4311)
2002 Ed. (300, 4175, 4181, 4183)
2001 Ed. (2115, 4162, 4167, 4168)
2000 Ed. (3868, 3869, 3870, 3872)
1999 Ed. (4153, 4154, 4155, 4157)
1998 Ed. (3165, 3169, 3170, 3171, 3173)
1997 Ed. (3391, 3392, 3394, 3395)
1996 Ed. (3294, 3295, 3296, 3298)
1995 Ed. (3196, 3197)
1994 Ed. (3152, 3153)
1993 Ed. (3106, 3109)
1992 Ed. (3810, 3813)
1991 Ed. (2322, 2329, 2331, 2332, 2935)
1990 Ed. (1579, 2456, 2460, 2462, 2463, 3113, 3115)
1989 Ed. (2363, 2365)
The Glenlivet
2004 Ed. (4315, 4321)
2003 Ed. (4305, 4311)
2002 Ed. (296, 4175, 4181, 4183)
2001 Ed. (2115, 4162, 4167, 4168)
2000 Ed. (3868, 3869, 3871, 3872)
1999 Ed. (4153, 4154, 4157)
1998 Ed. (3165, 3169, 3170, 3173)
1997 Ed. (3391, 3394, 3395)
1996 Ed. (3294, 3295, 3298)
1995 Ed. (3196, 3197)
1994 Ed. (3152, 3153)
1993 Ed. (3106, 3109)
1992 Ed. (3810, 2889, 3813)
1991 Ed. (2329, 2332, 2934, 2935)
1990 Ed. (3115)
1989 Ed. (2365)
The Glenlivet Distillers Ltd.
2001 Ed. (1690)
1999 Ed. (1609)
Glenmede Corp.
1999 Ed. (668)
1994 Ed. (654)
1993 Ed. (653)
Glenmede Core Fixed Income
2004 Ed. (694)
Glenmede Equity Fund
1998 Ed. (407, 2631)
Glenmede Fund/Government Cash Portfolio
1996 Ed. (2667)
Glenmede International Fixed
1998 Ed. (403)
1996 Ed. (621)
Glenmede International Fund
1998 Ed. (409)
1995 Ed. (556)
Glenmede International Institutional
1998 Ed. (409)
The Glenmede Trust Co.
2000 Ed. (2860)
1990 Ed. (707)
Glenmorangie
2004 Ed. (4315)
2003 Ed. (4305)
2002 Ed. (4175)
2001 Ed. (360, 2115, 4162, 4168, 4169)
2000 Ed. (3868)
1999 Ed. (4153, 4154)
1998 Ed. (3165, 3169, 3170, 3173)
1997 Ed. (3391)
1996 Ed. (3294)
1995 Ed. (3196)
1994 Ed. (3152)
1993 Ed. (3106)
1992 Ed. (3810)
1991 Ed. (2934)
Glenmore
1999 Ed. (2586)
Glenmore Distilleries Co.
1993 Ed. (1183, 1193, 1944, 3550, 3676)
1992 Ed. (2284, 4261, 4404)
1991 Ed. (1809, 2325, 3335, 3458)
1990 Ed. (2459)
Glenn Christenson
2008 Ed. (964)
2007 Ed. (1059)
2006 Ed. (962)
Glenn Confections
1992 Ed. (1044)
Glenn Cutler, Market Mania
1990 Ed. (2366)
Glenn Engel
1999 Ed. (2209)
1998 Ed. (1625)
1997 Ed. (1856)
1994 Ed. (1765)
1993 Ed. (1777)
Glenn Reicin
2000 Ed. (2016)
1999 Ed. (2232)
1998 Ed. (1652)
1997 Ed. (1921)
Glenn Renwick
2007 Ed. (998)
2006 Ed. (908)
Glenn Reynolds
1999 Ed. (2193)
Glenn Rieder Inc.
2005 Ed. (4996)
Glenn Schaeffer
2006 Ed. (962)
Glenn T. Tilton
2008 Ed. (948)
Glenn Tilton
2005 Ed. (982)
Glenn Wagner
1998 Ed. (1593)
1993 Ed. (1844)
Glens Falls Insurance Co.
2005 Ed. (3066, 3141)
2004 Ed. (3055, 3133)
Glens Falls, NY
2008 Ed. (3467)
2005 Ed. (2992, 3469)
1994 Ed. (2245)
1989 Ed. (1612)
Glens Falls Post-Star
1992 Ed. (3244)
1991 Ed. (2607)
1990 Ed. (2694)
1989 Ed. (2052)
Glenshaw Glass
1992 Ed. (2295)
Glentel
2008 Ed. (1133)
2003 Ed. (4697)
Glentronomie
1993 Ed. (3106)
1992 Ed. (3810)
Glesecke & Devrient America Inc.
2008 Ed. (4433)
GLG Partners
2007 Ed. (4922)
2006 Ed. (2800)
2005 Ed. (2820)
Glick Co.
1994 Ed. (118)
Glickenhaus & Co.
1994 Ed. (2308)
Glico
1997 Ed. (1577)
Glidden
2000 Ed. (2415)
1999 Ed. (2635)
1998 Ed. (1899, 1968)
1997 Ed. (2174, 2175)
1996 Ed. (2074, 2075, 2132)
1995 Ed. (2079)
1994 Ed. (2025, 2026)
1993 Ed. (2014)
1992 Ed. (1238, 2162, 2375, 2376, 3324, 3325, 3728)
1991 Ed. (1887)
1990 Ed. (1984)
Glide
2003 Ed. (1989, 1990)
1999 Ed. (1827)
Glidewell Laboratories
1999 Ed. (1825)
Glidwell Laboratories
1997 Ed. (1586)
Glimcher Co.
1990 Ed. (3283)
Glimcher Group
1999 Ed. (3664)
1993 Ed. (3315)
Glimcher Realty Trust
2000 Ed. (4020)
1998 Ed. (3297, 3301)
Glimpses-McCann-Erickson
1999 Ed. (95)
Glinka; Ernest J.
1990 Ed. (2662)
Gliss
2001 Ed. (2648)
Gliss Kur
2001 Ed. (2649)
Glisten
2003 Ed. (2076)
Glitnir
2008 Ed. (425)
Glitnir Bank
2008 Ed. (1791)
Gloag; Ann
2008 Ed. (4900)
2007 Ed. (4926)
1996 Ed. (1717)
Globacom
2008 Ed. (65)
Global
2007 Ed. (2662)
2002 Ed. (3040)
1989 Ed. (1845)
Global AHJ Group
2006 Ed. (3547, 4385)
Global American Inc.
2008 Ed. (3721)
Global Analytic Information Technology Services Inc.
2005 Ed. (1346)
Global Asset
2004 Ed. (2818)
Global Asset Management
1998 Ed. (2279)
1995 Ed. (2394)
1993 Ed. (2353, 2358, 2359)
1992 Ed. (2790, 2791, 2792, 2793, 2794, 2795)
Global Asset Mgmt.
2000 Ed. (2807)
Global Associates Ltd.
2005 Ed. (1374)
2004 Ed. (1358)
Global Automotive Alliance
2004 Ed. (170)
2002 Ed. (716, 717)
Global Automotive Alliance LLC
2005 Ed. (177)
2004 Ed. (173, 175)
Global Bank Group Corp.
2008 Ed. (490)
Global Bio-Chem Technology Group
2007 Ed. (1760)
Global Brand Marketing Inc.
2006 Ed. (1214, 3977)
2005 Ed. (1254)
Global Business Dimensions Inc.
2008 Ed. (3722, 4415)
2007 Ed. (3580, 4435)
Global Business Systems Inc.
2002 Ed. (1142)
Global Capital Ltd.
2008 Ed. (4960)
Global Capitalism: Its Fall & Rise in the Twentieth Century
2008 Ed. (617)
Global Captive Management Ltd.
2008 Ed. (858)
2007 Ed. (879)
2006 Ed. (784, 787)
Global Casinos Inc.
2002 Ed. (1627)
Global Communications
2002 Ed. (95)
2001 Ed. (124)
Global Communications Solutions Inc.
2008 Ed. (1981, 1983, 2953)
2007 Ed. (1918)
2006 Ed. (1935)
2005 Ed. (1907)
Global competition/protection of U.S. jobs
1991 Ed. (2025, 2026)
Global Computer Supplies
2000 Ed. (1179)
1999 Ed. (1849)
1998 Ed. (1274)

Global Computronics Inc.
2007 Ed. (3569, 4428)
2006 Ed. (3521)
Global Consultants Inc.
2008 Ed. (271, 3722)
2007 Ed. (292, 3580)
2006 Ed. (3528, 4367)
2003 Ed. (2723)
2002 Ed. (2523)
Global Corporate Advisory
2004 Ed. (1443)
Global Crossing Ltd.
2008 Ed. (352, 3201, 3202)
2007 Ed. (364, 2716)
2006 Ed. (1517, 2726, 3255, 4687)
2005 Ed. (420, 1505, 1548, 4622)
2004 Ed. (412, 1489, 1532, 2489, 4666)
2003 Ed. (1459, 1504, 1519, 4694)
2002 Ed. (1387, 1388, 4353, 4356, 4359, 4360, 4565, 4883)
Global Dial
2005 Ed. (1655)
Global Direct Mail Corp.
1999 Ed. (3264, 3603, 4313)
1997 Ed. (3407)
Global DirectMail
1999 Ed. (3640)
Global DirectMail Corp. (Systemax)
2001 Ed. (1135)
Global e-Point Inc.
2004 Ed. (4826, 4827)
Global Energy of North America
2007 Ed. (3380)
Global Engine Alliance
2005 Ed. (4767)
Global eProcure
2007 Ed. (1318)
Global equity
2001 Ed. (3456)
Global Experts in Travel Inc.
2008 Ed. (3690, 3715, 4967, 4986)
2007 Ed. (3526, 3567, 3568, 4984)
Global Express
1998 Ed. (144)
Global Financial Management
1993 Ed. (2333)
Global Fixed Income
1992 Ed. (2787)
Global Fixed Income Advisors
1992 Ed. (2745)
Global Futures Management
1993 Ed. (1041)
Global Gas Inc.
2007 Ed. (4988)
2005 Ed. (4993)
2004 Ed. (3969, 4988)
2003 Ed. (4990)
2002 Ed. (4987)
Global Government Plus Fund
1989 Ed. (1113)
Global Group Inc.
2008 Ed. (3708, 4385)
Global High Income Dollar Fixed
2005 Ed. (3214)
Global Household Brands Inc.
2003 Ed. (238, 996)
Global Hyatt Corp.
2008 Ed. (3023, 3067, 3072, 4051)
2007 Ed. (2902, 2938, 2947, 4024)
Global Imaging Systems Inc.
2008 Ed. (803)
2005 Ed. (3638, 3639)
2004 Ed. (3728)
Global Industrial Technologies
2000 Ed. (2337)
1998 Ed. (1840)
Global Industrial Technology
1997 Ed. (2148)
Global International Rate Hedged Fund—Aggressive
2003 Ed. (3112)
Global Investment Systems Ltd.
2001 Ed. (3424)
Global logistics
1999 Ed. (964)
Global macro
2005 Ed. (2818)
Global Management Systems Inc.
2003 Ed. (1348)
Global Marine Inc.
2001 Ed. (3320)
2000 Ed. (3137)
1999 Ed. (3413)
1998 Ed. (2821)
1989 Ed. (418)
Global Market Insite
2008 Ed. (110)
Global Market Research
1996 Ed. (3191)
1995 Ed. (3090)
Global Media
2003 Ed. (62)
2002 Ed. (95)
2001 Ed. (124)
Global Network Navigator
1998 Ed. (3775)
Global Octanes
2001 Ed. (1185)
Global One Co.
2003 Ed. (1428)
Global Partners LP
2008 Ed. (1539, 1540, 1541, 1911, 1915, 1916, 1920, 1921, 1923, 1924)
Global Passenger Services LLC
2000 Ed. (989)
1999 Ed. (957)
Global Payment
1999 Ed. (1791)
Global Payment Technologies Inc.
2005 Ed. (4813, 4814)
2004 Ed. (4826, 4827)
2000 Ed. (2460)
Global Performance
2008 Ed. (1165)
2006 Ed. (1160)
Global Petro.
1990 Ed. (2848)
Global Petroleum
1992 Ed. (3441, 3442, 3443)
1991 Ed. (967)
1990 Ed. (1038)
1989 Ed. (929)
Global Petroleum Show
2005 Ed. (4737)
2003 Ed. (4778)
Global Planners Inc.
2008 Ed. (4973)
Global Power Equipment Group Inc.
2008 Ed. (353)
2005 Ed. (3352)
2004 Ed. (3327)
2003 Ed. (4319)
Global Privatization Fund
1996 Ed. (3312)
Global Resources Corp.
2004 Ed. (1243)
Global Resources Unlimited
2006 Ed. (3526)
Global Risk Consultants Corp.
2007 Ed. (4292, 4293)
2006 Ed. (4264, 4265)
2005 Ed. (4287, 4288)
2004 Ed. (4347, 4348, 4349)
Global Signal Inc.
2006 Ed. (4675)
2005 Ed. (4984)
Global Software Inc.
2008 Ed. (1136)
Global Solutions Group, Inc.
2003 Ed. (2730)
Global Sources
2007 Ed. (846)
2001 Ed. (4771)
Global Sports
2003 Ed. (2703)
Global stocks
2001 Ed. (2525)
Global Strategic Management
1995 Ed. (2394)
Global Strategy Canada Growth
2002 Ed. (3459, 3460)
Global Strategy Canadian Small Cap
2002 Ed. (3470, 3471)
Global Strategy Rothschild World Companies
2001 Ed. (3466, 3468)
Global Support Software
2007 Ed. (2051)
Global-Tech Appliances Inc.
2003 Ed. (4587)
Global Technology Resources Inc.
2008 Ed. (3698, 3699, 3700, 4373)
2007 Ed. (3539, 3541, 4026)
2006 Ed. (3502, 3976)
Global Telecom
2003 Ed. (1517)
Global TeleSystems Inc.
2003 Ed. (1076)
Global TeleSystems Group Inc.
2002 Ed. (2535, 3547, 3565)
2001 Ed. (1039)
Global TH
1997 Ed. (825, 826)
Global Thermoelectric
2004 Ed. (4572)
Global Total Return A
1999 Ed. (3579)
Global Transportation Services Inc.
2000 Ed. (2258)
1999 Ed. (2498)
Global TV
2008 Ed. (48)
Global Utility Fund A
1995 Ed. (2729)
Global Utility Fund B
1995 Ed. (2729)
Global Value Fund
2003 Ed. (3149)
Global Van Lines
1999 Ed. (4676)
1998 Ed. (3636)
1996 Ed. (3760)
1995 Ed. (3681)
1994 Ed. (3603)
1993 Ed. (3643)
Global Video
2004 Ed. (4841)
2002 Ed. (4752)
GlobalFoodExchange.com
2001 Ed. (4755)
GlobalHue
2008 Ed. (111, 113, 116, 176, 179, 3696)
2007 Ed. (101, 103, 193, 196, 3535)
2006 Ed. (112, 114, 187)
2005 Ed. (113, 174)
2004 Ed. (114, 125, 171)
2003 Ed. (31, 33)
Globalive Communications Inc.
2005 Ed. (2776)
Globalization and Its Discontents
2004 Ed. (734)
Globalization & Its Enemies
2008 Ed. (617)
GlobalNetXchange
2004 Ed. (2221)
2003 Ed. (2180)
GlobalNetXchange.com
2001 Ed. (4769)
Globaloney: Unraveling the Myths of Globalization
2007 Ed. (655)
GlobalSantaFe Corp.
2008 Ed. (1661)
2007 Ed. (1651, 3835)
2006 Ed. (1635)
2003 Ed. (3815)
GlobalSpec
2008 Ed. (812)
2007 Ed. (846)
2006 Ed. (3030)
Globalt
1999 Ed. (3075, 3077)
1997 Ed. (2526, 2534)
1996 Ed. (2393, 2397, 2409)
1995 Ed. (2361)
GlobalTrade Corp.
2008 Ed. (2867)
Globe
2004 Ed. (3337)
2001 Ed. (1381, 1382, 3195, 3198)
1999 Ed. (3751)
1996 Ed. (2959)
1994 Ed. (2784)
1993 Ed. (2791)
1991 Ed. (2708)
1990 Ed. (2398)
Globe & Mail
2002 Ed. (3506)
Globe Finlay
1992 Ed. (2745)
Globe Investments Trust PLC
1990 Ed. (1350)
Globe Life & Accident
1993 Ed. (2209)
Globe Life Insurance Co.
1995 Ed. (2286)
1994 Ed. (2252, 2253)
1992 Ed. (2647)
Globe Security Systems
1991 Ed. (2943)
Globe Telecom
2008 Ed. (72, 642)
2007 Ed. (67)
2006 Ed. (76, 3899)
2005 Ed. (68)
2004 Ed. (72)
2000 Ed. (4190)
1999 Ed. (4549)
Globe Transport
2007 Ed. (4034)
2006 Ed. (4801)
2005 Ed. (4746)
2004 Ed. (4770)
2003 Ed. (4786, 4804)
Globecomm Systems, Inc.
2003 Ed. (2718)
Globelle Corp.
2000 Ed. (1397)
GlobeNet
2007 Ed. (2173)
GlobeSpan, Inc.
2003 Ed. (2703, 2723)
GlobeSpan Semiconductor Inc.
2001 Ed. (417, 4182)
GlobeSpanVirata Inc.
2005 Ed. (2343)
GlobeTel Communications Corp.
2008 Ed. (4541)
Globex
2004 Ed. (1781)
Globex Utilidades
1994 Ed. (17)
1993 Ed. (25)
Globexbank
2007 Ed. (546)
2006 Ed. (464)
2005 Ed. (536, 602)
2004 Ed. (553, 612)
2003 Ed. (604)
Globix Corp.
2007 Ed. (3689)
2005 Ed. (4355)
GlobTek Inc.
2008 Ed. (4973)
Globtel
2004 Ed. (82)
2001 Ed. (77)
GloBul
2006 Ed. (32)
2005 Ed. (26)
Globus Grundstucksverwer GmbH
2007 Ed. (4090)
Globus - Kartendienst GmbH
1995 Ed. (2987)
Glocap Search
2002 Ed. (4794)
Gloman Advertising
1999 Ed. (172)
Gloria
1991 Ed. (2136)
Gloria Arroyo
2007 Ed. (4983)
Gloria Estefan
1995 Ed. (1715)
1994 Ed. (1668)
1993 Ed. (1634)
Gloria Ferrer
2006 Ed. (827)
2005 Ed. (909)
1999 Ed. (1064)
1998 Ed. (3743, 3746, 3749, 3751)
Gloria Ferrer Champagne
1997 Ed. (933, 934)
Gloria Ferrer Winery
1997 Ed. (3904, 3911)
Gloria; Grupo
2008 Ed. (71)
2007 Ed. (66)
Gloria Jeans Gourmet Coffees
1998 Ed. (3339)
Gloria Jean's Gourmet Coffees Franchise Corp.
2002 Ed. (1091)

Gloria Jean's Gourmet Coffees Franchising Corp.
2005 Ed. (1050)
2004 Ed. (1048)
Gloria Macapagal-Arroyo
2006 Ed. (4986)
Gloria Milstein Flanzer
1992 Ed. (1093, 1095)
Gloria Vanderbilt
1994 Ed. (2777)
Glorious
1990 Ed. (2794)
Glory
2003 Ed. (2501)
Glory Glory Man United
2000 Ed. (3495)
Glosette
1999 Ed. (1132)
Glossman; Diane
1997 Ed. (1853)
Glou International Inc.
1992 Ed. (2048)
Gloucester County, NJ
1994 Ed. (239, 1480)
Gloucester, MA
1992 Ed. (2164)
Glover Smith Bode
2007 Ed. (2955)
GLS Cos.
2008 Ed. (4036)
Glucerna
2008 Ed. (4913)
Glucofilm
1994 Ed. (1529)
Glucometer Dex
2003 Ed. (2050)
2002 Ed. (1972)
Glucometer Elite
2003 Ed. (2050)
2002 Ed. (1972)
Glucophage
2003 Ed. (2113)
2002 Ed. (2047, 3749, 3755)
2001 Ed. (2097, 2109, 2110)
Glucosamine
2001 Ed. (2013)
Glucosamine & chondroitin
2004 Ed. (2101)
Glucose
2001 Ed. (1508)
Glucostix
1994 Ed. (1529)
Glue
2003 Ed. (3675)
2002 Ed. (3536)
Glueckauf-Bau-AG
1990 Ed. (1350)
1989 Ed. (1109)
Glumara Bros. Fruit Co. Inc.
1998 Ed. (754)
Glumarra Vineyards
1992 Ed. (4473)
Glunz AG
2002 Ed. (3218)
2001 Ed. (3180)
2000 Ed. (3017)
1997 Ed. (2692)
1996 Ed. (2555)
Glunz AG (Konzern)
1999 Ed. (3278)
1994 Ed. (2415)
Glunz Aktiengesellschaft
1995 Ed. (2492)
1994 Ed. (2415)
Gly-Oxide
1996 Ed. (2103)
1994 Ed. (2570)
Glyburide
2001 Ed. (2102)
Glyko Biomedical Ltd.
2003 Ed. (1637)
Glynn Electronics Inc.
2001 Ed. (2205, 2209)
Glynn Jr.; R. D.
2005 Ed. (2509)
Glynn; Robert
2005 Ed. (2470)
Glynwed International
1999 Ed. (3349)
Glynwed International plc
2001 Ed. (3282)
2000 Ed. (3086)
1994 Ed. (2483)
Glynwed UK Ltd.
1993 Ed. (1304)
Glyoxide
2003 Ed. (1995)
Glyphosate
1999 Ed. (2663)
Glywed
2002 Ed. (1111)
GM
2000 Ed. (25, 358, 358, 795, 4165)
1992 Ed. (431, 432, 4346)
GM-ACG (Europe)
1992 Ed. (480)
GM Automotive Components Group
1996 Ed. (342)
1992 Ed. (465)
GM Card
1996 Ed. (1496)
GM Construction
2008 Ed. (3708, 4385)
GM Daewoo Auto & Technology Co.
2006 Ed. (89, 319)
2004 Ed. (70)
GM Corp. Dealers Assn.
1990 Ed. (19)
GM Delco Electronics Division
1993 Ed. (889, 1028)
GM-EDS
1990 Ed. (1138)
GM Europa
2006 Ed. (4818)
GM Fort Wayne
1994 Ed. (3586)
GM Homes
2002 Ed. (1200)
GM Hughes
1994 Ed. (2443)
1990 Ed. (1637, 2901)
1989 Ed. (1227)
GM Hughes Aircraft
1993 Ed. (1468)
GM Hughes Electronics
1997 Ed. (1707)
1996 Ed. (1521, 1522, 1629)
1995 Ed. (161, 1542, 1546, 1655)
1994 Ed. (141, 1513, 1517, 1609, 1611, 1613)
1993 Ed. (1570, 1572, 1574, 1579, 1583, 2504, 3002)
1992 Ed. (465, 1917, 1919, 1920, 1921, 1929, 3671, 3678, 4361)
1990 Ed. (1617, 1627, 1628, 1629, 1632, 1644, 2990, 2995)
1989 Ed. (1314, 1317, 1318, 1342, 2310)
GM Investment
2002 Ed. (3941)
GM Kadett/Astra
1993 Ed. (323)
GM Monza
1990 Ed. (361)
GM Opala
1990 Ed. (361)
GM-Opel
2002 Ed. (388, 390, 391, 392, 393)
GM Oshawa
1994 Ed. (3586)
GM Pickups
1995 Ed. (333)
GM Shreveport
1994 Ed. (3586)
GM/SSA
1995 Ed. (60)
1994 Ed. (80)
1993 Ed. (90)
GM SSAW
1997 Ed. (74)
1996 Ed. (74)
GM Vans
1995 Ed. (333)
GMA
2008 Ed. (57)
2007 Ed. (55)
GMAC
1994 Ed. (1754, 1847)
1992 Ed. (1056)
GMAC Bank
2007 Ed. (4251)
2006 Ed. (468)
2005 Ed. (540, 2867)
2003 Ed. (4266)
GMAC Commercial Holding Corp.
2007 Ed. (2572)
2006 Ed. (2596)
2005 Ed. (4015, 4016)
GMAC Commercial Holding Capital Corp.
2005 Ed. (2146, 2604)
GMAC Commercial Mortgage Corp.
2007 Ed. (4101)
2006 Ed. (4051)
2004 Ed. (4083)
2003 Ed. (448, 4057)
2002 Ed. (4276)
2001 Ed. (576, 3350, 4003, 4088)
2000 Ed. (3725, 4021)
GMAC HomeServices Inc.
2005 Ed. (4001, 4002)
2004 Ed. (4069, 4071)
GMAC Insurance Management Corp.
2006 Ed. (3056)
GMAC LLC
2008 Ed. (2199)
GMAC Mortgage
2002 Ed. (3383, 3386, 3388)
2001 Ed. (3352)
2000 Ed. (3159, 3162)
1997 Ed. (2813, 2814)
1995 Ed. (2601, 2602)
1994 Ed. (2549, 2558)
1992 Ed. (3107)
1990 Ed. (2601, 2602, 2604, 2605)
1989 Ed. (2006, 2007)
GMAC Mortgage Group
1996 Ed. (2675, 2686)
GMAC of Canada
2007 Ed. (2574)
GMAC Real Estate
2008 Ed. (4109, 4110)
2007 Ed. (4076, 4077)
2006 Ed. (4036, 4037)
GMAC Residential Holdings
2005 Ed. (3302, 3509)
GMAC-RFC
2006 Ed. (3564, 3565)
1994 Ed. (2548)
Gmail
2007 Ed. (2351)
Gmaseca
2000 Ed. (2228)
GMC
2006 Ed. (355, 4855)
2005 Ed. (341)
2003 Ed. (303, 359)
2002 Ed. (413, 4703)
2001 Ed. (457, 459, 460, 461, 462, 464, 465, 483, 535)
2000 Ed. (344)
1999 Ed. (326, 360)
1998 Ed. (218)
1996 Ed. (3748)
1990 Ed. (359)
GMC Envoy
2006 Ed. (3577)
GMC P model
2001 Ed. (480)
GMC Safari
1997 Ed. (2798)
1996 Ed. (347)
GMC Sierra
2008 Ed. (299, 4765, 4781)
2007 Ed. (4858)
2006 Ed. (4829, 4856)
2004 Ed. (303)
2001 Ed. (480)
1995 Ed. (3666)
GMC Sierra Pickup
2005 Ed. (4786)
2004 Ed. (4812)
2003 Ed. (4820)
GMC Suburban
2000 Ed. (4087)
GMC W4
2001 Ed. (480)
GMC-White GMC Truck Center
1996 Ed. (743, 2659)
GMC Yukon
2006 Ed. (3577)
2000 Ed. (4087)
Gmexico
1997 Ed. (2778)
1992 Ed. (3062)
GMF
1990 Ed. (2279)
GMF Manifatture Lane Gaetano Marzotto & Figli Spa
1995 Ed. (3604)
1993 Ed. (3557)
GMF Robotics
1990 Ed. (3064)
GMFanuc Robotics
1991 Ed. (2902)
GMG/Seneca Capital
1997 Ed. (2529)
GMH Realty Inc.
2000 Ed. (3715)
1999 Ed. (3995)
GMK Associates
2006 Ed. (2793)
GMM Grammy
2007 Ed. (2018)
GMM Grammy Public Co.
2008 Ed. (93)
2007 Ed. (86)
2006 Ed. (96)
2005 Ed. (87)
2004 Ed. (92)
GMO
2005 Ed. (3213)
GMO Currency Hedged International Bond
2003 Ed. (3147)
GMO Emerging Country Debt Strategy
2003 Ed. (3144)
GMO Japan Fund
2001 Ed. (3504)
GMO Tobacco-Fr Core
1999 Ed. (3574)
GMO Trust—Pelican Fund
2003 Ed. (2367)
GMO U.S. Core
2003 Ed. (3488)
GMO World Equity Allocation
2004 Ed. (2481)
Gmodelo
2000 Ed. (3124)
1999 Ed. (3397)
1997 Ed. (2778)
GMP Capital
2007 Ed. (3282)
GMP Capital Trust
2008 Ed. (3401)
GMR Marketing
2007 Ed. (3431)
2006 Ed. (3414, 3415, 3417)
2005 Ed. (3405, 3406, 3408)
GMR Marketing LLC
2008 Ed. (3597)
GMRI Inc.
2008 Ed. (4143)
2007 Ed. (4121)
2006 Ed. (4102)
2005 Ed. (4043, 4044)
2004 Ed. (4105, 4106)
2003 Ed. (4079, 4080)
2001 Ed. (4058, 4059)
GMX Resources Inc.
2007 Ed. (4552)
2004 Ed. (3825)
2003 Ed. (4322)
GN Store Nord
2002 Ed. (1343)
GN Store Nord A/S
2008 Ed. (1706, 3207)
GN Store Nord Holdings
1990 Ed. (1362)
GNA Corp.
2008 Ed. (2158)
2007 Ed. (2052)
2006 Ed. (2095)
2000 Ed. (2502)
1999 Ed. (2724)
1998 Ed. (1985)
1997 Ed. (2254)
1996 Ed. (2146)
1995 Ed. (2136)
GNB Bancorp
2005 Ed. (446, 453)
GNC
2008 Ed. (2337)
2006 Ed. (2636)
2003 Ed. (2108, 4185, 4504, 4860)
GNC Franchising Inc.
2008 Ed. (2742)

2007 Ed. (2613)
2006 Ed. (2637)
2005 Ed. (2640)
2003 Ed. (4863)
2002 Ed. (2358, 4759)
2001 Ed. (2531)
1999 Ed. (2511)
1996 Ed. (1966)
GNC General Nutrition Centers
1994 Ed. (1912, 1916)
GNC.com
2001 Ed. (2079)
GND Holdings
1991 Ed. (1142)
GNEIL
1999 Ed. (1849)
GNF
1997 Ed. (2587)
GNLD
2007 Ed. (4232)
2006 Ed. (4216)
GNN
1997 Ed. (3926)
Gnomi/FCB
1991 Ed. (103)
1990 Ed. (106)
1989 Ed. (111)
Gnomi/Publicis FCB
1994 Ed. (91)
1993 Ed. (103)
1992 Ed. (154)
GNYHA Services
1999 Ed. (2637)
GNYHA Ventures
2008 Ed. (2892, 2893)
2006 Ed. (2772)
The Go-Ahead Group plc
2002 Ed. (4671)
2001 Ed. (4621)
The Go Between
2000 Ed. (3080)
1998 Ed. (2465)
Go-Cat
2008 Ed. (719)
The Go Daddy Group Inc.
2008 Ed. (1135)
2007 Ed. (3064)
2006 Ed. (3031, 3972)
Go Fly
2002 Ed. (54)
The Go-Go Years: The Drama & Crashing Finale of Wall Street's Bullish '60s
2006 Ed. (586)
Go Snacks
2004 Ed. (4437)
Go, Stitch, Go!
2004 Ed. (738)
Goal Petroleum
1992 Ed. (1627)
Goal Systems International Inc.
1993 Ed. (1074)
GoAmerica
2003 Ed. (2183)
Goasis
2008 Ed. (4547)
Goat
2007 Ed. (3442, 3443)
2006 Ed. (3427, 3428)
2005 Ed. (3417, 3418)
Goat cheese
1999 Ed. (1076)
Goatley; David
1997 Ed. (1998)
Gobain SA; Cie. de Saint
2008 Ed. (752, 1760, 3556, 3558)
2007 Ed. (780, 1288, 1290, 1732, 3423)
2006 Ed. (1721, 3380)
2005 Ed. (3390)
Gobernacion Prov de
2001 Ed. (12)
Gobi
2006 Ed. (4522)
2002 Ed. (4445, 4446)
Gobierno Bolivariano
2008 Ed. (106)
Goble & Associates
2008 Ed. (115)
2007 Ed. (107)
2006 Ed. (118)
GoCargo.com
2001 Ed. (4758)
GoCo-op
2003 Ed. (2171)
2001 Ed. (4756)
go.com
2001 Ed. (4776)
The God of Small Things
2000 Ed. (710)
1999 Ed. (692)
Goddard; Paulette
1993 Ed. (893)
The Goddard Schools
2004 Ed. (977)
2003 Ed. (962)
2002 Ed. (1044)
Goddard Systems Inc.
2008 Ed. (972)
2007 Ed. (1096)
2006 Ed. (1005)
2005 Ed. (995)
Goddards
2003 Ed. (983)
Goddess Bra Co.
1999 Ed. (781, 3188)
Goddijn; Harold
2008 Ed. (4897, 4901)
Goddijn-Vigreux; Corinne
2008 Ed. (4897, 4901)
Godfather's
2002 Ed. (3714)
1990 Ed. (2870)
Godfather's Pizza
2008 Ed. (3994, 4188, 4189)
2007 Ed. (3968, 4153)
2006 Ed. (3917, 4125)
2005 Ed. (3846)
2004 Ed. (2587)
2003 Ed. (2440)
2002 Ed. (4004, 4026)
2001 Ed. (3806)
2000 Ed. (3551, 3552, 3553, 3789)
1999 Ed. (3836, 3838, 3839)
1998 Ed. (2867, 2868)
1997 Ed. (3127, 3128, 3129)
1996 Ed. (3047, 3048)
1995 Ed. (2950, 2952, 2953)
1994 Ed. (2885, 2887, 2888)
1993 Ed. (2862, 2863, 2864)
1992 Ed. (3470, 3471, 3472)
1991 Ed. (2749, 2750, 2751)
1990 Ed. (2872)
1989 Ed. (2235)
Godfrey & Kahn SC
2007 Ed. (1512)
2001 Ed. (953)
Godfrey Hirst
2004 Ed. (4715)
2002 Ed. (3586)
Godfrey Law Firm
2001 Ed. (824)
Godfrey Philips
1994 Ed. (25, 32)
Godiva
2003 Ed. (3224)
2001 Ed. (3105, 3107, 3108)
1998 Ed. (2369, 2370, 2371)
1997 Ed. (2641, 2642, 2643, 2662)
1996 Ed. (2499, 2500, 2502)
Godiva Chocolatier Inc.
2003 Ed. (964)
godiva.com
2001 Ed. (4779)
Godrej
1993 Ed. (33)
Godrej; Adi
2006 Ed. (4926)
Godrej & Boyce Manufacturing Co.
2004 Ed. (51)
Godrej Industries
2005 Ed. (45)
Godrej Soaps
1992 Ed. (56)
Godsey & Gibb
1993 Ed. (2315)
Godwin Advertising
1997 Ed. (43)
Godwins
1990 Ed. (855)
Godwins Booker & Dickenson
1997 Ed. (1715)
1996 Ed. (1638)
1995 Ed. (1661)
Godwins International
1996 Ed. (1639)
1995 Ed. (1662)
Godwins International Holdings Inc.
1994 Ed. (1622, 1623)
1993 Ed. (1591)
1991 Ed. (1543)
Godzilla
2001 Ed. (2125, 4693)
2000 Ed. (4274, 4278, 4279)
Goebel; David L.
2008 Ed. (958)
Goelitz Confectionery
1992 Ed. (1044)
Goer Manufacturing Co.
2000 Ed. (4135)
1999 Ed. (4501)
1998 Ed. (3427)
1997 Ed. (3653)
1996 Ed. (3600)
Gofen and Glossberg
1997 Ed. (2534)
Goff & Howard
2005 Ed. (3950, 3968)
2004 Ed. (3975, 3982, 4018)
2003 Ed. (3983, 3985, 4009)
Goff Associates
2001 Ed. (1446)
Gofish.com
2001 Ed. (4755)
Goh; Eng Lim
2006 Ed. (1003)
Goh; G. K.
1995 Ed. (802, 803, 804, 805, 822, 823, 824, 825, 826)
1993 Ed. (1645)
Goh; GK
1997 Ed. (783, 784)
Goh Tong; Lim
1997 Ed. (849)
Goin' Postal
2008 Ed. (4017)
Goings; E. V.
2008 Ed. (2639)
2005 Ed. (3857)
Goings; E. V. (Rick)
2008 Ed. (3997)
2007 Ed. (3974)
Goizueta Business School; Emory University
2008 Ed. (773)
2007 Ed. (797, 2849)
2006 Ed. (2859)
Goizueta family
2004 Ed. (2843)
Goizueta Foundation
2002 Ed. (2336, 2341)
Goizueta; Roberto C.
1996 Ed. (960)
1995 Ed. (978, 1727, 1730, 2112, 2579, 3726)
1994 Ed. (1717, 2059, 2521, 3655)
1993 Ed. (936)
1991 Ed. (924, 1619)
1990 Ed. (972)
Goizueta School of Business; Emory University
2008 Ed. (777)
2007 Ed. (831, 833, 834)
2005 Ed. (812, 814, 815, 2853)
Gojo
2008 Ed. (4452)
2003 Ed. (647)
2001 Ed. (4298)
2000 Ed. (4073)
Gojo Industries
2003 Ed. (650, 652)
Gokongwei Jr.; John
2006 Ed. (4921)
Gol
2005 Ed. (219)
2002 Ed. (382, 385)
Gol Linhas Aereas Inteligentes SA
2008 Ed. (216, 228, 230, 231, 232, 233, 4758)
2007 Ed. (237, 251, 252, 254)
Gol; Volkswagen
2005 Ed. (296)
Golar
2006 Ed. (3758)
Gold
2008 Ed. (1093, 2643, 2644)
2007 Ed. (3038)
2005 Ed. (3016, 3018)
2002 Ed. (1909)
1999 Ed. (1816, 2565)
1996 Ed. (1517)
1995 Ed. (2695)
1993 Ed. (1914, 2364)
1992 Ed. (2074, 2092, 2804)
1991 Ed. (2262)
1990 Ed. (1871, 2402, 2742)
1989 Ed. (1845)
Gold Banc Corp.
2005 Ed. (357)
2002 Ed. (485)
Gold Blend
1999 Ed. (710)
1996 Ed. (725)
1994 Ed. (693)
1992 Ed. (887)
Gold Bond
2008 Ed. (4586)
2004 Ed. (2671, 2684)
2003 Ed. (2537, 2549, 2920, 3773, 3783)
2001 Ed. (3698, 3699, 3704)
Gold Bond Ice Cream Inc.
1993 Ed. (2124)
Gold; Christina A.
2007 Ed. (2510)
Gold Circle
1998 Ed. (869)
Gold Club
2008 Ed. (2071)
Gold Coast Beverage Distributors
2008 Ed. (538)
2007 Ed. (593)
2006 Ed. (553)
2005 Ed. (653)
2004 Ed. (666)
Gold Coin Ltd.
1989 Ed. (1155)
Gold Coin Savings
1990 Ed. (463)
Gold Crayons
1998 Ed. (3601)
Gold; David
2008 Ed. (4904)
2007 Ed. (4927, 4928)
2005 Ed. (4892)
Gold; David, Ralph & Jacqueline
2008 Ed. (4903)
Gold Fields Ltd.
2008 Ed. (4612)
2006 Ed. (2010)
2004 Ed. (3681)
Gold Fields of S.A.
1996 Ed. (2034)
Gold Fields of South Africa
1994 Ed. (1446)
1993 Ed. (1397)
1992 Ed. (1689, 2815, 2816)
1990 Ed. (1416)
Gold Greenlees
1993 Ed. (3474)
Gold Greenlees Trott
1991 Ed. (110)
Gold; Hadley
1990 Ed. (2659)
Gold Kist Inc.
2006 Ed. (1388, 1389, 2626)
2005 Ed. (1402, 1403, 2630, 2636)
2004 Ed. (1381, 1382, 2639, 2645)
2003 Ed. (1375, 2508, 3340, 3341)
2002 Ed. (2292, 2300)
2001 Ed. (2479, 3153)
2000 Ed. (3059, 3060, 3061, 3580, 3581, 3582)
1999 Ed. (2475, 3321, 3865)
1998 Ed. (1713, 2451, 2889, 2895, 2896)
1997 Ed. (2732, 2737, 3140, 3143, 3144, 3145)
1996 Ed. (1949, 2583, 2584, 2588, 2591, 3058, 3059, 3061, 3063, 3064)
1995 Ed. (1399, 1899, 2519, 2521, 2524, 2526, 2959, 2961, 2962, 2964, 2965, 2967)

1994 Ed. (1374, 1875, 1882, 2452, 2453, 2456, 2459, 2904, 2905, 2906, 2908, 2909)
1993 Ed. (1318, 1884, 2517, 2518, 2519, 2522, 2523, 2889, 2891, 2892, 2895, 2896)
1992 Ed. (2990, 2994, 2997, 3507, 3509, 3511, 3512)
1990 Ed. (1893, 2891)
Gold Kist Holdings Inc.
2008 Ed. (2740)
2007 Ed. (2608, 2611)
2006 Ed. (2634)
Gold Line Refining Ltd.
1996 Ed. (745)
1995 Ed. (671)
1994 Ed. (714)
Gold Mines of Kalgoorlie
1990 Ed. (3470)
Gold (Mining) Inc.
2005 Ed. (3447)
1996 Ed. (3508)
Gold 'n' Soft
2008 Ed. (3589)
2003 Ed. (3311)
Gold 'n' Sweet
2008 Ed. (3589)
2003 Ed. (3311)
Gold, nonmonetary
2007 Ed. (2515)
Gold oriented
1991 Ed. (2568)
Gold Reserve Inc.
2005 Ed. (3482, 4512)
Gold Rush Rum
1998 Ed. (3110, 3112)
Gold Standard Inc.
1995 Ed. (2429)
Gold Star
1997 Ed. (2061, 2591, 2592)
1996 Ed. (2127, 2444, 2445)
1993 Ed. (1362)
1990 Ed. (1394)
1989 Ed. (1134)
Gold Star Co. Ltd
1992 Ed. (1666)
Gold Star Products
1996 Ed. (1956)
Gold Trust Bank
2004 Ed. (95)
2000 Ed. (685)
Gold Zack
2002 Ed. (4292, 4414)
Golda's Balcony
2005 Ed. (4687)
GoldBank Communications
2002 Ed. (4435)
Goldberg; Arthur J.
1994 Ed. (1721)
Goldberg; Arthur M.
1993 Ed. (938)
1990 Ed. (1722)
Goldberg; Howard
1997 Ed. (1945)
Goldberg; Kenneth
1997 Ed. (1945)
The Goldberg Moser O'Neill
2000 Ed. (191)
1999 Ed. (39, 170)
1998 Ed. (34, 67)
1997 Ed. (45, 139)
Goldberger; Laurie
1993 Ed. (1775)
Goldcoast Mitsubishi
1994 Ed. (277)
Goldcorp Inc.
2008 Ed. (1424, 2825)
2007 Ed. (1648, 2698, 4573)
2005 Ed. (4511)
1997 Ed. (2152)
1994 Ed. (1982)
Goldcrest
2007 Ed. (1832)
Goldcrest Investment Holdings Ltd.
1995 Ed. (1010)
Golden Agri-Resources
2008 Ed. (4533)
Golden American GoldenSelect Real Estate
2000 Ed. (4334)
Golden American (VUL)
1991 Ed. (2119)
Golden Associates Corp.
2007 Ed. (2470)
Golden Bear
1998 Ed. (540)
1997 Ed. (843)
Golden Blend
1998 Ed. (3579)
1995 Ed. (3624)
1994 Ed. (3546)
Golden Books
1999 Ed. (3970)
1997 Ed. (3776)
Golden Books Family Entertainment, Inc.
2001 Ed. (3955)
Golden Builders
2003 Ed. (1137)
Golden Capital Distributors Ltd.
1994 Ed. (1177)
1993 Ed. (1154)
Golden; Charles
2007 Ed. (1069)
2006 Ed. (974)
Golden Chick
2007 Ed. (2542)
2002 Ed. (2245)
Golden Circle
2004 Ed. (2652)
2003 Ed. (3956)
Golden Circle Life Insurance Co.
2004 Ed. (3079)
2003 Ed. (2976)
2002 Ed. (714)
2000 Ed. (2669)
1999 Ed. (2916)
1998 Ed. (2132)
1997 Ed. (2419)
1996 Ed. (2286)
1995 Ed. (2280)
1994 Ed. (2233)
Golden, CO
2007 Ed. (1682)
2006 Ed. (1679)
Golden Corral Corp.
2006 Ed. (3993)
2005 Ed. (3919, 4074, 4075, 4076, 4077, 4078, 4083)
2003 Ed. (4102, 4121, 4122, 4123, 4124, 4125, 4126, 4127)
2002 Ed. (4006, 4029)
2001 Ed. (4068, 4072, 4075)
2000 Ed. (3792, 3793)
1999 Ed. (2512, 2515, 4079, 4080)
1998 Ed. (757, 3066)
1997 Ed. (1016, 3318, 3333)
1996 Ed. (3217, 3230)
1995 Ed. (1018, 3122, 3126, 3138)
1994 Ed. (1006, 3077, 3088)
1993 Ed. (980, 3021, 3035)
1992 Ed. (3713, 3718)
1991 Ed. (970, 2873, 2883)
1990 Ed. (1042)
Golden Corral Buffet & Grill
2008 Ed. (4155, 4167, 4168)
2007 Ed. (4141)
2006 Ed. (4114)
Golden Corral Franchising Systems Inc.
2008 Ed. (4199)
2007 Ed. (4157)
2006 Ed. (4137)
2005 Ed. (4088)
2004 Ed. (4148)
2003 Ed. (4140)
2002 Ed. (4030)
Golden Corral, OH! Brian's
1990 Ed. (3023)
Golden Corral Steaks, Buffet & Bakery
2005 Ed. (4070)
2004 Ed. (4126, 4133, 4137)
2003 Ed. (4118)
2001 Ed. (4079)
Golden Cos., Inc.
2008 Ed. (3725, 4419, 4976)
2007 Ed. (3585, 3586, 4438)
2006 Ed. (3531, 4370)
Golden Crown
1996 Ed. (1517)
1994 Ed. (1511)
Golden Cycle Gold Corp.
2002 Ed. (3568)
Golden Dipit Cocktail Sauce
1992 Ed. (3769)
Golden Eagle Industries Inc.
2005 Ed. (1534)
2004 Ed. (1518)
2003 Ed. (1488)
2002 Ed. (1467)
1996 Ed. (1202)
Golden Enterprises, Inc.
1991 Ed. (1446)
Golden Flake
2007 Ed. (4457)
2006 Ed. (4390)
1999 Ed. (3863)
Golden Flake Delites
2001 Ed. (4289)
Golden Forest
1999 Ed. (3685)
Golden Friends Corp.
1994 Ed. (1462, 2424)
Golden Gate Air Freight Inc.
2002 Ed. (2563)
Golden Gate Bridge Highway & Transit District
1991 Ed. (1886)
Golden Gate Freight Systems Inc.
2001 Ed. (2715)
Golden Gate National Recreation Area
1999 Ed. (3705)
1990 Ed. (2666)
Golden Gate University
2006 Ed. (2337)
2005 Ed. (2273)
Golden Giant
1996 Ed. (2032)
1994 Ed. (1981)
"The Golden Girls"
2001 Ed. (4491)
1992 Ed. (4247)
Golden Globe Awards
2006 Ed. (4719)
Golden Grahams
2003 Ed. (4456)
Golden Grahams Treats
2000 Ed. (2383, 4065)
Golden Grain
2008 Ed. (3858)
2003 Ed. (3743)
Golden Grain—Mission
2003 Ed. (3740)
Golden Harvest
1994 Ed. (1196)
Golden Health System
1992 Ed. (3279)
1990 Ed. (2725)
Golden Hill
1996 Ed. (2142)
Golden Hope
1993 Ed. (2385)
Golden Hope Plantations
2007 Ed. (1864)
2000 Ed. (1294, 1298)
Golden Krust Caribbean Bakery & Grill
2007 Ed. (2543)
2004 Ed. (2586)
Golden Krust Franchising Inc.
2008 Ed. (2684)
Golden Lady
1998 Ed. (1976)
Golden Co.; M. H.
1992 Ed. (1409)
Golden Meditech
2008 Ed. (1787)
Golden Mountain Trading Inc.
1994 Ed. (1069)
1992 Ed. (2743)
Golden Neo Life Diamite International
2007 Ed. (4232)
Golden Nugget
1992 Ed. (2474)
1991 Ed. (1055, 1939)
1990 Ed. (2081, 2510)
1989 Ed. (1048, 1614)
The Golden 1
2000 Ed. (1627, 1628)
The Golden 1 Credit Union
2008 Ed. (2210, 2214, 2215, 2220)
2007 Ed. (2098, 2099, 2100, 2105)
2006 Ed. (2158, 2171, 2175, 2176, 2177, 2184)
2005 Ed. (2047, 2060, 2061, 2065, 2077, 2081, 2082, 2083, 2089)
2004 Ed. (1926, 1941, 1942, 1948)
2003 Ed. (1887, 1901, 1902, 1908)
2002 Ed. (1841, 1842, 1843, 1850)
2001 Ed. (434, 1960, 1961)
1998 Ed. (1220, 1221, 1222, 1223, 1224, 1225, 1227, 1228, 1229, 1230)
1997 Ed. (1558, 1560, 1562, 1564, 1566, 1567, 1568, 1569)
1996 Ed. (1497, 1499, 1500, 1501, 1502, 1503)
1995 Ed. (1534, 1535)
1994 Ed. (1502)
1993 Ed. (1447, 1450)
1992 Ed. (3262, 1754)
Golden 1 CU
1999 Ed. (1799, 1801, 1802, 1803)
Golden 1 Federal Credit Union
1991 Ed. (1394)
Golden Pacific Brewing Co.
1999 Ed. (3400, 3401)
1998 Ed. (2490)
Golden Plains Credit Union
2008 Ed. (2233)
2007 Ed. (2118)
2006 Ed. (2155, 2169, 2197)
2005 Ed. (2102)
2004 Ed. (1960)
2003 Ed. (1920)
2002 Ed. (1866)
Golden Plough Inn
2000 Ed. (2545)
1999 Ed. (2769)
Golden Poultry
1995 Ed. (1896, 1899)
Golden Rounds
1996 Ed. (1174)
Golden Rule
1993 Ed. (2197)
Golden Rule Financial Corp.
2005 Ed. (1464)
Golden Spirits
1994 Ed. (2392)
1992 Ed. (2886)
1990 Ed. (2458)
Golden Star Resources
2007 Ed. (4577)
2006 Ed. (3486)
2005 Ed. (1729, 1734)
2002 Ed. (1619)
Golden Star RSC
2006 Ed. (1615)
Golden State Bancorp Inc.
2005 Ed. (1542, 1558)
2004 Ed. (3501, 4290, 4291)
2003 Ed. (421, 451, 3432, 4282, 4283, 4301)
2002 Ed. (491, 3380, 4171)
2001 Ed. (437, 3344, 4159, 4160, 4521, 4523)
2000 Ed. (375, 4246, 4247)
1999 Ed. (1456, 4596, 4597)
Golden State Foods Corp.
1993 Ed. (978, 1888)
1991 Ed. (1758)
Golden State Lumber
1996 Ed. (816, 823, 825)
Golden State Mutual Life Insurance Co.
2006 Ed. (3092)
2005 Ed. (3087)
2004 Ed. (3079)
2003 Ed. (2976)
2002 Ed. (714)
2000 Ed. (2669)
1999 Ed. (2916)
1998 Ed. (2132)
1997 Ed. (2419)
1996 Ed. (2286)
1995 Ed. (2280)
1994 Ed. (2233)
1993 Ed. (2253)
1992 Ed. (2707)
1991 Ed. (2144)
1990 Ed. (2275)
Golden State University
2000 Ed. (929)
Golden State Vintners Inc.
2005 Ed. (3293, 3294)
2004 Ed. (3276, 3277)

1999 Ed. (4772)
1998 Ed. (1773, 1774, 3722)
Golden State Vintners & Golden State Vintners Napa
2000 Ed. (4396)
Golden Systems
1996 Ed. (2887)
Golden Telecom
2004 Ed. (1850)
Golden Telemedia
2007 Ed. (30)
Golden Triangle
1989 Ed. (2360)
Golden Triangle Savings & Loan Association
1990 Ed. (3592)
Golden Tulip
2000 Ed. (2571)
Golden Vale PLC
1993 Ed. (1534)
Golden Valley
1994 Ed. (3342)
Golden Valley Act II
1995 Ed. (3405, 3691)
Golden Valley Foods
1989 Ed. (1570, 2497)
Golden Valley Microwave
1999 Ed. (4703)
1991 Ed. (3147)
1990 Ed. (1967, 3297)
1989 Ed. (1566, 2500)
Golden Virginia
2001 Ed. (4568)
Golden West Broadcasting Ltd.
2007 Ed. (1866)
Golden West Financial Corp.
2008 Ed. (1402, 1405, 1427)
2007 Ed. (367, 2556, 3627, 3628, 4262)
2006 Ed. (400, 405, 1513, 1589, 2294, 2587, 3557, 4248, 4734, 4735)
2005 Ed. (264, 452, 1625, 1685, 2229, 2584, 3303, 3500, 4223, 4224, 4243, 4689, 4690)
2004 Ed. (416, 441, 1603, 3501, 4290, 4291, 4310, 4984)
2003 Ed. (423, 424, 1555, 2471, 3432, 4282, 4283, 4301)
2002 Ed. (3380, 4171, 4984)
2001 Ed. (437, 3344, 4159, 4160, 4521, 4523)
2000 Ed. (4246, 4247, 4429)
1999 Ed. (4595, 4596, 4597)
1998 Ed. (3523, 3525, 3526, 3527)
1997 Ed. (3744, 3745, 3746, 3747)
1996 Ed. (1565, 3686, 3687, 3688, 3689)
1995 Ed. (3320, 3608, 3609, 3610, 3611)
1994 Ed. (1293, 3141, 3240, 3526, 3533, 3534, 3535)
1993 Ed. (3070, 3246, 3562, 3563, 3572, 3573)
1992 Ed. (2150, 2151, 3770, 4285, 4288, 4289, 4290)
1991 Ed. (2486, 2917, 3361, 3366, 3367, 3368)
1990 Ed. (3099, 3579, 3582)
1989 Ed. (2355, 2825, 2826, 2827)
Golden West Homes
1996 Ed. (3069, 3074, 3077, 3078)
1995 Ed. (2976)
1994 Ed. (2919)
1993 Ed. (2904, 2905)
1992 Ed. (1368, 3522)
Golden West Refining
2002 Ed. (3306)
2001 Ed. (1617)
Golden Wonder
2002 Ed. (4301)
1994 Ed. (3349)
Golden Wonder Crisps
1996 Ed. (3468)
1992 Ed. (4006)
Golden Wonder Pot Noodle
1997 Ed. (165)
Golden Wonder Potato Crisps
1999 Ed. (4347)
Goldenberg Rosenthal
2000 Ed. (18)
Goldenberg Rosenthal Friedlander
1998 Ed. (17)
1997 Ed. (23)
1996 Ed. (21)
GoldenEye
1998 Ed. (2535)
Goldeneye 007
2000 Ed. (4345)
1999 Ed. (4712)
Goldenseal
2000 Ed. (2445)
1998 Ed. (1924)
1996 Ed. (2102)
Goldenwest Credit Union
2008 Ed. (2262)
2007 Ed. (2147)
2006 Ed. (2226)
2005 Ed. (2131)
2004 Ed. (1989)
2003 Ed. (1949)
2002 Ed. (1895)
Golder Associates Ltd.
2008 Ed. (1102, 2536, 2552, 2562, 2564, 2599, 2602, 2603, 4320)
2007 Ed. (2435, 2437, 2473, 2474)
2006 Ed. (2457, 2470, 2472, 2504, 2505)
2005 Ed. (2427, 2430, 2432)
2004 Ed. (2353, 2387, 2395, 2400, 2440)
2003 Ed. (2305, 2314, 2317)
2000 Ed. (1810)
1999 Ed. (2057)
1998 Ed. (1488, 1490)
1997 Ed. (1748, 1761)
1996 Ed. (1672, 1680)
1995 Ed. (1690, 1698)
1994 Ed. (1651)
1993 Ed. (1619)
1992 Ed. (1967)
1991 Ed. (1561)
Goldfarb Corp.
1995 Ed. (3090)
Goldfarb; David
2006 Ed. (952)
Goldfarb; Jonathan
1997 Ed. (1860)
1996 Ed. (1784)
1995 Ed. (1809)
1994 Ed. (1768)
1993 Ed. (1784)
Goldfeder; Howard
1989 Ed. (1377)
Goldfish
2003 Ed. (1370)
2002 Ed. (1340)
2001 Ed. (1495)
2000 Ed. (1293)
1999 Ed. (779, 1421)
Goldfish; Pepperidge Farm
2008 Ed. (1381)
2007 Ed. (1424)
2006 Ed. (1387)
2005 Ed. (1400)
Goldi
2006 Ed. (43)
2004 Ed. (42)
Goldin; Harrison J.
1990 Ed. (2662)
Goldin; Harrsion J.
1991 Ed. (2547)
Golding; Susan
1991 Ed. (2346)
GoldK Inc.
2004 Ed. (2682)
Goldline
2003 Ed. (3776)
1997 Ed. (2134)
Goldline Enterprises Ltd.
2002 Ed. (4425)
Goldman
2000 Ed. (377)
Goldman, Beale Associates
1995 Ed. (2337)
Goldman; Emanuel
1997 Ed. (1855, 1902)
1996 Ed. (1780, 1829)
1995 Ed. (1806, 1851)
1994 Ed. (1764, 1813, 1833, 1834)
1993 Ed. (1781, 1830)
1992 Ed. (2137)
1991 Ed. (1675, 1706, 1707)
1990 Ed. (1768)
1989 Ed. (1416)
Goldman; Lillian
1995 Ed. (932, 1068)
Goldman; Robert
1997 Ed. (1921)
1996 Ed. (1849)
Goldman S. Municipal Income Inst.
2003 Ed. (3132)
Goldman S. Short Duration T/F Inst.
2003 Ed. (3132)
Goldman Sach
1998 Ed. (3243)
Goldman Sachs
2008 Ed. (3764, 4079)
2007 Ed. (635, 3659, 3662)
2006 Ed. (3594, 3601)
2005 Ed. (2598)
2000 Ed. (867, 869, 871, 872, 1025, 1920, 1921, 1922, 2058, 2145, 2451, 2455, 2456, 2457, 2768, 2780, 2796, 2800, 2827, 3190, 3191, 3192, 3193, 3194, 3195, 3878, 3880, 3881, 3883, 3884, 3886, 3887, 3888, 3889, 3890, 3891, 3892, 3893, 3894, 3895, 3896, 3897, 3898, 3899, 3901, 3902, 3904)
1999 Ed. (828, 829, 830, 888, 893, 894, 895, 896, 897, 898, 906, 942, 945, 967, 1087, 1089, 1185, 1188, 1425, 1426, 1427, 1428, 1429, 1430, 1432, 1435, 1436, 1437, 1438, 1439, 2063, 2064, 2065, 2066, 2143, 2150, 2151, 2152, 2278, 2296, 2321, 2323, 2324, 2396, 3021, 3022, 3023, 3024, 3025, 3026, 3027, 3028, 3029, 3030, 3031, 3032, 3035, 3036, 3037, 3051, 3084, 3085, 3477, 3478, 3479, 3480, 3481, 3482, 3649, 4007, 4176, 4177, 4178, 4179, 4180, 4181, 4182, 4183, 4184, 4185, 4186, 4187, 4188, 4189, 4190, 4191, 4192, 4193, 4195, 4196, 4197, 4198, 4199, 4205, 4206, 4207, 4208, 4209, 4210, 4211, 4212, 4213, 4214, 4215, 4217, 4218, 4219, 4220, 4221, 4222, 4223, 4224, 4225, 4226, 4227, 4228, 4229, 4230, 4231, 4232, 4234, 4235, 4236, 4237, 4238, 4239, 4240, 4241, 4242, 4243, 4244, 4245, 4246, 4247, 4248, 4249, 4250, 4251, 4252, 4253, 4254, 4255, 4258, 4259, 4260, 4261, 4262, 4263, 4264, 4265, 4308)
1998 Ed. (322, 342, 528, 996, 997, 998, 999, 1000, 1001, 1002, 1003, 1004, 1005, 1006, 1493, 1494, 1495, 1496, 1498, 1499, 1501, 1559, 1560, 1561, 2237, 2238, 2239, 2240, 2241, 2242, 2243, 2244, 2245, 2246, 2247, 2248, 2249, 2251, 2590, 2591, 2605, 2627, 3181, 3206, 3207, 3208, 3209, 3211, 3212, 3213, 3214, 3215, 3216, 3217, 3218, 3219, 3220, 3221, 3222, 3223, 3224, 3225, 3226, 3227, 3228, 3229, 3230, 3231, 3242, 3244, 3245, 3246, 3247, 3248, 3249, 3267, 3268, 3269, 3270, 3271, 3272, 3273, 3414)
1997 Ed. (770, 772, 773, 774, 775, 776, 1220, 1221, 1223, 1224, 1225, 1226, 1227, 1228, 1229, 1230, 1231, 1232, 1233, 1597, 1786, 1787, 1788, 1789, 1848, 1849, 1850, 1922, 2487, 2488, 2489, 2490, 2491, 2492, 2493, 2494, 2495, 2496, 2497, 2498, 2500, 2501, 2502, 2503, 2504, 2506, 2536, 2832, 2833, 2834, 2935, 2836, 2837, 2838, 3263, 3417, 3418, 3419, 3420, 3421, 3422, 3423, 3424, 3425, 3426, 3427, 3428, 3429, 3430, 3431, 3432, 3433, 3434, 3435, 3436, 3438, 3439, 3440, 3441, 3442, 3443, 3444, 3445, 3446, 3448, 3449, 3450, 3451, 3452, 3453, 3454, 3455, 3456, 3457, 3458, 3459, 3460, 3461, 3462, 3463, 3464, 3465, 3466, 3467, 3468, 3469, 3470, 3471, 3474, 3475, 3476, 3477, 3478, 3479, 3480, 3481, 3482)
1995 Ed. (421, 503, 574, 722, 723, 724, 725, 727, 729, 730, 731, 732, 733, 734, 735, 736, 737, 738, 739, 740, 741, 742, 743, 744, 745, 746, 747, 748, 749, 750, 751, 752, 753, 754, 755, 790, 792, 794, 1017, 1213, 1214, 1215, 1216, 1217, 1218, 1219, 1540, 1719, 1720, 1721, 1722, 1793, 1794, 1799, 2336, 2341, 2342, 2343, 2344, 2345, 2346, 2347, 2348, 2350, 2351, 2352, 2633, 2634, 2635, 2636, 2637, 2638, 2639, 2640, 2641, 2642, 3068, 3204, 3209, 3213, 3215, 3216, 3218, 3219, 3220, 3221, 3222, 3223, 3224, 3225, 3226, 3227, 3228, 3229, 3230, 3231, 3232, 3233, 3234, 3235, 3236, 3237, 3238, 3239, 3240, 3241, 3242, 3243, 3244, 3245, 3246, 3247, 3249, 3250, 3251, 3252, 3253, 3254, 3255, 3256, 3257, 3259, 3260, 3261, 3262, 3263, 3264, 3265, 3266, 3269, 3270, 3271, 3273, 3274, 3275, 3276, 3277)
1994 Ed. (727, 728, 764, 765, 766, 767, 768, 769, 770, 771, 772, 774, 775, 776, 777, 780, 783, 984, 1005, 1197, 1198, 1199, 1200, 1201, 1202, 1672, 1674, 1675, 1676, 1678, 1679, 1681, 1686, 1687, 1688, 1689, 1690, 1691, 1693, 1695, 1696, 1700, 1701, 1702, 1703, 1704, 1756, 1757, 1758, 1829, 1830, 1835, 1838, 1839, 1845, 2286, 2287, 2288, 2289, 2290, 2291, 2292, 2580, 2581, 2582, 2583, 3159, 3162, 3163, 3164, 3165, 3166, 3167, 3168, 3169, 3170, 3171, 3172, 3173, 3174, 3175, 3176, 3177, 3178, 3179, 3180, 3181, 3182, 3183, 3184, 3187, 3188, 3189, 3190, 3191)
1993 Ed. (755, 756, 757, 758, 759, 761, 764, 767, 839, 840, 841, 842, 957, 979, 1164, 1165, 1166, 1167, 1168, 1170, 1171, 1172, 1173, 1174, 1198, 1650, 1651, 1653, 1654, 1655, 1658, 1659, 1667, 1668, 1669, 1670, 1671, 1673, 1675, 1677, 1680, 1681, 1682, 1685, 1768, 1769, 1770, 1851, 18056, 1865, 2273, 2274, 2275, 2276, 2277, 2278, 2279, 3116, 3118, 3119, 3121, 3122, 3123, 3124, 3125, 3126, 3127, 3128, 3129, 3130, 3131, 3132, 3133, 3134, 3135, 3136, 3137, 3138, 3139, 3140, 3141, 3142, 3143, 3144, 3145, 3146, 3147, 3148, 3149, 3150, 3151, 3152, 3153, 3154, 3155, 3156, 3157, 3158, 3159, 3160, 3161, 3162, 3163, 3164, 3165, 3166, 3167, 3168, 3170, 3171, 3172, 3173, 3174, 3175, 3176, 3179, 3180, 3181, 3182, 3183, 3184, 3186, 3187, 3188, 3189, 3190, 3191, 3192, 3193, 3194, 3195, 3196, 3197, 3198, 3200, 3203, 3204, 3205, 3207, 3208, 3209)
1992 Ed. (955, 956, 960, 961, 1050, 1051, 1052, 1053, 1450, 1451, 1452, 1484, 1989, 1990, 1991, 1992, 1993, 1994, 1995, 1999, 2010, 2013, 2014, 2036, 2040, 2044, 2132, 2134, 2140, 2141, 2158, 2785, 3550, 3640, 3849, 3852, 3853, 3854, 3855, 3857, 3858, 3859, 3860, 3861, 3862, 3863, 3889, 3890, 3891, 3892, 3893, 3894, 3895, 3900, 3902,

3903, 3905, 3907, 951, 952, 953, 954, 1204, 1266, 1290, 1453, 1454, 1455, 2133, 2719, 2720, 2721, 2723, 2724, 2725, 2726, 2727, 3823, 3832, 3834, 3835, 3837, 3838, 3839, 3840, 3841, 3842, 3843, 3845, 3846, 3847, 3848, 3850, 3851, 3864, 3865, 3866, 3867, 3868, 3869, 3870, 3871, 3872, 3873, 3874, 3875, 3876, 3877, 3878, 3879, 3881, 3882, 3883, 3884, 3885, 3886, 3887, 3888, 3896, 3897, 3904)
1991 Ed. (1691, 1707, 1707, 1707, 1707, 1707, 1709, 1709, 1710, 1711)
1990 Ed. (552, 556, 558, 790, 791, 792, 793, 795, 796, 797, 798, 799, 800, 801, 802, 803, 804, 805, 806, 807, 808, 1222, 1702, 1764, 1765, 1770, 1772, 2293, 2295, 2302, 2303, 2306, 2307, 2308, 2310, 2311, 2312, 2313, 2440, 2641, 2645, 2647, 2981, 2982, 3138, 3139, 3140, 3141, 3142, 3143, 3144, 3145, 3146, 3147, 3148, 3149, 3150, 3151, 3152, 3154, 3155, 3156, 3157, 3159, 3160, 3161, 3162, 3163, 3170, 3171, 3172, 3173, 3174, 3175, 3176, 3177, 3180, 3185, 3187, 3188, 3189, 3190, 3191, 3192, 3193, 3194, 3195, 3197, 3198, 3199, 3200, 3201, 3202, 3203, 3204, 3205, 3206, 3224, 3225, 3226, 3228)
1989 Ed. (534, 791, 792, 793, 794, 795, 796, 797, 798, 799, 800, 801, 802, 803, 804, 805, 806, 807, 808, 1013, 1413, 1414, 1415, 1757, 1758, 1759, 1760, 1761, 1762, 1766, 1767, 1768, 1771, 1772, 1774, 1775, 1776, 1778, 1872, 2370, 2371, 2374, 2375, 2376, 2377, 2378, 2379, 2380, 2381, 2382, 2383, 2384, 2385, 2386, 2387, 2388, 2389, 2390, 2391, 2392, 2393, 2394, 2395, 2396, 2397, 2398, 2399, 2400, 2401, 2402, 2403, 2404, 2405, 2406, 2407, 2408, 2409, 2410, 2411, 2412, 2413, 2414, 2415, 2416, 2417, 2418, 2419, 2420, 2421, 2422, 2423, 2427, 2436, 2437, 2438, 2439, 2440, 2441, 2442, 2443, 2444, 2445, 2447, 2448, 2451, 2453, 2454)

Goldman Sachs Adjustable-Rate Government
1998 Ed. (2597, 2650)

Goldman, Sachs & Co.
2008 Ed. (339, 763, 764, 765, 3398)
2007 Ed. (787, 788, 789, 3276)
2006 Ed. (694, 695, 696, 1416, 2242, 2682, 3236, 3686, 3687, 3700, 3701, 4251, 4261, 4276, 4277, 4278, 4279)
2005 Ed. (164, 215, 222, 293, 299, 543, 544, 545, 546, 662, 680, 706, 708, 948, 961, 1021, 1119, 1137, 1142, 1423, 1424, 1425, 1426, 1429, 1430, 1431, 1433, 1434, 1435, 1436, 1441, 1442, 1443, 1446, 1447, 1448, 1451, 1452, 1453, 1456, 1458, 1460, 1487, 2147, 2169, 2171, 2172, 2173, 2174, 2175, 2177, 2178, 2179, 2180, 2182, 2183, 2185, 2189, 2190, 2191, 2192, 2193, 2296, 2297, 2298, 2447, 2450, 2638, 2707, 2805, 2807, 3029, 3055, 3175, 3206, 3217, 3219, 3222, 3223, 3234, 3238, 3249, 3465, 3503, 3504, 3505, 3506, 3507, 3526, 3527, 3528, 3529, 3530, 3531, 3590, 3594, 3684, 3714, 3732, 3748, 3811, 3819, 4020, 4112, 4113, 4247, 4252, 4255, 4256, 4257, 4258, 4259, 4260, 4261, 4262, 4263, 4264, 4265, 4266, 4267, 4268, 4269, 4270, 4271, 4272, 4273, 4276, 4277, 4278, 4279, 4295, 4296, 4299, 4300, 4301, 4302, 4303, 4304, 4305, 4306, 4307, 4308, 4309, 4310, 4311, 4312, 4313, 4314, 4315, 4316, 4319, 4320, 4321, 4322, 4323, 4325, 4326, 4327, 4329, 4330, 4331, 4332, 4333, 4334, 4336, 4337, 4338, 4341, 4348, 4572, 4614, 4615, 4644, 4670, 4671, 4672, 4770)
2004 Ed. (1402, 1403, 1404, 1405, 1406, 1407, 1410, 1411, 1439, 1441, 1471, 2714, 3171, 3182, 3187, 3189, 3190, 3191, 3197, 3198, 3202, 3203, 3500, 4324, 4342, 4695)
2003 Ed. (1387, 1388, 1389, 1390, 1391, 1392, 1395, 1396, 1406, 1414, 1417, 1441, 2362, 2368, 2474, 2476, 2478, 2599, 3059, 3060, 3066, 3090, 3091, 3093, 3094, 3095, 4055, 4057, 4315, 4317, 4325, 4719)
2002 Ed. (338, 439, 579, 730, 731, 732, 734, 735, 736, 807, 808, 809, 834, 999, 1348, 1349, 1350, 1351, 1352, 1353, 1354, 1355, 1358, 1360, 1362, 1363, 1364, 1365, 1366, 1367, 1368, 1369, 1370, 1371, 1372, 1375, 1376, 1377, 1385, 1404, 1405, 1406, 1421, 1493, 1504, 1742, 1920, 1925, 1926, 1927, 1929, 1930, 1931, 1932, 1933, 1934, 1935, 1942, 1943, 1944, 1945, 1946, 1948, 1949, 1950, 2157, 2161, 2162, 2165, 2168, 2270, 2271, 2272, 2273, 2274, 2275, 2817, 2999, 3001, 3002, 3003, 3011, 3012, 3015, 3016, 3042, 3043, 3192, 3203, 3205, 3407, 3408, 3409, 3410, 3411, 3412, 3795, 4189, 4190, 4191, 4197, 4198, 4201, 4202, 4206, 4207, 4208, 4209, 4210, 4211, 4212, 4213, 4214, 4215, 4217, 4218, 4219, 4220, 4221, 4222, 4223, 4224, 4225, 4226, 4227, 4228, 4229, 4230, 4231, 4232, 4233, 4234, 4235, 4236, 4237, 4238, 4239, 4240, 4241, 4242, 4243, 4244, 4245, 4246, 4247, 4248, 4249, 4250, 4251, 4252, 4500, 4556, 4557, 4601, 4602, 4647, 4651, 4652, 4653, 4654, 4655, 4656, 4657, 4658, 4659, 4660, 4661, 4662, 4663)
2001 Ed. (553, 556, 557, 559, 560, 746, 747, 748, 749, 750, 751, 752, 753, 754, 755, 756, 757, 758, 791, 810, 811, 815, 823, 831, 840, 844, 848, 856, 872, 876, 880, 884, 892, 896, 900, 916, 924, 928, 932, 936, 944, 948, 952, 956, 1195, 1196, 1510, 1512, 1513, 1514, 1515, 1516, 1517, 1518, 1519, 1520, 1521, 1522, 1523, 1524, 1525, 1526, 1527, 1528, 1529, 1530, 1531, 1532, 1533, 1538, 1684, 2424, 2425, 2426, 2428, 2429, 2430, 3211, 4193, 4194, 4207, 4208)
2000 Ed. (376, 378, 775, 776, 777, 826, 880, 881, 1100, 1919, 3908, 3909, 3910, 3911, 3912, 3913, 3914, 3915, 3916, 3917, 3923, 3925, 3927, 3928, 3929, 3930, 3931, 3933, 3934, 3935, 3936, 3937, 3938, 3939, 3940, 3941, 3942, 3943, 3944, 3945, 3946, 3947, 3948, 3949, 3950, 3951, 3952, 3953, 3954, 3955, 3956, 3957, 3958, 3959, 3960, 3961, 3962, 3964, 3965, 3966, 3967, 3968, 3969, 3970, 3972, 3973, 3974, 3975, 3976, 3977, 3978, 3979, 3980, 3981, 3982, 3983, 3984, 3985, 3986, 3987, 3988, 4021)
1998 Ed. (192, 379, 814, 1265, 1562, 2253, 2566, 2567, 2568, 2569, 2570, 2571, 2578, 3186, 3187, 3188, 3189, 3190, 3191, 3192, 3193, 3194, 3195, 3196, 3197, 3198, 3199, 3232, 3233, 3234, 3235, 3236, 3237, 3238, 3239, 3240, 3241, 3250, 3251, 3252, 3253, 3254, 3255, 3256, 3257, 3258, 3259, 3260, 3261, 3262, 3263, 3264, 3265)
1996 Ed. (396, 796, 797, 799, 808, 998, 1181, 1182, 1183, 1184, 1185, 1186, 1187, 1188, 1189, 1190, 1538, 1703, 1704, 1705, 1706, 1768, 1769, 1774, 1861, 1862, 1863, 1892, 2360, 2361, 2363, 2364, 2365, 2367, 2369, 2370, 2371, 2373, 2712, 2713, 2714, 2715, 2716, 2717, 2718, 2719, 2720, 2721, 3311, 3313, 3314, 3316, 3317, 3318, 3319, 3320, 3321, 3322, 3323, 3324, 3325, 3326, 3327, 3328, 3329, 3330, 3331, 3332, 3333, 3334, 3335, 3336, 3337, 3338, 3339, 3340, 3341, 3342, 3343, 3344, 3346, 3347, 3348, 3349, 3350, 3351, 3353, 3354, 3355, 3356, 3357, 3358, 3359, 3360, 3361, 3362, 3363, 3364, 3365, 3366, 3367, 3368, 3369, 3370, 3371, 3372, 3373, 3374, 3375, 3378, 3379, 3380, 3381, 3382, 3383, 3385, 3386, 3387, 3389, 3394)
1991 Ed. (752, 753, 754, 755, 756, 757, 758, 759, 760, 761, 762, 763, 764, 765, 766, 767, 768, 770, 771, 772, 773, 778, 780, 783, 969, 999, 1012, 1110, 1113, 1115, 1116, 1117, 1118, 1120, 1121, 1124, 1125, 1126, 1127, 1129, 1131, 1132, 1133, 1668, 1669, 1670, 1671, 1673, 1677, 1681, 1682, 1683, 1684, 1685, 1686, 1689, 1690, 1691, 1693, 1695, 1696, 1699, 1701, 1702, 1704, 1705, 1707, 1707, 1709, 1760, 2174, 2176, 2177, 2178, 2179, 2180, 2181, 2182, 2183, 2184, 2186, 2187, 2188, 2189, 2190, 2191, 2192, 2193, 2194, 2195, 2197, 2198, 2199, 2200, 2201, 2202, 2203, 2204, 2513, 2515, 2516, 2517, 2518, 2520, 2822, 2831, 2832, 2944, 2945, 2946, 2947, 2948, 2949, 2950, 2951, 2952, 2953, 2954, 2955, 2956, 2957, 2958, 2959, 2960, 2961, 2962, 2963, 2964, 2965, 2966, 2967, 2968, 2969, 2970, 2971, 2972, 2973, 2974, 2975, 2976, 2977, 2978, 2979, 2980, 2981, 2982, 2983, 2984, 2985, 2986, 2987, 2988, 2989, 2990, 2991, 2992, 2993, 2994, 2995, 2996, 2997, 2998, 2999, 3000, 3001, 3002, 3003, 3004, 3005, 3006, 3007, 3008, 3009, 3010, 3011, 3012, 3013, 3014, 3015, 3016, 3017, 3018, 3019, 3020, 3021, 3022, 3023, 3024, 3025, 3026, 3027, 3028, 3029, 3030, 3031, 3032, 3033, 3036, 3037, 3038, 3039, 3042, 3043, 3045, 3047, 3049, 3050, 3051, 3052, 3053, 3054, 3055, 3056, 3057, 3058, 3059, 3060, 3061, 3062, 3063, 3064, 3065, 3070, 3071, 3074, 3075, 3076, 3079)
1990 Ed. (783, 785, 786, 787, 788, 789, 1797, 1798, 2137, 2138, 2950, 3164, 3165, 3167, 3168, 3169, 3207, 3208, 3209, 3210, 3211, 3212, 3213, 3214, 3215, 3216, 3217)

Goldman Sachs & Co
2000 Ed. (3971)

Goldman Sachs (Asia)
2007 Ed. (3278)
2003 Ed. (3096)
2002 Ed. (2166)
1992 Ed. (1456)

Goldman Sachs Asset
1996 Ed. (2383)
1995 Ed. (2363)
1994 Ed. (2293)

Goldman Sachs Asset Management
2008 Ed. (3378)
2006 Ed. (2800)
2005 Ed. (3213, 3583, 3595)
2003 Ed. (3076, 3077, 3442)
2001 Ed. (3003, 3513, 3689)
2000 Ed. (3312)
1992 Ed. (2765)
1991 Ed. (2226, 2230, 2234)

Goldman Sachs Asset Management Hedge Fund Strategies Group
2007 Ed. (2793)
2006 Ed. (2799)

Goldman Sachs Asset Mgmt.
2000 Ed. (2857)

Goldman, Sachs Capital Growth
1994 Ed. (2615)

Goldman Sachs Capital Partners
2005 Ed. (3284)

Goldman Sachs Capital Partners V
2008 Ed. (1425)

Goldman Sachs Emerging Markets Debt
2008 Ed. (594)

Goldman Sachs Foundation
2005 Ed. (2675)

Goldman Sachs Global Income
2008 Ed. (607)

Goldman Sachs Global Income A
1999 Ed. (747, 3579)

Goldman Sachs Group Inc.
2008 Ed. (762, 1042, 1390, 1391, 1392, 1393, 1396, 1397, 1398, 1482, 1496, 1502, 1854, 1988, 2281, 2291, 2292, 2294, 2487, 2695, 2716, 2803, 2882, 2922, 3010, 3410, 4285, 4286, 4290, 4292, 4293, 4303, 4304, 4305, 4306, 4496, 4525, 4617, 4665, 4666)
2007 Ed. (649, 651, 1440, 1488, 1520, 2162, 2552, 2566, 2577, 2672, 2888, 3250, 3256, 3295, 3632, 3633, 3634, 3650, 3651, 3653, 3654, 3655, 3697, 3986, 4266, 4267, 4268, 4275, 4278, 4282, 4283, 4285, 4286, 4288, 4289, 4298, 4299, 4302, 4303, 4304, 4305, 4306, 4307, 4308, 4309, 4310, 4311, 4312, 4313, 4314, 4315, 4317, 4321, 4323, 4324, 4325, 4327, 4328, 4329, 4330, 4331, 4332, 4333, 4335, 4336, 4337, 4338, 4339, 4340, 4341, 4560, 4653, 4654, 4656, 4660, 4661, 4922)
2006 Ed. (778, 779, 1408, 1409, 1410, 1411, 1414, 1415, 1490, 1934, 2582, 2586, 3191, 3208, 3209, 3223, 3319, 3320, 3698, 4051, 4252, 4253, 4722, 4723, 4724, 4869)
2005 Ed. (869, 870, 1550, 2580, 4248, 4887)
2004 Ed. (809, 1412, 1413, 1414, 1415, 1420, 1423, 1424, 1425, 1426, 1429, 1430, 1431, 1434, 1435, 1436, 1442, 1443, 1444, 1445, 2007, 2057, 2059, 2060, 2061, 2062, 2063, 2064, 2065, 2066, 2067, 2068, 2069, 2070, 2071, 2072, 2073, 2074, 2076, 2077, 2078, 2079, 2083, 2084, 2085, 2087, 2090, 2091, 2600, 2603, 3153, 3193, 3527, 3528, 3529, 3530, 3531, 3532, 4082, 4083, 4325, 4329, 4330, 4333, 4336, 4339, 4341, 4343, 4344, 4352, 4353, 4355, 4356, 4357, 4358, 4359, 4360, 4361, 4362, 4363, 4364, 4365, 4366, 4367, 4368, 4369, 4370, 4371, 4372, 4373, 4375, 4378, 4379, 4380, 4381, 4383, 4384, 4385, 4387, 4388, 4389, 4390, 4391, 4393, 4395, 4396, 4397)

2003 Ed. (1397, 1398, 1399, 1402, 1403, 1404, 1405, 1409, 1410, 1411, 1416, 1418, 2013, 2014, 2015, 2016, 2017, 2018, 2019, 2020, 2021, 2022, 2023, 2024, 2025, 2026, 2027, 2028, 2029, 2030, 2031, 2032, 2033, 2034, 2035, 3473, 3474, 3475, 3476, 3477, 3478, 4316, 4323, 4324, 4326, 4332, 4333, 4335, 4336, 4337, 4338, 4339, 4340, 4341, 4342, 4343, 4344, 4345, 4346, 4347, 4348, 4349, 4350, 4351, 4352, 4353, 4354, 4357, 4358, 4359, 4360, 4361, 4362, 4363, 4364, 4365, 4366, 4367, 4368, 4369, 4370, 4371, 4372, 4373, 4374)
2001 Ed. (552, 961, 962, 963, 964, 966, 967, 968, 969, 970, 971, 972, 973, 975, 1567, 2423, 2434, 2435, 3007, 3008, 3009, 3038, 4177, 4178, 4188)
2000 Ed. (828, 829, 864, 1108)
1999 Ed. (834, 835, 864)
1998 Ed. (518, 525, 749, 756)
1997 Ed. (736, 739, 742, 1009, 1015)
1996 Ed. (800, 803, 806, 985)
1992 Ed. (2148)
Goldman Sachs Group Holdings (U.K.)
2008 Ed. (1053)
2007 Ed. (1160)
Goldman Sachs Group LP
1998 Ed. (517)
1995 Ed. (757, 760, 763)
Goldman Sachs Growth & Income
2008 Ed. (2614)
1996 Ed. (2789)
Goldman Sachs Growth Opportunities
2006 Ed. (3683)
Goldman Sachs Growth Strategy
2008 Ed. (2612)
Goldman Sachs/GSAM
2003 Ed. (688)
Goldman Sachs High Income
2007 Ed. (644)
Goldman Sachs High Yield
2006 Ed. (625)
Goldman Sachs ILA/Prime Obligs
1996 Ed. (2671)
Goldman, Sachs ILA/Prime Obligs. Portfolio
1994 Ed. (2543)
Goldman, Sachs/ILA Prime Portfolio
1992 Ed. (3100)
Goldman Sachs International
2007 Ed. (3285)
2004 Ed. (3205, 3207)
2003 Ed. (3098)
2002 Ed. (2167)
2001 Ed. (2427)
2000 Ed. (2073, 2108, 2109, 2110)
1997 Ed. (1967, 1969, 1970)
1996 Ed. (1859)
1994 Ed. (1706, 1707)
1993 Ed. (1648, 1649, 1652, 1687, 1689, 1846, 1848, 1849, 3201, 3202)
1992 Ed. (2139)
1991 Ed. (1588, 1712)
1990 Ed. (1680, 1692, 1702, 1771)
1989 Ed. (1350)
Goldman Sachs Investment High Yield
2006 Ed. (628)
Goldman Sachs (Japan)
2007 Ed. (3279, 3288)
2003 Ed. (3097)
2002 Ed. (2169)
1999 Ed. (2363)
1997 Ed. (1975)
1996 Ed. (1868)
Goldman Sachs JB Were
2005 Ed. (754)
Goldman Sachs Mid Cap Value
2006 Ed. (3683)
2004 Ed. (3557)
Goldman Sachs Mid Cap Value Fund Institutional
2003 Ed. (3538)
Goldman Sachs Short-Term Government
1998 Ed. (2650)
Goldmann Sachs Global Income A
2000 Ed. (760)
Goldner Associates
2006 Ed. (3540, 4379)
Goldome
1995 Ed. (353)
1992 Ed. (1551, 1552, 1553, 1554, 1555, 1556, 1558, 3793, 4285, 4289, 4292)
1991 Ed. (3361, 3381)
1990 Ed. (430, 1309, 3097, 3251, 3575, 3581, 3584)
1989 Ed. (2821)
Goldome Federal Savings Bank
1993 Ed. (3266, 3570, 3571)
Goldome Realty Credit Corp.
1990 Ed. (2601, 2602, 2605)
1989 Ed. (2006, 2007)
Goldome Savings
1992 Ed. (4287)
Goldome Savings Association
1990 Ed. (424)
Goldrich & Kest
1994 Ed. (1114, 3007)
Goldrich & Kest Industries
1990 Ed. (2972)
Goldrich & West Industries
1995 Ed. (1130, 3065)
Goldring/Moffett Family Holdings
2008 Ed. (538)
2007 Ed. (593)
Gold's Gym
2006 Ed. (2787)
2005 Ed. (2811)
2003 Ed. (896)
Gold's Gym Franchising Inc.
2008 Ed. (2914)
2007 Ed. (2789)
2006 Ed. (2789)
2005 Ed. (2813)
2004 Ed. (2817)
Goldsack Harris
2001 Ed. (187)
Goldsberry; Ronald E.
1989 Ed. (735)
Goldsboro Hog Farm
2007 Ed. (3996)
2006 Ed. (3938)
2005 Ed. (3875)
2004 Ed. (3927)
2002 Ed. (3727)
2001 Ed. (3851)
Goldsboro Milling Co.
2006 Ed. (3993)
2005 Ed. (3919)
Goldsboro, NC
2008 Ed. (3468)
2007 Ed. (3370)
2006 Ed. (3306)
1995 Ed. (2559)
Goldschlager
2004 Ed. (3272)
2003 Ed. (3219)
2002 Ed. (3086)
2001 Ed. (3110)
1998 Ed. (2364)
1997 Ed. (2636, 2641, 2643, 2644)
1996 Ed. (2501)
Goldschmeding; Frits
2008 Ed. (4870)
Goldsheet
2002 Ed. (4839)
Goldsmith, Agio, Helms & Lynner LLC
2008 Ed. (2709)
Goldsmith Aglo Helms
2008 Ed. (2707)
Goldspeed.com
2007 Ed. (2318)
GoldSpread
1993 Ed. (1068)
Goldstar
2008 Ed. (3668)
2001 Ed. (287, 288, 3304)
2000 Ed. (964)
1997 Ed. (185, 1072, 2789, 3844)
1996 Ed. (1411, 2608)
1995 Ed. (1448, 2118, 2577, 3702)
1994 Ed. (30, 1414, 1415, 2346)
1993 Ed. (40, 166, 1363, 2384, 2569, 3667)
1992 Ed. (1663, 1285, 1662, 3072)
1991 Ed. (1917, 2457)
1990 Ed. (1098, 2027, 2574)
Goldstar & Lucky Ltd.
1989 Ed. (40)
GoldStar Electronics
1991 Ed. (33, 34, 53)
Goldstein, Golub, Kessler & Co.
1999 Ed. (19, 20)
1998 Ed. (3, 16)
1997 Ed. (22)
1996 Ed. (20)
1995 Ed. (12)
1994 Ed. (6)
1993 Ed. (12)
1992 Ed. (21)
Goldstein Golub Kessler LLP
2008 Ed. (2921)
Goldstein; Jon
2007 Ed. (3248, 3249)
2006 Ed. (3189)
Goldstein; Michael
1997 Ed. (1910, 1911)
1996 Ed. (1773, 1837, 1838)
1992 Ed. (2136, 2138)
1991 Ed. (1680, 1708)
Goldstein Motors
1995 Ed. (285)
1992 Ed. (401)
Goldstein; R. A.
2005 Ed. (2487)
Goldstein; Richard A.
2006 Ed. (2520, 2521)
Goldstein; Stanley
1997 Ed. (1801)
Goldstein Subaru
1994 Ed. (284)
Goldston; Mark
2005 Ed. (2321)
Goldstreak Ltd.
2001 Ed. (1692)
Goldtex
1991 Ed. (3360)
1990 Ed. (3570)
Goldtron
1997 Ed. (3520)
1996 Ed. (3439)
1994 Ed. (3311)
GoLean; Kashi
2008 Ed. (4913)
Golex
2006 Ed. (84)
2005 Ed. (75)
2004 Ed. (80)
Golf
2005 Ed. (4428, 4446, 4453)
2001 Ed. (422, 4334, 4343)
2000 Ed. (1048, 2919)
1999 Ed. (4385, 4816)
1996 Ed. (329)
1994 Ed. (3369)
1992 Ed. (4048)
Golf Canada Securities
1999 Ed. (1433)
Golf course
2000 Ed. (3554)
1992 Ed. (3631)
Golf Course Superintendent Association of America
1998 Ed. (2460)
Golf Digest
2006 Ed. (162)
2003 Ed. (4525)
1999 Ed. (1855)
1998 Ed. (1282)
Golf equipment
1997 Ed. (3555)
Golf Etc.
2007 Ed. (2700)
2006 Ed. (2705)
2005 Ed. (2743)
2004 Ed. (2746)
2003 Ed. (2628)
2002 Ed. (4338)
Golf for Women
2007 Ed. (128)
2006 Ed. (3348)
1997 Ed. (3037)
1995 Ed. (2881)
Golf Illustrated
1992 Ed. (3378)
1991 Ed. (2708)
1990 Ed. (2799)
Golf items
1993 Ed. (1941)
Golf Magazine
2007 Ed. (150)
2006 Ed. (158, 162)
2003 Ed. (4525)
2000 Ed. (3464)
1999 Ed. (1855)
1998 Ed. (1282)
Golf Savings Bank
2006 Ed. (451)
2005 Ed. (520, 522)
Golf specialty store
1998 Ed. (1858)
Golf specialty stores
1998 Ed. (773)
Golf Trust of America Inc.
2004 Ed. (1559)
Golf USA Inc.
2008 Ed. (2828)
2007 Ed. (2700)
2006 Ed. (2705)
2005 Ed. (2743)
2004 Ed. (2746)
2003 Ed. (2628)
Golf; Volkswagen
2005 Ed. (296)
Golfsmith
2007 Ed. (888)
Golightly
1997 Ed. (884, 885, 1606, 1607)
Golin/Harris
2003 Ed. (4001, 4003, 4021)
Golin/Harris Communications
1999 Ed. (3909, 3914, 3917, 3919, 3921, 3922, 3923, 3925, 3926, 3929, 3943, 3950, 3953)
1998 Ed. (2951)
1997 Ed. (3205)
1992 Ed. (3565, 3576)
1990 Ed. (2919)
Golin/Harris International
2004 Ed. (3977, 3978, 3979, 3980, 3984, 3991, 3992, 3993, 3994, 3998, 4004, 4007, 4010, 4014, 4026, 4037)
2003 Ed. (3999, 4008)
2002 Ed. (3807, 3813, 3815, 3837, 3838, 3850, 3853, 3862, 3865, 3866, 3868, 3869, 3870)
2001 Ed. (3924, 3934, 3935, 3939)
2000 Ed. (3633, 3636, 3639, 3643, 3644, 3646, 3658, 3667)
Golin/Harris of Shandwick
1998 Ed. (2943, 2945, 2956, 2959)
1997 Ed. (3190, 3191, 3210)
1996 Ed. (3111, 3112, 3133)
1995 Ed. (3011, 3024, 3030)
1994 Ed. (2953, 2970)
1993 Ed. (2930)
Golin/Harris Technologies
1997 Ed. (3211)
Golisano; B. Thomas
2005 Ed. (973)
Golisano; Thomas
1997 Ed. (1798, 1800)
Golley Slater PR
1997 Ed. (3202, 3203)
Golley Slater Telephone Marketing
1991 Ed. (3283)
Golomt Bank of Mongolia
2000 Ed. (615)
Golub; Harvey
1996 Ed. (964)
Golub Service Stations Inc.
2004 Ed. (266)
2003 Ed. (307)
2001 Ed. (496, 497)
Gom Shelf LLC
2008 Ed. (2724, 2725)
Goman Advertising
2003 Ed. (183)
2002 Ed. (213)
2001 Ed. (243)
Goman Advertising (O & M)
2000 Ed. (193)
Gomez
2002 Ed. (4849)

Gomez.com
2002 Ed. (4870)
Gonchor & Spat Architects & Planners P.C.
1991 Ed. (253)
Gonchor & Sput, Architects & Planners
1995 Ed. (240)
Gonchor & Sput Architects & Planners, a Karlsberger Co.
1994 Ed. (237)
Gonchor & Sput Architects & Planners P.C.
1992 Ed. (359)
Gonda; Louis
2006 Ed. (4908)
Gondola car
1997 Ed. (3241)
Gondolas
1999 Ed. (2530)
Gone With the Wind
1999 Ed. (3446)
1998 Ed. (2536)
1993 Ed. (3542)
1992 Ed. (4246, 1033)
"Gone With The Wind" - Pt. 1 (Big Event - Pt. 1)
1995 Ed. (3581)
"Gone With The Wind" - Pt. 2 (NBC Monday Movie)
1995 Ed. (3581)
Gongren Ribao
2002 Ed. (3511)
Gonzaga University
2008 Ed. (1088)
2001 Ed. (1327)
1999 Ed. (1232)
1998 Ed. (803)
1997 Ed. (1056)
1996 Ed. (1040)
1995 Ed. (1055)
1994 Ed. (1047)
1992 Ed. (1272)
Gonzales Automotive Group
2008 Ed. (2960)
Gonzales Consulting Services Inc.
2006 Ed. (3503)
Gonzales Design Group
2003 Ed. (2750)
Gonzales; Jojo
1997 Ed. (2000)
1996 Ed. (1910)
Gonzales; Keith
2006 Ed. (953)
Gonzalez Blanco
2006 Ed. (4397)
Gonzalez Design Engineering
1999 Ed. (2665, 2675, 2680, 2685, 4284)
1998 Ed. (1927, 1941, 1942)
1992 Ed. (422)
Gonzalez Design Group
2005 Ed. (2843)
2004 Ed. (2833)
2002 Ed. (2545, 2546, 2556, 2561)
2001 Ed. (2710, 2714)
2000 Ed. (2449, 2468, 2469, 4005)
1998 Ed. (1937, 3289)
Gonzalez Electric Inc.; D. V.
1993 Ed. (2039)
Gonzalez Group
2006 Ed. (2830)
Gonzalez; Richard A.
2007 Ed. (2496)
Gonzalez Saggio
2001 Ed. (953)
Gonzalez Saggio & Harlan LLP
2008 Ed. (3741)
Gonzalo Pangaro
1999 Ed. (2277)
Gooch; Elizabeth
2007 Ed. (2463)
Goochland; Bank of
2008 Ed. (430)
Good & Fruity
1997 Ed. (888)
Good & Plenty
2008 Ed. (837)
1999 Ed. (1017)
Good Catalog Co.
1997 Ed. (3346)
Good dairy department
1991 Ed. (1861)
Good Girls
1993 Ed. (1078)
Good Guys
2005 Ed. (2358)
2004 Ed. (2853)
2001 Ed. (2217)
2000 Ed. (2481)
1999 Ed. (1856, 1873, 1877, 2694, 2696)
1998 Ed. (1303, 1955, 1957)
1997 Ed. (1633, 2237)
1996 Ed. (2128)
1995 Ed. (2120)
1994 Ed. (2071)
1992 Ed. (2425, 1937, 2428)
1991 Ed. (1542)
1990 Ed. (2030)
1989 Ed. (1567, 2494)
Good Health Plan of Oregon
1995 Ed. (2087, 2089)
1994 Ed. (2036, 2037, 2038)
Good Health Plan of Washington
1997 Ed. (2185, 2193)
Good Housekeeping
2008 Ed. (153, 3533)
2007 Ed. (138, 141, 142, 144, 145, 146, 149, 151, 170, 3403, 3404, 4994)
2006 Ed. (146, 150, 152, 153, 154, 157, 159, 3347)
2005 Ed. (136, 146, 3361, 3362)
2004 Ed. (148, 3336)
2003 Ed. (191, 3274)
2002 Ed. (3226)
2000 Ed. (3462, 3475, 3480, 3502)
1999 Ed. (1857, 3771)
1998 Ed. (1278, 2783, 2801)
1997 Ed. (3035, 3038, 3045, 3049, 3050)
1996 Ed. (2957, 2963, 2965, 2971, 2972, 2975)
1995 Ed. (2882, 2884, 2886, 2887)
1994 Ed. (2782, 2787, 2790, 2798, 2801, 2805)
1993 Ed. (2794, 2796, 2797, 2804)
1992 Ed. (3370, 3380, 3381, 3388, 3391)
1991 Ed. (2704)
1990 Ed. (2801)
1989 Ed. (185, 2172)
Good Humor
2008 Ed. (3124, 3125)
2003 Ed. (2877)
2002 Ed. (2718)
1998 Ed. (2070, 2071)
1996 Ed. (1976)
Good Humor-Breyer's Co.
2003 Ed. (2880)
Good Humor-Breyers Ice Cream
2008 Ed. (2278)
1999 Ed. (1814, 2822)
1998 Ed. (1240)
1997 Ed. (1575, 2350)
Good Humor Strawberry Shortcake
1998 Ed. (985, 2067)
Good in Bed
2004 Ed. (747)
Good meat department
1991 Ed. (1861)
1990 Ed. (1951)
"Good Morning America"
1995 Ed. (3585)
1993 Ed. (3539)
1992 Ed. (4253)
Good Morning, Gorillas
2004 Ed. (738)
Good Morning Securities
2001 Ed. (1035)
Good Morning, Vietnam
1991 Ed. (3449)
Good News
2001 Ed. (3988)
Good News Plus
2001 Ed. (3988)
Good parking facilities
1991 Ed. (1861)
Good produce department
1991 Ed. (1861)
1990 Ed. (1951)
Good Promotions
1990 Ed. (3083)
Good Relations Group
2002 Ed. (3855)
Good reputation
1992 Ed. (571)
Good Samaritan Hospital
2001 Ed. (2769)
Good Samaritan Hospital & Medical Center
1997 Ed. (2263, 2266, 2267)
Good Samaritan Society
1991 Ed. (2623)
1990 Ed. (2724)
Good Sense
2008 Ed. (4446)
2007 Ed. (4461)
2006 Ed. (4394)
Good Start
2008 Ed. (3161)
2003 Ed. (2914)
Good Stuff Bakery
1992 Ed. (497)
Good to Great: Why Some Companies Make the Leap...and Others Don't
2006 Ed. (637)
2005 Ed. (726)
2004 Ed. (742)
Good Will Hunting
2000 Ed. (4349)
Good Year Indonesia
1989 Ed. (1127)
Goodby Berlin & Silverstein
1995 Ed. (43)
1993 Ed. (77)
1989 Ed. (173)
Goodby, Silverstein & Partners
2004 Ed. (105, 133, 134)
2003 Ed. (176)
2002 Ed. (210, 211)
1998 Ed. (67)
1997 Ed. (139, 159)
1996 Ed. (152)
Goodby, Siverstein & Partners
1999 Ed. (170)
Goode; D. R.
2005 Ed. (2503)
Goode-Taylor Pontiac
1993 Ed. (281)
Goode-Taylor Pontiac-GMC
1992 Ed. (396)
Goode-Taylor Pontiac-GMC Truck
1994 Ed. (257, 280)
Goodfella's
2008 Ed. (716)
Goodfellow Inc.
2007 Ed. (1636)
Goodheart-Wilcox Co.
1993 Ed. (932)
Gooding Enterprises Ltd.
1996 Ed. (1413)
Gooding; Val
2006 Ed. (4978)
Gooding's Supermarkets
1996 Ed. (994)
Goodkind Labaton Rudolf & Sucharow
1995 Ed. (2411)
GoodLife Fitness Clubs
2008 Ed. (2012)
Goodman
2001 Ed. (286, 2809)
2000 Ed. (226, 227, 1111, 2286, 2442, 2582, 3130, 3735, 4136, 4137, 4366)
1999 Ed. (23, 203, 204, 1190, 2539, 2659, 4020, 4502, 4503, 4741)
1998 Ed. (106, 1779, 1922)
1997 Ed. (184, 2095)
1995 Ed. (167, 1949)
1994 Ed. (148, 1925)
1993 Ed. (164, 1908)
1992 Ed. (259, 260, 1885, 2242)
1991 Ed. (1484, 1777)
Goodman & Co.
2008 Ed. (13)
2000 Ed. (19)
1998 Ed. (18)
Goodman & Co. LLP
2008 Ed. (9)
2007 Ed. (11)
2006 Ed. (15)
2005 Ed. (10)
2004 Ed. (14)
2003 Ed. (8)
2002 Ed. (22, 23)
Goodman Buick-GMC Truck
1994 Ed. (257)
Goodman; Everard
2007 Ed. (917)
Goodman Family of Builders
2005 Ed. (1191, 1192)
2004 Ed. (1163)
2003 Ed. (1157, 1158)
2002 Ed. (1186, 2692)
Goodman Fielder
2004 Ed. (2651)
2002 Ed. (2303)
1996 Ed. (1390, 2844, 2845)
1994 Ed. (2671)
Goodman Fielder Wattie Ltd.
1993 Ed. (1278, 2722)
1992 Ed. (1573, 1679, 3234)
1991 Ed. (39, 2595)
1990 Ed. (42)
Goodman Freeman Phillips & Vineberg
1993 Ed. (2405)
1992 Ed. (2831, 2846)
1991 Ed. (2282)
Goodman Global Inc.
2008 Ed. (751)
Goodman Global Holdings Inc.
2006 Ed. (1418)
Goodman; Greg
2005 Ed. (4862)
Goodman International Ltd.
1996 Ed. (1401)
1995 Ed. (1437)
1994 Ed. (1405)
1993 Ed. (1352)
1992 Ed. (1651, 1652)
1990 Ed. (1386)
Goodman International Ltd
1990 Ed. (1387)
Goodman/Janitrol
1990 Ed. (195, 196)
Goodman; Kitty
2008 Ed. (4899)
Goodman; Laurie
1997 Ed. (1953)
Goodman; Lawrence
1996 Ed. (1895)
Goodman Manufacturing Co. L.P.
2002 Ed. (252, 253, 1079, 2376, 2465, 2700, 2701, 3340, 3945, 4515, 4516)
Goodman Music
1997 Ed. (2862)
Goodman Networks Inc.
2008 Ed. (2113)
Goodman Phillips & Vineberg
1999 Ed. (3147)
1997 Ed. (2596)
Goodmans
2005 Ed. (1445)
Goodmark Foods Inc.
2000 Ed. (3057, 3584)
1994 Ed. (3342)
Goodnight; James
2008 Ed. (4834)
2007 Ed. (4905)
2006 Ed. (4910)
2005 Ed. (4856)
Goodnight Moon
2008 Ed. (548)
2004 Ed. (735)
2003 Ed. (708, 710)
2001 Ed. (980)
1990 Ed. (979)
Goodrich Corp.
2008 Ed. (157, 161, 4756)
2007 Ed. (173, 176, 177, 178, 179, 4831)
2006 Ed. (171, 172, 175, 177)
2005 Ed. (155, 158, 160, 161, 934, 935)
2004 Ed. (158, 161, 162, 163, 944, 945, 1537, 1829)
2003 Ed. (198, 199, 200, 201, 202, 203, 207, 1795)
Goodrich Corp., Aircraft Evacuation Systems
2003 Ed. (3309)
Goodrich Co.; B. F.
1997 Ed. (170, 952)
1995 Ed. (961, 1271, 2921)
1993 Ed. (2844, 3578)

1992 Ed. (1115)
1990 Ed. (932, 942)
1989 Ed. (884, 2835)
Goodrich; B.F.
1992 Ed. (4298)
1990 Ed. (2877)
1989 Ed. (885)
Goodrich Employees Credit Union; B. F.
2006 Ed. (2180)
2005 Ed. (2085)
Goodrich Petroleum Corp.
2008 Ed. (4347, 4359, 4360, 4364, 4429)
Goodrich Tire & Rubber; B.F.
1989 Ed. (2836)
Goods-producing
1998 Ed. (3760)
Goodson Acura
1996 Ed. (262)
1995 Ed. (258)
1994 Ed. (259)
1993 Ed. (290)
1992 Ed. (405)
Goodson Newspaper
2001 Ed. (1543)
Goodstein Management Inc.
1999 Ed. (4009, 4012)
Goodwill Group
2007 Ed. (4368)
2006 Ed. (4511)
2001 Ed. (1765)
Goodwill Industries
1992 Ed. (3267)
Goodwill Industries International
2008 Ed. (2403, 3786, 3788, 3793, 3794, 3796, 4059, 4317)
2007 Ed. (3703, 4031)
2006 Ed. (3709, 3710, 3716, 3996)
2005 Ed. (3607, 3608, 3905, 3922)
2004 Ed. (934, 3698)
2003 Ed. (3651)
2001 Ed. (1819)
2000 Ed. (3346, 3348)
1998 Ed. (689)
1997 Ed. (2949)
1996 Ed. (912)
Goodwill Industries of America
1995 Ed. (942, 2781)
1994 Ed. (910, 2677, 2678)
1993 Ed. (2730)
1991 Ed. (2613)
1989 Ed. (2074)
Goodwill Industries of San Francisco, San Mateo, and Marin Counties
2005 Ed. (4355)
Goodwin & Goodwin
2001 Ed. (945)
Goodwin, Dannenbaum, Littman & Wingfield
1991 Ed. (150)
1990 Ed. (150)
1989 Ed. (161, 167)
Goodwin; Fred
2008 Ed. (943)
2007 Ed. (1022)
2006 Ed. (932)
Goodwin Hotel
2002 Ed. (2631)
Goodwin Procter
2006 Ed. (3244)
Goodwin, Procter & Hoar
2001 Ed. (564)
1993 Ed. (2393)
1992 Ed. (2830)
1991 Ed. (2281)
1990 Ed. (2415)
Goodwin Procter LLP
2007 Ed. (3308)
Goodwin; Sir Fred
2006 Ed. (2533)
Goodwins International Holdings Inc.
1990 Ed. (1648)
Goodwood Fund
2004 Ed. (3621)
Goodwood Park Hotel Ltd.
1989 Ed. (1155)
Goodwyn Mills & Cawood Inc.
2008 Ed. (2512, 2526)
Goody
2004 Ed. (2784)
2001 Ed. (2631)
Goody Clancy
2006 Ed. (285)
Goody Classic
2001 Ed. (2631)
Goodyear
2008 Ed. (4679, 4680)
2007 Ed. (4757)
2006 Ed. (4741, 4742, 4743, 4744, 4747, 4748, 4750, 4751)
2002 Ed. (3034, 3035)
2001 Ed. (4542)
1998 Ed. (240, 242)
1997 Ed. (315, 316, 318)
1996 Ed. (338, 339, 3693)
1995 Ed. (324, 698, 3615)
1994 Ed. (747)
1990 Ed. (386, 1293, 3595, 3597)
1989 Ed. (334)
Goodyear Aerospace Corp.
1992 Ed. (1771)
Goodyear Canada
1996 Ed. (318)
1994 Ed. (309)
Goodyear Gemini Automotive Care
2006 Ed. (352)
Goodyear Indonesia
1991 Ed. (1303)
1990 Ed. (1381)
Goodyear of Canada
1992 Ed. (447)
Goodyear Sumitomo
2000 Ed. (4253)
Goodyear Tire
2000 Ed. (1475, 1531, 3560, 3561, 3828)
1990 Ed. (378, 3065)
1989 Ed. (2657)
Goodyear Tire & Rubber Co.
2008 Ed. (291, 292, 308, 309, 312, 1481, 2005, 2006, 4253, 4254, 4678, 4681, 4737)
2007 Ed. (296, 297, 305, 307, 321, 323, 324, 1487, 1542, 1560, 1937, 1938, 4567, 4756, 4758)
2006 Ed. (305, 308, 310, 312, 330, 332, 338, 1514, 1530, 1953, 1954, 1955, 3919, 4206, 4207, 4587, 4749, 4752)
2005 Ed. (289, 292, 316, 1641, 1919, 1920, 1921, 4150, 4151, 4465, 4468, 4693, 4694)
2004 Ed. (279, 281, 284, 317, 1834, 1835, 3775, 3908, 4222, 4223, 4494, 4722, 4723)
2003 Ed. (315, 316, 1801, 1802, 4196, 4197, 4203, 4205, 4737, 4738)
2002 Ed. (1749, 4066, 4067, 4069)
2001 Ed. (475, 532, 1672, 1828, 3215, 3674, 4129, 4131, 4132, 4138, 4139, 4537, 4538, 4540, 4544, 4546)
2000 Ed. (341, 1018, 3056, 3436, 3517, 3827)
1999 Ed. (324, 1079, 1479, 1493, 1720, 3318, 3793, 3841, 4115, 4116, 4119, 4602)
1998 Ed. (216, 241, 1183, 3103, 3104, 3572)
1997 Ed. (1494, 3361, 3362, 3750, 3751, 3752, 3753)
1996 Ed. (1432, 3262, 3263)
1995 Ed. (1470, 2867, 3167, 3168)
1994 Ed. (326, 932, 1307, 1402, 1436, 3117, 3118, 3538)
1993 Ed. (346, 916, 1382, 2952, 3054, 3055, 3576, 3577, 3578)
1992 Ed. (465, 466, 468, 3745, 3746, 4153, 4296, 4297, 4298, 4299)
1991 Ed. (331, 335, 337, 2012, 2013, 2267, 2903, 2904, 3391, 3392)
1990 Ed. (3066, 3596)
1989 Ed. (1050, 2349, 2834, 2835, 2836)
Goodyear Tire and Rubber Plant
1990 Ed. (3557)
Goody's
2007 Ed. (1746)
2004 Ed. (1022)
2003 Ed. (1023)
1998 Ed. (767)
Goody's Family Clothing Inc.
2007 Ed. (1124)
2006 Ed. (1037, 2253)
2005 Ed. (1022, 1029, 2168)
2004 Ed. (2056)
2001 Ed. (1270, 4324)
2000 Ed. (1119)
1999 Ed. (1197, 1198, 1873)
1998 Ed. (768, 770, 1300)
1997 Ed. (1029, 1637)
1996 Ed. (1007, 1010)
1995 Ed. (1028)
1994 Ed. (1018, 1537)
Google
2008 Ed. (649, 653, 654, 656, 658, 663, 690, 691, 692, 762, 763, 764, 765, 812, 1044, 1046, 1047, 1049, 1050, 1137, 1142, 1154, 1155, 1401, 1434, 1436, 1438, 1501, 1503, 1513, 1585, 1586, 1587, 1588, 1589, 1594, 1595, 1599, 1600, 1601, 1602, 1603, 1606, 1609, 1852, 2450, 2850, 2851, 3018, 3350, 3353, 3354, 3354, 3355, 3374, 4496, 4609, 4614, 4615, 4616, 4632, 4808)
2007 Ed. (692, 696, 721, 733, 787, 788, 789, 1228, 1237, 1243, 1251, 1257, 1258, 1450, 1452, 1529, 1549, 1584, 1692, 1813, 1923, 2314, 2720, 3053, 3063, 3069, 3217, 3219, 3220, 3221, 3222, 3224, 3225, 3233, 3242, 3245, 3246, 4557, 4585, 4589, 4696, 4701, 4703)
2006 Ed. (650, 757, 1779, 2726, 2730, 2732, 3020, 3030, 3037, 3040, 3041, 3175, 3177, 3180, 3182, 3183, 3187, 4257, 4258, 4680)
2005 Ed. (3176, 3189, 3196, 3197, 4249)
2004 Ed. (3152, 3162)
2003 Ed. (1110)
2002 Ed. (4848)
2001 Ed. (4746)
Google Deskbar
2005 Ed. (3186)
Google Groups
2004 Ed. (3159)
Google Image Search
2008 Ed. (3355)
2007 Ed. (3225)
Google.com
2007 Ed. (846, 850)
2006 Ed. (753)
2005 Ed. (827)
2004 Ed. (761, 764, 849, 3159)
2003 Ed. (751, 754, 807, 811, 3045, 3051)
Goose Island Brewing
2002 Ed. (4964)
Goosebumps: Welcome to the Deadhouse
1999 Ed. (4718)
GOPAC Inc.
1993 Ed. (2872, 2873)
Gopher Publishers
2002 Ed. (2518)
Goran Capital Inc.
2000 Ed. (1399)
Gorbel Inc.
2008 Ed. (3573)
Gordan Lumber
1997 Ed. (834)
Gorden Food Service
2006 Ed. (2618)
2005 Ed. (2622)
Gordola car
1997 Ed. (3240)
Gordon & Betty Moore
2008 Ed. (895, 3979)
2007 Ed. (3949)
2005 Ed. (3832)
Gordon & Co.; R. J.
1997 Ed. (1014, 2168)
Gordon Auto World Inc.; Herb
1991 Ed. (268, 272, 273)
1990 Ed. (303)
Gordon Bethune
2006 Ed. (872)
2005 Ed. (982)
Gordon Biersch/Big River
2001 Ed. (1022)
Gordon Binder
1997 Ed. (1796)
Gordon; Bruce
2008 Ed. (4842, 4905)
Gordon Bruce Associates
2002 Ed. (3856)
Gordon Cain
1990 Ed. (1773)
Gordon Capital Corp.
1990 Ed. (811, 822)
1989 Ed. (812)
Gordon Coburn
2008 Ed. (968)
2007 Ed. (1051)
2006 Ed. (955)
Gordon-Conwell Theological Seminary
1992 Ed. (1099)
Gordon Crawford
2008 Ed. (4007)
2005 Ed. (3200)
Gordon; Donald
2008 Ed. (4895)
2005 Ed. (926, 927)
Gordon Earle Moore
2002 Ed. (2806, 3361)
1999 Ed. (726)
Gordon; Ellen
1996 Ed. (3875)
Gordon F. Teter
2002 Ed. (1040)
1998 Ed. (721)
Gordon family
2008 Ed. (4900)
2007 Ed. (4926)
Gordon, Feinblatt, Rothman, Hoffberger & Hollander
2001 Ed. (565)
1992 Ed. (2829)
1990 Ed. (2414)
Gordon Food Service Inc.
2000 Ed. (2242, 2244)
1990 Ed. (1837)
Gordon; Gary
1997 Ed. (1898, 1917)
1996 Ed. (1771, 1824, 1844)
1995 Ed. (1863)
Gordon Getty
2007 Ed. (4900)
2006 Ed. (4903)
2005 Ed. (4857)
Gordon Gibb
2007 Ed. (4925)
Gordon Gund
1995 Ed. (2580)
Gordon H. Chong & Partners
1999 Ed. (3420)
Gordon Hall
2000 Ed. (2030, 2129)
1999 Ed. (2248)
1998 Ed. (1658)
1997 Ed. (1889)
1996 Ed. (1815)
1995 Ed. (1837)
1994 Ed. (1799)
Gordon-Harman Homes
2002 Ed. (2693)
Gordon Hartman Homes
2004 Ed. (1217)
2003 Ed. (1210)
Gordon, Hughes & Banks
2008 Ed. (11)
2007 Ed. (13)
Gordon, Hughes & Banks LLP
2008 Ed. (3, 1708)
2007 Ed. (4, 5, 1683)
2006 Ed. (1680)
2005 Ed. (4)
2004 Ed. (8)
Gordon Jewelry
1990 Ed. (2408)
1989 Ed. (1871)
Gordon K. Davidson
2003 Ed. (805)
Gordon M. Binder
1995 Ed. (1731)
1993 Ed. (1697)
1992 Ed. (2052)
Gordon Market Timer
1990 Ed. (2365)

Gordon; Mike
2006 Ed. (4922)
Gordon Moore
2008 Ed. (4834)
2007 Ed. (4905)
2006 Ed. (3898, 4910)
2005 Ed. (4856)
2004 Ed. (3890, 4870)
2003 Ed. (4886)
2000 Ed. (1881, 2448, 4375)
1999 Ed. (2082, 2664, 4746)
Gordon P. Getty
2004 Ed. (4859)
Gordon Segal
2008 Ed. (2990)
Gordon Shields
2005 Ed. (2463)
Gordon Sloan Diaz-Balart
1998 Ed. (2949)
Gordons
2005 Ed. (2732, 4833)
2003 Ed. (3226)
2002 Ed. (3182)
2001 Ed. (359, 3113)
2000 Ed. (4353, 4359)
1999 Ed. (2592, 2594, 2595, 3249, 4730, 4731)
1998 Ed. (1834, 1835, 1836, 1837)
1997 Ed. (2139)
1996 Ed. (2017, 2019, 2022, 2023, 3800)
1995 Ed. (1992, 1997, 1998, 3711, 3714)
1994 Ed. (1970, 1972, 2394, 3640)
1993 Ed. (1942, 1948, 1949, 1950, 3674)
1992 Ed. (2285, 2288, 2289, 2290, 2291, 2892, 4402)
1991 Ed. (1810, 1815, 1816, 1817, 3455, 3456)
1990 Ed. (1896, 1897, 1898, 1899, 3676)
1989 Ed. (1509, 1511, 1512, 1513, 2892)
Gordon's Gin
2008 Ed. (246)
2004 Ed. (2730)
2003 Ed. (2609, 2615)
2002 Ed. (278, 299, 2399, 2405, 2408, 3178)
2001 Ed. (2595, 2599, 2600, 2601, 3145)
2000 Ed. (2329, 2333, 2334)
1999 Ed. (2586, 2589, 3248)
1998 Ed. (1829)
1996 Ed. (2526)
1995 Ed. (1996)
1991 Ed. (1814)
Gordon's Vodka
2004 Ed. (4845)
2003 Ed. (4864)
2002 Ed. (299, 4760)
2001 Ed. (4706, 4712)
2000 Ed. (2978, 4354)
1999 Ed. (3240, 4724)
1998 Ed. (3682)
1997 Ed. (3852)
Gordon's Wholesale Co.
1995 Ed. (1204)
Gordy Co.
1991 Ed. (713)
1990 Ed. (735)
Gore; Craig
2006 Ed. (4922)
Gore; W. L.
2005 Ed. (1980)
Gorenje
2006 Ed. (3290)
Gorenjska Banka
1999 Ed. (637)
1997 Ed. (612)
Gorenjska Banka d.d. Kranj
2008 Ed. (503)
2007 Ed. (551)
2006 Ed. (522)
2004 Ed. (487, 618)
2003 Ed. (609)
2002 Ed. (646)
2000 Ed. (663)
1997 Ed. (613)
Gores Technology Group
2005 Ed. (1554)
Gores; Tom
2006 Ed. (4896)
The Gorge
2002 Ed. (4342)
2001 Ed. (374)
Gorgonzola
1999 Ed. (1076)
Gorham Studio Pattern
2000 Ed. (4174)
Gorki Automobile Plant
2004 Ed. (1851)
Gorki Automobile Plant Public Joint Stock Co.
2002 Ed. (1759)
Gorman; J. T.
1992 Ed. (2058)
Gorman; Kenneth F.
1989 Ed. (1377)
The Gorman-Rupp Co.
2006 Ed. (3365)
2005 Ed. (3044, 3045)
Gormley; Dennis
1994 Ed. (948)
Gormley; Dennis J.
1996 Ed. (965)
Goro Kumagai
1997 Ed. (1982)
1996 Ed. (1875)
Gorouh-e Bahman
2006 Ed. (4509)
Gorr; Ivan W.
1994 Ed. (1716)
Gorsuch Kirgis LLP
2006 Ed. (3250)
2005 Ed. (3263)
2002 Ed. (3057)
Gorton
2002 Ed. (2370)
Gorton's Inc.
2008 Ed. (2776, 2783, 2789)
Gorton's Grilled Fillets
2008 Ed. (2789)
Goryaev; Timur
2007 Ed. (785)
Gosbee; George
2005 Ed. (2473)
Goschie Farms Inc.
2001 Ed. (282)
Gosling Black Seal Rum
2000 Ed. (3836, 3837)
Goslings Black Seal
1999 Ed. (4126, 4127)
1996 Ed. (3269, 3272)
1990 Ed. (3072)
Gospel
2001 Ed. (3405)
Gosper County, NE
1997 Ed. (1681)
Gospodarki Zywnosciowej; Bank
2008 Ed. (493)
2007 Ed. (542)
2006 Ed. (514)
2005 Ed. (598)
Gospodarstwa Krajowego; Bank
2007 Ed. (542)
2006 Ed. (514)
2005 Ed. (498)
Goss Dodge
1999 Ed. (2626)
Gossame Bay
2000 Ed. (4414)
Gossamer Bay
2002 Ed. (4941, 4943, 4947, 4948, 4955, 4961)
2001 Ed. (4877, 4878, 4879, 4881, 4886, 4888, 4894)
2000 Ed. (4412, 4421, 4426)
1999 Ed. (4788, 4790, 4794, 4796, 4799, 4800)
Goswick Advertising
1997 Ed. (97)
Got 2B
2004 Ed. (2783)
Gota Bank Group
1995 Ed. (614)
1994 Ed. (642)
1993 Ed. (639)
Gotabanken
1992 Ed. (842)
1991 Ed. (554, 669)
1990 Ed. (690)
1989 Ed. (684, 685)
Gotcha
1993 Ed. (3372)
1990 Ed. (3332)
Gotcha Covered
2008 Ed. (3335)
2007 Ed. (3193)
2006 Ed. (3159)
2005 Ed. (3158)
Gothaer Re
2001 Ed. (2955, 2956)
Gotham
2004 Ed. (106)
2003 Ed. (165)
Gotham Bank of New York
1991 Ed. (630)
Gotham Bar & Grill
2008 Ed. (4147)
2007 Ed. (4129)
2001 Ed. (4054)
1994 Ed. (3092)
Gotham Building Maintenance
1993 Ed. (1152)
Gotham Construction Co. LLC
2008 Ed. (1321)
2004 Ed. (1311)
2003 Ed. (1308)
Gothenburg
1992 Ed. (1397)
Gothic Landscape Inc.
2008 Ed. (3432)
2007 Ed. (3331)
2006 Ed. (3253)
2005 Ed. (3267)
Gottesman; Alan
1996 Ed. (1775)
1995 Ed. (1800)
1994 Ed. (1759)
1993 Ed. (1775)
Gotti
1999 Ed. (4721)
Gottlieb Fisher
2001 Ed. (724, 941)
Gottlieb; Myron I.
1991 Ed. (1621)
Gottsch Feeding Corp.
2006 Ed. (3289)
2005 Ed. (3297)
Gottschalks Inc.
2008 Ed. (2328)
2007 Ed. (2195)
2006 Ed. (2252, 4157)
2005 Ed. (2167)
2004 Ed. (2054, 2869)
2003 Ed. (2008, 2783)
2001 Ed. (1993)
Gottstein & Co. Inc.; J. B.
1996 Ed. (2049)
1995 Ed. (2051, 2055)
Gotty's Contemporary Furniture Inc.
1999 Ed. (4338)
Gotu kola
1998 Ed. (1924)
Go2net
2000 Ed. (2640, 2641)
Gotz-Gebaudemanagement West GmbH & Co.
2008 Ed. (4323)
Gou; Terry
2008 Ed. (4852)
Goudchaux
1991 Ed. (1969)
Goudy Honda
1999 Ed. (320)
1998 Ed. (209)
1996 Ed. (272, 301)
1995 Ed. (269)
1994 Ed. (269, 290)
1993 Ed. (270, 298)
1992 Ed. (384)
Gough & Gilmour
2002 Ed. (3788)
Gouin; James
2008 Ed. (2629)
Goulandris; Chryss
2007 Ed. (4918, 4919)
Gould Co.
1993 Ed. (2035)
1992 Ed. (1497)
1990 Ed. (2510)
1989 Ed. (1990, 2103, 2302, 2306)
Gould; A.
2005 Ed. (2498)
Gould & McCoy Inc.
1992 Ed. (2048)
Gould; Andrew
2008 Ed. (936)
2007 Ed. (1000)
2006 Ed. (910)
Gould Evans
2007 Ed. (3198)
2006 Ed. (3161)
Gould Foundation; Florence J.
1989 Ed. (1478)
Gould (Industrial Automation)
1990 Ed. (1138, 1628, 2199, 2582, 2583, 2991, 2995, 2996)
Gould; Irving
1993 Ed. (1706)
1992 Ed. (2064)
Gould; Jay
2008 Ed. (4837)
2006 Ed. (4914)
Gould School of Law; University of Southern California
2007 Ed. (3329)
Goulds Pumps Inc.
2005 Ed. (1538)
2004 Ed. (1673)
2002 Ed. (1614)
1991 Ed. (2021)
Gourmet
2008 Ed. (3532)
2002 Ed. (715)
2001 Ed. (4887)
2000 Ed. (3464, 3473)
1990 Ed. (2800)
1989 Ed. (180, 2175)
Gourmet Award
1998 Ed. (442)
The Gourmet Companies
1990 Ed. (736)
The Gourmet Cos.
2008 Ed. (174)
2007 Ed. (191)
2006 Ed. (185)
2005 Ed. (172)
2003 Ed. (213, 214)
2002 Ed. (710)
1996 Ed. (746)
1995 Ed. (672)
1994 Ed. (715)
Gourmet/Gift/Novelty & Souvenir stores
2001 Ed. (2813)
Gourmet/specialty stores
1999 Ed. (2485)
1998 Ed. (994, 1744)
Gouw; Julia
2007 Ed. (385)
Gouw; Julia S.
2008 Ed. (4945)
2007 Ed. (4978)
Govaars & Associates
1990 Ed. (2336)
Govatos; Ty
1997 Ed. (1892)
1996 Ed. (1818)
1995 Ed. (1840)
1994 Ed. (1802)
1993 Ed. (1819)
Governali; Frank
1997 Ed. (1900)
1996 Ed. (1826)
1995 Ed. (1848)
1993 Ed. (1827)
Governing
2008 Ed. (4712)
2007 Ed. (4795)
Government
2006 Ed. (3294)
2002 Ed. (3254)
1997 Ed. (2018)
1995 Ed. (1533, 2203)
1994 Ed. (325, 2160)
1993 Ed. (1573, 1864, 2130, 2183, 2184)
1991 Ed. (1515)
1990 Ed. (2615, 2616)
Government Acquisitions Inc.
2007 Ed. (291, 1418, 3588, 4440)
2006 Ed. (3533, 4372)
Government administration
2002 Ed. (2779)

Government administration & defense
2002 Ed. (2780)
Government & political organizations
2002 Ed. (225, 226)
Government Backed Trust
1990 Ed. (3186)
Government Computer News
2008 Ed. (4712)
2007 Ed. (4795)
2005 Ed. (141, 142, 826)
1999 Ed. (3759)
1994 Ed. (2796)
Government Development Bank for Puerto Rico
1996 Ed. (2354, 2481)
Government Employees
1999 Ed. (2976)
1998 Ed. (2207)
1994 Ed. (2215, 2216, 2222)
Government Employees Credit Union of El Paso
2008 Ed. (2261)
2007 Ed. (2146)
2006 Ed. (2225)
2005 Ed. (2130)
2004 Ed. (1988)
2003 Ed. (1948)
2002 Ed. (1894)
1993 Ed. (1448)
Government Employees Credit Union of Maine
2004 Ed. (1963)
2003 Ed. (1923)
2002 Ed. (1869)
Government Employees Insurance Co.
2008 Ed. (3238, 3321, 3323)
2007 Ed. (3096)
2006 Ed. (3071)
2005 Ed. (3070, 3129)
2004 Ed. (3059)
2002 Ed. (2958, 2963)
2001 Ed. (2899, 2901)
2000 Ed. (2650, 2653, 2728)
1999 Ed. (2900, 2904)
1998 Ed. (2114, 2118)
1997 Ed. (2409, 2410, 2464, 2470)
1996 Ed. (2269, 2270)
Government Executive
2008 Ed. (4712)
2007 Ed. (4795)
Government Finance Associates Inc.
2001 Ed. (732, 740, 770, 790, 826, 839, 891, 935)
1997 Ed. (2483)
1996 Ed. (2351)
1993 Ed. (2263, 2269)
1991 Ed. (2164, 2172)
Government Finance Group Inc.
1995 Ed. (2331)
Government Funding
1998 Ed. (3317)
1997 Ed. (3528)
1996 Ed. (3459)
1995 Ed. (3394)
1994 Ed. (3332)
1992 Ed. (3996)
Government-general bond funds
1993 Ed. (717)
Government Housing Bank
1999 Ed. (468)
Government Income Securities
1996 Ed. (2810)
Government Info Service
1990 Ed. (49)
Government Info. Services
1992 Ed. (68)
Government Information Service
1991 Ed. (49)
Government, intermediate
2004 Ed. (691)
Government Leader
2007 Ed. (4795)
Government, local
2007 Ed. (3717)
Government, long
2006 Ed. (622)
2004 Ed. (691)
Government Micro Resources Inc.
2007 Ed. (1418)
2003 Ed. (2750)
2002 Ed. (2546, 2561)
2001 Ed. (2714)
2000 Ed. (2449, 2468, 4386)
1999 Ed. (2665, 2680, 4284)
1998 Ed. (1927, 1938, 1941, 2432)
1997 Ed. (2213, 2221, 2223, 2706)
1996 Ed. (2067, 2106, 2113, 2565)
1995 Ed. (2098, 2105, 2108)
1994 Ed. (2049)
1991 Ed. (1910)
Government/military
1993 Ed. (1111)
Government Mortgage
1994 Ed. (582)
Government mortgage bond funds
1993 Ed. (717)
Government National Mortgage Association
1993 Ed. (2113)
1991 Ed. (1981)
Government obligations
1992 Ed. (2805)
Government of Alberta
2008 Ed. (1550)
2007 Ed. (1571)
2006 Ed. (1541)
Government of Australia
2008 Ed. (23)
2007 Ed. (18)
2006 Ed. (24)
1993 Ed. (23)
Government of Bahrain
2008 Ed. (25)
2005 Ed. (21)
Government of Belgium
2008 Ed. (26)
2007 Ed. (21)
2006 Ed. (29)
2005 Ed. (23)
2004 Ed. (30)
Government of Brazil
2008 Ed. (28)
2006 Ed. (31)
Government of Canada
2005 Ed. (27)
2004 Ed. (34, 2013)
1996 Ed. (30, 3148)
1995 Ed. (3632)
1994 Ed. (18, 3553)
1993 Ed. (26, 48, 3590)
1992 Ed. (43, 74, 4311)
1991 Ed. (20, 3402)
1990 Ed. (25, 3605)
Government of Dubai
2008 Ed. (98)
Government of Egypt
2008 Ed. (38)
Government of Germany
2004 Ed. (2013)
Government of Guam
2000 Ed. (1624)
Government of Guam Credit Union
2008 Ed. (2227)
2007 Ed. (2112)
2006 Ed. (2191)
2005 Ed. (2096)
2004 Ed. (1954)
2003 Ed. (1914)
2002 Ed. (1860)
Government of Hong Kong
2007 Ed. (41)
Government of India
2007 Ed. (43)
Government of Ireland
2008 Ed. (49)
2006 Ed. (55)
2005 Ed. (48)
2004 Ed. (53)
Government of Metro Toronto
1991 Ed. (3402)
1990 Ed. (3605)
Government of Mexico
2006 Ed. (68)
2005 Ed. (1486)
Government of New Zealand
2008 Ed. (64)
Government of Oman
2008 Ed. (67)
Government of Ontario
1996 Ed. (3148)
1995 Ed. (3632)
1994 Ed. (3553)
1993 Ed. (3590)
1992 Ed. (4311)
1991 Ed. (3402)
1990 Ed. (3605)
1989 Ed. (26)
Government of Paraguay
2008 Ed. (70)
2007 Ed. (65)
2006 Ed. (74)
Government of Peru
2007 Ed. (66)
2006 Ed. (75)
Government of Qatar
2008 Ed. (76)
Government of Quebec
1993 Ed. (48)
Government of Saudi Arabia
2008 Ed. (79)
Government of Singapore
2008 Ed. (81)
2006 Ed. (85)
2005 Ed. (76)
Government of Singapore Investment Corp.
2005 Ed. (3230)
2002 Ed. (2827)
2001 Ed. (2889)
1999 Ed. (2893)
1997 Ed. (2401)
Government of South Africa
2006 Ed. (88)
2005 Ed. (79)
2004 Ed. (84)
Government of Spain
2006 Ed. (90)
Government of Thailand
2008 Ed. (93)
2007 Ed. (86)
2006 Ed. (96)
2005 Ed. (87)
Government of the Netherlands
2008 Ed. (63)
2007 Ed. (60)
Government of the United Kingdom
2006 Ed. (101)
2005 Ed. (92)
2004 Ed. (98)
Government of Uganda
2008 Ed. (96)
Government Pension
2008 Ed. (3870)
Government Pension Investment
2008 Ed. (3870)
2007 Ed. (3796)
Government Policy Consultants
2000 Ed. (3651)
Government Product News
2008 Ed. (4712)
2007 Ed. (4795)
Government-related
2002 Ed. (2266)
Government securities
1993 Ed. (2257)
1992 Ed. (2667)
Government Service Insurance System
1997 Ed. (2400)
Government Technology
2008 Ed. (4712)
2007 Ed. (4795)
Government Technology Services Inc.
2000 Ed. (1181, 1741)
1998 Ed. (858)
1990 Ed. (1020, 3304)
Government-treasury bond funds
1993 Ed. (717)
Government Trust Certificates
1990 Ed. (1357, 3186)
Governmental
1999 Ed. (1180)
Governmental Consultant Services Inc.
2001 Ed. (3156)
2000 Ed. (2991)
Governmental Employees
2000 Ed. (1624)
Governments, foreign
2002 Ed. (3597, 3598)
The Governor & Company of the Bank of Ireland
2003 Ed. (4590)
Governor & Co. of the Bank of Ireland
2007 Ed. (1728)
Governor's Distributors
2005 Ed. (2625)
Governor's Office of Economic Development
1996 Ed. (2239)
Govett & Co.; John
1993 Ed. (2356)
Govett Dollar-Geared Currency
1995 Ed. (1081)
Govett Emerging Markets
2000 Ed. (3309)
1995 Ed. (2706, 2717)
Govett; Hoare
1994 Ed. (781)
Govett International Equity
1995 Ed. (2727)
Govett Japan Growth
1997 Ed. (2912)
Govett; John
1995 Ed. (2396)
Govett MIS Dollar Bear
1997 Ed. (2911)
Govett MIS Gilt Bear
1997 Ed. (2911)
Govett MIS Hong Kong Bear
1997 Ed. (2911)
Govett MIS Japan Bear
1997 Ed. (2911)
Govett MIS United Kingdom Bear
1997 Ed. (2911)
Govett MIS U.S. Bear
1997 Ed. (2911)
Govett Oriental
1997 Ed. (2920)
1995 Ed. (2748)
1992 Ed. (3204)
Govett Smaller Companies
1995 Ed. (2703, 2724)
Govett Smaller Cos.
1996 Ed. (2787, 2797)
Govett Smaller Cos. A
1997 Ed. (2872, 2895, 2905)
Govett UK Safeguard Fund
1999 Ed. (1250)
GoVideo
2008 Ed. (2385)
Gower; Andrew
2007 Ed. (4925)
Gower; Paul
2007 Ed. (4925)
Gowland Publicadad
1995 Ed. (45)
Gowland Publicidad
1993 Ed. (79)
1992 Ed. (119)
1990 Ed. (76)
1989 Ed. (82)
Gowling and Henderson
1991 Ed. (2293)
1990 Ed. (2416)
Gowling, Strathy & Henderson
1999 Ed. (3147)
1997 Ed. (2596)
1996 Ed. (2451)
1995 Ed. (2415)
1993 Ed. (2394)
1992 Ed. (2831, 2846)
1991 Ed. (2282)
Goya de Puerto Rico Inc.
2006 Ed. (3376)
2005 Ed. (3389)
Goya Foods Inc.
2003 Ed. (2501, 2749)
2002 Ed. (2544, 2558)
2001 Ed. (2704, 2712)
2000 Ed. (2466, 3033, 3150)
1999 Ed. (2682, 3296, 3424)
1998 Ed. (1934, 2432, 2516)
1997 Ed. (2216, 2217, 2706, 2802)
1996 Ed. (2110, 2111, 2565, 2661)
1995 Ed. (2101, 2102, 2106, 2501, 2591)
1994 Ed. (2050, 2051, 2053, 2532)
1993 Ed. (2037, 2038, 2584)
1992 Ed. (73, 2401, 3092, 2400)
1991 Ed. (1905, 1906, 2474)
1990 Ed. (2008)
Goyal; Naresh
2008 Ed. (4896)
GP-CK Birla
1991 Ed. (962)
GP Financial Corp.
2001 Ed. (4523)
1996 Ed. (3687)

1995 Ed. (3609)
GP Financial-Home Savings
1997 Ed. (581)
GP Group Inc.
1991 Ed. (1142)
GP Group Accquisition Corp.
1991 Ed. (1142)
GP Holding BV
1999 Ed. (3694)
1997 Ed. (2996)
GPA Group Ltd.
1996 Ed. (1401)
1995 Ed. (1437)
1994 Ed. (1405)
1993 Ed. (1352)
1992 Ed. (2155)
1990 Ed. (1790)
GPA Technologies
2008 Ed. (2288)
GPC
2004 Ed. (4736)
2003 Ed. (970, 971, 4751, 4756)
2002 Ed. (4629)
2001 Ed. (1230)
2000 Ed. (1061)
1999 Ed. (1135)
1998 Ed. (727, 728, 729, 730)
1997 Ed. (985)
1996 Ed. (971)
GPC-Approved
1994 Ed. (953)
GPD Group
2003 Ed. (1292)
GPG
1997 Ed. (2675)
GPM Gas Corp.
1999 Ed. (2571, 2573, 2574)
1998 Ed. (1810, 1813, 1814)
1997 Ed. (2122, 2123, 2124)
1996 Ed. (2000, 2001, 2004)
1995 Ed. (1977, 1981)
GPS (Great Britain) Ltd.
2002 Ed. (36, 224)
GPT
1994 Ed. (1074)
1992 Ed. (4201)
1991 Ed. (3281)
GPU Inc.
2002 Ed. (1556, 3878, 3879, 4710)
2000 Ed. (3678)
1999 Ed. (1555, 1950)
1998 Ed. (1389)
GPU Energy
2002 Ed. (4711)
GPX
2008 Ed. (275)
GQ
2000 Ed. (3499)
1999 Ed. (3746)
1998 Ed. (2782)
1994 Ed. (2794)
1992 Ed. (3375, 3386)
GR Foods Inc.
1994 Ed. (2428)
GRA Inc.
1993 Ed. (1165)
GRA, Thompson, White & Co., P.A.
2001 Ed. (555)
Graboplast
2000 Ed. (893)
1997 Ed. (826)
Gracar
2006 Ed. (1210)
Grace
1992 Ed. (4426)
Grace & Co.
2000 Ed. (13)
Grace & Co.; W. R.
2008 Ed. (3588)
2007 Ed. (1457, 3425)
2006 Ed. (2724, 2725, 4601)
2005 Ed. (938, 939, 1515, 1527, 2768, 2769)
1997 Ed. (954, 957, 967, 1314, 1398, 3005)
1996 Ed. (922, 925, 945, 1229, 1230, 1234, 1336, 1924, 1927, 2915)
1995 Ed. (1257, 1258, 1882)
1993 Ed. (902, 903, 905, 906, 916, 925, 1211, 1310, 2773)
1992 Ed. (3321, 3474)
1991 Ed. (901, 904, 905, 907, 910, 913, 914, 1149)
1990 Ed. (951, 1232)
Grace Equipment Co.
1990 Ed. (2431)
1989 Ed. (1890)
Grace; J. Peter
1995 Ed. (980)
1994 Ed. (1722)
Grace Kenndy
2000 Ed. (2874)
Grace Kennedy
2006 Ed. (3232)
2002 Ed. (4187, 4188)
2000 Ed. (2875)
Grace, Kennedy & Co.
2002 Ed. (3033, 3034)
1999 Ed. (3126, 3127)
1997 Ed. (2582, 2583)
1996 Ed. (2437, 2438)
1994 Ed. (2339, 2340)
Grace; W. R.
1997 Ed. (972, 1273, 2019)
1995 Ed. (954, 956, 968, 972, 1271, 1386)
1994 Ed. (918, 919, 920, 932, 936, 940, 1208, 1237, 1362, 1854, 1855, 1856, 2744)
1992 Ed. (1110, 1111, 1122)
1990 Ed. (932, 937, 943, 945, 947, 957, 961, 2510)
1989 Ed. (878, 883)
Grace; W.R.
1992 Ed. (1107)
Graceland College
1997 Ed. (2954)
1996 Ed. (2857)
Graceland College Recruitment
2000 Ed. (3359)
Gracenote
2006 Ed. (2489)
Gracia Martore
2007 Ed. (1078)
2006 Ed. (985)
2005 Ed. (991)
Gracious Home
2008 Ed. (2965)
2001 Ed. (2713)
2000 Ed. (3805)
1997 Ed. (3339)
Gracious Homes
2002 Ed. (2560)
Graco Inc.
2007 Ed. (2211)
2006 Ed. (1888, 1889, 1890, 2279)
2005 Ed. (3352)
2004 Ed. (3327)
Graco Robotics
1991 Ed. (2902)
Grad Associates
1994 Ed. (237)
Grad Associates P.A.
1993 Ed. (248)
1992 Ed. (359)
Grad Partnership
1991 Ed. (253)
1990 Ed. (283, 284)
1989 Ed. (268)
Gradall Industries
1998 Ed. (1886, 1887)
Gradco Systems
1993 Ed. (2999)
Grade Enterprise Co., Ltd.
1990 Ed. (1498)
Gradiente
2007 Ed. (1851)
Gradison Established Growth
1990 Ed. (2391)
Gradison Government Income
2000 Ed. (765)
1999 Ed. (3553)
Graduate and Zurbrugg Memorial Hospitals
1990 Ed. (2059)
1989 Ed. (1610)
Graduate Health System
1998 Ed. (1996, 2844)
1992 Ed. (2463)
1991 Ed. (1936)
Graduate Health System Rancocas Hospital
1998 Ed. (536)
Graduation
1992 Ed. (2348)
1990 Ed. (1948)
Grady Britton
2008 Ed. (2024, 2026)
Grady Isuzu
1993 Ed. (272)
Grady L. Patterson
1995 Ed. (3505)
1991 Ed. (3210)
Grady L. Patterson Jr.
1993 Ed. (3443)
Grady's American Grill
1996 Ed. (3211)
Graebel Cos.
2008 Ed. (4740)
2007 Ed. (4813)
2006 Ed. (3989, 4796)
2002 Ed. (1073)
Graebel Van Lines Inc.
2008 Ed. (4768)
2007 Ed. (4846)
2003 Ed. (4784)
2002 Ed. (3406)
2000 Ed. (3177)
1999 Ed. (3459, 4676)
1998 Ed. (2544, 3636)
1997 Ed. (3810)
1996 Ed. (3760)
1995 Ed. (2626, 3681)
1994 Ed. (2571, 3603)
1993 Ed. (2610, 3643)
1992 Ed. (3121)
Graeme Anne Lidgerwood
1996 Ed. (1821)
1995 Ed. (1843)
1994 Ed. (1805)
1993 Ed. (1822)
Graeme Eadie
2000 Ed. (2117, 2118)
1999 Ed. (2332)
Graeme Hart
2008 Ed. (4848)
Graeme Lidgerwood-Dayton
1997 Ed. (1895)
Graf Architectural Concrete
2007 Ed. (1358)
2006 Ed. (1237, 1279)
Graf Jr.; Alan
2007 Ed. (1040)
2006 Ed. (945)
Grafbaan Stadspark
2001 Ed. (4358)
Graff; Laurence
2007 Ed. (4931)
Graffiti
2003 Ed. (42)
2002 Ed. (76)
Graffiti/BBDO
2003 Ed. (142)
2002 Ed. (175)
2001 Ed. (203)
2000 Ed. (164)
1999 Ed. (147)
1997 Ed. (136)
Graffiti/BBDO-Sofia
2003 Ed. (55)
2002 Ed. (88)
2001 Ed. (116)
Graffiti DMB & B
2001 Ed. (103)
1997 Ed. (58)
1991 Ed. (73)
Grafic
2001 Ed. (2642, 2644, 2645)
Grafik
2000 Ed. (105)
Grafik Ammirati Puris Lintas
1997 Ed. (154)
Grafik/McCann-Erickson
2003 Ed. (85)
2002 Ed. (118)
2001 Ed. (145)
1999 Ed. (101)
1997 Ed. (100)
1996 Ed. (98)
1995 Ed. (84)
Grafika Lintas
1996 Ed. (148)
1995 Ed. (134)
1994 Ed. (124)
1993 Ed. (143)
1992 Ed. (217)
1991 Ed. (158)
1990 Ed. (159)
1989 Ed. (170)
Grafton Group
1994 Ed. (1020)
1992 Ed. (1218)
1990 Ed. (1056, 1057, 3060)
Grafton Recruitment
2007 Ed. (1219, 2034)
Grafton Staffing Inc.
2008 Ed. (4962)
2007 Ed. (3556, 3557, 4421)
Grafton Street
2006 Ed. (4182)
Graham Corp.
2007 Ed. (4571)
1991 Ed. (224, 227)
Graham & Dunn
2001 Ed. (567)
Graham & James
1992 Ed. (2826, 2839)
Graham Cos.
1991 Ed. (956)
Graham crackers
2003 Ed. (1373)
2002 Ed. (1336)
Graham; D. E.
2005 Ed. (2502)
Graham Design Ltd.
1993 Ed. (243)
1992 Ed. (2716)
Graham; Donald E.
2005 Ed. (978)
Graham Family
1990 Ed. (2577)
Graham Group Ltd.
2008 Ed. (1184, 2916, 4050)
2007 Ed. (1284)
2006 Ed. (2794, 2797)
2005 Ed. (2814)
2002 Ed. (2456)
2001 Ed. (1399)
1998 Ed. (183)
1997 Ed. (261)
1996 Ed. (230)
Graham; Katharine
2005 Ed. (974)
1991 Ed. (3512)
Graham Kirkham
1996 Ed. (1717)
Graham Norton
2007 Ed. (4917)
Graham Ormerod
1999 Ed. (2294)
1997 Ed. (1966)
1996 Ed. (1857)
Graham Packaging Co.
2001 Ed. (718)
1998 Ed. (2872)
1993 Ed. (2865)
Graham Packaging Holdings Co.
2008 Ed. (4254)
2007 Ed. (4217)
Graham Packaging Co., LP
2008 Ed. (578)
2007 Ed. (630)
2006 Ed. (601)
2005 Ed. (686)
2004 Ed. (690)
2003 Ed. (687)
Graham Phillips
1999 Ed. (2315)
Graham Port
1992 Ed. (4459, 4466)
Graham Presents; Bill
1997 Ed. (3179)
1996 Ed. (3101)
1994 Ed. (2942)
1993 Ed. (2924)
1992 Ed. (3553)
1991 Ed. (2771)
1990 Ed. (2908)
Graham Recycling Co.
2001 Ed. (3819)
Graham Webb International
2001 Ed. (2661)
Graham's
2006 Ed. (4965)
2005 Ed. (4960, 4962)
2004 Ed. (4968, 4970)
1997 Ed. (3887)

Grahams Port
2005 Ed. (4950)
2004 Ed. (4965)
2003 Ed. (4964)
2002 Ed. (4939, 4940)
2001 Ed. (4875)
2000 Ed. (4411)
1999 Ed. (4786, 4787, 4798)
1998 Ed. (3739, 3741)
Grain
2002 Ed. (2224)
Grain Growers
2004 Ed. (3961)
Grain mill products
1998 Ed. (29)
Grainco
2004 Ed. (3964, 4921)
2003 Ed. (3956)
2002 Ed. (3788)
Grainger
2001 Ed. (4759)
The Grainger Foundation
1994 Ed. (1058, 1900)
Grainger Trust plc
2008 Ed. (1187)
Grainger; W. W.
1997 Ed. (913, 2698, 3497, 3498)
1995 Ed. (1625, 2232, 2233)
1994 Ed. (1582, 1584, 2176, 2177)
1993 Ed. (1543, 2161, 2162)
1992 Ed. (1462)
1991 Ed. (1481, 1483, 2017)
1990 Ed. (1528, 1585, 1586)
1989 Ed. (1287, 1288)
W.W. Grainger
2000 Ed. (940)
Gram Precision Inc.
2005 Ed. (2776)
2004 Ed. (2780)
Gramatan Management
1999 Ed. (4008, 4010)
1998 Ed. (3018)
Gramercy LA
1992 Ed. (3491, 3492, 3493, 3494, 3495)
Gramet Holdings Corp.
1992 Ed. (1181, 1182)
Gramm; Phil
1992 Ed. (1038)
Gramma-FCB
2003 Ed. (51)
Gramma Publicidad
2002 Ed. (84)
Grammy Corp.
1995 Ed. (2443)
"Grammy Awards"
1995 Ed. (3583)
1993 Ed. (3525, 3535)
1992 Ed. (4248)
Grammy Entertainment
2000 Ed. (1576, 1578, 1579)
Gramon
2005 Ed. (66)
Gramophone
2007 Ed. (2865)
Grampian Country Food Group Ltd.
2001 Ed. (283)
2000 Ed. (224)
1999 Ed. (201)
1994 Ed. (1002)
1993 Ed. (972, 974)
Grampian Foods Ltd.
2002 Ed. (250)
2001 Ed. (283)
Grampian Holdings plc
2001 Ed. (3216)
2000 Ed. (2917)
Gran; Bank
2005 Ed. (502)
Gran Cadena de Almacenes Colombianos SA
2004 Ed. (1675)
2002 Ed. (1617)
Gran Melia/Melia
2000 Ed. (2565)
Gran Park
2000 Ed. (2625)
Gran Turismo
2007 Ed. (4876)
Gran Turismo Racing
2000 Ed. (4345)
Granada
1997 Ed. (2726)
Granada Bio
1993 Ed. (215)
Granada Group plc
2003 Ed. (2856)
2001 Ed. (4087)
2000 Ed. (2566, 4007)
Granadillo; Pedro P.
2006 Ed. (2525)
Granahan Investment Management
1993 Ed. (2335)
Granary Associates
2007 Ed. (3194, 3201)
2005 Ed. (1250)
2000 Ed. (316)
1999 Ed. (291)
1997 Ed. (269)
Granary Associates Real Estate
2002 Ed. (2456)
GranCare
1998 Ed. (2691)
1995 Ed. (2069)
1994 Ed. (2019)
The Grand
1997 Ed. (912)
1990 Ed. (2102)
Grand Am
2002 Ed. (380, 387, 409, 412)
2001 Ed. (485, 533, 3393)
1998 Ed. (219, 220)
1990 Ed. (355)
Grand Am; Pontiac
2005 Ed. (348)
Grand & Toy
1994 Ed. (3366)
Grand Auto
1992 Ed. (486)
1990 Ed. (407)
1989 Ed. (351)
Grand Award
1995 Ed. (2045)
Grand Bank for Savings, FSB
2006 Ed. (453)
Grand Bay
1990 Ed. (2098)
Grand Bay Hotel
1990 Ed. (2065)
Grand Canyon
1996 Ed. (1061)
Grand Canyon, AZ
1997 Ed. (1075)
Grand Canyon National Park
1990 Ed. (2665)
Grand Caravan
2001 Ed. (3394)
The Grand Casino Resort
1998 Ed. (2036)
1997 Ed. (2308)
Grand Casinos Inc.
2003 Ed. (1766)
1997 Ed. (2164, 3521)
1996 Ed. (2062)
Grand Casinos of Mississippi Inc., Biloxi
2008 Ed. (1941)
2007 Ed. (1886)
2006 Ed. (1893)
2005 Ed. (1873)
2004 Ed. (1802)
2003 Ed. (1765)
2001 Ed. (1796)
Grand Casinos of Mississippi LLC Gulfport
2001 Ed. (1796)
Grand Cathay Securities
1999 Ed. (936, 937, 938, 939, 940)
1997 Ed. (3489)
1995 Ed. (3283)
1994 Ed. (3196)
Grand Cayman System
1995 Ed. (2999)
Grand Central Business Centre
1990 Ed. (2180)
Grand Central Oyster Bar
2007 Ed. (4124)
Grand Cherokee
2002 Ed. (386, 4684, 4699, 4701)
2001 Ed. (466, 467, 478, 3329, 4638)
2000 Ed. (3141)
Grand Cherokee; Jeep
2008 Ed. (4765)
2007 Ed. (4858)
2006 Ed. (3577, 4829, 4856)
2005 Ed. (4427, 4777, 4786)
Grand Coffe
2008 Ed. (59)
Grand Court Lifestyles Inc.
2000 Ed. (1723)
1999 Ed. (1935, 1936)
1998 Ed. (2055, 3099)
Grand Forks AFB, NC
1992 Ed. (4041)
Grand Forks Herald
1991 Ed. (2607)
1990 Ed. (2694)
Grand Forks, ND
1995 Ed. (2559)
Grand Forks, ND-MN
2005 Ed. (3065, 3471, 3474)
2002 Ed. (2118)
2000 Ed. (1076, 4365)
Grand Forks, SD
1993 Ed. (2555)
Grand Gourmet
1994 Ed. (2821, 2830)
1992 Ed. (3411)
1990 Ed. (2822)
Grand Hotel
1999 Ed. (1570)
Grand Hyatt
1997 Ed. (2289)
1996 Ed. (2174)
1994 Ed. (2122)
Grand Island, NE
1990 Ed. (1467)
Grand Island Transit Corp.
2001 Ed. (3158)
Grand Junction, CO
1998 Ed. (245)
1996 Ed. (977)
Grand Junction Concrete Pipe
1996 Ed. (3879)
1995 Ed. (3794)
Grand Junction-Durango, CO
1994 Ed. (3061, 3063)
Grand Junction-Durango, NM
1995 Ed. (3107, 3109)
Grand Junction-Montrose, NM
1996 Ed. (3202, 3204, 3206)
Grand Junction Networks
1997 Ed. (1234, 2206)
Grand Lake-Lake Tenkiller, OK
1989 Ed. (2336)
Grand MacNaish
1989 Ed. (2364)
Grand MacNish
2002 Ed. (292)
1990 Ed. (3114)
Grand Marnier
2004 Ed. (3266, 3269, 3274)
2003 Ed. (3219, 3224)
2002 Ed. (295, 3086, 3093, 3094, 3095, 3096)
2001 Ed. (3105, 3106, 3107, 3108, 3109, 3110)
2000 Ed. (2942, 2969)
1999 Ed. (3199, 3200, 3201, 3202, 3229, 3230)
1998 Ed. (2364, 2369, 2370, 2371, 2389)
1997 Ed. (2636, 2641, 2643, 2661)
1996 Ed. (2494, 2499, 2502, 2503)
1995 Ed. (2448, 2452)
1994 Ed. (2369, 2373, 2393)
1993 Ed. (2425, 2429, 2432, 2449, 2450)
1992 Ed. (2861, 2885, 2889)
1990 Ed. (2443, 2444, 2454, 2456, 2460, 2462)
Grand Marquis
2001 Ed. (495)
Grand Metropolitan Inc.
2003 Ed. (2503)
2001 Ed. (2464)
1999 Ed. (28, 181, 277, 711, 712, 713, 1000, 1434, 1470, 2467, 2468, 2469, 2478, 2484, 3116, 3598, 4566, 4568)
1998 Ed. (90, 258, 454, 509, 596, 1029, 1038, 1202, 1722, 1737, 2398, 3722)
1997 Ed. (169, 660, 2670, 2930, 3231)
1995 Ed. (141, 152, 641, 1903, 1905, 1944, 2760, 2762, 3047)
1994 Ed. (127, 1382, 1880, 2658)
1993 Ed. (19, 56, 147, 149, 152, 1207, 1325, 1882, 2428, 2469, 2709, 3253, 3528, 3550, 3676, 3705)
1992 Ed. (1182)
1990 Ed. (1376)
1989 Ed. (2017)
Grand Metropolitan/Heublein
1991 Ed. (1145)
Grand Metropolitan plc
2004 Ed. (1482)
2003 Ed. (1452)
2002 Ed. (1432, 1447)
2000 Ed. (2226, 2236)
1997 Ed. (875, 1269, 2043, 2045)
1996 Ed. (727, 1223, 1945, 2498, 3146, 3404, 3801)
1995 Ed. (1254, 3575)
1994 Ed. (134, 1235, 3247, 3509, 3664)
1992 Ed. (33, 35, 232, 233, 239, 240, 1439, 1494, 1629, 3596, 3942, 4226, 4227, 4404, 2809)
1991 Ed. (11, 166, 167, 173, 175, 1136, 1143, 1144, 1147, 1169, 1182, 2264, 2375, 2380, 2793, 3107, 3301, 3313, 3315, 3331, 3490, 3491)
1990 Ed. (170, 177, 246, 1236, 1244, 1247, 1250, 1265, 1266, 1267, 1576, 2511, 3554)
1989 Ed. (1281)
Grand National Bank
2001 Ed. (609, 611)
Grand Oldsmobile
1996 Ed. (282)
Grand Oldsmobile Center
1995 Ed. (282)
Grand Orient Holdings
2002 Ed. (4423)
Grand Pacific Petrochemical Corp.
1997 Ed. (3683)
1992 Ed. (1704)
Grand Polymer Co.
2001 Ed. (3836, 3838)
Grand Prix
2006 Ed. (2511)
2004 Ed. (3608)
2002 Ed. (380)
2001 Ed. (487)
2000 Ed. (3293)
Grand Prix Fund
2001 Ed. (2306)
Grand Prom
2006 Ed. (84)
2005 Ed. (75)
2004 Ed. (80)
Grand Rapids/Kalamazoo, MI
1990 Ed. (1077)
Grand Rapids, MI
2005 Ed. (3326)
2001 Ed. (2834)
1999 Ed. (1024, 1153, 4514)
1997 Ed. (3524)
1996 Ed. (2209, 2864)
1995 Ed. (988, 2188, 2666)
1994 Ed. (965, 3325)
1993 Ed. (2115)
1991 Ed. (1985)
Grand Rapids-Muskegon-Holland, MI
2004 Ed. (2427, 3309)
2003 Ed. (2350, 3253)
2002 Ed. (2735, 3237, 3238)
1999 Ed. (4054)
1998 Ed. (2485, 3054)
Grand Rapids-Muskegon, MI
2006 Ed. (2973)
Grand Rapids-Wyoming, MI
2008 Ed. (3510)
Grand River Dam Authority
1998 Ed. (1377)
1991 Ed. (2532)
1989 Ed. (2028)
Grand River Dam Authority, OK
1993 Ed. (2613)
1990 Ed. (3505)

Grand Sea Fishery PR
1994 Ed. (3306)
Grand Teton National Park
1990 Ed. (2665)
Grand Theft Auto: Vice City
2005 Ed. (4831)
Grand Trunk Western
1998 Ed. (2991)
1996 Ed. (3160)
Grand Trunk Western Railroad
1997 Ed. (3248)
1995 Ed. (2044, 3058)
1994 Ed. (1366, 2994)
1993 Ed. (1312, 2959)
The Grand Union Co.
2001 Ed. (4419)
1997 Ed. (355, 356, 357)
1996 Ed. (3620)
1995 Ed. (3532)
1994 Ed. (1004, 3465)
1993 Ed. (3494)
1992 Ed. (489, 1203, 4167)
1991 Ed. (968, 3257)
1990 Ed. (1039, 1040, 3498)
Grand Valley Gas
1994 Ed. (2702)
1992 Ed. (2364, 3990)
Grand View Hospital
2000 Ed. (894)
Grand Vitara
2001 Ed. (491)
Grand Wailea Co.
2001 Ed. (1721)
Grand Wailea Resort Hotel & Spa
2006 Ed. (1748)
The Grande Colonial
2007 Ed. (2951)
Grande Colonial La Jolla
2005 Ed. (2938)
Grande Gourmet
1993 Ed. (2818)
Grande Holdings
1996 Ed. (2135, 3596)
Grandfield
2002 Ed. (3866)
Grandi Lavori Fincosit SpA
2006 Ed. (1313)
2002 Ed. (1323)
Grandin
1997 Ed. (942)
1996 Ed. (909)
1995 Ed. (930)
1993 Ed. (883)
Grandma Lee's
1991 Ed. (1773)
Grandma's
1995 Ed. (1209, 3692)
Grandmet Restaurants Ltd.
1991 Ed. (1337)
Grands! refrigerated biscuits
1998 Ed. (1726, 2668)
Grandstand, Iowa State Fairgrounds
1989 Ed. (987)
Grandy's
2004 Ed. (4130)
2002 Ed. (2244)
1999 Ed. (2135)
1998 Ed. (1549)
1997 Ed. (1841)
1996 Ed. (1760)
1995 Ed. (1782)
1994 Ed. (1749)
1993 Ed. (1751, 1754, 1758, 3020)
1992 Ed. (2112, 2115, 2117, 2123, 3712)
1991 Ed. (1656, 2872)
1990 Ed. (1752, 1753, 1755, 1756)
Grange Advertising Marketing
2001 Ed. (234)
Grange National Bank
1993 Ed. (510)
Granger
1995 Ed. (3624)
1994 Ed. (3546)
Granite
1997 Ed. (2594)
Granite Bank
1994 Ed. (597)
Granite; Bank of
2005 Ed. (1065)
Granite Broadcasting Corp.
2008 Ed. (353)
2000 Ed. (743, 3143, 3150)
1999 Ed. (731, 3424)
1998 Ed. (470, 2516)
1997 Ed. (677, 2802)
1996 Ed. (2661)
1995 Ed. (2591)
1994 Ed. (2532)
1993 Ed. (2584)
1992 Ed. (3092)
Granite City Electric Supply Co.
2008 Ed. (3714, 4362, 4403, 4966)
2006 Ed. (3519, 4358)
Granite Const. Co.
1990 Ed. (1197)
Granite Construction Inc.
2008 Ed. (1163, 1178, 1182, 1194, 1194, 1226, 1236, 1592)
2007 Ed. (1275, 1277, 1282, 1296, 1340, 1349, 2399)
2006 Ed. (1165, 1167, 1176, 1188, 1241, 1269, 1276, 1327, 1329, 1346, 1584, 2450, 3108, 4610)
2005 Ed. (1169, 1171, 1218, 1300, 1307, 2415, 2416, 2417)
2004 Ed. (1137, 1148, 1258, 1274, 1299, 2323, 2324, 2325, 2828)
2003 Ed. (1135, 1256, 1296, 2745)
2002 Ed. (1172, 1243, 1254, 1284)
2001 Ed. (1467)
2000 Ed. (1251, 1255, 3847)
1999 Ed. (1315, 1360, 1364)
1998 Ed. (884, 938, 941, 3123)
1997 Ed. (1129, 1152, 1155)
1996 Ed. (1108, 1123, 1124, 1127)
1995 Ed. (1127, 1154)
1994 Ed. (1110, 1136)
1993 Ed. (1087, 1116, 1120)
1992 Ed. (1403, 1407)
1991 Ed. (1075)
Granite Constructions Inc.
2006 Ed. (1251)
Granite Credit Union
2008 Ed. (2262)
2007 Ed. (2147)
2006 Ed. (2226)
2005 Ed. (2131)
2004 Ed. (1989)
2003 Ed. (1949)
2002 Ed. (1895)
Granite Falls Energy LLC
2006 Ed. (3320)
Granite Falls Furnace
2007 Ed. (4438)
Granite Firms Estates
1991 Ed. (2898)
Granite Furniture
1990 Ed. (1866)
Granite Hills Credit Union
2007 Ed. (2148)
2006 Ed. (2227)
2005 Ed. (2132)
2004 Ed. (1990)
Granite Investment Advisors, Small Cap Growth
2003 Ed. (3121, 3136)
Granite Run Mall
2000 Ed. (4032)
1999 Ed. (4312)
1998 Ed. (3302)
1994 Ed. (3305)
1992 Ed. (3972)
1991 Ed. (3127)
1990 Ed. (3292)
1989 Ed. (2493)
Granite State Bankshares Inc.
1993 Ed. (591)
1992 Ed. (533)
Granite State Credit Union
2008 Ed. (2246)
2007 Ed. (2131)
2006 Ed. (2210)
2005 Ed. (2115)
2004 Ed. (1973)
2003 Ed. (1933)
2002 Ed. (1879)
Granite Transformations
2008 Ed. (2393)
2007 Ed. (2256)
2006 Ed. (2325)
Graniterock
2006 Ed. (4328)
Granola
2002 Ed. (953)
Granola and yogurt bars
2003 Ed. (368, 4652)
2002 Ed. (2293)
1994 Ed. (3647)
Granola bars
2008 Ed. (2836)
Granola/yogurt bars
2005 Ed. (2234)
1995 Ed. (3529)
Granovsky family
2005 Ed. (4867)
Granray Associates
1998 Ed. (189)
Grant Advertising
2003 Ed. (151)
2002 Ed. (187)
2001 Ed. (214)
1999 Ed. (157)
1997 Ed. (148)
1996 Ed. (142)
1995 Ed. (128)
Grant Advertising (McCann)
2000 Ed. (175)
Grant & Duncan
1993 Ed. (2615, 2617)
1991 Ed. (2528)
Grant & Sons Ltd.; William
1990 Ed. (1033)
Grant, BJK & E (Lanka)
1990 Ed. (152)
Grant, BJK&E
1989 Ed. (163)
Grant Bozell Sri Lanka
1992 Ed. (210)
Grant Cooper & Associates
2008 Ed. (4131)
Grant County Economic Growth Council
2007 Ed. (3373)
Grant Dean Buick
1992 Ed. (409)
1991 Ed. (304)
Grant family
2008 Ed. (4900)
2007 Ed. (4926)
Grant; H.
2005 Ed. (2487)
Grant Hill
2004 Ed. (260)
2003 Ed. (294)
2002 Ed. (344)
2001 Ed. (420)
2000 Ed. (322)
1999 Ed. (306)
Grant; Hugh
2008 Ed. (946, 2631)
2007 Ed. (972, 1024, 2498)
2006 Ed. (881)
Grant; Laurence
2006 Ed. (1003)
Grant Prideco Inc.
2007 Ed. (3837)
Grant/Riverside Methodist Hospitals
2001 Ed. (1827)
Grant S. Kesler
1992 Ed. (1478)
Grant Street Advisors
2001 Ed. (732, 739, 903)
Grant/Subsidized Schools Provident Fund
2001 Ed. (2882)
1999 Ed. (2886)
1997 Ed. (2393)
Grant Thornton
2008 Ed. (13)
2001 Ed. (1537, 4179)
2000 Ed. (1, 2, 5, 6, 8, 9, 10, 12, 16, 18)
1999 Ed. (2, 3, 5, 6, 9, 11, 13, 19, 21)
1998 Ed. (6, 7, 9, 11, 15, 17)
1997 Ed. (4, 8, 9, 18, 22, 23)
1996 Ed. (13, 14, 20)
1995 Ed. (4, 5, 6, 9, 10, 11, 12)
1994 Ed. (1, 2, 3, 6)
1993 Ed. (2, 4, 5, 6, 7, 8, 12, 13, 3728)
1992 Ed. (10, 11, 12, 13, 16, 17, 18, 21, 22)
1991 Ed. (3, 4, 5)
1990 Ed. (3, 7, 9, 855)
1989 Ed. (9, 12)
Grant Thornton Association Inc.
2005 Ed. (3)
2002 Ed. (5)
Grant Thornton International
2001 Ed. (3)
1998 Ed. (10)
1997 Ed. (6, 7, 17)
1996 Ed. (6, 11, 12)
Grant Thornton Japan
1999 Ed. (14)
Grant Thornton LLP
2008 Ed. (1, 4, 277, 1778, 1796, 1974, 2921, 3167, 3170)
2007 Ed. (1, 6, 3052)
2006 Ed. (1, 2, 6, 8, 9, 10, 19)
2005 Ed. (1, 5)
2004 Ed. (2, 9)
2003 Ed. (1)
2002 Ed. (1, 3, 7, 9, 11, 25)
1998 Ed. (922)
1996 Ed. (10)
Grant Thronton LLP
2008 Ed. (1777)
Grant; William
1991 Ed. (2931)
Grantchester; Lady
2007 Ed. (4924)
Grantchester Securities
2003 Ed. (3090)
2001 Ed. (2423)
2000 Ed. (1919)
Grantham; Janis
2008 Ed. (4991)
2007 Ed. (4985)
2006 Ed. (4988)
2005 Ed. (4992)
Grantham; Jeremy
2005 Ed. (3205)
Grantham Mayo
2008 Ed. (2293)
1989 Ed. (2144)
Grantham, Mayo, Otterloo
2002 Ed. (2467)
Grantham Mayo V. Otterloo
1994 Ed. (2329, 2330)
Grantham Mayo Van Otter
1992 Ed. (2786)
Grantham Mayo Van Otterloo
2000 Ed. (2850)
1999 Ed. (3105, 3107)
1998 Ed. (2308)
1997 Ed. (2548, 2549, 2552)
1996 Ed. (2424, 2425, 2427)
1993 Ed. (2347, 2348, 2351)
1992 Ed. (2789, 3351)
Grantham, Mayo, Van Otterloo & Co.
2000 Ed. (2852)
Grantham, Mayo, Van Otterloo & Co. LLC
2003 Ed. (3070)
Grantor retained annuity trust
1999 Ed. (2061)
Grants
2004 Ed. (4314)
2003 Ed. (4304)
2002 Ed. (300, 4174)
2001 Ed. (4161)
1996 Ed. (2525, 2526)
1994 Ed. (2394)
1993 Ed. (3110)
1992 Ed. (2892)
Grants Glenfiddich
1991 Ed. (2934)
Grant's Scotch
1999 Ed. (3248)
Grant's Scotch Whiskey
2008 Ed. (246)
Grant's Vodka
2008 Ed. (246)
Granville
1995 Ed. (2500)
1994 Ed. (2430)
Granville & Co. Ltd.
1992 Ed. (1196)
1991 Ed. (960)
Granville Bridge Income
1995 Ed. (2751)
Granville Market Letter
1993 Ed. (2362)
1992 Ed. (2802, 2803)

Granville, The Granville Market Letter; Joseph
1990 Ed. (2366)
Grape
2001 Ed. (1216)
2000 Ed. (720)
1992 Ed. (2239)
Grape juice
2003 Ed. (2580, 2581)
2002 Ed. (2374)
2001 Ed. (2558)
2000 Ed. (4143)
Grape juice concentrate
2001 Ed. (2559)
Grape King
1994 Ed. (46)
Grape-Nuts
1993 Ed. (860)
Grapefruit
2008 Ed. (2792)
2007 Ed. (2651, 2653)
2006 Ed. (2668, 2670)
2005 Ed. (2693, 2695)
2004 Ed. (2693, 2695)
2003 Ed. (2575)
2001 Ed. (2548, 2549)
2000 Ed. (720)
1996 Ed. (1978)
1993 Ed. (1748)
1992 Ed. (2110, 2239)
Grapefruit cocktail
2001 Ed. (2558)
Grapefruit juice
2008 Ed. (2793)
2001 Ed. (2560)
1990 Ed. (1859)
Grapefruit juice, canned
1994 Ed. (3647)
Grapefruit juice concentrate
2001 Ed. (2559)
Grapefruit Twisted Gin
2003 Ed. (1030)
Grapefruits
1999 Ed. (2534)
Grapeland State Bank
2007 Ed. (464)
Grapes
2008 Ed. (2792)
2007 Ed. (2652, 2653)
2006 Ed. (2669, 2670)
2005 Ed. (2694, 2695)
2004 Ed. (2003, 2694, 2695)
2003 Ed. (2575, 3967, 3968)
2001 Ed. (2548, 2549)
1999 Ed. (2534)
1996 Ed. (1978)
1993 Ed. (1748, 1749)
1992 Ed. (2110)
Grapeseed extracts
2001 Ed. (2012)
Graphic Art Service Inc.
2004 Ed. (3937)
2003 Ed. (3933)
Graphic cards
1995 Ed. (1094)
Graphic Communication International Union
1996 Ed. (3602)
Graphic Communications International Union
1998 Ed. (2322)
Graphic Enterprises Inc.
1998 Ed. (2921)
Graphic Label Solutions LLC
2007 Ed. (3602)
Graphic:Lintas Malawi
1992 Ed. (177)
1991 Ed. (124)
1990 Ed. (125)
1989 Ed. (132)
Graphic McCann
2003 Ed. (105)
2002 Ed. (139)
2001 Ed. (167)
2000 Ed. (127)
1999 Ed. (121)
Graphic Packaging
2008 Ed. (3838)
Graphic Packaging International Corp.
2002 Ed. (1627)
Graphic Press LLC
2007 Ed. (4402)
Graphic Printing Services Inc.
1995 Ed. (2985)
Graphic Scanning
1992 Ed. (3603)
Graphic, visual, or fine arts
1994 Ed. (2066)
Graphical user interface
1996 Ed. (2914)
Graphics
1990 Ed. (533, 3080, 3081)
The Graphics & Technology Group
2000 Ed. (906, 910)
Graphics Business Systems
1990 Ed. (848)
Graphite Enterprise Trust
2007 Ed. (3290)
2006 Ed. (4881)
Gras Savoye
1999 Ed. (2909)
Gras Savoye & Cie.
2008 Ed. (3242)
2002 Ed. (2859, 2860, 2861, 2863)
2000 Ed. (2664)
Graseby
1995 Ed. (1405)
Grasim
2007 Ed. (1773)
1992 Ed. (1636)
Grasim Industries
2000 Ed. (1000)
1996 Ed. (753, 754)
1995 Ed. (1416, 1417)
1994 Ed. (724)
1993 Ed. (714, 715)
1992 Ed. (902, 903)
Grass Valley Group
2002 Ed. (4594)
Grassland
2000 Ed. (1634, 1636, 4158)
Grasso; Dick
2005 Ed. (3204)
Grated
2001 Ed. (1172)
Grated cheese
2002 Ed. (983)
Grateful Dead
2001 Ed. (1380)
1997 Ed. (1114)
1996 Ed. (1095)
1995 Ed. (1117, 1118, 1118, 1118)
1994 Ed. (1101)
1993 Ed. (1076, 1077, 1078)
1992 Ed. (1348)
1991 Ed. (844, 1041)
1990 Ed. (1142, 1144)
Gratigny Central Industrial Park
2002 Ed. (2765)
2000 Ed. (2625)
Gratis Internet
2007 Ed. (99)
2006 Ed. (106)
Gratry
2000 Ed. (2821, 2825)
Grattan plc
2002 Ed. (47)
Grattans
1992 Ed. (2960)
Gratton; Robert
2006 Ed. (2528)
2005 Ed. (4865)
Graubunder Kantonalbank
2008 Ed. (510)
Gravett & Tilling (Underwriting Agencies) Ltd.
1993 Ed. (2456)
1992 Ed. (2898)
Gravett & Tilling (Underwriting Agencies) Ltd.; 340,
1991 Ed. (2335)
Gravies, meat
1996 Ed. (3617)
Gravure printing
2001 Ed. (3905)
Gravy, canned
2003 Ed. (1129)
Gravy mixes
2003 Ed. (1129)
Gravy Time
1994 Ed. (2829)
Gravy Train
1999 Ed. (3785)
1997 Ed. (3070)
1996 Ed. (2991)
1993 Ed. (2815)
1992 Ed. (3408)
1990 Ed. (2818)
1989 Ed. (2193, 2196)
Gray Corp. Ltd.
1993 Ed. (968)
1991 Ed. (351)
Gray Cary
2005 Ed. (3257)
Gray Communications
1992 Ed. (2978, 4241)
1991 Ed. (3327)
Gray; Donald
2007 Ed. (2507)
Gray; Harry J.
1993 Ed. (890)
Gray Hawk Systems
2006 Ed. (2249)
2005 Ed. (1994, 2159)
Gray iron foundries
1991 Ed. (2626)
Gray; Jonathan
1997 Ed. (1898, 1917)
1996 Ed. (1772, 1824, 1844)
1995 Ed. (1797, 1798, 1846, 1863)
1994 Ed. (1808, 1821, 1834)
1993 Ed. (1825)
1992 Ed. (2138)
1991 Ed. (1692)
Gray; Kay L.
1991 Ed. (2547)
Gray Kirk/Van Sant
1996 Ed. (139)
1995 Ed. (125)
1994 Ed. (116)
Gray Line of Fort Lauderdale
1996 Ed. (831)
1994 Ed. (800)
Gray Line of Ft. Lauderdale
1992 Ed. (988)
1991 Ed. (807)
Gray Line Worldwide
2000 Ed. (1102)
Gray Oil Co., Inc.
2007 Ed. (3540, 4403, 4989)
Gray Plant Mooty
2007 Ed. (3320)
Gray, Plant, Mooty, Mooty & Bennett
1993 Ed. (2400)
1992 Ed. (2842)
1991 Ed. (2288)
1990 Ed. (2422)
Gray Robinson
2008 Ed. (3424)
Gray Suzuki; Bill
1996 Ed. (289)
Graybar Electric Co., Inc.
2008 Ed. (1512, 1957, 2463, 4056, 4920)
2007 Ed. (1893, 4029, 4944, 4949)
2006 Ed. (1910, 3992, 4943, 4944)
2005 Ed. (1888, 2996, 3385, 3918, 4910, 4911)
2004 Ed. (1806, 2998, 4927, 4928)
2003 Ed. (1769, 2204, 2205, 2951, 4927, 4928)
2002 Ed. (1732, 1993, 2813, 4898)
2000 Ed. (1519, 1785, 2622)
1999 Ed. (1708, 2847)
1998 Ed. (2086)
1997 Ed. (1482, 2365)
1995 Ed. (2232)
Graycar Travel Agency
1992 Ed. (4487)
Graycon Group Ltd.
2008 Ed. (2946)
2007 Ed. (2821)
Graycor Inc.
1999 Ed. (1326)
1994 Ed. (1156)
1992 Ed. (1371, 1434)
Graydon, Head, & Richey
2001 Ed. (561, 562)
Grayer; Jonathan
2005 Ed. (2469)
Grayling
2002 Ed. (3860, 3861, 3863, 3867, 3870, 3872)
Grayling Group
2000 Ed. (3650, 3651, 3653, 3656)
1999 Ed. (3934, 3936, 3938, 3939, 3941)
1997 Ed. (3198, 3201)
1996 Ed. (3117, 3121, 3126, 3127)
1995 Ed. (719, 3014, 3016, 3017, 3018)
1994 Ed. (2956, 2958, 2959, 2960, 2961, 2962, 2963)
Graymer; Judy
2008 Ed. (2595)
2007 Ed. (2462)
Grayrock Shared Ventures
1990 Ed. (3670)
Grayson Homes
2004 Ed. (1155)
2003 Ed. (1151)
2002 Ed. (1180)
Grayson; Stanley E.
1990 Ed. (2660)
Graystone Bank
2008 Ed. (2036)
Graz
1994 Ed. (428)
GRC International
1998 Ed. (2678)
GRE
1993 Ed. (2255)
GRE European
1992 Ed. (3203)
Grease
2001 Ed. (3412)
Grease Monkey
2008 Ed. (322)
2007 Ed. (335)
2006 Ed. (350)
2003 Ed. (364)
2002 Ed. (418)
2001 Ed. (531)
1990 Ed. (406)
Grease Monkey Franchising LLC
2008 Ed. (323)
Grease Monkey International Inc.
2008 Ed. (882)
2007 Ed. (336, 907)
2006 Ed. (351, 820)
2005 Ed. (335, 905)
2004 Ed. (339, 914)
2003 Ed. (355, 895)
2002 Ed. (2363)
Great A & P Tea Co. Inc.
2000 Ed. (372)
1995 Ed. (343, 2757)
1990 Ed. (1963, 3027, 3051, 3490, 3493)
1989 Ed. (1556, 2459, 2775, 2777)
Great A & P Tea Co. (Canada)
2008 Ed. (2744)
2007 Ed. (2614)
The Great A & P Tea Co. Inc. of Canada
1995 Ed. (1395)
The Great Alaskan Bowl Co.
2008 Ed. (4366)
Great Allentown Fair
2001 Ed. (2355)
Great Amer Res "VA Fund"
1994 Ed. (3619)
Great America FSA
1994 Ed. (528)
Great American Bagel
1999 Ed. (4059)
Great American Bank
1993 Ed. (3078)
1992 Ed. (1551, 1552, 1553, 1556, 1558, 1560, 3773, 3774, 3778, 3779, 3780, 3783, 3785, 3788, 3789, 3794, 3795, 3797, 3926, 4289)
1991 Ed. (3361, 3367)
Great American Bank, FSA
1993 Ed. (3080, 3081, 3083, 3087, 3088, 3567)
Great American Bank FSB
1995 Ed. (508)
Great American Bank, SSB
1991 Ed. (3375)
Great American Bank, SSB (San Diego, CA)
1991 Ed. (3364, 3365)
Great American Business Products
2000 Ed. (907)

Great American Communications
1994 Ed. (2445)
Great American Community Credit Union
2004 Ed. (1933, 1934)
Great American Cookies
2004 Ed. (1379)
Great American Federal
1994 Ed. (3531)
Great American Financial Resources
2008 Ed. (2703)
2005 Ed. (2574, 2575)
2004 Ed. (2596, 2597)
Great American First
1991 Ed. (3371)
Great American First Savings
1991 Ed. (2919)
1990 Ed. (3126, 3581)
1989 Ed. (2826)
Great American First Savings Bank
1990 Ed. (420, 422, 515, 516, 1779, 3575, 3576, 3584)
1989 Ed. (2821, 2824)
The Great American Hanger Co.
2007 Ed. (1323)
Great American Insurance Co.
2005 Ed. (3140, 3142)
2000 Ed. (2681)
Great American Insurance Cos.
2002 Ed. (2901)
Great American Life
1998 Ed. (170)
Great American Lines
2003 Ed. (4783)
2002 Ed. (4688)
Great American Management
1993 Ed. (2164)
1990 Ed. (1287)
Great American Management & Investment Inc.
1995 Ed. (2239)
1992 Ed. (1131, 1523, 2565, 2593)
1991 Ed. (1993)
1990 Ed. (2145)
Great American Management Investment Inc.
1991 Ed. (3333)
Great American Nutrition
2002 Ed. (4889)
2001 Ed. (2009, 2010)
2000 Ed. (1669)
Great American P & C Group
2003 Ed. (3004)
Great American Property & Casualty Insurance Group
2007 Ed. (3119, 3183)
Great American Reserve - Maxi-Flex (VA)
1991 Ed. (2149, 2152)
Great American Reserve Maxiflex VA-FP Asset Alloc
2000 Ed. (4328)
Great American Reserve Maxiflex VA-FP Janus Worldwide Growth
2000 Ed. (4333)
Great APT
1992 Ed. (1495)
Great Atlantic & Pacific Tea Co., Inc.
2007 Ed. (4533, 4612, 4615)
2006 Ed. (1930, 4626, 4627)
2005 Ed. (1903, 4558, 4559)
2004 Ed. (4614, 4615, 4629, 4630, 4631)
2003 Ed. (680, 1043, 1784, 1785, 4633, 4634, 4635, 4653, 4654, 4655, 4657, 4658, 4660, 4661, 4664)
2002 Ed. (4529)
2001 Ed. (1813, 4416, 4417, 4418, 4419)
1999 Ed. (368, 3596, 4518)
1998 Ed. (264, 2667, 3444, 3449)
1997 Ed. (329, 2928, 3660, 3677)
1996 Ed. (1427, 1929, 1943, 2824)
1993 Ed. (1208, 1997, 2706, 2707, 3041, 3496)
1992 Ed. (2195, 2350, 3217, 3729, 3732, 4163, 4169)
1991 Ed. (1860, 2887, 2888, 2896, 3252)
1990 Ed. (3556)
Great Atlantic Pools, Spas, Patio, Fireplace
2005 Ed. (4027)
Great Bay Bankshares Inc.
1993 Ed. (591)
Great Bear
1996 Ed. (760)
1995 Ed. (687)
1994 Ed. (734)
1992 Ed. (910)
1990 Ed. (745)
1989 Ed. (747)
Great Big Color Inc.
2004 Ed. (3970)
Great Boston Fire
2002 Ed. (2880)
Great Brands of Europe Inc.
2003 Ed. (737, 740, 4472)
The Great Bridal Expo Group
2008 Ed. (4723)
Great Britain
2001 Ed. (4590, 4920, 4921)
1999 Ed. (3848, 4695)
1998 Ed. (230, 856)
1996 Ed. (510, 1645, 3762, 3763)
1995 Ed. (344, 713, 1743, 1744)
1994 Ed. (857, 2264, 2333, 2344, 2898, 3450)
1993 Ed. (212, 213, 479, 943, 956, 1269, 1596, 2229, 2368)
1992 Ed. (2329, 3348, 4152)
1991 Ed. (2111, 2936, 3236, 3405)
1989 Ed. (362)
Great Canadian Gaming Corp.
2008 Ed. (1430, 2591)
2007 Ed. (2457)
2006 Ed. (1603, 1607, 2495, 4492)
2005 Ed. (1670, 1705)
Great Central Lumber
1996 Ed. (816, 823, 825)
Great Chicago Fire
2002 Ed. (2880)
Great Clips Inc.
2008 Ed. (2876)
2007 Ed. (2759)
2006 Ed. (2752)
2005 Ed. (2780)
2004 Ed. (2789)
2003 Ed. (2675)
2002 Ed. (2432)
2000 Ed. (2268)
1998 Ed. (1758)
Great Clips for Hair
1993 Ed. (1900)
The Great Crash 1929
2006 Ed. (586)
Great Dane
1999 Ed. (4649)
1994 Ed. (3566)
Great Dane LP
2005 Ed. (4741)
Great Day
1994 Ed. (2021)
Great Depression of 1990
1989 Ed. (745)
Great Earth Vitamins
2003 Ed. (4863)
2002 Ed. (4759)
Great Eastern Life Assurance Co.
2001 Ed. (2889)
1999 Ed. (2893)
1997 Ed. (2401)
Great Eastern Shipping
2007 Ed. (1771)
1997 Ed. (686)
1996 Ed. (755)
1994 Ed. (725)
1991 Ed. (721)
Great Falls Bank
1998 Ed. (372)
Great Falls, MT
2008 Ed. (4730)
2007 Ed. (842, 2999)
2006 Ed. (2971)
2005 Ed. (3474)
2004 Ed. (4762)
2001 Ed. (2822)
1995 Ed. (875)
1992 Ed. (3053)
1991 Ed. (2429)
Great Falls Tribune
1992 Ed. (3240)
1991 Ed. (2597)
1990 Ed. (2702)
Great Financial Federal
1990 Ed. (3127)
Great Fortune
2005 Ed. (722)
The Great Frame Up
2008 Ed. (3986)
2007 Ed. (3955)
2006 Ed. (3908)
2005 Ed. (3839)
2004 Ed. (3901)
2003 Ed. (3876)
2002 Ed. (3710)
1995 Ed. (1936)
The Great Frame Up Systems Inc.
1996 Ed. (1967)
Great Hall National Tax Ex.
1995 Ed. (2689)
Great Hall National Tax Exempt
1996 Ed. (2762, 2785)
Great Harvest Franchising Inc.
2008 Ed. (337)
2007 Ed. (351)
2006 Ed. (368)
2005 Ed. (353)
2004 Ed. (352)
2003 Ed. (373)
2002 Ed. (427)
The Great Indoors
2008 Ed. (3001)
2007 Ed. (2881)
2006 Ed. (2888)
Great Lakes
2000 Ed. (3555)
1999 Ed. (1082, 2835)
1997 Ed. (2207)
1995 Ed. (1538)
1990 Ed. (1460, 2169)
1989 Ed. (1191)
Great Lakes Advisors
1995 Ed. (2368)
Great Lakes Aviation Ltd.
2005 Ed. (214, 220)
2004 Ed. (208)
2003 Ed. (1858)
2002 Ed. (1916)
Great Lakes Bancorp
1998 Ed. (3155, 3524, 3551)
1993 Ed. (3089)
1992 Ed. (3790, 3800)
1991 Ed. (2921)
1990 Ed. (3102)
Great Lakes Beer Co.
2000 Ed. (3126)
Great Lakes Brewing Co.
1999 Ed. (3400, 3401)
1998 Ed. (2490)
Great Lakes Case & Cabinet Co., Inc.
2007 Ed. (3594, 3595, 4443)
2006 Ed. (3536)
Great Lakes Cheese Co.
2001 Ed. (1254)
Great Lakes Cheese of Utah Inc.
2006 Ed. (2088)
Great Lakes Chemical Corp.
2003 Ed. (941)
2001 Ed. (1177, 1213)
1999 Ed. (1113, 1561, 4400)
1998 Ed. (697, 698, 714, 715, 716, 1120, 1123)
1997 Ed. (972, 973, 974)
1996 Ed. (950, 951)
1995 Ed. (972, 973, 974, 1418)
1994 Ed. (919, 940, 941, 1207, 1267, 1387, 3448)
1993 Ed. (905, 927, 928, 1332)
1992 Ed. (1108, 1126, 1127, 1128)
1991 Ed. (919, 920, 921)
1990 Ed. (962, 963, 964, 966, 967, 968)
1989 Ed. (895, 896, 900)
Great Lakes Collection Bureau Inc.
2001 Ed. (1314)
1997 Ed. (1044, 1045, 1046, 1047)
Great Lakes Color Printers
2000 Ed. (4054)
Great Lakes Credit Union
2006 Ed. (2172)
2005 Ed. (2099)
2004 Ed. (1957)
2003 Ed. (1917)
2002 Ed. (1863)
1994 Ed. (1505)
1993 Ed. (1452)
Great Lakes Crossing
2002 Ed. (4280)
2001 Ed. (4252)
2000 Ed. (4028)
Great Lakes Dredge & Dock Corp.
2004 Ed. (1273)
2003 Ed. (1270)
2002 Ed. (1260)
1997 Ed. (1155)
1996 Ed. (1127)
1993 Ed. (1120)
Great Lakes Employee Benefits
1994 Ed. (2040)
Great Lakes Gas Transmission Co.
2003 Ed. (3881)
2000 Ed. (2314)
Great Lakes Gas Transmission LP
1998 Ed. (1811)
1997 Ed. (2121, 2122)
1996 Ed. (2001, 2003)
1994 Ed. (1950)
1993 Ed. (1924)
Great Lakes Group
1992 Ed. (1597)
Great Lakes Health Plan
1999 Ed. (2654)
1993 Ed. (2022)
Great Lakes Hotel Supply
1995 Ed. (1920)
Great Lakes Indian Fish & Wild Life Agency
2008 Ed. (2724)
2007 Ed. (2587)
Great Lakes Insurance Co., Ohio
2000 Ed. (2716)
Great Lakes Mall
2001 Ed. (4251)
Great Lakes Media Technology
2005 Ed. (2333)
Great Lakes Museum of Science, Environment and Technology
1995 Ed. (1930)
Great Lakes National Bank
2001 Ed. (588)
2000 Ed. (384, 510)
1999 Ed. (384)
Great Lakes National Bank, Michigan
2002 Ed. (551)
2001 Ed. (620)
Great Lakes Naval Training Center
1993 Ed. (2884)
Great Lakes Plumbing & Heating Co.
2007 Ed. (2580)
2006 Ed. (1242)
2005 Ed. (1281)
2004 Ed. (1235)
Great Lakes REIT Inc.
2001 Ed. (1666)
2000 Ed. (1043)
1999 Ed. (1118, 2622)
Great Lakes Works
2005 Ed. (1757)
Great Lash
2001 Ed. (2382, 2383)
Great Lash; Maybelline
2008 Ed. (2186)
2005 Ed. (2024)
Great Literature
1994 Ed. (874)
Great Little Box Co.
2008 Ed. (1583, 1611)
2007 Ed. (1606, 1613)
2006 Ed. (1592, 1596)
Great N. Nekoosa
1990 Ed. (2766)
Great Neck
1992 Ed. (2375)
1991 Ed. (1887)
Great Neck/Lake Success, NY
1996 Ed. (1602)
Great No. Iron Ore
1992 Ed. (3225)
Great Northern
1993 Ed. (2379)
Great Northern Annuity
1997 Ed. (256, 361)
Great Northern Mall
2001 Ed. (4251)

Great Northern Nekoosa Corp.
2005 Ed. (1534)
2004 Ed. (1518)
2003 Ed. (1488)
2002 Ed. (1467)
1992 Ed. (1385, 1458, 1459, 1461)
1991 Ed. (1154, 1328, 2384, 2669, 2670, 3332)
1990 Ed. (1403, 2761, 2763)
1989 Ed. (2112, 2113)
Great Northern Corp. Packaging & Display Group
2008 Ed. (4005)
Great Northern Paper Inc.
2004 Ed. (1785)
2001 Ed. (1782)
Great Northern Properties LLP
1999 Ed. (1210)
Great Northern Rail
2003 Ed. (1618)
Great Performances
2008 Ed. (4975)
Great Plains
1997 Ed. (1108)
1996 Ed. (824)
Great Plains Credit Union
2008 Ed. (2233)
2007 Ed. (2127)
2006 Ed. (2206)
2005 Ed. (2111)
2004 Ed. (1969)
2003 Ed. (1929)
2002 Ed. (1875)
Great Plains Energy Inc.
2008 Ed. (1872, 1874)
2007 Ed. (1840)
2006 Ed. (1833, 1834, 1835)
2005 Ed. (1834, 2295)
Great Plains Health Alliance
1996 Ed. (2709)
Great Plains Regional Medical Center
2008 Ed. (2007)
Great Plains Software Inc.
2003 Ed. (1424)
1995 Ed. (2097)
Great Portland Estates
1989 Ed. (2288)
Great River Energy
2007 Ed. (1428)
2006 Ed. (1392)
2005 Ed. (1406)
Great River Financial Group
2005 Ed. (446)
Great Salt Lake Electric Inc.
2006 Ed. (1350)
Great Smoky Mountains National Park
1990 Ed. (2665, 2666)
Great Southern Bancorp Inc.
2006 Ed. (1832)
2003 Ed. (513, 514)
2000 Ed. (395)
Great Southern Bank FSB
1998 Ed. (3553)
Great Southern Homes
2008 Ed. (1195)
Great Southwest Corp.
1996 Ed. (2248)
Great Steak & Fry
1994 Ed. (3087)
Great Steak & Potato Co.
2008 Ed. (2686, 4273)
2007 Ed. (4239)
2005 Ed. (4170)
2004 Ed. (4241)
2003 Ed. (4220)
2002 Ed. (4090)
1999 Ed. (2516)
Great Taipei Gas Corp.
1992 Ed. (2974)
1990 Ed. (2520)
Great Universal Stores
2002 Ed. (47, 223)
1999 Ed. (278)
1998 Ed. (2427)
1997 Ed. (2699)
1996 Ed. (1360)
1994 Ed. (2427)
1992 Ed. (2960)
The Great Unraveling
2006 Ed. (635)
Great Valley Corporate Center
2000 Ed. (2626)
1996 Ed. (2251)
1995 Ed. (2242)
1994 Ed. (2187, 2190)
1992 Ed. (2598)
1991 Ed. (2024)
1990 Ed. (2181)
Great Wall
1995 Ed. (2572)
Great Wall International Movie & Television Advertising Co.
1996 Ed. (72)
Great Wall Technology
2001 Ed. (1671)
Great Wear
2001 Ed. (1907)
Great-West, Canada
1990 Ed. (2239)
1989 Ed. (1686, 1687, 1691)
Great-West, Canada. 1
1990 Ed. (2240)
Great West Casualty Corp.
2001 Ed. (2900)
The Great-West Family of Cos.
2004 Ed. (2682)
Great-West Healthcare
2008 Ed. (3268)
2006 Ed. (3106)
Great-West Life
1991 Ed. (2086)
Great-West Life American Growth
2004 Ed. (2467)
Great-West Life & Annuity
2000 Ed. (3900)
1999 Ed. (4173)
1998 Ed. (2166, 2169)
1995 Ed. (2443)
Great West Life & Annuity Insurance Co.
2008 Ed. (1758, 4052)
2007 Ed. (1729, 4025)
2006 Ed. (1658, 1720)
2005 Ed. (1741, 1775)
2004 Ed. (1683, 1717)
2003 Ed. (1680)
2002 Ed. (1654)
1997 Ed. (2439, 2441, 2447)
1995 Ed. (2304)
Great-West Life Assurance Co.
2006 Ed. (2604)
1999 Ed. (2939, 2959)
1997 Ed. (2454, 2455)
1996 Ed. (2325, 2326)
1994 Ed. (2253, 2263, 2318)
1993 Ed. (2215, 2220, 2221)
1992 Ed. (2774, 2660, 2661, 2672)
1991 Ed. (2103, 2104, 2105, 2246)
1990 Ed. (2241, 2351)
Great-West Life Assurance Co. of Canada
1995 Ed. (2311)
1993 Ed. (2228)
1992 Ed. (2673)
1991 Ed. (2110)
Great-West Life Dividend/Growth
2004 Ed. (3613, 3614)
Great-West Life FutureFunds Maxim Corp. Bond Q
2000 Ed. (4329)
Great West Life Government Bond A
2001 Ed. (3483)
Great West Life Government Bond B
2001 Ed. (3483)
Great-West Life Income
2003 Ed. (3561, 3562)
Great West Life Larger Company Equity A (M)
2001 Ed. (3492, 3493)
Great West Life Larger Company Equity B (M)
2001 Ed. (3492, 3493)
Great-West Life Mid Cap Canada
2003 Ed. (3565, 3566)
Great-West Life U.S. Large Cap Value
2004 Ed. (2460, 2461)
Great-West Lifeco Inc.
2008 Ed. (1626, 1649, 1652, 1653, 1655, 3308, 4531)
2007 Ed. (1626, 1627, 1635, 1639, 1641, 1644, 1645, 1647, 3158, 4575)
2006 Ed. (1614, 1616, 1622, 1627)
2003 Ed. (2482)
2002 Ed. (2268)
1997 Ed. (2454)
1996 Ed. (2325)
1994 Ed. (2263)
Great-West PPO/New England Financial PPO
2000 Ed. (3603)
Great-West Retirement Services
2007 Ed. (2641)
2006 Ed. (2658)
2005 Ed. (2679)
Great Western
2002 Ed. (972)
2001 Ed. (1161)
2000 Ed. (1008)
1997 Ed. (931)
1994 Ed. (341, 346, 587)
1992 Ed. (1084)
Great Western Bank
1998 Ed. (3128, 3131, 3132, 3133, 3134, 3135, 3136, 3137, 3139, 3140, 3141, 3142, 3143, 3146, 3147, 3148, 3149, 3150, 3151, 3156, 3530, 3532, 3534, 3535, 3536, 3538)
1997 Ed. (3740, 3741)
1996 Ed. (367, 3684, 3685)
1993 Ed. (353, 3074, 3075, 3076, 3077, 3079, 3080, 3083, 3084, 3085, 3086, 3090, 3091, 3092, 3093, 3094, 3096, 3097, 3564, 3565, 3566)
1992 Ed. (506, 515, 1762, 3774, 3775, 3776, 3777, 3779, 3783, 3784, 3785, 3786, 3787, 3791, 3792, 3793, 794, 3795, 3797, 3798, 4286)
Great Western Bank, A FSB
1993 Ed. (3078)
Great Western Bank FSB
1995 Ed. (351, 555, 2611)
1991 Ed. (363, 371, 2481, 2919, 3362, 3375)
1990 Ed. (420, 422, 515, 516, 2469, 2606, 3096, 3097, 3098, 3100, 3117, 3575, 3576, 3577, 3583, 3584)
1989 Ed. (2822)
Great Western Bank, FSB (Beverly Hills, CA)
1991 Ed. (3364, 3365)
Great Western Chemical
2002 Ed. (1006)
1999 Ed. (1094)
Great Western Financial
2001 Ed. (579)
1999 Ed. (371, 372, 374, 1523, 4595)
1998 Ed. (1046, 3153, 3153, 3157, 3523, 3525, 3527)
1997 Ed. (735, 3382, 3744, 3746, 3747)
1996 Ed. (3285, 3686, 3688, 3689, 3690)
1995 Ed. (2610, 3186, 3320, 3608, 3610, 3611, 3613)
1994 Ed. (2551, 2558, 3141, 3144, 3240, 3526, 3527, 3528, 3534, 3535, 3537)
1993 Ed. (2593, 3070, 3246, 3562, 3563, 3572, 3573, 3575)
1992 Ed. (2150, 2151, 3770, 4285, 4289, 4290)
1991 Ed. (2486, 2917, 3361, 3367, 3368)
1990 Ed. (3574)
1989 Ed. (2355, 2826)
Great Western Savings
1991 Ed. (1661)
Great Western Steamship
2004 Ed. (2542)
Great White Fleet
2003 Ed. (1225)
Great Wraps
2008 Ed. (4272)
2007 Ed. (4238)
GreatBanc Inc.
2003 Ed. (504, 505, 506)
Greatek Electronic
2008 Ed. (2098)
The Greater Alarm Co.
2008 Ed. (4296, 4297, 4299, 4300)
2007 Ed. (4295)
2006 Ed. (4271)
2005 Ed. (4291)
Greater Atlanta Brokerage Solutions LLC
2004 Ed. (4068)
Greater Atlantic Health Service
1998 Ed. (1920)
1993 Ed. (2025)
1991 Ed. (1896)
Greater Atlantic Health Services
1992 Ed. (2393)
Greater Baltimore Medical Center Inc.
2008 Ed. (1902)
2007 Ed. (1867)
2001 Ed. (1786)
1994 Ed. (890)
Greater Bay Bancorp
2005 Ed. (446, 447, 453, 635, 636)
2004 Ed. (646, 647)
2003 Ed. (454)
2002 Ed. (484, 486, 500, 501)
2000 Ed. (395)
Greater Boca Raton Chamber
2000 Ed. (1004)
Greater Boca Raton Chamber of Commerce
2002 Ed. (958)
Greater Boston Cable Advertising
1998 Ed. (587, 601)
1996 Ed. (856, 861)
1994 Ed. (830)
Greater Chicago Auto Auction
1992 Ed. (373)
1991 Ed. (267)
Greater Chicago Cable Interconnect
1994 Ed. (830)
1992 Ed. (1018)
Greater Chicago Newspapers
1991 Ed. (2605)
Greater Cleveland Fire Fighters Credit Union
2001 Ed. (1962)
Greater Cleveland NT
1991 Ed. (2596)
1990 Ed. (2688)
Greater Cleveland Regional Transit Authority
1991 Ed. (1885, 3160)
Greater Connecticut
1989 Ed. (226)
Greater Dallas Chamber
2006 Ed. (3308)
2005 Ed. (3320)
Greater Dallas Chamber of Commerce
2008 Ed. (3472)
2007 Ed. (3373)
Greater Detroit Resource Recovery Authority, MI
1999 Ed. (3471)
Greater East London
1992 Ed. (1031)
Greater Erie County Marketing Group
2006 Ed. (3308)
Greater Fort Lauderdale Chamber
2000 Ed. (1004)
1999 Ed. (1057)
Greater Fort Lauderdale Chamber of Commerce
1998 Ed. (670)
Greater Ft. Lauderdale/Broward County Convention Center
1999 Ed. (1417)
Greater Ft. Lauderdale Convention Center
2002 Ed. (1334)
Greater Glasgow
1992 Ed. (1031)
Greater Houston Partnership
2007 Ed. (3373)
Greater Iowa Credit Union
2008 Ed. (2210, 2232)
2007 Ed. (2117)
2006 Ed. (2196)
2005 Ed. (2101)
Greater Kansas City Community Foundation
2000 Ed. (3341)
1989 Ed. (1475)
The Greater Kansas City Community Foundation & Affiliated Trusts
2005 Ed. (2673, 2674)

2002 Ed. (1127, 1128, 1129, 2336)
2001 Ed. (2514)
Greater La Crosse Health Plan
1999 Ed. (2646, 2647)
1997 Ed. (2185, 2193)
Greater Lafayette Community Foundation
1994 Ed. (1907)
Greater Louisville Inc.
2008 Ed. (3472)
Greater Media
2001 Ed. (3974)
Greater Metropolitan Health System
1999 Ed. (2479, 2638)
Greater Metropolitan Health Systems
1998 Ed. (1909)
Greater Miami Area Small Business Development Center
2002 Ed. (4291)
Greater Miami Chamber
2000 Ed. (1004)
1999 Ed. (1057)
Greater Miami Chamber of Commerce
2002 Ed. (958)
1998 Ed. (670)
Greater Miami Jewish Federation
1993 Ed. (2732)
1992 Ed. (3269)
Greater Minneapolis Convention & Visitors Association
2006 Ed. (3717)
Greater Nevada Credit Union
2008 Ed. (2245)
2007 Ed. (2130)
2006 Ed. (2209)
2005 Ed. (2114)
2004 Ed. (1972)
2003 Ed. (1932)
2002 Ed. (1878)
Greater New York Hospital Association
1996 Ed. (2534)
Greater New York Savings
1991 Ed. (3366)
Greater New York Savings Bank
1998 Ed. (3558)
1997 Ed. (3749)
1994 Ed. (3225)
Greater Oklahoma City Chamber of Commerce
2003 Ed. (3245)
Greater Omaha Packaging
2000 Ed. (3060)
Greater Omaha Packing
2000 Ed. (3059, 3581, 3582)
Greater Orlando Aviation Authority
1995 Ed. (2646)
Greater Orlando Chamber
2000 Ed. (1004)
1999 Ed. (1057)
Greater Orlando Chamber of Commerce
1998 Ed. (670)
Greater Philadelphia Cable
1991 Ed. (833, 841)
Greater Philadelphia Cultural Alliance
1991 Ed. (894)
Greater Philadelphia Sport, Travel & Outdoor Show
1999 Ed. (4642)
1998 Ed. (3608)
Greater Sarasota Chamber
1999 Ed. (1057)
Greater Sarasota Chamber of Commerce
1998 Ed. (670)
Greater Shreveport Chamber
2006 Ed. (3308)
Greater Shreveport Chamber of Commerce
2004 Ed. (3302)
Greater Southeast Hospital
1989 Ed. (2903)
Greater Sudbury, Ontario
2007 Ed. (3377)
Greater Tampa Chamber
2000 Ed. (1004)
1999 Ed. (1057)
Greater Tampa Chamber of Commerce
2002 Ed. (958)
1998 Ed. (670)
Greater Twin Cities United Way
2006 Ed. (3721)
Greater Union Organisation Pty. Ltd.
2001 Ed. (3365, 3389)
The Greater Vancouver Transportation Authority
2008 Ed. (1103)
2006 Ed. (2708)
Greater Washington Initiative
2008 Ed. (3472)
Greater Western Financial
1992 Ed. (4288)
The Greatest Generation
2001 Ed. (985)
The Greatest Generation Speaks
2001 Ed. (985)
Greatwide Logistics Services
2008 Ed. (4739, 4773, 4777)
Greaves; Roger F.
1996 Ed. (962)
Grecian
2001 Ed. (2657)
Grecian Formula
2003 Ed. (2655)
1994 Ed. (2021)
Greco; Rosemarie B.
1994 Ed. (3666)
Greditor; Alan
1990 Ed. (1766)
1989 Ed. (1417)
Greece
2008 Ed. (533, 1289, 1413, 2190, 2191, 3164, 3825, 3828, 4597, 4694, 4793, 4794)
2007 Ed. (583, 2084, 3050, 3743, 3745, 3747, 3755, 4689, 4777)
2006 Ed. (549, 1029, 2136, 3017, 3744, 3746, 3748, 3756, 4574, 4669, 4770, 4771, 4777)
2005 Ed. (647, 2040, 3022, 3646, 3648, 3650, 3658, 4499, 4603, 4718, 4977)
2004 Ed. (663, 1908, 2096, 2814, 3738, 3740, 3742, 3747, 4739)
2003 Ed. (654, 1877, 3694, 3697, 3699, 3703, 4757)
2002 Ed. (1816, 4972, 4973, 4974)
2001 Ed. (668, 670, 1171, 1242, 1283, 1338, 1340, 1497, 1938, 1983, 1984, 1985, 2036, 2046, 2094, 2412, 2443, 2481, 2552, 2553, 2658, 3044, 3575, 3578, 3580, 3596, 3638, 3644, 3760, 3783, 3863, 4028, 4119, 4246, 4277, 4371, 4393, 4483, 4494, 4548, 4565, 4567, 4569, 4670, 4671, 4909, 4910, 4915, 4941)
2000 Ed. (2355, 2356, 2360, 4425)
1999 Ed. (1139)
1998 Ed. (656, 1522)
1997 Ed. (941, 1687, 2147, 3509, 3912)
1996 Ed. (3870)
1995 Ed. (344, 2005, 2012, 2024, 3626, 3773)
1994 Ed. (335, 1515, 1987, 3436)
1993 Ed. (1465, 1962, 1969, 1976, 2129, 3724, 3726)
1992 Ed. (305, 1029, 2046, 2293, 2305, 2312, 2322, 4319, 4320, 4475)
1991 Ed. (1829, 1836, 3506, 3508)
1990 Ed. (1581, 1906, 1913, 1920, 3503, 3694, 3700)
1989 Ed. (362, 2965)
Greece; Bank of
2006 Ed. (1737)
Greece Central School District
2002 Ed. (2062)
Greece Fund
1992 Ed. (3205)
Greehey; W. E.
2005 Ed. (2496)
Greehey; William E.
2007 Ed. (960, 1031)
2006 Ed. (937)
Greek
1990 Ed. (3295)
Greek Organization of Football Prognostics
2006 Ed. (1739)
Greek Organization of Football Prognostics SA
2008 Ed. (1773)
2007 Ed. (1747)
Greek Post Office Savings Bank
2008 Ed. (420)
2006 Ed. (447)
2005 Ed. (504, 514)
2004 Ed. (491, 535)
2003 Ed. (500)
2002 Ed. (565)
2000 Ed. (541)
1999 Ed. (532)
1997 Ed. (481)
1996 Ed. (522)
1995 Ed. (478)
1994 Ed. (496)
1992 Ed. (688)
The Greek Progress Fund SA
1996 Ed. (248)
Greek Theatre
2002 Ed. (4342)
Greek's Pizzeria
2008 Ed. (3995)
2007 Ed. (3969)
Greektown Casino
2002 Ed. (1493)
Greeley & Hansen
1993 Ed. (1604)
Greeley, CO
2005 Ed. (2989)
2002 Ed. (1054)
1998 Ed. (1520, 2474)
1996 Ed. (3207)
Greeley Gas Co.
1996 Ed. (2001)
Greeley National Bank
1989 Ed. (207)
Greeley National, Colo.
1989 Ed. (2160)
Green Acquisition Corp.
2008 Ed. (4098)
Green Acre Foods Inc.
1998 Ed. (2447, 2448, 2893, 2894)
Green & Co.; B.
1993 Ed. (3489, 3492)
Green & Partners; Leonard
1997 Ed. (2628)
Green (B) & Co. Inc.
1990 Ed. (1037)
Green Bay Inc.
1999 Ed. (3686)
Green Bay Packaging
2000 Ed. (3402)
Green Bay, WI
2008 Ed. (3132, 4353)
2006 Ed. (3067, 3299)
2005 Ed. (3324)
1996 Ed. (3207)
1994 Ed. (2245)
Green beans
2003 Ed. (2573)
2000 Ed. (4143)
1990 Ed. (897)
Green cabbage
1998 Ed. (3658)
Green Caterpillar
1996 Ed. (1092)
Green Cathedral plc
2003 Ed. (2737)
Green; Cecil H.
1994 Ed. (894)
Green Century Balanced
2007 Ed. (4466)
2006 Ed. (4399)
2004 Ed. (3601)
2003 Ed. (3483)
2002 Ed. (3424)
1999 Ed. (3534)
Green Cross
1994 Ed. (3551)
1993 Ed. (1514)
Green; David
2008 Ed. (4831)
2006 Ed. (4907)
2005 Ed. (4853)
Green Day
2007 Ed. (1267)
Green Eggs & Ham
2008 Ed. (548)
2004 Ed. (735)
2003 Ed. (708, 710)
2001 Ed. (980)
1998 Ed. (849)
1990 Ed. (980)
Green Equity Investors II LP
2007 Ed. (2852)
2006 Ed. (2863)
2005 Ed. (2856)
2004 Ed. (2848)
2003 Ed. (2761)
2001 Ed. (2726)
Green; Estate of Edwin B.
1991 Ed. (888)
Green Giant
2008 Ed. (2741)
2007 Ed. (2612)
2006 Ed. (2713)
2000 Ed. (2215)
1999 Ed. (2457, 2458)
1998 Ed. (1716, 1717)
1992 Ed. (921, 2190)
Green Giant Sweetcorn
1992 Ed. (1047)
Green-grass pro shops
1998 Ed. (773, 1858)
Green Hill
1993 Ed. (1081)
1992 Ed. (1352)
1991 Ed. (1046)
1990 Ed. (1147)
Green Hills Software Inc.
2008 Ed. (1148)
2007 Ed. (1250)
2006 Ed. (1137)
2005 Ed. (1148)
Green; Jeffrey S.
1996 Ed. (3740)
Green Co.; John E.
2008 Ed. (2719, 4000, 4001, 4820)
2007 Ed. (2580, 3977, 3978, 4888)
2006 Ed. (3924)
Green Leaf Cabinetry
2006 Ed. (4994)
Green Line Canadian Bond
2001 Ed. (3460, 3461, 3462)
Green Line Health Sciences
2001 Ed. (3494, 3495)
Green Line Science & Technology
2001 Ed. (3472)
Green Line U.S. Index Fund
2001 Ed. (3477)
Green Machine
1994 Ed. (1606)
Green; Michael
2008 Ed. (4905)
2007 Ed. (4929)
2005 Ed. (4891)
1997 Ed. (1962)
Green Mill Restaurants
2008 Ed. (4179)
2005 Ed. (4073)
Green Mountain Bank
1998 Ed. (367, 369)
Green Mountain Captive Management Co.
1991 Ed. (856)
1990 Ed. (907)
Green Mountain Coffee Inc.
2005 Ed. (1574)
2004 Ed. (1560)
Green Mountain Coffee Roasters Inc.
2008 Ed. (1433, 2154)
2007 Ed. (1447)
2006 Ed. (1455, 4328)
1999 Ed. (2626)
1997 Ed. (2170)
Green Mountain Energy Co.
2007 Ed. (2379, 4016)
Green Mountain Power Corp.
2008 Ed. (2154, 2155)
2007 Ed. (2050)
2006 Ed. (2092)
2003 Ed. (1843)
2001 Ed. (3866)
1994 Ed. (3623)
Green; Nigel
2008 Ed. (4905)
2007 Ed. (4929)
Green; Nigel & Trevor
2005 Ed. (4891)
Green Peppers
1999 Ed. (3837)
Green; Philip
2005 Ed. (4888, 4890, 4897)
Green; Philip & Cristina
2008 Ed. (4910)

Green; Philip & Tina
2007 Ed. (4923, 4927)
Green Point Savings Bank
1996 Ed. (3691)
1995 Ed. (3614)
1993 Ed. (3566, 3568)
1992 Ed. (4293)
1991 Ed. (630, 3362, 3381, 3382)
1990 Ed. (3105, 3577, 3589)
1989 Ed. (639, 2361)
Green Point Stadium
1999 Ed. (1299)
Green; Richard
1990 Ed. (2658)
Green River Electric
1992 Ed. (3263)
Green River JP Water Board
2001 Ed. (958)
Green Shield Trading Stamp Co. Ltd.
1992 Ed. (1202)
Green; Sir Philip & Lady
2008 Ed. (4897, 4901, 4903)
Green Springs Health Services
1996 Ed. (2561)
Green Street Advisors
2008 Ed. (3385, 3390, 3392)
2007 Ed. (3261, 3268, 3270)
2006 Ed. (3202)
Green; Tina
2007 Ed. (4924)
Green Tree Financial Corp.
2001 Ed. (3349)
2000 Ed. (1916)
1999 Ed. (1502, 1558, 2142)
1998 Ed. (1044, 1692, 1696, 1881)
1997 Ed. (1847, 2006, 3640)
1996 Ed. (1916)
1995 Ed. (3517)
Green; Trevor
2008 Ed. (4905)
2007 Ed. (4929)
Green Valley
1996 Ed. (3050)
Green Way Ltd.
2000 Ed. (1153)
Green Way Investments Ltd.
2000 Ed. (1153)
Green Way Special Opportunities
2004 Ed. (2820)
Green; William
2008 Ed. (939)
2007 Ed. (973)
Greenall Whitley
1990 Ed. (3463)
Greenalls Management Ltd.
2001 Ed. (2490)
1999 Ed. (2790)
1997 Ed. (2304)
Greenbar Corp.
1998 Ed. (2513)
Greenbaum, Rowe, Smith, Ravin, Davis & Bergstein
1989 Ed. (1884)
Greenbaum, Rowe, Smith, Ravin, Davis & Himmel, LLP
2002 Ed. (3060)
Greenbelt Marriott
2006 Ed. (2940)
2005 Ed. (2938)
Greenberg; Alan
1996 Ed. (1710)
Greenberg; Alan C.
1995 Ed. (978, 980, 982, 1727)
1994 Ed. (950)
1993 Ed. (940)
1992 Ed. (1141, 1145)
1991 Ed. (924, 928)
Greenberg (American International Group Inc.); Maurice R.
1991 Ed. (2156)
Greenberg & Associates Inc.; Jon
1997 Ed. (262, 266)
Greenberg; Edward
1991 Ed. (1684)
Greenberg; Evan
2007 Ed. (998)
Greenberg; Frederic
1990 Ed. (1766)
1989 Ed. (1416, 1417)
Greenberg; Hank
2006 Ed. (689)
2005 Ed. (788)
Greenberg; J. W.
2005 Ed. (2490)
Greenberg; Lon R.
2007 Ed. (1034)
Greenberg; M. R.
2005 Ed. (2474, 2475)
Greenberg; Maurice
2008 Ed. (4829)
2007 Ed. (4892)
2006 Ed. (908)
2005 Ed. (964)
Greenberg; Maurice R.
2006 Ed. (4904)
2005 Ed. (4849)
1997 Ed. (982, 1802)
1994 Ed. (2237)
1992 Ed. (2713)
1990 Ed. (2282)
Greenberg; Maurice Raymond
1996 Ed. (966)
Greenberg; Paul
1997 Ed. (1935, 1943)
Greenberg Seronick O'Leary & Partners
2002 Ed. (156)
Greenberg, Trauig, Hoffman, Lipoff, Rosen & Quentel
1998 Ed. (2329)
Greenberg Traurig
2000 Ed. (2896)
1999 Ed. (3150)
Greenberg Traurig Hoffman Lipoff
1996 Ed. (2731)
1995 Ed. (1629)
1993 Ed. (1549, 2620, 2626)
1991 Ed. (1487, 2534, 2782, 3423)
Greenberg, Traurig, Hoffman, Lipoff, Rosen & Quentel
2006 Ed. (3295)
2001 Ed. (792, 921)
1999 Ed. (1942, 4659)
1998 Ed. (2577)
1995 Ed. (2231, 2645, 3037, 3664)
1990 Ed. (2292)
Greenberg Traurig LLP
2008 Ed. (4725)
2007 Ed. (1501, 1683, 3301)
2006 Ed. (3243)
2003 Ed. (3190)
Greenberg Traurig PA
2008 Ed. (3424)
2005 Ed. (3275)
2002 Ed. (3058)
Greenbert Traurig PA
2007 Ed. (1503)
Greenbrier
2007 Ed. (2045)
1995 Ed. (2155)
1994 Ed. (3051)
1992 Ed. (3686)
The Greenbrier Cos., Inc.
2006 Ed. (1502, 2073, 2086)
2005 Ed. (3993, 3994)
2004 Ed. (4055, 4056)
Greenbrier Senior Housing Communities
2008 Ed. (2917)
Greenburg Traurig Hoffman Lipoff Rosen
2000 Ed. (4298)
Greencastle Drinks Ltd.
2007 Ed. (609, 2616, 4774)
Greencore
2000 Ed. (2866)
1999 Ed. (3117, 3118)
1997 Ed. (2574, 2575)
1994 Ed. (1578, 1579)
Greencore Group
1996 Ed. (2432)
Greencore Group plc
2002 Ed. (3029)
Greene & Co.; David J.
1990 Ed. (2318)
1989 Ed. (1801, 2140)
Greene & Co. Inc.; Thomas A.
1992 Ed. (3659)
1991 Ed. (2830)
1990 Ed. (2262)
Greene; John
1996 Ed. (1905)
Greene King
2008 Ed. (4204)
2007 Ed. (4160)
2006 Ed. (1475, 4139)
2005 Ed. (4091)
Greene King plc
2007 Ed. (3417)
Greenfield Builders Inc.
2003 Ed. (1257)
Greenfield Construction Co. Inc.
1991 Ed. (3515)
GreenField Ethanol
2008 Ed. (2012)
Greenfield Group
2005 Ed. (2814)
2002 Ed. (2456)
Greenfield Online Inc.
2007 Ed. (4572)
2006 Ed. (2822, 4257)
Greenfield Schoolcraft Amoco
2001 Ed. (4284)
GreenFuel Technologies
2007 Ed. (2380)
Greenhill & Co.
2008 Ed. (4665)
2001 Ed. (1514)
Greenhill & Co. LLC
2003 Ed. (1399, 1402)
Greenhill; Robert
1997 Ed. (1797)
1996 Ed. (1710)
Greenhill; Robert F.
1995 Ed. (1728)
1993 Ed. (1696)
1991 Ed. (1620)
GreenHouse Communications
1995 Ed. (3793)
Greenies
2008 Ed. (3890)
Greenland
1994 Ed. (3308)
1992 Ed. (3974)
Greenland Bank Ltd.
2000 Ed. (685)
1999 Ed. (675)
Greenland Bank Tanzania Ltd.
2000 Ed. (672)
Greenland Interactive
2002 Ed. (4576)
2001 Ed. (4470)
2000 Ed. (4196, 4197)
1997 Ed. (3702, 3703)
1996 Ed. (3643, 3644)
Greenleaf Book Group
2008 Ed. (3620)
Greenlink
2004 Ed. (263)
2001 Ed. (435)
Greenman Bros.
1989 Ed. (2860)
Greenman-Pedersen
2008 Ed. (2523)
2004 Ed. (2330)
2000 Ed. (1825)
1994 Ed. (1653)
1991 Ed. (1563)
GreenMan Technologies Inc.
2005 Ed. (4695)
GreenMountainCoffee.com
2008 Ed. (2441)
Greenough Communications
2005 Ed. (3967)
2004 Ed. (4016, 4036)
Greenpeace
1993 Ed. (1637)
1991 Ed. (1580)
Greenpeace USA
1995 Ed. (944, 2783)
1994 Ed. (907)
1992 Ed. (1987)
1991 Ed. (2614, 2616)
GreenPoint Bank
2000 Ed. (416)
1999 Ed. (419)
1998 Ed. (308, 313, 314, 3530, 3531, 3536, 3557)
1997 Ed. (367, 368, 385, 3740, 3741, 3742, 3749)
GreenPoint Financial Corp.
2006 Ed. (1419, 3557)
2005 Ed. (629, 630, 2584, 3500, 4243)
2004 Ed. (558, 640, 641, 4310)
2003 Ed. (423, 427, 4282, 4283, 4301)
2002 Ed. (4171)
2001 Ed. (643, 4159, 4160, 4530)
2000 Ed. (4247)
1999 Ed. (4595, 4596, 4600)
1998 Ed. (3523, 3526, 3558)
1997 Ed. (2169, 3745)
GreenPoint Financial/GreenPoint Bank
2000 Ed. (4250)
GreenPoint Mortgage
2003 Ed. (3447, 3448)
GreenPoint Mortgage Funding Inc.
2008 Ed. (3749)
2006 Ed. (3562, 3567, 3568)
Greenpoint Savings Bank
1993 Ed. (596)
1992 Ed. (803)
Greens Creek Mining Co.
2003 Ed. (3421)
Greensboro-High Point, NC
2008 Ed. (3510)
Greensboro, NC
2008 Ed. (3466)
1997 Ed. (2333)
1996 Ed. (2206)
1994 Ed. (823)
1992 Ed. (2544, 3038)
1991 Ed. (829)
Greensboro Urban Mistry
1994 Ed. (1899)
Greensboro/Winston-Salem/High Point
1992 Ed. (2100, 2101)
Greensboro-Winston-Salem-High Point, NC
2005 Ed. (2946)
2004 Ed. (3303)
2003 Ed. (2345, 2826, 3246)
2002 Ed. (870)
2001 Ed. (2274)
2000 Ed. (4402)
1999 Ed. (1148, 3257, 4778)
1998 Ed. (2485, 3725)
1997 Ed. (1820, 1821, 3524, 3894)
1996 Ed. (1739, 1740, 3846)
1993 Ed. (1736, 1737)
Greensboro-Winston-Salem, NC
2007 Ed. (4100)
2006 Ed. (4050, 4884, 4885)
2005 Ed. (3644, 3645, 4835)
2004 Ed. (1162, 3736, 3737, 4081, 4852)
2003 Ed. (4054, 4871)
1996 Ed. (2207)
Greensfelder Hemker & Gale PC
2007 Ed. (1504)
Greensfork Township State Bank
2006 Ed. (454)
2005 Ed. (524)
Greenspan; Alan
2006 Ed. (1201)
2005 Ed. (3203)
Greenspan's Fraud
2007 Ed. (653)
Greenspoint Dodge
1995 Ed. (263)
Greenspring
2007 Ed. (2482)
1999 Ed. (3562)
Greenspring Fund
2003 Ed. (3483)
Greenthal Residential Sales
2001 Ed. (3997)
2000 Ed. (3714)
Greentree Carwash Inc.
2006 Ed. (364, 365)
Greentree Executive Campus
1998 Ed. (2696)
Greentree.com
2001 Ed. (2079)
Greenvale Construction
2005 Ed. (1216)
2004 Ed. (1190)
Greenville Concrete
2007 Ed. (1336)
Greenville Hospital System Inc.
2008 Ed. (2075)
2007 Ed. (1977)
2006 Ed. (2011)
2005 Ed. (1959)
2004 Ed. (1856)
2003 Ed. (1820)

2001 Ed. (1847)
Greenville, MS
2005 Ed. (1190)
Greenville, NC
2008 Ed. (3468)
2002 Ed. (1054)
1999 Ed. (2127)
Greenville-New Bern-Washington, NC
2006 Ed. (4099)
Greenville Regional Hospital
2006 Ed. (2920)
Greenville, SC
2008 Ed. (4039)
2007 Ed. (4097)
2006 Ed. (1180, 3315)
2005 Ed. (3322)
2000 Ed. (1092, 1909, 2995)
1997 Ed. (3524)
1995 Ed. (2808)
1994 Ed. (2149, 2944)
1993 Ed. (2112)
1991 Ed. (1979, 1985)
Greenville-Spartanburg-Anderson, SC
2008 Ed. (3474)
2004 Ed. (3304)
2002 Ed. (2744)
1998 Ed. (2485)
1996 Ed. (1740)
Greenville-Spartanburg, SC
2008 Ed. (4119)
2007 Ed. (4099, 4100)
2006 Ed. (3741, 3742, 3743, 4050, 4884, 4885)
2005 Ed. (1190, 3326, 3643, 3644, 3645, 4834, 4835)
2004 Ed. (1162, 3376, 3737, 4081, 4852)
2003 Ed. (1136, 3680, 3682, 4054)
1994 Ed. (825)
1993 Ed. (1737)
Greenville, TN
2007 Ed. (3384)
Greenwald; Gerald
1996 Ed. (1715)
Greenway Ford Inc.
2008 Ed. (2960)
Greenway Partners LLC
1999 Ed. (4578)
Greenwich Asset Management
1993 Ed. (2343)
1991 Ed. (2236)
Greenwich Asset Mgmt.
1990 Ed. (2336)
Greenwich Capital Markets, Inc.
2004 Ed. (3183, 3185, 3188, 4335)
1999 Ed. (863, 4256)
1998 Ed. (524)
1997 Ed. (737)
1996 Ed. (801, 1034, 3170)
1995 Ed. (758)
1993 Ed. (762)
Greenwich, CT
2004 Ed. (2986)
2002 Ed. (1060)
2000 Ed. (1066, 2610)
1999 Ed. (1152, 2829)
1998 Ed. (1948)
1996 Ed. (2225)
1992 Ed. (2578)
1991 Ed. (938, 2004)
1989 Ed. (1634, 2773)
Greenwich/Gleacher Natwest
2000 Ed. (3881, 3903, 3938, 3944, 3956)
Greenwich Group Intl.
2000 Ed. (3723)
Greenwich Investment Research
2006 Ed. (3190)
Greenwich Library
1995 Ed. (937, 1069)
Greenwich Mills Co. Inc.
1993 Ed. (1728)
Greenwich NatWest
2002 Ed. (338)
2001 Ed. (965)
Greenwich Office Park Bldg. 6
1990 Ed. (2730)
Greenwich Plaza
1990 Ed. (2730)
Greenwich Res.
1990 Ed. (3466)
Greenwich Street Corporate Growth Management Co.; Black Enterprise/
2008 Ed. (178)
2007 Ed. (195)
2006 Ed. (189)
2005 Ed. (176)
Greenwich Technology Partners
2004 Ed. (3944)
Greenwood Capital
1995 Ed. (2368)
Greenwood Credit Union
2008 Ed. (2257)
2007 Ed. (2142)
2006 Ed. (2155, 2221)
2005 Ed. (2062, 2126)
2004 Ed. (1925, 1984)
2003 Ed. (1886, 1944)
2002 Ed. (1890)
Greenwood Home Care, Inc.
1992 Ed. (2436)
1991 Ed. (1928)
Greenwood Trust Co.
2000 Ed. (400, 404, 411, 414, 415)
1999 Ed. (402, 406, 414, 417, 418)
1998 Ed. (298, 302, 303, 312, 313, 346)
1997 Ed. (369, 372, 382, 384, 449)
1996 Ed. (361, 402, 405, 415, 417, 485)
1995 Ed. (379, 382, 392, 394, 454)
1994 Ed. (342, 344, 380, 384, 387, 397, 399, 465)
1993 Ed. (352, 361, 390, 394, 397, 407, 409, 460, 1445)
1992 Ed. (505, 510, 527, 554, 567, 569, 649, 1748)
1991 Ed. (362, 365, 401, 2813)
1990 Ed. (416, 417)
Greenwood Trust Co./Discover
1994 Ed. (1496)
Greenwood Trust Co. (Discover Card)
1991 Ed. (1392)
Greenwood Trust Co. (New Castle)
1991 Ed. (496)
Greenwood Village
1991 Ed. (1045)
1990 Ed. (1146)
Greer Margolis Mitchell & Associates
2002 Ed. (182)
Greer Moreland Fosdick Shepherd Inc.
1991 Ed. (2165)
Greer State Bank
2003 Ed. (511)
Greeser Cos.
2008 Ed. (1260)
Greeting cards
2007 Ed. (2311)
2005 Ed. (4473)
1996 Ed. (3085, 3610)
1994 Ed. (732)
Greg Farmer
1993 Ed. (3445)
Greg Goodman
2005 Ed. (4862)
Greg Hoyos Associates
2003 Ed. (47)
2002 Ed. (81)
Greg Maddux
2003 Ed. (295)
Greg Myers
2007 Ed. (1083)
2006 Ed. (990)
Greg Norman
1999 Ed. (2607)
1989 Ed. (278)
Greg Norman Estates
2005 Ed. (4964)
Greg Noval
1999 Ed. (1124)
Greg Ostroff
1993 Ed. (1775)
Greg Parseghian
1993 Ed. (1843, 1845)
Greg Prieb Homes
2002 Ed. (2684)
Greg Smith
2000 Ed. (1975)
1999 Ed. (2204)
1998 Ed. (1615)
1997 Ed. (1910)
1996 Ed. (1837)
1995 Ed. (1860)
1994 Ed. (1818)
1993 Ed. (1838)
Gregg Appliances Inc.; H. H.
2008 Ed. (3090)
2007 Ed. (2967)
Gregg Clifton
2003 Ed. (221, 225)
Gregg Engles
2007 Ed. (979)
2006 Ed. (889)
Gregg L. Engles
2008 Ed. (959)
2007 Ed. (1036)
Gregg Motors Beverly Hills
1991 Ed. (294)
Gregg Motors Roll-Royce
1990 Ed. (317)
Gregg Ostrander
2005 Ed. (3284)
Gregg Patruno
2000 Ed. (1974)
1999 Ed. (2201)
1998 Ed. (1612)
1997 Ed. (1954)
Greggs
2007 Ed. (2240, 4644)
2006 Ed. (4645)
2001 Ed. (2490)
Gregory & Appel Insurance
2008 Ed. (1805)
Gregory Badishkanian
2006 Ed. (2579)
Gregory Burns
2000 Ed. (1981)
Gregory Cappelli
2000 Ed. (2000)
Gregory Electric Co.
2008 Ed. (1325, 4427)
2007 Ed. (4445)
2006 Ed. (1336, 4377)
Gregory Geiling
2000 Ed. (2051)
Gregory Gould
2000 Ed. (1991, 1996)
1999 Ed. (2220)
Gregory Hyundai; Carl
1996 Ed. (273)
1995 Ed. (270)
Gregory J. Parseghian
2006 Ed. (2532)
Gregory; Joseph M.
2005 Ed. (2512)
Gregory, Jr.; Vincent L.
1991 Ed. (1633)
1990 Ed. (1725)
Gregory Kenny
2007 Ed. (2512)
2006 Ed. (2531)
Gregory Melich
2000 Ed. (2077)
Gregory Miller
1996 Ed. (1866)
Gregory Nejmeh
2000 Ed. (1990)
1999 Ed. (2218)
1998 Ed. (1632)
1997 Ed. (1860)
1996 Ed. (1784)
1995 Ed. (1809)
1994 Ed. (1768)
1993 Ed. (1784)
Gregory Ostroff
1991 Ed. (1710)
Gregory P. Dougherty
2003 Ed. (2386, 2409)
Gregory Vaughan
2008 Ed. (3376)
2007 Ed. (3248, 3249)
2006 Ed. (658, 3189)
Gregory Whyte
2000 Ed. (1995)
1997 Ed. (1877)
1996 Ed. (1804)
Gregory Zeman
2003 Ed. (2409)
Greg's Trucking, Inc.
1991 Ed. (1910)
Greif Inc.
2008 Ed. (1219, 3141, 3853)
2007 Ed. (1331, 3775)
2006 Ed. (1221, 1223, 1224)
2005 Ed. (1261)
Greif Bros. Corp.
2005 Ed. (1264)
2004 Ed. (1229, 1232, 1233, 3318, 3319)
2001 Ed. (717)
1992 Ed. (3327)
1991 Ed. (2667)
1990 Ed. (2760)
Greif Brothers Corp.
2003 Ed. (2538, 3713)
1999 Ed. (1346, 3701)
1998 Ed. (929)
1996 Ed. (1118)
1995 Ed. (1144)
1993 Ed. (2762)
Greig Engineering Inc.
1995 Ed. (1678)
Greig Fester Group Ltd.
1995 Ed. (1006)
Greiner Inc.
1998 Ed. (1444)
Greiner Engineering Inc.
1998 Ed. (1455)
1997 Ed. (265, 1739, 1743)
1996 Ed. (234, 1661, 1665)
1994 Ed. (1639)
1993 Ed. (1607)
1992 Ed. (1952)
Greiner; Helen
2005 Ed. (786)
Greka Energy Corp.
2004 Ed. (2778)
Grell Taurel
1992 Ed. (84)
Gremona McCann-Erickson
2003 Ed. (63)
2002 Ed. (96)
2001 Ed. (125)
2000 Ed. (83)
1999 Ed. (77)
Grenache
2003 Ed. (4966, 4967)
2002 Ed. (4965, 4966)
2001 Ed. (4860, 4861)
1992 Ed. (4470)
Grenada
2004 Ed. (1911, 2765)
2003 Ed. (1881)
2002 Ed. (1816)
2001 Ed. (4586)
1992 Ed. (4319)
Grenada Sunburst
1996 Ed. (360)
Grendene O & M
2003 Ed. (153)
1999 Ed. (160)
Grenville Thomas
1999 Ed. (1124)
Gresham & Associates Inc.
2008 Ed. (3245)
Gresham Computing plc
2002 Ed. (2498)
Gresham Partners
2005 Ed. (1441)
2003 Ed. (1402)
Gresham, Smith & Partners
2008 Ed. (2526, 2527, 3348)
2006 Ed. (2791)
2005 Ed. (3159)
2004 Ed. (2348)
2002 Ed. (330)
2001 Ed. (403)
2000 Ed. (311)
1999 Ed. (285)
1998 Ed. (182)
1997 Ed. (260)
1990 Ed. (277)
1989 Ed. (266)
Gretchen Colon
2006 Ed. (2516)
Gretchen Minyard Williams
1997 Ed. (3916)
1996 Ed. (3876)
1995 Ed. (3788)
1994 Ed. (3667)
1993 Ed. (3731)
Gretsky; Wayne
1996 Ed. (250)
Gretzky; Wayne
1997 Ed. (278)

Grey
2006 Ed. (107)
2005 Ed. (97)
2004 Ed. (103, 123, 124)
2003 Ed. (44, 49, 62, 64, 65, 76, 83, 84, 89, 103, 106, 130, 137, 142, 143, 150, 152, 153, 162, 164, 178, 182)
2002 Ed. (78, 83, 95, 97, 98, 116, 117, 122, 138, 140, 159, 162, 169, 175, 176, 188, 189, 202, 205, 207, 209, 212, 1982)
2000 Ed. (63, 66, 69, 72, 73, 82, 84, 103, 122, 124, 129, 147, 161, 165, 175, 177, 185, 188, 190)
1999 Ed. (69)
1995 Ed. (50, 63, 102, 115, 118, 119, 2509)
1994 Ed. (81, 103, 110, 2443)
1992 Ed. (183)
1990 Ed. (81, 93, 104, 154)
1989 Ed. (109)
Grey Advertising Ltd.
2002 Ed. (204, 3564)
2001 Ed. (97, 98, 99, 100, 101, 102, 107, 110, 117, 124, 126, 143, 146, 147, 160, 162, 164, 169, 170, 184, 203, 204, 214, 217, 220, 221, 222, 223, 229, 238, 240, 242)
2000 Ed. (42, 43, 44, 45, 46, 47, 52, 53, 56, 88, 108, 109, 110, 125, 139, 150, 151, 191)
1999 Ed. (34, 35, 36, 37, 38, 40, 41, 45, 46, 47, 48, 49, 53, 60, 62, 68, 76, 78, 82, 99, 103, 104, 105, 116, 118, 119, 127, 129, 132, 144, 148, 157, 160, 165, 169, 170)
1998 Ed. (30, 31, 32, 33, 35, 36, 40, 42, 44, 47, 48, 49, 50, 54, 56, 57, 58, 59, 62, 67, 597, 3493, 3494)
1997 Ed. (37, 38, 39, 40, 41, 42, 46, 47, 48, 54, 55, 56, 64, 68, 75, 76, 81, 85, 101, 102, 103, 113, 115, 122, 124, 133, 136, 158, 159)
1996 Ed. (39, 40, 41, 42, 43, 44, 45, 49, 50, 51, 57, 58, 59, 60, 66, 77, 81, 99, 100, 112, 129, 132, 133)
1995 Ed. (54)
1994 Ed. (50, 51, 52, 54, 55, 59, 60, 61, 64, 68, 84, 96)
1993 Ed. (59, 60, 63, 64, 68, 69, 71, 72, 78, 91, 92, 101, 106, 109, 117, 122, 129, 135, 138, 2504)
1992 Ed. (101, 102, 103, 106, 107, 111, 113, 114, 115, 130, 146, 147, 161, 163, 186, 191, 220)
1991 Ed. (58, 59, 60, 61, 64, 70, 72, 111, 112, 132, 136, 147, 840)
1990 Ed. (61, 63, 64, 68, 69, 70, 72, 75, 115, 134, 136, 157, 881)
1989 Ed. (56, 58, 62, 63, 64, 66, 68, 69, 79, 80, 91, 120, 145, 174)
Grey Advertising de Venezuela
1989 Ed. (172)
Grey Almaty
2003 Ed. (96)
2002 Ed. (129)
2001 Ed. (156)
Grey Argentina
2003 Ed. (42)
2002 Ed. (76)
2001 Ed. (103)
Grey, Attorney; David
1989 Ed. (1889)
Grey Australia
2003 Ed. (43)
Grey Austria
1997 Ed. (61)
1991 Ed. (75)
1990 Ed. (78)
Grey Bangladesh
2003 Ed. (46)
2002 Ed. (80)
Grey Belgrade
2000 Ed. (192)
1999 Ed. (171)
Grey Bolivia
1999 Ed. (65)
1997 Ed. (66)
1996 Ed. (67)
1995 Ed. (51)
Grey Canada
1997 Ed. (70)
1995 Ed. (55)
1993 Ed. (85, 142)
1992 Ed. (131, 132)
1991 Ed. (82)
1990 Ed. (86)
Grey Casablanca
2001 Ed. (180)
2000 Ed. (143)
1999 Ed. (125)
1997 Ed. (120)
1996 Ed. (116)
1995 Ed. (100)
Grey Chile
2003 Ed. (58)
2002 Ed. (91)
2001 Ed. (120)
2000 Ed. (78)
1999 Ed. (72)
1997 Ed. (71)
1996 Ed. (70)
1995 Ed. (57)
1994 Ed. (77)
1993 Ed. (87)
1992 Ed. (134)
1991 Ed. (86)
1990 Ed. (88)
1989 Ed. (93)
Grey China
1999 Ed. (73)
1997 Ed. (72)
1996 Ed. (71)
1995 Ed. (58)
1994 Ed. (78)
Grey Colombia
2003 Ed. (60)
Grey Communications
2001 Ed. (215)
2000 Ed. (176)
1997 Ed. (149)
1994 Ed. (119)
Grey Communications Group
2001 Ed. (127, 191, 231)
2000 Ed. (85, 99)
1999 Ed. (79, 93, 158)
1997 Ed. (78, 92)
1996 Ed. (78, 91, 143)
1995 Ed. (64, 77, 129)
1994 Ed. (82, 90)
1992 Ed. (140, 151, 211)
1991 Ed. (91, 101)
1990 Ed. (105)
Grey Digital Marketing
2007 Ed. (3434)
2005 Ed. (115)
2004 Ed. (116)
Grey Direct
2002 Ed. (1985)
2001 Ed. (2025)
2000 Ed. (1673)
1999 Ed. (1860, 1861)
1998 Ed. (1284, 1285, 1288)
1997 Ed. (1614, 1615, 1616)
1996 Ed. (1550, 1551, 1552, 1554)
1994 Ed. (1534)
1993 Ed. (1487, 1488)
1992 Ed. (1805, 1807)
1991 Ed. (1419, 1420)
Grey Direct International
1995 Ed. (1563, 1566)
1992 Ed. (1808)
1990 Ed. (1503, 1504, 1505, 1506)
Grey Direct Marketing
2000 Ed. (54, 1671)
Grey Direct Marketing Group, Inc.
2003 Ed. (2065, 2066, 2067)
2000 Ed. (1674, 1680)
1997 Ed. (1617, 1619)
Grey Duesseldorf
1989 Ed. (108)
Grey Espana
2002 Ed. (186)
2001 Ed. (210)
2000 Ed. (174)
1999 Ed. (156)
1997 Ed. (147)
1996 Ed. (141)
1995 Ed. (127)
1994 Ed. (118)
Grey France
2003 Ed. (74)
2002 Ed. (110)
Grey Global Group Inc.
2006 Ed. (111)
2005 Ed. (98, 99, 100, 106, 118, 119, 121)
2004 Ed. (102, 104, 110, 111, 118, 120, 4584, 4589)
2003 Ed. (34, 86, 88, 109, 166)
2002 Ed. (63, 66, 70, 71, 101, 102, 121, 143)
Grey Goose
2004 Ed. (4850, 4851)
2003 Ed. (4865, 4870)
2002 Ed. (297, 3165, 4761, 4768, 4770, 4771)
2001 Ed. (3133, 4707, 4711, 4713)
Grey Group Austria
2001 Ed. (105)
2000 Ed. (61)
Grey Gruppe
1996 Ed. (89)
Grey Gruppe Deutschland
2002 Ed. (111)
2001 Ed. (138)
2000 Ed. (97)
1999 Ed. (91)
1997 Ed. (90)
1995 Ed. (76)
1994 Ed. (89)
1993 Ed. (100)
1992 Ed. (150)
1991 Ed. (100)
Grey Healthcare Group
2003 Ed. (35)
2002 Ed. (67)
2001 Ed. (212)
2000 Ed. (58)
1997 Ed. (57)
Grey Holdings
2000 Ed. (171)
1999 Ed. (153)
1997 Ed. (144)
1996 Ed. (138)
1995 Ed. (124)
1994 Ed. (115)
1993 Ed. (136)
1992 Ed. (205)
1991 Ed. (148)
1990 Ed. (148)
Grey Hong Kong
2003 Ed. (59)
1999 Ed. (98)
1997 Ed. (96)
1996 Ed. (95)
1995 Ed. (81)
1994 Ed. (92)
1993 Ed. (105)
Grey Integrated
2000 Ed. (3843)
Grey Interactive
2001 Ed. (245)
Grey Interactive Worldwide
2007 Ed. (3435)
2006 Ed. (3420)
Grey International
2008 Ed. (54)
Grey Korea
2002 Ed. (131)
Grey Malaysia
1999 Ed. (122)
1997 Ed. (116)
1995 Ed. (97)
Grey Mexico
2001 Ed. (179)
1999 Ed. (123)
1997 Ed. (117)
1996 Ed. (114)
Grey Morocco
2003 Ed. (122)
2002 Ed. (152)
Grey Multireklam
1992 Ed. (158)
Grey New Technologies
2001 Ed. (148)
2000 Ed. (106)
1999 Ed. (102)
Grey Peru
1997 Ed. (131)
1996 Ed. (127)
1995 Ed. (112)
1992 Ed. (196)
Grey Phillips
1989 Ed. (157)
Grey; Richard E.
1994 Ed. (1723)
1992 Ed. (2061, 2062, 2064)
1990 Ed. (1724, 4725)
Grey Skopje
2001 Ed. (163)
2000 Ed. (126)
1999 Ed. (120)
Grey Svenska
1989 Ed. (164)
Grey Uruguay
2003 Ed. (177)
2002 Ed. (206)
2001 Ed. (237)
1999 Ed. (167)
1997 Ed. (156)
1996 Ed. (150)
1995 Ed. (136)
1993 Ed. (144)
1992 Ed. (218)
1991 Ed. (159)
1990 Ed. (160)
1989 Ed. (171)
Grey Wolf
2008 Ed. (2862)
Grey Wolf Exploration
2007 Ed. (1622)
Grey Wolf Industries
2002 Ed. (307)
2000 Ed. (283, 288, 290)
Grey Worldwide
2008 Ed. (119)
2007 Ed. (109, 114)
2006 Ed. (120)
2005 Ed. (110, 117)
2004 Ed. (112)
2003 Ed. (28, 29, 36, 37, 38, 39, 40, 87)
2002 Ed. (65, 72, 73, 74, 119, 171)
2001 Ed. (186)
Greycoat Group
1993 Ed. (1324)
Greyhound
1996 Ed. (208)
1992 Ed. (1105)
1991 Ed. (902)
1990 Ed. (352, 931, 937, 2128, 2131)
1989 Ed. (1632)
Greyhound Canada
2008 Ed. (755)
2007 Ed. (783)
Greyhound Canada Transportation Corp.
1998 Ed. (539)
Greyhound Dial
1991 Ed. (1976)
Greyhound Food Management Inc.
1991 Ed. (1755)
Greyhound Leisure
1997 Ed. (1680)
Greyhound Lines Inc.
2008 Ed. (755)
2007 Ed. (783)
2006 Ed. (686)
2001 Ed. (3159)
2000 Ed. (989)
1999 Ed. (957)
1998 Ed. (154, 539, 3630)
1997 Ed. (841, 3804)
1996 Ed. (831)
1995 Ed. (851)
1994 Ed. (800)
1992 Ed. (988)
1991 Ed. (807)
1990 Ed. (846)
1989 Ed. (829)
Greyhound Lines of Canada Ltd.
1997 Ed. (841)
1996 Ed. (831, 3733)
1995 Ed. (851)
1994 Ed. (800)
1992 Ed. (988, 4338)
1991 Ed. (807)
1990 Ed. (3642)
Greyhound racing
1995 Ed. (1968)
1990 Ed. (1872, 3328)
Greylock Credit Union
2008 Ed. (2238)

2007 Ed. (2123)
2006 Ed. (2202)
2005 Ed. (2107)
2004 Ed. (1965)
2003 Ed. (1925)
2002 Ed. (1831, 1871)
Greylock Management Corp.
2002 Ed. (4738)
1998 Ed. (3664)
1996 Ed. (3781)
1993 Ed. (3662)
Grey's Anatomy
2007 Ed. (2845)
Greystar Real Estate Partners LLC
2008 Ed. (258)
2007 Ed. (282)
Greystone Capital Mgmt.
2000 Ed. (2824)
Greystone Homes
2005 Ed. (1211, 1219, 1237, 1242, 1246)
2004 Ed. (1184, 1185, 1193, 1194, 1213, 1218)
2003 Ed. (1178, 1192)
2002 Ed. (1196, 1205, 2671, 2672)
1999 Ed. (3997)
1998 Ed. (3007)
1997 Ed. (3259)
1995 Ed. (3065)
Greystone International Inc.
2001 Ed. (4283)
Greystone Masonry
2007 Ed. (1358)
Greystone Park Psychiatric Hospital
1997 Ed. (2272)
Greystone Realty
1998 Ed. (2274)
Greytak; David B.
2006 Ed. (334)
GRI of South Florida Inc.
1996 Ed. (1138)
Gribbles Pathology
2002 Ed. (3776)
Gribin, Kapadia & Associates
1999 Ed. (281)
GRIC Communications Inc.
2001 Ed. (2856)
Grid
1990 Ed. (2880, 2881)
The Griddle Family Restaurants
2002 Ed. (4015)
Griddles
2002 Ed. (2702)
Grief Bros.
1992 Ed. (1386)
Grief Brothers
1997 Ed. (1145)
Grief/Virginia Fibre
1999 Ed. (3700)
Griffen Homes
1994 Ed. (3007)
Griffey Productions; Dick
1991 Ed. (713)
Griffin
2003 Ed. (984, 985)
Griffin & Co.; R. J.
2006 Ed. (1306, 1341)
1997 Ed. (1160)
1995 Ed. (1146)
Griffin Bacal
1995 Ed. (68)
Griffin Inc.; Ben Hill
1991 Ed. (956)
Griffin Dewatering Corp. & Affiliates
1991 Ed. (1082)
Griffin; Eddie
1992 Ed. (1349)
Griffin Ford Inc.
1994 Ed. (268)
1993 Ed. (269)
1992 Ed. (378, 379, 383, 415, 417)
The Griffin Group
2006 Ed. (2499)
Griffin Holdings
2003 Ed. (3960)
2002 Ed. (3780)
Griffin Hospital
2008 Ed. (1504)
2007 Ed. (1519, 1522)
2006 Ed. (1489, 1492, 1664)
Griffin; Ken
2006 Ed. (4912)
2005 Ed. (4859)
Griffin; Kenneth
2006 Ed. (4896)
Griffin; Mary
1995 Ed. (2484)
1991 Ed. (2346)
Griffin Masonry
2006 Ed. (1255)
Griffin; Merv
2006 Ed. (2499)
Griffin's Resorts Casino Hotel; Merv
1994 Ed. (2123)
Griffith Energy
2008 Ed. (1981, 1982, 4324, 4930)
Griffith Laboratories Inc.
2006 Ed. (3366)
Griffith University
2004 Ed. (4100)
Griffith Windustrial Co.
2002 Ed. (1994)
Griffon Corp.
2008 Ed. (751)
2007 Ed. (778)
2006 Ed. (677, 680, 682, 2875, 2876)
2005 Ed. (778, 2871, 2872)
2004 Ed. (783, 793, 2876)
1999 Ed. (1314)
1998 Ed. (883)
1997 Ed. (1130)
Griffon; Kenneth
2006 Ed. (2798)
Grigsby Bradford
1989 Ed. (2377)
Grigsby Brandford & Co.
1999 Ed. (3010, 3017, 3018, 3019, 3020, 4229, 4230, 4231, 4242)
1998 Ed. (3238, 3255, 3256)
1997 Ed. (2478, 3458, 3463)
1996 Ed. (2655, 2658, 2711, 3352)
1995 Ed. (2337)
1993 Ed. (708, 2267, 3168, 3187, 3195)
Grigsby Brandford Powell Inc.
1991 Ed. (2171, 2172, 2509, 2973, 2987, 3037, 3046, 3053)
Grill & Gull
2002 Ed. (78)
2001 Ed. (105)
Grimax Advertising
2003 Ed. (93)
2002 Ed. (126)
2001 Ed. (153)
1999 Ed. (110)
1997 Ed. (107)
1996 Ed. (106)
1995 Ed. (91)
Grimax Advertising (Grey)
2000 Ed. (115)
Grimes; Michael
2007 Ed. (4874)
2006 Ed. (4879)
2005 Ed. (4817)
Grimm Construction Co.
2005 Ed. (1323)
2004 Ed. (1318)
Grimmway Enterprises Inc.
2006 Ed. (206)
2005 Ed. (194)
2004 Ed. (193)
2003 Ed. (233)
2001 Ed. (279, 280)
Grimoldi
2007 Ed. (1855)
Grimway Farms
2004 Ed. (1998, 1999)
2003 Ed. (1958, 1959)
2001 Ed. (281)
Grinaker-LTA Ltd.
2005 Ed. (1326)
2004 Ed. (1320)
2003 Ed. (1320)
Grinberg & family; Gedalio
1995 Ed. (2112, 2579, 3726)
Grindeks
2006 Ed. (4515)
Grindlays
1991 Ed. (700)
Grindlays Bank
1990 Ed. (582)
Grindlays Bank International (Kenya) Ltd.
1989 Ed. (594)
Grindlays Bank International (Uganda) Ltd.
1994 Ed. (658)
Grindlays Bank International (Uganda) Limited
1989 Ed. (702)
Grindlays Bank International (Zambia) Ltd.
1991 Ed. (699)
Grindlays Bank (Jersey) Ltd.
1991 Ed. (477)
Grindlays Bank (Uganda) Ltd.
1994 Ed. (658)
Grindlays Bank (Uganda) Limited
1989 Ed. (702)
Grindlays Bank (Zaire) SZARL
1991 Ed. (698)
Grinnell Corp.
2001 Ed. (1811)
Grinnell Cabinet Makers Inc.
2007 Ed. (4444)
Grinnell College
2000 Ed. (1136)
1997 Ed. (1066)
1995 Ed. (1065)
1991 Ed. (1002)
1990 Ed. (1089)
1989 Ed. (955)
Grinnell Corp. of Canada
1992 Ed. (1960)
Grins 2 Go
2008 Ed. (170)
GRIPA
2008 Ed. (1984)
2007 Ed. (1918)
2006 Ed. (1935)
Grisanti; Eugene P.
1995 Ed. (980)
1994 Ed. (950)
Grisby Brandford & Co.
1996 Ed. (2348, 2355)
Grisby Branford & Co.
1996 Ed. (3360, 3366, 3367, 3370)
Grisham; John
2008 Ed. (280)
Griswold Special Care
2008 Ed. (187)
2007 Ed. (200)
2006 Ed. (194)
2005 Ed. (179)
2004 Ed. (179)
2003 Ed. (220)
2002 Ed. (245)
Grizzard Communications Group
2008 Ed. (3600)
2007 Ed. (3433)
2006 Ed. (3419)
"Grizzlies"; National Geographic,
1991 Ed. (2772)
Grizzly bear
1996 Ed. (1643)
Grizzly Cub Embroidery
2007 Ed. (3531)
2006 Ed. (3495, 4339)
Grizzly Short
2008 Ed. (4518)
Grob AG; Hefti
1995 Ed. (2492)
Grobstein, Horwath & Co.
1998 Ed. (20)
Groce & Co. Inc.; John
1991 Ed. (1081)
Groceries
2008 Ed. (2439)
2001 Ed. (2990)
1996 Ed. (1169, 3827)
1994 Ed. (1190)
Grocers
2006 Ed. (4165)
Grocers, retail
2007 Ed. (4598)
2006 Ed. (4611)
2001 Ed. (4385)
Grocers Supply
1994 Ed. (2002)
Grocers, wholesale
2007 Ed. (4598)
2006 Ed. (4611)
2001 Ed. (4385)
Grocery
2007 Ed. (1422)
1990 Ed. (167)
Grocery and supermarkets
1990 Ed. (987)
Grocery products
2004 Ed. (2545, 2546, 2548)
Grocery retailers
1996 Ed. (364)
Grocery stores
2008 Ed. (4020, 4702)
2007 Ed. (4236)
2006 Ed. (4220)
2002 Ed. (3657)
2001 Ed. (3520, 4154)
2000 Ed. (3579, 4061, 4067)
1998 Ed. (3321)
1997 Ed. (997)
1996 Ed. (3, 3467, 3795)
1995 Ed. (3402, 3707)
1992 Ed. (1146, 3406, 3407, 4003)
1990 Ed. (1658)
Grocon
2004 Ed. (1154)
2002 Ed. (3773)
Groendyke
2001 Ed. (4645)
Groendyke Transport Inc.
2008 Ed. (4588, 4772)
2007 Ed. (4677, 4849)
2006 Ed. (4657, 4845, 4846)
2005 Ed. (4591, 4592)
2004 Ed. (4775)
2003 Ed. (4790)
2002 Ed. (4547)
2001 Ed. (4441)
2000 Ed. (4178)
1999 Ed. (4532, 4533, 4681, 4682)
1998 Ed. (3461, 3639)
1997 Ed. (3809)
1995 Ed. (3541, 3680)
1994 Ed. (3474, 3602)
1993 Ed. (3503, 3642)
1991 Ed. (3433)
Groendyke Transportation
1996 Ed. (3630, 3759)
Groep Colruyt
2008 Ed. (1575)
2007 Ed. (1598, 2241, 4632)
Groesbeck Investment Management, Growth of Dividend Income
2003 Ed. (3141)
Groh; Douglas
1996 Ed. (1846)
Grolier Direct Marketing Book & Continuity
1999 Ed. (1854)
Grolier Encyclopedia
1994 Ed. (874)
Grolier's Encyclopedia
1996 Ed. (887, 1084)
Grolsch
2008 Ed. (245)
Groninger Construction
2007 Ed. (1358)
Grooming aids
1990 Ed. (2826)
Grooming products
2005 Ed. (3724)
Grooming/shaving scissors/implements
2004 Ed. (3805)
Groot Industries
2006 Ed. (4060)
Groove Mobile
2007 Ed. (4968)
Groove Networks
2006 Ed. (3021)
Grosfeld; James
1992 Ed. (1144)
1991 Ed. (927)
groSolar
2008 Ed. (2152)
Gross; Bill
2005 Ed. (788, 3202)
Gross; Bruce
2007 Ed. (1062)
2006 Ed. (966)
2005 Ed. (988)
Gross Builders
2005 Ed. (1188)
2004 Ed. (1160)
2003 Ed. (1155)

2002 Ed. (2688)
Gross; Joel
1994 Ed. (1810)
1993 Ed. (1827)
1991 Ed. (1684)
Gross, The Professional Investor; Robert
1990 Ed. (2366)
Gross Townsend Frank Hoffman
1992 Ed. (110, 117, 1806, 3562, 3759)
1991 Ed. (68)
1990 Ed. (57)
Gross Townshend Frank Hoffman
1993 Ed. (77)
Grossman Asset Management
2005 Ed. (1087)
Grossman, CTA; Gerald
1996 Ed. (1056)
Grossman; Elizabeth
2006 Ed. (4973)
Grossman Global Macro Hedge Program
2003 Ed. (3149)
Grossman's Inc.
2000 Ed. (389)
1998 Ed. (1967, 1973)
1997 Ed. (2244, 2245, 2246)
1996 Ed. (817, 818, 821, 827, 2133, 2134)
1995 Ed. (845, 846, 2125)
1994 Ed. (793, 794, 2076)
1993 Ed. (775, 2047)
1992 Ed. (982)
1991 Ed. (801)
1990 Ed. (838, 839, 840)
Grosvenor
2004 Ed. (2818)
Grosvenor Capital Management
2008 Ed. (2923)
2007 Ed. (2793)
2006 Ed. (2799)
Grosvenor Capital Management LP
2004 Ed. (2819)
Grosvenor; Gerald
1991 Ed. (710, 3477)
Grosvenor; Gerald Cavendish
2008 Ed. (4910)
Groton Town, CT
1996 Ed. (2537)
Ground beef
2003 Ed. (2565)
1989 Ed. (1461)
Ground coat frit
2001 Ed. (1296)
Ground Improvement Techniques Inc.
1997 Ed. (1165)
1996 Ed. (1139)
The Ground Round
2003 Ed. (4097)
2000 Ed. (3781)
1999 Ed. (4064, 4065)
1998 Ed. (3063)
1997 Ed. (3317, 3329, 3334, 3651)
1996 Ed. (3216, 3231)
1995 Ed. (3120, 3139)
1994 Ed. (3075, 3089)
1993 Ed. (3017, 3034)
1992 Ed. (3717)
1991 Ed. (2882)
1990 Ed. (3021)
Ground transportation
1998 Ed. (582)
Ground/Whole-Bean Coffee
2000 Ed. (4143)
GroundFloor Media
2008 Ed. (1709)
Grounds maintenance
1996 Ed. (2881)
1995 Ed. (2816)
Groundskeepers
2005 Ed. (3632)
Groundskeeping
2001 Ed. (2760)
Groundskeeping workers
2007 Ed. (2461)
Groundwater Technology Inc.
1997 Ed. (1761)
1996 Ed. (1656)
1995 Ed. (1673, 1698)
1994 Ed. (1635)
1993 Ed. (1603)
1992 Ed. (1958)
1991 Ed. (1552)
The Group
2005 Ed. (71)
Group accident & health
2005 Ed. (3130)
2002 Ed. (2964)
Group BSN/Danone
1996 Ed. (1945)
Group Builders Inc.
2007 Ed. (1751)
Group Ecureuil
1991 Ed. (521)
Group 4 Falck A/S
2006 Ed. (1430)
Group 4 Securicor
2007 Ed. (4367, 4370)
2006 Ed. (4303)
Group 4 Securicor plc
2008 Ed. (1719)
Group Goetz Architects
2008 Ed. (3342)
2007 Ed. (3200)
2006 Ed. (3166)
2005 Ed. (3165)
Group Health Inc.
2005 Ed. (3367)
2002 Ed. (3744)
2001 Ed. (3874)
2000 Ed. (2439)
1999 Ed. (2651)
1998 Ed. (2428)
1997 Ed. (2701)
1995 Ed. (2091)
Group Health Cooperative
2006 Ed. (2765)
1995 Ed. (2091, 2092)
Group Health Cooperative of Puget Sound
2007 Ed. (1432)
2005 Ed. (1414, 1415)
1997 Ed. (2195)
1996 Ed. (2087, 2093)
1993 Ed. (2019)
Group Health Cooperative of South Central Wisconsin
2008 Ed. (2919)
Group Jasminal
2008 Ed. (94)
2007 Ed. (87)
2006 Ed. (97)
2005 Ed. (88)
Group Lavergne Inc.
2005 Ed. (3859)
2004 Ed. (3914)
Group life insurance
1994 Ed. (2228)
Group Maintenance America Corp.
2001 Ed. (1410, 1469, 1478)
Group Management Services, Inc.
2003 Ed. (3950)
Group O Inc.
2008 Ed. (2968)
2006 Ed. (2845)
2001 Ed. (2716)
Group O Direct
2007 Ed. (3551, 4410)
2006 Ed. (3511, 4350)
Group Olympia Ltee.
1992 Ed. (2998, 3513)
Group One
2002 Ed. (2646)
Group 1 Auto
2000 Ed. (3322)
Group 1 Automotive Inc.
2008 Ed. (289, 290, 4260, 4473)
2007 Ed. (299, 301, 4231)
2006 Ed. (297, 301, 302, 303, 4215)
2005 Ed. (274, 275, 280, 281, 282, 339, 340, 4161)
2004 Ed. (267, 270, 276, 277, 340, 341, 1578)
2003 Ed. (308, 310, 311, 1582)
2002 Ed. (351, 364, 371, 372)
2001 Ed. (440, 443, 444, 445, 446, 447, 448, 449, 450, 451, 452, 539)
2000 Ed. (329)
1999 Ed. (317)
Group One Source
2002 Ed. (2112)
The Group Inc. Real Estate
2007 Ed. (4074)
2004 Ed. (4068, 4070)
Group Rovi
2006 Ed. (2022)
Group Technologies
1999 Ed. (2453)
1996 Ed. (1119)
Group Three Advertising Corp.
1989 Ed. (106)
Group 360 Chicago
2008 Ed. (4035)
Group UAP
1998 Ed. (2210)
Group Victoire
1994 Ed. (2235)
Group Voyagers Inc.
2002 Ed. (1074)
Group W
1997 Ed. (3238, 3721)
1995 Ed. (3576)
1993 Ed. (3544)
1992 Ed. (3602)
Group Zannier
2001 Ed. (1261)
GroupAma
2004 Ed. (1739, 3129)
2003 Ed. (3011)
1997 Ed. (2422)
1994 Ed. (2235)
1992 Ed. (2709)
1990 Ed. (2279)
Groupama Asset Mgmt.
2000 Ed. (2821, 2822, 2823)
GroupAma-Gan
2002 Ed. (2967)
Groupama SA
2008 Ed. (3328)
2007 Ed. (3180)
Groupe ABS
2006 Ed. (97)
Groupe Albert
2001 Ed. (1261)
Groupe Assurance Generale
1992 Ed. (1461)
Groupe Auchan
2002 Ed. (4533)
Groupe Axa
2000 Ed. (2849, 2856)
1999 Ed. (3104, 3106, 3587)
Groupe Banques Populaires
2008 Ed. (416)
2007 Ed. (450)
2006 Ed. (444)
2005 Ed. (510)
2004 Ed. (531)
2003 Ed. (496)
2002 Ed. (562)
2000 Ed. (535)
Groupe Biscuits Leclerc Inc.
2007 Ed. (1965)
Groupe Bruxelles Lambert
2002 Ed. (1596)
1997 Ed. (1367, 1392)
1995 Ed. (1360)
1994 Ed. (1329)
1993 Ed. (1283)
1992 Ed. (1579)
1991 Ed. (1260)
1990 Ed. (1333)
Groupe Bruxelles Lambert SA
2006 Ed. (1562, 1563)
2003 Ed. (1434)
1996 Ed. (1300, 1332)
Groupe BSN
1991 Ed. (1292)
Groupe Bull
1999 Ed. (2876)
1995 Ed. (1093, 2570)
1994 Ed. (1085, 2200, 2201, 2203, 2207, 2517)
1993 Ed. (1060, 1062, 1064, 1581, 2177, 2178, 2179)
1992 Ed. (1321, 1925, 1928, 2633, 2634)
1991 Ed. (1535, 2063, 2064, 2065, 2068)
1990 Ed. (2195, 2196)
Groupe Caisse d'Epargne
2008 Ed. (416)
2007 Ed. (450)
2006 Ed. (444)
2005 Ed. (510)
2004 Ed. (531)
2003 Ed. (496)
2002 Ed. (562)
1999 Ed. (513, 514, 527)
1997 Ed. (460, 475)
1996 Ed. (512)
Groupe Caissed'Epargne
2000 Ed. (535)
Groupe Caisses d'Epargne
2008 Ed. (1418)
Groupe Cantrex Inc.
2000 Ed. (1397)
Groupe Casino
1995 Ed. (3335)
Groupe Casino SA
2001 Ed. (2826, 2827)
Groupe Credit Agricole/ Landbouwkrediet
2003 Ed. (467)
Groupe Danone
2008 Ed. (21, 22, 26, 35, 41, 46, 58, 62, 63, 73, 74, 77, 78, 83, 86, 94, 95, 108, 561, 1762, 1812, 2746, 2748, 2751, 2753, 2754, 4693)
2007 Ed. (17, 21, 31, 37, 42, 60, 68, 69, 72, 73, 77, 80, 87, 613, 1731, 2617, 2618, 2619, 2621, 4778)
2006 Ed. (23, 29, 40, 46, 51, 77, 78, 90, 97, 142, 565, 2639, 2641, 2643, 4768)
2005 Ed. (17, 23, 33, 39, 69, 81, 88, 663, 667, 1798, 2642, 2644, 2646, 4716)
2004 Ed. (24, 30, 40, 45, 74, 78, 79, 86, 93, 885, 2654)
2003 Ed. (750, 2513, 2514, 2517, 4584)
2002 Ed. (1659, 1908, 2307, 2308, 2309)
2001 Ed. (19, 28, 36, 46, 1970, 1971, 2470)
2000 Ed. (2227)
1999 Ed. (711, 2469, 2470)
1998 Ed. (1722)
1997 Ed. (1411)
Groupe de la Cite
1996 Ed. (3088)
1993 Ed. (999)
1992 Ed. (1229)
1991 Ed. (986)
Groupe des Banques
1991 Ed. (521)
Groupe des Banques Populaires
1997 Ed. (475)
1996 Ed. (512)
1995 Ed. (472)
1994 Ed. (489)
1993 Ed. (487)
1992 Ed. (676)
1990 Ed. (578)
Groupe des Caisses
1998 Ed. (3545)
Groupe des Caisses d'Epargne Ecureuil
1995 Ed. (472)
1994 Ed. (489)
1993 Ed. (487)
1992 Ed. (676)
Groupe Ecureuil
1990 Ed. (543, 577)
Groupe EGIS
2000 Ed. (1282, 1808, 1811, 1820, 1821, 1822)
Groupe EMC
2004 Ed. (957)
Groupe Everest
1993 Ed. (132)
Groupe Express
1994 Ed. (2781)
Groupe Forex
1997 Ed. (1374)
Groupe Germain
2007 Ed. (1965)
Groupe GTM
2002 Ed. (1194, 1304, 1306, 1307, 1311, 1321)
2001 Ed. (1487)
2000 Ed. (1275, 1277, 1278, 1282, 1283, 1285, 1291, 1292)
Groupe Hersant
1994 Ed. (2781)
1992 Ed. (3369)
1990 Ed. (2797)

Groupe IKKS/Le Bourget
2001 Ed. (1261)
Groupe Lactalis
2002 Ed. (1908)
2001 Ed. (1971)
Groupe Laperriere & Verreault
2008 Ed. (3142)
2007 Ed. (3024)
Groupe MAAF
1993 Ed. (1199)
Groupe Michelin
1998 Ed. (3572)
Groupe Morrow
1992 Ed. (202)
Groupe Olympia
1994 Ed. (1877)
Groupe Olympia Ltee.
1993 Ed. (2524, 2897)
Groupe Open SA
2008 Ed. (1722, 1763, 2868, 3208)
Groupe Pinault-Printemps
2006 Ed. (1796, 4180)
1995 Ed. (3335)
Groupe Pinault-Printemps-Redoute SA
2006 Ed. (4945)
Groupe Pomerleau
2008 Ed. (1184)
2007 Ed. (1284)
Groupe Promutuel
2008 Ed. (1384)
Groupe Ro-na Dismat
1997 Ed. (3547)
1996 Ed. (3483)
1994 Ed. (3366)
Groupe Robert
2008 Ed. (4779)
2007 Ed. (4856)
2006 Ed. (4853)
Groupe Roullier
2004 Ed. (957)
Groupe Royale Belge
1997 Ed. (1367)
Groupe Saint-Gobain
1990 Ed. (1903)
Groupe Sani Mobile
1992 Ed. (1589)
Groupe Savoie - Les Residences Soleil
2008 Ed. (2058)
Groupe Schneider
1993 Ed. (1189)
Groupe Schneider-North America
1998 Ed. (1138)
Groupe Sportscene Inc.
2008 Ed. (2058)
Groupe St.-Hubert
1994 Ed. (2110)
Groupe Sucres et Denrees
1990 Ed. (1102)
1989 Ed. (961)
GROUPE SYSTRA
2000 Ed. (1814, 1821)
Groupe Transat A.T. Inc.
1993 Ed. (3614)
Groupe UCB
2001 Ed. (1641)
2000 Ed. (1392)
Groupe Val Royal
1997 Ed. (3547)
Groupe Vedeotron
1992 Ed. (946)
Groupe Victoire
1992 Ed. (915, 916, 2709)
Groupe Videotron
1997 Ed. (729)
1996 Ed. (791)
1994 Ed. (761)
1992 Ed. (1295)
Groupe Videotron Itee
2000 Ed. (1397)
Groupe Videotron Ltee.
1995 Ed. (2512)
1993 Ed. (2506)
Groupe Wanadoo SA
2005 Ed. (1155)
2004 Ed. (1132)
Groupe Zurich
1990 Ed. (2277)
GroupeLecon
2001 Ed. (1447)
Groupement d'Achats Edouard Leclerc (Ste Coope)
1994 Ed. (3661)
1993 Ed. (3696)
1991 Ed. (3480)
Groupes Banques Populaires
1999 Ed. (527)
GroupHealth Partnership
1992 Ed. (2393)
Group9
2008 Ed. (4113)
Group1 Automotive Inc.
2000 Ed. (332)
Groups Meetings Incentives Inc.
2008 Ed. (3716, 4406, 4968)
Groupware
1999 Ed. (3009)
Groupware Technology
2008 Ed. (4607)
Grout Doctor Global Franchise Corp.
2007 Ed. (2253)
Grove City College
2008 Ed. (1060)
2001 Ed. (1321)
1999 Ed. (1224)
1998 Ed. (795)
1996 Ed. (1041)
Grove Colourprint Ltd.
1991 Ed. (960)
Grove Farm Co.
2008 Ed. (1779, 1784)
2007 Ed. (1756)
Grove Isle Hotel & Spa
2008 Ed. (3076)
2007 Ed. (4118)
Grove: The Life & Times of an American; Andy
2008 Ed. (610, 615)
Grover Connell
1995 Ed. (2580)
1992 Ed. (3079)
1991 Ed. (2462)
1990 Ed. (2578)
Groves; Edmund
2006 Ed. (4922)
2005 Ed. (4862)
Grow Biz International
1996 Ed. (2061, 2062, 3451)
1995 Ed. (2066, 3388)
Grow Group
1995 Ed. (2825)
1994 Ed. (2719)
1993 Ed. (2761)
1992 Ed. (3325, 3728)
1991 Ed. (2666)
1990 Ed. (2131, 2757)
GROWMARK Inc.
2008 Ed. (1382)
2007 Ed. (1426)
2006 Ed. (1388, 1389)
Growmark System
2008 Ed. (4081)
2007 Ed. (4045)
2006 Ed. (4013)
Growney Equipment Inc.; Tom
2007 Ed. (4436)
Growth
1991 Ed. (2568)
1989 Ed. (1845)
Growth & income
1991 Ed. (2568)
1989 Ed. (1845)
The Growth Coach
2008 Ed. (757, 881)
2007 Ed. (784)
Growth Equity GE
1996 Ed. (625)
Growth Fund of America
2008 Ed. (2610, 4510)
2007 Ed. (2485)
2006 Ed. (2510, 3684, 4556)
2005 Ed. (2465, 3581, 4480)
2004 Ed. (2451, 2464, 3657)
2003 Ed. (2361, 3491, 3518)
Growth Fund of Spain
2001 Ed. (3501)
2000 Ed. (3294)
Growth Fund of Washington
1999 Ed. (598)
Growth Stock Outlook
1993 Ed. (2363)
1992 Ed. (2800)
Groz-Beckert KG
2000 Ed. (3036)
Grp Simec ADR
1996 Ed. (208)
GRS
2005 Ed. (3372)
2004 Ed. (3341)
2003 Ed. (3279)
GRT Corp.
2005 Ed. (2834)
2004 Ed. (2826)
2003 Ed. (2710, 3949)
Grubb & Ellis Co.
2008 Ed. (4108)
2007 Ed. (4075)
2006 Ed. (4035)
2005 Ed. (4000)
2004 Ed. (4067)
2003 Ed. (4049, 4051)
2002 Ed. (3909, 3911, 3912)
2001 Ed. (4013)
2000 Ed. (3715)
1999 Ed. (3602, 3995)
1998 Ed. (2998, 2999, 3000, 3002)
1997 Ed. (3256)
1995 Ed. (3060)
1994 Ed. (2998, 3022)
1992 Ed. (3614)
1991 Ed. (2804, 2805)
1990 Ed. (2949, 2954)
Grubb & Ellis/Island Realty
2000 Ed. (3710)
Grubb & Ellis Management Services Inc.
2001 Ed. (4015)
2000 Ed. (3729, 3730, 3731)
1999 Ed. (4011)
Grubb & Ellis Realty
1992 Ed. (2750, 2758)
Grubb-Chevrolet; Lou
1989 Ed. (283)
Grubbs Mazda
1993 Ed. (276)
Gruber; Thomas A.
1993 Ed. (1703)
Grubman; Allen
1997 Ed. (2611)
1991 Ed. (2297)
Grubman; Jack
1997 Ed. (1900)
1996 Ed. (1826, 1904)
1995 Ed. (1848)
1994 Ed. (1810)
1993 Ed. (1827)
1991 Ed. (1684)
Gruen Marketing
1989 Ed. (1567, 2494)
Grum; Clifford J.
1990 Ed. (976, 1726)
Gruma Corp.
2008 Ed. (201, 202)
2007 Ed. (215)
2006 Ed. (205, 2547)
2003 Ed. (2518)
2000 Ed. (2229)
1999 Ed. (3469)
Gruma SA de CV
2008 Ed. (3571)
2005 Ed. (2649)
2004 Ed. (2657)
Grumman Corp.
1996 Ed. (3666)
1995 Ed. (158, 159, 162)
1994 Ed. (137, 138, 139, 142, 144)
1993 Ed. (157, 159, 160, 1460, 1704, 2471, 2472, 2573)
1992 Ed. (249, 250, 253, 1770, 2939, 2940, 3077, 4361)
1991 Ed. (180, 183, 184, 1403, 2358, 2359)
1990 Ed. (188, 1292)
1989 Ed. (1226, 1635)
Grumman Aerospace Corp.
1991 Ed. (2460)
Grumman Corporation & subsidiaries
1990 Ed. (2489)
Grumpy Old Men
1996 Ed. (3790, 3791)
Grunau Co., Inc.
2008 Ed. (1227, 4001)
2006 Ed. (1242)
2005 Ed. (1281)
2004 Ed. (1235)
2003 Ed. (1241)
1993 Ed. (1140)
Grundfos Pumps
2003 Ed. (3271)
Grundhofer; J. A.
2005 Ed. (2477)
Grundy County, IA
1997 Ed. (1681)
Grundy County National Bank
1993 Ed. (508)
Grune; George V.
1992 Ed. (1142, 2050)
Gruneich; Kevin
1997 Ed. (1894)
1996 Ed. (1820)
1995 Ed. (1842)
1994 Ed. (1804)
1993 Ed. (1821)
1991 Ed. (1689)
1990 Ed. (1766, 1768)
1989 Ed. (1416)
Gruner & Jahr
1999 Ed. (3744)
1998 Ed. (2781)
Gruner & Jahr USA
2006 Ed. (3345)
2005 Ed. (3357)
2004 Ed. (3332)
1997 Ed. (3034)
1996 Ed. (2956)
Gruner & Jahr USA Publishing
2001 Ed. (3954)
2000 Ed. (3684)
Gruner Jahr
2000 Ed. (3459)
Gruner + Jahr AG & Co.
2004 Ed. (3941)
Gruner Jahr AG & Co. Druck- und Verlagshaus
2002 Ed. (3762)
2001 Ed. (3900)
Gruno American
1999 Ed. (1142)
Gruno Half-Zwaar
1999 Ed. (1142)
Gruno Mild
1999 Ed. (1142)
Gruntal
1989 Ed. (1859)
Gruntal & Co. Inc.
1998 Ed. (530)
Gruntal Financial
1999 Ed. (3293)
Grupo Accion
2004 Ed. (1187)
Grupo ACS
2008 Ed. (1286, 1297, 1302, 1303)
2006 Ed. (1303, 1311, 1316, 1317, 1318, 1683, 1684, 1700)
Grupo Aeroportuario del Pacifico, SA de CV
2008 Ed. (4289)
Grupo Aeroportuario del Sureste, SA de CV
2003 Ed. (4596)
Grupo Alfa
2006 Ed. (2547, 2548)
2003 Ed. (1758, 2090)
Grupo Antolin North America
2004 Ed. (324)
Grupo Assa
2000 Ed. (3400, 3401)
1999 Ed. (3684, 3685)
1997 Ed. (2984)
Grupo Aval Acciones y Valores
2002 Ed. (4394, 4397, 4399)
Grupo Bafar
2004 Ed. (2657)
2003 Ed. (2518)
Grupo Bafar, SA de CV
2005 Ed. (2649)
Grupo Banca March
1996 Ed. (683)
Grupo Bancaja
2008 Ed. (506)
2007 Ed. (554)
2006 Ed. (525)
2005 Ed. (611)
2004 Ed. (621)
2003 Ed. (612)
2002 Ed. (648)
Grupo Banorte
2004 Ed. (592)

2003 Ed. (585)
2002 Ed. (621)
Grupo Bates
1989 Ed. (162)
Grupo Bimbo
2008 Ed. (61)
2007 Ed. (59)
2006 Ed. (68)
2005 Ed. (61)
2003 Ed. (1758, 2518)
Grupo Bimbo SA de CV
2008 Ed. (3571)
2006 Ed. (2547, 3392)
2005 Ed. (2649)
2004 Ed. (2657)
Grupo BSB
1995 Ed. (127)
1994 Ed. (118)
1993 Ed. (137)
1992 Ed. (209)
1991 Ed. (151)
1990 Ed. (151)
Grupo Carso
2003 Ed. (1737, 1741)
2000 Ed. (1515)
1996 Ed. (1399)
Grupo Carso SA de CV
2008 Ed. (1926, 3571)
2007 Ed. (1877, 1878)
2006 Ed. (1876, 1878, 3392)
2005 Ed. (1865, 2218)
2004 Ed. (1778, 1794, 1795, 2113)
2003 Ed. (1758, 2090)
2002 Ed. (1718, 1719, 1720, 1725, 1726)
1993 Ed. (2559)
Grupo Casa Saba
2003 Ed. (4180)
Grupo Casa Saba, SA de CV
2005 Ed. (3395)
2004 Ed. (4207)
Grupo Cementos de Chihuahua
2003 Ed. (1181)
Grupo Cementos de Chihuahua, SA de CV
2005 Ed. (1213)
Grupo Cermoc
1991 Ed. (2450)
Grupo Citibank
2001 Ed. (605)
Grupo Consolidado
1992 Ed. (86)
Grupo Continental
2003 Ed. (672)
Grupo Continental SA
2005 Ed. (3395)
2004 Ed. (678)
Grupo Coril
2008 Ed. (740)
2007 Ed. (764)
Grupo Corvi
2007 Ed. (1850)
Grupo Cuauhtemoc
1989 Ed. (42)
Grupo Dataflux, SA de CV
2005 Ed. (3429)
Grupo de los Ruiz
2002 Ed. (3728)
Grupo Dorsay
1990 Ed. (24)
1989 Ed. (25)
Grupo Dragados
2003 Ed. (1324, 1334, 1335, 1336)
Grupo Dragados SA
2005 Ed. (1330, 1338, 1339, 1340)
2004 Ed. (1324, 1333, 1335)
Grupo el Ahorro Hondureno
2007 Ed. (457)
Grupo Elektra
2006 Ed. (1846)
2003 Ed. (1738, 4180, 4596)
Grupo Elektra SA de CV
2007 Ed. (1725)
2005 Ed. (4137)
2004 Ed. (4207)
Grupo Embotelladoras Unidas
2003 Ed. (672)
Grupo Embotelladoras Unidas, SA de CV
2005 Ed. (671)
Grupo Empresas Polar
1995 Ed. (1906)
Grupo Fenicia
1992 Ed. (42)
1991 Ed. (19)
1990 Ed. (24)
Grupo Ferrovial
2003 Ed. (1322, 1335, 1336, 2311, 2321)
2002 Ed. (1190, 1322, 1327)
Grupo Ferrovial SA
2008 Ed. (1282, 1285, 1286, 1298, 1305, 2086)
2007 Ed. (1287, 1288, 1990)
2006 Ed. (1301, 1302, 1317, 1319, 1320, 1683, 1700)
2005 Ed. (1328, 1329, 1340)
2004 Ed. (1322, 1323, 1334, 1335, 2392, 2402)
Grupo Filanbanco
1992 Ed. (47)
Grupo Financial Serfin
1996 Ed. (2836)
Grupo Financiero Banacci
1996 Ed. (1399)
Grupo Financiero Banamex Accival SA de CV
2005 Ed. (1482)
2004 Ed. (1543)
Grupo Financiero Banamex-Accival, SA de CV--Banacci
2002 Ed. (1716)
Grupo Financiero Bancomer
2002 Ed. (605, 606, 621, 1724)
2000 Ed. (1514)
1999 Ed. (1705)
1997 Ed. (1479)
1996 Ed. (1419)
1995 Ed. (1457)
Grupo Financiero Banorte
2008 Ed. (476, 1926)
2007 Ed. (520, 1877)
2006 Ed. (500)
2005 Ed. (578)
Grupo Financiero Banorte, SA de CV
2005 Ed. (579)
2004 Ed. (593)
Grupo Financiero BBVA
2007 Ed. (4342)
Grupo Financiero BBVA Bancomer
2008 Ed. (461, 462, 463, 464, 465, 466, 467, 476)
2007 Ed. (501, 502, 503, 504, 505, 506, 507, 519, 520)
2006 Ed. (485, 500, 1438)
2005 Ed. (564, 578)
2004 Ed. (576, 592)
2003 Ed. (1517)
Grupo Financiero BBVA Bancomer, SA de CV
2005 Ed. (579, 1865)
2004 Ed. (516, 593, 1795)
Grupo Financiero Bital
2004 Ed. (1548)
Grupo Financiero Continental SA
2006 Ed. (3772)
Grupo Financiero Galicia
2006 Ed. (665)
Grupo Financiero HSBC
2006 Ed. (500)
Grupo Financiero Inbursa
2007 Ed. (519, 520)
2006 Ed. (485, 500)
Grupo Financiero Inbursa, SA de CV
2005 Ed. (579)
2004 Ed. (593)
Grupo Financiero Santander Mexicano
2005 Ed. (564, 578)
2004 Ed. (592)
Grupo Financiero Santander Serfin
2008 Ed. (461, 476)
2007 Ed. (501, 502, 503, 505, 506, 507, 519, 520)
2006 Ed. (485, 500, 1878)
2004 Ed. (1548)
Grupo Financiero Santander Serfin SA de CV
2005 Ed. (1552)
Grupo Financiero Scotiabank Inverlat
2007 Ed. (519)
Grupo Financiero Serfin
1997 Ed. (1257)
Grupo Financiero Serfin SA de CV
2005 Ed. (1564)
Grupo Gallegos
2008 Ed. (122)
Grupo Gigante
1995 Ed. (3159)
Grupo Gigante, SA de CV
2005 Ed. (4137)
2004 Ed. (4207)
Grupo Gigarite
2003 Ed. (4180)
Grupo Gloria
2008 Ed. (71)
2007 Ed. (66)
Grupo Herdez
2004 Ed. (2657)
2003 Ed. (2518)
Grupo Herdez, SA de CV
2005 Ed. (2649)
Grupo Hotels Unidos
1990 Ed. (2089, 2090)
Grupo Improsa
2006 Ed. (4494)
Grupo IMSA
2007 Ed. (3497)
2003 Ed. (2090)
Grupo IMSA SA de CV
2008 Ed. (3571)
2006 Ed. (2547, 3392)
2005 Ed. (2218)
2004 Ed. (2113)
Grupo Industras Camesa
2004 Ed. (3363)
2003 Ed. (3306)
Grupo Industras de Parras
2004 Ed. (3363)
Grupo Industrial Alfa
1992 Ed. (3063)
1991 Ed. (1322, 2450)
Grupo Industrial Alfa SA
1993 Ed. (2559)
Grupo Industrial Bimbo
2007 Ed. (1878)
2005 Ed. (1838)
2002 Ed. (1726)
2000 Ed. (1515)
Grupo Industrial Bimbo, SA de Cv
1995 Ed. (1906)
1993 Ed. (2559)
Grupo Industrial Durango
2003 Ed. (3306)
Grupo Industrial Lala
2001 Ed. (1972)
Grupo Industrial Maseca
2003 Ed. (2518)
Grupo Industrial Maseca, SA de CV
2005 Ed. (2649)
2004 Ed. (2657)
Grupo Industrial Minera Mexico
1991 Ed. (2450)
Grupo Industrial Saltillo
2003 Ed. (2090)
Grupo Industrial Saltillo, SA de CV
2005 Ed. (2218)
2004 Ed. (2113)
Grupo Inmocaral
2008 Ed. (4533)
Grupo ISN
2008 Ed. (2087, 4323)
Grupo Isuacell
1999 Ed. (3602)
Grupo Itau
1992 Ed. (42)
Grupo Iusacell
2003 Ed. (1517, 4596, 4705)
Grupo Iusacell SA de CV
2005 Ed. (1564, 4638)
2004 Ed. (4675)
Grupo la Moderna
2004 Ed. (2657)
2003 Ed. (2518)
Grupo Lamosa
2004 Ed. (1187)
2003 Ed. (1181)
Grupo Lamosa, SA de CV
2005 Ed. (1213)
Grupo Levy
2006 Ed. (73)
Grupo Magico Internacional
2006 Ed. (270)
2005 Ed. (251)
2003 Ed. (274)
2002 Ed. (309)
2001 Ed. (378)
Grupo Marti
2003 Ed. (1738)
2002 Ed. (1715)
Grupo Mercantil
1992 Ed. (86)
Grupo Mexico
2003 Ed. (672, 3306)
2002 Ed. (1726)
2000 Ed. (1515)
Grupo Mexico International
2006 Ed. (2548)
Grupo Mexico SA de CV
2008 Ed. (1926, 3571)
2007 Ed. (1877)
2006 Ed. (1878, 2547, 3392)
2005 Ed. (3395)
2004 Ed. (3363)
2001 Ed. (4270)
Grupo Minero de Mexico
2004 Ed. (1781)
2003 Ed. (1737)
Grupo Minsa
2004 Ed. (2657)
Grupo Minsa, SA de CV
2005 Ed. (2649)
Grupo Modelo
2002 Ed. (1726)
2000 Ed. (1515)
1997 Ed. (2047)
1996 Ed. (1947)
Grupo Modelo SA de CV
2008 Ed. (537, 1926, 3571)
2007 Ed. (1877, 1878)
2006 Ed. (552, 570, 1876, 1878, 2547, 3392)
2005 Ed. (652, 671, 1865)
2004 Ed. (678, 1794, 1795)
2003 Ed. (658, 1758)
2002 Ed. (1725)
Grupo Nacional Provincial
2008 Ed. (3259)
2007 Ed. (3115)
2000 Ed. (2671)
Grupo Nestle
1996 Ed. (1947)
Grupo Noboa
1992 Ed. (47)
Grupo Pacifico
1992 Ed. (47)
Grupo Palacio de Hierro
2003 Ed. (4180)
Grupo Palacio de Hierro, SA de CV
2005 Ed. (4137)
2004 Ed. (4207)
Grupo Pao Acucar
1990 Ed. (24)
Grupo Pao de Acucar
1992 Ed. (42)
1989 Ed. (25)
Grupo Pevafersa Instalaciones
2008 Ed. (2087, 2429, 2504, 2814, 3679)
Grupo Philips
1992 Ed. (42)
Grupo Polar
1992 Ed. (86)
Grupo Porcicola Mexicano
2003 Ed. (3901)
2002 Ed. (3728)
Grupo Prisa
2007 Ed. (1285)
2006 Ed. (1178)
Grupo Quito Motors
1992 Ed. (47)
Grupo Radio Centro
2004 Ed. (3417)
2003 Ed. (3353)
Grupo Radio Centro, SA de CV
2005 Ed. (3429)
2003 Ed. (4596)
Grupo Repsol
1991 Ed. (48)
Grupo Salinas
2008 Ed. (61)
2007 Ed. (59)
2006 Ed. (68)
Grupo Salinas y Rocha
2002 Ed. (1715)
Grupo Sanborns
2004 Ed. (1779)
2003 Ed. (1735, 1737, 1738, 1741, 4180)

Grupo Sanborns, SA de CV
2005 Ed. (4137)
2004 Ed. (4207)
Grupo Santander
2007 Ed. (1991)
1999 Ed. (3102)
Grupo Santander (Banco Santander)
1997 Ed. (516)
Grupo Santander Banespa
2008 Ed. (388, 461)
2007 Ed. (409, 501)
2005 Ed. (470, 500)
2004 Ed. (458)
Grupo SHG-NOVO1 LLC
2008 Ed. (3741, 4439)
Grupo Sidek
1997 Ed. (2935)
Grupo Silvio Santos
2008 Ed. (28)
2007 Ed. (23)
2006 Ed. (31)
Grupo Simac
2003 Ed. (3306)
Grupo Simec
1995 Ed. (200)
Grupo Simec, SA de CV
2008 Ed. (4538)
2005 Ed. (3395)
Grupo Situr SA de CV
1998 Ed. (478)
Grupo Sol
1993 Ed. (2100)
Grupo Sonae Investimentos SGP SA
1994 Ed. (2438)
Grupo Sorimex
1995 Ed. (3159)
Grupo Telecab
1997 Ed. (878)
Grupo Televisa
2007 Ed. (59, 1877, 1878)
2006 Ed. (68, 1877, 1878)
2004 Ed. (1773)
2003 Ed. (1743, 3353, 4596)
2000 Ed. (1515)
1998 Ed. (2558, 2559)
1996 Ed. (1399)
1995 Ed. (3203)
Grupo Televisa SA
2008 Ed. (61, 1926, 3630)
2005 Ed. (3429)
2004 Ed. (3417)
2001 Ed. (1778)
Grupo TMM
2004 Ed. (1775)
Grupo Tribasa
1998 Ed. (478)
1995 Ed. (200)
Grupo Tribasa S.A. de C.V.
2000 Ed. (1279)
Grupo Union
1992 Ed. (86)
Grupo Vale Bates
2003 Ed. (121)
2002 Ed. (149)
Grupo Vitro
2003 Ed. (2090)
Grupo Vitro, SA de CV
2004 Ed. (2113)
Grupo Xtra
2005 Ed. (1533)
Grupo Zuliano
1996 Ed. (884)
Grupo Zurich
1994 Ed. (2238)
Grupoaval
2006 Ed. (4493)
Gruppo Armando Testa
1993 Ed. (114)
1992 Ed. (168)
1991 Ed. (116)
1990 Ed. (118)
Gruppo, Bancario San Paolo
1995 Ed. (1439)
Gruppo Banco Popolare di Verona e Novara
2008 Ed. (452)
2007 Ed. (487)
2006 Ed. (474)
2005 Ed. (550)
Gruppo Bipielle
2008 Ed. (452)
Gruppo Editoriale
2004 Ed. (55)
Gruppo Editoriale L'espresso
2007 Ed. (3454)
Gruppo Finanziario Tessile Gft SPA
1995 Ed. (1037)
1994 Ed. (1031)
1993 Ed. (999)
1992 Ed. (1229)
1991 Ed. (986)
Gruppo Iris Ceramica
1990 Ed. (3593, 3594)
Gruppo Marazzi
1990 Ed. (3593)
Gruwell; William
2006 Ed. (333, 334)
Gruzen Samton Steinglass Architects, Planners
1990 Ed. (284)
1989 Ed. (268)
Gruzen Samton Steinglass Architects, Planners, Interior Designers
1993 Ed. (248)
Gryphon Investment
1993 Ed. (2344)
1992 Ed. (2783)
1991 Ed. (2254)
1990 Ed. (2362)
1989 Ed. (2143)
Gryphon Investment Counsel
1994 Ed. (2325)
GS Asset Management Co.
1999 Ed. (2895)
1997 Ed. (2403)
GS Canadian Equity
2002 Ed. (3464, 3465, 3466)
GS Capital Partners
2008 Ed. (1425, 3445)
1998 Ed. (2105)
1997 Ed. (2627)
G.S. Creations Inc.
1997 Ed. (2222, 2227)
GS Engineering & Construction
2008 Ed. (1288)
GS Holdings Corp.
2008 Ed. (85)
G's Marketing Ltd.
2005 Ed. (1553)
GSA Industries
2002 Ed. (3779)
GSC Enterprises Inc.
2003 Ed. (4938)
1998 Ed. (287, 976, 977, 978, 981, 983)
1997 Ed. (1200, 1202, 1203, 1205)
1995 Ed. (1195, 1197, 1200)
1994 Ed. (1177)
1993 Ed. (1154, 1155)
GSC Industries Inc.
1998 Ed. (1939)
GSC Partners
2004 Ed. (1528)
GSD & M
2004 Ed. (131, 132)
2003 Ed. (174)
2002 Ed. (184, 185)
1999 Ed. (155)
1998 Ed. (66)
1997 Ed. (146)
1996 Ed. (140)
1995 Ed. (126)
1994 Ed. (117)
1992 Ed. (207)
1991 Ed. (150)
1990 Ed. (150)
1989 Ed. (160, 160, 161, 167)
GSD Field Marketing Group
2002 Ed. (3264, 3266)
GSD&M
2000 Ed. (173)
G.S.E. Inc.
1990 Ed. (2289)
GSE Construction Co. Inc.
2001 Ed. (2709)
2000 Ed. (1272)
1999 Ed. (1382)
GSE Systems Inc.
2007 Ed. (2060)
GSI
1990 Ed. (1139)
GSI Commerce
2008 Ed. (2846)
2007 Ed. (2712)
2006 Ed. (4678)
GSI Group Inc.
2008 Ed. (2943)
GSI Lumonics
2007 Ed. (2817)
2003 Ed. (2940)
2002 Ed. (2506)
2001 Ed. (2863)
GST/MicroCity
1999 Ed. (1274)
GST Telecommunications Inc.
2001 Ed. (2422)
GSW Inc.
2008 Ed. (1215)
1992 Ed. (2434)
GSW Worldwide
2008 Ed. (115)
2007 Ed. (107)
2006 Ed. (118)
GT America Growth
1994 Ed. (2615)
1992 Ed. (3190)
GT & R Employees N.C.
2000 Ed. (1623)
GT & R Employees N.C. Credit Union
2003 Ed. (1888)
2002 Ed. (1827)
GT & R Employees' North Carolina Credit Union
1998 Ed. (1216)
GT Capital Management
1993 Ed. (2306, 2352, 2358, 2359)
1992 Ed. (2746)
GT Fixed Line & Networks
2008 Ed. (43)
GT Global
1997 Ed. (565)
GT Global Allocator Strategic Income
2000 Ed. (4332)
GT Global Allocator Telecommunications
2000 Ed. (4334)
G.T. Global America Growth A
1996 Ed. (2797, 2803)
G.T. Global America Growth B
1996 Ed. (2797)
GT Global Consumer Product A
1999 Ed. (3580)
GT Global Consumer Products A
1998 Ed. (2596)
G.T. Global Developing Markets
1996 Ed. (3312)
GT Global Emerging Markets A
1995 Ed. (2717, 2727)
GT Global Financial Services A
1999 Ed. (3513)
GT Global Government Income A
1995 Ed. (2712)
GT Global Growth: Japan
1991 Ed. (2569)
G.T. Global Health Care
1992 Ed. (3178, 3158)
GT Global Health Care A
1995 Ed. (2722)
GT Global High-income A
1999 Ed. (3581)
1997 Ed. (691)
1995 Ed. (2712)
GT Global Japan
1994 Ed. (2626)
1992 Ed. (3172)
G.T. Global Natural Resources A
1998 Ed. (2593)
GT Global Pacific Growth A
1998 Ed. (2646)
GT Global Pacific Growth B
1998 Ed. (2646)
GT Global Strat. Income A
1995 Ed. (2712)
GT Global Strategic Income A
1998 Ed. (2621)
1997 Ed. (691)
GT Group Telecom Inc.
2003 Ed. (1638, 2934, 2937, 2939)
2002 Ed. (2505, 2508)
GT Income
1995 Ed. (2749, 2751)
GT Industrial LLC
2008 Ed. (3732, 4427, 4982)
GT Interactive Software Corp.
2000 Ed. (2407)
1999 Ed. (1255, 2625)
1997 Ed. (3403, 3408)
GT International Growth
1993 Ed. (2661)
1992 Ed. (3194)
GT Japan Growth
1992 Ed. (3183)
1991 Ed. (2558)
G.T. Latin America Growth A
1996 Ed. (2804)
G.T. Management
1990 Ed. (2319)
GT Management (Asia)
1997 Ed. (2544)
GT Nexus
2004 Ed. (2220)
GT Pacific Growth
1993 Ed. (2652, 2661, 2692)
1992 Ed. (3151, 3184)
1991 Ed. (2558)
GT Pacific Growth A
1995 Ed. (2699)
GT UK Smaller Cos Acc
2000 Ed. (3307)
GT Worldwide Growth
1994 Ed. (2646)
1993 Ed. (2692)
GTC Inc.
2000 Ed. (2463)
1998 Ed. (1407)
GTC Media
2003 Ed. (3928)
G.T.C. Transcontinental Group Ltd.
1999 Ed. (3311)
1997 Ed. (2724)
1996 Ed. (2579, 3144)
1995 Ed. (2512)
1994 Ed. (2983)
1993 Ed. (2506)
1992 Ed. (1295, 3591)
1991 Ed. (1016)
GTCI
2007 Ed. (4727)
GTCR Golder Rauner LLC
2001 Ed. (4675)
GTE Corp.
2008 Ed. (1100)
2007 Ed. (1194, 1195)
2006 Ed. (1088)
2005 Ed. (1096, 1463, 1488, 1503, 1547)
2004 Ed. (1086)
2003 Ed. (1072, 1073)
2002 Ed. (1387, 2075, 3916, 4569, 4570)
2001 Ed. (1335, 1336, 1550, 1878, 3673, 3674, 4454, 4455, 4462, 4473, 4476, 4477, 4478)
2000 Ed. (1301, 1309, 1572, 1734, 1740, 2642, 3441, 3690, 4186, 4188, 4192, 4203, 4205)
1999 Ed. (1442, 1450, 1596, 1817, 1963, 2506, 3717, 3731, 4542, 4543, 4546, 4547, 4548, 4551, 4553, 4559, 4562)
1998 Ed. (575, 1130, 1246, 3471, 3473, 3475, 3476, 3477, 3484, 3487)
1997 Ed. (1273, 1306, 1379, 1584, 3687, 3689, 3690, 3692, 3693, 3706)
1996 Ed. (888, 1230, 1235, 1320, 2547, 3137, 3145, 3636, 3637, 3638, 3639, 3640, 3647, 3649, 3651)
1995 Ed. (1258, 1336, 2850, 2855, 2862, 3033, 3034, 3035, 3045, 3307, 3322, 3549, 3550, 3551, 3554, 3559)
1994 Ed. (10, 1237, 1249, 1256, 1284, 1286, 1311, 1619, 2060, 2210, 2754, 2763, 2973, 2974, 2975, 2976, 2984, 3215, 3228, 3242, 3257, 3482, 3483, 3489, 3490)
1993 Ed. (154, 1175, 1176, 1374, 1588, 2705, 2779, 2934, 2935, 2936, 2937, 2945, 2946, 3224, 3228, 3230, 3242, 3248, 3508, 3509, 3515, 3516)
1992 Ed. (4200, 4209, 4210)

1991 Ed. (38, 1109, 1539, 1994, 2577, 2776, 2777, 2779, 3112, 3277, 3284, 3286)
1990 Ed. (918, 1642, 2923, 2924, 2935, 3475, 3514, 3516)
1989 Ed. (1329, 1330, 2260, 2261, 2796)
GTE and Contel
1992 Ed. (1067)
GTE California Inc.
2000 Ed. (3004)
GTE Credit Union
2008 Ed. (2225)
2007 Ed. (2110)
2006 Ed. (2154, 2165, 2177, 2189)
2005 Ed. (2083, 2094)
2004 Ed. (1939, 1952)
2003 Ed. (1912)
2002 Ed. (1858)
GTE Data Services
2000 Ed. (2205)
GTE FCU
1999 Ed. (1805)
GTE Federal Credit Union
2000 Ed. (1631)
1998 Ed. (1232)
1997 Ed. (1565)
1996 Ed. (1498)
1995 Ed. (1536)
GTE Florida
2000 Ed. (2205)
1998 Ed. (3485)
GTE Foundation
1992 Ed. (1096)
GTE Hawaiian Tel
1997 Ed. (2177)
GTE Internet Solutions
1999 Ed. (2999)
GTE Mobile Communications
1994 Ed. (877)
GTE Mobilnet
1998 Ed. (655)
1991 Ed. (871, 872)
1989 Ed. (863)
GTE Moblenet
2000 Ed. (999)
GTE Products of Connecticut Corp.
2003 Ed. (2190)
2001 Ed. (2193)
GTE Service Corp.
1994 Ed. (2768)
GTE Spacenet Skystar Plus
1994 Ed. (3644)
GTE Sylvania
1990 Ed. (2675)
GTE Wireless
2001 Ed. (1139)
GTech Corp.
2001 Ed. (376)
GTECH Holdings Corp.
2007 Ed. (270, 2675, 2937, 3339, 4119)
2006 Ed. (263, 2685)
2005 Ed. (242, 2709, 2710, 3278)
2004 Ed. (239, 2716, 2717)
2003 Ed. (271)
2001 Ed. (376)
1999 Ed. (1263)
1998 Ed. (832)
1997 Ed. (1084)
GTFH Public Relations
1996 Ed. (3106, 3108)
G3 Bates
1998 Ed. (64)
GTI Corp.
1997 Ed. (2702)
1995 Ed. (884)
1993 Ed. (214, 217)
GTKY Credit Union
2004 Ed. (1943)
GTM Corp.
1994 Ed. (3524)
1992 Ed. (4283)
GTM-Entrepose
1999 Ed. (1386, 1388, 1389, 1393, 1396, 1397, 1404, 1405)
1998 Ed. (963, 964, 971, 972)
1997 Ed. (1180, 1182, 1183, 1187, 1188, 1191, 1193)
1996 Ed. (1151, 1153, 1154, 1159, 1162, 1164)
1995 Ed. (1180, 1186, 1191)
1994 Ed. (1161, 1166, 1169, 1171)
1993 Ed. (1143)
GTN Copper Tech
2002 Ed. (2228)
GTN Ocean Carrier Consortium
2004 Ed. (4661)
GTP
1990 Ed. (3512)
GTRI Inc.
2006 Ed. (3503, 4343)
GTSI Corp.
2008 Ed. (1370, 1374)
2007 Ed. (1418, 2063)
2006 Ed. (1355, 1361, 1365, 1377, 1380, 2106, 2113)
2005 Ed. (1352, 1354, 1361, 1379, 1392, 2009)
2004 Ed. (1344, 1346, 1367)
2003 Ed. (1344, 1356, 1358)
GU Acquistion Corp.
1991 Ed. (1142)
Guadalajara
1994 Ed. (2440)
Guadalajara, Mexico
1993 Ed. (2557)
Guadalajara Miguel Hidalgo y Costilla
2001 Ed. (350)
Guadalupe Parish
2000 Ed. (1623)
Guadalupe Parish Credit Union
2002 Ed. (1827)
1996 Ed. (1504)
Guadeloupe
2001 Ed. (4586)
Guajiro
1994 Ed. (962)
Guam International Airport
1993 Ed. (205, 1536)
Guam Naval Station
1993 Ed. (2884)
Guam; University of
2005 Ed. (1367)
Guan; Ho Sim
2008 Ed. (4850)
Guanabara
2000 Ed. (475)
Guangchang; Guo
2008 Ed. (4843)
2007 Ed. (2508)
2005 Ed. (2515)
Guangdong
2001 Ed. (2262)
Guangdong Advertising Co.
1996 Ed. (72)
Guangdong Development Bank
2008 Ed. (435, 436)
2007 Ed. (470)
Guangdong Dongwan Chemicals Import & Export Co.
2001 Ed. (2496)
Guangdong Electric
2001 Ed. (1670)
2000 Ed. (4012)
1999 Ed. (4297, 4298)
Guangdong Electric Power Development
2005 Ed. (2305)
Guangdong Express Way
1999 Ed. (4297)
Guangdong Investment
1999 Ed. (3469)
1995 Ed. (2129)
Guangdong Kelon
2001 Ed. (1671)
Guangdong Petrochemical
1993 Ed. (1199)
Guangdong Power
2006 Ed. (4307)
Guangdong Prvl. Expr.
2001 Ed. (1670)
2000 Ed. (4012)
Guangdong Shengyi Science Technology
2008 Ed. (1568)
Guangming Ribao
1999 Ed. (3619)
Guangshen Railway Co. Ltd.
2003 Ed. (4578)
Guangxi Group
2003 Ed. (3724)
Guangzhou
2001 Ed. (1096, 3854, 3855)
Guangzhou Brewery
1995 Ed. (708)
Guangzhou, China
2007 Ed. (1098)
Guangzhou Peugeot
1995 Ed. (308)
Guangzhou Wuzhou Aoqili Group Co.
2006 Ed. (36)
Guanqiu; Lu
2008 Ed. (4843)
2006 Ed. (2529)
2005 Ed. (2515)
Guanxi (The Art of Relationships)
2008 Ed. (617)
Guarant
2001 Ed. (4635)
Guarantee
1993 Ed. (233)
Guarantee Electrical Co.
1991 Ed. (1078)
Guarantee Title & Trust Co. Inc.
1999 Ed. (2985)
Guaranteed investment contracts
1995 Ed. (3160)
1994 Ed. (1908)
Guaranteed Overnight Delivery
1991 Ed. (3429)
1990 Ed. (3657)
Guaranty Corp.
2005 Ed. (379)
Guaranty Bank
2007 Ed. (1182, 1183, 3629, 4243, 4244)
2006 Ed. (1074, 1075, 3569, 4229, 4230, 4245, 4247)
2005 Ed. (1066, 1067, 2993, 3502, 4177, 4178, 4211, 4218, 4219, 4220, 4221, 4222)
2004 Ed. (1062, 1063, 2995, 3502, 4244, 4245, 4248, 4278, 4279, 4282, 4283, 4285, 4286, 4287, 4289)
2003 Ed. (4229, 4230, 4258, 4260, 4261, 4264, 4269, 4270, 4271, 4273, 4275, 4277, 4279, 4281)
2002 Ed. (4100, 4117, 4118, 4121, 4125, 4126, 4129, 4131, 4135, 4138)
Guaranty Bank & Trust Co.
2008 Ed. (399)
2007 Ed. (431)
2005 Ed. (480)
2002 Ed. (544)
Guaranty Development Co.
2008 Ed. (431)
Guaranty Federal
1989 Ed. (2359)
Guaranty Federal S&L Association
1989 Ed. (2824)
Guaranty Federal Savings Bank
1998 Ed. (3127, 3129, 3567)
1995 Ed. (507)
1994 Ed. (3529)
1991 Ed. (3385)
1990 Ed. (3102)
Guaranty, FSB
1993 Ed. (3085, 3089)
1992 Ed. (3783)
Guaranty National Bank of Tallahassee
2006 Ed. (374)
Guaranty Savings
1990 Ed. (3121, 3130)
Guaranty Trust Bank
2008 Ed. (484)
2007 Ed. (530)
Guard-A-Kid
2008 Ed. (971)
Guard companies
2001 Ed. (4203)
1992 Ed. (3830)
Guard Systems Inc.
2000 Ed. (3907)
1999 Ed. (4175)
1998 Ed. (3185)
1997 Ed. (3413)
1995 Ed. (3211)
Guardent
2004 Ed. (4434)
2002 Ed. (4205)
Guardhouses
1990 Ed. (845)
The Guardian
2008 Ed. (696)
2007 Ed. (724, 3681)
2006 Ed. (95)
2005 Ed. (3537)
2002 Ed. (231)
1999 Ed. (1832, 4171, 4173)
1989 Ed. (2229)
Guardian Alarm Co.
2008 Ed. (4296)
2006 Ed. (4270)
2003 Ed. (4327, 4328)
2002 Ed. (4204)
2001 Ed. (4201, 4202)
2000 Ed. (3918, 3919, 3921)
1999 Ed. (4200, 4201, 4202)
1998 Ed. (3201, 3203, 3203)
1997 Ed. (3415, 3416)
The Guardian & Manchester Evening News PLC
1994 Ed. (1000)
1993 Ed. (966, 972)
1992 Ed. (1195, 1199)
1991 Ed. (958)
Guardian Asset
1993 Ed. (2319, 2323)
Guardian Asset Allocation
2000 Ed. (3242)
Guardian Auto Trim
1999 Ed. (2116, 2117)
Guardian Automotive Corp.
2008 Ed. (3217)
2007 Ed. (3076)
2001 Ed. (2874)
Guardian Automotive Products Inc.
2004 Ed. (1796, 3027)
2003 Ed. (1759)
Guardian Bancorp
1995 Ed. (530)
Guardian Bank
1995 Ed. (3067)
1994 Ed. (3010)
Guardian Canadian Balanced Classic
2001 Ed. (3479, 3480, 3481)
Guardian Canadian Balanced Mutual
2001 Ed. (3480)
Guardian Capital Group
1992 Ed. (3206)
Guardian Cos., Inc.
2007 Ed. (3544, 4405)
Guardian Enterprise Classic
2001 Ed. (3475)
Guardian Federal
1990 Ed. (2476, 3124, 3133)
Guardian Federal Savings & Loan
1991 Ed. (2482)
Guardian Global Equity Classic
2001 Ed. (3466)
Guardian Group
2003 Ed. (2979)
2002 Ed. (2886)
Guardian Holdings Ltd.
2006 Ed. (3232, 4828)
Guardian Home Technologies
2008 Ed. (2983, 2986)
2007 Ed. (4973)
Guardian Industries Corp.
2008 Ed. (4543)
2007 Ed. (4592, 4593)
2006 Ed. (4608)
2005 Ed. (3916, 4523)
2004 Ed. (3972, 4590)
2003 Ed. (4612)
2001 Ed. (1144, 1256)
2000 Ed. (1103)
1999 Ed. (1187)
1998 Ed. (752)
1997 Ed. (1013)
1996 Ed. (349, 989)
1995 Ed. (1002)
1994 Ed. (989)
1993 Ed. (963)
1992 Ed. (1189)
1991 Ed. (953)
1990 Ed. (1027, 1248)
1989 Ed. (925, 928)
Guardian Insurance & Annuity VA-1
1994 Ed. (2314)
Guardian Insurance, N.Y.
1989 Ed. (2151)
Guardian Insurance Co. of Canada
1991 Ed. (2131)

Guardian Insurance Value Guard II: Centurion Growth
1995 Ed. (3689)
Guardian Investment
2005 Ed. (3563)
Guardian Investment Services
2004 Ed. (3599)
Guardian Investor Guardian Stock
1994 Ed. (3611)
Guardian Investor Services
2007 Ed. (2494)
2006 Ed. (3659)
Guardian Investor Strategic Asset Management
1994 Ed. (3612)
Guardian Investor Value Line Centurion
1994 Ed. (3611)
Guardian Life
2000 Ed. (2698)
1994 Ed. (2262, 2267)
1989 Ed. (1701, 1702, 1703, 1704)
Guardian Life Insurance Co.
2002 Ed. (1915)
Guardian Life Insurance Group
1993 Ed. (2199)
Guardian Life Insurance Co. of Amer
2000 Ed. (2649)
Guardian Life Insurance Co. of America
2008 Ed. (3197, 3272, 3276, 3301)
2007 Ed. (3083, 3087, 3122, 3126, 3138, 3151, 3300, 4080)
2006 Ed. (3056, 3120)
2005 Ed. (3083, 3115)
2004 Ed. (3102, 3112)
2003 Ed. (2991, 2994)
2002 Ed. (2869, 2887, 2888, 2891, 2925, 2932, 2935)
2001 Ed. (2929, 2931, 2933, 2942, 2945)
2000 Ed. (1657, 2672, 2674, 2675, 2677, 2679, 2705)
1999 Ed. (1831, 2923, 2928, 2929, 2931, 2945, 2954)
1998 Ed. (2108, 2137, 2140, 2147, 2148, 2171, 3038)
1997 Ed. (2426, 2447)
1996 Ed. (2265, 2283, 2288, 2296, 2297, 2310, 2316, 2317, 2324)
1995 Ed. (2286, 2290, 2305)
1992 Ed. (2653)
1991 Ed. (969)
Guardian Life of America
2000 Ed. (2695)
1993 Ed. (2194, 2195, 2200, 2211)
Guardian Life of the Caribbean
1996 Ed. (3745)
Guardian Mortgage Co.
2005 Ed. (3303)
Guardian National
2000 Ed. (2673)
1995 Ed. (2284)
1993 Ed. (2259)
1991 Ed. (2157)
1990 Ed. (2283)
Guardian Park Avenue
1995 Ed. (2677, 2697)
Guardian Park Avenue A
1999 Ed. (3519)
Guardian Protection Services Inc.
2008 Ed. (4297, 4298, 4299, 4300, 4301, 4943)
2007 Ed. (2864, 4294, 4296)
2006 Ed. (4268, 4269, 4272, 4273)
2005 Ed. (4292, 4293)
2003 Ed. (4327)
2001 Ed. (4202)
2000 Ed. (3919, 3920)
1999 Ed. (4201, 4202)
Guardian Royal Exchange
2002 Ed. (1391)
1993 Ed. (1324)
1992 Ed. (2679)
1990 Ed. (2242)
Guardian Royal Exchange PLC
1991 Ed. (2145)
Guardian Savings
1990 Ed. (3120)
1989 Ed. (2359)
Guardian Savings & Loan
1999 Ed. (373)
1998 Ed. (3529, 3567)
1993 Ed. (3085)
1992 Ed. (3105, 3785)
Guardian Savings & Loan Association
1994 Ed. (3530)
1991 Ed. (3385)
Guardian Savings Bank
2004 Ed. (4719)
Guardian Savings Bank, FSB
2006 Ed. (451)
Guardian Security
2004 Ed. (2781, 2782)
Guardian State Bank
2000 Ed. (433)
1999 Ed. (442, 539)
1998 Ed. (335)
1997 Ed. (494)
Guardian State Bank & Trust Co.
1989 Ed. (214)
Guardian Value Guard II
1999 Ed. (4697)
Guardian Value Guard II Guardian Stock
1994 Ed. (3611)
Guardian Value Guard II Strategic Asset Management
1994 Ed. (3612)
Guardian - Value Guard II (VA)
1991 Ed. (2149)
Guardian Value Guard II Value Line Centurion
1994 Ed. (3611)
Guardian - ValuePlus
1991 Ed. (2149)
Guardian VL Income NonQ
1989 Ed. (260)
Guardian VL Income Qual
1989 Ed. (260)
Guardian VL Spec Nonqual
1989 Ed. (261)
Guardian VL Spec Qual
1989 Ed. (261)
Guardmark
1991 Ed. (2943)
Guardrisk Group of Cos.
2008 Ed. (3225)
2007 Ed. (3085)
Guardrisk Insurance Co., Ltd.
2006 Ed. (3055)
Guards
1989 Ed. (2083)
Guards/detectives
1993 Ed. (1456)
Guardsman
1992 Ed. (2162)
Guardsman Products
1997 Ed. (2981)
1995 Ed. (2825)
1994 Ed. (2719)
1993 Ed. (2761)
1991 Ed. (2666)
1990 Ed. (2757)
Guardsman WoodPro
2003 Ed. (2593)
2002 Ed. (2384)
Guarnieri; Michael
1997 Ed. (1940)
Guatemala
2008 Ed. (257, 1032, 1033, 1034, 3593)
2007 Ed. (1151, 1152, 1153, 2258, 3429, 4218, 4599)
2006 Ed. (1062, 1063, 1064, 3411, 4208)
2005 Ed. (1051, 1052, 1053, 2539, 2540, 3402, 4152, 4729)
2004 Ed. (253, 1050, 1051, 1052, 2766, 3395, 4225)
2003 Ed. (285, 1045, 1046, 1880, 2214, 4198)
2002 Ed. (537)
2001 Ed. (392, 512, 1307, 1308, 2554, 4128, 4587, 4588, 4592)
2000 Ed. (1901)
1999 Ed. (4131)
1998 Ed. (3114)
1995 Ed. (1043, 1740, 1741, 3578)
1992 Ed. (3601)
1990 Ed. (1581)
1989 Ed. (1180)
GUBA
2007 Ed. (3446)
Gubay; Albert
2007 Ed. (4935)
2005 Ed. (4896)
Gucci
2008 Ed. (657, 659, 3529)
2007 Ed. (693, 3398)
2001 Ed. (2117)
1991 Ed. (1654, 2298, 3474)
Gucci Group NV
2006 Ed. (1430)
2005 Ed. (1772)
2004 Ed. (1715)
2003 Ed. (4581)
1999 Ed. (1664)
1997 Ed. (3407)
Gucci Logistica SpA
2004 Ed. (3249)
Guckenheimer Enterprises
2001 Ed. (2484)
Gudang Garam
2006 Ed. (1770)
2002 Ed. (3031, 4479, 4480)
2001 Ed. (1739)
2000 Ed. (1463, 1466, 2872, 2873)
1999 Ed. (1567, 3124, 3125)
1997 Ed. (1432, 2580)
1996 Ed. (1380, 1381)
1995 Ed. (1419)
1993 Ed. (2155, 2156)
1992 Ed. (57)
Gudang Garam Tbk
2006 Ed. (3231)
Gudelsky Family Foundation; Homer and Martha
1994 Ed. (1901)
Gudmundsson; Bjorgolfur
2008 Ed. (4868)
Guelph Products
2005 Ed. (3397)
Guelph; University of
2008 Ed. (1070, 1071, 1074, 1075, 1076, 1077, 1082)
2007 Ed. (1166, 1167, 1170, 1171, 1172, 1173, 1174, 1175)
Guenoc Wines
1995 Ed. (3756)
Guentner Tschechien
2001 Ed. (289)
Guerdon Industries
1990 Ed. (2594)
1989 Ed. (1999)
Guernsey
2008 Ed. (851)
2006 Ed. (783)
Guerra Homes
2004 Ed. (1220)
Guerreiro DDB
2000 Ed. (162)
Guerreiro DDB/Portugal
2003 Ed. (138)
2002 Ed. (170)
2001 Ed. (199)
Guerrelro DDB
1999 Ed. (145)
Guerrero
1999 Ed. (4620)
1996 Ed. (3713)
Guerro
1998 Ed. (3585)
Guess? Inc.
2008 Ed. (987, 1006)
2006 Ed. (136)
2004 Ed. (993)
1996 Ed. (33)
1994 Ed. (49)
1990 Ed. (2405)
Guess How Much I Love You
2008 Ed. (548, 549)
2004 Ed. (735)
2001 Ed. (980)
Guess Jeans
1992 Ed. (30)
Guess Who
1992 Ed. (2257)
Guest Quarters
1994 Ed. (2116)
1990 Ed. (2078)
Guest Quarters Hotel-BWI Airport
1991 Ed. (217)
Guest Quarters Suite Hotels
1996 Ed. (3211, 3212)
1992 Ed. (2477, 2479, 2496)
1991 Ed. (1944, 1952)
GuestHouse
1998 Ed. (2021)
Guggenheim Museum; Solomon R.
1995 Ed. (1930)
1993 Ed. (891)
Guglielmi; Peter A.
1997 Ed. (1804)
Guhl
2001 Ed. (2648, 2649, 2650)
Guichard Perrachon Et Cie (Casino)
1997 Ed. (3501)
1996 Ed. (3404)
1993 Ed. (3049)
Guichard Perrachon et Cie (Ets Economiques du Casino)
1991 Ed. (2897)
Guidance Software Inc.
2005 Ed. (1346)
Guidance Solutions
2003 Ed. (2719, 3965)
2002 Ed. (1077, 2479)
Guidang Garam
1994 Ed. (2337)
Guidant Corp.
2008 Ed. (1402, 1403, 1405, 3021)
2007 Ed. (1443, 1776, 2773, 2899, 3082, 3464, 3465)
2006 Ed. (1422, 1448, 1764, 1768, 1769, 2761, 2766, 2781, 3048, 3445, 3446, 3448, 4075)
2005 Ed. (1466, 1550, 1795, 1796, 2791, 2795, 2799, 3433, 3434, 3435, 3437)
2004 Ed. (1735, 1736, 2798, 2803, 3420, 3421, 3422, 3423)
2003 Ed. (1698, 3356, 3357, 3358, 3359)
2002 Ed. (1396, 3297, 3299)
2001 Ed. (2674, 3264, 3265, 3266)
2000 Ed. (739)
1999 Ed. (1480, 1485, 1903, 2642)
1998 Ed. (2457)
1997 Ed. (2747)
Guidant Puerto Rico
2006 Ed. (3395)
Guidant Technologies Inc.
2008 Ed. (1346)
Guide Corp.
2001 Ed. (2874)
Guide Dogs for the Blind Association
1994 Ed. (911, 2680)
Guided missiles
2004 Ed. (2292)
Guided missiles and spacecraft
1991 Ed. (1904)
Guided2Health
2007 Ed. (2358)
Guideline Research Corp.
1992 Ed. (2977)
GuideOne Mutual Insurance Co.
2004 Ed. (3132)
Guideposts
2006 Ed. (145)
1992 Ed. (3381)
"Guiding Light"
1995 Ed. (3587)
1993 Ed. (3541)
1992 Ed. (4255)
Guild
1990 Ed. (3695)
1989 Ed. (2929)
Guild Group
1990 Ed. (3078, 3085)
Guild Hardy Architects PA
2008 Ed. (2519)
Guild Hotel Management
1993 Ed. (2080, 2081)
1992 Ed. (2468, 2469)
Guild Investment
1991 Ed. (2220)
Guild Investment Management
1993 Ed. (2353, 2354, 2355)
Guild Wars Factions
2008 Ed. (4810)
Guild Wineries
1992 Ed. (4473)
Guild Wineries & Distilleries
1993 Ed. (3705)
1991 Ed. (3491)
GUILD.com
2004 Ed. (1544)

Guilder
1992 Ed. (2025)
Guildford Pharmaceuticals
2004 Ed. (3774)
Guilford Mills
1999 Ed. (4590)
1998 Ed. (3520)
1997 Ed. (3735)
1996 Ed. (3679)
1995 Ed. (1468, 3597, 3599, 3601)
1994 Ed. (1433, 3515)
1993 Ed. (1379, 3555)
1992 Ed. (4274, 4275, 4277, 4281)
1991 Ed. (3348, 3350, 3353, 3354, 3360)
1990 Ed. (3564, 3565, 3566, 3570)
1989 Ed. (1052, 2817)
Guilford Pharmaceuticals Inc.
2006 Ed. (596)
2005 Ed. (682)
2002 Ed. (2513)
Guilherme Ache
1999 Ed. (2292)
Guillermo Arbe
1999 Ed. (2420)
Guillermo Tagle
1999 Ed. (2293)
Guillevin International Inc.
1994 Ed. (2176)
1993 Ed. (2161)
1992 Ed. (2590)
Guiltless Gourmet
1997 Ed. (3532)
1996 Ed. (3466)
Guimarin & Co.; W. B.
2006 Ed. (1336)
Guinea
2008 Ed. (533)
2007 Ed. (583)
2006 Ed. (549, 2139)
2005 Ed. (647)
2004 Ed. (663)
2003 Ed. (654)
2001 Ed. (668)
1996 Ed. (3881)
1993 Ed. (2951)
Guinea-Bissau
1994 Ed. (2007)
1993 Ed. (2951)
Guiness
1989 Ed. (729, 2845)
Guiness Anchor
1992 Ed. (64)
Guiness China & Hong Kong
1998 Ed. (2600)
Guiness Flight
1997 Ed. (2539)
Guiness Flight Investment
1996 Ed. (2393, 2405)
Guiness Nigeria plc
2002 Ed. (4450)
Guiness Peat Aviation
1993 Ed. (204)
Guiness Stout
1998 Ed. (508)
1992 Ed. (76)
Guiness World Records 2000 Millennium Edition
2001 Ed. (985)
Guinness
2008 Ed. (543, 545)
2007 Ed. (592, 599, 601)
2006 Ed. (557, 558)
2005 Ed. (655)
2003 Ed. (746, 749)
1999 Ed. (2467)
1998 Ed. (509, 2398)
1997 Ed. (2043, 2045, 2670)
1996 Ed. (727, 785, 1363)
1995 Ed. (648, 650, 697, 709)
1994 Ed. (694, 1378, 1382, 1397)
1993 Ed. (750, 751, 1183, 1193, 1322, 1326, 1340, 1344, 1881, 2469)
1992 Ed. (940, 2888)
1991 Ed. (2931)
1990 Ed. (768)
1989 Ed. (37, 41, 49)
Guinness/All Brand
1991 Ed. (745)
Guinness Anchor
2000 Ed. (3822)
Guinness Atkinson China & Hong Kong
2005 Ed. (3541)
Guinness Atkinson Global Energy
2007 Ed. (3663)
Guinness Bass
2003 Ed. (658)
2002 Ed. (678)
Guinness-Bass Import Co.
2003 Ed. (662)
Guinness Brewing GB
2002 Ed. (34)
Guinness Draught
2008 Ed. (245, 540, 544)
2007 Ed. (600)
Guinness Flight
1995 Ed. (2393, 2394, 2396)
Guinness Flight China
1998 Ed. (2646)
Guinness Flight Global Government.
2000 Ed. (3292)
Guinness Ghana Ltd.
2006 Ed. (4505)
2002 Ed. (4418)
Guinness Hopstore Ltd.
2003 Ed. (2856)
Guinness Import Co.
1999 Ed. (816, 4513)
Guinness Ireland
1992 Ed. (1652)
Guinness Nigeria
2006 Ed. (4525)
Guinness Nigeria plc
2003 Ed. (4555)
Guinness Original
1999 Ed. (820)
1996 Ed. (787)
1994 Ed. (755)
Guinness Peat Group
1997 Ed. (1418)
Guinness PLC
1996 Ed. (1944, 1945)
1995 Ed. (1902)
1992 Ed. (239, 240, 1482, 1625, 1626, 2196, 1645)
1991 Ed. (173, 1748)
Guinness Son & Co.; Arthur
2007 Ed. (609, 2616, 4774)
Guinness Son & Co. (Dublin) Ltd.; Arthur
2005 Ed. (1829)
Guinness Stout
2006 Ed. (556)
2005 Ed. (654)
2004 Ed. (668)
2002 Ed. (281)
2001 Ed. (682, 1024)
2000 Ed. (812, 821, 822)
1999 Ed. (808, 817, 818, 819)
1998 Ed. (497, 507)
1997 Ed. (721, 724)
1996 Ed. (783, 786)
1995 Ed. (704, 711)
1994 Ed. (753)
Guinness/UDV
2004 Ed. (1039, 2734, 3265, 3283, 3286, 4703, 4849, 4906, 4962)
2003 Ed. (259)
Guinness World Records
2008 Ed. (554)
2004 Ed. (744)
2000 Ed. (4217)
Guinness World Records 2001
2003 Ed. (707)
Guinness World Records 2003
2004 Ed. (740)
Guinness World Records 2002
2003 Ed. (717)
Guitar Center Inc.
2008 Ed. (887, 2994)
2007 Ed. (4162)
2006 Ed. (4436)
2001 Ed. (3415)
2000 Ed. (3003, 3218)
1999 Ed. (3500)
1997 Ed. (2861)
1996 Ed. (2746)
1995 Ed. (2673)
1994 Ed. (2592, 2596)
1993 Ed. (2640, 2643)
Guitar Hero II
2008 Ed. (4811)
Guitars
1992 Ed. (3145)
Guite; J. Michel
1993 Ed. (1835)
Guizza
2002 Ed. (757)
Gujarat Ambuja
2000 Ed. (1000)
Gujarat Ambuja Cement Co. Ltd.
1994 Ed. (725)
Gujarat State Fertilisers Ltd.
1993 Ed. (715)
Gujarat State Fertilizers
1992 Ed. (1636)
Gulf Corp.
2003 Ed. (1478)
1997 Ed. (1245, 1250, 1251)
1996 Ed. (1199, 1204, 1205)
1995 Ed. (1222, 1228, 1233, 1234)
1994 Ed. (1212, 1217, 1218)
1993 Ed. (1178, 1188, 1196)
1992 Ed. (1457, 1480)
1991 Ed. (1153, 1158, 1159)
1990 Ed. (1235, 1239, 1240)
1989 Ed. (1023)
Gulf Advertising
2001 Ed. (106)
2000 Ed. (62)
Gulf Air Co.
2007 Ed. (20, 234)
2006 Ed. (27, 72, 229, 230)
2005 Ed. (21)
2004 Ed. (28)
2001 Ed. (17, 84, 303, 314)
1994 Ed. (40)
1993 Ed. (198)
1991 Ed. (17, 41, 44, 53)
Gulf Air Intl.
1989 Ed. (1635)
Gulf & Western Inc.
1991 Ed. (20, 2391)
1990 Ed. (261, 262, 1104, 1530, 1758)
1989 Ed. (255, 1260, 1424, 1427, 2275)
Gulf Applied Technology
1990 Ed. (3561)
Gulf Bank
2008 Ed. (55, 458)
2007 Ed. (494)
2006 Ed. (478)
2005 Ed. (557)
2004 Ed. (571)
2003 Ed. (557)
2002 Ed. (604, 4436, 4437)
2000 Ed. (447, 582)
1999 Ed. (457, 570)
1998 Ed. (397)
1997 Ed. (400, 499, 535)
1996 Ed. (435, 579, 580)
1995 Ed. (408, 524)
1993 Ed. (417, 549)
1992 Ed. (63, 588, 752)
1991 Ed. (34, 433, 552, 585)
1990 Ed. (482, 621, 622)
1989 Ed. (459, 597)
Gulf Bank of Kuwait
2006 Ed. (4513)
Gulf Canada Corp.
1990 Ed. (3485)
1989 Ed. (1098)
Gulf Canada Resources Ltd.
2003 Ed. (3822)
2002 Ed. (3675)
1997 Ed. (237, 3096)
1996 Ed. (1314, 3014)
1995 Ed. (208)
1994 Ed. (208, 209, 211, 2853)
1993 Ed. (219, 222, 223, 1930, 2704, 2841, 2842, 2843)
1992 Ed. (323, 327, 3436)
1991 Ed. (228, 229, 233, 2729)
1990 Ed. (255, 258, 259, 260)
Gulf Coast
2008 Ed. (2806)
Gulf Coast Bank & Trust Co.
2008 Ed. (431)
1995 Ed. (494)
Gulf Coast Community Credit Union
2008 Ed. (2241)
2007 Ed. (2126)
2006 Ed. (2205)
2003 Ed. (1928)
2002 Ed. (1874)
Gulf Coast Credit Union
2005 Ed. (2110)
Gulf Coast Financial Associates Inc.
2004 Ed. (1618)
Gulf Coast Floor Care
2005 Ed. (762)
Gulf Coast Laundry Services
2005 Ed. (4036)
Gulf Coast Printing Services, Inc.
2002 Ed. (3763)
Gulf Coast Waste Disposal Authority, TX
1998 Ed. (2560)
Gulf Cooperation Council
1996 Ed. (426)
Gulf Foods Ltd.
2002 Ed. (1970)
Gulf Freeway Dodge Inc.
1993 Ed. (705)
1992 Ed. (894)
1991 Ed. (712)
1990 Ed. (734)
Gulf Group Lloyds
1993 Ed. (2237)
Gulf Hotel
1991 Ed. (17)
Gulf Indonesia Resources Ltd.
2003 Ed. (4589)
Gulf Insurance Co.
2002 Ed. (3956)
Gulf International
1989 Ed. (486, 576)
Gulf International Bank
2008 Ed. (383)
2007 Ed. (394, 401)
2006 Ed. (410, 416)
2005 Ed. (457, 463, 582)
2004 Ed. (446, 451, 529)
2003 Ed. (458, 459)
2002 Ed. (512, 513, 633)
2000 Ed. (444)
1999 Ed. (452)
1996 Ed. (430, 451, 452)
1995 Ed. (403, 426)
1994 Ed. (410, 431)
1993 Ed. (431)
1992 Ed. (582, 613)
1991 Ed. (423, 427, 457, 1760)
1990 Ed. (476, 507)
1989 Ed. (452, 454)
Gulf Interstate Engineering Co.
2004 Ed. (2364)
Gulf Intracoastal
1998 Ed. (3703)
Gulf Investment Corp.
2003 Ed. (458, 557, 587)
2002 Ed. (512, 604, 633, 4452)
2000 Ed. (442, 447, 582)
1999 Ed. (450, 457, 570)
1997 Ed. (393, 400, 535)
1996 Ed. (427, 580)
1993 Ed. (417)
1992 Ed. (588)
1991 Ed. (552)
1990 Ed. (473, 482)
1989 Ed. (445, 448, 450, 451, 452, 459, 582)
Gulf Investment Group
1991 Ed. (424)
Gulf Island National Seashore
1990 Ed. (2666)
Gulf Life Insurance Co.
1995 Ed. (2277)
Gulf National Insurance Co.
1993 Ed. (2223, 2224)
1992 Ed. (2662)
1991 Ed. (2108)
Gulf National Life
1989 Ed. (1690, 1691)
Gulf National Life Insurance Co.
1991 Ed. (2106)
Gulf Oil
2000 Ed. (2320)
1999 Ed. (2584)
1998 Ed. (1823)
1995 Ed. (1221)
1991 Ed. (1807)
Gulf Power Co.
2002 Ed. (3881)
2000 Ed. (3675)

1999 Ed. (3965)
1998 Ed. (2965)
Gulf Resources & Chemicals
1990 Ed. (940)
1989 Ed. (876, 877)
Gulf Riyad Bank
1991 Ed. (427)
1990 Ed. (476)
1989 Ed. (452, 454)
Gulf Saatchi & Saatchi
2003 Ed. (45)
Gulf South Health Plans
1998 Ed. (1911)
Gulf South Medical Supply
1996 Ed. (3305, 3777)
Gulf States
2000 Ed. (2354)
1994 Ed. (2547)
1992 Ed. (3328)
Gulf States Paper
2001 Ed. (3641)
2000 Ed. (3402)
1999 Ed. (3686)
1998 Ed. (2740)
1997 Ed. (2993)
1995 Ed. (2832)
Gulf States Toyota
1999 Ed. (328)
Gulf States Utilities
1995 Ed. (1644)
1994 Ed. (1213, 1601, 1602)
1993 Ed. (1560, 3292)
1992 Ed. (1904, 1905)
1991 Ed. (1503, 1504, 3097)
1990 Ed. (1606, 1607, 3247)
1989 Ed. (1302, 1303, 2643)
Gulf Stream
1998 Ed. (3028, 3029)
1996 Ed. (3172, 3173)
1994 Ed. (2922)
Gulf Stream Coach Inc.
1995 Ed. (3685)
1993 Ed. (2985)
Gulf Stream Construction Co.
2006 Ed. (1335)
Gulf Telephone Co.
1998 Ed. (3485)
Gulf USA
1994 Ed. (915)
Gulf Western
1989 Ed. (2269, 2270, 2271, 2272, 2273, 2274)
Gulfmark Offshore Inc.
2008 Ed. (2862)
2005 Ed. (3350, 4382)
2004 Ed. (3325)
Gulfport Energy Corp.
2008 Ed. (2862)
Gulfport, MS
2008 Ed. (2491)
Gulfstream
1994 Ed. (188)
Gulfstream Aerospace Corp.
2008 Ed. (1764)
2007 Ed. (1736)
2006 Ed. (1729)
2005 Ed. (1492, 1778)
2003 Ed. (1683)
2001 Ed. (269, 342, 1712)
2000 Ed. (213, 214)
1999 Ed. (183, 188)
1998 Ed. (3210)
1992 Ed. (2961)
1991 Ed. (1808)
Gulfstream Coach Inc.
1992 Ed. (3643, 4370, 4372)
Gulfstream Global
1993 Ed. (2319)
Gulfstream Global Investors
1998 Ed. (2279)
1996 Ed. (2405)
1995 Ed. (2373)
Gulfstream Homes
2006 Ed. (1158)
2004 Ed. (1170)
Gulfterra Energy Partners LP
2005 Ed. (3585)
GulfWest Energy Inc.
2004 Ed. (3825)
Gulia; Joseph
1992 Ed. (2906)
1990 Ed. (2480)
Gulia; Joseph P.
1993 Ed. (2464)
1991 Ed. (2345)
Gull Resource Management Systems
1991 Ed. (1038)
Gull Resource Mgmt Systems
1990 Ed. (1140)
Gulley; Mark
1996 Ed. (1786)
1995 Ed. (1811)
1994 Ed. (1770)
1993 Ed. (1787)
Gulotta; Thomas S.
1993 Ed. (2462)
1992 Ed. (2904)
1991 Ed. (2343)
Gulp Kitchen Towels
1999 Ed. (4604)
Gulu Lalvani
2008 Ed. (4896)
Gulzhan Moldazhanova
2006 Ed. (4984)
Gum
2005 Ed. (854)
2004 Ed. (877)
2003 Ed. (4830)
2002 Ed. (2422, 3493, 4721)
Gum, chewing
2008 Ed. (840)
Gum, regular
2008 Ed. (932)
Gum, sugarless
2008 Ed. (932)
Gum Tech International Inc.
2004 Ed. (879, 880)
G.U.M. Toothbrush
1995 Ed. (1548)
Gumball Gourmet
2005 Ed. (855)
Gumberg Co.; J. J.
1993 Ed. (3305, 3312, 3315)
1991 Ed. (3119, 3120, 3125)
1990 Ed. (3287, 3290)
Gumby's Pizza
1997 Ed. (3126)
1996 Ed. (3045)
1994 Ed. (2884)
Gumhouria Bank
2008 Ed. (470)
2007 Ed. (513)
2006 Ed. (492)
Gumley Haft Kleier Inc.
2001 Ed. (3997)
2000 Ed. (3714)
1999 Ed. (3994)
GummiSavers
2008 Ed. (838)
2001 Ed. (1115, 1115, 1116, 1117, 1117, 1117, 1118)
2000 Ed. (968)
Gumout
2001 Ed. (2588)
Gumpert Printing Co. Inc.; Frank
1997 Ed. (3164)
1996 Ed. (3086)
Gumport; Michael
1991 Ed. (1678)
Gund Arena
2005 Ed. (4438)
Gund Foundation; The George
1995 Ed. (1930)
Gund; Gordon
1995 Ed. (2580)
Gunderson Chevrolet
2000 Ed. (334)
1999 Ed. (320)
Gunderson Clinic Ltd.
2008 Ed. (2175)
2007 Ed. (2067)
2006 Ed. (2119)
2005 Ed. (2016)
2004 Ed. (1890)
Gunderson Lutheran Medical Center Inc.
2008 Ed. (2175)
2007 Ed. (2067)
2006 Ed. (2119)
2005 Ed. (2016)
2004 Ed. (1890)
Gundle Environmental Systems
1994 Ed. (215)
Gundle/SLT Environmental Inc.
2005 Ed. (3869)
2004 Ed. (3681)
Gunma Bank
2004 Ed. (511)
Gunn & Associates Inc.; Rod
1996 Ed. (2348, 2355)
Gunnar Miller
2002 Ed. (2258)
2000 Ed. (2005)
1999 Ed. (2261)
1998 Ed. (1670)
Gunns
2004 Ed. (3767)
Guns N' Roses
1995 Ed. (1117, 1119, 1714)
1994 Ed. (1101, 1667)
1993 Ed. (1076, 1077, 1078)
Guns N' Roses, Living Colour, The Rolling Stones,
1991 Ed. (1039)
Gunsel; Suat
2008 Ed. (4862)
Gunsmoke: The Last Apache
1992 Ed. (4251)
Gunster Yoakley Criser & Stewart
1991 Ed. (2524)
Gunster Yoakley Valades-Fauli & Stewart
1998 Ed. (2329)
Gunster, Yoakley, Valdes-Fauli & Stewart
2002 Ed. (3058)
1999 Ed. (3150)
Gunster Yoakley Valdes-Fauli & Stewart PA
2000 Ed. (2896)
Gunther Douglas
2007 Ed. (4026)
2006 Ed. (3988)
Gunther Mazda
1996 Ed. (278)
1995 Ed. (275)
1994 Ed. (275)
1993 Ed. (276)
1992 Ed. (390)
1991 Ed. (285)
1990 Ed. (332)
Gunther Volkswagen
1996 Ed. (291)
1995 Ed. (291)
1994 Ed. (287)
1993 Ed. (288)
1992 Ed. (403)
1991 Ed. (298)
Gunze Ltd.
2000 Ed. (4242)
1999 Ed. (4592)
1997 Ed. (3736)
1995 Ed. (3603)
1994 Ed. (3519)
1993 Ed. (3556)
1992 Ed. (4278)
1991 Ed. (3355)
1990 Ed. (3568)
Guo Guangchang
2008 Ed. (4843)
2007 Ed. (2508)
2005 Ed. (2515)
2004 Ed. (2535)
Guoco
1995 Ed. (819, 820)
Guoco Group Ltd.
1999 Ed. (2436)
1997 Ed. (2008)
Guotai Junan Securities (HK)
2003 Ed. (4354)
Gupta
1997 Ed. (2209, 3647)
1995 Ed. (3207)
Gupta; R. L.
2005 Ed. (2487)
Gupta; Raj L.
2008 Ed. (2633)
Gupta; Rajiv
2007 Ed. (972)
2006 Ed. (881)
Gupta; Sanjay
2007 Ed. (3223)
2006 Ed. (3185)
2005 Ed. (3183)
Gupta; Yogesh
2005 Ed. (994)
Gurinder Kalra
2000 Ed. (2068)
Gurit-Heberlein AG
1990 Ed. (3555)
Gurley; J. William
1997 Ed. (1873)
Gurnee Mills
1996 Ed. (2878)
Gurney's Seed & Nursery
2006 Ed. (799)
Gurtmore Hong Kong
1997 Ed. (2921)
Guru.com
2003 Ed. (3047)
2002 Ed. (4809)
Gururaj Deshpande
2005 Ed. (4874)
2002 Ed. (3346, 3358, 4788)
Gurwin Jewish Geriatric Center of LI
2000 Ed. (3362)
GUS
2007 Ed. (2326, 4205, 4207)
2006 Ed. (4186, 4188)
GUS Canada
1992 Ed. (4036)
Gus Machado
1990 Ed. (2015)
Gus Machado Enterprises Inc.
1998 Ed. (204)
1997 Ed. (289)
1996 Ed. (260)
1992 Ed. (2408)
1990 Ed. (2007, 2016)
Gus Machado Ford Inc.
2001 Ed. (2708)
2000 Ed. (330, 2463)
1999 Ed. (318)
1995 Ed. (255, 2110)
GUS plc
2008 Ed. (4241)
2007 Ed. (4193, 4500, 4501, 4952)
2006 Ed. (4444)
2005 Ed. (4425)
Gusdorf
1995 Ed. (1959)
Gushers
1995 Ed. (3401)
Gust Rosenfeld
2001 Ed. (772)
Gustaf Douglas
2008 Ed. (4873)
Gustavo Cisneros
2008 Ed. (4840, 4878)
2007 Ed. (4913)
2006 Ed. (4925)
2005 Ed. (4881)
2004 Ed. (4875, 4879)
2003 Ed. (4893)
Gustavus Adolphus College
1989 Ed. (956)
Gustavus Basch
1994 Ed. (900)
Gusto Packing Co.
2008 Ed. (2959, 2963, 3707, 4384)
2007 Ed. (3551, 4410)
Gutal
2002 Ed. (4446)
Gutenberghus Reklamebureau
1989 Ed. (97)
Gutfreund; John H.
1990 Ed. (975, 1716)
Guthrie Credit Union
2003 Ed. (1894)
Guthrie GTS Ltd.
1997 Ed. (3520)
1996 Ed. (3439)
1993 Ed. (3323)
Guthrie GTS TSR
1992 Ed. (3979)
Guthrie GTS TSR 94
1996 Ed. (3439)
Guthrie; Holly
2006 Ed. (2579)
Guthrie; John V.
1995 Ed. (2669)
Guthrie/Mayes
2000 Ed. (3669)
1998 Ed. (2960)
Guthrie/Mayes & Associates
2005 Ed. (3976)

2004 Ed. (4034)
2003 Ed. (4019)
2002 Ed. (3852)
Guthrie/Mayes Public Relations
1999 Ed. (3955)
Guthrie North America Inc.
2004 Ed. (1791)
2003 Ed. (1754)
Guthrie Theater Foundation
2006 Ed. (3718)
Guthy-Renker Corp.
1995 Ed. (2250)
Gutierrez; C. M.
2005 Ed. (2492)
Gutierrez; Carlos
2006 Ed. (889, 2627)
2005 Ed. (967)
Gutierrez; Carlos M.
2007 Ed. (3617)
Gutierrez Machado Bates
1997 Ed. (94)
1996 Ed. (93)
Gutta
2002 Ed. (4438)
Gutter Guard LLC
2008 Ed. (3003, 3096)
The Gutter Guys
2006 Ed. (685)
2005 Ed. (781)
Guy & Julia Hands
2005 Ed. (4889)
Guy B. Snowden
2000 Ed. (1877)
1999 Ed. (2079)
Guy Brown Products
2008 Ed. (3541, 3733, 4428)
2007 Ed. (3412, 3601, 4447)
2006 Ed. (741, 3540, 4379)
Guy Carpenter & Co., Inc.
2008 Ed. (3331)
2007 Ed. (3186)
2006 Ed. (3149)
2005 Ed. (3152)
2002 Ed. (3960)
2001 Ed. (4037)
2000 Ed. (3751)
1998 Ed. (3036)
1997 Ed. (3291)
1996 Ed. (3187)
1995 Ed. (3086)
1994 Ed. (3041)
1993 Ed. (2993)
1992 Ed. (3659)
1991 Ed. (2830)
1990 Ed. (2262)
Guy F. Atkinson Co.
2000 Ed. (387, 389)
1996 Ed. (1108)
1994 Ed. (1110)
1991 Ed. (1093)
1990 Ed. (1160)
1989 Ed. (1002)
Guy F. Atkinson Co. of California
1995 Ed. (1179)
1994 Ed. (1160, 1162, 1168)
1993 Ed. (1087, 1119, 1143)
1992 Ed. (1430)
Guy Gannett Communications
2001 Ed. (1546)
Guy Kekwick
2000 Ed. (2098)
1999 Ed. (2319)
Guy Laliberte
2005 Ed. (4873)
Guy Lamming
2000 Ed. (2092)
1999 Ed. (2310)
Guy Moszkowski
1997 Ed. (1908)
1996 Ed. (1835)
1995 Ed. (1820)
Guy Ritchie
2008 Ed. (4905)
2007 Ed. (4929, 4932)
2005 Ed. (4889, 4891, 4894)
Guy Saperstein
1997 Ed. (2612)
Guyana
2008 Ed. (533, 2192, 4246)
2007 Ed. (583)
2006 Ed. (549, 4194)
2005 Ed. (647)
2004 Ed. (663, 4218)
2003 Ed. (654, 4192)
2002 Ed. (4080)
2001 Ed. (668, 4148)
2000 Ed. (3841)
1999 Ed. (4131)
1998 Ed. (3114)
1997 Ed. (3372)
1996 Ed. (3274)
1995 Ed. (3176)
1994 Ed. (3126)
1992 Ed. (3755)
Guyana Bank for Trade & Industry
2004 Ed. (461)
2003 Ed. (474)
Guyana Goldfields Inc.
2006 Ed. (1631)
Guy's Floor Service Inc.
2007 Ed. (2525)
2006 Ed. (2549)
2005 Ed. (2541)
Guzel Sanatiar/Bates
2000 Ed. (183)
Guzel Sanatiar/SSA
1994 Ed. (124)
Guzel Sanatlar
1995 Ed. (134)
1992 Ed. (217)
1991 Ed. (158)
1989 Ed. (170)
Guzel Sanatlar/Bates
1999 Ed. (164)
1997 Ed. (154)
Guzel Sanatlar Reklam
2001 Ed. (227)
Guzel Sanatlar Reklamc
2002 Ed. (200)
Guzel Sanatlar Reklamcilik
1996 Ed. (148)
1990 Ed. (159)
Guzel Sanatlar Saatchi & Saatchi
2003 Ed. (160)
2002 Ed. (200)
2001 Ed. (227)
1993 Ed. (143)
GV
1998 Ed. (144)
GVA
2005 Ed. (4000)
GVA Williams
2002 Ed. (3914)
2000 Ed. (3729)
1999 Ed. (4011)
GVA Worldwide
2008 Ed. (4108)
2007 Ed. (4075)
2006 Ed. (4035)
2002 Ed. (3933)
2001 Ed. (4013)
GVC Corp.
1992 Ed. (1700)
GW Capital
1999 Ed. (3078)
1995 Ed. (2365, 2369)
GW International
2003 Ed. (948)
GW Plastics Inc.
1999 Ed. (2626)
GW Sierra: CA Municipal Money Market
1993 Ed. (2686)
GW Sierra California Municipal Bond
1994 Ed. (587)
GW Sierra Equity Opportunity
1993 Ed. (580)
GW Sierra Global Income MM
1994 Ed. (2539)
GW Sierra National Municipal
1993 Ed. (2675, 2678)
GW Sierra U.S. Government Securities
1994 Ed. (587)
GW Utilities
1994 Ed. (1340, 1964)
G.W. Utilities (Olympic/York)
1990 Ed. (2853)
GWA
2004 Ed. (798)
2002 Ed. (861)
Gwaltney
2008 Ed. (335, 2770)
2002 Ed. (423)
Gwathmey Siegel & Associates
2007 Ed. (3204)
2006 Ed. (3170)
1998 Ed. (188)
Gwathmey Siegel & Associates Architects
2008 Ed. (3346)
2005 Ed. (3168)
1997 Ed. (268)
1996 Ed. (236)
GWC Group
1997 Ed. (3705)
Gwen Pacarro
2007 Ed. (2549)
GWIL Industries Inc.
2001 Ed. (1654)
Gwimnott County, GA
1993 Ed. (1433)
Gwinnett Center; The Arena at
2006 Ed. (1156)
Gwinnett, GA
1994 Ed. (339)
Gwinnett Mall Isuzu
1993 Ed. (272)
Gwinnett Place Honda
2004 Ed. (271)
2002 Ed. (352, 353)
1996 Ed. (272)
GWL Dividend/Growth
2002 Ed. (3464)
GWL Income
2002 Ed. (3432, 3433)
GWL Income B
2002 Ed. (3433)
GWL Mid Cap Canada
2002 Ed. (3447, 3448)
GWR
1999 Ed. (3982)
GWW Inc.
2008 Ed. (4990)
Gwyn Morgan
2007 Ed. (2507)
2005 Ed. (2514)
Gyan Sinha
2000 Ed. (1964)
GYM
2006 Ed. (27)
2005 Ed. (21)
Gym shoes/sneakers
1994 Ed. (245)
Gym sneakers
1993 Ed. (257)
The Gymboree Corp.
2008 Ed. (886, 2913)
2007 Ed. (2788)
2006 Ed. (2788)
2005 Ed. (2812)
2004 Ed. (2816)
2003 Ed. (2696)
2002 Ed. (3707)
1998 Ed. (3086)
1997 Ed. (2084)
1995 Ed. (2060, 2065, 3381, 3385, 3787)
Gymnastics
1999 Ed. (4383)
Gympie Gold
2002 Ed. (1581)
GYMR
2005 Ed. (3978)
2004 Ed. (4038)
Gyne-Lotrimin
1998 Ed. (1552)
1996 Ed. (3769)
1994 Ed. (1574)
1993 Ed. (3650)
Gyne Lotrimin 3
2003 Ed. (2461)
Gynecologist
2008 Ed. (3809)
Gypsy
2005 Ed. (4687)
Gyro Advertising
1994 Ed. (108)
Gyrus
2007 Ed. (2785)
2006 Ed. (2784)
Gyrus Group plc
2002 Ed. (2498)
GZA GeoEnvironmental Inc.
2003 Ed. (2356)
GZS Gesellschaft fuer Zahlungssystem Mbh
1996 Ed. (3405)
1995 Ed. (3327)

H

H. A. Franklin
2004 Ed. (2526)
H. A. McKinnell
2005 Ed. (2501)
2004 Ed. (2517)
2003 Ed. (2398)
H. A. Schimberg
2001 Ed. (2321)
H. A. Simons Ltd.
1992 Ed. (1965, 1967)
H. A. Verfaillie
2004 Ed. (2503)
2003 Ed. (2384)
H. A. Wagner
2002 Ed. (2188)
2001 Ed. (2323)
H. & A. Hefti AG
1994 Ed. (2415)
H & B Foundations
2006 Ed. (1290)
H & C Bahrain (Burnett)
1999 Ed. (59)
1997 Ed. (62)
H & C Leo Burnett
2003 Ed. (101)
2002 Ed. (135)
2001 Ed. (161)
2000 Ed. (123)
1999 Ed. (117)
1997 Ed. (114)
1996 Ed. (111)
1995 Ed. (95)
1992 Ed. (176)
1991 Ed. (123)
1989 Ed. (131)
H & CB
2003 Ed. (4594)
2002 Ed. (517, 519)
H & CB Korea
2003 Ed. (611)
2002 Ed. (603)
H & H Advertising/Printing Inc.
1995 Ed. (2985)
H & H Foods/Meat Products Inc.
1996 Ed. (2565, 2586, 3066)
H & H Meat Products Co. Inc.
1995 Ed. (2501)
H & J Russell & Co.
1996 Ed. (746)
H & L Architecture
2008 Ed. (265)
2005 Ed. (263)
2002 Ed. (332)
H & M
2008 Ed. (648, 685, 706, 996)
2007 Ed. (737, 1117)
H & N/McClier
2002 Ed. (1244)
2000 Ed. (1237)
H & R Block Inc.
2008 Ed. (1, 1872, 1873, 1874, 1875, 1957, 3886, 3887, 4316)
2007 Ed. (2, 835, 1553, 1840, 1841, 1893, 3826, 3827, 4359, 4361)
2006 Ed. (1, 3, 380, 747, 1079, 1524, 1833, 1834, 1835, 1836, 1910, 2596, 3810, 3811, 4295)
2005 Ed. (2, 417, 821, 1082, 1083, 1084, 1635, 1834, 2206, 2600, 3720, 3721, 4353)
2004 Ed. (3, 842, 847, 1079, 1577, 1610, 3811, 3812)
2003 Ed. (2, 801, 2471, 3798, 3799, 4536)
2002 Ed. (911)
2001 Ed. (3729)
1999 Ed. (986, 1499, 2519)
1997 Ed. (3497)
1996 Ed. (1964, 3402)
1995 Ed. (3315)
1994 Ed. (1915, 3222, 3232)
1993 Ed. (3225, 3471, 3504)
1992 Ed. (2145, 2222, 2228)
1991 Ed. (1772)

1990 Ed. (1758, 1775, 1852, 3260)
1989 Ed. (1424, 1425, 1427, 2480)
H & R Block, Compuserve Information Service,
1991 Ed. (3450)
H & R Block Financial Advisors
2007 Ed. (2572)
H & R Block Tax Services Inc.
2002 Ed. (2, 3)
H & R Florasynth
1998 Ed. (1698)
H & R Florsynth
1999 Ed. (2444)
H & R Johnson Tiles Ltd.
1990 Ed. (3593, 3594)
H & R Real Estate Investment Trust
2008 Ed. (1629, 1655)
H & R REIT
2008 Ed. (4116)
2007 Ed. (4088)
H & R Transport Ltd.
2008 Ed. (1547)
H & R Wasag AG
2006 Ed. (1736)
H & W Computer Systems
1993 Ed. (1075)
H & Y Communications
1993 Ed. (140)
H. B. Austin
2001 Ed. (2344)
H. B. Bernick
2005 Ed. (2481)
H. B. D. Contracting Inc.
2008 Ed. (1314)
H. B. Fuller Co.
2008 Ed. (911)
2007 Ed. (921, 930)
2005 Ed. (938, 939)
2004 Ed. (19, 948)
2001 Ed. (11, 1213, 1214)
1997 Ed. (972, 1277, 1278, 2983)
1993 Ed. (16, 927)
1992 Ed. (24, 1127)
1991 Ed. (919, 921, 2470)
1989 Ed. (895, 897)
H. B. L Inc.
1991 Ed. (293)
H. B. LaRue
2001 Ed. (1516)
H. B. Maynard & Co., Inc.
2008 Ed. (2036)
H. B. Scott
1995 Ed. (3624)
1994 Ed. (3546)
H. B. Zachry Co.
2003 Ed. (1256, 1262, 1276, 1279, 1280, 1281, 1283, 1284)
2002 Ed. (1243, 1266, 1271, 1272, 1273, 1286)
1996 Ed. (1126)
H. Beck/Capital Financial
2000 Ed. (851, 852, 853, 854, 855, 856, 857, 858, 860, 861)
1999 Ed. (853, 854, 855, 856, 857, 858, 860)
H. Berghaus BV
1994 Ed. (1356)
H. Brewster Atwater Jr.
1996 Ed. (958)
H. C. A. Health Services of Tennessee Inc.
2003 Ed. (1833, 2681)
H. C. Stonecipher
2005 Ed. (2482)
2003 Ed. (2378)
2002 Ed. (2184)
2001 Ed. (2317)
H. C. Wainwright
2001 Ed. (835)
H. Chambers Co.
2007 Ed. (3202)
2006 Ed. (3168, 3169)
2005 Ed. (3167)
H. D. Kingsmore
1992 Ed. (2060)
H. D. Schultz
2003 Ed. (2389)
2002 Ed. (2192)
H-E-B Credit Union
2004 Ed. (1937)
H-E-B Grocery Co.
1995 Ed. (3538)
H. E. Butt
1997 Ed. (3674, 3675, 3678)
1996 Ed. (3622)
1993 Ed. (1492)
1991 Ed. (1422, 3259, 3260)
H. E. Butt Grocery Co.
2008 Ed. (3612, 4568)
2007 Ed. (3213, 4623, 4624, 4625)
2006 Ed. (3973, 4635, 4637, 4638, 4640)
2005 Ed. (3901, 4557, 4562, 4565)
2004 Ed. (2964, 3946, 4614, 4623, 4627, 4637, 4638, 4640, 4647)
2003 Ed. (2759, 4629, 4630, 4632, 4651, 4660, 4662, 4663, 4664)
2002 Ed. (4529, 4530)
1999 Ed. (4523)
H. E. Sargent Inc.
2004 Ed. (1271)
2003 Ed. (1268)
2002 Ed. (1258)
2001 Ed. (2300)
H. Edward Hanway
2008 Ed. (950)
2007 Ed. (1028)
2000 Ed. (1878, 2425)
H. F. Ahmanson
1999 Ed. (373, 4595, 4596, 4597)
1998 Ed. (271, 2456, 3525)
1997 Ed. (333, 3745, 3747)
1996 Ed. (3686, 3688, 3689, 3690)
1995 Ed. (3320, 3608, 3610, 3611, 3613)
1994 Ed. (3141, 3240, 3526, 3534, 3535, 3537)
1993 Ed. (3070, 3242, 3246, 3562, 3563, 3572, 3573, 3575)
1992 Ed. (502, 2150, 2151, 3770, 4285, 4288, 4289, 4290)
1991 Ed. (2917, 3361, 3366, 3367, 3368)
1990 Ed. (2609, 3099, 3574, 3581)
1989 Ed. (2355, 2821, 2826)
H. F. Ahmanson & Co.
2000 Ed. (375, 2486)
1998 Ed. (2414)
1997 Ed. (3744, 3746)
H. F. & Ph. F. Reemtsma GmbH
2002 Ed. (4631)
2001 Ed. (4564)
H. F. & Ph. F. Reemtsma GmbH & Co.
1999 Ed. (4612)
1995 Ed. (3625)
H. F. Henderson Industries Inc.
1990 Ed. (2593)
H. F. Wilson Engineering
2008 Ed. (4960)
H. Fisk Johnson
2007 Ed. (4901)
2006 Ed. (4905)
H. G. Rice & Co.
1992 Ed. (2207)
1991 Ed. (1759)
1990 Ed. (1840)
H. Grant
2005 Ed. (2487)
H Group Holding Inc.
2008 Ed. (208)
2007 Ed. (221)
H H Electricity Council
1989 Ed. (1107)
H. H. Gregg
2004 Ed. (2881, 2954)
2003 Ed. (2866)
2002 Ed. (2696)
H. H. Gregg Appliances Inc.
2008 Ed. (3090)
2007 Ed. (2967)
2006 Ed. (2949)
2005 Ed. (2879, 2954)
H. H. Robertson
1996 Ed. (1143)
H. Hahn-Rickli AG
2003 Ed. (1829, 4779)
H. Harrison
1997 Ed. (3871)
H. Hendy Associates
2005 Ed. (3159)
H. I. Development Corp.
1997 Ed. (2274)
1996 Ed. (2158)
H. J. and Drue Heinz Foundation
1993 Ed. (891)
H. J. Ford Associates Inc.
1995 Ed. (2107)
H. J. Ford Association Inc.
1994 Ed. (2052, 2056)
H. J. Group Ventures Inc.
1999 Ed. (2676)
H. J. Heinz Co.
2008 Ed. (2042, 2046, 2047, 2048, 2049, 2740, 2751, 2778, 2783, 2785)
2007 Ed. (1955, 1956, 2599, 2605, 2610, 2621)
2006 Ed. (1979, 1983, 1984, 1987, 1988, 1989, 1990, 1991, 2292, 2625, 2628, 2633, 2641, 2642)
2005 Ed. (1946, 1948, 1949, 1950, 1951, 1952, 2227, 2628, 2629, 2631, 2635, 2644, 2646, 2651, 2652)
2004 Ed. (1557, 1842, 1843, 2271, 2635, 2637, 2638, 2640, 2644, 2647, 2658, 2659, 2662)
2003 Ed. (862, 863, 1810, 1811, 2503, 2505, 2507, 2513, 2519, 2521, 2522, 2556, 2560, 2561, 2562, 2567, 2572, 2636, 2915, 3803, 3804, 4228, 4312, 4487, 4557)
2002 Ed. (1752, 2291, 2295, 2297, 2308, 2311, 3656)
2001 Ed. (1834, 2458, 2473, 2474)
1999 Ed. (1503, 1601, 1723, 2455, 2456, 2461, 2473, 3598)
1998 Ed. (258, 1134, 1186, 1710, 1715, 1718, 1720, 1724, 1729, 1730, 2813)
1997 Ed. (1256, 1497, 2025, 2028, 2029, 2030, 2034)
1996 Ed. (1435, 1928, 1931, 1932, 1933, 1937)
1995 Ed. (1473, 1885, 1886, 1888, 1890, 1891, 1895, 1900, 19, 1944, 2760, 2762)
1994 Ed. (1439, 1862, 1864, 1865, 1866, 1870, 1871, 2658)
1993 Ed. (1385, 1873, 1875, 1876, 1877, 2124)
1992 Ed. (2174, 2175, 2177, 2179, 2181, 2183, 2184, 2185, 2191, 4226)
1991 Ed. (1210, 1732, 1733, 1735, 1738, 1740, 1742, 2580, 3305, 3313)
1990 Ed. (1812, 1820, 1822)
H. J. Heinz Co. of Canada
1992 Ed. (2194)
1991 Ed. (1745)
1990 Ed. (1827)
H. J. Heinz RTS
1994 Ed. (858)
H. J. Heinz's Weight Watchers
1992 Ed. (2237)
H. J. Padewer
2003 Ed. (2407)
H. J. Pearce
2001 Ed. (2319)
1998 Ed. (1517)
H. J. Russell & Co.
2008 Ed. (174, 1292)
2007 Ed. (191)
2006 Ed. (185, 1306)
2001 Ed. (714)
2000 Ed. (743)
1999 Ed. (731)
1998 Ed. (469, 470)
1997 Ed. (677)
1996 Ed. (745)
1995 Ed. (671)
1994 Ed. (714, 715)
1993 Ed. (706)
1992 Ed. (895)
1991 Ed. (713)
H. J. Umbaugh & Associates
2001 Ed. (814)
1998 Ed. (2232)
H. K. Desai
2003 Ed. (2386)
H. L. Boulton
1996 Ed. (884)
H. L. Culp Jr.
2004 Ed. (2510)
2002 Ed. (2195)
H. L. Henkel
2005 Ed. (2493)
2003 Ed. (2390)
2002 Ed. (2194)
2001 Ed. (2331)
H. L. R. Credit Union
2005 Ed. (2116)
2004 Ed. (1974)
2003 Ed. (1934)
2002 Ed. (1880)
H. Laurance Fuller
1993 Ed. (938)
H. Lawrence Culp Jr.
2008 Ed. (934)
2007 Ed. (976, 1029)
2005 Ed. (966, 2494)
H. Lee Moffitt Cancer Center
2004 Ed. (2908)
H. Lee Moffitt Cancer Center & Research Institute
2008 Ed. (3176, 3179)
H. Lee Scott Jr.
2008 Ed. (944)
2007 Ed. (2503, 2505)
2006 Ed. (877, 2627)
H Lundbeck
2002 Ed. (1342)
H. Lundbeck A/S
2008 Ed. (1703)
2007 Ed. (1677)
2006 Ed. (1402, 1674)
2003 Ed. (1714)
H + M Co.
2008 Ed. (1327)
2002 Ed. (1233, 1236)
H. M. Cornell Jr.
2003 Ed. (2380)
H. M. Messmer Jr.
2005 Ed. (2504)
2003 Ed. (2377)
2002 Ed. (2207)
H. M. Paulson Jr.
2005 Ed. (2490)
2004 Ed. (2506)
2002 Ed. (2200)
2001 Ed. (2334)
H. M. Sampoerna
2002 Ed. (4479)
H. M. Sandler
1991 Ed. (1618)
H. Macy & Co.; R.
1990 Ed. (1238)
H. Neumann International
2001 Ed. (2313)
H. P. Hood LLC
2008 Ed. (2781)
H-P LaserJet IIP
1991 Ed. (2579)
H. Page Engineering Services Ltd.
1991 Ed. (959)
H Power Corp.
2004 Ed. (4561)
H. R. Allen Inc.
2007 Ed. (1354, 1978)
H. R. Bingham
2000 Ed. (1051)
H. R. Horton
2000 Ed. (1188)
H-R International Inc.
1990 Ed. (1179)
H. R. Levine
2005 Ed. (2481)
H. R. Silverman
2002 Ed. (2207)
2001 Ed. (2342)
H. Rodgin Cohen
2002 Ed. (3068)
H. Ross Perot
2008 Ed. (4823)
2007 Ed. (4893)
2006 Ed. (4898)
2005 Ed. (4847)
2003 Ed. (4879)
2002 Ed. (3345)
H. Rudebeck & Co. Ltd.
1995 Ed. (1011)
1994 Ed. (998, 1003)
1993 Ed. (975)
1992 Ed. (1202)

H. Ruiz
2002 Ed. (2191)
H. S. Die & Engineering Inc.
2008 Ed. (3746)
2006 Ed. (3922)
2004 Ed. (3913)
H. S. Frank
2001 Ed. (2330)
H Shmerinh Newspaper
2007 Ed. (30)
H. Simmons
1992 Ed. (4260)
H. Solomon
2003 Ed. (2398)
H. T. Hackney Co.
2005 Ed. (1969)
2003 Ed. (4938)
H. T. Nicholas III
2003 Ed. (2386)
H. Thomas Bryant
2008 Ed. (2640)
H. Ty Warner
2008 Ed. (4828)
2007 Ed. (4901)
2006 Ed. (4905)
2005 Ed. (4850)
2004 Ed. (4864)
2003 Ed. (4881)
2002 Ed. (3357)
H. W. Becherer
2002 Ed. (2194)
H. W. Burlingame
1997 Ed. (3068)
H. W. Kaufman Financial Group
1996 Ed. (205)
1995 Ed. (202)
H. W. Lichtenberger
2002 Ed. (2188)
2001 Ed. (2323)
H. W. McGraw III
2005 Ed. (2502)
2004 Ed. (2518)
2003 Ed. (2399)
2002 Ed. (2205)
2001 Ed. (2340)
H. W. Nebraska Inc.
2003 Ed. (1772)
H. Wayne Huizenga
2008 Ed. (4833)
2006 Ed. (4909)
2005 Ed. (4855)
1996 Ed. (960)
1995 Ed. (978, 1727)
1993 Ed. (1703)
H. Y. Louie Co.
2006 Ed. (1573)
2005 Ed. (1666, 1667)
HA!
1992 Ed. (1032)
Ha-Lo
2000 Ed. (1672, 1675)
Ha Lo Industries
2000 Ed. (3323)
1998 Ed. (1877)
Haack & Associates Inc.; Frank F.
2006 Ed. (2419)
2005 Ed. (2370)
Haagen Co. Inc.; The Alexander
1995 Ed. (3064)
1994 Ed. (3297)
Haagen-Dazs
2008 Ed. (3121, 3123)
2007 Ed. (3006)
2006 Ed. (2976)
2004 Ed. (2967)
2003 Ed. (2876, 2877, 2878, 2882)
2002 Ed. (2716, 2718, 2721)
2001 Ed. (2547, 2830, 2831, 2833, 2837, 4069)
2000 Ed. (799, 2281, 2597, 2598, 2600, 2601, 2602, 3786, 4152, 4153)
1999 Ed. (2131, 2132, 2822, 2823, 2824, 4081)
1998 Ed. (1770, 2070, 2071, 2072, 2073, 2074, 2075)
1997 Ed. (1833, 1834, 1835, 1837, 1838, 1839, 2093, 2344, 2345, 2346, 2350, 3319)
1996 Ed. (1751, 1752, 1753, 1756, 1757, 1761, 1977, 2215, 3218)
1995 Ed. (1774, 1779, 1946, 2197, 3123)
1994 Ed. (1741, 1750, 3078, 3079)
1993 Ed. (1750, 1759, 2123, 2124, 3022)
1992 Ed. (2114, 3714)
Haagen-Dazs Cafe
2008 Ed. (4160)
2007 Ed. (1150)
2006 Ed. (1061)
Haagen-Dazs Chocolate Sorbet Bar
1997 Ed. (2349, 2931)
Haagen-Dazs Ice Cream Cafe
2004 Ed. (1049)
2002 Ed. (4012)
2000 Ed. (1913)
1998 Ed. (1550)
The Haagen-Dazs Shoppe Co., Inc.
2008 Ed. (3128)
2006 Ed. (2979)
2005 Ed. (2982)
2004 Ed. (2970)
2003 Ed. (2883)
2002 Ed. (2723)
Haagen-Dazs Vanilla-Almond Bar
1997 Ed. (1199, 2348)
Haagen Dazs Vanilla-Chocolate
1998 Ed. (985, 2067)
Haagen Dazs Vanilla-Chocolate Almond
1998 Ed. (985, 2067)
Haagen-Dazs Vanilla-Chocolate Bar
1997 Ed. (1199, 2348)
Haagensen; C. Gabriel
2006 Ed. (2525)
Haake Beck
1997 Ed. (654)
1996 Ed. (717)
1995 Ed. (643)
Haake Beck NA
2001 Ed. (684)
Haake Beck Non-Alcohol
2006 Ed. (559)
2005 Ed. (656)
2004 Ed. (669)
2002 Ed. (685)
Haan; Roger & Peter De
2005 Ed. (4888)
Haar Capital
2007 Ed. (1188)
Haarman & Reimer Corp.
2001 Ed. (1556)
Haas
1995 Ed. (338)
Haas & Czjzek - Prvni Porcelanova Manufaktura v Cechach, spol. s.r.o.
2008 Ed. (1700)
Haas Automation
1997 Ed. (1014)
Haas Family of Levi Strauss & Co.
1992 Ed. (1094)
Haas; Robert
1989 Ed. (2339)
Haas School of Business; University of California-Berkeley
2008 Ed. (770, 772, 773, 780, 787, 788, 791, 793, 794, 795, 798, 800)
2007 Ed. (808, 810, 814, 815, 816, 817, 819, 821)
2006 Ed. (712)
2005 Ed. (800)
Haave Associates; R. B.
1993 Ed. (2297)
Habanos
1994 Ed. (960)
Habb Bank
1997 Ed. (590)
Haberdashers Aske's School
1999 Ed. (4145)
Habib Bank
2008 Ed. (489)
2007 Ed. (535)
2006 Ed. (510)
2005 Ed. (419, 593)
2004 Ed. (399, 518, 604)
2003 Ed. (420, 534, 597)
2002 Ed. (584, 632)
2001 Ed. (65)
1999 Ed. (619)
1996 Ed. (566, 651)
1995 Ed. (581)
1994 Ed. (611)
1993 Ed. (608)
1992 Ed. (814)
1991 Ed. (642)
1990 Ed. (663)
1989 Ed. (649)
Habib Nigeria Bank
2003 Ed. (592)
2002 Ed. (628)
1997 Ed. (583)
Habif, Arogeti
1999 Ed. (23)
Habif, Arogeti & Wynne
1998 Ed. (18)
Habif, Arogeti & Wynne LLP
2003 Ed. (8)
2002 Ed. (22, 23)
Habit treatment
2001 Ed. (2105)
Habitat
2008 Ed. (679, 3871)
2007 Ed. (3797)
2003 Ed. (3765)
2002 Ed. (3631)
Habitat for Humanity
2003 Ed. (1173)
2000 Ed. (3349)
1995 Ed. (943, 2782)
Habitat for Humanity International
2008 Ed. (1197, 3796)
2007 Ed. (3703)
2006 Ed. (3712)
2004 Ed. (1181)
2002 Ed. (2653, 2663)
1998 Ed. (689)
1996 Ed. (913, 1102, 1103)
Hach Co.
2000 Ed. (4430)
1999 Ed. (4811)
1998 Ed. (3761)
1996 Ed. (3879)
1995 Ed. (3794)
Hachette
1999 Ed. (3742)
1994 Ed. (2781, 2933, 2980)
1993 Ed. (2507, 2803)
1991 Ed. (2394)
1989 Ed. (2793)
Hachette Book Group USA
2008 Ed. (626, 628)
Hachette Filipacchi
2000 Ed. (3459)
1999 Ed. (3744)
1998 Ed. (2781)
1997 Ed. (3034)
1996 Ed. (2956)
Hachette Filipacchi Magazines
2001 Ed. (3954)
2000 Ed. (3684)
Hachette Filipacchi Media U.S.
2008 Ed. (3531)
2007 Ed. (3401)
Hachette Filipacchi Presse
1997 Ed. (3168)
Hachette Flipacchi
1995 Ed. (2878)
Hachette (France)
1991 Ed. (723)
Hachette Magazines
1992 Ed. (1985, 3390, 3592)
Hachette-Presse
1992 Ed. (3369)
1990 Ed. (2797)
Hachette Publications
1992 Ed. (3368)
1991 Ed. (2700)
Hachette S.A.
1996 Ed. (3143)
1995 Ed. (3041, 3044)
1990 Ed. (1227)
Hachijyuni Bank
2002 Ed. (596)
Haci Omer Sabanci
1995 Ed. (3606)
1994 Ed. (3521)
1993 Ed. (3560)
Haci Omer Sabanci Holding
1996 Ed. (3681)
Haci Omer Sabanci Holding A.S.
2002 Ed. (1784)
Hacienda Business Park
1997 Ed. (2374)
Hacienda Hotel
2000 Ed. (2573)
1999 Ed. (2794)
1998 Ed. (2034)
Hackbarth Delivery Service Inc.
2006 Ed. (3494)
Hackensack Medical Center
1994 Ed. (2091)
1990 Ed. (2057)
Hackensack University Medical Center
2008 Ed. (1976)
2007 Ed. (1913, 3215)
2006 Ed. (1929)
2005 Ed. (1902)
2004 Ed. (1818)
2002 Ed. (2457, 2623)
2001 Ed. (2775)
2000 Ed. (2531)
1999 Ed. (2750)
1998 Ed. (1994)
Hackett; J. T.
2005 Ed. (2496)
Hackett; James T.
2008 Ed. (953)
Hackett; Richard C.
1991 Ed. (2395)
Hackney Co.; H. T.
2005 Ed. (1969)
Hadassah
1999 Ed. (3628)
1996 Ed. (2853)
1995 Ed. (941, 2780)
1994 Ed. (2681)
1991 Ed. (897, 2617)
Hadaway; James E.
1992 Ed. (3139)
Hadco Corp.
2001 Ed. (1811)
2000 Ed. (3032)
1999 Ed. (1977)
1991 Ed. (2764)
1990 Ed. (2902)
Haddad
2001 Ed. (4348)
Hadeed-Sabic
2006 Ed. (83)
2005 Ed. (74)
Hadeler White PR
2000 Ed. (3647)
1999 Ed. (3930)
Hadeler White Public Relations
1998 Ed. (2946)
1997 Ed. (3192)
1996 Ed. (3113)
1995 Ed. (3012)
Hadley Auto Transport
2007 Ed. (4843)
2002 Ed. (4689)
Hadley Gold
1990 Ed. (2659)
Hadley; J. T.
1992 Ed. (2060)
Hadley; John
1995 Ed. (935)
Hadson
1994 Ed. (3444)
Haefner; Walter
2008 Ed. (4875)
Haejin Baek
2000 Ed. (1970)
1999 Ed. (2198)
Haemonetics Corp.
2005 Ed. (675, 676)
2004 Ed. (682, 683)
Hafif; Herbert
1991 Ed. (2296)
Haflund Nycomed
1996 Ed. (2876)
Hafner; Dudley
1993 Ed. (1701)
Hafnia
1990 Ed. (3457)
Hafnia Holding A
1993 Ed. (1162)
1992 Ed. (1444, 1445)
Hafnia Holding A/S (Koncern)
1996 Ed. (2124)
Hafnia Invest
1991 Ed. (1106)
Hafslund
2008 Ed. (1999)
1994 Ed. (1434, 2700, 2701)

1991 Ed. (2647)
1990 Ed. (3474)
Hafslund Nycomed
1997 Ed. (2970)
1996 Ed. (2877)
1993 Ed. (2745, 2746)
Hafslund Nycomed A
1999 Ed. (1433)
1992 Ed. (3305, 3306)
Hafslund Nycomed A-aksjer
1991 Ed. (2648)
Hafslund Nycomed B
1997 Ed. (2971)
Hafslund Nycomed Frie
1993 Ed. (2746)
Hafslund Nycomed NA
1999 Ed. (3662)
Haft Family
1990 Ed. (1238)
Hagan; Timothy F.
1995 Ed. (2484)
Haganuma; Chisato
1997 Ed. (1995)
Hageman; Robert
1997 Ed. (1885)
1996 Ed. (1811)
1995 Ed. (1833, 1847)
1994 Ed. (1795, 1809, 1831)
1993 Ed. (1812, 1826)
Hagemeÿer NA
2008 Ed. (3140)
Hagemeyer NA Holdings Inc.
2005 Ed. (2996)
Hagemeyer North America Inc.
2004 Ed. (2998)
2003 Ed. (2891)
Hagemeyer PPS North America Inc.
2005 Ed. (1778)
Hagen; Camilla
2007 Ed. (4925)
Hagen; Stein Erik
2008 Ed. (4871)
Hager
1995 Ed. (122)
Hager Agema
1997 Ed. (75)
1996 Ed. (75)
Hager Bratislava
1996 Ed. (136)
Hager Reklam
1997 Ed. (142)
1996 Ed. (96)
1995 Ed. (82)
Hager Romania
1997 Ed. (136)
1996 Ed. (132)
Hager Sharp
2004 Ed. (4038)
Hager Sofia
1997 Ed. (68)
The Hagerman Construction Corp.
2008 Ed. (1296)
2006 Ed. (1310)
Hagerston Herald Mail
1992 Ed. (3239)
Hagerstown Herald-Daily Mail
1991 Ed. (2600)
Hagerstown Herald, Mail
1990 Ed. (2691, 2700)
1989 Ed. (2054)
Hagerstown-Martinsburg, MD-WV
2008 Ed. (3510)
Hagerstown-Washington County Economic Development Commission
2005 Ed. (3320)
2004 Ed. (3302)
Hagerty
2003 Ed. (983)
Haggar Corp.
2004 Ed. (987)
1998 Ed. (764)
1997 Ed. (1024)
1996 Ed. (1004)
1992 Ed. (1209)
Hagger
2007 Ed. (1103)
Hagger, Stephen
1996 Ed. (1896)
Haggerty Dodge
1993 Ed. (268)
1992 Ed. (382)
1991 Ed. (277)
Haggerty Pontiac; Mike
1993 Ed. (281)
Haggman
2003 Ed. (169)
Hagman & Edwards
1995 Ed. (1201)
Hagopian Cleaning Services
2008 Ed. (861, 862, 4788)
2007 Ed. (883, 884, 4867)
2006 Ed. (670)
Hagstromer & Nordberg Selective Fund-Biotechnology
1993 Ed. (2683)
The Hague, Netherlands
2008 Ed. (1819)
The Hahn Co.
1997 Ed. (3257, 3517)
1995 Ed. (3372)
1994 Ed. (3021, 3296, 3301)
1993 Ed. (3303, 3310, 3316)
1992 Ed. (3958, 3965, 3966)
1991 Ed. (3117, 3118, 3124)
1990 Ed. (2972, 3283, 3288)
1989 Ed. (2490)
Hahn Automotive
2001 Ed. (540)
1997 Ed. (325)
Hahn Jr.; Thomas M.
1995 Ed. (978, 1727)
Hahnemann University
1991 Ed. (1936)
1990 Ed. (2059)
Haht Software Inc.
2001 Ed. (1870, 2850)
Hai Sun Hup Group Ltd.
1993 Ed. (3323)
Hai-Tai Confectionary
1989 Ed. (40)
Haier
2008 Ed. (2988, 3089)
2002 Ed. (253, 2579)
Haier Group
2007 Ed. (1657)
Haifa
1992 Ed. (1393)
Haight Brown & Bonesteel
1998 Ed. (2330)
1997 Ed. (2598)
1996 Ed. (2454)
1995 Ed. (2418)
1992 Ed. (2840)
Haight, Dickson, Brown & Bonesteel
1990 Ed. (2421)
Hail
2005 Ed. (885)
Hailey; V. Ann
2006 Ed. (1002)
Haim Saban
2008 Ed. (4887)
The Hain Celestial Group Inc.
2008 Ed. (2777)
2005 Ed. (2653, 2654)
2004 Ed. (2660, 2661)
2003 Ed. (3412, 4490)
The Hain Food Group Inc.
2003 Ed. (1499)
1999 Ed. (3598)
Hainan Donghai Tour
2000 Ed. (4012)
Haindl Papier GmbH & Co. KG
2004 Ed. (3768)
2002 Ed. (3577)
2001 Ed. (3628)
Haines; Albert
1992 Ed. (3137)
1991 Ed. (2547)
Haines; Albert E.
1993 Ed. (2639)
Haines & Haines Inc.
1998 Ed. (1772)
Haines & Co. Inc.; J. J.
1996 Ed. (1922)
1995 Ed. (1879)
1991 Ed. (1728)
Haines Lundberg Waehler
1995 Ed. (240)
1994 Ed. (237)
1993 Ed. (248)
1992 Ed. (359)
1991 Ed. (253)
1990 Ed. (284)
1989 Ed. (268)
Haines Watts
2006 Ed. (8)
Hair accessories
2001 Ed. (2638, 3712, 3908)
Hair care
2002 Ed. (3636, 3637, 3638, 4634)
Hair care/fashion accessories
2002 Ed. (3642)
Hair care/personal care items
1992 Ed. (1817)
1991 Ed. (1428)
1989 Ed. (1236)
Hair care products
2003 Ed. (3791, 3945, 3946)
2001 Ed. (1920)
1999 Ed. (1789)
1996 Ed. (1484)
1994 Ed. (2818)
Hair Club for Men Restoration Method
1990 Ed. (1981)
Hair color
2004 Ed. (2127, 2787, 3804)
Hair coloring
2005 Ed. (2045, 2759)
2003 Ed. (2670)
2002 Ed. (2439)
2001 Ed. (2636, 2637, 2638, 3712)
2000 Ed. (3510, 4149)
1998 Ed. (2809)
1997 Ed. (3065)
1996 Ed. (2041)
Hair coloring products
2005 Ed. (2233)
Hair conditioner
2001 Ed. (2638)
2000 Ed. (3511)
Hair conditioners
2000 Ed. (4149)
1998 Ed. (2810)
Hair conditioners & rinses
1997 Ed. (3064)
1996 Ed. (2977, 3609)
Hair conditioning rinses
1991 Ed. (1456)
Hair dress products
2001 Ed. (2636, 2637)
Hair dressing needs
1991 Ed. (1456)
Hair growth products
2004 Ed. (2787)
2002 Ed. (2439)
2001 Ed. (2638)
Hair; Jay
1993 Ed. (1701)
Hair needs
2005 Ed. (3708)
Hair Off
2003 Ed. (2673)
Hair preparations
2002 Ed. (2439)
Hair products & accessories
2002 Ed. (4586)
Hair salons
1994 Ed. (2243)
Hair spray
2003 Ed. (2670)
2002 Ed. (2439)
1997 Ed. (3064)
1990 Ed. (1956)
Hair spray/spritz
2001 Ed. (2638)
2000 Ed. (3511, 4149)
1998 Ed. (2810)
Hair styling aids
1996 Ed. (2977)
Hair styling gel/mousse
2001 Ed. (2638)
2000 Ed. (4149)
Hair styling items
2003 Ed. (2868)
Hair styling products
2001 Ed. (3724)
Hair styling sprays
1992 Ed. (3398, 4176)
Hair treatments
2001 Ed. (3724)
Haircare
2001 Ed. (2661)
Haircolorexperts
2007 Ed. (2759)
Hairdressers
2007 Ed. (2461, 3725)
2005 Ed. (3623, 3632)
Hairsprays
2001 Ed. (2651)
Hairstylists
2007 Ed. (2461, 3725)
2005 Ed. (3623, 3632)
Haitai Confectionary
1992 Ed. (62)
1991 Ed. (33)
Haiti
2007 Ed. (2259, 4209, 4483)
2006 Ed. (2329, 3016, 3184, 4193, 4423)
2005 Ed. (4145, 4406)
2004 Ed. (4217, 4461)
2003 Ed. (4191)
2001 Ed. (2455, 4120, 4316)
2000 Ed. (3841)
1999 Ed. (4131)
1998 Ed. (3114)
1994 Ed. (3126)
1993 Ed. (2373, 3062)
1992 Ed. (3755)
1990 Ed. (3074)
Haje; Peter R.
1996 Ed. (1228)
Hajenius Senorita
2001 Ed. (2116)
Haji Hassanal Bolkiah
2007 Ed. (2703)
Haji Hassanal Bolkiah Mu'Izzaddin Waddaulah; Sultan
1993 Ed. (699)
Haji-Ioannou; Sir Stelios
2008 Ed. (4906)
Hajoca Corp.
2006 Ed. (208, 3926)
Haka-Auto
1992 Ed. (48)
Hakan Ostling
2000 Ed. (2094, 2100)
1999 Ed. (2312)
Hakari Tsushin
2007 Ed. (3622)
Hake Capital Management
1999 Ed. (3091)
1998 Ed. (2291)
Hakeem Olajuwon
2003 Ed. (296)
Hakimian Industries
1990 Ed. (911)
Hakkeijima Sea Paradise
2005 Ed. (248)
Hakuhodo
2008 Ed. (123)
2007 Ed. (116)
2006 Ed. (122)
2004 Ed. (117, 118)
2003 Ed. (86, 88, 94)
2002 Ed. (120, 127)
2001 Ed. (154)
2000 Ed. (116)
1999 Ed. (103, 111)
1998 Ed. (57)
1997 Ed. (101, 103, 108)
1996 Ed. (99, 101, 107)
1995 Ed. (86)
1994 Ed. (96, 98)
1993 Ed. (80, 109, 110, 115)
1992 Ed. (120, 163, 164, 165, 171, 172)
1991 Ed. (111, 119)
1990 Ed. (121)
1989 Ed. (127)
Hakuhodo DY
2007 Ed. (3452)
Hakuhodo DY Holdings Inc.
2008 Ed. (124)
2007 Ed. (117)
2006 Ed. (108, 123)
2005 Ed. (100, 118)
Hakuhodo International
1990 Ed. (102)
1989 Ed. (118)
Hakuhodo Singapore
1995 Ed. (121)
1993 Ed. (135)
1992 Ed. (204)
Hakusan Sake
1996 Ed. (3861, 3862)

Hakusan Sake Gardens
1995 Ed. (3761, 3762, 3763)
HAL
1994 Ed. (3222)
1993 Ed. (185)
1991 Ed. (3096)
1990 Ed. (3246)
Hal Lewis Group
2008 Ed. (115)
2007 Ed. (107)
2006 Ed. (118)
2005 Ed. (108)
Hal Riney & Partners
1999 Ed. (170)
1998 Ed. (52, 67)
1997 Ed. (139, 159)
1996 Ed. (152)
1995 Ed. (138)
1994 Ed. (126)
1992 Ed. (104, 112, 220)
1991 Ed. (161)
1990 Ed. (73, 162)
1989 Ed. (57)
Halabi; Simon
2008 Ed. (4910)
Halco (Mining) Inc.
2008 Ed. (3653)
2003 Ed. (3366)
Halcrow Group Ltd.
2008 Ed. (2567)
2007 Ed. (2438, 2440)
2006 Ed. (2475)
Halcycon Multiple Strategies LP
1998 Ed. (1923)
Halcyon Associates
1998 Ed. (2946)
1997 Ed. (3192)
1996 Ed. (3113)
Halderman Farm Management Service Inc.
1999 Ed. (2121)
1998 Ed. (1542)
1997 Ed. (1830)
1996 Ed. (1749)
1995 Ed. (1772)
1994 Ed. (1738, 1739)
1993 Ed. (1746, 1747)
1992 Ed. (2108, 2109)
1991 Ed. (1649)
1989 Ed. (1411)
Halderman Farm Management Services Inc.
1990 Ed. (1744)
Hale & Dorr
1993 Ed. (2393)
1992 Ed. (2830)
1991 Ed. (2281)
1990 Ed. (2415)
Hale County State Bank
1989 Ed. (218)
Hale; Danny
2008 Ed. (970)
2007 Ed. (1074)
Hale; David
1991 Ed. (2160)
Hale Halsell
2000 Ed. (2387, 2389)
1998 Ed. (1870, 1872, 1874)
1996 Ed. (2047)
1995 Ed. (2051)
1994 Ed. (2001)
Hale Makua
2007 Ed. (1757)
Hale-Mills Construction Inc.
1997 Ed. (3515, 3516)
1996 Ed. (3428, 3429)
1995 Ed. (3374, 3376)
1994 Ed. (3298)
1993 Ed. (3306, 3307)
1992 Ed. (3962)
1991 Ed. (3121, 3122, 3123)
Hale Ola Kino
2008 Ed. (1777, 1778)
Halekulani
1996 Ed. (2171)
1995 Ed. (2158)
1990 Ed. (2073)
Halekulani Hotel
1993 Ed. (2090)
1992 Ed. (2482)
1991 Ed. (1947)
1990 Ed. (2064)
Hales
1999 Ed. (367)
Hale's Ales
2000 Ed. (3126)
Halewood
2001 Ed. (1881)
Halewood International
2001 Ed. (4902)
Halewood; John
2008 Ed. (4909)
Haley; Clifton E.
1991 Ed. (1628)
1990 Ed. (973)
Haley-Greer Inc.
2007 Ed. (1362)
2006 Ed. (1284)
2005 Ed. (2733)
2000 Ed. (2343)
1999 Ed. (2600)
1997 Ed. (2149)
Haleys MO
2003 Ed. (3197)
Half International Inc.; Robert
1990 Ed. (889)
Half Price Books, Records, Magazines Inc.
2008 Ed. (2113)
2007 Ed. (2016)
2006 Ed. (2046)
2005 Ed. (1977)
Half Robert International Inc.
2001 Ed. (1067)
Half.com
2002 Ed. (2076)
Halfords
2007 Ed. (4207)
Halfords Group plc
2008 Ed. (4241)
Halibna
2001 Ed. (82)
Halibot
2002 Ed. (4864)
Halibut
2008 Ed. (2722)
2007 Ed. (2585)
2006 Ed. (2610)
2005 Ed. (2611)
2004 Ed. (2622)
2001 Ed. (2440)
Halifax
2006 Ed. (2113)
2000 Ed. (522, 540, 2998)
1999 Ed. (783, 784, 1646, 2438)
1995 Ed. (3185)
1992 Ed. (3801)
1990 Ed. (3103)
Halifax B Soc Mortgages
1992 Ed. (2160)
Halifax Bank of Scotland
2008 Ed. (686, 707)
Halifax Building Society
1998 Ed. (3545)
1997 Ed. (3748)
1996 Ed. (3690)
1995 Ed. (3613)
1994 Ed. (3537)
1993 Ed. (1861, 3575)
1991 Ed. (1719)
1990 Ed. (1786)
Halifax Building Society Mortgages
1991 Ed. (1726)
Halifax Group
2002 Ed. (1496)
Halifax Group plc
2003 Ed. (1429, 1437)
Halifax Herald Ltd.
2008 Ed. (1102, 4320)
2007 Ed. (1197, 4364)
2006 Ed. (1594)
Halifax Medical Center
2006 Ed. (2923)
Halifax, Nova Scotia
2008 Ed. (3487, 3491)
2006 Ed. (3316)
2005 Ed. (3327)
2003 Ed. (3251)
Halifax, NS
2000 Ed. (2549)
Halifax plc
2003 Ed. (626)
2002 Ed. (40, 659)
Halifax Property Services
1991 Ed. (1726)
Halifax Reg. Economic Development Corp.
1991 Ed. (2523)
Halifax Reg. Economic Development Corp., NC
1991 Ed. (1478)
Halim; Liny
1997 Ed. (1974)
1996 Ed. (1866)
Halim; Rachman
2008 Ed. (4845)
2006 Ed. (4916, 4919)
Halim Saad
1997 Ed. (849)
Hall Acquisition Inc.; Mort
1993 Ed. (705)
Hall & Cederquist
1989 Ed. (164)
Hall & Cederquist/Y & R
2002 Ed. (188)
2001 Ed. (215)
2000 Ed. (176)
1995 Ed. (129)
Hall & Cederquist/Young & Rubicam
2003 Ed. (152)
1999 Ed. (158)
1994 Ed. (119)
1993 Ed. (138)
1992 Ed. (211)
Hall & Cederquist/Young & Rubican
1997 Ed. (149)
Hall & Evans LLC
2008 Ed. (3422)
2007 Ed. (3313)
2004 Ed. (3233)
2003 Ed. (3182)
2002 Ed. (3057)
Hall & Co. Inc.; Frank B.
1994 Ed. (2224, 2225, 2227)
1993 Ed. (2247, 2248, 2249)
1991 Ed. (1148, 2137, 2138, 2139)
1990 Ed. (2266)
Hall and Hall, Inc.
2000 Ed. (1907)
1999 Ed. (2123, 2124)
1998 Ed. (1543)
1997 Ed. (1831)
1996 Ed. (1750)
1995 Ed. (1770)
1994 Ed. (1736, 1737)
1993 Ed. (1744, 1745)
1992 Ed. (2107)
Hall Consulting Co.; Frank B.
1990 Ed. (1651)
Hall; Donald J.
2008 Ed. (4828)
2007 Ed. (4901)
2006 Ed. (4905)
2005 Ed. (4850)
Hall Financial Group
1991 Ed. (247)
Hall Ford; Mort
1992 Ed. (894)
1991 Ed. (712)
Hall; Frank B.
1992 Ed. (20, 2702)
1990 Ed. (2268, 2270)
1989 Ed. (1739, 2666)
Hall; Gordon
1997 Ed. (1889)
1996 Ed. (1815)
1995 Ed. (1837)
1994 Ed. (1799)
Hall Harrison Cowley
1996 Ed. (3116, 3126, 3127)
Hall; Ira D.
1989 Ed. (736)
Hall; Jack
1996 Ed. (2989)
1995 Ed. (1726)
Hall-Kimbrell Environmental Services
1991 Ed. (950, 3146)
Hall, Kinion & Associates
1999 Ed. (2614, 4322)
Hall Management Co.; Frank B.
1990 Ed. (905)
Hall-Mark Electronics
1990 Ed. (3234)
1989 Ed. (1335)
Hall of Fame Bowl
1990 Ed. (1841)
Hall; Philip
1997 Ed. (1986)
Hall Render Killian Heath & Lyman
2008 Ed. (3415)
Hall Co. Inc.; Stuart
1994 Ed. (1223)
Halla; Brian L.
2008 Ed. (954)
Halla Engineering & Construction Corp.
1999 Ed. (1408)
Halladay Motors Inc.
1994 Ed. (285)
Hallador Petroleum Co.
2007 Ed. (3839, 3852)
Hallam Meat Co. Ltd.
1995 Ed. (1016)
1994 Ed. (1003)
1993 Ed. (975)
1992 Ed. (1201, 1202)
Halliburton Co.
2008 Ed. (1373, 1486, 2115, 2283, 2287, 2498, 3192, 3893, 3894, 3925)
2007 Ed. (915, 1291, 1417, 1457, 2017, 2168, 2172, 2382, 3831, 3832, 3835, 3836, 3837, 3877, 4518, 4531)
2006 Ed. (832, 1501, 1522, 2244, 2248, 2434, 2435, 2438, 2439, 3818, 3819, 3820, 3821, 4003)
2005 Ed. (1358, 1363, 1375, 1511, 1566, 2393, 2394, 2396, 2397, 2400, 3726, 3727, 3729, 3730, 3731, 4282)
2004 Ed. (1359, 1495, 1608, 2313, 3342, 3818, 3819, 3820, 3821, 3822, 3823, 3824, 4486, 4577)
2003 Ed. (1174, 1465, 1554, 1986, 2279, 3808, 3809, 3810, 3812, 3815)
2002 Ed. (1171, 1174, 1195, 1445, 2124, 3618, 4364)
2001 Ed. (1395, 3682, 3753, 3754, 3757, 3758)
2000 Ed. (1196, 1572, 1752, 1805, 3406, 3846)
1999 Ed. (1313, 2028, 3730, 3794, 3797)
1998 Ed. (881, 1435, 2770, 2816, 2821, 2824)
1997 Ed. (1127, 1732, 3022, 3025, 3081, 3082)
1996 Ed. (1106, 1654, 2934, 3002, 3003)
1995 Ed. (2855, 2864, 2907)
1994 Ed. (2764, 2839, 2840, 2841)
1993 Ed. (2828, 2829)
1992 Ed. (3422, 3423, 3424)
1991 Ed. (2718, 2719, 2720, 3103)
1990 Ed. (2830, 2831, 2832, 3241)
1989 Ed. (2203, 2206, 2208, 2644)
Halliburton Delaware Inc.
2008 Ed. (1193, 1194)
2007 Ed. (1295, 1296)
2006 Ed. (1187, 1188)
2005 Ed. (1217, 1218)
2004 Ed. (1191, 1192)
2003 Ed. (1186, 1187)
2001 Ed. (1407, 1408)
Halliburton Energy Services Inc.
2008 Ed. (3893, 3894)
2007 Ed. (3831)
2006 Ed. (3818)
2005 Ed. (3726)
2003 Ed. (3422)
Halliburton Industries LLC
2005 Ed. (3726, 3727)
Halliburton KBR
2004 Ed. (1320, 1323, 1324, 1330, 1336, 2390, 2391, 2393, 2396, 2397, 2401, 2404)
2003 Ed. (2290, 2291, 2292, 2293, 2297, 2304, 2307)
Halliburton Productos
2006 Ed. (2542)
Halliday; Robert
2008 Ed. (968)
2007 Ed. (1081)
2006 Ed. (988)

Hallmark
2008 Ed. (2837)
2007 Ed. (2708)
2006 Ed. (2712)
1999 Ed. (2609, 2610, 4469, 4632, 4715)
1998 Ed. (1863, 1864, 3400)
1997 Ed. (709, 2159, 2160, 3167, 3626)
1996 Ed. (3583)
1995 Ed. (2046)
1994 Ed. (745, 746, 1988, 1989, 3428)
1993 Ed. (733, 734, 739, 743, 1995, 1996, 3446)
1992 Ed. (2346, 4131)
Hallmark Capital
1993 Ed. (2315)
Hallmark Capital Mgmt.
1990 Ed. (2339)
Hallmark Cards Inc.
2005 Ed. (152)
2004 Ed. (154)
2003 Ed. (2186, 4144)
2001 Ed. (2487)
2000 Ed. (2239)
1996 Ed. (3087)
1995 Ed. (2986)
1994 Ed. (1311, 2060, 2932)
1993 Ed. (2920)
1992 Ed. (2347)
1991 Ed. (172, 1859, 3215)
1990 Ed. (1949)
Hallmark Communities
2004 Ed. (1141)
Hallmark Design Homes
2008 Ed. (1164)
Hallmark Financial
2008 Ed. (2847)
2007 Ed. (2713)
Hallmark/First Chicago
1990 Ed. (3550)
Hallmark Group
1999 Ed. (4637)
1998 Ed. (3603, 3604)
Hallmark Management
2008 Ed. (2008)
Hallmark Pools & Spas
2007 Ed. (4646)
Hallmark Public Relations
1999 Ed. (3940)
Halloween
2003 Ed. (854)
2001 Ed. (2627)
1999 Ed. (1023)
1992 Ed. (2348)
1990 Ed. (1948)
Halloween costumes/Decor
1991 Ed. (1428)
Halls
2008 Ed. (1038)
2004 Ed. (1057)
2003 Ed. (1050, 1878)
2002 Ed. (1803)
2001 Ed. (1939)
2000 Ed. (1133)
1999 Ed. (1219)
1996 Ed. (1029)
1995 Ed. (1046, 1607)
1994 Ed. (1037, 1573, 1575)
1993 Ed. (1007, 1531)
1992 Ed. (1265, 1873)
1991 Ed. (3387, 3388)
Halls Cough Drops Mentholyptus 9s
1990 Ed. (1541)
Halls Defense
2003 Ed. (1878)
2002 Ed. (1803)
Halls Mentho-lyptus stick 9s
1990 Ed. (1082)
Halls Plus
2003 Ed. (1878)
2002 Ed. (1803)
2001 Ed. (1939)
2000 Ed. (1133)
1999 Ed. (1219)
Halls; Ruth Norman
1995 Ed. (937, 1069)
1994 Ed. (896, 1057)
Halls Zinc Defense
2001 Ed. (1939)
2000 Ed. (1133)
Hallwood Group
2008 Ed. (2860, 2861)
2007 Ed. (2730, 2731)
2006 Ed. (2042, 2723)
Hallwood Realty Partners
2006 Ed. (1420)
Halma
2008 Ed. (2510)
2007 Ed. (2402, 2403)
2006 Ed. (2451, 2480)
Halmar Builders of New York Inc.
2003 Ed. (1247, 1287)
2002 Ed. (1234)
Halmos; Peter
1993 Ed. (1703)
1992 Ed. (2060)
Halmos; Steven
1991 Ed. (1629)
Halmos; Steven J.
1993 Ed. (1703)
Halozyme Therapeutics Inc.
2008 Ed. (4538)
Halpin; Patrick G.
1993 Ed. (2462)
1992 Ed. (2904)
1991 Ed. (2343)
HALS & Associates
1997 Ed. (19)
Halsall Associates
2008 Ed. (3488, 3494, 3495, 3496, 3497)
2007 Ed. (1197, 4364)
2006 Ed. (1596, 4297)
Halstead Industries Inc.
1997 Ed. (1016)
1994 Ed. (1006)
1993 Ed. (980)
1991 Ed. (970)
1990 Ed. (1042)
Halstead Property Co.
2002 Ed. (3915)
2001 Ed. (3996, 3997)
2000 Ed. (3714)
1999 Ed. (3994)
Halter Marine Group ,Inc.
2001 Ed. (1797)
2000 Ed. (286)
Halterm Income Fund
2006 Ed. (3668)
Halton Regional Municipality
2006 Ed. (1595)
Halvoline
1999 Ed. (348)
Halvor Lines
2005 Ed. (2690)
Halvorson Family Dealership Group
2004 Ed. (277)
Halvorson Family Dealerships
2001 Ed. (441, 442, 447)
Halyk Savings Bank
2001 Ed. (632)
Halyk Savings Bank of Kazakhstan
2008 Ed. (456)
2006 Ed. (477)
2005 Ed. (555)
2004 Ed. (569)
2003 Ed. (555)
Halyk Savings Bank of Kazakstan
2000 Ed. (579)
1999 Ed. (567)
Ham
2003 Ed. (3344)
1994 Ed. (1994, 1996)
Ham & cheese
1990 Ed. (3095)
Ham, canned
1994 Ed. (3647)
Hamashbir
1991 Ed. (29)
Hamashbir Fashion Stores H & O
2005 Ed. (49)
Ha'mashbir La'zrcan
1992 Ed. (58)
Hambrecht & Quist
2000 Ed. (2456, 3878)
1999 Ed. (4208)
1998 Ed. (3176, 3247, 3664)
1997 Ed. (3418, 3422)
1995 Ed. (3249)
1990 Ed. (2294)
Hambrick; J. L.
2006 Ed. (2519)
Hambro Countrywide
1992 Ed. (1628)
Hambro-Pacific Japan ESE Enterprise Fund
1990 Ed. (2400)
Hambro-Pacific Japan Fund
1990 Ed. (2400)
Hambros
1992 Ed. (2000, 2006, 2014)
Hambros Bank
1998 Ed. (1006)
1995 Ed. (1219)
1994 Ed. (1681, 1692, 1696, 2474)
1993 Ed. (1650, 1658, 1659, 1665, 1669)
1991 Ed. (1587, 1589)
1990 Ed. (1685, 1689)
1989 Ed. (1357, 1358)
Hambros Bank (Gibraltar) Ltd.
1991 Ed. (531)
Hambros Bank (Gibraltar) Limited
1989 Ed. (544)
Hamburg
1997 Ed. (1146, 3135, 3782)
1992 Ed. (1395, 1397)
Hamburg, Germany
2008 Ed. (1220, 1221)
2004 Ed. (3929)
2003 Ed. (3915)
2002 Ed. (3731)
1998 Ed. (2887)
Hamburg, West Germany
1991 Ed. (2632)
Hamburger
2006 Ed. (4101)
1991 Ed. (2875, 2876)
Hamburger Hamlet
1997 Ed. (3329, 3651)
1995 Ed. (3133)
Hamburger Sparkasse
1996 Ed. (516)
1994 Ed. (492)
1993 Ed. (490)
1992 Ed. (682)
Hamburgers
2002 Ed. (4011)
1999 Ed. (1413, 2125)
1998 Ed. (1743, 1745, 2463, 3125)
1997 Ed. (2033, 2063, 2064)
Hamburgische Electricitats-Werke AG
2003 Ed. (1429)
Hamburgische Landesbank
2004 Ed. (504)
2001 Ed. (608)
Hamco Inc.
2002 Ed. (2801)
Hamden (CT) Register Express
2003 Ed. (3642)
Hamed; Naseem
2005 Ed. (4895)
Hames Shows; Bill
1997 Ed. (907)
1995 Ed. (910)
Hamilton
1997 Ed. (1050)
Hamilton; Alexander
2006 Ed. (634)
1995 Ed. (2296, 2299)
Hamilton Bancorp
2002 Ed. (485, 2557)
2001 Ed. (2711)
2000 Ed. (423, 424, 2198, 2467)
1999 Ed. (396, 2441, 2683)
1998 Ed. (1695)
1996 Ed. (1211)
Hamilton Bank
2004 Ed. (361)
1998 Ed. (398)
1997 Ed. (501)
1995 Ed. (493)
Hamilton Beach
2008 Ed. (1036)
2005 Ed. (2952, 2955)
2003 Ed. (235, 2867)
2001 Ed. (2811)
2000 Ed. (750)
1999 Ed. (3134)
1998 Ed. (786, 2321)
1993 Ed. (1005, 1006)
1992 Ed. (1242, 1243, 2523)
1991 Ed. (717, 1485, 1751, 1961, 1962)
1990 Ed. (739, 1080, 1081, 1591, 1834, 2107, 2109)
Hamilton Beach/Procter-Silex Inc.
2002 Ed. (720, 1092, 2070, 2073, 2074, 2313, 2697, 2699, 3047)
2000 Ed. (1725)
1998 Ed. (1375, 1380)
Hamilton Beach/Proctor-Silex
2000 Ed. (1130, 1730, 2233, 2578, 2579, 2881)
1999 Ed. (737, 1216, 1940, 1946, 2476, 2802, 2803)
1998 Ed. (477, 1735, 2043, 2044)
1997 Ed. (682, 1041, 1686, 1690, 2050, 2311, 2312, 2590)
1995 Ed. (680, 1044, 1627, 1631, 1910, 2177, 2178, 2410)
1994 Ed. (721, 1035, 1586, 1589, 1883, 2126, 2127)
1993 Ed. (711, 1547, 1552, 1885)
1992 Ed. (899, 1886, 1891, 2201, 2517, 2518)
Hamilton Collection
1990 Ed. (175)
Hamilton County, IN
1998 Ed. (2082)
Hamilton County School Employees Credit Union
2008 Ed. (2211)
Hamilton; David R.
1993 Ed. (1706)
Hamilton Field Redevelopment
2002 Ed. (3532)
Hamilton Fixture
2008 Ed. (4546)
2007 Ed. (4595)
2000 Ed. (4134, 4135)
1999 Ed. (4499, 4501)
1998 Ed. (3427)
1997 Ed. (3653)
1996 Ed. (3600)
Hamilton Health Sciences Corp.
2008 Ed. (1613)
Hamilton Lane
2008 Ed. (2290)
Hamilton Life; Alexander
1996 Ed. (2318)
Hamilton Mall
1990 Ed. (3291)
1989 Ed. (2492)
Hamilton-Middletown, OH
2006 Ed. (3313)
Hamilton, OH
1991 Ed. (1376)
Hamilton, ON
2001 Ed. (4109)
Hamilton, Ontario
2007 Ed. (3377)
1993 Ed. (2556)
Hamilton Park
2002 Ed. (2641)
Hamilton Partners Inc.
2002 Ed. (3934)
2001 Ed. (4010)
2000 Ed. (3728)
1998 Ed. (3017)
Hamilton Police Service
2007 Ed. (1615)
2006 Ed. (1595)
Hamilton Printing
2006 Ed. (4354)
Hamilton Risk Management Co.
1998 Ed. (1695)
Hamilton Savings Bank FSB
1990 Ed. (2473, 3121)
Hamilton Subaru
1990 Ed. (320)
Hamilton Sundstrand Credit Union
2008 Ed. (2223)
2007 Ed. (2108)
2006 Ed. (2187)
2005 Ed. (2092)
2004 Ed. (1950)
2003 Ed. (1910)
2002 Ed. (1853)
Hamilton Sundstrand Federal Credit Union
2008 Ed. (1694)
Hamilton, TN
1993 Ed. (2982)
Hamish Buchan
1999 Ed. (2352)

Hamish Maxwell
1993 Ed. (936, 937, 1695)
1991 Ed. (928)
1990 Ed. (975)
Hamish Ogston
2006 Ed. (2500)
2005 Ed. (2463)
The Hamlet Cos.
2004 Ed. (1140)
Hamlet Homes
2005 Ed. (1240)
2004 Ed. (1216)
2003 Ed. (1209)
2002 Ed. (1209)
Hamlet/Maple Run/Meadows
1990 Ed. (1146)
Hamlin Roofing Co.
2008 Ed. (1324)
Hamline University
2008 Ed. (1085)
2006 Ed. (3719)
2001 Ed. (3061)
2000 Ed. (2904)
Hamlyn; Lord
2005 Ed. (3868)
Hamm; Mia
2005 Ed. (266)
Hammel, Green & Abrahamson
2007 Ed. (2409)
2006 Ed. (285)
2004 Ed. (2348, 2371)
Hammer
1994 Ed. (1101)
Hammer & Soehne GMBH & Co.; J. E.
1995 Ed. (2506)
1994 Ed. (2438)
Hammer; Armand
1992 Ed. (2055)
Hammer Packaging
2008 Ed. (1982, 3573, 4036)
2007 Ed. (4010)
Hammer Press Printers
2008 Ed. (4973)
Hammer; Vickilyn
1990 Ed. (850)
Hammergren; John
2007 Ed. (983)
Hammerhead Networks
2004 Ed. (4829)
Hammerman & Gainer Inc.
2008 Ed. (3712, 4398)
2006 Ed. (3516)
Hammerman; Stephen
1997 Ed. (2611)
Hammermill
1990 Ed. (2766)
Hammeroff/Milenthal/Spence
1995 Ed. (43)
Hammerson
2008 Ed. (4083)
2007 Ed. (4047, 4079, 4092)
2006 Ed. (4015, 4048)
2005 Ed. (3946)
Hammerson Canada
1992 Ed. (3624)
1990 Ed. (2961)
Hammerson Property Investment and Development
1989 Ed. (2288)
Hammes Co.
2008 Ed. (2916)
2006 Ed. (2794, 2797)
2005 Ed. (2814)
2002 Ed. (2456)
2001 Ed. (1399)
1998 Ed. (949)
Hammi Pharmaceutical
2008 Ed. (2079)
Hammond Electronics, Inc.
2002 Ed. (2090)
2001 Ed. (2205, 2207)
Hammond Farrell
1989 Ed. (67)
Hammond Urban Enterprise Association
1996 Ed. (2239, 2240)
Hammonds; B. L.
2005 Ed. (2477)
Hammonds Homes
2005 Ed. (1181)
2001 Ed. (1387)
Hammons Hotels; John Q.
1997 Ed. (2275, 2276, 2277)
1995 Ed. (2149)
1992 Ed. (2465, 2466, 2469)
Hammons; John Q.
1994 Ed. (2094)
1993 Ed. (2078, 2079)
1990 Ed. (2060)
Hammontree; Jack
1991 Ed. (3211)
Hamm's NA
2001 Ed. (684)
1994 Ed. (679)
Hamni Bank
1994 Ed. (3332)
Hamon; Nancy
1994 Ed. (890)
Hampden County, MA
1995 Ed. (2483)
1994 Ed. (2407)
Hampton Bay
2005 Ed. (3289)
2001 Ed. (287, 288)
Hampton Coliseum
1989 Ed. (988)
Hampton Farms
2008 Ed. (3802)
Hampton Industries
1992 Ed. (4281)
1991 Ed. (3360)
1990 Ed. (1067)
Hampton Inn
2006 Ed. (2938)
Hampton Inn/Hampton Inn & Suites
2008 Ed. (3078)
2007 Ed. (2953)
2006 Ed. (2942)
2005 Ed. (2939)
2004 Ed. (2942)
Hampton Inn/Hotels
1990 Ed. (2077)
Hampton Inn/Inn & Suites
2008 Ed. (3079)
2007 Ed. (2954)
2006 Ed. (2943)
2002 Ed. (2644)
Hampton Inns
2008 Ed. (3075)
2007 Ed. (2950)
2005 Ed. (2934)
2004 Ed. (2941)
2003 Ed. (2849, 2852)
1999 Ed. (2513, 2776, 2784)
1998 Ed. (2016, 2023, 2027)
1997 Ed. (2292, 2298, 2299, 2302)
1996 Ed. (2178, 2183)
1995 Ed. (2164, 2165)
1994 Ed. (2111, 2112, 2115)
1993 Ed. (2085, 2095, 2096)
1992 Ed. (2476, 2491, 2492, 2494, 2495)
1991 Ed. (1943, 1951, 1954)
1990 Ed. (2086, 2088)
Hampton Inns/Inn & Suites
2000 Ed. (2562)
Hampton Inns/Inns & Suites
2005 Ed. (2935)
Hampton; Philip M.
1989 Ed. (417)
Hampton Roads, NC
1996 Ed. (3056)
Hampton Roads/Norfolk, VA
1995 Ed. (2957)
Hampton Roads, VA
2003 Ed. (3902, 3905, 3908, 3911, 3912, 3913)
2000 Ed. (3574, 3575)
1994 Ed. (2897)
1992 Ed. (1396, 3494, 3495, 3496, 3497, 3498)
1991 Ed. (2756)
Hampton Suites
2000 Ed. (2556)
Hampton University
2008 Ed. (181)
2000 Ed. (744)
Hamptons Estate Agents
2002 Ed. (51)
Hams
2005 Ed. (3417)
2004 Ed. (3404)
2003 Ed. (3334)
2001 Ed. (3242)
Han Corp.
1995 Ed. (998, 3392)
Han II Bank
1991 Ed. (2272, 2273)
Han Joo Electronics Co.
1997 Ed. (1358)
Han-Padron Associates LLP
2004 Ed. (2355)
Han Shin Securities
1995 Ed. (3278)
Hana Bank
2007 Ed. (553)
2006 Ed. (524, 2016)
2005 Ed. (610)
2004 Ed. (512, 620)
2003 Ed. (611)
2002 Ed. (516, 517, 600, 601, 602, 603, 2824, 3193)
1994 Ed. (1846)
Hana Financial Group
2008 Ed. (505)
Hana Microelectronics
2007 Ed. (2018)
2005 Ed. (1270)
Hana Securities Co.
2001 Ed. (1035)
Hanaford Brothers
1991 Ed. (3229)
Hanaro Telecom
2006 Ed. (4537)
2002 Ed. (4435)
Hanasapank
2002 Ed. (4438)
Hanbury; James
1994 Ed. (1780)
Hancock Accommodator 2000 Global; John
1994 Ed. (3613)
Hancock Agricultural
2000 Ed. (2826)
Hancock Bank
1998 Ed. (399)
1997 Ed. (561)
1996 Ed. (607)
1995 Ed. (549)
Hancock Communities
2002 Ed. (1205)
Hancock Fabrics, Inc.
2001 Ed. (1943)
1998 Ed. (1531)
Hancock Financial; John
1994 Ed. (2318)
1990 Ed. (2324, 2325, 2329)
Hancock Financial Services; John
1997 Ed. (2540)
1994 Ed. (2303, 2306)
1992 Ed. (2769, 2774)
1991 Ed. (2246)
1990 Ed. (2354)
Hancock Fr. Global Rx; J.
1995 Ed. (2722)
Hancock Freedom Regular Bank B; John
1994 Ed. (2613)
Hancock Global Technology A; J.
1997 Ed. (2877)
Hancock Healthplan of Pa. Inc.; John
1990 Ed. (2000)
Hancock High-Yield Bond A
1999 Ed. (3535)
Hancock Holding Co.
2008 Ed. (372)
1999 Ed. (1455)
Hancock Homes
1998 Ed. (915)
Hancock Information Group, Inc.
2003 Ed. (2714)
2002 Ed. (2489)
Hancock; John
1994 Ed. (2294, 2298, 3160)
1993 Ed. (2011, 2258, 2281, 2284, 2286, 2308, 2922)
1992 Ed. (2370, 2729, 2732, 2734, 2736, 2748, 3549)
1990 Ed. (1799)
Hancock Mutual; John
1990 Ed. (2243)
Hancock Mutual Life Insurance; John
1996 Ed. (1418, 1974, 2070, 2305, 2306, 2307, 2312, 2314, 2315, 2316, 2317, 2320, 2323, 2324, 2328, 2376, 2387)
1991 Ed. (244, 1721, 2095, 2099, 2104, 2109)
Hancock Mutual Life; John
1997 Ed. (2509, 2517, 3412)
1995 Ed. (223, 2292, 2294, 2301, 2306, 2314, 2374, 3349)
1994 Ed. (224, 2249, 2251, 2255, 2256, 2261, 2262, 2266, 3268)
1993 Ed. (2205, 2206, 2207, 2208, 2210, 2212, 2213, 2215, 2217, 2218, 2220, 2221, 2222, 2287, 3278, 3653, 3654)
1992 Ed. (338, 2385, 2660, 2661, 2663, 2666, 2674, 2675, 4381, 4382)
1991 Ed. (246, 2112, 2113, 2207, 2210, 2212, 2214)
1990 Ed. (2231, 2239, 2240)
Hancock Real Estate
2008 Ed. (3762)
Hancock Regional Bank; John
1994 Ed. (2624, 2629)
Hancock Sovereign Inv.; John
1994 Ed. (2635)
Hancock Special Equities; John
1994 Ed. (2602, 2637)
1993 Ed. (2669, 2679)
Hancock Technology
2007 Ed. (3680)
Hancock Venture Partners
1991 Ed. (3442)
Hand & body cream/lotions
1991 Ed. (1456)
Hand & body lotion
1998 Ed. (2809)
Hand and body lotions
2001 Ed. (3712)
2000 Ed. (4149)
Hand/body cream
1990 Ed. (1956)
Hand cleaner, heavy duty
2004 Ed. (660)
Hand cleaners & sanitizers
2002 Ed. (670)
Hand cream
2002 Ed. (4285)
Hand Held Products
2008 Ed. (1123)
2007 Ed. (1220)
2006 Ed. (1115)
Hand; Louis
1997 Ed. (2317)
Hand paintings
1992 Ed. (2076)
Hand/power tools
1993 Ed. (779)
Hand sanitizers
2004 Ed. (660)
Handango
2002 Ed. (4815)
Handbags
1998 Ed. (1325)
H&C Leo Burnett
1990 Ed. (124)
Handel AB; K. F.
1993 Ed. (3696)
Handel; Nancy
2007 Ed. (1081)
Handels-Krediet-en Industriebank NV
2000 Ed. (668)
1999 Ed. (642)
1997 Ed. (620)
1996 Ed. (686)
1995 Ed. (612)
1994 Ed. (639)
1993 Ed. (636)
1992 Ed. (840)
1991 Ed. (667)
1989 Ed. (682)
Handelsbank
1990 Ed. (1690, 3457)
Handelsbank Kjobenhavns
1991 Ed. (3231)
Handelsbank NatWest
1991 Ed. (1597)
Handelsbanken
1992 Ed. (1445)
1991 Ed. (1105, 1106)

Handelsges Heinrich Heine GMBH
2000 Ed. (4243)
Handheld electronic devices
1996 Ed. (2104)
Handi-Lift
2008 Ed. (1275)
H&K Inc. & Stephieco Inc.
2000 Ed. (4054)
Handle with Care Packaging Store
1990 Ed. (1851)
Handleman Co.
2006 Ed. (4150, 4156)
2005 Ed. (2212, 4098, 4103, 4903, 4904)
2004 Ed. (2108, 2417, 4162, 4181, 4912, 4913)
2003 Ed. (2336)
1999 Ed. (1278, 3444)
1998 Ed. (841, 2533, 3360, 3371)
1997 Ed. (2818)
1996 Ed. (2688)
1995 Ed. (2613)
1994 Ed. (2561)
1993 Ed. (2598, 3240)
1992 Ed. (3109, 3937)
1991 Ed. (3102)
1990 Ed. (262, 3261)
1989 Ed. (2477)
Handleman; David
1993 Ed. (939)
1991 Ed. (927)
1990 Ed. (974)
Handlers, equipment cleaners, helpers, laborers, & extractive workers
1998 Ed. (1326, 2694)
Handlowy
2006 Ed. (4889)
2002 Ed. (4780)
2000 Ed. (4370, 4371)
Handlowy w Warszawie; Bank
2008 Ed. (413, 493)
2007 Ed. (444, 542)
2006 Ed. (440, 514)
2005 Ed. (498, 598)
H&M Food Systems
2000 Ed. (3057, 3058, 3583, 3584)
Handmade in America
2004 Ed. (929)
Handouts
2004 Ed. (1912)
Handover Inn at Dartmouth
2002 Ed. (2636)
Hands; Guy & Julia
2005 Ed. (4889)
Handsome
2007 Ed. (1982)
Handson PLC
1996 Ed. (213)
Handspring
2003 Ed. (3797)
2002 Ed. (3729)
Handy; Alice W.
1991 Ed. (3210)
Handy & Harman
1997 Ed. (2948)
1996 Ed. (2852)
1995 Ed. (2774)
1991 Ed. (2612)
1990 Ed. (2716)
1989 Ed. (2069)
Handy Andy
1995 Ed. (846)
Handy Andy Lumber
1997 Ed. (831)
1994 Ed. (793)
Handy Andy Supermarkets
1995 Ed. (2106)
1994 Ed. (2050, 2051, 2053)
1993 Ed. (2037, 2038)
1992 Ed. (2400, 2401)
1991 Ed. (1905, 1906)
1990 Ed. (2007, 2008)
Handy Associates
1991 Ed. (1616)
Handy Hardware Wholesale Inc.
1992 Ed. (2374)
Handy HRM Corp.
1995 Ed. (1724)
Handy HRM Group
1994 Ed. (1711)
Handy Solutions Pepto Bismol
2003 Ed. (3782)
Handy Store Fixtures Inc.
1996 Ed. (3600)
Handyman Connection
2007 Ed. (2251)
2006 Ed. (2320, 2956)
2003 Ed. (2121)
2002 Ed. (2057)
Handyman Matters
2008 Ed. (173)
Handyman Matters Franchise Inc.
2007 Ed. (905, 2251)
2006 Ed. (2320)
Haneda
1995 Ed. (195, 199)
1994 Ed. (194)
1992 Ed. (311)
Haneda Airport
1998 Ed. (146)
1996 Ed. (196)
Hanes
2008 Ed. (982, 983, 984, 985, 991, 3447)
2007 Ed. (1100, 1101, 1103, 1104, 1112, 3351)
2006 Ed. (1015, 1016, 1017, 1023, 3284)
2005 Ed. (1017)
2002 Ed. (1082)
2001 Ed. (1276)
2000 Ed. (1112, 1114, 1116, 1122)
1999 Ed. (1191, 1192, 1193, 1194, 1195, 1196, 1203)
1998 Ed. (760, 761, 763, 764, 765, 766, 774)
1997 Ed. (1020, 1021, 1023, 1024, 1026, 1027, 1039)
1996 Ed. (1001, 1002, 1004, 1005, 1019)
1995 Ed. (1022, 1023, 1034, 1035)
1994 Ed. (1010, 1011, 1012, 1013, 1014, 1026, 1027)
1993 Ed. (983, 984, 985, 986, 987, 994, 995)
1992 Ed. (1208, 1209, 1210, 2445)
1991 Ed. (2649)
Hanes Her Way
1997 Ed. (1824)
Hanes Silk Reflections
1992 Ed. (2445)
Hanes Too
1992 Ed. (2445)
Hanesbrands
2008 Ed. (991, 4669, 4670)
hanes.com
2001 Ed. (2975, 2983)
Haney (Transamerica Corp.); James R.
1991 Ed. (2156)
Hanfeng Evergreen
2007 Ed. (1623)
Hanford, CA
2008 Ed. (1052, 3467)
2007 Ed. (1159, 3369)
Hanford Paper Co.
2007 Ed. (1862)
Hang Lung Bank
1989 Ed. (553)
Hang Seng
2008 Ed. (4501)
Hang Seng Bank
2006 Ed. (1752, 2896)
2003 Ed. (1690)
2002 Ed. (1580, 1665, 4421, 4422)
2001 Ed. (1724, 1725)
2000 Ed. (463, 547, 1447, 1449, 2493, 2494)
1999 Ed. (470, 535, 1566, 1567, 1571, 1573, 1576, 1577, 1647, 1649, 2715, 2716)
1997 Ed. (1424, 1426, 2247, 2248)
1996 Ed. (529, 555, 1371, 1373, 1374, 1375, 2136, 2137, 2141, 2143)
1995 Ed. (485, 1410, 1412, 1413, 2128, 2130, 3514)
1994 Ed. (501, 1385, 1402, 2077, 2078)
1993 Ed. (498, 1329, 1330, 2060)
1992 Ed. (696, 1635, 2438, 2444)
1991 Ed. (1302, 1930)
1990 Ed. (588)
Hang Seng China Enterprises
2008 Ed. (4502)
Hang Seng Finance
1990 Ed. (2314)
1989 Ed. (1779)
Hang Seng Investment Management
2001 Ed. (2882)
Hanger One
1995 Ed. (193)
Hanger Orthopedic Group Inc.
2008 Ed. (2912)
2007 Ed. (2786)
2006 Ed. (2785)
1993 Ed. (1191)
Hangers
2003 Ed. (893, 2118)
2002 Ed. (2054)
Hangers Cleaners Inc.
2005 Ed. (2258)
Hangzhou
2001 Ed. (3856)
Hangzhou, China
2007 Ed. (1098)
2006 Ed. (1012)
Hangzhou Steam Turbine
2007 Ed. (1589)
Hangzhou Wahaha Group Co.
2005 Ed. (29)
Haniel & Cie. GmbH; Franz
1995 Ed. (3731)
1994 Ed. (3661)
1993 Ed. (3696)
Haniel Family
1995 Ed. (664)
1993 Ed. (698)
Hanifen Imhoff Inc.
2001 Ed. (867, 960)
Hanil Bank
2000 Ed. (529, 581)
1999 Ed. (519, 546, 569, 2890)
1998 Ed. (350)
1997 Ed. (466, 517, 534)
1996 Ed. (578)
1995 Ed. (523)
1994 Ed. (548, 2345)
1993 Ed. (426, 548, 2383, 2384)
1992 Ed. (605, 750, 751, 1665, 2821, 2822)
1991 Ed. (584)
1990 Ed. (620)
1989 Ed. (596)
Hanjay Mandala Sampoerna
1993 Ed. (2156)
Hanjaya Mandala Sampoerna
2006 Ed. (1770)
2000 Ed. (1465)
1999 Ed. (1656)
1997 Ed. (1431)
Hanjin
2004 Ed. (1231)
2003 Ed. (1228, 2425, 2426)
2002 Ed. (4268, 4270, 4271)
1999 Ed. (1889)
1993 Ed. (977)
1992 Ed. (1661, 3951)
1990 Ed. (1534)
Hanjin Engineering & Construction Co. Ltd.
1999 Ed. (1408)
Hanjin Shipping
2004 Ed. (2557, 2558, 2559, 2560)
2001 Ed. (1777)
2000 Ed. (230)
1999 Ed. (207, 4299, 4301)
1998 Ed. (931, 3293)
1997 Ed. (1147)
1993 Ed. (3298)
Hanjin Shipping Company
2000 Ed. (4013)
Hank Aaron Automotive Group
2007 Ed. (189)
2005 Ed. (169)
Hank B. Swartout
2008 Ed. (2637)
2007 Ed. (2507)
Hank Greenberg
2006 Ed. (689)
2005 Ed. (788)
2004 Ed. (2486)
Hank Hermann
2008 Ed. (958)
Hank Meyer Associates
1992 Ed. (3579)
Hank Williams Jr.
1999 Ed. (1294)
1997 Ed. (1113)
1993 Ed. (1079)
1991 Ed. (844)
Hank Williams Jr. & Bama Band
1990 Ed. (1143)
Hank Williams Jr. & The Bama Band
1992 Ed. (1351)
Hank Williams Jr. & The Bama Band, Tanya Tucker
1991 Ed. (1040)
Hankins; Anthony P.
2008 Ed. (2630)
Hankla; James
1995 Ed. (2668)
1993 Ed. (2638)
1992 Ed. (3136)
1991 Ed. (2546)
Hankla; James C.
1990 Ed. (2657)
Hankook
2008 Ed. (4680)
2006 Ed. (4742, 4747, 4748)
2001 Ed. (4542)
1997 Ed. (3751)
Hankook Steel
1999 Ed. (4167)
Hankook Tire Co.
2008 Ed. (4678)
2007 Ed. (876, 2261, 3973, 4756)
2006 Ed. (4749)
Hankook Tire America Corp.
2008 Ed. (4681)
2007 Ed. (4758)
Hanks; Tom
2008 Ed. (2579)
2005 Ed. (2443, 2444)
Hankuk
1995 Ed. (2313)
Hankuk Paper Manufacturing
2001 Ed. (1777)
Hankyu
2007 Ed. (4836)
Hankyu Department Stores
2005 Ed. (4128)
Hanley; Thomas
1997 Ed. (1853, 1854)
1996 Ed. (1778, 1779)
1995 Ed. (1798, 1804, 1805)
1994 Ed. (1762, 1763, 1833, 1834)
1993 Ed. (1774, 1779)
1992 Ed. (2138)
1991 Ed. (1673)
1989 Ed. (1418)
Hanmi Bank
2002 Ed. (3552, 3554, 3555, 3556, 3557, 4296)
2000 Ed. (4056)
1996 Ed. (3459)
1995 Ed. (3394)
Hanmi Financial Corp.
2003 Ed. (516, 518)
Hanna-Barbera
1995 Ed. (3401)
Hanna Insurance (Vermont) Ltd.
1995 Ed. (909)
1994 Ed. (867)
1993 Ed. (853)
1991 Ed. (856)
1990 Ed. (907)
Hanna; M. A.
1997 Ed. (972, 3361, 3362)
1996 Ed. (3262, 3263)
1995 Ed. (972, 3167, 3168, 1308, 3524, 3527)
1994 Ed. (1261, 3117, 3118)
1993 Ed. (3054, 3055)
1992 Ed. (3745)
Hannaford Bros. Co.
2008 Ed. (1896, 1897)
2007 Ed. (1862, 1863, 2897, 4622)
2006 Ed. (1858, 1859)
2005 Ed. (1851, 1852)
2004 Ed. (1785, 1786, 4638)
2003 Ed. (1749, 1750)
2001 Ed. (1782, 1783, 4416, 4420, 4421)
2000 Ed. (1509)
1999 Ed. (1699, 4515)
1998 Ed. (1173, 3443, 3444, 3452, 3453)

1997 Ed. (1473, 3660, 3667, 3673, 3674, 3675)
1996 Ed. (1278, 1414, 3606, 3613)
1994 Ed. (3459, 3461)
1993 Ed. (3486)
1992 Ed. (490, 4163, 4164)
1991 Ed. (3113, 3252, 3254)
1989 Ed. (2778)
Hannaford Brothers
2004 Ed. (4643)
2001 Ed. (4419)
1990 Ed. (3494)
Hannan; Brian
1997 Ed. (980)
Hannes & Co.; J.J.
1992 Ed. (2166)
Hannibal
2003 Ed. (720, 3453, 3454)
2001 Ed. (984)
Hannibal Rising
2008 Ed. (552)
Hanniel & CIE Gmbh; Franz
1996 Ed. (3829)
Hannity; Sean
2007 Ed. (4061)
Hannoch Weisman
1997 Ed. (2599)
1995 Ed. (2419)
1994 Ed. (2354)
1993 Ed. (2401)
1992 Ed. (2843)
1991 Ed. (2289)
1990 Ed. (2423)
Hannoch Weisman, Roseland
1989 Ed. (1884)
Hannock Weisman
1998 Ed. (2331)
Hannoush Jewelers
2005 Ed. (902)
Hannover/Eisen & Stahl Reinsurance Co.
1997 Ed. (3293)
1995 Ed. (3088)
1993 Ed. (2994)
Hannover/Elsen & Stahl Reinsurance Co.
1994 Ed. (3042)
Hannover Life Re
2002 Ed. (1589)
Hannover Re
2001 Ed. (2956, 2957, 2961)
Hannover Reinsurance Corp.
2008 Ed. (3332)
2007 Ed. (3187, 3188)
2006 Ed. (3150, 3151, 3154)
2005 Ed. (3150, 3153, 3154)
2004 Ed. (3142, 3143, 3144)
Hannover Reinsurance Eisen & Stahl Reinsurance Group
1996 Ed. (3188)
Hannover Reinsurance/Eisen und Stahl
1992 Ed. (3660)
Hannover Reinsurance Group
2002 Ed. (2972, 2973, 2974)
2000 Ed. (3749)
1999 Ed. (4034, 4035, 4036, 4037)
Hannover Reinsurance Group 2
2000 Ed. (3752)
Hannover Ruck
1991 Ed. (2132)
Hannover Ruckversicherungs AG (Hannover Re)
2001 Ed. (4038, 4038, 4040)
Hano Document Printers
2000 Ed. (913)
The Hanor Co.
2006 Ed. (3938)
2005 Ed. (3875)
2004 Ed. (3927)
Hanover
1997 Ed. (3782)
1995 Ed. (2268)
Hanover Compressor Co.
2005 Ed. (3353)
2004 Ed. (3327, 3328)
Hanover Direct Inc.
2005 Ed. (877, 878, 879)
2004 Ed. (891, 892, 893)
2003 Ed. (869)
2002 Ed. (307)
2000 Ed. (290)
1999 Ed. (4313)
1998 Ed. (162, 3303)
1997 Ed. (3518)
1996 Ed. (885, 886, 3432)
1994 Ed. (873, 1927)
Hanover Fairgrounds
1992 Ed. (1443)
Hanover Foods Corp.
2002 Ed. (3558)
2001 Ed. (2477)
Hanover Gold
2000 Ed. (2338)
Hanover House
1991 Ed. (869)
1990 Ed. (2114)
Hanover Inn
2000 Ed. (2541)
1990 Ed. (2066)
Hanover Inn at Dartmouth
2005 Ed. (2930)
Hanover Inn At Dartmouth College
1999 Ed. (2763)
1998 Ed. (2008)
1997 Ed. (221, 2287)
1996 Ed. (2173)
1995 Ed. (2160)
1993 Ed. (2092)
1992 Ed. (2484)
1991 Ed. (1949)
Hanover Insurance Co.
2001 Ed. (4032)
1996 Ed. (2267)
1992 Ed. (2683)
1991 Ed. (1722, 2127, 2128)
1990 Ed. (1792, 2253, 2254)
1989 Ed. (1732, 1733)
The Hanover Insurance Group Inc.
2007 Ed. (1554)
Hanover, NH
2004 Ed. (2986)
2002 Ed. (1057, 1060)
2000 Ed. (1066, 2610)
1999 Ed. (1152, 2829)
1994 Ed. (2165)
Hanover: NY Tax-Free Money Market
1993 Ed. (2686)
Hanover Reinsurance Group
1998 Ed. (3040)
Hans Adam II
2005 Ed. (4880)
2004 Ed. (4878)
Hans-Adam II von und zu Liechtenstein; Prince
2007 Ed. (2703)
Hans and Gad Rausing
1993 Ed. (698)
1991 Ed. (709)
Hans Brindfors
1989 Ed. (164)
Hans-Dieter Klein
2000 Ed. (2113)
1999 Ed. (2327)
Hans Eggerstedt
2000 Ed. (1052)
Hans G. Storr
1997 Ed. (979)
Hans Hagen Homes
2002 Ed. (1200)
Hans Kaufman
2000 Ed. (2189)
1999 Ed. (2429)
Hans-Peter Ast
1999 Ed. (2429)
Hans Rausing
2008 Ed. (4873)
2007 Ed. (4923)
2005 Ed. (926, 4897)
2004 Ed. (4877)
2003 Ed. (4892)
1997 Ed. (673)
1994 Ed. (708)
1992 Ed. (888)
Hans W. Becherer
1997 Ed. (1803)
Hansabank
2008 Ed. (407, 413)
2007 Ed. (437, 444)
2000 Ed. (519)
1999 Ed. (508)
1997 Ed. (457)
Hansabank Group
2006 Ed. (436)
Hansabank-Latvija
2002 Ed. (527)
Hansabanka Group
2008 Ed. (468)
Hansapank
2006 Ed. (434, 435, 440, 4501)
2005 Ed. (491)
2003 Ed. (486)
2002 Ed. (527, 555, 4412, 4413)
2001 Ed. (606)
1999 Ed. (507)
1996 Ed. (494)
Hansapank A/S
2005 Ed. (3239)
Hansberger Global Small Cap
2001 Ed. (3489, 3490)
Hansberger Global Small Cap Sector
2001 Ed. (3489, 3490)
Hansberger Value Sector
2001 Ed. (3489, 3490)
Hanseatic Corp. (S&P 500)
1995 Ed. (1079)
Hansell & Post
1991 Ed. (2279)
1990 Ed. (2413)
Hansen
2001 Ed. (3516)
Hansen, Barnett & Maxwell
2002 Ed. (15)
Hansen Lind Meyer Inc.
1997 Ed. (260)
1996 Ed. (229)
1995 Ed. (233, 236, 1681)
1994 Ed. (231, 234, 1642)
1993 Ed. (241, 245, 1609)
1992 Ed. (351, 354, 1954)
1991 Ed. (251)
1990 Ed. (277)
1989 Ed. (266)
Hansen Natural Corp.
2008 Ed. (2852, 4352)
2007 Ed. (2718, 2735, 4395, 4533, 4571, 4587)
2000 Ed. (724, 725, 731, 733)
1999 Ed. (714, 717, 723)
1997 Ed. (663, 667, 671)
1996 Ed. (730, 731, 734, 735, 738, 739)
Hansen; Neal C.
2006 Ed. (1097, 1098)
2005 Ed. (1103)
Hansen-Rice Inc.
2008 Ed. (1294)
2006 Ed. (1171, 1172)
2005 Ed. (1175)
Hansen; Sally
1994 Ed. (1472)
1992 Ed. (1709, 1710)
Hansen; Terrance
1990 Ed. (2482)
Hansen Inc.; William M. Mercer Meidinger
1990 Ed. (1651)
Hansen Yuncken
2004 Ed. (1154)
2002 Ed. (3773)
Hansens
2005 Ed. (4447)
1998 Ed. (1777)
Hansen's Energy
2007 Ed. (4510)
2006 Ed. (4453)
Hansen's Lost Energy
2007 Ed. (4510)
Hansford County, TX
1997 Ed. (1681)
Hansford Pontiac-GMC
1991 Ed. (291)
Hanshin Securities
1996 Ed. (3390)
1994 Ed. (3192)
HANSOFT
2002 Ed. (4435)
Hansol Paper Manufacturing
2001 Ed. (1777)
Hanson
2007 Ed. (1313)
2006 Ed. (1205)
2005 Ed. (780)
2000 Ed. (4129)
1999 Ed. (278, 954, 1640, 1641, 3263, 3604, 4612)
1997 Ed. (838, 1420, 1422, 2685, 2686)
1996 Ed. (829, 889, 1354, 2544, 2545, 2546)
1995 Ed. (850, 912, 1403, 1406)
1994 Ed. (199, 1378, 2410, 2411, 2739)
1993 Ed. (232, 783, 1197, 1322, 1325, 2469, 2488, 3583)
1992 Ed. (1486, 1609, 1626, 1629, 2935)
1990 Ed. (1375, 1376, 1533, 3462)
1989 Ed. (2017)
Hanson Aggregates
2005 Ed. (4167, 4525, 4526)
Hanson Aggregates North America
2006 Ed. (4610)
Hanson Australia (Holdings)
2004 Ed. (798)
Hanson Bricks Europe
2001 Ed. (1235)
Hanson Building Materials America
2005 Ed. (4167, 4525, 4526, 4527)
2004 Ed. (4239, 4592, 4594)
2003 Ed. (4217, 4614, 4615)
2002 Ed. (4088, 4510, 4511)
2001 Ed. (1235)
Hanson Building Products North America
2006 Ed. (4610)
Hanson (Cgf) Finance Ltd.
1997 Ed. (1392)
Hanson Holdings Inc.
2007 Ed. (3512)
Hanson Industri Utama Tbk
2002 Ed. (3032)
Hanson Industries
1997 Ed. (2793)
1994 Ed. (1429, 2524, 2525)
1993 Ed. (1264, 2575, 2576)
1992 Ed. (1111)
1990 Ed. (3274)
Hanson Industries NA
1995 Ed. (1466, 2581, 2582)
1992 Ed. (3082)
1991 Ed. (904, 907)
1990 Ed. (943, 945)
Hanson; John Nils
2007 Ed. (960)
Hanson Lumber
1994 Ed. (799)
Hanson North America
2001 Ed. (2503)
Hanson Plc
1998 Ed. (162)
1997 Ed. (1419, 2938, 3759)
1996 Ed. (1370, 2838, 3703)
1995 Ed. (1220, 1258, 1422)
1992 Ed. (2809, 3740)
1991 Ed. (1147, 1168, 1296, 1297, 1298, 1299, 2264, 2355, 2380, 2897)
1990 Ed. (2404, 2511)
Hanson plc North America
2008 Ed. (4545)
2007 Ed. (4594)
Hanson Professional Services Inc.
2006 Ed. (2454)
Hanson Tobacco
1997 Ed. (1392)
1994 Ed. (3544)
Hanson Trust
1996 Ed. (1369)
1995 Ed. (1408)
1994 Ed. (1382)
1993 Ed. (1326)
1992 Ed. (1631)
Hanson Trust PLC
1990 Ed. (1256)
1989 Ed. (32)
Hanson Window & Siding
2008 Ed. (3003)
Hansons Window & Siding Co., Inc.
2005 Ed. (2959)
Hanvit Bank
2003 Ed. (533, 534, 535, 611)
2002 Ed. (575, 600, 602, 603, 1921)
2001 Ed. (629, 2886)
Hanvit Securities
2001 Ed. (1035)
Hanwa Co. Ltd.
1997 Ed. (1359)

1993 Ed. (3263)
1990 Ed. (3050)
Hanway; H. Edward
2008 Ed. (950)
2007 Ed. (1028)
Hanwha
2006 Ed. (1773, 2015)
1999 Ed. (1889)
Hanwha Chemical Corp.
2008 Ed. (925, 1836, 1837, 1838, 1839, 1840, 1841, 1842, 1843, 2080, 2081)
2007 Ed. (948, 1804, 1983, 1984, 4802)
2002 Ed. (1003)
Hanwha Securities Co.
2001 Ed. (1035)
Hanya Plastics
2006 Ed. (4655)
HAP
1999 Ed. (2649, 2650)
Hapag-Lloyd
2004 Ed. (2557, 2559)
2003 Ed. (2425)
1997 Ed. (3792)
1992 Ed. (3949, 3950, 3947, 3948)
Hapag-Lloyd AG
2004 Ed. (4799)
2002 Ed. (4673)
2001 Ed. (319, 4620, 4624)
Hapag-Lloyd Container Linie GmbH
2004 Ed. (4799)
2002 Ed. (4673)
2001 Ed. (4624)
Hapoalim; Bank
2008 Ed. (451, 1860)
2007 Ed. (486, 522, 1825)
2006 Ed. (56, 473)
2005 Ed. (549, 580)
Happiness Express
1996 Ed. (2054, 2059, 2061, 3443, 3444, 3449, 3451)
Happy
2008 Ed. (2120, 2125, 2127, 2129, 2130, 2131, 2132, 2134)
2003 Ed. (2552)
2001 Ed. (2528, 3705)
Happy & Healthy Products Inc.
2008 Ed. (4231)
2007 Ed. (4195)
2006 Ed. (3233)
2004 Ed. (3220)
2003 Ed. (3164)
2002 Ed. (2316)
Happy Cat
2002 Ed. (3653)
1999 Ed. (3787)
1997 Ed. (3077)
1996 Ed. (2998)
1994 Ed. (2827, 2836)
1993 Ed. (2822)
1992 Ed. (3415)
1990 Ed. (2816)
1989 Ed. (2200)
Happy; Clinique
2008 Ed. (2769)
Happy Feet
2008 Ed. (3756)
Happy Gilmore
1998 Ed. (3675)
Happy Harry's
2002 Ed. (2030, 2035)
1999 Ed. (1929)
Happy Joe's
2005 Ed. (2566)
2004 Ed. (2586)
2003 Ed. (2457)
2002 Ed. (2251)
Happy Valley
2007 Ed. (272)
Hapy Mayer
2006 Ed. (2514)
Haque; Promod
2006 Ed. (4879)
2005 Ed. (4817)
Har-Bro Inc.
2008 Ed. (742, 743, 3096)
2007 Ed. (2971)
2006 Ed. (2955)
2005 Ed. (2959)
Harad; George
2006 Ed. (2523)
Harald A. Moeller
2007 Ed. (62)
2006 Ed. (71)
2005 Ed. (64)
2004 Ed. (69)
Harare
2000 Ed. (3376)
Harari; Eli
2007 Ed. (2502)
Harbert Construction Co.
1994 Ed. (1138)
Harbert International Construction; Bill
1996 Ed. (1162, 1166)
1995 Ed. (1184)
Harbert International LLC; B. L.
2006 Ed. (1342)
Harbinger
2001 Ed. (2348)
Harbinger Futures
1993 Ed. (1041)
The Harbor Bank of Maryland
2008 Ed. (373)
2007 Ed. (391)
2006 Ed. (407)
2005 Ed. (454)
2004 Ed. (442)
2003 Ed. (455)
2002 Ed. (713)
2000 Ed. (471)
1999 Ed. (479)
1998 Ed. (339)
Harbor Bond
2006 Ed. (3684)
2005 Ed. (701)
2004 Ed. (722, 3657)
2003 Ed. (691)
2000 Ed. (757, 3253)
1999 Ed. (745, 3537)
1997 Ed. (2887)
1993 Ed. (2675)
1992 Ed. (3154)
Harbor Bond Institutional
2008 Ed. (595)
2007 Ed. (646)
2006 Ed. (627)
2004 Ed. (692)
Harbor Branch Oceanographic Institution
1999 Ed. (2502)
1998 Ed. (1756)
Harbor Capital
1997 Ed. (2525, 2533)
1996 Ed. (2407)
1995 Ed. (2367)
Harbor Capital Advisors
1993 Ed. (2334)
Harbor Capital Appreciated
1997 Ed. (2865)
Harbor Capital Management
1998 Ed. (2270)
Harbor Construction Co. Inc.
1999 Ed. (4810)
Harbor Court Hotel, Baltimore
1990 Ed. (2080)
Harbor Federal Savings Bank
2002 Ed. (4622)
2000 Ed. (4249)
1999 Ed. (4599)
1998 Ed. (3540)
Harbor Freight
1999 Ed. (1849)
Harbor Freight Tools
1998 Ed. (1274)
Harbor FSB
2007 Ed. (4244)
2006 Ed. (4230)
2005 Ed. (4178)
Harbor Fund International
2001 Ed. (3444)
Harbor Funds
2001 Ed. (3455)
Harbor Industries
2008 Ed. (4546)
2007 Ed. (4595)
2005 Ed. (4528)
2002 Ed. (4514, 4514)
1996 Ed. (3600)
Harbor International
2004 Ed. (3642, 4573)
1999 Ed. (3517)
1998 Ed. (2612)
1997 Ed. (2875)
1996 Ed. (2754, 2775)
1995 Ed. (2693, 2699, 2714)
1994 Ed. (2638)
1993 Ed. (2692)
Harbor International Fund
2004 Ed. (3638)
2003 Ed. (2363)
Harbor International Growth
2004 Ed. (3650, 3651)
2002 Ed. (2163)
2000 Ed. (3237)
1998 Ed. (2612)
Harbor International Institutional
2006 Ed. (3674, 3676)
Harbor International Investment
2008 Ed. (4506, 4507)
2006 Ed. (4551)
2005 Ed. (3573)
Harbor One Credit Union
2008 Ed. (2238)
Harbor/San Diego
1990 Ed. (3063)
Harbor Short Duration
1996 Ed. (2767)
Harbor Small Cap Value Institutional
2007 Ed. (3673)
Harbor Specialty
2001 Ed. (4035)
Harbor Trust Co.
1990 Ed. (654)
Harbor Value
1999 Ed. (3545)
Harbor Wholesale Grocery
1998 Ed. (977)
harborfreight.com
2001 Ed. (2980)
Harborone Credit Union
2007 Ed. (2123)
2006 Ed. (2202)
Harborside Financial Center, Jersey City
1990 Ed. (1178)
Harborstone Credit Union
2008 Ed. (2266)
2007 Ed. (2151)
2006 Ed. (2230)
2005 Ed. (2135)
2004 Ed. (1993)
2003 Ed. (1953)
2002 Ed. (1899)
Harborview Medical Center
2008 Ed. (2164)
2007 Ed. (2055)
2006 Ed. (2099)
2005 Ed. (2899)
2003 Ed. (2809)
2002 Ed. (2605)
Harbour Contractors Inc.
2006 Ed. (1271)
Harbour Food Service Equipment
1996 Ed. (1956)
Harbour Group Ltd.
2008 Ed. (4056)
2006 Ed. (3992)
2005 Ed. (3918)
Harbour Homes
2005 Ed. (1243)
2004 Ed. (1219)
2003 Ed. (1212)
Harbourer Fund
1996 Ed. (1059)
Harbourton Mortgage Co.
1998 Ed. (2526)
HarbourVest
2002 Ed. (4733)
HarbourVest Partners
2003 Ed. (4844)
HARCO
2008 Ed. (3701, 4375, 4956)
2007 Ed. (3542, 3543, 4404)
2006 Ed. (3505)
Harcon
2007 Ed. (1336)
Harcourt
2006 Ed. (644)
2005 Ed. (730, 732)
Harcourt Brace
1991 Ed. (2783)
1990 Ed. (2273)
1989 Ed. (1743)
Harcourt Brace Jovanovich
1999 Ed. (3650)
1993 Ed. (1194, 1870, 3380, 3391)
1992 Ed. (2168, 3590, 4060, 4072)
1991 Ed. (1730)
1990 Ed. (1583)
1989 Ed. (2269, 2271, 2273, 2274, 2275)
Harcourt Brace Jovanovich (U.S.)
1991 Ed. (723)
Harcourt General Inc.
2005 Ed. (1529)
2002 Ed. (3884)
2001 Ed. (1271, 1272, 1789, 2039, 2040)
2000 Ed. (1513, 1693, 3816)
1999 Ed. (1886, 4105)
1998 Ed. (1319, 2975)
1997 Ed. (1279, 3220, 3348)
1996 Ed. (1273, 3245)
1995 Ed. (3038)
1994 Ed. (1550, 3224, 3227, 3268)
Harcourt/Harvest
2007 Ed. (670)
2005 Ed. (733)
Harcros Chemicals Inc.
2008 Ed. (916)
2004 Ed. (955)
2003 Ed. (948)
2002 Ed. (1006)
1999 Ed. (1094)
Harcros Chemicals INc.
2007 Ed. (938)
Hard as Nails
2001 Ed. (3514, 3515)
Hard Eight
1999 Ed. (4721)
Hard lines stores
1991 Ed. (880)
Hard Rock Cafe
2008 Ed. (4157)
2004 Ed. (4127)
2002 Ed. (4007, 4013, 4032)
2001 Ed. (4066, 4076, 4082, 4084, 4086)
2000 Ed. (3782, 3794, 3799)
1999 Ed. (4064, 4071)
1998 Ed. (3063)
1997 Ed. (3317, 3324, 3334)
1996 Ed. (3231)
1995 Ed. (3139)
1994 Ed. (3089)
Hard Rock Hotel & Casino
2005 Ed. (2936)
Hard spring
2001 Ed. (4783, 4784)
Hard winter
2001 Ed. (4783, 4784)
Hardaway Construction Corp.
2008 Ed. (1327)
HardCore
2006 Ed. (1009)
2005 Ed. (999)
2002 Ed. (3108)
2001 Ed. (3117)
Hardcover, adult
2002 Ed. (748)
Hardcover, children's
2002 Ed. (748)
Hardee's
2008 Ed. (2659, 2665, 2675, 2676)
2007 Ed. (2531, 2537, 2540)
2006 Ed. (2566)
2005 Ed. (2563, 4173, 4175)
2004 Ed. (2582, 2583)
2003 Ed. (2438, 2453, 4221, 4222, 4225)
2002 Ed. (2235, 2238, 2243)
2001 Ed. (2402, 2408, 4080)
2000 Ed. (1911, 1912, 2246, 2414, 3764)
1999 Ed. (2129, 2134, 2507, 2522, 2523, 2633, 4050, 4083)
1998 Ed. (1551, 1764, 1765, 1898, 3050)
1997 Ed. (1832, 2058, 2081, 2172, 2173, 3310)
1996 Ed. (1759, 1965, 2072, 2073, 3210)
1995 Ed. (1781, 1914, 2074, 2075, 2076, 3114)
1994 Ed. (1748, 1885, 1909, 1910, 2022, 2023, 3069)
1993 Ed. (1886, 2012, 3013, 3037)

1992 Ed. (2203, 2205, 2373, 3705)
1991 Ed. (1655, 1658, 1659, 1756, 1769, 1883, 1884, 2867, 2879, 2886, 3319)
1990 Ed. (1749, 1982, 1983, 3024, 3026, 3542)
Hardee's Food Systems Inc.
2006 Ed. (1449)
1992 Ed. (3722)
1990 Ed. (1165)
Hardee's/Roy Rogers
1993 Ed. (1757)
Harden Industries
1995 Ed. (3796)
1994 Ed. (3671)
1993 Ed. (3736)
1992 Ed. (4486)
Harder; Henry U.
1990 Ed. (2282)
Harder Mechanical Contractors Inc.
2008 Ed. (1245, 1342, 4002)
2007 Ed. (1392, 3979)
2006 Ed. (1258, 1347)
2005 Ed. (1288, 1317, 1345, 3861)
2004 Ed. (1238, 1340)
2003 Ed. (1235, 1340)
Hardex Fittings Ltd.
1992 Ed. (1198)
Hardiman, Alexander, Buchanan & Howland
1995 Ed. (673, 2413)
Hardiman; Robert
1995 Ed. (1811)
1994 Ed. (1770)
1993 Ed. (1787)
Hardin & Associates
2002 Ed. (2112)
Hardin Community Credit Union
2003 Ed. (1891)
Hardin Construction Co.
2008 Ed. (1292, 1336)
2006 Ed. (1182, 1343)
Hardin Construction Co. LLC
2004 Ed. (1268)
2002 Ed. (1276)
Hardin County, KY
1996 Ed. (1473, 1474)
Hardin County Savings Bank
1989 Ed. (209)
Hardin-Simmons University
2008 Ed. (768, 784)
1992 Ed. (1098)
Harding Glass
1995 Ed. (2002)
Harding Glass Industries
1994 Ed. (1976)
Harding Lawson Associates 2
1997 Ed. (3132)
Harding Loevner International Equity
1998 Ed. (2634)
Harding; Matthew
1996 Ed. (1717)
Harding; Tonya
1997 Ed. (1725)
Hardinge Inc.
2004 Ed. (3322, 3323)
Hardinge Brothers
1993 Ed. (2480)
Hardis; S. R.
1997 Ed. (979)
HardOCP
2004 Ed. (3163)
Hardware
2003 Ed. (2911, 2912)
2001 Ed. (2812)
1995 Ed. (2209)
1993 Ed. (779)
1992 Ed. (986)
1991 Ed. (805)
1990 Ed. (842)
Hardware & tools
1992 Ed. (4390)
Hardware development manager
2004 Ed. (2274)
Hardware/home centers
1997 Ed. (650)
Hardware Specialty Co. Inc.
2001 Ed. (2204)
1998 Ed. (1405)
Hardware stores
1998 Ed. (2053)
1993 Ed. (675, 955)
1991 Ed. (1978)
1990 Ed. (1017)
Hardware stores/home centers
2001 Ed. (2813)
Hardware Wholesalers
1994 Ed. (3254)
1993 Ed. (3260)
1992 Ed. (2374)
1990 Ed. (1985)
Hardwick
1990 Ed. (3481, 3482)
Hardwick Law Firm
2001 Ed. (857)
Hardwood
2001 Ed. (3178, 3179)
Hardwoods Distribution Income Fund
2008 Ed. (1636)
Hardy Corp.
2008 Ed. (1270)
Hardys
2008 Ed. (247)
2002 Ed. (4975)
2001 Ed. (4911)
Harff; Charles H.
1996 Ed. (1228)
Harford Capital Apprec Y
1999 Ed. (3559)
Harford Director Advisors
1998 Ed. (3652)
Harford PCM Voyager
1998 Ed. (3652)
Hargreaves; John
2008 Ed. (4903)
2007 Ed. (4927)
2005 Ed. (4890)
Haribhakti & Co.
1997 Ed. (10)
Haribo
2008 Ed. (714)
Haribo GmbH & Co.
2008 Ed. (843, 1160)
2007 Ed. (873)
Haribo Gold-Bear
2001 Ed. (1115, 1117, 1118)
Hariri; Ayman
2008 Ed. (4891)
Hariri; Bahaa
2008 Ed. (4875)
Hariri; Fahd
2008 Ed. (4890)
Hariri; Nazek
2008 Ed. (4890)
Hariri; Rafik Al
2005 Ed. (4886)
Hariri; Saad
2008 Ed. (4891)
Harju Elekter
2006 Ed. (4501)
2002 Ed. (4412, 4413)
Harken Energy Corp.
2002 Ed. (307, 2122)
2000 Ed. (283, 288)
1998 Ed. (160)
Harken Oil and Gas
1990 Ed. (3561)
Harkins Builders Inc.
2006 Ed. (1192)
2002 Ed. (1262)
1999 Ed. (1306)
1998 Ed. (872, 873)
1996 Ed. (1096, 1100)
1993 Ed. (1096)
Harlan Bigger Better
2001 Ed. (546)
Harlan County, KY
1998 Ed. (783, 2319)
Harlan Electric Co.
1996 Ed. (1133, 1134)
1995 Ed. (1158, 1159)
1994 Ed. (1140)
1990 Ed. (1202)
1989 Ed. (926)
Harlan, KY
2002 Ed. (1058)
Harland Co.,; John H.
1991 Ed. (1446, 2636, 2766)
Harland Financial Solutions
2005 Ed. (1930)
Harland Co.; John H.
2005 Ed. (3892, 3893)
1997 Ed. (2957, 3170)
1996 Ed. (2862)
1995 Ed. (2806)
1993 Ed. (1506, 2740, 2918)
1992 Ed. (1836, 3536)
1990 Ed. (2736, 2903)
1989 Ed. (2102)
Harland; John M.
1994 Ed. (2692)
Harlekin Spiel-u Unterhaltungsautomaten Betriebs GmbH
2008 Ed. (1216)
Harlem Furniture
1996 Ed. (1983, 1984)
Harlequin
2008 Ed. (626, 628)
2007 Ed. (667, 669)
2006 Ed. (644)
Harley-Davidson Inc.
2008 Ed. (294, 1217, 1532, 2176, 2177, 2355, 2359, 3097, 4756)
2007 Ed. (304, 305, 306, 2068, 2069, 2215, 2219, 3340, 4280, 4570, 4829, 4831)
2006 Ed. (304, 307, 308, 309, 312, 2118, 2120, 2121, 2284, 2291, 2421, 3108, 3579, 3583, 4069, 4576, 4589, 4817, 4819)
2005 Ed. (284, 285, 286, 287, 292, 339, 340, 2017, 2018, 3521, 4504, 4766, 4768)
2004 Ed. (278, 279, 280, 284, 340, 341, 760, 1607, 1891, 1892, 2159, 3520, 4793)
2003 Ed. (313, 333, 1856, 2119, 3207, 3208, 3209, 3457, 4808, 4810)
2002 Ed. (1221, 4667)
2001 Ed. (1045, 3087, 3399)
2000 Ed. (3172, 3173, 4294)
1999 Ed. (334, 794, 4018, 4655)
1998 Ed. (2429, 2541, 3026, 3027, 3411, 3615)
1997 Ed. (3275)
1996 Ed. (2702, 3171, 3734)
1995 Ed. (2624)
1994 Ed. (1469, 2185, 2365, 3025, 3026, 3443, 3573, 3574)
1993 Ed. (1416, 2413, 2609, 2983, 2984, 3615, 3616)
1992 Ed. (472, 473, 477)
1991 Ed. (3419)
1990 Ed. (3644)
1989 Ed. (2871)
Harley-Davidson Eyewear
1997 Ed. (2969)
Harley-Davidson Motor Co.
2006 Ed. (2120)
Harley Ellington Design
2001 Ed. (409)
2000 Ed. (313)
1999 Ed. (288)
1998 Ed. (185)
1997 Ed. (266)
Harley Ellington Pierce Yee Assoc. Inc.
1989 Ed. (267)
Harley Ellington Pierce Yee Associates Inc.
1995 Ed. (238)
1993 Ed. (247)
1992 Ed. (357)
1991 Ed. (252)
1990 Ed. (282)
Harley Hotels
1994 Ed. (2114)
1993 Ed. (2084)
1992 Ed. (2475)
1990 Ed. (2076)
HarleyEllis
2004 Ed. (2339)
Harleysville Group Inc.
2007 Ed. (2230)
Harleysville Insurance Co.
1990 Ed. (228)
Harleysville Mutual Insurance Co., Inc.
2006 Ed. (3139)
2005 Ed. (3131)
2004 Ed. (3125)
2003 Ed. (3006)
2002 Ed. (2955)
2000 Ed. (2719)
1999 Ed. (2968)
1998 Ed. (2197)
Harleysville National Corp.
2003 Ed. (545)
2000 Ed. (647)
1999 Ed. (622)
1996 Ed. (656)
Harlingen-Weslaco-Brownsville-McAllen, TX
2006 Ed. (4099)
2002 Ed. (920)
Harlingen-Weslaco-Brownville-McAllen, TX
2008 Ed. (825)
2007 Ed. (864)
2006 Ed. (766)
2005 Ed. (838)
2004 Ed. (869)
Harlingen-Westaco-Brownville-McAllen, TX
2003 Ed. (831)
Harman Int.
2000 Ed. (3176)
Harman International
2001 Ed. (3409, 3411)
2000 Ed. (3221)
1998 Ed. (2046)
1997 Ed. (2313)
1996 Ed. (2193, 2749, 2750)
1995 Ed. (1372, 2180)
1993 Ed. (1295, 2105)
1992 Ed. (2520)
1991 Ed. (1963)
1990 Ed. (2110)
Harman International Industries Inc.
2008 Ed. (1214, 2168, 3588, 4605)
2007 Ed. (2059, 2339, 3341, 3425, 4108, 4695)
2006 Ed. (1216, 2104, 2397, 3408, 4057, 4584)
2005 Ed. (1256, 2003, 2330, 2341)
2004 Ed. (1134, 1886, 2242)
2003 Ed. (1851)
2001 Ed. (1687, 2737)
2000 Ed. (365)
1999 Ed. (359, 2697)
1994 Ed. (1347, 2128)
Harman International—Professional Div.
1998 Ed. (2589)
Harman International (Professional Division)
1995 Ed. (2671, 2672)
Harman Intl. Industries
2000 Ed. (2482)
Harman; Jane
1994 Ed. (845)
Harman Management Corp.
2003 Ed. (4139)
1993 Ed. (1899)
1991 Ed. (2884)
Harman; Sidney
2005 Ed. (2476)
Harman; Sydney
2005 Ed. (2512)
Harmelin & Associates Inc.
1999 Ed. (4815)
Harmelin Media
2000 Ed. (4436)
Harmful substances/environments
2005 Ed. (3617)
Harmon Inc.
2008 Ed. (1259, 2821)
2007 Ed. (1362, 2696)
2006 Ed. (1284, 4185)
2005 Ed. (1314, 2733)
2004 Ed. (1307)
2003 Ed. (1304, 1304)
2002 Ed. (1292, 1292)
2001 Ed. (1476)
2000 Ed. (1254, 1262, 1262, 2343, 2343)
1999 Ed. (1363, 1370, 1376, 2600, 2600)
Harmon Contract
1997 Ed. (1161, 1170, 1178, 2149)
1995 Ed. (1158, 1166, 1174, 2002)
1994 Ed. (1139, 1144, 1152, 1155, 1976)
1993 Ed. (1123, 1133, 1139, 1954)
1992 Ed. (1410, 1420, 1425)
1991 Ed. (1077, 1087)

Harmon Contract WSA Inc.
1998 Ed. (948, 955)
1996 Ed. (1133, 1143, 1147, 1149, 2027)
Harmon Contracts & Glazing Inc.
1990 Ed. (1206)
Harmon Cove Corporate Park
1997 Ed. (2377)
Harmon Stores
1996 Ed. (1588)
Harmonic Inc.
2004 Ed. (1453)
2003 Ed. (827)
Harmonics Holdings Inc.
2004 Ed. (2826)
Harmonics Ltd. LLC
2003 Ed. (2710)
Harmonstores
1995 Ed. (1610)
Harmony Corp.
2003 Ed. (1747)
2001 Ed. (1779)
1995 Ed. (2041)
1993 Ed. (730, 1989)
1991 Ed. (1852)
1990 Ed. (1938)
Harmony Gold Mining Co., Ltd.
2006 Ed. (4605)
Harmony Health Plan of Illinois Inc.
2002 Ed. (2460)
Harmony LLC
2005 Ed. (1848)
2004 Ed. (1782)
Harness Dickey & Pierce
2008 Ed. (3860)
Harness Roofing
2008 Ed. (1272)
Harnischfeder Industries
1996 Ed. (2244)
Harnischfeger Inds
1989 Ed. (994)
Harnischfeger Industries, Inc.
2001 Ed. (589)
1999 Ed. (1751, 2850)
1998 Ed. (1193, 2088, 2089, 2434)
1997 Ed. (2367)
1995 Ed. (1506, 2238, 2239)
1994 Ed. (1469, 2184)
1993 Ed. (1416, 2165)
1992 Ed. (2592, 2953)
1991 Ed. (1213, 2370)
1990 Ed. (2502)
1989 Ed. (1916)
Harold A. Poling
1996 Ed. (965)
1995 Ed. (981)
1989 Ed. (1376)
Harold and Elizabeth Derrer Trust Fund
1992 Ed. (1095)
Harold and Helen McMaster
1995 Ed. (933)
Harold Bogel
1994 Ed. (1791)
Harold C. Simmons
2007 Ed. (2498)
1992 Ed. (1093, 1280)
Harold Cabot & Co.
1991 Ed. (130)
1990 Ed. (131)
1989 Ed. (140)
Harold Chevrolet Inc.
1994 Ed. (265)
1991 Ed. (306)
Harold E. Kinne
2004 Ed. (3911)
Harold Goddijn
2008 Ed. (4897, 4901)
Harold Hyundai, Jeep-Eagle
1992 Ed. (385)
Harold L. Airington
1993 Ed. (1696)
Harold L. Thomas
1992 Ed. (3137)
Harold Levinson Associates
2003 Ed. (4937, 4938)
2000 Ed. (1105)
Harold McGraw III
2007 Ed. (1003)
Harold Meek
2006 Ed. (333)
Harold Messmer Jr.
2007 Ed. (970)
Harold Nix
2002 Ed. (3072)
Harold Poling
1994 Ed. (948)
1993 Ed. (939)
Harold R. Tall
1991 Ed. (2547)
Harold Raynolds, Jr.
1991 Ed. (3212)
Harold S. Hook
1998 Ed. (720, 1514, 2138, 2139)
1994 Ed. (2237)
1992 Ed. (2713)
1990 Ed. (976, 1726, 2282)
Harold S. Hook (American General Corp.)
1991 Ed. (2156)
Harold S. Pittman
1995 Ed. (2486)
Harold Simmons
2008 Ed. (4823)
2007 Ed. (4893)
Harold Tillman
2007 Ed. (4927)
Harold Vogel
1999 Ed. (2226)
1998 Ed. (1639)
1997 Ed. (1881)
1996 Ed. (1807)
1995 Ed. (1830)
1993 Ed. (1808)
1991 Ed. (1695)
Harold W. Burlingame
1996 Ed. (2989)
1995 Ed. (1726)
Harold W. McGraw III
2008 Ed. (948)
2007 Ed. (1026)
Harold's Hallmark
1992 Ed. (4026)
Harold's Stores
1995 Ed. (214)
Harp
1991 Ed. (747)
Harpell
2002 Ed. (157)
The Harper Corp.
2008 Ed. (1326)
2006 Ed. (1335)
Harper & Row
1989 Ed. (743)
Harper Bros. Inc.
2004 Ed. (1191, 1192)
Harper Collins
1999 Ed. (3970)
Harper Collins Publishers Ltd.
1997 Ed. (3224)
1994 Ed. (1356)
Harper Ferguson
2001 Ed. (820)
Harper Group
1996 Ed. (171)
1995 Ed. (168)
1994 Ed. (151)
1993 Ed. (167)
Harper Partners Inc.
2002 Ed. (333)
Harper Stadium
2001 Ed. (4359)
HarperCollins
2008 Ed. (625)
2007 Ed. (666)
2006 Ed. (641)
2005 Ed. (729)
2004 Ed. (748)
2003 Ed. (726)
2001 Ed. (3955)
1995 Ed. (3043)
HarperCollins Publishers Inc.
2008 Ed. (626, 628)
2007 Ed. (667, 669)
2006 Ed. (633, 642, 644)
2005 Ed. (730, 732)
2004 Ed. (749, 751, 4044)
2003 Ed. (727, 729)
HarperPerennial
2003 Ed. (730)
Harper's Bazaar
2007 Ed. (139, 167)
2006 Ed. (147)
1995 Ed. (2880)
1992 Ed. (3387)
Harper's Magazine
1992 Ed. (3378)
1989 Ed. (179, 184, 2174, 2179)
HarperTorch
2007 Ed. (668)
2004 Ed. (750)
2003 Ed. (728)
Harpic
1996 Ed. (983)
1992 Ed. (1177)
Harpic Lavatory Care
1994 Ed. (983)
Harpo Inc.
2007 Ed. (3537, 4986)
2006 Ed. (2499, 3499, 3500, 4989, 4990)
2004 Ed. (173)
2003 Ed. (217)
Harpo Entertainment Group
2000 Ed. (3144, 4431)
1996 Ed. (2659, 3878)
1995 Ed. (2589, 3792)
Harr Dodge
1994 Ed. (267)
Harr Family Homes
2003 Ed. (1212)
Harr Lincoln-Mercury
1994 Ed. (274)
Harr Motor Co. Inc.
1994 Ed. (268)
Harrah's
2000 Ed. (2238)
Harrah's Atlantic City
2002 Ed. (2651)
2000 Ed. (2575)
1998 Ed. (2036)
Harrah's Atlantic City Casino Hotel
1999 Ed. (1042, 2797)
Harrahs Casino Co.
2005 Ed. (1848)
Harrah's Casino Hotel
1997 Ed. (912, 2308)
1994 Ed. (2123)
Harrah's Entertainment Inc.
2008 Ed. (1213, 1969, 1970, 3023, 3040, 3067, 3068, 3069, 3081, 3174, 3178, 3200, 3202, 4293)
2007 Ed. (885, 1908, 1909, 2675, 2902, 2938, 2939, 2940, 2941, 2943, 2957, 2958, 3342, 3347)
2006 Ed. (1418, 1924, 1925, 2491, 2685, 2927, 2928, 2930, 2932, 3268, 3269, 3271, 3434)
2005 Ed. (1897, 1899, 2709, 2710, 2922, 2923, 2927, 2929, 3179, 3277, 3278, 3280, 3423)
2004 Ed. (1814, 1815, 2417, 2716, 2717, 2932, 2936, 2937, 3252, 3253, 3254)
2003 Ed. (1779, 1780, 2337, 2340, 2804, 2841, 2844, 2846, 3209)
2002 Ed. (1738, 2630, 2638, 2804)
2001 Ed. (2272, 2273, 2778, 2786, 2787, 3087)
2000 Ed. (2540, 2560, 2920)
1999 Ed. (2760, 2762, 2786)
1998 Ed. (1123, 2005, 2007)
1997 Ed. (911, 1320, 2281, 2282, 2283)
Harrah's Iowa Management Co.
2007 Ed. (1819, 2939)
2006 Ed. (1812, 2928)
Harrah's Jazz Co.
1997 Ed. (356)
Harrah's Lake Tahoe Casino/Hotel
1992 Ed. (2482)
Harrah's Las Vegas Inc.
2006 Ed. (1923)
2005 Ed. (1896)
2001 Ed. (1808)
Harrah's Marina
1994 Ed. (871)
1993 Ed. (855)
1992 Ed. (2511)
1991 Ed. (864)
1990 Ed. (2097)
Harrah's New Orleans Investment Co.
2004 Ed. (239, 1866)
Harrah's Operating Co.
2008 Ed. (252, 253)
2007 Ed. (269, 270)
2006 Ed. (262, 263, 1924)
2005 Ed. (241, 242, 1897)
2004 Ed. (238, 239)
2003 Ed. (270, 271, 1779)
2001 Ed. (375, 376)
Harraseeket Inn
1997 Ed. (2286)
1995 Ed. (2159)
1994 Ed. (2105)
The Harrell Co.
2003 Ed. (211, 212)
Harrell Chevrolet-Geo
1994 Ed. (265)
The Harrell Companies
2002 Ed. (709)
Harrell Contracting Group LLC
2008 Ed. (1312)
2007 Ed. (1379)
The Harrell Cos.
2008 Ed. (167)
2007 Ed. (190)
2006 Ed. (184)
2005 Ed. (170)
2004 Ed. (168)
Harrell Enterprise
1998 Ed. (467)
1997 Ed. (675)
The Harrell Group
2005 Ed. (3974)
2004 Ed. (4030)
2003 Ed. (3986)
Harrell's Metal Works Inc.
2008 Ed. (1313)
Harriet A. Nietert Weaver
1994 Ed. (900)
Harriet & Henderson Yarns Inc.
2002 Ed. (3561)
Harriet Carter
1991 Ed. (868)
Harriet Carter Gifts
1999 Ed. (1852)
1998 Ed. (1277)
1990 Ed. (916)
Harriet M. Wieder
1991 Ed. (2346)
1990 Ed. (2483)
Harriett M. Weider
1995 Ed. (2484)
Harrington & Associates Communication Training
2007 Ed. (3593)
Harrington; Andrew
1997 Ed. (1964)
Harrington Bank
1998 Ed. (3529, 3544)
Harrington Benefit Services
2001 Ed. (2914)
2000 Ed. (1093)
Harrington; Edward
1995 Ed. (2669)
1993 Ed. (2639)
Harrington Services Corp.
1996 Ed. (980)
1995 Ed. (992)
1994 Ed. (2284)
1993 Ed. (2244)
1992 Ed. (2697)
Harris Corp.
2008 Ed. (1098, 1362, 1371, 1372, 1729, 3199, 4605, 4802)
2007 Ed. (1190, 1191, 1403, 4695, 4704, 4969)
2006 Ed. (1083, 1084, 1085, 1086, 1366, 1376, 3696, 4685)
2005 Ed. (1091, 1092, 1093, 1094, 1386, 2151, 2156, 2160, 2161, 3593)
2004 Ed. (1082, 1083, 1085, 1368, 2017, 2020, 2021, 3016)
2003 Ed. (204, 2192, 2195)
2002 Ed. (1380, 2102, 4594)
2001 Ed. (542, 2195, 2197)
2000 Ed. (1423, 2207, 2208)
1999 Ed. (1970, 2451, 3645)
1998 Ed. (830, 832, 1137, 1398, 1708)
1997 Ed. (1084, 1398, 2019, 2473)
1996 Ed. (1070, 1336)
1995 Ed. (1386, 1650)
1994 Ed. (1078, 1362, 1607, 1609, 1854)

1993 Ed. (1310, 1570, 1579)
1992 Ed. (2169, 3910)
1991 Ed. (1519, 1524, 1527, 2847, 2852)
1990 Ed. (1628, 1632, 2199, 2208, 2993, 2995, 2996, 3231)
1989 Ed. (193)
Harris & Associates; Louis
1996 Ed. (3191)
1995 Ed. (3090)
1993 Ed. (2996)
Harris & Drury Advertising
1989 Ed. (106)
Harris Associates
2005 Ed. (3595)
Harris Associates, Balanced Value
2003 Ed. (3114)
Harris Associates, Concentrated Value Equity
2003 Ed. (3128, 3131)
Harris Associates, Large Cap Value Equity
2003 Ed. (3124, 3127)
Harris Associates LP
1999 Ed. (3583)
Harris Associates, Mid-Cap Value Equity
2003 Ed. (3128, 3131)
Harris Associates, Private Client Equity
2003 Ed. (3128, 3131)
Harris, Balo & McCullough
1995 Ed. (113)
Harris Bancorp
2000 Ed. (3744)
1999 Ed. (4027)
Harris Bank
2001 Ed. (4282)
1997 Ed. (3286)
1994 Ed. (451, 3038)
1992 Ed. (636)
1991 Ed. (478)
1990 Ed. (520)
Harris Bank Hinsdale NA
1991 Ed. (520)
Harris Bank International Corp.
2004 Ed. (499)
Harris Bank Winnetka
1991 Ed. (520)
Harris Bankcorp
2000 Ed. (619)
1999 Ed. (657)
1991 Ed. (381)
1989 Ed. (388, 433, 435)
Harris Bretall Sullivan & Smith
1993 Ed. (2314, 2318, 2322, 2326, 2341)
1992 Ed. (2754, 2758, 2762)
1990 Ed. (2335, 2338)
Harris Chemical North America Inc.
2005 Ed. (1832)
Harris Constructors Inc.
2007 Ed. (1379)
Harris Cos.
2008 Ed. (1253, 1330)
2007 Ed. (1387, 4888)
2006 Ed. (1264)
2005 Ed. (1280, 1295)
2004 Ed. (1234, 1244)
2003 Ed. (1237, 1337)
Harris County Health Facilities Development Corp.
2000 Ed. (3197)
1997 Ed. (2842)
Harris County Hospital District
2006 Ed. (3590)
2000 Ed. (3185)
1999 Ed. (3466)
1998 Ed. (2554)
1997 Ed. (2828)
1996 Ed. (2706)
1995 Ed. (2631)
1994 Ed. (2576)
Harris County Industrial Development Corp., TX
1998 Ed. (2560)
Harris County, TX
2008 Ed. (3437, 3438)
2007 Ed. (3337, 3338)
2004 Ed. (794, 1004, 2643, 2704, 2718, 2807, 2858, 2966, 2982, 3521, 4182, 4183)
2003 Ed. (3436, 3439, 4986)
2002 Ed. (374, 1085, 1804, 1807, 2044, 2298, 2380, 2394, 2443, 3992, 4048, 4049)
1999 Ed. (1764, 1766, 1767, 1768, 1769, 1770, 1771, 1772, 1773, 1774, 1775, 1776, 1777, 1778, 2008, 2830, 4630)
1997 Ed. (1537, 1538, 1539, 2352, 3559, 3794)
1996 Ed. (1468, 1469, 1470, 1471, 2226)
1995 Ed. (1510, 1511, 1514, 1515, 2217)
1994 Ed. (1475, 1476, 1477, 1482, 1483, 2166)
1993 Ed. (1426, 1427, 1428, 1432, 1434, 1435, 2141, 3623)
1992 Ed. (1715, 1716, 1717, 1718, 2579)
Harris Direct
2003 Ed. (768)
Harris Drury Cohen
2002 Ed. (108)
2000 Ed. (95)
1999 Ed. (89)
1998 Ed. (55)
Harris EDA
1997 Ed. (1105)
Harris Family
1994 Ed. (892)
Harris Inc.; Frederic R.
1997 Ed. (1739)
1996 Ed. (1661)
1995 Ed. (1678)
1994 Ed. (1639)
1991 Ed. (1559)
Harris; Geoffrey
1997 Ed. (1869)
1996 Ed. (1796)
Harris Group Inc.
2006 Ed. (2453)
2004 Ed. (2369)
Harris Insight Convertible Fund
1994 Ed. (583, 585)
Harris Insight Intermediate Tax-Exempt Bond
2004 Ed. (703)
Harris Insight Managed Fixed Income
1996 Ed. (2783)
Harris Insight Small Cap Value
2006 Ed. (4570)
Harris Insight Tax-Exempt Bond
2004 Ed. (701, 703)
2003 Ed. (693)
Harris Interactive Inc.
2007 Ed. (4362)
Harris Investment
2005 Ed. (3540, 3546, 3548, 3572)
1996 Ed. (2390, 2398)
Harris Investment Management
2007 Ed. (3661, 3662)
2006 Ed. (3592, 3594, 3600, 3601)
2004 Ed. (3563)
1992 Ed. (2765)
Harris; Jay H.
1990 Ed. (1722)
Harris; Joe Frank
1991 Ed. (1857)
Harris; Laura C.
1994 Ed. (896, 1057)
Harris; Lord
2008 Ed. (4006)
Harris; Maury
1996 Ed. (1833)
1995 Ed. (1855)
1994 Ed. (1815, 1837)
1990 Ed. (2285)
Harris Methodist Health Plan
1999 Ed. (2988)
1995 Ed. (2086, 2087, 2088, 2089)
1994 Ed. (2035, 2036, 2038)
Harris Methodist Health System
1998 Ed. (2551)
1996 Ed. (2708)
1991 Ed. (2504)
1990 Ed. (1167, 2634)
Harris Methodist Health Systems
1989 Ed. (740)
Harris Methodist Texas Health Plan
1999 Ed. (2649, 2650)
1998 Ed. (1910, 1911, 1912, 1913)
1997 Ed. (2185, 2186, 2187, 2193, 2827)
Harris NA
2008 Ed. (394)
2007 Ed. (416)
Harris Oakmark
1994 Ed. (2624)
Harris Queensway
1990 Ed. (1249)
Harris Ranch
2007 Ed. (4130)
Harris Ranch Beef Co.
1999 Ed. (3320, 3868)
1996 Ed. (2586, 2587, 3065, 3066)
1992 Ed. (2989, 3506)
Harris Ranch Inn
2000 Ed. (2541)
Harris Ranch Restaurant
2008 Ed. (4148)
The Harris Research Centre
1996 Ed. (2570)
Harris Savings
1990 Ed. (432)
Harris Scarfe Holdings
2002 Ed. (2708)
Harris Semiconductor
1993 Ed. (3212)
Harris Sr.; Joe E.
1992 Ed. (534)
Harris Steel Group
2008 Ed. (3657)
2007 Ed. (4535)
1996 Ed. (2611)
1994 Ed. (2482)
1992 Ed. (3030)
1990 Ed. (1362)
Harris Teeter Inc.
2006 Ed. (4639)
2005 Ed. (4563)
2004 Ed. (4635)
2003 Ed. (4654, 4655, 4657, 4659)
2001 Ed. (4420)
1995 Ed. (3534)
1992 Ed. (4174)
Harris/3M
1991 Ed. (1643)
Harris/3M (now Lanier Worldwide)
1991 Ed. (1107, 1108)
Harris; Trevor
2005 Ed. (3200)
Harris Trust
1997 Ed. (2727)
1993 Ed. (450, 482, 502, 579, 2508, 2509, 2511, 3259)
1992 Ed. (2981, 2982)
Harris Trust & Savings
2003 Ed. (3503)
Harris Trust & Savings Bank
2006 Ed. (424)
2002 Ed. (539)
2001 Ed. (612, 888)
2000 Ed. (400, 486, 2928)
1999 Ed. (493, 525, 3583)
1998 Ed. (343, 358, 363, 3564)
1997 Ed. (436, 472, 493, 2617, 2623)
1996 Ed. (472, 508, 534, 2477, 2580)
1995 Ed. (443, 489, 2513, 2514, 2515, 3513)
1994 Ed. (487, 506, 583, 2446, 3011)
1992 Ed. (670, 701, 1178)
1991 Ed. (367, 517, 2301)
1990 Ed. (425, 591, 2353)
1989 Ed. (556, 1805)
Harris Trust & Savings Bank (Chicago)
1991 Ed. (543)
Harris Trust & Savings Bank Collective Bond
1994 Ed. (2312)
Harris Trust Co. of California
1991 Ed. (520)
Harris, TX
2000 Ed. (1594, 1595, 1596, 1597, 1598, 1599, 1600, 1601, 1602, 1604, 1605, 1606, 2611, 2613)
1998 Ed. (191)
1992 Ed. (1714)
1991 Ed. (1369, 1371, 1377, 2005)
1990 Ed. (1440, 1441, 1443, 2156)
1989 Ed. (1175, 1176, 1926)
Harris; Wayne
2005 Ed. (2470)
Harris Wholesalers
1993 Ed. (1513)
1990 Ed. (1551)
Harris Woolf Almonds
2004 Ed. (193)
Harris Woolf California Almonds
2001 Ed. (280)
Harrisburg-Carlisle, PA
2008 Ed. (4091)
Harrisburg-Lancaster-Lebanon-York, PA
2007 Ed. (868)
2005 Ed. (846)
2004 Ed. (872)
Harrisburg-Lebanon-Carlisle, PA
2008 Ed. (3479)
2006 Ed. (3312, 3314)
Harrisburg-Lebanon, PA
2006 Ed. (2975)
Harrisburg, PA
2008 Ed. (4242)
Harrisdirect
2007 Ed. (2203)
2006 Ed. (2267)
2005 Ed. (758, 759, 2205)
Harrison Co.
1998 Ed. (981)
1997 Ed. (1201, 1206)
1995 Ed. (1196)
1992 Ed. (1896)
Harrison & Star
1999 Ed. (54, 55)
1998 Ed. (38)
Harrison & Star Business Group
2000 Ed. (57)
Harrison Conference
1990 Ed. (2065)
Harrison Conference Center
1995 Ed. (2159)
1994 Ed. (2105, 2105)
1992 Ed. (2483)
1991 Ed. (1948)
Harrison Cowley
2002 Ed. (3856, 3859, 3867, 3871, 3872, 3873)
2000 Ed. (3650)
1997 Ed. (3201, 3202, 3203)
Harrison; Dhani
2007 Ed. (4925)
Harrison Co.; E. Bruce
1995 Ed. (3004, 3032)
1994 Ed. (2972)
1993 Ed. (2927, 2933)
1992 Ed. (3557, 3561, 3566, 3581)
Harrison; Emma
2007 Ed. (2463)
Harrison Ford
2004 Ed. (2408)
2003 Ed. (2328)
2001 Ed. (8)
2000 Ed. (996, 1838)
Harrison; George
2007 Ed. (891)
2006 Ed. (802)
Harrison; H.
1997 Ed. (3871)
Harrison; Hunter
2008 Ed. (2637)
Harrison J. Goldin
1990 Ed. (2662)
Harrison Jr.; William B.
2007 Ed. (1027)
2005 Ed. (2474)
Harrison McCain
2005 Ed. (4866)
Harrison; Paul
2007 Ed. (2465)
Harrison Police & Firemen's Credit Union
2006 Ed. (2160)
2005 Ed. (2067)
Harrison Star Wiener & Beitler
1998 Ed. (51)
1997 Ed. (45)
1996 Ed. (48, 2246)
Harrison; Stephen
2007 Ed. (2465)
Harrison, Taylor & Bazile
1999 Ed. (3476)
1995 Ed. (2231)

Harrison, Taylor & Brazile
1991 Ed. (1987)
Harrisonburg, VA
2008 Ed. (3511)
Harrisons & Cros
1989 Ed. (959)
Harrisons Malaysian Plantations
1992 Ed. (256, 1667)
1991 Ed. (1324, 3129)
1990 Ed. (1397)
1989 Ed. (1139)
Harrisons Malaysian-Plantations Bhd
1994 Ed. (146)
1993 Ed. (162)
Harrods Ltd.
2002 Ed. (53)
Harrods Investments PLC
1997 Ed. (3353)
Harrow House International College (Swanage) Ltd.
2008 Ed. (2413)
Harrow's
2003 Ed. (2594)
2002 Ed. (2385)
2000 Ed. (2298)
1999 Ed. (2559)
1998 Ed. (1793)
Harrsion J. Goldin
1991 Ed. (2547)
Harry & David Operations Corp.
2008 Ed. (2272)
2007 Ed. (2157)
Harry & Jeanette Weinberg Foundation
2008 Ed. (4128)
2002 Ed. (2327)
1992 Ed. (2215)
Harry Brakmann Helmsley
1990 Ed. (2576)
Harry Brittenham
1997 Ed. (2611)
Harry Crosbie
2005 Ed. (4884)
Harry; Deborah
1993 Ed. (1078, 1080)
Harry DeMott III
2000 Ed. (1988)
Harry Dobson
2007 Ed. (4926, 4928)
2005 Ed. (4892)
Harry E. Figgie, Jr.
1990 Ed. (1711)
Harry Fong
1999 Ed. (2246)
1998 Ed. (1656)
Harry J. Gray
1993 Ed. (890)
Harry J. Pearce
1996 Ed. (1228)
Harry Jallos
1999 Ed. (2084)
Harry Kavetas
2000 Ed. (1050)
Harry Lane Chrysler-Plymouth
1995 Ed. (262)
Harry M. Conger
1992 Ed. (2055)
Harry M. Day
1992 Ed. (1098)
Harry M. Jansen Kraemer Jr.
2002 Ed. (2213)
Harry M. Stevens
1992 Ed. (2202)
Harry Mays
1992 Ed. (2903)
Harry Potter
2006 Ed. (649)
Harry Potter & the Chamber of Secrets
2005 Ed. (2259)
2004 Ed. (736, 738, 3516, 3517)
2003 Ed. (708, 711, 715)
2001 Ed. (981)
Harry Potter & the Goblet of Fire
2008 Ed. (2387)
2007 Ed. (3642)
2004 Ed. (735, 738)
2003 Ed. (714)
Harry Potter & the Half-Blood Prince
2008 Ed. (551)
Harry Potter & the Order of the Phoenix
2005 Ed. (723)
Harry Potter & the Prisoner of Azkaban
2007 Ed. (3641)
2006 Ed. (3576)
2004 Ed. (736)
2003 Ed. (708, 710, 713)
2001 Ed. (981)
Harry Potter and the Sorcerer's Stone
2004 Ed. (736, 2160, 2161, 3513, 3516)
2003 Ed. (708, 709, 710, 711, 713, 3453)
2001 Ed. (980, 983)
Harry; Prince
2007 Ed. (4925)
Harry Rosen Inc.
2008 Ed. (2012)
Harry (Skip) Brittenham
2002 Ed. (3070)
1991 Ed. (2297)
Harry Triguboff
2008 Ed. (4842)
2002 Ed. (871)
2001 Ed. (3317)
Harry W. Kellogg Jr.
2003 Ed. (805)
Harry Weese & Associates Ltd.
1992 Ed. (356)
Harry You
2005 Ed. (992)
Harsco Corp.
2008 Ed. (3666)
2007 Ed. (3400, 3477, 3478, 3495, 3496, 3516)
2006 Ed. (3454, 3472, 4294)
2005 Ed. (3445, 3459, 3460, 3464)
2004 Ed. (3430, 3445, 3446)
2003 Ed. (3287, 3292, 3364, 3369)
2001 Ed. (3280)
1999 Ed. (4283)
1998 Ed. (3287)
1997 Ed. (3498)
1995 Ed. (2548)
1994 Ed. (136, 2479, 2481)
1993 Ed. (2535, 2537)
1992 Ed. (979, 1523, 3027, 3029)
1991 Ed. (2419, 2421)
1990 Ed. (1326, 2541, 2542, 3447, 3449)
1989 Ed. (1928, 1945, 2872)
Hart
1997 Ed. (1039)
Hart Advisers
2000 Ed. (2820)
Hart Brewing
1998 Ed. (458, 459, 462)
1992 Ed. (3064)
1991 Ed. (2452)
1990 Ed. (748)
Hart Environmental Management Corp.
1991 Ed. (1564)
Hart Freeland Roberts Inc.
2008 Ed. (2527)
Hart; Graeme
2008 Ed. (4848)
Hart; Jan
1995 Ed. (2668)
1993 Ed. (2638)
Hart; John C.
1996 Ed. (967)
Hart, Schaffner & Marx
1995 Ed. (1034)
1991 Ed. (1653)
Hart Specialties
1997 Ed. (2968)
1996 Ed. (2873)
1995 Ed. (2814, 2815)
Hart Specialty Frames
1999 Ed. (3658)
1997 Ed. (2969)
1996 Ed. (2874)
Hart Worldwide
2006 Ed. (2052)
2005 Ed. (1979)
Hartco Corp.
2007 Ed. (1319, 1636, 2806, 2815)
Hartco Enterprises
1997 Ed. (3547)
Hartco Income Fund
2008 Ed. (1208, 1636)
Harte-Hanks Inc.
2007 Ed. (104, 3445)
2006 Ed. (115)
2003 Ed. (3929, 3931)
Harte-Hanks Communications
1999 Ed. (1499)
1998 Ed. (1021)
Harte-Hanks/DiMark
2000 Ed. (1671)
Harte-Hanks Direct
2008 Ed. (2339, 3599)
Harte-Hanks Direct Marketing
1997 Ed. (3700)
Harte-Hanks Marketing Services
1993 Ed. (2996)
Harte-Hanks Newspapers
1989 Ed. (2046)
Hartex Property Group
2002 Ed. (1068)
The Hartford
2008 Ed. (585, 3763)
2006 Ed. (3658)
2005 Ed. (3053)
2000 Ed. (303, 3932, 4410)
1997 Ed. (256, 361)
1996 Ed. (3770)
1990 Ed. (2252)
Hartford-AARP
1997 Ed. (2457)
Hartford Accident & Indemnity
1990 Ed. (2260)
Hartford & New Haven, CT
1991 Ed. (830)
Hartford Canadian Equity
2003 Ed. (3567, 3568)
Hartford Capital Appreciation
2008 Ed. (2614)
2006 Ed. (3618)
2003 Ed. (3498)
Hartford Capital Appreciation A
1999 Ed. (3507, 3522, 3559)
Hartford Capital Appreciation B
1999 Ed. (3559)
Hartford CMSA, CT
1990 Ed. (1157)
Hartford Computer Group Inc.
2000 Ed. (1181)
Hartford Courant
1990 Ed. (2709, 2711)
1989 Ed. (2063, 2065)
Hartford, CT
2008 Ed. (3111)
2007 Ed. (4094, 4096)
2005 Ed. (2454)
2004 Ed. (2423)
2003 Ed. (2345)
2002 Ed. (870, 2632)
2001 Ed. (2358, 2795, 2802)
2000 Ed. (3103)
1999 Ed. (2813)
1998 Ed. (246, 591)
1996 Ed. (302)
1994 Ed. (951, 972, 2585)
1993 Ed. (1852, 3223)
1992 Ed. (2549, 2551, 2553, 3641)
1991 Ed. (829)
1990 Ed. (1438, 1466, 3702)
1989 Ed. (2099)
Hartford (CT) Reminder
2003 Ed. (3644)
Hartford DCPlus American Century Income & Growth
2000 Ed. (4336)
Hartford Director Aggressive Growth
1994 Ed. (3610, 3617)
Hartford Director 1 Aggressive Growth
1994 Ed. (3610, 3617)
The Hartford Dividend & Growth
2003 Ed. (3141)
Hartford F & C Group
1991 Ed. (2123)
Hartford Financial
2002 Ed. (2975)
Hartford Financial Servers Group
2000 Ed. (2723)
Hartford Financial Services Co.
2007 Ed. (2903)
2000 Ed. (1404, 2720, 2731)
1999 Ed. (1596, 2965, 2969, 2972, 2977)
The Hartford Financial Services Group Inc.
2008 Ed. (1490, 1495, 1698, 1699, 3197, 3318, 3329, 3330, 4265)
2007 Ed. (1496, 1500, 1671, 1673, 1674, 3086, 3106, 3131, 3171, 3176, 3181, 3182, 4233)
2006 Ed. (1665, 1667, 1668, 3051, 3057, 3088, 3089, 3091, 3138, 3141, 3145, 3146, 4217)
2005 Ed. (1746, 1748, 1749, 3050, 3126, 3127, 3128, 3134, 3138, 4163)
2004 Ed. (180, 1688, 1690, 1691, 3033, 3036, 3074, 3076, 3078, 3122, 3123, 3124, 3127)
2003 Ed. (1661, 1662, 2958, 2959, 2975, 3005, 3008)
2002 Ed. (1629, 2949, 2950, 2962, 2966)
2001 Ed. (2917, 2918, 2951)
2000 Ed. (2668, 2717)
1999 Ed. (2971)
Hartford Fire
1996 Ed. (2338)
1993 Ed. (2234)
1991 Ed. (2124)
Hartford Fire & Casualty Group
2008 Ed. (3320, 3324)
2002 Ed. (2957)
2000 Ed. (2721)
1998 Ed. (2128, 2207)
1994 Ed. (2271)
Hartford Fire Insurance Co.
2008 Ed. (3319)
2005 Ed. (3132, 3140, 3142)
2004 Ed. (3132, 3134)
2001 Ed. (4033, 4036)
2000 Ed. (2653, 3378)
1999 Ed. (2900)
1997 Ed. (2410, 2464, 3921)
1994 Ed. (2272)
1992 Ed. (2688)
Hartford Foundation for Public Giving
1989 Ed. (1474)
Hartford Global Health
2003 Ed. (3523)
Hartford Group
1998 Ed. (2258)
Hartford Growth Opportunities
2004 Ed. (3560)
Hartford Hospital Inc.
2008 Ed. (1696)
2007 Ed. (1671)
2006 Ed. (1665, 2922)
2005 Ed. (1746, 2804)
2004 Ed. (1688, 2813)
2003 Ed. (1659)
1993 Ed. (890)
Hartford Inflation Plus
2008 Ed. (607)
Hartford Insurance Group
2008 Ed. (3233, 3248, 3282, 3316, 3325, 3326)
2007 Ed. (3092, 3101, 3119, 3127, 3128, 3169, 3177, 3183, 4998)
2006 Ed. (3064, 3085, 3102, 3134, 3143, 4997)
2005 Ed. (3079, 3080, 3096, 3124, 3133, 3135, 3137, 4998)
2004 Ed. (3071, 3072, 3073, 3126, 4997)
2003 Ed. (2989, 3009, 4994, 4996)
2002 Ed. (2866, 2867, 2898, 2959, 2960, 3486, 4991)
2000 Ed. (2725, 2736, 3750, 4438, 4440)
1999 Ed. (2935, 2978, 2983, 4173, 4822)
1998 Ed. (2255)
1993 Ed. (2011, 2189, 2190, 2193, 2201, 2203, 2240, 2245, 2246, 3655, 3740)
1992 Ed. (2645, 2646, 2650, 2656, 2657, 2682, 2684, 2691, 2698)
1991 Ed. (2081, 2082, 2083, 2090, 2092, 2093, 2129, 2130, 2134, 2135)
1990 Ed. (2220, 2221, 2222, 2225, 2227, 2228, 2229, 2263, 3708)
1989 Ed. (1672, 1673, 1674, 1675, 1676, 1677, 1678, 1734, 1735, 2975)
Hartford Insurance Co. of Illinois
2008 Ed. (1696)
2007 Ed. (1671)

2006 Ed. (1665)
2005 Ed. (1746)
2004 Ed. (1688)
Hartford International Life Reassurance Corp.
2001 Ed. (2942)
Hartford International Small Company
2006 Ed. (3680)
Hartford Investment
2002 Ed. (3387)
2000 Ed. (2783)
Hartford Investment Management Co.
2007 Ed. (3251)
2005 Ed. (3208)
2003 Ed. (3083)
2001 Ed. (3002)
2000 Ed. (3882, 3885, 3900)
Hartford Investments
2000 Ed. (2789)
Hartford L & A Insurance Co.
2000 Ed. (2686, 2687)
Hartford Life Inc.
2008 Ed. (3288, 3289, 3294, 3295, 3306, 3307)
2007 Ed. (3135, 3136, 3144, 3145, 3156, 3157, 3661, 3682)
2006 Ed. (3124)
2005 Ed. (3106, 3107, 3112, 3113, 3114, 3119)
2004 Ed. (3103, 3104, 3109, 3110, 3111, 3114)
2003 Ed. (2993, 2997, 2998, 3002)
2002 Ed. (2931)
1996 Ed. (2070, 2306, 2310, 2312, 2314, 2316, 2324, 2379, 2387)
1993 Ed. (2212, 2282, 2317, 3248, 3652, 3653, 3654)
1992 Ed. (338, 2757)
1991 Ed. (243, 246)
Hartford Life Aggressive Growth
2002 Ed. (3469, 3471)
Hartford Life & Accident
1989 Ed. (1687, 1688)
Hartford Life & Accident Insurance
2008 Ed. (3272, 3298)
2007 Ed. (3148)
2002 Ed. (2908, 2909, 2922)
2001 Ed. (2939, 2940)
2000 Ed. (2702)
1999 Ed. (2939, 2950, 2951)
1998 Ed. (2156, 2160, 2166, 2169, 2180, 2181)
1997 Ed. (2427, 2439, 2441, 2447, 2448)
1992 Ed. (2659)
1991 Ed. (2096, 2103, 2105)
Hartford Life & Annuity Insurance Co.
2008 Ed. (3297, 3299)
2007 Ed. (3147, 3149, 3154)
2002 Ed. (2904, 2921, 2923)
Hartford Life Canadian Advanced Technology
2002 Ed. (3467, 3468)
Hartford Life Canadian Income
2002 Ed. (3455)
Hartford Life Insurance Co.
2008 Ed. (3296, 3299)
2007 Ed. (3146, 3149, 3154)
2006 Ed. (3122)
2005 Ed. (3051)
2003 Ed. (2999)
2002 Ed. (2835, 2920, 2921, 2922)
2001 Ed. (2936, 2937, 2939, 2942, 4666, 4667, 4668)
2000 Ed. (2691, 2693, 2697, 2699, 2701, 2705, 2709, 2711, 4327)
1999 Ed. (2939, 2940, 2942, 2951, 2954, 4700)
1998 Ed. (171, 2141, 2142, 2155, 2158, 2166, 2167, 2168, 2169, 2177, 2178, 2179, 2180, 2189, 2190, 3654, 3656)
1997 Ed. (2430, 2437, 2439, 2440, 2441, 2443, 2445, 2453)
1995 Ed. (222, 223, 2298, 2299, 2304, 2305, 2306, 2307, 3322)
1994 Ed. (223, 224, 2259, 2294, 3242)
1992 Ed. (4380, 4381, 4382)
Hartford Life Investment Advisors
2007 Ed. (2480)
Hartford Life Putnam Capital Manager: Voyager
1995 Ed. (3689)
Hartford Lloyds Insurance
1992 Ed. (2680)
Hartford Mid Cap
2004 Ed. (2453)
Hartford MidCap
2003 Ed. (3498)
Hartford Mutual
2006 Ed. (610)
2003 Ed. (703, 3502)
Hartford Mutual Funds
2005 Ed. (3546)
2004 Ed. (3561)
Hartford National Corp.
1990 Ed. (415, 452, 648, 1791)
1989 Ed. (364, 384, 399, 427, 428)
Hartford National Bank
1989 Ed. (574)
Hartford-New Haven, CT
2008 Ed. (829)
2007 Ed. (868, 3506)
2006 Ed. (771)
2005 Ed. (846)
2004 Ed. (872, 3388)
2003 Ed. (845, 3315)
2002 Ed. (922)
1993 Ed. (815)
1992 Ed. (1016)
1990 Ed. (874)
Hartford/New Haven/Springfield, CT-NH
1990 Ed. (1077)
Hartford PCM Growth & Income
1998 Ed. (3652)
Hartford/Plainville/Vernon, CT
1990 Ed. (871, 873)
Hartford Putnam Capital Manager
1996 Ed. (3771)
Hartford Putnam Capital Manager High Yield
1994 Ed. (3614, 3616)
Hartford Putnam Capital Manager Voyager
1994 Ed. (3610)
Hartford Re Co.
2000 Ed. (3748)
Hartford Reinsurance Co.
1999 Ed. (4033)
1998 Ed. (3037)
Hartford Reminder
2002 Ed. (3502)
The Hartford Roofing Co. Inc.
2001 Ed. (1480)
2000 Ed. (1266)
1999 Ed. (1374)
1998 Ed. (953)
1997 Ed. (1168)
1996 Ed. (1138)
1995 Ed. (1164)
1994 Ed. (1148)
1993 Ed. (1130)
1992 Ed. (1417)
1991 Ed. (1084)
The Hartford Roofing Cos.
2005 Ed. (1319)
2004 Ed. (1313)
The Hartford Roofing Group
2003 Ed. (1313)
Hartford Steam Boiler
2000 Ed. (2729)
1998 Ed. (2199)
1995 Ed. (2321)
1994 Ed. (2279)
1993 Ed. (2239)
1992 Ed. (2681, 2683)
1991 Ed. (2127, 2128)
1990 Ed. (2254, 3259)
Hartford Steam Boiler Inspection & Insurance
2001 Ed. (4034, 4035)
Hartford The Director
1996 Ed. (3771)
Hartford VA Advisers NQ
1989 Ed. (259)
Hartford VA Advisers Q
1989 Ed. (259)
Harties
1995 Ed. (2041)
1993 Ed. (1989)
1991 Ed. (1852)
1990 Ed. (1938)
Harting; Bruce
1997 Ed. (1898, 1917)
1996 Ed. (1771, 1824, 1844)
Hartje Lumber
1997 Ed. (833)
1996 Ed. (822)
Hartlauer
2004 Ed. (26)
Hartley & Gibson
2006 Ed. (4965)
2005 Ed. (4961, 4962)
2004 Ed. (4969, 4970)
2002 Ed. (4924)
2001 Ed. (4844)
1994 Ed. (3662)
Hartley & Gibsons
1997 Ed. (3887)
Hartley County, TX
1999 Ed. (2831)
1997 Ed. (1540)
1996 Ed. (2227)
Hartley Poynton
1999 Ed. (867)
1997 Ed. (744, 748)
Hartman; Scott F.
2006 Ed. (2530)
2005 Ed. (2516)
Hartman-Walsh Painting Co.
1998 Ed. (952)
1997 Ed. (1172)
1994 Ed. (1142)
1993 Ed. (1135)
1992 Ed. (1422)
1991 Ed. (1089)
Hartmann & Forbes
2008 Ed. (3541)
Hartmann North America
2004 Ed. (885)
Hartmarx Corp.
2006 Ed. (1018)
2005 Ed. (1007, 1008)
2004 Ed. (987)
1997 Ed. (1022)
1996 Ed. (1003, 1014, 1020, 3499)
1995 Ed. (1031, 1032, 1319, 3434, 3436)
1994 Ed. (1022, 1024, 1291, 1310)
1993 Ed. (990, 992)
1992 Ed. (1132, 1215, 1217, 1220, 1222)
1991 Ed. (975, 978, 981, 983, 985)
1990 Ed. (1050, 1059, 1060, 1061, 1062, 1065)
1989 Ed. (934, 942, 943, 944)
Hartmarx Specialty Stores
1990 Ed. (1048)
Hartmarxj Corp.
1992 Ed. (1560)
Hartnett; Michael
1997 Ed. (1994)
Hartnett; William
2005 Ed. (3183)
Hartono; R. Budi
2008 Ed. (4845)
2006 Ed. (4916, 4919)
Hartsfield
1992 Ed. (313)
Hartsfield, Atlanta
1991 Ed. (214, 215, 216, 218)
1990 Ed. (245)
Hartsfield Atlanta International Airport
1998 Ed. (146)
Hartsfield International
2000 Ed. (271)
1995 Ed. (169, 195)
1994 Ed. (152, 192, 194)
1993 Ed. (168, 206)
1992 Ed. (306, 307, 308)
Hartsfield International Airport
1997 Ed. (186)
1996 Ed. (193, 199)
Hartsfield Jackson Atlanta International Airport
2008 Ed. (236)
2005 Ed. (829)
Hartstone
1995 Ed. (2131)
Hartstone Group
1999 Ed. (3172)
1994 Ed. (1379)
The Hartstone Group plc
2001 Ed. (3077)
2000 Ed. (2917)
1997 Ed. (2616)
Hartt Transportation Systems
2005 Ed. (4781)
Hartwell Emerging Growth
1993 Ed. (2648, 2658, 2691)
1992 Ed. (3193)
1991 Ed. (2567)
Hartwick College
1993 Ed. (893)
Hartz Mountain Industries, Inc.
2002 Ed. (3925)
2000 Ed. (3722)
1997 Ed. (3261)
Hartzel E. Lebed
1990 Ed. (1725)
Hartzell; John
1996 Ed. (1891)
Hartzell Propeller Inc.
2002 Ed. (4877)
Haruhiko Yoshimoto
1990 Ed. (730)
Haruhiko Yoshimoto with family
1991 Ed. (709)
Harvard
1999 Ed. (984, 985)
1995 Ed. (1067)
1990 Ed. (857, 858, 859)
Harvard and Radcliffe Colleges
1990 Ed. (1087)
Harvard Bioscience
2006 Ed. (1866)
2005 Ed. (1559, 1859, 1860)
Harvard Business Review
2008 Ed. (142)
2007 Ed. (158)
2004 Ed. (144)
2001 Ed. (259)
Harvard Business School
2008 Ed. (2408)
2006 Ed. (2337)
1997 Ed. (865)
Harvard College
2008 Ed. (2972)
Harvard College and Radcliffe College
1991 Ed. (1001)
Harvard Community Credit Union
2004 Ed. (1928, 1929, 1938)
Harvard Community Health Plan
1997 Ed. (2195)
1996 Ed. (2093)
1995 Ed. (2091)
1993 Ed. (2019)
1989 Ed. (1146)
Harvard Coop
1989 Ed. (2518)
Harvard Graphics 3.0
1993 Ed. (1068)
Harvard Group PLC
1992 Ed. (1198, 1200)
Harvard Industries Inc.
2003 Ed. (341)
2000 Ed. (387, 388, 389)
1991 Ed. (1224)
Harvard International Technology
1996 Ed. (210)
Harvard Jolly Clees Toppe Architects
1999 Ed. (289)
1998 Ed. (186)
Harvard Jolly Clees Toppe Architects PA
2002 Ed. (333)
2000 Ed. (314)
Harvard Manufacturing Texas
2000 Ed. (2462)
Harvard Pilgrim Health
1999 Ed. (2651)
Harvard Pilgrim Health Care
2008 Ed. (2919, 3021, 3647)
2007 Ed. (2899)
2005 Ed. (3366)
Harvard Pilgrim Health Care of New England
2008 Ed. (2919)
Harvard Public Relations
2000 Ed. (3654)
1999 Ed. (3937)
1997 Ed. (3200)
1996 Ed. (3124)
1995 Ed. (3021)

Harvard Technologies
2003 Ed. (2750)
2002 Ed. (2558)
Harvard University
2008 Ed. (181, 182, 770, 776, 780, 782, 783, 784, 785, 786, 788, 1059, 1064, 1089, 3431, 3640, 3864)
2007 Ed. (798, 802, 803, 804, 805, 806, 807, 809, 810, 816, 819, 822, 823, 825, 827, 828, 1164, 1165, 1181, 2848, 2849, 3330, 3468)
2006 Ed. (693, 702, 707, 708, 709, 710, 711, 712, 721, 722, 730, 731, 733, 736, 737, 739, 2858, 2859)
2005 Ed. (795, 801, 803, 804, 805, 806, 807, 808, 809, 1063, 2852, 2853, 3266, 3440)
2004 Ed. (808, 813, 814, 815, 816, 817, 818, 822, 823, 828, 829, 832, 928, 1061, 2669, 2844, 3241, 3424)
2003 Ed. (789, 793)
2002 Ed. (873, 874, 875, 877, 878, 879, 881, 882, 883, 898, 1030, 2349)
2001 Ed. (1054, 1055, 1056, 1057, 1058, 1059, 1061, 1062, 1064, 1317, 1319, 1329, 2488, 3059, 3061, 3065, 3066, 3252, 3253, 3254, 3256, 3258, 3259, 3260, 3261)
2000 Ed. (916, 917, 918, 919, 920, 921, 922, 923, 924, 926, 928, 1036, 1137, 1143, 1148, 2904, 2908, 2909, 2910, 2911, 3065, 3066, 3067, 3069, 3070, 3071, 3072, 3074, 3431)
1999 Ed. (969, 970, 971, 972, 973, 974, 975, 976, 977, 978, 979, 980, 983, 1107, 1109, 1228, 1238, 1239, 3158, 3159, 3160, 3164, 3165, 3166, 3327, 3328, 3329, 3331, 3332, 3333, 3335)
1998 Ed. (548, 550, 552, 553, 555, 556, 557, 560, 712, 713, 799, 809, 811, 2334, 2335, 2338, 2339, 2761, 3161)
1997 Ed. (850, 854, 855, 856, 857, 858, 859, 864, 968, 969, 1051, 1062, 1063, 1064, 1066, 1068, 1069, 2602, 2603, 2607, 2608, 2609)
1996 Ed. (837, 841, 842, 843, 844, 845, 846, 848, 849, 946, 947, 1035, 1050, 1051, 2457, 2461, 2463, 2941)
1995 Ed. (858, 859, 860, 862, 863, 864, 866, 867, 868, 932, 969, 970, 1049, 1050, 1063, 1064, 1066, 1068, 1070, 1071, 1072, 1928, 2422, 2427, 2428, 3189)
1994 Ed. (806, 809, 810, 811, 812, 814, 815, 818, 896, 937, 938, 1042, 1057, 1713, 2358, 2771)
1993 Ed. (794, 795, 796, 800, 801, 802, 803, 805, 806, 923, 924, 1015, 1030, 1031, 2407, 2782)
1992 Ed. (997, 1001, 1002, 1003, 1004, 1006, 1007, 1009, 1123, 1124, 1267, 1282, 1283, 2848, 3257, 3357)
1991 Ed. (814, 817, 819, 820, 821, 822, 823, 917, 918, 1006, 1007, 2295, 2402, 2688)
1990 Ed. (856, 1088, 1092, 1094, 1095, 2785)
1989 Ed. (842, 954, 957, 2164)
Harvard University Employees Credit Union
2003 Ed. (1897)
Harvard University; John F. Kennedy School of Government of
1991 Ed. (891, 1003)
HarvardNet, Inc.
2002 Ed. (2521)
Harvardsky Prumyslovy
2000 Ed. (1320)
Harve Benard
1993 Ed. (865)
Harvest Energy Trust
2006 Ed. (3668)
Harvest House Publishers
2008 Ed. (3621)
Harvest I
1993 Ed. (1042)
Harvest Moon
1996 Ed. (920)
Harvest Natural Resources Inc.
2005 Ed. (3741)
Harvest State
1992 Ed. (3264)
Harvest States Cooperatives
1995 Ed. (3728)
1991 Ed. (1858)
Harvesters Credit Union
2002 Ed. (1839)
Harvey Chaplin
2007 Ed. (4900)
Harvey Chrysler Plymouth
1992 Ed. (3091)
Harvey Electronics
2007 Ed. (2865)
Harvey F. and Geraldine W. Brunch
1992 Ed. (1095)
Harvey; Gerald
2008 Ed. (4842)
Harvey Golub
1999 Ed. (1126)
1996 Ed. (964)
Harvey Heinbach
1997 Ed. (1857)
1996 Ed. (1828)
1995 Ed. (1850)
1994 Ed. (1761, 1812)
1993 Ed. (1778, 1829)
1991 Ed. (1672)
Harvey Hotels
1998 Ed. (2019)
1997 Ed. (2291)
Harvey; J. Brett
2007 Ed. (1021)
Harvey; James R.
1992 Ed. (2713)
1990 Ed. (2282)
Harvey; John
1997 Ed. (1888)
Harvey Keitel
2001 Ed. (6)
Harvey Mitsubishi
1992 Ed. (392)
Harvey Mudd College
2008 Ed. (2573)
1996 Ed. (1047)
1995 Ed. (1062)
1994 Ed. (1054)
1993 Ed. (1027)
1992 Ed. (1279)
Harvey Norman
2007 Ed. (1587)
2004 Ed. (1652)
Harvey Norman Holdings Ltd.
2008 Ed. (23, 64)
2007 Ed. (18, 61)
2006 Ed. (24)
2005 Ed. (18)
2004 Ed. (25)
2002 Ed. (32, 2708)
Harvey; Paul
2007 Ed. (4061)
2006 Ed. (2487)
Harveys Bristol Cream
2006 Ed. (4965)
2005 Ed. (4961, 4962)
2004 Ed. (4969, 4970)
2002 Ed. (4924)
2001 Ed. (3106, 4844)
1998 Ed. (3740, 3741)
1997 Ed. (3887)
1994 Ed. (3662)
1992 Ed. (4459, 4461, 4463, 4467)
1989 Ed. (2963)
Harvey's Bristol Cream Sherry
1991 Ed. (3497, 3500, 3502)
1989 Ed. (2947, 2948, 2950)
Harvey's Resort Hotel/Casino
1993 Ed. (2091)
Harwood
1999 Ed. (3205)
Harwood Canadian
2004 Ed. (4893)
2003 Ed. (4903)
2002 Ed. (3103)
2001 Ed. (4789)
2000 Ed. (2945)
Harwood K. Smith & Partners Inc.
1990 Ed. (279, 1665)
1989 Ed. (266)
Harza Engineering Co.
2000 Ed. (1812)
1999 Ed. (2024)
1998 Ed. (1440)
1997 Ed. (1738, 1750, 1757)
1996 Ed. (1660, 1676)
1995 Ed. (1677, 1694)
1993 Ed. (1617)
1992 Ed. (1965)
1991 Ed. (1559)
Hasan & Partners
2003 Ed. (73)
2002 Ed. (107)
2001 Ed. (135)
Hasan & Partners Oy (McCann)
1997 Ed. (88)
Hasbro Inc.
2008 Ed. (2061, 2062, 3441, 3542, 3543, 4222, 4704)
2007 Ed. (1966, 1967, 2909, 3344, 3413, 3414, 4784, 4785, 4786)
2006 Ed. (264, 265, 2001, 2002, 3270, 3359, 3360, 4071, 4778, 4780)
2005 Ed. (243, 244, 1257, 1955, 1956, 3279, 3378, 3379, 4724, 4725)
2004 Ed. (240, 241, 1847, 1848, 3349, 3350, 4747, 4748)
2003 Ed. (1813, 1814, 2603, 3207, 3208, 3285, 3286, 4772, 4773)
2002 Ed. (1757, 4599, 4641, 4642)
2001 Ed. (1092, 1840, 1841, 3087, 4604)
2000 Ed. (280, 281, 283, 284, 285, 288, 289, 955, 1545, 2920, 4275, 4277, 4280)
1999 Ed. (260, 261, 1000, 1345, 1727, 4627, 4628, 4629, 4631, 4632, 4637)
1998 Ed. (152, 156, 157, 160, 161, 163, 164, 596, 1187, 3499, 3595, 3596, 3597, 3599, 3603, 3604)
1997 Ed. (228, 230, 231, 232, 234, 238, 239, 1501, 3715, 3774, 3775, 3777, 3778, 3779)
1996 Ed. (3722, 3723, 3724)
1995 Ed. (213, 214, 1478, 3573, 3635, 3638, 3639, 3640)
1994 Ed. (204, 206, 210, 211, 213, 1266, 1442, 2365, 2872, 3025, 3502, 3559)
1993 Ed. (216, 218, 1222, 1227, 1388, 1506, 2413, 2984, 3598, 3601, 3603)
1992 Ed. (66, 2855, 3458, 3459, 4323, 4325, 4327)
1991 Ed. (38, 226, 1220, 1247, 2299, 2740, 2741, 3227, 3315, 3408, 3410)
1990 Ed. (41)
1989 Ed. (1052, 1891, 2295, 2855, 2856, 2857)
Hasbro Interactive
1999 Ed. (1255)
Hasbro Managerial Services Inc.
2008 Ed. (2061)
2007 Ed. (1966)
2006 Ed. (2001)
Hasbro U.K. Ltd.
2004 Ed. (3358)
2002 Ed. (46)
Hasegawa
1999 Ed. (2444)
1998 Ed. (1698)
Hasegawa; Minoru
1996 Ed. (1879)
Hasegawa; T.
1997 Ed. (2013)
Haseko Corp.
1999 Ed. (1565)
Haselden Construction
2006 Ed. (3986)
2005 Ed. (1325)
Haselden Construction LLC
2008 Ed. (1273, 2653)
2007 Ed. (1375, 2525)
Hasenbichler Cm.
1993 Ed. (1041)
Hasenbichler Commodities
1995 Ed. (1078, 1080)
Hasenbichler Commodities AG
2000 Ed. (1152)
Hashagen Jr.; John D.
1992 Ed. (532)
Hashimoto; Naoto
1997 Ed. (1993)
1996 Ed. (1887, 1888)
Hashimoto; Takashi
1997 Ed. (1979)
The Haskell Co.
2008 Ed. (1240, 3187)
2007 Ed. (2412)
2006 Ed. (2458, 2793)
2005 Ed. (2418, 2815)
2004 Ed. (1257, 1264)
2003 Ed. (1246, 1261)
2002 Ed. (333, 1173, 1191, 1249, 1277, 3922)
2001 Ed. (404)
2000 Ed. (312, 314)
1999 Ed. (286, 289)
1998 Ed. (183, 186, 904)
1996 Ed. (230)
1995 Ed. (234)
1993 Ed. (1093)
Haskell & Stern Associates Inc.
1992 Ed. (2048)
Haskell County, KS
1997 Ed. (1681)
Haskell Slaughter
2001 Ed. (723, 921)
Haskell, Slaughter & Young
2000 Ed. (3679)
Hass Automation
1997 Ed. (2168)
Hassan; F.
2005 Ed. (2501)
Hassan; Fred
2007 Ed. (992, 1028)
2006 Ed. (902)
Hassanal Bolkiah Mu'Izzadin Waddaulah; Sultan Haji
1992 Ed. (890)
Hassenberg; Mark
1997 Ed. (1866)
1996 Ed. (1790, 1792)
1995 Ed. (1795, 1815, 1818)
1994 Ed. (1775, 1778)
1993 Ed. (1771, 1772, 1792, 1795)
Hassett Lincoln-Mercury
1991 Ed. (310)
Hassey; L. Patrick
2007 Ed. (1024)
Hassler
2000 Ed. (2564)
1995 Ed. (2174)
Hasso Plattner
2000 Ed. (735)
The Hasson Co.
2008 Ed. (4106)
Hastings Entertainment Inc.
2004 Ed. (4039)
2002 Ed. (4748)
Hastings Health Care
2000 Ed. (149)
Hastings Healthcare
1999 Ed. (131)
Hastings, Janofsky & Walker, Paul
1996 Ed. (2454)
Hastings Music & Video
1994 Ed. (3624)
Hastings; Paul
2005 Ed. (2514)
Hasty Market
1989 Ed. (1487)
Hat World
2006 Ed. (4447)
2005 Ed. (4092)
Hatachi
1997 Ed. (1448)
Hatch Ltd.
2008 Ed. (1308, 1309)
2006 Ed. (1322, 1323)
Hatch; Anthony
1996 Ed. (1821)
1995 Ed. (1843)
Hatch Group
2008 Ed. (2555)

2007 Ed. (2428)
2003 Ed. (2305, 2309)
Hatch Mott MacDonald
2008 Ed. (2521)
Hatcher; David
2008 Ed. (2634)
Hatfield Hyundai
1995 Ed. (270)
Hatfield LLC
2007 Ed. (883, 4867)
Hatfield Quality Meats Inc.
2008 Ed. (3614)
1997 Ed. (3134)
Hathaway & Associates
1994 Ed. (2308)
Berkshire Hathaway
1999 Ed. (2965)
Hathaway Speight
2001 Ed. (957)
Hattiesburg Industrial Park
1996 Ed. (2248)
Hattiesburg, MS
2005 Ed. (2989)
2002 Ed. (2118, 3330)
1996 Ed. (977)
Hatton National Bank
2006 Ed. (526)
2004 Ed. (622)
2003 Ed. (613)
2002 Ed. (649, 4476)
2000 Ed. (666, 1149)
1999 Ed. (640, 1240, 1241)
1997 Ed. (618)
1996 Ed. (684)
1995 Ed. (610)
1993 Ed. (634)
1992 Ed. (838)
1991 Ed. (665)
Hattori Corp.
1991 Ed. (27)
Hattori Seiko Co.
1990 Ed. (32)
1989 Ed. (2297)
Hattron National Bank Ltd.
1994 Ed. (637)
Haub; Erivan
1995 Ed. (664)
Haub; Karl Erivan
1992 Ed. (888)
Hauck Research International
2000 Ed. (3048)
Hauck Research Services
2002 Ed. (3256, 3261)
The Haunted Carnival
2003 Ed. (714)
Hauppauge Digital Inc.
2008 Ed. (4417)
2003 Ed. (2718)
2002 Ed. (2526)
Hauppauge Office Condos
1991 Ed. (1043)
1990 Ed. (1145)
Hauppauge Office Plaza I & II
1991 Ed. (1043)
1990 Ed. (1145)
Haupt; Enid Annenberg
1994 Ed. (890)
Haupt-Stummer
1997 Ed. (61)
1992 Ed. (122)
Haupt-Stummer/J. Walter Thompson
1993 Ed. (82)
Haupt-Stummer/JWT
1996 Ed. (63)
1995 Ed. (47)
Hauseman
1992 Ed. (4426)
Hauser/Botanical International
2001 Ed. (994)
Hausman; J. Craig
1994 Ed. (1712)
Haussman Holdings
1996 Ed. (2098)
Haute Couture
1992 Ed. (2951)
Haute-Garonne
1993 Ed. (486)
1992 Ed. (675)
Haute Normandie
1996 Ed. (513)
1994 Ed. (488)
Havaianas
2008 Ed. (661)
Havana
2008 Ed. (1026)
2007 Ed. (1146, 1148)
2006 Ed. (1058)
Havana Stockjes
1994 Ed. (961)
Havanitos
1994 Ed. (961)
Havanitos Leger
1994 Ed. (961)
Havas
2005 Ed. (100)
2000 Ed. (93)
1999 Ed. (87, 2052)
1997 Ed. (2725, 3502)
1992 Ed. (3943)
1991 Ed. (2394)
1990 Ed. (3264)
Havas Advertising
2008 Ed. (124, 125)
2007 Ed. (115, 117, 118)
2006 Ed. (108, 123, 124)
2005 Ed. (118, 121)
2004 Ed. (111, 118, 120)
2003 Ed. (86, 88, 109)
2002 Ed. (120, 121, 143, 1982)
2001 Ed. (147)
2000 Ed. (108, 109, 139)
1999 Ed. (103, 104)
1998 Ed. (57, 58)
1997 Ed. (101, 103)
Havas Euro RSCG Public Relations
2001 Ed. (3938)
Havas Health Care
2007 Ed. (106)
Havas Healthcare
2008 Ed. (114)
2006 Ed. (117)
2005 Ed. (107)
Havas Interactive
2002 Ed. (1154)
Havas SA
2003 Ed. (72)
2001 Ed. (32)
1997 Ed. (87)
1996 Ed. (86)
1995 Ed. (73)
1994 Ed. (86)
1990 Ed. (99)
Havatampa
2003 Ed. (966, 967)
1999 Ed. (1144)
Havatampa Jewel 10/5
1990 Ed. (985)
Havatampa/Phillies
1999 Ed. (1143, 4512)
Haven Bancorp
2001 Ed. (4529, 4530)
Haven Capital
1997 Ed. (2534)
Haven Poe
1991 Ed. (2346)
Haverford College
2008 Ed. (1057, 1068)
2001 Ed. (1316, 1318)
2000 Ed. (1136)
1999 Ed. (1227)
1998 Ed. (798)
1997 Ed. (1052)
1996 Ed. (1036)
1995 Ed. (1051)
1994 Ed. (1043)
1993 Ed. (1016)
1990 Ed. (1089)
1989 Ed. (955)
Haverhill, MA
1997 Ed. (2765)
Haverty Furniture Cos.
2008 Ed. (2369)
2007 Ed. (2230)
2004 Ed. (2120, 2125, 2869, 2879, 2882)
Haverty; Michael R.
2006 Ed. (2530)
Havertys
2000 Ed. (2296, 2299, 2301, 2303, 2304)
1999 Ed. (2557, 2560, 2561)
1998 Ed. (1784, 1796)
1997 Ed. (2097, 2109)
1996 Ed. (1982, 1992)
1995 Ed. (1963, 1965, 2447)
1994 Ed. (1934, 1937, 1938)
1992 Ed. (2253)
1990 Ed. (1866)
Havi Group
2002 Ed. (1982)
Havican Insurance Co.
1995 Ed. (906)
1994 Ed. (864)
1993 Ed. (851)
Havok
2007 Ed. (1225)
Havoline
2001 Ed. (389)
2000 Ed. (355, 3015)
1999 Ed. (3277)
1998 Ed. (239, 242)
1997 Ed. (317, 318)
1996 Ed. (340, 341)
1995 Ed. (326)
1994 Ed. (329, 330)
1993 Ed. (342, 343)
1992 Ed. (469, 470)
1991 Ed. (338)
1990 Ed. (388)
1989 Ed. (338, 339)
Havoline Formula 3
2001 Ed. (3392)
Haw Par Brothers International Ltd.
1992 Ed. (1685)
1991 Ed. (1340)
Haw Par Merchant Bankers
1991 Ed. (2415)
Hawaii
2008 Ed. (851, 1781, 2414, 2641, 3118, 3133, 3271, 3278, 3279, 3437, 3438, 3984, 4082, 4729)
2007 Ed. (1753, 2164, 2371, 3014, 3337, 3338, 3954, 4046, 4682, 4684)
2006 Ed. (2980, 2981, 3109, 3480, 3905, 4014, 4661, 4664)
2005 Ed. (399, 401, 410, 411, 412, 414, 415, 416, 913, 1075, 1078, 1080, 2525, 2917, 2920, 3298, 3299, 3837, 3838, 4189, 4199, 4200, 4201, 4202, 4233, 4234, 4237, 4601, 4723, 4929)
2004 Ed. (376, 379, 382, 392, 394, 396, 437, 776, 922, 980, 1026, 1073, 1903, 2022, 2186, 2187, 2317, 2537, 2806, 2930, 2975, 2976, 3291, 3300, 3480, 3672, 3673, 3674, 3898, 3899, 4233, 4256, 4262, 4263, 4268, 4269, 4293, 4300, 4301, 4304, 4512, 4515, 4528, 4529, 4530, 4818, 4949, 4979)
2003 Ed. (398, 399, 400, 401, 402, 403, 413, 415, 417, 786, 905, 969, 1061, 1062, 2582, 2606, 2688, 2829, 2839, 3235, 3263, 3874, 4210, 4237, 4243, 4244, 4252, 4294, 4295, 4296, 4418, 4419, 4821, 4945)
2002 Ed. (447, 448, 450, 457, 467, 869, 959, 961, 1112, 2121, 2625, 2635, 2895, 2896, 2977, 3198, 3200, 4071, 4073, 4109, 4110, 4114, 4142, 4144, 4145, 4146, 4152, 4153, 4521, 4706, 4909, 4911)
2001 Ed. (1157, 1159, 1232, 1305, 1492, 2840, 3082, 4145, 4260, 4261, 4410, 4411, 4413, 4582, 4583, 4584, 4637, 4653, 4657, 4837, 4839, 4923)
2000 Ed. (1007, 1085, 1792, 2507, 2537, 3688, 3832, 4095, 4097, 4100, 4101, 4107, 4179, 4269, 4393)
1999 Ed. (1060, 1859, 2811, 3140, 3975, 4122, 4403, 4404, 4405, 4407, 4410, 4418, 4441, 4447, 4450, 4465, 4468, 4535, 4536, 4621, 4765)
1998 Ed. (466, 673, 1977, 2437, 2970, 3106, 3377, 3382, 3387, 3390, 3465, 3717)
1997 Ed. (930, 996, 1573, 3227, 3364, 3566, 3581, 3582, 3584, 3595, 3604, 3621, 3623, 3727, 3786, 3882)
1996 Ed. (899, 2090, 3265, 3515, 3516, 3517, 3521, 3541, 3542, 3544, 3555, 3564, 3582, 3668, 3832)
1995 Ed. (919, 2646, 3172, 3461, 3462, 3464, 3497, 3592, 3633, 3733, 3801)
1994 Ed. (678, 1509, 3120, 3389, 3390, 3392, 3507)
1993 Ed. (363, 871, 2138, 2526, 2710, 3059, 3107, 3404, 3438, 3442, 3548, 3624, 3732)
1992 Ed. (970, 971, 1080, 1942, 2573, 2586, 2857, 2921, 2924, 2931, 2932, 3632, 3819, 4076, 4078, 4081, 4085, 4087, 4096, 4127, 4315, 4317)
1991 Ed. (325, 787, 882, 2161, 2352, 3175, 3178, 3181, 3184, 3192, 3195, 3196, 3199, 3200, 3201, 3202, 3214, 3338, 3422)
1990 Ed. (365, 759, 996, 2429, 2867, 3069, 3109, 3347, 3349, 3352, 3361, 3373, 3374, 3409, 3421, 3422, 3423, 3425, 3426, 3427, 3606)
1989 Ed. (870, 1641, 1987, 2541, 2542, 2556, 2558, 2846, 2847, 2893)
Hawaii; Bank of
2007 Ed. (383, 390, 1754)
2006 Ed. (1743, 1745)
2005 Ed. (365, 635, 636, 1783)
Hawaii Captive Insurance Management Inc.
2001 Ed. (2923)
2000 Ed. (981)
1999 Ed. (1031)
1998 Ed. (640)
1997 Ed. (901)
1996 Ed. (880)
1995 Ed. (907)
1994 Ed. (865)
Hawaii Community Credit Union
2008 Ed. (2228)
2007 Ed. (2113)
2006 Ed. (2192)
2005 Ed. (2097)
2004 Ed. (1955)
Hawaii County, HI
1996 Ed. (1472, 1474, 1475)
Hawaii Credit Union; University of
2008 Ed. (2228)
2007 Ed. (2113)
2006 Ed. (2192)
2005 Ed. (2097)
Hawaii Department of Budget
2001 Ed. (801)
Hawaii Department of Budget & Finance
1999 Ed. (2844)
1996 Ed. (2237)
Hawaii Department of Health
1994 Ed. (2576)
Hawaii-Dept. of Health; State of
1992 Ed. (3126)
Hawaii District Navy Exchange
2008 Ed. (1775, 1776)
2007 Ed. (1749)
Hawaii Electric Light Co. Inc.
2003 Ed. (2134)
1991 Ed. (1488)
Hawaii Employees
2002 Ed. (3609)
2001 Ed. (3674)
Hawaii Energy Resources Inc.
2006 Ed. (1744)
Hawaii Foundation; University of
2007 Ed. (1751)
Hawaii Health Systems Corp.
2002 Ed. (3296)
Hawaii International Environmental Services Inc.
2006 Ed. (3509, 4348)
Hawaii Medical Center
2008 Ed. (1780)
Hawaii Medical Service Association
2008 Ed. (1780, 1782)
2007 Ed. (1752, 1754)

2006 Ed. (1743, 1745)
2005 Ed. (1783)
2004 Ed. (1725)
2003 Ed. (1688)
2001 Ed. (1721)
Hawaii National Bank
1996 Ed. (546)
Hawaii Pacific Health
2008 Ed. (1782)
2007 Ed. (1754)
2006 Ed. (1745)
Hawaii Petroleum Inc.
2008 Ed. (1783)
2007 Ed. (1755)
2006 Ed. (1746)
Hawaii Schools
1991 Ed. (2929)
Hawaii State Credit Union
2008 Ed. (2228)
2007 Ed. (2113)
2006 Ed. (2192)
2005 Ed. (2097)
2004 Ed. (1955)
2003 Ed. (1915)
2002 Ed. (1861)
Hawaii State Employees Credit Union
1996 Ed. (1510)
Hawaii Statewide School System
2004 Ed. (4311)
2000 Ed. (3860)
1998 Ed. (3160)
1997 Ed. (3385)
1996 Ed. (3288)
1994 Ed. (3146)
1993 Ed. (3102)
Hawaii Statewide Schools
1995 Ed. (3190)
1992 Ed. (3802)
1991 Ed. (2927)
Hawaii System; University of
2008 Ed. (1782)
2007 Ed. (1754)
2006 Ed. (1745)
Hawaiian Airlines Inc.
2008 Ed. (1782)
2007 Ed. (1753, 1754)
2006 Ed. (1744, 1745)
2005 Ed. (1784)
2004 Ed. (201, 202, 1726)
2003 Ed. (1689)
2001 Ed. (1722)
1994 Ed. (163, 3251, 3572)
1993 Ed. (1105, 3257)
1990 Ed. (1184)
1989 Ed. (237)
Hawaiian Dredging Construction Co.
2008 Ed. (1781)
2006 Ed. (1290)
Hawaiian Electric Co.
2008 Ed. (1781)
2007 Ed. (1753)
2006 Ed. (1744)
2003 Ed. (1689)
2001 Ed. (1722)
1999 Ed. (1953)
1998 Ed. (1394, 1395)
1997 Ed. (1701, 1702, 2177)
1996 Ed. (1622, 1623)
1995 Ed. (1645, 1646)
1994 Ed. (1603, 1604)
1993 Ed. (1561)
1992 Ed. (1907)
1991 Ed. (1505)
1990 Ed. (1608)
Hawaiian Electric Industries Inc.
2008 Ed. (1781, 1782, 4128)
2007 Ed. (1753, 1754, 2293)
2006 Ed. (1744, 1745, 2359, 2360)
2005 Ed. (1784, 2313)
2004 Ed. (1726)
2003 Ed. (1689)
2001 Ed. (1722)
Hawaiian Holdings Inc.
2008 Ed. (1781)
2007 Ed. (232, 1753)
2006 Ed. (225, 226, 1744)
2005 Ed. (204, 205, 213, 1784)
Hawaiian Insurance & Guaranty Co., Ltd.
2006 Ed. (1742)
1995 Ed. (2326)
Hawaiian Punch
2003 Ed. (674)
2002 Ed. (2375)
2000 Ed. (2282)
1998 Ed. (1777)
1995 Ed. (1947)
1992 Ed. (2240)
1990 Ed. (724)
Hawaiian Punch Fruit Drink
2007 Ed. (2654)
Hawaiian Punch Fruit Drinks
2006 Ed. (2671)
Hawaiian Punch Fruit Juicy Blue
1995 Ed. (1893)
Hawaiian Tax-Free Trust
1994 Ed. (587)
Hawaiian Tel Employees Credit Union
2005 Ed. (2097)
2004 Ed. (1955)
2003 Ed. (1915)
2002 Ed. (1861)
Hawaiian Telephone Employees Credit Union
2008 Ed. (2228)
2007 Ed. (2113)
2006 Ed. (2192)
Hawaiian Tropic
2008 Ed. (3162, 4553)
2003 Ed. (2916, 4619, 4620, 4621, 4622, 4623)
2001 Ed. (4392, 4396)
2000 Ed. (4039, 4139)
1999 Ed. (4505)
1998 Ed. (1358, 3432)
1997 Ed. (711, 3658, 3659)
1994 Ed. (3457)
1990 Ed. (3487)
Hawaiian Trust
1994 Ed. (587)
1989 Ed. (2154)
HawaiiUSA Credit Union
2008 Ed. (2228)
2007 Ed. (2113)
2006 Ed. (2192)
2005 Ed. (2097)
2004 Ed. (1955)
2003 Ed. (1915)
2002 Ed. (1861)
Haward Baker Inc.
1999 Ed. (1369)
Hawi Euro RSCG
1994 Ed. (119)
1993 Ed. (138)
Hawken
1995 Ed. (3623)
1994 Ed. (3545)
Hawker Beechcraft Corp.
2008 Ed. (1876, 1877)
Hawker 800 XP
1998 Ed. (144)
Hawker Siddeley
1993 Ed. (1176, 1197)
Hawker Siddeley Canada
1992 Ed. (1879)
1989 Ed. (1930)
Hawker Siddeley Group Plc
1992 Ed. (2954)
Hawkes; Norman
1992 Ed. (2905)
Hawkes; Norman R.
1993 Ed. (2463)
1991 Ed. (2344)
Hawkeye Group
2005 Ed. (3407)
Hawkins Inc.
2005 Ed. (936)
2004 Ed. (946)
Hawkins, Cloward & Simister
2006 Ed. (19)
Hawkins; David
1997 Ed. (1905)
1996 Ed. (1832)
1995 Ed. (1854)
1994 Ed. (1836)
1993 Ed. (1833)
1991 Ed. (1687)
Hawkins Delafield & Wood
2005 Ed. (3525, 3533)
2001 Ed. (744, 745, 768, 772, 780, 800, 828, 869, 877, 881, 889, 897, 921, 925, 937, 945, 949, 4206)
2000 Ed. (1726, 2593, 2620, 3196, 3198, 3199, 3200, 3202, 3204, 3858, 4298)
1999 Ed. (1942, 2817, 2843, 3476, 3484, 3485, 3486, 3487, 4659)
1998 Ed. (1376, 2061, 2084, 2565, 2573, 2574, 2575, 2577, 3617)
1997 Ed. (2341, 2841, 2843, 2847, 2849, 3218, 3795)
1996 Ed. (2212, 2238, 2724, 2726, 2728)
1995 Ed. (1629, 2193, 2645, 2647, 2652, 3037, 3664)
1993 Ed. (1549, 2117, 2160, 2615, 2627, 2940)
1991 Ed. (1987, 2015, 2524, 2531, 2534, 2535)
1990 Ed. (2292)
Hawkins Delafield & Wood LLP
2007 Ed. (3649, 3657)
Hawkins Food Group
2002 Ed. (715)
The Hawkins Food Group LLC
2005 Ed. (177)
2004 Ed. (175)
Hawkins Co.; Herbert
1994 Ed. (2999)
Hawkins Jr.; Earl R.
1995 Ed. (2485)
Hawkinson Ford Field
2005 Ed. (4442)
Hawksbill Capital Management
1999 Ed. (1246)
1994 Ed. (1069)
1992 Ed. (2743)
Hawksbill Capital Management (Diversified)
1995 Ed. (1078)
Hawley Troxell
2001 Ed. (803)
Haworth Inc.
2008 Ed. (1928)
2007 Ed. (1879, 2662)
2006 Ed. (1880)
2005 Ed. (1383, 1866)
2004 Ed. (1365, 1796, 2697, 2700, 2701, 3352)
2003 Ed. (1360, 1759, 2586)
2000 Ed. (3371)
Haworth International Ltd.
2005 Ed. (2699)
2004 Ed. (2697, 2700)
2003 Ed. (2584)
2001 Ed. (2569)
Hawthorn
2002 Ed. (2643)
1996 Ed. (2102)
Hawthorn Bank
1998 Ed. (370)
The Hawthorn Group
2002 Ed. (3835)
2000 Ed. (3629)
Hawthorn Mellody Inc.
1993 Ed. (2582)
Hawthorn Suites
2000 Ed. (2554)
1996 Ed. (2175, 2179)
Hawthorn Suites Hotels
1992 Ed. (2496)
Hawthorne Financial Corp.
2003 Ed. (514)
2002 Ed. (485)
1999 Ed. (4142)
Hawthorne Hotel
2005 Ed. (2938)
Hawthorne Pacific Corp.
2008 Ed. (1779)
Hawthorne S & LA
1993 Ed. (3087)
1992 Ed. (3788)
Hawthorne Savings, FSB
2005 Ed. (4179)
2004 Ed. (4246)
Hawthorne Suites
1998 Ed. (2017, 2022)
Hawthorne Suites Hotels
1999 Ed. (2777)
Hay
2001 Ed. (2665)
1999 Ed. (1807)
The Hay-Adams Hotel
1995 Ed. (2157)
1994 Ed. (2103)
1993 Ed. (2089)
1992 Ed. (2481)
1991 Ed. (1946)
Hay Group
2000 Ed. (1779)
1999 Ed. (2001)
1992 Ed. (2961)
1990 Ed. (852)
Hay; Heather
1997 Ed. (1870)
Hay House
2001 Ed. (3951)
Hay/Huggins Co. Inc.
1998 Ed. (1427)
Hay III; L.
2005 Ed. (2509)
Hay III; Lewis
2008 Ed. (2638)
Hay Management Consultants
1990 Ed. (1649)
Hayakawa; Akiyoshi
1997 Ed. (1991)
Hayao Group
2008 Ed. (32)
Hayashi; Fumiko
2007 Ed. (4982)
Hayat
2006 Ed. (98)
Hayden Homes
2005 Ed. (1224)
Hayden, Tolzmann & Associates
1991 Ed. (2240)
Haydon Building Corp.
2008 Ed. (1181)
2007 Ed. (1281)
Hayduk; Vitaliy
2008 Ed. (4877)
Hayek Investment
1995 Ed. (2373)
Hayek; Nicolas
2008 Ed. (4875)
Hayes
2000 Ed. (3392)
1998 Ed. (2519)
1991 Ed. (2478)
1990 Ed. (2595, 2596)
Hayes & Associates LLC
2007 Ed. (3575, 4432)
2006 Ed. (3525)
Hayes Conference Center
2000 Ed. (2545)
Hayes-Dana Inc.
1996 Ed. (318)
1994 Ed. (309)
1992 Ed. (447)
Hayes Express Inc.
1999 Ed. (4336)
Hayes Forest Services Ltd.
2007 Ed. (1607)
Hayes Handpiece Franchises Inc.
2008 Ed. (2325)
2006 Ed. (2251)
2005 Ed. (2163)
2004 Ed. (2047)
2003 Ed. (2000)
2002 Ed. (1914)
Hayes Knight Group
2002 Ed. (4)
Hayes Lemmerz International Inc.
2008 Ed. (1928)
2007 Ed. (1879)
2006 Ed. (328, 331, 338, 1880)
2005 Ed. (315, 1866)
2003 Ed. (3372)
2001 Ed. (2226, 2377)
2000 Ed. (1900)
1999 Ed. (2107)
Hayes; Thomas W.
1995 Ed. (3504)
1993 Ed. (3444)
Hayes Wheels International Inc.
1998 Ed. (224, 1529)
Haygarth
2007 Ed. (2022)
Haygarth Group
2002 Ed. (4085)
2000 Ed. (1678)
1999 Ed. (2837)
Hayles
2006 Ed. (1073)

Hayleys Ltd.
2002 Ed. (4476)
2000 Ed. (1149, 1150)
1999 Ed. (1240, 1241)
1997 Ed. (1070)
1996 Ed. (1052)
1994 Ed. (1061)
Hayne; Richard
2007 Ed. (1019, 4897)
Haynes & Boone
2008 Ed. (3416)
1993 Ed. (2396)
1992 Ed. (2833)
1991 Ed. (2284)
1990 Ed. (2418)
Haynes & Boone LLP
2007 Ed. (3312)
Haynes Bros.
1997 Ed. (833)
Haynes Jeep-Eagle
1995 Ed. (277)
Haynes Corp.; M. B.
2006 Ed. (1333)
Haynes Motor Co.
1996 Ed. (276)
Haynie & Co. PC
2006 Ed. (17)
2005 Ed. (12)
2004 Ed. (16)
2003 Ed. (10)
2002 Ed. (15)
Haynie; Martha
1993 Ed. (2463)
Haynie; Martha O.
1995 Ed. (2485)
Haynsworth, Marion, McKay & Guerard
2001 Ed. (913)
1998 Ed. (1376)
1993 Ed. (1549)
Hays
2007 Ed. (4367, 4369, 4370)
2006 Ed. (4302, 4303)
Hays & Sons Complete Restoration
2007 Ed. (766, 767)
Hays Chemical Distribution
2002 Ed. (1004)
Hays Distribution
1999 Ed. (963)
Hays; Michael
2006 Ed. (2527)
Hays Mitsubishi
1996 Ed. (280)
1995 Ed. (280)
Hays Personnel Services
2004 Ed. (1641)
2003 Ed. (1621)
Hays plc
2008 Ed. (4325)
Hayslett Sorrel
2005 Ed. (3957, 3959)
2004 Ed. (3982, 3999)
Haythe & Curley
1999 Ed. (3476)
Hayward Baker Inc.
2008 Ed. (1258)
2007 Ed. (1361)
2006 Ed. (1282)
2005 Ed. (1312)
2004 Ed. (1305)
2003 Ed. (1302)
2002 Ed. (1290)
2001 Ed. (1475)
2000 Ed. (1261)
1998 Ed. (947)
1997 Ed. (1165)
1996 Ed. (1139)
1995 Ed. (1172)
1994 Ed. (1147)
1993 Ed. (1128)
1992 Ed. (1415)
Hazama Corp.
1998 Ed. (970)
Hazara Engineering Co.
2000 Ed. (1804)
Hazard Communication-General Industry
2000 Ed. (4324)
Hazardous materials
2001 Ed. (339)
Hazardous materials communications
1993 Ed. (2737)
Hazardous waste
2001 Ed. (2303)
Hazardous waste management
1992 Ed. (3477)
HazCom
2000 Ed. (4323)
Haze
2002 Ed. (2709)
1999 Ed. (1183)
1996 Ed. (983)
Haze Air Fresheners
1994 Ed. (983)
Hazelbrook Ice Cream
2001 Ed. (2836)
Hazeldene's Chicken Farm
2004 Ed. (3950)
2002 Ed. (3770)
Hazeldon Foundation
1989 Ed. (1477)
Hazelnuts
1994 Ed. (2687)
1993 Ed. (2736)
Hazelwood Farms Bakeries Inc.
1992 Ed. (492)
Hazen & Sawyer PC
2008 Ed. (2511, 2523)
1992 Ed. (1963)
Hazlehurst; Bank of
2005 Ed. (523)
Hazouri; Thomas L.
1992 Ed. (2987)
1991 Ed. (2395)
Hazzaz
1994 Ed. (41)
HB
1997 Ed. (987, 990)
1994 Ed. (959)
H.B. Fuller
1990 Ed. (962, 965)
HB Management Group Inc.
2008 Ed. (4992)
HBC
2000 Ed. (3620, 4145, 4151, 4165)
HBC Contractors
1998 Ed. (904)
HBE Corp.
2008 Ed. (1238)
2006 Ed. (2793)
2005 Ed. (2815)
2002 Ed. (1173)
2001 Ed. (404, 1402)
2000 Ed. (312)
HBE Medical Buildings
2001 Ed. (2767, 2768)
2000 Ed. (2504, 2505)
1999 Ed. (2727)
HBF
2004 Ed. (3082)
2003 Ed. (3960)
2002 Ed. (3777)
HBG
1998 Ed. (963, 971)
1997 Ed. (1183)
1995 Ed. (1177, 1180, 1186)
1993 Ed. (1144)
1992 Ed. (1426)
HBG Constructors Inc.
2004 Ed. (774)
2003 Ed. (765, 1270)
2002 Ed. (1237, 1260, 1284)
HBG, Hollandsche Beton Groep NV
1999 Ed. (1389)
HBJ Parks
1992 Ed. (1460)
HBK-Banque d'Epargne
1996 Ed. (454)
1993 Ed. (434)
HBK-Spaarbank
1994 Ed. (434)
1992 Ed. (616)
H.B.L. Inc.
1993 Ed. (292)
1992 Ed. (391, 407, 397)
1990 Ed. (316)
HBM/Creamer Inc.
1989 Ed. (140)
HBMA Holdings Inc.
2008 Ed. (3674, 3675)
2007 Ed. (3511)
HBO
2007 Ed. (4739)
2005 Ed. (4663)
2004 Ed. (4691)
2003 Ed. (4714)
2001 Ed. (4496)
1999 Ed. (1264, 1485, 3644, 4715)
1992 Ed. (1022)
1991 Ed. (836)
HBO & Co.
2005 Ed. (1504)
2000 Ed. (1760)
1999 Ed. (2640, 4486, 4487)
1998 Ed. (1904, 3410)
1997 Ed. (2258, 3640)
1996 Ed. (2151)
1995 Ed. (2138, 2139)
1994 Ed. (3442)
1992 Ed. (1345)
HBOS
2007 Ed. (717, 738)
HBOS LP
2005 Ed. (1794)
HBOS plc
2008 Ed. (411, 447, 448, 520, 521, 1747, 2122, 2135)
2007 Ed. (440, 447, 475, 478, 567, 568, 569, 1467, 1718, 2027, 2031, 2037, 2041, 4664)
2006 Ed. (438, 469, 536, 537, 538, 2054, 2058, 2060, 2070, 3328)
2005 Ed. (496, 508, 538, 623, 624, 1986, 2145, 3940)
2004 Ed. (488, 560, 635, 1740)
HC Miller Co.
2005 Ed. (3885, 3897)
HC Oregon
2006 Ed. (2409)
HCA Inc.
2008 Ed. (1405, 1480, 1739, 2105, 2106, 2280, 2888, 2889, 2890, 2891, 2901, 2911, 3445, 3634, 4046, 4079)
2007 Ed. (915, 1486, 2010, 2011, 2769, 2770, 2776, 2782, 2783, 2790, 2791, 2935, 3460)
2006 Ed. (832, 2038, 2039, 2045, 2759, 2760, 2762, 2764, 2767, 2776, 2795, 2925, 3586, 3587, 3588, 4725)
2005 Ed. (1464, 1515, 1550, 1969, 1970, 2789, 2790, 2792, 2794, 2796, 2798, 2801, 2913, 2914, 2915)
2004 Ed. (1582, 1739, 1866, 1867, 2796, 2797, 2799, 2802, 2804, 2808, 2815, 2925, 2926, 2927, 3526)
2003 Ed. (2692, 2825)
2002 Ed. (3802)
HCA Health Services of Kansas Inc.
2001 Ed. (1770)
HCA Health Services of Oklahoma Inc.
2005 Ed. (1922)
2003 Ed. (1803)
HCA Health Services of Virginia Inc.
2006 Ed. (2096, 2760)
HCA-HealthOne LLC
2008 Ed. (2493)
2007 Ed. (2376)
2006 Ed. (2431)
2005 Ed. (1754, 2390)
HCA-Hospital Corp. of America
2008 Ed. (2888)
1997 Ed. (1252)
1996 Ed. (1191, 1193, 1206, 2084)
1995 Ed. (1229, 1235)
1994 Ed. (2031)
1991 Ed. (948, 1144, 1147)
HCA Management Co.
1991 Ed. (2497, 2500, 2503, 2505, 2506)
HCA--The Healthcare Co.
2003 Ed. (1557, 1833, 1834, 2680, 2681, 2682, 2685, 2686, 2689, 2694, 3464, 3465, 3466, 3467, 4534)
2002 Ed. (1781, 2448, 2450, 2451, 2453, 3291, 3292, 3293, 3917)
HCB Contractors
1999 Ed. (1332)
1993 Ed. (1122, 1138)
1992 Ed. (1424)
1990 Ed. (1196, 1199)
HCC De Facto Group
2002 Ed. (3863, 3866)
HCC Insurance Holdings Inc.
2008 Ed. (3249, 3284)
2005 Ed. (3071)
2004 Ed. (3060)
HCC Insurance Holdings Group
2000 Ed. (2718)
HCF Australia
2002 Ed. (1587, 3777)
HCI Chemtech Distribution Inc.
2002 Ed. (1005, 1006)
HCL Corp.
2000 Ed. (1177)
HCL Hewlett-Packard
1994 Ed. (1095)
HCM Capital
1995 Ed. (2364)
HCPH Holdings
2004 Ed. (3960)
2002 Ed. (3782)
HCR Manor Care
2006 Ed. (1069)
2003 Ed. (3653)
2001 Ed. (1043)
2000 Ed. (3361)
HCS Resource LLC
2005 Ed. (3584)
2004 Ed. (3665)
HD International
1993 Ed. (2306, 2357)
1992 Ed. (2746, 2758, 2768, 2770, 2792, 2794, 2795)
1991 Ed. (2219)
HD Supply
2008 Ed. (2463, 3140)
HDFC Bank
2008 Ed. (432, 440)
2007 Ed. (466, 1771, 1773)
2006 Ed. (455)
2005 Ed. (525)
2004 Ed. (544)
HDI, Haftpflichtverband der Deutsschen Industrie
1999 Ed. (2920)
HDI Re
2001 Ed. (2956)
HDI U.S. Group
2007 Ed. (3183)
2004 Ed. (3093)
HDLC
1993 Ed. (1065)
HDM
1992 Ed. (118, 147)
1991 Ed. (125, 156)
1990 Ed. (60, 66, 74, 126, 135, 156)
1989 Ed. (59, 70)
HDM Advertising
1990 Ed. (147)
HDM-Alcantara
1991 Ed. (143)
1990 Ed. (143)
HDM Belgium
1991 Ed. (78)
1990 Ed. (81)
HDM Dechy
1989 Ed. (87)
HDM Direct Marketing Group
1992 Ed. (1808)
1990 Ed. (1506)
HDM Dorland
1991 Ed. (75)
HDM-DYR
1990 Ed. (89)
HDM/DYR Advertising
1991 Ed. (87)
HDM-DYR Hong Kong
1989 Ed. (114)
HDM-DYR Malaysia
1989 Ed. (133)
HDM-DYR Singapore
1989 Ed. (156)
HDM France
1992 Ed. (149)
1991 Ed. (99)
1990 Ed. (103)
1989 Ed. (107)
HDM Germany
1991 Ed. (100)
HDM Hong Kong
1991 Ed. (107)
1990 Ed. (109)

HDM Marketing Kommunication
1991 Ed. (154)
HDM Mattingly
1992 Ed. (121)
1991 Ed. (74)
HDM SA
1989 Ed. (162)
HDM Singapore
1991 Ed. (147)
HDM Spain
1990 Ed. (151)
HDM Switzerland
1990 Ed. (154)
1989 Ed. (165)
HDM Worldwide Direct
1991 Ed. (1420)
HDR
2008 Ed. (2516, 2524, 2528, 2532, 2534, 2538, 2547, 2550, 2551, 3337, 3342, 3343)
2007 Ed. (288, 2409, 2420, 2423, 2424, 2470, 3195, 3200, 3201, 3206)
2006 Ed. (2791, 3162, 3165, 3166, 3167, 3172)
2005 Ed. (2420)
2004 Ed. (2335, 2336, 2348, 2353, 2374, 2375, 2383, 2440)
2003 Ed. (2303)
2000 Ed. (1802, 1806)
1999 Ed. (2027, 2029)
1998 Ed. (1442)
1997 Ed. (264, 1735, 1742)
1996 Ed. (233, 1664)
1995 Ed. (236, 1681)
1994 Ed. (234, 1642)
1993 Ed. (245, 1609)
1992 Ed. (354, 1954)
1990 Ed. (279, 1665)
HDR Architecture Inc.
2008 Ed. (261, 263)
2007 Ed. (287)
2006 Ed. (284)
2005 Ed. (261, 3166)
2002 Ed. (330)
2001 Ed. (403)
2000 Ed. (311)
1999 Ed. (285)
HDR Engineering Inc.
2008 Ed. (2513, 2520, 2522, 2529)
2007 Ed. (2404, 2407)
2006 Ed. (2456)
2002 Ed. (2129)
1999 Ed. (2031)
1998 Ed. (1444)
HDS/HHA Services
2005 Ed. (2809, 2886)
2003 Ed. (2798, 2799, 2800)
2001 Ed. (2763, 2764)
HDS Services
2004 Ed. (2665)
2001 Ed. (2484)
1997 Ed. (2250)
1990 Ed. (2052)
H.E. Butt
1992 Ed. (1828)
1990 Ed. (1507)
H.E. Butt Grocery Co.
2000 Ed. (4170)
HE International Ltd.
1989 Ed. (1106)
He-Qiao
2001 Ed. (3842)
He-Ro Group Ltd.
1994 Ed. (2669)
1993 Ed. (2004, 3328)
HEA
2000 Ed. (3692)
Head
1993 Ed. (3326, 3374, 3376)
1992 Ed. (3982, 4054)
1991 Ed. (3133, 3173)
Head Above Water
1999 Ed. (4720, 4721)
Head & Shoulders
2008 Ed. (2872, 2873)
2007 Ed. (2756)
2006 Ed. (35, 2750, 3800)
2005 Ed. (2778)
2004 Ed. (2786)
2003 Ed. (2649, 2657, 2660)
2002 Ed. (2437, 2438)
2001 Ed. (2640, 4225, 4226)
2000 Ed. (4009)
1999 Ed. (4290, 4291, 4292)
1998 Ed. (2804, 3291)
1997 Ed. (3061, 3503)
1996 Ed. (2981, 3416)
1994 Ed. (2819)
1993 Ed. (3297)
1992 Ed. (3404, 3946, 4236)
1991 Ed. (3114)
1990 Ed. (3269)
Head & Shoulders Classic Clean
2004 Ed. (2783, 2785)
Head & Shoulders Dry
1990 Ed. (3269, 3269)
Head & Shoulders, 15 oz.
1990 Ed. (3269)
Head & Shoulders Shampoo
2001 Ed. (2653)
Head & Shoulders 2 in 1
2002 Ed. (2438)
2001 Ed. (4225, 4226)
Head Distributing
1998 Ed. (977, 979)
Head lettuce
1996 Ed. (3774)
Head NV
2002 Ed. (4200)
Head Sportswear
1990 Ed. (3337, 3338)
Headache remedies
2005 Ed. (2233)
2002 Ed. (321)
1996 Ed. (3609)
1991 Ed. (3302, 3304, 3306, 3308, 3310)
1990 Ed. (3532, 3534)
Headache remedy
1991 Ed. (733)
Headaches
2000 Ed. (2446)
1996 Ed. (221)
Headcount Field Marketing
2002 Ed. (3264, 3265, 3266)
HeadHunter.com
2002 Ed. (4819)
Headhunter.net
2004 Ed. (858)
2002 Ed. (4794)
Headlam
2006 Ed. (2969)
The Headline Group
2004 Ed. (3982, 3995, 3999)
2003 Ed. (3992, 3995)
2002 Ed. (3808)
1999 Ed. (3926)
"Headline News"
2001 Ed. (1100)
1993 Ed. (822)
Headlines Advertising
1990 Ed. (148)
Headquarter Toyota
1996 Ed. (290)
1995 Ed. (287)
1994 Ed. (286, 290)
Headquarter Toyota & Affiliated Cos.
2004 Ed. (2835)
Headquarters West Ltd.
1995 Ed. (1770)
Headsets.com
2007 Ed. (2317)
Headstart Fund Ltd., Global Class B
2003 Ed. (3149)
Headwaters Inc.
2007 Ed. (2719, 2734, 2754)
2006 Ed. (2090, 2729, 2733, 4331)
2005 Ed. (2774, 2775, 3482, 3483)
2004 Ed. (3485, 3486)
Headway Corporate Resources Inc.
2000 Ed. (2407)
Heafner Group
2001 Ed. (4539, 4541, 4543)
Heafner Motors Inc.
2007 Ed. (1887)
Heald College
2008 Ed. (1593)
The Healing Garden
2008 Ed. (531)
2007 Ed. (2644)
2005 Ed. (2681)
2003 Ed. (2548)
2002 Ed. (669, 671, 2356)
2001 Ed. (665, 3698, 3699, 3700, 3701)
2000 Ed. (3456, 3457)
Healon
1994 Ed. (2697)
Healon .55 Clear Globe
1996 Ed. (2871)
Healon GV
1995 Ed. (2810)
Health
2007 Ed. (2329)
2004 Ed. (3889)
2001 Ed. (2622)
2000 Ed. (1012)
1999 Ed. (4341)
1997 Ed. (2157, 2158, 2379)
1996 Ed. (2252)
1994 Ed. (2786, 2799)
1993 Ed. (886, 2168, 2798)
1992 Ed. (2623)
1990 Ed. (2185)
1989 Ed. (1657)
Health Advantage
1999 Ed. (2649)
1994 Ed. (2035, 2037)
Health Alliance Plan
2001 Ed. (2680)
2000 Ed. (2423, 2434)
Health Alliance Plan of Mich.
2000 Ed. (2430)
Health Alliance Plan of Michigan
1999 Ed. (2644, 2654)
1997 Ed. (2186, 2187, 2196)
1996 Ed. (2094)
1995 Ed. (2087, 2089)
1994 Ed. (2036, 2038)
1992 Ed. (2390)
1991 Ed. (1894)
1990 Ed. (1996)
Health and beauty aids
1995 Ed. (1935, 2243)
1994 Ed. (1493)
1992 Ed. (2860)
Health and fitness
1995 Ed. (2981)
Health & Human Service Employees Union
1998 Ed. (2774, 3609)
Health & Human Service Employees Union, Local 1199
2000 Ed. (3451)
Health & Human Service Employees Union Local 1199, Pension Fund, New York, NY
2000 Ed. (4283)
Health and Human Services
1995 Ed. (1666)
Health & Human Services/National Institutes of Health
1994 Ed. (3331)
Health & Human Services; U.S. Department of
2008 Ed. (2835, 3691, 4611)
2007 Ed. (2707)
2006 Ed. (2711, 3293, 3493)
2005 Ed. (2750)
Health & medical services
1999 Ed. (2863)
Health & natural food stores
1998 Ed. (1975)
Health & Rehabilitation Property Trust
1993 Ed. (2971)
Health & Retirement Properties Trust
1999 Ed. (1936)
Health & Wellness Partners
2008 Ed. (4947)
Health bars and sticks
2003 Ed. (4461)
Health bars/sticks
2005 Ed. (2756)
Health/beauty
1992 Ed. (2858)
Health/biotechnology
1991 Ed. (2568)
Health care
2002 Ed. (2770, 2776, 2796)
2000 Ed. (200, 1355, 1356, 2630, 4339)
1999 Ed. (1180, 1507, 1511, 1512, 2864, 4554)
1998 Ed. (607, 1072, 1077, 1078)
1997 Ed. (1142, 1299, 1300, 1645, 1723, 3165)
1996 Ed. (1251, 1254, 1255, 2115, 2118, 2119)
1995 Ed. (1670, 2203, 3395)
1993 Ed. (2917)
1991 Ed. (1138, 1139, 1174, 1187)
1990 Ed. (2182)
Health Care & Retirement Corp.
1995 Ed. (2801)
1992 Ed. (3280)
1991 Ed. (2625)
1990 Ed. (2726)
Health Care Authority of the City of Huntsville
2008 Ed. (1543)
2007 Ed. (1563)
2006 Ed. (1533)
2005 Ed. (1643)
2004 Ed. (1617)
2003 Ed. (1600)
2001 Ed. (1606)
Health-care benefits
1991 Ed. (2025, 2026)
Health care composite
1993 Ed. (3389)
Health Care Credit Union
2003 Ed. (1891)
Health care (diversified)
1993 Ed. (3389)
Health care, drugs
1998 Ed. (3363)
1993 Ed. (3389)
Health care employees
1997 Ed. (3016)
Health Care Exchange
1991 Ed. (2760)
1990 Ed. (2896)
Health Care Group
1995 Ed. (2317)
1994 Ed. (2269)
1993 Ed. (2232)
1992 Ed. (2678)
1990 Ed. (2250)
Health care, home
1999 Ed. (1895)
Health Care Indemnity Inc.
2007 Ed. (3168)
2006 Ed. (3133)
2005 Ed. (3123)
2004 Ed. (3119)
2002 Ed. (2943, 3956)
2000 Ed. (2683, 2715)
1999 Ed. (2963)
1998 Ed. (2196)
Health care industry
1996 Ed. (2063)
Health care (misc.)
1993 Ed. (3389)
Health care, miscellaneous
1998 Ed. (3363)
Health Care Corp. of Sisters of St. Joseph
1992 Ed. (3124)
1991 Ed. (2499)
1990 Ed. (2629)
Health Care Partners
2002 Ed. (2588)
Health care professional support
1997 Ed. (1722)
Health Care Properties
1995 Ed. (3069)
Health Care Property Investment
1993 Ed. (2971)
Health Care Property Investors Inc.
2008 Ed. (1401, 2363)
2007 Ed. (2223)
2006 Ed. (2296, 4192)
2005 Ed. (2231)
2004 Ed. (2126, 3342)
2002 Ed. (1556)
1994 Ed. (1289)
1992 Ed. (3628)
1991 Ed. (2816)
Health Care REIT Inc.
2006 Ed. (4192)
2004 Ed. (2125, 2126)
2002 Ed. (1556)
2000 Ed. (1724)
1993 Ed. (2971)
Health-care-related services
1995 Ed. (3387)

Health Care Service Corp.
2008 Ed. (3536)
2007 Ed. (3122, 3123, 3124, 3126, 3153)
2005 Ed. (3368)
2002 Ed. (2886)
2001 Ed. (2929, 2930, 2931, 2945)
1995 Ed. (2290)
1993 Ed. (2200)
1992 Ed. (2653)
1991 Ed. (2091)
1990 Ed. (2218, 2226)
Health Care Service Corp., a Mutual Legal Reserve Co.
2002 Ed. (2887, 2888, 2890)
Health Care Services
1996 Ed. (2296, 2297)
1992 Ed. (3258)
Health Care Solutions
2004 Ed. (2896)
2003 Ed. (2785)
Health Center Credit Union
2004 Ed. (1934)
Health Choice
1999 Ed. (2531)
Health clubs
2001 Ed. (2011)
Health Communications
2004 Ed. (751, 752)
2003 Ed. (729, 730)
Health Compare Corp.
1993 Ed. (1193)
Health Data Network Software
1999 Ed. (2727)
Health diagnosticians
1993 Ed. (2739)
Health Dialog Services
2006 Ed. (2758)
Health/diet foods
1991 Ed. (3306, 3308)
Health drinks
2008 Ed. (557)
2002 Ed. (4309)
Health East
1989 Ed. (740)
Health Education Authority
2002 Ed. (42)
Health Equity Properties
1995 Ed. (2795)
Health Fitness Physical Therapy
1997 Ed. (1159)
Health food small stores
2001 Ed. (3520)
Health food stores
2001 Ed. (3522)
1997 Ed. (3849)
1995 Ed. (3710)
Health food supermarkets
2001 Ed. (3520)
Health Foundation of Greater Cincinnati
2002 Ed. (2343)
Health Foundation of South Florida
2000 Ed. (2262)
Health Grades Inc.
2003 Ed. (1652)
2002 Ed. (1627)
Health impairments
1994 Ed. (3674)
Health industry
1994 Ed. (2191)
1991 Ed. (2054)
Health information technicians
2005 Ed. (3623, 3630)
Health Inspirations
2005 Ed. (2811)
Health Insurance
2000 Ed. (1783)
1999 Ed. (2529)
Health insurance, managed care
2008 Ed. (3151, 3153, 3157)
2007 Ed. (3039, 3045, 3046, 3047)
2006 Ed. (3000, 3006, 3007)
Health Insurance Plan of Greater New York
1998 Ed. (1914, 2428)
1997 Ed. (2194, 2196, 2701)
1996 Ed. (2092, 2094)
1995 Ed. (2092, 2094)
1994 Ed. (2042)
1993 Ed. (2019, 2020, 2024)
1992 Ed. (2386, 2392)
1991 Ed. (1895)
1990 Ed. (1999)
Health Issues
2000 Ed. (4218)
Health maintenance organizations
2002 Ed. (2834, 3747, 3756)
1999 Ed. (3291)
Health-maintenance organizations marketer
1989 Ed. (2972)
Health Management
1999 Ed. (2640)
1998 Ed. (1904, 2726)
1997 Ed. (2166)
Health Management & Governance
1995 Ed. (2632)
1994 Ed. (2577)
Health Management Associates
2008 Ed. (2901, 3634)
2007 Ed. (2776, 2791, 2935, 3460)
2006 Ed. (2776, 2795, 2925, 3586, 3587)
2005 Ed. (2801, 2913, 2914, 2915)
2004 Ed. (2804, 2925, 2927)
2003 Ed. (2686, 2692, 2825, 3464, 3465)
2002 Ed. (2451, 3291, 3293)
2001 Ed. (1043, 2667, 2668, 2678, 2679, 3923)
1999 Ed. (3461)
1998 Ed. (2549)
1997 Ed. (2825)
1995 Ed. (3516)
Health Management Strategies
1996 Ed. (2561)
Health Market Science
2007 Ed. (2768)
Health Marketing Inc.
2002 Ed. (3741)
2001 Ed. (3873)
2000 Ed. (3601)
Health-Mart
1991 Ed. (1928)
Health Midwest
2005 Ed. (1464, 1550)
1995 Ed. (2628)
1994 Ed. (2573)
Health-Mor
1996 Ed. (211)
Health Net
2008 Ed. (2907, 3021, 3536)
2007 Ed. (1528, 1704, 2775, 3121, 4558)
2006 Ed. (1709, 2775, 3107, 4148)
2005 Ed. (1763, 3365, 3368, 4096, 4354)
2004 Ed. (2802, 3340, 4556)
2003 Ed. (1746, 2681, 2685, 2689, 3277, 3278, 3354)
2002 Ed. (1563, 2448, 2450, 2463)
2000 Ed. (2426, 2427, 2431, 2436)
1999 Ed. (2656)
1998 Ed. (1914, 1918)
1997 Ed. (2190, 2194, 2197)
1996 Ed. (2092, 2095)
1995 Ed. (2090, 2092)
1993 Ed. (1177, 2019, 2023)
1990 Ed. (1997)
Health Net of California Inc.
2005 Ed. (2790, 2817)
Health Net of Oregon
2005 Ed. (1931)
Health One Corp.
1991 Ed. (2502)
1990 Ed. (2630, 2632)
Health One Corp. Systems
1992 Ed. (3127)
Health Options Inc.
2002 Ed. (2462)
2000 Ed. (2431, 2435)
1999 Ed. (2655)
1998 Ed. (1917)
Health Partners of Alabama
1995 Ed. (2088)
1994 Ed. (2035, 2037)
Health Partners of Philadelphia Inc.
1998 Ed. (1920)
Health Plan of America
1993 Ed. (2023)
Health Plus PHSP
2002 Ed. (2464)
2001 Ed. (2688)
Health Products
2006 Ed. (3294)
Health products & services
2002 Ed. (4193)
Health Prof
1995 Ed. (204)
Health Risk Management Inc.
1993 Ed. (3647)
Health Science Center at San Antonio; University of Texas
2008 Ed. (3637)
Health service occupations
1989 Ed. (2081, 2081, 2083)
Health services
2008 Ed. (1407, 1408, 1432)
2006 Ed. (1426, 1454, 3258)
2004 Ed. (1456)
2001 Ed. (1758)
2000 Ed. (1307)
1999 Ed. (1447, 1454, 1467, 2010, 2100, 2637, 2754, 4286)
1998 Ed. (1014, 1035, 1039, 2096)
1997 Ed. (1242, 1244, 1579, 2631)
1996 Ed. (1196, 1197, 1198, 2489)
1995 Ed. (1225, 1226, 1227, 1260, 3789)
1994 Ed. (1209, 1239)
1993 Ed. (1185, 1186, 1187, 1200, 2157)
1992 Ed. (1464, 2626, 2902)
1991 Ed. (1000, 2027, 2055)
Health Services Group
2000 Ed. (2716)
Health Services Corp. of America
2003 Ed. (2110)
Health South Rehab
1997 Ed. (1234, 2206)
Health Star Managed Care Corp.
1996 Ed. (3080)
Health stores
1995 Ed. (3709)
Health Super
2004 Ed. (3963)
Health Systems Group
2004 Ed. (1882)
2001 Ed. (1896)
Health Systems International
1998 Ed. (813, 1903, 1904, 1905, 1915)
1997 Ed. (1259, 2178, 2180, 2181, 2184, 2188, 2189, 2191, 2700)
1996 Ed. (2078, 2081, 2085, 2086, 2088)
Health tablets, misc.
1995 Ed. (2993)
Health tablets, miscellaneous
1997 Ed. (3175)
Health Tech Inc.
2003 Ed. (763)
Health-Tex
1994 Ed. (1010)
1992 Ed. (1208)
Health treatment, miscellaneous
1997 Ed. (3175)
Health Trust Inc.
1997 Ed. (1272, 2270)
1996 Ed. (2081, 2155)
1995 Ed. (2144)
1994 Ed. (2030, 2031, 2089, 2572, 3283)
1993 Ed. (2073)
1992 Ed. (2458, 2459, 3122, 3123, 3128, 3130, 3131)
1991 Ed. (1546, 1934)
1990 Ed. (1654)
Health Trust--The Hospital Co.
2005 Ed. (1515)
1996 Ed. (1200)
1991 Ed. (2497, 2498)
1990 Ed. (2633, 2635)
1989 Ed. (1022)
Health Valley
2008 Ed. (844, 4464)
2003 Ed. (4486)
1998 Ed. (636)
Health Valley Fancy Fruit
1996 Ed. (357)
Health Value Management Inc.
1996 Ed. (3767)
1995 Ed. (3683)
1994 Ed. (3608)
HealthAmerica
1996 Ed. (2093)
HealthAnswers
2004 Ed. (111)
2002 Ed. (158)
Healthcare
2008 Ed. (1825, 4722)
2007 Ed. (3732, 3733, 3734, 3735)
2006 Ed. (4786)
2005 Ed. (2371, 3004, 3005, 3009, 3010, 4735)
2004 Ed. (178, 1744, 1745, 1747, 1749, 3006, 3007, 3008, 3012, 3013)
2003 Ed. (2901, 2906)
2002 Ed. (1220, 2212)
2001 Ed. (2175, 2177)
1994 Ed. (2160, 2931)
Healthcare America
1998 Ed. (2933)
Healthcare Association of New York State
1996 Ed. (2534)
Healthcare Compare Corp.
1999 Ed. (3881, 3883)
1998 Ed. (1889, 2076, 2910, 2912)
1997 Ed. (3159, 3160)
1995 Ed. (3683)
1994 Ed. (2159, 3608)
1993 Ed. (933, 1246, 2906, 3647)
1992 Ed. (1130, 3308, 3535, 2565)
1991 Ed. (1993)
HealthCare COMPARE Corp./The Affordable Medical Networks
1996 Ed. (3079, 3080, 3767)
Healthcare Employees
1998 Ed. (2773)
Healthcare Enterprise
2006 Ed. (2784)
Healthcare Environments
1999 Ed. (286)
1998 Ed. (183)
1996 Ed. (230)
1995 Ed. (234)
Healthcare Equipment & services
2007 Ed. (4284)
Healthcare facilities
2002 Ed. (4722)
HealthCare Facilities Development Corp.
1998 Ed. (183)
1996 Ed. (230)
1993 Ed. (242)
Healthcare Foundation of New Jersey
2002 Ed. (2343)
Healthcare Insurance Services Inc.
2002 Ed. (2857)
Healthcare Management Group
1992 Ed. (3132)
Healthcare Plus Credit Union
2003 Ed. (1891)
Healthcare practitioners
2005 Ed. (3635, 3636)
Healthcare products
2001 Ed. (2376)
HealthCare Purchasing Partners International
2008 Ed. (2893)
2006 Ed. (2771, 2773)
2003 Ed. (2110)
Healthcare Realty Management
1997 Ed. (1159)
1996 Ed. (1130)
Healthcare Realty Trust Inc.
2008 Ed. (2363)
2007 Ed. (2223)
2006 Ed. (2296)
2002 Ed. (2456)
2001 Ed. (1399)
HealthCare Recruiters International
2008 Ed. (4131)
Healthcare Review Corp.
1995 Ed. (3683)
Healthcare Services Credit Union
2004 Ed. (1931)
Healthcare Services Group
2008 Ed. (2905, 2909, 3095, 3412)
2006 Ed. (2768, 2778, 2783, 2954, 3240)
2005 Ed. (2797, 2809, 2886, 2887, 2888, 2958, 3253, 3665)
2003 Ed. (2798, 2800, 2801, 2802)

2002 Ed. (2592, 2596, 2597)
2001 Ed. (2764, 2810, 3050)
2000 Ed. (2497, 2500)
1999 Ed. (2718, 2719)
1998 Ed. (1979, 1980)
1997 Ed. (2249, 2253)
1996 Ed. (2144, 2148)
1995 Ed. (2132, 2133)
1994 Ed. (2079, 2083)
1993 Ed. (2063, 2067)
1992 Ed. (2447)
1990 Ed. (2051)
Healthcare technology
2008 Ed. (1631)
Healthcare United Federal Credit Union
2005 Ed. (308)
Healthcare Ventures
2000 Ed. (4342)
Healthcare Ventures I. II, III, and IV, L.P.
1994 Ed. (3622)
Healthcare wholesalers
2008 Ed. (1825)
2004 Ed. (1744, 1745, 1749)
HealthChicago Inc.
1993 Ed. (2022)
1990 Ed. (1995)
1989 Ed. (1585)
HealthChoice
2006 Ed. (3111)
Healthco International
1991 Ed. (2409)
1990 Ed. (2536)
HealthCorp
2008 Ed. (2481)
Healthdyne
1997 Ed. (2208, 3646)
1991 Ed. (1927)
HealthEast
2006 Ed. (3720, 3722)
HealthEast Care System
2006 Ed. (289, 3586)
2000 Ed. (3747)
Healtheon
2001 Ed. (4182)
Healtheon/WebMD Corp.
2004 Ed. (1453)
2003 Ed. (1510)
2001 Ed. (4768)
HealtheTech
2005 Ed. (4521)
HealthExtras Inc.
2008 Ed. (2912)
2007 Ed. (2745, 2786)
2006 Ed. (2785)
2005 Ed. (2009)
2004 Ed. (2774)
HealthFirst Inc.
2000 Ed. (2438)
Healthfirst Credit Union
2004 Ed. (1933)
HealthFirst PHSP Managed Health Inc.
2002 Ed. (2464)
2001 Ed. (2688)
Healthfocus
1994 Ed. (2079, 2084)
1993 Ed. (2068, 2070)
1992 Ed. (2452, 2455)
Healthia Consulting
2007 Ed. (1684)
HealthInfusion Inc.
1996 Ed. (2084)
HealthMarket
2006 Ed. (2765)
HealthMarkets
2008 Ed. (4057)
HEALTHNET
1995 Ed. (2094)
1990 Ed. (1994)
HealthNet-Central Valley
1999 Ed. (2648)
HealthNet of Oregon
2005 Ed. (1926)
HealthNetwork Inc.
1998 Ed. (2910)
1990 Ed. (2895)
HealthNow New York
2005 Ed. (2804)
HealthONE
2004 Ed. (2306)
2003 Ed. (2275)
2002 Ed. (1623)
HealthPartners Inc.
2007 Ed. (1432)
2006 Ed. (3720, 3722)
2005 Ed. (1414, 1415)
1999 Ed. (2649, 2650)
1997 Ed. (2196)
1996 Ed. (2092, 2094)
1995 Ed. (2092)
HealthPartners Health Plans
1998 Ed. (1912, 1913)
HealthPlus Corp.
2003 Ed. (3464)
HealthPlus of Michigan Inc.
1992 Ed. (2390)
1991 Ed. (1894)
1990 Ed. (1996)
HealthRider
1997 Ed. (2390)
Healthscope
2007 Ed. (85)
Healthshop.com
2001 Ed. (2079)
Healthsource
1998 Ed. (1905)
1997 Ed. (2181, 2189)
HealthSouth Corp.
2008 Ed. (1544, 2901)
2007 Ed. (1564, 2769)
2006 Ed. (1534, 2759)
2005 Ed. (1566, 1644, 2789)
2004 Ed. (1618, 1619, 2796, 2797, 2925, 2926)
2003 Ed. (1601, 1602, 2680, 2692, 4534)
2002 Ed. (1563, 1574, 3917, 4354)
2001 Ed. (1607, 2676)
2000 Ed. (1346, 1383, 3182, 3747, 4128)
1999 Ed. (257, 1484, 1552, 1562, 1903, 2642)
1998 Ed. (1049, 1051, 1338, 1904, 1906)
1997 Ed. (1259, 1319, 2178)
HealthSouth Braintree Rehabilitation Hospital
2003 Ed. (4067)
HealthSouth Harmarville Rehabilitation Hospital
2003 Ed. (4067)
HealthSouth Medical Center Inc.
2004 Ed. (1618, 2797)
HealthSouth New England Rehabilitation Hospital
2003 Ed. (4067)
HealthSpan Health Systems Corp.
1995 Ed. (2628)
HealthStaffers Inc.
1995 Ed. (3792)
Healthstar Inc.
2001 Ed. (3873)
2000 Ed. (3601)
1999 Ed. (3881)
HealthSTAR Advertising
2006 Ed. (118)
HealthStar Managed Care Corp.
1997 Ed. (3160)
Healthstar Inc.-Managed Care Division of Illinois
1998 Ed. (2910)
Healthtex
1999 Ed. (1192)
1998 Ed. (761)
1997 Ed. (1021)
HealthTrans
2007 Ed. (2364)
2006 Ed. (2415, 2416)
HealthTrans LLC
2008 Ed. (4053)
HealthTronics Surgical Services Inc.
2004 Ed. (4433)
HealthTrust
1997 Ed. (2182)
1996 Ed. (1192, 1455, 2077, 2078, 2079, 2084, 2704)
1995 Ed. (2081, 2082, 2627, 2770, 3362)
1993 Ed. (2017)
1990 Ed. (1653)
1989 Ed. (1020)
HealthTrust Purchasing Group
2008 Ed. (2893)
2006 Ed. (2771, 2772, 2773)
2005 Ed. (2918)
2004 Ed. (2928)
HealthTrust - The Hospital Co.
1991 Ed. (2503, 2505, 2506)
1990 Ed. (2636, 2637, 2638)
HealthWays
1992 Ed. (2392)
1991 Ed. (1896)
1990 Ed. (1998)
1989 Ed. (1586)
HealthWays of New York Inc.
1991 Ed. (1895)
1990 Ed. (1999)
Healthworld
2003 Ed. (35)
2001 Ed. (212)
2000 Ed. (58)
Healthy Bethesda Rehabilitation Hospital
2008 Ed. (1933)
Healthy Choice
2008 Ed. (844, 2775)
2007 Ed. (2649)
2004 Ed. (2691, 2967, 4455)
2003 Ed. (2558, 2559, 2878, 4483)
2002 Ed. (2366, 2367, 2716, 3272)
2001 Ed. (1170, 2539, 2540, 2831)
2000 Ed. (799, 1016, 2278, 2280, 2598, 2602, 3853, 4153, 4157)
1998 Ed. (636, 2072, 2073)
1997 Ed. (2091)
1996 Ed. (921, 1975)
1995 Ed. (946, 1892, 1941, 1942)
1994 Ed. (1921)
1993 Ed. (1905, 1906)
1992 Ed. (2238, 3219)
Healthy Choice Thick & Hearty
1996 Ed. (2825)
Healthy Defense; Neutrogena
2008 Ed. (4553)
Healthy Habits
2008 Ed. (1571)
Healthy Request
1994 Ed. (1858)
Healthy Skin
2001 Ed. (1904)
Healthy Woman
2003 Ed. (4856)
Healy & Long Concrete Contractors
1992 Ed. (1418)
1991 Ed. (1085)
Healy; Daniel
2007 Ed. (1092)
2006 Ed. (1000)
Healy; David
1991 Ed. (1672)
Heard Chevrolet; Bill
1996 Ed. (268)
Heard Enterprises Inc.; Bill
1996 Ed. (3766)
Heard, McElroy & Vestal
2000 Ed. (20)
1998 Ed. (19)
Heard, McElroy & Vestal LLP
2004 Ed. (15)
2003 Ed. (9)
2002 Ed. (24)
Heard Oldsmobile; Bill
1996 Ed. (282)
Heard; William T.
2006 Ed. (333, 334)
Hearing Aid Express
1997 Ed. (3346)
Hearing impairment
1995 Ed. (2078)
Hearndon Construction
2005 Ed. (1205)
2004 Ed. (1178)
2003 Ed. (1170)
Hearns-Barkley match
1994 Ed. (840)
Hearst Corp.
2008 Ed. (3531, 3783, 4659)
2007 Ed. (152, 3401, 3699, 4737)
2006 Ed. (160, 3345, 3704, 4716)
2005 Ed. (3357, 3600, 4660)
2004 Ed. (3332, 3685, 4689)
2003 Ed. (3272, 3641, 4712)
2002 Ed. (1382, 3282, 3283, 3286)
2001 Ed. (3709, 3953, 3955, 4490)
2000 Ed. (1108, 3333, 3463, 3684)
1999 Ed. (1188, 3612, 3742, 3743)
1998 Ed. (756, 2441, 2679, 2780)
1997 Ed. (2942)
1993 Ed. (2505, 2803)
1992 Ed. (3368)
1991 Ed. (2700)
1990 Ed. (2523)
1989 Ed. (1934)
Hearst-Argyle
2000 Ed. (4215)
Hearst-Argyle Television Inc.
2007 Ed. (4738)
2006 Ed. (4717)
2005 Ed. (749, 750, 4661)
2004 Ed. (777, 778, 4690)
2003 Ed. (4713)
2002 Ed. (4582)
2001 Ed. (4492)
2000 Ed. (4214)
Hearst Communications Inc.
2004 Ed. (1823)
Hearst Magazines Inc.
2001 Ed. (3954)
2000 Ed. (3459)
1999 Ed. (3744)
1998 Ed. (2781)
1997 Ed. (3034)
1996 Ed. (2956, 3143)
1995 Ed. (2878, 3041, 3044)
1994 Ed. (2980)
1992 Ed. (3390)
1991 Ed. (2709)
1990 Ed. (2796)
Hearst Newspapers
1990 Ed. (2689)
Hearst Trade Group
1989 Ed. (743)
Heart
1999 Ed. (4650)
Heart disease
1995 Ed. (2594, 2595)
Heart diseases
1992 Ed. (1765, 1767, 1768, 1769)
Heart Health Services
2007 Ed. (1979)
Heart impairment
1995 Ed. (2078)
Heart Labs of America Inc.
1997 Ed. (1254)
Heart London FM
2002 Ed. (3896)
2001 Ed. (3980)
Heart Support of America
2004 Ed. (935)
Heart Technology
1995 Ed. (2066, 3388)
Heartbreak Hotel
2001 Ed. (3406)
A Heartbreaking Work of Staggering Genius
2003 Ed. (725)
Hearthside
1998 Ed. (190)
Hearthstone
2003 Ed. (1201)
Hearthstone Assisted Living
2005 Ed. (265)
2003 Ed. (291)
Heartland Advisors
1997 Ed. (2522, 2526)
1996 Ed. (2397, 2401)
Heartland Associates
1990 Ed. (1036)
Heartland Bancshares Inc.
2002 Ed. (3548)
Heartland Credit Union
2000 Ed. (221)
Heartland CU
2000 Ed. (1629)
Heartland Exec Park
1990 Ed. (2179)
Heartland Executive Park
1991 Ed. (2023)
Heartland Express Inc.
2006 Ed. (4808, 4832, 4833, 4849, 4851)
2005 Ed. (2689, 4761, 4762, 4763)
2004 Ed. (4789, 4790)
2003 Ed. (4802, 4803)
2002 Ed. (4690, 4691, 4693, 4694)
Heartland Express of Iowa
1998 Ed. (3643)
1995 Ed. (3672)

Heartland Federal Savings & Loan Association
1993 Ed. (3567)
Heartland Financial USA Inc.
2004 Ed. (401, 404, 405)
Heartland Food Corp.
2007 Ed. (3537)
2006 Ed. (2844)
Heartland Group Value
1996 Ed. (2772)
Heartland Hi-Yield Municipal Bond
2000 Ed. (3285)
Heartland Homes
2005 Ed. (1220)
2003 Ed. (1180)
2002 Ed. (1198)
Heartland Industrial Partners
2002 Ed. (3080)
Heartland Industrial Partners LLP
2002 Ed. (1408)
Heartland Industrial Partners LP
2003 Ed. (3211)
Heartland Labs
2008 Ed. (3741, 4990)
2007 Ed. (3615, 3616, 4455)
2006 Ed. (3549)
Heartland Partners LP
2006 Ed. (1636)
2004 Ed. (2777)
Heartland Payment Systems
2005 Ed. (3904)
Heartland Pork
2005 Ed. (3876)
2004 Ed. (3928)
Heartland Resources Inc.
2008 Ed. (1658)
Heartland Select Value Fund
2003 Ed. (3538)
Heartland U.S. Government
1995 Ed. (2687, 2709)
1994 Ed. (2609, 2620)
Heartland U.S. Government Securities
1999 Ed. (3553)
Heartland Value
2008 Ed. (4515)
2006 Ed. (3651, 3652, 3654)
2004 Ed. (3574, 3592)
1996 Ed. (2803)
1995 Ed. (2737)
1994 Ed. (2613, 2624)
Heartland Value Fund
2008 Ed. (4507)
2004 Ed. (3578)
2003 Ed. (3516, 3542, 3548)
Heartland Value Plus
2006 Ed. (3653)
1999 Ed. (3506)
1998 Ed. (2608)
Heartland Wireless
1999 Ed. (999)
1997 Ed. (872, 3913, 3914)
Hearts in Atlantis
2001 Ed. (984)
Heartsavers Inc.
2002 Ed. (1495)
Heartwise
1992 Ed. (3220)
Hearty Chews
1992 Ed. (3410)
1990 Ed. (2820)
Heat burns, scalds
2002 Ed. (3529)
Heat Controller
2002 Ed. (2377)
Heat/ice packs
2004 Ed. (2617)
Heat; Miami
2008 Ed. (530)
2007 Ed. (579)
Heat products
2002 Ed. (2277)
Heat sandwiches, rolls, and muffins
1989 Ed. (1983)
Heatcraft Inc.
2004 Ed. (1802)
2001 Ed. (1796)
Heated
2002 Ed. (4727)
Heater Advertising
2000 Ed. (148)
1999 Ed. (130)
Heath; D. C.
1990 Ed. (1583)
Heath Group
2001 Ed. (4037)
Heath Lambert Group
2007 Ed. (3186)
2006 Ed. (3149)
2002 Ed. (3960)
Heath Lambert Insurance Management (Guernsey) Ltd.
2008 Ed. (3381)
2006 Ed. (788)
Heath PLC; C. E.
1994 Ed. (2227)
1993 Ed. (2249, 2457)
1992 Ed. (2899)
1991 Ed. (2339)
1990 Ed. (2465)
Heath PLC C.E.
1995 Ed. (1405, 2273)
Heath Underwriting Ltd.; Cuthbert
1992 Ed. (2897)
Heath Zenith Computers & Electronics
1989 Ed. (984)
HeathCor Holdings
1999 Ed. (2705)
Heather Hay
2000 Ed. (1997, 2018)
1999 Ed. (2221, 2235)
1998 Ed. (1645)
1997 Ed. (1870)
Heather Killen
2002 Ed. (4980, 4982)
Heather Reisman
2005 Ed. (4863)
Heathrow
1992 Ed. (311, 313)
Heathrow Airport
2002 Ed. (274)
2001 Ed. (309)
1999 Ed. (249, 250)
1998 Ed. (146, 147)
1997 Ed. (223, 224, 225)
1996 Ed. (196, 197, 198, 199, 200, 201, 202, 1596, 1597, 1598, 1599)
1995 Ed. (195, 197, 199)
1994 Ed. (194)
1993 Ed. (205, 208, 209, 1536, 1537, 1538, 1539)
Heathrow Airport/All Shops
1990 Ed. (1580)
Heathrow, London
1991 Ed. (218)
1990 Ed. (245)
Heating, air conditioning
1995 Ed. (2207, 2208, 2212)
Heating & air conditioning
1993 Ed. (2133, 2135, 2137)
1992 Ed. (2572, 2568, 2570)
1991 Ed. (1996, 1998)
1990 Ed. (2151, 2152)
Heating & Plumbing Engineers Inc.
2005 Ed. (2541)
1999 Ed. (1375)
Heating oil
2008 Ed. (1094)
1994 Ed. (2699)
1993 Ed. (1914)
1989 Ed. (1662)
Heating oil, 2, NYMEX
1996 Ed. (1996)
Heating Pads
1992 Ed. (1871)
Heating, ventilation, and air conditioning
2006 Ed. (1285)
2005 Ed. (1315)
2004 Ed. (1308)
2003 Ed. (1305)
Heaton; John
2006 Ed. (2514)
Heaven and Earth
2003 Ed. (720)
Heaven Hill
1999 Ed. (3204, 3238)
1998 Ed. (2373)
1997 Ed. (2653)
1996 Ed. (2514)
1995 Ed. (2465)
1993 Ed. (2446)
1992 Ed. (2869)
1991 Ed. (1817, 3464)
1989 Ed. (749, 750, 1513)
Heaven Hill Blended Whiskey
2004 Ed. (4889)
2003 Ed. (4899)
2002 Ed. (3102)
2001 Ed. (4786)
2000 Ed. (2944)
Heaven Hill Bourbon
2004 Ed. (4892)
2003 Ed. (4902)
2002 Ed. (290, 3107, 3161)
2001 Ed. (4788, 4806)
2000 Ed. (2948)
1998 Ed. (2376)
1997 Ed. (2660)
1996 Ed. (2521)
1994 Ed. (2391)
Heaven Hill Distilleries Inc.
2005 Ed. (4830)
2004 Ed. (769, 3283, 4839)
2003 Ed. (759, 3227, 3229, 4854, 4915, 4917)
2002 Ed. (3109)
2001 Ed. (3119)
1999 Ed. (3209, 3210)
1991 Ed. (2325)
Heavenly Ham
2003 Ed. (886)
2002 Ed. (2316)
Heavenly Valley, CA
1993 Ed. (3324)
1990 Ed. (3293)
Heaven's Best Carpet & Upholstery Cleaning
2008 Ed. (873)
2007 Ed. (897)
2006 Ed. (810)
2005 Ed. (894)
2004 Ed. (904)
2003 Ed. (883)
2002 Ed. (2007)
Heaven's Gate
1991 Ed. (2490)
Heavy Duty Liquid Detergent
2000 Ed. (4154)
Heavy fuel oils
1992 Ed. (2073)
Heavy Industry
2000 Ed. (938)
Heavy machinery
1990 Ed. (3091)
HEB
2007 Ed. (4624, 4625)
2006 Ed. (4637, 4638)
H.E.B. Food/Drug
1990 Ed. (1045)
H.E.B. Grocery Co.
1994 Ed. (3468, 3624)
Hebb (Motor Engineering) Ltd.; John
1993 Ed. (975)
Hebb (Motor Engineers) Ltd.; John
1995 Ed. (1016)
1994 Ed. (1003)
Hebdo Mag International
2000 Ed. (3026)
Hebrew National
2008 Ed. (2770)
2002 Ed. (2365, 3271)
2000 Ed. (2275)
1994 Ed. (2347)
Hebros Bank
2006 Ed. (422)
2004 Ed. (459, 487)
2003 Ed. (472)
1997 Ed. (424)
1996 Ed. (460, 461)
HEC
2004 Ed. (839)
HEC Montreal
2004 Ed. (833, 834, 837)
HEC School of Management
2008 Ed. (801)
HEC School of Management, Montreal
2006 Ed. (726)
HEC School of Management, Paris
2006 Ed. (726, 727)
Hechinger
2001 Ed. (2742, 2755)
2000 Ed. (1512)
1999 Ed. (2710, 2711)
1998 Ed. (1969, 1970, 1972, 1974)
1997 Ed. (830, 831, 2243, 2244, 2245, 2246)
1996 Ed. (817, 818, 820, 827, 1417, 2133, 2134, 2493)
1995 Ed. (845, 846, 848, 2125)
1994 Ed. (793, 794, 796, 2076)
1993 Ed. (775, 776, 2047, 2424)
1992 Ed. (982, 983, 2419)
1991 Ed. (801, 802)
1990 Ed. (838, 839)
1989 Ed. (2328)
Hechinger Investment Company of Delaware Inc.
2000 Ed. (2492)
Hechinger Investment Co. of Delaware Inc.
2001 Ed. (1787, 2755)
Hechinger's
1990 Ed. (2023)
Hecht Rubber Business Buyers
1999 Ed. (1849)
1998 Ed. (1274)
Hecht; W. F.
2005 Ed. (2509)
Hecht's
2000 Ed. (1660, 2290, 4175)
1998 Ed. (3093, 3460)
1995 Ed. (1552)
Heckler & Koch
2005 Ed. (3461)
Heck's
1990 Ed. (1522)
Heckscher Museum
1995 Ed. (935)
Hecla Mining Co.
2008 Ed. (2140, 2144, 2145)
2005 Ed. (2739, 2740)
2004 Ed. (2742, 2743)
1999 Ed. (4493)
1998 Ed. (3422, 3423, 3424)
1997 Ed. (3645)
Hector Cuellar
2008 Ed. (2628)
Hector de J. Ruiz
2008 Ed. (954)
2007 Ed. (1032)
Hector Ruiz
2007 Ed. (3617)
2006 Ed. (2515)
HED
2005 Ed. (2859)
Hedegaard Biler AS
1997 Ed. (1381)
Hedex
2001 Ed. (50)
Hedge & Co. Inc.
2001 Ed. (3936)
HedgeFund.net
2002 Ed. (4833)
Hedges Construction Co.
2000 Ed. (2462)
HedgeWorld
2002 Ed. (4833)
Hedging-Griffo
2007 Ed. (754)
Hedlund; Anders
2005 Ed. (4896)
Hedrick; Geoffrey
2008 Ed. (2634)
Hedstrom Corp.
2006 Ed. (3921)
2005 Ed. (3858)
2004 Ed. (3912)
2003 Ed. (3891)
2001 Ed. (4126, 4127)
Hedwig Van Ameringen
1994 Ed. (892)
Hedwin (Solvay)
1993 Ed. (2865)
Heekin Can
1992 Ed. (1048)
Heel Quik! Inc.
2002 Ed. (4260)
1998 Ed. (1758, 1759)
1994 Ed. (1916)
Heelys Inc.
2008 Ed. (2864, 2865)
Heeney-Sundquist Funeral Home Inc.
2001 Ed. (1683)
Heerema Fabrication Group
2008 Ed. (1304)

Heery International Inc.
2008 Ed. (263, 1168, 1169, 1170, 1173, 1174, 1176, 1206, 2517, 2530, 2531, 2535)
2007 Ed. (287, 1316)
2006 Ed. (284, 1170, 1209)
2005 Ed. (261, 1173, 1174, 1250)
2004 Ed. (2334, 2339, 2346)
2000 Ed. (314, 1237)
1999 Ed. (1339)
1998 Ed. (1437)
1997 Ed. (1139)
1996 Ed. (233, 1658, 1664)
1995 Ed. (1141)
1992 Ed. (351)
Hees International
1993 Ed. (767)
1992 Ed. (961)
Hees International Bancorp
1994 Ed. (1847)
1992 Ed. (2417)
Heet
2001 Ed. (389)
Hefei Meran
1999 Ed. (4298)
Heffernan; Edward
2006 Ed. (955)
Heffernan Insurance Brokers
2006 Ed. (1965)
Heffernan; Margaret
2008 Ed. (4899)
2007 Ed. (4919)
Heffler & Co.
1996 Ed. (21)
1995 Ed. (13)
1994 Ed. (7)
Hefner; Thomas L.
2005 Ed. (978)
Heftel Broadcasting
1999 Ed. (3980, 4484, 4485)
Hefti AG; H. & A.
1994 Ed. (2415)
Hefti & Grob AG
1996 Ed. (2555)
Hefti Grob AG
1995 Ed. (2492)
Hefty/Mobil
2000 Ed. (2587)
1999 Ed. (2807)
Hefty Paper Plates
1990 Ed. (3037)
Hefty Paper Plates, 50- Count
1990 Ed. (2129, 2130, 3041)
Hefty Paper Plates, 50-ct.
1989 Ed. (1630, 1631)
HEI
2003 Ed. (2946)
1991 Ed. (1167)
Heico Corp.
2003 Ed. (209)
Heico Cos., LLC
2008 Ed. (4051)
2007 Ed. (4024)
Heide-Park
1996 Ed. (216)
Heidelberg College
1992 Ed. (1275)
Heidelberg Digital
2002 Ed. (3223)
Heidelberg Digital LLC
2003 Ed. (3271)
HeidelbergCement AG
2007 Ed. (1288)
Heidelberger Druckmaschinen
2007 Ed. (3037)
Heidelberger Druckmaschinen AG
2004 Ed. (3331)
2001 Ed. (3190)
Heidelberger Zement
1999 Ed. (3300)
1997 Ed. (2707)
Heidelberger Zement AG
2004 Ed. (4593)
2002 Ed. (4512)
2000 Ed. (3037)
1996 Ed. (2567)
Heidelberger Zemet AG
2001 Ed. (4381)
Heidemij NV
1998 Ed. (1445, 1449)
1997 Ed. (1752, 1754, 1755, 1761)
1996 Ed. (1165, 1680)
Heidi Horten
2008 Ed. (4860)
Heidi Klum
2008 Ed. (3745)
2004 Ed. (3498)
2003 Ed. (3429)
Heidi Miller
2008 Ed. (4945)
2007 Ed. (4978)
Heidrick & Struffles International, Inc.
2001 Ed. (2310)
Heidrick & Struggles
2002 Ed. (2174, 2176)
2001 Ed. (2313)
2000 Ed. (1863, 1864, 1866, 1868)
1999 Ed. (2071)
1998 Ed. (1504, 1506, 1507)
1997 Ed. (1792, 1793, 1795)
1996 Ed. (1707, 1708)
1995 Ed. (1724)
1994 Ed. (1710, 1711)
1993 Ed. (1691, 1692)
1990 Ed. (1710)
Heidrick & Struggles International
2008 Ed. (4131)
2006 Ed. (4058)
2005 Ed. (4030)
2002 Ed. (2172)
2001 Ed. (2311)
Heidrick Partners Inc.
2000 Ed. (1864)
1998 Ed. (1504)
1997 Ed. (1792)
1996 Ed. (1708)
Heie; John
2008 Ed. (2629)
Heierling
1993 Ed. (3327)
1992 Ed. (3981)
1991 Ed. (3132)
Heijmans Handel & Industrie BV
1997 Ed. (2692)
Heijn
1990 Ed. (40)
Heijn; Albert
1993 Ed. (43)
Heil-Brice Retail Advertising
2004 Ed. (106)
Heil-Quaker
1991 Ed. (1484, 1777, 1778)
1990 Ed. (195, 196, 1589, 1861, 1862)
Heileman
1990 Ed. (750, 754, 755, 769, 770, 771, 772, 773, 774, 775, 776, 777)
1989 Ed. (761, 764, 765, 766, 777)
Heileman Acquisition Co.
1998 Ed. (478)
Heileman Inc., Bakery Div.
1989 Ed. (357)
Heileman Brewing Co.; G.
1997 Ed. (716, 717, 718, 722, 2628)
1996 Ed. (784)
1995 Ed. (705)
1994 Ed. (751)
1993 Ed. (748)
1992 Ed. (928, 929, 931, 934, 938)
1990 Ed. (756)
1989 Ed. (726)
Heileman; G.
1991 Ed. (742, 743)
1990 Ed. (753, 757)
1989 Ed. (759)
Heileman products
1990 Ed. (765)
Heilig-Meyers Co.
2003 Ed. (785, 2597, 2776, 2777)
2002 Ed. (2386, 2587)
2001 Ed. (2737, 2740, 2743, 2748, 2750, 2751)
2000 Ed. (2291, 2296, 2299, 2300, 2301, 2303, 2304, 2581, 3808)
1999 Ed. (2555, 2556, 2557, 2558, 2560, 2561, 2702)
1998 Ed. (440, 1781, 1784, 1789, 1796, 3084)
1997 Ed. (2097, 2109, 3550)
1996 Ed. (1982, 1983, 1992, 3486)
1995 Ed. (1963, 1965, 1967, 2447, 2517)
1994 Ed. (677, 1934, 1937, 1938, 2074, 2125, 3097, 3100)
1993 Ed. (2104)
1992 Ed. (2253)
1991 Ed. (3240)
Heilig-Meyers Furniture Co.
2003 Ed. (2776, 2777)
2001 Ed. (2751)
Heilind (DAC Group)
1999 Ed. (1938)
Heilongjiang
2001 Ed. (2262)
Heilongjiang Electric
2000 Ed. (4011)
1999 Ed. (1570, 4294)
Heilongjiang Electricity
2000 Ed. (4010)
Heim Resources Inc.
1994 Ed. (2428)
Heimtextil
2004 Ed. (4756, 4758)
Hein & Associates LLP
2008 Ed. (3, 1708)
2007 Ed. (4, 5, 1683)
2004 Ed. (8)
2003 Ed. (3, 10)
2002 Ed. (9, 15, 26, 865)
Hein + Associates LLP
2008 Ed. (11)
2007 Ed. (13)
2006 Ed. (17)
2005 Ed. (12)
2004 Ed. (16)
Heinbach; Harvey
1997 Ed. (1857)
1996 Ed. (1828)
1995 Ed. (1850)
1994 Ed. (1761, 1812)
1993 Ed. (1778, 1829)
1991 Ed. (1672)
Heinbochel; John
1994 Ed. (1822)
Heinbockel; John
1997 Ed. (1918)
1996 Ed. (1845)
1995 Ed. (1864)
Heineken
2008 Ed. (534, 535, 536, 540, 543, 544, 545)
2007 Ed. (590, 591, 592, 598, 599, 600, 601, 695)
2006 Ed. (550, 551, 556, 557, 558)
2005 Ed. (651, 654, 655)
2002 Ed. (281, 686)
2001 Ed. (682, 1024)
2000 Ed. (812, 821, 822, 1521)
1999 Ed. (267, 278, 808, 813, 814, 816, 817, 818, 819, 820, 1920, 1923, 2467, 4513)
1998 Ed. (449, 490, 497, 507, 508, 509)
1997 Ed. (721, 724, 2670)
1996 Ed. (215, 783, 785, 786, 787, 788, 1425)
1995 Ed. (648, 697, 699, 704, 707, 709, 711, 712, 1463)
1994 Ed. (753)
1993 Ed. (750, 751, 1372)
1992 Ed. (937, 940, 2888, 4231)
1991 Ed. (237, 238, 746, 747, 1325, 3321)
1990 Ed. (766, 767, 768, 1401, 3544)
1989 Ed. (729, 770, 772, 778, 780, 2845)
Heineken B.V.
1989 Ed. (43)
Heineken Cold Filtered
2001 Ed. (685)
Heineken Holding NV
2002 Ed. (2305)
Heineken Ireland Ltd.
2007 Ed. (609, 2616, 4774)
Heineken Lager
2004 Ed. (668)
1994 Ed. (755)
Heineken Netherlands
1991 Ed. (37)
Heineken NV
2008 Ed. (65, 556, 562, 565, 3572)
2007 Ed. (42, 609, 610, 611, 612, 614, 1903, 1905, 2616, 4774)
2006 Ed. (69, 86, 566, 567, 568, 1921, 3393)
2005 Ed. (31, 62, 72, 665, 668, 669, 1474, 3295, 3396)
2004 Ed. (31, 67, 676, 3364)
2003 Ed. (671, 1777, 2517)
2002 Ed. (704, 1736, 2307)
2001 Ed. (61, 679, 1027, 1807)
2000 Ed. (2225)
1997 Ed. (2045)
1994 Ed. (34, 216, 1426)
Heineken Premium Light
2008 Ed. (543)
Heineken USA Inc.
2008 Ed. (537, 4481)
2006 Ed. (552)
2005 Ed. (652)
2004 Ed. (2562, 4683)
2003 Ed. (658, 662, 2428)
2002 Ed. (678)
Heineman Jr.; Benjamin W.
1996 Ed. (1228)
Heinmiller; John
2007 Ed. (1071)
2006 Ed. (976)
Heinrich Bauer
1997 Ed. (3168)
Heinrich Bauer Verlag
2000 Ed. (3610)
1991 Ed. (2394)
Heinrich Nickel divize
2001 Ed. (289)
Heinrich von Pierer
2006 Ed. (691)
Heinz
2008 Ed. (692, 723)
2003 Ed. (2914)
2001 Ed. (543)
2000 Ed. (2279, 3513, 4083, 4084)
1999 Ed. (1027, 2872)
1996 Ed. (876, 2258)
1995 Ed. (2249)
1994 Ed. (858, 2198)
1992 Ed. (3221, 3405)
1990 Ed. (1816, 2824)
Heinz Baby Foods
1992 Ed. (2630)
Heinz Baked Beans
2002 Ed. (939)
1992 Ed. (925, 1047, 2356)
Heinz Bauer
2004 Ed. (4875)
Heinz Canned Soup
2002 Ed. (939)
Heinz Foundation; H. J. and Drue
1993 Ed. (891)
Heinz Frozen Food Co.
2001 Ed. (2477, 2478, 2480)
Heinz Co.; H. J.
2008 Ed. (2042, 2046, 2047, 2048, 2049, 2740, 2751, 2778, 2783, 2785)
2007 Ed. (1955, 1956, 2599, 2605, 2610, 2621)
2006 Ed. (1979, 1983, 1984, 1987, 1988, 1989, 1990, 1991, 2292, 2625, 2628, 2633, 2641, 2642)
2005 Ed. (1946, 1948, 1949, 1950, 1951, 1952, 2227, 2628, 2629, 2631, 2635, 2644, 2646, 2651, 2652)
1997 Ed. (1256, 1497, 2025, 2028, 2029, 2030, 2034)
1996 Ed. (1435, 1928, 1931, 1932, 1933, 1937)
1995 Ed. (1473, 1885, 1886, 1888, 1890, 1891, 1895, 1904, 1944, 2760, 2762)
1994 Ed. (1439, 1862, 1864, 1865, 1866, 1870, 1871, 2658)
1993 Ed. (1385, 1873, 1875, 1876, 1877, 2124)
1992 Ed. (2174, 2175, 2177, 2179, 2181, 2183, 2184, 2185, 2191, 4226)
1991 Ed. (1210, 1732, 1733, 1735, 1738, 1740, 1742, 2580, 3305, 3313)
1990 Ed. (1812, 1820, 1822)
Heinz; H.J.
1989 Ed. (1447, 1448, 1453)
Heinz Kettler GMBH & Co.
2000 Ed. (3036)

Heinz Co. of Canada; H. J.
1992 Ed. (2194)
1991 Ed. (1745)
1990 Ed. (1827)
Heinz Pasta Accompaniments
2002 Ed. (939)
Heinz Pet Products Co.
1999 Ed. (3786)
1994 Ed. (2828)
Heinz/Quaker
1997 Ed. (3069)
Heinz Ready to Serve
1996 Ed. (876)
Heinz RTS; H. J.
1994 Ed. (858)
Heinz Soups
1992 Ed. (1047)
Heinz spaghetti
1999 Ed. (1027)
Heinz; Steven
2008 Ed. (4902)
Heinz USA
2000 Ed. (2636)
Heinz Wet Baby Food
2002 Ed. (2803)
Heinz's Weight Watchers; H. J.
1992 Ed. (2237)
Heist Corp.; C. H.
1997 Ed. (3132)
C.H. Heist
2000 Ed. (1859)
Heisterkamp Transport
2008 Ed. (1967, 4757)
2007 Ed. (1906)
2006 Ed. (1922)
Heiteman
1993 Ed. (726)
Heitman
2004 Ed. (2036, 4086, 4089)
2003 Ed. (3087)
Heitman Advisory Corp.
1997 Ed. (3514)
1996 Ed. (2417, 2920, 3165, 3166, 3167, 3168)
1995 Ed. (2375, 3071, 3072, 3073)
1993 Ed. (2285, 2309, 2973, 2974, 2975)
1992 Ed. (2749, 2757)
1991 Ed. (2211, 2238, 2247, 2817, 2819)
1990 Ed. (2332, 2340, 2968, 2970)
1989 Ed. (2129)
Heitman Capital
2000 Ed. (2838, 2841)
Heitman Capital Management Corp.
2002 Ed. (3625)
2001 Ed. (4001, 4014, 4016)
2000 Ed. (2839)
1999 Ed. (3093, 3096, 3097, 3098)
1998 Ed. (2274, 2294, 3011, 3012, 3013, 3014, 3016)
Heitman Capital Mgmt.
2000 Ed. (2804, 2828, 2837)
Heitman Financial
2002 Ed. (3908, 3931, 3941)
1995 Ed. (3068, 3070)
1993 Ed. (3312)
Heitman Financial Services Ltd.
1994 Ed. (2305, 2319, 3014, 3015, 3016, 3017, 3020)
Heitman/JMB
1997 Ed. (2541, 3265, 3267, 3268, 3269, 3271)
Heitman/JMB Advisory
1996 Ed. (2384, 2411, 2921)
Heitman Properties Ltd.
1999 Ed. (4015, 4307)
1998 Ed. (3021, 3023, 3298)
1997 Ed. (3274)
1994 Ed. (3021, 3303)
Heitman Real Estate Adv.
1998 Ed. (2648)
Heitman Real Estate Instl.
1998 Ed. (2648)
Heitman Real Estate Investment
1998 Ed. (2651)
Heitman Retail Properties
2000 Ed. (4023)
Heitz; Kenneth
1990 Ed. (1723)
Heitz Parsons Sadek
2008 Ed. (3349)
Helane Becker
1994 Ed. (1765)
1993 Ed. (1777)
1991 Ed. (1711)
1989 Ed. (1419)
Helayne Spivak
1993 Ed. (3730)
Helco Corp.
2005 Ed. (156)
2004 Ed. (159)
Heldor Industries
1989 Ed. (1932)
Heldrick & Struggles Inc.
1991 Ed. (1615)
Helen Clement
2000 Ed. (1930)
1998 Ed. (1573)
1997 Ed. (1926)
Helen Copley
1996 Ed. (3876)
1995 Ed. (3788)
1991 Ed. (3512)
Helen Geier Flynt
1993 Ed. (891, 893)
Helen Greiner
2005 Ed. (786)
Helen Hunt
2002 Ed. (2142)
Helen Johnson-Leipold
2007 Ed. (4901)
2006 Ed. (4905)
Helen K. & Arthur E. Johnson Foundation
2002 Ed. (981)
Helen K. Copley
1993 Ed. (3731)
Helen Keller International
1995 Ed. (1933)
Helen Kramer Landfill
1991 Ed. (1889)
Helen of Troy
2006 Ed. (2874)
2004 Ed. (2867)
2002 Ed. (2440, 2441)
2000 Ed. (2411, 2412)
1999 Ed. (2631)
1998 Ed. (1892, 1896)
Helen R. Walton
2008 Ed. (4831)
2007 Ed. (4906)
2006 Ed. (4911, 4915)
2005 Ed. (4858, 4860, 4883)
2004 Ed. (4872, 4874, 4882)
2003 Ed. (4887, 4889, 4894)
2002 Ed. (706, 3361)
2001 Ed. (4745)
1994 Ed. (708)
Helen Robson Walton
2002 Ed. (3362)
2000 Ed. (734)
1999 Ed. (726, 4746)
Helen Robson Walton, Jim C. Walton, John T. Walton, Alice Louise Walton, S. Robson Walton
2000 Ed. (4375)
Helena, AR
2002 Ed. (1058)
Helena Community Credit Union
2008 Ed. (2243)
2007 Ed. (2128)
2006 Ed. (2207)
2005 Ed. (2112)
2004 Ed. (1970)
2003 Ed. (1930)
2002 Ed. (1876)
Helena Foulkes
2006 Ed. (4140)
Helena, MT
2001 Ed. (2822)
1998 Ed. (245)
Helena Rep
1992 Ed. (3008)
Helena Sukova
1998 Ed. (198, 3757)
Helene Curtis
1997 Ed. (3061, 3535, 3536)
1990 Ed. (3603)
Helene Curtis Industries Inc.
1999 Ed. (1627)
1998 Ed. (1138, 3329)
1996 Ed. (1462, 3469, 3470)
1995 Ed. (2073, 3323, 3410, 3411)
1994 Ed. (1261, 3243, 3351, 3352)
1993 Ed. (932, 1421, 3249, 3347, 3348)
1992 Ed. (4008, 4010, 4307)
1991 Ed. (2712, 3150, 3398)
1990 Ed. (2807)
Helicopter Textron Inc.
2005 Ed. (1972)
Helig-Myers
2000 Ed. (706)
Helios
1999 Ed. (3252)
1994 Ed. (962)
Helioslas
1996 Ed. (2596)
Helit & Woerner Bau-AG
1999 Ed. (1394)
Helix BioPharma Corp.
2003 Ed. (1633)
Helix Electric Inc.
2008 Ed. (1257, 1316)
2007 Ed. (1381)
Helix Electrics
2006 Ed. (1328)
Helix Health System
1999 Ed. (2993)
Helix Investments
1992 Ed. (4389)
1990 Ed. (3666)
Helix Technology Corp.
1990 Ed. (411)
Hella North America Inc.
2008 Ed. (313)
Hellas Can
1994 Ed. (243)
Hellenic Bank
2008 Ed. (402)
2007 Ed. (30, 428)
2006 Ed. (39, 430, 4496)
2005 Ed. (32, 484)
2004 Ed. (39, 477)
2003 Ed. (481)
2002 Ed. (4404, 4405)
2000 Ed. (507)
1999 Ed. (499)
1997 Ed. (446)
1996 Ed. (482)
1995 Ed. (452)
1994 Ed. (461)
1993 Ed. (457)
1992 Ed. (646)
1991 Ed. (492)
Hellenic Bank Limited
1989 Ed. (516)
Hellenic Bottling Co.
2000 Ed. (320, 321)
1999 Ed. (303)
1994 Ed. (242, 243)
Hellenic Bottling Co., SA
2005 Ed. (1782)
2001 Ed. (27)
1997 Ed. (276)
1996 Ed. (247)
Hellenic Ind Dev
1991 Ed. (534)
Hellenic Industrial Development Bank
1993 Ed. (494)
1992 Ed. (689)
Hellenic Investment
1992 Ed. (364)
Hellenic Petroleum
2008 Ed. (1772)
2006 Ed. (1737)
Hellenic Petroleum SA
2008 Ed. (3560)
2007 Ed. (1747)
2006 Ed. (290, 1739, 3382)
2005 Ed. (1782)
2002 Ed. (341, 342)
Hellenic Sugar Industry
2002 Ed. (342)
Hellenic Sugar Industry SA
1999 Ed. (304)
1997 Ed. (276, 277)
Hellenic Telecom
2006 Ed. (1737)
Hellenic Telecom Organization
2002 Ed. (341, 342)
Hellenic Telecommunication Organization
2006 Ed. (290)
Hellenic Telecommunication Organization SA
2007 Ed. (1747)
2006 Ed. (1739)
2005 Ed. (1782)
Hellenic Telecommunications
2000 Ed. (320, 321)
1999 Ed. (303, 304)
Hellenic Telecommunications Organization
2006 Ed. (49)
2005 Ed. (42)
2004 Ed. (33, 48)
2000 Ed. (1472)
Hellenic Telecommunications Organization; OTE
2008 Ed. (29, 44, 1772)
2007 Ed. (1745)
Hellenic Telecommunications Organization SA
2006 Ed. (1738)
2003 Ed. (4586)
2001 Ed. (1337)
Hellenic Telecommunications Organization SA (OTE)
2001 Ed. (38)
Heller & Cohen
1992 Ed. (3757)
Heller Breene
1989 Ed. (139)
Heller Ehrman LLP
2008 Ed. (3025, 3417)
2007 Ed. (3309, 3323)
Heller, Ehrman, White & McAuliffe
2007 Ed. (2904, 3299)
2006 Ed. (3242, 3248)
2005 Ed. (3261)
1994 Ed. (2352)
1993 Ed. (2404)
1992 Ed. (2845)
1991 Ed. (2292)
1990 Ed. (2426)
Heller Financial Inc.
2004 Ed. (1543)
2002 Ed. (1121)
2000 Ed. (4056)
1995 Ed. (1789)
1993 Ed. (1742, 1767)
1991 Ed. (1667)
1990 Ed. (1763)
Heller First Capital Corp.
2002 Ed. (4295)
2001 Ed. (4282)
2000 Ed. (4055)
1998 Ed. (3317)
1997 Ed. (3528)
Heller Industrial Parks, Inc.
2002 Ed. (3925)
2000 Ed. (3722)
Heller Pfennig Lebensmittel Vertriebsgesellschaft mbH
1995 Ed. (3731)
Heller; Sidney
1994 Ed. (1817)
1993 Ed. (1837)
1991 Ed. (1693)
Helleric Investment
1991 Ed. (261)
Hellman & Friedman
2008 Ed. (1403)
1997 Ed. (2627)
1994 Ed. (1197)
1993 Ed. (1166, 1171)
Hellman, Jordan
2002 Ed. (2467)
Hellman; Marc
1997 Ed. (1923)
Hellmann's Light Mayonnaise
1994 Ed. (1858)
Hellmold Opportunity II
1997 Ed. (2202)
Hellmuth Hurley Charvat Peacock/ Architects Inc.
1999 Ed. (289)
Hellmuth, Obata & Kassabaum
2006 Ed. (2791)
2005 Ed. (3159, 3160, 3161, 3162, 3163, 3164, 3165, 3166)
2001 Ed. (2238)
2000 Ed. (309, 314, 315, 1797, 1806, 1815)

1999 Ed. (282, 289, 290, 2016, 2020, 2029)
1998 Ed. (186, 187, 1437, 1443, 1448, 2218)
1997 Ed. (264, 267, 268, 1736, 1740, 1742, 2474)
1996 Ed. (2346)
1995 Ed. (236, 239, 240, 1675, 1681)
1994 Ed. (234, 236, 237, 1636, 1642)
1993 Ed. (245, 248, 1602, 1609)
1992 Ed. (354, 1954, 1957)
1991 Ed. (1551)
1990 Ed. (284)
1989 Ed. (266, 268)
Hellmuth Obata & Kassabaum Interiors
2000 Ed. (2741)
Hellmuth, Obata + Kassabaum Inc.
2008 Ed. (261, 263, 2530, 2532, 2534, 2536, 2537, 2540, 2541, 2542, 2558, 3337, 3339, 3340, 3341, 3342, 3343, 3345, 3348, 3349)
2007 Ed. (287, 3195, 3197, 3199, 3200, 3201, 3206, 3207)
2006 Ed. (284, 3162, 3163, 3164, 3165, 3166, 3167, 3170, 3173)
2005 Ed. (261, 2426)
2004 Ed. (2345, 2346, 2350, 2371, 2376, 2388, 2394)
2003 Ed. (2295, 2306)
2002 Ed. (334)
Hello
2000 Ed. (3503)
Hello Direct Inc.
2006 Ed. (4366)
1997 Ed. (3410)
Hello Kitty
2003 Ed. (745)
Helly-Hansen
1990 Ed. (3333)
Helm
1999 Ed. (1092, 1093, 1094)
Helm AG
2002 Ed. (1005)
Helm AG Distribution
2002 Ed. (1004)
Helm America Corp.
2008 Ed. (916)
2007 Ed. (938)
Helm Bank
2007 Ed. (465)
HELM (North America Cos.)
2003 Ed. (948)
Helm Software Inc.
2007 Ed. (1240)
Helman Enterprises
2000 Ed. (1110)
Helman Hurley Charvat Peacock/ Architects
2002 Ed. (333)
2000 Ed. (314)
1998 Ed. (186)
Helme Tobacco
1989 Ed. (2504)
Helmerich & Payne Inc.
2008 Ed. (2358, 2857, 2858)
2007 Ed. (2727, 2728, 3837)
2006 Ed. (2282)
2005 Ed. (3728)
2004 Ed. (3820, 3842)
2000 Ed. (3406)
1999 Ed. (1484, 3797)
1998 Ed. (1045, 1320)
1994 Ed. (2840)
1993 Ed. (2828)
1992 Ed. (3423)
1991 Ed. (2719)
1990 Ed. (2832)
1989 Ed. (2206)
Helms Mulliss & Wicker PLLC
2007 Ed. (1505)
Helmsley Enterprises Inc.
2003 Ed. (4051)
2001 Ed. (3998)
Helmsley-Greenfield Inc.
1992 Ed. (3615)
1991 Ed. (2806)
1990 Ed. (2955)
1989 Ed. (2285)
Helmsley; Harry Brakmann
1990 Ed. (2576)
Helmsley Hotels
2000 Ed. (2557)
Helmsley; Leona
2005 Ed. (4852)
Helmsley; Leona Mindy Rosenthal
2008 Ed. (4836)
2007 Ed. (4907)
2006 Ed. (4913)
Helmsley; Mr. and Mrs. Harry B.
1991 Ed. (891, 893)
The Helmsley Park Lane Hotel
1991 Ed. (1946)
Helmsley-Spear Inc.
2000 Ed. (3729)
1999 Ed. (4011)
1998 Ed. (3019)
1997 Ed. (3273)
1992 Ed. (3633)
1991 Ed. (2805)
Helmsman Growth Equity
1993 Ed. (580)
Helmsman Income Equity
1993 Ed. (2690)
Helmsman Income Equity Investment Shares
1994 Ed. (2636)
Helmsman Income Fund
1994 Ed. (584, 587)
Helmut Lang
2007 Ed. (701)
H.E.L.P. Bronx
1993 Ed. (1152)
Help desk analyst
2004 Ed. (2286)
Help for World Travelers
2002 Ed. (4859)
Help Hospitalized Veterans
2004 Ed. (935)
1996 Ed. (918)
Help supply services
2002 Ed. (2948)
Help the Aged
1997 Ed. (946)
1996 Ed. (919)
1994 Ed. (911, 2680)
Help-U-Sell
1993 Ed. (2960)
Help-U-Sell Real Estate
2008 Ed. (4111)
2007 Ed. (4078)
2006 Ed. (4038)
2005 Ed. (4003)
2004 Ed. (4072)
2003 Ed. (4050)
2002 Ed. (3926)
Helsingfors Sparbank
1994 Ed. (476)
1993 Ed. (473)
Helsingin
1992 Ed. (661)
Helsingin Puhelin Oyj
2002 Ed. (2468)
Helsingin Suomalainen
1994 Ed. (475, 476)
1992 Ed. (661)
Helsingin Suomalainen Saastopankki
1993 Ed. (473)
Helsinki, Finland
2002 Ed. (2749)
1993 Ed. (1425)
1992 Ed. (1712)
1991 Ed. (1365)
Helsinki Stock Exchange
1995 Ed. (3512)
Helstrom Turner & Associates
1998 Ed. (1506)
1997 Ed. (1795)
1994 Ed. (1710)
Heltman Capital Management Corp.
2000 Ed. (2829)
Helu; Alfredo Harp
2008 Ed. (4886)
Helu; Carlos Slim
2008 Ed. (4878, 4881, 4882, 4886)
2007 Ed. (4913, 4915, 4916)
2006 Ed. (4925, 4927)
2005 Ed. (4881)
Heluva Good
2008 Ed. (2338)
2001 Ed. (2017, 2018)
2000 Ed. (1637, 4159)
Heluva Good Cheese Inc.
2008 Ed. (901)
Helvesat AG
1996 Ed. (2568)
Helvetia
1994 Ed. (2239)
1991 Ed. (2158)
Helvetia Acct.
1990 Ed. (2258)
Helvetia Fire
1990 Ed. (2244, 2258)
Helvetia Life
1990 Ed. (2245)
Helvetia Unfall
1990 Ed. (2244)
Hemandez/FCB
1989 Ed. (169)
Hemas Holdings
2006 Ed. (1073)
Hemberger; Judith A.
2007 Ed. (2510)
Hemel; Eric
1997 Ed. (1877, 1917)
1996 Ed. (1804, 1844)
1995 Ed. (1846, 1863)
1994 Ed. (1808, 1821)
1993 Ed. (1825)
1992 Ed. (2136)
Hemisphere GPS Inc.
2008 Ed. (2937)
Hemisphere-Leo Burnett
2003 Ed. (136)
2002 Ed. (168)
2001 Ed. (197)
2000 Ed. (160)
1999 Ed. (143)
1997 Ed. (132)
1996 Ed. (128)
1995 Ed. (114)
1994 Ed. (109)
1993 Ed. (128)
1992 Ed. (198)
1991 Ed. (143)
1990 Ed. (143)
1989 Ed. (152)
Hemisphere National Bank
1998 Ed. (397)
Hemisphere Value
2001 Ed. (3479, 3480, 3481)
Hemispheres
1996 Ed. (2966)
Hemlo Gold Mines
1997 Ed. (2152)
1996 Ed. (2033)
1994 Ed. (1982)
1992 Ed. (2335)
1990 Ed. (1936, 2586)
Hemlock
2007 Ed. (3395, 3396)
2006 Ed. (3337, 3338)
2005 Ed. (3344, 3345)
2001 Ed. (3178, 3179)
Hemlock Federal Bank for Savings
2008 Ed. (4674)
Hemlock Semiconductor Corp.
2007 Ed. (2260)
Hemmeter Development Corp.
1991 Ed. (1055)
1990 Ed. (1165)
Hemming Morse Inc.
1998 Ed. (20)
Hemmings Motor News
2004 Ed. (147)
2001 Ed. (260)
2000 Ed. (3491)
1999 Ed. (3766)
1998 Ed. (2797)
1997 Ed. (3041)
1996 Ed. (2964)
1994 Ed. (2797)
1993 Ed. (2802)
1992 Ed. (3373)
Hemmings; Trevor
2008 Ed. (4904)
2007 Ed. (2462, 4928)
2005 Ed. (4892)
Hemotec
1991 Ed. (3333)
Hempstead Auto Co.
1996 Ed. (275)
1995 Ed. (276)
1994 Ed. (272)
1993 Ed. (273)
1992 Ed. (387)
1991 Ed. (282)
1990 Ed. (329)
Hempstead Industrial Development Agency
2000 Ed. (3201)
Hempstead Lincoln-Mercury
1995 Ed. (274)
Hempstead Lincoln Mercury Motors Corp.
1992 Ed. (421, 420)
1991 Ed. (310)
Hempstead, NY
1992 Ed. (1167)
Hempstead Toyota
1992 Ed. (420)
Hemstreet; Mark
2008 Ed. (2027)
2007 Ed. (1945)
Hemus Commercial Bank
1994 Ed. (441)
Henadiy Boholyubov
2008 Ed. (4877)
Hendel Products Partnership
2007 Ed. (4122)
Henderson
2007 Ed. (2034, 2035)
2006 Ed. (2605)
2002 Ed. (1202)
1995 Ed. (2871)
1991 Ed. (1100)
1990 Ed. (1179)
Henderson Administration Group
1993 Ed. (2357, 2358, 2359)
Henderson Advertising
1995 Ed. (125)
1994 Ed. (116)
1992 Ed. (206)
1991 Ed. (149)
1990 Ed. (149)
1989 Ed. (159)
Henderson American Small Companies
1992 Ed. (3210)
Henderson; Andrew
1997 Ed. (2003)
1996 Ed. (1913)
Henderson Automotive Family
2008 Ed. (1981, 1983, 4239)
Henderson; B. Alexander
1997 Ed. (1892)
1996 Ed. (1818)
1995 Ed. (1840)
1994 Ed. (1802)
1993 Ed. (1771, 1772, 1773, 1819)
Henderson Capital Partners Inc.
1999 Ed. (3020)
1995 Ed. (2336)
Henderson County, TX
2008 Ed. (3480)
Henderson Crosthswaite
2001 Ed. (1036)
Henderson Ethical
2000 Ed. (3300)
Henderson Eurotrust
2000 Ed. (3302)
Henderson Eurotrust Units
2000 Ed. (3296)
Henderson Eurotrusts Units
2000 Ed. (3295)
Henderson Group
2007 Ed. (41, 2037)
Henderson Industries Inc.; H. F.
1990 Ed. (2593)
Henderson International
1992 Ed. (2747)
Henderson International Opportunities
2006 Ed. (3677)
Henderson Investment Services
2001 Ed. (3922)
Henderson Investments
1996 Ed. (2135, 3596)
Henderson Investor
2000 Ed. (2847)
Henderson Japanese Small Cos.
1999 Ed. (3585)
Henderson Land
2001 Ed. (1725)
2000 Ed. (1204)
1996 Ed. (1374, 2135, 2136, 2139, 2143, 3596)

1992 Ed. (2439, 2442)
Henderson Land & Development
1990 Ed. (2958)
Henderson Land Development
2006 Ed. (1751, 1752)
2002 Ed. (4421, 4422)
2001 Ed. (1615, 1724)
2000 Ed. (1450, 2494)
1999 Ed. (1324, 1579, 1648, 1649, 2715, 2716, 4494)
1997 Ed. (1426, 2247)
1996 Ed. (1373)
Henderson Manufacturing Services Inc.
1999 Ed. (2845)
Henderson, NC
2005 Ed. (3334)
Henderson, NV
1999 Ed. (1174, 3851)
Henderson Pension Fund Management
1990 Ed. (2321)
Henderson-Sellers
1991 Ed. (281)
Henderson Shapiro Inc.
2008 Ed. (4947)
Henderson State University
1990 Ed. (1084)
Henderson Wholesale
2006 Ed. (2063)
Hendler; David
1997 Ed. (1923)
Hendrick A.G.
1996 Ed. (3766)
Hendrick Automotive Group
2008 Ed. (289, 290, 4260)
2007 Ed. (301, 4231)
2006 Ed. (302, 303, 4215)
2005 Ed. (281, 282, 4161)
2004 Ed. (277)
2002 Ed. (350, 351, 364)
2001 Ed. (439, 440, 443, 444, 445, 446, 447, 448, 449, 451, 452)
2000 Ed. (329)
1999 Ed. (317, 328)
1998 Ed. (205)
Hendrick Motorsports
2007 Ed. (327)
Hendricks; Kenneth
2008 Ed. (4828)
2007 Ed. (4901)
Hendrickson Toyota; Al
1995 Ed. (287)
1994 Ed. (286, 290)
1992 Ed. (380, 402)
Hendry Hay McIntosh
1997 Ed. (789, 789, 790, 791, 792, 3486)
1995 Ed. (806, 807, 808, 809, 810, 3280)
Hendy Associates; H.
2005 Ed. (3159)
Heng I Chemical Co., Ltd.
1990 Ed. (958)
Hengan International Group
2008 Ed. (1787)
Hengeler Mueller Weitzel Wirtz
2004 Ed. (1433)
2003 Ed. (1407)
2002 Ed. (1361)
Heniopen Fund
2004 Ed. (3570, 3591)
Henkel Corp.
2004 Ed. (19)
1999 Ed. (1761, 1762, 4355)
1998 Ed. (1198, 3332)
1997 Ed. (961, 1536, 3538)
1993 Ed. (16, 24, 29, 30, 37, 43, 51, 921)
1992 Ed. (24, 4426)
1991 Ed. (16, 18, 22, 23, 30, 48)
1990 Ed. (22, 23, 28, 48)
1989 Ed. (23, 24, 31, 43, 51)
Henkel Adhesives Corp.
2001 Ed. (11)
Henkel Belgium
1992 Ed. (41)
Henkel Group
1994 Ed. (14, 16, 21, 22)
1992 Ed. (50)
Henkel; H. L.
2005 Ed. (2493)
Henkel Ireland Detergents Ltd.
2005 Ed. (1829)
Henkel KG Auf Aktien
2000 Ed. (1028)
Henkel KgaA
2008 Ed. (21, 27, 29, 34, 35, 46, 77, 78, 80, 82, 83, 94, 921, 1017, 1770, 3105, 3107, 3108, 3841, 3882, 3883)
2007 Ed. (22, 29, 31, 42, 72, 74, 76, 77, 87, 1137, 2985, 2986, 2987, 2988, 2989, 3815, 3816, 3817, 3818, 3820)
2006 Ed. (30, 32, 40, 51, 82, 84, 87, 93, 97, 855, 1048, 1445, 3805, 3806, 3807)
2005 Ed. (23, 24, 31, 33, 41, 44, 73, 78, 88, 954, 1039, 3694, 3718)
2004 Ed. (30, 31, 38, 40, 47, 50, 73, 78, 83, 93, 96, 1032, 3809, 3810)
2003 Ed. (946, 3794)
2002 Ed. (1008, 1012, 1020)
2001 Ed. (15, 19, 26, 28, 33, 37, 40, 68, 69, 72, 77, 78, 80, 994, 1188, 3719)
Henkel Kommanditgesellschaft auf Aktien
2002 Ed. (1011)
Henkels & McCoy Inc.
2008 Ed. (1265, 1267)
2007 Ed. (1369, 1371)
2006 Ed. (1293, 1296)
2005 Ed. (1321, 1323)
2004 Ed. (1315, 1318)
2003 Ed. (1315, 1318)
2002 Ed. (1300)
2001 Ed. (1469, 1483)
2000 Ed. (1270)
1994 Ed. (1155)
1993 Ed. (1139)
1992 Ed. (1425)
1990 Ed. (1043)
Henkels & McKoy Inc.
2002 Ed. (1298)
2000 Ed. (1268)
Henley; Don
1993 Ed. (1078)
Henley Group Inc.
1998 Ed. (1008)
1997 Ed. (3401)
1996 Ed. (1208)
1995 Ed. (1237)
1994 Ed. (1221, 1755)
1993 Ed. (1177, 1181, 1375, 2181)
1992 Ed. (1474, 2641)
1991 Ed. (1162, 1212, 1227, 2079, 2080, 2377, 2408)
1990 Ed. (1290, 1343, 2535, 3108, 3690)
1989 Ed. (878, 882, 2752)
Henley; Jeffrey
2005 Ed. (992)
Henley; Jeffrey O.
2005 Ed. (2476)
Henley Manufacturing.
1990 Ed. (2747, 3454)
Henley Properties
2004 Ed. (1154)
2002 Ed. (3773)
Henlopen Fund
2006 Ed. (3646, 3648, 3649)
1995 Ed. (2726)
Henlopen Manufacturing
1999 Ed. (1630)
Henlopen Mfg.
2000 Ed. (1433)
Hennepin County, MN
1999 Ed. (1764, 1779, 2008, 2997)
1997 Ed. (3559)
1995 Ed. (1515)
1994 Ed. (1483)
Hennes & Mauritz
2006 Ed. (4575)
2000 Ed. (1558, 4123)
1992 Ed. (80)
1989 Ed. (52)
Hennes & Mauritz AB
2008 Ed. (4233)
2007 Ed. (1998, 4193, 4197)
2006 Ed. (2027, 4174)
2005 Ed. (4141)
2004 Ed. (69, 4214)
2003 Ed. (1828)
2002 Ed. (1775, 4485)
2001 Ed. (63, 1750, 1820, 1858)
2000 Ed. (4124)
1999 Ed. (1658, 1737)
1993 Ed. (52)
1991 Ed. (49)
1990 Ed. (49)
Hennessey
1996 Ed. (726)
1995 Ed. (648, 697, 2471)
Hennessy
2008 Ed. (651, 657, 3529)
2007 Ed. (687, 3398)
2004 Ed. (770, 1053, 3284)
2003 Ed. (760, 3230)
2002 Ed. (295, 775, 776, 777, 779, 3130, 3156, 3164, 3174, 3175)
2001 Ed. (1016, 1017, 1018, 3118, 3140, 3141)
2000 Ed. (805, 806, 807, 2949, 2980)
1999 Ed. (800, 801, 802, 3247)
1998 Ed. (449, 490)
1997 Ed. (2658)
1994 Ed. (2390)
1993 Ed. (2433)
1992 Ed. (2867, 2891)
1991 Ed. (741, 2315)
1989 Ed. (756)
Hennessy Cadillac
1995 Ed. (278)
1993 Ed. (283)
1990 Ed. (316)
Hennessy Cornerstone Growth
2008 Ed. (2621)
2007 Ed. (2491)
2006 Ed. (3647, 3648)
Hennessy Cornerstone Growth Fund
2003 Ed. (3541)
Hennessy Focus
2007 Ed. (3671)
Hennessy Funds Focus 30
2007 Ed. (4547)
Hennessy Jaguar
1996 Ed. (275)
Hennessy Jr.; Edward
1989 Ed. (1383)
Hennessy Jr.; Edward L.
1994 Ed. (1723)
1993 Ed. (1705)
1992 Ed. (2061, 2063)
1991 Ed. (1630)
1990 Ed. (1724)
Hennessy Leveraged Dogs
2000 Ed. (3293)
Henning Kagermann
2006 Ed. (2515)
Henningsen Cold Storage
2001 Ed. (4724, 4725)
Henningson, Durham & Richardson
1998 Ed. (182)
1997 Ed. (260)
1996 Ed. (229)
1995 Ed. (233)
1994 Ed. (231)
1993 Ed. (241)
1992 Ed. (351)
1991 Ed. (251)
1989 Ed. (266)
Hennington Durham & Richardson
1990 Ed. (277)
Henri Chermont
1999 Ed. (2326)
Henrico, VA
1992 Ed. (1722, 1726)
1991 Ed. (1372, 1378)
Henrietta B. and Frederick H. Bugher Foundation
1992 Ed. (1095)
Henrietta Egleston Hospital
1995 Ed. (1926)
Henriksen & Sieling/BBDO
1991 Ed. (91)
Henry A. Hutton
2006 Ed. (334)
Henry A. McKinneell
2007 Ed. (1028)
Henry & Horne
2000 Ed. (20)
1998 Ed. (19)
Henry & Horne PLC
2008 Ed. (10)
2007 Ed. (12)
2006 Ed. (16)
2005 Ed. (11)
2004 Ed. (15)
2003 Ed. (9)
2002 Ed. (24)
1999 Ed. (24)
Henry & Co.; John W.
2006 Ed. (1081)
1994 Ed. (1069, 1070)
1993 Ed. (1036, 1038)
1992 Ed. (2743)
Henry Ansbacher Group
1990 Ed. (1221)
Henry B. Schacht
2000 Ed. (1882)
Henry Birks & Sons
1994 Ed. (3366)
1992 Ed. (4036)
Henry Butts Suzuki
1990 Ed. (321)
Henry C. Duques
2008 Ed. (957)
2007 Ed. (2509, 2511)
2004 Ed. (1099)
Henry County Bancshares
2004 Ed. (541)
Henry Dickson
2000 Ed. (1985)
1999 Ed. (433, 2148, 2258)
1998 Ed. (1618)
Henry Dorfman
1994 Ed. (948)
Henry Duques
2003 Ed. (959)
1997 Ed. (1801)
Henry Emerson
2005 Ed. (3205)
Henry Engelhardt
2007 Ed. (4935)
Henry Faulkner Inc.
1991 Ed. (289)
1990 Ed. (312)
Henry Fischer Builder
1998 Ed. (898)
Henry Fong
2002 Ed. (2177)
Henry Ford
2006 Ed. (1450)
Henry Ford at Home
2002 Ed. (2589)
2001 Ed. (2753)
2000 Ed. (2491)
1999 Ed. (2707)
Henry Ford Health Care Corp.
1991 Ed. (1415)
1990 Ed. (1500)
Henry Ford Health Care System
1992 Ed. (3127)
1991 Ed. (1933)
Henry Ford Health System
2005 Ed. (1755, 3155)
2004 Ed. (1698)
2002 Ed. (2619)
2001 Ed. (2225, 2230, 2772)
2000 Ed. (1663, 2526, 3186)
1999 Ed. (2987, 2991, 3467)
1998 Ed. (1988, 2553)
1997 Ed. (1600, 2163, 2257, 2261, 2269, 2830)
1996 Ed. (1542, 2154)
1995 Ed. (1559, 2142)
1994 Ed. (1526)
1993 Ed. (1480, 2072)
1992 Ed. (1800, 2457)
Henry Ford Museum & Greenfield Village
2000 Ed. (3351)
Henry, GA
2000 Ed. (1593)
Henry Gill Advertising
2008 Ed. (121)
2007 Ed. (111)
2004 Ed. (113)
2003 Ed. (66)
2002 Ed. (99)
Henry Group
2007 Ed. (2033)
Henry H. Hoyt Jr.
1995 Ed. (2580)
Henry Hillenmyer
2004 Ed. (2533)

Henry Hillman
2007 Ed. (4893)
2006 Ed. (4898)
2005 Ed. (4847)
Henry Hudson Parkway Bridge
1997 Ed. (726)
Henry Infiniti; Warren
1996 Ed. (295)
1995 Ed. (271)
Henry J. Kaiser Family Foundation
2002 Ed. (2338, 2339)
1995 Ed. (1929)
1994 Ed. (1901)
1993 Ed. (1897)
Henry J. Stern
1992 Ed. (3139)
Henry Jackman
2005 Ed. (4865)
Henry Jaguar; Warren
1996 Ed. (275)
1995 Ed. (276)
Henry Jallos
2001 Ed. (2346)
Henry; John
2006 Ed. (2515)
1994 Ed. (1840)
Henry Kravis
2007 Ed. (4894)
1999 Ed. (2434)
1995 Ed. (1870)
1994 Ed. (1840)
1990 Ed. (1773)
1989 Ed. (1422)
Henry L. Gardner
1993 Ed. (2638)
1992 Ed. (3136)
1991 Ed. (2546)
Henry L. Hillman
2004 Ed. (4871)
Henry Lea Hillman
2003 Ed. (4879)
1990 Ed. (2576)
Henry Luce Foundation
1992 Ed. (1099)
Henry M. and Betty L. Rowan
1994 Ed. (1055)
Henry M. and Betty Rowan 932
1995 Ed. (1068)
Henry M. Paulson Jr.
2007 Ed. (1027)
2005 Ed. (2475)
Henry; Mary
1997 Ed. (1907)
1996 Ed. (1834)
1994 Ed. (1827)
Henry McKinnell
2005 Ed. (969)
Henry McKinnell Jr.
2007 Ed. (992)
2006 Ed. (902)
Henry; Michael E.
2005 Ed. (2516)
Henry Nicholas III
2006 Ed. (4910)
2005 Ed. (4856)
2004 Ed. (4870)
2003 Ed. (4886)
2002 Ed. (3350)
Henry Paulson Jr.
2007 Ed. (969)
2006 Ed. (878)
Henry Pearce
1999 Ed. (2084)
Henry R. Kravis
1998 Ed. (1135, 1689)
1991 Ed. (891, 893)
Henry R. Silverman
2007 Ed. (1026, 1035)
2005 Ed. (980, 981, 2504)
2004 Ed. (970, 2520)
2003 Ed. (955, 959, 2377)
2002 Ed. (1042, 2182, 2183)
2000 Ed. (1046)
Henry R. Wilverman
2006 Ed. (935)
Henry Range Rover, Warren
1992 Ed. (398)
Henry Ross Perot
2004 Ed. (4871)
1991 Ed. (2461)
1990 Ed. (2576)
1989 Ed. (1986)
Henry Samueli
2006 Ed. (4910)
2004 Ed. (4870)
2003 Ed. (4886)
2002 Ed. (2806, 3350)
Henry Samueli School of Engineering; University of California-Irvine
2008 Ed. (2575)
2007 Ed. (2446)
Henry Schacht
2000 Ed. (1047, 1875)
Henry Schein Inc.
2008 Ed. (866, 2885, 2899, 2903, 4927)
2007 Ed. (889, 3466, 4956, 4957)
2006 Ed. (800, 2763, 3447, 4949, 4950)
2005 Ed. (880, 3434, 4917, 4918)
2004 Ed. (894, 3421, 4935, 4936)
2003 Ed. (870, 4931)
2002 Ed. (946, 4902)
2001 Ed. (1134, 1135)
2000 Ed. (995)
1997 Ed. (1586, 3406)
1995 Ed. (1547)
Henry Silverman
2002 Ed. (2178)
2001 Ed. (1217)
2000 Ed. (1047, 1875)
1999 Ed. (2081)
Henry Smith (Estates Charities)
1995 Ed. (1934)
Henry Smith's (Kensington Estate)
1997 Ed. (945)
Henry Sy
2008 Ed. (4849)
2006 Ed. (4921)
Henry T. Nicholas III
2002 Ed. (2806)
Henry; Thierry
2008 Ed. (4453)
2006 Ed. (4397)
2005 Ed. (268)
Henry U. Harder
1990 Ed. (2282)
Henry Valve Co.
1996 Ed. (3878)
1995 Ed. (3792)
Henry VIII Hotel
1994 Ed. (193)
Henry Volvo; Warren
1996 Ed. (292)
1992 Ed. (404)
Henry Walker Eltin
2004 Ed. (1654)
2002 Ed. (3368)
Henry Weinhard's Ale
1998 Ed. (495, 3436)
1997 Ed. (719)
Henry Weinhard's Ice Ale
1998 Ed. (495, 3436)
Henry Wendt
1990 Ed. (1725)
Henry Wolf
2006 Ed. (945)
Henry Wurst Inc.
2002 Ed. (3761)
Henry Wurst & Co.
2000 Ed. (3608)
Henry Yim Ltd.
1994 Ed. (1003)
1993 Ed. (975)
Henschel-Steinau
2005 Ed. (3866)
Henschel-Steinau Marketing Services
1990 Ed. (3084)
Hensel; Katherine
1995 Ed. (1805)
1994 Ed. (1763)
1993 Ed. (1780)
1992 Ed. (2136)
1991 Ed. (1674)
Hensel Phelps Construction Co.
2008 Ed. (1222, 1224, 1237, 1252, 1273, 1319, 4052, 4054)
2007 Ed. (1339, 1355, 1375, 1382, 2412, 4025, 4027)
2006 Ed. (1239, 1243, 1283, 1354, 2458, 3986, 3989)
2005 Ed. (1279, 1313, 1325, 2418, 3912, 3915)
2004 Ed. (1249, 1250, 1257, 1263, 1268, 1357, 2748, 3968, 3971)
2003 Ed. (1246, 1247, 1255, 1257, 1265, 2630, 3961, 3964)
2002 Ed. (1073, 1074, 1233, 1234, 1242, 1244, 1255, 1326, 2396)
2001 Ed. (1255)
2000 Ed. (1102, 1256)
1999 Ed. (1186)
1998 Ed. (751)
1997 Ed. (1177)
1996 Ed. (988)
1995 Ed. (1001)
1994 Ed. (988)
1992 Ed. (1188)
Hensen Construction
1997 Ed. (2554)
Hensley & Co.
2008 Ed. (538)
2007 Ed. (593)
2006 Ed. (553)
2005 Ed. (653)
2004 Ed. (666)
2003 Ed. (659)
2001 Ed. (680)
Henson's Muppet-Vision 3-D (Disney/MGM Studios); Jim
1993 Ed. (3594)
Hepatitis
2005 Ed. (3619)
Hepcoe Credit Union
2005 Ed. (2090)
2002 Ed. (1851)
1999 Ed. (1804)
Heptachlor
1990 Ed. (2812)
Hepworth plc
2001 Ed. (1235)
2000 Ed. (3829)
HER, Realtors
2004 Ed. (4068, 4070)
Heracles Cement
2000 Ed. (320, 321)
1999 Ed. (303, 304)
1997 Ed. (276)
1993 Ed. (253, 254)
1992 Ed. (363, 364)
1991 Ed. (260)
Heracles General Cement Co.
1996 Ed. (247)
1994 Ed. (242, 243)
Heradura
2002 Ed. (294)
Heraeus Elektrocheme GmbH
1997 Ed. (2106)
Heraeus Holding GMbH
2000 Ed. (2477)
Herald Glasgow
2002 Ed. (233)
Herald Holdings
2007 Ed. (1760)
1995 Ed. (2129)
Herald (Hong Kong)
1993 Ed. (2059)
Herald-Tribune
2002 Ed. (3508)
Herb and Spice Business
1999 Ed. (3293)
Herb Gordon Auto World Inc.
1991 Ed. (268, 272, 273)
1990 Ed. (303)
Herb Group
2003 Ed. (4474)
Herb Kohl
2003 Ed. (3206)
Herbal Essence
2001 Ed. (2632, 4299, 4300)
2000 Ed. (4074)
Herbal Essences
2001 Ed. (2633, 3701, 4225, 4226)
Herbal Essences; Clairol
2008 Ed. (2869, 2870, 2872, 2873)
Herbal supplements
2004 Ed. (2102)
1995 Ed. (1605, 2903)
Herbalife
2008 Ed. (2337)
Herbalife International Inc.
2008 Ed. (4263)
2007 Ed. (4232)
2006 Ed. (4216)
2005 Ed. (4162)
2004 Ed. (2151)
2001 Ed. (2015)
2000 Ed. (3003)
1999 Ed. (3266)
1995 Ed. (2085)
Herbco Enterprises Inc.
2004 Ed. (1535)
Herbel Restaurants
2007 Ed. (2034)
Herbert A. Allen Jr.
2004 Ed. (4861)
Herbert & Boghosian Inc.
1994 Ed. (3299)
1993 Ed. (3307)
1992 Ed. (3963)
1991 Ed. (3122)
Herbert and Florence Irving
1991 Ed. (891)
Herbert & Marion Sandler
2008 Ed. (895, 3979)
Herbert E. Ehlers
1994 Ed. (1722)
1993 Ed. (1703)
1992 Ed. (2060)
Herbert F. Boeckmann II
2006 Ed. (333)
Herbert Hafif
1991 Ed. (2296)
Herbert Hawkins Co.
1994 Ed. (2999)
Herbert II; James H.
1994 Ed. (1720)
Herbert J. Siegel
1992 Ed. (1145)
Herbert J. Sims & Co.
2001 Ed. (936)
1993 Ed. (3177, 3178)
Herbert Kohl
2001 Ed. (3318)
Herbert Kohler
2008 Ed. (4828)
2007 Ed. (4901)
2006 Ed. (4905)
2004 Ed. (4864)
Herbert Kohler Jr.
2005 Ed. (4843)
Herbert Lust III
1998 Ed. (1581)
Herbert M. Sandler
2005 Ed. (2475)
1994 Ed. (1720)
Herbert Sandler
2007 Ed. (996)
2004 Ed. (411)
Herbert Shiraishi
2007 Ed. (2549)
Herbert Smith
2005 Ed. (1444, 1445, 1450)
2004 Ed. (1432, 1433)
2003 Ed. (1401, 1407, 1408, 1413)
2001 Ed. (1539, 4180)
1999 Ed. (3151)
1992 Ed. (14, 15, 2835, 2836)
1991 Ed. (2286)
The Herbert Stanley Co.
2003 Ed. (990)
Herbert Wachtell
2002 Ed. (3068)
Herbert Young
1990 Ed. (1723)
Herberts
1997 Ed. (2982)
Herberts de Mexico
1996 Ed. (1732)
Herbicides
1996 Ed. (2990)
Herbs & botanicals
2001 Ed. (2014)
Herbye White
1992 Ed. (3139)
Hercules Inc.
2008 Ed. (911, 1702)
2007 Ed. (1676)
2006 Ed. (4745)
2005 Ed. (935, 1527, 1751, 4459)
2004 Ed. (945, 964, 1695, 4496)
2003 Ed. (941, 1664, 4070)
2002 Ed. (3591, 3965, 4365)
2001 Ed. (1177, 1178, 1181, 1213, 1580, 1679, 4693)
2000 Ed. (1038, 1306, 3423)
1999 Ed. (1084, 1561)

1998 Ed. (697, 698, 701, 702, 1056, 1121, 1133)
1997 Ed. (955, 958)
1996 Ed. (3500)
1995 Ed. (155, 950, 953, 1369)
1994 Ed. (914, 917, 936, 1344)
1993 Ed. (900, 925, 1292)
1992 Ed. (1106, 1109, 1125)
1991 Ed. (900, 908, 914)
1990 Ed. (182, 185, 1486, 1487)
1989 Ed. (874, 875, 879, 884, 885, 889, 1051)
Hercules Flavor Inc.
2008 Ed. (1702)
Herdbouys McCann-Erickson
2003 Ed. (148)
2002 Ed. (181)
2000 Ed. (171)
Herdbouys McCann-Erickson South Africa
2001 Ed. (209)
Herdez, SA de CV; Grupo
2005 Ed. (2649)
Herdez Salsa
1994 Ed. (3136)
Herff Jones Inc.
2004 Ed. (3349)
1992 Ed. (3529)
Heritage
1992 Ed. (4205)
1990 Ed. (3651)
Heritage Bank
1998 Ed. (370)
1997 Ed. (180, 500)
Heritage Bank NA
1996 Ed. (392, 541)
Heritage Bankcorp Inc.
1992 Ed. (3800)
1991 Ed. (2921)
Heritage Cablevue
1994 Ed. (838)
Heritage Cadillac
1992 Ed. (410)
Heritage Capital Appreciation
2003 Ed. (3491)
2002 Ed. (3416)
Heritage Capital Appreciation A
1999 Ed. (3521)
Heritage Chrysler-Plymouth
1991 Ed. (283)
Heritage Commerce Corp.
2001 Ed. (577)
Heritage Communities
2000 Ed. (1098, 4043)
Heritage Community Bancorp
2005 Ed. (2869)
Heritage Community Credit Union
2002 Ed. (1832)
Heritage Companies Inc.
1990 Ed. (2013)
1989 Ed. (1590)
Heritage Environmental Services, Inc.
2000 Ed. (1844)
Heritage Environmental Services LLC
2001 Ed. (2289)
Heritage Family Credit Union
2008 Ed. (2263)
2007 Ed. (2148)
2006 Ed. (2227)
2005 Ed. (2132)
2004 Ed. (1990)
2003 Ed. (1950)
2002 Ed. (1896)
Heritage Federal Savings Bank
1990 Ed. (3102)
Heritage Financial Services
1999 Ed. (444)
The Heritage Foundation
1992 Ed. (1097)
Heritage Growth Equity
2003 Ed. (3491)
Heritage Holding Corp.
2005 Ed. (375)
Heritage Income High Yield A
1998 Ed. (2594, 2641)
Heritage Inks International
1999 Ed. (3899)
Heritage Investors Management
1999 Ed. (3088)
1998 Ed. (2288)
Heritage Media Corp.
1996 Ed. (2576)
1995 Ed. (2511)
Heritage Mid Cap Stock
2004 Ed. (3559)
2003 Ed. (3498)
Heritage National Healthplan
1998 Ed. (1916)
1995 Ed. (2093)
The Heritage Networks
2004 Ed. (170)
Heritage Newspapers
2004 Ed. (3687)
2001 Ed. (3542)
2000 Ed. (3336)
1999 Ed. (3617)
1998 Ed. (2680)
Heritage Oaks Bancorp
2004 Ed. (409)
2003 Ed. (511, 512)
Heritage Oil Corp.
2005 Ed. (1726)
Heritage Operating LP
2003 Ed. (1771)
Heritage Propane
2008 Ed. (4074)
2000 Ed. (1316, 3622)
1999 Ed. (3906)
1998 Ed. (2932)
1997 Ed. (3180)
1996 Ed. (3102)
Heritage Propane Partners, L. P.
2002 Ed. (3799)
Heritage Propane Partners LP
2008 Ed. (4081)
2007 Ed. (4045)
2006 Ed. (1418, 4013)
2005 Ed. (3944)
2004 Ed. (3973)
2003 Ed. (3970)
2000 Ed. (3623)
Heritage Property Investment Trust Inc.
2004 Ed. (4338)
Heritage Small Cap Stock
2003 Ed. (3547)
Heritage Spumante
2005 Ed. (917)
Heritage Travel
1990 Ed. (3652)
Heritage Trust Credit Union
2008 Ed. (2258)
2007 Ed. (2143)
2006 Ed. (2222)
2005 Ed. (2127)
2004 Ed. (1985)
2003 Ed. (1945)
2002 Ed. (1891)
Heritage Valley Health System
2006 Ed. (3724)
The Herjavec Group Inc.
2007 Ed. (2739, 2821)
Herkimer Wholesale
1998 Ed. (980)
1997 Ed. (1207)
1993 Ed. (1155)
Herley Industries Inc.
2005 Ed. (156)
2003 Ed. (205, 209)
Herley Microwave Systems Inc.
2004 Ed. (2017)
Herman & Mancino
1990 Ed. (3085, 3087)
Herman Cain
1989 Ed. (735)
Herman Goldner Co., Inc.
2007 Ed. (1388)
2006 Ed. (1340)
2005 Ed. (1343)
2003 Ed. (1338)
Herman; Jerry R.
2006 Ed. (2578)
Herman-Miles Trucking Inc.
2001 Ed. (2715)
2000 Ed. (4291)
1999 Ed. (4651)
1998 Ed. (3613)
1997 Ed. (3787)
1996 Ed. (3731)
1995 Ed. (3652)
Herman Miller Inc.
2008 Ed. (1092, 2797, 2798, 3199)
2007 Ed. (1186, 2660, 2661, 2662, 2665, 2667, 2871)
2006 Ed. (2676, 2677, 2678, 2877)
2005 Ed. (1084, 1383, 1575, 2698, 2700, 2701, 3382)
2004 Ed. (1365, 2698, 2699, 2701, 2703, 2705)
2003 Ed. (1360, 2184, 2585, 2586, 2588, 2589, 3671, 3672, 3674)
2002 Ed. (913, 1499, 2378, 2381)
2001 Ed. (1569, 1576, 2565, 3565, 3566, 4153)
2000 Ed. (1371, 1375, 2255, 2288)
1999 Ed. (1532, 2546, 2547)
1998 Ed. (1052, 1102, 1782, 1785)
1997 Ed. (2101, 2103)
1996 Ed. (1988, 1989)
1995 Ed. (1953, 1955)
1994 Ed. (1929, 1930)
1993 Ed. (1910, 1911, 2740, 2741)
1992 Ed. (2247, 2248, 3285, 3286)
1991 Ed. (1779, 1780, 2636)
1990 Ed. (1308, 1864, 1865, 2736, 3260)
1989 Ed. (2011)
Herman; Ron
2006 Ed. (1038)
Herman van Everdigen
2000 Ed. (2180)
Herman van Everdingen
1999 Ed. (2418)
Hermandez; William
2007 Ed. (1050)
2006 Ed. (954)
Hermann; Hank
2008 Ed. (958)
Hermanoff & Associates
2001 Ed. (3936)
Herman's
1995 Ed. (3429)
1994 Ed. (3372)
1992 Ed. (4046, 4047)
1991 Ed. (3164, 3167, 3168)
1989 Ed. (1257, 2522)
Herman's Sporting Goods
1996 Ed. (3494)
Herman's World of Sporting Goods
1998 Ed. (3352)
1997 Ed. (3560)
1993 Ed. (3368, 3369)
Hermanson Co.
2006 Ed. (1351)
Hermes
2008 Ed. (651, 657, 658, 3529)
2007 Ed. (687, 3398)
Hermes Index
2006 Ed. (4591)
Hermes International
2007 Ed. (3814)
Hermes International SCA
1995 Ed. (2432)
1994 Ed. (2362)
Hermes Music
2001 Ed. (3415)
2000 Ed. (3218, 3220)
1999 Ed. (3500)
Hermes SA
1999 Ed. (3172)
1997 Ed. (2616)
1996 Ed. (2469)
Hermes Sellier
2004 Ed. (3249)
2002 Ed. (4264)
2001 Ed. (3077)
2000 Ed. (2917)
Hermes Touristik GmbH & Co. KG
2003 Ed. (4811)
Hermidifier
1994 Ed. (2151)
1993 Ed. (2118)
Hermiston Foods Inc.
2008 Ed. (2027)
2007 Ed. (1945)
2006 Ed. (1974)
The Hermitage Fund
2003 Ed. (3143, 3145, 3152)
Hermosilla, Zegers
1989 Ed. (93)
Hernandez Cos., Inc.
2006 Ed. (3496)
Hernandez Engineering Inc.
1996 Ed. (2065, 2068)
1994 Ed. (2056)
Hernandez/FCB
2003 Ed. (158)
2002 Ed. (198)
2000 Ed. (181)
1999 Ed. (163)
1997 Ed. (153)
1996 Ed. (147)
1992 Ed. (216)
1991 Ed. (157)
1990 Ed. (158)
Hernandez/FCB Trinidad
2001 Ed. (225)
Hernandez/Foote, Cone & Belding
1995 Ed. (133)
Hernandez Homes
2004 Ed. (1220)
Hernando
1990 Ed. (1806)
Hernando County, FL
1993 Ed. (1433)
Hernando County Jail
1994 Ed. (2935)
Herndon/Manassas, VA
1991 Ed. (939)
1990 Ed. (999, 1001, 2484)
Herndon Marine Products Inc.
2001 Ed. (2446)
Heroin
1996 Ed. (1566)
Herold; John S.
2007 Ed. (3269)
Heron International
1994 Ed. (902)
Heroux Inc.
2001 Ed. (1654)
1998 Ed. (98, 1249)
Heroux-Devtek Inc.
2008 Ed. (2934)
2003 Ed. (205)
Herpecin
2003 Ed. (3214)
1996 Ed. (2103)
Herpecin/Campbell
1992 Ed. (2398)
Herpicin
1993 Ed. (2032)
Herr Foods Inc.
2003 Ed. (3920, 4458)
Herradura
2005 Ed. (4676)
2004 Ed. (4704)
2002 Ed. (4610, 4612)
1999 Ed. (4586, 4588)
1997 Ed. (3731, 3733)
1996 Ed. (3672, 3674)
1992 Ed. (4266, 4268)
Herrara; Ram
1997 Ed. (1113)
Herrera; Rafaela
2007 Ed. (2496)
Herrick Foundation
2002 Ed. (2354)
2001 Ed. (2519)
2000 Ed. (2261)
Herrick; Todd W.
2007 Ed. (959)
Herring
2003 Ed. (2490)
2001 Ed. (2440)
Herring; Leonard Gray
1996 Ed. (961)
Herring, sea
2008 Ed. (2722)
2007 Ed. (2585)
2006 Ed. (2610)
2005 Ed. (2611)
2004 Ed. (2622)
Herrington Services Corp.
1992 Ed. (1169)
Herrlin; John
1997 Ed. (1887)
Herrlin Jr.; John
1996 Ed. (1814)
Herrmidifier
1992 Ed. (2556)
1991 Ed. (1989)
1990 Ed. (2140)
Herr's
2004 Ed. (3932)
2003 Ed. (3919)
2002 Ed. (3733)
2001 Ed. (3860, 3861)
2000 Ed. (3577, 3578, 4063)
1999 Ed. (3863)

1997 Ed. (3138, 3530, 3664)
1996 Ed. (3057)
1994 Ed. (2902)
Herrud
1999 Ed. (4140)
Hersant
1991 Ed. (2394)
Herschler Freudenthal
2001 Ed. (957)
Hersey's
2000 Ed. (1058)
Hershberger; Sally
2007 Ed. (2758)
Hershenhorn Bancorp
2002 Ed. (443)
Hershenhorn Bancorporation, Inc.
2004 Ed. (543)
1998 Ed. (287)
The Hershey Co.
2008 Ed. (1526, 2360, 2367)
2007 Ed. (2220, 2227, 2604)
2006 Ed. (774, 1006)
2000 Ed. (971)
1999 Ed. (1016, 1021, 1022)
1998 Ed. (617, 618, 619, 620, 622, 623, 626, 627, 628, 629, 630, 631)
1995 Ed. (1896, 2578)
1993 Ed. (830, 831)
1992 Ed. (1046, 3344)
1991 Ed. (1741)
1990 Ed. (1816)
Hershey Almond
2000 Ed. (1054)
1995 Ed. (890)
1992 Ed. (1042)
1990 Ed. (895)
Hershey Chocolate
2000 Ed. (1059)
1998 Ed. (621)
1997 Ed. (893)
1992 Ed. (1041)
1989 Ed. (858, 2781)
Hershey Chocolate North America
2003 Ed. (865, 964, 1133)
Hershey Chocolate USA
2000 Ed. (970)
Hershey Entertainment & Resorts
2006 Ed. (3272)
Hershey Foods Corp.
2008 Ed. (843, 1160, 1213)
2007 Ed. (873, 2605, 2609)
2006 Ed. (776, 1007, 1456, 2628, 2631, 2632, 2635, 2642, 4074)
2005 Ed. (856, 857, 860, 865, 866, 962, 997, 2631)
2004 Ed. (879, 880, 881, 2640, 2662)
2003 Ed. (679, 859, 964, 1133, 1134, 2500, 2507, 2520, 2524, 3159)
2002 Ed. (938)
2001 Ed. (2462, 2473)
2000 Ed. (4211)
1999 Ed. (2464)
1998 Ed. (1718, 1721)
1997 Ed. (1280, 2028)
1996 Ed. (1931, 2912)
1995 Ed. (1885)
1994 Ed. (1215)
1992 Ed. (2174)
1991 Ed. (1732)
1990 Ed. (1812, 3309)
1989 Ed. (1447)
Hershey Foods(includes Ronzoni and San Giorgio)
1991 Ed. (2679)
Hershey Hugs
1998 Ed. (626, 627, 628, 629)
Hershey Kisses
1998 Ed. (626, 627, 628, 629)
Hershey Medical Center
2008 Ed. (2917)
Hershey Milk
2000 Ed. (1054)
1992 Ed. (1042)
Hershey Milk Chocolate
1995 Ed. (895)
Hershey Milk Chocolate with Almonds
1995 Ed. (895)
Hershey: Milton S. Hershey's Extraordinary Life of Wealth, Empire, & Utopian Dreams
2008 Ed. (610, 615)
Hershey Nuggets
1998 Ed. (630, 631)
The Hershey Philadelphia Hotel
1992 Ed. (2513)
1991 Ed. (1957)
1990 Ed. (2099)
Hershey School & School Trust; Milton
1995 Ed. (2786)
Hershey Sweet Escapes
1998 Ed. (626, 627, 628, 629)
Hersheypark Arena
2003 Ed. (4528)
2002 Ed. (4344)
2001 Ed. (4352)
1999 Ed. (1296)
Hersheypark Stadium
2003 Ed. (4531)
2002 Ed. (4348)
2001 Ed. (4357, 4359)
Hershey's
2008 Ed. (835, 3672, 4448)
2007 Ed. (679, 871, 4462)
2006 Ed. (4389)
2005 Ed. (858, 996)
2004 Ed. (875, 876, 978)
2003 Ed. (963, 1131, 3410)
2002 Ed. (933, 934, 1047, 1048)
2001 Ed. (1111, 1113, 1114)
2000 Ed. (1057)
1999 Ed. (1130)
1998 Ed. (442, 615, 616, 624, 625)
1997 Ed. (890, 891, 892, 983)
1994 Ed. (746, 846, 848, 850)
1992 Ed. (924)
1989 Ed. (2505, 2506, 2507)
Hershey's Bar
1999 Ed. (1131)
Hershey's Chocolate
2008 Ed. (973)
Hershey's Chocolate Bar
2000 Ed. (1056)
Hershey's Chocolate Kisses, 14- Oz. Bag
1990 Ed. (893)
Hershey's Eggs
2002 Ed. (934)
Hershey's Foods Corp.
2003 Ed. (680)
Hershey's Hugs
1997 Ed. (892)
Hershey's Kisses
2008 Ed. (973)
2004 Ed. (875)
2002 Ed. (933, 934, 1047)
2001 Ed. (1111, 1114)
2000 Ed. (1057)
1999 Ed. (1130)
1997 Ed. (892)
1996 Ed. (968)
1995 Ed. (894)
1993 Ed. (836)
1992 Ed. (1043)
Hershey's Kisses-Almonds
1996 Ed. (968)
Hershey's Milk Chocolate
1991 Ed. (847)
1990 Ed. (892)
Hershey's Milk Chocolate/Almonds
1991 Ed. (847)
Hershey's Milk Chocolate with Almonds
1990 Ed. (892)
Hershey's Milk Mix
2003 Ed. (675)
Hershey's Milkshake
2008 Ed. (3672)
Hershey's Nuggets
2008 Ed. (973)
2003 Ed. (963)
2002 Ed. (1047)
2001 Ed. (1111)
2000 Ed. (1057)
1997 Ed. (891)
Hershey's Sweet Escapes
2000 Ed. (1057)
Hershey's TasteTations
2000 Ed. (973)
Herson's Honda
1995 Ed. (269)
1994 Ed. (269)
1993 Ed. (270)
1992 Ed. (384)
1991 Ed. (279)
Herta
2002 Ed. (4907)
Hertie
1994 Ed. (3110)
1991 Ed. (3261)
Hertz
2008 Ed. (306, 307, 315, 316, 4293)
2007 Ed. (318, 319, 328, 329, 1161, 1441)
2006 Ed. (326, 327, 343, 344)
2005 Ed. (306, 307, 329, 330)
2004 Ed. (310, 311, 326, 327)
2003 Ed. (335, 336, 345, 346)
2002 Ed. (394)
2001 Ed. (527, 4628, 4631)
2000 Ed. (351, 352, 353, 354)
1999 Ed. (342, 343, 344, 345, 346, 4170)
1998 Ed. (235, 236, 237, 238)
1997 Ed. (312, 313, 314, 2703)
1996 Ed. (332, 333, 334, 335)
1995 Ed. (319, 322, 323, 2498)
1994 Ed. (321, 322, 323, 324, 2361)
1993 Ed. (338, 339, 2492, 3249)
1992 Ed. (464, 1203, 3940)
1991 Ed. (968)
1990 Ed. (1039)
Hertz Claim Management Corp.
1994 Ed. (2284)
Hertz Equipment
1993 Ed. (2409)
Hertz Equipment Rental Corp.
2000 Ed. (2916)
1999 Ed. (3171)
1998 Ed. (2345)
1996 Ed. (2467)
1995 Ed. (2431)
1992 Ed. (2852)
1990 Ed. (2431)
1989 Ed. (1890)
Hertz Equipment Rental Corp,
1997 Ed. (2615)
Hertz Farm Management Inc.
1999 Ed. (2121, 2122)
1998 Ed. (1541, 1542, 1544)
1997 Ed. (1829, 1830)
1996 Ed. (1748, 1749)
1995 Ed. (1771, 1772)
1994 Ed. (1738, 1739)
1993 Ed. (1746, 1747)
1992 Ed. (2108, 2109)
1991 Ed. (1648)
1989 Ed. (1411, 1412)
Hertz Farm Management Service Inc.
1990 Ed. (1744)
Hertz Global Holdings Inc.
2008 Ed. (315, 316, 4289)
Hertz Investors Inc.
2008 Ed. (315, 316)
Hertz Management
1994 Ed. (2429)
1993 Ed. (2492)
Hertz Rent a Car
1991 Ed. (333, 334)
Herz family
2007 Ed. (4911)
Herzog Contracting Corp.
2004 Ed. (1274)
2003 Ed. (1270, 1271)
2002 Ed. (1260, 1261)
Herzog Heine Geduld Inc.
1995 Ed. (754)
He's Just Not That into You
2007 Ed. (663)
Heseltine; Lord
2007 Ed. (4935)
2005 Ed. (4896)
Heska Corp.
2002 Ed. (2487)
Hesley Cocoa International
2008 Ed. (2755)
Hess Corp.
2008 Ed. (1987, 3169, 3673, 3894, 3897, 3908, 3909, 3912, 3941)
1992 Ed. (1787)
Hess; John B.
2008 Ed. (953)
2007 Ed. (1031)
Hess; Leon
1995 Ed. (1732, 2580)
1992 Ed. (3079)
1991 Ed. (2462)
1990 Ed. (2578)
1989 Ed. (1989)
Hess Management
1999 Ed. (1045, 3889)
Hess Oil Virgin Islands Corp.
1999 Ed. (3813)
Hesse; Daniel R.
2008 Ed. (955)
Hessische Landesbank-Girozentrale
1990 Ed. (581)
Hess's
1991 Ed. (1969)
1990 Ed. (2120, 2122)
HESTA
2004 Ed. (3082)
2002 Ed. (3777)
Hestia Insurance
2001 Ed. (2926)
Heuberger Motors
1996 Ed. (288)
Heublein
1999 Ed. (3198, 4583, 4729, 4784)
1998 Ed. (452, 2368, 3510, 3686, 3738)
1997 Ed. (2640, 3730, 3854, 3897)
1995 Ed. (3750)
1994 Ed. (681)
1993 Ed. (3714, 3721)
1992 Ed. (2884, 4453, 4473)
1991 Ed. (3335, 3458)
1990 Ed. (2459)
Heublein Cocktails
2002 Ed. (3106)
2001 Ed. (3116)
2000 Ed. (2947)
1999 Ed. (3207)
1997 Ed. (3884)
1996 Ed. (2523, 3833, 3849)
1994 Ed. (2392)
Heublein Cocktaisl
1992 Ed. (2886)
Heublein; Grand Metropolitan/
1991 Ed. (1145)
Heublein Wines
1989 Ed. (2929)
Heuer; Christina
1996 Ed. (1789)
1995 Ed. (1857)
1994 Ed. (1774)
1993 Ed. (1771, 1791)
Heupink & Reinders Half-Zwaar
1999 Ed. (1142)
Heupink & Reinders Light
1999 Ed. (1142)
Heuristic Development Group
2001 Ed. (1651)
Heus Manufacturing Co., Inc.
2007 Ed. (3615, 3616)
Hevrat Haovdim Ltd.
1994 Ed. (3660)
Hew & Tan
1997 Ed. (20)
Hew Credit Union
2008 Ed. (2267)
2006 Ed. (2231)
2005 Ed. (2136)
2004 Ed. (1994)
2003 Ed. (1954)
Hewitt Associates Inc.
2008 Ed. (1798, 2484, 2767, 3016)
2007 Ed. (1768, 2641, 2894, 3757)
2006 Ed. (1761, 2418, 2658, 2808, 3032, 3759, 3761)
2005 Ed. (819, 1790, 2367, 2368, 2369, 2679, 3024, 3663, 3664)
2004 Ed. (1730, 2267, 2268, 2682, 3749, 4337)
2000 Ed. (1776, 1777)
1999 Ed. (26, 1997, 1998, 3063, 3066)
1998 Ed. (1422, 1423, 1424, 1425, 1426, 2293)
1997 Ed. (1715, 1716)
1996 Ed. (1638, 1639)
1995 Ed. (1661, 1662)

1994 Ed. (1622, 1623)
1993 Ed. (1589, 1590, 1591)
1992 Ed. (1940, 1941)
1991 Ed. (1543, 1544)
1990 Ed. (1648, 1650, 1651)
Hewitt Associates LLC
2002 Ed. (2111, 2112, 2113)
2001 Ed. (1730, 2221, 2222)
2000 Ed. (1774, 1775)
1999 Ed. (1999)
Hewitt Holdings LLC
2008 Ed. (1798)
2007 Ed. (1768)
2006 Ed. (1761)
Hewitt; Patricia
2006 Ed. (4978)
Hewitt; Ronald
1992 Ed. (3138)
Hewitt Tax Service; Jackson
1992 Ed. (2221)
Hewlett Foundation; William & Flora
2008 Ed. (2766)
2005 Ed. (2677)
1992 Ed. (1100)
Hewlett-Packard
2008 Ed. (641, 816, 817, 818, 896, 1111, 1112, 1113, 1115, 1117, 1118, 1119, 1129, 1138, 1143, 1152, 1157, 1158, 1159, 1347, 1359, 1363, 1471, 1496, 1517, 1521, 1585, 1586, 1588, 1589, 1591, 1594, 1598, 1599, 1600, 1601, 1602, 1603, 1605, 1610, 1922, 2475, 2981, 3014, 3036, 3143, 3144, 3196, 3544, 3834, 3861, 4262, 4605, 4610, 4668)
2007 Ed. (154, 683, 689, 736, 851, 852, 853, 854, 856, 858, 859, 860, 1204, 1206, 1208, 1209, 1210, 1212, 1213, 1214, 1215, 1229, 1237, 1244, 1259, 1263, 1403, 1407, 1447, 1477, 1533, 1537, 1552, 1608, 1610, 1611, 1612, 2326, 2347, 2799, 2862, 2893, 3025, 3026, 3071, 3074, 3415, 3690, 3758, 3823, 3825, 4557, 4700, 4806, 4979, 4980)
2006 Ed. (163, 692, 758, 759, 761, 1101, 1103, 1104, 1105, 1108, 1110, 1111, 1121, 1132, 1144, 1148, 1151, 1364, 1369, 1455, 1469, 1470, 1501, 1504, 1507, 1578, 1579, 1581, 1583, 1586, 1587, 1588, 1589, 1590, 1646, 1662, 1850, 2385, 2400, 2869, 2892, 2991, 2992, 3033, 3361, 3362, 3695, 3697, 3760, 4981)
2005 Ed. (152, 793, 831, 832, 834, 836, 1106, 1112, 1113, 1114, 1115, 1118, 1121, 1124, 1125, 1126, 1143, 1158, 1159, 1360, 1363, 1380, 1523, 1574, 1575, 1618, 1620, 1621, 1642, 1673, 1674, 1675, 1677, 1681, 1682, 1683, 1685, 1687, 1735, 1793, 2329, 2355, 2997, 2998, 3025, 3034, 3036, 3380, 3381, 3695, 3987, 4039, 4451, 4463, 4809)
2004 Ed. (151, 859, 1102, 1107, 1108, 1110, 1114, 1116, 1117, 1118, 1119, 1133, 1135, 1450, 1452, 1507, 1526, 1560, 1659, 1660, 1677, 1686, 2256, 2262, 3000, 3001, 3020, 3022, 3024, 3032, 3154, 3351, 3776, 4048, 4099, 4581, 4919, 4984)
2003 Ed. (192, 911, 1087, 1089, 1090, 1092, 1095, 1098, 1099, 1100, 1104, 1120, 1122, 1125, 1575, 1621, 1627, 1628, 1647, 2239, 2251, 2252, 2253, 2254, 2894, 2895, 2926, 2943, 2944, 2948, 3751, 3796, 3797, 4029, 4030, 4686, 4981, 4982)
2002 Ed. (33, 37, 227, 915, 1133, 1135, 1136, 1137, 1139, 1140, 1141, 1145, 1499, 1560, 1602, 1621, 1655, 2075, 2106, 2109, 2807, 2832, 3233, 3334, 3335, 3336, 3337, 3338, 3339, 3729, 3886, 4518, 4600, 4876, 4896, 4978, 4993, 4994)
2001 Ed. (659, 1071, 1073, 1134, 1344, 1347, 1349, 1350, 1358, 1363, 1594, 1647, 1648, 1649, 1653, 2198, 2868, 2869, 2897, 3186, 3187, 3296, 3403, 3535, 3958, 4043, 4213)
2000 Ed. (205, 773, 932, 933, 937, 942, 960, 961, 1157, 1161, 1162, 1164, 1165, 1166, 1167, 1174, 1245, 1396, 1427, 1429, 1743, 1748, 1750, 1751, 2639, 2648, 2747, 3035, 3079, 3187, 3367, 3370, 3685, 3757, 3758, 4441)
1999 Ed. (967, 986, 987, 991, 994, 1073, 1244, 1257, 1258, 1259, 1261, 1263, 1265, 1267, 1269, 1271, 1272, 1273, 1283, 1289, 1475, 1526, 1571, 1572, 1573, 1576, 1591, 1621, 1623, 1965, 1966, 1972, 1974, 2120, 2874, 2875, 2878, 2879, 2880, 2881, 2897, 3298, 3341, 3404, 3405, 3468, 3608, 3609, 3641, 3643, 3646, 3647, 3648, 3974, 4043, 4044)
1998 Ed. (562, 564, 570, 571, 578, 687, 821, 823, 825, 827, 830, 832, 833, 837, 1070, 1128, 1289, 1399, 1402, 1538, 1539, 1890, 2492, 2493, 2494, 2531, 2700, 2703, 2704, 2705, 3043, 3119, 3770, 3771, 3777)
1997 Ed. (30, 712, 1079, 1080, 1084, 1085, 1105, 1341, 1369, 1402, 1403, 1707, 1807, 1827, 2205, 2372, 2782, 2783, 2958, 3294, 3298, 3923)
1996 Ed. (774)
1995 Ed. (20, 21, 154, 1077, 1084, 1085, 1087, 1088, 1090, 1092, 1093, 1344, 1348, 1363, 1393, 1655, 2138, 2240, 2251, 2252, 2253, 2254, 2255, 2257, 2258, 2259, 2260, 2261, 2503, 2570, 2938, 3092, 3178)
1994 Ed. (842, 1073, 1078, 1080, 1081, 1082, 1084, 1085, 1088, 1090, 1337, 1611, 1613, 1726, 1920, 2161, 2186, 2201, 2202, 2204, 2205, 2208, 2402, 3043, 3129, 3676, 3677, 3678, 3679)
1993 Ed. (826, 1034, 1047, 1048, 1053, 1056, 1057, 1060, 1062, 1063, 1064, 1066, 1183, 1286, 1572, 1574, 1583, 1712, 1904, 2013, 2166, 2177, 2562, 2947, 2997, 3002, 3066, 3646, 3739)
1992 Ed. (234, 1094, 1287, 1298, 1300, 1306, 1307, 1317, 1319, 1320, 1321, 1322, 1325, 1919, 1921, 1929, 2236, 2631, 2633, 3068, 3666, 3671, 3763, 4491, 4492)
1991 Ed. (169, 266, 845, 889, 890, 1010, 1025, 1026, 1030, 1032, 1033, 1038, 1053, 1209, 1443, 1516, 1517, 1521, 1526, 1528, 1540, 2063, 2068, 2077, 2455, 2463, 2464, 2637, 2695, 2836, 2839, 2843, 2846, 2851, 2909, 3516)
1990 Ed. (171, 298, 1111, 1112, 1120, 1121, 1123, 1126, 1129, 1131, 1134, 1615, 1620, 1627, 1629, 1644, 2005, 2190, 2201, 2211, 2528, 2570, 2582, 2583, 2735, 2880, 2901, 2983, 2989, 2990, 2991, 3710, 3711)
1989 Ed. (975, 976, 978, 983, 1117, 1309, 1317, 1318, 1326, 1329, 1330, 1333, 1342, 1990, 2103, 2304, 2306)
Hewlett-Packard (Canada) Co.
2008 Ed. (2929, 2945)
2007 Ed. (2820)
2006 Ed. (2818)
2005 Ed. (2830)
2004 Ed. (2825)
2003 Ed. (1115)
1999 Ed. (2668)
1997 Ed. (2214)
1996 Ed. (2108)
1995 Ed. (2099)
1993 Ed. (2036)
Hewlett-Packard CTD
1993 Ed. (3697)
Hewlett-Packard Development Co.
2007 Ed. (3782)
2005 Ed. (1156)
Hewlett-Packard Direct Marketing Division
2000 Ed. (993, 3023)
1999 Ed. (1043, 3287, 3288)
1998 Ed. (651, 2426)
1997 Ed. (913, 2698)
Hewlett-Packard France
2004 Ed. (3331)
Hewlett-Packard GmbH
2004 Ed. (2185)
2002 Ed. (2097)
2001 Ed. (2213)
2000 Ed. (3020)
Hewlett Packard Holding GMBH
2000 Ed. (3021)
Hewlett-Packard Idocom
1993 Ed. (3697)
Hewlett Packard Ireland (Holdings) Ltd.
2001 Ed. (1755)
Hewlett-Packard (Japan)
2001 Ed. (1619)
Hewlett-Packard Services
2007 Ed. (4871)
2006 Ed. (4872)
Hewlett-Packard (Singapore)
2001 Ed. (1617, 1618, 1842)
Hewlett; William
2008 Ed. (895)
1989 Ed. (2751, 2905)
Hewpack
1995 Ed. (2139)
Hexachlorobenzene
1990 Ed. (2812)
Hexagon Industries
1995 Ed. (1767)
Hexal AG
2006 Ed. (1736)
Hexane
2000 Ed. (3562)
Hexcel
2001 Ed. (1586)
2000 Ed. (1021)
1992 Ed. (246)
1990 Ed. (181, 182, 183, 184, 185)
1989 Ed. (272)
Hexel Corp.
1991 Ed. (256)
Hexion Specialty Chemicals Inc.
2007 Ed. (1529)
Hey-Song Corp.
1989 Ed. (54)
Heyman; Samuel J.
2005 Ed. (3936)
Heyman; Timothy
1996 Ed. (1906)
Heytesbury
2004 Ed. (3950)
2002 Ed. (247, 3770)
Heywood Williams Group
1996 Ed. (1355)
1995 Ed. (1405)
Heywood Williams Group Plc
2000 Ed. (3086)
H.F. Ahmanson
1998 Ed. (3523, 3527)
HF Ahmanson & Co.
2000 Ed. (374)
1999 Ed. (373)
1990 Ed. (1779)
H.F. & PH. F. Reemtsma GmbH & Co.
1997 Ed. (3759)
Hf. Eimskipafelag Islands
2006 Ed. (4506)
HF Holdings Inc.
2006 Ed. (3359)
HFB Financial Corp.
2002 Ed. (3553)
HFCK
1999 Ed. (3591)
HFD-The Weekly Home Furnishings
1994 Ed. (2795)
HFN
2008 Ed. (142)
2005 Ed. (139, 140)
2002 Ed. (3741)
2001 Ed. (3873)
2000 Ed. (3601)
1999 Ed. (3881)
1998 Ed. (2910)
1997 Ed. (3160)
1996 Ed. (3080)
HFS Inc.
2005 Ed. (1500)
2002 Ed. (1463)
1999 Ed. (181, 1460, 2765, 2770, 2783)
1998 Ed. (575, 1047, 1050, 1066, 1146, 2006, 2009, 2010, 2011, 3001, 3290)
1997 Ed. (1319, 2278, 2279, 2280, 2282, 3639)
HFS Credit Union
2008 Ed. (2228)
2007 Ed. (2113)
2006 Ed. (2192)
2005 Ed. (2097)
2004 Ed. (1955)
2003 Ed. (1915)
2002 Ed. (1861)
HFS Group
2008 Ed. (3344, 3345)
2007 Ed. (3194, 3202, 3203)
2006 Ed. (2053)
HG Asia
1997 Ed. (743, 750, 751, 752, 754, 757, 758, 759, 765, 766, 768, 769, 780, 781, 798, 799, 800, 801, 802, 813, 814, 815, 816, 817, 818, 819, 820, 820, 821, 822, 1957)
1996 Ed. (1851, 3376, 3393)
1995 Ed. (764, 770, 771, 772, 773, 774, 777, 780, 781, 782, 783, 784, 785, 786, 787, 788, 789, 795, 797, 798, 799, 803, 804, 805, 813, 814, 815, 817, 818, 819, 820, 821, 824, 827, 829, 830, 831, 832, 833, 834, 836, 837, 839, 840, 841)
HGB Constructors Inc.
2004 Ed. (1299)
2003 Ed. (1296)
HGK Asset Management Inc.
2003 Ed. (3080)
HGK Asset Management, Fixed Income—Short Term
2003 Ed. (3133)
HGM Management & Technologies Inc.
2008 Ed. (3739, 4437)
2007 Ed. (3612)
HH & S
1997 Ed. (3374)
1996 Ed. (3277)
1994 Ed. (3128)
HHA Services
2008 Ed. (2909, 3095, 3412)
1993 Ed. (2063, 2067)
1992 Ed. (2447, 2451)
HHD O & M
2003 Ed. (49)
2002 Ed. (83)
2001 Ed. (110)
2000 Ed. (66)
1999 Ed. (62)
1996 Ed. (66)
1995 Ed. (50)
HHD Ogilvy & Mather
1997 Ed. (64)
1994 Ed. (72)
1993 Ed. (83)
1992 Ed. (125)
1991 Ed. (78)
1990 Ed. (81)
1989 Ed. (87)
HHHunt
2005 Ed. (1236)
HHL Financial Services
1997 Ed. (1044, 1045, 1046, 1048)
HHNEC
2006 Ed. (4289)
Hi C
2007 Ed. (2655)
2003 Ed. (2578)
2000 Ed. (2282)
1998 Ed. (450, 1777)
1995 Ed. (1947, 1948)
1992 Ed. (2240)

1990 Ed. (724)
Hi C Blast
2007 Ed. (2655)
Hi C Sour Blast
2007 Ed. (2655)
H.I. Development Corp.
1995 Ed. (2147, 2149)
1994 Ed. (2092, 2093)
1990 Ed. (2062)
Hi-Dri
2003 Ed. (3735)
1996 Ed. (2907)
Hi Ho
1996 Ed. (1174)
Hi-Life
2008 Ed. (719)
Hi-Lite
2000 Ed. (1062)
1999 Ed. (1141)
1997 Ed. (993)
Hi-Lo
2004 Ed. (4645)
Hi/Lo Automotives
1999 Ed. (362)
1998 Ed. (247)
1997 Ed. (325)
1996 Ed. (354)
1995 Ed. (336)
1994 Ed. (336)
Hi Mart
2005 Ed. (80)
Hi-Plains Savings
1989 Ed. (2360)
Hi-Plains Savings & Loan Association FS & LA
1990 Ed. (3592)
Hi-Pro
1994 Ed. (2829)
1990 Ed. (2818)
Hi-Pro Dog Meal
1993 Ed. (2815)
1992 Ed. (3408)
1989 Ed. (2193)
Hi-School Drugs
2006 Ed. (2309)
Hi-School Pharmacy
2002 Ed. (2036)
1999 Ed. (1929)
Hi-Shear Industries Inc.
1995 Ed. (2497)
1993 Ed. (155, 156)
1990 Ed. (181, 182)
Hi-Shear Technology Corp.
1995 Ed. (2497)
Hi-Tec
1992 Ed. (368)
Hi-Tec Sports
1993 Ed. (260, 3474)
Hi Tech
1995 Ed. (3648)
Hi Tech Consultants Inc.
2001 Ed. (4747)
Hi-Tech Mold & Engineering Inc.
2008 Ed. (3746)
2006 Ed. (3922)
2004 Ed. (3913)
Hi-Tech Pharmacal Co.
2008 Ed. (4417)
2007 Ed. (3461)
2006 Ed. (4330, 4337)
2005 Ed. (4384)
Hi-Tech PR of Shandwick
1993 Ed. (2932)
1992 Ed. (3578)
Hi-Tech Printing Co.
2008 Ed. (4029, 4032)
2005 Ed. (3895)
Hi-Tech Public Relations of Shandwick
1996 Ed. (3134)
1995 Ed. (3031)
1994 Ed. (2971)
Hi-Tech Seals Inc.
1999 Ed. (2845)
Hi-way Paving Inc.
1995 Ed. (1163)
Hiag Holding AG
1994 Ed. (2415)
Hialeah, FL
2006 Ed. (2857)
1995 Ed. (988, 2666)
1994 Ed. (2244)
Hiba
1991 Ed. (122)
Hibbard Brown & Co. Inc.
1995 Ed. (816)
1993 Ed. (768)
1992 Ed. (962)
Hibbard; Dwight H.
1990 Ed. (1715)
Hibbett Sporting Goods
2008 Ed. (4475, 4482, 4484)
2007 Ed. (4505)
2006 Ed. (4449, 4451)
2005 Ed. (1014, 1015)
2004 Ed. (999, 1000)
2001 Ed. (4101)
Hibernia Corp.
2006 Ed. (401, 2284)
2004 Ed. (416)
2002 Ed. (491)
2000 Ed. (3738, 3739)
1999 Ed. (659, 4027, 4028)
1998 Ed. (270)
1997 Ed. (333)
1996 Ed. (375, 376, 1194)
1995 Ed. (356, 3346)
1994 Ed. (3265)
1992 Ed. (525)
1991 Ed. (386, 1137)
1990 Ed. (446)
1989 Ed. (676)
Hibernia Bank
1996 Ed. (397, 2880)
1989 Ed. (574)
Hibernia National Bank
1998 Ed. (391)
1997 Ed. (544)
1996 Ed. (588)
1995 Ed. (531)
1994 Ed. (557)
1993 Ed. (383, 385, 555, 3275)
1992 Ed. (762)
Hibernia National Bank (New Orleans)
1991 Ed. (595)
Hibernia National, La.
1989 Ed. (2146, 2158)
Hickam AFB, HI
1992 Ed. (4041)
Hickam Credit Union
2008 Ed. (2228)
2007 Ed. (2113)
2006 Ed. (2192)
2005 Ed. (2097)
2004 Ed. (1955)
2003 Ed. (1915)
2002 Ed. (1861)
Hickenlooper; John
2007 Ed. (2497)
Hickey; Christopher
2008 Ed. (2692)
Hickey Dodge; Lynn
1996 Ed. (270)
1995 Ed. (263)
1994 Ed. (267)
1992 Ed. (375)
Hickey Financial Service Ltd.
1992 Ed. (1289)
Hickey; Norman
1990 Ed. (2478)
Hickey; Norman W.
1993 Ed. (2461)
1992 Ed. (2903)
1991 Ed. (2342)
Hickey; W. V.
2005 Ed. (2488)
Hickey; William
2006 Ed. (911)
Hicklin Slade
2002 Ed. (1980)
Hickman Inc.; Dow B.
1993 Ed. (1183)
Hickok; Jane C.
1992 Ed. (1139)
Hickory Brands Inc.
2003 Ed. (993, 994)
Hickory Farms
2002 Ed. (3271)
Hickory-Morganton-Lenoir, NC
2005 Ed. (3473)
Hickory-Morgantown-Lenoir, NC
1998 Ed. (2484)
Hickory, NC
2008 Ed. (1040, 2489, 3466)
2007 Ed. (1157, 2368, 3368)
2006 Ed. (2425, 2449, 3304)
2005 Ed. (1057, 2379)
1994 Ed. (2245)
Hickory Point
1990 Ed. (590)
Hickory Printing Group
2007 Ed. (4010)
HickoryTech Corp.
2006 Ed. (1889)
Hicks, Muse & Co.
1996 Ed. (2487)
1995 Ed. (1223)
Hicks, Muse, Tate & Furst Inc.
2001 Ed. (1545)
1999 Ed. (1440, 3308)
1997 Ed. (2628)
1996 Ed. (1194, 1202)
Hicks; Sydney Smith
1991 Ed. (2160)
Hicks; Weston
1997 Ed. (1880)
1996 Ed. (1773, 1806, 1848)
Hicom
1997 Ed. (2593)
Hidalgo County, TX
1996 Ed. (2538)
1995 Ed. (2483)
1994 Ed. (2407)
Hidden Creek Industries
2007 Ed. (3491, 3492)
2006 Ed. (3466)
2005 Ed. (3457, 3458)
2004 Ed. (3443)
Hidden Valley
2001 Ed. (4152)
Hidden Valley Ranch
1995 Ed. (1887)
Hideaki Akimoto
1997 Ed. (1995)
1996 Ed. (1867)
The Hideaway
2005 Ed. (3844)
Hideaway Pizza
2008 Ed. (3992)
2007 Ed. (3966)
2006 Ed. (3915)
Hidecki Wakabayashi
1999 Ed. (2366)
Hidehiko Hoshino
2000 Ed. (2168)
1999 Ed. (2385)
Hideki Matsui
2005 Ed. (267)
Hideki Wakabayashi
2000 Ed. (2165)
1997 Ed. (1981)
1996 Ed. (1873)
Hidenobu Sasaki
2000 Ed. (2153)
1999 Ed. (2373)
Hideyasu Ban
2000 Ed. (2149)
Hideyuki Mizuno
1999 Ed. (2390)
1996 Ed. (1878)
Hidroelectrica del Cantabrico SA
2006 Ed. (1430)
Hidroelectrica Espanola
1993 Ed. (1197)
1991 Ed. (719, 1346)
1990 Ed. (1420)
Hidroelectrica Ibercia
1991 Ed. (719, 720)
Hidroelectrica Iberica Iberduero
1993 Ed. (1197)
Hidrola
1990 Ed. (3476)
Hiffman Shaffer Anderson, Inc.
1992 Ed. (3621)
Hiffman Shaffer Associates Inc.
2000 Ed. (3728)
1997 Ed. (3272)
HiFi House
2008 Ed. (2983, 2985)
2007 Ed. (2865)
Higa; Michael
2007 Ed. (2549)
Higate
1995 Ed. (3062)
1993 Ed. (2962)
Higbee's Co.
1989 Ed. (2974)
Higgins
1994 Ed. (1621)
Higgins & Co.; A. Faster
1994 Ed. (1622, 1623, 1624)
Higgins & Co. Inc.; A. Foster
1997 Ed. (1715)
1996 Ed. (1638, 1639)
1995 Ed. (1661, 1662)
1993 Ed. (1589, 1591, 1592)
1992 Ed. (1940)
1991 Ed. (1543, 1545)
1990 Ed. (1651)
Higgins Concrete Products Ltd.
1999 Ed. (3300)
Higgins Development Partners
2007 Ed. (3738)
2006 Ed. (3738)
2005 Ed. (2995, 3637)
2004 Ed. (3726)
2003 Ed. (3670)
2001 Ed. (4001)
Higgins; James
1997 Ed. (1895)
High Arctic Energy Services Inc.
2006 Ed. (1539)
High blood pressure
1991 Ed. (2627)
High carbon steel slabs
1992 Ed. (2076)
High Cascade Snowboard Camp Inc.
2005 Ed. (1939)
High cholesterol
1991 Ed. (2627)
High Coffee Corp.
1994 Ed. (2055)
1993 Ed. (2040)
1992 Ed. (2403)
High Concrete Group
2008 Ed. (1255)
High-definition TV
1996 Ed. (2104)
High density polyethylene
2001 Ed. (3814)
High Desert Currency Management
2008 Ed. (1096)
High Endurance; Old Spice
2008 Ed. (3876)
High-Flux Beam Reactor
1999 Ed. (3633)
High-Flux Isotope Reactor
1999 Ed. (3633)
High fructose corn syrup
2001 Ed. (1508)
High Income Opportunity Fund
2004 Ed. (3176)
High Light Electric
2001 Ed. (2702)
High Performance Technologies
2006 Ed. (4678)
High Plains
1994 Ed. (195)
High-Point Group Services
1994 Ed. (1647)
High-Point Services
1989 Ed. (1120)
High Point Solutions
2006 Ed. (3528)
2003 Ed. (3950)
High Ridge Park
1990 Ed. (2730)
High River Gold Mines Ltd.
2001 Ed. (1656)
High River LP
2006 Ed. (1420)
High school prom
2001 Ed. (3794)
High Sierra
2001 Ed. (1108)
High Speed Access Corp.
2003 Ed. (1643, 1653)
2002 Ed. (1619, 1624)
High Street Banking Co.
2003 Ed. (512)
2002 Ed. (3548)
High strength low alloy
2001 Ed. (4665)
High Tech Computer Corp.
2008 Ed. (3210)
2007 Ed. (1581, 3069, 3070, 3072, 3073, 4580)

2006 Ed. (3037, 3040)
High-tech industries
1996 Ed. (2063)
1993 Ed. (1864)
High technology
2002 Ed. (917)
2001 Ed. (1077)
High Technology Solutions Inc.
2003 Ed. (1347)
High Touch-High Tech
2008 Ed. (2411)
2006 Ed. (2342)
2005 Ed. (2274)
2004 Ed. (2173)
2003 Ed. (2125)
2002 Ed. (2065)
High Wire Networks
2008 Ed. (4647)
High yield
2006 Ed. (622)
High Yield Mutual Funds
2000 Ed. (772)
HighBeam Research LLC
2007 Ed. (3060)
Highbridge Capital Corp.
2003 Ed. (3151)
Higher education
2002 Ed. (748)
Highgate Springs, VT
1995 Ed. (2958)
HighJump Software
2008 Ed. (4576)
2006 Ed. (4646)
Highland
1998 Ed. (899)
1991 Ed. (2931)
1990 Ed. (3327)
Highland Bancorp
2002 Ed. (486)
Highland Capital Partners
2005 Ed. (4818)
Highland Community Bank
2000 Ed. (471)
1999 Ed. (479)
1998 Ed. (339)
1997 Ed. (419)
1995 Ed. (548)
1994 Ed. (573)
1993 Ed. (571)
1992 Ed. (782)
1991 Ed. (463)
1990 Ed. (643)
Highland Computer Forms Inc.
2008 Ed. (4029, 4031, 4033)
2006 Ed. (3967, 3971)
2005 Ed. (3887, 3889, 3895)
Highland Distillers Brands
2001 Ed. (2118)
Highland Gold Mining
2006 Ed. (3489)
The Highland Group
2007 Ed. (2960)
Highland Holdings
2004 Ed. (1173)
Highland Homes
2005 Ed. (1191, 1192, 1241)
2004 Ed. (1164)
2003 Ed. (1157)
2000 Ed. (1210)
1999 Ed. (1328)
1994 Ed. (1117)
Highland Hospitality
2006 Ed. (2114)
Highland Mist
1989 Ed. (2364)
Highland Park
2002 Ed. (293)
2001 Ed. (2115)
Highland Park Ford
1992 Ed. (383)
1991 Ed. (278)
Highland Park (TX) Park Cities News
2003 Ed. (3645)
Highland Partners
2006 Ed. (4058)
Highland Ranch
1996 Ed. (3050)
Highland Street Connection
2002 Ed. (2341)
Highland Superstores
1994 Ed. (229, 2071)
1992 Ed. (348, 1077, 1936, 2423, 2426, 2428)
1991 Ed. (248, 1246, 1541, 1920, 1921, 3164)
1990 Ed. (1646, 2026, 2031, 2032, 2033, 3043)
1989 Ed. (264, 2328)
Highland Valley Copper
2006 Ed. (2023)
2005 Ed. (1965)
1997 Ed. (2795)
1996 Ed. (2650)
Highlander Engineering, Inc.
2003 Ed. (2732)
2002 Ed. (2491)
Highlander Inn & Convention Center
1995 Ed. (2160)
Highlander: The Adventure Begins
1998 Ed. (3674)
Highlander; Toyota
2005 Ed. (4426)
Highlandr
1990 Ed. (2750)
Highlands Bankshares Inc.
2004 Ed. (406)
Highlands Gold
1994 Ed. (248)
Highlands Gold Club Inc.
2007 Ed. (270)
Highlands Insurance
1999 Ed. (2967)
Highmark
2008 Ed. (609, 2034, 3223)
2007 Ed. (3065)
2006 Ed. (1981, 3724)
2005 Ed. (1944)
2004 Ed. (1841)
2003 Ed. (1809)
2002 Ed. (2918)
2001 Ed. (1833)
2000 Ed. (2649, 2679)
HighMark Bond Fund
2000 Ed. (758)
HighMark Capital Management Inc.
2000 Ed. (2859)
Highmark Credit Union
2008 Ed. (2259)
2007 Ed. (2144)
2006 Ed. (2223)
2005 Ed. (2128)
2004 Ed. (1986)
2003 Ed. (1946)
2002 Ed. (1892)
Highmark Income Equity
1997 Ed. (2885, 2900)
Highpine Oil & Gas Ltd.
2008 Ed. (1430)
Highscreen
1996 Ed. (1071)
Hightower; Dennis F.
1989 Ed. (736)
Hightowers Petroleum Co.
2008 Ed. (3726, 4421)
Highway & street construction
2001 Ed. (3560)
Highway 40/Chesterfield Village, MO
1996 Ed. (1602)
Highway incidents
2004 Ed. (1)
Highway One Communications
1998 Ed. (59)
HighwayMaster Communications
1997 Ed. (3408, 3410)
The Highwaymen
1994 Ed. (1100)
Highwood
1997 Ed. (2669)
Highwood Properties Inc.
1999 Ed. (3999, 4005)
Highwoods Properties
2002 Ed. (3922)
2000 Ed. (3709)
1998 Ed. (3001)
Higo Bank
2002 Ed. (594)
Higros
1992 Ed. (81)
Higson; Philip
1996 Ed. (1884)
HIH America Group
2002 Ed. (2951)
Hikari Tsushin Inc.
2002 Ed. (4635)
Hiking
2001 Ed. (422)
2000 Ed. (4090)
1998 Ed. (3355)
1992 Ed. (4048)
Hiking/Backpacking
1999 Ed. (4384)
Hiking shoes
2001 Ed. (426)
1993 Ed. (257)
Hiking trails
2000 Ed. (3554)
Hikma Pharmaceuticals
2007 Ed. (3948)
Hilal
1994 Ed. (15)
Hilal Confectioneries
2008 Ed. (68)
Hiland Partners
2008 Ed. (2859)
2007 Ed. (2729)
Hilary Judis
2000 Ed. (2065)
1999 Ed. (2286)
1997 Ed. (1963)
Hilary Weston
2008 Ed. (4899)
2007 Ed. (4918, 4919)
Hilasal Mexicana
2004 Ed. (3363)
Hilb; Robert H.
1990 Ed. (2271)
1989 Ed. (1741)
Hilb, Rogal & Hamilton
2006 Ed. (2286, 3079)
2005 Ed. (1486, 2229, 3073, 3074, 3078, 3103)
2004 Ed. (2120, 2124, 3062, 3063, 3066, 3068, 3100)
2003 Ed. (4550)
2002 Ed. (2853, 2856)
2000 Ed. (2661, 2662, 2663)
1999 Ed. (2906, 2907)
1998 Ed. (2120, 2121, 2122)
1997 Ed. (2413)
1996 Ed. (1195, 2275)
1995 Ed. (1224, 2272)
1994 Ed. (1207, 1208, 2226)
1993 Ed. (1191, 1192, 2248)
1992 Ed. (20, 1462, 1463)
1991 Ed. (1137, 1148, 2137)
1989 Ed. (1739)
Hilb, Rogal & Hobbs Co.
2008 Ed. (3236, 3237, 3240, 3241, 3242, 3243)
2007 Ed. (3095)
2006 Ed. (3072, 3073, 3075)
Hilb, Rogan & Hamilton Co.
1990 Ed. (1223)
Hilbert; Stephen C.
1997 Ed. (1802)
Hildago; Edward
1995 Ed. (2480)
Hildago, TX
2005 Ed. (3878, 3879)
Hill & Knowlton, Inc.
2004 Ed. (3979, 3980, 3981, 3984, 3987, 3991, 3992, 3993, 3996, 4004, 4010, 4013, 4014, 4026, 4037)
2003 Ed. (3994, 3999, 4005, 4008, 4010, 4016, 4021)
2002 Ed. (3806, 3807, 3813, 3817, 3818, 3824, 3825, 3829, 3831, 3837, 3838, 3843, 3844, 3845)
2001 Ed. (3924, 3925, 3926, 3927, 3928, 3929, 3931, 3932, 3934, 3937, 3938, 3939, 3940, 3942)
2000 Ed. (3625, 3626, 3627, 3642, 3646, 3649, 3650, 3651, 3652, 3653, 3654, 3655, 3656, 3658, 3662, 3670)
1999 Ed. (3933, 3934, 3935, 3936, 3937, 3938, 3939, 3941, 3943, 3948)
1998 Ed. (2934, 2935, 2936, 2940, 2941, 2943, 2945, 2950, 2951, 2954, 2961)
1997 Ed. (3181, 3183, 3184, 3188, 3190, 3191, 3194, 3195, 3198, 3199, 3200, 3201, 3204, 3205, 3207, 3208, 3212)
1996 Ed. (3107, 3109, 3111, 3112, 3128, 3129, 3131, 3134, 3135)
1995 Ed. (3002, 3003, 3008, 3009, 3011, 3014, 3015, 3016, 3017, 3019, 3023, 3024, 3025, 3027, 3028, 3031, 3032)
1994 Ed. (2945, 2950, 2951, 2952, 2953, 2954, 2965, 2966, 2967, 2968, 2971, 2972)
1993 Ed. (2928, 2929, 2930, 2931, 2932, 2933)
1992 Ed. (3569, 3573, 3556, 3558, 3559, 3560, 3563, 3564, 3565, 3566, 3568, 3570, 3574, 3577, 3578, 3579, 3580, 3581)
1991 Ed. (2775)
1990 Ed. (2913, 2915, 2916, 2917, 2919, 2920, 2921)
1989 Ed. (2259)
Hill & Knowlton Canada
2008 Ed. (1102, 3495, 4320)
2007 Ed. (1197, 4364)
2006 Ed. (4297)
Hill & Knowlton Europe
1995 Ed. (719)
Hill & Knowlton Tampa
1998 Ed. (2948)
Hill & Knowlton UK
2002 Ed. (3855, 3856, 3857, 3859, 3861, 3862, 3863, 3864, 3865, 3866, 3869, 3870, 3872)
1996 Ed. (3115, 3116, 3117, 3120, 3121, 3122, 3123, 3125, 3126, 3127)
1994 Ed. (2956, 2957, 2960, 2961, 2962, 2964)
Hill, Barth & King LLC
2008 Ed. (2003)
2005 Ed. (8)
2004 Ed. (12)
2003 Ed. (6)
Hill Brothers Construction & Engineering Co., Inc.
2007 Ed. (1379)
Hill; Burt
2008 Ed. (2539)
Hill Construction
2006 Ed. (1290)
2005 Ed. (1184)
2004 Ed. (1156)
Hill Country Bank
1994 Ed. (510)
Hill; Faith
1997 Ed. (1113)
1996 Ed. (1094)
Hill Financial Group
1992 Ed. (2742)
Hill Financial S & L Assn.
1991 Ed. (3363)
Hill Financial Savings Association
1990 Ed. (3591)
1989 Ed. (2832)
Hill/Glazier Architects
1999 Ed. (2788)
Hill Griffin Inc.; Ben
1994 Ed. (1224, 1225)
Hill, Holiday, Connors, Cosmopulos
2004 Ed. (127)
1996 Ed. (119, 2246)
Hill, Holliday, Connors & Cosmopulos
1999 Ed. (130)
Hill, Holliday, Connors, Cosmopulos
2004 Ed. (128)
2003 Ed. (170)
2002 Ed. (156, 157)
2000 Ed. (148)
1998 Ed. (61)
1997 Ed. (123)
1995 Ed. (32, 103)
1994 Ed. (104)
1992 Ed. (184, 1806)
1991 Ed. (130, 3317)
1990 Ed. (131)
1989 Ed. (140)
Hill II; Vernon
2008 Ed. (941)
2007 Ed. (1017)
Hill II; Vernon W.
2007 Ed. (1020)

Hill III; Vernon W.
2005 Ed. (973)
Hill International Inc.
2008 Ed. (1168, 1169, 1171, 1172, 1173, 1174, 1175, 1206, 1317, 1321, 1331)
2007 Ed. (1316)
2006 Ed. (1209, 4369)
1991 Ed. (1557, 1558)
1989 Ed. (269)
Hill Investment Advisors; Samuel
1992 Ed. (2794)
Hill; Lewis
2007 Ed. (4931)
Hill; Lloyd L.
2006 Ed. (915, 2530)
2005 Ed. (2516)
Hill Mechanical Corp.
1998 Ed. (954)
Hill Mechanical Construction Group
1991 Ed. (1081)
Hill Mechanical Group
2008 Ed. (1248, 1249, 1264, 1330, 4001)
2007 Ed. (1368, 1387, 3978)
2006 Ed. (1260, 1261, 1292, 1309, 1338, 1339)
2005 Ed. (1290, 1291, 1320, 1342)
2004 Ed. (1240, 1241, 1314, 1337)
2003 Ed. (1237, 1238, 1314, 1337)
2002 Ed. (1297)
2001 Ed. (1481)
2000 Ed. (1267)
1999 Ed. (1375)
1997 Ed. (1169)
1996 Ed. (1137)
1995 Ed. (1165)
1994 Ed. (1149)
Hill; Peter
2006 Ed. (4922)
2005 Ed. (4862)
Hill; R. S.
2005 Ed. (2493)
Hill; Richard
2007 Ed. (1006)
2006 Ed. (916)
2005 Ed. (971)
Hill-Rom Co.
2004 Ed. (1362)
1996 Ed. (2152)
1994 Ed. (2685)
1992 Ed. (3277)
1990 Ed. (2528, 2723)
Hill-Rom Hillenbrand
1995 Ed. (2138)
Hill-Rom Hillenbrand Industry
1996 Ed. (2151, 2856)
Hill-Romaine
1991 Ed. (2622)
Hill Samuel
1990 Ed. (571)
Hill, Samuel & Co., Ltd.
1991 Ed. (532)
Hill Samuel/Investment Advisers
1992 Ed. (2746, 2768)
1991 Ed. (2219, 2227, 2243)
Hill Samuel Japan Technology
1996 Ed. (2814)
Hill Samuel UK Emerging Companies
1995 Ed. (2747)
Hill Samuel U.S. Smaller Companies
1997 Ed. (2910)
1994 Ed. (2648)
Hill; Tim
1993 Ed. (2462)
1992 Ed. (2904)
1991 Ed. (2343)
1990 Ed. (2479)
Hillary Kirchner Peruzzi
1999 Ed. (2412, 2414)
Hillary Rodham Clinton
2006 Ed. (4986)
Hillco Ltd.
2006 Ed. (3993)
2005 Ed. (3919)
Hillcrest Healthcare Corp.
2008 Ed. (2009)
Hillcrest Healthcare System
2007 Ed. (1939)
2006 Ed. (1957)
2005 Ed. (1922)
2004 Ed. (1836)
2003 Ed. (1803)
Hillcrest Medical Center
2006 Ed. (1957)
2005 Ed. (1922)
Hillegas Construction Inc.
2008 Ed. (1166, 1902)
Hillenbrand Industries Inc.
2008 Ed. (2796, 2898)
2007 Ed. (2659, 2660, 3464)
2006 Ed. (2674, 2675, 3446, 3448)
2005 Ed. (2696, 2699, 3435, 3437)
2004 Ed. (2109, 2700, 2798, 3422, 3423)
2003 Ed. (1698, 2585, 3356, 3357)
2002 Ed. (3297, 3299)
2001 Ed. (2570, 3220, 3221, 3264)
1999 Ed. (276, 3347)
1998 Ed. (2457, 2458)
1997 Ed. (651, 2747, 2753)
1996 Ed. (2601, 2609)
1995 Ed. (1418, 2536, 2537, 2547)
1994 Ed. (1387, 2433, 2468, 2469)
1993 Ed. (1332, 2495, 2529)
1992 Ed. (2967, 3011, 3029)
1991 Ed. (2381, 2408, 2409, 2419, 2421)
1990 Ed. (2516, 2535, 2536, 2807)
1989 Ed. (1629, 1928, 1942, 2188)
Hillenbrand; W. August
1996 Ed. (962)
Hillenbrands Industries
1992 Ed. (3010)
Hiller
1991 Ed. (1898, 1899)
The Hiller Group
2000 Ed. (310, 316)
Hiller Plumbing Heating & Cooling
2008 Ed. (1328)
Hillerich & Bradsby
1992 Ed. (4044)
1991 Ed. (3166)
Hillgas Construction Inc.
2008 Ed. (1739, 4046)
The Hillhaven Corp.
1997 Ed. (1259, 2178)
1995 Ed. (2801)
1994 Ed. (204, 214)
1993 Ed. (216)
1992 Ed. (3280)
Hilliard Lyons Growth
1999 Ed. (3519)
Hillier
2005 Ed. (260)
Hillier Architects
2005 Ed. (3163, 3164, 3170)
Hillier Architecture
2007 Ed. (3199)
2006 Ed. (3165, 3170, 3172)
The Hillier Group
2002 Ed. (335)
1999 Ed. (284, 291)
1998 Ed. (189)
1997 Ed. (263, 269)
1996 Ed. (232)
1995 Ed. (235, 241)
1994 Ed. (233)
1993 Ed. (244)
1992 Ed. (353)
1990 Ed. (278, 283)
Hilllier Architecture
2008 Ed. (3348)
2007 Ed. (3207)
Hillman Advantage Equity
2008 Ed. (2614)
Hillman Aggressive Equity
2007 Ed. (3670)
2006 Ed. (3633, 3634)
Hillman Focus Advantage
2008 Ed. (2616)
2007 Ed. (2486)
Hillman; Henry
2007 Ed. (4893)
2006 Ed. (4898)
2005 Ed. (4847)
Hillman; Henry Lea
1990 Ed. (2576)
Hillman Medical Ventures Inc.
1999 Ed. (4708)
1998 Ed. (3667)
1993 Ed. (3663)
1992 Ed. (4388)
1991 Ed. (3444)
Hillman Medical Ventures/Rock Hill Ventures Inc.
2000 Ed. (1535)
Hills
2000 Ed. (1683, 1685, 3513, 3813, 4282)
1999 Ed. (1868, 1869, 4096, 4097, 4636)
1998 Ed. (1263, 1293, 1294, 1306, 1308, 1309, 1312, 2314, 2315, 2813, 3094, 3602, 3606)
1997 Ed. (1594, 1623, 1624, 1630, 3069, 3344, 3780)
1996 Ed. (1557, 1558, 3725)
1995 Ed. (1570, 1571, 1573, 1575)
1994 Ed. (1540, 1541, 1546, 1567, 2828)
1992 Ed. (1811, 1812, 1822, 1823, 1827)
1990 Ed. (1515, 1518, 1519, 1523, 2120)
1989 Ed. (1244, 1251, 1253)
Hills; Arthus
2008 Ed. (2827)
Hills Bros.
1999 Ed. (1215)
1993 Ed. (1004)
1992 Ed. (1239, 4233)
1990 Ed. (3545)
Hills Brothers
2005 Ed. (1048)
2003 Ed. (676, 1041)
1991 Ed. (3323)
Hills Department Stores
1999 Ed. (1835)
1993 Ed. (367, 369, 1493, 1494, 1498)
1992 Ed. (1787, 1829, 1813, 1818, 1844, 3944)
1991 Ed. (1413, 1421, 1423, 1424, 1429, 1430, 1433, 1435, 1440, 1450, 3112)
1990 Ed. (3267)
1989 Ed. (1245)
Hills Developers
1999 Ed. (1304)
Hills Industries
2004 Ed. (3439)
Hill's Pet Nutrition Inc.
2003 Ed. (3803, 3804)
1999 Ed. (3786)
Hill's Pet Products Inc.
2002 Ed. (3656)
Hill's Science Diet
2008 Ed. (3890)
2003 Ed. (3801, 3802)
1992 Ed. (3405)
Hills Stores Co.
2001 Ed. (2124)
2000 Ed. (774, 1661)
Hillsborough
1990 Ed. (836, 1805)
Hillsborough Co. Aviation Authority, FL
1991 Ed. (3422)
Hillsborough, CA
2003 Ed. (974)
2002 Ed. (2712)
2001 Ed. (2817)
2000 Ed. (1068, 4376)
1999 Ed. (1155, 4747)
1998 Ed. (737, 3704)
1989 Ed. (1634, 2773)
Hillsborough Community College
2002 Ed. (1105)
Hillsborough County District
2004 Ed. (4311)
Hillsborough County, FL
1998 Ed. (1201, 1701)
1992 Ed. (3291)
Hillsborough County (FL) School Board
1997 Ed. (3385)
1996 Ed. (3288)
Hillsborough County Hospital Authority
1991 Ed. (2501)
1990 Ed. (2631)
Hillsborough County, NH
1995 Ed. (2483)
Hillsborough County School Board
1993 Ed. (3102)
1992 Ed. (3802)
Hillsborough County School District
1991 Ed. (2926, 2929)
Hillsborough County Schools
2000 Ed. (3860)
1998 Ed. (3160)
Hillsborough Holdings Corp.
1991 Ed. (954, 955, 1212, 1227)
1990 Ed. (3553)
Hillsborough Co. Industrial Development Authority, FL
1991 Ed. (2530)
Hillsborough Resources
2006 Ed. (1571)
2005 Ed. (1665)
Hillsdale Canadian Aggressive Hedged
2006 Ed. (3667)
Hillsdale College
2001 Ed. (1320)
1999 Ed. (1223)
1998 Ed. (794)
1996 Ed. (1043)
1995 Ed. (1058)
1994 Ed. (1050)
1993 Ed. (1023)
1992 Ed. (1275)
1990 Ed. (1091)
Hillsdown Holdings
1997 Ed. (2042)
1990 Ed. (1829)
Hillsdown Holdings PLC
1996 Ed. (1390, 1944)
1995 Ed. (1902, 1903)
1994 Ed. (1879)
1993 Ed. (1881, 2525, 2898)
1992 Ed. (2196)
1991 Ed. (1748)
1990 Ed. (1831)
Hillsdown PLC
1997 Ed. (659, 2044)
Hillshire Farm
2008 Ed. (3606, 3607)
2002 Ed. (3271)
2000 Ed. (3853)
1999 Ed. (4140)
Hillshire Farm & Kahn's
2003 Ed. (2509, 3330)
Hillshire Farm Deli
2007 Ed. (3439)
2006 Ed. (3424)
Hillshire Farm Deli Select
2008 Ed. (3608)
2005 Ed. (3412)
2004 Ed. (3399)
2003 Ed. (3326)
2002 Ed. (3272)
Hillshire Farm Lite
1994 Ed. (2416)
Hillshire Farm Lunch 'n Munch
1994 Ed. (2416)
Hillshire Farms
2008 Ed. (4277)
2002 Ed. (3270)
2001 Ed. (3233)
1999 Ed. (2527)
1998 Ed. (1767)
1997 Ed. (2088)
Hillside Candy
2006 Ed. (1007)
Hillside Hospital Credit Union
2004 Ed. (1934)
Hilltop
1993 Ed. (1081)
1992 Ed. (1352)
Hilltop Condominiums
1991 Ed. (1046)
1990 Ed. (1147)
Hilltop Steak House
2007 Ed. (4123, 4130, 4131)
2006 Ed. (4105)
2005 Ed. (4047)
2003 Ed. (4087)
1991 Ed. (2860)
1990 Ed. (3002)
The Hilltop Steakhouse
1992 Ed. (3689)
Hillwood
2007 Ed. (3021)
2006 Ed. (2990)
2005 Ed. (2995)
2004 Ed. (2997)
2003 Ed. (2888)

Hillwood/CapStar
2002 Ed. (1495)
Hilmar Cheese Co.
2007 Ed. (2627)
Hilmont Inc.
2005 Ed. (1527)
Hilrose
1997 Ed. (1683)
Hilton
2008 Ed. (3070)
2005 Ed. (2931)
2004 Ed. (2938)
2003 Ed. (2847)
2001 Ed. (2789, 2791)
2000 Ed. (2572)
1999 Ed. (2766, 2785)
1997 Ed. (2279, 2296)
1995 Ed. (2166)
1990 Ed. (2085)
Hilton Anchorage
2003 Ed. (2851)
Hilton at Cherry Hill
2000 Ed. (2576)
1998 Ed. (2038)
Hilton at Short Hills
1998 Ed. (2012)
1997 Ed. (2286)
1993 Ed. (2091)
1992 Ed. (2483)
Hilton Burbank Airport & Convention Center
2000 Ed. (1185)
Hilton Canada
1994 Ed. (2110)
Hilton Chicago O'Hare
2002 Ed. (2636)
Hilton Food
2005 Ed. (1983)
Hilton Foundation; Conrad N.
1995 Ed. (1929)
1994 Ed. (1899, 1904)
1993 Ed. (895, 1897)
1990 Ed. (1848)
Hilton Fund for Sisters; Conrad N.
1994 Ed. (1899)
Hilton Garden Inn
2008 Ed. (3078)
2007 Ed. (2953)
2006 Ed. (2942)
2005 Ed. (2939)
2004 Ed. (2942)
2003 Ed. (2852)
2001 Ed. (2780, 2789)
2000 Ed. (2555)
Hilton Garden Inn Hotels
1999 Ed. (2779)
Hilton Garden Inns
2006 Ed. (2941)
Hilton Group
2005 Ed. (2945, 3283)
Hilton Group plc
2008 Ed. (1747)
2007 Ed. (1718, 2961, 3348)
2006 Ed. (1684, 1773, 2945, 3274, 3275)
2005 Ed. (2940, 3282, 4090)
Hilton Head Island, SC
1990 Ed. (998)
Hilton Hotel
2007 Ed. (2944)
2000 Ed. (2563)
Hilton Hotel Valley Forge
1992 Ed. (2513)
Hilton Hotels Corp.
2008 Ed. (1425, 1513, 3023, 3067, 3068, 3072, 3073, 3074, 3081, 3166, 3171, 3195, 3440, 4128, 4145)
2007 Ed. (156, 853, 2902, 2918, 2937, 2938, 2939, 2940, 2943, 2946, 2947, 2948, 2959, 3339, 4119)
2006 Ed. (165, 2898, 2927, 2928, 2929, 2930, 2932, 2935, 2936, 2937, 3271, 4130)
2005 Ed. (1969, 2892, 2922, 2923, 2924, 2925, 2926, 2927, 2929, 2932, 2933, 2935, 2941, 2942, 2943, 2944, 3026, 3277, 4085)
2004 Ed. (2906, 2931, 2932, 2933, 2934, 2935, 2936, 2937, 2939, 2940, 2944, 3252, 3254)
2003 Ed. (896, 2336, 2840, 2841, 2842, 2843, 2844, 2845, 2846, 2848, 2850, 2853, 2854, 2857, 2858, 2859, 2860, 3209, 4136)
2002 Ed. (2146, 2630, 2637, 2638, 2639)
2001 Ed. (2778, 2782, 2784, 2785, 2786, 2787, 2792)
2000 Ed. (1336, 2540, 2558, 2560, 2561, 2569, 3003, 3412)
1999 Ed. (1477, 2760, 2762, 2764, 2780, 2781, 2783, 2786, 2792, 3174)
1998 Ed. (1052, 1082, 2005, 2006, 2007, 2010, 2011, 2026, 2031, 2033, 2346)
1997 Ed. (911, 2281, 2282, 2283, 2290, 2297, 2300, 2306)
1996 Ed. (2161, 2163, 2164, 2167, 2176, 2181, 2182, 2184, 2187)
1995 Ed. (2151, 2154, 2161, 2167, 2168, 2169, 2170, 2172)
1994 Ed. (2095, 2097, 2098, 2099, 2100, 2113, 2118, 2119, 2121)
1993 Ed. (2082, 2084, 2088, 2098, 2099, 2101)
1992 Ed. (2203, 2473, 2474, 2478, 2485, 2488, 2490, 2493, 2497, 2498, 2500, 2502, 2503, 2504, 2506, 2507, 2508, 3930)
1991 Ed. (1055, 1154, 1165, 1938, 1939, 1945, 1953, 1955, 3095)
1990 Ed. (2087, 2095)
1989 Ed. (1614, 1615, 1616)
Hilton Hotels & Resorts
2008 Ed. (3078)
Hilton Hotels/Inns
2008 Ed. (3075)
2007 Ed. (2950)
2005 Ed. (2934)
2004 Ed. (2941)
2003 Ed. (2849)
Hilton Inns
2000 Ed. (2559)
1998 Ed. (2019)
1997 Ed. (2291)
1996 Ed. (2177)
1994 Ed. (2114)
Hilton Inns/Hotels
2000 Ed. (2562)
Hilton International Co.
2008 Ed. (1431, 3067)
2007 Ed. (2938)
2006 Ed. (2927, 2938)
2005 Ed. (2922)
2004 Ed. (2931)
2003 Ed. (2840)
2001 Ed. (2786, 2787, 2788)
2000 Ed. (2548, 2558, 2565, 2571)
1999 Ed. (1609, 2764, 2773)
1998 Ed. (2011)
1997 Ed. (2278)
1996 Ed. (2160)
1992 Ed. (2503)
1990 Ed. (2067)
Hilton Las Vegas
2001 Ed. (2801)
Hilton Los Angeles Airport
2002 Ed. (2649)
2000 Ed. (1185)
Hilton Memphis
2007 Ed. (2944)
Hilton Miami Airport & Towers
2002 Ed. (2636)
Hilton Natick
1991 Ed. (1948)
Hilton Oak Lawn
1998 Ed. (2008)
Hilton; Paris
2008 Ed. (2584)
Hilton Short Hills
2002 Ed. (2641)
Hilton; Steven J.
2007 Ed. (1036)
Hilton Suites
2001 Ed. (2789)
1997 Ed. (2293)
1996 Ed. (2175, 2179)
1994 Ed. (2116)
1993 Ed. (2086)
Hilton; William Barron
2007 Ed. (4899)
Hilux
2002 Ed. (384)
Hilux; Toyota
2005 Ed. (295)
Himalayan Bank Ltd.
2006 Ed. (4524)
Himax Technologies Inc.
2008 Ed. (4291)
Himko AD
2002 Ed. (4391)
Himmel Group
1999 Ed. (3976)
1994 Ed. (2986)
Himont Inc.
1991 Ed. (910)
1990 Ed. (933, 934, 938, 947, 967, 968)
1989 Ed. (1141)
HIMSS Annual Conference & Exhibition
2005 Ed. (4732)
Hinckey & Schmitt
1999 Ed. (764, 768)
Hinckley Allen & Snyder LLP
2008 Ed. (2060)
Hinckley & Schmitt
2001 Ed. (995)
2000 Ed. (783, 784)
1998 Ed. (480)
1997 Ed. (695, 696, 3661)
1995 Ed. (685)
1993 Ed. (725)
1992 Ed. (910)
Hinckley, MN
2005 Ed. (2204)
Hinckley-Schmitt
1990 Ed. (745)
1989 Ed. (747)
Hind
1990 Ed. (3339, 3340)
Hindalco Industries Ltd.
1994 Ed. (724)
1992 Ed. (902)
Hindelong; John
1996 Ed. (1796)
1995 Ed. (1823)
1994 Ed. (1783)
1993 Ed. (1800)
1992 Ed. (2135)
Hindi
2000 Ed. (2890)
The Hindu
1995 Ed. (2773)
Hinduja; Sri & Gopi
2008 Ed. (4896)
2007 Ed. (4923)
Hinduja TMT
2007 Ed. (1771)
Hindustan Aeronautics Ltd.
1998 Ed. (1247)
Hindustan Lever
2007 Ed. (1773)
2006 Ed. (1753, 3384, 4507)
2002 Ed. (4424)
2001 Ed. (1732, 1733, 1734, 1735, 1735)
2000 Ed. (1455, 1456, 1457, 1458, 1459, 1460)
1999 Ed. (741, 1654)
1997 Ed. (685, 1429)
1996 Ed. (753, 754, 1378)
1995 Ed. (1416, 1417)
1994 Ed. (724)
1993 Ed. (715)
1992 Ed. (56, 903, 1636)
Hindustan Levers
2000 Ed. (754)
Hindustan Motors Ltd.
2006 Ed. (318)
Hindustan Petroleum Corp.
2008 Ed. (1803, 3562)
2007 Ed. (1774)
2006 Ed. (1765, 1766, 3384)
2005 Ed. (3780, 3781)
2001 Ed. (1732, 1733, 1734)
2000 Ed. (754)
1997 Ed. (685)
Hindustan Thompson
2003 Ed. (84)
2002 Ed. (117)
2001 Ed. (144)
2000 Ed. (104)
Hindustan Thompson Associates
1999 Ed. (100)
1997 Ed. (99)
1996 Ed. (97)
1995 Ed. (83)
1994 Ed. (94)
1993 Ed. (107)
1992 Ed. (159)
1991 Ed. (108)
1990 Ed. (110)
1989 Ed. (116)
Hindustan Times
1995 Ed. (2773)
Hine
2004 Ed. (770)
2003 Ed. (760)
2002 Ed. (778)
2001 Ed. (1016, 1017)
2000 Ed. (805, 807)
1999 Ed. (800, 801)
Hine Pontiac Mazda; John
1991 Ed. (273)
Hines
2003 Ed. (3670, 4064)
1998 Ed. (3003)
Hines; Edward
1996 Ed. (824)
Hines Horticulture Inc.
2008 Ed. (2272)
2007 Ed. (2156, 2157)
2006 Ed. (2235, 2236)
2005 Ed. (2140, 2141, 2751, 2752)
2004 Ed. (1998, 1999, 2756, 2757)
2003 Ed. (1958)
2001 Ed. (281)
Hines Interests; Gerald D.
1991 Ed. (2809)
1990 Ed. (2959)
Hines Interests LP
2008 Ed. (3821, 4126)
2007 Ed. (3738, 4105)
2006 Ed. (3738, 4054)
2005 Ed. (3637, 4024)
2004 Ed. (3726, 4090)
2001 Ed. (4015)
2000 Ed. (3717, 3731)
Hines Interests Ltd. Partnership
1999 Ed. (4014)
1997 Ed. (3257)
1995 Ed. (3063)
1994 Ed. (3001, 3003)
1993 Ed. (2963, 2964)
1992 Ed. (3619, 3622)
Hines Jr. VA Hospital; Edward
1997 Ed. (2268)
1995 Ed. (2141)
1994 Ed. (2088)
1991 Ed. (1932)
Hines Nurseries Inc.
2007 Ed. (2156)
2006 Ed. (2235)
2005 Ed. (2140)
2004 Ed. (1998)
2003 Ed. (1958)
2001 Ed. (281)
Hines Park Lincoln-Mercury
1996 Ed. (277)
1995 Ed. (274)
Hinesville, GA
2007 Ed. (2370)
Hing; Mel
1990 Ed. (2478)
Hingham Institution for Savings
2008 Ed. (1918)
Hinkley & Schmitt
1998 Ed. (483)
Hinkley-Schmitt
1996 Ed. (760)
1995 Ed. (687)
1994 Ed. (734)
Hinman, Straub, Pigors & Manning, PC
1996 Ed. (2533)
Hino
1993 Ed. (3627)
1990 Ed. (3654)
Hino Auto Body Ltd.
2000 Ed. (3028, 3030)
Hinsdale Federal Bank for Savings
1998 Ed. (3543)
Hinsdale Motor Cars
1990 Ed. (335)

Hinshaw & Culbertson
1998 Ed. (2327)
1997 Ed. (2597)
Hintze; Michael
2008 Ed. (4006, 4007, 4902)
HIP
2005 Ed. (3181)
1996 Ed. (2086, 2087)
1995 Ed. (2090)
HIP Health Plan of Florida
2002 Ed. (2462)
2000 Ed. (2435)
1999 Ed. (2655)
HIP Health Plan of New Jersey
2000 Ed. (2440)
1998 Ed. (1919, 1920)
HIP Health Plan of New York
2008 Ed. (3197)
2005 Ed. (3083)
2004 Ed. (3017, 3076)
2002 Ed. (2464)
2001 Ed. (2688)
2000 Ed. (2438)
HIP Health Plan of NJ
1999 Ed. (2657)
1997 Ed. (2199)
HIP Health Plans
2003 Ed. (2975)
Hip Interactive
2007 Ed. (2816)
2005 Ed. (2831)
HIP (N.Y.)
1996 Ed. (2085)
HIP of Greater New York
1999 Ed. (3292)
1997 Ed. (2190)
HIP of Greater NY
1990 Ed. (1994)
HIP of New Jersey
1991 Ed. (1896)
1990 Ed. (1998, 2000)
1989 Ed. (1587)
HIP of New Jersey-South
1989 Ed. (1586)
HIP-Rutgers
1992 Ed. (2391)
HIP/Rutgers Health Plan
1994 Ed. (2041)
1993 Ed. (2025)
1992 Ed. (2393)
Hipotecario
2001 Ed. (600, 602)
Hipotecario Nacional
2000 Ed. (456, 459, 461)
Hipp Baby Food
2002 Ed. (765)
Hippo
2002 Ed. (4996)
Hippo Valley
1999 Ed. (4829, 4830)
1997 Ed. (3929, 3930)
Hippo Valley Estates
2000 Ed. (4445, 4446)
Hippodrome Oldsmobile-Nissan
1993 Ed. (279)
Hippographics
2000 Ed. (911, 914, 3615)
1999 Ed. (962, 3898)
HIQ Computers
2002 Ed. (1142)
HIQ International
2008 Ed. (2092)
2007 Ed. (1999)
Hiram Bithorn Stadium
2002 Ed. (4348)
Hiram College
1995 Ed. (1058)
1994 Ed. (1050)
1993 Ed. (1023)
1992 Ed. (1275)
Hiram Walker
2000 Ed. (2941)
1992 Ed. (2884)
1991 Ed. (2325)
1990 Ed. (2459)
Hiram Walker & Sons
1999 Ed. (3198)
1998 Ed. (2368)
1997 Ed. (2141, 2640)
1996 Ed. (2498)
Hiram Walker Cordials
2004 Ed. (3261)
2003 Ed. (3218)
2002 Ed. (283, 3085)
2001 Ed. (3100, 3105, 3109, 3134)
2000 Ed. (2937)
1999 Ed. (3194, 3202)
1996 Ed. (2501)
Hiram Walker Line
1991 Ed. (2312)
1990 Ed. (2443)
Hiram Walker Ten High
1989 Ed. (749)
Hiram Walker Various Scotch
2002 Ed. (4185)
2001 Ed. (4170)
Hirano; Kiyohisa
1997 Ed. (1990)
1996 Ed. (1884)
Hiranuma; Makoto
1997 Ed. (1978)
1996 Ed. (1879)
Hire Expectation
2007 Ed. (2357)
Hirek Media & Internet Technology
2003 Ed. (2713)
Hires
1996 Ed. (3476)
Hiring
2000 Ed. (1783, 1784)
Hiro Real Estate
1991 Ed. (2640)
Hiro Yamagata
1995 Ed. (935)
1994 Ed. (890, 892)
Hirokazu Ishii
1999 Ed. (2388, 2389)
1997 Ed. (1988)
1996 Ed. (1882)
Hiroko Takei
2008 Ed. (4846)
Hironori Tanaka
2000 Ed. (2161)
Hirose
1996 Ed. (1606)
Hirose Electric USA, Inc.
2001 Ed. (2136, 2137, 2138)
Hiroshi Mikitani
2003 Ed. (2347)
2001 Ed. (2279)
Hiroshi Nakagawa
1999 Ed. (2386)
1997 Ed. (1986)
1996 Ed. (1880)
Hiroshi Okuda
2006 Ed. (1450, 3262)
2003 Ed. (787)
Hiroshi Takada
2000 Ed. (2163)
Hiroshi Yamauchi
2008 Ed. (4846)
Hiroshi Yoshihara
2000 Ed. (2166)
1999 Ed. (2367)
1997 Ed. (1981)
Hiroshima Bank
1998 Ed. (377)
Hiroshima-Sogo Bank
2006 Ed. (460, 461)
2005 Ed. (531, 532)
Hirotomo Takei
1991 Ed. (709)
Hiroyuki Ono
2000 Ed. (2162)
Hiroyuki Suzuki
1996 Ed. (1879)
Hirsch/Bedner & Associates
1999 Ed. (2994)
1997 Ed. (2474)
1992 Ed. (2716)
1990 Ed. (2286)
Hirsch Bedner Assoc.
2000 Ed. (2567)
Hirsch Bedner Associates
2008 Ed. (3337, 3338, 3344, 3345, 3349)
2007 Ed. (2955, 3194, 3195, 3196, 3202, 3203, 3208)
2006 Ed. (3168, 3169)
2005 Ed. (3167)
2002 Ed. (2646)
2001 Ed. (2798)
2000 Ed. (2741)
1998 Ed. (2029, 2218)
1996 Ed. (2346)
1993 Ed. (243)
Hirsch Bedner Associates (HBA)
2003 Ed. (2855)
Hirsch International
2000 Ed. (3000)
Hirsch; Laurence E.
2006 Ed. (941)
Hirsch; Leon C.
1996 Ed. (960, 962)
1994 Ed. (890, 947, 1714)
1993 Ed. (937, 1695)
1992 Ed. (1142, 2050)
Hirsch Performance
2004 Ed. (2469, 2470, 2471)
2003 Ed. (3564, 3565, 3566, 3583)
Hirsch Servo AG
2008 Ed. (918)
Hirsch; Susan
1995 Ed. (1862)
1994 Ed. (1820)
1993 Ed. (1840)
Hirsch Wolf & Co., LLC
2007 Ed. (3098)
2006 Ed. (3078)
Hirschhorn; Laurence
1990 Ed. (1766)
1989 Ed. (1417)
Hirschler Fleischer
2008 Ed. (3429)
Hirsh
1992 Ed. (2376)
Hirsh Industries
2005 Ed. (4528)
Hirshleifer's
2006 Ed. (1038)
Hirzel Canning Co. & Farms
2003 Ed. (4762)
Hisamitsu Pharmaceutical
2007 Ed. (1832)
Hisanori Shimoi
2000 Ed. (2163)
Hiscox
2007 Ed. (3117)
2006 Ed. (3096)
1999 Ed. (1645)
Hismanal
1995 Ed. (226)
Hispania Capital Partners
2006 Ed. (3619)
Hispanic
2005 Ed. (1102, 3360)
1996 Ed. (2654)
Hispanic Association of Colleges & Universities
2003 Ed. (2755)
2002 Ed. (2559)
Hispanic Broadcast Group, Inc.
2002 Ed. (3285)
Hispanic Broadcasting Corp.
2005 Ed. (1465, 1558)
2004 Ed. (777)
2003 Ed. (3350, 4033, 4034)
2002 Ed. (3288)
2001 Ed. (3961, 3976)
Hispanic Business
1990 Ed. (3326)
Hispanic Housing Development Corp.
2008 Ed. (2964)
2007 Ed. (2841)
2006 Ed. (2843)
2005 Ed. (2845)
Hispanic Magazine
1990 Ed. (3326)
Hispanic men
1992 Ed. (2049)
Hispanic National Bar Association
1999 Ed. (296)
Hispanic Scholarship Fund
2008 Ed. (2964)
2007 Ed. (2841)
2006 Ed. (2843)
2005 Ed. (2845)
2004 Ed. (2837)
2003 Ed. (2755)
2002 Ed. (2559)
Hispanic women
1992 Ed. (2049)
Hispanics
1998 Ed. (1, 547, 1997)
1993 Ed. (2594)
Hispano Americano
1991 Ed. (664)
Hispano Fox
2001 Ed. (3380)
The Historian
2007 Ed. (662)
1989 Ed. (2095)
Historic Deerfield Inc.
1993 Ed. (891, 893)
Historic Mission Inn
2007 Ed. (2942)
2006 Ed. (2931)
2005 Ed. (2928)
Historic Preservation
1992 Ed. (3384)
Historic TW Inc.
2008 Ed. (2459)
2007 Ed. (2333)
2006 Ed. (2389, 2390)
2005 Ed. (2334, 2335)
The Historical Research Center International Inc.
1996 Ed. (1965)
History Channel
2006 Ed. (4711, 4713)
History Maker Homes
2005 Ed. (1192)
Hit or Miss
1995 Ed. (1028)
1994 Ed. (1018, 1537, 3094)
1993 Ed. (3039)
1992 Ed. (1216, 1821, 3727)
1991 Ed. (979, 1434)
1989 Ed. (936, 1252)
Hitachi Ltd.
2008 Ed. (1143, 1157, 1158, 1563, 1868, 2472, 2474, 2475, 3568, 3861)
2007 Ed. (1244, 1259, 1260, 1580, 1835, 2213, 2342, 2343, 2345, 2347, 2349, 2861, 3074, 3782)
2006 Ed. (1132, 1144, 1145, 1550, 1714, 1827, 2398, 2399, 2870, 3389)
2005 Ed. (1143, 1768, 2353, 2354, 2862, 3393, 3696, 3699, 4667)
2004 Ed. (1629, 1711, 1765, 2254, 2255, 2261, 2856, 3362, 3777, 3780, 4404)
2003 Ed. (1703, 2236, 2248, 2250, 2766, 3305, 3752, 4076, 4384, 4387, 4388, 4593)
2002 Ed. (1038, 1579, 1687, 1703, 1704, 1707, 1708, 2107, 2108, 2577, 3251, 4258, 4431, 4518)
2001 Ed. (398, 1363, 1379, 1500, 1614, 1620, 1621, 1624, 1625, 1764, 1766, 1767, 2173, 2731, 3114, 3217, 3300, 3301, 3650, 3651, 4217, 4218, 4219)
2000 Ed. (963, 964, 1473, 1477, 1491, 1494, 1498, 1772, 1773, 1795, 2480, 3038, 3703, 3704, 3705, 3707, 3760, 3994, 3996, 3997, 3998, 3999, 4000, 4002, 4003, 4347)
1999 Ed. (1009, 1286, 1580, 1581, 1619, 1670, 1689, 1690, 1691, 1692, 1992, 1993, 1994, 1995, 2030, 2692, 2695, 2875, 2876, 2877, 2881, 3406, 3714, 3716, 4047, 4271, 4272, 4273, 4274, 4275, 4276, 4277, 4280, 4281, 4614, 4714)
1998 Ed. (608, 1162, 1166, 1169, 1402, 1417, 1420, 1538, 1951, 1954, 2435, 3275, 3277, 3278, 3279, 3280, 3281, 3284, 3285)
1997 Ed. (1356, 1357, 1461, 1744, 2787, 2788)
1996 Ed. (1387, 1393, 2125)
1995 Ed. (885)
1994 Ed. (844)
1993 Ed. (38, 829, 1059, 1060, 1274, 1277, 1311, 1356, 1357, 1461, 1500, 1584, 1586, 1587, 1612, 2035, 2176, 2772, 3007, 3210, 3214, 3483, 3586)
1992 Ed. (60, 1036, 1285, 1320, 1321, 1322, 1568, 1569, 1614, 1640, 1656, 1658, 1678, 1925, 1930, 1931, 1932, 1938, 1959,

2714, 2715, 2865, 3345, 3544, 3911, 3912, 3914, 3918)
1991 Ed. (1008)
1990 Ed. (36, 1128, 1330, 1391, 1532, 1590, 1639, 2778)
1989 Ed. (983, 1307, 1341, 2123, 2458, 2806)
Hitachi America
2003 Ed. (915)
1998 Ed. (2752)
1994 Ed. (2936)
Hitachi Ltd. and Electronic Data Systems
1991 Ed. (1141)
Hitachi Automotive Products
2005 Ed. (326, 327)
Hitachi Building Systems
2001 Ed. (1619)
Hitachi Chemical
2007 Ed. (953, 4004)
2006 Ed. (3947)
2001 Ed. (2133)
1994 Ed. (931)
1993 Ed. (914)
Hitachi Construction Machinery
2007 Ed. (2401)
Hitachi Data Systems Corp.
2003 Ed. (1963)
Hitachi Global Storage Technologies
2008 Ed. (3540)
2006 Ed. (780, 2396, 3033)
Hitachi Group
2005 Ed. (3884)
Hitachi High-Technologies
2003 Ed. (4377)
Hitachi/Hitachi Medical Corp.
1996 Ed. (2595)
Hitachi Medical Corp.
2001 Ed. (3269)
2000 Ed. (3078)
1999 Ed. (3339)
1997 Ed. (2745)
Hitachi Metals
2007 Ed. (3490)
2000 Ed. (3093)
1997 Ed. (2757)
1990 Ed. (2545)
Hitachi Sales Corp.
1997 Ed. (2040)
1995 Ed. (1901)
1994 Ed. (1876)
1993 Ed. (1880)
1992 Ed. (2193)
1991 Ed. (1744)
1990 Ed. (1826)
Hitachi SH
2001 Ed. (3302)
Hitachi Shipbuilding
1997 Ed. (1581)
Hitachi Systems
2001 Ed. (3268)
1992 Ed. (3008)
Hitachi Ltd./Texas Instruments
1996 Ed. (1741)
Hitachi Zosen
1992 Ed. (1772)
1991 Ed. (1284, 1308)
1990 Ed. (1478)
Hitch
2007 Ed. (3642)
Hitchcock Alliance
1996 Ed. (2709)
Hitchison Whampoa Ltd.
1999 Ed. (1580)
Hite Brewery
2007 Ed. (1982)
Hitech Metal Fabrication Corp.
2006 Ed. (1585)
2005 Ed. (1680)
Hitoshi Kuriyama
2000 Ed. (2164)
1999 Ed. (2365, 2383)
1997 Ed. (1980)
Hitox
2001 Ed. (3608)
2000 Ed. (3398)
Hitox of America
1998 Ed. (2734)
1997 Ed. (2981)
1995 Ed. (2825)
HITT Contracting
2008 Ed. (1244)
2002 Ed. (1230)
1993 Ed. (1122)
1992 Ed. (1409)
Hitt; Eugenia Woodward
1994 Ed. (898)
Hittite Microwave Corp.
2008 Ed. (1918, 1924)
Hiuka America Corp.
1996 Ed. (3176)
1995 Ed. (3080)
HIV
2000 Ed. (1642, 1644, 1645)
HIV-protease inhibitors
1998 Ed. (1327)
HIV-reverse transcriptase inhibitors
1998 Ed. (1327)
HIW International
1997 Ed. (268)
HIW Lowe's Inc.
2006 Ed. (679)
Hiway Credit Union
2008 Ed. (2240)
2007 Ed. (2125)
2006 Ed. (2204)
2005 Ed. (2109)
2004 Ed. (1967)
2003 Ed. (1903, 1927)
2002 Ed. (1873)
Hixon family
1999 Ed. (4748)
1998 Ed. (3707)
Hixson Architecture Engineering Interiors
2006 Ed. (4329)
H.J. Heinz
2000 Ed. (1534, 2214, 2216, 2221, 2231)
1989 Ed. (1447, 1448, 1453)
H.J. Russell
1989 Ed. (734)
H.J. Russell & Co.
2000 Ed. (3143)
1990 Ed. (735)
Hjemmet
1992 Ed. (68)
HK & China Gas
1995 Ed. (1410)
HK Electric
1989 Ed. (1125)
HK Systems Inc.
2006 Ed. (1271)
2005 Ed. (1302)
2002 Ed. (1259)
2001 Ed. (1465)
HK Systems/Irista
2003 Ed. (1123)
HK Telecom
1994 Ed. (24)
HK Telecommunications
2000 Ed. (2493)
1999 Ed. (2715)
1997 Ed. (2247)
1995 Ed. (1410)
HK-TVB
1990 Ed. (2047)
HKM
1994 Ed. (3435)
HKM Advertising
1999 Ed. (133)
1997 Ed. (125)
1996 Ed. (120)
1995 Ed. (105)
1994 Ed. (106)
1993 Ed. (123)
HKM Direct Market Communications Inc.
2001 Ed. (3890)
HKS Inc.
2008 Ed. (261, 263, 2532, 2542, 3080, 3340)
2007 Ed. (287, 2409, 2415, 3198)
2006 Ed. (284, 2791, 3167)
2005 Ed. (261)
2004 Ed. (2327, 2334, 2345, 2348, 2376)
2003 Ed. (2295)
2002 Ed. (330, 2130)
2000 Ed. (309)
1999 Ed. (282, 2016, 2020)
1997 Ed. (264, 1742)
1996 Ed. (233, 1664)
1995 Ed. (236, 1681)
1993 Ed. (245, 1609)
1992 Ed. (354, 1954, 1957)
1991 Ed. (251)
HKS Architects Inc.
2008 Ed. (266, 267)
2001 Ed. (403)
2000 Ed. (311)
1999 Ed. (285)
1998 Ed. (182)
1997 Ed. (260)
1996 Ed. (229)
1995 Ed. (233)
1994 Ed. (231, 234, 1642)
1993 Ed. (241)
1992 Ed. (351)
1990 Ed. (277)
HKS/Concepts 4
2008 Ed. (3080)
HKU Utrecht
2008 Ed. (802)
HL Display AB
2007 Ed. (1999)
2006 Ed. (2029)
HLB Communications
2005 Ed. (3961)
2004 Ed. (4005)
2003 Ed. (3977)
HLB Group Hungary
2001 Ed. (4)
HLB International
1997 Ed. (17)
1996 Ed. (19)
HLC
1992 Ed. (2467)
HLF Group plc
2005 Ed. (3074, 3078, 3152)
2004 Ed. (3066)
HLF Insurance Holdings Ltd.
2004 Ed. (3068)
2002 Ed. (2859, 2860, 2861, 2863)
HLM Inc.
1999 Ed. (285, 289)
1998 Ed. (182, 186)
HLM Design
2005 Ed. (3165, 3166)
2002 Ed. (333)
2001 Ed. (403, 408)
2000 Ed. (311)
HLN Kidsons
2001 Ed. (4179)
HLPB
1996 Ed. (2448)
HLR & Co./BBDO
1996 Ed. (143)
1991 Ed. (153)
HLR & Co./BBDO Annonsbyra
1995 Ed. (129)
1994 Ed. (119)
HLR & Co./BBDO Reklambyra
1997 Ed. (149)
1992 Ed. (211)
HLR & Co./BBDO Reklamsbyra
1993 Ed. (138)
HLR/BBDO Reklambyra
1990 Ed. (153)
Hlter Computer
1992 Ed. (3310)
HLW
2005 Ed. (3162, 3170)
HLW International
2000 Ed. (2741)
1998 Ed. (188)
1996 Ed. (236)
HLW International LLP
2008 Ed. (3340)
2007 Ed. (3198, 3199, 3204, 3206)
2006 Ed. (3162, 3164, 3165, 3172)
H+M Co., Inc.
2007 Ed. (1385)
2004 Ed. (1260, 1294)
2003 Ed. (1249, 1279)
HM Government
1990 Ed. (29)
HM Rivergroup plc
2008 Ed. (1401)
HM Sampoerna
2006 Ed. (53)
2005 Ed. (46)
2004 Ed. (52)
2002 Ed. (3031)
2001 Ed. (1739)
2000 Ed. (1463, 1464, 1465, 2872)
1999 Ed. (1657, 3124, 3125)
1997 Ed. (2580)
1996 Ed. (1381, 2435)
1994 Ed. (2338)
1993 Ed. (2155)
HM Sampoerna Tbk
2006 Ed. (3231)
HM Shmpoerna
2000 Ed. (2873)
HMA Associates Inc.
2006 Ed. (3547)
HMC Architects
2008 Ed. (262, 264, 2535)
2007 Ed. (288)
2004 Ed. (2339)
HMC Group
1996 Ed. (232)
1995 Ed. (235)
1994 Ed. (233)
HMG/Courtland
1990 Ed. (2964)
HMG Worldwide
2000 Ed. (1675)
1997 Ed. (1618)
HMG Worldwide In-Store Marketing Inc.
2000 Ed. (4135)
HMI Worldwide
2006 Ed. (3510, 4349)
HMO America
1993 Ed. (2021)
HMO Blue
1999 Ed. (2657)
1997 Ed. (2199)
HMO Colorado Inc.
2003 Ed. (2700)
2002 Ed. (2461)
HMO Great Lakes
1990 Ed. (1995)
1989 Ed. (1585)
HMO Health Ohio
1997 Ed. (2196)
1996 Ed. (2094)
HMO Illinois
1997 Ed. (2197)
1996 Ed. (2096)
1993 Ed. (2022)
1990 Ed. (1995)
1989 Ed. (1585)
HMO Illinois/Blue Cross Blue Shield of Illinois
1997 Ed. (2198)
1995 Ed. (2093)
1994 Ed. (2040)
HMO New Jersey
1997 Ed. (2199)
HMO-NJ
1989 Ed. (1586)
HMO of New Jersey
1993 Ed. (2025)
1992 Ed. (2393)
1991 Ed. (1896)
1990 Ed. (2000)
1989 Ed. (1587)
HMO of Pennsylvania
1993 Ed. (2025)
1992 Ed. (2393)
1991 Ed. (1896)
1990 Ed. (2000)
HMO of Philadelphia
1989 Ed. (1587)
HMO PA-U.S. Healthcare
1996 Ed. (2092)
1995 Ed. (2091, 2092)
1993 Ed. (2019)
HMO Pennsylvania-U.S. Healthcare
1997 Ed. (2194)
HMP Equity Holdings Corp.
2006 Ed. (2089)
2005 Ed. (1991)
HMPB
1991 Ed. (2274)
HMS Hallmark
2002 Ed. (150)
HMS Partners
1999 Ed. (89)
1998 Ed. (55)
HMSHost Corp.
2008 Ed. (2759)
2005 Ed. (2659)

2004 Ed. (2665, 2666)
2003 Ed. (2533)
HMSS
1993 Ed. (2055)
HMT
1993 Ed. (33)
HMT Vehicles Ltd.
2008 Ed. (1399)
HMV
2008 Ed. (134)
2007 Ed. (4207)
2006 Ed. (4188)
2001 Ed. (4703)
HN Management Holdings
1996 Ed. (2084)
HNB
1997 Ed. (1070)
HNC Software Inc.
2004 Ed. (2243)
HND/Hawaiian Dredging-Hale Moku Joint Venture
2005 Ed. (1784)
2004 Ed. (1726)
Hnedak Bobo Group
2008 Ed. (3080)
2007 Ed. (2955)
2004 Ed. (2943)
2003 Ed. (2855)
HNI Corp.
2008 Ed. (1856, 2795, 2796, 2797, 2798)
2007 Ed. (1186, 1819, 2659, 2660, 2661, 2662, 2665, 2667, 2871)
2006 Ed. (2675, 2676, 2677, 2678, 2877)
HNTB Corp.
2008 Ed. (2516, 2528, 2536)
2006 Ed. (2452, 2454, 2455, 2457)
2005 Ed. (261, 1174)
2004 Ed. (2327, 2330, 2349, 2376, 2381, 2388)
2003 Ed. (2302, 2306)
2001 Ed. (2244)
2000 Ed. (309, 315, 1803)
1999 Ed. (282, 290, 2016, 2026)
1998 Ed. (187, 1442, 1443, 1455)
1997 Ed. (264, 267, 1739, 1740, 1742)
1996 Ed. (233, 235, 1661, 1664)
1995 Ed. (236, 239, 1678, 1681)
HNTB Architecture
2008 Ed. (2531, 2534)
2007 Ed. (287, 2411)
2006 Ed. (284)
HNTB Cos.
2008 Ed. (2541, 2550)
2007 Ed. (2414, 2423)
2006 Ed. (1170)
2002 Ed. (2137, 2140)
Ho; C. Y.
1997 Ed. (1966)
1996 Ed. (1857)
Ho Cheng Pottery Manufacturing Co. Ltd.
1994 Ed. (1461)
Ho Cheng Pottery Mfg. Co., Ltd.
1990 Ed. (2520)
Ho Chi Minh Stock Index
2008 Ed. (4502)
Ho Ching
2007 Ed. (4975)
2006 Ed. (4985)
2005 Ed. (4991)
Ho-Chunk
2005 Ed. (3276)
Ho Construction & Development Co.; Kuang
1992 Ed. (3625)
Ho; Dickson
1996 Ed. (1912)
Ho; Doreen Woo
2008 Ed. (4945)
2007 Ed. (4978)
2006 Ed. (4980)
Ho; Maykin
1997 Ed. (1858)
Ho Roun Products Co. Ltd.
1994 Ed. (1461)
1992 Ed. (1702)
Ho Sim Guan
2008 Ed. (4850)
Ho; Stanley
2008 Ed. (4844)
2007 Ed. (4909)
Ho Tai Motor Co. Ltd.
1994 Ed. (3282)
1992 Ed. (3945)
Hoabet Mining, Inc.
1989 Ed. (1997)
Hoag Memorial Hospital Presbyterian
1997 Ed. (2263)
Hoar Construction
2006 Ed. (2796)
2003 Ed. (1310)
1997 Ed. (3515)
1996 Ed. (3428)
1995 Ed. (3374)
1994 Ed. (3298)
1993 Ed. (3306, 3308, 3309)
1992 Ed. (3962, 3964)
1991 Ed. (3121, 3123)
Hoar Construction LLC
2008 Ed. (1269)
2007 Ed. (1373)
2006 Ed. (1342)
Hoare Govett Ltd.
2001 Ed. (1037)
1994 Ed. (781)
1993 Ed. (1639, 1640, 1642, 1643, 1644, 1645, 1646, 1647, 1846)
1991 Ed. (778)
1990 Ed. (815)
1989 Ed. (815, 1421)
Hoare Govett Investment Research
1992 Ed. (2139, 2785)
Hoare Govett Securities
1996 Ed. (1859)
HoaxBusters
2005 Ed. (3192)
Hobart Corp.
2002 Ed. (4877)
1990 Ed. (2744, 2745, 2746, 2977, 3483)
Hobbies
2001 Ed. (4605)
The Hobbit
2004 Ed. (743)
2003 Ed. (724)
1990 Ed. (2768)
Hobbs & Black Associates
2000 Ed. (313)
1998 Ed. (185)
1997 Ed. (266)
1993 Ed. (247)
1990 Ed. (282)
Hobbs + Black Associates Inc.
2001 Ed. (409)
1992 Ed. (357)
1991 Ed. (252)
1989 Ed. (267)
Hobbs Group LLC
2005 Ed. (1486)
2004 Ed. (3067)
Hobbs Ong
2001 Ed. (867)
Hobby
1997 Ed. (987)
Hobby Center Toys
1989 Ed. (2860)
Hobby Lobby Stores, Inc.
2001 Ed. (1943)
1999 Ed. (1054)
1995 Ed. (1767)
Hobbycraft
2005 Ed. (852)
HobbyTown USA
2008 Ed. (4705)
2007 Ed. (4787)
2006 Ed. (4781)
2005 Ed. (4726)
2004 Ed. (4749)
2003 Ed. (892)
2002 Ed. (957)
Hobbytron.com
2006 Ed. (4144)
Hobday; Tamzin
1996 Ed. (1894)
Hobet Mining, Inc.
1989 Ed. (1997, 1997)
Hobie Sportswear
1990 Ed. (3332)
Hoboken Floors
2000 Ed. (2202)
1999 Ed. (2447)
1998 Ed. (1699)
1996 Ed. (1922)
Hoboken School Employees Credit Union
2006 Ed. (2166)
2005 Ed. (2072, 2078)
Hobsbawm Macaulay Communications
2002 Ed. (3854, 3858)
Hobson; Mellody
2007 Ed. (3617)
Hoch; Orion
1992 Ed. (2058)
Hoch; Stanley H.
1992 Ed. (2063)
Hocheng Corp.
1992 Ed. (2974)
Hochtief AG
2008 Ed. (1186, 1189, 1191, 1281, 1290, 1297, 1298, 1301, 1303, 1304, 1305, 1306, 1307, 1308, 1309, 1770)
2007 Ed. (1287, 1291, 1293)
2006 Ed. (1300, 1305, 1311, 1312, 1313, 1315, 1318, 1319, 1321, 1322, 1323)
2005 Ed. (1327, 1332, 1333, 1334, 1335, 1336, 1341, 2423)
2004 Ed. (1321, 1322, 1323, 1326, 1327, 1328, 1331, 1333, 1334, 1336)
2003 Ed. (1321, 1322, 1323, 1326, 1327, 1328, 1329, 1332, 1334, 1335, 1336)
2002 Ed. (1190, 1305, 1307, 1310, 1312, 1314, 1315, 1318, 1321, 1322)
2001 Ed. (1487)
2000 Ed. (1214)
1999 Ed. (1331, 1389, 1394, 1396, 1397, 1404, 1405)
1998 Ed. (963, 964, 971)
1997 Ed. (1133, 1180, 1181, 1183, 1187, 1188, 1193)
1996 Ed. (1154)
1995 Ed. (1186)
1994 Ed. (1159, 1166, 1169, 1171)
1993 Ed. (1145)
1992 Ed. (1427, 1649)
1991 Ed. (1092)
Hochtief USA Inc.
2008 Ed. (1167)
2007 Ed. (1274)
Hochuli; Christopher
2007 Ed. (2549)
Hock Development Corp.
1996 Ed. (230)
Hock E. Tan
2005 Ed. (976)
Hock Hua Bank
1997 Ed. (551)
1992 Ed. (770)
Hockenbergs
1996 Ed. (1956)
Hockenbergs Equipment & Supply Co.
2007 Ed. (2593, 2594)
The Hockey Co.
2007 Ed. (2050)
2006 Ed. (2092)
1990 Ed. (3328)
Hocking Valley Bank
1993 Ed. (508)
Hodes Group; Bernard
1996 Ed. (39, 44)
1995 Ed. (29, 32)
1994 Ed. (54)
1993 Ed. (63, 74)
1992 Ed. (106)
1990 Ed. (63)
Hodess Building Co. Inc.
2004 Ed. (1291, 2374)
Hodge; Lady
2006 Ed. (836)
Hodges
2008 Ed. (2611)
2007 Ed. (2481)
Hodges Fund
2006 Ed. (3617, 3618)
2004 Ed. (3598)
2000 Ed. (3240)
Hodson & Son Inc.; G. L.
1994 Ed. (3041)
1993 Ed. (2993)
1992 Ed. (3659)
1991 Ed. (2830)
1990 Ed. (2262)
Hodulik; John
2008 Ed. (2691)
Hoechst
2000 Ed. (1028, 1029, 1030, 1031, 4130)
1999 Ed. (1095, 1096, 1098, 1100, 1101, 1102, 1103, 1636, 2525, 2526)
1998 Ed. (704, 705, 706, 707, 1340, 1346, 2876)
1997 Ed. (961, 963, 964, 965, 1239, 1414, 1415, 1660, 1662, 2086)
1995 Ed. (958, 962, 964, 965, 966, 1241, 1401, 1402, 1591, 1592, 1594, 2241, 2789, 2790, 3097)
1992 Ed. (1117, 1118, 1121, 1622, 1623, 1624, 1839, 2231, 2232, 3272, 3273)
1991 Ed. (912, 1293, 1295, 1775, 1776, 2367)
1990 Ed. (952, 953, 955, 956, 959, 1354, 1371, 1568, 1569, 1570, 1890, 3461)
1989 Ed. (892, 893)
Hoechst AG
2005 Ed. (1502, 1533)
2004 Ed. (1486)
2003 Ed. (1456)
2002 Ed. (1011, 1436, 3220, 4415)
2001 Ed. (1187, 1199)
2000 Ed. (2274)
1998 Ed. (1041, 1141)
1997 Ed. (962, 1236, 1237, 1238, 1246, 1259, 1275, 1413, 2178)
1996 Ed. (934, 938, 939, 943, 1352, 1580, 1970, 2854)
1994 Ed. (928, 929, 930, 935, 1355, 1375, 1376, 1377, 1918, 2682, 2871)
1993 Ed. (161, 909, 911, 912, 913, 918, 921, 1303, 1319, 1320, 1321, 1516, 1902, 2734)
1990 Ed. (1349, 1370)
1989 Ed. (1107, 1119)
Hoechst Aktiengesellschaft
1992 Ed. (1116)
1991 Ed. (911)
Hoechst Celanese
1999 Ed. (1079, 3318, 3793)
1998 Ed. (692, 700, 1555, 3521)
1997 Ed. (957, 2952)
1996 Ed. (925, 928)
1995 Ed. (948, 954, 956, 1465)
1994 Ed. (912, 918, 920, 922, 1429, 2820)
1993 Ed. (176, 898, 903, 906, 916, 919, 1376)
1992 Ed. (1103, 1107)
1991 Ed. (904, 907, 913)
1990 Ed. (941, 943, 945, 957, 3501)
Hoechst Group
1996 Ed. (1351)
1995 Ed. (1400)
1991 Ed. (1294)
1990 Ed. (954)
1989 Ed. (891)
Hoechst Japan
1994 Ed. (1563)
Hoechst Marion Roussel Inc.
2001 Ed. (2063)
2000 Ed. (3064)
1999 Ed. (1906, 1911, 1914, 1916, 3326)
1998 Ed. (1342, 1345)
1997 Ed. (1658, 1659, 1661)
Hoechst-Roussel
1993 Ed. (2771)
Hoechst Roussel Veterinary
2001 Ed. (4685)
Hoechst Schering AgrEvo
1999 Ed. (196)
Hoechst Trevira
1999 Ed. (3631)
1998 Ed. (2689)
Hoecsht AG
1999 Ed. (1471)
Hoecsht Celanese
1992 Ed. (1122)

Hoefer & Arnett Inc.
2005 Ed. (1432)
2004 Ed. (1422)
2001 Ed. (558)
Hoesch
1995 Ed. (3511)
1994 Ed. (2477, 3435)
1993 Ed. (3454)
1989 Ed. (2639)
Hoesch (Friedrich Krupp)
1994 Ed. (1227)
Hof Textil & Design
1995 Ed. (2789)
Hoffman Corp.
2005 Ed. (1302)
2004 Ed. (1257, 1272, 1291)
2003 Ed. (1260, 1269, 1288)
2002 Ed. (1278)
2000 Ed. (1288, 4244)
1998 Ed. (936)
1997 Ed. (1138, 1151)
1996 Ed. (1111)
The Hoffman Agency
2005 Ed. (3955, 3960, 3964)
2004 Ed. (3989, 4003, 4011)
2003 Ed. (3990, 3998, 4004)
2002 Ed. (3812)
2000 Ed. (3629, 3645)
1999 Ed. (3928)
The Hoffman Agency-San Jose
1998 Ed. (2944)
Hoffman Construction Co.
2005 Ed. (1219)
1999 Ed. (1358)
Hoffman Engineering Co.
1999 Ed. (2116)
Hoffman Estates, IL
2000 Ed. (2621)
1993 Ed. (1544)
Hoffman Foundation; Maximilian E. and Marion O.
1995 Ed. (1932)
Hoffman La-Roche
2000 Ed. (1711, 4344)
Hoffman-La Roche & Co. AG; F.
1994 Ed. (1456)
Hoffman Laroche Ltd.
2007 Ed. (3914)
1995 Ed. (2241)
1992 Ed. (1458, 1486, 3347)
1990 Ed. (1993)
Hoffman-LaRoche & Co.
1990 Ed. (3555)
Hoffman-LaRoche; F.
1995 Ed. (1496)
1990 Ed. (1423)
Hoffman Oeri and Sacher families
2001 Ed. (705)
Hoffman Travel
2000 Ed. (4302)
1999 Ed. (4667)
1998 Ed. (3624, 3764)
1997 Ed. (3918)
1996 Ed. (3882)
Hoffmann H og Soenner AS
1997 Ed. (1381)
Hoffmann-La Roche Inc.
2008 Ed. (188, 3945)
2007 Ed. (2907)
2006 Ed. (1591)
2005 Ed. (1698, 1713, 1716, 1717, 2471, 2472)
2003 Ed. (3749, 3871)
2002 Ed. (2027, 3593)
2000 Ed. (3424)
1999 Ed. (3715)
1998 Ed. (1348, 2753)
1994 Ed. (2745)
1993 Ed. (1514, 2771, 2774)
1989 Ed. (1583)
Hoffmann-La Roche & Co. AG; F.
1996 Ed. (1453)
Hoffmann-La Roche; F.
1991 Ed. (1354)
Hoffmann-LaRoche
1999 Ed. (1919)
1997 Ed. (3006)
1996 Ed. (2916)
1995 Ed. (2844)
1992 Ed. (1616)
1991 Ed. (2682)
1990 Ed. (2779)
1989 Ed. (2011)
Hoffritz
2003 Ed. (3166)
Hofmann GmbH; I. K.
2008 Ed. (1209)
Hofmann GmbH; I.K.
2008 Ed. (1771)
Hogan
1997 Ed. (2153)
1996 Ed. (29, 2035)
1992 Ed. (2337, 2338)
Hogan & Associates Construction
2008 Ed. (1341, 1344)
Hogan & Hartson
2008 Ed. (3418, 3422)
2007 Ed. (3313, 3324, 3326, 3327)
2006 Ed. (3250, 3295)
2005 Ed. (3263)
2004 Ed. (3233, 3240)
2003 Ed. (3182, 3192, 3193, 3195)
2002 Ed. (3057)
2001 Ed. (565)
2000 Ed. (4298)
1999 Ed. (4659)
1993 Ed. (2406)
1992 Ed. (2847)
1991 Ed. (2294)
1990 Ed. (2428)
Hogan & Hartson LLP
2007 Ed. (3314, 3328)
Hogan Co.; Ben
1993 Ed. (1990, 1991)
1991 Ed. (1855)
Hogan; Mark
2008 Ed. (3997)
2007 Ed. (3974)
Hogan Systems Inc.
1992 Ed. (1344, 3667)
1990 Ed. (2984)
Hogg; Baroness
2006 Ed. (4978)
Hogg Group PLC
1993 Ed. (2457)
1992 Ed. (2899)
Hogg Robinson
2001 Ed. (1888)
Hogg Robinson & Gardner Mountain PLC
1991 Ed. (2339)
Hogg Robinson plc
2002 Ed. (4675)
2001 Ed. (4623)
Hogg Robinson (Travel) Ltd.
2004 Ed. (4798)
Hogg/Y & R; Michael
1995 Ed. (140)
Hogg/Young & Rubicam; Michael
1997 Ed. (161)
1992 Ed. (223)
1991 Ed. (163)
1989 Ed. (176)
Hogs
2008 Ed. (1094)
Hoguet; Karen
2007 Ed. (1046)
2006 Ed. (951)
HOH Water
1990 Ed. (2749)
Hohn; Christopher
2008 Ed. (897)
Hoisery
1996 Ed. (1561)
Hoisington Investment Mgmt.
1990 Ed. (2335)
Hojgaard & Schultz A/S (Koncern)
1995 Ed. (1137)
1994 Ed. (1122)
Hojo Inns
1997 Ed. (2292)
1995 Ed. (2165)
1994 Ed. (2112)
HOK
2008 Ed. (264)
HOK Group Inc.
2007 Ed. (2408, 2409, 2413, 2414, 2415, 2431)
2006 Ed. (2466)
2004 Ed. (2334, 2335)
2003 Ed. (2313)
2002 Ed. (2130, 2140)
Hokenson; Richard
1996 Ed. (1833)
Hokkaido Electric Power
2007 Ed. (2305)
Hokkaido Takushoku Bank
1999 Ed. (546)
1998 Ed. (377)
1994 Ed. (2734, 2735)
1993 Ed. (542)
1992 Ed. (674, 3626)
1989 Ed. (480)
Hokkoku Shoji
1990 Ed. (3025)
Hoko Fishing Co.
2000 Ed. (223)
1999 Ed. (200)
1997 Ed. (182)
1995 Ed. (164)
1994 Ed. (146)
1993 Ed. (162)
1992 Ed. (256)
Hokuriku Bank
2004 Ed. (511, 547, 549, 550, 556)
1999 Ed. (546)
Hokuriku Electric Power
2007 Ed. (2305)
Hokuto Bank Ltd.
1996 Ed. (559)
Hola Paraguay
2005 Ed. (66)
Holabird & Root
1990 Ed. (281)
Holaday-Parks Inc.
2007 Ed. (1368)
2006 Ed. (1292)
2005 Ed. (1320)
2004 Ed. (1314)
2003 Ed. (1314)
2002 Ed. (1297)
2001 Ed. (1481)
2000 Ed. (1267)
1999 Ed. (1375)
Holberg Industries Inc.
2003 Ed. (1661)
Holborn North American
1992 Ed. (3208)
Holbrook Avenue Credit Union
2004 Ed. (1931)
Holcim Ltd.
2008 Ed. (752, 2096, 3556, 3583)
2007 Ed. (1288, 1290, 2000, 2003)
2006 Ed. (2032, 3403)
Holcim Apasco, SA de CV
2005 Ed. (1213)
Holcim Maroc
2006 Ed. (796)
Holcim (US) Inc.
2007 Ed. (3381)
Holcombe; William J.
1992 Ed. (2063)
Hold Everything
1992 Ed. (4037)
Hold It
1992 Ed. (4037)
Holden
2004 Ed. (1650, 4100)
2002 Ed. (1653, 3225)
Holden; B. D.
2005 Ed. (2492)
Holden; Betsy
2005 Ed. (4990)
Holden Camira
1990 Ed. (360)
Holden Commodore/Calais
1990 Ed. (360)
Holden Homes, Inc.
1992 Ed. (3515)
Holden LLC
2006 Ed. (1719)
2005 Ed. (1774)
Holder Construction Co.
2008 Ed. (1235, 1292, 1326, 4345)
2007 Ed. (1348, 4392)
2006 Ed. (1250, 1306)
2004 Ed. (1289)
2003 Ed. (1250)
2001 Ed. (1470)
Holder; Richard
1996 Ed. (1714)
Holderbank
1997 Ed. (1132)
1996 Ed. (829)
1995 Ed. (850)
1994 Ed. (799)
1993 Ed. (783, 1406)
1992 Ed. (1694)
HolderBank Financiere Glarus
1990 Ed. (1903)
Holderbank Financiere Glarus AG
1999 Ed. (1741)
1997 Ed. (1516)
1996 Ed. (1453)
1993 Ed. (2499)
Holderbank Management + Beratung AG
2003 Ed. (1671, 1829, 4396)
Holding & other investment offices
2001 Ed. (1637, 1855, 1859, 1883)
1990 Ed. (1224, 1225)
Holding; Robert Earl
2008 Ed. (4824)
HOLDR Biotech
2002 Ed. (2170)
HOLDR Market
2002 Ed. (2170)
HOLDR Telerbras
2002 Ed. (2170)
Holes
2004 Ed. (736)
2003 Ed. (711, 715)
Holey Soles Holdings Ltd.
2008 Ed. (2867)
Holger Schmieding
1999 Ed. (2300)
Holian Investments
1990 Ed. (2046)
Holiday Corp.
1992 Ed. (2506, 2507, 4071)
1991 Ed. (1055, 1945, 1953, 2587, 2589, 3090, 3092)
1990 Ed. (177, 1165, 2087, 2095, 3647)
1989 Ed. (1614, 1615, 1616, 2459)
Holiday Barbie
2000 Ed. (4276)
1999 Ed. (4641)
Holiday Barbie '97
1999 Ed. (4640)
Holiday Bowl
2006 Ed. (764)
Holiday Builders
2007 Ed. (1298)
2005 Ed. (1196, 1197, 1198, 1200)
2004 Ed. (1168, 1170)
Holiday Cos., Inc.
2006 Ed. (1886)
2005 Ed. (1869)
Holiday Fenoglio Dockerty & Gibson Inc.
1995 Ed. (3068)
Holiday Fenoglio Fowler, LP
2002 Ed. (4276, 4277)
Holiday Hospitality
1999 Ed. (2783)
Holiday Hospitality Worldwide
2001 Ed. (2788)
Holiday Housewares
2007 Ed. (3970)
2005 Ed. (1265)
2003 Ed. (1229)
Holiday Inn
2008 Ed. (3070, 3075)
2007 Ed. (2945, 2950)
2006 Ed. (2934, 2938)
2005 Ed. (2931)
2004 Ed. (2938)
2003 Ed. (2847)
2001 Ed. (2791)
2000 Ed. (2550, 2565)
1999 Ed. (2765, 2766, 2784, 2785, 2792)
1998 Ed. (2009, 2010, 2019, 2024, 2025)
1997 Ed. (2279, 2280, 2296, 2306)
1996 Ed. (2160, 2161, 2162, 2181)
1994 Ed. (2095, 2096, 2097, 2114, 2118, 2121)
1990 Ed. (244, 2076, 2085)
Holiday Inn Bethlehem & Conference Center
1995 Ed. (2160)
Holiday Inn Center City
1992 Ed. (2513)
1991 Ed. (1957)
1990 Ed. (2099)

Holiday Inn Center Point
1995 Ed. (2160)
1994 Ed. (2106)
1993 Ed. (2092)
1992 Ed. (2484)
Holiday Inn Crowne Plaza
1996 Ed. (2165)
1994 Ed. (2113)
Holiday Inn, Crowne Plaza, etc.
2000 Ed. (2559)
Holiday Inn Crowne Plaza Laguardia
1995 Ed. (198)
Holiday Inn Denver Southeast
2002 Ed. (2645)
Holiday Inn Express
2008 Ed. (3079)
2007 Ed. (2954)
2006 Ed. (2941, 2943)
2005 Ed. (2935)
2002 Ed. (2644)
2000 Ed. (2553)
1999 Ed. (2776)
1998 Ed. (2016, 2027)
1997 Ed. (2292, 2298, 2299, 2302)
1996 Ed. (2178)
1995 Ed. (2165)
1994 Ed. (2112)
1993 Ed. (2096)
Holiday Inn Foster City
1989 Ed. (253)
Holiday Inn Harrisburg
2006 Ed. (2940)
Holiday Inn Hauppauge
1990 Ed. (2066)
Holiday Inn/H.I. Crowne Plaza
1990 Ed. (2067, 2068, 2069)
Holiday Inn Hotels
2000 Ed. (2555)
1998 Ed. (2023)
1996 Ed. (2187)
1995 Ed. (2166, 2172)
1991 Ed. (825, 1942, 1955)
Holiday Inn Hotels/Select/Sunspree
2000 Ed. (2562)
Holiday Inn Independence Mall
1992 Ed. (2513)
1991 Ed. (1957)
Holiday Inn Jetport
1990 Ed. (244)
Holiday Inn of Ponce
1990 Ed. (2066)
Holiday Inn Pyramid
1991 Ed. (1949)
Holiday Inn Ronkonkoma
1989 Ed. (253)
Holiday Inn Select
2000 Ed. (2555)
1998 Ed. (2019)
Holiday Inn Select Philadelphia
1998 Ed. (2038)
Holiday Inn-Valley Forge
1990 Ed. (1219)
Holiday Inn Worldwide
2005 Ed. (2934)
2004 Ed. (2941, 2942)
2003 Ed. (885, 2849, 2852)
2000 Ed. (2569)
1999 Ed. (2764, 2779, 2781)
1998 Ed. (2011, 2026, 2031, 2033)
1997 Ed. (2052, 2278, 2291, 2297, 2300)
1996 Ed. (2177, 2182, 2184, 3229)
1995 Ed. (2167, 2168, 2169, 2170)
1994 Ed. (2119)
1993 Ed. (2084, 2092, 2097, 2098, 2099, 2101)
Holiday Inns
2005 Ed. (2941, 2942, 2943, 2944)
2003 Ed. (2853, 2854, 2857, 2858, 2859, 2860)
2002 Ed. (2637)
1992 Ed. (1460, 2475, 2488, 2490, 2491, 2493, 2497, 2498, 2499, 2501, 2502, 2503, 2504, 2508)
1989 Ed. (1112)
Holiday Inns/Hotels/Suites
2005 Ed. (2935)
Holiday Inns Select
1999 Ed. (2779)
Holiday Inns, 10 1/2s '94
1990 Ed. (740)
Holiday Isle Resort
1991 Ed. (1947)
Holiday Isle Resort and Marina
1990 Ed. (2064)
Holiday Mart
2000 Ed. (2595)
1999 Ed. (2820)
1998 Ed. (2065)
1997 Ed. (2343)
1996 Ed. (2214)
1995 Ed. (2196)
1994 Ed. (2154)
Holiday Mart (DAIEI)
2001 Ed. (4403)
Holiday Organization
2000 Ed. (1219)
Holiday Plus
1999 Ed. (2820)
1998 Ed. (2065)
Holiday Princess Belle
1999 Ed. (4641)
Holiday Rambler
1996 Ed. (3173)
1994 Ed. (2922)
1993 Ed. (2985)
1992 Ed. (3643)
Holiday Retirement Corp.
2006 Ed. (4040, 4191, 4192)
2005 Ed. (4005)
2004 Ed. (4073)
Holiday Star Plaza
1992 Ed. (2484)
Holidays
1995 Ed. (3389)
Holigan Homes
1998 Ed. (912)
Holingsworth Logistics Group
2001 Ed. (3519)
Holland
1997 Ed. (2475)
1995 Ed. (3605)
1994 Ed. (857, 2344)
1993 Ed. (479, 1046)
1992 Ed. (316)
Holland America
1989 Ed. (2097)
Holland America Line Inc.
2008 Ed. (755)
2007 Ed. (783)
2006 Ed. (3272)
1995 Ed. (1916)
1994 Ed. (1887)
Holland America Line-Westours Inc.
2002 Ed. (863)
2000 Ed. (989, 1633)
1999 Ed. (957)
1998 Ed. (539, 1236)
1997 Ed. (841, 2054)
1996 Ed. (831)
1995 Ed. (851)
1994 Ed. (800)
1992 Ed. (988)
Holland America Lines Inc.
2006 Ed. (686)
Holland & Hart LLP
2008 Ed. (1707, 3421, 3422)
2007 Ed. (3311, 3313, 3314)
2006 Ed. (3250)
2005 Ed. (3262, 3263)
2004 Ed. (3233)
2003 Ed. (3179, 3182)
2002 Ed. (3057)
Holland & Knight
2007 Ed. (3325)
2004 Ed. (3231)
2001 Ed. (792)
2000 Ed. (3202)
1999 Ed. (3150, 3488)
1998 Ed. (2329, 2575)
1997 Ed. (2364)
1995 Ed. (2647)
1993 Ed. (2623)
Holland & Knight LLP
2008 Ed. (3424)
2007 Ed. (1503)
2006 Ed. (3266)
2005 Ed. (3254, 3275)
2004 Ed. (3224, 3251)
2003 Ed. (3170, 3194)
2002 Ed. (3058)
2001 Ed. (3085)
2000 Ed. (2896)
Holland; Andrew
1997 Ed. (1996)
Holland Capital
2000 Ed. (2816)
1999 Ed. (3078)
1996 Ed. (2393, 2397, 2401)
1995 Ed. (2369)
Holland Capital Management, High Quality Growth-Equity
2003 Ed. (3126)
Holland Capital Management LP
2008 Ed. (180)
2007 Ed. (197)
2006 Ed. (191)
Holland Chemical International
1999 Ed. (1093, 1094)
Holland Mark
2002 Ed. (156, 157)
Holland Mark Martin
1998 Ed. (61)
Holland Mark Martin Edmund
2000 Ed. (148)
1999 Ed. (130)
Holland, MI
2007 Ed. (3013)
Holland; Raymond T.
1990 Ed. (2659)
The Holland Roofing Group
2004 Ed. (1313)
2003 Ed. (1313)
2002 Ed. (1296)
The Holland Roofing Group LLC
2008 Ed. (1263)
2007 Ed. (1367)
2006 Ed. (1291)
2005 Ed. (1319)
Holland; William
1997 Ed. (980)
Hollander Consultants
2006 Ed. (1969)
Hollander Home
2007 Ed. (3438)
Hollander Home Fashions
2007 Ed. (586, 3959)
2006 Ed. (2950)
Hollander; Milton
1994 Ed. (1226)
Hollandsche Aann My BV
1997 Ed. (1133)
Hollandsche Beton-En Waterbouw BV
1997 Ed. (1133)
Hollandsche Beton Groep NV
2001 Ed. (1487)
1999 Ed. (1404)
1997 Ed. (1133, 1187, 1188, 1193)
1996 Ed. (1151, 1159, 1164)
Hollandsche Beton Groep NV (HBG)
2003 Ed. (1323, 1326, 1328, 1329, 1335)
2002 Ed. (1194, 1307, 1314, 1315)
Hollandsche Beton Maatschappij BV
1997 Ed. (1133)
Hollandsche Wegenbouw Zanen BV
1997 Ed. (1133)
Hollard
1995 Ed. (2284)
Hollard Insurance Co.
2000 Ed. (2673)
Holley Grubbs
2001 Ed. (732, 855)
Holley; R. R.
2005 Ed. (2499)
Holley; Rick
2007 Ed. (1002)
Holliday; Chad O.
2008 Ed. (2632)
Holliday Fenoglio Inc.
1998 Ed. (3009)
Holliday Fenoglio Dockerty & Gibson Inc.
1997 Ed. (3263)
Holliday Fenoglio Fowler LP
2008 Ed. (4121)
2005 Ed. (4016)
2004 Ed. (4083)
2003 Ed. (447, 448, 4057)
2002 Ed. (3911)
2000 Ed. (3709, 3723, 3724, 4017)
Holliday Jr.; C. O.
2005 Ed. (2487)
Holliday Jr.; Charles O.
2008 Ed. (946)
2007 Ed. (1024)
Hollinger Inc.
2003 Ed. (1078, 1640)
2002 Ed. (3269)
1999 Ed. (3311)
1997 Ed. (2724)
1996 Ed. (2579, 3144)
1995 Ed. (2511, 2512)
1994 Ed. (2983)
1993 Ed. (2506)
1992 Ed. (1295, 3591)
1991 Ed. (1016, 2393)
1990 Ed. (1107)
1989 Ed. (965)
Hollinger Canadian Newspapers
2005 Ed. (1707)
Hollinger International Inc.
2005 Ed. (3598, 3599)
2004 Ed. (3683, 3684)
2003 Ed. (4022)
2001 Ed. (1543, 3886)
Hollinger International Publishing Inc.
2003 Ed. (1694)
Hollingsworth; David S.
1992 Ed. (2055)
1989 Ed. (1380)
Hollingsworth Logistics North America
2006 Ed. (190, 2836, 3520, 3689, 4359)
Hollingsworth Trading
1994 Ed. (1070)
Hollis L. Caswell
2002 Ed. (2177)
Hollister
2008 Ed. (1011)
2007 Ed. (1129)
Hollister Associates Inc.
2007 Ed. (3565, 3566)
Holloway; Douglas
2008 Ed. (183)
Holly Corp.
2008 Ed. (2108, 2356, 2358, 2360, 2362, 3896, 3901, 3926)
2007 Ed. (2216, 2218, 2222, 2753, 3838, 3848)
2006 Ed. (2042, 2286, 3830)
2005 Ed. (3742)
2004 Ed. (3833, 3834)
1999 Ed. (3796)
1998 Ed. (2822)
1997 Ed. (3085)
1996 Ed. (205, 3005)
1995 Ed. (2910)
1994 Ed. (3448)
1993 Ed. (1094, 2833)
1992 Ed. (317, 3427)
1991 Ed. (2722)
1990 Ed. (2835)
1989 Ed. (2209)
Holly Becker
2000 Ed. (1997, 2018)
1999 Ed. (2221, 2235)
1998 Ed. (1645)
1997 Ed. (1870)
Holly Farms
1992 Ed. (2187, 2188)
1990 Ed. (1284, 2526, 2527, 2891)
1989 Ed. (1452, 1936, 1937)
Holly Guthrie
2006 Ed. (2579)
Holly Hunt Ltd.
2007 Ed. (4986)
2006 Ed. (4989)
Hollywell Spring
2000 Ed. (785)
Hollywood
1993 Ed. (674)
Hollywood Casino Corp.
2004 Ed. (2935)
1997 Ed. (911)
Hollywood Celebrity
2003 Ed. (2060)
Hollywood Celebrity Diet
2004 Ed. (2098)
Hollywood Chrysler-Plymouth
1994 Ed. (266)
1993 Ed. (297)
1991 Ed. (307)
1990 Ed. (340)
Hollywood Entertainment Corp.
2008 Ed. (3750)
2007 Ed. (3637)

2006 Ed. (2071, 3572, 4441)
2005 Ed. (3515)
2004 Ed. (3510, 4840, 4843, 4844)
2003 Ed. (3449)
2002 Ed. (4750, 4751)
2001 Ed. (3361, 4096, 4099, 4100, 4101)
2000 Ed. (4346)
1999 Ed. (4713)
1998 Ed. (663, 3346, 3347)
Hollywood Fashion Center
1996 Ed. (2878)
Hollywood Federal
1991 Ed. (3445)
Hollywood, FL
1994 Ed. (2244)
Hollywood FSB
1993 Ed. (3071, 3567, 3571)
Hollywood Honda
1996 Ed. (272)
1995 Ed. (269)
1994 Ed. (269)
Hollywood Marine
2001 Ed. (4235)
Hollywood Media Corp.
2008 Ed. (3363)
2007 Ed. (3234)
Hollywood Park Rlty.
1990 Ed. (2964)
Hollywood Reporter
2007 Ed. (849, 4793)
2006 Ed. (756)
1998 Ed. (2682)
1997 Ed. (3043)
1996 Ed. (2968)
1994 Ed. (2795)
Hollywood Stock Exchange
2002 Ed. (4854)
Hollywood Sun-Tattler
1990 Ed. (2708)
Hollywood Tans
2008 Ed. (4589)
2007 Ed. (4678)
2006 Ed. (4658)
2005 Ed. (4593)
Hollywood Undead
2007 Ed. (3214)
Hollywood Video
2001 Ed. (2123)
1998 Ed. (3668, 3670)
1997 Ed. (3839, 3841)
1996 Ed. (3785, 3786, 3787)
1995 Ed. (3698, 3699)
Holman Enterprises
2008 Ed. (290)
2007 Ed. (300)
2006 Ed. (303)
2005 Ed. (282)
2004 Ed. (277)
2002 Ed. (351)
2001 Ed. (441, 442, 443, 446, 447)
1999 Ed. (1189)
1998 Ed. (758)
1996 Ed. (3766)
1994 Ed. (1004)
1992 Ed. (1203)
1991 Ed. (968, 1141, 1142)
Holman Lincoln-Mercury
1996 Ed. (277)
1992 Ed. (389)
1991 Ed. (284)
1990 Ed. (302, 331)
Holman Pontiac; Red
1996 Ed. (283)
1995 Ed. (283)
1994 Ed. (257)
Holman's Inc.
2000 Ed. (3805)
1999 Ed. (4090)
1998 Ed. (3081)
Holmart
1992 Ed. (3959)
Holme Roberts
2001 Ed. (957)
Holme Roberts & Owen LLP
2008 Ed. (3421, 3422)
2007 Ed. (3311, 3313, 3314)
2006 Ed. (1679, 3250)
2005 Ed. (3262, 3263)
2004 Ed. (3233)
2003 Ed. (3182)
Holme Roberts & Owne LLP
2002 Ed. (3057)
Holmens Bruk
1991 Ed. (3222)
Holmes
2000 Ed. (225, 1652, 2441, 2594)
1999 Ed. (202, 1823, 2658, 2819)
1998 Ed. (105, 1252, 1921, 2063)
1997 Ed. (183, 2200, 2342)
1994 Ed. (2043, 2152)
Holmes & Marchant
1995 Ed. (2225, 2226, 2228)
1993 Ed. (2158, 3065)
1992 Ed. (2588, 2589)
Holmes & Marchant Design Co.
1999 Ed. (2837, 2840, 2841)
1996 Ed. (2232, 2233, 2234)
Holmes & Marchant Design Cos.
1994 Ed. (2175)
Holmes & Marchant Design Group
1990 Ed. (1276)
Holmes & Marchant Group
2000 Ed. (3653)
1999 Ed. (3936)
1997 Ed. (3374)
Holmes & Marchant Marketing Services
1994 Ed. (3128)
Holmes & Marchant Public Relations
1996 Ed. (3123)
Holmes & Merchant Group
2002 Ed. (4087)
Holmes & Narver
2001 Ed. (2238)
2000 Ed. (1797)
1999 Ed. (283, 2017, 2020)
1998 Ed. (1437, 1448)
1997 Ed. (265, 1736, 1743, 1755)
1996 Ed. (234, 1658, 1665, 1674)
1995 Ed. (237, 1675, 1682, 1692)
1994 Ed. (235, 1636, 1643)
1993 Ed. (246, 1610)
1992 Ed. (355, 1955, 1957)
1991 Ed. (1068, 1551, 1556, 1560, 1562)
1990 Ed. (280, 1666)
Holmes Distributors Inc.
2003 Ed. (2203)
The Holmes Group Inc.
2004 Ed. (2867)
2002 Ed. (251, 1912, 2073, 2074, 2466, 2697, 2699, 2714)
Holmes Homes
2004 Ed. (1216)
2003 Ed. (1209)
Holmes; John
1993 Ed. (2638)
Holmes Lumber
1994 Ed. (797)
Holmes; Maurice F.
1989 Ed. (736)
Holmes Products
2005 Ed. (2952)
2003 Ed. (235)
Holmes Protection Inc.
1992 Ed. (3826)
Holmes Protection Group Inc.
1998 Ed. (3202)
1993 Ed. (3115)
Holmes Regional Medical Center
2006 Ed. (2899)
Holmes; Tod
2008 Ed. (963)
2007 Ed. (1057)
2005 Ed. (987)
HolmesAir
1995 Ed. (2194)
Holnam
1999 Ed. (1048)
1995 Ed. (844, 912)
1994 Ed. (790, 792, 879)
1993 Ed. (771, 772, 774, 859)
1992 Ed. (980, 981, 1070)
Hologic
2008 Ed. (1905, 1906, 3646)
2007 Ed. (3461, 4533)
2005 Ed. (1860)
1996 Ed. (2886)
Holroyd Howe Ltd.
2008 Ed. (2126, 4323)
Holstein State Bank
1989 Ed. (209)
Holsten Pils
1990 Ed. (768)
Holsum de Puerto Rico Inc.
2006 Ed. (3376)
2005 Ed. (3389)
2004 Ed. (3357)
Holt Advisory
1992 Ed. (2803)
Holt Homes
2004 Ed. (1198)
2003 Ed. (1193)
2002 Ed. (1206)
Holt; Nicolai
1997 Ed. (1974)
Holt, Ross & Yulish Inc.
1992 Ed. (3572)
Holt-Smith & Yates Advisors, Growth Equity: Tax-Exempt Accounts
2003 Ed. (3126)
Holt Co.; W.F.
1989 Ed. (1010)
Holtek Microelectronics Inc.
2002 Ed. (4545)
Holthouse Carlin & Van Trigt LLP
2008 Ed. (12)
2007 Ed. (14)
2006 Ed. (18)
2005 Ed. (13)
2004 Ed. (17)
Holtrust; John M.
2008 Ed. (2635)
Holt's Cigar Holdings
1999 Ed. (2614, 4322)
Holtz; Abel
1995 Ed. (2112, 2579, 3726)
1990 Ed. (1721, 1722)
1989 Ed. (1382)
Holwerda Builders
2004 Ed. (1175)
2003 Ed. (1167)
2002 Ed. (2683)
Holy Cross Health System Corp.
2001 Ed. (1736)
1996 Ed. (2707)
1995 Ed. (2629)
1994 Ed. (2574)
Holy Cross Hospital
2005 Ed. (2893)
1997 Ed. (2260)
Holy Ghost Parish Credit Union
2005 Ed. (308)
Holy Land Christian Mission
1991 Ed. (2616)
Holy Names College
1994 Ed. (1051)
Holy Rosary Credit Union
2004 Ed. (1973)
2003 Ed. (1933)
2002 Ed. (1879)
Holy Rosary Regional Credit Union
2008 Ed. (2246)
2007 Ed. (2131)
2006 Ed. (2210)
2005 Ed. (2115)
Holy Trinity East Nursing Home
2003 Ed. (1755, 2681)
Holyfield-Bowe Fight
1995 Ed. (880)
Holyfield; Evander
1996 Ed. (250)
Holyfield-Holmes match
1994 Ed. (840)
Holyoke Construction Co.
1996 Ed. (3429)
Holyoke Credit Union
2002 Ed. (1829, 1830)
Holzmann AG; Philipp
1997 Ed. (1132, 1752, 1756)
1996 Ed. (1110, 1157, 1158, 1159, 1160, 1161, 1162, 1164, 1165, 1166, 1672, 1675)
1995 Ed. (1137, 1183, 1185, 1690)
1994 Ed. (1161, 1164, 1165)
1993 Ed. (1143, 1144, 1147, 1148, 1619)
1992 Ed. (1372, 1426, 1432, 1649, 1967)
1991 Ed. (1097, 1098)
1990 Ed. (1209)
Holzmann Philipp USA Ltd.
2001 Ed. (1401, 1821)
HOM Furniture
1999 Ed. (2558)
Homart
1996 Ed. (3430)
Homart Development Co.
1997 Ed. (3257)
1995 Ed. (3063)
1994 Ed. (3001, 3003, 3004, 3297, 3301, 3302, 3303)
1993 Ed. (2963, 2964, 3304, 3311)
1992 Ed. (3620, 3969, 3970)
1991 Ed. (3118)
1990 Ed. (1163, 2959, 2960, 3283)
1989 Ed. (2490, 2491)
Homasote Co.
2002 Ed. (3561)
Hombre
2001 Ed. (477)
Homburg Invest Inc.
2008 Ed. (1620)
Home
2007 Ed. (145, 166, 3402)
2006 Ed. (153)
2004 Ed. (3338, 3533)
2003 Ed. (3273)
2002 Ed. (1553)
1995 Ed. (2880)
1994 Ed. (2785)
1990 Ed. (2774)
Home accessories
1996 Ed. (2491)
Home Alone
1998 Ed. (2537)
1995 Ed. (3704)
1992 Ed. (3112)
Home Alone 2
1995 Ed. (2614)
Home & Away
1999 Ed. (292)
Home & garden
2002 Ed. (2989)
Home Bank
1997 Ed. (503)
Home Base
1998 Ed. (1970)
Home Box Office
1998 Ed. (604)
Home builders
1992 Ed. (2624)
Home Building Bancorp Inc.
2002 Ed. (3550, 3553)
Home Capital Group Inc.
2008 Ed. (1429, 1619, 1628, 1644, 1648, 1652, 1654)
2007 Ed. (1628, 1629, 1635, 1640, 1642, 1644, 1646)
2006 Ed. (1603, 1607)
2005 Ed. (1705, 1729)
2004 Ed. (4572)
Home Capital Services
1991 Ed. (2224)
Home-care facilities
2003 Ed. (3472)
Home Care Plus Inc.
2004 Ed. (1889)
Home care products
1992 Ed. (1817)
Home Care Supply
2004 Ed. (2896)
2003 Ed. (2785)
Home center/hardware stores
1996 Ed. (1985, 1986)
Home centers
2006 Ed. (4165)
1999 Ed. (4120)
1997 Ed. (2102)
1992 Ed. (3725)
1991 Ed. (880)
Home Choice
2000 Ed. (2293)
Home City Savings
1990 Ed. (2435, 2439)
Home Cleaning Centers of America
2007 Ed. (770)
2006 Ed. (674)
2005 Ed. (767)
2002 Ed. (857)
Home Club
1991 Ed. (801, 804)
1990 Ed. (838, 839, 841, 2023)
Home Community Credit Union
2008 Ed. (2212, 2213)

Home computers
1993 Ed. (2048)
Home construction/remodeling
1999 Ed. (697, 698, 1810, 1811, 1812, 2712)
Home Creations
2005 Ed. (1220)
Home Decor '95
1998 Ed. (3608)
Home/decorative items
1994 Ed. (1967)
1993 Ed. (1941)
Home Depot
2008 Ed. (636, 638, 748, 749, 890, 892, 894, 1516, 1520, 1524, 1536, 1764, 1765, 1766, 1922, 2361, 2486, 2728, 2800, 2877, 2878, 2971, 2976, 2977, 2978, 2995, 2996, 3000, 3090, 3102, 3446, 4094, 4214, 4219, 4220, 4223, 4224, 4225, 4234, 4235, 4238, 4471, 4472, 4477, 4478, 4526, 4813)
2007 Ed. (153, 678, 773, 774, 909, 910, 911, 913, 1497, 1536, 1540, 1555, 1737, 1738, 2221, 2366, 2591, 2669, 2760, 2761, 2854, 2855, 2856, 2857, 2875, 2876, 2878, 2880, 2901, 2967, 2981, 3350, 3382, 4173, 4179, 4180, 4184, 4185, 4187, 4199, 4200, 4202, 4203, 4206, 4491, 4493, 4500, 4501, 4553, 4554, 4570, 4878)
2006 Ed. (161, 648, 678, 679, 821, 822, 825, 826, 1500, 1525, 1730, 1731, 2284, 2293, 2422, 2615, 2680, 2854, 2864, 2865, 2866, 2867, 2881, 2882, 2883, 2887, 2890, 2949, 2964, 3282, 4025, 4151, 4162, 4163, 4166, 4167, 4177, 4178, 4179, 4187, 4431, 4433, 4434, 4435, 4442, 4443, 4444, 4576, 4577, 4589, 4886)
2005 Ed. (738, 770, 771, 907, 908, 1617, 1619, 1620, 1636, 1779, 1780, 2222, 2228, 2375, 2619, 2857, 2875, 2876, 2878, 2880, 2954, 3290, 3989, 4099, 4106, 4107, 4108, 4114, 4115, 4116, 4132, 4133, 4140, 4141, 4414, 4415, 4416, 4418, 4419, 4420, 4424, 4425, 4445, 4501, 4502, 4504, 4655)
2004 Ed. (755, 784, 785, 916, 917, 1553, 1611, 1722, 1723, 2117, 2123, 2562, 2631, 2849, 2877, 2879, 2882, 2885, 2886, 2888, 2889, 2893, 2894, 2902, 2954, 3258, 3920, 4051, 4187, 4188, 4189, 4194, 4195, 4204, 4206, 4213, 4214, 4466, 4467, 4468, 4470, 4471, 4472, 4474, 4475, 4554, 4575)
2003 Ed. (742, 774, 775, 842, 1012, 1016, 1544, 1684, 1685, 2428, 2495, 2762, 2780, 2784, 2788, 2790, 2866, 4032, 4165, 4166, 4167, 4168, 4169, 4170, 4173, 4177, 4179, 4183, 4184, 4185, 4186, 4187, 4188, 4500, 4501, 4506, 4559, 4563)
2002 Ed. (1520, 1545, 1546, 1560, 1660, 1673, 1676, 1677, 1678, 1681, 2003, 2004, 2286, 2581, 2583, 2584, 4040, 4041, 4044, 4054, 4059, 4060, 4334, 4335)
2001 Ed. (1570, 1574, 1685, 1713, 2027, 2728, 2729, 2742, 2745, 2754, 2755, 4090, 4093, 4094, 4095, 4097, 4098, 4104, 4107, 4108, 4322)
2000 Ed. (950, 1118, 1332, 1437, 1689, 1690, 2488, 2492, 3412, 3806, 3810, 3812, 4085, 4126)
1999 Ed. (759, 1200, 1494, 1634, 1872, 2703, 2709, 2710, 2711, 4091, 4092, 4093, 4094, 4106, 4111, 4371, 4373)
1998 Ed. (664, 665, 667, 772, 1061, 1142, 1295, 1298, 1967, 1969, 1970, 1971, 1972, 1973, 1974, 3079, 3080, 3082, 3089, 3097, 3340, 3343)
1997 Ed. (830, 831, 832, 835, 921, 922, 924, 1292, 1293, 1412, 1622, 1824, 2243, 2244, 2245, 2246, 3341, 3343, 3347, 3355, 3549, 3641)
1996 Ed. (815, 817, 818, 819, 820, 821, 826, 827, 1246, 1247, 1283, 1350, 2133, 2134, 2493, 3246, 3251, 3485)
1995 Ed. (845, 846, 1327, 1331, 1333, 2125, 3154, 3288, 3306, 3329, 3335, 3425)
1994 Ed. (793, 794, 1244, 1311, 1541, 2060, 2076, 3108, 3219, 3226, 3227, 3250, 3443)
1993 Ed. (775, 776, 777, 778, 1497, 2047, 2424, 3219, 3227, 3256, 3390, 3462, 3466, 3471)
1992 Ed. (982, 983, 984, 985, 1816, 2419, 3919, 3925, 4034, 4035, 4145)
1991 Ed. (801, 802, 803, 1202)
1990 Ed. (928, 2024, 2025, 3030, 3043, 3045, 3479)
1989 Ed. (2321, 2328, 2654)
Home Depot Center
2005 Ed. (4438)
Home Depot EXPO
2001 Ed. (2744)
Home Depot Home Center
2002 Ed. (763)
2001 Ed. (1008)
2000 Ed. (26, 792, 4219)
Home Depot International Inc.
2008 Ed. (748, 749, 1765)
2007 Ed. (773, 774, 1737)
2006 Ed. (678, 679, 1730)
2005 Ed. (770, 771, 1779)
2004 Ed. (784, 785, 1722)
2003 Ed. (774, 775, 1684)
2001 Ed. (2754, 2755)
Home Depot Stores
2005 Ed. (4125)
Home Depot USA Inc.
2008 Ed. (748, 749, 1765)
2007 Ed. (773, 774, 1737, 4034)
2006 Ed. (678, 679, 1730, 4432)
2005 Ed. (770, 771, 1779)
2004 Ed. (784)
2003 Ed. (774, 775, 1684)
2001 Ed. (1713, 2754, 2755)
Home distributors
2001 Ed. (681)
Home electronics
2001 Ed. (2733)
Home electronics stores
2001 Ed. (4484)
Home equity loans
1989 Ed. (2344)
Home Equity Mortgage Corp.
2008 Ed. (2962)
Home Express
1997 Ed. (2323)
1996 Ed. (1984)
1992 Ed. (2525, 2526)
1990 Ed. (2115)
Home Federal
1991 Ed. (2919)
1990 Ed. (2473, 3117, 3121)
Home Federal Bancorp
2006 Ed. (2084)
Home Federal Bank of Tennessee
1998 Ed. (3566)
Home Federal Savings
1999 Ed. (4141)
1998 Ed. (3155, 3544, 3552)
1993 Ed. (3071, 3072, 3078, 3080, 3569, 3570, 3571)
1991 Ed. (1723)
Home Federal Savings & Loan
1990 Ed. (536, 351)
1989 Ed. (2826)
Home Federal Savings & Loan Assn.
1990 Ed. (3577)
Home Federal Savings & Loan Association
1998 Ed. (3559)
1990 Ed. (420, 422, 3092, 3096, 3097, 3098, 3100, 3586)
1989 Ed. (2355, 2821, 2824)
Home Federal Savings & Loan Association of San Diego
1990 Ed. (3575, 3576, 3583, 3584)
Home Federal Savings & Loan Association of San Diego, CA
1989 Ed. (2822)
Home Federal Savings Bank
1994 Ed. (1226)
Home Federal Savings Bank of Detroit
2002 Ed. (4621)
2001 Ed. (4528)
2000 Ed. (3854)
1990 Ed. (737)
Home Finance Co.
2006 Ed. (4505)
2002 Ed. (4418)
Home Financial
1998 Ed. (270, 3153)
Home fixtures
2001 Ed. (2568)
Home furnishing & equipment
2004 Ed. (178)
Home furnishing & interior design
2002 Ed. (4643)
2001 Ed. (4609)
Home furnishing stores
2001 Ed. (4111)
Home furnishings
2008 Ed. (2439, 4722)
2006 Ed. (4786)
2005 Ed. (95, 4735)
2003 Ed. (4776)
1992 Ed. (2624, 2860)
Home furnishings and supplies
2001 Ed. (246)
Home furnishings retailing
1995 Ed. (2446)
Home furniture stores
1999 Ed. (696, 1809)
Home Government Securities
1992 Ed. (3165)
Home Group
1990 Ed. (2253)
1989 Ed. (1732, 2643)
Home Group Insurance Cos.
1992 Ed. (2657)
1991 Ed. (2093)
Home Guaranty Insurance
1989 Ed. (1711)
Home Guide Magazine
2002 Ed. (215)
Home gym exercise
1997 Ed. (3561)
Home health agencies
1996 Ed. (2082)
Home health aides
2007 Ed. (3723, 3724, 3729)
2005 Ed. (3630)
1997 Ed. (1721)
1989 Ed. (2076)
Home health care
1997 Ed. (1722)
1994 Ed. (2028)
Home health facilities
2002 Ed. (3756)
Home health needs
2001 Ed. (2106)
Home Health Corp. of America
2000 Ed. (2490)
1999 Ed. (2708)
Home healthcare
2004 Ed. (2129)
Home healthcare services
2007 Ed. (3717, 3718)
Home Helpers
2008 Ed. (187)
2007 Ed. (200)
2006 Ed. (194)
2005 Ed. (179)
2004 Ed. (179)
2003 Ed. (220, 893)
"Home Improvement"
2001 Ed. (4486, 4491, 4499)
2000 Ed. (4222)
1997 Ed. (3722)
1995 Ed. (3582)
Home improvements
1997 Ed. (3165)
Home Ins Group
1990 Ed. (2228)
Home Instead Senior Care
2008 Ed. (187)
2007 Ed. (200)
2006 Ed. (194)
2005 Ed. (179)
2004 Ed. (179)
2003 Ed. (220)
2002 Ed. (245)
2001 Ed. (2533)
2000 Ed. (2271)
Home insurance
2001 Ed. (2223)
1992 Ed. (1486)
Home Insurance Companies
1992 Ed. (2650)
Home Insurance Cos.
1997 Ed. (2434)
1996 Ed. (2303, 2304)
1995 Ed. (2291)
1994 Ed. (2247, 2248, 2277)
1993 Ed. (2202, 2203)
Home Insurance Group
1989 Ed. (1677)
The Home Insurance Co. of Illinois
1996 Ed. (2293)
1995 Ed. (2288)
Home Intensive Care
1990 Ed. (1970, 1971, 3300, 3301)
Home Interiors & Gifts Inc.
1996 Ed. (1202)
Home Investors Government Guaranteed Income
1990 Ed. (2603)
Home Life
1989 Ed. (1702)
Home Life Financial Assurance Corp.
1995 Ed. (2307)
Home Life - Home Life Variable Annuity (VA, SPVA)
1991 Ed. (2152, 2153)
Home Life Insurance Co.
1989 Ed. (2142)
Home/lifestyle stores
2000 Ed. (3546, 3802)
Home Mechanix
1994 Ed. (2792)
Home Media Retailing
2007 Ed. (160)
Home medical equipment services
1999 Ed. (3666)
Home Mutual Life Insurance Co.
2000 Ed. (2689)
Home Nursing Agency Visiting Nurse Association
2008 Ed. (2033)
Home Nutritional Services Inc.
1995 Ed. (2124)
1994 Ed. (2075)
1993 Ed. (2055)
1992 Ed. (2435)
Home office
2000 Ed. (2289)
Home Office Computing
2001 Ed. (3193)
2000 Ed. (3469)
1999 Ed. (3749)
1998 Ed. (1276)
1994 Ed. (2796, 2800)
Home Office Reference Laboratory
1990 Ed. (1966, 3296)
Home office stores
2001 Ed. (4111)
Home office supply retailers
1994 Ed. (2068)
Home Oil Co. Ltd.
1993 Ed. (2843)
Home Owners Federal
1990 Ed. (2609)
Home Owners Federal Savings & Loan Assn.
1990 Ed. (2606)
Home Owners Federal Savings & Loan Association
1991 Ed. (2481)
Home Owners Savings Bank
1991 Ed. (1660, 2588, 2591)
Home PC
2000 Ed. (3468)
1999 Ed. (1851)
1997 Ed. (3044)
Home perm./relaxer kits
2001 Ed. (2638)

Home Pharmacy
1995 Ed. (2496)
Home Port Bancorp Inc.
2000 Ed. (552)
1999 Ed. (540)
Home Pregnanacy Tests
1990 Ed. (1959)
Home pregnancy tests
1992 Ed. (2353)
Home Pride
1998 Ed. (494)
1996 Ed. (779)
Home products
2007 Ed. (2312)
Home Products International
2005 Ed. (1267)
2001 Ed. (1668)
Home Properties Inc.
2007 Ed. (283, 2228)
2006 Ed. (280)
2003 Ed. (4059)
2002 Ed. (325, 3927, 3928)
Home Properties of New York Inc.
2001 Ed. (4009)
Home Quarters
1996 Ed. (2493)
Home Real Estate
2008 Ed. (4117)
Home-related products
1998 Ed. (1828)
Home Run Pie
2000 Ed. (369)
Home Savings
1990 Ed.`(2477, 3125)
Home Savings & Loan Co.
1998 Ed. (3561)
Home Savings Bank
2005 Ed. (523)
1992 Ed. (502)
Home Savings of America
1998 Ed. (2400, 2530, 3133, 3137, 3139, 3149, 3150, 3151, 3156, 3157, 3530, 3531, 3532, 3534, 3535, 3536, 3538)
1997 Ed. (3382, 3741)
1996 Ed. (2675, 2686, 3285, 3684, 3685)
1995 Ed. (2610, 2611, 3186, 3612)
1994 Ed. (401, 2551, 2557, 2558, 3144, 3527, 3528)
1991 Ed. (2481, 2486, 2919)
1990 Ed. (2606)
1989 Ed. (2822)
Home Savings of America, FA
1999 Ed. (4142)
1993 Ed. (2593, 3074, 3075, 3076, 3077, 3078, 3080, 3084, 3085, 3086, 3091, 3092, 3093, 3094, 3095, 3096, 3097, 3564, 3565, 3566)
1992 Ed. (3774, 3775, 3776, 3777, 3778, 3779, 3780, 3784, 3785, 3786, 3787, 3793, 3794, 3795, 3796, 3797, 3798, 4286)
1991 Ed. (3362, 3375)
1990 Ed. (422, 2469, 2604, 3096, 3097, 3098, 3100, 3117, 3575, 3576, 3577, 3583, 3584)
Home Savings of America, FA (Irwindale, CA)
1991 Ed. (3364)
Home Savings of America, FSB
1998 Ed. (3128, 3131, 3135, 3136, 3140, 3141, 3142, 3143, 3146, 3147)
1997 Ed. (3740)
Home Savings of America Multiple Family
1998 Ed. (3009)
Home Savings of American
1998 Ed. (3132, 3148)
Home Savings of Kansas City
1991 Ed. (3371)
Home security
2001 Ed. (2812)
Home service & home
2000 Ed. (3471)
Home services
2007 Ed. (166)
Home Shopping
1998 Ed. (3303)
1997 Ed. (2319)
1996 Ed. (859, 2345, 3432)
1995 Ed. (3577)
Home Shopping Center
1998 Ed. (1300)
Home Shopping Club
1995 Ed. (3561)
Home Shopping Network
2006 Ed. (2377)
1999 Ed. (4563)
1998 Ed. (3488)
1997 Ed. (1637, 2715, 3518, 3649, 3709)
1996 Ed. (3652)
1994 Ed. (3099)
1993 Ed. (2489, 3533)
1992 Ed. (1027, 4214)
1991 Ed. (837, 1730, 3289, 3290)
1990 Ed. (1808)
Home Shopping Network (HSN)
1989 Ed. (848, 2501, 2667)
Home Shopping Newtwork 800/900 Corp.
1992 Ed. (3248)
Home Solutions of America Inc.
2008 Ed. (2108)
Home Sports Entertainment
1992 Ed. (1034)
Home State Bank
1997 Ed. (498)
Home State County Mutual Insurance Co.
2005 Ed. (3066)
2004 Ed. (3055)
2003 Ed. (2970)
2002 Ed. (3954)
2001 Ed. (2908)
Home State Holdings
1999 Ed. (3675)
Home systems
2001 Ed. (4205)
Home Team Sports
1992 Ed. (1034)
Home testing kits
1991 Ed. (1457)
Home Theater Store
2008 Ed. (2983, 2985)
Home theater systems
2003 Ed. (2763)
Home Town Auto Retailers
2000 Ed. (332)
Home Town Buffet
2000 Ed. (3779)
1999 Ed. (4077)
1997 Ed. (3312)
Home Unity Savings & Loan Association
1990 Ed. (432)
Home Unity Savings Bank
1992 Ed. (4294)
1990 Ed. (3591)
1989 Ed. (2832)
Home videos
2001 Ed. (3245, 3246)
Home Vision Entertainment
1997 Ed. (3839)
1996 Ed. (3788)
Home Works
2007 Ed. (2971)
HomeArts
1999 Ed. (3006, 4752)
HomeBanc Mortgage Corp.
2007 Ed. (1522)
2006 Ed. (1492, 1728)
Homebase
2008 Ed. (700)
2007 Ed. (728)
2003 Ed. (774, 775, 785, 2762, 2790)
2002 Ed. (766)
2001 Ed. (1650, 2728, 2729, 2754)
2000 Ed. (2492)
1999 Ed. (2709, 2711)
1998 Ed. (1967, 1969, 1973, 1974)
1997 Ed. (830, 831, 2245, 2246)
1996 Ed. (817, 818, 821, 827, 2493)
1995 Ed. (845, 846, 2125)
1994 Ed. (793, 794, 2076)
Homebase Living
2000 Ed. (3498)
HomeBase (Waban)
1996 Ed. (2134)
Homebuilders
2008 Ed. (1821, 1822, 1823, 1824, 1825, 3157, 3159)
2007 Ed. (3039, 3040, 3041, 3042, 3044, 3045, 3047)
2006 Ed. (3000, 3002, 3003, 3005, 3006, 3007, 3008)
2005 Ed. (3004, 3005, 3006, 3007, 3009, 3010, 3011, 3012)
2004 Ed. (3006, 3007, 3008, 3009, 3010, 3011, 3012, 3013)
2003 Ed. (2900, 2901, 2902, 2903, 2905, 2906, 2907, 2908)
Homebuilding
1996 Ed. (3508)
HomeCare, Inc.
1992 Ed. (2436)
1991 Ed. (1928)
Homeclub
1993 Ed. (775, 2047, 2424)
1992 Ed. (982)
Homecoming
1990 Ed. (982)
Homecomings/GMAC-RFC
2005 Ed. (3305)
HomeCrest Corp.
1992 Ed. (2819)
Homedco Inc.
1995 Ed. (2124)
1994 Ed. (2075)
1993 Ed. (2055)
1992 Ed. (2435, 2436)
1991 Ed. (1927, 1928)
Homedco Group Inc.
1997 Ed. (1259, 2178)
1996 Ed. (2131)
Homedepot.com
2005 Ed. (2326)
2003 Ed. (3049)
Homedics Inc.
2002 Ed. (2318)
2001 Ed. (2493)
Homedics Thera P
2003 Ed. (2485)
HomeFed Corp.
2000 Ed. (391)
1999 Ed. (391)
1997 Ed. (353)
1996 Ed. (382)
1994 Ed. (358, 359, 360, 3531)
1992 Ed. (1560, 4289, 4290, 2150, 2151)
1991 Ed. (2917, 3366, 3367)
1990 Ed. (3574)
HomeFed Bank FSB
1995 Ed. (508)
1993 Ed. (519, 523, 1256, 1257, 1258, 1261, 1265, 1267, 2715, 3072, 3073, 3074, 3076, 3077, 3078, 3079, 3080, 3083, 3084, 3087, 3088, 3089, 3093, 3094, 3095, 3096, 3221, 3467, 3562, 3563, 3564, 3565, 3569, 3570, 3572, 3573)
1992 Ed. (4286, 3773, 3774, 3776, 3777, 3778, 3779, 3780, 3784, 3786, 3787, 3788, 3789, 3790, 3793, 3794, 3795, 3797, 3798)
1991 Ed. (3362, 3375)
Homefed Bank, FSB (San Diego, CA)
1991 Ed. (3364, 3365)
Homefed Corp
1992 Ed. (712, 4285)
Homegate Studios & Suites
1998 Ed. (2017)
HomeGoods
2008 Ed. (3094)
2007 Ed. (2970)
2006 Ed. (2953)
1999 Ed. (4373)
1998 Ed. (3343)
HomeGrocer.com
2001 Ed. (4673)
Homeland Center
2008 Ed. (2036)
Homeland Communities
1999 Ed. (1325)
Homeland Credit Union
2007 Ed. (2137)
Homeland Holding Corp.
1999 Ed. (387, 389)
Homeland Security; U.S. Department of
2008 Ed. (2830, 2835)
2007 Ed. (2701, 2707)
2006 Ed. (1142, 2706, 2711)
2005 Ed. (2750, 3177)
The Homeless
1990 Ed. (276)
HomeLife
2000 Ed. (2299, 2303, 2304)
HomeLife Furniture Corp.
2003 Ed. (785, 2597)
2002 Ed. (2386)
2001 Ed. (2740, 2743)
HomeLife Realty Service Inc.
1990 Ed. (2957)
HomeLife Realty Services
1990 Ed. (2951)
Homelite
1994 Ed. (2025)
Homemaker-home health sides
1992 Ed. (3282)
home.net
2001 Ed. (2986)
home.netscape.com
1999 Ed. (4751)
Homeowner
2005 Ed. (3202)
Homeowner Magazine
1989 Ed. (179, 2174)
Homeowners
2005 Ed. (3130)
2002 Ed. (2833)
Homeowners insurance
1995 Ed. (2323)
Homeowners multiple peril
2002 Ed. (2954, 2964)
HomePC Magazine
1998 Ed. (1276)
HomePlace
2001 Ed. (2744)
1999 Ed. (4373)
1998 Ed. (3343)
HomePlace of America, Inc.
2003 Ed. (785, 4671)
2002 Ed. (4542)
HomePoint
2001 Ed. (4769)
Homepride
1996 Ed. (876)
Homepride Cook in Sauce
1999 Ed. (1027)
Homepride Cook-In Sauces
2002 Ed. (939)
Homepride Cookin'
1994 Ed. (858)
Homer and Martha Gudelsky Family Foundation
1994 Ed. (1901)
HomeRoute
2005 Ed. (4004)
Homes America
2000 Ed. (3711)
1992 Ed. (3613)
Homes & Gardens
2000 Ed. (3498)
Homes & Ideas
2000 Ed. (3498)
Homes & Land Magazine
2008 Ed. (118)
2007 Ed. (124)
2005 Ed. (127)
2002 Ed. (215)
1992 Ed. (2222)
1991 Ed. (1772)
1990 Ed. (1852)
Homes & Marchant Group
2000 Ed. (3843)
Homes & Navar
2000 Ed. (1793)
Homes by Dave Brown
1998 Ed. (915)
Homes By Kennedy
2005 Ed. (1163, 1198)
Homes by Oakwood
1997 Ed. (3158)
1996 Ed. (3068, 3070, 3071, 3072)
1995 Ed. (2970, 2971, 2972, 2975)
1994 Ed. (2914, 2915, 2916, 2917)
Homes by Towne
2005 Ed. (1200)
2004 Ed. (1172)

2003 Ed. (1164)
Homes of Merit Inc.
1999 Ed. (3879, 3880)
1996 Ed. (3069, 3077, 3078)
1995 Ed. (2978, 2979)
1994 Ed. (2918, 2919)
1993 Ed. (2900, 2904, 2905)
1992 Ed. (3521)
Homes on Parade
2000 Ed. (1228)
HomeServices of America Inc.
2008 Ed. (4109, 4110)
2007 Ed. (4076, 4077)
2006 Ed. (4036, 4037)
2005 Ed. (4001, 4002)
2004 Ed. (4066, 4069, 4071)
HomeShop
1989 Ed. (2664)
HomeSide Lending
2002 Ed. (3381, 3382, 3385, 3388, 3389)
2001 Ed. (3345, 3352, 4522)
2000 Ed. (3158, 3159, 3161, 3162)
1999 Ed. (2608, 3439, 3441)
1998 Ed. (1861, 2456, 2523, 2525, 2527, 2528, 2529, 2530)
HomeSide Lending Inc. FL
1999 Ed. (3440)
HomeSide Lending, Jacksonville, FL
1999 Ed. (3437)
Homestake
2000 Ed. (2380)
1998 Ed. (1855)
1990 Ed. (3660)
Homestake Gold Australia
1991 Ed. (3233)
1990 Ed. (3470)
Homestake Mining Co.
2003 Ed. (3367)
2002 Ed. (4364)
2001 Ed. (3323, 4270)
2000 Ed. (3340)
1999 Ed. (1482, 1556, 1558, 1559, 1560, 4493)
1997 Ed. (2946, 2947)
1996 Ed. (2034, 2850, 2851, 3509)
1995 Ed. (2581, 2774, 2775)
1994 Ed. (2480, 2672, 2673)
1993 Ed. (2536)
1992 Ed. (3028, 3252)
1991 Ed. (1846, 2420, 2611)
1990 Ed. (2543, 2715)
1989 Ed. (1051, 1058, 1946, 2068)
Homestake Mining Co. of California
2001 Ed. (3323)
Homestate Pennsylvania Growth
1999 Ed. (3577)
Homestead
2004 Ed. (3157)
2003 Ed. (3048)
2002 Ed. (4805)
Homestead AFB
1996 Ed. (2643)
Homestead Air Reserve Base
1996 Ed. (2643)
Homestead Financial
1991 Ed. (1207, 3368)
1990 Ed. (3582)
1989 Ed. (2827)
Homestead Group Assoc.
1991 Ed. (1059)
Homestead House
1994 Ed. (1937)
Homestead; Jack
1990 Ed. (2285)
1989 Ed. (1753)
Homestead Savings
1993 Ed. (3073)
Homestead Savings, FS & LA
1992 Ed. (3773)
Homestead Studio Suites
2006 Ed. (2941)
Homestead Studio Suites Hotels
2002 Ed. (2643)
Homestead Value
1999 Ed. (3558)
1996 Ed. (2801)
Homestead Village
2001 Ed. (2790)
2000 Ed. (2563)
The Homesteader
2002 Ed. (215)
Homestore.com Inc.
2002 Ed. (2478)
Homestyle Family Buffet
1994 Ed. (3091)
The HomeTeam Inspection Service
2008 Ed. (2388)
2007 Ed. (2250)
2006 Ed. (2319)
2005 Ed. (2261)
2004 Ed. (2163)
2003 Ed. (2120)
2002 Ed. (2056)
1999 Ed. (2518)
HomeTown
2006 Ed. (4114)
2004 Ed. (4126)
Hometown America
2005 Ed. (1462)
Hometown America LLC
2006 Ed. (1417)
Hometown Auto Retailers
2001 Ed. (450)
Hometown Bancorp.
1995 Ed. (491)
Hometown Buffet Inc.
2008 Ed. (1933, 4155, 4167, 4168)
2007 Ed. (4141)
2003 Ed. (4095)
2002 Ed. (4000, 4010)
2001 Ed. (4062, 4068, 4070, 4072, 4073)
1999 Ed. (4061, 4062, 4073, 4075)
1998 Ed. (3047, 3062)
1997 Ed. (2165, 3331, 3332, 3336)
1995 Ed. (3135)
Hometown Car Wash
2006 Ed. (363)
HomeTown Communications Network Inc.
2005 Ed. (3602)
2004 Ed. (3687)
2001 Ed. (3542)
2000 Ed. (3336)
1999 Ed. (3617)
HomeTown Health Plan
1998 Ed. (1910)
HomeTown Hospital Health Plan
1995 Ed. (2086, 2088)
Hometown Threads
2007 Ed. (4748)
Hometrend
1993 Ed. (1900)
HomeVestors of America Inc.
2008 Ed. (4111)
2007 Ed. (4078)
2006 Ed. (4038)
2005 Ed. (4003)
2004 Ed. (4072)
2003 Ed. (4050)
2002 Ed. (3926)
Homewatch Caregivers
2008 Ed. (187)
2007 Ed. (200)
2006 Ed. (194)
2005 Ed. (179)
2004 Ed. (179)
Homewatch International Inc.
2002 Ed. (245)
Homewatch Living Assistance
2003 Ed. (220)
Homewood Corp.
2002 Ed. (2689)
Homewood Suites
2000 Ed. (2554)
1999 Ed. (2777)
1998 Ed. (2017)
1997 Ed. (2293)
1993 Ed. (2086)
Homewood Suites by Hilton
2007 Ed. (2953)
2002 Ed. (2643)
Homeworks
2000 Ed. (1219)
Homicide
2000 Ed. (1644, 1645)
Homicide and legal intervention
2000 Ed. (1642)
Homicides
1992 Ed. (1765, 1766, 1767)
Homicides and legal intervention
1990 Ed. (1468, 1469, 1470, 1471, 1474)
Hominy grits
2002 Ed. (953)
Homowach Lodge
1999 Ed. (4048)
Homozel Mickel Daniel
1995 Ed. (937, 937, 1069, 1069, 1069)
Homz
2007 Ed. (3971)
2005 Ed. (1267)
The HON Co.
2007 Ed. (3424)
Hon Hai Precision
2001 Ed. (1865)
Hon Hai Precision Industry Co., Ltd.
2008 Ed. (2099, 2100, 2101, 2473, 3210, 3584)
2007 Ed. (877, 2007, 2008, 2261, 2344, 2348, 3069, 3073)
2006 Ed. (2034, 2035, 3041, 4655)
2005 Ed. (3038)
2004 Ed. (3024, 3776)
2003 Ed. (2201, 2950, 3751)
2002 Ed. (1921, 4543)
2001 Ed. (2136, 2137)
HON Industries Inc.
2005 Ed. (1084, 1383, 1827, 2697, 2698, 2699, 2700, 2701)
2004 Ed. (1760, 2698, 2699, 2700, 2701, 2703, 2705, 3731)
2003 Ed. (1360, 1723, 2585, 2586, 2588, 2589, 3671, 3672, 3674)
2002 Ed. (913, 2378, 2381)
2001 Ed. (1753, 2565, 2570, 3565, 3566)
2000 Ed. (2255, 2288, 3371)
1999 Ed. (2546, 2547, 3642)
1998 Ed. (1782, 1785, 2701)
1997 Ed. (2101, 2103, 2957)
1996 Ed. (1988, 1989, 2862)
1995 Ed. (1436, 1953, 1955, 2806, 3323, 3515)
1994 Ed. (1404, 1929, 1930, 2692, 2693)
1993 Ed. (1351, 1910, 1911, 2740, 2741)
1992 Ed. (3285, 3286, 2247, 2248)
1991 Ed. (1218, 1779, 1780, 2636)
1990 Ed. (1864, 1865, 2736)
1989 Ed. (1490)
Hon Leong Bank
1990 Ed. (676)
Honam Oil Refinery
1993 Ed. (1341, 1362)
1992 Ed. (1643, 1664)
Honcikman Affiliates
2000 Ed. (786)
Honda
2008 Ed. (302, 329, 639, 642, 643, 660)
2007 Ed. (309, 313, 315, 342, 684, 694)
2006 Ed. (313, 317, 355, 356, 4855)
2005 Ed. (279, 342, 352)
2004 Ed. (342, 757)
2003 Ed. (305, 306, 333, 359, 360)
2002 Ed. (413, 414)
2001 Ed. (438, 457, 458, 459, 460, 461, 462, 463, 464, 465, 483, 535, 1009)
2000 Ed. (25, 338, 340, 344, 358, 795, 3172, 3173, 3174)
1999 Ed. (323, 326, 334, 794)
1998 Ed. (211, 212, 218, 227, 2541, 3498, 3645)
1997 Ed. (290, 300, 303, 307)
1996 Ed. (306, 310, 315, 322, 324, 326, 2702)
1995 Ed. (302, 312, 2624)
1994 Ed. (301, 307, 313, 319, 320, 2569)
1993 Ed. (265, 266, 305, 306, 307, 308, 310, 311, 312, 316, 320, 330, 331, 334, 335, 337, 1357, 1612, 2607, 2609)
1992 Ed. (431, 437, 438, 442, 445, 455, 456, 460, 462, 463, 481, 481, 1656, 2413, 3117, 3119)
1991 Ed. (326)
1990 Ed. (300, 343, 353, 358, 364, 367, 373, 2627, 3632)
1989 Ed. (308, 314, 317, 320, 326, 327, 1409, 1595)
Honda Accord
2008 Ed. (298, 331, 332)
2007 Ed. (344)
2006 Ed. (315, 358, 359)
2005 Ed. (344, 345, 348)
2004 Ed. (346, 347, 350)
2003 Ed. (362)
2000 Ed. (343, 347, 360)
1999 Ed. (325, 327, 329, 341, 357)
1998 Ed. (217, 226, 234)
1997 Ed. (296, 297, 301, 304, 323)
1996 Ed. (307, 311, 314, 317, 345, 3764)
1995 Ed. (299, 301, 303, 2111)
1994 Ed. (296, 300, 305)
1993 Ed. (313, 314, 318, 322, 327, 349)
1992 Ed. (429, 433, 440, 443, 452, 454, 2410)
1990 Ed. (349, 362, 2017)
1989 Ed. (315)
Honda Accord DX
1991 Ed. (313)
Honda Accord DX Sedan
1992 Ed. (4362)
Honda Accord EX
2005 Ed. (337)
1999 Ed. (358)
Honda Accord LX
2005 Ed. (337)
1999 Ed. (358)
Honda Accord (U.S.)
1991 Ed. (321)
Honda Australia
2002 Ed. (4896)
Honda Canada
2008 Ed. (297, 4049)
2007 Ed. (310, 4023)
2006 Ed. (3984)
2005 Ed. (3911)
2004 Ed. (3967)
2001 Ed. (2375)
1996 Ed. (318)
1995 Ed. (1395)
1994 Ed. (309)
Honda Civic
2008 Ed. (298, 328, 332)
2007 Ed. (345)
2006 Ed. (315, 358, 360)
2005 Ed. (344, 347, 348)
2004 Ed. (346, 349, 350)
2003 Ed. (363)
2000 Ed. (343, 347, 360)
1999 Ed. (327, 329, 341, 357)
1998 Ed. (234)
1997 Ed. (296, 297, 304, 310, 323)
1996 Ed. (313, 314, 317)
1995 Ed. (301, 305, 2111)
1994 Ed. (300, 305)
1993 Ed. (313, 314, 319, 322, 324)
1992 Ed. (429, 2410)
1990 Ed. (362, 375, 2017)
Honda Civic Choir
2008 Ed. (4809)
Honda Civic/CRX
1992 Ed. (433, 449, 454)
1991 Ed. (355)
Honda Civic CRX HF
1991 Ed. (353, 353)
Honda Civic CXCNG
2000 Ed. (335)
Honda Civic/Del Sol
1999 Ed. (330)
1998 Ed. (221)
Honda CivicSi
2005 Ed. (337)
Honda CR-V
2008 Ed. (299, 4781)
2001 Ed. (491)
1999 Ed. (4375)
Honda CRV
2005 Ed. (4426)
2004 Ed. (4476)
Honda Dealers Assn.
1990 Ed. (19)
Honda Dealers Association
1994 Ed. (11, 2211)
1992 Ed. (36, 2637)
1991 Ed. (12)

Honda Directors Assn.
1990 Ed. (2214)
Honda Division
2005 Ed. (341)
Honda EV Plus
2000 Ed. (335)
Honda Manufacturing of Alabama LLC
2008 Ed. (1543)
2005 Ed. (1643)
2004 Ed. (1618, 2171)
Honda Motor Co., Ltd.
2008 Ed. (52, 107, 287, 293, 296, 301, 1217, 1496, 1563, 1854, 1867, 1868, 2394, 3097, 3505, 3568, 3757, 3758, 4652, 4656, 4755)
2007 Ed. (49, 130, 314, 316, 317, 1327, 1580, 1833, 1834, 1835, 1837, 3646, 4716)
2006 Ed. (33, 58, 137, 314, 320, 1482, 1550, 1825, 1826, 1827, 1828, 1829, 2484, 3389, 3581, 3582, 4709, 4774)
2005 Ed. (51, 288, 294, 298, 300, 301, 1771, 3393, 3522, 3523, 3692, 4038, 4040, 4657)
2004 Ed. (56, 285, 287, 305, 306, 1714, 2159, 3362, 3524, 3773, 4681)
2003 Ed. (17, 318, 332, 1523, 1679, 1700, 1728, 2119, 2326, 3305, 3458, 3748, 4593)
2002 Ed. (349, 366, 375, 381, 392, 398, 1579, 1705, 1708, 1709, 3251, 3402, 3403, 4588)
2001 Ed. (13, 22, 34, 47, 453, 456, 506, 515, 519, 520, 1626, 1764, 1768, 3398, 3399)
2000 Ed. (356, 951, 1489, 1492, 1493, 1495, 1496, 1497, 1795, 4209)
1999 Ed. (322, 335, 336, 337, 338, 351, 352, 1572, 1573, 1576, 1577, 1690, 2030, 4047, 4615)
1998 Ed. (214, 232, 233, 243, 1537, 3491)
1997 Ed. (298, 308, 319, 1462, 1826)
1996 Ed. (160, 305, 327, 1405)
1995 Ed. (300, 306, 307, 314, 315, 316, 1350, 1442, 1683, 2241, 3100)
1994 Ed. (37, 298, 299, 302, 304, 315, 316, 317, 1645)
1992 Ed. (1658, 1678, 1959)
1991 Ed. (31, 317, 328, 1251, 1553, 2856)
1990 Ed. (372)
1989 Ed. (325)
Honda Motor Co., Inc.; American
2008 Ed. (2973, 4922, 4923)
2007 Ed. (2839, 2850, 3645, 4947, 4948)
2006 Ed. (2835, 2838, 2861, 3579)
2005 Ed. (2842, 2855, 3521)
Honda Motors
2000 Ed. (4262, 4263)
Honda Odyssey
2008 Ed. (4781)
2005 Ed. (291)
1997 Ed. (310)
Honda of Alabama
2004 Ed. (3306, 4794)
Honda of America Manufacturing Inc.
2005 Ed. (1919)
2003 Ed. (1801)
2001 Ed. (1827)
Honda of Beaverton
1990 Ed. (326)
Honda of Lisle
1993 Ed. (270)
1991 Ed. (279)
1990 Ed. (326)
Honda Prelude
1996 Ed. (3764)
1993 Ed. (325)
1992 Ed. (450)
Honda Prelude Coupe S
1991 Ed. (313)
Honda Sedans
1995 Ed. (333)
Honda StepWGN
1999 Ed. (339)
Honda USA
1991 Ed. (330)
Hondo O & G
1996 Ed. (208)
Hondo Oil
2000 Ed. (292)
Hondo Oil & Gas Co.
1997 Ed. (233)
Honduprint SA de CV
1996 Ed. (1413)
1995 Ed. (1450)
Honduras
2006 Ed. (1028)
2005 Ed. (4729)
2004 Ed. (2766)
2002 Ed. (537)
2001 Ed. (2554, 4587, 4588)
2000 Ed. (1901, 1902, 3355)
1999 Ed. (1146)
1996 Ed. (3433, 3436)
1992 Ed. (3973)
1990 Ed. (1581)
Honea Credit Union
2004 Ed. (1934)
1996 Ed. (1507)
Honest Tea
2005 Ed. (2625)
Honey
2005 Ed. (148)
2003 Ed. (3160, 3161)
2002 Ed. (3036)
1999 Ed. (4509)
Honey Bunches of Oats
2008 Ed. (871)
2007 Ed. (894)
2006 Ed. (807)
2005 Ed. (892)
2004 Ed. (902)
Honey Crunch Corn Flakes
1999 Ed. (3597)
Honey Hill Farms
1993 Ed. (1907)
Honey, I Shrunk the Kids
1992 Ed. (4397, 4398)
1991 Ed. (2488)
Honey Maid
2000 Ed. (1293)
1999 Ed. (779, 1421)
Honey Nut Cheerios
2008 Ed. (871)
2007 Ed. (894)
2006 Ed. (807)
2005 Ed. (892)
2004 Ed. (902)
2003 Ed. (879)
2002 Ed. (955)
2001 Ed. (1147)
2000 Ed. (1001, 1002)
1998 Ed. (659, 661)
1996 Ed. (891)
1995 Ed. (914, 1892)
1993 Ed. (860)
1992 Ed. (1072)
1991 Ed. (877, 878)
1990 Ed. (924)
The HoneyBaked Ham Co.
2008 Ed. (171)
The HoneyBaked Ham Co. & Caf¤
2007 Ed. (4195)
2005 Ed. (4123)
The HoneyBaked Ham Co. & Cafe
2006 Ed. (4172)
2003 Ed. (886)
2002 Ed. (2316)
Honeydew
2001 Ed. (3272)
Honeywell
2008 Ed. (2307)
2007 Ed. (1398, 1399)
2006 Ed. (1360)
2005 Ed. (1369, 1518, 2148, 2952, 3042, 3043)
2004 Ed. (3028)
2003 Ed. (235, 2955)
2001 Ed. (2895, 2896, 4202)
2000 Ed. (216, 225, 1517, 1744, 1745, 1746, 1752, 2239)
1999 Ed. (187, 202, 1707, 1939, 1970, 1973, 1975, 2658, 2896, 4146, 4203)
1998 Ed. (97, 105, 1177, 1248, 1372, 1373, 1401, 2106, 3162)
1997 Ed. (183, 1278, 1481, 1684, 1685, 2404, 2473, 3386, 3414)
1996 Ed. (1421, 1607, 2263, 3289, 3309)
1995 Ed. (1459, 1624, 1625, 2099, 2263, 2429, 3191, 3212)
1994 Ed. (1088, 1307, 1422, 1582, 1584, 2212, 2213, 3147)
1993 Ed. (1063, 1369, 1543, 1565, 2181, 2182, 3103, 3115)
1992 Ed. (1310, 1559, 1882, 1918, 1923, 3804)
1991 Ed. (359, 1033, 1404, 1481, 1516, 1519, 1523, 1525, 1527, 1540, 1903, 2079, 2470, 2847)
1990 Ed. (1123, 1126, 1131, 1300, 1623, 1624, 1627, 1628, 1629, 1637, 2005, 2217, 2995)
1989 Ed. (978, 1312, 1314, 1315, 1317, 1589, 2310, 2479)
Honeywell Aerospace
2005 Ed. (165)
Honeywell Canada
2006 Ed. (2814)
Honeywell Control Products
2004 Ed. (3365)
Honeywell/Duracraft
2000 Ed. (2441, 2594)
1998 Ed. (1921)
Honeywell Inc., Home & Building Control
2000 Ed. (3921)
1998 Ed. (3204)
Honeywell International Inc.
2008 Ed. (158, 160, 162, 164, 1162, 1352, 1353, 1473, 1977, 1978, 3006, 3220, 4753, 4754, 4756)
2007 Ed. (178, 179, 181, 183, 185, 186, 1479, 1546, 1914, 1915, 2170, 2213, 2884, 4827, 4828, 4831)
2006 Ed. (171, 172, 174, 177, 179, 1930, 1931, 3369, 4815, 4816, 4819)
2005 Ed. (155, 158, 159, 160, 161, 163, 166, 1360, 1548, 1903, 1904, 2150, 2214, 3930, 4764, 4765, 4768)
2004 Ed. (157, 158, 161, 163, 164, 165, 965, 1819, 1820, 2010, 2017, 2110, 4098, 4560, 4776, 4792)
2003 Ed. (199, 201, 203, 206, 207, 210, 1342, 1513, 1550, 1784, 1786, 1971, 2086, 2088, 4071, 4807, 4810)
2002 Ed. (239, 241, 242, 243, 251, 989, 1015, 1395, 1740, 2466, 2714, 3592, 3968, 4668)
2001 Ed. (263, 1586, 2039, 2040, 2041, 2191)
Honeywell Process Solutions
2008 Ed. (4080)
2007 Ed. (4044)
2006 Ed. (2469, 4011)
2005 Ed. (3937)
Honeywell Protection Services Division
1992 Ed. (3826)
Honeywell Security
2005 Ed. (4290, 4292)
Honeywell Security Products
2003 Ed. (4327, 4328)
2002 Ed. (4204)
2001 Ed. (4201)
Honeywell/Sperry Aerospace
1991 Ed. (1146)
Honeywell Transportation
2006 Ed. (338, 339)
Honeywell Transportation & Power
2005 Ed. (326, 327)
Honfed Bank
1993 Ed. (3089)
Hong Environmental Inc.
2006 Ed. (3527)
Hong Fok
1992 Ed. (2440)
Hong Ho Precision Textile Co., Ltd.
1992 Ed. (4284)
1990 Ed. (3573)
Hong Keong Asia Ltd.
2008 Ed. (3578)
Hong Kong
2008 Ed. (379, 766, 1221, 2201, 2396, 2398, 2840, 2841, 3205, 3485, 3486, 3591, 3846, 4338, 4339, 4386, 4387, 4388, 4389, 4390, 4391, 4393, 4618, 4619, 4627)
2007 Ed. (397, 2083, 2091, 2262, 2263, 2794, 2795, 2802, 3427, 3441, 3766, 4382, 4383, 4386, 4412, 4413, 4414, 4415, 4416, 4417, 4702, 4861, 4862)
2006 Ed. (249, 412, 656, 1029, 2135, 2147, 2327, 2332, 2537, 2802, 2803, 2810, 2967, 2985, 3325, 3410, 3426, 3553, 3769, 4182, 4317, 4318, 4321, 4682, 4858, 4859)
2005 Ed. (459, 747, 2033, 2039, 2054, 2269, 2532, 2533, 2821, 2822, 3198, 3337, 3401, 3416, 4369, 4370, 4498, 4787, 4788)
2004 Ed. (733, 1907, 1919, 2767, 2821, 2822, 3164, 3315, 3394, 3403, 3929, 4421, 4422, 4751, 4813, 4814)
2003 Ed. (256, 461, 1096, 1876, 2210, 2211, 2216, 2218, 2221, 2222, 2225, 2229, 2483, 3257, 3258, 3259, 3333, 3914, 3915, 4700)
2002 Ed. (276, 277, 740, 741, 742, 743, 744, 745, 746, 747, 1812, 1816, 2747, 3101, 3723, 3725, 3730, 3731)
2001 Ed. (671, 1128, 1935, 1947, 2126, 2365, 2373, 2694, 2695, 2816, 2968, 3241, 3368, 3369, 3410, 3950, 4262, 4263, 4265, 4371, 4471, 4494, 4647, 4648, 4914)
2000 Ed. (1154, 1155, 1610, 1891, 1899, 2349, 2357, 2358, 2363, 2378, 2861, 3175, 3374, 3375, 3377)
1999 Ed. (182, 803, 821, 1207, 1254, 1781, 2005, 2090, 2098, 2101, 2106, 3004, 3449, 3586, 3697, 4479, 4623, 4625, 4801, 4802)
1998 Ed. (115, 819, 1030, 1033, 1367, 1419, 1522, 1525, 1526, 1527, 1528, 1850, 2223, 2660, 2749, 2887, 2897, 2898, 2929, 3589, 3591)
1997 Ed. (193, 823, 915, 1008, 1542, 1556, 1791, 1808, 1812, 1815, 2555, 2557, 2558, 2559, 2560, 2562, 2563, 2564, 2565, 2567, 2568, 2569, 2570, 2571, 2573, 2684, 2786, 2922, 2960, 2961, 3000, 3135, 3509, 3513)
1996 Ed. (157, 510, 1221, 1477, 2470, 2471, 2543, 2865, 2948, 3716)
1995 Ed. (3, 310, 344, 663, 997, 1038, 1244, 1249, 1518, 1739, 1745, 1746, 1752, 2010, 2017, 2021, 2029, 2036)
1994 Ed. (486, 709, 731, 786, 956, 957, 1486, 1530, 1932, 2008, 2333, 2344, 2363, 3450, 3522)
1993 Ed. (213, 479, 481, 700, 722, 843, 956, 1535, 1540, 1582, 1719, 1720, 1730, 1967, 1974, 1981, 1987, 2372, 2411, 2531, 3301, 3302, 3558, 3559, 3682)
1992 Ed. (311, 669, 891, 907, 1068, 1390, 1391, 1395, 1732, 1759, 2072, 2075, 2090, 2250, 2296, 2310, 2317, 2320, 2327, 2333, 2360, 2806, 2807, 2808, 2853, 3514, 3543, 3957, 4185, 4324)
1991 Ed. (164, 222, 516, 1381, 1401, 1402, 1641, 1821, 1834, 1841, 1844, 1850, 3249, 3268, 3357, 3358)
1990 Ed. (414, 741, 863, 866, 1264, 1448, 1577, 1582, 1709, 1729, 1734, 1911, 1918, 1925, 1935, 3276, 3615, 3624, 3633)

1989 Ed. (946, 1181, 1284, 1390, 1396, 2121, 2641)
Hong Kong Aircraft Engineering
2008 Ed. (1787)
2003 Ed. (209)
Hong Kong & China Gas Co.
2008 Ed. (2816)
2007 Ed. (2687)
2006 Ed. (1752)
2005 Ed. (2730, 3771)
2001 Ed. (1724)
2000 Ed. (1447)
1990 Ed. (2928)
Hong Kong and Macau
1990 Ed. (1732)
Hong Kong & Shanghai Banking Corp.
2000 Ed. (547)
1999 Ed. (535)
1997 Ed. (488)
1992 Ed. (1634, 2438, 2439, 603, 696)
1991 Ed. (1930)
The Hong Kong & Shanghai Hotels Ltd.
1992 Ed. (2486)
Hong Kong Bank
1997 Ed. (1424)
1993 Ed. (1330, 2058, 2060)
1992 Ed. (605, 695, 1635, 2442, 2443, 2444)
1990 Ed. (1377, 2045, 2048)
Hong Kong Bank of Canada
1997 Ed. (431, 463)
1992 Ed. (630, 664)
Hong Kong, China
2001 Ed. (348)
2000 Ed. (4272)
Hong Kong Daily News
1993 Ed. (2059)
Hong Kong dollar
2007 Ed. (2158)
Hong Kong Electric
1993 Ed. (1329, 1330, 2060)
Hong Kong Electric Holdings
2005 Ed. (2305)
1997 Ed. (1426)
1990 Ed. (2928)
Hong Kong equities
1996 Ed. (2430)
Hong Kong Equity Funds
1990 Ed. (2396)
Hong Kong; Government of
2007 Ed. (41)
Hong Kong Housing Authority
2002 Ed. (2820)
2001 Ed. (2882)
1999 Ed. (2886)
1997 Ed. (2393)
Hong Kong International
2001 Ed. (353)
Hong Kong International Airport
1999 Ed. (250, 252)
1998 Ed. (147)
1997 Ed. (223, 224)
1996 Ed. (197, 200, 201, 202, 1596, 1597, 1599)
1993 Ed. (205, 209, 1536, 1537)
Hong Kong International Airport & Off-Airport Shops
1997 Ed. (1679)
Hong Kong Jockey Club
2005 Ed. (3225)
2002 Ed. (2820)
2001 Ed. (2882)
1999 Ed. (2886)
Hong Kong Land
2006 Ed. (4326)
2000 Ed. (4034, 4035)
1999 Ed. (4317)
1992 Ed. (1632)
1990 Ed. (1377, 2045, 2048)
1989 Ed. (1125)
Hong Kong Land Holdings
1997 Ed. (1505, 2248)
1994 Ed. (2077, 2078)
1992 Ed. (1635, 2438, 2442, 2444)
Hong Kong Macau
1992 Ed. (2443)
Hong Kong Macau Development
1993 Ed. (2059)
Hong Kong Optical
1990 Ed. (2046)
Hong Kong Polytechnic
2008 Ed. (802)
Hong Kong SAR Exchange Fund
2005 Ed. (3225)
2002 Ed. (2820)
Hong Kong SAR Government Land Fund
1997 Ed. (2393)
Hong Kong SAR Land Fund
2001 Ed. (2882)
1999 Ed. (2886)
Hong Kong - Taipei
1996 Ed. (179)
Hong Kong Telecom
2000 Ed. (2494)
1999 Ed. (1567, 1580, 1647, 1648, 1649, 2716, 4549)
1997 Ed. (1424, 2248, 2393, 3694, 3695)
1996 Ed. (204, 1371, 1373, 1374, 1375, 2136, 2137, 2141, 2143)
Hong Kong Telecommunications
2001 Ed. (1724)
1997 Ed. (1426)
1995 Ed. (1412, 1413, 2128, 2130, 3514, 3555)
1994 Ed. (1385, 1403, 2077, 2078)
1993 Ed. (1329, 1330, 2058, 2060)
1992 Ed. (1634, 1635, 2438, 2444)
1991 Ed. (1300, 1302, 1930)
1990 Ed. (1377, 1378, 2045, 3515)
Hong Kong Telecommunications Retirement Scheme
2001 Ed. (2882)
Hong Kong - Tokyo
1996 Ed. (179)
Hong Leong Bank
2008 Ed. (473)
2007 Ed. (516)
2006 Ed. (497)
2005 Ed. (575)
2004 Ed. (589)
2003 Ed. (582)
2002 Ed. (617)
2000 Ed. (603, 1297, 1298)
1999 Ed. (587, 1701)
Hong Leong Bank Berhad
2002 Ed. (518)
Hong Leong Credit Bhd
1989 Ed. (1139)
Hong Leong Finance Ltd.
2000 Ed. (2194)
1999 Ed. (2436)
1991 Ed. (659)
1989 Ed. (668)
Hong Leong Group
2000 Ed. (1294, 1298)
1999 Ed. (1701)
1997 Ed. (1475)
1996 Ed. (1415)
1995 Ed. (1454)
Hong Leong Investment Holdings Pte. Ltd.
1997 Ed. (2008)
Hong Piow; Teh
1997 Ed. (849)
Hong Tai Travel
2006 Ed. (50)
2005 Ed. (43)
1994 Ed. (24)
1993 Ed. (32)
1992 Ed. (55)
1991 Ed. (27)
1990 Ed. (32)
1989 Ed. (33)
Hong-tu; Tsai
2008 Ed. (4852)
Hong Yi Fiber Ind. Co., Ltd.
1990 Ed. (3573)
Hong Yi Fiber Industry Co., Ltd.
1992 Ed. (4284)
Hongguo International Holdings
2008 Ed. (1568)
Hongik University
2008 Ed. (802)
Hongkew Holdings
1993 Ed. (2059)
Hongkew International Holdings
1996 Ed. (2140)
Hongkong & Shanghai
1990 Ed. (565)
Hongkong & Shanghai Bank
1995 Ed. (485, 1410)
1989 Ed. (553)
Hongkong & Shanghai Banking Corp.
2008 Ed. (380, 423)
2007 Ed. (398, 459)
2006 Ed. (413, 448)
2005 Ed. (460, 517)
2004 Ed. (448, 538)
2003 Ed. (462)
1996 Ed. (511, 529)
1994 Ed. (501)
1993 Ed. (498)
1990 Ed. (1378)
1989 Ed. (477, 577)
Hongkong & Shanghai Banking Corp. (Channel Islands) Ltd.
1994 Ed. (450)
Hongkong and Shanghai Banking Corp
1991 Ed. (450, 514, 1302, 1931)
The Hongkong & Shanghai Hotels Ltd.
1993 Ed. (2093)
1991 Ed. (1950)
Hongkong Bank
2000 Ed. (1428)
1999 Ed. (470, 1566, 1569, 1571, 1572, 1577, 1620, 1622)
1996 Ed. (591, 1371)
1995 Ed. (420, 421, 1347, 1348)
1991 Ed. (452, 539)
1990 Ed. (504)
Hongkong Bank Group
1994 Ed. (426, 500, 2734, 2735)
1993 Ed. (426)
1991 Ed. (2678)
1990 Ed. (2773)
Hongkong Bank/Midland Group
1996 Ed. (2909, 2910)
1995 Ed. (2838, 2840, 2841, 2843)
Hongkong Bank of Canada
1999 Ed. (487)
1996 Ed. (468, 500)
1995 Ed. (440)
1994 Ed. (478)
1993 Ed. (447)
1990 Ed. (517)
Hongkong Electric
2006 Ed. (1751)
2001 Ed. (1615, 1617, 1725)
2000 Ed. (1447)
Hongkong Electric Holdings
2006 Ed. (1752)
2002 Ed. (1665)
2001 Ed. (1724)
1996 Ed. (1375)
1995 Ed. (3514)
1991 Ed. (1302)
1990 Ed. (1378)
Hongkong Land Co.
1992 Ed. (1634)
1991 Ed. (1302, 1930, 1931, 3129)
1990 Ed. (1378)
Hongkong Land Holdings
1999 Ed. (1731)
1996 Ed. (1373, 1375)
1995 Ed. (1412, 1413, 2128, 2130, 3514)
1993 Ed. (2058, 3322)
Hongkong Macau (Holdings) Ltd.
1999 Ed. (1570)
Hongkong Telecom
2000 Ed. (1445, 1446, 1448, 1449, 4190)
1996 Ed. (2138)
Hongkong Telecommunications
1995 Ed. (1346, 1347, 3552)
HongkongBank Group
1989 Ed. (1372, 2122)
Honickman Affiliates
2008 Ed. (635)
2007 Ed. (676)
2006 Ed. (647)
2004 Ed. (4449)
2003 Ed. (4474)
2001 Ed. (1003, 4306)
2000 Ed. (4082)
1999 Ed. (769, 4369)
Honigman Miller Schwartz & Cohn
2001 Ed. (3056)
2000 Ed. (2895)
1999 Ed. (3149)
1998 Ed. (2328, 2968)
1996 Ed. (2453)
1995 Ed. (2417)
1994 Ed. (2353)
1993 Ed. (2397)
1992 Ed. (2834)
1991 Ed. (2285)
1990 Ed. (2419)
1989 Ed. (1879)
Honigman Miller Schwartz & Cohn LLP
2008 Ed. (3423)
2007 Ed. (3315)
2005 Ed. (3264)
2004 Ed. (3234)
Honka Log Homes
2004 Ed. (1208)
2003 Ed. (1201)
Honkamp Krueger & Co. PC
2008 Ed. (5)
2007 Ed. (7)
2006 Ed. (11)
2005 Ed. (6)
Honkemp Krueger & Co. PC
2004 Ed. (10)
2003 Ed. (4)
Honolulu
2000 Ed. (235, 275)
1992 Ed. (1011, 1012)
Honolulu Academy of Arts
1992 Ed. (1093, 1096)
Honolulu Advertiser
2002 Ed. (3509, 3510)
Honolulu Airport
2001 Ed. (2121)
Honolulu City & County Employees Credit Union
2008 Ed. (2228)
2007 Ed. (2113)
2006 Ed. (2192)
2005 Ed. (2097)
2004 Ed. (1955)
2003 Ed. (1915)
2002 Ed. (1861)
Honolulu County, HI
2004 Ed. (1004)
Honolulu Federal Employees Credit Union
2003 Ed. (1915)
2002 Ed. (1861)
Honolulu, HI
2008 Ed. (829, 3113, 3457)
2007 Ed. (868, 2998)
2006 Ed. (771, 4864)
2005 Ed. (748, 846, 2050, 3468, 4793)
2004 Ed. (848, 872, 1007, 4114, 4115)
2003 Ed. (845, 872, 4088, 4089)
2002 Ed. (336, 395, 922, 1084, 2043, 2628, 2710, 3332, 3991, 3995, 3996, 4046)
2001 Ed. (416, 2794, 2818, 4048, 4055)
2000 Ed. (318, 1077, 1080, 1081, 1082, 1084, 2200, 2615, 3118, 4270)
1999 Ed. (1156, 1162, 1163, 1166, 1169, 2689, 2809, 2813, 3376, 4052)
1998 Ed. (580, 591, 735, 1548, 2004, 3052, 3053)
1997 Ed. (193, 270, 2339, 2355, 2761, 3305, 3308, 3349)
1996 Ed. (239, 302, 2205, 2210, 2223, 2618, 3201, 3202, 3203, 3204, 3205, 3206, 3248)
1995 Ed. (242, 246, 874, 2189, 3106, 3108, 3110, 3111, 3148)
1994 Ed. (820, 821, 823, 824, 826, 968, 971, 975, 2497, 2498, 3060, 3062, 3064, 3066, 3103)
1993 Ed. (815, 3044)
1992 Ed. (3382)
1991 Ed. (214, 828, 830, 1940, 1979, 1980, 2529, 2862, 2863)
1990 Ed. (871, 873, 874, 2072, 2136, 3608, 3609, 3614)
1989 Ed. (845)
Honolulu, HI (ATC)
1991 Ed. (835)
Honolulu International
1995 Ed. (194)

1992 Ed. (307, 308)
Honolulu International Airport
1997 Ed. (1679)
1996 Ed. (1596, 1597, 1599)
1993 Ed. (168, 205, 206, 1536, 1537, 1538)
Honolulu-Kahului (Maui)
1992 Ed. (267)
Honolulu - Tokyo
1996 Ed. (179)
HONOR
1999 Ed. (1954)
1998 Ed. (1396)
1997 Ed. (1704)
1996 Ed. (259, 1624)
1995 Ed. (352, 1648)
1994 Ed. (1605, 1606)
1992 Ed. (1913)
1991 Ed. (1511)
1990 Ed. (292, 293)
1989 Ed. (281)
Honor boxes
2002 Ed. (4729)
Honor/Southeast Switch Inc.
1996 Ed. (1625)
HONOR Technologies
2000 Ed. (1732)
1999 Ed. (1955)
Honshu
2000 Ed. (3404)
Honshu Paper Co. Ltd.
2000 Ed. (3408)
1999 Ed. (3690)
1997 Ed. (2074, 2994)
1995 Ed. (2833)
1994 Ed. (2728)
1993 Ed. (2766, 3586)
1992 Ed. (3334)
1991 Ed. (2671)
1990 Ed. (2764)
Honus Wagner, 1910
1991 Ed. (702)
Hoo; Sim Wong
2006 Ed. (4918)
Hood
2001 Ed. (2547)
1997 Ed. (2350)
1993 Ed. (1907, 2121, 2122)
Hood & Strong
1999 Ed. (25)
1998 Ed. (20)
Hood Carb Countdown
2007 Ed. (619)
2006 Ed. (573)
Hood College
2001 Ed. (1325)
2000 Ed. (1139)
1996 Ed. (1037)
1995 Ed. (1052)
1994 Ed. (1044)
1993 Ed. (1017)
1989 Ed. (956)
Hood Packaging
2008 Ed. (3837)
Hood River
1994 Ed. (3123)
1992 Ed. (3748)
Hood River Brewing Co.
1992 Ed. (3064)
Hood River Distilleries
1997 Ed. (3367)
1996 Ed. (3268)
Hood; Wayne
1997 Ed. (1896)
1996 Ed. (1822)
1995 Ed. (1844)
1994 Ed. (1806)
Hoogevens Group
1992 Ed. (330)
Hoogovens
1995 Ed. (3511)
1994 Ed. (3435)
1993 Ed. (3454)
1989 Ed. (2639)
Hoogovens Groep
1992 Ed. (4149)
1991 Ed. (238, 1325)
Hoogovens Iron & Steel BV
1999 Ed. (3345, 4288)
Hook
1993 Ed. (2599)
Hook (American General Corp.); Harold S.
1991 Ed. (2156)
Hook; Harold S.
1994 Ed. (2237)
1992 Ed. (2713)
1990 Ed. (976, 1726, 2282)
Hook-SupeRx
1995 Ed. (1606, 1611, 1612, 1613, 1614, 1616)
1994 Ed. (1569, 1570, 1571)
1993 Ed. (1528)
1992 Ed. (1852, 1853, 1856, 1857, 1859)
1991 Ed. (1459, 1460, 1462, 1928)
1990 Ed. (1552, 1554)
1989 Ed. (1267)
Hooker
2000 Ed. (2292)
Hooker Developments; L.J.
1990 Ed. (2960)
Hooker Furniture
2007 Ed. (2663)
2006 Ed. (2874)
Hooks-SuperRX
1996 Ed. (1585)
Hooly Hunt Ltd.
1991 Ed. (3514)
Hooper Corp.
2006 Ed. (1339)
1999 Ed. (1378)
1998 Ed. (957)
Hooper Construction Corp.
1997 Ed. (1171)
1996 Ed. (1142)
Hooper Consulting; Clarke
1993 Ed. (3065)
1992 Ed. (3761)
Hooper's Hooch
2005 Ed. (4924, 4926)
2004 Ed. (4946)
2003 Ed. (261, 4942)
Hoopes Inc./Better Homes & Gardens
1989 Ed. (2286)
Hoopr Holm
1996 Ed. (207)
Hoosier Energy
2008 Ed. (2427)
2007 Ed. (2297)
Hoosier Energy Rural Electric Co-op Inc.
2004 Ed. (1385)
Hoosier Energy Rural Electric Cooperative Inc.
2006 Ed. (2361, 2363, 2693, 2695)
Hoot
2008 Ed. (550)
Hooters
2008 Ed. (4169, 4170)
2007 Ed. (4142)
2006 Ed. (4104, 4115)
2005 Ed. (4062, 4064)
2004 Ed. (4127)
2003 Ed. (4106, 4107, 4108, 4110, 4111, 4132, 4135)
2002 Ed. (4021)
1995 Ed. (3115, 3116, 3120, 3137)
1994 Ed. (3071, 3087)
Hooters Restaurants
2002 Ed. (4013, 4016)
2000 Ed. (3782)
1999 Ed. (4065)
1998 Ed. (3063)
1997 Ed. (3334)
1996 Ed. (3216, 3231)
1992 Ed. (3703)
Hootie & the Blowfish
1997 Ed. (1113)
Hoover
2008 Ed. (4796)
2007 Ed. (706, 4869)
2005 Ed. (2967)
2003 Ed. (744, 4823)
2002 Ed. (43, 2287, 2698, 4712, 4713)
2000 Ed. (2203, 4326)
1999 Ed. (2448, 2808, 4696)
1998 Ed. (1700, 3651)
1997 Ed. (2017, 2330, 3812)
1996 Ed. (1563, 2202)
1995 Ed. (1881, 3684)
1994 Ed. (1853, 3609)
1993 Ed. (1868, 3648)
1992 Ed. (2167, 2523, 4363)
1991 Ed. (3437)
1990 Ed. (1803, 1804, 3661)
Hoover Group Inc.
2001 Ed. (717)
Hoover; R. D.
2005 Ed. (2488)
Hoover; R. David
2008 Ed. (934)
2007 Ed. (1001)
2006 Ed. (911, 1097, 1098)
2005 Ed. (1103)
Hoover Universal Inc.
2006 Ed. (2674, 2675)
2005 Ed. (2696)
2003 Ed. (2584, 2585)
2001 Ed. (2569, 2570)
Hoovers Inc.
2005 Ed. (1545)
Hoover's Online
2004 Ed. (3155)
2003 Ed. (3046)
2002 Ed. (4804, 4812)
Hopaco Office Max
2007 Ed. (1751)
Hope
2000 Ed. (1062)
1997 Ed. (993)
Hope Brewing
1991 Ed. (2452)
1990 Ed. (748)
Hope Community Service
2003 Ed. (2274)
Hope Community Services
2003 Ed. (4395)
Hope, Dionne Warwick; George Burns/ Bob
1991 Ed. (1042)
Hope for the City
2007 Ed. (3705, 3706, 3707)
Hope Industrial Park
1997 Ed. (2374)
Hope (10)
1999 Ed. (1141)
Hope, Toni Tennille; Bob
1991 Ed. (1042)
Hopeton State Bank
1996 Ed. (539)
1994 Ed. (511)
Hopewell Holdings
1995 Ed. (2128, 2129)
1994 Ed. (2078)
Hopi Hari
2007 Ed. (276)
2006 Ed. (271)
2005 Ed. (252)
2003 Ed. (276)
2002 Ed. (311)
Hopkins
2001 Ed. (736, 891, 903)
Hopkins County, KY
1998 Ed. (783, 2319)
Hopkins; Deborah
2006 Ed. (3185)
Hopkins Development Co.
1992 Ed. (3961, 3971)
1991 Ed. (3120)
Hopkins Federal Savings Bank
2004 Ed. (4719)
Hopkins University; Johns
1994 Ed. (3046)
Hopkinson House
1993 Ed. (1081)
1992 Ed. (1352)
1991 Ed. (1046)
1990 Ed. (1147)
Hopper car
1997 Ed. (3240, 3241)
Hopper Soliday & Co. Inc.
1990 Ed. (819)
1989 Ed. (820)
Hoppers
1999 Ed. (2530)
Hoppers, covered
1999 Ed. (2530)
Hops Grill & Bar
1999 Ed. (4049)
1998 Ed. (3062)
Hops Grill & Brewery
2001 Ed. (1022)
Hops Restaurant
2001 Ed. (4060, 4061)
Hopson Development Holdings
2007 Ed. (1760)
Hora Pico
2007 Ed. (2847)
Horace Deets
1991 Ed. (2406)
Horace Mann
1998 Ed. (2129, 2130)
Horace Mann Cos.
1990 Ed. (1652)
Horace Mann Educational
1994 Ed. (2229)
Horace Mann Educators
1999 Ed. (2914)
1997 Ed. (2416, 2417)
1996 Ed. (2284, 2285)
1995 Ed. (2276, 2278)
Horan; Lawrence
1997 Ed. (1860)
1996 Ed. (1784)
1995 Ed. (1809)
1993 Ed. (1784)
Horchow Collection
1992 Ed. (2525, 2533)
1990 Ed. (2114)
Horda Lumber
1997 Ed. (833)
Horie; Shin
1997 Ed. (1985)
1996 Ed. (1878)
Horizon
2008 Ed. (217)
2007 Ed. (238)
2000 Ed. (100)
1995 Ed. (2316)
1994 Ed. (163)
1993 Ed. (1105)
Horizon Advertising
1992 Ed. (127)
Horizon Air
1999 Ed. (1252)
1998 Ed. (817)
Horizon Air Industries Inc.
2006 Ed. (226)
2005 Ed. (213)
Horizon Al Raed
2003 Ed. (95)
Horizon Bancorp.
1990 Ed. (440)
1989 Ed. (424)
Horizon Bank
1998 Ed. (3570)
1997 Ed. (181)
Horizon Bank & Trust
2004 Ed. (400)
Horizon Behavioral Services
2005 Ed. (2364)
2002 Ed. (2852)
2000 Ed. (3603)
Horizon Blue
2000 Ed. (2440)
Horizon Blue Cross Blue Shield
2008 Ed. (2907)
Horizon Blue Cross Blue Shield of New Jersey
2008 Ed. (2907)
2006 Ed. (3058)
2004 Ed. (3076)
Horizon/CMS Healthcare Corp.
2001 Ed. (1815)
Horizon Datacom Solutions
2005 Ed. (1105)
Horizon, FCB
2003 Ed. (69)
Horizon, FCB Amman
2002 Ed. (128)
Horizon, FCB Cairo
2002 Ed. (104)
Horizon, FCB Kuwait
2003 Ed. (98)
2002 Ed. (132)
Horizon Federal Savings Bank
1991 Ed. (2920)
1990 Ed. (3101)
1989 Ed. (2356)
Horizon Financial, FA
1991 Ed. (3383)
Horizon Financial Federal Association
1990 Ed. (432, 3591)
1989 Ed. (2832)

Horizon Group Inc.
2000 Ed. (4023)
1999 Ed. (3663, 3664)
Horizon Health Corp.
2005 Ed. (2889, 3948)
2003 Ed. (2803)
2002 Ed. (3803)
1990 Ed. (2726)
Horizon Health EAP Services
2006 Ed. (2406, 2407)
Horizon Health Management Co.
1993 Ed. (2065, 2066)
1992 Ed. (2449, 2450)
Horizon Health Plan Inc.
2000 Ed. (2432)
Horizon Health Systems Inc.
1993 Ed. (2072)
Horizon Healthcare Corp.
1999 Ed. (2723)
1994 Ed. (1207)
Horizon HMO
2005 Ed. (2817)
Horizon Homes
2005 Ed. (1191, 1192)
Horizon Hotels
1990 Ed. (2061)
Horizon Industries
1992 Ed. (1063)
1991 Ed. (1877)
Horizon Lines Inc.
2008 Ed. (4819)
Horizon Lines LLC
2008 Ed. (4819)
Horizon Media
2005 Ed. (121)
2004 Ed. (120)
2003 Ed. (109)
2000 Ed. (135)
Horizon Mental Health Management
1998 Ed. (1984)
Horizon Mental Health Services
1997 Ed. (2255)
1996 Ed. (2147)
1995 Ed. (2135)
1994 Ed. (2086, 2087)
Horizon/Middle East
2001 Ed. (155, 159)
Horizon National Bank
2006 Ed. (454)
2005 Ed. (520, 521, 524)
Horizon Natural Resources Co.
2008 Ed. (1015)
2007 Ed. (1135)
2006 Ed. (1046)
Horizon Organic
2008 Ed. (821, 3670)
2005 Ed. (3477)
2003 Ed. (3411)
Horizon Pharmacies
2002 Ed. (2031)
1999 Ed. (4168)
Horizon Prime Fund
1994 Ed. (2541, 2542)
1992 Ed. (3098)
Horizon Saatchi & Saatchi
2001 Ed. (114)
2000 Ed. (70)
1999 Ed. (66)
Horizon Savings
1990 Ed. (3125)
Horizon Services Group LLC
2005 Ed. (4760)
Horizon Staffing Services
2008 Ed. (4375)
2003 Ed. (3949)
Horizon Tax-Exempt Money Fund
1994 Ed. (2540, 2544)
1992 Ed. (3097)
Horizon Telecom Inc.
2004 Ed. (4588)
Horizon-UL
1995 Ed. (2316)
Horizons North Credit Union
2003 Ed. (1890)
Horizons Solutions Corp.
2008 Ed. (4930)
Horizont
2004 Ed. (82)
Horizontal Oscillator
1992 Ed. (3551)
Horizonte
2007 Ed. (3118)
Horlicks
2002 Ed. (703)
1999 Ed. (710)
1996 Ed. (725)
1994 Ed. (693)
1992 Ed. (887)
Hormel
2008 Ed. (335, 2741, 3606)
2004 Ed. (1371)
2003 Ed. (861)
2002 Ed. (2010)
1999 Ed. (2458, 4139)
1998 Ed. (1717)
Hormel & Co.; Geo A.
1997 Ed. (1643)
1992 Ed. (2174, 2199, 2988, 2993, 2994, 2996, 2997, 3505, 3508, 3509, 3510, 3512)
Hormel & Co.; George A.
1994 Ed. (1422, 1882, 2451, 2453, 2456, 2458, 2903, 2905, 2906, 2907)
1993 Ed. (1369, 1884, 2514, 2516, 2519, 2521, 2525, 2709, 2879, 2887, 2888, 2889, 2890, 2894, 2898)
1991 Ed. (1732, 1750)
Hormel Black Label
2008 Ed. (335, 3606)
2002 Ed. (423)
Hormel Foods Corp.
2008 Ed. (2731, 2779, 2784, 3613, 3614, 3615, 3616, 3617, 3618)
2007 Ed. (2596, 2608, 2609)
2006 Ed. (3431)
2005 Ed. (2645, 3413, 3414, 3420)
2004 Ed. (3400, 3401, 3407, 3408)
2003 Ed. (863, 864, 2500, 2501, 2507, 2509, 3324, 3328, 3329, 3330, 3331, 3338, 3340, 3341, 3342)
2002 Ed. (3274, 3275, 3277)
2000 Ed. (2232, 3059, 3061, 3580, 3581)
1999 Ed. (2475, 2527, 3323, 3864)
1998 Ed. (1720, 1733, 2451, 2454, 2455, 2889)
1997 Ed. (2048, 2732, 2734, 2737, 2930, 3134, 3140, 3144, 3145)
1996 Ed. (1421, 1931, 1949, 2583, 2588, 2590, 2591, 3058, 3061, 3062, 3064)
1995 Ed. (2762)
Hormel Foods International Corp.
2001 Ed. (2479)
Hormel; Geo. A.
1990 Ed. (2526, 2527)
Hormel; George A.
1989 Ed. (1936, 1937)
Hormel Little Sizzler
2008 Ed. (4278)
2002 Ed. (4098)
Horn & Hardart
1990 Ed. (913, 1246, 3018)
The Horn Cos.
2008 Ed. (1337)
The Horn Group
2005 Ed. (3955, 3967, 3972)
2004 Ed. (3989, 4016, 4027)
2003 Ed. (3990)
Horn; Jerry D.
1990 Ed. (1719)
Hornbach
2001 Ed. (2756)
Hornburg Jaguar
1996 Ed. (275)
1995 Ed. (278)
1994 Ed. (272)
1993 Ed. (273, 283)
1992 Ed. (381, 398, 387)
1991 Ed. (282, 293)
1990 Ed. (329)
Hornburg Land Rover
1996 Ed. (285)
Horne; Buck
2008 Ed. (2691)
Horne CPA Group
2007 Ed. (11)
2006 Ed. (15)
2005 Ed. (10)
2004 Ed. (14)
2003 Ed. (8)
2002 Ed. (23)
Horner, Townsend & Kent Inc.
1995 Ed. (816)
Hornitex-Weke Gebr, Kuennemeyer Gmbh & Co. Kg
2000 Ed. (3017)
Hornitos
2002 Ed. (4610, 4611, 4614)
1999 Ed. (4587, 4588)
Hornor, Townsend & Kent Inc.
1996 Ed. (810)
Hornsby; Bruce
1995 Ed. (1118, 1120)
Hornsby Cider
1999 Ed. (4763)
1998 Ed. (3715)
Hornsby's
2006 Ed. (1009)
2005 Ed. (999)
2002 Ed. (3108)
2001 Ed. (3117)
Hornstein Law Office; Howard B.
1992 Ed. (2901)
Horoscopes
2001 Ed. (1142)
Horovitz Family
1990 Ed. (2577)
Horovitz Rudoy & Roteman
2008 Ed. (278, 2037)
Horowitz; Stanley
1993 Ed. (1701)
Horrigan, Jr.; E.A.
1990 Ed. (1713, 1714)
Horry County Schools
2008 Ed. (4280)
Hors d'oeuvres
2003 Ed. (2571)
2002 Ed. (3493)
Horse chestnut
2000 Ed. (2447)
Horse parimutuels
1992 Ed. (2256)
Horse racing
1995 Ed. (1968)
Horse tracks
1992 Ed. (2256)
1990 Ed. (1873)
The Horse Whisperer
2000 Ed. (709)
Horseback riding
1999 Ed. (4383)
Horsebooks
1990 Ed. (1872)
Horsebooks, illegal
1992 Ed. (2256)
Horsehead Industries
1992 Ed. (1525, 1527)
Horsehead Resource
1996 Ed. (3602)
Horsehead Resource Development
1992 Ed. (3479)
Horseracing
1990 Ed. (1872)
Horseshoe Entertainment
2005 Ed. (1848)
Horseshoe Entertainment LP
2003 Ed. (1747)
Horseshoe Gaming Holding Corp.
2006 Ed. (1418)
2004 Ed. (239)
Horsham Corp.
1997 Ed. (1641)
1996 Ed. (1564, 3015)
1992 Ed. (1593)
Horsley Bridge
2002 Ed. (4733)
2000 Ed. (2792)
Horsley Bridge Partners
2003 Ed. (4844)
1999 Ed. (3057)
Horst W. Schroeder
1991 Ed. (1621)
Horten AG
1994 Ed. (3110)
Horten Group
1994 Ed. (3110)
Horten; Heidi
2008 Ed. (4860)
Horticulture Center
1990 Ed. (1219)
Horton Inc.; D. R.
2008 Ed. (1167, 1190, 1198, 1200, 1201, 1202, 1213, 1509, 2114)
2007 Ed. (1269, 1273, 1274, 1290, 1300, 1301, 1303, 1304, 1307, 1308, 1309, 1310, 1311, 1324, 2012, 2964, 2977)
2006 Ed. (1161, 1162, 1191, 1193, 1194, 1195, 1196, 1197, 1199, 1200, 1202, 1203, 1520, 1523, 1742, 2041, 2947, 2957, 2959, 4190)
2005 Ed. (1166, 1179, 1180, 1181, 1183, 1185, 1186, 1191, 1192, 1193, 1196, 1197, 1199, 1202, 1203, 1204, 1206, 1210, 1211, 1215, 1219, 1221, 1222, 1223, 1224, 1225, 1228, 1229, 1230, 1231, 1232, 1233, 1234, 1235, 1237, 1238, 1240, 1241, 1242, 1243, 1244, 1256, 2948, 2962, 2964, 4503)
Horton; Don
2006 Ed. (1201)
Horton; Donald R.
2007 Ed. (4902)
Horton Donuts; Tim
1990 Ed. (1854)
Horton Group International
1996 Ed. (1707)
Horton Homes Inc.
2008 Ed. (3538)
2004 Ed. (1202)
2003 Ed. (1197, 3283)
2002 Ed. (3739, 3740)
2000 Ed. (1195, 3588, 3589, 3590, 3591, 3594, 3595)
1999 Ed. (3873, 3874, 3875, 3876, 3877, 3878)
1998 Ed. (2902, 2903, 2904, 2905, 2906, 2907)
1997 Ed. (3149, 3152, 3153, 3158)
1996 Ed. (3073)
1995 Ed. (1131, 2973)
1994 Ed. (1115, 1116, 1120, 2914, 2915, 2916, 2918, 2920)
1993 Ed. (1091, 2899, 2902, 2903)
1992 Ed. (1368, 3516, 3517, 3518, 3519, 3521)
1991 Ed. (1060, 2757, 2758)
1990 Ed. (1173, 2892, 2893)
Horton Insurance Agency Inc.
2002 Ed. (2862)
2001 Ed. (2910, 2911)
Horwath
2002 Ed. (5)
Horwath & Co.
2000 Ed. (7)
1999 Ed. (14)
1997 Ed. (14, 15)
Horwath & Horwath
1992 Ed. (4, 5, 6, 16)
1991 Ed. (5)
Horwath Australia Ltd.
2007 Ed. (3)
2006 Ed. (5)
2005 Ed. (3)
2004 Ed. (5)
2000 Ed. (5)
1999 Ed. (3)
Horwath Clark Whitehill
2002 Ed. (25)
2001 Ed. (1537)
Horwath HTL
2008 Ed. (3084)
Horwath International
1997 Ed. (6, 7)
1996 Ed. (6, 11, 12, 19)
1993 Ed. (6)
Hoshizaki
2002 Ed. (1110)
Hosier; Gerald
1997 Ed. (2612)
Hosiery
2001 Ed. (1277, 2088)
1998 Ed. (1325)
1996 Ed. (3096, 3610)
1995 Ed. (2895, 2896)
Hosiery Corp. of America
1999 Ed. (1854)
1997 Ed. (2628)

Hoskins; Alexander L.
1991 Ed. (2549)
Hoskyns
1997 Ed. (2973)
1992 Ed. (1335)
The Hospice of Marion County Healthcare Alliance
2007 Ed. (4392)
2006 Ed. (4328)
Hospice of Michigan
2002 Ed. (2589, 3522)
2001 Ed. (2753, 3550)
2000 Ed. (3351)
1999 Ed. (3627)
1998 Ed. (2686)
Hospices
1996 Ed. (2082)
Hospira Inc.
2008 Ed. (3030)
2007 Ed. (2774)
2005 Ed. (1790)
Hospital
2000 Ed. (3565)
1989 Ed. (1020, 1578, 1579)
Hospital administrator
1989 Ed. (2088, 2093, 2094, 2095)
Hospital Affiliates Development Corp.
1996 Ed. (1130)
1995 Ed. (1124)
1994 Ed. (232)
1989 Ed. (265)
Hospital & Higher Education Authority
2001 Ed. (905)
Hospital Authority
1997 Ed. (2393)
Hospital Authority Provident Fund Scheme
2001 Ed. (2882)
1999 Ed. (2886)
Hospital Blood Glucose Management Systems
2000 Ed. (3075)
Hospital Building & Equipment Co.
1999 Ed. (286)
1998 Ed. (183)
1997 Ed. (261)
1996 Ed. (230)
1995 Ed. (234)
1994 Ed. (232)
1993 Ed. (242)
1992 Ed. (352, 1365)
1991 Ed. (250)
1989 Ed. (265)
Hospital care
1996 Ed. (2083)
Hospital Corp
1990 Ed. (1989)
Hospital Corporation of America
1990 Ed. (1236)
Hospital Damas Inc.
2007 Ed. (2780)
2006 Ed. (2782)
2005 Ed. (2808)
2004 Ed. (2812)
Hospital de la Concepcion
2007 Ed. (2780)
Hospital Dietary Service-HDS Services
1993 Ed. (2064)
1992 Ed. (2448)
Hospital Dr. Susoni Inc.
2004 Ed. (2812)
Hospital equipment maintenance services
1999 Ed. (3666)
Hospital Espanol Auxilio Mutuo de Puerto Rico Inc.
2007 Ed. (2780)
2006 Ed. (2782)
2005 Ed. (2808)
2004 Ed. (1672, 2812)
Hospital for Joint Diseases-Othopedic Inst.
1999 Ed. (2737)
Hospital for Special Surgery
2008 Ed. (3048, 3051)
2007 Ed. (2925, 2928)
2006 Ed. (2906, 2909)
2005 Ed. (2899, 2902)
2004 Ed. (2913, 2916)
2003 Ed. (2809, 2812)
2002 Ed. (2605, 2608)
2000 Ed. (2516, 2522)
1999 Ed. (2737, 2743)
Hospital Group of America
1999 Ed. (3907)
Hospital/health cash plan
2001 Ed. (2223)
The Hospital Co.; Health Trust--
2005 Ed. (1515)
Hospital/Healthcare
1994 Ed. (2757)
Hospital/Healthcare Union
1995 Ed. (2851)
Hospital Hermonos Melendez Inc.
2007 Ed. (2780)
2006 Ed. (2782)
2005 Ed. (2808)
Hospital Housekeeping Systems
1998 Ed. (1979)
1997 Ed. (2253)
1996 Ed. (2148)
1995 Ed. (2133)
Hospital Liability Risk Retention Group Inc.
1993 Ed. (852)
Hospital maintenance organizations
2003 Ed. (2837)
Hospital management
1996 Ed. (3508)
1992 Ed. (4070)
Hospital Management Professionals
1992 Ed. (3122, 3125, 3128, 3130, 3131)
1991 Ed. (2497, 2500, 2503, 2505)
1990 Ed. (2630, 2633, 2637)
Hospital Corp. of America
2008 Ed. (2888, 2889, 4293)
2005 Ed. (1515, 2736)
2000 Ed. (2346)
1999 Ed. (2603)
1998 Ed. (1844)
1997 Ed. (2151, 2629)
1996 Ed. (2031, 2155, 2486)
1995 Ed. (2003, 2082, 2144, 2444, 3303, 3362)
1994 Ed. (1977, 2089, 2572, 3283)
1993 Ed. (1955, 2073, 2381, 3291)
1992 Ed. (2298, 2458, 2459, 3122, 3128, 3130, 3131, 3132)
1991 Ed. (1057, 1136, 1143, 1144, 1147, 1822, 1934, 2497, 2503, 2505, 2506, 2507, 3105)
1990 Ed. (1167, 1904, 1990, 1991, 2056, 2630, 2633, 2635, 2636, 2637, 2638, 3258)
1989 Ed. (1343, 1603, 2474, 2478)
Hospital Corp. of America (HCA)
2004 Ed. (2738)
2003 Ed. (2621)
2002 Ed. (3790)
Hospital of St. Raphael
2006 Ed. (2922)
2005 Ed. (2911)
Hospital of the University of Pennsylvania
2006 Ed. (2902)
2005 Ed. (2896, 2898, 2905, 2907)
2004 Ed. (2912, 2921)
2003 Ed. (2805, 2808, 2817, 2831, 2835)
2002 Ed. (2604, 2613)
2000 Ed. (2514)
1999 Ed. (2735, 2738)
1989 Ed. (740)
Hospital of the University of Pennsylvania-renovations
2000 Ed. (1227)
Hospital Practice
1994 Ed. (2470)
1992 Ed. (3012)
1991 Ed. (2410)
1990 Ed. (2538)
Hospital Shared Services
2008 Ed. (2905)
2006 Ed. (2778, 3449)
2005 Ed. (2884, 3438)
2003 Ed. (2796)
2002 Ed. (2591)
2001 Ed. (2762, 2764)
2000 Ed. (2495)
1999 Ed. (2717)
1998 Ed. (1980)
Hospital Sisters Health System
1992 Ed. (3124)
1991 Ed. (2499)
1990 Ed. (2629)
Hospitality
2007 Ed. (3732, 3733, 3734, 3735)
2003 Ed. (2912)
Hospitality Associates
1992 Ed. (2467)
Hospitality Care Center
1990 Ed. (1739)
Hospitality Design
2008 Ed. (4713)
Hospitality Franchise Systems
1999 Ed. (2781)
1998 Ed. (2026, 2033)
1997 Ed. (2297, 2300)
1996 Ed. (2160, 2161, 2162, 2182, 2184)
1995 Ed. (2167, 2168, 2169, 2170, 3162)
1994 Ed. (2095, 2096, 2097, 2111, 2112, 2119)
1993 Ed. (2097, 2098, 2099)
1992 Ed. (2497, 2499, 2500, 2501)
Hospitality International Inc.
2008 Ed. (3078)
1995 Ed. (2164)
1993 Ed. (2095, 2097)
1992 Ed. (2500, 2501)
1991 Ed. (1951, 1954)
1990 Ed. (2086, 2088)
Hospitality/lodging
1992 Ed. (2229)
Hospitality Network
1990 Ed. (883)
Hospitality Properties Trust
2005 Ed. (1859)
1999 Ed. (4001)
1997 Ed. (3405)
Hospitality services
2007 Ed. (786)
Hospitality Staffing Solutions
2008 Ed. (3704, 4380, 4958)
Hospitality Staffing Solutions LLC
2007 Ed. (3547, 4407)
Hospitals
2007 Ed. (3048)
2004 Ed. (2292)
2003 Ed. (4835)
2002 Ed. (2779, 4723)
1999 Ed. (1895, 1904, 3007)
1996 Ed. (3)
1995 Ed. (1588)
1994 Ed. (2028, 2029, 2243, 2366)
1991 Ed. (1000, 2769)
1990 Ed. (1658)
Hospitals, acute-care
2003 Ed. (3472)
Hospitals, clinics, medical centers
2005 Ed. (153)
Hospitals, in-patient
1994 Ed. (1041)
Hospitals, non-federal
2002 Ed. (3747, 3756)
Hospitals of Ontario Pension Plan
1990 Ed. (2787)
Hospitals, private
2007 Ed. (3717)
Hospitals, psychiatric
2003 Ed. (3472)
Hossein Eslambolchi
2006 Ed. (1003)
Hoss's Steak & Sea
2002 Ed. (4018)
Host & hostess
2008 Ed. (3810)
Host Europe plc
2003 Ed. (2734, 2740, 2741)
Host Hotels & Resorts Inc.
2008 Ed. (1510, 1512, 1540, 1904, 2694, 3073, 3081, 3086, 4122)
2007 Ed. (2962)
Host International
1995 Ed. (3132)
Host Mariott Corp.
2005 Ed. (2923)
2004 Ed. (2932)
Host Mariott LP
2005 Ed. (2923)
2004 Ed. (2932)
Host Marriott Corp.
2008 Ed. (4115)
2007 Ed. (2714, 2948, 4083, 4085, 4087)
2006 Ed. (1529, 1864, 2724, 2937, 2946, 4042, 4044)
2005 Ed. (1640, 1854, 1855, 2004, 2768, 2926, 2933, 4009, 4011)
2004 Ed. (1615, 1789, 1790, 2934, 2935, 2940, 4077, 4079)
2003 Ed. (1558, 1589, 1599, 1753, 2844, 4052)
2002 Ed. (2638, 3930)
2000 Ed. (1358, 1512, 1724, 2540, 2560)
1999 Ed. (1936, 2480, 2481, 2760, 2762, 2770)
1998 Ed. (1318, 1736, 2006)
1997 Ed. (2281, 2282)
1996 Ed. (2163, 2164, 2167)
1995 Ed. (2151, 2154, 3325)
Host Marriott LP
2007 Ed. (1868, 2939)
2005 Ed. (1854)
2004 Ed. (1789)
Host Marriott Services Inc.
2006 Ed. (262, 1862, 1863)
2001 Ed. (2482, 2778)
2000 Ed. (254, 2217, 2240)
1999 Ed. (4082)
1998 Ed. (3067)
Host Travel Plazas
1998 Ed. (3339)
Hostelling International
2006 Ed. (2939)
2005 Ed. (2936)
Hostess
2008 Ed. (338, 4445)
2003 Ed. (852)
2000 Ed. (368, 369, 370, 371, 4059, 4060)
1999 Ed. (366)
1998 Ed. (260, 261, 262, 263)
1996 Ed. (356, 357, 358, 3464)
1995 Ed. (339, 2939)
Hostess Breakfast Bake Shop
1998 Ed. (262)
1996 Ed. (357)
Hostess Cupcakes
1995 Ed. (341)
Hostess Ding Dongs
1995 Ed. (341)
Hostess Ho Hos
1996 Ed. (356)
1995 Ed. (341)
Hostess Lights
1998 Ed. (263)
1996 Ed. (356, 3464)
1994 Ed. (1858)
Hostess Snack Cake
2008 Ed. (4449)
Hostess Twinkie Lights
1995 Ed. (341)
Hostess Twinkies
1998 Ed. (263)
1996 Ed. (356, 3464)
1995 Ed. (341)
Hostess Twinkies Lights
1996 Ed. (3464)
Hostetter Jr.; Amos
1991 Ed. (1142)
The Hostile Hospital
2003 Ed. (712)
Hostmann-Steinberg
2008 Ed. (3218)
2007 Ed. (3077)
2006 Ed. (3045)
Hostmark Hospitality Group
2002 Ed. (2626)
2001 Ed. (2777)
Hostmark International
1992 Ed. (2468, 2469)
Hostmark Management Corp.
1995 Ed. (2149, 2150)
Hostmark Management Group
1996 Ed. (2158, 2159)
1994 Ed. (2093, 2094)
1993 Ed. (2077, 2078, 2079, 2080, 2081)
Hostopia.com Inc.
2006 Ed. (2746)
2004 Ed. (2781, 2782)
HostWorks Inc.
2003 Ed. (3963)

Hot & cold therapy products
1995 Ed. (1605)
Hot & Spicy
2000 Ed. (4062)
Hot & Spicy potato chips
1992 Ed. (3504)
Hot beverages
2002 Ed. (4725)
1993 Ed. (3660)
1991 Ed. (3440)
Hot Bot
1998 Ed. (3780)
Hot cereal
1992 Ed. (3548)
Hot chocolate
2003 Ed. (4833)
2002 Ed. (4720)
Hot dogs
1999 Ed. (1413, 2125)
1998 Ed. (2463, 3125)
1997 Ed. (2033)
Hot entrees
1997 Ed. (2059)
1993 Ed. (3499)
Hot Gossip Body Care
2003 Ed. (642)
Hot House Growers Income Fund
2008 Ed. (199)
HOT - Israel Cable Association
2008 Ed. (50)
Hot 'N Now
1994 Ed. (3087)
Hot Pockets
2008 Ed. (2775, 2786)
2005 Ed. (2691)
Hot Rod
2000 Ed. (3481, 3490, 3492)
Hot Rod Magazine
2003 Ed. (4525)
Hot rolled bars
2001 Ed. (4366)
Hot rolled sheets
2001 Ed. (4366)
Hot Shades Theme Book, 8-In. x 10.5-In.
1990 Ed. (3430)
Hot Shades Theme Book, 8-In. x 10-5-In.
1990 Ed. (3431)
Hot Shot
2003 Ed. (2952)
Hot/Spicy/Cajun
1990 Ed. (2887)
Hot Springs-Lake Ouachita, AR
1989 Ed. (2336)
Hot Stuff
2008 Ed. (2670)
Hot Stuff Foods LLC
2008 Ed. (2684)
2007 Ed. (2543)
Hot Tamales
2002 Ed. (936)
2001 Ed. (1120)
1993 Ed. (834)
Hot Topic Inc.
2008 Ed. (884, 997, 1006, 1011)
2007 Ed. (912, 1121, 1129, 4492)
2006 Ed. (1035, 1041, 1584)
2005 Ed. (1030, 4379)
2004 Ed. (1023, 1583, 2779)
2003 Ed. (1024)
Hot Wheels
2008 Ed. (4707)
2007 Ed. (4789)
2006 Ed. (4782)
2001 Ed. (4606, 4607)
1999 Ed. (4629)
1998 Ed. (3600, 3601, 3601, 3601, 3601)
1997 Ed. (3772)
1996 Ed. (3720)
1995 Ed. (3641, 3647)
1994 Ed. (3558)
1993 Ed. (3599)
Hot Wheels Mechanix Vehicle Asst.
2000 Ed. (4276)
Hot Wheels Power Loop
1997 Ed. (3771)
Hot Wheels Vehicles
1997 Ed. (3772)
Hotai Motor Co. Ltd.
2000 Ed. (1568)
1999 Ed. (1743)
Hotbot
2007 Ed. (712)
1999 Ed. (3003)
Hotchin; Mark
2008 Ed. (4848)
Hotchkis & Wiley
2003 Ed. (3081)
2000 Ed. (2859)
1998 Ed. (2309)
1997 Ed. (2553)
1991 Ed. (2230)
Hotchkis & Wiley All Cap Value
2006 Ed. (3618)
Hotchkis & Wiley Capital Management, Small Cap Value
2003 Ed. (3134, 3137)
Hotchkis & Wiley Equity-Income
1996 Ed. (2802)
Hotchkis & Wiley International
1999 Ed. (3517, 3568)
1997 Ed. (2875)
Hotchkis & Wiley Large Cap Value
2008 Ed. (2616)
2006 Ed. (3634)
Hotchkis & Wiley Low Duration
2000 Ed. (759)
1999 Ed. (746)
1998 Ed. (2649)
1996 Ed. (2793)
Hotchkis & Wiley Mid-Cap Value
2008 Ed. (2619)
2007 Ed. (2489)
2004 Ed. (3556, 3559)
Hotchkis & Wiley Mid-Cap Value Fund
2003 Ed. (3538)
Hotchkis & Wiley Small Cap Value
2008 Ed. (2622)
2007 Ed. (2492)
2006 Ed. (3653, 3654)
2004 Ed. (3573)
Hotchkis & Wiley Small Cap Value Fund
2003 Ed. (3542)
Hotchkis & Wiley Total Return
2000 Ed. (757)
Hotel and motel
1991 Ed. (2052, 2056, 3225)
1990 Ed. (2187)
Hotel & Motel Management
2008 Ed. (4713)
2007 Ed. (4797)
Hotel & Restaurant Supply
2007 Ed. (2594)
Hotel Atop the Bellevue
1994 Ed. (2103)
Hotel Bar
2008 Ed. (820, 821)
2001 Ed. (1080)
2000 Ed. (1634, 1636, 4158)
Hotel Bar Butter
2003 Ed. (820)
Hotel Bar Foods
2003 Ed. (823)
Hotel Boulderado
2007 Ed. (2942)
2006 Ed. (2931)
2005 Ed. (2928)
Hotel Brokers International
2008 Ed. (3071)
Hotel Business
2008 Ed. (4713)
Hotel Captain Cook
2003 Ed. (2851)
Hotel Colon Internacional
2002 Ed. (4409)
Hotel Crescent Court
1999 Ed. (2761)
1998 Ed. (2013)
Hotel De Crillon
1996 Ed. (2185)
Hotel del Coronado
2002 Ed. (3990)
1993 Ed. (2091)
Hotel des Seigneurs Saint-Hyacinthe
2005 Ed. (2521)
2003 Ed. (2415)
Hotel Design Consultants
2007 Ed. (3208)
2006 Ed. (3174)
Hotel Du Pont
1998 Ed. (2013)
Hotel Employees & Restaurant Employees Union
1991 Ed. (3411)
Hotel F & B Executive
2008 Ed. (4711, 4713)
2007 Ed. (4794, 4797)
Hotel general manager
2008 Ed. (3817)
The Hotel Group
1995 Ed. (2148)
Hotel Hana-Maui
1990 Ed. (2064)
Hotel Hershey
1999 Ed. (2769)
Hotel industry
1997 Ed. (3527)
Hotel Inter-Continental
2000 Ed. (2539)
1999 Ed. (2787)
1997 Ed. (2301)
Hotel Investors
1990 Ed. (2060, 2965)
Hotel Macklowe
1996 Ed. (2165, 2166)
Hotel Management Services
1992 Ed. (2468)
Hotel Meridien Boston
1990 Ed. (2063)
Hotel Meridien Newport Beach
1989 Ed. (253)
Hotel Millenium
1996 Ed. (2165, 2166)
Hotel Millennium
1999 Ed. (2798)
Hotel-motel
1989 Ed. (2647)
Hotel Negara Ltd.
1995 Ed. (1351)
Hotel Parker Meridien
1990 Ed. (2063)
Hotel Plaza Ltd.
1993 Ed. (3323)
Hotel Prapatan
1991 Ed. (2013)
1990 Ed. (1381)
Hotel Properties Ltd.
1994 Ed. (3311)
The Hotel Providence
2008 Ed. (2060)
Hotel Queen Mary
1999 Ed. (2796)
Hotel reservations
2007 Ed. (2312)
Hotel Reservations Network
2008 Ed. (4615)
2004 Ed. (2770)
Hotel/Resort
1992 Ed. (3631)
Hotel Services
2002 Ed. (4477, 4478)
Hotel Services Division, Holiday Corp.
1990 Ed. (2286)
Hotel Shilla
2000 Ed. (2548)
1999 Ed. (2773)
Hotel Sofitel Chicago
1997 Ed. (221, 2287)
1996 Ed. (2173)
Hotel 21 East Kempinski
1992 Ed. (2479)
Hotel Vancouver
1993 Ed. (2094)
hotel.de AG
2008 Ed. (2951, 2952)
Hoteles Mallorquines Asociados SA
1990 Ed. (2093)
Hotels
2008 Ed. (109, 1432, 2451, 4713)
2007 Ed. (98, 2325, 4797)
2006 Ed. (1486, 4611)
2005 Ed. (95, 852, 1602, 3018)
2003 Ed. (4835)
2001 Ed. (4385)
2000 Ed. (3460)
1999 Ed. (1180)
1993 Ed. (2917)
Hotels and motels
1996 Ed. (3, 3508, 3795)
1995 Ed. (3314)
1993 Ed. (2157)
Hotels & resorts
2007 Ed. (131)
2006 Ed. (138)
2005 Ed. (134, 153)
Hotels & tourism
1997 Ed. (2572)
Hotels, casinos, resorts
2008 Ed. (3151, 3152, 3153, 3157, 3158, 3159)
2007 Ed. (3047)
2006 Ed. (3006, 3007)
2005 Ed. (3010)
2004 Ed. (3006)
2003 Ed. (2900, 2908)
2002 Ed. (2777)
2000 Ed. (1350, 1351, 1352, 1353)
Hotels/meeting places
1997 Ed. (1118)
Hotels/motels
2002 Ed. (4723)
1994 Ed. (2366, 3235)
Hotels, motels and campgrounds
1995 Ed. (1935)
Hotels.com
2005 Ed. (1823)
2004 Ed. (3019, 3023, 3149, 3150)
Hotels.com LP
2008 Ed. (3034)
2007 Ed. (2912)
Hothouse Flowers
1993 Ed. (1078, 1080)
HotJobs.com
2004 Ed. (3156)
2003 Ed. (3047)
2002 Ed. (4801)
Hotlinv
1989 Ed. (2664)
Hotmail
2004 Ed. (3157)
2003 Ed. (3048)
2002 Ed. (4805)
hotmail.com
2001 Ed. (4776)
Hotpoint
2008 Ed. (678, 699, 2348, 3089, 4548)
2007 Ed. (727)
2005 Ed. (2953)
2001 Ed. (2037, 3600, 3601, 4027, 4731)
1996 Ed. (1563)
1992 Ed. (258, 1830, 2522, 3649, 4154, 4155, 4420)
1991 Ed. (187, 1441, 2825, 3242, 3243, 3471)
Hotrachem
1999 Ed. (1094)
Hotung
2000 Ed. (4035)
Hotwire
2004 Ed. (4052)
Hotwire.com
2005 Ed. (1464)
HotWired
1997 Ed. (3920)
Hough & Co.; William R.
2005 Ed. (4313)
1997 Ed. (2479)
1993 Ed. (2269, 3198)
1991 Ed. (2173)
Hough Guidance Realty
2000 Ed. (3711)
Hough; Lawrence A.
1995 Ed. (1731)
Houghton; James
1997 Ed. (1801)
Houghton Lake Lodging Investment
2001 Ed. (4283)
Houghton Mifflin
2008 Ed. (626)
2007 Ed. (667)
2006 Ed. (642, 644)
2004 Ed. (752)
1990 Ed. (1583)
1989 Ed. (2272)
Houghton Mifflin Holding Co.
2008 Ed. (1401)
Houlihan Lakey Howard & Zukin
1995 Ed. (853)
Houlihan Lokey Howard & Zukin
2008 Ed. (1390, 1391)
2006 Ed. (1409)

2005 Ed. (1423, 1424)
2004 Ed. (1402, 1406)
2003 Ed. (1388, 1392)
2002 Ed. (1351, 2999, 4602)
2001 Ed. (1516)
2000 Ed. (2769)
1996 Ed. (833)
Houlihan's
2008 Ed. (4187)
2007 Ed. (4152)
2000 Ed. (3782)
1999 Ed. (4065)
1998 Ed. (3063)
1997 Ed. (3334)
1995 Ed. (3139)
1994 Ed. (3089)
1993 Ed. (3017, 3025, 3034)
1992 Ed. (3709, 3717)
1991 Ed. (2869, 2877)
1990 Ed. (3021)
Houma, LA
2006 Ed. (1067)
2005 Ed. (1059, 2989)
2002 Ed. (3330)
Houma-Thibodaux, LA
1995 Ed. (3779)
1992 Ed. (2541, 3034)
Hourglass Capital Management
1992 Ed. (2755)
Hourglass Capital Mangement
1992 Ed. (2759)
House & Garden
2007 Ed. (3402)
2004 Ed. (3338)
2003 Ed. (3273)
2000 Ed. (3479, 3498)
House Beautiful
2007 Ed. (145)
2006 Ed. (153)
2004 Ed. (3338)
2003 Ed. (3273)
2000 Ed. (3498)
House Doctors
2007 Ed. (2251)
2006 Ed. (2320)
2005 Ed. (2262)
2004 Ed. (2164)
2003 Ed. (2121)
2002 Ed. (2057)
2001 Ed. (2533)
2000 Ed. (2271)
1999 Ed. (2521)
House Foods
2007 Ed. (2624)
House of Batteries
2005 Ed. (2345)
2004 Ed. (2245)
House of Blues
2007 Ed. (1266)
2006 Ed. (1152)
2001 Ed. (4084)
2000 Ed. (3763)
1999 Ed. (4058)
House of Blues Concerts
2003 Ed. (1126)
2002 Ed. (3798)
2001 Ed. (3917, 3919)
House of Fabric Inc.
1993 Ed. (3545)
House of Fabrics
1999 Ed. (1054)
1998 Ed. (1531)
1996 Ed. (386)
House of Fraser
2008 Ed. (677)
House of Fraser PLC
2001 Ed. (4115)
1997 Ed. (1418)
1993 Ed. (1389)
1991 Ed. (1337)
1990 Ed. (1412)
House of Guitars
1993 Ed. (2642)
House of Imports Inc.
2006 Ed. (299)
2005 Ed. (277, 334)
2004 Ed. (274)
2002 Ed. (352)
1996 Ed. (279)
1995 Ed. (279)
1994 Ed. (276)
1993 Ed. (277)
1992 Ed. (381, 391)
House of Kia
1996 Ed. (293)
House of Lords Gin
1997 Ed. (2144, 2145)
House of 1000 Corpses
2005 Ed. (3518)
House of Raeford Farms Inc.
2003 Ed. (3338, 3339)
1997 Ed. (2738, 3139)
House of Representatives; U.S.
2006 Ed. (3293)
The House of Rothschild
2000 Ed. (780)
House of Sand and Fog
2003 Ed. (722, 725)
House of Seagram
1997 Ed. (2141, 3367, 3854)
1996 Ed. (3268)
1992 Ed. (2882, 2884)
1991 Ed. (2323, 2325, 2327)
1990 Ed. (2455, 2457, 2459)
House of Stuart
2004 Ed. (4316)
2003 Ed. (4306)
2002 Ed. (4173)
2001 Ed. (4163)
House of Tsang
1995 Ed. (3183)
The House on Hope Street
2003 Ed. (706)
House prices
1992 Ed. (2804)
Housecall Medical Resources
1999 Ed. (2704, 2705, 2706)
1998 Ed. (1965, 1966, 3419)
1997 Ed. (2242)
Household
1999 Ed. (1794)
Household accessories
2002 Ed. (2702)
Household & personal products
2008 Ed. (1822, 1823, 3154, 3156)
2007 Ed. (3042, 3044)
2006 Ed. (3003, 3004, 3005)
2005 Ed. (3007, 3008, 3009, 3012)
2004 Ed. (1744, 1747, 1748, 3009, 3010, 3011, 3014)
2003 Ed. (2903, 2904, 2905)
Household appliance accessories
2003 Ed. (2868)
Household appliances/furniture/ electronics
1997 Ed. (3716)
Household Bank
1998 Ed. (3130, 3131, 3136, 3143, 3145, 3152, 3154, 3524, 3529, 3531, 3543)
1997 Ed. (336, 3381, 3743)
1996 Ed. (3684)
1995 Ed. (347)
1994 Ed. (342, 1498, 1499, 2551, 3528)
1992 Ed. (504, 509, 3792, 3793)
1990 Ed. (514)
Household Bank, FSB
2004 Ed. (4286)
2003 Ed. (4230, 4259, 4262, 4263, 4265, 4268, 4274, 4276)
2002 Ed. (4100, 4116, 4119, 4120, 4122, 4130, 4132, 4133, 4620)
2001 Ed. (4524, 4525, 4527)
2000 Ed. (4248)
1993 Ed. (353, 3073, 3075, 3082, 3089, 3090, 3091, 3092)
Household Bank Illinois NA
1998 Ed. (344)
Household Bank NA
1991 Ed. (364, 406)
Household Bank NA, Salinas
1990 Ed. (421)
Household Bank (Nevada)
1997 Ed. (574)
Household Bank Nevada NA
1998 Ed. (414)
1996 Ed. (633)
1995 Ed. (564)
Household Bank SB
1997 Ed. (574)
Household Bank SB NA
1998 Ed. (414)
Household bookkeeping
1993 Ed. (2564)
Household cleaners
1996 Ed. (1484)
1995 Ed. (2998, 3528)
1992 Ed. (91, 92, 1817)
1991 Ed. (1428)
Household Credit Corp.
1993 Ed. (1438, 1439, 1440, 1441, 1444)
Household Credit Services Inc.
2001 Ed. (580)
2000 Ed. (1617)
1999 Ed. (1790)
1998 Ed. (1205, 1207, 1210, 1211, 1212)
1997 Ed. (1549, 1550, 1551, 1552, 1553)
1996 Ed. (1486, 1487, 1488, 1489, 1491)
1995 Ed. (346, 1525, 1526, 1527, 1529)
1994 Ed. (345)
Household equipment & supplies
1992 Ed. (32)
Household equipment repair services
2002 Ed. (2782)
Household Finance Corp.
1997 Ed. (1845, 1846, 1847)
1996 Ed. (1765, 1766, 1767)
1995 Ed. (1787, 1789, 1790, 1791)
Household Financial Corp.
1994 Ed. (1754, 1847)
1993 Ed. (1763, 1764, 1765, 1767)
1992 Ed. (2130, 2131, 2153)
1991 Ed. (1663, 1664, 1665, 1667)
Household Financial Services
2005 Ed. (3305)
1990 Ed. (1759, 1760, 1761, 1763)
Household furnishing & appliances
1996 Ed. (3508)
Household goods
2007 Ed. (1321, 2522)
2006 Ed. (2536)
2004 Ed. (2543)
2002 Ed. (2216)
2001 Ed. (4641, 4644)
2000 Ed. (4245)
1999 Ed. (1473)
1998 Ed. (1040)
1997 Ed. (1274)
1996 Ed. (1216, 1225)
1995 Ed. (1259)
1993 Ed. (1205, 3389)
1992 Ed. (1502, 1488)
Household Insurance Group
2007 Ed. (3133, 3134)
2005 Ed. (3093, 3094)
2004 Ed. (3085, 3086)
Household International Inc.
2007 Ed. (1480)
2005 Ed. (1465, 1468, 1542, 1549, 1558, 1926, 2052)
2004 Ed. (1224, 1917, 2114, 2594, 2595, 2600, 2603, 2604, 2605, 2608)
2003 Ed. (1215, 1885, 2470, 2471, 2473, 2475, 2476, 2477, 2478, 4564)
2002 Ed. (502, 504, 1219, 2002, 2263, 4501)
2001 Ed. (575, 1452, 1959, 2433, 2434)
2000 Ed. (380, 1241, 1621, 1916, 1917, 1918, 2192)
1999 Ed. (379, 1343, 2435)
1998 Ed. (271, 273, 1558, 1690, 1691)
1997 Ed. (337, 2005, 2007)
1996 Ed. (362, 1915)
1995 Ed. (350, 3332)
1994 Ed. (1550, 3253)
1993 Ed. (1503, 3259)
1992 Ed. (2145)
1990 Ed. (1758, 1775, 3249)
1989 Ed. (1424, 1427)
Household International Group
2002 Ed. (2918)
Household Life Insurance Co.
2002 Ed. (2906)
1999 Ed. (2960)
Household Manufacturing
1989 Ed. (1947)
Household Mortgage Services
1991 Ed. (1660)
Household operation
2007 Ed. (1322)
Household paper products
1992 Ed. (1817)
1991 Ed. (1428)
Household products
2008 Ed. (1631, 2839)
2002 Ed. (764)
2001 Ed. (4288)
1996 Ed. (1485)
1994 Ed. (1493, 2889)
1992 Ed. (2625)
Household Retail Services
1999 Ed. (1071)
1998 Ed. (685)
1997 Ed. (943)
1996 Ed. (910)
1995 Ed. (931)
1994 Ed. (888)
1993 Ed. (1442)
Household Retailer Services
2000 Ed. (1011)
Household specialty appliances
2005 Ed. (2755)
Household stores
1993 Ed. (58)
1992 Ed. (99)
Household supplies
2003 Ed. (3947, 3948)
1999 Ed. (1789)
Household workers
1997 Ed. (1721)
Housekeeper
2004 Ed. (2280)
Housekeeping
2008 Ed. (3039)
2006 Ed. (2897)
2005 Ed. (2890, 2891)
2002 Ed. (2599, 3525)
2001 Ed. (2760, 2766, 3556)
2000 Ed. (2503)
1998 Ed. (1981)
1995 Ed. (2816)
HouseMaster
2005 Ed. (2261)
2004 Ed. (2163)
2003 Ed. (2120)
2002 Ed. (2056, 2361)
HouseMaster Home Inspections
2008 Ed. (2388)
2007 Ed. (2250)
2006 Ed. (2319)
houseofireland.com
2001 Ed. (4779)
HouseValues
2006 Ed. (2074, 4039)
Houseware items
1999 Ed. (4314)
Housewares
2007 Ed. (3048)
2003 Ed. (3943, 3944)
1997 Ed. (1675)
1993 Ed. (2134)
1992 Ed. (2569, 2860)
1991 Ed. (1997)
1990 Ed. (2149, 3035, 3090)
1989 Ed. (2329)
Housewares & furnishings
1992 Ed. (4390)
Housewares/tools
1996 Ed. (2221)
Housing
2007 Ed. (1322)
2004 Ed. (178)
2002 Ed. (1220)
1997 Ed. (2572)
1993 Ed. (2364)
1991 Ed. (2262)
Housing & Commercial Bank
2002 Ed. (600, 601, 602)
Housing & Commercial Bank Korea
2000 Ed. (581)
1999 Ed. (569)
Housing & Construction
1990 Ed. (2187)
Housing & Savings Bank
1994 Ed. (471)
1993 Ed. (467)

Housing and Urban Development
1995 Ed. (1666)
Housing and Urban Development; Department of
1992 Ed. (26)
Housing Authority Insurance Group
2008 Ed. (4250)
Housing Authority of Baltimore
1991 Ed. (3161)
Housing Authority Property Insurance Inc.
2000 Ed. (983)
Housing Authority Risk Retention Group
2000 Ed. (983)
1999 Ed. (1033)
1998 Ed. (641)
1997 Ed. (904)
1996 Ed. (881)
1995 Ed. (908)
1994 Ed. (866)
1993 Ed. (852)
1992 Ed. (1061)
1991 Ed. (857)
Housing Bank
2008 Ed. (53)
2007 Ed. (50)
2006 Ed. (59)
2004 Ed. (57)
2002 Ed. (4381)
2001 Ed. (48)
2000 Ed. (293, 294, 446, 577, 578)
1999 Ed. (264, 265, 456, 566)
1997 Ed. (241, 399)
1996 Ed. (434)
1995 Ed. (407)
1994 Ed. (414)
1993 Ed. (39)
1992 Ed. (587)
1991 Ed. (432, 578)
1990 Ed. (481)
The Housing Bank for Trade & Finance
2008 Ed. (455)
2007 Ed. (491)
2006 Ed. (476, 4512)
2005 Ed. (554)
2004 Ed. (568)
2003 Ed. (554)
2002 Ed. (598)
Housing Cooperative Nasz Dom
2008 Ed. (2052)
Housing Development Finance Corp. Ltd.
1999 Ed. (2887)
1996 Ed. (755)
Houston
2000 Ed. (2470, 2472, 2474, 2586, 2589, 3572, 3726, 3771, 3819, 4392)
1996 Ed. (2229)
1992 Ed. (98, 1011, 1012, 1013)
Houston Airport
1997 Ed. (222)
1996 Ed. (195)
Houston; Allan
2006 Ed. (291)
Houston; Andrew
1997 Ed. (2003)
1996 Ed. (1913)
Houston Associates
1998 Ed. (748, 3310)
Houston Astros
2007 Ed. (578)
2005 Ed. (645)
2002 Ed. (4340)
Houston-Baytown-Sugar Land, TX
2008 Ed. (3458, 3477, 3508, 3524, 4748, 4817)
2007 Ed. (772, 1105, 2658, 2692, 2858, 3376, 3383, 3388, 3498, 3499, 3501, 3502, 3503, 3643, 4120, 4164, 4166, 4809, 4877, 4885)
2006 Ed. (676, 1019, 2673, 2698, 2868, 3321, 3324, 3473, 3474, 3476, 3477, 3478, 3578, 4098, 4141, 4143)
2005 Ed. (3336)
Houston/Beaumont/Galveston, TX
1993 Ed. (2071)
Houston Casualty
2001 Ed. (4034, 4035)
Houston Chronicle
2003 Ed. (3643, 3647)
2002 Ed. (3501, 3504)
2001 Ed. (261)
1999 Ed. (3613, 3614)
1998 Ed. (77, 78, 82)
1997 Ed. (2943)
1990 Ed. (2692)
Houston Chronicle B.
2000 Ed. (3334)
Houston-Clear Lake; University of
2008 Ed. (3639)
Houston CMSA, TX
1990 Ed. (1156)
Houston County Healthcare Authority
2008 Ed. (1543)
2005 Ed. (1643)
Houston Effler & Partners
1995 Ed. (43, 103)
1994 Ed. (104)
Houston Effler Herstek Favat
1996 Ed. (119)
Houston Exploration Co.
2005 Ed. (3585, 3774, 3776)
2004 Ed. (3667)
Houston Forward Times
2002 Ed. (3503)
Houston/Galveston/Brazoria, TX
2000 Ed. (4288)
1994 Ed. (2536)
1992 Ed. (369)
1991 Ed. (3339, 3483)
1989 Ed. (2912)
Houston-Galveston, TX
2003 Ed. (4031)
2002 Ed. (3893)
1998 Ed. (2983)
1996 Ed. (37)
1993 Ed. (2953)
Houston Harvest
2008 Ed. (4008)
2007 Ed. (3991)
2006 Ed. (3933)
Houston Herstek Favat
1998 Ed. (61)
1997 Ed. (123)
Houston Independent School District
1998 Ed. (3160)
1997 Ed. (3385)
1996 Ed. (3288)
1995 Ed. (3190)
1994 Ed. (3070, 3146)
1993 Ed. (3099, 3102)
1992 Ed. (3802)
1991 Ed. (2923, 2927, 2929)
1990 Ed. (3106, 3107)
Houston Industries
2000 Ed. (3672)
1999 Ed. (1481, 1555, 1952, 3964)
1998 Ed. (1392, 1393)
1997 Ed. (876, 1288, 1699, 1700)
1996 Ed. (1620, 1621)
1995 Ed. (1643, 1644, 3363)
1994 Ed. (1601, 1602, 2445, 3284)
1993 Ed. (1560, 3292)
1992 Ed. (1904, 1905, 3230)
1991 Ed. (1185, 1503, 1504)
1990 Ed. (1606, 1607)
1989 Ed. (1302, 1303)
Houston Intercontinental
1992 Ed. (308)
Houston International
1995 Ed. (194)
Houston Lighting & Power Co.
1999 Ed. (1948, 3846)
1998 Ed. (1374)
Houston Livestock Show
1996 Ed. (1718)
1995 Ed. (1733)
Houston Livestock Show & Rodeo
2007 Ed. (2513)
2006 Ed. (2534)
2005 Ed. (2524)
2003 Ed. (2417)
2002 Ed. (2215)
2000 Ed. (1888)
1999 Ed. (2086)
1998 Ed. (1518)
1997 Ed. (1805)
1994 Ed. (1725)
1993 Ed. (1709)
1992 Ed. (2066)
Houston Milk Producers
1996 Ed. (1511)
Houston Milk Producers FCU
2000 Ed. (221, 1629)
Houston/NANA
2003 Ed. (1604, 3422)
Houston Pipeline Co.
2005 Ed. (2720, 2722)
Houston Rockets
2008 Ed. (530)
2007 Ed. (579)
2006 Ed. (548)
2003 Ed. (4508)
1998 Ed. (3357)
Houston Savings Bank
2004 Ed. (4719)
Houston Symphony
1994 Ed. (1903)
1991 Ed. (894)
Houston Texans
2008 Ed. (2761)
2007 Ed. (2632)
2006 Ed. (2653)
2005 Ed. (2667, 4437)
Houston, TX
2008 Ed. (237, 977, 1819, 3112, 3407, 3463, 3519, 4015)
2007 Ed. (1109, 2601, 2664, 2693, 2843, 2860, 2997, 3004, 3362, 3365, 3504, 3505, 3507, 3508, 3509, 3644, 4125, 4174, 4176, 4230)
2006 Ed. (749, 2848, 2975, 3302, 3310, 4100, 4429)
2005 Ed. (2030, 2461, 3312, 4927)
2004 Ed. (264, 265, 268, 269, 333, 335, 336, 337, 791, 796, 797, 803, 804, 985, 988, 989, 994, 995, 1001, 1006, 1007, 1011, 1012, 1015, 1016, 1017, 1018, 1139, 1146, 1147, 2049, 2052, 2053, 2263, 2264, 2265, 2266, 2419, 2426, 2430, 2598, 2599, 2601, 2602, 2646, 2649, 2702, 2706, 2707, 2711, 2719, 2720, 2750, 2752, 2762, 2763, 2801, 2811, 2839, 2851, 2854, 2860, 2861, 2872, 2873, 2874, 2880, 2887, 2900, 2901, 2951, 2952, 2983, 2985, 3219, 3298, 3348, 3353, 3354, 3367, 3369, 3372, 3373, 3375, 3383, 3384, 3390, 3391, 3449, 3450, 3451, 3452, 3453, 3454, 3455, 3457, 3458, 3462, 3463, 3464, 3466, 3467, 3468, 3469, 3472, 3473, 3474, 3475, 3481, 3482, 3487, 3488, 3518, 3519, 3522, 3523, 3704, 3705, 3707, 3708, 3709, 3710, 3713, 3714, 3715, 3716, 3717, 3718, 3719, 3720, 3721, 3722, 3723, 3724, 3725, 3799, 4104, 4110, 4111, 4112, 4113, 4116, 4153, 4154, 4155, 4156, 4168, 4170, 4171, 4172, 4173, 4174, 4175, 4178, 4185, 4186, 4191, 4192, 4193, 4199, 4200, 4201, 4202, 4211, 4406, 4407, 4408, 4409, 4415, 4418, 4435, 4479, 4611, 4612, 4616, 4617, 4618, 4619, 4700, 4765, 4766, 4782, 4783, 4787, 4894, 4895, 4897, 4910, 4911, 4914, 4915, 4947)
2003 Ed. (231, 309, 351, 352, 353, 705, 777, 784, 872, 997, 998, 999, 1000, 1005, 1013, 1014, 1015, 1136, 1143, 1144, 1148, 2006, 2007, 2255, 2256, 2257, 2338, 2353, 2468, 2469, 2587, 2596, 2633, 2639, 2640, 2684, 2756, 2764, 2765, 2773, 2778, 2779, 2787, 2862, 2863, 3242, 3253, 3254, 3262, 3290, 3291, 3316, 3317, 3318, 3383, 3384, 3385, 3386, 3387, 3388, 3389, 3391, 3392, 3396, 3397, 3398, 3399, 3401, 3402, 3403, 3406, 3407, 3408, 3409, 3418, 3419, 3455, 3456, 3660, 3661, 3662, 3663, 3664, 3665, 3666, 3667, 3668, 3669, 3769, 3902, 3903, 3904, 3905, 3906, 3907, 3908, 3909, 3910, 3911, 3912, 3913, 3914, 4082, 4083, 4084, 4090, 4155, 4156, 4157, 4158, 4159, 4162, 4174, 4175, 4181, 4391, 4392, 4403, 4448, 4512, 4636, 4637, 4638, 4639, 4722, 4797, 4798, 4904, 4905, 4907, 4921, 4922, 4943, 4985)
2002 Ed. (229, 255, 373, 376, 396, 408, 719, 1055, 1056, 1059, 1084, 1086, 1223, 2028, 2043, 2045, 2218, 2219, 2220, 2221, 2296, 2301, 2379, 2382, 2393, 2395, 2442, 2565, 2566, 2567, 2570, 2573, 2748, 3135, 3136, 3139, 3140, 3268, 3325, 3326, 3328, 3331, 3590, 3730, 3891, 3991, 3997, 3998, 4046, 4047, 4050, 4052, 4053, 4528, 4590, 4608, 4912)
2001 Ed. (715, 2080, 2275, 2358, 2363, 2717, 2722, 2783, 2796, 3219, 3291, 3292, 3646, 3718, 3727, 4049, 4089, 4504, 4790, 4791, 4793, 4836)
2000 Ed. (331, 747, 748, 1067, 1069, 1071, 1073, 1074, 1075, 1077, 1078, 1079, 1080, 1081, 1083, 1084, 1117, 1158, 1330, 1662, 1713, 1908, 2306, 2392, 2580, 2604, 2606, 2607, 2609, 2614, 2950, 2951, 2955, 3051, 3053, 3054, 3105, 3106, 3109, 3110, 3111, 3112, 3113, 3114, 3115, 3116, 3117, 3120, 3121, 3508, 3574, 3575, 3680, 3766, 3770, 4014, 4207, 4234, 4268)
1999 Ed. (355, 526, 733, 734, 1150, 1151, 1154, 1156, 1157, 1159, 1160, 1161, 1163, 1164, 1165, 1166, 1167, 1168, 1169, 1349, 1487, 1846, 2095, 2096, 2099, 2126, 2494, 2686, 2714, 2757, 2828, 2832, 3211, 3212, 3216, 3371, 3375, 3377, 3378, 3380, 3381, 3382, 3383, 3384, 3385, 3386, 3387, 3388, 3391, 3392, 3852, 3853, 3858, 3859, 3860, 4051, 4055, 4580, 4646, 4766, 4806)
1998 Ed. (69, 359, 474, 734, 738, 741, 793, 1055, 1316, 1521, 1547, 1746, 1943, 2028, 2056, 2378, 2380, 2405, 2476, 2477, 2478, 2479, 2480, 2482, 2538, 2693, 3051, 3055, 3296, 3513, 3587, 3612, 3718)
1997 Ed. (163, 291, 322, 473, 678, 679, 1001, 1002, 1031, 1032, 1211, 1284, 1596, 1669, 1820, 2073, 2110, 2111, 2162, 2228, 2230, 2303, 2315, 2326, 2327, 2338, 2354, 2356, 2357, 2358, 2360, 2361, 2652, 2682, 2712, 2720, 2721, 2723, 2758, 2759, 2760, 2762, 2766, 2768, 2769, 2771, 2773, 2774, 2784, 2959, 3066, 3304, 3306, 3307, 3313, 3350, 3351, 3512, 3710, 3728, 3883)
1996 Ed. (156, 261, 343, 509, 747, 857, 975, 1012, 1170, 1238, 1537, 1739, 1740, 1994, 2040, 2114, 2120, 2121, 2198, 2199, 2209, 2222, 2224, 2228, 2280, 2513, 2539, 2571, 2572, 2573, 2575, 2615, 2616, 2617, 2619, 2620, 2622, 2623, 2624, 2634, 3197, 3207, 3208, 3209, 3249, 3250, 3425, 3653, 3669, 3834)
1995 Ed. (142, 230, 231, 257, 330, 676, 990, 1027, 1113, 1202, 1282, 1555, 1668, 1964, 1966, 2048, 2113, 2115, 2116, 2183, 2184, 2188, 2205, 2213, 2215, 2219, 2220, 2222, 2464, 2553, 2554, 2555, 2557, 2558, 2559, 2560, 2561, 2562, 2563, 2571, 2900, 3036, 3102, 3111, 3112, 3113,

3149, 3150, 3300, 3369, 3562, 3563, 3564, 3565, 3566, 3567, 3593, 3651, 3735)
1994 Ed. (128, 256, 482, 717, 718, 719, 827, 963, 966, 973, 1188, 1259, 1524, 1992, 2058, 2062, 2063, 2142, 2143, 2149, 2150, 2162, 2164, 2169, 2170, 2172, 2383, 2409, 2487, 2488, 2489, 2490, 2492, 2494, 2499, 2500, 2501, 2502, 2811, 2897, 2913, 3066, 3067, 3104, 3105, 3293, 3326, 3494, 3495, 3496, 3498, 3508)
1993 Ed. (57, 267, 480, 707, 709, 773, 818, 944, 949, 989, 1158, 1221, 1424, 1478, 1598, 1736, 1737, 1999, 2042, 2043, 2044, 2107, 2108, 2139, 2142, 2145, 2149, 2465, 2540, 2543, 2544, 2545, 2546, 2550, 2551, 2552, 2553, 2812, 2938, 3043, 3045, 3223, 3519, 3521, 3522, 3523, 3549, 3606, 3624, 3700)
1992 Ed. (237, 370, 374, 668, 896, 897, 1010, 1153, 1164, 1213, 1356, 1389, 1440, 1797, 2101, 2352, 2387, 2412, 2415, 2416, 2521, 2535, 2536, 2547, 2575, 2577, 2580, 2584, 3040, 3041, 3043, 3044, 3045, 3046, 3047, 3048, 3049, 3050, 3051, 3056, 3057, 3058, 3059, 3140, 3236, 3290, 3293, 3491, 3492, 3493, 3494, 3495, 3496, 3497, 3498, 3499, 3500, 3501, 3502, 3641, 3692, 3734, 3953, 4217, 4220, 4221, 4222, 4242, 4265, 4437)
1991 Ed. (56, 275, 515, 715, 936, 937, 976, 977, 1102, 1455, 1644, 1782, 1783, 1863, 1888, 1914, 1915, 1916, 1965, 1972, 1973, 1974, 1975, 1979, 1980, 1985, 2000, 2003, 2006, 2010, 2424, 2425, 2427, 2430, 2431, 2432, 2433, 2435, 2436, 2437, 2438, 2439, 2440, 2441, 2442, 2443, 2444, 2445, 2446, 2631, 2756, 2861, 2864, 2890, 2892, 3116, 3296, 3298, 3299)
1990 Ed. (286, 291, 301, 401, 404, 738, 871, 873, 917, 1002, 1003, 1005, 1006, 1007, 1008, 1009, 1010, 1054, 1055, 1148, 1150, 1151, 1218, 1553, 1867, 1868, 1958, 1986, 2019, 2022, 2111, 2123, 2124, 2125, 2126, 2154, 2158, 2163, 2165, 2486, 2487, 2546, 2548, 2549, 2551, 2554, 2555, 2556, 2557, 2558, 2559, 2560, 2561, 2562, 2563, 2564, 2565, 2566, 2567, 2656, 2882, 2883, 2884, 2885, 3003, 3047, 3048, 3523, 3524, 3526, 3527, 3528, 3529, 3530, 3535, 3536, 3608, 3609, 3614)
1989 Ed. (2, 226, 284, 727, 738, 828, 913, 914, 993, 1265, 1491, 1492, 1560, 1577, 1625, 1627, 1628, 1645, 1646, 1647, 1952, 1956, 1958, 1959, 1960, 1961, 1962, 1963, 1964, 1965, 1966, 1967, 2051, 2317)

Houston (TX) Forward Times
2003 Ed. (3645)

Houston; University of
2006 Ed. (706)
2005 Ed. (799)
1997 Ed. (968, 969, 1068, 2605, 2606)
1996 Ed. (2460, 2462)
1995 Ed. (1063, 2425)
1994 Ed. (889, 1055, 1056)
1993 Ed. (1028, 1897)

Houston-Victoria; University of
2008 Ed. (778)

Houston; Whitney
1997 Ed. (1726)
1989 Ed. (1347)

Houston Wire & Cable Co.
2008 Ed. (2862, 2865)

Houstonian Hotel, Club & Spa
2002 Ed. (2631)

Houston's Restaurants
1997 Ed. (3334)

HoustonStreet.com
2001 Ed. (4753)

Hovanian Enterprises
1996 Ed. (1096)

Hovde Financial Inc.
2004 Ed. (1418, 1419, 1422, 1423)
2000 Ed. (377)
1997 Ed. (1222)
1996 Ed. (1183)

Hovde Financial LLC
2005 Ed. (1432)
2001 Ed. (552, 553, 554, 558, 559, 560)

Hovensa LLC
2003 Ed. (3856)
2002 Ed. (3694)

Hovis
2008 Ed. (710)

Hovis Granary
2008 Ed. (710)

Hovnanian; Ara
1992 Ed. (2062)

Hovnanian; Ara K.
2008 Ed. (947)
2007 Ed. (1025)

Hovnanian Enterprises Inc.
2008 Ed. (1163, 1167, 1198, 1200, 1201, 1202, 4522)
2007 Ed. (1269, 1300, 1301, 1303, 1304, 1307, 1308, 1309, 1310, 1311, 1548, 2749)
2006 Ed. (1191, 1193, 1194, 1195, 1196, 1197, 1199, 1200, 1202, 1203, 1494, 1520, 2947, 4190, 4580, 4581)
2005 Ed. (1183, 1188, 1191, 1192, 1201, 1203, 1206, 1211, 1222, 1225, 1228, 1229, 1230, 1233, 1234, 1235, 1237, 1238, 1246, 1256, 1610, 2948, 4006, 4007, 4500)
2004 Ed. (1137, 1196, 1200, 1203, 1204, 1205, 1209, 1210, 1211, 4074, 4075, 4555)
2003 Ed. (1135, 1173, 1184, 1189, 1191, 1195, 1202)
2002 Ed. (1181, 1197, 2660, 2666, 2685)
2000 Ed. (1192, 1228)
1998 Ed. (878, 885)
1996 Ed. (1101)
1995 Ed. (1126, 1129)
1991 Ed. (1054)
1990 Ed. (1164)

Hovnanian Enterprises; K.
1996 Ed. (1097)

Hovnanian; Kevork
1991 Ed. (1631)

Hovnavian Enterprises Inc.
1996 Ed. (1107, 1132)

How Does Your Garden Grow?
2008 Ed. (4812)

How Full is Your Bucket?
2006 Ed. (635)

How I Play Golf
2003 Ed. (717)

The How of WOW: A Guide to Giving a Speech That Will Positively Blow 'Em Away
2007 Ed. (658)

How the Grinch Stole Christmas
2003 Ed. (708)

How the West Was Fun
1998 Ed. (3674)

How to Get Rich; Trump:
2006 Ed. (635)

How to Lose a Guy in 10 Days
2005 Ed. (4832)

How to Win Friends and Influence People
1990 Ed. (2768)

How to Write a Business Plan
2007 Ed. (660)

How We Got Here: A Slightly Irreverent History of Technology & Markets
2007 Ed. (661)

Howard
1990 Ed. (1795)

Howard A Goldberg
2000 Ed. (1877)

Howard; Alan
2008 Ed. (4902)

Howard & Co.; Edward
1997 Ed. (3209)
1996 Ed. (3106, 3108, 3132)
1995 Ed. (3029)
1994 Ed. (2969)
1992 Ed. (3575)

Howard & Howard Attorneys PC
2007 Ed. (2904)

Howard & McInnes
1999 Ed. (3089)

Howard Atkins
2007 Ed. (1091)
2006 Ed. (999)

Howard B. Hornstein Law Office
1992 Ed. (2901)

Howard Bank NA
1997 Ed. (642)

Howard Birndorf
2001 Ed. (2279)

Howard Block
2000 Ed. (2000)

Howard Books
2008 Ed. (3622)

Howard County, IN
1998 Ed. (2081)

Howard County, MA
2002 Ed. (1805)

Howard County, MD
1995 Ed. (337, 1509, 1512, 1513)
1994 Ed. (716, 1478, 1479, 2168)

Howard D. Rothschild
1994 Ed. (896, 1057)

Howard De Walden Estates Ltd.
1995 Ed. (1006)
1994 Ed. (993)

Howard Esaki
2000 Ed. (1970)
1999 Ed. (2198)

Howard Fischer Associates
2000 Ed. (1868)

Howard Gary & Co.
1998 Ed. (471)
1993 Ed. (708, 2262, 2266)

Howard Goldberg
2000 Ed. (1943)
1999 Ed. (2172)
1998 Ed. (1587)
1997 Ed. (1945)

Howard Goldfeder
1989 Ed. (1377)

Howard Hanna
2008 Ed. (4110)
2007 Ed. (4077)

Howard Hanna Holdings
2006 Ed. (4037)

Howard Hughes Medical Institute
1994 Ed. (2771)
1993 Ed. (2782)
1992 Ed. (1094, 1094, 3256, 3357)
1991 Ed. (892, 1003, 1767, 2688)
1990 Ed. (2785)
1989 Ed. (2164)

Howard I. Atkins
2008 Ed. (370)
2007 Ed. (385)

Howard J. Aibel
1996 Ed. (1228)

Howard J. Rubenstein Assoc. Inc.
1990 Ed. (2922)

Howard J. Rubenstein Associates Inc.
1997 Ed. (3207)
1995 Ed. (3027)
1994 Ed. (2967)
1992 Ed. (2901, 3573)
1991 Ed. (2775)
1989 Ed. (2259)

Howard; J. Timothy
2006 Ed. (978)
2005 Ed. (985)

Howard; Jerry
2006 Ed. (1201)

Howard Johnson
1999 Ed. (2779, 2782)
1998 Ed. (2025)
1997 Ed. (2296)
1996 Ed. (2181)
1992 Ed. (2488, 2493)
1990 Ed. (2068, 2069, 2076, 2085)

Howard Johnson AmeriSuites
1991 Ed. (1944)

Howard Johnson Franchise
1991 Ed. (1953)

Howard Johnson Franchise Systems, Inc.
1990 Ed. (2087)

Howard Johnson Inns
1996 Ed. (2178)
1993 Ed. (2096)

Howard Johnson Plaza Hotel
1993 Ed. (2094)

Howard Johnson's
1995 Ed. (3398)
1991 Ed. (1949)

Howard L. Berman
1992 Ed. (1039)

Howard L. Kleinoeder
1993 Ed. (893)

Howard Lee Schiff PC
2001 Ed. (1315)

Howard Lincoln Shearer
2008 Ed. (2629)

Howard M. Love
1992 Ed. (1141)

Howard; Mark
1997 Ed. (1929)

Howard Marlboro Group Worldwide
1998 Ed. (1287)

Howard McLure
2006 Ed. (965)

Howard; Melvin
1991 Ed. (1627)

Howard, Merrell & Partners
2003 Ed. (171)

Howard Most
1998 Ed. (1568)

Howard Needles Tammen & Bergendoff
1994 Ed. (234, 1639, 1642)
1993 Ed. (245, 1607, 1609)
1992 Ed. (1952)
1990 Ed. (279, 1665)

Howard Penney
2000 Ed. (2038)
1998 Ed. (1667)

Howard Pien
2006 Ed. (2517)

Howard Pontiac-GMC Inc.
1992 Ed. (414)

Howard Press
2002 Ed. (3767)
2000 Ed. (3614)
1998 Ed. (2924)

Howard R. Levine
2006 Ed. (933)

Howard Rheingold
2005 Ed. (2322)

Howard Ronson
1991 Ed. (2640)

Howard Rowen
2008 Ed. (3376)
2007 Ed. (3248, 3249)
2006 Ed. (3189)

Howard Rubel
2000 Ed. (1980)

Howard S. Wright Construction Co.
2002 Ed. (1246)

Howard Savings Bank
2000 Ed. (487)
1993 Ed. (3283)
1992 Ed. (2156)
1991 Ed. (1724)
1990 Ed. (428)
1989 Ed. (638, 2831)

Howard Schilit
2005 Ed. (3205)
2004 Ed. (3169)

Howard Schultz
2002 Ed. (1040)

Howard-Sloan-Koller Group
2002 Ed. (2176)
1995 Ed. (1724)
1994 Ed. (1711)
1993 Ed. (1692)

Howard-Sloan Search Inc.
2002 Ed. (2176)
2000 Ed. (1867)

Howard Smith
2006 Ed. (980)

2002 Ed. (2708)
Howard Soloman
2005 Ed. (980)
Howard Solomon
2007 Ed. (1020)
2006 Ed. (921, 935, 938)
2005 Ed. (981)
2003 Ed. (957, 958, 959)
1997 Ed. (1796)
1995 Ed. (982)
Howard Stem
1991 Ed. (1042)
Howard Stern
2008 Ed. (2580, 2585, 2586)
2007 Ed. (4061)
2006 Ed. (2487)
2004 Ed. (2415)
2003 Ed. (2335)
2002 Ed. (4546)
2001 Ed. (3959)
Howard Stern Special
1995 Ed. (880)
Howard University
2008 Ed. (181, 768, 778)
2007 Ed. (793, 799, 809, 816)
2006 Ed. (700, 714, 730)
2004 Ed. (180)
2000 Ed. (744)
1993 Ed. (1502)
1992 Ed. (4423)
1991 Ed. (1444, 3473)
1990 Ed. (3682)
1989 Ed. (2903)
Howard University Hospital
1993 Ed. (1502)
1992 Ed. (4423)
1991 Ed. (3473)
1990 Ed. (3682)
1989 Ed. (2903)
Howard Weil
2008 Ed. (3384)
Howard, Weil, Labouisse, Friedrichs
1993 Ed. (3188)
1991 Ed. (3054)
Howarth & Associates
1996 Ed. (2356)
1995 Ed. (2339)
1993 Ed. (2263)
1991 Ed. (2170)
Howarth Montague and Associates
1999 Ed. (3010, 3012, 3017, 3020)
1998 Ed. (2235, 2236)
Howden Group
1994 Ed. (1379)
Howden North America Inc.; Alexander
1994 Ed. (2241)
1993 Ed. (2192)
Howe & Associates Inc.
2000 Ed. (1868)
Howe Barnes Hoefer & Arnett
2008 Ed. (339)
Howe; Wesley J.
1991 Ed. (1630)
1990 Ed. (975, 1724)
1989 Ed. (1383)
Howell Corp.
2004 Ed. (3844)
2003 Ed. (3837)
Howell III; Thurston
2008 Ed. (640)
Howell III; Thuston
2007 Ed. (682)
Howell Industries, Inc.
1992 Ed. (476, 477)
1991 Ed. (343, 344)
1990 Ed. (391, 392)
Howell Corp.; Ward
1995 Ed. (1724)
1990 Ed. (1710)
Howes; Tim
2006 Ed. (1003)
Howmet Casting Inc.
2008 Ed. (3651)
2007 Ed. (3477)
2006 Ed. (3454)
Howrey
2007 Ed. (3326, 3327)
Howrey Simon Arnold & White
2006 Ed. (3242, 3244)
2004 Ed. (3240)
2003 Ed. (3172, 3173, 3174, 3193, 3195)
Howson-Algraphy
1991 Ed. (1170)
HowStuffWorks.com
2003 Ed. (3051)
Howtek Inc.
1994 Ed. (205)
Hoy en Delaware LLC
2008 Ed. (3702)
Hoya
2007 Ed. (2349)
Hoya; Oscar de la
2007 Ed. (294)
Hoya Vision Care
2007 Ed. (3752, 3753)
2006 Ed. (3753, 3754)
Hoyem-Basso Associates Inc.
1989 Ed. (267)
Hoyer; Steny H.
1994 Ed. (845)
Hoyne Savings Bank
2008 Ed. (4674)
2007 Ed. (4750)
Hoyt Jr.; Henry H.
1995 Ed. (2580)
Hoyts Cinemas Ltd.
2001 Ed. (3365, 3388)
1999 Ed. (3451)
1990 Ed. (2610)
HP
2008 Ed. (833, 834, 4632)
2007 Ed. (4703)
2006 Ed. (3900)
2000 Ed. (2638)
1999 Ed. (2837, 2838, 3470)
1995 Ed. (1096, 1761)
1992 Ed. (372)
HP/Apollo
1992 Ed. (4493)
HP Capital
2001 Ed. (3190)
HP Direct Inc.
2006 Ed. (2374)
HP Employees Credit Union
2003 Ed. (1908)
2002 Ed. (1833, 1838, 1850)
H.P. Employees Federal Credit Union
1997 Ed. (1559)
H.P. Federal Credit Union
1993 Ed. (1448)
HP Foods
1993 Ed. (1879)
HP Hood
2003 Ed. (3410)
HP Hood LLC
2008 Ed. (2278, 2279)
2007 Ed. (2160)
HP Pavilion
2006 Ed. (1153)
HPI Health Care Services
1995 Ed. (2137)
1994 Ed. (2081)
1993 Ed. (2069)
1992 Ed. (2454)
HPM Industries
2004 Ed. (3956)
2002 Ed. (3778)
HPS Ltd.
2008 Ed. (1790)
HPS Marketing Communication
1995 Ed. (3018)
HPS Office Systems LLC
2007 Ed. (4411)
2006 Ed. (4351)
HPShopping.com
2007 Ed. (2317)
HPY Holding-HTF Holding Oyj ABP
2002 Ed. (2468)
HQ Office Supplies Warehouse
1992 Ed. (3283)
HQ Sustainable Maritime Industries Inc.
2008 Ed. (2724, 2725)
2007 Ed. (2587)
Hqambros Bank (Jersey) Ltd.
1995 Ed. (442)
HR Consulting Group Inc.
2007 Ed. (2360, 2361)
HR Logic
2002 Ed. (2114)
HR Logic Holdings Inc.
2004 Ed. (2406)
HR Magazine
2008 Ed. (4714)
HR Search Firm
2008 Ed. (2627)
HR Tech LLC
2003 Ed. (1751)
HRAmerica
2005 Ed. (3902)
HRC/Accor
1997 Ed. (2704)
HRCS Inc.
2000 Ed. (1866)
1999 Ed. (2073)
HREC Investment Advisors
2008 Ed. (3071)
HRH Construction
2007 Ed. (1384)
2002 Ed. (1262)
1999 Ed. (1339)
HRH Construction LLC
2008 Ed. (1321, 1331)
2006 Ed. (1331)
2003 Ed. (1264, 1308)
HRLogix LLC
2007 Ed. (3591)
HRPT Properties Trust
2008 Ed. (4128)
HRS Erase Inc.
2006 Ed. (1830)
2005 Ed. (1831)
HRsmart
2006 Ed. (2409)
HRT
2001 Ed. (26)
HRU Inc.
2008 Ed. (4967)
Hruska; Dr. Jan
2007 Ed. (2464)
2006 Ed. (2500)
2005 Ed. (2463)
Hrvatska Kreditna Banka Za Obnovu
1997 Ed. (444)
Hrvatska Lutrija
2008 Ed. (34)
Hrvatska Postanska Banka
2006 Ed. (429)
2005 Ed. (506)
2004 Ed. (486)
2003 Ed. (480)
2002 Ed. (547)
HSA Corp.
2003 Ed. (826)
1996 Ed. (454)
1994 Ed. (434)
1993 Ed. (434)
1992 Ed. (616)
HSA Commercial Real Estate
2002 Ed. (3934)
HSB Group, Inc.
2004 Ed. (1470)
1999 Ed. (2966)
HSB Professional Loss Control
2006 Ed. (4265)
2005 Ed. (4287, 4288)
HSBC
2008 Ed. (368, 642, 650, 707, 724, 733, 2699, 3403)
2007 Ed. (685, 690, 738, 746, 747, 754, 2559, 2567, 3286)
2006 Ed. (653, 2598, 4275)
2004 Ed. (757)
2003 Ed. (745)
2001 Ed. (1725)
2000 Ed. (463, 524, 2998, 2999, 3418)
HSBC Americas Inc.
2000 Ed. (393, 3745, 3746)
1999 Ed. (610, 665, 2438, 4031, 4032)
1998 Ed. (268, 419, 1164)
1997 Ed. (3284, 3285)
HSBC Asset Management
2006 Ed. (3211)
HSBC Asset Management, Asia Pacific
1999 Ed. (3099)
HSBC Asset Management, Hong Kong
1997 Ed. (2544)
HSBC Bamerindus
2001 Ed. (604)
2000 Ed. (473)
HSBC Banco Roberts
2001 Ed. (600, 601, 602)
2000 Ed. (456, 458, 461)
HSBC Banco Roberts Uruguay SAIFE Montevideo
2000 Ed. (688)
HSBC Bank
2007 Ed. (495, 508, 509, 511)
2006 Ed. (479)
2005 Ed. (475, 567, 2048)
2001 Ed. (1037)
HSBC Bank Argentina
2007 Ed. (395)
2005 Ed. (458)
2004 Ed. (447)
HSBC Bank Armenia
2004 Ed. (467)
HSBC Bank AS
2008 Ed. (516)
2007 Ed. (564)
2006 Ed. (533)
2005 Ed. (620)
2004 Ed. (632)
HSBC Bank Brasil
2007 Ed. (408, 498)
2006 Ed. (421)
2005 Ed. (470)
2003 Ed. (566)
HSBC Bank Brazil
2008 Ed. (2709)
HSBC Bank Canada
2008 Ed. (391, 392, 2713)
2007 Ed. (412, 414)
2006 Ed. (423, 2588)
2005 Ed. (473, 1667, 2585, 3491)
HSBC Bank Malaysia
2008 Ed. (473)
2007 Ed. (516)
2006 Ed. (497)
2005 Ed. (575)
2004 Ed. (589)
HSBC Bank Malta
2008 Ed. (474)
2007 Ed. (517)
2006 Ed. (498, 4519)
HSBC Bank plc
2002 Ed. (2259, 2411)
HSBC Bank USA
2006 Ed. (372, 386, 392, 2241)
2005 Ed. (191, 382, 428, 434)
2004 Ed. (363, 422)
2003 Ed. (384, 428, 434)
2002 Ed. (3210, 3391)
2001 Ed. (642, 644)
2000 Ed. (1433)
HSBC Bank USA NA
2008 Ed. (340, 342, 347, 348, 357, 362, 363)
2007 Ed. (210, 353, 355, 359, 360, 369, 375)
HSBC Corporate Finance
1997 Ed. (3472)
HSBC Equity
2002 Ed. (3440, 3442)
2001 Ed. (3469, 3471)
HSBC Finance Corp.
2008 Ed. (2199)
2007 Ed. (2089)
2006 Ed. (2145)
HSBC Financial Services (Cayman) Ltd.
2008 Ed. (858)
2006 Ed. (787)
2001 Ed. (2921)
HSBC France
2008 Ed. (416)
HSBC Group
2000 Ed. (1444, 1469)
1999 Ed. (1643)
1998 Ed. (1498, 1503)
1997 Ed. (1421, 3002)
1996 Ed. (1338, 1368)
1995 Ed. (471, 1388, 1407)
HSBC High Growth Hong Kong
1996 Ed. (2815)
HSBC Holdings
2007 Ed. (75)
2005 Ed. (21)
2000 Ed. (521, 522, 523, 534, 540, 561, 563, 564, 566, 1442, 1474, 1478, 2493, 2494)

1999 Ed. (510, 511, 512, 513, 514, 516, 524, 531, 548, 550, 551, 552, 553, 555, 953, 1089, 1613, 1642, 1646, 1661, 1667, 1671, 2715, 2716, 3262, 3263)
1998 Ed. (355, 357, 382, 1149, 1159, 3008)
1997 Ed. (458, 460, 480, 519, 1385, 1416, 1422, 1451, 2015, 2247, 2248, 2685, 2686)
1996 Ed. (495, 521, 553, 562, 1326, 1354, 1369, 1374, 1375, 1395, 2136, 2137, 2141, 2143, 2544, 2545, 2546, 3410)
1995 Ed. (463, 477, 510, 1373, 1403, 1408, 1413, 2128, 2130, 3336, 3514)
1994 Ed. (518, 521, 1227, 1378, 1385, 2077, 2078, 2410)
1993 Ed. (524, 1329)
HSBC Holdings plc
2008 Ed. (45, 81, 409, 411, 441, 443, 444, 447, 448, 520, 521, 1053, 1455, 1735, 1736, 1738, 1742, 1748, 1750, 1754, 1814, 1844, 1848, 1853, 2122, 2124, 2135, 2198, 2698, 2922, 3505, 4666)
2007 Ed. (41, 439, 440, 441, 447, 475, 476, 478, 479, 482, 483, 505, 507, 567, 568, 569, 649, 650, 881, 1160, 1461, 1687, 1693, 1706, 1707, 1709, 1713, 1716, 1720, 1722, 1726, 1728, 1783, 1806, 1807, 1809, 2026, 2027, 2031, 2041, 2042, 2558, 3990, 4299, 4306, 4310, 4317, 4326, 4330, 4335, 4658, 4659, 4663, 4665, 4668, 4669)
2006 Ed. (50, 80, 437, 438, 463, 465, 466, 469, 470, 536, 537, 538, 1068, 1475, 1481, 1691, 1698, 1711, 1712, 1799, 1802, 2054, 2058, 2059, 2060, 2070, 2590, 2591, 2896, 3328, 4546)
2005 Ed. (43, 71, 496, 508, 534, 535, 537, 538, 541, 542, 623, 624, 871, 1060, 1431, 1465, 1468, 1542, 1549, 1563, 1765, 1766, 1812, 1814, 1815, 1824, 2194, 2195, 2588, 3941, 4263, 4311, 4324, 4328, 4516, 4577, 4580, 4581, 4582, 4583, 4584)
2004 Ed. (49, 76, 97, 488, 529, 552, 554, 555, 559, 560, 635, 1415, 1547, 1707, 1708, 1758, 2088, 2089, 4341, 4352, 4382)
2003 Ed. (490, 491, 494, 536, 538, 539, 542, 543, 626, 1527, 1721, 1839, 2474, 4610)
2002 Ed. (40, 557, 578, 580, 581, 583, 587, 588, 659, 663, 731, 807, 826, 831, 844, 1389, 1415, 1638, 1650, 1692, 1785, 1786, 1788, 1789, 2161, 2271, 2272, 2276, 3188, 3194, 3215, 3217, 3796, 4202, 4231, 4252, 4421, 4422)
2001 Ed. (624, 628, 630, 643, 963, 965, 1696, 1719, 1740, 1884, 1885, 1889, 3155)
2000 Ed. (559, 560)
1997 Ed. (459, 469, 3262)
HSBC Holdings (United Kingdom)
2000 Ed. (562, 565)
HSBC Hong Kong Growth
1997 Ed. (2909, 2910, 2921)
HSBC Insurance Group
2008 Ed. (3286, 3287)
HSBC Insurance Management
2008 Ed. (852, 855)
2007 Ed. (879)
2006 Ed. (784)
1999 Ed. (1030)
HSBC Insurance Management (USA)
2008 Ed. (859)
HSBC Insurance Solutions (Bermuda) Ltd.
2006 Ed. (786)
HSBC InvestDirect
2002 Ed. (813, 814, 815, 816, 817, 818)
HSBC Investment Bank
2005 Ed. (1456)
2003 Ed. (3098)
1998 Ed. (381)
HSBC Investment Bank Asia Ltd.
2000 Ed. (547)
1999 Ed. (535)
HSBC Investments (North America) Inc.
2008 Ed. (2199)
HSBC Investor Fixed-Income Fund
2003 Ed. (3528, 3535)
HSBC Investor International Equity
2004 Ed. (4573)
HSBC James Capel
1999 Ed. (868, 869, 870, 871, 2296)
HSBC La Buenos Aires Seguros
2008 Ed. (3253)
2007 Ed. (3108)
HSBC Life Insurance
2001 Ed. (2882)
HSBC Markets
1996 Ed. (1652)
HSBC Mexico
2008 Ed. (462, 463, 464, 465, 466, 467, 476)
2007 Ed. (519, 520)
HSBC Midland
1998 Ed. (349)
1995 Ed. (1540)
HSBC Mortgage Corp. (Canada)
2007 Ed. (4859)
HSBC North America
2007 Ed. (370)
HSBC North America Holdings
2008 Ed. (358, 2199)
HSBC (Panama)
2007 Ed. (536)
HSBC Private Bank (Jersey) Ltd.
2000 Ed. (485)
HSBC Private Banking
2008 Ed. (2923)
HSBC Private Banking Holdings
2007 Ed. (2793)
2006 Ed. (2799)
2005 Ed. (2819)
HSBC Republic Investments
2008 Ed. (2923)
HSBC Securities
2002 Ed. (2166)
2001 Ed. (2427)
2000 Ed. (867, 869, 871, 872, 880, 888, 2073, 2145)
HSBC Securities Japan
1999 Ed. (2363)
HSBC Simpson McKie
2001 Ed. (1536)
HSBC U.S. Equity
2003 Ed. (3582)
HSBC USA Inc.
2005 Ed. (360)
2001 Ed. (573, 574)
HSE Integrated
2007 Ed. (1622)
HSH Nordbank
2005 Ed. (512)
HSH Nordbank AG
2008 Ed. (418)
2007 Ed. (452)
2006 Ed. (446)
HSH Nordbank International
2008 Ed. (472)
2007 Ed. (515)
2006 Ed. (495)
Hsinchu Science Park
1997 Ed. (2373)
Hsing Ta Cement Co. Ltd.
1994 Ed. (1460, 1464)
HSM Electronic Protections Services Inc.
2008 Ed. (4296, 4297, 4298, 4299, 4301)
2007 Ed. (4294, 4295, 4296)
HSM Security
2006 Ed. (4268, 4270, 4272, 4273)
HSN
2007 Ed. (4739)
2005 Ed. (4663)
2004 Ed. (4691)
2003 Ed. (4714)
2001 Ed. (4496)
1999 Ed. (3308)
1998 Ed. (3501)
HSN Communications
1993 Ed. (3544)
1992 Ed. (4256)
HSN Telemarketing Services
1992 Ed. (4206)
HSR Business to Business
2005 Ed. (3975)
2004 Ed. (4022)
2001 Ed. (211)
HSU Development
2007 Ed. (1272)
2005 Ed. (1164)
Hsu; Douglas
2008 Ed. (4852)
Hsu; Lynn
2008 Ed. (4991)
Hsupply
2001 Ed. (4756)
HSW Investments Inc.
1993 Ed. (3314)
1992 Ed. (3960, 3967)
1991 Ed. (3118, 3119, 3125)
1990 Ed. (3284, 3289)
HT Investors, R.I.
1989 Ed. (2155)
HTC Global Services Inc.
2008 Ed. (3707, 4384)
2007 Ed. (292, 3567, 4427)
2006 Ed. (3520, 4359)
HTCO Aggressive Bond
1996 Ed. (626, 627)
HTCO Defensive Fixed
1997 Ed. (569)
HTL International Holdings
2007 Ed. (1972)
HTM Sport- un Freizeitgerate AG
2001 Ed. (3216)
HTR Global Technology
1997 Ed. (2909)
HTR Independent Portfolio
1997 Ed. (2916)
http://www.aol.com
2002 Ed. (4887)
http://www.hotmail.com
2002 Ed. (4887)
http://www.iwon.com
2002 Ed. (4887)
http://www.lycos.com
2002 Ed. (4887)
http://www.microsoft.com
2002 Ed. (4887)
http://www.msn.com
2002 Ed. (4887)
http://www.netscape.com
2002 Ed. (4887)
http://www.passport.com
2002 Ed. (4887)
http://www.real.com
2002 Ed. (4887)
http://www.yahoo.com
2002 Ed. (4887)
httprint
2005 Ed. (1129)
H20 Plus
2007 Ed. (4986)
H2M Group
2000 Ed. (1825)
1994 Ed. (1653)
1991 Ed. (1563)
Hua Chiao Comm Bank
1991 Ed. (539)
Hua Chiao Commercial Bank
2003 Ed. (501)
2002 Ed. (566)
2000 Ed. (548)
1999 Ed. (536)
1996 Ed. (529)
1995 Ed. (485)
1994 Ed. (501)
1992 Ed. (695)
1989 Ed. (553)
Hua Commercial Bank
1989 Ed. (691)
Hua; Lim Hwee
1997 Ed. (2001)
Hua Nan Bank
2000 Ed. (4176)
1999 Ed. (646)
1996 Ed. (1399)
Hua Nan Commercial Bank
2008 Ed. (511)
2007 Ed. (559)
2006 Ed. (529)
2005 Ed. (531, 532, 616)
2004 Ed. (526, 627)
2003 Ed. (618)
2002 Ed. (654)
2000 Ed. (671)
1997 Ed. (517, 624, 3682)
1996 Ed. (690, 3628)
1995 Ed. (616)
1994 Ed. (644, 1849, 3472)
1993 Ed. (425, 641, 3502)
1992 Ed. (845, 2157, 4189)
1991 Ed. (672, 673)
1990 Ed. (695)
1989 Ed. (690)
Hua Nan Financial Holdings
2008 Ed. (434)
Hua Securities Co., Ltd.; Kuo
1992 Ed. (3945)
Hua Tsu Cosmetic Co., Ltd.
1992 Ed. (1798)
1990 Ed. (1498)
Hua Xia Bank
2002 Ed. (542)
Hua Yue Textile Co., Ltd.
1990 Ed. (3571)
Huafa Electronics
1994 Ed. (3291, 3292)
Huaion
1998 Ed. (2880)
Hualon Corp.
2006 Ed. (2577)
1999 Ed. (4531)
1997 Ed. (1520, 3683)
1996 Ed. (1745, 3629)
1995 Ed. (1497)
1994 Ed. (1457, 1458, 2439, 3473, 3525)
1993 Ed. (1409)
1992 Ed. (1697, 1698, 2975)
1991 Ed. (1357)
1990 Ed. (1425, 1426, 2519)
1989 Ed. (1166)
Hualon-Teijran
2000 Ed. (4177)
1993 Ed. (3501)
1992 Ed. (4188)
1991 Ed. (3271)
1989 Ed. (1165)
Huaneng Power International Inc.
2008 Ed. (1745, 2505)
2007 Ed. (1716, 1721, 1727, 1728, 2390)
2006 Ed. (1641, 4304)
2003 Ed. (4578)
2001 Ed. (1671)
Huang Guangyu
2004 Ed. (4880)
Huangjindadang
2007 Ed. (27)
2006 Ed. (35, 36)
Huawei Technologies
2007 Ed. (1657)
2003 Ed. (2201)
Hub City Foods Inc.
1995 Ed. (1198)
1993 Ed. (1156)
Hub City Ohio Terminals
1992 Ed. (4354)
Hub Group Inc.
2008 Ed. (205)
2007 Ed. (219, 2647, 4808, 4822)
2006 Ed. (209, 210, 211, 2994, 4804, 4810)
2005 Ed. (2688, 4755, 4757)
2004 Ed. (2690, 4784, 4786)
2003 Ed. (4800)
2002 Ed. (1611, 4666)
2001 Ed. (1666, 3161)
Hub International Ltd.
2008 Ed. (3227, 3228)
2007 Ed. (1652)
2006 Ed. (1636, 1637)
2004 Ed. (1571)
2003 Ed. (1641)
Hub One Logistics
2006 Ed. (3994)
Hub Power Co.
2006 Ed. (4527)
2005 Ed. (2305)
2002 Ed. (3044)

2000 Ed. (2878)
1999 Ed. (3132, 3133)
1997 Ed. (2588)
Hub Power Company
2000 Ed. (2879)
Hubbard Automotive Group
2008 Ed. (166)
Hubbard Construction Co.
2002 Ed. (1191)
2000 Ed. (1215)
1999 Ed. (1332)
The Hubbard Group
2006 Ed. (1182, 1343)
2004 Ed. (1290, 2828)
2003 Ed. (1287, 2745)
Hubbard Investments
1998 Ed. (467)
Hubbard Investments LLC
1999 Ed. (729)
1997 Ed. (675)
Hubbard Jr.; Carroll
1992 Ed. (1039)
Hubbard One
2005 Ed. (3902)
Hubbard; Stanley S.
2007 Ed. (4891)
Hubbardton Forge
2008 Ed. (2151)
Hubbell Inc.
2008 Ed. (2418)
2007 Ed. (2284, 2285, 2339)
2006 Ed. (2347, 2348, 2349, 2350, 2397)
2005 Ed. (2280, 2283, 2284, 2285, 2286)
2004 Ed. (2179, 2182, 2183, 2184)
2003 Ed. (2130, 2132, 4562)
2001 Ed. (2140, 2141)
2000 Ed. (1750)
1999 Ed. (1939)
1998 Ed. (1372, 1373)
1997 Ed. (1685)
1995 Ed. (1624, 1625)
1994 Ed. (1582, 1583, 1584)
1993 Ed. (221, 1543, 1546)
1992 Ed. (1882, 1883, 1884)
1991 Ed. (1481, 1482, 1483)
1990 Ed. (1585, 1586, 1587)
1989 Ed. (1287, 1288)
Hubcap Acquisition LLC
2008 Ed. (1806)
HUBCO Inc.
2000 Ed. (394, 632)
Hubei Jingniu Group
2008 Ed. (848)
Hubei Shuanghuan
2000 Ed. (4076)
Hubell
1996 Ed. (1607)
Huber Brewing Co.; Jos.
1989 Ed. (757)
Huber Farm Management
1992 Ed. (2108)
1991 Ed. (1648)
Huber Group
2008 Ed. (3219)
2007 Ed. (3078)
2006 Ed. (3046)
2001 Ed. (2877)
Huber, Hunt and Nichols Inc.
2001 Ed. (1465)
1997 Ed. (1137, 1182)
1996 Ed. (1112, 1122)
1994 Ed. (1109, 1131)
1992 Ed. (1357)
1990 Ed. (1183)
1989 Ed. (1000)
Huber Corp.; J. M.
2008 Ed. (3674, 3675)
2007 Ed. (3511, 3512)
2006 Ed. (3481, 3482)
2005 Ed. (3480, 3481)
1994 Ed. (1004, 2934)
1992 Ed. (1203)
1991 Ed. (968)
Huber Corp.; J.M.
1990 Ed. (1039)
Huber; Joseph
1990 Ed. (751)
Hubert Co.
2008 Ed. (2729)
2007 Ed. (2593, 2595)
2006 Ed. (2619)
2005 Ed. (2623)
2000 Ed. (2243)
1999 Ed. (2482)
Hubert Burda
2004 Ed. (4875)
Hubert C. Leach Ltd.
1992 Ed. (1193)
Hubert Distributors Inc.
2002 Ed. (4988)
2001 Ed. (4924)
2000 Ed. (4432)
1999 Ed. (4812)
1998 Ed. (3762)
1997 Ed. (3917)
1996 Ed. (3880)
1995 Ed. (3795)
1994 Ed. (3670)
1993 Ed. (3735)
1992 Ed. (4485)
1991 Ed. (3515)
1990 Ed. (3707)
Hubinger
1994 Ed. (195)
Hucheson & Grundy
1990 Ed. (2420)
Huck; Paul
2007 Ed. (1084)
HUD housing loans
1989 Ed. (1220)
HudBay Minerals Inc.
2008 Ed. (1621, 1625, 3677)
2007 Ed. (4578)
Huddle House
2008 Ed. (4177)
2007 Ed. (4145)
2005 Ed. (4071)
2004 Ed. (4134)
2003 Ed. (4119)
2002 Ed. (4015)
Hudephol-Schoenling
1992 Ed. (929)
Hudepohl-Schoenling
1997 Ed. (713)
1992 Ed. (931, 934)
1991 Ed. (742)
1990 Ed. (751, 753, 756, 757, 762)
1989 Ed. (759, 760)
Hudson & Keyse
2008 Ed. (2704)
Hudson Bay Co.
1996 Ed. (3243)
Hudson Bay Mining & Smelting
1997 Ed. (2794)
1996 Ed. (2649)
1994 Ed. (2526)
1992 Ed. (3085)
Hudson City
2002 Ed. (443, 572)
1992 Ed. (2156)
1991 Ed. (1724)
Hudson City Bancorp
2008 Ed. (355)
2007 Ed. (383)
2006 Ed. (400, 4735)
2005 Ed. (4223, 4224)
2004 Ed. (4290, 4291)
2003 Ed. (422)
2001 Ed. (4530)
Hudson City MHC
2003 Ed. (530)
Hudson City Savings Bank
2007 Ed. (3019, 3629, 3635, 4250)
2006 Ed. (2988, 3569, 3570)
2005 Ed. (3303)
2002 Ed. (627)
2000 Ed. (3856)
1998 Ed. (3556)
Hudson County Jail 3315
1999 Ed. (3902)
Hudson County, NJ
1991 Ed. (2774)
Hudson Foods Inc.
2003 Ed. (3233, 3234)
2001 Ed. (3152, 3153)
1999 Ed. (1489, 2117, 4693)
1998 Ed. (2454, 2895, 2896)
1997 Ed. (2037, 2734, 3143)
1996 Ed. (1938, 1940, 2584, 2588, 3059, 3061, 3063)
1995 Ed. (1285, 1339, 1899, 2521, 2524, 2961, 2962, 2965)
1994 Ed. (1318, 1872, 1873, 1874, 2908)
1993 Ed. (1273)
1992 Ed. (2181, 2994, 3509, 3511)
1990 Ed. (2527)
The Hudson Group
2008 Ed. (4317)
Hudson Hotels
1992 Ed. (2467)
Hudson Co. Improvement Authority, NJ
1991 Ed. (2529)
Hudson Industries
2007 Ed. (3958)
Hudson Institute Inc.
1993 Ed. (892)
Hudson Investment Group
2002 Ed. (1587)
Hudson Mitsubishi; Jim
1992 Ed. (392)
1991 Ed. (287)
Hudson-Odom
2008 Ed. (4683)
2007 Ed. (4760)
2006 Ed. (4754)
Hudson Place Investments Ltd.
1992 Ed. (1191)
1991 Ed. (958, 961)
Hudson Reinsurance Co. Ltd.
1993 Ed. (847, 848)
Hudson River Tr.: Global
1992 Ed. (4379)
Hudson River Tr.: High Yield.
1992 Ed. (4375)
Hudson River VL Com Stk
1990 Ed. (3664)
Hudson River VL FlexMgd
1990 Ed. (273)
Hudson River VL MM
1990 Ed. (3662)
1989 Ed. (262)
Hudson Toyota
2005 Ed. (319)
2004 Ed. (271)
2002 Ed. (353)
1991 Ed. (297, 311)
1990 Ed. (347)
Hudson United Bancorp
2006 Ed. (404)
2005 Ed. (358, 359, 450, 625, 626)
2004 Ed. (636, 637)
2003 Ed. (423, 424, 427)
Hudson United Bank
2002 Ed. (626)
2001 Ed. (644)
2000 Ed. (633)
1998 Ed. (416)
Hudson Valley Credit Union
2008 Ed. (2249)
2007 Ed. (2134)
2006 Ed. (2213)
2005 Ed. (2118)
2004 Ed. (1976)
2003 Ed. (1936)
2002 Ed. (1882)
Hudson Valley Holding Corp.
2004 Ed. (401, 404, 405, 409)
2002 Ed. (3551, 3552, 3556, 3557)
Hudson Valley National Bank
1993 Ed. (596)
Hudson-Webber Foundation
2002 Ed. (2354)
2001 Ed. (2519)
2000 Ed. (2261)
Hudson's Bay Co.
2008 Ed. (4201, 4226)
2007 Ed. (25, 4188)
2006 Ed. (33, 1599)
2005 Ed. (27, 1701, 4089)
2004 Ed. (34, 1663, 1664)
2003 Ed. (2009, 3361)
2002 Ed. (1608, 1918, 3301)
2001 Ed. (1658)
1999 Ed. (4109)
1997 Ed. (1373, 1595)
1996 Ed. (1536)
1995 Ed. (3632)
1994 Ed. (1523, 3107, 3553, 3554)
1993 Ed. (3590, 3591)
1992 Ed. (1793)
1991 Ed. (2894)
1990 Ed. (1362, 3051, 3052)
1989 Ed. (1097)
Huebner; Elizabeth
2007 Ed. (1063)
Huff; Danny
2007 Ed. (1077)
2006 Ed. (984)
Huff Homes
2004 Ed. (1199)
Huff, Jesse R.
1991 Ed. (3209)
Huffington; Michael
1994 Ed. (845)
Huffy
2008 Ed. (4707)
2007 Ed. (4789)
2005 Ed. (3378, 4028, 4029)
2004 Ed. (4094)
1999 Ed. (4018, 4379)
1998 Ed. (3027, 3351, 3596)
1997 Ed. (3275, 3556, 3775)
1996 Ed. (3171, 3492, 3723)
1995 Ed. (3078, 3428, 3639, 3657, 3658)
1994 Ed. (3026, 3371, 3560, 3573, 3574)
1993 Ed. (2983, 3603, 3615)
1992 Ed. (3642, 4326, 4327)
1991 Ed. (3410)
1989 Ed. (2858)
Hug 'n Wiggle Pooh Plush
1999 Ed. (4641)
Huggies
2008 Ed. (2335, 2336)
2007 Ed. (679, 2201)
2006 Ed. (2263)
2005 Ed. (2201)
2003 Ed. (2054, 2055, 2056, 2921, 2922, 3719)
2002 Ed. (1973, 2803, 3379)
2001 Ed. (2006, 2007, 3342)
2000 Ed. (367, 1112, 1666, 1667)
1999 Ed. (1191, 1843)
1998 Ed. (1270)
1996 Ed. (1546, 2258)
1995 Ed. (1562)
1994 Ed. (1531)
1993 Ed. (983, 1483)
1992 Ed. (1803)
1991 Ed. (1416, 1418)
Huggies, Large
1990 Ed. (3038)
Huggies Little Swimmers
2008 Ed. (2335)
Huggies Nappies
1999 Ed. (2872)
Huggies Natural Care
2003 Ed. (2921, 2922)
2002 Ed. (3379)
2001 Ed. (3342)
Huggies Pull Ups
2008 Ed. (2335)
2001 Ed. (2006)
1994 Ed. (1531)
Huggies Pull Ups Goodnites
2008 Ed. (2335)
2001 Ed. (2006)
Huggies Supertrim large 32
1991 Ed. (1452)
Huggies Supreme
2001 Ed. (2006)
Huggies Supreme Care
2003 Ed. (2921, 2922)
2002 Ed. (3379)
2001 Ed. (3342)
Huggies Ultratrim
2001 Ed. (2006)
Huggins
1993 Ed. (15)
Huggins & Co.
1990 Ed. (2255)
Huggins/Ernst & Young
1991 Ed. (2899)
Huggins Financial Services/Ernst & Whinney
1990 Ed. (3062)
Hugh Collum
2000 Ed. (1052)
Hugh D. Keogh
1993 Ed. (3445)
Hugh Franklin Culverhouse
1990 Ed. (457, 3686)

Hugh G. Lane Jr.
1992 Ed. (532)
Hugh Grant
2008 Ed. (946, 2631)
2007 Ed. (972, 1024, 2498)
2006 Ed. (881)
Hugh L. McColl Jr.
1999 Ed. (386)
1998 Ed. (289)
1996 Ed. (381, 959, 1709)
1994 Ed. (357)
Hugh L. McNoll
1990 Ed. (1711)
Hugh Panero
2007 Ed. (1004)
Hughes
1995 Ed. (2509)
1994 Ed. (3644)
Hughes Aircraft Co.
2005 Ed. (1492)
1997 Ed. (1234, 1253, 2206)
1996 Ed. (1207, 1235, 1519)
1995 Ed. (1236)
1994 Ed. (1220)
1993 Ed. (1180)
1992 Ed. (1473)
1991 Ed. (255, 256, 1161, 1899)
1990 Ed. (192)
1989 Ed. (1023, 1024)
Hughes Aircraft Employee FCU
1999 Ed. (1803)
Hughes Aircraft Employee Federal Credit Union
1995 Ed. (1534)
Hughes Aircraft Employees
2000 Ed. (1627)
1990 Ed. (1458)
Hughes Aircraft Employees Credit Union
2002 Ed. (1841, 1850)
Hughes Aircraft Employees FCU
1999 Ed. (1799, 1800)
Hughes Aircraft Employees Federal Credit Union
2001 Ed. (1960)
1998 Ed. (1220, 1221, 1223, 1224, 1225, 1227, 1230, 1233)
1997 Ed. (1558, 1560, 1562, 1566, 1569)
1996 Ed. (1497, 1499, 1500, 1501, 1502, 1512)
1994 Ed. (1502)
1993 Ed. (1447)
1992 Ed. (1754, 3262)
1991 Ed. (1394)
Hughes & Associates; Janet
2006 Ed. (3506)
Hughes & Luce
1992 Ed. (2833)
1991 Ed. (2284)
Hughes Associates Inc.
2007 Ed. (4292, 4293)
Hughes; B. Wayne
2008 Ed. (4832)
2007 Ed. (4903)
2006 Ed. (4908)
2005 Ed. (4843)
Hughes Capital
1997 Ed. (2531)
Hughes Capital Management
1998 Ed. (2287, 2290)
Hughes Capital Mgmt.
2000 Ed. (2817)
Hughes Credit Union
2008 Ed. (2218)
2007 Ed. (2103)
2006 Ed. (2182)
2005 Ed. (2087)
2004 Ed. (1946)
2003 Ed. (1906)
2002 Ed. (1844, 1847)
1996 Ed. (1510)
Hughes Electronics Corp.
2005 Ed. (1465, 1468, 1518, 1549, 3426)
2004 Ed. (3409, 3414)
2003 Ed. (1359, 1363, 1427, 1746, 1751, 2192, 2195, 2199, 2336)
2002 Ed. (1603, 2102)
2001 Ed. (2195, 2197, 4320)
2000 Ed. (3004)
1999 Ed. (187, 359, 1822, 1966, 4547)
1998 Ed. (1250, 1399, 2413)
1997 Ed. (1582)
Hughes Electronics; GM
1990 Ed. (1632)
Hughes Investment Management Inc.
2003 Ed. (3117)
Hughes Markets Inc.
1998 Ed. (755)
1996 Ed. (997)
1993 Ed. (978)
1990 Ed. (1023)
Hughes; Martin
2008 Ed. (4902)
Hughes Medical Institute; Howard
1994 Ed. (2771)
1993 Ed. (2782)
1992 Ed. (1094, 1094, 3357)
1991 Ed. (892, 1003, 1767, 2688)
1989 Ed. (2164)
Hughes Missile Systems Co.
1995 Ed. (1766)
Hughes Network Systems Inc.
2007 Ed. (184)
2006 Ed. (1421, 4694)
2005 Ed. (4622)
Hughes Network Systems Europe
2006 Ed. (4694)
Hughes Space & Communications Co.
2001 Ed. (1652)
Hughes Supply Inc.
2007 Ed. (874, 4360, 4801, 4943, 4944)
2006 Ed. (208, 3926, 4294, 4788, 4789, 4790, 4936, 4938)
2005 Ed. (2996, 4738, 4739, 4740, 4903, 4904, 4905, 4906)
2004 Ed. (2998, 4912, 4913, 4916, 4917)
2003 Ed. (773, 2204, 2891, 4561, 4923, 4924)
2002 Ed. (1993, 4894)
2001 Ed. (2841, 2842)
2000 Ed. (2622)
1999 Ed. (1314, 2847)
1998 Ed. (883)
1997 Ed. (1130)
1996 Ed. (1109)
1995 Ed. (1128)
1994 Ed. (1112)
1993 Ed. (1088)
Hughes Tool Co.
2005 Ed. (1506)
2004 Ed. (1490)
2003 Ed. (1460)
2002 Ed. (1440)
Hughlyn F. Fierce
1989 Ed. (735)
Hugo
1997 Ed. (3031)
1991 Ed. (2136)
Hugo Boss AG
2001 Ed. (1282)
2000 Ed. (1125)
1997 Ed. (1040)
1996 Ed. (1021)
Hugo Boss AG (Konzern)
1994 Ed. (1031)
Hugo; Hurricane
2007 Ed. (3005)
2005 Ed. (882, 884, 2979)
Hugo Neu Corp.
2006 Ed. (3468)
2005 Ed. (4031)
Hugo Neu-Proler Co.
1998 Ed. (3030)
1997 Ed. (3277)
1996 Ed. (3176)
1995 Ed. (3080)
Hugo, OK
2002 Ed. (1058)
Hugo's Cleaning Service, Inc.
1991 Ed. (1907)
Hugo's Frog Bar & Fish House
2008 Ed. (4146)
2007 Ed. (4128)
Huhtamaki Group
1994 Ed. (2045)
Huhtamaki Holding Inc.
2004 Ed. (3761)
Huhtamaki I
1994 Ed. (2046)
Huhtamaki I V
1994 Ed. (2046)
Huhtamaki K
1994 Ed. (2046)
Huhtamaki Oy
1997 Ed. (2203)
1996 Ed. (2100)
Huhui Group
2007 Ed. (878)
Hui Wing Mau
2008 Ed. (4844)
Hui Wingmau
2003 Ed. (2411)
Huis Ten Boach
1995 Ed. (220)
Huis Ten Bosch
2006 Ed. (267)
2005 Ed. (248)
2002 Ed. (313)
2001 Ed. (382)
2000 Ed. (301)
1999 Ed. (273)
1997 Ed. (252)
1996 Ed. (220)
Huish
2001 Ed. (1999)
1999 Ed. (1838)
Huish Detergents Inc.
2002 Ed. (1967)
Huizenga; H. Wayne
2008 Ed. (4833)
2006 Ed. (4909)
2005 Ed. (4855)
1996 Ed. (960)
1995 Ed. (978, 1727)
1993 Ed. (1703)
Hukla-Werke GmbH, Matratzen-Und Polstermoebelfabrik
1997 Ed. (2106)
Hula Hoops
2008 Ed. (721)
2002 Ed. (4301)
1999 Ed. (4347)
1996 Ed. (3468)
1994 Ed. (3349)
1992 Ed. (4006)
Hull & Associates Inc.
2008 Ed. (2003)
Hull; Jeff
2005 Ed. (3284)
Hull Jr.; Robert
2006 Ed. (963)
Hulme; Paul G.
2008 Ed. (2630, 2632)
Huls
1999 Ed. (1081)
1991 Ed. (1286)
Human Affairs International
1996 Ed. (2561)
Human Capital Inc.
2008 Ed. (1928, 4714)
2007 Ed. (1879)
2006 Ed. (1880)
2005 Ed. (1866, 2366)
Human Genome Sciences
2008 Ed. (575)
2005 Ed. (683)
2001 Ed. (706, 2590)
Human Resource
2004 Ed. (3943)
Human Resource Executive
2008 Ed. (4714)
Human resources
2007 Ed. (786)
1999 Ed. (2009)
1996 Ed. (3873)
Human Resources Consulting Group Inc.
2006 Ed. (2412, 2413, 2414)
Human resources coordinator
2008 Ed. (3812)
Human resources manager
2007 Ed. (3731)
1990 Ed. (3701)
Human Rights Now! Tour
1990 Ed. (1142, 1142)
Human services
2004 Ed. (3889)
2000 Ed. (1012)
1997 Ed. (2157, 2158)
1993 Ed. (886)
Human Services; Allegheny County Department of
2008 Ed. (2927)
Human therapeutics
1993 Ed. (703)
Humana Inc.
2008 Ed. (1514, 1883, 1884, 2910, 3197, 3267, 3268, 3270, 3277, 3536, 4265)
2007 Ed. (1847, 1848, 2766, 2772, 2775, 2777, 2782, 4233)
2006 Ed. (1841, 1842, 1843, 1844, 2760, 2762, 2764, 2767, 2775, 2779, 3058, 3088, 3106, 3107, 3444, 4217)
2005 Ed. (1836, 1837, 2790, 2792, 2794, 2800, 2803, 2913, 2914, 3365, 3368, 4163)
2004 Ed. (1770, 1771, 2797, 2799, 2802, 2808, 2815, 2925, 2926, 3017, 3076, 3340)
2003 Ed. (1555, 1733, 1734, 2681, 2682, 2685, 2686, 2689, 2694, 2975, 3277, 3278, 3354)
2002 Ed. (1712, 2448, 2450, 2453, 2460, 2886, 3741, 4875)
2001 Ed. (1164, 1566, 1773, 2673, 2675, 2677, 2678, 2679, 2687)
2000 Ed. (1500, 2419, 2422, 2426, 2427, 2428, 2435)
1999 Ed. (1479, 1493, 1499, 1694, 2639, 2640, 2641)
1998 Ed. (1053, 1172, 1901, 1903, 1915)
1997 Ed. (1279, 1466, 2181, 2182, 2188, 2189, 2191)
1996 Ed. (1410, 2077, 2078, 2079, 2085, 2086, 2087)
1995 Ed. (1276, 2081, 2082, 2090, 2144, 2767, 3345)
1994 Ed. (2031, 2033, 2089, 3243, 3264)
1993 Ed. (2017, 2018, 2020, 2073, 3249, 3274)
1992 Ed. (2381, 2383, 2384, 2386, 2458, 2459, 3122, 3130, 3131, 3132, 3128, 3940)
1991 Ed. (1892)
1990 Ed. (1988, 1989, 1991, 2633, 2635, 2636, 2637, 2638)
1989 Ed. (1578, 1579, 1603, 2463)
Humana/Employers Health
2003 Ed. (3921)
2002 Ed. (3742)
Humana Health Care Plans
1994 Ed. (2040)
Humana Health Care Plans, Louisville, KY
2000 Ed. (2429)
Humana Health Care Plans-Michael Reese
1995 Ed. (2093)
Humana Health Chicago Inc.
1996 Ed. (2096)
Humana Health Insurance Co. of Florida
2002 Ed. (2893)
2000 Ed. (2682)
Humana Health Plan Inc.
1999 Ed. (2653, 2655)
1997 Ed. (2195, 2198)
1996 Ed. (2093, 2096)
Humana Health Plans
2000 Ed. (2433, 3601)
Humana Health Plans of Puerto Rico Inc.
2005 Ed. (2817)
Humana Healthcare Plans
1998 Ed. (1916)
1997 Ed. (2700)
Humana Hospital-Michael Reese
1994 Ed. (2088)
Humana - IMC
1990 Ed. (1031)
Humana Insurance Co.
2008 Ed. (3272, 3276)
2007 Ed. (3122, 3126)
Humana Medical Plan Inc.
2002 Ed. (2462)
2000 Ed. (2431)
1998 Ed. (1914, 1917)

1997 Ed. (2190, 2190, 2197)
1996 Ed. (2093)
Humana Michael Reese HMO Plan
1993 Ed. (2022)
Humana Military Healthcare Services
2008 Ed. (2907)
Humana Source Inc.
2003 Ed. (1751)
HumanaDental
2002 Ed. (1915)
Humane Society of the United States
2004 Ed. (935)
Humane Society of the U.S.
1999 Ed. (294)
Humanix Corp.
2008 Ed. (3738, 4435, 4989)
2007 Ed. (3610, 3611, 4452)
2006 Ed. (3546)
Humanoids from the Deep
1999 Ed. (4721)
Humatrope
2000 Ed. (1707)
Humax Electronics
2006 Ed. (2061)
Humboldt Bancorp
2005 Ed. (450)
2003 Ed. (504)
Humboldt Brewing Co.
2000 Ed. (3126)
1996 Ed. (2630)
Humboldt Capital
2007 Ed. (2853)
Humco Inc.
2006 Ed. (1840)
2005 Ed. (1835)
2003 Ed. (1732)
2001 Ed. (1772)
Hume Concrete Marketing Sdn. Bhd.
2004 Ed. (1787)
2002 Ed. (1721)
Hume Industries (Malaysia) Bhd.
1999 Ed. (1700)
Humidifiers
2001 Ed. (2088)
Humiston-Keeling
1995 Ed. (1586, 3729)
1993 Ed. (1513)
1990 Ed. (1551)
Humiston-Keeling & Co.
1994 Ed. (1557)
Humitech Franchise Corp.
2006 Ed. (2322)
Hummel Global Futures Fund
1993 Ed. (1044)
Hummer
2006 Ed. (362)
Hummer; Wayne
1997 Ed. (2527, 2531, 2535)
1996 Ed. (2393, 2401, 2409)
Hummingbird Ltd.
2008 Ed. (1132, 1430)
2007 Ed. (1234, 1446, 2818, 3057)
2006 Ed. (1128, 1452)
2005 Ed. (1568)
2003 Ed. (1114, 1641)
2002 Ed. (2505, 2506)
Humphrey Hospitality Trust Inc.
2002 Ed. (1396)
Humphrey No. 7
1989 Ed. (1996)
Humulin
2000 Ed. (1707)
1993 Ed. (1529)
Hun Chiao Commercial Bank Ltd.
1997 Ed. (488)
Hunan University
2008 Ed. (802)
Hunchback of Notre Dame
1999 Ed. (4717)
Hund; Thomas
2007 Ed. (1040)
Hundman Lumber
1997 Ed. (834)
1996 Ed. (826)
Hung Chang
2001 Ed. (4045)
Hung Chong Corp.
1992 Ed. (2974)
Hung Fu Construction Co. Ltd.
1994 Ed. (3008)
Hung Kai Properties; Sun
1992 Ed. (1632)
Hung Lung Ind. Co. Ltd.
1994 Ed. (3524)
Hung Lung Industries Co., Ltd.
1992 Ed. (4283)
Hungaria
2001 Ed. (2924)
Hungarian Credit Bank
1992 Ed. (653, 697, 711)
Hungarian Foreign Trade Bank
2006 Ed. (449)
2005 Ed. (518)
2004 Ed. (539)
1999 Ed. (537)
1992 Ed. (653, 697)
Hungarian forint
2008 Ed. (2273)
2007 Ed. (2159)
Hungary
2008 Ed. (260, 412, 2203, 3206, 3499, 4554, 4558, 4621)
2007 Ed. (285, 442, 2093, 2592, 2826, 3049, 3379, 4606, 4610)
2006 Ed. (282, 439, 2149, 2331, 2823, 3015, 4502, 4619, 4623, 4770)
2005 Ed. (259, 497, 501, 2055, 2534, 2535, 2765, 3021, 3610, 4538, 4542, 4977)
2004 Ed. (257, 1920, 4604, 4750)
2003 Ed. (290, 2212, 2213, 3232)
2002 Ed. (1813, 2751, 2753, 2754, 3183)
2001 Ed. (395, 513, 514, 1081, 1948, 2043, 2454, 2553, 2799, 3151, 3575, 3602, 3850, 3863, 3864, 3875, 4028, 4119, 4398, 4402, 4601, 4671, 4732)
2000 Ed. (824, 1611)
1999 Ed. (1139, 1782, 2067, 4477, 4624)
1998 Ed. (2897, 3590, 3592)
1997 Ed. (941, 1543, 2117, 3767, 3912)
1996 Ed. (1478, 3717, 3870)
1995 Ed. (876, 1253, 1519)
1994 Ed. (1487, 2684)
1993 Ed. (943, 1206, 1716, 3724)
1992 Ed. (1734, 1735, 2357, 2359, 2566, 3543)
1991 Ed. (1184, 1382)
1990 Ed. (1449, 1476)
1989 Ed. (2956)
Hungkuk Life Insurance Co.
1997 Ed. (2397)
Hungry Hippos
1991 Ed. (1784)
Hungry Howie Pizza & Subs
2002 Ed. (4021)
Hungry Howie's
2004 Ed. (4121)
1999 Ed. (2524, 3839, 4087)
1992 Ed. (2122)
Hungry Howie's Pizza
2006 Ed. (4125)
Hungry Howie's Pizza & Subs
2008 Ed. (2685, 4188, 4189)
2007 Ed. (2544, 4153)
2006 Ed. (2573)
2005 Ed. (2567)
2004 Ed. (2587, 2588)
2003 Ed. (2454)
2002 Ed. (3717)
2001 Ed. (2534)
2000 Ed. (3553, 3775)
1998 Ed. (1766, 3076)
Hungry Howies Pizza and Subs INC..
2000 Ed. (2273)
Hunkin; John
2008 Ed. (2637)
Hunsoo Kim
2000 Ed. (2178)
Hunstan Packaging
1998 Ed. (2874)
Hunstman Corp.
2006 Ed. (843)
2005 Ed. (940)
Hunsucker; Robert D.
1990 Ed. (1718)
Hunt Building Corp.
2004 Ed. (1203)
2003 Ed. (1308)
2002 Ed. (2660, 2666)
2001 Ed. (1390, 1393)
2000 Ed. (1186, 1187, 1192)
1999 Ed. (1304, 1310)
1998 Ed. (878)
1996 Ed. (1096, 1100, 1132)
1994 Ed. (1114, 1117, 1118)
Hunt Building Group
2006 Ed. (1189)
Hunt Columbus Federal Credit Union
2005 Ed. (308)
Hunt Consolidated Inc.
2008 Ed. (4057)
2007 Ed. (4030)
2006 Ed. (3995)
Hunt Construction Group
2008 Ed. (1180, 1222, 1242, 1252, 1296, 1314, 1329, 1340)
2007 Ed. (1280, 1337, 1355, 1386, 1391)
2006 Ed. (1174, 1186, 1298, 1310, 1346, 1354)
2005 Ed. (1313)
2004 Ed. (1250, 1268, 1306, 1316)
2003 Ed. (1247, 1265, 1296, 1316)
2002 Ed. (1234, 1255, 1280, 1284)
Hunt; David
1997 Ed. (2705)
Hunt for Red October
1992 Ed. (3112)
Hunt Ltd.; Hooly
1991 Ed. (3514)
Hunt Corp.; J. B.
2008 Ed. (1560, 1561)
2007 Ed. (1577)
2006 Ed. (1547, 1548)
2005 Ed. (1652)
Hunt Lascaris TBWA
1997 Ed. (144)
1996 Ed. (138)
1995 Ed. (124)
1994 Ed. (115)
Hunt; Mark
1997 Ed. (1913)
1996 Ed. (1840)
Hunt Oil Co.
2003 Ed. (1419)
2002 Ed. (1382)
Hunt Petroleum Corp.
2004 Ed. (1447)
Hunt; Ray Lee
2008 Ed. (4824)
2007 Ed. (4895)
2006 Ed. (4900)
2005 Ed. (4845)
Hunt Technologies, Inc.
2002 Ed. (2516)
Hunt Transport Inc.; J. B.
2008 Ed. (1560)
2007 Ed. (1577)
2006 Ed. (1547)
2005 Ed. (1652, 1653, 2686)
1997 Ed. (3801, 3803, 3804, 3805, 3908)
1995 Ed. (3319, 3669, 3670, 3675, 3678)
1994 Ed. (3239, 3572, 3588, 3589, 3590, 3593, 3595, 3596, 3601, 3604)
1993 Ed. (3245, 3629, 3630, 3635, 3636, 3641, 3644)
1992 Ed. (4353, 4355, 4357)
Hunt Transport Services Inc.; J. B.
2008 Ed. (1561, 2773, 3173, 4743, 4744, 4750, 4764, 4766, 4773, 4775, 4776, 4777)
2007 Ed. (1578, 2646, 4808, 4817, 4823, 4825, 4842, 4844, 4850, 4851, 4852, 4853, 4854)
2006 Ed. (1548, 2665, 4799, 4800, 4802, 4807, 4811, 4814, 4830, 4831, 4850, 4851)
2005 Ed. (195, 196, 197, 1653, 2686, 2689, 4753, 4780, 4782)
1991 Ed. (3427, 3430)
1990 Ed. (3658)
1989 Ed. (2879)
Hunt Transportation Services; J. B.
1996 Ed. (3751, 3753, 3754, 3755, 3758)
Hunt-Wesson
1997 Ed. (3380)
The Huntensky Group
1994 Ed. (3302)
Hunter
2002 Ed. (251)
2000 Ed. (225)
Hunter Advertising
1991 Ed. (114)
1990 Ed. (116)
1989 Ed. (122)
Hunter & Associates
2002 Ed. (3830, 3833)
Hunter Area Health
2004 Ed. (1649)
2002 Ed. (1130)
Hunter Blair Homes
2002 Ed. (1170, 2654)
Hunter Communications
2006 Ed. (3513)
Hunter Contracting Co.
2008 Ed. (1180)
Hunter Douglas Inc.
2006 Ed. (1720)
2005 Ed. (1754, 1775)
2004 Ed. (1717)
Hunter Douglas NV
2004 Ed. (3447)
2002 Ed. (3307)
Hunter Douglas Window Fashions Inc.
2008 Ed. (1670, 1671)
Hunter Environment
1995 Ed. (2820)
Hunter Fan
2005 Ed. (2952, 3289)
2003 Ed. (235)
Hunter Group Ltd.; Domnick
1994 Ed. (997)
Hunter Harrison
2008 Ed. (2637)
Hunter-Melnor
1990 Ed. (2747)
Hunter Public Relations
2005 Ed. (3953, 3956, 3970)
2004 Ed. (3986, 3990)
2003 Ed. (3988, 3991)
Hunter; Sir Tom
2008 Ed. (4900)
2007 Ed. (917, 4926)
Hunter; Tom
2006 Ed. (836)
2005 Ed. (926, 927)
Hunterdon County, NJ
1995 Ed. (337, 1513)
1994 Ed. (1474, 1479, 1481, 2168)
1993 Ed. (1430)
Hunterdon, NJ
1998 Ed. (2058)
Hunters & Frankau
2002 Ed. (53)
Hunterskil Howard International
2001 Ed. (234)
Hunting
2007 Ed. (3883)
2003 Ed. (4524)
2001 Ed. (422, 4334, 4340)
1999 Ed. (1644, 4384)
Hunting & trapping
2002 Ed. (2781, 2782)
Hunting Associated Industries PLC
1992 Ed. (1773)
Hunting Defence Ltd.
1997 Ed. (1583)
Hunting equipment
1997 Ed. (3555)
Hunting Gate Group Ltd.
1995 Ed. (1013)
1994 Ed. (1000)
Hunting plc
2004 Ed. (209)
2002 Ed. (256)
Huntingdon Engineering & Environmental Inc.
1997 Ed. (1756)
Huntingdon International
1995 Ed. (201)
Huntington
1998 Ed. (3401)
Huntington Area Postal Credit Union
2004 Ed. (1995)
Huntington Area Postal Employees Credit Union
2008 Ed. (2268)
2007 Ed. (2153)

2006 Ed. (2232)
Huntington-Ashland, WV-KY-OH
2007 Ed. (2999)
2006 Ed. (2971)
2005 Ed. (2991)
1995 Ed. (3779)
Huntington Atrium
1991 Ed. (1043)
1990 Ed. (1145)
Huntington Bancshares Inc.
2006 Ed. (4468)
2005 Ed. (625, 626)
2004 Ed. (636, 637)
2003 Ed. (452, 453, 629)
2002 Ed. (445, 4294)
2001 Ed. (588, 636, 637, 4280)
2000 Ed. (526)
1999 Ed. (384, 667, 4030)
1998 Ed. (3034)
1997 Ed. (3284, 3285, 3286)
1996 Ed. (3181, 3182, 3185)
1995 Ed. (3357)
1994 Ed. (3036, 3037, 3038, 3276)
1992 Ed. (1476)
1991 Ed. (395)
1990 Ed. (640)
1989 Ed. (403)
Huntington Bancshares Michigan Inc.
1998 Ed. (286)
1996 Ed. (378)
1995 Ed. (359)
1992 Ed. (526)
Huntington Bank
2007 Ed. (467)
Huntington Banks of Michigan
1999 Ed. (502)
1998 Ed. (347, 395)
1996 Ed. (605)
1995 Ed. (546)
1994 Ed. (570)
1993 Ed. (358, 382, 568)
Huntington Bankshares, Michigan Inc.
1997 Ed. (349, 558)
Huntington Beach, CA
1993 Ed. (2143)
Huntington Beach High Schools
2002 Ed. (2062)
Huntington Divident Capture
2004 Ed. (3535)
Huntington Hilton Hotel
1996 Ed. (2172)
1994 Ed. (2105)
Huntington Homes
2005 Ed. (1191, 1192)
2004 Ed. (1163)
2002 Ed. (1186, 2692)
Huntington Income Equity Inv.
2000 Ed. (3228)
Huntington Jeep-Eagle
1990 Ed. (330)
Huntington Learning Centers Inc.
2008 Ed. (2412)
2007 Ed. (2279)
2006 Ed. (2343)
2005 Ed. (2275)
2004 Ed. (2174)
2003 Ed. (2126)
2002 Ed. (2066)
Huntington Memorial Hospital
2000 Ed. (2530)
1999 Ed. (2749)
1998 Ed. (1993)
1997 Ed. (2271)
1996 Ed. (2156)
1995 Ed. (2145)
1994 Ed. (2090)
Huntington Museum of Art
1995 Ed. (939)
Huntington National Bank
2006 Ed. (398)
2004 Ed. (431)
2003 Ed. (437)
1998 Ed. (421)
1997 Ed. (586, 735)
1996 Ed. (647)
1995 Ed. (577)
1994 Ed. (607)
1993 Ed. (604, 3286)
1992 Ed. (514, 810)
1991 Ed. (637)
1990 Ed. (661)
1989 Ed. (646)
Huntington National Bank of West Virginia
1998 Ed. (435)
1997 Ed. (645)
1996 Ed. (710)
Huntington New Economy
2008 Ed. (2618)
Huntington, NY
1992 Ed. (1167, 1168)
Huntington Park, CA
1994 Ed. (333)
Huntington Postal Credit Union
2003 Ed. (1955)
2002 Ed. (1900)
Huntington State Park
1999 Ed. (3704)
Huntington, WV
2008 Ed. (2189)
2007 Ed. (2077)
2003 Ed. (972, 1871, 3904, 3906)
2002 Ed. (1061)
1996 Ed. (2204)
1990 Ed. (1467)
1989 Ed. (1904)
Huntleigh Technology
2007 Ed. (2785)
2006 Ed. (2784)
Huntleigh Technology plc
2008 Ed. (574, 2908)
Hunton & Williams
2008 Ed. (3429)
2007 Ed. (3324)
2003 Ed. (3192)
2002 Ed. (3797)
2001 Ed. (788, 796, 921, 937)
1997 Ed. (3795)
1991 Ed. (2015, 2524)
Hunton Brady Pryor Maso Architects PA
2002 Ed. (333)
Hunts
2008 Ed. (2741)
2002 Ed. (4332)
2001 Ed. (4321)
2000 Ed. (2215)
1999 Ed. (2457, 2458)
1998 Ed. (1716, 1717)
Huntsman Corp.
2008 Ed. (908, 912, 929, 1443, 1444, 1446, 1448, 1449, 1835, 1836, 1837, 1839, 1841, 1842, 1843, 2149)
2007 Ed. (923, 924, 933, 950, 954, 2047, 2048, 4281)
2006 Ed. (865)
2005 Ed. (958, 1502, 1546)
2004 Ed. (963, 1486)
2003 Ed. (1456, 1841)
2002 Ed. (990, 992, 1018)
2001 Ed. (1185, 1891, 2309)
2000 Ed. (1017)
1999 Ed. (1097)
Huntsman Architectural Group
2006 Ed. (3161)
Huntsman Chemical
1999 Ed. (1078)
Huntsman Family Corp.
2001 Ed. (1890)
Huntsman Film
1998 Ed. (2873)
Huntsman Films
1996 Ed. (3051)
Huntsman Group Inc.
2007 Ed. (2047)
2006 Ed. (2089)
Huntsman Holdings LLC
2008 Ed. (2149)
2007 Ed. (2047)
2006 Ed. (2089)
2005 Ed. (1991)
Huntsman Holland BV
2005 Ed. (1895)
2003 Ed. (1776)
Huntsman ICI Holdings LLC
2004 Ed. (1875)
2003 Ed. (1840)
Huntsman International LLC
2008 Ed. (2149)
2007 Ed. (2047)
2006 Ed. (2089)
2005 Ed. (1991)
Huntsman; Jon M.
2007 Ed. (4901)
2006 Ed. (4905)
2005 Ed. (4850)
1995 Ed. (934)
Huntsman LLC
2006 Ed. (2089)
2005 Ed. (1991)
2004 Ed. (1875)
Huntsman Packaging Corp
2001 Ed. (3817)
Huntsman; Peter R.
2008 Ed. (2630)
Huntsman Petrochemical Corp.
2007 Ed. (2047)
2005 Ed. (1991)
2004 Ed. (1875)
2003 Ed. (1841)
Huntsman Polymers Corp.
2008 Ed. (2149)
Huntsman Specialties
1999 Ed. (3708)
Huntsville, AL
2008 Ed. (978, 3117, 3476, 3479, 3510, 4090, 4353)
2007 Ed. (3375, 4013, 4057)
2006 Ed. (2448, 3298, 3974)
2005 Ed. (1190, 3310, 3473)
1999 Ed. (254)
1997 Ed. (3304)
1996 Ed. (3207)
1994 Ed. (2924)
1989 Ed. (1903)
Huntsville Autoplex
2003 Ed. (211)
Huntsville; Health Care Authority of the City of
2008 Ed. (1543)
2007 Ed. (1563)
Huntsville Solid Waste Disposal Authority, Ala.
1990 Ed. (2648)
Huntsville, TX
1990 Ed. (998)
Hunzinger Construction Co.
2008 Ed. (1345)
2006 Ed. (1352)
Hurco
1999 Ed. (2617, 4324)
1993 Ed. (2480)
Hurco Cos., Inc.
2007 Ed. (2732)
2005 Ed. (3347, 3348)
2004 Ed. (3322, 3323)
1991 Ed. (1870)
Hurd & Associates; Kenneth E.
1990 Ed. (2286)
Hurd; David
1996 Ed. (1856)
Hurd; Mark
2008 Ed. (939)
2007 Ed. (986)
Hurd; Mark V.
2008 Ed. (954)
2007 Ed. (1032)
Hurley State Bank
1998 Ed. (429)
1993 Ed. (371, 504, 505)
Huron Consulting Group
2007 Ed. (896)
2006 Ed. (809)
Hurricane Agnes
1994 Ed. (2153)
Hurricane Alicia
2005 Ed. (2979)
1995 Ed. (2195)
1994 Ed. (1536, 2153)
Hurricane Andrew
2007 Ed. (3005)
2005 Ed. (882, 884, 2979)
2002 Ed. (947, 949)
2000 Ed. (1681)
1995 Ed. (1568, 2195, 2275)
1994 Ed. (1535, 1536, 2153)
Hurricane Betsy
2002 Ed. (949)
1995 Ed. (2195)
1994 Ed. (2153)
Hurricane Bob
1995 Ed. (2195)
Hurricane Camille
1994 Ed. (2153)
Hurricane Carol
1994 Ed. (2153)
Hurricane Celia
1995 Ed. (2195)
Hurricane Charley
2007 Ed. (3005)
Hurricane Diane
1994 Ed. (2153)
Hurricane Elena
1995 Ed. (2195)
Hurricane Floyd
2005 Ed. (882, 2979)
2002 Ed. (947, 949, 1986)
Hurricane Fran
2005 Ed. (2979)
2002 Ed. (947)
Hurricane Frances
2007 Ed. (3005)
Hurricane Frederic
2005 Ed. (2979)
1995 Ed. (1568, 2195, 2275)
Hurricane Frederick
1994 Ed. (1536, 2153)
Hurricane Georges
2005 Ed. (882, 2979)
2002 Ed. (947, 949)
2001 Ed. (1136)
Hurricane Gloria
1995 Ed. (2195)
Hurricane Hugo
2007 Ed. (3005)
2005 Ed. (882, 884, 2979)
2002 Ed. (947, 949)
2000 Ed. (1681)
1995 Ed. (1568, 2195, 2275)
1994 Ed. (1536, 2153)
Hurricane Hydrocarbons Ltd.
2003 Ed. (1640)
Hurricane Iniki
2005 Ed. (2979)
2002 Ed. (947, 949)
2000 Ed. (1681)
1995 Ed. (1568, 2195, 2275)
1994 Ed. (1535, 1536)
Hurricane Ivan
2007 Ed. (3005)
Hurricane Lili
2005 Ed. (885)
Hurricane Marilyn
2005 Ed. (2979)
Hurricane Opal
2005 Ed. (882, 2979)
2002 Ed. (947, 949)
2000 Ed. (1681)
Hurst Holme Insurance Co., Ltd.
2008 Ed. (3225)
2007 Ed. (3085)
2006 Ed. (3055)
Hurt, Richardson, Garner, Todd & Cadenhead
1993 Ed. (2391)
1992 Ed. (2828)
1991 Ed. (2279)
1990 Ed. (2413)
Hus Nan Commercial Bank
1999 Ed. (4530)
Husaberg
2001 Ed. (3398)
HUSCO International Inc.
2008 Ed. (2645, 2963)
2007 Ed. (2517)
2006 Ed. (2842)
2005 Ed. (2529)
2004 Ed. (2540)
2003 Ed. (2421)
2002 Ed. (2545, 2558)
2001 Ed. (2712)
2000 Ed. (2463, 2467, 3033)
1999 Ed. (2683, 3296)
1998 Ed. (1940, 2432)
1997 Ed. (2218, 2706)
1996 Ed. (2112, 2565)
Hush Puppies
1999 Ed. (3658)
1995 Ed. (3370, 3371)
HushMail
2002 Ed. (4863)
Husic Capital Management
1998 Ed. (2271)
1991 Ed. (2243)

Husky Energy Inc.
2008 Ed. (1551, 1552, 1553, 1554, 1555, 1642, 3915, 3916)
2007 Ed. (1572, 1633, 1637, 1648, 3862, 3863)
2006 Ed. (1542, 1592, 1601, 1623, 3845)
2005 Ed. (1648, 1727, 3763)
2004 Ed. (3852)
2003 Ed. (3822, 3823)
Husky Injection Molding Systems Ltd.
2008 Ed. (1622, 3142, 3746)
2007 Ed. (3024)
2006 Ed. (3919, 3922)
2005 Ed. (1717)
1996 Ed. (1595)
Husky Injection Moldings Systems Ltd.
2004 Ed. (3913)
Husky Oil Ltd.
1993 Ed. (2704, 2841, 2842)
1990 Ed. (1238)
Husnu Ozyegin
2008 Ed. (4876)
Hussain; Rashid
1997 Ed. (783, 784, 787, 849)
Hussein; Rashid
1993 Ed. (1643)
Hussman Chino
1996 Ed. (3600)
Hussman Strategic Growth
2007 Ed. (2487)
2006 Ed. (4560)
2004 Ed. (3557)
Hussmann International Inc.
2004 Ed. (1501)
2003 Ed. (1471)
Husson; Mark
1997 Ed. (1918)
HussStraGr
2004 Ed. (4541)
Hustler
2003 Ed. (3275)
Huston-Patterson
1992 Ed. (3532)
Huston; Ron
2006 Ed. (2514)
Hutcheson & Grundy
1992 Ed. (2837)
1991 Ed. (2287)
Hutcheson Knowles Marinkovich
1990 Ed. (133)
HutchesonShutze
1990 Ed. (71)
1989 Ed. (158)
Hutchinson Builders
2004 Ed. (1154)
Hutchinson Cancer Center, Fred
1994 Ed. (890)
Hutchinson Cancer Research Center; Fred
2005 Ed. (3606)
Hutchinson Credit Union
2008 Ed. (2233)
2007 Ed. (2118)
2006 Ed. (2197)
2005 Ed. (2102)
2004 Ed. (1960)
2003 Ed. (1920)
2002 Ed. (1866)
Hutchinson FTS Inc.
2001 Ed. (2226)
Hutchinson Jr.; A. L.
1992 Ed. (534)
Hutchinson, KS
2006 Ed. (3322)
Hutchinson SA
2003 Ed. (4204)
2001 Ed. (393)
Hutchinson Shockey
2001 Ed. (920)
Hutchinson Technology Inc.
2008 Ed. (2462)
2005 Ed. (2330)
2004 Ed. (3023)
2001 Ed. (1794)
2000 Ed. (1759)
1999 Ed. (1981)
Hutchinson Whampoa
1991 Ed. (27, 1300, 1930)
Hutchison
1998 Ed. (2559)
Hutchison Boyle Brooks & Fisher
1995 Ed. (2647)
1993 Ed. (3622)
Hutchison Technology Inc.
2001 Ed. (1040)
Hutchison Telecommunications
2004 Ed. (1088)
2002 Ed. (1125, 1584)
Hutchison Telecommunications (Hong Kong) Ltd.
2001 Ed. (3333)
Hutchison Telecommunications International Ltd.
2007 Ed. (3069)
Hutchison Whampoa Ltd.
2008 Ed. (50, 88, 1667, 1746, 1788, 4234)
2007 Ed. (1717, 1761, 2213)
2006 Ed. (25, 50, 1552, 1717, 1751, 1752, 2896, 4173, 4177)
2005 Ed. (43)
2004 Ed. (49)
2003 Ed. (1690)
2002 Ed. (1580, 1615, 1665, 4421, 4422)
2001 Ed. (1627, 1723, 1724, 1725)
2000 Ed. (1445, 1449, 1450, 1452, 1694, 2493, 2494)
1999 Ed. (1647, 1648, 1649, 1650, 1887, 2715, 2716)
1998 Ed. (2558)
1997 Ed. (1423, 1424, 1426, 2247, 2248)
1996 Ed. (1371, 1373, 1374, 1375, 2135, 2136, 2137, 2138, 2141, 2143, 3596)
1995 Ed. (1410, 1412, 1413, 1577, 2128, 2130, 3514)
1994 Ed. (1385, 2077, 2078)
1993 Ed. (1329, 1330, 2058, 2060)
1992 Ed. (1632, 1634, 1635, 2438, 2439, 2442, 2444)
1991 Ed. (1302, 1931)
1990 Ed. (1377, 1378, 2045, 2048)
1989 Ed. (1125)
Hutchison Whampoa International
2005 Ed. (2146)
The Hutensky Group
1995 Ed. (3063)
1994 Ed. (3003, 3004)
Hutong Pharmaceutical
2005 Ed. (29)
2004 Ed. (36)
Hutson Inc.; Steven C.
1997 Ed. (1074)
Huttig Building Products Inc.
2006 Ed. (1902, 1904, 1907, 1908, 1909)
2005 Ed. (772, 773, 1879, 1883, 1889)
2004 Ed. (786, 787, 4550)
Huttig Sash & Door Co.
1994 Ed. (798)
1993 Ed. (782)
1992 Ed. (987)
1991 Ed. (806)
1990 Ed. (843)
Huttleston Associates Inc.
2008 Ed. (16)
Hutton Chevrolet Co.; Chuck
1991 Ed. (272)
1990 Ed. (302, 303)
Hutton; E. F.
1989 Ed. (803, 806, 807, 808, 821, 2374, 2375, 2376, 2377, 2380, 2381, 2384, 2385, 2386, 2387, 2388, 2390, 2391, 2395, 2397, 2401, 2407, 2418, 2419, 2420, 2422)
Hutton Group; E. F.
1989 Ed. (809)
Hutton; Henry A.
2006 Ed. (334)
Hutton Life; E. F.
1989 Ed. (1707, 1709)
Hutton Precious Metals
1989 Ed. (1849)
Hutzler Brothers Co.
1990 Ed. (1037)
Huvis Corp.
2007 Ed. (4672)
2006 Ed. (2577)
Huxley Associates
2008 Ed. (2133)
HVB Bank Biochim
2008 Ed. (389)
HVB Bank Czech Republic
2004 Ed. (485)
HVB Bank Hungary
2008 Ed. (424)
2007 Ed. (460)
2006 Ed. (449)
2005 Ed. (518)
2004 Ed. (485, 486, 539)
HVB Bank Romania
2008 Ed. (496)
HVB Bank Slovakia
2008 Ed. (502)
2007 Ed. (550)
2006 Ed. (521)
2004 Ed. (486)
HVB Group
2007 Ed. (19, 1443, 1780)
2006 Ed. (1771)
HVB Group New York
2007 Ed. (2563)
HVB Luxembourg
2008 Ed. (472)
2007 Ed. (515)
2006 Ed. (495)
2005 Ed. (573)
Hvide Marine Inc.
2001 Ed. (4626)
HW Electronics Inc.
1992 Ed. (1336)
H.W. Kaufman Financial
1992 Ed. (317)
Hwa Wei & Grey
2003 Ed. (155)
2002 Ed. (191)
2001 Ed. (218)
2000 Ed. (178)
1999 Ed. (161)
1997 Ed. (151)
1996 Ed. (145)
1994 Ed. (121)
1993 Ed. (140)
1992 Ed. (213)
1991 Ed. (155)
1990 Ed. (155)
1989 Ed. (166)
Hwa Wel & Grey
1995 Ed. (131, 132)
HWB Capital Management
2005 Ed. (1088)
1999 Ed. (1245)
HWH Architects Engineers Planners Inc.
1991 Ed. (1557)
HWL International
2008 Ed. (3342)
2007 Ed. (3200)
2006 Ed. (3166)
H*Works
2006 Ed. (2774)
HX
1995 Ed. (2879)
Hy & Zel's
2003 Ed. (2103)
Hy-Drive Technologies Ltd.
2008 Ed. (2936)
HY Marketing
1999 Ed. (161)
1997 Ed. (151)
1996 Ed. (145)
1995 Ed. (131, 132)
1994 Ed. (121)
HY Marketing (Hakuhodo)
2000 Ed. (178)
Hy-Tek Material Handling Inc.
2008 Ed. (4421)
Hy-Vee Inc.
2008 Ed. (1856)
2007 Ed. (1819)
2006 Ed. (1812)
2005 Ed. (1827)
2004 Ed. (1760)
2003 Ed. (1723, 2268)
2002 Ed. (2115)
2001 Ed. (1753, 4696)
Hy-Vee Food Stores
2005 Ed. (4565)
2004 Ed. (4623)
2002 Ed. (4536)
1995 Ed. (3538)
1994 Ed. (3468)
Hy-Vee Pizza
1997 Ed. (3126)
Hyakugo Bank
2002 Ed. (594)
Hyakujushi Bank Ltd.
2001 Ed. (1765)
1998 Ed. (377)
Hyatt Corp.
2008 Ed. (3081)
2001 Ed. (2780, 2786)
2000 Ed. (2559, 2571, 2572)
1999 Ed. (2785)
1992 Ed. (1136)
1990 Ed. (2085)
Hyatt Cherry Hill
1992 Ed. (2513)
1991 Ed. (1957)
1990 Ed. (1219, 2099)
Hyatt Grand Champions Resort
1996 Ed. (2166)
Hyatt Hotels
2007 Ed. (2950)
2006 Ed. (3985, 4126, 4130)
2005 Ed. (2941, 2942, 2943, 2944, 4085)
2004 Ed. (2938, 2944)
2003 Ed. (2847, 2853, 2854, 2857, 2858, 2859, 2860, 4136)
2002 Ed. (1071, 2637)
2001 Ed. (2786, 2791)
2000 Ed. (1101, 2542, 2548, 2558, 2569)
1999 Ed. (23, 1621, 2764, 2773, 2780, 2783, 2792)
1998 Ed. (750, 2011, 2020, 2024, 2031)
1997 Ed. (2290, 2296, 2306)
1996 Ed. (987, 2160, 2166, 2176, 2181, 2187)
1995 Ed. (1000, 2161, 2166, 2168, 2169, 2172)
1994 Ed. (987, 2095, 2113, 2118, 2121)
1993 Ed. (962, 2083, 2101)
1992 Ed. (2488, 2490, 2492, 2493, 2503)
1991 Ed. (952, 1941, 1953, 1955, 3472)
1990 Ed. (2067, 2075, 3683)
Hyatt Hotels & Resorts
1992 Ed. (2485)
Hyatt Hotels International
2006 Ed. (2938)
2005 Ed. (2934)
Hyatt, Imler, Ott & Blount, Inc.
2000 Ed. (19)
1998 Ed. (18)
Hyatt International Corp.
2006 Ed. (3985)
2001 Ed. (2788)
2000 Ed. (1101)
1996 Ed. (987)
1995 Ed. (1000)
1994 Ed. (987)
1990 Ed. (2095)
Hyatt Legal Plans
1993 Ed. (2911)
Hyatt Legal Services
1989 Ed. (1889)
Hyatt Maui LLC
2007 Ed. (1752)
Hyatt Regency
1992 Ed. (2479)
Hyatt Regency Airport
2005 Ed. (2930)
Hyatt Regency Chicago
1999 Ed. (2787)
1997 Ed. (2301)
Hyatt Regency Chicago Convention & Exposition Center
2001 Ed. (2351)
Hyatt Regency Chicago's Riverside Center
2005 Ed. (2519)
2004 Ed. (2945)
2003 Ed. (2413)
Hyatt Regency Crystal City
1991 Ed. (217)
Hyatt Regency Denver Downtown
2002 Ed. (2645)

Hyatt Regency Miami
2002 Ed. (2650)
2000 Ed. (2574)
1999 Ed. (2795)
1998 Ed. (2035)
Hyatt Regency O'Hare
1999 Ed. (2787)
1997 Ed. (2301)
Hyatt Regency Ravinia, Atlanta
1990 Ed. (2080)
Hyatt Regency Tech Center
2002 Ed. (2645)
Hyatt Suites
1997 Ed. (2293)
1996 Ed. (2175, 2179)
1994 Ed. (2116)
1993 Ed. (2086)
Hybritech
1993 Ed. (1514)
Hyde III; Joseph R.
1995 Ed. (978, 1727)
Hyder Consulting Ltd.
2000 Ed. (1820)
Hydrience
2001 Ed. (2654, 2655)
Hydrite Chemical Co.
2008 Ed. (916)
2004 Ed. (955)
Hydro
2006 Ed. (2371)
2005 Ed. (2316)
2001 Ed. (369, 2162)
1994 Ed. (1627)
1992 Ed. (1887)
1990 Ed. (1663)
Hydro Aluminium A/s
1994 Ed. (1435)
1993 Ed. (1381)
1990 Ed. (1406)
1989 Ed. (1147)
Hydro Aluminium AS
2007 Ed. (1930)
2006 Ed. (1947)
2005 Ed. (1918)
1995 Ed. (1469)
Hydro Aluminium S/A
1994 Ed. (198)
Hydro Aluminum AS
1997 Ed. (1492)
Hydro energy
1992 Ed. (1945)
Hydro Flame Corp.
1994 Ed. (1226)
Hydro Group Inc.
1998 Ed. (957)
Hydro One
2008 Ed. (2834, 4321)
2007 Ed. (2705, 4365)
2006 Ed. (2710)
2005 Ed. (2749)
2004 Ed. (2754)
Hydro power
2001 Ed. (2161)
Hydro Quebec
2008 Ed. (646, 2428, 2813, 2834)
2007 Ed. (2298, 2684, 2705)
2006 Ed. (2710)
2005 Ed. (2749)
2004 Ed. (2754)
2001 Ed. (1662)
1997 Ed. (1692, 2156, 3301)
1996 Ed. (1613, 2038)
1994 Ed. (1594, 1986)
1993 Ed. (2937)
1992 Ed. (1897, 2342)
1990 Ed. (1599, 1661, 2787)
Hydrochlorothiazide
2007 Ed. (2245)
2006 Ed. (2311)
2005 Ed. (2250, 2255)
2004 Ed. (2152)
1994 Ed. (1966)
1993 Ed. (1939)
Hydrocodone
2005 Ed. (2255)
2002 Ed. (3749)
Hydrocodone/APAP
2007 Ed. (2244, 2245)
2006 Ed. (2310, 2311, 2316)
2005 Ed. (2249, 2250, 2256, 2256)
2004 Ed. (2152, 2156)
2003 Ed. (2107, 2113)
2002 Ed. (2048)
2001 Ed. (2101, 2102)
2000 Ed. (2324, 2325, 3604, 3605)
1999 Ed. (1893, 1898, 2585, 3884, 3885)
1998 Ed. (1825, 2913, 2914, 2917)
1997 Ed. (1654, 3162)
Hydrocodone w/APAP
2000 Ed. (1699)
1996 Ed. (1570, 2014)
Hydrocodone with apap
1995 Ed. (1582)
Hydrocortisones
2003 Ed. (2487)
2002 Ed. (2284)
Hydroelectric
2007 Ed. (2309)
Hydroelectric power
1995 Ed. (1647)
Hydrogen & Fuel Cell Investor
2002 Ed. (4796)
Hydrogen Media, Inc.
2002 Ed. (2490)
Hydrogen peroxide
2001 Ed. (3957)
Hydrogenics Corp.
2008 Ed. (2936)
2007 Ed. (2808)
2004 Ed. (2780)
2002 Ed. (2505, 2508)
HydroGroup Inc.
1999 Ed. (1378)
Hydron Biomedics
1999 Ed. (3658)
Hydron Biomedics 55 Lens
2001 Ed. (3594)
Hydron Technologies Inc.
1997 Ed. (2020)
Hydronbiom/Hydron Biomedics
1996 Ed. (2874)
Hydropower
2001 Ed. (2155)
Hydroxycut
2004 Ed. (2097, 2098)
Hyflux
2008 Ed. (2068)
2007 Ed. (1972)
Hygeia
2008 Ed. (2884)
2006 Ed. (2765)
Hygena Ltd.
2002 Ed. (2383)
2001 Ed. (2571)
2000 Ed. (2294)
1997 Ed. (2106)
1996 Ed. (1991)
1995 Ed. (1960)
1994 Ed. (1931)
1993 Ed. (1912)
1992 Ed. (2249)
1991 Ed. (1781)
Hygiene, oral
1999 Ed. (1789)
Hygrade
1999 Ed. (2527)
1997 Ed. (2088)
1995 Ed. (1940)
Hygrade Ball Park
2002 Ed. (2365)
2000 Ed. (2275)
Hygrade Food Products Corp.
1998 Ed. (1767)
1991 Ed. (1746)
1990 Ed. (1828)
Hyland Hills Water World
2002 Ed. (4786)
1996 Ed. (3819)
1995 Ed. (3725)
1992 Ed. (4425)
1991 Ed. (3476)
1990 Ed. (3685)
1989 Ed. (2904)
Hyland Homes
1999 Ed. (1327)
Hylant-Maclean Inc.
2001 Ed. (2912)
Hylsa
2001 Ed. (4377)
Hylsamex
2006 Ed. (1878)
2004 Ed. (1780)
2003 Ed. (3306)
Hylsamex SA de CV
2006 Ed. (4597)
2005 Ed. (3395)
2004 Ed. (3363)
Hyman Construction Co.; George
1994 Ed. (1109)
1993 Ed. (1122)
1991 Ed. (1100)
1990 Ed. (1212)
Hyman; Ed
2005 Ed. (3205)
Hyman; Edward
1989 Ed. (1418, 1753)
Hyman Jr.; Edward
1997 Ed. (1906, 1956)
1996 Ed. (1773, 1833)
1995 Ed. (1855)
1994 Ed. (1837)
1993 Ed. (1774, 1834)
1992 Ed. (2138)
1991 Ed. (1708)
1990 Ed. (1767, 1769)
Hyneman Homes
1998 Ed. (910)
Hynix Semiconductor Inc.
2008 Ed. (4310, 4313)
2007 Ed. (1581, 4351, 4353)
2006 Ed. (3341)
2004 Ed. (3778)
2003 Ed. (2200, 2202)
Hynix ST Semiconductor
2008 Ed. (1116, 2471)
Hyogin Factors Co. Ltd.
1999 Ed. (2436)
Hyosung Corp.
2001 Ed. (1623)
1996 Ed. (3681)
1995 Ed. (3606)
1993 Ed. (1362, 3560)
1992 Ed. (1664)
1990 Ed. (1534)
Hyosung Group
1994 Ed. (2484)
Hyperchip
2003 Ed. (1070)
Hypercom Corp.
2000 Ed. (1749, 3877)
1996 Ed. (366)
HyperFeed Technologies Inc.
2002 Ed. (3568)
Hyperion
2008 Ed. (625, 626, 628)
2007 Ed. (666, 667, 669)
2006 Ed. (642, 644)
2005 Ed. (729, 730)
2004 Ed. (748, 749, 751)
2003 Ed. (727, 729, 730)
Hyperion Capital
1994 Ed. (2296)
Hyperion Capital Management
1992 Ed. (2758, 2766)
Hyperion Software
1997 Ed. (1108)
Hyperion Solutions Corp.
2007 Ed. (1232)
2006 Ed. (1126)
Hyperion Total Return
1991 Ed. (2940)
Hypermarkets
2000 Ed. (4281)
Hypermart USA
1991 Ed. (1991, 1992)
Hyperspace Communications
2008 Ed. (250)
Hypertherm Inc.
2008 Ed. (4345)
2007 Ed. (4392)
Hyplains Beef Co. Inc.
1994 Ed. (2454, 2455, 2457, 2910, 2911)
1993 Ed. (2515, 2516, 2519, 2520, 2889, 2893, 2894)
Hyplains Dressed Beef Co. Inc.
1995 Ed. (2525)
1992 Ed. (2995)
Hypo Alpe-Adria-Bank
2008 Ed. (382)
2007 Ed. (400)
2006 Ed. (415)
2005 Ed. (507)
2004 Ed. (450, 487, 489, 551)
2003 Ed. (480)
Hypo Alpe-Adria-Bank International AG
2007 Ed. (1595)
Hypo Alpe-Adria Bank (Slovenia)
2006 Ed. (522)
Hypo Alpe-Andria-Bank
2008 Ed. (401)
2007 Ed. (427)
2006 Ed. (429)
Hypo F & C U.S. Smaller Companies
1994 Ed. (2648)
Hypo Real Estate
2007 Ed. (2576)
Hypo Tirol Bank AG
2004 Ed. (2607)
HypoBank
1999 Ed. (3102)
Hypochlorite
1999 Ed. (1884)
Hyponex Corp.
2008 Ed. (3674)
2007 Ed. (3511)
2006 Ed. (3481)
2005 Ed. (3480)
2004 Ed. (3483)
2000 Ed. (2913)
1999 Ed. (3167)
1998 Ed. (2341)
Hyporium
2001 Ed. (4751)
Hypotears
1995 Ed. (1599, 1600, 1757, 1758)
Hypothekenbank in Essen
2000 Ed. (1862)
HypoVereinsbank
2001 Ed. (3155)
2000 Ed. (1862, 4130)
HypoVereinsbank AG
2008 Ed. (418)
2007 Ed. (474)
2006 Ed. (446, 462, 1686)
2005 Ed. (496, 508, 512, 535, 4329)
2004 Ed. (488, 504, 533, 552, 4378)
2003 Ed. (491, 494, 498, 536, 1428)
HypoVereinsbank Bank Biochim
2006 Ed. (422)
HypoVereinsbank Bank Czech Republic
2008 Ed. (403)
2007 Ed. (429)
2006 Ed. (431)
2005 Ed. (485)
2004 Ed. (478)
HypoVereinsbank Bank Splitska Banka
2006 Ed. (429)
HypoVereinsbank CZ
2003 Ed. (482)
HypoVereinsbank Slovakia
2002 Ed. (645)
Hysan Development Co. Ltd.
1994 Ed. (1321)
1992 Ed. (2443)
1990 Ed. (2049)
Hytac Aplitip Restorative
1999 Ed. (1826)
Hytek
2008 Ed. (4014)
2007 Ed. (3997)
2006 Ed. (3939)
2005 Ed. (3876)
2004 Ed. (3928)
2003 Ed. (3900)
Hyunda Engineering & Construction
1995 Ed. (1449)
Hyunda Motor
1995 Ed. (1449)
Hyundai
2008 Ed. (665)
2007 Ed. (309, 313, 697)
2006 Ed. (317, 355, 4855)
2005 Ed. (279)
2004 Ed. (2559, 2560, 4373)
2003 Ed. (306, 358, 2425, 2426)
2002 Ed. (4268, 4269)
2001 Ed. (64, 1774, 1775, 1776, 4217)
2000 Ed. (1501, 1507, 1508, 1694, 3703, 3704, 3705, 3994)
1999 Ed. (340, 360, 901, 1567, 1695, 1887, 1889, 4271, 4273, 4649)

1998 Ed. (225, 227, 2559, 3278, 3293)
1997 Ed. (307, 3251, 3493)
1996 Ed. (322, 1412, 2608)
1995 Ed. (312)
1994 Ed. (30, 303, 1414, 1415)
1993 Ed. (40, 265, 320, 330, 331, 977, 1362, 1363, 1363, 1505, 3269, 3270)
1992 Ed. (1663, 1666)
1991 Ed. (326)
1990 Ed. (300, 343, 349, 358, 364, 367, 1534)
1989 Ed. (320, 322, 323, 327, 1595)
Hyundai Accent
2006 Ed. (315)
1996 Ed. (347)
Hyundai Auto Canada
2008 Ed. (297)
1992 Ed. (447)
1990 Ed. (1024)
Hyundai Automotive Group
2005 Ed. (301)
Hyundai Construction
1997 Ed. (2592)
1992 Ed. (2822)
Hyundai Corp
1989 Ed. (319, 1133)
Hyundai Dealers Association
1994 Ed. (11, 2211)
Hyundai Elantra
2007 Ed. (345)
2006 Ed. (360)
2005 Ed. (347)
1996 Ed. (347)
1993 Ed. (325)
Hyundai Electronic Industries Co. Ltd.
2001 Ed. (4045)
Hyundai Electronics
2002 Ed. (3048, 3049, 3050)
2000 Ed. (2882)
1998 Ed. (1532)
1995 Ed. (2574)
Hyundai Electronics Europe
1998 Ed. (1537, 1538)
Hyundai Electronics Industries Co. Ltd.
2001 Ed. (1776, 2199)
Hyundai Electronics International
2001 Ed. (2133)
Hyundai Engineering Co. Ltd.
2000 Ed. (1813)
1997 Ed. (1757)
Hyundai Engineering & Constr Co. Ltd.
1990 Ed. (1393)
1989 Ed. (1133)
Hyundai Engineering & Construction Co., Ltd.
2006 Ed. (1300, 1304)
2005 Ed. (1327, 1331, 1337)
2004 Ed. (1321, 1325, 1332)
2003 Ed. (1321, 1325, 1333)
2002 Ed. (1305, 1309, 1319, 1321, 1325, 3050)
2000 Ed. (1276, 1286, 1288, 1289, 1290, 1291)
1999 Ed. (1387, 1399, 1401, 1408, 1696)
1998 Ed. (971)
1997 Ed. (1468)
1996 Ed. (1411, 1412)
1995 Ed. (1186, 1448)
1994 Ed. (1415, 3137, 3138)
1993 Ed. (1363)
1992 Ed. (1666)
1991 Ed. (1320, 1321, 2272, 2273)
1990 Ed. (1394)
1989 Ed. (1134)
Hyundai Excel
1996 Ed. (3765)
1993 Ed. (324, 348, 350, 2187, 2187)
1992 Ed. (436, 449, 454, 485, 2410)
1990 Ed. (362, 2017)
Hyundai Excel GLS
1992 Ed. (4362)
Hyundai Group
2001 Ed. (51)
1992 Ed. (36, 2637)
1991 Ed. (12)
1990 Ed. (19, 37, 2214, 3537)
Hyundai Heavy Industries Co., Ltd.
2008 Ed. (3580)
2006 Ed. (3400)
2000 Ed. (1506, 1507)
1999 Ed. (1696)
1997 Ed. (1468)
1996 Ed. (1411, 3736)
1995 Ed. (1448, 3660)
1994 Ed. (3576)
1993 Ed. (1362, 3617)
1992 Ed. (1664)
1989 Ed. (1656)
Hyundai Investment Trust Management Co.
2005 Ed. (3231)
2002 Ed. (2824)
2001 Ed. (2886)
Hyundai Marine & Fire Insurance
1999 Ed. (3136)
Hyundai Merchant
1992 Ed. (3951)
Hyundai Merchant Marine
2004 Ed. (2557, 2558)
1999 Ed. (4299)
Hyundai Mobis
2006 Ed. (4596)
Hyundai Motor Co.
2008 Ed. (21, 30, 38, 85, 90, 287, 293, 296, 2080, 2081, 2082, 3580, 4755)
2007 Ed. (63, 79, 83, 130, 1327, 1983, 1984, 1985, 1986, 3646)
2006 Ed. (72, 89, 137, 314, 320, 780, 2015, 2016, 2017, 3237, 3400, 4818)
2005 Ed. (65, 80, 288, 294, 3398, 3523)
2004 Ed. (70, 80, 85, 285, 288, 289, 290, 292, 294, 296, 297, 299, 2171, 3306, 3307, 4794)
2000 Ed. (1502, 1505, 1506, 1508)
1999 Ed. (1695, 1696, 1697, 1697)
1998 Ed. (1538, 2558)
1997 Ed. (292, 1109, 1467, 1468, 1469, 1469, 1470, 1470, 1822, 2591, 2592)
1995 Ed. (1447, 1448)
1992 Ed. (1662, 1663, 1664, 1666, 2821)
1991 Ed. (1321)
1990 Ed. (1393, 1394)
1989 Ed. (1134)
Hyundai Motor Group
2004 Ed. (4761)
2003 Ed. (320, 321, 323, 326, 327, 328, 4780)
2002 Ed. (381, 1685, 1713, 1713, 1921, 4664)
Hyundai Motor Co. Ind.
1989 Ed. (1133)
Hyundai Motor India
2007 Ed. (876, 4830)
Hyundai Motor Service
1997 Ed. (1467)
1994 Ed. (1414, 1415)
Hyundai Motors
1996 Ed. (1411, 1412, 2444)
1994 Ed. (1414, 1415, 2345)
Hyundai Precision & Industry
2001 Ed. (1777)
Hyundai Precision Industry
1992 Ed. (3078)
Hyundai Scoupe
1996 Ed. (347)
Hyundai Securities
2002 Ed. (3049)
2001 Ed. (1034, 1035)
1997 Ed. (3484)
1996 Ed. (3390)
Hyundai Sonata
1996 Ed. (347)
1993 Ed. (327)
1992 Ed. (452)
Hyundai Translead
2005 Ed. (4741)
Hyundair Engineering & Construction Co. Ltd.
1999 Ed. (1403)
Hyundal Electronics
2000 Ed. (2883)

I

I. A. Dohme Corp.
2008 Ed. (1977)
I. A. M. National
2008 Ed. (3869)
2007 Ed. (3795)
2004 Ed. (2028, 3790)
2003 Ed. (3764)
I & F Group/McCann
2003 Ed. (182)
2002 Ed. (212)
2001 Ed. (242)
2000 Ed. (192)
1999 Ed. (171)
I & G Group/McCann
1999 Ed. (120)
I & G Group/McCann Macedonia
2003 Ed. (103)
2002 Ed. (138)
2001 Ed. (163)
2000 Ed. (126)
I & I cleaners
2001 Ed. (1210)
I & K Distributors Inc.
2001 Ed. (2480)
I & S Corp.
2002 Ed. (127)
2001 Ed. (154)
1999 Ed. (111)
1997 Ed. (108)
1996 Ed. (107)
1995 Ed. (92)
1994 Ed. (98)
1993 Ed. (80, 115)
1992 Ed. (120, 171)
1991 Ed. (119)
1990 Ed. (121)
I & S/BBDO
2003 Ed. (94)
I. B. J.
1991 Ed. (1720)
I. C. H. Corp.
1991 Ed. (230, 232)
I. C. I. Pakistan Ltd.
2002 Ed. (3044, 3045, 4453, 4454)
I Can't Believe It's Not Butter!
2008 Ed. (3589)
2003 Ed. (3311, 3684, 3685)
2002 Ed. (1909)
2001 Ed. (3222)
2000 Ed. (3039, 3040, 4156)
1999 Ed. (174, 783, 1816)
1997 Ed. (165)
1996 Ed. (1517)
1995 Ed. (2507)
1994 Ed. (2441)
I Can't Believe It's Not Butter! Light
2008 Ed. (3589)
2003 Ed. (3311, 3685)
2000 Ed. (3039, 3040)
I Can't Believe It's Yogurt
1999 Ed. (2136, 2514, 2516)
1998 Ed. (1550)
1994 Ed. (3070, 3071)
1993 Ed. (3014, 3015, 3036)
i-Cell
2003 Ed. (2713)
I CLEAN Tampa Bay
2000 Ed. (2272)
I. D. B. Development
2002 Ed. (4558)
I. D. B. Holdings
2002 Ed. (4558)
I Do Windows
2005 Ed. (760)
i-drive.com
2002 Ed. (4863)
I. E. Thomasson Associates Inc.
2008 Ed. (2527)
I Feel Bad About My Neck
2008 Ed. (622)
I-5/South Orange County Area, CA
1996 Ed. (1602)
i-frontier
2002 Ed. (2532)
I. G. Davis Jr.
1998 Ed. (1513)
I. G. Seidenberg
2005 Ed. (2506)
2004 Ed. (2522)
2003 Ed. (2402)
2002 Ed. (2208)
I. H. Mississippi Valley Credit Union
2008 Ed. (2230)
2007 Ed. (2115)
2006 Ed. (2194)
2005 Ed. (2099)
2004 Ed. (1957)
2003 Ed. (1917)
2002 Ed. (1863)
I. H. Services Inc.
2001 Ed. (1847)
I. H. Whitehouse & Sons
1991 Ed. (1089)
I-HWA Industrial Co. Ltd.
1994 Ed. (3523)
1992 Ed. (4282)
1990 Ed. (3571)
I. K. Hofmann GmbH
2008 Ed. (1209)
I. Kitagawa & Co., Ltd.
2008 Ed. (1783)
2007 Ed. (1755)
2006 Ed. (1746)
I know This Much is True
2000 Ed. (707)
I Know What You Did Last Summer
2000 Ed. (4349)
I. L. W. U. Credit Union
2008 Ed. (2212)
I-Logix Inc.
2006 Ed. (1139)
2005 Ed. (1150)
I Love Lucy Christmas
1992 Ed. (4248)
I Love Lucy: The Very First Episode
1992 Ed. (4248)
I Love Rewards Inc.
2008 Ed. (1102, 4320)
I M Bigg
2003 Ed. (2055)
I. M. P. Group International Inc.
2008 Ed. (2001)
I. M. Pei & Partners
1989 Ed. (268)
I-Mate
2007 Ed. (2832)
I-Mei
1994 Ed. (46)
I. N. V. U. Portraits
2002 Ed. (3706)
I-Net Holdings
2003 Ed. (1515)
I/O Software, Inc.
2003 Ed. (2719)
2001 Ed. (2857)
I/OMagic Corp.
2002 Ed. (2481)
I Pellettieri D'Italia SpA
2002 Ed. (4264)
I. R. Cohen
1994 Ed. (1723)
I R I Istituto Ricostruzione Ind
1990 Ed. (1348, 1351, 1353)
I + Renta Fija
2004 Ed. (3652)
I S S-International Service System A/s
1994 Ed. (1346)
I-Site
2000 Ed. (4383)
I Spy Extreme Challenger!
2003 Ed. (714)
I Spy Treasure Hunt
2001 Ed. (981)
I. T. S. Express
2007 Ed. (4015)
I. T. T. Sheraton Corp.
2003 Ed. (1565, 2840, 2841)
I. T. Todd
2002 Ed. (2209)
I-trax Inc.
2008 Ed. (2925)
I-270/Shady Grove, MD
1996 Ed. (1602)
I. W. Levin & Co.
1991 Ed. (2807)
I Want One of Those
2008 Ed. (683)
IA Construction Corp.
1995 Ed. (1194)
1994 Ed. (1175)

IA Ecflx Diversified
2006 Ed. (3663)
IA Ecflx NL Diversified
2003 Ed. (3584, 3585, 3586)
IA Ecflx NL Stock
2004 Ed. (3626, 3627)
2003 Ed. (3593, 3594, 3595)
IA Interior Architects Inc.
2008 Ed. (3337, 3339)
2007 Ed. (3195, 3197, 3206)
2006 Ed. (3162, 3163, 3172)
2005 Ed. (3160, 3164, 3170)
IA NL Stock
2003 Ed. (3591, 3592)
IAA Trust Co.
1992 Ed. (2790, 2796)
IAA Trust (B), ILL.
1989 Ed. (2159)
IAC Advertising Group
2000 Ed. (55)
IAC/InterActiveCorp
2008 Ed. (816, 817, 1515, 2440, 2449, 2452, 3350)
2007 Ed. (156, 851, 855, 858, 859, 860, 1528, 1530, 2314, 2315, 2716, 2720, 3217, 4181)
Iacobucci Organization
2000 Ed. (1229)
1991 Ed. (1066)
1990 Ed. (1180)
Iacocca; Lee
1994 Ed. (948)
1993 Ed. (939, 1693, 1698)
1990 Ed. (971, 974, 1716)
Iacocca; Lee A.
1995 Ed. (980, 981)
1992 Ed. (1144)
1991 Ed. (925, 927, 1623)
1989 Ed. (1376, 1379)
IAG
2004 Ed. (3080)
IAG Federal Credit Union
1996 Ed. (1498)
1994 Ed. (1504)
IAI
1994 Ed. (188)
IAI Bond
1994 Ed. (2600)
1993 Ed. (2664)
IAI Emerging Growth
1996 Ed. (2803)
IAI Regional
1992 Ed. (3149)
1990 Ed. (2391)
IAI Reserve
1996 Ed. (2793)
Iain Reid
2000 Ed. (2129)
Iain Turner
1999 Ed. (2335)
IAL
1997 Ed. (128)
1996 Ed. (124)
1995 Ed. (109)
1992 Ed. (193)
I.A.L. Investment Counsel Ltd.
1993 Ed. (2345, 2345)
IAL Saatchi & Saatchi
2003 Ed. (132)
2002 Ed. (164)
2001 Ed. (193)
2000 Ed. (155)
1999 Ed. (138)
IAM Consulting Corp.
2005 Ed. (1144)
I.A.M. National
2001 Ed. (3686)
1999 Ed. (3733)
1998 Ed. (2773)
1997 Ed. (3016)
1995 Ed. (2851)
I.A.M. National Union
1996 Ed. (2927)
IAMA
2002 Ed. (4895)
Iamgold Corp.
2008 Ed. (2825)
2007 Ed. (1623)
2006 Ed. (3486)
2002 Ed. (3738)
2001 Ed. (1656)
Iams
2008 Ed. (719, 3890)
2004 Ed. (3814, 3815)
2003 Ed. (3801, 3802, 3803, 3804)
2002 Ed. (1384, 3656)
2000 Ed. (3513)
1997 Ed. (3069)
1994 Ed. (2828)
1992 Ed. (3405)
The Iams Pet Food
1999 Ed. (3786)
1998 Ed. (2813)
IAN
2008 Ed. (117)
Ian & Richard Livingston
2008 Ed. (4906)
Ian Delaney
1997 Ed. (980)
Ian Duncan
2000 Ed. (1052)
Ian Graham
2000 Ed. (2122)
1999 Ed. (2335)
Ian J. McCarthy
2008 Ed. (947)
2007 Ed. (1025)
Ian M. Cumming
2007 Ed. (1020)
2004 Ed. (2490)
1998 Ed. (1514, 2139)
1997 Ed. (982)
Ian M. Rolland
1992 Ed. (2713)
Ian MncLennan
2000 Ed. (2062)
Ian Mosley
1997 Ed. (2705)
Ian Norman
2002 Ed. (872)
Ian Smith
1999 Ed. (2343)
Ian Wace
2008 Ed. (4902)
Iansa
1999 Ed. (4136)
1997 Ed. (3377)
1993 Ed. (3069)
1992 Ed. (3765, 3766)
1991 Ed. (2912)
Ianywhere Solutions Inc.
2008 Ed. (2929)
iAnywhere Solutions, a Sybase Co.
2005 Ed. (1146)
IAS Ltd.
2000 Ed. (978)
1992 Ed. (2155)
IAS (Barbados) Ltd.
2008 Ed. (856)
2006 Ed. (785)
1999 Ed. (1028)
IAS Insurance Management
2000 Ed. (981)
1999 Ed. (1031)
1998 Ed. (640)
1997 Ed. (901)
1996 Ed. (880)
1995 Ed. (907)
1994 Ed. (865)
IAS Marketing Communications
2001 Ed. (234)
IASD Health Service
1999 Ed. (2930)
1996 Ed. (2300)
IASD Health Services
1998 Ed. (2151)
iAsiaWorks Inc.
2002 Ed. (4200)
Iasis Healthcare Corp.
2007 Ed. (2935)
2006 Ed. (2925, 3586)
2005 Ed. (2915)
2004 Ed. (2927)
2003 Ed. (2825, 3464)
2002 Ed. (3291)
IAT
2005 Ed. (88)
Iatan
1998 Ed. (3401)
IAWS Group plc
2008 Ed. (1859, 2747, 2755)
2007 Ed. (1824)
2006 Ed. (3226)
IAWS Lifestyle Food North America
2008 Ed. (2780)
IBAH Inc.
1996 Ed. (742)
Ibarra
1998 Ed. (442)
iBasis Inc.
2008 Ed. (1156, 1913)
2007 Ed. (1257)
2006 Ed. (1143)
2005 Ed. (1154)
2002 Ed. (2520, 2527)
IBC
1997 Ed. (1418)
1996 Ed. (324)
IBC Holdings
1992 Ed. (2187, 2188)
IBC Trucking
2007 Ed. (4037)
2006 Ed. (4002)
Ibercaja de Zaragoza, Aragon & Rioja
1993 Ed. (632)
Ibercaja (de Zaragoza, Aragon y Rioja)
1994 Ed. (635)
Iberdrola
2006 Ed. (2020)
2005 Ed. (743)
2000 Ed. (752, 753, 1555, 1557)
1999 Ed. (739, 740, 1733, 1734, 1735)
1997 Ed. (683, 684, 1508, 1510, 1511, 3215)
1996 Ed. (751, 752, 1445, 1446, 1447)
1995 Ed. (1488, 1489)
1994 Ed. (722, 723, 1448, 1449, 3256)
Iberdrola SA
2008 Ed. (2084, 2086, 2430)
2007 Ed. (1987, 1988, 1990, 2300, 2302, 3989)
2006 Ed. (2018, 2019, 2021, 4538)
2003 Ed. (1826)
2002 Ed. (721, 722, 1416, 1766, 1768, 4471, 4472, 4473, 4474, 4475)
2001 Ed. (1852, 1853, 1854)
2000 Ed. (1556)
Iberduero
1993 Ed. (712, 713, 1400, 3272)
1992 Ed. (900, 901, 1691)
1991 Ed. (1279, 1346, 1348)
1990 Ed. (1420, 3476)
Iberia
2005 Ed. (743)
1999 Ed. (230)
1996 Ed. (187)
1995 Ed. (181)
1991 Ed. (202, 210, 212)
1990 Ed. (215, 219, 220, 222, 232, 233)
1989 Ed. (241, 244)
Iberia Airlines
1993 Ed. (192, 1401)
Iberia Lineas Aereas de Espaetna SA
2008 Ed. (218, 223)
2007 Ed. (239)
2006 Ed. (237, 238)
2005 Ed. (221, 226)
2004 Ed. (209)
Iberia Lineas Aereas de Espana, SA
2002 Ed. (256)
2001 Ed. (306, 307, 308, 321)
1997 Ed. (207, 1508)
1994 Ed. (170, 171, 1450)
1990 Ed. (1419)
1989 Ed. (1162)
Iberia Savings Bank
1998 Ed. (3547)
IBERIABANK Corp.
2005 Ed. (1560)
Ibero American Investors Corp.
2006 Ed. (3619)
Ibero Germana de Distribucion, S.L.
2002 Ed. (4672)
IBEW-NECA
1998 Ed. (2773)
IBEW Plus Credit Union
2008 Ed. (2245)
2007 Ed. (2130)
2006 Ed. (2209)
2005 Ed. (2114)
2004 Ed. (1972)
2003 Ed. (1932)
2002 Ed. (1878)
IBEX 35
2008 Ed. (4501)
IBG Nikoil Bank
2005 Ed. (493, 502)
IBI Asia
1990 Ed. (2047, 2049)
IBI Income Fund
2008 Ed. (1208)
Ibiden
2008 Ed. (4022)
2007 Ed. (2349, 4004)
2006 Ed. (3947)
2005 Ed. (3884)
Ibill.com
2002 Ed. (4878)
iBiquity Digital
2008 Ed. (4647)
IBIS Business Internet Solutions, Inc.
2002 Ed. (2490)
Ibis Communications
2006 Ed. (112)
Ibis Hotels
1991 Ed. (1942)
Ibis Technology
1996 Ed. (3304, 3778)
IBJ Ltd.
1998 Ed. (2348, 2350, 2351, 2355)
1996 Ed. (1648, 2474, 2476, 2477, 2478, 2479, 2485)
1993 Ed. (1651, 1656, 1659, 1671, 1677)
1992 Ed. (2026)
1991 Ed. (2675)
1990 Ed. (2773)
1989 Ed. (2122)
IBJ Asia
1989 Ed. (1779)
IBJ Group
1991 Ed. (1114, 1134, 1135, 2678)
IBJ International Ltd.
1995 Ed. (507)
IBJ Schroder Bank & Trust Co.
1995 Ed. (361, 571)
1990 Ed. (466)
1989 Ed. (562)
IBJ Trust Blended Total Return
2001 Ed. (3436)
IBJ Whitehall Bank & Trust
2001 Ed. (578)
IBJ Whitehall Overseas Fund
2003 Ed. (3129)
IBL Ltd.
1997 Ed. (2297)
1996 Ed. (2182)
1995 Ed. (2168)
IBM
2008 Ed. (641, 655, 656, 663, 805, 806, 816, 818, 866, 1042, 1046, 1049, 1111, 1112, 1113, 1115, 1117, 1119, 1143, 1144, 1145, 1147, 1149, 1153, 1155, 1157, 1158, 1159, 1347, 1355, 1358, 1371, 1406, 1433, 1470, 1517, 1518, 1519, 1521, 1524, 1536, 1827, 1852, 1922, 1987, 1988, 2295, 2301, 2311, 2319, 2320, 2321, 2361, 2475, 2486, 2493, 3013, 3196, 3544, 3834, 3861, 3866, 4262, 4268, 4632)
2007 Ed. (154, 683, 691, 692, 696, 837, 838, 851, 852, 853, 854, 855, 856, 858, 860, 889, 1204, 1206, 1208, 1209, 1210, 1212, 1213, 1214, 1215, 1228, 1244, 1245, 1249, 1252, 1256, 1258, 1259, 1260, 1263, 1265, 1400, 1402, 1406, 1414, 1415, 1476, 1533, 1534, 1535, 1537, 1539, 1540, 1555, 1584, 1618, 1792, 1813, 1816, 1920, 1921, 1923, 2179, 2189, 2194, 2347, 2366, 2376, 2893, 2914, 3058, 3061, 3213, 3415, 3524, 3690, 3697, 3758, 3782, 3792, 3988, 3989, 4234, 4588, 4645, 4703, 4805, 4806, 4979, 4980)
2006 Ed. (163, 654, 692, 743, 744, 758, 759, 800, 1069, 1101, 1103, 1105, 1106, 1108, 1110, 1111,

1132, 1133, 1135, 1136, 1137, 1139, 1140, 1141, 1142, 1144, 1145, 1148, 1150, 1356, 1361, 1363, 1364, 1376, 1377, 1466, 1467, 1468, 1469, 1470, 1482, 1501, 1503, 1504, 1505, 1506, 1507, 1508, 1509, 1510, 1518, 1519, 1525, 1527, 1532, 1646, 1662, 1805, 1937, 1938, 1942, 2326, 2396, 2400, 2422, 2548, 2892, 3028, 3039, 3319, 3329, 3361, 3362, 3491, 3695, 3697, 3698, 3702, 4218, 4647, 4792, 4981, 4982)
2005 Ed. (739, 740, 742, 793, 817, 818, 831, 832, 836, 880, 1106, 1111, 1112, 1113, 1114, 1115, 1118, 1121, 1124, 1125, 1126, 1143, 1144, 1146, 1147, 1150, 1151, 1155, 1156, 1158, 1159, 1352, 1353, 1359, 1360, 1366, 1377, 1379, 1381, 1386, 1390, 1465, 1469, 1555, 1575, 1578, 1617, 1618, 1619, 1620, 1621, 1622, 1623, 1624, 1629, 1630, 1636, 1638, 1735, 1744, 1774, 1793, 1805, 1818, 1909, 1910, 1913, 2008, 2343, 2355, 2374, 2375, 2997, 2998, 3036, 3038, 3177, 3328, 3371, 3380, 3381, 3596, 3695, 3699, 3987, 4040, 4164, 4463, 4742, 4988, 4989)
2004 Ed. (762, 1135)
2003 Ed. (752, 1125, 3796, 3797, 4686)
2002 Ed. (768, 1136)
2001 Ed. (1347)
2000 Ed. (204, 205, 308, 932, 933, 935, 937, 940, 942, 953, 1156, 1157, 1161, 1162, 1163, 1165, 1167, 1170, 1174, 1176, 1245, 1342, 1344, 1360, 1381, 1382, 1426, 1430, 1431, 1473, 1525, 1743, 1751, 2638, 2639, 2642, 2747, 2990, 3035, 3038, 3129, 3187, 3367, 3386, 3427, 3428, 3430, 3435, 3437, 3439, 3445, 3446, 3447, 3685, 3707, 3757, 3758, 3993, 3997, 3998, 3999, 4000, 4092, 4378, 4441)
1999 Ed. (178, 759, 776, 986, 987, 989, 991, 993, 994, 1073, 1256, 1257, 1258, 1259, 1261, 1265, 1267, 1269, 1271, 1272, 1273, 1275, 1277, 1278, 1280, 1283, 1286, 1289, 1488, 1516, 1517, 1541, 1543, 1545, 1547, 1548, 1549, 1600, 1624, 1625, 1660, 1661, 1666, 1671, 1714, 1864, 1965, 1966, 2505, 2506, 2726, 2874, 2875, 2876, 2877, 2878, 2879, 2880, 2881, 3298, 3404, 3405, 3468, 3470, 3601, 3605, 3606, 3608, 3609, 3641, 3643, 3646, 3647, 3648, 3714, 3716, 3719, 3721, 3726, 3728, 3729, 3730, 3856, 3974, 4043, 4044, 4270, 4275, 4276, 4277, 4389, 4391, 4392, 4750)
1998 Ed. (71, 75, 196, 489, 562, 563, 564, 567, 570, 571, 578, 687, 821, 823, 824, 825, 827, 830, 833, 837, 840, 841, 1012, 1070, 1080, 1083, 1085, 1086, 1087, 1088, 1111, 1112, 1113, 1116, 1117, 1133, 1149, 1159, 1162, 1164, 1181, 1289, 1399, 1402, 1538, 2320, 2429, 2435, 2492, 2493, 2494, 2531, 2555, 2556, 2557, 2671, 2675, 2676, 2700, 2703, 2705, 2752, 2757, 2758, 2760, 2768, 2769, 2770, 2884, 2930, 2978, 3043, 3119, 3279, 3280, 3362, 3364, 3407, 3770, 3771, 3774, 3777)
1997 Ed. (30, 168, 712, 1079, 1080, 1085, 1276, 1286, 1294, 1296, 1307, 1309, 1310, 1311, 1312, 1321, 1323, 1324, 1325, 1327, 1328, 1333, 1350, 1351, 1400, 1401, 1405, 1406, 1489, 1707, 1807, 2205, 2258, 2372, 2780, 2781, 2782, 2783, 2785, 2788, 2815, 2932, 2937, 2938, 2958, 2973, 3007, 3012, 3013, 3020, 3022, 3052, 3226, 3251, 3294, 3298, 3923)
1996 Ed. (757, 850, 1063, 1065, 1067, 1071, 1072, 1119, 1235, 1236, 1240, 1248, 1250, 1264, 1265, 1266, 1267, 1276, 1279, 1280, 1282, 1285, 1287, 1345, 1383, 1385, 1386, 1387, 1393, 1428, 1629, 1723, 1974, 2247, 2260, 2261, 2472, 2632, 2633, 2635, 2636, 2637, 2638, 2710, 2827, 2838, 2839, 2843, 2917, 2924, 2925, 2932, 2933, 2938, 3055, 3145, 3194, 3260, 3261, 3399, 3501, 3886)
1995 Ed. (20, 21, 154, 682, 695, 1084, 1087, 1088, 1090, 1092, 1093, 1096, 1111, 1116, 1263, 1280, 1293, 1294, 1305, 1309, 1313, 1420, 1421, 1423, 1424, 1435, 1466, 1567, 1655, 1663, 2240, 2251, 2252, 2253, 2254, 2255, 2256, 2257, 2258, 2259, 2260, 2261, 2503, 2569, 2570, 2573, 2575, 2763, 2771, 2845, 2846, 2850, 2853, 2854, 2862, 2863, 2938, 3045, 3092, 3437, 3439, 3447)
1994 Ed. (20, 252, 745, 842, 843, 1065, 1073, 1077, 1080, 1081, 1084, 1085, 1086, 1087, 1088, 1096, 1242, 1246, 1247, 1257, 1268, 1269, 1270, 1283, 1285, 1313, 1389, 1390, 1393, 1394, 1395, 1399, 1430, 1611, 1613, 1617, 1726, 1920, 2186, 2201, 2202, 2203, 2204, 2205, 2206, 2207, 2208, 2404, 2510, 2511, 2514, 2515, 2516, 2517, 2578, 2579, 2661, 2664, 2713, 2746, 2749, 2754, 2768, 2896, 2984, 3043, 3050, 3438, 3449, 3555, 3676, 3677, 3678, 3679)
1993 Ed. (154, 459, 733, 739, 743, 1034, 1047, 1048, 1051, 1054, 1056, 1058, 1060, 1061, 1062, 1063, 1064, 1217, 1219, 1229, 1230, 1231, 1243, 1247, 1268, 1270, 1333, 1334, 1335, 1336, 1337, 1338, 1347, 1349, 1377, 1490, 1500, 1572, 1574, 1583, 1584, 1710, 1904, 2013, 2166, 2177, 2561, 2562, 2565, 2566, 2567, 2589, 2611, 2711, 2716, 2717, 2719, 2720, 2772, 2779, 2945, 2947, 2997, 3002, 3009, 3377, 3379, 3381, 3383, 3458, 3475, 3592, 3646, 3739)
1992 Ed. (234, 243, 923, 1094, 1094, 1287, 1299, 1300, 1307, 1309, 1310, 1311, 1316, 1317, 1319, 1320, 1321, 1322, 1325, 1337, 1338, 1340, 1342, 1343, 1344, 1345, 1346, 1347, 1503, 1504, 1507, 1508, 1510, 1511, 1512, 1513, 1534, 1538, 1539, 1542, 1562, 1563, 1565, 1638, 1648, 1650, 1832, 1919, 1921, 1929, 1931, 2069, 2105, 2236, 2631, 2633, 2636, 2818, 3065, 3069, 3103, 3133, 3228, 3229, 3231, 3232, 3260, 3345, 3354, 3489, 3666, 3671, 3679, 4049, 4057, 4061, 4063, 4151, 4153, 4153, 4201, 4312, 4365, 4366, 4414, 4491, 4492)
1991 Ed. (2271)
1990 Ed. (18, 171, 535, 1103, 1111, 1112, 1114, 1120, 1121, 1122, 1124, 1128, 1129, 1131, 1275, 1277, 1279, 1280, 1281, 1282, 1283, 1286, 1291, 1296, 1301, 1304, 1305, 1329, 1341, 1342, 1382, 1384, 1385, 1465, 1612, 1627, 1629, 1638, 1644, 1730, 1782, 2190, 2201, 2206, 2570, 2571, 2572, 2573, 2582, 2583, 2595, 2596, 2639, 2680, 2685, 2687, 2720, 2735, 2738, 2777, 2778, 2782, 2792, 2880, 2901, 2935, 2983, 2990, 2991, 2992, 2993, 2994, 3442, 3443, 3444, 3453, 3475, 3630, 3632, 3710, 3711)
1989 Ed. (280, 968, 974, 975, 976, 977, 979, 983, 1038, 1041, 1042, 1059, 1087, 1088, 1099, 1117, 1317, 1318, 1338, 1342, 1386, 1388, 1980, 1981, 1982, 1990, 2016, 2103, 2123, 2305, 2306, 2307, 2311, 2673, 2752, 2794, 2803, 2813)

IBM APPC
1993 Ed. (1065)

IBM Australia
2002 Ed. (3225)

IBM Business Consulting Services
2006 Ed. (2774)

IBM Canada
2008 Ed. (2932, 2945)
2007 Ed. (2819, 2820)
2006 Ed. (1602, 1605, 2818)
2003 Ed. (1115)
2001 Ed. (1253, 1659, 2375)
1999 Ed. (1626, 2668)
1997 Ed. (1011, 1813, 2214, 3301)
1996 Ed. (2107, 2108)
1995 Ed. (1395, 2099)
1994 Ed. (986, 2048, 3554)
1993 Ed. (2036)
1992 Ed. (1186, 2399)
1991 Ed. (1903)
1990 Ed. (1365, 1731, 1738, 2005)
1989 Ed. (923, 1589)

IBM Credit Corp.
1998 Ed. (388)
1997 Ed. (1847)
1996 Ed. (1767)
1995 Ed. (1788, 1790)
1993 Ed. (845, 1763, 1766)
1991 Ed. (1666)
1990 Ed. (1762)

IBM Deutschland Gesellschaft Mit Beschraenkter Haftung
1994 Ed. (3660)
1992 Ed. (2954)
1991 Ed. (2371)

IBM Deutschland GmbH
2002 Ed. (3224)
2000 Ed. (3021)
1999 Ed. (3286, 3286)
1997 Ed. (2695)
1996 Ed. (2558)
1993 Ed. (2487)

IBM Deutschland Informationssysteme GmbH
2001 Ed. (3190)

IBM Direct
1998 Ed. (653)
1997 Ed. (914)

IBM DLC/NetBEUI
1993 Ed. (1065)

IBM France
1997 Ed. (2695)
1996 Ed. (2558)
1994 Ed. (3247)

IBM France (Compagnie)
1993 Ed. (3253)
1992 Ed. (3942)
1991 Ed. (3107)

IBM, Gen. Products Div.
1989 Ed. (272)

IBM Global Financing
2006 Ed. (4820)

IBM Global Services
2008 Ed. (1348)
2007 Ed. (1395, 4871)
2006 Ed. (4872)
2005 Ed. (4809)
2000 Ed. (904)

IBM Holdings BV
2005 Ed. (1895)

IBM Hudson Valley Employees Federal Credit Union
1994 Ed. (1504)

IBM Internet Connection
1999 Ed. (2999)

IBM Ireland Ltd.
2006 Ed. (1816, 4300)

IBM/ISSC
1997 Ed. (846, 1140)

IBM Italia
1989 Ed. (1130)

IBM Italia SpA
2004 Ed. (3331)
1992 Ed. (2954)
1991 Ed. (2371)

IBM Japan
1996 Ed. (2639)
1994 Ed. (1367)
1993 Ed. (1585, 2568)
1991 Ed. (1537)
1990 Ed. (1640)

IBM Lotus Domino
2004 Ed. (2211)

IBM Medical/Dental Plan Trust
1992 Ed. (3261)

IBM Micro
2000 Ed. (307)

IBM Mid America Employees Credit Union
2004 Ed. (1967)
2003 Ed. (1927)
2002 Ed. (1835, 1873)

IBM Mid America Employees Federal Credit Union
1997 Ed. (1563)

IBM Network System
1997 Ed. (2259)

IBM Rational
2007 Ed. (1253, 1254)

I.B.M. Rolm
1990 Ed. (2906, 2907)

IBM/Sears; Prodigy Service Co.,
1991 Ed. (3450)

IBM Semea
1999 Ed. (3286)

IBM Semea SpA
1997 Ed. (2695)
1996 Ed. (2558)
1995 Ed. (2494)

IBM Semea SRL
1993 Ed. (2487)

IBM SNA
1993 Ed. (1065)

IBM Southeast Employees Credit Union
2006 Ed. (2174)
2004 Ed. (1939)
2002 Ed. (1839)

IBM/Toshiba
1997 Ed. (1822)

IBM Tower
1990 Ed. (2732)

IBM UK Holdings Ltd.
1999 Ed. (3286, 3286)

IBM United Kingdom Ltd.
2004 Ed. (3331)
2002 Ed. (37, 3224)
2001 Ed. (3190)
1997 Ed. (2695)
1996 Ed. (2558)
1994 Ed. (2422)
1993 Ed. (2487, 2487)
1992 Ed. (2954)

IBM United Kingdom Holdings Ltd.
2002 Ed. (3224)
2001 Ed. (3190)
2000 Ed. (3021)
1997 Ed. (2695)
1996 Ed. (2558)
1995 Ed. (1747, 2494, 2494)
1994 Ed. (2422)
1992 Ed. (2954)
1991 Ed. (1639, 2371)

IBM Web Explorer
1999 Ed. (4749)

IBM Websphere
2004 Ed. (2223)

IBM World Trade Corp.
2008 Ed. (3143, 3144)
2007 Ed. (3025)
2006 Ed. (2991, 2992)
2005 Ed. (2997, 2998)
2004 Ed. (3000, 3001)
2003 Ed. (2894)
2001 Ed. (3186)

IBM World Trade Europe/Middle/East/ Africa Corp.
2008 Ed. (3143)
2007 Ed. (3025)
2006 Ed. (2991, 2992)
2001 Ed. (3186, 3187)
iboats.com
2006 Ed. (1214)
IBP, Inc.
2004 Ed. (1858, 1859, 2635)
2003 Ed. (1822, 1823, 2504, 2511, 2515, 2516, 2522, 3328, 3337, 3338, 3339, 3340, 3341, 3342)
2002 Ed. (1765, 2292, 2300, 2309, 3274, 3275, 3277, 4789)
2001 Ed. (1802, 1803, 2458, 2465, 2474, 3853)
2000 Ed. (1520, 1894, 2214, 2216, 2220, 2227, 2231, 2232, 3059, 3061, 3580, 3581)
1999 Ed. (1551, 1709, 2456, 2459, 2461, 2463, 2470, 2473, 2475, 3319, 3323, 3864, 3867)
1998 Ed. (1167, 1179, 1710, 1715, 1721, 1729, 1731, 1733, 2451, 2453, 2454, 2455, 2889)
1997 Ed. (1483, 2025, 2029, 2034, 2037, 2046, 2048, 2732, 2733, 2737, 3134, 3140, 3144, 3145)
1996 Ed. (1278, 1423, 1928, 1932, 1935, 1937, 1946, 1949, 2583, 2584, 2588, 2589, 2591, 3058, 3059, 3061, 3064)
1995 Ed. (1426, 146, 1886, 1888, 1891, 1895, 1898, 1905, 1909, 2519, 2521, 2524, 2525, 2526, 2959, 2961, 2964, 2965, 2967)
1994 Ed. (1261, 1424, 1862, 1867, 1870, 1872, 1875, 1882, 2451, 2453, 2456, 2457, 2459, 2903, 2905, 2906, 2909)
1993 Ed. (1884, 2514, 2516, 2520, 2522, 2525, 2879, 2887, 2888, 2892, 2894, 2898)
1992 Ed. (2186, 2189)
1991 Ed. (1739, 1740, 1750)
1989 Ed. (1937, 2882)
IBP Foodservice LLC
2003 Ed. (1823)
IBP Inc. Fresh Meats
2004 Ed. (1859)
IBP International Inc.
2008 Ed. (2077)
2007 Ed. (1979)
2006 Ed. (2013)
2005 Ed. (1961)
2004 Ed. (1858, 1859)
2003 Ed. (1823)
Ibragimov; Alijan
2008 Ed. (4888)
Ibrahim; Dr. Mo
2008 Ed. (4908)
2007 Ed. (4934)
Ibrahim Fibres
2007 Ed. (1948)
IBRD
1992 Ed. (2022)
IBS
2008 Ed. (4577)
2002 Ed. (1992)
2001 Ed. (4424, 4425)
IBS Electronics Inc.
1998 Ed. (1414)
IBS Financial Corp.
2000 Ed. (3856)
IBS Interactive Inc.
2000 Ed. (2746)
IBTC Chartered Bank
2008 Ed. (484)
Ibuprofen
2004 Ed. (2152)
2001 Ed. (2101)
2000 Ed. (2325)
1998 Ed. (169)
1997 Ed. (255)
1993 Ed. (1939)
1990 Ed. (268, 270)
1989 Ed. (257, 258)
IBUSZ Bank
1996 Ed. (530)
IC Industries Inc.
1990 Ed. (1267)
1989 Ed. (1259, 1260)
I.C. System Inc.
2001 Ed. (1314)
1997 Ed. (1047)
ICA
2003 Ed. (98, 1744)
2002 Ed. (132)
2001 Ed. (159)
1992 Ed. (80)
1989 Ed. (52)
ICA AB
2006 Ed. (91, 2024)
2005 Ed. (82)
1994 Ed. (45)
1993 Ed. (52)
1991 Ed. (49)
1990 Ed. (49)
ICA AF/D
2001 Ed. (81)
ICA Ahold
2004 Ed. (69, 87)
ICA Group
1990 Ed. (1833)
ICA Handlarnas AB
2005 Ed. (1966)
2003 Ed. (1827)
2001 Ed. (81, 1856)
2000 Ed. (1559)
1999 Ed. (1738)
1997 Ed. (1512)
1996 Ed. (1450, 3411)
ICA-Koncernen
1996 Ed. (1450)
1995 Ed. (1493)
1994 Ed. (1453)
1993 Ed. (1405)
1990 Ed. (1421)
1989 Ed. (1163)
ICA Mortgage Corp.
1990 Ed. (2601)
Icagen Inc.
2008 Ed. (4541)
2003 Ed. (2725)
2002 Ed. (2530)
Icahn; Carl
2008 Ed. (4823)
2007 Ed. (4893)
2006 Ed. (4898)
2005 Ed. (4844, 4847)
1997 Ed. (1248)
1996 Ed. (1208)
1995 Ed. (1232, 1237)
1994 Ed. (1221)
1993 Ed. (1181, 1693)
1992 Ed. (1474, 2143)
1991 Ed. (1141, 1162, 2265, 2377)
1990 Ed. (1238, 1243)
ICAP
2007 Ed. (2560, 2579)
2006 Ed. (2592, 2605)
2005 Ed. (2589)
ICAP Convertible Secs
1989 Ed. (260)
ICAP Foreign Securities
1990 Ed. (3664)
ICAP plc
2008 Ed. (1456, 1458, 1461, 2700)
iCap Realty Advisors
2005 Ed. (4016)
2004 Ed. (4083)
2003 Ed. (4057)
ICAP Select Equity
2006 Ed. (3634, 4556)
2003 Ed. (3492)
Icare Industries
2006 Ed. (3751, 3752)
2001 Ed. (3591, 3592)
ICare Labs
2007 Ed. (3750, 3751, 3752)
Icat Logistics
2007 Ed. (4811)
Icaza; Miguel de
2005 Ed. (786)
ICBC
2008 Ed. (4537)
1999 Ed. (1798, 4530)
1993 Ed. (3502)
1992 Ed. (4189)
ICC Chemical Corp.
2008 Ed. (916)
2007 Ed. (938)
2004 Ed. (955)
ICC Chemical Distribution
2003 Ed. (948)
2002 Ed. (1006)
ICC Solutions Ltd.
2003 Ed. (2739)
Ice
2003 Ed. (3941, 3942)
1992 Ed. (44)
1989 Ed. (1103)
Ice Age
2004 Ed. (2160, 3517)
Ice Age: The Meltdown
2008 Ed. (2387, 3756)
Ice Age 2: The Meltdown
2008 Ed. (3754)
Ice & heat packs
2002 Ed. (2284)
Ice beer
2001 Ed. (675)
Ice Box
2004 Ed. (1035)
2003 Ed. (1030)
2002 Ed. (3106)
2001 Ed. (3116)
Ice Breakers
2008 Ed. (931)
2005 Ed. (963)
2003 Ed. (951)
1999 Ed. (4767, 4768, 4769, 4770, 4771, 4796, 4799, 4800)
Ice candy
1992 Ed. (2563)
Ice control
2007 Ed. (4236)
2006 Ed. (4220)
Ice cream
2008 Ed. (2732)
2007 Ed. (4598)
2006 Ed. (4611)
2005 Ed. (2757, 2758, 2760, 3479)
2003 Ed. (2881, 3941, 3942, 4834)
2002 Ed. (2715, 3489, 4718)
2001 Ed. (1974, 1996, 2084, 3311, 4078, 4385)
2000 Ed. (2596, 3135)
1999 Ed. (2532, 3408)
1998 Ed. (1768, 2927, 3445)
1997 Ed. (2033)
1996 Ed. (3097, 3615)
1995 Ed. (2997)
1994 Ed. (2940)
1993 Ed. (1479, 2921)
1992 Ed. (2198, 2563)
1989 Ed. (1461)
Ice cream, butter pecan
1998 Ed. (986, 2068)
Ice cream, chocolate
1998 Ed. (986, 2068)
Ice cream, chocolate chip cookie dough
1998 Ed. (986, 2068)
Ice cream, chocolate fudge brownie
1998 Ed. (986, 2068)
Ice cream cones
2002 Ed. (1336)
Ice cream cones & cups
2003 Ed. (1372)
Ice cream, cookies & cream
1998 Ed. (986, 2068)
Ice cream desserts
2001 Ed. (1996)
Ice Cream/Doughnut
1991 Ed. (2875, 2876)
Ice cream, hard
2002 Ed. (2720)
Ice cream/ice milk desserts
2002 Ed. (2715)
Ice cream, lowfat
2002 Ed. (2720)
Ice cream, neapolitan
1998 Ed. (986, 2068)
Ice cream, nonfat
2002 Ed. (2720)
1999 Ed. (2821)
Ice cream, reduced, light, and low-fat
1999 Ed. (2821)
Ice cream, regular
1999 Ed. (2821)
Ice Cream/Sherbet
2000 Ed. (3619, 4140)
Ice cream, soft
1999 Ed. (2125)
Ice cream/sorbet
2004 Ed. (2133)
Ice cream, strawberry
1998 Ed. (986, 2068)
Ice cream, vanilla
1998 Ed. (986, 2068)
Ice cream, vanilla fudge
1998 Ed. (986, 2068)
Ice Cream/yogurt franchises
1992 Ed. (2218)
Ice Draft
1996 Ed. (781)
Ice Drops
2000 Ed. (811)
Ice milk
2003 Ed. (2881)
1993 Ed. (1479)
1992 Ed. (2563)
Ice Miller Donadio & Ryan
2001 Ed. (812, 845)
1998 Ed. (2577, 3158)
1997 Ed. (3384)
1995 Ed. (3188)
1993 Ed. (2160, 3101)
1991 Ed. (2925)
Ice Miller Donaldio & Ryan
1996 Ed. (3287)
Ice Mountain
2007 Ed. (673)
2005 Ed. (734)
2004 Ed. (754)
Ice Palace
2002 Ed. (4343)
2001 Ed. (4351)
Ice Palace Arena
1999 Ed. (1417)
Ice pop novelties
2002 Ed. (2715)
Ice pops
2002 Ed. (4310)
2001 Ed. (1996)
Ice skates/hockey
1994 Ed. (3369)
Ice skating
1999 Ed. (4383)
Ice Stadium
2001 Ed. (4359)
Icebank Ltd.
2000 Ed. (549)
1999 Ed. (538)
1997 Ed. (491)
1996 Ed. (532)
1995 Ed. (487)
1994 Ed. (504)
1993 Ed. (500)
Icebank Ltd. (Lanastofriun sparisjodanna h.f.)
1992 Ed. (699)
Iceberg lettuce
1998 Ed. (3658)
1997 Ed. (3832)
Icebreakers
2004 Ed. (875)
Ice.com
2008 Ed. (2444)
Iced tea
2002 Ed. (3488)
1996 Ed. (2646)
Icehouse
2007 Ed. (594)
1998 Ed. (2066)
1996 Ed. (781)
Iceland
2008 Ed. (2399, 2720, 2721)
2007 Ed. (2263, 2266, 2583, 2584)
2006 Ed. (2331, 2332, 2335, 2608, 2609, 2716, 3552, 4083, 4502)
2005 Ed. (2609, 2610, 2761)
2004 Ed. (2620, 2621)
2003 Ed. (2488, 2489, 3023, 3257, 3258)
2001 Ed. (1141, 1342, 2448, 2449, 3387, 4920, 4921)
2000 Ed. (1585, 2336, 4131)
1997 Ed. (3924)
1996 Ed. (3623)
1995 Ed. (3718)
1994 Ed. (1973, 2006, 2367, 3642, 3643)
1993 Ed. (2950, 3681)
1992 Ed. (2358, 4319)
1991 Ed. (3465)

1989 Ed. (2899)
Iceland Group plc
2001 Ed. (262)
Iceland (including Bejam)
1990 Ed. (3500)
Icelandair
1990 Ed. (220, 228)
1989 Ed. (243)
ICEX 15
2006 Ed. (4502)
ICF Communication Systems Inc.
1999 Ed. (4561)
ICF Consulting
2004 Ed. (1354)
ICF Consulting Group Inc.
2005 Ed. (1370)
ICF Kaiser Engineers Inc.
1998 Ed. (1444)
1995 Ed. (1192, 1698)
1994 Ed. (1123, 1635, 1639)
1993 Ed. (1101, 1603, 1607)
1992 Ed. (1952)
ICF-Kaiser Engineers Group Inc.
1992 Ed. (1958)
1991 Ed. (1068, 1552, 1557)
1990 Ed. (1181, 1182)
ICF Kaiser International Inc.
2001 Ed. (2244, 2288, 2290, 2295, 2296, 2297, 2298, 2299, 2301)
2000 Ed. (1250, 1798, 1803, 1845, 1850, 1851, 1852, 1853, 1854, 1855, 1856, 1858)
1999 Ed. (1342, 1359, 2021, 2026, 2058)
1998 Ed. (937, 938, 966, 1436, 1438, 1442, 1449, 1455, 1477, 1478, 1479, 1480, 1482, 1483, 1484, 1485, 1486, 1487, 1489)
1997 Ed. (1152, 1156, 1734, 1739, 3132)
1996 Ed. (1123, 1128, 1165, 1656, 1661)
1995 Ed. (1155, 1673, 1678)
I.C.4. Corp.
1995 Ed. (1275, 2293)
ICG Commerce
2004 Ed. (2212)
ICG Communications, Inc.
2003 Ed. (1076)
2002 Ed. (1124, 4568)
2001 Ed. (1039)
ICG Utilities
1992 Ed. (2276)
1991 Ed. (2778)
1990 Ed. (1888, 2925)
I.C.H. Corp.
1995 Ed. (210, 211)
1994 Ed. (208)
1993 Ed. (222)
1990 Ed. (2234)
1989 Ed. (1680, 1682, 2643)
I.C.H. Corporation
1992 Ed. (326, 1520)
1990 Ed. (257)
Ichin
1989 Ed. (337)
Ichiro Suzuki
2005 Ed. (267)
ICI
2008 Ed. (917, 930, 1017)
2007 Ed. (939, 940, 955, 956, 1137, 3421)
2006 Ed. (853, 854, 867, 1048)
2005 Ed. (950, 954, 1039, 1502)
2000 Ed. (1029, 1031, 1038)
1999 Ed. (1096, 1098, 1100, 1102, 1641, 2883)
1998 Ed. (704, 707)
1997 Ed. (961, 963, 965, 1420, 2982, 2983)
1996 Ed. (938, 943, 1023)
1995 Ed. (964, 966, 1406, 1747, 3098)
1994 Ed. (25, 929, 935, 1563, 2820)
1993 Ed. (161, 912, 918, 921)
1992 Ed. (1101, 1102, 1117, 1118, 1121, 1840, 3326, 3908)
1991 Ed. (912, 1639, 2355)
1990 Ed. (952, 956, 1376, 2758, 3462)
ICI Acrylics Inc.
2001 Ed. (3818)
1999 Ed. (3847)
ICI American Holdings Inc.
2001 Ed. (1679)
ICI Americas
2000 Ed. (1017)
1998 Ed. (2874)
1990 Ed. (1487)
1989 Ed. (177)
ICI Australia
1999 Ed. (1088)
ICI Canada
2000 Ed. (1027)
1999 Ed. (1091)
1997 Ed. (960)
1996 Ed. (932)
1994 Ed. (924)
ICI Homes
2006 Ed. (1189, 1190)
2005 Ed. (1196, 1199)
2004 Ed. (1168)
ICI Mutual Insurance Co.
2000 Ed. (983)
1999 Ed. (1033)
1998 Ed. (641)
1997 Ed. (904)
1996 Ed. (881)
1995 Ed. (908)
1994 Ed. (866)
1993 Ed. (852)
1992 Ed. (1061)
1991 Ed. (857)
1990 Ed. (906)
ICI Paints
2008 Ed. (3843)
2007 Ed. (3763)
2006 Ed. (3766)
ICI Paints North America
2008 Ed. (3844)
2007 Ed. (3764)
2006 Ed. (3767)
ICI Paints U.K. plc
2002 Ed. (44)
ICI Pak
2000 Ed. (2878)
ICI Pakistan Ltd.
1999 Ed. (3132)
1997 Ed. (2588)
1992 Ed. (69)
ICI Pakistan Limited
2000 Ed. (2879)
ICI PLC
1994 Ed. (1196)
ICI Specialty Inks
1994 Ed. (2934)
ICIC
1997 Ed. (686)
ICICI Ltd.
2003 Ed. (4588)
ICICI Bank
2008 Ed. (432, 440, 1802)
2007 Ed. (466, 1581, 1772, 4806)
2006 Ed. (455, 1765)
2005 Ed. (525)
2004 Ed. (506, 544, 551)
2003 Ed. (528, 4588)
ICICI (Industrial Credit & Investment Corp. of India)
1995 Ed. (1416)
Icicle Seafoods
2003 Ed. (2523)
1998 Ed. (1734)
1997 Ed. (2049)
1996 Ed. (1950)
iCIMS Inc.
2008 Ed. (1140, 1974, 2480)
2006 Ed. (1130, 1131)
Icing sugar
2001 Ed. (551)
ICL
2000 Ed. (3386)
1995 Ed. (2574)
1994 Ed. (2200, 2201, 2204, 2207, 3480)
1993 Ed. (2177, 2178, 2179)
1992 Ed. (1319)
1990 Ed. (1130)
ICL Israel Chemicals Ltd.
1994 Ed. (3479)
ICL Personal Systems Oy
1999 Ed. (1629)
ICL plc
2002 Ed. (3224)
2000 Ed. (4007)
iClick Inc.
2001 Ed. (1870, 2850)
ICM Asset
1995 Ed. (2369)
1993 Ed. (2315)
ICM Asset Management
1998 Ed. (2277)
1991 Ed. (2224)
ICMA Retirement
2002 Ed. (3005, 3006)
2000 Ed. (2776)
1999 Ed. (3044, 3055)
1998 Ed. (2266)
1997 Ed. (2512)
1996 Ed. (2930)
Icme Ecab Bucuresti
2002 Ed. (4460)
ICN Biomed
1990 Ed. (248)
ICN Biomedicals Inc.
1996 Ed. (1212)
1994 Ed. (712)
1993 Ed. (702)
1992 Ed. (893)
1990 Ed. (254)
ICN Pharmaceuticals Inc.
2004 Ed. (2150, 2151)
1996 Ed. (1212)
1993 Ed. (2714, 3465)
ICO Global Communications
2001 Ed. (589)
2000 Ed. (3879)
Ico/Prollantes Necsa
1997 Ed. (3752)
ICOM
2008 Ed. (117)
2005 Ed. (120)
Icom Telecom & Utilities
2000 Ed. (3229)
Icon
2008 Ed. (3635)
Icon Advisers
2008 Ed. (3402)
2007 Ed. (3283)
Icon Brand Navigation
2002 Ed. (3257)
Icon Clinical Research
2000 Ed. (3378)
Icon Construction & Development
2006 Ed. (1159)
ICON Energy
2006 Ed. (3637, 3655, 3656)
2004 Ed. (3568)
Icon Health
2005 Ed. (4434)
Icon Health & Fitness Inc.
2008 Ed. (2148)
2007 Ed. (2046)
2006 Ed. (2088, 3360)
2005 Ed. (1990, 3379)
2004 Ed. (1874)
2003 Ed. (1840)
2001 Ed. (1890, 2349)
Icon Healthcare
2004 Ed. (3588)
Icon Information Consultants LP
2008 Ed. (3734, 4430, 4984)
2007 Ed. (3604)
Icon Information Technology
2004 Ed. (2459, 3565)
ICON Leisure & Consumer Staples
2007 Ed. (3680)
Icon Medialab International
2001 Ed. (215)
2000 Ed. (176)
ICON (Merchant Bankers)
1996 Ed. (643)
1995 Ed. (573)
Icon Security
2005 Ed. (4293)
Icon South Europe Region
1999 Ed. (3567)
Icon Trainlong Materials of Iowa Inc.
2008 Ed. (3709)
ICONCO Inc.
2002 Ed. (1288)
2001 Ed. (1473)
Iconix Pharmaceuticals Inc.
2007 Ed. (3909)
ICOS Corp.
2006 Ed. (2084)
2004 Ed. (4561)
2003 Ed. (2744)
2002 Ed. (2537)
ICOS Corp. of America
1993 Ed. (1128)
1992 Ed. (1415)
1991 Ed. (1082)
ICOS Vision Systems Corp.
2008 Ed. (1579, 3207)
ICP Corp.
2007 Ed. (3583, 3584, 4437)
2006 Ed. (3530, 4369)
2005 Ed. (120)
ICRC
2007 Ed. (3531)
2006 Ed. (3495, 3689, 4339)
ICS
1994 Ed. (3143)
ICS FoodOne.com
2001 Ed. (4755)
ICSC Inc.
1994 Ed. (1067)
ICSC Spring Convention, Leasing Mall & Trade Expo
2004 Ed. (4752)
ICST
2007 Ed. (3562, 4424)
2006 Ed. (3517, 4356)
ICT Automatisering
2002 Ed. (4292)
ICT Group Inc.
2005 Ed. (4646, 4647, 4649, 4650)
2001 Ed. (4466)
2000 Ed. (4195)
1999 Ed. (4556)
1997 Ed. (3697)
1993 Ed. (3512)
1992 Ed. (4205)
ICU Medical
1997 Ed. (2953)
ICUEE
2008 Ed. (4720)
2004 Ed. (4752)
ICV Capital Partners LLC
2008 Ed. (178)
2007 Ed. (195)
2006 Ed. (189)
2005 Ed. (176)
2004 Ed. (174)
2003 Ed. (218)
Icy
1993 Ed. (2448, 3679)
1992 Ed. (4407, 4408, 4409, 4410)
Icy Hot
2004 Ed. (245)
2003 Ed. (280)
2002 Ed. (315, 316)
2001 Ed. (384)
1999 Ed. (275)
Icy Sparks
2003 Ed. (723)
iCyt
2008 Ed. (1797)
iD
2002 Ed. (3265)
ID Biomedical Corp.
2003 Ed. (1638)
ID Capital Group
1992 Ed. (4389)
id Communications
2002 Ed. (2991)
ID Enhancements Inc.
2008 Ed. (3732, 4982)
I'd Like to Buy the World a Coke
2000 Ed. (780)
Id Software
2003 Ed. (3348)
I.D. Systems Inc.
2007 Ed. (2332)
Ida Blum
1994 Ed. (890)
Ida County State Bank
1989 Ed. (209)
IDA Distrib de Los Andes
1989 Ed. (1105)
Ida Plus DDB Skopje
1999 Ed. (120)
Idabel, OK
2002 Ed. (1058)
Idacorp Inc.
2008 Ed. (2141)
2006 Ed. (2076)

2005 Ed. (2313)
2004 Ed. (1728)
2003 Ed. (1558, 1693)
Idaho
2008 Ed. (2424, 2437, 2641, 2642, 3004, 3278, 3830, 3885, 4009, 4326, 4915, 4916)
2007 Ed. (2292, 2371, 2763, 3749, 3824, 3992, 4001, 4371, 4804, 4938, 4939)
2006 Ed. (2358, 2754, 2755, 3750, 3934, 3943, 4305, 4476, 4932, 4933)
2005 Ed. (386, 387, 409, 411, 414, 415, 416, 442, 443, 1077, 1079, 1080, 1081, 2528, 2785, 2987, 3300, 3318, 3652, 3836, 3871, 3882, 4184, 4199, 4200, 4201, 4202, 4203, 4204, 4206, 4207, 4208, 4209, 4227, 4238, 4239, 4240, 4241, 4362, 4794, 4899, 4900, 4943, 4944)
2004 Ed. (359, 367, 368, 390, 391, 392, 395, 396, 397, 436, 775, 896, 1071, 1076, 1077, 1091, 2293, 2295, 2296, 2566, 2793, 2806, 2971, 3299, 3477, 3478, 3743, 3897, 3923, 4251, 4263, 4267, 4268, 4269, 4270, 4271, 4273, 4274, 4275, 4276, 4300, 4305, 4307, 4412, 4513, 4514, 4519, 4819, 4886, 4887, 4960, 4994)
2003 Ed. (388, 389, 402, 412, 413, 414, 416, 417, 418, 786, 1064, 1066, 1067, 1068, 2145, 2146, 2147, 2148, 2678, 2829, 3700, 4233, 4247, 4250, 4253, 4254, 4255, 4256, 4286, 4294, 4299, 4400, 4418, 4419, 4424, 4896)
2002 Ed. (441, 446, 457, 465, 467, 470, 475, 476, 477, 495, 496, 668, 869, 1118, 1119, 2008, 2011, 2119, 2590, 3079, 3202, 3341, 3632, 3734, 4101, 4106, 4115, 4160, 4162, 4163, 4164, 4165, 4167, 4168, 4169, 4170, 4333, 4372, 4520, 4892)
2001 Ed. (277, 2052, 2053, 2418, 2541, 2544, 2545, 2613, 2664, 2823, 2824, 3174, 3294, 3321, 3597, 3849, 4211, 4223, 4228, 4260, 4261, 4268, 4412, 4782)
2000 Ed. (3007)
1999 Ed. (1077, 1848, 2812, 4402, 4403, 4430, 4445, 4454)
1998 Ed. (179, 472, 2059, 2382, 3380, 3381, 3385, 3611)
1997 Ed. (3571, 3622, 3785)
1996 Ed. (2091, 3516, 3520, 3529, 3580)
1995 Ed. (3450, 3755)
1994 Ed. (2334, 2414, 2535, 3309, 3374, 3377)
1993 Ed. (363, 3320, 3399, 3691)
1992 Ed. (2334, 2574, 2810, 2914, 2924, 2928, 2929, 2930, 3090, 3106, 3977, 4090, 4128, 4129, 4130, 4428)
1991 Ed. (325, 2162, 2350, 2485, 3128, 3192, 3214, 3345, 3347)
1990 Ed. (826, 2448, 2868, 2889, 3360, 3373, 3397, 3410, 3412, 3424, 3507)
1989 Ed. (1736, 2612)
Idaho Central Credit Union
2008 Ed. (2212, 2229)
2007 Ed. (2114)
2006 Ed. (2193)
2005 Ed. (2098)
2004 Ed. (1956)
2003 Ed. (1916)
2002 Ed. (1862)
Idaho; College of
1995 Ed. (1065)
Idaho Falls, ID
2008 Ed. (2490)
2007 Ed. (2370, 3359, 3363, 3375)
2005 Ed. (3467)
Idaho Falls-Pocatello, ID
2008 Ed. (825)
2007 Ed. (864)
2006 Ed. (766)
2005 Ed. (838)
Idaho First National Bank
1989 Ed. (203, 205)
Idaho Housing & Finance Association
2001 Ed. (804)
Idaho Power Co.
2001 Ed. (2145)
2000 Ed. (3673)
1995 Ed. (1645)
1992 Ed. (1888, 1906)
1991 Ed. (1505)
Idaho Power Co., Boise
1991 Ed. (1489)
Idaho Power Co., Ontario, OR
1991 Ed. (1489)
Idaho Public Employees
2008 Ed. (2300, 2309)
Idaho State University Credit Union
2008 Ed. (2229)
2007 Ed. (2114)
2002 Ed. (1862)
Idahy Credit Union
2008 Ed. (2229)
2007 Ed. (2114)
2006 Ed. (2193)
2005 Ed. (2098)
2004 Ed. (1956)
2003 Ed. (1916)
2002 Ed. (1862)
Idamar Enterprises
2002 Ed. (2815)
Idayo Investor
2002 Ed. (4817)
IDB Communications Group Inc.
1996 Ed. (1722, 2889)
1995 Ed. (884)
IDB Development
2006 Ed. (4684)
2000 Ed. (4184)
1999 Ed. (4539)
1996 Ed. (3634)
1994 Ed. (3479, 3480)
1993 Ed. (3506, 3507)
1992 Ed. (4196, 4197)
1991 Ed. (3274, 3275, 3275)
IDB/FCB
2001 Ed. (120)
IDB Holding
2008 Ed. (1860)
2007 Ed. (1825)
2006 Ed. (1818)
1996 Ed. (3635)
IDB Holdings
2000 Ed. (4184)
1999 Ed. (4540)
1997 Ed. (3685, 3686)
1994 Ed. (3479)
IDB-IIC
2000 Ed. (1626)
IDB-IIC Credit Union
2008 Ed. (2267)
2007 Ed. (2152)
2006 Ed. (2157, 2174, 2231)
2005 Ed. (2064, 2080)
2004 Ed. (1939, 1940, 1994)
2003 Ed. (1900, 1954)
2002 Ed. (1840, 1857)
1998 Ed. (1219)
1996 Ed. (1506)
IDBI
2008 Ed. (432)
IDC Architects
2006 Ed. (2453, 2455)
Ide Hyundai; Dick
1994 Ed. (270)
1993 Ed. (271)
IDEA Plus DDB
2002 Ed. (138)
2001 Ed. (163)
Idea Plus DDB Belgrade
2002 Ed. (212)
2001 Ed. (242)
2000 Ed. (192)
1999 Ed. (171)
Idea Plus DDB Skopje
2000 Ed. (126)
The Idea Works
1999 Ed. (2838)
Ideal Basic Industries
1991 Ed. (876, 3228)
1990 Ed. (844, 921)
Ideal Electrical Supply Corp.
2008 Ed. (3739, 4437, 4985)
2007 Ed. (3612, 4453)
2006 Ed. (3547, 4385)
The Ideal Group Inc.
2008 Ed. (2963)
2005 Ed. (2843)
2004 Ed. (2833)
2002 Ed. (2538, 2555, 2556)
2001 Ed. (2709)
Ideal Home
2000 Ed. (3498)
Ideal Homes of Norman
2005 Ed. (1220)
Ideal Homes of Norman LP
2006 Ed. (1158)
Ideal Image Development Corp.
2008 Ed. (3888)
Ideal Steel and Builders' Supplies Inc.
2001 Ed. (2710)
2000 Ed. (2469)
1999 Ed. (2685)
1998 Ed. (1939)
Ideal System Solutions Inc.
2008 Ed. (3716, 4406, 4968)
2007 Ed. (3570)
idealab Capital Partners
2002 Ed. (4736)
Idealist.org
2003 Ed. (3045)
Ideals Basic Inds
1989 Ed. (865)
IDEAS
2007 Ed. (3412)
1993 Ed. (865)
IDEC Pharmaceuticals Corp.
2005 Ed. (1465, 1468)
2004 Ed. (953, 2150, 2772, 3307, 4561, 4567, 4568, 4569)
2003 Ed. (683, 1714)
2002 Ed. (1494, 2046)
1997 Ed. (2974)
1993 Ed. (3113)
Idees & Communication
1999 Ed. (117)
1995 Ed. (95)
Idei; Nobuyuki
2006 Ed. (690)
2005 Ed. (789, 2470)
Idelman Marketing/ITI Marketing Services Inc.
1995 Ed. (3556)
Idelman Telemarketing Inc.
1997 Ed. (3697, 3699)
1992 Ed. (4205, 4206)
1991 Ed. (3282)
1989 Ed. (2795)
Idemitsu Kosan
2006 Ed. (3991)
2003 Ed. (3852)
2002 Ed. (1076, 3695)
1993 Ed. (1341, 1343)
1992 Ed. (1643, 1644)
1990 Ed. (2849)
Idemitsu Petrochemical Co. Ltd.
2001 Ed. (3838)
1996 Ed. (1406)
1993 Ed. (915)
Idenix Pharmaceuticals Inc.
2006 Ed. (4256)
2005 Ed. (1467)
Ident-A-Kid
2008 Ed. (169)
Ident-A-Kid Services of America
2008 Ed. (971)
2007 Ed. (1095)
2006 Ed. (1004)
2005 Ed. (900, 904)
2004 Ed. (909)
The Identica Partnership
2002 Ed. (1957)
1999 Ed. (2836)
Identikey Pty. Ltd.
2004 Ed. (1544)
Identitech
1998 Ed. (839, 1323)
Identity theft
2005 Ed. (2683)
Identix Inc.
2004 Ed. (1341)
iDesk plc
2002 Ed. (2493)
Idetic
2006 Ed. (2489)
IDEX Corp.
2007 Ed. (2211)
2006 Ed. (2279)
2005 Ed. (2782, 2783)
2004 Ed. (2790, 2791)
1999 Ed. (2615, 2666)
1997 Ed. (2896)
1993 Ed. (2688)
1992 Ed. (3149, 3190)
Idex AEGON Income Plus
2000 Ed. (3255)
IDEX Aggressive Growth
2000 Ed. (3244)
Idex Alger Aggressive Growth
2001 Ed. (3425)
2000 Ed. (3245)
IDEX Balanced
2000 Ed. (3226, 3227, 3248, 3252)
IDEX Fund
1993 Ed. (2659)
IDEX Fund 3
1997 Ed. (2896)
Idex Global A
1999 Ed. (3514, 3551)
1998 Ed. (2596, 2609)
IDEX Growth
2000 Ed. (3241)
IDEX Growth Fund
2000 Ed. (3268, 3273)
IDEX II
1993 Ed. (2659, 2688)
1992 Ed. (3183)
1991 Ed. (2556)
Idex Income Plus A
2000 Ed. (766)
Idex Janus Capital Appreciation
2004 Ed. (3606)
Idex JCC Balanced
2000 Ed. (3251)
Idex JCC Global
2000 Ed. (3291)
Idex LKCM Strategic Total Return
2001 Ed. (3431)
IDEX Total Income Trust
1994 Ed. (2619)
Idexx Laboratories Inc.
2008 Ed. (1897)
2007 Ed. (1863, 3466)
2006 Ed. (1859, 3447)
2005 Ed. (675, 676, 1852)
2004 Ed. (682, 683)
IDF Paris
1996 Ed. (513)
IDG.net
2002 Ed. (4858)
IDI
2008 Ed. (3139)
2007 Ed. (3021)
2006 Ed. (2990)
2005 Ed. (2995)
2004 Ed. (2997)
2003 Ed. (2888, 4063)
The IDI Group Cos.
2007 Ed. (1299)
2006 Ed. (1192)
iDine Rewards Network Inc.
2004 Ed. (235)
Idiom Technolgies Inc.
2001 Ed. (2859)
iDirect
2007 Ed. (4727)
iDirect Marketing
2006 Ed. (106)
iDirect Technologies
2006 Ed. (4705)
IDL Inc.
2006 Ed. (4375)
Idle; Eric
2008 Ed. (2582)
Idle Hands
2001 Ed. (4698)
Idle Wild Foods Inc.
1994 Ed. (1882, 2451, 2457, 2903)
1993 Ed. (2519, 2889)
1992 Ed. (2995)
Idle Wild Foods Inc. (National)
1995 Ed. (2959)
Idle Wilds Foods Inc. (National)
1995 Ed. (2525)

Idlewild Park
1995 Ed. (216)
Idlewood Electric Supply Inc.
1995 Ed. (3793)
The IDN Group
1999 Ed. (2840)
Idnadarbanki Island HF (Industrial Bank of Iceland)
1991 Ed. (541)
IDO Corp.
2001 Ed. (3334)
Idol & Friends (Ammirati)
1999 Ed. (171)
Idols & Friends
2001 Ed. (242)
IDP Computer Services
2000 Ed. (903)
IDP Education
2004 Ed. (1059)
2003 Ed. (3954)
Idrac; Anne-Marie
2008 Ed. (4949)
IDRC
2000 Ed. (4193, 4194, 4195)
1999 Ed. (4555, 4556, 4558)
Idris
1997 Ed. (2594)
1996 Ed. (2448)
Idris-Hydraulic
1994 Ed. (2349)
IDS
2000 Ed. (3707)
1994 Ed. (2612)
IDS Bond
1997 Ed. (2866, 2888)
1996 Ed. (2784)
1995 Ed. (2684, 2702, 2716)
1994 Ed. (2608, 2619)
1993 Ed. (2655, 2675)
IDS Bond A
1999 Ed. (745, 3537)
1998 Ed. (2641)
1997 Ed. (687)
IDS Bond Fund
1990 Ed. (2386)
IDS Diversified Equity
1995 Ed. (2681, 2712, 2720)
IDS Diversified Equity-Income
1996 Ed. (2802)
IDS Extra Income
1995 Ed. (2741)
IDS Extra Income A
1997 Ed. (2903)
IDS Federal
1996 Ed. (2767)
IDS Federal Income
1996 Ed. (2779)
IDS Finance
2002 Ed. (4865)
IDS Financial
1993 Ed. (2295)
IDS Financial Services
1994 Ed. (2307)
IDS Flexible Annuity Capital Resource
1998 Ed. (3652)
IDS Flexible Annuity Managed
1998 Ed. (3652)
IDS Global Balanced
2000 Ed. (3284)
IDS Global Bond
1996 Ed. (2809)
1995 Ed. (2742)
1992 Ed. (3185)
IDS Global Bond A
1999 Ed. (3579)
IDS Growth Fund
1992 Ed. (3179)
IDS High Yield Tax-Exempt
1993 Ed. (716)
1991 Ed. (2564)
IDS Holding Corp.
2000 Ed. (3401)
IDS Income Fund
1995 Ed. (2072)
IDS Institutional
1995 Ed. (2355, 2367)
IDS Insured Tax-Exempt
1992 Ed. (4192)
IDS Intelligent Detection Systems Inc.
2001 Ed. (2863)
IDS Life
2000 Ed. (2714)
1993 Ed. (3280, 3655)
1991 Ed. (245)
IDS Life Acct N Managed
1989 Ed. (259)
IDS Life "F": CAPITAL RES
1994 Ed. (3617)
IDS Life Flexible Annuity Life Accounts
1996 Ed. (3771)
IDS Life Insurance Co.
2008 Ed. (3275, 3299)
2007 Ed. (3125)
2002 Ed. (2891, 2934)
2001 Ed. (2934, 2936, 2938, 2943, 2950, 4666)
2000 Ed. (2700)
1999 Ed. (2949, 2955, 2957, 4700)
1998 Ed. (2179, 2185, 2187, 2629, 2657, 3656)
1997 Ed. (2438, 2441)
1996 Ed. (224, 2308, 2309, 2311, 2318)
1995 Ed. (222, 2295, 2296, 2299, 3351)
1994 Ed. (223, 2259, 3270)
IDS Life Insurance Co.-Minnesota
1998 Ed. (2167)
IDS Life Insurance Co. MN
1992 Ed. (337, 4380)
IDS Life, Minnesota
1993 Ed. (3652)
IDS Managed Retirement
1994 Ed. (2606)
1993 Ed. (2660, 2671)
1991 Ed. (2559)
IDS Mutual
1999 Ed. (3533)
1998 Ed. (2614)
1997 Ed. (2871)
1996 Ed. (2771)
1990 Ed. (2372, 2394)
IDS New Dimensions
1996 Ed. (2766)
1995 Ed. (2691, 2713)
1994 Ed. (2599)
1993 Ed. (2646)
1992 Ed. (3149, 3159)
1991 Ed. (2556)
IDS Precious-Metals
1990 Ed. (2373)
1989 Ed. (1846, 1849)
IDS Precious Metals A
1997 Ed. (2879)
IDS Selective
1997 Ed. (2866)
1994 Ed. (2600, 2608)
1993 Ed. (2655, 2664)
1992 Ed. (3154)
IDS Trust
1995 Ed. (2071)
IDS Trust (A), Minn.
1989 Ed. (2146)
IDS Utilities Income
1995 Ed. (2729)
IDS Utilities Income A
1997 Ed. (2878)
IDSC Holding Inc.
2008 Ed. (2175)
2007 Ed. (2067)
2006 Ed. (2119)
2005 Ed. (2016)
IDT Corp.
2008 Ed. (4637)
2007 Ed. (2720, 4708)
2006 Ed. (4686, 4689)
2005 Ed. (4619, 4624, 4625)
2004 Ed. (4663, 4664, 4668)
2003 Ed. (2723)
2002 Ed. (2523, 2809)
2001 Ed. (3301, 4475)
2000 Ed. (2407)
1998 Ed. (3284)
1997 Ed. (2788, 3253)
IDT Entertainment Inc.
2008 Ed. (3751)
IDT Services
2008 Ed. (4412)
2007 Ed. (4433)
2006 Ed. (4365)
IDV/Grand Metropolitan
1995 Ed. (3739)
1994 Ed. (690)
1993 Ed. (679)
IDV (Grand Metropolitan PLC)
1991 Ed. (2931)
IDV North America
2000 Ed. (2941, 3833, 4236, 4358)
1999 Ed. (3210)
1998 Ed. (453)
IDV Wines
2000 Ed. (4408)
idX Corp.
2008 Ed. (4546)
2007 Ed. (4595)
2005 Ed. (4528)
2002 Ed. (4514)
2001 Ed. (4768)
IDX Systems Corp.
2006 Ed. (2092)
2005 Ed. (1993)
2004 Ed. (1878)
2003 Ed. (1843)
2001 Ed. (1893)
2000 Ed. (967, 2453)
IE-Engine
2006 Ed. (3176)
IEC
1997 Ed. (1713, 3696)
IEC Express (Australia) Pty. Ltd.
1997 Ed. (191)
IEE Review
2002 Ed. (3634)
IEEE Spectrum
1997 Ed. (271)
1996 Ed. (240)
1995 Ed. (247)
IEEE Spectrum Magazine
2008 Ed. (4709)
Ielnet Hungary
2003 Ed. (2713)
IEM
2008 Ed. (3712, 4398, 4964)
iEmployee
2005 Ed. (1140)
IES Industries
1998 Ed. (1387)
1997 Ed. (1694)
1996 Ed. (1615)
1995 Ed. (1638)
1994 Ed. (1596)
1993 Ed. (1557)
IES Utilities Inc.
2001 Ed. (2146)
IESE
2008 Ed. (801)
2007 Ed. (812, 829)
2006 Ed. (726)
2005 Ed. (802)
2004 Ed. (839)
2002 Ed. (910)
IESE Business School
2003 Ed. (793)
IESE International Graduate School of Management, University of Navarra
1997 Ed. (865)
iExplore
2003 Ed. (3055)
IF & I Securities
2002 Ed. (1581)
IF Skadeforsakring Holding AB
2006 Ed. (1430)
If You Take a Mouse to School
2004 Ed. (737)
If You Take a Mouse to the Movies
2003 Ed. (714)
IFA Insurance Co.
1996 Ed. (2267)
IFAC
2000 Ed. (10)
1999 Ed. (13)
1996 Ed. (15)
IFE
2006 Ed. (68)
IFF Research
2000 Ed. (3043)
IFG Network Securities
2002 Ed. (788)
2000 Ed. (840, 844)
1999 Ed. (843, 846)
IFI
1993 Ed. (2571)
Ifi SpA
2007 Ed. (1828, 3423)
Ifil Finanziaria di Partecipazioni SpA
2002 Ed. (1699)
IFINT
1996 Ed. (2556)
1994 Ed. (2417)
1992 Ed. (2948, 2949)
IFS, Inc.
2003 Ed. (1117)
IFS Financial Corp.
2000 Ed. (2198, 2466)
1999 Ed. (2441, 2682)
1998 Ed. (1695, 1937, 1939)
IFX Corp.
2002 Ed. (1400)
IG AGF Canadian Growth
2004 Ed. (3628)
2003 Ed. (3595)
IG Beutel Goodman Canadian Equity
2004 Ed. (3628)
2002 Ed. (3465)
2001 Ed. (3492, 3493)
IGA
2007 Ed. (4018)
2005 Ed. (3906)
2002 Ed. (4525, 4536)
1995 Ed. (3538)
1994 Ed. (3468)
IGA Canada
1992 Ed. (4172)
IGA Federal Credit Union
1996 Ed. (1515)
1994 Ed. (1507)
1993 Ed. (1454)
1991 Ed. (1396)
1990 Ed. (1462)
Igate Corp.
2007 Ed. (1950, 1953)
2006 Ed. (288, 3536, 4375)
iGate Capital Corp.
2005 Ed. (1942)
Igate Mastech
2008 Ed. (271, 3729, 4362, 4425)
Igatech Consulting
2002 Ed. (1582)
Igel & Co. Inc.; George J.
1990 Ed. (1204)
Igen
1996 Ed. (3307, 3780)
Iger; Robert
2008 Ed. (938)
Iger; Robert A.
2008 Ed. (948)
IGF Insurance
2001 Ed. (4034)
Iggesund Paperboard (Workington)
1999 Ed. (1348, 3683)
IGI
1997 Ed. (229)
1995 Ed. (667, 2284)
1994 Ed. (712)
1993 Ed. (2259)
1991 Ed. (2157)
1990 Ed. (2283)
IGI Earth Color
2002 Ed. (3763)
Iglesias; Julio
1995 Ed. (1715)
1994 Ed. (1668)
1993 Ed. (1634)
Iglo-Industria de Gelados
1992 Ed. (72)
Iglo-Industrias de Gelados
1997 Ed. (1500)
Igloo
1999 Ed. (4379)
1998 Ed. (3351)
1996 Ed. (3492)
1993 Ed. (3367)
IGM Financial Inc.
2008 Ed. (1628, 1650, 1651, 1652, 4531)
2007 Ed. (1628, 1643, 1644, 1647, 2574, 4575)
2006 Ed. (1622, 1627, 1628, 1629)
IGN Entertainment
2008 Ed. (3361)
Ignacio Gomez Montejo
1999 Ed. (2428)
Ignition electrical parts
2005 Ed. (309)
Ignition Marketing Group
2000 Ed. (3845)

Ignition Partners
2006 Ed. (4880)
2005 Ed. (4818)
Ignition Parts, Mechanical & Electronic
1990 Ed. (397)
1989 Ed. (328)
Ignition System Parts
1989 Ed. (329)
Ignition System Parts (all)
1990 Ed. (398)
iGo Corp.
2005 Ed. (1559)
iGov
2006 Ed. (1380)
iGov Technologies Inc.
2007 Ed. (1418)
IGT
2007 Ed. (4362)
2006 Ed. (1924, 3359, 3360)
2005 Ed. (1897, 3378, 3379)
2001 Ed. (1809)
1997 Ed. (2112)
igxglobal Inc.
2007 Ed. (2824)
IH Services Inc.
2006 Ed. (666, 667)
2005 Ed. (761, 763, 764)
IHC Care
1995 Ed. (2087, 2089)
IHC Group
1995 Ed. (2086, 2088)
IHC Health Plans Inc.
2006 Ed. (3111)
IHC Health Services Inc.
2007 Ed. (2047)
2006 Ed. (2089)
2004 Ed. (1875)
IHC Hospitals
1996 Ed. (2705)
1995 Ed. (2628)
1994 Ed. (2573)
Ihlas Holding
2000 Ed. (2869)
IHOP Corp.
2003 Ed. (896, 4098)
2001 Ed. (4065)
2000 Ed. (3784)
1999 Ed. (4066, 4067, 4069)
1996 Ed. (3213)
Ihor Kolomoyskyy
2008 Ed. (4877)
IHS Inc.
2007 Ed. (4025)
IHS Gold Card
1992 Ed. (2230)
IHS Group
2004 Ed. (3971)
2003 Ed. (3961)
2001 Ed. (1255)
II
1996 Ed. (3031)
II-VI Inc.
2008 Ed. (2044, 2045)
2007 Ed. (1954)
2006 Ed. (1984, 1986)
2005 Ed. (1947)
2000 Ed. (3387)
Ildong Pharmaceutical
1993 Ed. (40)
IIT
1992 Ed. (1498, 2147, 3133)
IITC
2006 Ed. (3502, 3987)
2005 Ed. (2541, 3494, 3913)
iJET Travel Risk Management
2006 Ed. (4293)
2005 Ed. (3281)
IJIS Institute
2007 Ed. (3211)
I.K. Hofmann GmbH
2008 Ed. (1771)
2007 Ed. (1744)
Ikano Communications
2005 Ed. (3023, 3902)
2004 Ed. (3943)
Ikanos Communications
2006 Ed. (3176)
IKEA
2008 Ed. (648, 654, 700, 4238)
2007 Ed. (707, 728, 3382, 4203)
2006 Ed. (2888)
2004 Ed. (758, 761, 2890)
2003 Ed. (746)
2000 Ed. (2301, 2302)
1999 Ed. (2561, 2564, 2702, 4373)
1998 Ed. (1784, 1796, 3343)
1995 Ed. (1963, 3427)
1994 Ed. (1934, 1937, 1938, 3368)
1992 Ed. (2525, 2526)
IKEA AB
2008 Ed. (2088)
2005 Ed. (3328)
IKEA Canada LP
2008 Ed. (4319)
2007 Ed. (4363)
Ikea Deutschland Verkaufs Gmbh
1991 Ed. (3107)
IKEA Einrichtungs GmbH
1996 Ed. (1991)
1995 Ed. (1960)
1994 Ed. (1931)
Ikea Einrichtungshaus Gmbh Sued
1991 Ed. (1781)
IKEA International A/S
2007 Ed. (1998)
2006 Ed. (3351)
2004 Ed. (885, 2881, 3308)
2003 Ed. (1554, 1708, 4173)
2001 Ed. (2743, 4115)
IKEA NA
1997 Ed. (2109, 3554)
1996 Ed. (1982, 1992, 3488, 3489)
IKEA North America
2008 Ed. (2728, 2800, 3001, 4585)
2007 Ed. (2591, 2669, 2877, 2879, 2881)
2006 Ed. (1978, 2615, 2680)
2005 Ed. (2619, 2704)
2004 Ed. (2668, 2712)
Ikea U.S.
2008 Ed. (3104)
2007 Ed. (2984)
2005 Ed. (4127)
2001 Ed. (2744)
Ikemoto; Daniel O.
1993 Ed. (2463)
Iklan Layanan Masyarakat (PSA)
2001 Ed. (42)
Ikm Gruppen AS
2008 Ed. (2000)
IKON Office Solutions Inc.
2008 Ed. (1092, 4799, 4922, 4924)
2007 Ed. (4947, 4950)
2006 Ed. (1078, 4941, 4943, 4944)
2005 Ed. (1082, 1384, 3673, 3674, 4506, 4908, 4910, 4911)
2004 Ed. (1366, 1579, 3727, 3730, 3758, 3759, 4925, 4927, 4928)
2003 Ed. (1582, 2086, 2087, 4926, 4927, 4928)
2002 Ed. (4898)
2001 Ed. (2039, 2041, 4816)
2000 Ed. (1300, 1693, 3540)
1999 Ed. (1440, 1886, 4757, 4762)
1998 Ed. (1049, 1124, 1186, 1319, 2702, 3709)
IKOS Systems Inc.
1992 Ed. (3822)
Iktinos Hellas SA
2002 Ed. (4512)
2001 Ed. (4381)
Ikuo Matsuhashi
1999 Ed. (2367)
Il Fornaio
2000 Ed. (3787, 3798)
Il Vicino Wood Oven Pizza
2008 Ed. (3992)
2005 Ed. (3844)
The Ilakai Hotel
1990 Ed. (2064)
ILC Industries
1990 Ed. (1035)
Ildong Pharmaceutical
1994 Ed. (30)
Ile de France, Paris
1994 Ed. (488)
Ile-de-France-Paris, France
2005 Ed. (3329)
Ile-de-France-Sud
1993 Ed. (486)
Ilhan; John
2006 Ed. (4922)
2005 Ed. (4862)
Ilia Lekach
2008 Ed. (2634)
Iliad
2007 Ed. (1236)
Iliff Care Center
2002 Ed. (3526)
iLight Technologies
2008 Ed. (3541)
Iliotec Solar GmbH
2008 Ed. (1771, 2429, 2504, 2814, 3679)
Ilitch; Marian
1997 Ed. (3916)
1996 Ed. (3876)
1995 Ed. (3788)
1994 Ed. (3667)
Ill Forks
2007 Ed. (4123)
Illan Nam
1999 Ed. (2283)
Illegal horsebooks
1990 Ed. (1873)
Illegal numbers
1990 Ed. (1873)
Iller Bankasi
1996 Ed. (700)
1995 Ed. (624)
Illimois
2000 Ed. (4025)
Illinois
2008 Ed. (327, 343, 354, 1012, 1104, 1105, 1388, 1757, 2405, 2406, 2407, 2492, 2648, 2654, 2806, 2832, 2918, 2958, 3129, 3130, 3137, 3471, 3512, 3545, 3633, 3648, 3759, 3760, 3859, 4011, 4012, 4455, 4463, 4465, 4497, 4581, 4603, 4661, 4729, 4787, 4838, 4916, 4940)
2007 Ed. (333, 341, 356, 366, 1131, 1198, 1199, 1437, 1653, 2274, 2280, 2281, 2372, 2373, 2520, 2526, 2527, 2702, 3009, 3018, 3371, 3385, 3419, 3420, 3459, 3474, 3647, 3648, 3781, 3994, 3995, 4472, 4479, 4481, 4534, 4650, 4694, 4866, 4939)
2006 Ed. (373, 383, 1043, 1094, 1405, 2344, 2345, 2428, 2550, 2551, 2707, 2790, 2834, 2982, 2984, 2987, 3059, 3069, 3070, 3080, 3084, 3097, 3098, 3103, 3112, 3115, 3117, 3130, 3132, 3136, 3137, 3155, 3156, 3257, 3259, 3301, 3307, 3323, 3367, 3368, 3443, 3450, 3584, 3730, 3783, 3936, 3937, 4158, 4410, 4417, 4419, 4475, 4650, 4673, 4865)
2005 Ed. (346, 371, 391, 392, 394, 395, 396, 397, 398, 399, 418, 422, 441, 912, 913, 1034, 1072, 1074, 1075, 1099, 1420, 2276, 2277, 2382, 2526, 2543, 2544, 2786, 2840, 2920, 2985, 2986, 3122, 3299, 3319, 3335, 3383, 3384, 3432, 3441, 3524, 3690, 3873, 3874, 4184, 4191, 4192, 4194, 4195, 4210, 4227, 4236, 4241, 4242, 4392, 4400, 4402, 4472, 4569, 4597, 4608, 4795, 4828, 4829, 4900, 4928, 4929, 4939, 4940, 4941, 4942)
2004 Ed. (186, 348, 359, 360, 367, 370, 372, 373, 375, 383, 384, 385, 386, 388, 389, 398, 415, 435, 767, 768, 775, 805, 921, 922, 1027, 1028, 1037, 1068, 1072, 1092, 1093, 1398, 1399, 2001, 2002, 2023, 2188, 2297, 2298, 2299, 2300, 2301, 2302, 2303, 2304, 2305, 2309, 2316, 2536, 2563, 2567, 2570, 2571, 2573, 2727, 2728, 2732, 2805, 2930, 2973, 2974, 2977, 2978, 2979, 2980, 2988, 2989, 2990, 2991, 2992, 2993, 2994, 3037, 3038, 3039, 3041, 3042, 3043, 3044, 3045, 3046, 3047, 3048, 3049, 3057, 3058, 3069, 3070, 3087, 3088, 3090, 3091, 3094, 3096, 3098, 3099, 3118, 3120, 3121, 3145, 3146, 3263, 3278, 3281, 3290, 3293, 3301, 3311, 3312, 3313, 3355, 3356, 3418, 3425, 3525, 3671, 3925, 3926, 4232, 4257, 4258, 4259, 4260, 4265, 4272, 4277, 4301, 4309, 4318, 4419, 4446, 4456, 4457, 4503, 4504, 4505, 4506, 4507, 4508, 4510, 4511, 4514, 4520, 4521, 4522, 4523, 4524, 4525, 4526, 4527, 4531, 4648, 4649, 4658, 4701, 4837, 4838, 4847, 4887, 4898, 4899, 4900, 4901, 4948, 4949, 4957, 4958, 4959, 4981, 4995, 4996)
2003 Ed. (380, 381, 388, 389, 394, 396, 402, 404, 405, 406, 407, 408, 410, 419, 440, 441, 442, 445, 757, 758, 904, 905, 1025, 1032, 1059, 1063, 1081, 1384, 2270, 2424, 2433, 2434, 2435, 2436, 2612, 2751, 2839, 2885, 2960, 2961, 2962, 2963, 2964, 2982, 2984, 2988, 3003, 3221, 3237, 3243, 3244, 3248, 3249, 3250, 3252, 3255, 3256, 3261, 3263, 3293, 3294, 3355, 3360, 3459, 3897, 3898, 4209, 4238, 4239, 4242, 4243, 4244, 4247, 4257, 4287, 4288, 4289, 4291, 4292, 4293, 4300, 4308, 4408, 4414, 4415, 4467, 4482, 4494, 4551, 4646, 4666, 4680, 4723, 4852, 4853, 4867, 4896, 4908, 4909, 4910, 4944, 4954, 4955, 4956, 4988, 4992)
2002 Ed. (273, 367, 368, 378, 379, 451, 453, 461, 463, 466, 473, 494, 497, 770, 771, 772, 773, 948, 950, 959, 960, 961, 1102, 1113, 1116, 1117, 1177, 1347, 1401, 1402, 1824, 1825, 1906, 1907, 2063, 2064, 2120, 2226, 2229, 2232, 2233, 2234, 2353, 2401, 2403, 2549, 2552, 2574, 2625, 2737, 2739, 2740, 2741, 2742, 2837, 2843, 2844, 2845, 2846, 2847, 2849, 2851, 2865, 2868, 2874, 2875, 2881, 2892, 2897, 2899, 2902, 2903, 2919, 2944, 2946, 2947, 2953, 2961, 2978, 2979, 2980, 3053, 3089, 3115, 3116, 3117, 3118, 3119, 3120, 3197, 3200, 3212, 3235, 3236, 3239, 3240, 3273, 3289, 3300, 3327, 3528, 3708, 3901, 4072, 4104, 4105, 4108, 4111, 4112, 4113, 4114, 4141, 4143, 4146, 4148, 4149, 4150, 4151, 4154, 4155, 4157, 4158, 4177, 4179, 4195, 4196, 4308, 4328, 4330, 4366, 4368, 4370, 4373, 4374, 4375, 4376, 4538, 4539, 4550, 4554, 4606, 4681, 4732, 4739, 4740, 4741, 4763, 4775, 4777, 4909, 4910, 4911, 4914, 4916, 4917, 4918, 4919, 4992)
2001 Ed. (1, 2, 9, 10, 273, 274, 278, 284, 285, 370, 371, 396, 397, 401, 402, 410, 411, 412, 413, 414, 415, 428, 429, 547, 548, 549, 550, 661, 666, 667, 702, 703, 977, 978, 993, 998, 1006, 1007, 1014, 1015, 1030, 1031, 1050, 1051, 1084, 1085, 1086, 1087, 1109, 1110, 1123, 1124, 1157, 1158, 1159, 1201, 1202, 1245, 1268, 1269, 1284, 1287, 1288, 1289, 1290, 1293, 1294, 1295, 1304, 1305, 1372, 1373, 1375, 1376, 1396, 1397, 1400, 1411, 1415, 1416, 1417, 1418, 1419, 1421, 1423, 1424, 1425, 1426, 1427, 1428, 1429, 1430, 1431, 1432, 1433, 1434, 1435, 1436, 1437, 1438, 1439, 1440, 1441, 1491, 1492, 1507, 1941, 1942, 1965, 1966, 1967, 1968, 1976, 1979, 1980, 2048, 2049, 2051, 2052, 2053, 2056, 2111, 2112, 2129, 2130, 2131, 2132, 2149, 2151, 2219,

2234, 2235, 2260, 2261, 2287, 2308, 2357, 2368, 2381, 2388, 2396, 2397, 2398, 2399, 2415, 2417, 2452, 2453, 2459, 2460, 2466, 2467, 2471, 2472, 2520, 2521, 2522, 2523, 2538, 2541, 2542, 2544, 2556, 2557, 2563, 2564, 2567, 2572, 2573, 2576, 2577, 2580, 2581, 2593, 2594, 2597, 2604, 2606, 2607, 2617, 2618, 2619, 2620, 2623, 2624, 2625, 2630, 2659, 2660, 2662, 2663, 2682, 2683, 2684, 2685, 2689, 2690, 2705, 2723, 2738, 2739, 2758, 2805, 2806, 2807, 2828, 2829, 2840, 2963, 2964, 2999, 3000, 3026, 3027, 3028, 3029, 3032, 3033, 3034, 3035, 3043, 3046, 3047, 3048, 3049, 3071, 3072, 3082, 3083, 3090, 3091, 3093, 3094, 3095, 3096, 3097, 3098, 3099, 3103, 3122, 3170, 3172, 3173, 3204, 3205, 3225, 3226, 3235, 3236, 3263, 3287, 3288, 3307, 3308, 3314, 3327, 3328, 3354, 3355, 3356, 3357, 3383, 3384, 3385, 3386, 3396, 3397, 3401, 3413, 3414, 3416, 3417, 3418, 3419, 3523, 3525, 3536, 3537, 3538, 3539, 3545, 3567, 3568, 3570, 3571, 3577, 3583, 3584, 3590, 3606, 3607, 3615, 3618, 3633, 3637, 3642, 3643, 3652, 3653, 3660, 3661, 3663, 3707, 3708, 3716, 3717, 3730, 3731, 3732, 3733, 3735, 3736, 3748, 3768, 3769, 3770, 3771, 3782, 3785, 3786, 3787, 3788, 3789, 3790, 3791, 3792, 3795, 3796, 3805, 3807, 3808, 3810, 3815, 3816, 3827, 3828, 3840, 3841, 3871, 3872, 3878, 3879, 3880, 3881, 3883, 3888, 3889, 3892, 3893, 3895, 3896, 3897, 3898, 3899, 3904, 3906, 3907, 3914, 3915, 3916, 3963, 3964, 3965, 3966, 3968, 3969, 3993, 3994, 3999, 4000, 4005, 4006, 4011, 4012, 4026, 4144, 4157, 4158, 4165, 4174, 4198, 4199, 4224, 4230, 4247, 4248, 4256, 4257, 4271, 4272, 4287, 4294, 4295, 4305, 4311, 4327, 4328, 4331, 4332, 4335, 4336, 4360, 4362, 4363, 4407, 4408, 4415, 4429, 4430, 4442, 4443, 4444, 4445, 4448, 4459, 4460, 4479, 4480, 4481, 4482, 4488, 4489, 4515, 4536, 4570, 4571, 4580, 4581, 4582, 4583, 4584, 4594, 4595, 4599, 4600, 4614, 4615, 4633, 4634, 4637, 4642, 4643, 4646, 4653, 4654, 4658, 4659, 4660, 4682, 4683, 4684, 4709, 4718, 4726, 4727, 4728, 4730, 4734, 4737, 4741, 4742, 4782, 4794, 4796, 4798, 4799, 4808, 4809, 4810, 4811, 4812, 4813, 4814, 4815, 4820, 4821, 4822, 4823, 4824, 4825, 4826, 4827, 4832, 4833, 4837, 4838, 4839, 4862, 4863, 4864, 4866, 4868, 4912, 4913, 4917, 4918, 4930, 4932, 4935)

2000 Ed. (803, 804, 1005, 1007, 1042, 1128, 1317, 1318, 1378, 1905, 1906, 2327, 2454, 2475, 2599, 2603, 2608, 2645, 2939, 2956, 2958, 2960, 2962, 2963, 2964, 2965, 3005, 3006, 3008, 3557, 3558, 3831, 3867, 4015, 4016, 4024, 4094, 4098, 4102, 4106, 4107, 4108, 4109, 4111, 4114, 4115, 4232, 4269, 4289, 4299, 4355, 4391, 4393, 4398, 4399, 4400, 4401, 4406, 4407)

1999 Ed. (392, 738, 798, 799, 1058, 1060, 1145, 1209, 1211, 1457, 1458, 1535, 2587, 2681, 2834, 2911, 3140, 3196, 3217, 3219, 3221, 3223, 3224, 3225, 3226, 3267, 3268, 3269, 3270, 3892, 4121, 4152, 4405, 4406, 4407, 4413, 4414, 4415, 4416, 4417, 4419, 4422, 4423, 4426, 4427, 4428, 4431, 4432, 4433, 4434, 4435, 4436, 4437, 4438, 4441, 4442, 4443, 4444, 4446, 4450, 4452, 4455, 4456, 4457, 4458, 4459, 4462, 4464, 4467, 4535, 4582, 4664, 4726, 4764, 4765, 4775, 4776, 4777, 4780, 4782)

1998 Ed. (210, 466, 473, 481, 671, 673, 732, 1024, 1025, 1109, 1535, 1536, 1702, 1799, 1830, 1928, 1945, 2069, 2366, 2381, 2384, 2385, 2401, 2404, 2415, 2416, 2417, 2418, 2883, 3105, 3168, 3374, 3379, 3382, 3384, 3389, 3391, 3392, 3396, 3397, 3464, 3511, 3517, 3620, 3683, 3716, 3717, 3727, 3728, 3729, 3732, 3734, 3736, 3759)

1997 Ed. (331, 929, 930, 1247, 1249, 1283, 1818, 1819, 2137, 2637, 2648, 2650, 2655, 2681, 3131, 3363, 3389, 3563, 3564, 3565, 3572, 3573, 3575, 3576, 3578, 3579, 3582, 3585, 3586, 3587, 3590, 3591, 3592, 3596, 3598, 3600, 3604, 3606, 3607, 3608, 3609, 3610, 3611, 3613, 3614, 3615, 3616, 3617, 3618, 3619, 3620, 3624, 3726, 3850, 3881, 3882, 3888, 3892, 3895, 3896, 3898, 3899, 3915)

1996 Ed. (898, 899, 1201, 1203, 1237, 1644, 1720, 1721, 1738, 2015, 2495, 2504, 2506, 2511, 2516, 2536, 2701, 3264, 3292, 3511, 3522, 3524, 3525, 3526, 3527, 3530, 3531, 3532, 3533, 3534, 3535, 3536, 3538, 3539, 3542, 3544, 3545, 3546, 3550, 3551, 3552, 3556, 3558, 3560, 3563, 3566, 3567, 3568, 3569, 3570, 3571, 3572, 3574, 3575, 3576, 3577, 3667, 3743, 3798, 3831, 3832, 3840, 3843, 3847, 3848, 3850, 3851)

1995 Ed. (244, 918, 919, 977, 1230, 1231, 1281, 1993, 2114, 2204, 2449, 2458, 2462, 2468, 2479, 2481, 2623, 2799, 3171, 3192, 3299, 3448, 3451, 3452, 3453, 3454, 3455, 3456, 3458, 3459, 3462, 3465, 3469, 3470, 3471, 3475, 3477, 3479, 3482, 3483, 3485, 3486, 3487, 3488, 3489, 3491, 3493, 3494, 3495, 3498, 3501, 3502, 3540, 3591, 3665, 3712, 3732, 3733, 3741, 3743, 3748, 3749, 3751, 3752, 3801)

1994 Ed. (161, 749, 977, 1214, 1216, 1258, 1968, 2370, 2377, 2381, 2387, 2401, 2405, 2556, 2568, 3028, 3119, 3149, 3217, 3375, 3378, 3379, 3380, 3381, 3382, 3383, 3384, 3386, 3387, 3393, 3394, 3398, 3399, 3400, 3404, 3406, 3408, 3411, 3412, 3414, 3415, 3416, 3417, 3418, 3419, 3420, 3421, 3422, 3423, 3424, 3425, 3426, 3506, 3638)

1993 Ed. (315, 413, 724, 744, 870, 871, 1190, 1195, 1220, 1501, 1946, 2426, 2437, 2440, 2460, 2526, 2608, 3058, 3108, 3222, 3353, 3400, 3401, 3402, 3408, 3409, 3410, 3411, 3414, 3416, 3417, 3418, 3423, 3424, 3425, 3426, 3427, 3428, 3429, 3430, 3431, 3432, 3433, 3434, 3435, 3439, 3440, 3441, 3505, 3547, 3678, 3698, 3699, 3703, 3706, 3709, 3712, 3715, 3716, 3718)

1992 Ed. (1, 439, 441, 908, 933, 968, 969, 970, 972, 974, 975, 977, 978, 1079, 1080, 1468, 1481, 2098, 2099, 2279, 2286, 2339, 2340, 2414, 2857, 2862, 2866, 2875, 2878, 2930, 2942, 2943, 2945, 2946, 2947, 3118, 3360, 3483, 3484, 3750, 3812, 4014, 4075, 4082, 4086, 4091, 4092, 4093, 4094, 4096, 4100, 4101, 4102, 4103, 4106, 4108, 4110, 4111, 4112, 4115, 4116, 4117, 4118, 4120, 4121, 4122, 4123, 4124, 4125, 4126, 4129, 4180, 4263, 4344, 4386, 4406, 4428, 4435, 4436, 4442, 4444, 4448, 4451, 4454, 4455, 4481)

1991 Ed. (1, 186, 320, 322, 726, 790, 791, 792, 793, 794, 796, 797, 881, 882, 1155, 1157, 1398, 13991, 1652, 1811, 1853, 1994, 2163, 2314, 2360, 2361, 2363, 2364, 2365, 2396, 2397, 3177, 3185, 3188, 3190, 3191, 3263, 3337, 3346, 3460, 3481, 3486, 3487)

1990 Ed. (812)

1989 Ed. (1, 206, 310, 318, 746, 869, 870, 1190, 1507, 1887, 1908, 1909, 1910, 1987, 2529, 2532, 2537, 2549, 2555, 2565, 2619, 2621, 2846, 2847, 2895, 2913, 2928, 2930, 2931, 2934)

Illinois at Chicago Medical Center; University of
1997 Ed. (2268)
1996 Ed. (2153)

Illinois at Urbana-Champaign; University of
1997 Ed. (851, 968, 1068, 1764, 1766, 1769, 1770, 1771, 1772, 1774, 1775, 1776, 2632)
1996 Ed. (838, 1683, 1687, 1688, 1689, 1690, 1692, 1693, 1694, 1695)
1995 Ed. (1701, 1705, 1706, 1707, 1708, 1710, 1711, 1712, 1713)
1994 Ed. (807, 1654, 1658, 1659, 1660, 1661, 1663, 1664, 1665, 1713, 1900)
1993 Ed. (797, 1621, 1623, 1624, 1626, 1627, 1628, 1629, 1630, 1632)
1992 Ed. (998, 1008, 1123, 1282, 1970, 1973, 1975, 1976, 1977, 1978, 1979, 1981)

Illinois Bell
1992 Ed. (1135)
1991 Ed. (923)

Illinois Central
1999 Ed. (3986)
1998 Ed. (2991, 2993, 2994)
1996 Ed. (1202, 2259)
1995 Ed. (2044, 3054, 3055, 3056, 3058)
1994 Ed. (2990, 2991, 2992, 2994, 3223)
1993 Ed. (2956, 2957, 2959)
1992 Ed. (3609, 3611, 3923)

Illinois Central Gulf R.R.
1990 Ed. (3250)

Illinois Central Railroad Co.
2004 Ed. (4058)
1997 Ed. (3243, 3245, 3246, 3248)
1996 Ed. (3156, 3158, 3160)

Illinois-Chicago; University of
2008 Ed. (774, 3637)
2006 Ed. (706)
1992 Ed. (1008)

Illinois College
1991 Ed. (888)

Illinois Department of Natural Resources
2008 Ed. (2724)
2007 Ed. (2587)
2005 Ed. (2613)

Illinois Dept. of Corrections
2000 Ed. (3617)

Illinois Development Finance Authority
2001 Ed. (808, 846)
2000 Ed. (3201)
1999 Ed. (3471)
1997 Ed. (2839, 2844)
1996 Ed. (2730)
1993 Ed. (2625)
1991 Ed. (2016)

Illinois Educational Facilities Authority
1996 Ed. (3286)

Illinois Facilities Fund
1993 Ed. (892)

Illinois Health Facilities Authority
2001 Ed. (808, 846)
2000 Ed. (3197)
1999 Ed. (3483)
1998 Ed. (2572)
1997 Ed. (2842)
1996 Ed. (2727)
1995 Ed. (2648)
1993 Ed. (2618, 2619)
1991 Ed. (2525)
1990 Ed. (2649)

Illinois Housing Development Authority
1998 Ed. (2062)
1997 Ed. (2340)
1996 Ed. (2211)
1993 Ed. (2116)

Illinois Insurance Exchange
1998 Ed. (2145)
1997 Ed. (2428)
1996 Ed. (2293)
1995 Ed. (2288)
1994 Ed. (2240)
1993 Ed. (2191)
1992 Ed. (2648)

Illinois-Iowa Gas and Electric Co.
1990 Ed. (1881)

Illinois Masonic Medical Centeer
1999 Ed. (2746)

Illinois Masonic Medical Center
2002 Ed. (2618)
2001 Ed. (2770)
1998 Ed. (1987)
1997 Ed. (2268)
1996 Ed. (2153)

Illinois Municipal
2008 Ed. (2300)
2004 Ed. (2028)
2003 Ed. (1980)

Illinois Municipal Retirement
2001 Ed. (3677)

Illinois Municipal Retirement Fund
1997 Ed. (3027)
1996 Ed. (2946)
1994 Ed. (2775)
1992 Ed. (3361)
1990 Ed. (2789)

Illinois Mutual Life
1999 Ed. (2925)

Illinois National Insurance Co.
2003 Ed. (4996)

Illinois Pork Corp.
1992 Ed. (2991, 2992, 3485, 3486)

Illinois Power Co.
1992 Ed. (1132)
1990 Ed. (1600, 1601, 2671, 3247)
1989 Ed. (1296, 1297, 2036, 2468, 2469)

Illinois Range Co.
1993 Ed. (1887)
1992 Ed. (2206)
1991 Ed. (1757)
1990 Ed. (1839)

Illinois Service/Federal S & L Association of Chicago
1991 Ed. (2922)
1990 Ed. (3104)

Illinois Service/Federal S&L Association of Chicago
1992 Ed. (621)

Illinois/Service Federal Savings & Loan Association
1995 Ed. (548)
1994 Ed. (573)

Illinois Service/Federal Savings & Loan Association of Chicago
1993 Ed. (437, 3098)

Illinois Sports Facilities Authority
1991 Ed. (2527)

Illinois State Fair
2003 Ed. (2417)
2001 Ed. (2355)

Illinois State Med
1990 Ed. (2250)

Illinois State Medical
1999 Ed. (2963)
1998 Ed. (2196)
1996 Ed. (2329)

1995 Ed. (2317)
1994 Ed. (2269)
1989 Ed. (1710)
Illinois State Medical Exchange
2000 Ed. (2715)
1993 Ed. (2232, 2236)
1992 Ed. (2678)
1991 Ed. (2121, 2126)
Illinois State Medical InterInsurance Exchange
2000 Ed. (2683)
Illinois; State of
2006 Ed. (1638)
1997 Ed. (978)
1996 Ed. (957)
1994 Ed. (945)
Illinois State Scholarship Commission
1991 Ed. (2924)
Illinois State Universities
2008 Ed. (2296, 2300, 3865)
2007 Ed. (3791)
2004 Ed. (3787)
2003 Ed. (3761)
2001 Ed. (3668)
2000 Ed. (3433)
1999 Ed. (3722)
1998 Ed. (2763)
1997 Ed. (3014)
Illinois State University
2006 Ed. (4203)
Illinois Student Assistance Commission
1991 Ed. (2924)
Illinois Teachers
2008 Ed. (2309)
2007 Ed. (2185)
2002 Ed. (3609)
2001 Ed. (3669)
2000 Ed. (3443)
1999 Ed. (3725)
1998 Ed. (2764)
1997 Ed. (3023)
1996 Ed. (2935, 2942)
1995 Ed. (2863)
1994 Ed. (2763, 2765)
Illinois Teachers' Retirement System
1991 Ed. (2691, 2693)
Illinois Tool Works Inc.
2008 Ed. (189, 198, 846, 1406, 1829, 1831, 1834, 3027, 3145, 3146, 3148, 3150, 4253, 4254)
2007 Ed. (202, 211, 212, 875, 1793, 1797, 2905, 3027, 3028, 3030, 3032, 3033, 3036, 3399, 4216, 4217)
2006 Ed. (2993, 2996, 2997, 2998, 2999, 3342, 3343, 4206, 4207)
2005 Ed. (1527, 1806, 1808, 1809, 1810, 2999, 3000, 3001, 3002, 3003, 3349, 3354, 3855, 3856, 4150, 4151)
2004 Ed. (1511, 3002, 3004, 3324, 3329, 3909, 3910, 4222, 4223)
2003 Ed. (342, 1481, 2893, 2897, 3269, 3270, 3296, 3380, 4196, 4197)
2002 Ed. (940, 1460, 2728, 3309, 3316, 3317)
2001 Ed. (11, 1550, 3188, 3189, 3218, 3286, 4131, 4132)
2000 Ed. (3034, 3084)
1999 Ed. (2851, 3297, 3347)
1998 Ed. (2090, 2091, 2434, 2468, 2469)
1997 Ed. (2368, 2370, 2752, 2753)
1996 Ed. (2243, 2609, 2610)
1995 Ed. (2235, 2548, 3167)
1994 Ed. (2181, 2433, 2479, 2481)
1993 Ed. (719, 2495, 2535, 2537)
1992 Ed. (2592, 2595, 2967, 3027, 3029, 3474)
1991 Ed. (2018, 2021, 2381, 2419, 2421)
1990 Ed. (2171, 2174, 2516, 2541, 2542)
1989 Ed. (1651, 1654, 1928, 1945, 1947)
Illinois; University of
1997 Ed. (1063)
1992 Ed. (1280, 2216, 3663, 3803)
1991 Ed. (2928)
Illinois-Urbana-Champaign; University of
2008 Ed. (789, 792, 1062, 2574, 2576)
2007 Ed. (818, 1163, 2447)
2006 Ed. (714)
2005 Ed. (2440)
1991 Ed. (917)
Illinois, Urbana; University of
1992 Ed. (1972)
1991 Ed. (815, 916, 1004, 1006, 1565, 1567, 1568, 1570, 1571, 1572, 1573, 1574, 1577, 2833)
Illinois Waterway
1998 Ed. (3703)
Illinois Wesleyan
1990 Ed. (1090)
Illinois Wesleyan University
1995 Ed. (1054)
1994 Ed. (1046)
1993 Ed. (1019)
1992 Ed. (1271)
Illinova Corp.
1999 Ed. (1555)
1998 Ed. (1386)
1996 Ed. (1614)
Illumina Inc.
2008 Ed. (3635, 4609)
Illuminations.com
2007 Ed. (2318)
iLOG Inc.
2002 Ed. (1992, 4509)
2001 Ed. (4425)
ILOG SA
2006 Ed. (1134)
ILOKA Inc.
2002 Ed. (3373)
ILSMart.com
2004 Ed. (2203)
2003 Ed. (2153)
Iluka Resources
2002 Ed. (1587, 1589, 3368)
Ilva
1994 Ed. (3435)
Ilva Lamainati Piani SpA
1999 Ed. (3345)
Ilva SpA
2004 Ed. (3441)
2002 Ed. (3308)
1995 Ed. (2545, 3511)
IM & R
1999 Ed. (843, 844, 845, 847, 848, 849, 850)
IM Flash Technologies
2008 Ed. (1116, 2471, 3506)
I'm Gonna Like Me: Letting Off a Little Self-Esteem
2004 Ed. (737)
I.M. Pei & Partners
1990 Ed. (278, 284)
The IMA Financial Group
2007 Ed. (1683)
IMA Holding
1992 Ed. (1461)
IMA Pty
1993 Ed. (136)
1992 Ed. (205)
Imada Wong Communications Group
2003 Ed. (32)
Image Bus Systems
1996 Ed. (2887)
Image Business Systems
1995 Ed. (3202)
Image DDB Ukraine
2000 Ed. (185)
1999 Ed. (165)
Image Entertainment Inc.
2005 Ed. (3513, 3514)
2004 Ed. (3508, 3509)
1993 Ed. (1636)
Image GGK
2001 Ed. (229)
Image Homes
2005 Ed. (1220)
Image Point Digital Ultrasystem
1999 Ed. (3338)
Image Press
1995 Ed. (2985)
Image Process Design
2002 Ed. (4879)
Image Processing Systems Inc.
2001 Ed. (2864)
Image Projections West Inc.
2008 Ed. (3700)
2007 Ed. (3540, 3541, 4403)
2006 Ed. (3503, 3504, 4343)
2003 Ed. (3426)
Image scanners
1995 Ed. (1094)
Image Solutions, Inc.
2002 Ed. (2523)
Image Sun Tanning Centers
2008 Ed. (4589)
2007 Ed. (4678)
2005 Ed. (4593)
ImageAmerica
1995 Ed. (3161)
ImageLinks, Inc.
2003 Ed. (2715)
Imagem Global-Marketing
2002 Ed. (153)
2001 Ed. (181)
ImageMasters Precision Printing
1997 Ed. (3166)
Imagen Publicid
1997 Ed. (126)
1995 Ed. (106)
Imagen Publicidad
2003 Ed. (128)
2002 Ed. (160)
2001 Ed. (189)
1999 Ed. (134)
1996 Ed. (121)
Imagen Publicidad (Grey)
2000 Ed. (152)
Images 4 Kids
2008 Ed. (3981)
Images USA
2008 Ed. (111, 176)
2007 Ed. (101)
2005 Ed. (3950, 3959)
2004 Ed. (107)
2003 Ed. (31)
ImageTek
1991 Ed. (810)
ImageX.com
2003 Ed. (2704, 2744)
2002 Ed. (2536)
2001 Ed. (4451)
Imagination
1999 Ed. (2837, 2838, 2839, 2840)
1996 Ed. (2232, 2234, 2235, 2236)
1995 Ed. (2225, 2226, 2229)
1994 Ed. (2175)
1993 Ed. (2158)
1992 Ed. (2588)
1991 Ed. (2014)
The Imagination Group
2002 Ed. (1952)
Imagination in meeting buyer needs
1990 Ed. (3089)
Imagination Specialties Inc.
2007 Ed. (3601, 3602, 4447)
2006 Ed. (3540)
Imagination Technologies
2006 Ed. (1114)
Imagine Films Entertainment Inc.
1993 Ed. (1636)
1992 Ed. (4245)
1991 Ed. (3328)
Imagine Graphics Ltd.
2003 Ed. (2737)
2002 Ed. (2493)
Imaging
2000 Ed. (30, 797)
Imaging Dynamics Co.
2008 Ed. (2925, 2931, 2933)
2007 Ed. (1570, 2738)
2006 Ed. (1540)
Imaging Wholesale Corp.
2008 Ed. (2056, 3730)
2007 Ed. (3596)
Imagio
2002 Ed. (3851)
Imagio/JWT
2003 Ed. (3980, 4017)
Imagio Technology Adv. & PR
2000 Ed. (3668)
Imagistics International Inc.
2005 Ed. (3351)
Imago QA Ltd.
2002 Ed. (2494)
Imagyn Medical Technologies
2000 Ed. (739)
Imaje
2006 Ed. (1115)
Imam Button Industries Ltd.
2002 Ed. (1970)
iManage, Inc.
2003 Ed. (2731)
Imark Communications Inc.
2004 Ed. (4754)
2003 Ed. (4777)
2002 Ed. (4645)
2001 Ed. (4612)
IMARK Group Inc.
2008 Ed. (1383)
Imasco Ltd.
2005 Ed. (3372)
2001 Ed. (1664)
1999 Ed. (1888)
1997 Ed. (1370, 1373, 1641)
1996 Ed. (1308, 1309, 1311, 1318, 1564, 1918, 2123, 3148)
1995 Ed. (1364, 1366, 1578)
1993 Ed. (1504)
1992 Ed. (1596, 1835, 2153, 2417)
1991 Ed. (1462, 1463)
1990 Ed. (1339, 1411, 1531)
1989 Ed. (729, 1154, 2845)
Imasco Enterprises
1994 Ed. (986, 1847, 2064, 3256)
Imasco Financial
1994 Ed. (986, 3606)
Imasco Holdings Inc.
2001 Ed. (4059)
Imasco USA
1990 Ed. (1836)
Imation Corp.
2008 Ed. (3014)
2004 Ed. (1111)
2003 Ed. (1102)
2002 Ed. (1143, 1144)
2001 Ed. (1357)
2000 Ed. (1169, 3079)
1999 Ed. (1268)
Imax Corp.
2008 Ed. (2591, 2939)
2007 Ed. (1622, 2457, 2812)
2005 Ed. (2828, 2831)
2003 Ed. (2930, 2940)
2002 Ed. (2503)
Imazethapyr
1999 Ed. (2663)
IMB
2004 Ed. (3952)
Imbursa
2000 Ed. (612)
IMC Inc.
1996 Ed. (3428)
1993 Ed. (3306)
IMC-Agrico
1999 Ed. (3847)
1996 Ed. (3718)
IMC-Agrico MP Inc.
2001 Ed. (3324, 3325)
IMC Fertilizer
1989 Ed. (2643)
IMC Fertilizer Group
1995 Ed. (1784)
1994 Ed. (1753)
1993 Ed. (1762)
1992 Ed. (2128)
1991 Ed. (920, 1662)
1990 Ed. (1735)
IMC Global Inc.
2006 Ed. (1417)
2005 Ed. (2569, 2570)
2004 Ed. (950, 2591, 2592)
2003 Ed. (936, 3416, 3417)
2002 Ed. (993, 1019)
2001 Ed. (1208)
2000 Ed. (1914)
1999 Ed. (1080, 1088, 3708)
1998 Ed. (699, 1523, 1553, 2878)
1997 Ed. (1814, 1816, 1844)
IMC Holdings
1993 Ed. (2057)
IMC-International Management Consultants Inc.
1995 Ed. (3374)
IMC Manufacturing
2000 Ed. (3392)
IMC Mortgage Co.
2000 Ed. (2206)
1999 Ed. (2450)

IMC Phosphates MP Inc.
2005 Ed. (3480, 3481)
2004 Ed. (3483, 3484)
Imcera
1996 Ed. (2652)
Imcera Group
1994 Ed. (915, 1288, 2032)
1993 Ed. (902, 2016, 3390)
1992 Ed. (1110, 1529, 2382)
ImClone Systems Inc.
2008 Ed. (571, 572, 2855, 2857, 2859)
2007 Ed. (2725, 2727, 2729, 4696)
2006 Ed. (594, 4578, 4583)
2004 Ed. (953)
IMCO Realty Services, Inc.
1991 Ed. (1660)
IMCO Recycling Inc.
2001 Ed. (4733)
Imco Recycling of Idaho Inc.
2005 Ed. (1786)
2004 Ed. (1727)
Imcor
2002 Ed. (4811)
IMC2
2008 Ed. (3601)
2007 Ed. (3435)
IMD
2007 Ed. (811, 827, 828, 834)
2005 Ed. (802, 804, 805, 808, 809, 812, 815)
2004 Ed. (839, 840)
2003 Ed. (793, 799)
2002 Ed. (908, 910)
1999 Ed. (985)
1997 Ed. (865)
IMD International
2008 Ed. (801)
2006 Ed. (726, 727)
IMDB.com
2008 Ed. (3363)
2007 Ed. (3234)
IME
1994 Ed. (2522)
Imergent Inc.
2008 Ed. (3643, 4608)
2007 Ed. (2718, 2721, 2754)
2006 Ed. (2388)
Imerys
2006 Ed. (857)
Imerys Pigments Inc.
2005 Ed. (3480)
2004 Ed. (3483)
2003 Ed. (3416)
Imeson International Industrial Park
2002 Ed. (2765)
2000 Ed. (2625)
Imetal
2001 Ed. (1235, 4025)
1989 Ed. (2070)
Imexsa
2001 Ed. (4377)
IMF Dubai
2006 Ed. (100)
IMI
2007 Ed. (2403)
2006 Ed. (2480)
2001 Ed. (4424)
2000 Ed. (2870)
1999 Ed. (3122, 3123)
1997 Ed. (2578)
1996 Ed. (3413)
1995 Ed. (3338)
1994 Ed. (3259)
IMI Capital Markets
1998 Ed. (3214)
IMI Norgren Group Ltd.
2006 Ed. (1720)
2005 Ed. (1775)
2004 Ed. (1717)
2003 Ed. (1680)
2002 Ed. (1654)
IMI plc
2008 Ed. (2510)
2007 Ed. (1460, 2402)
2006 Ed. (1474, 1480, 1481, 2451)
IMI Systems
2000 Ed. (903)
IMMAG
1991 Ed. (2368)
Immediate-Care
2008 Ed. (2887)
Immelt; J. R.
2005 Ed. (2478)
Immelt; Jeff
2006 Ed. (689)
2005 Ed. (788)
Immelt; Jeffrey
2007 Ed. (976)
2006 Ed. (885, 2515, 3262)
Immelt; Jeffrey R.
2008 Ed. (943, 951)
2007 Ed. (1022, 1029)
Immersive Media Corp.
2008 Ed. (2939)
Immigration & Naturalization Service; U.S.
2005 Ed. (1061)
Immix Scitex Co.
2001 Ed. (16)
immixGroup Inc.
2008 Ed. (1156, 1370, 1374)
2007 Ed. (1412, 1418)
2005 Ed. (1346)
Immo-Croissance
2002 Ed. (3222)
Immofinanz
2008 Ed. (1572)
2006 Ed. (4883)
IMMSA
1998 Ed. (3305)
Immucor Inc.
2008 Ed. (2856, 4379)
2007 Ed. (2726)
2004 Ed. (4570)
1996 Ed. (741)
1995 Ed. (667)
1994 Ed. (712)
1993 Ed. (702)
1992 Ed. (893)
Immulogic Pharmaceutical Corp.
1993 Ed. (1184)
Immuncor
2008 Ed. (3635)
Immune Resp.
1993 Ed. (2748)
Immune Respons. Corp.
2001 Ed. (1645)
Immunex Corp.
2004 Ed. (682, 683, 686, 2772, 4559, 4567)
2003 Ed. (1427, 1561, 2643, 4538)
2002 Ed. (1573)
2001 Ed. (706, 709, 1203, 1597)
2000 Ed. (738)
1999 Ed. (728, 4484)
1998 Ed. (465)
1997 Ed. (674, 3299, 3300)
1995 Ed. (665, 3093, 3094)
1994 Ed. (3044, 3045)
1993 Ed. (701, 1246, 1940, 2998)
1992 Ed. (1541)
Imo
2001 Ed. (2017, 2018)
2000 Ed. (1637, 4159)
Imo Industries
1999 Ed. (2615, 2666)
1998 Ed. (1878, 1925)
1997 Ed. (3642)
1995 Ed. (1257)
1993 Ed. (1563)
IMO Momentenlager GmbH
2008 Ed. (3658)
IMO Precision Controls Ltd.
1994 Ed. (993)
Imodium
1999 Ed. (279)
1998 Ed. (174, 175)
1993 Ed. (1532)
1992 Ed. (1872)
Imodium A-D
1997 Ed. (257)
1996 Ed. (1593)
1994 Ed. (1574)
Imodium AD
2008 Ed. (2380)
2004 Ed. (251)
2003 Ed. (283, 3774)
2000 Ed. (1703)
1999 Ed. (1905)
Imodium Advanced
2008 Ed. (2380)
2004 Ed. (249, 251)
2003 Ed. (3774)
Imogene Powers Johnson
2007 Ed. (4901)
2006 Ed. (4905)
iMortgage Services
2006 Ed. (4039)
Imo's Pizza
2008 Ed. (3995)
2007 Ed. (3969)
Imoya Brandy
2002 Ed. (775, 777)
IMP
2000 Ed. (1676, 3843)
1996 Ed. (3277)
1990 Ed. (3088)
IMP Face to Face/Field Marketing
2002 Ed. (3264, 3265)
IMP Group
2002 Ed. (4087)
2001 Ed. (2025)
1992 Ed. (3761)
IMP London
1997 Ed. (3374)
IMPAC Inc.
1999 Ed. (4008, 4010)
Impac Commercial Holdings Inc.
2003 Ed. (1515)
Impac Medical Systems Inc.
2005 Ed. (1111)
Impact
2000 Ed. (123)
1998 Ed. (1287)
1992 Ed. (3758)
1990 Ed. (3082, 3084)
1989 Ed. (2351)
Impact Advertising Agency
2003 Ed. (69)
2002 Ed. (104)
2001 Ed. (132)
Impact Advertising (BBDO)
2000 Ed. (90)
Impact & Echo
1997 Ed. (112)
1996 Ed. (110)
Impact & Echo (BBDO)
2000 Ed. (121)
Impact & Echo Kuwait
2003 Ed. (98)
2002 Ed. (132)
2001 Ed. (159)
Impact/BBDO
2003 Ed. (101, 163)
2000 Ed. (186)
1999 Ed. (84, 115, 117, 166)
1997 Ed. (83, 114, 140, 155)
1996 Ed. (76, 83, 111, 134, 149)
1995 Ed. (62, 70, 120, 135)
1993 Ed. (134)
Impact/BBDO Cairo
1993 Ed. (96)
Impact/BBDO for Publicity & Advertising
2002 Ed. (203)
2001 Ed. (230)
2000 Ed. (186)
Impact/BBDO International
1992 Ed. (138)
1991 Ed. (90)
1990 Ed. (92)
1989 Ed. (96)
Impact/BBDO Sal
2002 Ed. (135)
2001 Ed. (161)
Impact Development Training Group
2008 Ed. (2129)
2007 Ed. (2024)
Impact Management Investment
2003 Ed. (3499)
Impact Networking LLC
2008 Ed. (1797)
Impact ribbons
1992 Ed. (3287)
Impact Saatchi & Saatchi
2000 Ed. (127)
1999 Ed. (121)
Impact Science & Technology Inc.
2008 Ed. (1399)
Impact Technologies LLC
2008 Ed. (2953)
Impact Telemarketing Inc.
1997 Ed. (3699)
Impala; Chevrolet
2008 Ed. (298, 331, 332)
2007 Ed. (344)
2006 Ed. (315, 358, 359)
2005 Ed. (344, 345)
Impala Platinum Holdings
2008 Ed. (2072)
2007 Ed. (1975)
1993 Ed. (2579)
Impala Platinum Mines Ltd.
2004 Ed. (3696)
Impco Technologies Inc.
2002 Ed. (2152)
2000 Ed. (1861)
1999 Ed. (2060, 3266)
1998 Ed. (1492)
Impco Technologies/AirSensors Inc.
1997 Ed. (1782)
Impel
1993 Ed. (3608)
Impell
1991 Ed. (1563)
Imperial
2008 Ed. (3589)
2003 Ed. (3311, 3685)
2000 Ed. (3039, 3040)
1999 Ed. (3204)
1998 Ed. (2373)
1997 Ed. (2653)
1996 Ed. (2185, 2514)
1995 Ed. (2465, 2507)
1994 Ed. (2384, 2441)
1993 Ed. (2434)
1992 Ed. (2870)
1991 Ed. (2318)
Imperial Bancorp
2002 Ed. (437)
2000 Ed. (3323)
1999 Ed. (438, 581, 3603)
1998 Ed. (293, 341, 390)
1997 Ed. (543)
1996 Ed. (587)
1995 Ed. (437, 530)
1994 Ed. (445, 556)
1991 Ed. (594)
1990 Ed. (456)
Imperial Bank
2002 Ed. (4296)
1997 Ed. (427)
1996 Ed. (464, 665)
1993 Ed. (445, 554)
1992 Ed. (628)
1991 Ed. (472)
Imperial Bank (Los Angeles)
1991 Ed. (471)
Imperial (blended whiskey)
1990 Ed. (2452)
Imperial Cancer Research
1995 Ed. (945)
Imperial Cancer Research Fund
2002 Ed. (42)
1997 Ed. (946)
1996 Ed. (919)
1994 Ed. (911, 2680)
1992 Ed. (3270)
Imperial Chemical
1989 Ed. (892)
Imperial Chemical Inds.
1990 Ed. (3459)
Imperial Chemical Industries
2000 Ed. (1030, 4133)
1999 Ed. (1084, 1095, 1101, 1103, 1640)
1998 Ed. (702, 705, 706)
1995 Ed. (958, 962, 965, 1407, 1409)
1994 Ed. (921, 922, 928, 930, 1381, 2411)
1993 Ed. (907)
1992 Ed. (1626, 1629, 1630, 1631, 2935)
1990 Ed. (953, 955, 1355, 1375)
1989 Ed. (893, 2192)
Imperial Chemical Industries Plc
1994 Ed. (1383)
Imperial Chemical Industries plc
2008 Ed. (917, 930, 1017)
2007 Ed. (939, 940, 955, 956, 1137, 3421)
2006 Ed. (853, 854, 867, 1048)
2005 Ed. (950, 954, 1039, 1502)
2000 Ed. (1028, 1443)
1997 Ed. (962, 964)
1996 Ed. (934, 939, 1370, 2546)

1993 Ed. (911, 913, 1303, 1322, 1325, 1326, 1327)
1992 Ed. (1116)
1991 Ed. (168, 911, 1296, 1297, 1298, 1299, 2380)
1990 Ed. (169, 954, 1349, 1374, 2511)
1989 Ed. (891, 1022)
Imperial Chemical Industries plc (ICI)
2004 Ed. (956, 962, 1032)
2003 Ed. (946, 947)
2002 Ed. (1008, 1010, 1011, 1020, 1021)
2001 Ed. (58, 1187, 1188, 1189, 1199, 1743, 1887)
Imperial Construction Group Inc.
2007 Ed. (3580, 4435)
Imperial County, CA
1996 Ed. (1474, 1475)
Imperial Federal Savings Association
1992 Ed. (547, 3772, 3779, 3780)
Imperial Holdings
2008 Ed. (2072)
2007 Ed. (1975)
Imperial Holly Corp.
1998 Ed. (158)
1997 Ed. (2038)
1996 Ed. (1939, 1940)
1995 Ed. (1897, 1899)
1992 Ed. (2180)
1991 Ed. (1218)
Imperial Irrigation District
1993 Ed. (3360)
Imperial Irrigation District (CA)
1991 Ed. (3159)
Imperial Leather Soap
2001 Ed. (3726)
Imperial Life Assurance
1992 Ed. (2672)
1990 Ed. (2241)
Imperial Metals Corp.
2008 Ed. (1621, 1625)
2005 Ed. (1664, 1670, 1704, 1730)
Imperial Nuts
2004 Ed. (4437)
Imperial Corp. of America
2000 Ed. (391)
1999 Ed. (391)
1997 Ed. (353)
1996 Ed. (382)
1994 Ed. (358)
1993 Ed. (365)
1991 Ed. (2588, 2591, 3091, 3093, 3234, 3368)
Imperial Oil Ltd.
2008 Ed. (1551, 1553, 1554, 1555, 1624, 1626, 1627, 1628, 1641, 1642, 1645, 1646, 1648, 1649, 1650, 1651, 1652, 1653, 1654, 1743, 1749, 1751, 1752, 1753, 1755, 2503, 3552, 3915)
2007 Ed. (1625, 1626, 1627, 1628, 1633, 1634, 1637, 1640, 1641, 1642, 1643, 1644, 1645, 1646, 1712, 1714, 1721, 1723, 1724, 1725, 1727, 2389, 2396, 3862, 3863)
2006 Ed. (1600, 1612, 1614, 1620, 1621, 1626, 1627, 1630, 3375, 3845, 4580)
2005 Ed. (1712, 1722, 1723, 3388, 3763)
2004 Ed. (1666, 1668, 1670, 3852)
2003 Ed. (1365, 1636, 1639, 3822, 3823)
2002 Ed. (306, 3241, 3675, 3676)
2000 Ed. (280, 281, 284, 285, 287, 289, 290, 291, 1027, 3154)
1999 Ed. (259, 260, 1035, 1091, 1626)
1998 Ed. (152, 156, 157, 159, 161, 162, 163, 164)
1997 Ed. (228, 230, 234, 235, 236, 237, 238, 239, 1260, 1370, 1371, 2115, 2805, 3095, 3097, 3100)
1996 Ed. (212, 931, 1308, 1309, 1310, 1311, 1312, 2673, 3015)
1995 Ed. (207, 208, 209, 210, 211, 212, 213, 1364, 1365, 1366, 1395)
1994 Ed. (206, 207, 208, 209, 211, 213, 1338, 1339, 2545, 3554)
1993 Ed. (218, 219, 220, 222, 223, 225, 1287, 1289, 1930, 2589, 2704, 2841, 2842, 2843, 3591)
1992 Ed. (322, 323, 324, 325, 326, 327, 1587, 1591, 1593, 1599, 1600, 3103, 3437)
1991 Ed. (228, 229, 230, 231, 232, 233, 1144, 1147, 1262, 1263, 1265, 2480, 2642, 2729)
1990 Ed. (1340, 1365, 1408, 1661, 2844)
1989 Ed. (1148)
Imperial Oil Resources
2008 Ed. (3916, 4049)
2007 Ed. (3864)
1997 Ed. (3096)
1996 Ed. (3014)
Imperial Outdoor
2001 Ed. (1544)
Imperial Palace of Mississippi Inc.
2001 Ed. (1796)
Imperial Savings Association
1991 Ed. (3374)
1990 Ed. (422, 3126)
Imperial Sugar Co.
2005 Ed. (2655, 3181, 4529, 4530)
2004 Ed. (2639, 2645, 2662)
2003 Ed. (2508)
2002 Ed. (2292, 2300)
Imperial Thrift & Loan
1999 Ed. (4142)
Imperial Tobacco Ltd.
2002 Ed. (53, 4631)
2001 Ed. (4564)
2000 Ed. (4129)
1999 Ed. (4612)
1997 Ed. (3759)
1996 Ed. (3703)
1995 Ed. (3625)
1994 Ed. (3547)
1993 Ed. (1402)
Imperial Tobacco Canada
2007 Ed. (1325)
Imperial Tobacco Group plc
2008 Ed. (561, 1743, 1746, 1749, 1753, 2746, 3587, 4693)
2007 Ed. (1714, 1715, 1717, 1721, 1723, 1725, 1727, 4775, 4780)
2006 Ed. (565, 782, 1717, 2639, 3407, 4768, 4772)
2005 Ed. (663, 1772, 2642, 3399, 4716)
2004 Ed. (1458, 1467, 1756)
2003 Ed. (1719)
2002 Ed. (1427, 3247, 3248, 4631)
2001 Ed. (4564)
Imperial Trading Co.
1998 Ed. (979, 982)
1997 Ed. (1204, 1205, 1206)
Imperial Travel by Dana
1999 Ed. (4811)
1998 Ed. (3761)
Imperial Vans
1995 Ed. (3685, 3688)
Impetu
2001 Ed. (237)
1990 Ed. (160)
Impetu (Ammirati)
2000 Ed. (187)
Impetu Asociada Ammirati Puris Lintas
1999 Ed. (167)
1997 Ed. (156)
Impetu Organizacion Publicitaria
1989 Ed. (171)
impiric
2003 Ed. (2065, 2066)
2002 Ed. (1984, 1985)
Implats
1995 Ed. (2586)
1991 Ed. (2469)
Implementation Specialists For Healthcare Inc.
2000 Ed. (2504)
Implus Corp.
2002 Ed. (2318)
2001 Ed. (2493)
2000 Ed. (2250, 2251)
Import Quotas
1992 Ed. (993)
Importadora El Rosado
2005 Ed. (35)
1989 Ed. (1105)
Importadora Ricamar
2006 Ed. (73)
Imported beer
2001 Ed. (675)
Imported beers
1991 Ed. (744)
Imported Car Center
1992 Ed. (395)
1991 Ed. (290)
Imported cars
1991 Ed. (3302, 3308, 3310)
1990 Ed. (3532)
Imported dessert wine
1989 Ed. (2966, 2967, 2968)
Imported table wine
1989 Ed. (2966, 2967, 2968)
Imports
1994 Ed. (316)
1990 Ed. (765)
1989 Ed. (308)
IMPREGILO SpA
2008 Ed. (1286, 1303, 1306)
2006 Ed. (1303, 1320)
2005 Ed. (1330, 1331, 1340)
2004 Ed. (1324, 1325, 1335)
2003 Ed. (1324, 1325, 1334, 1336)
2002 Ed. (1308, 1322, 1323)
2000 Ed. (1279, 1291, 1292)
1999 Ed. (1386, 1390, 1405, 1406)
1997 Ed. (1180, 1184, 1191, 1193)
1996 Ed. (1155)
1995 Ed. (1189)
IMPREGLIO SpA
1998 Ed. (972)
Imprenta Cartagena Inc.
2006 Ed. (3537)
Impresit-Girola-Lodigiani IMPREGILO SpA
1994 Ed. (1169)
Impresit-Girola-Lodigiani SpA
1993 Ed. (1145)
Impress Technology
1999 Ed. (1274)
Impression Bridal Inc.
2007 Ed. (129)
2006 Ed. (136)
Impressionism
2000 Ed. (3616)
1995 Ed. (2989)
Impressions Architectural Millwork
2008 Ed. (4994)
Impreza
2001 Ed. (534)
Imprivata Inc.
2007 Ed. (4362)
Improper guidance
1990 Ed. (1141)
Improsa
2007 Ed. (425)
Improved lot costs
2002 Ed. (2711)
Impuls
1995 Ed. (130)
1994 Ed. (120)
1993 Ed. (139)
1992 Ed. (212)
1991 Ed. (154)
Impuls TBWA
2002 Ed. (189)
2001 Ed. (217)
2000 Ed. (177)
Impulse
2000 Ed. (2339)
Impulse Communications
2005 Ed. (3421)
IMRglobal
2003 Ed. (2732)
2002 Ed. (2491)
IMRS
1995 Ed. (2822)
IMS
2005 Ed. (2350)
2004 Ed. (2246)
2002 Ed. (2094)
2001 Ed. (2201, 4349)
2000 Ed. (1770)
1998 Ed. (3041, 3042)
IMS Capital Value
2008 Ed. (2617)
2007 Ed. (2487)
2006 Ed. (3643)
IMS Engineers
2005 Ed. (1251)
IMS Group
2001 Ed. (4470)
2000 Ed. (4196, 4201)
IMS Health Inc.
2008 Ed. (4138, 4141)
2007 Ed. (3906, 4114, 4117)
2006 Ed. (4068, 4096, 4462)
2005 Ed. (4037, 4041, 4353, 4459)
2004 Ed. (4096, 4101, 4487, 4563)
2003 Ed. (4069, 4077, 4394)
2002 Ed. (911, 3253, 3255)
2001 Ed. (4046, 4047, 4222)
2000 Ed. (3042, 3755, 3756, 4004)
1999 Ed. (4041, 4042)
IMS International
1995 Ed. (3089, 3090, 3557)
1994 Ed. (2442)
1993 Ed. (2503, 2995, 2996)
1992 Ed. (2976, 2977, 3662)
1991 Ed. (2386, 2835)
1990 Ed. (1138, 2980, 3000, 3001)
1989 Ed. (781)
IMS Meters Holdings Inc.
2005 Ed. (1462)
IMS Systems Inc.
2005 Ed. (1346)
IMSA SA de CV; Grupo
2008 Ed. (3571)
2006 Ed. (2547, 3392)
2005 Ed. (2218)
Imtec Inc.
2003 Ed. (1515)
Imtec Group
1990 Ed. (3466)
IMTS/International Manufacturing Technology Show
1996 Ed. (3728)
Imuran
1996 Ed. (1581)
IMX System
1992 Ed. (3008)
IN
2008 Ed. (117)
2005 Ed. (120)
In an Uncertain World
2005 Ed. (722)
In Cold Blood
2008 Ed. (624)
In Defense of Globalization
2006 Ed. (634)
The In-Fisherman
2003 Ed. (4524)
In-Flite Services
1992 Ed. (1460)
In Focus Systems Inc.
1997 Ed. (2167, 2212)
iN-FUSIO
2007 Ed. (1735)
In Home Health
1999 Ed. (2706)
In-line skates
1997 Ed. (3555)
In-line skating
1999 Ed. (4385)
1997 Ed. (3561)
In-N-Out Burger
2008 Ed. (2686, 4156)
2007 Ed. (2545)
2006 Ed. (2574)
2005 Ed. (2558)
2003 Ed. (2439)
2002 Ed. (2239)
2001 Ed. (2403, 4068, 4069)
2000 Ed. (2413, 3778)
1999 Ed. (2138, 2632)
In-Sink-Erator
2002 Ed. (2388)
2000 Ed. (2307)
1999 Ed. (2567)
1998 Ed. (1800)
1997 Ed. (2114)
1995 Ed. (1969)
1994 Ed. (1940)
1993 Ed. (1917)
1992 Ed. (1830, 2258)
1991 Ed. (1785)
1990 Ed. (1874)
In situ soil flushing
1992 Ed. (2378)

In-store bakeries
2000 Ed. (2211)
In-store bakery
2000 Ed. (4144)
In Style
2007 Ed. (127, 151)
2006 Ed. (133, 3346)
2005 Ed. (130)
2004 Ed. (139)
2000 Ed. (3477)
In the Company of Owners
2005 Ed. (722)
In the Heart of the Sea: The Tragedy of the Whaleship Essex
2006 Ed. (576)
In the Line of Fire
1996 Ed. (3790, 3791)
1995 Ed. (2612)
In the Meantime
2000 Ed. (708)
In Touch Weekly
2008 Ed. (150, 152, 3532)
INA
2000 Ed. (2870)
1999 Ed. (3122, 3123)
1997 Ed. (2578)
1994 Ed. (1219)
1993 Ed. (1179)
1992 Ed. (1472)
1991 Ed. (1361)
1990 Ed. (1241)
Inacom Corp.
2001 Ed. (1803)
2000 Ed. (1181, 1520)
1999 Ed. (1709, 2694)
1998 Ed. (858, 1062, 1179, 1956, 1957)
1995 Ed. (3301, 3353)
Inacomp Computer Centers
1992 Ed. (1336)
1989 Ed. (984)
Inadequate control
1990 Ed. (1141)
Inadequate leadership
2005 Ed. (784)
Inadequate salary or benefits
1990 Ed. (1655)
Inageya
1990 Ed. (3469)
Inamed Corp.
2008 Ed. (4668)
2007 Ed. (3466, 4559)
2006 Ed. (3447)
2005 Ed. (1566)
1995 Ed. (2497)
Inapa
1993 Ed. (2452)
INAX Corp.
2001 Ed. (3822)
1990 Ed. (3593, 3594)
INB Banking Co.
1994 Ed. (3011)
INB Financial Corp.
2004 Ed. (541)
1994 Ed. (340)
1993 Ed. (3260)
1991 Ed. (385)
INB National Bank
1994 Ed. (515)
1993 Ed. (515)
1992 Ed. (706)
INB National Bank (Indianapolis)
1991 Ed. (546)
InBev
2008 Ed. (1576)
2007 Ed. (74, 609, 610, 1597, 1599, 2616, 4774)
2006 Ed. (566, 1562)
InBev NV/SA
2008 Ed. (22, 70, 80, 97, 556, 562, 563, 565, 1575, 1577, 1578)
InBev SA
2008 Ed. (3549)
InBev USA
2008 Ed. (537)
Inbound telemarketing
2000 Ed. (3504)
Inbursa
2001 Ed. (635)
2000 Ed. (610, 611, 2671)
Inbursa Financiero
2006 Ed. (1876)
Inc Ayala Land
1994 Ed. (1321)
Inca Construction Co. Inc.
1998 Ed. (960)
INCAE
2007 Ed. (813)
Incanto Group Srl
2008 Ed. (1216)
Incat Australia
2003 Ed. (3958)
2002 Ed. (3778)
Incat Systems
2002 Ed. (1138)
Incentive
1999 Ed. (1737)
1998 Ed. (1340)
Incentive Capital AG
2005 Ed. (4675)
Incentive programs
1993 Ed. (1456)
Incentive Today
1995 Ed. (2894)
Incentives Inc.
2007 Ed. (3559)
1990 Ed. (3080, 3081)
Incentra Solutions
2008 Ed. (4607)
Incepta
2004 Ed. (4000, 4001, 4002, 4008, 4013, 4020)
2003 Ed. (3994, 4005)
Incepta Group
2002 Ed. (3855, 3864)
Inchcape
2007 Ed. (4205)
2006 Ed. (324)
1999 Ed. (4111)
1996 Ed. (3437)
Inchcape Bhd.
1995 Ed. (1479)
1994 Ed. (1443)
1993 Ed. (1390)
1992 Ed. (1685)
1991 Ed. (1340)
1990 Ed. (1414)
1989 Ed. (1155, 1156)
Inchcape Motors
2004 Ed. (4919)
2002 Ed. (4896)
Inchcape PLC
1999 Ed. (1645)
1993 Ed. (2457, 3473)
1992 Ed. (2899)
1991 Ed. (2339)
1990 Ed. (2465)
Inchcape Testing Services
1995 Ed. (1245)
Incheon
2006 Ed. (249)
Inchon
1991 Ed. (2490)
Incident
1992 Ed. (4251)
Incider
1992 Ed. (3382)
Incineration
1992 Ed. (3654)
Incitec
2004 Ed. (1653)
Incitec Fertilizers Ltd.
2006 Ed. (4482)
Inco Ltd.
2008 Ed. (1403, 1418, 3677)
2007 Ed. (3517, 3518)
2006 Ed. (1593, 3485, 4092)
2005 Ed. (1727, 3485)
2004 Ed. (3691, 3692)
2003 Ed. (3374, 3376, 4538, 4575)
2002 Ed. (3369, 4351)
2001 Ed. (3277, 3289)
2000 Ed. (3340, 4266)
1999 Ed. (1558, 3360, 3364, 3365, 3415, 4619)
1998 Ed. (149, 1049, 2471, 2509)
1997 Ed. (2946)
1996 Ed. (2649, 2852)
1995 Ed. (2774, 2776)
1994 Ed. (2526, 2546, 2672, 2674, 3556)
1993 Ed. (1288, 2155, 2588, 2726, 2727, 3593)
1992 Ed. (1590, 1591, 1592, 1641, 3085, 3102, 3253, 3254, 4313)
1991 Ed. (1286, 2467, 2479, 2586, 2612, 3403)
1990 Ed. (1731, 2586, 2588, 2716)
1989 Ed. (2069)
Inco Alloys International Inc.
2001 Ed. (1898)
Incombank
2006 Ed. (542)
1995 Ed. (595)
Income Fund of America
2008 Ed. (2610, 2612, 4510)
2007 Ed. (2482)
2006 Ed. (2510)
2005 Ed. (2465)
1998 Ed. (2607)
1993 Ed. (2663)
1991 Ed. (2566)
Income Research & Management
1997 Ed. (2529)
1993 Ed. (2327, 2339)
1992 Ed. (2767)
Income security
2001 Ed. (2622)
Income tax, electronic filing
1997 Ed. (1570)
Incomlac
2006 Ed. (4521)
Incontinence products
1994 Ed. (1993)
1992 Ed. (2353, 3398)
1991 Ed. (1864)
1990 Ed. (1959)
Incontinence products, adult
2002 Ed. (2052)
Incontinence products, adults
1997 Ed. (3172)
Incontinent products
1992 Ed. (4176)
An Inconvenient Truth
2008 Ed. (3596)
"Incredible Machine"; National Geographic,
1991 Ed. (2772)
Incredible Universe
1999 Ed. (2696)
1998 Ed. (861, 1955)
1997 Ed. (2237)
Incredibles
2007 Ed. (3641)
2006 Ed. (3576)
Incredibley Edible Delites
2008 Ed. (2829)
Incredibly Edible Delites Inc.
2008 Ed. (170)
2007 Ed. (4194)
2006 Ed. (4172)
Incstar
1999 Ed. (3337)
1992 Ed. (318)
Incstar Assays/Techn./Options/ Performance
1999 Ed. (3336)
INCSTAR Corporation
1990 Ed. (254)
IncstarCp
1990 Ed. (248)
Inctec Inc.
2008 Ed. (3219)
2007 Ed. (3078)
2006 Ed. (3046)
Incyte Genomics
2004 Ed. (686)
Incyte Pharmaceuticals Inc.
2001 Ed. (2589, 2590)
Ind Akron
1989 Ed. (1103)
Ind. Alliance Insurance & Financial Services Inc.
2008 Ed. (1644)
Ind. Dev. Bank of India
1989 Ed. (558)
Ind. Farm Bureau Coop.
1990 Ed. (3244)
Indah Kiat
1996 Ed. (1381)
1995 Ed. (1342)
Indah Kiat Paper & Pulp
2001 Ed. (1739)
1996 Ed. (2436)
1993 Ed. (2155, 2156)
Indah Kiat Pulp & Paper
2007 Ed. (1779)
2002 Ed. (3031, 4479)
2001 Ed. (1623, 1738)
1999 Ed. (1656)
1997 Ed. (2581)
1994 Ed. (2337, 2338)
Indah Kiat Pulp & Paper Corp. Pt
2000 Ed. (1465)
Indal Ltd.
1996 Ed. (2611)
1995 Ed. (999)
1994 Ed. (2482)
Indap AB
2008 Ed. (1411)
Indecent Exposure: A True Story of Hollywood & Wall Street
2006 Ed. (584)
Indecent Proposal
1995 Ed. (2612, 3703, 3708)
Indeck-Elwood LLC
2005 Ed. (3331)
Indeck Energy Services
1995 Ed. (998, 3392)
1994 Ed. (985, 3330)
Indena
2001 Ed. (994)
Indenet Inc.
1999 Ed. (2624, 3265)
Indepak
2005 Ed. (1936)
Independence
2007 Ed. (249)
Independence Bancorp Inc.
1995 Ed. (587)
1994 Ed. (617)
1993 Ed. (614)
1992 Ed. (820)
Independence Bank
2008 Ed. (1880)
1995 Ed. (431)
1992 Ed. (782)
1990 Ed. (643)
Independence Bank of Chicago
1996 Ed. (457)
1995 Ed. (430, 548)
1994 Ed. (437, 573)
1993 Ed. (437, 438, 571, 3098)
1992 Ed. (621)
1991 Ed. (463)
1990 Ed. (510)
Independence Blue Cross
2008 Ed. (3536)
2005 Ed. (3366)
2000 Ed. (3539)
1999 Ed. (3650, 3819)
1998 Ed. (2712, 2844)
Independence Brewing
2000 Ed. (722, 729)
1999 Ed. (4169)
Independence Community
2006 Ed. (400)
2003 Ed. (422, 423, 425)
Independence Community Bank
2007 Ed. (383)
2005 Ed. (355, 361, 4223, 4224)
2004 Ed. (4290, 4291)
2002 Ed. (627)
2001 Ed. (4530)
1999 Ed. (4600)
1998 Ed. (3558)
Independence Community Bank Corp./ Independence Savings Bank
2000 Ed. (4250)
Independence Day
2004 Ed. (3516)
1999 Ed. (3448)
1998 Ed. (2535, 2537, 3673)
Independence Excavating Inc.
2008 Ed. (1258)
2007 Ed. (1361)
2006 Ed. (1282)
2005 Ed. (1312)
2001 Ed. (1475)
2000 Ed. (1261)
1997 Ed. (1165)
1996 Ed. (1139)
1994 Ed. (1147)
1992 Ed. (1415)
Independence Federal Savings Bank
2004 Ed. (442)
2003 Ed. (455)

2002 Ed. (713)
2000 Ed. (471)
1999 Ed. (479)
1998 Ed. (339)
1997 Ed. (419)
1996 Ed. (457)
1995 Ed. (430)
1994 Ed. (437)
1993 Ed. (437, 3098)
1992 Ed. (621)
1991 Ed. (2922)
1990 Ed. (3104)
Independence Foundation
1999 Ed. (2504)
Independence FSB
2006 Ed. (4243)
Independence Funding Co. LLC
1999 Ed. (4337)
Independence Harbor, Edgewater
1990 Ed. (1178)
Independence Investment
2002 Ed. (3013)
1998 Ed. (2261)
1993 Ed. (2321)
Independence Investment Associates
1999 Ed. (3051)
1992 Ed. (2753)
Independence One Captial
1995 Ed. (2364)
Independence Savings Bank
1998 Ed. (3557)
1996 Ed. (3691)
Independent
1999 Ed. (3117)
1998 Ed. (2027)
1997 Ed. (2302, 2574)
1992 Ed. (1877)
Independent Agent
2008 Ed. (4715)
Independent American Savings
1989 Ed. (2360)
Independent Bank Corp.
2008 Ed. (1918)
2007 Ed. (2216)
2006 Ed. (2294)
2005 Ed. (364, 380)
2003 Ed. (545, 545)
Independent Bank-South Michigan
1989 Ed. (211)
Independent Bankshares
1990 Ed. (3561)
Independent Community Bancshares Inc.
2002 Ed. (3555)
Independent Community Bankers of America
2001 Ed. (3829)
Independent Community Bankshares
2001 Ed. (571)
Independent drug stores
1990 Ed. (1432)
Independent Excavating Inc.
2004 Ed. (1305)
Independent Eye Care Provider of Texas Inc.
2007 Ed. (3603, 4448)
Independent Finance Corp. of Thailand
1996 Ed. (3303)
Independent foundations
2002 Ed. (2344, 2345, 2346, 2347)
Independent Freightway
1995 Ed. (3675)
1994 Ed. (3596)
1993 Ed. (3636)
1992 Ed. (4355)
1991 Ed. (3430)
Independent Health Association
2008 Ed. (2919, 3632)
Independent Insurance
1996 Ed. (2285)
Independent Insurance Agents of America
2001 Ed. (3829)
1995 Ed. (2954)
Independent jobbers
1994 Ed. (2179)
Independent Life and Accident
1989 Ed. (1689)
Independent Life & Accident Insurance
1998 Ed. (2162)
1997 Ed. (2452)
1995 Ed. (2309)
1993 Ed. (2225)
Independent Life and Accidental Insurance
1991 Ed. (2107)
Independent Management Ltd.
2006 Ed. (786)
Independent Management Group Ltd.
1997 Ed. (898)
1994 Ed. (859)
Independent Mortgage
2001 Ed. (3353)
Independent National Mortgage
1997 Ed. (2810)
Independent News & Media
2007 Ed. (3454)
Independent News & Media plc
2007 Ed. (1822)
2006 Ed. (3226)
Independent Newspaper
2000 Ed. (2865)
Independent Newspapers Ltd.
2006 Ed. (3703)
2004 Ed. (3938)
2002 Ed. (3497, 4617)
2000 Ed. (2866, 3331)
1999 Ed. (3118)
1998 Ed. (2680)
1997 Ed. (2575)
1996 Ed. (2431, 2432)
1994 Ed. (2670)
1993 Ed. (2721)
1991 Ed. (1476)
Independent Newspapers plc
2005 Ed. (48)
2004 Ed. (1762)
2002 Ed. (1696, 3029)
Independent Newspapers (U.K.) Group
2002 Ed. (3513)
Independent on Sunday
2002 Ed. (3515)
Independent Order of Foresters
2008 Ed. (3308)
1996 Ed. (1972)
Independent Presbyterian Church
1994 Ed. (895)
Independent Propane
2000 Ed. (1316, 3622)
Independent Resource Systems
2002 Ed. (2173)
Independent Resources Systems
2000 Ed. (1865)
Independent Sheet Metal Co., Inc.
2006 Ed. (1292)
2005 Ed. (1320)
2004 Ed. (1314)
2002 Ed. (1297)
Independent specialty stores
1991 Ed. (2061)
Independent Square
2000 Ed. (3364)
1998 Ed. (2695)
Independent stores
2002 Ed. (3747, 3756, 3757)
Independent Technologies Inc.
2006 Ed. (4364)
Independent toy stores
2000 Ed. (4281)
Inderal
1995 Ed. (1587)
1990 Ed. (2900)
1989 Ed. (2254, 2256)
Indes LLC
2008 Ed. (3702)
Indesign
2007 Ed. (3208)
2006 Ed. (3174)
Indesit Co.
2006 Ed. (3388)
1996 Ed. (1563)
Index Corp.
2006 Ed. (4511)
Index Global
2000 Ed. (3232)
Index Holdings
2007 Ed. (3452)
Index Technology Corp.
1992 Ed. (1297)
India
2008 Ed. (251, 533, 863, 864, 867, 868, 975, 1013, 1023, 1024, 1034, 1387, 1389, 1421, 1422, 2190, 2191, 2202, 2438, 2626, 2727, 2822, 2840, 2842, 2843, 3406, 3448, 3537, 3591, 3619, 3671, 3742, 3780, 3847, 3863, 4103, 4246, 4248, 4255, 4270, 4327, 4339, 4340, 4468, 4469, 4550, 4551, 4558, 4583, 4584, 4597, 4601, 4602, 4686, 4687, 4694, 4795, 4917)
2007 Ed. (265, 267, 583, 862, 886, 887, 890, 892, 1097, 1133, 1144, 1145, 1153, 1436, 1439, 2081, 2082, 2084, 2092, 2310, 2590, 2592, 2711, 2802, 3292, 3352, 3407, 3427, 3440, 3510, 3619, 3686, 3767, 3789, 3798, 3799, 3956, 4070, 4198, 4210, 4212, 4221, 4237, 4372, 4383, 4384, 4389, 4483, 4486, 4487, 4488, 4599, 4601, 4602, 4604, 4610, 4670, 4671, 4692, 4693, 4762, 4763, 4777, 4940)
2006 Ed. (258, 260, 549, 763, 797, 798, 801, 804, 1008, 1028, 1045, 1056, 1057, 1064, 1404, 1407, 2133, 2134, 2136, 2148, 2372, 2614, 2617, 2640, 2701, 2718, 2721, 2810, 3228, 3285, 3353, 3410, 3425, 3479, 3551, 3691, 3770, 3791, 3793, 3794, 3909, 4034, 4194, 4196, 4211, 4221, 4306, 4318, 4319, 4324, 4423, 4424, 4425, 4426, 4614, 4615, 4617, 4623, 4652, 4653, 4671, 4672, 4756, 4757, 4771, 4934)
2005 Ed. (237, 240, 647, 837, 863, 864, 875, 876, 886, 890, 998, 1036, 1046, 1047, 1053, 1123, 1419, 1422, 1540, 2037, 2038, 2040, 2317, 2532, 2616, 2621, 2734, 2766, 2767, 3031, 3032, 3243, 3291, 3375, 3401, 3415, 3478, 3591, 3659, 3660, 3661, 3702, 3704, 3705, 3840, 3999, 4146, 4148, 4155, 4166, 4363, 4370, 4371, 4375, 4406, 4407, 4408, 4409, 4533, 4534, 4536, 4542, 4586, 4587, 4606, 4607, 4701, 4702, 4718, 4901)
2004 Ed. (233, 237, 663, 863, 889, 890, 897, 900, 979, 1029, 1045, 1046, 1052, 1397, 1401, 1524, 1905, 1906, 1908, 2202, 2626, 3215, 3259, 3344, 3394, 3402, 3479, 3676, 3688, 3784, 3792, 3793, 3902, 4063, 4218, 4220, 4228, 4238, 4413, 4422, 4423, 4426, 4461, 4462, 4463, 4599, 4600, 4602, 4608, 4656, 4657, 4725, 4726, 4739, 4888)
2003 Ed. (266, 268, 654, 824, 868, 871, 873, 965, 1026, 1037, 1038, 1046, 1383, 1386, 1875, 1877, 2149, 2493, 3155, 3213, 3282, 3332, 3415, 3629, 3759, 3877, 4043, 4192, 4194, 4201, 4216, 4401, 4423, 4497, 4617, 4628, 4743, 4744, 4757, 4897, 4898)
2002 Ed. (301, 303, 683, 738, 2423, 3074, 3723, 3724, 3725, 4379, 4998)
2001 Ed. (373, 400, 509, 510, 668, 1082, 1102, 1129, 1133, 1137, 1143, 1229, 1286, 1302, 1303, 1308, 1341, 1413, 1506, 1509, 1936, 1938, 1969, 2163, 2451, 2838, 3022, 3025, 3212, 3240, 3316, 3369, 3370, 3530, 3546, 3659, 3696, 3697, 3950, 3987, 4121, 4122, 4135, 4155, 4229, 4263, 4264, 4267, 4316, 4319, 4384, 4386, 4388, 4402, 4426, 4427, 4446, 4447, 4495, 4549, 4550, 4567, 4785, 4831)
2000 Ed. (823, 1032, 1890, 2350, 2354, 2364, 2366, 2367, 2376, 2378, 3571, 4237)
1999 Ed. (182, 199, 212, 821, 1214, 2015, 3449, 3848, 4473, 4480)
1998 Ed. (123, 1848, 1850, 2929)
1997 Ed. (305, 2569, 2786, 3249)
1996 Ed. (170, 929, 941, 2025, 2470, 2471, 3633, 3662)
1995 Ed. (3, 1043, 1244, 1544, 1745, 1746, 1785, 2000, 2009, 2016, 2021, 2022, 2028, 2035, 2039, 3626)
1994 Ed. (200, 1530, 1974, 3308)
1993 Ed. (721, 1067, 1464, 1465, 1959, 1960, 1966, 1973, 1980, 1986, 2367, 2373, 2412, 3357, 3558)
1992 Ed. (362, 906, 1759, 1775, 2075, 2302, 2309, 2316, 2326, 2332, 2854, 3742, 3973, 3974)
1991 Ed. (259, 1402, 1406, 1826, 1833, 1840, 1849, 2754, 3273)
1990 Ed. (742, 1076, 1910, 1917, 1924, 1929, 1934, 2148, 3633, 3689)
1989 Ed. (362, 1181, 1869, 2121)
India; Bank of
2007 Ed. (466)
2006 Ed. (455)
2005 Ed. (525)
India Cements
2000 Ed. (1000)
India Department of Industrial Policy & Promotion
2008 Ed. (3520)
India Department of Telecommunications
2002 Ed. (1669)
India Fund Inc.
1996 Ed. (3312)
1993 Ed. (2684)
India; Government of
2007 Ed. (43)
India Infoline.com
2002 Ed. (4865)
India Institute of Management
2005 Ed. (794)
India Tobacco Co.
1994 Ed. (25)
Indiacom Directories Ltd.
2002 Ed. (4425)
Indian
1990 Ed. (228)
Indian Affairs; Bureau of
1992 Ed. (26, 28)
Indian Airlines
1991 Ed. (190)
1990 Ed. (199, 215)
Indian Aluminium
1992 Ed. (903)
Indian Bank
1997 Ed. (506, 507)
1996 Ed. (547, 548)
1995 Ed. (495, 496)
1994 Ed. (513, 514)
1993 Ed. (514)
1992 Ed. (606, 705)
Indian Dyestuff Industries
1996 Ed. (1600)
Indian Express
1995 Ed. (2773)
Indian Head Bank & Trust
1990 Ed. (649)
Indian Head Bank North
1990 Ed. (649)
Indian Head Banks Inc.
1990 Ed. (453)
Indian Head National Bank
1990 Ed. (1794)
Indian Health Service
1991 Ed. (2501)
1990 Ed. (2631)
Indian Health Services
1992 Ed. (28)
Indian Ocean International Bank
2004 Ed. (591)
2002 Ed. (620)
2000 Ed. (606)
1999 Ed. (590)
1997 Ed. (556)
1991 Ed. (606)
Indian Oil
2008 Ed. (1802, 1803, 2501, 3562, 3934)
2007 Ed. (1772, 1774, 2386, 3874, 3891)
2006 Ed. (1753, 1765, 1766, 3384, 4507)

2005 Ed. (3778, 3780, 3782)
2002 Ed. (1668, 4424)
2001 Ed. (1732, 1733, 1734)
2000 Ed. (754)
1999 Ed. (741)
Indian Overseas Bank
2008 Ed. (432)
2000 Ed. (553)
1999 Ed. (542, 543)
1997 Ed. (507)
1996 Ed. (547, 548)
1995 Ed. (495, 496)
1994 Ed. (513, 514)
1993 Ed. (514)
1992 Ed. (704)
1989 Ed. (558)
Indian Rayon & Industries Ltd.
1994 Ed. (725)
Indian River C-D
1994 Ed. (1587)
Indian River Community College
2002 Ed. (1105)
Indian River County, FL
1996 Ed. (1472)
Indian Rocks Christian Schools
2008 Ed. (4281)
Indian rupee
2007 Ed. (2158)
Indian Tobacco Co. Ltd.
2002 Ed. (4424)
Indian Youth Institute
1992 Ed. (1100)
Indiana
2008 Ed. (354, 1012, 1106, 1107, 1388, 2434, 2435, 2642, 2806, 2897, 3004, 3469, 3470, 3545, 4465, 4581, 4596, 4996)
2007 Ed. (1131, 1200, 1201, 1437, 2292, 2308, 3419, 3420, 4396, 4481, 4650, 4687, 4770, 4804, 4997)
2006 Ed. (383, 1043, 1095, 1096, 1405, 2358, 3059, 3098, 3131, 3367, 3368, 4332, 4419, 4650, 4666, 4764, 4791, 4996)
2005 Ed. (389, 391, 392, 394, 403, 405, 406, 408, 413, 443, 444, 445, 1034, 1071, 1073, 1100, 1101, 1420, 2527, 3300, 3301, 3335, 3383, 3384, 4186, 4187, 4188, 4190, 4192, 4193, 4197, 4198, 4226, 4232, 4235, 4236, 4402, 4569, 4597, 4712, 4722, 4776)
2004 Ed. (186, 372, 375, 376, 378, 381, 386, 414, 415, 1027, 1028, 1067, 1069, 1070, 1094, 1095, 1096, 1097, 1398, 1399, 2001, 2002, 2177, 2310, 2318, 2573, 2726, 3037, 3038, 3039, 3058, 3088, 3145, 3290, 3292, 3294, 3311, 3313, 3355, 3356, 3671, 3672, 4253, 4254, 4255, 4258, 4259, 4260, 4264, 4265, 4299, 4302, 4303, 4456, 4457, 4537, 4648, 4649, 4735, 4805, 4993)
2003 Ed. (380, 388, 389, 393, 396, 405, 407, 408, 410, 440, 442, 1025, 1032, 1058, 1060, 1063, 1082, 1083, 1384, 2147, 2436, 2582, 3236, 3238, 3255, 3293, 3294, 4231, 4235, 4236, 4245, 4246, 4252, 4293, 4414, 4415, 4494, 4666, 4911)
2002 Ed. (446, 450, 453, 461, 463, 465, 466, 468, 495, 864, 1177, 1347, 2063, 2119, 2120, 2234, 2351, 2352, 2353, 2403, 2574, 2742, 2746, 2837, 2875, 2892, 2919, 3110, 3119, 3121, 3127, 3128, 3129, 3199, 3213, 3235, 3236, 3273, 3344, 3632, 4108, 4113, 4140, 4141, 4143, 4146, 4147, 4148, 4155, 4286, 4330, 4333, 4538, 4539, 4550, 4776, 4779)
2001 Ed. (277, 284, 285, 362, 370, 371, 428, 429, 547, 1007, 1126, 1127, 1131, 1201, 1245, 1284, 1287, 1288, 1289, 1290, 1294, 1361, 1417, 1424, 1427, 1441, 1507, 1967, 2048, 2131, 2143, 2149, 2151, 2218, 2219, 2234, 2235, 2265, 2308, 2360, 2361, 2398, 2471, 2520, 2521, 2522, 2523, 2537, 2538, 2556, 2564, 2566, 2576, 2577, 2607, 2629, 2630, 2662, 2663, 2689, 2723, 2824, 2828, 3026, 3027, 3028, 3029, 3046, 3069, 3070, 3071, 3072, 3094, 3095, 3122, 3170, 3172, 3204, 3213, 3214, 3236, 3262, 3287, 3383, 3385, 3397, 3401, 3567, 3640, 3653, 3660, 3785, 3796, 3804, 3805, 3807, 3808, 3809, 3840, 3903, 4018, 4026, 4140, 4141, 4224, 4230, 4243, 4256, 4257, 4286, 4294, 4304, 4531, 4532, 4552, 4581, 4594, 4642, 4643, 4720, 4721, 4735, 4737, 4738, 4795, 4832, 4931, 4932, 4934, 4935)
2000 Ed. (1128, 1791, 2599, 2957, 3557, 4096, 4102, 4114, 4115, 4289)
1999 Ed. (3218, 4409, 4412, 4426, 4442, 4443, 4456)
1998 Ed. (210, 2069, 2883, 3379)
1997 Ed. (2351, 3131, 3564, 3586, 3601, 3602, 3609, 3613, 3616, 3624)
1996 Ed. (35, 1644, 1720, 3175, 3511, 3526, 3527, 3546, 3561, 3562, 3570, 3574, 3577, 3579)
1995 Ed. (1762, 1764, 3456, 3465, 3480, 3481, 3489, 3493, 3498, 3540)
1994 Ed. (678, 977, 3384, 3394, 3409, 3410, 3418, 3420, 3422, 3425)
1993 Ed. (315, 1734, 2180, 2586, 3397, 3419, 3420, 3426, 3430, 3433)
1992 Ed. (972, 977, 2915, 2923, 2925, 2926, 2933, 3483, 4077, 4121, 4123, 4126, 4180)
1991 Ed. (186, 793, 795, 1398, 2351, 2476, 3179, 3201, 3202, 3263)
1990 Ed. (366, 824, 825, 832, 1746, 2430, 2513, 2868, 3345, 3364, 3365, 3395, 3403, 3405, 3407, 3410, 3426)
1989 Ed. (1737, 2535, 2539, 2546, 2553, 2613, 2620)
Indiana Credit Union
1996 Ed. (1509, 1510)
Indiana Development Finance Authority
2001 Ed. (813)
Indiana Employees
2000 Ed. (3434)
Indiana Enterprise Zones
1994 Ed. (1904)
Indiana Federal Bank for Savings
1998 Ed. (3544)
Indiana Fluid Power
1994 Ed. (2178)
Indiana Health Facilities Finance Agency
2001 Ed. (813, 846)
Indiana Health Facilities Financial Authority
1995 Ed. (2648)
Indiana Health Facility Financing Authority
2000 Ed. (3197)
1999 Ed. (3483)
Indiana Housing Finance Authority
2001 Ed. (813)
Indiana Jones and the Last Crusade
1992 Ed. (4397)
Indiana Jones and the Lost Crusade
1991 Ed. (2488, 2489)
Indiana Jones and the Temple of Doom
1993 Ed. (3536)
1992 Ed. (4249)
1991 Ed. (2489, 3449)
1990 Ed. (2611)
Indiana Members Credit Union
2008 Ed. (2231)
2007 Ed. (2116)
2006 Ed. (2195)
2005 Ed. (2100)
2004 Ed. (1958)
2003 Ed. (1918)
2002 Ed. (1864)
Indiana Michigan Power Co.
2004 Ed. (1735)
Indiana National
1990 Ed. (639)
1989 Ed. (389)
Indiana National Bank
1990 Ed. (640)
Indiana Pacers
2005 Ed. (646)
Indiana Packers Corp.
2008 Ed. (3614, 3618)
2003 Ed. (3339)
1998 Ed. (2449, 2450, 2891, 2892)
Indiana Public Employees
2003 Ed. (1979)
2001 Ed. (3680)
1998 Ed. (2766)
Indiana Regional Medical Center
2008 Ed. (2033)
Indiana Repertory Theatre
1993 Ed. (891)
Indiana Security Market for Educ. Loans
1991 Ed. (2924)
Indiana State Justice Complex
2002 Ed. (2419)
Indiana State Office Building Agency
2001 Ed. (813)
Indiana State Symphony Society Inc.
1995 Ed. (1930)
Indiana State Teachers' Retirement Fund
1991 Ed. (2693)
Indiana State University
2006 Ed. (4203)
Indiana Teachers
2008 Ed. (2300, 2323)
1994 Ed. (2767)
Indiana University
2006 Ed. (737)
2004 Ed. (813, 814, 816, 830)
2002 Ed. (886, 891, 892, 895, 896, 899)
2000 Ed. (926, 927)
1997 Ed. (2632)
1996 Ed. (848, 849)
1995 Ed. (937, 1066, 1069)
1994 Ed. (818, 896, 1057)
Indiana University at Bloomington
1999 Ed. (977, 979)
Indiana University at Indianapolis
1999 Ed. (3162)
Indiana University-Bloomington
2008 Ed. (771, 782, 784)
2007 Ed. (802, 805)
2006 Ed. (705, 716, 720, 725)
2004 Ed. (820, 821, 823)
2002 Ed. (883)
2001 Ed. (1064)
Indiana University-Bloomington, Kelley School of Business
2008 Ed. (790, 794)
2007 Ed. (797, 823)
2006 Ed. (708, 711, 2859)
2005 Ed. (2853)
Indiana University Center on Philanthropy
1993 Ed. (1897)
Indiana University Employees Credit Union
2008 Ed. (2231)
2007 Ed. (2116)
2006 Ed. (2195)
2005 Ed. (2100)
2004 Ed. (1958)
2003 Ed. (1918)
2002 Ed. (1864)
Indiana University-Indianapolis
2001 Ed. (3063)
2000 Ed. (2906)
Indiana University, School of Medicine
2006 Ed. (3903)
Indiana Wesleyan University
2008 Ed. (1505)
Indiana Youth Institute Inc.
1995 Ed. (1929)
1994 Ed. (1902)
The Indianapolis Foundation
1994 Ed. (1907)
Indianapolis, IN
2008 Ed. (977, 3110, 3508, 4039, 4350)
2007 Ed. (2995, 3362, 4013, 4094)
2006 Ed. (3309, 3313, 3324, 3741, 3743)
2005 Ed. (2030, 3333, 3336, 4381)
2004 Ed. (797, 2720, 2811, 2861, 3737, 4192, 4193)
2003 Ed. (254, 2826, 3246)
2002 Ed. (373, 2043, 2296, 2379, 2393, 2442, 2632, 2633, 2743, 4046, 4047, 4287)
2001 Ed. (2274, 2275, 2358)
2000 Ed. (1067, 1069, 1071, 1073, 1075, 1078, 1080, 1083, 1084, 3769, 4268)
1999 Ed. (1154, 1157, 1159, 1161, 1164, 1166, 1168, 1169, 4054)
1998 Ed. (2056, 3054)
1997 Ed. (1003, 2337, 2338, 2764, 3305, 3523)
1996 Ed. (2206, 2209, 2280, 3206)
1995 Ed. (988, 1113, 2666, 3651, 3780, 3781, 3782, 3783, 3784)
1994 Ed. (965, 967, 3065, 3325)
1993 Ed. (1598, 2465)
1992 Ed. (2544, 3698, 3699, 3038)
1990 Ed. (1004, 1149, 2134, 2608)
Indianapolis Local Pub. Imp. Bond Bank
1993 Ed. (1544)
Indianapolis-Marion County, IN
1990 Ed. (2910)
Indianapolis Motor Speedway
2005 Ed. (3281)
Indianapolis Museum of Art
2002 Ed. (2348)
Indianapolis Neighborhood Housing Partnership
1994 Ed. (1902)
Indianapolis Public Improvement Agency
2001 Ed. (813)
Indianapolis Public Transportation Corp.
1991 Ed. (1885)
Indianapolis Star
1998 Ed. (78, 79, 80, 84)
Indianapolis Symphony Orchestra
1993 Ed. (891)
Indianapolis Zoological Society Inc.
1995 Ed. (1932)
1994 Ed. (1905)
Indiantown Telephone System Inc.
1998 Ed. (3485)
Indicative Software
2008 Ed. (2886)
The Indigio Group
2004 Ed. (3970)
Indigo
1997 Ed. (2211, 3411)
Indigo Books & Music Inc.
2008 Ed. (4319)
2007 Ed. (4363)
Indigo Girls
1995 Ed. (1118)
Indigo Industries Inc.
1998 Ed. (945)
Indigo Investment Systems
2003 Ed. (2715, 2732)
2002 Ed. (2491)
IndigoPool.com
2001 Ed. (4753)
Inditex
2008 Ed. (1723, 4233)
2007 Ed. (1991, 4193, 4197)
2006 Ed. (2021, 4174, 4538)
2004 Ed. (4214)
Individual and family services
1994 Ed. (3327)
Individual Bank of Japan Ltd.
1996 Ed. (505)
Individual Group
2003 Ed. (4991)
2002 Ed. (4990)
2000 Ed. (4435)
Individual income tax
1999 Ed. (4534, 4538)
Individual income taxes
1998 Ed. (3463)

Individual Investor
1999 Ed. (3754, 3765)
1998 Ed. (2785)
Individual life insurance
1994 Ed. (2228)
Individuals
2000 Ed. (1013)
Individuals, non-United States
2002 Ed. (3597, 3598)
Individuals, United States
2002 Ed. (3597, 3598)
Indmark
1999 Ed. (3940)
Indo
1991 Ed. (2911)
Indo-Ad
2003 Ed. (85)
2002 Ed. (118)
Indo Ad; P. T.
1991 Ed. (109)
Indo-Zambia Bank
2008 Ed. (525)
2007 Ed. (574)
2000 Ed. (699)
1999 Ed. (683)
Indocam Korea Fund
2003 Ed. (3142, 3143)
Indocement
1996 Ed. (1381)
1993 Ed. (2155)
Indocement Group
1995 Ed. (1419)
Indocement Tunggal Prakarsa
2001 Ed. (1739)
1999 Ed. (1656, 3124)
1997 Ed. (1431, 2580)
1996 Ed. (2435, 2436)
Indocement Tunggal Prakarsa Tbk
2002 Ed. (4480, 4481)
Indocement Tunggal Prakasa
1992 Ed. (1637)
Indochina Ceramic
1997 Ed. (2554)
Indofood
2000 Ed. (1466, 1467)
1996 Ed. (1380)
Indofood Sukses Makmar
2002 Ed. (3031)
Indofood Sukses Makmur
2002 Ed. (4479, 4480, 4481)
2001 Ed. (1739)
2000 Ed. (1465)
1999 Ed. (1579, 1656, 1657, 3124, 4494)
1997 Ed. (1432, 2580)
Indomobil Group
2005 Ed. (46)
Indomobil Sukses International Tbk
2002 Ed. (4480, 4481)
Indonesia
2008 Ed. (251, 863, 1013, 1019, 1023, 1024, 1032, 1033, 1034, 1386, 1387, 2202, 2822, 2826, 3160, 3163, 3780, 3785, 3846, 3848, 3863, 4247, 4248, 4255, 4468, 4519, 4550, 4551, 4583, 4584, 4590, 4601, 4602, 4624, 4675, 4676, 4677, 4694)
2007 Ed. (267, 886, 1133, 1139, 1143, 1144, 1145, 1151, 1152, 1153, 1435, 1436, 2080, 2083, 2092, 2699, 3049, 3686, 3702, 3766, 3768, 3789, 3798, 3799, 3800, 4211, 4212, 4218, 4221, 4486, 4601, 4670, 4671, 4679, 4692, 4693, 4752, 4753, 4754, 4777)
2006 Ed. (260, 797, 1028, 1045, 1050, 1054, 1056, 1057, 1062, 1063, 1064, 1403, 1404, 2132, 2135, 2148, 2331, 2640, 2701, 2704, 3015, 3691, 3708, 3769, 3771, 3791, 3793, 3794, 3795, 4195, 4196, 4208, 4211, 4425, 4574, 4592, 4615, 4617, 4659, 4671, 4672, 4738, 4739, 4740, 4770, 4771)
2005 Ed. (240, 863, 864, 875, 1041, 1046, 1047, 1051, 1052, 1053, 1123, 1418, 1419, 2036, 2039, 2044, 2533, 2734, 2742, 2765, 2766, 2767, 3021, 3591, 3604, 3672, 3702, 3704, 3705, 3706, 4147, 4148, 4152, 4155, 4408, 4499, 4534, 4536, 4594, 4606, 4607, 4691, 4692, 4718)
2004 Ed. (237, 889, 1040, 1045, 1046, 1050, 1051, 1052, 1395, 1396, 1397, 1907, 2741, 2745, 3676, 3694, 3757, 3784, 3792, 3793, 3794, 4219, 4220, 4225, 4228, 4463, 4542, 4543, 4600, 4602, 4656, 4657, 4720, 4721, 4739)
2003 Ed. (268, 1026, 1035, 1037, 1038, 1045, 1046, 1382, 1383, 1876, 1880, 2210, 2211, 2223, 2627, 3629, 3650, 3711, 3759, 4193, 4194, 4198, 4201, 4497, 4617, 4735, 4736, 4757)
2002 Ed. (683, 1346, 1815, 2415, 2423, 3521, 3724, 3725, 4427, 4624)
2001 Ed. (373, 509, 510, 1102, 1140, 1286, 1298, 1302, 1303, 1307, 1308, 1341, 1413, 1502, 1506, 1935, 1969, 2370, 2614, 2615, 2968, 3530, 3548, 3610, 3696, 3697, 4122, 4128, 4135, 4319, 4386, 4388, 4446, 4447, 4495, 4534, 4535, 4567)
2000 Ed. (2295, 2349, 2357, 2358, 2363, 2379, 3571)
1999 Ed. (182, 821, 1133, 1146, 1212, 2005, 2443, 2553, 2606, 3192, 3698)
1998 Ed. (1791, 2363, 2749, 2929)
1997 Ed. (204, 305, 915, 1556, 1791, 1812, 2107, 3513)
1996 Ed. (157, 170, 929, 941, 2470, 2471, 3633, 3662)
1995 Ed. (1043, 1745, 1746, 1962, 2010, 2017, 2029, 2036, 2040)
1994 Ed. (1230, 1231, 1958, 2005, 3308)
1993 Ed. (240, 1067, 1932, 1967, 1974, 1981, 1987, 2366, 3301, 3682)
1992 Ed. (2075, 2250, 2310, 2317, 2327, 2333, 2360, 3454, 3742, 3957, 3973, 3974)
1991 Ed. (91, 164, 1834, 18411, 2754, 3273, 3390)
1990 Ed. (1076, 1830, 1911, 1918, 1925, 1935, 2759)
1989 Ed. (1869, 2121)
Indonesian Overseas Bank-Indover
1999 Ed. (606)
1996 Ed. (631)
1993 Ed. (586)
Indonesian rupiah
2007 Ed. (2158)
Indonesian Satellite
2002 Ed. (4479)
Indoor intrusion
1992 Ed. (3828)
Indorama Synthetics
1994 Ed. (2338)
Indorayon
1996 Ed. (1381)
Indosat
2001 Ed. (1739)
2000 Ed. (1425, 1462, 1466, 1467, 4190)
1999 Ed. (1566, 1569, 1657, 3124, 3125, 4549)
1997 Ed. (1432, 2580, 2581)
1996 Ed. (1380)
1995 Ed. (1419, 3552)
Indosat Tbk
2006 Ed. (3231)
2002 Ed. (3031)
2000 Ed. (2873)
Indosiar Visual Mandiri
2008 Ed. (48)
2007 Ed. (44)
Indosuez
1989 Ed. (535)
Indosuez Asia
1991 Ed. (2411)
Indosuez Asset Management
1995 Ed. (2397)
Indosuez Asset Management Asia
1995 Ed. (2393, 2396, 2397)
Indosuez Niugini Bank Ltd.
1999 Ed. (620)
1997 Ed. (591)
1996 Ed. (652)
1995 Ed. (583)
1994 Ed. (613)
Indosuez Singapore & Malaysia
1996 Ed. (2817, 2818)
Indosuez WI Carr
2000 Ed. (867, 868, 870, 871, 872, 873, 873)
Indosuez W.I. Carr Securities
2000 Ed. (2058)
1999 Ed. (866, 2278)
Indotronix International Corp.
2008 Ed. (3724, 4418)
2007 Ed. (3583)
2006 Ed. (3530, 4369)
Indovest
1994 Ed. (3186)
1989 Ed. (1780)
Indovest Securities
1997 Ed. (3473)
Indra Nooyi
2008 Ed. (964, 4948, 4950)
2007 Ed. (1044, 4974)
2006 Ed. (949, 4974)
2005 Ed. (4990)
2004 Ed. (4983)
2003 Ed. (4983)
Indra's Net Inc.
2002 Ed. (2991)
Indresco
1995 Ed. (949, 2238)
Inds. Gessy Lever
1992 Ed. (42)
Inducement Tunggal Prakarsa
1994 Ed. (2337, 2338)
Inductotherm Industries
1999 Ed. (955, 1189)
1998 Ed. (536, 758)
1992 Ed. (1203)
1990 Ed. (1043)
Indupa
1999 Ed. (950)
1993 Ed. (769, 770)
1992 Ed. (965, 966, 1566)
1991 Ed. (784, 785)
INDUS Corp.
2008 Ed. (271, 3737, 4433)
2007 Ed. (292, 3608, 4451)
2006 Ed. (3545, 4383)
Indus Group
1995 Ed. (998, 3392)
Indus Holding AG
2006 Ed. (1736)
Indus International
2005 Ed. (1350)
Indus Motors
2007 Ed. (1948)
Corp. Indus San Luis
1992 Ed. (3063)
Indus Technology Inc.
2008 Ed. (3689)
Indusa Technical Corp.
1999 Ed. (3420)
Induslogic
2008 Ed. (1126)
Industri-Matematik International
2003 Ed. (1123)
2001 Ed. (4425)
Industri-Plex
1991 Ed. (1889)
Industria Automotriz SA de CV
1995 Ed. (327)
Industria de Diseno Textil SA
2008 Ed. (1723, 3581, 4233)
2007 Ed. (1991, 4193, 4197)
2006 Ed. (2021, 3401, 4174)
Industria e Investimentos
1991 Ed. (2333, 2334)
Industria Lechera de Puerto Rico Inc.
2006 Ed. (201)
2005 Ed. (189)
2004 Ed. (183)
Industria Nacional del Cemento SA
2006 Ed. (4494)
Industrial
2007 Ed. (2755, 2755)
2006 Ed. (2370, 2749, 2749)
2005 Ed. (2315)
2003 Ed. (2978)
2002 Ed. (4282)
2001 Ed. (729, 2160, 3528, 4385, 4609)
2000 Ed. (3422, 3565)
1999 Ed. (1180)
1998 Ed. (1371, 2750)
1992 Ed. (2321)
1991 Ed. (1718, 1845)
Industrial accident costs
1998 Ed. (2039)
Industrial Alliance C Diversified
2002 Ed. (3452)
Industrial-Alliance Financial
1994 Ed. (3606)
Industrial Alliance Insurance
2007 Ed. (3158)
2006 Ed. (1610)
2005 Ed. (1708)
Industrial Alliance Insurance & Financial Service Inc.
2008 Ed. (1623)
Industrial Alliance Insurance & Financial Services
2008 Ed. (3308)
Industrial-Alliance Life
1992 Ed. (2672, 2673)
Industrial-Alliance Life Insurance Co.
1999 Ed. (2959)
1997 Ed. (2455)
1996 Ed. (2326)
1993 Ed. (2228)
Industrial Alliance P Stock
2002 Ed. (3458)
Industrial-Alliance Pacific Life Insurance
2006 Ed. (2588)
2005 Ed. (2585)
Industrial Alliance S US Stock
2002 Ed. (3450, 3451)
Industrial & Chemical Machinery, Computer Equipment
1990 Ed. (1254)
Industrial & Commercial Bank
1999 Ed. (550)
1991 Ed. (659)
1989 Ed. (668)
Industrial & Commercial Bank of China
2008 Ed. (380, 397, 643, 1665, 1667, 1812, 2699)
2007 Ed. (398, 420, 1659)
2006 Ed. (413, 426, 458, 1644, 1804)
2005 Ed. (460, 477, 529, 1817)
2004 Ed. (448, 465, 500, 554, 1751)
2003 Ed. (462, 475, 538, 1709)
2002 Ed. (520, 521, 522, 542, 552, 587, 1687)
2001 Ed. (603)
2000 Ed. (495)
1999 Ed. (466, 467, 496, 516, 517)
1997 Ed. (411, 438, 2392)
1996 Ed. (446, 474, 562)
1995 Ed. (422, 445)
1994 Ed. (426, 453)
1993 Ed. (424, 425, 426, 521)
1992 Ed. (710, 603)
1991 Ed. (449, 450, 451, 551, 554)
1990 Ed. (501)
Industrial & Commercial Bank of China (Asia) Ltd.
2008 Ed. (423)
2007 Ed. (459)
2006 Ed. (448, 4275)
2005 Ed. (517)
2004 Ed. (538)
Industrial & Commercial Bank of Vietnam
2008 Ed. (435, 523)
2003 Ed. (637)
2002 Ed. (662)
2000 Ed. (696)
1999 Ed. (679)
Industrial and Commercial Machinery, Computer Equipment
1990 Ed. (1225, 1255, 1268)
Industrial & Commercial of China
2008 Ed. (1425)
Industrial and farm equipment
2008 Ed. (3156)

2007 Ed. (3044)
2006 Ed. (3001, 3002, 3005)
2005 Ed. (3010)
2004 Ed. (3013)
2002 Ed. (2788)
1998 Ed. (1036, 1151)
1997 Ed. (1297, 1305, 1440, 1443)
1995 Ed. (1278, 1297, 1299)
1994 Ed. (1228, 1232, 1239, 1275, 1277)
1993 Ed. (1200, 1204, 1213, 1218, 1233, 1235, 1238)
1992 Ed. (2600, 2602, 2604, 2609, 2611, 2615, 2616, 2618, 2621, 2622)
1991 Ed. (1179, 1180, 2029, 2031, 2033, 2037, 2039, 2041, 2045, 2046, 2048, 2051)
Industrial & farm equipment & machinery
2002 Ed. (1480, 1488, 1490)
2000 Ed. (1325)
1999 Ed. (1467, 1468)
1997 Ed. (1262)
1996 Ed. (1215, 1216, 1219, 1225, 1231, 1251, 1254)
1992 Ed. (1487, 1491)
1990 Ed. (1233, 1257, 1258, 1261)
Industrial and farm machinery and equipment
1990 Ed. (1272)
Industrial and instrumentation
2001 Ed. (3876)
Industrial and manufacturing equipment
1996 Ed. (2468)
Industrial and office services
1990 Ed. (2185)
1989 Ed. (1657)
Industrial & other chemicals
2002 Ed. (3969)
Industrial Bank
2008 Ed. (397)
1999 Ed. (479)
1997 Ed. (419, 1454)
1995 Ed. (431)
1992 Ed. (2154)
Industrial Bank China
2005 Ed. (3938)
Industrial Bank N. A.
2000 Ed. (471)
Industrial Bank NA
2008 Ed. (373)
2007 Ed. (391)
2006 Ed. (407)
2005 Ed. (454)
2004 Ed. (442)
2003 Ed. (455)
2002 Ed. (713)
1998 Ed. (339)
Industrial Bank of Japan
2002 Ed. (595, 597)
2001 Ed. (603, 627, 628, 973, 1549)
2000 Ed. (462, 528, 530, 531, 533, 534, 574, 575, 576)
1999 Ed. (466, 518, 521, 523, 525, 554, 563, 564, 565, 953, 4614)
1998 Ed. (353, 354, 356, 357, 382, 383, 384, 1163, 1500, 3249)
1997 Ed. (514, 1433, 1447, 1464, 1783, 3483, 3761)
1996 Ed. (501, 502, 503, 504, 506, 507, 557, 558, 561, 573, 574, 1398, 1408, 1704, 3597, 3706)
1995 Ed. (468, 469, 471, 505, 506, 509, 510, 519, 520, 1434, 2434, 2440, 2441, 3272, 3273)
1994 Ed. (479, 484, 485, 525, 526, 530, 544, 545, 1409, 1678, 1681, 1690, 1698, 1700, 1706, 3550)
1993 Ed. (424, 476, 477, 483, 484, 527, 529, 543, 544, 1333, 1349, 1358, 1652, 1859, 3475, 3587)
1992 Ed. (603, 604, 665, 666, 667, 671, 672, 709, 716, 717, 721, 726, 728, 743, 744, 1638, 1650, 1660, 1992, 1997, 2000, 2004, 2015, 2017, 2020, 3340, 4151, 4310)
1991 Ed. (221, 448, 450, 508, 548, 549, 553, 557, 558, 562, 563, 575, 576, 577, 1305, 1309, 1318, 1584, 1593, 1598, 2307, 3235, 3400)
1990 Ed. (501, 502, 547, 594, 602, 603, 604, 609, 617, 1385, 1392, 1677, 1680, 1681, 1691, 1693, 1783, 1784, 1788, 1789)
1989 Ed. (561)
Industrial Bank of Japan Trust Co.
1998 Ed. (358)
1997 Ed. (472, 580)
1994 Ed. (365, 370, 487)
1993 Ed. (377, 482, 597, 2415, 2417, 2419, 2420, 2422)
1992 Ed. (548, 670)
1991 Ed. (517, 2305, 2306, 3278)
1990 Ed. (2436)
Industrial Bank of Korea
2008 Ed. (505)
2007 Ed. (553)
2006 Ed. (524)
2005 Ed. (610)
2004 Ed. (512, 620)
2003 Ed. (611)
2002 Ed. (600, 601, 602, 603)
1991 Ed. (584)
Industrial Bank of Kuwait
1996 Ed. (580)
Industrial Bank of Taiwan
2006 Ed. (464)
2005 Ed. (536)
2004 Ed. (553)
Industrial Bank of Tokyo Ltd.
1997 Ed. (529)
Industrial Bank of Washington
1996 Ed. (457)
1995 Ed. (430)
1994 Ed. (437)
1993 Ed. (437, 438, 3098)
1992 Ed. (621)
1991 Ed. (463)
1990 Ed. (510)
Industrial Building Corp.
1994 Ed. (3480)
Industrial Buildings Corp. Ltd.
1993 Ed. (3507)
1992 Ed. (4196)
Industrial chemicals
2001 Ed. (1186)
Industrial coatings
2002 Ed. (1035)
2001 Ed. (1210)
Industrial Colombiano
2000 Ed. (497, 498, 499, 500, 501, 502)
Industrial Components Inc.
2002 Ed. (3375)
Industrial Contractors Inc.
2008 Ed. (1296)
2006 Ed. (1310)
2004 Ed. (1294)
Industrial Credit & Investment Co. Ltd.
1999 Ed. (741, 2887)
1996 Ed. (755)
Industrial Credit & Investment Co. Ltd. (ICICL)
1994 Ed. (725)
Industrial Credit Union
2008 Ed. (2208, 2209)
2006 Ed. (2156, 2157, 2170)
2005 Ed. (2064, 2076)
2004 Ed. (1936, 1940, 1943)
2003 Ed. (1896, 1898)
Corp. Industrial de Energia
2005 Ed. (1841)
Industrial de Venezuela
2001 Ed. (654, 655)
2000 Ed. (690, 692, 694)
1990 Ed. (712)
Industrial Dev Bank of India
1991 Ed. (545)
Industrial Development Authority
2001 Ed. (905)
Industrial Development Bank
1999 Ed. (566)
1994 Ed. (547)
1993 Ed. (546)
1992 Ed. (704)
1991 Ed. (582)
Industrial Development Bank of India
2000 Ed. (553)
1999 Ed. (542)
1998 Ed. (1503)
1997 Ed. (507)
1996 Ed. (548)
1995 Ed. (496)
1994 Ed. (514)
1993 Ed. (514)
1992 Ed. (705)
Industrial Development Bank of Israel
1991 Ed. (3274)
Industrial Development Bank of Pakistan
1992 Ed. (814)
Industrial Development Leasing Co.
1999 Ed. (1841)
Industrial Developments International
2001 Ed. (4001)
1998 Ed. (3003)
1997 Ed. (3257)
1995 Ed. (3063)
1994 Ed. (3002)
1992 Ed. (3621)
Industrial distribution
1990 Ed. (2184)
1989 Ed. (2646)
Industrial Distribution Group Inc.
2004 Ed. (4551)
Industrial, electroplating
2001 Ed. (2610)
Industrial/energy
2001 Ed. (4674)
Industrial engineer
1989 Ed. (2093, 2094)
Industrial engines
1996 Ed. (1728)
1995 Ed. (1738)
Industrial equipment
2008 Ed. (1821)
1998 Ed. (1556)
Industrial Equipment News
1999 Ed. (1850)
1998 Ed. (1275)
1992 Ed. (3374)
Industrial Equity
1992 Ed. (1574)
1991 Ed. (1253)
Industrial Equity Fund Ltd.
2001 Ed. (3496, 3497)
Industrial Equity (Pacific) Ltd.
1993 Ed. (2722)
1992 Ed. (3234)
1991 Ed. (2595)
Industrial Estate Fos
1997 Ed. (2375)
1996 Ed. (2249)
1994 Ed. (2189)
Industrial Fin Corp.
1991 Ed. (678)
Industrial Finance Corp.
1997 Ed. (3400)
The Industrial Finance Corporation of Thailand
2000 Ed. (2194)
Industrial Finance Corp. of Thailand
2000 Ed. (3876)
1999 Ed. (2436)
Industrial Financial Corp.
1993 Ed. (645)
1992 Ed. (849)
Industrial Gas Sales Inc.
1997 Ed. (2226, 2227)
Industrial gases
2001 Ed. (1186)
Industrial, gold-filled and other
2001 Ed. (2610)
Industrial Growth
2001 Ed. (3485)
Industrial Horizon
2001 Ed. (3491)
Industrial inorganic chemicals
1991 Ed. (1904)
Industrial Inventory Solutions
2006 Ed. (186)
Industrial Investments
2002 Ed. (4437)
Industrial, karat gold
2001 Ed. (2610)
Industrial Life Insurance Co.
1999 Ed. (2924)
Industrial Light & Magic
2008 Ed. (3627)
Industrial logging
1997 Ed. (1585)
Industrial Machine & Hydraulics Inc.
2007 Ed. (4445)
Industrial machine repairer
1989 Ed. (2091)
Industrial machinery
2005 Ed. (3018)
2001 Ed. (3811)
1997 Ed. (188, 867)
1996 Ed. (1728)
1993 Ed. (2867)
Industrial machinery and computers
1992 Ed. (2091)
Industrial machinery & equipment
1999 Ed. (2866)
1997 Ed. (1613)
Industrial machinery & equipment manufacturing
2002 Ed. (2225)
Industrial Machinery, Computer Equipment
1990 Ed. (1224)
Industrial machinery, heavy
1996 Ed. (1724)
Industrial machinery, light
1996 Ed. (1724)
Industrial machines
2007 Ed. (2518, 2521)
2006 Ed. (2535)
1995 Ed. (1738)
Industrial Maseca, SA de CV; Grupo
2005 Ed. (2649)
Corp. Industrial Montana
1997 Ed. (906)
Industrial Co. of Wyoming Inc.; TIC—The
2008 Ed. (2179)
2007 Ed. (2071)
2006 Ed. (2123)
Industrial organic chemicals
1993 Ed. (2496)
1991 Ed. (2382)
1990 Ed. (2515)
1989 Ed. (1929)
Industrial Piping Systems
2006 Ed. (3536)
Industrial Product Bulletin
1999 Ed. (1850)
1998 Ed. (1275)
Industrial products
2003 Ed. (2913)
1992 Ed. (4387)
Industrial property
1992 Ed. (3631)
Industrial psychologist
1990 Ed. (3701)
Industrial Safety & Supply
2007 Ed. (3542, 4404)
Industrial Saltillo, SA de CV; Grupo
2005 Ed. (2218)
Industrial Services of America
2007 Ed. (1849)
Industrial Specialty Contractors LLC
2008 Ed. (1311, 1338)
2007 Ed. (1378)
2006 Ed. (1326)
Industrial Supply Inc.
2006 Ed. (3514, 3542)
Industrial Technology Institute
1992 Ed. (2216)
1989 Ed. (1477)
Industrial truck, tractor operators
1989 Ed. (2078, 2079)
Industrial uses
2007 Ed. (4598)
Industrial Video & Control
2008 Ed. (4295)
Industrial zones
1997 Ed. (2572)
IndustrialVortex.com
2001 Ed. (4757)
Industrias Ales
2006 Ed. (4498)
2002 Ed. (4408, 4409)
Industrias Avicolas de Puerto Rico Inc.
2004 Ed. (183)
Industrias Bachoco
2003 Ed. (2518)
Industrias Bachoco, SA de CV
2005 Ed. (2649)
2004 Ed. (2657)
Industrias CH
2003 Ed. (3306)
Industrias CH, SA de CV
2005 Ed. (3395)

Industrias Gessy Lever Ltda.
1995 Ed. (1906)
Industrias Lever Portugesa
1992 Ed. (72)
Industrias Mavesa
2005 Ed. (94)
Industrias Nacobre
1991 Ed. (2451)
Industrias Penoles
2004 Ed. (1773)
2003 Ed. (3306)
1991 Ed. (2450, 2451)
Industrias Penoles, SA de CV
2005 Ed. (3395)
2004 Ed. (3363)
2001 Ed. (4270)
Industrias Vassallo Inc.
2006 Ed. (3376)
2005 Ed. (3389)
2004 Ed. (3357)
Industrias Ventane
2002 Ed. (1715)
Industrias Vitivinicolas Domecq
1994 Ed. (33)
1991 Ed. (36)
1990 Ed. (39)
Industrias y Alimentos Vierci
2007 Ed. (65)
Industrical & Commercial Bank of China
2000 Ed. (563)
Industrie Natuzzi SpA
2004 Ed. (2708)
2003 Ed. (4592)
2002 Ed. (2383)
2000 Ed. (2294)
1999 Ed. (2552)
Industries Mailhot Inc.; Les
2007 Ed. (1965)
Industry
2002 Ed. (3973, 3974, 3978, 3979)
2001 Ed. (4042)
1997 Ed. (2572)
1992 Ed. (1943, 3435, 3664)
Industry & Mine; Bank of
2007 Ed. (484)
2006 Ed. (471)
2005 Ed. (539, 547)
Industry Fund of America
1989 Ed. (1852)
Industry/professional organizations
1995 Ed. (1665)
Industry Standard
2001 Ed. (256)
Industry Urban Development Agency
1995 Ed. (1621, 2230)
Industry Urban Development Agency, CA
2000 Ed. (2621)
Industry Week
2003 Ed. (809)
1999 Ed. (1850, 3757, 3758)
1998 Ed. (1275)
1997 Ed. (3044)
1993 Ed. (2800)
1990 Ed. (3626)
IndustryWeek
2008 Ed. (815)
2005 Ed. (830)
IndustryWeek.com
2007 Ed. (846)
2006 Ed. (753)
Indwell Woods Inc.
2007 Ed. (4995)
The Indwelling
2003 Ed. (723)
The Indwelling: The Beast Takes Possession
2003 Ed. (706)
Indy Connection
2000 Ed. (3168)
Indy Connection Limo
1993 Ed. (2601)
1992 Ed. (3114)
Indy Mac
1999 Ed. (3438)
Indy Partnership
2008 Ed. (3472)
IndyMac Bancorp
2008 Ed. (355, 2697)
2007 Ed. (389, 3628, 4262)
2006 Ed. (4734)
2005 Ed. (3178)
Indymac Bank
2008 Ed. (3749)
Indymac Bank, FSB
2007 Ed. (3629, 4243, 4244, 4257, 4259, 4261)
2006 Ed. (4229, 4230, 4234, 4243, 4247)
2005 Ed. (4177, 4178, 4218, 4222)
2004 Ed. (4244, 4245, 4285, 4288, 4289)
2003 Ed. (4261, 4270, 4271, 4280, 4281)
2002 Ed. (4118, 4126, 4134)
Ineedhits.com
2004 Ed. (1635)
Ineos Group Ltd.
2008 Ed. (922)
Inergy Automotive Systems
2008 Ed. (3546)
2003 Ed. (342, 343, 687)
Inergy Automotive Systems LLC
2008 Ed. (578)
2007 Ed. (630)
2006 Ed. (601)
2005 Ed. (686)
2004 Ed. (690)
Inergy LP
2008 Ed. (4081)
2007 Ed. (1844, 4045)
2006 Ed. (1424, 1830, 4013)
2005 Ed. (1831, 3944)
2004 Ed. (3973)
2003 Ed. (3970)
Inernational Rescue Committee
2000 Ed. (3349)
INET ECN
2006 Ed. (4480)
Inet Technologies, Inc.
2002 Ed. (4288)
2001 Ed. (4181)
Inex Pharmaceuticals
2007 Ed. (4578)
Inexperienced management
2005 Ed. (784)
Infant
2005 Ed. (4728)
Infant care
2005 Ed. (3708)
2001 Ed. (2106)
Infant/child specialty store
1998 Ed. (1797)
Infant/Toddler
2000 Ed. (1120)
Infants Motrin
2004 Ed. (245)
2003 Ed. (281)
Infed
2002 Ed. (2049)
InferMed Ltd.
2003 Ed. (2734, 2740, 2741)
Inficorp
2001 Ed. (569)
Infineon Technologies Corp.
2001 Ed. (2133, 2158, 2962)
Infineon Technologies AG
2007 Ed. (2825, 4354, 4356)
2006 Ed. (1687, 1689, 4287, 4288, 4290)
2005 Ed. (1095, 3697, 4350, 4352)
2004 Ed. (883, 884, 2185, 3778, 4404, 4405)
2003 Ed. (1553, 2207, 2208, 4384, 4386, 4387, 4388, 4389, 4585)
2002 Ed. (4194, 4258)
2001 Ed. (4217)
InfiNet Payment Services
1997 Ed. (1703)
1996 Ed. (1625)
Infineum
2001 Ed. (3171)
Infinigy Engineering
2008 Ed. (4647)
Infinite Black; Kenneth Cole
2008 Ed. (2768)
Infinite Computer Solutions
2008 Ed. (271, 3713, 4401)
2007 Ed. (3563, 4425)
Infinite Technology Group Ltd.
2003 Ed. (2718)
1998 Ed. (748, 3310)
Infiniti
2008 Ed. (330)
2007 Ed. (309, 343)
2006 Ed. (313, 357, 362)
2005 Ed. (279, 343, 352)
2004 Ed. (343)
2003 Ed. (358, 361)
2001 Ed. (438, 1009, 1010)
2000 Ed. (337, 338, 339)
1999 Ed. (354)
1998 Ed. (211, 212)
1997 Ed. (290, 303)
1996 Ed. (309)
1994 Ed. (319, 320)
1993 Ed. (265, 304, 305, 306, 333)
1992 Ed. (30, 93, 437)
Infiniti Dealer Association
1998 Ed. (206)
Infiniti G20
1996 Ed. (3764)
1993 Ed. (327)
Infiniti I30
2001 Ed. (489)
1997 Ed. (311, 311)
Infiniti J30
1995 Ed. (318)
1994 Ed. (318)
Infiniti Media
2006 Ed. (3919)
Infiniti of Broward
1996 Ed. (295)
Infiniti of Lisle
1996 Ed. (295)
1995 Ed. (271)
Infiniti of Scottsdale
1996 Ed. (295)
1995 Ed. (271)
Infiniti Q45
1997 Ed. (311)
1995 Ed. (318)
1994 Ed. (318)
1993 Ed. (326)
1992 Ed. (435)
Infinity Inc.
2006 Ed. (1832)
1995 Ed. (3049)
1992 Ed. (3602)
Infinity Broadcasting Corp.
2005 Ed. (3991)
2004 Ed. (4054)
2003 Ed. (4034)
2002 Ed. (3894)
2001 Ed. (3961, 3971, 3974, 3975, 3976, 3979)
2000 Ed. (3324, 3963)
1999 Ed. (1441)
1998 Ed. (1042)
1997 Ed. (3234, 3237, 3238)
1996 Ed. (2576)
1995 Ed. (2511)
1990 Ed. (2938)
Infinity Credit Union
2008 Ed. (2236)
2007 Ed. (2121)
2006 Ed. (2200)
2005 Ed. (2105)
2004 Ed. (1963)
2003 Ed. (1923)
2002 Ed. (1869)
Infinity Financial Tech.
1998 Ed. (1880)
Infinity Pharmaceuticals Inc.
2006 Ed. (3872)
Infinity Property & Casualty Corp.
2005 Ed. (4250, 4253)
2004 Ed. (1617)
Infinity Sports Inc.
2007 Ed. (2588)
Infinity Technology Inc.
2006 Ed. (3494)
Infinium Capital Corp.
2008 Ed. (2867)
Infirmary Health System Inc.
2008 Ed. (1543)
2007 Ed. (1563)
2006 Ed. (1533)
2005 Ed. (1643)
2004 Ed. (1617)
2001 Ed. (1606)
1995 Ed. (2632)
Inflation
1996 Ed. (3453)
Inflow Inc.
2006 Ed. (4296)
2004 Ed. (3969)
Influence: The Psychology of Persuasion
2006 Ed. (584)
Influenza
1992 Ed. (1764, 1769)
Influenza and pneumonia
1990 Ed. (1468, 1473)
INFO-LOOK
1991 Ed. (3294)
Info-Tech Research Group
2005 Ed. (2776)
Info World
1997 Ed. (3040, 3043, 3047)
Infocare ASA
2007 Ed. (1934)
2006 Ed. (1951)
InfoCision Management Corp.
2008 Ed. (2002)
2005 Ed. (4646)
InfoCure
2001 Ed. (4768)
2000 Ed. (278)
InFocus Corp.
2006 Ed. (2083)
InfoGation Corp.
2002 Ed. (2480)
Infogilde Software
2006 Ed. (1118)
Infoglide Software
2008 Ed. (1126)
2006 Ed. (1131)
2005 Ed. (1140)
InfoInterActive Corp.
2003 Ed. (2707, 2935)
2002 Ed. (2484)
Infologix Inc.
2007 Ed. (896)
2006 Ed. (809, 2757)
InfoLynx Services Inc.
2007 Ed. (3542, 4404)
2006 Ed. (3505, 4344)
InfoMech Internet Commerce
2002 Ed. (2534)
infomercials
1996 Ed. (2345)
Infomix
1994 Ed. (2703)
InfoNautics, Inc.
2002 Ed. (2533)
Infonet
1992 Ed. (4365, 4366)
Infonet Services Corp.
2005 Ed. (4249)
Infonxx
2008 Ed. (4043)
InfoPro Corp.
2008 Ed. (3692, 4365, 4951)
2007 Ed. (3529, 4398)
Infor Global Solutions Inc.
2008 Ed. (1135, 1139, 1400, 4577)
InfoReliance Corp.
2007 Ed. (1394)
INFORM Applications Inc.
2006 Ed. (4202)
Inform P. Lykos SA
2007 Ed. (1748)
2006 Ed. (1740)
Informa
2007 Ed. (3458)
The Informant
2006 Ed. (578)
Informatica Corp.
2008 Ed. (3171, 3179, 3180)
2004 Ed. (1341)
Information
2007 Ed. (3734, 3735)
1993 Ed. (2725)
Information Age
2005 Ed. (3543)
Information Age Fund
2006 Ed. (3604)
Information & Computing Services Inc.
2007 Ed. (2514)
Information Architects Co.
2002 Ed. (2476)
Information Builders Inc.
2002 Ed. (1156, 1157)
Information-center manager
1989 Ed. (2972)

Information clerks
2007 Ed. (3729)
Information Dimensions Inc.
1998 Ed. (839, 1323)
Information Handling Services
2004 Ed. (3968)
Information Handling Services Group Inc.
1994 Ed. (988)
Information Holdings Inc.
2004 Ed. (4042)
Information Network Systems Inc.
1998 Ed. (3766)
1997 Ed. (3919)
Information Please
2002 Ed. (4845)
Information Resources Inc.
2008 Ed. (4138, 4141)
2007 Ed. (4114, 4117)
2006 Ed. (4068, 4096)
2005 Ed. (4037, 4041)
2004 Ed. (4096, 4101)
2003 Ed. (4069, 4077)
2002 Ed. (3253, 3255, 3256, 3258, 3259)
2001 Ed. (4046, 4047)
2000 Ed. (3041, 3042, 3755, 3756)
1999 Ed. (3304, 3305, 4041, 4042)
1998 Ed. (2436, 3041, 3042)
1997 Ed. (2710, 2715, 3295, 3296, 3649)
1996 Ed. (2569, 3190, 3191)
1995 Ed. (2508, 3089, 3090)
1994 Ed. (2442, 3233)
1993 Ed. (932, 2503, 2995, 2996, 3240)
1992 Ed. (2976, 3662)
1991 Ed. (2386, 2835)
1990 Ed. (2980, 3000, 3001)
Information retrieval services
2002 Ed. (2948)
Information Rules: A Strategic Guide to the Network Economy
2006 Ed. (587)
Information services
1999 Ed. (2100, 4286)
1995 Ed. (2203)
1992 Ed. (3249)
Information Services Network Ltd.
2006 Ed. (2259, 4484)
Information Storage Devices Inc.
1997 Ed. (2164, 3521)
1996 Ed. (1722)
Information Support Systems Inc.
2008 Ed. (1399)
Information systems
2002 Ed. (2598)
2000 Ed. (2887)
1997 Ed. (844)
1996 Ed. (3873)
Information systems & technology
1999 Ed. (2009)
Information Systems Support Inc.
2006 Ed. (1371, 1372, 1374)
2004 Ed. (4985)
2003 Ed. (1347, 1348)
Information technology
2001 Ed. (1964, 2175, 2176, 2177)
2000 Ed. (1787)
1995 Ed. (857)
1990 Ed. (535)
Information technology administration/operations
2005 Ed. (3666)
Information technology documentation
2005 Ed. (3666)
Information Technology Experts Inc.
2005 Ed. (3493)
Information technology services
2008 Ed. (1632)
Information technology telephone support
2005 Ed. (3666)
Information, Training
2000 Ed. (4322)
Information Transport Solutions Inc.
2008 Ed. (4951)
2007 Ed. (3529, 3530, 4398)
Information Week
2002 Ed. (914)
2000 Ed. (3470, 3486, 3487)
1997 Ed. (3044, 3047)
1994 Ed. (2796)
1992 Ed. (3372)
1990 Ed. (1133)
Information.com
2007 Ed. (3225)
InformationWeek
2008 Ed. (147, 149, 811, 1122, 4718)
2007 Ed. (162, 163, 164, 165, 845, 1218, 4799)
2006 Ed. (752, 757, 4783)
2005 Ed. (143, 144, 826)
2004 Ed. (145, 849, 852)
2003 Ed. (807, 810)
2001 Ed. (253, 256)
2000 Ed. (3488, 3489)
1999 Ed. (1850, 3759, 3760, 3761, 3762)
1998 Ed. (1275, 2792, 2795)
1996 Ed. (2970)
Informatix Inc.
2004 Ed. (2829)
2002 Ed. (2539)
Informix
2003 Ed. (2946)
2001 Ed. (1367, 1977)
2000 Ed. (1176, 1755, 1756, 1757, 1758)
1999 Ed. (1282, 4490, 4491, 4492)
1998 Ed. (844)
1997 Ed. (1086, 1107, 1279, 1282, 1452, 3294, 3640)
1996 Ed. (1073)
1993 Ed. (828)
1991 Ed. (1034, 1520, 2571, 3148)
1990 Ed. (1976)
Informix Software Inc.
2001 Ed. (1978)
1998 Ed. (855)
InfoRocket.com
2002 Ed. (2473)
Inforte Corp.
2002 Ed. (2501)
InfoSeal/New Jersey Business Forms
2008 Ed. (4029)
Infoseek
2000 Ed. (1340, 2747, 2749)
1999 Ed. (32, 3003)
1998 Ed. (3774, 3775, 3779, 3780)
1997 Ed. (3926)
InfoSonics Corp.
2006 Ed. (4260)
InfoSpace Inc.
2007 Ed. (2045)
2006 Ed. (2074, 2075, 2079, 2086)
2003 Ed. (2704, 2744, 3020)
2002 Ed. (2536)
2001 Ed. (2866)
Infospace.com
2000 Ed. (2640, 2641)
Infosys Consulting Inc.
2006 Ed. (3760)
Infosys International
2000 Ed. (1179)
Infosys Technologies Ltd.
2008 Ed. (1138, 1142, 1746, 1747, 1802, 3834)
2007 Ed. (1237, 1584, 1714, 1715, 1716, 1717, 1718, 1723, 1724, 1725, 1773, 4581)
2006 Ed. (1753, 3041, 3351, 4507, 4595, 4676)
2003 Ed. (2947)
2002 Ed. (4424, 4509)
2001 Ed. (1735, 2190)
2000 Ed. (1177)
1997 Ed. (1106)
Infosystems
1990 Ed. (1133)
InfoSystems Computer Center
1995 Ed. (1115)
1994 Ed. (1098)
Infosystems Technology, Inc.
2002 Ed. (2529)
Infotec Development Inc.
1998 Ed. (1927, 1941)
1997 Ed. (2213, 2221, 3495)
1996 Ed. (2106, 2113, 3400)
1995 Ed. (2098, 2105, 3287)
1994 Ed. (2047, 2054)
1993 Ed. (2034, 2041)
1992 Ed. (2404)
1991 Ed. (1902, 1908, 1909)
1990 Ed. (2003, 2010, 2011, 2012, 2014)
Infotron
1993 Ed. (2612)
InfoVision Software
2006 Ed. (3279)
InfoVision Technology
2005 Ed. (3287)
Infowave Software Inc.
2006 Ed. (2821)
2003 Ed. (1116)
InfoWest
2006 Ed. (3186)
InfoWorld
2008 Ed. (146, 147, 148, 149, 1122)
2007 Ed. (162, 163, 164, 165, 845, 1218)
2006 Ed. (752, 4783)
2005 Ed. (141, 143, 144)
2004 Ed. (145)
2001 Ed. (253, 256)
2000 Ed. (3470, 3487, 3489)
1999 Ed. (1850, 3759, 3760, 3761, 3762)
1998 Ed. (1275, 2792, 2795)
1996 Ed. (2968, 2969, 2970)
1995 Ed. (2892)
InfoWorld.com
2008 Ed. (812)
Infragistics Inc.
2008 Ed. (1146)
2007 Ed. (1248)
2006 Ed. (1134)
2005 Ed. (1145)
InfraLAN/BICC
1996 Ed. (2535)
InfraSource Inc.
2005 Ed. (1311, 1321, 1323)
2004 Ed. (1315, 1318)
InfraSource Services Inc.
2008 Ed. (1265, 1267)
2007 Ed. (1369, 1371)
2006 Ed. (1293, 1296)
InfraSource Underground Services Inc.
2008 Ed. (4064)
Infratest
1990 Ed. (3000, 3001)
Infratest/Burke
1999 Ed. (3305)
Infratest Burke AG
2000 Ed. (3041)
Infratest Burke Group
2000 Ed. (3044, 3046, 3049)
Infused oils
1998 Ed. (1859)
Infusion 23
2002 Ed. (2433)
Infusium 23
2008 Ed. (2869)
2003 Ed. (2648, 2650)
2002 Ed. (2435)
2001 Ed. (2632, 2633)
1999 Ed. (2628)
ING
2008 Ed. (662, 3226)
2007 Ed. (695, 754, 3678)
2006 Ed. (3658, 3671, 3949)
2005 Ed. (4324, 4329, 4584, 4585)
2004 Ed. (3080)
2000 Ed. (524)
1999 Ed. (2438, 2918)
1997 Ed. (243, 458, 2420)
1995 Ed. (2281)
ING Advisors Network
2007 Ed. (4274, 4276)
ING-Aetna
2002 Ed. (3017)
ING America Insurance Holdings Inc.
2003 Ed. (1683)
ING Americas
2006 Ed. (3953, 3954)
ING Australia
2004 Ed. (3081)
ING Bank
2008 Ed. (481)
2007 Ed. (440, 526)
2006 Ed. (438, 504)
2005 Ed. (496, 508, 558, 560, 577, 585)
2004 Ed. (493, 502, 596)
2003 Ed. (591)
2000 Ed. (558, 690, 691, 693)
1999 Ed. (606)
ING Bank, FSB
2007 Ed. (3629, 4250, 4254)
2006 Ed. (3569, 4236, 4237, 4240)
2005 Ed. (3502, 4211, 4212, 4214, 4215)
2004 Ed. (3502, 4279, 4281)
ING Bank Group
2000 Ed. (629)
ING Bank of Canada
2008 Ed. (392)
2007 Ed. (413)
2005 Ed. (3491)
ING Bank Slaski
2008 Ed. (493)
2007 Ed. (542)
2006 Ed. (514)
2005 Ed. (598)
2004 Ed. (490, 608)
ING Baring
1999 Ed. (917, 3709)
ING Baring Furman Selz
2000 Ed. (879, 880, 881)
ING Baring Furman Selz LLC
2000 Ed. (829)
ING Barings
2003 Ed. (4367)
2002 Ed. (829, 831, 839, 1355, 2166, 4214, 4231, 4252)
2001 Ed. (607, 2426)
2000 Ed. (775, 777, 867, 870, 871, 872, 878, 884, 886, 889, 892, 2058, 2107, 3416, 3419, 3420, 3421)
1999 Ed. (866, 877, 879, 880, 881, 884, 886, 887, 888, 889, 890, 891, 899, 900, 901, 902, 903, 905, 907, 908, 909, 915, 916, 918, 919, 921, 922, 923, 924, 925, 926, 927, 928, 929, 930, 936, 937, 938, 939, 940, 941, 942, 943, 944, 945, 2278, 2322, 2396, 3034, 4194, 4198, 4209)
1998 Ed. (995, 1498)
1997 Ed. (1784, 1957)
ING Barings Asset Management
1999 Ed. (3588)
ING Belgium
2008 Ed. (385)
2007 Ed. (403)
2006 Ed. (419)
2005 Ed. (465)
ING Burns Harbor Inc.
2005 Ed. (1794)
Ing. C. Olivetti & C. SpA
1995 Ed. (2494)
1991 Ed. (2371)
Ing. C. Olivetti & Co. SpA
2005 Ed. (1475, 1483, 1562, 1830)
2003 Ed. (1434)
2001 Ed. (1692)
2000 Ed. (1417)
1999 Ed. (1612)
1994 Ed. (20, 252, 1406, 2200, 2201, 2207, 2514, 3660)
1993 Ed. (1355, 3695)
1992 Ed. (4432)
1989 Ed. (1130)
ING Canada
2008 Ed. (3327)
2007 Ed. (3179)
1999 Ed. (2980)
1997 Ed. (2468)
1996 Ed. (2343)
ING Capital Markets
1999 Ed. (3649)
ING Clarion
2005 Ed. (2995, 3637, 4023, 4024)
ING Clarion Partners
2008 Ed. (4123, 4125)
2007 Ed. (4104)
2006 Ed. (4053, 4054)
ING Corporate Leaders
2007 Ed. (3670)
ING Corporate Leaders Trust
2004 Ed. (3585)
ING Direct
2008 Ed. (101, 2120)
2001 Ed. (631)
ING Financial Markets
2003 Ed. (3096)

ING 5
2003 Ed. (3620)
ING Global Communications
2004 Ed. (3635)
2003 Ed. (3602)
ING Global Technology
2004 Ed. (3635)
ING/Golden
2001 Ed. (4667)
ING Groep
2000 Ed. (1521)
ING Groep NV
2008 Ed. (409, 1717, 1721, 1736, 1737, 1844, 1848, 1964, 1965, 1966, 2698, 3310, 3311)
2007 Ed. (439, 447, 1687, 1691, 1707, 1708, 1806, 1899, 1900, 1903, 1904, 2558, 2577, 2642, 3159, 3161, 3162, 3284, 4331, 4668, 4669)
2006 Ed. (437, 1695, 1713, 1799, 1802, 1918, 1919, 1920, 1921, 3095, 3124, 3125, 3126, 3127, 3215, 3216, 3217, 3218, 3219, 3220, 3221, 3222)
2005 Ed. (534, 1546, 1550, 1767, 3090, 3091, 3120, 3121, 3228)
2004 Ed. (67, 1702, 1708, 1758, 3084, 3097, 3116, 3117, 3206, 3212, 4326)
2003 Ed. (1668, 1705, 1721, 1777, 2990, 2993, 3001, 3099, 3104, 3106, 3148, 4581)
2002 Ed. (578, 625, 1483, 1492, 1735, 1736, 2819, 2939, 2941, 2942, 4216, 4490, 4491)
2001 Ed. (61, 1642, 1740, 1806, 1807, 2881, 3017, 3021)
ING Group
2008 Ed. (2703)
2005 Ed. (3106, 3107, 3108, 3110, 3112, 3114, 3119)
2004 Ed. (3103, 3104, 3105, 3107, 3109, 3110, 3111, 3114)
2003 Ed. (2992, 2996, 2997, 2998, 3013)
2000 Ed. (1523)
1999 Ed. (266, 267, 278, 1710, 1712, 2962)
1998 Ed. (2136)
1997 Ed. (244, 1485, 2010)
1996 Ed. (1920)
1995 Ed. (1876)
1994 Ed. (1848)
ING Group Cert
2000 Ed. (295)
ING Insurance Americas
2007 Ed. (2563)
ING Insurance Co. of Canada
2008 Ed. (3235)
2007 Ed. (3094)
2006 Ed. (3066)
ING International Growth
2004 Ed. (3650)
ING International Small Cap Growth
2004 Ed. (2477, 3640)
ING International Value
2006 Ed. (3677)
2004 Ed. (3640)
ING Investment
2000 Ed. (3452, 3453)
ING Investment Management
2005 Ed. (3224)
2003 Ed. (3108)
2000 Ed. (3900)
ING Investments
2005 Ed. (3562)
2004 Ed. (3539)
ING Life CAN-DAQ 100
2001 Ed. (3474)
ING Life Insurance Co. of America
2008 Ed. (3273, 3274, 3301)
2007 Ed. (3123, 3151)
ING Luxembourg
2008 Ed. (472)
2007 Ed. (515)
2006 Ed. (495)
2005 Ed. (573)
ING North America Insurance Corp.
2008 Ed. (3024)
ING Pilgrim
2003 Ed. (3555)
ING Reinsurance
2002 Ed. (3952)
ING Russia
2008 Ed. (3770, 3771, 3772, 4511)
2007 Ed. (3663)
2005 Ed. (3559, 3561)
2004 Ed. (3647, 3649)
ING Russia Fund
2007 Ed. (4541)
ING Securities
2006 Ed. (1720)
ING Security Life
2005 Ed. (1775)
2004 Ed. (1717)
2003 Ed. (1680)
2002 Ed. (1654)
ING Small Cap Value
2006 Ed. (3654)
ING US
2004 Ed. (2044)
ING U.S. Financial
2004 Ed. (2042)
ING US Financial Services
2003 Ed. (1988, 3075, 3076)
ING USA Life Group
2008 Ed. (3288, 3289, 3290, 3292, 3294, 3295, 3306, 3307)
2007 Ed. (3135, 3136, 3139, 3142, 3144, 3145, 3156, 3157)
ING Vida
2008 Ed. (3255)
2007 Ed. (3110)
Ingalls
2000 Ed. (148)
Ingalls Advertising
1999 Ed. (130)
Ingalls Employees Credit Union
2004 Ed. (1968)
2003 Ed. (1928)
2002 Ed. (1874)
Ingalls Memorial Hospital
1995 Ed. (2141)
1994 Ed. (2088)
Ingalls, Quinn & Johnson
1998 Ed. (61)
1997 Ed. (123)
1996 Ed. (119)
1995 Ed. (103)
1994 Ed. (104)
1992 Ed. (184)
1991 Ed. (67, 130)
1990 Ed. (131)
1989 Ed. (140)
Ingalls Shipbuilding Inc.
2003 Ed. (1765, 1766)
2001 Ed. (1796, 1797)
Ingbert Faust
1999 Ed. (2304)
INGBSK
2006 Ed. (4889)
Ingelnook
1990 Ed. (3693)
Ingelnook Vineyards
1995 Ed. (3738)
Ingenio
2006 Ed. (3176)
Ingenio San Carlos
2006 Ed. (4498)
Ingenium Group
2008 Ed. (2540)
Ingenix Inc.
2008 Ed. (2885)
2007 Ed. (2778)
Ingenix Management Services
2001 Ed. (2768)
Ingersoll-Dresser Pumps
2005 Ed. (1538)
Ingersoll Engineers Inc.
1992 Ed. (994)
Ingersoll Milling
1993 Ed. (2480)
Ingersoll-Rand Co.
2008 Ed. (189, 1580, 3146, 3150, 3550, 4302)
2007 Ed. (202, 1602, 2211, 3028, 3030, 3036, 4297)
2006 Ed. (1567, 2998, 2999, 3342, 3343)
2005 Ed. (1506, 1517, 1538, 2999, 3003, 3349, 3354, 4503)
2004 Ed. (1490, 1501, 3000, 3002, 3324, 3325, 3326, 3329, 4556)
2003 Ed. (1460, 1471, 2894, 2896, 3289)
2002 Ed. (1440, 1451, 1740, 2726, 2727, 2729)
2001 Ed. (2843, 3188, 3189, 3218)
2000 Ed. (1524, 2623, 3032, 3034)
1999 Ed. (2849, 2850, 2852, 3295, 3297)
1998 Ed. (1180, 2087, 2088, 2089, 2092, 2434)
1997 Ed. (2366, 2367, 2369, 3725)
1996 Ed. (2241, 2242, 2244)
1995 Ed. (2234, 2236, 2237, 2238, 2493)
1994 Ed. (2180, 2182, 2183, 2184, 2185, 2420, 2421)
1993 Ed. (2163, 2164, 2165, 2486)
1992 Ed. (2592, 2593, 2594, 2953)
1991 Ed. (2018, 2019, 2020, 2370)
1990 Ed. (2171, 2172, 2173, 2502)
1989 Ed. (1651, 1652, 1653, 1916)
Ingersoll-Rand Canada
1992 Ed. (1879)
Inghams Enterprises
2004 Ed. (2652, 3965)
2003 Ed. (3952, 3955)
2002 Ed. (3771, 3775)
Inglefeld, Ogilvy & Mather
2003 Ed. (158)
2002 Ed. (198)
2001 Ed. (225)
2000 Ed. (181)
Inglenook
2005 Ed. (4931, 4932)
2004 Ed. (4951, 4952)
2003 Ed. (4947, 4950)
2002 Ed. (4923, 4926, 4938)
2001 Ed. (4843, 4846, 4874)
2000 Ed. (4409, 4412)
1999 Ed. (4785)
1994 Ed. (3663)
1993 Ed. (3704)
1992 Ed. (4447, 4458, 4460, 4465)
1989 Ed. (2942)
Inglenook Vineyards
1998 Ed. (3730)
1996 Ed. (3836)
Inglenook Wines
1991 Ed. (3496, 3499)
Ingles Markets Inc.
2008 Ed. (2838)
2005 Ed. (4560)
2004 Ed. (4632, 4633)
2003 Ed. (4645, 4659)
2001 Ed. (4416, 4419, 4696)
1992 Ed. (490)
1991 Ed. (2621)
1990 Ed. (2719, 3058)
Ingles Sin Barreras
2008 Ed. (2971)
2006 Ed. (2854)
Inglett & Stubbs
2008 Ed. (1293, 1339)
Inglett & Stubbs LLC
2007 Ed. (4397, 4407)
2006 Ed. (1307)
Inglewood, CA
1994 Ed. (2244)
Inglis
1992 Ed. (2434)
1990 Ed. (2039)
Ingosstrakh
2003 Ed. (2978)
1999 Ed. (2924)
1995 Ed. (2283)
Ingraham; Laura
2007 Ed. (4061)
Ingram
1993 Ed. (674)
Ingram Barge
2001 Ed. (4235)
The Ingram Company
1990 Ed. (3088)
Ingram Industries Inc.
2007 Ed. (2715)
2006 Ed. (2725)
2005 Ed. (2769)
2002 Ed. (4984)
2000 Ed. (4429)
1999 Ed. (4808, 4809)
1998 Ed. (749)
1997 Ed. (1009)
Ingram, Jr.; Edward W.
1995 Ed. (936)
Ingram; Martha
2008 Ed. (4836)
2007 Ed. (4907)
2006 Ed. (4913)
2005 Ed. (4854)
1997 Ed. (3916)
Ingram Micro Inc.
2008 Ed. (1510, 1598, 1610, 4923, 4924, 4925)
2007 Ed. (1264, 1610, 1612, 3081, 4948, 4949, 4950, 4951)
2006 Ed. (1149, 1586, 1590, 3050, 4942, 4943, 4944)
2005 Ed. (1110, 1639, 1681, 1687, 4613, 4811, 4909, 4910, 4911)
2004 Ed. (1106, 1614, 1659, 1660, 2244, 2262, 3153, 4926, 4927, 4928, 4937)
2003 Ed. (1588, 1627, 1628, 2206, 2246, 2251, 2252, 4925, 4927, 4928, 4932)
2002 Ed. (1567, 1602, 2080, 2109, 4893, 4898, 4903)
2001 Ed. (1646, 2170, 2172, 2196, 2198, 4807, 4817)
2000 Ed. (961, 1396, 1741, 1743, 1763, 4384, 4385, 4389)
1999 Ed. (1591, 1964, 1966, 1982, 4757, 4759, 4762)
1998 Ed. (1128, 3709)
The Ingram White Castle Foundation
1995 Ed. (936)
Ingrassia; William
1997 Ed. (1927)
Ingulli; Alfred F.
2006 Ed. (2519)
Ingvar Kamprad
2008 Ed. (4864, 4865, 4873, 4881, 4882)
2007 Ed. (4911, 4912, 4915, 4916)
2006 Ed. (4924, 4927)
2005 Ed. (4877, 4878)
2004 Ed. (4877)
2003 Ed. (4892)
INI
1997 Ed. (1509, 2371)
1996 Ed. (2289)
1990 Ed. (1944)
Iniki; Hurricane
2005 Ed. (2979)
Initial DSI Transports
2003 Ed. (4790)
2002 Ed. (4547)
2001 Ed. (4441, 4645)
Initial Plant Services
2000 Ed. (2916)
Initial public offerings
2001 Ed. (707)
Initial Staffing Services
2002 Ed. (4597)
Initial Tropical Plants
2008 Ed. (3432)
Initiative
2008 Ed. (130)
Initiative at Finance
1992 Ed. (2964)
Initiative Media
2006 Ed. (3432)
2002 Ed. (3279)
Initiative Media London
2001 Ed. (235)
Initiative Media Worldwide
2008 Ed. (126, 127, 128)
2007 Ed. (119, 120, 121)
2006 Ed. (125, 126, 127)
2005 Ed. (122, 123, 124)
2004 Ed. (119, 121, 122)
2003 Ed. (108, 110, 111, 112, 115, 116, 117, 118, 119, 120)
2002 Ed. (142, 144, 145, 148, 174, 193, 194, 195, 196)
2001 Ed. (165, 166, 171, 172, 173, 174, 175, 176, 178)
Injection molding
2000 Ed. (3570)
Injectronics Inc.
2007 Ed. (2514)
2003 Ed. (2750)
Injuries
1995 Ed. (3799)

Injury Helpline
1989 Ed. (1889)
INK Inc.
2004 Ed. (4019)
2001 Ed. (2878)
1999 Ed. (3899)
1994 Ed. (2934)
Ink jet cartridges
2003 Ed. (2769)
Ink-jet ribbons
1992 Ed. (3287)
The Ink Well of America Inc.
2004 Ed. (3940)
2003 Ed. (3932)
Inka Corn
2008 Ed. (3804)
2007 Ed. (3712)
2006 Ed. (3729)
Inkfish Call Centres
2002 Ed. (4572)
Inkjet printing
2001 Ed. (3905)
Inkom Bank
1999 Ed. (628, 629)
1997 Ed. (603, 604)
1996 Ed. (665, 666, 667)
Inkombank
2000 Ed. (653)
Inkombank-Ukraina
2000 Ed. (686)
Inkra Networks
2003 Ed. (1093)
Inks
2007 Ed. (2755)
2006 Ed. (2749)
2000 Ed. (4255)
Inktomi Corp.
2003 Ed. (2731)
2001 Ed. (2860)
2000 Ed. (2640, 2641, 2643)
Inland
1993 Ed. (1417)
Inland Associates Inc.
2008 Ed. (3710, 4395, 4962)
2007 Ed. (3556, 3557, 4421)
Inland Construction Co.
1991 Ed. (3123)
Inland Container Corp.
2003 Ed. (3729)
Inland Eastex
2001 Ed. (3641)
Inland Empire Center for Entrepreneurship
2008 Ed. (771)
Inland Fiber Group LLC
2006 Ed. (2657)
Inland Homes
2005 Ed. (1201)
2004 Ed. (1173)
2003 Ed. (1165)
2002 Ed. (2680)
Inland marine
2005 Ed. (3130)
2002 Ed. (2833, 2954, 2964)
Inland marine insurance
1995 Ed. (2323)
Inland Mortgage Corp.
1993 Ed. (1993, 2592)
Inland Natural Gas
1990 Ed. (1888, 2925)
Inland Paperboard
2000 Ed. (1584)
1999 Ed. (1752)
1998 Ed. (2748)
Inland Paperboard & Packaging Inc.
2007 Ed. (3770)
2003 Ed. (3730)
Inland Property Management Group Inc.
2001 Ed. (4010)
1998 Ed. (3017)
1997 Ed. (3272)
Inland Real Estate Corp.
2000 Ed. (4020)
The Inland Real Estate Group
2007 Ed. (4378)
2006 Ed. (4312)
The Inland Real Estate Group of Cos.
2008 Ed. (4127, 4334)
2007 Ed. (4106)
2006 Ed. (4055)
Inland Region
2001 Ed. (3176, 3177)
Inland region softwood
2007 Ed. (3392)
2006 Ed. (3334)
2005 Ed. (3343)
Inland Steel Co.
2000 Ed. (2619)
1989 Ed. (1948)
Inland Steel Industries Inc.
2000 Ed. (1314, 3091, 3100, 3101)
1999 Ed. (3344, 3356, 3357, 3363, 3414)
1998 Ed. (2466, 2470, 3402, 3404, 3406)
1997 Ed. (2749, 2756, 3627, 3629)
1996 Ed. (2605, 2614, 3585)
1995 Ed. (2543, 2551, 3508, 3509)
1994 Ed. (2436, 2475, 2485, 3430, 3431, 3432)
1993 Ed. (934, 2497, 2534, 2538, 3448, 3450, 3452)
1992 Ed. (1561, 2970, 3026, 3031, 4133, 4134, 4135)
1991 Ed. (242, 2418, 2422, 3216, 3217)
1990 Ed. (1325, 2539, 2544, 3434, 3436)
1989 Ed. (1944, 2635, 2636)
Inland Valley
1994 Ed. (1923)
Inland Valley Group
1989 Ed. (2046)
Inland water
2001 Ed. (4234)
Inland Waters Pollution Control
2002 Ed. (2151)
2001 Ed. (2304)
INLEX
1994 Ed. (2522, 2523)
1991 Ed. (2310, 2311)
Inline & wheel sports
2001 Ed. (4334)
Inline or ice skating
1996 Ed. (3036)
Inlow; Lawrence
1997 Ed. (2611)
Inmac
1991 Ed. (1014, 1015)
1990 Ed. (1626)
Inmagic Inc.
2006 Ed. (3024, 3280)
2005 Ed. (3286)
2004 Ed. (3257)
Inman; William J.
2006 Ed. (2532)
Inmarsat plc
2007 Ed. (4724)
Inmet Mining
2008 Ed. (3677)
2007 Ed. (3518)
2006 Ed. (1593)
1997 Ed. (2794)
InMotion Pictures
2006 Ed. (4144)
Inn America
1990 Ed. (2061)
Inn & Spa at Loretto
2007 Ed. (2942)
Inn at Loretto
2005 Ed. (2928)
The Inn at Sawmill Farm
1995 Ed. (2159)
The Inn at Weathersfield
1995 Ed. (2160)
1994 Ed. (2106)
Inn Development & Management
1993 Ed. (2080)
Inn on the Park (London) Ltd.
1995 Ed. (1015)
Inner & Eastern Health
2002 Ed. (1130)
Inner City Broadcasting Corp.
1992 Ed. (3092)
1991 Ed. (2474)
Inner City Drywall Corp.
1991 Ed. (1909, 2474)
1990 Ed. (2006)
Inner Mongolia Yitai Coal
2008 Ed. (1568)
Innkeepers Hospitality Management
2007 Ed. (2936)
Innkeepers USA Trust
2004 Ed. (2940)
1998 Ed. (1706)
Innocent Ltd.
2008 Ed. (2747)
The Innocent Man
2008 Ed. (554)
Innodata Isogen Inc.
2007 Ed. (3055)
Innolect Inc.
2007 Ed. (3599, 3600)
Innopac
1992 Ed. (3323)
Innopak
1992 Ed. (3473)
Innotrac
2001 Ed. (4278)
Innovar Group
2007 Ed. (3538)
Innovasia Advertising
2003 Ed. (32)
Innovation Advertising
2003 Ed. (63)
2002 Ed. (96)
2001 Ed. (125)
2000 Ed. (83)
Innovation & Entrepreneurship Institute
2008 Ed. (771, 774)
The Innovation Group plc
2003 Ed. (2712, 2736, 2740, 2741)
Innovation: The Five Disciplines for Creating What Customers Want
2008 Ed. (610, 621)
Innovative
1991 Ed. (2310, 2311)
Innovative Bank
2005 Ed. (4385)
Innovative Captive Strategies (Barbados) Ltd.
2008 Ed. (856)
Innovative Clinical Solutions Ltd.
2001 Ed. (1461)
Innovative Controls
1989 Ed. (1635)
Innovative Interfaces Inc.
2006 Ed. (3279)
2005 Ed. (3287)
2004 Ed. (3256)
1994 Ed. (2522, 2523)
Innovative Kids
2008 Ed. (4947)
Innovative Lighting
2005 Ed. (2333)
Innovative Logistics Inc.
2004 Ed. (170)
Innovative Logistics Group Inc.
2007 Ed. (196, 3567)
Innovative Marketing Solutions
1998 Ed. (3480)
Innovative Merchant Solutions
2003 Ed. (4441)
Innovative Pharmacy Services
1994 Ed. (2081)
1993 Ed. (2069)
Innovative Resource Group
2002 Ed. (2852)
Innovative Software Technologies Inc.
2007 Ed. (1257)
Innovative Solutions & Support Inc.
2008 Ed. (4424)
2004 Ed. (4547)
Innovative Solutions Consulting
2007 Ed. (2173)
Innovative Sport Systems
1992 Ed. (3744)
Innovative Staffing
2006 Ed. (4012)
Innovative Systems
2008 Ed. (986)
2005 Ed. (873)
Innovative Technical Solutions Inc.
2008 Ed. (271, 3696, 4362, 4371)
Innovative Technology Application Inc.
2005 Ed. (1994)
Innovatix
2008 Ed. (2893)
2006 Ed. (2773)
2003 Ed. (2110)
The Innovator's Dilemma
2005 Ed. (715)
The Innovator's Solution
2005 Ed. (722)
Innovest
1991 Ed. (2275)
Innovest Bhd.
1994 Ed. (1417)
Innovex
1998 Ed. (1883, 1885)
Innovisions Holdings
1993 Ed. (2057)
Innovo Group
1993 Ed. (2010, 3335)
Innsbruck-Hall
1992 Ed. (609)
Innscor
2006 Ed. (4999)
2002 Ed. (4996, 4997)
InnSuites
1998 Ed. (2025)
InnVest REIT
2008 Ed. (3077, 4200)
INOC
1998 Ed. (1802)
1992 Ed. (3447)
InOne
2006 Ed. (2387)
Inoplast
2008 Ed. (300)
2006 Ed. (1727)
Inorek & Grey
2003 Ed. (71, 100, 102)
2002 Ed. (106, 134, 136)
2001 Ed. (134)
Inorek Marketing
1999 Ed. (86)
1997 Ed. (86)
1996 Ed. (85)
1995 Ed. (72)
Inorek Marketing (Grey)
2000 Ed. (92)
Inorganic chemicals
1989 Ed. (1931)
Inotera Memories Inc.
2008 Ed. (1116, 2471)
Inoue Saito Eiwa Audit
1993 Ed. (9)
Inoue Saito Eiwa Audit Uno Tax Accountants
1993 Ed. (10)
Inova/Autoimmune Disease Diagnostic
2000 Ed. (3075)
Inova Diagnostics Inc.
2002 Ed. (3298)
2001 Ed. (3267)
2000 Ed. (3076)
1999 Ed. (3337)
1997 Ed. (2743)
1996 Ed. (2593)
1995 Ed. (2532)
Inova Health System
2008 Ed. (4059)
2007 Ed. (4031)
2006 Ed. (289, 2105, 2785, 3996)
2005 Ed. (3155, 3922)
2003 Ed. (292)
Inpatient hospital services
2001 Ed. (3271)
Inpex
2007 Ed. (3878)
InPhase Technologies
2007 Ed. (1205)
InPhonic Inc.
2006 Ed. (3972, 4680, 4705)
InPhonic.com
2002 Ed. (4878)
InPhyNet Medical Management
1999 Ed. (2721)
1998 Ed. (1982)
1997 Ed. (2251)
Inpro Inc.
2007 Ed. (3562, 4424)
2006 Ed. (3517, 4356)
Input/Output Inc.
1997 Ed. (3639)
INS Inc.
1994 Ed. (3672)
1992 Ed. (2635)
1989 Ed. (1103)
Insala LLC
2008 Ed. (1140)
Insas Bhd
2002 Ed. (3052)
INSEAD
2008 Ed. (801)

2007 Ed. (811, 813, 822, 827, 828)
2006 Ed. (726, 736)
2005 Ed. (802, 804, 805, 806, 807, 808, 809)
2004 Ed. (839, 840)
2003 Ed. (793)
2002 Ed. (908, 910)
1999 Ed. (985)
1997 Ed. (865)
1993 Ed. (806)
Insect first aid products
2004 Ed. (2617)
Insect repellants
2003 Ed. (2954)
2002 Ed. (2816)
Insecticides
1996 Ed. (2990)
Insecticides, house & garden
2002 Ed. (2816)
Inserra Supermarkets
1992 Ed. (1203)
1990 Ed. (1040)
Insert cards
2000 Ed. (3504)
Inserts
2002 Ed. (1983)
Inserts, free-standing
2004 Ed. (1912)
"Inside Edition"
1995 Ed. (3579)
Inside Man
2008 Ed. (2386)
Inside the House of Money: Top Hedge Fund Traders on Profiting in the Global Markets
2008 Ed. (620)
Inside the SAT & ACT
1998 Ed. (849)
Insight
1992 Ed. (3372)
Insight Advertising
2003 Ed. (77)
2002 Ed. (112)
2001 Ed. (139)
1999 Ed. (92)
Insight Advertising (Grey)
2000 Ed. (98)
Insight Associates
2008 Ed. (3720, 4971)
Insight Capital Management
1993 Ed. (2333, 2336)
Insight Communications Co.
2008 Ed. (828)
2006 Ed. (769, 2264, 3554)
2005 Ed. (839, 840, 842)
2004 Ed. (864, 865)
2003 Ed. (129, 825)
2002 Ed. (161, 923)
1999 Ed. (135)
1995 Ed. (107)
1993 Ed. (821)
1992 Ed. (189, 1030)
1991 Ed. (134)
Insight Direct USA Inc.
2008 Ed. (1557)
2007 Ed. (1574)
Insight Distribution Network
1994 Ed. (985, 3330)
Insight Electronics Inc.
1998 Ed. (1409, 1413, 1414)
1997 Ed. (1710, 1712)
1996 Ed. (1631, 1632, 1635)
Insight Enterprises Inc.
2008 Ed. (4803)
2007 Ed. (1575, 2315)
2006 Ed. (1545, 2373, 2375, 2376, 4943, 4944)
2005 Ed. (1110, 1650, 2324, 2325, 2327, 4910, 4911)
2004 Ed. (2225, 2226, 4928)
2002 Ed. (4036)
2001 Ed. (2169)
1993 Ed. (1036)
Insight Investment
1999 Ed. (3087, 3090)
1996 Ed. (2393, 2401)
Insight Investment Management
1998 Ed. (2290)
Insight Medical Research
2002 Ed. (3261)
Insightcam/Intraoral
1996 Ed. (1524)
Insightful Corp.
2006 Ed. (2081)
Insignia
1998 Ed. (3017, 3019)
1994 Ed. (2779)
1992 Ed. (3366)
Insignia Commercial Group
2000 Ed. (3720, 3732)
1999 Ed. (4015)
1998 Ed. (3023)
1996 Ed. (3430, 3431)
Insignia/Edward S. Gordon Co.
2000 Ed. (3712)
Insignia/Edward S. Gordon Co of LI
2000 Ed. (3710)
Insignia/ESG Inc.
2005 Ed. (4000, 4021)
2004 Ed. (4067, 4088)
2003 Ed. (4049, 4062)
2002 Ed. (3933, 3934)
2001 Ed. (4010, 4013)
2000 Ed. (3728, 3729)
1999 Ed. (3663, 3993, 4011)
Insignia/ESG Jackson-Cross
2000 Ed. (3730)
Insignia Financial Group Inc.
2004 Ed. (4073, 4075)
1998 Ed. (177, 178, 3021)
1993 Ed. (239)
Insignia Management Group
1995 Ed. (3075)
1994 Ed. (3022, 3023)
1993 Ed. (2980)
Insignia Residential Group Inc.
2001 Ed. (3998)
1999 Ed. (4009, 4012)
Insignia Residential Group LP
2003 Ed. (4051)
Insignia Systems
2005 Ed. (4521)
2004 Ed. (2852)
Insilco
1995 Ed. (1286, 1287, 1288, 3167, 3168)
1994 Ed. (3117)
1990 Ed. (1174)
1989 Ed. (877)
InSilicon Corp.
2001 Ed. (4216)
InSite Vision Inc.
2004 Ed. (3744)
The Insitu Group
2008 Ed. (2288)
Insituform Mid-America Inc.
1997 Ed. (1257)
Insituform Technologies Inc.
2008 Ed. (1950)
2007 Ed. (2476, 2477, 4889)
2006 Ed. (1911)
2005 Ed. (1889)
2001 Ed. (1483)
2000 Ed. (1270)
1999 Ed. (1376, 1378)
1997 Ed. (1257)
Inso
1996 Ed. (2059, 3443, 3449)
Insoles
2003 Ed. (2106)
Insomnia
2000 Ed. (2446)
Insomniac Games Inc.
2008 Ed. (4346)
2007 Ed. (4393)
InSource
2006 Ed. (2409)
Inspecs Group plc
2008 Ed. (994, 2126, 4332, 4672)
Inspect-It 1st Property Inspection
2003 Ed. (2120)
Inspect-It 1st Property Inspection
2006 Ed. (2319)
2005 Ed. (2261)
2004 Ed. (2163)
2002 Ed. (2056)
Inspectorate International
1991 Ed. (2064)
1990 Ed. (2199, 2210)
Inspiration Resource
1992 Ed. (1110)
Inspiration Resources
1993 Ed. (902, 1351)
1991 Ed. (901)
1990 Ed. (2543, 2585)
1989 Ed. (883, 1991, 1992)
Inspirations
1995 Ed. (1946)
Inst-Elscint
1994 Ed. (2467)
Inst-Geneva Gen
1991 Ed. (1473)
Inst-Kodak & Vorte
1994 Ed. (2467)
Inst-Libco
1992 Ed. (3303)
Inst-Mylan
1992 Ed. (1868)
1991 Ed. (1473)
1990 Ed. (1566)
Installation
2007 Ed. (3736)
2005 Ed. (3633, 3634)
Installation maintenance technician
2004 Ed. (2287)
Installment loans
1990 Ed. (531)
InstallShield Software Corp.
2002 Ed. (1153, 2501)
Instant
2000 Ed. (3013)
Instant breakfast
2002 Ed. (2293)
Instant Cash
2001 Ed. (2188)
2000 Ed. (1732)
1999 Ed. (1954)
1998 Ed. (1396)
1997 Ed. (1704)
1996 Ed. (1624, 2554)
Instant coffee
1992 Ed. (2355)
1990 Ed. (1960, 1962)
Instant Copy of Indiana
1997 Ed. (3164)
1996 Ed. (3086)
Instant Imprints
2008 Ed. (4671)
2007 Ed. (4748)
2006 Ed. (4732)
Instant meals
2002 Ed. (4329)
Instant meals/soup
2005 Ed. (2756)
Instant messengers
2008 Ed. (3352)
2007 Ed. (3218)
Instant Potatoes
2000 Ed. (4143)
Instant Tax Service
2008 Ed. (881, 4592)
Instant Web Cos.
1999 Ed. (3895)
Instantiations
2008 Ed. (1153)
Instar Services Group
2006 Ed. (669, 670, 671)
Instead
2002 Ed. (2254)
Instem LSS Ltd.
2003 Ed. (2738)
Insti Clin Phar
1992 Ed. (3311)
Instill
2003 Ed. (2169)
Instinet
2005 Ed. (3582, 3594)
2004 Ed. (1449)
2000 Ed. (879, 881)
1989 Ed. (981)
Instinet Group Inc.
2006 Ed. (2595, 2597, 3686)
2005 Ed. (2593, 2596)
Institut Beneficencia del Tachira
2004 Ed. (99)
Institut Laue Langevin
1999 Ed. (3633)
Institut Merieus SA
1992 Ed. (1597)
Institut National du Credit Agricole
1993 Ed. (434)
Institute for Advanced Study
1995 Ed. (937, 1069)
Institute for Entrepreneurial Studies
2008 Ed. (774)
Institute for International Economics
1995 Ed. (1933)
1994 Ed. (1904)
Institute for Literacy Studies
1994 Ed. (1904)
Institute for Rehabilitation & Research; TIRR, The
2008 Ed. (3050)
2007 Ed. (2927)
2006 Ed. (2908)
2005 Ed. (2901)
Institute of International Education
2000 Ed. (3352)
1998 Ed. (2687)
1997 Ed. (2951)
Institute of Management Resources
2001 Ed. (1449)
Institute of Practitioners in Advertising
2008 Ed. (101)
Institutional Capital
2004 Ed. (3194)
2000 Ed. (2780, 2809)
1999 Ed. (3069, 3070, 3071)
1998 Ed. (2270)
1997 Ed. (2525)
1996 Ed. (2395, 2407)
Institutional/corporate
1991 Ed. (3310)
Institutional funds
2002 Ed. (3978)
Institutional Index
1994 Ed. (212, 2698)
1993 Ed. (224)
1992 Ed. (328)
1990 Ed. (252)
Institutional International Foreign Equity
1998 Ed. (2634)
Institutional Investor
2008 Ed. (4710)
2000 Ed. (3465)
Institutional Venture Partners
1999 Ed. (1967, 4704)
1998 Ed. (3665)
1996 Ed. (3781)
Institutions
2006 Ed. (4611)
Instituto Bancario San Paolo di Torino
2000 Ed. (571)
Instituto Costarricense de Acueductos y Alcantarillados
2004 Ed. (1692)
2002 Ed. (1630)
Instituto Costarricense de Electricidad
2004 Ed. (1692)
2002 Ed. (1630)
Instituto de Banca y Comercio
2006 Ed. (4298)
2005 Ed. (4357)
Instituto de Credito Oficial Espana
2008 Ed. (2083)
Instituto de Empresa
2007 Ed. (811)
Instituto Tecnologico y de Estudios Superiores de Monterrey
2007 Ed. (826)
2006 Ed. (740)
Instore Bakery
2000 Ed. (4165)
1991 Ed. (1864, 1866)
1990 Ed. (1961)
Instores bakery
1992 Ed. (2349)
Instr. Thermo System
1997 Ed. (228)
Instructional coordinators
2007 Ed. (3727)
Instrument Systems
1996 Ed. (1018)
1995 Ed. (1033, 1240, 2769)
1992 Ed. (4274)
1990 Ed. (2490)
Instrumentarium Oyj
2005 Ed. (1552, 4675)
Instrumentation
1998 Ed. (1371, 1556)
1997 Ed. (1612)
Instrumentation Laboratory
1993 Ed. (1514)
Instruments
2002 Ed. (3969, 3970)
1996 Ed. (2253)

1991 Ed. (2027, 2052, 3225)
1990 Ed. (2182, 2184, 2186)
1989 Ed. (1659, 1660)
Instruments & miscellaneous manufacturing
1997 Ed. (1717)
Instruments & photographic equipment
2002 Ed. (1482, 1488)
1993 Ed. (1200, 1204, 1214)
1991 Ed. (1179, 1180, 1191)
1990 Ed. (1233, 1257)
Instruments and related products
1992 Ed. (2091)
Instruments, measuring & control
2005 Ed. (3443)
Instruments, measuring/testing/control
2007 Ed. (2518, 2519)
Insty-Prints Printing Centers
2003 Ed. (3932)
2002 Ed. (3765)
InStyle
2008 Ed. (151, 153)
2007 Ed. (138, 139, 147, 149, 168)
2006 Ed. (146, 147, 155, 157)
2005 Ed. (145)
2004 Ed. (147)
2002 Ed. (3228)
2001 Ed. (258, 259, 4887)
2000 Ed. (3490, 3492)
1999 Ed. (3746, 3763, 3765)
1998 Ed. (2785, 2796, 2799)
1997 Ed. (3037, 3042, 3046)
Insulair
2007 Ed. (2598)
2006 Ed. (2621)
Insular Investment & Trust Corp.
1997 Ed. (3487)
1995 Ed. (3281)
Insular Life Assurance Co.
2001 Ed. (2888)
1999 Ed. (2892)
Insulated Cups,6.4-Oz.,50-Count
1990 Ed. (2130, 3041)
Insulation Specialities Inc.
2004 Ed. (1245)
Insulations Inc.
2006 Ed. (1326)
Insulectro
1998 Ed. (1405, 1407)
Insulectro/Quintec
1997 Ed. (1712)
1996 Ed. (1636)
Insurance
2008 Ed. (1408, 1417, 1432, 1498, 4216)
2007 Ed. (1322, 1516)
2006 Ed. (1425, 1426, 3258, 3294)
2005 Ed. (1471, 1561, 1572, 1602)
2004 Ed. (178, 1456, 1541, 1572)
2003 Ed. (1425, 1426, 1436, 2910, 2913)
2002 Ed. (217, 225, 226, 234, 917, 1220, 1414, 1490, 1491, 1999, 2212, 2265, 2266, 2783, 3887, 3888, 4585, 4619, 4884)
2001 Ed. (1077, 1757, 1825, 1964, 3055)
2000 Ed. (210, 1307, 1312, 1313, 1325, 1326, 1327, 2631, 2633)
1999 Ed. (1447, 1453, 1454, 1466, 1467, 1468, 2863)
1998 Ed. (1019, 1020, 1034, 1035, 1039, 2096)
1997 Ed. (1242, 1243, 1244, 1263, 1442, 1445, 1717, 2018, 2379)
1996 Ed. (1196, 1197, 1198, 1215, 1252, 1261, 2117, 2252, 3453, 3655)
1995 Ed. (1226, 1227, 1250, 1260, 2203, 2207, 2208, 2209, 2210, 2211, 2212, 2446, 2980)
1994 Ed. (1209, 1210, 1211, 1232, 1239, 2560, 2925)
1993 Ed. (1185, 1186, 1187, 1200, 1201, 1210, 1213, 1864, 2130, 2132, 2133, 2134, 2135, 2136, 2137)
1992 Ed. (91, 95, 1464, 1465, 1466, 1487, 1488, 1501, 1753, 2567, 2568, 2569, 2570, 2571, 2572)
1991 Ed. (1150, 1152, 1186, 1190, 1409, 1995, 1997, 1998, 1999, 2053, 2059)
1990 Ed. (1225, 1234, 1258, 1273, 2149, 2150, 2151, 2152, 2153, 2187)
1989 Ed. (1866)
Insurance, accident
1999 Ed. (4038)
Insurance, accidental death and dismemberment
1997 Ed. (1570)
Insurance Accounting and Systems Association
1999 Ed. (301)
Insurance agents
2003 Ed. (4445, 4446, 4447)
Insurance Agents, Books and Services
1990 Ed. (1657)
Insurance agents, brokers & services
1995 Ed. (3314)
1994 Ed. (3235)
1989 Ed. (2475)
Insurance agents, career
2002 Ed. (2836)
Insurance agents, independent general
2002 Ed. (2836)
Insurance & real estate
1997 Ed. (3233)
1995 Ed. (151)
1992 Ed. (238)
1990 Ed. (178)
1989 Ed. (192)
Insurance and real estate industry
1998 Ed. (89)
Insurance & Risk Management
2005 Ed. (359)
Insurance, annuities
1997 Ed. (1570)
Insurance Australia Group Ltd.
2005 Ed. (1660)
2004 Ed. (3081)
Insurance, automobile
1999 Ed. (4038)
Insurance Buyers' Council Inc.
2008 Ed. (4249)
2006 Ed. (4199)
Insurance Buyers' Service Agency Inc.
2005 Ed. (359)
Insurance carriers
1996 Ed. (2253)
1992 Ed. (2902)
Insurance carriers & agents
1997 Ed. (1579, 1613)
Insurance, commercial lines
2002 Ed. (2850)
Insurance Companies
2000 Ed. (772)
1994 Ed. (2773)
1993 Ed. (2926)
Insurance companies, health
1999 Ed. (2528)
Insurance companies, property & casualty
1999 Ed. (2528)
Insurance company
1991 Ed. (2261)
Insurance Company of North America
1992 Ed. (2696)
Insurance Consulting Associates
1994 Ed. (3115)
1993 Ed. (3052)
1992 Ed. (3743)
1991 Ed. (2899)
Insurance Corporation of British Columbia
2001 Ed. (1662)
Insurance, dental
2003 Ed. (2263)
Insurance, general liability
1999 Ed. (4038)
Insurance, healthcare
2008 Ed. (1824, 1825)
Insurance, home
2003 Ed. (2264)
Insurance, individual health/disability
2002 Ed. (2850)
Insurance, individual life
2002 Ed. (2850)
Insurance industry
1997 Ed. (3527)
1991 Ed. (2054)
Insurance Journal
2008 Ed. (4715)
Insurance, life
2003 Ed. (2263)
1999 Ed. (4038)
1997 Ed. (1570)
Insurance, life & health
2008 Ed. (1820, 1821, 1824, 1825)
2007 Ed. (3046)
2004 Ed. (1746, 1749, 3007)
2003 Ed. (1710)
2002 Ed. (2834)
2000 Ed. (1354, 1355, 1356)
1999 Ed. (1506, 1513, 1676, 1676, 1678, 1679, 1680, 2867, 2869, 2870, 2871)
1998 Ed. (1078, 1152, 1153, 1156, 2097, 2097, 2099, 2100)
1997 Ed. (1298, 1301, 1303)
Insurance, life and health (stock)
2005 Ed. (3005, 3008)
2003 Ed. (2904, 2908)
2002 Ed. (2776, 2777)
Insurance: Life, Health (mutual)
2002 Ed. (2792, 2793)
Insurance: Life, Health (stock)
2002 Ed. (2787, 2789, 2792, 2793, 2794, 2796, 2797)
Insurance Management Services Ltd.
1991 Ed. (854)
1990 Ed. (904)
Insurance Marketers Inc.
2002 Ed. (2557)
Insurance, mental health
2003 Ed. (2263)
Insurance, multi-line
2006 Ed. (3013)
Insurance, mutual
1997 Ed. (2382, 2383, 2384, 2385)
Insurance, mutual life and health
2000 Ed. (2631, 2634)
Insurance Corp. of British Columbia
2008 Ed. (2834, 3327)
2007 Ed. (2705, 3179)
2006 Ed. (1573, 2588, 2708, 2710)
2005 Ed. (1666, 1667, 2585, 2747, 2749)
2004 Ed. (2754)
1997 Ed. (2156, 2468)
1996 Ed. (2038, 2342, 2343)
1995 Ed. (2325)
1994 Ed. (1986, 2282)
1993 Ed. (2242)
1992 Ed. (2342, 2693, 2694)
Insurance Corp. of Ireland
1992 Ed. (1618)
Insurance, personal
1997 Ed. (1142)
Insurance, private
1995 Ed. (165)
Insurance processing clerks
2004 Ed. (2290)
Insurance, property
1999 Ed. (4038)
Insurance, property & casualty
2008 Ed. (1820, 1825, 3151, 3152, 3155)
2007 Ed. (3039, 3046)
2006 Ed. (3000, 3002, 3004, 3008)
2004 Ed. (1746, 1749)
2002 Ed. (2834, 2850)
2000 Ed. (1354, 1356, 2631, 2633, 2635)
1999 Ed. (1510, 1513, 1676, 1678, 1679, 1680, 2867, 2869, 2870, 2871)
1998 Ed. (1078, 1152, 1153, 1156, 2097, 2099, 2100, 2101)
1997 Ed. (1301, 1303)
Insurance, property and casualty (stock)
2005 Ed. (3004, 3005, 3006)
2003 Ed. (2908)
2002 Ed. (2770, 2789, 2793, 2794, 2796, 2797)
Insurance providers, disability
1999 Ed. (2528)
Insurance quotes
2002 Ed. (545)
Insurance/Real estate
1991 Ed. (174)
Insurance Services International Ltd.
1992 Ed. (1059)
1991 Ed. (854)
1990 Ed. (904)
Insurance Services Office
1990 Ed. (2718)
1989 Ed. (275)
Insurance, stock
1997 Ed. (2382, 2383, 2384, 2385)
Insurance, stock life and health
2000 Ed. (2634, 2635)
Insurance Strategies Consulting LLC
2008 Ed. (16)
Insurance, transport (MAT)
1999 Ed. (4038)
Insurance, travel accident
2003 Ed. (2260)
Insurance, vision
2003 Ed. (2263)
1994 Ed. (2806)
Insurance.com
2002 Ed. (4825)
InsuranCenter Corp. of Alpena
2005 Ed. (359)
Insure One Independent Insurance Agency Inc.
2002 Ed. (2862)
2001 Ed. (2910, 2911)
1999 Ed. (2908)
1998 Ed. (2123)
Insured Lloyds
1993 Ed. (2237)
1992 Ed. (2680)
InsureMe
2008 Ed. (1708)
Insurity Inc.
2006 Ed. (4202)
InsWeb
2002 Ed. (4849)
Insync Interactive Communications Inc.
2000 Ed. (4054)
Insync Media
2003 Ed. (3933)
INT Media Group Inc.
2003 Ed. (2710)
INT Media's Internet.com
2003 Ed. (811)
Int-Nederlanden Groep
1994 Ed. (217)
Int Thrgbrd
1996 Ed. (207)
Intal
1999 Ed. (1899, 1899)
Intalcable/ASST
1992 Ed. (4204)
Intec Telecom Systems plc
2008 Ed. (2126, 3208)
INTECH
2008 Ed. (2291)
1996 Ed. (2391, 2395)
1992 Ed. (2758, 2762)
Intech Construction Inc.
1999 Ed. (1410)
1998 Ed. (974)
INTECH, Large Cap Growth
2003 Ed. (3126)
Intech Online Ltd.
2006 Ed. (2259, 4484)
Inteco Japan
1995 Ed. (1245)
Intecom
1995 Ed. (2990)
1994 Ed. (2936)
1992 Ed. (3544)
INTECON
2006 Ed. (1290)
Integ. Res Amer.
1990 Ed. (2967)
The Integer Group
2008 Ed. (3597, 3600, 4345)
2007 Ed. (3433)
2006 Ed. (3415, 3419)
2005 Ed. (3406)
2004 Ed. (113)
2003 Ed. (66)
2002 Ed. (99)
2001 Ed. (3920)
2000 Ed. (1675)
1998 Ed. (1287)
The Integer Group Denver
2007 Ed. (4392)
Integic Corp.
2005 Ed. (1378)
2004 Ed. (1362)

Integra Inc.
2002 Ed. (2852)
1990 Ed. (2061)
Integra Bank Corp.
2007 Ed. (472)
1998 Ed. (2355)
1997 Ed. (593)
1996 Ed. (559, 654)
1995 Ed. (585)
Integra Bank/North
1996 Ed. (654)
1995 Ed. (585)
Integra Bank/South
1996 Ed. (654)
Integra Color
2000 Ed. (3608)
Integra Financial Corp.
1997 Ed. (332, 2011, 2217, 3286, 3290)
1996 Ed. (3182)
1995 Ed. (3360)
1994 Ed. (340, 364, 654, 3032, 3036, 3037, 3038, 3279)
1993 Ed. (653, 3288)
1992 Ed. (522)
1991 Ed. (396)
1990 Ed. (707)
Integra LifeSciences Holdings
2005 Ed. (675)
2004 Ed. (682)
Integra National Bank
1994 Ed. (615)
Integra National Bank/North
1993 Ed. (382, 384)
Integra National Bank/Pittsburgh
1993 Ed. (612)
Integra Telecommunications
2006 Ed. (3330)
Integracare
1995 Ed. (2059, 2064, 3380, 3386)
Integral
2007 Ed. (3112)
Integral Construction Corp.
1998 Ed. (1938)
1997 Ed. (1149)
1996 Ed. (1120)
Integral Energy
2004 Ed. (1646)
2002 Ed. (4708)
Integral SA
2002 Ed. (4409)
Integral Systems Inc.
2008 Ed. (1901, 4606)
2005 Ed. (2013, 2332)
IntegraMed America
2006 Ed. (4335)
2005 Ed. (4382)
1999 Ed. (1455)
Integrand Assurance Co.
2006 Ed. (3093)
2004 Ed. (3083)
Integrated Inc.
2008 Ed. (2967)
Integrated Alarm Services Group
2006 Ed. (4268, 4272)
2005 Ed. (4254)
Integrated Archive Systems Inc.
2008 Ed. (3696, 4954)
2007 Ed. (3535, 3536, 4402)
Integrated Behavior Health
2006 Ed. (3082)
Integrated Behavioral Health
2006 Ed. (2406)
Integrated BioPharma Inc.
2008 Ed. (249)
Integrated Brands
2008 Ed. (3124)
Integrated Circuit Systems Inc.
2007 Ed. (1442)
1996 Ed. (1722, 2889)
Integrated circuits & parts
1999 Ed. (2110)
Integrated circuits, application-specific
2005 Ed. (4815)
Integrated Cleaning Management Ltd.
2008 Ed. (2126, 4323)
Integrated Communications Corp.
2002 Ed. (158)
2000 Ed. (58, 149)
1999 Ed. (55, 131)
Integrated Communications for Business Ltd.
2003 Ed. (2734)
Integrated Control Systems Inc.
2008 Ed. (3723, 4416)
2006 Ed. (3529, 4368)
Integrated Decisions & Systems, Inc.
2003 Ed. (2721)
Integrated Defense Technologies Inc.
2004 Ed. (4216)
Integrated Device
2000 Ed. (3997)
Integrated Device Tech.
2000 Ed. (4000)
1990 Ed. (409, 410, 412)
Integrated Device Technology Inc.
2008 Ed. (1604, 1606, 1607)
2007 Ed. (1442)
2005 Ed. (1684)
2004 Ed. (2230)
2001 Ed. (2867)
1999 Ed. (4275, 4277)
1997 Ed. (1822)
1996 Ed. (1628)
1994 Ed. (3044, 3048)
1993 Ed. (3005, 3006, 3213)
1992 Ed. (3674)
1991 Ed. (358)
1990 Ed. (3229)
Integrated DisAbility Resources
2005 Ed. (3081)
Integrated Electrical Services Inc.
2008 Ed. (353, 1251, 1257, 1265)
2007 Ed. (1353, 1354, 1360, 1369, 4591)
2006 Ed. (1262, 1263, 1281, 1293)
2005 Ed. (1167, 1170, 1292, 1293, 1311, 1321, 2283, 2284)
2004 Ed. (1144, 1148, 1149, 1242, 1243, 1304, 1315, 2182, 2183)
2003 Ed. (1140, 1146, 1239, 1240, 1301, 1315, 2289, 4560)
2002 Ed. (1289, 1298, 1400)
2001 Ed. (1403, 1404, 1409, 1469, 1474)
2000 Ed. (1260, 1268)
Integrated Energy Services
2002 Ed. (1294)
Integrated Equity-Aggressive
1990 Ed. (2369)
Integrated Excellence
2008 Ed. (4943)
Integrated Facility Solutions
2008 Ed. (1984, 4324)
Integrated Health Care Services
1999 Ed. (1497, 2705, 2706, 3636)
Integrated Health Services
2005 Ed. (3612)
2004 Ed. (2796, 3701)
2003 Ed. (3653)
2001 Ed. (1043)
2000 Ed. (1512, 2490, 3361)
1999 Ed. (1552, 2704)
1995 Ed. (2801)
Integrated HealthCare Services
1993 Ed. (2065, 2066)
1992 Ed. (2450)
Integrated Information Technology Corp.
2006 Ed. (3502, 3504, 3987)
2005 Ed. (2541, 3494, 3495, 3913)
2004 Ed. (3493, 3494, 3495)
Integrated Management Services
2008 Ed. (1207)
2007 Ed. (1272)
Integrated Marketing
2000 Ed. (3820)
Integrated Medical Systems Inc.
1999 Ed. (2726)
Integrated Packaging Group
2004 Ed. (3960)
Integrated Point-of-Care Testing Data Management
2001 Ed. (3268)
Integrated Resources
1990 Ed. (784, 785, 786, 789, 2360)
1989 Ed. (1427, 1809, 2293)
Integrated Resources Equity Corp.
1989 Ed. (819)
Integrated Resources Life
1992 Ed. (4380)
1991 Ed. (2096, 2251, 2588, 2591)
Integrated Resources Life - Capital Accumulation Program (VA)
1991 Ed. (2150, 2155, 2155)
Integrated Resources Life Harvest (VA)
1991 Ed. (2155)
Integrated Science Solutions
2006 Ed. (2501)
Integrated Security Control Systems
1999 Ed. (4204)
Integrated Silicon Systems
1995 Ed. (2796, 2797)
Integrated Steel Inc.
1998 Ed. (468, 3762)
1997 Ed. (676, 3917)
1996 Ed. (744, 3880)
Integrated systems
1996 Ed. (3310)
1992 Ed. (3821)
Integrated Systems Group
2000 Ed. (903)
Integrated Systems Improvement Services Inc.
2008 Ed. (3694, 4368, 4952)
Integrated Systems Technologies
1998 Ed. (606)
Integrated Technologies Inc.
2005 Ed. (1357)
Integrated Tire
2005 Ed. (4695)
Integrated Transportation
2008 Ed. (3689)
2007 Ed. (3525)
Integrated Waste
1994 Ed. (1151)
Integrated Waste Services
1999 Ed. (1367)
1997 Ed. (1175)
1992 Ed. (2367, 3991)
Integration Specialist Inc.
2006 Ed. (3529, 4368)
Integration Systems Inc.
2008 Ed. (4607)
Integretel, Inc.
1998 Ed. (3482)
Integris Baptist Medical Center Inc.
2008 Ed. (2009)
2007 Ed. (1939)
2006 Ed. (1957)
2005 Ed. (1922)
2003 Ed. (1803)
2001 Ed. (1829)
INTEGRIS Health Inc.
2008 Ed. (2007)
Integris Metals Inc.
2006 Ed. (3469, 3470)
2005 Ed. (3462, 3463)
2004 Ed. (3448)
2003 Ed. (3381)
Integris Southwest Medical Center
2008 Ed. (2009)
2007 Ed. (1939)
2006 Ed. (1957)
2005 Ed. (1922)
2004 Ed. (1836)
2003 Ed. (1803)
2001 Ed. (1829)
Integrity Health Plan of Mississippi
2000 Ed. (2432)
Integrity Life
1993 Ed. (2379)
1991 Ed. (2096)
Integrity Pinnacle Dreman Value
1997 Ed. (3823)
Integrity Staffing Solutions
2004 Ed. (3944)
Integrity Windows & Doors
2005 Ed. (3461)
Integrys Energy Group Inc.
2008 Ed. (2176)
Intel
2008 Ed. (641, 655, 1046, 1116, 1155, 1159, 1179, 1433, 1471, 1529, 1588, 1589, 1591, 1598, 1599, 1600, 1601, 1610, 1815, 1817, 2320, 2395, 2459, 2460, 2462, 2471, 3022, 3506, 3540, 3861, 4308, 4311, 4313, 4314, 4523, 4632)
2007 Ed. (683, 691, 877, 1259, 1263, 1279, 1477, 1608, 1610, 1611, 1612, 1784, 1791, 1792, 1796, 1815, 2260, 2261, 2333, 2334, 2338, 2799, 2900, 3074, 3690, 3782, 4343, 4344, 4346, 4347, 4348, 4350, 4351, 4352, 4353, 4354, 4355, 4356, 4553, 4554, 4570, 4703)
2006 Ed. (163, 654, 781, 1113, 1144, 1148, 1173, 1455, 1458, 1501, 1519, 1531, 1578, 1579, 1581, 1583, 1586, 1587, 1588, 1589, 1590, 1783, 1784, 1785, 1807, 1961, 2389, 2390, 2395, 2396, 3688, 3695, 3697, 4280, 4281, 4282, 4283, 4284, 4287, 4288, 4291, 4292, 4576, 4577, 4589, 4602, 4607)
2005 Ed. (740, 742, 871, 1121, 1152, 1156, 1158, 1176, 1574, 1575, 1638, 1642, 1673, 1674, 1675, 1677, 1681, 1682, 1683, 1685, 1687, 1812, 1824, 1825, 2330, 2331, 2334, 2335, 2340, 2374, 3025, 3034, 3036, 3697, 4040, 4340, 4342, 4343, 4344, 4345, 4346, 4350, 4351, 4352, 4463, 4501, 4502, 4504, 4514)
2004 Ed. (762, 1116, 1134, 1135, 1136, 1553, 1560, 1659, 1660, 1752, 1753, 2041, 2230, 2231, 2233, 2234, 2262, 2903, 3016, 3020, 3154, 3662, 3778, 4398, 4399, 4400, 4401, 4403, 4404, 4405, 4554, 4557, 4575, 4581, 4582)
2003 Ed. (752, 920, 1095, 1124, 1125, 1524, 1528, 1529, 1530, 1533, 1544, 1545, 1550, 1553, 1570, 1583, 1584, 1587, 1591, 1594, 1627, 1628, 1702, 1705, 1706, 1707, 1712, 1716, 1720, 2190, 2191, 2198, 2241, 2251, 2252, 2253, 2254, 2926, 2943, 2944, 3753, 4073, 4376, 4378, 4379, 4380, 4384, 4385, 4386, 4387, 4388, 4389, 4559, 4566, 4567, 4686)
2002 Ed. (33, 768, 1134, 1136, 1137, 1139, 1185, 1381, 1444, 1494, 1496, 1497, 1505, 1534, 1535, 1536, 1539, 1540, 1546, 1554, 1564, 1565, 1602, 1681, 1686, 1690, 1693, 2081, 2101, 2107, 2109, 3247, 3484, 3485, 3966, 4254, 4256, 4257, 4258, 4735, 4871)
2001 Ed. (24, 1040, 1041, 1347, 1568, 1574, 1581, 1585, 1588, 1590, 1591, 1599, 1601, 1647, 1648, 1649, 1653, 1741, 1742, 1748, 1749, 1867, 1868, 2159, 2170, 2172, 2192, 2193, 2194, 2196, 2198, 3300, 3301, 3534, 3535, 4043, 4210, 4213, 4214, 4215, 4217, 4218)
2000 Ed. (282, 960, 961, 1162, 1163, 1165, 1332, 1335, 1339, 1342, 1360, 1370, 1377, 1380, 1396, 1426, 1430, 1431, 1470, 1478, 1479, 1480, 1737, 1738, 1739, 1740, 1743, 1746, 1751, 2642, 2990, 3381, 3388, 3389, 3390, 3757, 3758, 3990, 3991, 3992, 3993, 3995, 3997, 4002, 4003, 4092)
1999 Ed. (776, 967, 1073, 1258, 1262, 1269, 1476, 1478, 1488, 1490, 1496, 1516, 1526, 1527, 1528, 1529, 1530, 1533, 1534, 1538, 1540, 1542, 1545, 1546, 1547, 1550, 1554, 1591, 1600, 1620, 1624, 1625, 1661, 1663, 1671, 1672, 1673, 1681, 1682, 1958, 1959, 1962, 1965, 1966, 1970, 1994, 3406, 3470, 3669, 3670, 3671, 3672, 3673, 4043, 4044, 4267, 4268, 4269, 4270, 4274, 4275, 4279, 4280, 4281, 4282, 4387, 4389, 4391, 4488, 4489, 4496, 4498)
1998 Ed. (153, 489, 823, 829, 831, 1043, 1044, 1046, 1050, 1061, 1062, 1063, 1064, 1081, 1085,

1086, 1099, 1100, 1103, 1111, 1113, 1117, 1128, 1149, 1150, 1164, 1167, 1399, 1400, 1401, 1417, 1532, 1533, 1539, 1881, 2714, 2719, 2720, 2721, 2722, 2723, 3276, 3277, 3280, 3281, 3282, 3285, 3411, 3413, 3415, 3416)
1997 Ed. (240, 712, 1081, 1083, 1286, 1288, 1289, 1293, 1309, 1325, 1328, 1341, 1345, 1347, 1369, 1405, 1438, 1439, 1705, 1706, 1707, 1822, 1823, 1825, 1826, 2473, 2787, 2788, 2967, 2976, 2978, 2979, 3252, 3492, 3493, 3494, 3637)
1996 Ed. (774, 2105)
1995 Ed. (21, 1086, 1091, 1093, 1266, 1284, 1286, 1287, 1311, 1314, 1363, 1427, 1432, 1651, 1763, 1765, 1766, 2253, 2812, 2821, 3178, 3286, 3437)
1994 Ed. (1079, 1083, 1085, 1262, 1267, 1337, 1397, 1611, 2186, 2705, 2707, 2708, 2712, 3200, 3201, 3202, 3203, 3204, 3205, 3445, 3458)
1993 Ed. (224, 827, 1049, 1057, 1224, 1228, 1565, 1566, 1572, 1583, 1712, 2562, 2750, 2751, 2755, 2756, 2757, 3002, 3211, 3213, 3214, 3381, 3468, 3469)
1992 Ed. (488, 1299, 1919, 1922, 1929, 3312, 3313, 3317, 3318, 3319, 3683, 3910, 3911, 3912, 3915, 3916, 3918, 4061, 4147)
1991 Ed. (1021, 1514, 1516, 1526, 1529, 2077, 2651, 2654, 2655, 2656, 2659, 2660, 2854, 2909, 3080, 3081, 3082)
1990 Ed. (1614, 2752, 2996, 3229, 3230, 3231, 3232, 3233, 3236, 3238)
1989 Ed. (2302, 2312, 2456, 2457, 2458)

Intel Corp. (Aloha, OR)
1996 Ed. (1741)

Intel Capital
2005 Ed. (4819)
2003 Ed. (4848)

Intel Corp. (Chandler, AZ)
1996 Ed. (1741)

Intel Corporation
2000 Ed. (4126)
1990 Ed. (2751, 2754, 2755)

Intel Corp. (Hillsboro, OR)
1996 Ed. (1741)

Intel Ireland Ltd.
2001 Ed. (1755)
2000 Ed. (1484)

Intel Corp. (Santa Clara, CA)
1996 Ed. (1741)

Intel Corp. U.K. Ltd.
2002 Ed. (37)

IntelCom Group Inc.
1995 Ed. (203, 206)

Intelenet Global Services Private Ltd.
2008 Ed. (4418)

Inteli960
2001 Ed. (3302, 3303)

InteliStaf Healthcare
2008 Ed. (4494)
2006 Ed. (4456)

Intelisys Electronic Commerce LLC
2001 Ed. (1873, 2853)

Intellext Inc.
2007 Ed. (3063)

Intellgent Systems
1989 Ed. (971)

Intellicall
1989 Ed. (2368)

Intellicast
1998 Ed. (3778)

Intellicell Corp.
1998 Ed. (754)

Intelliclaim Inc.
2006 Ed. (2822)

Intellidyn Corp.
2007 Ed. (99)

IntelliDyne LLC
2007 Ed. (1394)

Intelligence Data Systems Inc.
2006 Ed. (1353, 2094, 2249)

Intelligencer
2008 Ed. (4036)

Intelligent Electron
1998 Ed. (1957)

Intelligent Electronics
1999 Ed. (2694)
1998 Ed. (858, 1956)
1995 Ed. (3289)
1994 Ed. (3219)
1993 Ed. (2740)
1992 Ed. (1561, 2220, 3285, 3919, 3925, 3929, 4034, 4035)
1989 Ed. (1569, 2496)

Intelligent Electronics (Exton, PA)
1991 Ed. (1037)

The Intelligent Investor
2006 Ed. (638)
2005 Ed. (716)

The Intelligent Investor: A Book of Practical Counsel
2006 Ed. (580)

Intelligent Management Solutions Group Inc.
2001 Ed. (3909)

The Intelligent Office
2007 Ed. (840)
2006 Ed. (746)

Intelligent Software Solutions Inc.
2008 Ed. (1346, 2288)
2007 Ed. (2173)

Intelligent Systems
2008 Ed. (2847, 2861)
2007 Ed. (2713, 2731)
1990 Ed. (1118, 1127, 2580)
1989 Ed. (970, 980)

Intelligent Systems Group
1997 Ed. (1111)
1996 Ed. (1091)
1995 Ed. (1115)
1994 Ed. (1098)

Intelligent Systems Technology Inc.
2001 Ed. (1870, 2850)

Intellimar
2007 Ed. (4291)
2006 Ed. (4263)

IntelliNet Technologies, Inc.
2003 Ed. (2714)
2002 Ed. (2489)

IntelliRisk Management Corp.
2005 Ed. (1055)
2001 Ed. (1312, 1313, 1314)

Intelliseek Inc.
2007 Ed. (3058)
2006 Ed. (3025)

Intellisol
2001 Ed. (1252)

Intellisync Corp.
2007 Ed. (1239)

Intellisys Technology Corp.
2003 Ed. (1356)
2001 Ed. (1355)

Intellitecs
2003 Ed. (3785)

InTelMark
2001 Ed. (4470)
2000 Ed. (4197, 4198, 4199, 4200, 4201)
1997 Ed. (3704, 3705)

Intelogic Trace
1996 Ed. (2836)

Intelsat Ltd.
2008 Ed. (1400)
2006 Ed. (1091)
2005 Ed. (2343)

Intensity Resources
1997 Ed. (1375)

Intensive Care
1997 Ed. (711)

Intensive Care Lotion
1997 Ed. (3659)

Intentia
2003 Ed. (1117)
1999 Ed. (1099, 1285)

Intentia A. B.
2000 Ed. (1178)

Inteplast Group Ltd.
2008 Ed. (3996)

Inter
2004 Ed. (96)
2001 Ed. (88, 4301)
1994 Ed. (16)

Inter Admark
2003 Ed. (85)
2002 Ed. (118)
2001 Ed. (145)
1999 Ed. (101)
1997 Ed. (100)
1996 Ed. (98)
1995 Ed. (84)

Inter Admark (Dentsu)
2000 Ed. (105)

Inter-American Development Bank
2003 Ed. (3634)
1998 Ed. (1268)
1995 Ed. (1561)
1994 Ed. (519)

Inter American University of Puerto Rico
2004 Ed. (1672)

Inter-Bora Savings and Loan Association
1999 Ed. (4601)

Inter-City
1998 Ed. (106, 1779, 1780, 1922)
1995 Ed. (167, 1949, 1950)
1994 Ed. (148, 1925, 1926)
1993 Ed. (164, 1908, 1909)
1992 Ed. (259, 260, 1885, 2242, 2243)

Inter-City Gas
1990 Ed. (2925)

Inter-City Products
1997 Ed. (184, 1141, 2095, 2096)
1996 Ed. (1054)
1994 Ed. (1066)
1992 Ed. (1597)

Inter-Con Security Systems Inc.
2000 Ed. (3907)
1999 Ed. (4175)
1998 Ed. (3185)
1997 Ed. (3413)
1995 Ed. (3211)
1994 Ed. (3161)
1993 Ed. (3114)
1992 Ed. (3825)

Inter-Continental
2005 Ed. (2931)
2000 Ed. (2565, 2569)
1999 Ed. (2778, 2785, 2792)
1998 Ed. (2011, 2024)
1991 Ed. (53, 1941, 1955)
1990 Ed. (2075)

Inter-Continental Hotels
2004 Ed. (2944)
2000 Ed. (2557)
1998 Ed. (2020, 2031)
1997 Ed. (2290, 2296, 2306)
1996 Ed. (2160, 2176, 2181, 2187)
1995 Ed. (2166, 2172)
1994 Ed. (2095, 2113, 2121)
1993 Ed. (2083, 2101)
1992 Ed. (2498, 2508)
1990 Ed. (2067)

Inter-Continental Hotels Group Operating Corp.
2008 Ed. (3067)
2007 Ed. (2938)
2006 Ed. (2927)
2005 Ed. (2922)

Inter Contract Wbc s.r.o.
2008 Ed. (994, 1700, 4332, 4672)

Inter-Europa Bank
1997 Ed. (489, 490, 826)
1996 Ed. (530, 531)
1994 Ed. (502, 503)
1993 Ed. (499)
1992 Ed. (698)

Inter-Europa Bank Rt.
1995 Ed. (486)

Inter-Hotel
1992 Ed. (2505)

Inter Insurance Exchange Auto Club
1992 Ed. (2690)
1991 Ed. (2126)

Inter-Insurance Exchange of The Auto Club
2002 Ed. (2970)

Inter-Insurance Exchange of the Automobile Club
2000 Ed. (2652)

Inter-Ocean Reinsurance Co.
1995 Ed. (901)
1994 Ed. (860)
1993 Ed. (848)

Inter-Pacific
1992 Ed. (2824)

Inter Pacific Financial Corporation
1989 Ed. (1780)

Inter-Pacific Ind. Group Bhd
1992 Ed. (1667)

Inter Pacific Motors Inc.
2008 Ed. (1783)
2007 Ed. (1755)
2006 Ed. (1746)

Inter Parfums
2006 Ed. (4333)

Inter Pipeline Fund
2007 Ed. (3885)

Inter-Regies Publicite
1996 Ed. (111)

Inter-Regional Financial
1997 Ed. (740)
1996 Ed. (798)
1995 Ed. (756)

Inter Savings Bank
2005 Ed. (357)

Inter Savings Bank, FSB
2006 Ed. (451)

Inter-Tel
1990 Ed. (3522)

Interac Association
2000 Ed. (1732)
1999 Ed. (1954)

Interacciones
2008 Ed. (741)
2007 Ed. (765)
2000 Ed. (610, 611, 612)

Interact Inc.
2007 Ed. (3610, 3611, 4452)

InterActive Corp.
2005 Ed. (1464)

Interactive advertising
2001 Ed. (2969)

The Interactive Agency
2002 Ed. (1980)

Interactive Brand Development Inc.
2006 Ed. (4606)

Interactive Brokers
2005 Ed. (757)

Interactive Brokers Group LLC
2008 Ed. (738)
2007 Ed. (762)
2006 Ed. (663)

Interactive Business Systems Inc.
2002 Ed. (1216)
2000 Ed. (902)
1999 Ed. (959)
1998 Ed. (543)
1997 Ed. (846, 1140)
1994 Ed. (1126)
1993 Ed. (1103)
1991 Ed. (811)

Interactive Collections Technology
2001 Ed. (1312)

Interactive Data Corp.
2008 Ed. (1916)
2007 Ed. (4054)
2006 Ed. (4023)

Interactive Graphics Inc.
2000 Ed. (4383)

Interactive Intelligence Inc.
2008 Ed. (1804)
2003 Ed. (1550)

Interactive Investments Technology Val.
1998 Ed. (2593, 2603)

Interactive Marketing Services Inc.
1998 Ed. (3482)

Interactive Media Services
2002 Ed. (4576, 4578)
1997 Ed. (3702, 3703, 3705)

Interactive Media Services ("Catch")
1996 Ed. (3643, 3644)

Interactive Network System/JerseyNet
2002 Ed. (2994)

Interactive Objects GmbH
2005 Ed. (1150)

Interactive Search
2002 Ed. (2479)

Interactive Search Holdings Inc.
2006 Ed. (1421, 1427)

Interactive Technology
2000 Ed. (3820)

Interactive Technology Solutions
2008 Ed. (3182)
Interactive TV
1996 Ed. (2345)
Interactive Week
2001 Ed. (254, 255, 256)
2000 Ed. (3486, 3488)
1999 Ed. (3759, 3762)
InterActiveCorp
2006 Ed. (165, 759, 761, 2376, 2385, 2726, 4026, 4159)
2005 Ed. (750, 1634, 2327, 2329, 2770, 3990, 4141)
InterAd Bozell
2000 Ed. (156)
1999 Ed. (139)
Interama
1997 Ed. (250)
1996 Ed. (218)
1995 Ed. (219)
Interamerca's Fund Ltd.
1999 Ed. (3685)
Interamerica Ammirati Puris Lintas
2000 Ed. (87)
1999 Ed. (81)
Interamerican Bank
2008 Ed. (2962)
InterAmerican Development
2000 Ed. (773)
InterAmerican Development Bank
1999 Ed. (759)
Interamerican Federal S & L
1990 Ed. (2006)
Interamerican Trading and Produce
1991 Ed. (1910)
1990 Ed. (2009)
Interamerican Trading & Products Corp.
1993 Ed. (2040)
1992 Ed. (2403, 2405)
Interamericana
2008 Ed. (3255)
InterAmericano
2000 Ed. (641, 644, 645)
Interamerica's Fund Ltd.
2000 Ed. (3401)
Interandina de Publicidad
1997 Ed. (131)
1996 Ed. (127)
Interandina TBWA
2001 Ed. (196)
2000 Ed. (158)
Interauditor Neuner & Henzi
2001 Ed. (4)
Interbanc
2001 Ed. (66)
1997 Ed. (2633)
Interbanco
2007 Ed. (538)
Interbanco SA
1999 Ed. (621)
1997 Ed. (592)
1996 Ed. (653)
1995 Ed. (584)
1994 Ed. (614)
1993 Ed. (611)
1992 Ed. (817)
Interbank
2007 Ed. (539)
2001 Ed. (646, 647, 648, 654, 655)
2000 Ed. (640, 641, 643, 644, 645, 646, 689, 690, 691, 692, 693, 694)
Interbeton BV
1997 Ed. (1133)
Interbolsa
2008 Ed. (735)
2007 Ed. (756)
Interbond Corp. of America
2007 Ed. (2873)
Interbrand
2002 Ed. (1952, 1953, 1956, 1957, 1958)
1999 Ed. (2836, 2837)
1996 Ed. (2233, 2234, 2236)
Interbren Italia
1995 Ed. (1381)
Interbrew
1996 Ed. (785)
1995 Ed. (709)
1993 Ed. (750)
Interbrew Belgium SA
1999 Ed. (1589)
Interbrew/Labatt
1996 Ed. (788)
Interbrew NV
2006 Ed. (1564)
Interbrew SA
2006 Ed. (1438, 1563, 3372, 4090)
2005 Ed. (665, 669, 1498, 3295)
2004 Ed. (33, 38, 676, 2562)
2003 Ed. (671, 1623, 2428)
2002 Ed. (704)
2001 Ed. (21, 679, 1027)
Intercall
2005 Ed. (1464)
Intercassa Societa' di Intermediazione Mobil Corp.iare SpA
1995 Ed. (2117)
Intercassa Societa di Intermediazione Mobilare SpA
1996 Ed. (2124)
Intercede Group plc
2003 Ed. (2738)
Intercentros Ballesol SA
2008 Ed. (2087, 4323)
Interchange Corp.
2008 Ed. (2858)
2007 Ed. (2728)
Interchem
1992 Ed. (87)
Interchurch Medical Assistance
1991 Ed. (898, 899, 2614)
Interco Inc.
2005 Ed. (1514)
2004 Ed. (1498)
2003 Ed. (1468)
2002 Ed. (1448)
1997 Ed. (2101, 2103)
1996 Ed. (1988, 1989)
1995 Ed. (1953, 1955)
1994 Ed. (1929, 1930, 2125)
1993 Ed. (367, 368, 369, 1261, 1370, 1910, 1911)
1992 Ed. (4058, 4060, 4072, 1528, 1535, 1537, 2247, 2248, 3954)
1991 Ed. (985, 1205, 1219, 1235, 1779, 1780, 1925, 1926, 3115)
1990 Ed. (1060, 1061, 1062, 1863, 1864, 2036, 3277)
1989 Ed. (941, 942, 943, 944, 1601, 2486)
Interco Charitable Trust
2002 Ed. (977)
Intercoastal City, LA
2000 Ed. (3573)
Intercom
1999 Ed. (141)
1997 Ed. (131)
1993 Ed. (730)
1992 Ed. (913, 914, 1579)
1991 Ed. (729, 730, 1258, 1259, 1260)
1990 Ed. (1333, 3456)
Intercom DDB
2000 Ed. (158)
Intercom Packaging (USA) Inc.
2007 Ed. (3592, 4442)
Interconex Inc.
2006 Ed. (4380)
Interconnect Devices Inc.
2002 Ed. (4877)
Interconsult
1992 Ed. (994)
InterContinental
2008 Ed. (3070)
2007 Ed. (2945)
2006 Ed. (2934)
1997 Ed. (3928)
1992 Ed. (85)
Intercontinental Bank
2008 Ed. (484, 507)
2007 Ed. (530, 555)
2005 Ed. (588)
Intercontinental Consultants & Technocrats Pvt.
2008 Ed. (1308, 1309)
Intercontinental Energy
1990 Ed. (3660)
Intercontinental Exchange
2004 Ed. (2218)
Intercontinental Hotel Corp.
1990 Ed. (1226, 1256)
InterContinental Hotel Group
2006 Ed. (3275)
InterContinental Hotels
2007 Ed. (2961, 3348)
2006 Ed. (1686, 2942)
1992 Ed. (1497)
1991 Ed. (1141)
InterContinental Hotels Group
2008 Ed. (3065, 3073, 3078)
2007 Ed. (2953)
2006 Ed. (2926, 2929)
InterContinental Hotels Group Operating Corp.
2008 Ed. (3068)
2007 Ed. (2939)
InterContinental Hotels Group plc
2008 Ed. (3072, 3085, 3444)
2007 Ed. (2947, 2956, 3346, 3349, 4159)
2006 Ed. (2936, 2944, 4138)
2005 Ed. (2932, 2933, 2939)
Intercontinental Metals Inc.
1992 Ed. (2405)
1991 Ed. (1910)
Intercontinental Packers Ltd.
1999 Ed. (3319, 3320, 3867, 3868)
1998 Ed. (2447, 2448, 2893, 2894)
1997 Ed. (2739, 3146)
1996 Ed. (2592, 3067)
1995 Ed. (2528, 2969)
1994 Ed. (2460, 2912)
1993 Ed. (2517, 2518, 2524, 2895, 2896, 2897)
1992 Ed. (2998, 3513)
Intercontinental Quimica SA
2004 Ed. (4716)
IntercontinentalExchange Inc.
2008 Ed. (4529)
2003 Ed. (2166, 2177)
Intercor
2006 Ed. (2544)
Intercosmos Media Group
2007 Ed. (4015)
2006 Ed. (3976)
Intercraft
1998 Ed. (2854)
Intercultures
2000 Ed. (3019)
Interdenominational Theological Center
1994 Ed. (1899)
Interdental products
1996 Ed. (3094)
Interdepartmental
2001 Ed. (2160)
InterDigital Communications Corp.
2008 Ed. (1127, 2039, 4608)
2002 Ed. (306, 307)
1998 Ed. (154)
1997 Ed. (231, 232)
1996 Ed. (213)
1994 Ed. (2018)
Intere Intermediaries Inc.
1991 Ed. (2830)
1990 Ed. (2262)
Intere Intermediaries Inc./RFC Intermediaries Inc.
1992 Ed. (3659)
Interest Rates
1992 Ed. (993)
Interface Inc.
2005 Ed. (2617, 2618)
2004 Ed. (2628, 2629, 4710)
2003 Ed. (4730)
2002 Ed. (4615)
2001 Ed. (4506)
2000 Ed. (4240, 4241)
1999 Ed. (4589, 4590, 4591)
1998 Ed. (3518, 3520)
1997 Ed. (3735)
1995 Ed. (3597)
1994 Ed. (1374, 2693, 3516)
1993 Ed. (1228, 1318, 2741, 3554)
1992 Ed. (3286, 4270, 4271, 4276, 4277)
1991 Ed. (3349, 3350)
Interface Creative Marketing Executions
2002 Ed. (4086)
Interface Electronics Corp.
2002 Ed. (4616)
2001 Ed. (2206, 2210)
2000 Ed. (1764, 1765, 1769)
1999 Ed. (1984, 1989)
1998 Ed. (1410)
1997 Ed. (1709)
1996 Ed. (1631)
Interface Engineering Inc.
2006 Ed. (2453)
Interface Fabric Inc.
2008 Ed. (1897)
2007 Ed. (1863)
Interface Financial Corp.
2008 Ed. (2705)
2007 Ed. (2568)
2006 Ed. (2599)
2005 Ed. (2599)
2004 Ed. (2613)
2003 Ed. (2480)
2002 Ed. (2262)
Interface Flooring Systems
1992 Ed. (4275)
1991 Ed. (3348)
Interface Security Services
2000 Ed. (3918)
Interface Security Systems
2008 Ed. (4296, 4297, 4299, 4300)
2007 Ed. (4295)
2006 Ed. (4271)
2005 Ed. (4291)
Interface Security Systems L.L.C.
2000 Ed. (3922)
Interface Software
2003 Ed. (2708)
Interface Systems Inc.
1998 Ed. (836)
Interferon
1998 Ed. (1327)
InterFirst
2002 Ed. (3384, 3385)
1998 Ed. (2522, 2523, 2526)
1989 Ed. (575)
InterFirst Bank Austin
1989 Ed. (695)
InterFirst Bank Dallas
1989 Ed. (695)
InterFirst Bank Dallas NA
1989 Ed. (563)
InterFirst Bankcorp Inc.
1997 Ed. (2808, 2809, 2810)
1995 Ed. (1240, 1242)
Interfirst Federal
1990 Ed. (3132)
Interfirst; Republicbank/
1991 Ed. (1146)
Interflow Communications
2003 Ed. (132)
2002 Ed. (164)
2001 Ed. (193)
1999 Ed. (138)
1997 Ed. (128)
1993 Ed. (125)
Interflow Communications (O & M)
2000 Ed. (155)
Interfocus Network
2000 Ed. (3843, 3844)
Interfondo de Capitales
2005 Ed. (3580)
Interfor Pacific Inc.
2007 Ed. (2639, 2640)
2006 Ed. (2656, 2657)
Interform Solutions
2000 Ed. (911)
Interfresh
2000 Ed. (4446)
Intergamma
2001 Ed. (2756)
Intergarden NV
2002 Ed. (4900)
The Interger Group
2008 Ed. (3598)
Intergraph Corp.
2007 Ed. (1403, 1563)
2006 Ed. (1365, 1533)
2005 Ed. (1109, 1361, 1382, 1643, 4674)
2004 Ed. (1590)
2003 Ed. (1600)
2001 Ed. (1606)
1999 Ed. (4399, 4400)
1998 Ed. (1120, 3359, 3424)
1997 Ed. (3645)
1996 Ed. (3886)
1995 Ed. (1337, 2259)
1994 Ed. (842, 843, 1082, 1315, 3678)
1993 Ed. (809, 1055, 1271, 3739)

1992 Ed. (1328, 3068, 4491, 4492, 4493)
1991 Ed. (1019, 1023, 1027, 1030, 1035, 2074, 2846)
1990 Ed. (1111, 1112, 1114, 1120, 1122, 1123, 1126, 1137, 1619, 2208, 3710)
1989 Ed. (969, 972, 974, 977, 978, 1325)
Intergraph/Dazix
1993 Ed. (810)
Intergroup Healthcare
1997 Ed. (2197)
1996 Ed. (2095)
1995 Ed. (2822, 3516)
1994 Ed. (2706, 3328)
Intergroup Realty
2008 Ed. (3071)
InterGroup Services Corp.
2000 Ed. (3603)
1993 Ed. (2907)
Interhome Energy
1992 Ed. (3455)
1991 Ed. (2729)
1990 Ed. (2854)
Interhyp AG
2008 Ed. (2690, 2715)
Interim Health Care Business
1999 Ed. (3293)
Interim Healthcare
2005 Ed. (4454)
1999 Ed. (2704)
1997 Ed. (2242)
1996 Ed. (2131)
Interim Personnel
1999 Ed. (2510)
1997 Ed. (2079)
Interim Services Inc.
2001 Ed. (1067, 4501)
2000 Ed. (4225, 4226, 4228, 4230)
1999 Ed. (1433, 4572, 4573, 4574)
1998 Ed. (1966, 3419, 3504, 3506)
1997 Ed. (2083)
1995 Ed. (1938)
Interim Technology
2000 Ed. (902, 903)
1999 Ed. (959)
1998 Ed. (543)
Interins Exchange-Auto Club
1994 Ed. (2218, 2274)
Interinsurance Exchange Auto Club
1998 Ed. (2111, 2211)
1997 Ed. (2412, 2466)
1996 Ed. (2272, 2340)
1995 Ed. (2324)
1993 Ed. (2186, 2236)
Interinsurance Exchange-Auto Club of Southern California
1999 Ed. (2975)
1998 Ed. (2206)
Interinsurance Exchange-Automobile Club
1999 Ed. (2899)
Interinsurance Exchange of the Automobile Club
2000 Ed. (2727)
Interinvest Corp.
1997 Ed. (2539)
1992 Ed. (2796, 2798)
Interio AG
1993 Ed. (1912)
Interior Architects Inc.
2000 Ed. (2741)
1999 Ed. (2994)
1998 Ed. (2218)
Interior Construction Services Ltd.
1998 Ed. (958)
1997 Ed. (1173)
1996 Ed. (1136)
1995 Ed. (1169)
Interior Department
1998 Ed. (2512)
Interior Design
2008 Ed. (142, 143, 144, 4722)
2007 Ed. (159, 161)
2006 Ed. (4786)
2005 Ed. (4735)
2004 Ed. (144)
Interior Design Services Inc.
2006 Ed. (4379)
1998 Ed. (2706)
Interior Design Society
1999 Ed. (300)
Interior designer
2004 Ed. (2275)
Interior Space International
2007 Ed. (3207)
2006 Ed. (3173)
2005 Ed. (3162)
1999 Ed. (2994)
1998 Ed. (2218)
1997 Ed. (2474)
1996 Ed. (2346)
Interior Space Management of Michigan Inc.
1993 Ed. (3735)
Interior Systems Inc.
2006 Ed. (1350)
Interior; U.S. Department of the
2008 Ed. (2830, 2835)
2007 Ed. (2701, 2707)
2006 Ed. (2706, 2711)
2005 Ed. (2745, 2750)
Interiors by Decorating Den
2008 Ed. (3333)
2007 Ed. (3191)
2006 Ed. (3157)
2005 Ed. (3156)
2004 Ed. (3148)
Interiors Fantasia Pattern
2000 Ed. (4173)
Interlake Corp.
1999 Ed. (2851)
1995 Ed. (3434, 3436)
1994 Ed. (2184)
1993 Ed. (3378, 3382, 3391)
1992 Ed. (1524, 4058)
1990 Ed. (3449)
1989 Ed. (1916)
Interland Inc.
2002 Ed. (4200)
Interleaf
1998 Ed. (839, 1323)
1992 Ed. (1305)
1990 Ed. (1977)
Interlectric Corp.
2007 Ed. (3594, 3595)
Interline Brands
2006 Ed. (208, 3926)
Interline Resources
1998 Ed. (165)
Interlink
2001 Ed. (584, 3826)
2000 Ed. (1732)
1999 Ed. (1954)
1998 Ed. (1396)
1997 Ed. (1704)
1996 Ed. (1624)
1995 Ed. (352, 1648)
1992 Ed. (1913)
1991 Ed. (1511)
Interlink Access System
1995 Ed. (2800)
Interlink Express
1993 Ed. (3474)
Interlink Group Inc.
2003 Ed. (3962)
2002 Ed. (4987)
Interlink Logistics Management LLC
2006 Ed. (3515, 4354)
Interlock Resources, Inc.
2003 Ed. (2730)
2002 Ed. (2517)
Interm Plus Bond
1996 Ed. (627)
1994 Ed. (582)
Intermap Technologies Corp.
2008 Ed. (2941)
Intermarche
2002 Ed. (1076, 4060)
2001 Ed. (4114)
2000 Ed. (3815, 4171)
1999 Ed. (4524)
1998 Ed. (987)
1997 Ed. (1409, 3679)
1996 Ed. (3244)
1995 Ed. (3155, 3157)
1994 Ed. (1373)
Intermarche Magasins
1990 Ed. (27)
1989 Ed. (30)
Intermarco-Farner
1990 Ed. (153)
Intermarco/FCB
1993 Ed. (138)
1992 Ed. (211)
1991 Ed. (153)
Intermark, Inc.
1992 Ed. (472)
1991 Ed. (339, 340)
1990 Ed. (389)
1989 Ed. (330)
Intermark Saatchi & Saatchi
2000 Ed. (144)
1999 Ed. (126)
Intermarket Communications
2005 Ed. (3952)
Intermarketing
2004 Ed. (37)
Intermarkets
1991 Ed. (123)
1990 Ed. (124)
Intermarkets Egypt
2001 Ed. (132)
1999 Ed. (84)
1997 Ed. (83)
1996 Ed. (83)
Intermarkets Gemini
1997 Ed. (114)
1996 Ed. (111)
Intermarkets Hague
1997 Ed. (114)
1996 Ed. (111)
Intermarkets Jordan
2003 Ed. (95)
2002 Ed. (128)
2001 Ed. (155)
2000 Ed. (117)
1999 Ed. (112)
1997 Ed. (109)
Intermarkets Kuwait
2003 Ed. (98)
2002 Ed. (132)
2001 Ed. (159)
2000 Ed. (121)
1999 Ed. (115)
1997 Ed. (112)
1996 Ed. (110)
Intermarkets Lebanon
2001 Ed. (161)
2000 Ed. (123)
1999 Ed. (117)
1997 Ed. (114)
1996 Ed. (111)
Intermarkets Saudi Arabia
2003 Ed. (144)
2002 Ed. (177)
2001 Ed. (205)
2000 Ed. (166)
1999 Ed. (149)
1997 Ed. (140)
1996 Ed. (134)
Intermarkets Syria
2003 Ed. (154)
2002 Ed. (190)
2001 Ed. (216)
2000 Ed. (269)
1999 Ed. (159)
Intermarkets Trust
1996 Ed. (111)
Intermarkets UAE
2001 Ed. (230)
2000 Ed. (186)
1999 Ed. (166)
1997 Ed. (155)
1996 Ed. (149)
Intermarkets United Arab Emirates
2003 Ed. (163)
2002 Ed. (203)
Intermec Inc.
2007 Ed. (1264)
1992 Ed. (1302, 1313, 1315, 3677)
1991 Ed. (1020, 1024)
1990 Ed. (1113)
Intermec International Inc.
2004 Ed. (1882)
Intermec Technologies
2008 Ed. (1123)
2007 Ed. (1220)
2006 Ed. (1115)
2001 Ed. (659)
Intermedia Communications, Inc.
2003 Ed. (2732)
2002 Ed. (2491)
2001 Ed. (1039, 4472, 4475)
2000 Ed. (2210)
1998 Ed. (2410)
Intermedia Group, Inc.
2003 Ed. (2724)
Intermediate
2006 Ed. (622)
Intermediate Bond
1996 Ed. (626)
Intermediate Duration Unhedged Preferred Total Return
2003 Ed. (3123)
Intermediate Duration Unhedged Taxable Preferred
2003 Ed. (3123)
Intermediates
2001 Ed. (1194)
Intermedics
1990 Ed. (2681)
Intermet Corp.
2007 Ed. (3496)
2006 Ed. (3472)
2002 Ed. (3305)
1999 Ed. (4471)
1992 Ed. (1479)
Intermountain Color
2002 Ed. (3761)
Intermountain Health Care Inc.
2008 Ed. (2149, 3194)
2007 Ed. (2047, 2767, 3216)
2005 Ed. (3155)
2004 Ed. (1875)
1999 Ed. (2990, 3467)
1998 Ed. (2553)
1997 Ed. (2830)
1992 Ed. (3127)
1991 Ed. (2502)
1990 Ed. (2632)
Intermountain Health Services Inc.
2006 Ed. (2089)
Intermountain Power
1990 Ed. (2640)
Intermountain Power Agency
2001 Ed. (3869)
1999 Ed. (1943)
1998 Ed. (1377, 1381, 1383)
1996 Ed. (1611, 1612)
1995 Ed. (1635, 1636)
1994 Ed. (1592, 1593)
1993 Ed. (1555, 1556, 3359)
1992 Ed. (1894, 4029)
1991 Ed. (1495, 3158)
1989 Ed. (2028)
Intermountain Power Agency, UT
1991 Ed. (1486)
1990 Ed. (3504, 3505)
InterMountain/RKH
2002 Ed. (3816)
Intermountain Staffing Resources
2006 Ed. (2429, 2430)
InterMune Inc.
2007 Ed. (3917)
2006 Ed. (3886, 3894)
2005 Ed. (1678, 1679, 3817, 3828)
Intermune Pharmaceuticals
2002 Ed. (2476)
Internacional
2000 Ed. (493, 494, 513, 515)
1990 Ed. (634)
Internacional de Ceramica
2004 Ed. (1187)
2003 Ed. (1181)
Internacional de Ceramica, SA de CV
2005 Ed. (1213)
Internacional del Peru
1990 Ed. (668)
Corp. Internacional Palacios
2006 Ed. (2545)
Internal analgesics
2001 Ed. (2083, 2085, 2107)
2000 Ed. (1715, 3618)
1997 Ed. (1674, 3053, 3054, 3174, 3175)
1991 Ed. (1456, 1457)
Internal combustion
2001 Ed. (2161)
Internal combustion engines
1994 Ed. (1732, 1733)
1992 Ed. (2084, 2085)
Internal medicine
2004 Ed. (3900)
Internal Revenue Service
2008 Ed. (2927)

2007 Ed. (2801)
2004 Ed. (3155)
2003 Ed. (3043)
2002 Ed. (4856)
1991 Ed. (2769)
Internap Network Services Corp.
2008 Ed. (4520, 4538)
2002 Ed. (2536)
2001 Ed. (4185)
InterNap Network Systems
2001 Ed. (4183)
Internatio-Muller NV
2002 Ed. (1005)
International
2006 Ed. (622)
2001 Ed. (351)
1993 Ed. (3627)
1991 Ed. (2356, 2568)
1990 Ed. (2758)
1989 Ed. (1845)
International Advertising
1993 Ed. (125)
1992 Ed. (213)
1991 Ed. (155)
1989 Ed. (166)
International Advisory Services Ltd.
2008 Ed. (852, 854, 857)
2007 Ed. (879, 881)
2006 Ed. (784, 786)
1999 Ed. (1029)
1997 Ed. (898)
1996 Ed. (877)
1995 Ed. (902)
1994 Ed. (859)
1993 Ed. (846)
1992 Ed. (1058)
1991 Ed. (853)
1990 Ed. (903)
International affairs
2004 Ed. (3889)
2000 Ed. (1012)
1997 Ed. (2157, 2158)
International Aircraft Services
1997 Ed. (191)
International Airline Support
2004 Ed. (201)
International Alliance Services Inc.
1999 Ed. (1440)
International Aluminum Corp.
2005 Ed. (774, 775)
International Amco
1992 Ed. (1960)
1990 Ed. (1669)
International American Homes Inc.
2002 Ed. (3561, 3562)
International Assets Holding Corp.
2008 Ed. (4520)
International Association for Medical Assistance to Travellers
1993 Ed. (250, 2729)
1990 Ed. (288)
International Association of Machinists
1998 Ed. (2322)
International Association of Machinists & Aerospace Workers
1991 Ed. (3411)
International Automotive Components Group
2008 Ed. (3217)
International Banchares Corp.
1991 Ed. (1905)
International Bancshares Corp.
2008 Ed. (2956, 2962)
2007 Ed. (2837)
2006 Ed. (2832, 2841)
2005 Ed. (633, 634)
2004 Ed. (644, 645)
2002 Ed. (2544, 2557)
2001 Ed. (2704, 2711)
2000 Ed. (2198, 2466)
1999 Ed. (2441, 2682)
1998 Ed. (1695, 1937)
1997 Ed. (2011, 2216)
1996 Ed. (1921, 2110)
1995 Ed. (1877, 2101, 2106)
1994 Ed. (2050, 2053)
1993 Ed. (2037)
1992 Ed. (2400, 2402)
International Bank
1990 Ed. (587)
International Bank Chicago
2008 Ed. (395)
International Bank for Reconstruction & Development
2008 Ed. (2167)
2007 Ed. (2058)
2006 Ed. (2103)
2005 Ed. (2002)
2004 Ed. (1885)
2003 Ed. (1850)
2001 Ed. (1686)
1999 Ed. (759, 759)
1998 Ed. (1502)
1996 Ed. (757)
1995 Ed. (682)
1994 Ed. (1699, 1705)
1993 Ed. (1678)
1991 Ed. (1582)
1990 Ed. (1673)
International Bank for Trade & Industry (Sierra Leone) Ltd.
1997 Ed. (608)
1994 Ed. (629)
1993 Ed. (624)
International Bank for Trade & Industry (S.L.) Ltd.
1996 Ed. (672)
1995 Ed. (602)
1992 Ed. (831)
1991 Ed. (658)
International Bank for West Africa Ltd.
1991 Ed. (633)
International Bank of Asia
1992 Ed. (607)
1991 Ed. (539)
International Bank of Azerbaijan
2006 Ed. (26)
2004 Ed. (468)
International Bank of Chicago
1995 Ed. (548)
International Bank of Commerce
1998 Ed. (397, 431)
1997 Ed. (560, 627)
1996 Ed. (692)
1995 Ed. (618)
1994 Ed. (646)
1993 Ed. (644)
1992 Ed. (848)
1990 Ed. (587)
International Bank of Japan
1993 Ed. (2421)
International Bank of Qatar
2008 Ed. (495)
International Bank of Singapore Ltd.
1999 Ed. (521)
International Bank of Yemen YSC
2000 Ed. (698)
1999 Ed. (681)
1993 Ed. (668)
1992 Ed. (870)
1991 Ed. (696)
1989 Ed. (716)
International Bankers Inc.
1993 Ed. (556)
International Banking Corp.
2008 Ed. (383, 445, 446)
2007 Ed. (401, 480)
International Bills Finance
1999 Ed. (1565)
International Blimpie
1992 Ed. (3764)
1991 Ed. (2910)
International bond
2004 Ed. (691)
International bond funds
1993 Ed. (717)
International Bridge Corp.
2003 Ed. (1361)
International Brotherhood of Electical Workers
2001 Ed. (2915)
International Brotherhood of Electrical Workers
2008 Ed. (2110)
2007 Ed. (2013)
2006 Ed. (2043, 3071)
2005 Ed. (3070)
2004 Ed. (3059)
2003 Ed. (1835, 2972)
1999 Ed. (3845)
1995 Ed. (1262)
1991 Ed. (3411)
International Brotherhood of Firemen & Oilers
1996 Ed. (3602)
International Brotherhood of Teamsters
1998 Ed. (2322)
1996 Ed. (3602, 3602)
1995 Ed. (1262)
International Budget Group
1995 Ed. (1133)
International Building Group
1995 Ed. (1132)
International Business Benefits Corp.
2001 Ed. (1877)
International Business Machines Corp.
2008 Ed. (805, 806, 816, 818, 866, 1042, 1046, 1049, 1111, 1112, 1113, 1115, 1117, 1119, 1143, 1144, 1145, 1147, 1149, 1153, 1155, 1157, 1158, 1347, 1355, 1358, 1371, 1406, 1433, 1470, 1517, 1518, 1519, 1521, 1524, 1536, 1827, 1852, 1922, 1987, 1988, 2361, 2475, 2486, 2493, 3013, 3196, 3544, 3834, 3861, 4262, 4268)
2007 Ed. (154, 837, 838, 851, 852, 853, 854, 855, 856, 858, 860, 889, 1204, 1206, 1208, 1209, 1210, 1212, 1213, 1214, 1215, 1228, 1244, 1245, 1249, 1252, 1256, 1258, 1259, 1260, 1265, 1400, 1402, 1406, 1414, 1415, 1476, 1533, 1534, 1535, 1537, 1539, 1540, 1555, 1584, 1618, 1792, 1813, 1816, 1920, 1921, 1923, 2347, 2366, 2376, 2893, 2914, 3058, 3061, 3213, 3415, 3524, 3690, 3697, 3758, 3782, 3988, 3989, 4234, 4588, 4645, 4805, 4806, 4979, 4980)
2006 Ed. (163, 692, 743, 744, 758, 759, 800, 1069, 1101, 1103, 1105, 1106, 1108, 1110, 1111, 1132, 1133, 1135, 1136, 1137, 1139, 1140, 1141, 1142, 1144, 1145, 1150, 1356, 1361, 1363, 1364, 1376, 1377, 1466, 1467, 1468, 1469, 1470, 1482, 1501, 1503, 1504, 1505, 1506, 1507, 1508, 1509, 1510, 1518, 1519, 1525, 1527, 1532, 1646, 1662, 1805, 1937, 1938, 1942, 2326, 2396, 2400, 2422, 2548, 2892, 3028, 3039, 3319, 3329, 3361, 3362, 3491, 3695, 3697, 3698, 3702, 4218, 4647, 4792, 4981, 4982)
2005 Ed. (739, 740, 793, 817, 818, 831, 832, 836, 880, 1106, 1111, 1112, 1113, 1114, 1115, 1118, 1121, 1124, 1125, 1126, 1143, 1144, 1146, 1147, 1150, 1151, 1155, 1156, 1159, 1352, 1353, 1359, 1360, 1366, 1377, 1379, 1381, 1386, 1390, 1465, 1469, 1555, 1575, 1578, 1617, 1618, 1619, 1620, 1621, 1622, 1623, 1624, 1629, 1630, 1636, 1638, 1735, 1744, 1774, 1793, 1805, 1818, 1909, 1910, 1913, 2008, 2343, 2355, 2374, 2375, 2997, 2998, 3036, 3038, 3177, 3328, 3371, 3380, 3381, 3596, 3695, 3699, 3987, 4040, 4164, 4463, 4742, 4988, 4989)
2000 Ed. (773, 995, 1164, 1166, 1349, 1469, 1478, 3321, 3323, 3325, 3326, 3327, 3328, 3370)
1992 Ed. (904, 1306, 1640, 1809, 3222)
International Business Machines Corp. (IBM)
2004 Ed. (151, 843, 844, 857, 859, 894, 1102, 1107, 1108, 1110, 1111, 1114, 1116, 1117, 1118, 1119, 1131, 1132, 1133, 1134, 1136, 1350, 1351, 1363, 1560, 1570, 1592, 1593, 1594, 1595, 1597, 1599, 1600, 1601, 1602, 1611, 1613, 1654, 1677, 1686, 1741, 1754, 1757, 1824, 1825, 2026, 2027, 2031, 2039, 2041, 2208, 2224, 2243, 2256, 2262, 2306, 3000, 3001, 3022, 3024, 3154, 3351, 3679, 3776, 3780, 3785, 4048, 4099, 4557, 4575, 4581, 4582, 4655, 4982, 4984)
2003 Ed. (15, 20, 192, 815, 818, 836, 870, 1087, 1089, 1090, 1092, 1094, 1095, 1098, 1099, 1100, 1101, 1104, 1120, 1122, 1124, 1344, 1345, 1350, 1355, 1362, 1522, 1525, 1526, 1527, 1545, 1547, 1548, 1551, 1562, 1564, 1567, 1568, 1570, 1571, 1572, 1573, 1574, 1575, 1579, 1580, 1585, 1587, 1591, 1647, 1711, 1717, 1790, 1791, 1978, 1982, 1985, 1987, 2181, 2239, 2245, 2251, 2252, 2253, 2254, 2894, 2895, 2943, 2944, 2947, 2948, 3288, 3638, 3673, 3751, 3756, 3760, 4029, 4030, 4073, 4386, 4567)
2002 Ed. (33, 227, 751, 868, 915, 916, 946, 1133, 1135, 1137, 1139, 1140, 1141, 1145, 1156, 1157, 1494, 1495, 1499, 1533, 1536, 1538, 1539, 1540, 1541, 1542, 1543, 1555, 1564, 1572, 1621, 1655, 1688, 1692, 1741, 2001, 2075, 2100, 2106, 2109, 2116, 2807, 2810, 2812, 2814, 3233, 3246, 3334, 3335, 3336, 3337, 3338, 3339, 3495, 3496, 3602, 3605, 3607, 3610, 3616, 3620, 3886, 3966, 4518, 4600, 4876, 4993, 4994)
2001 Ed. (399, 1071, 1073, 1074, 1076, 1135, 1343, 1344, 1349, 1350, 1351, 1354, 1363, 1367, 1368, 1379, 1547, 1557, 1581, 1583, 1584, 1585, 1588, 1590, 1591, 1592, 1593, 1594, 1596, 1598, 1599, 1604, 1684, 1740, 1741, 1742, 1748, 1751, 1817, 1977, 1978, 2164, 2169, 2170, 2172, 2174, 2196, 2198, 2589, 2869, 3084, 3186, 3187, 3217, 3229, 3296, 3297, 3301, 3403, 3534, 3535, 3645, 3650, 3665, 3667, 3670, 3672, 3675, 3677, 3684, 3692, 3958, 4043, 4044, 4213)
International Business Systems (IBS)
2004 Ed. (3317)
2003 Ed. (1117)
International Call Centres (ICLP)
2002 Ed. (4572)
International Cash Global
1992 Ed. (3163)
International Cash-Global Portfolio
1992 Ed. (3180)
1989 Ed. (1853)
International Cash: Hard Currency
1992 Ed. (3170)
International Cash: High Income Currency
1992 Ed. (3170)
International Center for Research on Women
2004 Ed. (933)
International Centre
2005 Ed. (2520)
2001 Ed. (2352)
International Centre, Toronto
2003 Ed. (2414)
International CES
2005 Ed. (4733)
2003 Ed. (4774)
2002 Ed. (4644)
International Cheese Co.
1994 Ed. (3623)
International City Bank, NA
2008 Ed. (429)
1996 Ed. (678, 2640)
International City Holdings
1990 Ed. (3465)
International Clinical Laboratories
1990 Ed. (1245, 2051, 2052)
International Coal Group Inc.
2008 Ed. (1015)

International Columbia Resources Corp.
2004 Ed. (1030)
2003 Ed. (1027)
International Comfort Products
2001 Ed. (286)
2000 Ed. (226, 2286, 2442)
1999 Ed. (203, 2539, 2540, 2659)
International Comm.
1991 Ed. (672)
International Comm Bank
1991 Ed. (673)
International Commercial Bank
2001 Ed. (626)
1989 Ed. (690)
International Commercial Bank of China
2008 Ed. (511)
2007 Ed. (449, 559)
2006 Ed. (443, 529)
2005 Ed. (616)
2004 Ed. (526, 627)
2003 Ed. (618)
2002 Ed. (654, 3194)
2000 Ed. (529, 671)
1999 Ed. (519, 646)
1998 Ed. (350)
1997 Ed. (466, 624, 3682)
1996 Ed. (690, 3628, 3629)
1995 Ed. (470, 616)
1994 Ed. (481, 644, 3472)
1993 Ed. (478, 641)
1992 Ed. (845)
1991 Ed. (449, 451, 513, 552, 554)
1990 Ed. (503, 695)
1989 Ed. (562, 691)
International Communications & Data
1993 Ed. (1486)
International Communications Research
2007 Ed. (4443)
International Computer Solutions Inc.
2007 Ed. (3563, 4425)
2006 Ed. (3518, 4357)
2003 Ed. (2704, 2720)
2002 Ed. (2512)
International Computers Ltd.
1991 Ed. (2371)
International Construction & Utility Equipment Exposition
1990 Ed. (3627)
1989 Ed. (2861)
International Container Terminal Services Inc.
1996 Ed. (2564, 3029)
1994 Ed. (2432)
International Controls Corp.
1990 Ed. (1810)
1989 Ed. (2871, 2872)
International Corona
1994 Ed. (1982)
International Corona Resources
1990 Ed. (1936)
International Cosmetics
1995 Ed. (1501)
1994 Ed. (1466)
1993 Ed. (1412)
1992 Ed. (1707)
International Credit Bank Ltd.
1999 Ed. (675)
1997 Ed. (635)
1996 Ed. (702)
International Crossroads, Mahwah
1990 Ed. (1178)
International Dairy Queen Inc.
2008 Ed. (4172)
2000 Ed. (2236)
1999 Ed. (2478)
1998 Ed. (1737)
1993 Ed. (3011)
1992 Ed. (2203, 2224, 3688)
1991 Ed. (1655, 1657, 1658, 1659, 1769, 2859, 2866, 2879, 2885, 3147)
1990 Ed. (1836)
1989 Ed. (2503)
International Data Group
2008 Ed. (3531)
2007 Ed. (3401)
2006 Ed. (3180, 3345)
2005 Ed. (3357)
2004 Ed. (3332, 3413)
2003 Ed. (3272)
2002 Ed. (3282)
2001 Ed. (247, 3709, 3953, 4608)
2000 Ed. (3463)
1999 Ed. (3743)
1998 Ed. (2780)
1996 Ed. (3143)
1995 Ed. (2068)
International Data Products Corp.
2000 Ed. (2468)
1999 Ed. (2665, 2675, 2680, 3296)
International Data Products Corp. IDP
2000 Ed. (2449)
International Dental Plans
2000 Ed. (1657)
1999 Ed. (1831)
1998 Ed. (1255)
International Design Guild Inc.
2004 Ed. (2881, 2890)
International DisplayWorks
2008 Ed. (2856)
2007 Ed. (2726)
International Energy
2006 Ed. (2697)
International Engineering & Construction
1994 Ed. (1176)
1992 Ed. (1438)
International Equity Global
2003 Ed. (3149)
International Exposition Center
2005 Ed. (2518)
2001 Ed. (2350)
1992 Ed. (1442, 3013)
International Exposition (I-X) Center
2003 Ed. (2412)
International Family Entertainment
1995 Ed. (3580)
1994 Ed. (2011, 3320)
International Fancy Food & Confection Show
1999 Ed. (4642)
International Finance Corp.
1997 Ed. (603)
International Finance & Consultants
1989 Ed. (1785)
International Finance Investment & Commerce Bank Ltd.
2000 Ed. (467)
1999 Ed. (475)
1997 Ed. (415)
1996 Ed. (453)
1995 Ed. (427)
1994 Ed. (432)
1991 Ed. (458)
International Financial Co.
1996 Ed. (665)
International Financial Systems
2002 Ed. (2496)
International Fire Protection
2008 Ed. (1270)
International Fixed Income
2003 Ed. (3147, 3147)
International Flavors
1989 Ed. (2508)
International Flavors & Fragrance
2000 Ed. (4071)
International Flavors & Fragrances Inc.
2008 Ed. (911, 921)
2007 Ed. (943, 944, 957)
2006 Ed. (857, 858, 4077)
2005 Ed. (943, 2021, 2022)
2004 Ed. (940, 952, 1897, 1898, 3398)
2003 Ed. (932, 938, 941, 3771, 4070, 4536)
2002 Ed. (991, 993, 1017, 1019, 3639, 3965)
2001 Ed. (1177, 1178, 1213)
2000 Ed. (1022, 1033, 4068)
1999 Ed. (1105, 1113, 2444, 4350, 4352)
1998 Ed. (698, 709, 714, 715, 716, 1053, 1698, 3327, 3329)
1997 Ed. (967, 972, 973, 974, 2013, 3535, 3536)
1996 Ed. (950, 951, 3469, 3470, 3500)
1995 Ed. (972, 973, 3323, 3410, 3411, 3435)
1994 Ed. (919, 940, 941, 3351, 3352)
1993 Ed. (927, 2809, 3347, 3348)
1992 Ed. (1126, 1127, 3395, 4008)
1991 Ed. (919, 920, 921, 2711, 3150, 3151)
1990 Ed. (962, 963, 964, 966, 967, 968, 2810, 3311, 3312)
1989 Ed. (895, 896, 897, 899, 900, 901, 2509)
International Foodstuffs Co.
2008 Ed. (2755)
International Foreign Exchange Program
2003 Ed. (3112)
International Forest Products
2006 Ed. (1571)
1990 Ed. (1362)
International Furniture Fair
2004 Ed. (4756, 4758)
International Furniture Fair Tokyo
2004 Ed. (4758)
International Game
1992 Ed. (3984)
International Game Technology Inc.
2008 Ed. (1969, 3066, 3074, 3082, 3439, 3440, 3443, 3543, 4142, 4145, 4202)
2007 Ed. (1908, 2675, 3413, 3414)
2006 Ed. (1522, 1924, 2685, 3269, 3271, 3360)
2005 Ed. (247, 1633, 2709, 2710, 3278, 3280, 3378, 4462)
2004 Ed. (1814, 2417, 2716, 2717, 3253, 3254, 3349, 3350, 4485, 4490, 4563)
2003 Ed. (1714, 2336, 3286, 3292, 3296, 4540)
2002 Ed. (2146)
2001 Ed. (1809)
1999 Ed. (4487)
1997 Ed. (1083, 3643)
1996 Ed. (1066, 1069)
1995 Ed. (1086, 1432, 2058)
1994 Ed. (1079, 2433)
1993 Ed. (2495, 2714)
International Gaming Technology
2008 Ed. (4528)
International Gem & Jewelry Show Inc.
2008 Ed. (4723)
2006 Ed. (4787)
2005 Ed. (4736)
International Gift & Home Furnishings Winter Market
2004 Ed. (4755)
The International Group
2007 Ed. (320)
International Hardware Week
2001 Ed. (4610)
International Harvester Credit Union
2003 Ed. (1903)
International Heavy Duty
1994 Ed. (3582)
International Home & Garden Show
2005 Ed. (4737)
2004 Ed. (4757)
International Home Foods Inc.
2003 Ed. (3688, 3690)
2001 Ed. (1813, 2465)
International Home Furnishing Market
2004 Ed. (4756)
International Home Show
2005 Ed. (4737)
2004 Ed. (4757)
International Hotel Employees Restaurant Employees
1998 Ed. (2322)
International House of Pancakes
2008 Ed. (4159, 4175, 4176, 4181, 4182)
2007 Ed. (4144, 4148)
2006 Ed. (4117)
2005 Ed. (4065, 4066, 4067, 4068, 4069, 4083)
2004 Ed. (4119, 4132, 4137)
2003 Ed. (4112, 4113, 4114, 4115, 4116, 4117, 4119, 4121)
2002 Ed. (2362, 4015)
1998 Ed. (3056, 3064)
1997 Ed. (3314, 3335)
1996 Ed. (3232)
1995 Ed. (3117, 3140)
1994 Ed. (3072, 3090)
1991 Ed. (2881)
1990 Ed. (3022)
International House of Pancakes (IHOP)
2002 Ed. (4002, 4014)
International House of Pancakes Restaurants
1993 Ed. (3033)
1992 Ed. (3719)
International Housewares Show
2004 Ed. (4752, 4755, 4756)
2003 Ed. (4774)
2002 Ed. (4644)
International hybrid
2004 Ed. (2449)
International Income A
1996 Ed. (2809)
1995 Ed. (2712)
International Industrial Bank
2008 Ed. (442, 497)
2007 Ed. (443, 445, 469, 477, 546)
2006 Ed. (457, 464, 467)
2005 Ed. (499, 503, 602)
2004 Ed. (612)
2003 Ed. (604)
International Industrial Merchant Bank of Trinidad & Tobago Ltd.
1995 Ed. (622)
1994 Ed. (649)
1993 Ed. (647)
1992 Ed. (851)
1991 Ed. (679)
International Innopac
1996 Ed. (2900)
1994 Ed. (2718)
International Institute for Management Development
2007 Ed. (813)
International INtegrated Solutions
2006 Ed. (4871)
International Investment Trust Co.
2005 Ed. (3232)
1999 Ed. (2894)
International Investors
1991 Ed. (2569)
International King's Table
1991 Ed. (2880)
1990 Ed. (1246)
International Lawn, Garden & Power Equipment Expo
2005 Ed. (4733)
2004 Ed. (4752)
2003 Ed. (4774)
2002 Ed. (4644)
1996 Ed. (3728)
1990 Ed. (3627)
1989 Ed. (2861)
International Lease Finance
2006 Ed. (4820)
2000 Ed. (1916, 1918)
1993 Ed. (204)
1991 Ed. (3414)
1990 Ed. (3640)
International Lease Finance Co. (ILFC)
2001 Ed. (345)
International Legal Fraternity of Phi Delta Phi
1999 Ed. (297)
International Lighting & Accessories Market
2008 Ed. (4720)
International Machine Tool Show
1990 Ed. (3627)
1989 Ed. (2861)
International Mail Processing Inc.
1999 Ed. (2674)
International Management Consultants Inc.
1997 Ed. (3515)
1993 Ed. (3308)
International Management Group
2001 Ed. (1254)
International Manufacturing Technology Show
2005 Ed. (4733)
2003 Ed. (4774)
2001 Ed. (4610)
International Marine Carriers,Inc.
1991 Ed. (963, 965)
International Marine Carries
1990 Ed. (1036)
International Maritime Carriers
1990 Ed. (2046)

International Marketing & Promotions Group
1994 Ed. (3128)
International Marketing & Promotions (IMP Group)
1993 Ed. (3065)
International Masters Publishers Continuity
1999 Ed. (1854)
International Medical Corps
2004 Ed. (933)
International Medium Duty
1994 Ed. (3582)
International Merchant Bank (Nigeria)
1999 Ed. (613)
1995 Ed. (573)
1994 Ed. (602)
1993 Ed. (599)
1992 Ed. (806)
1991 Ed. (633)
International Merchant Service Inc.
2001 Ed. (436)
International Metals
1990 Ed. (2009)
International Micro-Electronic Products
1993 Ed. (3006)
International Microelectronics
1994 Ed. (2285)
International Millennium Consultants Inc.
2007 Ed. (3551, 3552, 4410)
International Minerals & Chemical
1991 Ed. (1212)
International Minerals & Chemical Canada
1997 Ed. (2795)
1996 Ed. (2650)
International Minerals & Chemicals
1990 Ed. (3660)
International Mining & Chemical
1990 Ed. (932)
International Monetary Fund
2008 Ed. (2167)
2006 Ed. (2103)
2003 Ed. (1850, 2623)
2001 Ed. (1686)
International Moscow Bank
1996 Ed. (667)
1994 Ed. (456)
International Motor Co.
1990 Ed. (23)
International Movie Group
1994 Ed. (1670)
1992 Ed. (1984)
International Multifoods Corp.
2005 Ed. (2651, 2652, 4915)
2004 Ed. (2658, 2659, 4933, 4934)
2003 Ed. (2498, 2499, 4929, 4930)
2002 Ed. (4901)
2001 Ed. (2456, 2457)
1998 Ed. (1725)
1995 Ed. (1459, 2770)
1994 Ed. (1422, 1561)
1993 Ed. (1369, 2514, 2517, 2518, 2521, 2888, 2890, 2895, 2896)
1992 Ed. (2988, 2993, 2996, 3505, 3508, 3510)
1991 Ed. (1734, 2470)
1990 Ed. (1813, 1818, 1819)
1989 Ed. (1446, 1451, 1452)
International Multifoods, U.S. Foodservice Group
1993 Ed. (2887)
International Murex Technologies
1997 Ed. (1374)
International Nederlanden Group
1997 Ed. (1486)
1995 Ed. (1462)
International Network Services
2000 Ed. (2404, 4048)
International Nickel Corp.
1993 Ed. (2156)
International Co. of Finance & Investment
2000 Ed. (653)
1999 Ed. (628)
International Olympic Committee
1998 Ed. (3778)
International Paper Co.
2008 Ed. (1431, 1833, 2105, 2106, 2295, 2763, 3020, 3603, 3838, 3849, 3850, 3851, 3852, 3855, 3856, 4073, 4667)
2007 Ed. (1455, 1483, 1513, 1672, 1673, 1674, 2633, 2634, 2635, 2638, 2898, 3769, 3770, 3771, 3773, 3774, 3778, 3779, 3988)
2006 Ed. (1666, 1667, 1668, 2654, 2655, 3773, 3774, 3775, 3776, 3777, 3778, 3781, 3782)
2005 Ed. (1526, 1747, 1748, 1749, 2670, 3450, 3673, 3674, 3675, 3676, 3677, 3680, 3681, 3682, 3688, 4164)
2004 Ed. (1485, 1510, 1689, 1690, 1691, 2561, 2678, 3435, 3758, 3759, 3760, 3761, 3762, 3765, 3766, 3770)
2003 Ed. (1455, 1480, 1661, 1662, 1790, 2427, 2541, 2542, 3423, 3714, 3715, 3716, 3717, 3718, 3721, 3725, 3726, 3728, 3729, 3730, 3731, 3733)
2002 Ed. (1435, 1459, 2319, 2321, 2322, 3578, 3579, 3580, 3581, 3582, 3583, 3584, 4603)
2001 Ed. (1597, 1817, 3614, 3621, 3622, 3623, 3624, 3625, 3626, 3630, 3631, 3634, 3635, 3641, 4933)
2000 Ed. (1584, 2241, 2254, 2256, 2257, 3405, 3407, 3411)
1999 Ed. (1752, 2489, 2490, 2491, 2496, 2497, 3686, 3687, 3689, 3700)
1998 Ed. (1068, 1750, 1751, 1752, 1753, 2424, 2736, 2738, 2739, 2740, 2741, 2746, 2747, 2748, 3647)
1997 Ed. (1489, 1810, 2067, 2068, 2069, 2075, 2076, 2932, 2986, 2987, 2988, 2989, 2990, 2992, 2993)
1996 Ed. (1958, 1959, 1961, 1962, 2901, 2903)
1995 Ed. (1466, 1922, 1923, 1925, 2826, 2827, 2828, 2830, 2832, 2835, 2836)
1994 Ed. (1252, 1430, 1891, 1893, 1895, 1896, 2722, 2723, 2724, 2725, 2726)
1993 Ed. (1377, 1890, 1892, 1893, 1894, 2478, 2589, 2763, 2764)
1992 Ed. (361, 1236, 1384, 1385, 2209, 2211, 3328, 3329, 3330, 3331, 3333, 3338)
1991 Ed. (258, 1053, 1071, 1170, 1761, 1763, 2669, 2672)
1990 Ed. (1188, 1842, 1843, 1846, 2763)
1989 Ed. (273, 1008, 1465, 1466, 2113, 2657)
The International Partnership Group Inc.
1990 Ed. (282)
1989 Ed. (267)
International Payment Services Inc.
2001 Ed. (577)
International Plastics Inc.
2008 Ed. (4427)
2007 Ed. (4445)
2006 Ed. (4377)
International Playtex
2005 Ed. (1491)
International Potter Distilling
1996 Ed. (724)
1994 Ed. (692)
1992 Ed. (886)
International Power
2007 Ed. (2307)
2006 Ed. (2369)
International Power plc
2008 Ed. (2126, 2429, 2433, 2504, 2505, 2814, 3679)
2005 Ed. (2404)
International Profit Associates
1999 Ed. (1184, 4321)
1998 Ed. (748, 3310)
International Property Management Inc.
1992 Ed. (3909)
International Reagents
1993 Ed. (1514)
International Rectifier Corp.
2008 Ed. (2462)
2007 Ed. (2338)
2006 Ed. (4285)
2005 Ed. (2284, 4500)
2004 Ed. (2182, 2183)
1993 Ed. (1578, 3213)
1992 Ed. (3226)
1989 Ed. (1310)
International Rescue Committee
2004 Ed. (933)
1999 Ed. (3628)
1997 Ed. (2951)
1996 Ed. (913, 2853)
1994 Ed. (905)
1993 Ed. (896)
1991 Ed. (897)
International Risk Management Ltd.
2001 Ed. (2920)
2000 Ed. (979, 980)
International Risk Management (Bermuda) Ltd.
1999 Ed. (1029)
1997 Ed. (899)
1996 Ed. (877)
1995 Ed. (902)
1994 Ed. (859)
1993 Ed. (846)
1992 Ed. (1058)
1991 Ed. (853)
1990 Ed. (903, 904)
International Risk Management (Cayman) Ltd.
2001 Ed. (2921)
1999 Ed. (1030)
1997 Ed. (899)
1996 Ed. (878)
1995 Ed. (904)
1994 Ed. (862)
1993 Ed. (849)
1992 Ed. (1059)
1991 Ed. (854)
International Road Dynamics
2007 Ed. (2813)
International Savings & Loan Association, Ltd.
1998 Ed. (3542)
International Seafarers
1998 Ed. (2322)
International Securities Co.
1995 Ed. (1351)
International Securities Exchange
2008 Ed. (4500)
International Sematech
2004 Ed. (2171)
International Semi-Tech Microelect
1992 Ed. (1288)
International Semi-Tech Microelectronics Inc.
1993 Ed. (1184)
International Service System A/S
2008 Ed. (1704)
International Service System A/S--ISS
2002 Ed. (1343, 1639)
2001 Ed. (1578)
International Services
2000 Ed. (3907)
1997 Ed. (3413)
1995 Ed. (3211)
International Shared Services
2003 Ed. (2796)
2002 Ed. (2591)
International Shipholding Corp.
1994 Ed. (3265, 3572)
1993 Ed. (3275)
1991 Ed. (3084)
International Small Cap Equity
2003 Ed. (3146)
International Specialty Holdings Inc.
2008 Ed. (1701)
2007 Ed. (1675)
2006 Ed. (1671)
International Specialty Products Inc.
2005 Ed. (3936)
2002 Ed. (3591)
2000 Ed. (3423)
International Speedway Corp.
2007 Ed. (4108)
2005 Ed. (243, 244)
2004 Ed. (240, 241)
International Steel Group Inc.
2006 Ed. (1497, 2893, 3454, 3455, 3458, 3459, 3460, 3461, 3462, 3472)
2005 Ed. (1462, 3330, 3445, 3453, 4144, 4251)
International Stock Exchange
2007 Ed. (4537)
2006 Ed. (4481)
2005 Ed. (4479)
International stocks, bonds
1995 Ed. (2865, 2866)
International Strategy & Investment Group
2008 Ed. (3391, 3394)
2007 Ed. (3263, 3272)
2006 Ed. (3204)
International style prepared vegetables
1990 Ed. (1953)
International Summer Consumer Electronics Show
1990 Ed. (3627)
1989 Ed. (2861)
International Surplus Lines Insurance Co.
1992 Ed. (2648)
1991 Ed. (2087)
International Systems of America Inc.
2007 Ed. (3558, 4422)
2006 Ed. (3515)
International Tech Services
1998 Ed. (3765)
International Technology Corp.
2000 Ed. (1816, 1845, 1847, 1848, 1850, 1852, 1853, 1854, 1858)
1999 Ed. (1359, 2021)
1998 Ed. (937, 1449, 1476, 1477, 1480, 1485, 1487, 1492)
1997 Ed. (1734, 1740, 1782, 3132)
1996 Ed. (1656, 1662, 3879)
1995 Ed. (1673, 1718)
1994 Ed. (1132, 1137, 1635, 2892)
1993 Ed. (1121, 1603, 2875, 2876)
1992 Ed. (1408, 1958, 3479, 3480)
International Telecharge
1990 Ed. (3561)
1989 Ed. (2367)
International Telecommunications Corp.
1998 Ed. (2410)
International Telecommunications Satellite Organization
2001 Ed. (1687)
International Telephone & Telegraph Corp.
1990 Ed. (3515)
International Textile Group Inc.
2007 Ed. (4745, 4746)
2006 Ed. (4727, 4728)
International Textiles/Rug Barn
1997 Ed. (1010, 3526)
International Thomson
1990 Ed. (1107)
1989 Ed. (965, 2275)
International Thomson Organisation
1992 Ed. (1599)
1991 Ed. (1142, 1265)
International Thoroughbred Breeders
1991 Ed. (229)
1990 Ed. (258)
International Tours
1996 Ed. (3879)
International Tours & Cruises
1998 Ed. (3761)
International Tours Travel Services
1995 Ed. (3794)
International Trade Center
1992 Ed. (2597)
International Transport
1991 Ed. (3432)
International Truck & Engine Corp.
2008 Ed. (3183, 3202, 3540)
2005 Ed. (285)
2004 Ed. (279)
2003 Ed. (313, 2927)
International Trust & Finance
1994 Ed. (3158)
International Trust Company of Liberia
1989 Ed. (606)
International Union of Electrical, Radio & Machine Workers
1996 Ed. (3602)

International Union of Operating Engineers
1995 Ed. (1262)
International Uranium
2007 Ed. (4574)
2006 Ed. (1603)
2005 Ed. (1730)
International Value Equity
2003 Ed. (3146, 3146)
International Value Fixed Income (Hedged)
2003 Ed. (3147)
International Verifact Inc.
2000 Ed. (1315)
International Vision Expo East
2005 Ed. (4732)
International Westminister Bank PLC
1991 Ed. (532)
International Westminster Bank
1990 Ed. (582)
International Westminster Bank Plc.
1990 Ed. (584)
International Wex Technologies Inc.
2006 Ed. (4492)
International Winter Consumer Electronics Show
1996 Ed. (3728)
1990 Ed. (3627)
1989 Ed. (2861)
International Women's Show
1998 Ed. (3608)
International Woodworkers of America
1996 Ed. (3602)
International Woodworking Machinery & Furniture Supply Fair
1996 Ed. (3728)
International Youth Foundation
1995 Ed. (1933)
1994 Ed. (1906)
1993 Ed. (895, 1897)
Internationale a Luxembourg
1990 Ed. (630)
Internationale Arabe Tunisie
1991 Ed. (442)
Internationale Nederland Bank
1997 Ed. (572)
Internationale Nederland Group
1995 Ed. (562)
Internationale Nederlanden Groep
1996 Ed. (214, 215, 631, 1424, 1425)
1995 Ed. (1463)
Internationale Nederlanden Groep NV
2003 Ed. (1776, 4396)
2001 Ed. (1805)
2000 Ed. (1522)
Internationale Nederlanden Group
1999 Ed. (1711, 2922, 4287)
1997 Ed. (1487)
1994 Ed. (216, 593, 1425, 1426)
1993 Ed. (1372)
Internationale Nederlanden Group NV
1997 Ed. (1484, 2015, 3501)
Internationale Nederlander Groep NV
2000 Ed. (4006)
Internazionale
2005 Ed. (4391)
2002 Ed. (4307)
Internazionale Milan
2008 Ed. (4454)
2007 Ed. (4465)
2006 Ed. (4398)
Internet
2008 Ed. (760, 761, 2451)
2007 Ed. (157, 2325)
2006 Ed. (138, 762)
2005 Ed. (134, 835, 852)
2004 Ed. (861, 1912, 4992)
2003 Ed. (817, 2602, 2758, 3480)
2002 Ed. (749, 918, 2212)
2001 Ed. (593, 2216, 2781, 3245, 3246, 4674)
2000 Ed. (3230, 3290, 3504)
1996 Ed. (2345)
1992 Ed. (1912, 1913)
Internet Access
2001 Ed. (2720, 2969)
The Internet Archive
2004 Ed. (3162)
Internet Auction
2006 Ed. (4537)
Internet Capital Group
2002 Ed. (2532)
2001 Ed. (2164, 4184)
Internet Capital Group LLC
2003 Ed. (1512)
Internet CEO
2000 Ed. (1789)
Internet Direct
2000 Ed. (2744)
Internet directories
1997 Ed. (3925)
Internet Gold--Golden Lines Ltd.
2001 Ed. (4189)
Internet Info
2003 Ed. (2713)
Internet Initiative Japan Inc.
2001 Ed. (4189)
Internet Movie Database
2004 Ed. (3158)
2003 Ed. (3050)
Internet Research Group
2001 Ed. (1765)
Internet ScamBusters
2002 Ed. (4844)
Internet Security Systems Inc.
2002 Ed. (2528)
Internet service providers
2008 Ed. (109, 2451, 2454)
2007 Ed. (98, 2325, 2329)
2006 Ed. (104)
Internet services
2008 Ed. (109)
2007 Ed. (98)
2006 Ed. (104)
2002 Ed. (4884)
Internet services and retailing
2008 Ed. (3153)
2007 Ed. (3040, 3041, 3043, 3045)
Internet software & services
2008 Ed. (1630)
Internet strategy
2001 Ed. (2167)
Internet Systems
1993 Ed. (2033)
Internet Traffic Report
2004 Ed. (3157)
Internet Travel
2002 Ed. (1584, 1592)
Internet Travel Network
2001 Ed. (2991)
Internet World
2001 Ed. (255)
2000 Ed. (3468)
1998 Ed. (2793, 2794)
Internet.com
2005 Ed. (827)
2003 Ed. (1512)
2001 Ed. (4452)
InternetConnect
1999 Ed. (3000)
Internists, general
2008 Ed. (3809)
InterNotes Strategy
2008 Ed. (3721, 4413, 4972)
Internships
2001 Ed. (4020)
Intero Real Estate Services Inc.
2007 Ed. (4071, 4072)
Interocean Management
2004 Ed. (1360)
Interoceanica
2008 Ed. (3257)
2007 Ed. (3112)
InterOil Corp.
2008 Ed. (1430)
2007 Ed. (1624, 3863)
2006 Ed. (4492)
Interpane Float Glass SA
2002 Ed. (1498)
Interpartners
2008 Ed. (117)
2005 Ed. (120)
Interpersonal skills
1993 Ed. (1595)
Interphase Corp.
2003 Ed. (2945)
1996 Ed. (1762)
Interplak
1989 Ed. (2043)
Interplan Corp.
2000 Ed. (3600)
Interplan Health Group PPO
2005 Ed. (3883)
Interplastic
1990 Ed. (1978)
Interport Resources Corp.
2002 Ed. (3704)
1992 Ed. (2966)
InterPow, LLC
2000 Ed. (2746)
Interprovincial Cooperative
2008 Ed. (1385)
Interprovincial Pipe Line
1994 Ed. (1955)
Interpublic Ltd.
2003 Ed. (72)
2002 Ed. (1982)
2001 Ed. (32)
2000 Ed. (93)
1996 Ed. (86)
Interpublic Group
2005 Ed. (100)
2000 Ed. (36, 4004)
1999 Ed. (31, 33, 34, 87, 103, 104, 3649, 4285)
1998 Ed. (27, 50, 57, 58, 2975, 3290)
1997 Ed. (34, 55, 87, 101, 103)
1995 Ed. (85, 86, 2509, 3315)
1994 Ed. (96, 2443, 2930)
1993 Ed. (109, 110, 2504, 2916)
1991 Ed. (2765)
1990 Ed. (2521, 2905)
1989 Ed. (1935)
The Interpublic Group of Companies Inc.
2008 Ed. (124, 125, 3005)
2007 Ed. (104, 105, 115, 117, 118, 2883, 4568, 4569)
2006 Ed. (108, 111, 115, 116, 123, 124, 3295, 4470)
2005 Ed. (98, 99, 106, 118, 119, 121, 1576)
2004 Ed. (102, 104, 110, 111, 118, 120, 1585)
2003 Ed. (34, 86, 88, 109)
2002 Ed. (62, 66, 120, 121, 143, 171, 911, 3278, 3822)
2000 Ed. (108)
1992 Ed. (161, 163, 164, 3527)
1990 Ed. (115)
1989 Ed. (120)
Interpublic Group of Cos.
2005 Ed. (1467)
2001 Ed. (96, 147, 170, 200, 4222)
2000 Ed. (109, 139)
1996 Ed. (32, 60, 99, 101)
1991 Ed. (110, 112)
1990 Ed. (113)
Interpublic Health Care
2007 Ed. (106)
Interpublic Healthcare
2008 Ed. (114)
2006 Ed. (117)
2005 Ed. (107)
interQ
2001 Ed. (1763, 1765)
InterQuarit Capital Advisors
1991 Ed. (2220)
Interquest Detection Canines
2006 Ed. (4267)
2005 Ed. (4289)
2004 Ed. (4350)
2003 Ed. (4329)
2002 Ed. (4203)
Interquisa/Societe
2002 Ed. (2228)
Interros-Soglasiye
2003 Ed. (2978)
Interrra Clearing
2000 Ed. (1097)
Interscience
1998 Ed. (2938)
Interscope Media Cos.
2005 Ed. (1680)
InterSecurities
2002 Ed. (790, 791, 792, 793, 794, 795)
2000 Ed. (833, 834, 837, 838, 839, 849, 850, 862, 865, 866)
Interseguro
2008 Ed. (3260)
2007 Ed. (3116)
Interserv 2000 Systems
2000 Ed. (2505)
Intersil Corp.
2007 Ed. (4558)
Interspar GmbH
1997 Ed. (1363)
1996 Ed. (1298)
Interstate Bakeries Corp.
2008 Ed. (1874, 1875, 4065, 4069, 4071, 4266, 4268)
2007 Ed. (4037, 4234)
2006 Ed. (382, 1836, 4002, 4218)
2005 Ed. (2653, 2654, 4164)
2004 Ed. (1806, 2660, 2661, 4764)
2003 Ed. (371, 372, 761, 853)
1999 Ed. (2455)
1998 Ed. (256, 258, 259, 1062, 1082)
1997 Ed. (330)
1994 Ed. (1874)
1993 Ed. (1370)
1992 Ed. (491, 493, 495, 496, 497)
1989 Ed. (354, 355, 357, 361)
Interstate Bakeries Group
1997 Ed. (2038)
Interstate Bank
2004 Ed. (543)
2002 Ed. (540)
Interstate Brands Corp.
2008 Ed. (726)
1999 Ed. (369)
1998 Ed. (265)
1997 Ed. (328)
1995 Ed. (342)
Interstate Brands Corp
2000 Ed. (373)
Interstate Chemical Co., Inc.
2004 Ed. (955)
Interstate Cigar
1991 Ed. (964, 966)
Interstate Connecting Components Inc.
2004 Ed. (2245)
Interstate Consolidation Inc.
2000 Ed. (2258)
1999 Ed. (2498)
1998 Ed. (1755)
Interstate Construction and Interstate Transfer
1993 Ed. (3619)
Interstate Distributor Co.
2003 Ed. (4795)
1994 Ed. (3593)
Interstate Hotels Corp.
2002 Ed. (2626)
1999 Ed. (2755, 2756)
1998 Ed. (1998, 1999, 2000, 2001)
1997 Ed. (2274, 2275, 2276, 2277)
1996 Ed. (2158, 2159)
1995 Ed. (2147, 2148, 2149, 2150)
1994 Ed. (2093, 2094)
1993 Ed. (2078, 2079)
1992 Ed. (2465, 2466, 2470, 2471)
1990 Ed. (2060, 2061, 2062)
Interstate Hotels & Resorts
2008 Ed. (3065)
2007 Ed. (2936)
2006 Ed. (2926, 2946)
2005 Ed. (2921, 2926)
Interstate Hotels Management
2001 Ed. (2776, 2777)
2000 Ed. (2534)
Interstate Iron Works Corp.
2005 Ed. (1322)
2004 Ed. (1317)
2002 Ed. (1299)
2001 Ed. (1482)
2000 Ed. (1269)
1999 Ed. (1377)
1998 Ed. (956)
1997 Ed. (1164)
1996 Ed. (1140)
1995 Ed. (1161)
1994 Ed. (1146)
1993 Ed. (1129)
1992 Ed. (1416)
1991 Ed. (1083)
1990 Ed. (1207)
Interstate/Johnson Lane Corp.
1993 Ed. (3178)
1992 Ed. (3871, 3893)
Interstate Maintenance Program
1993 Ed. (3619)

Interstate Optical
2007 Ed. (3750, 3751, 3753)
2006 Ed. (3752)
Interstate Power Co.
2001 Ed. (2146)
Interstate Power & Light Co.
2006 Ed. (1812)
Interstate Safety & Supply Inc.
2006 Ed. (4365)
Interstate Securities Corp.
1990 Ed. (3212)
1989 Ed. (1761)
Interstate telephone calls
1989 Ed. (1663)
Interstate Transportation Center
2005 Ed. (3332)
Interstate Warehousing
2008 Ed. (4815)
2006 Ed. (4888)
2001 Ed. (4724, 4725)
Interstitials
2001 Ed. (2972)
Intersystem
1997 Ed. (3294)
Intersystems
2008 Ed. (1147)
2005 Ed. (1149)
InterTan Inc.
2005 Ed. (2860, 2861)
1990 Ed. (2038, 2104)
InterTAN Canada
1991 Ed. (2894)
1990 Ed. (3052)
Intertape Polymer Group
2008 Ed. (3839, 3854)
2007 Ed. (3762, 3776)
2001 Ed. (1214)
Intertec Publishing
2001 Ed. (4608)
Intertech Group Inc.
2008 Ed. (2076)
2007 Ed. (1978)
2006 Ed. (2012)
2005 Ed. (1960)
2004 Ed. (1857)
2003 Ed. (1821)
2001 Ed. (1848)
1992 Ed. (1205)
Intertech Group, Inc. & Affiliates
1991 Ed. (971)
1990 Ed. (1044)
Intertek
2006 Ed. (4303)
Intertherm
1993 Ed. (1908, 1909)
InterTrend Communications
2008 Ed. (112)
2007 Ed. (102)
2006 Ed. (113)
2005 Ed. (104)
2004 Ed. (108)
2003 Ed. (32)
Intertrust Technologies Corp.
2004 Ed. (4578)
Interunfall
1994 Ed. (3632)
1993 Ed. (3672)
1992 Ed. (4401)
Interuropa
2006 Ed. (3290)
Interval International
1999 Ed. (3293)
Intervalores
2008 Ed. (732)
Intervarn BV
1997 Ed. (1133)
InterVarsity Press
2008 Ed. (3622)
Intervet
2001 Ed. (4685)
Intervet (Ireland) Ltd.
2007 Ed. (1823)
2006 Ed. (1816)
2005 Ed. (1829)
Intervet Laboratories Ltd.
2001 Ed. (1755)
Intervideo Inc.
2005 Ed. (2860, 4254)
2003 Ed. (3348)
Interview with the Vampire
1996 Ed. (2687)
interviewing
2000 Ed. (3025)
Intervoice
1992 Ed. (4039)
Interware plc
2008 Ed. (1790)
Interwave Technology, Inc.
2002 Ed. (2532)
InterWest Bank
1998 Ed. (3570)
Interwest Construction Inc.
2006 Ed. (2099)
Interwest National Bank of Nevada
1996 Ed. (540)
InterWest Ranch & Farm Management Inc.
1997 Ed. (1828, 1831)
1996 Ed. (1747, 1750)
1995 Ed. (1769, 1770)
1993 Ed. (1744, 1745)
1992 Ed. (2106, 2107)
1991 Ed. (1646, 1647)
1990 Ed. (1745)
1989 Ed. (1410)
InterWest Ranch Management Inc.
1994 Ed. (1736, 1737)
Interworks Systems
2000 Ed. (903, 1179)
Interworld Corp.
2002 Ed. (1156, 2524)
Interwoven Inc.
2008 Ed. (1590, 1605, 1608)
2007 Ed. (3057)
2006 Ed. (3024)
2002 Ed. (2482)
Intesa Bank Canada
2005 Ed. (3491)
Intesa BCI
2003 Ed. (1726)
Intesa Sanpaolo
2008 Ed. (1861)
IntesaBci
2004 Ed. (564)
2003 Ed. (550)
Intest
1999 Ed. (2619, 4326)
Intevac Inc.
2008 Ed. (1587, 1605, 1606)
Inti Indorayon Utama
1997 Ed. (2580, 2581)
1996 Ed. (2435, 2436)
1994 Ed. (2337, 2338)
1993 Ed. (2155)
Intier Automotive Inc.
2008 Ed. (4049)
2007 Ed. (4023)
Intimate apparel
2005 Ed. (1005, 1009)
2001 Ed. (1277)
Intimate Brands Inc.
2004 Ed. (1019, 4473)
2003 Ed. (649, 650, 651, 1010, 1011, 1018, 1020, 1021, 1022, 1800, 2550, 3767, 4185)
2001 Ed. (1271, 1272, 1827, 4323, 4324, 4325)
1999 Ed. (1199)
1998 Ed. (1160)
1997 Ed. (3407)
Intimates
2000 Ed. (1120)
Int'l China Appletime Pattern
2000 Ed. (4173)
Int'Le Nederlanden Group
2000 Ed. (523)
Into the Wild
2000 Ed. (710)
1999 Ed. (695)
Into Thin Air
2000 Ed. (709)
1999 Ed. (693)
Intraco Ltd.
1994 Ed. (1443)
1993 Ed. (1390)
1992 Ed. (1685)
1991 Ed. (1340)
1990 Ed. (1414)
1989 Ed. (1155)
Intracoastal Waterway
1993 Ed. (3690)
Intracom
2007 Ed. (1746)
2000 Ed. (320, 321)
1997 Ed. (276)
1994 Ed. (242, 243)
1993 Ed. (253, 254)
Intracom SA
2005 Ed. (1782)
1997 Ed. (277)
1996 Ed. (247, 248)
Intracorp
2008 Ed. (2481, 2482)
2007 Ed. (2358, 2359, 4112)
2006 Ed. (2410, 2411, 4066)
2005 Ed. (4035)
2004 Ed. (4095)
1998 Ed. (3650)
1996 Ed. (3767)
1995 Ed. (3683)
1994 Ed. (3608)
1993 Ed. (3647)
Intradagang
1994 Ed. (3193)
Intrado Inc.
2005 Ed. (1734)
Intraforce
2003 Ed. (2720)
Intrakom SA
2002 Ed. (341)
IntraLinks
2005 Ed. (1129)
Intranets.com
2006 Ed. (3028)
2003 Ed. (2159, 3037)
Intraoptics
1992 Ed. (3300)
Intrapac Projects
2001 Ed. (1252)
Intrasphere Technologies Inc.
2002 Ed. (1156)
Intrastate Distributors Inc.
1999 Ed. (4336)
Intrastate toll telephone calls
1989 Ed. (1663)
Intrav Inc.
1998 Ed. (2724)
Intraware Inc.
2001 Ed. (1873, 2853)
Intrawest Corp.
2008 Ed. (3077, 4200)
2007 Ed. (2952, 4158)
2006 Ed. (1574, 1610)
2005 Ed. (1666, 1668, 3178)
1997 Ed. (3258)
1996 Ed. (3440)
IntraWest Bank
1989 Ed. (207)
Intrax Cultural Exchange
2008 Ed. (2403, 3786)
Intrepid
2002 Ed. (387)
2001 Ed. (495, 3393)
Intres BV
1997 Ed. (3737)
Intrex Financial
1991 Ed. (1723)
1990 Ed. (1793)
Intria Bhd
2002 Ed. (3052)
Intriga
2004 Ed. (99)
Intrigue
2001 Ed. (487)
Intrinsyc Software
2006 Ed. (1575)
Intron-A
2000 Ed. (1707)
1996 Ed. (1581)
Intrust
1997 Ed. (2907)
Intrust Bank
1999 Ed. (2124)
1998 Ed. (386)
1997 Ed. (530)
INTRUST Financial Corp.
2005 Ed. (365)
Intrvce
1990 Ed. (2749)
Intuit Inc.
2008 Ed. (1125, 1128, 1131, 3015, 4612)
2007 Ed. (1226, 1230, 1233, 1260, 2892, 3211)
2006 Ed. (1119, 1120, 1122, 1123, 1127, 1129, 1584)
2005 Ed. (1109, 1130, 1131, 1132, 1133, 1134, 3373, 4467)
2004 Ed. (858, 1123, 1125, 1126, 1127, 3016)
2002 Ed. (2075, 2101, 4355)
2000 Ed. (2748, 4382)
1998 Ed. (3421, 3777)
1995 Ed. (1241)
Intuit Canada Ltd.
2006 Ed. (1605)
Intuition; Schick
2008 Ed. (2875)
Intuitive Research & Technology Corp.
2007 Ed. (2173)
2006 Ed. (2249, 2829)
Intuitive Signal
2007 Ed. (4571)
Intuitive Surgical Inc.
2008 Ed. (1596, 1604, 3646)
2007 Ed. (3461, 3465, 4532, 4562)
2006 Ed. (1577, 1582)
Inui; Makio
1997 Ed. (1991)
Invacare Corp.
2006 Ed. (2769)
2001 Ed. (2231)
1999 Ed. (4578)
Invamed Inc.
2001 Ed. (2061)
Invensys Inc.
2005 Ed. (3042)
2004 Ed. (1650, 3028)
Invensys Australia
2002 Ed. (3225)
2001 Ed. (1615, 1618, 1619, 1622, 1626, 1628)
Invensys Intelligent Automation
2003 Ed. (1117)
Invensys plc
2008 Ed. (4080)
2007 Ed. (2350, 4044)
2006 Ed. (1686, 1687, 1688, 1689, 2402, 2999, 4011)
2005 Ed. (1462, 1538, 1573, 3003, 3373, 3937)
2004 Ed. (3255)
2003 Ed. (2899)
2002 Ed. (1789, 2097, 2729, 2730, 4419, 4420)
2001 Ed. (1887, 1889, 2213)
Invensys Software Systems
2003 Ed. (1113)
Invent Management
1989 Ed. (164)
Inventec Corp.
2008 Ed. (2473)
2007 Ed. (2344, 2348)
2006 Ed. (3404)
2000 Ed. (1568)
InVentiv Health
2008 Ed. (1975, 3646)
Inventory control
1999 Ed. (964)
Inventory Locator Service
2001 Ed. (4748)
Inventory management
1995 Ed. (857)
Inver House
2004 Ed. (4316)
2003 Ed. (4306)
2002 Ed. (4173)
2001 Ed. (4163)
1998 Ed. (3164)
Invercap Mexico Mixto
2004 Ed. (3656)
2002 Ed. (3481)
Inveresk Research Group Inc.
2004 Ed. (4216, 4337)
Invergordon
1991 Ed. (2931)
Invergordon Distillers
1990 Ed. (3463)
Invergordon Distillers Group PLC
1993 Ed. (1177)
Inverness
1991 Ed. (1882)
Inverness Group
2005 Ed. (1187)
Inverness Hotel & Golf Club
1999 Ed. (2769)

Inverness Medical
2003 Ed. (3922)
Inversion y Desarrollo
2008 Ed. (740)
2007 Ed. (764)
Inversiones Aledo
1994 Ed. (868)
Inversiones Bursatiles
1997 Ed. (2985)
Inversiones Frimetal
2006 Ed. (1848, 1852, 1853)
Inversiones y Representaciones, SA (IRSA)
2003 Ed. (4570)
Inversionistas de Colombia
2008 Ed. (735)
2007 Ed. (756)
Inversora Bursatil
2008 Ed. (739)
2007 Ed. (763)
InverUnion
2008 Ed. (741)
2007 Ed. (765)
Inverwoven
2004 Ed. (2206)
Invesco
2005 Ed. (1087)
2003 Ed. (3099, 3101, 3107, 3108)
2002 Ed. (729, 3007, 3008, 3009, 3013, 3014, 3908)
2001 Ed. (3687)
2000 Ed. (2792, 2814, 2831, 2841)
1998 Ed. (2282, 2286, 2657)
1997 Ed. (2510, 2532, 2540)
INVESCO Asset Management
2004 Ed. (2044, 3194)
2003 Ed. (1988, 3068, 3069, 3071, 3072, 3073, 3078, 3081, 3087)
2002 Ed. (2819)
2001 Ed. (2881, 3011, 3017)
Invesco Blue Chip
1999 Ed. (3584)
INVESCO Capital
1995 Ed. (2366)
1991 Ed. (2217, 2221, 2229)
1989 Ed. (2135)
INVESCO Capital Management
1992 Ed. (2752, 2760)
Invesco Capital Mgmt.
1990 Ed. (2337)
Invesco Dynamics
1999 Ed. (3528)
1995 Ed. (2733)
INVESCO Dynamics Fund/Inv.
2002 Ed. (2156)
INVESCO Dynamics/Inv.
2002 Ed. (2155)
INVESCO Dynamics Investment
2004 Ed. (3560)
Invesco Dynamics Retail
2001 Ed. (3426)
INVESCO Endeavor Investment
2004 Ed. (3603, 3604)
INVESCO Enterprise
2000 Ed. (3309)
Invesco Equity Income Ret.
2001 Ed. (3432)
Invesco European
2001 Ed. (3444, 3500)
2000 Ed. (3231)
1999 Ed. (3566)
INVESCO European Fund
2000 Ed. (3275, 3278)
1998 Ed. (2635)
INVESCO European Growth
2000 Ed. (3307, 3308)
INVESCO European Small Cos
2000 Ed. (3307, 3308)
Invesco Field at Mile High
2005 Ed. (4439)
INVESCO Financial Services Investment
2004 Ed. (3587)
Invesco Financial Services Return
2001 Ed. (3433)
Invesco Funds
2003 Ed. (703, 704, 3555)
1996 Ed. (2786)
INVESCO Funds Group
2004 Ed. (1717, 3600)
2003 Ed. (1680, 4526)
2002 Ed. (1654, 3021)
1993 Ed. (2340, 2341)
Invesco Growth Investment
2004 Ed. (3604)
Invesco Health Science Investment
2006 Ed. (3635)
INVESCO Health Sciences Investment
2004 Ed. (3588)
Invesco Health Sciences Return
2001 Ed. (3440)
Invesco High Yield
2001 Ed. (3441)
1999 Ed. (754, 3535, 3538)
INVESCO Hong Kong & China
1996 Ed. (2815)
Invesco Income Select Income
2000 Ed. (757)
INVESCO Industrial Income
1998 Ed. (2614)
1995 Ed. (2681, 2736)
INVESCO International European
2000 Ed. (3238)
Invesco Japan Discovery
1999 Ed. (3585)
INVESCO Japan Growth
1997 Ed. (2912)
Invesco Latin American Technology & Telecommunications
2002 Ed. (3478)
Invesco Leisure Investment
2006 Ed. (3635)
2004 Ed. (3565)
2002 Ed. (3420)
INVESCO Managed Account
1997 Ed. (2914)
INVESCO Management
1996 Ed. (2411)
INVESCO MIM
1993 Ed. (2286, 2288, 2295, 2312)
1992 Ed. (2737)
INVESCO MIM International
1993 Ed. (2306)
Invesco Multi-Asset Allocation
1999 Ed. (3570)
INVESCO Multi Balanced
1997 Ed. (2899)
INVESCO North America
1996 Ed. (2377)
INVESCO Realty
1999 Ed. (3082, 3086, 3097, 3098)
1998 Ed. (3012)
1997 Ed. (3269)
1996 Ed. (2412, 3167, 3169)
1995 Ed. (2376, 3073)
1993 Ed. (2309, 2977)
Invesco Realty Advisors Inc.
2005 Ed. (3070)
2000 Ed. (2837, 2840)
1998 Ed. (3014)
1994 Ed. (2299, 2307, 3017)
1992 Ed. (3637)
Invesco Select Income
1999 Ed. (745)
1997 Ed. (2866, 2888)
1996 Ed. (2758, 2784)
INVESCO Select Income Investment
2004 Ed. (722)
Invesco Small Company Growth
2001 Ed. (3447)
INVESCO South East Asia
1997 Ed. (2921)
1994 Ed. (2648)
InVESCO Spec. Latin American Growth
1998 Ed. (2636)
Invesco Specialty Worldwide Comm.
1999 Ed. (3513, 3514)
1997 Ed. (2898)
INVESCO Specialty Worldwide Communications
2000 Ed. (3233)
INVESCO Strat: Gold
1999 Ed. (3582)
INVESCO Strategic-Energy
1998 Ed. (2651)
INVESCO Strategic-Gold
1998 Ed. (2651)
INVESCO Strategic Health
1997 Ed. (2895)
1995 Ed. (2719)
INVESCO Strategic Utilities
1997 Ed. (2878)
1995 Ed. (2681, 2729)
INVESCO Strategy Utilities
2000 Ed. (3229)
INVESCO Technology
2003 Ed. (3513)
2001 Ed. (3449)
INVESCO Technology Fund/Inst.
2002 Ed. (2156)
Invesco Telecommunications Investment
2002 Ed. (4503)
INVESCO Total Return
2000 Ed. (3249, 3250)
INVESCO Treasurer's MM Reserve
1992 Ed. (3096)
INVESCO Treasurer's T-E Res
1996 Ed. (2672)
INVESCO Treasurer's T-E Reserve
1992 Ed. (3095, 3168)
INVESCO Trust/Denver
1995 Ed. (2357, 2361, 2369)
INVESCO U.S. Government
1999 Ed. (749)
INVESCO Value Intermediate Government
1996 Ed. (2779)
Invesco Value Total Return
1999 Ed. (3526)
1996 Ed. (2755, 2776, 2791)
Invesco Worldwide Cap Goods
1999 Ed. (3580)
Invesco Worldwide Communication
1999 Ed. (3578)
Invesmart Inc.
2005 Ed. (2368, 2679)
Invest Corp.
1992 Ed. (1460)
Invest & Capital Corp. of the Philippines
1997 Ed. (3487)
Invest Hong Kong
2008 Ed. (3520)
Invest in Canada
2008 Ed. (3520)
Invest in China
2008 Ed. (3520)
Invest in Denmark
2008 Ed. (3520)
Invest in France
2008 Ed. (3520)
Invest in Germany
2008 Ed. (3520)
Investabanka
1992 Ed. (871)
1991 Ed. (697)
Investacorp
2000 Ed. (840)
Investbank
1992 Ed. (599)
1991 Ed. (443)
Investbank for Trade & Investment
1995 Ed. (628)
Investcom
2004 Ed. (89)
Investcorp
2006 Ed. (4483)
2005 Ed. (1491, 1514)
2004 Ed. (1475)
2003 Ed. (465, 1445)
2002 Ed. (526, 582)
2000 Ed. (444, 466)
1999 Ed. (452, 474, 1433)
1997 Ed. (395, 414)
1996 Ed. (430, 451, 452, 2487)
1995 Ed. (403, 426)
1994 Ed. (410, 431)
1993 Ed. (431)
1992 Ed. (582, 613)
1991 Ed. (427, 457)
Investcorp Bank
2005 Ed. (463)
2004 Ed. (451)
2002 Ed. (4382, 4383)
1997 Ed. (2628)
Investcred
2000 Ed. (475, 477)
Investec
2007 Ed. (2579)
2006 Ed. (1236, 2605, 4523)
2002 Ed. (578)
1991 Ed. (2416, 2417)
Investec Bank
1999 Ed. (446, 638, 641)
1997 Ed. (388, 614)
1996 Ed. (421, 679)
1995 Ed. (397, 606)
1994 Ed. (404, 631)
1993 Ed. (626, 2532, 2533)
Investec GF Asian Smaller Cos
2000 Ed. (3310)
Investec Group
2008 Ed. (504, 507)
2007 Ed. (552, 555)
2006 Ed. (523)
2005 Ed. (609, 612)
2004 Ed. (619, 623)
2003 Ed. (610, 614)
2002 Ed. (509, 647, 650)
2000 Ed. (439, 664)
Investec Henderson Crosthwaite Securities
2001 Ed. (4204)
Investec Merchant Bank
2001 Ed. (1534)
Investec Securities
2001 Ed. (1536)
Investec Wired Index
2004 Ed. (3589)
Investech Mutual Fund Advisor
1993 Ed. (2360)
1992 Ed. (2799)
Investek Capital Management
1999 Ed. (3078)
Investeringsselskabet A/S
2006 Ed. (1676)
Investicna a Rozvojova Banka
2001 Ed. (649)
1999 Ed. (636)
1997 Ed. (610, 611)
1996 Ed. (674, 675)
Investicni a Postovni banka
2002 Ed. (549, 553)
1999 Ed. (491, 500)
1997 Ed. (433, 434, 447, 448)
1996 Ed. (483, 484)
Investicni a Postovni Banks
2000 Ed. (508)
Investicni Banka
1994 Ed. (462, 463)
1993 Ed. (458)
Investicni Banka a.s.
1995 Ed. (453)
Investigations
1992 Ed. (3829)
Investimentos Itau SA
2008 Ed. (1581, 1582)
2007 Ed. (1603)
Investimentos, Participacoes e Gestao
1991 Ed. (2334)
Investing
2008 Ed. (2454)
2007 Ed. (2329)
2000 Ed. (2750)
Investing in Bonds.com
2002 Ed. (4797)
InvestingBonds.com
2002 Ed. (4798)
Investis Global Income
2004 Ed. (3654)
Investissement Quebec
2003 Ed. (3245)
Investkredit
2007 Ed. (400)
2006 Ed. (415)
2005 Ed. (462)
2004 Ed. (450)
Investkredit Bank
2006 Ed. (1558)
Investmant Banking & Trust Co.
2002 Ed. (628)
2000 Ed. (635)
Investment
2007 Ed. (2311)
2006 Ed. (3294)
Investment Advisers
1993 Ed. (2312, 2316, 2320, 2324)
1992 Ed. (2757, 2761, 3157)
Investment & commodity firms
2008 Ed. (1407, 1408, 1416, 1420, 1423, 1426, 1432)
2006 Ed. (1425, 1426, 1436, 1437, 1440, 1444, 1447, 1454)
2005 Ed. (1470, 1471, 1480, 1481, 1485, 1543, 1561, 1572)

2004 Ed. (1455, 1456, 1464, 1465, 1469, 1527, 1546, 1558)
2003 Ed. (1425, 1426, 1435, 1439, 1497, 1516, 1520)
2002 Ed. (1398, 1399, 1420, 1489, 1491)
1996 Ed. (2488, 2489)
1995 Ed. (2445)
Investment Bank of Ireland (Isle of Man) Ltd.
1991 Ed. (569)
Investment Bank of Latvia
1997 Ed. (538)
Investment banking
2008 Ed. (760, 761)
2007 Ed. (791, 792)
2006 Ed. (698, 699)
Investment Banking & Trust Co.
2005 Ed. (588)
2004 Ed. (600)
2003 Ed. (592)
1999 Ed. (613)
1997 Ed. (583)
Investment brokers
2001 Ed. (1093)
Investment Center
2002 Ed. (802, 803, 804, 805, 806)
2000 Ed. (851, 852, 854, 855, 857, 858, 859, 861)
1999 Ed. (853, 854, 855, 856, 857, 858, 859, 860)
Investment Comp of America
2000 Ed. (3222)
Investment Company Institute
2002 Ed. (4817)
Investment Company of America
2008 Ed. (2610, 4510)
2001 Ed. (2524, 3452)
2000 Ed. (3236)
Investment Counsel Inc.
1996 Ed. (2421)
1995 Ed. (2389)
1991 Ed. (2205)
1990 Ed. (2320)
Investment Counselors Inc.
1993 Ed. (2314, 2337)
Investment Equity Corp.
2000 Ed. (4433)
Investment Equity Realtors
1998 Ed. (3763)
Investment Finance Bank Ltd.
1997 Ed. (552)
1996 Ed. (599)
1995 Ed. (540)
1994 Ed. (564)
1993 Ed. (562)
1992 Ed. (772)
1991 Ed. (603)
Investment firms
2002 Ed. (1407)
Investment Fund Razvite
1997 Ed. (2012)
Investment Grade Fixed Income
2003 Ed. (3113, 3123)
Investment-Grade Funds
2000 Ed. (772)
Investment management
2008 Ed. (760, 761)
Investment Co. of America
2006 Ed. (2510)
2005 Ed. (2465)
2004 Ed. (2464, 3658)
2003 Ed. (2361, 3518, 3519)
1998 Ed. (2607)
1995 Ed. (2690)
1992 Ed. (3150)
1991 Ed. (2557)
1990 Ed. (2392)
Investment Corp. of Virginia
1991 Ed. (3053)
Investment planning & portfolio forecasting
1998 Ed. (1947)
Investment Properties Associates
2002 Ed. (3562, 3563)
Investment Research
1993 Ed. (2322)
1992 Ed. (2762)
1991 Ed. (2231)
1990 Ed. (2289, 2343, 2346)
Investment Series
1992 Ed. (3197)
Investment Systems Co.
2001 Ed. (3424)
Investment Technology Group
2006 Ed. (4480)
2005 Ed. (3582, 4245)
2004 Ed. (4322)
Investment Timing Services
1993 Ed. (2340)
1992 Ed. (2790, 2796, 2798)
Investment Trade Bank
2005 Ed. (493, 502)
Investment trusts
1992 Ed. (2640)
Investments
1993 Ed. (2870)
Investments & Mortgages Bank
2008 Ed. (457)
2007 Ed. (493)
Investology Research
2006 Ed. (3190)
Investopedia Inc.
2008 Ed. (1549)
2007 Ed. (1570)
2006 Ed. (1540)
Investor
2008 Ed. (4243)
2007 Ed. (1696, 1997, 2576)
2002 Ed. (1775)
2000 Ed. (1558)
1999 Ed. (1609, 1737, 4482, 4483)
1998 Ed. (1160)
1997 Ed. (1515, 3635, 3636)
1996 Ed. (1449, 3590)
1994 Ed. (1206, 1227, 1452, 3439, 3440)
1993 Ed. (3461)
Investor AB
2008 Ed. (2091, 4536)
2001 Ed. (1858)
2000 Ed. (4123)
Investor Group Ltd.
2007 Ed. (3, 1443)
2006 Ed. (5)
2005 Ed. (3, 357)
2004 Ed. (4, 5)
2002 Ed. (4)
1997 Ed. (1235)
Investor Resource Services
1998 Ed. (2949)
Investorama
2002 Ed. (4792)
Investors
2001 Ed. (2153)
1990 Ed. (948)
Investors Bancorp MHC
2008 Ed. (437)
Investors Bank
1998 Ed. (2446)
Investors Bank & Trust
2001 Ed. (3505, 3506, 3507, 3508, 3509, 3511)
1999 Ed. (3315, 3316, 3317)
Investors Bank, FSB
1997 Ed. (2729, 2730)
1993 Ed. (3088)
Investor's Business Daily
2008 Ed. (813, 4710)
2007 Ed. (847)
2006 Ed. (754)
2005 Ed. (828)
2004 Ed. (854)
2003 Ed. (812)
2002 Ed. (3512)
2000 Ed. (3338)
1999 Ed. (3620)
1998 Ed. (2682)
Investors Canadian Enterprise
2004 Ed. (3628)
2003 Ed. (3593, 3594, 3595)
2002 Ed. (3464)
Investors Canadian High Yield Income
2006 Ed. (3665)
Investors Capital
2000 Ed. (841)
Investors Capital Holdings Ltd.
2005 Ed. (1859)
2003 Ed. (4322)
Investors Capital Units
2000 Ed. (3298)
Investors Daily
1998 Ed. (72)
Investors Fiduciary Trust
1995 Ed. (367)
Investors Financial Group
2002 Ed. (799)
Investors Financial Services
2008 Ed. (426)
2007 Ed. (389)
2006 Ed. (400, 1875)
2005 Ed. (2574, 2575)
2004 Ed. (551, 2596, 2597)
2003 Ed. (423, 454)
2002 Ed. (484, 486, 499, 500)
2000 Ed. (427)
1999 Ed. (423)
Investors Global Science & Technology
2003 Ed. (3577, 3578, 3605)
Investors Life Cigna Aggressive Equity
1994 Ed. (3610)
Investors Management
1997 Ed. (2535)
Investors Management Group
1998 Ed. (2288)
Investors Preference
1992 Ed. (3198)
Investors Research
1994 Ed. (2307, 2934)
1993 Ed. (2332, 2332, 2334, 2336, 2336, 2341)
Investors Savings Bank
2002 Ed. (627)
2000 Ed. (3856)
1998 Ed. (3556)
Investors Savings Bank FSB
1990 Ed. (2472, 3120)
Investors Summa
2002 Ed. (3434, 3435, 3436)
2001 Ed. (3463, 3464, 3465)
Investors Title Co.
2000 Ed. (2739)
1999 Ed. (2986)
1998 Ed. (3417)
Investors Trading AB
2004 Ed. (2607)
Investors Trust
1995 Ed. (367)
Investors U.S. Large Cap Value
2004 Ed. (2460, 2461)
Investors World Growth Portfolio
2001 Ed. (3488)
InvestorsBancorp
2007 Ed. (465)
Investship
2008 Ed. (733)
Investship Corretora de Valores Mobiliarios; Unibanco—
2008 Ed. (3400)
Invex
2008 Ed. (739)
2007 Ed. (763)
2000 Ed. (610, 611, 612)
INVG Mortgage Sec.
1990 Ed. (2964)
Invisible
2001 Ed. (2647)
In.vision Research Corp.
2002 Ed. (2490)
InVision Technologies Inc.
2006 Ed. (2727, 2728, 2729, 2731)
2005 Ed. (1607, 1616, 2330)
Invision.com, Inc.
2003 Ed. (2718)
2002 Ed. (2525)
Invista Inc.
2008 Ed. (1702)
2007 Ed. (1676, 4672)
2006 Ed. (1417, 1453, 1672, 2577)
2005 Ed. (1750)
InVita
2008 Ed. (3260)
2007 Ed. (3116)
Invitrogen Corp.
2007 Ed. (3899)
2005 Ed. (675, 676, 1533)
2004 Ed. (683, 1517)
2003 Ed. (1487)
2002 Ed. (998)
Invitron
1992 Ed. (3309, 3311)
Invivo Corp.
2002 Ed. (1390)
Invizage Technology
2003 Ed. (1618)
Invizeon Corp.
2007 Ed. (4431)
2006 Ed. (4363)
Invmayaguez
2002 Ed. (4396)
InvsTch
1990 Ed. (2750)
Inway
1993 Ed. (3641)
Inwood Credit Union
1998 Ed. (1218)
INX International
2005 Ed. (3041)
1999 Ed. (3899)
INX International Ink Co.
2008 Ed. (3218)
2007 Ed. (3077)
2006 Ed. (3044, 3045)
2001 Ed. (2876, 2878)
Inxight Software Inc.
2007 Ed. (3058)
2006 Ed. (3025)
INXS
2005 Ed. (1161)
1993 Ed. (1078, 1080)
Inz. stavby Kosice
2002 Ed. (784)
Inzinierske stavby a.s.
2002 Ed. (4470)
Iolab
1996 Ed. (2870)
1995 Ed. (2811)
Iolab Intrao.
1994 Ed. (2696)
1991 Ed. (2643)
1990 Ed. (2741)
Iolab Pharm
1992 Ed. (3300)
1990 Ed. (2741)
Iolab Pharmaceuticals
1994 Ed. (2696)
Iomega Corp.
2007 Ed. (3692)
2003 Ed. (1102, 2926)
2002 Ed. (1143, 1144, 2078, 2098)
2001 Ed. (1357, 1891)
2000 Ed. (282, 1165, 1169, 3381)
1999 Ed. (1262, 1268, 1276, 4485, 4486, 4487)
1998 Ed. (153, 822, 1146, 2714, 3409)
1997 Ed. (2974)
1996 Ed. (2884)
1991 Ed. (1020)
1990 Ed. (1113, 1118)
1989 Ed. (971, 1311)
ION
2005 Ed. (4509)
Ion Global
2002 Ed. (92)
ION Information Technologies Ltd.
2002 Ed. (2493)
Ion Laser Technology Inc.
1998 Ed. (158)
Iona
2002 Ed. (4713)
2000 Ed. (4326)
1999 Ed. (4696)
1998 Ed. (3651)
IONA Technologies plc
2004 Ed. (2223)
Ionian & Popular Bank of Greece
2000 Ed. (541)
1999 Ed. (532)
1997 Ed. (481)
1996 Ed. (522)
1995 Ed. (478)
1994 Ed. (496)
1993 Ed. (494)
Ionian Bank
2000 Ed. (542)
1997 Ed. (276)
1996 Ed. (247)
1994 Ed. (242, 243)
1993 Ed. (253, 254)
Ionic Media
2006 Ed. (809)
Ionica Group
1999 Ed. (4165)
Ionics Inc.
2004 Ed. (3327)
2001 Ed. (4733)

2000 Ed. (1846, 1848, 1857)
Ionics UK
2000 Ed. (785)
Ioniki Sfoliata SA
2008 Ed. (1774, 2747)
2007 Ed. (1748)
IOS Capital
2006 Ed. (1421)
Iowa
2008 Ed. (1388, 2434, 2436, 2654, 2655, 2656, 2806, 3278, 3279, 3800, 3806, 4326, 4465, 4581)
2007 Ed. (1437, 2166, 2273, 2526, 2527, 2528, 2763, 3372, 3709, 3713, 4371, 4481, 4650, 4997)
2006 Ed. (1405, 2550, 2551, 2552, 2754, 2756, 2980, 3059, 3256, 3726, 3730, 4305, 4419, 4650, 4996)
2005 Ed. (407, 409, 782, 1071, 1073, 1420, 2543, 2544, 2545, 2785, 3611, 3613, 3836, 3945, 4197, 4227, 4235, 4236, 4239, 4362, 4402, 4569, 4598, 4599, 4600)
2004 Ed. (186, 389, 390, 413, 895, 1070, 1098, 1398, 1399, 2000, 2001, 2002, 2177, 2318, 2563, 2564, 2567, 2569, 2570, 2571, 2573, 2793, 3039, 3275, 3290, 3700, 3702, 3897, 4264, 4265, 4412, 4456, 4457, 4506, 4514, 4516, 4648, 4649, 4902, 4980)
2003 Ed. (411, 445, 1384, 2433, 2434, 2435, 2436, 2678, 2982, 3238, 3263, 3652, 3657, 4040, 4233, 4245, 4286, 4400, 4494, 4666, 4911)
2002 Ed. (273, 469, 470, 472, 950, 951, 952, 1177, 1347, 1907, 2226, 2229, 2231, 2232, 2233, 2234, 2447, 2574, 3201, 3213, 3273, 3344, 3524, 3528, 4101, 4106, 4107, 4161, 4286, 4330, 4377, 4538, 4539)
2001 Ed. (278, 371, 992, 1007, 1131, 1424, 1439, 1440, 1507, 2143, 2144, 2152, 2360, 2361, 2415, 2417, 2459, 2466, 2467, 2471, 2520, 2604, 2619, 2629, 2664, 2723, 3071, 3072, 3095, 3236, 3288, 3314, 3557, 3597, 3731, 3871, 3915, 4026, 4228, 4256, 4257, 4532, 4637, 4658, 4729, 4730, 4830)
2000 Ed. (2964, 3688, 4095)
1999 Ed. (3225, 4422, 4429, 4442, 4452, 4461)
1998 Ed. (2028, 2452, 2883, 3378, 3379)
1997 Ed. (2303, 3147, 3227, 3564, 3566, 3568, 3580, 3609, 3009, 3611)
1996 Ed. (2090, 3513, 3520, 3526, 3540, 3569, 3570, 3571, 3572, 3580, 3582)
1995 Ed. (3460, 3488, 3489, 3490, 3491, 3540)
1994 Ed. (678, 338, 3417, 3418, 3419, 3420)
1993 Ed. (363, 413, 3425, 3426, 3427, 3428, 3699)
1992 Ed. (2574, 2914, 2917, 2918, 2921, 2928, 2930, 2934, 3090, 4082, 4117, 4118, 4119, 4120, 4129, 4180, 436)
1991 Ed. (186, 1398, 1399, 1645, 1652, 2350, 2353, 3175, 3185, 3263)
1990 Ed. (366, 996, 1746, 2448, 2575, 2868, 3355, 3364, 3365, 3393, 3394, 3403, 3404, 3405, 3414, 3424)
1989 Ed. (201, 206, 1669, 2242, 2531, 2540, 2544, 2848)
Iowa City, IA
2008 Ed. (1051, 3462, 3464, 4092)
2007 Ed. (1158, 1162, 4208)
2006 Ed. (1066, 3300, 3311, 3312)
2005 Ed. (1058, 2388, 3065, 3311)
2002 Ed. (31, 3329)
1995 Ed. (3778)
Iowa Community Credit Union; University of
2007 Ed. (2117)
2006 Ed. (2196)
2005 Ed. (2101)
Iowa Department of Administrative Services
2008 Ed. (2831)
Iowa Finance Authority
2001 Ed. (817)
Iowa First Bancshares Corp.
2004 Ed. (407)
Iowa Health System
2008 Ed. (1855, 1856)
2007 Ed. (1818, 1819)
2006 Ed. (1811, 3589)
2005 Ed. (1826, 1827)
2004 Ed. (1759)
2003 Ed. (1722)
2000 Ed. (3182)
Iowa Higher Education Loan Agency
2001 Ed. (817)
Iowa Hospital; University of
1995 Ed. (2143)
Iowa Hospitals & Clinics; University of
2008 Ed. (3047, 3048, 3055)
2007 Ed. (1818, 2924, 2925, 2933)
2006 Ed. (1811, 2905, 2906, 2914)
2005 Ed. (1826, 2899, 2907, 2908)
Iowa-Illinois Gas & Electric Co.
1994 Ed. (1948)
1992 Ed. (1888)
1991 Ed. (1498)
1990 Ed. (2671)
1989 Ed. (1297, 2036)
Iowa Methodist Medical Center
2006 Ed. (2923)
Iowa Public Service Co.
1992 Ed. (1888)
Iowa School Corp.
1995 Ed. (3187)
1993 Ed. (3099)
Iowa School Cash Anticipation Program
1991 Ed. (2923)
Iowa Select Farms
2008 Ed. (4013)
2007 Ed. (3996)
2006 Ed. (3938)
2005 Ed. (3875)
2004 Ed. (3927)
2003 Ed. (3899)
2002 Ed. (3727)
2001 Ed. (3851)
Iowa Southern Utilities
1992 Ed. (1888)
Iowa State Bank & Trust Co.
1993 Ed. (509)
Iowa State Board of Regents
2001 Ed. (817)
Iowa State University
2007 Ed. (2446)
2006 Ed. (1071, 3960)
2005 Ed. (799)
2004 Ed. (824)
1994 Ed. (2743)
1991 Ed. (2680)
1989 Ed. (841)
Iowa Student Loan Agency
2001 Ed. (817)
Iowa; University of
2006 Ed. (725, 3960)
2005 Ed. (3439)
1992 Ed. (1094)
1991 Ed. (888)
IP
2000 Ed. (3404)
1993 Ed. (1417)
IP-Italiana Petroli SPA
1989 Ed. (1130)
Ip; Kalina
1997 Ed. (1966)
IP Law & Business
2007 Ed. (4796)
IP telephony
2001 Ed. (2969)
IPA Management Inc.
2005 Ed. (1618, 1770, 1897, 2442, 3908)
IPADE Business School
2007 Ed. (812, 813, 815, 826)
Ipako
1993 Ed. (769, 770)
1992 Ed. (965, 966, 1566)
1991 Ed. (785)
IPALCO Enterprises Inc.
1995 Ed. (1232, 1638)
1994 Ed. (1595, 1596)
1993 Ed. (1557)
1992 Ed. (1898, 1899)
1991 Ed. (1497, 1498)
1990 Ed. (1600, 1601)
1989 Ed. (1296, 1297)
Ipari Fejlesztesi (Industry Development) Bank
1994 Ed. (502)
iParty Corp.
2006 Ed. (4184)
2005 Ed. (4136)
iPass Inc.
2006 Ed. (4677, 4679)
2005 Ed. (1089, 1678)
iPayment Inc.
2005 Ed. (4250, 4253)
IPB
2002 Ed. (3736, 3737)
2000 Ed. (3585)
1999 Ed. (3869)
IPB Pojistovna
2001 Ed. (2922)
IPC
1999 Ed. (4317)
1996 Ed. (3439)
IPC Advisors Sarl
2005 Ed. (1560)
IPC Bates
2003 Ed. (61)
1997 Ed. (74)
IPC Bates Costa Rica
1999 Ed. (75)
IPC Communications Inc.
2005 Ed. (1505)
IPC Corporation
2000 Ed. (4035)
IPC Holdings Ltd.
2006 Ed. (3148)
1998 Ed. (2107, 3179)
IPCRe Ltd.
2007 Ed. (3190)
2005 Ed. (3150, 3151)
iPCS Inc.
2004 Ed. (1535)
IPD Printing & Distributing
1993 Ed. (790)
Ipex Inc.
2008 Ed. (3990)
2007 Ed. (3964)
2006 Ed. (3914)
IPG Photonics
2008 Ed. (2458, 3541)
Iping
2003 Ed. (3044)
Ipiranga
2006 Ed. (1781)
Ipiranga Refinaria
2006 Ed. (4599)
IPivot Inc.
2001 Ed. (2859)
IPL Inc.
2008 Ed. (3839, 3854)
2007 Ed. (3762, 3776)
2002 Ed. (4400)
iPLACE, Inc.
2002 Ed. (2532)
IPMG
2004 Ed. (3938, 3939)
2002 Ed. (3783, 4617)
IPO Central
2002 Ed. (4823, 4867)
IPO Home
2002 Ed. (4867)
IPO Monitor
2002 Ed. (4839)
IPO Plus Aftermarket
2004 Ed. (3608)
IPO Syndicate
2002 Ed. (4867)
IPO.com
2002 Ed. (4867)
iPod
2008 Ed. (275, 637, 653, 2979)
IPPA
1991 Ed. (459)
1990 Ed. (509)
IPPA Bank
2000 Ed. (469)
1999 Ed. (477)
1997 Ed. (417)
1996 Ed. (455)
1995 Ed. (428)
1994 Ed. (435)
1993 Ed. (435)
Ippa Bank, Antwerp
1992 Ed. (724)
IPPA Bank (Bangue d'Epargne)
1992 Ed. (617)
IPPMedia
2007 Ed. (85)
IPREX
1995 Ed. (720)
IPrint.com
2002 Ed. (2075)
2001 Ed. (4770)
IPRO
1998 Ed. (3650)
Iprocure
2001 Ed. (4759)
iProspect
2005 Ed. (96)
IPS Millenium
2001 Ed. (3436)
2000 Ed. (3271)
IPS Millenium Fund
2001 Ed. (2306)
2000 Ed. (3270)
IPS Millennium
2006 Ed. (4406)
2002 Ed. (3417)
1999 Ed. (3556)
IPS Praha
2002 Ed. (3737)
Ipsco Inc.
2008 Ed. (1429, 1662, 4498)
2007 Ed. (1622, 4535)
2006 Ed. (1593, 1609, 1610, 1617, 1632)
1996 Ed. (3587)
1994 Ed. (3434)
1992 Ed. (4137)
1991 Ed. (3219)
IPSCO Steel
1996 Ed. (1741)
Ipsos
2008 Ed. (4138)
2007 Ed. (4114)
2006 Ed. (4068)
2005 Ed. (4037)
1999 Ed. (3305)
Ipsos Group SA
2008 Ed. (4141)
2007 Ed. (4117)
2006 Ed. (4096)
2005 Ed. (4041)
2004 Ed. (4101)
2003 Ed. (4077)
2002 Ed. (3255)
Ipsos-RSL
2002 Ed. (3258, 3259, 3260, 3262)
2000 Ed. (3045, 3046, 3047, 3049)
IPT Group Ltd.
2001 Ed. (4511)
2000 Ed. (4243)
Ipte NV
2008 Ed. (1579, 3207)
2007 Ed. (1601)
IQ Group
2002 Ed. (2533)
IQ Management Corp.
2002 Ed. (2539)
1999 Ed. (2676, 2677)
IQE plc
2002 Ed. (3565, 3566)
IQI Inc.
2000 Ed. (4194)
1999 Ed. (4556, 4558)
iqvc.com
2001 Ed. (2977)
IR
2005 Ed. (4294)
IR/Electronic Technologies Corp.
2006 Ed. (4274)
Ira D. Hall
1989 Ed. (736)
Ira Glackens
1994 Ed. (898)

Ira Kaufman
1990 Ed. (457)
Ira Spilky & Associates
1999 Ed. (958)
Ira Stephanian
1996 Ed. (381)
Ira Thomas Assocs.
1999 Ed. (3949)
Iran
2008 Ed. (478, 528, 975, 2192, 2822, 3163, 3747, 3920, 4247, 4340, 4549, 4602, 4624, 4917)
2007 Ed. (521, 1097, 2082, 2830, 3049, 3626, 3871, 4211, 4384, 4600, 4601, 4693)
2006 Ed. (501, 1008, 2701, 2827, 3015, 3556, 3848, 4195, 4319, 4613, 4672)
2005 Ed. (581, 998, 2038, 2734, 3499, 3766, 4147, 4371, 4532, 4533, 4607)
2004 Ed. (979, 1906, 3499, 3855, 4219, 4423, 4598, 4599, 4657)
2003 Ed. (586, 965, 1875, 1881, 3431, 3826, 4193, 4971)
2001 Ed. (521, 522, 1229, 1413, 1936, 2586, 3343, 3761, 3763, 3765, 4264, 4447)
2000 Ed. (2351, 2365, 2370, 2371, 2377)
1998 Ed. (1849, 2830)
1997 Ed. (3104, 3105)
1996 Ed. (3019, 3020, 3025)
1995 Ed. (1523, 1545, 2008, 2015, 2023, 2027, 2034, 2038, 2925, 2926)
1994 Ed. (1491, 1979, 1983, 2859, 2860)
1993 Ed. (1465, 1921, 1961, 1965, 1972, 1979, 1985, 2848)
1992 Ed. (362, 1713, 1740, 2304, 2308, 2315, 2325, 2329, 2331, 3449, 3450, 3452, 3453)
1991 Ed. (1385, 1408, 1791, 1832, 1839, 1848)
1990 Ed. (228, 1878, 1909, 1916, 1923, 1933, 2829, 3503)
1989 Ed. (1869)
Iran Air
2006 Ed. (229, 230)
2005 Ed. (216)
2001 Ed. (303)
Iran Khodro
2006 Ed. (4509)
2002 Ed. (4428, 4429, 4430)
Iran Khodro Diesel
2002 Ed. (4429, 4430)
Irani; Ray
2006 Ed. (897)
2005 Ed. (979)
Irani; Ray R.
2008 Ed. (945, 953, 957)
2007 Ed. (1031, 1035)
2006 Ed. (937, 938, 939)
2005 Ed. (2496)
Iranian rial
2007 Ed. (2158)
2006 Ed. (2238)
Iraq
2007 Ed. (2259)
2001 Ed. (2369, 2586, 3761, 3765)
2000 Ed. (2351, 2365, 2370, 2371, 2376)
1998 Ed. (1848, 2830)
1997 Ed. (3104)
1996 Ed. (3019, 3025)
1995 Ed. (2008, 2015, 2022, 2027, 2034, 2926)
1994 Ed. (2859, 2860)
1993 Ed. (1464, 1465, 1921, 1951, 1960, 1965, 1972, 1979, 1985, 2848)
1992 Ed. (350, 362, 1775, 2331, 3449, 3450, 3452, 3453, 4195)
1991 Ed. (259, 1406, 1642, 1791, 1848, 2826)
1990 Ed. (1933, 2829, 3689)
Iraq National Oil Co.
2008 Ed. (3929, 3939)
2007 Ed. (3870, 3880, 3896)
2006 Ed. (3854, 3866)
2005 Ed. (3765, 3788, 3799)
2004 Ed. (3854, 3861, 3871)
2003 Ed. (3825, 3844, 3858)
2002 Ed. (3679, 3680)
2000 Ed. (3532)
1999 Ed. (3818)
1998 Ed. (2839)
1997 Ed. (3110)
1996 Ed. (3028)
1995 Ed. (2933)
1994 Ed. (2870)
1993 Ed. (2825, 2826)
1992 Ed. (3420, 3421)
1991 Ed. (2717)
Iraq, Syria & Jordan
1992 Ed. (2303, 2308, 2315, 2325)
1991 Ed. (1832, 1839)
1990 Ed. (1909, 1916, 1923, 1928)
Irasia.com
2002 Ed. (4865)
IRB
2001 Ed. (2953, 2954, 2955, 2960)
1999 Ed. (805)
Ireland
2008 Ed. (823, 1422, 2334, 2398, 2399, 2823, 2841, 2844, 2949, 2950, 3164, 4387, 4388, 4391, 4392, 4519)
2007 Ed. (862, 2200, 2263, 2266, 2524, 2827, 3050, 3379, 4412, 4413, 4415, 4417, 4418)
2006 Ed. (763, 1213, 1432, 1433, 1443, 2262, 2332, 2335, 2702, 2716, 2717, 2824, 3017, 3325, 3553, 4176, 4574, 4770)
2005 Ed. (837, 1477, 1541, 2200, 2269, 2536, 2537, 2538, 2735, 2763, 3022, 3031, 3032, 3337, 3659, 3660, 3661, 4130, 4799)
2004 Ed. (863, 1525, 1911, 2096, 2737, 2767, 3287, 4751)
2003 Ed. (824, 1433, 1495, 2053, 2221, 2224, 2233, 2234, 2483, 2616, 2617, 2620, 2641, 3232, 3257, 3258, 3259, 3332)
2002 Ed. (1477, 1810, 2409, 2423, 2509, 2751, 2752, 2754, 2755, 2756, 2757, 3099, 3101, 3183, 4378)
2001 Ed. (386, 670, 704, 1021, 1081, 1082, 1149, 1259, 1340, 1342, 1413, 1496, 1497, 1919, 2002, 2005, 2020, 2038, 2047, 2147, 2395, 2412, 2442, 2481, 2575, 2602, 2658, 2699, 2700, 2799, 2835, 3044, 3149, 3209, 3240, 3706, 3783, 3847, 3850, 3863, 3864, 4017, 4039, 4041, 4249, 4276, 4378, 4483, 4500, 4548, 4569, 4596, 4670, 4671, 4686, 4687, 4915)
2000 Ed. (820, 1321, 1322, 1608, 2335)
1999 Ed. (1465, 2596, 3111, 4695)
1998 Ed. (634, 635, 1031, 1033, 1838)
1997 Ed. (723, 896, 897, 1264, 1687, 2563, 2564, 3770)
1996 Ed. (872, 874, 942, 2025, 2647, 3763)
1995 Ed. (345, 683, 899, 900, 2005, 2012, 2019, 2023, 2024, 2031, 3520)
1994 Ed. (335, 836, 841, 854, 855, 927, 1230, 1533, 1974, 3436)
1993 Ed. (1046, 1952, 1957, 1959, 1962, 1969, 1976)
1992 Ed. (498, 1040, 1485, 2046, 2082, 2293, 2566, 4184)
1991 Ed. (930, 1819, 1820, 3267)
1990 Ed. (413, 778, 984, 1260, 1728, 1901)
Ireland Alloys (Holdings) Ltd.
1991 Ed. (1338)
Ireland; Bank of
2007 Ed. (485)
2006 Ed. (472, 1814, 1815)
2005 Ed. (548)
Ireland Blyth Ltd.
2006 Ed. (4520)
Ireland; Government of
2008 Ed. (49)
2006 Ed. (55)
2005 Ed. (48)
Ireland; Kathy
2006 Ed. (2499)
Ireland Mine
1989 Ed. (1996)
Ireland plc; Bank of
2007 Ed. (1821)
Ireland San Filippo & Co.
1999 Ed. (25)
1998 Ed. (20)
Ireland San Filippo LLP
2003 Ed. (11)
Irell & Manella
1999 Ed. (3153)
1998 Ed. (2330)
1997 Ed. (2598)
1996 Ed. (2454)
1995 Ed. (2418)
1993 Ed. (2399)
1992 Ed. (2840, 2841)
1990 Ed. (2421)
Irell & Manella LLP
2002 Ed. (3059)
2001 Ed. (567)
2000 Ed. (2899)
Irene Diamond
1995 Ed. (935)
Irene M. Romero
1994 Ed. (3666)
Irene Rosenfeld
2008 Ed. (4948)
Irene Walsh
1998 Ed. (1595)
Irenee, Edward Du Pont & Family
1990 Ed. (3687)
IREX Corp.
2005 Ed. (1296)
2004 Ed. (4585)
IREX Contracting Group
2008 Ed. (1254)
2007 Ed. (1356)
2006 Ed. (1265)
2002 Ed. (1231)
2001 Ed. (1471)
2000 Ed. (1257)
IRG Technologies
1995 Ed. (3202)
IRI
2000 Ed. (1475, 2624)
1999 Ed. (1604, 4551, 4553)
1998 Ed. (3477)
1996 Ed. (1328, 1333, 1404, 2607)
1994 Ed. (1350, 1390, 1395, 2478)
1993 Ed. (1298, 1302, 1305, 1306, 1334, 1338, 1355)
1992 Ed. (1606)
1991 Ed. (1272, 1287, 1304, 1360)
1990 Ed. (1363, 1382, 1944)
1989 Ed. (1111)
IRI Group
1990 Ed. (1364, 1532)
IRI Infoscan
2000 Ed. (3045)
IRI Instituto per la Ricostruzione Industriale
1994 Ed. (1352)
IRI Istituto per la Ricostrazione Industriale
1994 Ed. (1353, 1354, 1359, 1408)
IRI Istituto per la Ricostruzione Industriale
1997 Ed. (1387, 1395, 2751)
1995 Ed. (1137, 1375, 1376, 1377, 1382, 1420, 1421, 1440, 2546)
IRI Istituto Ricostruzione Ind
1990 Ed. (1388)
Iridian Asset Management
1998 Ed. (2271)
Iridium World Communications Ltd.
2001 Ed. (589)
Irina Busheva
2006 Ed. (4984)
iris
2008 Ed. (3595)
2003 Ed. (1230)
2002 Ed. (1980)
Iris and B. Gerald Cantor
1992 Ed. (1096)
Iris Cleaning Services SA
2008 Ed. (1579)
2006 Ed. (1566)
Iris Industries Inc.
2006 Ed. (2829)
2005 Ed. (2837)
IRIS U.S. Equity
2001 Ed. (3477)
Irise
2008 Ed. (1144)
Irish Dairy Board Co-operative Ltd.
2000 Ed. (1484)
Irish Distillers
1991 Ed. (1476, 1477)
Irish International Group
2003 Ed. (89)
2002 Ed. (122)
2001 Ed. (149)
1999 Ed. (106)
Irish Life
2000 Ed. (2865, 2866)
1999 Ed. (3117, 3118)
1997 Ed. (2574, 2575)
1996 Ed. (2431, 2432)
1994 Ed. (1578, 1579)
Irish Life & Permanent
2008 Ed. (450)
2007 Ed. (485)
2006 Ed. (472, 1814)
2005 Ed. (548)
2004 Ed. (562)
2003 Ed. (548)
2002 Ed. (590, 3028)
Irish Life & Permanent plc
2008 Ed. (1857)
2007 Ed. (1821)
2006 Ed. (3226)
2002 Ed. (3029)
Irish Life Assurance
1992 Ed. (2155)
Irish Life Assurnace
1990 Ed. (1790)
Irish Life Investment
2000 Ed. (2825)
Irish Nationwide
1994 Ed. (3143)
Irish Permanent
2000 Ed. (2866)
1999 Ed. (3118)
1997 Ed. (2575)
1994 Ed. (3143)
Irish Permanent Building Society
1992 Ed. (2155)
1990 Ed. (1790)
Irish Republican Army, Britain
2000 Ed. (4238)
Irish Spring
2008 Ed. (4450, 4451)
2007 Ed. (4463)
2006 Ed. (4396)
2005 Ed. (4390)
2004 Ed. (658, 659, 4442)
2003 Ed. (643, 645, 4462, 4463)
2002 Ed. (4303, 4304)
2001 Ed. (4296, 4297, 4298)
2000 Ed. (4069, 4070, 4073)
1999 Ed. (4351, 4354)
1998 Ed. (3326, 3330)
1997 Ed. (3537)
1991 Ed. (3325)
1990 Ed. (3549)
Irish Spring Aloe
2003 Ed. (4463)
Irish Spring Sport
2003 Ed. (4463)
Irish Whiskey
2001 Ed. (3150)
Iritecna
1994 Ed. (3256)
IRITECNA SPA
1995 Ed. (1189, 1191)
Iritel
1996 Ed. (1214)
1995 Ed. (3555)
Iriver
2007 Ed. (2859)
Irkutskenergo
2002 Ed. (4463)
1997 Ed. (1502)
Irl Engelhardt
2007 Ed. (995)
Irma Elder
1999 Ed. (2055)
Irman; Martine M.
2005 Ed. (2473)

IRMG/American Risk Management Corp.
2000 Ed. (984)
1999 Ed. (1034)
Irmscher
2005 Ed. (2815)
1999 Ed. (286)
1998 Ed. (891)
Irn-Bru
2008 Ed. (671)
2002 Ed. (4327)
2001 Ed. (4310)
1999 Ed. (4366)
1996 Ed. (3480)
1994 Ed. (3360)
1992 Ed. (4020)
Iron
2004 Ed. (2101)
1999 Ed. (2759)
1994 Ed. (3637)
Iron & steel
1992 Ed. (3646, 3647)
Iron & steel mill products
2007 Ed. (2515, 2516, 2516)
The Iron Bed Co.
2001 Ed. (1882)
Iron Helix
1995 Ed. (1106)
Iron Horse Inn
2002 Ed. (1074)
Iron Mountain Inc.
2008 Ed. (803, 1912, 1914, 3833, 4614)
2007 Ed. (1872, 2800, 3756, 3757, 4360)
2006 Ed. (1869, 2808, 3759, 3761, 4294, 4301)
2005 Ed. (3664, 4355, 4360)
Iron Ore Co. of Canada
2008 Ed. (4498)
Iron Workers Local 25
2001 Ed. (3041)
2000 Ed. (2888)
1999 Ed. (3139)
Ironmax
2003 Ed. (2173)
IronPlanet
2001 Ed. (4757)
Ironstone Bank
2007 Ed. (3636)
Ironwood Capital Mgmt.
2000 Ed. (2823)
Iroquois Corp.
1999 Ed. (1367)
Iroquois Memorial Hospital
2006 Ed. (2920)
Iroquois Theater
2005 Ed. (2204)
IRPC Public Co., Ltd.
2008 Ed. (3585)
Irresistible Forces
2001 Ed. (984)
IRS
1992 Ed. (2635)
IRSA
2002 Ed. (855)
Irsay Co.; The Robert
1994 Ed. (1149)
1993 Ed. (1127)
1992 Ed. (1414)
1991 Ed. (1081)
IRT Corp.
1990 Ed. (410)
Irvin H. Whitehouse & Sons Co.
1997 Ed. (1172)
1996 Ed. (1144)
1995 Ed. (1168)
1994 Ed. (1142)
1992 Ed. (1422)
Irvin; Mr. & Mrs. William Buel
1992 Ed. (1098)
Irvin; Tinsley H.
1990 Ed. (2271)
Irvine, CA
1999 Ed. (1129, 1147, 1176)
1992 Ed. (1154, 1156, 1158, 3134)
Irvine Marriott
2002 Ed. (2636)
Irvine Marriott Hotel
1999 Ed. (2763)
Irvine Ranch Water District, CA
1990 Ed. (3504)
Irvine Ranch Water Power
1990 Ed. (2642, 2642)
Irvine Ranch Wtr Dist Jt Pwrs Agy
1990 Ed. (2655)
Irvine Spectrum
1997 Ed. (2376)
1996 Ed. (2250)
Irving; Arthur
2008 Ed. (4855, 4856)
2007 Ed. (4910)
2006 Ed. (4923)
2005 Ed. (4863, 4875, 4876)
Irving; Arthur L.
1997 Ed. (3871)
Irving B. Yoskowitz
1996 Ed. (1228)
Irving Bank
1990 Ed. (599)
1989 Ed. (560)
Irving Berlin
2007 Ed. (891)
2006 Ed. (802)
Irving Brothers
2002 Ed. (4788)
Irving E. Shottenstein
1999 Ed. (1411)
Irving Family
2005 Ed. (4022)
2003 Ed. (4891)
1993 Ed. (698)
Irving Gould
1993 Ed. (1706)
1992 Ed. (2064)
Irving; Herbert and Florence
1991 Ed. (891)
Irving I. Moskowitz Foundation
2002 Ed. (2330)
Irving; James
2008 Ed. (4855, 4856)
2007 Ed. (4910)
2006 Ed. (4923)
2005 Ed. (4863, 4875, 4876)
Irving; James, Arthur, & John
2008 Ed. (4878)
2007 Ed. (4913)
2006 Ed. (4925)
2005 Ed. (4881)
Irving; James K.
1997 Ed. (3871)
Irving; John
2008 Ed. (4855, 4856)
2007 Ed. (4910)
2006 Ed. (4923)
2005 Ed. (4863, 4875, 4876)
Irving; John E.
1997 Ed. (3871)
Irving, Jr.; Samuel
1989 Ed. (1986)
Irving; K. C.
1991 Ed. (1617)
Irving; Kenneth Cole
1990 Ed. (730)
Irving; Kenneth Colin
1990 Ed. (731)
1989 Ed. (732)
Irving Materials Inc.
2007 Ed. (4035)
2006 Ed. (4000)
Irving Savings
1989 Ed. (2360)
Irving Savings Association
1990 Ed. (3592)
Irving Sports
1989 Ed. (2522)
Irving Trust Co.
1991 Ed. (369, 486, 487, 489)
1990 Ed. (429, 525, 526, 527, 528, 529, 653)
1989 Ed. (510, 512, 513, 640)
Irving, TX
2008 Ed. (1819)
1994 Ed. (970, 2584)
Irving Weiser
2004 Ed. (2534)
Irving's Sport Shops
1991 Ed. (3168)
Irvington, NJ
1994 Ed. (333)
1989 Ed. (343)
Irwan Junus
2000 Ed. (2142)
Irwell Valley
2008 Ed. (2128)
Irwin & Leighton Inc.
1993 Ed. (1153)
1990 Ed. (1212)
Irwin Financial Corp.
2008 Ed. (2370)
2007 Ed. (2230)
2006 Ed. (2283)
2005 Ed. (2225, 2230)
2004 Ed. (2116)
2000 Ed. (393, 395, 427)
1995 Ed. (491)
Irwin Jacobs
2005 Ed. (972)
1992 Ed. (2143)
1991 Ed. (2265)
1990 Ed. (1773)
Irwin Keller
1989 Ed. (1753)
Irwin M. Jacobs
2006 Ed. (935, 2524)
2005 Ed. (983, 2489)
2004 Ed. (973, 2505, 4866)
2003 Ed. (954, 956, 961)
Irwin Mark Jacobs
2007 Ed. (2502)
2005 Ed. (2476)
2002 Ed. (1041, 2179)
Irwin Mortgage
2003 Ed. (3433)
Irwindale, CA
1995 Ed. (2482)
Is There Really a Human Race?
2008 Ed. (549)
I.S.A. (Holdings) Ltd.
1995 Ed. (1016)
Isaac Agnew
2005 Ed. (1983)
Isaac Construction Co.
2007 Ed. (1381)
Isaac Saba Raffoul
2008 Ed. (4886)
Isaacson Rosenbaum Woods & Levy PC
2005 Ed. (3262)
Isabel Alexander
2004 Ed. (4986)
Isabelle Green
2000 Ed. (2341)
Isabelle Hayen
2000 Ed. (2099)
1999 Ed. (2320)
Isadore Sharp
2005 Ed. (4873)
Isak Andic
2008 Ed. (4874)
Isaly Klondike Co.
1993 Ed. (2124)
Isautler; Bernard F.
2007 Ed. (2507)
ISC
1991 Ed. (1717)
1990 Ed. (535, 1782)
ISC/Bunker Ramo
1992 Ed. (1310)
ISC Systems
1990 Ed. (1123, 1126)
1989 Ed. (969, 972, 978)
Iscar Ltd.
2008 Ed. (1425)
Isco Inc.
2006 Ed. (4364)
Iscor Ltd.
2004 Ed. (1855)
2002 Ed. (1764)
1999 Ed. (3131)
1997 Ed. (2596)
1996 Ed. (1744, 2443)
1995 Ed. (1484, 1485)
1993 Ed. (1339, 1392, 1393, 1394, 1395)
Isdell; E. Neville
2008 Ed. (947)
2007 Ed. (966, 1025)
ISE National 100 Index
2008 Ed. (4503)
ISEA Credit Union
2003 Ed. (1894)
ISEC Inc.
2008 Ed. (1183)
2007 Ed. (1283)
2006 Ed. (1177)
2005 Ed. (1294)
1996 Ed. (1149)
1995 Ed. (1174)
1992 Ed. (1413)
Isemoto Contracting Co., Ltd.
2008 Ed. (1783)
2007 Ed. (1755)
2006 Ed. (1746)
Isetan
2007 Ed. (4204)
1990 Ed. (1497)
ISG
2000 Ed. (1167)
ISG Burns Harbor LLC
2007 Ed. (1775)
2006 Ed. (1767)
ISG International Software Group
1998 Ed. (2725)
ISG Large Cap Equity
2000 Ed. (3239)
ISG Weirton Inc.
2006 Ed. (2116)
iShares: Brazil
2005 Ed. (3579)
IShares MSCI Australia Index
2008 Ed. (2613)
2007 Ed. (2483)
iShares MSCI Austria Index
2006 Ed. (2508)
iShares MSCI-Japan
2002 Ed. (2170)
Ishares Russell 1000 Value
2004 Ed. (3172)
Ishares Russell 2000
2004 Ed. (3172)
Ishares Russell 2000 Value
2004 Ed. (3172)
iShares S & P 500
2005 Ed. (2466)
2004 Ed. (3172)
iShares: S & P Latin America 40
2005 Ed. (3579)
Ishares S & P Small Cap 600
2004 Ed. (3172)
iShares S&P 500 Index Fund
2002 Ed. (2170)
Ishihara
1999 Ed. (4605)
Ishihara; Koichi
1997 Ed. (1977)
Ishihara Sangyo Kaisha
2007 Ed. (1832)
Ishii; Hirokazu
1997 Ed. (1988)
1996 Ed. (1882)
Ishikawajima-Harim
1989 Ed. (1918)
Ishikawajima-Harima
1998 Ed. (2093)
Ishikawajima-Harima Heavy Industries Co.
2008 Ed. (1424)
2007 Ed. (1805, 1838)
2006 Ed. (2999)
2005 Ed. (3003)
1999 Ed. (2853, 2854)
1997 Ed. (1581, 2371)
1995 Ed. (1543)
1993 Ed. (1461)
1992 Ed. (1681, 1772)
1991 Ed. (1405, 3401)
1990 Ed. (2175)
1989 Ed. (1656)
Ishikawajima-Harima Heavy Industry Co. Ltd.
1990 Ed. (1668)
Ishikawanma Harima
1990 Ed. (1478)
Ishtar
1991 Ed. (2490)
ISI
2000 Ed. (2741)
ISI Cos. Inc.
1998 Ed. (1931)
ISI Emerging Markets
2002 Ed. (4866)
ISI Insurance Services
2006 Ed. (4265)
2005 Ed. (4288)
2004 Ed. (4349)

ISI Norgen Inc.
1999 Ed. (2669)
ISI Norgren Inc.
2000 Ed. (2459)
ISI Profesisonal Services LLC
2007 Ed. (3561)
ISI Total Return U.S. Treasury
1999 Ed. (3555)
1995 Ed. (2745)
Isidore; Tropical storm
2005 Ed. (885)
Isilon Systems
2008 Ed. (2140)
Isis Pharmaceuticals Inc.
2003 Ed. (3749)
Isis Research
2000 Ed. (3045, 3048)
Isis Telecommunications
2007 Ed. (2022)
ISite Design
2005 Ed. (3023)
ISK
2000 Ed. (810)
1999 Ed. (2538)
Islam Online
2007 Ed. (71)
Islami Bank Bangladesh
2006 Ed. (417, 4484)
2000 Ed. (467)
1999 Ed. (475)
1997 Ed. (415)
1996 Ed. (453)
1995 Ed. (427)
Islamic Development Bank
1998 Ed. (1268)
1996 Ed. (427, 566)
Islamic extremists, Algeria
2000 Ed. (4238)
Islamic Finance House
1991 Ed. (568)
Islamic Investment Co. of the Gulf
1994 Ed. (3139)
Island Acura
1992 Ed. (420)
Island Associates Real Estate
2000 Ed. (3710)
Island Creek Corp.
2004 Ed. (1030)
2003 Ed. (1027)
Island Creek Coal Company
1989 Ed. (952)
Island ECN Inc.
2005 Ed. (1546, 3594)
Island Ink-Jet Systems Inc.
2008 Ed. (3824)
2007 Ed. (3742)
2006 Ed. (3740)
2005 Ed. (3641)
2004 Ed. (846)
Island Inn
1991 Ed. (1948)
1990 Ed. (2065)
Island Insurance Group
2003 Ed. (2987)
Island Lincoln-Mercury
1995 Ed. (293, 295, 296)
1994 Ed. (254, 274, 289, 291, 292)
1993 Ed. (275, 299, 300, 301)
1992 Ed. (378, 379, 389, 415, 417)
1991 Ed. (269, 284)
Island One, Inc.
1991 Ed. (3389)
Island Savings Credit Union
2007 Ed. (1606)
Island Shangri-La
2000 Ed. (2546)
1999 Ed. (2771, 2793)
1997 Ed. (2289)
Island Telephone
1990 Ed. (3519)
Islands
2006 Ed. (4110)
Islands of Adventure
2007 Ed. (277)
2006 Ed. (272)
2005 Ed. (253)
2004 Ed. (244)
2003 Ed. (277)
2002 Ed. (312)
Islandsbanki
2007 Ed. (461, 1763)
2006 Ed. (450, 1755)
2005 Ed. (507, 519)
2004 Ed. (540)
2003 Ed. (503)
2002 Ed. (568)
Islandsbanki hf.
2006 Ed. (4506)
2000 Ed. (549)
1999 Ed. (538)
1997 Ed. (491)
1996 Ed. (532)
1995 Ed. (487)
1994 Ed. (504)
1993 Ed. (500)
Isle of Capri Casinos Inc.
2007 Ed. (1887)
2006 Ed. (263, 1894)
2005 Ed. (242, 1874)
2004 Ed. (1802, 1803, 2716, 2717)
2003 Ed. (2337, 2340)
Isle of Dogs
2004 Ed. (743)
Isle of Man
2008 Ed. (851)
2006 Ed. (783)
Isle of Man Bank Ltd.
1999 Ed. (558)
1997 Ed. (524)
1996 Ed. (567)
1995 Ed. (514)
1994 Ed. (538)
1993 Ed. (536)
1992 Ed. (737)
1991 Ed. (569)
Isle of Man Bank Limited
1989 Ed. (586)
Islip, NY
1992 Ed. (1167, 1168)
ISM Information Systems Management
1995 Ed. (2099)
ISMIE Mutual Insurance Co.
2007 Ed. (3168)
2006 Ed. (3133)
2005 Ed. (3123)
ISN; Grupo
2008 Ed. (2087)
Isobar
2007 Ed. (3434)
Isochem/SNPE
2001 Ed. (1211)
ISOCOR
1997 Ed. (1014, 2168)
Isocyanates
1999 Ed. (3624)
Isoetec Communications Inc.
1990 Ed. (1977)
Isofoton
2006 Ed. (4416)
iSOFT
2007 Ed. (1262)
2006 Ed. (1146)
2005 Ed. (1157)
iSOFT Group
2007 Ed. (2742)
iSOFT Group plc
2008 Ed. (1135)
2007 Ed. (1238, 1695)
2005 Ed. (1139)
Isola AG
2004 Ed. (4224)
iSold It
2008 Ed. (881, 4792)
2007 Ed. (905)
iSolt It
2007 Ed. (2313)
Isomil
2003 Ed. (2914)
2002 Ed. (2802)
2001 Ed. (2847)
1994 Ed. (2197)
Isonics Corp.
2003 Ed. (1652)
Isoporc
2006 Ed. (3939)
2005 Ed. (3876)
2004 Ed. (3928)
2003 Ed. (3900)
Isosceles
1991 Ed. (1168)
Isosceles PLC
1993 Ed. (1389)
Isotechnika Inc.
2005 Ed. (1688, 1690, 1691, 1692, 1693, 1694)
Isotonics
2004 Ed. (888)
2002 Ed. (699, 700, 701)
2001 Ed. (700)
ISP
2001 Ed. (1212, 2506)
ISP Chemicals Inc.
2004 Ed. (3365)
Ispat Inland Inc.
2006 Ed. (1767, 1768, 3455)
2005 Ed. (1794, 1795)
2004 Ed. (1734, 3435, 4536)
2003 Ed. (1697, 1698)
2001 Ed. (1736, 1737)
Ispat Inland Holdings Inc.
2008 Ed. (3651)
Ispat International NV
2002 Ed. (1461)
ISPsoft Inc.
2004 Ed. (1544)
iSqFt
2007 Ed. (1272)
2006 Ed. (1160)
ISR Solutions Inc.
2004 Ed. (4351)
2003 Ed. (4330)
Israel
2008 Ed. (478, 1860, 1931, 2206, 2401, 2455, 2689, 2949, 2950, 3212, 3213, 4018, 4389, 4625, 4626, 4793, 4795)
2007 Ed. (521, 1438, 1825, 2096, 2265, 2547, 2830, 3999, 4412, 4415, 4480)
2006 Ed. (501, 1406, 1443, 2152, 2334, 2576, 2827, 3552, 3553, 3941, 4083, 4418)
2005 Ed. (581, 1421, 2058, 2571, 2765, 3031, 3032, 3659, 3660, 3661, 3881, 4401)
2004 Ed. (1400, 1763, 1910, 1923, 2593, 2814, 3931, 4454)
2003 Ed. (586, 1974, 2224, 2467, 2617, 3257, 3258, 3918, 4699)
2002 Ed. (742, 1698, 1821, 3229, 3595, 3723, 3725, 4972)
2001 Ed. (521, 522, 1688, 1952, 2278, 2419, 2699, 2700, 3859, 3865, 4312, 4371, 4471)
2000 Ed. (823, 1324, 1615, 1649, 2351, 2365, 2370, 2371, 3354)
1999 Ed. (1786, 2825, 3629, 4695)
1998 Ed. (352, 1031)
1997 Ed. (474, 941, 1267, 1547, 2147)
1996 Ed. (1217, 1482)
1995 Ed. (1247, 1249, 1523, 1545, 2008, 2015, 2027, 2034, 2038)
1994 Ed. (486, 1491, 1530, 2359)
1993 Ed. (481, 1466, 1467, 1730, 1952, 1965, 1972, 1979, 1985, 2372, 2373)
1992 Ed. (227, 305, 669, 1740, 2171, 2308, 2315, 2325, 2331, 4319, 4320)
1991 Ed. (516, 1184, 1385, 1832, 1839, 1848)
1990 Ed. (413, 1358, 1447, 1581, 1728, 1909, 1916, 1923, 1933)
Israel Aircraft Industries Ltd.
2001 Ed. (342, 1986)
Israel & De Bianchi
1994 Ed. (77)
1993 Ed. (87)
1992 Ed. (134)
1991 Ed. (86)
1990 Ed. (88)
Israel & De Bianchi NAZCA S & S
1996 Ed. (70)
Israel Cable Association
2007 Ed. (47)
Israel Cable Association; HOT -
2008 Ed. (50)
The Israel Central Trade & Investment Co.
1993 Ed. (3506)
Israel Chemicals Ltd.
2008 Ed. (920, 3566)
2006 Ed. (3387, 4684)
2002 Ed. (4558, 4559)
2000 Ed. (4184, 4185)
1999 Ed. (4539, 4540)
1997 Ed. (3685, 3686)
1996 Ed. (3634, 3635)
Israel Deaconess Medical Center Inc.
2007 Ed. (1870)
Israel Discount Bank
2008 Ed. (451, 1860)
2007 Ed. (486, 522, 1825, 4806)
2006 Ed. (473, 1818)
2005 Ed. (549)
2004 Ed. (509, 563)
2003 Ed. (549, 587)
2002 Ed. (591, 622)
1999 Ed. (559)
1997 Ed. (525)
1996 Ed. (568)
1995 Ed. (515)
1994 Ed. (27, 539)
1993 Ed. (36, 378, 537)
1992 Ed. (540, 738)
1991 Ed. (29, 570)
1990 Ed. (614)
1989 Ed. (587, 588)
Israel Discount Bank of New York
2001 Ed. (644)
1991 Ed. (2813)
Israel Electric Corp., Ltd.
2004 Ed. (1763)
2002 Ed. (1698)
The Israel Land Development Co. Ltd.
1993 Ed. (3507)
Israel/Palestine
1991 Ed. (2826)
The Israel Telecommunication Corp. Ltd.--Bezeq
2002 Ed. (4558, 4559)
Israeli Petrochemical Enterprises
1992 Ed. (4197)
Isramco
2002 Ed. (4559)
1997 Ed. (3686)
1996 Ed. (3635)
Isreal Discount Bank
2000 Ed. (570)
Isrel
2006 Ed. (102)
ISS
2007 Ed. (1678)
2006 Ed. (1674, 2249)
ISS Building Maintenance Inc.
2001 Ed. (1712)
ISS International B
1999 Ed. (1424)
1997 Ed. (1219)
1996 Ed. (1180)
1994 Ed. (1195)
ISS-International Service System
1991 Ed. (1266)
ISS International Service System A/S
1999 Ed. (1599)
1996 Ed. (1324)
1993 Ed. (1294)
ISS International Service System Aktieselskab
2000 Ed. (1406)
ISS Suomi Oy
1999 Ed. (1629)
Edward Issacs & Co.
2000 Ed. (17)
Istanbul Stock Exchange
1995 Ed. (3512)
iStar Financial Inc.
2006 Ed. (4045)
2005 Ed. (4017)
2004 Ed. (2771, 4084)
Istarska Kreditna Banka
1997 Ed. (444)
IstarXchange
2001 Ed. (4767)
ISteelAsia.com
2003 Ed. (2176)
Isthmian Financial Services
1997 Ed. (2985)
Istim Telekomunikasyon
2005 Ed. (89)
2004 Ed. (94)
Istituto Bancairio San Paolo Di Torino
1992 Ed. (2021)
Istituto Bancario
1991 Ed. (572)

Istituto Bancario San Paola di Torino
2000 Ed. (557)
Istituto Bancario San Paolo
1990 Ed. (615)
1989 Ed. (589)
Istituto Bancario San Paolo di Torino
2000 Ed. (1487)
1999 Ed. (560, 1687)
1997 Ed. (1460)
1996 Ed. (2481)
1995 Ed. (516)
1994 Ed. (541, 1407, 1682)
1993 Ed. (539, 1661)
1992 Ed. (1996, 2002, 740, 1992)
1991 Ed. (571)
Istituto Bancarlo San Paolo di Torino
1990 Ed. (616)
Istituto Banzario San Paolo di Torino
1996 Ed. (1403)
Istituto Finanziario Industriale SpA
2007 Ed. (3023)
Istituto Mobil Corp.are Italiano
1995 Ed. (516)
Istituto Mobiliare
1991 Ed. (572)
1990 Ed. (615)
Istituto Mobiliare Italiana
2000 Ed. (571)
Istituto Mobiliare Italiano
1999 Ed. (560, 1687)
1997 Ed. (526, 1460)
1996 Ed. (570, 1403)
1994 Ed. (541, 1682)
1993 Ed. (539, 3268, 3272)
1992 Ed. (740)
1990 Ed. (606, 608)
Istituto Mobiliare Italiano SpA (IMI)
2002 Ed. (1992)
Istituto Nazionale Delle Assicurazioni
2000 Ed. (1487)
1999 Ed. (1687)
1997 Ed. (1460)
Istituto per la Ricostruzione Industriale SpA (IRI)
2002 Ed. (2730)
Istock; Verne G.
1997 Ed. (981)
Istonish Holding Co.
2006 Ed. (2549)
2005 Ed. (2541)
Istra-Turist
1997 Ed. (3928)
Istrabenz
2006 Ed. (3290)
2000 Ed. (2986, 2987)
Istrobanka
2006 Ed. (521)
2002 Ed. (645)
2001 Ed. (649)
1999 Ed. (636)
1997 Ed. (610, 611)
1996 Ed. (674)
ISU Community Credit Union
2004 Ed. (1959)
2003 Ed. (1919)
2002 Ed. (1865)
ISU Insurance Group
1999 Ed. (2910)
1998 Ed. (2125)
1997 Ed. (2415)
1996 Ed. (2277)
Isuppli
2001 Ed. (4751)
Isuzu
2003 Ed. (357)
1999 Ed. (360)
1998 Ed. (225)
1996 Ed. (3748, 3749)
1994 Ed. (307, 3582, 3585)
1993 Ed. (320, 3366, 3627)
1992 Ed. (462, 463, 4348, 4349)
1991 Ed. (3316, 3317, 3425)
1990 Ed. (359)
1989 Ed. (308)
Isuzu Amigo
1992 Ed. (2409)
Isuzu I-Mark
1992 Ed. (485)
Isuzu Kanto
1997 Ed. (293)
Isuzu Motors Ltd.
2004 Ed. (291, 292)
2003 Ed. (323)
2002 Ed. (4896)
2001 Ed. (506, 3835)
1997 Ed. (292)
1995 Ed. (1352)
1994 Ed. (316, 1322)
1990 Ed. (1668)
1989 Ed. (1918)
Isuzu of Hillside
1990 Ed. (328)
ISX Corp.
2008 Ed. (1399)
ISYS Search Software
2007 Ed. (3063)
IT Corp.
2002 Ed. (2153)
2000 Ed. (1843)
1999 Ed. (2057)
1998 Ed. (1475)
1991 Ed. (1068, 1552)
IT Factory Inc.
2001 Ed. (2858)
The IT Group Inc.
2004 Ed. (1354)
2003 Ed. (1248, 1251, 1253, 1263, 1268, 1273, 1289, 1290, 1330, 2311, 2314)
2002 Ed. (1239, 1240, 1248, 1251, 1252, 1258, 1264, 1279, 1316, 2131)
2001 Ed. (2288, 2290, 2291, 2292, 2294, 2295, 2296, 2297, 2298, 2299, 2300, 3834, 4733)
2000 Ed. (1250, 1251, 1798, 1859)
IT/Net
2007 Ed. (3378)
1997 Ed. (2973)
IT Net PLC
2000 Ed. (3879)
IT strategy development
1998 Ed. (544)
Itabanco
2000 Ed. (475)
Itachu Corp.
1995 Ed. (1349)
Italcable
1996 Ed. (1214)
Italcementi
1996 Ed. (1388)
Italcementi SpA
2008 Ed. (3567)
2006 Ed. (3388)
Italcementi SpA Fabbriche Riunite Cemento
2004 Ed. (4593)
Italconsult SpA
1991 Ed. (1559)
Italenergia
2003 Ed. (943, 1429)
Italia
2004 Ed. (2541, 2542)
2002 Ed. (4266, 4267)
Italia/BBDO
1995 Ed. (89)
1994 Ed. (97)
1993 Ed. (114)
1991 Ed. (116)
1990 Ed. (118)
1989 Ed. (124)
Italia Line
2003 Ed. (2418)
Italian
2000 Ed. (2889, 4380)
Italian Ariete C1
1992 Ed. (3078)
Italian food
1998 Ed. (1743, 1745)
The Italian Franchise Co.
2003 Ed. (4128)
Italian Lira
1992 Ed. (2047)
Italian Oven
1998 Ed. (1761, 2726, 3065, 3071, 3412)
1997 Ed. (3337)
Italian Swiss Colony
2002 Ed. (4922)
2001 Ed. (4842)
Italian-Thai
1991 Ed. (1067)
Italian-Thai Development
1999 Ed. (1748)
1997 Ed. (1526)
1996 Ed. (1457)
1989 Ed. (1168)
Italiana Petroli SpA
2003 Ed. (1727)
2001 Ed. (1759)
2000 Ed. (1486)
1999 Ed. (1686, 3811)
1997 Ed. (1458, 3107)
1996 Ed. (1404)
1993 Ed. (1355)
1990 Ed. (1388)
Italimpianti SpA
1991 Ed. (1092, 1096)
Italmobiliare SpA
2008 Ed. (3567)
2006 Ed. (3388)
Italo Venezolano
1990 Ed. (712)
Italstrade
1992 Ed. (1436)
Italtel
1997 Ed. (916)
1990 Ed. (3512)
Italy
2008 Ed. (260, 414, 868, 1022, 1279, 1283, 1287, 1289, 1413, 1414, 1415, 1419, 1421, 2417, 2824, 2845, 2924, 3164, 3411, 3434, 3590, 3592, 3825, 3826, 3828, 3832, 4339, 4499, 4597, 4694)
2007 Ed. (265, 285, 446, 674, 748, 892, 1142, 2081, 2282, 2310, 2697, 2711, 2795, 2796, 2797, 2798, 3050, 3298, 3334, 3394, 3426, 3428, 3743, 3744, 3745, 3747, 3755, 3777, 3956, 3982, 3983, 3984, 4237, 4383, 4389, 4418, 4536, 4603, 4689, 4776, 4777)
2006 Ed. (258, 282, 441, 804, 839, 1010, 1029, 1053, 1055, 1407, 1432, 1434, 1435, 1439, 2133, 2346, 2372, 2537, 2538, 2539, 2703, 2718, 2719, 2720, 2803, 2804, 2805, 2806, 2967, 3017, 3116, 3239, 3261, 3336, 3409, 3412, 3426, 3429, 3552, 3553, 3744, 3745, 3746, 3748, 3756, 3780, 3909, 3927, 3928, 3929, 4318, 4324, 4478, 4616, 4669, 4769, 4771, 4777, 4861, 4862)
2005 Ed. (237, 259, 861, 890, 920, 930, 1044, 1045, 1422, 1476, 1477, 1478, 1479, 1484, 1540, 2037, 2278, 2317, 2536, 2537, 2738, 2764, 2822, 2823, 2824, 3022, 3101, 3252, 3269, 3400, 3403, 3416, 3419, 3646, 3647, 3648, 3650, 3658, 3686, 3840, 3863, 3864, 3865, 4370, 4375, 4405, 4478, 4535, 4602, 4603, 4717, 4718, 4790, 4791, 4824, 4969, 4970, 4971, 4977)
2004 Ed. (210, 231, 257, 900, 938, 1043, 1044, 1401, 1460, 1461, 1462, 1463, 1468, 1905, 2178, 2202, 2740, 2768, 2822, 2823, 3223, 3244, 3393, 3396, 3403, 3406, 3703, 3738, 3739, 3740, 3742, 3747, 3769, 3902, 3917, 3918, 3919, 4422, 4426, 4538, 4601, 4738, 4739, 4816, 4817)
2003 Ed. (249, 266, 290, 493, 873, 930, 950, 1036, 1386, 1430, 1431, 1432, 1433, 1438, 2129, 2149, 2217, 2233, 2234, 2623, 2624, 2702, 3167, 3200, 3333, 3336, 3694, 3695, 3697, 3699, 3703, 3755, 4423, 4554, 4757, 4970, 4971, 4972)
2002 Ed. (280, 301, 559, 561, 681, 743, 744, 745, 746, 747, 780, 975, 1344, 1409, 1410, 1411, 1419, 1474, 1475, 1476, 1479, 1682, 2409, 2412, 2425, 2753, 2755, 2756, 2757, 2900, 2936, 3073, 3075, 3099, 3519, 3596, 3961, 3967, 4055, 4056, 4057, 4058, 4379, 4380, 4507, 4623, 4971, 4972, 4973, 4974, 4998, 4999)
2001 Ed. (291, 358, 390, 395, 525, 526, 625, 670, 697, 989, 1002, 1019, 1097, 1141, 1143, 1152, 1171, 1174, 1190, 1191, 1242, 1283, 1285, 1301, 1311, 1338, 1353, 1414, 1496, 1509, 1688, 1917, 1918, 1919, 1982, 1984, 1985, 1992, 2002, 2008, 2036, 2042, 2046, 2104, 2134, 2135, 2147, 2278, 2305, 2362, 2370, 2371, 2372, 2379, 2395, 2412, 2443, 2444, 2469, 2481, 2489, 2552, 2553, 2562, 2574, 2611, 2681, 2693, 2694, 2695, 2696, 2697, 2734, 2800, 2814, 2821, 2825, 2970, 3020, 3036, 3045, 3075, 3149, 3160, 3227, 3241, 3298, 3305, 3367, 3370, 3410, 3502, 3529, 3578, 3580, 3581, 3596, 3602, 3629, 3638, 3644, 3691, 3706, 3760, 3823, 3824, 3825, 3847, 4017, 4028, 4039, 4041, 4112, 4113, 4119, 4246, 4249, 4263, 4267, 4276, 4277, 4315, 4370, 4372, 4373, 4387, 4393, 4471, 4483, 4494, 4495, 4500, 4548, 4565, 4566, 4567, 4569, 4590, 4597, 4601, 4632, 4651, 4652, 4677, 4705, 4831, 4905, 4906, 4907, 4908, 4909, 4910, 4915, 4943)
2000 Ed. (1032, 1064, 1323, 1902, 2295, 2354, 2355, 2356, 2360, 2374, 2376, 2378, 3011, 3175, 3354, 3753, 4183, 4271, 4272, 4273, 4425)
1999 Ed. (212, 332, 1069, 1104, 1207, 1213, 1464, 1796, 2090, 2091, 2106, 2553, 2596, 2611, 2612, 2613, 2825, 2826, 2884, 2936, 3111, 3113, 3273, 3283, 3284, 3342, 3449, 3629, 3695, 3696, 4368, 4473, 4594, 4623, 4624, 4625, 4626, 4695, 4803)
1998 Ed. (115, 123, 230, 352, 632, 633, 656, 683, 708, 785, 856, 1032, 1369, 1527, 1528, 1791, 1803, 1838, 1847, 1848, 1850, 1860, 2209, 2223, 2421, 2461, 2707, 2742, 2743, 2749, 2814, 3467, 3589, 3590, 3591, 3592, 3593)
1997 Ed. (287, 321, 474, 518, 824, 939, 941, 966, 1265, 1267, 1268, 1578, 1687, 1791, 2107, 2117, 2562, 2568, 2691, 2997, 2999, 3079, 3080, 3513, 3767, 3768, 3769, 3770, 3912)
1996 Ed. (510, 761, 908, 942, 944, 1217, 221, 1222, 1226, 1495, 1963, 2344, 2449, 2470, 2471, 2551, 3189, 3715, 3716, 3717, 3762, 3763, 3870, 3871)
1995 Ed. (663, 683, 688, 876, 929, 967, 997, 1038, 1247, 1252, 1253, 1593, 1723, 1736, 1737, 1743, 1744, 1768, 1962, 2005, 2012, 2020, 2021, 2022, 2024, 2031, 3169, 3520, 3616, 3773, 3774, 3775)
1994 Ed. (311, 335, 486, 709, 731, 7350, 786, 857, 927, 934, 949, 1349, 1516, 1581, 1974, 1987, 2130, 2363, 2364, 2731, 2747, 3436, 3522, 3651)
1993 Ed. (146, 178, 179, 481, 700, 722, 727, 885, 917, 943, 956, 1067, 1202, 1203, 1206, 1299, 1422, 1463, 1535, 1596, 1717, 1719, 1720, 1722, 1723, 1724, 1731, 1732, 1743, 1958, 1959, 1960, 1962, 1969, 1976, 1992, 2000, 2028, 2103, 2167, 2372, 2373, 2378, 2387, 2411, 2412, 2481, 2482, 3053, 3301, 3302, 3357, 3455, 3456, 3476, 3510, 3595, 3596, 3597, 3722, 3724, 3725, 3726)
1992 Ed. (225, 228, 268, 269, 499, 669, 723, 891, 907, 911, 1040, 1087, 1088, 1120, 1234, 1485, 1489, 1493, 1496, 1736, 1759,

1776, 2046, 2072, 2081, 2083, 2171, 2251, 2293, 2297, 2301, 2302, 2303, 2305, 2312, 2322, 2566, 2806, 2853, 2854, 2950, 3348, 3685, 3957, 4139, 4140, 4141, 4152, 4185, 4186, 4203, 4238, 4239, 4320, 4321, 4322, 4474, 4475, 4495)
1991 Ed. (165, 329, 352, 516, 849, 934, 1172, 1178, 1181, 1383, 1400, 1402, 1408, 1641, 1820, 1825, 1826, 1827, 1829, 1836, 1868, 2276, 2493, 2915, 3108, 3109, 3236, 3268, 3269, 3279, 3287, 3357, 3358, 3405, 3406, 3407, 3506, 3507, 3508, 1582)
1990 Ed. (204, 205, 405, 414, 741, 960, 1253, 1259, 1263, 1264, 1450, 1729, 1736, 1906, 1913, 1920, 1928, 1929, 1930, 1965, 3235, 3276, 3471, 3508, 3611, 3612, 3617, 3619, 3694, 3699, 3700)
1989 Ed. (229, 230, 282, 349, 363, 565, 946, 1179, 1284, 1390, 1396, 1408, 2819, 2956, 2964, 2965)
Italy Stock Exchange
2001 Ed. (4379)
1997 Ed. (3631)
Itapua de Ahorro y Prestamo
2002 Ed. (4456)
Itau
2008 Ed. (733)
2007 Ed. (754)
2003 Ed. (753)
2000 Ed. (473, 476, 478, 590)
1990 Ed. (511)
Itau Corretora de Valores
2008 Ed. (3400)
2007 Ed. (3280, 3281, 3289)
2006 Ed. (3212)
Itau Holding
2008 Ed. (388, 462, 463, 466, 467)
2007 Ed. (408, 409, 502, 503, 504, 505, 506, 507)
2006 Ed. (421)
Itau Holding Financeira; Banco
2008 Ed. (388, 461, 462, 463, 464, 465, 466, 467)
2007 Ed. (408, 409, 501, 502, 503, 504, 505, 506, 507)
2006 Ed. (421, 485)
Itau Institucional Onix FIA
2002 Ed. (3479)
Itau SA; Banco
2008 Ed. (459)
2007 Ed. (499)
2006 Ed. (483, 1569, 1851, 3211, 4489)
2005 Ed. (470, 562, 564, 1842, 1843)
Itau Seguros
2008 Ed. (3254)
2007 Ed. (3109)
Itau Vida e Previdencia
2008 Ed. (3254)
2007 Ed. (3109)
Itaubanco
2002 Ed. (4096)
2001 Ed. (1778)
2000 Ed. (3851)
1999 Ed. (4137)
1995 Ed. (3182)
1994 Ed. (3134)
Itausa
2008 Ed. (1581, 1582)
2007 Ed. (1603)
1999 Ed. (1669)
1997 Ed. (1472)
1992 Ed. (3767, 3768)
1991 Ed. (2913, 2914)
Itautec Philco SA
2001 Ed. (3297)
Itazsa
2006 Ed. (1568)
ITB Advertising
2003 Ed. (162)
2002 Ed. (202)
ITB Premium Income Portfolio
1992 Ed. (3165)
ITC Ltd.
2006 Ed. (4507)
2005 Ed. (1352, 1377, 1390)
2004 Ed. (1344, 1361, 1369)
2002 Ed. (4426)
2001 Ed. (1732, 1734, 1735)
2000 Ed. (754, 755, 1457, 1459)
1999 Ed. (742)
1997 Ed. (685, 686, 1429)
1996 Ed. (753, 754, 755, 1378)
1994 Ed. (724, 725)
1993 Ed. (33)
1989 Ed. (34)
ITC Deltacom
2001 Ed. (2422)
ITC Group of Cos.
2008 Ed. (1584)
ITC Industries
1995 Ed. (1417)
Itec Attractions Inc.
2006 Ed. (1832)
Itel
1996 Ed. (1065)
1995 Ed. (1085)
1994 Ed. (1755)
1993 Ed. (934, 2381)
1992 Ed. (1130, 1299, 2565)
1991 Ed. (1993)
1990 Ed. (2145)
ITF Management (Diversified)
1996 Ed. (1055)
IT4U
2003 Ed. (2722)
ITG Posit
2000 Ed. (881)
Ithaca College
2008 Ed. (769, 1086)
2001 Ed. (1325)
2000 Ed. (1139)
1999 Ed. (1230)
1998 Ed. (801)
1997 Ed. (1053)
1995 Ed. (1052)
1994 Ed. (1044)
1993 Ed. (1017)
Ithaca Industries Inc.
1999 Ed. (387)
Ithaca, NY
2008 Ed. (1051, 3464)
2007 Ed. (1158, 1162, 3366, 3375)
2005 Ed. (3467)
ITI Marketing Services Inc.
2000 Ed. (4193, 4194)
1999 Ed. (4555, 4556, 4557, 4558)
1998 Ed. (3478, 3483)
1996 Ed. (3641, 3642)
1994 Ed. (3486)
1993 Ed. (3512)
ITI McCann-Erickson
1999 Ed. (144)
1997 Ed. (133)
1996 Ed. (129)
1995 Ed. (115)
1993 Ed. (129)
ITI McCann-Erickson Poland
2003 Ed. (137)
2002 Ed. (169)
2001 Ed. (198)
2000 Ed. (161)
1994 Ed. (110)
ITI Technologies
1997 Ed. (3358)
ITIBANK of Mongolia
1999 Ed. (593)
iTKO
2008 Ed. (1152)
2007 Ed. (1254)
2006 Ed. (1140)
ITLA Capital Corp.
2002 Ed. (485)
ITM
1995 Ed. (335, 335, 2117)
ITM Enterprises
1994 Ed. (2065)
ITM Enterprises SA
2006 Ed. (3991)
2002 Ed. (4534)
ITM Entreprises SA
2006 Ed. (4187)
2001 Ed. (4116)
ITM Power
2007 Ed. (2350)
Ito En
2007 Ed. (615)
Ito; Masatoshi
2008 Ed. (4846)
Ito; Naoko
1996 Ed. (1874)
ITO Packing Co. Inc.
1998 Ed. (1776)
Ito-Yocado Co. Ltd.
2001 Ed. (4104)
Ito-Yokado Co., Ltd.
2006 Ed. (58, 1828, 4641, 4642)
2005 Ed. (51, 4141, 4566)
2004 Ed. (56, 1715, 4641)
2003 Ed. (4188, 4665)
2002 Ed. (4533, 4534)
2000 Ed. (3815, 3821, 3824)
1999 Ed. (1580, 4107)
1998 Ed. (2980, 3085, 3095)
1997 Ed. (1357, 3231, 3352)
1996 Ed. (3146, 3253)
1995 Ed. (1350, 3152, 3156, 3158)
1994 Ed. (1179, 1180, 1181, 1182, 1183, 1185, 1187, 1320, 3112, 3113, 3256)
1993 Ed. (1274, 3498)
1990 Ed. (3056)
1989 Ed. (2333)
Ito-Yokodo Co. Ltd.
1998 Ed. (987)
Itochu Corp.
2008 Ed. (4727)
2007 Ed. (4368, 4802, 4803)
2004 Ed. (1629, 1709, 1710, 4761)
2003 Ed. (1678, 4780)
2002 Ed. (1691, 1703, 4433, 4664)
2001 Ed. (1624, 1704, 1705, 1747, 1767, 2173)
2000 Ed. (1424, 1481, 1494, 1498, 4285, 4286)
1999 Ed. (1574, 1581, 1619, 1662, 1674, 1689, 1692, 4645)
1998 Ed. (1157, 1165, 3610)
1997 Ed. (1356, 1399, 1434, 1450, 1461, 1463, 1581, 1584, 3784)
1996 Ed. (1339, 1394, 1407, 3406, 3408)
1995 Ed. (1389, 1429, 1430, 1441, 1443, 1543, 3334, 3342)
Itochu Australia
2004 Ed. (4918)
2002 Ed. (4895)
Itochu Canada
1996 Ed. (3828)
Itochu Chemicals America Inc.
2008 Ed. (916)
2007 Ed. (938)
Itochu Tech-Science
2007 Ed. (1261)
Itoh & Co. Ltd.; C.
1997 Ed. (1503)
1994 Ed. (1319, 1363, 1400, 1410, 1411, 3106, 3255, 3659)
1993 Ed. (1277, 1311, 1346, 1356, 3047, 3261, 3263, 3269)
1992 Ed. (1568, 1612, 1647, 1656, 1657, 3441, 3738, 4434)
1991 Ed. (748, 1250, 1280, 1288, 1306, 1314, 1316, 1317)
1990 Ed. (1330, 1364, 1391, 3636)
1989 Ed. (1131)
Itoh Audit Corp.
1999 Ed. (8)
1997 Ed. (15)
1996 Ed. (16)
Itoh; C.
1989 Ed. (2908)
Itoh (Canada); C.
1990 Ed. (1337, 1383)
Itoham Foods Inc.
2003 Ed. (3337)
2002 Ed. (3274)
1999 Ed. (2466)
1995 Ed. (1901)
1994 Ed. (1876)
1993 Ed. (1880, 2525, 2898)
1992 Ed. (2193)
1990 Ed. (1826)
IT1Harvard Business ReviewIT2
1992 Ed. (3385)
IT1Micro CornucopiaIT2
1992 Ed. (3385)
Itoyama; Eitaro
2008 Ed. (4846)
2005 Ed. (4861)
1991 Ed. (709)
1990 Ed. (730)
ITP Boston Inc.
1992 Ed. (1342)
iTRANS Consulting
2008 Ed. (3488, 3494, 3495, 3496)
Itron Inc.
2008 Ed. (2147, 2163, 3644)
2004 Ed. (1080)
2003 Ed. (4568)
It's a Grind
2008 Ed. (4165)
2006 Ed. (1060)
It's A Grind Coffee House
2008 Ed. (1030)
2007 Ed. (1149)
It's Bliss
2000 Ed. (3501)
It's Just Lunch Franchise LLC
2006 Ed. (3812)
2005 Ed. (3722)
It's Just Lunch International LLC
2008 Ed. (4322)
2007 Ed. (4366)
ITS Services Inc.
2005 Ed. (1382)
2004 Ed. (1348, 4985)
2003 Ed. (214, 1347)
2002 Ed. (710)
ITT Corp.
2008 Ed. (1162, 2285, 2353, 3146)
2005 Ed. (1520)
2001 Ed. (2787)
2000 Ed. (1648)
1999 Ed. (1459, 1489, 2478, 2760, 2762, 2786, 4693)
1998 Ed. (2005, 2006, 2346)
1997 Ed. (1237, 1238, 1239, 1272, 2007, 2010, 2281, 2282)
1996 Ed. (1233, 1234, 1428, 1915, 2827, 2829)
1995 Ed. (154, 952, 1261, 1873, 2763, 2765, 2867)
1994 Ed. (916, 1213, 1241, 1550, 1619, 1841, 1844, 2661, 2662, 3198, 3215)
1993 Ed. (154, 901, 1503, 1588, 2611, 2711, 2712, 3689)
1992 Ed. (243, 1105, 1500, 1834, 2144, 3222, 3223)
1991 Ed. (177, 902, 1189, 1445, 1539, 1546, 1713, 2085, 2508, 2583, 2584)
1990 Ed. (1346, 1529, 1530, 1624, 1642, 1774, 3236, 3248)
1989 Ed. (1259, 1260, 1312, 1315, 1320)
ITT Automotive
1999 Ed. (195, 280, 361)
1998 Ed. (100)
1997 Ed. (704)
1992 Ed. (465)
ITT Canada
1996 Ed. (318)
ITT Cannon
1997 Ed. (1683)
1996 Ed. (1606)
1989 Ed. (1286)
ITT Defense
2004 Ed. (1879)
ITT Educational Services Inc.
2008 Ed. (2863)
2007 Ed. (4361)
2006 Ed. (4295)
2003 Ed. (2644)
ITT Financial Corp.
1995 Ed. (1787, 1789, 1791)
1994 Ed. (1754)
1993 Ed. (1764, 1765, 1767, 1853, 1855)
1992 Ed. (2131)
1991 Ed. (1663, 1667)
1990 Ed. (1761, 1763)
ITT Harford Insurance Group
1998 Ed. (3769)
ITT Hartford F & C Group
1992 Ed. (2687)

ITT Hartford Insurance Group
1998 Ed. (1130, 2115, 2116, 2153, 2198, 2200, 2203)
1997 Ed. (1237, 1238, 1379, 2406, 2407, 2431, 2433, 2461, 2465, 2472, 2512, 2517, 3922)
1996 Ed. (2301, 2303, 2331, 2333, 2334, 2335, 2337, 3885)
1995 Ed. (2266, 2267, 2268, 2519, 2320, 2322, 2329, 3800)
1994 Ed. (2219, 2220, 2246, 2247, 2278, 2280, 3675)
1993 Ed. (2238)
ITT Hartford Life & Annuity Insurance Co.
2000 Ed. (2700)
1997 Ed. (2438)
1996 Ed. (224)
ITT Harvard Life & Annuity
1999 Ed. (2949)
ITT Industries Inc.
2008 Ed. (1784, 2283, 3027)
2007 Ed. (212, 1268, 1546, 1756, 2168, 2170, 2211, 3028, 3032, 3033, 3034, 3400)
2006 Ed. (1365, 1747, 2246, 2279, 2389, 2993, 2996, 2997, 3342, 3343, 4070)
2005 Ed. (868, 1389, 1538, 2150, 2151, 2330, 2331, 2334, 2836, 2999, 3000, 3001, 3349, 3354, 4039)
2004 Ed. (882, 1368, 1522, 2009, 2012, 2028, 2029, 2230, 2231, 3002, 3004, 3324, 3329)
2003 Ed. (1492, 2729, 2896, 2897, 3269, 3270, 3296)
2002 Ed. (940, 1471, 2102, 2726, 2727, 2729, 3608, 4355)
2001 Ed. (1586, 2843, 3188, 3189)
2000 Ed. (336, 1021, 1334, 1336, 1341, 1348, 1359, 1734)
1999 Ed. (1886, 3456, 3457, 4545)
1998 Ed. (240, 696, 1045, 1124, 1319, 2539, 2540)
1997 Ed. (315, 953, 1290, 2822)
ITT Lyndon Life
1989 Ed. (1685)
ITT Lyndon Life Insurance Co.
1997 Ed. (2450, 2452)
1995 Ed. (2309)
1993 Ed. (2223, 2225)
1992 Ed. (2647)
ITT Lyndon National Life
1993 Ed. (2204)
ITT Sheraton
2000 Ed. (2569)
1999 Ed. (2764, 2765, 2766, 2781, 2783, 2785, 2792)
1998 Ed. (2009, 2010, 2011, 2024, 2026, 2031, 2033)
1997 Ed. (2278, 2279, 2280, 2296, 2297, 2300, 2306)
1996 Ed. (2161, 2181, 2182, 2184)
1995 Ed. (2166, 2167, 2168, 2169, 2170)
1994 Ed. (2095, 2097, 2119)
1993 Ed. (2098, 2099)
1992 Ed. (2485, 2497, 2502, 2504)
ITT Textile Mfg. Co.,Ltd.
1990 Ed. (1068)
ITU Ventures
2005 Ed. (4818)
Itulip.com
2002 Ed. (4833)
ITunes
2007 Ed. (3235)
iTunes.com
2008 Ed. (2442)
2007 Ed. (2317)
ITV
2008 Ed. (688, 709)
2007 Ed. (740)
ITV - Anglia
2002 Ed. (4592)
ITV - Carlton
2002 Ed. (4592)
ITV - Central
2002 Ed. (4592)
ITV - Granada
2002 Ed. (4592)
ITV - London LWT
2002 Ed. (4592)
ITV - Meridian
2002 Ed. (4592)
ITV plc
2007 Ed. (3455, 3458)
2006 Ed. (3442)
ITV - Scotland
2002 Ed. (4592)
ITV - Yorkshire
2002 Ed. (4592)
ITW
2002 Ed. (1111)
2000 Ed. (3085)
1999 Ed. (3348)
ITW Foilmark Graphic Foils
2006 Ed. (3466, 3467)
2005 Ed. (1857, 3457, 3458)
2004 Ed. (3443)
ITW International Holdings Inc.
2008 Ed. (4254)
ITW Mima
1996 Ed. (3051)
Itway SpA
2006 Ed. (1824)
i2 Technologies Inc.
2008 Ed. (2116, 4577)
2005 Ed. (1154)
2004 Ed. (2214, 2257, 2489, 3317)
2003 Ed. (1113, 1118, 2181, 2240, 2243)
2002 Ed. (1502, 1548, 1992, 2427)
2001 Ed. (2164, 2867, 4425)
1999 Ed. (4525)
1998 Ed. (1880, 1885, 1888)
ITXC Corp.
2002 Ed. (2522, 2527)
IU International
1989 Ed. (2479)
iUnits Canadian Bond Broad Market Index
2006 Ed. (3665)
iUnits S & P/TSX Canadian Information Technology
2004 Ed. (3635)
Iusacell, SA de CV; Grupo
2005 Ed. (4638)
Ivaco Inc.
2000 Ed. (3099)
1996 Ed. (3587)
1994 Ed. (3434)
1993 Ed. (3453)
1992 Ed. (4137)
1991 Ed. (3219)
1990 Ed. (2517, 3437)
1989 Ed. (1154)
Ivan Fecan
2001 Ed. (1219)
Ivan G. Seldenberg
2008 Ed. (955)
2007 Ed. (1033)
Ivan; Hurricane
2007 Ed. (3005)
Ivan Seidenberg
2007 Ed. (1013)
2006 Ed. (923)
2005 Ed. (972)
Ivan Seidenbert
2005 Ed. (2318)
Ivan Stux
1999 Ed. (2191)
1998 Ed. (1606)
1996 Ed. (1841)
Ivan W. Gorr
1994 Ed. (1716)
Ivanhoe
1992 Ed. (1588)
Ivanhoe Cambridge
2008 Ed. (4116)
2007 Ed. (4088)
Ivanhoe Energy Inc.
2007 Ed. (1446)
2006 Ed. (1452, 1575)
2005 Ed. (1669)
2003 Ed. (1641)
Ivanhoe-Huntley
2005 Ed. (1194)
2004 Ed. (1166)
2003 Ed. (1160)
Ivanhoe Mines
2006 Ed. (1575, 3486)
IVAX Corp.
2008 Ed. (1424)
2007 Ed. (3907, 3908, 4558)
2006 Ed. (3876, 3878)
2005 Ed. (3807)
2004 Ed. (3420)
2002 Ed. (306, 1548)
2001 Ed. (2061, 2103)
2000 Ed. (288, 2210, 2323)
1999 Ed. (261, 2454)
1998 Ed. (152, 154, 160, 1340, 3421, 3422, 3423)
1996 Ed. (212, 1567, 2084)
1995 Ed. (1386, 1580)
1994 Ed. (204, 206, 213, 214, 1856)
1993 Ed. (214, 217, 218, 1191)
1989 Ed. (2668)
IVAX Diagnostics
2008 Ed. (2846, 2855)
2007 Ed. (2712, 2725)
IvaxCp
1989 Ed. (2663)
I've Seen a Lot of Famous People Naked, & They've Got Nothing on You!
2007 Ed. (660)
Iveco
1994 Ed. (3584)
1992 Ed. (4347)
1990 Ed. (3654)
Iveco BV
1990 Ed. (1400)
Ivers-Read; Gillian C.
2007 Ed. (2510)
Ivesia Solutions Inc.
2008 Ed. (3721, 4413)
2007 Ed. (3578, 4434)
I'Vest
1999 Ed. (3138)
IVEX Packaging Corp.
2004 Ed. (3909)
2003 Ed. (4734)
2001 Ed. (4520)
1996 Ed. (2903)
1995 Ed. (2830)
Ivey Mechanical Co.
2008 Ed. (1313, 1324)
2006 Ed. (1344)
Ivey Mechanical Co. LLC
2008 Ed. (1337)
2007 Ed. (1390)
Ivey School of Business; University of Western Ontario
2007 Ed. (813)
IVI
1996 Ed. (366)
1994 Ed. (3579)
IVI Business Travel
1996 Ed. (3742, 3744)
IVI Travel
1993 Ed. (3626)
1990 Ed. (3650, 3651, 3652)
iVillage Inc.
2001 Ed. (1258)
iVillage.com
2003 Ed. (3051)
Ivis
2008 Ed. (1153)
IVita
2003 Ed. (2173)
Ivoclar North America
2001 Ed. (1987)
1999 Ed. (1825)
1997 Ed. (1586)
Ivoclar North American
2000 Ed. (1654)
Ivolatility.com
2003 Ed. (3031)
Ivonyx Inc.
2002 Ed. (2589)
2001 Ed. (2753)
Ivory
2008 Ed. (4450, 4451, 4452)
2003 Ed. (643, 645, 647, 2078, 2079, 4466)
2002 Ed. (4304)
2001 Ed. (4297, 4298)
2000 Ed. (4069, 4073)
1999 Ed. (4351, 4354)
1998 Ed. (745, 2804, 3330, 3331)
1996 Ed. (3471)
1995 Ed. (698, 3412)
1994 Ed. (3354)
1993 Ed. (740, 3349)
1992 Ed. (1173, 3400, 4011)
1991 Ed. (2714, 3325)
1990 Ed. (3549)
Ivory & Sime
1995 Ed. (2395, 2396)
Ivory & Sime Asia
1992 Ed. (2791, 2792, 2793, 2794, 2795)
Ivory & Sime International
1993 Ed. (2307)
1992 Ed. (2790, 2791, 2792, 2793, 2794, 2795)
Ivory & Sime PLC
1991 Ed. (1338)
1990 Ed. (1413)
Ivory Coast
2008 Ed. (1019, 3848)
2007 Ed. (1139, 1143, 1151, 2259, 3768, 4209)
2006 Ed. (1050, 1054, 1055, 1062, 3771, 4193)
2005 Ed. (1041, 1045, 1051, 1053, 3672, 4145)
2004 Ed. (1040, 1044, 1050, 1052, 3757, 4217)
2003 Ed. (1035, 1036, 1046, 1880, 3711, 4191)
2002 Ed. (682)
2001 Ed. (507, 1298, 1308, 3610, 4120)
1999 Ed. (1133)
1990 Ed. (1075, 1446)
1989 Ed. (1219)
Ivory Homes
2008 Ed. (1196, 1197)
2007 Ed. (1314)
2005 Ed. (1240)
2004 Ed. (1216)
2003 Ed. (1209)
2002 Ed. (1209)
2000 Ed. (1234)
1998 Ed. (919)
Ivory Snow
2003 Ed. (2042)
Ivory Systems
2003 Ed. (2723)
Ivr 12414
2007 Ed. (63)
Ivy Asset
2004 Ed. (2818)
Ivy Asset Management Corp.
2007 Ed. (2793)
2006 Ed. (2799)
2005 Ed. (2819)
2004 Ed. (2819)
Ivy Asset Strategy
2008 Ed. (2612)
Ivy at the Shore
2000 Ed. (3801)
1999 Ed. (4088)
Ivy Bond A
1999 Ed. (743, 745, 3537)
1998 Ed. (2594, 2637)
Ivy China Region A
1998 Ed. (2646)
Ivy Cundill Global Value Advantage
2007 Ed. (2493)
Ivy European Opportunities
2004 Ed. (3649)
Ivy Global Natural Resources
2007 Ed. (3674)
2004 Ed. (3568)
Ivy Growth
2004 Ed. (3597, 3598)
Ivy International
1993 Ed. (2661)
1992 Ed. (3194)
Ivy International A
1997 Ed. (2875)
Ivy International Balanced
2007 Ed. (4550)
Ivy Mortgage Corp.
2001 Ed. (3353)
Ivy Schneider
1999 Ed. (2218)
1998 Ed. (1632)
1997 Ed. (1860)
Ivy Zelman
2006 Ed. (2578)
2000 Ed. (1990)

IW Group
2008 Ed. (112)
2007 Ed. (102)
2006 Ed. (113)
2005 Ed. (104)
2004 Ed. (108)
IW Industries Inc.
1999 Ed. (4338)
Iwa
1991 Ed. (2136)
Iwano; Masahiro
1997 Ed. (1978)
1996 Ed. (1879)
Iwasaki; Fukuzo
2005 Ed. (4861)
Iwasawa; Seiichiro
1997 Ed. (1976)
1996 Ed. (1869)
Iwata; Satoru
2008 Ed. (943)
Iwatsu
1990 Ed. (3522)
IWCO Direct
2008 Ed. (4025)
2007 Ed. (4006)
Iwerks Enterprises
1995 Ed. (3207)
iWin.com
2008 Ed. (3360)
iWired Inc.
2008 Ed. (4943)
2007 Ed. (4973)
IWL
2003 Ed. (1618)
Ixia
2007 Ed. (3688)
2002 Ed. (2428, 2430, 2431)
IXIASOFT Inc.
2006 Ed. (3024)
IXIS Asset Management
2008 Ed. (586, 3763, 3764, 3765, 3775)
2007 Ed. (3284, 3659, 3662)
2006 Ed. (611, 3216, 3218, 3220, 3221, 3592, 3600)
IXIS Asset Management Advisers
2006 Ed. (3601)
IXL Inc.
2001 Ed. (148, 245)
2000 Ed. (106)
IXL/BoxTop
1999 Ed. (102)
iXL Enterprises, Inc.
2001 Ed. (4190)
IXSPA 2000
1993 Ed. (3376)
Ixtapa-Zihuatanejo
2001 Ed. (350)
IXYS Corp.
2008 Ed. (1609)
Iyer; Anand
1997 Ed. (1913)
1996 Ed. (1840)
Iyo Bank
2002 Ed. (594)
Izocam
1992 Ed. (2811)
Izod
1992 Ed. (4050, 4053)
1991 Ed. (3169, 3172)
1990 Ed. (3329, 3330, 3334, 3341, 3342)
Izod Lacoste
1994 Ed. (1027)
1993 Ed. (995, 3373)
1992 Ed. (1228)
1990 Ed. (3336)
Izosimov; Alexander
2007 Ed. (785)
Izoterm Plama D.D.
2008 Ed. (2071)
Izumi Corp. Industries
1998 Ed. (1140)
1995 Ed. (1394)
1994 Ed. (1368)
1993 Ed. (1313)
Izumi Kobayashi
2007 Ed. (4975)
Izvestia
1989 Ed. (2062)
Izzy's Pizza Restaurant
1998 Ed. (2869)

J

J. A. & Kathryn Albertson Foundation
2002 Ed. (2334)
J. A. Edwardson
2004 Ed. (2497)
2003 Ed. (2376)
J. A. Grundhofer
2005 Ed. (2477)
2003 Ed. (2372)
J. A. Henckels
2005 Ed. (3250)
2003 Ed. (3166)
J. A. Jamitz
2001 Ed. (2324)
J. A. Janitz
2002 Ed. (2189)
J. A. Jones Inc.
2007 Ed. (1273)
2006 Ed. (1161)
2005 Ed. (1165, 1279, 2418)
2004 Ed. (1142, 1247, 1249, 1254, 1257, 1258, 1259, 1261, 1270, 1281, 1286, 1306, 2748, 2828)
2003 Ed. (1138, 1249, 1255, 1256, 1258, 1267, 1269, 1277, 1279, 1283, 1285, 1288, 1303, 1308, 2630, 2745)
2002 Ed. (1229, 1236, 1243, 1245, 1247, 1250, 1251, 1254, 1262, 1264, 1270, 1271, 1278, 1291)
2001 Ed. (1401, 1468)
1998 Ed. (940)
1996 Ed. (1127)
J. A. Jones Construction
2002 Ed. (1230, 1326)
1995 Ed. (1140, 1153, 1173)
1994 Ed. (1135, 1154)
1990 Ed. (1176, 1210)
J. A. Kanas
2005 Ed. (2477)
2004 Ed. (2492)
J. A. Luke Jr.
2005 Ed. (2488)
2004 Ed. (2504)
2003 Ed. (2385)
J. A. Rich
2005 Ed. (2497)
J. A. Thain
2002 Ed. (2200)
2001 Ed. (2334)
J. A. Tiberti Construction Co.
2007 Ed. (1380, 1391)
2006 Ed. (1327)
J. A. Versical & Associates Inc.
1999 Ed. (2912)
J. Aglialoro
1995 Ed. (1240)
J. Alexander's
2006 Ed. (4335)
1999 Ed. (4058, 4059)
J. Allen Enterprises
1996 Ed. (2662)
J & A Mechanical Inc.
2008 Ed. (4001)
2007 Ed. (3978)
2004 Ed. (1240)
2003 Ed. (1339)
J & B
2004 Ed. (4314, 4321)
2003 Ed. (4304, 4311)
2002 Ed. (295, 3163, 4174, 4181, 4182, 4183, 4185)
2001 Ed. (3144, 4161, 4170)
1999 Ed. (3241, 3242, 3244, 4149, 4154, 4156, 4157)
1998 Ed. (2390, 2396, 3163, 3164, 3170, 3172, 3173)
1997 Ed. (2663, 2665, 3387, 3392, 3393, 3394, 3395)
1996 Ed. (3290, 3295, 3297, 3298)
1995 Ed. (3193, 3197)
1994 Ed. (2393, 3148, 3153)
1993 Ed. (2433, 2448, 2449, 2450, 3104, 3109)
1992 Ed. (2883, 2885, 3808, 3813)
1991 Ed. (2326, 2932, 2935)
1990 Ed. (2454, 2461, 3111, 3113, 3114, 3115)
1989 Ed. (2363, 2364, 2365)
J & B Rare
1999 Ed. (3249)
1996 Ed. (2525)
1993 Ed. (3110)
J & B Software Inc.
1999 Ed. (3425)
J & F Oldsmobile
1993 Ed. (280)
J & H (Bermuda) Ltd
1990 Ed. (903)
J & H Diesel Service Inc.
2008 Ed. (3717)
J & H Marsh & McLellan Management
1999 Ed. (1031)
J & H Marsh & McLennan Ltd.
2000 Ed. (978)
J & H Marsh & McLennan Management Ltd.
2000 Ed. (979, 981, 984)
1999 Ed. (1034)
J & H Marsh & McLennan Management (Barbados) Ltd.
1999 Ed. (1028)
J & H Marsh & McLennan Management (Bermuda)
1999 Ed. (1029)
J & H Marsh & McLennan Management (Cayman) Ltd.
1999 Ed. (1030)
J & H McLennan Management Ltd.
2000 Ed. (980)
J & J
2001 Ed. (2438)
1990 Ed. (1569)
J & J AMC
1995 Ed. (2788, 2790)
J & J Clean & Clear
2003 Ed. (12)
J & J Diagnostics Group
1998 Ed. (1337)
J. & J. Fee Ltd.
1992 Ed. (1196)
1991 Ed. (960)
J & J Kling Sterile
2001 Ed. (2438)
J & J Medical
1997 Ed. (2953)
J & J Reach Whitening
2003 Ed. (1990)
J & J Snack Foods Corp.
2008 Ed. (2785, 3124)
2005 Ed. (2651)
2001 Ed. (2480)
1989 Ed. (355)
J & L Specialty Steel
1998 Ed. (3403)
1997 Ed. (3630)
1996 Ed. (3586)
J & M Manufacturing
1993 Ed. (2866)
J & M Restaurants Inc.
2007 Ed. (3602)
J & R Music/Computer World
2006 Ed. (799)
J & R Music World
2001 Ed. (2217, 4925)
2000 Ed. (2481)
J & R Schugel Trucking
2003 Ed. (4789)
J. & S. Franklin (Holdings & Management Services) Ltd.
1994 Ed. (996, 997)
J & S Recovery Inc.
2007 Ed. (4431)
2006 Ed. (4363)
J & W Seligman Co.
2008 Ed. (3377)
2004 Ed. (724, 3600)
1999 Ed. (3070)
1993 Ed. (2313, 2321)
1992 Ed. (2753, 2757, 2761)
J & W Seligman & Co. Inc., Emerging Growth
2003 Ed. (3130)
J. Aron & Co.
1992 Ed. (3442)
J. B. & Asociados
2001 Ed. (189)
1997 Ed. (126)
1995 Ed. (106)
J. B. Blystone
2005 Ed. (2489)
J. B. Ferguson
2005 Ed. (2487)
J. B. Foster
2002 Ed. (2202)
J. B. Gottstein & Co. Inc.
1996 Ed. (2049)
1995 Ed. (2051, 2055)
J. B. Hess
2004 Ed. (2512)
2002 Ed. (2198)
2001 Ed. (2333)
J. B. Hunt Corp.
2008 Ed. (1560, 1561)
2007 Ed. (1577)
2006 Ed. (1547, 1548)
2005 Ed. (1652)
J. B. Hunt Dedicated Contract Services
2008 Ed. (4739)
2007 Ed. (3389, 4812)
2006 Ed. (4795)
J. B. Hunt Intermodal
2008 Ed. (4745)
2007 Ed. (4818)
2006 Ed. (4801)
J. B. Hunt Transport Inc.
2008 Ed. (1560)
2007 Ed. (1577)
2006 Ed. (1547)
2005 Ed. (1652, 1653, 2686)
2004 Ed. (1626, 1627)
1999 Ed. (4672, 4673, 4675, 4678, 4683, 4686, 4689)
1998 Ed. (3627, 3628, 3629, 3634, 3635, 3642)
1997 Ed. (3801, 3803, 3804, 3805, 3808)
1995 Ed. (3319, 3669, 3670, 3675, 3678)
1994 Ed. (3239, 3572, 3588, 3589, 3590, 3593, 3595, 3596, 3601, 3604)
1993 Ed. (3245, 3629, 3630, 3635, 3636, 3641, 3644)
1992 Ed. (4353, 4355, 4357)
J. B. Hunt Transport Services Inc.
2008 Ed. (1561, 2773, 3173, 4743, 4744, 4750, 4764, 4766, 4773, 4775, 4776, 4777)
2007 Ed. (1578, 2646, 4808, 4817, 4823, 4825, 4842, 4844, 4850, 4851, 4852, 4853, 4854)
2006 Ed. (1548, 2665, 4799, 4800, 4802, 4807, 4811, 4814, 4830, 4831, 4850, 4851)
2005 Ed. (195, 196, 197, 1653, 2686, 2689, 4753, 4780, 4782)
2004 Ed. (194, 195, 1626, 1627, 4763, 4780, 4809, 4810)
2003 Ed. (1610, 1611, 4781, 4795, 4816, 4817, 4818, 4819)
2002 Ed. (4683, 4685, 4686, 4692, 4693, 4694)
2001 Ed. (1130, 4237, 4640)
1991 Ed. (3427, 3430)
1990 Ed. (3658)
1989 Ed. (2879)
J. B. Hunt Transportation Services
1996 Ed. (3751, 3753, 3754, 3755, 3758)
J. B. Lee, Jr.
2001 Ed. (2320)
J. B. Were
1999 Ed. (867, 868, 869, 870, 871, 910, 911, 912, 913, 2278)
1997 Ed. (744, 745, 746, 747, 748)
1995 Ed. (765, 766, 767, 768, 769)
1993 Ed. (1638)
1991 Ed. (775)
J. B. Were & Son
2003 Ed. (3096)
2002 Ed. (3774)
1996 Ed. (1851)
J. B. Wilson
2001 Ed. (2335)
J. B./Y & R Nicaragua
2003 Ed. (128)
2002 Ed. (160)
J. Bainsbury Plc
1995 Ed. (3650)
J. Baker Inc.
2002 Ed. (4273)
1998 Ed. (1303)

1996 Ed. (3426)
1994 Ed. (1016, 3295)
1993 Ed. (988)
1991 Ed. (3147)
1990 Ed. (3278)
J-Bar of North Florida Inc.
2002 Ed. (4989)
2000 Ed. (4433)
1999 Ed. (4813)
1998 Ed. (3763)
J. Barclay Collins
2003 Ed. (1546)
J. Bavet
2004 Ed. (765)
2003 Ed. (755)
2002 Ed. (769)
2001 Ed. (1012)
2000 Ed. (801)
1999 Ed. (796)
1998 Ed. (493)
J. Baxter Chapman
2006 Ed. (348)
J. Bildner & Sons
1989 Ed. (2672)
J. Brett Harvey
2007 Ed. (1021)
J. Brian Ferguson
2008 Ed. (946)
2007 Ed. (1024)
J. Browne Construction (Holdings) Ltd.
1993 Ed. (975)
1992 Ed. (1196)
J. C. Adams Jr.
2003 Ed. (2376)
2002 Ed. (2199)
J. C. Barbakow
2002 Ed. (2207)
2001 Ed. (2342)
J. C. Bradford & Co.
2001 Ed. (856, 883)
1999 Ed. (4230, 4241)
1993 Ed. (1169, 3177, 3180)
1991 Ed. (3040, 3041, 3044, 3058)
J. C. Day
2005 Ed. (2498)
2004 Ed. (2514)
2002 Ed. (2202)
2001 Ed. (2337)
J. C. Flicks
1994 Ed. (3626)
J. C. Garet Inc.
2003 Ed. (3169)
J. C. Horizon
2003 Ed. (3724)
J. C. Kane
2002 Ed. (2199)
J. C. Morgan
2005 Ed. (2493)
2004 Ed. (2509)
2002 Ed. (2194)
2001 Ed. (2331)
J. C. Penney Co., Inc.
2008 Ed. (886, 1008, 1491, 1510, 2114, 2116, 2328, 2848, 2991, 2995, 3000, 3092, 3093, 3103, 3446, 4209, 4209, 4210, 4213, 4215, 4217, 4220, 4225, 4236, 4483)
2007 Ed. (153, 1126, 1497, 2012, 2195, 2886, 2968, 2969, 2983, 3350, 4163, 4168, 4168, 4169, 4172, 4177, 4178, 4181, 4182, 4183, 4185, 4201, 4529, 4878, 4942)
2006 Ed. (161, 1445, 2041, 2047, 2253, 2890, 2952, 3282, 4145, 4145, 4146, 4149, 4153, 4155, 4159, 4160, 4161, 4162, 4163, 4169, 4180, 4181, 4448, 4471, 4654, 4886)
2005 Ed. (908, 1569, 1971, 1973, 1978, 2165, 2166, 2168, 2875, 2880, 2957, 3244, 3290, 3990, 4093, 4093, 4094, 4094, 4097, 4099, 4101, 4102, 4104, 4106, 4114, 4116, 4126, 4134, 4589, 4655)
2004 Ed. (894, 917, 1870, 2051, 2055, 2056, 2631, 2869, 2885, 2886, 2888, 2893, 2955, 3258, 4052, 4157, 4157, 4158, 4158, 4161, 4179, 4180, 4184, 4187, 4188, 4194, 4205, 4556, 4651)
2003 Ed. (870, 1012, 1567, 1582, 1585, 1836, 1837, 2009, 2010, 2011, 2597, 2784, 2870, 3049, 4145, 4146, 4163, 4164, 4165, 4166, 4168, 4169, 4170, 4178, 4186)
2002 Ed. (946, 1514, 1533, 1538, 1552, 1782, 1918, 1919, 2386, 2583, 2704, 4040, 4041, 4045, 4051, 4054, 4061, 4365, 4542)
2001 Ed. (70, 1134, 1135, 1260, 1604, 1878, 2743, 2745, 2746, 2749, 3202, 3203, 3208, 4091, 4092, 4094, 4095, 4096, 4097, 4098, 4104, 4105, 4107, 4108)
2000 Ed. (993, 995, 1011, 1113)
1999 Ed. (180, 1043, 1044, 1071, 1541, 1833, 1834, 1863, 2703, 3287, 3288, 3290, 4091, 4092, 4093, 4094, 4095, 4096, 4097, 4098, 4103, 4105, 4636)
1998 Ed. (68, 651, 652, 653, 664, 667, 685, 1189, 1258, 1260, 1261, 1262, 1286, 1786, 2425, 2426, 2427, 3078, 3079, 3082, 3083, 3096, 3495, 3606)
1997 Ed. (162, 167, 350, 913, 914, 922, 924, 943, 1524, 1590, 1591, 1592, 1593, 2104, 2241, 2318, 2320, 2697, 2698, 2699, 3341, 3342, 3343, 3344, 3348, 3354, 3780)
1996 Ed. (155, 162, 775, 885, 886, 893, 910, 1000, 1456, 1531, 1532, 1533, 1534, 1535, 1990, 3053, 3235, 3236, 3237, 3238, 3240, 3241, 3245, 3247, 3251, 3253, 3415, 3725)
1995 Ed. (17, 690, 911, 916, 931, 1021, 1550, 1551, 1553, 1554, 1958, 1967, 2123, 2517, 3143, 3144, 3146, 3147, 3154, 3309, 3337, 3363, 3644)
1994 Ed. (8, 131, 132, 677, 741, 873, 885, 886, 888, 1009, 1307, 1520, 1521, 1522, 1544, 1927, 2132, 2135, 2136, 2426, 2427, 2761, 3093, 3095, 3096, 3097, 3098, 3101, 3102, 3221, 3230, 3284)
1993 Ed. (676, 863, 866, 1265, 1442, 1444, 1475, 1476, 1477, 1497, 2111, 2424, 2489, 2490, 3038, 3040, 3041, 3042, 3048, 3050, 3230, 3292, 3368)
1992 Ed. (236, 1076, 1089, 1091, 1784, 1785, 1786, 1788, 1790, 1791, 1792, 1794, 1795, 1796, 1816, 1837, 2525, 2527, 2528, 2529, 2959, 3726, 3729, 3730, 3732, 3739, 3741)
1991 Ed. (3241)
1990 Ed. (910, 1491, 1492, 1494, 1495, 1653, 2023, 2029, 2116, 2120, 2121, 2122, 2132, 2507, 3027, 3031, 3042, 3044, 3045, 3049, 3057)
1989 Ed. (271)
J. C. Penney Business Services Inc.
1997 Ed. (1554)
1996 Ed. (1492)
1995 Ed. (1530, 1649)
1994 Ed. (1497)
1992 Ed. (1751)
1991 Ed. (1393)
J. C. Penney Catalog
2005 Ed. (879)
2004 Ed. (893)
2000 Ed. (1113)
J. C. Penney Funding
1993 Ed. (1766)
1991 Ed. (1666)
1990 Ed. (1762)
J. C. Penney Home
2005 Ed. (4686)
2003 Ed. (2869)
J. C. Penney Home Collection
2007 Ed. (4747)
J. C. Penney Life Insurance Co.
1997 Ed. (2457)
J. C. Penney National Bank
1999 Ed. (373)
J. C. Penney Shopping Channel
1992 Ed. (4214)
1991 Ed. (3289, 3290)
J. C. Penny
1999 Ed. (1746, 4112)
J. C. Plant
2003 Ed. (2373)
J. C. White Office Furniture
1998 Ed. (2706)
J. Carter
1995 Ed. (1240)
J. Carter Bacot
2000 Ed. (386)
1999 Ed. (386, 2081)
1998 Ed. (289)
1996 Ed. (381)
J. Christopher Donahue
2005 Ed. (2475)
J. Clarence Morrison
2000 Ed. (2027)
1999 Ed. (2245)
1997 Ed. (1885)
1996 Ed. (1811, 1825)
1995 Ed. (1796, 1833)
1994 Ed. (1795)
1993 Ed. (1812)
J. Clifford Hudson
2004 Ed. (2488)
J. Craig Hausman
1994 Ed. (1712)
J. Crew
2006 Ed. (1037)
2001 Ed. (1273)
1996 Ed. (885)
1991 Ed. (3247)
J. Crew Group Inc.
2008 Ed. (997, 1005)
2007 Ed. (1124)
J. D. Butler
2008 Ed. (3120)
J. D. Byrider Sales
2002 Ed. (2361)
J. D. Byrider Systems Inc.
2005 Ed. (305)
2004 Ed. (309)
2003 Ed. (334)
2002 Ed. (363)
J. D. Clowers
1991 Ed. (2547)
J. D. Edwards
2000 Ed. (1178)
1999 Ed. (1099, 1186, 1285, 2048)
J. D. Edwards & Co.
2007 Ed. (1668)
2006 Ed. (1660, 1662)
2005 Ed. (1742, 2343)
2004 Ed. (1684, 3317)
2003 Ed. (1113, 1117, 1643, 1655)
2002 Ed. (1152, 1992)
2001 Ed. (1369, 1673)
2000 Ed. (3877)
J. D. Edwards World Solutions Co.
2007 Ed. (1668)
2006 Ed. (1660)
2005 Ed. (1742)
2004 Ed. (1684)
2003 Ed. (1655)
2001 Ed. (1673)
J. D. Long Masonry Inc.
2007 Ed. (1363)
2006 Ed. (1253, 1256, 1286)
2005 Ed. (1283, 1286, 1316)
2004 Ed. (1309)
2003 Ed. (1306)
2002 Ed. (1293)
2001 Ed. (1477)
1998 Ed. (950)
J. D. Sinegal
2003 Ed. (2376)
J. D. Thompkins
2002 Ed. (2195)
J. D. Tompkins
2003 Ed. (2391)
J. D. Wetherspoon plc
2006 Ed. (2944, 4138)
J. D. Williams & Co. Ltd.
2002 Ed. (47, 223)
J. D. Wren
2001 Ed. (2342)
J. D. Zeglis
2005 Ed. (2506)
2002 Ed. (2208)
2001 Ed. (2343)
J. Daniel's Tennesee Cooler
1992 Ed. (2886)
J. Dimon
2004 Ed. (2492)
2003 Ed. (2372)
J. E. Brenneman Co.
1990 Ed. (1214)
J. E. Bryson
2001 Ed. (2344)
J. E. Cayne
2005 Ed. (2490)
2004 Ed. (2506)
2002 Ed. (2200)
2001 Ed. (2334)
J. E. de Castro
2001 Ed. (2340)
J. E. Dunn Construction Co.
2008 Ed. (1224, 1228, 1238, 1241, 1244, 1247, 2915)
2007 Ed. (1341, 1350, 1352)
2006 Ed. (1168, 1255, 1283, 2792)
2005 Ed. (1172, 1279, 1305, 1313)
2004 Ed. (1256, 1259, 1261, 1267, 1288)
2003 Ed. (1254, 1258, 1264, 1285, 1303)
2002 Ed. (1212, 1213)
2001 Ed. (1398)
2000 Ed. (1200)
1999 Ed. (1321)
1998 Ed. (891)
1997 Ed. (1126)
1993 Ed. (1085)
1992 Ed. (1357)
J. E. Dunn Group
2003 Ed. (2290)
J. E. Hammer & Soehne GMBH & Co.
1995 Ed. (2506)
1994 Ed. (2438)
J. E. Pepper
2003 Ed. (2397)
2001 Ed. (2339)
J. E. Perella
2001 Ed. (2331)
J. E. Robert Cos.
1993 Ed. (3009)
J. E. Rogers
2005 Ed. (2509)
2004 Ed. (2526)
2003 Ed. (2407)
2002 Ed. (2211)
J. E. Scruggs
2001 Ed. (2329)
J. E. Seagram
1998 Ed. (447)
1997 Ed. (656)
1992 Ed. (882, 884, 1533)
J. E. Sverdrup
2002 Ed. (2129)
J. E. Turner, Jr.
2001 Ed. (2317)
J. F. Ahern Co.
2008 Ed. (1227, 1253, 1330, 2719, 4820)
2007 Ed. (1364, 2580, 4888)
2006 Ed. (1242, 1264, 1338, 1339)
2005 Ed. (1281, 1295, 1342)
2004 Ed. (1235, 1244, 1337)
2003 Ed. (1232, 1241, 1337)
J. F. Antioco
2004 Ed. (2495)
J. F. Buchan
1998 Ed. (921)
J. F. Cook Co., Inc.
2008 Ed. (3741, 4990)
2007 Ed. (3616)
2006 Ed. (3549)
J. F. Gifford
2003 Ed. (2386)
J. F. K. Center for the Performing Arts
2005 Ed. (3605)
J. F. Kennedy
1992 Ed. (306)
J. F. Kennedy International
1992 Ed. (307, 308)

J. F. McDonald
2004 Ed. (2522)
2003 Ed. (2402)
J. F. Montalvo Cash & Carry Inc.
2007 Ed. (1963, 4189)
2006 Ed. (2000, 4168)
2005 Ed. (1954, 4117)
2004 Ed. (4196)
J. F. Montgomery
1991 Ed. (1618)
J. F. Shea Co.
2003 Ed. (3966)
2002 Ed. (1078)
2000 Ed. (1107)
J. F. Smith, Jr.
2001 Ed. (2319)
J. F. Tatar
2003 Ed. (2385)
J. F. Walker Co.
1998 Ed. (982)
1997 Ed. (1200)
1995 Ed. (1195, 1200)
1994 Ed. (1177)
1993 Ed. (1154, 1155)
J. F. Welch Jr.
2003 Ed. (2373)
2002 Ed. (2189)
2001 Ed. (2324)
J. Fletcher Creamer & Son Inc.
2003 Ed. (1293)
2001 Ed. (1470)
J-14
2005 Ed. (147)
J Fry Euro Utilities
2000 Ed. (3302)
J Fry Utilities
2000 Ed. (3302)
J. G. Drosdick
2005 Ed. (2496)
2004 Ed. (2512)
J. G. Finneran Jr.
2003 Ed. (2387)
J. G. Fishman
2005 Ed. (2489)
2004 Ed. (2505)
2003 Ed. (2386)
2002 Ed. (2191)
J. Galli Jr.
2005 Ed. (2480)
2003 Ed. (2375)
2001 Ed. (2335)
J. Grants Red Vodka
2002 Ed. (3182)
J. Grant's Vodka
2001 Ed. (3113)
J. Gromer
2002 Ed. (2194)
J. H. Albert International
1997 Ed. (3360)
1996 Ed. (3258)
1995 Ed. (3163)
1994 Ed. (3115)
J. H. Albert International Insurance Advisors Inc.
2008 Ed. (4249)
2006 Ed. (4199)
2002 Ed. (4064, 4065)
2001 Ed. (4123, 4124)
1998 Ed. (3102)
1993 Ed. (3052)
1992 Ed. (3743)
1991 Ed. (2899)
J. H. Baxter & Co.
2007 Ed. (3536)
J. H. Brotman
2003 Ed. (2376)
J. H. Bryan
2003 Ed. (2389)
2002 Ed. (2192)
2001 Ed. (2328)
J. H. Chemical Industries Ltd.
2002 Ed. (1970, 1971)
J. H. Cohn
1998 Ed. (16)
J. H. Cohn & Co.
1999 Ed. (18, 20)
1997 Ed. (21)
1994 Ed. (5)
1993 Ed. (11)
1992 Ed. (19)
J. H. Cohn LLP
2008 Ed. (8)
2007 Ed. (10)
2006 Ed. (14)
2005 Ed. (9)
2004 Ed. (13)
2003 Ed. (7)
2002 Ed. (17, 18, 21)
J. H. Curler
2003 Ed. (2385)
J. H. Findorff & Son Inc.
2008 Ed. (1345)
2006 Ed. (1352)
J. H. Hammergren
2003 Ed. (2376)
J. H. Kelly Inc.
1996 Ed. (1135)
1994 Ed. (1141)
J. H. Keyes
2004 Ed. (2496)
2003 Ed. (2375)
2002 Ed. (2197)
2001 Ed. (2332)
J. H. M. Research & Development
2005 Ed. (1373)
2003 Ed. (1346)
J. H. Miles & Co.
2008 Ed. (2725)
2005 Ed. (2614)
J. H. Roe
2003 Ed. (2385)
J. H. Routh Packing Co.
1995 Ed. (2522, 2968)
J. H. Snyder Co.
2002 Ed. (3923)
1999 Ed. (3996)
1998 Ed. (3006)
1997 Ed. (3260)
1995 Ed. (3064)
J. H. Tyson
2005 Ed. (2492)
2004 Ed. (2508)
J. H. Whitney & Co.
1991 Ed. (1166, 3443)
1990 Ed. (3668)
J. Hamilton Lambert
1992 Ed. (2904)
1991 Ed. (2343)
1990 Ed. (2479)
J. Hancock
2003 Ed. (703, 3556)
J. Hancock Classic Value
2007 Ed. (2486)
2006 Ed. (3632, 3633)
J. Hancock Fr. Global Rx
1995 Ed. (2722)
J. Hancock Fr. Pacific Basin
1995 Ed. (2728)
J. Hancock Global Technology A
1997 Ed. (2877)
J. Hancock Greater China Opportunities
2008 Ed. (4511)
J. Hancock Group
2004 Ed. (3599)
J. Hancock High Yield
2008 Ed. (583)
J. Hancock International
2004 Ed. (3651)
J. Hancock Regional Bank
2004 Ed. (3567)
J. Hancock US Global Leaders Growth
2006 Ed. (3628)
J. Harold Chandler
2003 Ed. (955)
2002 Ed. (2873)
J. Hayward-Surry
2002 Ed. (2189)
J. Henry Schoder Wagg
1990 Ed. (2313)
J. Henry Schroder & Co.
1997 Ed. (1231)
J. Henry Schroder Wagg
1993 Ed. (1173, 1174, 1198, 1668)
1992 Ed. (1484, 2011)
1991 Ed. (1594)
J. Houghton McLellan Jr.
1993 Ed. (893)
J. Howard Pew Freedom Trust
1992 Ed. (1097)
J. Hugh Liedtke
1990 Ed. (976, 1713, 1726)
J. Hunt
2005 Ed. (3289)
J. I. Case
1992 Ed. (4331)
J-II Homes
2003 Ed. (1154)
1998 Ed. (898)
J. J. Curley
2002 Ed. (2205)
2001 Ed. (2340)
J. J. Ferguson
2006 Ed. (2521)
J. J. Gallagher Ltd.
1995 Ed. (1009)
1994 Ed. (996)
J. J. Gumberg Co.
1993 Ed. (3305, 3312, 3315)
1991 Ed. (3119, 3120, 3125)
1990 Ed. (3287, 3290)
J. J. Haines & Co.
1999 Ed. (2447)
1996 Ed. (1922)
1995 Ed. (1879)
1991 Ed. (1728)
J. J. Mack
2001 Ed. (2334)
J. J. Manta Inc.
1995 Ed. (1168)
J. J. McDonough
2002 Ed. (2197)
J. J. Mulva
2005 Ed. (2496)
2004 Ed. (2512)
2002 Ed. (2198)
J. J. Nissan Baking Co.
1992 Ed. (494)
J. J. Nissen Baking Co.
1989 Ed. (358)
J. J. Richards & Sons
2002 Ed. (3781)
J. J. White Inc.
1997 Ed. (1198)
J. Jeffrey Cianci
2000 Ed. (1993)
J. Jeffrey Cinaci
1999 Ed. (2241)
The J. Jill Group Inc.
2008 Ed. (884)
2006 Ed. (4184)
2005 Ed. (4136)
J. Joseph Ricketts
2007 Ed. (4903)
J. K. J. Isuzu
1991 Ed. (281)
J. K. Lasser
1995 Ed. (1099)
J. K. Lasser's Your Income Tax
2008 Ed. (547)
2006 Ed. (638)
2004 Ed. (744)
2003 Ed. (721)
J. K. Rowling
2008 Ed. (280, 4883)
2007 Ed. (2450)
2006 Ed. (2485, 2488)
2005 Ed. (2443)
2004 Ed. (262)
2003 Ed. (302)
2002 Ed. (347)
J. K. Singhania
1990 Ed. (1379)
J. K. Skilling
2002 Ed. (2207)
2001 Ed. (2342)
J. Keith Dunne
2000 Ed. (2004)
J. Kimo Esplin
2008 Ed. (2630)
J. L. Bleustein
2005 Ed. (2479)
2004 Ed. (2495)
2003 Ed. (2374)
2002 Ed. (2196)
2001 Ed. (2330)
J. L. Broadhead
2002 Ed. (2211)
2001 Ed. (2344)
J. L. Davidson Co. Inc.
2003 Ed. (1317)
1999 Ed. (1377)
1998 Ed. (956)
1997 Ed. (1164)
1996 Ed. (1140)
1995 Ed. (1161)
1993 Ed. (1129)
1992 Ed. (1416)
J. L. Hambrick
2006 Ed. (2519)
J. L. Kaplan Associates
1999 Ed. (3089)
J. L. Lester & Son
1998 Ed. (979, 981)
1995 Ed. (1197, 1198, 1199)
1993 Ed. (1156, 1157)
J. L. Lester & Sons
1997 Ed. (1205, 1206)
J. L. Manta Inc.
2001 Ed. (1479)
1999 Ed. (1373)
1998 Ed. (952)
1997 Ed. (1172)
1996 Ed. (1144)
1994 Ed. (1142)
1993 Ed. (1135)
1992 Ed. (1422)
J. L. Messman
2004 Ed. (2513)
J. L. Nichols
2004 Ed. (2512)
J. L. Patterson & Associates
2002 Ed. (2563)
J. L. Roby
2001 Ed. (2334)
J. L. Stahl
2002 Ed. (2186)
2001 Ed. (2321)
J. L. Steel Inc.
1996 Ed. (2064)
1995 Ed. (2100)
J. L. Wilson
2001 Ed. (2323)
J. L. Ziemer
2002 Ed. (2196)
J. Landis Martin
2004 Ed. (1099)
J. Larry Nichols
2007 Ed. (2507)
J. Lauritzen Hldgs.
1991 Ed. (1266)
J. Lawrence Wilson
2000 Ed. (1887)
J. Lee Peeler & Co.
1993 Ed. (3178)
J. Leinenkugel Brewing Co.
2001 Ed. (1026)
J. Lienenkugel Brewing Co.
2001 Ed. (1023)
J. M. Barth
2005 Ed. (2480)
2004 Ed. (2496)
2003 Ed. (2375)
2002 Ed. (2197)
2001 Ed. (2332)
J. M. Bernhard Jr.
2007 Ed. (960)
2005 Ed. (982)
J. M. C. Creatividad Orientada Young St Rebicam
1997 Ed. (157)
J. M. C. Holidays Ltd.
2004 Ed. (4798)
J. M. C./Y & R Venezuela
2003 Ed. (179)
2002 Ed. (208)
J. M. Creatives Publicidad
1995 Ed. (71)
J. M. Creativos & Asociados
2003 Ed. (70)
2001 Ed. (133)
J. M. Creativos & Grey Advertising
2002 Ed. (105)
J. M. Creativos Publicidad
1999 Ed. (85)
1997 Ed. (84)
J M Family Enterprises Inc.
2000 Ed. (1104)
J. M. Gregory
2003 Ed. (2387)
J. M. Huber Corp.
2008 Ed. (3674, 3675)
2007 Ed. (3511, 3512)
2006 Ed. (3481, 3482)
2005 Ed. (3480, 3481)
2004 Ed. (3483, 3484)
2003 Ed. (3416, 3417)
1994 Ed. (1004, 2934)

1992 Ed. (1203)
1991 Ed. (968)
J. M. Larson
2005 Ed. (2504)
J. M. Magliochetti
2005 Ed. (2484)
2004 Ed. (2500)
2003 Ed. (2381)
J-M Manufacturing Co., Inc.
2008 Ed. (3990)
2007 Ed. (3964)
2006 Ed. (3914)
2005 Ed. (3843)
2002 Ed. (3320)
J. M. Metals
2006 Ed. (4205)
2005 Ed. (4149)
J. M. Moffitt Construction
2004 Ed. (1220)
J. M. Olson Corp.
2004 Ed. (1316)
J. M. Pontiac
1991 Ed. (291)
J. M. Products
1999 Ed. (2062, 2630)
J. M. Ringler
2003 Ed. (2390)
2001 Ed. (2331)
J. M. Robinson
1999 Ed. (1122, 4302)
J. M. Sassoon
1993 Ed. (1645)
J. M. Scaminace
2002 Ed. (2187)
The J. M. Smucker Co.
2008 Ed. (2731)
2007 Ed. (1519, 1521, 2609)
2006 Ed. (1489, 1491, 1952, 2421, 2632)
2005 Ed. (1606, 2653, 2654)
2004 Ed. (1575, 2660, 2661, 2663)
2003 Ed. (865, 3158, 3159)
1998 Ed. (2928)
J. M. Talbert
2004 Ed. (2514)
J. M. Tucci
2005 Ed. (2497)
J. M. Wechter & Associates Inc.
2006 Ed. (3505)
J. Manning PLC
1992 Ed. (1194)
1991 Ed. (959)
J-MAR Trucking
2003 Ed. (4804)
J. Michael Schlotman
2007 Ed. (1090)
2006 Ed. (998)
J. Michel Guite
1993 Ed. (1835)
J. Morton Davis
1989 Ed. (1422)
J. N. Leoussis
1994 Ed. (91)
J. N. Leoussis Advertising
1989 Ed. (111)
J. N. Petroleum Marketing Inc.
2001 Ed. (1801)
J. N. Seitz
2004 Ed. (2512)
J. Neubauer
2005 Ed. (2491)
2004 Ed. (2507)
2003 Ed. (2388)
J. O. Patterson & Co.
1994 Ed. (2308)
J. O. Stone Buick
1995 Ed. (265)
J. P. Bolduc
1994 Ed. (1722)
J. P. Cullen & Sons Inc.
2008 Ed. (1345)
2006 Ed. (1352)
J. P. Jones III
2005 Ed. (2487)
2004 Ed. (2503)
2003 Ed. (2384)
2002 Ed. (2188)
J. P. Kelly
2003 Ed. (2406)
J. P. Mackey
2004 Ed. (2494)
J. P. McConnell
2004 Ed. (2521)
J. P. Morgan
2006 Ed. (479, 487)
2004 Ed. (579, 1644)
2003 Ed. (558, 566, 567)
2000 Ed. (610, 611, 612, 777, 1919, 1920, 1921, 2457, 3880, 3915)
1997 Ed. (340, 341, 344, 346, 347, 348, 358, 362, 303, 386, 387, 511, 512, 567, 580, 1223, 1224, 1227, 1228, 1229, 1231, 1232, 1295, 1309, 1326, 1353, 1597, 1728, 1729, 1730, 1783, 1786, 1787, 1788, 1789, 1790, 2015, 2487, 2488, 2489, 2490, 2491, 2493, 2494, 2495, 2496, 2497, 2498, 2501, 2502, 2503, 2500, 2507, 2508, 2511, 2516, 2519, 2520, 2524, 2528, 2532, 2536, 2540, 2548, 2549, 2550, 2551, 2552, 3002, 3003, 3004, 3267, 3269, 3270, 3287, 3288, 3289, 3417, 3421, 3426, 3427, 3428, 3429, 3430, 3431, 3432, 3436, 3438, 3444, 3446, 3471, 3474, 3475, 3476, 3477, 3478, 3479, 3480, 3481, 3483)
1996 Ed. (2427)
1995 Ed. (355, 357, 358, 421, 1216, 1218, 1720, 1721, 2341, 2342, 2343, 2344, 2345, 2346, 2348, 2350, 2351, 2352, 3215, 3224, 3228, 3231, 3235, 3236, 3237, 3238, 3239, 3271, 3273, 3274, 3276, 3277)
1994 Ed. (350, 351, 352, 362, 363, 364, 365, 366, 367, 374, 375, 376, 377, 402, 520, 521, 522, 523, 604, 650, 651, 653, 728, 780, 1201, 1202, 1290, 1295, 1309, 1630, 1631, 1672, 1674, 1675, 1676, 1677, 1678, 1679, 1680, 1689, 1691, 1692, 1693, 1694, 1696, 1697, 1698, 1700, 1701, 1702, 1703, 1704, 1706, 1707, 1709, 1756, 1850, 2286, 2287, 2288, 2291, 2293, 2296, 2297, 2300, 2303, 2304, 2320, 2321, 2322, 2323, 2329, 2330, 2331, 2332, 2448, 2449, 2663, 2736, 2737, 2740, 3017, 3164, 3165, 3169, 3174, 3187, 3189, 3191, 3220, 3274)
1993 Ed. (356, 357, 372, 373, 374, 375, 376, 377, 386, 387, 411, 412, 521, 525, 526, 597, 601, 648, 649, 652, 841, 1164, 1171, 1174, 1650, 1651, 1652, 1653, 1654, 1655, 1658, 1660, 1669, 1670, 1673, 1675, 1677, 1679, 1681, 1683, 1684, 1685, 1686, 1687, 1689, 1690, 1851, 1889, 2272, 2273, 2274, 2277, 2279, 2280, 2284, 2289, 2290, 2292, 2294, 2304, 2316, 2324, 2347, 2349, 2350, 2351, 2356, 2357, 2511, 2512, 2713, 2767, 2769, 2977, 3118, 3122, 3123, 3129, 3134, 3136, 3137, 3144, 3150, 3153, 3154, 3156, 3159, 3206, 3224, 3229, 3284, 3470)
1992 Ed. (516, 537, 544, 648, 713, 714, 720, 804, 808, 852, 853, 1054, 1055, 1454, 1455, 1989, 1990, 1991, 1992, 2023, 2024, 2028, 2029, 2030, 2031, 2033, 2035, 2040, 2041, 2042, 2044, 2141, 2639, 2719, 2720, 2721, 2722, 2723, 2724, 2728, 2735, 2738, 2739, 2740, 2776, 2777, 2779, 2780, 2782, 2786, 2788, 2789, 2984, 2986, 3339, 3341, 3342, 3343, 3823, 3842, 3847, 3856, 3857, 3868, 3874, 3899, 3901, 3904, 3906)
1990 Ed. (464, 902, 3222, 3223)
1989 Ed. (374, 375, 376, 377, 420, 421, 422, 426, 571, 579, 1049, 1197, 1810, 1812, 1813, 2127, 2128, 2131, 2132, 2136)
J. P. Morgan & Co., Inc.
2006 Ed. (3223)
2005 Ed. (1497, 3222, 3238)
2004 Ed. (1444, 3197, 3198, 3199, 3200, 3201, 3202, 3205, 3207)
2003 Ed. (1387, 1388, 1389, 1390, 1391, 1392, 1395, 1396, 1414, 1513, 2362, 2368, 2599, 3090, 3091, 3092, 3093, 3095, 3098, 4325, 4719)
2002 Ed. (338, 432, 437, 439, 444, 488, 490, 580, 629, 727, 730, 731, 732, 733, 734, 735, 736, 999, 1354, 1358, 1360, 1364, 1376, 1377, 1395, 1404, 1405, 1561, 1922, 1923, 1924, 1942, 1943, 1944, 1945, 1948, 1949, 1950, 2157, 2167, 2168, 2270, 2271, 2272, 2273, 2274, 2275, 3001, 3043, 3209, 3621, 3622, 3623, 3624, 3625, 3626, 3627, 3629, 3931, 3936, 3938, 3940, 3941, 4197, 4556, 4557, 4647, 4657, 4661, 4662, 4663)
2001 Ed. (585, 586, 587, 592, 597, 621, 622, 638, 753, 756, 766, 868, 961, 962, 963, 964, 966, 967, 968, 969, 970, 971, 972, 973, 974, 1195, 1196, 1197, 1517, 1520, 1521, 1522, 1524, 1525, 1526, 1527, 1528, 1529, 1531, 1533, 1538, 1816, 2424, 2427, 2428, 2429, 2430, 3009, 3154, 3155, 3992, 4207, 4208)
2000 Ed. (636, 676, 677, 678, 3417)
1999 Ed. (382, 383, 400, 425, 426, 435, 443, 445, 548, 549, 554, 610, 615, 651, 652, 665, 884, 967, 1089, 1426, 1427, 1428, 1429, 1430, 1432, 1435, 1436, 1437, 1438, 1439, 1533, 1537, 1544, 2011, 2012, 2013, 2014, 2063, 2064, 2065, 2066, 2069, 2143, 2324, 2396, 2636, 3022, 3023, 3024, 3025, 3026, 3027, 3028, 3029, 3030, 3031, 3032, 3033, 3034, 3035, 3036, 3037, 3038, 3039, 3040, 3046, 3064, 3094, 3706, 3707, 3709, 4023, 4024, 4025, 4177, 4180, 4183, 4192, 4193, 4194, 4198, 4199, 4206, 4207, 4209, 4210, 4211, 4215, 4217, 4218, 4219, 4220, 4222, 4223, 4224, 4225, 4226, 4228, 4239, 4252, 4253, 4254, 4255, 4258, 4259, 4260, 4261, 4262, 4263, 4264, 4265)
1998 Ed. (192, 275, 276, 277, 278, 279, 281, 284, 317, 319, 321, 325, 326, 327, 328, 349, 379, 380, 419, 995, 998, 999, 1000, 1001, 1002, 1003, 1004, 1005, 1084, 1110, 1264, 1265, 1494, 1495, 1496, 1497, 1499, 1501, 1561, 2103, 2237, 2238, 2239, 2240, 2241, 2242, 2243, 2244, 2245, 2246, 2247, 2248, 2250, 2251, 2253, 2254, 2258, 2265, 2285, 2295, 2298, 2299, 2300, 2302, 2303, 2308, 2670, 3014, 3015, 3192, 3196, 3197, 3206, 3207, 3209, 3213, 3215, 3216, 3217, 3218, 3219, 3220, 3221, 3222, 3224, 3225, 3226, 3228, 3229, 3231, 3242, 3243, 3245, 3246, 3248, 3249, 3262, 3263, 3265, 3267, 3269, 3270, 3271, 3272, 3273, 3414)
1996 Ed. (369, 370, 372, 373, 374, 377, 379, 388, 393, 394, 395, 396, 552, 554, 556, 618, 641, 697, 698, 927, 1181, 1183, 1185, 1188, 1189, 1190, 1539, 1647, 1648, 1649, 1650, 1651, 1653, 1699, 1702, 1703, 1704, 1705, 1706, 1892, 2028, 2029, 2030, 2360, 2361, 2363, 2364, 2365, 2366, 2367, 2369, 2370, 2371, 2373, 2374, 2375, 2378, 2382, 2383, 2386, 2389, 2390, 2394, 2398, 2402, 2406, 2410, 2424, 2425, 2428, 2830, 2910, 3165, 3167, 3168, 3184, 3313, 3320, 3322, 3323, 3324, 3325, 3326, 3327, 3328, 3329, 3330, 3336, 3347, 3348, 3349, 3375, 3378, 3379, 3380, 3381, 3382, 3383, 3385, 3388, 3389, 3599)
1995 Ed. (354, 364, 370, 396, 462, 501, 503, 504, 571, 574, 734, 736, 737, 738, 739, 740, 741, 742, 743, 744, 745, 746, 747, 748, 1213, 1315, 1327, 1331, 1333, 1540, 1541, 1556, 2354, 2362, 2366, 2370, 2378, 2380, 2381, 2383, 2384, 2386, 2388, 2516, 2837, 2842, 2843, 3073, 3209, 3225, 3226, 3252, 3302, 3308, 3355)
1992 Ed. (536, 572)
1991 Ed. (372, 373, 383, 393, 403, 404, 407, 408, 411, 413, 494, 495, 511, 555, 556, 560, 635, 850, 851, 852, 1111, 1112, 1113, 1116, 1117, 1118, 1122, 1125, 1130, 1133, 1196, 1231, 1581, 1587, 1588, 1589, 1590, 1591, 1593, 1595, 1600, 1601, 1602, 1603, 1604, 1606, 1608, 1609, 1610, 1612, 2178, 2197, 2198, 2199, 2200, 2201, 2206, 2213, 2216, 2221, 2225, 2229, 2233, 2237, 2249, 2252, 2253, 2256, 2585, 2673, 2676, 2677, 2732, 2956, 2965, 3066, 3067, 3068, 3069, 3072, 3077, 3078, 3099, 3262)
1990 Ed. (598, 599, 1289)
1989 Ed. (378, 401, 415, 416, 560)
J. P. Morgan & Co
2000 Ed. (1338)
J. P. Morgan Asset Management
2008 Ed. (3380)
2007 Ed. (3252, 3254)
J. P. Morgan Capital Corp.
1994 Ed. (3622)
J. P. Morgan Chase
2007 Ed. (510, 511, 2567)
2006 Ed. (480, 481, 2598)
2005 Ed. (490, 2597)
2004 Ed. (2612)
2003 Ed. (2479)
2002 Ed. (2264)
J. P. Morgan Chase & Co.
2008 Ed. (356, 358, 443, 444, 447, 448, 486, 1390, 1391, 1392, 1393, 1396, 1397, 1398, 1404, 1527, 1529, 1537, 1542, 1701, 1818, 1848, 1988, 2198, 2281, 2292, 2294, 2487, 2698, 2706, 2712, 3010, 3036, 3400, 3403, 3410, 4292, 4303, 4304, 4305, 4306, 4542, 4617, 4665, 4666)
2007 Ed. (368, 370, 382, 387, 475, 476, 478, 479, 482, 483, 532, 649, 650, 651, 854, 857, 1440, 1480, 1556, 1561, 1675, 1806, 1809, 1921, 2162, 2558, 2569, 2888, 2914, 3250, 3280, 3281, 3285, 3286, 3287, 3295, 3630, 3631, 3634, 3986, 3990, 4268, 4283, 4286, 4288, 4289, 4298, 4299, 4301, 4302, 4303, 4304, 4305, 4306, 4307, 4308, 4309, 4310, 4311, 4312, 4313, 4314, 4315, 4316, 4317, 4318, 4320, 4321, 4322, 4323, 4324, 4325, 4326, 4327, 4328, 4329, 4330, 4331, 4332, 4333, 4334, 4335, 4336, 4337, 4338, 4339, 4340, 4342, 4652, 4653, 4654, 4655, 4656, 4657, 4660, 4661, 4662, 4663, 4664, 4665, 4666, 4667, 4668, 4669, 4979)
2006 Ed. (385, 387, 395, 396, 402, 465, 466, 469, 470, 507, 761, 835, 1408, 1409, 1410, 1411, 1414, 1415, 1416, 1419, 1422, 1423, 1424, 1448, 1500, 1526, 1532, 1799, 1938, 2242, 2590, 2595, 2597, 2600, 2892, 3212, 3224, 3236, 3698, 4261, 4276, 4277, 4278, 4279, 4724, 4981, 4982)
2005 Ed. (299, 321, 360, 363, 365, 366, 373, 376, 377, 424, 426, 427,

429, 437, 438, 447, 449, 534, 535, 537, 538, 541, 542, 544, 561, 566, 590, 706, 707, 708, 790, 848, 867, 869, 870, 1002, 1003, 1064, 1258, 1259, 1423, 1424, 1425, 1426, 1429, 1430, 1431, 1434, 1435, 1441, 1446, 1447, 1448, 1451, 1452, 1453, 1459, 1460, 1555, 1811, 1910, 2046, 2048, 2145, 2147, 2169, 2170, 2172, 2173, 2176, 2178, 2179, 2181, 2182, 2183, 2185, 2186, 2187, 2188, 2192, 2194, 2195, 2223, 2298, 2580, 2583, 2588, 2643, 2806, 2866, 3013, 3054, 3220, 3221, 3233, 3236, 3249, 3386, 3455, 3504, 3508, 3534, 3716, 3943, 4019, 4110, 4111, 4131, 4259, 4260, 4261, 4262, 4263, 4264, 4265, 4266, 4267, 4268, 4269, 4270, 4271, 4272, 4273, 4274, 4275, 4276, 4277, 4279, 4280, 4281, 4295, 4296, 4297, 4298, 4299, 4300, 4301, 4302, 4303, 4304, 4306, 4307, 4308, 4309, 4310, 4311, 4312, 4314, 4316, 4317, 4318, 4319, 4320, 4321, 4322, 4323, 4324, 4325, 4326, 4327, 4328, 4329, 4330, 4331, 4332, 4333, 4334, 4335, 4336, 4337, 4338, 4348, 4356, 4571, 4572, 4573, 4574, 4575, 4576, 4578, 4579, 4580, 4581, 4582, 4583, 4584, 4585, 4642, 4670, 4672, 4771, 4988)
2004 Ed. (419, 420, 421, 423, 431, 432, 440, 552, 554, 555, 559, 560, 573, 579, 601, 858, 1402, 1403, 1404, 1405, 1406, 1407, 1410, 1411, 1412, 1413, 1414, 1415, 1424, 1426, 1429, 1430, 1434, 1435, 1436, 1439, 1442, 1443, 1445, 1570, 1596, 1612, 1825, 2007, 2008, 2057, 2058, 2062, 2063, 2065, 2066, 2068, 2072, 2073, 2075, 2076, 2077, 2079, 2080, 2081, 2090, 2091, 2118, 2600, 2603, 2903, 3153, 3180, 3184, 3186, 3187, 3189, 3190, 3204, 3500, 4326, 4352, 4353, 4354, 4355, 4356, 4357, 4358, 4359, 4360, 4361, 4362, 4363, 4364, 4365, 4366, 4367, 4368, 4370, 4371, 4372, 4374, 4376, 4377, 4378, 4379, 4380, 4381, 4382, 4383, 4384, 4385, 4386, 4387, 4388, 4389, 4390, 4392, 4393, 4394, 4395, 4396, 4661, 4695)
2003 Ed. (429, 438, 446, 451, 452, 453, 536, 538, 539, 542, 543, 594, 627, 628, 1397, 1398, 1399, 1402, 1403, 1404, 1405, 1406, 1409, 1410, 1411, 1416, 1417, 1418, 1547, 1552, 1559, 1569, 1721, 1791, 2012, 2014, 2015, 2016, 2017, 2018, 2019, 2020, 2022, 2023, 2024, 2028, 2031, 2032, 2034, 2035, 2474, 2761, 3059, 4323, 4332, 4333, 4334, 4335, 4336, 4337, 4338, 4339, 4340, 4341, 4342, 4343, 4344, 4345, 4346, 4347, 4348, 4349, 4351, 4352, 4353, 4355, 4356, 4357, 4358, 4359, 4360, 4361, 4362, 4364, 4365, 4366, 4367, 4368, 4369, 4370, 4371, 4372, 4373, 4375)
2002 Ed. (498, 579, 1348, 1349, 1350, 1351, 1352, 1353, 1362, 1363, 1365, 1366, 1367, 1368, 1369, 1370, 1371, 1372, 1375, 1421, 1532, 1537, 1555, 1741, 1743, 3011, 3012, 3015, 3016, 3042, 3189, 3190, 3191, 3192, 3193, 3194, 3196, 3203, 3204, 3205, 3206, 3207, 3208, 3407, 3409, 3410, 3411, 3412, 3793, 3794, 3795, 3796, 4198, 4201, 4206, 4208, 4209, 4210, 4211, 4212, 4213, 4214, 4215, 4218, 4219, 4220, 4222, 4223, 4224, 4225, 4226, 4227, 4228, 4229, 4230, 4232, 4233, 4236, 4239, 4241, 4242, 4243, 4244, 4246, 4247, 4248, 4249, 4250, 4251, 4601, 4602)

J. P. Morgan Chase Bank
2007 Ed. (498, 509, 510)
2006 Ed. (372, 376, 378, 379, 385, 386, 388, 389, 390, 392, 393, 394, 481, 487, 489, 1077, 2873, 3559, 3563)
2005 Ed. (369, 382, 384, 385, 425, 428, 430, 431, 432, 434, 435, 436, 1069, 2994)
2004 Ed. (358, 363, 365, 422, 424, 425, 427, 428, 429, 430, 578, 1065, 2996)
2003 Ed. (379, 384, 386, 428, 430, 431, 432, 433, 434, 435, 436, 1056, 2771, 2887)

J. P. Morgan Chase Bank NA
2008 Ed. (196, 197, 340, 342, 347, 348, 349, 350, 356, 357, 359, 360, 361, 362, 363, 364, 365, 399, 1090, 1091, 2987, 3138)
2007 Ed. (209, 210, 353, 355, 358, 359, 360, 361, 362, 368, 369, 371, 372, 373, 374, 375, 376, 377, 1184, 1185, 2867, 3020)

The J. P. Morgan Chase Foundation
2005 Ed. (2676)

J. P. Morgan Delaware
1995 Ed. (454)
1994 Ed. (370, 391, 465)
1993 Ed. (460)

J. P. Morgan Emerging Markets Debt
2001 Ed. (725)

J. P. Morgan/Fleming
2005 Ed. (705)

J. P. Morgan Fleming Asset Management
2006 Ed. (3197, 3213)
2005 Ed. (3207, 3211, 3212, 3228)
2004 Ed. (2034, 2035, 2036, 2037, 3174, 3178, 3208, 3209, 3210, 3786, 4086)
2003 Ed. (3062, 3063, 3064, 3065, 3067, 3068, 3070, 3072, 3076, 3079, 3082, 3085, 3087, 3089, 3111)
2002 Ed. (3008, 3013, 3014, 3018, 3019, 3020, 3023, 3024, 3908)

J. P. Morgan Fleming European
2004 Ed. (3646)

J. P. Morgan Fleming Intrepid European
2006 Ed. (3612)

J. P. Morgan French Franc Bond Fund
1991 Ed. (2368)

J. P. Morgan French Franc Liquid Fund
1991 Ed. (2368)

J. P. Morgan Futures Inc.
2008 Ed. (2803)
2007 Ed. (2672)
2006 Ed. (2682)
2005 Ed. (2707)
2004 Ed. (2714)
2002 Ed. (4500)
2000 Ed. (826)

J. P. Morgan Institutional Global Strategy Income
2001 Ed. (725)

J. P. Morgan Investment
1992 Ed. (2772, 3351, 3637)
1989 Ed. (2133)

J. P. Morgan Investment Management
2002 Ed. (3027)
2001 Ed. (2879, 3688, 4014)
2000 Ed. (2839)
1999 Ed. (3048, 3057, 3060, 3061, 3067, 3081, 3082, 3083, 3085, 3086, 3093, 3095, 3096, 3097, 3098, 3105, 3107, 3109, 3588)
1998 Ed. (2225, 2263, 2267, 2284, 2286, 2304, 3016)
1996 Ed. (2347, 2414)
1994 Ed. (2316)
1991 Ed. (2244, 2821)
1989 Ed. (1800, 2141)

J. P. Morgan Investment Mgmt.
1990 Ed. (2334)

J. P. Morgan Mid Cap Value
2004 Ed. (2454)

J. P. Morgan Partners
2004 Ed. (4831)
2002 Ed. (4735)

J. P. Morgan Partners LLC; Quetzal/
2007 Ed. (195)
2006 Ed. (189)
2005 Ed. (176)

J. P. Morgan Securities Inc.
2008 Ed. (339, 2882, 3398)
2007 Ed. (3276, 3278, 3650, 3651, 3652, 3653, 3654, 3655)
2006 Ed. (3191, 3208, 3209, 3687)
2005 Ed. (162, 293, 662, 680, 849, 961, 1458, 2287, 2342, 2450, 2451, 2464, 2577, 2816, 3206, 3219, 3223, 3356, 3436, 3466, 3512, 3526, 3527, 3529, 3530, 3531, 3590, 3811, 3812, 4112, 4564, 4982)
2004 Ed. (1441, 3171, 3203, 3527, 3528, 3529, 3530, 3531, 3532, 4330, 4342)
2003 Ed. (3060, 3066, 3096, 3473, 3474, 3475, 3477, 3478)
2002 Ed. (2165, 2166, 2169)
2001 Ed. (552, 553, 556, 560, 746, 747, 749, 757, 758, 810, 831, 2423, 2425)
2000 Ed. (829)
1999 Ed. (835, 2278, 3478, 3479, 3480, 3481, 3482, 4229, 4230, 4231, 4233, 4234, 4235, 4236, 4238, 4240, 4241, 4242, 4244, 4245, 4246, 4247, 4248, 4249, 4251)
1998 Ed. (518, 2566, 2567, 2568, 2569, 2570, 2571, 2578, 3234, 3239, 3250, 3252, 3253, 3255, 3256, 3257, 3258, 3260, 3261)
1997 Ed. (742, 1922, 2832, 2833, 2834, 2835, 2836, 2837, 2838, 3450, 3451, 3452, 3453, 3455, 3458, 3459, 3460, 3465, 3468, 3469)
1996 Ed. (806, 2712, 2713, 2714, 2716, 2718, 2719, 2720, 2721, 3353, 3354, 3358, 3360, 3362, 3366, 3369, 3370, 3371, 3373)
1995 Ed. (2633, 2636, 2637, 2639, 2640, 2641, 3263)
1994 Ed. (2583, 3181)
1993 Ed. (793, 1688, 3130, 3165, 3166, 3171, 3172, 3174, 3176, 3183)
1991 Ed. (2979, 2984, 3039, 3065)
1990 Ed. (3220)
1989 Ed. (1350, 1351, 1353, 1354, 1355, 1358, 1361, 1362, 2382)

J. P. Morgan Securities Asia
2003 Ed. (3097)
2000 Ed. (2194)
1997 Ed. (3472)

J. P. Morgan U.S. Dollar Liquidity
2007 Ed. (752)

J. P. Patti Co. Inc.
1999 Ed. (1374)
1998 Ed. (953)
1997 Ed. (1168)
1996 Ed. (1138)
1995 Ed. (1164)
1994 Ed. (1148)
1993 Ed. (1130)
1992 Ed. (1417)
1991 Ed. (1084)
1990 Ed. (1205)

J. P. Reinhard
2008 Ed. (2631)
2007 Ed. (2501)
2006 Ed. (954, 2519, 2522)
2003 Ed. (2384)

J. P. Stevens
1997 Ed. (2316, 2317)
1996 Ed. (2196, 2197)
1995 Ed. (2182)
1994 Ed. (2131)
1990 Ed. (3270)
1989 Ed. (1600, 2814, 2815, 2816, 2817)

J. P. Stevens & Co.
2005 Ed. (4682)
2002 Ed. (1466)
1990 Ed. (2720)

J. Paul Getty Center
2000 Ed. (3733)

J. Paul Getty Trust
2008 Ed. (2766)
2005 Ed. (2677)
2004 Ed. (2681)
2002 Ed. (2335, 2338, 2339)
2001 Ed. (2517)
2000 Ed. (2259)
1999 Ed. (2499, 2503)
1994 Ed. (1897, 2772)
1993 Ed. (1895, 2783)
1992 Ed. (2214, 3358)
1991 Ed. (2689)
1990 Ed. (1847, 1848, 2786)
1989 Ed. (1470, 1471, 1476, 2165)

J. Pedro Reinhard
2007 Ed. (1050)
2005 Ed. (986)

J. Peter Grace
1995 Ed. (980)
1994 Ed. (1722)

J. Peter Wagner
2006 Ed. (4879)
2005 Ed. (4817)

J. Phillip Fund
1997 Ed. (2201)

J-Phone
2001 Ed. (3334)

J. Pica & Cia. Inc.
2007 Ed. (4189)
2006 Ed. (4168)
2005 Ed. (4117)

J. Polep Distribution
1998 Ed. (977)

J. Polep Distribution Services
1995 Ed. (1196)

J. P.Stevens
1999 Ed. (2806)

J. R. Alm
2005 Ed. (2485)
2002 Ed. (2186)

J. R. Evans
1991 Ed. (3211)

J. R. Futee Jr.
1995 Ed. (3504)

J. R. Horne
2003 Ed. (2381)

J. R. Immelt
2005 Ed. (2478)
2004 Ed. (2493)
2003 Ed. (2373)

J. R. Lee
2005 Ed. (2491)
2004 Ed. (2507)
2003 Ed. (2388)
2002 Ed. (1040)

J. R. Moffett
2005 Ed. (2495)
2003 Ed. (2392)

J. R. Nelson
2003 Ed. (2391)
2001 Ed. (2329)

J. R. R. Tolkien
2007 Ed. (891)
2006 Ed. (802)

J. R. Roberts Enterprises Inc.
2002 Ed. (1235)

J. R. Shaw
2005 Ed. (4870)

J. R. Simplot Co.
2006 Ed. (1758)
2005 Ed. (1787)
2001 Ed. (1729)
1997 Ed. (2039)

J. R. Simplot A Grade
1994 Ed. (1923)

J. R. Stafford
2003 Ed. (2398)
2002 Ed. (2190)

J. R. United
2007 Ed. (581)

J. Randall Evans
1993 Ed. (3445)

J Ray McDermoptt SA
2007 Ed. (1858)
2006 Ed. (1855)

J Ray McDermott SA
2007 Ed. (1296)
2006 Ed. (1188)
2001 Ed. (1408, 1780)
J. Raymond Elliott
2007 Ed. (994)
2006 Ed. (904)
J. Richard Fredericks
1995 Ed. (1805)
1994 Ed. (1763)
1993 Ed. (1780)
1992 Ed. (2135, 2137)
1991 Ed. (1673, 1674)
J. Richard Smith Advertising
1996 Ed. (46)
1994 Ed. (56)
1993 Ed. (65)
1992 Ed. (108)
J. Robert Chambers
2000 Ed. (1948)
1999 Ed. (2177)
1998 Ed. (1589)
J. Robert Newman
1992 Ed. (531)
J. Roget
2006 Ed. (827)
2005 Ed. (909)
2004 Ed. (918)
2003 Ed. (899)
2002 Ed. (962)
2001 Ed. (1150)
1997 Ed. (3886)
1993 Ed. (869)
1989 Ed. (868)
J. Romero & Associates
1992 Ed. (198)
J. Rothschild Holdings
1993 Ed. (520)
1992 Ed. (711, 729)
J. Russell DeLeon
2007 Ed. (4899)
J. S. Alberici Construction Co. Inc.
2003 Ed. (1246, 1249, 1269, 1299, 1332)
2002 Ed. (1230, 1233, 1236, 1259, 1303)
2001 Ed. (1465, 1485, 2671)
2000 Ed. (2417)
1999 Ed. (1385, 1388)
1998 Ed. (961)
1997 Ed. (1182, 1189)
1996 Ed. (1153)
1995 Ed. (1146, 1176)
1994 Ed. (1157)
1993 Ed. (1116)
1991 Ed. (1075)
J. S. C.
2008 Ed. (2261)
J. S. Chalsty
2001 Ed. (2334)
J. S. Hovnanian & Sons
2005 Ed. (1222)
J. S. Lorberbaum
2004 Ed. (2523)
J. S. Pathology
1990 Ed. (3465)
J. S. Robinson Construction
2005 Ed. (1209)
2004 Ed. (1183)
J. S. Tisch
2001 Ed. (2337)
J. S. Were
1997 Ed. (788, 789, 791, 792)
1995 Ed. (806, 807, 808, 809, 810)
J. Sainsbury
2000 Ed. (1444)
1997 Ed. (1419, 1420, 1421, 3353, 3679, 3783)
1993 Ed. (742, 3049, 3498, 3609)
1992 Ed. (4178)
1990 Ed. (1372, 3053, 3499, 3500)
J Sainsbury plc
2008 Ed. (101, 2124, 4240, 4575)
2007 Ed. (2240, 2241, 4631, 4632, 4635, 4643, 4644)
2006 Ed. (1453, 2057, 2059, 4641, 4642, 4645, 4945)
2005 Ed. (1981, 1986, 4122, 4566, 4568, 4912)
2004 Ed. (4641)
2003 Ed. (4665)
2002 Ed. (1789, 1790, 2575, 4506, 4533)
2001 Ed. (262, 1718, 1887, 1889, 2727, 4613)
2000 Ed. (1441, 1443, 4387)
1999 Ed. (1640, 1641, 1643, 4100, 4110, 4644)
1998 Ed. (3085)
1996 Ed. (1361, 1367, 1370, 3244, 3252, 3730)
1994 Ed. (3109, 3111, 3565)
1992 Ed. (1625, 3740)
1991 Ed. (1296, 2897, 3110)
1990 Ed. (3265, 3635)
J. Sanchez Asociados
1992 Ed. (136)
1991 Ed. (88)
J-17
2000 Ed. (3501)
J. Shelby Stastny
1995 Ed. (3504)
J. Sourdis Bros. OE
2002 Ed. (1087)
2001 Ed. (1282)
J. Straus
2003 Ed. (2386)
J. Stuart Francis
2003 Ed. (3061)
J. T. Battenberg III
2005 Ed. (984, 2484)
2004 Ed. (975, 2500)
2003 Ed. (2381)
2001 Ed. (1220, 2319)
J. T. Cahill
2005 Ed. (2485)
2004 Ed. (2501)
2003 Ed. (2382)
2002 Ed. (2186)
J. T. Davenport & Sons Inc.
2006 Ed. (3993)
2005 Ed. (3919)
1998 Ed. (977, 979, 981)
1997 Ed. (1202, 1205, 1206)
1995 Ed. (1199)
1993 Ed. (1155)
J. T. Dillon
2004 Ed. (2515)
2003 Ed. (2396)
2002 Ed. (2203)
J. T. Ford
2004 Ed. (2522)
J. T. Gorman
2002 Ed. (2189)
2001 Ed. (2324)
1992 Ed. (2058)
J. T. Hackett
2005 Ed. (2496)
J. T. Hartley
1992 Ed. (2060)
J. T. Lanni
2003 Ed. (2374)
J. T. Parrish
1990 Ed. (3466)
J. T. Schuessler
2005 Ed. (2491)
2003 Ed. (2388)
J. T. Slocomb Co.
1994 Ed. (2047, 2054)
1993 Ed. (2034, 2041)
1991 Ed. (1902, 1908)
1990 Ed. (2003, 2014)
J. Terrence Lanni
2007 Ed. (980)
2006 Ed. (890)
1998 Ed. (1513)
J. Terrence Murray
1996 Ed. (381)
J. Thomas Bentley
2003 Ed. (3061)
J. Thomas Bouchard
1997 Ed. (3068)
1996 Ed. (2989)
J. Timothy Howard
2006 Ed. (978)
2005 Ed. (985)
J. Troy Earhart
1991 Ed. (3212)
J. Tylee Wilson
1989 Ed. (1377)
J. V. Manufacturing Inc.
2006 Ed. (4341)
J. W. Bateson Co.
1992 Ed. (1409)
J. W. Brown
2004 Ed. (2517)
J. W. Cameron & Co. Ltd.
1995 Ed. (1380)
1994 Ed. (1356)
J. W. Greenberg
2005 Ed. (2490)
2004 Ed. (2506)
J. W. Johnson
2001 Ed. (2328)
J. W. Leonard
2005 Ed. (2509)
2004 Ed. (2526)
2003 Ed. (2407)
2001 Ed. (2344)
J. W. Madigan
2003 Ed. (2399)
2002 Ed. (2205)
2001 Ed. (2340)
J. W. Marriott Corp.
1992 Ed. (4422)
1991 Ed. (3472)
1990 Ed. (3683)
1989 Ed. (2902)
J. W. Marriott Jr.
2008 Ed. (948)
2005 Ed. (2491)
2004 Ed. (2507)
2003 Ed. (2388)
2001 Ed. (2327)
1998 Ed. (721)
1996 Ed. (958)
J. W. Mashburn
2005 Ed. (1220)
J. W. O'Connor & Co.,Inc.
1990 Ed. (3290)
1989 Ed. (1803, 2139)
J. W. Pepper
2001 Ed. (3415)
1997 Ed. (2861)
1996 Ed. (2746)
1995 Ed. (2673)
1994 Ed. (2592)
J. W. Rowe
2005 Ed. (2504, 2509)
2004 Ed. (2520, 2526)
2003 Ed. (2407)
2002 Ed. (2211)
J. W. Snow
2004 Ed. (2519)
2003 Ed. (2400)
2002 Ed. (2206)
2001 Ed. (2341)
J. W. Stewart
2005 Ed. (2498)
2004 Ed. (2514)
2003 Ed. (2395)
2002 Ed. (2202)
2001 Ed. (2337)
J. W. Suominen
1995 Ed. (2789)
1992 Ed. (3272)
J. W. Tumbles, A Children's Gym
2008 Ed. (2913)
J. W. Yonce & Sons Farms Inc.
1998 Ed. (1776)
J. W. Zander GmbH & Co.
1994 Ed. (1352)
J. Waddington
1996 Ed. (1358)
J. Walter Thompson Co.
2005 Ed. (97, 101, 110, 116, 117)
2004 Ed. (103, 105, 112, 113, 117, 123, 124, 126, 130)
2003 Ed. (28, 29, 36, 37, 38, 39, 40, 42, 43, 54, 58, 59, 60, 76, 87, 91, 121, 134, 135, 136, 138, 139, 148, 149, 150, 155, 157, 164, 165, 166, 168, 171, 172, 179)
2002 Ed. (63, 65, 70, 71, 72, 73, 74, 76, 77, 87, 91, 92, 93, 101, 102, 111, 119, 124, 149, 150, 151, 166, 167, 168, 170, 181, 183, 186, 191, 197, 204, 205, 208)
2001 Ed. (97, 98, 99, 100, 101, 102, 103, 104, 115, 120, 121, 121, 122, 128, 129, 138, 146, 151, 154, 164, 179, 188, 195, 196, 197, 199, 202, 209, 210, 218, 220, 221, 222, 224, 231, 232, 239)
2000 Ed. (43, 44, 45, 46, 48, 49, 50, 51, 52, 53, 56, 60, 71, 77, 78, 79, 79, 86, 88, 110, 142, 172)
1999 Ed. (35, 36, 37, 38, 39, 40, 41, 44, 45, 46, 49, 51, 53, 54, 80, 82, 105, 124, 124, 147, 154)
1998 Ed. (30, 31, 32, 33, 34, 35, 36, 39, 40, 42, 43, 44, 46, 48, 49, 51, 52, 54, 56, 60, 597, 3493, 3494)
1997 Ed. (37, 38, 39, 40, 42, 44, 46, 47, 48, 49, 50, 53, 54, 59, 81, 85, 90, 92, 96, 102, 118, 132, 139, 141, 147, 152)
1996 Ed. (59, 100)
1995 Ed. (25, 26, 27, 28, 29, 30, 32, 34, 37, 38, 39, 40, 41, 42, 44, 55, 99, 99)
1994 Ed. (50, 51, 52, 53, 54, 55, 57, 59, 60, 65, 66, 67, 74, 89, 90, 92, 100, 102, 105, 109, 114, 115, 118, 122)
1993 Ed. (59, 62, 64, 66, 68, 69, 70, 71, 72, 75, 76, 78, 85, 86, 93, 97, 100, 101, 102, 105, 111, 117, 118, 128, 136, 137, 140, 141, 142)
1992 Ed. (187)
1991 Ed. (58, 59, 60, 64, 65, 67, 70, 72, 78, 82, 101, 102, 107, 111, 113, 127, 127, 143, 151, 156, 840)
1990 Ed. (58, 59, 60, 61, 62, 63, 64, 66, 68, 69, 72, 85, 86, 105, 109, 112, 148, 151, 156)
1989 Ed. (58, 80, 87, 98, 110, 119, 121, 136)
J. Walter Thompson Co. Argentina
1997 Ed. (58)
1996 Ed. (61)
1994 Ed. (69)
1993 Ed. (79)
1992 Ed. (119)
1991 Ed. (73)
1990 Ed. (76)
1989 Ed. (82)
J. Walter Thompson Asuncion
2000 Ed. (157)
1999 Ed. (140)
J. Walter Thompson Co. Australia
1997 Ed. (60)
1996 Ed. (62)
1994 Ed. (70)
J. Walter Thompson Bangkok
2000 Ed. (180)
1999 Ed. (162)
J. Walter Thompson Bogota
2000 Ed. (80)
1999 Ed. (74)
J. Walter Thompson Buenos Aires
2000 Ed. (59)
1999 Ed. (56)
J. Walter Thompson Caracas
2000 Ed. (189)
1999 Ed. (168)
J. Walter Thompson Chicago
1996 Ed. (115)
1995 Ed. (56)
J. Walter Thompson Co. Chile
1997 Ed. (71)
J. Walter Thompson Chilena
1996 Ed. (70)
1994 Ed. (77)
1993 Ed. (87)
1992 Ed. (134)
1991 Ed. (86)
1990 Ed. (88)
1989 Ed. (93)
J. Walter Thompson Co. China
1997 Ed. (72)
1996 Ed. (71)
1994 Ed. (78)
J. Walter Thompson CO.
2000 Ed. (47)
J. Walter Thompson Co. de Mexico
1997 Ed. (117)
1996 Ed. (114)
1994 Ed. (101)
1993 Ed. (119)
1992 Ed. (179)
1991 Ed. (126)
1990 Ed. (127)
1989 Ed. (134)
J. Walter Thompson de Venezuela
1994 Ed. (125)

1993 Ed. (145)
1992 Ed. (219)
1991 Ed. (160)
1990 Ed. (161)
1989 Ed. (172)
J. Walter Thompson Co. Detroit
1998 Ed. (53)
1996 Ed. (115)
J. Walter Thompson Frankfurt
2000 Ed. (97)
1999 Ed. (91)
J. Walter Thompson Group
2001 Ed. (233)
J. Walter Thompson Co. Ho Chi Minh City
1999 Ed. (169)
J. Walter Thompson Co. Hong Kong
1999 Ed. (98)
J. Walter Thompson International
1997 Ed. (125)
J. Walter Thompson International NZ
1996 Ed. (120)
J. Walter Thompson Italia
1996 Ed. (104)
1994 Ed. (97)
1993 Ed. (114)
1991 Ed. (116)
1990 Ed. (118)
1989 Ed. (124)
J. Walter Thompson Co. Italiana
1997 Ed. (106)
1992 Ed. (168)
J. Walter Thompson Co. Korea
1994 Ed. (99)
1993 Ed. (116)
J. Walter Thompson Co. Kuala Lumpur
1999 Ed. (122)
J. Walter Thompson Lima
2000 Ed. (158)
1999 Ed. (141)
J. Walter Thompson Lisbon
2000 Ed. (162)
1999 Ed. (145)
J. Walter Thompson London
2000 Ed. (99)
1999 Ed. (93)
J. Walter Thompson Madrid
2000 Ed. (174)
1999 Ed. (156)
J. Walter Thompson Manchester
2001 Ed. (236)
J. Walter Thompson Manila
2000 Ed. (160)
1999 Ed. (143)
J. Walter Thompson Co. Mexico
1999 Ed. (123)
J. Walter Thompson Mexico City
2000 Ed. (141)
J. Walter Thompson Milan
2000 Ed. (113)
1999 Ed. (108)
J. Walter Thompson New Zealand
1993 Ed. (123)
1991 Ed. (133)
J. Walter Thompson Co. Paraguay
1997 Ed. (130)
1996 Ed. (126)
J. Walter Thompson-Parintex
2003 Ed. (137)
2002 Ed. (169)
2001 Ed. (198)
2000 Ed. (161)
1999 Ed. (144)
1997 Ed. (133)
1996 Ed. (129)
J. Walter Thompson Co. Peruana
1997 Ed. (131)
1996 Ed. (127)
1992 Ed. (196)
1991 Ed. (141)
1990 Ed. (141)
1989 Ed. (150)
J. Walter Thompson Publicadade
1996 Ed. (68)
J. Walter Thompson Co. Publicidade
1997 Ed. (67, 134)
1996 Ed. (130)
1994 Ed. (73, 111)
1993 Ed. (84, 130)
1992 Ed. (200)
1991 Ed. (80, 144)
1990 Ed. (83, 144)
1989 Ed. (89, 153)
J. Walter Thompson S.A.
1996 Ed. (141)
1989 Ed. (162)
J. Walter Thompson Co. Santiago
1999 Ed. (72)
J. Walter Thompson Co. Sao Paulo
1999 Ed. (67)
J. Walter Thompson Co. Singapore
1999 Ed. (150)
1996 Ed. (135)
1993 Ed. (135)
1992 Ed. (204)
1991 Ed. (147)
J. Walter Thompson South Africa
1991 Ed. (148)
1989 Ed. (157)
J. Walter Thompson Co. Sydney
1999 Ed. (57)
J. Walter Thompson Taipei
2000 Ed. (178)
1999 Ed. (161)
J. Walter Thompson Co. Taiwan
1997 Ed. (151)
1996 Ed. (145)
1994 Ed. (121)
1991 Ed. (155)
J. Walter Thompson USA
2005 Ed. (113)
2004 Ed. (114)
2000 Ed. (42)
1998 Ed. (62)
1997 Ed. (56, 79)
1996 Ed. (79)
1995 Ed. (65)
1994 Ed. (68, 76, 83)
1992 Ed. (133, 141)
1991 Ed. (85, 92)
1990 Ed. (94)
J. Walter Thompson USA/Backer Spielvogel Bates
1990 Ed. (13)
J. Walter Thompson Co./West
1999 Ed. (170)
1998 Ed. (67)
1997 Ed. (159)
1996 Ed. (152)
1995 Ed. (138)
1994 Ed. (126)
1992 Ed. (220)
1991 Ed. (161)
1990 Ed. (162, 162)
1989 Ed. (173, 174)
J. Walter Thomspon
2004 Ed. (125)
J. Wayne Leonard
2008 Ed. (956)
2007 Ed. (1014, 1034)
2006 Ed. (924)
2005 Ed. (968)
J. William Gurley
1998 Ed. (1661)
1997 Ed. (1873)
J. Wood Group
2005 Ed. (3790)
J. Wray Connolly
1995 Ed. (1728)
J. Y. Legner Associates Inc.
2007 Ed. (3558, 3559)
2006 Ed. (3515)
J.A. Jones Inc.
2000 Ed. (1249)
JA-SIG Collaborative
2005 Ed. (2273)
Jaakko Poyry Group
2007 Ed. (2430, 2436)
2006 Ed. (2465, 2471)
2005 Ed. (2425, 2431)
2004 Ed. (2393, 2399)
2003 Ed. (2312, 2318)
2001 Ed. (2246)
2000 Ed. (1810, 1811, 1812, 1817, 1819, 1823)
1998 Ed. (1451)
1997 Ed. (1749, 1750, 1754, 1759)
1996 Ed. (1669, 1670, 1672, 1673, 1678)
1995 Ed. (1687, 1688, 1690, 1691, 1696)
1994 Ed. (1646, 1648, 1649, 1652)
Jaakko Poyry Group Oyj
2008 Ed. (2557, 2561, 2563, 2564)
Jaakko Poyry Oy
1993 Ed. (1615, 1616, 1617, 1620)
1991 Ed. (1558, 1559, 1562)
1990 Ed. (1671)
Jabber Inc.
2007 Ed. (3054)
2006 Ed. (3021)
Jabil Circuit Inc.
2008 Ed. (1730, 2473, 4540, 4610)
2007 Ed. (1551, 2284, 2336, 2337, 2344, 2348, 3081, 4348, 4516, 4701)
2006 Ed. (1151, 1227, 1229, 1230, 1231, 1232, 1498, 1523, 1707, 1710, 2349, 2391, 2394, 2401, 4280, 4283, 4583)
2005 Ed. (1108, 1159, 1278, 1634, 2336, 2339, 2356, 3047, 4340, 4344)
2004 Ed. (1104, 1706, 2235, 2238, 2239, 2241, 2259, 2260, 4398, 4401)
2003 Ed. (1124, 1677, 2247, 4376, 4378, 4379, 4380)
2002 Ed. (1134, 1226, 1227, 1524, 1562, 1770, 4256)
2001 Ed. (1458, 1459, 1460, 4215, 4449)
2000 Ed. (1245, 2397)
1999 Ed. (1352, 2117)
1998 Ed. (933)
1996 Ed. (1119)
1995 Ed. (1145, 1654)
1993 Ed. (1112)
Jablansky; Paul
1997 Ed. (1950)
Jaboneria/Favorita
1992 Ed. (47)
JABRA Corp.
2002 Ed. (2481)
Jaccs Co. Ltd.
1995 Ed. (1874)
1994 Ed. (1846)
1993 Ed. (1857)
1992 Ed. (2149)
1991 Ed. (1715)
1990 Ed. (1778)
Jack
2003 Ed. (717)
Jack and Dollie Galter
1994 Ed. (890)
Jack B. Henderson Construction Co.
2008 Ed. (1319, 1320)
2007 Ed. (1382, 1383)
Jack B. Kelley Inc.
2003 Ed. (4786)
1994 Ed. (3602)
Jack Bendat
2002 Ed. (872)
Jack Blackstock
2000 Ed. (2024)
Jack Bovender Jr.
2007 Ed. (982)
2006 Ed. (892)
2005 Ed. (969)
Jack; Bradley H.
2005 Ed. (2512)
The Jack Bull
2001 Ed. (4698)
Jack Cooper Transport Co.
2008 Ed. (4741, 4770)
2007 Ed. (4814, 4843)
2006 Ed. (4797, 4847, 4848)
2003 Ed. (4787)
2002 Ed. (4689)
1993 Ed. (3638)
Jack Crawford Taylor
2008 Ed. (4832)
2007 Ed. (4903)
2006 Ed. (4908)
2005 Ed. (4854)
Jack Daniel
1990 Ed. (2445)
Jack Daniel Black Label
1991 Ed. (2315, 2316, 2317, 2320)
1990 Ed. (2451, 2458)
Jack Daniel's
2008 Ed. (241, 242, 243)
2007 Ed. (262)
2006 Ed. (252, 254, 255)
2005 Ed. (235)
2004 Ed. (229, 3279, 3284, 4892, 4908)
2003 Ed. (263, 3225, 3226, 3230, 4902, 4919)
2002 Ed. (286, 3107, 3130, 3131, 3134, 3156, 3158, 3159, 3160, 3161, 3162, 3164, 3166)
2001 Ed. (355, 3132, 3134, 3135, 3138, 3139, 3140, 3141, 3142, 3143, 3144, 3145, 3146, 3147, 4803, 4804, 4805, 4806)
2000 Ed. (2969, 2973, 2974, 2975, 2976, 2977, 2978, 2979, 2980)
1999 Ed. (3240, 3241, 3242, 3243, 3244, 3245, 3246, 3247, 3249)
1997 Ed. (2668)
1995 Ed. (2454)
1992 Ed. (2874)
1991 Ed. (2313)
1989 Ed. (748, 751, 752, 1895)
Jack Daniel's Black
2002 Ed. (278, 279, 3150, 3172, 3173, 3174, 3175, 3178)
2000 Ed. (2946, 2948, 2949, 2967, 2970)
1999 Ed. (3206, 3208, 3228, 3229, 3231, 3233, 3235, 3236, 3237, 3238)
1998 Ed. (2376, 2377, 2387, 2388, 2389, 2390, 2393, 2394, 2395, 2396, 2397)
1997 Ed. (2646, 2658, 2659, 2660, 2661, 2663)
1996 Ed. (2505, 2519, 2520, 2521, 2522, 2524)
1995 Ed. (2455, 2456, 2470, 2471, 2472, 2474)
1994 Ed. (2374, 2375, 2389, 2390, 2391, 2393)
1993 Ed. (2433, 2436, 2445, 2446, 2447, 2448, 2449, 2450)
1992 Ed. (2867, 2868, 2869, 2872, 2883, 2885)
Jack Daniel's Black/Green
2001 Ed. (3115, 3118, 4788)
Jack Daniels Black Label
1991 Ed. (727)
Jack Daniels Brewing Co.
1998 Ed. (2487)
Jack Daniel's Country
2002 Ed. (286)
Jack Daniel's Country Cocktail
2000 Ed. (2971)
Jack Daniel's Country Cocktails
2006 Ed. (4958)
2005 Ed. (4925)
2004 Ed. (1034, 3285, 4945)
2003 Ed. (4942)
2002 Ed. (3104, 3157, 4908)
2001 Ed. (3136, 4835)
2000 Ed. (4390)
1999 Ed. (3207, 3234, 4763)
1998 Ed. (2391, 3715)
1997 Ed. (2663, 3884)
1996 Ed. (2522, 2523, 3833)
1995 Ed. (3734)
1994 Ed. (2392)
Jack Daniel's Country Cooler
2000 Ed. (2947)
Jack Daniels Motors
1996 Ed. (264)
1995 Ed. (260)
1994 Ed. (261)
1993 Ed. (292)
1992 Ed. (407)
1991 Ed. (292, 302)
1990 Ed. (315, 335)
Jack Daniel's Single Barrel
2004 Ed. (4908)
2003 Ed. (4919)
2001 Ed. (4803, 4804)
Jack Eckerd Corp.
1995 Ed. (1003)
1993 Ed. (964, 1527, 1528, 3255)
1991 Ed. (954, 955, 1463)
1990 Ed. (1029, 1030)
1989 Ed. (1266, 1267)
Jack F. Reichert
1991 Ed. (1628)
Jack G. Clarke
1989 Ed. (1376)

Jack Geraghty
1991 Ed. (1678)
Jack Grubman
2002 Ed. (2258)
2000 Ed. (2056)
1998 Ed. (1679)
1997 Ed. (1900)
1996 Ed. (1826, 1904)
1995 Ed. (1848)
1994 Ed. (1810)
1993 Ed. (1827)
1991 Ed. (1684)
Jack Hall
1996 Ed. (2989)
1995 Ed. (1726)
Jack Hammontree
1991 Ed. (3211)
Jack Henry
1990 Ed. (535)
Jack Henry & Associates Inc.
2006 Ed. (1126)
2004 Ed. (2124)
2003 Ed. (2646)
Jack Homestead
1990 Ed. (2285)
1989 Ed. (1753)
Jack Horner Communications
2004 Ed. (4023)
2003 Ed. (4013)
Jack in the Box
2008 Ed. (2660, 2665, 2675, 2676, 3066, 3074, 3439, 3440, 4142, 4145, 4156, 4171, 4191)
2007 Ed. (2537, 2630)
2006 Ed. (266, 2557, 2566, 2649, 2652)
2005 Ed. (2550, 2562, 2658, 2666, 4046, 4054, 4171, 4172, 4174, 4175)
2004 Ed. (2581, 2582, 2632, 2664, 2667, 4107, 4108, 4129)
2003 Ed. (2438, 2453, 2497, 2525, 2532, 2534, 4105, 4221, 4223, 4224, 4225, 4226)
2002 Ed. (2236, 2238, 2239, 2243, 2294, 3993)
2001 Ed. (2402, 2403, 2408)
2000 Ed. (2413, 2414, 3778)
1999 Ed. (2633)
1998 Ed. (1898)
1997 Ed. (2172, 2173)
1996 Ed. (2072, 2073)
1995 Ed. (2074, 2075, 2076)
1994 Ed. (2022, 2023)
1993 Ed. (2012)
1992 Ed. (2372, 2373, 2121, 4229)
1991 Ed. (1884)
1990 Ed. (1982, 1983)
Jack Kelly
2000 Ed. (2024, 2035)
1999 Ed. (2242, 2254)
1998 Ed. (1653)
1997 Ed. (1909)
1996 Ed. (1836)
1995 Ed. (1859)
1994 Ed. (1817)
1993 Ed. (1837, 3642)
1991 Ed. (1693, 1709)
Jack Kirnan
1999 Ed. (2210)
1998 Ed. (1627)
1997 Ed. (1852)
1996 Ed. (1777)
Jack Krinan
2000 Ed. (1982)
Jack Link's
2008 Ed. (4447)
2002 Ed. (2009, 2010)
2001 Ed. (3234)
1998 Ed. (3324)
Jack M. Greenberg
2004 Ed. (2487, 2491, 2530, 2531, 2532)
Jack M. Greenburg
2002 Ed. (1040)
Jack Malvey
2000 Ed. (1954, 1959)
1999 Ed. (2276)
1998 Ed. (1565, 1610)
Jack McGrory
1993 Ed. (2638)
Jack Miller Chrysler-Plymouth
1993 Ed. (297)
Jack Modzelewski
2000 Ed. (1980, 2024)
1997 Ed. (1909)
1996 Ed. (1836)
Jack Morton Worldwide
2008 Ed. (3600)
2007 Ed. (3433)
2006 Ed. (3415)
2005 Ed. (3406)
2002 Ed. (1955, 1956)
Jack Moseley
1992 Ed. (2713)
Jack Nadel Inc.
2008 Ed. (4380)
2006 Ed. (4347)
Jack Nicklaus
2008 Ed. (2827)
1999 Ed. (2607)
1998 Ed. (197)
1997 Ed. (278)
1996 Ed. (250)
Jack O. Bovender Jr.
1994 Ed. (1715)
Jack O. Peiffer
1994 Ed. (1712)
Jack Parker
1990 Ed. (2577)
Jack Petchey
2007 Ed. (4928)
Jack Poust
2005 Ed. (4975)
2004 Ed. (4974)
Jack R. Dodge
1995 Ed. (2486)
1992 Ed. (2906)
1991 Ed. (2345)
Jack Rowe
2006 Ed. (2515)
Jack Salzman
1996 Ed. (1787, 1797)
1995 Ed. (1813, 1824)
1994 Ed. (1772, 1785)
1993 Ed. (1789, 1802)
1991 Ed. (1683, 1701, 1707)
Jack Scott
1989 Ed. (2944)
Jack Slevin
1998 Ed. (1516)
Jack Sweeney
2008 Ed. (369)
2007 Ed. (384)
Jack Taylor
2004 Ed. (4869)
2003 Ed. (4885)
Jack Thompson Oldsmobile
1996 Ed. (282)
1995 Ed. (282)
Jack Utsick Presents
2007 Ed. (1266)
2006 Ed. (1152)
2003 Ed. (1126)
2001 Ed. (3917)
Jack Valenti
1999 Ed. (3254)
Jack Valvey
1999 Ed. (2193)
Jack Welch
2006 Ed. (1450, 3262)
2004 Ed. (2414)
2003 Ed. (787, 2334)
2002 Ed. (1042)
2000 Ed. (796, 1044)
1990 Ed. (971)
Jack White
2000 Ed. (1682)
1999 Ed. (1867, 4476)
Jack White Value Advantage Plus Alliance Premier Gr
2000 Ed. (4337)
Jack White Value Advantage Plus Safeco Growth
2000 Ed. (4335)
The Jackal
2001 Ed. (2125)
Jackbe
2008 Ed. (1154)
"Jackie Collins' Lucky/Chances"
1993 Ed. (3537)
Jackie Cooper Public Relations
2002 Ed. (3869)
2000 Ed. (3650)
1999 Ed. (3933)
Jackie Kevill
2004 Ed. (4986)
Jackie Mason, Dennis Blair
1991 Ed. (1042)
Jackman; Henry
2005 Ed. (4865)
Jackman; Worthing
2007 Ed. (1057)
Jack's
2003 Ed. (2559)
1998 Ed. (1769, 3447)
1995 Ed. (1945, 2951)
1994 Ed. (2886)
Jackson; Alan
1997 Ed. (1113)
1996 Ed. (1094)
1994 Ed. (1100)
1993 Ed. (1079)
Jackson & Coker
1990 Ed. (1710)
Jackson & Sons Construction; W
1994 Ed. (1153)
1993 Ed. (1132)
Jackson & Sons; W.
1992 Ed. (1419)
1991 Ed. (1086)
Jackson & Walker
1993 Ed. (2396)
Jackson; Bo
1995 Ed. (250, 1671)
Jackson Citizen Patriot
1992 Ed. (3245)
1991 Ed. (2608)
1990 Ed. (2695, 2699)
1989 Ed. (2053)
Jackson City Patriot
1991 Ed. (2599)
The Jackson Cos.
2008 Ed. (2073)
1997 Ed. (2099, 2100)
1995 Ed. (1952)
Jackson Cosmetics; Victoria
1997 Ed. (2390)
Jackson County, MO
1996 Ed. (2538)
Jackson-Cross Co.
1999 Ed. (3995, 4013)
1998 Ed. (3000, 3020)
1992 Ed. (3615)
1991 Ed. (2806, 2807)
1990 Ed. (2955)
1989 Ed. (2285)
Jackson-Cross Co - Oncor International
2000 Ed. (3715)
Jackson; Darren
2007 Ed. (1060)
2006 Ed. (963)
Jackson Family Wines
2008 Ed. (4935)
Jackson Federal Bank
2006 Ed. (4231)
Jackson Hewitt Inc.
2005 Ed. (2)
2004 Ed. (3)
Jackson Hewitt Tax Service Inc.
2008 Ed. (1, 872, 874, 877, 4592)
2007 Ed. (2, 895, 898, 902, 4681)
2006 Ed. (1, 3, 808, 811, 814, 4662)
2005 Ed. (895, 899, 4596)
2004 Ed. (905, 908, 4653)
2003 Ed. (2, 881, 885, 4674)
2002 Ed. (2, 4549)
2001 Ed. (2529, 2531)
2000 Ed. (2267, 2270)
1999 Ed. (2509, 3674)
1998 Ed. (1759)
1992 Ed. (2221)
1991 Ed. (1771)
Jackson-Jackson & Associates Inc.
2005 Ed. (262)
Jackson; Janet
1992 Ed. (1348)
Jackson; Jess
2008 Ed. (4827)
2007 Ed. (4900)
Jackson; Jess Stonestreet
2006 Ed. (4903)
2005 Ed. (4857)
Jackson; Jesse
1990 Ed. (2504)
Jackson; Kate
1997 Ed. (1726)
Jackson Kelly
2001 Ed. (945)
Jackson Laboratory
2008 Ed. (1896)
2003 Ed. (1749)
Jackson; LaToya
1991 Ed. (844)
Jackson; Mark
2006 Ed. (982)
Jackson; Maynard
1993 Ed. (2513)
1992 Ed. (2987)
Jackson Memorial Hospital
2002 Ed. (2621)
2000 Ed. (2528)
1998 Ed. (1990)
Jackson Memorial Hospsital
1999 Ed. (2748)
Jackson, MI
2008 Ed. (2491)
2005 Ed. (2977)
1994 Ed. (974, 2496)
1992 Ed. (2541, 3034)
Jackson; Michael
1997 Ed. (1777)
1995 Ed. (1119)
1994 Ed. (1667)
1993 Ed. (1633)
1992 Ed. (1982)
1991 Ed. (1578)
1990 Ed. (1672)
1989 Ed. (1347)
Jackson; Mike
2008 Ed. (952, 2271, 2638)
2007 Ed. (1030)
Jackson, MS
2006 Ed. (3974)
2005 Ed. (2974)
2002 Ed. (407)
2000 Ed. (1092, 2995)
1997 Ed. (3525)
1995 Ed. (331, 875, 2807)
1994 Ed. (952)
1993 Ed. (2115)
1992 Ed. (1163)
1990 Ed. (1467)
Jackson National Life Insurance Co.
2008 Ed. (3299)
2007 Ed. (3149)
2002 Ed. (2921, 2926)
2001 Ed. (2938)
2000 Ed. (2700)
1999 Ed. (2949)
1998 Ed. (170, 2173, 2179, 2194)
1997 Ed. (2446)
1996 Ed. (224, 2311, 2313)
1995 Ed. (222, 2297, 3350)
1994 Ed. (223, 2257, 2260, 3269)
1993 Ed. (2204, 2226, 2380, 3279)
1992 Ed. (337, 2658, 2669)
1991 Ed. (245, 2101)
Jackson; Peter
2008 Ed. (2582)
Jackson Securities Inc.
2005 Ed. (178)
2004 Ed. (177)
2003 Ed. (219)
2002 Ed. (718)
2000 Ed. (745)
1999 Ed. (732)
1998 Ed. (471)
Jackson Securities LLC
2008 Ed. (185)
2007 Ed. (198)
2006 Ed. (192)
Jackson Spalding
2005 Ed. (3959)
2004 Ed. (3999)
2000 Ed. (3643)
Jackson Spalding Ledlie
1999 Ed. (3926)
1998 Ed. (2941)
1997 Ed. (3188)
Jackson (Tenn) Health & Ed.
1990 Ed. (2646)
Jackson, TN
2008 Ed. (3481)
2003 Ed. (2699)
2002 Ed. (2459)
2000 Ed. (3769)

1998 Ed. (2484)
1997 Ed. (3305)
1996 Ed. (977)
Jackson USDA Credit Union
2002 Ed. (1874)
Jackson VA Federal Credit Union
2005 Ed. (2110)
2004 Ed. (1968)
2003 Ed. (1928)
2002 Ed. (1874)
Jacksonville-Brunswick, FL
2003 Ed. (872)
Jacksonville Chamber
2000 Ed. (1004)
1999 Ed. (1057)
Jacksonville Chamber of Commerce
2002 Ed. (958)
1998 Ed. (670)
Jacksonville Electric Authority
2000 Ed. (3675)
1999 Ed. (3965)
1998 Ed. (1377, 1382, 1383, 2965)
1996 Ed. (1610, 1611)
1995 Ed. (1634, 1636)
1994 Ed. (1591, 1592)
1993 Ed. (1554, 1556)
Jacksonville Electric Authority, FL
2000 Ed. (1727)
Jacksonville, FL
2008 Ed. (977)
2007 Ed. (2997, 3004, 3374, 3386, 3388)
2006 Ed. (2973, 3299, 3309, 3742, 4050, 4189)
2005 Ed. (2385, 3321, 3323, 3642, 3644, 3645, 4143, 4834)
2004 Ed. (1162, 2720, 3303, 3523, 3736)
2003 Ed. (3246, 3260, 3262)
2002 Ed. (373, 927, 2393, 2442, 2633, 2743, 3726)
2001 Ed. (2834, 4021, 4024)
2000 Ed. (1067, 1073, 1078)
1999 Ed. (1159, 3367)
1998 Ed. (143, 176, 733)
1997 Ed. (2338, 2765)
1996 Ed. (973)
1995 Ed. (989, 2667)
1994 Ed. (972, 2585)
1992 Ed. (1162, 2913, 3140, 4190)
1990 Ed. (2884)
Jacksonville, FL, Electric Authority
1992 Ed. (1893, 1894, 1895)
1991 Ed. (1486, 1494, 1496)
Jacksonville, Fla., Electric Authority
1990 Ed. (1595, 1597)
Jacksonville International Airport
2002 Ed. (275)
2000 Ed. (273)
1999 Ed. (248)
1998 Ed. (145)
Jacksonville International Tradeport
1997 Ed. (2374)
Jacksonville Jaguars
2001 Ed. (4346)
1998 Ed. (1749)
Jacksonville Naval Air Station
1993 Ed. (2884)
Jacksonville, NC
2008 Ed. (3468)
2002 Ed. (2118)
2000 Ed. (1076, 4365)
1994 Ed. (2245)
1993 Ed. (2555)
Jacksonville State University
1990 Ed. (1084)
Jacksonville University
2002 Ed. (867)
Jaclyn Smith
2000 Ed. (1116)
1999 Ed. (1195, 1196)
1998 Ed. (765, 766)
1997 Ed. (1026, 1027, 1726)
1996 Ed. (1019)
1995 Ed. (1035)
1994 Ed. (1014, 1026)
1993 Ed. (987, 994)
1992 Ed. (1210)
1989 Ed. (945)
Jaco Electronics Inc.
2008 Ed. (2466, 2467)
2005 Ed. (2345, 2347, 2348, 2351)
2004 Ed. (2248, 2251, 4546)
2002 Ed. (1501, 2086, 2088, 2092, 2093)
2001 Ed. (2202, 2205, 2206, 2208)
2000 Ed. (3000)
1998 Ed. (1410, 1416)
1996 Ed. (1634)
Jacob Bonscha
1999 Ed. (2418)
Jacob Internet
2006 Ed. (3639)
Jacob Internet Fund
2006 Ed. (3608, 3612)
Jacob Javits Convention Center, New York City
1991 Ed. (1104)
Jacob K. Javits Convention Center
1992 Ed. (1442, 3013)
Jacob Leinenkugel
1990 Ed. (752)
1989 Ed. (757)
Jacob Leinenkugel Brewing Co.
1998 Ed. (2491)
Jacob; Richard J.
1989 Ed. (1377)
Jacob Suchard
1992 Ed. (1046)
Jacobo Llanza
1996 Ed. (1905)
Jacoboski; Bryan
1995 Ed. (1834, 1836)
1994 Ed. (1796, 1798)
1993 Ed. (1813, 1815)
1991 Ed. (1697, 1708)
1990 Ed. (1768, 1769)
1989 Ed. (1419)
Jacobs
2008 Ed. (1035)
2007 Ed. (1154)
2005 Ed. (3160, 3162, 3165, 3169, 3170)
1993 Ed. (1879)
Jacobs & Associates Inc.; Thomas L.
1990 Ed. (1650)
Jacobs & Prosek Public Relations
2005 Ed. (3962)
2004 Ed. (4006)
2003 Ed. (4000)
2002 Ed. (3814)
Jacobs Asset Management
2000 Ed. (2819)
1999 Ed. (3087, 3091)
1998 Ed. (2291)
Jacob's Creek
2005 Ed. (4964)
2002 Ed. (4975)
2001 Ed. (359, 4911)
Jacobs Engineering
1996 Ed. (1108)
1995 Ed. (1127)
Jacobs Engineering Canada
2008 Ed. (1184)
2007 Ed. (1284)
Jacobs Engineering Group Inc.
2008 Ed. (1163, 1169, 1171, 1175, 1177, 1178, 1188, 1193, 1194, 1206, 1224, 1226, 1229, 1230, 1231, 1232, 1233, 1237, 1240, 1247, 1282, 1299, 1352, 1360, 2285, 2531, 2533, 2534, 2538, 2540, 2542, 2543, 2544, 2545, 2548, 2549, 2550, 2553, 2556, 2557, 2562, 2566, 2568, 2569, 2570, 2600, 2880, 2915, 3340, 3342)
2007 Ed. (1275, 1277, 1278, 1295, 1296, 1316, 1342, 1343, 1344, 1345, 1346, 1403, 1404, 2399, 2411, 2412, 2413, 2415, 2416, 2417, 2418, 2421, 2422, 2423, 2426, 2429, 2430, 2431, 2435, 2439, 2441, 2442, 2443, 2471, 3200)
2006 Ed. (1163, 1165, 1166, 1167, 1169, 1187, 1188, 1209, 1239, 1244, 1245, 1247, 1248, 1268, 1270, 1271, 1272, 1301, 1313, 1314, 1354, 2246, 2450, 2458, 2459, 2461, 2464, 2465, 2466, 2468, 2470, 2476, 2477, 2502, 2792, 3162, 3165, 3166, 3172, 3173)
2005 Ed. (1167, 1169, 1170, 1171, 1173, 1217, 1218, 1250, 1279, 1299, 1301, 1303, 1328, 1334, 2150, 2415, 2416, 2417, 2418, 2419, 2420, 2424, 2425, 2426, 2427, 2428, 2430, 2436, 2437)
2004 Ed. (1137, 1144, 1148, 1149, 1191, 1192, 1248, 1249, 1253, 1254, 1264, 1266, 1270, 1276, 1278, 1279, 1280, 1281, 1282, 1286, 1287, 1322, 1329, 1330, 2323, 2324, 2325, 2326, 2329, 2330, 2331, 2332, 2335, 2339, 2343, 2345, 2346, 2347, 2349, 2352, 2354, 2356, 2362, 2363, 2364, 2365, 2369, 2370, 2374, 2375, 2381, 2382, 2385, 2386, 2389, 2392, 2393, 2396, 2397, 2398, 2404, 2432, 2437, 2439, 2441, 2442)
2003 Ed. (1135, 1140, 1145, 1146, 1186, 1187, 1245, 1251, 1252, 1261, 1263, 1267, 1273, 1275, 1276, 1277, 1278, 1283, 1284, 1299, 1330, 2289, 2291, 2292, 2293, 2294, 2295, 2296, 2297, 2298, 2300, 2302, 2304, 2307, 2308, 2312, 2313, 2315, 2316, 2317, 2323)
2002 Ed. (331, 1175, 1176, 1214, 1229, 1238, 1239, 1249, 1252, 1257, 1264, 1266, 1267, 1268, 1269, 1270, 1275, 1316, 2130, 2132, 2133, 2137, 2139, 2152)
2001 Ed. (1204, 1395, 1403, 1404, 1407, 1408)
2000 Ed. (1196, 1794, 1861)
1999 Ed. (1313, 1315, 1399, 2018, 2034, 2060)
1998 Ed. (881, 884, 934, 935, 937, 938, 939, 942, 966, 973, 1435, 1436, 1438, 1439, 1447, 1449, 1451, 1456, 1479, 1480, 1483, 1485, 1487, 1488, 1490, 1492)
1997 Ed. (1129, 1136, 1137, 1138, 1150, 1152, 1153, 1156, 1157, 1158, 1194, 1197, 1732, 1733, 1734, 1737, 1756, 1763, 1782)
1996 Ed. (1121, 1123, 1124, 1125, 1128, 1129, 1154, 1165, 1655, 1656, 1659, 1675, 1678)
1995 Ed. (1139, 1148, 1149, 1150, 1151, 1152, 1154, 1155, 1187, 1193, 1672, 1673, 1676, 1679, 1693, 1718)
1994 Ed. (1108, 1110, 1124, 1130, 1131, 1132, 1133, 1134, 1137, 1167, 1172, 1174, 1633, 1635, 1637, 2892)
1993 Ed. (1084, 1087, 1100, 1114, 1115, 1116, 1117, 1118, 1121, 1151, 1605, 3462, 3466)
1992 Ed. (1355, 1359, 1401, 1402, 1403, 1405, 1408, 3480, 4145)
1991 Ed. (1069, 1073)
Jacobs Facilities
2002 Ed. (1213)
Jacobs Family Card
2004 Ed. (1812)
2002 Ed. (1737)
Jacobs Field
2005 Ed. (4438)
Jacobs Group; The Richard & David
1995 Ed. (3372)
1994 Ed. (3021, 3296, 3301)
1993 Ed. (3303, 3310, 3316)
Jacobs Group; The Richard E.
1997 Ed. (3514)
1996 Ed. (3430)
Jacobs; Irwin
2005 Ed. (972)
1992 Ed. (2143)
1991 Ed. (2265)
Jacobs; Irwin M.
2006 Ed. (935, 2524)
2005 Ed. (983, 2489)
Jacobs; Irwin Mark
2007 Ed. (2502)
2005 Ed. (2476)
Jacobs Inc.; Jay
1996 Ed. (384)
Jacobs Levy
2002 Ed. (3013)
1996 Ed. (2395)
Jacobs Levy Equity
2003 Ed. (3080)
1993 Ed. (2318, 2322)
Jacobs Levy Equity Management
2005 Ed. (3583)
1997 Ed. (2525)
1992 Ed. (2763)
Jacobs; Paul E.
2008 Ed. (954)
2007 Ed. (2502)
Jacobs Ranch
2002 Ed. (3365)
Jacobs Ranch, WY
2000 Ed. (1126)
Jacobs-Sigel-Triad Member of Jacobs Engineering Group Inc.
1996 Ed. (1682)
Jacobs Suchard Inc.
2003 Ed. (964)
1997 Ed. (1270)
1992 Ed. (1458, 1459, 1461, 1483, 1495, 1694)
1991 Ed. (16, 23, 1352, 1747, 3517, 3518)
1990 Ed. (22, 28, 891, 1423, 1829, 3478)
1989 Ed. (15)
Jacobs Suchard AG
1996 Ed. (1224)
1995 Ed. (1243, 1255)
1994 Ed. (1236)
1993 Ed. (1208, 1879)
1990 Ed. (3714)
Jacobs Suchard Group
1990 Ed. (1831)
Jacobs Suchard Inh
1989 Ed. (1459)
Jacobs Suchard Management & Consulting AG
1994 Ed. (3247)
Jacobs Suchard-Pavlides Chocolate Ind S.A.
2000 Ed. (1418)
Jacobs Sverdrup
2001 Ed. (1463, 1464, 1466, 2237, 2238, 2239, 2241, 2244, 2245, 2290, 2295, 2298)
2000 Ed. (1239, 1240, 1246, 1250, 1252, 1796, 1797, 1799, 1803)
Jacobs, Visconsi & Jacobs Co.
1992 Ed. (3958, 3965, 3966)
1991 Ed. (3117, 3118, 3124)
1990 Ed. (3283, 3288)
1989 Ed. (2490, 2491)
Jacobs Well
2001 Ed. (4805)
1999 Ed. (3235, 3236, 3238)
Jacobsen Construction Co.
2008 Ed. (1341, 1344)
2004 Ed. (1288)
2003 Ed. (1285)
2002 Ed. (1255)
Jacobsen Homes
2007 Ed. (3409)
Jacobs;Irwin
1990 Ed. (1773)
Jacobson, Goldfarb & Tanzman Co., LLC
2002 Ed. (3914)
1999 Ed. (3993)
Jacobson-Westergard & Associates Inc.
2008 Ed. (4394)
Jacobsons
2004 Ed. (2054)
2003 Ed. (2008)
1991 Ed. (1968)
Jacoby & Meyers
1989 Ed. (1889)
Jacor
2000 Ed. (3694)
Jacor Broadcasting of Colorado Inc.
2007 Ed. (1669)
2006 Ed. (1661)
Jacor Communications
2001 Ed. (1542, 1545)
2000 Ed. (3693)
1999 Ed. (3978, 3980)
1998 Ed. (2981, 2982)
1997 Ed. (3237, 3238)

1991 Ed. (2795)
Jacqueline Mars
2008 Ed. (4827)
2007 Ed. (4898)
2006 Ed. (4903)
2005 Ed. (4848)
2004 Ed. (4862)
2003 Ed. (4880)
2002 Ed. (3353)
Jacqueline Mars Vogel
1995 Ed. (2580)
1994 Ed. (708)
1993 Ed. (699)
1992 Ed. (890, 3079)
1991 Ed. (710, 2462, 3477)
1990 Ed. (731, 2578, 3688)
1989 Ed. (1989)
Jacques Bonet
1999 Ed. (796)
1989 Ed. (868)
Jacques Cardin
2004 Ed. (771)
2002 Ed. (297)
Jacques Chirac
2005 Ed. (4879)
Jacques Dessange
2001 Ed. (2641, 2643, 2644, 2645, 2646, 2647)
Jacques-Franck Dossin
2000 Ed. (2085)
Jacques Lamarre
2004 Ed. (971, 1667)
Jacques Nasser
2000 Ed. (1885)
Jacques Villeneuve
2004 Ed. (260)
2003 Ed. (294)
Jacques Whitford Ltd.
2008 Ed. (1102, 4320)
Jacqui MacNeill
2004 Ed. (4986)
Jacquin
1996 Ed. (3805, 3806)
1993 Ed. (3056, 3679)
1992 Ed. (3748, 4409, 4410)
1991 Ed. (3464)
1990 Ed. (2443)
1989 Ed. (2898)
Jacquin; Charles
1991 Ed. (2905)
Jacquin Cordials
2004 Ed. (3261)
2003 Ed. (3218)
2002 Ed. (288, 3085)
2001 Ed. (3100)
2000 Ed. (2937)
1999 Ed. (3194)
Jacquin et Cie. Inc.; Charles
2005 Ed. (4975)
Jacquin Line
1991 Ed. (2312)
Jacquin Royal
2002 Ed. (288)
Jacuzzi Brands Inc.
2007 Ed. (778)
2006 Ed. (677, 680, 2875, 2876)
2005 Ed. (2871, 2872)
Jade
2001 Ed. (1921, 1922, 1923, 1924)
1998 Ed. (3676)
Jade Systems
2000 Ed. (1098, 4043)
Jademan Holdings
1995 Ed. (2126)
Jadot; Louis
1997 Ed. (3907)
Jadran-McCann-Erickson
1992 Ed. (221)
Jadran-Turist
1997 Ed. (3928)
Jadranska Banka
1999 Ed. (498)
1997 Ed. (444)
JAE
2005 Ed. (2279)
1997 Ed. (1683)
JAE Electronics, Inc.
2001 Ed. (2137)
Jaeger Inc.
2004 Ed. (1788)
Jaegers; Donna
2008 Ed. (2692)
Jaeil Investment & Finance Corp.
1994 Ed. (1846)
Jaffe, Raiti, Heuer & Weiss
1994 Ed. (2353)
Jaffe, Raitt, Heuer & Weiss
1999 Ed. (3149)
1996 Ed. (2453)
1995 Ed. (2417)
1993 Ed. (2397)
Jaffe, Raitt, Heuer & Weiss PC
2008 Ed. (3423)
2005 Ed. (3264)
2004 Ed. (3234)
Jaffe, Raitt, Heuer &Weiss
1998 Ed. (2328)
Jaffe, Snider, Raitt & Heuer
1992 Ed. (2834)
1991 Ed. (2285)
Jaffe's
1991 Ed. (2633)
Jaffray; Dr. David A.
2005 Ed. (2473)
Jafra Cosmetics
2008 Ed. (4263)
2007 Ed. (4232)
JAG
2004 Ed. (3883)
Jagdeep Singh
2005 Ed. (2453)
Jagermeister
2004 Ed. (3269, 3274)
2003 Ed. (3219)
2002 Ed. (297, 3086)
2001 Ed. (3110)
1998 Ed. (2364)
1997 Ed. (2636)
1996 Ed. (2494, 2503)
1995 Ed. (2448)
1994 Ed. (2369)
1993 Ed. (2425, 2431)
Jagged Little Pill
1998 Ed. (3025)
Jagged Peak
2003 Ed. (2715)
Jagger; Sir Mick
2007 Ed. (4932)
2005 Ed. (4894)
Jagoda Associates; Don
1990 Ed. (3078, 3087)
Jaguar
2008 Ed. (705)
2007 Ed. (735)
2006 Ed. (357, 362)
2005 Ed. (283, 343, 352)
2004 Ed. (343)
2003 Ed. (358, 361)
2002 Ed. (417)
2001 Ed. (438, 1010)
2000 Ed. (337, 338)
1999 Ed. (338, 360)
1998 Ed. (225)
1997 Ed. (292)
1995 Ed. (2095)
1994 Ed. (320)
1993 Ed. (304, 333)
1992 Ed. (1458, 3319)
1989 Ed. (345)
Jaguar Advanced Graphics
1999 Ed. (4338)
Jaguar Cars Inc.
1993 Ed. (1729)
The Jaguar Collection
1996 Ed. (275)
1995 Ed. (276)
1994 Ed. (272)
1993 Ed. (273)
1992 Ed. (387)
1991 Ed. (282)
1990 Ed. (329)
Jaguar Daimler
1996 Ed. (324)
Jaguar Fund
1996 Ed. (2098)
Jaguar Mining
2007 Ed. (1624)
Jaguar of Novi
2005 Ed. (169)
Jaguar of Troy
1996 Ed. (275)
Jaguar plc
2005 Ed. (1495)
2004 Ed. (1479)
2003 Ed. (1449)
2002 Ed. (1429)
1991 Ed. (318, 1168, 1183, 2651, 2657, 2658, 3233)
1990 Ed. (2754, 3459)
Jaguar S-Type
2004 Ed. (344)
Jaguar Thousand Oaks
1996 Ed. (275)
Jaguar X-Type
2004 Ed. (345)
Jaguar XJS
1993 Ed. (328)
Jaguar XK8XJS
2001 Ed. (493)
Jahn GmbH
2008 Ed. (3658)
Jai alai
1995 Ed. (1968)
Jaime Uribe & Acociados
1989 Ed. (94)
Jaime Uribe & Asociados
2003 Ed. (60)
2002 Ed. (93)
2001 Ed. (122)
2000 Ed. (80)
1996 Ed. (73)
1991 Ed. (88)
1990 Ed. (90)
Jaime Zobel de Ayala
2008 Ed. (4849)
2006 Ed. (4921)
Jaine Mehring
1999 Ed. (2265)
1998 Ed. (1673)
1997 Ed. (1862)
Jaiprakash Industries Ltd.
1997 Ed. (686)
1996 Ed. (755)
Jaipur Homme by Boucheron
2008 Ed. (2768)
Jaisons Intl. Associates
1991 Ed. (108)
Jajah
2007 Ed. (1225)
Jaka Investments Corp.
1999 Ed. (1570)
1997 Ed. (1358)
1992 Ed. (3024)
1990 Ed. (2316)
1989 Ed. (1782)
Jakarta
2000 Ed. (3376)
1990 Ed. (1011)
Jakarta, Indonesia
1995 Ed. (991)
1989 Ed. (2245)
Jakarta International Hotel
1999 Ed. (1579, 4494)
1997 Ed. (2581)
1994 Ed. (2337)
1991 Ed. (1303, 2012, 2013)
1989 Ed. (1127)
Jakarta International Hotel & Development
1996 Ed. (2435)
Jakarta International Hotels
1996 Ed. (1381)
Jakarta Int'l Hotel
1990 Ed. (1381)
Jakarta Stock Price Index
2008 Ed. (4502)
Jake Foley
1998 Ed. (1580)
Jakc Garn
1992 Ed. (1038)
Jake Investments Corp.
1991 Ed. (2414)
Jake Plummer
2003 Ed. (297)
Jake Sutherlin Nissan Inc.
1994 Ed. (278)
Jake's Hip & Thigh Machine
1997 Ed. (2390)
Jake's Over The Top
2007 Ed. (2541)
Jakks Pacific
2002 Ed. (1551)
2001 Ed. (1577, 4278)
1999 Ed. (2621, 4328)
Jakubzak, CTA; Kenneth M.
1994 Ed. (1069)
JAL
1997 Ed. (192, 210, 217)
1996 Ed. (189)
1995 Ed. (184)
1992 Ed. (292)
1991 Ed. (210, 211, 213)
1990 Ed. (227, 229, 230)
JAL Group
2008 Ed. (215, 225, 226, 227)
2007 Ed. (235, 246, 247, 248)
2006 Ed. (231, 232, 241, 244, 245, 246)
JAL System
2005 Ed. (217)
Jalapeno
1990 Ed. (2887)
Jalate
1996 Ed. (2058, 3448)
Jalex Trading (Futures)
2008 Ed. (1096)
Jalpak International Hawaii Inc.
2008 Ed. (1786)
2007 Ed. (1759)
2006 Ed. (1749)
Jam
2003 Ed. (3160, 3161)
Jam Prods./Tinley Park
2000 Ed. (3621)
Jam Productions
2007 Ed. (1266)
2006 Ed. (1152)
2003 Ed. (1126)
2002 Ed. (3798)
1999 Ed. (3905)
1994 Ed. (2942)
1992 Ed. (3553)
Jam Productions/MAJ Concerts/Tinley Park
2001 Ed. (3917, 3919)
Jam Productions/Maj Concerts/Tinley Park Jam Corp.
1997 Ed. (3179)
Jam Productions/Major Concerts/Tinley Park Jam Corp.
1996 Ed. (3101)
Jam Productions/Tinley Park Jam Corp.
1993 Ed. (2924)
Jam Productions/Tinley Park Jam Corp./MAJ Concerts
1995 Ed. (3000)
Jam Productions/Tinley Park/Maj
1998 Ed. (2931)
JAMA
2008 Ed. (143)
2007 Ed. (159)
2005 Ed. (137)
2004 Ed. (143)
1999 Ed. (292)
1997 Ed. (271)
1995 Ed. (247)
1992 Ed. (3012)
1991 Ed. (2410)
1990 Ed. (2538, 3626)
JAMA: The Journal of the American Medical Association
2007 Ed. (4798)
Jamahiriya Bank
2000 Ed. (449)
1999 Ed. (458)
1992 Ed. (760)
1991 Ed. (434)
1989 Ed. (451, 461)
Jamaica
2008 Ed. (533, 2397)
2007 Ed. (583, 2264, 4209)
2006 Ed. (549, 4193, 4508)
2005 Ed. (647, 4145)
2004 Ed. (663, 2765, 4217)
2003 Ed. (654, 1880)
2002 Ed. (3099, 4080)
2001 Ed. (668, 2838, 4148, 4585, 4586)
2000 Ed. (3841)
1999 Ed. (1146, 4131)
1998 Ed. (3114)
1997 Ed. (3372)
1996 Ed. (3274)
1995 Ed. (3176)
1994 Ed. (1508, 1983, 3126)
1993 Ed. (178, 3062, 3595)
1992 Ed. (268, 3755, 4319, 4321)
1991 Ed. (3406)

1990 Ed. (203, 204, 241, 2148, 3074, 3611, 3612, 3613, 3615, 3616, 3618)
1989 Ed. (229)
Jamaica Broilers
1999 Ed. (3127)
Jamaica Brothers
2002 Ed. (3035)
Jamaica Citizens Bank Ltd.
1995 Ed. (518)
1994 Ed. (543)
1993 Ed. (541)
1992 Ed. (742)
1991 Ed. (574)
Jamaica Flour Mills
2000 Ed. (2874, 2875)
1999 Ed. (3127)
Jamaica Producers Group
2002 Ed. (3034, 3035)
1999 Ed. (3126, 3127)
1997 Ed. (2582, 2583)
1996 Ed. (2437, 2438)
1994 Ed. (2340)
Jamaica Savings Bank
1994 Ed. (3532)
1993 Ed. (3568)
Jamail; Joe
1995 Ed. (932, 1068)
Jamail; Joseph
1997 Ed. (2612)
Jamail; Joseph Dahr
1991 Ed. (2296)
Jamayco
1993 Ed. (39)
Jamba Juice
2008 Ed. (2372, 2373, 3126, 3127, 4160)
2007 Ed. (1150, 2531, 2532, 2533)
2006 Ed. (1061, 4110)
2004 Ed. (4121)
JAMDAT Mobile Inc.
2006 Ed. (4257)
Jameco Electronics
2005 Ed. (2349)
Jameel; Mohammed
2005 Ed. (4886)
James Co.
2005 Ed. (1193)
James A. Algie
1990 Ed. (2660)
James A. and Mari Sabusawa Michener
1995 Ed. (932, 1068)
James A. Cedema
2006 Ed. (2521)
James A. Courter
2008 Ed. (955)
2007 Ed. (1033)
James A. Fyock & Associates
1998 Ed. (1961, 2960)
James A. Jobling & Co. Ltd.
1991 Ed. (960)
James A. Karman
2006 Ed. (2521)
James A. McIntyre
2000 Ed. (1886)
1999 Ed. (2080)
1998 Ed. (720, 2138)
1994 Ed. (2237)
James A. Pattison
1997 Ed. (3871)
James A. Unruh
1999 Ed. (2085)
1995 Ed. (1732)
James Advantage Market Neutral
2004 Ed. (3546)
James Advantage Small Cap
2008 Ed. (2622)
2006 Ed. (3653)
James Alexandre
1995 Ed. (1803, 1850)
1994 Ed. (1761, 1812)
1993 Ed. (1829)
James Algie
1995 Ed. (2669)
1993 Ed. (2639)
James Aliber
1990 Ed. (974)
James; Alvin
1991 Ed. (2548)
James & Associates Inc.; Raymond
1997 Ed. (734, 1642)
1995 Ed. (2330)
1993 Ed. (759, 2262, 2266)
James & Co.; Fred S.
1991 Ed. (2139)
1990 Ed. (2266)
James and Mari Michener
1992 Ed. (1093, 1096)
James & Co. Inc.; T. L.
1996 Ed. (1127)
1993 Ed. (1120)
James & Virginia Stowers
2007 Ed. (3949)
2005 Ed. (3832)
James, Arthur, & John Irving
2008 Ed. (4878)
2007 Ed. (4913)
2006 Ed. (4925)
2005 Ed. (4881)
James Asselstine
1998 Ed. (1573)
1997 Ed. (1926)
1993 Ed. (1841)
James B. Adamson
1998 Ed. (721)
James B. Beam Distilling Co.
1990 Ed. (2459)
James B. Oswald Co.
2001 Ed. (2912)
James B. Williams
1992 Ed. (1137)
James Balsillie
2005 Ed. (4874)
James Barlage
2000 Ed. (2006)
1999 Ed. (2262)
1998 Ed. (1671)
1997 Ed. (1875)
1996 Ed. (1802)
1995 Ed. (1817)
1994 Ed. (1777)
1993 Ed. (1794)
1991 Ed. (1678)
James Bausch
1993 Ed. (1701)
James Bianco
2006 Ed. (2523)
James Bond 007
1999 Ed. (3450)
James Brown Contracting
2005 Ed. (2690)
James Brudnick Co.
1997 Ed. (1202, 1204, 1206, 1207)
1995 Ed. (1196, 1197, 1199, 1201, 1204)
1993 Ed. (1156, 1157)
James Brudnick & Co.
1998 Ed. (978, 980, 981, 982)
James Buckee
2008 Ed. (2637)
James Buckman
2003 Ed. (1546)
James Burke
2005 Ed. (974)
1990 Ed. (971, 1724)
1989 Ed. (1383)
James C. Dowdle
1997 Ed. (1804)
1996 Ed. (1716)
James C. France
2002 Ed. (3347)
James C. Gaither
2003 Ed. (4847)
James C. Hankla
1990 Ed. (2657)
James C. Morgan
2003 Ed. (3295)
James C. Walton
1994 Ed. (708)
James Cameron
2000 Ed. (1838)
James Campbell
1993 Ed. (893)
James Capel
1995 Ed. (811, 815, 832, 835, 836)
1994 Ed. (1756, 1838, 1839, 2648)
1991 Ed. (776, 778, 781, 782, 1599, 1712)
1990 Ed. (815, 816, 1771, 1772)
1989 Ed. (815, 816)
James Capel & Co.
1999 Ed. (873, 875, 877, 878, 879, 881, 882, 884, 885, 886, 894, 895, 897, 898, 899, 900, 901, 902, 903, 905, 907, 908, 909, 922, 929, 930)
1997 Ed. (745, 746, 750, 751, 754, 755, 758, 772, 773, 774, 775, 776, 777, 779, 780, 781, 783, 798, 799, 801, 802, 813, 817, 1967, 1968, 1969, 1971)
1996 Ed. (1859, 1860, 1861, 1862, 1863)
1993 Ed. (1640, 1641, 1642, 1644, 1646, 1647, 1846, 1847, 1848, 1849, 1850)
1992 Ed. (2139, 2158, 2785)
1989 Ed. (1421)
James Capel Asia
1996 Ed. (1851)
James Capel Pacific
1997 Ed. (1975)
1996 Ed. (1868)
James Cargill
2007 Ed. (4898)
James Carpenter Design Associates Inc.
2005 Ed. (262)
James Carroll
1997 Ed. (1889)
1996 Ed. (1815)
1995 Ed. (1837)
1994 Ed. (1799)
1993 Ed. (1816)
James Cayne
2005 Ed. (979)
1999 Ed. (1126)
1997 Ed. (1799)
1996 Ed. (959, 1709, 1712)
James Clark
2000 Ed. (1999, 2019)
1999 Ed. (2222, 2236)
1998 Ed. (1635, 1646)
1997 Ed. (1886, 1888)
1996 Ed. (1812)
James Construction Group LLC
2008 Ed. (1310, 1335)
2007 Ed. (1377)
2006 Ed. (1324, 1325)
James Crandell
1993 Ed. (1816)
James Crean
1992 Ed. (1877, 1878)
James Crean PLC
1993 Ed. (1533)
James Crowe
2002 Ed. (2177)
1999 Ed. (2081)
1998 Ed. (1515)
James Culverwell
2000 Ed. (2131)
1999 Ed. (2343)
James D. & Alice Baker
1992 Ed. (1098)
James D. Delameter
1992 Ed. (534, 1139)
James D. Lamb FSA MAAA
2008 Ed. (16)
James D. Morrissey
1990 Ed. (1214)
James D. Robinson III
1990 Ed. (1716)
James D. Sinegal
2003 Ed. (954)
1993 Ed. (1697)
1992 Ed. (2052)
James D. Wolfensohn
1997 Ed. (1220, 1221, 1224, 1226, 1227, 1228)
1994 Ed. (1201, 1202)
1993 Ed. (1171)
James D. Wolfensonn
1993 Ed. (1166)
James Day
2007 Ed. (1000)
2006 Ed. (910)
2005 Ed. (968)
James Dimon
2008 Ed. (949)
2002 Ed. (2213)
2000 Ed. (1880)
1999 Ed. (2081)
James Dobson
2007 Ed. (2497)
1997 Ed. (1904)
James Donald
1997 Ed. (1796)
1996 Ed. (959, 1709)
James; Donald M.
2008 Ed. (2631, 2633)
2007 Ed. (2501)
2006 Ed. (2522)
James Dougherty
1996 Ed. (1775)
1995 Ed. (1800)
1994 Ed. (1759)
James Drury
2000 Ed. (1925, 1929)
1999 Ed. (2156, 2157)
1998 Ed. (1566, 1568, 1572)
1997 Ed. (1925)
James Dyson
2005 Ed. (4888)
James E. Allchin
2005 Ed. (2476)
James E. Burke
1991 Ed. (1630)
James E. Cashman III
2005 Ed. (977)
James E. Cayne
2008 Ed. (949)
2007 Ed. (1027)
2005 Ed. (981, 2474, 2475)
2003 Ed. (3061)
1998 Ed. (724)
1996 Ed. (964, 966)
1995 Ed. (1728)
1994 Ed. (1715)
James E. Colley
1992 Ed. (3139)
James E. Copeland Jr.
2003 Ed. (805)
James E. Hadaway
1992 Ed. (3139)
James E. Hanson Inc.
1999 Ed. (3993)
1998 Ed. (2999)
James E. Rogers College of Law; University of Arizona
2008 Ed. (3430)
2007 Ed. (3329)
James E. Virtue
1999 Ed. (386)
James Edwardes-Jones
2000 Ed. (2133)
James Edwards Jones
1999 Ed. (2345)
James; Elizabeth
2006 Ed. (4980)
James Equity
2007 Ed. (3670)
James Erskine
2001 Ed. (2270)
James F. Edwards
1995 Ed. (939)
James F. Gibson
1992 Ed. (533)
James F. Lakretz
1995 Ed. (933)
James F. McDonald
2005 Ed. (983)
James F. Montgomery
1994 Ed. (1720)
James F. Mooney
2005 Ed. (2517)
James F. Ronstadt
1992 Ed. (3139)
James Ferrara & Sons
1996 Ed. (2049)
James Ferrera & Sons
1998 Ed. (1868)
1995 Ed. (2053)
James Fisher
2007 Ed. (4838)
James Flaws
2007 Ed. (1053)
James Fralick
1998 Ed. (1685)
James France
2007 Ed. (4904)
James Francis Electric Inc.
2003 Ed. (1240)
James; Fred S.
1990 Ed. (2255)
James Fyock & Assocs.
2000 Ed. (3669)

James G. Davis Construction
2008 Ed. (1244)
James G. Martin
1993 Ed. (1994)
1992 Ed. (2344, 2345)
1991 Ed. (1857)
1990 Ed. (1946)
James G. Stewart
2000 Ed. (1050)
James Gaither
2002 Ed. (4730)
James Geisler
2007 Ed. (1039)
James Gelly
2008 Ed. (963)
2007 Ed. (1054)
James George Scripps
1995 Ed. (938)
James Gibbons
1998 Ed. (1574)
1997 Ed. (1927)
James Golob
2000 Ed. (2106)
1999 Ed. (2318)
James Goodnight
2008 Ed. (4834)
2007 Ed. (4905)
2006 Ed. (4910)
2005 Ed. (4856)
2004 Ed. (4870)
2003 Ed. (4886)
2002 Ed. (3351)
James Gouin
2008 Ed. (2629)
James Grosfeld
1992 Ed. (1144)
1991 Ed. (927)
James H. Herbert II
1994 Ed. (1720)
James H. Mullen
1993 Ed. (2462)
James Hall
2003 Ed. (805)
James Halpin
2000 Ed. (1876)
James Hanbury
2000 Ed. (1989)
1999 Ed. (2217)
1998 Ed. (1631)
1994 Ed. (1780)
James Hankla
1995 Ed. (2668)
1993 Ed. (2638)
1992 Ed. (3136)
1991 Ed. (2546)
James Hardie Industries
2004 Ed. (798)
2002 Ed. (861)
James Hascall
1999 Ed. (1120)
James Higgins
2000 Ed. (2037)
1998 Ed. (1666)
1997 Ed. (1895)
James Hoggins
1999 Ed. (2256)
James Houghton
1997 Ed. (1801)
James Hutton-Mills
2000 Ed. (2122)
James Investment
1995 Ed. (2365)
James Investment Research
1996 Ed. (2392, 2408)
James Irving
2008 Ed. (4855, 4856)
2007 Ed. (4910)
2006 Ed. (4923)
2005 Ed. (4863, 4875, 4876)
2004 Ed. (4879)
2003 Ed. (4893)
James J. Blanchard
1992 Ed. (2345)
1991 Ed. (1857)
1990 Ed. (1946)
James J. Cunnane
1996 Ed. (967)
James J. Floria
1995 Ed. (2043)
James J. Maguire
2000 Ed. (1887)
James J. Mulva
2008 Ed. (953)
James J. O'Brien
2008 Ed. (2631)
James J. O'Connor
1992 Ed. (2055)
James J. Schiro
2003 Ed. (805)
James Jannard
2008 Ed. (4826)
2007 Ed. (4891)
2006 Ed. (4902)
2005 Ed. (4846)
2004 Ed. (4860)
James; Jason
1997 Ed. (1995)
James, Jr. and Louise H. Keelty
1995 Ed. (933)
James K. Irving
1997 Ed. (3871)
James Kedersha
1999 Ed. (2273)
1997 Ed. (1907)
James Keeney
1990 Ed. (1767, 1768)
James Kilts
2006 Ed. (883)
James Kim
2005 Ed. (4856)
2003 Ed. (4886)
2002 Ed. (3346, 3350)
James Kissane
2000 Ed. (1991, 1996)
1998 Ed. (1634)
1997 Ed. (1872)
James L. Donald
2008 Ed. (948)
2007 Ed. (1026)
James L. Ketelsen
1990 Ed. (1718)
James L. Knight
1990 Ed. (2577)
James L. Massey
1993 Ed. (1696)
James L. Sorenson
2006 Ed. (4904)
2005 Ed. (4849)
2004 Ed. (4863)
James L. Will Insurance Agency
2005 Ed. (359)
James Lang LaSalle Inc.
2001 Ed. (4015)
James; LeBron
2008 Ed. (272)
James Lee
2006 Ed. (2579)
James LeVoy Sorenson
1992 Ed. (1093)
James Lewis Corp.
1991 Ed. (1066)
James-Lewis Corp. Group
1990 Ed. (1180)
James M. Cox Dayton International Airport
1991 Ed. (216)
James M. Coxdayton Municipal Airport
1994 Ed. (152)
James M. Denny
1997 Ed. (1804)
James M. Kemper Jr.
1990 Ed. (457, 3686)
James M. Montgomery Consulting Engineers Inc.
1993 Ed. (1604, 2876)
1992 Ed. (358, 3480)
James M. Montgomery Consuting Engineers Inc.
1992 Ed. (1949)
James M. Ringler
1997 Ed. (1804)
James M. Schneider
2006 Ed. (2524)
James Madison University
2008 Ed. (1087)
2001 Ed. (1326)
1999 Ed. (1231)
1998 Ed. (802)
1997 Ed. (1054)
1996 Ed. (1038)
James McAuliffe
2005 Ed. (4885)
1999 Ed. (2161)
1998 Ed. (1574)
1997 Ed. (1927)
James McCann
1997 Ed. (1883)
1990 Ed. (1769)
James McCullagh Co.
2008 Ed. (4820)
2007 Ed. (4888)
2006 Ed. (1264)
2005 Ed. (1295, 1343)
2004 Ed. (1244)
2003 Ed. (1241)
James McDonald
2003 Ed. (958)
James McFadden
1997 Ed. (1904)
James McHugh Construction Co.
2008 Ed. (1295, 1329)
2007 Ed. (1386)
2006 Ed. (1308, 1337)
2004 Ed. (1311)
1999 Ed. (1326, 1383)
1993 Ed. (1098, 1149)
1992 Ed. (1371, 1434)
James McKean
2000 Ed. (2095, 2101)
James McNerney
2005 Ed. (2469)
James Mellor
1999 Ed. (1120)
James Moffett
1998 Ed. (722, 1512)
James Montgomery
1990 Ed. (1712, 1723)
James Moran
2008 Ed. (4832)
2005 Ed. (4853)
James Mullen
1992 Ed. (2904)
James Mulva
2007 Ed. (987)
2006 Ed. (897)
James Murchie
1996 Ed. (1812, 1813)
1995 Ed. (1834)
James Murray
2007 Ed. (2465)
James Murren
2007 Ed. (1059)
2006 Ed. (962)
2005 Ed. (988)
1999 Ed. (2229)
1998 Ed. (1641)
1997 Ed. (1919)
1996 Ed. (1847)
1995 Ed. (1866)
James N. Gray Co.
2004 Ed. (1252, 1260)
2003 Ed. (1257)
2002 Ed. (1244)
James Nicol
2005 Ed. (3857)
James Northcutt Associates
1997 Ed. (2474)
1996 Ed. (2346)
James O'Brien
2008 Ed. (2640)
2007 Ed. (2512)
2006 Ed. (2531)
James O'Connor
2008 Ed. (934)
2007 Ed. (978)
2006 Ed. (888)
James Owens
2008 Ed. (934)
James Packer
2008 Ed. (4842)
James Pappas
1996 Ed. (2409)
James Parker
2008 Ed. (2691)
2005 Ed. (967)
James Parmalee
1999 Ed. (2273)
James Parmelee
2000 Ed. (2051)
James Pate
1996 Ed. (1714)
James Patterson
2008 Ed. (280)
James Pattison
2008 Ed. (4855)
2007 Ed. (4910)
2006 Ed. (4923)
2005 Ed. (4863, 4875, 4876)
2003 Ed. (4891)
1991 Ed. (1617)
James Peattie
1999 Ed. (2359)
James Preston
1998 Ed. (1510)
1997 Ed. (1800)
1996 Ed. (1713)
James Q. Crowe
2006 Ed. (1097, 1098)
2005 Ed. (1103)
James Q. Ledbetter
1995 Ed. (3503)
James R. Cantalupo
2002 Ed. (2214)
James R. Eiszner
1991 Ed. (1631)
James R. Ellinghausen
2008 Ed. (2635, 3120)
James R. Elsesser
2000 Ed. (1051)
James R. Gary & Co. Ltd.
1998 Ed. (3764)
1997 Ed. (3918)
1996 Ed. (3882)
James R. Harvey
1992 Ed. (2713)
1990 Ed. (2282)
James R. Harvey (Transamerica Corp.)
1991 Ed. (2156)
James R. Klauser
1993 Ed. (3444)
James R. Mellor
1996 Ed. (963, 964)
1994 Ed. (1715)
James R. Tennant
2007 Ed. (3974)
James R. Thompson
1992 Ed. (2344, 2345)
James R. Thompson, Jr.
1991 Ed. (1857)
James Ratcliffe
2007 Ed. (2462)
James; Raymond
1996 Ed. (797, 799)
James Redman
1990 Ed. (976, 1726)
James Richardson
2004 Ed. (3959)
James Richardson & Sons
2007 Ed. (4945)
1997 Ed. (1641)
1996 Ed. (1564, 3828)
1995 Ed. (1578)
1994 Ed. (3659)
1992 Ed. (1185, 4431)
James River Corp.
2005 Ed. (1535)
2004 Ed. (1457, 1519)
2003 Ed. (1489)
2002 Ed. (1468)
1999 Ed. (1505, 3686, 3702, 4694)
1997 Ed. (1528, 2067, 2069, 2328, 2986, 2989, 2990, 2993)
1996 Ed. (1959)
1995 Ed. (1504, 1922, 1923, 2826, 2832, 2835)
1994 Ed. (1467, 1891, 1893, 2722, 2724, 2725)
1993 Ed. (1413, 1890, 1892, 1893, 2491, 2705, 2763, 2764)
1992 Ed. (3216, 3328)
1991 Ed. (1761, 1763, 2577, 2620, 2672)
1990 Ed. (1842)
1989 Ed. (2114)
James River Coal Co.
2008 Ed. (4530)
James River/Fort James
2000 Ed. (3402)
James River GT2
1994 Ed. (1587)
James River Corp., Northeast Comm.
1990 Ed. (2675)
James River Corp. of Virgina
1990 Ed. (1843)
James River Corp. of Virginia
1998 Ed. (1121, 1191, 1750, 1751, 1752, 2052, 2738, 2740, 2741)

1996 Ed. (1459, 1958)
1992 Ed. (3331)
1991 Ed. (2669, 2670)
1990 Ed. (2763)
1989 Ed. (1009, 1465, 1466, 2113)
James River Corp. Packaging
1998 Ed. (2874)
James River Corp. VA
1990 Ed. (1189, 2762)
James Robbins
2006 Ed. (880)
1999 Ed. (2077)
1998 Ed. (1511)
James Robin
2006 Ed. (904)
James Roemer
2004 Ed. (975)
James; Ron
1989 Ed. (736)
James S. Boshart
2002 Ed. (2214)
James Sammons, M.D.
1991 Ed. (2406)
James Savage
2000 Ed. (2004)
James Sawyer
2008 Ed. (962)
2007 Ed. (1084)
2005 Ed. (986)
James Schneider
2008 Ed. (968)
2007 Ed. (1064)
2006 Ed. (968)
2005 Ed. (992)
James Sedgwick Inc.
2008 Ed. (3238)
2007 Ed. (3096)
James Shelton
2007 Ed. (982)
2006 Ed. (892)
James Simons
2007 Ed. (4894)
2006 Ed. (2798, 4899)
James Sinegal
2004 Ed. (2529)
2002 Ed. (2180)
2000 Ed. (1871)
1999 Ed. (2075, 2076)
James Skaggs
1999 Ed. (1120)
James Solloway
1991 Ed. (2160)
1990 Ed. (2285)
James Sorenson
2008 Ed. (4829)
2007 Ed. (4892)
2003 Ed. (4881)
2002 Ed. (3354)
James Spence
1997 Ed. (1974)
1996 Ed. (1866)
James Spencer
1996 Ed. (1786)
1995 Ed. (1811)
1994 Ed. (1770)
1993 Ed. (1787)
James Stanard
2006 Ed. (908)
James Stewart
2000 Ed. (1878, 2425)
James Stowers
2006 Ed. (3898)
2004 Ed. (3890)
James Stowers Jr.
2002 Ed. (3356)
James T. Breedlove
2008 Ed. (2630)
James T. Cavanaugh & Associates
2000 Ed. (2757)
1995 Ed. (2339)
1993 Ed. (2270)
James T. Hackett
2008 Ed. (953)
James T. Lynn
1990 Ed. (2282)
James T. Lynn (Aetna life & Casualty Co.)
1991 Ed. (2156)
James T. Matheny
2002 Ed. (2177)
James Titus
2000 Ed. (1970)
1999 Ed. (2198)
James Travel Points
2002 Ed. (4677)
James Travel Points International Inc.
2008 Ed. (4992)
James Twyman
1999 Ed. (2344)
James V. Manning
1994 Ed. (1723)
1993 Ed. (1696)
James V. O'Donnell
2007 Ed. (2505)
James Valentine
2000 Ed. (2037, 2054)
1999 Ed. (2256, 2269)
1998 Ed. (1666, 1676)
James W. Bagley
2007 Ed. (2502)
James W. Buckee
2007 Ed. (2507)
James W. Large Jr.
1998 Ed. (724)
James W. Near
1996 Ed. (958)
James W. Wetzler
1995 Ed. (3505)
1993 Ed. (3443)
James Wahner
1990 Ed. (2482)
James Walker
1996 Ed. (1856)
James Watkins
1989 Ed. (2341)
James Winder
2000 Ed. (2061)
James Wood
1993 Ed. (940, 1705)
1992 Ed. (1141, 1145, 2061, 2063)
1991 Ed. (924, 1630, 1632)
1990 Ed. (972, 1724)
1989 Ed. (1383)
James Wood Motors
1996 Ed. (299)
1995 Ed. (268)
1994 Ed. (257, 291)
James Ziemer
2006 Ed. (971)
Jameson
2004 Ed. (4891)
2003 Ed. (4901)
2002 Ed. (3105)
1998 Ed. (2375)
1997 Ed. (2645)
1994 Ed. (1851)
1993 Ed. (1862)
1992 Ed. (2163, 2887, 2891)
1991 Ed. (1727)
1990 Ed. (1801, 2464)
Jameson/1780
2002 Ed. (284)
2001 Ed. (4787)
Jamestown, NY
2005 Ed. (2389)
2004 Ed. (4221)
Jamesway
1997 Ed. (355, 357)
1995 Ed. (2768)
1994 Ed. (1541)
1993 Ed. (1494)
1992 Ed. (1813)
1991 Ed. (1423, 1424)
1990 Ed. (912, 1518)
1989 Ed. (1248)
Jami Rubin
2000 Ed. (2017)
1999 Ed. (2253)
Jamie B. Coulter
2006 Ed. (2530)
Jamie Kiggen
2000 Ed. (2020)
1999 Ed. (2237)
Jamieson
1998 Ed. (1272, 1352)
Jamison, Eaton & Wood
1993 Ed. (2315, 2319, 2323)
1992 Ed. (2755, 2767)
Jamont Holdings NV
1996 Ed. (2905)
Jams
2008 Ed. (2732)
2002 Ed. (3036)
Jamster International
2008 Ed. (186)
Jan Bell
1990 Ed. (248)
Jan Bell Marketing
2000 Ed. (278)
1990 Ed. (254)
Jan Dillow
2000 Ed. (1927, 1929, 1936)
1999 Ed. (2159, 2166)
1998 Ed. (1570, 1572, 1578)
1997 Ed. (1925, 1931)
Jan Hart
1995 Ed. (2668)
1993 Ed. (2638)
Jan Leschly
1991 Ed. (1621)
Jan Loeys
1999 Ed. (2300)
1998 Ed. (1684)
Jan-Pro Franchising International Inc.
2008 Ed. (744, 872, 876, 877)
2007 Ed. (768, 895, 901, 902)
2006 Ed. (672, 808, 813, 814)
2005 Ed. (765, 893, 898, 899)
2004 Ed. (779, 903)
2003 Ed. (769, 889)
2002 Ed. (856, 2359, 2576)
2001 Ed. (2532)
Jan Wejchert
2008 Ed. (4872)
Jan Yoke Lan
1997 Ed. (1997)
Jana Novotna
1998 Ed. (198, 3757)
Janaco Porsche
1993 Ed. (282)
1992 Ed. (397)
Janaki Foundation
2002 Ed. (2341)
Janara Bank
1989 Ed. (487)
Janata Bank
2004 Ed. (452)
2003 Ed. (466)
2002 Ed. (528)
1997 Ed. (415)
1996 Ed. (453)
1993 Ed. (432)
1992 Ed. (615)
1990 Ed. (508)
Janavalo Oy
2008 Ed. (1728)
Jancor Cos., Inc.
2006 Ed. (3914)
2005 Ed. (3843)
J&B
2000 Ed. (2968, 2973, 2974, 2980, 3864, 3870, 3871)
J&B Software Inc.
2000 Ed. (3151, 4436)
J&H Marsh & McLennan Co.
2000 Ed. (2665)
J&H Marsh & McLennan Cos. Inc.
2000 Ed. (2663)
J&H Marsh & McLennan of Michigan
2000 Ed. (2666)
J&W Seligman
2000 Ed. (2804, 2805)
Jane
2002 Ed. (3227)
2001 Ed. (258, 259, 1913, 2384)
2000 Ed. (1589, 1590, 1903, 1904, 2936, 3313)
1999 Ed. (1759, 2112, 2113, 2114, 3189, 3190)
Jane B. Engelhard
1995 Ed. (2580)
1991 Ed. (2462)
1990 Ed. (2578)
Jane B. Englebard
1992 Ed. (3079)
Jane Bidmead
2000 Ed. (2136)
Jane C. Hickok
1992 Ed. (1139)
Jane Cavanagh
2007 Ed. (2463)
Jane Fonda's Low Impact Aerobic Workout
1992 Ed. (4396)
Jane Fonda's New Workout
1992 Ed. (4396)
Jane Harman
2003 Ed. (3206)
1994 Ed. (845)
Jane Shaw
1995 Ed. (3786)
Janeane Garofalo
2001 Ed. (7)
Janesville-Beloit, WI
1998 Ed. (2484)
Janesville, WI
1989 Ed. (1612)
Janet Dryson
1999 Ed. (2313)
Janet Dyson
2000 Ed. (2095, 2101)
Janet Hughes & Associates
2006 Ed. (3506)
Janet Jackson
2003 Ed. (1127)
2000 Ed. (1182)
1992 Ed. (1348)
Janet Showers
2000 Ed. (1958)
1998 Ed. (1565)
Jang Dah Nylon Industrial Corp.
1994 Ed. (1460, 1461, 1462)
Jang Group
2008 Ed. (68)
Jani-King
2008 Ed. (744, 872, 876, 877)
2007 Ed. (768, 895, 898, 901, 902)
2006 Ed. (672, 808, 811, 813, 814)
2005 Ed. (765, 893, 895, 898, 899)
2004 Ed. (779, 903, 905, 908)
2003 Ed. (769, 881, 885, 889)
2002 Ed. (856, 2357, 2358, 2359, 2576)
2001 Ed. (2532)
2000 Ed. (2267, 2270)
1999 Ed. (2509, 2510, 2520)
1998 Ed. (1757, 1759, 1762)
1997 Ed. (2078, 2079)
1995 Ed. (1937)
1994 Ed. (1913, 1914, 1915)
1992 Ed. (2219, 2220)
Jani-King International
1992 Ed. (2226)
Janice M. Roberts
2002 Ed. (4980)
Janice Meyer
2000 Ed. (2038)
1998 Ed. (1667)
1997 Ed. (1882)
Janice Roberts
1999 Ed. (4805)
Janis Grantham
2008 Ed. (4991)
2007 Ed. (4985)
2006 Ed. (4988)
2005 Ed. (4992)
2004 Ed. (4987)
Janitor
1989 Ed. (2091)
Janitorial
1992 Ed. (1171)
Janitorial service
1996 Ed. (2881)
Janitors
2007 Ed. (3723, 3728, 3729)
2005 Ed. (3628, 3629, 3631)
2002 Ed. (3531)
Janitors, cleaners & housekeepers
1993 Ed. (2738)
Janitors, cleaners, housekeepers
1989 Ed. (2077)
JANKA Radotin
2001 Ed. (289)
Janna Systems Inc.
2001 Ed. (2863)
Jannard; James
2008 Ed. (4826)
2007 Ed. (4891)
2006 Ed. (4902)
2005 Ed. (4846)
Janney Montgomery
1990 Ed. (2293)
Janney Montgomery Scott Inc.
1999 Ed. (920)
1998 Ed. (530)
1996 Ed. (810)

1995 Ed. (816)
1994 Ed. (784)
1993 Ed. (768)
1992 Ed. (962)
1991 Ed. (783)
1990 Ed. (819)
1989 Ed. (820)
Jannock Ltd.
2002 Ed. (3231)
2001 Ed. (1654)
Jannock Imaging
1995 Ed. (3422)
1993 Ed. (3363)
1992 Ed. (3540, 4033)
1991 Ed. (3163)
Jannotta Bray & Associates
1993 Ed. (2747)
1991 Ed. (2650)
Janome Sewing Machine Co. Ltd.
1995 Ed. (1352)
Jansergroup of Puerto Rico
2006 Ed. (3537)
Janson Green Holdings Ltd.
1993 Ed. (967, 2454, 2455, 2458)
Janson Green Management Ltd.
1992 Ed. (2896, 2900)
Janson Green Management Ltd.; Marine 932,
1991 Ed. (2336)
Janson Green Management Ltd.; 932,
1991 Ed. (2337)
Janson Payne Management Ltd.
1992 Ed. (2897)
Janson Payne Management Ltd.; 386,
1991 Ed. (2338)
JanSport
2001 Ed. (1108)
Janssen
1993 Ed. (1518)
Janssen Ortho Patient Assistance Foundation
2002 Ed. (2339)
Janssen Pharmaceutical Inc.
1999 Ed. (1919)
1997 Ed. (1655, 2740)
1996 Ed. (1577)
Janssen Pharmaceuticals
2007 Ed. (1598)
2000 Ed. (1711)
1998 Ed. (1348)
Jantzen
1990 Ed. (3336)
January
2001 Ed. (4681, 4857)
January Associate
1993 Ed. (1044)
January 8, 1988
1999 Ed. (4396)
1991 Ed. (3237)
1989 Ed. (2747)
January 11-August 22, 1973
1989 Ed. (2749)
January 15, 1987
1989 Ed. (2045)
January 4, 1988
1989 Ed. (2746)
January 9, 1996
1999 Ed. (4398)
January 17, 1991
1999 Ed. (4395)
January 10, 1996
1999 Ed. (4398)
January 23, 1987
1990 Ed. (2753)
1989 Ed. (2045)
Janus
2008 Ed. (2609, 3763, 3765, 3775)
2003 Ed. (3517, 3519)
2000 Ed. (3280)
1995 Ed. (2690)
1994 Ed. (2599)
1992 Ed. (3149, 3183, 3190)
1991 Ed. (2556)
Janus Adviser Balanced
2004 Ed. (2448)
Janus Adviser Capital Appreciation
2004 Ed. (2451)
Janus Adviser Core Equity
2004 Ed. (2450)
Janus Adviser Forty
2008 Ed. (2615)
Janus American Equity
2004 Ed. (2462)
2003 Ed. (3582)
2002 Ed. (3449, 3450, 3451)
Janus Aspen Capital Appreciation Institutional
2004 Ed. (2451)
Janus Aspen Core Equity International
2004 Ed. (2450)
Janus Aspen International Growth Institutional
2003 Ed. (3610)
Janus Balanced
2004 Ed. (2448)
2003 Ed. (3486)
2000 Ed. (3226, 3227, 3251)
Janus Balanced Fund
2004 Ed. (3540)
2003 Ed. (2366)
2000 Ed. (3248, 3252)
Janus Capital
2007 Ed. (3661)
2005 Ed. (3562, 3574)
2004 Ed. (2043, 2045, 2046, 3193)
2003 Ed. (703, 3069, 3109, 3502, 3555)
2002 Ed. (3007, 3010, 3021, 3419, 3626, 3628)
2001 Ed. (3001, 3004, 3005, 3687, 3690)
1999 Ed. (3064, 3527)
1998 Ed. (2269, 2271, 2273, 2304, 2618, 2647)
1997 Ed. (2525, 2533, 2537)
1993 Ed. (2318, 2322, 2330, 2668, 2688)
Janus Capital Group Inc.
2007 Ed. (1664, 3251)
2006 Ed. (1645, 1648)
2005 Ed. (870, 923, 1736, 3207, 4455, 4456)
Janus Capital Management
2004 Ed. (3639)
Janus Contrarian
2008 Ed. (598)
Janus Core Equity
2004 Ed. (2450)
2003 Ed. (3491)
Janus Enterprise
2004 Ed. (3606)
2002 Ed. (2155, 2156)
1996 Ed. (2788)
Janus Enterprise Fund
2000 Ed. (3281)
Janus Equity Income
2001 Ed. (3431)
2000 Ed. (3229, 3262)
Janus Equity Income Fund
2000 Ed. (3261)
Janus Fd Inc.-Growth & Income
2000 Ed. (3272)
Janus Fd Inc-Special Situations
1999 Ed. (3559)
Janus Fd Inc.-Twenty
2000 Ed. (3256)
Janus Flexible Income
2002 Ed. (3414)
2000 Ed. (760)
1999 Ed. (747)
1998 Ed. (2641)
1997 Ed. (687, 2866)
1996 Ed. (2784)
1995 Ed. (2694)
Janus Fund
2006 Ed. (3607)
2005 Ed. (3553)
2004 Ed. (3579, 3586)
2001 Ed. (3452)
2000 Ed. (3260)
1995 Ed. (2713)
Janus Fund Income-Twenty
1998 Ed. (2619)
Janus Global Equity
2004 Ed. (2480)
2003 Ed. (3575)
2002 Ed. (3439)
Janus Group Inc.
2005 Ed. (1754)
Janus Growth & Income
2006 Ed. (3626)
2004 Ed. (2451)
2003 Ed. (3491)
2000 Ed. (3234, 3235, 3271)
1999 Ed. (3556)
Janus High-Yield
2006 Ed. (3235)
2005 Ed. (703)
2004 Ed. (696)
1998 Ed. (2599)
Janus High-Yield Fund
2003 Ed. (3530)
Janus Hotels & Resorts
2008 Ed. (3065)
2007 Ed. (2936)
2006 Ed. (2926)
2001 Ed. (2777)
Janus Mercury
2002 Ed. (2155)
2000 Ed. (3274)
Janus Mercury Fund
2000 Ed. (3223)
Janus Olympus
2000 Ed. (3241, 3245)
1999 Ed. (3528)
Janus Overseas
2006 Ed. (3674)
2000 Ed. (3311)
1999 Ed. (3517)
Janus Retirement Advantage Worldwide Growth
1997 Ed. (3825)
Janus Small Cap Value Investor
2006 Ed. (3651)
Janus Special Equity
2006 Ed. (3634)
Janus Twenty
2006 Ed. (3626)
2002 Ed. (2155)
2001 Ed. (3452)
2000 Ed. (3223, 3259, 3260, 3263, 3268, 3273, 3274)
1999 Ed. (3505)
1998 Ed. (2623)
1995 Ed. (2691, 2713)
1994 Ed. (2599, 2631, 2634)
1993 Ed. (2659, 2670, 2688)
Janus Twenty Fund
2003 Ed. (3514)
Janus Venture
2008 Ed. (598)
2000 Ed. (3288)
1996 Ed. (2764)
1995 Ed. (2691)
1994 Ed. (2599)
1992 Ed. (3148, 3193)
Janus Worldwide
2003 Ed. (3519)
2000 Ed. (3232, 3276, 3277, 3291)
1999 Ed. (3514, 3551, 3565)
1998 Ed. (2596, 2609)
1997 Ed. (2876)
1994 Ed. (2616)
Janus Worldwide Fund
2006 Ed. (3607)
2004 Ed. (3579)
Janzen, Johnston & Rockwell Emergence Management Services
2002 Ed. (2594)
Janzen, Johnston & Rockwell Emergency Medicine Management Services
2000 Ed. (2498)
Japan
2008 Ed. (260, 379, 576, 577, 831, 868, 1018, 1020, 1021, 1022, 1109, 1280, 1289, 1291, 1419, 1422, 2201, 2334, 2396, 2417, 2438, 2720, 2721, 2824, 2842, 3038, 3434, 3448, 3486, 3590, 3591, 3826, 3845, 3999, 4248, 4256, 4338, 4339, 4340, 4388, 4467, 4469, 4499, 4552, 4583, 4584, 4591, 4602, 4676, 4795, 5000)
2007 Ed. (265, 285, 397, 626, 627, 748, 869, 892, 1138, 1140, 1141, 1142, 1143, 1438, 2081, 2083, 2085, 2091, 2200, 2262, 2282, 2310, 2524, 2583, 2584, 2592, 2697, 2711, 2795, 2796, 2797, 2802, 2917, 3334, 3352, 3406, 3426, 3427, 3441, 3700, 3744, 3765, 3956, 3976, 4212, 4219, 4220, 4222, 4228, 4382, 4383, 4384, 4386, 4389, 4480, 4482, 4485, 4488, 4536, 4551, 4605, 4670, 4671, 4680, 4693, 4753, 4776, 4862, 4872, 5000)
2006 Ed. (258, 260, 282, 412, 597, 598, 656, 773, 804, 931, 1010, 1011, 1049, 1051, 1052, 1053, 1213, 1406, 1439, 1442, 1443, 2133, 2135, 2137, 2147, 2262, 2327, 2328, 2346, 2372, 2537, 2538, 2539, 2540, 2608, 2609, 2617, 2703, 2717, 2718, 2719, 2720, 2803, 2804, 2805, 2810, 2895, 2985, 3116, 3261, 3285, 3350, 3409, 3410, 3426, 3705, 3745, 3768, 3909, 3923, 4083, 4176, 4196, 4209, 4210, 4212, 4317, 4318, 4319, 4321, 4324, 4418, 4421, 4422, 4424, 4478, 4573, 4592, 4618, 4652, 4653, 4660, 4669, 4672, 4739, 4769, 4859, 4873, 5000)
2005 Ed. (237, 259, 459, 684, 685, 747, 853, 861, 862, 890, 1040, 1042, 1043, 1044, 1421, 1484, 1540, 1541, 2037, 2039, 2041, 2043, 2054, 2200, 2278, 2317, 2530, 2531, 2532, 2533, 2538, 2609, 2610, 2621, 2738, 2763, 2764, 2822, 2823, 2883, 3101, 3269, 3291, 3400, 3401, 3416, 3603, 3610, 3647, 3671, 3840, 3860, 4130, 4148, 4153, 4154, 4156, 4369, 4370, 4371, 4373, 4375, 4401, 4404, 4405, 4407, 4478, 4537, 4586, 4587, 4595, 4603, 4607, 4691, 4717, 4788, 5000)
2004 Ed. (210, 231, 237, 257, 687, 689, 733, 873, 874, 900, 1033, 1041, 1042, 1043, 1400, 1468, 1524, 1525, 1905, 1907, 1910, 1919, 2096, 2178, 2202, 2620, 2621, 2740, 2767, 2768, 2822, 2905, 3243, 3244, 3259, 3393, 3394, 3403, 3688, 3739, 3756, 3902, 3915, 4203, 4220, 4226, 4227, 4229, 4421, 4422, 4423, 4426, 4454, 4459, 4460, 4462, 4538, 4543, 4603, 4657, 4720, 4738, 4751, 4814, 4999)
2003 Ed. (249, 266, 290, 461, 544, 851, 873, 949, 950, 1029, 1096, 1097, 1385, 1438, 1494, 1495, 1876, 1973, 1974, 2053, 2129, 2149, 2210, 2211, 2216, 2217, 2218, 2219, 2220, 2221, 2222, 2223, 2224, 2225, 2226, 2227, 2228, 2229, 2488, 2489, 2623, 2624, 3023, 3200, 3213, 3333, 3695, 3710, 3755, 3877, 3892, 4176, 4194, 4199, 4200, 4202, 4423, 4496, 4554, 4556, 4618, 4698, 4699, 4735, 4825, 4897, 5000)
2002 Ed. (301, 559, 561, 683, 737, 738, 740, 741, 743, 745, 746, 758, 781, 1022, 1344, 1345, 1419, 1474, 1475, 1476, 1477, 1478, 1479, 1486, 1651, 1682, 1812, 2026, 2412, 2425, 2426, 2509, 2900, 3073, 3075, 3100, 3181, 3519, 3520, 3595, 3596, 3723, 3724, 3961, 3967, 4055, 4056, 4057, 4058, 4379, 4380, 4427, 4507, 4623, 4774, 4998, 4999)
2001 Ed. (373, 395, 400, 509, 510, 625, 671, 710, 711, 1004, 1005, 1020, 1101, 1128, 1143, 1190, 1191, 1192, 1193, 1297, 1299, 1300, 1301, 1353, 1414, 1935, 1947, 1950, 1969, 1992, 2005, 2023, 2126, 2127, 2128, 2134, 2163, 2232, 2264, 2278, 2305, 2362, 2364, 2365, 2366, 2367, 2371, 2372, 2379, 2448, 2449, 2454, 2489, 2603, 2611, 2693, 2695, 2697, 2968, 2970, 3022, 3075, 3112, 3157, 3181, 3200, 3241, 3367, 3368, 3369, 3370, 3410, 3502, 3546, 3581, 3609,

3694, 3821, 3950, 3967, 4039, 4041, 4122, 4134, 4136, 4137, 4149, 4262, 4263, 4264, 4265, 4267, 4312, 4315, 4318, 4369, 4370, 4372, 4373, 4383, 4390, 4426, 4427, 4428, 4447, 4495, 4535, 4566, 4597, 4598, 4648, 4655, 4690, 4716, 4904, 4914, 4943)
2000 Ed. (787, 808, 1032, 1321, 1322, 1323, 1610, 1613, 1650, 1889, 1891, 1899, 1902, 2336, 2349, 2354, 2357, 2358, 2363, 2374, 2375, 2376, 2378, 2861, 2862, 2863, 2943, 2981, 2983, 3011, 3175, 3354, 3355, 3357, 3548, 3571, 3840, 4040, 4183, 4273, 4361)
1999 Ed. (182, 190, 191, 212, 256, 770, 803, 804, 821, 1104, 1139, 1213, 1353, 1463, 1781, 1784, 1913, 1937, 2005, 2087, 2091, 2092, 2094, 2097, 2098, 2101, 2103, 2105, 2106, 2108, 2488, 2554, 2583, 2597, 2611, 2612, 2613, 2884, 2936, 3113, 3114, 3115, 3193, 3203, 3273, 3282, 3283, 3284, 3289, 3342, 3449, 3629, 3630, 3632, 3695, 3696, 3697, 3698, 3842, 3848, 4039, 4118, 4329, 4348, 4368, 4473, 4479, 4480, 4481, 4594, 4626, 4735, 4801, 4802, 4804)
1998 Ed. (115, 123, 230, 352, 484, 632, 633, 708, 785, 856, 1031, 1033, 1324, 1367, 1369, 1418, 1419, 1522, 1524, 1525, 1526, 1527, 1528, 1530, 1554, 1732, 1792, 1803, 1805, 1839, 1846, 1847, 1850, 1860, 2192, 2209, 2223, 2312, 2421, 2735, 2742, 2743, 2744, 2745, 2814, 2815, 2898, 3593, 3692)
1997 Ed. (288, 474, 518, 693, 699, 725, 823, 824, 915, 917, 939, 966, 1008, 1264, 1265, 1542, 1545, 1556, 1557, 1578, 1682, 1808, 1809, 1812, 1815, 2108, 2146, 2555, 2557, 2558, 2560, 2561, 2562, 2564, 2566, 2567, 2568, 2569, 2570, 2571, 2573, 2691, 2786, 2997, 2998, 2999, 3000, 3249, 3292, 3491, 3509, 3739, 3769, 3770, 3924)
1996 Ed. (157, 510, 762, 929, 936, 941, 944, 1217, 1221, 1222, 1226, 1477, 1480, 1645, 1719, 1726, 1729, 2344, 2449, 2551, 2948, 3189, 3435, 3662, 3692, 3715, 3762, 3814, 3821)
1995 Ed. (3, 170, 185, 187, 191, 310, 345, 663, 689, 713, 967, 997, 1247, 1252, 1518, 1521, 1544, 1593, 1657, 1658, 1734, 1736, 1737, 1739, 1741, 1742, 1743, 1744, 1745, 1746, 1751, 1752, 1753, 1768, 11785, 1961, 1999, 2010, 2017, 2019, 2020, 2021, 2022, 2029, 2036, 2872, 3169, 3177, 3605, 3616, 3634)
1994 Ed. (156, 181, 182, 184, 253, 486, 709, 730, 731, 736, 786, 857, 949, 956, 1230, 1231, 1484, 1486, 1489, 1516, 1581, 1728, 1932, 1973, 1979, 1983, 1987, 2005, 2006, 2264, 2344, 2363, 2367, 2465, 2513, 2747, 3450, 3522, 3656)
1993 Ed. (171, 178, 179, 201, 212, 213, 240, 345, 479, 481, 700, 721, 722, 728, 857, 920, 943, 956, 1035, 1046, 1067, 1113, 1202, 1203, 1209, 1269, 1345, 1464, 1465, 1582, 1596, 1717, 1719, 1720, 1722, 1723, 1724, 1730, 1743, 1951, 1957, 1958, 1959, 1960, 1961, 1967, 1974, 1981, 1987, 2000, 2028, 2052, 2103, 2167, 2229, 2368, 2374, 2387, 2411, 2476, 2481, 2482, 2483, 2950, 3053, 3302, 3455, 3456, 3476, 3510, 3558, 3559, 3595, 3596, 3597, 3680, 3682, 3692, 3722)
1992 Ed. (225, 228, 229, 268, 269, 299, 316, 499, 669, 723, 891, 906, 907, 912, 1049, 1068, 1152, 1234, 1296, 1373, 1390, 1489, 1490, 1496, 1639, 1713, 1727, 1728, 1732, 1733, 1759, 1760, 1775, 1776, 1880, 2068, 2070, 2072, 2075, 2078, 2079, 2080, 2081, 2083, 2090, 2129, 2171, 2250, 2252, 2292, 2296, 2297, 2300, 2301, 2302, 2303, 2310, 2317, 2320, 2327, 2333, 2360, 2806, 2807, 2808, 2853, 2936, 2937, 2950, 2999, 3141, 3276, 3348, 3514, 3552, 3555, 3599, 3600, 3724, 3742, 4021, 4139, 4140, 4141, 4152, 4184, 4185, 4186, 4187, 4194, 4203, 4238, 4239, 4321, 4322, 4324, 4412, 4413, 4472, 4495)
1991 Ed. (164, 165, 222, 329, 352, 516, 728, 934, 1171, 1177, 1178, 1184, 1379, 1381, 1401, 1402, 1408, 1479, 1641, 1650, 1818, 1820, 1821, 1824, 1825, 1826, 1827, 1834, 1841, 1844, 1850, 1868, 2111, 2263, 2276, 2493, 2754, 2915, 3108, 3109, 3236, 3267, 3268, 3269, 3270, 3279, 3287, 3357, 3358, 3405, 3406, 3407, 3465, 3506)
1990 Ed. (203, 204, 205, 405, 414, 741, 742, 746, 960, 1252, 1259, 1260, 1445, 1448, 1582, 1709, 1729, 1732, 1734, 1736, 1900, 1928, 1929, 1930, 1931, 1964, 1965, 2403, 2497, 3076, 3439, 3471, 3503, 3508, 3610, 3611, 3612, 3613, 3615, 3616, 3617, 3618, 3619, 3624, 3633, 3694)
1989 Ed. (363, 565, 982, 1178, 1181, 1182, 1284, 1389, 1390, 1397, 1398, 1399, 1400, 1405, 1406, 1407, 1408, 1517, 1518, 1864, 1865, 2121, 2638, 2641, 2819, 2899, 2900)
Japan Air Lines
1992 Ed. (264, 265, 282, 286, 289, 290, 294, 296, 297, 298, 300, 301, 4337)
1991 Ed. (189, 190, 191, 192, 193, 194)
1990 Ed. (3641, 3645)
1989 Ed. (241, 243, 2874)
Japan Air System
2000 Ed. (248)
1999 Ed. (225)
1990 Ed. (215)
Japan Airlines Co., Ltd.
2004 Ed. (213, 214)
2003 Ed. (251, 252)
2002 Ed. (267)
2001 Ed. (271, 297, 298, 301, 304, 304, 305, 313, 319, 322, 326, 330, 331, 332, 1622)
2000 Ed. (228, 231, 232, 233, 234, 246, 247, 248, 255, 256, 257, 258, 260, 265, 266)
1999 Ed. (208, 209, 210, 211, 223, 225, 232, 233, 234, 235, 236, 237, 238, 239, 242, 243, 1565, 4653)
1998 Ed. (112, 113, 118, 119, 120, 121, 138, 139)
1997 Ed. (209, 214, 216, 3788)
1996 Ed. (174, 175, 177, 178, 3738)
1995 Ed. (188, 3654)
1994 Ed. (154, 155, 157, 158, 159, 160, 177, 178, 3570, 3578)
1993 Ed. (170, 172, 173, 174, 175, 181, 194, 197, 199, 200, 3613)
1992 Ed. (291)
Japan Airlines co. Ltd.
2000 Ed. (4293)
Japan Airlines International
2008 Ed. (1786)
2007 Ed. (1759)
Japan Airlines Systems Corp.
2008 Ed. (219, 220)
2007 Ed. (240, 241, 4836)
2006 Ed. (239, 1717)
2005 Ed. (223, 225, 228, 230, 1772)
2004 Ed. (217, 220, 222)
Japan Alpha Fund
1998 Ed. (2656)
Japan Broadcasting
1996 Ed. (792)
Japan Camera Centre
1989 Ed. (1487)
Japan Camera Centre 1 Hour Photo
1991 Ed. (1773)
Japan Development Bank
1998 Ed. (1268)
1995 Ed. (1561)
1994 Ed. (519)
1991 Ed. (575, 577)
Japan Earthquake Re
2001 Ed. (2959)
Japan Energy Corp.
2000 Ed. (1026)
1999 Ed. (1090)
1997 Ed. (959)
1996 Ed. (1388)
Japan External Trade Organization
2008 Ed. (3520)
Japan Fiber Coating
2000 Ed. (3028)
Japan Fine Coating
2002 Ed. (3320)
Japan Fund
2001 Ed. (3503)
1996 Ed. (2790)
Japan JWP Business Land
1995 Ed. (1245)
Japan Line Ltd.
1993 Ed. (1276)
1992 Ed. (1571)
Japan Petroleum Exploration Co.
2008 Ed. (3914)
2007 Ed. (3861, 3878)
2005 Ed. (3762)
2003 Ed. (3821)
Japan Polychem Corp.
2001 Ed. (3838)
Japan Post
2008 Ed. (4329, 4331)
2007 Ed. (1801, 4374, 4376)
2006 Ed. (4309)
Japan Postal Service
2004 Ed. (3753)
2003 Ed. (3709)
2002 Ed. (3573, 4265)
2000 Ed. (1482, 3576)
1999 Ed. (1675, 3681, 3861)
1998 Ed. (1166, 2888)
1997 Ed. (1448, 3136)
Japan Power
2000 Ed. (2878)
Japan Research Reactor III
1999 Ed. (3633)
Japan Retail Fund Investment Corp.
2007 Ed. (4091)
Japan Securities Finance
1995 Ed. (1874)
1994 Ed. (1846)
1993 Ed. (1857)
1992 Ed. (2149)
1991 Ed. (1715)
1990 Ed. (1778)
Japan Smaller Companies
2008 Ed. (4518)
Japan Steel Corp.
1993 Ed. (1461)
Japan Steel Works
1992 Ed. (1772)
1991 Ed. (1405)
1990 Ed. (1478)
Japan Systems
1995 Ed. (1245)
Japan Telecom
2005 Ed. (3284)
2003 Ed. (1704)
1997 Ed. (3694)
Japan Telecom Holdings Co.
2005 Ed. (1552, 1571)
Japan Tobacco Inc.
2008 Ed. (4696)
2007 Ed. (4779)
2006 Ed. (3389)
2005 Ed. (60, 1493, 3393)
2004 Ed. (62, 65, 1477, 3362, 4740)
2003 Ed. (1447, 3305, 4758)
2002 Ed. (1427, 2000, 3251, 4632)
2001 Ed. (18)
2000 Ed. (2223, 4260)
1999 Ed. (2465, 4613)
1998 Ed. (3581)
1997 Ed. (3760)
1996 Ed. (3704)
1995 Ed. (1425, 3627)
1994 Ed. (3548)
1993 Ed. (32, 3584)
1992 Ed. (55)
1990 Ed. (1576)
Japan Tobacco International
1991 Ed. (27)
Japan Travel Bureau
2000 Ed. (4302)
Japan Travel Bureau International
1999 Ed. (4666, 4667)
1998 Ed. (3622, 3624)
1996 Ed. (3744)
Japan Vilene Co., Ltd.
2007 Ed. (3708)
2006 Ed. (3725)
2005 Ed. (3609)
2004 Ed. (3699)
2001 Ed. (3551)
2000 Ed. (3356)
1999 Ed. (3631)
1998 Ed. (2689)
1997 Ed. (2952)
1996 Ed. (2854)
1995 Ed. (2790, 2791)
1994 Ed. (2682)
1993 Ed. (2734)
1992 Ed. (3274)
Japanese
2000 Ed. (2889, 2890, 4380)
1994 Ed. (310)
1990 Ed. (351)
Japanese brands
1991 Ed. (332)
Japanese equity
2001 Ed. (3456)
Japanese Equity Funds
1990 Ed. (2396)
Japanese Type 90
1992 Ed. (3078)
Japanese yen
2008 Ed. (2273)
2007 Ed. (2158)
2006 Ed. (2239)
1994 Ed. (2699)
1993 Ed. (2744)
1990 Ed. (1871, 2742)
Japantex
2004 Ed. (4758)
Japdeva
1989 Ed. (1103)
JAPFA
1996 Ed. (2436)
1994 Ed. (2338)
Japfa Comfeed Indonesia
1997 Ed. (1431, 2581)
Japhet Enterprises
2002 Ed. (2693)
Japhet Homes
2005 Ed. (1241)
Japonica Partners
1991 Ed. (3333)
Jarc; Frank R.
1997 Ed. (1804)
Jarden Corp.
2008 Ed. (1214, 3097, 3189, 4253, 4254)
2007 Ed. (1332, 2868, 2870, 4216)
2005 Ed. (3459)
2004 Ed. (3681, 4555, 4570, 4578)
Jardine California Motors Ltd.
2006 Ed. (348)
Jardine Davies Inc.
1993 Ed. (2493)
Jardine Emmett & Chandler Inc.
1990 Ed. (2266)
Jardine Fleming
2000 Ed. (867, 869, 870, 871, 872, 875, 876, 877, 878, 883, 884, 886, 888, 889, 890, 891)
1999 Ed. (866, 872, 873, 874, 875, 876, 877, 878, 879, 880, 881, 882, 883, 884, 885, 886, 887, 888, 889, 890, 891, 898, 899, 900, 901, 902,

903, 905, 906, 907, 908, 909, 915, 916, 917, 918, 919, 921, 922, 923, 924, 925, 926, 927, 928, 929, 930, 931, 933, 935, 936, 937, 938, 939, 940, 941, 942, 943, 945, 2363, 3099)
1997 Ed. (743, 750, 751, 752, 753, 754, 755, 756, 757, 758, 759, 760, 761, 762, 763, 764, 765, 766, 767, 768, 769, 772, 773, 774, 775, 776, 777, 778, 779, 780, 781, 783, 784, 785, 787, 793, 794, 795, 796, 797, 798, 799, 800, 801, 802, 803, 804, 807, 808, 809, 810, 811, 812, 813, 814, 815, 816, 817, 818, 819, 820, 821, 822, 3490)
1995 Ed. (421, 764, 770, 771, 772, 773, 774, 775, 776, 778, 779, 780, 781, 782, 783, 784, 785, 786, 788, 789, 790, 791, 792, 793, 794, 795, 796, 797, 798, 799, 801, 811, 812, 813, 814, 815, 817, 818, 819, 820, 821, 827, 828, 829, 830, 831, 832, 833, 834, 836, 837, 838, 839, 840, 841, 2393, 2396)
1994 Ed. (781, 3186)
1993 Ed. (1639, 1640, 1641, 1642, 1643, 1644, 1646, 1647)
1992 Ed. (3020, 3021)
1991 Ed. (779)
1990 Ed. (816, 2319)
1989 Ed. (816)
Jardine Fleming Asset Management
2002 Ed. (3027)
Jardine Fleming Holdings
1991 Ed. (2411)
1990 Ed. (2314)
1989 Ed. (1779)
Jardine Fleming Investment Management Hong Kong
1997 Ed. (2544)
Jardine Fleming Nusantara
1996 Ed. (3377)
Jardine Fleming Securities
2001 Ed. (2426)
2000 Ed. (2058)
1999 Ed. (2278)
1997 Ed. (1957, 1975)
1996 Ed. (1851)
Jardine Insurance Brokers Inc.
1996 Ed. (2277)
1995 Ed. (2270)
1994 Ed. (2225, 2226)
1993 Ed. (2247, 2248, 2249)
1991 Ed. (2137)
1990 Ed. (2270)
Jardine Insurance Brokers Group
1991 Ed. (2138)
Jardine International Motor Holdings Ltd.
1999 Ed. (1648)
Jardine International Motors
2001 Ed. (1723)
Jardine Lloyd Thompson
1999 Ed. (1644, 2909)
Jardine Lloyd Thompson Group plc
2008 Ed. (3240, 3241, 3242, 3243, 3331)
2007 Ed. (3117, 3186)
2006 Ed. (3075, 3079, 3096, 3128)
2005 Ed. (3074, 3078, 3092)
2004 Ed. (3066, 3068)
2002 Ed. (2859, 2860, 2861, 2863)
2000 Ed. (2664)
1999 Ed. (2906)
Jardine Lloyd Thompson Reinsurance Holdings Ltd.
2000 Ed. (3751)
Jardine Matheson
2000 Ed. (1452, 4034)
1996 Ed. (2138, 3407)
1992 Ed. (1632, 1634, 2439, 2442, 2899)
Jardine, Matheson & Co., Inc.
1990 Ed. (2465)
Jardine Matheson Holdings Ltd.
2008 Ed. (45, 81, 1788)
2007 Ed. (41, 75, 1761)
2006 Ed. (50, 1567, 4326)
2005 Ed. (43)
2004 Ed. (49)
2002 Ed. (1599)
2001 Ed. (1621, 1723)
1999 Ed. (1650, 1731, 3469)
1998 Ed. (2558, 2559)
1997 Ed. (1425, 1505)
1996 Ed. (1372, 1375, 2137, 2141)
1995 Ed. (1411, 1412)
1994 Ed. (1384, 1385)
1993 Ed. (1328, 2058, 2457, 3265)
1991 Ed. (1300, 2339)
1989 Ed. (1125)
Jardine Risk Management Inc.
1995 Ed. (907)
1994 Ed. (865)
Jardine Strategic
2006 Ed. (4326)
Jardine Strategic Holdings
1999 Ed. (1731)
1992 Ed. (1613)
Jardon & Howard Technologies Inc.
2007 Ed. (2833)
2006 Ed. (1370, 3507, 4346)
Jaret
2001 Ed. (1115)
Jaric Developers
1990 Ed. (2962)
Jarislowsky & Fraser Co. Ltd.
1996 Ed. (2420)
1994 Ed. (2325)
1993 Ed. (2345)
1992 Ed. (2783, 2784)
1989 Ed. (1786)
Jarislowsky & Fraser Co. Ltd,
1991 Ed. (2254, 2255)
Jarislowsky, Fraser
1990 Ed. (2362)
1989 Ed. (2143)
Jarislowsky, Fraser Limited
2000 Ed. (2844)
Jarislowsky; Stephen
2005 Ed. (4865)
Jarit
1994 Ed. (3470)
Jaromir Jagr
2003 Ed. (298)
Jarrett Industries Inc.
2007 Ed. (3563, 3564, 4425)
2006 Ed. (3518)
Jarrett Logistics Systems
2008 Ed. (4738)
2007 Ed. (4811)
Jarvinen
1993 Ed. (3327)
1992 Ed. (3983)
1991 Ed. (3134)
Jarvis
1992 Ed. (2963)
Jarvis Hotels Ltd.
1995 Ed. (1005)
Jasa Transit
2007 Ed. (4811)
JASCO Construction Co.
2008 Ed. (2955)
Jasco Industries
2005 Ed. (4528)
Jasculca/Terman & Associates
2005 Ed. (3961)
2004 Ed. (4005)
2002 Ed. (3813)
1999 Ed. (3929)
1998 Ed. (2945)
1997 Ed. (3191)
1996 Ed. (3112)
1995 Ed. (3011)
Jasminal; Group
2008 Ed. (94)
2007 Ed. (87)
2006 Ed. (97)
2005 Ed. (88)
Jasminder Singh
2005 Ed. (4893)
Jasmine
1997 Ed. (3696)
Jason Ader
2000 Ed. (2011, 2022)
1998 Ed. (1641)
1997 Ed. (1919)
Jason Adler
1999 Ed. (2229)
Jason Bazinet
2008 Ed. (2692)
Jason Berman
1999 Ed. (3254)
Jason Billings
1999 Ed. (2288)
Jason Giambi
2005 Ed. (267)
Jason International Optical Inc.
1992 Ed. (2406)
1991 Ed. (1911)
Jason James
1997 Ed. (1995)
Jason Sehorn
2003 Ed. (297)
Jason Wee
2000 Ed. (2186)
1999 Ed. (2426)
Jason's Deli
2008 Ed. (2662, 2667, 2671, 4271, 4274, 4275)
2007 Ed. (2534, 2545)
2006 Ed. (2560, 2574)
Jaspan, Schlesinger, Silverman & Hoffman
1999 Ed. (3152)
Jaspan, Schlesinger, Silverman, & Hoffman LLP
2000 Ed. (2898)
Jasper Economic Development Corp.
1996 Ed. (2239)
Jasper Jeep-Eagle
1996 Ed. (276)
1992 Ed. (388)
1990 Ed. (330)
Jasper Jeep-Eagle Sales
1995 Ed. (277)
Jasper Jeep Sales
1994 Ed. (273)
1993 Ed. (274)
1991 Ed. (283)
Jasper Park Lodge
1993 Ed. (2094)
Jasper Wyman & Son
1998 Ed. (1772)
Jastrow II; K. M.
2005 Ed. (2488)
JAT
1991 Ed. (202)
1990 Ed. (219, 220)
Jatania brothers
2008 Ed. (4896)
Java Community Process
2005 Ed. (1153)
Java Pelletizing Factory
1993 Ed. (2156)
Javelin Systems, Inc.
2001 Ed. (1644, 1650)
Javier de la Rosa
1996 Ed. (1227)
Javier Echanove
2000 Ed. (2188)
Javitch, Block, Eisen & Rathbone
2001 Ed. (1315)
Javits Convention Center, Jacob K.
1992 Ed. (1442, 3013)
Javits Convention Center, New York City; Jacob
1991 Ed. (1104)
Jaws
1999 Ed. (3446)
1998 Ed. (2536)
1990 Ed. (2611)
Jawz Inc.
2002 Ed. (2508)
Jax Kar Wash
2007 Ed. (348)
Jax Navy Credit Union
2003 Ed. (1912)
2002 Ed. (1858)
Jax Navy FCU
1999 Ed. (1805)
Jax Navy Federal Credit Union
2000 Ed. (1631)
1998 Ed. (1232)
1997 Ed. (1559, 1563, 1564)
1996 Ed. (1499, 1502)
1994 Ed. (1503)
1993 Ed. (1448)
Jay A. Fishman Ltd.
2002 Ed. (3022)
2001 Ed. (3018)
2000 Ed. (2846)
Jay A. Pritzker
1998 Ed. (686)
Jay Arthur Pritzker
1989 Ed. (1986)
Jay Arthur Pritzker, Robert Alan Pritzker
1991 Ed. (2461)
Jay Chiat
2000 Ed. (37)
Jay Cohen
2000 Ed. (2028)
Jay Deahna
2000 Ed. (2005)
1999 Ed. (2261)
Jay Freedman
1993 Ed. (1772, 1773, 1789, 1802)
1992 Ed. (2136, 2137, 2138)
1991 Ed. (1683)
Jay Gould
2008 Ed. (4837)
2006 Ed. (4914)
Jay Grossman
2003 Ed. (224, 228)
The Jay Group Inc.
2008 Ed. (3729, 4425, 4980)
2007 Ed. (3594, 3595, 4443)
Jay H. Harris
1990 Ed. (1722)
Jay Hair
1993 Ed. (1701)
Jay Hoag
2003 Ed. (4846)
Jay Jacobs Inc.
1996 Ed. (384)
Jay Kaplan Inc.
1989 Ed. (2258)
Jay Leno
2008 Ed. (2585)
2004 Ed. (2415)
2003 Ed. (2335)
2002 Ed. (4546)
2001 Ed. (4439)
Jay M. Gellert
2008 Ed. (950)
Jay M. Meier
2006 Ed. (2579)
Jay Meltzer
1996 Ed. (1827)
1991 Ed. (1685)
Jay Mobil Corp.e Home Additions
1995 Ed. (2978, 2979)
Jay Rockefeller
2003 Ed. (3206)
2001 Ed. (3318)
Jay Stevens
1995 Ed. (1825)
1994 Ed. (1787)
Jay Sugarman
2006 Ed. (928)
Jay Van Andel
2006 Ed. (4908)
Jay Weintraub
2000 Ed. (1937)
1999 Ed. (2167)
1998 Ed. (1579)
1997 Ed. (1923)
Jay-Yong; Lee
2008 Ed. (4851)
Jaya Ancol Dreamland
1996 Ed. (217, 220)
1995 Ed. (218)
Jaya Holdings
2008 Ed. (2068)
2007 Ed. (1972)
Jayco
1998 Ed. (3029)
1996 Ed. (3172)
1994 Ed. (2923)
1993 Ed. (2986)
1992 Ed. (3644)
Jayman Master Builder Inc.
2006 Ed. (1539)
Jayman MasterBuilt
2007 Ed. (1568)
Jaynes Corp.
2008 Ed. (1319)
2007 Ed. (1382)
2006 Ed. (1329)
Jay's
2003 Ed. (3919)
2002 Ed. (3733)
2001 Ed. (3861)

2000 Ed. (3577, 3578)
1999 Ed. (3863)
Jay's Food LLC
2003 Ed. (3920, 4458)
Jay's O-Ke-Doke
1996 Ed. (3054)
Jazing
2001 Ed. (2656)
Jazz
2006 Ed. (4289)
2001 Ed. (3405)
1999 Ed. (3740)
1996 Ed. (2954)
1994 Ed. (2779)
1992 Ed. (3366)
1989 Ed. (2527)
Jazz Casino Co.
2008 Ed. (1889)
2007 Ed. (1857)
2006 Ed. (1854)
Jazz Casino Co. LLC
2003 Ed. (1747)
Jazz Pharmaceuticals
2006 Ed. (4878)
Jazzercise Inc.
2008 Ed. (872, 876, 2914)
2007 Ed. (901, 902, 2789)
2006 Ed. (813, 2789)
2005 Ed. (893, 898, 2813)
2004 Ed. (2817)
2003 Ed. (889, 2697)
2002 Ed. (2359, 2454)
2001 Ed. (2532)
1999 Ed. (2509)
1996 Ed. (1964)
1994 Ed. (1915)
1992 Ed. (2219, 2220, 2222, 2226)
1991 Ed. (1770, 1772)
1990 Ed. (1852)
Jazztel plc
2002 Ed. (3547, 3565)
JazzyBooks (Group)
2000 Ed. (3501)
JazzyBooks (Secondary School)
2000 Ed. (3501)
J.B. & Asociados
1999 Ed. (134)
1996 Ed. (121)
J.B. & Asociados (Y & R)
2000 Ed. (152)
J.B. Crowell
1992 Ed. (532)
J.B. Gottstein
2000 Ed. (2386, 2387)
JB Henderson Construction Co.
2006 Ed. (1329, 1330, 1349)
J.B. Hunt
2000 Ed. (4314)
J.B. Hunt Transport
2000 Ed. (4308, 4316, 4319)
1999 Ed. (4688)
1998 Ed. (3630)
J.B. Hunt Transport Services
2000 Ed. (4306, 4309, 4317)
JB Oxford & Co.
2001 Ed. (2973)
JB Oxford Holdings Inc.
2005 Ed. (2206)
2001 Ed. (1651)
JB Were Ltd.
2004 Ed. (1424, 4374)
2000 Ed. (874)
1999 Ed. (914)
JB Were & Son
2002 Ed. (810, 811, 812)
2000 Ed. (879)
1990 Ed. (810)
JBA Software Products Ltd.
2000 Ed. (1178)
JBHM Architects
2008 Ed. (2519)
JBL Professional
1994 Ed. (2588)
JBoss
2008 Ed. (1145, 1404)
2007 Ed. (1245, 1247)
2006 Ed. (1138)
JBoss Group LLC
2006 Ed. (1136)
2005 Ed. (1147)
JBR McCann
2003 Ed. (130)
2002 Ed. (162)
2001 Ed. (191)
2000 Ed. (154)
JBR/McCann AS
1999 Ed. (136)
1997 Ed. (127)
JBWere
2004 Ed. (3953)
2003 Ed. (4355)
JC
1994 Ed. (839)
JC Bradford
1990 Ed. (2293)
J.C. Bradford & Co.
2000 Ed. (3976)
JC Newman Cigar Co.
2003 Ed. (967)
JC Penney
2006 Ed. (2854)
2005 Ed. (2851)
2001 Ed. (4090)
2000 Ed. (206, 1572, 1621, 1660, 2266, 2290, 2291, 2300, 2488, 3022, 3023, 3024, 3803, 3806, 3810, 3812, 3813, 3815, 3816, 3818, 3823, 4282)
1998 Ed. (1964, 3089, 3094, 3602)
1992 Ed. (1838)
1990 Ed. (45)
J.C. Penney-catalog
2000 Ed. (3803)
J.C. Penney Uniforms Catalog
2000 Ed. (3359)
JC Rose & Associates
2008 Ed. (4427)
JC Tec Industries Inc.
2007 Ed. (3559)
JcaP
2000 Ed. (810)
JCB
1996 Ed. (2245)
JCB Partners
2008 Ed. (1207)
JCC Holding Co.
2003 Ed. (1747)
JCG Corp.
1992 Ed. (1431)
JCI
1998 Ed. (1855)
1996 Ed. (2034)
1993 Ed. (2577)
1991 Ed. (2468)
1990 Ed. (2590)
JCI Distributors
1994 Ed. (2055)
JCI Environmental Services
1991 Ed. (1907)
JCM Group Inc.
1995 Ed. (1141)
JCP.com
2008 Ed. (2447)
JCPenney Telemarketing, Inc.
2001 Ed. (4464, 4467)
JCPenney.com
2007 Ed. (2321)
2005 Ed. (2326)
2001 Ed. (2977, 2982, 2983, 4780)
jcrew.com
2001 Ed. (2975, 2980, 2983)
JC's United Building Maintenance Inc.
1997 Ed. (2225)
JCW Investments
1991 Ed. (2223, 2227, 2239)
JCWhitney.com
2008 Ed. (2448)
JD Edwards
2000 Ed. (967, 2453)
J.D. Edwards & Co.
2000 Ed. (1749)
JD Group Ltd.
2006 Ed. (4523)
J.D. Long Masonry Inc.
2000 Ed. (1263)
J.D. Store Equipment Co.
2000 Ed. (4135)
JD Wetherspoon
2006 Ed. (4139)
2005 Ed. (4091)
JDA Software Group Inc.
2008 Ed. (4577)
1999 Ed. (4331)
JDM Infrastructure LLC
2008 Ed. (4384)
J.D.'s Country Cocktails
1995 Ed. (2474)
JDS Fitel Inc.
2005 Ed. (1482, 1518)
2001 Ed. (1555)
JDS Uniphas Canada
2001 Ed. (1664)
JDS Uniphase Corp.
2007 Ed. (4525, 4565)
2006 Ed. (1452, 2817, 4469, 4471, 4472, 4585)
2005 Ed. (1510, 1518, 1568, 1671, 1673, 1684, 2340, 2828, 2833, 3698, 4464, 4466, 4469, 4470)
2004 Ed. (1494, 1502, 2257, 2489, 3662, 3678, 3779, 4491, 4492, 4493, 4495, 4497, 4559)
2003 Ed. (1069, 1423, 1464, 1472, 1496, 1552, 1558, 1576, 1592, 2240, 3304, 3754, 4378, 4539, 4541, 4542, 4544, 4545, 4720)
2002 Ed. (2470, 4353, 4356, 4359, 4360, 4363)
2001 Ed. (2866)
JDS Uniphase Canada Ltd.
2006 Ed. (1615)
Je Corette
1998 Ed. (3401)
Je Il Investment Trust Co.
1997 Ed. (2397)
J.E. Wood Clinic
2000 Ed. (3545)
JEA
2008 Ed. (2420, 2810)
JEA/Jacksonville Electric Authority
2002 Ed. (3881)
Jean-Air
1991 Ed. (3242)
Jean Bell
1990 Ed. (3330)
Jean Brennan
2007 Ed. (4919)
Jean-Claude Decaux
2008 Ed. (4866)
Jean-Claude Trichet
2005 Ed. (3203)
Jean Couto Group
1997 Ed. (1595, 1673)
Jean Coutu
2005 Ed. (4872, 4875, 4876)
2001 Ed. (2092, 2093)
2000 Ed. (1721, 1722)
1996 Ed. (1592)
Jean Coutu Group Inc.
2008 Ed. (4226, 4232)
2007 Ed. (4188, 4196, 4573)
2006 Ed. (1445, 1616, 1622, 1626)
2003 Ed. (2103, 2104, 2105)
1999 Ed. (1926, 1927, 4109)
1998 Ed. (1361, 1362)
1995 Ed. (1617)
1994 Ed. (1523)
1991 Ed. (2894)
The Jean Coutu Group (PJC) Inc.
2002 Ed. (2040, 2041, 2042)
Jean Coutu Group PJC USA Inc.
2008 Ed. (2062)
2007 Ed. (1967)
2006 Ed. (2002)
Jean Coutu Group USA Inc.
2005 Ed. (1956)
Jean; Emilio Azcarraga
2008 Ed. (4886)
Jean-Georges Vongerichten
2001 Ed. (1175)
Jean H. Tuthill
1991 Ed. (2345)
Jean-Jacques Bienaime
2006 Ed. (2519)
Jean Louis David
2001 Ed. (2640, 2643, 2644, 2645, 2646)
Jean-Louis Morisot
2000 Ed. (2059)
1999 Ed. (2279)
Jean Madar
2006 Ed. (2527)
Jean-Marc Eustache
1999 Ed. (1124)
Jean Monty
2005 Ed. (2514)
2004 Ed. (2534)
Jean Nate
2007 Ed. (2644)
2004 Ed. (2684)
2003 Ed. (2549)
1994 Ed. (676)
Jean Paul Gaultier
1997 Ed. (3030)
Jean Phillipe Fragrances
1995 Ed. (2058)
Jean Sievert
2000 Ed. (1924, 1932)
1999 Ed. (2155, 2162)
1997 Ed. (1928)
Jean Simpson Personnel Services Inc.
2008 Ed. (3712, 4398, 4964)
2006 Ed. (3516, 4355)
Jeanett; Storm
2005 Ed. (885)
Jeanie
2001 Ed. (2185, 2186, 2188)
1996 Ed. (259)
1995 Ed. (352)
1993 Ed. (263)
1992 Ed. (1910, 1912)
Jeanne d'Arc Credit Union
2008 Ed. (2238)
2007 Ed. (2123)
2006 Ed. (2202)
2005 Ed. (2107)
2004 Ed. (1965)
2003 Ed. (1925)
2002 Ed. (1871)
Jeanne Feldhusen
1996 Ed. (1893)
Jeanne Gallagher Terrik
1995 Ed. (1819)
Jeanne Gallagher Terrile
2000 Ed. (2007)
1999 Ed. (2225)
1998 Ed. (1638)
1997 Ed. (1867)
1996 Ed. (1793)
1994 Ed. (1779)
1993 Ed. (1796)
1991 Ed. (1679)
Jeannette P. Meier
1999 Ed. (4805)
Jean's Kingdom Inc.
1994 Ed. (1463)
Jebel Ali
1992 Ed. (1393)
Jebel Ali, Port Rashid
2001 Ed. (3858)
Jed Clampett
2008 Ed. (640)
2007 Ed. (682)
JED Oil Inc.
2006 Ed. (4255)
Jeddah
1992 Ed. (1393)
Jeddah Islamic Port
2001 Ed. (3858)
Jeep
2006 Ed. (355, 4855)
2005 Ed. (341)
2003 Ed. (303, 359)
2002 Ed. (413, 4703)
2001 Ed. (483, 535)
2000 Ed. (25, 344, 795)
1999 Ed. (326)
1997 Ed. (292, 299, 2229)
1996 Ed. (309, 3748)
1990 Ed. (359)
Jeep Cherokee
1999 Ed. (357, 4375, 4376)
1992 Ed. (3087)
Jeep/Eagle
2001 Ed. (457, 458, 459, 462)
1990 Ed. (344)
Jeep Eagle Dealer Association
1998 Ed. (206)
Jeep-Eagle of Schaumburg Inc.
1995 Ed. (277)
Jeep Grand Cherokee
2008 Ed. (4765)
2007 Ed. (4858)
2006 Ed. (3577, 4829, 4856)
2005 Ed. (4427, 4777, 4786)
2004 Ed. (4477, 4806, 4812)

2003 Ed. (4820)
2000 Ed. (360, 4087)
1999 Ed. (341, 3418, 4375, 4376, 4670)
1998 Ed. (234)
1996 Ed. (2492)
1994 Ed. (306)
Jeep Liberty
2008 Ed. (304)
2006 Ed. (323)
2005 Ed. (304, 4777)
Jeep Wrangler
1998 Ed. (3600)
1996 Ed. (3765)
Jeff Austin
2003 Ed. (222)
Jeff Bahrenburg
1996 Ed. (1867)
Jeff Bezos
2002 Ed. (3355, 4787)
2000 Ed. (1881, 2448)
Jeff Biby
1999 Ed. (2196)
Jeff Borris
2003 Ed. (225)
Jeff Davis
2008 Ed. (2691)
Jeff Fettig
2004 Ed. (2527)
Jeff Foxworthy
1997 Ed. (1113)
Jeff Gordon
2004 Ed. (260)
2003 Ed. (294)
2001 Ed. (419)
Jeff Hull
2005 Ed. (3284)
Jeff Immelt
2006 Ed. (689)
2005 Ed. (788)
Jeff Moorad
2003 Ed. (221, 225)
Jeff Morris Subaru
1992 Ed. (401)
Jeff Reid
2006 Ed. (703)
Jeff Skoll
2007 Ed. (4910)
2006 Ed. (4912, 4923)
2005 Ed. (4859, 4874, 4875)
2003 Ed. (4888, 4891)
2002 Ed. (4787, 4788)
Jeff Timmons
2006 Ed. (703)
2005 Ed. (796)
Jeff Zucker
2005 Ed. (785)
JeffBanks Inc.
2000 Ed. (647)
1999 Ed. (622)
Jeffco Painting & Contracting Inc.
1992 Ed. (1422)
1991 Ed. (1089)
JeffCo Public Schools
2007 Ed. (2268)
Jeffer, Mangels, Butler & Marmaro
1999 Ed. (3153)
Jefferies
1990 Ed. (793)
Jefferies & Co.
2006 Ed. (3686, 3687, 3700, 3701)
2005 Ed. (3582)
2000 Ed. (879)
1997 Ed. (3423)
1995 Ed. (2349)
1989 Ed. (804)
Jefferies Group Inc.
2008 Ed. (2695)
2007 Ed. (2550, 3277, 4272)
2006 Ed. (3210)
2005 Ed. (2572, 2573)
2004 Ed. (2594, 2595, 4330)
2000 Ed. (885)
1997 Ed. (3433, 3434)
1996 Ed. (809)
Jefferson, AL
1993 Ed. (2982)
Jefferson Bank
2007 Ed. (464)
2005 Ed. (521)
1995 Ed. (1239)
Jefferson Bank & Trust Inc.
1995 Ed. (559)
1994 Ed. (589)
1993 Ed. (582)
1992 Ed. (791)
Jefferson City, MO
2008 Ed. (3468)
Jefferson County, AL
2000 Ed. (3680)
Jefferson County Public Schools
2008 Ed. (2494)
2007 Ed. (2377)
2006 Ed. (2432)
2005 Ed. (2391)
2004 Ed. (2307)
2003 Ed. (2276)
2002 Ed. (2418)
Jefferson County, WA
1996 Ed. (1475)
Jefferson Davis County, MS
2002 Ed. (1806)
The Jefferson Group
1996 Ed. (3135)
1995 Ed. (3032)
1994 Ed. (2946, 2948, 2972)
Jefferson Health System
2006 Ed. (3591)
2002 Ed. (3295)
2000 Ed. (2533)
1999 Ed. (2753)
1998 Ed. (1996)
Jefferson Home Care Network
1999 Ed. (2708)
Jefferson Hospital Association Inc.
2003 Ed. (1610)
2001 Ed. (1612)
The Jefferson Hotel
2006 Ed. (2931)
2005 Ed. (2928)
Jefferson, KY
1993 Ed. (2982)
Jefferson, LA
1993 Ed. (2982)
Jefferson Lines
1989 Ed. (829)
Jefferson National Bank
1998 Ed. (433)
1997 Ed. (643)
1996 Ed. (708)
1995 Ed. (632)
1994 Ed. (663)
1993 Ed. (662)
1992 Ed. (862)
1991 Ed. (687)
Jefferson National Expansion Memorial (Arch)
1998 Ed. (3594)
Jefferson National Life
1992 Ed. (2662)
Jefferson Parish School Board Credit Union
2003 Ed. (1922)
2002 Ed. (1868)
Jefferson Parish School Board Employees Credit Union
2008 Ed. (2235)
2007 Ed. (2120)
2006 Ed. (2199)
2005 Ed. (2104)
2004 Ed. (1962)
Jefferson-Pilot Corp.
2008 Ed. (1402, 4265)
2007 Ed. (1926, 3132, 3136, 3137, 3141, 4233)
2006 Ed. (1943, 3119, 3121, 4217)
2005 Ed. (1914, 3048, 3116)
2004 Ed. (3034, 3036, 3074, 3113)
2003 Ed. (2973, 2995)
2002 Ed. (2870, 2933)
1999 Ed. (2944)
1998 Ed. (1047, 2175, 2176, 3417)
1997 Ed. (1317, 2435, 3234)
1996 Ed. (2319, 2855)
1995 Ed. (2293, 2793, 2794, 2798)
1994 Ed. (2250, 2254, 2683)
1993 Ed. (2219, 2735)
1992 Ed. (2665, 2978, 3275)
1990 Ed. (2232)
1989 Ed. (1680)
Jefferson-Pilot Alphaflex MFS Utilities
2000 Ed. (4334)
Jefferson-Pilot Financial
2005 Ed. (4163)
Jefferson-Pilot Life
1991 Ed. (2097, 2098, 2100)
Jefferson Pilot Securities
2002 Ed. (789, 801)
Jefferson Regional Medical Center
2006 Ed. (3724)
Jefferson Riverport International
1996 Ed. (2248)
Jefferson Savings & Loan Association
1998 Ed. (3553)
Jefferson Smurfit Corp.
2006 Ed. (3775)
2001 Ed. (3624)
2000 Ed. (1584, 3402, 3404)
1999 Ed. (1752)
1997 Ed. (1315, 1482)
1992 Ed. (1877, 1878)
1991 Ed. (1142, 1211, 1476, 1477)
1990 Ed. (1188, 1189, 2760, 3448)
1989 Ed. (1008, 1009, 1050, 2111, 2114)
Jefferson-Smurfit/CCA
1998 Ed. (2740)
1997 Ed. (2993)
1995 Ed. (1437, 1460, 2832)
1992 Ed. (3338)
Jefferson Smurfit Group
2007 Ed. (1822)
1999 Ed. (1346, 1684, 2495, 3686, 3687, 3700)
1998 Ed. (928, 1178, 2739, 2748)
1992 Ed. (1651, 1652)
1990 Ed. (1386)
Jefferson Smurfit Group plc
2005 Ed. (1525)
2004 Ed. (1762)
2003 Ed. (4590)
2002 Ed. (1696, 3028, 3029, 3577)
2001 Ed. (1755)
2000 Ed. (1484, 3409)
1999 Ed. (3694)
1997 Ed. (1144, 1457)
1996 Ed. (1117, 1401, 1422, 2905)
1994 Ed. (1405, 1423, 1578)
1993 Ed. (1352, 1370, 1533, 1534)
1990 Ed. (1387)
Jefferson Smurfit Corp. (US)
2004 Ed. (3762)
Jefferson Transportation Corp.
1990 Ed. (846)
Jefferson University Physicians
2000 Ed. (3545)
Jefferson University; Thomas
1991 Ed. (1936)
1990 Ed. (2059)
Jefferson Wells International
2005 Ed. (5)
2004 Ed. (9)
2003 Ed. (3950)
2002 Ed. (10)
"The Jeffersons"
2001 Ed. (1094, 4086)
Jeffery Bezos
2000 Ed. (1873)
Jeffrey
2008 Ed. (1001)
Jeffrey Applegate
2000 Ed. (1975)
Jeffrey Atlanta
2006 Ed. (1038)
Jeffrey Barbakow
2003 Ed. (959)
Jeffrey Bezos
2008 Ed. (4834)
2007 Ed. (4905)
Jeffrey Biby
2000 Ed. (1968, 1969)
Jeffrey Boromisa
2008 Ed. (964)
2007 Ed. (1058)
Jeffrey C. Barbakow
2004 Ed. (970, 973, 2520)
2003 Ed. (2371)
Jeffrey Camp
1999 Ed. (2288)
1997 Ed. (1964, 1991)
Jeffrey Campbell
2008 Ed. (966)
Jeffrey Casdin
1995 Ed. (1807)
Jeffrey Edelman
1991 Ed. (1690)
Jeffrey Feiner
2000 Ed. (2041)
1999 Ed. (2216)
1998 Ed. (1668)
1997 Ed. (1896)
1996 Ed. (1822)
1995 Ed. (1844)
1991 Ed. (1690)
Jeffrey Freedman
1997 Ed. (1889)
1996 Ed. (1815)
Jeffrey Gardner
2007 Ed. (1087)
Jeffrey Gitterman
2006 Ed. (2514)
The Jeffrey Group
2005 Ed. (3963)
2004 Ed. (4009)
2003 Ed. (4002)
Jeffrey H. Brotman
1994 Ed. (1715)
Jeffrey H. Curler
2008 Ed. (3997)
2007 Ed. (3974)
2006 Ed. (3920)
2005 Ed. (3857)
2004 Ed. (3911)
Jeffrey Harlib
2000 Ed. (1940)
1999 Ed. (2181)
1998 Ed. (1584, 1592)
Jeffrey Henley
2005 Ed. (992)
2003 Ed. (2409)
2002 Ed. (1043)
Jeffrey Hines
1999 Ed. (2272)
Jeffrey Homes
2007 Ed. (1271)
Jeffrey Immelt
2007 Ed. (976)
2006 Ed. (885, 2515, 3262)
Jeffrey Joerres
2008 Ed. (934)
2007 Ed. (970)
2006 Ed. (879)
2005 Ed. (966)
Jeffrey K. Skilling
2002 Ed. (2182)
Jeffrey Katzenberg
2006 Ed. (2515)
Jeffrey Kauffman
2000 Ed. (1981, 2054)
Jeffrey Klein
1991 Ed. (1688)
1989 Ed. (1416, 1417)
Jeffrey L. Bewkes
2003 Ed. (2371)
Jeffrey L. Bleustein
2006 Ed. (899, 937)
2005 Ed. (973)
Jeffrey Lipton
2008 Ed. (2633)
2007 Ed. (2501)
Jeffrey M. Brown Associates Inc.
2003 Ed. (1310, 1311)
1999 Ed. (1410)
1996 Ed. (1168)
Jeffrey Mallett
2001 Ed. (2345)
Jeffrey Misner
2007 Ed. (1041)
2006 Ed. (946)
Jeffrey New York
2006 Ed. (1038)
Jeffrey O. Henley
2005 Ed. (2476)
2000 Ed. (1051)
1999 Ed. (1127)
Jeffrey P. Bezos
2008 Ed. (942)
2006 Ed. (940, 4896)
2005 Ed. (787, 973, 2319, 4856, 4859)
2004 Ed. (968, 4870, 4873)
2003 Ed. (3021, 4888)
Jeffrey Peek
2007 Ed. (1010)
Jeffrey R. Immelt
2008 Ed. (943, 951)

2007 Ed. (1022, 1029)
Jeffrey Raikes
2003 Ed. (2409)
2002 Ed. (1043)
Jeffrey Rich
2006 Ed. (882, 3931)
Jeffrey Rogers PLC
1992 Ed. (1198)
Jeffrey S. Green
1999 Ed. (4659)
1998 Ed. (3617)
1996 Ed. (3740)
Jeffrey S. Green, Esq.
2000 Ed. (4298)
Jeffrey S. Lorberbaum
2008 Ed. (942)
Jeffrey S. Raikes
2006 Ed. (2524)
Jeffrey S. Silverman
1996 Ed. (966)
Jeffrey Skilling
2001 Ed. (2345)
Jeffrey Skoll
2008 Ed. (4855, 4856)
2007 Ed. (4913)
2006 Ed. (4925)
2005 Ed. (4876, 4881)
2004 Ed. (3891, 4873, 4879)
Jeffrey Sprague
2000 Ed. (2002)
1999 Ed. (2223)
Jeffrey Sprecher
2003 Ed. (2347)
Jeffrey Stewart
2000 Ed. (1945)
Jeffrey Sudikoff
1995 Ed. (1717)
Jeffrey Toder
2000 Ed. (2190)
1999 Ed. (2430)
1997 Ed. (2002)
Jeffrey Weingarten
1998 Ed. (1683)
Jeffreys Henry International
1996 Ed. (17)
Jeffries & Co.
1994 Ed. (770)
Jeffries Group
2002 Ed. (501)
Jeffries; Michael
2007 Ed. (1019)
Jeffries; Michael S.
2008 Ed. (957)
2007 Ed. (2505)
Jeffry M. and Barbara Picower
1994 Ed. (890)
Jeffry N. Quinn
2007 Ed. (959)
2006 Ed. (869)
JEI Inc.
2008 Ed. (4251, 4252)
2007 Ed. (4214, 4215)
JEI Self-Learning Systems Inc.
2008 Ed. (2412)
Jeil Investment Trust Co.
2002 Ed. (2824)
Jeld-Wen Inc.
2008 Ed. (2797, 3527, 3528, 4934)
2007 Ed. (2661, 3390, 3391, 4965)
2006 Ed. (2676, 3332, 3333, 4956)
2005 Ed. (3341, 3342)
2004 Ed. (3318, 3319)
2003 Ed. (3265, 3266)
2001 Ed. (2500, 2501)
Jelec USA
2005 Ed. (2333)
Jell-O
2003 Ed. (2036, 4998)
2001 Ed. (1997)
Jell-O Berry Blue
1995 Ed. (1893)
Jell-O Free
2003 Ed. (2036)
2001 Ed. (1997, 1998)
Jell-O Gelatin Snacks
2001 Ed. (1997, 1998)
Jell-O Pudding
2001 Ed. (1998)
Jell-O refrigerated puddings
1992 Ed. (3219)
Jello
2004 Ed. (2642)
Jello Pudding Pop Variety
1990 Ed. (2143)
Jelly
2003 Ed. (3160, 3161)
2002 Ed. (3036)
Jelly Belly
2008 Ed. (838)
2005 Ed. (859)
Jellyfish
1993 Ed. (1078)
Jelmar
2003 Ed. (995)
Jem
1989 Ed. (2228)
Jen; Denis
2008 Ed. (4850)
Jen-Hsun Huang
2003 Ed. (4383)
Jeneil Biotech Inc.
2007 Ed. (4455)
Jeneric/Pentron Inc.
2001 Ed. (1987)
2000 Ed. (1654)
1995 Ed. (1547)
Jenkens & Gilchrist
2001 Ed. (566)
1993 Ed. (2396)
1992 Ed. (2833)
1991 Ed. (2284)
1990 Ed. (2418)
Jenkens & Gilchrist PC
2005 Ed. (1437)
Jenkins Family
2002 Ed. (3363)
Jenkins Group; Dudley
1993 Ed. (1486)
Jenkins Jr.; Charles
2005 Ed. (982)
Jenn-Air
2008 Ed. (3835, 4548)
2001 Ed. (3600, 3601)
1992 Ed. (4154)
1990 Ed. (3481)
Jenner & Block
2007 Ed. (2904)
2005 Ed. (3259)
2003 Ed. (3179)
2002 Ed. (3056)
2001 Ed. (3052, 3054)
2000 Ed. (2894)
1999 Ed. (3148)
1998 Ed. (2327)
1997 Ed. (2597)
1996 Ed. (2452)
1995 Ed. (2416)
1994 Ed. (2352)
1993 Ed. (2395)
1992 Ed. (2832)
1991 Ed. (2283)
1990 Ed. (2417)
Jenner & Block LLP
2008 Ed. (3025, 3420)
2006 Ed. (3249)
Jennifer Aniston
2008 Ed. (2579)
2005 Ed. (2444)
Jennifer Anniston
2004 Ed. (2409)
2003 Ed. (2329)
2002 Ed. (2142)
Jennifer Capriati
2004 Ed. (259)
2003 Ed. (293)
Jennifer Cole
1997 Ed. (1883)
Jennifer Convertibles Inc.
2008 Ed. (885)
2000 Ed. (2302)
1999 Ed. (2564)
Jennifer Corrou
1999 Ed. (2412)
Jennifer Coury
1994 Ed. (1764)
1991 Ed. (1675, 1709)
Jennifer Fritzsche
2008 Ed. (2692)
Jennifer Lopez
2005 Ed. (2444)
2004 Ed. (2409)
2003 Ed. (2329)
2002 Ed. (2142)
Jennifer McCarter
1993 Ed. (1079)
Jennifer Murphy
2000 Ed. (2002, 2024)
Jennifer Oliver Martin
1999 Ed. (430, 2145)
Jennifer Pinnick
2008 Ed. (2692)
Jennifer Pokrzywinski
1999 Ed. (2223)
1998 Ed. (1636, 1653)
1997 Ed. (1865)
Jennifer Smith
2000 Ed. (2050)
Jennings/Bryco
1993 Ed. (1863)
Jennings; Stephen
2008 Ed. (4848)
Jennings; Waylon
1994 Ed. (1100)
Jennison
1996 Ed. (2386)
1993 Ed. (2280)
Jennison Associates
2001 Ed. (3001, 3003, 3004)
1994 Ed. (2293)
1992 Ed. (2728, 2730)
Jennison Associates Capital
1992 Ed. (2760)
1991 Ed. (2244)
1990 Ed. (2352)
1989 Ed. (1804)
Jennison Associates LLC, Active Balanced
2003 Ed. (3114)
Jennison Associates LLC, Small Cap Equity
2003 Ed. (3135)
Jennison Dryden
2007 Ed. (2480, 3661)
Jennison Natural Resources
2007 Ed. (3664)
Jennison Small Company
2006 Ed. (3640)
Jennison 20/20 Focus
2007 Ed. (2484)
Jennison Utility
2007 Ed. (3677)
JennisonDryden Natural Resources
2007 Ed. (3674, 3675)
Jenny Barker
1999 Ed. (2305)
Jenny Craig
2008 Ed. (4912)
2007 Ed. (4936)
2006 Ed. (4930)
2001 Ed. (1650)
1996 Ed. (3486)
1995 Ed. (3788)
1994 Ed. (3667)
1993 Ed. (3240, 3731)
Jenny Craig International Inc.
2003 Ed. (896)
1992 Ed. (4480)
Jenny Craig Weight Loss Centres
1990 Ed. (1020, 3304)
"Jenny Jones"
2001 Ed. (4486, 4499)
Jenny McCarthy
2000 Ed. (2743)
Jenny Ming
2005 Ed. (2513)
Jenoptik AG
2002 Ed. (2832)
2001 Ed. (2897)
2000 Ed. (2648)
Jeno's
1995 Ed. (1945, 2951)
1994 Ed. (2886)
Jenrette; Richard H.
1997 Ed. (1802)
1996 Ed. (966)
1995 Ed. (982)
Jensen
2006 Ed. (4564)
2005 Ed. (4489)
2004 Ed. (2451)
2003 Ed. (3491)
Jensen/Fey Architecture & Planning
2005 Ed. (262)
Jensen Fund
2004 Ed. (3577)
2003 Ed. (3490)
Jensen Grey
1990 Ed. (137)
Jensen Portfolio
2006 Ed. (3626, 3627, 3628)
2003 Ed. (3533)
1995 Ed. (2719)
Jenson Button
2005 Ed. (4895)
Jenson; Warren
2007 Ed. (1083)
2006 Ed. (990)
Jenssen & Borkenhagen
1990 Ed. (137)
1989 Ed. (146)
Jenssen & Borkenhagen/BBDO
1994 Ed. (107)
1992 Ed. (192)
1991 Ed. (137)
"Jeopardy!"
1995 Ed. (3579)
1993 Ed. (3532)
1992 Ed. (4244)
Jepson Corp.
1990 Ed. (2145)
Jepson, Jr.; Robert S.
1992 Ed. (1093)
1990 Ed. (1720)
Jerald G. Fishman
2006 Ed. (2524)
2003 Ed. (4383)
Jerald L. Maurer
2007 Ed. (2504)
2005 Ed. (2511)
Jerde Partnership
2008 Ed. (3349)
1999 Ed. (290)
1997 Ed. (267)
1996 Ed. (235)
1995 Ed. (239)
1994 Ed. (236)
The Jerde Partnership International Inc.
2002 Ed. (334)
2000 Ed. (315)
Jeremy Elden
1999 Ed. (2311, 2342)
Jeremy Fletcher
2000 Ed. (2103)
1999 Ed. (2315)
Jeremy Grantham
2005 Ed. (3205)
2004 Ed. (3168)
Jeremy King
1999 Ed. (2289)
Jergens
2008 Ed. (4343, 4452)
2006 Ed. (3331)
2003 Ed. (646, 647, 3264, 4426, 4466)
2001 Ed. (3167, 3168, 4298, 4299, 4300)
2000 Ed. (4038, 4073, 4074)
1999 Ed. (687, 4354)
1998 Ed. (2803, 2808, 3331)
1996 Ed. (2549)
Jergens bar soap
1992 Ed. (1848)
Jergens Extra Dry
1996 Ed. (2550)
Jergens Ultra
2001 Ed. (3168)
Jergens Ultra Healing
2000 Ed. (4038)
Jericho Boats
1991 Ed. (718)
Jerky Treats
2002 Ed. (3650)
1999 Ed. (3783)
1997 Ed. (3073)
1996 Ed. (2994)
1994 Ed. (2824, 2832)
1993 Ed. (2817)
1992 Ed. (3410)
1990 Ed. (2820)
1989 Ed. (2195)
Jerman Personnel Services Inc.
2006 Ed. (3539)
Jermyn Street International Equity
1994 Ed. (2627)
Jerome Baron
1989 Ed. (1419)

Jerome Brimeyer
1999 Ed. (2253)
1998 Ed. (1663)
1997 Ed. (1864)
1996 Ed. (1773, 1789)
1995 Ed. (1857)
Jerome-Duncan Inc.
2001 Ed. (4924)
2000 Ed. (4432)
1999 Ed. (4812)
1994 Ed. (3670)
Jerome Duncan Ford
2006 Ed. (298)
2005 Ed. (276, 278, 4995)
2004 Ed. (272, 273, 275, 4803, 4804, 4990)
2002 Ed. (354, 355, 357, 358, 369, 4988)
1998 Ed. (208, 3762)
1997 Ed. (3917)
1996 Ed. (3880)
1995 Ed. (3795)
Jerome Group
2000 Ed. (910)
Jerome Group LLC
2006 Ed. (4362)
Jerome H. Stone
1994 Ed. (892)
Jerome Kohlberg
1999 Ed. (2434)
1989 Ed. (1422)
Jerome O'Regan
2000 Ed. (2187)
1999 Ed. (2427)
Jerome Swartz
1996 Ed. (966)
Jeronimo Arango
2008 Ed. (4886)
2007 Ed. (4913)
2005 Ed. (4881)
2004 Ed. (4879)
2003 Ed. (4893)
Jeronimo Martins
2000 Ed. (2985)
1993 Ed. (2452)
Jeronimo Martins-SGPS
2002 Ed. (3186)
Jeronimo Martins SGPS SA
2008 Ed. (2053)
2007 Ed. (1958)
Jerr Boschee
2008 Ed. (3789)
2007 Ed. (3704)
Jerri Redding
1999 Ed. (3775)
1993 Ed. (2813)
1991 Ed. (2713)
1990 Ed. (2809)
Jerrico
1992 Ed. (1460)
1991 Ed. (2859)
1990 Ed. (3018)
1989 Ed. (2643)
Jerrold N. Fine
1990 Ed. (2318)
Jerrold Perenchio
1999 Ed. (4748)
1998 Ed. (3707)
Jerry Bruckheimer
2008 Ed. (2582, 2586)
2007 Ed. (2450)
2004 Ed. (2413)
2003 Ed. (2333)
2002 Ed. (3398)
Jerry Butler Builder
2000 Ed. (1224)
Jerry D. Campbell
1996 Ed. (965)
Jerry D. Horn
1990 Ed. (1719)
Jerry Garcia
1995 Ed. (1715)
1993 Ed. (1634)
Jerry Gitt
2000 Ed. (2045)
1999 Ed. (2206)
1998 Ed. (1621)
1997 Ed. (1898)
1996 Ed. (1824)
1995 Ed. (1846)
1994 Ed. (1808, 1833)
1993 Ed. (1825)
1992 Ed. (2137)
1991 Ed. (1692)
Jerry Howard
2006 Ed. (1201)
Jerry J. Moore Investments
1994 Ed. (3303, 3304)
1993 Ed. (3312, 3313, 3315)
1992 Ed. (3961, 3968, 3971)
1991 Ed. (3120)
1990 Ed. (3285, 3287)
Jerry Junkins
1989 Ed. (2340)
Jerry L. Johnson
1989 Ed. (736)
Jerry L. Starkey
2008 Ed. (2638, 2639)
Jerry Labowitz
2000 Ed. (2003, 2004)
1999 Ed. (2224)
1998 Ed. (1637)
1997 Ed. (1866)
1996 Ed. (1792)
1995 Ed. (1818)
1994 Ed. (1778)
1993 Ed. (1773, 1795)
1992 Ed. (2135, 2137)
1991 Ed. (1706, 1707)
Jerry Maguire
1999 Ed. (3447, 3448, 4717, 4719)
Jerry O. Williams
1989 Ed. (737)
Jerry R. Herman
2006 Ed. (2578)
Jerry R. Junkins
1993 Ed. (1700)
Jerry Roth Chevrolet
2002 Ed. (1072)
Jerry Seinfeld
2008 Ed. (2581, 2586)
2000 Ed. (996, 1838)
1999 Ed. (2049)
1997 Ed. (1726)
Jerry Thompson & Sons Painting Inc.
2003 Ed. (1309)
2002 Ed. (1295)
2001 Ed. (1479)
Jerry Watkins Cadillac-GMC Truck Inc.
1991 Ed. (712)
Jerry Yang
2006 Ed. (4896, 4912)
2005 Ed. (4859)
2004 Ed. (4873)
2003 Ed. (4888)
2002 Ed. (3355, 4787)
Jerry's Inc.
1998 Ed. (1707)
Jerry's Famous Deli, Marina del Rey
1999 Ed. (4088)
Jerry's Famous Deli, Studio City
2000 Ed. (3801)
1999 Ed. (4088)
Jerry's Famous Deli, West Hollywood
2000 Ed. (3801)
Jerry's Subs & Pizza
2006 Ed. (4226)
2005 Ed. (4176)
Jersey Capital Markets
1989 Ed. (2373)
Jersey Central P & L
2001 Ed. (3869)
Jersey City Medical Center
1994 Ed. (2091)
1993 Ed. (2075)
1992 Ed. (2461)
Jersey City, NJ
2006 Ed. (2449)
2005 Ed. (3471, 3472)
2004 Ed. (4787)
2002 Ed. (407)
2000 Ed. (1070, 4364)
1999 Ed. (356, 1172, 3374, 4040)
1997 Ed. (2770)
1996 Ed. (2625)
1994 Ed. (2503)
1992 Ed. (2540, 3033)
1991 Ed. (2434, 3288)
1989 Ed. (225, 828)
Jersey; Earl of
2007 Ed. (4925)
Jersey Journal
2000 Ed. (3339)
1999 Ed. (3621)
1998 Ed. (2683)
1997 Ed. (2945)
Jersey Mike's
2002 Ed. (4017, 4021)
Jersey Mike's Submarines & Salads
2005 Ed. (4176)
2003 Ed. (4227)
2002 Ed. (4091)
Jersey Shore Medical Center
2002 Ed. (2457)
Jersey's
1999 Ed. (1194)
Jerusalem Cigarette Co.
2006 Ed. (4528)
Jervis B. Webb Co.
2003 Ed. (3320)
1989 Ed. (925, 928)
JESCO Inc.
1998 Ed. (944)
1993 Ed. (1137)
Jeskell
2006 Ed. (4871)
Jess Diaz Trucking Inc.
2002 Ed. (2563)
2001 Ed. (2715)
Jess Jackson
2008 Ed. (4827)
2007 Ed. (4900)
Jess Stonestreet Jackson
2006 Ed. (4903)
2005 Ed. (4857)
2004 Ed. (4862)
2003 Ed. (4880)
Jesse A. Coles, Jr.
1991 Ed. (3209)
Jesse Fence & Construction Co.
1994 Ed. (2056)
Jesse Jackson
1990 Ed. (2504)
Jesse James Garrett
2007 Ed. (1256)
Jesse R. Huff
1991 Ed. (3209)
Jessica Reif
1998 Ed. (1601, 1639)
1997 Ed. (1859, 1878, 1881)
1996 Ed. (1770, 1783, 1805, 1807)
1995 Ed. (1808)
Jessica Reif Cohen
2000 Ed. (1987, 1988, 2008)
1999 Ed. (2215, 2219, 2226)
Jessica Simpson
2008 Ed. (2584)
Jessie Ball duPont Fund
2000 Ed. (2262)
1999 Ed. (2502)
1998 Ed. (1756)
Jesup Group, Inc.
1992 Ed. (3352)
1991 Ed. (2684)
Jesus Christ
2006 Ed. (1450)
Jesus Christ Superstar-The Concert
1994 Ed. (1099)
Jesus de Polanco
2008 Ed. (4874)
Jesus Jones
1993 Ed. (1078)
Jesus of Nazareth
1992 Ed. (4250)
Jet
2000 Ed. (746)
1992 Ed. (3445)
Jet and gas turbines
1991 Ed. (1636)
Jet Aviation
1995 Ed. (193)
Jet-Black International Inc.
2008 Ed. (745)
2006 Ed. (1179)
2005 Ed. (766)
2004 Ed. (780)
2003 Ed. (770)
2002 Ed. (3599)
Jet Delivery Inc.
2000 Ed. (3080)
1999 Ed. (3343)
1998 Ed. (2465)
Jet-Dry
2003 Ed. (2076, 2078)
2002 Ed. (1989)
Jet Express
2005 Ed. (2690)
Jet Fuel
2001 Ed. (3750)
1992 Ed. (3435)
Jet Propulsion Lab
1996 Ed. (1049, 3193)
1994 Ed. (1059, 3047)
1993 Ed. (3001)
1992 Ed. (1284, 3670)
1991 Ed. (1005, 2834)
1990 Ed. (1097, 2998)
Jet Propulsion Laboratory
1995 Ed. (1074, 3096)
1991 Ed. (915)
Jet-Set
2001 Ed. (3514, 3515)
JetAudio
2005 Ed. (3188)
JetBlue
2008 Ed. (211)
2004 Ed. (764)
2003 Ed. (754)
JetBlue Airways Corp.
2008 Ed. (210, 212, 228, 229, 231, 232, 233, 234)
2007 Ed. (225, 227, 230, 249, 250, 251, 252, 253, 254, 255, 255)
2006 Ed. (217, 225, 226, 248)
2005 Ed. (201, 202, 203, 207, 213, 2774, 3178)
2004 Ed. (199, 4337)
JetBrains Inc.
2006 Ed. (1141)
2005 Ed. (1152)
Jetcom Inc.
2008 Ed. (1658)
Jeter; Derek
2006 Ed. (291)
2005 Ed. (267)
Jetpa Holdings
2000 Ed. (3029)
Jet's Pizza
2008 Ed. (2685)
2004 Ed. (2588)
2003 Ed. (2454)
Jetstream J41
1999 Ed. (246)
Jetstream J31/J32
1999 Ed. (246)
1996 Ed. (192)
Jetstream Software, Inc.
2002 Ed. (2537)
Jetstream 31
1994 Ed. (187)
Jetta
2002 Ed. (416)
2001 Ed. (485)
1996 Ed. (329)
Jetta; Volkswagen
2008 Ed. (298, 303)
2006 Ed. (322)
2005 Ed. (303)
Jettar
2003 Ed. (2057)
Jevic Transportation
2000 Ed. (4313)
1999 Ed. (955, 4687)
1998 Ed. (536)
Jewel
2004 Ed. (2141, 4636)
Jewel Companies Inc.
2001 Ed. (1891)
Jewel Cos., Inc.
2008 Ed. (1794)
2007 Ed. (1766, 4611)
2006 Ed. (1758, 4626)
2005 Ed. (1787, 4547)
2004 Ed. (1728, 4614, 4615)
2003 Ed. (1841, 4634)
Jewel Food Stores Inc.
2008 Ed. (1793, 1794)
2007 Ed. (1765, 1766)
2006 Ed. (1757)
2005 Ed. (1786)
2004 Ed. (1727)
1998 Ed. (719)
1997 Ed. (978, 3341)
1996 Ed. (957, 3238, 3242)
1995 Ed. (977)
1994 Ed. (945)
1992 Ed. (1135)

1991 Ed. (923)
Jewel Food Stores/Osco
1991 Ed. (3259, 3260)
Jewel-Osco
2007 Ed. (1653)
2006 Ed. (1638)
2002 Ed. (1612)
2000 Ed. (1042)
1995 Ed. (3535)
1994 Ed. (3467)
Jewel Plummer Cobb
1995 Ed. (1256)
Jewelcor
1990 Ed. (915)
1989 Ed. (860)
Jewelery
1993 Ed. (2870)
Jewelry
2008 Ed. (2643)
2007 Ed. (4385)
2006 Ed. (4320, 4786)
2005 Ed. (2961, 4372)
2004 Ed. (4424)
2003 Ed. (4421)
2002 Ed. (2414, 4282)
2001 Ed. (2088)
1999 Ed. (1933, 2605, 3301, 4314, 4315)
1989 Ed. (1921)
Jewelry & arts
1993 Ed. (1983)
1992 Ed. (2321)
1991 Ed. (1845)
Jewelry and decorative
2001 Ed. (3820)
Jewelry and precious metals
2000 Ed. (4245)
Jewelry and watches
1998 Ed. (927)
Jewelry, electroplating
2001 Ed. (2610)
Jewelry, gold-filled and other
2001 Ed. (2610)
Jewelry, karat gold
2001 Ed. (2610)
Jewelry stores
1998 Ed. (3295)
1993 Ed. (955)
Jewelry stores, independent
1998 Ed. (2317)
Jewels of the Sun
2001 Ed. (986)
Jewett-Cameron
2005 Ed. (4380)
Jewett-Cameron Trading
2008 Ed. (2137, 2139)
2006 Ed. (2083, 4333, 4336)
Jewett; Josh
2007 Ed. (4161)
Jewimstrs
1989 Ed. (2664)
Jewish Association for Services to the Aged
1997 Ed. (274)
1996 Ed. (243)
Jewish Board of Family & Children's Services Inc.
1997 Ed. (2951)
Jewish Child Care Association of New York
1991 Ed. (896, 897)
Jewish Community Centers
1995 Ed. (941, 2780)
Jewish Community Centers Association of North America
1992 Ed. (3267)
Jewish Community Federation of Cleveland
2001 Ed. (3549)
2000 Ed. (3341)
1993 Ed. (2732)
1992 Ed. (3269)
Jewish Community Federation of San Francisco
1993 Ed. (2732)
1992 Ed. (3269)
Jewish Community Foundation
1999 Ed. (2503)
Jewish Community Foundation of Jewish Federation of Greater LA
1994 Ed. (899)
Jewish Community Foundation of the Jewish Federation Council
1994 Ed. (899)
Jewish Exponent
1992 Ed. (3246)
Jewish Federation Council of Greater Los Angeles
1993 Ed. (2732)
1992 Ed. (3269)
Jewish Federation of Metro Chicago
1993 Ed. (2732)
1992 Ed. (3269)
Jewish Federation of Metro Detroit
2000 Ed. (3341)
Jewish Guild for the Blind
1994 Ed. (903, 904)
1991 Ed. (896, 897)
Jewish Healthcare Foundation of Pittsburgh
2002 Ed. (2343)
Jewish Hospital
2006 Ed. (2922)
2005 Ed. (2804)
Jewish Hospital & St. Mary's Healthcare Inc.
2008 Ed. (1881)
Jewish Hospital Healthcare Services Inc.
2007 Ed. (1845)
2006 Ed. (1840)
2005 Ed. (1835)
2004 Ed. (1769)
2003 Ed. (1732)
2001 Ed. (1772)
1999 Ed. (3462)
1998 Ed. (2548)
1997 Ed. (2829)
1996 Ed. (2709)
1995 Ed. (2632)
1994 Ed. (2577)
Jewish Hospitals Healthcare Services
2000 Ed. (3180)
Jewish Naitonal Fund
1994 Ed. (907)
Jewish New Year
1990 Ed. (1948)
Jewish Welfare Federation of Detroit
1993 Ed. (2732)
1992 Ed. (3269)
JF Hong Kong Trust
1990 Ed. (2399)
JF Indian
1997 Ed. (2908)
JF Japan Technology Trust
1990 Ed. (2400)
JF Japan Trust
1990 Ed. (2400)
J.F. Kennedy Center for the Performing Arts
2000 Ed. (3343)
JF Malaysia Trust
1996 Ed. (2817, 2818)
JF Nomura Asia Trust
1990 Ed. (2397)
JF Pacific Income Trust
1990 Ed. (2397)
JF Pacific Securities Trust
1990 Ed. (2397)
JF Pakistan Trust
1997 Ed. (2908)
JFax.com Inc.
2003 Ed. (1510)
JFC International Inc.
2003 Ed. (3745)
JFE Holdings Inc.
2008 Ed. (3660)
2007 Ed. (3487, 3488, 3489, 3490)
2006 Ed. (1772, 3464, 3465)
2005 Ed. (3456)
JFJ Bronco
2000 Ed. (4396)
1998 Ed. (3722)
JFJ Bronco Winery
1999 Ed. (4772)
1994 Ed. (3664)
1993 Ed. (3705)
1991 Ed. (3491)
JFK
1993 Ed. (2599)
JFK Airport
2006 Ed. (249)
JFK Health Systems
1999 Ed. (2750)
JFK International Airport
2001 Ed. (2374)
1999 Ed. (250, 252)
1998 Ed. (147)
1997 Ed. (186, 219, 220, 224)
1996 Ed. (193, 197, 199, 200, 201, 202)
JFK Johnson Rehabilitation Institute
2007 Ed. (1913)
JFK Medical Center
2007 Ed. (4980)
1994 Ed. (2091)
JFPR
1995 Ed. (3021)
1994 Ed. (2963)
JG Industries
1999 Ed. (1873)
1998 Ed. (1299, 1300)
JG Johnson Architects
2008 Ed. (3084)
JG Summit
1997 Ed. (3114)
1996 Ed. (3029)
JG Summit Holdings Inc.
2004 Ed. (1845)
2002 Ed. (1754)
JGA
2005 Ed. (3169)
2000 Ed. (313)
JGA Architects-Engineers-Planners PC
2007 Ed. (3205)
2006 Ed. (3171)
JGA-Jon Greenberg & Associates
1996 Ed. (231)
JGB Enterprises Inc.
2007 Ed. (4437)
JGC Corp.
2008 Ed. (1288, 1300, 2560, 2565)
2007 Ed. (2427, 2433, 2438)
2006 Ed. (1299, 1300, 1314, 2462)
2005 Ed. (1326, 1327, 1335)
2004 Ed. (1320, 1330, 2390)
2003 Ed. (1325, 1331, 2309, 2310, 2315, 2320)
2002 Ed. (1304, 1309, 1317)
2001 Ed. (2246)
2000 Ed. (1275, 1276, 1280, 1287)
1999 Ed. (1386, 1399, 1400)
1998 Ed. (967)
1997 Ed. (1181, 1192, 1746)
1996 Ed. (1151, 1152, 1163)
1995 Ed. (1178)
1993 Ed. (1142)
1992 Ed. (1427, 1433)
1991 Ed. (1091)
JGL Investments
2005 Ed. (3909)
2004 Ed. (1647, 3952, 3966)
2003 Ed. (3959)
2002 Ed. (3774)
JGR & Associates Inc.
1998 Ed. (2949)
J.H. Albert International
2000 Ed. (3826)
J.H. Albert International Insurance Advisors Inc.
1990 Ed. (3062)
JH & H Architects Planners Interiors PA
2008 Ed. (2519)
JH Concrete Construction
2006 Ed. (1237)
JH Kelly LLC
2008 Ed. (1245, 1342, 4002)
2007 Ed. (1392)
2006 Ed. (1258, 1334, 1347, 1348, 1351)
2005 Ed. (1280, 1345)
2004 Ed. (1234, 1238, 1310, 1340)
2003 Ed. (1235, 1340)
J.H. Snyder Co.
2000 Ed. (3720)
1990 Ed. (2962)
Jheri-Redding
1998 Ed. (2806)
1997 Ed. (3060)
1996 Ed. (2986)
1995 Ed. (2902)
1994 Ed. (2815)
1992 Ed. (3402)
JHM Capital
1995 Ed. (2363)
JHM Capital Management
1998 Ed. (2272)
JHM Research & Development Inc.
2008 Ed. (1365)
2007 Ed. (1412)
JHT Holdings
2008 Ed. (4741, 4770)
2007 Ed. (4814)
2006 Ed. (4797)
Jiang; Zhao Yu
1997 Ed. (1966)
1996 Ed. (1857)
Jiangsu
2001 Ed. (2262)
Jiangsu Expressway Co.
2006 Ed. (4304)
1999 Ed. (1594, 4495)
Jiangsu International Trust & Investment Co.
1999 Ed. (2885)
Jiangsu Sanfangxiang
2007 Ed. (4672)
Jiangsu Supply & Marketing Co-op (Group) General Corp.
2001 Ed. (1621, 1669)
Jiangsu Xiao Xiang Group Co., Ltd.
2004 Ed. (1674)
2002 Ed. (1616)
Jianshe Motorcycles
1999 Ed. (4298)
Jiante Biology Investment Holding Co.
2005 Ed. (29)
JIB Group Plc
1998 Ed. (2121, 2124)
1997 Ed. (2414)
1996 Ed. (2274, 2275, 2276)
1995 Ed. (2271, 2272, 2273)
1994 Ed. (2227)
Jif
2003 Ed. (3157)
2002 Ed. (2709)
1999 Ed. (1183)
1996 Ed. (983)
1994 Ed. (983, 2748)
1992 Ed. (1177)
Jiffy Lube
2008 Ed. (333)
2007 Ed. (346)
2006 Ed. (361)
2005 Ed. (349)
2003 Ed. (364)
2002 Ed. (418)
2001 Ed. (531, 532)
1990 Ed. (406)
Jiffy Lube International Inc.
2008 Ed. (322, 323, 874)
2007 Ed. (335, 336)
2006 Ed. (350, 351)
2005 Ed. (335)
2004 Ed. (339)
2003 Ed. (355)
2002 Ed. (404, 2357, 2358)
2001 Ed. (2531)
Jigsaw Research
2008 Ed. (129)
Jih Sun International Bank
2008 Ed. (437, 438, 439)
Jih-Sun Securities
1994 Ed. (3196)
1990 Ed. (821)
Jilin Chemical
2007 Ed. (944)
Jilin Chemical Industrial Co. Ltd.
2002 Ed. (4263)
1995 Ed. (960)
Jill Barad
1999 Ed. (4805)
1996 Ed. (3875)
1995 Ed. (3786)
1992 Ed. (4496)
Jill Denham
2006 Ed. (4980)
Jill E. Barad
1993 Ed. (3730)
Jill Krutick
2000 Ed. (2008)
1999 Ed. (2226)
Jill Tanenbaum Graphic Design & Advertising Inc.
2008 Ed. (4965)

Jillian's Billiard Club & Caf¤
2004 Ed. (4123)
Jilu Petrochemical
1995 Ed. (960)
Jim & Virginia Stowers
2008 Ed. (895)
Jim Barna Log Systems
2004 Ed. (1208)
2003 Ed. (1201)
Jim Beam
2008 Ed. (241, 242)
2007 Ed. (262)
2006 Ed. (252, 254, 255)
2005 Ed. (235)
2004 Ed. (229, 3279, 3284, 4892, 4908)
2003 Ed. (263, 3225, 3226, 3230, 4902, 4919)
2002 Ed. (278, 279, 291, 3107, 3130, 3131, 3134, 3150, 3158, 3159, 3160, 3161, 3162, 3171, 3173, 3175, 3177)
2001 Ed. (355, 3115, 3118, 3132, 3135, 3138, 3139, 3141, 3147, 4788, 4803, 4804, 4805, 4806)
2000 Ed. (2946, 2948, 2949, 2967, 2970, 2973, 2974, 2975)
1999 Ed. (3206, 3208, 3228, 3229, 3233, 3235, 3236, 3238, 3239, 3241, 3242, 3243, 3249)
1998 Ed. (1833, 2376, 2377, 2387, 2388, 2390, 2392, 2394, 2397)
1997 Ed. (2640, 2659, 2660, 2664, 2665, 2666, 2668)
1996 Ed. (2505, 2519, 2521, 2522, 2524)
1995 Ed. (2454, 2455, 2456, 2470, 2472, 2474)
1994 Ed. (2374, 2375, 2389, 2391, 2393, 3123)
1993 Ed. (1944, 2428, 2436, 2445, 2446, 2447, 2449, 3676)
1992 Ed. (2284, 2869, 2872, 2874, 2881)
1991 Ed. (727, 1809, 2313, 2316, 2317, 2320, 2324, 3458)
1990 Ed. (2457)
1989 Ed. (748, 752)
Jim Beam Bourbon
2008 Ed. (243)
Jim Beam Brands Co.
2004 Ed. (2734, 3265, 3283, 3286, 4234, 4849, 4906)
2003 Ed. (2614, 3223, 3227, 3229, 3231, 4211, 4869, 4915, 4916, 4917)
2002 Ed. (3109, 3152)
2001 Ed. (3119, 3126, 3127, 3128, 3129)
2000 Ed. (2941, 3833, 4358)
1999 Ed. (2591, 3198, 3209, 3210, 4123, 4729)
1998 Ed. (2368, 3107, 3686)
1997 Ed. (2141, 2640, 3367, 3854)
1996 Ed. (2498, 3268, 3801)
1992 Ed. (2882, 4404)
1991 Ed. (2323, 2325)
Jim Beam Classic Cocktails
2006 Ed. (4958)
2005 Ed. (4925)
2004 Ed. (4945)
2002 Ed. (4908)
2001 Ed. (4835)
2000 Ed. (4390)
1996 Ed. (2523)
Jim Beam Cocktails
1992 Ed. (2886)
Jim Beam's 8 Star
1996 Ed. (2514)
Jim Bean
1989 Ed. (751, 1895)
Jim Bean Brands
2000 Ed. (2331)
Jim Bradley Pontiac Cadillac
1991 Ed. (714)
1990 Ed. (737)
Jim Bunning
2003 Ed. (3894)
Jim C. Walton
2008 Ed. (4835, 4839)
2007 Ed. (4906, 4908)
2006 Ed. (4911, 4915)
2005 Ed. (4858, 4860, 4883)
2004 Ed. (4872, 4874, 4882)
2003 Ed. (4887, 4889, 4894)
2002 Ed. (706, 3361, 3362)
2001 Ed. (4745)
2000 Ed. (734)
1999 Ed. (726, 4746)
Jim Carrey
2008 Ed. (2590)
2006 Ed. (2485)
2001 Ed. (8)
1998 Ed. (1470)
Jim Causley Pontiac
1996 Ed. (283)
1995 Ed. (283)
Jim Causley Pontiac-GMC Truck Inc.
1992 Ed. (419)
1990 Ed. (314, 346)
Jim Courier
1995 Ed. (251)
Jim Cramer's Mad Money: Watch TV, Get Rich
2008 Ed. (620)
Jim Cramer's Real Money: Sane Investing in an Insane World
2007 Ed. (656)
Jim Dandy Tender Chunks
2002 Ed. (3655)
1997 Ed. (3072)
1996 Ed. (2993)
1994 Ed. (2831)
Jim Dandy Tender Moist Chunks
1999 Ed. (3789)
1993 Ed. (2819)
1992 Ed. (3412)
1990 Ed. (2821)
1989 Ed. (2197)
Jim Davis
2008 Ed. (4826)
2007 Ed. (4897)
Jim Ellis Atlanta
1996 Ed. (284)
1995 Ed. (284)
1991 Ed. (292)
1990 Ed. (315, 335)
Jim Ellis Mazda
1996 Ed. (278)
1995 Ed. (275)
1994 Ed. (275)
1991 Ed. (285)
Jim Ellis Volkswagen
1996 Ed. (291)
1995 Ed. (291)
1994 Ed. (287)
1993 Ed. (288)
1992 Ed. (403)
1991 Ed. (298)
1990 Ed. (323)
Jim Family Enterprises Inc.
1993 Ed. (964)
Jim Fresard Pontiac
1996 Ed. (283)
1995 Ed. (283)
Jim Gipson
2004 Ed. (3170)
Jim Goodnight
2003 Ed. (4684)
The Jim Henson Co.
2003 Ed. (1502)
Jim Henson's Muppet-Vision 3-D (Disney/MGM Studios)
1993 Ed. (3594)
Jim Hudson Mitsubishi
1992 Ed. (392)
1991 Ed. (287)
Jim Johnson-Chevrolet
1989 Ed. (283)
Jim Kirkley
2005 Ed. (994)
Jim Konstanty, 1951
1991 Ed. (702)
Jim Lupient
1990 Ed. (312)
Jim Lupient Oldsmobile
1996 Ed. (282)
1995 Ed. (282)
1994 Ed. (279)
1991 Ed. (289)
Jim Manzi
1990 Ed. (1711)
Jim McColl
2008 Ed. (4900)
Jim McMahon
1989 Ed. (278)
Jim Mellon
2001 Ed. (3319)
Jim Mitchell Auto Group
2003 Ed. (211, 212)
Jim Mizgalski
1993 Ed. (790)
Jim Morrison
2007 Ed. (4934)
Jim P. Manzi
1991 Ed. (925, 1619)
1989 Ed. (1376, 1379)
Jim Parker
2004 Ed. (3166)
Jim Pattison
2008 Ed. (4856)
2006 Ed. (4925)
2005 Ed. (4881)
Jim Pattison Group
2008 Ed. (2975)
2007 Ed. (2853)
2006 Ed. (1573)
2005 Ed. (1666, 1667)
1999 Ed. (1888)
1997 Ed. (1641)
1996 Ed. (2123)
1995 Ed. (1578)
1994 Ed. (2064)
1993 Ed. (1504)
1992 Ed. (1835)
1991 Ed. (748)
1990 Ed. (1337, 1531)
Jim Prods.
1991 Ed. (2771)
Jim Ramo
2005 Ed. (2321)
Jim Ratcliffe
2008 Ed. (4901)
Jim Rice
1989 Ed. (719)
Jim Riehl's Roseville Chrysler-Plymouth
1999 Ed. (319)
Jim Schroer
2002 Ed. (3263)
Jim Shaw
2007 Ed. (2507)
Jim Simons
2004 Ed. (3170)
Jim Slemons Imports
1992 Ed. (391)
1991 Ed. (272, 273, 286)
1990 Ed. (333)
Jim Slemons Imports Inc,
1990 Ed. (303)
Jim Steiner
2003 Ed. (223, 227)
Jim Sullivan
2003 Ed. (3057)
Jim Walker
2000 Ed. (2061)
1999 Ed. (2281)
1997 Ed. (1958)
1996 Ed. (1852)
Jim Walter Corp.
2005 Ed. (1501)
1991 Ed. (954)
1990 Ed. (837)
1989 Ed. (823, 1516)
Jim Walter Homes
2006 Ed. (1190, 1191)
2002 Ed. (2663)
2000 Ed. (1187)
1996 Ed. (1102, 1103)
1995 Ed. (1122)
1994 Ed. (1105)
1993 Ed. (1083)
1992 Ed. (1363, 2555, 1353)
1991 Ed. (1047, 1988)
1990 Ed. (1155)
1989 Ed. (1003)
Jim Wilson & Associates Inc.
1992 Ed. (3969)
Jimang
2002 Ed. (3782)
Jimenes; E. Leon
1992 Ed. (46)
Jimenez
2000 Ed. (160)
1999 Ed. (143)
1993 Ed. (128)
Jimenez & Fernandez Sucrs Inc.
2004 Ed. (3357)
Jimenez, Blanco & Quiros
2003 Ed. (61)
2002 Ed. (94)
2001 Ed. (123)
1999 Ed. (75)
1997 Ed. (74)
1994 Ed. (80)
Jimenez, Blanco & Quiros (Grey)
2000 Ed. (81)
Jimenez/D'Arcy
2003 Ed. (136)
2002 Ed. (168)
Jimenez/D'Arcy Masius Benton & Bowles
1997 Ed. (132)
Jimenez/DMB & B
2001 Ed. (197)
1994 Ed. (109)
Jiminez, Blanco & Ouiros
1995 Ed. (60)
Jiminez, Blanco & Quiros
1996 Ed. (74)
Jiminez/DMB & B
1996 Ed. (128)
1995 Ed. (114)
Jimmy
2001 Ed. (478)
Jimmy Buffett
2007 Ed. (1267)
2001 Ed. (1380)
1999 Ed. (1292)
1998 Ed. (866)
1993 Ed. (1078)
Jimmy Buffett & The Coral Reefer Band
1995 Ed. (1117, 1118)
Jimmy Connors
1995 Ed. (250, 1671)
Jimmy Dean
2008 Ed. (3606, 4278)
2003 Ed. (3322)
2002 Ed. (1329, 4098)
1995 Ed. (1889, 1889)
Jimmy Dean Foods
2003 Ed. (3324, 3331)
1999 Ed. (4139)
Jimmy Dean Fresh Taste Fast
2008 Ed. (4278)
Jimmy Dean Tastefuls
2001 Ed. (3182, 3182)
Jimmy John's
2006 Ed. (4111)
Jimmy John's Gourmet Sandwich Shops
2008 Ed. (4272)
2007 Ed. (4238)
2006 Ed. (4223)
2005 Ed. (4169)
2004 Ed. (4124, 4240)
2003 Ed. (4219)
2002 Ed. (4089)
Jimmy Page
1997 Ed. (1114)
Jimmy Timmy Powerhour
2008 Ed. (826)
Jimmy Walker Auto Group
2002 Ed. (708)
Jimmy'z
1990 Ed. (3332)
Jin; Gan Tee
1996 Ed. (1911)
Jin Mao Building
1997 Ed. (839)
Jinan Brewery
1995 Ed. (708)
Jinan Qingqi Motorcycle
2000 Ed. (4010, 4011)
Jing Jong Pan
2002 Ed. (3346)
Jing Ulrich
2000 Ed. (2071)
1999 Ed. (2294)
Jining Petrochemical
1995 Ed. (960)
Jinma Advertising Co.
1996 Ed. (72)
Jinpan International Ltd.
2001 Ed. (2138)
Jipson Carter State Bank
1989 Ed. (211)

JIT Sequence Center
2007 Ed. (4830)
Jiujiang
2001 Ed. (3856)
Jiuxin Group Daily Chemical Co.
2006 Ed. (36)
J.J. Haines & Co., Inc.
2000 Ed. (2202)
1998 Ed. (1699)
J.J. Hannes & Co.
1992 Ed. (2166)
JJ Sales & Logistics
2004 Ed. (843, 1712, 1818, 3947)
JJ Taylor
2003 Ed. (659)
JJ Taylor Companies Inc.
2001 Ed. (680)
JJ Taylor Cos., Inc.
2008 Ed. (538)
2007 Ed. (593)
2006 Ed. (553)
2005 Ed. (653)
2004 Ed. (666)
JJB Hilliard
2001 Ed. (822)
JJB Sports
2000 Ed. (4132)
JJJ Floor Covering
1999 Ed. (2674, 4090)
JJS
2000 Ed. (369)
1995 Ed. (2939)
JK International
2004 Ed. (4923)
2003 Ed. (3956)
2002 Ed. (3788)
JK Spruce I
1994 Ed. (1587)
JK Trucking
2005 Ed. (1690, 1691, 1692)
JKC Marketing
1990 Ed. (3087)
JKG Group
2005 Ed. (3900)
JKJ Chevrolet Geo
1992 Ed. (411)
J.L. Construction
1992 Ed. (1367)
JL Contruction
1992 Ed. (1364)
J.L. Davidson Co. Inc.
2000 Ed. (1269)
JL French Automotive Coatings
2002 Ed. (1418)
JL Halsey
2008 Ed. (2477)
2007 Ed. (2353)
J.L. Manta Inc.
2000 Ed. (1265, 1271)
J.L. Media
2000 Ed. (135)
JLG Industries Inc.
2007 Ed. (874, 1950, 1953, 1954, 3031, 3400, 4533, 4562)
2006 Ed. (1502, 1979, 1984, 1985)
2004 Ed. (3328)
2002 Ed. (940)
JLM Industries Inc.
2008 Ed. (916)
2007 Ed. (938)
2004 Ed. (955)
2003 Ed. (948)
2002 Ed. (1006)
JLM Marketing
1999 Ed. (1094)
JLS Custom Homes
2005 Ed. (1224)
JLT Mobile Computers
2008 Ed. (1110)
2007 Ed. (1203, 1205)
2006 Ed. (1100)
JLT Risk Solutions
2006 Ed. (784, 3149)
2005 Ed. (3152)
2002 Ed. (3960)
2001 Ed. (4037)
JLT Risk Solutions (Cayman) Ltd.
2006 Ed. (787)
JLT Risk Solutions (Guernsey) Ltd.
2008 Ed. (3381)
2006 Ed. (788)
JLT Risk Solutions Management
2008 Ed. (855)
JLT Risk Solutions Management (Bermuda) Ltd.
2008 Ed. (857)
2006 Ed. (786)
J.M. Creativos (Grey)
2000 Ed. (91)
J.M. Creativos Publicidad
1996 Ed. (84)
JM Family Enterprises Inc.
2008 Ed. (3183, 3202, 4055)
2007 Ed. (4028)
2006 Ed. (1491, 1706, 3034, 3990)
2005 Ed. (3917)
2002 Ed. (1075, 4984, 4989)
2000 Ed. (4429)
1999 Ed. (328, 4809)
1998 Ed. (753)
1996 Ed. (990)
1995 Ed. (1003)
1991 Ed. (954)
1990 Ed. (1029)
J.M. Huber Corp.
1990 Ed. (1039)
JM Lexus
2008 Ed. (284, 285, 286)
2006 Ed. (299, 300, 4868)
2005 Ed. (277, 278)
2004 Ed. (275)
2002 Ed. (352, 353, 356, 359)
1996 Ed. (294)
1995 Ed. (273)
1994 Ed. (258)
J.M. Magliochetti
2001 Ed. (2319)
JM Olson Corp.
2002 Ed. (1303)
2001 Ed. (1485)
J.M. Pontiac Inc.
1994 Ed. (280)
1993 Ed. (281)
1992 Ed. (377, 379, 396, 415, 418)
1990 Ed. (314)
JMA Architecture Studios
2008 Ed. (2520)
2007 Ed. (2405)
JMB
1992 Ed. (2781)
1989 Ed. (2293)
JMB Institutional
1990 Ed. (2332, 2970)
1989 Ed. (2129)
JMB Institutional Realty Corp.
1996 Ed. (2417, 3166)
1995 Ed. (3070, 3071, 3072)
1994 Ed. (3014)
1993 Ed. (2285, 2973, 2974, 2975, 2979)
1992 Ed. (2733, 2775, 3634, 3635, 3639)
1991 Ed. (2211, 2238, 2241, 2247, 2251, 2817, 2819)
1990 Ed. (2360, 2968)
1989 Ed. (1809)
JMB Insurance Agency Inc.
2006 Ed. (3078)
2005 Ed. (3077)
JMB Partners
2004 Ed. (1169)
2003 Ed. (1161)
JMB Properties Co.
1995 Ed. (3075)
1994 Ed. (3022)
1992 Ed. (3965, 3966, 3968)
JMB Property Management Co.
1990 Ed. (3288)
JMB Realty Corp.
2005 Ed. (1530)
2004 Ed. (1514)
2003 Ed. (1484)
2002 Ed. (1463)
1995 Ed. (3070, 3372)
1990 Ed. (1226, 1266)
1989 Ed. (1020)
JMB Realty Corp. & Affiliates
1992 Ed. (3629)
JMB Reatly Trust
1990 Ed. (2964)
JMB Retail Properties Co.
1994 Ed. (3021, 3022, 3296, 3301, 3303)
1993 Ed. (3303, 3310, 3316)
JMB Urban Development Co.
1994 Ed. (3006)
1992 Ed. (3958)
1991 Ed. (2809, 3117, 3124, 3126)
JMC Auto Group
2002 Ed. (709)
JMC Capital Management
1993 Ed. (2296)
JMC Capital Mgmt.
1990 Ed. (2339, 2343, 2346)
J.M.C. Creatividad Orientada/Y & R
2001 Ed. (239)
2000 Ed. (189)
1996 Ed. (151)
1995 Ed. (137)
JMC Creatividad Orientada/Y&R
1989 Ed. (172)
J.M.C. Creatividad Orientada/Young & Rubicam
1999 Ed. (168)
1994 Ed. (125)
1993 Ed. (145)
JMC Creatividad/Young & Rubicam
1991 Ed. (160)
JMC Homes
2005 Ed. (1238)
2004 Ed. (1214)
2003 Ed. (1207)
2002 Ed. (2674)
JMC/Y & R Group
1990 Ed. (161)
jmc.it
2006 Ed. (2052)
JMFT Aggressive Annuity Program
2003 Ed. (3114, 3138)
J.M.K. Auto Sales
1994 Ed. (283)
1993 Ed. (285)
1992 Ed. (400)
J.M.K. Saab
1996 Ed. (287)
1995 Ed. (289)
JMPR
2005 Ed. (3966)
J.N. Leoussis Advertising
1990 Ed. (106)
JNCO
2001 Ed. (1264, 1265)
JNI Corp.
2004 Ed. (4547)
2003 Ed. (2726)
JNR Resources Inc.
2008 Ed. (1617)
Jo-Ann Stores Inc.
2008 Ed. (4473)
2007 Ed. (1554)
2004 Ed. (2869, 3681)
2001 Ed. (1943, 2750)
JO Hambro Magan
1993 Ed. (1173)
Joachim Fels
2000 Ed. (2074)
Joan B. Kroc
2008 Ed. (895)
Joan Fabrics
2000 Ed. (4244)
1995 Ed. (1954, 3607)
Joan Kroc
2005 Ed. (4848)
2004 Ed. (4862)
2003 Ed. (4880)
2002 Ed. (3364)
1995 Ed. (934)
Joan Raymond
1990 Ed. (2658)
Joan Sebastian
2002 Ed. (1160)
Joan Solotar
2000 Ed. (1989)
1999 Ed. (2217)
1998 Ed. (1631)
1997 Ed. (1908)
Joan Zeif
1999 Ed. (2238)
Joan Zief
2000 Ed. (2021)
1998 Ed. (1648)
1997 Ed. (1920)
1996 Ed. (1848)
1995 Ed. (1867)
1994 Ed. (1826)
Joann Fabrics
1996 Ed. (3682)
JoAnn Fabrics & Crafts Buyers
1999 Ed. (1856)
Joanne & John Roche
2008 Ed. (4884)
Joanne Hill
2000 Ed. (1967)
1999 Ed. (2191)
Joanne K. Rowling
2008 Ed. (4900, 4905)
2007 Ed. (4924, 4926, 4929)
2005 Ed. (4891)
Joanne Roche
2007 Ed. (4920)
Joanneum University of Applied Sciences; F. H.
2008 Ed. (802)
Joannou & Paraskevaides Ltd.
1991 Ed. (1096)
Joannou & Paraskevaides (Overseas) Ltd.
2005 Ed. (1331)
2004 Ed. (1325, 1328)
2003 Ed. (1325)
2002 Ed. (1309)
2000 Ed. (1280)
1996 Ed. (1159)
Joao Morais
1999 Ed. (2423)
Joaquin G. Avino
1993 Ed. (2461)
1992 Ed. (2903)
1991 Ed. (2342)
1990 Ed. (2478)
Job listings
2007 Ed. (2323)
Job recruitment
2007 Ed. (2323)
Job Responsibilities
2000 Ed. (1782)
Job security
1991 Ed. (2025)
Job sharing
1997 Ed. (2014)
Job Squad
2003 Ed. (3735)
Job Store Inc.
2008 Ed. (3699, 4373, 4955)
2007 Ed. (4989)
Job Strategies, Inc.
2003 Ed. (3950)
Job.com
2008 Ed. (3358)
2007 Ed. (3228)
Jobing.com
2008 Ed. (2480)
Jobling & Co. Ltd.; James A.
1991 Ed. (960)
Jobs for Progress Inc.
2005 Ed. (2845)
Jobs for Progress National Inc.; SER
2007 Ed. (2841)
2006 Ed. (2843)
Jobs; Steven
2007 Ed. (986)
Jobs; Steven P.
2007 Ed. (1022)
2005 Ed. (980, 983, 2497)
Jobs; Steven Paul
2008 Ed. (957, 4834)
2007 Ed. (960, 4905)
2006 Ed. (887, 896, 940, 3262, 4910)
2005 Ed. (2320, 2469, 4856)
Jobserve
2001 Ed. (1881)
JobsInTheUS
2008 Ed. (1895)
Jobtrak
2002 Ed. (4819)
Jockey
2008 Ed. (984, 3447)
2007 Ed. (1101, 1103, 3351)
2006 Ed. (1016, 3284)
2000 Ed. (1114)
1998 Ed. (764)
1997 Ed. (1024)
1996 Ed. (1004)
1994 Ed. (1012)
1992 Ed. (1209)
1990 Ed. (3336)

1989 Ed. (2096)
Jockey International, Inc.
1992 Ed. (4480)
1991 Ed. (3512)
1990 Ed. (3704)
1989 Ed. (2973)
Jodee Rich
2002 Ed. (2477)
Jodrey family
2005 Ed. (4863)
Joe Aceves
1991 Ed. (2549)
Joe Aragona
2003 Ed. (4846)
Joe Berdardino
2004 Ed. (2487)
Joe Bick
2003 Ed. (221, 225)
Joe Diffie
1994 Ed. (1100)
Joe Diffle
1993 Ed. (1079)
Joe Doyle, 1910
1991 Ed. (702)
Joe E. Harris Sr.
1992 Ed. (534)
Joe Ettore
2004 Ed. (2528)
Joe F. Flack
1993 Ed. (2463)
1992 Ed. (2905)
Joe Fedele
2005 Ed. (2321)
Joe Fortes Seafood & Chophouse
2007 Ed. (1606)
Joe Frank Harris
1991 Ed. (1857)
Joe G. Maloof & Co.
2005 Ed. (1906)
2004 Ed. (1822)
2003 Ed. (1788)
Joe Galli
2005 Ed. (2470)
Joe Gibbs Racing
2007 Ed. (327)
Joe Jack Mills
1993 Ed. (2463)
Joe Jamail
1995 Ed. (932, 1068)
Joe L. Albritton
1992 Ed. (531, 1138)
Joe L. Barton
1999 Ed. (3843, 3959)
Joe Lewis
2008 Ed. (4904)
2007 Ed. (4928)
Joe Liemandt
2005 Ed. (2453)
Joe Louis Arena
1989 Ed. (992)
Joe Meyers Mitsubishi
1994 Ed. (277)
Joe Miller Homes
1998 Ed. (911)
Joe Miller Homes/D. R. Horton
2000 Ed. (1223)
Joe Moglia
2007 Ed. (3223)
2006 Ed. (3185)
Joe Montana
1997 Ed. (1724)
1995 Ed. (250, 251, 1671)
Joe Morgan Yugo
1990 Ed. (325)
Joe Myers Mitsubishi
1995 Ed. (280)
1993 Ed. (278)
1992 Ed. (392)
Joe Namath
1995 Ed. (250, 1671)
Joe Public Relations
2002 Ed. (3854)
Joe R. Lee
2004 Ed. (2491, 2530, 2531)
Joe Rizza Auto Group
1991 Ed. (308)
Joe Roby
1998 Ed. (1515)
Joe Sacik
1999 Ed. (306)
Joe Sakic
2003 Ed. (298)
Joel B. Alvord
1999 Ed. (386)
1998 Ed. (289, 1515)
1992 Ed. (531)
Joel; Billy
2005 Ed. (1160)
1996 Ed. (1093, 1095)
1995 Ed. (1118)
1993 Ed. (1078, 1080)
1992 Ed. (1348, 1350, 1350)
1989 Ed. (989)
Joel Gemunder
2008 Ed. (2640)
2007 Ed. (2512)
2006 Ed. (2531)
Joel Gross
1994 Ed. (1810)
1993 Ed. (1827)
1991 Ed. (1684)
Joel Jankowsky
2002 Ed. (3211)
Joel Kimbrough
2006 Ed. (965)
Joel Price
1995 Ed. (1812, 1843)
1994 Ed. (1771, 1805, 1834)
1993 Ed. (1788, 1822)
1992 Ed. (2135)
Joel Rassman
2008 Ed. (964)
2007 Ed. (1062)
2006 Ed. (966)
Joel Tiss
2000 Ed. (2031)
1999 Ed. (2249)
1998 Ed. (1659)
Joerres; Jeffrey
2008 Ed. (934)
2007 Ed. (970)
2006 Ed. (879)
2005 Ed. (966)
Joe's Crab Shack
2008 Ed. (4163, 4195, 4196)
2007 Ed. (4155)
2006 Ed. (4135)
2005 Ed. (4060, 4061, 4063)
2004 Ed. (4146)
2003 Ed. (4101)
2002 Ed. (4028)
2001 Ed. (4060, 4061)
2000 Ed. (3762, 3773, 3774, 3873)
Joe's Seafood, Prime Steak & Stone Crab
2007 Ed. (4123)
Joe's Stone Crab
2008 Ed. (4149)
2007 Ed. (4131)
2006 Ed. (4105)
2005 Ed. (4047)
2003 Ed. (4087)
2002 Ed. (3994)
2001 Ed. (4053)
2000 Ed. (3772)
1999 Ed. (4056)
1998 Ed. (3049)
1997 Ed. (3302)
1994 Ed. (3053)
Joey's Only Seafood Restaurant
2006 Ed. (4124)
2003 Ed. (4129)
2002 Ed. (4024)
Joggin' in a Jug
1994 Ed. (687)
Jogging/running
2001 Ed. (422)
Jogging/running shoes
1993 Ed. (257)
Johan Eliasch
2008 Ed. (897, 4007)
2007 Ed. (917)
Johann A. Benckiser
2001 Ed. (18, 28, 40, 68, 72, 77, 86)
Johann Rupert
2008 Ed. (4895)
Johanna Foods Inc.
2008 Ed. (4998)
Johanna Quandt
2008 Ed. (4864, 4867)
2007 Ed. (4911)
2005 Ed. (4878, 4882)
2003 Ed. (4892)
1992 Ed. (888)
Johanna Walton
2000 Ed. (2101)
Johannesburg
2000 Ed. (3376)
Johannesburg Consolidated
1994 Ed. (1446)
1993 Ed. (1397)
Johannesburg Consolidated Investment
1997 Ed. (2585)
1996 Ed. (1442, 1443)
Johanson Manufacturing Corp.
1992 Ed. (4487)
Johas & Associates Inc.
1998 Ed. (1543)
1996 Ed. (1750)
1995 Ed. (1769, 1770)
1994 Ed. (1737)
Johathan McRoberts
2007 Ed. (2549)
John A. Allison IV
2008 Ed. (1108)
2007 Ed. (1202)
John A. Bogardus
1989 Ed. (1741)
John A. Clerico
1999 Ed. (1127)
John A. Edwardson
1996 Ed. (1716)
John A. Feenan
2007 Ed. (2498)
John A. Kanas
1992 Ed. (1138)
John A. Levin
2002 Ed. (2467)
John A. Shirley
1992 Ed. (2051)
John A. Sobrato
2008 Ed. (4830)
2007 Ed. (4902)
2006 Ed. (4906)
2005 Ed. (4852)
John A. Wood Ltd.
2007 Ed. (1287)
John A. Young
1993 Ed. (1702)
1992 Ed. (2053, 2057)
1991 Ed. (1627)
John Aaroe & Associates
2000 Ed. (3713)
John Adam Kerns Jr.
2007 Ed. (1676, 1711, 3338, 4020)
John Adams
2004 Ed. (742)
2003 Ed. (717, 719)
2002 Ed. (2180)
John Akers
1990 Ed. (971)
John Albert Sobrato
2002 Ed. (3360)
John Alchin
2008 Ed. (967)
2007 Ed. (1049)
2005 Ed. (991)
John Alden Financial Corp.
1999 Ed. (2453)
1998 Ed. (2176)
1997 Ed. (2442)
1993 Ed. (964)
1991 Ed. (954)
John Alden Financial Corp
1995 Ed. (1003)
John Alden Life Insurance Co.
2000 Ed. (2682)
John & Jere Thompson
2002 Ed. (3791)
2000 Ed. (2347)
1998 Ed. (1845)
1995 Ed. (2004)
1993 Ed. (1956)
1992 Ed. (2299)
1991 Ed. (1823)
1990 Ed. (1905)
John and Rebecca Moores
1994 Ed. (889, 1055, 1056)
John Apthrop
2008 Ed. (4909)
John Arnold ExecuTrak Systems Inc.
1992 Ed. (994)
John Arquilla
2005 Ed. (2322)
John Arrillaga
2004 Ed. (2843, 4867)
2003 Ed. (4883)
2002 Ed. (3360)
1998 Ed. (1944, 2504, 3705)
1995 Ed. (2112, 2579, 3726)
1994 Ed. (2059, 2521, 3655)
John Asprey
2007 Ed. (4931)
John Atkins
1999 Ed. (2330)
John B. Blystone
2006 Ed. (1099)
2005 Ed. (1104)
John B. Breaux
1994 Ed. (2890)
John B. Canuso Inc.
1991 Ed. (1066)
1990 Ed. (1180)
John B. Collins Associates Inc.
2008 Ed. (3331)
2005 Ed. (3152)
2002 Ed. (3960)
John B. Dicus
2006 Ed. (2530)
John B. Fairfax
2001 Ed. (3317)
John B. Hess
2008 Ed. (953)
2007 Ed. (1031)
John B. McCoy
2001 Ed. (2315)
2000 Ed. (386)
1994 Ed. (357)
John B. Sanfilippo & Son Inc.
2005 Ed. (2751, 2752)
2004 Ed. (2756, 2757)
John B. Schulze
2008 Ed. (3997)
John Bailey & Associates
2005 Ed. (3975)
2004 Ed. (4032)
John Barr
2000 Ed. (2050)
John Barret
2007 Ed. (2758)
John Barth
2008 Ed. (935, 952)
2007 Ed. (965, 1030)
2006 Ed. (874, 936)
2005 Ed. (967)
John Bauer III
1996 Ed. (1798)
John Bensche
2000 Ed. (2044, 2055)
1999 Ed. (2272)
John Bogle
2004 Ed. (3213)
John Branca
2002 Ed. (3070)
1997 Ed. (2611)
1991 Ed. (2297)
John Brennan
2003 Ed. (3058)
2002 Ed. (3026)
John Brincat
1993 Ed. (938)
John Brown/Davy
1996 Ed. (1111, 1121, 1124, 1125, 1129, 1151, 1152, 1153, 1154, 1155, 1156, 1157, 1158, 1159, 1160, 1161, 1163, 1165, 1666, 1667, 1668, 1669, 1670, 1671, 1672, 1673, 1678)
1995 Ed. (1177, 1178, 1179, 1180, 1181, 1182, 1183, 1185, 1188, 1190, 1684, 1685, 1686, 1687, 1688, 1689, 1690, 1691, 1696)
1994 Ed. (1158, 1159, 1160, 1161, 1162, 1163, 1164, 1165, 1168, 1170, 1644, 1646, 1647, 1648, 1649, 1650, 1651, 1652)
John Brown E & C
1996 Ed. (1655, 1659)
1995 Ed. (1138, 1148, 1151, 1152, 1157, 1672, 1676, 1679)
1994 Ed. (1123, 1124, 1134, 1633, 1637, 1640)
John Brown Engineers & Constructors Ltd.
1993 Ed. (1100, 1118, 1141, 1144, 1146, 1147, 1148, 1601, 1605, 1608, 1614, 1615, 1616, 1618, 1619, 1620)

1992 Ed. (1427, 1429, 1961, 1963, 1964, 1967, 1968)
1991 Ed. (1097)
John Brown University
2008 Ed. (1063)
1999 Ed. (1225)
1998 Ed. (796)
1997 Ed. (1058)
1996 Ed. (1042)
John Browne
2007 Ed. (1022)
2006 Ed. (691, 932)
2005 Ed. (789)
2003 Ed. (787, 2371)
John Bryan
1999 Ed. (2077)
John Bryant
2005 Ed. (988)
John Buchanan
2000 Ed. (1052)
John Buck Co.
2000 Ed. (3728)
1998 Ed. (3017)
John Bucksbaum
2008 Ed. (942)
2007 Ed. (1021)
John C. Chenoweth
1990 Ed. (2662)
John C. Crean
1999 Ed. (1411)
John C. Farrell
1990 Ed. (2660)
John C. Hart
1996 Ed. (967)
John C. Malone
1993 Ed. (937, 1695)
John C. Martin
2007 Ed. (1021)
2006 Ed. (930)
John C. Pope
1992 Ed. (2051)
1991 Ed. (1620)
John C. Shortell
1992 Ed. (534)
John C. Sites Jr.
1995 Ed. (1728)
John Canada
1995 Ed. (2485)
John Carlo Inc.
2004 Ed. (1290)
John Carrig
2007 Ed. (1065)
2006 Ed. (969)
John Carroll University
2008 Ed. (1085)
2001 Ed. (1324)
2000 Ed. (1138)
1999 Ed. (1229)
1998 Ed. (800)
1997 Ed. (1055)
1996 Ed. (1039)
1995 Ed. (1054)
1994 Ed. (1046)
1993 Ed. (1019)
1992 Ed. (1271)
John Casablancas Modeling/Career Centers
2002 Ed. (3378)
John Casesa
2000 Ed. (1982, 1983)
1999 Ed. (2211)
1996 Ed. (1777, 1828)
1995 Ed. (1803)
1994 Ed. (1761)
John Caudwell
2008 Ed. (4908)
2007 Ed. (4934)
2006 Ed. (2500)
2005 Ed. (4888)
John Chambers
2008 Ed. (940)
2007 Ed. (975)
2006 Ed. (884)
2005 Ed. (972, 979)
2003 Ed. (960, 961)
2002 Ed. (1041, 1042, 3026)
2001 Ed. (1217, 1218)
2000 Ed. (796, 1044)
1996 Ed. (1710)
1992 Ed. (2905)
John Chapple
2007 Ed. (1012)
2006 Ed. (922)
John Charles Haas
2002 Ed. (3357)
John Chezik Suzuki
1992 Ed. (413)
1990 Ed. (321)
John Christner Trucking
2003 Ed. (4804)
John Chrysikopoulos
1997 Ed. (1891)
1996 Ed. (1817)
1995 Ed. (1839)
1994 Ed. (1801)
John Conlee
1997 Ed. (1113)
1994 Ed. (1100)
John Connors
2006 Ed. (990)
John Conroy
2000 Ed. (2143)
1999 Ed. (2360)
John Coombe
2000 Ed. (1052)
John Corzine
2003 Ed. (3206)
John Cotton (Mirfield) Ltd.
1993 Ed. (971)
John Cougar Mellencamp
1990 Ed. (1144)
John Coulter
2007 Ed. (4931)
John Craig Eaton
1997 Ed. (3871)
John Crowther Group PLC
1991 Ed. (3356)
John Cunningham
2004 Ed. (410)
John Curley
1991 Ed. (2406)
John D. Ambler
1994 Ed. (1712)
John D. & Catherine T. MacArthur Foundation
2008 Ed. (2766)
2005 Ed. (2677, 2678)
2004 Ed. (2681)
2002 Ed. (2328, 2329, 2332, 2333, 2335, 2337, 2340, 2342)
2001 Ed. (2517, 2518, 3780)
2000 Ed. (2259, 2260)
1999 Ed. (2499, 2501)
1995 Ed. (1931, 1932)
1994 Ed. (1897, 1898, 1906, 2772)
1993 Ed. (1895, 1896, 2783)
1992 Ed. (1096, 2214, 2215, 3358)
1991 Ed. (895, 895, 895, 895, 1765, 2689, 2693)
1990 Ed. (2786)
1989 Ed. (1470, 1471, 2165)
John D. Butler
2008 Ed. (2635)
2007 Ed. (2504)
2005 Ed. (2511)
John D. Dingell
1999 Ed. (3843, 3959)
John D. Finnegan
2008 Ed. (949)
John D. Fornengo
1995 Ed. (1079)
John D. Hashagen Jr.
1992 Ed. (532)
John D. Martin
1990 Ed. (1714)
John D. Ong
1990 Ed. (1717)
John D. Page
1992 Ed. (534)
John D. Rockefeller
2008 Ed. (4837)
2006 Ed. (4914)
John D. Waihee III
1992 Ed. (2345)
John Daane
2003 Ed. (4383)
John de Mol
2008 Ed. (4870)
John Dean
2000 Ed. (2004)
John Deere
2003 Ed. (3271)
2002 Ed. (3062, 3064, 3066, 3223)
1998 Ed. (2545)
1992 Ed. (1185)
1990 Ed. (15)
John Deere & Co.
2004 Ed. (3330)
John Deere Capital Corp.
1995 Ed. (1788)
1993 Ed. (845, 1766)
John Deere Community Credit Union
2006 Ed. (2154, 2196)
2005 Ed. (2101)
2004 Ed. (1959)
2003 Ed. (1919)
2002 Ed. (1865)
John Deere Credit
2006 Ed. (4820)
1998 Ed. (388)
1991 Ed. (1666)
1990 Ed. (1762)
John Deere Health Care
1999 Ed. (2653)
1997 Ed. (2198)
John Devine
2007 Ed. (1043)
2006 Ed. (948)
2005 Ed. (988)
John Doddridge
1997 Ed. (980)
John Doerr
2003 Ed. (4846, 4847)
John Dorrance
2007 Ed. (4918)
John Dorrance III
2008 Ed. (4885)
John Dorrance, Jr. & Family
1990 Ed. (3687)
John Doyle
2008 Ed. (4884)
2007 Ed. (4920)
John E. Abele
2008 Ed. (4829)
2007 Ed. (4892)
2006 Ed. (4904)
2005 Ed. (4849)
2004 Ed. (4863)
2002 Ed. (3354)
John E. Andrus Memorial
2002 Ed. (2339)
John E. Bryson
2008 Ed. (956)
2007 Ed. (1034)
John E. Conlin
2003 Ed. (3061)
John E. Green Co.
2008 Ed. (1227, 1253, 1261, 1330, 2719, 4000, 4001, 4820)
2007 Ed. (1387, 2580, 3977, 3978, 4888)
2006 Ed. (1242, 1338, 3924)
2005 Ed. (1281, 1342)
2004 Ed. (1235, 1244, 1337)
2003 Ed. (1241, 1337)
John E. Irving
1997 Ed. (3871)
John E. Little
2002 Ed. (3351)
John E. Lobbia
1993 Ed. (1699)
John E. Lyons
1992 Ed. (2051)
John E. McCaw Jr.
2004 Ed. (4866)
John E. Stewart
1992 Ed. (533)
John E. Stuart
1999 Ed. (2085)
John Eastman
1997 Ed. (2611)
1991 Ed. (2297)
John Eddie Williams Jr.
2002 Ed. (3072)
John; Elton
2008 Ed. (2583)
2007 Ed. (1267, 2451)
2005 Ed. (1160)
1997 Ed. (1114)
1996 Ed. (1093, 1095)
1994 Ed. (1099, 1101)
1991 Ed. (1041)
1990 Ed. (1142)
John Engle
1996 Ed. (1911)
John Engler
1993 Ed. (1994)
John Ensign
2003 Ed. (3894)
John F. Akers
1993 Ed. (1702)
1991 Ed. (1627)
John F. Antioco
2006 Ed. (941)
John F. Chambers
1993 Ed. (2463)
John F. Connelly
1989 Ed. (1378, 1380)
John F. Gifford
2003 Ed. (4383)
John F. Johnson
1991 Ed. (1614)
John F. Kennedy
1991 Ed. (214)
John F. Kennedy Airport
2001 Ed. (349)
John F. Kennedy Center
1999 Ed. (1295)
John F. Kennedy Center for the Performing Arts
2005 Ed. (3281)
2004 Ed. (929)
John F. Kennedy International Airport
2008 Ed. (236)
1995 Ed. (169, 195, 199)
1994 Ed. (152, 191, 192, 194)
1993 Ed. (168, 206, 209)
John F. Kennedy Medical Center
1990 Ed. (2054)
John F. Kennedy School of Government of Harvard University
1991 Ed. (891, 1003)
John F. Kennedy Stadium
1989 Ed. (986, 986)
John F. Maher
1994 Ed. (1720)
1990 Ed. (1712)
John F. Mars
1992 Ed. (890)
1991 Ed. (710, 3477)
1990 Ed. (731, 3688)
1989 Ed. (732)
John F. McDonnell
1994 Ed. (1718)
John F. McGillicuddy
1994 Ed. (357)
1991 Ed. (402, 1625)
1990 Ed. (458, 459)
1989 Ed. (1381)
John F. Remondi
2006 Ed. (2532)
John F. Savage Hall
1999 Ed. (1296)
John F. Smith
1997 Ed. (981)
John F. Smith Jr.
1999 Ed. (1125)
1998 Ed. (723)
1996 Ed. (965)
John F. Welch Jr.
2002 Ed. (2183)
1995 Ed. (980)
1993 Ed. (936)
1989 Ed. (1376, 1379)
John Fairfax Holdings Ltd.
2005 Ed. (1660)
2004 Ed. (3938)
2002 Ed. (4617)
John Finney McDonnell
1996 Ed. (961, 963)
John Fisher
2008 Ed. (4831)
2006 Ed. (4902)
John Fluke
1990 Ed. (2989)
1989 Ed. (1326)
John Forrey
2000 Ed. (1926, 1932)
1999 Ed. (2162)
1998 Ed. (1575)
John Forsyth Co.
1990 Ed. (3569)
John Forsyth Company
1992 Ed. (4279)
John Frediksen
2008 Ed. (4901)

John Fredriksen
2008 Ed. (4862)
2007 Ed. (4923)
2005 Ed. (4888)
John Frieda Frizz-Ease
2008 Ed. (2870)
John Frieda Professional Hair Care Inc.
2005 Ed. (1546)
John Fuller
1990 Ed. (2662)
John Fusek
1999 Ed. (2172)
John G. Drosdick
2008 Ed. (953)
2007 Ed. (960, 1031)
John G. Hofland Ltd.
2007 Ed. (3378)
John G. Kinnard & Co. Inc.
2001 Ed. (888)
John G. Shedd Aquarium
1991 Ed. (894)
John Gandel
2008 Ed. (4842)
John Geraghty
1996 Ed. (1792, 1802)
1995 Ed. (1817, 1818)
1994 Ed. (1777)
1993 Ed. (1794)
John Gifford
2007 Ed. (1007)
2006 Ed. (917)
John Gokongwei Jr.
2006 Ed. (4921)
John Govett
1995 Ed. (2396)
John Govett & Co.
1993 Ed. (2356)
John Graham
1999 Ed. (2427)
John Greene
1996 Ed. (1905)
John Grisham
2008 Ed. (280)
2002 Ed. (347)
2001 Ed. (430)
John Groce & Co. Inc.
1991 Ed. (1081)
John Grubman
1999 Ed. (2274)
John H. Bryan
2002 Ed. (2214)
2000 Ed. (1884)
1998 Ed. (1516)
1994 Ed. (1721)
1992 Ed. (1143, 2059)
John H. Bryan, Jr.
1991 Ed. (926, 1628)
1990 Ed. (973, 1720)
John H. Clark Co.
1992 Ed. (3964)
John H. Gutfreund
1990 Ed. (975, 1716)
John H. Harland Co.
2005 Ed. (3892, 3893)
2004 Ed. (3934, 3935)
1999 Ed. (1558)
1998 Ed. (2701)
1997 Ed. (2957, 3170)
1996 Ed. (2862)
1995 Ed. (2806)
1993 Ed. (1506, 2740, 2918)
1992 Ed. (3285)
1991 Ed. (1446, 2636, 2766)
1990 Ed. (2736, 2903)
1989 Ed. (2102)
John H. Krehbiel Jr.
2002 Ed. (3357)
John H. Lynch
2000 Ed. (1887)
John H. Roe
2004 Ed. (3911)
John H. Schmatter
2004 Ed. (2531)
John H. Stanford
1993 Ed. (2461)
John Hadley
1995 Ed. (935)
John Halewood
2008 Ed. (4909)
John Hallacy
1998 Ed. (1564, 1595)
John Hammergren
2007 Ed. (983)
John Hancock
2007 Ed. (3659)
2006 Ed. (610)
2000 Ed. (2714, 3882, 3885, 3900)
1999 Ed. (4171, 4172, 4173)
1998 Ed. (2255, 2258, 2654)
1994 Ed. (2294, 2298, 3160)
1993 Ed. (2011, 2258, 2281, 2284, 2286, 2308, 2922)
1992 Ed. (2370, 2664, 2671, 2729, 2732, 2734, 2736, 2748, 3549)
1991 Ed. (243, 1722)
1990 Ed. (1792, 1799, 2235)
1989 Ed. (1692)
John Hancock Accommodator 2000 Global
1994 Ed. (3613)
John Hancock - Accommodator 2000 (VA)
1991 Ed. (2151, 2154)
John Hancock Classic Value
2008 Ed. (2616)
John Hancock Distributors
2000 Ed. (833, 834, 837, 838, 839, 849, 862, 865)
1999 Ed. (839, 841, 842, 851, 861, 865)
John Hancock Financial Inc.
2007 Ed. (2903)
1994 Ed. (2318)
1990 Ed. (2324, 2325, 2329)
1989 Ed. (1809, 2134, 2137)
John Hancock Financial Services Inc.
2008 Ed. (1483)
2007 Ed. (1489, 3165, 3166, 3167)
2006 Ed. (1419, 1423, 1441, 1445, 3123, 3949, 3951, 3960)
2005 Ed. (1562, 1861, 1862, 1863, 1864, 3048, 3049, 3086, 3105, 3116, 3118)
2004 Ed. (1793, 3033, 3034, 3035, 3036, 3102, 3113)
2003 Ed. (1756, 2958, 2959, 2995, 2996)
2002 Ed. (1526, 1723, 2933, 4194)
1999 Ed. (3047, 3086)
1998 Ed. (2264, 2286)
1997 Ed. (2540)
1994 Ed. (2303, 2306)
1992 Ed. (2769, 2774)
1991 Ed. (2246)
1990 Ed. (2354)
1989 Ed. (1806)
John Hancock - Flex V (VL)
1991 Ed. (2151, 2153, 2154)
John Hancock Freedom Regular Bank B
1994 Ed. (2613)
John Hancock Funds
2000 Ed. (2806)
John Hancock Global Rx A
1997 Ed. (2899)
John Hancock Global Tech. B
1997 Ed. (2898)
John Hancock Greater China Opportunities
2008 Ed. (3771)
John Hancock Growth & Income A
1999 Ed. (3515, 3557)
John Hancock Healthplan of Pa. Inc.
1990 Ed. (2000)
John Hancock Healthplan of PA Inc
1989 Ed. (1587)
John Hancock High Yield
2008 Ed. (593, 596, 599)
John Hancock High Yield A
1998 Ed. (2633)
John Hancock High Yield Bold
2005 Ed. (699)
John Hancock High Yield Bond A
1999 Ed. (754, 3538)
John Hancock High Yield Bond B
1999 Ed. (3538)
John Hancock International
1996 Ed. (2770)
John Hancock Life Assurance
2002 Ed. (2909)
John Hancock Life Insurance Co.
2008 Ed. (1779, 3302)
2007 Ed. (1758, 3123, 3152)
2003 Ed. (1754)
2002 Ed. (2869)
John Hancock, Mass.
1989 Ed. (2157)
John Hancock Mil Life Insurance Co.
2000 Ed. (2702)
John Hancock Mutual
2000 Ed. (2698, 2793, 2836)
1990 Ed. (2243)
1989 Ed. (1681)
John Hancock Mutual Life
2000 Ed. (1513, 2686, 2695, 2697)
1999 Ed. (1704, 2943, 2945, 2947, 2948, 2950, 2951, 2953, 2955, 2956, 2958)
1998 Ed. (171, 1175, 2155, 2156, 2158, 2171, 2177, 2178, 2180, 2181, 2183, 2185, 2186, 2189, 2193)
1997 Ed. (1477, 2430, 2448, 2453, 2456, 2509, 2517, 3412)
1995 Ed. (223, 2292, 2294, 2301, 2306, 2314, 2374, 3349)
1994 Ed. (224, 2249, 2251, 2255, 2256, 2261, 2262, 2266, 3268)
1993 Ed. (2205, 2206, 2207, 2208, 2210, 2212, 2213, 2215, 2217, 2218, 2220, 2221, 2222, 2287, 3278, 3653, 3654)
1992 Ed. (338, 2385, 2660, 2661, 2663, 2666, 2674, 2675, 2711, 4381, 4382)
1991 Ed. (246, 2112, 2113, 2207, 2210, 2212, 2214)
1990 Ed. (2231, 2233, 2239, 2240)
1989 Ed. (1679, 1686, 1687, 1688)
John Hancock Mutual Life Ins.
1990 Ed. (1791)
John Hancock Mutual Life Insurance
2002 Ed. (2923, 2926, 2927, 2929)
2001 Ed. (1788, 2933, 2934, 2940, 2943, 2944, 2946, 2949, 2950)
2000 Ed. (2706, 2707, 2709)
1996 Ed. (1418, 1974, 2070, 2305, 2306, 2307, 2312, 2314, 2315, 2316, 2317, 2320, 2323, 2324, 2328, 2376, 2387)
1991 Ed. (244, 1721, 2095, 2099, 2104, 2109)
John Hancock Regional Bank
2003 Ed. (3522)
1994 Ed. (2624, 2629)
John Hancock Regional Bank A
1999 Ed. (3507)
John Hancock Regional Bank B
1999 Ed. (3574)
John Hancock Small Cap Equity Fund
2003 Ed. (3540, 3540)
John Hancock Sovereign Bond
1996 Ed. (2784)
John Hancock Sovereign Inv.
1994 Ed. (2635)
John Hancock Special Equities
1994 Ed. (2602, 2637)
1993 Ed. (2669, 2679)
John Hancock Strategic Income A
1999 Ed. (747)
John Hancock - The Accommodator (VA)
1991 Ed. (2152)
John Hancock Variable
1999 Ed. (2938, 2941, 2942)
John Hancock Variable Life
2002 Ed. (2904, 2934)
John Hancock Venture Capital Mgt.
1990 Ed. (3667)
John Hargreaves
2008 Ed. (4903)
2007 Ed. (4927)
2005 Ed. (4890)
John Hartzell
1996 Ed. (1891)
John Harvey
1997 Ed. (1888)
John Heaton
2006 Ed. (2514)
John Hebb (Motor Engineering) Ltd.
1993 Ed. (975)
John Hebb (Motor Engineers) Ltd.
1995 Ed. (1016)
1994 Ed. (1003)
John Heie
2008 Ed. (2629)
John Heinbochel
1994 Ed. (1822)
John Heinbockel
2000 Ed. (2039)
1999 Ed. (2259)
1998 Ed. (1619)
1997 Ed. (1918)
1996 Ed. (1845)
1995 Ed. (1864)
John Heinmiller
2007 Ed. (1071)
2006 Ed. (976)
John Henderson
2005 Ed. (1984)
John Henry
2006 Ed. (2515)
1994 Ed. (1840)
1992 Ed. (3532)
John Herma
2004 Ed. (4868)
John Herrlin
1997 Ed. (1887)
John Herrlin, Jr.
2000 Ed. (2029)
1999 Ed. (2247)
1998 Ed. (1657)
1996 Ed. (1814)
John Hervey
1999 Ed. (2222)
1998 Ed. (1635)
John Hickenlooper
2007 Ed. (2497)
John Hindelong
2000 Ed. (2013)
1999 Ed. (2233)
1998 Ed. (1609, 1642)
1996 Ed. (1796)
1995 Ed. (1823)
1994 Ed. (1783)
1993 Ed. (1800)
1992 Ed. (2135)
John Hine Pontiac Mazda
1991 Ed. (273)
John Hobson
1999 Ed. (2280)
John Hodulik
2008 Ed. (2691)
John Hogg
2007 Ed. (2033)
John Holmes
1993 Ed. (2638)
John Hopkins University
2006 Ed. (3785)
2001 Ed. (1319)
John Hudson
2000 Ed. (1951)
1999 Ed. (2180)
John Hunkin
2008 Ed. (2637)
John Ilhan
2006 Ed. (4922)
2005 Ed. (4862)
John Irish
1999 Ed. (2175)
1998 Ed. (1584)
John Irving
2008 Ed. (4855, 4856)
2007 Ed. (4910)
2006 Ed. (4923)
2005 Ed. (4863, 4875, 4876)
John J. Brincat
1994 Ed. (1721)
John J. Byrne (Fireman's Fund Corp.)
1991 Ed. (2156)
John J. Curley
2000 Ed. (1879)
John J. Dooner Jr.
2003 Ed. (2410)
John J. Kassner & Co.
1994 Ed. (1653)
1991 Ed. (1563)
John J. Kirlin Inc.
2008 Ed. (1332)
2007 Ed. (1388)
2006 Ed. (1240, 1264, 1340)
2005 Ed. (1280, 1343)
2003 Ed. (1338)
John J. Lee
2004 Ed. (3911)

John J. Mack
2008 Ed. (949)
2007 Ed. (1027)
John J. McQuade Co.
1993 Ed. (1153)
John J. Pomerantz
1993 Ed. (940)
1992 Ed. (1145)
John J. Shea
1990 Ed. (1719)
John J. Smith Masonry Co.
2006 Ed. (1286)
2002 Ed. (1293)
2001 Ed. (1477)
2000 Ed. (1263)
1999 Ed. (1371)
1997 Ed. (1166)
1996 Ed. (1147)
1995 Ed. (1162)
John J. Tucker
1994 Ed. (1712)
John Jacob Astor
2008 Ed. (4837)
2006 Ed. (4914)
John Jones
2000 Ed. (2046)
1999 Ed. (2263)
1998 Ed. (1672)
John Jones III
2007 Ed. (1009)
John Kanas
2007 Ed. (1017)
2006 Ed. (927)
2005 Ed. (964)
John Kavanagh Co.
2005 Ed. (1203)
2004 Ed. (1176)
2003 Ed. (1168)
2002 Ed. (2686)
John Keefe
1991 Ed. (1680)
John Keeler & Co. Inc.
2003 Ed. (2747)
John Keells Holding
2000 Ed. (1149)
1999 Ed. (933, 934, 935)
John Keells Holdings
2007 Ed. (1993)
2000 Ed. (1150)
1999 Ed. (931, 1240, 1241)
1997 Ed. (809, 810, 812, 1070)
1994 Ed. (1061)
John Keels
1995 Ed. (828, 831)
John Keels Holdings
2006 Ed. (1073)
2002 Ed. (4476, 4477)
1996 Ed. (1052)
John Kellenyi
1991 Ed. (1686, 1706)
1990 Ed. (1766, 1768)
1989 Ed. (1417)
John Kerry
2003 Ed. (3206)
2001 Ed. (3318)
John Kispert
2007 Ed. (1081)
2006 Ed. (988)
2005 Ed. (992)
John Kluge
2008 Ed. (4825)
2007 Ed. (4896)
2006 Ed. (4901)
2005 Ed. (4851)
2004 Ed. (4865)
2003 Ed. (4882)
2002 Ed. (3358)
2000 Ed. (4375)
1999 Ed. (4746)
John Kollar
2000 Ed. (1923, 1936)
1999 Ed. (2166)
John Kucharski
1995 Ed. (979)
John Kyees
2007 Ed. (1094)
John L. Maltby
1993 Ed. (2461)
1992 Ed. (2903)
1991 Ed. (2342)
John L. Scott Real Estate
2008 Ed. (4109, 4110)
2007 Ed. (4076)
2006 Ed. (4036, 4037)
2005 Ed. (4001, 4002)
John L. Sims
1989 Ed. (737)
John L. Sullivan
2006 Ed. (333)
John L. Sullivan Chevrolet
2005 Ed. (4806)
2004 Ed. (4822, 4823)
2002 Ed. (360, 361)
John Labatt Ltd.
2006 Ed. (1438)
1997 Ed. (661)
1996 Ed. (30, 728, 730, 737, 738, 1315, 2123, 3148)
1995 Ed. (651, 660, 662)
1994 Ed. (695, 696, 700, 701, 2064)
1993 Ed. (26, 749, 1288)
1992 Ed. (43, 74, 1590, 2417)
1991 Ed. (20)
1990 Ed. (25)
1989 Ed. (26)
John Labatt Centre
2006 Ed. (1156)
John Laing
1999 Ed. (1395)
John Laing Homes
2007 Ed. (1297, 1298, 1306)
2006 Ed. (1158)
2005 Ed. (1211)
2004 Ed. (1185, 1194)
2003 Ed. (1189, 1209)
2002 Ed. (1197, 1209, 2672, 3924)
1992 Ed. (1361)
John Laing plc
2001 Ed. (1412)
1991 Ed. (1065)
John Lancaster
2005 Ed. (926, 927)
John Larkin
1997 Ed. (1903)
John Laws
2001 Ed. (2270)
John Lawson
2000 Ed. (2077)
John Lazlo
1998 Ed. (1671)
1997 Ed. (1875)
1996 Ed. (1772, 1802)
John LeClair
2003 Ed. (298)
John Lelliot Group PLC
1993 Ed. (973)
John Lennon
2007 Ed. (891)
2006 Ed. (802)
John Leonard Employment Services Inc.
2007 Ed. (3566)
John Leonis
1999 Ed. (1120)
1996 Ed. (963)
John Levinson
1994 Ed. (1823)
1993 Ed. (1805)
1992 Ed. (2135)
John Lewis
2008 Ed. (679, 698, 700)
2007 Ed. (728)
2001 Ed. (4115)
1999 Ed. (4100)
John Lewis Group (incl. Waitrose)
1990 Ed. (3055)
John Lewis Partnership
1990 Ed. (3499)
John Lipsky
1998 Ed. (1611)
John Lockwood
1992 Ed. (3136)
1991 Ed. (2546)
1990 Ed. (2657)
John Lovoi
2000 Ed. (2030)
1999 Ed. (2248)
John Lummis
2006 Ed. (980)
John M. Barth
2008 Ed. (947)
John M. Harland
1994 Ed. (2692)
John M. Holtrust
2008 Ed. (2635)
John M. LaFata Ltd.
1995 Ed. (1130)
John M. Olin Foundation
2002 Ed. (2332)
1991 Ed. (1003, 1003, 1767, 1767)
John M. Olson Co.
1999 Ed. (1385)
1998 Ed. (961)
1997 Ed. (1179)
1996 Ed. (1150)
1995 Ed. (1176)
1993 Ed. (1150)
1992 Ed. (1435)
John M. Richman
1991 Ed. (1621)
John M. Zrno
1997 Ed. (981)
1996 Ed. (965)
John Mackey
2007 Ed. (1015)
2006 Ed. (925, 2627)
1995 Ed. (1717)
John Mackin
1997 Ed. (1883)
1993 Ed. (1810)
John Madden
2004 Ed. (2415)
2003 Ed. (2335)
2002 Ed. (4546)
John Madden NFL '94
1995 Ed. (3636, 3637)
John Madejski
2005 Ed. (4893)
John Magnier
2007 Ed. (4918)
John Mahedy
1997 Ed. (1889)
1996 Ed. (1815)
John Maher
1990 Ed. (1723)
John Manley Jr.
1998 Ed. (1616)
John Manville
2000 Ed. (2337)
John Marren
1999 Ed. (2262)
1998 Ed. (1671)
John Mars
2008 Ed. (4827)
2007 Ed. (4898)
2006 Ed. (4903)
2005 Ed. (4848)
2004 Ed. (4862)
2003 Ed. (4880)
2002 Ed. (3353)
1994 Ed. (708)
1993 Ed. (699)
John Marshall Law School
2001 Ed. (3064)
1999 Ed. (3163)
1998 Ed. (2337)
1997 Ed. (2606)
1996 Ed. (2462)
John Martin
2007 Ed. (967)
2006 Ed. (876)
John Mather
1997 Ed. (2705)
John Mathes & Associates Inc.
1990 Ed. (3062)
John Maxwell Jr.
1995 Ed. (1851)
John McCain
1992 Ed. (1038)
John McCartney
2000 Ed. (1880, 1882)
1997 Ed. (1797, 1804)
1996 Ed. (1716)
John McCaw Jr.
2002 Ed. (3349)
John McColgan
2005 Ed. (4884)
John McDonnell
1992 Ed. (2058)
John McGinty
2000 Ed. (2007, 2023)
1999 Ed. (2225, 2240)
1998 Ed. (1650)
1997 Ed. (1867, 1883)
1996 Ed. (1793, 1809)
1995 Ed. (1819, 1831)
1994 Ed. (1793)
1993 Ed. (1810)
John McGrory
1995 Ed. (2668)
John McMillin
2000 Ed. (2010)
1999 Ed. (2228)
1998 Ed. (1640)
1997 Ed. (1868)
1996 Ed. (1794)
1995 Ed. (1821)
1994 Ed. (1781)
1993 Ed. (1798)
1991 Ed. (1681, 1709)
John McShain Charities Inc.
1990 Ed. (1849)
John McStay Investment Counsel, Equity-Midcap Product
2003 Ed. (3130)
John Mellencamp
1997 Ed. (1113)
1995 Ed. (1118, 1120)
1994 Ed. (1100)
1992 Ed. (1351)
John Menard
2008 Ed. (4831)
John Menard Jr.
2007 Ed. (4903)
John Menzies PLC
1993 Ed. (1389)
1991 Ed. (1337)
1990 Ed. (1412)
John Merrigan
2002 Ed. (3211)
John Michael Associates
2008 Ed. (4375)
John Michael Montgomery
1999 Ed. (1294)
John Middlebrook
2002 Ed. (3263)
John Middleton Inc.
2003 Ed. (967, 4753)
1999 Ed. (1144)
John Milligan
2008 Ed. (966)
2007 Ed. (1045)
2006 Ed. (950)
John Milner Associates Inc.
1996 Ed. (237)
John Morgridge
2006 Ed. (4910)
2005 Ed. (4856)
2002 Ed. (3358)
1996 Ed. (1711, 1713)
John Morphy
2007 Ed. (1051)
2006 Ed. (955)
John Morrell
2008 Ed. (2770, 4277)
1998 Ed. (2455)
John Morrell & Co.
2007 Ed. (2627)
1999 Ed. (2527, 4140)
1998 Ed. (2454)
1997 Ed. (2734, 2735, 3142)
1996 Ed. (1949, 2583, 2586, 2587, 2590, 3058, 3062, 3065, 3066)
1995 Ed. (1909, 2519, 2527, 2959, 2964, 2966)
1994 Ed. (2451, 2458, 2750, 2903, 2907)
1993 Ed. (1884, 2514, 2521, 2879, 2887, 2888, 2890)
1992 Ed. (2199, 2988, 2993, 2996, 3505, 3508, 3510)
1991 Ed. (1750)
John Morris
2000 Ed. (2187)
John Mowlem & Co. plc
2001 Ed. (1412)
John Murphy
1991 Ed. (928)
John N. Brincat
1997 Ed. (1803)
John N. Hatsopoulos
1999 Ed. (1127)
John Nelson
1996 Ed. (1912)
John Nils Hanson
2007 Ed. (960)

The John Nuveen Co.
2004 Ed. (1560, 4322)
2000 Ed. (2845)
1996 Ed. (801)
1992 Ed. (3857, 3858, 3860)
1990 Ed. (2645, 2647, 3150)
1989 Ed. (2382)
John Nuveen & Co.
2000 Ed. (3969)
1999 Ed. (3100, 3583)
1998 Ed. (524, 2306, 3253)
1997 Ed. (737)
1996 Ed. (3361)
1995 Ed. (758, 3258, 3259)
1993 Ed. (762, 3138, 3175)
1991 Ed. (2944, 2983, 2986, 3036, 3038, 3062)
1990 Ed. (3164, 3207, 3211, 3216)
John Oliver Partnership
2001 Ed. (2661)
John Olsen
2000 Ed. (2026)
John Olson
1999 Ed. (2244)
1997 Ed. (1884)
1995 Ed. (1832)
1994 Ed. (1794)
1993 Ed. (1811)
John O'Quinn
2002 Ed. (3072)
1997 Ed. (2612)
1991 Ed. (2296)
John Orin Edson
2002 Ed. (3357)
John Owen
2007 Ed. (1041)
2006 Ed. (946)
John P. Jones III
2008 Ed. (946, 2633)
2007 Ed. (1024, 2501)
2006 Ed. (2522)
John P. Morgridge
1996 Ed. (961)
1995 Ed. (1729, 1731)
John P. Picone
1993 Ed. (1152)
John P. Spooner
2006 Ed. (2520)
John P. Surma
2008 Ed. (946)
John P. Woods Co. Inc.
2002 Ed. (3960)
2001 Ed. (4037)
2000 Ed. (3751)
1998 Ed. (3036)
1997 Ed. (3291)
1996 Ed. (3187)
1995 Ed. (3086)
1994 Ed. (3041)
1993 Ed. (2993)
1992 Ed. (3659)
John-Paul Smith
2000 Ed. (2184)
John Paulsen
2000 Ed. (1928)
1998 Ed. (1571)
1997 Ed. (1932)
John Phizackerley
1994 Ed. (1782, 1832)
1993 Ed. (1799)
John Plant
2008 Ed. (952)
2007 Ed. (1030)
John Player Superkings
1997 Ed. (991)
1996 Ed. (972)
John Power
2004 Ed. (4891)
2003 Ed. (4901)
2002 Ed. (284, 3105)
2001 Ed. (4787)
John Purcell
1996 Ed. (1893)
John Q. Hammons
1994 Ed. (2094)
1993 Ed. (2078, 2079)
1990 Ed. (2060)
John Q Hammons Hotels Inc.
2007 Ed. (1888)
2006 Ed. (1832, 2926)
2005 Ed. (2921, 2926)
2004 Ed. (2940)
2002 Ed. (2626)
2001 Ed. (2777)
1997 Ed. (2275, 2276, 2277)
1995 Ed. (2149)
1992 Ed. (2465, 2466, 2469, 2470)
John Q. Hammons Hotels & Resorts LLC
2008 Ed. (3065)
2007 Ed. (2936)
John R. Alm
1999 Ed. (1127)
John R. Cochran III
2005 Ed. (2512)
John R. Kennedy
1994 Ed. (1723)
1993 Ed. (1705)
1992 Ed. (2061)
1991 Ed. (1630, 1631)
John R. Landon
2007 Ed. (1036)
John R. McKernan Jr.
1992 Ed. (2344)
John R. Menard Jr.
2006 Ed. (4907)
2005 Ed. (4853)
2004 Ed. (4868)
John R. Short
1992 Ed. (3138)
1991 Ed. (2548)
John R. Walter
1997 Ed. (1803)
1993 Ed. (938)
John R. Wood Inc.
2008 Ed. (4106)
2007 Ed. (4071, 4073)
John Randle
2003 Ed. (297)
John Raymond
2000 Ed. (1933)
1999 Ed. (2163)
1998 Ed. (1575)
John Reed
2005 Ed. (3204)
1990 Ed. (971)
John Reidy
1997 Ed. (1859)
1995 Ed. (1808)
1994 Ed. (1767)
1993 Ed. (1783)
1991 Ed. (1689, 1699)
John Remondi
2006 Ed. (991)
John Riccitiello
2005 Ed. (2476)
John Richard Simplot
2008 Ed. (4827)
2007 Ed. (4898)
2006 Ed. (4903)
2005 Ed. (4848)
2004 Ed. (4862)
2003 Ed. (4880)
2002 Ed. (3353)
John Richards
1999 Ed. (2346)
John Rigas
2004 Ed. (972)
John Risley
2005 Ed. (4866)
The John Ritzenthaler Co.
2007 Ed. (3296)
John Roach
1998 Ed. (1511)
John Roberts
2002 Ed. (871, 872)
2000 Ed. (1993)
1999 Ed. (2241)
John Roberts BMW
1996 Ed. (265)
1994 Ed. (262)
1993 Ed. (293)
John Rogers
2004 Ed. (3170)
John Rohs
2000 Ed. (2022)
1999 Ed. (2239)
1998 Ed. (1649, 1667)
1997 Ed. (1882, 1919)
1996 Ed. (1808, 1847)
1995 Ed. (1792, 1866)
1994 Ed. (1792, 1825)
1993 Ed. (1809)
1991 Ed. (1696)
John Rosenfeld
2003 Ed. (2150)
John Rowe
2007 Ed. (993, 1014)
2006 Ed. (903, 924)
2002 Ed. (2213)
John Rudd
2008 Ed. (4909)
John Ryan Performance Inc.
2006 Ed. (4360)
John S. & James L. Knight Foundation
2000 Ed. (2262)
1999 Ed. (2502)
1998 Ed. (1756)
John S. Chalsty
1998 Ed. (724)
John S. Clark Co.
2008 Ed. (1323)
2006 Ed. (1332)
1993 Ed. (3308)
1991 Ed. (3123)
John S. Clark Construction Co. Inc.
1994 Ed. (3298)
John S. Herold
2007 Ed. (3269)
John S. McQuade Co.
1990 Ed. (1212)
John S. Reed
2002 Ed. (1042, 2873)
2001 Ed. (2314, 2315)
1998 Ed. (289, 722, 724, 1512)
1996 Ed. (381, 964)
1991 Ed. (402)
1990 Ed. (458, 459)
John S. Riley & Associates
1989 Ed. (1889)
John Sall
2006 Ed. (4910)
2004 Ed. (4870)
2003 Ed. (4886)
2002 Ed. (3351)
John Sanfilippo & Son Inc.
2003 Ed. (3655)
John Sculley
1993 Ed. (1702)
1992 Ed. (1142, 2050, 2057)
1991 Ed. (1627)
John Seymour
1994 Ed. (2890)
John Shea
1991 Ed. (1626)
John Shevillo
2001 Ed. (2346)
1999 Ed. (2084)
John Singleton Advertising
1999 Ed. (57)
John; Sir Elton
2008 Ed. (897)
2007 Ed. (917, 3658, 4932)
2006 Ed. (836)
2005 Ed. (926, 927, 4894)
John Smith Jr.
2001 Ed. (1220)
2000 Ed. (1045)
John So
2000 Ed. (2066)
1999 Ed. (2285)
1997 Ed. (1962)
John Sobrato
2004 Ed. (4867)
2003 Ed. (4883)
John Sperling
2007 Ed. (4891)
John Spicer
2000 Ed. (2117, 2118)
1999 Ed. (2332)
John Stafford
2002 Ed. (2181)
John Stanton
2006 Ed. (922)
John Sullivan Chevrolet
2008 Ed. (4791)
John Sunley
2005 Ed. (927)
John Swire & Sons Ltd.
2001 Ed. (4622)
1999 Ed. (1220, 4657)
1997 Ed. (3793)
1996 Ed. (3737)
1995 Ed. (1004, 1005, 1012, 1014)
1994 Ed. (991, 992, 995, 999, 1001)
1993 Ed. (965, 966, 967)
1992 Ed. (1191, 1192, 1193, 1195, 1199)
1991 Ed. (958)
1990 Ed. (1032, 1033)
John T. Chambers
2008 Ed. (954)
2006 Ed. (935, 2524)
2003 Ed. (4695)
2002 Ed. (2182, 2183)
1999 Ed. (2083)
1995 Ed. (1728)
John T. Dickson
2003 Ed. (4383)
John T. Schuessler
2004 Ed. (2491, 2507, 2530, 2531, 2532)
John T. Walton
2006 Ed. (4911, 4915)
2005 Ed. (4858, 4860, 4883)
2004 Ed. (4872, 4874, 4882)
2003 Ed. (4887, 4889, 4894)
2002 Ed. (706, 3361, 3362)
2001 Ed. (4745)
2000 Ed. (734)
1994 Ed. (708)
John Terry
2008 Ed. (4453)
John Thain
2007 Ed. (3223)
John Thompson
2007 Ed. (1008)
2005 Ed. (2318)
John Travolta
2001 Ed. (8)
John Tucker
1995 Ed. (1726)
John Tumazos
2000 Ed. (2027)
1998 Ed. (1655, 1674)
1997 Ed. (1885, 1899)
1996 Ed. (1795, 1811, 1825)
1995 Ed. (1798, 1822, 1833, 1847)
1994 Ed. (1782, 1795, 1809)
1993 Ed. (1799, 1812, 1826)
1991 Ed. (1682, 1706, 1708)
John Turturro
2001 Ed. (6)
John Tyson
2006 Ed. (2627)
John V. Guthrie
1995 Ed. (2669)
John V. Scaduto
1993 Ed. (2464)
1992 Ed. (2906)
1991 Ed. (2345)
1990 Ed. (2480)
John Vanden Bosch
1991 Ed. (2549)
1990 Ed. (2659)
John Volk Co.
1993 Ed. (73)
John Volk Advertising
1994 Ed. (63)
John W. Berry
1997 Ed. (1113)
1995 Ed. (932, 1068)
John W. Brown
2003 Ed. (954)
1993 Ed. (1697)
John W. Conway
2007 Ed. (1029)
John W. Danforth Co.
2008 Ed. (1248, 1253, 1332, 4001, 4820)
2007 Ed. (1388, 3978, 4888)
2006 Ed. (1260, 1264, 1340)
2005 Ed. (1290, 1295, 1343)
2003 Ed. (1237)
John W. Galbreath & Co.
1991 Ed. (1051, 2809, 2810)
1990 Ed. (2959)
John W. Henry & Co.
2006 Ed. (1081)
1999 Ed. (1246, 1251)
1994 Ed. (1069, 1070)
1993 Ed. (1036, 1038)
1992 Ed. (2743)
John W. Kluge
1993 Ed. (699, 888, 1028)
John W. Madigan
2002 Ed. (2213)
2000 Ed. (1879, 1884)

1998 Ed. (1516)
1996 Ed. (1716)
John W. Rooker & Associates Inc.
2008 Ed. (4251, 4252)
John W. Rowe
2008 Ed. (956)
2007 Ed. (1028, 1034)
John W. Seiple Jr.
2007 Ed. (2509)
John W. Smith Masonry Co.
2004 Ed. (1309)
John W. Thompson
2007 Ed. (1035)
2006 Ed. (918, 935)
John Waddington
1997 Ed. (1417)
John Wakely
2000 Ed. (2079)
1999 Ed. (2303)
John Wanamaker
2000 Ed. (37)
John Watson
2006 Ed. (969)
John Welch
2001 Ed. (1218)
2000 Ed. (1047, 1870, 1875)
1998 Ed. (1508)
John Welch Jr.
1997 Ed. (1796)
John Werner Kluge
1999 Ed. (726)
1994 Ed. (708, 1055)
1992 Ed. (890)
1991 Ed. (2461)
1990 Ed. (731, 2576)
1989 Ed. (1986)
John West
1996 Ed. (876)
1994 Ed. (858)
John West Salmon
2002 Ed. (939)
1999 Ed. (1027)
1992 Ed. (1047)
John West Tuna
2002 Ed. (939)
1999 Ed. (1027)
1992 Ed. (1047)
John White
2008 Ed. (2629)
John Wieland Homes
1999 Ed. (1325)
1998 Ed. (893)
John Wieland Homes & Neighborhoods
2005 Ed. (1180)
2004 Ed. (1151)
2003 Ed. (1149)
2002 Ed. (1178)
2000 Ed. (1186)
John Wiesner Inc.
1995 Ed. (268, 272)
1994 Ed. (257)
John Wilder
2006 Ed. (939)
John Wiley & Sons Inc.
2008 Ed. (3623)
2007 Ed. (4054)
2006 Ed. (1928, 4023)
2005 Ed. (3981)
2004 Ed. (4039, 4042)
John Willis
2000 Ed. (2099)
John Wills
1999 Ed. (2320)
John Wood
2007 Ed. (3883)
2006 Ed. (3856)
John Wood Porsche
1994 Ed. (281)
1993 Ed. (282)
John Woodhull
1996 Ed. (963)
John Woods
2000 Ed. (2063, 2064)
John Works
1999 Ed. (2399)
John Wren
2008 Ed. (938)
2007 Ed. (1003)
2000 Ed. (1874)
John Young
1990 Ed. (971)
John Zeglis
2006 Ed. (2523)
Johnathan Cohen
1998 Ed. (1647)
Johnathan Gray
1998 Ed. (1608)
Johnathan Litt
1998 Ed. (1617)
Johnathan Ross
1999 Ed. (2430)
Johnathan Sheehan
1999 Ed. (2339)
Johnnie Walker
1992 Ed. (83)
Johnnie Walker Black
2004 Ed. (4314, 4321)
2003 Ed. (4304, 4311)
2002 Ed. (295, 3163, 4174, 4181, 4182, 4183, 4184, 4185)
2001 Ed. (4161, 4167, 4168, 4169, 4170)
2000 Ed. (3864, 3869, 3870, 3871, 3872)
1999 Ed. (3245, 4149, 4154, 4155, 4156, 4157)
1998 Ed. (449, 490, 2389, 3163, 3164, 3170, 3171, 3172, 3173)
1997 Ed. (2662, 3387, 3392, 3393, 3395)
1996 Ed. (726, 2524, 3290, 3295, 3296, 3297, 3298)
1995 Ed. (3193, 3197)
1994 Ed. (3148, 3153)
1993 Ed. (3104, 3109, 3110)
1989 Ed. (2365)
Johnnie Walker Black Label
1992 Ed. (2887, 3808, 3813)
1991 Ed. (2322, 2330, 2932, 2935)
1990 Ed. (3111, 3114, 3115)
1989 Ed. (2363)
Johnnie Walker Blue & Gold
2000 Ed. (3869, 3872)
1999 Ed. (4154)
Johnnie Walker General Promotions
1991 Ed. (2935)
Johnnie Walker Red
2004 Ed. (4314)
2003 Ed. (4304, 4311)
2002 Ed. (295, 3178, 4174, 4185)
2001 Ed. (3133, 3134, 3140, 3145, 4161, 4167, 4169, 4170)
2000 Ed. (3864, 3869, 3871, 3872)
1999 Ed. (3245, 3249, 4149, 4154, 4155, 4156, 4157)
1998 Ed. (449, 490, 2396, 3163, 3164)
1997 Ed. (2663, 3387, 3392, 3393, 3394, 3395)
1996 Ed. (726, 2522, 2524, 2525, 3290, 3295, 3296, 3297, 3298)
1995 Ed. (648, 697, 2474, 3193, 3197)
1994 Ed. (3148, 3153)
1993 Ed. (3104, 3109, 3110)
1990 Ed. (2461, 2462)
1989 Ed. (2365)
Johnnie Walker Red Label
1992 Ed. (2883, 2885, 3808, 3813)
1991 Ed. (2322, 2326, 2330, 2331, 2932, 2935)
1990 Ed. (3111, 3113, 3114, 3115)
1989 Ed. (2363, 2364)
Johnnies
1995 Ed. (2585)
Johnny Carino's
2006 Ed. (4111, 4112)
2005 Ed. (4050, 4051)
2004 Ed. (4120, 4124)
Johnny Carino's Country Italian
2008 Ed. (4161, 4183, 4184)
2007 Ed. (4149)
2006 Ed. (4122)
Johnny Carino's Italian
2007 Ed. (4137)
Johnny Carson
1994 Ed. (1667)
1993 Ed. (1633)
1989 Ed. (1347)
Johnny Cash
2007 Ed. (891)
1994 Ed. (1100)
Johnny Depp
2008 Ed. (2579)
2007 Ed. (2451)
2006 Ed. (2488)
Johnny Gill
1993 Ed. (1076, 1077)
Johnny Rockets
2008 Ed. (4156)
2006 Ed. (4110)
2002 Ed. (4020)
1998 Ed. (3060, 3062)
Johnny Rockets Group Inc.
2007 Ed. (4146)
2006 Ed. (4120)
2005 Ed. (4072)
2004 Ed. (4135)
Johnny's County Motor Sales Inc.
1992 Ed. (412)
Johns & Associates Inc.
1997 Ed. (1831)
John's Best
1989 Ed. (2234)
Johns Hopkins Bayview Medical Center Inc.
2008 Ed. (1902)
2007 Ed. (1867, 2767)
2005 Ed. (1853)
2004 Ed. (1788)
2003 Ed. (1751)
2001 Ed. (1786)
Johns Hopkins Hospital
2008 Ed. (3042, 3043, 3044, 3045, 3046, 3047, 3048, 3049, 3051, 3052, 3053, 3054, 3055, 3056, 3057, 4084)
2007 Ed. (2919, 2920, 2921, 2922, 2923, 2924, 2925, 2926, 2928, 2929, 2930, 2931, 2932, 2933, 2934, 4048)
2006 Ed. (1862, 2900, 2901, 2902, 2903, 2904, 2905, 2906, 2907, 2909, 2910, 2911, 2912, 2913, 2914, 2915, 2916, 4016)
2005 Ed. (1853, 2894, 2895, 2896, 2897, 2898, 2899, 2900, 2902, 2903, 2904, 2905, 2906, 2907, 2908, 2909, 2910, 3947)
2004 Ed. (1788, 2908, 2909, 2910, 2911, 2912, 2913, 2914, 2916, 2917, 2918, 2919, 2920, 2921, 2922, 2923, 2924, 3974)
2003 Ed. (1751, 2805, 2806, 2807, 2808, 2809, 2810, 2812, 2813, 2814, 2815, 2816, 2817, 2818, 2819, 2820, 2821, 2822, 2823, 3971)
2002 Ed. (2600, 2601, 2602, 2603, 2604, 2605, 2606, 2608, 2609, 2610, 2611, 2612, 2613, 2614, 2615, 2616, 3801)
2001 Ed. (1786)
2000 Ed. (2508, 2509, 2510, 2511, 2512, 2513, 2514, 2515, 2516, 2517, 2518, 2519, 2520, 2522, 2523, 2524)
1999 Ed. (2728, 2729, 2730, 2731, 2732, 2733, 2734, 2735, 2737, 2738, 2739, 2740, 2741, 2743, 2744, 2745)
Johns Hopkins Hospital (Wilmer Eye Institute)
1999 Ed. (2736)
Johns Hopkins Medicine International LLC
2008 Ed. (1902)
2007 Ed. (1867)
Johns Hopkins University
2008 Ed. (1352, 3640)
2007 Ed. (1164, 1398, 3462, 3468)
2006 Ed. (1359)
2005 Ed. (3440)
2004 Ed. (3424)
2003 Ed. (1965, 4074)
2002 Ed. (1029, 1030, 1033, 2349, 3980, 3981, 3982, 3983, 3984, 3985)
2001 Ed. (1330, 2249, 2254, 3252, 3253, 3254, 3256, 3258, 3259, 3260, 3261)
2000 Ed. (1037, 1146, 1827, 1833, 3065, 3066, 3067, 3069, 3070, 3071, 3074, 3759)
1999 Ed. (1108, 1237, 2036, 2042, 3327, 3328, 3329, 3331, 3332, 3333, 3335, 4046)
1998 Ed. (711, 810, 1460, 3046)
1997 Ed. (863, 971, 1051, 1067, 1767, 2791, 3297)
1996 Ed. (948, 949, 1048, 1685, 3192)
1995 Ed. (971, 1073, 1703, 3091, 3095)
1994 Ed. (939, 1055, 1060, 1656, 2743, 3046)
1993 Ed. (926, 1029, 1625, 3000)
1992 Ed. (1281, 1974, 3669)
1991 Ed. (916, 1004, 1569, 2402, 2680, 2833)
1990 Ed. (1092, 1095, 1096, 2999)
1989 Ed. (839)
Johns Hopkins University School of Arts and Sciences
1995 Ed. (1070, 1928)
Johns Hopkins University, School of Medicine
2008 Ed. (3983)
2007 Ed. (3953)
2006 Ed. (3903)
2005 Ed. (3835)
Johns Manville Corp.
2008 Ed. (3799)
2007 Ed. (3708)
2006 Ed. (3725, 4608)
2005 Ed. (1532, 3609, 4523)
2004 Ed. (3699, 4590)
2003 Ed. (1656, 4612, 4613)
2002 Ed. (859, 3630)
2001 Ed. (1047, 1048, 1049, 1144, 1145, 2463, 3551)
2000 Ed. (897, 898)
1999 Ed. (951, 952, 1314, 1503)
Johns Manville/Hoechst
2000 Ed. (3356)
Johns Manville International Inc.
2003 Ed. (1655)
Johns Manville International Group Inc.
2002 Ed. (2116)
2001 Ed. (1144, 1145, 1673)
JohnsByrne
2008 Ed. (4025)
Johnson
1999 Ed. (2486)
1998 Ed. (1894, 2040)
1996 Ed. (3490)
Johnson; Abby
2006 Ed. (689)
Johnson; Abigail
2005 Ed. (3202, 4847)
Johnson; Abigail P.
2008 Ed. (4836)
2007 Ed. (4907, 4976, 4981)
2006 Ed. (4913, 4976, 4983)
Johnson & Galyon Inc.
2008 Ed. (1327, 3733, 4428, 4983)
Johnson & Gibbs
1993 Ed. (2396)
1992 Ed. (2833)
1991 Ed. (2284)
Johnson & Higgins
1999 Ed. (2908, 2910)
1998 Ed. (2120, 2121, 2123, 2124, 2125)
1997 Ed. (2414, 2415)
1996 Ed. (2273, 2274, 2275, 2276, 2277)
1995 Ed. (2270, 2271, 2272, 2273, 2274)
1994 Ed. (2224, 2225, 2227)
1993 Ed. (15, 853, 2247, 2248, 2249)
1992 Ed. (2699, 2700, 2701, 2702)
1991 Ed. (2137, 2138)
1990 Ed. (2266, 2270)
Johnson & Higgins (Bermuda) Ltd.
1997 Ed. (898)
1996 Ed. (877)
1995 Ed. (902)
1994 Ed. (859)
1993 Ed. (846)
1992 Ed. (1058)
1991 Ed. (853)
Johnson & Higgins (Cayman) Ltd.
1993 Ed. (849)

1992 Ed. (1059)
1991 Ed. (854)
1990 Ed. (904)
Johnson & Higgins (Cayman Islands) Ltd.
1997 Ed. (899)
1996 Ed. (878)
1995 Ed. (904)
1994 Ed. (862)
Johnson & Higgins of Colorado Inc.
1995 Ed. (905)
1994 Ed. (863)
1993 Ed. (850)
1992 Ed. (1060)
1990 Ed. (905)
Johnson & Higgins of Michigan Inc.
1998 Ed. (2127)
Johnson & Higgins Services Inc.
1998 Ed. (638, 640, 642)
1997 Ed. (900, 901, 903)
1996 Ed. (880)
1995 Ed. (907)
1994 Ed. (865, 867)
1991 Ed. (856)
1990 Ed. (907)
Johnson & Higgins Services Inc. (Colorado)
1996 Ed. (879)
Johnson & Higgins Services Inc. (Vermont)
1996 Ed. (882)
1995 Ed. (909)
Johnson & Johnson
2008 Ed. (19, 20, 45, 47, 72, 105, 131, 140, 141, 186, 762, 763, 830, 910, 1041, 1043, 1048, 1049, 1050, 1179, 1403, 1405, 1434, 1488, 1529, 1815, 1851, 1854, 1977, 1978, 2357, 2359, 2366, 2895, 2969, 2970, 3030, 3099, 3220, 3221, 3840, 3842, 3873, 3942, 3943, 3945, 3946, 3947, 3948, 3950, 3953, 3954, 3957, 3958, 3959, 3960, 3964, 3967, 3968, 3969, 3970, 3971, 3972, 3973, 3975, 3976, 3977, 4140, 4267, 4526, 4586, 4651, 4653, 4656)
2007 Ed. (15, 16, 25, 29, 45, 67, 84, 95, 126, 133, 137, 155, 199, 787, 789, 916, 929, 1279, 1448, 1494, 1544, 1545, 1547, 1557, 1784, 1794, 1812, 1815, 1914, 1915, 2217, 2219, 2226, 2842, 2844, 2846, 2907, 2974, 3079, 3080, 3463, 3697, 3698, 3804, 3899, 3900, 3901, 3904, 3905, 3907, 3908, 3913, 3914, 3918, 3920, 3921, 3922, 3923, 3924, 3925, 3926, 3927, 3928, 3931, 3932, 3933, 3934, 3935, 3936, 3937, 3938, 3939, 3940, 3941, 3943, 3945, 3946, 3988, 4553, 4554, 4570, 4586)
2006 Ed. (20, 21, 22, 54, 102, 105, 135, 140, 144, 164, 168, 193, 694, 696, 772, 833, 835, 847, 1173, 1215, 1422, 1448, 1457, 1482, 1483, 1515, 1527, 1531, 1775, 1800, 1805, 1808, 1930, 1931, 2287, 2781, 2849, 2851, 2852, 3047, 3048, 3357, 3369, 3702, 3798, 3869, 3871, 3873, 3874, 3876, 3877, 3878, 3879, 3883, 3884, 3885, 3888, 3889, 3890, 3891, 3892, 3895, 4026, 4576, 4577, 4589, 4600, 4603, 4647, 4708, 4710, 4714, 4982)
2005 Ed. (14, 15, 16, 47, 93, 133, 135, 739, 850, 851, 944, 1255, 1507, 1578, 1597, 1628, 1630, 1801, 1803, 1804, 1807, 1808, 1809, 1818, 1820, 1903, 1904, 2224, 2226, 2244, 2245, 2849, 3042, 3043, 3371, 3433, 3434, 3596, 3802, 3804, 3805, 3806, 3809, 3810, 3814, 3816, 3820, 3822, 3823, 3824, 3825, 3826, 3829, 3830, 4038, 4463, 4501, 4502, 4504, 4515, 4656, 4658, 4659)
2004 Ed. (21, 22, 23, 142, 871, 1225, 1491, 1526, 1553, 1567, 1569, 1597, 1605, 1613, 1753, 1757, 1819, 1820, 2616, 3028, 3679, 3806, 3874, 3876, 3877, 3878, 3879, 3880, 3881, 3882, 3884, 3885, 3886, 3888, 4498, 4554, 4557, 4582, 4680, 4682, 4920)
2003 Ed. (19, 188, 189, 750, 833, 840, 942, 1544, 1570, 1587, 1591, 1716, 1720, 1784, 1786, 2484, 2690, 2695, 2918, 2920, 2955, 2956, 3358, 3359, 3640, 3766, 3780, 3783, 3865, 3867, 3868, 3869, 3870, 3871, 3872, 4073, 4549, 4558, 4567, 4710, 4711)
2002 Ed. (38, 50, 218, 219, 925, 980, 994, 1557, 1739, 1740, 2012, 2014, 2015, 2016, 2018, 2021, 2024, 2025, 2027, 2278, 2282, 2318, 2449, 2801, 4587, 4589)
2001 Ed. (56, 67, 73, 85, 92, 1038, 1165, 1813, 1925, 1932, 1937, 2054, 2058, 2069, 2070, 2071, 2072, 2074, 2075, 2077, 2100, 2493, 2674, 2719, 2895, 2896, 3265, 3266, 3593, 4391)
2000 Ed. (31, 202, 798, 946, 957, 1524, 1695, 1697, 1698, 1700, 1701, 1709, 1710, 1711, 2250, 2421, 3318, 3326, 3757, 4208, 4211)
1999 Ed. (177, 1001, 1073, 1526, 1536, 1539, 1540, 1545, 1554, 1672, 1713, 1827, 1830, 1897, 1901, 1902, 1903, 1912, 1914, 1915, 1916, 1917, 1918, 1919, 2642, 3340, 3596, 3605, 3606, 3659, 3768, 3773, 3776, 3777, 4043, 4044, 4566, 4568)
1998 Ed. (22, 28, 73, 486, 687, 1081, 1085, 1099, 1100, 1111, 1118, 1133, 1167, 1180, 1328, 1329, 1330, 1333, 1338, 1342, 1344, 1345, 1347, 1348, 1697, 1906, 2457, 2458, 2531, 2667, 2675, 2786, 2807, 3043, 3362, 3490)
1997 Ed. (29, 31, 166, 651, 706, 875, 1259, 1294, 1311, 1321, 1323, 1331, 1337, 1341, 1350, 1439, 1488, 1535, 1643, 1646, 1649, 1651, 1658, 1659, 1663, 2178, 2747, 2815, 2928, 2937, 3056, 3298, 3714, 3725)
1996 Ed. (158, 1288, 1427, 1467, 1567, 1573, 1582, 2600, 2601, 2824, 2839, 2980, 2985, 3657, 3659)
1995 Ed. (148, 1323, 1465, 1579, 1581, 1584, 1592, 1595, 1663, 2073, 2084, 2536, 2537, 2757, 2758, 2772, 2814, 2897, 2901, 2934, 3572, 3573, 3574, 3575)
1994 Ed. (39, 47, 129, 747, 924, 1429, 1551, 1553, 1555, 1558, 1561, 1562, 1920, 2032, 2034, 2468, 2469, 2656, 2668, 2810, 2812, 2814, 3500, 3502)
1993 Ed. (56, 1229, 1251, 1253, 1376, 1509, 1511, 1515, 1516, 1904, 2016, 2529, 2706, 2707, 2810, 2814, 3527, 3528, 3529, 3561)
1992 Ed. (31, 54, 71, 87, 1507, 1546, 1548, 1778, 1840, 1842, 1843, 1862, 1864, 1865, 1869, 2382, 2385, 2537, 3217, 3397, 3403, 4179, 4227)
1991 Ed. (9, 55, 1241, 1449, 1464, 1466, 1469, 1470, 1474, 1891, 1913, 1976, 2578, 2643, 2645, 2712, 2714, 3303, 3305, 3309, 3311)
1990 Ed. (16, 43, 271, 1313, 1488, 1558, 1560, 1561, 1567, 1568, 1990, 1992, 2018, 2128, 2528, 2536, 2676, 2807, 2808, 3294, 3442, 3531, 3533, 3538)
1989 Ed. (46, 720, 1272, 1276, 1629, 1942, 2039, 2188, 2781)
Johnson & Johnson Advanced Materials Co.
1994 Ed. (2682)
Johnson & Johnson AMC
1996 Ed. (2854)
Johnson & Johnson Clean & Clear
2004 Ed. (4429)
Johnson & Johnson Clinical Diagnostic
1997 Ed. (2743)
Johnson & Johnson Clinical Diagnostics
1999 Ed. (3337)
Johnson & Johnson Coach
2003 Ed. (2485)
Johnson & Johnson Consumer Cos., Inc.
2008 Ed. (3220, 3221)
2007 Ed. (1914, 3079, 3080)
Johnson & Johnson Consumer Products Inc.
2003 Ed. (650, 1873, 1996, 1998, 2923, 3462, 3720, 3788, 3789, 4399, 4434, 4435, 4436, 4765)
Johnson & Johnson Convenience Kits
2003 Ed. (2917)
Johnson & Johnson Dentotape
1999 Ed. (1827)
Johnson & Johnson Easy Glide
1999 Ed. (1827)
Johnson & Johnson Hurt Free
2003 Ed. (2484)
2002 Ed. (2282)
Johnson & Johnson Kling Sterile
2003 Ed. (2484)
2002 Ed. (2282)
1998 Ed. (1697)
Johnson & Johnson Medical Division
2001 Ed. (3554)
2000 Ed. (3358)
Johnson & Johnson-Merck Consumer Pharmaceuticals Co.
2003 Ed. (284, 2109)
Johnson & Johnson Pure Cotton Balls
2003 Ed. (1872)
Johnson & Johnson's
2000 Ed. (4009)
Johnson & Son Inc.; S. C.
2008 Ed. (22, 27, 31, 34, 105, 979, 1496, 1501, 1503, 2129, 3032, 3099, 3189, 3873)
2007 Ed. (17, 29, 95, 1519, 1521, 2024, 2909, 2974, 3804, 4980)
2006 Ed. (38, 105, 143, 1013, 1489, 1491, 2118, 2420, 2421, 2423, 3798, 4982)
2005 Ed. (31, 1000, 1255, 3710, 4989)
1991 Ed. (14, 943)
1989 Ed. (15, 47)
Johnson & Son; S.C.
1990 Ed. (44)
Johnson & Sons; S. C.
1994 Ed. (1205, 2817)
1989 Ed. (720)
Johnson & Swanson
1990 Ed. (2418)
Johnson & Towers Inc.
1993 Ed. (1728)
Johnson; Antonia
2008 Ed. (4873)
Johnson; Antonia Axson
1997 Ed. (3916)
1996 Ed. (3876)
1995 Ed. (3788)
1994 Ed. (3667)
1993 Ed. (3731)
Johnson Asset
1996 Ed. (2409)
Johnson; Axel
1992 Ed. (3442)
Johnson; Barbara (Basia) Piasecka
2008 Ed. (4829)
Johnson; Barbara Piasecka
2007 Ed. (4892)
2006 Ed. (4904)
2005 Ed. (4849)
1995 Ed. (2580)
1992 Ed. (3079)
1991 Ed. (2462)
1990 Ed. (2578)
Johnson; Bruce A.
2006 Ed. (2525)
Johnson Bryce Inc.
2008 Ed. (3733, 4428)
2007 Ed. (3601, 4447)
Johnson Cadillac-Saab Inc.; Al
1994 Ed. (2531)
1993 Ed. (2582)
1991 Ed. (2473)
1990 Ed. (2592)
Johnson Cadillac-Saab-Avanit; Al
1992 Ed. (3091)
Johnson Cadillac Saab Avanti Inc.; Al
1995 Ed. (2589)
Johnson Capital Group
2003 Ed. (447)
2002 Ed. (4277)
2000 Ed. (3723, 3724, 4017)
1999 Ed. (4006, 4306)
Johnson Center for Entrepreneurship & Innovation
2008 Ed. (771)
Johnson; Charles
2008 Ed. (4823)
2007 Ed. (4894)
2006 Ed. (4899)
Johnson; Charles B.
1994 Ed. (1716)
Johnson-Chevrolet; Jim
1989 Ed. (283)
Johnson City-Kingsport-Bristol, TN-VA
2005 Ed. (2028)
2004 Ed. (3222)
2003 Ed. (2084)
Johnson City, TN
2008 Ed. (3462)
2007 Ed. (2999, 3364)
2006 Ed. (2971)
1998 Ed. (579)
Johnson Control, Inc.
2001 Ed. (272, 3218)
Johnson Controls Inc.
2008 Ed. (292, 308, 309, 312, 314, 1213, 1265, 1882, 2176, 2177, 2460, 2795, 2796, 3097, 4302)
2007 Ed. (303, 304, 305, 307, 321, 322, 323, 324, 325, 326, 1369, 2068, 2069, 2659, 2660, 2972, 4297, 4806)
2006 Ed. (305, 308, 310, 312, 328, 330, 331, 332, 335, 336, 340, 342, 1293, 2120, 2121, 2674, 2675, 3357, 4274, 4647)
2005 Ed. (289, 292, 310, 316, 317, 318, 322, 323, 328, 1321, 1536, 1614, 2017, 2018, 2696, 2699, 4353, 4354)
2004 Ed. (281, 284, 312, 317, 318, 320, 325, 1520, 1891, 1892, 2697, 2697, 2700)
2003 Ed. (313, 315, 338, 344, 1490, 1855, 1856, 2119, 2584, 2585, 3287, 3292, 3296)
2002 Ed. (397, 399, 405, 1469, 1797, 3401)
2001 Ed. (529, 537, 1586, 1901, 2230, 2569, 2570, 2768, 3220, 3221, 3395)
2000 Ed. (219, 357, 1583, 3032, 3034, 3170, 3171)
1999 Ed. (350, 353, 1751, 1973, 2727, 3456, 3457)
1998 Ed. (224, 240, 244, 696, 1193, 1246, 2320, 2539, 2540)
1997 Ed. (315, 953, 1530, 2822, 2823)
1996 Ed. (338, 342, 352, 1461, 2263, 2698)
1995 Ed. (324, 952, 1506, 2263, 3191)
1994 Ed. (326, 916, 1469, 1930, 2212, 3147, 3243)
1993 Ed. (901, 1416, 1910, 1911, 2181, 2865)
1992 Ed. (466, 1105, 2247, 2248, 2641, 3321, 3473)
1991 Ed. (335, 902, 1779, 2079, 2904)
1990 Ed. (386, 2217, 3065, 3259)
1989 Ed. (334, 337, 879, 1667, 2479)
Johnson Controls Automotive Sys. Grp.
1999 Ed. (195, 361)

Johnson Controls Automotive Systems Group Inc.
2005 Ed. (1757)
1998 Ed. (100)
Johnson Controls Battery Group Inc.
2007 Ed. (4038)
2006 Ed. (4004)
Johnson Controls (Canada)
2007 Ed. (3024)
Johnson Controls, Security Solutions
2005 Ed. (4294)
Johnson County Community College
2008 Ed. (3175)
Johnson County, IA
2002 Ed. (1805)
Johnson County, KS
2008 Ed. (3478)
Johnson; David
2007 Ed. (1067)
2006 Ed. (972)
2005 Ed. (985)
Johnson-Davis Inc.
2006 Ed. (1296)
Johnson Development
2006 Ed. (2499, 2794)
2002 Ed. (2456)
1998 Ed. (949)
1997 Ed. (1159)
Johnson Diversey
2006 Ed. (3798)
Johnson; Earvin "Magic"
1995 Ed. (250, 1671)
Johnson Endeavor Foundation; Christian A.
1993 Ed. (1897)
Johnson; F. Ross
1990 Ed. (1713, 1714)
Johnson Fain Partners
2000 Ed. (315)
Johnson Foot Care
1999 Ed. (305)
Johnson Ford
1998 Ed. (754)
Johnson Foundation; Robert Wood
2008 Ed. (2766)
2005 Ed. (2677, 2678)
1995 Ed. (1926, 1929, 1930)
1994 Ed. (1897, 1898, 1901, 1902, 2772)
1993 Ed. (895, 1895, 1896, 2783)
1992 Ed. (1095, 1100, 1100, 2214, 2215, 2216, 3358)
1991 Ed. (894, 1765, 2689)
1990 Ed. (1847)
1989 Ed. (1470, 1471, 2165)
Johnson Fry European Utilities
2000 Ed. (3305)
1999 Ed. (3584)
Johnson Fry 2nd Utilities
1999 Ed. (3584)
Johnson Fry Utilities
2000 Ed. (3305)
1999 Ed. (3584)
Johnson Co.; George P.
2008 Ed. (3600)
2007 Ed. (3433)
2006 Ed. (3419)
The Johnson Group
2005 Ed. (1196)
2004 Ed. (1168)
Johnson; H. Fisk
2007 Ed. (4901)
2006 Ed. (4905)
Johnson III; Edward
2008 Ed. (4823)
2007 Ed. (4894)
2006 Ed. (4899)
Johnson III; Edward Crosby
2005 Ed. (4847)
Johnson; Imogene Powers
2007 Ed. (4901)
2006 Ed. (4905)
Johnson Inns; Howard
1993 Ed. (2096)
Johnson; Jerry L.
1989 Ed. (736)
Johnson; John F.
1991 Ed. (1614)
Johnson Jr.; Earvin "Magic"
2008 Ed. (183)
Johnson King
2002 Ed. (3854)
Johnson Lambert & Co.
2008 Ed. (277)
Johnson-Leipold; Helen
2007 Ed. (4901)
2006 Ed. (4905)
Johnson; Lloyd P.
1994 Ed. (357)
1989 Ed. (417)
Johnson; Magic
2006 Ed. (2499)
1997 Ed. (1724, 1725)
Johnson-Marquart; Winnie
2008 Ed. (4911)
2007 Ed. (4901)
2006 Ed. (4905)
Johnson Matthey
2007 Ed. (955)
2006 Ed. (866)
2005 Ed. (959)
1999 Ed. (1115)
Johnson Matthey Commodities Ltd
1990 Ed. (1374, 3265, 3635)
Johnson Matthey Investments Inc.
2000 Ed. (1039)
1998 Ed. (717, 1843)
Johnson Matthey plc
2008 Ed. (919, 920, 930, 1452, 1453, 1455, 1457, 1461)
2007 Ed. (956)
2006 Ed. (867)
2004 Ed. (956)
2001 Ed. (1189)
Johnson Mechanical Contractors Inc.
2008 Ed. (1272)
Johnson Miller & Co.
1999 Ed. (24)
Johnson; Ned
2006 Ed. (689)
Johnson Odor Eaters
2004 Ed. (2671)
2000 Ed. (2247)
1999 Ed. (305, 2487)
1998 Ed. (1748)
Johnson Outdoors Inc.
2005 Ed. (4028, 4029)
Johnson; Owen C.
2007 Ed. (2504)
2005 Ed. (2511)
Johnson Printing
2002 Ed. (3761)
1999 Ed. (3888)
Johnson Products
2003 Ed. (2665)
1999 Ed. (2062, 2630)
1994 Ed. (2531)
1993 Ed. (2582)
1992 Ed. (3091)
1991 Ed. (2473)
1990 Ed. (2592)
Johnson Publishing Co., Inc.
2008 Ed. (177, 186)
2007 Ed. (194, 199, 3537)
2006 Ed. (188, 193, 3499, 3500)
2005 Ed. (14, 175)
2004 Ed. (20, 173)
2003 Ed. (213, 217)
2002 Ed. (715, 716)
2001 Ed. (714)
2000 Ed. (743, 3143, 3144)
1999 Ed. (731)
1998 Ed. (469, 470)
1997 Ed. (677)
1996 Ed. (745, 746, 2659)
1995 Ed. (671, 672, 2589)
1994 Ed. (714, 715, 2531)
1993 Ed. (706, 2582)
1992 Ed. (895, 3091)
1991 Ed. (713, 2473)
1990 Ed. (2592)
1989 Ed. (734)
Johnson; R. Milton
2007 Ed. (1061)
Johnson; Randy
2005 Ed. (267)
Johnson; Richard
2008 Ed. (370)
Johnson; Robert L.
2008 Ed. (183)
Johnson; Rupert
2007 Ed. (4894)
2006 Ed. (4899)
Johnson; S. C.
1995 Ed. (1245)
Johnson; S. Curtis
2007 Ed. (4901)
2006 Ed. (4905)
Johnson; Samuel C.
2005 Ed. (4850)
Johnson School; Cornell University
2008 Ed. (182)
Johnson School of Management; Cornell University
2007 Ed. (795, 798, 2849)
2006 Ed. (702, 707, 708, 709, 711, 712, 718, 2859)
Johnson; Sheila Crump
2008 Ed. (4911)
Johnson Smith & Kinisely Inc.
1993 Ed. (1692)
Johnson Smith & Knisely
2000 Ed. (1867)
1991 Ed. (1616)
Johnson Smith & Knisely Accord
1995 Ed. (1724)
1994 Ed. (1711)
Johnson Storage & Moving Co. Holdings LLC
2006 Ed. (2549)
Johnson; Suzanne
2007 Ed. (2506)
Johnson; Suzanne Nora
2008 Ed. (2636)
Johnson; T. Stephen
1994 Ed. (1200)
Johnson Theatres; Magic
1997 Ed. (2820)
Johnson; Theodore R.
1994 Ed. (891)
Johnson Tiles Ltd.; H & R
1990 Ed. (3593, 3594)
Johnson Wax Professional
2004 Ed. (1447)
Johnson Worldwide Associates Inc.
1996 Ed. (1229)
Johnson Worldwide; Cato
1993 Ed. (3063)
JohnsonDiversey Inc.
2007 Ed. (1553, 2974, 3804)
2006 Ed. (1524)
Johnson's
2008 Ed. (4586)
2003 Ed. (1989, 2917, 2918, 2919, 2920)
2001 Ed. (544, 1937, 4396, 4574)
2000 Ed. (366)
1999 Ed. (686, 4290, 4291, 4292)
1998 Ed. (1747)
Johnson's Baby
2008 Ed. (3162, 4586)
2003 Ed. (2916, 2919, 2920, 3783)
2001 Ed. (544)
Johnson's Baby Shampoo
1997 Ed. (3503)
1993 Ed. (3297)
1992 Ed. (4236)
Johnson's Baby Skincare
1999 Ed. (2872)
Johnson's Baby Skincare Wipes
2001 Ed. (543)
Johnsons Baby Wipes
2002 Ed. (2803)
Johnson's Bedtime Lotion
2003 Ed. (2917)
Johnson's Clean & Clear
2003 Ed. (2431)
2002 Ed. (29)
Johnson's Controls
2000 Ed. (1021)
Johnson's Gentle Treatment
2003 Ed. (2652)
Johnson's Kids Foam Blaster
2003 Ed. (4464)
Johnsons News Group Ltd.
1995 Ed. (1007)
1992 Ed. (1194)
Johnson's Odor Eaters
2003 Ed. (2537)
2002 Ed. (2317)
2001 Ed. (2491, 2492)
1999 Ed. (2486)
1998 Ed. (1747)
Johnson's Pure Cotton
2001 Ed. (1937)
Johnson's Ultra Sensitive
2000 Ed. (366)
Johnsonville
2008 Ed. (4277, 4278)
2002 Ed. (4098)
2000 Ed. (3853)
Johnsonville Beddar with Cheddar
2008 Ed. (4277)
Johnsonville Foods
2003 Ed. (3331)
1999 Ed. (4139, 4140)
Johnston & Murphy
2001 Ed. (4244)
1993 Ed. (259)
Johnston Associates Inc.
1992 Ed. (4388)
Johnston Coca-Cola
1992 Ed. (2187, 2188)
Johnston; G. E.
2005 Ed. (2500)
Johnston Industries
2000 Ed. (4244)
1992 Ed. (4276, 4277)
1991 Ed. (3349, 3350)
Johnston; Lawrence
2006 Ed. (2523)
Johnston McLamb
2008 Ed. (4346)
Johnston Wells Public Relations
2005 Ed. (112)
2003 Ed. (4020)
2002 Ed. (3816, 3874)
Johnstone International; Murray
1997 Ed. (2523)
1992 Ed. (2747)
Johnstone Supply
2008 Ed. (1383)
Johnstown-Altoona, PA
2004 Ed. (872)
2003 Ed. (845)
2002 Ed. (922)
1998 Ed. (591)
Johnstown America
1995 Ed. (3162)
Johnstown America Industries Inc.
2002 Ed. (3231)
Johnstown, PA
2006 Ed. (1067)
2005 Ed. (1059, 2991)
2003 Ed. (1871)
1995 Ed. (3779)
1994 Ed. (2493)
1993 Ed. (2548)
1992 Ed. (3037)
Johst; David P.
2008 Ed. (3120)
Joint Center for Political Studies
1992 Ed. (1097)
Joint Commission on Accredidation of Healthcare Organizations
1999 Ed. (2726)
Joint Commission on Accreditation of Healthcare Organizations
2008 Ed. (2894)
Joint disorders
1995 Ed. (3799)
Joint IDA of Wythe County
2004 Ed. (3302)
Joint Industry Board of the Electrical Industry
1990 Ed. (2783, 3628)
Joint Meeting of Essex & Union Counties
2000 Ed. (3678)
Joint Purchasing Corp.
2004 Ed. (2928)
Joint Ritis
2003 Ed. (280)
2002 Ed. (315)
Jointflex
2004 Ed. (245)
Jojo Gonzales
1997 Ed. (2000)
1996 Ed. (1910)
Jokey Plastik GmbH
2008 Ed. (1216)
Jolie; Angelina
2008 Ed. (2579)
Jolley & Co.; Lex
1993 Ed. (2264)
Jollibee
2000 Ed. (3822)

Jollibee Food Corp.
2001 Ed. (67)
Jollibee Foods
2000 Ed. (1536, 1537, 1539, 1541, 1542)
1999 Ed. (1566, 1568, 1569, 1572, 1576, 1725, 4108)
1997 Ed. (1499)
1996 Ed. (1436)
1995 Ed. (1476)
Jolly Rancher
2008 Ed. (836, 839)
2006 Ed. (774)
2003 Ed. (1132)
2002 Ed. (935)
2001 Ed. (1115, 1116, 1118, 1119)
2000 Ed. (969)
1999 Ed. (1018)
1995 Ed. (892, 896, 897)
1993 Ed. (835)
Jolly Rancher Kisses
1990 Ed. (896)
Jolly Ranchers
1994 Ed. (847, 851)
Jolson; Joseph
1991 Ed. (1692)
Jolyon Petch
1999 Ed. (2353)
Jomar Management
1999 Ed. (3702)
JoMei Chang
2002 Ed. (3346)
Jon D. Walton
2008 Ed. (2635)
Jon Douglas Co.
1995 Ed. (3061)
1994 Ed. (2999)
Jon Goldstein
2007 Ed. (3248, 3249)
2006 Ed. (3189)
Jon Greenberg & Associates Inc.
1999 Ed. (287, 288)
1998 Ed. (184, 185)
1997 Ed. (262, 266)
Jon Kinney
2006 Ed. (973)
2005 Ed. (987)
Jon Krupnick
1997 Ed. (2612)
Jon L. Stryker
2006 Ed. (4904)
2005 Ed. (4849)
Jon M. Huntsman
2007 Ed. (4901)
2006 Ed. (4905)
2005 Ed. (4850)
2004 Ed. (4864)
1995 Ed. (934)
Jon Meade Huntsman
2003 Ed. (4881)
Jon Rice
1995 Ed. (3503)
Jon Stryker
2007 Ed. (4892)
Jon Swisher & Sons
1989 Ed. (2844)
Jon Walton
2008 Ed. (3120)
Jonathan Cohen
2000 Ed. (2020)
1999 Ed. (2237)
Jonathan Goldfarb
1998 Ed. (1632)
1997 Ed. (1860)
1996 Ed. (1784)
1994 Ed. (1768)
1993 Ed. (1784)
Jonathan Gray
2000 Ed. (2045)
1999 Ed. (431, 2146, 2206)
1998 Ed. (1621)
1997 Ed. (1898, 1917)
1996 Ed. (1772, 1824, 1844)
1995 Ed. (1797, 1798, 1846, 1863)
1994 Ed. (1808, 1821, 1834)
1993 Ed. (1825)
1992 Ed. (2138)
1991 Ed. (1692)
Jonathan Grayer
2005 Ed. (2469)
Jonathan Harmsworth
2004 Ed. (4875)
Jonathan Klein
2006 Ed. (2523)
Jonathan Litt
2000 Ed. (1995, 2025, 2040)
1999 Ed. (2257)
1997 Ed. (1877)
Jonathan Morris
1996 Ed. (1855)
Jonathan N. Zakin
1997 Ed. (1804)
1996 Ed. (1716)
Jonathan Nehmer + Associates
2008 Ed. (3084)
2007 Ed. (2955, 2960)
Jonathan Osgood
1995 Ed. (1868)
Jonathan P. Ward
1997 Ed. (1804)
Jonathan Raleigh
2000 Ed. (2001)
1999 Ed. (2270)
Jonathan Rosenzweig
2000 Ed. (2035)
1999 Ed. (2254)
Jonathan Ross
2000 Ed. (2190)
1997 Ed. (2002)
Jonathan Rowland
2007 Ed. (4925)
Jonathan Rubinstein
2006 Ed. (2524)
Jonathan Sheehan
2000 Ed. (2126)
Jonathan Wheeler
2008 Ed. (3120)
Jonathan Wright
2000 Ed. (2129)
Jonathan Ziegler
1999 Ed. (2259)
Jonathon Goldfarb
1995 Ed. (1809)
Jonathon Ziegler
1997 Ed. (1918)
Jonel
2003 Ed. (3623)
The Jones Co.
2005 Ed. (1239)
2004 Ed. (1215)
2003 Ed. (1185, 1208)
2002 Ed. (1201, 1208)
2000 Ed. (1186, 1233)
1998 Ed. (918)
1992 Ed. (1021)
1990 Ed. (751)
Jones & Associates
2005 Ed. (3594)
Jones & Babson
1998 Ed. (2590, 2627)
Jones & Co.; Edward D.
1997 Ed. (737, 738, 740, 741)
1996 Ed. (802, 804, 805)
1995 Ed. (759, 761, 762)
1993 Ed. (763, 765, 766)
1990 Ed. (784)
Jones & Shipman
1990 Ed. (1362)
Jones; Ann
2007 Ed. (4931)
Jones Apparel Group Inc.
2008 Ed. (988, 989, 992)
2007 Ed. (1106, 1107, 1108, 1111, 1113, 1114)
2006 Ed. (1020, 1021, 1022, 1024, 1025, 1026)
2005 Ed. (1010, 1011, 1012, 1013, 1016, 1017, 1018, 1020, 1494)
2004 Ed. (992, 993, 997, 998, 1002, 1005, 1225, 1226, 1478, 2956, 4711, 4712)
2003 Ed. (1002, 1003, 1004, 1006, 1007, 1009, 1448, 2871)
2002 Ed. (1081, 1083, 1428, 2705, 4501)
2001 Ed. (1275, 1279, 1280, 1281)
2000 Ed. (1121, 1124)
1999 Ed. (1201, 1202, 1205, 4303)
1998 Ed. (776, 777, 780)
1997 Ed. (1025, 1038)
1996 Ed. (1018)
1995 Ed. (1033, 1036, 2766)
1994 Ed. (1023, 1029, 1030)
1993 Ed. (991)
Jones Beach Theatre
2003 Ed. (269)
2002 Ed. (4342)
2001 Ed. (374)
1999 Ed. (1291)
Jones; Blaine M.
1995 Ed. (983)
Jones Brewing Co.
2000 Ed. (3127)
1990 Ed. (752)
1989 Ed. (757)
Jones Bros. Inc.
2004 Ed. (774, 2828)
2003 Ed. (2745)
2002 Ed. (1254)
Jones; C. M.
2005 Ed. (2482)
Jones Cable
1993 Ed. (821)
Jones Cable Group
1992 Ed. (1030)
Jones Commodities Inc.
1993 Ed. (1036)
1992 Ed. (1289)
Jones Construction Co.; J. A.
1995 Ed. (1140, 1153, 1173)
1994 Ed. (1135, 1154)
1990 Ed. (1176, 1210)
Jones Custom Homes
2004 Ed. (1190)
Jones Dairy Farm
2003 Ed. (3331)
Jones; David
2007 Ed. (18)
1996 Ed. (253, 1294, 3242)
1995 Ed. (1354)
Jones; David A.
1996 Ed. (962)
Jones Day
2008 Ed. (1394, 1395, 3414, 3428, 3437)
2007 Ed. (1506, 1507, 3301, 3303, 3305, 3317, 3325, 3337)
2006 Ed. (1412, 1413, 3246, 3251, 3265)
Jones, Day, Reavis & Pogue
2006 Ed. (3243, 3245)
2005 Ed. (1427, 1428, 1440, 1455, 3254, 3255, 3256, 3274)
2004 Ed. (1408, 1409, 1416, 1437, 3224, 3226, 3238, 3250)
2003 Ed. (1393, 1394, 1401, 1408, 1413, 1415, 3170, 3173, 3174, 3178, 3190, 3194, 3204)
2002 Ed. (1356, 1357, 1373, 1374)
2001 Ed. (807, 845, 917, 3051, 3085)
2000 Ed. (2891, 2897, 3196)
1999 Ed. (3141, 3487)
1998 Ed. (2324, 2565)
1997 Ed. (2595, 2849)
1996 Ed. (2450)
1995 Ed. (14, 2412, 2414, 2430)
1994 Ed. (2351)
1993 Ed. (2388, 2390, 2391, 2396, 2406)
1992 Ed. (2825, 2826, 2827, 2828, 2833, 2838, 2839, 2847)
1991 Ed. (2277, 2278, 2284, 2294)
1990 Ed. (2412, 2418, 2428)
Jones, Day, Reavis & Pogue National
2005 Ed. (3265)
2004 Ed. (3235)
2003 Ed. (3183, 3184)
Jones; Derek
1997 Ed. (1936)
Jones; Edward D.
1991 Ed. (2177, 2179, 2189, 3020)
1990 Ed. (2299, 2302, 3174, 3196)
Jones; Emma Eccles
1994 Ed. (896, 1057)
Jones Financial Cos.
2006 Ed. (1896)
2005 Ed. (1875)
2004 Ed. (1804)
Jones Financial Cos. LLLP
2007 Ed. (4290)
2006 Ed. (4262)
2005 Ed. (4283)
2004 Ed. (4344)
Jones Financial Cos. LLP
2008 Ed. (4294)
Jones Ford of Tulsa; Fred
1991 Ed. (272)
1990 Ed. (303)
Jones Garrard
1999 Ed. (2842)
Jones Givins Gotcher Bogan Hilborne
1991 Ed. (3423)
Jones-Greenwald & Associates
1994 Ed. (108)
Jones Group Inc.
1993 Ed. (1115, 1116, 1138)
1992 Ed. (1402, 1406, 1424)
1991 Ed. (1074, 1075)
1990 Ed. (1196, 1199)
1989 Ed. (1010)
Jones Hall
2001 Ed. (776, 949)
2000 Ed. (2620)
Jones Hall Hill & White
1999 Ed. (2843, 3488)
1998 Ed. (2084, 2565, 2576)
1997 Ed. (2364)
1996 Ed. (2238, 2726)
1995 Ed. (2231, 2651)
1993 Ed. (2160, 2617, 2623)
1991 Ed. (2015)
Jones Heward American
2001 Ed. (3478)
Jones II; Paul Tudor
2006 Ed. (2798)
1997 Ed. (2004)
1995 Ed. (1870)
1994 Ed. (1840)
1992 Ed. (2143)
1991 Ed. (2265)
Jones III; J. P.
2005 Ed. (2487)
Jones III; John
2007 Ed. (1009)
Jones III; John P.
2008 Ed. (946, 2633)
2007 Ed. (1024, 2501)
2006 Ed. (2522)
Jones Intercable
1998 Ed. (155, 588, 590)
1996 Ed. (855)
1993 Ed. (813, 817)
1991 Ed. (837, 2390)
1990 Ed. (877)
Jones Intercable/Spacelink
1997 Ed. (874)
1996 Ed. (858)
1994 Ed. (832)
1993 Ed. (814)
1992 Ed. (1019)
1991 Ed. (834)
Jones International Ministries; Larry
1995 Ed. (943, 2782)
1991 Ed. (2615)
Jones Investments Ltd.; Robert
1993 Ed. (2721, 2722)
1992 Ed. (3233, 3234)
1991 Ed. (2594, 2595)
Jones Isuzu; Fletcher
1991 Ed. (281)
1990 Ed. (328)
Jones Inc.; J. A.
2007 Ed. (1273)
2006 Ed. (1161)
2005 Ed. (1165)
1996 Ed. (1127)
Jones; Jesus
1993 Ed. (1078)
Jones Jr.; Fletcher
2006 Ed. (334, 348)
Jones Jr.; R. T.
2008 Ed. (2827)
Jones; Judy
2006 Ed. (4040)
Jones Knowles Ritchie
2002 Ed. (1957)
1999 Ed. (2841)
1996 Ed. (2233)
Jones Lang LaSalle
2008 Ed. (2035, 2693, 4108, 4114, 4123)
2007 Ed. (2550, 4075, 4082, 4103)
2006 Ed. (4035, 4040, 4041, 4052)
2005 Ed. (4000, 4005, 4007, 4021)
2004 Ed. (4075, 4076, 4078, 4088)
2003 Ed. (4049, 4061, 4062, 4410)
2002 Ed. (3920, 3934)

2001 Ed. (4010, 4013, 4255)
2000 Ed. (3729)
Jones Lang LaSalle Americas (Colorado) LP
2002 Ed. (3935)
Jones Lang LaSalle Retail
2008 Ed. (4336)
2007 Ed. (4380)
2006 Ed. (4314)
2002 Ed. (4278)
Jones Lang Wootton
1993 Ed. (2978)
Jones Lang Wootton Realty Advisors
1998 Ed. (2274, 2294)
1996 Ed. (2417)
Jones Lumber
1996 Ed. (822)
Jones; Marion
2005 Ed. (266)
Jones Ministries/Feed the Children; Larry
1994 Ed. (905)
Jones Motor Cars Inc.; Fletcher
1995 Ed. (279)
Jones Motorcars; Fletcher
1996 Ed. (279)
Jones; Nathan
2007 Ed. (1068)
2006 Ed. (973)
Jones New York
2008 Ed. (991)
2007 Ed. (1112)
2006 Ed. (1023)
2004 Ed. (1003)
2003 Ed. (1008)
2002 Ed. (1082)
2001 Ed. (1276)
2000 Ed. (1122)
1999 Ed. (1203)
1998 Ed. (774)
The Jones Co. of Tennessee
2005 Ed. (1216)
Jones; Peter
2008 Ed. (4908)
2006 Ed. (2500)
Jones Pharma Inc.
2002 Ed. (1520, 2004)
Jones Plastic & Engineering Corp.
1998 Ed. (2320)
Jones Reavis & Pogue
2001 Ed. (3086)
Jones; Richard
1997 Ed. (1997)
1996 Ed. (1896)
Jones; Robert
1991 Ed. (2160)
Jones SBC Stadium
2005 Ed. (4444)
Jones; Sir Tom
2007 Ed. (4932, 4935)
Jones Soda
2008 Ed. (2139, 2144)
Jones Spacelink
1992 Ed. (1024)
The Jones Store Co.
1995 Ed. (1552)
Jones; Thomas
2005 Ed. (3200)
1992 Ed. (2058)
Jones; Tom
2005 Ed. (4896)
Jones Truck Line
1993 Ed. (3640)
Jones Vargas
2001 Ed. (865)
Jones, Waldo, Holbrook & McDonough PC
2006 Ed. (3252)
Jones Walker
2001 Ed. (824)
Jones, Ware & Grenard
1999 Ed. (3488)
1995 Ed. (673, 2413)
Jonesboro, AR
2005 Ed. (3473)
Jong-Yong Yun
2006 Ed. (690)
Joni & Friends
2008 Ed. (4135)
Jonna Realty Ventures Inc.
2000 Ed. (3717)
Jonnie Walker Black
2000 Ed. (2967)
Jonnie Walker Red
2000 Ed. (2969, 2978)
Joo; Kim Sung
2006 Ed. (4977)
Joop van den Ende
2008 Ed. (4870)
Joplin, MO
2005 Ed. (2028, 2031, 2388)
1998 Ed. (3648)
Jordache
1995 Ed. (2398)
1994 Ed. (1026)
Jordan
2008 Ed. (2401, 2689, 3828, 4018, 4393)
2007 Ed. (2265, 2547, 2830, 3747, 3999)
2006 Ed. (2334, 2576, 2640, 3748, 3941, 4591, 4770)
2005 Ed. (1123, 2058, 2571, 3650, 3881, 4798)
2004 Ed. (1923, 2593, 3742, 3931)
2003 Ed. (2467, 3699, 3918)
2002 Ed. (328, 329, 1821)
2001 Ed. (522, 1952, 2419, 3578, 3859)
2000 Ed. (1615)
1999 Ed. (1786)
1997 Ed. (1547)
1996 Ed. (1482)
1995 Ed. (2008, 2015, 2022, 2027, 2034, 2038, 3628)
1993 Ed. (844, 1960, 1965, 1972, 1979, 1985, 3692)
1991 Ed. (1385, 1642, 1848)
1990 Ed. (413, 1447, 1728, 1933)
Jordan Associates
2003 Ed. (173)
Jordan Auto Mall
1991 Ed. (268, 269, 274)
Jordan Automotive
1999 Ed. (328)
Jordan Automotive Group
2001 Ed. (442)
Jordan; Bank of
2008 Ed. (53)
2007 Ed. (50)
2006 Ed. (59, 4512)
2005 Ed. (52)
The Jordan Cement Factories
2006 Ed. (4512)
2002 Ed. (4381)
2000 Ed. (293, 294)
1999 Ed. (264, 265)
1997 Ed. (241, 242)
Jordan Cooper & Associates Inc.
1999 Ed. (4008, 4010)
Jordan Electric Power
2006 Ed. (4512)
2000 Ed. (294)
1999 Ed. (265)
1997 Ed. (242)
Jordan Ford
1996 Ed. (298, 299)
1995 Ed. (267, 293, 294, 295, 296)
1994 Ed. (254, 255, 268, 289, 290, 291, 292)
1993 Ed. (269, 299, 300, 301)
1990 Ed. (307, 308, 342)
Jordan Ford Auto Mall
1992 Ed. (377, 379, 383, 415, 418)
Jordan; Frank
1995 Ed. (2518)
Jordan Gulf Bank
1999 Ed. (265)
Jordan-Gulf Bank SA
1991 Ed. (578)
Jordan Hotel & Tourism
1999 Ed. (265)
Jordan Industrial Resources
1999 Ed. (265)
Jordan Investment & Finance Bank
2000 Ed. (577)
1999 Ed. (566)
Jordan Islamic Bank
2001 Ed. (48)
1999 Ed. (264, 265, 456, 566)
1997 Ed. (241, 399)
1993 Ed. (39)
1990 Ed. (613)
Jordan Islamic Bank for Finance & Investment
2004 Ed. (568)
2000 Ed. (577)
1996 Ed. (434)
1991 Ed. (568, 578)
Jordan, Jones & Goulding
2008 Ed. (2517, 2528)
2006 Ed. (2452)
Jordan Kitt's Music
1996 Ed. (2746)
1995 Ed. (2673)
1994 Ed. (2592, 2597)
1993 Ed. (2640, 2644)
Jordan Kuwait Bank
2008 Ed. (455)
2007 Ed. (491)
2006 Ed. (476, 4512)
2004 Ed. (568)
2000 Ed. (294, 577)
1999 Ed. (566)
1991 Ed. (578)
1990 Ed. (481)
Jordan Lincoln-Mercury
1996 Ed. (298, 299)
1995 Ed. (293, 296)
1994 Ed. (274)
1993 Ed. (275)
Jordan, McGrath, Case & Partners
1999 Ed. (51)
Jordan McGrath Case & Partners Euro RSCG
2002 Ed. (64)
Jordan, McGrath, Case & Taylor
1998 Ed. (46)
1997 Ed. (49)
1996 Ed. (52)
1995 Ed. (41, 68)
1994 Ed. (62)
1993 Ed. (61)
1992 Ed. (104)
1991 Ed. (61, 62, 69)
1990 Ed. (71, 73)
Jordan; Michael
2008 Ed. (272)
2007 Ed. (294)
2006 Ed. (292, 2488)
1997 Ed. (278, 1724, 1725)
1996 Ed. (250)
1995 Ed. (250, 251, 1671)
1989 Ed. (278)
Jordan; Michael H.
2008 Ed. (954, 959)
2006 Ed. (941, 3931)
Jordan Motors, Inc.
1991 Ed. (276, 278)
Jordan National Bank
2008 Ed. (455)
2007 Ed. (491)
2006 Ed. (476)
2004 Ed. (568)
2002 Ed. (4381)
2000 Ed. (294, 446, 577)
1999 Ed. (264, 566)
1997 Ed. (241, 242, 399)
1996 Ed. (434)
1994 Ed. (414)
1992 Ed. (587)
1990 Ed. (481)
Jordan National Bank SA
1991 Ed. (432, 578)
Jordan Petroleum Refinery
2002 Ed. (4381)
2000 Ed. (293)
1999 Ed. (264)
1997 Ed. (241)
Jordan Phosphate Mines
2006 Ed. (4512)
2002 Ed. (4381)
2000 Ed. (293, 294)
1999 Ed. (264)
1997 Ed. (241)
Jordan School District
2007 Ed. (1314)
Jordan Services Inc.
2006 Ed. (4066)
Jordan Telecom
2008 Ed. (53, 53)
2007 Ed. (50)
2006 Ed. (4512)
Jordan Tourism
2006 Ed. (59)
Jordano; Rosemary
2005 Ed. (2468)
Jordan's Furniture
2000 Ed. (2296, 2305)
1999 Ed. (2562)
Jordan's Meats
1995 Ed. (2520, 2960)
1994 Ed. (2452, 2904)
Jordon National Bank
2000 Ed. (293)
Jore Corp.
2001 Ed. (1800)
Jorge A. Bermudez
2008 Ed. (2628)
Jorge De Cespedes
2004 Ed. (2843)
Jorge L. Mas
1998 Ed. (1944, 2504, 3705)
Jorge Mas Canosa
1998 Ed. (1944, 2504, 3705)
Jorge Paulo Lemann
2008 Ed. (4854)
Jorgensen; Earle M.
1991 Ed. (3218)
1990 Ed. (3435)
1989 Ed. (2637)
Jorgensen's; Keith
1994 Ed. (2597)
Jorgenson Co.; Earle M.
2007 Ed. (3493)
2006 Ed. (3469)
2005 Ed. (3462)
Jorma Ollila
2006 Ed. (691)
2005 Ed. (789, 2320)
2003 Ed. (4695)
Jos. A. Bank
2003 Ed. (2186)
Jos. A. Bank Clothiers Inc.
2008 Ed. (887, 2169)
2007 Ed. (912)
2006 Ed. (2107, 4157)
2005 Ed. (1022)
2004 Ed. (4555)
Jos. E. Seagram & Sons
1998 Ed. (452)
Jos. H. Stomel & Sons
1998 Ed. (976, 980, 981, 982)
1997 Ed. (1200, 1201, 1204, 1206, 1207)
Jos. Huber Brewing Co.
1989 Ed. (757)
Jos. L. Muscarelle Inc.
1990 Ed. (1179)
Jose Amario
2006 Ed. (2516)
Jose Carlos (Zeca) Mendonca
1999 Ed. (2292)
Jose Cortez
1992 Ed. (4266)
Jose Cuervo
2008 Ed. (241, 242)
2007 Ed. (262)
2006 Ed. (252, 254, 255)
2005 Ed. (235, 4676)
2004 Ed. (229)
2003 Ed. (263, 3226)
2002 Ed. (3134, 3150, 3172, 3173, 3176, 3179, 4609)
2001 Ed. (3138, 3139, 3140, 3142, 3143, 3146)
2000 Ed. (2946, 2974, 2975, 2976, 2979, 2980)
1999 Ed. (3206, 3228, 3231, 3240, 3242, 3243, 3246, 4579, 4584, 4585, 4586, 4587, 4588)
1998 Ed. (2377, 2387, 2393, 2397, 3508, 3514, 3515, 3516)
1997 Ed. (2646, 2659, 2665, 2666, 2668, 3729, 3731, 3732, 3733)
1996 Ed. (2520, 3670, 3671, 3672, 3673, 3674)
1995 Ed. (3590, 3594, 3595)
1994 Ed. (2390, 3505, 3510)
1993 Ed. (2448, 3546, 3551)
1992 Ed. (4262, 4266, 4267, 4268)
1991 Ed. (3336, 3340, 3341, 3342, 3343)
1990 Ed. (3558, 3559)
1989 Ed. (2808, 2809)
Jose Cuervo Authentic
1999 Ed. (3207, 4763)

Jose Cuervo Authentic Margarita
2001 Ed. (3116)
2000 Ed. (2947)
Jose Cuervo Authentic Margaritas
2006 Ed. (4958)
2004 Ed. (1035)
2003 Ed. (1030)
2002 Ed. (3106)
Jose Cuervo Margaritas
1999 Ed. (3207, 4763)
1998 Ed. (3715)
1997 Ed. (3894)
1996 Ed. (3833)
1995 Ed. (3734)
Jose Cuervo/1800
2004 Ed. (3279, 4699, 4704)
2003 Ed. (3225, 4721, 4726)
2002 Ed. (299, 3130, 3131, 3165, 3166, 4604, 4610, 4611, 4612, 4613, 4614)
2001 Ed. (355, 3115, 3118, 3132, 3134, 3135, 4503)
2000 Ed. (2949, 4233)
1998 Ed. (3509)
Jose Cuervo Tequila
2008 Ed. (243)
Jose Eber
2007 Ed. (2758)
Jose Garcia-Cantera
1999 Ed. (2403)
1996 Ed. (1897)
Jose Gonzales
1999 Ed. (2433)
Jose (Joey) Salceda
1997 Ed. (2000)
1996 Ed. (1910)
Jose Li
2006 Ed. (4140)
Jose Linares
1999 Ed. (2409)
Jose Luis Daza
2000 Ed. (1957)
1999 Ed. (2400)
Jose Milton
1995 Ed. (2112, 2579, 3726)
1994 Ed. (2059, 2521, 3655)
Jose Ole
2008 Ed. (2790)
Jose Santiago Inc.
2004 Ed. (4924)
Jose Yordan
1999 Ed. (2406)
1996 Ed. (1900)
Josef Ackermann
2006 Ed. (691)
2005 Ed. (789)
Josefsen; Turi
1995 Ed. (3786)
1994 Ed. (1715)
1993 Ed. (1696)
Joseph A. Corazzi
2000 Ed. (1877)
Joseph A. Natoli Construction Corp.
1990 Ed. (1179)
Joseph A. Unanue
2004 Ed. (2843)
1998 Ed. (1944, 2504, 3705)
1994 Ed. (2059, 2521, 3655)
Joseph A. Unanue & family
1995 Ed. (2112, 2579, 2580, 3726)
Joseph Amato
1998 Ed. (1586)
1993 Ed. (1842)
Joseph Ambler Inn
1993 Ed. (2091)
1992 Ed. (2483)
Joseph & Bessie Feinberg Foundation
1991 Ed. (1003, 1767)
Joseph & Moise Safra
2007 Ed. (4913)
2006 Ed. (4925)
2005 Ed. (4881)
Joseph Antonini
1995 Ed. (981)
1994 Ed. (948)
1993 Ed. (939)
1992 Ed. (1144)
1990 Ed. (974)
Joseph B. Costello
2001 Ed. (2316)
Joseph B. Whitehead Foundation
1994 Ed. (1907)
Joseph Bellace
2000 Ed. (1998, 2051)
1999 Ed. (2189, 2273)
1998 Ed. (1603, 1677)
1997 Ed. (1907)
1996 Ed. (1834)
1995 Ed. (1856)
1994 Ed. (1827)
1993 Ed. (1835)
Joseph Biernat
1999 Ed. (2299)
Joseph Burnett
2005 Ed. (4871)
Joseph C. and Lillian Duke
1994 Ed. (901)
Joseph Campbell Co.
2006 Ed. (2235, 2236)
2005 Ed. (2140, 2141)
2004 Ed. (1998, 1999, 3165)
2000 Ed. (1980)
1999 Ed. (2208)
Joseph Carson
1999 Ed. (2195)
Joseph Chiarelli
2000 Ed. (2013)
1997 Ed. (1938)
Joseph Coccimiglio
2000 Ed. (2011)
Joseph Costello
1999 Ed. (1121, 2078)
Joseph D. Williams
1992 Ed. (1142, 2050)
1991 Ed. (1630)
Joseph Dahr Jamail
1991 Ed. (2296)
Joseph Co.; David J.
2005 Ed. (4031)
Joseph Davis Inc.
2006 Ed. (1340)
2005 Ed. (1343)
2003 Ed. (1237, 1338)
Joseph Decosimo & Co.
2000 Ed. (19)
1998 Ed. (18)
Joseph Decosinio & Co.
1999 Ed. (23)
Joseph Doyle
1998 Ed. (1649)
1995 Ed. (1792)
1993 Ed. (1809)
1991 Ed. (1675, 1696)
Joseph Duwan
1999 Ed. (433, 2148)
Joseph E. LaPlume
1992 Ed. (532)
Joseph E. Lay
1991 Ed. (2172)
Joseph E. Seagram
1990 Ed. (725)
Joseph E. Seagram & Sons
2000 Ed. (714)
1999 Ed. (701)
1991 Ed. (707, 2664, 2665)
1990 Ed. (726, 1325)
1989 Ed. (726, 1058)
Joseph Ellis
1996 Ed. (1822)
1995 Ed. (1797, 1798, 1844, 1845)
1994 Ed. (1806, 1807)
1993 Ed. (1773, 1774, 1823, 1824)
1992 Ed. (2138)
1991 Ed. (1690, 1691, 1707)
Joseph Entertainment Group/Stardate Production
1992 Ed. (3553)
Joseph Euteneuer
2007 Ed. (1079)
Joseph Eve & Co.
2004 Ed. (16)
2003 Ed. (10)
Joseph Eve LLC
2008 Ed. (11)
Joseph F. Rice
2002 Ed. (3072)
Joseph Fernandez
1990 Ed. (2658)
Joseph Flom
1991 Ed. (2297)
Joseph France
1994 Ed. (1784, 1828)
1993 Ed. (1801)
1992 Ed. (2136)
Joseph G. Temple
1991 Ed. (1621)
Joseph Galli Jr.
2008 Ed. (3997)
2007 Ed. (3974)
2004 Ed. (2496, 2527, 3911)
Joseph Granville, The Granville Market Letter
1990 Ed. (2366)
Joseph, Greenwald & Laake
2003 Ed. (3185)
Joseph Gulia
1992 Ed. (2906)
1990 Ed. (2480)
Joseph H. Novotny
1992 Ed. (2905)
Joseph Held Co. Inc.
2002 Ed. (2857)
Joseph Huber
1990 Ed. (751)
Joseph J. Atick
2003 Ed. (2347)
Joseph J. Kroger
1990 Ed. (1725)
Joseph J. Pietrafesa Co. Inc.
1992 Ed. (2973)
Joseph J. Pinola
1990 Ed. (1718)
1989 Ed. (1381)
Joseph Jamail
1997 Ed. (2612)
Joseph Jamail Jr.
2002 Ed. (3071)
Joseph Jingoli & Son Inc.
2008 Ed. (1317)
2006 Ed. (1186)
Joseph Jolson
1991 Ed. (1692)
Joseph Kozloff
1996 Ed. (1787, 1797)
1995 Ed. (1813, 1824)
1994 Ed. (1772, 1785)
1993 Ed. (1771, 1772, 1789, 1802)
1991 Ed. (1683, 1701)
1989 Ed. (1416, 1419)
Joseph Lewis
2005 Ed. (4892)
Joseph Lewis Allbritton
1990 Ed. (457, 3686)
Joseph Liemandt
2002 Ed. (3351)
Joseph M. Gregory
2005 Ed. (2512)
Joseph M. Segel
1992 Ed. (2056)
Joseph M. Tucci
2008 Ed. (944)
2007 Ed. (1032)
Joseph Macnow
2007 Ed. (1093)
Joseph Mezrich
2000 Ed. (1967)
Joseph Moise Safra
2003 Ed. (4893)
Joseph Nacchio
2001 Ed. (1217)
Joseph Nathan
2001 Ed. (2346)
1999 Ed. (2084)
Joseph NeCastro
2007 Ed. (1078)
2006 Ed. (985)
Joseph P. Gulia
1993 Ed. (2464)
1991 Ed. (2345)
Joseph P. Nacchio
2004 Ed. (2490)
2003 Ed. (957, 4695)
2002 Ed. (2177, 2182)
Joseph; Pamela
2008 Ed. (4945)
Joseph Phelan
1995 Ed. (2485)
Joseph Phillippi
1999 Ed. (2211)
Joseph R. Canion
1993 Ed. (1702)
1992 Ed. (2057)
1991 Ed. (1627)
1989 Ed. (1378)
Joseph R. Caputo
1993 Ed. (2463)
1992 Ed. (2905)
1991 Ed. (2344)
Joseph R. Ficalora
2007 Ed. (1021)
2006 Ed. (930)
2005 Ed. (973)
2004 Ed. (968)
Joseph R. Hyde III
1995 Ed. (978, 1727)
Joseph R. Tomkinson
2007 Ed. (1021)
Joseph Ricardo
1998 Ed. (1663)
Joseph Riccardo
2000 Ed. (2017)
1999 Ed. (2253)
1997 Ed. (1864)
Joseph Ricketts
2002 Ed. (3355)
Joseph S. Colson, Jr.
1989 Ed. (735)
Joseph Safra
2008 Ed. (4854, 4878)
2004 Ed. (4879)
Joseph Saunders
2006 Ed. (920)
Joseph Schor
1997 Ed. (1797)
Joseph Schuchert
1998 Ed. (1689)
Joseph Sheairs Associates
2005 Ed. (4743)
Joseph Spruit
1989 Ed. (2341)
Joseph T. Ryerson
1995 Ed. (2232)
Joseph Taylor
2000 Ed. (1928)
1997 Ed. (45193)
Joseph Tucci
2007 Ed. (986)
2006 Ed. (896, 2515)
Joseph V. Taranto
1998 Ed. (1514, 2139)
Joseph Volpe
2004 Ed. (974)
Joseph W. Luter III
2007 Ed. (1020, 1025)
Joseph W. McGrath
2007 Ed. (959)
Josephine Esquivel
2000 Ed. (2052)
1999 Ed. (2267)
1998 Ed. (1623)
1997 Ed. (1901)
1996 Ed. (1827)
1995 Ed. (1849)
1994 Ed. (1811)
1993 Ed. (1828)
Josh Jewett
2007 Ed. (4161)
Josh S. Weston
1992 Ed. (2063)
1991 Ed. (1632)
Joshi
1996 Ed. (1092)
Joshua
2002 Ed. (4087)
2000 Ed. (1676)
Joshua Agency
2002 Ed. (1981)
Joshua Fost
2005 Ed. (994)
Joshua Homes
2005 Ed. (1189)
2004 Ed. (1161)
2003 Ed. (1156)
Joshua Tree National Park
1999 Ed. (3705)
Joslin Diabetes Center
2007 Ed. (20)
1995 Ed. (1926)
1993 Ed. (1701)
1991 Ed. (2619)
Joslins
1995 Ed. (1552)
Josquin A. Talleda
1999 Ed. (3484)
Jossco Australia
2004 Ed. (4921)
Jostens Inc.
2008 Ed. (3542)

2007 Ed. (3413)
2006 Ed. (3359)
2005 Ed. (1491, 1549, 3378, 3379)
2004 Ed. (3349, 4589)
2003 Ed. (3285)
1998 Ed. (3341)
1995 Ed. (3423)
1994 Ed. (3365)
1993 Ed. (2371, 3364)
1992 Ed. (2967, 4034, 4035)
1991 Ed. (2268, 2381, 2470)
1990 Ed. (1295, 1297, 2407, 2408, 2516, 2932)
1989 Ed. (1870, 1871, 1928, 2268, 2321)
Jostens Holding Corp.
2006 Ed. (3359, 3969)
Jotabequ-Grey
2003 Ed. (79)
2002 Ed. (114)
2001 Ed. (141)
2000 Ed. (101)
Jotul North America
2008 Ed. (1895)
Jotun
1997 Ed. (2982)
Joule Industrial Contractors
2008 Ed. (1245, 4820)
2007 Ed. (1388)
2006 Ed. (1260, 1340)
2005 Ed. (1290)
2004 Ed. (1338)
2003 Ed. (1338)
Jount Purchasing Corp.
1999 Ed. (2754)
Journal Co.
1995 Ed. (1664)
Journal Communications Inc.
2005 Ed. (3981)
2002 Ed. (1069)
2000 Ed. (1785)
1990 Ed. (2522)
Journal Employees Credit Union
1996 Ed. (1504)
The Journal News
2001 Ed. (3543)
Journal of Accountancy
2008 Ed. (142)
2001 Ed. (1053)
2000 Ed. (3467, 3482)
1999 Ed. (3748)
Journal of Business
1993 Ed. (792)
Journal of Finance
1993 Ed. (792)
Journal of Financial and Quantitative Analysis
1993 Ed. (792)
Journal of Financial Economics
1993 Ed. (792)
Journal of Financial Education
1993 Ed. (792)
Journal of Financial Research
1993 Ed. (792)
Journal of Portfolio Management
1993 Ed. (792)
Journal of the AMA
2001 Ed. (252, 1053)
2000 Ed. (3467, 3485)
1999 Ed. (3748, 3755, 3758)
1998 Ed. (2788, 2789, 2791)
Journal of the American Medical Association
1996 Ed. (240, 2602)
1995 Ed. (2538)
1994 Ed. (2470)
Journal Register Co.
2007 Ed. (3451)
2006 Ed. (3439)
2005 Ed. (3598, 3599)
2004 Ed. (3683, 3684)
2003 Ed. (3350)
Journal Storage
2003 Ed. (3035)
Journalists
1999 Ed. (3903)
Journey
2003 Ed. (706)
1998 Ed. (3677)
Journeycraft Inc.
1992 Ed. (4345)
Journey's End Corp.
1998 Ed. (1998)
1994 Ed. (2110)
1992 Ed. (2487)
1990 Ed. (2083)
Journey's End Motel
1990 Ed. (2084)
Jovan
1999 Ed. (3736)
1998 Ed. (1353, 2777, 2778, 2779)
1997 Ed. (3032, 3033)
1996 Ed. (2951)
1995 Ed. (2876)
Jovan Musk
2001 Ed. (3702, 3704)
1999 Ed. (3737)
1994 Ed. (2777)
1990 Ed. (2793)
Jovan Musk for Women
2001 Ed. (3698, 3699)
2000 Ed. (3456)
1999 Ed. (3738)
Jovan White Musk
2000 Ed. (3456)
1999 Ed. (3738)
Jovanovich; William
1993 Ed. (1703)
1991 Ed. (1629)
1990 Ed. (1721)
1989 Ed. (1382)
Jove
2008 Ed. (627)
2007 Ed. (668)
2006 Ed. (643)
2005 Ed. (731)
2004 Ed. (750)
2003 Ed. (728)
2000 Ed. (3303)
Jove Cap
2000 Ed. (3306)
Jove Gap
2000 Ed. (3305)
Jove; Manuel
2008 Ed. (4874)
Joven Babaan
2000 Ed. (2182)
Joven White Musk
2001 Ed. (3698, 3699)
Joy
2003 Ed. (2078, 2079)
Joy Global Inc.
2008 Ed. (847)
2007 Ed. (3030, 3400, 4532)
2006 Ed. (1980)
2005 Ed. (1943, 3350, 3351, 3355)
Joy of Chicken
1992 Ed. (3220)
Joy of Sex
1998 Ed. (479, 2358)
Joy/Swing; Chevrolet
2008 Ed. (303)
2006 Ed. (322)
2005 Ed. (303)
Joy Technologies
1989 Ed. (1057)
Joyce Albers
1995 Ed. (1823)
1994 Ed. (1783)
1993 Ed. (1800)
Joyce Boutique Holdings
1995 Ed. (2127)
Joyce Chang
2000 Ed. (1957)
1999 Ed. (2400)
Joyce Raley Teel
2006 Ed. (4913)
1997 Ed. (3916)
1996 Ed. (3876)
1995 Ed. (3788)
1994 Ed. (3667)
Joyce; Ron
2005 Ed. (4866)
Joyce; W. H.
2006 Ed. (2520)
Joyce White
1999 Ed. (2172)
1998 Ed. (1587)
1997 Ed. (1945)
Joyce; William H.
2007 Ed. (2498)
Joyeria Fina SI
2006 Ed. (2018)
Joyeria Tous
2008 Ed. (2087, 4230)
Joyo Bank
2002 Ed. (596)
Jozef Straus
2005 Ed. (983)
2003 Ed. (957, 958, 961, 4695)
2002 Ed. (1041)
JP Chenet
2008 Ed. (247)
JP-Finance Oy
1992 Ed. (1963, 1964, 1965)
JP Foodservice Inc.
1999 Ed. (4758)
1998 Ed. (3713)
1997 Ed. (3875)
1996 Ed. (1955)
1993 Ed. (1888)
JP Hotels
1992 Ed. (2467)
JP Income
1992 Ed. (3154)
1991 Ed. (2561)
J.P. Industries
1990 Ed. (1307)
JP Metal America Inc.
2008 Ed. (4546)
2007 Ed. (4595)
2005 Ed. (4528)
JP Morgan
2008 Ed. (3405)
2000 Ed. (775, 1025, 2768, 2778, 2795, 2833, 2857, 3190, 3191, 3192, 3193, 3194, 3413, 3414, 3415, 3881, 3883, 3886, 3887, 3888, 3889, 3890, 3891, 3892, 3893, 3894, 3896, 3897, 3898, 3899, 3902, 3903, 3904, 3908, 3911, 3927, 3928, 3930, 3931, 3935, 3936, 3937, 3940, 3942, 3943, 3945, 3947, 3949, 3950, 3951, 3952, 3986, 3987, 3988)
1992 Ed. (1993, 1994, 1995, 1999, 2005, 2010, 2014, 2017, 2018, 2020, 2021, 2036)
1990 Ed. (659, 2323, 2325, 2326, 2328, 2363, 2645, 2769)
J.P. Morgan & Co. Inc.
2000 Ed. (382, 394, 396, 420, 421, 425, 436, 438, 2239, 3418, 3420, 3421, 3741, 3938, 3939, 3941, 3953, 3954, 3955, 3957, 3960, 3985)
1999 Ed. (3045)
1990 Ed. (436, 437, 438, 441, 600, 701, 702, 706)
JP Morgan Bank
2005 Ed. (577)
JP Morgan Chase
2008 Ed. (2300, 2308)
2007 Ed. (2176, 2184)
JP Morgan Chase Bank
2005 Ed. (475, 561, 567)
JP Morgan Chase Bank (Canada)
2007 Ed. (413)
JP Morgan Chase Bank NA
2008 Ed. (4397)
J.P. Morgan Investment
2000 Ed. (2780, 2796, 2798, 2800, 2802, 2810, 2814, 2828, 2837)
1990 Ed. (2969)
J.P. Morgan Investment Management Inc.
2000 Ed. (2767, 2770, 2771, 2775, 2782, 2797, 2831)
1990 Ed. (2352)
J.P. Morgan Investment Mgmt.
2000 Ed. (2853, 2854, 2855)
J.P. Morgan Investments
2000 Ed. (2809)
JP Morgan Mortgage-Backed Securities Select
2008 Ed. (600)
J.P. Morgan Securities
2000 Ed. (376, 378, 3933, 3964, 3966, 3967, 3968, 3970, 3972, 3973, 3974, 3976, 3977, 3978, 3982, 3983, 3984)
1999 Ed. (3477)
1998 Ed. (3240)
1990 Ed. (1674, 1675, 1677, 1680, 1684, 1693, 1704)
JP Morgan Select High Yield
2008 Ed. (596)
JP Morgan's ADR.com
2002 Ed. (4866)
JP Special King Size
1996 Ed. (972)
JPI
2007 Ed. (1299, 1306, 1352)
2003 Ed. (286)
2002 Ed. (2655, 2662, 2667)
2000 Ed. (1194)
1996 Ed. (1096)
JPI Construction
1999 Ed. (1307, 1308, 1312)
1998 Ed. (876, 880)
1997 Ed. (1120)
JPI Investment Co.
2004 Ed. (254)
JPS Industries Inc.
2005 Ed. (4679, 4680)
Jps Loteria Instantanea
1992 Ed. (44)
JPS Textile Group Inc.
2000 Ed. (387, 388, 389)
1997 Ed. (837)
1996 Ed. (3677, 3678)
1995 Ed. (1487, 3597, 3598, 3601)
1994 Ed. (1447, 3512, 3514, 3516)
1993 Ed. (1261, 1398, 3552, 3554)
1992 Ed. (1205)
1991 Ed. (971, 3351)
JPStevens
1998 Ed. (2048, 2049)
JR.com
2008 Ed. (2443)
JRH Electronics LLC
2008 Ed. (2465)
2005 Ed. (2345, 2347)
JRS Architect
2005 Ed. (3159)
J.S. Alberici Construction Co. Inc.
2000 Ed. (1274, 1277, 1288)
1996 Ed. (1150)
JS Cheng & Partners Inc.
2008 Ed. (17)
JS Group
2007 Ed. (1294)
JS USA Holdings Inc.
2008 Ed. (1908, 4560, 4561)
JSB Financial
1995 Ed. (3612)
1994 Ed. (3536)
JSB Software Technologies plc
2002 Ed. (3565, 3566)
JSC Dzintars
2008 Ed. (1887)
JSC Salinta
2008 Ed. (918, 1888)
JSC Severstal
2007 Ed. (1970, 4581)
JSCE Inc.
2003 Ed. (3716)
2001 Ed. (3624)
JSI Store Fixtures Inc.
2007 Ed. (4995)
The JSO Group Inc.
2007 Ed. (3604)
JSR
2007 Ed. (953)
JSR-Mitsubishi Chemical
2001 Ed. (4138)
JST
2005 Ed. (2279)
2001 Ed. (2136, 2137)
1997 Ed. (1683)
JST Manufacturing Inc.
2008 Ed. (3706, 4382, 4959)
2007 Ed. (3549, 3550, 4409)
2006 Ed. (3510, 4349)
JT Group Ltd.
1994 Ed. (999)
JT International SA
2008 Ed. (2093)
J.T. Walsh
2001 Ed. (6)
JTB
1990 Ed. (3653)
JTB Hawaii Inc.
2008 Ed. (1786)
2007 Ed. (1759)
2006 Ed. (1749)

JTC
2004 Ed. (57)
JTC Telephone Co.
2006 Ed. (59)
2005 Ed. (52)
JTF Management Associates Ltd.
1999 Ed. (4008, 4010)
JTI
2000 Ed. (4261)
JTI-Macdonald Corp.
2005 Ed. (2372, 2373)
JTL Corp.
2005 Ed. (1498)
JTS Corp.
2000 Ed. (283, 288, 290)
1999 Ed. (261, 262)
1998 Ed. (1011)
JTS Communities
2004 Ed. (1214)
2003 Ed. (1207)
J.T.S. Hire Ltd.
1992 Ed. (1197)
JTS/SG Enterprises
2007 Ed. (3589, 4440)
2006 Ed. (3533)
j2
2002 Ed. (4806)
j2 Global Communications Inc.
2008 Ed. (2856, 4352, 4370, 4634)
2007 Ed. (2726, 2737, 4394, 4696)
2006 Ed. (2740, 4676, 4677)
2004 Ed. (3663)
2003 Ed. (2719)
J2T Recruiting Consultants Inc.
2008 Ed. (1709, 2627)
2007 Ed. (2495)
Ju-yung; Chung
1997 Ed. (673)
Juan Bertran
1999 Ed. (2428)
Juan Gabriel
2002 Ed. (1160)
Juan J. Dominguez, A Professional Law Corp.
2005 Ed. (3275)
2004 Ed. (3251)
Juan Luis Perez
2000 Ed. (2188)
Juan Mesa
1996 Ed. (1850, 1906)
Juan N. Cento
2006 Ed. (2516)
Juan Pablo Bayona
1996 Ed. (1909)
Juan Sebastian Veron
2003 Ed. (299)
Juan Veron
2005 Ed. (4895)
Juarez
2004 Ed. (4699)
2003 Ed. (4721)
2002 Ed. (289, 4604)
2001 Ed. (4503)
2000 Ed. (4233)
1999 Ed. (4579)
1998 Ed. (3508, 3509)
1997 Ed. (3729, 3732, 3733)
1996 Ed. (3670, 3671)
1995 Ed. (3590, 3594)
1994 Ed. (3505)
1993 Ed. (3546)
1992 Ed. (4262)
1991 Ed. (3336)
1990 Ed. (3559)
1989 Ed. (2808)
Jubanka
2006 Ed. (519)
2005 Ed. (605)
2004 Ed. (615, 652)
Jubilaeum
1996 Ed. (2501)
1994 Ed. (3641)
Jubilee
1994 Ed. (2720)
Judah Kraushaar
2002 Ed. (2258)
2000 Ed. (1984)
1999 Ed. (2212)
1998 Ed. (1628)
1997 Ed. (1853)
1996 Ed. (1778)
1994 Ed. (1762, 1832)
Judah Kraushaare
1995 Ed. (1804)
Judd Farms
2007 Ed. (2022)
Judd Product Aid International; David
1995 Ed. (2228)
The Judds
2002 Ed. (1159)
1993 Ed. (1076, 1077, 1079)
Judge School of Business; Cambridge University
2005 Ed. (802)
Judge Technical Services Inc.
2006 Ed. (4375)
Judis; Hilary
1997 Ed. (1963)
Judith A. Hemberger
2007 Ed. (2510)
Judith Bollinger
1994 Ed. (1760)
1993 Ed. (1776)
Judith Comeau
1991 Ed. (1671, 1702)
Judith Donovan Associates
1991 Ed. (1419)
Judith Lewent
2007 Ed. (1069)
2006 Ed. (974)
Judith Rodin
2004 Ed. (974)
Judith Scott
2000 Ed. (1991)
Judy Blackburn
2000 Ed. (3160, 4428)
Judy Estrin
2002 Ed. (2150)
Judy Graymer
2008 Ed. (2595)
2007 Ed. (2462)
Judy Jones
2006 Ed. (4040)
Judy McGrath
2007 Ed. (4981)
Judy Naake
2007 Ed. (2463)
Jue; Pamela S.
1997 Ed. (2341)
1996 Ed. (2732)
1995 Ed. (2653)
1993 Ed. (2117)
Jue; Panela S.
1996 Ed. (2212)
Jugobanka
1992 Ed. (871)
1991 Ed. (697)
1990 Ed. (719)
1989 Ed. (717)
Jugobanka AD Beograd
2003 Ed. (638)
Jugobanka DD
1993 Ed. (669)
Jugobanka DD Beograd
2002 Ed. (664)
2000 Ed. (658)
1999 Ed. (632)
1997 Ed. (607)
1995 Ed. (638)
1994 Ed. (670)
Jugos del Valle
2004 Ed. (678)
2003 Ed. (672, 1738)
Jugos del Valle, SA de CV
2005 Ed. (671)
Juhler Holding A/S
2007 Ed. (1681)
Juice
2002 Ed. (687, 688, 689, 697, 698, 699, 700, 701, 2421, 2799, 3488)
2001 Ed. (701, 2551)
2000 Ed. (4141)
1999 Ed. (699, 700)
1998 Ed. (1727, 1728, 1768)
1996 Ed. (721, 1561, 3611)
1993 Ed. (680)
Juice and cider
2001 Ed. (394)
Juice, apple
1999 Ed. (2535, 2537)
1998 Ed. (446)
Juice Bar
2001 Ed. (3699)
Juice, blended fruit
1998 Ed. (446)
Juice, bottled
2004 Ed. (888)
2002 Ed. (2422)
1998 Ed. (3445)
1997 Ed. (3171)
Juice, canned
2003 Ed. (4838)
Juice Communications
2008 Ed. (121)
Juice, cranberry
1999 Ed. (2537)
1998 Ed. (446)
Juice/drinks
1999 Ed. (3408)
1998 Ed. (1237)
Juice/drinks, canned/bottled
1998 Ed. (2498, 2499)
Juice/drinks, chilled
1998 Ed. (2498)
Juice drinks/cocktail drinks
1999 Ed. (2535)
Juice drinks, frozen
1999 Ed. (2532)
Juice, frozen
2007 Ed. (2518)
1998 Ed. (3445)
1994 Ed. (2940)
1993 Ed. (2921)
Juice, grape
1999 Ed. (2535, 2537)
1998 Ed. (446)
Juice, grapefruit
1999 Ed. (2535, 2537)
1998 Ed. (446)
Juice It Up!
2008 Ed. (171, 3408)
2007 Ed. (3293)
2006 Ed. (3233)
2005 Ed. (3247)
2004 Ed. (3220)
Juice/juice drink concentrates
1990 Ed. (1952)
Juice, lemon/lime
1999 Ed. (2537)
Juice, liquid concentrate
1999 Ed. (4509)
Juice, orange
1999 Ed. (2535)
1998 Ed. (446)
Juice, pineapple
1998 Ed. (446)
Juice, prune/fig
1999 Ed. (2537)
Juice, refrigerated
1993 Ed. (2921)
Juice, shelf-stable
1994 Ed. (2940)
Juice, shelved
1993 Ed. (2921)
Juice, tomato/vegetable
1999 Ed. (2537)
Juice, vegetable/fruit
1999 Ed. (2535)
Juiceman
1997 Ed. (2389)
Juices
2001 Ed. (687, 688)
2000 Ed. (711, 712, 4146, 4164)
1996 Ed. (3615)
1989 Ed. (731, 1463)
Juices and drinks, refrigerated
1996 Ed. (3091, 3092, 3093)
1994 Ed. (3463)
Juices, aseptic
2001 Ed. (700)
Juices, bottled
2002 Ed. (1222, 3768, 4527)
2001 Ed. (700)
1998 Ed. (2927)
Juices, canned
2002 Ed. (699)
2001 Ed. (700)
Juices/drinks
2003 Ed. (1962, 3937, 3938, 3939, 3940, 3941, 3942)
Juices/drinks, refrigerated
2004 Ed. (888, 2133)
1995 Ed. (2049, 3721)
Juices/drinks, self stable
1996 Ed. (3092)
Juices/drinks, shelf stable
1996 Ed. (3091, 3093)
1995 Ed. (2049, 3721)
Juices, frozen
1998 Ed. (2927)
1995 Ed. (2997)
Juices, refrigerated
2001 Ed. (700)
1996 Ed. (3097)
Juices, shelf-stable
1996 Ed. (2044, 3096)
Juicy Fruit
1996 Ed. (954)
1995 Ed. (975)
1994 Ed. (943)
1993 Ed. (930)
Juicy Fruit Gum Plen-T-Pak
1990 Ed. (894)
Juicy Fruit Plen-T-Pak
1989 Ed. (856, 857)
Juicy Juice
2007 Ed. (618)
2006 Ed. (572)
2002 Ed. (2375)
Juilliard Group
2002 Ed. (3786)
Juilliard School
1997 Ed. (1061)
1996 Ed. (1045)
1995 Ed. (935, 1060)
1994 Ed. (1052)
1993 Ed. (1025)
Jujo Paper Co. Ltd.
1995 Ed. (2833)
1994 Ed. (2728)
1993 Ed. (2766)
1992 Ed. (3334)
1991 Ed. (2671)
1990 Ed. (2764)
Juju Paper
1989 Ed. (1467)
Jules & Associates Inc.
2008 Ed. (2962)
Jules Stein Eye Institute
2008 Ed. (3047)
2007 Ed. (2924)
2006 Ed. (2905)
2005 Ed. (2908)
Julia B. Fee Real Estate
2007 Ed. (4073)
Julia Baeva
2000 Ed. (2184)
Julia Dawson
1999 Ed. (2424)
Julia Gouw
2007 Ed. (385)
Julia Roberts
2004 Ed. (2409)
2003 Ed. (2329)
2002 Ed. (2142)
2001 Ed. (8, 1138)
Julia Ross Recruitment
2003 Ed. (1621)
Julia S. Gouw
2008 Ed. (4945)
2007 Ed. (4978)
Julian C. Day
2008 Ed. (959)
Julian Callow
1999 Ed. (2297)
Julian Easthope
2000 Ed. (2127)
1999 Ed. (2340)
Julian Edwards
2000 Ed. (2075)
1999 Ed. (2298)
Julian Hodge Bank
2003 Ed. (537)
2002 Ed. (582)
Julian R. Geiger
2007 Ed. (2505)
Julian Robertson
1999 Ed. (2434)
1998 Ed. (1689)
1996 Ed. (1914)
1994 Ed. (1840)
Julian Robertson Jr.
2007 Ed. (4900)
2005 Ed. (4857)
2002 Ed. (3356)
1995 Ed. (1870)

Julian Toft & Downey Inc.
1995 Ed. (3068)
Juliana Mining Co., Inc.
1989 Ed. (1997)
Julianne Moore
2001 Ed. (7)
Julie M. Wright
1993 Ed. (3445)
Julie St. John
2004 Ed. (976)
Julien J. Studley Inc.
1998 Ed. (2998)
1997 Ed. (3256)
1995 Ed. (3060)
1994 Ed. (2998)
1992 Ed. (3614)
1990 Ed. (2954)
Julien; Robert
2005 Ed. (4871)
Juliet and Her Nurse, by Turner
1989 Ed. (2110)
Julio A. de Quesada
2008 Ed. (2628)
Julio Bozano
2008 Ed. (4854)
Julio Iglesias
2002 Ed. (1160)
1995 Ed. (1715)
1994 Ed. (1668)
1993 Ed. (1634)
Julio M. Santo Domingo
2008 Ed. (4878)
2007 Ed. (4913)
Julio Mario Santo Domingo
2008 Ed. (4858)
Julio Zamora
1999 Ed. (2413)
Julius Baer
1999 Ed. (645, 3073)
1997 Ed. (2537)
1996 Ed. (2391, 2403)
1995 Ed. (2371)
1991 Ed. (2219)
Julius Baer Group
2008 Ed. (2923)
2007 Ed. (558, 2576)
2006 Ed. (528)
2005 Ed. (615)
2004 Ed. (626)
2003 Ed. (617)
2002 Ed. (653)
2000 Ed. (670)
Julius Baer International Equity
2008 Ed. (4514)
2006 Ed. (3674, 3675, 3684, 4563, 4566)
2005 Ed. (3581, 4490)
2004 Ed. (2477, 3640, 3643, 3657)
2002 Ed. (3476)
Julius Baer International Equity Fund
2003 Ed. (3529, 3610)
Julius Baer Investment Management
1998 Ed. (2273)
Julius Baer Total Return Bond
2008 Ed. (597)
Julius Maldutis
1997 Ed. (1856)
1996 Ed. (1781)
Julius Meinl AG
1999 Ed. (201)
Julliard School
1992 Ed. (1277)
Juls Design Inc.
2008 Ed. (3709, 4394)
July
2002 Ed. (415, 4704)
2001 Ed. (1156, 4681, 4858, 4859)
July 18, 1996
1999 Ed. (4397)
July 11, 1996
1999 Ed. (3668, 4398)
July 15, 1996
1999 Ed. (4396, 4398)
July 5, 1996
1999 Ed. (4396, 4398)
July 19, 1995
1998 Ed. (2718)
July 1, 1987
1990 Ed. (2753)
July 17, 1996
1999 Ed. (3668)
July 16, 1996
1999 Ed. (3668)
July 12-October 22, 1957
1989 Ed. (2749)
July 21, 1986
1989 Ed. (2748)
July 21, 1933
1999 Ed. (4393, 4497)
1991 Ed. (3238)
July 20, 1933
1999 Ed. (4393)
Jumanji
1998 Ed. (3673)
Jumbo!
1998 Ed. (3776)
Jumbo Video
2004 Ed. (4842)
2002 Ed. (4753)
JumboSports
2001 Ed. (4337)
2000 Ed. (2210)
1999 Ed. (3611, 4381)
Jumby Bay
1995 Ed. (2173)
1994 Ed. (3052)
Jumex
1998 Ed. (1777)
JumpBunch Inc.
2008 Ed. (2913)
2007 Ed. (2788)
Jumpking Inc.
2008 Ed. (3543)
2007 Ed. (3414)
2006 Ed. (3360)
Jumpstart First Grade
1998 Ed. (849)
Jumpstart Kindergarten
1998 Ed. (849)
Jumpstart Preschool
1998 Ed. (849)
JumpTV Inc.
2008 Ed. (2942)
Jun Konomi
1999 Ed. (2372)
1997 Ed. (1987)
1996 Ed. (1881)
Junan Securities Co.
1999 Ed. (2885)
Junckers F Industrier AS
1997 Ed. (1381)
Jundt Associates
1993 Ed. (2296)
Jundt Opportunity
2005 Ed. (3554)
2004 Ed. (3603)
2001 Ed. (3425)
Jundt U.S. Emerging Growth
2001 Ed. (3447)
2000 Ed. (3288)
June
2002 Ed. (415, 4704)
2001 Ed. (1156, 4681, 4857, 4858, 4859)
June Jam
1989 Ed. (991)
June Jam XI
1994 Ed. (1100)
Juneau, AK
2007 Ed. (3500, 3506)
2006 Ed. (3475)
2004 Ed. (3377, 3378, 3382, 3388)
2003 Ed. (845, 3315)
2001 Ed. (2822, 3206)
1990 Ed. (2159)
Jung; A.
2005 Ed. (2500)
Jung; Andrea
2008 Ed. (2636, 4948)
2007 Ed. (974, 2506, 4975, 4981)
2006 Ed. (4975, 4983)
2005 Ed. (2513, 4990)
Jungbunzlauer
1992 Ed. (4400)
Jungheinrich
2008 Ed. (4778)
2007 Ed. (4855)
2006 Ed. (4852)
2001 Ed. (4639)
Jungheinrich AG
2004 Ed. (4802)
2003 Ed. (4815)
2002 Ed. (2323)
Jungle Book
1998 Ed. (2536)
1994 Ed. (3630)
Jungle 2 Jungle
1999 Ed. (4718, 4719)
Junichi Shimoto
1999 Ed. (2387)
Junichi Shiomoto
2000 Ed. (2170)
1997 Ed. (1987)
Junichiro Koizumi
2005 Ed. (4879)
Junie B., First Grader: Boss of Lunch
2004 Ed. (737)
Junie B., First Grader: Toothless Wonder
2004 Ed. (737)
Junie B. Jones Is a Graduation Girl
2004 Ed. (736)
Junior Achievement Inc.
2000 Ed. (3344)
1996 Ed. (916)
1994 Ed. (908)
JuniorNet
2001 Ed. (4672)
Junior's
2008 Ed. (4148)
2007 Ed. (4130)
2002 Ed. (4035)
2001 Ed. (4052)
2000 Ed. (3801)
1999 Ed. (4088)
Juniper Networks Inc.
2008 Ed. (1138, 4634)
2007 Ed. (1191, 1237, 3693)
2006 Ed. (1083, 1084, 1085, 1143, 3693, 3694, 4685)
2005 Ed. (1092, 1686)
2004 Ed. (2772, 2774, 2775)
2003 Ed. (1071, 1593, 2703)
2002 Ed. (2471, 2808)
2001 Ed. (4181, 4182, 4185, 4452)
Juniper Partners Acquisition
2007 Ed. (4287)
Junkermier, Clark, Campanella, Stevens PC
2008 Ed. (11)
2007 Ed. (13)
2006 Ed. (17)
2005 Ed. (12)
2004 Ed. (16)
2003 Ed. (10)
2002 Ed. (15)
Junkins; Jerry
1989 Ed. (2340)
Junkins; Jerry R.
1993 Ed. (1700)
Juno Lighting Inc.
1992 Ed. (1134)
Juno Online Services Inc.
2002 Ed. (2993)
Junonia.com
2007 Ed. (2320)
Junta de Beneficencia
1992 Ed. (47)
Jupiter
2003 Ed. (3616)
2000 Ed. (171)
1999 Ed. (153)
Jupiter Ecology
2000 Ed. (3299)
Jupiter Financial Opportunity
2000 Ed. (3307, 3308)
Jupiter Geared Inc.
2000 Ed. (3303)
Jupiter Island, FL
2003 Ed. (974)
2002 Ed. (2712)
2001 Ed. (2817)
2000 Ed. (1068, 4376)
1999 Ed. (1155, 4747)
1998 Ed. (737, 3704)
Jupiter National Inc.
1994 Ed. (205)
Jupiter Split Capital
2000 Ed. (3305)
Jupiter Telecommunications
2007 Ed. (3452)
Jupiter UK Growth
2000 Ed. (3308)
Jupitermedia Corp.
2006 Ed. (753, 4601)
2005 Ed. (2834)
2004 Ed. (2826)
Jupiters
2004 Ed. (1645)
Jurassic Park
2004 Ed. (3513, 3516)
1998 Ed. (2537)
1996 Ed. (2490, 3790, 3791)
1995 Ed. (2612, 3696)
Jurassic Park Dinosaurs
1995 Ed. (3645)
Jurassic Park III
2003 Ed. (3453)
Jure Sola
2007 Ed. (959)
2006 Ed. (886)
2005 Ed. (982)
Jurgen Schrempp
2005 Ed. (789, 2470)
Jurika & Voyles
1999 Ed. (3070)
1998 Ed. (2270)
1997 Ed. (2533)
1992 Ed. (2755)
Jurvetson; Steve
2005 Ed. (785)
Jury duty
1995 Ed. (3389)
JUSCO
2003 Ed. (4665)
2000 Ed. (3824)
1998 Ed. (3085)
1997 Ed. (3352)
1995 Ed. (3158)
1994 Ed. (3113)
1990 Ed. (3050, 3054)
Just-A-Buck
2006 Ed. (4874)
Just Born Peeps
2002 Ed. (934)
Just Cause
1997 Ed. (3845)
Just Closets
1992 Ed. (4037)
Just For Feet Inc.
2002 Ed. (4274)
1999 Ed. (307, 308, 4304, 4305)
Just for Me
2003 Ed. (2652)
2001 Ed. (2635)
Just For Men
2008 Ed. (2874, 3876)
2007 Ed. (2757)
2006 Ed. (2751)
2005 Ed. (2779)
2004 Ed. (2783, 2784, 2788)
2003 Ed. (2655, 2671, 3777)
2001 Ed. (2634, 2654, 2655, 2656, 2657)
2000 Ed. (2409)
1999 Ed. (2627)
1996 Ed. (2981)
1994 Ed. (2021)
Just for Pets
1996 Ed. (3001)
Just for the Kids
2004 Ed. (930)
Just Grandma & Me
1997 Ed. (1089)
1996 Ed. (1084)
1995 Ed. (1105)
Just Jeans
2004 Ed. (1652, 3959)
Just Marketing
2007 Ed. (99)
Just My Size
2008 Ed. (3447)
2007 Ed. (3351)
1992 Ed. (2445)
Just One Touch
2007 Ed. (2865)
Just One Touch/Video & Audio Center
2008 Ed. (2983, 2985)
Just Say No International
1996 Ed. (918)
Just Shoot Me
2003 Ed. (4715, 4716)
2002 Ed. (4583)
2001 Ed. (4487)
Just Toys
1994 Ed. (2009, 2013, 2015, 3317, 3319, 3323)

Justice Department
1998 Ed. (2512)
Justice; Department of
1992 Ed. (29)
Justice Dept. Asset Forfeiture Program
1992 Ed. (2635)
Justice Technology
2000 Ed. (1098, 1106, 2406, 4043)
Justice; U.S. Department of
2008 Ed. (2830, 2835)
2007 Ed. (2701, 2707)
2006 Ed. (2706, 2711)
2005 Ed. (2745, 2750)
Justin
1990 Ed. (3273)
Justin Arter
2000 Ed. (2070)
Justin Industries, Inc.
2001 Ed. (1235)
1996 Ed. (1018)
1994 Ed. (1023)
1992 Ed. (4258)
Justin Mamis
1998 Ed. (1622)
1997 Ed. (1915)
1996 Ed. (1842)
1993 Ed. (1836)
1991 Ed. (1706)
1990 Ed. (1767)
Justin Manis
1995 Ed. (1858)
Justin Zylstra, Builder
2003 Ed. (1167)
2002 Ed. (2683)
Jutha Maritime
1997 Ed. (3511)
Juulchin
2002 Ed. (4445)
Juvenile Diabetes Foundation
1999 Ed. (293)
1995 Ed. (933)
1991 Ed. (898, 2616)
Juventus
2008 Ed. (4454)
2007 Ed. (4465)
2006 Ed. (4398)
2005 Ed. (4391, 4449)
2003 Ed. (747)
2002 Ed. (4307)
2001 Ed. (4301)
Juwan Howard
2003 Ed. (296)
JVC
2008 Ed. (274, 832, 2385, 2979, 4649, 4807)
2007 Ed. (870, 2862)
2006 Ed. (3900)
2000 Ed. (749, 963, 964, 2479, 4121, 4223, 4347)
1999 Ed. (1009, 2693, 3824, 4714)
1998 Ed. (476, 608, 1952, 3672)
1997 Ed. (681, 880, 1359, 3844)
1996 Ed. (3783)
1995 Ed. (885, 3702)
1994 Ed. (844, 2069, 3629)
1993 Ed. (829, 2049, 3667)
1992 Ed. (1036, 1285, 2429, 4395)
1991 Ed. (3447)
1990 Ed. (890, 1109)
JVC (Victor Co. of Japan Ltd.)
1995 Ed. (1352)
J.W. Burns
2000 Ed. (2822)
JW Genesis Financial Services
2002 Ed. (799)
JW Harris Co.
2003 Ed. (3271)
JW Marriott
2006 Ed. (2940)
J.W. Pepper
2000 Ed. (3218)
JWA Camping
2001 Ed. (1108)
JWE Corp.
2007 Ed. (4973)
2005 Ed. (2859)
JWG Advertising
2003 Ed. (125)
JWH Global Strategies (G)
1995 Ed. (1080)
JWH Global Strategies (H)
1995 Ed. (1080)
JWH Global Strategies Ltd. (L)
1996 Ed. (1060)
JWH Worldwide Fund Ltd.
1995 Ed. (1080)
JWI
1992 Ed. (4279)
JWP Inc.
1996 Ed. (1133, 1134, 1135)
1995 Ed. (1158, 1159, 1160, 1257, 2070, 3434, 3436, 3447)
1994 Ed. (1139, 1140, 1141, 1149, 1155, 2020, 2667, 3231)
1993 Ed. (1123, 1139, 3227, 3240)
1992 Ed. (1425, 1514, 3919, 3935, 3937, 3939)
1991 Ed. (3084, 3100, 3102)
1990 Ed. (1307, 3259, 3261)
JWP Inc. Electric Group
1993 Ed. (1124)
1992 Ed. (1410, 1411)
1991 Ed. (1077, 1078)
JWP Inc. Mechanical Group
1993 Ed. (1125, 1140)
1992 Ed. (1410, 1412, 1414)
1991 Ed. (1077, 1079)
JWP Inc. Sheet Metal Group
1993 Ed. (1127)
JWT
2008 Ed. (119, 123)
2007 Ed. (109, 114, 116)
2006 Ed. (107, 109, 120, 122)
1995 Ed. (111)
JWT Adforce
1996 Ed. (98)
JWT Argentina
1995 Ed. (45)
JWT Australia
1995 Ed. (46)
JWT Canada
1995 Ed. (53)
JWT Chilena
1995 Ed. (57)
JWT China
1995 Ed. (58)
JWT de Venezuela
1995 Ed. (137)
JWT Germany
1995 Ed. (76)
JWT Hong Kong
1995 Ed. (81)
JWT Italia
1995 Ed. (89)
JWT Malaysia
1997 Ed. (116)
1995 Ed. (97)
JWT Mexico
1995 Ed. (98)
JWT New Zealand
1995 Ed. (105)
JWT Peruana
1995 Ed. (112)
JWT Philippines
1995 Ed. (114)
JWT Publicidade
1995 Ed. (52, 116)
JWT SA
1991 Ed. (140)
1990 Ed. (140)
1989 Ed. (149)
JWT Singapore
1995 Ed. (121)
JWT South Africa
1995 Ed. (124)
JWT Spain
1995 Ed. (127)
JWT Taiwan
1995 Ed. (131, 132)
JWT U.K.
1995 Ed. (77)
JWT Venezuela
1997 Ed. (157)
1996 Ed. (151)
Jyske
1990 Ed. (538)
1989 Ed. (518)
Jyske Bank
2008 Ed. (404, 1703)
2007 Ed. (430, 1677)
2006 Ed. (432, 1674)
2005 Ed. (486)
2004 Ed. (479)
2003 Ed. (483)
2002 Ed. (550)
2000 Ed. (509)
1999 Ed. (501)
1997 Ed. (450)
1996 Ed. (487)
1995 Ed. (455)
1994 Ed. (466, 467)
1993 Ed. (462)
1992 Ed. (650)
1991 Ed. (497)
Jyske Bank (Gibraltar), Ltd.
1991 Ed. (531)
JZ Equity Partners
2006 Ed. (4881)

K

K & A Lumber
1996 Ed. (822)
K & G Homebuilders
2005 Ed. (1236)
K & H Bank
2008 Ed. (424)
2007 Ed. (460)
2006 Ed. (449)
2005 Ed. (518)
K & H (Commercial & Credit) Bank
1994 Ed. (502)
K & K Aircraft Inc.
2003 Ed. (236)
K & K Cable
1996 Ed. (863)
K & K Insurance Group Inc.
2008 Ed. (3227, 3228)
2006 Ed. (3077)
2005 Ed. (3076)
2004 Ed. (3065)
2002 Ed. (2855)
1994 Ed. (2241)
K & K Toys
1994 Ed. (3563)
1992 Ed. (4330)
1989 Ed. (2860)
K & M Engineering & Consulting Corp.
2003 Ed. (2420)
1999 Ed. (2678)
K & N Kenanga
1997 Ed. (784)
K & W
1990 Ed. (3017)
K & W Cafeterias
2008 Ed. (4167, 4168)
2002 Ed. (4010)
1999 Ed. (4062)
1997 Ed. (3336)
1996 Ed. (3233)
1994 Ed. (3091)
1993 Ed. (3032)
1992 Ed. (3716)
1991 Ed. (2880)
K. Aufhauser
1993 Ed. (1491)
K. B. Chandrasekhar
2002 Ed. (2150)
K-B Offset Printing
1998 Ed. (2918)
K-Bob's Steakhouse
2002 Ed. (4018)
K. C. Irving
1991 Ed. (1617)
K Cider
2006 Ed. (1009)
2005 Ed. (999)
K. D. Brooksher
2005 Ed. (2504)
K. D. Marketing
2003 Ed. (2713)
K. Dane Brooksher
2006 Ed. (1097, 1098)
2005 Ed. (1103)
2004 Ed. (1099)
K-Designers
2008 Ed. (3003, 3096)
2007 Ed. (2971)
2006 Ed. (2955)
2005 Ed. (2959)
K. E. Goodman
2003 Ed. (2398)
K. Eicher Bauunternehmung AG
2006 Ed. (2033)
K. F. Handel AB
1993 Ed. (3696)
K. Fletcher
1991 Ed. (1618)
K-Force Inc.
2003 Ed. (1675)
K-H Corp.
1991 Ed. (316, 1237, 2492)
K H Liquor Inc.
2001 Ed. (4284)
K. Hovnanian Cos.
2000 Ed. (1229)
K. Hovnanian Cos. of Florida Inc.
1998 Ed. (3005)
K. Hovnanian Enterprises
2001 Ed. (1387, 1390, 1393)
1999 Ed. (1310)
1996 Ed. (1097)
K. I. Chenault
2003 Ed. (2387)
K-III
1999 Ed. (3743)
K. J. Krapek
2003 Ed. (2378)
2002 Ed. (2184)
2001 Ed. (2317)
K-J Vintners Reserve
2008 Ed. (4936, 4938)
K. K. Chow & Partners
1997 Ed. (19)
K. K. Killinger
2004 Ed. (2506)
K. Kresa
2004 Ed. (2498)
2003 Ed. (2378)
K. L. Kepong
1991 Ed. (3129)
K. L. Lay
2002 Ed. (2207)
2001 Ed. (2342)
K. L. Schroeder
2005 Ed. (2494)
2004 Ed. (2510)
2003 Ed. (2391)
2002 Ed. (2195)
2001 Ed. (2329)
K. L. Wolfe
2003 Ed. (2389)
K. Levy
2001 Ed. (2329)
K'' Line
2004 Ed. (2558, 2560)
2003 Ed. (2418, 2425, 2426)
1999 Ed. (4299)
1998 Ed. (3293)
1992 Ed. (3951)
''K'' Line America Inc.
1993 Ed. (3298)
K M C Credit Union
2005 Ed. (2074)
K. M. Jastrow II
2005 Ed. (2488)
2004 Ed. (2504)
2003 Ed. (2385)
K-Mart
2000 Ed. (3823, 4282, 4348)
1996 Ed. (3725)
1995 Ed. (1767, 3144, 3145, 3644)
1992 Ed. (38, 235, 236, 920, 922, 1076, 1508, 1792, 1793, 1801, 1811, 1812, 1813, 1814, 1815, 1816, 1818, 1819, 1820, 1821, 1822, 1823, 1827, 1829, 1844, 1859, 1860, 2105, 2105, 2422, 2423, 2527, 2528, 2530, 2539, 3595, 3726, 3729, 3730, 3732, 3733, 3741, 4364)
1991 Ed. (1450, 3241)
1990 Ed. (910, 911, 1281, 1282, 1508, 1509, 1510, 1511, 1512, 1513, 1514, 1515, 1516, 1517, 1518, 1519, 1520, 1521, 1522, 1523, 1524, 1525, 1526, 2023, 2029, 2032, 2033, 2116, 2121, 2122, 2132, 3027, 3028, 3029, 3031, 3042, 3044, 3049)
1989 Ed. (14)
K mart Canada
1990 Ed. (1496, 3060)
K Mobile
2006 Ed. (60)

K N Energy Inc.
1991 Ed. (1792)
K. Nishimura
2004 Ed. (2505)
K. O. O. Construction Inc.
2008 Ed. (3689)
2007 Ed. (3525)
K. P. Bennett
2001 Ed. (865)
K. R. Dubuque
2003 Ed. (2385)
K. R. Swerdfeger Construction Inc.
1999 Ed. (4811)
1998 Ed. (3761)
K. Rupert Murdoch
2008 Ed. (948)
2007 Ed. (977, 1033)
1999 Ed. (727)
K-Swiss
2007 Ed. (295)
2006 Ed. (293)
2005 Ed. (269, 270, 4366, 4367)
2004 Ed. (261, 4416, 4417, 4433)
2003 Ed. (300, 301)
2002 Ed. (4275)
2001 Ed. (423, 425, 1651)
2000 Ed. (323)
1996 Ed. (251)
1995 Ed. (252)
1994 Ed. (3294)
1992 Ed. (3955)
K. T. Derr
2001 Ed. (2333)
K T Kitchens Inc.
2000 Ed. (4435)
K. T. Oslin
1993 Ed. (1079)
K Tech Building Maintenance Co.
2006 Ed. (667, 668)
K-Tel International
1997 Ed. (2702)
1995 Ed. (2059, 2063, 2064, 3380, 3384, 3386)
K-Tron International Inc.
2008 Ed. (4414)
K. T.'s Kitchens Inc.
1997 Ed. (3918)
1996 Ed. (3882)
K 25 Credit Union
2007 Ed. (2145)
2006 Ed. (2224)
2005 Ed. (2129)
2004 Ed. (1987)
2003 Ed. (1947)
2002 Ed. (1893)
K-V Pharmaceutical B
1993 Ed. (214)
K-Va-T Food Stores
2008 Ed. (4058)
1992 Ed. (4174)
K. W. Freeman
2003 Ed. (2377)
2002 Ed. (2207)
K. W. Lowe
2005 Ed. (2502)
2004 Ed. (2518)
2003 Ed. (2399)
K. W. Sharer
2005 Ed. (2501)
2004 Ed. (2517)
2003 Ed. (2398)
Ka
2002 Ed. (385)
Ka; Ford
2005 Ed. (296)
Ka-Shing Group; Li
1997 Ed. (673)
Ka-shing; Li
2008 Ed. (4841, 4844, 4882)
2007 Ed. (4909, 4916)
2006 Ed. (690)
2005 Ed. (789, 4861)
Ka Wah Bank
2000 Ed. (548)
1989 Ed. (553)
Kaal
2004 Ed. (3439)
KABC-AM
1996 Ed. (3153)
1995 Ed. (3052)
1994 Ed. (2988)
KABC-AM(790)
1993 Ed. (2954)
1992 Ed. (3606)
Kabel Invest
1996 Ed. (863)
Kabel Plus
1996 Ed. (863)
Kabi Pharmaceuticals
1994 Ed. (2696)
Kabi Pharmacia
1995 Ed. (2811)
Kabigting; Caroline
1996 Ed. (1910)
Kable Public Relations
1997 Ed. (3203)
1996 Ed. (3116)
KaBloom
2006 Ed. (2616)
2005 Ed. (2620)
Kablua
1991 Ed. (2312, 2315, 2324, 2326, 2331)
Kachina Cadillac
1993 Ed. (295)
Kack Kirnan
1999 Ed. (2211)
Kadant Inc.
2008 Ed. (1905, 1910)
2006 Ed. (3391)
2005 Ed. (3394)
Kadarauch; David
1997 Ed. (1973)
1996 Ed. (1865)
Kadoorie; Michael
2008 Ed. (4844)
Kaerntner
1992 Ed. (609)
Kafoury, Armstrong & Co.
1999 Ed. (25)
1998 Ed. (20)
Kafri; Raz
1997 Ed. (1936, 1937)
Kaga Electronics Co., Ltd.
2003 Ed. (2246)
Kagermann; Henning
2006 Ed. (2515)
Kago-Kamine-Kachelofen GmbH
2008 Ed. (1216)
Kagoshima Bank
2002 Ed. (594, 596)
Kahala Hilton
1990 Ed. (2073)
Kahala Mandarin Oriental
2006 Ed. (1741)
Kahala Mandarin Oriental, Hawaii
2007 Ed. (1759)
Kahler Slater
2007 Ed. (4393)
Kahlua
2008 Ed. (1025, 1026)
2007 Ed. (1146, 1148)
2006 Ed. (1058)
2004 Ed. (3266, 3268, 3269, 3284)
2003 Ed. (3219, 3224, 3230)
2002 Ed. (283, 3086, 3093, 3095, 3097, 3150, 3164, 3171, 3172, 3176, 3177)
2001 Ed. (3106, 3109, 3110, 3137, 3138, 3142)
2000 Ed. (2972, 2977, 2979)
1999 Ed. (3199, 3200, 3202, 3239, 3243, 3246)
1998 Ed. (2364, 2369, 2370, 2372, 2392, 2393, 2395, 2397)
1997 Ed. (2636, 2641, 2643, 2644, 2659, 2663, 2664, 2668)
1996 Ed. (2494, 2499, 2501, 2502, 2503, 2520)
1995 Ed. (2448, 2452, 2471, 2473, 2474)
1994 Ed. (2369, 2373, 2374, 2389, 2390)
1993 Ed. (2425, 2429, 2430, 2431, 2432, 2433, 2445)
1992 Ed. (2861, 2867, 2883, 2885)
1990 Ed. (2443, 2444, 2454, 2462)
Kahlua Cocktails
1996 Ed. (2523)
1992 Ed. (2886)
Kahlua Combos
2002 Ed. (3157, 3163)
1999 Ed. (3207)
1998 Ed. (2391)
Kahlua Drinks to Go
2006 Ed. (4958)
2005 Ed. (4925)
2004 Ed. (1035, 3285, 4945)
2001 Ed. (3116, 3131, 3136)
2000 Ed. (2947, 2971)
1999 Ed. (3234)
Kahlua Drinks to Go/Ready to Drink
2003 Ed. (1030)
2002 Ed. (3106)
Kahlua Ready to Drink
2001 Ed. (3116)
Kahlua Royale Cream
2000 Ed. (2942)
1998 Ed. (2369, 2370)
Kahn
2002 Ed. (3271)
2000 Ed. (2275)
Albert Kahn Associates Inc.
2000 Ed. (313)
1997 Ed. (266)
1995 Ed. (238)
1993 Ed. (247)
1992 Ed. (357)
1991 Ed. (252)
1990 Ed. (282)
1989 Ed. (267)
Kahn, Litwin, Renza & Co., Ltd.
2008 Ed. (2060)
2007 Ed. (8)
Kahn; Morris
2008 Ed. (4887)
Kahn; Oliver
2007 Ed. (4464)
2006 Ed. (4397)
Kahneman; Daniel
2005 Ed. (3201)
Kahn's
1995 Ed. (1940)
Kai Tak Airport
1996 Ed. (194)
Kailay Engineering Co. Ltd.
1994 Ed. (1176)
1992 Ed. (1438)
Kaiser
2001 Ed. (369)
1996 Ed. (2087)
1995 Ed. (2090)
Kaiser Aluminum Corp.
2007 Ed. (3480)
2006 Ed. (3457)
2005 Ed. (3447)
2004 Ed. (3432, 3433)
2003 Ed. (3366, 3367, 3375, 4560)
2002 Ed. (3305)
2001 Ed. (669, 3322, 3323)
1993 Ed. (211)
Kaiser Aluminum & Chemical
1989 Ed. (1948)
Kaiser Engineers Inc.; ICF
1992 Ed. (1952)
Kaiser Family Foundation; The Henry J.
1995 Ed. (1929)
1994 Ed. (1901)
1993 Ed. (1897)
Kaiser Feinberg & Associates Inc.
1994 Ed. (108)
Kaiser Foundation
2008 Ed. (3536)
Kaiser Foundation Health Plan Inc.
2008 Ed. (4045)
2007 Ed. (4018)
2006 Ed. (3979)
2005 Ed. (1769, 3082, 3905, 3906, 3907)
2004 Ed. (1712, 3075, 3947)
2003 Ed. (1626, 2974)
2001 Ed. (1652, 2916)
2000 Ed. (2427, 2428, 2430, 2431)
1998 Ed. (1914)
1995 Ed. (2091, 2092, 2092)
Kaiser Foundation Health Plan Colorado
2000 Ed. (2430)
Kaiser Foundation Health Plan Mid-Atlantic States
2000 Ed. (2430)
Kaiser Foundation Health Plan-Northern California Region
1997 Ed. (2190, 2194, 2196)
1996 Ed. (2092, 2094)
1993 Ed. (2019)
Kaiser Foundation Health Plan-Oakland
1999 Ed. (2651)
Kaiser Foundation Health Plan, Oakland, CA
2000 Ed. (2429)
Kaiser Foundation Health Plan of Colorado
2008 Ed. (2920)
2007 Ed. (2792)
2003 Ed. (2700)
2002 Ed. (2461)
1997 Ed. (2196)
1996 Ed. (2094)
Kaiser Foundation Health Plan of Hawaii
2008 Ed. (3632)
Kaiser Foundation Health Plan of Ohio
1997 Ed. (2196)
1996 Ed. (2094)
Kaiser Foundation Health Plan of Southern California
2008 Ed. (3647)
Kaiser Foundation Health Plan of the Mid-Atlantic
1997 Ed. (2196)
1996 Ed. (2094)
Kaiser Foundation Health Plan of the Northwest
2008 Ed. (3647)
1997 Ed. (2196)
1996 Ed. (2094)
Kaiser Foundation Health Plan-Southern California Region
1997 Ed. (2190, 2194, 2196)
1996 Ed. (2092, 2094)
1993 Ed. (2019)
Kaiser Foundation Health Plans Inc.
2005 Ed. (3366, 3368)
2004 Ed. (3340)
2003 Ed. (3277, 3278, 3354)
1993 Ed. (2020)
1992 Ed. (2386)
Kaiser Foundation Hospital
1995 Ed. (2145)
Kaiser Foundation Hospital & Health Plans
1991 Ed. (1057)
1990 Ed. (1167)
Kaiser Foundation Hospital-Los Angeles
1993 Ed. (2074)
1992 Ed. (2460)
Kaiser Foundation Hospitals Inc.
2008 Ed. (2888, 2889, 2890)
2007 Ed. (2769, 2770)
2006 Ed. (2759, 2760)
2005 Ed. (2789, 2790)
2004 Ed. (2796)
2003 Ed. (2681)
2001 Ed. (2677)
1992 Ed. (3122, 3123, 3127)
1991 Ed. (2498, 2502)
1990 Ed. (2632, 2635, 2636)
Kaiser; George
2007 Ed. (3949)
Kaiser; George B.
2008 Ed. (4824)
2007 Ed. (4895)
2006 Ed. (4900)
2005 Ed. (4845)
Kaiser Group International
2002 Ed. (1252)
Kaiser Health & Hospital
1992 Ed. (3258)
Kaiser-Hill Co.
2006 Ed. (1360)
Kaiser Hill Co. LLC
2004 Ed. (1353)
2003 Ed. (1353)
Kaiser-Honolulu
1999 Ed. (2651)
Kaiser-Los Angeles
1999 Ed. (2651)
Kaiser Oakland Hospital
2008 Ed. (2917)
Kaiser Pemanente Medical Care Program
1990 Ed. (1997)
Kaiser Permanente
2008 Ed. (1480, 3021, 4044, 4045)

2007 Ed. (857, 1486, 2899, 3213, 4017, 4018)
2005 Ed. (3365)
2003 Ed. (1745)
2002 Ed. (2463, 3917)
2000 Ed. (2436, 3004)
1999 Ed. (2656, 3463, 3465, 3467)
1998 Ed. (1915, 1918, 2216, 2550, 2552, 2553)
1997 Ed. (2163, 2179, 2188, 2191, 2257, 2924, 2830)
1996 Ed. (2085, 2086, 2088, 2704, 2705)
1995 Ed. (2627, 2628)
1993 Ed. (2023)
1992 Ed. (2385)
1991 Ed. (2646)
1990 Ed. (1994, 2491)
Kaiser Permanente Medical Care Program
2008 Ed. (1782)
2007 Ed. (1754)
2006 Ed. (1745)
1997 Ed. (2177)
Kaiser Permanente Medical Center-L.A.
1998 Ed. (1993)
1994 Ed. (2090, 2572, 2573)
Kaiser Permanente Medical Center-Los Angeles
2000 Ed. (2530)
1997 Ed. (2271)
1996 Ed. (2156)
Kaiser Permanente Medical Group
1990 Ed. (3092)
Kaiser Permanente-Northern California
1999 Ed. (2991, 2992)
Kaiser Permanente Northwest
2005 Ed. (1925, 1928, 1931)
Kaiser Permanente Oakland
2007 Ed. (3953)
Kaiser Permanente Oakland Medical Center
2008 Ed. (3983)
Kaiser Permanente San Diego Medical Center
2008 Ed. (3983)
2007 Ed. (3953)
Kaiser Permanente-Southern California
1999 Ed. (2991, 2992)
Kaiser Permanents Medical Center L.A.
1999 Ed. (2749)
Kaiser San Leandra Medical Center
2008 Ed. (2917)
Kaiser Steel
1997 Ed. (3009)
Kaiser Tech
1990 Ed. (2544)
1989 Ed. (2069)
Kaiser Ventures LLC
2004 Ed. (1539)
Kaiser/WFS
2001 Ed. (959)
KaiserTech
1990 Ed. (1309)
1989 Ed. (1944, 2068)
Kaizo
2000 Ed. (3654)
Kaizo (The Argyll Consultancies)
2002 Ed. (3853)
Kajima Corp.
2008 Ed. (1189, 1191, 1281, 1290, 1297, 1301, 1869)
2007 Ed. (1291, 1293, 1294)
2006 Ed. (1184, 1185, 1305, 1311, 1315)
2005 Ed. (1208, 1328, 1333, 1336)
2004 Ed. (1182, 1326, 1327, 1328, 1331, 2398)
2003 Ed. (1174, 1326, 1327, 1332)
2002 Ed. (1194, 1195, 1310, 1313, 1318, 1324)
2001 Ed. (1486, 1625)
2000 Ed. (1203, 1281, 1284, 1288, 1818, 1824)
1999 Ed. (1323, 1387, 1392, 1396, 1398, 1401, 1407, 1409, 2032, 2033)
1998 Ed. (535, 907, 962, 965, 966, 968, 1445, 1446, 1448, 1450)
1997 Ed. (1131, 1135, 1186, 1189, 1196, 1437, 1753)
1996 Ed. (1157, 1159, 1160, 1162, 1165)
1995 Ed. (1135, 1183, 1187, 1350)
1994 Ed. (1121, 1164, 1167, 1173, 1320)
1993 Ed. (1097, 1147, 1150)
1992 Ed. (1370, 1374, 1375, 1432, 3665)
1991 Ed. (1064, 1097)
1990 Ed. (1175, 1177)
1989 Ed. (1006)
Kajima Construction Services Inc.
2004 Ed. (1252, 1259, 1260, 1262, 1295)
2003 Ed. (1257, 1294)
2002 Ed. (1282, 1326)
2000 Ed. (1225)
Kajima Engineering & Construction
1999 Ed. (1409)
1998 Ed. (973)
1997 Ed. (1197)
Kajima International Inc.
1993 Ed. (1093)
1992 Ed. (1365)
1990 Ed. (1179)
Kal Kan
2000 Ed. (3513)
1992 Ed. (3405)
1990 Ed. (2824)
1989 Ed. (2196, 2198)
Kal Kan Foods Inc.
2003 Ed. (3803, 3804)
2002 Ed. (3656)
1999 Ed. (3786)
1998 Ed. (2813)
1997 Ed. (3069)
1994 Ed. (2828)
Kal Kan Pedigree
2003 Ed. (3802)
2002 Ed. (3648)
1999 Ed. (3781)
1997 Ed. (3071)
1996 Ed. (2992)
1994 Ed. (2830)
1993 Ed. (2818)
1992 Ed. (3411)
1990 Ed. (2822)
Kal Kan Whiskas
1994 Ed. (2825)
1990 Ed. (2814, 2815)
Kal Kan Whiskas Savory Nuggets
2004 Ed. (3814)
Kal Tire
2007 Ed. (4759)
2006 Ed. (4753)
2005 Ed. (4697)
2001 Ed. (4539, 4543, 4546)
Kalaka Nui Inc.
2007 Ed. (3548, 4408)
Kalam Export Co. LLC
2004 Ed. (1350)
Kalamazoo-Battle Creek, MI
1999 Ed. (4054)
1998 Ed. (3054)
Kalamazoo Brewing Co.
1998 Ed. (2489)
1997 Ed. (714)
Kalamazoo, MI
2002 Ed. (1061)
1994 Ed. (3064)
1992 Ed. (2543, 2548)
Kalbe Farma
2008 Ed. (1809)
1997 Ed. (2580)
1996 Ed. (2435)
1994 Ed. (2337, 2338)
KALC-FM
2002 Ed. (3897)
Kaled Management
1998 Ed. (3018)
Kalev
2006 Ed. (4501)
Kalevision
1990 Ed. (883)
KALI (AM)
1991 Ed. (2472, 2796)
1990 Ed. (2591, 2940)
Kalian Cos.
2005 Ed. (1212)
Kaliber
1997 Ed. (654)
1996 Ed. (717)
1995 Ed. (643)
1994 Ed. (679)
1993 Ed. (677)
1992 Ed. (880)
1991 Ed. (703)
Kaliber Non-Alcohol
2004 Ed. (669)
2002 Ed. (685)
Kalido
2008 Ed. (1136)
Kalikow; Peter S.
1991 Ed. (891, 893)
Kalil & Co.
2001 Ed. (1516)
Kalim Aziz
1997 Ed. (1999)
Kalina Ip
2000 Ed. (2071)
1999 Ed. (2294)
1997 Ed. (1966)
Kalitta Air LLC
2006 Ed. (227)
2005 Ed. (214)
Kallestad Diagnostics
1993 Ed. (1514)
Kalliar, Philips, Ross
1991 Ed. (2398)
Kallir, Philips, Ross
1997 Ed. (45, 57)
1996 Ed. (48)
1994 Ed. (58)
1993 Ed. (67)
1992 Ed. (117, 110, 1806)
1990 Ed. (57, 67, 74, 135)
1989 Ed. (60)
Kallir, Phillips, Ross
1998 Ed. (38)
Kalmon Dolgin Affiliates
1992 Ed. (3613)
Kalush ''Khlorvinil'' Production Association
1993 Ed. (910)
Kalvin-Miller Consulting Group Inc.
1994 Ed. (1624)
Kalvin-Miller International Inc.
1995 Ed. (2274)
Kam-Ming Wong
1999 Ed. (2353)
1997 Ed. (1972)
Kam Shing Commercial
1992 Ed. (2440)
Kama Corp.
2001 Ed. (3818)
Kaman Corp.
2007 Ed. (3417)
2005 Ed. (157)
2004 Ed. (159, 160)
1991 Ed. (1899)
1990 Ed. (2174)
1989 Ed. (1654)
Kaman Industrial Technologies Corp.
1995 Ed. (2233)
1994 Ed. (2176)
1993 Ed. (2161)
1992 Ed. (2590)
Kaman Music Corp.
2001 Ed. (3409)
2000 Ed. (3221)
1998 Ed. (2589)
1996 Ed. (2749, 2750)
1995 Ed. (2671)
1994 Ed. (2588, 2589, 2590)
1992 Ed. (3142)
Kaman Piano Division
1992 Ed. (3144)
The Kamber Group
2005 Ed. (3950, 3951, 3957, 3978)
2004 Ed. (3976, 3982, 3983, 3986, 3995, 4012, 4038)
2002 Ed. (3830, 3834)
2000 Ed. (3630, 3634, 3640)
1999 Ed. (3924, 3956)
1998 Ed. (2938, 2939, 2961)
1996 Ed. (3103, 3105, 3135)
1995 Ed. (3032)
1994 Ed. (2946, 2972)
1993 Ed. (2927, 2933)
1992 Ed. (3557, 3561, 3581)
1990 Ed. (2918)
Kamchatka
2004 Ed. (4845)
2003 Ed. (4864)
2002 Ed. (291, 4760)
2001 Ed. (4706)
1999 Ed. (4724)
1998 Ed. (3682)
1997 Ed. (3852)
1996 Ed. (3800)
1995 Ed. (3711, 3714)
1994 Ed. (3640)
1993 Ed. (3674)
1992 Ed. (4402)
1991 Ed. (3455, 3456, 3464)
1990 Ed. (3676)
1989 Ed. (2892, 2896, 2898)
Kamehameha Schools
2008 Ed. (1782, 4128)
2007 Ed. (1751, 1754)
2006 Ed. (1742, 1745)
Kamel; Saleh
2008 Ed. (4891)
2007 Ed. (4921)
Kamenstein Inc.; M.
1993 Ed. (1184)
Kamer-Singer
2000 Ed. (3640)
Kamer-Singer & Associates
1998 Ed. (2959)
1995 Ed. (3031)
Kamer Singer Schlesinger
1996 Ed. (3134)
Kamer/Singer Schlesinger & Associates
1997 Ed. (3211)
Kamerkrant Landelijk
2000 Ed. (915)
Kamerschen; Robert
1992 Ed. (2056)
Kamigumi
2007 Ed. (4835)
Kamlet Shepherd & Reichert LLP
2008 Ed. (1708)
Kamoo
1994 Ed. (2044)
Kamora
2004 Ed. (3268)
1999 Ed. (3194, 3199, 3200)
1996 Ed. (2501)
1995 Ed. (2452)
1994 Ed. (2373)
Kamori Kanko Co.
1996 Ed. (3440)
Kampel; Daniel S.
1992 Ed. (2754)
Kampgrounds of America Inc.
2007 Ed. (4107)
2006 Ed. (4056)
2005 Ed. (3281, 4026)
2003 Ed. (882)
2002 Ed. (931)
Kampo
2005 Ed. (3227)
2004 Ed. (3208, 3211)
2002 Ed. (3025, 4216)
2001 Ed. (2885, 3019)
2000 Ed. (2849, 2856)
1999 Ed. (2889, 3104, 3106)
1997 Ed. (2396, 2547)
1996 Ed. (2423)
1995 Ed. (2391)
1994 Ed. (2327)
Kampo (Postal Life Insurance Bureau)
2002 Ed. (2823)
Kamprad; Ingvar
2008 Ed. (4864, 4865, 4873, 4881, 4882)
2007 Ed. (4911, 4912, 4915, 4916)
2006 Ed. (4924, 4927)
2005 Ed. (4877, 4878)
Kamuntig
1992 Ed. (2824)
Kan Corp.
1997 Ed. (1536, 3538)
Kan Build Inc.
1999 Ed. (3871, 3872)
1998 Ed. (2899, 2900)
Kana Communications Inc.
2001 Ed. (1872, 2852, 4187)
Kanaak Corp.
2008 Ed. (3693, 4366)
Kanagawa Bank
2003 Ed. (531)
Kanai; Takao
1997 Ed. (1977)
1996 Ed. (1870)

Kanal 2
2005 Ed. (37)
2004 Ed. (43)
Kanalstein, Timber, Danton, Johns
1990 Ed. (283)
Kanas; J. A.
2005 Ed. (2477)
Kanas; John
2007 Ed. (1017)
2006 Ed. (927)
2005 Ed. (964)
Kanasa
1997 Ed. (3568)
Kanawha
1989 Ed. (1998)
Kanawha Capital
1991 Ed. (2224)
Kanawha River
1998 Ed. (3703)
Kanbay International Inc.
2008 Ed. (1662)
2007 Ed. (1238, 1652)
2006 Ed. (2745, 4254, 4255, 4257, 4259)
K&Company LLC
2006 Ed. (1830)
Kanders; Warren B.
2008 Ed. (2638, 2639)
Kandos
1992 Ed. (79)
Kane Beef Processing Inc.; Sam
1996 Ed. (2585, 3060)
Kane Beef Processors Inc.; Sam
1995 Ed. (2522, 2523, 2963, 2968)
1993 Ed. (2520)
Kane Carpet
1991 Ed. (1728)
Kane County, IL
1996 Ed. (2538)
Kane, McKenna & Associates
1993 Ed. (2267)
Kaneb Pipe Line Partners LP
2008 Ed. (3987)
2007 Ed. (3960)
2005 Ed. (3841)
Kaneb Pipe Operating Partners LP
1998 Ed. (2862)
Kaneb Services LLC
2006 Ed. (3910, 3911)
2005 Ed. (3841, 3842)
Kanebo, Ltd.
2004 Ed. (3810)
2003 Ed. (3794)
2000 Ed. (4041)
1996 Ed. (3681)
1995 Ed. (3606)
1994 Ed. (3521)
1993 Ed. (1343, 3560)
1992 Ed. (1644)
1991 Ed. (3359)
1989 Ed. (2820)
Kaneka Corp.
2008 Ed. (927)
2007 Ed. (950)
2006 Ed. (862)
2002 Ed. (1003, 4432)
1992 Ed. (4022)
Kanematsu Corp.
2000 Ed. (3821)
1999 Ed. (4107)
1998 Ed. (3610)
1997 Ed. (3352, 3784)
1993 Ed. (3261, 3269, 3270)
Kanematsu Electronics Ltd.
1992 Ed. (1478)
Kanematsu-Gosho Ltd.
1995 Ed. (3152)
1994 Ed. (3106)
1993 Ed. (3047)
1992 Ed. (3738)
1990 Ed. (3636)
Kang; Alvin
2008 Ed. (370)
Kang & Lee
2008 Ed. (112)
2007 Ed. (102)
2006 Ed. (113)
2005 Ed. (104)
2004 Ed. (108)
2003 Ed. (32)
2001 Ed. (213)
Kangoo; Renault
2005 Ed. (295)
Kank A
2003 Ed. (3214)
1996 Ed. (2103)
Kankakee, IL
2005 Ed. (2977, 3475)
2000 Ed. (3769)
1991 Ed. (2429)
Kankakee Journal
1991 Ed. (2599)
1990 Ed. (2699)
1989 Ed. (2053)
Kankaku Capital
1993 Ed. (2307)
Kankaku Securities Co. Ltd.
1999 Ed. (1565)
1997 Ed. (1359, 2008)
1995 Ed. (1352)
1993 Ed. (1656)
Kann; P. R.
2005 Ed. (2502)
Kann Rusmussen Industri A/S; V.
1996 Ed. (2555)
Kanne, Paris & Hoban
1998 Ed. (2290)
1993 Ed. (2337)
Kanoo; Yusuf Bin Ahmed
1994 Ed. (3140)
Kansai
1996 Ed. (1023)
1992 Ed. (3326)
1990 Ed. (2758)
Kansai Electric Power Co., Inc.
2007 Ed. (2304, 2305, 2689)
2005 Ed. (2302, 2306)
2003 Ed. (2143)
2002 Ed. (3880)
2001 Ed. (1620)
2000 Ed. (3676, 3677)
1999 Ed. (3966)
1998 Ed. (2967)
1997 Ed. (3216)
1996 Ed. (3137)
1995 Ed. (3035)
1994 Ed. (2976)
1993 Ed. (2937)
1991 Ed. (1315)
1990 Ed. (2927)
1989 Ed. (1131, 2263)
Kansai International Airport
2001 Ed. (352)
Kansai Paint Co., Ltd.
2008 Ed. (3843)
2007 Ed. (3763)
2006 Ed. (3766)
Kansallis Banking Group
1996 Ed. (2100)
1993 Ed. (2029)
Kansallis-Osake
1991 Ed. (506)
Kansallis-Osake-Pankki
1997 Ed. (461, 2203)
1996 Ed. (498)
1995 Ed. (466)
1994 Ed. (476)
1993 Ed. (474, 519)
1992 Ed. (2007, 662, 2395, 2396)
1991 Ed. (1278, 1900, 1901, 2300)
1990 Ed. (544, 1361)
1989 Ed. (528, 529)
Kansas
2008 Ed. (1107, 1388, 2434, 2654, 2655, 2896, 3271, 3279, 3779, 4463, 4581, 4916)
2007 Ed. (1437, 2165, 2166, 2526, 3685, 4479, 4650, 4939, 4997)
2006 Ed. (1405, 2550, 2756, 3059, 3109, 3690, 4417, 4650, 4933)
2005 Ed. (405, 407, 408, 1420, 2543, 2786, 2917, 3300, 3318, 3589, 4201, 4202, 4203, 4204, 4231, 4236, 4400, 4569, 4900, 4929)
2004 Ed. (186, 895, 1398, 1399, 2000, 2001, 2002, 2563, 2564, 2569, 2573, 3038, 3039, 3675, 3837, 4267, 4268, 4269, 4270, 4271, 4272, 4298, 4301, 4453, 4456, 4506, 4512, 4648, 4649, 4884, 4887, 4949, 4979, 4980)
2003 Ed. (786, 1384, 2433, 2434, 2436, 2688, 3236, 3248, 3256, 3628, 4232, 4248, 4249, 4250, 4290, 4292, 4293, 4414, 4415, 4482, 4666, 4896, 4945)
2002 Ed. (496, 869, 950, 951, 952, 1177, 1347, 1907, 2226, 2231, 2234, 2447, 2837, 2895, 3202, 3273, 4101, 4102, 4103, 4156, 4159, 4162, 4163, 4164, 4166, 4328, 4522, 4523, 4539, 4892)
2001 Ed. (277, 278, 340, 341, 666, 1079, 1371, 1427, 1439, 1507, 2467, 2471, 2576, 2580, 2581, 2604, 2723, 3069, 3070, 3095, 3524, 3526, 3527, 3574, 3738, 3747, 3748, 3768, 3769, 3770, 3878, 3892, 3894, 4256, 4257, 4311, 4735, 4782, 4830)
1999 Ed. (4403, 4422, 4442)
1998 Ed. (2452, 3378)
1997 Ed. (3147, 3564, 3609, 3610, 3611)
1996 Ed. (3175, 3513, 3518, 3520, 3526, 3570, 3571, 3572, 3579, 3581)
1995 Ed. (3489, 3491, 3540)
1994 Ed. (678, 2334, 3374, 3418, 3420)
1993 Ed. (2151, 3395, 3426, 3428, 3442, 3691, 3732)
1992 Ed. (1066, 2810, 4023, 4118, 4119, 4120, 4128, 4180, 4428, 4429)
1991 Ed. (186, 1399, 1652, 2353, 2354, 2900, 2916)
1990 Ed. (760, 1746, 2448, 3360, 3403, 3404, 3405, 3406, 3424)
1989 Ed. (206, 1987, 2848)
Kansas City Art Institute
1997 Ed. (1061)
1993 Ed. (891)
Kansas City Board of Trade
2008 Ed. (2804, 2805)
2007 Ed. (2673, 2674)
2006 Ed. (2683, 2684)
2005 Ed. (2706, 2708)
2004 Ed. (2713)
2003 Ed. (2598, 2600)
2001 Ed. (1333, 1334)
1999 Ed. (1247)
1998 Ed. (815, 816)
1996 Ed. (1057)
1994 Ed. (1071, 1072)
1993 Ed. (1039, 1040)
Kansas City Downtown, KS
1996 Ed. (1603)
Kansas City, KS
1997 Ed. (2333, 3523)
1993 Ed. (948, 2939)
1990 Ed. (2134)
Kansas City Life Insurance Co.
2006 Ed. (1831)
Kansas City Light Rail System
2002 Ed. (2419)
Kansas City, MA
1990 Ed. (1157)
Kansas City Metropolitan Credit Union
2003 Ed. (1894)
Kansas City, MO
2008 Ed. (978, 3524, 4100)
2007 Ed. (2995, 3388)
2002 Ed. (2744)
1999 Ed. (1148, 2810, 3257)
1998 Ed. (738, 2056, 2482, 2693)
1997 Ed. (1003, 2233, 2338, 3523)
1996 Ed. (2206, 2209, 2278, 2279, 2280)
1995 Ed. (989, 2188, 2667, 3651)
1994 Ed. (972, 1104, 2585)
1992 Ed. (2550, 3293)
1991 Ed. (2348, 2550, 3116)
1990 Ed. (296, 1010, 1077, 1151, 1438, 3702)
Kansas City, MO-KS
2008 Ed. (4089, 4350)
2006 Ed. (3309, 3312, 3313)
2005 Ed. (2458, 3321, 3643, 4381, 4835)
2004 Ed. (2427, 3303, 3304)
2003 Ed. (2350, 4448)
1994 Ed. (974, 2496)
1993 Ed. (710, 2115)
Kansas City (MO) School District Building Corp.
1991 Ed. (2774)
Kansas City Municipal Assistance Corp.
1993 Ed. (2622)
Kansas City P & L
1994 Ed. (1595)
Kansas City Power & Light Co.
2008 Ed. (3192)
1997 Ed. (1693)
1995 Ed. (1633, 1637)
1992 Ed. (1469, 4259, 1898)
1991 Ed. (1497)
1990 Ed. (1600)
1989 Ed. (1296)
Kansas City School District
1993 Ed. (3099)
Kansas City Southern
2008 Ed. (1878, 4099)
2007 Ed. (1844, 4065)
2006 Ed. (1831)
2005 Ed. (3993, 3994)
2004 Ed. (4055, 4056)
1999 Ed. (3986, 3987)
1998 Ed. (2991, 2993, 2994)
1997 Ed. (3243, 3244, 3245, 3246, 3248)
1995 Ed. (2044, 3054, 3055, 3056, 3058, 3289)
1992 Ed. (3609, 3611)
1990 Ed. (2945)
1989 Ed. (2283)
Kansas City Southern Industries Inc.
2003 Ed. (4037)
2002 Ed. (1626, 3899)
2001 Ed. (2433, 3981)
2000 Ed. (3699, 3700)
1996 Ed. (1202, 3155, 3157, 3158)
1994 Ed. (2991, 2992, 2994)
1993 Ed. (2956, 2957, 2959)
1991 Ed. (2799, 2800)
1990 Ed. (2946)
1989 Ed. (2282)
Kansas City Southern Lines Inc.
2007 Ed. (4065)
1996 Ed. (3160)
Kansas City Southern Railway Co.
2008 Ed. (4099)
Kansas City Star Times
1992 Ed. (3242)
1991 Ed. (2600)
1990 Ed. (2691, 2700, 2705)
Kansas City Star Tribune
1991 Ed. (2605)
1989 Ed. (2054)
Kansas City,MO
1999 Ed. (2757)
Kansas Department of Transportation
2008 Ed. (3455)
2007 Ed. (3358, 4824)
Kansas Division of Printing
2006 Ed. (3950)
Kansas Gas & Electric Co.
1992 Ed. (1469, 4259)
1990 Ed. (1600)
1989 Ed. (1048, 1296)
Kansas Health Foundation
2002 Ed. (2343)
Kansas Hospital Authority; University of
2008 Ed. (1876)
2007 Ed. (1842)
2006 Ed. (1837)
2005 Ed. (1832)
Kansas Natural Gas Inc.
2005 Ed. (378)
Kansas Packing Co.
1993 Ed. (1728)
Kansas Personnel Services Inc.
2008 Ed. (3710, 4395, 4962)
2006 Ed. (3514)
Kansas Power & Light
1993 Ed. (2702)
1992 Ed. (3211, 3214)
1991 Ed. (2572, 2575)
1990 Ed. (1601, 2668, 2671)
1989 Ed. (1297, 2033, 2036)
Kansas State University
2006 Ed. (1071)

Kansas Super Chief Credit Union
2008 Ed. (2233)
2007 Ed. (2118)
2006 Ed. (2197)
2005 Ed. (2102)
2004 Ed. (1928, 1960)
Kansas University Hospital
2003 Ed. (1729)
Kansas; University of
2007 Ed. (3462)
1993 Ed. (889)
Kansas University of Medicine
2004 Ed. (1766)
2003 Ed. (1729)
The Kantar Group
2008 Ed. (4138, 4141)
2007 Ed. (4114, 4117)
2006 Ed. (4068, 4096)
2005 Ed. (4037, 4041)
2004 Ed. (4096)
2003 Ed. (4069, 4077)
2002 Ed. (3253, 3255)
2001 Ed. (4046, 4047)
2000 Ed. (3041, 3042)
1999 Ed. (3304, 3305)
1998 Ed. (2436)
1997 Ed. (2710)
Kanto Bank
2004 Ed. (551)
Kanto Tsukuba Bank
2008 Ed. (438)
Kantonalbank von Bern
1989 Ed. (686)
Kantor, Warren
1995 Ed. (983)
Kao Corp.
2008 Ed. (52, 919, 3105, 3108, 3883)
2007 Ed. (49, 84, 155, 942, 1834, 2986, 2989, 3815, 3818, 3820, 3821)
2006 Ed. (58, 94, 103, 164, 855, 3805, 3806, 3807, 4091)
2005 Ed. (51, 85, 87, 873, 1546, 3717, 3718)
2004 Ed. (56, 90, 3810)
2003 Ed. (3794)
2002 Ed. (1001, 1002, 1003, 4305, 4434)
2001 Ed. (13, 47, 83, 85, 92, 1925, 3719)
1999 Ed. (3777)
1996 Ed. (940)
1995 Ed. (1894)
1994 Ed. (24, 29, 46, 47, 1869)
1993 Ed. (32, 38, 54, 1423)
1992 Ed. (55, 60)
1991 Ed. (28, 31, 51, 1364)
1990 Ed. (34, 36, 51, 1576)
1989 Ed. (39)
Kao; Min
2008 Ed. (4828)
Kao; Min H.
2005 Ed. (4850)
Kaodene
1992 Ed. (1872)
Kaohsiung
1997 Ed. (3135)
1992 Ed. (1391, 1395)
Kaohsiung, Taiwan
2008 Ed. (1221)
2004 Ed. (3929)
2003 Ed. (3915)
2002 Ed. (3731)
1998 Ed. (2887)
Kaolin
1991 Ed. (942)
Kaopectate
2003 Ed. (3774)
1996 Ed. (1593)
1993 Ed. (1532)
1992 Ed. (1872)
Kapa Oil Kenya
2008 Ed. (54)
Kapa Oil Refineries
2007 Ed. (52)
2006 Ed. (61)
Kapadia & Co.; G. M.
1997 Ed. (10)
Kapalua Bay Hotel and Villas
1993 Ed. (2090)
Kapalua, HI
1998 Ed. (737, 3704)
Kapiolani Medical Center for Women & Children Inc.
2001 Ed. (1721)
Kapital Holding
2002 Ed. (1342)
Kapiti Ltd.
1993 Ed. (969)
Kaplan; Allan
1996 Ed. (1780)
Kaplan & Associates; Gary
1994 Ed. (1710)
Kaplan Associates
1995 Ed. (1215)
1994 Ed. (1200)
Kaplan; Barbara J.
1992 Ed. (3138)
1991 Ed. (2548)
Kaplan; Barry
1997 Ed. (1871)
1996 Ed. (1783, 1798, 1805, 1902)
1994 Ed. (1767, 1786)
1993 Ed. (1783, 1785)
1991 Ed. (1699)
Kaplan Building Systems Inc.
1994 Ed. (2920, 2921)
1993 Ed. (2900, 2901)
1992 Ed. (3516, 3517)
1991 Ed. (2758, 2759)
Kaplan GRE/GMAT/LSAT
1998 Ed. (848)
Kaplan Inc.; Jay
1989 Ed. (2258)
Kaplan Lumber
1994 Ed. (797)
Kaplan McLaughlin & Diaz Inc.
2004 Ed. (2335)
Kaplan McLaughlin Diaz
2008 Ed. (264)
2007 Ed. (286, 288, 2409)
2006 Ed. (283)
1999 Ed. (284)
1997 Ed. (263)
1996 Ed. (232)
1995 Ed. (235)
1994 Ed. (233)
1993 Ed. (244)
1992 Ed. (351)
1991 Ed. (251)
1990 Ed. (278)
Kaplan Organization
1990 Ed. (2960)
Kaplan, Strangis & Kaplan
2001 Ed. (563)
Kaplan Thaler Group
2004 Ed. (106)
2003 Ed. (165)
Kaplow Communications
2005 Ed. (3956)
Kapok Tree
1992 Ed. (3687, 3689)
1990 Ed. (3002)
Kapok Tree Restaurant
1991 Ed. (2858)
Kapok Tree Restaurants
1991 Ed. (2860)
Kapp Ahl
1989 Ed. (52)
Kapp AHL AB
1990 Ed. (49)
Kappa Epsilon Fraternity
1999 Ed. (296)
Kappa Networks
1990 Ed. (251)
Kappa Omicron Nu National Honor Society
1999 Ed. (296)
Kapson Senior Quarters Corp.
2004 Ed. (1769)
2003 Ed. (1732, 4051)
Kara Homes Inc.
2007 Ed. (4016)
2006 Ed. (1159, 3977, 4039)
2005 Ed. (1163)
2004 Ed. (1141)
Karachi
1990 Ed. (1011)
Karachi Electric
2000 Ed. (2878)
Karachi Electric Supply Corp. Ltd.
2002 Ed. (3045)
Karachi, Pakistan
1995 Ed. (991)
Karakas, Van Sickle, Ouellette
1999 Ed. (3912, 3928, 3957)
1998 Ed. (2937, 2962)
Karakas, VanSickle Ouellette
2000 Ed. (3671)
Karamehmet; Mehmet
2008 Ed. (4876)
Karan Bilimoria
2007 Ed. (2464)
Karan; Donna
1997 Ed. (1025)
1996 Ed. (3876)
1995 Ed. (3788)
Karaoke products
1994 Ed. (2591)
Karas & Karas Glass Co., Inc.
2008 Ed. (1259, 2821)
2007 Ed. (1362, 2696)
2006 Ed. (1284)
2005 Ed. (1314, 2733)
2004 Ed. (1307)
2003 Ed. (1304)
2001 Ed. (1476)
1999 Ed. (1370)
1998 Ed. (948)
1997 Ed. (2149)
1996 Ed. (1143)
Karastan
2007 Ed. (4225)
2005 Ed. (4157)
2003 Ed. (4206, 4732)
Karatz; Bruce
2007 Ed. (1025, 1035)
2006 Ed. (937, 1201)
2005 Ed. (979)
Karavan Publisher
2007 Ed. (51)
Karcher, Carl
1995 Ed. (3131)
1994 Ed. (3085)
1993 Ed. (3031)
1992 Ed. (3715)
1991 Ed. (2874)
Kardan Technology Ventures
1999 Ed. (4705)
Kardex AG
2008 Ed. (3602)
2007 Ed. (3436)
2006 Ed. (3421)
Karelia Tobacco Co.
1999 Ed. (1137)
Karelias
1997 Ed. (992)
Karen Anderegg
1993 Ed. (3730)
1992 Ed. (4496)
Karen Danczak-Lyons
1993 Ed. (2639)
Karen Dykstra
2007 Ed. (1051)
Karen Elson
2008 Ed. (4898)
Karen Hoguet
2007 Ed. (1046)
2006 Ed. (951)
Karen Katen
2007 Ed. (4974, 4981)
2006 Ed. (4974, 4983)
2005 Ed. (2513, 4990)
2004 Ed. (4983)
2003 Ed. (4983)
Karen Osar
2008 Ed. (2632)
Karen Ubelhart
2000 Ed. (2023)
1999 Ed. (2240)
Karhu
1993 Ed. (3327)
1992 Ed. (3983)
1991 Ed. (3134)
Kari Stefansson
2003 Ed. (681)
Karim Abdel-Motaal
1999 Ed. (2404)
Karim Rashid
2008 Ed. (2990)
Karin Dorrepaal
2006 Ed. (4984)
Karisberger and Associates
1989 Ed. (266)
Kark & Theo Albrecht
2008 Ed. (4864, 4881)
2007 Ed. (4911, 4915)
Karkosik; Roman
2008 Ed. (4872)
Karl Albrecht
2008 Ed. (4865, 4867)
2007 Ed. (4912)
2006 Ed. (4924, 4927)
2005 Ed. (4877, 4883)
2004 Ed. (4877, 4882)
2003 Ed. (4892, 4894)
Karl & Theo Albrecht
2005 Ed. (4878, 4882)
Karl Erivan Haub
1992 Ed. (888)
Karl; Frederick B.
1993 Ed. (2461)
Karl-Johan Persson
2008 Ed. (4903)
2007 Ed. (4927)
2005 Ed. (4890)
Karl Koch Erecting Co.
1996 Ed. (1140)
1995 Ed. (1161)
1994 Ed. (1146)
Karl Malone
2003 Ed. (296)
2001 Ed. (420)
Karl Vesper
2004 Ed. (819)
Karl Wlaschek
2008 Ed. (4860)
Karlberger Cos.
2005 Ed. (3159)
Karlgaard; David
2006 Ed. (2527)
Karlovacka Banka
1999 Ed. (498)
1997 Ed. (444)
Karlovacka Pivovara
1997 Ed. (3928)
Karlovarske Mineralni Vody
2006 Ed. (40)
Karl's Toys
1992 Ed. (4330)
1989 Ed. (2860)
Karlsberger & Associates Architects
1990 Ed. (277)
Karlsberger Cos.
2006 Ed. (3167)
2005 Ed. (3166)
Karlsruher Versicherung AG
2003 Ed. (2977)
Karman; James A.
2006 Ed. (2521)
Karmann USA Inc.
2008 Ed. (313)
Karmanos Jr.; Peter
2005 Ed. (984)
1995 Ed. (981)
Karnasuta; Chaijudh
2006 Ed. (4920)
Karnes Music
1993 Ed. (2645)
Karntner Sparkasse
1996 Ed. (448)
1993 Ed. (428)
Karntner Strasse
1992 Ed. (1166)
Karo Design
2008 Ed. (3488, 3494, 3495, 3496, 3497, 3498)
Karo Grundstucks
2007 Ed. (4090)
Karos; Paul
1997 Ed. (1856)
1996 Ed. (1781)
1995 Ed. (1802)
1994 Ed. (1765)
1993 Ed. (1777)
Karoub Associates
2001 Ed. (3156)
2000 Ed. (2991)
Karp Volvo
1996 Ed. (292)
1995 Ed. (292)
1994 Ed. (288)
1993 Ed. (289)
1992 Ed. (404)
1991 Ed. (299)
1990 Ed. (324)

Karpus Investment Management
1999 Ed. (3087, 3090, 3091)
1993 Ed. (2343)
Karpus Investment Mgmt.
1990 Ed. (2336)
Karr Barth Associates Inc.
2000 Ed. (1779)
1999 Ed. (2001)
1998 Ed. (1427)
Karrenbauer; Raymond
2005 Ed. (994)
Karrington Health
1998 Ed. (3178)
Karsh & Hagan Communications
2008 Ed. (120)
2004 Ed. (113)
2003 Ed. (66)
2002 Ed. (99)
Karstadt
2000 Ed. (3823)
1998 Ed. (3096)
1995 Ed. (3155, 3157)
1991 Ed. (3261)
1990 Ed. (3053)
1989 Ed. (31, 2333)
Karstadt AG
2000 Ed. (4387)
1999 Ed. (4110, 4112)
1997 Ed. (3353, 3354, 3783)
1996 Ed. (3252)
1990 Ed. (28)
Karstadt Aktiengesellschaft
1994 Ed. (3109, 3110)
Karstadt Aktiengesellschaft (Konzern)
1993 Ed. (3049)
1992 Ed. (3740)
Karstadt Group
1990 Ed. (3054)
Karstadt/Hertie
2001 Ed. (4102)
Karstadt Quelle AG
2008 Ed. (4236)
2007 Ed. (1781, 1784, 4201, 4952)
2006 Ed. (1484, 1797, 4175, 4181)
2005 Ed. (4134)
2004 Ed. (4205)
Karsten
1997 Ed. (2154)
1996 Ed. (29, 2035, 3490)
1993 Ed. (1991)
1992 Ed. (2338)
1991 Ed. (1855)
Karsten/Hutman Margolf
1995 Ed. (1141)
Karsten Realty
1992 Ed. (2770, 3636)
Karsten Realty Advisors
1992 Ed. (2750, 2758)
1991 Ed. (2239)
Kartonsan
1992 Ed. (2812)
Karwoski & Courage
2000 Ed. (3660)
1999 Ed. (3946)
Kas-Associate
1991 Ed. (619)
Kas-Associatie
1993 Ed. (586)
1992 Ed. (795)
Kas Bank
2007 Ed. (471)
Kasan Electronics
2002 Ed. (4435)
Kasapa Telecom
2008 Ed. (43)
Kasapis Bros. Inc.
2000 Ed. (3775)
KASB
1997 Ed. (794, 795, 797)
Kash n' Karry
2000 Ed. (2205)
1998 Ed. (1707)
Kash N' Karry Food Stores
1996 Ed. (994)
1995 Ed. (1003)
1993 Ed. (964)
1991 Ed. (954, 955)
Kash N'Karry Food Stores
1996 Ed. (385, 386)
Kashi
2006 Ed. (805)
Kashi GoLean
2008 Ed. (4913)
Kashima
2001 Ed. (1226)
Kashiyama & Co. Ltd.
1995 Ed. (3603)
1994 Ed. (3519)
1993 Ed. (3556)
1991 Ed. (3355)
1990 Ed. (3568)
Kashiyama and Co. Lts.
1992 Ed. (4278)
Kasia Starega
1997 Ed. (1973)
Kasikornbank
2008 Ed. (513)
2007 Ed. (561)
2006 Ed. (530, 2048, 4541)
2005 Ed. (617)
Kasikornbank Public Co., Ltd.
2008 Ed. (2118)
2007 Ed. (2019)
Kasle Steel Corp.
1989 Ed. (927, 2332)
Kass Hodges PA
2001 Ed. (1315)
Kassan; Alan
1994 Ed. (1791)
1993 Ed. (1808)
1991 Ed. (1695, 1706)
Kassner & Co.; John J.
1994 Ed. (1653)
1991 Ed. (1563)
Kasten; Bob
1994 Ed. (2890)
Kasten Chase Applied Research Ltd.
2003 Ed. (2931, 2936)
Kastle
1993 Ed. (3326)
1992 Ed. (3982)
1991 Ed. (3133)
Kastle Systems
2002 Ed. (4541)
2000 Ed. (3922)
1998 Ed. (1421)
1992 Ed. (3826)
Kastle Systems International
2005 Ed. (4294)
2004 Ed. (4351)
2003 Ed. (4330)
Kastle Systems LLC
1999 Ed. (4204)
Kastner & Orhler
1989 Ed. (23)
Kastrup Airport
1999 Ed. (249)
1997 Ed. (225)
1996 Ed. (198)
1993 Ed. (208)
Katakura Industries
1991 Ed. (3233)
Katalin Dani
2000 Ed. (2140)
1999 Ed. (2354)
Katalin Tischhauser
1999 Ed. (2359)
Katayama; Eiichi
1996 Ed. (1870)
Katayama; Shunji
1997 Ed. (1986)
Katcher, Vaughn & Bailey
2005 Ed. (3976)
1999 Ed. (3955)
Kate Barker
2006 Ed. (4978)
Kate Jackson
1997 Ed. (1726)
Kate Moss
2008 Ed. (3745)
Kate Swann
2006 Ed. (4985)
Katell Properties
1998 Ed. (3006)
1997 Ed. (3260)
1995 Ed. (3064)
Katen; Karen
2007 Ed. (4974, 4981)
2006 Ed. (4974, 4983)
2005 Ed. (2513, 4990)
Katharine Graham
2005 Ed. (974)
1991 Ed. (3512)
Katharine Plourde
1998 Ed. (1673)
1996 Ed. (1786)
1995 Ed. (1811)
1994 Ed. (1770)
1993 Ed. (1787)
Katherine Hensel
1995 Ed. (1805)
1994 Ed. (1763)
1993 Ed. (1780)
1992 Ed. (2136)
1991 Ed. (1674)
Katherine M. Hudson
2002 Ed. (4979)
Katherine Oakley
2000 Ed. (1923, 1925)
1999 Ed. (2153, 2157)
1998 Ed. (1566, 1568, 1569)
1997 Ed. (1924, 1929)
Katherine Plourde
1999 Ed. (2265)
1997 Ed. (1862)
Katherine Stafford
2008 Ed. (4884)
2007 Ed. (4920)
Katherine Tuck Fund
1994 Ed. (1907)
Katheryn From
2004 Ed. (4986)
Kathie Lee
1999 Ed. (1196)
1998 Ed. (765, 766)
Kathie Lee Gifford
1997 Ed. (1726)
Kathleen Brown
1993 Ed. (3443)
Kathleen Connell
2004 Ed. (3169)
Kathleen Cooper
1989 Ed. (1753)
Kathleen L. Brown
1995 Ed. (3505)
Kathleen Lamb
2000 Ed. (1941)
1999 Ed. (2169)
1998 Ed. (1582)
1997 Ed. (1938)
Kathleen Price and Joseph M. Bryant Family Foundation
1994 Ed. (1899)
Kathmandu Ltd.; Bank of
2006 Ed. (4524)
Kathryn Albertson
1999 Ed. (1072)
Kathryn J. Whitmire
1993 Ed. (2513)
1992 Ed. (2987)
1991 Ed. (2395)
1990 Ed. (2525)
Kathy Bates
2001 Ed. (7)
Kathy Ireland
2006 Ed. (2499)
Kathy Ireland Worldwide
2006 Ed. (2499)
Kathy Matsui
2000 Ed. (2147)
1999 Ed. (2368)
1997 Ed. (1995)
1996 Ed. (1867)
Kathy Mattea
1992 Ed. (1351)
Kathy Motlach
2000 Ed. (3160)
Katie Couric
2008 Ed. (2585)
2004 Ed. (2415)
2003 Ed. (2335)
Katie Price
2008 Ed. (4898)
Kativo
1989 Ed. (1103)
Katkins
1999 Ed. (3791)
Katkins Cat Food
1994 Ed. (2838)
Katmai National Park
1990 Ed. (2667)
Kato; Susumu
1996 Ed. (1889)
Kato; Tomoyasu
1997 Ed. (1992)
1996 Ed. (1886)
Katsuhiko Sugiyama
1996 Ed. (1872)
Katsushi Saito
2000 Ed. (2168)
1999 Ed. (2385)
Katten Muchin & Zavis
2001 Ed. (3052, 3054)
2000 Ed. (2620, 2894)
1999 Ed. (3148)
1998 Ed. (2327)
1997 Ed. (2597, 3795)
1996 Ed. (2452, 3740)
1995 Ed. (2416)
1993 Ed. (2395)
1992 Ed. (2832)
1991 Ed. (2283)
1990 Ed. (2417)
Katten Muchin Rosenman LLP
2008 Ed. (3420)
Katten Muchin Zavis
2002 Ed. (3056)
Katten Muchin Zavis Rosenman
2006 Ed. (3249)
2004 Ed. (3238)
Kattomeat cat food
1992 Ed. (3417)
Katy Industries Inc.
1995 Ed. (1232)
1992 Ed. (1130)
Katy Motlatch
2000 Ed. (4428)
Katz; Carolyn
1997 Ed. (1930)
Katz Communications
1995 Ed. (2509)
Katz; Daryl
2005 Ed. (4872)
Katz Enterprises Inc.
2002 Ed. (2042)
2001 Ed. (2093)
2000 Ed. (1722)
Katz Group
2008 Ed. (4050, 4226, 4232)
2007 Ed. (1572, 4188, 4196)
2006 Ed. (1542, 3984)
2005 Ed. (1648, 3911)
2004 Ed. (3967)
2003 Ed. (2103, 2104, 2105)
2002 Ed. (2040)
Katz Hispanic Radio
1991 Ed. (2794)
1990 Ed. (2939)
Katz Hollis Coren & Assoc. Inc.
1991 Ed. (2170)
Katz, Hollis, Coren & Associates Inc.
1996 Ed. (2348, 2355)
1995 Ed. (2336)
Katz; Lillian
1990 Ed. (1719)
Katz; Lillian Vernon
1991 Ed. (1626)
Katz Media Group
1997 Ed. (2628)
Katz; Raymond
1997 Ed. (1878)
Katz, Sapper & Miller
2008 Ed. (1805)
Katzenberg; Jeffrey
2006 Ed. (2515)
Ka'U Agribusiness Co. Inc.
1998 Ed. (1775)
Kau; Melanie
2005 Ed. (4992)
Kauai Community Credit Union
2008 Ed. (2228)
2007 Ed. (2113)
2006 Ed. (2192)
2005 Ed. (2097)
2004 Ed. (1955)
2003 Ed. (1915)
2002 Ed. (1861)
Kauai Electric Co.
1991 Ed. (1488)
Kauai Environmental Inc.
2007 Ed. (4408)
Kauai Island Utility Cooperative
2008 Ed. (1784)
2007 Ed. (1756)
Kauchuk
2001 Ed. (4138)

Kaucuk Works
1994 Ed. (925)
Kaufel Group
1992 Ed. (1588, 1589)
Kaufer Miller Communications
1999 Ed. (3957)
Kauffman; Ewing
1989 Ed. (2751, 2905)
Kauffman; Robert
2008 Ed. (4902)
Kaufhof
1990 Ed. (3056)
Kaufhof Holding AG
1997 Ed. (3353, 3354)
1996 Ed. (3252)
Kaufhof Holding Aktiengesellschaft
1994 Ed. (3109, 3110)
Kaufingerstrasse
2006 Ed. (4182)
Kaufingerstrasse/Hohestrasse
1992 Ed. (1166)
Kaufman
1992 Ed. (3189)
Kaufman & Broad
1991 Ed. (1049, 1058, 1063)
1990 Ed. (1159, 2594)
1989 Ed. (1001, 1680, 2287)
Kaufman & Broad Colorado
2002 Ed. (2676)
Kaufman & Broad Home Corp.
2002 Ed. (1171, 1174, 3924)
2001 Ed. (1388, 1389, 1391, 1392, 1394, 1395, 1402, 1405, 1406, 2803, 2815)
2000 Ed. (1190, 1191, 1193, 1196, 1197, 1198, 1199, 1201, 1202, 1211, 1218, 1220, 1230, 1234, 1235, 1805, 2590, 3721)
1999 Ed. (1308, 1309, 1311, 1313, 1317, 1318, 1319, 1320, 1322, 1329, 1334, 1337, 2028, 2816, 3997, 4399)
1998 Ed. (876, 877, 879, 885, 886, 887, 888, 889, 890, 892, 900, 909, 919, 920, 1122, 1435, 2060, 3007, 3371)
1997 Ed. (1119, 1120, 1123, 1128, 3259)
1996 Ed. (1097, 1099, 1101, 1102, 1103, 1107)
1995 Ed. (1122, 1126, 1129, 1134, 3065)
1994 Ed. (1105, 1111, 1113, 1119, 3000, 3001, 3007)
1993 Ed. (1083, 1086, 1089, 1095, 1096, 2961, 2963)
1992 Ed. (1358, 1360, 1362, 1363, 1366, 3616, 3929, 2555)
1991 Ed. (1988, 2808)
1990 Ed. (1170, 1171)
Kaufman and Broad Home Systems, Inc.
1989 Ed. (1999)
Kaufman & Broad Mortgage
2003 Ed. (3433, 3443)
Kaufman & Canoles
2008 Ed. (3429)
Kaufman and Roberts
1990 Ed. (2010, 2011, 2012, 2016)
Kaufman Construction Co.
1990 Ed. (1214, 1214)
Kaufman Financial Group, H. W.
1996 Ed. (205)
1995 Ed. (202)
Kaufman Financial; H.W.
1992 Ed. (317)
Kaufman Foundation; Ewing Marion
1995 Ed. (1931)
Kaufman Fund
1989 Ed. (1847)
Kaufman Hall
2007 Ed. (3656)
Kaufman Hall & Associates Inc.
2001 Ed. (737, 814, 3210)
1999 Ed. (3015)
1998 Ed. (2230)
1997 Ed. (2486)
1996 Ed. (2353)
1995 Ed. (2334)
1993 Ed. (2265)
1991 Ed. (2166)
Kaufman Hall & Associates Inc.
2000 Ed. (2763)
Kaufman; Ira
1990 Ed. (457)
Kaufman Rossin & Co.
2002 Ed. (11, 23)
2000 Ed. (19)
1999 Ed. (23)
1998 Ed. (2, 5, 18)
Kaufman, Rossin & Co. PA
2008 Ed. (9)
2007 Ed. (11)
2006 Ed. (15)
2005 Ed. (10)
2004 Ed. (14)
2003 Ed. (8)
2002 Ed. (22)
Kaufmann
1999 Ed. (3530)
1996 Ed. (2799)
1995 Ed. (2733)
1993 Ed. (2647, 2687)
1990 Ed. (2369)
1989 Ed. (1851)
Kaufmann Fund
1994 Ed. (2631, 2633)
1993 Ed. (2658)
Kaufman's
1992 Ed. (2526)
Kaulin Manufacturing Co. Ltd.
1994 Ed. (2425)
Kauppamainos Bozell
2000 Ed. (94)
1999 Ed. (88)
1997 Ed. (88)
1996 Ed. (87)
1995 Ed. (74)
Kaupthing Bank
2008 Ed. (425, 1791)
2007 Ed. (461, 1763)
2006 Ed. (450, 1755)
2005 Ed. (507, 519)
Kaupthing Bunadarbanki hf.
2006 Ed. (4506)
Kautex Corp.
1997 Ed. (2804)
Kautex, A Textron Co.
2005 Ed. (3397)
Kautex Textron Inc.
2007 Ed. (630)
2006 Ed. (601)
2005 Ed. (686)
2004 Ed. (690)
Kautex Textron GmbH
2008 Ed. (578)
Kav
1992 Ed. (2811)
Kava kava
2001 Ed. (2012)
2000 Ed. (2445)
Kavel Zahav
2006 Ed. (56)
Kavel Zahav International Calls
2005 Ed. (49)
Kawahara; Minoru
1997 Ed. (1989)
Kawai America Corporation
1992 Ed. (3142)
Kawai Musical Instrument Ltd.
2001 Ed. (3411)
2000 Ed. (3176)
Kawailoa Development Co., LP
2008 Ed. (1784)
2007 Ed. (1756)
2006 Ed. (1747)
Kawasaka Heavy Industry
2007 Ed. (2401)
Kawasaki
2000 Ed. (3172, 3173, 3174)
1998 Ed. (2541)
1996 Ed. (2702)
1995 Ed. (2624)
1994 Ed. (2569)
1993 Ed. (2609)
1992 Ed. (3119)
1991 Ed. (2902)
Kawasaki Heavy
1990 Ed. (2177, 3469)
1989 Ed. (1918)
Kawasaki Heavy Industries Ltd.
2008 Ed. (189, 3150)
2006 Ed. (2998, 2999)
2005 Ed. (3002, 3003)
2002 Ed. (2730)
2001 Ed. (3398, 3399)
1997 Ed. (1581)
1995 Ed. (1543)
1993 Ed. (1461, 3617)
1992 Ed. (1679, 1772, 4309)
1991 Ed. (1308, 1405)
1990 Ed. (1478, 3064)
Kawasaki Kisen
2007 Ed. (4835)
Kawasaki Kisen Kaisha Ltd.
1995 Ed. (3654)
1993 Ed. (3613)
1992 Ed. (4337)
1991 Ed. (3416)
1990 Ed. (3641)
Kawasaki Ninja ATV
1998 Ed. (3600)
Kawasaki Steel Corp.
2003 Ed. (3377)
2002 Ed. (3311, 4433)
2001 Ed. (1625)
2000 Ed. (3093)
1999 Ed. (3358)
1998 Ed. (2467)
1997 Ed. (2757)
1995 Ed. (2544, 2552)
1994 Ed. (2476, 2486)
1993 Ed. (2539)
1992 Ed. (1681, 3032, 4309)
1991 Ed. (2423, 3401)
1990 Ed. (2545)
1989 Ed. (2639)
Kawasan Industri Jababeka
2008 Ed. (1809)
Kawasho
1993 Ed. (3270)
1990 Ed. (3050)
Kaweah Construction Co.
2008 Ed. (1593)
Kawo Reinigungs AG
2006 Ed. (2033)
Kay
1989 Ed. (960, 2471)
Kay Bailey Hutchinson
1999 Ed. (3844, 3960)
Kay-Bee
1999 Ed. (4096, 4097, 4636, 4638)
1998 Ed. (3094, 3602, 3606)
1997 Ed. (3344, 3780, 3781)
1995 Ed. (3144, 3644, 3646)
1994 Ed. (3563)
1993 Ed. (867)
1992 Ed. (1821, 4330)
1991 Ed. (1434, 3164)
1990 Ed. (1514)
1989 Ed. (1252, 1257, 2860)
Kay-Bee Toys
1996 Ed. (3236, 3725, 3727)
Kay Construction
2007 Ed. (3580, 4435, 4992)
2006 Ed. (3528)
Kay Elizabeth Inc.
1996 Ed. (159)
1995 Ed. (145)
Kay Jewelers
2007 Ed. (4596)
1995 Ed. (1246)
Kay Krill
2008 Ed. (2636)
Kay L. Gray
1991 Ed. (2547)
Kay, Scholer, Fierman, Hays & Handler
1996 Ed. (2866, 2867)
Kay Thai
1991 Ed. (1067)
Kay Toledo Tag
2008 Ed. (4032)
Kayaking
1999 Ed. (4382, 4816)
Kaycan
1990 Ed. (1669)
Kaydon Corp.
2005 Ed. (2415)
2004 Ed. (2323)
2000 Ed. (2401, 4045)
Kaye Associates Inc.; Walter
1992 Ed. (2702)
1991 Ed. (2139)
Kaye Bassman International Corp.
2008 Ed. (2107)
Kaye Insurance Associates LP
1995 Ed. (2274)
Kaye Personnel Inc.
2000 Ed. (4229)
Kaye, Scholer, Fierman, Hays & Handler
1995 Ed. (14, 2430)
1990 Ed. (2424)
Kaye Trucking
2006 Ed. (3541, 3689, 4380)
Kaylu Realty Corp.
2000 Ed. (4057)
Kaynar Technologies
2000 Ed. (4042)
Kayne, Anderson Investment
1996 Ed. (2396, 2408)
Kaypro
1989 Ed. (973)
Kayser-Roth
2003 Ed. (1001)
1998 Ed. (1976)
Kayser Yugo
1990 Ed. (325)
Kaz
2002 Ed. (2714)
2000 Ed. (2594)
Kazagroprombank
2001 Ed. (632)
Kazakh Corporate Bank
1999 Ed. (567)
Kazakhmys
2007 Ed. (3520, 3521)
Kazakhstan
2008 Ed. (528, 577, 831, 975, 1013, 2396, 3537, 4258, 4341, 4624, 4804, 4917, 4995, 5000)
2007 Ed. (627, 869, 1097, 1133, 2592, 4229, 4390, 4940, 4996, 5000)
2006 Ed. (598, 1008, 1045, 2617, 2640, 2715, 4325, 4995, 5000)
2005 Ed. (685, 853, 998, 1036, 2534, 2621, 4376, 4997, 5000)
2004 Ed. (688, 689, 873, 979, 1029, 1396, 3499, 4427, 4750, 4991, 4999)
2003 Ed. (851, 965, 1026, 2212, 4425, 4897, 5000)
2002 Ed. (3229, 4705, 4999)
2001 Ed. (711, 1101, 1229, 1286, 2454, 4936, 4943)
1999 Ed. (1212, 1214)
1997 Ed. (2567)
1991 Ed. (3157)
Kazakhstan Postbank
1996 Ed. (575)
Kazakstan
2004 Ed. (1911)
Kazarian; Paul
1996 Ed. (1914)
Kazbegi
2007 Ed. (38)
2006 Ed. (47)
2005 Ed. (40)
Kazcommertzbank Kyrgyzstan
2006 Ed. (4514)
Kazdorbank
1997 Ed. (531)
Kazenergo Bank
1996 Ed. (575)
Kazkommerts Ziraat International
2000 Ed. (579)
Kazkommertsbank
2008 Ed. (456)
2007 Ed. (51, 492)
2006 Ed. (60, 477)
2005 Ed. (53, 555)
2004 Ed. (58, 470, 569)
2003 Ed. (555)
2001 Ed. (632)
2000 Ed. (579)
1999 Ed. (567)
1996 Ed. (575)
Kazmin; Andrei
2007 Ed. (785)
Kazuhide Uekusa
2000 Ed. (2146)
K.B. & Co. (Fancy Goods) Ltd.
1995 Ed. (1011)

KB Group
2007 Ed. (4004)
KB Home
2008 Ed. (1167, 1200, 1201, 1202, 3017, 3087)
2007 Ed. (1269, 1274, 1304, 1307, 1308, 1309, 1310, 1311, 1324, 1682, 2895, 2963, 2964, 2977)
2006 Ed. (1162, 1191, 1196, 1197, 1199, 1200, 1202, 1217, 2947, 2957, 2959, 4190)
2005 Ed. (1166, 1179, 1180, 1181, 1183, 1185, 1191, 1192, 1193, 1199, 1206, 1210, 1211, 1219, 1221, 1223, 1225, 1229, 1230, 1231, 1232, 1233, 1234, 1235, 1237, 1238, 1241, 1242, 1244, 1257, 2948, 2962, 2964)
2004 Ed. (1137, 1143, 1150, 1152, 1164, 1165, 1171, 1179, 1181, 1184, 1185, 1193, 1194, 1197, 1204, 1205, 1206, 1207, 1209, 1210, 1211, 1213, 1214, 1217, 1218, 1226, 2946, 2957, 2959)
2003 Ed. (1135, 1139, 1141, 1145, 1147, 1150, 1158, 1159, 1163, 1171, 1173, 1177, 1178, 1188, 1189, 1192, 1199, 1200, 1202, 1203, 1204, 1206, 1207, 1210, 1211, 1213, 2874)
2002 Ed. (1187, 1192, 1196, 1197, 1205, 1210, 2656, 2657, 2661, 2665, 2667, 2668, 2669, 2670, 2672, 2673, 2674, 2675, 2691, 2692, 2693)
KB Home Greater Los Angeles Inc.
2008 Ed. (1167)
KB Luxembourg (Monaco)
2000 Ed. (614)
KB PCB Group
2008 Ed. (4022)
KB Toys Inc.
2008 Ed. (4706)
2007 Ed. (4788)
2005 Ed. (4727)
KB Triglav
1997 Ed. (2676)
KBB.com
2008 Ed. (3356)
2001 Ed. (4773)
KBC Asset Management
2006 Ed. (3213)
KBC Bancassurance Holding
2006 Ed. (1563)
KBC Bank
2008 Ed. (385)
2007 Ed. (403, 1598)
2006 Ed. (419)
2005 Ed. (465)
2004 Ed. (455, 493, 497)
2003 Ed. (467)
KBC Bank & Insurance Holding Co. NV
2002 Ed. (529, 759, 760, 1596, 1597)
KBC Bank & Insurance Holdings
2006 Ed. (1448)
KBC Bank Insurance
2003 Ed. (1623)
KBC Bank NV
2004 Ed. (1656)
2002 Ed. (1598)
KBC Bankassurance Holding SA
2001 Ed. (1640, 1641)
KBC Group
2007 Ed. (1597)
KBC Group NV
2008 Ed. (1575, 1577)
KBCO-FM
2002 Ed. (3897)
KBFM-FM
1992 Ed. (3605)
KBH Homes
2004 Ed. (1175)
2003 Ed. (1167)
KBIG-FM
1996 Ed. (3153)
1995 Ed. (3052)
1994 Ed. (2988)
KBIG-FM (104.3)
1993 Ed. (2954)
KBIG-FM(104.3)
1992 Ed. (3606)
KBJ Architects Inc.
2002 Ed. (333)
2000 Ed. (314)
1999 Ed. (289)
1998 Ed. (186)
KBL-TV
1992 Ed. (1034)
KBLCOM
1995 Ed. (878)
KBPI-FM
2002 Ed. (3897)
KBR Inc.
2008 Ed. (1193, 1194, 1361, 1367, 1368, 2286)
KBR Holdings LLC
2008 Ed. (1193, 1194)
Kbrew
2005 Ed. (86)
2004 Ed. (91)
KBRG-FM
1999 Ed. (3419, 3979)
1998 Ed. (2511, 2986)
1996 Ed. (2653, 3151)
KBRG-FM/KLOK-AM
1992 Ed. (3088)
KBUA-FM
2005 Ed. (4412)
KBUE-FM
2008 Ed. (4470)
2006 Ed. (4430)
2005 Ed. (4412)
2004 Ed. (4464)
2002 Ed. (3898)
1997 Ed. (2800, 3236)
KC Confectionery Ltd.
1996 Ed. (1413)
KC Masterpiece
1999 Ed. (4345)
KC Masterpiece BBQ potato chips
1999 Ed. (4703)
KCI-Konecranes Oy
1999 Ed. (1629)
KCI Technologies Inc.
2008 Ed. (2548)
2007 Ed. (2421)
KCOR-AM
2003 Ed. (4498)
2002 Ed. (3895)
2001 Ed. (3970)
1999 Ed. (3979)
1998 Ed. (2511, 2986)
1997 Ed. (2800, 3236)
1996 Ed. (2653, 3151)
KCOR-AM, KROM-FM, KXTN AM & FM
1999 Ed. (3419)
KCOR-AM, KROM-FM, KXTN-FM
2000 Ed. (3695)
KCOR-FM
2000 Ed. (3142)
KCP Income Fund
2008 Ed. (1215)
2007 Ed. (936)
KCPQ-TV
2001 Ed. (1546)
KCS & A Public Relations
1996 Ed. (3106, 3108)
KCS Applications
2002 Ed. (3599)
KCS Energy Inc.
2008 Ed. (1400, 3907)
2007 Ed. (3839, 3852, 3853, 3854)
2006 Ed. (3835, 3836, 3837)
2002 Ed. (1549)
1997 Ed. (2936)
1996 Ed. (2841)
1995 Ed. (3515)
1994 Ed. (2703)
KCSA Public Relations
1999 Ed. (3912)
1997 Ed. (3187)
KCSA Public Relations Worldwide
2005 Ed. (3952, 3970)
2004 Ed. (3985, 4021)
2003 Ed. (3987)
KDB Bank
2004 Ed. (512)
KDD
1997 Ed. (3694)
1993 Ed. (3511)
1992 Ed. (4204)
KDDI Corp.
2008 Ed. (4643)
2007 Ed. (49, 3622, 4720)
2006 Ed. (58, 4698)
2005 Ed. (51, 4633)
2004 Ed. (56)
KDON-FM
1992 Ed. (3605)
KDOS-FM
2005 Ed. (4412)
KDXT-FM
2005 Ed. (4412)
KDXX-AM
2005 Ed. (4412)
KDXX-FM
2004 Ed. (4464)
2003 Ed. (4498)
Kean College of New Jersey
1999 Ed. (1236)
1998 Ed. (808)
Kean University
2002 Ed. (1108)
2000 Ed. (1145)
Keane Inc.
2008 Ed. (1114, 1911, 3013, 4800)
2007 Ed. (2894)
2006 Ed. (4301)
2005 Ed. (1860, 4360)
2002 Ed. (307, 1626)
2000 Ed. (280, 281, 284)
1999 Ed. (2671, 4487)
1998 Ed. (158)
1997 Ed. (846, 1140)
1994 Ed. (215)
1991 Ed. (224, 227)
Keane Canada Inc.
2008 Ed. (2929)
Keane; Robbie
2005 Ed. (4885)
Keane; Roy
2005 Ed. (268)
Keang Nam Enterprises Ltd.
1996 Ed. (1166)
Keanu Reeves
2008 Ed. (2590)
2004 Ed. (2408)
2003 Ed. (2328)
2002 Ed. (2141)
Kearney Inc.
1998 Ed. (1506)
Kearney Inc.; A. T.
1997 Ed. (1795)
1996 Ed. (834, 1707)
1994 Ed. (1126)
1993 Ed. (1691)
1990 Ed. (853)
Kearney; Christopher
2008 Ed. (952)
The Kearney Cos.
2008 Ed. (1277, 1339)
Kearney County, NE
1997 Ed. (1681)
Kearney Development Co.
2007 Ed. (1371)
2006 Ed. (1183, 1345)
2005 Ed. (1323)
2004 Ed. (1318)
2003 Ed. (1318)
2002 Ed. (1300)
2001 Ed. (1483)
2000 Ed. (1270)
1999 Ed. (1378)
Kearney Electric Inc.
2006 Ed. (4340)
A. T. Kearney Executive Search
2000 Ed. (1863)
Kearney Inc.: Executive Search Division; A. T.
1991 Ed. (811, 1615)
Kearny Federal Savings
2000 Ed. (3856)
Kearny Federal Savings & Loan Association
1994 Ed. (3532)
Kearny Federal Savings Bank
2002 Ed. (627)
Kears; David
1990 Ed. (2482)
Keating Building Corp.
1999 Ed. (1410)
1998 Ed. (974)
1997 Ed. (1198)
1996 Ed. (1168)
1995 Ed. (1194)
Keating Construction Co.; Daniel J.
1994 Ed. (1175)
1993 Ed. (1153)
1991 Ed. (1100)
Keating Co.; Daniel J.
1990 Ed. (1212)
Keating; Niamh
2007 Ed. (4920)
Keating; Niamh & Stephen
2005 Ed. (4885)
Keating; Ronan
2005 Ed. (4885)
Keating; Stephen
2007 Ed. (4920)
Keauhou Kona Construction Corp.
2006 Ed. (1746)
Keck Foundation; W. M.
1991 Ed. (894)
Keck Foundation; W.M.
1990 Ed. (1848)
Keck Mahin & Cate
1995 Ed. (2416)
1993 Ed. (2395)
1992 Ed. (2832)
1991 Ed. (2283)
Kedah Wafer Emas
2008 Ed. (2395)
Kedem Kosher
1989 Ed. (2943)
Kedem Kosher Wine
1997 Ed. (3902)
1995 Ed. (3757)
Kedem Kosher Wines
1996 Ed. (3856)
Kedersha; James
1997 Ed. (1907)
Keds
2005 Ed. (4431)
2003 Ed. (301)
2002 Ed. (4275)
2001 Ed. (423, 425, 4245)
2000 Ed. (323, 324)
1999 Ed. (309)
1998 Ed. (200)
1997 Ed. (280, 281)
1996 Ed. (251)
1995 Ed. (252)
1994 Ed. (244, 246)
1993 Ed. (256, 258)
1992 Ed. (366)
1991 Ed. (262)
1990 Ed. (289)
Kee; Lee Shau
2008 Ed. (4841, 4844)
2007 Ed. (4909)
2005 Ed. (4861)
Keebler
2008 Ed. (1380)
2006 Ed. (4389)
2000 Ed. (373)
1999 Ed. (369)
1998 Ed. (265, 990, 3319)
1997 Ed. (328, 1212, 1213, 3530, 3533, 3664)
1996 Ed. (3057, 3463)
1995 Ed. (342, 3397)
1994 Ed. (1191, 2901, 3344, 3345)
1993 Ed. (3345)
1992 Ed. (491, 493, 494, 495, 496, 4004)
1989 Ed. (354, 355, 357, 358, 359, 360)
Keebler Chacho's
1995 Ed. (2761)
Keebler Chips Deluxe
2005 Ed. (1397)
2002 Ed. (1337)
1998 Ed. (989, 991)
1997 Ed. (1215)
1995 Ed. (1205)
Keebler Club
2002 Ed. (1339)
Keebler Foods Co.
2003 Ed. (371, 1371, 4452)
Keebler Fudge Shoppe
2005 Ed. (1397)
2002 Ed. (1337)
1998 Ed. (989)
1997 Ed. (1215)

1995 Ed. (1205)
Keebler Graham Selects
1995 Ed. (2761)
Keebler Munch 'Ems
1995 Ed. (1206, 1207)
Keebler O'Boisies
1997 Ed. (3138)
1994 Ed. (2902)
Keebler Ripplin's
1994 Ed. (2902)
Keebler Sandies
1998 Ed. (989)
1997 Ed. (1215)
Keebler Toasteds
1995 Ed. (1206)
Keebler Town House
2002 Ed. (1339)
Keebler Wheatables
1995 Ed. (1206)
Keebler Zesta
1995 Ed. (1208)
Keeco
2007 Ed. (587)
Keefe
2000 Ed. (377)
Keefe, Bruy & Woods
1992 Ed. (1451, 1452)
Keefe, Bruyette & Woods Inc.
2008 Ed. (339, 3385)
2007 Ed. (3261)
2006 Ed. (1415)
2005 Ed. (1432, 1433, 1456, 3582)
2004 Ed. (1420, 1421, 1423)
2002 Ed. (1404, 1405, 1406)
2001 Ed. (552, 553, 554, 555, 556, 557, 558, 559, 560)
2000 Ed. (376, 378, 3985)
1998 Ed. (340, 996)
1997 Ed. (1220, 1221, 1222, 3447)
1995 Ed. (1213, 1214, 1215, 3254)
1994 Ed. (1198, 1199, 3173)
1993 Ed. (1165, 1168)
1990 Ed. (1222, 2310)
Keefe; John
1991 Ed. (1680)
Keefer Dodge
1996 Ed. (270)
Keegan; Dennis
1997 Ed. (2004)
Keegan Management Co.
1992 Ed. (1479)
Keegan; Robert
2008 Ed. (952)
2007 Ed. (1030)
Keeler & Associates Inc.; V.
2006 Ed. (3516)
Keeler Dilbeck Realtors
1995 Ed. (3061)
Keeley Asset
1997 Ed. (2527)
Keeley Asset Management
1998 Ed. (2289)
Keeley Group Holdings
1993 Ed. (2579)
Keeley Small Cap Value
2007 Ed. (3673)
2006 Ed. (3651)
2002 Ed. (3425)
Keeley Small Cap Value Fund
2007 Ed. (3665)
2006 Ed. (3605)
Keells Holdings Ltd.; John
1997 Ed. (809, 810, 812, 1070)
1994 Ed. (1061)
Keels Holdings Ltd.; John
1996 Ed. (1052)
Keels; John
1995 Ed. (828, 831)
Keelty; James, Jr. and Louise H.
1995 Ed. (933)
Keelung
1992 Ed. (1391, 1395)
Keely SCpV
2006 Ed. (4570)
Keen Transport
2003 Ed. (4783)
2002 Ed. (4688)
Keenan & Associates
2006 Ed. (3081, 3082, 4200)
2002 Ed. (2864)
2000 Ed. (2665)
1999 Ed. (2910)
1997 Ed. (2415)
1996 Ed. (2277)
Keenan, Hopkins, Schmidt & Stowell Contracting Inc.
1998 Ed. (958)
Keenan, Hopkins, Schmidt & Stowell Contractors
1999 Ed. (1379)
Keenan; Peter
1996 Ed. (1907)
Keenan Staffing Inc.
2006 Ed. (1854)
Keene Communications
1995 Ed. (3021)
Keene Construction Co.
2003 Ed. (1312)
2000 Ed. (4027)
1997 Ed. (3515)
Keene Industries Inc.
2003 Ed. (2543, 2544)
2001 Ed. (2502)
Keene; William B.
1991 Ed. (3212)
Keener's Inc.
1995 Ed. (2520, 2960)
1994 Ed. (2454, 2455, 2910, 2911)
Keeney; James
1990 Ed. (1767, 1768)
Keep 'em Uppy
2008 Ed. (4812)
Keeper Co.
1997 Ed. (261)
1996 Ed. (1131)
1995 Ed. (234)
1994 Ed. (232)
1993 Ed. (242)
1992 Ed. (352)
Keesal, Young & Logan
2005 Ed. (4355)
Keesler Air Force Base
1998 Ed. (2500)
Keesler Credit Union
2008 Ed. (2241)
2007 Ed. (2126)
2004 Ed. (1968)
2003 Ed. (1928)
2002 Ed. (1874)
Keesler Federal Credit Union
2006 Ed. (2205)
2005 Ed. (2110)
Keevey; Richard
1993 Ed. (3444)
Keevey; Richard F.
1995 Ed. (3504)
Keffer Dodge Inc.
1995 Ed. (263)
Keflex
1989 Ed. (2255)
Kefral
1992 Ed. (1841)
Keg Restaurants Ltd.
2008 Ed. (4201)
2005 Ed. (4089)
2004 Ed. (4149)
2003 Ed. (4141)
2001 Ed. (4085)
Keifer Recaro GmbH & Co.
1997 Ed. (2106)
Keiffer; Gene
1996 Ed. (963)
1995 Ed. (979)
Keihin Indiana Precision
2005 Ed. (327)
Keiichi Nakabayashi
2000 Ed. (2172)
Keiko Ohtsuki
1997 Ed. (1979, 1987)
1996 Ed. (1881)
Keiko Otsuki
2000 Ed. (2170)
1999 Ed. (2382, 2387)
Keiler Advertising
1992 Ed. (184)
1990 Ed. (131)
1989 Ed. (139)
Keiler & Co.
1997 Ed. (123)
1996 Ed. (119)
1995 Ed. (103)
1994 Ed. (104)
Keim Lumber
1997 Ed. (833)
Keiper GmbH & Co.
2000 Ed. (2294)
Keiper Recaro GmbH & Co.
1999 Ed. (2552)
1995 Ed. (1960)
1994 Ed. (1931)
1993 Ed. (1912)
1992 Ed. (2249)
Keisei Electric Railway
1993 Ed. (1350)
1990 Ed. (3469)
Keitel; William
2008 Ed. (969)
2007 Ed. (1086)
2006 Ed. (994)
2005 Ed. (993)
Keith A. Tucker
2006 Ed. (2530)
2005 Ed. (2516)
Keith Baum
1999 Ed. (2353)
Keith Beers; Ben E.
2008 Ed. (538)
2007 Ed. (593)
2006 Ed. (553)
2005 Ed. (653)
Keith Benjamin
2000 Ed. (2020)
Keith Comrie
1995 Ed. (2668)
1993 Ed. (2638)
1992 Ed. (3136)
1991 Ed. (2546)
1990 Ed. (2657)
Keith Cos., Inc.
2004 Ed. (2323)
Keith Gonzales
2006 Ed. (953)
Keith Hall Franchising
2001 Ed. (2661)
Keith Hayes
2000 Ed. (2077)
1999 Ed. (2301)
Keith Huber Inc.
2006 Ed. (4361)
Keith Irving
2000 Ed. (2060)
1999 Ed. (2280)
Keith J. Krach
2002 Ed. (3351)
Keith Jorgensen's
1994 Ed. (2597)
Keith McCaw
2002 Ed. (3349)
Keith Miller
2008 Ed. (4900)
2007 Ed. (4926)
Keith Mullins
1991 Ed. (1694)
Keith Rattie
2008 Ed. (936)
2007 Ed. (997)
2006 Ed. (907)
Keith Reinhard
2000 Ed. (1874)
Keith Rupert Murdoch
1999 Ed. (4748)
1989 Ed. (1986)
Keith Schwab
2005 Ed. (786)
Keith Sherin
2007 Ed. (1054)
Keith Sweat
1993 Ed. (1076, 1077)
Keith; Toby
2006 Ed. (1157)
1997 Ed. (1113)
Keith W. McCaw
2004 Ed. (4866)
Keith Wills
2000 Ed. (2102)
1999 Ed. (2314)
Keithley Instruments Inc.
2004 Ed. (3029)
1991 Ed. (1517, 1521)
Keiwit Corp.
2006 Ed. (1246)
Kelani Tyres
1997 Ed. (1071)
Kelda
2007 Ed. (2306)
2006 Ed. (2697)
Kelda Group
2007 Ed. (2691)
Kelda Group plc
2008 Ed. (2433)
Kelkoo
2007 Ed. (711)
Kellars Butter
2003 Ed. (820)
Kellars Creamery
2003 Ed. (823)
Kellenyi; John
1991 Ed. (1686, 1706)
1990 Ed. (1766)
1989 Ed. (1417)
Keller
2007 Ed. (1313)
2006 Ed. (1172)
2005 Ed. (1175)
Keller Advertising
1991 Ed. (130)
Keller Associates
2006 Ed. (2479)
Keller Construction Co. Ltd.
1999 Ed. (1409)
1998 Ed. (973)
1997 Ed. (1197)
1996 Ed. (1167)
1995 Ed. (1193)
1994 Ed. (1174)
1993 Ed. (1151)
Keller Crescent Co.
2008 Ed. (3838)
Keller Geister Table, White
1990 Ed. (3697)
Keller Graduate School of Management
2003 Ed. (800)
2000 Ed. (930)
1997 Ed. (863)
Keller Group PLC
2002 Ed. (1328)
1999 Ed. (1395)
Keller Industries Inc.
1991 Ed. (955)
1990 Ed. (1030)
Keller International; Helen
1995 Ed. (1933)
Keller; Irwin
1989 Ed. (1753)
Keller Williams
2008 Ed. (4117)
Keller Williams Ottawa Realty
2008 Ed. (3498)
Keller Williams Realty
2008 Ed. (4105, 4111)
2007 Ed. (4072, 4078)
2006 Ed. (4038)
2005 Ed. (4003)
2004 Ed. (4072)
2003 Ed. (4050)
2002 Ed. (3926)
Keller Williams Realty North Texas/ New Mexico
2004 Ed. (4066)
Keller Williams Realty Partners Inc.
2005 Ed. (1831)
Kellermeyer Building Services Inc.
2003 Ed. (1800)
Keller's
2008 Ed. (820, 821)
2001 Ed. (1080)
2000 Ed. (1634, 1636, 4158)
Keller's Creamery LP
2008 Ed. (822)
Kelley & Wallwork
1989 Ed. (139)
Kelley; Austin
1997 Ed. (59)
Kelley Blue Book Co.
2007 Ed. (3226)
Kelley Cawthorne
2001 Ed. (3156)
Kelley Drye
2005 Ed. (3259)
Kelley Inc.; Jack B.
1994 Ed. (3602)
Kelley School of Business; Indiana University-Bloomington
2008 Ed. (790, 794)
2007 Ed. (797, 823)
2006 Ed. (708, 711, 2859)
2005 Ed. (2853)

Kelley; Thomas B.
1989 Ed. (1377)
Kelling Northcross
2001 Ed. (737)
Kelling Northcross & Nobriga
2007 Ed. (3656)
1999 Ed. (3011)
1997 Ed. (2477)
1996 Ed. (2356)
1995 Ed. (2336)
1993 Ed. (2267)
1991 Ed. (2171)
Kellogg
2008 Ed. (723, 869, 1532, 2731, 2736, 2739, 2743, 2751, 2777, 4653, 4658)
2007 Ed. (135, 2596, 2602, 2604, 2605, 2608, 2609, 2610, 2621, 2851)
2006 Ed. (142, 805, 1456, 2624, 2625, 2628, 2630, 2632, 2633, 2635, 2638, 2641)
2005 Ed. (2628, 2629, 2631, 2635, 2637, 2641, 2646, 2647, 2651, 2652)
2004 Ed. (1604, 1798, 2114, 2122, 2637, 2638, 2640, 2644, 2647, 2650, 2658, 2659, 4487, 4563)
2003 Ed. (371, 372, 761, 875, 877, 1761, 2500, 2505, 2507, 2510, 2512, 2519, 2521, 2556, 2562, 4459, 4558)
2002 Ed. (1566, 1727, 2291, 2297, 2299, 2302, 2308, 4352, 4589)
2001 Ed. (44, 1042, 1092, 1148, 1408, 1792, 2473, 2474, 2478)
2000 Ed. (34, 945, 946, 956, 1516, 4211)
1999 Ed. (1706)
1994 Ed. (8, 741, 880, 881)
1993 Ed. (738, 741, 861)
1992 Ed. (31, 33, 35, 40, 45, 51, 53, 73, 85, 918, 1073, 2174, 2177, 2181, 2184, 2191, 4224, 4226, 4227)
1991 Ed. (1741)
1989 Ed. (1447, 1448, 1453)
Kellogg & Andelson A/C
1994 Ed. (4)
Kellogg & Andelson Accountancy
1997 Ed. (18)
1996 Ed. (18)
1995 Ed. (11)
Kellogg Brown & Root Inc.
2008 Ed. (1229, 1231, 1233, 1236, 1282, 1288, 1307, 2544, 2549, 2553, 2554, 2555, 2556, 2557, 2558, 2560, 2567, 2568, 2569)
2007 Ed. (1295, 1296, 1342, 1344, 1346, 2417, 2422, 2426, 2427, 2428, 2429, 2430, 2433, 2434, 2441, 2442)
2006 Ed. (1169, 1170, 1187, 1188, 1244, 1246, 1248, 1267, 1272, 1299, 1301, 1303, 1304, 1314, 1321, 2459, 2461, 2462, 2464, 2465, 2468, 2473, 2476)
2005 Ed. (1217, 1218, 1298, 1299, 1303, 1326, 1328, 1329, 1330, 1335, 1341, 2419, 2422, 2425, 2428, 2429, 2432)
2004 Ed. (1191, 1247, 1248, 1254, 1277, 1278, 1279, 1287, 2327, 2332, 2360, 2362, 2386, 2748)
2003 Ed. (1186, 1187, 1244, 1245, 1252, 1274, 1275, 1276, 1278, 1283, 1284, 1320, 1322, 1323, 1324, 1329, 1331, 2309, 2310, 2311, 2312, 2315, 2323, 2630)
2002 Ed. (331, 1175, 1176, 1212, 1214, 1228, 1229, 1238, 1251, 1257, 1265, 1266, 1267, 1268, 1269, 1275, 1280, 1291, 1304, 1305, 1306, 1307, 1314, 1315, 1317, 2132)
2001 Ed. (1407, 1462, 1463, 1464, 1466, 1487, 2237, 2239, 2241, 2245, 2246, 2291)
2000 Ed. (1238, 1239, 1240, 1246, 1247, 1248, 1250, 1252, 1796, 1799)
Kellogg Brown & Root LLC
2008 Ed. (1193, 1194)
Kellogg Brown & Root Services International Inc.
2008 Ed. (2158)
Kellogg Canada Inc.
1997 Ed. (32)
Kellogg Foundation; W. K.
2008 Ed. (2766)
2005 Ed. (2677)
1995 Ed. (1070, 1928, 1931, 1933)
1994 Ed. (1058, 1897, 1898, 1900, 1906, 2772)
1993 Ed. (890, 895, 1895, 1896, 1897, 2783)
1992 Ed. (1100, 1100, 2214, 2215, 2216, 3358)
1991 Ed. (1003, 1765, 1767, 2689)
1989 Ed. (1469, 1470, 1471, 1478, 2165)
Kellogg Graduate School of Management, Northwestern University
1997 Ed. (865)
1993 Ed. (794)
Kellogg Co.; The M. W.
1997 Ed. (919, 1136, 1153, 1158, 1184, 1480, 2028, 2030, 3714, 3715)
1996 Ed. (27, 768, 777, 862, 890, 1124, 1125, 1129, 1151, 1152, 1154, 1155, 1158, 1160, 1163, 1243, 1420, 1666, 1669, 1931, 1933, 3657, 3659, 3661)
1995 Ed. (913, 1138, 1139, 1148, 1151, 1152, 1157, 1177, 1178, 1180, 1181, 1182, 1184, 1185, 1187, 1190, 1458, 1684, 1687, 1691, 1696, 1699, 1885, 1890, 1900, 1904, 3572, 3573, 3574, 3575)
1994 Ed. (1123, 1124, 1130, 1133, 1134, 1158, 1159, 1161, 1162, 1163, 1165, 1167, 1170, 1637, 1640)
1993 Ed. (1101, 1114, 1117, 1118, 1141, 1142, 1144, 1146, 1148, 1614, 1615, 1616, 1617, 1618, 1620)
1992 Ed. (1374, 1375, 1401, 1404, 1405, 1408, 1426, 1427, 1429, 1430, 1431, 1433, 1963, 1968)
1991 Ed. (1069, 1073, 1076, 1091, 1092, 1093, 1094, 1095, 1096, 1098)
Kellogg Inc.; M.W.
1992 Ed. (1950)
Kellogg; Northwestern University,
1991 Ed. (814)
Kellogg Co. of Great Britain Ltd.
2002 Ed. (41, 49, 4591)
Kellogg School of Business; Northwestern University
2008 Ed. (182, 770, 780, 788)
2007 Ed. (796, 798, 810, 814, 817, 823, 825, 827, 828, 829, 830, 834)
2006 Ed. (702, 707, 708, 709, 710, 711, 712, 718, 728)
2005 Ed. (803, 804, 806, 807, 809, 810, 813, 815)
Kellogg Supply Services (Europe) Ltd.
2004 Ed. (4797)
Kellogg USA Inc.
2001 Ed. (1791)
Kellogg; William
2008 Ed. (4826)
2006 Ed. (4902)
Kellogg; William S.
2005 Ed. (4853)
Kellogg's
2008 Ed. (2741)
2007 Ed. (2612)
2006 Ed. (2713)
2000 Ed. (2215)
1999 Ed. (2457, 2458)
1998 Ed. (24, 488, 489, 599, 1716, 3495, 3496, 3497)
1997 Ed. (875)
1995 Ed. (17, 690)
1992 Ed. (924)
Kellogg's Bran Flakes
1999 Ed. (1051)
1992 Ed. (1075)
Kellogg's breakfast foods
1992 Ed. (920)
Kellogg's cereals
1991 Ed. (737)
Kellogg's Coco Pops
2008 Ed. (718)
2002 Ed. (956)
1999 Ed. (1051)
Kellogg's Corn Flakes
2008 Ed. (718)
2003 Ed. (874)
2002 Ed. (954, 956)
1999 Ed. (786, 787, 788, 1050, 1051)
1998 Ed. (659, 661)
1997 Ed. (920)
1996 Ed. (891, 892)
1995 Ed. (914)
1992 Ed. (1075, 2192, 4232)
1991 Ed. (1743, 3322)
Kellogg's Corn Pops
1998 Ed. (661)
1997 Ed. (920)
Kellogg's Crunchy Nut
2008 Ed. (718)
Kellogg's Crunchy Nut Corn Flakes
2002 Ed. (956)
1999 Ed. (1051)
Kellogg's Froot Loops
1997 Ed. (920)
Kellogg's Frosted Flakes
2003 Ed. (874)
2002 Ed. (954)
1999 Ed. (1050)
1997 Ed. (920)
1992 Ed. (4232)
Kellogg's Frosted Mini Wheats
2002 Ed. (954)
1999 Ed. (1050)
Kellogg's Frosties
1999 Ed. (1051)
Kellogg's Fruit Loops
1999 Ed. (1050)
Kellogg's Fruit n' Fibre
1999 Ed. (1051)
1992 Ed. (2192)
Kellogg's Healthwise
2002 Ed. (956)
Kellogg's Healthy Choice
2003 Ed. (874)
Kellogg's Mini Wheats
2003 Ed. (874)
Kellogg's Nut & Honey
1992 Ed. (4232)
Kellogg's Nutri-Grain
2008 Ed. (870, 4444)
2003 Ed. (4456)
2000 Ed. (4065)
Kellogg's Nutri-Grain Bars
2000 Ed. (2383)
Kellogg's Pop Tarts
2008 Ed. (338)
Kellogg's Raisin Bran
2003 Ed. (874)
2002 Ed. (954)
1999 Ed. (1050)
1998 Ed. (659, 661)
1997 Ed. (920)
1996 Ed. (891)
1995 Ed. (914)
1992 Ed. (4232)
Kellogg's Raisin Split
1991 Ed. (1743)
Kellogg's Rice Krispie Treats
1998 Ed. (3659)
Kellogg's Rice Krispies
2008 Ed. (718, 4444)
2003 Ed. (4456)
2002 Ed. (954, 956)
1999 Ed. (1050, 1051)
1997 Ed. (920)
Kellogg's Rice Krispies Treats
2000 Ed. (2383, 4065)
Kellogg's Special K
2008 Ed. (718, 870)
2007 Ed. (893)
2002 Ed. (956)
1999 Ed. (1050, 1051)
1998 Ed. (659, 661)
1997 Ed. (920)
1992 Ed. (4232)
Kellogg's Toppas
1991 Ed. (1743)
Kellwood Co., Inc.
2008 Ed. (987, 988, 989, 992, 1946, 1953)
2007 Ed. (1106, 1107, 1114)
2006 Ed. (1020, 1021, 1022, 1025, 1905, 4729, 4730)
2005 Ed. (1010, 1011, 1012, 1013, 1016, 1018, 1019, 4683, 4684)
2004 Ed. (992, 993, 997, 998, 1002, 1005, 1225, 4711, 4712)
2003 Ed. (1002, 1003, 1004, 1006, 1007, 1009, 2871)
2002 Ed. (1081, 1083)
2001 Ed. (1275, 1278, 1279, 1280, 1281)
2000 Ed. (1121, 1124)
1999 Ed. (1201, 1204, 1205)
1998 Ed. (775, 776, 777, 778)
1997 Ed. (1034, 1035, 1037)
1996 Ed. (1014, 1015, 1016, 1020)
1995 Ed. (1031, 1032, 3323)
1994 Ed. (1022, 1024, 1028)
1993 Ed. (990, 992, 996, 1370)
1992 Ed. (1220, 1222, 1223, 1224, 1225, 1531)
1991 Ed. (981, 983, 984, 985, 1223)
1989 Ed. (942, 944, 1056)
Kellwood Cor.
2005 Ed. (1881)
Kelly
2006 Ed. (4742, 4743, 4744)
2001 Ed. (4542)
1992 Ed. (4298)
Kelly Broadcasting Co.
2001 Ed. (1546)
Kelly Browning
2008 Ed. (3789)
Kelly; Gary
2008 Ed. (935)
2007 Ed. (963)
2005 Ed. (988)
Kelly; George
1995 Ed. (1856)
1994 Ed. (1827)
Kelly Group LLC
2004 Ed. (1286)
Kelly Inc.; J. H.
1996 Ed. (1135)
1994 Ed. (1141)
Kelly; Jack
1997 Ed. (1909)
1996 Ed. (1836)
1995 Ed. (1859)
1994 Ed. (1817)
1993 Ed. (1837, 3642)
1991 Ed. (1693, 1709)
Kelly; Maureen
2006 Ed. (2518)
Kelly Mitchell Group Inc.
2008 Ed. (3718, 4409, 4969)
2007 Ed. (3572, 3573, 4430)
2006 Ed. (3523)
Kelly-Moore
1996 Ed. (2132)
1992 Ed. (3728)
Kelly-Moore Paint Co. Inc.
1998 Ed. (1968)
Kelly; Robert
2007 Ed. (385, 1091)
2006 Ed. (999)
2005 Ed. (985)
Kelly; Robert P.
2008 Ed. (369)
Kelly Services Inc.
2008 Ed. (805, 1516, 1520, 1524)
2007 Ed. (837, 1532, 1536, 1540, 4743)
2006 Ed. (743, 1078, 1503, 1506, 1511, 4720, 4721)
2005 Ed. (817, 1082, 1617, 1619, 1624, 4354, 4668, 4669)
2004 Ed. (843, 1078, 1592, 1594, 1614, 4693, 4694)
2003 Ed. (802, 1563, 1567, 1745, 4390, 4717, 4718)
2002 Ed. (4595, 4596, 4598)
2001 Ed. (1067, 1589, 1790, 4501, 4502)
2000 Ed. (1664, 4225, 4226, 4227, 4228, 4230)

1999 Ed. (1706, 1840, 4572, 4573, 4574, 4575, 4576, 4577)
1998 Ed. (1703, 3288, 3504, 3506)
1997 Ed. (3497, 3724)
1996 Ed. (1543, 3402, 3665)
1995 Ed. (1560, 3315)
1994 Ed. (1527, 3233)
1993 Ed. (1481, 3240)
1992 Ed. (3936, 3937)
1991 Ed. (2646, 3101, 3102, 3104)
1989 Ed. (2101, 2477, 2480, 2813)
Kelly Services of Denmark Inc.
2004 Ed. (4411)
Kelly Temporary Services
2006 Ed. (2430)
Kelly's Roast Beef
2001 Ed. (4051)
Kelmoore Strategy Eagle
2007 Ed. (3667)
Kelmoore Strategy Eagle Fund
2006 Ed. (3612)
Kelmoore Strategy Fund
2006 Ed. (3612)
Kelowana Software Ltd.
2005 Ed. (3288)
Kelowna-Central Okanagan, British Columbia
2006 Ed. (3316)
Kelpi Industries
1992 Ed. (2104)
Kelsenbisca A/S
2006 Ed. (1676)
Kelsey; David
2006 Ed. (983)
Kelsey-Hayes
1999 Ed. (280)
1997 Ed. (704)
Kelsey's International Inc.
2008 Ed. (4201)
2005 Ed. (4089)
2004 Ed. (4149)
2003 Ed. (4141)
Kelso & Co.
2005 Ed. (3936)
1997 Ed. (2628)
1995 Ed. (2443)
Kelso-Burnett Co.
2006 Ed. (1309)
Kelso Co., Inc.; W. R.
2005 Ed. (1319)
Kelson; Richard
2006 Ed. (977)
2005 Ed. (986)
Kelter-Thorner Inc.
2002 Ed. (2857)
2001 Ed. (2913)
2000 Ed. (2666)
Kemayan
1992 Ed. (2824)
Kemba Cincinnati Credit Union
2002 Ed. (1885)
Kemba Credit Union
2008 Ed. (2252)
2007 Ed. (2137)
2006 Ed. (2216)
2005 Ed. (2121)
2004 Ed. (1979)
2003 Ed. (1939)
Kemba Financial Credit Union
2008 Ed. (2252)
2007 Ed. (2137)
2006 Ed. (2154)
Kemble Water Ltd.
2008 Ed. (1418)
Kemerovo Gorodskaya Bolnichnaya Kassa
1995 Ed. (2283)
KEMET Corp.
2004 Ed. (2230)
2002 Ed. (2809)
2001 Ed. (2867)
2000 Ed. (1759)
1998 Ed. (1930)
1989 Ed. (1285)
Kemet Electronics Corp.
2004 Ed. (1857)
1999 Ed. (1963, 1981)
Kemira
1999 Ed. (1615, 2661, 4605)
Kemira Konserni
1994 Ed. (1361)
Kemira Oy
1997 Ed. (1396)
1996 Ed. (1335)
1995 Ed. (1385)
1993 Ed. (1309)
1989 Ed. (1114)
Kemp & Co.; S. S.
1996 Ed. (1956)
Kemp, Burdick, CPAs & Advisors
2006 Ed. (19)
Kempen
1991 Ed. (782)
Kemper
2002 Ed. (4816)
2000 Ed. (4410)
1997 Ed. (565)
1996 Ed. (797, 799)
1995 Ed. (557, 755, 2702)
1994 Ed. (2231, 2612, 2623, 3253)
1993 Ed. (932, 3216, 3259)
1992 Ed. (2705)
1991 Ed. (2140, 3090)
Kemper Advantage III Equity
1994 Ed. (3611)
Kemper Aggressive Growth A
1999 Ed. (3528)
Kemper Asset Management
1996 Ed. (2399)
1992 Ed. (2765)
Kemper Blue Chip
1993 Ed. (2660, 2671)
1992 Ed. (3160)
Kemper; David W.
2008 Ed. (958)
2006 Ed. (2530)
Kemper Diversified A
1997 Ed. (2867)
1996 Ed. (2765)
Kemper Diversified Income
1995 Ed. (2741)
1994 Ed. (2641)
1993 Ed. (2674)
Kemper Diversified Income A
1999 Ed. (747)
1998 Ed. (2626)
1997 Ed. (691)
Kemper-Dreman High Return
1999 Ed. (3542, 3543)
1997 Ed. (2897)
Kemper Dreman High Return A
1998 Ed. (2598, 2631)
Kemper Dreman Small Cap A
1998 Ed. (2608)
Kemper-Dremen High Return Equity A
1999 Ed. (3558)
Kemper Financial
1991 Ed. (2250)
1989 Ed. (1811, 2132)
Kemper Financial Services Inc.
1998 Ed. (2629, 2658)
1997 Ed. (737)
1996 Ed. (801)
1995 Ed. (758)
1993 Ed. (762)
1992 Ed. (2778)
1989 Ed. (1801, 2140)
Kemper Global Income
1992 Ed. (3163, 3170, 3173)
Kemper Global Income A
1999 Ed. (3579)
Kemper Group
1989 Ed. (2975)
Kemper Growth
1993 Ed. (2650, 2659, 2670)
Kemper High-Yield
1999 Ed. (3548)
1995 Ed. (2692, 2694, 2700, 2715)
1994 Ed. (2610)
1993 Ed. (2666)
1992 Ed. (3155)
1991 Ed. (2563)
1989 Ed. (1853)
Kemper High-Yield A
1998 Ed. (2625, 2626)
1997 Ed. (2867)
1996 Ed. (2761, 2765)
Kemper Income & Capital Preserv. A
1996 Ed. (2784)
Kemper Income & Capital Preservation
1997 Ed. (2866)
Kemper Insurance Companies
2000 Ed. (4438)
Kemper Insurance Cos.
2005 Ed. (4998)
2004 Ed. (4997)
2003 Ed. (4994, 4996)
2002 Ed. (1071, 4991)
2000 Ed. (1101)
Kemper International
1992 Ed. (3184)
Kemper Investment Portfolio
1993 Ed. (2693)
Kemper Investment Portfolio Diversified Inc.
1995 Ed. (2741)
Kemper Investment Portfolio Dividend Income
1993 Ed. (2674)
Kemper Investment Portfolio Total Return
1995 Ed. (2739)
1994 Ed. (2639)
1993 Ed. (2662, 2673)
Kemper Investment Portfolios-Government I
1993 Ed. (716)
Kemper Investors
1993 Ed. (2379, 2380)
Kemper Investors Life
1991 Ed. (2096)
Kemper Investors Life Insurance Co.
2002 Ed. (2922, 2938)
2001 Ed. (2939)
2000 Ed. (2687, 2693, 2701, 2711)
Kemper Jr.; R. Crosby
1993 Ed. (891)
Kemper Lesnik Communications
2002 Ed. (3813)
2000 Ed. (3629, 3646)
Kemper MMF/Govt Securities Portfolio
1996 Ed. (2667)
Kemper MMF/Money Market Port
1996 Ed. (2671)
Kemper MMF/Money Market Portfolio
1994 Ed. (2543)
Kemper Money Market Fund
1992 Ed. (3096, 3100)
Kemper Money Market Government Port
1992 Ed. (3094)
Kemper Muni Bond
1991 Ed. (2564)
Kemper Municipal Bond
1993 Ed. (2667)
1992 Ed. (3156)
1989 Ed. (1855)
Kemper Municipal Bond A
1997 Ed. (692, 2893)
Kemper National Companies
2000 Ed. (4440)
Kemper National Insurance Cos.
1999 Ed. (4822)
1998 Ed. (750, 3769)
1997 Ed. (1012, 3922)
1996 Ed. (3885)
1995 Ed. (3800)
1994 Ed. (3675)
1993 Ed. (3740)
Kemper National Services Inc.
1997 Ed. (3160)
1996 Ed. (3080)
Kemper New Europe
2001 Ed. (3500)
Kemper Passport Small Cap Growth
2000 Ed. (4335)
Kemper Reinsurance Co.
2001 Ed. (2956)
2000 Ed. (2660)
1999 Ed. (2905)
1994 Ed. (3040)
1993 Ed. (2992)
1992 Ed. (3658)
Kemper Retirement II
1993 Ed. (2673)
Kemper Securities Inc.
1997 Ed. (737, 741, 2505, 3449, 3450, 3457)
1996 Ed. (801, 2372, 2717, 3357)
1995 Ed. (758, 759, 762, 800, 2353, 2638, 2641, 3258)
1994 Ed. (2292)
1992 Ed. (3855, 3856, 3863)
Kemper Securities Group Inc.
1993 Ed. (762, 763, 765, 766, 1169, 3137, 3169, 3170, 3182, 3184, 3186)
1992 Ed. (2727, 3867, 3869)
Kemper Total Return
1996 Ed. (2771)
1994 Ed. (2639)
1993 Ed. (2662, 2673, 2693)
Kemper Total Return Fund
1992 Ed. (3162, 3177)
Kemper U.S. Government
1991 Ed. (2562)
Kemper U.S. Government Securities
1993 Ed. (716, 2665)
Kemper "VA" Adv 3: Eq NQ
1994 Ed. (3617)
Kemper "VA" Adv 3: HY NQ
1994 Ed. (3616)
Kemper Value
2000 Ed. (3282)
Kempinski
2000 Ed. (2565)
Kempinski Hotels
2000 Ed. (2557)
Kemps
2008 Ed. (2078)
2007 Ed. (1980)
2006 Ed. (2014)
2005 Ed. (3477)
2003 Ed. (3410, 3411)
2001 Ed. (1168, 2547, 2833, 3309, 3310)
2000 Ed. (1015, 2281, 2597, 3133, 4150)
1998 Ed. (1770, 2074, 2075)
1997 Ed. (2092, 2093)
1996 Ed. (1977, 2215)
1995 Ed. (1946)
1993 Ed. (1907, 2121)
Kemps Moo Jr.'s
1995 Ed. (2578)
Kempston-Darkes; Maureen
2008 Ed. (2629)
Kempsville Building Materials
1994 Ed. (797)
Ken and Myra Monfort
1994 Ed. (890)
Ken Bates
2005 Ed. (268)
Ken Chenault
2004 Ed. (176)
Ken Clark International
2006 Ed. (4058)
2005 Ed. (4030)
Ken Griffey Jr.
2003 Ed. (295)
Ken Griffin
2006 Ed. (4912)
2005 Ed. (4859)
2004 Ed. (3170)
Ken Grody Ford
2002 Ed. (357)
Ken Kresa
1995 Ed. (979)
Ken Kulji
2002 Ed. (2258)
Ken Kutaragi
2005 Ed. (2322)
2004 Ed. (2486)
Ken-L Burger 'n Liver
1989 Ed. (2194)
Ken-L Burger with Egg
1989 Ed. (2194)
Ken-L Burgers
1997 Ed. (3074)
1996 Ed. (2995)
1994 Ed. (2833)
1989 Ed. (2194)
Ken-L-Ration
1999 Ed. (3781)
1997 Ed. (3071)
1996 Ed. (2992)
1994 Ed. (2821, 2830)
1993 Ed. (2818)
1992 Ed. (3411)
1989 Ed. (2196)
Ken-L Ration Burgers
1993 Ed. (2816)
1992 Ed. (3409)
Ken-L-Ration Cheeseburger
2002 Ed. (3654)

1999 Ed. (3788)
1997 Ed. (3074)
1996 Ed. (2995)
1994 Ed. (2833)
1993 Ed. (2816)
1989 Ed. (2194)
Ken L Ration Kibbles N Bits
2004 Ed. (3815)
Ken-L Ration Moist 'N Beefy
1994 Ed. (2823)
Ken-L Ration Pup-Peroni
1994 Ed. (2824)
Ken-L Ration Pupperoni Lean
1995 Ed. (2904)
Ken-L-Ration Special Cuts
2002 Ed. (3654)
1999 Ed. (3788)
1997 Ed. (3074)
1996 Ed. (2995)
1994 Ed. (2823, 2833)
1993 Ed. (2816)
1992 Ed. (3409)
1989 Ed. (2194)
Ken-L Ration Tender Chops
1994 Ed. (2823)
Ken Lewis
2008 Ed. (369)
2007 Ed. (384)
Ken Maruyama
1999 Ed. (2385)
1997 Ed. (1985)
1996 Ed. (1878)
Ken Morehead Dodge-Yugo Inc.
1993 Ed. (268)
Ken R. Humke Co.
2006 Ed. (4374)
Ken R. Lucas
2003 Ed. (3893)
Ken Salazar
2007 Ed. (2497)
Ken Super Lights
1997 Ed. (988)
Ken Thompson
2007 Ed. (384)
2005 Ed. (2469)
Kenan Advantage Group
2008 Ed. (4588, 4772)
2007 Ed. (4677, 4849)
2006 Ed. (4657, 4809)
Kenan-Flagler School of Business; University of North Carolina-Chapel Hill
2008 Ed. (772, 794, 795)
2007 Ed. (795, 814, 833, 834)
2006 Ed. (724)
2005 Ed. (800, 803, 810, 813, 814, 815)
Kenan, Jr. Charitable Trust; The William R.
1995 Ed. (1070, 1928)
Kenan Transport Co.
2006 Ed. (4845)
2005 Ed. (4592)
2004 Ed. (4775)
2003 Ed. (4790)
2002 Ed. (4547)
2001 Ed. (4441, 4645)
KenCell Communications
2005 Ed. (54)
2004 Ed. (59)
Kenco
2002 Ed. (703)
1999 Ed. (710)
1996 Ed. (725)
1994 Ed. (693)
1992 Ed. (887)
Kenco Construction
1998 Ed. (911)
Kenco Homes
2003 Ed. (1183)
Kenco Logistics
2008 Ed. (4814)
2007 Ed. (4879)
2006 Ed. (4887)
KENDA Systems Inc.
1999 Ed. (2671)
Kendal; Robert
1995 Ed. (2485)
Kendall Confab
2003 Ed. (3785)
Kendall County, TX
2008 Ed. (3480)
Kendall/Heaton Associates
2005 Ed. (262)
Kendall International
1994 Ed. (1262, 1263)
Kendall-Jackson
2007 Ed. (4966)
2006 Ed. (4959)
2005 Ed. (4954)
2003 Ed. (4961)
1998 Ed. (3439, 3723)
Kendall-Jackson Wine Estates Ltd.
2006 Ed. (4963)
2005 Ed. (4946, 4947)
2004 Ed. (4962, 4963)
Kendall Medical Center
2002 Ed. (2620)
2000 Ed. (2527)
Kendall Toyota
1996 Ed. (290, 298)
1995 Ed. (287, 294, 295)
1994 Ed. (286, 290)
1993 Ed. (287)
1992 Ed. (377, 402, 418)
1991 Ed. (297)
Kendell
1989 Ed. (242)
Kender; Michael
1997 Ed. (1939, 1940)
Kendle International Inc.
2001 Ed. (1461)
1999 Ed. (2614, 2621, 4322, 4328)
Kendrick; Claire
1997 Ed. (1934)
Keneb Services
1995 Ed. (2067)
Kenetech Corp.
1998 Ed. (478)
1997 Ed. (2975)
1995 Ed. (3205, 3206, 3693, 3694)
Kenfil
1995 Ed. (3202)
Kenia SAIC
1992 Ed. (39)
1989 Ed. (15)
Kenichiro Yoshida
2000 Ed. (2158, 2176)
1999 Ed. (2378, 2393)
1997 Ed. (1992)
1996 Ed. (1886)
Kenkichi Nakajima
1993 Ed. (698)
Kenmar Performance Part BVI
1995 Ed. (1080)
Kenmark Industrial
2007 Ed. (1864)
Kenmark Lenses
1996 Ed. (2874)
Kenmore
2008 Ed. (2348, 2988, 3088, 3089, 3668, 3835, 4548, 4796)
2007 Ed. (2965, 2966, 2975, 4869)
2006 Ed. (2948)
2005 Ed. (2953, 2967)
2003 Ed. (744, 2865)
2001 Ed. (287, 288, 2037, 3304, 3600, 3601, 4027, 4731)
1999 Ed. (780, 2701)
1992 Ed. (258, 1830, 2522, 3071, 3649, 4154, 4155, 4420)
1991 Ed. (187, 1441, 2457, 2825, 3242, 3243, 3471)
Kennametal Inc.
2008 Ed. (2043, 2047)
2007 Ed. (2211)
2006 Ed. (1984, 2279, 3344, 3366)
2005 Ed. (3460)
2004 Ed. (3445, 3446)
2003 Ed. (3267, 3268)
2001 Ed. (3183, 3184, 3277)
2000 Ed. (3340)
1998 Ed. (149)
1997 Ed. (2946)
1993 Ed. (2726)
1992 Ed. (2952, 3253)
Kennan & Associates
1998 Ed. (2125)
Kennan; Peter
1997 Ed. (998)
Kennebec County, ME
1996 Ed. (1473)
Kennebunk, ME
2008 Ed. (4245)
Kennecott Corp.
2008 Ed. (3653)
2000 Ed. (3099)
1999 Ed. (1208, 3360)
Kennecott Energy Co.
2007 Ed. (2071)
2006 Ed. (2123)
2005 Ed. (2020)
2004 Ed. (1894)
2003 Ed. (1858)
2001 Ed. (1903)
2000 Ed. (1127, 1129)
1998 Ed. (782)
Kennecott Energy & Coal Co.
2004 Ed. (1894)
Kennecott Holding Corp.
2008 Ed. (2148)
2007 Ed. (2046, 3479)
2006 Ed. (2088, 3456)
2005 Ed. (1990, 3447, 3448)
2004 Ed. (1874)
2003 Ed. (1840, 3366)
Kennecott Holdings Corp.
2001 Ed. (3322)
Kennecott; Sohio/
1991 Ed. (1146)
Kennedy
2001 Ed. (351, 353)
1992 Ed. (313)
Kennedy Co.; A. J.
1993 Ed. (790)
Kennedy & Co.
2000 Ed. (13)
Kennedy & Christopher PC
2005 Ed. (3262)
Kennedy & Coe
2002 Ed. (13, 14)
1999 Ed. (16)
1998 Ed. (12)
Kennedy & Coe LLC
2008 Ed. (5)
2007 Ed. (7)
2006 Ed. (11)
2005 Ed. (6)
2004 Ed. (10)
2003 Ed. (4)
Kennedy & Co.; Grace
1996 Ed. (2437, 2438)
1994 Ed. (2339, 2340)
Kennedy Associates
2002 Ed. (3938)
2000 Ed. (2808)
1999 Ed. (3093)
Kennedy Cabot
1993 Ed. (1491)
Kennedy Cabot & Co.
1999 Ed. (904)
1998 Ed. (529)
1997 Ed. (782)
1996 Ed. (809)
1995 Ed. (800)
Kennedy Capital Management
1993 Ed. (2333, 2335)
Kennedy Capital Management, Select
2003 Ed. (3120, 3135)
Kennedy Capital Management, Small Cap Growth
2003 Ed. (3121, 3136)
Kennedy Center for the Performing Arts; John F.
2005 Ed. (3281)
Kennedy Covington Lobdell & Hickman LLP
2007 Ed. (1505)
Kennedy; George D.
1993 Ed. (938)
1992 Ed. (1143, 2059)
Kennedy Health System
2000 Ed. (965, 2345)
1999 Ed. (1011, 2602)
The Kennedy Health System-Washington Township Division
1998 Ed. (1843)
Kennedy Homes
2008 Ed. (1195)
Kennedy Institute
1994 Ed. (890)
Kennedy International Airport; John F.
1995 Ed. (195, 199)
1994 Ed. (152, 191, 194)
1993 Ed. (168, 206, 209)
Kennedy International Airport, New York
1991 Ed. (218)
Kennedy International; J. F.
1992 Ed. (307, 308)
Kennedy; J. F.
1992 Ed. (306)
Kennedy/Jenks Consultants
2006 Ed. (2457, 4365)
Kennedy, John F.
1991 Ed. (214)
Kennedy; John R.
1994 Ed. (1723)
1993 Ed. (1705)
1992 Ed. (2061)
1991 Ed. (1630, 1631)
Kennedy Memorial Hospital/University Medical Center
1992 Ed. (2461)
Kennedy, New York
1991 Ed. (215, 216)
Kennedy; Ray
1993 Ed. (1079)
Kennedy School of Government of Harvard University, John F.
1991 Ed. (1003)
Kennedy Space Center
1999 Ed. (4622)
Kennedy Stadium; John F.
1989 Ed. (986, 986)
The Kennedys of Massachusetts
1992 Ed. (4250)
Kenner
1999 Ed. (4629)
1997 Ed. (3775)
1995 Ed. (3639)
1991 Ed. (3410)
Kenner & Co.
2005 Ed. (3284)
Kenner Parker
1989 Ed. (2665)
Kenner Parker Toys
1989 Ed. (2856)
Kennestone Regional Health Care System
1992 Ed. (3126)
Kenneth Abramowitz
2000 Ed. (2015)
1999 Ed. (2233, 2234)
1998 Ed. (1609, 1642, 1643, 1652)
1997 Ed. (1869, 1921)
1996 Ed. (1773, 1796, 1849)
1995 Ed. (1823, 1868)
1994 Ed. (1783, 1784, 1828, 1833, 1834)
1993 Ed. (1774, 1800, 1801)
1992 Ed. (2136, 2137, 2138)
1991 Ed. (1708)
1989 Ed. (1418)
Kenneth Balfour Ltd.
1995 Ed. (1007)
Kenneth Bann
1999 Ed. (2170)
1998 Ed. (1583)
1997 Ed. (1939)
Kenneth Berg
1998 Ed. (721)
Kenneth C. Smith
1997 Ed. (138)
Kenneth Chenault
2007 Ed. (1010, 3617)
2005 Ed. (964)
Kenneth Cole
2001 Ed. (4244)
Kenneth Cole Infinite Black
2008 Ed. (2768)
Kenneth Cole Productions Inc.
2008 Ed. (3436, 4221)
2007 Ed. (3336)
2006 Ed. (3264)
2005 Ed. (1010, 3273)
1997 Ed. (2936)
Kenneth Colin Irving
1989 Ed. (732)
Kenneth D. Lewis
2008 Ed. (949, 957, 1108)
2007 Ed. (1027, 1202)
2006 Ed. (926, 1099)
2005 Ed. (1104)
2004 Ed. (411, 2492)
Kenneth F. Gorman
1989 Ed. (1377)

Kenneth Goldberg
2000 Ed. (1939, 1943)
1999 Ed. (2168, 2172)
1998 Ed. (1587)
1997 Ed. (1945)
Kenneth Griffin
2006 Ed. (4896)
Kenneth Griffon
2006 Ed. (2798)
Kenneth H. Olsen
1994 Ed. (1719)
1993 Ed. (1700)
1992 Ed. (2053)
Kenneth Hendricks
2008 Ed. (4828)
2007 Ed. (4901)
Kenneth Ho
2000 Ed. (2071)
Kenneth I. Chenault
2008 Ed. (943, 949)
2007 Ed. (1022, 1027)
2006 Ed. (920, 932)
1989 Ed. (735)
Kenneth J. Gerbino
1993 Ed. (2297)
Kenneth J. Gerbino & Co.
1994 Ed. (2309)
Kenneth J. Thygerson
1991 Ed. (1621)
Kenneth L. Gibson
1991 Ed. (3211)
Kenneth L. Lay
1992 Ed. (1141)
Kenneth Lay
2002 Ed. (1043)
Kenneth Leon
1994 Ed. (1786)
1993 Ed. (1785)
Kenneth Leung
1994 Ed. (1803)
1993 Ed. (1820)
1991 Ed. (1688)
Kenneth Leventhal & Co.
1997 Ed. (18)
1996 Ed. (18)
1995 Ed. (4, 5, 6, 11)
1994 Ed. (1, 4)
Kenneth Lewis
2007 Ed. (1016)
Kenneth Lowe
2007 Ed. (1003)
2006 Ed. (913)
Kenneth M. Jakubzak, CTA
1994 Ed. (1069)
Kenneth Martin
2008 Ed. (966)
2007 Ed. (1069)
Kenneth Mayland
1991 Ed. (2160)
1989 Ed. (1753)
Kenneth Miller
1995 Ed. (1837)
1994 Ed. (1799)
1991 Ed. (1707)
Kenneth N. Pontikes
1992 Ed. (1143, 2059)
1991 Ed. (926)
Kenneth Neumann/Joel Smith & Associates Inc.
1992 Ed. (357)
1991 Ed. (252)
Kenneth Oder
2002 Ed. (1043)
Kenneth P. Manning
2008 Ed. (2632)
2007 Ed. (2500)
Kenneth Quickel
1993 Ed. (1701)
Kenneth R. Thomson
1998 Ed. (464)
1997 Ed. (673, 3871)
1989 Ed. (732)
Kenneth Roy Thomson
1993 Ed. (698, 699)
1991 Ed. (709, 710, 1617, 3477)
Kenneth Rumph
1999 Ed. (2304)
Kenneth Schroeder
2007 Ed. (1006)
2006 Ed. (916)
Kenneth Silver
2000 Ed. (1951)
1999 Ed. (2180)
1998 Ed. (1591)
Kenneth Thomson
2007 Ed. (4910, 4913, 4916)
2006 Ed. (4923, 4925)
2005 Ed. (4870, 4876, 4881)
2004 Ed. (4875, 4879)
2003 Ed. (4891, 4893)
2002 Ed. (4788)
Kenneth Thomson and family
2005 Ed. (4875)
Kenneth Topping
1992 Ed. (3138)
1991 Ed. (2548)
Kenneth Way
2000 Ed. (1045)
1999 Ed. (1125)
Kenneth Whipple
2001 Ed. (2346)
2000 Ed. (1885)
Kenneth Ziffren
1997 Ed. (2611)
1991 Ed. (2297)
Kennewick-Richland-Pasco, WA
2008 Ed. (3476)
2007 Ed. (2375, 3375)
Kenney's
1998 Ed. (2049)
1995 Ed. (2182)
Kenny A. Troutt
2004 Ed. (4866)
Kenny & Christmas: Kenny Rogers, The Forester Sisters
1991 Ed. (1040, 1040, 1040)
Kenny Chesney
2007 Ed. (1267)
2006 Ed. (1157)
Kenny Construction Co.
2008 Ed. (1295)
2004 Ed. (1292)
2002 Ed. (1182)
1999 Ed. (1326, 1383)
1995 Ed. (1136, 1175)
1994 Ed. (1156)
1993 Ed. (1098, 1149)
1992 Ed. (1371, 1434)
Kenny; Gregory
2007 Ed. (2512)
2006 Ed. (2531)
Kenny Industrial Services
2004 Ed. (1312)
2003 Ed. (1309)
Kenny Kingston's Psychic Line
1997 Ed. (2390)
Kenny-Manta Industrial Services
2002 Ed. (1295)
Kenny Rogers
2002 Ed. (1159)
1997 Ed. (1113)
1996 Ed. (1094)
1995 Ed. (1120)
1994 Ed. (1100)
1993 Ed. (1079)
1992 Ed. (1351, 1351, 1351, 1351)
1989 Ed. (991, 991)
Kenny Rogers/Dolly Parton
1991 Ed. (1040)
Kenny Rogers, Lorrie Morgan
1991 Ed. (1040)
Kenny Rogers Roasters
1999 Ed. (2128, 2130, 2133, 2135, 4063)
1998 Ed. (1549, 1879, 3059, 3062)
1997 Ed. (1841, 3311, 3312, 3316, 3328, 3331, 3332)
1996 Ed. (1760)
Kenny Rogers, The Forester Sisters; Kenny & Christmas:
1991 Ed. (1040)
Kenny Troutt
2005 Ed. (4843)
Kenny Wayne Shepherd
1998 Ed. (867)
Keno
2000 Ed. (3013)
Kenosha Beef International Ltd.
2008 Ed. (3609)
Kenosha News
1991 Ed. (2599, 2608)
1989 Ed. (2053)
Kenosha, WI
2002 Ed. (2744)
2001 Ed. (2359)
1992 Ed. (370)
Kensey Nash Corp.
2003 Ed. (2728)
Kensington
2008 Ed. (626, 628)
Kensington Electronics Inc.
2004 Ed. (2245)
2001 Ed. (2205)
Kensington Frost
2000 Ed. (2341)
Kensington Gold
2000 Ed. (2341)
Kensington International Inc.
2001 Ed. (2311)
Kensington Management Group Ltd.
2008 Ed. (858)
2006 Ed. (787, 3052)
Kensington Realty
1999 Ed. (3080)
1996 Ed. (2393, 2413)
1993 Ed. (2310, 2318)
Kensington Realty Advisors
2000 Ed. (2820)
Kensington Resources Ltd.
2006 Ed. (1631)
Kent & Spiegel Direct
1998 Ed. (3764)
1997 Ed. (3918)
1996 Ed. (3882)
1995 Ed. (3796)
Kent Blair
1995 Ed. (1857)
1993 Ed. (1791)
1992 Ed. (2137)
1991 Ed. (1703)
The Kent Center for Human & Organizational Development
2008 Ed. (2059)
Kent cigarettes
1992 Ed. (55)
Kent Conrad
1999 Ed. (3844, 3960)
Kent Construction Co., Inc.
2008 Ed. (4251, 4252)
2007 Ed. (4214, 4215)
2006 Ed. (4205)
Kent Cos.
2006 Ed. (1290)
Kent County, MD
1991 Ed. (2525)
Kent County Memorial Hospital
2008 Ed. (2061)
2007 Ed. (1966)
2006 Ed. (2001)
2005 Ed. (1955)
2004 Ed. (1847)
2003 Ed. (1813)
2001 Ed. (1840)
1997 Ed. (2267)
Kent Electronics Corp.
2003 Ed. (2188, 2206)
2002 Ed. (2077, 2087, 2088, 2089, 2090, 2091, 2093, 2095)
2001 Ed. (2183, 2203, 2204, 2205, 2206, 2207, 2208, 2209, 2211)
2000 Ed. (1761, 1762, 1765, 1766, 1767, 1771)
1999 Ed. (1938, 1982, 1985, 1986, 1987, 1991)
1998 Ed. (1406, 1407, 1408, 1411, 1412, 1416)
1997 Ed. (1711, 1823, 1824)
1996 Ed. (1636)
Kent Fds-Income Institutional
1999 Ed. (603)
Kent FDS-MI Municipal Ltd. Mat. Inst.
2001 Ed. (726)
Kent Funds-International Equity Institutional
1996 Ed. (620)
Kent Intermediate Bond Institutional
1996 Ed. (611)
Kent Kresa
1999 Ed. (1120)
1996 Ed. (963)
Kent Messenger Weekly Newspaper Group
2002 Ed. (3517)
Kent Mild KS
1997 Ed. (988)
Kent Milds King Size Box
2000 Ed. (1063)
1999 Ed. (1138)
Kent 1
2000 Ed. (1063)
1999 Ed. (1138)
Kent Regional Newspapers Ltd.
2002 Ed. (3517)
Kent Short-Term Bond Institute
1996 Ed. (2767)
Kent Wilson
1999 Ed. (2289)
Kentor AB
2006 Ed. (2029)
Kentron Inc.
1995 Ed. (3687)
1992 Ed. (4370, 4371)
Kentucky
2008 Ed. (1012, 2424, 2435, 2655, 2656, 2896, 3135, 3469, 3470, 4082, 4465, 4594, 4690, 4733, 4787)
2007 Ed. (1131, 1846, 2292, 2308, 2528, 3016, 3337, 3338, 4046, 4770, 4804)
2006 Ed. (1043, 2358, 2552, 3059, 3098, 3906, 4014, 4664, 4764, 4791)
2005 Ed. (346, 391, 413, 1034, 1077, 1101, 2544, 2545, 3335, 4205, 4402, 4597, 4712, 4776)
2004 Ed. (348, 372, 389, 394, 1028, 1070, 1096, 2297, 2310, 2567, 2570, 2571, 2572, 3038, 3088, 3293, 3299, 3311, 3312, 4263, 4294, 4308, 4457, 4735, 4805, 4901, 4905)
2003 Ed. (1025, 2145, 2146, 2147, 2148, 2435, 2582, 2606, 2688, 2828, 3244, 3248, 3249, 3250, 3252, 3255, 3256, 3261, 3263, 4040, 4250, 4252, 4284, 4414, 4415, 4494, 4755, 4914)
2002 Ed. (379, 456, 463, 468, 951, 2119, 2232, 2233, 2447, 2736, 2738, 2739, 2837, 2875, 2977, 3114, 3120, 3126, 3202, 3344, 3804, 4102, 4103, 4140, 4145, 4152, 4153, 4159, 4366, 4377, 4627, 4682)
2001 Ed. (9, 362, 370, 371, 428, 998, 1284, 1287, 1288, 1289, 1290, 1420, 1424, 1491, 1941, 2130, 2132, 2143, 2356, 2357, 2360, 2361, 2522, 2576, 2626, 2806, 3026, 3094, 3095, 3175, 3295, 3328, 3338, 3339, 3385, 3400, 3523, 3525, 3577, 3606, 3620, 3653, 3809, 3840, 4026, 4140, 4223, 4256, 4257, 4286, 4532, 4552, 4594, 4730, 4741, 4742, 4799, 4800, 4930)
2000 Ed. (276, 1128, 1140, 1791, 2965, 2966, 3007, 3587, 4096, 4102, 4104, 4112, 4115, 4289)
1999 Ed. (1209, 1211, 3226, 3227, 3272, 4429, 4431, 4447, 4452, 4461, 4466, 4536)
1998 Ed. (210, 1535, 2385, 2386, 2883, 2971, 3375, 3376, 3379, 3611)
1997 Ed. (2650, 2051, 3148, 3228, 3567, 3569, 3580, 3593, 3603, 3608, 3619)
1996 Ed. (35, 1737, 1738, 2090, 2504, 2511, 2512, 3516, 3536, 3540, 3553, 3569, 3580)
1995 Ed. (1762, 2462, 2463, 3456, 3460, 3472, 3488)
1994 Ed. (2381, 2382, 3384, 3388, 3401, 3407, 3417, 3421)
1993 Ed. (315, 1734, 1735, 2180, 2585, 3353, 3395, 3396, 3411, 3425, 3433, 3440)
1992 Ed. (977, 2922, 2931, 3106, 3542, 4014, 4117, 4126, 4130)
1991 Ed. (787, 788, 2485)
1989 Ed. (1898, 2533)
Kentucky Asset/Liability Agency
2001 Ed. (821, 922)

Kentucky Cabinet for Economic Development
2003 Ed. (3245)
Kentucky Central
1991 Ed. (2115, 2116)
Kentucky Central Life
1992 Ed. (2668)
Kentucky Credit Union; University of
2008 Ed. (2234)
2007 Ed. (2119)
2006 Ed. (2198)
2005 Ed. (2103)
Kentucky Delux
1998 Ed. (2373)
Kentucky Deluxe
2004 Ed. (4889)
2003 Ed. (4899)
2002 Ed. (290, 3102)
2001 Ed. (4786)
2000 Ed. (2944)
1999 Ed. (3204)
Kentucky Development Finance Agency
1991 Ed. (1478)
Kentucky Development Finance Authority
1991 Ed. (2523)
Kentucky Economic Development Finance Agency
2001 Ed. (821)
Kentucky Fair & Exposition Center
2005 Ed. (2518)
2003 Ed. (2412)
2001 Ed. (2350)
Kentucky Fair & Exposition Center, Louisville
1991 Ed. (1104)
Kentucky Farmers Bank
2000 Ed. (550)
1994 Ed. (507, 509)
1993 Ed. (371)
1992 Ed. (702)
1991 Ed. (544)
Kentucky Farms Bank
1989 Ed. (557)
Kentucky Fried Chicken
2000 Ed. (198, 1910, 1911, 1912, 2246, 2267, 2270)
1999 Ed. (2129, 2134, 2135, 2140, 2477, 2507, 2522, 2523, 4050, 4063, 4083, 4084, 4085)
1998 Ed. (3077)
1993 Ed. (1757, 1758, 1886, 1900, 1901, 3013, 3020, 3037)
1992 Ed. (38, 922, 2112, 2123, 2124, 2203, 2205, 2219, 2224, 2228, 2230, 3704, 3705, 3712, 3720, 3721, 3722, 3723, 4229)
1991 Ed. (1655, 1656, 1658, 1659, 1756, 1774, 2866, 2867, 2872, 2879, 2886, 3319)
1989 Ed. (753)
Kentucky Fried Chicken (Bermuda) Ltd.
2002 Ed. (4386)
Kentucky Fried Chicken Food Service
1991 Ed. (13, 738)
Kentucky Fried Chicken Japan Ltd.
1999 Ed. (2772)
1997 Ed. (2298)
The Kentucky Headhunters
1994 Ed. (1100)
1993 Ed. (1079)
1992 Ed. (1351)
Kentucky Hospital; University of
2008 Ed. (1881)
2007 Ed. (1845)
2006 Ed. (1840)
2005 Ed. (1835)
Kentucky Housing Corp.
2001 Ed. (821)
1996 Ed. (2211)
Kentucky Power
2001 Ed. (3869)
Kentucky Retirement
2004 Ed. (2027)
2003 Ed. (1979)
2002 Ed. (3612, 3615)
2001 Ed. (3672)
2000 Ed. (3445)
Kentucky River Medical Center
2008 Ed. (3061)
Kentucky State Property & Building Agency
2001 Ed. (821)
Kentucky State Property & Building Commission
1998 Ed. (2563)
Kentucky State Property & Building Community
1996 Ed. (2729)
Kentucky Tavern
1989 Ed. (749)
Kentucky Telco Credit Union
2008 Ed. (2234)
2007 Ed. (2119)
2006 Ed. (2198)
2005 Ed. (2103)
2004 Ed. (1961)
2003 Ed. (1921)
2002 Ed. (1867)
Kentucky Turnpike Authority
1993 Ed. (3621)
Kentucky Utilities
1993 Ed. (1559)
1992 Ed. (1902, 1903)
1991 Ed. (1489, 1501, 1502)
1989 Ed. (1300, 1301)
The Kentwood Co.
2002 Ed. (3910)
1989 Ed. (747)
Kenwake Ltd.
2002 Ed. (4673)
Kenwood
2008 Ed. (274, 699)
2002 Ed. (1131)
2000 Ed. (2479, 4121)
1999 Ed. (2693)
1998 Ed. (1952)
Kenwood Group
1998 Ed. (2289)
1996 Ed. (2409)
Kenworth
2000 Ed. (4304)
1998 Ed. (3625, 3646)
1994 Ed. (3582, 3583)
1993 Ed. (3627, 3628)
1992 Ed. (4350)
Kenworth Sales Co., Inc.
2006 Ed. (4381)
Kenya
2008 Ed. (1032, 2200, 2402, 2822, 4601, 4602)
2007 Ed. (234, 2090, 4692, 4693)
2006 Ed. (4671, 4672)
2005 Ed. (216, 2734, 4606, 4607)
2004 Ed. (4656, 4657)
2002 Ed. (682)
2001 Ed. (507, 508, 4446, 4447)
2000 Ed. (824)
1997 Ed. (1541, 3633)
1996 Ed. (3633)
1994 Ed. (1485)
1992 Ed. (1729)
1991 Ed. (1380, 3273)
1989 Ed. (1219)
Kenya Air
2008 Ed. (214)
Kenya Airways Ltd.
2006 Ed. (4543)
2002 Ed. (3482, 3483)
2000 Ed. (3314, 3315)
1999 Ed. (3591)
Kenya Auto Enterprises
2004 Ed. (167)
Kenya Ayton/Y & R
2003 Ed. (97)
Kenya Breweries
2004 Ed. (59)
2000 Ed. (3314, 3315)
1999 Ed. (3591)
Kenya Commercial Bank
2008 Ed. (457)
2007 Ed. (493)
2006 Ed. (3685)
2005 Ed. (556)
2004 Ed. (570)
2003 Ed. (556)
2002 Ed. (509, 599, 3483)
2001 Ed. (50)
2000 Ed. (439, 580, 3314, 3315)
1999 Ed. (446, 568, 3590, 3591)
1997 Ed. (533)
1996 Ed. (577)
1995 Ed. (522)
1994 Ed. (547)
1993 Ed. (546)
1992 Ed. (748)
1991 Ed. (416, 582)
1989 Ed. (594)
Kenya Power & Lighting
2006 Ed. (3685)
2002 Ed. (3482, 3483)
2000 Ed. (3314, 3315)
1999 Ed. (3590, 3591)
Kenyon & Eckhardt/Caribbean
1989 Ed. (169)
Kenyon & Kenyon
2003 Ed. (3171, 3172)
Kenzer Corp.
2000 Ed. (1867)
1998 Ed. (1507)
Kenzie & Co.
2007 Ed. (3542, 3543, 4404)
KEO
2006 Ed. (39)
1992 Ed. (45)
Keogh; Hugh D.
1993 Ed. (3445)
Keough; Donald R.
1994 Ed. (1715)
1992 Ed. (2051)
1991 Ed. (1620)
KEPCO
2000 Ed. (1505)
1996 Ed. (2444, 2445)
1992 Ed. (1569, 1665)
KEPCO-Korea Electric Power Co.
1997 Ed. (2591, 2592)
1995 Ed. (1447)
1994 Ed. (1414, 1415, 2345, 2346)
1991 Ed. (1251, 1319)
Kepez Elektrik
1999 Ed. (3121)
Kephart Trucking
2005 Ed. (4781)
Kepler Weber Industria
2005 Ed. (1841)
Kepong; K. L.
1991 Ed. (3129)
Keppel Corp., Ltd.
2008 Ed. (2070, 2353, 3578)
2007 Ed. (1974)
2006 Ed. (2007, 3398)
2000 Ed. (230, 1550, 4013)
1999 Ed. (1324, 1729, 4316)
1997 Ed. (3519)
1996 Ed. (1439, 1440, 3437, 3438)
1995 Ed. (1479)
1994 Ed. (630, 1443, 1444, 3195, 3310, 3311)
1993 Ed. (1390, 3322)
1992 Ed. (1685, 1686, 3978)
1991 Ed. (1340)
Keppel Bank of Singapore
2000 Ed. (661)
1999 Ed. (635)
1997 Ed. (609, 1505, 3488)
1996 Ed. (673)
1995 Ed. (603, 1481, 3282)
Keppel Corporation
2000 Ed. (4035)
1989 Ed. (1156)
Keppel Investment Management
2001 Ed. (2889)
Keppel Investment Warrants 1991
1992 Ed. (3979)
1991 Ed. (3130)
Keppel Shipyard Ltd.
1989 Ed. (1155)
Keppel Tatlee Bank
2003 Ed. (607)
2002 Ed. (515, 644)
Keramik Holding AG Laufen
2001 Ed. (1235)
Keran; Michael
1989 Ed. (1753)
Keranis
1999 Ed. (1137)
1997 Ed. (992)
Keravision
2001 Ed. (4452)
Kereskedelmi & Hitelbank
1993 Ed. (469)
Kereskedelmi Bank Commercial and Credit Bank
1992 Ed. (653)
Kereskedelmi Bank Rt.
1999 Ed. (537)
1997 Ed. (489, 490)
1996 Ed. (531)
1995 Ed. (486)
1994 Ed. (503)
1993 Ed. (499)
Kereskedelmi es Hitelbank Bank
2008 Ed. (424)
2007 Ed. (460)
2006 Ed. (449)
2005 Ed. (518)
2004 Ed. (485, 486)
Keri
2001 Ed. (3167)
2000 Ed. (4038)
Keri Lotion
1993 Ed. (3325)
Kerimov; Suleiman
2008 Ed. (4865, 4894)
Kerkorian; Kirk
2008 Ed. (4823)
2007 Ed. (4899)
2006 Ed. (4898)
2005 Ed. (4844, 4847)
Kerlick, Switzer & Johnson Advertising
1989 Ed. (65)
Kerman State Bank
1998 Ed. (102)
Kern, CA
1991 Ed. (1371, 1374)
Kern Capital Management
1999 Ed. (3075, 3077)
Kern Capital Mgmt.
2000 Ed. (2818)
Kern County, CA
2005 Ed. (2268)
2002 Ed. (2061)
1998 Ed. (2564)
1992 Ed. (1721)
Kern/Mathai Direct Mail Advertising
1991 Ed. (69)
Kerns
1998 Ed. (1777)
Kern's Aguas Frescas
2008 Ed. (3672)
Kern's & Assoc. Bakeries
1989 Ed. (359)
Kerns Jr.; John Adam
2007 Ed. (1676, 1711, 3338, 4020)
Kernutt Stokes Brandt & Co.
2008 Ed. (278)
Kerosene
2001 Ed. (3750)
Kerr
1992 Ed. (1388)
Kerr Addison Mines
1996 Ed. (2650)
1992 Ed. (2335)
Kerr Drug
2006 Ed. (2308)
2002 Ed. (2031, 2034)
2000 Ed. (1717)
Kerr Drug Healthcare Center
2007 Ed. (4596)
Kerr Drug Stores Inc.
2003 Ed. (2099, 2100)
Kerr Glass
1992 Ed. (1383, 2295)
Kerr Glass Manufacturing
1993 Ed. (1110, 1953)
1991 Ed. (1071)
Kerr Group
1998 Ed. (2678)
Kerr Manufacturing Co.
2001 Ed. (1987)
2000 Ed. (1654)
1999 Ed. (1825)
1995 Ed. (1547)
Kerr-McGee Corp.
2008 Ed. (1402, 2807, 3904, 3905, 3906, 3907, 3910, 3912, 3921, 3937)
2007 Ed. (1528, 1541, 1940, 1941, 2676, 3839, 3844, 3857, 3858, 3859, 3894)
2006 Ed. (1958, 1959, 3825, 3827, 3840, 3842, 3865)

2005 Ed. (1923, 1924, 3737, 3743, 3745, 3752, 3758, 3760, 3773, 3777, 3798)
2004 Ed. (1837, 1838, 3835, 3838, 3839, 3840, 3847, 3849, 3869, 3870, 3872, 3873)
2003 Ed. (1804, 1805, 3813, 3817, 3819, 3834, 3840, 3842)
2002 Ed. (1526, 1750, 3664, 3669, 4358)
2001 Ed. (1830)
1999 Ed. (1208, 1559, 4605)
1998 Ed. (1124, 1434)
1997 Ed. (1495)
1996 Ed. (1433, 1646, 2821)
1995 Ed. (1471)
1994 Ed. (1437)
1991 Ed. (1548)
1989 Ed. (2205)
Kerr-McGee Coal Corp.
2000 Ed. (1127)
1993 Ed. (1003, 1383, 2830)
Kerr-McGee Coal Group
1998 Ed. (782)
Kerr-McGee Coal Corp., Jacobs Ranch
1989 Ed. (950)
Kerrville Bus Co. Inc.
1994 Ed. (800)
1992 Ed. (988)
1989 Ed. (829)
Kerry
1996 Ed. (2431)
1991 Ed. (1477)
Kerry C. Martin
1999 Ed. (1127)
Kerry Group
2006 Ed. (1814)
2005 Ed. (1988)
2002 Ed. (1642, 3028)
2000 Ed. (2865)
1999 Ed. (1684, 3117)
1994 Ed. (1579)
1992 Ed. (1878)
Kerry Group plc
2008 Ed. (1857, 1858, 3565)
2007 Ed. (1821, 1822, 2039, 2617)
2006 Ed. (2061, 2067, 3226, 3386)
2004 Ed. (2653)
2000 Ed. (1484)
1997 Ed. (1457, 2574)
Kerry Killinger
2006 Ed. (2523)
Kerry McHugh
1999 Ed. (2397)
1996 Ed. (1898)
Kerry Packer
2004 Ed. (4875)
2002 Ed. (871)
2001 Ed. (3317)
Kerry Securities
1997 Ed. (821)
Kerry Stokes
2008 Ed. (4842)
Kerschner; Edward
1997 Ed. (1910)
1995 Ed. (1860)
1993 Ed. (1838)
Kerschner, Senie
1992 Ed. (2817)
Kerzner International Ltd.
2008 Ed. (4079)
Kesa Electricals
2007 Ed. (4205)
2006 Ed. (4186)
KESC
1997 Ed. (2589)
Keshavarzi; Bank
2008 Ed. (449)
2007 Ed. (484)
2006 Ed. (471)
2005 Ed. (547)
Kesher-Barel & Associates
2003 Ed. (90)
2002 Ed. (123)
2001 Ed. (150)
1999 Ed. (107)
1997 Ed. (105)
1996 Ed. (103)
1992 Ed. (167)
Kesher-Barel & Associates (McCann)
2000 Ed. (112)
Keski-Suomen
1992 Ed. (661)
Keski-Suomen Saastopankki
1993 Ed. (473)
Keski-Suomi
1994 Ed. (475)
Kesko Ltd.
2001 Ed. (1700)
1992 Ed. (48, 1610, 2396)
1989 Ed. (29, 2908)
Kesko Group
2008 Ed. (1724)
2007 Ed. (1697)
2006 Ed. (1701)
2000 Ed. (1422)
1997 Ed. (1397)
1996 Ed. (1334)
1995 Ed. (1384)
1991 Ed. (1276, 1277, 1901)
Kesko Oy
2000 Ed. (1419)
1999 Ed. (1615, 1616, 2662)
1997 Ed. (1396)
1996 Ed. (1335)
1995 Ed. (1385)
1994 Ed. (1360, 1361, 2045)
1993 Ed. (28, 1309, 2029, 3609)
1992 Ed. (2395)
1989 Ed. (1114)
Kesko Oyj
2008 Ed. (1725)
2007 Ed. (1698)
2006 Ed. (1703)
2005 Ed. (1760)
2003 Ed. (1674)
2002 Ed. (1646)
2001 Ed. (1698)
Kesko S
1994 Ed. (2046)
Kesler; Grant S.
1992 Ed. (1478)
KESS-AM
2005 Ed. (4412)
Kessel Feinstein
1999 Ed. (22)
1997 Ed. (26, 27)
Kesselman; Michael
2007 Ed. (4161)
Kessinger; Kevin
2007 Ed. (3223)
Kessler
2004 Ed. (4889)
2003 Ed. (4899)
2002 Ed. (291, 3102)
2001 Ed. (4786)
2000 Ed. (2944)
1999 Ed. (3204, 3232)
1998 Ed. (2373)
1997 Ed. (2653, 2666)
1996 Ed. (2514)
1995 Ed. (2465)
1994 Ed. (2384)
1993 Ed. (2434)
1992 Ed. (2870)
1991 Ed. (2318)
Kessler & Associates Inc.; Sandra A.
1997 Ed. (2415)
Kessler; Andrew
1994 Ed. (1777)
1993 Ed. (1794)
Kessler Institute for Rehabilitation
2008 Ed. (3050)
2007 Ed. (2927)
2006 Ed. (2908)
2005 Ed. (2901)
2004 Ed. (2915)
2003 Ed. (2811, 4067)
2002 Ed. (2607)
2000 Ed. (2521)
1999 Ed. (2742)
Kestrel Associates Inc.
2003 Ed. (1364)
Kestrel Communications
1997 Ed. (3201)
Keswick; Simon
2008 Ed. (4904)
Ketchikan, AK
1997 Ed. (2072)
Ketchikan Pulp Co.
1993 Ed. (960)
Ketchikan Pulp Mill
1991 Ed. (219)
Ketchum Inc.
2004 Ed. (3978, 3979, 3980, 3981, 3984, 3987, 3992, 3993, 3996, 3998, 4002, 4004, 4007, 4013, 4014, 4020, 4024, 4026, 4037)
2003 Ed. (3994, 3995, 3998, 3999, 4001, 4005, 4008, 4010, 4013, 4016, 4021)
2002 Ed. (3806, 3807, 3808, 3813, 3815, 3817, 3824, 3825, 3829, 3831, 3838, 3844, 3850, 3857, 3859, 3861, 3863, 3867, 3869)
2001 Ed. (3924, 3925, 3926, 3927, 3929, 3931, 3932, 3934, 3935, 3937, 3938, 3940, 3942)
2000 Ed. (3625, 3626, 3627, 3634, 3635, 3636, 3637, 3638, 3640, 3641, 3642, 3643, 3645, 3646, 3647, 3649, 3650, 3651, 3653, 3656, 3662, 3665, 3667, 3670)
Ketchum Advertising
1998 Ed. (47)
1997 Ed. (41, 44, 52, 139, 159)
1996 Ed. (152, 2246)
1991 Ed. (161)
1989 Ed. (67, 151, 174)
Ketchum Advertising/Washington
1989 Ed. (158)
Ketchum Communications Inc.
2002 Ed. (3843)
1996 Ed. (39, 44, 47, 55, 57)
1995 Ed. (24, 32, 36, 38, 42)
1994 Ed. (57, 64, 66, 108)
1993 Ed. (62, 66, 74, 127)
1992 Ed. (101, 105, 109, 197)
1991 Ed. (67, 68, 142)
Ketchum Directory Advertising
2004 Ed. (135)
2003 Ed. (181)
2000 Ed. (54)
1999 Ed. (52)
Ketchum Directory Services
2001 Ed. (241)
Ketchum Los Angeles
1998 Ed. (59)
1997 Ed. (115)
1996 Ed. (112)
Ketchum Public Relation
1992 Ed. (3556, 3558, 3559, 3560, 3563, 3569, 3570, 3574, 3576, 3577, 3578, 3581)
Ketchum Public Relations
1999 Ed. (3908, 3909, 3910, 3913, 3919, 3920, 3921, 3923, 3924, 3926, 3929, 3930, 3932, 3943, 3948, 3951, 3953, 3956)
1998 Ed. (444, 1474, 1712, 1902, 2936, 2941, 2945, 2946, 2954, 2957, 2959, 2961)
1997 Ed. (3181, 3183, 3184, 3185, 3188, 3191, 3192, 3207, 3208, 3211, 3212)
1996 Ed. (3104, 3107, 3109, 3111, 3112, 3113, 3131, 3134, 3135)
1995 Ed. (3002, 3006, 3008, 3009, 3012, 3027, 3028, 3031, 3032)
1994 Ed. (2945, 2947, 2950, 2952, 2968, 2970, 2971, 2972)
1993 Ed. (2928, 2929, 2930, 2931, 2932, 2933)
1991 Ed. (2775)
Ketchum Public Relations, Miami
1998 Ed. (2948)
Ketchum Public Relations Worldwide
1998 Ed. (2934, 2935, 2940, 3353, 3618)
Ketchup
1991 Ed. (733)
Ketel One
2005 Ed. (4833)
2003 Ed. (4865)
2000 Ed. (4362)
1999 Ed. (4736)
Ketel One Citroen
2003 Ed. (4865)
Ketel One Vodka
2004 Ed. (4851)
2002 Ed. (4761)
2001 Ed. (4707)
Ketels Contract Training
2008 Ed. (3709)
Ketera
2007 Ed. (1225)
Ketera Technologies
2008 Ed. (1126)
Kettell; Russell
2007 Ed. (1072)
2006 Ed. (978)
Kettering Foundation; Charles F.
1989 Ed. (1476)
Kettering Medical Center Network
2003 Ed. (3468)
Kettle Chips
1994 Ed. (2901)
Kettle Cuisine
2003 Ed. (4484, 4488)
Keunmo Lee
1999 Ed. (2395)
1996 Ed. (1890)
Keunmont Lee
1997 Ed. (1996)
Keurig
2005 Ed. (1254)
Keven Shepard
1995 Ed. (2669)
Keven W. Sharer
2008 Ed. (950)
2007 Ed. (1028)
Kevin Adams
1999 Ed. (2300)
Kevin and Eleanor Smith Foundation
1994 Ed. (1058, 1900)
Kevin Anderson
2005 Ed. (4884)
Kevin B. Rollins
2006 Ed. (2524)
Kevin Bennett
1999 Ed. (2419)
1997 Ed. (1998)
1996 Ed. (1907)
Kevin Benson
2005 Ed. (982)
Kevin Brady
1999 Ed. (3843, 3959)
Kevin Brown
2003 Ed. (295)
2001 Ed. (420)
Kevin Cammack
2000 Ed. (2119)
Kevin Costner
1995 Ed. (1714)
1994 Ed. (1667)
1993 Ed. (1633)
Kevin Eng
2000 Ed. (1938, 1939, 1940, 1946)
1999 Ed. (2168, 2170, 2175)
1998 Ed. (1583, 1584)
1997 Ed. (1940)
Kevin F. Donoghue & Associates
2008 Ed. (4249)
2006 Ed. (4199)
Kevin F. Donoghue Insurance Advisors Inc.
2002 Ed. (4065)
2001 Ed. (4124)
Kevin Fong
2003 Ed. (4846)
Kevin Gardiner
2000 Ed. (2114)
Kevin Garnett
2006 Ed. (292)
2004 Ed. (260)
2003 Ed. (294, 296)
2002 Ed. (344)
2001 Ed. (420)
Kevin Gruneich
2000 Ed. (2036)
1999 Ed. (2255)
1998 Ed. (1665)
1997 Ed. (1894)
1996 Ed. (1820)
1995 Ed. (1842)
1994 Ed. (1804)
1993 Ed. (1821)
1991 Ed. (1689)
1989 Ed. (1416)
Kevin Kalkhoven
2002 Ed. (1041, 1042)
Kevin Kessinger
2007 Ed. (3223)
Kevin Knight
2007 Ed. (962)

Kevin Koegh
1995 Ed. (2669)
Kevin L. Cornwell
2006 Ed. (3920)
Kevin Leech
2001 Ed. (3319)
Kevin M. McMullen
2008 Ed. (2630)
Kevin Maxwell
1993 Ed. (1693)
Kevin McCarthy
2006 Ed. (2579)
2000 Ed. (2050)
Kevin Morley
2000 Ed. (1925)
1999 Ed. (2157)
1998 Ed. (1568, 1569)
1997 Ed. (1929)
Kevin Murphy
2000 Ed. (1981)
1999 Ed. (2209)
1998 Ed. (1625)
1997 Ed. (1850)
Kevin O'Donnell
2006 Ed. (4140)
Kevin Roach
2000 Ed. (1930)
1997 Ed. (1926)
Kevin Scotcher
1999 Ed. (2343)
Kevin Sharer
2007 Ed. (967)
2006 Ed. (876)
2005 Ed. (969)
Kevin Simpson
2000 Ed. (2030)
1999 Ed. (2248)
1998 Ed. (1658)
1997 Ed. (1889)
1996 Ed. (1815)
1994 Ed. (1799)
Kevin Vasconi
2004 Ed. (976)
Kevin W. Sharer
2008 Ed. (944)
Kevin Wendle
2002 Ed. (2150)
Kevork Hovnanian
1991 Ed. (1631)
Kewaunee County, WI
1997 Ed. (1681)
Kewit Peter Sons DE Corp.
1991 Ed. (947)
KeyCorp.
2000 Ed. (385, 3741, 3742)
Key Asset
2002 Ed. (3009)
1999 Ed. (3059)
Key Asset Advisors
2000 Ed. (2846)
Key Asset Management
2001 Ed. (3018)
Key Asset Mgmt.
2000 Ed. (2814)
Key Bank
2001 Ed. (432)
1998 Ed. (306, 347, 421, 1958, 2307, 2351, 3315, 3316)
Key Bank & Trust
1999 Ed. (1793)
Key Bank-Idaho
1994 Ed. (392)
Key Bank NA
2008 Ed. (399)
2006 Ed. (539)
2005 Ed. (480, 1754)
2003 Ed. (477)
Key Bank National Association
2002 Ed. (1121)
Key Bank of Eastern N.Y. NA
1992 Ed. (543)
Key Bank of Idaho
1998 Ed. (310, 362)
1996 Ed. (533)
Key Bank of Maine
1998 Ed. (392)
1997 Ed. (549)
1996 Ed. (595)
1995 Ed. (537)
1994 Ed. (561)
1993 Ed. (559)
1992 Ed. (767)
Key Bank of Maine (Augusta)
1991 Ed. (599)
Key Bank of New York
2000 Ed. (4058)
1998 Ed. (310, 418)
1997 Ed. (579, 3529)
1996 Ed. (403, 3460)
1995 Ed. (391, 570)
1994 Ed. (396, 527, 600)
Key Bank of New York NA
1993 Ed. (382, 384, 2422)
Key Bank of Oregon
1998 Ed. (423)
1997 Ed. (589)
1996 Ed. (650)
1995 Ed. (580)
1994 Ed. (610)
1993 Ed. (607)
1992 Ed. (813)
1991 Ed. (641)
Key Bank of Puget Sound
1992 Ed. (864)
Key Bank of Vermont
1998 Ed. (3568)
1997 Ed. (642)
Key Bank of Washington
1998 Ed. (103, 296, 434)
1997 Ed. (179, 377, 644)
1996 Ed. (410, 709)
1995 Ed. (387, 633)
1994 Ed. (369, 664)
1993 Ed. (664)
Key Bank of Western N.Y. NA
1992 Ed. (543)
Key Bank of Wyoming
1998 Ed. (310)
Key Bank/Society National Bank
2000 Ed. (2926)
Key Biscayne Bank & Trust Co.
1991 Ed. (544)
1989 Ed. (557)
Key Cad
1995 Ed. (1098)
Key Centurion Bancshares
1994 Ed. (340)
Key Commercial Real Estate
2003 Ed. (448)
Key Communications
2002 Ed. (3856, 3860, 3861, 3865, 3868, 3871, 3872)
2000 Ed. (3655)
1996 Ed. (3125)
1995 Ed. (3018, 3022)
1994 Ed. (2958)
Key Components LLC
2006 Ed. (3365)
Key Construction
2002 Ed. (2658, 2659)
Key Consultants
1992 Ed. (2160)
Key Court
1991 Ed. (1043)
Key Energy Group
1999 Ed. (259)
Key Energy Services Inc.
2008 Ed. (4074)
2007 Ed. (2378)
2004 Ed. (3834)
Key Equipment Finance
2003 Ed. (570, 571, 572)
Key Food
2004 Ed. (4644)
Key Food Store Co-op
1996 Ed. (2050, 2051)
1995 Ed. (2051, 2054, 2057)
Key Food Store Coop
1993 Ed. (3491)
Key Food Store Cooperative
1994 Ed. (2003)
Key Food Stores
2000 Ed. (2388)
Key Hedge Fund, Inc.
2003 Ed. (3151)
Key Human Resources Management Inc.
2001 Ed. (3909)
Key-Land Homes
2004 Ed. (1189)
2003 Ed. (1183)
1998 Ed. (911)
Key Market Newspaper Group
1991 Ed. (2596)
Key Mega Clip Art
1996 Ed. (1085)
Key Oldsmobile
1996 Ed. (282)
Key 103 FM
2002 Ed. (3896)
2001 Ed. (3980)
Key Plastics LLC
2006 Ed. (339)
Key Production Co., Inc.
2004 Ed. (3832, 4432)
2003 Ed. (1646)
2002 Ed. (2123, 3662)
Key Safety Systems Inc.
2005 Ed. (324, 325)
Key Savings Bank
1997 Ed. (3743)
Key Span Energy
2005 Ed. (2721)
Key Tech Ltd.
2002 Ed. (4385, 4386)
Key Tronic Corp.
2008 Ed. (2139, 2145, 2147)
2006 Ed. (2085)
1994 Ed. (2703)
Key Trust Co., N.Y.
1989 Ed. (2160)
Key West Conch Tour Trains
1997 Ed. (248)
Key West, FL
2000 Ed. (1090, 2200, 3817)
1997 Ed. (1075)
KeyBanc Capital Markets
2007 Ed. (3259)
KeyBank
2005 Ed. (366)
2004 Ed. (184, 185, 362, 365, 1065, 2863, 2996)
2002 Ed. (4276)
2001 Ed. (588, 4002)
2000 Ed. (220, 398, 401, 402, 408, 409, 410, 412, 413, 415, 416, 417, 419)
1999 Ed. (398, 399, 401, 403, 404, 411, 412, 413, 415, 416, 418, 419, 421, 3101, 3180, 3432, 3434, 4007, 4308, 4334, 4339)
Keybank Capital Markets
2007 Ed. (4652)
Keybank NA
2008 Ed. (346, 2004)
2007 Ed. (209, 358, 369, 467, 1185, 1936, 2867, 3020)
2006 Ed. (202, 203, 375)
2005 Ed. (190, 191, 381, 1069, 2868, 2994)
2003 Ed. (229, 230, 383, 385, 386, 387, 436, 1056, 2771, 2887)
2002 Ed. (248, 249, 478, 480, 482, 483, 2578, 2725)
Keybank National Assn.
2000 Ed. (3725)
Keybank National Association
2006 Ed. (1953)
2005 Ed. (1919)
2004 Ed. (1833)
2003 Ed. (1800)
2001 Ed. (4003, 4088)
2000 Ed. (4021)
KeyBank of Washington
1999 Ed. (198)
KeyBank Real Estate Capital
2008 Ed. (4120)
2007 Ed. (4101)
2006 Ed. (4051)
2005 Ed. (4015)
Keybank USA
2003 Ed. (3434)
Keyboard Concepts
2000 Ed. (3219)
KeyCorp
2008 Ed. (371)
2006 Ed. (384, 397, 399, 401)
2005 Ed. (360, 363, 364, 439, 440, 627, 628, 1002, 2232, 3306)
2004 Ed. (433, 639, 1579, 2115)
2003 Ed. (429, 439, 452, 453, 629, 4557)
2002 Ed. (488, 498, 1394, 3947)
2001 Ed. (431, 433, 636, 637, 640, 1672, 1827, 4281)
2000 Ed. (327, 621, 1311, 2484, 3743, 4053)
1999 Ed. (313, 373, 381, 422, 597, 667, 1452, 2698, 4022, 4333, 4335)
1998 Ed. (203, 280, 282, 406, 1018, 2605)
1997 Ed. (285, 286, 343, 516, 567, 1252, 3282, 3290)
1996 Ed. (258, 359, 368, 369, 370, 371, 618, 1191, 1206, 1239, 3178, 3179, 3180)
1995 Ed. (492, 1229, 1235, 3085, 3518)
1994 Ed. (340, 604, 653, 1226, 1850, 3034, 3035)
1993 Ed. (652)
1992 Ed. (525)
1989 Ed. (395, 430, 635)
KeyCorp Leasing Ltd.
1998 Ed. (389)
KeyCorp Mortgage
1996 Ed. (2681)
KeyCurve Inc.
2004 Ed. (2781, 2782)
Keye/Donna/Pearlstein
1989 Ed. (57)
Keyence
2007 Ed. (2349)
Keyera Facilities Income Fund
2007 Ed. (3865)
Keyes Co.
2000 Ed. (3709)
1998 Ed. (3002)
Keyes Martin
1993 Ed. (121)
1992 Ed. (185)
1991 Ed. (131)
Keyes Martin Gaby Linett
1989 Ed. (141)
Keyes Martin Gaby Unett
1989 Ed. (2258)
Keyfile
1998 Ed. (839, 1323)
KeyFonts
1995 Ed. (1098)
Keyland Court Condos II
1991 Ed. (1044)
Keylife Agg Stk Tr
1989 Ed. (261)
Keylife Cash Income TR
1989 Ed. (262)
Keynote Systems Inc.
2004 Ed. (4697)
Keypoint Credit Union
2006 Ed. (2164)
Keyport
2000 Ed. (303, 3932)
1998 Ed. (2372)
1997 Ed. (256, 361)
Keyport Life
1999 Ed. (2949)
1998 Ed. (2173)
1996 Ed. (2311)
1995 Ed. (3349)
1994 Ed. (3268)
1993 Ed. (3278)
Keyport Life Keyflex-Flex I: Capital Appreciation
1995 Ed. (3689)
Keyport Preferred Advisor Colonial-Keyport Utilities
1997 Ed. (3827)
Keys Fitness
2001 Ed. (2349)
Keys Fitness Products LP
2008 Ed. (2113)
2007 Ed. (2016)
2006 Ed. (2046)
Keys; Scott
2007 Ed. (385)
Keyser Marston Associates Inc.
1995 Ed. (2336)
Keyspan Corp.
2008 Ed. (3035)
2007 Ed. (2679, 2913)
2006 Ed. (2691, 2692)
2005 Ed. (2713, 2714, 2726, 2727, 2728, 2729, 2731, 3587, 3588, 3768, 3769, 3770, 3772)
2004 Ed. (2321, 2723, 2724, 3669, 3670)

2003 Ed. (3811, 3814)
2001 Ed. (3946, 3947)
KeySpan Business Solutions
2007 Ed. (3977, 3979, 3980)
2006 Ed. (1287, 3924)
2005 Ed. (1317, 3861)
Keyspan Energy Co.
2005 Ed. (2717, 2718, 2719, 2723, 2724, 2725)
2000 Ed. (1345, 2461)
1999 Ed. (3593)
KeySpan Energy Services
2006 Ed. (1240, 1261)
2005 Ed. (1280, 1290, 1291)
2004 Ed. (1237)
KeySpan Park
2005 Ed. (4442, 4443)
Keystone
2008 Ed. (534)
1996 Ed. (781)
1995 Ed. (701, 707)
1994 Ed. (1102)
1991 Ed. (2684)
Keystone America Equity Income
1993 Ed. (2690)
1992 Ed. (3192)
Keystone America Strategic Inc. A
1996 Ed. (2808)
Keystone American Glb. Opportunity A
1996 Ed. (2805)
Keystone American Global Opp.
1994 Ed. (2605, 2616)
Keystone American Strategic A
1995 Ed. (2710)
Keystone B-4
1995 Ed. (2694, 2710, 2715)
Keystone Builders
2005 Ed. (1236)
2004 Ed. (1212)
2003 Ed. (1205)
Keystone camera equipment
1994 Ed. (2874)
Keystone, CO
1993 Ed. (3324)
Keystone Concrete
2007 Ed. (1338)
Keystone Concrete Placement
2008 Ed. (1223, 1255)
2007 Ed. (1357, 1366)
2006 Ed. (1266, 1289, 1295)
2005 Ed. (1297)
2004 Ed. (1246)
Keystone Consolidated
1994 Ed. (2750)
Keystone Consolidated Industries Inc.
1995 Ed. (2847, 2869)
Keystone Custodian S-4
1996 Ed. (2766, 2799)
1995 Ed. (2733)
Keystone Electrical Manufacturing Co.
2008 Ed. (3709, 4394)
2007 Ed. (3555, 4420)
2006 Ed. (3513, 4352)
Keystone Financial Inc.
2002 Ed. (433, 434)
2000 Ed. (647)
1999 Ed. (622, 668)
1998 Ed. (425)
Keystone Food Products Inc.
2004 Ed. (1842, 2636)
2003 Ed. (1566, 1810, 2504)
Keystone Foods Corp.
2000 Ed. (1110, 2230)
1999 Ed. (1189, 2472)
1998 Ed. (758, 1713)
1997 Ed. (2039)
Keystone Foods LLC
2008 Ed. (2784)
2005 Ed. (3420)
2002 Ed. (2290)
Keystone Freight
2004 Ed. (4789, 4790)
Keystone Global Opportunites A
1997 Ed. (2876)
Keystone Glopal Opportunity
1997 Ed. (2883)
Keystone Health Plan East Inc.
2000 Ed. (2431, 2440)
1999 Ed. (2657)
1998 Ed. (1914, 1920)
1996 Ed. (2092)
1993 Ed. (2025)
1992 Ed. (2393)
1991 Ed. (1896)
1989 Ed. (1587)
Keystone Health Plan West Inc.
2000 Ed. (2431)
Keystone Holdings
1998 Ed. (269)
1993 Ed. (3563)
Keystone Homehealth Management
1997 Ed. (2242)
Keystone Homes
2005 Ed. (1203)
2004 Ed. (1176)
Keystone Ice
1998 Ed. (2066)
Keystone International Inc.
2005 Ed. (1512)
1992 Ed. (2967)
Keystone Investments Inc.
1998 Ed. (267)
Keystone K-1
1993 Ed. (2662)
Keystone K-100 Ast NQ
1989 Ed. (261)
Keystone Light
2008 Ed. (542, 546)
2003 Ed. (664)
2000 Ed. (813)
1997 Ed. (715, 3665)
1996 Ed. (781)
1995 Ed. (701)
1992 Ed. (932)
Keystone Management
1998 Ed. (2654)
Keystone Mercy Health Plan
2005 Ed. (2817)
2000 Ed. (3378)
Keystone Park
1996 Ed. (2251)
1995 Ed. (2242)
1994 Ed. (2190)
1992 Ed. (2598)
1991 Ed. (2024)
Keystone Precious Metals
1997 Ed. (2879)
1995 Ed. (2718, 2721)
Keystone Precious Metals Hold.
1989 Ed. (1849)
Keystone Property Trust
2006 Ed. (2990, 4053)
2001 Ed. (4008)
Keystone Provident - Key Life (SPVL)
1991 Ed. (2151, 2151)
Keystone Provident Life
1992 Ed. (337)
1991 Ed. (245)
Keystone Resort
2008 Ed. (4342)
2007 Ed. (4391)
2006 Ed. (4327)
2005 Ed. (4377)
2004 Ed. (4428)
2002 Ed. (4284)
Keystone RV
2002 Ed. (1067)
Keystone S-4
1991 Ed. (2567)
Keystone Small Capital Growth
1997 Ed. (2865)
Keystone snack food
1994 Ed. (3342)
Keystone Total Return A
1998 Ed. (2595, 2631)
Keytech Ltd.
2006 Ed. (4486)
Keytronic EMS
2005 Ed. (1273)
KF
1992 Ed. (80)
KF Industri
1992 Ed. (1692)
KF Invest AB
2006 Ed. (2024)
KFC
2008 Ed. (2657, 2658, 2661, 2666, 2668, 2681, 4152, 4153, 4158, 4173, 4174, 4185, 4192, 4193, 4194)
2007 Ed. (895, 2529, 2530, 2535, 2542, 4143, 4150, 4154)
2006 Ed. (2553, 2558, 2561, 2571, 4116, 4131, 4132, 4133, 4134)
2005 Ed. (2546, 2551, 2554, 2560, 2564, 4055, 4056, 4057, 4058, 4059, 4080, 4086, 4087)
2004 Ed. (903, 2575, 2577, 2578, 2589, 4130, 4142, 4143, 4144, 4145)
2003 Ed. (881, 2437, 2442, 2443, 2444, 2445, 2446, 2447, 2448, 2449, 2458, 4096, 4130, 4134, 4137, 4138, 4142, 4143)
2002 Ed. (2237, 2240, 2244, 2245, 2253, 4027, 4031, 4033, 4034)
2001 Ed. (2404, 2406, 2407, 2490, 2529, 4080, 4082, 4083)
2000 Ed. (27, 29, 3764, 3780, 3799, 3800)
1999 Ed. (775, 778, 4564)
1998 Ed. (1549, 1551, 1762, 1764, 1765, 3050, 3073, 3074, 3492)
1997 Ed. (1832, 1841, 2052, 2058, 2080, 2081, 2082, 2085, 3310, 3316)
1996 Ed. (1759, 1760, 1969, 3210, 3215, 3229)
1995 Ed. (1781, 1782, 1911, 1914, 1939, 3114, 3119)
1994 Ed. (1748, 1749, 1884, 1885, 1909, 1910, 1917, 3069, 3074)
KFC Restaurant
2000 Ed. (4220)
KFI-AM
2002 Ed. (3898)
2000 Ed. (3696)
1998 Ed. (2985, 2987)
1996 Ed. (3153)
Kforce
2008 Ed. (4494)
2002 Ed. (2173)
KForce.com
2006 Ed. (2429)
Kfoury Construction Group Inc.
2006 Ed. (3545)
2002 Ed. (2555)
2001 Ed. (2709)
2000 Ed. (1272)
1998 Ed. (960)
1997 Ed. (1149)
1996 Ed. (1120)
1995 Ed. (1147)
KFTCIC
1992 Ed. (588, 752)
1991 Ed. (433)
KFWB-AM(980)
1992 Ed. (3606)
KG Land
1992 Ed. (3619)
KG Telecom
2001 Ed. (3336)
KGHM
2007 Ed. (3486)
2006 Ed. (4889)
2002 Ed. (4780)
2001 Ed. (1504, 4270)
2000 Ed. (4370, 4371)
1998 Ed. (3305)
KGHM Polska Miedz SA
2008 Ed. (3576)
2007 Ed. (1690)
KGI Securities One
2002 Ed. (4488, 4488, 4489)
KGI Wireless
2005 Ed. (4984)
KGMH Polska Miedz
2008 Ed. (2051)
2007 Ed. (1957)
KGO-AM
1998 Ed. (2985)
1992 Ed. (3604)
KGP Telecommunications Inc.
2008 Ed. (3716, 4968)
2006 Ed. (3521, 4360)
KGro
1999 Ed. (3168)
Khalaf Al Habtoor
2008 Ed. (4893)
Khalid Bin Mahfouz
2008 Ed. (4891)
2005 Ed. (4886)
2004 Ed. (4883)
Khalili; David
2008 Ed. (4901)
Khan; The Aga
2007 Ed. (4930)
Kharafi; Nasser Al
2008 Ed. (4892)
2007 Ed. (4921)
2006 Ed. (4928)
2005 Ed. (4886)
Khartoum; Bank of
2007 Ed. (556)
Khatib & Alami
2005 Ed. (2433)
2003 Ed. (2320)
Khatib & Alami Consolidated Engineering Co.
1997 Ed. (1751)
1996 Ed. (1671)
1995 Ed. (1689)
Khazanah Nasional
2001 Ed. (2887)
1997 Ed. (2398)
KHCK-AM/FM
2005 Ed. (4412)
Kheder & Associates Inc.
2001 Ed. (3156)
2000 Ed. (2991)
Kheng; Low Siew
1997 Ed. (2001)
Kherson Oil Refinery
2002 Ed. (4495)
KHEY-FM
1992 Ed. (3605)
Khimetrics
2007 Ed. (1224)
2006 Ed. (1118)
Khimzi Kunverji/Mehra Goel/ Subramanian
1997 Ed. (10)
KHJ-AM
2005 Ed. (4412)
KHK Needham
1989 Ed. (133)
Khmer General Service Ad
1997 Ed. (69)
Khodorkovsky; Mikhail
2006 Ed. (4929)
2005 Ed. (4877, 4878)
KHON-TV
2001 Ed. (1546)
Khoo family
2008 Ed. (4850)
Khor Fakkan
1992 Ed. (1393)
Khorfakkan, Mina Khalid
2001 Ed. (3858)
Khoshaba; Daniel
1997 Ed. (1890)
1996 Ed. (1771, 1816)
Khosla; Vinod
2006 Ed. (4879)
2005 Ed. (4817)
Khosrowshahi; Dara
2006 Ed. (970)
Khoury; Amin J.
2007 Ed. (3974)
Khoury Construction Group Inc.
1999 Ed. (1382)
KHS & S Contractors
2008 Ed. (1268, 1316, 1343)
2007 Ed. (1283, 1372, 1381, 1393)
2006 Ed. (1177, 1183, 1237, 1297, 1328, 1345)
2005 Ed. (1324)
2004 Ed. (1319)
2003 Ed. (1319)
2002 Ed. (1301)
2001 Ed. (1484)
KI
2007 Ed. (2662)
Kia
2007 Ed. (313)
2006 Ed. (317)
2003 Ed. (306, 358)
1998 Ed. (225)
Kia Motors Corp.
2008 Ed. (76, 85, 287, 293, 2394, 3505, 3507, 3580, 4755)
2007 Ed. (63, 71, 79)
2006 Ed. (72, 89, 314, 3400, 4818)
2005 Ed. (80, 294, 3523)
2004 Ed. (85, 287)

2003 Ed. (304, 319, 320, 325, 328)
2002 Ed. (349, 365, 393)
2001 Ed. (1625, 1776)
1999 Ed. (340, 1695)
1998 Ed. (1538)
1997 Ed. (290, 1467)
1996 Ed. (2444)
1995 Ed. (1345, 1448)
1992 Ed. (1661, 1662, 1663)
1991 Ed. (1320)
Kian Egan
2008 Ed. (4884)
2005 Ed. (4885)
Kiantone Pipeline Corp.
2006 Ed. (3911)
2005 Ed. (3842)
2004 Ed. (3904)
Kiatnakin Finance
2002 Ed. (4488)
Kibbles & Chunks
2002 Ed. (3652)
1999 Ed. (3785)
1997 Ed. (3070)
1996 Ed. (2991)
1994 Ed. (2829)
1993 Ed. (2815)
1992 Ed. (3408)
1989 Ed. (2193)
Kibbles 'N Bits
2003 Ed. (3802)
1996 Ed. (2993)
Kibbles 'N Bits Bacon & Cheese
1997 Ed. (3072)
Kibbles 'N Bits Jerky
1997 Ed. (3072)
Kibbles 'N Bits Lean
1997 Ed. (3072)
1995 Ed. (2904)
Kibbles 'N Bits 'N Bits 'N Bits
2002 Ed. (3655)
1999 Ed. (3789)
1997 Ed. (3072)
1996 Ed. (2993)
1994 Ed. (2822, 2831)
1993 Ed. (2819)
1992 Ed. (3412)
1989 Ed. (2197)
Kibo Breweries
2004 Ed. (91)
Kick Energy Corp.
2006 Ed. (1633)
Kickboxing
2001 Ed. (4340)
Kid Fresh
2002 Ed. (3379)
A Kid in King Arthur's Court
1998 Ed. (3674)
Kid Pix
1995 Ed. (1105)
Kid Pix Studio
1996 Ed. (1084)
Kid Pix 2
1996 Ed. (1084)
Kid to Kid
2008 Ed. (878)
2007 Ed. (903)
2006 Ed. (815)
2005 Ed. (900)
Kidde
2007 Ed. (2402)
2006 Ed. (2451, 2480)
Kidder; C. Robert
1995 Ed. (978, 1727)
Kidder Equity Income
1993 Ed. (2663, 2674)
Kidder Peabody
1995 Ed. (726, 727, 730, 735, 737, 739, 742, 743, 745, 746, 749, 753, 755, 1216, 1218, 1722, 1794, 2341, 2342, 2343, 2347, 2348, 2349, 2634, 2638, 2640, 2642, 3204, 3213, 3215, 3216, 3217, 3218, 3221, 3222, 3225, 3226, 3227, 3228, 3229, 3230, 3233, 3234, 3235, 3236, 3237, 3238, 3239, 3241, 3243, 3246, 3248, 3249, 3250, 3252, 3256, 3266, 3269, 3270, 3276)
1994 Ed. (727, 728, 780, 1675, 1676, 1688, 1689, 1692, 1697, 1757, 1758, 1829, 1830, 2286, 2289, 2292, 3163, 3164, 3165, 3166, 3167, 3169, 3172, 3173, 3174, 3175, 3176, 3184, 3189, 3190)
1993 Ed. (757, 759, 793, 839, 840, 841, 1172, 1770, 2273, 2275, 2276, 2278, 3116, 3118, 3119, 3122, 3126, 3127, 3128, 3130, 3132, 3138, 3141, 3145, 3148, 3149, 3150, 3151, 3152, 3154, 3155, 3156, 3157, 3158, 3159, 3162, 3163, 3164, 3175, 3176, 3177, 3181, 3184, 3186, 3188, 3190, 3196, 3199, 3207, 3208)
1992 Ed. (955, 956, 2133, 2134, 3550, 3857, 3860, 3889, 3890, 3891, 3894, 3895, 3902, 3903, 3905, 3907, 1050, 1051, 1052, 2720, 3834, 3835, 3837, 3839, 3840, 3845, 3846, 3850, 3870, 3872, 3873, 3876, 3878, 3879, 3881, 3882, 3883, 3885, 3887)
1989 Ed. (791, 795, 796, 798, 803, 804, 805, 806, 807, 808, 1013, 1413, 1415, 1754, 1757, 1758, 1762, 1773, 1778, 2376, 2377, 2381, 2383, 2387, 2388, 2391, 2392, 2393, 2394, 2395, 2396, 2397, 2398, 2399, 2400, 2401, 2402, 2404, 2405, 2406, 2407, 2408, 2409, 2410, 2411, 2412, 2413, 2414, 2415, 2417, 2421, 2436, 2437, 2438, 2439, 2442, 2443, 2444, 2445, 2454)
Kidder, Peabody & Co. Inc.
1996 Ed. (799, 805, 1774, 2372, 3100, 3351, 3355, 3358, 3363, 3367, 3368, 3369, 3370, 3374)
1995 Ed. (2353)
1991 Ed. (1683, 1688, 1688, 3027)
Kidder Peabody Equity Income
1994 Ed. (2636)
1993 Ed. (2690)
Kiddie Inc.
1993 Ed. (1728)
Kiddie Academy Child Care Learning Centers
2008 Ed. (972)
2007 Ed. (1096)
2006 Ed. (1005)
2005 Ed. (995)
2004 Ed. (977)
Kidfresh
2001 Ed. (3342)
2000 Ed. (367)
Kidman; Nicole
2008 Ed. (2579)
2006 Ed. (4922)
2005 Ed. (4862)
Kidney
1999 Ed. (4650)
Kids & Co., Ltd.
2007 Ed. (2739)
Kids Can Save
2002 Ed. (4829)
Kids Choice
2008 Ed. (826)
Kid's Kitchen
1995 Ed. (1887)
Kids Mac Pak
1998 Ed. (848)
Kids 'N' Clay
2008 Ed. (169)
Kids Port USA (Health-Tex)
1991 Ed. (2649)
Kids "R" Us
2001 Ed. (1270)
2000 Ed. (1113, 1119, 3803)
1999 Ed. (1197)
1998 Ed. (768)
1996 Ed. (1000, 1007, 3235)
1995 Ed. (1021, 1028)
1994 Ed. (1009, 1018, 1537, 3093)
1992 Ed. (1216)
1991 Ed. (978, 979, 1438)
KidzArt
2008 Ed. (2410)
2007 Ed. (2277)
2006 Ed. (2341)
Kiefer Sutherland
2008 Ed. (2590)
Kiefer UNO Lakefront Arena
2003 Ed. (4528)
2002 Ed. (4344)
2001 Ed. (4352)
1999 Ed. (1296)
Kiehl for Men
2003 Ed. (4430)
Kiehl's Since 1851 Inc.
2003 Ed. (4437)
Kiekert AG
2004 Ed. (3447)
Kien Hung Shipping
2004 Ed. (2539)
Kienzle
1996 Ed. (2562)
Kier Group
2008 Ed. (1203)
2007 Ed. (1313)
Kiera Chaplin
2008 Ed. (4884, 4898)
2007 Ed. (4917, 4920)
Kieran Label Corp.
2005 Ed. (3891)
Kieran Mahon
2000 Ed. (2083, 2090)
1999 Ed. (2307)
Kiesner; Fred
2005 Ed. (796)
Kievstar GSM
2005 Ed. (90)
2004 Ed. (96)
Kiewit Corp.
2008 Ed. (1166, 1182, 1226, 1229, 1231, 1234, 1236, 1319, 1961, 2605)
2007 Ed. (1340, 1342, 1343, 1344, 1349, 1382)
2006 Ed. (1176, 1241, 1251)
Kiewit Companies
2007 Ed. (4036)
2006 Ed. (4001)
Kiewit Construction Co.
2008 Ed. (1166)
2007 Ed. (1273, 1897)
2006 Ed. (1161, 1915)
2005 Ed. (1165, 1893)
2004 Ed. (1810)
2003 Ed. (1773)
Kiewit Construction Group Inc.
2007 Ed. (1273, 1897)
2006 Ed. (1161, 1915)
2005 Ed. (1165, 1893)
2004 Ed. (1142, 1143, 1810)
2003 Ed. (1138, 1139, 1773)
2001 Ed. (1401, 1402, 1803)
2000 Ed. (1277)
1999 Ed. (1354, 1355, 1360, 1364, 1388)
1998 Ed. (935, 938, 941)
1997 Ed. (1136, 1150, 1152, 1155, 1182)
1996 Ed. (1121, 1123, 1126, 1127, 1153)
1995 Ed. (1150, 1154, 1156, 1179)
1994 Ed. (1132, 1136, 1160)
1993 Ed. (1116, 1120, 1143)
1992 Ed. (1403, 1406, 1407, 1428)
1991 Ed. (1075, 1093)
Kiewit Foundation; Peter
1989 Ed. (1478)
Kiewit Materials Co.
2005 Ed. (1546)
Kiewit-Murdock Investment Co.
2005 Ed. (1525)
2004 Ed. (1509)
2003 Ed. (1479)
2002 Ed. (1458)
Kiewit Son Inc.
2003 Ed. (1772, 1773)
Kiewit Sons' Inc.; Peter
2008 Ed. (1177, 1184, 1193, 1194, 1282, 1541, 1961, 1962, 4064, 4068, 4070)
2007 Ed. (1275, 1295, 1296, 1897, 1898, 2399, 4036, 4890)
2006 Ed. (1165, 1187, 1188, 1267, 1269, 1273, 1275, 1276, 1277, 1278, 1301, 1915, 2450, 2507, 4001)
2005 Ed. (1169, 1217, 1218, 1298, 1299, 1300, 1304, 1306, 1307, 1308, 1309, 1328, 1893, 1894, 2417, 2419)
1997 Ed. (1127, 1732)
1996 Ed. (1423, 1654)
1993 Ed. (2537, 3282)
1992 Ed. (1469, 3027)
Kiferbaum Construction Corp.
2004 Ed. (1262)
Kihei, Hi
1997 Ed. (999)
KIIC
1992 Ed. (588, 752)
KIIS-FM
2002 Ed. (3898)
2000 Ed. (3696)
1998 Ed. (2985, 2987)
1996 Ed. (3153)
1995 Ed. (3052)
1994 Ed. (2988)
KIIS-FM(102.7)
1993 Ed. (2954)
1992 Ed. (3606)
Kika Furniture
2005 Ed. (19)
2004 Ed. (26)
Kika Moebel
2007 Ed. (19)
Kika Moebelhandel
1989 Ed. (23)
KIKK-FM
1992 Ed. (3604)
Kikka
2003 Ed. (3322, 3324)
Kikkoman
2007 Ed. (2624)
2005 Ed. (2656)
1995 Ed. (3183)
Kilbeggan
1998 Ed. (2375)
1997 Ed. (2645)
Kilbeggan Irish Whiskey
2004 Ed. (4891)
2003 Ed. (4901)
2002 Ed. (3105)
2001 Ed. (4787)
Kilduff; Brian
1992 Ed. (2062)
Kiler 2
2001 Ed. (3378)
Kilgore FS & LA
1993 Ed. (3085)
Kilico Money Market NQ
1989 Ed. (262, 263)
Kilico Money Market Q
1989 Ed. (262)
Kilico Total Return NQ
1989 Ed. (259)
Kilico Total Return Q
1989 Ed. (259)
The Killam Group
2002 Ed. (2153)
Killarney Advisors Inc.
2001 Ed. (737, 835)
2000 Ed. (2763)
Killeen-Temple, TX
1997 Ed. (2767)
1993 Ed. (2555)
The Killer Angels
2006 Ed. (576)
Killian's
2008 Ed. (541)
2007 Ed. (596)
Killinger; Kerry
2006 Ed. (2523)
Killinghall
1989 Ed. (1139)
Killinghall (Malaysia) BHD
1992 Ed. (1570)
Killington, VT
1993 Ed. (3324)
Kiln & Co. Ltd.; R. J.
1993 Ed. (2453, 2455)
1992 Ed. (2895, 2897)
Kilpatrick & Cody
1993 Ed. (2391)
1992 Ed. (2828)
1991 Ed. (2279)
Kilpatrick & Stockton
2001 Ed. (796, 921)
Kilpatrick (CIGNA Corp.); Robert D.
1991 Ed. (2156)

Kilpatrick, Robert D.
1991 Ed. (1633)
Kilpatrick Stockton
2005 Ed. (3260)
Kilpatrick Stockton LLP
2007 Ed. (3307)
Kilroy Industries
1999 Ed. (3996)
1998 Ed. (3006)
1997 Ed. (3260)
1995 Ed. (3064)
1994 Ed. (3006)
Kilroy Realty Corp.
2002 Ed. (3923)
2000 Ed. (3720)
Kilts; James
2006 Ed. (883)
Kilwin's Chocolates Franchise
2008 Ed. (842)
2003 Ed. (858)
2002 Ed. (937)
Kily, Owen & McGovern Inc.
2000 Ed. (1868)
Kim
1998 Ed. (2040)
Kim B. Edwards
2001 Ed. (2316)
Kim Eng
1999 Ed. (873, 927, 928, 4317)
1997 Ed. (752, 753, 754, 783, 784, 785, 787, 803)
1995 Ed. (770, 778, 801, 802, 803, 804, 805, 822, 823, 824, 825, 826)
1994 Ed. (781)
1993 Ed. (1643, 1645)
Kim-Hankey Hyundai
1993 Ed. (271)
1992 Ed. (385)
1991 Ed. (280)
Kim; James
2005 Ed. (4856)
Kim; Ming Jung
2008 Ed. (369)
Kim Sung Joo
2006 Ed. (4977)
Kim; Vladimir
2008 Ed. (4880, 4888)
Kim; Vladmir
2008 Ed. (4901)
Kimball Art Foundation
2002 Ed. (2338)
Kimball; Darren
1997 Ed. (1857)
Kimball Electronics
1996 Ed. (1119)
Kimball Electronics Group
2006 Ed. (1228, 1232)
2005 Ed. (1270, 1273, 1275)
2004 Ed. (2240, 2859)
Kimball Hill
1992 Ed. (1361)
Kimball Hill Homes
2007 Ed. (1306)
2005 Ed. (1183, 1188)
2004 Ed. (1160, 1179)
2003 Ed. (1153, 1164)
2002 Ed. (1183, 1192, 1206, 2675, 2679, 2692)
2000 Ed. (1208)
1999 Ed. (1327, 1333)
1998 Ed. (897, 905)
Kimball Industries
2000 Ed. (3371)
Kimball International Inc.
2007 Ed. (2662)
2005 Ed. (2698)
1999 Ed. (2700)
1998 Ed. (1785, 1963)
1997 Ed. (2101, 2103, 2239)
1996 Ed. (1988, 1989, 2129)
1995 Ed. (1418, 1953, 1955, 2122)
1994 Ed. (1387, 1929, 1930, 2074, 2125)
1993 Ed. (1332, 1910, 1911, 2054, 2104)
1992 Ed. (2247, 2248, 2433, 2516)
1991 Ed. (1779, 1780, 1926, 1959)
1989 Ed. (1601, 1622)
Kimball International Manufacturing Inc.
2005 Ed. (1383, 2700)
2004 Ed. (1365, 2699, 2703, 2705)
2003 Ed. (1360, 2589)
Kimball Letter
1991 Ed. (2257, 2258)
Kimball Medical Center
1997 Ed. (2260)
Kimball; Miles
1991 Ed. (868)
Kimball Piano
1994 Ed. (2589, 2590)
Kimball Piano Division
1992 Ed. (3143, 3144)
Kimber
2000 Ed. (3124, 3125)
1999 Ed. (3397, 3398)
1996 Ed. (2628)
1994 Ed. (2507)
1993 Ed. (2559, 2560)
Kimber A
1997 Ed. (2779)
Kimberly
1992 Ed. (1670)
Kimberly-Clark Corp.
2008 Ed. (1487, 2114, 2116, 3100, 3101, 3107, 3108, 3189, 3799, 3849, 3850, 3853, 3874, 3875, 3882, 3883)
2007 Ed. (45, 136, 155, 1483, 1530, 2012, 2909, 2973, 2979, 2980, 2987, 2988, 2989, 3708, 3769, 3770, 3775, 3803, 3806, 3809, 3810, 3813, 3816, 3817, 3818, 3820)
2006 Ed. (95, 103, 143, 164, 1215, 1218, 2041, 2958, 2960, 2962, 2963, 2966, 3725, 3774, 3775, 3779, 3799, 3803, 3804, 3806, 3807, 4076)
2005 Ed. (1526, 1971, 2963, 2965, 2966, 2968, 2970, 3609, 3673, 3674, 3676, 3677, 3683, 3711, 3715, 3717, 3718)
2004 Ed. (66, 2956, 2958, 2960, 2961, 2963, 3699, 3758, 3759, 3761, 3762, 3767, 3768, 3801, 3807, 3809)
2003 Ed. (1217, 2057, 2058, 2465, 2638, 2871, 2872, 2924, 3714, 3716, 3717, 3720, 3722, 3725, 3736, 3766, 3768, 3772, 3785, 3793, 4669, 4742, 4761)
2002 Ed. (44, 50, 1459, 1524, 2319, 2321, 2322, 2705, 3575, 3579, 3582, 3583, 3643, 4093)
2001 Ed. (1044, 2487, 3551, 3614, 3621, 3622, 3623, 3624, 3625, 3626, 3628)
2000 Ed. (1243, 2212, 2241, 2254, 2256, 2257, 3356, 3405, 3407)
1999 Ed. (1345, 1553, 1668, 1672, 1746, 2489, 2490, 2491, 2496, 2726, 3631, 3689, 3702)
1998 Ed. (1045, 1060, 1114, 1147, 1189, 1253, 1750, 1751, 1752, 1753, 2052, 2689, 2738, 2741, 2746)
1997 Ed. (1236, 1237, 1238, 1239, 1246, 1285, 1524, 2067, 2069, 2328, 2614, 2952, 2986, 2990, 3056)
1996 Ed. (1390, 1733, 1958, 1959, 1961, 2200, 2854, 2980)
1995 Ed. (1500, 1922, 1923, 1925, 2084, 2788, 2790, 2826, 2835, 2897)
1994 Ed. (15, 33, 1465, 1532, 1891, 1893, 1895, 2436, 2682, 2722, 2725, 2810)
1993 Ed. (42, 1411, 1890, 1892, 1893, 2733, 2734, 2763, 2764, 2810)
1992 Ed. (2209, 2211, 2537, 3247, 3271, 3273, 3330, 3331, 3397)
1991 Ed. (1761, 1763, 1976, 2620, 2669, 2672, 2712)
1989 Ed. (1465, 1466, 1629, 2113, 2114, 2188)
Kimberly-Clark Canada
1994 Ed. (2729)
Kimberly-Clark Corporation
2000 Ed. (2504)
Kimberly-Clark de Mexico
2003 Ed. (3306)
1991 Ed. (2450)
Kimberly-Clark de Mexico, SA de CV
2005 Ed. (3395)
2004 Ed. (3363)
1993 Ed. (2559)
Kimberly-Clark Holding Ltd.
2001 Ed. (3628)
Kimberly-Clark Nordic
2006 Ed. (4946)
Kimberly-Lloyd Developments
2007 Ed. (1935)
Kimberly N. Ellison-Taylor
2005 Ed. (994)
Kimberly Purvis
1998 Ed. (1643)
1997 Ed. (1869)
Kimberly Ritrievi
2000 Ed. (1994)
1999 Ed. (2265)
1998 Ed. (1664, 1673)
1997 Ed. (1892)
The Kimberly Suite Hotel
1996 Ed. (2170)
Kimberton
1992 Ed. (4050)
Kimbrough; Joel
2006 Ed. (965)
Kimby Co.
2006 Ed. (66)
Kimco Corp.
2006 Ed. (666)
2005 Ed. (760, 761, 762)
Kimco Development Corp.
1993 Ed. (3313)
1992 Ed. (3961, 3968)
1991 Ed. (3120, 3126)
Kimco Hotel Management
1992 Ed. (2467)
Kimco Realty Corp.
2008 Ed. (4127, 4334, 4335)
2007 Ed. (4084, 4102, 4106, 4378, 4379)
2006 Ed. (4055, 4312, 4315)
2005 Ed. (4017, 4025)
2004 Ed. (4084, 4091)
2003 Ed. (4065, 4410, 4411)
2002 Ed. (4278, 4279)
2001 Ed. (4250, 4255)
2000 Ed. (4018, 4019, 4020, 4031)
1999 Ed. (4307, 4311)
1998 Ed. (3297, 3298, 3300, 3301)
1997 Ed. (3514)
1996 Ed. (3427, 3431)
1995 Ed. (3069, 3372, 3373, 3378)
1994 Ed. (3304)
Kimihide Takano
2000 Ed. (2166)
Kimihide Takono
1999 Ed. (2367)
Kimko Reality Corp.
2000 Ed. (3000)
Kimley-Horn & Associates Inc.
2008 Ed. (1504, 2485, 2513, 2516, 2517, 2524, 2528, 2529, 2541, 2542)
2007 Ed. (1522, 2404, 2407)
2006 Ed. (1939, 2452, 2456, 2659, 3108)
2004 Ed. (2349, 2357, 2372, 2379)
2002 Ed. (2129)
2000 Ed. (1807)
1999 Ed. (2031)
1998 Ed. (1444)
Kimmerle; D.
2006 Ed. (334)
Kimmins Contracting Corp.
2007 Ed. (1371)
2006 Ed. (1296)
2005 Ed. (1323)
2003 Ed. (1300)
2001 Ed. (1473)
2000 Ed. (1270)
1999 Ed. (1378)
1998 Ed. (957)
Kimmins Environmental Service Corp.
1997 Ed. (1171)
1995 Ed. (1171)
1994 Ed. (1151)
1993 Ed. (1134)
1992 Ed. (1421)
1991 Ed. (1088, 1090)
Kimmins Environmental Services Corp.
1996 Ed. (1142, 1146)
Kimpo
2001 Ed. (353)
Kimpo, Airport
1996 Ed. (194, 201, 202)
Kimpo International Airport
1999 Ed. (252)
Kimpton Hotel & Restaurant Group Inc.
2008 Ed. (3023, 4150, 4151)
2007 Ed. (2902, 4132)
2006 Ed. (4106)
Kimtech
2006 Ed. (2545)
Kin Son Electronic
1995 Ed. (2127)
1993 Ed. (2056)
Kinapharma
2008 Ed. (43)
Kinark
1994 Ed. (215)
Kinas; John A:
1992 Ed. (1138)
Kincheng Banking Corp.
2002 Ed. (566)
2000 Ed. (548)
1999 Ed. (536)
1997 Ed. (487)
1996 Ed. (528)
1995 Ed. (484)
1994 Ed. (500)
1993 Ed. (452)
1991 Ed. (480, 481)
1989 Ed. (505)
Kinco Realty Corp.
1999 Ed. (4004)
Kinder
1993 Ed. (741)
Kinder Care
1989 Ed. (2477)
Kinder-Care Learning Centers
1994 Ed. (361)
1991 Ed. (929)
Kinder Morgan Inc.
2008 Ed. (1439, 1442, 1511, 1513, 3923, 3989, 4068, 4070, 4293)
2007 Ed. (3684, 3835, 3884, 3963)
2006 Ed. (3913, 4458)
2005 Ed. (2713, 2714, 2727, 2728, 3585, 3768, 3769, 4455)
2004 Ed. (2723, 2724, 3667, 4483, 4496)
2003 Ed. (1644, 3814, 4543, 4546)
2002 Ed. (1563, 1618, 3677, 3711, 3712)
2001 Ed. (3767, 3946, 3947)
Kinder Morgan Energy LP
2008 Ed. (3923)
2005 Ed. (2728, 2729, 2730, 2731, 3769, 3770, 3771, 3772)
Kinder Morgan Energy Partners LP
2008 Ed. (3987, 3988, 3989)
2007 Ed. (1551, 3884, 3960, 3961, 3962)
2006 Ed. (1458, 1459, 1460, 1461, 1462, 1463, 1464, 1465, 3857, 3910, 3911, 3912)
2005 Ed. (3791, 3841, 3842)
2004 Ed. (3903, 3904)
2003 Ed. (3878, 3879)
2001 Ed. (3802)
Kinder Morgan Material Services Inc.
2007 Ed. (4064)
Kinder Morgan Ship Channel
2005 Ed. (2722)
Kinder Morgan Tejas Pipeline
2005 Ed. (2720, 2722)
Kinder Morgan Texas Pipeline
2005 Ed. (2720, 2722, 2725)
Kinder; Richard
2007 Ed. (997, 4895)
2006 Ed. (907, 940)
2005 Ed. (982)
Kinder; Richard D.
2007 Ed. (1021)
KinderCare Learning Centers Inc.
2004 Ed. (4589)
2002 Ed. (3564)
Kinderdance International Inc.
2008 Ed. (2913)
2007 Ed. (2788)

2006 Ed. (2788)
2005 Ed. (2812)
2004 Ed. (2816)
2003 Ed. (2696)
2002 Ed. (3707)
Kindergarten Cop
1993 Ed. (3668)
Kindred Healthcare Inc.
2008 Ed. (1882, 1883, 1884, 1885, 2888, 2901, 2902, 3194, 3801)
2007 Ed. (1846, 1847, 1848, 2769, 2776, 2791, 3710)
2006 Ed. (1841, 1842, 1843, 1844, 2759, 2776, 2795, 3727)
2005 Ed. (1836, 1837, 2789, 2793, 2800, 2914, 3612)
2004 Ed. (1770, 1771, 2796, 3701)
2003 Ed. (1578, 1734, 2683)
Kinecta Credit Union
2008 Ed. (2220)
2007 Ed. (2105)
2006 Ed. (2184)
2005 Ed. (2089)
2004 Ed. (1941, 1948)
2003 Ed. (1901, 1908)
KINESYS Software
2003 Ed. (2722)
Kinetic Biomedical Services
2006 Ed. (3449)
2005 Ed. (2884, 3438)
2003 Ed. (2796)
2002 Ed. (2591)
2001 Ed. (2762)
Kinetic Concepts Inc.
2008 Ed. (2857)
2007 Ed. (2727, 3417, 4566, 4590)
2006 Ed. (3444, 4254, 4255, 4259)
Kinetic Systems Inc.
2008 Ed. (1243, 1245, 1261, 1342, 4000, 4002)
2007 Ed. (1351, 1364, 1392, 3977, 3979)
2006 Ed. (1257, 1258, 1287, 1334, 1347, 3924)
2005 Ed. (1287, 1288, 1317, 1321, 1345, 3861)
Kineticom
2007 Ed. (4727)
Kinetics Funds Paradigm
2008 Ed. (4515)
Kinetics Group Inc.
2004 Ed. (1237, 1238, 1310, 1314, 1315, 1340)
2003 Ed. (1234, 1235, 1238, 1307, 1314, 1315, 1340)
2002 Ed. (1294, 1298)
2001 Ed. (1410, 1469, 1478)
2000 Ed. (1264, 1268)
1999 Ed. (1372, 1376)
Kinetics Internet
2004 Ed. (2459, 3593)
2003 Ed. (3511, 3549, 3552)
2002 Ed. (4505)
Kinetics Internet Fund
2004 Ed. (3565)
Kinetics Paradigm
2008 Ed. (2611)
2007 Ed. (3671)
Kinetics Systems Inc.
2008 Ed. (1246, 1249)
Kinetics Technology International
1999 Ed. (2060)
1998 Ed. (1492)
1997 Ed. (1782)
1995 Ed. (1718)
1994 Ed. (2892)
Kinexus Bioinformatics Corp.
2006 Ed. (592)
King
2005 Ed. (3821)
King & Co.; D. F.
1997 Ed. (3207)
1995 Ed. (3027)
1994 Ed. (2967)
King & Spalding
2001 Ed. (796, 921)
2000 Ed. (3199)
1998 Ed. (2084, 2575)
1997 Ed. (2840)
1996 Ed. (2731)
1995 Ed. (2652)
1993 Ed. (2391)
1992 Ed. (2828)
1991 Ed. (2279)
King & Spalding LLP
2008 Ed. (3415)
2007 Ed. (3307)
King Arthur Flour Co.
2008 Ed. (2151)
1999 Ed. (2626)
King Auto Center Inc.
2008 Ed. (1784)
2007 Ed. (1751, 1756)
2006 Ed. (1747)
King Benevolent Association
2008 Ed. (3790, 3791, 3792)
2007 Ed. (3705, 3706, 3707)
2006 Ed. (3713, 3715)
King Broadcasting Co.
1995 Ed. (2443)
King Car Co.
1994 Ed. (46)
1993 Ed. (54)
King Car Drink Enterprise
2001 Ed. (83)
King Car Food Co.
1992 Ed. (82)
King, Chapman, Broussard & Gallagher
1993 Ed. (2747)
1991 Ed. (2650)
King; Christopher
2008 Ed. (2691)
King Cobra
1998 Ed. (498, 3440)
1996 Ed. (780)
King County DOT/Metro Transit
2008 Ed. (756)
2006 Ed. (687)
King County Hospital Center
1999 Ed. (2751)
King County Medical Society Credit Union
2004 Ed. (1934)
King County Metro
2000 Ed. (900)
1999 Ed. (956)
1998 Ed. (538)
King County Prosecuting Attorney's Office
2006 Ed. (3241)
King County, WA
2008 Ed. (2831)
2004 Ed. (794, 2643, 2704, 2718, 4183)
2003 Ed. (3438, 3440)
2002 Ed. (1085, 2298, 2443, 3992)
1999 Ed. (1766, 1768, 1770, 1771, 1775, 2830)
1997 Ed. (1539, 2352, 3559)
1996 Ed. (1470, 1471)
1995 Ed. (1515)
1994 Ed. (1483)
1992 Ed. (1718)
King Edward
2003 Ed. (966)
1998 Ed. (731, 3438)
King Edward Diamonds Extra
2001 Ed. (2116)
King Edward Imperial
2001 Ed. (2114)
King Edward Invincibles
2001 Ed. (2114)
King Edward Special
2001 Ed. (2113)
King Fahd
2005 Ed. (4882)
1989 Ed. (732)
King Fahd Bin Abdul-Aziz Al Saud
1994 Ed. (708)
1993 Ed. (699)
1992 Ed. (890)
1991 Ed. (710, 3477)
King Fahd Bin Abdul Aziz Alsaud
2005 Ed. (4880)
2004 Ed. (4878)
King Family
1992 Ed. (3079)
1991 Ed. (2462)
King Family heirs
2005 Ed. (4022)
King Features Syndicate
1989 Ed. (2047)
King Infiniti Inc.
1995 Ed. (271)
King Isuzu
1996 Ed. (274)
King Koil
2005 Ed. (3410)
2003 Ed. (3321)
1997 Ed. (652)
King Kong
2008 Ed. (2386, 2387)
King Kullen
2004 Ed. (4644)
1993 Ed. (2471)
1992 Ed. (2939)
King Kullen Grocery Co., Inc.
2004 Ed. (4589)
2002 Ed. (3564)
King Kuts
1994 Ed. (2830)
1993 Ed. (2818)
1992 Ed. (3411)
King Limousine Service
2000 Ed. (3169)
1999 Ed. (3454)
The King-Lindquist Partnership Inc.
1992 Ed. (360)
1991 Ed. (254)
King; Mattie
1994 Ed. (897)
King; Michael
1994 Ed. (1723)
1993 Ed. (1705)
1992 Ed. (2061, 2062)
1991 Ed. (1631)
King; Michael Gordon
1995 Ed. (982)
King Mitsubishi; Bob
1994 Ed. (277)
1991 Ed. (287)
King Ocean
2004 Ed. (2541)
2003 Ed. (1225, 2422, 2423)
King of Fans
1999 Ed. (2658)
1998 Ed. (1921)
1997 Ed. (2200)
King of Prussia Business Park
2000 Ed. (2626)
1996 Ed. (2251)
1995 Ed. (2242)
1994 Ed. (2190)
1992 Ed. (2598)
1991 Ed. (2024)
King of Prussia Plaza
2006 Ed. (4311)
2003 Ed. (4407)
King of the Hill
2005 Ed. (4664)
The King of Torts
2006 Ed. (639)
2005 Ed. (723, 725)
King; Peter T.
1993 Ed. (2463)
1992 Ed. (2905)
1991 Ed. (2344)
King Pharmaceuticals Inc.
2008 Ed. (2771, 3948)
2007 Ed. (3899)
2006 Ed. (2781, 3878, 4469, 4472, 4588)
2005 Ed. (1467, 2246, 2247)
2004 Ed. (2150, 2151, 3880)
2003 Ed. (2645, 4533, 4540)
2002 Ed. (1548, 1551, 4356)
King Pharmaceuticals Benevolent Fund
2002 Ed. (2339)
King Power
1999 Ed. (247)
King Printing Co., Inc.
2008 Ed. (3714, 4403)
2007 Ed. (3565, 4426)
King Realty
1995 Ed. (3061)
King Retail Solutions
2008 Ed. (4227)
King; Richard K.
1993 Ed. (2462)
King; Roger
1997 Ed. (1941)
1993 Ed. (1705)
1992 Ed. (2061, 2062)
1991 Ed. (1631)
King; Sarah
2005 Ed. (4884)
King Soopers Inc.
2008 Ed. (2493)
2007 Ed. (2376)
2006 Ed. (2431)
2005 Ed. (2390)
2004 Ed. (2306)
2003 Ed. (2275)
2002 Ed. (1623)
1999 Ed. (1244)
1995 Ed. (1077)
1994 Ed. (1065)
1993 Ed. (1034, 1492)
1992 Ed. (1287, 1828)
1991 Ed. (1422)
King Soopers, City Markets
1991 Ed. (1010)
King Southern Bank
2006 Ed. (453)
King Suzuki
1996 Ed. (289)
King Taco Restaurant Inc.
2002 Ed. (2560)
2001 Ed. (2713)
2000 Ed. (3805)
1998 Ed. (3081)
1996 Ed. (3234)
King Taco Restaurants Inc.
1999 Ed. (4090)
1997 Ed. (3339)
1995 Ed. (3142)
King TeleServices
1998 Ed. (3479)
1997 Ed. (3700)
King; Tiong Hiew
2008 Ed. (4847)
2006 Ed. (4917)
King, WA
2000 Ed. (1594, 1596, 1598, 1599, 1604, 2611)
1992 Ed. (1723)
1991 Ed. (1375, 1376)
King World Productions
2000 Ed. (2920)
1999 Ed. (822, 3174)
1998 Ed. (510, 511, 2346)
1997 Ed. (727, 728)
1996 Ed. (790)
1995 Ed. (716, 717, 3580)
1994 Ed. (758, 760, 1669, 2665, 3503)
1993 Ed. (753, 1635, 3533)
1992 Ed. (1983, 2978, 3108, 3225, 4245)
1991 Ed. (1579, 2390, 3328, 3330)
1989 Ed. (2503, 2645)
Kingboard Chemical Holdings
2007 Ed. (1760)
Kingdom
2002 Ed. (4997)
Kingdom Hearts II
2008 Ed. (4811)
Kingdom of Belgium
1993 Ed. (1678)
1992 Ed. (1057)
Kingdom of Denmark
1992 Ed. (2022)
Kingdom of Sweden
1992 Ed. (1056, 1057)
Kingdon Capital Management
1996 Ed. (2099)
Kingfisher
1995 Ed. (1243)
1992 Ed. (51, 53)
1991 Ed. (25, 26)
Kingfisher Bank & Trust Co.
1989 Ed. (216)
Kingfisher Holdings
1994 Ed. (3306)
Kingfisher Oceanside Resort & Spa
2008 Ed. (3495)
Kingfisher plc
2008 Ed. (4241, 4477)
2007 Ed. (4193, 4205, 4207)
2006 Ed. (4186, 4188)
2005 Ed. (4142)
2004 Ed. (1458, 4475, 4574)
2003 Ed. (4506)
2002 Ed. (1642, 1789, 1790, 1792, 4044, 4899)
2001 Ed. (90, 4818)

1999 Ed. (4100)
King's College
2001 Ed. (1321)
1999 Ed. (1224)
1998 Ed. (795)
1997 Ed. (1057)
1996 Ed. (1041)
Kings County, CA
1996 Ed. (1475)
Kings County Hospital
1989 Ed. (1609)
Kings County Hospital Center
2000 Ed. (2532)
1998 Ed. (1995)
1997 Ed. (2273)
1996 Ed. (2157)
1995 Ed. (2146)
1993 Ed. (2076)
1992 Ed. (2462)
1991 Ed. (1935)
Kings County, NY
2008 Ed. (4732)
2004 Ed. (2982)
2002 Ed. (1804, 1807)
1999 Ed. (1776, 1778, 4630)
1997 Ed. (1537)
1996 Ed. (1468, 1469, 2226)
1995 Ed. (1510, 1511, 2217)
1994 Ed. (1475, 1476, 2166)
1993 Ed. (1426, 1427, 1432, 2141)
1992 Ed. (1714, 1715, 1716, 2579)
King's Daughters Medical Center
2008 Ed. (3058)
Kings Eastside Pharmacy
1999 Ed. (1929)
Kings Entertainment Co.
1991 Ed. (970)
King's Highway Hospital Center
1997 Ed. (2266)
Kings Island
1992 Ed. (331)
1991 Ed. (239)
Kings; Los Angeles
2006 Ed. (2862)
Kings, NY
2000 Ed. (1605, 1607, 2437)
1991 Ed. (1369, 2005)
1989 Ed. (1175, 1177)
King's Quest VI
1995 Ed. (1106)
King's Quest VII
1996 Ed. (1080)
King's Quest VII (MPC)
1996 Ed. (1083)
Kings; Sacramento
2006 Ed. (548)
Kings Supermarkets
1992 Ed. (1616)
King's Table
1997 Ed. (3336)
1992 Ed. (3710, 3716)
Kings Table Buffets
1996 Ed. (3233)
1994 Ed. (3091)
1993 Ed. (3019, 3032)
Kingsboro Medical Group
2000 Ed. (2393)
Kingsbury Inc.
2000 Ed. (4436)
1999 Ed. (4815)
1998 Ed. (3766)
1997 Ed. (3919)
1996 Ed. (717)
1995 Ed. (643, 3797)
1994 Ed. (679, 3672)
1993 Ed. (677)
1992 Ed. (879, 880)
1991 Ed. (703)
Kingsbury NA
2001 Ed. (684)
Kingsbury Non-alcohol
2002 Ed. (685)
Kingsdown
2003 Ed. (3321)
Kingsland Lloyd Petersen/RSCG
1992 Ed. (151)
Kingsley Management
1999 Ed. (3426)
Kingsmill
2008 Ed. (710)
Kingsmore; H. D.
1992 Ed. (2060)
Kingspan Group plc
2006 Ed. (1817, 3364)
2001 Ed. (4279)
Kingsport-Bristol, TN-VA
2007 Ed. (2999)
2006 Ed. (2971)
Kingsport, TN
2008 Ed. (3466)
Kingston
1992 Ed. (1392)
Kingston Communications
2007 Ed. (4723)
2006 Ed. (4703)
Kingston, Jamaica
2003 Ed. (3916)
Kingston Smith
2006 Ed. (7)
Kingston Technology
2004 Ed. (1872)
2003 Ed. (2951, 3284)
2002 Ed. (2083, 2813)
1999 Ed. (1475)
1998 Ed. (1930)
1994 Ed. (985, 3330)
Kingston Wharves
2002 Ed. (3034, 3035)
2000 Ed. (2875)
Kingston's Psychic Line; Kenny
1997 Ed. (2390)
Kingsway America Group
2004 Ed. (3040)
Kingsway Financial Services
2008 Ed. (3327)
2007 Ed. (3179)
2006 Ed. (1610)
2005 Ed. (1708)
Kingsway General Insurance Co.
2008 Ed. (3235)
2007 Ed. (3094)
Kingswood Advertising Inc.
2000 Ed. (159)
1999 Ed. (142)
1998 Ed. (63)
Kingswood Interactive
2000 Ed. (4383)
KingVision/SET
1996 Ed. (867)
1995 Ed. (881)
Kingwest Avenue Portfolio
2001 Ed. (3464)
Kinki Nippon Rail
1989 Ed. (2874)
Kinki Nippon Railway Co. Ltd.
2003 Ed. (4042)
2002 Ed. (3903)
2000 Ed. (4293)
1999 Ed. (4653)
1998 Ed. (2995)
1997 Ed. (3250, 3788)
1995 Ed. (3654)
1994 Ed. (3570)
1993 Ed. (3613)
1992 Ed. (3612, 4337)
1991 Ed. (3416)
Kinko's Inc.
2005 Ed. (3180, 3921)
2003 Ed. (4499)
Kinmont; Alexander
1997 Ed. (1995)
1996 Ed. (1867)
Kinnetic Laboratories Inc.
2006 Ed. (3509, 4348)
Kinney Canada
1996 Ed. (3243, 3483)
1994 Ed. (3366)
1992 Ed. (4036)
Kinney Drug
2002 Ed. (2030)
Kinney Drugs
2006 Ed. (2308)
2001 Ed. (2090, 2091)
Kinney/Footlocker
1993 Ed. (3365)
Kinney; Jon
2006 Ed. (973)
2005 Ed. (987)
Kinney Shoe
1992 Ed. (4038)
Kinny Systems of Atlantic City Inc.
2003 Ed. (1832)
Kino-52
2001 Ed. (54)
Kinray Inc.
2001 Ed. (2062)
1999 Ed. (1896)
1998 Ed. (1331, 1332)
Kinross
1995 Ed. (2041)
Kinross Gold Corp.
2008 Ed. (1657, 2825)
2007 Ed. (2698)
2005 Ed. (1719)
2004 Ed. (234)
2003 Ed. (2626)
2002 Ed. (3738)
Kinsel Industries Inc.
2002 Ed. (1277)
Kinsman Co.
2008 Ed. (865)
Kintera Inc.
2005 Ed. (4250)
Kintetsu
2007 Ed. (4836)
Kintetsu Department Store Co.
2008 Ed. (4232)
2007 Ed. (4196)
Kintetsu World Express Inc.
1997 Ed. (2077)
KION Group
2008 Ed. (1431)
Kiosk Information Systems Inc.
2002 Ed. (4877)
Kiosks
1996 Ed. (2345)
Kiplinger's Personal Finance
2000 Ed. (915, 3465)
Kiplinger's Personal Finance Magazine
1994 Ed. (2791)
KIPP Foundation
2004 Ed. (930)
Kipper; Barbara Levy
1993 Ed. (3731)
1991 Ed. (3512)
Kippered Beef
1998 Ed. (3323)
KIRA Inc.
2008 Ed. (3703, 4378)
2007 Ed. (3545, 4406)
Kiran Patel
2006 Ed. (959)
Kirby Corp.
2008 Ed. (4819)
2006 Ed. (4895)
2005 Ed. (2687, 2688)
2004 Ed. (2689, 2690)
2002 Ed. (4713)
2001 Ed. (4235)
2000 Ed. (4326)
1999 Ed. (4696)
1998 Ed. (3651)
1997 Ed. (3812)
1995 Ed. (214, 3684)
1994 Ed. (3609)
1993 Ed. (3648)
1992 Ed. (4363)
1991 Ed. (3437)
Kirby Foundation Inc.; F. M.
1995 Ed. (1926)
Kirby Restaurant Supply
2007 Ed. (2594)
Kirby; Tom
1997 Ed. (2705)
Kirchner
2005 Ed. (3385)
Kirgizia
1991 Ed. (3157)
Kiribati
2008 Ed. (2202)
2007 Ed. (2092)
2006 Ed. (2139)
Kirill Suzuki
1996 Ed. (289)
1995 Ed. (286)
1994 Ed. (285)
1993 Ed. (302)
1992 Ed. (413)
Kirin
1998 Ed. (449, 490)
Kirin Brewery Co.
2008 Ed. (52, 556, 565, 1835, 1836, 1837, 1839, 1840, 1841)
2007 Ed. (614, 615)
2006 Ed. (58, 567)
2005 Ed. (51, 668, 669, 3295)
2004 Ed. (56)
2002 Ed. (2307)
2000 Ed. (726, 728, 731, 2223, 2224)
1999 Ed. (713, 716, 718, 720, 723, 724, 2465, 2484)
1998 Ed. (454, 457, 460, 509)
1997 Ed. (660, 662, 663, 664, 665, 667, 668, 672, 2040)
1996 Ed. (727, 729, 730, 732, 734, 735, 788)
1995 Ed. (650, 652, 655, 712, 714, 1901)
1994 Ed. (694, 1876)
1993 Ed. (697, 1880)
1992 Ed. (941, 1680, 2193, 2200)
1991 Ed. (1744)
1989 Ed. (729, 2845)
Kirin Brwery Co.
1999 Ed. (2466)
Kirin Dry
1993 Ed. (745)
Kirk Corp.
2002 Ed. (1183)
Kirk & Blum
2008 Ed. (1249, 1264)
2007 Ed. (1368)
2006 Ed. (1261, 1292)
2005 Ed. (1291, 1320)
2004 Ed. (1241, 1314)
2003 Ed. (1238, 1314)
2002 Ed. (1297)
2001 Ed. (1481)
2000 Ed. (1267)
1999 Ed. (1375)
1998 Ed. (954)
The Kirk & Blum Manufacturing Co.
1997 Ed. (1169)
1996 Ed. (1137)
1994 Ed. (1149)
1993 Ed. (1127)
1992 Ed. (1414)
1991 Ed. (1081)
The Kirk & Blum Mfg. Co.
1995 Ed. (1165)
Kirk Homes
2004 Ed. (1158)
Kirk Kerkorian
2008 Ed. (4823)
2007 Ed. (4899)
2006 Ed. (4898)
2005 Ed. (4844, 4847)
2004 Ed. (4871)
2003 Ed. (4879)
2002 Ed. (3345)
1999 Ed. (1442, 1450)
Kirk Pond
2003 Ed. (4383)
Kirk; Randal J.
2008 Ed. (4911)
Kirkham; Graham
1996 Ed. (1717)
Kirkhofer; Lynn
1993 Ed. (2464)
Kirkland & Ellis
2006 Ed. (1413, 3244, 3246, 3247)
2005 Ed. (3255, 3275)
2004 Ed. (3251)
2003 Ed. (3171, 3172, 3173, 3174, 3175, 3176, 3205)
2002 Ed. (3056)
2001 Ed. (3054, 3086)
2000 Ed. (2894)
1999 Ed. (3148)
1998 Ed. (2327)
1997 Ed. (2597)
1996 Ed. (2452)
1995 Ed. (2416)
1993 Ed. (2389, 2395)
1992 Ed. (2832)
1991 Ed. (2283)
Kirkland & Ellis LLP
2008 Ed. (1395, 3414, 3420, 3425)
2007 Ed. (3302, 3303, 3304, 3305, 3306, 3310, 3338)
2006 Ed. (3249, 3266)
Kirkland Chrysler Jeep
2007 Ed. (189)
Kirkland's Inc.
2008 Ed. (884)
2004 Ed. (4216)

Kirkley; Jim
2005 Ed. (994)
Kirkman
2005 Ed. (1935)
Kirkpatrick & Lockhart
2006 Ed. (3267)
Kirkpatrick & Lockhart Nicholson Graham LLP
2007 Ed. (1509)
Kirkpatrick & Lockhart Preston Gates & Ellis
2008 Ed. (4725)
Kirkpatrick Pettis
2005 Ed. (3532)
2001 Ed. (863, 864, 920)
Kirland; Robert A.
2006 Ed. (348)
Kirnan; Jack
1997 Ed. (1852)
1996 Ed. (1777)
Kirov Tire Plant
2001 Ed. (4545)
Kirovsk Apatite Production Association
1993 Ed. (910)
Kirr Marbach & Co. LLC, Balanced Accounts
2003 Ed. (3114)
Kirsberry Cherry Speciality
1991 Ed. (3497)
Kirsch
1997 Ed. (2316)
1995 Ed. (2182)
1994 Ed. (2131)
Kirshenbaum & Bond
1996 Ed. (58)
1995 Ed. (43, 68)
1994 Ed. (85)
Kirshenbaum Bond & Partners
2002 Ed. (64)
Kirson Medical
1991 Ed. (1928)
Kirsten & Jorn Rausing
2005 Ed. (4888, 4897)
Kirsten Nyroop
1993 Ed. (3445)
Kirsten Rausing
2007 Ed. (4924)
2003 Ed. (4892)
Kirtland Credit Union
2008 Ed. (2248)
2007 Ed. (2133)
2006 Ed. (2212)
2005 Ed. (2117)
2004 Ed. (1926, 1975)
2003 Ed. (1935)
2002 Ed. (1881)
Kirton & McConkle
2006 Ed. (3252)
Kispert; John
2007 Ed. (1081)
2006 Ed. (988)
2005 Ed. (992)
Kiss
2005 Ed. (1160)
2004 Ed. (743, 3660)
2003 Ed. (716, 3623)
2002 Ed. (1162, 1163, 3413)
1998 Ed. (866, 867)
Kiss, Bow, or Shake Hands: The Bestselling Guide to Doing Business in More Than 60 Countries
2008 Ed. (618)
Kiss Me
2001 Ed. (3406)
Kiss 1 Easy Step
2004 Ed. (3659)
Kiss the Girls
2000 Ed. (4349)
Kissane; James
1997 Ed. (1872)
Kissimmee Nissan
1994 Ed. (278)
Kissimmee River
1993 Ed. (3690)
Kistler-Tiffany Cos.
2000 Ed. (1779)
1999 Ed. (2001)
1998 Ed. (1427)
Kit
1998 Ed. (3029)
Kit-e-Kat
2008 Ed. (719)
2002 Ed. (3658)
1999 Ed. (3791)
Kit E Kat canned cat food
1992 Ed. (3417)
Kit Kat
2008 Ed. (712)
2005 Ed. (996)
2004 Ed. (978)
2002 Ed. (1049, 1167)
2001 Ed. (1121)
2000 Ed. (971, 972, 1054, 1055)
1999 Ed. (785, 789, 1025, 1026, 1130, 1132)
1998 Ed. (615, 616, 617, 618, 619, 620, 624, 625, 626, 627, 628, 629, 630, 631)
1997 Ed. (890, 891, 892, 983)
1996 Ed. (873)
1995 Ed. (889, 890, 894, 895)
1994 Ed. (846, 848, 850, 856, 2838)
1993 Ed. (832, 833)
1992 Ed. (1042, 1045)
1991 Ed. (847)
Kit Konolige
2000 Ed. (2001)
1999 Ed. (2270)
1998 Ed. (1680)
1997 Ed. (1904)
1996 Ed. (1831)
Kit Konoligi
1995 Ed. (1853)
Kit Manufacturing Co.
2004 Ed. (3496, 3497)
1996 Ed. (3172)
1994 Ed. (2923)
1993 Ed. (2986)
1992 Ed. (3644)
Kitagawa & Co., Ltd.; I.
2008 Ed. (1783)
2007 Ed. (1755)
2006 Ed. (1746)
Kitahata & Co.
2000 Ed. (2765)
1999 Ed. (3011)
Kitaro Watanabe
1993 Ed. (698)
Kitcat & Aitken
1991 Ed. (1712)
1989 Ed. (1421)
Kitch, Drutchas, Wagner & Kenney
1998 Ed. (2328)
1996 Ed. (2453)
Kitch, Drutchas, Wagner & Kenney P.C.
2000 Ed. (2895)
Kitch, Drutchas, Wagner, DeNardis & Valitutti
2005 Ed. (3264)
2004 Ed. (3234)
Kitch, Drutchas, Wagner, DeNardis & Valitutti PC
2001 Ed. (3056)
Kitch Drutchas Wagner Valitutti & Sherbrook
2008 Ed. (3423)
Kitch, Saubier, Drutchas, Wagner & Kenney
1991 Ed. (2285)
Kitch, Saubler, Drutchas, Wagner & Kenney
1995 Ed. (2417)
Kitch, Saunbier, Drutchas, Wagner & Kenney
1999 Ed. (3149)
Kitch, Saurbier, Drutchas, Wagner & Kenney
1994 Ed. (2353)
1993 Ed. (2397)
1992 Ed. (2834)
1989 Ed. (1879)
Kitchell
2008 Ed. (1180, 1340)
2007 Ed. (1280, 1391)
2006 Ed. (1174, 1346)
2004 Ed. (1262)
1993 Ed. (1102)
Kitchell Contractors
2008 Ed. (1170, 1238)
1998 Ed. (891)
1997 Ed. (1126)
1992 Ed. (1357)
1989 Ed. (1000)
Kitchen accessories
2003 Ed. (3165)
2002 Ed. (3046)
Kitchen Aid
1999 Ed. (2476, 2803)
Kitchen and bath
1992 Ed. (986)
Kitchen & bath products
1993 Ed. (779)
1991 Ed. (805)
Kitchen/Bath Industry Show & Conference
2004 Ed. (4755)
Kitchen furniture
2001 Ed. (2568)
Kitchen gadgets
2003 Ed. (3943, 3944)
Kitchen Solvers Inc.
2008 Ed. (2392)
2007 Ed. (2255)
2006 Ed. (2324)
2005 Ed. (2266, 2960)
2004 Ed. (2168)
2003 Ed. (2122)
2002 Ed. (2060)
Kitchen storage
2004 Ed. (4190)
Kitchen textiles
2005 Ed. (2870)
Kitchen tools
1997 Ed. (2329)
Kitchen tools & accessories
2000 Ed. (2588)
Kitchen towels
2001 Ed. (3039)
Kitchen Tune-Up
2008 Ed. (2392)
2007 Ed. (2255)
2006 Ed. (2324, 2956)
2005 Ed. (2266)
2004 Ed. (2168)
2003 Ed. (2122)
2002 Ed. (2060)
2001 Ed. (2530)
Kitchen utensils
2003 Ed. (3165)
1993 Ed. (2109)
Kitchen utensils & gadgets
2002 Ed. (3046)
Kitchen Works Inc.
2007 Ed. (2971)
KitchenAid
2008 Ed. (2348, 3089, 3835, 4548)
2007 Ed. (1425, 2965, 2975)
2005 Ed. (1401, 2953, 2955, 3250)
2003 Ed. (1374, 2865, 2867, 3166)
2001 Ed. (2037, 3600, 4027, 4731)
2000 Ed. (2233, 2579)
1998 Ed. (1735, 2044)
1997 Ed. (2050, 2114, 2312)
1995 Ed. (2178)
1994 Ed. (1883, 1940, 2127)
1993 Ed. (1885)
1992 Ed. (1830, 2201)
1991 Ed. (1441, 1751)
Kitchener-Waterloo, Ontario
2008 Ed. (3489)
Kitchens of Sara Lee
1989 Ed. (354, 357, 359, 360)
Kitchenware and accessories
1991 Ed. (1977)
Kite Painting Co. Inc.
1994 Ed. (1142)
1993 Ed. (1135)
The Kite Runner
2008 Ed. (555, 624)
2007 Ed. (665)
Kitekat
1996 Ed. (3000)
Kith Holdings
2007 Ed. (1760)
KitKat
2003 Ed. (963, 1131)
Kiton
2006 Ed. (1030)
Kitsap Community Credit Union
2008 Ed. (2266)
2007 Ed. (2151)
2006 Ed. (2230)
2005 Ed. (2135)
2004 Ed. (1993)
2003 Ed. (1953)
2002 Ed. (1899)
Kitten Chow
1999 Ed. (3784)
1997 Ed. (3076)
1994 Ed. (2835)
1992 Ed. (3414)
1989 Ed. (2199)
Kittensoft Kitchen
2002 Ed. (3585)
Kittensoft Toilet Tissue
2002 Ed. (3585)
Kittle's
1999 Ed. (2556)
Kittredge Equipment Co.
2007 Ed. (2594)
Kitt's Music; Jordan
1996 Ed. (2746)
1994 Ed. (2597)
Kitt's Transfer & Storage Inc.
2007 Ed. (3555, 4420)
2006 Ed. (3513)
Kitty Goodman
2008 Ed. (4899)
Kitty Hawk
2007 Ed. (233)
Kivi Channel 6
2005 Ed. (1786)
Kiwi
2003 Ed. (984, 985)
Kiwi Airlines
1998 Ed. (137, 818)
Kiwi Brands Inc.
2003 Ed. (990, 991, 993, 994, 996)
Kiwi International
2000 Ed. (253)
Kiyo Bank
2004 Ed. (549)
Kiyohisa Hirano
2000 Ed. (2152)
1999 Ed. (2372)
1997 Ed. (1990)
1996 Ed. (1884)
Kiyohisa Ota
2000 Ed. (2174)
1999 Ed. (2391)
1997 Ed. (1991)
1996 Ed. (1873, 1885)
Kiyotaka Teranishi
2000 Ed. (2164)
1999 Ed. (2365)
1997 Ed. (1980)
1996 Ed. (1872)
Kjaer Group A/S
2007 Ed. (1681)
Kjeld Kirk Kristiansen
2008 Ed. (4863)
Kjell Inge Rokke
2008 Ed. (4871)
KK & M
1991 Ed. (130)
KK Mechanical Inc.
2006 Ed. (1350)
KK Series (SPVL)
1991 Ed. (3439)
KK Series (VA)
1991 Ed. (3438)
KKBT-FM
2002 Ed. (3898)
2000 Ed. (3696)
1998 Ed. (2987)
1996 Ed. (3153)
1995 Ed. (3052)
1994 Ed. (2988)
KKBT-FM(92.3)
1993 Ed. (2954)
1992 Ed. (3606)
KKE Architects Inc.
2005 Ed. (262)
KKHJ-AM
2002 Ed. (3895)
2001 Ed. (3970)
2000 Ed. (3142)
1999 Ed. (3419, 3979)
1998 Ed. (2511, 2986)
1997 Ed. (2800, 3236)
1996 Ed. (2653, 3151)
1995 Ed. (2588, 3050)
1994 Ed. (2530, 2987)
KKHJ-AM, KBUE-FM, KWIZ-AM
2000 Ed. (3695)

KKHK-FM
2002 Ed. (3897)
KKPC-Korea Kumho
2006 Ed. (4597)
KKR
2007 Ed. (1442)
2006 Ed. (1446, 3276, 4010)
2005 Ed. (1490, 1501, 1513, 1517, 1525, 2737, 3284, 3372)
1993 Ed. (823)
KKR Financial Corp.
2008 Ed. (1587)
2007 Ed. (4281)
KKR Group
2001 Ed. (2616)
KKR Private Equity Investors
2008 Ed. (4537)
KKR/Storer
1997 Ed. (876)
KL Kepong
1999 Ed. (1702)
KLA Instruments
1999 Ed. (1960, 1974)
1992 Ed. (3673)
1991 Ed. (1517, 1521)
KLA-Tencor Corp.
2008 Ed. (4610)
2007 Ed. (4343, 4345, 4349, 4805)
2006 Ed. (4282, 4284, 4286, 4792)
2005 Ed. (1671, 2542, 3044, 3045, 4343, 4742)
2004 Ed. (3029, 3030, 4400, 4660)
2003 Ed. (1124, 2131, 2133, 2197, 4377, 4538, 4549)
2002 Ed. (2099)
2001 Ed. (2893, 2894, 4219)
2000 Ed. (1736, 1750)
1999 Ed. (1477, 1970)
Klabin
2006 Ed. (4599)
2005 Ed. (1840)
2004 Ed. (1780)
1995 Ed. (3060)
1994 Ed. (2998)
1992 Ed. (1580, 3767)
Klaipedos Nafta
2002 Ed. (4440)
Klaipedos Nfta
2006 Ed. (4516)
Klamath First Federal Savings & Loan Association
1998 Ed. (3563)
Klamath National Forest
2007 Ed. (2639)
Klappa; Gale E.
2008 Ed. (956)
2007 Ed. (1034)
Klar Organization
2000 Ed. (1219)
KLAT-AM
2003 Ed. (4498)
2002 Ed. (3895)
2001 Ed. (3970)
2000 Ed. (3142)
KLAT-AM/FM
2005 Ed. (4412)
2004 Ed. (4464)
KLAT-AM, KLTO-FM, KOVE-FM, KRTX-FM
2000 Ed. (3695)
Klatten; Susanne
2008 Ed. (4867)
Klatzkin; Lawrence
1997 Ed. (1937)
Klaus Steilmann GmbH & Co. KG
2000 Ed. (1125)
Klaus Steilmann GmbH & Co. Kommandigesellschaft
1999 Ed. (1206)
Klaus Steilmann GmbH & Co. Kommanditgesellschaft
1997 Ed. (1040)
1996 Ed. (1021)
1995 Ed. (1037)
1994 Ed. (1031)
1993 Ed. (999)
1992 Ed. (1229)
1991 Ed. (986)
Klauser, James R.
1993 Ed. (3444)
Klaussner Corp.
2001 Ed. (1821)
2000 Ed. (2287)
1996 Ed. (1987)
1992 Ed. (2244, 2245, 2246)
Klaussner Furniture Industries
2007 Ed. (2663)
2006 Ed. (3993)
2005 Ed. (2881, 3919)
2001 Ed. (1821)
1999 Ed. (2544, 2545)
1998 Ed. (757, 1783)
1997 Ed. (1016, 2098, 2099, 2100)
1995 Ed. (1018, 1951, 1952)
1994 Ed. (1006, 1928, 1933)
1993 Ed. (980)
1991 Ed. (970)
KLAX-FM
2008 Ed. (4470)
2006 Ed. (4430)
2005 Ed. (4412, 4413)
2004 Ed. (4464, 4465)
2003 Ed. (4498)
2002 Ed. (3895)
2001 Ed. (3970)
2000 Ed. (3142)
1999 Ed. (3419, 3979)
1998 Ed. (2511, 2986, 2987)
1997 Ed. (2800, 3236)
1996 Ed. (2653, 3151, 3153)
1995 Ed. (3052)
1994 Ed. (2530)
KLAX-FM, KXED-AM
2000 Ed. (3695)
Klayman & Korman
2002 Ed. (8)
Kleen Brite Laboratories Inc.
2002 Ed. (1967)
Kleen Guard
2008 Ed. (980)
2003 Ed. (980)
Kleen-Tech Services Corp.
2007 Ed. (4987)
2006 Ed. (4991, 4992)
2003 Ed. (4990)
Kleenex
2008 Ed. (4684, 4685)
2007 Ed. (4761)
2006 Ed. (4755)
2005 Ed. (4700, 4720)
2003 Ed. (2921, 3719, 4740, 4741)
2002 Ed. (4626)
2001 Ed. (3342, 4547)
2000 Ed. (4254)
1999 Ed. (3772, 4603)
1998 Ed. (3573)
1997 Ed. (3754)
1996 Ed. (3694, 3695, 3705)
1995 Ed. (3617)
1994 Ed. (3539)
1993 Ed. (3579)
1992 Ed. (4300)
Kleenex Boutique
1996 Ed. (3695)
Kleenex Casuals
1996 Ed. (3695)
Kleenex Cottonelle
2008 Ed. (4697)
2003 Ed. (3430, 4759)
2002 Ed. (3379)
Kleenex Cottonelle Wipes
2008 Ed. (4697)
Kleenex Facial
2002 Ed. (3585)
Kleenex Facial Tissue
1999 Ed. (4604)
Kleenex Huggies
2001 Ed. (543)
Kleenex Just for Me
2003 Ed. (3430)
Kleenex Kitchen Towels
1999 Ed. (4604)
Kleenex Softique
1996 Ed. (3695)
Kleenex Toilet Tissue
1999 Ed. (4604)
Kleenex Ultra
1996 Ed. (3695)
Kleer-Vu Industries
1998 Ed. (165)
Klefer; Allen E.
1992 Ed. (1137)
Kleider-Bauer
1989 Ed. (23)
Klein & Eversoil
2000 Ed. (1219)
Klein; Bruce
1997 Ed. (1943)
Klein; Calvin
1993 Ed. (18)
1989 Ed. (55)
Klein; Jeffrey
1991 Ed. (1688)
1989 Ed. (1416, 1417)
Klein; Jonathan
2006 Ed. (2523)
Klein; Maeda
1997 Ed. (1940)
1993 Ed. (1842)
Klein Steel Service Inc.
2008 Ed. (4930)
2007 Ed. (1918)
Klein Wholesale Distributors
2003 Ed. (4937, 4938)
Kleiner Perkins Caufield & Byers
2008 Ed. (4805)
2002 Ed. (4738)
2000 Ed. (967, 2453)
1998 Ed. (3663, 3664, 3665)
1996 Ed. (3781)
Kleines Arschloch
1999 Ed. (3450)
Kleinfelder
2006 Ed. (2481)
Kleinoeder, Howard L.
1993 Ed. (893)
Kleinsleep
1993 Ed. (676, 3038)
Kleinwort
1989 Ed. (545, 574)
Kleinwort Benson
1999 Ed. (872, 874, 876, 896, 897)
1998 Ed. (1006)
1997 Ed. (772, 773, 1232, 1233)
1996 Ed. (1190)
1995 Ed. (728, 790, 791, 792, 793, 794, 3277)
1993 Ed. (1173, 1324, 1641, 3120)
1992 Ed. (1484, 2140)
1991 Ed. (533, 776, 777, 778, 1112, 1121, 1126, 1127, 1130, 1133)
Kleinwort Benson Group
1992 Ed. (1627)
Kleinwort Benson International
1997 Ed. (1975)
1996 Ed. (1868)
1991 Ed. (2220)
Kleinwort Benson Securities
1997 Ed. (1967, 1969, 1971)
1996 Ed. (1859)
1994 Ed. (773, 1203, 1839, 2474)
1993 Ed. (1846, 1847, 1849, 1850)
1992 Ed. (2139, 2785)
1991 Ed. (1712)
Kleinworth Benson Internatinal Equity
1992 Ed. (3184)
Klem Euro RSCG
2000 Ed. (143)
1999 Ed. (125)
1997 Ed. (120)
1996 Ed. (116)
1995 Ed. (100)
Klem RSCG
1992 Ed. (181)
Kleman; Charles
2007 Ed. (1094)
2006 Ed. (1002)
Klement
2002 Ed. (3271)
Klemtner
1993 Ed. (67, 77)
1992 Ed. (117)
1991 Ed. (2398)
Klemtner Advertising
2003 Ed. (35)
2002 Ed. (67)
2001 Ed. (212)
1999 Ed. (43, 55)
1998 Ed. (38)
1997 Ed. (45, 57)
1996 Ed. (48)
1995 Ed. (33)
1994 Ed. (58)
1992 Ed. (110)
1989 Ed. (60)
Klepierre
2007 Ed. (4079)
Klerck & Barrett
1993 Ed. (136)
Klerck & McCormac
1991 Ed. (148)
1989 Ed. (157)
Klerck & White
1992 Ed. (205)
Klesse; William R.
2008 Ed. (953)
Klett Lieber
2001 Ed. (901)
The Klett Organization
1992 Ed. (360)
Klez
2006 Ed. (1147)
KLG Corp.
2007 Ed. (4988)
Klih
2000 Ed. (2885)
1997 Ed. (2594)
Klin & Co. Ltd.; 510, R. J.
1991 Ed. (2338)
Klin & Co. Ltd.; Non-marine 510, R. J.
1991 Ed. (2336)
Kline Hawkes & Co.
2002 Ed. (4736)
Kline; L. F.
2005 Ed. (2485)
Kling
2008 Ed. (3339)
2006 Ed. (3163)
2005 Ed. (3161)
Kling Lindquist
2000 Ed. (316)
1999 Ed. (291)
1998 Ed. (189)
The Kling-Lindquist Partnership
1997 Ed. (269)
1996 Ed. (237)
1995 Ed. (241)
1994 Ed. (234, 238, 1642)
1993 Ed. (245, 249, 1609)
1989 Ed. (269)
Kling Tite Naturalamb
2003 Ed. (1130)
2002 Ed. (1166)
Kling Tite Naturlamb
1999 Ed. (1303)
Kling Title Naturalamb
1998 Ed. (932)
Klinger Cos. Inc.
2004 Ed. (1264)
2003 Ed. (1261)
2002 Ed. (1249)
Klinger Holdings PLC
1996 Ed. (934)
Klinger Lake Marina
1991 Ed. (718)
Klipp Colussy Jenks DuBois Architects P.C.
2002 Ed. (332)
KLK
2000 Ed. (2884)
KLLM Inc.
2008 Ed. (4133)
2007 Ed. (4110)
2006 Ed. (4061)
2005 Ed. (4033)
2004 Ed. (4773)
2002 Ed. (3944)
2000 Ed. (3734)
1999 Ed. (4019)
1998 Ed. (3031)
1995 Ed. (3081)
1994 Ed. (3029)
1993 Ed. (2987)
1992 Ed. (3648)
1991 Ed. (2824)
KLM
2000 Ed. (231, 251, 255, 256, 257, 260, 261)
1999 Ed. (208, 209, 210, 211, 227, 229, 230, 233, 234, 235, 238)
1997 Ed. (192, 207, 212, 214, 217, 244, 3792)
1996 Ed. (176, 177, 178, 187)
1994 Ed. (157, 159, 160, 170, 171, 176, 178, 179, 180, 183, 190)
1993 Ed. (172, 174, 175, 192, 198)

1991 Ed. (191, 192, 193, 202, 205, 237, 238, 1325)
1989 Ed. (241)
KLM Airlines
1992 Ed. (286)
KLM Royal Dutch
1996 Ed. (190)
1995 Ed. (177, 180, 181)
1993 Ed. (194)
KLM Royal Dutch Airlines
2007 Ed. (1905)
2006 Ed. (237, 238)
2005 Ed. (221)
2004 Ed. (217)
2002 Ed. (266)
2001 Ed. (306, 307, 308, 313, 326, 332)
1998 Ed. (113, 118, 119, 120, 121, 136, 139)
1997 Ed. (206)
1992 Ed. (264, 265, 292, 296, 300, 330)
KLM Royal Dutch Airlines NV
2008 Ed. (1963)
KLNO-FM
2005 Ed. (4412, 4413)
2004 Ed. (4465)
Klockner
1999 Ed. (1092, 1093)
1996 Ed. (933)
Klockner Desma Elastomertechnik GmbH
2001 Ed. (2875)
Klockner-Humboldt-Deutz
1992 Ed. (2961)
Klockner-Namasco Corp.
1999 Ed. (3353)
Klockner-Pentaplast of America Inc.
2004 Ed. (3908)
Klockner-Werke
1989 Ed. (2639)
Klocwork
2008 Ed. (1150)
2007 Ed. (1254)
2006 Ed. (1140)
Kloeckner
1993 Ed. (3454)
Kloeckner & Co. AG
2004 Ed. (4411)
2000 Ed. (4388)
1999 Ed. (4761)
1997 Ed. (3878)
Kloeckner & Co. Aktiengesellschaft
1995 Ed. (2494, 3730)
1994 Ed. (3435, 3660)
1992 Ed. (4432)
1991 Ed. (2385)
Kloeckner & Co. Aktiensesellschaft
1996 Ed. (3829)
Kloeckner-Humboldt-Deutz AG
2000 Ed. (1417)
1999 Ed. (1612)
KLOK-AM
1996 Ed. (2653, 3151)
Klonatex ICST & T SA
1997 Ed. (277)
Klonatex SA
1996 Ed. (248)
Klondike
2008 Ed. (3121)
2003 Ed. (2876)
2001 Ed. (2830)
2000 Ed. (2600, 2601, 4152)
1999 Ed. (2822, 2823)
1998 Ed. (985, 2067, 2070, 2071)
1997 Ed. (2346)
1996 Ed. (1976)
Klondike Advertising Inc.
2006 Ed. (4339)
Klondike Bar
1997 Ed. (1199, 2348)
Klondike Big Bear Sandwich
1997 Ed. (2349, 2931)
Klondike Carb Smart
2008 Ed. (3121)
Klondike Slim-A-Bear
2008 Ed. (3121)
Kloner; Craig
1997 Ed. (1903)
1996 Ed. (1821, 1830)
1995 Ed. (1843, 1852)
1994 Ed. (1805, 1814, 1832)
1993 Ed. (1831)
Kloof
1995 Ed. (2041)
1993 Ed. (1989)
1991 Ed. (1852)
Kloof Gold Mining Co. Ltd.
1996 Ed. (2443)
1989 Ed. (2645)
Klores Associates; Dan
1997 Ed. (3187)
1996 Ed. (3106, 3108)
KLOS-FM
1996 Ed. (3153)
1995 Ed. (3052)
1994 Ed. (2988)
KLOS-FM(95.5)
1993 Ed. (2954)
1992 Ed. (3606)
Kloster
1992 Ed. (1758)
1989 Ed. (2097)
Klosterman Banking Co.
1992 Ed. (492)
KLP
1992 Ed. (3761)
KLP Euro RSCG
2002 Ed. (1981, 4087)
2000 Ed. (1676, 3843)
KLP Group
1993 Ed. (3065)
1989 Ed. (1120)
KLP Marketing
1997 Ed. (3374)
1996 Ed. (3277)
KLSX-FM
1996 Ed. (3153)
1995 Ed. (3052)
KLT Lufttechnik
2001 Ed. (289)
KLTN-FM
2008 Ed. (4470)
2006 Ed. (4430)
2005 Ed. (4412, 4413)
2004 Ed. (4465)
KLTO-FM
2005 Ed. (4412)
Kluener Food Distributing Co.
1997 Ed. (2736, 3141)
Kluge; John
2008 Ed. (4825)
2007 Ed. (4896)
2006 Ed. (4901)
2005 Ed. (4851)
Kluge; John W.
1993 Ed. (699, 888, 1028)
Kluge; John Werner
1994 Ed. (708, 1055)
1991 Ed. (2461)
1989 Ed. (1986)
Kluge; Patricia
2008 Ed. (4909)
Klum; Heidi
2008 Ed. (3745)
KLVE-FM
2008 Ed. (4470)
2006 Ed. (4430)
2005 Ed. (4412, 4413)
2004 Ed. (4464, 4465)
2003 Ed. (4498)
2002 Ed. (3895, 3898)
2001 Ed. (3970)
2000 Ed. (3142, 3696)
1999 Ed. (3419, 3979)
1998 Ed. (2511, 2986, 2987)
1997 Ed. (2800, 3236)
1996 Ed. (2653, 3151)
1994 Ed. (2530, 2988)
KLVE-FM/KTNQ-AM
1992 Ed. (3088)
1991 Ed. (2472, 2796)
KLVE-FM, KTNQ-AM, KSCA-FM
2000 Ed. (3695)
KLVE-FM(107.5)
1993 Ed. (2954)
1992 Ed. (3606)
KM Extra Group
2002 Ed. (3513)
Kmart Corp.
2008 Ed. (2345, 2849, 4210, 4220, 4559)
2007 Ed. (1879, 2208, 2969, 2981, 4168, 4185, 4870, 4878)
2006 Ed. (824, 825, 1422, 2272, 2881, 2882, 2887, 2890, 2952, 2964, 4145, 4146, 4153, 4162, 4170, 4654, 4870, 4886)
2005 Ed. (906, 907, 1866, 1867, 2209, 2243, 2875, 2880, 2957, 2969, 3244, 3290, 4093, 4094, 4100, 4106, 4107, 4114, 4115, 4119, 4126, 4589, 4807)
2004 Ed. (412, 915, 916, 917, 1008, 1555, 1616, 1699, 1796, 1797, 1798, 2104, 2105, 2106, 2140, 2162, 2668, 2857, 2885, 2886, 2888, 2893, 2895, 2955, 2962, 3258, 3920, 4157, 4158, 4161, 4163, 4179, 4184, 4187, 4194, 4195, 4198, 4204, 4205, 4571, 4636, 4651, 4824)
2003 Ed. (897, 898, 1012, 1759, 1760, 1761, 2068, 2069, 2071, 2072, 2074, 2075, 2428, 2767, 2784, 2870, 2873, 3049, 4145, 4146, 4163, 4164, 4165, 4166, 4168, 4169, 4170, 4171, 4172, 4173, 4177, 4178, 4183, 4186, 4187, 4647, 4671, 4824, 4873)
2002 Ed. (1517, 1544, 1727, 1987, 1988, 2055, 2583, 2586, 2704, 2706, 4037, 4039, 4040, 4041, 4042, 4043, 4045, 4051, 4054, 4060, 4061, 4542, 4714, 4747, 4750)
2001 Ed. (1260, 1598, 1604, 1790, 1791, 1792, 2028, 2030, 2031, 2032, 2033, 2086, 2087, 2227, 2230, 2741, 2745, 2746, 2747, 2749, 3693, 4090, 4091, 4092, 4093, 4097, 4098, 4103, 4104, 4105, 4107, 4108, 4116)
2000 Ed. (206, 1113, 1381, 1516, 1661, 1664, 1683, 1684, 1685, 1686, 1687, 1688, 1690, 2483, 2488, 3412, 3547, 3803, 3804, 3806, 3807, 3809, 3810, 3811, 3812, 3813, 3814, 3815, 3816, 3818)
1999 Ed. (180, 1056, 1489, 1505, 1541, 1706, 1835, 1840, 1868, 1869, 1870, 1871, 1876, 1879, 1880, 1882, 1928, 2703, 3734, 3977, 4091, 4092, 4094, 4095, 4096, 4097, 4098, 4099, 4103, 4105, 4112, 4492, 4636, 4693, 4694)
1998 Ed. (74, 667, 668, 669, 1054, 1089, 1090, 1093, 1095, 1096, 1097, 1112, 1134, 1176, 1263, 1267, 1293, 1294, 1295, 1296, 1297, 1302, 1305, 1306, 1307, 1308, 1309, 1310, 1311, 1312, 1314, 1359, 1703, 1964, 2054, 2314, 2315, 2676, 2775, 3078, 3079, 3082, 3083, 3089, 3090, 3094, 3095, 3096, 3360, 3423, 3602, 3606)
1997 Ed. (167, 350, 922, 924, 1296, 1306, 1332, 1336, 1338, 1340, 1342, 1344, 1346, 1348, 1449, 1480, 1594, 1601, 1622, 1623, 1624, 1625, 1627, 1628, 1629, 1630, 1631, 1632, 1639, 1665, 1811, 2241, 2318, 2321, 2332, 2614, 3025, 3231, 3341, 3342, 3343, 3344, 3345, 3348, 3354, 3642, 3643, 3780)
1996 Ed. (162, 893, 1000, 1090, 1250, 1284, 1286, 1420, 1543, 1555, 1557, 1558, 1559, 1560, 1584, 2203, 2562, 3146, 3235, 3236, 3237, 3238, 3239, 3240, 3241, 3245, 3247, 3251, 3253, 3415)
1995 Ed. (149, 916, 1021, 1320, 1560, 1570, 1571, 1572, 1573, 1574, 1575, 1957, 1967, 2119, 2123, 2186, 3047, 3048, 3143, 3146, 3147, 3156, 3297, 3309, 3340, 3350)
1994 Ed. (131, 746)
1993 Ed. (19, 781, 863, 864, 866, 1481, 1493, 1494, 1495, 1496, 1497, 1498, 2111, 2424, 2909, 3040, 3041, 3042, 3048, 3050, 3230, 3279, 3368, 3649)
Kmart Canada
1997 Ed. (1595)
1996 Ed. (1536, 3243)
1995 Ed. (3153)
1994 Ed. (1523)
Kmart Holding Corp.
2008 Ed. (4210)
2007 Ed. (339, 1126, 1879, 2760, 2983, 4168, 4172, 4201, 4788)
2006 Ed. (1484, 1521, 1791, 1793, 1794, 1795, 1797, 1881, 1882, 4145, 4146, 4149, 4155, 4157, 4160, 4582, 4590, 4601)
2005 Ed. (1639, 1756, 1866, 1867, 1868, 2208, 4093, 4094, 4097, 4104)
Kmart Management Corp.
2007 Ed. (2448)
Kmart Specialty
1996 Ed. (3487)
Kmart Supercenters
2005 Ed. (4545)
2004 Ed. (4610)
Kmart.com
2005 Ed. (2326)
KMC Group
2000 Ed. (3671)
KMG Main Hurdman
1989 Ed. (12)
KMJ Capital Management
1997 Ed. (1073, 1073)
KMJ Capital Management (Diversified)
1996 Ed. (1056)
KML Corp.
1993 Ed. (1458)
KMM Telecommunications
2007 Ed. (3580, 4984, 4992)
KMPG Peat Marwick
1993 Ed. (1051)
KMX
2006 Ed. (4453)
2005 Ed. (4447)
KN Energy
2000 Ed. (1337, 1402, 1403, 3549, 3550)
1999 Ed. (1243, 3594, 3833)
1998 Ed. (2665, 2856, 2861)
1997 Ed. (2927, 3118)
1996 Ed. (2823)
1995 Ed. (1973, 1981, 2756)
1994 Ed. (1946, 1954, 2654)
1993 Ed. (1927, 2703)
1992 Ed. (2267, 3215)
1991 Ed. (2576)
1989 Ed. (2037)
Knall; David W.
2006 Ed. (658)
Knape & Vogt Manufacturing Co.
2005 Ed. (2782)
2004 Ed. (2790)
Knapp Video
1998 Ed. (3669)
Knapp's; Bill
1992 Ed. (3709)
Knaster; Alexander
2008 Ed. (4880)
Knauf
1996 Ed. (3813)
Knauf Insulation
2006 Ed. (3919)
Knecht Inc.
1995 Ed. (1165)
1993 Ed. (1127)
Knechtel; Gerald A.
1997 Ed. (3068)
1996 Ed. (2989)
1995 Ed. (1726)
1994 Ed. (1712)
Kneissl
1993 Ed. (3327)
K'nex
1999 Ed. (4639)
KNF & T Staffing Resources
2008 Ed. (3714, 4403, 4966)
2007 Ed. (3565, 3566)
Knicks; New York
2008 Ed. (530)
2007 Ed. (579)
2006 Ed. (548)

2005 Ed. (646)
Knife River Corp.
2006 Ed. (3481)
2005 Ed. (1917, 3480, 3481, 4527)
2004 Ed. (1832, 3484)
2003 Ed. (1797, 3417)
2001 Ed. (1824)
Knife sets
1993 Ed. (2109)
Knight & Associates Inc.; Lester B.
1997 Ed. (1756)
1996 Ed. (1675)
1992 Ed. (356)
1991 Ed. (1558)
Knight; Ann
1993 Ed. (1778)
1991 Ed. (1672)
Knight, Bain, Seath
1993 Ed. (2344)
1992 Ed. (2783)
1991 Ed. (2254)
Knight, Bain, Seath & Holbrook Capital Management, Inc.
2000 Ed. (2844)
1993 Ed. (2345)
Knight Foundation
1989 Ed. (1478)
Knight Frank & Rutley
2002 Ed. (51)
The Knight Group
2000 Ed. (2758)
1998 Ed. (2232)
Knight Inn Fort Bragg
2006 Ed. (2939)
Knight Jr.; Richard
1992 Ed. (3136)
Knight; Kevin
2007 Ed. (962)
Knight, Manzi, Nussbaum & LaPlaca
2007 Ed. (3319)
2003 Ed. (3185)
Knight; P. H.
2005 Ed. (2507)
Knight; Peter
2007 Ed. (3223)
2006 Ed. (3185)
2005 Ed. (3183)
Knight; Philip
2006 Ed. (873)
1989 Ed. (1984)
Knight; Philip H.
2008 Ed. (4826)
2007 Ed. (4897)
2006 Ed. (4902)
2005 Ed. (4846)
1993 Ed. (1697, 1699)
1992 Ed. (2052, 2054)
Knight Piesold & Partners
1997 Ed. (1762)
1994 Ed. (1644)
Knight; Richard
1991 Ed. (2546)
Knight Ridder Inc.
2007 Ed. (2908, 3699, 4050, 4053)
2006 Ed. (3180, 3434, 3435, 3438, 3704, 4021, 4022)
2005 Ed. (264, 3422, 3423, 3424, 3598, 3599, 3600, 3983, 3984)
2004 Ed. (2417, 3409, 3410, 3411, 3415, 3683, 3684, 3685, 4045, 4046)
2003 Ed. (3345, 3351, 3641, 4022, 4023, 4024, 4025, 4026, 4027)
2002 Ed. (2146, 3283, 3883, 3884, 3885, 4978)
2001 Ed. (1033, 2848, 3247, 3248, 3540, 3886, 3887, 3952)
2000 Ed. (825, 3333, 3681, 3682, 3683, 4427)
1999 Ed. (824, 2452, 3307, 3612, 3968, 3969, 3971, 3972)
1998 Ed. (512, 1137, 2679, 2972, 2973, 2975, 2976)
1997 Ed. (1398, 2019, 2717, 2942, 3219, 3220, 3221)
1996 Ed. (1336, 1924, 1925, 1927, 2846, 3139, 3141, 3142)
1995 Ed. (877, 1386, 1882, 2510, 3039, 3040, 3042)
1994 Ed. (1362, 1854, 1855, 1856, 2444, 2977, 2978, 2979, 2981, 2982)
1993 Ed. (1310, 1869, 1870, 2743, 2941, 2942, 2943, 2944)
1992 Ed. (1027, 2168, 2169, 3585, 3587, 3588, 3586)
1991 Ed. (241, 1188, 1729, 1730, 2389, 2392, 2783, 2784, 2785, 2786)
1989 Ed. (2265, 2266, 2267)
Knight-Ridder Newspapers
1989 Ed. (1934)
Knight Securities
2005 Ed. (3582)
Knight Trading Group Inc.
2005 Ed. (4246)
2004 Ed. (4323)
Knight Transportation Inc.
2008 Ed. (4527)
2006 Ed. (4808, 4832, 4833, 4849)
2005 Ed. (2687, 2689, 4761, 4762, 4763)
2004 Ed. (2689, 4789, 4790, 4791)
Knight/Trimark Group, Inc.
2001 Ed. (1595)
Knight Vale & Gregory Inc.
2002 Ed. (26)
Knight Vale & Gregory PLLC
2002 Ed. (27)
Knights Franchise Systems
2001 Ed. (2790)
Knights Inn
2000 Ed. (2551)
1999 Ed. (2774, 2782)
1998 Ed. (2015)
1997 Ed. (2295)
1995 Ed. (2163)
Knights Inn Shenandoah
2002 Ed. (2636)
Knights Insolvency Administration
2004 Ed. (4, 7)
2002 Ed. (4, 6)
Knights of Columbus
2006 Ed. (3120)
2005 Ed. (3115)
2004 Ed. (3112)
2003 Ed. (2994)
1998 Ed. (172)
1996 Ed. (1972)
1992 Ed. (3261)
Knightsbridge
1999 Ed. (367)
Knightsbridge Solutions LLC
2002 Ed. (2501)
Knightswood Financial
2007 Ed. (4574)
Knit Picks
2008 Ed. (865)
Knjaz Milos
2006 Ed. (84)
Knob Creek
2004 Ed. (4908)
2003 Ed. (4919)
2002 Ed. (3159, 3160, 3162, 3165)
2001 Ed. (3133, 4803, 4804, 4805)
1999 Ed. (3235, 3236)
Knobbe Martens Olson & Bear
2008 Ed. (4725)
Knockando
1997 Ed. (3391)
1996 Ed. (3294)
1995 Ed. (3196)
1994 Ed. (3152)
1993 Ed. (3106)
1992 Ed. (3810)
1991 Ed. (2934)
Knockin' on Heaven's Door
1999 Ed. (3450)
Knoll Inc.
2005 Ed. (1371, 1383)
2004 Ed. (1365)
2003 Ed. (1360, 2586)
2000 Ed. (3371)
Knoll; Catherine Baker
1995 Ed. (3505)
1991 Ed. (3210)
The Knoll Group
2007 Ed. (2662)
Knoll Group Office Furniture Co.
2005 Ed. (1514)
Knoll International Holdings
1989 Ed. (1057, 2349)
Knoll Lumber
1996 Ed. (823)
Knoll Pharmaceutical Co.
1999 Ed. (1911)
knona; Swedish
2008 Ed. (2275)
knone; Danish
2008 Ed. (2275)
Knopf
2008 Ed. (625)
2007 Ed. (666)
2006 Ed. (641)
2004 Ed. (748)
2003 Ed. (726)
Knor Plast Inc.
2008 Ed. (2866)
Knorr
2003 Ed. (4485, 4486)
Knorr Bernaise Sauce
1992 Ed. (3769)
Knorr Brown Gravy
1992 Ed. (3769)
Knorr Hollandaise Sauce
1992 Ed. (3769)
Knorr Portuguesa
1989 Ed. (47)
Knorr TasteBreaks
2008 Ed. (4464)
Knorr; Walter
1992 Ed. (3137)
1991 Ed. (2547)
Knorr; Walter K.
1995 Ed. (2669)
Knots Landing
1991 Ed. (3245)
Knott County, KY
1998 Ed. (783, 2319)
Knott; Francis X.
1992 Ed. (2060)
Knott's Berry Farm
2003 Ed. (3156, 3157)
1999 Ed. (268, 272)
1997 Ed. (245, 246)
1996 Ed. (219)
1995 Ed. (215, 1916)
1994 Ed. (218)
1993 Ed. (228)
1992 Ed. (331, 4026)
1991 Ed. (239, 3156)
1989 Ed. (2518)
Knova Software Inc.
2008 Ed. (1136)
Knovel Corp.
2007 Ed. (3056)
2006 Ed. (3023)
Knowlagent Inc.
2005 Ed. (1140)
2002 Ed. (4882)
Knowledge & the Wealth of Nations: A Story of Economic Discovery
2008 Ed. (619)
Knowledge House Inc.
2003 Ed. (2707, 2935)
Knowledgeable employees
1992 Ed. (571)
KnowledgeBase Marketing
2008 Ed. (4315)
KnowledgeStorm
2008 Ed. (812)
Knowledgeware
1995 Ed. (3093)
1992 Ed. (1297, 2364, 2367, 3990, 3991)
Knowles; Beyonce
2006 Ed. (2486)
Knowles Electronics Inc.
2002 Ed. (1418)
KnowX.com
2002 Ed. (4804)
Knox County Health, Education & Housing Agency
2001 Ed. (926)
Knox County, Maine
1992 Ed. (369)
Knox Natrajoint
2002 Ed. (1974)
Knox, Wall & Co.
1999 Ed. (3013)
Knoxville, TN
2008 Ed. (3460, 4349)
2007 Ed. (3362, 3374)
2006 Ed. (3974)
2005 Ed. (4793)
2004 Ed. (3222)
2003 Ed. (2084)
1998 Ed. (2028)
1997 Ed. (2303)
1995 Ed. (875)
1994 Ed. (2924, 2944)
Knoxville TVA Employees Credit Union
2008 Ed. (2260)
2007 Ed. (2145)
2006 Ed. (2224)
2005 Ed. (2129)
2004 Ed. (1987)
2003 Ed. (1947)
2002 Ed. (1893)
KNP
1991 Ed. (238)
KNP BT
1999 Ed. (2495, 3694, 3694)
1995 Ed. (1462, 2835)
KNP BT Nederland BV
1997 Ed. (2071, 2074, 2996)
1996 Ed. (2905)
KNP BT Solid Board Division BV
1997 Ed. (2996)
KNR & G Saatchi & Saatchi
2002 Ed. (152, 199)
2001 Ed. (180, 226)
KNRG Saatchi & Saatchi
2000 Ed. (182)
Knudsen
2003 Ed. (923, 4493)
2001 Ed. (1168)
2000 Ed. (1015, 4150)
Knudsen Free
2000 Ed. (1015, 4150)
Knudsen Hampshire
2003 Ed. (1882)
2001 Ed. (4313)
2000 Ed. (4162)
Knudsen Corp.; Morrison
1996 Ed. (1098)
Knudsen Nice 'N' Light
2003 Ed. (1882)
Knudsen Nice N'Light
2001 Ed. (4313)
2000 Ed. (1638, 4162)
Knudson
2000 Ed. (1638)
Knuettel; Frank
1997 Ed. (1886, 1989)
1996 Ed. (1812, 1813)
1995 Ed. (1834)
1994 Ed. (1796, 1798)
1993 Ed. (1813, 1815)
Knutsford Group
2001 Ed. (1886)
Knutson Flynn
2001 Ed. (849)
Ko Advertising
1991 Ed. (147)
Ko Lin Electric
1991 Ed. (51)
KOA-AM
2002 Ed. (3897)
The Koa Fire & Marine Insurance Co. Ltd.
1999 Ed. (2915)
1995 Ed. (2279)
1994 Ed. (2232)
1993 Ed. (2252)
1991 Ed. (2143)
Koala Springs
1994 Ed. (688)
1993 Ed. (685)
Kobayashi; Izumi
2007 Ed. (4975)
Kobe
1997 Ed. (3135)
1992 Ed. (1395)
Kobe Bryant
2008 Ed. (272)
2007 Ed. (294)
2006 Ed. (292)
Kobe Steel Ltd.
2008 Ed. (3661)
2007 Ed. (1581, 3489, 3490, 3497)
2006 Ed. (3464, 3465)
2005 Ed. (3456, 3461)
2003 Ed. (3377)
2002 Ed. (3311, 4433)
2001 Ed. (4130)
2000 Ed. (3083, 3093)

1999 Ed. (3346, 3351, 3358)
1998 Ed. (2467)
1997 Ed. (2751, 2757)
1995 Ed. (2544, 2552)
1994 Ed. (2476, 2478, 2486)
1993 Ed. (2035, 2539)
1992 Ed. (1391, 1681, 3032, 4309)
1991 Ed. (2423, 3401)
1989 Ed. (2639)
Kobelco
1996 Ed. (2245)
Kobenhavns Amts Sygehus I Glostrup
2004 Ed. (1697)
2002 Ed. (1635)
Kobenhavns Lufthavne
1999 Ed. (1424)
Kobrand
2006 Ed. (830)
2005 Ed. (922)
2002 Ed. (4958, 4962, 4963, 4964)
2001 Ed. (3127, 3130, 4891)
1989 Ed. (2940)
Kobrand USA
2005 Ed. (4975)
2004 Ed. (4974)
Kobrick Emerging Growth
2000 Ed. (3288)
Kobs & Brady Advertising
1989 Ed. (56, 68)
Kobs & Draft
1996 Ed. (1550)
1992 Ed. (1805)
1991 Ed. (1420)
Kobs & Draft Advertising
1997 Ed. (1016, 1617, 1619)
1995 Ed. (1564)
1993 Ed. (1488, 1489)
1992 Ed. (1807, 1808)
Kobs & Draft Worldwide
1996 Ed. (1552, 1554)
1995 Ed. (1565, 1566)
KOBT-FM
2005 Ed. (4412)
Koc Group
2008 Ed. (2119)
2007 Ed. (2020)
2006 Ed. (2050)
Koc Holding
2006 Ed. (3229)
2002 Ed. (1784, 3030)
2000 Ed. (2868)
1999 Ed. (3120, 3121)
1997 Ed. (1439, 2576)
1996 Ed. (1392, 2433)
1994 Ed. (2335)
1993 Ed. (2369, 2370)
1992 Ed. (2811)
1991 Ed. (2266)
Koc Holding A.S.
2008 Ed. (95)
2007 Ed. (88)
2005 Ed. (83)
2004 Ed. (88)
Koc; Rahmi
2008 Ed. (4876)
2006 Ed. (4928)
Kocbank
2008 Ed. (410, 516)
2003 Ed. (623)
2002 Ed. (585, 586, 657)
Koch; Charles
2008 Ed. (4824)
2007 Ed. (4895)
2006 Ed. (4900)
2005 Ed. (4845)
Koch; Charles & David
2007 Ed. (4915)
Koch; David
2008 Ed. (4824)
2007 Ed. (4895)
2006 Ed. (4900)
2005 Ed. (4845)
Koch; Edward I.
1991 Ed. (2395)
Koch Energy Trading
1999 Ed. (3962)
Koch Erecting Co.; Karl
1996 Ed. (1140)
1995 Ed. (1161)
1994 Ed. (1146)
Koch Foundation
2002 Ed. (2330)
2000 Ed. (2262)
1999 Ed. (2502)
1998 Ed. (1756)
Koch Gateway Pipeline Co.
2003 Ed. (3880)
2000 Ed. (2310)
1999 Ed. (2572)
1998 Ed. (1812)
1997 Ed. (2120)
Koch Inds
1989 Ed. (920)
Koch Industries Inc.
2008 Ed. (929, 1740, 1876, 1877, 2850, 3931, 3932, 4038, 4045, 4047)
2007 Ed. (954, 1711, 1842, 1843, 3886, 3887, 4012, 4018, 4020)
2006 Ed. (1417, 1716, 1837, 1838, 3858, 3859, 3973, 3979, 3981)
2005 Ed. (1533, 1832, 1833, 3901, 3906)
2004 Ed. (1517, 1766, 1767, 3946)
2003 Ed. (1487, 1730, 3847, 3951)
2002 Ed. (1066, 1466)
2001 Ed. (1246, 1770, 1771)
2000 Ed. (1100)
1999 Ed. (1185)
1998 Ed. (749)
1997 Ed. (1009)
1996 Ed. (985)
1994 Ed. (984)
1993 Ed. (957, 958)
1992 Ed. (1183, 3440)
1991 Ed. (949)
Koch International Luxembourg Sarl
2001 Ed. (3282)
Koch Petroleum Group
2001 Ed. (1184)
Koch Pipelines Inc.
2003 Ed. (3882)
2001 Ed. (3799, 3800)
2000 Ed. (2311, 2315)
1998 Ed. (2864)
1995 Ed. (2945)
Koch Pipelines Canada LP
2003 Ed. (3846)
Koch Service
1999 Ed. (4681)
1998 Ed. (3639)
1997 Ed. (3809)
1995 Ed. (3541, 3680)
1994 Ed. (3474, 3591, 3592)
1993 Ed. (3503, 3631, 3632)
1991 Ed. (3433)
Koch Services
1996 Ed. (3630, 3759)
Kochi Refineries Ltd.
2008 Ed. (3562)
Kocian; Craig
1995 Ed. (2668)
Koda
2008 Ed. (2068)
Kodacolor
2001 Ed. (3793)
Kodacolor Gold
2001 Ed. (3793)
Kodak
2008 Ed. (833, 834, 3982)
2007 Ed. (870, 3952)
2006 Ed. (652, 3900, 3902)
2004 Ed. (1650, 3032)
2002 Ed. (2832, 3705)
2001 Ed. (1105, 2897, 3793)
2000 Ed. (749, 966, 2478, 2504, 3078, 3543, 3829)
1999 Ed. (735, 736, 776, 786, 787, 788, 795, 1012, 1013, 1621, 1624, 2690, 3339, 3824, 3825, 3826, 4117)
1998 Ed. (475, 476, 489, 610, 611, 1949, 2848, 2849, 2851, 2852)
1997 Ed. (680, 681, 709, 712, 1400, 1401, 2235, 2258, 3115, 3116)
1996 Ed. (749, 750, 774, 777, 868, 1340, 1341, 2105, 2126, 2151, 2593, 2596, 2917, 3034, 3035)
1995 Ed. (19, 679, 694, 1390, 1650, 2138, 2532, 2534, 2937, 2938)
1994 Ed. (745, 746, 747, 2069, 2873, 2874)
1993 Ed. (733, 734, 739, 740, 743, 2853)
1992 Ed. (876, 923, 924, 1037, 3460, 3461)
1991 Ed. (846, 3316)
1989 Ed. (721, 2229)
Kodak Advantix
2004 Ed. (3896)
2002 Ed. (930)
Kodak Advantix Switchable
2002 Ed. (930)
Kodak AG
2000 Ed. (2648)
Kodak Avantix
2002 Ed. (3705)
Kodak CA135-24 VGR100 Color Print Film
1989 Ed. (2323)
Kodak Color VRG-400
1996 Ed. (3033)
Kodak Color VRG-100
1996 Ed. (3033)
Kodak Color VRG-200
1996 Ed. (3033)
Kodak de Mexico, Single-Use Camera Division
2003 Ed. (3308, 3309)
Kodak DS Digital Science Media Imaging System
2000 Ed. (3077)
Kodak EasyShare Gallery
2007 Ed. (4186)
Kodak Fun Saver
2004 Ed. (3895, 3896)
2002 Ed. (930)
Kodak Funsaver
1996 Ed. (3033)
Kodak Gold
2004 Ed. (3896)
2002 Ed. (3705)
2001 Ed. (3793)
1999 Ed. (3826)
1993 Ed. (1524)
Kodak Gold 400
1993 Ed. (1523)
Kodak Gold Max
2004 Ed. (3896)
2002 Ed. (3705)
2001 Ed. (3793)
Kodak Gold 100
1993 Ed. (1523, 1524)
Kodak Gold 100 GA135-24
1992 Ed. (1848, 1849)
Kodak Gold Plus
1999 Ed. (3826)
1995 Ed. (3525)
Kodak Gold 200
1993 Ed. (1523, 1524)
Kodak Gold 200 GB110-24
1992 Ed. (1848, 1849)
Kodak Gold 200 GB135-24
1992 Ed. (1848, 1849)
Kodak Gold 200 GB135-24 3 pack
1992 Ed. (1849)
Kodak HR disc 2 pk
1991 Ed. (1454)
Kodak Kodacolor
1999 Ed. (3826)
Kodak Kodacolor Gold
2002 Ed. (3705)
Kodak Max
2004 Ed. (661, 3895, 3896)
2002 Ed. (930)
2001 Ed. (1105)
Kodak Max Flash
2004 Ed. (3896)
2002 Ed. (930)
Kodak Max HQ
2004 Ed. (3895, 3896)
Kodak Max Zoom
2004 Ed. (3895)
Kodak Pathe
1995 Ed. (962)
Kodak Photolife
2002 Ed. (672)
Kodak Royal Gold
1999 Ed. (3826)
Kodak Select Black & White
2004 Ed. (3895)
Kodak VRG 400 carded 135-24
1991 Ed. (1454)
Kodak VRG 100 carded 3 pk/135
1991 Ed. (1454)
Kodak VRG 100 135-24
1991 Ed. (1453)
Kodak VRG 100 print film 135-24
1991 Ed. (1454)
Kodak VRG 200 135-24
1991 Ed. (1454)
Kodak VRG 200 SP 135-24
1991 Ed. (1453)
Kodak VRG100 Color Print Film
1989 Ed. (2325)
Kodama; Alan
2007 Ed. (2549)
Koders
2007 Ed. (1255)
Kodiak
1999 Ed. (4609)
1998 Ed. (3580)
1996 Ed. (3700)
1995 Ed. (3620, 3623)
1994 Ed. (3545)
Kodiak, AK
2000 Ed. (2200, 3573)
Kodiak Publishing Co.
2007 Ed. (1566)
2006 Ed. (1537)
Kodiak Publishing co.
2005 Ed. (1646)
Kodiak Regular Wintergreen
2003 Ed. (4449)
Kodiak Reporting & Transcription
2006 Ed. (4339)
Kodiak Roofing & Waterproofing Co.
2006 Ed. (4205)
Kodiak Venture Partners
2004 Ed. (4831)
Kodiak Wintergreen
2000 Ed. (4258)
Koegh; Kevin
1995 Ed. (2669)
Koei
2001 Ed. (2508)
Koeneman Capital Management
1995 Ed. (2397)
1993 Ed. (2338, 2353, 2358, 2359)
Koenig & Partners Publicidad
2003 Ed. (68)
2002 Ed. (103)
Kofikom Prodykt
2007 Ed. (22)
Koflach
1992 Ed. (3981)
Koger Properties
1991 Ed. (2808)
Koger Property
1993 Ed. (2715)
Kogod Family
2008 Ed. (4911)
Kogun HF
2008 Ed. (1722, 1792, 2868, 3208)
2007 Ed. (1764)
Kohl Medical AG
2004 Ed. (1701)
Kohl, Secrest, Wardle, Lynch, Clark & Hampton
1994 Ed. (2353)
1989 Ed. (1879)
Kohlberg & Co.
1994 Ed. (1215)
Kohlberg; Jerome
1989 Ed. (1422)
Kohlberg Kravis Robert & Co.
1998 Ed. (2430)
Kohlberg Kravis Roberts
2002 Ed. (3080)
Kohlberg Kravis Roberts & Co.
2008 Ed. (1405, 1425, 3399, 3445, 4079, 4293)
2006 Ed. (1446, 3276, 4010)
2005 Ed. (1490, 1501, 1513, 1517, 1525, 2737, 3284, 3372)
2003 Ed. (3279)
2001 Ed. (1541)
2000 Ed. (2347, 2347, 3027)
1999 Ed. (1443, 1449, 1451, 1472, 2604, 2604, 3185, 3294, 3294)
1998 Ed. (1009, 1016, 1017, 1042, 1845, 1845, 2105)
1997 Ed. (1245, 1250, 1251, 2629, 2703)
1996 Ed. (1192, 1199, 1204, 1209, 2486)

1995 Ed. (153, 1221, 1222, 1228, 1233, 1234, 1238, 1261, 2004, 2443, 2444, 2498, 3214)
1994 Ed. (1205, 1206, 1207, 1212, 1217, 1218, 1222, 1241, 2429, 2429)
1993 Ed. (1178, 1182, 1188, 1196, 1215, 1956, 1956, 2492)
1992 Ed. (1457, 1467, 1470, 1471, 1475, 1480, 1503, 2299, 2299, 2962, 2962)
1991 Ed. (1136, 1143, 1147, 1153, 1158, 1159, 1163, 1188, 1823, 1823, 2376, 2376, 3301, 3303, 3331)
Kohlberg Kravis Roberts & Co. (KKR)
2004 Ed. (1474, 1485, 1497, 1509, 2739, 3341)
2003 Ed. (1444, 1455, 1467, 1479, 2622)
2002 Ed. (998, 1435, 1447, 1458, 1461, 1473, 3230, 3791)
Kohlberg Roberts & Co.
1991 Ed. (1192)
Kohler Co.
2007 Ed. (3491)
2006 Ed. (3466)
2005 Ed. (2016, 3457)
2004 Ed. (1890, 3443)
2003 Ed. (1419, 1854, 3378)
2001 Ed. (1900, 3278, 3822)
1989 Ed. (2882)
Kohler; Herbert
2008 Ed. (4828)
2007 Ed. (4901)
2006 Ed. (4905)
Kohler Jr.; Herbert
2005 Ed. (4843)
Kohler Mill Division
1998 Ed. (3647)
Kohl's
2008 Ed. (637, 890, 987, 2176, 2177, 2327, 2342, 2343, 2728, 3093, 3102, 4210, 4217, 4219, 4221, 4225, 4585, 4797)
2007 Ed. (909, 2068, 2069, 2205, 2206, 2591, 2969, 4182, 4183, 4184, 4675, 4870)
2006 Ed. (821, 822, 2120, 2121, 2253, 2881, 2952, 4149, 4153, 4155, 4160, 4161, 4180, 4181, 4447, 4450, 4654, 4870)
2005 Ed. (2017, 2018, 2165, 2166, 2168, 2957, 3244, 4097, 4101, 4102, 4104, 4128, 4134, 4515, 4519, 4589, 4807)
2004 Ed. (1581, 1609, 1891, 1892, 2050, 2051, 2055, 2056, 2877, 2881, 2882, 2895, 2955, 4161, 4179, 4180, 4184, 4188, 4189, 4214, 4651, 4824)
2003 Ed. (1016, 1581, 1855, 1856, 2009, 2011, 2870, 4163, 4164, 4167, 4184, 4188, 4671, 4824)
2002 Ed. (1562, 1797, 2580, 2704, 4051, 4714)
2001 Ed. (1901, 1994, 2027, 2033, 4094)
2000 Ed. (1118, 1583, 1689, 3547, 3809)
1999 Ed. (1751, 1834, 4390)
1998 Ed. (1258, 1260, 1261)
1997 Ed. (1590, 1591, 2322)
1995 Ed. (1029, 3424)
1994 Ed. (2134, 2138)
1992 Ed. (2526)
1991 Ed. (1969)
Kohl's Department Stores Inc.
2007 Ed. (2068)
2006 Ed. (2120)
2005 Ed. (2017)
2004 Ed. (1891)
2003 Ed. (1855, 2010)
2002 Ed. (1918, 1919)
Kohn & Young PC
2001 Ed. (4284)
Kohn Pedersen Fox Associates
2008 Ed. (262, 2537, 2540)
2007 Ed. (286, 2408, 2413)
2006 Ed. (283)
2005 Ed. (260)
1998 Ed. (188)
1997 Ed. (263, 268)
1996 Ed. (232)
1995 Ed. (235)
1994 Ed. (233)
1993 Ed. (244)
1992 Ed. (353, 359)
Kohn Pedersen Fox Associates KPF Interior Architects
1996 Ed. (236)
Kohn Pedersen Fox Associates PC
2004 Ed. (2341, 2350, 2371)
Kohr Bros. Frozen Custard
2002 Ed. (2722)
Koichi Hariya
1999 Ed. (2379)
Koichi Ishihara
1999 Ed. (2376)
1997 Ed. (1977)
Koichi Nishimura
2003 Ed. (3295)
Koichi Sugimoto
2000 Ed. (2155)
Koinklijke Emballage Industrie Van Leer BV
1995 Ed. (2549)
Koito Manufacturing Co.
1991 Ed. (1141, 1170)
Koizumi; Junichiro
2005 Ed. (4879)
Koji Endo
2000 Ed. (2154, 2155)
1999 Ed. (2374, 2375)
1997 Ed. (1976)
Kojima
2006 Ed. (4175)
The Kokes Organization
2003 Ed. (1184)
2002 Ed. (2685)
Kokomo, IN
2008 Ed. (2491)
2007 Ed. (2369)
2006 Ed. (2426, 3315)
2005 Ed. (2381, 3322)
2004 Ed. (3304)
2000 Ed. (1070, 4364)
1998 Ed. (2484)
1993 Ed. (2548)
1992 Ed. (2541, 3034)
1991 Ed. (2429)
Kokomo Tribune
1992 Ed. (3245)
Kokosing Construction Co. Inc.
2004 Ed. (1285, 1290, 1294)
2003 Ed. (1297)
Kokusai
2008 Ed. (1866)
1999 Ed. (895, 896)
Kokusai Kogyo Co., Ltd.
2008 Ed. (4128)
Kokusai Securities
2003 Ed. (4374)
1998 Ed. (1500)
Kokuyo
2007 Ed. (2991)
2000 Ed. (3408)
1999 Ed. (3690)
1997 Ed. (2994)
1995 Ed. (2833)
1994 Ed. (2728)
1993 Ed. (2766)
Kolin Construction & Development Co., Ltd.
1992 Ed. (3625)
Kolin Electric
1993 Ed. (54)
Kolinska
2000 Ed. (2987)
1999 Ed. (3252, 3253)
Koll
1999 Ed. (4015)
1998 Ed. (2280, 3017, 3021, 3023)
1991 Ed. (1051)
Koll Bren Schreiber
2002 Ed. (3936)
Koll Company
1992 Ed. (3621)
Koll Construction Co.
1993 Ed. (1138)
Koll Development Co.
2002 Ed. (3921)
2001 Ed. (4001)
Koll Investment
1997 Ed. (2541)
1996 Ed. (2392, 2412)
Koll Management Services
1997 Ed. (3272, 3274)
1994 Ed. (3328)
1993 Ed. (3337)
Kollmorgen Corp.
1999 Ed. (4578)
1989 Ed. (2303)
Kolomensky
2000 Ed. (1320)
Kolomoyskyy; Ihor
2008 Ed. (4877)
Kolter Signature Homes
2005 Ed. (1198)
Komag Inc.
2007 Ed. (3069, 4533)
1992 Ed. (1304, 1914)
Komatsu Ltd.
2008 Ed. (189, 847, 3149, 3150, 4778)
2007 Ed. (202, 875, 1581, 2401, 3035, 3036, 3037, 4855)
2006 Ed. (2998, 2999, 4852)
2005 Ed. (3002, 3003)
2004 Ed. (4802)
2003 Ed. (4815)
2002 Ed. (2323, 2729, 4872)
2001 Ed. (4639)
2000 Ed. (2624)
1999 Ed. (2853, 2854)
1997 Ed. (1437, 2371)
1996 Ed. (2245)
1995 Ed. (2493)
1994 Ed. (2421)
1993 Ed. (1082, 1461, 2484)
1992 Ed. (1772)
1991 Ed. (1405)
1989 Ed. (1656)
Komatsu America International Co.
1998 Ed. (1138, 2093, 2708)
Komatsu American International Co.
1999 Ed. (1627)
Komdat GmbH
2008 Ed. (2951, 2952)
Komeetta Saatchi & Saatchi
2000 Ed. (94)
Komercialna Banka
2003 Ed. (579)
2002 Ed. (614)
1997 Ed. (546)
Komercijaina Bank AD Skopje
1995 Ed. (534)
Komercijaina Banka
2006 Ed. (496)
Komercijalna Bank AD Skopje
1997 Ed. (547)
1996 Ed. (592)
Komercijalna Banka
2008 Ed. (500)
2006 Ed. (519)
2005 Ed. (506, 605)
2004 Ed. (586, 615)
Komercijanlna Bank AD Skopje
2000 Ed. (599)
1999 Ed. (583)
Komercni banka
2008 Ed. (403, 413)
2007 Ed. (429, 444)
2006 Ed. (431, 436, 440, 3946)
2005 Ed. (485)
2004 Ed. (478, 490)
2003 Ed. (482, 489, 492)
2002 Ed. (538, 549, 553, 3736, 3737)
2000 Ed. (484, 508, 3585, 3586)
1999 Ed. (491, 500, 3869, 3870)
1997 Ed. (433, 434, 447, 448)
1996 Ed. (470, 483)
1994 Ed. (462, 463)
1993 Ed. (458, 469)
Komercni Banka AS
1996 Ed. (484)
1995 Ed. (453, 459)
Komercni banka IF
2002 Ed. (3736, 3737)
Komex
2005 Ed. (1689, 1703)
Komex International Ltd.
2007 Ed. (1197, 4364)
2006 Ed. (1625, 4297)
Komsomolskaya
2001 Ed. (3544)
Kon Nederlandsche Hoogovens En Staalfabrieken NV
1995 Ed. (1464)
1994 Ed. (1427)
1993 Ed. (1373)
Kona Pacific Farmers Cooperative
2007 Ed. (3548, 4408)
Kona Village Resort
2005 Ed. (4042)
2002 Ed. (3990)
2000 Ed. (2543)
1993 Ed. (2090)
1992 Ed. (2482)
1991 Ed. (1947)
Konami Co.
2003 Ed. (2603)
2002 Ed. (1710)
2001 Ed. (4688)
Konami/Ultra
1995 Ed. (3642)
Konarka Technologies
2006 Ed. (2436)
Konda Group
1999 Ed. (4297)
Kone Corp.
2008 Ed. (3557)
2006 Ed. (1701)
1994 Ed. (2045)
1992 Ed. (1938)
1991 Ed. (1276)
Kone B
1994 Ed. (2046)
1992 Ed. (2396)
Kone Elevator AS
1997 Ed. (1381)
Kone Oy
1996 Ed. (1335)
1995 Ed. (1385)
Kone Oyj
2006 Ed. (2801, 3379)
2004 Ed. (3331)
Kone S B
1993 Ed. (2030)
Kong Holdings; Cheung
1992 Ed. (1632)
Kong Life Insurance Co. Ltd.; Shin
1992 Ed. (3945)
Konica Corp.
2005 Ed. (1355, 1384)
2004 Ed. (1369, 3895)
2003 Ed. (1346, 1361)
2002 Ed. (3534)
1995 Ed. (1350)
1994 Ed. (1320)
1993 Ed. (1163)
1992 Ed. (3009, 3461)
1991 Ed. (2407)
Konica Graphic Imaging International
2000 Ed. (1433)
Konica (Konishiroku)
1989 Ed. (2297)
Konica Minolta Holdings Inc.
2007 Ed. (2460, 2992)
Konica USA
1996 Ed. (869)
Konikowski; Edward F.
1991 Ed. (1631)
Konimex
2005 Ed. (46)
2004 Ed. (52)
Koninkijke Ahold NV
1995 Ed. (1464)
Koninkllijke Ahold
2000 Ed. (1521)
Koninklijke Ahold NV
2008 Ed. (39, 63, 66, 88, 1964, 4573)
2007 Ed. (60, 81, 1899, 1900, 1903, 2241, 4200, 4206, 4631, 4632, 4633)
2006 Ed. (69, 1689, 1692, 1918, 1919, 1921, 4178, 4179, 4187, 4643, 4945)
2005 Ed. (62, 1539, 1768, 1895, 4122, 4132, 4133, 4140, 4513, 4515, 4567, 4912)
2004 Ed. (67, 1523, 1701, 1711, 2764, 3212, 4204, 4206, 4213, 4641)

2003 Ed. (1776, 1777, 3148, 4177, 4179, 4187, 4396, 4581, 4656, 4665)
2002 Ed. (4603)
2001 Ed. (1805)
2000 Ed. (1522, 4284)
1999 Ed. (1710, 1711, 4110, 4644)
1998 Ed. (1141)
1997 Ed. (1235, 1484, 1485, 3353, 3783)
1996 Ed. (1426, 3252, 3414, 3730)
1994 Ed. (1427, 3109)
1993 Ed. (1373, 3049)
1992 Ed. (3740)
1991 Ed. (3480)
Koninklijke Distilleerderijen Erven Lucas Bols
1995 Ed. (1243)
Koninklijke DSM NV
2008 Ed. (3572)
Koninklijke Emballage Industrie Van Leer BV
1997 Ed. (2754)
1996 Ed. (2612)
1991 Ed. (2385)
Koninklijke Hoogovens NV
1999 Ed. (3345)
1997 Ed. (2750)
Koninklijke KPN NV
2008 Ed. (63)
2007 Ed. (60, 1904, 4714)
2006 Ed. (29, 69, 1920, 1921)
2005 Ed. (62, 1570, 4282, 4513)
2004 Ed. (67, 1738)
2003 Ed. (1518, 1777)
2002 Ed. (1126, 1735, 1736, 2000, 4490, 4491)
2001 Ed. (1642, 1807)
2000 Ed. (1522)
Koninklijke Luchtvaart Maatschappij NV
2004 Ed. (1853)
2002 Ed. (1762)
2001 Ed. (4620)
2000 Ed. (4296)
1997 Ed. (3793)
Koninklijke Luchvaart Maatschappij Nv
1995 Ed. (3661)
Koninklijke Nederland Petr. My.
2002 Ed. (4491)
Koninklijke Nederlandsche Petroleum Maatschappij
2006 Ed. (1691)
Koninklijke Nederlandsche Petroleum Mij Nv
1993 Ed. (1302, 1303, 1306, 1373)
KoninkLijke Nederlansche Petroleum MIJ NV
1989 Ed. (1106, 1107, 1110, 1144)
Koninklijke Nedlloyd NV
2002 Ed. (4672)
Koninklijke Numico NV
2006 Ed. (1686, 1688)
Koninklijke Philips Electronics NV
2008 Ed. (1963, 1964, 1965, 1966, 2472, 2474, 3572)
2007 Ed. (1899, 1900, 1903, 1904, 1905, 2213, 2342, 2343, 2345, 2346, 3422, 4354)
2006 Ed. (1918, 1919, 1920, 1921, 2398, 2399, 3393, 4287, 4288)
2005 Ed. (1347, 1895, 2329, 2344, 2353, 2354, 2865, 3396, 3696)
2004 Ed. (1708, 2253, 2254, 2255, 3364, 3777, 4404, 4562)
2003 Ed. (1669, 1705, 1706, 1707, 1712, 1776, 1777, 2207, 2208, 2209, 2235, 2236, 2237, 2244, 2245, 3307, 3752, 4384, 4388, 4396, 4526, 4581)
2002 Ed. (304, 1496, 1639, 1643, 1735, 1736, 2096, 2105, 2107, 2575, 4490, 4491)
2001 Ed. (24, 1146, 1642, 1689, 1693, 1805, 1806, 1807, 2191, 2214, 2869, 2892, 2962, 3649, 4218, 4916)
Koninklijke PTT Nederland
2000 Ed. (1521)
Koninklijke PTT Nederland NV
1999 Ed. (1710, 1711, 4287)
1997 Ed. (1484, 1487, 3501)
1996 Ed. (1426, 3405)
Koninklijke Ten Cate NV
1999 Ed. (4593)
1997 Ed. (3737)
Koninklijke Vendex KBB NV
2006 Ed. (69)
Koninklijke Wessanen
1995 Ed. (1243)
Konishi
1993 Ed. (16)
1992 Ed. (24)
Konka
1994 Ed. (3291, 3292)
Konka Group
2001 Ed. (1670)
Kono; Eiko
2005 Ed. (4991)
Konolige; Kit
1997 Ed. (1904)
1996 Ed. (1831)
Konoligi; Kit
1995 Ed. (1853)
Konomi; Jun
1997 Ed. (1987)
1996 Ed. (1881)
Konover & Associates Inc.
1998 Ed. (3297, 3301)
1996 Ed. (3427)
Konover Construction Corp.
2008 Ed. (1274)
2006 Ed. (1298)
2003 Ed. (1311, 1312)
Konsolidacna Banka Bratislava
1997 Ed. (610)
Konsolidacni Banka Bratislava
1996 Ed. (674)
Konsolidacni Banka Praha
1997 Ed. (434, 447)
1996 Ed. (470, 483)
1995 Ed. (441)
Konsortiet S.A.S.
1996 Ed. (1324)
Konstantinou
1997 Ed. (992)
Konstanty, 1951; Jim
1991 Ed. (702)
Konsultgruppen
1989 Ed. (164)
Konsum Oesterreich
1993 Ed. (24, 1282)
1991 Ed. (16)
Konsum Oesterreich Reg GmbH
1996 Ed. (1298)
1995 Ed. (1358)
1994 Ed. (14, 1327)
Konsuma de Venezuela
2008 Ed. (106)
2005 Ed. (94)
Konsyl
2003 Ed. (3197)
Kontuur Leo Burnett
2003 Ed. (71)
2002 Ed. (106)
2001 Ed. (134)
2000 Ed. (92)
1999 Ed. (86)
Konya Cimento
1994 Ed. (2336)
Koo Koo Roo Inc.
1999 Ed. (4058)
1995 Ed. (3134)
Koo, Larrabee & Lau-Kee
2003 Ed. (3187)
Koo, Larrabee & Lau-Kee LLP
2004 Ed. (3237)
Koo; Richard
1997 Ed. (1994)
1996 Ed. (1889)
Kook Soon Dang
2006 Ed. (4537)
Kookmin Bank
2008 Ed. (380, 505, 1812, 2080, 2082)
2007 Ed. (398, 553, 1985)
2006 Ed. (413, 462, 524, 2015, 2016, 2017, 3237)
2005 Ed. (460, 610, 3231)
2004 Ed. (448, 512, 620)
2003 Ed. (611, 1824)
2002 Ed. (522, 600, 601, 602, 603, 3049, 3050, 3193)
2001 Ed. (1777, 2886)
2000 Ed. (581, 1503, 2883)
1999 Ed. (468, 469, 547, 569)
1997 Ed. (534)
Kool
2008 Ed. (976, 4691)
2007 Ed. (4771)
2006 Ed. (4765)
2005 Ed. (4713)
2004 Ed. (4736)
2003 Ed. (970, 971, 4751, 4756)
2002 Ed. (4629)
2001 Ed. (1230)
2000 Ed. (1061)
1998 Ed. (727, 728, 729, 730)
1997 Ed. (985)
1996 Ed. (971)
1995 Ed. (986)
1994 Ed. (953, 955)
1993 Ed. (941)
1992 Ed. (1151)
1991 Ed. (932)
1989 Ed. (907)
Kool-Aid
2007 Ed. (677)
2000 Ed. (2283)
1993 Ed. (696)
Kool-Aid Bursts
2000 Ed. (2282)
Kool-Aid Great Bluedini
1995 Ed. (1893)
Kool-Aid Island Twists
2000 Ed. (2283)
Kool Aid Jammers
2007 Ed. (2655)
Kool-Aid Kool Bursts Great Bluedini
1995 Ed. (1893)
Kool-Aid Mega Mountain Twists
2000 Ed. (2283)
Kool-Aid Mix
1996 Ed. (1981)
1995 Ed. (1948)
1992 Ed. (2241)
Kool Menthol
1989 Ed. (904, 905)
Koontz Electric Co.
2008 Ed. (1272)
Kooperativa Detaljhandelsgruppen AB
1995 Ed. (2987)
Kooperativa Foerbundel KF
1995 Ed. (1493)
Kooperativa Foerbundet
1993 Ed. (52, 1405)
Kooperativa Foerbundet KF
1996 Ed. (1450)
1994 Ed. (45, 1453)
1989 Ed. (1163)
Kooperativa Forbundet
1991 Ed. (49)
1989 Ed. (52)
Kooperativa Forbundet EK FOR
1996 Ed. (3830)
Kooperative Forbundet
2008 Ed. (88)
Koopman Holding BV
2007 Ed. (1906)
2006 Ed. (1922)
Koor
1999 Ed. (4539, 4540)
1997 Ed. (3695, 3686)
1996 Ed. (3634, 3635)
Koor Industries Ltd.
2003 Ed. (4591)
2002 Ed. (4558, 4559)
2000 Ed. (4184, 4185)
Koos Manufacturing Inc.
2003 Ed. (3427)
2000 Ed. (3149)
Kootenai Hospital District
2008 Ed. (1793)
2003 Ed. (1691)
2001 Ed. (1728)
Kootenai Medical Center Foundation Inc.
2007 Ed. (1765)
Kootenai Medical District
2006 Ed. (1757)
2005 Ed. (1786)
2004 Ed. (1727)
KOP
1997 Ed. (2204)
Kopf Builders
2002 Ed. (2688)
Kopin Corp.
2004 Ed. (2775)
2002 Ed. (1502)
Koplowitz; Alicia
2008 Ed. (4874)
Koplowitz; Esther
2008 Ed. (4874)
Kopp Emerging Growth
2004 Ed. (3607)
Kopp Investment Advisors
1994 Ed. (2308)
1993 Ed. (2332, 2335, 2336)
Koppel; Michael
2007 Ed. (1046)
Koppers Inc.
2006 Ed. (3994)
2005 Ed. (1505, 3920)
1989 Ed. (822, 1991)
Koppers Holdings Inc.
2008 Ed. (2045)
Korad
1996 Ed. (109)
1995 Ed. (94)
1989 Ed. (129)
Korad Ogilvy & Mather
1999 Ed. (114)
1997 Ed. (111)
1994 Ed. (99)
1993 Ed. (116)
1992 Ed. (174)
1991 Ed. (121)
Korakuen
1995 Ed. (220)
KorAm
1992 Ed. (750)
KorAm Bank
2006 Ed. (524, 1446, 4726)
2002 Ed. (601)
KoramBank
2005 Ed. (610)
2004 Ed. (512, 620)
2002 Ed. (603)
Korbel
2006 Ed. (827)
2005 Ed. (909, 915, 4958)
2004 Ed. (765, 918, 924)
2003 Ed. (755, 899, 908)
2002 Ed. (286, 769, 779, 962, 967, 970, 972, 973, 974, 4955, 4961)
2001 Ed. (1012, 1016, 1018, 1150, 1160, 1161, 4888, 4894)
2000 Ed. (801, 806, 807, 1008, 4421, 4424, 4426)
1999 Ed. (796, 800, 802, 1061, 1064, 1066, 1067, 4796, 4799, 4800)
1998 Ed. (493, 674, 678, 680, 681, 3442, 3724, 3750, 3752)
1997 Ed. (931, 934, 935, 937, 938, 3896)
1996 Ed. (778, 900, 901, 906, 3839, 3866, 3868)
1995 Ed. (921, 923, 924, 3769, 3770)
1992 Ed. (1082, 1083, 1084, 4460)
1991 Ed. (741)
1989 Ed. (755, 868)
Korbel & Bros./Heck Cirs.; F.
1994 Ed. (3664)
Korbel Brandy
2003 Ed. (760)
Korbel California
1993 Ed. (869, 873, 874, 879, 881, 882)
Korbel California Champagne
1991 Ed. (884, 3499)
Kordsa
1991 Ed. (2267)
Korea
2008 Ed. (3091, 3591)
2007 Ed. (3427)
2006 Ed. (2537, 3410, 4592)
2005 Ed. (3401)
2001 Ed. (400, 1413, 1414, 2364, 2366, 2838, 3410, 4372)
2000 Ed. (2982, 3175)
1999 Ed. (2108, 2583, 3193, 3695, 3696, 4478, 4480)
1998 Ed. (352, 1526, 1554)
1997 Ed. (204, 474, 1556, 3634)

1996 Ed. (510, 1719, 2470, 2471, 3821)
1995 Ed. (1749)
1994 Ed. (1515, 1516, 3656)
1993 Ed. (179, 2481, 3301, 3596, 3692)
1992 Ed. (269, 1234, 1759, 1760, 2296, 4185, 4186, 4322)
1991 Ed. (1401, 1402, 1479, 3268, 3269)
1989 Ed. (230, 946, 1181, 1284, 1396)
Korea Air Lines Co. Ltd.
1989 Ed. (1133)
The Korea Central Daily
2002 Ed. (3512)
Korea Changgwang Credit Bank Corp.
1993 Ed. (547)
Korea Daesong Bank
1991 Ed. (583)
1989 Ed. (595)
Korea Development Bank
2005 Ed. (3938, 3941)
2002 Ed. (600, 601, 602, 3193, 3795)
1999 Ed. (468, 547)
1998 Ed. (381, 1268)
1997 Ed. (534, 3484)
1996 Ed. (446, 578)
1995 Ed. (523, 1561)
1994 Ed. (519, 548)
1993 Ed. (426, 548)
1992 Ed. (605, 751)
1991 Ed. (452, 584)
1989 Ed. (481, 574, 596)
Korea Development Securities
1996 Ed. (3390)
Korea Electric Power Co.
2008 Ed. (2080, 2082, 2430, 2432, 2818)
2007 Ed. (1719, 1983, 1985, 2302, 2303, 2386, 2688)
2006 Ed. (2015, 2016, 2017, 3237)
2005 Ed. (2302, 2304, 2306, 2409)
2003 Ed. (1824, 2143, 4594)
2002 Ed. (1713, 3048, 3049)
2000 Ed. (1503, 1505, 1508, 2882, 2883, 3676, 3677)
1999 Ed. (761, 1567, 1575, 1578, 1665, 1695, 1697, 3135, 3136, 3966)
1998 Ed. (1161, 2967)
1997 Ed. (1357, 1455, 1467, 1468, 1469, 1470, 3216)
1996 Ed. (1399, 1412)
1995 Ed. (1342, 1350, 1447, 1449)
1993 Ed. (2383)
1992 Ed. (1662, 1663, 2821)
Korea Electric Power Corp. (KEPCO)
2002 Ed. (1683)
2001 Ed. (1622, 1746, 1774, 1775, 1776)
Korea Exchange Bank
2008 Ed. (505)
2007 Ed. (553)
2006 Ed. (460, 461, 462, 524)
2005 Ed. (610)
2004 Ed. (512, 620)
2003 Ed. (611)
2002 Ed. (560, 600, 602, 603, 3050)
2000 Ed. (581)
1999 Ed. (468, 569, 2890, 3135)
1997 Ed. (534)
1996 Ed. (578)
1995 Ed. (523)
1994 Ed. (548)
1993 Ed. (548)
1992 Ed. (751)
1991 Ed. (452, 584)
1989 Ed. (481)
Korea Explosives
1993 Ed. (977)
1992 Ed. (1661)
Korea First Advertising
1989 Ed. (129)
Korea First Bank
2007 Ed. (553)
2006 Ed. (524)
2005 Ed. (610)
2004 Ed. (620)
2002 Ed. (600)
1999 Ed. (569, 2890)
1998 Ed. (350)
1997 Ed. (466, 534)
1996 Ed. (578, 2444)
1995 Ed. (523)
1994 Ed. (481, 548, 2345)
1993 Ed. (478, 548)
1992 Ed. (605, 751, 1665, 2821, 2822)
1991 Ed. (584, 2272, 2273)
1989 Ed. (596)
Korea; Foreign Trade Bank of the Democratic People's Republic of
1991 Ed. (583)
Korea Fund Inc.
2006 Ed. (4725)
Korea Gas Corp.
2008 Ed. (2816)
2007 Ed. (2687)
Korea Housing Bank
1989 Ed. (596)
Korea Industry Co., Ltd.
2004 Ed. (1860)
2002 Ed. (1714)
Korea International Merchant Bank
1992 Ed. (3020, 3022)
Korea Investment Trust Co.
2002 Ed. (2824)
2001 Ed. (2886)
1999 Ed. (2890)
1997 Ed. (2397)
Korea Investment Trust Management Co.
2005 Ed. (3231)
Korea Kumho Petrochemical Co., Ltd.
2008 Ed. (3580)
2006 Ed. (3400)
2003 Ed. (3304)
2001 Ed. (4138)
Korea Life Insurance Co.
2005 Ed. (3231)
1997 Ed. (2397)
Korea Long-Term Credit Ltd.
2000 Ed. (2194)
Korea Long-Term Credit Bank
2000 Ed. (581)
1999 Ed. (569)
1997 Ed. (534, 2008)
1996 Ed. (578)
1995 Ed. (523, 1874)
1994 Ed. (548, 1846)
1993 Ed. (548)
1992 Ed. (751)
Korea Merchant Banking Corp.
1992 Ed. (3022)
Korea Mobile Telecom
1999 Ed. (3135, 3136)
1997 Ed. (2591)
1996 Ed. (2444)
Korea Power Engineering Co. Ltd.
2000 Ed. (1810)
Korea Shipbuilding & Engineering Corp.
1992 Ed. (1571)
Korea Telecom
2006 Ed. (3237)
2003 Ed. (1824, 4594)
2002 Ed. (305, 1683, 1713, 3048, 3049)
2001 Ed. (1627, 1746, 1774, 1775, 1776)
2000 Ed. (1506)
1999 Ed. (1696)
1997 Ed. (3694, 3695)
Korea Telecom Free-tel
2001 Ed. (51)
Korea Telecommunication Authority
2004 Ed. (1860)
2002 Ed. (1714)
Korea Telecoms
1995 Ed. (1448)
Korea Thrunet Co., Ltd.
2001 Ed. (4189)
Korea Yakult Co. Ltd.
2003 Ed. (3744)
Korean
1992 Ed. (286, 290)
Korean Air
2002 Ed. (270)
2000 Ed. (1507)
1995 Ed. (177, 189)
1991 Ed. (190, 191, 192, 193, 194)
Korean Air Lines Co., Ltd.
2008 Ed. (215, 222)
2007 Ed. (235, 243, 244)
2006 Ed. (231, 232, 241, 243)
2005 Ed. (217, 225)
2004 Ed. (217)
2001 Ed. (301, 304, 305, 313, 319, 326, 331, 332)
2000 Ed. (232, 234)
1999 Ed. (208, 209, 210, 211, 235, 1574)
1998 Ed. (113, 118, 119, 120, 121)
1997 Ed. (192, 211, 214, 1468)
1996 Ed. (174, 176, 177, 178, 1411)
1994 Ed. (157, 158, 159, 160, 176, 178)
1993 Ed. (172, 173, 181, 198)
Korean Airlines
2000 Ed. (228, 246, 256, 260)
1992 Ed. (264, 296, 1662)
1991 Ed. (205, 209, 1320)
Korean Reinsurance Co.
2001 Ed. (1777)
Korean Stock Exchange
1997 Ed. (3632)
Korean won
2008 Ed. (2274)
2007 Ed. (2159)
2006 Ed. (2238)
Korman Commercial Properties Inc.
1998 Ed. (3020)
Korn/Ferry Carre/Orban
1997 Ed. (1793)
Korn/Ferry International
2008 Ed. (4131)
2006 Ed. (4058, 4293)
2005 Ed. (4030)
2002 Ed. (2172, 2174, 2176)
2001 Ed. (2310, 2312, 2313)
2000 Ed. (1863, 1864, 1867)
1999 Ed. (2071, 2073)
1998 Ed. (1504, 1506, 1507)
1997 Ed. (1792, 1795)
1996 Ed. (1707, 1708)
1995 Ed. (1724)
1994 Ed. (1710, 1711)
1993 Ed. (1691, 1692)
1991 Ed. (1615, 1616)
Korn-Og Foderstofkomp
1991 Ed. (1266)
Kornwasser & Friedman
1992 Ed. (3959)
Kornwasser & Friedman S.C. Prop.
1991 Ed. (3119)
Kornwasser & Friedman Shopping Center Properties
1995 Ed. (3373)
1994 Ed. (3004, 3297, 3302, 3303)
1993 Ed. (3304, 3305, 3311, 3314)
1992 Ed. (3960, 3967, 3970)
Korosa
1991 Ed. (2266)
Korpivaara
1993 Ed. (28)
1992 Ed. (48)
1989 Ed. (29)
Korres SA
2008 Ed. (1216, 1774)
Korshak; Stanley
2006 Ed. (1038)
The Korte Co.
2004 Ed. (1260)
Korte Construction Co.
1992 Ed. (1409)
Kortec
2005 Ed. (3377)
Korus; David
1996 Ed. (1770, 1772, 1773, 1800, 1803)
1995 Ed. (1827)
1994 Ed. (1788)
1993 Ed. (1804)
Kos Pharmaceuticals Inc.
2008 Ed. (4668)
2007 Ed. (2717, 2721, 2749)
2004 Ed. (2148, 2149)
Kosaka
2001 Ed. (1500, 1501)
Koschitzky family
2005 Ed. (4869)
Kosciusko County, IN
1998 Ed. (2081, 2082)
Kose
2007 Ed. (3821)
KOSI-FM
2002 Ed. (3897)
Kosmos
1991 Ed. (1333, 2648)
Koss Corp.
2005 Ed. (2860)
2004 Ed. (2852)
Kossick; Robert M.
1992 Ed. (2062)
KOST-FM
2002 Ed. (3898)
2000 Ed. (3696)
1998 Ed. (2987)
1996 Ed. (3153)
1995 Ed. (3052)
1994 Ed. (2988)
1992 Ed. (3604)
KOST-FM(103.5)
1993 Ed. (2954)
1992 Ed. (3606)
Koster Marshall-Clarke
1994 Ed. (3128)
Kostin, Ruffkess & Co.
2000 Ed. (14)
1999 Ed. (17)
Kostin Ruffkess & Co. LLC
2008 Ed. (6)
2007 Ed. (8)
2006 Ed. (12)
2005 Ed. (7)
2004 Ed. (11)
2003 Ed. (5)
2002 Ed. (16)
Kostin Rullkess & Co.
1998 Ed. (13)
Kostyantin Zhevago
2008 Ed. (4877)
Kota Nakako
2000 Ed. (2161)
The Kotchen Group
2005 Ed. (3962)
2004 Ed. (3990, 4006)
2003 Ed. (4000)
2002 Ed. (3814)
Kotex
2008 Ed. (2688)
2003 Ed. (2462, 2463)
2002 Ed. (2254)
2001 Ed. (2411, 2413)
1994 Ed. (1751)
1993 Ed. (1760)
1992 Ed. (2125, 2126)
Kotex Freedom
2003 Ed. (2463)
Kotex Lightdays
2003 Ed. (2463)
2001 Ed. (2411)
Kotex Lightdays Longs
2003 Ed. (2463)
2001 Ed. (2411)
Kotex Night-Time
2001 Ed. (2413)
Kotex Overnites
2003 Ed. (2463)
2001 Ed. (2411)
Kotex Security
2003 Ed. (2462, 2464)
Kotex Ultra
2001 Ed. (2413)
Kotowski; Chris
1997 Ed. (1854)
Kott Auto Center; Don
1996 Ed. (301, 3882)
Kott Ford; Don
1991 Ed. (268)
Kott Lincoln-Mercury; Don
1994 Ed. (274)
1993 Ed. (275)
Kottke Associates
2006 Ed. (1081)
2005 Ed. (1088)
Kotzebue Electric Association Inc.
2003 Ed. (2134)
Kournikova; Anna
2005 Ed. (266)
Kouros
1999 Ed. (3740)
1996 Ed. (2954)
1994 Ed. (2779)
1992 Ed. (3366)

Koushik; Srinivas
2005 Ed. (994)
Kovacevich; Richard
2008 Ed. (369, 941)
2007 Ed. (384, 1016)
2006 Ed. (926)
2005 Ed. (964)
Kovacevich; Richard M.
2007 Ed. (1027)
2005 Ed. (980, 981, 2474, 2477)
1996 Ed. (381)
Kovacevich; Robert M.
2006 Ed. (937)
KOVE-FM
2005 Ed. (4412)
Kovels' Antiques and Collectibles Price List 2000
2001 Ed. (987)
Kovner; Bruce
2007 Ed. (4894)
2006 Ed. (2798, 4899)
1996 Ed. (1914)
1995 Ed. (1870)
1994 Ed. (1840)
1992 Ed. (2143)
1991 Ed. (2265)
Kowloon
2008 Ed. (4148)
2007 Ed. (4123, 4124, 4130)
2001 Ed. (4052)
Kowloon-Canton Railway Corp.
2003 Ed. (3634)
2000 Ed. (1449)
Koyo Corp. of USA
2008 Ed. (313)
Kozeluzne Bosany
2002 Ed. (785)
Kozloff; Joseph
1996 Ed. (1787, 1797)
1995 Ed. (1813, 1824)
1994 Ed. (1772, 1785)
1993 Ed. (1771, 1772, 1789, 1802)
1991 Ed. (1683, 1701)
1989 Ed. (1416, 1419)
Kozmo.com Inc.
2002 Ed. (4749)
2001 Ed. (4196)
Kozy Kitten
1999 Ed. (3780, 3784)
1997 Ed. (3075, 3076)
1996 Ed. (2996, 2997)
1994 Ed. (2826, 2827, 2834, 2835)
1993 Ed. (2820, 2821)
1992 Ed. (3413, 3414)
Kozy Shack
2003 Ed. (2036, 2037)
2001 Ed. (1997, 1998)
KP Crisps
1992 Ed. (4006)
KP Nuts
2002 Ed. (4301)
KP Peanuts
1996 Ed. (3468)
1994 Ed. (3349)
1992 Ed. (4006)
KP&T
1992 Ed. (61)
KPC
1992 Ed. (3447)
KPD Insurance
2005 Ed. (1932, 1934, 1937)
KPFF Consulting Engineers
2008 Ed. (2571)
2007 Ed. (2444)
2006 Ed. (2457, 2478)
2005 Ed. (2438)
2004 Ed. (2341)
KPL Gas Service
1994 Ed. (1962)
KPMG
2000 Ed. (2, 4, 5, 7, 10, 18, 3826)
1997 Ed. (6, 7, 8, 9, 12, 17, 26, 27)
1996 Ed. (6, 8, 9, 11, 12, 19, 835)
1992 Ed. (16)
1991 Ed. (5)
KPMG Australia
2007 Ed. (3)
2006 Ed. (5)
2005 Ed. (3)
KPMG Consulting Inc.
2003 Ed. (3705, 4318, 4390)
2001 Ed. (1442, 1443)
KPMG Consulting LLC
2002 Ed. (866)
KPMG Corporate Finance
1997 Ed. (1233)
KPMG Ernst & Young
1999 Ed. (1, 10)
KPMG International
2003 Ed. (3951)
2002 Ed. (25, 1066, 4881)
2001 Ed. (3, 4, 1246, 1450, 1519, 1524, 1526, 1528, 1532, 1537, 4123, 4179)
KPMG Japan
1997 Ed. (14, 15)
KPMG LLP
2008 Ed. (1, 4, 13, 14, 15, 276, 277, 1053, 1054, 1102, 1805, 2921, 3016, 3169, 4320, 4734)
2007 Ed. (1, 5, 6, 1160, 1457, 2021, 2894)
2006 Ed. (1, 2, 6, 8, 9, 10, 19, 1068, 1601, 1602, 1606, 2051, 3932, 4297)
2005 Ed. (1, 5, 1060, 1378)
2004 Ed. (2, 5, 7, 8, 9, 3961, 3965)
2003 Ed. (1, 3, 2324)
2002 Ed. (1, 3, 5, 6, 7, 9, 10, 11, 17, 865, 3784, 4064)
2001 Ed. (1069)
1999 Ed. (3, 4, 7, 8, 8, 9, 11, 12, 13, 14, 22)
1997 Ed. (4, 5)
KPMG Management Consulting
1996 Ed. (2879)
KPMG Peat Marwick
2000 Ed. (1, 3, 6, 8, 9, 11, 12, 15, 16, 901, 902, 904, 1100, 1776)
1999 Ed. (1, 2, 5, 6, 10, 15, 18, 19, 21, 26, 959, 960, 1185, 2119, 4113)
1998 Ed. (2, 3, 4, 5, 6, 7, 8, 9, 10, 11, 14, 15, 17, 541, 542, 545, 546, 922, 1423, 3102)
1997 Ed. (21, 22, 25, 945, 947, 1230)
1996 Ed. (4, 5, 7, 13, 18, 20, 23, 836, 1114, 3258)
1995 Ed. (4, 5, 6, 7, 8, 9, 10, 11, 12, 13, 854, 3163)
1994 Ed. (1, 2, 3, 4, 5, 6, 7, 3115)
1993 Ed. (1, 2, 4, 6, 11, 12, 13, 1589, 1590, 3952, 3728)
1992 Ed. (2, 3, 4, 5, 6, 10, 19, 21, 22, 995, 996, 1377, 1941, 3743)
1991 Ed. (3, 6, 7, 812, 1544, 1616, 2899)
1989 Ed. (7)
KPMG Peat Marwick/KPMG Desa Megat
1997 Ed. (20)
KPMG Peat Marwick LLP
1997 Ed. (18, 23, 1716, 3360)
1996 Ed. (10, 21)
KPMG Peat Marwick McLintock
1993 Ed. (5)
KPMG San Tong & Co.
1997 Ed. (16)
KPMG Stokes Kennedy Crowley
1996 Ed. (14, 15)
1993 Ed. (7, 8)
KPN
2000 Ed. (295)
1999 Ed. (266, 267)
1997 Ed. (243, 244)
KPN Autolease BV
1999 Ed. (4288)
1997 Ed. (3500)
KPN Holding Den Haag
2001 Ed. (61)
KPN Koninklijke PTT
1997 Ed. (3691)
KPN NV; Koninklijke
2008 Ed. (63)
2007 Ed. (60, 1904, 4714)
2006 Ed. (29, 69, 1920, 1921)
2005 Ed. (62, 4282, 4513)
KPN-Royal PTT
1999 Ed. (1712)
KPR
2000 Ed. (57, 58)
1999 Ed. (43)
KPR Sports International
1997 Ed. (1010, 3526)
KPS Electric Inc.
2006 Ed. (3502)
KPS Group Inc.
2008 Ed. (2512)
KPTY-FM
2005 Ed. (4412)
KPWR-FM
2002 Ed. (3898)
2000 Ed. (3696)
1998 Ed. (2987)
1996 Ed. (3153)
1995 Ed. (3052)
1994 Ed. (2988)
KPWR-FM(105.9)
1993 Ed. (2954)
1992 Ed. (3606)
KQBU-FM
2005 Ed. (4412)
KQKS-FM
2002 Ed. (3897)
KQQK-FM
2002 Ed. (3895)
2001 Ed. (3970)
2000 Ed. (3142)
KQQK-FM, KXTJ-FM, KEYH-AM
2000 Ed. (3695)
Kraamzorg Nederland
2006 Ed. (1699, 1922, 2748)
Kradfetbank
1995 Ed. (1360)
Kraemer Brothers LLC
2008 Ed. (1345)
2006 Ed. (1352)
Kraft
2008 Ed. (899, 900, 2338)
2007 Ed. (679)
2006 Ed. (2713)
2005 Ed. (1513)
2004 Ed. (1497)
2003 Ed. (922, 1467, 3156, 3157)
2001 Ed. (1166, 1169, 1170, 1945, 2017, 2018, 4152)
2000 Ed. (1014, 1016, 1637, 4147, 4157, 4159)
1999 Ed. (1813, 1814)
1998 Ed. (253, 690, 691, 1716, 3435, 3782)
1997 Ed. (1245, 1250, 1251)
1996 Ed. (920, 921, 1936)
1995 Ed. (695, 696, 946, 1221, 1222, 1228, 1233, 1234, 1238, 1538, 1892, 1919, 1941, 2824)
1994 Ed. (1868)
1993 Ed. (1178, 1179, 1182, 1188, 1192, 1196, 1878, 1887, 1888, 2572)
1992 Ed. (920)
1991 Ed. (1741)
1990 Ed. (16, 929, 1216, 1230, 1232, 1235, 1236, 1239, 1240, 1241, 1244, 1267, 3553)
1989 Ed. (1444, 1447, 1448, 1450)
Kraft & McManimon
1995 Ed. (2652)
1993 Ed. (2626)
1991 Ed. (2531)
Kraft Breakstone
1999 Ed. (1075)
Kraft Carb Well
2007 Ed. (3695)
Kraft Cheese
2001 Ed. (1167)
1998 Ed. (1714)
Kraft Cheese & Crackers
1997 Ed. (1216)
Kraft Cheese Division
2002 Ed. (1910)
Kraft Classic Melts
2008 Ed. (899)
2003 Ed. (925)
Kraft Construction Co.
2008 Ed. (1276, 1336)
2006 Ed. (1182, 1343)
2005 Ed. (3904)
2003 Ed. (1308)
Kraft Cracker Barrel
2003 Ed. (924)
2001 Ed. (1169)
Kraft Cracker Barrel Cracker Cuts
2008 Ed. (900)
Kraft Cracker Cuts
2008 Ed. (900)
Kraft Deli Deluxe
2008 Ed. (900)
Kraft Deli Thin
2008 Ed. (900)
Kraft Deluxe
2001 Ed. (1166)
2000 Ed. (1014, 4147)
Kraft Easy Mac
2008 Ed. (2730)
Kraft Employees Credit Union
1994 Ed. (1505)
Kraft Foods Inc.
2008 Ed. (141, 556, 562, 830, 869, 901, 1160, 1663, 1799, 2278, 2734, 2735, 2739, 2740, 2743, 2753, 2754, 2756, 2776, 2777, 2779, 2783, 3019, 3613)
2007 Ed. (873, 1654, 1769, 2599, 2600, 2604, 2605, 2607, 2628, 2897, 4282)
2006 Ed. (776, 1639, 1762, 2622, 2623, 2624, 2628, 2630, 2642, 2648)
2005 Ed. (860, 865, 866, 1732, 1791, 2626, 2627, 2628, 2631, 2633, 2644, 2647, 2651, 2652, 2655, 2657, 4515, 4519)
2004 Ed. (676, 1731, 2635, 2636, 2637, 2640, 2655, 2658, 2659, 2662)
2003 Ed. (371, 680, 823, 875, 926, 927, 1043, 1695, 1883, 1960, 2037, 2038, 2094, 2501, 2503, 2504, 2509, 2511, 2515, 2519, 2520, 2521, 2560, 2561, 2562, 2579, 2636, 2637, 3158, 3159, 3325, 3330, 3331, 3742, 4190, 4228, 4318, 4493, 4999)
2001 Ed. (1731, 1973, 2464, 2465, 2476, 2478, 2480, 2719)
2000 Ed. (1635, 1641, 3131, 4443)
Kraft Foods Global Inc.
2007 Ed. (1769, 2599, 2600)
2006 Ed. (2622, 2623)
Kraft Foods International
2001 Ed. (4828)
Kraft Foods (Milka)
2007 Ed. (1594)
Kraft Foods North America Inc.
2008 Ed. (2279)
2007 Ed. (2160)
2006 Ed. (2240)
2005 Ed. (2142, 2626)
2004 Ed. (1731, 2005, 2635, 2636)
2003 Ed. (1961, 2524)
Kraft Foods-Oscar Mayer Foods Div.
1996 Ed. (1949)
Kraft Foodservice Inc.
1996 Ed. (1955)
1992 Ed. (2206)
Kraft Foodservice Group
1991 Ed. (1757, 1758)
1990 Ed. (1837)
Kraft Free
2008 Ed. (899)
2001 Ed. (1166, 1170)
2000 Ed. (1014, 1016, 4147, 4157)
1994 Ed. (1858)
Kraft Freshmade Creations
2004 Ed. (1371)
Kraft General Foods
1998 Ed. (660, 1240, 2501, 3325)
1995 Ed. (2197, 2824)
1992 Ed. (2191)
Kraft General Foods Canada
1996 Ed. (1942)
1992 Ed. (2194)
Kraft General Foods Group
1997 Ed. (32)
1992 Ed. (43)
Kraft Healthy Favorites
1996 Ed. (920, 921)
1995 Ed. (946)
Kraft Jacobs Suchard Ltd.
2002 Ed. (41)
1996 Ed. (1945)
Kraft Knutson
1999 Ed. (1075)
Kraft Light 'n Lively
1999 Ed. (1075)

Kraft Light Naturals
1996 Ed. (920, 921)
1995 Ed. (946)
Kraft Macaroni & Cheese
2008 Ed. (2730)
2003 Ed. (3323)
Kraft Malerwerkstatten GmbH
2008 Ed. (1187)
Kraft Miracle Whip Free
1994 Ed. (1858)
Kraft/Nabisco
2006 Ed. (1007)
Kraft Natural
2003 Ed. (924, 925)
Kraft Philadelphia
2001 Ed. (1945)
Kraft Philly Flavors
2001 Ed. (1945)
Kraft Salad Dressing
1994 Ed. (1868)
Kraft Singles
2001 Ed. (1166)
2000 Ed. (1014, 4147)
1995 Ed. (1892)
Kraft Stove Top Oven Classics
2003 Ed. (3923)
Kraft Touch of Butter Spread
1995 Ed. (2507)
Kraft USA
1997 Ed. (947, 948, 949, 1575)
Kraft Velveeta
2003 Ed. (922)
2001 Ed. (1166)
2000 Ed. (1014, 4147)
Kraft Velveeta Light
2001 Ed. (1166)
2000 Ed. (1014, 4147)
Kraftmaid Cabinetry
2007 Ed. (3380)
2001 Ed. (3215)
1992 Ed. (2819)
Kraftman Credit Union
2005 Ed. (2104)
2004 Ed. (1962)
Krafts Jacobs Suchard AG
2000 Ed. (1562)
1999 Ed. (1741)
Kragenfurt
1994 Ed. (428)
Krajewski; Paul
2005 Ed. (786)
Krall; David A.
2005 Ed. (976)
Kramds Bank
1996 Ed. (575)
Kramer Landfill; Helen
1991 Ed. (1889)
Kramer Motors
1991 Ed. (299)
1990 Ed. (324)
Kramer; Robert O.
1997 Ed. (3068)
Kramer Volvo
1992 Ed. (404)
Kramont Realty Trust
2005 Ed. (4380, 4383)
Krannert School of Business; Purdue University
2007 Ed. (824, 826)
2006 Ed. (740)
Krannert School of Business; Purdue University-West Lafayette
2008 Ed. (797, 798)
Kransco
1995 Ed. (3643)
Krasdale
2000 Ed. (2389)
Krasdale Foods
1998 Ed. (1874)
1995 Ed. (2051, 2055)
1994 Ed. (2001, 2002)
1993 Ed. (3489, 3492)
Krasnoff; E.
2005 Ed. (2478)
Krasnow; Shelly
1994 Ed. (896, 1057)
Krasnoyarsk Aluminium
1997 Ed. (1502)
Krasny; Michael
2008 Ed. (4831)
2006 Ed. (4907)
2005 Ed. (4853)
Krasselt Public Relations; Cramer
1997 Ed. (3206)
Krathing Daeng
1992 Ed. (83)
Kratingdaeng
1993 Ed. (55)
Kratz & Co.
1999 Ed. (3912)
1998 Ed. (1961)
Kratz & Jensen
2002 Ed. (3828, 3830)
2000 Ed. (3629)
Kraus-Anderson Construction
2008 Ed. (1242)
2003 Ed. (1259)
2002 Ed. (1246)
Krause's Custom Crafted Furniture
2000 Ed. (2302)
1999 Ed. (2564)
Krause's Furniture Inc.
2003 Ed. (785)
1996 Ed. (2061, 3451)
Kraushaar; Judah
1997 Ed. (1853)
1996 Ed. (1778)
1994 Ed. (1762, 1832)
Kraushaare; Judah
1995 Ed. (1804)
Krauss; Alison
1996 Ed. (1094, 1094)
Krauss Maffei
1992 Ed. (3078)
Kravco Co.
2000 Ed. (3730)
1999 Ed. (4013)
1998 Ed. (3003, 3020)
1994 Ed. (3302)
1992 Ed. (3970)
1991 Ed. (1066, 3124)
1990 Ed. (3285, 3286, 3288, 3290)
Kravis; Henry
2007 Ed. (4894)
1995 Ed. (1870)
1994 Ed. (1840)
1990 Ed. (1773)
1989 Ed. (1422)
Kravis; Henry R.
1991 Ed. (891, 893)
Krawcheck; Sallie
2008 Ed. (370, 4944, 4945, 4948, 4950)
2007 Ed. (1091, 4974, 4981, 4983)
2006 Ed. (2526, 4983)
2005 Ed. (785)
KRC Holdings Inc.
2005 Ed. (1917, 4167, 4526)
2004 Ed. (1832)
2003 Ed. (1797)
KRC Resources Inc.
1993 Ed. (2263, 2265)
KRCD-FM
2005 Ed. (4412)
KRCV-FM
2005 Ed. (4412)
KREAB
1993 Ed. (138)
1991 Ed. (153)
KREAB Gruppen
1989 Ed. (164)
Kreasindo Advertising & Marketing
1999 Ed. (101)
1997 Ed. (100)
1996 Ed. (98)
Kreber Graphics
2003 Ed. (3933)
Krebs; Robert D.
1996 Ed. (1715)
1993 Ed. (938)
Kredietbank
2000 Ed. (469, 788, 789, 1392, 1394)
1999 Ed. (477, 771, 772, 1587, 1588, 3175, 3179)
1997 Ed. (417, 700, 701, 1366, 1367)
1996 Ed. (455, 763, 764, 1299, 1300)
1995 Ed. (428, 1359)
1994 Ed. (435, 729, 737, 1328, 1329)
1993 Ed. (435, 720, 1662, 1666)
1992 Ed. (617, 2003, 2006, 2008)
1991 Ed. (459, 1586)
1990 Ed. (509, 560, 563)
1989 Ed. (488)
Kredietbank Luxembourgeoise
2000 Ed. (598)
1996 Ed. (589, 590, 2556, 2557, 2557)
1995 Ed. (532)
1993 Ed. (556, 2479)
1991 Ed. (596)
1990 Ed. (630)
KredietBank N.V.
2000 Ed. (2922, 2924, 2925, 2928)
1995 Ed. (2436)
1992 Ed. (1578)
1991 Ed. (1259)
Kredietbank SA
1995 Ed. (3272)
Kredietbank SA Luxembourg
2000 Ed. (3018, 3019)
1999 Ed. (582, 3280, 3281, 3281)
Kredietbank SA Luxembourgeoise
2008 Ed. (472)
2007 Ed. (515)
2006 Ed. (495, 3340)
2005 Ed. (573)
2004 Ed. (514, 584)
2003 Ed. (577)
2002 Ed. (612, 3219, 3221)
1997 Ed. (545, 2693, 2694)
1994 Ed. (558, 1684, 2417, 2418)
1992 Ed. (763, 2948, 2949)
1989 Ed. (609)
Kredit fur Wiederaufbau
1990 Ed. (580)
Kredit W'aufbau
1991 Ed. (529)
Kreditanst. fur Wiederaufbau
1989 Ed. (542)
Kreditanstalt fur Wiederaufbau
2004 Ed. (2006)
2000 Ed. (538)
1999 Ed. (528, 529)
1997 Ed. (478)
1996 Ed. (517)
1995 Ed. (475)
1994 Ed. (493, 1705)
1993 Ed. (491)
Kreditanstalt fur Wiederaulbau
1992 Ed. (683)
Kreditna Banka AD Skopje
2000 Ed. (599)
1999 Ed. (583)
1997 Ed. (547)
Kreditna Banka Maribor dd
1996 Ed. (677)
Kreditna Banka Skopje
2002 Ed. (4442)
Kreditni a prumyslova Banka
1996 Ed. (483)
Kredyt Bank
2008 Ed. (493)
2005 Ed. (598)
2004 Ed. (608)
2003 Ed. (600)
2002 Ed. (636)
2001 Ed. (606)
Kreglinger
2004 Ed. (4715)
Kreis. Koln
1992 Ed. (682)
Kreisler & Associates; Evie
1997 Ed. (1794)
Kreissparkasse Koln
1996 Ed. (516)
1994 Ed. (492)
1993 Ed. (490)
Krell; David
2006 Ed. (3185)
2005 Ed. (3183)
Krellenstein; Gary
1997 Ed. (1949)
1993 Ed. (1844)
Krema
2008 Ed. (3804)
Kremer; Michael
2005 Ed. (786)
Kremlyovskaya
1999 Ed. (3231, 4730, 4733)
1998 Ed. (3687, 3689)
Kresa; Ken
1995 Ed. (979)
Kresa; Kent
1996 Ed. (963)
Kresge Foundation
2002 Ed. (2331, 2354)
2001 Ed. (2519)
2000 Ed. (2261)
1994 Ed. (1898, 1905, 1907)
1993 Ed. (1895)
1992 Ed. (2214, 2215)
1991 Ed. (1765)
1990 Ed. (1847)
1989 Ed. (1469, 1470)
Kress Stores of Puerto Rico Inc.
2007 Ed. (4189)
2006 Ed. (4168)
Kresser Craig
1991 Ed. (71)
Krest
1996 Ed. (3478)
Kresta Holdings
2005 Ed. (4509)
Krestin
1992 Ed. (1841)
Kretek cigarettes
1989 Ed. (1931)
Kretschmar & Smith Inc.
1993 Ed. (1137)
Kreusch Bernkasteler
1990 Ed. (3697)
Kreusch Liebfraumilch
1990 Ed. (3697)
Kreusch P. Michelsberg
1990 Ed. (3697)
Kreusch Schwartze Katz
1990 Ed. (3697)
KRFX-FM
2002 Ed. (3897)
Krieff Advertising
1989 Ed. (106)
Krieger Fund Inc.; Zanvyl and Isabelle
1995 Ed. (1070, 1928)
1994 Ed. (890, 1055)
Kriens; Scott
2007 Ed. (975)
2006 Ed. (884)
Krill; Kay
2008 Ed. (2636)
Kris Chellam
2006 Ed. (989)
Kris Grimm
2000 Ed. (1926)
Kris Kristofferson
1994 Ed. (1100)
Krisda Mahanakorn
1994 Ed. (3158)
Krishna Memani
2000 Ed. (1954, 1959)
Krishnan; Ananda
2008 Ed. (4847)
2006 Ed. (4917, 4919)
Krispy Kreme
2008 Ed. (338)
2006 Ed. (1061, 2555, 2556, 2565)
2004 Ed. (764, 4121, 4122)
2003 Ed. (754)
2000 Ed. (368)
1998 Ed. (260, 261)
1996 Ed. (358)
1995 Ed. (339, 2939)
Krispy Kreme Doughnuts
2008 Ed. (1028, 2372, 2373, 3126, 3127)
2007 Ed. (1150)
2005 Ed. (2547, 2548, 2549, 2559, 2660, 3178, 4050, 4081, 4082, 4084)
2004 Ed. (1049, 4124)
2003 Ed. (2091, 2531, 4094, 4131, 4132, 4133, 4135)
2002 Ed. (426, 4012)
2001 Ed. (4064)
2000 Ed. (1913, 3783)
Kriss Cloninger III
2007 Ed. (1067)
2006 Ed. (972)
2005 Ed. (985)
Krist; Ronald D.
1991 Ed. (2296)
Kristiansen; Kjeld Kirk
2008 Ed. (4863)
Kristofferson; Kris
1994 Ed. (1100)

Kriter
1995 Ed. (3758)
Krka
2006 Ed. (3290)
2002 Ed. (3187)
2000 Ed. (2986, 2987)
Kroc; Joan
2005 Ed. (4848)
1995 Ed. (934)
Kroc; Joan B.
2008 Ed. (895)
Kroch & Brentano's
1994 Ed. (733)
Kroenke; Ann Walton
2008 Ed. (4833)
2007 Ed. (4904)
2006 Ed. (4909)
2005 Ed. (4855)
Kroenke; E. Stanley
2008 Ed. (4833)
2007 Ed. (4904)
2006 Ed. (4909)
2005 Ed. (4855)
Kroenke Sports Enterprises LLC
2006 Ed. (1651)
The Kroger Co.
2008 Ed. (892, 894, 1451, 2005, 2006, 2278, 2279, 2781, 2998, 3612, 4214, 4219, 4223, 4235, 4560, 4561, 4562, 4563, 4564, 4566, 4568, 4569, 4570, 4571, 4573, 4574, 4575, 4813)
2007 Ed. (911, 913, 914, 915, 1937, 1938, 2160, 2232, 2234, 2710, 4173, 4184, 4187, 4200, 4206, 4611, 4612, 4613, 4614, 4615, 4616, 4617, 4619, 4623, 4624, 4625, 4626, 4630, 4633, 4635)
2006 Ed. (821, 826, 1646, 1954, 1955, 2240, 2299, 2300, 2422, 2714, 2885, 4003, 4151, 4152, 4166, 4167, 4178, 4179, 4187, 4625, 4626, 4627, 4628, 4629, 4631, 4632, 4633, 4634, 4635, 4636, 4637, 4638, 4640, 4641, 4642, 4643)
2005 Ed. (908, 1531, 1617, 1619, 1636, 1735, 1920, 1921, 2142, 2237, 2238, 2243, 3929, 4099, 4114, 4115, 4124, 4132, 4133, 4140, 4546, 4547, 4548, 4549, 4550, 4552, 4553, 4554, 4556, 4557, 4558, 4559, 4562, 4565, 4566, 4567)
2004 Ed. (917, 1515, 1594, 1611, 1677, 1834, 1835, 2005, 2134, 2140, 2142, 2143, 2632, 2662, 2764, 2877, 2886, 2964, 4194, 4195, 4197, 4204, 4206, 4213, 4613, 4614, 4615, 4620, 4621, 4622, 4624, 4625, 4626, 4627, 4629, 4630, 4631, 4634, 4637, 4638, 4640, 4641, 4647)
2003 Ed. (897, 898, 1485, 1585, 1647, 1658, 1801, 1802, 1961, 2497, 2510, 4168, 4169, 4170, 4177, 4183, 4184, 4186, 4187, 4629, 4630, 4632, 4633, 4634, 4635, 4640, 4645, 4647, 4648, 4649, 4650, 4651, 4653, 4655, 4656, 4657, 4658, 4660, 4661, 4662, 4663, 4664, 4665)
2002 Ed. (1464, 1533, 1538, 1621, 1749, 1910, 4041, 4042, 4043, 4054, 4060, 4524, 4525, 4526, 4529, 4530, 4531, 4532, 4533, 4534, 4535, 4536)
2001 Ed. (1828, 2086, 2087, 2476, 4090, 4093, 4095, 4097, 4098, 4104, 4116, 4404, 4417, 4418, 4420, 4421, 4422, 4423, 4696)
2000 Ed. (372, 1531, 1635, 1686, 1687, 1714, 2219, 2221, 2266, 2489, 3810, 3812, 4163, 4166, 4167, 4168, 4169, 4170, 4171)
1999 Ed. (368, 1414, 1720, 1813, 1870, 1921, 1928, 2462, 2464, 2703, 4091, 4092, 4094, 4515, 4518, 4519, 4520, 4521, 4522, 4523)
1998 Ed. (264, 664, 665, 667, 987, 1183, 1296, 1297, 1711, 1724, 3079, 3082, 3089, 3443, 3444, 3449, 3450, 3451, 3452, 3453, 3454, 3455, 3456, 3457)
1997 Ed. (329, 921, 922, 924, 1494, 1625, 1626, 2026, 2790, 3176, 3341, 3343, 3668, 3670, 3671, 3672, 3673, 3674, 3675, 3676, 3077, 3678, 3679)
1996 Ed. (1432, 1556, 1559, 1560, 1929, 3238, 3240, 3241, 3253, 3612, 3614, 3619, 3620, 3621, 3622)
1995 Ed. (343, 916, 1569, 1572, 3143, 3146, 3156, 3309, 3531, 3532, 3533, 3535, 3538)
1994 Ed. (886, 1539, 1542, 1990, 2939, 3095, 3096, 3101, 3102, 3112, 3230, 3464, 3465, 3466, 3467, 3468, 3624)
1993 Ed. (866, 1492, 1495, 1997, 2381, 3040, 3041, 3042, 3050, 3230, 3493, 3494, 3495, 3496, 3497, 3498)
1992 Ed. (1814, 4170)
1991 Ed. (3241)
1990 Ed. (1162, 1238, 3059, 3496, 3497)
1989 Ed. (866, 867, 1556, 2320, 2327, 2463, 2775, 2777)
Kroger Central Region & Corporate Offices
2007 Ed. (1843)
Kroger Dairy Division
2000 Ed. (1641)
Kroger Foods
2001 Ed. (1973)
Kroger; Joseph J.
1990 Ed. (1725)
Kroger Supermarkets
2008 Ed. (4567)
2007 Ed. (4620)
2005 Ed. (4555)
Krokidas & Bluestein
2001 Ed. (837)
2000 Ed. (4298)
Kroll Inc.
2006 Ed. (4204)
Kroll-O'Gara
2000 Ed. (4050)
KROM-FM
1997 Ed. (2800, 3236)
1996 Ed. (2653, 3151)
Kronberg Kravis Roberts & Co.
1996 Ed. (1205)
krone; Norwegian
2008 Ed. (2275)
Kronenbourg
1992 Ed. (940)
Kronenbourg 1664
2008 Ed. (245)
2007 Ed. (601)
2002 Ed. (686)
2001 Ed. (685)
kroner; Danish
2008 Ed. (2273)
kroner; Norwegian
2008 Ed. (2273)
kroner; Slovakian
2008 Ed. (2273)
Kronos
2005 Ed. (2835)
2003 Ed. (2949)
1999 Ed. (4605)
Kronos Worldwide Inc.
2006 Ed. (2042)
Kronospan
2001 Ed. (2512)
Kropp Holdings Inc.
2007 Ed. (3563, 3564, 4425)
2006 Ed. (3518, 4357)
KROQ-FM
2002 Ed. (3898)
2000 Ed. (3696)
1998 Ed. (2987)
1996 Ed. (3153)
1995 Ed. (3052)
Krost Associates; Lee
1990 Ed. (3087)
KRTH-FM
2000 Ed. (3696)
1998 Ed. (2985, 2987)
1996 Ed. (3153)
1995 Ed. (3052)
1994 Ed. (2988)
KRTH-FM(101.1)
1993 Ed. (2954)
KRTX-AM
2005 Ed. (4412)
Krueger International
2005 Ed. (1383)
2004 Ed. (1365)
2003 Ed. (1360)
Krug Champagne
2005 Ed. (915)
1991 Ed. (3498)
Krug; George
1994 Ed. (1824)
Krug Lincoln-Mercury
1996 Ed. (277)
1995 Ed. (274)
Kruger Inc.
2008 Ed. (2762)
2007 Ed. (2636)
2002 Ed. (3518, 4093)
2000 Ed. (3410)
1999 Ed. (3692, 3702)
1998 Ed. (2747)
1997 Ed. (2070, 2987)
1995 Ed. (999, 2829, 2831)
1994 Ed. (1894)
1993 Ed. (961)
1992 Ed. (1185)
1990 Ed. (2714)
Kruger family
2005 Ed. (4867)
Kruger Forest Products
2003 Ed. (3732)
Krugle.net
2008 Ed. (1153)
Krunchers
1996 Ed. (773, 1934)
Krunchkie Low Fat Vanilla
1998 Ed. (992, 993, 3659, 3660)
1997 Ed. (1214)
Krung Thai Bank
2008 Ed. (513, 2118)
2007 Ed. (561, 2019)
2006 Ed. (530, 2048, 4541)
2005 Ed. (617)
2004 Ed. (527, 628)
2003 Ed. (533, 535, 619)
2002 Ed. (515, 575, 576, 577, 655, 4487, 4488, 4489)
2001 Ed. (1880)
2000 Ed. (673, 1575)
1999 Ed. (647, 4161, 4162)
1997 Ed. (628, 2403, 3399, 3400)
1996 Ed. (693, 3302, 3303)
1995 Ed. (619)
1994 Ed. (647, 3157, 3158)
1993 Ed. (645)
1992 Ed. (849)
1991 Ed. (678)
1990 Ed. (699)
1989 Ed. (696)
Krung Thai Bank FB
2001 Ed. (1880)
Krungdhep Warehouse Co. Ltd.
1997 Ed. (1358)
1995 Ed. (1351)
Krupnick; Jon
1997 Ed. (2612)
Krupp
2000 Ed. (3083)
1989 Ed. (2293)
Krupp AG Hoesch-Krupp; Fried.
1996 Ed. (2558)
Krupp Aktiengesellschaft; Fried
1994 Ed. (2422)
Krupp Elastomertechnik GmbH
2001 Ed. (4130)
Krupp; Friedrich
1994 Ed. (1227)
Krupp Gesellschaft mit Beschraenkter Haftung; Fried
1991 Ed. (2371)
Krupp GmbH; Fried.
1992 Ed. (2954)
Krupp GmbH; Friedrich
1993 Ed. (2487, 3454)
Krupp-Koppers GmbH
2005 Ed. (2587)
Krupp Seeschiffahrt GmbH
2003 Ed. (4811)
Krupp Stahl
1995 Ed. (3511)
Krupp-Thyssen
1998 Ed. (3405)
Krupps
2002 Ed. (1092)
Krups
2002 Ed. (2074)
2001 Ed. (2811)
2000 Ed. (1130)
1999 Ed. (1216)
1998 Ed. (786)
1997 Ed. (1041)
1995 Ed. (1044, 2178)
1994 Ed. (1035, 2127)
1993 Ed. (1005)
1992 Ed. (1242, 2518)
1991 Ed. (1962)
1990 Ed. (1080)
Krylon
1992 Ed. (1238)
Krystal
2008 Ed. (2659, 2660, 2661)
2005 Ed. (4174)
2003 Ed. (2439, 4131, 4223, 4224, 4226)
2002 Ed. (2243)
1997 Ed. (357, 2172)
1995 Ed. (1938, 3133)
1994 Ed. (1916)
1993 Ed. (2012)
1992 Ed. (2372, 2373)
1991 Ed. (1884)
Krystal Restaurants
2007 Ed. (2540)
2006 Ed. (2569)
2005 Ed. (2563)
2004 Ed. (2583)
KS Capital Partners L.P.
1995 Ed. (2096)
KS Energy Services
2008 Ed. (2068)
K's Merchandise
1999 Ed. (1055)
1994 Ed. (872)
1992 Ed. (1065)
1991 Ed. (866, 867)
1990 Ed. (915)
1989 Ed. (860)
KSCA-FM
2008 Ed. (4470)
2006 Ed. (4430)
2005 Ed. (4412, 4413)
2004 Ed. (4465)
2002 Ed. (3898)
2000 Ed. (3696)
KSCS-FM
1992 Ed. (3604)
KSI International
2002 Ed. (2519)
KSKQ (AM)
1991 Ed. (2472, 2796)
1990 Ed. (2591, 2940)
KSKQ (AM-FM)
1992 Ed. (3088)
KSL Grand Wailea Resort & Spa Inc.
2007 Ed. (1752)
2004 Ed. (1725)
2003 Ed. (1688)
KSL Recreation Corp.
2006 Ed. (1417, 1418)
KSL Services Joint Venture
2008 Ed. (1979)
2007 Ed. (1917)
KSS Architects
2002 Ed. (335)
KSSE-FM
2008 Ed. (4470)
KSW Inc.
2008 Ed. (1225)
KSW Mechanical Services
2008 Ed. (1322, 1333)
KT Corp.
2008 Ed. (85, 2080, 2082)
2007 Ed. (79, 1983, 1985)
2006 Ed. (89, 2015, 2016, 2017)
2005 Ed. (80)
2004 Ed. (85)
KT Amsterdam
1993 Ed. (819)

KT Freetel
 2003 Ed. (2942, 2950)
KT Havrivov
 1996 Ed. (863)
KT Ostrava
 1996 Ed. (863)
KT Pipeline Services
 2001 Ed. (1252)
KT&GC
 2000 Ed. (4261)
KTF Co.
 2007 Ed. (79)
 2006 Ed. (89, 4537)
KTGY Group Inc.
 2008 Ed. (264)
KTI Corp.
 2000 Ed. (1277, 1810)
 1999 Ed. (1455)
KTM
 2001 Ed. (3398, 3399)
KTM Capital
 2003 Ed. (4355)
KTNQ-AM
 2005 Ed. (4412)
 1997 Ed. (2800, 3236)
 1996 Ed. (2653, 3151)
 1994 Ed. (2530, 2987)
KTNQ-AM/KLVE-FM
 1995 Ed. (2588, 3050)
KTS Holdings Sdn. Bhd.
 2004 Ed. (1787)
 2002 Ed. (1721)
K.T.'s Kitchens Inc.
 1995 Ed. (3796)
 1994 Ed. (3671)
KTVT-TV
 2001 Ed. (1546)
K2 Inc.
 2008 Ed. (3543)
 2007 Ed. (3414)
 2005 Ed. (4434)
 2002 Ed. (1397)
 2001 Ed. (4329)
 1999 Ed. (4018)
 1998 Ed. (3027)
 1993 Ed. (3326)
 1992 Ed. (3982)
 1991 Ed. (3133)
K2 Industrial Services Inc.
 2008 Ed. (1262)
 2007 Ed. (1365)
KTWV-FM
 2002 Ed. (3898)
 2000 Ed. (3696)
 1998 Ed. (2987)
KU Energy
 1996 Ed. (1619)
 1995 Ed. (1642)
 1994 Ed. (1599, 1600)
Kuakini Health System
 2008 Ed. (2907)
 2006 Ed. (1743)
 2005 Ed. (1783)
 2004 Ed. (1725)
 2003 Ed. (1688)
 2001 Ed. (1721)
Kuakini Medical Center
 2008 Ed. (1780)
 2007 Ed. (1752)
 2006 Ed. (1743)
 2005 Ed. (1783)
 2001 Ed. (1721)
Kuala Lampur Mutual Fund
 1999 Ed. (2891)
Kuala Lumpur
 2000 Ed. (3376)
 1997 Ed. (193)
Kuala Lumpur Kepong
 1990 Ed. (1397)
 1989 Ed. (1139)
Kuala Lumpur Kepong Bhd.
 1991 Ed. (2274)
Kuala Lumpur Mutual Fund
 2002 Ed. (2825)
 2001 Ed. (2887)
 1997 Ed. (2398)
Kuala Lumpur - Singapore
 1996 Ed. (179)
The Kuala Lumpur Stock Exchange
 1995 Ed. (3512)
Kuala Lumpur Tin Fields Bhd.
 1994 Ed. (1321)
 1993 Ed. (1275)
 1992 Ed. (1570)
 1991 Ed. (1252)
Kuang Ho Construction & Development Co.
 1992 Ed. (3625)
 1990 Ed. (2963)
Kubasik; Christopher
 2008 Ed. (963)
 2007 Ed. (1039)
 2006 Ed. (944)
 2005 Ed. (987)
Kubota Corp.
 2008 Ed. (189, 3150)
 2007 Ed. (202, 875, 2401, 3036)
 2006 Ed. (2998)
 2002 Ed. (4432, 4433)
 1999 Ed. (2853, 2854)
 1998 Ed. (2093)
 1997 Ed. (2371)
 1993 Ed. (3605)
 1992 Ed. (4331)
 1989 Ed. (1918)
Kubota America Corp.
 2003 Ed. (4925)
Kuchai Development Bhd.
 1994 Ed. (1321)
Kucharski; John
 1995 Ed. (979)
Kuchua Inc.
 1997 Ed. (151)
 1996 Ed. (145)
Kudelski SA
 2007 Ed. (2005)
Kudlow; Lawrence
 1995 Ed. (1855)
 1994 Ed. (1815, 1837)
Kudos
 2000 Ed. (2383, 4065)
 1995 Ed. (3399)
Kudos Research
 2002 Ed. (3257)
KUE Credit Union
 2003 Ed. (1889)
Kuehne & Nagel
 2007 Ed. (4833)
Kuehne & Nagel AG
 1997 Ed. (2077)
Kuehne & Nagel (Australia) Pty. Ltd.
 1997 Ed. (191)
Kuehne & Nagel International
 1996 Ed. (3732)
 1993 Ed. (961)
 1992 Ed. (1185)
Kuehne + Nagel
 2008 Ed. (3525)
 2007 Ed. (1334)
Kuehne und Nagel International AG
 2007 Ed. (4832)
Kuehoe + Nagel International
 2007 Ed. (2648)
Kuhio Motors Inc.
 2008 Ed. (1784)
 2007 Ed. (1756)
 2006 Ed. (1747)
Kuhlman Corp.
 1990 Ed. (3450)
Kuhns & Associates; R. V.
 2008 Ed. (2020)
Kuijian Corp.
 1991 Ed. (1564)
KUK/BRS Global
 2005 Ed. (1375)
Kuka Welding Systems & Robot
 1990 Ed. (3064)
Kula Community Credit Union
 2006 Ed. (2168)
Kulani Prison Complex
 2002 Ed. (2419)
Kulibaev; Timur
 2008 Ed. (4888)
Kulibaeva; Dinara
 2008 Ed. (4888)
Kulicke & Soffa
 1991 Ed. (1517)
 1990 Ed. (1615)
Kulicke & Soffa Industries Inc.
 2006 Ed. (1502, 2741)
Kullman Industries Inc.
 2005 Ed. (1375)
Kulska Banka
 2006 Ed. (519)
 2005 Ed. (605)
 2004 Ed. (615)
Kulzer
 1990 Ed. (1488)
Kumagai; Goro
 1997 Ed. (1982)
 1996 Ed. (1875)
Kumagai Gumi Co., Ltd.
 2005 Ed. (1327, 1340)
 2001 Ed. (1486, 1622)
 2000 Ed. (1203, 1824)
 1999 Ed. (1323, 1407, 2032, 2033)
 1998 Ed. (965, 1446)
 1997 Ed. (1131, 1181, 1196, 1753)
 1995 Ed. (1135, 1342)
 1994 Ed. (1121)
 1993 Ed. (1097)
 1992 Ed. (1370, 1374, 1375, 3665)
 1991 Ed. (1092)
 1990 Ed. (1846)
 1989 Ed. (1005)
Kumala
 2008 Ed. (247)
Kumamoto Family Bank
 2007 Ed. (472, 473)
 2003 Ed. (533)
Kuman Math & Reading Centers
 2001 Ed. (2529, 2532)
Kumar Birla
 2008 Ed. (4841)
Kumar Mangalam Birla
 2008 Ed. (4879)
 2007 Ed. (4914)
 2006 Ed. (4926)
Kumbo
 2001 Ed. (4542)
Kume Sekkei Co. Ltd.
 1998 Ed. (1448)
Kumho
 2008 Ed. (4680)
 2007 Ed. (4757)
 2006 Ed. (4741, 4742, 4744)
 1999 Ed. (1889, 4602)
 1996 Ed. (3693)
 1993 Ed. (977)
Kumho & Co.
 2001 Ed. (4540)
Kumho Tire Co.
 2008 Ed. (4678)
 2007 Ed. (4756)
 2006 Ed. (4749)
Kumho Tire U.S.A. Inc.
 2008 Ed. (4681)
 2007 Ed. (4758)
 2006 Ed. (4752)
Kumho Tires
 2007 Ed. (878, 3973)
Kumon Math & Reading Centers
 2008 Ed. (877, 2412)
 2007 Ed. (902, 2279)
 2006 Ed. (814, 2343)
 2005 Ed. (893, 899, 2275)
 2002 Ed. (2066, 2359)
Kumon North America Inc.
 2004 Ed. (908, 2174)
 2003 Ed. (881, 889, 2126)
Kumpulan Guthrie
 1993 Ed. (2385)
Kumpulan Guthrie Bhd
 1992 Ed. (1667)
 1991 Ed. (1324)
Kumpulan Wang Amanah
 2001 Ed. (2887)
Kumpulan Wang Amanah Pencen
 2002 Ed. (2825)
Kun-Hee; Lee
 2008 Ed. (4851)
 2007 Ed. (4909)
Kunert AG
 1998 Ed. (1976)
Kung Ching Textile Co., Ltd.
 1992 Ed. (1701, 1702, 1703, 4284)
 1990 Ed. (3573)
Kunihiko Shiohara
 2000 Ed. (2155)
Kunihiko Shiohrar
 1999 Ed. (2375)
Kunio Busujima
 2008 Ed. (4846)
Kunishige; Nozomu
 1997 Ed. (1992)
 1996 Ed. (1886)
Kunnan Enterprise Ltd.
 1992 Ed. (2974)
 1990 Ed. (2520)
Kunz Holding GmbH & Co. KG
 1997 Ed. (2692)
 1996 Ed. (2555)
Kuo Chan Development & Construction Co. Ltd.
 1992 Ed. (3625)
 1990 Ed. (2963)
Kuo Feng Corp.
 1994 Ed. (1459)
Kuo Hua
 2001 Ed. (218)
Kuo Hua Inc. (Dentsu)
 2000 Ed. (178)
Kuo Hua Life Insurance Co. Ltd.
 1999 Ed. (161, 2894)
 1994 Ed. (2268, 3282)
 1992 Ed. (2677, 3945)
 1990 Ed. (2246, 3268)
Kuo Hua Securities Co., Ltd.
 1992 Ed. (3945)
Kuo Lien Chemical Industry
 1993 Ed. (54)
 1991 Ed. (51)
Kuohua
 2002 Ed. (191)
Kuok Oils & Grains
 2001 Ed. (1842)
Kuok Philippine Properties Inc.
 1993 Ed. (2494)
Kuok Philippines Properties, Inc.
 2000 Ed. (1204)
 1999 Ed. (1324)
Kuok; Robert
 2008 Ed. (4847)
 2006 Ed. (4917, 4919)
 1997 Ed. (949)
Kuomintang
 1997 Ed. (2402)
Kuoni
 2007 Ed. (734)
 2000 Ed. (35, 3396)
Kuoni Holdings
 2001 Ed. (4589)
Kuozui Motors Ltd.
 1994 Ed. (2439)
Kuparak Transportation Co.
 1993 Ed. (2855)
 1992 Ed. (3463)
Kupat Holim Clalit
 2004 Ed. (1763)
 2002 Ed. (1698)
Kuppenheimer Men's Clothiers
 1991 Ed. (2649)
Kurabo Industries Co. Ltd.
 2001 Ed. (4514)
 1999 Ed. (4592)
 1997 Ed. (3736)
 1993 Ed. (3556)
 1992 Ed. (4278)
 1991 Ed. (3355)
 1990 Ed. (3568)
Kuraray Co., Ltd.
 2007 Ed. (942)
 2006 Ed. (855)
 2002 Ed. (1002)
 2001 Ed. (4514)
 1996 Ed. (3681)
 1995 Ed. (2791, 3606)
 1992 Ed. (3274)
Kurashiki Tivoli Park
 2002 Ed. (313)
 2001 Ed. (382)
 2000 Ed. (301)
Kuratko; Don
 2006 Ed. (703)
 2005 Ed. (796)
Kuraya Sanseido
 2006 Ed. (4951, 4952)
 2005 Ed. (4919)
Kuriak; Thomas
 1991 Ed. (1678)
Kuriyama; Hitoshi
 1997 Ed. (1980)
Kurlak; Thomas
 1997 Ed. (1875)
 1996 Ed. (1802)
 1995 Ed. (1817)
 1994 Ed. (1777)
 1993 Ed. (1794)

1991 Ed. (1706)
1989 Ed. (1417)
Kurt Feuerman
1995 Ed. (1862, 1866)
1994 Ed. (1813, 1820)
1993 Ed. (1771, 1773, 1798, 1830)
1991 Ed. (1706)
Kurt Feurman
1992 Ed. (2135)
Kurt Hamersma, Builder
2002 Ed. (2683)
Kurt Hellstrum
2003 Ed. (4695)
Kurt S. Adler Inc.
2002 Ed. (4888)
Kurt van Kuller
1999 Ed. (2182)
1998 Ed. (1594)
1997 Ed. (1948)
Kurt Wulff
1989 Ed. (1417)
Kurtiss Exercise Equipment
1994 Ed. (1724)
Kurtiss Real Estate
2000 Ed. (3716)
Kurtter, Robert
1993 Ed. (2464)
Kurtz Consulting Engineers; Flack
1994 Ed. (1641)
Kurtzig; Sandra
1995 Ed. (3786)
Kurtzman Carson Consultants
2008 Ed. (1207)
Kurz; Peter
1997 Ed. (2002)
Kushal Pal Singh
2008 Ed. (4841, 4879)
2007 Ed. (4914)
The Kushner Locke Co.
2001 Ed. (1651)
Kussy Inc.
2008 Ed. (2179)
Kutak Rock
2008 Ed. (3422)
2007 Ed. (3313)
2006 Ed. (3250)
2005 Ed. (3263)
2004 Ed. (3233)
2003 Ed. (3182)
2002 Ed. (3057)
2001 Ed. (724, 744, 745, 820, 828, 849, 853, 861, 869, 909, 917, 933, 949, 957, 4206)
2000 Ed. (2593, 3200, 3858, 4298)
1999 Ed. (2817, 2843, 3476, 3485, 4143)
1998 Ed. (2061, 2565, 2574, 2576)
1997 Ed. (2341, 2843, 2949, 3394)
1996 Ed. (2212, 2724, 2726, 2732)
1995 Ed. (2193, 2645, 2647, 3188)
Kutak Rock & Campbell
1993 Ed. (2117, 2615, 2620, 2940)
1991 Ed. (1987, 2524, 2534, 2536, 2782, 3423)
1990 Ed. (2292)
Kutak Rock LLP
2007 Ed. (3649, 3657)
2005 Ed. (3262, 3525)
Kutaragi; Ken
2005 Ed. (2322)
Kutayba Alghanim
2008 Ed. (4889)
Kutsher's Country Club
1999 Ed. (4048)
Kuwait
2008 Ed. (478, 2206, 2401, 3920, 4390)
2007 Ed. (521, 2096, 2265, 3871, 4416)
2006 Ed. (501, 1029, 1213, 2139, 2152, 2334, 2715, 2967, 3848)
2005 Ed. (216, 581, 2044, 2058)
2004 Ed. (1923, 3855)
2003 Ed. (586, 3826)
2002 Ed. (328, 329, 1821)
2001 Ed. (522, 1952, 2586, 3763, 3765)
2000 Ed. (1615, 1650, 2351, 2365, 2370, 2371)
1999 Ed. (1786, 2554)
1998 Ed. (1792, 2363, 2830)
1997 Ed. (1547, 2108, 3104)
1996 Ed. (426, 1482, 3019, 3025)
1995 Ed. (310, 1523, 1961, 2008, 2015, 2027, 2034, 2038, 2926)
1994 Ed. (1491, 1932, 2008, 2739, 2859)
1993 Ed. (1965, 1972, 1979, 1985, 2848)
1992 Ed. (350, 1490, 1740, 2303, 2308, 2315, 2325, 2331, 3449, 3452, 3453)
1991 Ed. (1385, 1827, 1832, 1839, 1848)
1990 Ed. (1447, 1909, 1916, 1923, 1928, 1933, 2829)
Kuwait Air
2008 Ed. (214)
2007 Ed. (234)
2006 Ed. (229)
Kuwait Airways
2001 Ed. (52, 303, 310)
1994 Ed. (31)
Kuwait & Bahrain Bank
2004 Ed. (28)
Kuwait & Middle East Bank
2006 Ed. (4513)
Kuwait & the Middle East; Bank of
2007 Ed. (494)
2006 Ed. (478)
2005 Ed. (557)
Kuwait Asia Bank
1992 Ed. (582)
1991 Ed. (427)
1989 Ed. (450, 454)
Kuwait Finance
2006 Ed. (62)
Kuwait Finance House
2008 Ed. (458)
2007 Ed. (494)
2006 Ed. (478, 4513)
2005 Ed. (557)
2004 Ed. (571)
2003 Ed. (557)
2002 Ed. (604, 4436)
2000 Ed. (447, 582)
1999 Ed. (457, 570)
1997 Ed. (400, 535)
1996 Ed. (435, 566, 579, 580)
1995 Ed. (408)
1992 Ed. (588, 752)
1991 Ed. (568)
1990 Ed. (473, 474, 482, 613)
1989 Ed. (445, 447, 448, 459)
Kuwait Financial Centre
2002 Ed. (4436, 4437)
Kuwait Foreign Trading
1989 Ed. (459)
Kuwait Gulf Links
2008 Ed. (850)
Kuwait Int Investment Co.
1989 Ed. (450)
Kuwait Investment Co.
1992 Ed. (588, 752)
1991 Ed. (433)
1990 Ed. (482)
1989 Ed. (459, 582)
Kuwait Investment Office
1993 Ed. (1879)
Kuwait Investment Project
2002 Ed. (4436, 4437)
Kuwait National Petroleum Co.
2004 Ed. (2013)
2003 Ed. (1972)
Kuwait Oil Co.
1991 Ed. (2717)
Kuwait Petroleum Corp.
2008 Ed. (3919, 3929, 3939)
2007 Ed. (3870, 3880, 3896)
2006 Ed. (3847, 3854, 3866)
2005 Ed. (3765, 3788, 3799)
2004 Ed. (3854, 3861, 3871)
2003 Ed. (3844, 3858)
2002 Ed. (3680)
2000 Ed. (3531, 3532)
1999 Ed. (3817, 3818)
1998 Ed. (2838, 2839)
1997 Ed. (3110, 3111)
1996 Ed. (3027, 3028)
1995 Ed. (2933)
1994 Ed. (2870)
1993 Ed. (2826)
1992 Ed. (3420, 3421)
1991 Ed. (2735)
Kuwait Petroleum Italia SpA
2004 Ed. (4930)
Kuwait Real Estate
2002 Ed. (4436, 4437)
Kuwait Real Estate Bank
1989 Ed. (582)
Kuwait Stock Exchange Index
2008 Ed. (4503)
Kuwaiti-French Bank
1991 Ed. (429)
1990 Ed. (478)
1989 Ed. (456)
Kuwaiti Petrochemical Industries Co./ Union Carbide
1995 Ed. (1765)
Kuzbass Insurance Co.
1999 Ed. (2924)
Kuzbassocbank
1995 Ed. (596)
Kuzlik; C. B.
2007 Ed. (4161)
K.V. Mart Co.
2000 Ed. (3149)
KV Pharmaceutical Co.
2005 Ed. (1883)
2000 Ed. (2396)
Kvaemer AS
1996 Ed. (1431)
Kvaerner
2000 Ed. (1530, 3382)
1997 Ed. (1745, 2970)
1994 Ed. (1435, 2700, 2701)
1990 Ed. (3474)
Kvaerner A
2000 Ed. (3383)
1997 Ed. (2971)
Kvaerner A/S
2003 Ed. (1798)
2001 Ed. (1826)
1993 Ed. (1381)
Kvaerner AS
2000 Ed. (1528)
1999 Ed. (1331, 1717, 1719, 2023, 3661, 3662)
1997 Ed. (1492)
1996 Ed. (2876, 2877, 3736)
1995 Ed. (1469, 3660)
Kvaerner ASA
2005 Ed. (1918)
Kvaerner B
1997 Ed. (2971)
Kvaerner Construction
1998 Ed. (904)
Kvaerner F
1997 Ed. (2971)
The Kvaerner Group
2004 Ed. (1254, 1270, 1280, 1282, 1294, 2332, 2352, 2363)
2003 Ed. (2297)
2000 Ed. (1276, 1277, 1278, 1279, 1280, 1281, 1284, 1285, 1286, 1287, 1288, 1809, 1810, 1811, 1814, 1817, 1818, 1823)
1999 Ed. (1342, 1361, 1386, 1387, 1388, 1389, 1390, 1392, 1395, 1397, 1398, 1400, 1402, 1404)
1998 Ed. (939, 1439)
Kvaerner Industrier
1991 Ed. (1333, 2647, 2648)
Kvaerner Masa-Yardds Oy
1999 Ed. (1629)
Kvaerner plc
2002 Ed. (1190, 1238, 1257, 1265, 1275, 1281, 1305, 1306, 1307, 1310, 1313, 1315, 1317, 1320, 1321, 1322, 1328, 1748)
2001 Ed. (1412)
2000 Ed. (1214, 1846)
Kvaerner Shipping
1993 Ed. (2745)
Kvarner Philadelphia Shipyard
2002 Ed. (2734)
Kverner
1992 Ed. (3305, 3306)
Kvetko; Colleen
2006 Ed. (4979, 4980)
KVIL-FM
1998 Ed. (2985)
KVO Public Relations
2002 Ed. (3874)
KVR Inc.
2008 Ed. (1167)
KW Plastics
2008 Ed. (4132)
2007 Ed. (4109)
2005 Ed. (3859)
2004 Ed. (3914)
2001 Ed. (3819)
Kwai
1994 Ed. (3634)
Kwalick; Donald S.
1990 Ed. (2482)
Kwan; Michelle
2005 Ed. (266)
Kwang Hua Securities Investment & Trust Co.
2001 Ed. (2890)
1999 Ed. (2894)
1997 Ed. (2402)
Kwangtung Prov.
1991 Ed. (480)
Kwangtung Provincial Bank
2002 Ed. (566)
2000 Ed. (548)
1999 Ed. (536)
1997 Ed. (487)
1996 Ed. (528)
1995 Ed. (484)
1994 Ed. (500)
1993 Ed. (452)
1992 Ed. (638)
Kwangyang, South Korea
2003 Ed. (3914)
Kwantung Provincial Bank
1990 Ed. (522)
1989 Ed. (505)
Kwanza Bottlers
2006 Ed. (95)
2005 Ed. (86)
Kwanza Cocke
2008 Ed. (92)
Kwasha Lipton
1999 Ed. (3065, 3066)
1998 Ed. (1426)
1994 Ed. (1624)
1993 Ed. (1592)
1991 Ed. (1545)
1990 Ed. (1651)
KwashaLipton
1995 Ed. (1142)
Kwatinetz; Michael
1997 Ed. (1873, 1874)
1996 Ed. (1800, 1801)
Kwek Leng Beng
2008 Ed. (4850)
2006 Ed. (4918, 4919)
Kwencher
2000 Ed. (782)
Kwik Inn
2004 Ed. (3493)
Kwik International
1991 Ed. (3163)
Kwik International Color Ltd.
1996 Ed. (3482)
1995 Ed. (3422)
1993 Ed. (3363)
Kwik Kar
2008 Ed. (322, 333)
2007 Ed. (335, 346)
2006 Ed. (350, 361)
2005 Ed. (349)
2003 Ed. (364)
2002 Ed. (418)
2001 Ed. (531)
Kwik Kopy Corp.
2003 Ed. (3932)
2002 Ed. (3765)
1997 Ed. (2079)
Kwik Kopy Business Centers Inc.
2006 Ed. (3963)
2005 Ed. (3896)
Kwik Kopy Printing
2005 Ed. (3896)
2004 Ed. (3940)
Kwik-Pit
1989 Ed. (321)
Kwik Save
2008 Ed. (687)
2007 Ed. (718)
1999 Ed. (1644, 4100)
1996 Ed. (3623)
1992 Ed. (4178)
1990 Ed. (3500)

Kwik Set
2000 Ed. (2415)
1999 Ed. (2635)
KWIZ-AM
1997 Ed. (2800, 3236)
KWIZ-FM
2005 Ed. (4412)
KWKW-AM
1999 Ed. (3419, 3979)
1998 Ed. (2511, 2986)
1995 Ed. (2588, 3050)
1994 Ed. (2530, 2987, 2988)
1992 Ed. (3088)
1991 Ed. (2472, 2796)
1990 Ed. (2591, 2940)
KWKW-AM(1330)
1993 Ed. (2954)
1992 Ed. (3606)
Kwok; R T & W
2008 Ed. (4841)
2007 Ed. (4909)
Kwok; Raymond, Thomas & Walter
2008 Ed. (4844)
Kwok; Walter, Thomas, & Raymond
2005 Ed. (4861)
Kwong Fong Industries Corp.
1992 Ed. (4188, 4282)
1990 Ed. (3571)
Kwong Fong Industry Corp.
1994 Ed. (3473)
Kwong Lung Feather Mills Co.,Ltd.
1990 Ed. (2520)
Kwong Yik Bank
1992 Ed. (769)
1991 Ed. (601)
KWS
1992 Ed. (3908)
KWS Kleinwanzilebener Saatzucht AG Vorm
2000 Ed. (224)
KWS Saat AG
2004 Ed. (191)
KWU
1990 Ed. (3433)
KWV Wines
1995 Ed. (3758)
KX International, Inc.
2002 Ed. (2488)
KXED-AM
1997 Ed. (2800, 3236)
1996 Ed. (2653, 3151)
1994 Ed. (2530, 2987)
KXED-AM/KLAX-FM
1995 Ed. (2588, 3050)
KXKL-FM
2002 Ed. (3897)
KXOL-FM
2005 Ed. (4412)
KXTJ-FM
1998 Ed. (2511, 2986)
KXTN-AM
1997 Ed. (2800)
KXTN-AM & FM
1997 Ed. (3236)
1996 Ed. (2653, 3151)
KXTN AM & FM/KCOR-AM
1995 Ed. (2588, 3050)
KY
2003 Ed. (2461)
2002 Ed. (2255)
KYE (mouse systems/Genius)
1992 Ed. (3120)
Kyecera
1992 Ed. (1613)
Kyees; John
2007 Ed. (1094)
KYGO-FM
2002 Ed. (3897)
Kyivenergo
2006 Ed. (4544)
2002 Ed. (4495)
Kyivoblenergo
2006 Ed. (4544)
Kymagai Gumi
1997 Ed. (1135)
Kymmene Corp.
1994 Ed. (1361, 2045)
1993 Ed. (2029)
1992 Ed. (2395, 2396)
1991 Ed. (1276, 1278, 1285, 1900, 1901)
1990 Ed. (1361, 3458)
Kymmene Free
1989 Ed. (1467)
Kymmene Oy
2001 Ed. (1698)
2000 Ed. (1419)
1999 Ed. (1615, 2662)
1997 Ed. (1396, 2203, 2204)
1996 Ed. (1335, 2100)
1995 Ed. (1385)
1993 Ed. (1309)
Kymmene S
1994 Ed. (2046)
Kymmene S 1
1993 Ed. (2030)
Kymmene-Stroemberg Oy
1990 Ed. (1360)
1989 Ed. (1114)
Kymmene V
1994 Ed. (2046)
Kymmene V 1
1993 Ed. (2030)
Kynikos Associates
1996 Ed. (2099)
Kyo-ya Co., Ltd.
2008 Ed. (1786)
2007 Ed. (1752, 1753, 1759)
2006 Ed. (1743, 1744, 1749)
2005 Ed. (1783, 1784)
2004 Ed. (1725, 1726)
2003 Ed. (1688, 1689)
2001 Ed. (1721, 1722)
Kyo-Ya Hotels & Resorts LP
2008 Ed. (1780, 1781)
Kyo Yo Hotels
1997 Ed. (2177)
Kyobo Life Insurance Co.
2005 Ed. (3231)
2001 Ed. (2886)
1999 Ed. (2890)
1997 Ed. (2397)
Kyocera Corp.
2008 Ed. (3744)
2007 Ed. (841, 2349, 3623)
2006 Ed. (4416)
2005 Ed. (887)
2003 Ed. (3428, 4593)
2001 Ed. (1146)
2000 Ed. (1489, 1495)
1999 Ed. (1690, 4282)
1998 Ed. (1141)
1995 Ed. (1442)
1993 Ed. (2035, 3586)
1992 Ed. (1925, 4022)
1990 Ed. (1134)
Kyocera International Inc.
2002 Ed. (4431)
Kyodo Nyugyo
1997 Ed. (1577)
Kyoei
2000 Ed. (2713)
Kyoei Life
1998 Ed. (2136)
Kyokuyo Co. Ltd.
2000 Ed. (223)
1999 Ed. (200)
1997 Ed. (182)
1995 Ed. (164)
1994 Ed. (146)
1993 Ed. (162)
1992 Ed. (256)
Kyongnam Bank
2006 Ed. (458)
2005 Ed. (529)
2003 Ed. (533, 534)
2002 Ed. (601)
Kyosuke Kinoshita
2003 Ed. (4890)
Kyotaru Co. Inc.
1992 Ed. (1460)
1990 Ed. (3025)
Kyoto, Japan
1992 Ed. (3015)
Kyowa Bank
1993 Ed. (1176)
Kyowa Saitama Bank
1993 Ed. (542)
Kyoyuk
1995 Ed. (2313)
Kyphon Inc.
2007 Ed. (4392)
2006 Ed. (2735)
2004 Ed. (4340, 4830)
Kyran Research Associates Inc.
2007 Ed. (3597, 3598, 4444)
2006 Ed. (3538)
Kyrgyz Chemical Metallurgical Plant
2006 Ed. (4514)
Kyrgyzpromstroybank
2006 Ed. (4514)
Kyrgyzstan
2008 Ed. (3650)
2007 Ed. (281, 3476, 4384)
2006 Ed. (276, 3453, 4319)
2005 Ed. (256, 3444, 4371)
2004 Ed. (253, 3428, 4423)
2003 Ed. (1880, 3362)
2002 Ed. (3302)
2001 Ed. (3275, 4264)
Kyrgyztelekom
2006 Ed. (4514)
Kysor Industrial Corp.
1991 Ed. (343, 344)
1990 Ed. (390)
1989 Ed. (331)
Kysor Industries Corp.
1990 Ed. (392)
Kyuk-ko; Shin
1990 Ed. (730)
Kyung-Bae; Suh
2008 Ed. (4851)
Kyushu Bank
2005 Ed. (529)
2004 Ed. (547)
2003 Ed. (531)
2002 Ed. (574)
Kyushu Electric Power
2007 Ed. (2305)
1998 Ed. (2967)
1997 Ed. (3216)
1989 Ed. (2263)
Kyushu Power
1999 Ed. (3966)
Kyushu Railway
2001 Ed. (1625)
KYW
1990 Ed. (2943)
KYW News Radio-AM 1060
2000 Ed. (3698)
KZAB-FM
2005 Ed. (4412)
KZCO Inc.
2008 Ed. (4410)

L

L. A. Area Land Co.
2003 Ed. (1553)
L. A. Arena Co.
2005 Ed. (4437)
2003 Ed. (4522)
L. A. Bossidy
2004 Ed. (2493)
2003 Ed. (2373)
2001 Ed. (2324)
L. A. Care Health Plan
2002 Ed. (2463)
L. A. Cellular
1991 Ed. (873)
L. A. Computer Center
1998 Ed. (862)
L. A. County Harbor
2002 Ed. (2622)
L. A. County-USC Medical Center
2002 Ed. (2622)
2000 Ed. (2530)
L. A. Darling Co.
1999 Ed. (4499)
L. A. Gear
1998 Ed. (200)
1991 Ed. (262, 264, 982, 2587, 2589)
1989 Ed. (1566, 2500)
L. A. Lauder
2003 Ed. (2397)
2002 Ed. (2204)
2001 Ed. (2339)
L. A. Silver Associates Inc.
1992 Ed. (2048)
L. A. Weinbach
2004 Ed. (2513)
L. A. Weinback
2001 Ed. (2336)
L & B Estate Counsel
1999 Ed. (3074)
L & B Real Estate
1997 Ed. (2541)
1996 Ed. (2411)
1995 Ed. (2375)
L & B Realty
2002 Ed. (3938)
L & C Income
1995 Ed. (2749, 2751)
L & F Household Products
2005 Ed. (1516)
L & F Products Group
1997 Ed. (2628)
L & H Packing Co.
1998 Ed. (2447, 2893)
L & H Packing Cos.
1999 Ed. (3319, 3320, 3867, 3868)
1995 Ed. (2522, 2523, 2963, 2968)
L & J Carwashes Inc.
2006 Ed. (363, 364, 365)
L & L Franchise Inc.
2008 Ed. (2684)
2007 Ed. (2543)
2006 Ed. (2572)
L & L/Jiroch
1995 Ed. (1199, 1204)
L & L/Jiroch Distributing
1998 Ed. (979, 982)
1997 Ed. (1201, 1204, 1205)
L & L Temporaries Inc.
2007 Ed. (3566)
L & M
1997 Ed. (995)
L & M Full Flavour
1997 Ed. (989)
L & M Lights
1997 Ed. (989)
L & M Steel Supply & Fabrication
2007 Ed. (3570)
L & M Technologies, Inc.
1991 Ed. (1907)
L & N Credit Union
2008 Ed. (2234)
2007 Ed. (2119)
2006 Ed. (2198)
2005 Ed. (2103)
2004 Ed. (1961)
2003 Ed. (1921)
2002 Ed. (1867)
L & N Housing Corp.
1990 Ed. (2965)
L & N Seafood
1996 Ed. (3301)
1995 Ed. (3200)
1994 Ed. (3156)
L & N Seafood Grill
1993 Ed. (3014, 3015, 3112)
1992 Ed. (3817)
L. B. Campbell
2005 Ed. (2478)
2004 Ed. (2493)
2003 Ed. (2373)
2002 Ed. (2189)
2001 Ed. (2324)
L. B. Foster Co.
2008 Ed. (2038, 2043, 2045)
2007 Ed. (1950, 1953)
2005 Ed. (2783)
2004 Ed. (2791)
1991 Ed. (2021)
1990 Ed. (1153)
L-Bank
1997 Ed. (2015)
L. Batley Holdings Ltd.
1995 Ed. (1014)
1994 Ed. (1001)
L. C. Camilleri
2005 Ed. (2508)
2004 Ed. (2525)
L. C. Glasscock
2004 Ed. (2520)
L. C. Williams
2003 Ed. (3991)
L. C. Williams & Associates
2005 Ed. (3951, 3956, 3961)
2004 Ed. (3983, 3990, 4005)
2002 Ed. (3833)
1998 Ed. (1961)
L. C. Williams & Assocs.
1999 Ed. (3922)

L. D. Brinkman
1993 Ed. (1866)
L. D. DeSimone
2001 Ed. (2332)
L. D. Jorndt
2004 Ed. (2497)
2003 Ed. (2376)
2002 Ed. (2199)
2001 Ed. (2335)
L. D. Kozlowski
2001 Ed. (2331)
L. D. Schaeffer
2004 Ed. (2520)
2001 Ed. (2342)
L. D. Stone
2001 Ed. (2335)
L. Dennis Kozlowksi
2000 Ed. (1875)
L. Dennis Kozlowski
2004 Ed. (972, 1549, 2493)
2003 Ed. (960, 2373)
2002 Ed. (1042, 2194)
2001 Ed. (1218)
2000 Ed. (1047)
L. Donald Speer II
2005 Ed. (1544)
L. Douglas Wilder
1993 Ed. (1994)
1992 Ed. (2345)
L. E. Burns
2003 Ed. (2390)
The L. E. Myers Co.
1995 Ed. (1159)
1994 Ed. (1140)
1992 Ed. (3226)
L. E. Myers Co. Group
1997 Ed. (1161, 1162)
1996 Ed. (1134)
1993 Ed. (933)
L. E. Platt
2001 Ed. (2336)
L. Edward Shaw Jr.
1996 Ed. (1228)
L. F. Drescoll Co.
1997 Ed. (1198)
L. F. Driscoll
2008 Ed. (1170)
2004 Ed. (1288)
2003 Ed. (1285)
2002 Ed. (1255)
1999 Ed. (1410)
1998 Ed. (974)
1996 Ed. (1168)
1995 Ed. (1194)
1994 Ed. (1175)
1993 Ed. (1153)
1991 Ed. (1100)
L. F. Jennings Inc.
2003 Ed. (1312)
1997 Ed. (3515)
L. F. Kline
2005 Ed. (2485)
2004 Ed. (2501)
L. F. Mullin
2003 Ed. (2379)
L. F. Rothschild
1991 Ed. (2957)
1989 Ed. (1046, 1859, 2370, 2382, 2383)
L. Feinstein
2003 Ed. (2380)
L. G. H. Bryan Medical Center
2008 Ed. (1960)
2007 Ed. (1896)
2006 Ed. (1914)
2005 Ed. (1892)
2004 Ed. (1809)
2003 Ed. (1772)
L. G. Securities
1997 Ed. (779)
L. H. Roberts
2001 Ed. (2318)
L. H. Sowles Co.
1999 Ed. (1377)
1998 Ed. (956)
1990 Ed. (1207)
L. Hay III
2005 Ed. (2509)
L. I. D. Ltd.
2004 Ed. (3358)
L. I. Jewish Medical Center
1999 Ed. (2752)
L. J. Beasley
2003 Ed. (2405)
L. J. de Vink
2001 Ed. (2325)
L. J. Ellison
2001 Ed. (2336)
L. J. Giuliano
2005 Ed. (2493)
2004 Ed. (2509)
2003 Ed. (2390)
L. J. Lasser
2003 Ed. (2387)
2002 Ed. (2200)
2001 Ed. (2334)
L. J. Melody
1999 Ed. (3095, 4006, 4306)
1998 Ed. (3009, 3011, 3014, 3015)
1997 Ed. (3263, 3269)
1995 Ed. (3068)
1994 Ed. (3018)
1993 Ed. (2976, 2977)
1991 Ed. (2820)
L. J. Melody & Co.
2005 Ed. (4016)
2004 Ed. (4083)
2003 Ed. (447, 4057)
2002 Ed. (4277)
2001 Ed. (3353)
1995 Ed. (3074)
L. J. Mosner
2004 Ed. (2513)
L. John Doerr
2007 Ed. (4874)
2006 Ed. (4879)
2005 Ed. (4817)
2004 Ed. (4828)
2002 Ed. (4730)
L. K. Carroll
2002 Ed. (2202)
L. K. Comstock & Co.
2008 Ed. (1322, 1333, 1334)
2007 Ed. (1364)
1999 Ed. (1368)
1998 Ed. (946)
1997 Ed. (1162)
1996 Ed. (1133, 1134)
1995 Ed. (1158, 1159)
1994 Ed. (1139, 1140)
1993 Ed. (1123, 1124)
1992 Ed. (1410, 1411)
1991 Ed. (1077, 1078)
1990 Ed. (1202)
L. Keith Mullins
2000 Ed. (1977)
1999 Ed. (2183)
1998 Ed. (1597)
1997 Ed. (1912)
1996 Ed. (1839)
1995 Ed. (1862)
1994 Ed. (1820)
1993 Ed. (1772, 1840)
L. L. Bean Inc.
2008 Ed. (3008, 3168, 4483)
2007 Ed. (4504)
2006 Ed. (4448)
2001 Ed. (1783, 4338)
1999 Ed. (1852)
1998 Ed. (648, 652, 653)
1997 Ed. (914, 2324)
1996 Ed. (885, 886)
1995 Ed. (911)
1993 Ed. (3369)
1991 Ed. (868, 869, 3247)
1990 Ed. (2508)
L. L. Bean: The Making of an American Icon
2008 Ed. (616)
L. L. Mays
2005 Ed. (2502)
2004 Ed. (2518)
2002 Ed. (2205)
2001 Ed. (2340)
L. Levine
2002 Ed. (2199)
L. Londell McMillan PC
2004 Ed. (3237)
2003 Ed. (3187)
L. Lowry Mays
2006 Ed. (914)
2005 Ed. (970)
2003 Ed. (2410)
L. Luria
1989 Ed. (860)
L. Luria & Son
1999 Ed. (1055)
1994 Ed. (872)
1992 Ed. (1065)
1991 Ed. (865, 866, 867)
L. Luria & Sons
1990 Ed. (914, 915)
L. M. Ericsson
2000 Ed. (1558)
1999 Ed. (1739, 3676, 3677, 4551, 4553)
1998 Ed. (3477)
1997 Ed. (916, 1513, 1514, 1515, 1584, 3635, 3636, 3708)
1996 Ed. (1390, 1448, 1449, 3589, 3590, 3640)
1995 Ed. (1491, 1492, 3551)
1994 Ed. (1451, 1452, 2709, 2710, 3483)
1992 Ed. (1649, 1692, 1693, 3314, 3315, 4142, 4143)
1991 Ed. (1349, 1350, 1351, 3222, 3280, 3281, 3286)
L. M. Ericsson Telephone Co.
1996 Ed. (2895, 2896)
1991 Ed. (2658)
L. M. Muma
2005 Ed. (2497)
L. Malone Derek Enterprises
2001 Ed. (281)
L-1 Identity Solutions Inc.
2008 Ed. (1399)
L. P. C. & D. Inc.
2007 Ed. (1285)
2006 Ed. (1178, 1634)
L. P. Evans Motors
1996 Ed. (279)
1995 Ed. (279)
1994 Ed. (276)
1993 Ed. (277)
L. P. Thebault Co.
2006 Ed. (4367)
2002 Ed. (3767)
1998 Ed. (2924)
L. Patrick Hassey
2007 Ed. (1024)
L. R. Corbett
2005 Ed. (2496)
2003 Ed. (2393)
L. R. Dickerson
2001 Ed. (2337)
L. R. Hugges
1998 Ed. (1517)
L. R. Raymond
2007 Ed. (1036)
2006 Ed. (941)
L. Robert Kimball & Associates
2008 Ed. (2033)
L. Ross Love
1989 Ed. (736)
L. S. Given
2001 Ed. (774)
L. S. Skaggs
1998 Ed. (686)
L. S. Starrett Co.
2006 Ed. (1219)
2005 Ed. (1260, 2783)
2004 Ed. (2790, 2791)
L. T. C. B.
1991 Ed. (1720)
L-3 Communications Corp.
2008 Ed. (2459, 2460)
2007 Ed. (2333)
2006 Ed. (1366, 1367)
L-3 Communications Holdings Inc.
2008 Ed. (160, 1350, 1360, 1361, 1368, 1373, 1511, 1985, 2282, 2283, 2284, 2286, 2287, 2459, 2460, 4606, 4802)
2007 Ed. (173, 176, 177, 179, 182, 1397, 1404, 1405, 1411, 1442, 1527, 2167, 2171, 2172, 2333)
2006 Ed. (171, 172, 174, 175, 176, 177, 1358, 2243, 2389)
2005 Ed. (155, 158, 159, 160, 161, 1095, 1351, 2149, 2153, 2160, 2161, 4503)
2004 Ed. (157, 158, 162, 163, 1454, 2011, 2020, 2021, 3019)
2003 Ed. (197, 204, 208, 1965, 1971, 2192, 2195, 2240, 2243, 2950, 2957, 4302)
2001 Ed. (2195, 2197, 4192)
2000 Ed. (1749, 3877)
L-3 Communications Integrated Systems
2006 Ed. (173)
L-3 Communications Systems-East
2000 Ed. (965)
L-3 Titan Group
2008 Ed. (1348)
L. Tow
2003 Ed. (2402)
L. V. Gerstner Jr.
2004 Ed. (2513)
2002 Ed. (2201)
2001 Ed. (2336)
L. Washington & Associates Inc.
2000 Ed. (3151)
1999 Ed. (3425)
1998 Ed. (2517)
1996 Ed. (2662)
1995 Ed. (2592)
L. Wayne Hood
1999 Ed. (2216)
L; Western S
1990 Ed. (2684)
L. White Matthews
1997 Ed. (979)
L. William Crotty Center for Entrepreneurial Leadership
2008 Ed. (774)
La Agencia de Orci & Asociados
2007 Ed. (103)
2006 Ed. (114, 121)
2005 Ed. (105, 114)
2004 Ed. (109)
2003 Ed. (33, 81)
2001 Ed. (213)
2000 Ed. (55)
La Banderita
1999 Ed. (4620)
La Boheme
2001 Ed. (3586)
La Caixa
2005 Ed. (743)
2001 Ed. (3512)
1996 Ed. (2289, 3690)
1995 Ed. (3613)
1994 Ed. (636, 3537)
1993 Ed. (3574, 3575)
1992 Ed. (837)
1991 Ed. (664)
La Caixa, Caja de Ahorros & Pen. de Barcelona
1993 Ed. (633)
LA Capitol Credit Union
2008 Ed. (2235)
2007 Ed. (2120)
2006 Ed. (2199)
2005 Ed. (2104)
2004 Ed. (1962)
2003 Ed. (1922)
2002 Ed. (1868)
L.A. Care Health Plan
2000 Ed. (2436)
La Cemento Nacional
2006 Ed. (4497, 4498)
2002 Ed. (4406, 4407, 4409)
La Cena Fine Foods Ltd.
1994 Ed. (2532)
1993 Ed. (2584)
La Choy
1995 Ed. (3183)
La Ciudad de Los Nino
2006 Ed. (271)
La Ciudad de Los Ninos
2007 Ed. (276)
La Clinica de la Raza
2008 Ed. (2964)
2007 Ed. (2841)
La Compagnie/BBDO
1999 Ed. (90)
L.A. Computer Center
1997 Ed. (1111)
1996 Ed. (1091)
1994 Ed. (1098)
1992 Ed. (1336)
la comunidad
2008 Ed. (122)
2007 Ed. (113)

La confederation des caises populaires Desjardins du Quebec
1990 Ed. (1780)
La Coop federee
2008 Ed. (199, 1385)
2007 Ed. (213, 1434)
La Cote Basque
1994 Ed. (3092)
L.A. County & University of Southern California Medical Center
1998 Ed. (1993)
L.A. County & USC Medical Center
1999 Ed. (2749)
1995 Ed. (2145)
L.A. County-Harbor-UCLA Medical Center
1999 Ed. (2749)
L.A. County-Rancho Los Amigos Medical Center
1999 Ed. (2742)
1998 Ed. (1993)
1997 Ed. (2271)
1996 Ed. (2156)
1995 Ed. (2145)
1994 Ed. (2090)
1993 Ed. (2074)
1992 Ed. (2460)
L.A. County Small Business Development
1997 Ed. (3528)
1996 Ed. (3459)
L.A. County University of Southern California Medical Center
1997 Ed. (2271)
L.A. County USC Medical Center
1996 Ed. (2156)
1994 Ed. (2090)
1993 Ed. (2074)
1992 Ed. (2460)
La Croix
2005 Ed. (737)
2003 Ed. (734, 735)
1998 Ed. (482)
1995 Ed. (686)
La Crosse, WI
2008 Ed. (4092)
1999 Ed. (2088, 2089, 3368, 3369)
1996 Ed. (3205)
1994 Ed. (2245)
La Dalia
1994 Ed. (962)
L.A. Darling
2000 Ed. (4134)
L.A. Electrical Workers Credit Union
1996 Ed. (1507)
L.A. Express/NICA
2000 Ed. (3080)
La Famous
1996 Ed. (3466)
1995 Ed. (3396)
La Farge State Bank
1997 Ed. (498)
La Favorita
2002 Ed. (4406, 4409)
La Feria de Chapultepec
2007 Ed. (276)
2006 Ed. (271)
LA Fitness plc
2006 Ed. (1699, 2069, 2748)
La Fondiaria
1992 Ed. (1654, 3073)
1991 Ed. (1313, 2458)
1990 Ed. (1389, 3472)
La Francaise des Jeux
2000 Ed. (3014)
1997 Ed. (2689, 3502)
1996 Ed. (2552)
1995 Ed. (2490)
1993 Ed. (2474)
La Garonnaise d'Habitation
2001 Ed. (2432)
LA Gear
2008 Ed. (4479)
2007 Ed. (4502)
2006 Ed. (4445)
2005 Ed. (4429, 4431)
1999 Ed. (309, 3611)
1997 Ed. (279, 280, 281)
1996 Ed. (251)
1995 Ed. (252)
1994 Ed. (244, 246, 1025, 3294, 3295)
1993 Ed. (256)
1992 Ed. (366, 368, 1035, 3954, 3955, 3956, 367, 1223, 4043, 4145)
1990 Ed. (289)
La Gloria
1992 Ed. (44)
La Grande Dame
2005 Ed. (915)
2003 Ed. (908)
1997 Ed. (3911)
La Grande Dame Champagne
1997 Ed. (934)
La Grande Passion
1990 Ed. (2461, 2463)
La Guardia
2001 Ed. (351)
La Guardia Marriott
1997 Ed. (221, 2287)
La Guardia, New York
1991 Ed. (218)
La Guardia, NY
1990 Ed. (245)
La Habra Local Development Co. Inc.
1992 Ed. (3996)
La India
2002 Ed. (3728)
La Jolla Bancorp
1992 Ed. (502)
La Jolla Bank Group Inc.
2005 Ed. (451)
La Jolla Pharmaceuticals
1996 Ed. (3304, 3778)
L.A. Law
1991 Ed. (3245)
LA Looks
2008 Ed. (2870)
2003 Ed. (2654)
2002 Ed. (2434)
1999 Ed. (2629)
1998 Ed. (1893)
la Madeleine
2003 Ed. (4120)
La Meridional
2008 Ed. (3253)
2007 Ed. (3108)
La Mode
1993 Ed. (3373)
1992 Ed. (4050, 4053)
1991 Ed. (3169, 3172)
1990 Ed. (3329, 3330, 3341, 3342)
La Mode du Golfe
1990 Ed. (3334)
La Moyne College
1996 Ed. (1041)
La Nacion SA
2006 Ed. (4494)
La Opinion
2002 Ed. (3512)
2000 Ed. (3338)
1999 Ed. (3620)
1998 Ed. (2682)
La Opinion (Los Angeles)
1992 Ed. (4028)
La Paz
1992 Ed. (4266, 4269)
La Paz, Baja California, Mexico
2004 Ed. (4215)
La Paz Cherie
2001 Ed. (2116)
La Paz Wild Cigarillo
1994 Ed. (961)
La Paz Wilde Cigarillo Havana
2001 Ed. (2113)
La Paz Wilde Havana
2001 Ed. (2114)
La Pizza Loca Inc.
2001 Ed. (2713)
2000 Ed. (3805)
1999 Ed. (4090)
1998 Ed. (3081)
1997 Ed. (2217, 3339)
1996 Ed. (2065, 2111, 3234)
1995 Ed. (2102, 3142)
1994 Ed. (2051)
La Playa Beach & Golf Resort
2007 Ed. (4118)
2006 Ed. (4097)
La Porte County, IN
1998 Ed. (2082)
La Positiva
2008 Ed. (3260)
2007 Ed. (3116)
La Post
2004 Ed. (1720)
La Poste
2008 Ed. (1719, 4329, 4331)
2007 Ed. (1689, 1802, 4374, 4376)
2006 Ed. (1772, 4309)
2005 Ed. (4365)
2004 Ed. (3753)
2003 Ed. (3709)
2002 Ed. (1643, 1657, 3573, 4265)
2001 Ed. (1689, 1695, 1957)
2000 Ed. (3576)
1999 Ed. (3681, 3861, 4287)
1998 Ed. (2888)
1997 Ed. (3502)
1996 Ed. (1329, 3403)
1992 Ed. (2343)
La Poste Enterprise Publique Autonome ets Util. Pub.
2004 Ed. (1656)
2002 Ed. (1598)
Corp. La Prensa
2008 Ed. (69)
La Presse
2002 Ed. (3506, 3507)
La Previsora
2008 Ed. (3256, 3261)
2007 Ed. (3111, 3118)
La Quinta Corp.
2007 Ed. (2946, 2948)
2004 Ed. (2938)
2003 Ed. (2847)
La Quinta Inns
2006 Ed. (2941)
2002 Ed. (2637)
2001 Ed. (2791)
2000 Ed. (2556, 2559)
1998 Ed. (2016)
1997 Ed. (2298)
1996 Ed. (2178, 2183)
La Quinta Inns/Inn & Suites
2008 Ed. (3079)
2007 Ed. (2954)
2006 Ed. (2943)
La Quinta Motor Inns
1994 Ed. (2111, 2115)
1993 Ed. (2095)
1991 Ed. (1951, 1954)
1990 Ed. (2076, 2086, 2088)
La Quinta Mtr.
1990 Ed. (2967)
La Reina Inc.
1998 Ed. (2515)
1997 Ed. (2706, 2801)
1996 Ed. (2660)
La Reina Cos.
1995 Ed. (2590)
1993 Ed. (2583)
La Relna
1994 Ed. (2505)
La Rinascente
1990 Ed. (3056)
La Rosa Del Monte Express Inc.
2008 Ed. (2967)
2006 Ed. (2846)
2002 Ed. (2563)
2001 Ed. (2715)
2000 Ed. (4291)
1999 Ed. (4651)
1998 Ed. (3613)
1997 Ed. (3787)
1996 Ed. (3731)
1995 Ed. (3652)
La Salle County, IL
1996 Ed. (1473)
La Salle National Corp.
1999 Ed. (657)
La Salle National Bank
2000 Ed. (400)
1999 Ed. (402)
1998 Ed. (298)
1997 Ed. (384)
1996 Ed. (417)
La Salle Partners
1998 Ed. (3021)
1994 Ed. (3022)
La Salle University
2000 Ed. (931)
1996 Ed. (1037)
1995 Ed. (1052)
La Salsa Inc.
2003 Ed. (2456)
2002 Ed. (3333)
1999 Ed. (2512, 2517)
La Salsa Fresh Mexican Grill
2004 Ed. (2585)
La Segunda Coop.
2008 Ed. (3253)
2007 Ed. (3108)
La Sibarita
2006 Ed. (102)
La Sommelier
1990 Ed. (3696)
La Spezia
1992 Ed. (1398)
La Tabacalera Mexicana
1996 Ed. (1733)
L.A.-Tel Corp.
1999 Ed. (4561)
La Tercera
1989 Ed. (27)
La Tortilla Factory Inc.
1999 Ed. (3420)
La Traviata
2001 Ed. (3586)
La Valencia Hotel
2000 Ed. (2539)
La-Van Hawkins Food & Entertainment Group LLC
2005 Ed. (172)
The La-Van Hawkins Food Group
2004 Ed. (169)
2003 Ed. (213)
La-Van Hawkins Food Group LLC
2002 Ed. (717)
2001 Ed. (713)
2000 Ed. (3145)
La-Van Hawkins Inner City Foods
1996 Ed. (746)
1995 Ed. (672)
La-Van Hawkins Urban City Foods LLC
1998 Ed. (469)
La Victoria
1998 Ed. (3126)
1994 Ed. (3136)
L.A. Video
1995 Ed. (3699, 3700)
La Vie Catholique
1992 Ed. (3369)
LA Weight Loss Centers Inc.
2008 Ed. (4912)
2007 Ed. (4936)
2006 Ed. (4930)
2004 Ed. (910)
2003 Ed. (891, 893)
La-Z-Boy Inc.
2008 Ed. (2795, 2796, 2797, 2800)
2007 Ed. (2659, 2660, 2661, 2663, 2666, 2667, 2669, 2872, 2975)
2006 Ed. (2674, 2675, 2676, 2677, 2678, 2680, 2878)
2005 Ed. (2696, 2697, 2698, 2699, 2700, 2701, 2702, 2704, 2967)
2004 Ed. (2120, 2697, 2698, 2699, 2700, 2701, 2703, 2705, 2712, 2870)
2003 Ed. (744, 2119, 2584, 2585, 2586, 2588, 2589, 2591, 2597, 2772, 2774)
2002 Ed. (1221, 2378, 2381)
2001 Ed. (2569, 2736)
2000 Ed. (2287, 2292, 2296, 2299, 2303, 2304)
1999 Ed. (780, 2544, 2545, 2548, 2549, 2563, 2700, 2701)
1998 Ed. (1783, 1787, 1963)
1995 Ed. (1951, 1952, 1953, 1955, 1967, 2122)
La-Z-Boy Canada
1999 Ed. (2551)
1997 Ed. (2105)
La-Z-Boy Chair
1997 Ed. (2098, 2099, 2100, 2103, 2239)
1996 Ed. (1987, 1988, 1989, 2129)
1994 Ed. (1928, 1929, 1930, 1933, 1934, 1937, 1938, 2074)
1993 Ed. (868, 1910, 1911, 2054, 2104)
1992 Ed. (2244, 2245, 2247, 2248, 2433, 2516)

1991 Ed. (1779, 1926, 1959)
1990 Ed. (2037)
La-Z-Boy Greensboro Inc.
2008 Ed. (1990)
2007 Ed. (1924)
La-Z-Boy Showcase
1992 Ed. (2253)
LAACO Ltd.
2004 Ed. (4586, 4587)
Laakirchen
1991 Ed. (3451)
Lab Series by Aramis
2003 Ed. (4430)
Labadie
1992 Ed. (1896)
LaBarge Inc.
2008 Ed. (4408)
2007 Ed. (1892)
2006 Ed. (1235, 1902, 1904, 1908)
2005 Ed. (1276, 1881, 1883)
2004 Ed. (2232, 2240, 3003)
1996 Ed. (211)
Labatt
2000 Ed. (821, 822)
1999 Ed. (808, 817, 818, 819)
1998 Ed. (507, 508)
1997 Ed. (724)
1991 Ed. (746)
1990 Ed. (766, 767)
1989 Ed. (780)
Labatt Blue
2008 Ed. (540, 543)
2007 Ed. (599)
2006 Ed. (556, 557)
2005 Ed. (654)
2004 Ed. (668)
2002 Ed. (281)
2001 Ed. (1024)
2000 Ed. (812)
Labatt Centre; John
2006 Ed. (1156)
Labatt Ice
1998 Ed. (2066)
Labatt; John
1997 Ed. (661)
1996 Ed. (30, 728, 730, 737, 738, 1315, 2123, 3148)
1995 Ed. (651, 660, 662)
1994 Ed. (695, 696, 700, 701, 704, 2064)
1993 Ed. (26, 749, 1288)
1992 Ed. (43, 74, 1590, 2417)
1991 Ed. (20)
1990 Ed. (25)
1989 Ed. (26)
Labatt USA
2005 Ed. (652)
2003 Ed. (658, 662)
2002 Ed. (678)
Labatt USA/Inbev USA
2006 Ed. (552)
Labatt's
2001 Ed. (682)
Labatt's Blue
2008 Ed. (544)
2007 Ed. (600)
2006 Ed. (558)
2005 Ed. (655)
1998 Ed. (497)
1997 Ed. (721)
1996 Ed. (783, 786)
1995 Ed. (704, 711)
1994 Ed. (753)
1993 Ed. (751)
1992 Ed. (937)
Labatt's Blue Light
1992 Ed. (939)
Labatt's Dry
1993 Ed. (745)
Labchile
2000 Ed. (3850)
The Label Co.
2008 Ed. (4032)
Label Art
2008 Ed. (4032)
2005 Ed. (3251, 3890)
2000 Ed. (914)
Label Dynamics Inc.
2006 Ed. (4345)
Labels West
2008 Ed. (4032)
2005 Ed. (3891)
Labinal SA
2001 Ed. (2267)
LaBonte; Steven P.
1994 Ed. (1068)
Labor and agriculture
1997 Ed. (3684)
Labor costs
1996 Ed. (3453)
1992 Ed. (993)
Labor Department
1995 Ed. (1666)
Labor; Department of
1992 Ed. (29)
Labor Finders
2008 Ed. (4495)
2007 Ed. (4515)
2006 Ed. (4457)
Labor Finders International Inc.
2005 Ed. (4454)
2004 Ed. (4482)
2000 Ed. (4228)
1999 Ed. (4576)
1998 Ed. (3506)
Labor-management cooperation/non-adversarial relationships
1991 Ed. (2026)
Labor quality
1996 Ed. (3453)
Labor Ready Inc.
2008 Ed. (805, 1516, 1520)
2007 Ed. (835, 837, 1532, 1536)
2006 Ed. (743, 1503, 1506)
2001 Ed. (1067, 1577, 1589)
Labor Shortage
1992 Ed. (993)
Labor-sponsored venture capital
2001 Ed. (3456)
Labor training
1992 Ed. (2909)
Labor World
1999 Ed. (4576)
1998 Ed. (3505)
Labor World of Iowa
2007 Ed. (4420)
Laboratoire Leon Brillouin
1999 Ed. (3633)
Laboratoires Pierre Fabre
2004 Ed. (957)
Laboratoires Sauter SA
1995 Ed. (962)
Laboratoires Servier
2004 Ed. (957)
Laboratories Jasminal
2004 Ed. (93)
Laboratories, medical and dental
1994 Ed. (3329)
Laboratorio Maver
2001 Ed. (23)
Laboratorios Maver
2005 Ed. (28)
2004 Ed. (35)
Laboratory Corp. of America
2002 Ed. (1531)
1997 Ed. (2184)
Laboratory Corp. of America Holdings Inc.
2008 Ed. (1992, 2899)
2007 Ed. (1926, 2776, 3906)
2006 Ed. (1943, 2775, 3875)
2005 Ed. (1914, 2801, 3433)
2004 Ed. (2800, 3420, 3421, 4569)
2003 Ed. (2683, 2692)
2002 Ed. (2451)
Laborer
2001 Ed. (2994)
Laborers
2007 Ed. (3728, 3729)
1994 Ed. (2587)
Laborers, construction
2002 Ed. (3531)
Laborers, except construction
1989 Ed. (2082)
Laborers International Union of North America
1998 Ed. (2322)
Laborers Local 310
2001 Ed. (3040)
Laborers, nonconstruction
2002 Ed. (3531)
Laborers Union
1999 Ed. (3845)
Laborforce of Minnesota
2007 Ed. (4439)
LaBounty Site
1991 Ed. (1889)
Labowitz; Jerry
1997 Ed. (1866)
1996 Ed. (1792)
1995 Ed. (1818)
1994 Ed. (1778)
1993 Ed. (1773, 1795)
1992 Ed. (2135, 2137)
1991 Ed. (1706, 1707)
Laboy; Carlos
1996 Ed. (1900, 1901)
Labrador
2006 Ed. (1750)
LaBranche
2005 Ed. (3597)
LaBranche & Co., Inc.
2005 Ed. (4245, 4246, 4508)
2004 Ed. (4322)
Labrecque; Thomas G.
1996 Ed. (381)
Labrot & Graham Bourbon
2004 Ed. (4908)
Labroy Marine
2008 Ed. (2068)
Labry III; Edward A.
2007 Ed. (2509, 2511)
Labs Ltd.
2006 Ed. (212)
Labs, diagnostic
1994 Ed. (1041)
Labtec Inc.
2002 Ed. (3559)
Labyrinth Ltd.
2003 Ed. (2716)
LAC Minerals
1996 Ed. (2033, 2034)
1994 Ed. (1982)
1992 Ed. (2335)
1991 Ed. (1846)
1990 Ed. (1936, 2586)
LAC Minerals Ltd
1992 Ed. (4148)
Lacey Mills
1991 Ed. (861)
Lacey; Susan K.
1995 Ed. (2484)
Lachlan Murdoch
2005 Ed. (785)
Lachman; Prem
1997 Ed. (1864)
1996 Ed. (1789)
Lachner y Saenz
1989 Ed. (1103)
Lack of persistence (pay out)
1990 Ed. (2678)
Lack of promotion support
1990 Ed. (2678)
Lack of recognition
1990 Ed. (1655)
Lack of strategic direction
1990 Ed. (2678)
Lack of trade support
1990 Ed. (2678)
Laclede Gas
1999 Ed. (3593)
1998 Ed. (2664)
1997 Ed. (2926)
1996 Ed. (2822)
1995 Ed. (2755)
1994 Ed. (2653)
1992 Ed. (3214)
1991 Ed. (2575)
1990 Ed. (2671)
1989 Ed. (2036)
Laclede Group Inc.
2008 Ed. (1953, 2419, 2809, 2812)
2006 Ed. (1905, 2688, 2689, 2692)
2005 Ed. (1881, 1882, 1884, 1887, 2713, 2714)
2004 Ed. (2723, 2724)
Laclede Steel
1995 Ed. (2847, 2869)
1994 Ed. (2750)
LaCorona
2001 Ed. (1999)
LaCosta Facility Support Services
2008 Ed. (3707, 4384)
Lacri-Lube
1995 Ed. (1599, 1757)
LaCroix
2002 Ed. (754)
LaCross
2004 Ed. (3659, 3660)
2003 Ed. (3623)
LaCrosse
2005 Ed. (272)
LaCrosse Footwear Inc.
2006 Ed. (2086)
LaCrosse Lumber
1997 Ed. (835)
Lacsa
1992 Ed. (44)
1989 Ed. (1103)
Lactaid
2003 Ed. (3411)
1994 Ed. (2350)
Lactaid 100
2008 Ed. (3670)
2005 Ed. (3477)
2001 Ed. (3310)
2000 Ed. (3133)
Lactalis (Besnier)
2001 Ed. (1970)
Lactalis USA
2008 Ed. (901)
Lacto-ice
1992 Ed. (2563)
Lactofree
2002 Ed. (2802)
2001 Ed. (2847)
Lactogal
2008 Ed. (74)
2007 Ed. (69)
2006 Ed. (78)
2004 Ed. (74)
Lactogest
1994 Ed. (2350)
Lactona SAIC
1992 Ed. (39)
Lacy; A. J.
2005 Ed. (2481)
Lad 'N' Lassie Pre-School
1999 Ed. (1128)
Ladbroke
2001 Ed. (1132)
Ladbroke Group
1995 Ed. (1405)
1989 Ed. (2297)
Ladbroke Group PLC
2000 Ed. (4007)
1996 Ed. (1355, 3405, 3411)
1994 Ed. (3248)
1993 Ed. (3253, 3254, 3264)
1992 Ed. (3942)
1991 Ed. (3107, 3111)
1990 Ed. (3266)
Ladbroke Hotels, Plc
1990 Ed. (2089)
Ladbroke Hotels USA Corp.
2008 Ed. (3067)
2007 Ed. (2938)
2006 Ed. (2927)
2003 Ed. (2840)
2001 Ed. (2786)
Ladbrokers plc
2008 Ed. (1425, 1431)
Ladbrokes
2007 Ed. (731)
Ladbrokes plc
2008 Ed. (3083)
2007 Ed. (2957, 2958, 3346, 3347, 3349)
Ladd
2000 Ed. (2287)
1999 Ed. (2544, 2549)
1998 Ed. (1783)
1997 Ed. (2098, 2100)
1996 Ed. (1987)
1995 Ed. (1951)
1994 Ed. (1933)
1992 Ed. (2244, 2245, 2246, 2433)
LADD Furniture
1993 Ed. (2054)
1990 Ed. (1863)
Ladenburg, Thalmann & Co.
1996 Ed. (797, 2357)
Ladenburg Thalmann Financial
2004 Ed. (2769)
Ladies' Home Journal
2007 Ed. (142, 144, 3404, 4994)
2006 Ed. (150, 152)

2005 Ed. (3362)
2003 Ed. (3274)
2002 Ed. (3226)
2001 Ed. (3198)
2000 Ed. (3462, 3480)
1999 Ed. (1857, 3771)
1998 Ed. (1278, 1343, 2801)
1997 Ed. (3050)
1996 Ed. (2963, 2972)
1995 Ed. (2884, 2887)
1994 Ed. (2783, 2787, 2788)
1992 Ed. (3379, 3380, 3381)
1991 Ed. (2704, 2705)
LaDriere & LaDiere
2008 Ed. (4438)
LaDriere & LaDriere
2006 Ed. (4386)
Ladupontsa
2008 Ed. (736)
Lady
2007 Ed. (2968)
2006 Ed. (2951)
Lady and the Tramp
1991 Ed. (3448, 3449)
Lady Anne
2000 Ed. (2338, 2342)
Lady Baltimore Foods Inc.
2000 Ed. (2244)
Lady de Rothschild
2007 Ed. (4924)
Lady Forgets
1992 Ed. (4251)
Lady Grantchester
2007 Ed. (4924)
Lady Hodge
2006 Ed. (836)
Lady Mennen
2003 Ed. (2001)
2000 Ed. (1658, 1659)
Lady of America
2003 Ed. (2697)
2002 Ed. (2454)
Lady of America Franchise Corp.
2006 Ed. (2787)
2005 Ed. (2811)
Lady O'Reilly
2008 Ed. (4899)
Lady Pepperell
1997 Ed. (2316, 2317)
Lady Speed Stick
1997 Ed. (1589)
Lady Stetson
1999 Ed. (3737, 3738)
1998 Ed. (2779)
1997 Ed. (3032)
1996 Ed. (2951)
1995 Ed. (2876)
1994 Ed. (2777)
1990 Ed. (2793, 2794)
Lae
1992 Ed. (1399)
Laem Thong Bank
1992 Ed. (607)
Lafang Group
2008 Ed. (32)
Lafarge Corp.
2003 Ed. (1135, 4612, 4613)
2002 Ed. (4088, 4510, 4511)
2001 Ed. (1048, 1049, 1144, 1145)
1999 Ed. (1048, 1049, 1433, 1434)
1998 Ed. (535, 657, 658, 907, 1139)
1997 Ed. (918, 1132, 2707)
1996 Ed. (828, 889)
1995 Ed. (843, 844, 850, 912, 1504, 2505)
1994 Ed. (790, 791, 792, 879, 1467)
1993 Ed. (771, 772, 774, 859, 1413, 2497)
1992 Ed. (980, 981, 1069, 1070)
1991 Ed. (799, 800, 875, 876)
1990 Ed. (836, 837, 844, 920, 921)
1989 Ed. (823, 864, 865)
Lafarge Braas GmbH
2002 Ed. (3307)
Lafarge Canada
1996 Ed. (1595)
1994 Ed. (1580)
1992 Ed. (1071)
1990 Ed. (922, 1669)
Lafarge Ciments
2006 Ed. (796)
2004 Ed. (4593)
2002 Ed. (944)
Lafarge Climents
2000 Ed. (990)
Lafarge Coppee
1996 Ed. (829, 3813)
1994 Ed. (799, 2437)
1993 Ed. (732, 783, 2499)
1992 Ed. (2972)
1990 Ed. (1903, 2176)
1989 Ed. (825, 826)
Lafarge North America Inc.
2008 Ed. (4063, 4543, 4544, 4545, 4668)
2007 Ed. (777, 1276, 1315, 1525, 3425, 4035, 4592, 4593, 4594)
2006 Ed. (681, 1206, 1207, 1208, 3408, 4000, 4610)
2005 Ed. (888, 889, 1249, 3926, 4167, 4507, 4523, 4524, 4525, 4526, 4527)
2004 Ed. (898, 899, 1137, 1222, 1223, 4590, 4591, 4592, 4594)
2003 Ed. (773, 779, 4217, 4614, 4615)
Lafarge SA
2008 Ed. (752, 3556, 3558, 4668)
2007 Ed. (780, 1288, 1290, 2261, 3987)
2004 Ed. (799)
2003 Ed. (781, 1175, 1428)
2002 Ed. (862)
2001 Ed. (1235, 4025)
LaFata Ltd.; John M.
1995 Ed. (1130)
Lafayette American Bank & Trust Co.
1998 Ed. (416)
1995 Ed. (3067)
Lafayette, IN
2008 Ed. (3481)
2001 Ed. (2359)
2000 Ed. (3769)
1998 Ed. (3054)
1996 Ed. (3206)
1994 Ed. (3065)
1992 Ed. (1016, 3699)
Lafayette, LA
2005 Ed. (2977)
2004 Ed. (3487)
2003 Ed. (3418, 3419)
1990 Ed. (1004, 1149)
1989 Ed. (1904)
Lafayette-West Lafayette, IN
1993 Ed. (2555)
Laffy Taffy Pieces
1990 Ed. (896)
Lafley; A. G.
2005 Ed. (2500)
Lafley; Alan
2008 Ed. (935)
2007 Ed. (974)
2006 Ed. (883)
Lafley; Alan G.
2008 Ed. (947)
LaForce & Stevens
2003 Ed. (3984, 3985, 3988, 3991)
2002 Ed. (3827)
2000 Ed. (3632)
1999 Ed. (3916)
Lafore,Inc.; E.T.
1990 Ed. (2006)
Lagan Group
2007 Ed. (2037, 2039)
Lagan Holdings
2006 Ed. (2062, 2067)
2005 Ed. (1983)
LaGardere Groupe
2003 Ed. (4028)
2000 Ed. (3611, 3612)
1999 Ed. (192, 1821, 1822, 3897, 3973)
1998 Ed. (1244, 1251, 2922, 2977)
1997 Ed. (3169, 3225)
1996 Ed. (3404)
Lagardere Groupe SCA
2005 Ed. (167)
Lagardere SCA
2008 Ed. (1847)
2007 Ed. (2460, 3455, 4056)
2005 Ed. (1773)
2004 Ed. (4047)
2002 Ed. (3766)
2001 Ed. (1986, 4320)
Lagasse; Emeril
2008 Ed. (904)
Lagavulin
2004 Ed. (4315)
2003 Ed. (4305)
2002 Ed. (295, 4175)
2001 Ed. (4162)
2000 Ed. (3868)
1999 Ed. (4153)
1998 Ed. (3165, 3169)
1997 Ed. (3391)
1996 Ed. (3294)
1995 Ed. (3196)
Lago Mar
1997 Ed. (3130)
Lago Mar, FL
1998 Ed. (2871)
Lagos
1990 Ed. (867)
Lagos/Apapa
1992 Ed. (1394)
Lagos, Nigeria
1992 Ed. (2281)
LaGrance Dame Champagne
1997 Ed. (938)
LaGrange College
2008 Ed. (1063)
LaGuardia
1992 Ed. (306, 307)
1989 Ed. (245)
Laguardia Marriott Hotel
1999 Ed. (2763)
Laguardia, NY
1991 Ed. (214, 215)
Laguna Development Corp.
2008 Ed. (1979)
Laguna Honda Hospital
2002 Ed. (2455)
Laguna Niguel, CA
1996 Ed. (3631)
1991 Ed. (3272)
Laguna Porec
1997 Ed. (3928)
Laguna Seca Raceway
1989 Ed. (987)
Laguna Wildland Fire
2002 Ed. (2880)
Lagunitas Brewing Co.
2000 Ed. (3126)
Lahey Clinic Foundation Inc.
2008 Ed. (1907)
Lahey Clinic Hospital
2005 Ed. (2911)
2004 Ed. (2907)
Lahey Clinic Medical Center
2008 Ed. (3063)
Lahey Hitchcock Clinic
2003 Ed. (2822)
Lahmeyer International
2005 Ed. (2431)
2004 Ed. (2390, 2395)
2003 Ed. (2309, 2318)
Lahmeyer International GmbH
2008 Ed. (2563)
2007 Ed. (2436)
2006 Ed. (2471)
1997 Ed. (1757)
1996 Ed. (1676)
1995 Ed. (1694)
1992 Ed. (1965, 1966)
1991 Ed. (1560)
LAI
2000 Ed. (1863, 1864)
LAI Ward Howell
2000 Ed. (1867)
LAI Worldwide
2001 Ed. (2310, 2313)
Laidlaw Inc.
2004 Ed. (1664)
2003 Ed. (4805)
2002 Ed. (1608, 1610)
2001 Ed. (1658, 3834)
2000 Ed. (1859, 4292)
1999 Ed. (4652, 4654)
1998 Ed. (1477)
1997 Ed. (1373, 1781, 3132, 3789)
1996 Ed. (1313, 1315, 3733)
1995 Ed. (3655)
1994 Ed. (2064)
1993 Ed. (3614)
1992 Ed. (4148)
1991 Ed. (3417)
Laidlaw & Mead Inc.
1993 Ed. (2271)
Laidlaw Class B
1993 Ed. (2588, 3593)
Laidlaw Environmental
1998 Ed. (1476, 1481, 1483, 1485, 1487, 1488, 1490)
Laidlaw Environmental Services Inc.
1999 Ed. (4578)
Laidlaw Global Corp.
2002 Ed. (3563)
Laidlaw Industries
1989 Ed. (2479)
Laidlaw International Inc.
2008 Ed. (3455, 4750)
2007 Ed. (3357, 3358, 4822, 4823)
2006 Ed. (2994, 3296, 3297, 4802, 4810, 4811)
2005 Ed. (3308, 3309, 4749, 4756, 4757)
Laidlaw; Lord
2008 Ed. (4007, 4900)
2007 Ed. (4926)
Laidlaw Transit Inc.
2008 Ed. (3454)
2007 Ed. (3357, 3358)
2006 Ed. (3296, 3297)
2005 Ed. (3308, 3309)
2003 Ed. (2273, 3239, 3240)
2001 Ed. (3158)
Laidlaw Transit Services
2006 Ed. (4017)
2002 Ed. (863)
2001 Ed. (3159)
2000 Ed. (989)
1999 Ed. (957)
1998 Ed. (539)
1997 Ed. (841)
Laidlaw Transportation
1992 Ed. (1599, 2417, 3102, 3318, 4313, 4338)
1991 Ed. (2657, 2658, 2659)
1990 Ed. (3642, 3646)
Laidlaw Transportation Class B
1991 Ed. (2656)
Laidlaw Transportation Class B NV
1991 Ed. (3403)
Laidlaw Transportation Limited Class B
1991 Ed. (2479)
Laidlaw Waste Systems Inc.
1998 Ed. (1491)
1997 Ed. (1780)
Laiki
2001 Ed. (27)
Laiki Bank
2006 Ed. (39)
2005 Ed. (32)
Laiki Group
2008 Ed. (402)
2007 Ed. (428)
2006 Ed. (430)
2005 Ed. (484)
2004 Ed. (477)
2003 Ed. (481)
Laing
1994 Ed. (1380)
Laing & Cruickshank
1992 Ed. (2139, 2785)
Laing Homes; John
1992 Ed. (1361)
Laing Properties
1989 Ed. (2288)
Laird
2006 Ed. (2402)
Laird Group
2008 Ed. (2476)
2007 Ed. (2350)
The Laird Group Plc
2000 Ed. (3086)
1999 Ed. (3349)
Laithwaite; Tony
2008 Ed. (4909)
Lajoie, 1933; Napolean
1991 Ed. (702)
Lakbroke Hotels Plc
1990 Ed. (2090)
Lake Apopka Natural Gas District
2000 Ed. (2318)
Lake Book Manufacturing, Inc.
1992 Ed. (3533)

Lake Buena Vista Village
1992 Ed. (332)
Lake Charles, LA
2003 Ed. (3910)
2002 Ed. (1061)
1997 Ed. (3304)
1996 Ed. (3207, 3208)
1995 Ed. (3112)
1992 Ed. (3491, 3493)
1990 Ed. (1004, 1149)
1989 Ed. (1612)
Lake Charleston
1997 Ed. (3130)
Lake Charleston, FL
1998 Ed. (2871)
Lake Clark National Park
1990 Ed. (2667)
Lake Compounce Amusement Park
1995 Ed. (216)
Lake Consulting Inc.
2008 Ed. (16)
Lake County Convention & Visitors Bureau
2008 Ed. (1805)
Lake County Forest Preserve District
2008 Ed. (2765)
Lake County, IL
1994 Ed. (2171, 2173)
1993 Ed. (2147, 2150)
1992 Ed. (2582, 3735)
1990 Ed. (2155, 2164, 2167)
1989 Ed. (1643)
Lake County, IN
1998 Ed. (2081, 2082, 2083)
Lake County Press Inc.
2007 Ed. (4010)
Lake Erie
2004 Ed. (4537)
Lake Forest Chrysler-Plymouth Inc.
1994 Ed. (266)
1993 Ed. (297)
1992 Ed. (412)
1991 Ed. (307)
1990 Ed. (340)
Lake Co. Forest Preserve District, IL
1991 Ed. (2527)
Lake Isle Press
2006 Ed. (645)
2005 Ed. (733)
Lake Mead National Recreation Area
1990 Ed. (2665, 2666)
Lake Michigan Credit Union
2008 Ed. (2239)
2007 Ed. (2124)
2006 Ed. (2164, 2203)
2005 Ed. (2070)
2004 Ed. (1930)
Lake Michigan University Credit Union
2005 Ed. (2108)
2004 Ed. (1966)
Lake Niagara
1992 Ed. (4438, 4439, 4440)
Lake Norman Transportation
2008 Ed. (4976)
2007 Ed. (3586)
Lake Ontario Cement
1990 Ed. (922)
Lake Orion, MI
1993 Ed. (336)
Lake Perris State Recreation Area
1999 Ed. (3704)
Lake Region Credit Union
2002 Ed. (1884)
2000 Ed. (221)
1996 Ed. (1511)
Lake Region CU
2000 Ed. (1629)
Lake Shore National Bank
1991 Ed. (478)
1990 Ed. (520)
Lake Shore National, IL
1989 Ed. (2151)
Lake-Sumter, FL
1998 Ed. (2871)
Lake Superior Paper
1995 Ed. (2831)
Lake to Lake
2001 Ed. (1169)
1996 Ed. (920)
Lakehead Pipe Line Co.
1999 Ed. (3828, 3829, 3835)
1998 Ed. (2857, 2858, 2862, 2863, 2865, 2866)
1997 Ed. (3120, 3121, 3122, 3125)
1994 Ed. (2876, 2879, 2880, 2882, 2883)
1993 Ed. (2855, 2856, 2857, 2858, 2859, 2861)
1991 Ed. (2743, 2744, 2745, 2746)
1989 Ed. (2233)
Lakehead Pipe Line Co. L.P.
2001 Ed. (3799, 3801, 3803)
2000 Ed. (2313, 2315)
1996 Ed. (3040, 3042, 3043, 3044)
1995 Ed. (2942, 2943, 2944, 2945, 2946, 2949)
Lakehead Pipe Line Partners LP
2003 Ed. (3879)
Lakehead Pipeline Co. Inc.
1992 Ed. (3464, 3465, 3466)
Lakehead University
2008 Ed. (1084)
Lakeland Area Chamber
2000 Ed. (1004)
Lakeland Area Chamber of Commerce
2002 Ed. (958)
The Lakeland Center
2002 Ed. (1334)
1999 Ed. (1417)
Lakeland Electric
2000 Ed. (3675)
Lakeland Electric & Water
1999 Ed. (3965)
1998 Ed. (2965)
Lakeland First Financial Group Inc.
1991 Ed. (1166)
Lakeland, FL
2008 Ed. (3459)
2007 Ed. (3361)
1998 Ed. (2472)
1991 Ed. (2781)
Lakeland Industrial Condos
1991 Ed. (1044)
Lakeland Office Condos
1991 Ed. (1043)
1990 Ed. (1145)
Lakeland Regional Medical Center
2005 Ed. (2893)
2002 Ed. (2621)
2000 Ed. (2528)
1998 Ed. (1990)
Lakeland Regiopnal Medical Center
1999 Ed. (2748)
Lakeland Savings Bank, Savings & Loan Association
1990 Ed. (3580)
Lakeland State
1990 Ed. (650)
Lakeland-Winter Haven, FL
2004 Ed. (190, 4762)
2003 Ed. (232)
2002 Ed. (2713)
1994 Ed. (2536)
Lakemont Homes
2005 Ed. (1226, 1227)
Lakeport Brewing Income Fund
2008 Ed. (560)
Lakeridge
1999 Ed. (4791)
1998 Ed. (3745, 3753)
Lakers; Los Angeles
2008 Ed. (530)
2007 Ed. (579)
2006 Ed. (548)
2005 Ed. (646)
Lakes Credit Union
2002 Ed. (1826)
Lakes Gaming Inc.
2004 Ed. (2716)
Lakeshore
2008 Ed. (2627)
2007 Ed. (2495)
Lakeshore Staffing
2002 Ed. (1067)
Lakeside Bank
2008 Ed. (430)
2002 Ed. (540)
Lakeside Bank of Salina
2000 Ed. (435)
1999 Ed. (442)
Lakeside Building Maintenance Inc.
2006 Ed. (1761)
2005 Ed. (1790)
Lakeside-Centennial Corp.
1992 Ed. (2998, 3513)
Lakeside Farm Industries Ltd.
1997 Ed. (2739, 3146)
1996 Ed. (2584, 2585, 2592, 3059, 3060, 3067)
1993 Ed. (2517, 2518, 2524, 2895, 2896, 2897)
Lakeside Foods Inc.
2008 Ed. (2782)
Lakeside Mall
2002 Ed. (4280)
2001 Ed. (4252)
2000 Ed. (4028)
Lakeside Packers
1995 Ed. (2520, 2521, 2528, 2960, 2961, 2969)
1994 Ed. (2460, 2912)
Lakewood
2002 Ed. (2466)
2000 Ed. (2441)
1999 Ed. (2658)
1998 Ed. (1921)
1994 Ed. (2043)
1993 Ed. (2026)
1992 Ed. (2394)
1990 Ed. (2001)
Lakewood Amphitheatre
2001 Ed. (374)
Lakewood Center Mall
2003 Ed. (4407)
2000 Ed. (4030)
1999 Ed. (4310)
1995 Ed. (3377)
1994 Ed. (3300)
Lakewood, CO
2006 Ed. (3241)
Lakewood Group
1992 Ed. (3125)
Lakewood Homes
2005 Ed. (1186)
2004 Ed. (1158, 1200, 1201)
2003 Ed. (1153)
2002 Ed. (1183)
2000 Ed. (1186, 1187, 1208)
1999 Ed. (1327)
1998 Ed. (872, 873, 897)
Lakewood Industrial Park
1992 Ed. (2597)
Lakhbir Hayre
2000 Ed. (1974)
1999 Ed. (2201)
1998 Ed. (1612)
Lakin General Corp.
2005 Ed. (4695)
Lakis Athanasiou
1999 Ed. (2351)
Lakota Express Inc.
2007 Ed. (1981)
Lakota Resources Inc.
2004 Ed. (1665)
Lakretz; James F.
1995 Ed. (933)
Lakshmi Mittal
2008 Ed. (4841, 4864, 4879, 4881, 4882, 4896, 4901)
2007 Ed. (4909, 4911, 4914, 4915, 4916, 4923)
2006 Ed. (4926, 4927)
2005 Ed. (4861, 4888, 4897)
Lakson Tobacco
2001 Ed. (65)
Laksono Widodo
2000 Ed. (2142)
Laliberte; Guy
2005 Ed. (4873)
Lalita Gupta
2000 Ed. (2157)
Lalji family
2005 Ed. (4871)
Lallo's Pizza
1997 Ed. (3126)
1996 Ed. (3045)
Lally, McFarland & Pantello
1997 Ed. (45)
Lally McFarland & Pantello Euro RSCG
2003 Ed. (35)
Lalo Cavos Construction
2004 Ed. (1220)
LaLoren, Inc.
2001 Ed. (2493)
2000 Ed. (2250)
Lalvani; Gulu
2008 Ed. (4896)
Lam; B. Y.
1995 Ed. (935)
Lam; Barry
2008 Ed. (4852)
Lam Research Corp.
2008 Ed. (1534, 1596, 1602, 1604, 1607, 1609, 3644, 4307, 4309, 4608, 4613, 4614)
2007 Ed. (4343, 4349, 4350)
2006 Ed. (3037)
2004 Ed. (2230)
2002 Ed. (2099, 2470)
2001 Ed. (4219)
2000 Ed. (3992)
1999 Ed. (1446, 1973)
1998 Ed. (831, 3275)
1997 Ed. (1083)
1996 Ed. (3397)
1995 Ed. (3285)
1992 Ed. (3913)
Lamalie Amrop International
1998 Ed. (1504)
1997 Ed. (1792)
1996 Ed. (1707, 1708)
Lamalie Associates
1993 Ed. (1691)
Lamalie; Robert E.
1991 Ed. (1614)
Lamar
2000 Ed. (212)
Lamar Advertising Co.
2007 Ed. (104, 172)
2006 Ed. (115, 170)
2005 Ed. (99)
2004 Ed. (102)
2002 Ed. (1425, 3284)
2001 Ed. (1544, 3251)
Lamar Construction Co.
2006 Ed. (1172)
Lamar Media Corp.
2003 Ed. (196)
Lamar Outdoor Advertising
1998 Ed. (91)
Lamar Savings Association
1989 Ed. (2823)
Lamar University
2008 Ed. (3627)
LaMarque Justice Center
2002 Ed. (2419)
Lamasil AT
2004 Ed. (2671, 2672)
Lamaze Parents' Magazine
1990 Ed. (287)
1989 Ed. (277)
Lamb
2007 Ed. (3442, 3443)
2006 Ed. (3427, 3428)
2005 Ed. (3417, 3418)
2004 Ed. (3404, 3405)
2003 Ed. (3327, 3334, 3335, 3343)
2001 Ed. (3237, 3238, 3239, 3242, 3243)
1997 Ed. (2669, 2672)
Lamb FSA MAAA; James D.
2008 Ed. (16)
Lamb; Kathleen
1997 Ed. (1938)
Lamb Nissan
1993 Ed. (279)
Lamb-Weston Inc.
2001 Ed. (2477)
Lambda EMI Inc.
2003 Ed. (1566, 1784, 2191)
Lambert Airport
1997 Ed. (220)
Lambert; Allen J.
2008 Ed. (278)
Lambert & Bulter King Size
1996 Ed. (972)
Lambert & Butler
2001 Ed. (1233)
1997 Ed. (991)
Lambert Fenchurch Group, PLC
2001 Ed. (4037)
2000 Ed. (2664, 3751)
1999 Ed. (2909)
Lambert; J. Hamilton
1992 Ed. (2904)
1991 Ed. (2343)

1990 Ed. (2479)
Lambert Riviere
1996 Ed. (933)
Lambert Somec
1991 Ed. (1554)
Lambert-St. Louis Municipal
2000 Ed. (271)
Lambert; Ted
2006 Ed. (3506, 4345)
LambertsBRS
2004 Ed. (4)
Lambesis
1997 Ed. (138)
Lambie-Geer Homes
2005 Ed. (1209)
2004 Ed. (1183)
2003 Ed. (1176)
2002 Ed. (2684)
Lambie Nairn/Tutssels
1999 Ed. (2836)
Lamborghini Countach
1992 Ed. (483)
1991 Ed. (354)
Lambrakis Press
2002 Ed. (341)
Lamb's Navy
1992 Ed. (2891, 3753)
1991 Ed. (2907)
Lamesa National Bank
1989 Ed. (218)
Lamictal Chewable Dispersible
2001 Ed. (2099)
Laminadora do Sul
2005 Ed. (1563)
Laminados Siderurgicos de Orense SA
2003 Ed. (1825)
Laminate U.S.
2008 Ed. (1165)
Lamino Group
1999 Ed. (1629)
Lamisil
2007 Ed. (3910)
2003 Ed. (4429)
2001 Ed. (2495)
Lamisil AT
2003 Ed. (2537, 3773)
2002 Ed. (2317)
2001 Ed. (2491, 2492)
Lammer; Dr. Peter
2006 Ed. (2500)
2005 Ed. (2463)
Lammie's Western Wear & Tack
2007 Ed. (1568)
Lamond; George
1993 Ed. (1078)
Lamont Financial Services
2007 Ed. (3656)
2005 Ed. (3532)
2001 Ed. (735, 738, 782, 839, 891)
2000 Ed. (2757)
1999 Ed. (3014, 3020)
1998 Ed. (2229, 2235, 2236)
1997 Ed. (2480, 2481)
1996 Ed. (2358, 2359)
1995 Ed. (2331, 2338, 2339)
1993 Ed. (2269, 2270, 2271)
1991 Ed. (2164, 2172)
Lamont Smith
2003 Ed. (227)
Lamosa, SA de CV; Grupo
2005 Ed. (1213)
Lamp and Shade Centers
1990 Ed. (2441)
Lamp; Evan
1997 Ed. (1955)
Lampard; Frank
2007 Ed. (4464)
Lampert; Edward
2007 Ed. (4894)
2006 Ed. (2798, 4899)
Lampropoulos; Fred P.
2006 Ed. (3920)
Lamps
1999 Ed. (2541, 2542)
Lamps, incandescent
1996 Ed. (3610)
Lamps Plus Inc.
2008 Ed. (3446)
2007 Ed. (3350)
2006 Ed. (3282)
2005 Ed. (3290)
2004 Ed. (3258)
1990 Ed. (2441)
The Lamson & Sessions Co.
2004 Ed. (1112)
1992 Ed. (473, 476, 477)
1991 Ed. (339, 340)
1990 Ed. (389)
1989 Ed. (330)
LAN Airlines
2008 Ed. (216)
2007 Ed. (237)
Lan & Spar Bank
1994 Ed. (466)
LAN cards
1995 Ed. (1094)
Lan Chile
2004 Ed. (763)
2003 Ed. (753)
1989 Ed. (243)
Lan Chile SA
2006 Ed. (235, 236)
2005 Ed. (219)
LAN Communications Ltd.
2003 Ed. (2716)
Lan; Jan Yoke
1997 Ed. (1997)
LAN Systems
2002 Ed. (1582)
2001 Ed. (1252)
LAN Times
1992 Ed. (3372)
Lana Jane Lewis-Brent
1991 Ed. (3512)
Lanacaine
1993 Ed. (231)
Lanacane
2003 Ed. (3773)
1992 Ed. (336)
Lanard & Axilbund Colliers
International
1999 Ed. (4013)
1998 Ed. (3000, 3020)
Lancashire Holdings
2007 Ed. (3117)
LANCAST
1999 Ed. (2671)
Lancaster; Biss
1997 Ed. (3195, 3196, 3197, 3199)
Lancaster Colony Corp.
2006 Ed. (2291)
2005 Ed. (2213)
2004 Ed. (2109, 2121)
2002 Ed. (1558, 2295)
2000 Ed. (2337)
1999 Ed. (2459)
1998 Ed. (1720, 1840)
1997 Ed. (2030, 2148)
1996 Ed. (1933, 1938, 1940)
1995 Ed. (949, 1898)
1994 Ed. (1975)
1993 Ed. (1953)
1992 Ed. (2294)
Lancaster County Hospital Authority, PA
1991 Ed. (2525)
Lancaster General
2005 Ed. (2804)
Lancaster Group
2003 Ed. (2550)
Lancaster; John
2005 Ed. (926, 927)
Lancaster Laboratories
1999 Ed. (2119)
Lancaster Mortgage Services Co.
2005 Ed. (362)
Lancaster National
1993 Ed. (592)
Lancaster Co. Solid Waste
Management Authority, Pa.
1990 Ed. (2876)
Lancaster State Bank
1989 Ed. (219)
Lancaster Suzuki
1992 Ed. (413)
Lance Inc.
2005 Ed. (2653, 2654)
2004 Ed. (2660, 2661)
1995 Ed. (2795)
1992 Ed. (495, 496, 3275)
1991 Ed. (1738)
1989 Ed. (359, 360)
Lance Armstrong
2007 Ed. (294)
Lance Armstrong Foundation
2008 Ed. (2884)
Lance Schwimmer
2006 Ed. (4140)
Lancer Corp.
2005 Ed. (4813, 4814)
2004 Ed. (4826, 4827)
1999 Ed. (259)
Lancer International
1999 Ed. (3659)
Lancer Label
2005 Ed. (3251)
Lancers
2005 Ed. (4955)
1992 Ed. (4458, 4464)
LanceSoft
2008 Ed. (3182)
2007 Ed. (3064)
LanChile
2005 Ed. (1838)
2001 Ed. (316, 317)
Lancia Y10
1990 Ed. (374)
Lancome
2008 Ed. (2182, 2183, 2184, 2187, 2652, 3450, 3777, 3884, 4344)
2007 Ed. (3819)
2006 Ed. (2125)
2003 Ed. (1859, 1861, 1864, 3215, 3625, 4427, 4428, 4432, 4620, 4621)
2001 Ed. (1915, 1916, 1926, 1927, 1928, 4275)
1993 Ed. (1420)
1991 Ed. (3135)
1990 Ed. (1435, 1740, 1741)
Land
2001 Ed. (4625)
Land & House
1997 Ed. (1358)
1996 Ed. (3302)
1994 Ed. (3157)
Land & Houses
2006 Ed. (4541)
Land Architects Inc.
2005 Ed. (263)
Land Bank of Philippines
1990 Ed. (670)
Land Bank of Taiwan
2008 Ed. (511)
2007 Ed. (559)
2006 Ed. (529)
2005 Ed. (616)
2004 Ed. (627)
2003 Ed. (618)
2002 Ed. (654)
2000 Ed. (671)
1999 Ed. (646)
1997 Ed. (624)
1996 Ed. (690)
1995 Ed. (616)
1994 Ed. (644, 1849)
1993 Ed. (641)
1992 Ed. (845, 2157)
1991 Ed. (672, 673)
1990 Ed. (503, 695, 1796)
1989 Ed. (690, 691)
Land Bank of the Philippines
1991 Ed. (649)
1989 Ed. (655)
Land Bank Philippines
2008 Ed. (492)
2007 Ed. (541)
2006 Ed. (513)
2005 Ed. (597)
2004 Ed. (607)
2003 Ed. (599)
2002 Ed. (635)
2000 Ed. (648)
1999 Ed. (623)
1997 Ed. (595)
1996 Ed. (657)
1995 Ed. (588)
1993 Ed. (615)
1992 Ed. (821)
Land Before Time
1991 Ed. (3448)
Land Coast
2008 Ed. (1311)
Land improvements
2002 Ed. (2711)
Land Joy International Forwarders Inc.
1996 Ed. (3731)
1995 Ed. (3652)
Land manager
2004 Ed. (2276)
Land Mark Printing
2000 Ed. (908)
Land Michener Lash Johnson
1991 Ed. (2293)
Land O Frost
2008 Ed. (3608)
Land O Frost Premium
2008 Ed. (3608)
2002 Ed. (3272)
Land O' Lakes
1997 Ed. (177, 948)
1995 Ed. (1459, 2507)
1994 Ed. (1422, 1873, 2441)
Land O Lakes Four Quart
1996 Ed. (920)
Land O' Lakes Light
2003 Ed. (1882)
Land-O-Sun Dairies
2008 Ed. (3669)
"Land of the Tiger"; National Geographic,
1991 Ed. (2772)
Land O'Frost Inc.
2003 Ed. (2509, 3330)
Land O'Lakes
2008 Ed. (820, 821, 822, 901, 1382, 2278, 2279, 2781, 3589)
2007 Ed. (1426, 1427, 2160, 2610)
2006 Ed. (1388, 1389, 1391, 2240, 2633, 3369)
2005 Ed. (1402, 1403, 1405, 2142, 2635)
2004 Ed. (1381, 1382, 1384, 2005, 2644)
2003 Ed. (819, 820, 821, 823, 922, 926, 1375, 1376, 1882, 1883, 1960, 1961, 3311, 3312, 3411, 3412, 3688, 3689, 4493)
2002 Ed. (1341, 1910)
2001 Ed. (1080, 1166, 1973, 2476, 3310, 4313)
2000 Ed. (1014, 1634, 1635, 1636, 1638, 1641, 2230, 3039, 3040, 3133, 4147, 4158, 4162)
1999 Ed. (197, 1813)
1998 Ed. (690, 1240)
1993 Ed. (1369, 1457)
1992 Ed. (3264)
1991 Ed. (2470)
Land O'Lakes Cocoa Classics
1998 Ed. (442)
1995 Ed. (1041)
Land O'Lakes Light
2003 Ed. (820)
2001 Ed. (1080, 4313)
2000 Ed. (1634, 1636, 1638, 4158, 4162)
Land, raw
2002 Ed. (2711)
Land releases
2000 Ed. (3564)
Land Rover
2005 Ed. (1495)
2003 Ed. (358)
2002 Ed. (417)
2001 Ed. (438, 1010)
2000 Ed. (337)
1998 Ed. (3645)
1996 Ed. (324)
Land Rover Metro West
1996 Ed. (285)
Land Rover of Southampton
1996 Ed. (285)
Land Rover Paramus
1996 Ed. (285)
Land Securities
2007 Ed. (4047)
2006 Ed. (4015, 4048)
2005 Ed. (3946)
1996 Ed. (1360, 1363)
1989 Ed. (2288)
Land Securities Group plc
2008 Ed. (4083)
2007 Ed. (4079, 4092)
Land Transport Safety Authority
2001 Ed. (62)

Landair Corp.
2004 Ed. (4807)
Landair Transport
2004 Ed. (4790)
1991 Ed. (3429)
1990 Ed. (3657)
LandAmerica Financial Group Inc.
2008 Ed. (1493, 2171, 3748, 4522)
2007 Ed. (1480, 3627, 4555)
2006 Ed. (1424, 2109, 3557, 4049)
2005 Ed. (1469, 3071, 3072, 3085, 3500, 4506)
2004 Ed. (3060, 3061, 3074)
2003 Ed. (2975)
2002 Ed. (3380)
2001 Ed. (3344)
Landan; Amnon
2006 Ed. (918)
Landau & Heyman Inc.
1992 Ed. (3961, 3968, 3971)
1990 Ed. (3285, 3287)
Landauer
2000 Ed. (2403, 4047)
1999 Ed. (281)
1998 Ed. (155)
1996 Ed. (205)
1995 Ed. (202)
1994 Ed. (201, 3328)
1993 Ed. (3337)
1992 Ed. (317)
Landauer Metropolitan
2004 Ed. (2896)
Landauer Real Estate Counselors
1998 Ed. (181)
Landbouwbank NV
1994 Ed. (639)
Landbouwkrediet
2008 Ed. (385)
2007 Ed. (403)
2006 Ed. (419)
Landbouwkrediet; Credit Agricole SA/
2005 Ed. (465)
LandCare South Inc.
2008 Ed. (3732, 4427, 4982)
2007 Ed. (3599, 3600)
2006 Ed. (3539)
Landec Corp.
2008 Ed. (1590, 1605, 1608)
Lander
2008 Ed. (531)
2003 Ed. (642, 644, 649, 2918)
2002 Ed. (669)
2001 Ed. (665)
2000 Ed. (705)
1999 Ed. (686)
Lander Valley Medical Center
2007 Ed. (2071)
Landerbank
1990 Ed. (506)
1989 Ed. (483)
Landers Dodge-C-P Jeep
2006 Ed. (298)
2005 Ed. (4806)
2004 Ed. (4823)
Landers Dodge Chrysler-Plymouth-Jeep
2002 Ed. (360)
Landers Jeep-Eagle
1996 Ed. (276)
Landes; Faye
1997 Ed. (1901)
Landes-Hypothekenbank Tirol
2000 Ed. (465)
Landes-Hypothekenbank Tirol AG
2001 Ed. (2432)
Landes. Rhein-Pfalz Giroz
2003 Ed. (532)
Landesbank
1990 Ed. (628)
Landesbank Baden-Wurttemberg
2008 Ed. (418)
2007 Ed. (452)
2006 Ed. (446)
2005 Ed. (512)
2004 Ed. (533)
2003 Ed. (498)
2002 Ed. (563, 573)
Landesbank hessen-Thuringen
2000 Ed. (2926)
1999 Ed. (3176)
1998 Ed. (2348, 2355)
Landesbank Rheinland-Pfalz
2001 Ed. (608)
Landesbank S-H Girozentrale
1992 Ed. (725)
Landesbank Schleswig-Holstein
2001 Ed. (608)
Landesbank Schleswig-Holstein Girozentrale
2003 Ed. (498)
Landesbank Schleswig-Holstein International
2005 Ed. (573)
Landesbeteiligungen Baden-Wuerttemberg GMbH
2000 Ed. (2477)
Landesgirokasse Stuttgart
1994 Ed. (492)
1993 Ed. (490)
1992 Ed. (682)
LANDesk Group
2008 Ed. (1404)
Landfills
1992 Ed. (3654)
L&H Packing Co.
2000 Ed. (3057, 3058, 3583, 3584)
Landis & Gyr
1997 Ed. (2258, 2259)
Landleisure
1990 Ed. (3463)
Landlord Improvements
1989 Ed. (1486)
L&M
1999 Ed. (1140)
Landmark
1996 Ed. (2448)
Landmark American Insurance Co.
2008 Ed. (3262, 3263)
Landmark Bank
1992 Ed. (533)
Landmark Chevrolet Ltd.
2008 Ed. (310, 311, 4790)
2006 Ed. (298, 299, 4867)
2004 Ed. (272, 273, 4803, 4822)
2002 Ed. (355, 356, 358, 359, 362)
1996 Ed. (268, 297)
1995 Ed. (261, 294)
1989 Ed. (283)
Landmark Chevrolet; Bill Heard
2005 Ed. (276, 277, 278, 319, 320, 4805)
Landmark/Comm
1992 Ed. (3311)
Landmark Communications Inc.
2008 Ed. (4058)
Landmark Credit Union
2008 Ed. (2269)
2007 Ed. (2154)
2006 Ed. (2233)
2005 Ed. (2138)
2004 Ed. (1996)
2003 Ed. (1956)
2002 Ed. (1835, 1901)
Landmark Emerging Asia Market; A
1999 Ed. (3582)
Landmark Ford of Niles
2000 Ed. (3144)
Landmark Fund I
1995 Ed. (1081)
Landmark Healthcare Facilities
2008 Ed. (2916)
2006 Ed. (2797)
Landmark Institution Liquid Res.
1996 Ed. (2669)
Landmark International Equity
1996 Ed. (616)
Landmark Land Co. Inc.
1993 Ed. (215, 368)
1992 Ed. (3920)
1991 Ed. (3096)
1990 Ed. (3242, 3248)
Landmark Medical Center
1997 Ed. (2264, 2266)
Landmark NY Tax-Free Reserves
1993 Ed. (2686)
Landmark Protection
2006 Ed. (4263)
2005 Ed. (4284)
Landmark Savings Association
1991 Ed. (3383)
Landmark Small Cap Equity A
1998 Ed. (407)
Landmark Square
1990 Ed. (2730)
Landmark Stationers East
1991 Ed. (2638)
Landmarks Holdings
1992 Ed. (3979)
Landoll Inc.
1999 Ed. (3894)
Landoll's
2001 Ed. (3955)
1999 Ed. (3970)
Landon H. Rowland
2003 Ed. (957)
Landon; John R.
2007 Ed. (1036)
Landor Associates
2002 Ed. (1952, 1953, 1958)
1995 Ed. (2225, 2226, 2227, 2228)
1992 Ed. (2589)
1990 Ed. (1670, 2170)
Landor Associates (Europe)
1999 Ed. (2836, 2839)
1996 Ed. (2232, 2233, 2234, 2235, 2236)
1994 Ed. (2175)
Landrum Human Resource Cos.
2007 Ed. (4393)
Landry & Kling Meetings at Sea
2008 Ed. (4957)
Landry; Brenda Lee
1997 Ed. (1892)
Landry's
2000 Ed. (3798)
1998 Ed. (3060)
Landry's Restaurants Inc.
2005 Ed. (2660)
Landry's Seafood House
2008 Ed. (4195, 4196)
2007 Ed. (4155)
2006 Ed. (4135)
2004 Ed. (4146)
2000 Ed. (3873)
1998 Ed. (3047, 3048, 3174)
Landry's Seafood Restaurants Inc.
2003 Ed. (2531)
2002 Ed. (4028)
1999 Ed. (4158)
1997 Ed. (3311, 3312, 3331, 3332, 3397)
1996 Ed. (3301, 3454)
1995 Ed. (3135)
Lands' End Inc.
2007 Ed. (4163, 4942)
2006 Ed. (4154, 4937)
2005 Ed. (4417)
2004 Ed. (893, 1019, 4469)
2003 Ed. (869, 2184, 3052)
2002 Ed. (2995)
2001 Ed. (1900)
1999 Ed. (1044, 4313)
1998 Ed. (652, 653, 3303)
1997 Ed. (913, 914, 2698, 3518)
1996 Ed. (885, 886, 3432)
1995 Ed. (911)
1992 Ed. (4035)
1991 Ed. (869, 3247)
1990 Ed. (2114)
Landsbank Schleswig-Holstein Girozentrale
2000 Ed. (558)
Landsbanki Islands
2008 Ed. (425, 1791)
2007 Ed. (461, 1763)
2006 Ed. (450, 1755)
2005 Ed. (519)
2004 Ed. (540)
2003 Ed. (503)
2002 Ed. (568)
2000 Ed. (549)
1999 Ed. (538)
1997 Ed. (491)
1996 Ed. (532)
1995 Ed. (487)
1994 Ed. (504)
1993 Ed. (500)
1989 Ed. (555)
Landsbanki Islands hf.
2006 Ed. (4506)
Landsbanki Islands (National Bank of Iceland)
1992 Ed. (699)
1991 Ed. (541)
Landscape
2003 Ed. (4776)
Landscape & garden supplies
2008 Ed. (4722)
2006 Ed. (4786)
2005 Ed. (4735)
2002 Ed. (4643)
Landscape architect
2004 Ed. (2275)
Landscape with Rising Sun, by Van Gogh
1989 Ed. (2110)
Landscape Workshop Inc.
2008 Ed. (1270)
Landscapes
1995 Ed. (2989)
Landscaping
2005 Ed. (3632)
Landscaping workers
2007 Ed. (2461)
LandsEnd.com
2007 Ed. (2320)
2006 Ed. (2382)
2001 Ed. (2975, 2980, 2983)
Landssimi Islands hf.
2006 Ed. (4506)
Landstar Carrier Group
2008 Ed. (4773)
2007 Ed. (4850)
Landstar Development Corp.
2003 Ed. (1190)
2000 Ed. (1186, 1187)
1999 Ed. (1335)
Landstar Gemini
2005 Ed. (2690)
2003 Ed. (4804)
Landstar Homes
2005 Ed. (1227)
2002 Ed. (1203)
1998 Ed. (903)
1997 Ed. (1134)
1996 Ed. (993)
Landstar Inway Inc.
2005 Ed. (2689, 4753)
2004 Ed. (4780)
2003 Ed. (4795)
2002 Ed. (4694)
2000 Ed. (4319)
1999 Ed. (4688, 4689)
1998 Ed. (3634, 3635)
1997 Ed. (3808)
Landstar Logistics
2007 Ed. (2647)
Landstar Ranger
2005 Ed. (4753)
2004 Ed. (4780)
2003 Ed. (4795)
2002 Ed. (4694)
2000 Ed. (4319)
1999 Ed. (4688, 4689)
1998 Ed. (3634, 3635)
1997 Ed. (3808)
Landstar System Inc.
2008 Ed. (3198, 4736, 4744, 4750, 4764, 4766)
2007 Ed. (4808, 4817, 4823, 4825, 4842, 4844)
2006 Ed. (4800, 4811, 4814, 4830, 4831)
2005 Ed. (3178, 4749, 4756, 4758, 4778, 4779, 4780, 4782)
2004 Ed. (4763, 4774, 4785, 4807, 4808, 4810)
2003 Ed. (4781, 4816, 4818)
2002 Ed. (4665, 4686, 4693)
2001 Ed. (4236, 4237, 4640)
2000 Ed. (4306, 4309, 4317)
1999 Ed. (4673, 4675)
1998 Ed. (3627, 3629, 3630)
1997 Ed. (3801, 3803, 3804)
1996 Ed. (3751)
1995 Ed. (3669, 3670)
1992 Ed. (3921, 3923, 3931)
Landstar T.L.C.
1999 Ed. (4019)
Landuyt; William M.
2006 Ed. (2521)
Landwirtschaftliche Rentenbank
2005 Ed. (530)
2004 Ed. (548)
Lane Co.
2007 Ed. (1305, 2666)
2005 Ed. (1514, 2702)
2003 Ed. (968, 2591, 4753)

2001 Ed. (1894, 2569)
Lane Arbitrage Ltd.
2003 Ed. (3119, 3133)
Lane Bryant
1999 Ed. (1852)
1998 Ed. (1277)
Lane Bryant Cacique
2008 Ed. (4547)
Lane Chrysler-Plymouth; Harry
1995 Ed. (262)
The Lane Construction Corp.
2008 Ed. (1226, 1236, 1323, 1326)
2007 Ed. (1340, 1349)
2006 Ed. (1241, 1251, 1276, 1332, 1335)
2005 Ed. (1307)
2004 Ed. (1299, 2828)
2002 Ed. (1254, 1261)
2001 Ed. (1467)
2000 Ed. (1255)
1999 Ed. (1364)
1998 Ed. (941)
1997 Ed. (1155)
Lane Gorman Trubitt
2000 Ed. (20)
1998 Ed. (19)
Lane Gorman Trubitt LLP
2008 Ed. (10)
2007 Ed. (12)
2006 Ed. (16)
2005 Ed. (11)
2004 Ed. (15)
2003 Ed. (9)
2002 Ed. (24)
1999 Ed. (24)
Lane Home Furnishings
2005 Ed. (3332)
Lane Hospitality
2004 Ed. (2906)
2000 Ed. (2535)
1997 Ed. (2274)
1996 Ed. (2158)
Lane Jr.; Hugh G.
1992 Ed. (532)
Lane Packing Co.
1998 Ed. (1776)
Lane Powell PC
2007 Ed. (1511)
Lane; R. W.
2005 Ed. (2493)
Lane; Robert
2007 Ed. (991)
Lane; Robert W.
2008 Ed. (951)
Lane Supply Co., Inc.
2006 Ed. (4356)
Lane Systems & Supply
2006 Ed. (4356)
Laneco
1999 Ed. (2820)
1998 Ed. (2065)
1997 Ed. (2343)
1996 Ed. (2214)
1994 Ed. (2154)
Laneco Credit Union
2003 Ed. (1893)
LaneCor Associates
1992 Ed. (3960)
Lanesborough
2000 Ed. (2564, 2570)
1999 Ed. (2789)
1997 Ed. (2305)
LanExpress
2006 Ed. (236)
Lang
1990 Ed. (2744, 3483)
Lang Corp.; The George
1992 Ed. (2207)
1990 Ed. (1840)
Lang Michener
1996 Ed. (2451)
1995 Ed. (2415)
Lang Michener Lash Johnson
1990 Ed. (2416, 2427)
Lang, Michener, Lawrence & Shaw
1994 Ed. (2357)
1993 Ed. (2394, 2405)
1992 Ed. (2831, 2846)
1991 Ed. (2282)
Langan Engineering & Environmental Services
2008 Ed. (2511, 2521)
Langan Volkswagen; Gene
1996 Ed. (291)
Langchao
1995 Ed. (2572)
Langdon Wilson Architecture Planning
1992 Ed. (358)
Langdon-Wilson Architecture Planning Interiors
2002 Ed. (334)
2000 Ed. (315)
Lange
1992 Ed. (3981)
1991 Ed. (3132)
Lange; Liz
2005 Ed. (2453)
Langers
1997 Ed. (2094)
Langham
2008 Ed. (4961)
2007 Ed. (3553, 3554, 4411)
2006 Ed. (3512, 4351)
Langham; Anthony
1997 Ed. (1907)
1996 Ed. (1770, 1772, 1834)
1995 Ed. (1856)
Langham-Hill
1990 Ed. (1891)
Langham Logistics Inc.
2008 Ed. (3708, 4385, 4961)
Langhammer; F. H.
2005 Ed. (2500)
Langhorne, PA
1996 Ed. (2225)
1995 Ed. (2216)
Langley; Anthony
2008 Ed. (2595)
Langley Credit Union
2008 Ed. (2265)
2007 Ed. (2150)
2006 Ed. (2229)
2005 Ed. (2134)
2004 Ed. (1992)
2003 Ed. (1952)
2002 Ed. (1898)
Langley Federal Credit Union
1997 Ed. (1563)
1994 Ed. (1504)
Langton Syndicate Management Ltd.
1993 Ed. (2456)
Langton Underwriting Agents Ltd.
1992 Ed. (2898)
Language Learning Enterprises Inc.
2008 Ed. (3739, 4437, 4985)
Language Services Associates
2003 Ed. (2747)
Languedoc Roussillon
1996 Ed. (513)
1994 Ed. (488)
Lanham Brothers General Contractors Inc.
2006 Ed. (4354)
Lanham, MD
2000 Ed. (1066, 2610)
Lanham-Seabrook, MD
2004 Ed. (2986)
2002 Ed. (1060)
Lanier; Robert
1995 Ed. (2518)
Lanier Worldwide Inc.
2005 Ed. (819)
2003 Ed. (804)
Lanitis Bros. Ltd.
2006 Ed. (4496)
Lank Oil Co.
2007 Ed. (4406)
Lanka Bell
2008 Ed. (87)
Lanka Ceramic
2002 Ed. (4477, 4478)
Lanka Milk Foods (CWE) Ltd.
1997 Ed. (1071)
1996 Ed. (1053)
1994 Ed. (1061, 1062)
Lankford & Associates
1997 Ed. (261)
Lankhorst
1999 Ed. (4166)
Lanman Companies
1993 Ed. (3363)
1992 Ed. (4033)
Lanman Cos.
1996 Ed. (3482)
1995 Ed. (3422)
Lanna Resources
2008 Ed. (2117)
Lannen & Oliver
1998 Ed. (3617)
Lannet Data Communications Ltd.
1994 Ed. (2709, 2710)
Lannett
2006 Ed. (4331)
Lanni; J. Terrence
2007 Ed. (980)
2006 Ed. (890)
Lanoga Corp.
2003 Ed. (2790)
1997 Ed. (832)
1996 Ed. (815, 819)
1995 Ed. (847)
1994 Ed. (795)
1992 Ed. (985)
LaNova Pizza
2007 Ed. (3965, 3966)
LaNova Pizzeria
2006 Ed. (3915)
2005 Ed. (3844)
Lanoxin
2000 Ed. (1699, 3606)
1999 Ed. (1893, 1898, 3884, 3886)
1998 Ed. (2913, 2915)
1997 Ed. (1647, 1653, 1654, 3161, 3163)
1996 Ed. (1570, 3082, 3084)
1995 Ed. (1582, 2982, 2984)
1994 Ed. (2927, 2929)
1993 Ed. (2912, 2914)
1992 Ed. (3524, 3526)
1991 Ed. (2761, 2762, 2763)
1990 Ed. (2898, 2899, 2900)
1989 Ed. (2254, 2255, 2256)
Lanoxin tabs 0.125 mg
1990 Ed. (1572, 1574)
Lanoxin tabs 0.25 mg
1990 Ed. (1572)
Lanscot-Arlen Fabrics Inc.
2000 Ed. (4239)
1996 Ed. (3675)
1995 Ed. (3596)
Lansdowne Insurance Co., Ltd.
2008 Ed. (3225)
2007 Ed. (3085)
2006 Ed. (3055)
Lansforsakringar Bank
2008 Ed. (509)
2007 Ed. (557)
2006 Ed. (527)
Lansi-Uudenmaan Saastopankki
1996 Ed. (497)
Lansing Automakers Credit Union
2004 Ed. (1966)
2003 Ed. (1926)
Lansing Automotive Credit Union
2002 Ed. (1872)
Lansing-East Lansing, MI
2005 Ed. (3469)
1998 Ed. (2483)
1996 Ed. (3205)
1995 Ed. (3110)
1994 Ed. (974, 2496)
1993 Ed. (2115)
Lansing, MI
2007 Ed. (3013)
1996 Ed. (3206)
1995 Ed. (988, 2666, 3112)
1989 Ed. (827)
Lansing; Sherry
1996 Ed. (3875)
1995 Ed. (3786)
Lanson
1997 Ed. (927)
Lansons Communications
2008 Ed. (2129, 2130, 2134)
2002 Ed. (3862, 3866)
2000 Ed. (3652)
1999 Ed. (3935)
1997 Ed. (3197)
1996 Ed. (3120)
Lansoprazole
2001 Ed. (3778)
Lante Corp.
2005 Ed. (1554)
Lanterman; A. Kirk
1994 Ed. (1722)
Lanterman State Hospital & Developmental Center
2002 Ed. (2622)
2000 Ed. (2530)
Lantor Group
1995 Ed. (2789)
1992 Ed. (3272)
Lantz Boggin Architects PC
2005 Ed. (263)
Lanza; F. C.
2005 Ed. (2489)
Lanza; Frank
2007 Ed. (961)
2006 Ed. (870)
Lanza; Frank C.
2006 Ed. (930)
2005 Ed. (973, 976)
1993 Ed. (1702)
Laos
1995 Ed. (2010, 2017, 2029)
1994 Ed. (2007)
1993 Ed. (1967, 1974, 1987)
Lapeer County Press
2002 Ed. (3503)
Lapels
2006 Ed. (2318)
LaPenta; Robert
2006 Ed. (944)
Laperriere & Verreault
1992 Ed. (1589)
Laperriere & Verreault; Groupe
2008 Ed. (3142)
2007 Ed. (3024)
LaPeyre
2004 Ed. (3320)
2002 Ed. (3218)
Lapeyre Menuiserie
1995 Ed. (2492)
1994 Ed. (2415)
Lapeyre Menulserie
1997 Ed. (2692)
Laphroaig
2002 Ed. (4183, 4184)
2001 Ed. (2115, 4168, 4169)
1998 Ed. (3165, 3169)
1997 Ed. (3391)
1996 Ed. (3294)
1995 Ed. (3196)
1994 Ed. (3152)
1993 Ed. (3106)
1992 Ed. (3810)
1991 Ed. (2934)
Laphroaig/Glendronach/Scapa
2004 Ed. (4315)
2003 Ed. (4305)
2002 Ed. (4175)
Lapiz
2007 Ed. (103)
2006 Ed. (114)
2005 Ed. (114)
2004 Ed. (109, 115)
2003 Ed. (33, 81, 167)
Lapiz Integrated Hispanic Marketing
2005 Ed. (105)
LaPlume; Joseph E.
1992 Ed. (532)
Lapointe; Eric
1997 Ed. (1112)
Laporte
1999 Ed. (1645)
Laporte plc
2002 Ed. (1010)
2001 Ed. (1211)
Laptop computers
1989 Ed. (2344)
Laptop PC
2001 Ed. (2720)
LaQuinta Motor Inns
1995 Ed. (2164)
1992 Ed. (2495)
Lara
2000 Ed. (691, 692, 694)
Laralev Inc.
2003 Ed. (307, 1844)
2001 Ed. (496)
Larami
1995 Ed. (3643)
Laramide Resources Ltd.
2008 Ed. (1617)
2007 Ed. (1620, 1650)
Laramie River
1998 Ed. (3401)

Lard
1994 Ed. (1994)
1992 Ed. (2354, 3298, 3299)
1991 Ed. (1865)
1990 Ed. (1960)
Larden Inc.
1995 Ed. (2147)
Laredo National Bank
1997 Ed. (627)
1996 Ed. (692)
1995 Ed. (618)
1991 Ed. (676)
Laredo State University, TX
1993 Ed. (795)
Laredo Taco
2004 Ed. (1377)
Laredo, TX
2008 Ed. (2490, 3461, 4353, 4749)
2007 Ed. (2370)
2006 Ed. (2427, 2857)
2005 Ed. (2380, 2387, 2991, 3475, 3878, 3879)
2004 Ed. (3222, 4151, 4169)
2003 Ed. (2084, 4154)
2002 Ed. (3330)
2000 Ed. (1076, 4365)
1999 Ed. (1173, 1174, 2672, 2673, 3259, 3260, 3370, 3851)
1997 Ed. (2767, 3349)
1995 Ed. (1667)
1993 Ed. (815, 2555)
1992 Ed. (1016)
1991 Ed. (830, 2891)
1990 Ed. (3046)
Large Cap Concentrated Value Equity
2003 Ed. (3124)
Large (4-9 ounces)
1990 Ed. (2888)
Large Medium
2002 Ed. (188)
Large pickup
2001 Ed. (502)
Large plant
2000 Ed. (2211)
Large Single Serve (2-3.9 ounces)
1990 Ed. (2888)
Larger Than Life
1999 Ed. (4718)
Largo Concrete
2007 Ed. (1366)
2003 Ed. (1243)
Largo, FL
2004 Ed. (4215)
Largo Medical Center
2008 Ed. (3058)
Larissa L. Herda
2004 Ed. (1099)
Larizza Ind
1996 Ed. (207)
Larizza Industries Inc.
1995 Ed. (203, 206)
1991 Ed. (343, 344)
1990 Ed. (390, 391, 392)
1989 Ed. (331)
Lark KS
1997 Ed. (988)
Lark Milds
1997 Ed. (988)
Lark Milds Box
2000 Ed. (1062, 1063)
1999 Ed. (1138, 1141)
1997 Ed. (993)
Larken Inc.
1995 Ed. (2149, 2150)
1994 Ed. (2092, 2093, 2094)
1993 Ed. (2077, 2078, 2079, 2081)
1992 Ed. (2464, 2465, 2466, 2469, 2470, 2471)
1991 Ed. (1937)
1990 Ed. (2060, 2061)
Larkin Enterprises
2004 Ed. (3944)
Larkin, Hoffman, Daly & Lindgren
1991 Ed. (2288)
1990 Ed. (2422)
Larkin; John
1997 Ed. (1903)
Larkin, Meeder & Schweidel
1998 Ed. (66)
1997 Ed. (77, 146)
1995 Ed. (126)
Laro Service Systems
2005 Ed. (761, 762, 763)
1991 Ed. (963, 965)
LaRocca Capital Management
1992 Ed. (2742)
LaRoche Industries Inc.
2001 Ed. (1224, 1225)
LaRonde
1996 Ed. (2032)
1994 Ed. (1981)
Larrain Vial Depositos International
2003 Ed. (3617)
LarrainVial Corredora de Bolsa
2008 Ed. (3405)
Larranaga 2004
2007 Ed. (95)
Larree M. Renda
2006 Ed. (2525)
Larry A. Gates
1997 Ed. (3068)
1996 Ed. (2989)
Larry A. Mizel
2007 Ed. (2509, 2511)
2006 Ed. (1097, 1098)
2005 Ed. (1103)
2004 Ed. (1099)
1999 Ed. (1411)
Larry & Carol Levy Institute for Entrepreneurship
2008 Ed. (771)
Larry Biagini
2004 Ed. (976)
Larry Bird
1997 Ed. (1724)
1995 Ed. (250, 1671)
Larry Brady
2006 Ed. (2523)
Larry Brown
1992 Ed. (2903)
Larry C. Beck
1993 Ed. (1037)
Larry Culp Jr.
2005 Ed. (979)
Larry David
2000 Ed. (1838)
Larry Ellison
2000 Ed. (796, 1044, 1881, 2448)
1999 Ed. (2082, 2664)
Larry Faul Oldsmobile
1991 Ed. (289)
Larry Faul Oldsmobile-GMC
1990 Ed. (312)
Larry Faul Oldsmobile-GMC-Peugeot
1990 Ed. (345)
Larry Faul Oldsmobile-GMC Truck Inc.
1994 Ed. (279)
1993 Ed. (280)
Larry Faul Pontiac
1993 Ed. (281)
1992 Ed. (396)
1991 Ed. (291)
Larry Fink
2008 Ed. (943)
Larry Franklin
2000 Ed. (1879)
Larry Glasscock
2007 Ed. (993)
2005 Ed. (979)
Larry H. Miller Group
2008 Ed. (290, 4260)
2007 Ed. (4231)
2006 Ed. (4215)
2005 Ed. (4161)
2002 Ed. (350, 351)
2001 Ed. (444, 446, 448, 449)
1996 Ed. (3766)
Larry H. Parker Law Office
1989 Ed. (1889)
Larry Jones International Ministries
2000 Ed. (3347)
1995 Ed. (943, 2782)
1991 Ed. (2615)
Larry Jones Ministries/Feed the Children
1994 Ed. (905)
Larry Kelly
2003 Ed. (224, 228)
Larry Merculieff
1991 Ed. (3211)
Larry Mizel
2007 Ed. (2497)
Larry Montgomery
2004 Ed. (2529)
Larry Page
2008 Ed. (4834, 4839)
2007 Ed. (4905)
2006 Ed. (4896, 4912)
2005 Ed. (787, 4859)
Larry Parrish
1991 Ed. (2342)
1990 Ed. (2478)
Larry Powers
2007 Ed. (2512)
2006 Ed. (2531)
Larry R. Ammons
1992 Ed. (1139)
Larry Rong Zhijian
2008 Ed. (4843)
2007 Ed. (2508)
2006 Ed. (2529)
2005 Ed. (2515)
2004 Ed. (2535)
Larry the Cable Guy
2008 Ed. (2581)
Larry W. Sonsini
2003 Ed. (805, 4847)
2002 Ed. (3068)
Larry Wachowski
2005 Ed. (786)
Larry Yost
2004 Ed. (975)
Larry Yung Chikin
2003 Ed. (2411)
Larry's
1994 Ed. (1924)
Larry's Giant Subs
2004 Ed. (4243)
2003 Ed. (4227)
1999 Ed. (2512, 2518)
Lars Engman
2008 Ed. (2990)
Larsen & Son Inc.; Thorleif
1997 Ed. (1166)
1996 Ed. (1147)
1995 Ed. (1162)
1994 Ed. (1144)
Larsen & Toubro Ltd.
2002 Ed. (4426)
2001 Ed. (1733)
2000 Ed. (755, 1000, 1455, 1457, 1459)
1999 Ed. (742, 1654)
1997 Ed. (686, 1429)
1996 Ed. (753, 754, 755, 1378)
1995 Ed. (1416, 1417)
1994 Ed. (724)
1992 Ed. (1636)
1991 Ed. (721)
1990 Ed. (1379)
Larsen & Toubro Infotech Ltd.
2008 Ed. (1976)
Larsen; M. O.
2005 Ed. (2482)
Larsen; Marshall O.
2007 Ed. (1202)
Larsen Memorial 8
1994 Ed. (1587)
Larsen; Ralph S.
1992 Ed. (2063)
Larson, Allen, Weinshair & Co. LLP
2003 Ed. (4)
Larson Allen Weishair & Co.
2008 Ed. (278)
2006 Ed. (4)
2000 Ed. (13)
1999 Ed. (16)
1998 Ed. (12)
Larson, Allen, Weishair & Co., LLP
2002 Ed. (13, 14)
Larson & Toubro
2000 Ed. (1456, 1460)
Larson; Deborah S.
1992 Ed. (3137)
Larson; Eric
1997 Ed. (1868)
1996 Ed. (1794)
1993 Ed. (1798)
1991 Ed. (1681)
Larson; Estate of Richard H.
1991 Ed. (888)
Larson; J. M.
2005 Ed. (2504)
Larson Jr.; Aleron H.
2007 Ed. (2509, 2511)
Larson Manufacturing Co. of South Dakota Inc.
2008 Ed. (2077)
2007 Ed. (1979)
2005 Ed. (1961)
2004 Ed. (1858)
2003 Ed. (1822)
2001 Ed. (1849)
Larson; Patrica A.
1995 Ed. (2484)
Larson; Peter N.
1997 Ed. (1803)
LarsonAllen
2008 Ed. (5)
2007 Ed. (7)
2006 Ed. (11)
2005 Ed. (6)
2004 Ed. (10)
Larwin Co.
1999 Ed. (3997)
1998 Ed. (3007)
Larylgan
1992 Ed. (1249)
1991 Ed. (3386)
Las Brisas
1995 Ed. (2173)
Las Colinas
1997 Ed. (2375, 2376)
1996 Ed. (2249, 2250)
1994 Ed. (2187, 2189)
Las Cruces, NM
2008 Ed. (3461, 3462, 4353)
2007 Ed. (3364, 3370, 4208)
2006 Ed. (2427, 3300, 3306)
2005 Ed. (2380, 2991)
2003 Ed. (4189, 4195)
2002 Ed. (2118, 3330)
1998 Ed. (176, 733)
1992 Ed. (3052)
LAS North American Equity
1992 Ed. (3210)
Las Pelotas
1997 Ed. (1112)
Las Vegas
2000 Ed. (1085, 2536, 2537, 2589, 2938)
Las Vegas Airport
1996 Ed. (195)
Las Vegas Convention Board
2001 Ed. (866)
Las Vegas Convention Center
2005 Ed. (2518)
2003 Ed. (2412)
2001 Ed. (2350)
1999 Ed. (1418)
1996 Ed. (1173)
1992 Ed. (1442, 3013)
1991 Ed. (1104)
Las Vegas Discount Golf & Tennis Inc.
1992 Ed. (2225)
Las Vegas Downtown, NV
1996 Ed. (1603)
Las Vegas Hilton Corp.
2003 Ed. (1778)
2001 Ed. (1808)
Las Vegas Hilton Hotel
2003 Ed. (2413)
2001 Ed. (2351)
2000 Ed. (2538)
Las Vegas/Jean/Indian Sprigs, NV
1992 Ed. (3291)
Las Vegas, NV
2008 Ed. (237, 238, 767, 2488, 2806, 3456, 3474, 3517, 4259, 4348, 4357, 4358, 4721)
2007 Ed. (259, 2367, 3360, 3386, 4230)
2006 Ed. (250, 748, 2424, 2970, 4099, 4100, 4189, 4785)
2005 Ed. (232, 748, 2378, 2383, 2385, 2456, 2462, 3323, 4143, 4734, 4825)
2004 Ed. (223, 3262, 4700, 4753)
2003 Ed. (255, 1148, 2124, 2348, 2354, 3220, 3241, 4722, 4775)
2002 Ed. (236, 927, 2629, 3092, 3136, 4289, 4608, 4646)
2001 Ed. (2276, 2277, 2280, 2282, 3102, 4504, 4611)

2000 Ed. (1065, 1069, 1072, 1082, 1088, 1091, 1790, 2637, 2993, 2996, 3104, 3106, 3687, 4234, 4268, 4270)
1999 Ed. (1148, 1158, 1173, 1174, 2758, 3195, 3257, 3370, 3372, 3851, 4580)
1998 Ed. (743, 1857, 2057, 2365, 2475, 2485, 3513, 3586)
1997 Ed. (1075, 2336, 2763, 2765, 2767, 3304, 3356, 3524, 3728)
1996 Ed. (973, 1061, 2208, 2497, 3208, 3631, 3669)
1995 Ed. (2191, 2451, 2539, 3111, 3112, 3593, 3633)
1994 Ed. (970, 2372, 2472, 2495, 2584, 2924, 3066, 3067)
1993 Ed. (947, 951, 2547, 3606)
1992 Ed. (347, 1158, 2542, 2548, 3035, 3036, 3134, 3692, 3697)
1991 Ed. (1982, 1983, 1984, 2347, 3272, 3288)
1990 Ed. (1008, 1009, 1148, 1150, 1156, 2485, 3648)
1989 Ed. (913, 993, 1611)
Las Vegas, NV-AZ
2005 Ed. (338, 2387, 3064, 3470)
2004 Ed. (2172, 2425)
2002 Ed. (407, 1062, 2731, 2758, 2759, 2761)
Las Vegas-Paradise, NV
2008 Ed. (3457)
2007 Ed. (3359)
2006 Ed. (3324)
Las Vegas Paving Corp.
2008 Ed. (1316, 1343)
Las Vegas Review-Journal Sun
1992 Ed. (3240, 3244)
Las Vegas Sands Inc.
2008 Ed. (1968, 1969, 3068, 3069, 3074, 3440, 4145, 4539)
2007 Ed. (1907, 1908, 2675, 2943, 3342)
Las Vegas Wash
1993 Ed. (3690)
Lasagna
1996 Ed. (2913)
LaSalle Advertisers Ltd.
1997 Ed. (3268)
LaSalle Advisors
1999 Ed. (3093, 3096, 3097, 3098)
1998 Ed. (2294, 3012, 3013, 3014, 3016)
1997 Ed. (3267, 3269, 3271)
1996 Ed. (2384, 2411, 2417, 3165, 3167, 3169)
1995 Ed. (2375, 3071, 3072, 3073)
1994 Ed. (3015, 3016, 3017)
1993 Ed. (2285, 2309, 2974, 2975)
1992 Ed. (2733, 2749, 3634, 3635)
1991 Ed. (2211, 2241, 2817, 2819)
1990 Ed. (2332, 2347, 2970)
1989 Ed. (1807)
LaSalle Advisors Capital
2000 Ed. (2808, 2828, 2837, 2838, 2840)
LaSalle Advisors Capital Management, Inc.
2000 Ed. (2829, 2839)
LaSalle Bank
2008 Ed. (4121)
2007 Ed. (4101)
2001 Ed. (612, 641)
2000 Ed. (486)
1999 Ed. (402, 4598)
LaSalle Bank FSB
2001 Ed. (4524, 4527)
2000 Ed. (4248)
LaSalle Bank Midwest NA
2007 Ed. (362)
LaSalle Bank NA
2008 Ed. (394)
2007 Ed. (416)
2006 Ed. (424)
2003 Ed. (378)
2002 Ed. (442, 539, 4293)
LaSalle Bank North America
2001 Ed. (609)
LaSalle Cragin Bank FSB
1998 Ed. (3154)
1997 Ed. (3381)
1996 Ed. (3284)
LaSalle Hotel Properties
2008 Ed. (3086)
2007 Ed. (2962)
2006 Ed. (2946)
LaSalle Income Plus Fund
1995 Ed. (2072)
LaSalle Investment
2002 Ed. (3937, 3942)
LaSalle Investment Management
2008 Ed. (4125, 4126)
2007 Ed. (4104)
2006 Ed. (4053)
2005 Ed. (4023, 4024)
2004 Ed. (2036)
2003 Ed. (4058)
2002 Ed. (3625, 3929)
2001 Ed. (3992, 4014)
LaSalle National Corp.
2000 Ed. (3744, 3746)
1999 Ed. (4027, 4029)
1998 Ed. (276)
1997 Ed. (344, 3284, 3285)
1996 Ed. (372, 3182)
LaSalle National Bank
2001 Ed. (610, 612)
2000 Ed. (486)
1999 Ed. (493, 525)
1998 Ed. (343, 358, 363, 2351, 2709, 3137, 3152, 3522, 3530, 3543)
1997 Ed. (436, 472, 493, 2623)
1996 Ed. (472, 508, 534)
1995 Ed. (394, 443, 489, 2071)
1994 Ed. (451, 487, 506)
1993 Ed. (450, 482, 502)
1992 Ed. (539, 636, 701)
1991 Ed. (478)
1990 Ed. (520)
LaSalle National Bank (Chicago)
1991 Ed. (543)
LaSalle Northwest National Bank
1999 Ed. (493)
Lasalle Partners Inc.
2000 Ed. (3728, 3731, 3732)
1999 Ed. (4014)
1998 Ed. (3017, 3019, 3022)
1997 Ed. (3272, 3274)
1995 Ed. (3075)
LaSalle Partners Management Services Inc.
2000 Ed. (3715)
LaSalle Re Holdings
1997 Ed. (3408)
LaSalle Talman Bank
1994 Ed. (3142)
LaSalle Talman Bank FSB
1998 Ed. (3154)
1997 Ed. (3381)
1996 Ed. (3284)
1995 Ed. (3184)
Lascelles
2000 Ed. (2874, 2875)
1999 Ed. (3126, 3127)
Lascelles de Mercado
2002 Ed. (3033, 3034)
Lascelles DeMercado
1997 Ed. (2583)
1996 Ed. (2437, 2438)
1994 Ed. (2339, 2340)
Lasem Group
2004 Ed. (885)
Laser
2006 Ed. (93)
Laser Chem
2002 Ed. (856)
Laser Chem Commercial Cleaning
2005 Ed. (765)
Laser/copier toner and cartridges
1995 Ed. (3079)
Laser Focus World
2008 Ed. (4709)
2007 Ed. (4792)
2004 Ed. (144)
Laser Mortgage Management Co.
1999 Ed. (4170)
Laser-Pacific Media Corp.
2000 Ed. (3003)
Laser technology
1989 Ed. (2343)
LaserCycle, Inc.
2002 Ed. (2511)
LaserMaster Tech
1994 Ed. (2018)
Laserscope
2008 Ed. (2854, 4347, 4359, 4370)
2007 Ed. (2717, 2718, 2721, 2724, 2737, 4394, 4395)
2006 Ed. (2742, 2745)
1992 Ed. (2363, 3308, 3989)
LaserSight Inc.
1997 Ed. (2020)
Lasix
1989 Ed. (2256)
Lasko
2002 Ed. (2714)
2000 Ed. (2594)
1994 Ed. (2043, 2152)
1993 Ed. (2026, 2119)
1992 Ed. (2394, 2557)
1991 Ed. (1990)
1990 Ed. (2001, 2141)
LASMO
2000 Ed. (4132)
1992 Ed. (1627)
Lasmo (TNS) Ltd.
1993 Ed. (1304)
1991 Ed. (1337)
Lason Inc.
2002 Ed. (1138)
2001 Ed. (1352)
1999 Ed. (1270)
LaSorda; Tom
2008 Ed. (2629)
Lassen County FCU
2000 Ed. (1622)
Lassen Land Co.
1998 Ed. (1775)
Lassen Volcanic National Park
1999 Ed. (3705)
Lasser; J. K.
1995 Ed. (1099)
Lasser; Lawrence
1996 Ed. (1710)
Lasser's Your Income Tax; J. K.
2006 Ed. (638)
Lassila & Tikanoja Oyj
2004 Ed. (1010)
Lassonde Industries
1992 Ed. (1589)
The Last Boy Scout
1993 Ed. (2599)
The Last Juror
2007 Ed. (664)
2006 Ed. (636)
The Last Lone Inventor: A Tale of Genius, Deceit, & the Birth of Television
2006 Ed. (588)
Last of the Mohicans
1995 Ed. (3703)
The Last Precinct
2003 Ed. (706, 720)
Last Stand at Saber River
1999 Ed. (4721)
The Last Time They Met
2004 Ed. (745, 747)
lastminute.com
2008 Ed. (704)
2007 Ed. (713, 734)
Lastminute.com plc
2006 Ed. (2069)
2004 Ed. (3663)
LaSuerte Cigar & Cigarette
1991 Ed. (42)
Lasy Panstwowe Gospodarstwo
2004 Ed. (1846)
Lasy Panstwowe Gospodarstwo Lesne
2002 Ed. (1755)
Laszlo Systems
2007 Ed. (1251)
Latainer, Gary
1993 Ed. (1845)
Latchford
1992 Ed. (2295)
LatCo Inc.
2005 Ed. (4673)
Late/Browne Group
1997 Ed. (3543)
"The Late Show with David Letterman"
2001 Ed. (4487)
Latham & Watkins
2006 Ed. (1412, 1413, 3242, 3243, 3244, 3245, 3246, 3248, 3251)
2005 Ed. (1427, 1428, 1439, 1454, 3254, 3255, 3256, 3261, 3265, 3274)
2004 Ed. (1408, 1409, 3224, 3225, 3226, 3232, 3235, 3238, 3250)
2003 Ed. (1393, 1394, 3170, 3174, 3178, 3184, 3190, 3194, 3204)
2002 Ed. (1356, 1357, 3059, 3797)
2001 Ed. (3051, 3086)
2000 Ed. (2891, 2899)
1999 Ed. (1431, 3141, 3145, 3146, 3153, 4257)
1998 Ed. (2324, 2330)
1997 Ed. (2595, 2598)
1996 Ed. (2454)
1995 Ed. (2418)
1993 Ed. (2388, 2390, 2399)
1992 Ed. (2825, 2827, 2840, 2841)
1991 Ed. (2277, 2278)
1990 Ed. (2421)
Latham & Watkins LLP
2008 Ed. (1394, 1395, 3414, 3416, 3418, 3419, 3428)
2007 Ed. (1502, 3299, 3301, 3303, 3305, 3309, 3317, 3318, 3323, 3325)
Latham Motors
1994 Ed. (285)
The Lathrop Co.
1992 Ed. (3962)
Latimer & Buck
1994 Ed. (3017, 3018)
1993 Ed. (2309, 2976, 2977)
1992 Ed. (3636, 3637)
1990 Ed. (2355, 2969, 2971)
1989 Ed. (1807, 2127)
Latimer & Buck Real Estate
1991 Ed. (2238, 2820, 2821)
Latin Ad Inc.
1992 Ed. (118)
Latin America
2008 Ed. (728, 3742)
2007 Ed. (3619)
2006 Ed. (2509, 3551, 4683)
2003 Ed. (544, 3500)
2002 Ed. (4323, 4324)
2001 Ed. (368, 728, 1098, 1192, 1193, 3371, 3372, 3857)
2000 Ed. (3094, 3830, 4343)
1999 Ed. (189, 1820, 1913, 2488, 4039, 4550)
1998 Ed. (857, 1241, 2312, 2735, 2877)
1997 Ed. (2113, 3739)
1996 Ed. (325, 1466)
1995 Ed. (1785)
1994 Ed. (1728, 3657)
1993 Ed. (1721, 1928, 2243, 2845)
1992 Ed. (3014, 3294, 3295, 3446, 3555)
1991 Ed. (1799)
1990 Ed. (2146, 2759, 3439)
Latin American Civic Association
2004 Ed. (2837)
2003 Ed. (2755)
2002 Ed. (2559)
Latin American Discovery
1994 Ed. (2649)
Latin American Equity
1994 Ed. (2649)
Latin American Export & Import, Inc.
2004 Ed. (2835)
Latin American Fund
1993 Ed. (2683)
Latin American Investment
1994 Ed. (2649)
Latin Chamber of Commerce of USA
2002 Ed. (958)
Latin Node Inc.
2008 Ed. (2968)
2006 Ed. (2829)
Latina
2008 Ed. (3260)
2007 Ed. (3116)
2006 Ed. (3348)
2005 Ed. (3360)
2002 Ed. (3227)
2000 Ed. (4086)

Latino
2001 Ed. (646, 647, 648)
2000 Ed. (640, 643, 646)
1990 Ed. (712)
Latino Community Credit Union
2008 Ed. (2212, 2213)
2004 Ed. (1931)
Corp. Latinoamerica
2003 Ed. (3617)
Latinoamericana de Seguros
1996 Ed. (2290)
Latinoamericano de Exportaciones
1990 Ed. (664)
LatinoCare Management Corp.
2003 Ed. (2748)
LatiNode Inc.
2008 Ed. (2954)
2007 Ed. (2836, 4015, 4727)
LatinVest Fund L.P.
1995 Ed. (2096)
LatInvest Securities
1996 Ed. (1892)
LatinWorks
2007 Ed. (113)
2003 Ed. (173)
Latite Roofing & Sheet Metal Co., Inc.
2008 Ed. (1263, 1277)
2007 Ed. (1367)
2006 Ed. (1291)
2005 Ed. (1319)
2004 Ed. (1313)
2003 Ed. (1313)
2002 Ed. (1296)
Lativi
2007 Ed. (44)
Latorra, Paul & McCann
2008 Ed. (191, 193)
2007 Ed. (206)
2006 Ed. (198)
2005 Ed. (186)
LaToya Jackson
1991 Ed. (844)
Latrobe
2001 Ed. (674)
1992 Ed. (931)
1990 Ed. (751, 753)
Latrobe Brewing Co.
2003 Ed. (764)
2001 Ed. (1023, 1026)
2000 Ed. (816, 817, 818, 3127)
1999 Ed. (812)
1998 Ed. (501, 503, 2491)
1997 Ed. (713, 716, 718)
1994 Ed. (691)
1992 Ed. (934)
1990 Ed. (756)
1989 Ed. (759)
Latsha Lumber
1996 Ed. (822)
Latshaw Enterprises Inc.
2005 Ed. (4673)
Lattelekom
2006 Ed. (63)
2005 Ed. (56)
2004 Ed. (61)
Lattice
1998 Ed. (3283)
Lattice Semiconductor Corp.
2004 Ed. (4559)
2001 Ed. (3910, 3911)
2000 Ed. (4001)
1999 Ed. (4278)
Lattimore Black Morgan & Cain PC
2008 Ed. (9)
2007 Ed. (11)
2006 Ed. (15)
2005 Ed. (10)
2004 Ed. (14)
2003 Ed. (8)
2002 Ed. (22, 23)
Latvia
2008 Ed. (2203, 4620)
2007 Ed. (2093, 2826, 3393, 4198)
2006 Ed. (1029, 2149, 2823, 3335, 4502, 4770)
2005 Ed. (2055)
2004 Ed. (1920, 4750)
2003 Ed. (3257)
2002 Ed. (1813)
2001 Ed. (1948)
2000 Ed. (1611)
1999 Ed. (1782, 4735)
1998 Ed. (3692)
1997 Ed. (1543, 3859)
1996 Ed. (1478, 2024, 3808)
1995 Ed. (1519, 3718)
1994 Ed. (1487)
Latvian Creditbank
1996 Ed. (582)
Latvian Deposit Bank
1997 Ed. (538)
Latvian Savings Bank
1997 Ed. (538)
Latvian Trade Bank
1997 Ed. (538)
Latvijas balzams
2006 Ed. (4515)
2002 Ed. (4439)
Latvijas Banka
2000 Ed. (591)
Latvijas Ekonomiska komercbanka
2005 Ed. (498)
Latvijas Gaze
2006 Ed. (4515)
2002 Ed. (4438, 4439)
Latvijas Kapital-Banka
2000 Ed. (591)
Latvijas Krajbanka
2005 Ed. (498)
2000 Ed. (591)
Latvijas kugnieciba
2006 Ed. (4515)
Latvijas Unibanka
2006 Ed. (490)
2005 Ed. (569)
2003 Ed. (568)
2002 Ed. (527, 607)
1999 Ed. (574)
Latvijas Universala Banka
1997 Ed. (537)
Latvijas Zemes Banka
2000 Ed. (591)
Lau Industries
1994 Ed. (2151)
1993 Ed. (2118)
1992 Ed. (2556)
1991 Ed. (1989)
1990 Ed. (2140)
Lau; Lee Ka
2005 Ed. (4874)
Laub & Co. Inc.; Kenneth D.
1990 Ed. (2950)
Lauder
2003 Ed. (2917)
Lauder; Aerin
2005 Ed. (785)
Lauder Cos.; Estee
1996 Ed. (1054, 1462, 1467)
Lauder Cosmetics; Estee
1994 Ed. (1066)
1992 Ed. (4480)
1990 Ed. (1024)
Lauder; Estee
1997 Ed. (3407, 3535)
1993 Ed. (1421, 1423)
1992 Ed. (1288)
1991 Ed. (1364, 3512)
1990 Ed. (3704)
Lauder; Leonard
2008 Ed. (4826)
2007 Ed. (4897)
2006 Ed. (4902)
2005 Ed. (4846)
Lauder; Ronald
2008 Ed. (4826)
2007 Ed. (4897)
2006 Ed. (4902)
2005 Ed. (4857)
Lauderdale Imports
1996 Ed. (286)
1995 Ed. (288)
1994 Ed. (282)
1993 Ed. (284)
1992 Ed. (399)
1991 Ed. (294)
1990 Ed. (317)
Lauderhill Leasing
1990 Ed. (385)
Lauder's
2004 Ed. (4316)
2003 Ed. (4306)
2002 Ed. (4173)
2001 Ed. (4163)
Laudus Rosenberg International Small Cap
2006 Ed. (3683)
Laudus Rosenberg International Small Cap Investment
2008 Ed. (2613)
2007 Ed. (2483)
2006 Ed. (3679, 3680)
Laudus Rosenberg U.S. Discovery Investment
2008 Ed. (2620)
Lauer; Michael
1995 Ed. (1814)
"Laugh-In's 25th Anniversary"
1995 Ed. (3583)
Laughlin/Constable
2004 Ed. (3976)
Laughlin/Constable PR
2000 Ed. (3659)
Laughlin/Constable Public Relations
2005 Ed. (3975)
2004 Ed. (4032)
1999 Ed. (3945)
1998 Ed. (2952)
1997 Ed. (3206)
Launch Group
2008 Ed. (129)
LAUNCH Media, Inc.
2003 Ed. (2719)
2002 Ed. (2479)
Laundry
2008 Ed. (3039)
2006 Ed. (2897)
2005 Ed. (2890, 2891)
2002 Ed. (2599, 3525)
2001 Ed. (2766, 3556)
2000 Ed. (2503)
Laundry and dry cleaning
1995 Ed. (1935)
1992 Ed. (1171)
Laundry & ironing accessories
2002 Ed. (3054)
Laundry detergent
2002 Ed. (1222, 4038)
1996 Ed. (2042)
1995 Ed. (3528)
1991 Ed. (733)
Laundry detergent, heavy-duty
1998 Ed. (2499)
Laundry detergents
1992 Ed. (1170)
Laundry/linen
2001 Ed. (2760)
Laundry products
1992 Ed. (1817)
1991 Ed. (1428)
1990 Ed. (3534)
Laundry services
1999 Ed. (3666)
Laundry Soil & Stain Removers
2000 Ed. (4155)
Laundry supplies
2003 Ed. (3947, 3948)
Launer; Curt
1997 Ed. (1884)
1996 Ed. (1810)
1995 Ed. (1832)
1994 Ed. (1794)
1993 Ed. (1811)
Laura Alber
2008 Ed. (2990)
Laura Ashley
2005 Ed. (4686)
2004 Ed. (1010)
2003 Ed. (2869)
1999 Ed. (3658)
Laura Ashley Holdings PLC
2000 Ed. (1125)
1993 Ed. (999)
1992 Ed. (1229, 1628)
Laura Bush
2006 Ed. (4986)
Laura C. Harris
1994 Ed. (896, 1057)
Laura Conigliaro
2008 Ed. (2691)
2000 Ed. (2046, 2050)
1999 Ed. (2263)
1998 Ed. (1672)
1997 Ed. (1876)
1996 Ed. (1803)
1995 Ed. (1796, 1826)
1994 Ed. (1823)
1993 Ed. (1805)
Laura Forte
1996 Ed. (1903)
Laura Ingraham
2007 Ed. (4061)
Laura Scudder's
1996 Ed. (3054)
Laura Stafford
2008 Ed. (4884)
2007 Ed. (4920)
Laura Wright
2008 Ed. (964)
2007 Ed. (1041, 4974)
Laurance Rockefeller
2004 Ed. (4859)
2003 Ed. (4878)
2002 Ed. (3359)
Laurance S. Rockefeller
2001 Ed. (3779)
1993 Ed. (888, 1028)
Laureate Education Inc.
2008 Ed. (2169)
2007 Ed. (4361)
2006 Ed. (2107, 4295)
Laurel Capital Advisors
2003 Ed. (3081)
Laurel Corporate Center
1998 Ed. (2696)
Laurel Credit Union
2005 Ed. (2112)
2004 Ed. (1970)
2003 Ed. (1930)
2002 Ed. (1876)
Laurel Hollow, NY
1989 Ed. (1634, 2773)
Laurel Pipe Line Co.
1995 Ed. (2944)
Laurel Prime MM I Portfolio
1992 Ed. (3096)
Laurel Stock Portfolio
1993 Ed. (2660)
Laurel Supply Corp.
1994 Ed. (2178)
Lauren
1992 Ed. (3366)
Lauren Cooks Levitan
2002 Ed. (2258)
Lauren Dahl & Associates
1999 Ed. (958)
1998 Ed. (540)
1997 Ed. (843)
1996 Ed. (833)
1995 Ed. (853)
Lauren Film International Production
2001 Ed. (3380)
Lauren Fine
1999 Ed. (2255)
1998 Ed. (1665)
1997 Ed. (1894)
1995 Ed. (1800)
Lauren Manufacturing Co.
2007 Ed. (2905)
Lauren Corp.; Polo/Ralph
1996 Ed. (1015)
Lauren; Ralph
2008 Ed. (4826)
2007 Ed. (1102, 4897)
2006 Ed. (4902)
2005 Ed. (4846)
Lauren Rich Fine
2000 Ed. (1979, 2036)
Laurence A. and Preston R. Tisch
1991 Ed. (894)
Laurence A. Tisch
2004 Ed. (4871)
1993 Ed. (1700)
Laurence A. Tisch Family
1992 Ed. (1093, 1280)
Laurence Adelman
1995 Ed. (1806)
Laurence, Charles, Free & Lawson
1993 Ed. (65, 76)
1992 Ed. (108)
1991 Ed. (66)
1990 Ed. (65)
1989 Ed. (63, 65)
Laurence E. Hirsch
2006 Ed. (941)
Laurence Eckenfelder
1995 Ed. (1820)

Laurence Graff
2007 Ed. (4931)
Laurence Grant
2006 Ed. (1003)
Laurence Hirschhorn
1990 Ed. (1766)
1989 Ed. (1417)
Laurence Lytton
1991 Ed. (1693, 1706, 1707)
Laurence Sellyn
2006 Ed. (2518)
Laurence Tisch
2000 Ed. (1883)
1996 Ed. (1713)
Laurent Beaudoin
2006 Ed. (2528)
Laurent Del Grande
2000 Ed. (2175)
Laurent Dufourg
2007 Ed. (2758)
Laurent Lemaire
2005 Ed. (4867)
Laurent-Perrier
2004 Ed. (924)
1997 Ed. (927)
Laurentian Bank
2005 Ed. (1706)
1990 Ed. (517)
Laurentian Bank of Canada
2008 Ed. (391, 392)
2007 Ed. (412, 414)
2006 Ed. (423)
2005 Ed. (473)
2004 Ed. (460)
2003 Ed. (473)
2002 Ed. (535)
2000 Ed. (482)
1999 Ed. (487, 488)
1997 Ed. (429, 430, 431)
1996 Ed. (466, 467, 468)
1995 Ed. (439, 440)
1994 Ed. (447, 448)
1993 Ed. (447)
1992 Ed. (630, 631, 632)
Laurentian Capital
1997 Ed. (229)
Laurentian General Insurance Co.
1991 Ed. (2131)
1990 Ed. (2256)
Laurentian Group
1992 Ed. (2153)
Laurentian University
2008 Ed. (1083, 1084)
Laurentide Controls Ltd.
2008 Ed. (2929)
Lauriat's
1994 Ed. (733)
Laurie Besikoff Lapidus & Co. LLP
2006 Ed. (11)
Laurie Goldberger
1993 Ed. (1775)
Laurie Goodman
2000 Ed. (1961, 1968, 1969, 1971, 1972, 1973)
1999 Ed. (2196, 2197, 2200, 2202)
1998 Ed. (1613)
1997 Ed. (1953)
Laurie; Nancy Walton
2006 Ed. (4913)
2005 Ed. (4853)
Laurie Vree
2000 Ed. (3160, 4428)
Lauritzen Corp.
2005 Ed. (378)
Lauritzen Gruppen
1994 Ed. (1346)
1993 Ed. (1294)
1990 Ed. (1344)
1989 Ed. (1104)
Lauritzen Hldgs.; J.
1991 Ed. (1266)
Laurus
2008 Ed. (63)
2006 Ed. (69)
Laurus Capital Management LLC, Convertible Security
2003 Ed. (3121, 3136)
Laurus NV
2005 Ed. (1758)
Laurus Strategies
2008 Ed. (1797)
Lausell Inc.
2006 Ed. (3376)
2005 Ed. (3389)
2004 Ed. (3357)
Lauth Group Inc.
2008 Ed. (1804)
Lauth Property Group LLC
2008 Ed. (1296)
Lautrec Ltd.
2000 Ed. (3152)
1999 Ed. (3426)
1998 Ed. (2518)
1997 Ed. (2803)
1996 Ed. (2664)
1994 Ed. (2534)
1993 Ed. (2587)
1992 Ed. (3093)
1991 Ed. (2477)
Lautrec NAZCA S & S
1996 Ed. (61)
Lautrec NAZCA Saatchi & Saatchi
2000 Ed. (59)
1999 Ed. (56)
1997 Ed. (58)
Lautrec Publicidad
1989 Ed. (82)
Lautrec/Saatchi & Saatchi
1992 Ed. (119)
1991 Ed. (73)
1990 Ed. (76)
Lautrec/SSA
1994 Ed. (69)
1993 Ed. (79)
Lautree Ltd.
1995 Ed. (2593)
Lauvergeon; Anne
2008 Ed. (4949, 4950)
2007 Ed. (4975, 4982)
2006 Ed. (4985)
2005 Ed. (4991)
Lava; Leslie M.
1997 Ed. (2841, 2847)
1996 Ed. (2238, 2732)
1995 Ed. (2652)
Lava Trading
2006 Ed. (4480)
Laval, Quebec
2008 Ed. (3487, 3489, 3490)
Laval University
2004 Ed. (837)
Laval; University of
2008 Ed. (1073, 1078, 1079, 3636, 3641, 3642, 4279)
2007 Ed. (1169, 1179, 3469, 3473)
Lavalin Inc.
1993 Ed. (1145)
1991 Ed. (1555, 1556, 1558, 1559, 1561, 1562)
1990 Ed. (1671)
Lavalin Ltee
1992 Ed. (1430, 1961, 1962, 1965, 1968)
LaVecchia; William F.
1993 Ed. (2461)
1992 Ed. (2903)
Laventhol & Horwath
1991 Ed. (3, 6, 7)
1990 Ed. (6, 11, 12)
1989 Ed. (8, 11)
Laventhol & Howath
1992 Ed. (996)
Laverock Von Schoultz Ltd.
2002 Ed. (2494)
Lavey/Wolff/Swift
1995 Ed. (33)
1994 Ed. (58)
1993 Ed. (67)
1992 Ed. (110, 117)
1991 Ed. (2398)
1990 Ed. (57, 67, 73)
1989 Ed. (60, 62)
Lavey/Woolff/Swift
1990 Ed. (3079)
LaVigne Inc.
2006 Ed. (3964, 3965)
Lavigne; Avril
2008 Ed. (2590)
Lavigne Jr.; Louis
2006 Ed. (950)
Lavoptik
1995 Ed. (1602, 1760)
Law
1995 Ed. (2203)
1993 Ed. (3729)
Law & Engineering Environmental Services
2000 Ed. (1806)
Law & Order
2005 Ed. (4666)
2004 Ed. (4687, 4692)
2003 Ed. (4715, 4716)
2001 Ed. (1100)
Law & Order: SVU
2007 Ed. (2845)
2006 Ed. (2855)
Law; Carolyn Wiess
1994 Ed. (890)
Law Cos.
1991 Ed. (1551)
Law Cos. Group Inc.
2004 Ed. (2354)
2003 Ed. (2298)
1994 Ed. (1636, 1648)
Law Cos. Group Inc./Sir Alexander Gibb
1997 Ed. (1761)
1996 Ed. (1658, 1662, 1680)
1995 Ed. (1675)
1993 Ed. (1602)
Law Enforcement
2000 Ed. (736)
Law Engineering Inc.
1993 Ed. (1611)
1992 Ed. (1956)
LAW Engineering & Environmental Services Inc.
2003 Ed. (2357)
2002 Ed. (2129)
2001 Ed. (2238, 2240)
2000 Ed. (1797, 1800, 1804, 1807, 1808)
1999 Ed. (2027, 2029)
1998 Ed. (1443)
1997 Ed. (1736, 1740)
Law Firm Inc.
2007 Ed. (4796)
Law Offices of Michael J. Pluze
2004 Ed. (3227)
Law partner
2004 Ed. (2281)
Law Society of Upper Canada
2007 Ed. (1615)
2006 Ed. (1595, 1624)
Law Technology News
2007 Ed. (4796)
LawGibb Group
2002 Ed. (2133, 2140)
Lawler Partners
2004 Ed. (6)
Lawless Commodities Inc.
1995 Ed. (1079)
1992 Ed. (2742)
Lawless Communications
2007 Ed. (1188)
Lawless Homes
2005 Ed. (1239)
2004 Ed. (1215)
2003 Ed. (1208)
2002 Ed. (1208)
Lawn
2005 Ed. (2781)
Lawn & garden
1992 Ed. (986)
1990 Ed. (842)
Lawn & garden products
1993 Ed. (779)
1991 Ed. (805)
Lawn Doctor Inc.
2008 Ed. (3432, 3433)
2007 Ed. (3331, 3332)
2006 Ed. (3253, 3254)
2005 Ed. (3267, 3268)
2004 Ed. (3242)
2003 Ed. (3196)
2002 Ed. (2361, 3065)
Lawn Doctors
2008 Ed. (173)
Lawner Reingold Britton & Partners
1992 Ed. (184)
Lawphone
1993 Ed. (2911)
Lawrence A. Bossidy
1993 Ed. (936)
Lawrence A. Hough
1995 Ed. (1731)
Lawrence A. Lehmkuhl
1992 Ed. (2052)
Lawrence A. Weinbach
2006 Ed. (933)
2000 Ed. (1887)
Lawrence Adelman
1998 Ed. (1675)
1997 Ed. (1855, 1902)
Lawrence & Partners Ltd.; Murray
1993 Ed. (2453, 2455, 2458)
1992 Ed. (2900)
Lawrence & Partners; Non-marine 362, Murray
1991 Ed. (2336)
Lawrence & Partners; 362, Murray
1991 Ed. (2338)
Lawrence & Partnets; Murray
1992 Ed. (2897)
Lawrence B. Wohl Inc.
1993 Ed. (1135)
Lawrence Berkeley Lab
1996 Ed. (1049, 3193)
1994 Ed. (1059, 3047)
1993 Ed. (3001)
1992 Ed. (1284, 3670)
1991 Ed. (1005, 2834)
1990 Ed. (1097, 2998)
Lawrence Berkeley Laboratories
2007 Ed. (3215)
Lawrence Berkeley Laboratory
1995 Ed. (1074, 3096)
1991 Ed. (915)
Lawrence Bossidy
1996 Ed. (959, 1709)
Lawrence Brainard
2000 Ed. (1957)
1999 Ed. (2400)
1996 Ed. (1893)
Lawrence; C. J.
1991 Ed. (706, 1708)
Lawrence Cohn
1997 Ed. (1853)
Lawrence College; Sarah
1990 Ed. (1087)
Lawrence Construction Co.
1991 Ed. (1085)
Lawrence Coss
1999 Ed. (2074)
1998 Ed. (722, 1508, 1512)
1997 Ed. (1796, 1799)
Lawrence Eckenfelder
1994 Ed. (1780)
1993 Ed. (1797)
1991 Ed. (1680)
1989 Ed. (1418, 1419)
Lawrence Ltd. Editions; Martin
1991 Ed. (2571)
Lawrence Ellison
2008 Ed. (939)
2007 Ed. (1008)
1999 Ed. (726, 4746)
Lawrence Fish
1990 Ed. (1723)
Lawrence Flinn Jr.
2002 Ed. (3349)
Lawrence Goodman
1996 Ed. (1895)
Lawrence Group
2007 Ed. (3204)
2005 Ed. (3168)
Lawrence Headliners
2002 Ed. (3505)
Lawrence Horan
1997 Ed. (1860)
1996 Ed. (1784)
1995 Ed. (1809)
1993 Ed. (1784)
Lawrence Inlow
1997 Ed. (2611)
Lawrence J. Ellison
2008 Ed. (945, 954, 4839)
2007 Ed. (1020, 1032, 1035, 4908)
2006 Ed. (935, 937, 2524, 4915, 4927)
2005 Ed. (980, 981, 983, 2476, 2497, 4860)
2004 Ed. (4874, 4882)
2003 Ed. (957, 958, 960, 961, 2394, 4684, 4894)
1993 Ed. (1702)

1992 Ed. (2057)
1991 Ed. (1622, 1627)
1989 Ed. (1984)
Lawrence Johnston
2006 Ed. (2523)
Lawrence Joseph Ellison
2008 Ed. (4835)
2007 Ed. (4906)
2006 Ed. (4911)
2005 Ed. (4858)
2004 Ed. (4872)
2003 Ed. (4887, 4889)
2002 Ed. (706, 1041, 2806, 3361)
Lawrence Journal World
1992 Ed. (3245)
1990 Ed. (2695)
Lawrence K. Fish
1990 Ed. (1712)
Lawrence Keusch
2000 Ed. (2016)
Lawrence Klatzkin
1999 Ed. (2178)
1998 Ed. (1590)
1997 Ed. (1937)
Lawrence, KS
2008 Ed. (1051)
2007 Ed. (1158, 1162)
2006 Ed. (1066)
2005 Ed. (1058, 3311)
2002 Ed. (31, 2118, 3329)
2001 Ed. (2359)
1998 Ed. (743, 2057)
1993 Ed. (2555)
Lawrence Kudlow
1995 Ed. (1855)
1994 Ed. (1815, 1837)
Lawrence Lasser
1999 Ed. (2081)
1996 Ed. (1710)
Lawrence Limited Editions; Martin
1991 Ed. (3148)
Lawrence Livermore Lab
1992 Ed. (1284, 3670)
1991 Ed. (1005, 2834)
1990 Ed. (1097)
Lawrence Livermore Laboratory
1991 Ed. (915)
Lawrence Livermore National Lab
1996 Ed. (1049, 3193)
1994 Ed. (1059, 3047)
1993 Ed. (3001)
Lawrence Livermore National Laboratory
1995 Ed. (1074, 3096)
Lawrence, MA
1994 Ed. (333)
1992 Ed. (3043, 3044, 3045, 3046)
Lawrence (MA) Headliners
2003 Ed. (3646)
Lawrence, MA-NH
2005 Ed. (3475)
Lawrence Marshall Chevrolet
1996 Ed. (268)
1995 Ed. (261)
1991 Ed. (268)
Lawrence Marshall Chevrolet-Oldsmobile Inc.
1992 Ed. (376, 411, 416)
Lawrence; Mary Wells
1991 Ed. (3512)
Lawrence Metal Products
1999 Ed. (4500)
Lawrence, Morgan Grenfell; C. J.
1991 Ed. (1697)
Lawrence N. Bangs
2002 Ed. (2214)
Lawrence Perlman
1995 Ed. (979)
Lawrence R. Ricciardi
2000 Ed. (1050)
1996 Ed. (1228)
Lawrence Rader
1991 Ed. (1694)
Lawrence Raiman
2000 Ed. (1995)
1998 Ed. (1617)
1997 Ed. (1877)
Lawrence Saper
1995 Ed. (982)
1991 Ed. (1631)
Lawrence Savings Bank
2003 Ed. (520)
Lawrence Smith
2008 Ed. (967)
2007 Ed. (1049)
2005 Ed. (991)
Lawrence Sonsini
2007 Ed. (4874)
2006 Ed. (4879)
2005 Ed. (4817)
2004 Ed. (4828)
2002 Ed. (4730)
Lawrence Stroll
2007 Ed. (4931)
2005 Ed. (4872, 4890)
Lawrence Tanenbaum
2005 Ed. (4873)
Lawrence Taylor
2000 Ed. (1936)
1999 Ed. (2166)
Lawrence Weissberg
1992 Ed. (533)
Lawrence Welk Vacation Villas
1991 Ed. (3389)
Lawrenceville/Roswell, GA
1990 Ed. (2484)
Lawrie Group plc
2001 Ed. (283)
Lawry's
1999 Ed. (4088)
1995 Ed. (3183)
Lawry's, The Prime Rib
2002 Ed. (4035)
2000 Ed. (3801)
Lawson
2007 Ed. (4636)
Lawson Mardon
1999 Ed. (1348, 3683)
1995 Ed. (2988)
1993 Ed. (2918, 2919, 2920)
1992 Ed. (3323, 3536, 3537, 3540)
1991 Ed. (2766, 2767)
1990 Ed. (2903, 2904)
Lawson Mardon Group
1996 Ed. (2900)
1994 Ed. (2718, 2932)
Lawson Mardon Group/Graphics Group, N. America
1992 Ed. (3538)
Lawson Mardon Packaging
2002 Ed. (3720)
1997 Ed. (3170)
1996 Ed. (3089)
Lawson Mechanical Contractors
2006 Ed. (1260)
Lawson Products
1992 Ed. (2591)
1991 Ed. (2017)
Lawson Roofing Co. Inc.
2001 Ed. (1410)
Lawson Software
2000 Ed. (1178)
Lawson Software Company Ad
2000 Ed. (2505)
Lawter International Inc.
1992 Ed. (1134)
1990 Ed. (963, 964, 966)
1989 Ed. (896, 897)
Lawton Chiles
1993 Ed. (1994)
Lawton, OK
2008 Ed. (4730)
2007 Ed. (3370)
2006 Ed. (2971, 3306)
2005 Ed. (3317)
1992 Ed. (2541, 3034)
Lawton's Drug Stores
1995 Ed. (1617)
Lawyers
2007 Ed. (3727)
2006 Ed. (3734)
2005 Ed. (3626, 3632)
1991 Ed. (813, 2628, 2629, 2630)
Lawyers & judges
1993 Ed. (2739)
Lawyers Co-Operative Publishing
1991 Ed. (1142)
Lawyers Title Co.
2000 Ed. (2739)
Lawyers Title Insurance Co.
2002 Ed. (2982)
2000 Ed. (2738)
1999 Ed. (2985)
1998 Ed. (2214)
Lawyers Weekly USA
2007 Ed. (4796)
lawyers.com
2002 Ed. (4835)
Laxatives
2004 Ed. (252)
2003 Ed. (2106)
2002 Ed. (2052, 3769)
2001 Ed. (2083, 2107)
2000 Ed. (1715, 3618)
1997 Ed. (1674, 3172, 3174)
1996 Ed. (2979, 3090, 3095)
Laxatives/stool softeners
1990 Ed. (1956)
Lay; Joseph E.
1991 Ed. (2172)
Lay; Kenneth L.
1992 Ed. (1141)
1990 Ed. (976, 1726)
Lay Packing Co. Inc.
1993 Ed. (2517, 2518, 2895, 2896)
Lay; Yeoh Tiong
2008 Ed. (4847)
Layan United Industries
1989 Ed. (1139)
Layer Cake Mixes
2000 Ed. (4154)
Layne Christensen Co.
2008 Ed. (1871, 1878, 2605)
2006 Ed. (1831, 1832)
1998 Ed. (947)
Lays
2008 Ed. (4019, 4021, 4443, 4448)
2007 Ed. (4000, 4460, 4462)
2006 Ed. (3942, 4389, 4393)
2005 Ed. (4387)
2004 Ed. (3932, 4437, 4438, 4439)
2003 Ed. (3919, 4454, 4455)
2002 Ed. (3733, 4299)
2001 Ed. (3860, 3861, 4290)
2000 Ed. (3577, 3578, 4064)
1999 Ed. (3862, 3863, 4344, 4345, 4703)
1997 Ed. (3137, 3138)
1996 Ed. (3057)
1994 Ed. (2902)
1993 Ed. (3345)
Lay's KC Masterpiece
1997 Ed. (3137)
Lays Kettle Cooked
2008 Ed. (4021)
Lay's Potato Chips
1992 Ed. (921, 2190)
Lays Stax
2008 Ed. (4021)
Lay's Wavy
2000 Ed. (3577)
1997 Ed. (3137)
Lay's WOW
2003 Ed. (3919)
2002 Ed. (3733)
2001 Ed. (3860, 3861)
2000 Ed. (3578)
Layton Construction Co.
2007 Ed. (1280)
2002 Ed. (1240)
The Layton Cos.
2008 Ed. (1341, 1344)
2003 Ed. (1253, 1285)
Lazaran; Frank
2006 Ed. (933)
Lazard
1999 Ed. (1438, 3036)
Lazard & Co. Holdings
2004 Ed. (553, 557)
Lazard & Co.; W. R.
1997 Ed. (2476, 2480, 2481, 2484)
1996 Ed. (2418, 2655, 2656, 2657, 2658, 2711, 3352, 3877)
1995 Ed. (2340)
1993 Ed. (708, 1851, 2265, 2271)
1991 Ed. (2173, 3045, 3051)
Lazard & Co.; WR
1990 Ed. (2350)
Lazard Asset Management
2003 Ed. (2701, 3080)
Lazard Asset Mgmt.
2000 Ed. (2812)
Lazard Brothers
2003 Ed. (532, 541)
2002 Ed. (1377)
1998 Ed. (1006)
1997 Ed. (1232, 1233)
1994 Ed. (1203, 2474)
1992 Ed. (2140)
1990 Ed. (2313)
Lazard Emerging Market
1998 Ed. (2630)
Lazard Emerging Markets
1998 Ed. (2622)
Lazard Emerging Markets Open
2007 Ed. (3672, 3676)
Lazard-Freres
2000 Ed. (1025, 2768)
1992 Ed. (1453, 1454, 1455, 2011)
1990 Ed. (1687, 2295, 2647, 3148)
1989 Ed. (1013, 1359, 2371, 2392, 2412, 2438, 2439)
Lazard Freres & Co.
2002 Ed. (999, 1348, 1349, 1350, 1352, 1353, 1358, 1404, 1405, 1421, 4601, 4602)
2000 Ed. (2756)
1999 Ed. (3018, 3019)
1998 Ed. (2228, 2235, 3234, 3252)
1997 Ed. (1220, 1221, 2480, 3455, 3470)
1996 Ed. (1181, 1182, 1183, 2350, 2352, 2358, 2359)
1995 Ed. (734, 2333, 2334, 2336, 2339, 2340, 3255, 3262, 3264)
1994 Ed. (2580, 2581, 2582, 3162, 3177, 3179, 3183)
1993 Ed. (1660, 2261, 2264, 2270, 2271, 2295, 3172, 3182, 3185, 3190)
1990 Ed. (2137, 3164, 3207, 3208, 3214, 3216, 3217)
Lazard Freres & Cie
1989 Ed. (2447)
Lazard Freres & Co. LLC
2001 Ed. (734, 863, 1521, 1538)
2000 Ed. (376, 378)
Lazard Freres & Co.; W. R.
1991 Ed. (1111, 1115, 1120, 1121, 1122, 1126, 1132, 1596, 2167, 2169, 2172, 2175, 2180, 2201, 2208, 2509, 2522, 2977, 2981, 2982, 2989, 2994, 3005, 3032, 3033, 3048)
Lazard Freres Asset Management
1993 Ed. (2355)
1992 Ed. (2797, 2798)
1989 Ed. (2141)
Lazard Freres Real Estate
2002 Ed. (3937, 3939, 3942)
2000 Ed. (2827)
Lazard Freres Real Estate Investors LLC
2003 Ed. (4058)
2002 Ed. (3929)
Lazard Group
1993 Ed. (1174)
Lazard Houses
2001 Ed. (1510, 1511, 1512, 1513, 1516, 1520, 1524, 1525, 1527)
2000 Ed. (2451, 2455, 3934)
1999 Ed. (1087, 1089, 1426, 1427, 1428, 1429, 1430, 1432, 1435, 1436, 1439)
1998 Ed. (999, 1000, 1001, 1002, 1003, 1004, 1005, 3206)
1997 Ed. (1223, 1224, 1225, 1226, 1227, 1228, 1229, 1230, 1231, 3480)
1996 Ed. (1184, 1185, 1186, 1187, 1188, 1189, 1190)
1995 Ed. (1218, 1219)
1994 Ed. (1197, 1201, 1202, 2288, 2290)
1993 Ed. (1164, 1170, 1171, 1172, 1198, 3127, 3162)
1992 Ed. (1484)
Lazard International Small Cap-Open
2008 Ed. (4506)
2007 Ed. (4542)
2006 Ed. (3679, 3680)
2004 Ed. (3641)
Lazard LLC
2008 Ed. (1392, 1397, 1398)
2007 Ed. (1440, 4281)
2006 Ed. (1410, 1411, 1415, 1416)

2005 Ed. (1424, 1425, 1426, 1435, 1436, 1446, 1447, 1448, 1451, 1452, 1453, 1456, 4672)
2004 Ed. (1403, 1404, 1405, 1412, 1413, 1415, 1429, 1431, 1434, 1436, 1439, 1442, 1445, 2038)
2003 Ed. (1387, 1389, 1391, 1392, 1395, 1403, 1404, 1410, 3059, 4719)
2002 Ed. (439, 1360, 1362, 1365, 1366, 1367, 1368, 1369, 1371, 1372, 3623)
Lazard UK Income
1995 Ed. (2750)
Lazard; W.R.
1990 Ed. (2331, 2337)
Lazards Freres & Co.; W. R.
1991 Ed. (1127)
Lazare Kaplan International Inc.
2005 Ed. (3245)
2004 Ed. (3217, 3218)
Lazaridis; Mike
2005 Ed. (4874)
Lazarus
2005 Ed. (1204)
2002 Ed. (2690)
1992 Ed. (1787)
1991 Ed. (1413)
1990 Ed. (912, 1493)
Lazarus; Arlie G.
1993 Ed. (1705)
Lazarus; Charles
1994 Ed. (947, 950, 1714, 1717, 1723)
1992 Ed. (1145, 2061, 2062)
1991 Ed. (925, 928, 1630, 1631)
1990 Ed. (975, 1724)
1989 Ed. (1383)
Lazarus; Charles P.
1996 Ed. (960)
1995 Ed. (1730)
1993 Ed. (940, 1705)
Lazerquick
2006 Ed. (3970)
2005 Ed. (3900)
2002 Ed. (3765)
Lazio
2002 Ed. (4307)
Lazlo; John
1997 Ed. (1875)
1996 Ed. (1772, 1802)
Lazor Lite
1995 Ed. (335, 335)
LB & M Associates Inc.
1997 Ed. (2224, 2225)
LB/Back Bay
2007 Ed. (670)
2006 Ed. (645)
2005 Ed. (733)
2004 Ed. (752)
2003 Ed. (730)
LB Foster
1989 Ed. (994)
LB Transportation Group
2008 Ed. (2967)
LB Vorzug
1992 Ed. (4400)
1991 Ed. (3451)
LBC
1995 Ed. (3648)
LBC 1152 AM
2002 Ed. (3896)
2001 Ed. (3980)
LBJ-S Broadcasting LP
2001 Ed. (3971)
LBL SkySystems Corp.
2000 Ed. (2343)
LBO France
1992 Ed. (2964)
LBO Holdings Inc.
1996 Ed. (3440)
LBS
1991 Ed. (3330)
LBS Capital
1997 Ed. (2527)
LBW/MCA
2000 Ed. (3403)
LC Acquisition Corp.
2004 Ed. (1539)
L.C. Williams & Assocs.
2000 Ed. (3639)
LCA Architects
2008 Ed. (266, 267)
LCA Small/Mid Capitalization Equity
2003 Ed. (3129)
LCA-Vision Inc.
2008 Ed. (2852, 4347, 4359, 4360, 4364, 4420)
2007 Ed. (2735)
LCBO
1999 Ed. (4109)
LCC International Inc.
2006 Ed. (2114)
2005 Ed. (2013)
LCF & L
1996 Ed. (46)
1995 Ed. (31)
1994 Ed. (56)
LCGC-North America
2008 Ed. (4717)
LCI Group Inc.
2004 Ed. (1704)
2003 Ed. (1675)
LCI Holdings Inc.
2006 Ed. (1032)
2003 Ed. (1011)
LCI International
1999 Ed. (4543, 4545)
1997 Ed. (1234, 2206)
1995 Ed. (3205, 3206, 3693, 3694)
LCM Conversions
1995 Ed. (3686)
LCP National
1993 Ed. (2866)
LCS Industries
1990 Ed. (1248)
LCT Transportation Services
2005 Ed. (4034)
LD Brinkman
2000 Ed. (2202)
1999 Ed. (2447)
1998 Ed. (1699)
L.D. Brinkman & Co.
1992 Ed. (2166)
1991 Ed. (1728)
LDB Ammirati Puris Lintas Sri Lanka
1997 Ed. (148)
LDB Lintas
2002 Ed. (187)
2001 Ed. (214)
2000 Ed. (175)
1999 Ed. (157)
1996 Ed. (142)
LDBrinkman
1996 Ed. (1922)
1995 Ed. (1879)
LDDS Communications
1998 Ed. (2410)
1996 Ed. (1239, 1268, 3639)
1995 Ed. (3548)
1994 Ed. (1253)
LDDSMetromedia
1995 Ed. (2487)
LDLTest/SI
1996 Ed. (2594)
Ldltest/Si/Idl Cholesterol Test
1999 Ed. (3336)
LDM Technologies Inc.
2001 Ed. (2874)
Le Bec Fin
1992 Ed. (3706)
Le Bernardin
2001 Ed. (4054)
1994 Ed. (3092)
1992 Ed. (3706)
Le Bristol
1997 Ed. (2305)
1996 Ed. (2185)
1995 Ed. (2174)
1994 Ed. (2122)
1993 Ed. (2102)
1992 Ed. (2509, 2510)
1991 Ed. (1956)
Le Cirque
1994 Ed. (3092)
1992 Ed. (3706)
Le Club International
2004 Ed. (4842)
2002 Ed. (4753)
L.E. Coppersmith Inc.
2000 Ed. (2258)
Le Coq Sportif
1993 Ed. (3376)
1990 Ed. (3336)
Le Croissant Shop
2002 Ed. (427)
Le Famous
1998 Ed. (3320)
Le Fevre Communications
2002 Ed. (3867)
Le Gourmet Gift Basket Inc.
2003 Ed. (3963)
2002 Ed. (1072)
Le Grand Curl
2001 Ed. (2382)
Le Groupe Beaucage
2007 Ed. (1965)
Le Groupe Thomson
1990 Ed. (1588)
1989 Ed. (1289)
Le Groupe Videotron Itee
1996 Ed. (2579)
Le Groupe Videotron Ltee.
2002 Ed. (3269)
1999 Ed. (3311)
1997 Ed. (2724)
Le Havre
1992 Ed. (1397)
Le Jardinet
1990 Ed. (3696)
Le Journal
2002 Ed. (3506, 3507)
Le Menu Healthy
1993 Ed. (1906)
Le Menu Light Style
1993 Ed. (1906)
Le Meridien
2005 Ed. (2928)
Le Meridien Boston
1995 Ed. (2157)
Le Meridien Hotel
1992 Ed. (2479)
Le Mesurier; Adam
1997 Ed. (1958)
Le Metropole
2002 Ed. (4796)
Le Mouvement des Caisses Desjardins
1999 Ed. (2437)
Le Moyne College
2001 Ed. (1321)
1999 Ed. (1224)
1998 Ed. (795)
1997 Ed. (1057)
1990 Ed. (1090)
Le Orient
1992 Ed. (3220)
Le Pain Quotidien
2008 Ed. (4165)
Le Papillon
1989 Ed. (2946)
Le Parker Meridien
1993 Ed. (2089)
Le petit dejeuner
1994 Ed. (2720)
Le Piat D'Or
2002 Ed. (4975)
2001 Ed. (4911)
1996 Ed. (3855)
Le Richemond
1997 Ed. (2305)
1995 Ed. (2175)
Le Superclub Videotron
2004 Ed. (4842)
Le Superclub Videotron Ltee.
2002 Ed. (4753)
Le Tourneau University
1996 Ed. (1044)
Lea & Perrins
1993 Ed. (1879)
Lea Associates Inc.
1996 Ed. (228)
Lea Lea Enterprise Co. Ltd.
1994 Ed. (3525)
Lea Ronal
1990 Ed. (966)
Leach Ltd.; Hubert C.
1992 Ed. (1193)
Leach; Orin T.
1994 Ed. (896, 1057)
Leach; Rice C.
1995 Ed. (3503)
Leach; William
1997 Ed. (1868)
1996 Ed. (1794)
1995 Ed. (1821)
1994 Ed. (1781)
1993 Ed. (1798)
1991 Ed. (1681, 1708)
Lead
2008 Ed. (1093)
2007 Ed. (280)
2006 Ed. (275)
1992 Ed. (3647)
Lead, antimonial
2001 Ed. (391)
Lead, calking
2007 Ed. (3333)
2006 Ed. (3260)
Lead, sheet
2007 Ed. (3333)
2006 Ed. (3260)
Lead time
1995 Ed. (857)
Lead tracking
1995 Ed. (2567)
LeadDog Marketing Group
2008 Ed. (3595)
2006 Ed. (3413)
2005 Ed. (3404)
Leader Communications Inc.
2008 Ed. (3689, 3727, 4422)
2007 Ed. (3525, 3590, 4441)
2006 Ed. (3534, 4373)
Leader Federal
1990 Ed. (2470)
Leader Financial Corp.
1998 Ed. (3153)
1995 Ed. (3362)
Leader Textile & Fibre Industries Ltd.
1994 Ed. (3524)
1992 Ed. (4283)
1990 Ed. (3572)
Leader's Casual Furniture
2003 Ed. (2594)
2002 Ed. (2385)
2000 Ed. (2298)
1999 Ed. (2559)
1998 Ed. (1793)
Leadership
2004 Ed. (740)
Leadership Management Inc.
2008 Ed. (4735)
2007 Ed. (4807)
2006 Ed. (3352)
2005 Ed. (3374)
2004 Ed. (3343)
2003 Ed. (3281)
2002 Ed. (3232)
LeadersOnline
2002 Ed. (4794)
Leading Edge
1995 Ed. (2574)
Leading Edge Products
1992 Ed. (1925)
1990 Ed. (2579)
Leading Edge Technology Inc.
2008 Ed. (1549)
Leading Hotels of the World
1999 Ed. (2778)
Leading Quietly: An Unorthodox Guide to Doing the Right Thing
2006 Ed. (578)
Leading Spirit Electric
2002 Ed. (4423)
Leading Spirit High-Tech
2002 Ed. (4423)
Leadis Technology Inc.
2008 Ed. (1604, 1607, 2855)
2007 Ed. (2725)
Leadpoint Business Service
2008 Ed. (3694, 4368)
Leadville
1990 Ed. (2750)
Leadwell-CNC Machines Manufacturing Corp.
1994 Ed. (2425)
Leadwell-CNC Machines Mfg. Corp.
1992 Ed. (2956)
1990 Ed. (2503)
Leaf
1993 Ed. (830, 831)
1992 Ed. (1041)
1990 Ed. (891)
Leaf Baseball
1995 Ed. (3649)
Leaf North America
1997 Ed. (893)

Leaf Pay Day
2002 Ed. (935)
Leaf Rain-Blo
1997 Ed. (976)
Leaf Super Bubble
1997 Ed. (976)
League Mutual Taxi Owners Credit Union
1998 Ed. (1219)
League of Conservation Voters
1990 Ed. (2873, 2874)
1989 Ed. (2236, 2237)
League of Mutual Taxi Owners
2000 Ed. (1626)
League of Mutual Taxi Owners Credit Union
2008 Ed. (2208)
2006 Ed. (2156)
2005 Ed. (2063, 2064)
2004 Ed. (1940)
2003 Ed. (1900)
2002 Ed. (1840)
1996 Ed. (1506)
A League of Their Own
1995 Ed. (2614, 3703, 3708)
Leaguestar PLC
1995 Ed. (1007)
1994 Ed. (994)
Leahman Brothers
1992 Ed. (2722)
Leahy; Sir Terry
2006 Ed. (2533)
Leaks
2001 Ed. (4743)
Lean Cuisine
2008 Ed. (2774, 2775)
2006 Ed. (2666)
2005 Ed. (2691)
2004 Ed. (2691)
2002 Ed. (2366)
2001 Ed. (2539)
2000 Ed. (2278)
1999 Ed. (2531)
1997 Ed. (2091)
1996 Ed. (1975)
1995 Ed. (1941, 1942, 1943)
1993 Ed. (1905, 1906)
1992 Ed. (2238, 3219)
1990 Ed. (1856)
Lean Cuisine Cafe
2007 Ed. (2649)
Lean Cuisine Cafe Classics
2006 Ed. (2666)
2005 Ed. (2691)
2004 Ed. (2691)
2003 Ed. (2558)
Lean Cuisine Everyday Favorites
2008 Ed. (2775)
2007 Ed. (2649)
2003 Ed. (2558)
Lean Pockets
2008 Ed. (2775, 2786)
LeAnn Rimes/Bryan White
2000 Ed. (1184)
Leanne Baker
2000 Ed. (2027)
1996 Ed. (1795)
1995 Ed. (1822)
Leap Frog
2007 Ed. (4789)
Leap Group
2000 Ed. (77, 1043)
1999 Ed. (1118, 2622)
Leap of Faith: Memoirs of an Unexpected Life
2005 Ed. (726)
Leap Wireless International Inc.
2008 Ed. (4942)
2007 Ed. (3618)
2005 Ed. (1098, 4979)
2004 Ed. (2774, 2775, 3664)
2003 Ed. (2703, 4980)
Leapfrog
2006 Ed. (4782)
LeapFrog Enterprises Inc.
2005 Ed. (1678, 1679)
2004 Ed. (1571, 4337)
Leapnet Inc.
2001 Ed. (1666)
Lear Corp.
2008 Ed. (308, 309, 314, 1541, 1811, 1929, 1930, 2795, 2796)
2007 Ed. (305, 307, 321, 324, 325, 326, 1524, 1880, 1881, 2659, 2660, 3076, 4566)
2006 Ed. (308, 310, 328, 330, 331, 332, 335, 336, 338, 342, 1772, 1881, 1882, 2674, 2675, 3043)
2005 Ed. (289, 310, 314, 315, 316, 317, 318, 322, 323, 328, 1611, 1756, 1867, 1868, 2696, 2699, 3040)
2004 Ed. (281, 312, 315, 316, 317, 318, 320, 323, 325, 1699, 1797, 1798, 2697, 2700, 3027, 4556)
2003 Ed. (315, 337, 338, 339, 340, 344, 1560, 1760, 1761, 2584, 2585)
2002 Ed. (397, 399, 405, 1529, 1727, 3401)
2001 Ed. (529, 537, 717, 1279, 1790, 1792, 2569, 2874, 3395)
2000 Ed. (217, 357, 1516, 1664, 3171, 3846)
1999 Ed. (188, 350, 353, 361, 1706, 1840, 3457)
1998 Ed. (224, 240, 241, 244, 2539)
Lear Canada
2008 Ed. (297)
2007 Ed. (310)
Lear Holdings
1994 Ed. (1930)
Lear Seating Corp.
1998 Ed. (1176, 1267)
1997 Ed. (315, 316, 1480, 1601)
1996 Ed. (331, 338, 352, 2698)
1995 Ed. (1002)
1994 Ed. (989)
1993 Ed. (963, 1911)
1992 Ed. (2248)
Lear Siegler Holdings Corp.
1990 Ed. (1041)
Lear Siegler Seating Corp.
1992 Ed. (1189, 1532, 2247)
1991 Ed. (953, 1224, 1779)
1990 Ed. (1027, 1652)
Lear Corp. Sweden AB
2004 Ed. (2708)
2002 Ed. (2383)
Learbury Clothes
1992 Ed. (2973)
Learjet Inc.
2005 Ed. (1832)
2004 Ed. (1766)
2003 Ed. (1729)
2001 Ed. (1770)
1994 Ed. (188)
1991 Ed. (256)
1989 Ed. (272)
Learjet 31A
1998 Ed. (144)
Learning Co.
1997 Ed. (1256)
The Learning Annex
2008 Ed. (2404)
Learning Channel
1992 Ed. (1032)
Learning Company Inc.
2000 Ed. (1173)
Learning Express
2007 Ed. (903)
2005 Ed. (900)
2004 Ed. (909)
2003 Ed. (884)
2002 Ed. (1045)
Learning Tree
1999 Ed. (1128)
LeaRonal
1989 Ed. (899)
Lear's
1992 Ed. (3382, 3385)
1991 Ed. (2703, 2708)
Lease Group Resources Inc.
2004 Ed. (1369)
Lease Plan International
1999 Ed. (3455)
1997 Ed. (2821)
1996 Ed. (2696, 2697)
1995 Ed. (2620)
1994 Ed. (2565)
1993 Ed. (2604)
Lease Plan U.S.A.
1993 Ed. (2602)
1990 Ed. (2617)
Leased automobile
2000 Ed. (3505)
Leasetec Corp. International
2004 Ed. (4411)
Leaseway Motorcar Transport Co.
2007 Ed. (4843)
2006 Ed. (4847)
2005 Ed. (4747)
2004 Ed. (4771)
2003 Ed. (4787)
2002 Ed. (4689)
2000 Ed. (4310)
1998 Ed. (3632, 3643)
Leaseway Trans.
1989 Ed. (2467)
Leaseway Transportation
1999 Ed. (4679)
1994 Ed. (361)
Leasing associates
1993 Ed. (2602)
Leasing Companies
1989 Ed. (1486)
Leasing deals
1996 Ed. (3456)
Leasing Solutions
1995 Ed. (2059, 3380)
1993 Ed. (1050)
Least Bell's vireo
1996 Ed. (1643)
Leathal Weapon
1992 Ed. (4249)
Leather
1992 Ed. (3646)
Leather & leather goods manufacturing
2002 Ed. (2781)
Leather & leather product manufacturing
2002 Ed. (2785)
Leather Center
1999 Ed. (2555, 2556)
Leather Factory Inc.
2005 Ed. (4903, 4904)
2004 Ed. (4912)
Leather goods
1999 Ed. (1933, 1934)
Leather goods (handbags, belts, etc.)
1990 Ed. (1578)
Leather Imports Inc.
1997 Ed. (2224)
Leather Loft Stores
2003 Ed. (3203)
2002 Ed. (3076)
Leather tanning & finishing
1996 Ed. (2566)
Leather travel goods
1994 Ed. (1729)
Leatherdale; Douglas W.
1994 Ed. (2237)
Leavey Foundation; Thomas and Dorothy
1994 Ed. (1058, 1900)
1990 Ed. (1848)
Leaving Microsoft to Change the World: An Entrepreneur's Odyssey to Educate the World's Children
2008 Ed. (615)
Leavitt; Russell
1997 Ed. (1865)
1996 Ed. (1790, 1791)
1995 Ed. (1815)
1994 Ed. (1775, 1831)
1993 Ed. (1792)
Leavy Investment Management
1994 Ed. (2309)
Lebanese
1990 Ed. (3295)
Lebanon
2008 Ed. (2401, 4390, 4795)
2007 Ed. (674, 2265)
2006 Ed. (2334, 4591)
2004 Ed. (1910)
2001 Ed. (4471)
2000 Ed. (2351, 2365, 2370, 2371)
1995 Ed. (2008, 2015, 2027, 2034, 2038)
1994 Ed. (956)
1993 Ed. (1965, 1972, 1979, 1985)
1992 Ed. (2308, 2315, 2325, 2331, 4240)
1991 Ed. (1832, 1839, 1848)
1990 Ed. (1909, 1916, 1923)
1989 Ed. (362)
Lebanon Valley College
2001 Ed. (1321)
1999 Ed. (1224)
1996 Ed. (1041)
Lebed; Hartzel E.
1990 Ed. (1725)
Lebenthal Asset Management Inc., Discretionary Managed Accounts
2003 Ed. (3132, 3139)
Lebenthal Taxable Municipal Bond
1999 Ed. (3536, 3573)
Leblanc
1991 Ed. (2552)
LeBlanc Nadeau Bujold
2008 Ed. (278)
LeBoeuf Lamb Greene & MacRae
2005 Ed. (1444, 1445)
2004 Ed. (1427)
1997 Ed. (2841)
LeBoeuf, Lamb, Greene & MacRae LLP
2004 Ed. (3239)
2003 Ed. (3191)
Leboeuf, Lamb, Leiby & MacRae
1996 Ed. (2212)
1995 Ed. (2649)
1993 Ed. (2617, 2626)
LeBoeuf; R. W.
2007 Ed. (2498)
2006 Ed. (2520)
2005 Ed. (2486)
LeBoeuf; Raymond
2006 Ed. (936)
Lebonfante International Investors
2006 Ed. (3619)
Lebow Inc.; B. S.
1991 Ed. (1142)
LeBow; Bennett S.
2008 Ed. (2638, 2639)
Lebow; Bennett Stephen
1990 Ed. (2578)
LeBow College of Business
2008 Ed. (774)
Lebowa Platinum Mines
1993 Ed. (2579)
Lebowa Plats
1991 Ed. (2469)
Leboz Trading Co.
1994 Ed. (1069)
LeBron James
2008 Ed. (272)
LeCesse Corp.
1999 Ed. (1306)
1993 Ed. (1094)
LeCesse Development Corp.
2008 Ed. (1195)
2002 Ed. (2662)
LECG Corp.
2005 Ed. (4144)
LeChase Construction Services LLC
2008 Ed. (1192)
2006 Ed. (1331)
2004 Ed. (1262)
Leche Pascual
1994 Ed. (44)
Lechmere
1999 Ed. (1055)
1995 Ed. (229)
1994 Ed. (229)
1992 Ed. (348, 1936, 2426)
1991 Ed. (1541)
1990 Ed. (1521, 1646, 2031, 3327)
Lechner Construction Inc.
2007 Ed. (3532, 3533)
Lechters Inc.
2003 Ed. (785)
2002 Ed. (4542)
2001 Ed. (2744, 2749)
1999 Ed. (4373)
1998 Ed. (3343)
1997 Ed. (3554)
1996 Ed. (3488, 3489)
1995 Ed. (3427)
1994 Ed. (3368)
Lechwerke AG
2005 Ed. (2303, 2305, 2408)
LeClair Ryan
2008 Ed. (3429)
Leclerc
2001 Ed. (4512)
1999 Ed. (4524)
1998 Ed. (987)

1997 Ed. (1409)
1996 Ed. (3244)
1995 Ed. (3155, 3157)
1994 Ed. (1373)
1990 Ed. (1220, 1368)
Leclerc; Association des Centres Distributeurs E.
2005 Ed. (39)
Leclerc; E.
1995 Ed. (3156)
1993 Ed. (3050)
Leclerc Groupement d'Achats Edward
1995 Ed. (3731)
Lectures
1993 Ed. (1594)
Leda
2002 Ed. (3784)
Ledbetter; James Q.
1995 Ed. (3503)
Ledcor Group of Companies
2007 Ed. (1284)
Ledcor - U.S. Pacific Construction LLC
2008 Ed. (1779)
Lede Brothers
2002 Ed. (4788)
Lede; Cliff
2005 Ed. (4873)
Lede; Dave
2005 Ed. (4873)
Leder & Schuh AG
1997 Ed. (2616)
1996 Ed. (2469)
Leder & Schuh Aktiengesellschaft
1995 Ed. (2432)
1994 Ed. (2362)
Lederle
1994 Ed. (1559, 2461)
1992 Ed. (1867, 3001)
1991 Ed. (1472)
1990 Ed. (275, 1565)
Lederle Laboratories
1997 Ed. (1655)
1996 Ed. (1577, 2151, 2597)
1995 Ed. (1589)
1993 Ed. (889, 890)
Ledesma
1993 Ed. (769, 770)
1992 Ed. (965, 966, 1566)
1991 Ed. (784, 785)
Ledge Light Credit Union
2007 Ed. (2108)
2006 Ed. (2187)
2005 Ed. (2092)
LedgerPlus
2000 Ed. (2272)
LeDioyt Land Co.
1992 Ed. (2109)
1991 Ed. (1649)
1989 Ed. (1411)
The Ledlie Group
2005 Ed. (3959)
2004 Ed. (3999)
Ledo Pizza System Inc.
2008 Ed. (2685)
2007 Ed. (2544)
2006 Ed. (2573)
2005 Ed. (2567)
2004 Ed. (4136)
2003 Ed. (4128)
LeDoux; Chris
1993 Ed. (1079)
Ledyard National Bank
1998 Ed. (372)
1997 Ed. (502)
1996 Ed. (543)
Lee
2008 Ed. (983, 985, 991)
2007 Ed. (1100, 1103, 1104, 1112)
2006 Ed. (1016, 1017, 1023, 1260)
2005 Ed. (1017, 1290, 1344)
2004 Ed. (1240, 1339)
2002 Ed. (1082)
2001 Ed. (1276)
2000 Ed. (1114, 1116, 1122)
1999 Ed. (791, 1191, 1192, 1193, 1194, 1195, 1196, 1203, 3128)
1998 Ed. (760, 761, 763, 764, 765, 766, 774, 2040)
1997 Ed. (1020, 1021, 1023, 1024, 1026, 1027, 1039)
1996 Ed. (1001, 1002, 1004, 1005, 1019, 2439)
1995 Ed. (1022, 1023, 1034, 1035, 2398)
1994 Ed. (1010, 1011, 1012, 1013, 1014, 1026, 1027)
1993 Ed. (984, 985, 986, 987, 994, 995)
1992 Ed. (1209, 1210)
1990 Ed. (1805, 1806, 2405, 2406)
1989 Ed. (945)
Lee A. Iacocca
1995 Ed. (980, 981)
1992 Ed. (1144)
1991 Ed. (925, 927, 1623)
1989 Ed. (1376, 1379)
Lee & Associates
2002 Ed. (3912)
1998 Ed. (2998)
1997 Ed. (3256)
Lee & Associates; Ng
1996 Ed. (22, 23)
Lee Apparel Co.
2008 Ed. (988)
Lee Bass
2008 Ed. (4824)
2003 Ed. (4878)
2002 Ed. (3359)
1995 Ed. (664)
Lee Burkhart Liu Inc.
1998 Ed. (187)
1997 Ed. (267)
1996 Ed. (235)
1995 Ed. (239)
1994 Ed. (236)
Lee Burnett USA
2000 Ed. (42)
Lee Chang Yung Chemical Industry
2007 Ed. (2006)
Lee-Chem Laboratories
2003 Ed. (2674)
Lee-Chin; Michael
2005 Ed. (4865)
Lee Cooper
1990 Ed. (2406)
Lee County, AL
2008 Ed. (3480)
Lee County Electric Cooperative Inc.
2002 Ed. (3881)
2000 Ed. (3675)
1999 Ed. (3965)
1998 Ed. (2965)
Lee County, FL
2008 Ed. (3473)
1998 Ed. (1201, 1701)
1993 Ed. (2624)
1992 Ed. (1719)
Lee Data
1989 Ed. (971)
Lee E. Fisher
1993 Ed. (3443)
Lee Enterprises Inc.
2008 Ed. (3783)
2007 Ed. (3699)
2006 Ed. (4023)
2005 Ed. (3598, 3599)
2004 Ed. (1449, 3683, 3684)
2003 Ed. (3350)
2002 Ed. (3288)
1998 Ed. (2440)
1994 Ed. (2445)
1992 Ed. (2978, 4241)
1991 Ed. (2388, 3327)
1990 Ed. (2522)
1989 Ed. (1933)
Lee Fentress
2003 Ed. (226)
Lee Gifford; Kathie
1997 Ed. (1726)
Lee Hecht Harrison
1996 Ed. (2879)
1993 Ed. (2747)
1991 Ed. (2650)
Lee Hill Inc.
1990 Ed. (3082, 3085)
Lee Hyundai
1996 Ed. (273)
1995 Ed. (270)
1994 Ed. (270)
1991 Ed. (280)
1990 Ed. (327)
Lee Iacocca
1994 Ed. (948)
1993 Ed. (939, 1693, 1698)
1990 Ed. (971, 974, 1716)
Lee Insurance Co.; Connie
1997 Ed. (2851, 2857, 2859)
1996 Ed. (2734, 2736, 2742)
1995 Ed. (2655, 2657, 2664)
Lee; J. R.
2005 Ed. (2491)
Lee; James
2006 Ed. (2579)
Lee-Jay
1992 Ed. (2532)
Lee Jay Bed & Bath
1997 Ed. (2323)
1994 Ed. (2139)
Lee Jay-Yong
2008 Ed. (4851)
Lee Ka Lau
2005 Ed. (4874)
Lee; Keunmo
1996 Ed. (1890)
Lee; Keunmont
1997 Ed. (1996)
Lee Kitson Builders
2004 Ed. (1175)
Lee Krost Associates
1990 Ed. (3087)
Lee Kun-Hee
2008 Ed. (4851)
2007 Ed. (4909)
Lee Lewis Construction
1995 Ed. (1146)
1994 Ed. (1138)
1993 Ed. (1122)
Lee M. Bass
1994 Ed. (889, 1056)
1993 Ed. (888)
Lee Meat Group; Sara
1996 Ed. (1949)
1995 Ed. (1909)
1993 Ed. (1884, 2525, 2898)
Lee Meat Groups; Sara
1997 Ed. (2048)
Lee Memorial Health System
2008 Ed. (188)
2007 Ed. (201)
2006 Ed. (2899, 2917, 3590)
1999 Ed. (3466)
1997 Ed. (2828)
Lee Music; Bryan
1996 Ed. (2747)
1995 Ed. (2674)
1994 Ed. (2593, 2597)
1993 Ed. (2641)
Lee Myles Transmissions
2006 Ed. (346)
2005 Ed. (332)
2004 Ed. (330)
2003 Ed. (349)
2002 Ed. (401)
Lee Myles Transmissions & AutoCare
2008 Ed. (318)
2007 Ed. (331)
Lee Myung-Hee
2008 Ed. (4851)
Lee Packaged Meats; Sara
1997 Ed. (2732, 3144, 3145)
1996 Ed. (2584, 2590, 2591, 3059, 3062, 3064)
Lee R. Raymond
2006 Ed. (897, 934)
Lee Raymond
2007 Ed. (987)
2005 Ed. (788, 968)
Lee; Robin
1993 Ed. (1079)
Lee Roy Parnell
1995 Ed. (1120)
Lee Corp.; Sara
1997 Ed. (328, 330, 977, 1034, 1428, 2025, 2029, 2034, 2046, 2734, 2930)
1996 Ed. (956, 1014, 1015, 1020, 1271, 1377, 1928, 1932, 1935, 1937, 1946, 2583, 3058)
1995 Ed. (976, 1294, 1415, 1886, 1888, 1897, 1904, 1905, 2519, 2526, 2527, 2959, 2964, 2966, 2967)
1994 Ed. (34, 944, 1028, 1386, 1561, 1862, 1864, 1865, 1870, 1880, 1882, 2451, 2458, 2459, 2903, 2907, 2909)
1993 Ed. (43, 931, 935, 996, 1191, 1331, 1873, 1875, 1876, 1882, 2514, 2516, 2521, 2522, 2879, 2887, 2888, 2890, 2892, 2894)
1992 Ed. (493, 497, 1129, 1133, 1224, 1225, 3505, 3508, 3510, 3512)
Lee Scott
2006 Ed. (689)
2005 Ed. (788)
2004 Ed. (2528, 2529)
2003 Ed. (2408)
Lee Seidler
1991 Ed. (1687)
1989 Ed. (1418)
Lee Seng Wee
2008 Ed. (4850)
2006 Ed. (4918, 4919)
Lee Shau Kee
2008 Ed. (4841, 4844)
2007 Ed. (4909)
2005 Ed. (4861)
2004 Ed. (4876)
2003 Ed. (4890)
1998 Ed. (464)
1997 Ed. (673)
Lee Shin Cheng
2008 Ed. (4847)
2006 Ed. (4917)
Lee; Thomas
1997 Ed. (2004)
Lee; Thomas H.
2008 Ed. (4293)
Lee Wetherington Homes
2005 Ed. (1200)
2004 Ed. (1172)
2003 Ed. (1164)
2002 Ed. (2679)
Leeann Chin
2008 Ed. (2679)
2007 Ed. (4140)
2006 Ed. (4113)
2002 Ed. (4008)
2000 Ed. (3776)
1999 Ed. (4060)
Leeann Chin Chinese Cuisine
2004 Ed. (4125)
Leeb, Indicator Digest; Stephen
1990 Ed. (2366)
Leech Tishman Fuscaldo & Lampl LLC
2008 Ed. (2037)
Leedex Group
1997 Ed. (3202)
Leedex Public Relations
1996 Ed. (3121)
Leeds
2008 Ed. (676)
1992 Ed. (1031)
Leeds & Holbeck
2000 Ed. (3855)
Leeds/Bradford Airport
1995 Ed. (197)
Leeds Building Products
1996 Ed. (824)
Leeds Permanent
1995 Ed. (3185)
1990 Ed. (3103)
Leeds Permanent Building Society
1991 Ed. (1719)
1990 Ed. (1786)
Leedy Corp.
1991 Ed. (3063)
Leefung-Asco Printers Holdings
1996 Ed. (2140)
Leejay Bed & Bath
1990 Ed. (2115)
Leeming Appliances; Noel
1993 Ed. (44)
Leerink Swann & Co.
2008 Ed. (3386)
2007 Ed. (3262)
Lee's Country Chicken
1993 Ed. (1758)
Lee's Famous Recipe
1993 Ed. (3020)
Lee's Famous Recipe Chicken
2007 Ed. (4143)
2006 Ed. (4116)
2004 Ed. (4130)
2002 Ed. (2244)
2000 Ed. (1910)

1999 Ed. (2135)
1998 Ed. (1549)
1997 Ed. (1841)
1996 Ed. (1760)
1995 Ed. (1782)
1994 Ed. (1749)
1992 Ed. (2112)
1991 Ed. (1656)
1990 Ed. (1751)
Lees for Living
2003 Ed. (4732)
Lee's Long Term Care Facility Inc.
2008 Ed. (2889)
Leesburg Regional Medical Center
2008 Ed. (188)
2006 Ed. (2899)
1997 Ed. (2260)
Lefrak Organization Inc.
2006 Ed. (278, 281)
2005 Ed. (257, 258)
2004 Ed. (256)
2003 Ed. (289)
2002 Ed. (323)
2000 Ed. (306, 1108)
1999 Ed. (1188)
1998 Ed. (178, 756)
1995 Ed. (1017)
1994 Ed. (1005)
1993 Ed. (238)
1991 Ed. (247)
LeFrak; Samuel Jayson
1990 Ed. (2576)
Lefranc Charles Cellars
1989 Ed. (2940)
Left Behind
2003 Ed. (722, 723)
Left Behind: The Kids 8 Death Strike
2003 Ed. (715)
Left Behind: The Kids #4: Facing the Future
2001 Ed. (982)
Left Behind: The Kids 9 The Search
2003 Ed. (715)
Left Behind: The Kids 1 The Vanishings
2003 Ed. (709)
2001 Ed. (982)
Left Behind: The Kids 7 Busted
2003 Ed. (715)
Left Behind: The Kids 10 On the Run
2003 Ed. (715)
Left Behind: The Kids #3: Through the Flames
2001 Ed. (982)
Left Behind: The Kids #2: Second Chance
2001 Ed. (982)
Lefton Co. Inc.; Al Paul
1994 Ed. (108)
1993 Ed. (73, 127)
1992 Ed. (197)
1991 Ed. (142)
1990 Ed. (142)
1989 Ed. (59)
Leftwich & Douglas
1995 Ed. (673, 2413)
Legacy
2001 Ed. (534)
1998 Ed. (899)
1997 Ed. (2376)
1996 Ed. (2250)
Legacy Automotive Group
2007 Ed. (190)
2006 Ed. (184)
2005 Ed. (170)
2004 Ed. (168)
Legacy Electronics Inc.
1999 Ed. (1990)
1998 Ed. (1415)
Legacy-Emanual Hospital & Health Center
2006 Ed. (1974)
2005 Ed. (1939)
2004 Ed. (1839)
2003 Ed. (1806)
2001 Ed. (1831)
Legacy-Emanuel Hospital & Health Center
2008 Ed. (2027)
Legacy Homes
2005 Ed. (1181, 1192)
2004 Ed. (1163, 1164)
2003 Ed. (1157, 1158, 1188)
2002 Ed. (2682, 2692)
1999 Ed. (1328)
Legacy Hotels REIT
2008 Ed. (3077, 4200)
Legacy Parkway Team
2007 Ed. (1314)
Legacy Partners
2002 Ed. (3921, 3935)
Legacy Partners Commercial Inc.
2002 Ed. (3923)
Legacy/phaco emulsification aspirator
1995 Ed. (2810)
Legacy Resource Consulting Corp.
2008 Ed. (4983)
Legacy Software Inc.
1999 Ed. (2624, 3265)
Legal
2005 Ed. (3635, 3636, 3662)
1993 Ed. (1864)
Legal Aid Society
1991 Ed. (896, 897, 899)
Legal & accounting services
2002 Ed. (2223, 2779, 2783)
Legal & General
2006 Ed. (3128)
2005 Ed. (3092)
Legal & General America Inc.
2007 Ed. (3143)
2005 Ed. (3111)
2004 Ed. (3108)
Legal & General Assurance (Pensions Management) Ltd.
2003 Ed. (2977)
Legal & General Assurance Society Ltd.
1991 Ed. (2145)
Legal & General Group
1999 Ed. (1645)
1996 Ed. (1397)
1990 Ed. (2242)
Legal & General Group plc
2008 Ed. (1813, 2122, 3310, 3312)
2007 Ed. (3159, 3163, 3164)
2006 Ed. (1684, 3129)
2002 Ed. (1786)
2001 Ed. (1718, 1884)
2000 Ed. (4006)
1995 Ed. (2282)
1994 Ed. (2234)
1993 Ed. (2254)
1991 Ed. (2145)
1990 Ed. (2276, 2280)
Legal & General Investment Management
2006 Ed. (3215)
2003 Ed. (3102)
2001 Ed. (3015)
Legal & General Properties
2001 Ed. (3922)
Legal & General Ventures
1995 Ed. (2499, 2500)
Legal & General Worldwide
1997 Ed. (2919)
Legal assistant
2004 Ed. (2281)
Legal assistants
2007 Ed. (3725)
Legal bookmaking
1995 Ed. (1968)
Legal department
1996 Ed. (3873)
Legal/financial woes
1992 Ed. (1939)
Legal Network
2006 Ed. (742)
2005 Ed. (816)
Legal/Paralegal service
1992 Ed. (3535)
Legal Research Center Inc.
2004 Ed. (4546, 4548)
Legal Sea Foods
2008 Ed. (4195, 4196)
2007 Ed. (4155)
2006 Ed. (4135)
2004 Ed. (4146)
2002 Ed. (4028)
2000 Ed. (3873)
1999 Ed. (4158)
1998 Ed. (3174)
1997 Ed. (3397)
1996 Ed. (3301)
1995 Ed. (3200)
1994 Ed. (3156)
1993 Ed. (3112)
1992 Ed. (3817)
1991 Ed. (2860, 2939)
1990 Ed. (3002)
Legal Seafoods
2003 Ed. (4484, 4488)
Legal services
2006 Ed. (3762)
1995 Ed. (3314)
1994 Ed. (3235)
1992 Ed. (3255)
1990 Ed. (1657)
Legally Blonde
2003 Ed. (3454)
Legat Architects Inc.
2001 Ed. (407, 408)
Legato Systems Inc.
2005 Ed. (2343)
2000 Ed. (1742)
Legend
1995 Ed. (2572)
Legend Autorama Ltd.
1993 Ed. (282)
Legend Holdings Ltd.
2002 Ed. (3337, 4509)
2001 Ed. (2867, 2871)
Legend Home Corp.
2008 Ed. (1196)
Legend Homes Corp.
2005 Ed. (1224)
2004 Ed. (1198)
2003 Ed. (1193)
2002 Ed. (1206)
Legend of the Candy Cane
2001 Ed. (980)
Legend of Zelda: The Ocarina of Time
2000 Ed. (4345)
Legends of the Fall
1997 Ed. (3845)
Legends Resort
2002 Ed. (1335)
Legent
1996 Ed. (1087)
1995 Ed. (1110)
1993 Ed. (1074)
Legg Mason
2008 Ed. (585, 586, 2169, 2693, 3378, 3379, 3380, 4285)
2007 Ed. (2060, 2550, 2552, 3252, 3256, 3259, 3277, 4267, 4277)
2006 Ed. (2107, 2290, 2294, 2582, 3193, 3210, 4253)
2005 Ed. (2580, 2598, 4245, 4246, 4248)
2004 Ed. (2609, 3194, 3196, 4322, 4323, 4325, 4335)
2003 Ed. (1421, 2475, 3070, 3074, 3078, 3080, 3441)
2002 Ed. (499, 4214)
2001 Ed. (791, 3002)
2000 Ed. (863, 2787, 2796, 2860)
1999 Ed. (863, 920, 3110)
1998 Ed. (524, 530)
1997 Ed. (737)
1996 Ed. (801, 1565, 2396, 2400)
1995 Ed. (758, 816)
1994 Ed. (784)
1992 Ed. (962)
Legg Mason American Leading Companies
2004 Ed. (3580, 3590)
Legg Mason Canada Holding Ltd.
2008 Ed. (1644)
Legg Mason Canada Holdings Ltd.
2005 Ed. (4512)
Legg Mason Capital
1999 Ed. (3075, 3076, 3077, 3078)
1997 Ed. (2530, 2534)
Legg Mason Capital Management
2005 Ed. (3595)
2001 Ed. (3690)
Legg Mason Capital Mgmt.
2000 Ed. (2805)
Legg Mason Diversified
2006 Ed. (3662)
Legg Mason Emerging Markets Prim
2003 Ed. (3521)
Legg Mason Equity Trust Value Prim
2003 Ed. (3488)
Legg Mason Growth Trust
2006 Ed. (3623, 3624)
Legg Mason Growth Trust Primary
2008 Ed. (2615)
2007 Ed. (2485)
Legg Mason High Yield
2008 Ed. (596)
2000 Ed. (3255)
Legg Mason Income High Yield
1999 Ed. (753)
Legg Mason Income Investment Grade Primary
2008 Ed. (597)
Legg Mason Institutional Western Asset Management Core
2004 Ed. (692)
Legg Mason Investment Grade Income
2004 Ed. (722)
1999 Ed. (3537)
Legg Mason Opportunity Primary
2008 Ed. (4516)
2007 Ed. (4548)
2006 Ed. (4572)
2005 Ed. (4496)
Legg Mason Opportunity Tr. Primary
2007 Ed. (2488)
Legg Mason Opportunity Trust Primary
2008 Ed. (2618)
Legg Mason Partners AZ Municipals
2008 Ed. (583)
Legg Mason Partners Lifestyle Income
2008 Ed. (604)
Legg Mason Real Estate
2000 Ed. (2817, 2820, 3723)
1999 Ed. (3093, 4006, 4306)
1998 Ed. (3014)
1997 Ed. (3263, 3269, 3270)
1996 Ed. (3167, 3168)
Legg Mason Real Estate Services
2005 Ed. (4016)
2004 Ed. (4083)
2003 Ed. (447, 4057)
2002 Ed. (4277)
Legg Mason Special Investment Primary
2007 Ed. (2487)
Legg Mason Total Return
1993 Ed. (2673)
Legg Mason Total Return Navig
1999 Ed. (3557)
Legg Mason Total Return Prim
1998 Ed. (2632)
Legg Mason Total Return Primary
1999 Ed. (3515, 3557)
1998 Ed. (2598)
Legg Mason Total Return Trust
1995 Ed. (2735)
Legg Mason Value
2006 Ed. (4556)
Legg Mason Value Navigator
1998 Ed. (2601)
Legg Mason Value Primary
2006 Ed. (3620, 3621)
2004 Ed. (3553, 3555)
Legg Mason Value Trust
2006 Ed. (3684)
2005 Ed. (3581, 4480)
2004 Ed. (2450, 3657)
2002 Ed. (3418)
1999 Ed. (3561)
Legg Mason Value Trust Navig
2000 Ed. (3256)
Legg Mason Value Trust Primary
1998 Ed. (2632)
Legg Mason/Western
2007 Ed. (3681)
Legg Mason/Western Asset
2003 Ed. (3485, 3502, 3503)
Legg Mason/Western Asset Management
2007 Ed. (3661, 3662)
2006 Ed. (3600, 3601)
2005 Ed. (3540, 3546, 3548, 3572)
2004 Ed. (3541, 3561, 3563)
Legg Mason/Western High Yield
2008 Ed. (593)
Legg Mason Wood Walker
1995 Ed. (3245)
1993 Ed. (3178)
1991 Ed. (783, 2189, 2948, 2961, 2971, 3040, 3041)
1990 Ed. (819)

1989 Ed. (820)
Legg Masson Capital Management
2000 Ed. (2804)
Leggett & Platt Inc.
2008 Ed. (1214, 1872, 1873, 1874, 1875, 1878, 1957, 2795, 2796, 2798)
2007 Ed. (1578, 1840, 1841, 1893, 2659, 2660, 2665, 2667, 2871, 3478)
2006 Ed. (1216, 1833, 1834, 1835, 1836, 1910, 2674, 2675, 2677, 2678, 2877, 2957)
2005 Ed. (1888, 2696, 2697, 2698, 2699, 2700, 2701)
2004 Ed. (1806, 2697, 2698, 2699, 2700, 2701, 2703, 2705)
2003 Ed. (1769, 2119, 2584, 2585, 2588, 2589, 2772, 2774)
2002 Ed. (1221, 1732, 2378, 2381, 4514)
2001 Ed. (2565, 2569, 2570, 2736, 2737)
2000 Ed. (2255, 2288)
1999 Ed. (2546, 2547, 2700)
1998 Ed. (1782, 1785, 1962, 1963)
1997 Ed. (2101, 2103, 2239, 2240)
1996 Ed. (1988, 1989, 2129, 2130)
1995 Ed. (1953, 1955, 2122)
1994 Ed. (1929, 1930, 2074, 2125)
1993 Ed. (1370, 1910, 1911, 2054, 2104)
1992 Ed. (2245, 2246, 2247, 2248, 2433, 2516)
1991 Ed. (1779, 1780, 1926, 1959)
1990 Ed. (1864, 1865, 2037, 2038, 2104)
1989 Ed. (1490, 1601, 1622)
Leggett & Platt Display Group
2008 Ed. (4005)
Leggett & Platt Fixtures Group
2008 Ed. (4546)
2007 Ed. (4595)
Leggett & Platt Store Fixtures Group
2005 Ed. (4528)
L'eggs
2003 Ed. (1001)
1989 Ed. (945)
Leghorn
1992 Ed. (1398)
Legion
1994 Ed. (3487)
Legion Health
2004 Ed. (1809)
Legion Insurance Co.
2004 Ed. (3136)
2003 Ed. (4993)
2002 Ed. (3957)
Legion Insurance Group
2002 Ed. (2952)
Legner Associates Inc.; J. Y.
2007 Ed. (3558, 3559)
2006 Ed. (3515)
Lego
2008 Ed. (4707)
2007 Ed. (4789)
2006 Ed. (4782)
2001 Ed. (4606, 4607)
2000 Ed. (4277)
1999 Ed. (786, 788, 4628, 4629, 4632, 4637)
1998 Ed. (3596, 3599, 3603, 3604)
1997 Ed. (3775, 3776, 3778, 3779)
1996 Ed. (3722, 3723)
1995 Ed. (3638, 3639, 3642, 3643, 3647)
1994 Ed. (3560, 3561)
1993 Ed. (734, 3601, 3603)
1992 Ed. (4327, 4328)
1991 Ed. (3410)
LEGO A/S
1993 Ed. (2498)
Lego A/S (Koncern)
1996 Ed. (2568)
Lego Freestyle Set
1997 Ed. (3771)
Lego Group
2007 Ed. (3214)
Lego System A/S
2004 Ed. (3358)
2002 Ed. (3234)
2001 Ed. (3216)
1999 Ed. (3299)
1997 Ed. (2708)
1996 Ed. (2568)
1995 Ed. (2506)
1994 Ed. (2438)
1993 Ed. (2498)
1992 Ed. (2971)
Lego.com
2006 Ed. (2384)
2001 Ed. (4775)
Legoland Parks
2007 Ed. (274)
Legoland Town
1994 Ed. (3562)
1992 Ed. (4329)
Legrand SA
2005 Ed. (1558)
Legum Chevrolet-Nissan
1990 Ed. (339)
Lehigh Cement Co.
2006 Ed. (4610)
Lehigh Class Reunion Funds Gifts
1992 Ed. (2216)
Lehigh Group Inc.
1997 Ed. (1257)
The Lehigh Press
2002 Ed. (3767)
2000 Ed. (3614, 3615)
1999 Ed. (3898)
1998 Ed. (2924)
Lehigh University
1994 Ed. (896, 1057)
1992 Ed. (2216)
Lehigh Valley
2001 Ed. (3312)
2000 Ed. (3134)
Lehman Ark
1991 Ed. (2208, 2215)
Lehman Bros./Municipal MMF/CIA
1996 Ed. (2668)
Lehman Brothers Inc.
2008 Ed. (2803)
2005 Ed. (2598)
2001 Ed. (747, 758, 810, 831, 961, 964, 966, 967, 968, 969, 972, 974, 975, 1510, 1512, 2434, 2435, 3038, 3155, 4178, 4382)
2000 Ed. (376, 377, 378, 776, 777, 880, 881, 1919, 1921, 1922, 2455, 2456, 2457, 2768, 3190, 3191, 3192, 3193, 3194, 3195, 3414, 3725, 3878, 3884, 3886, 3887, 3888, 3890, 3891, 3892, 3893, 3894, 3895, 3896, 3897, 3898, 3899, 3901, 3902, 3903, 3904, 3908, 3910, 3911, 3912, 3913, 3914, 3915, 3916, 3917, 3923, 3924, 3925, 3926, 3929, 3933, 3935, 3936, 3937, 3938, 3939, 3940, 3941, 3942, 3943, 3944, 3945, 3946, 3947, 3948, 3949, 3952, 3953, 3954, 3955, 3956, 3957, 3958, 3959, 3960, 3961, 3962, 3964, 3965, 3966, 3967, 3969, 3970, 3971, 3972, 3973, 3975, 3976, 3977, 3978, 3979, 3980, 3981, 3982, 3984, 3985, 3987, 3988, 4021)
1999 Ed. (828, 832, 833, 840, 864, 892, 893, 931, 932, 934, 935, 1425, 1426, 1427, 1428, 1429, 1430, 1432, 1435, 1439, 2063, 2064, 2143, 2151, 2152, 2440, 2442, 3022, 3023, 3024, 3025, 3026, 3027, 3028, 3029, 3030, 3031, 3032, 3033, 3034, 3035, 3037, 3477, 3478, 3479, 3480, 3481, 3482, 4007, 4177, 4178, 4179, 4180, 4181, 4182, 4183, 4184, 4185, 4186, 4187, 4188, 4189, 4190, 4191, 4195, 4196, 4197, 4199, 4205, 4206, 4207, 4208, 4210, 4211, 4212, 4213, 4214, 4215, 4217, 4218, 4219, 4220, 4221, 4222, 4225, 4226, 4227, 4228, 4230, 4231, 4232, 4233, 4234, 4235, 4236, 4237, 4238, 4239, 4240, 4241, 4242, 4243, 4244, 4245, 4246, 4247, 4248, 4249, 4250, 4251, 4252, 4253, 4254, 4255, 4256, 4258, 4259, 4260, 4261, 4262, 4263, 4264, 4265, 4308)
1998 Ed. (342, 995, 997, 998, 999, 1000, 1001, 1002, 1003, 1004, 1005, 1495, 1497, 1498, 1499, 1501, 1561, 2238, 2239, 2240, 2241, 2242, 2243, 2244, 2245, 2246, 2247, 2248, 2249, 2250, 2251, 2253, 2566, 2567, 2568, 2569, 2570, 2571, 2578, 3181, 3186, 3187, 3189, 3190, 3191, 3192, 3193, 3194, 3195, 3196, 3197, 3198, 3199, 3200, 3206, 3207, 3209, 3211, 3212, 3213, 3214, 3215, 3217, 3218, 3219, 3220, 3221, 3222, 3223, 3226, 3227, 3228, 3229, 3230, 3231, 3232, 3233, 3234, 3235, 3236, 3237, 3238, 3239, 3240, 3241, 3242, 3243, 3244, 3245, 3246, 3247, 3248, 3249, 3250, 3251, 3252, 3253, 3254, 3255, 3256, 3257, 3258, 3259, 3260, 3261, 3262, 3263, 3264, 3265, 3266, 3267, 3268, 3269, 3270, 3271, 3272, 3273)
1997 Ed. (732, 771, 1222, 1223, 1224, 1225, 1226, 1228, 1229, 1787, 1788, 1789, 1790, 1922, 2476, 2487, 2488, 2489, 2490, 2491, 2492, 2493, 2494, 2495, 2496, 2497, 2498, 2499, 2501, 2506, 2812, 2832, 2833, 2834, 2835, 2836, 2837, 2838, 3417, 3419, 3420, 3421, 3422, 3424, 3426, 3427, 3428, 3429, 3430, 3431, 3432, 3433, 3435, 3436, 3437, 3438, 3439, 3440, 3441, 3442, 3444, 3446, 3449, 3450, 3451, 3452, 3453, 3454, 3455, 3456, 3457, 3458, 3459, 3460, 3461, 3462, 3464, 3465, 3466, 3467, 3468, 3469, 3470, 3471, 3474, 3475, 3476, 3477, 3478, 3479, 3480, 3481, 3483)
1996 Ed. (396, 794, 796, 797, 800, 803, 806, 1034, 1181, 1182, 1184, 1185, 1186, 1187, 1188, 1189, 1190, 1699, 1702, 1704, 1705, 1706, 1768, 1769, 2350, 2354, 2359, 2360, 2361, 2362, 2363, 2364, 2365, 2366, 2367, 2369, 2370, 2371, 2373, 2712, 2713, 2714, 2715, 2716, 2717, 2718, 2719, 2720, 2721, 3100, 3170, 3311, 3313, 3314, 3316, 3317, 3318, 3319, 3320, 3322, 3323, 3324, 3325, 3326, 3327, 3328, 3329, 3330, 3331, 3332, 3333, 3334, 3335, 3336, 3337, 3338, 3339, 3340, 3341, 3342, 3343, 3344, 3346, 3347, 3348, 3349, 3350, 3351, 3353, 3354, 3355, 3356, 3357, 3358, 3359, 3360, 3361, 3362, 3364, 3365, 3366, 3367, 3368, 3369, 3370, 3371, 3372, 3373, 3374, 3375, 3378, 3379, 3380, 3381, 3382, 3385, 3386, 3387, 3388)
1995 Ed. (722, 723, 724, 725, 726, 727, 729, 730, 731, 732, 733, 734, 735, 736, 737, 738, 739, 741, 742, 743, 744, 745, 747, 748, 749, 750, 751, 752, 753, 754, 755, 1216, 1218, 1719, 1720, 1721, 1722, 1793, 1794, 1799, 2335, 2340, 2341, 2342, 2343, 2344, 2345, 2346, 2347, 2348, 2350, 2351, 2352, 2633, 2634, 2635, 2636, 2637, 2638, 2639, 2640, 2641, 2642, 3204, 3209, 3213, 3215, 3216, 3217, 3218, 3219, 3220, 3221, 3223, 3224, 3225, 3226, 3227, 3228, 3229, 3230, 3231, 3232, 3233, 3234, 3235, 3236, 3237, 3238, 3239, 3240, 3242, 3243, 3244, 3245, 3246, 3247, 3248, 3249, 3250, 3251, 3252, 3253, 3254, 3255, 3256, 3257, 3258, 3259, 3260, 3261, 3262, 3263, 3264, 3265, 3266, 3269, 3270, 3271, 3273, 3274, 3275, 3276)
1994 Ed. (727, 728, 780, 1040, 1197, 1198, 1199, 1200, 1675, 1676, 1686, 1687, 1689, 1690, 1691, 1696, 1703, 1757, 1758, 1829, 1830, 1835, 1838, 2286, 2287, 2288, 2289, 2291, 2555, 2580, 2581, 2582, 2583, 3024, 3162, 3163, 3164, 3165, 3166, 3167, 3168, 3169, 3170, 3171, 3172, 3174, 3175, 3176, 3177, 3178, 3179, 3180, 3181, 3182, 3183, 3184, 3187, 3188, 3189, 3190)
1993 Ed. (793, 839, 840, 841, 842, 1014, 1164, 1166, 1167, 1168, 1169, 1170, 1172, 1198, 1668, 1685, 1686, 1768, 1769, 1770, 1851, 2265, 2266, 2270, 2273, 2274, 2275, 2276, 2279, 2591, 2981, 3116, 3118, 3119, 3120, 3121, 3122, 3123, 3124, 3125, 3126, 3127, 3128, 3129, 3130, 3131, 3132, 3133, 3134, 3135, 3136, 3137, 3138, 3139, 3142, 3143, 3144, 3145, 3146, 3147, 3148, 3149, 3150, 3151, 3152, 3153, 3154, 3155, 3156, 3157, 3158, 3159, 3160, 3161, 3163, 3164, 3165, 3166, 3167, 3168, 3169, 3170, 3171, 3172, 3173, 3174, 3175, 3176, 3177, 3179, 3180, 3181, 3182, 3183, 3184, 3185, 3186, 3190, 3191, 3193, 3194, 3195, 3197, 3199, 3200, 3205, 3207, 3208)
1992 Ed. (1050, 1051, 1052, 1053, 1290, 1450, 1452, 1453, 1454, 1455, 2021, 2040, 2041, 2718, 2719, 2720, 2721, 2724, 2725, 2726, 2727, 3105, 3823, 3832, 3834, 3835, 3836, 3837, 3839, 3841, 3842, 3845, 3846, 3847, 3848, 3849, 3850, 3851, 3852, 3853, 3854, 3855, 3856, 3857, 3858, 3859, 3860, 3861, 3862, 3863, 3864, 3865, 3866, 3867, 3868, 3869, 3870, 3872, 3873, 3874, 3876, 3877, 3878, 3879, 3881, 3882, 3883, 3885, 3886, 3887, 3888, 3890, 3891, 3892, 3894, 3895, 3896, 3900, 3902, 3903, 3904, 3905, 3907)
Lehman Brothers/American Express
1994 Ed. (1706, 1707, 1708, 1709)
Lehman Brothers Bank, FSB
2007 Ed. (3635, 3636, 4247, 4248, 4249, 4251, 4254, 4255, 4256, 4261)
2006 Ed. (3570, 3571, 4233, 4234, 4235, 4237, 4241, 4242, 4247)
2005 Ed. (3510, 3511, 4181, 4182, 4183, 4212, 4217)
2004 Ed. (3506, 3507, 4248, 4249, 4250, 4279, 4284)
2003 Ed. (4229, 4259, 4277, 4278)
2002 Ed. (4116)
Lehman Brothers Holding Inc.
1998 Ed. (515)
Lehman Brothers Holdings Inc.
2008 Ed. (339, 764, 1390, 1391, 1392, 1393, 1396, 1397, 1398, 1482, 2281, 2292, 2694, 2882, 2922, 3398, 3410, 4120, 4285, 4286, 4292, 4304, 4305, 4306, 4542, 4617, 4665)
2007 Ed. (649, 650, 651, 788, 1440, 1488, 2162, 2550, 2552, 2566, 2572, 2672, 2888, 3256, 3276, 3277, 3285, 3295, 3630, 3631, 3632, 3633, 3634, 3650, 3651, 3652, 3653, 3654, 3655, 4101, 4266, 4267, 4268, 4271, 4272, 4275, 4278, 4283, 4286, 4288, 4289, 4298, 4300, 4301, 4302, 4303, 4304, 4305, 4306, 4307, 4308, 4309, 4310, 4311, 4312, 4313, 4314, 4315, 4316, 4319, 4320, 4321, 4323, 4324, 4325, 4327, 4328, 4329, 4330, 4331,

4332, 4333, 4334, 4335, 4336, 4337, 4338, 4339, 4340, 4560, 4653, 4654, 4656)
2006 Ed. (695, 778, 779, 1408, 1409, 1410, 1411, 1414, 1415, 1416, 2242, 2582, 2586, 3208, 3209, 3210, 3223, 3236, 3686, 3687, 3700, 3701, 4051, 4251, 4252, 4253, 4261, 4276, 4277, 4278, 4279, 4722, 4723)
2005 Ed. (162, 215, 293, 545, 546, 662, 706, 707, 708, 752, 756, 822, 869, 870, 949, 1021, 1137, 1142, 1259, 1423, 1424, 1425, 1426, 1429, 1430, 1431, 1433, 1434, 1435, 1436, 1451, 1452, 1458, 1459, 1465, 2147, 2169, 2178, 2287, 2297, 2298, 2299, 2342, 2448, 2449, 2451, 2464, 2576, 2577, 2580, 2638, 2639, 2805, 2807, 2816, 2983, 3029, 3054, 3117, 3217, 3219, 3222, 3223, 3238, 3249, 3369, 3386, 3466, 3503, 3504, 3505, 3506, 3507, 3508, 3512, 3526, 3527, 3528, 3529, 3530, 3531, 3535, 3590, 3668, 3714, 3732, 3749, 3767, 3811, 3812, 3819, 3943, 4015, 4019, 4020, 4048, 4110, 4111, 4113, 4245, 4246, 4247, 4248, 4252, 4256, 4257, 4258, 4259, 4260, 4261, 4262, 4263, 4264, 4265, 4266, 4267, 4268, 4269, 4270, 4271, 4272, 4273, 4274, 4275, 4276, 4277, 4278, 4279, 4281, 4295, 4296, 4297, 4298, 4299, 4300, 4301, 4302, 4303, 4304, 4305, 4306, 4307, 4308, 4309, 4310, 4311, 4312, 4313, 4316, 4317, 4318, 4319, 4320, 4321, 4322, 4323, 4325, 4326, 4327, 4328, 4330, 4331, 4332, 4333, 4334, 4336, 4337, 4338, 4341, 4347, 4348, 4356, 4423, 4564, 4572, 4573, 4575, 4614, 4616, 4617, 4618, 4631, 4643, 4644)
2004 Ed. (1402, 1403, 1404, 1405, 1410, 1411, 1413, 1414, 1415, 1421, 1430, 1434, 1435, 1436, 1439, 1441, 1442, 2007, 2008, 2068, 2069, 2072, 2075, 2600, 3181, 3184, 3185, 3186, 3187, 3188, 3190, 3191, 3197, 3198, 3200, 3201, 3202, 3203, 3205, 3207, 3500, 3503, 3504, 3505, 3527, 3528, 3529, 3530, 3531, 3532, 4082, 4083, 4322, 4323, 4324, 4325, 4333, 4336, 4339, 4341, 4342, 4343, 4353, 4354, 4355, 4356, 4357, 4358, 4359, 4360, 4361, 4362, 4363, 4364, 4365, 4366, 4367, 4368, 4369, 4370, 4372, 4376, 4377, 4380, 4381, 4383, 4384, 4385, 4386, 4387, 4388, 4389, 4390, 4391, 4393, 4394, 4395, 4396, 4695)
2003 Ed. (1387, 1388, 1389, 1390, 1391, 1395, 1397, 1398, 1399, 1409, 1410, 1414, 1475, 1708, 2016, 2029, 2031, 2032, 2362, 2368, 2476, 2478, 3066, 3090, 3091, 3093, 3094, 3095, 3098, 3473, 3474, 3475, 3476, 3477, 3478, 4055, 4057, 4315, 4316, 4317, 4323, 4325, 4332, 4333, 4334, 4335, 4336, 4337, 4338, 4339, 4340, 4341, 4342, 4343, 4344, 4345, 4346, 4347, 4348, 4349, 4350, 4351, 4352, 4353, 4356, 4357, 4359, 4360, 4361, 4362, 4364, 4365, 4366, 4368, 4369, 4370, 4371, 4372, 4373)
2002 Ed. (502, 503, 504, 579, 727, 730, 733, 734, 735, 736, 999, 1348, 1349, 1350, 1351, 1352, 1353, 1358, 1362, 1363, 1364, 1366, 1367, 1370, 1375, 1376, 1404, 1406, 1455, 2157, 2161, 2162, 2165, 2167, 2168, 2271, 2817, 3001, 3011, 3012, 3015, 3016, 3042, 3043, 3209, 3407, 3408, 3409, 3410, 3411, 3412, 4189, 4190, 4191, 4197, 4198, 4201, 4206, 4208, 4209, 4210, 4211, 4212, 4213, 4214, 4215, 4217, 4218, 4219, 4220, 4221, 4222, 4223, 4224, 4225, 4226, 4227, 4228, 4229, 4230, 4231, 4232, 4233, 4234, 4235, 4238, 4241, 4244, 4245, 4246, 4247, 4248, 4249, 4250, 4251, 4252, 4556, 4557, 4601, 4648, 4649, 4650, 4651, 4653, 4654, 4655, 4656, 4657, 4658, 4659, 4660, 4663)
2001 Ed. (746, 748, 749, 751, 752, 753, 754, 756, 757, 767, 771, 783, 791, 806, 811, 827, 840, 848, 852, 856, 864, 868, 880, 892, 896, 908, 924, 932, 940, 944, 952, 1517, 1518, 1522, 1528, 1531, 2423, 2424, 2425, 2427, 2428, 3009, 4003, 4088, 4177, 4193, 4194, 4207)
2000 Ed. (827, 835, 864, 882)
1998 Ed. (514, 516, 518, 522, 525, 527, 528)
1997 Ed. (733, 734, 736, 739, 742, 770)
1996 Ed. (795, 798, 808, 1538)
1995 Ed. (1556)
Lehman Brothers International
1993 Ed. (1174, 1687, 1688, 1689, 1690, 3201, 3202)
1992 Ed. (2141)
Lehman Brothers/Prime Val MME/CIA
1996 Ed. (2669)
Lehman Brothers; Shearson
1997 Ed. (1248)
Lehman Buick; William
1992 Ed. (409)
1991 Ed. (304)
1990 Ed. (337)
Lehman Loeb; Frances
1993 Ed. (891)
Lehman Management
1989 Ed. (2135)
Lehman Mgmt.
1990 Ed. (2327, 2331)
1989 Ed. (2125)
Lehman Mitsubishi; William
1996 Ed. (280)
1995 Ed. (280)
1994 Ed. (277)
Lehman/Provident: FedFund
1994 Ed. (2543)
Lehman/Provident: Municipal Cash
1994 Ed. (2540, 2544)
Lehman/Provident: TempCash
1994 Ed. (2542)
Lehman/Provident: TempFund
1994 Ed. (2541, 2542, 2543)
Lehman; Richard H.
1992 Ed. (1039)
LehmanMillet
2008 Ed. (115)
2007 Ed. (107)
Lehmkuhl; Lawrence A.
1992 Ed. (2052)
Lehndorff & Babson
1993 Ed. (2310, 2978)
1992 Ed. (3638)
Lehndorff & Babson Real Estate
1992 Ed. (2750)
Lehndorff & Babson Real Estate Counsel
1991 Ed. (2238, 2241)
1990 Ed. (2340)
Lehrer McGovern Bovis Inc.
1997 Ed. (1139, 1198)
1996 Ed. (1105, 1113)
1995 Ed. (1124, 1140, 1141)
1994 Ed. (1125)
1993 Ed. (1102, 3308)
1992 Ed. (1376, 3964)
1991 Ed. (1068, 1074)
1990 Ed. (1183)
Lei Shing Hong
1996 Ed. (2139)
Lei; William Ding
2007 Ed. (2508)
2006 Ed. (2529)
2005 Ed. (2515)
Leibbrand Group
1991 Ed. (3261)
Leibman; Paul
1991 Ed. (1708)
Leibowitz; Dennis
1997 Ed. (1859, 1871, 1878)
1996 Ed. (1783, 1798, 1805)
1995 Ed. (1795, 1808)
1994 Ed. (1767, 1786)
1993 Ed. (1783, 1785)
1991 Ed. (1699, 1706)
1990 Ed. (1766)
Leicester Mercury
2002 Ed. (3516)
Leichtung Workshops
2008 Ed. (865)
Leidenfrost/Horowitz & Associates
2000 Ed. (315)
1999 Ed. (290)
1998 Ed. (187)
Leif Hoegh
1994 Ed. (2700)
Leifer Capital
1998 Ed. (2234)
1997 Ed. (2482)
1996 Ed. (2349)
1995 Ed. (2339)
Leigh Steinberg
2003 Ed. (223, 227)
Leight; Adam
1997 Ed. (1927, 1935)
Leighton; Charles
1992 Ed. (2056)
Leighton; Charles M.
1991 Ed. (1626)
1990 Ed. (1719)
Leighton Holdings Ltd.
2006 Ed. (1300, 1318)
2005 Ed. (1331)
2004 Ed. (1153, 1321)
2002 Ed. (1179)
Leighton Holdings Ply. Ltd.
1997 Ed. (1195)
Leighton Holdings Pty. Ltd.
1995 Ed. (1184)
Leinenkugel
2008 Ed. (541)
Leinenkugel Brewing
2003 Ed. (764)
Leinenkugel; Jacob
1990 Ed. (752)
1989 Ed. (757)
Leiner Health Products Inc.
2003 Ed. (282)
Leiner/Kika
1994 Ed. (14)
Leipzig Fairgrounds
1997 Ed. (3782)
1992 Ed. (1443)
Leis Co., Inc.; Dorvin D.
2008 Ed. (1785)
2007 Ed. (1757)
2006 Ed. (1748)
Leisenring; Carol
1991 Ed. (2160)
Leiserv
1995 Ed. (1916)
1994 Ed. (1887)
Leisure
2007 Ed. (3732, 3733, 3734, 3735)
2001 Ed. (1142)
Leisure & Allied Industries
2002 Ed. (3778)
Leisure & entertainment
2003 Ed. (1500)
2002 Ed. (1480)
2000 Ed. (1307, 1313, 1325)
1999 Ed. (1447, 1453, 1454, 1466)
1998 Ed. (1014, 1019, 1020, 1034, 1036, 1039)
1997 Ed. (1242, 1262)
1996 Ed. (1197)
1995 Ed. (1225, 1226, 1227, 1260)
1994 Ed. (1209)
1993 Ed. (1200)
1992 Ed. (1465, 1466, 1487, 1488)
1991 Ed. (1151, 1152, 1175, 1176)
1990 Ed. (1234, 1262)
Leisure & Hospitality Group Ltd.
2006 Ed. (1420)
Leisure and tourism
1995 Ed. (2243)
Leisure Care
2005 Ed. (265)
2004 Ed. (258)
2003 Ed. (291)
Leisure equipment
1993 Ed. (58)
Leisure industries
1993 Ed. (3729)
Leisure (miscellaneous)
1992 Ed. (2628)
Leisure products
2006 Ed. (3010)
Leisure Real Estate Advisors
2008 Ed. (3071)
Leisure Suit Larry VI
1995 Ed. (1100, 1102)
Leisure Technologies
1992 Ed. (3227)
Leisure Technology Inc.
1990 Ed. (1180)
Leisure time
1989 Ed. (1658)
Leisure Video
1995 Ed. (3700)
1994 Ed. (3628)
1992 Ed. (4394)
Leisure Village
1991 Ed. (1045)
1990 Ed. (1146)
Leitch Technology
2007 Ed. (2812)
2002 Ed. (4594)
The Leith Agency
2001 Ed. (236)
Leith Wheeler U.S. Equity
2001 Ed. (3498, 3499)
Lek
2002 Ed. (3187)
2000 Ed. (2986, 2987)
1999 Ed. (3252, 3253)
Lekach; Ilia
2008 Ed. (2634)
Leland Crabbe
1999 Ed. (2193)
1998 Ed. (1610)
Leland Hyundai
1995 Ed. (270)
1994 Ed. (270)
1993 Ed. (271)
Leland O'Brien Rubinstein
1993 Ed. (2294)
Lelliot Group PLC; John
1993 Ed. (973)
Lemaire; Alain
2005 Ed. (4867)
Lemaire; Bernard
2005 Ed. (4867)
Lemaire; Laurent
2005 Ed. (4867)
Lemaitre; Daniel
1997 Ed. (1921)
1996 Ed. (1849)
1995 Ed. (1798, 1868)
1994 Ed. (1784, 1828, 1834)
1993 Ed. (1801)
1992 Ed. (2138)
1991 Ed. (1708)
1989 Ed. (1416)
Lemann; Jorge Paulo
2008 Ed. (4854)
Lemar Corp.
2000 Ed. (1235)
LeMaster & Daniels
2000 Ed. (21)
1999 Ed. (25)
1998 Ed. (20)
LeMaster & Daniels PLLC
2008 Ed. (12)
2007 Ed. (14)
2006 Ed. (18)
2005 Ed. (13)
2004 Ed. (17)
2003 Ed. (11)
2002 Ed. (26, 27)
Lembaga Tabung Angkatan
1999 Ed. (2891)
Lembaga Tabung Angkatan Tentera
2001 Ed. (2887)
1997 Ed. (2398)

Lembaga Tabung Haji
2005 Ed. (3229)
2002 Ed. (2825)
2001 Ed. (2887)
1999 Ed. (2891)
Lembaga Urusan & Tabung Haji
1997 Ed. (2398)
Leme; Paulo
1996 Ed. (1893, 1895)
Lemelson Center
2003 Ed. (3039)
Lemmon Co.
1997 Ed. (2134)
The Lemoine Co.
2006 Ed. (1325, 2796)
The Lemoine Co. LLC
2006 Ed. (1324)
Lemon
2000 Ed. (720)
Lemon/lime
2003 Ed. (4478, 4479)
2002 Ed. (943, 2374)
1994 Ed. (3358)
Lemon/lime, diet
2003 Ed. (4478, 4479)
Lemon/lime juice
2003 Ed. (2581)
Lemon/lime soda
2005 Ed. (2758)
Lemon/lime soda, diet
2005 Ed. (2758)
The Lemon Tree
2005 Ed. (2780)
2004 Ed. (2789)
2002 Ed. (2432)
2000 Ed. (4434)
Lemonade
2008 Ed. (2793)
2001 Ed. (2560)
2000 Ed. (4142)
1999 Ed. (2537)
1998 Ed. (446)
1993 Ed. (680)
Lemonade/limeade
1999 Ed. (2535)
Lemonade/limeade concentrate
2001 Ed. (2559)
Lemons
2008 Ed. (2792)
2007 Ed. (2651, 2653)
2006 Ed. (2668, 2670)
2005 Ed. (2693, 2695)
2004 Ed. (2693, 2695)
2003 Ed. (2575)
2001 Ed. (2548, 2549)
Lemony Snicket: The Unauthorized Autobiography
2004 Ed. (737)
Lemony Snicket's A Series of Unfortunate Events
2007 Ed. (3641)
Lemos; Costas Michael
1992 Ed. (888)
Lemsip
2002 Ed. (2053)
2001 Ed. (2108)
1996 Ed. (1594)
1994 Ed. (1577)
1992 Ed. (1875)
Lemsip Cold Treatments
1999 Ed. (1932)
Lemusimun Publicidad
2001 Ed. (133)
1999 Ed. (85)
1997 Ed. (84)
1996 Ed. (84)
1995 Ed. (71)
Lemusimun Publicidade (Y & R)
2000 Ed. (91)
Lemusimun/Y & R San Salvador
2003 Ed. (70)
2002 Ed. (105)
Len Ainsworth
2002 Ed. (871, 872)
Len Bogner
1991 Ed. (1700)
Len-Co Lumber
1996 Ed. (826)
Len McComb
1993 Ed. (3444)
Lena Pope Home
1994 Ed. (891)
Lenard's
2004 Ed. (3954)
Lenawee Bancorp
2003 Ed. (527)
Lenawee Stamping Corp.
2003 Ed. (1553, 4809)
Lenco Marine
2005 Ed. (4743)
Lend and Lease Real Estate Investments
2000 Ed. (2829)
Lend Lease Corp., Ltd.
2006 Ed. (2602)
2005 Ed. (362)
2004 Ed. (1654)
2003 Ed. (1616)
2002 Ed. (1589, 1591, 2818, 3390, 3625, 3800)
2001 Ed. (1635, 2880, 3992)
2000 Ed. (1386, 1387)
1999 Ed. (1582)
1990 Ed. (2617)
Lend Lease Cars Inc.
1991 Ed. (1141, 1142)
Lend Lease Hyperion Capital
2000 Ed. (2821, 2824)
Lend Lease Investment Management
2000 Ed. (2839)
1997 Ed. (2391, 2399)
Lend Lease Properties Trust
2004 Ed. (256)
2003 Ed. (289)
Lend Lease Real Estate
2002 Ed. (3908, 3931, 3936, 3937, 3940, 3941, 3942)
2000 Ed. (2799)
Lend Lease Real Estate Investments
2005 Ed. (258, 3224)
2004 Ed. (2036, 4086)
2003 Ed. (3087)
2002 Ed. (323, 3920)
2001 Ed. (4014)
Lend Lease Rosen
2002 Ed. (3929)
Lend Lease Rosen Real Estate
2000 Ed. (2814, 2828, 2837, 2838, 2841)
Lend Lease Rosen Real Estate Securities
2000 Ed. (2815, 2818)
Lender's
2001 Ed. (546)
1997 Ed. (330)
Lender's Bagel Shop
2001 Ed. (545)
Lender's Bake at Home
2001 Ed. (546)
Lender's Bake Shop
2001 Ed. (545)
Lender's Big N Crusty
2001 Ed. (546)
Lenenergo
2004 Ed. (1850)
Lenfest Communications Inc.
2005 Ed. (1487)
2002 Ed. (1384)
Leng Chan; Quek
1997 Ed. (849)
Leningrad, U.S.S.R.
1991 Ed. (3249)
Lennar Corp.
2008 Ed. (1166, 1167, 1190, 1198, 1199, 1200, 1201, 1202, 1515, 1730, 1731, 1733, 1734, 3087)
2007 Ed. (1273, 1274, 1299, 1300, 1301, 1302, 1303, 1304, 1307, 1308, 1309, 1310, 1311, 1531, 1702, 1704, 1705, 2963, 2977)
2006 Ed. (1161, 1162, 1164, 1191, 1194, 1195, 1196, 1197, 1199, 1200, 1202, 1203, 1499, 1520, 1523, 1707, 1709, 1710, 2947, 2957, 2959, 4190)
2005 Ed. (1165, 1166, 1168, 1181, 1182, 1186, 1191, 1192, 1193, 1197, 1200, 1201, 1202, 1204, 1206, 1211, 1214, 1215, 1219, 1221, 1223, 1225, 1228, 1229, 1230, 1231, 1232, 1233, 1234, 1235, 1237, 1238, 1242, 1244, 1246, 1554, 1761, 1764, 2948, 2962, 2964)
2004 Ed. (1137, 1142, 1143, 1152, 1164, 1174, 1188, 1203, 1204, 1205, 1206, 1207, 1209, 1210, 1211, 1705, 1706, 2946, 2957, 2959, 4545)
2003 Ed. (1135, 1138, 1139, 1141, 1142, 1145, 1147, 1150, 1158, 1161, 1166, 1182, 1198, 1199, 1200, 1202, 1203, 1204, 1677)
2002 Ed. (1171, 1172, 1174, 1191, 1199, 1648, 2652, 2653, 2656, 2657, 2660, 2661, 2665, 2666, 2667, 2668, 2669, 2677, 2681, 4501)
2001 Ed. (1391, 1392, 1394, 1395, 1401, 1405, 1406, 2803)
2000 Ed. (1190, 1191, 1193, 1197, 1198, 1199, 1210, 1222, 1805)
1999 Ed. (1306, 1307, 1308, 1309, 1310, 1311, 1317, 1318, 1319, 1320)
1998 Ed. (876, 877, 879, 885, 887, 888, 889, 890, 899)
1997 Ed. (1119, 1124, 1128, 1134)
1996 Ed. (1097, 1099, 1101, 1103, 1107, 1132)
1995 Ed. (1122, 1126)
1994 Ed. (1105, 1111, 3000)
1993 Ed. (1086, 2961)
1992 Ed. (1358, 1363)
Lennar Homes
2002 Ed. (3924)
2000 Ed. (3721)
1999 Ed. (1328, 1333, 1335)
Lennel Systems International Inc.
2006 Ed. (1935)
Lenner Corp.
1998 Ed. (903)
Lennert J. Leader
2000 Ed. (1051)
1999 Ed. (1127)
Lennon; John
2007 Ed. (891)
2006 Ed. (802)
Lennox
2000 Ed. (226, 2286, 2442)
1999 Ed. (203, 2539, 2540, 2659)
1998 Ed. (106, 1779, 1780, 1922)
1997 Ed. (184, 2095, 2090)
1995 Ed. (167, 1949, 1950)
1994 Ed. (148, 1925, 1926, 2151)
1993 Ed. (164, 1908, 1909, 2118)
1992 Ed. (259, 260, 1885, 2242, 2243, 2556)
1991 Ed. (1484, 1777, 1778, 1989)
1990 Ed. (195, 196, 1589, 1861, 1862)
Lennox International Inc.
2008 Ed. (751)
2007 Ed. (777, 778)
2006 Ed. (682)
2005 Ed. (769, 777, 778)
2004 Ed. (783, 793, 4544)
2003 Ed. (773)
2002 Ed. (252, 2376, 2377, 2465, 2701)
2001 Ed. (286)
Lennox Lewis
2005 Ed. (268)
2004 Ed. (260)
2003 Ed. (294, 299)
2002 Ed. (344)
2001 Ed. (419)
1995 Ed. (251)
Lennox Retail Inc.
2008 Ed. (1239, 1243, 1337)
2007 Ed. (1351, 1390)
2006 Ed. (1252, 1257, 1344)
2005 Ed. (1282, 1287, 1344)
2004 Ed. (1236, 1237, 1339)
2003 Ed. (1231, 1233, 1234, 1238, 1339)
Lenny; Richard
2008 Ed. (935)
2007 Ed. (979)
2006 Ed. (889, 2627)
Leno; Jay
2008 Ed. (2585)
Leno; Sam
2007 Ed. (1071)
Lenoir City, TN
1994 Ed. (2406)
Lenoir-Rhyne College
1992 Ed. (1274)
Lenor
2008 Ed. (717)
2002 Ed. (2227)
1999 Ed. (1839)
1996 Ed. (1541)
1994 Ed. (1525)
Lenor Fabric Conditioner
1992 Ed. (1799)
Lenovo
2008 Ed. (647, 1159)
2007 Ed. (1263)
Lenovo Group
2008 Ed. (1666, 3561)
2007 Ed. (1657, 3825)
2006 Ed. (3383)
Lenovo (United States) Inc.
2007 Ed. (2874)
Lenox
2007 Ed. (4674)
2005 Ed. (4588)
2003 Ed. (4670)
1997 Ed. (1050)
1993 Ed. (734)
Lenox Group Inc.
2008 Ed. (2989)
Lenox Hill Hospital
1997 Ed. (2266)
Lenox Homes
2005 Ed. (1212)
2002 Ed. (1198)
Lenoxx Sound
2008 Ed. (275)
LensCrafters Inc.
2005 Ed. (3655)
2003 Ed. (3271, 3701)
2002 Ed. (3540)
Lentek International, Inc.
2003 Ed. (2714, 2715)
2002 Ed. (2489)
Lentz United StatesA. Service Centers
2002 Ed. (402)
Lentz U.S.A. Service Centers
2003 Ed. (348)
Lenz; Mary Lynn
2007 Ed. (4978)
Lenzing
1999 Ed. (3847)
1996 Ed. (3792)
1994 Ed. (3631)
1993 Ed. (3671)
1992 Ed. (4400)
1991 Ed. (3451)
Lenzmeier; Allen U.
1995 Ed. (983)
Leo A. Daly Co.
2008 Ed. (263, 2534, 3337, 3341, 3342, 3344, 3345, 3348)
2007 Ed. (287, 3195, 3197, 3198, 3199, 3200, 3203, 3207)
2006 Ed. (284, 3160, 3162, 3163, 3164, 3165, 3166, 3173)
2005 Ed. (261, 3160, 3161, 3162, 3163, 3165, 3167)
2004 Ed. (2339, 2341, 2943)
2003 Ed. (2855)
1999 Ed. (282, 2016)
1997 Ed. (264, 1742)
1996 Ed. (233, 1664)
1995 Ed. (236, 1681)
1994 Ed. (234, 1642)
1993 Ed. (245, 1609)
1992 Ed. (354, 1954)
1990 Ed. (279, 1665)
Leo & Burnett
1989 Ed. (133)
Leo & Burnett SA
1989 Ed. (134)
Leo-Arthur Kelmenson
2000 Ed. (1874)
Leo Burnett
2005 Ed. (97, 101)
2004 Ed. (103, 126)
2003 Ed. (43, 67, 91, 92, 121, 122, 137, 145, 152, 155, 157)
2002 Ed. (71, 100, 125, 149, 169, 178, 191, 197)
2001 Ed. (97, 119, 130, 179, 198, 206, 218, 224)
2000 Ed. (37, 43, 44, 45, 46, 48, 49, 53, 56, 77, 79, 79, 87, 100, 109,

113, 128, 139, 141, 142, 168, 178, 185)
1999 Ed. (35, 36, 37, 38, 40, 41, 44, 45, 47, 51, 53, 56, 68, 70, 71, 73, 78, 81, 94, 98, 103, 104, 105, 108, 122, 123, 124, 150, 153, 161, 162)
1998 Ed. (30, 31, 32, 33, 35, 36, 39, 40, 42, 46, 48, 49, 52, 56, 58, 60, 64, 597, 3493)
1997 Ed. (37, 38, 39, 40, 42, 47, 48, 49, 53, 54, 58, 70, 72, 80, 93, 96, 101, 118, 127, 135, 141, 151)
1996 Ed. (59, 115)
1995 Ed. (25, 27, 30, 37, 38, 39, 40, 41, 44, 53, 56, 66, 78, 98, 99, 117, 121)
1994 Ed. (50, 52, 55, 60, 61, 62, 66, 74, 76, 78, 79, 91, 100, 101, 102, 110, 112, 114, 121, 122)
1993 Ed. (59, 60, 61, 64, 71, 72, 76, 78, 85, 86, 94, 102, 103, 105, 117, 118, 119, 131, 135, 141, 142)
1992 Ed. (101, 102, 103, 104, 107, 113, 116, 133, 142, 175, 178, 179, 201, 213, 4228)
1991 Ed. (58, 59, 60, 61, 62, 65, 72, 73, 85, 93, 102, 103, 111, 112, 113, 125, 126, 145, 155, 3317)
1990 Ed. (59, 62, 63, 64, 69, 70, 71, 74, 75, 76, 87, 95, 126, 155, 157)
1989 Ed. (80)

Leo Burnett A/S
1996 Ed. (123)

Leo Burnett Advertising
2003 Ed. (64, 106)
2002 Ed. (97, 140)
2001 Ed. (126, 168)
2000 Ed. (72, 84)
1997 Ed. (116)
1996 Ed. (113)
1995 Ed. (97)

Leo Burnett & Target Advertising
2003 Ed. (142)
2002 Ed. (175)
2000 Ed. (164)

Leo Burnett/Athens
2003 Ed. (78)
2002 Ed. (113)
2001 Ed. (140)

Leo Burnett-Belgium
1993 Ed. (83)

Leo Burnett Budapest
2003 Ed. (83)
2002 Ed. (116)
2001 Ed. (143)
2000 Ed. (103)
1999 Ed. (99)
1997 Ed. (98)

Leo Burnett/Buenos Aires
2003 Ed. (42)

Leo Burnett Chile
1999 Ed. (72)
1997 Ed. (71)
1996 Ed. (70)
1995 Ed. (57)
1994 Ed. (77)
1993 Ed. (87)
1992 Ed. (134)
1991 Ed. (86)
1990 Ed. (88)
1989 Ed. (93)

Leo Burnett CO.
2000 Ed. (47)

Leo Burnett Colombia
2003 Ed. (60)
2002 Ed. (93)
2001 Ed. (122)
2000 Ed. (80)
1999 Ed. (74)
1997 Ed. (73)
1996 Ed. (73)
1995 Ed. (59)
1993 Ed. (89)
1992 Ed. (136)
1991 Ed. (88)
1990 Ed. (90)
1989 Ed. (94)

Leo Burnett-Comunica
2003 Ed. (79)
2002 Ed. (114)
2001 Ed. (141)
2000 Ed. (101)
1999 Ed. (96)
1997 Ed. (94)
1996 Ed. (93)

Leo Burnett Connaghan & May
2002 Ed. (77)
2001 Ed. (104)
2000 Ed. (60)
1999 Ed. (57)
1997 Ed. (60)
1996 Ed. (62)
1993 Ed. (81)

Leo Burnett/Copenhagen
2003 Ed. (65)
2002 Ed. (98)
2001 Ed. (127)

Leo Burnett-Costa Rica
1999 Ed. (75)
1997 Ed. (74)
1996 Ed. (74)

Leo Burnett de Costa Rica
2003 Ed. (61)
2002 Ed. (94)
2001 Ed. (123)
2000 Ed. (81)

Leo Burnett del Peru
2003 Ed. (135)
2002 Ed. (167)

Leo Burnett Denmark
2007 Ed. (112)
2006 Ed. (1676)
1994 Ed. (82)
1992 Ed. (140)

Leo Burnett Group
2003 Ed. (148)
1990 Ed. (154)
1989 Ed. (165)

Leo Burnett Gruppen
2003 Ed. (130)
2002 Ed. (162)
2001 Ed. (191)

Leo Burnett India
2003 Ed. (84)

Leo Burnett Kreasindo Indonesia
2003 Ed. (85)
2002 Ed. (118)

Leo Burnett Limited
2000 Ed. (180)

Leo Burnett/M & T Vietnam
2003 Ed. (180)
2002 Ed. (209)
2001 Ed. (240)

Leo Burnett Moradpour
2003 Ed. (143)
2002 Ed. (176)
2001 Ed. (204)
2000 Ed. (165)

Leo Burnett/Oslo
2000 Ed. (154)
1999 Ed. (136)

Leo Burnett Panama
2003 Ed. (133)
2002 Ed. (165)
2001 Ed. (194)
2000 Ed. (156)
1999 Ed. (139)
1997 Ed. (129)
1996 Ed. (125)

Leo Burnett Prague
1997 Ed. (76)
1996 Ed. (77)
1995 Ed. (63)

Leo Burnett Pte.
1996 Ed. (135)
1992 Ed. (204)

Leo Burnett Pty.
1994 Ed. (70)

Leo Burnett Publicidade
2003 Ed. (54)
2001 Ed. (199)
1990 Ed. (83)

Leo Burnett SA
1997 Ed. (117)
1996 Ed. (92, 114)
1992 Ed. (154)
1990 Ed. (127)

Leo Burnett/Santiago
2003 Ed. (58)
2002 Ed. (91)
2001 Ed. (120)
2000 Ed. (78)

Leo Burnett/Sofia
2003 Ed. (55)
2002 Ed. (88)
2001 Ed. (116)

Leo Burnett Solutions
2003 Ed. (151)
2002 Ed. (187)
2001 Ed. (214)

Leo Burnett Sonyon
1995 Ed. (94)

Leo Burnett Sp.
1996 Ed. (129)

Leo Burnett Technology Group
2002 Ed. (157)

Leo Burnett Thailand
1997 Ed. (152)
1996 Ed. (146)

Leo Burnett (Ukraine)
2003 Ed. (162)
2002 Ed. (202)
2001 Ed. (229)

Leo Burnett USA
2001 Ed. (98, 99, 164, 202, 220, 221, 222, 223)
1997 Ed. (56, 85)
1994 Ed. (68)
1992 Ed. (180, 1136)
1991 Ed. (127)
1990 Ed. (13, 128)
1989 Ed. (135, 136)

Leo Burnett Venezuela
2003 Ed. (179)
2002 Ed. (208)
2001 Ed. (239)
2000 Ed. (189)
1999 Ed. (168)
1997 Ed. (157)
1996 Ed. (151)
1995 Ed. (137)
1994 Ed. (125)
1993 Ed. (145)
1992 Ed. (219)
1991 Ed. (160)
1990 Ed. (161)
1989 Ed. (172)

Leo Burnett Warsaw
2000 Ed. (161)
1999 Ed. (144)
1995 Ed. (115)

Leo Burnett Worldwide
2008 Ed. (119, 123, 1798)
2007 Ed. (109, 116, 1768)
2006 Ed. (107, 109, 120, 122, 1761)
2005 Ed. (110, 116, 1790)
2004 Ed. (112, 117)
2003 Ed. (28, 29, 36, 37, 39, 87, 168)
2002 Ed. (63, 65, 70, 119, 150, 151, 156)
2001 Ed. (102)
2000 Ed. (190)
1999 Ed. (169)
1997 Ed. (102, 103)

Leo Burnett/Yangon
2001 Ed. (182)
2000 Ed. (145)

Leo Denault
2007 Ed. (1089)

Leo Eisenberg Co.
1992 Ed. (3620, 3622, 3958, 3960, 3965, 3967)
1991 Ed. (1052, 3117, 3119, 3120, 3125)
1990 Ed. (3284, 3285, 3286, 3287, 3289)

Leo Eisenberg & Co. Inc.
1993 Ed. (3305, 3313, 3314, 3315)

Leo F. Mullin
1996 Ed. (1716)

Leo J. Taylor
2006 Ed. (2525)

Leo Kelser
2000 Ed. (1930)
1999 Ed. (2160)
1998 Ed. (1573)

Leo Noe
2007 Ed. (917)

Leo Ward
2005 Ed. (4884)

Leominster
1993 Ed. (2297)

Leon A. Farley
1991 Ed. (1614)

Leon C. Hirsch
1996 Ed. (960, 962)
1994 Ed. (890, 947, 1714)
1993 Ed. (937, 1695)
1992 Ed. (1142, 2050)

Leon Constantin & Co.
1999 Ed. (2)
1998 Ed. (15)

Leon Cooperman
2006 Ed. (2798)
1996 Ed. (1914)

Leon D. DeMatteis Corp.
1991 Ed. (963, 965)

Leon family
2005 Ed. (4872)

Leon Hess
1995 Ed. (1732, 2580)
1992 Ed. (3079)
1991 Ed. (2462)
1990 Ed. (2578)
1989 Ed. (1989)

Leon; Kenneth
1994 Ed. (1786)
1993 Ed. (1785)

Leon Levin
1993 Ed. (3373)
1992 Ed. (4053)
1990 Ed. (3330)

Leon Levine
2006 Ed. (4907)
2005 Ed. (4853)

Leon, Mexico
1993 Ed. (2557)

Leon Rapp
1996 Ed. (1886)

Leon; Russell de
2008 Ed. (4897, 4907)
2007 Ed. (4933)

Leon Shaffer Golnick Advertising Inc.
1998 Ed. (55)

Leona Helmsley
2005 Ed. (4852)
2004 Ed. (4867)
2003 Ed. (4883)
2002 Ed. (3364)

Leona Mindy Rosenthal Helmsley
2008 Ed. (4836)
2007 Ed. (4907)
2006 Ed. (4913)

Leonard Abramson
1999 Ed. (1072)
1996 Ed. (962)
1993 Ed. (1706)
1992 Ed. (2064)

Leonard Bernstein
1994 Ed. (899)

Leonard Blavatnik
2008 Ed. (4824)
2007 Ed. (4895, 4923)
2006 Ed. (4898)

Leonard Britton
1990 Ed. (2658)

Leonard Cohen
1993 Ed. (1696)
1992 Ed. (2051)

Leonard Gray Herring
1996 Ed. (961)

Leonard Green & Partners
2005 Ed. (3936)
1997 Ed. (2628)

Leonard; J. W.
2005 Ed. (2509)

Leonard; J. Wayne
2008 Ed. (956)
2007 Ed. (1014, 1034)
2006 Ed. (924)
2005 Ed. (968)

Leonard Kreusch
2005 Ed. (4967)
1995 Ed. (3772)

Leonard Lauder
2008 Ed. (4826)
2007 Ed. (4897)
2006 Ed. (4902)
2005 Ed. (4846)
2004 Ed. (4860)
2003 Ed. (4881)
2002 Ed. (3348)

Leonard Lieberman
1989 Ed. (1377)

Leonard M. Miller School of Medicine; University of Miami
2008 Ed. (3637)
The Leonard Management Group, Balanced Accounts
2003 Ed. (3114, 3138)
Leonard Masonry Inc.
2006 Ed. (1253, 1256, 1286)
2005 Ed. (1283, 1286, 1316)
2003 Ed. (1306)
2002 Ed. (1293)
2001 Ed. (1477)
2000 Ed. (1263)
1999 Ed. (1371)
1998 Ed. (950)
1997 Ed. (1166)
1996 Ed. (1147)
1995 Ed. (1162)
Leonard Monahan Lubars & Kelly
1994 Ed. (104)
Leonard Monahan Lubars & Partners
1992 Ed. (184)
Leonard Monahan Saabye Lubars
1989 Ed. (139)
Leonard N. Stern
1991 Ed. (891, 1003)
Leonard N. Stern School of Business
1992 Ed. (1008)
Leonard N. Stern School of Business; New York University
2005 Ed. (2853)
Leonard Schaeffer
2006 Ed. (903)
Leonard Stern
2008 Ed. (4830)
2007 Ed. (4902)
2006 Ed. (4906)
2005 Ed. (4852)
2004 Ed. (4867)
2003 Ed. (4883)
Leonard Street & Deinard
1993 Ed. (2400)
1992 Ed. (2842)
Leonard Tow
1995 Ed. (980)
Leonard; W.
2005 Ed. (2491)
Leonardo
2003 Ed. (3923)
Leonardo Del Vecchio
2008 Ed. (4869)
Leonardo DiCaprio
2000 Ed. (996)
Leone Young
1998 Ed. (1605)
Leonetti & Associates
1998 Ed. (2288)
1997 Ed. (2535)
1996 Ed. (2409)
Leonetti Balanced
2000 Ed. (3251)
Leonetti& Asssociates
2000 Ed. (2822)
Leong Fee Yee
2000 Ed. (2179)
1997 Ed. (1997)
1996 Ed. (1896)
Leong; Oei Hong
2008 Ed. (4850)
2006 Ed. (4918)
Leoni AG
2004 Ed. (883)
Leonia Group
2003 Ed. (495)
2002 Ed. (558)
Leonis; John
1996 Ed. (963)
Leonische Drahtwerke AG
1990 Ed. (1350)
Leon's Furniture Ltd.
2008 Ed. (1651)
2007 Ed. (1643)
1996 Ed. (3483)
1994 Ed. (3366)
1990 Ed. (3060)
Leopalace21
2007 Ed. (2991)
2006 Ed. (4511)
Leopard
2008 Ed. (120, 121, 1672, 1673)
2007 Ed. (110, 111, 1683, 4987)
2004 Ed. (113)
Leopard Communications Inc.
2007 Ed. (4989)
Leopardo Cos.
2008 Ed. (1295)
2006 Ed. (1308)
Leopoldstadt Inc.
2005 Ed. (1832)
2004 Ed. (1766)
2003 Ed. (1729)
Leo's Industries
1993 Ed. (215)
Leo's Stereo
1992 Ed. (1937, 2425)
1991 Ed. (1542)
Leoussis Advertising
1991 Ed. (103)
Leoussis Advertising; J. N.
1989 Ed. (111)
Leoussis Advertising; J.N.
1990 Ed. (106)
Leoussis; J. N.
1994 Ed. (91)
LEP ADR
1993 Ed. (2749)
LEP International Ltd.
1997 Ed. (2077)
Lepanto Consolidated A
1991 Ed. (2378, 2379)
Lepanto Consolidated B
1991 Ed. (2379)
Lepore & Sons Co.; Dan
1993 Ed. (1137)
Lepore; Dawn
2005 Ed. (3183)
Leprino Foods Co.
2008 Ed. (2278, 2279, 2781)
2007 Ed. (2160)
2006 Ed. (2240)
2005 Ed. (2142)
2004 Ed. (2005)
2003 Ed. (1961)
2002 Ed. (1910)
2001 Ed. (1973, 2476)
2000 Ed. (1635, 1641)
1999 Ed. (1813, 1814)
1997 Ed. (1575)
1992 Ed. (1188)
LER Industries Inc.
1992 Ed. (4369, 4367)
Lerch Early & Brewer
2007 Ed. (3319)
2003 Ed. (3185)
Lerner
1992 Ed. (3727)
Lerner; Alfred
1996 Ed. (1914)
1995 Ed. (1870)
Lerner New York
2005 Ed. (3373)
Lerner; Norma
2005 Ed. (4855)
Lerner; Randolph D.
2005 Ed. (4855)
Lerner; Teena
1996 Ed. (1782)
1995 Ed. (1807)
1994 Ed. (1766)
1993 Ed. (1782)
1991 Ed. (1698)
Lernout & Hauspie Speech Products NV
2002 Ed. (3547, 3566)
Leroux
2004 Ed. (3261)
2003 Ed. (3218)
2002 Ed. (3085)
2001 Ed. (3100)
2000 Ed. (2937)
Leroux Cordials
1999 Ed. (3194)
1992 Ed. (2887, 2889, 2891)
Leroux Line
1991 Ed. (2312)
1990 Ed. (2443)
Leroy D. Nosbaum
2005 Ed. (977)
Leroy Merlin
2001 Ed. (2756)
Les Inc.
2004 Ed. (953, 3307)
Les Communications L'Academy Ogilvy
1992 Ed. (202)
Les Industries Mailhot Inc.
2007 Ed. (1965)
Les Levi
2000 Ed. (1944, 1950)
1999 Ed. (2173, 2179)
1998 Ed. (1585)
1997 Ed. (1942)
Les Miserables
2004 Ed. (4717)
Les Mutuelles du Mans
2001 Ed. (2960)
1997 Ed. (2422)
1994 Ed. (2235)
1992 Ed. (2709)
Les Noces de Pierrette
2008 Ed. (268)
Les Plats du Chef Inc.
2007 Ed. (1965)
Les Schwab Tire Centers
2008 Ed. (4682, 4683)
2007 Ed. (4755, 4759, 4760)
2006 Ed. (4746, 4753, 4754)
2005 Ed. (4696, 4697, 4699)
2001 Ed. (4539, 4541, 4543, 4546)
Les Shaw
2005 Ed. (4864)
Les White
1995 Ed. (2668)
LeSabre
2001 Ed. (495)
Lesar; D. J.
2005 Ed. (2498)
Leschly; Jan
1991 Ed. (1621)
Lescol
1999 Ed. (1910)
1996 Ed. (1578, 2598)
Lescol XL
2006 Ed. (2312)
Lesieur
2000 Ed. (990)
1999 Ed. (1040)
1997 Ed. (908)
1993 Ed. (1879)
Lesieur Cristal
2008 Ed. (62)
Leslie Alperstein
2000 Ed. (2057)
1999 Ed. (2275)
1998 Ed. (1682)
1997 Ed. (1916)
1996 Ed. (1843)
Leslie C. Tortora
2002 Ed. (4980)
Leslie County, KY
1998 Ed. (783, 2319)
Leslie Dan
2005 Ed. (4868)
Leslie Fay
1995 Ed. (1031, 1032, 1318, 1320, 1328, 1334, 2768)
1994 Ed. (1027)
1993 Ed. (993, 995)
1992 Ed. (1220, 1221, 1222, 1224, 1225, 1228)
1990 Ed. (1059, 1060, 1063)
1989 Ed. (942)
Leslie Fay Cos.
1996 Ed. (1006, 1284, 2836)
1994 Ed. (1022, 1024, 1025, 1028, 1029)
1993 Ed. (990, 992, 996, 997)
1991 Ed. (981, 983, 984, 985)
Leslie Gonda
1998 Ed. (686)
Leslie H. Wexner
2007 Ed. (1020)
2004 Ed. (4860)
2001 Ed. (3779)
1994 Ed. (889, 893, 1056)
1993 Ed. (888, 1028)
1991 Ed. (891, 1003, 1626)
Leslie Herbert Wexner
1989 Ed. (1986)
Leslie J. Garfield & Co.
2001 Ed. (3997)
2000 Ed. (3714)
1999 Ed. (3994)
Leslie L. Vadasz
2000 Ed. (1882)
Leslie; Lisa
2005 Ed. (266)
Leslie M. Lava
2000 Ed. (3199)
1999 Ed. (3484, 3486, 3488)
1997 Ed. (2841, 2847)
1996 Ed. (2238, 2732)
1995 Ed. (2652)
Leslie R. White
1993 Ed. (2638)
1992 Ed. (3136)
Leslie Ravitz
2000 Ed. (1993)
1996 Ed. (1785)
1991 Ed. (1700)
Leslie Resources Inc.
2008 Ed. (1015)
2007 Ed. (1135, 1136)
2006 Ed. (1046, 1047)
Leslie Steppel
1991 Ed. (1696)
Leslie Supply
1991 Ed. (2639)
Leslie Vadasz
2000 Ed. (1880)
Leslie Wexner
2008 Ed. (4826)
2007 Ed. (4897)
2006 Ed. (4902)
2005 Ed. (4843)
2003 Ed. (4884)
2002 Ed. (3348)
1989 Ed. (2751, 2905)
Leslie's Poolmart
1998 Ed. (3086)
Lesotho
2008 Ed. (2200)
2007 Ed. (2090)
2006 Ed. (2146)
2005 Ed. (2053)
Lesotho Bank
1992 Ed. (758)
1991 Ed. (589)
1989 Ed. (605)
Less-than-truckload
2001 Ed. (4641, 4644)
Lesser; Edward A.
1989 Ed. (417)
Lester & Son; J. L.
1995 Ed. (1197, 1198, 1199)
1993 Ed. (1156, 1157)
Lester & Sons; J. L.
1997 Ed. (1205, 1206)
Lester B. Knight
1998 Ed. (1516)
Lester B. Knight & Associates
2001 Ed. (2240)
2000 Ed. (1800)
1998 Ed. (1450)
1997 Ed. (1756)
1996 Ed. (1675)
1992 Ed. (356)
1991 Ed. (1558)
1990 Ed. (281, 853)
Lester Crown
2008 Ed. (4823)
2007 Ed. (4893)
2006 Ed. (4898)
2005 Ed. (4847)
2004 Ed. (4871)
2003 Ed. (4881)
1989 Ed. (732, 1986)
Lester E. Cox Medical Center
1989 Ed. (740)
Lester; W. Howard
1992 Ed. (2056)
Leszek Czarnecki
2008 Ed. (4872)
Let Go
2004 Ed. (3533)
L.E.T. Pacific
1992 Ed. (2440)
Letcher County, KY
1998 Ed. (783, 2319)
Lethal Weapon
1993 Ed. (3536)
Lethal Weapon 4
2001 Ed. (2125, 4693, 4699)
Lethal Weapon II
1991 Ed. (2488)

Lethal Weapon 2
1992 Ed. (4397)
Lethbridge; University of
2008 Ed. (1083)
Leti
2005 Ed. (94)
Letica
1993 Ed. (2868)
Leticia Inc.
2008 Ed. (2967)
2002 Ed. (2563)
2001 Ed. (2715)
2000 Ed. (2462, 4291)
LeTourneau University
2001 Ed. (1323)
1999 Ed. (1226)
1998 Ed. (797)
1997 Ed. (1060)
1992 Ed. (1276)
Let's Roll!
2004 Ed. (740)
Let's Talk Cellular of America
1997 Ed. (3346)
Letsos Co.
2005 Ed. (1344)
Letterman
1991 Ed. (3245)
Letterman; David
2008 Ed. (2585)
2006 Ed. (2487)
Letterpress printing
2001 Ed. (3905)
The Lettershop Group
1993 Ed. (1486)
Lettie Pate Evans Foundation Inc.
1995 Ed. (1070, 1928, 1931, 1932)
Lettuce
2007 Ed. (4873)
2006 Ed. (4877)
1993 Ed. (1748)
1990 Ed. (1961)
1989 Ed. (1662)
Lettuce Entertain You Enterprises Inc.
2008 Ed. (4150, 4151)
2007 Ed. (4132)
2006 Ed. (2650, 4106)
Lettuce, head
2001 Ed. (4669)
Lettuce, iceberg
1999 Ed. (4702)
1992 Ed. (2110, 4384)
Lettuce, romaine
1999 Ed. (4702)
Letvon, Diccicco & Battista Inc.
1998 Ed. (63)
leu; Romanian
2008 Ed. (2274)
Leucadia National Corp.
2007 Ed. (2554, 2719, 2750, 4706, 4709)
2006 Ed. (4691)
2005 Ed. (2213)
2004 Ed. (2109)
1999 Ed. (1501, 2914)
1998 Ed. (2129, 2130)
1997 Ed. (2416, 2417)
1996 Ed. (2284, 2285)
1995 Ed. (2276, 2278, 3288, 3306)
1994 Ed. (2229, 2231, 3219, 3226)
1993 Ed. (2250, 3215, 3227)
1992 Ed. (2705, 3927)
1991 Ed. (1247, 2142, 3085, 3094)
Leuenberger, G.
1994 Ed. (2593)
Leuffer; Frederick
1991 Ed. (1706)
Leuffer Jr.; Frederick
1997 Ed. (1886, 1888)
Leukemia
1997 Ed. (882, 883)
1995 Ed. (887)
Leukemia Society of America
1994 Ed. (906)
1991 Ed. (2614)
Leumi le-Israel; Bank
2008 Ed. (451)
2007 Ed. (486, 522)
2006 Ed. (473)
2005 Ed. (549, 580)
Leung; Kenneth
1994 Ed. (1803)
1993 Ed. (1820)
1991 Ed. (1688)
Leuthold Core Investment
2008 Ed. (2612)
2007 Ed. (2482)
Leuthold Funds Select Industries
2007 Ed. (4547)
Leuthold Grizzly Short
2004 Ed. (3573)
Lev Chernoi
2008 Ed. (4880)
Lev Leviev
2008 Ed. (4887)
Levant
1996 Ed. (426)
Levaquin
1999 Ed. (1890, 3325)
Levco Securities
1991 Ed. (3022)
Leveille Vickers et Benson
1992 Ed. (202)
Level One Communications, Inc.
2001 Ed. (4209)
1995 Ed. (998, 3207, 3392)
Level Propane Gases Inc.
2002 Ed. (3799)
Level 3 Communications Inc.
2008 Ed. (1401, 1531, 1680, 4614, 4637)
2007 Ed. (1666, 3692, 4565, 4568, 4708, 4709)
2006 Ed. (1495, 1650, 1656, 1659, 1663, 4585, 4586, 4686, 4689, 4691)
2005 Ed. (1138, 1560, 1609, 1641, 1736, 1739, 1741, 1745, 4619, 4624, 4625)
2004 Ed. (1580, 1678, 1683, 1687, 3019, 4663, 4668)
2003 Ed. (1076, 1576, 1584, 1592, 1643)
2002 Ed. (1124, 1185, 1530, 1553, 1622, 1624, 3535, 4172, 4207, 4568)
2001 Ed. (2422)
Level 2000
2000 Ed. (4073)
Levenberger; G.
1993 Ed. (2641)
Levenfeld Pearlstein LLC
2008 Ed. (1797)
Levenger
1995 Ed. (998, 3392)
Levenson & Hill
1997 Ed. (77)
1989 Ed. (161)
Levenson PR
1999 Ed. (3930)
1994 Ed. (2954)
Levenson Public Relations
2005 Ed. (3974)
2004 Ed. (4030)
2002 Ed. (3815)
2001 Ed. (3935)
2000 Ed. (3647)
1998 Ed. (2946)
1997 Ed. (3192)
1996 Ed. (3113)
1995 Ed. (3012)
Leventhal & Co.; Kenneth
1997 Ed. (18)
1996 Ed. (18)
1995 Ed. (4, 5, 6, 11)
1994 Ed. (1, 4)
Lever
1999 Ed. (3773)
1992 Ed. (54, 59)
Lever Bros.
1998 Ed. (2804)
1997 Ed. (1598, 1599, 2588)
1995 Ed. (3413)
1992 Ed. (84)
1991 Ed. (943)
Lever Bros./Dove
1996 Ed. (2983)
Lever Bros./Signal
1991 Ed. (2495)
Lever Brothers Ltd.
2002 Ed. (44, 223, 237, 1967, 1968, 4453)
1990 Ed. (2808, 3312)
1989 Ed. (2508, 2509)
Lever Brothers Nigeria plc
2002 Ed. (4450)
Lever Brothers Pakistan
1999 Ed. (3132)
Lever/Chesebrough-Pond's
1991 Ed. (2581)
Lever-Lipton
1992 Ed. (3221)
Lever 2000
2008 Ed. (4450, 4451)
2007 Ed. (4463)
2006 Ed. (4396)
2004 Ed. (658, 659, 4442)
2003 Ed. (643, 645, 646, 3430, 4462, 4463, 4465)
2002 Ed. (4303, 4304)
2001 Ed. (4296, 4297, 4299, 4300)
2000 Ed. (4069, 4070, 4074)
1999 Ed. (687, 4349, 4351, 4354)
1998 Ed. (2808, 3326, 3330, 3331)
1997 Ed. (3537)
1996 Ed. (3471)
1995 Ed. (3412)
1994 Ed. (3354)
Lever y Asocc.
1992 Ed. (39)
Leverage investment
2000 Ed. (2755)
Leverage Software Inc.
2007 Ed. (1240)
Leveraged Arbitrage
2003 Ed. (3115)
Leverhulme Trust
1997 Ed. (945)
1995 Ed. (1934)
Levesque Beaubien Geoffrion
2000 Ed. (881)
Levi
1999 Ed. (1191, 1193, 1195)
1996 Ed. (1001, 1004, 2439)
1992 Ed. (1210)
Levi Garrett
1999 Ed. (4608)
1998 Ed. (3579)
1996 Ed. (3700)
1995 Ed. (3620, 3624)
1994 Ed. (3546)
Levi; Les
1997 Ed. (1942)
Levi Strauss
2008 Ed. (991)
2007 Ed. (1112)
2006 Ed. (1023)
2005 Ed. (1017)
2004 Ed. (1003)
2003 Ed. (1008)
1992 Ed. (1220, 1222, 1224, 1225)
1990 Ed. (2405, 2406)
Levi Strauss & Co.
2008 Ed. (988, 989, 3008)
2007 Ed. (129, 1107, 1108, 1114, 2714, 2886)
2006 Ed. (136, 1020, 1021, 1022, 1025)
2005 Ed. (1012, 1013, 1016, 1018, 1494, 3910)
2004 Ed. (997, 998, 1002, 1005, 1008, 1478)
2003 Ed. (909, 912, 915, 916, 919, 1003, 1004, 1009, 1448)
2002 Ed. (337, 1069, 1428, 2571, 3371)
2001 Ed. (1278, 1279)
2000 Ed. (1123, 3132)
1999 Ed. (1204)
1998 Ed. (775)
1997 Ed. (1034)
1991 Ed. (951)
1990 Ed. (1023)
1989 Ed. (922)
Levi Strauss & CO.
1996 Ed. (1014, 1015, 2644)
Levi Strauss & Co. Europe SA
2004 Ed. (1010)
2002 Ed. (1087)
2001 Ed. (1282)
2000 Ed. (1125)
1999 Ed. (1206)
1997 Ed. (1040)
1996 Ed. (1021)
Levi Strauss Assoc.
1991 Ed. (981, 1215)
Levi Strauss Associates Inc.
2001 Ed. (1279, 1652)
1998 Ed. (778)
1997 Ed. (1035, 1037, 1337)
1996 Ed. (1016, 1020, 1022)
1995 Ed. (1031, 1032, 1039, 1363, 2398)
1994 Ed. (1022, 1024, 1028, 1032, 1264, 1290, 1309, 3243)
1993 Ed. (990, 992, 996, 1000, 1226, 1253, 1904)
1990 Ed. (1066)
Levi Strauss Continental Sa
1993 Ed. (1304)
Levi Strauss Denmark
2003 Ed. (1667)
2001 Ed. (1680)
Levi Strauss et Co. Europe SA
1995 Ed. (1037)
Levi Strauss U.K. Ltd.
2002 Ed. (36)
Leviathan
2008 Ed. (804)
Leviev; Lev
2008 Ed. (4887)
Levin & Co.; I. W.
1991 Ed. (2807)
Levin College of Law; University of Florida, Frederic G.
2008 Ed. (3430)
2007 Ed. (3329)
Levin; Debra
1997 Ed. (1918)
1996 Ed. (1845)
1995 Ed. (1864)
1994 Ed. (1822)
Levin Furniture
1996 Ed. (1983)
Levin; Gerald
1997 Ed. (1801)
Levin; Gerald M.
1996 Ed. (964)
Levin; Leon
1993 Ed. (3373)
1990 Ed. (3330)
Levin, Papantonio, Thomas, Mitchell, Echsner & Proctor
2004 Ed. (3227)
Levin Trading
1994 Ed. (1067)
Levine-Fricke-Recon Inc.
1998 Ed. (1475)
Levine; H. R.
2005 Ed. (2481)
Levine; Howard R.
2006 Ed. (933)
Levine, Hughes & Mithuen Inc.
2008 Ed. (1672)
2005 Ed. (4)
Levine, Hughes & Mituen Inc.
2008 Ed. (1673)
Levine, Huntley, Schmidt & Beaver
1991 Ed. (69)
1990 Ed. (66)
1989 Ed. (57, 144)
Levine Leichtman
1999 Ed. (4706, 4814)
1996 Ed. (3781)
Levine Leichtman Capital Partners
2003 Ed. (4991)
2002 Ed. (4736, 4990)
Levine Leichtman Capital Partners LP
2000 Ed. (4341)
Levine; Leon
2006 Ed. (4907)
2005 Ed. (4853)
Levine; Mel
1992 Ed. (1039)
Levine; Robert
1995 Ed. (1717)
Levine; Ronald H.
1995 Ed. (3503)
Levinson; Arthur
2008 Ed. (937)
2007 Ed. (967)
2006 Ed. (876)
2005 Ed. (2469)
Levinson; Arthur D.
2008 Ed. (950)
Levinson Cos.
2005 Ed. (1239)

Levinson; Donald M.
2007 Ed. (2504)
2005 Ed. (2511)
Levinson; John
1994 Ed. (1823)
1993 Ed. (1805)
1992 Ed. (2135)
Levi's
2008 Ed. (706, 982, 983, 984, 985, 991)
2007 Ed. (689, 737, 1100, 1101, 1103, 1104, 1112)
2006 Ed. (1015, 1016, 1017, 1023)
2005 Ed. (1017)
2002 Ed. (1082)
2001 Ed. (1264, 1265, 1276)
2000 Ed. (1112, 1114, 1116, 1122)
1999 Ed. (786, 787, 788, 791, 795, 1194, 3128)
1998 Ed. (761, 763, 764, 765, 766, 774)
1997 Ed. (1021, 1024, 1027, 1039)
1995 Ed. (1023, 1034)
1994 Ed. (745, 1010, 1012, 1013, 1014, 1026, 1027)
1993 Ed. (733, 739, 743, 824, 983, 985, 986, 987, 994, 995)
1992 Ed. (1208, 1209)
1991 Ed. (3316)
1990 Ed. (3630)
1989 Ed. (945)
Levi's Dockers
1999 Ed. (1203)
Levis Mitsubishi
1994 Ed. (277)
1993 Ed. (278)
Levis; Salomon
2005 Ed. (973)
Levison; A. D.
2005 Ed. (2501)
Levissima
2007 Ed. (675)
2002 Ed. (757)
Levitra
2006 Ed. (3881)
Levitt Corp.
2001 Ed. (1387, 1390)
1999 Ed. (1304, 1305)
Levitt & Sons
2006 Ed. (1189, 1190, 4190)
2005 Ed. (1198)
Levitt Homes Corp.
2006 Ed. (1178)
2005 Ed. (1184)
2004 Ed. (1156)
1998 Ed. (903)
1997 Ed. (1134)
Levitt; Steven
2005 Ed. (786)
Levitz
2000 Ed. (706, 2291, 2299, 2300, 2301, 2303, 2304)
1998 Ed. (440, 1796, 3084)
1996 Ed. (1982, 1992)
1994 Ed. (677, 1934, 1938, 3097)
1992 Ed. (2253)
1990 Ed. (1866)
Levitz Furniture Inc.
2004 Ed. (2892)
2001 Ed. (2740, 2743)
2000 Ed. (387, 388, 389)
1999 Ed. (2560, 2561, 2702, 3611)
1997 Ed. (2109)
1995 Ed. (1003, 1963, 1965, 1967, 2447, 2517)
1993 Ed. (676, 964, 3038)
1991 Ed. (954, 955, 3240)
1990 Ed. (1029, 1030, 1031)
Levkovich; Tobias
1997 Ed. (1867, 1883)
1996 Ed. (1770, 1793, 1809)
1995 Ed. (1831)
LevLane Advertising Inc.
1995 Ed. (113)
Levothyroxine
2007 Ed. (2245)
The Levy Co.
1994 Ed. (1143)
1992 Ed. (1413)
Levy & Salomao Advogados
2005 Ed. (1461)
Levy; Brett
1997 Ed. (1943)
Levy; Caroline
1994 Ed. (1792)
1993 Ed. (1809)
Levy Co.; Charles
1994 Ed. (3668)
1991 Ed. (3512, 3514)
Levy Co.; Chas.
1996 Ed. (3878)
1995 Ed. (3792)
1993 Ed. (3733)
1992 Ed. (4480, 4483)
1990 Ed. (3706)
Levy; Grupo
2006 Ed. (73)
Levy Institute for Entrepreneurship; Larry & Carol
2008 Ed. (771)
Levy; Mickey
1989 Ed. (1753)
Levy Motor Co.; Charles
1990 Ed. (325)
Levy; R. M.
2005 Ed. (2489)
Levy Restaurants Inc.
2008 Ed. (4150, 4151)
2007 Ed. (4132)
2006 Ed. (4106)
Levy Security Corp.
2008 Ed. (4960)
2007 Ed. (3552)
Lew and Edie Wasserman
1994 Ed. (892)
Lew Frankfort
2005 Ed. (980, 2480)
2004 Ed. (969, 2496)
Lew Platt
2000 Ed. (796, 1044)
Lewent; Judith
2007 Ed. (1069)
2006 Ed. (974)
Lewinsohn; Gerald
1993 Ed. (1807)
Lewis & Clark College
2001 Ed. (3062)
2000 Ed. (2905)
1999 Ed. (3161)
1998 Ed. (2336)
1997 Ed. (2604)
1993 Ed. (893)
Lewis & Clark College - Northwestern School of Law
1995 Ed. (2424)
Lewis and Clark County, MT
2008 Ed. (3480)
Lewis & Clark (Northwestern)
1996 Ed. (2459)
Lewis & Gace
1993 Ed. (77)
Lewis & Lambert Metal Contractors Inc.
1994 Ed. (1149)
1992 Ed. (1414)
Lewis & Munday
2001 Ed. (841, 937)
Lewis & Munday PC
2006 Ed. (3547, 4385)
Lewis & Roca LLP
2007 Ed. (1501)
Lewis B. Campbell
2005 Ed. (975)
Lewis Bear Co.
1995 Ed. (2052)
1994 Ed. (2001)
Lewis; Bernard
2008 Ed. (4903, 4906)
2007 Ed. (4927, 4930)
2005 Ed. (4890, 4893)
Lewis; Bonnie
1995 Ed. (938)
Lewis-Brent; Lana Jane
1991 Ed. (3512)
Lewis Brisbois Bisgaard & Smith
2007 Ed. (3309)
2006 Ed. (3248)
2005 Ed. (3261)
Lewis Chew
2007 Ed. (1082)
Lewis; Chris
2005 Ed. (992)
Lewis Communications
2002 Ed. (3853, 3864)
Lewis Construction; Lee
1995 Ed. (1146)
1994 Ed. (1138)
1993 Ed. (1122)
Lewis Corp; James
1991 Ed. (1066)
Lewis Dickey Jr.
2006 Ed. (914)
Lewis Drug
2006 Ed. (2309)
2002 Ed. (2036)
Lewis Frankfort
2008 Ed. (935, 943)
2007 Ed. (964, 1022)
2006 Ed. (873, 932, 938)
Lewis Galoob Toys
1989 Ed. (2666)
Lewis; George R.
1989 Ed. (736)
Lewis; Gerald
1993 Ed. (3444)
Lewis, Gilman & Kyneft Inc.
1991 Ed. (142)
Lewis, Gilman & Kynett Inc.
1992 Ed. (197)
1990 Ed. (142)
1989 Ed. (67)
Lewis Group (incl. Waitrose); John
1990 Ed. (3055)
Lewis Hay III
2008 Ed. (2638)
Lewis Hill
2007 Ed. (4931)
Lewis Homes
1999 Ed. (1334)
1998 Ed. (908)
1995 Ed. (1134)
1994 Ed. (1113, 1119)
Lewis Homes Group
1993 Ed. (1089)
Lewis Homes Group of Cos.
2000 Ed. (1218, 3721)
Lewis Homes Management Corp.
1991 Ed. (1047)
Lewis; Joe
2008 Ed. (4904)
2007 Ed. (4928)
Lewis; Joseph
2005 Ed. (4892)
Lewis; Ken
2008 Ed. (369)
2007 Ed. (384)
Lewis; Kenneth
2007 Ed. (1016)
Lewis; Kenneth D.
2008 Ed. (949, 957, 1108)
2007 Ed. (1027, 1202)
2006 Ed. (926, 1099)
2005 Ed. (1104)
Lewis; Lennox
2005 Ed. (268)
1995 Ed. (251)
Lewis; Loida N.
1996 Ed. (3876)
Lewis; Loida Nicolas
1997 Ed. (3916)
Lewis; Maria
1995 Ed. (1856)
1994 Ed. (1827)
1993 Ed. (1835)
Lewis Moberly
1995 Ed. (2228)
Lewis Partnership; John
1990 Ed. (3499)
Lewis; Peter
2007 Ed. (4892)
2006 Ed. (4904)
Lewis; R. T.
2005 Ed. (2502)
Lewis; Reginald
1989 Ed. (2341)
Lewis Rice & Fingersh LC
2007 Ed. (1504)
2001 Ed. (561, 562)
Lewis Rugg (Asburton) Ltd.
1991 Ed. (960)
Lewis; Steve
1995 Ed. (2486)
Lewis; Steven E.
1992 Ed. (2905)
1991 Ed. (2344)
Lewis T. Preston
1991 Ed. (402)
1990 Ed. (458, 459)
1989 Ed. (417)
Lewis Tree Service Inc.
2008 Ed. (1982, 4324)
Lewis-Tucker Fight
1995 Ed. (880)
Lewis Volkswagen; Bob
1996 Ed. (291)
1995 Ed. (291)
1994 Ed. (287)
Lewis W. Coleman
1997 Ed. (979, 1797)
Lewis, White & Clay
1999 Ed. (2843)
1998 Ed. (2968)
1995 Ed. (673, 2193, 2413)
Lewis; William
1991 Ed. (2554)
Lewis Young
2001 Ed. (931)
Lewiston/Auburn Journal, Sun
1990 Ed. (2691)
Lewiston Sun Journal
1991 Ed. (2600)
1990 Ed. (2700, 2709, 2711)
1989 Ed. (2054, 2063, 2065)
Lex Electronics
1990 Ed. (3234)
1989 Ed. (1335)
Lex Harvey Ltd.
2006 Ed. (1429)
Lex Jolley
1990 Ed. (3158)
Lex Jolley & Co.
1993 Ed. (2264)
Lex Luthor
2007 Ed. (682)
Lex Service PLC
1997 Ed. (1418)
1992 Ed. (4432)
1991 Ed. (3479)
Lex Services
1989 Ed. (2482)
Lex Vehicle Leasing
1999 Ed. (3455)
1997 Ed. (2821)
Lexair Electronics Sales Corp.
2008 Ed. (4976)
Lexapro
2007 Ed. (3911, 3912)
2006 Ed. (2314, 3882)
2005 Ed. (3815)
Lexar Media Inc.
2005 Ed. (1672, 1676, 1686, 3033)
2004 Ed. (4578)
Lexent Inc.
2001 Ed. (4196)
Lexford Properties
1998 Ed. (177)
Lexi International Inc.
1998 Ed. (3479, 3483)
1997 Ed. (1014, 2168, 3699)
Lexico
2008 Ed. (3620)
Lexicon Genetics Inc.
2003 Ed. (2733)
Lexicon Marketing Corp.
2008 Ed. (2969, 2970)
2007 Ed. (2842, 2844)
2006 Ed. (2851, 2852)
Lexicon Marketing Group
2005 Ed. (2849)
Lexington Avenue Credit Union
2005 Ed. (2074)
Lexington Convertible Securities
1996 Ed. (2807)
1995 Ed. (2740)
1994 Ed. (2640)
Lexington Corporate Leaders
1997 Ed. (2897)
Lexington Corporate Properties Trust
2008 Ed. (2363, 2368)
2007 Ed. (2223)
Lexington Crosby SC Asia
1998 Ed. (2646)
Lexington Depot
1996 Ed. (2643)
Lexington-Fayette, KY
2008 Ed. (4091)

2007 Ed. (3003)
1992 Ed. (2549)
Lexington Global
1995 Ed. (2743)
Lexington GNMA Income
2000 Ed. (765)
1999 Ed. (751, 3554)
1998 Ed. (2650)
1997 Ed. (690)
1996 Ed. (2810)
1995 Ed. (2744)
1994 Ed. (2642)
1993 Ed. (2696)
1990 Ed. (2603)
Lexington Gold Fund
1989 Ed. (1846, 1849)
Lexington Goldfund
1994 Ed. (2626)
1993 Ed. (2682)
Lexington Growth
1991 Ed. (2567)
Lexington Homes
2005 Ed. (1239)
2004 Ed. (1215)
2003 Ed. (1208)
Lexington Hotel Suites
2000 Ed. (2554)
1999 Ed. (2777)
1997 Ed. (2293)
1992 Ed. (2496)
1991 Ed. (1952)
1990 Ed. (2078)
Lexington Hotel Suites & Inns
1998 Ed. (2017)
Lexington Insurance Co.
2008 Ed. (3262, 3319)
2006 Ed. (3099)
2005 Ed. (3095)
2004 Ed. (3089, 3135)
2002 Ed. (2876)
2001 Ed. (2927, 2928, 4031, 4032)
1999 Ed. (2926)
1998 Ed. (2145)
1997 Ed. (2428)
1996 Ed. (2293)
1995 Ed. (2288)
1994 Ed. (2240)
1993 Ed. (2191)
1992 Ed. (2648)
1991 Ed. (2087)
Lexington, KS
1994 Ed. (823)
Lexington, KY
2008 Ed. (3132)
2007 Ed. (3368)
2006 Ed. (3304)
2005 Ed. (3310, 3315)
2004 Ed. (189)
2003 Ed. (231)
2000 Ed. (1092, 2886, 2995, 3107)
1999 Ed. (2810)
1998 Ed. (1520, 2474, 2483, 3648)
1992 Ed. (1158, 2546, 3134)
Lexington Corp. Leaders
1991 Ed. (2557)
Lexington Small Cap Asia Growth
2001 Ed. (3445)
Lexington Strategic Investments
1997 Ed. (2879)
1995 Ed. (2718, 2721, 2732)
1994 Ed. (2627, 2630)
Lexington Strategic Silver
1997 Ed. (2879)
Lexington-Thomasville, NC
2007 Ed. (3384)
2006 Ed. (3322)
Lexington Troika Dialog Russia
2000 Ed. (3230)
1999 Ed. (3518, 3522, 3564)
Lexington Worldwide Emerging Markets
1995 Ed. (2717, 2727)
Lexis, Nexis, Medis
1991 Ed. (2641)
Lexis Public Relations
2006 Ed. (2052)
2002 Ed. (3865, 3867)
LexisNexis Group
2006 Ed. (1427)
LexJet Corp.
2003 Ed. (2715, 2732)
2002 Ed. (2491)
Lexmark
2008 Ed. (1129)
2007 Ed. (1229)
2006 Ed. (1121)
1995 Ed. (2260)
Lexmark International Inc.
2008 Ed. (1113, 1881, 1882, 1884, 3014)
2007 Ed. (1221, 1222, 1845, 1846, 1848, 2893, 3008, 4528, 4530, 4566, 4590)
2006 Ed. (1106, 1840, 1841, 2392)
2001 Ed. (1772, 1773)
2000 Ed. (1333, 1500, 4125)
1999 Ed. (1268, 1269, 1276, 3642)
1998 Ed. (822)
1993 Ed. (2382)
Lexmark International Group Inc.
2008 Ed. (1883)
2007 Ed. (1847)
2006 Ed. (1101, 1105, 1116, 1117, 1149, 1151, 1842, 1843)
2005 Ed. (1106, 1115, 1127, 1128, 1159, 1835, 1836, 1837)
2004 Ed. (1102, 1111, 1120, 1121, 1136, 1769, 1770, 1771, 3731, 4486)
2003 Ed. (1090, 1102, 1103, 1104, 1732, 1733, 1734, 3674)
2002 Ed. (913, 1143, 1144, 1712, 2100)
2001 Ed. (1357, 1358, 1772, 1773, 2872)
2000 Ed. (1165, 1169, 1752, 2644)
1997 Ed. (3403)
Lexmark International Inc. (HQ)
2000 Ed. (2880)
Lexmark Nordic LLC
2008 Ed. (1881)
2007 Ed. (1845)
2006 Ed. (1840)
2005 Ed. (1835)
2004 Ed. (1769)
Lexotanil
1996 Ed. (1579)
Lextron Corp.
2006 Ed. (3522, 4361)
Lexus
2008 Ed. (302, 330, 660, 2276)
2007 Ed. (309, 343, 684)
2006 Ed. (313, 357, 362)
2005 Ed. (279, 283, 343, 352)
2004 Ed. (343)
2003 Ed. (361)
2002 Ed. (366, 389)
2001 Ed. (438, 484, 1009, 1010)
2000 Ed. (337, 338, 339, 349)
1999 Ed. (360)
1998 Ed. (211, 212, 228)
1997 Ed. (290, 292, 303, 307)
1996 Ed. (33, 309, 321, 322)
1995 Ed. (311, 312, 3569)
1994 Ed. (49, 319, 320)
1993 Ed. (18, 265, 266, 304, 305, 306, 333)
1992 Ed. (437)
Lexus ES 300
2004 Ed. (345)
2001 Ed. (489)
1997 Ed. (311)
1994 Ed. (306, 318)
Lexus ES 250
1992 Ed. (451)
Lexus ES300
1995 Ed. (318)
Lexus ES250
1991 Ed. (313)
Lexus Infiniti
1991 Ed. (3317)
Lexus Infiniti Q45
1991 Ed. (313)
Lexus LS 400
2001 Ed. (486)
2000 Ed. (348)
1997 Ed. (311)
1994 Ed. (318)
1992 Ed. (451)
Lexus LS 430
2004 Ed. (344)
Lexus LS 300
2001 Ed. (486)
Lexus LS400
1996 Ed. (3764)
1995 Ed. (318)
1994 Ed. (312)
1993 Ed. (326, 329)
1992 Ed. (435)
Lexus of Cerritos
1994 Ed. (258)
Lexus of Kendal
1995 Ed. (273)
Lexus of Kendall
1996 Ed. (294)
1994 Ed. (258)
Lexus of Palm Beach
1996 Ed. (294)
1995 Ed. (273)
Lexus of Santa Monica
1994 Ed. (258)
Lexus of Tampa Bay
1996 Ed. (294)
Lexus RX 300
2001 Ed. (491)
Lexus Santa Monica
1995 Ed. (273)
Lexus SC 300/400
1997 Ed. (311)
1996 Ed. (348)
1994 Ed. (318)
Lexus SC400
1993 Ed. (326)
Lexus SC300/SC400
1995 Ed. (318)
Leykam-Muerzta
1991 Ed. (3451)
Leykam-Muerztaler Papier Und Zellstoff AG
2000 Ed. (1389)
Leykam-Murztaler
1999 Ed. (1585)
1992 Ed. (4400)
1991 Ed. (3452)
Leykam-Murztaler Papier
1991 Ed. (1256)
Leylegian Investment Management
1999 Ed. (3076)
Leylegian Investment Management Inc., Equity Composite
2003 Ed. (3125)
L.F. Driscoll Co.
1990 Ed. (1212)
L.F. Jennings Inc.
2000 Ed. (4027)
L.F. Rothschild
1990 Ed. (3154)
LF VA "4" CWEALTH: VIP OS
1994 Ed. (3618)
LFC Insurance Brokers & Agents
1995 Ed. (1877)
LG
2008 Ed. (665, 2082, 2980)
2007 Ed. (697, 1583)
2005 Ed. (887)
LG Ad
2003 Ed. (149)
2002 Ed. (131)
2001 Ed. (158)
2000 Ed. (120)
1999 Ed. (114, 1889)
1997 Ed. (111)
1991 Ed. (121)
1990 Ed. (123)
1989 Ed. (129)
LG & E
2006 Ed. (2361, 2362, 2363, 2364, 2693, 2694, 2695, 2696)
LG & E Energy Corp.
2004 Ed. (1770)
2003 Ed. (1733)
2002 Ed. (2002, 3878, 4710)
2001 Ed. (1773)
2000 Ed. (1500)
1999 Ed. (1694, 1951)
1998 Ed. (1067, 1082, 1172, 1390, 1391)
1997 Ed. (1698)
1996 Ed. (1618, 1619)
1995 Ed. (1641, 1642)
1994 Ed. (1599, 1600)
1993 Ed. (1559)
LG & E Energy LLC
2006 Ed. (1841)
LG & E Power Marketing
1999 Ed. (3962)
LG Bank
1996 Ed. (516)
LG-Caltex
2003 Ed. (3856)
2002 Ed. (3694)
1999 Ed. (3813)
LG Chem Ltd.
2008 Ed. (3580)
LG Chemical
2002 Ed. (1000, 1003)
LG Electronics
2008 Ed. (642, 2080, 2081, 2472, 2474, 3580)
2007 Ed. (79, 1983, 1984, 1985, 1986, 2342, 2343, 2345, 2346, 3216, 3623)
2006 Ed. (1773, 2015, 2016, 2017, 2870, 3039, 3041, 3237, 3400)
2005 Ed. (2862, 2865, 3038, 3398, 3498)
2004 Ed. (757)
2003 Ed. (2200, 2201, 2202)
2002 Ed. (253, 1109, 1713, 1912, 2100, 2701, 3048, 3049, 3340)
2001 Ed. (1774, 1775, 1776, 2199)
2000 Ed. (227, 1504, 1505, 1508, 2882, 2883, 3130)
1999 Ed. (204, 1695, 1696, 1697, 3136, 3407)
1998 Ed. (107, 2496)
1997 Ed. (1468, 1470)
LG Electronics Alabama Inc.
2006 Ed. (1534)
LG Electronics (Zenith)
2000 Ed. (4347)
LG Group
2008 Ed. (85, 97, 3744)
2007 Ed. (51, 97)
2006 Ed. (27, 60, 89, 99)
2005 Ed. (21, 53, 80)
2004 Ed. (58, 85, 93, 2878)
2001 Ed. (48, 49, 51, 92)
2000 Ed. (1694)
1999 Ed. (1887)
1998 Ed. (1537, 1538, 2559)
LG Information & Communications
2002 Ed. (3048)
2001 Ed. (2199)
2000 Ed. (1504, 2883)
1999 Ed. (3136)
LG International Corp.
2004 Ed. (4761)
2003 Ed. (4780)
2002 Ed. (1713)
2001 Ed. (1774, 1775)
2000 Ed. (1505, 1508, 4242)
1999 Ed. (1695, 1697)
1997 Ed. (1470)
LG Investment & Securities Co., Ltd.
2004 Ed. (4373)
2001 Ed. (1034)
LG Investment Trust Co.
2002 Ed. (2824)
LG Oil Products Sales
2001 Ed. (1623)
LG Philips
2005 Ed. (872)
LG Philips LCD
2005 Ed. (872)
2001 Ed. (3114)
LG Securities
2002 Ed. (3049)
2001 Ed. (1035)
1999 Ed. (899, 900)
1997 Ed. (781, 3484)
LG Semicon
2001 Ed. (2199)
2000 Ed. (2883, 3703, 3704, 3705, 3994)
1999 Ed. (4271, 4273)
1998 Ed. (3278)
1997 Ed. (1109, 3251, 3493)
LG Semiconductor
2000 Ed. (2882)
1999 Ed. (3135)
LG Telecom
2007 Ed. (79, 3072)
2006 Ed. (4537)
LG Vina Cosmetics JV Co.
2006 Ed. (103)

LGA Inc.
2007 Ed. (1662)
LG&E Energy Corp.
2000 Ed. (3673)
LGB
1992 Ed. (1184)
LGFE Inc.
1990 Ed. (73)
LGH Bryan Medical Center
2006 Ed. (1914)
LGM Marketing Services
1996 Ed. (3277)
LG.Philips LCD Co., Ltd.
2006 Ed. (4256)
LG.Phillips LCD Co., Ltd.
2006 Ed. (4258)
LGS Group
1990 Ed. (852)
LGT Asset
1997 Ed. (2537)
LGT Bank in Liechtenstein
2008 Ed. (471)
2007 Ed. (514)
2006 Ed. (493)
2005 Ed. (572)
2004 Ed. (583)
2003 Ed. (575)
2002 Ed. (610)
2000 Ed. (596)
LGT Bank-Liechtenstein
1999 Ed. (578)
LHS Group
2000 Ed. (2400, 4044)
1999 Ed. (2618, 4163, 4168, 4325)
LHS/New Yorker
1998 Ed. (222)
Li Fornaio
1997 Ed. (3337)
LI Housing Partnership
2000 Ed. (1219)
Li Hui
1999 Ed. (2294)
Li; Jose
2006 Ed. (4140)
Li Ka-shing
2008 Ed. (4841, 4844, 4882)
2007 Ed. (4909, 4916)
2006 Ed. (690)
2005 Ed. (789, 4861)
2004 Ed. (4876, 4881)
2003 Ed. (4890)
1999 Ed. (727)
1998 Ed. (464)
Li Ka-Shing Group
1997 Ed. (673)
1992 Ed. (1572)
LI Lighting Co.
1999 Ed. (3264)
1993 Ed. (2471, 2472)
Li-Ning
2007 Ed. (4514)
Li Peng Enterprise Co., Ltd.
1992 Ed. (1700)
LI Rail Road
1993 Ed. (2471)
Li; Richard
2005 Ed. (4870)
LI State Veterans Homes
2000 Ed. (3362)
Li; Steven
1997 Ed. (1972)
1996 Ed. (1864)
Li; Victor
2005 Ed. (4863)
Li; Zhang
2008 Ed. (4843)
Liability
1992 Ed. (4430)
Liability, auto
2007 Ed. (4113)
2006 Ed. (4067)
Liability, general
2007 Ed. (4113)
2006 Ed. (4067)
2002 Ed. (2954)
Liability Insurance for Nurses
2001 Ed. (3555)
1995 Ed. (2800)
Liability, other
2005 Ed. (3130)
Liability risk financing
2002 Ed. (3530)
Liaison
1996 Ed. (105)
1995 Ed. (90)
Lian Deng
1999 Ed. (1006)
Lianyungang
2001 Ed. (3854)
Lianyungang Soda Plant
2000 Ed. (4076)
Liaoning
2001 Ed. (2262)
Liar Liar
1999 Ed. (3447, 3448, 4717, 4719)
Liar's Poker
2005 Ed. (714)
Liar's Poker: Rising Through the Wreckage on Wall Street
1991 Ed. (708)
LIAT
2006 Ed. (235)
2005 Ed. (219)
Liatris
1993 Ed. (1871)
Libbey
2005 Ed. (4588)
2004 Ed. (2870)
2003 Ed. (4670)
2000 Ed. (4172)
1999 Ed. (2598, 2599)
1998 Ed. (3458, 3459)
1996 Ed. (2026, 3625)
1995 Ed. (2001)
Libbey Owens Ford Co.
1996 Ed. (349)
Libby's
2007 Ed. (2612)
2006 Ed. (2713)
2003 Ed. (861)
2000 Ed. (2215)
1999 Ed. (2457, 2458)
1998 Ed. (1716, 1717)
Libby's Juicy Juice
2007 Ed. (2655)
Libby's Juicy Juice Fruit Juice Blend
2007 Ed. (2654)
2006 Ed. (2671)
Libco
1992 Ed. (3302)
Libecap; Gary
2006 Ed. (703)
Liber
1992 Ed. (2963)
Liberal
2000 Ed. (477)
Liberate Technologies
2002 Ed. (2482)
2001 Ed. (4184, 4191)
Liberg Thompson
2000 Ed. (176)
Liberia
2007 Ed. (4218)
2006 Ed. (4208)
2005 Ed. (2767, 4152)
2004 Ed. (4225)
2003 Ed. (4198)
2001 Ed. (4128)
1998 Ed. (2311)
1997 Ed. (2570)
1990 Ed. (3503)
Liberian Trading and Development Bank
1991 Ed. (590)
Liberian Trading and Development Bank Limited
1992 Ed. (759)
1989 Ed. (606)
Liberson; Dennis H.
2007 Ed. (2504)
2005 Ed. (2511)
Liberty Corp.
2008 Ed. (1400)
2004 Ed. (777, 1470)
1998 Ed. (760)
1997 Ed. (1020)
1996 Ed. (1002)
1995 Ed. (1022)
1994 Ed. (1011)
1993 Ed. (2219)
1992 Ed. (2295)
1991 Ed. (2100)
Liberty Acorn
2004 Ed. (3574, 3576)
Liberty Acorn Fund
2004 Ed. (3658)
Liberty Bancorp Inc.
1998 Ed. (266)
Liberty Bank
2007 Ed. (424)
2006 Ed. (428)
2005 Ed. (481)
2004 Ed. (473)
2003 Ed. (455, 478)
Liberty Bank & Trust Co.
2008 Ed. (373)
2007 Ed. (391)
2006 Ed. (407)
2005 Ed. (454)
2004 Ed. (442)
2002 Ed. (713)
2000 Ed. (471)
1999 Ed. (479)
1998 Ed. (339, 373)
1997 Ed. (419)
1996 Ed. (457, 544)
1995 Ed. (431)
1994 Ed. (581, 608)
Liberty Bank & Trust EB Interm Mat Income
1994 Ed. (2312)
Liberty Bank & Trust Co. of Oklahoma City NA
1997 Ed. (587)
1996 Ed. (648)
1995 Ed. (578)
Liberty Bank & Trust Co. Of Oklahoma NA
1998 Ed. (422)
Liberty Bank; Equimark Corp./
1990 Ed. (3591)
Liberty Bank for Savings
2008 Ed. (4674)
2007 Ed. (4750)
2006 Ed. (4736)
2002 Ed. (4620)
2001 Ed. (4527)
2000 Ed. (4248)
Liberty Cable Television
1998 Ed. (603)
1997 Ed. (879)
1996 Ed. (866)
Liberty Capital
1993 Ed. (2326)
Liberty/Columbia
2004 Ed. (3562)
Liberty Equity Income A
1995 Ed. (2720)
Liberty Federal Bank
2002 Ed. (4620)
2001 Ed. (4527)
2000 Ed. (4248)
1999 Ed. (4598)
Liberty Federal Savings Bank
1998 Ed. (3543)
Liberty Financial
1998 Ed. (3418)
Liberty Financial of North America
2008 Ed. (1732)
Liberty First Credit Union
2008 Ed. (2244)
2007 Ed. (2129)
2006 Ed. (2208)
2005 Ed. (2113)
Liberty Fitness
2008 Ed. (172)
Liberty Fitness for Women
2007 Ed. (2789)
2006 Ed. (2789)
Liberty Fund
2002 Ed. (2338, 2339)
Liberty Fund I
1993 Ed. (1044)
Liberty Funds
2003 Ed. (3501)
Liberty Global Inc.
2008 Ed. (1674, 1683, 1685, 1686, 1688, 1689, 1692)
2007 Ed. (1663, 1665, 1667, 1670)
Liberty Global Fund
1993 Ed. (1043)
Liberty Healthcare System
2000 Ed. (2531)
1999 Ed. (2750)
Liberty High-Income Bond
1995 Ed. (2741)
1994 Ed. (2610, 2641)
1993 Ed. (2666, 2677, 2695)
Liberty High-Income Bond A
1995 Ed. (2700)
Liberty Holdings
2000 Ed. (1554)
Liberty Homes
2007 Ed. (3409)
2006 Ed. (3356, 3555)
2005 Ed. (1240)
1999 Ed. (3877)
1998 Ed. (2905, 2906)
1997 Ed. (3150)
1995 Ed. (2978, 2979)
1993 Ed. (2902)
1990 Ed. (2594)
1989 Ed. (1999)
Liberty House Inc.
2001 Ed. (1722)
1997 Ed. (2177)
Liberty International
2007 Ed. (4079, 4092)
2006 Ed. (4015, 4048)
Liberty; Jeep
2008 Ed. (304)
2006 Ed. (323)
2005 Ed. (304, 4777)
Liberty Life
1995 Ed. (2315)
1993 Ed. (2231)
Liberty Life Assn. Ord
2000 Ed. (2876, 2877)
Liberty Life Association of Africa Ltd.
1999 Ed. (3130, 3131)
1997 Ed. (2585)
1996 Ed. (2442)
1994 Ed. (2342, 2343)
Liberty Life Insurance Co.
2002 Ed. (2910, 2911)
1991 Ed. (2108)
Liberty Lines
2002 Ed. (863)
Liberty Lines Transit
1999 Ed. (957)
1998 Ed. (539)
1997 Ed. (841)
1996 Ed. (831)
1995 Ed. (851)
Liberty Management Group
2003 Ed. (3467)
2002 Ed. (3802)
2001 Ed. (3923)
1998 Ed. (2933)
Liberty Media Corp.
2008 Ed. (1683, 1685, 1686, 1688, 1692)
2007 Ed. (749, 1552, 1663, 1665, 1666, 1667, 1669, 1670, 2455, 2459, 3447)
2006 Ed. (1497, 1647, 1649, 1650, 1652, 1654, 1656, 1657, 1659, 1663, 2490, 2494)
2005 Ed. (839, 840, 1468, 1741, 2445, 2446, 4282)
2004 Ed. (865, 1451, 2420, 2421)
2003 Ed. (1643, 1648, 1649, 1654, 3633)
2002 Ed. (1620, 1624)
1997 Ed. (876)
1996 Ed. (2578)
1995 Ed. (1076, 1229, 1432, 3580)
1994 Ed. (758, 1253, 1669, 3503)
1992 Ed. (1021)
Liberty Media Capital
2008 Ed. (1689)
Liberty Media Group
2002 Ed. (1395, 1622)
Liberty Media Holding
2008 Ed. (2851)
Liberty Media Interactive
2008 Ed. (1677, 1689, 4525)
Liberty Media Corp. (Interactive Group)
2008 Ed. (1683)
Liberty Media International Inc.
2006 Ed. (1647, 1654)
Liberty Mutual
2000 Ed. (2655, 2656, 2657, 2723, 4410)
1996 Ed. (1236, 2336, 2339, 2472)
1995 Ed. (2324)
1990 Ed. (1792, 2251, 2252)

Liberty Mutual Companies
2000 Ed. (4438)
Liberty Mutual Fire
1997 Ed. (2432, 2470)
1996 Ed. (2302)
1995 Ed. (2327)
1994 Ed. (2222)
1992 Ed. (2695, 2696)
1990 Ed. (2260)
Liberty Mutual Fire Insurance Co.
2001 Ed. (1788, 2899, 2900, 2901)
Liberty Mutual Group
2000 Ed. (1513, 2719, 2734)
1996 Ed. (2331, 2335, 3885)
1995 Ed. (2266, 2267, 3349, 3800)
1992 Ed. (2644, 2645, 2646)
1991 Ed. (2081, 2082, 2083)
1990 Ed. (2220, 2221, 2222, 2229)
1989 Ed. (1672, 1673, 1674, 2975)
Liberty Mutual Holding Co.
2008 Ed. (1490, 1495, 3251)
2007 Ed. (3104)
2006 Ed. (3087)
Liberty Mutual Insurance Co.
2006 Ed. (3088, 4197)
2005 Ed. (3142)
2000 Ed. (2650, 2651, 2724, 2726, 2730)
1999 Ed. (2971)
1997 Ed. (2462, 2463, 2405, 3921)
1993 Ed. (2183, 2185, 2188, 2189, 2190, 2203, 2233, 2235, 2238, 3740)
1992 Ed. (2686, 2687, 2689, 2691)
1991 Ed. (1721, 2122, 2123, 2125, 3113)
Liberty Mutual Insurance Companies
2008 Ed. (1923, 3229, 3230, 3231, 3232, 3233, 3234, 3248, 3282, 3319, 3321, 3323, 3325, 3326, 3330)
2007 Ed. (1496, 1500, 1874, 3088, 3089, 3090, 3091, 3092, 3093, 3101, 3127, 3128, 3174, 3175, 3176, 3177, 3178, 3182, 3183, 4213, 4998)
2006 Ed. (1873, 3060, 3061, 3062, 3063, 3064, 3065, 3085, 3113, 3114, 3138, 3141, 3142, 3143, 3144, 3145, 3146, 4997)
2005 Ed. (128, 1462, 1863, 3056, 3057, 3058, 3059, 3060, 3061, 3062, 3063, 3066, 3079, 3080, 3084, 3098, 3099, 3128, 3132, 3134, 3135, 3137, 3138, 3144, 4998)
2004 Ed. (1793, 3050, 3051, 3052, 3053, 3054, 3055, 3071, 3072, 3073, 3077, 3095, 3124, 3126, 3127, 3128, 3129, 3136, 4997)
2002 Ed. (1723, 2838, 2839, 2840, 2841, 2842, 2866, 2894, 2949, 2950, 2955, 2956, 2957, 2958, 2959, 2960, 2966, 2967, 2975, 2976, 3954, 3957, 4991)
2001 Ed. (2898, 2902, 2903, 2904, 2905, 2906, 2908, 2951, 3084, 4031, 4032)
Liberty Mutual Insurance Cos.
2005 Ed. (3133)
2003 Ed. (1419, 1756, 2965, 2966, 2967, 2968, 2969, 2970, 2981, 2986, 3002, 3005, 3006, 3007, 3009, 3011, 4993, 4994, 4996)
1996 Ed. (2269, 2271, 2337)
1995 Ed. (2320)
1990 Ed. (1791)
Liberty Mutual Insurance Group
2008 Ed. (3320, 3322, 3324)
2000 Ed. (2717, 2721, 4440)
1999 Ed. (1704, 2898, 2901, 2902, 2903, 2904, 2965, 2968, 2972, 2973, 2974, 2978, 2981, 4822)
1998 Ed. (1175, 2110, 2115, 2117, 2118, 2197, 2200, 2203, 2204, 2205, 3769)
1997 Ed. (1477, 2406, 2407, 2408, 2409, 2411, 3922)
1996 Ed. (1418, 2283)
1994 Ed. (2215, 2217, 2219, 2220, 2221, 2223, 2270, 2271, 2273, 2278, 2283, 3675)
Liberty Mutual Management (Bermuda) Ltd.
2008 Ed. (857)
2006 Ed. (786)
Liberty Mutual Pool
2003 Ed. (4996)
Liberty National
1990 Ed. (683)
Liberty National Bancorp
1995 Ed. (3345)
1994 Ed. (3264)
Liberty National Bank
2000 Ed. (435)
1998 Ed. (3314, 3539)
1996 Ed. (3459)
1993 Ed. (508)
Liberty National Bank & Trust Co.
1999 Ed. (4337)
1996 Ed. (576)
1995 Ed. (521)
1994 Ed. (546)
1993 Ed. (545, 605)
1992 Ed. (747, 811, 3996)
Liberty National Bank & Trust Co. (Louisville)
1991 Ed. (581)
Liberty National Life
1989 Ed. (1689)
Liberty National Life Insurance Co.
2002 Ed. (2910)
2000 Ed. (2688)
1998 Ed. (2162)
1997 Ed. (2452)
1995 Ed. (2309)
1993 Ed. (2225)
1991 Ed. (2097, 2107)
Liberty Newport Japan Opportunities
2001 Ed. (3503)
Liberty Northwest
2005 Ed. (1930)
Liberty Oil
2004 Ed. (3957)
2002 Ed. (383, 3785)
Liberty Partners
1999 Ed. (4707)
Liberty Power Corp.
2008 Ed. (2965)
Liberty Power Holdings
2008 Ed. (2959, 3703, 4362, 4378)
Liberty Properties Trust
2004 Ed. (4090)
Liberty Property Trust
2008 Ed. (3821)
2007 Ed. (2223, 4104)
2006 Ed. (4053)
2005 Ed. (4023, 4024)
2004 Ed. (4089)
2003 Ed. (4063)
2001 Ed. (4016)
2000 Ed. (3730)
1999 Ed. (4002, 4013)
1998 Ed. (3020, 3184)
Liberty Richter
2003 Ed. (3745)
Liberty Ross
2008 Ed. (4898)
Liberty Satellite LLC
2004 Ed. (1535)
Liberty Savings Bank
1998 Ed. (3528, 3561)
1992 Ed. (4294)
Liberty Seguros
2008 Ed. (3256)
2007 Ed. (3111)
Liberty Select Value
2004 Ed. (3560)
Liberty Tax Service
2008 Ed. (168, 877, 4592)
2007 Ed. (2, 898, 902, 4681)
2006 Ed. (3, 808, 814, 4662)
2005 Ed. (2, 816, 893, 1994, 4596)
2004 Ed. (4653)
2003 Ed. (4674)
2002 Ed. (4549)
Liberty Travel Inc.
2007 Ed. (854)
2000 Ed. (4301)
1999 Ed. (4666)
1998 Ed. (3622)
1996 Ed. (3744)
Liberty Union Life Assurance Co.
2001 Ed. (2948)
2000 Ed. (2710)
Liberty Utilities
2003 Ed. (3512, 3553)
Libertyville Lincoln-Mercury
1992 Ed. (377, 378, 379, 415, 417, 418)
1991 Ed. (269, 274, 276, 284)
1990 Ed. (306, 308, 331, 345)
Libertyville Lincoln-Mercury Sales Inc.
1994 Ed. (274)
1993 Ed. (275)
1992 Ed. (389)
1991 Ed. (308)
Libman
2003 Ed. (976)
Libon Motors Inc.
1991 Ed. (298)
Libra
2004 Ed. (2541, 2542)
2003 Ed. (1226)
Libra Fund LP
2003 Ed. (3134, 3137, 3140)
Libra Holidays Group Ltd.
2002 Ed. (4404, 4405)
Libra Invest & Trade Ltd.
1993 Ed. (1177)
Librarian
1989 Ed. (2091)
The Library Corp.
2006 Ed. (3279)
2005 Ed. (3287, 3635, 3636)
2004 Ed. (3256)
The Library of Congress
2003 Ed. (3051)
Library of Congress Credit Union
2008 Ed. (2267)
2004 Ed. (1994)
2002 Ed. (1857)
Libreville, Gabon
1994 Ed. (976)
Libya
2005 Ed. (2053)
2004 Ed. (1918)
2002 Ed. (1811)
2001 Ed. (507, 508, 1946, 3761, 3765)
2000 Ed. (1609, 2352, 2353, 2359)
1999 Ed. (1780, 3192)
1998 Ed. (2311)
1997 Ed. (1541)
1996 Ed. (1476)
1995 Ed. (1517, 2011, 2018, 2030)
1994 Ed. (1485)
1993 Ed. (1968, 1975)
1992 Ed. (350, 1729, 2311, 2328)
1991 Ed. (1380, 1642, 1835, 1842)
1990 Ed. (1912, 1919, 1926, 2829)
Libyan Arab Foreign Bank
2008 Ed. (470)
2007 Ed. (513)
2006 Ed. (492)
2005 Ed. (540, 571)
2004 Ed. (582)
2003 Ed. (574)
2002 Ed. (609)
2000 Ed. (449, 595)
1999 Ed. (449, 458, 577)
1997 Ed. (393, 401, 540)
1996 Ed. (428, 436, 584)
1995 Ed. (401, 409, 528)
1994 Ed. (408, 416, 554)
1993 Ed. (552)
1992 Ed. (589, 760)
1991 Ed. (434, 591)
1990 Ed. (484)
1989 Ed. (452, 461)
Liccardi Motors Inc.
1995 Ed. (262)
Lice Free
2003 Ed. (3212)
Lice Guard Robi Comb
2003 Ed. (3212)
Lice Meister
2003 Ed. (3212)
Lice treatments
1992 Ed. (3398, 4176)
Licensed practical nurses
1989 Ed. (2081, 2081, 2083)
Licensed public accountant
1993 Ed. (3504)
Licide/Reese Chemical
1992 Ed. (3349)
Licor 43
2002 Ed. (300)
Licorice
2008 Ed. (841)
1996 Ed. (2102)
LICR Fund Inc.
1995 Ed. (2786)
Liddell; Chris
2006 Ed. (984)
Liddell, Sapp, Zivley & Hill
1990 Ed. (2420)
Liddell, Sapp, Zivley, Hill & LaBoon
1993 Ed. (2398)
1992 Ed. (2837)
1991 Ed. (2287)
Liddy; Edward
2008 Ed. (941)
2007 Ed. (998)
Lidel & Schwartz
2001 Ed. (4102)
Lider Films
2001 Ed. (3380)
Lideranca Capitalizacao
2004 Ed. (32)
2001 Ed. (20)
Lidgerwood-Dayton; Graeme
1997 Ed. (1895)
Lidgerwood; Graeme Anne
1996 Ed. (1821)
1995 Ed. (1843)
1994 Ed. (1805)
1993 Ed. (1822)
Lidi & Schwart
1994 Ed. (3110)
Lidl
2008 Ed. (687, 720)
2007 Ed. (718)
2001 Ed. (262)
Lidl & Schwarz Stiftung & Co.
2008 Ed. (24, 42)
2007 Ed. (19, 39, 46)
2006 Ed. (48)
2002 Ed. (1076)
Lidl & Schwarz Stiftung & Co. KG
2006 Ed. (4643)
Lidl Discount Food Stores
2002 Ed. (232)
Lidl GmbH & Co.
2006 Ed. (4945)
Lieber & Co.
1993 Ed. (2337)
Lieberman
1993 Ed. (2979)
1990 Ed. (1164)
Lieberman Cos.
1991 Ed. (2240)
Lieberman; Leonard
1989 Ed. (1377)
Lieberman; Senator Joe
2007 Ed. (2706)
Liebherr
1996 Ed. (2245)
Liebherr International
1993 Ed. (1082, 1406)
Liebherr International SA
2003 Ed. (1670)
Liebherr-Swissholding SA
2003 Ed. (1671, 1829, 4396)
Liebherr-Wohnungsbau GmbH
2007 Ed. (4090)
Liechtenstein
2006 Ed. (2716)
1990 Ed. (1747)
Liechtenstein Global Trust
1999 Ed. (3102)
Liechtensteinische Landesbank
2008 Ed. (471)
2007 Ed. (514)
2006 Ed. (493)
2005 Ed. (572)
2004 Ed. (583)
2003 Ed. (575)
2002 Ed. (610)
2000 Ed. (596)
1999 Ed. (578)
1997 Ed. (541)
1996 Ed. (585)
1995 Ed. (529)
1994 Ed. (555)
1993 Ed. (553)
1992 Ed. (761)
1989 Ed. (608)

Liedtke; J. Hugh
1990 Ed. (976, 1713, 1726)
Liem Sioe Liong
2006 Ed. (4916)
Liemandt; Joe
2005 Ed. (2453)
Lien Fu Ltd.
1994 Ed. (1033)
1990 Ed. (1068)
Lien Hwa Industrial
2007 Ed. (2006)
Lien Hwa Industrial Gases Co. Ltd.
1994 Ed. (933)
1992 Ed. (1119)
1990 Ed. (2520)
Lien I Textiles Co. Ltd.
1994 Ed. (1463)
Lien Siaou-Sze
2005 Ed. (4991)
2003 Ed. (4984)
Liepajas ML
2006 Ed. (4515)
2002 Ed. (4438)
Lies: And the Lying Liars Who Tell Them...
2006 Ed. (637)
2005 Ed. (726)
Lietuvos Dujos
2006 Ed. (4516)
2002 Ed. (4440)
Lietuvos Eektrine
2006 Ed. (4516)
Lietuvos Energija
2006 Ed. (4516)
2002 Ed. (4440, 4441)
Lietuvos Taupomasis Bankas
2003 Ed. (576)
2002 Ed. (527, 611, 4440)
Lietuvos Telekomas
2006 Ed. (4516)
Lietuvos Zemes Ukio Bankas
2003 Ed. (576)
2002 Ed. (527, 611, 4440)
2000 Ed. (597)
1999 Ed. (579)
1996 Ed. (586)
LIFE
2000 Ed. (943)
1994 Ed. (2793)
1993 Ed. (1857)
1992 Ed. (2149)
1990 Ed. (2798)
Life & Casualty Insurance Co. of TN
1992 Ed. (2662)
Life & Health Insurance Co. of America
2000 Ed. (2689)
Life & Health of America
2002 Ed. (2911)
Life and Health, Pa.
1989 Ed. (1691)
Life assurance
2001 Ed. (2223)
Life Care Centers of America
2004 Ed. (3701)
2003 Ed. (3653)
2000 Ed. (3361, 3825)
1999 Ed. (3636)
1998 Ed. (2691)
1995 Ed. (2801)
1991 Ed. (2625)
Life Care Services Corp.
2000 Ed. (1723, 3825)
1999 Ed. (1935)
1991 Ed. (1057)
1990 Ed. (1167)
Life Care Services LLC
2006 Ed. (4191)
Life companies
2000 Ed. (2646)
Life Cycle Engineering
2008 Ed. (2074)
Life Financial Corp.
2001 Ed. (3349)
Life Fitness
2001 Ed. (2349)
1993 Ed. (1707)
Life Fitness Exerciser
1994 Ed. (1724)
A Life God Rewards
2004 Ed. (740)
Life Housing & Construction Co. Ltd.
1992 Ed. (1571)
Life insurance
2002 Ed. (2780, 2784, 2785)
1996 Ed. (2257)
1995 Ed. (2246, 3290, 3390)
1994 Ed. (3286)
1993 Ed. (2174, 3232)
1992 Ed. (2234, 4070)
1989 Ed. (2475)
Life-insurance cash values
1993 Ed. (2365)
Life insurance companies
1997 Ed. (178)
1992 Ed. (2640)
Life Insurance Co. of Georgia
2002 Ed. (2910)
2000 Ed. (2688)
1993 Ed. (2225)
1991 Ed. (2107)
Life Insurance Corp. of India
2005 Ed. (3226)
2002 Ed. (2821)
2001 Ed. (2883)
1999 Ed. (2887)
Life Insurance Corp. of India Group
1997 Ed. (2394)
Life Insurance Co. of North America
2008 Ed. (3298)
2007 Ed. (3148)
1998 Ed. (2160)
1997 Ed. (2447)
1993 Ed. (2222)
1992 Ed. (2661, 2659)
Life Insurance Co. of Virginia
1995 Ed. (3365)
Life Insurance Selling
2008 Ed. (4715)
Life Investors Insurance Co. of America
2001 Ed. (2936)
1998 Ed. (2159)
1997 Ed. (2449)
1995 Ed. (2286)
Life is Beautiful
2001 Ed. (3366)
Life of Barbados
2002 Ed. (4187, 4188)
Life of Jamaica
1996 Ed. (2437, 2438)
Life of North America
1997 Ed. (2427)
Life of Pi
2006 Ed. (640)
2005 Ed. (728)
Life of the South Group
2008 Ed. (3287)
Life of Virginia
1996 Ed. (3770)
1991 Ed. (2117)
1990 Ed. (2249)
1989 Ed. (2158)
Life of Virginia Commonwealth Fidelity High Income
1997 Ed. (3824)
Life of Virginia Commonwealth/Janus Aspen Flex Income
2000 Ed. (4329)
Life of Virginia Commonwealth Oppenheimer High Income
1994 Ed. (3614)
Life of Virginia Commonwealth VIP High Income
1994 Ed. (3614)
Life Re Corp.
2000 Ed. (1314)
Life Reassurance Corp of America
2000 Ed. (2684)
Life Saver Holes
1995 Ed. (892)
Life Savers
2008 Ed. (835)
2003 Ed. (1131, 1132)
1995 Ed. (892)
1994 Ed. (852)
Life Savers Gummi Savers
1995 Ed. (891)
Life Savers Holes
1994 Ed. (852)
Life Savers Pops
1994 Ed. (853)
Life Savings Bank
1998 Ed. (3569)
Life sciences
2008 Ed. (1632, 1638)
2005 Ed. (3662)
2002 Ed. (3963, 3975, 3976, 3977)
Life Strategies
2003 Ed. (723, 725)
Life Style
1997 Ed. (3830)
A Life Style Services Inc.
2006 Ed. (3549)
Life Styles
1999 Ed. (1303)
Life Technologies Inc.
2002 Ed. (3560)
2001 Ed. (1203)
2000 Ed. (738)
1998 Ed. (465)
1997 Ed. (674)
1996 Ed. (741)
1995 Ed. (665, 667)
1994 Ed. (710, 712)
1993 Ed. (701, 702)
1992 Ed. (893)
Life Time Fitness
2008 Ed. (2277)
2006 Ed. (4296)
Life USA
1998 Ed. (3418)
Life USA Holding
1997 Ed. (2435)
Life (x) 3
2005 Ed. (4687)
LifeBranz
2007 Ed. (75)
LifeCare Inc.
2006 Ed. (4344)
LifeCare Services Corp.
1998 Ed. (2055, 3099)
LifeCell Corp.
2008 Ed. (1975, 3646, 4347, 4414)
2007 Ed. (2717, 2718, 2749, 4697)
2006 Ed. (2740)
Lifeco
1993 Ed. (3626)
1990 Ed. (3650, 3651, 3652)
LifeCo Investment Group
1996 Ed. (385)
Lifecore Biomed
1993 Ed. (2748)
Lifecore Biomedical Inc.
2008 Ed. (1932)
2006 Ed. (1884)
Lifecycle Exercise Bicycle
1994 Ed. (1724)
Lifecycle Software Ltd.
2002 Ed. (2494)
Lifeguard
2008 Ed. (553)
Lifeline System
1992 Ed. (3310)
Lifeline Systems Inc.
2004 Ed. (1080)
LifeMinders, Inc.
2002 Ed. (2527, 2534)
Lifeplan Australia
2003 Ed. (3957)
Lifeplan Australia Friendly Society
2004 Ed. (3952)
LifePoint Hospitals Inc.
2008 Ed. (2883, 2901)
2007 Ed. (2776, 2790, 2935)
2006 Ed. (2925)
2005 Ed. (2915)
2004 Ed. (2927)
2003 Ed. (2825)
2002 Ed. (3291)
2001 Ed. (2667)
LifeSaver Holes
1993 Ed. (835)
Lifesavers
2008 Ed. (836, 839)
2006 Ed. (774, 1006)
2002 Ed. (933, 935)
2001 Ed. (1114, 1119)
2000 Ed. (970, 973, 975, 976, 977)
1999 Ed. (1018)
1998 Ed. (615, 616, 624, 625)
1997 Ed. (886, 888)
1996 Ed. (871)
1995 Ed. (894, 897)
1993 Ed. (835)
LifeSavers Bubble Gum
2000 Ed. (1040)
LifeSavers Bubble Yum
1997 Ed. (976)
LifeSavers Care-Free
2000 Ed. (1041)
Lifesavers Creame Savers
2002 Ed. (935)
Lifesavers Creme Savers
2001 Ed. (1119)
Lifesavers Delites
2008 Ed. (836)
LifeSavers Fruit Stripe
1997 Ed. (976)
LifeSaver's Gummi
2000 Ed. (969)
LifeSavers Gummies
2005 Ed. (859)
LifeSavers GummiSavers
1997 Ed. (887, 889)
LifeSavers Holes
1997 Ed. (886)
1996 Ed. (871)
1995 Ed. (897)
LifeSavers Ice Breakers
2000 Ed. (1041)
Lifesavers Plain Mints
2002 Ed. (935)
2001 Ed. (1119)
Lifescan
2003 Ed. (2050)
2002 Ed. (3298)
2001 Ed. (3267)
2000 Ed. (3076)
1997 Ed. (1655)
1996 Ed. (767, 1583)
1995 Ed. (1608)
1994 Ed. (1529)
Lifescan Fast Take
2003 Ed. (2050)
Lifescan One Touch
2003 Ed. (2050)
Lifescan 1 Touch 11/1 Touchbasic/1 Touch Test Strips
1997 Ed. (1656)
Lifescan Surestep
2003 Ed. (2050)
Lifeshield
1994 Ed. (2686)
Lifespan Corp.
2008 Ed. (2884)
2007 Ed. (2767)
LifeSpan BioSciences Inc.
2006 Ed. (2765)
Lifestream Technologies Inc.
2004 Ed. (236)
Lifestyle
2007 Ed. (2311)
2005 Ed. (3359)
2004 Ed. (3334, 3335)
LifeStyle Builders & Developers
2004 Ed. (1212)
2003 Ed. (1205)
Lifestyle Furnishings International Inc.
2003 Ed. (2584, 2586)
2001 Ed. (2565, 2569, 2570)
2000 Ed. (2287)
1999 Ed. (2544)
1998 Ed. (1783)
Lifestyle Furniture International
2000 Ed. (2255)
Lifestyle Holdings Inc.
2001 Ed. (2570)
Lifestyle Homes
2005 Ed. (1205)
Lifestyle NUDA Ultra Sensitive
1995 Ed. (1121)
Lifestyle, premixed portfolios
2001 Ed. (2525)
Lifestyle U.K.
2002 Ed. (45)
LifeStyles
2003 Ed. (1130)
2002 Ed. (1166)
1998 Ed. (869, 870, 871, 932)
1997 Ed. (1115, 1116)
Lifestyles Condoms
1989 Ed. (2043)
LifeStyles Ultra Sensitive
2003 Ed. (1130)

Lifetime
2008 Ed. (4654, 4655)
2007 Ed. (4732, 4733)
2006 Ed. (4711, 4713)
2001 Ed. (1089)
1998 Ed. (583, 589, 605)
1996 Ed. (854)
1995 Ed. (1232)
1993 Ed. (812, 2018)
1992 Ed. (1673, 2384)
1990 Ed. (869, 880, 885)
Lifetime Achievement
2008 Ed. (2614)
Lifetime Brands Inc.
2008 Ed. (2989)
Lifetime Entertainment Services
2008 Ed. (824)
2007 Ed. (863)
2006 Ed. (765)
LifeTime Fitness Inc.
2007 Ed. (2787)
2006 Ed. (2786)
2005 Ed. (2810)
Lifetime Hoan Corp.
2004 Ed. (2949, 2950)
LIFETIME Television
1994 Ed. (829, 2467)
Lifetime Corp., Warrants
1994 Ed. (2714)
Lifetouch Inc.
2003 Ed. (2268)
2002 Ed. (2115)
2001 Ed. (2224)
2000 Ed. (1785)
Lifetrack Super Fund
2004 Ed. (3082, 3963)
LifeUSA
1998 Ed. (170)
Lifeway
2008 Ed. (4578)
LifeWay Christian Resources
2008 Ed. (2102)
Lifeway Foods Inc.
2008 Ed. (4383)
1993 Ed. (932, 933)
Liffe, London
1993 Ed. (1915)
Lifosa
2002 Ed. (4440, 4441)
Liggett
1999 Ed. (1134)
1997 Ed. (986)
1996 Ed. (970, 3701, 3702)
1995 Ed. (984)
1994 Ed. (954)
1993 Ed. (942)
1992 Ed. (1148, 1149, 4306)
1991 Ed. (933)
1990 Ed. (994)
1989 Ed. (906)
Liggett & Meyers
1989 Ed. (909)
Liggett Group Inc.
2003 Ed. (968, 4754)
Liggett-Stashower
2002 Ed. (3846)
1990 Ed. (3079)
Liggett-Stashower Public Relations
2003 Ed. (4011)
Liggins III; Alfred
2006 Ed. (914)
Light
2005 Ed. (1847)
2004 Ed. (1779)
1997 Ed. (3378)
1996 Ed. (3281)
Light & Coley
2001 Ed. (1445)
Light beer
2001 Ed. (675)
1991 Ed. (744)
Light blue
1992 Ed. (425, 426)
Light Blue Trading (Bahamas) Ltd.
1996 Ed. (1055)
Light Brown
2001 Ed. (536)
1992 Ed. (426, 427)
Light bulbs
2004 Ed. (4190)
2003 Ed. (2770, 3943, 3944)
2001 Ed. (2812)
1998 Ed. (2224)
Light bulbs, incandescent
2003 Ed. (2770)
Light Green
2001 Ed. (536)
A Light in the Attic
1990 Ed. (980)
Light 'N' Lively
2003 Ed. (923)
2001 Ed. (1168)
2000 Ed. (1015, 4150)
1993 Ed. (2122)
Light 'N' Lively Free
2003 Ed. (923)
2001 Ed. (1168)
2000 Ed. (1015, 4150)
Light n' Lively (Kraft)
1990 Ed. (3713)
Light Servicos Eletricidade
1990 Ed. (1334)
Light Trucks
2000 Ed. (4210)
1999 Ed. (4565)
Light trucks, sales & leasing
1999 Ed. (1002)
Light Vehicle Braking Systems
1999 Ed. (1628)
Lightbridge
2008 Ed. (1918)
2006 Ed. (4701)
2005 Ed. (4637)
Lightbulbs
2002 Ed. (3081)
Lighter fluid & flints
2002 Ed. (1051)
Lighters
2005 Ed. (4703)
2002 Ed. (1051, 2277)
2001 Ed. (4553)
1990 Ed. (3032, 3033, 3034)
Lighthouse Capital Management, Growth & Income
2003 Ed. (3114)
Lighthouse Computer Services, Inc.
2003 Ed. (2742)
2002 Ed. (2521)
Lighting
2001 Ed. (2779)
Lighting by Gregory
1990 Ed. (2441)
Lighting fixtures
1996 Ed. (2566)
Lighting One
2008 Ed. (3446)
2007 Ed. (3350)
2006 Ed. (3282)
2005 Ed. (2879, 3290)
Lighting, street & highway
2005 Ed. (2315)
Lightlife Foods
2008 Ed. (2777)
Lightning Internet Services, LLP
2002 Ed. (2525)
Lights of Las Vegas Inc.
2006 Ed. (4365)
Lightspeed Pro Trading
2008 Ed. (738)
Lightstone Group
1999 Ed. (2623, 2670)
Ligon Nationwide
1991 Ed. (3432)
Lihua; Chen
2005 Ed. (2515)
Lijanovici
2008 Ed. (27)
Lil' Angels Photography
2007 Ed. (3951)
2006 Ed. (3901)
2005 Ed. (3834)
2004 Ed. (913, 3894)
2003 Ed. (3873)
2002 Ed. (3706)
Lil' Bow Wow
2004 Ed. (2411)
2003 Ed. (2331)
Lil' Champ Food Stores Inc.
1997 Ed. (1209)
Lil-Lets
2001 Ed. (2413)
1999 Ed. (3779)
1996 Ed. (2988)
1994 Ed. (2819)
1992 Ed. (3404)
Li'l Miss Makeup Doll
1990 Ed. (3620)
Li'l Miss Makeup-Mattel
1991 Ed. (3409)
Lil' Things
1999 Ed. (1052)
Lila Wallace-Reader's Digest Fund
2002 Ed. (2324)
1995 Ed. (1930)
1994 Ed. (1902, 1903)
1993 Ed. (891)
LILCO
2001 Ed. (1554)
1993 Ed. (1704)
1990 Ed. (2489, 2490)
Lili; Hurricane
2005 Ed. (885)
Lili Taylor
2001 Ed. (7)
Liliane Bettencourt
2008 Ed. (4864, 4865, 4866)
2007 Ed. (4911, 4912)
2006 Ed. (4924)
2005 Ed. (4877, 4878)
2004 Ed. (4877)
2003 Ed. (4892)
2001 Ed. (705)
Lilies
1993 Ed. (1871)
Liliuokalani Trust
2002 Ed. (2338)
Lilleborg Dagligvare
2007 Ed. (62)
2006 Ed. (71)
2005 Ed. (64)
2004 Ed. (69)
2001 Ed. (63)
Lillet
2005 Ed. (4820, 4823)
2004 Ed. (4833)
2003 Ed. (4850)
2002 Ed. (4742)
2001 Ed. (4676)
2000 Ed. (4420)
Lillet Wine
1989 Ed. (2948)
Lillian Goldman
1995 Ed. (932, 1068)
Lillian Katz
1990 Ed. (1719)
Lillian Rooney Powers
1994 Ed. (896, 1057)
Lillian Vernon Corp.
2007 Ed. (2886)
2005 Ed. (879)
2004 Ed. (891, 892, 893)
2003 Ed. (869)
2002 Ed. (4979)
1999 Ed. (1852)
1998 Ed. (648, 1277)
1992 Ed. (2056)
1991 Ed. (868)
1990 Ed. (916)
Lillian Vernon Katz
1991 Ed. (1626)
LillianVernon.com
2007 Ed. (2322)
2006 Ed. (2384)
Lillick & McHose
1992 Ed. (2840, 2841)
Lilly
1992 Ed. (1840, 1867)
1990 Ed. (275)
Lilly & Co.; Eli
1996 Ed. (1191, 1192, 1200, 1200, 1210, 1233, 1242, 1379, 1382, 1567, 1568, 1573, 2916)
1991 Ed. (1210, 1217, 1464, 1465, 1466, 1468, 1469, 1470, 1471, 1472, 1529, 1531, 2682)
Lilly; Eli
1997 Ed. (1261, 1275, 1288, 1430, 1646, 1649, 1650, 1651, 1662, 3006)
1995 Ed. (1418, 1579, 1581, 1584, 1592, 1594, 2084, 2844, 2934)
1994 Ed. (1308, 1387, 1397, 1398, 1551, 1552, 1553, 1554, 1555, 1556, 2034, 2745, 2871)
1993 Ed. (1332, 1340, 1509, 1510, 1511, 1512, 1514, 1515, 1516, 1575, 2718, 2771, 2774)
1992 Ed. (1527, 1559, 1642, 1842, 1861, 1862, 1864, 1865, 1922, 3347, 1863, 1866, 1869, 1924, 2102, 2104, 2105)
1990 Ed. (1558, 1559, 1560, 1561, 1562, 1564, 1570, 2779)
1989 Ed. (1271, 1272, 1273, 1276, 1277)
Lilly, Eli & Co.
2000 Ed. (2619)
Lilly Endowment Inc.
2008 Ed. (2766)
2005 Ed. (2677, 2678)
2004 Ed. (2681)
2002 Ed. (2324, 2325, 2327, 2329, 2330, 2331, 2332)
2001 Ed. (2517, 2518, 3780)
2000 Ed. (2259, 2260)
1999 Ed. (2499, 2500, 2501)
1995 Ed. (1927, 1929, 1930, 1931, 1932)
1994 Ed. (1897, 1898, 1899, 1902, 1903, 1904, 1905, 1907, 2772)
1993 Ed. (891, 892, 894, 895, 1895, 1896, 1897, 2783)
1992 Ed. (1099, 1100, 1100, 2214, 2215, 3358)
1991 Ed. (1765, 2689)
1990 Ed. (1847, 2786)
1989 Ed. (2165)
Lilly Foundation
2002 Ed. (2334, 2335, 2337, 2340, 2342)
Lilly Industrial
1992 Ed. (2162)
Lilly Industrial Coatings
1995 Ed. (2825)
1993 Ed. (2761)
1991 Ed. (2666)
1990 Ed. (2757)
Lilly Industries
2001 Ed. (3608)
2000 Ed. (3398)
1998 Ed. (2734)
1994 Ed. (2719)
Lilly; Ruth
2005 Ed. (3832)
Lilo & Stitch
2004 Ed. (2160)
Lilt
2008 Ed. (2871)
2003 Ed. (2656)
1999 Ed. (4366)
1996 Ed. (3480)
1994 Ed. (3360)
1992 Ed. (4020)
Lily Cole
2008 Ed. (4898)
Lily Safra
2007 Ed. (4924)
Lily Textile Co. Ltd.
1994 Ed. (3523)
Lily Wu
2000 Ed. (2068)
1999 Ed. (2287)
Lilyan Affinito
1995 Ed. (1256)
Lilydale Inc.
2008 Ed. (4050)
Lilydale Co-op Ltd.
2003 Ed. (1381)
Lilydale Co-operative
2007 Ed. (213, 1434)
2006 Ed. (1401)
2001 Ed. (1499)
1993 Ed. (2524)
Lilydale Cooperative Ltd.
2002 Ed. (3276)
Lilydale Poultry
1997 Ed. (2739, 3146)
1996 Ed. (2592, 3067)
1995 Ed. (2528, 2969)
1994 Ed. (246, 2912)
Lilydale (Poultry) Co-operative Ltd.
1992 Ed. (2998, 3513)
Lim; Chin Y.
1997 Ed. (1960)
Lim Chung Chun
2000 Ed. (2186)

1999 Ed. (2426)
Lim Gob Tong
1997 Ed. (849)
Lim Goh Tong
2008 Ed. (4847)
2006 Ed. (4917, 4919)
Lim Hwee Hua
1997 Ed. (2001)
Lima
2001 Ed. (646, 647, 648)
2000 Ed. (640, 641, 643, 644, 645, 646)
1990 Ed. (861, 864, 867)
Lima; Adriana
2008 Ed. (3745)
Lima Bank
1996 Ed. (713)
1995 Ed. (639)
1994 Ed. (672)
1993 Ed. (671)
1992 Ed. (873)
Lima Caucho
1997 Ed. (3752)
Lima Estates
1991 Ed. (2898)
Lima, OH
2006 Ed. (1067)
2003 Ed. (845)
2002 Ed. (922)
1998 Ed. (591, 3648)
1996 Ed. (977, 3202)
1994 Ed. (974, 2496)
1992 Ed. (2541, 3034)
1990 Ed. (874)
Lima Sudameris Holding
2002 Ed. (3082)
Limagrain
1992 Ed. (3908)
Limassol
1992 Ed. (1393)
Limassol Turkish Cooperative Bank Ltd.
2000 Ed. (507)
Limbach Constructors Inc.
2000 Ed. (1254, 1264)
1999 Ed. (1363, 1372)
1998 Ed. (951, 955)
1997 Ed. (1163, 1178)
1996 Ed. (1137, 1149)
1995 Ed. (1158, 1165, 1174)
1994 Ed. (1139, 1141, 1149, 1155)
1993 Ed. (1125, 1127, 1139, 1140)
1992 Ed. (1412, 1414, 1425)
1991 Ed. (1079, 1081)
1990 Ed. (1200, 1201, 1208)
Limbach Facility Services Inc.
2008 Ed. (1261, 4000, 4002, 4003)
2007 Ed. (1351, 1364, 1368, 1390)
2006 Ed. (1240, 1252, 1257, 1258, 1260, 1261, 1287, 1340)
2005 Ed. (1280, 1282, 1287, 1288, 1290, 1291, 1294, 1317, 1343)
2004 Ed. (1234, 1236, 1237, 1238, 1239, 1240, 1241, 1310, 1338)
2003 Ed. (1231, 1233, 1234, 1235, 1236, 1237, 1238, 1339)
2001 Ed. (1478)
Limbach Facility Services LLC
2008 Ed. (1225, 1239, 1243, 1245, 1248, 1249, 1264, 1332)
2007 Ed. (3977, 3979, 3980)
Limbaugh; Rush
2008 Ed. (2585)
2007 Ed. (4061)
2006 Ed. (2487)
Limburger
2001 Ed. (1173)
Limburger cheese
2008 Ed. (902)
2007 Ed. (919)
2006 Ed. (838)
2005 Ed. (929)
2004 Ed. (937)
2003 Ed. (929)
Lime
2000 Ed. (720)
1997 Ed. (956)
1996 Ed. (924)
1995 Ed. (955)
1994 Ed. (913)
1993 Ed. (899, 904)
1992 Ed. (1104)
1991 Ed. (906)
1990 Ed. (944)
Lime A Way
2001 Ed. (1238)
Limelight
2003 Ed. (161)
Limelight Networks
2008 Ed. (3182)
Limeosol Co.
2003 Ed. (996)
Limestone National Bank
1994 Ed. (508)
LIMIT
1999 Ed. (1645)
Limit PLC
2000 Ed. (2988)
The Limited, Inc.
2004 Ed. (1019, 3920, 4473, 4698)
2003 Ed. (1010, 1011, 1018, 1020, 1800, 4173, 4500, 4505)
2002 Ed. (1749, 4036, 4334, 4335, 4336)
2001 Ed. (1271, 1272, 1595, 1827, 2487, 4096, 4322, 4323, 4324, 4325, 4326)
2000 Ed. (1118, 1334, 1335, 1341, 1359, 1531, 1689, 2239, 4085)
1999 Ed. (1198, 1199, 1503, 1720, 4095, 4098, 4106, 4371, 4374)
1998 Ed. (663, 767, 769, 770, 771, 1059, 1183, 3080, 3340, 3344, 3345, 3346, 3347)
1997 Ed. (923, 1028, 1029, 1030, 1289, 1494, 3347, 3549, 3551, 3552, 3553)
1996 Ed. (885, 1008, 1009, 1010, 1432, 3246, 3485, 3487)
1995 Ed. (911, 1024, 1025, 1029, 3154, 3425, 3426)
1994 Ed. (885, 1015, 1016, 1019, 1544, 3094, 3100, 3227, 3367)
1993 Ed. (863, 864, 988, 1497, 2718, 3039, 3219, 3227, 3365)
1992 Ed. (1091, 1212, 3727, 3733, 1089, 1211, 1215, 1217, 1816, 3739, 3927, 4038)
1991 Ed. (869, 886, 974, 975, 978, 1246, 1247, 1427, 2889, 3092, 3227, 3229)
1990 Ed. (1048, 1049, 1050, 1051, 1052, 3031, 3045, 3049, 3255)
1989 Ed. (933, 934, 1044, 2322)
Limited access areas
1993 Ed. (1456)
Limited Brands Inc.
2008 Ed. (999, 1000, 1004, 1006, 2004, 3008, 4219, 4478)
2007 Ed. (1118, 1119, 1120, 1122, 1936, 2886, 4491, 4492, 4496, 4501)
2006 Ed. (1027, 1031, 1032, 1033, 1034, 1953, 1954, 4433, 4434, 4438, 4443, 4444, 4725)
2005 Ed. (1023, 1024, 1028, 1569, 1919, 3373, 3710, 4414, 4415, 4416, 4418, 4419, 4422, 4425)
2004 Ed. (1013, 1014, 1833, 4188, 4466, 4467, 4471)
Limited-edition plates
1990 Ed. (1083)
Limited opportunities for advancement
1990 Ed. (1655)
Limited Partnerships
1989 Ed. (1486)
Limited partnerships and investment trusts
1991 Ed. (2818)
Limited-stakes casinos
1999 Ed. (2566)
Limited Tax-Exempt Bond Fund of America
1998 Ed. (2643)
Limon/Moin
1992 Ed. (1392)
LIN Broadcasting
1997 Ed. (2976, 2978)
1996 Ed. (1234, 2888, 2894, 3595)
1995 Ed. (2821)
1994 Ed. (3492)
1993 Ed. (2756, 3471, 3517)
1992 Ed. (1458, 1459, 1459, 2978, 3317, 4059, 4241, 944)
1991 Ed. (3327)
1990 Ed. (779, 781, 918, 2522, 2751, 2752)
1989 Ed. (781, 782, 863, 1933)
LIN Broadcasting Corporation
1990 Ed. (2755)
Lin Ming Construction Co., Ltd.
1990 Ed. (1213)
Lin Pac Group Ltd.
1990 Ed. (1032, 1033)
LIN Television
2004 Ed. (4338)
2000 Ed. (4215)
1998 Ed. (2440)
1996 Ed. (2062)
LIN TV Corp.
2007 Ed. (3451)
2004 Ed. (4216)
Linamar Corp.
2008 Ed. (2932)
2007 Ed. (2819)
2006 Ed. (341, 2814)
2003 Ed. (1641)
Linbeck Construction
2004 Ed. (1288)
2001 Ed. (2671)
1992 Ed. (1357)
Linc Capital Inc.
2001 Ed. (1668)
Linc Group Inc.
1990 Ed. (1246)
LINC ''H'' Legacy2: Intl
1994 Ed. (3618)
LinCare Inc.
1995 Ed. (2124)
1994 Ed. (2075)
1992 Ed. (2435, 2436)
1991 Ed. (1927)
Lincare Holdings
2004 Ed. (2897)
2003 Ed. (2786)
2000 Ed. (2490)
1998 Ed. (1965, 1966, 3419)
1997 Ed. (2242)
Lincluden Management
1996 Ed. (2419)
Lincoln
2008 Ed. (330)
2007 Ed. (343)
2006 Ed. (357, 362)
2005 Ed. (343)
2004 Ed. (343)
2003 Ed. (357, 361)
2000 Ed. (337, 339)
1998 Ed. (211)
1997 Ed. (299, 2229)
1996 Ed. (309)
1994 Ed. (319)
1993 Ed. (304, 305, 307, 308, 333)
Lincoln American Legacy II Growth & Income
1998 Ed. (3652, 3652)
Lincoln American Life Insurance Co.
2003 Ed. (1697)
Lincoln Asset Management
1991 Ed. (2228, 2240)
Lincoln Bank
2007 Ed. (467)
Lincoln Benefit
1999 Ed. (2938)
1997 Ed. (2438)
1995 Ed. (2296)
Lincoln Benefit Life Insurance
1998 Ed. (2188)
Lincoln Brass Works Inc.
1996 Ed. (3880)
1994 Ed. (3670)
1993 Ed. (3735)
1992 Ed. (4485)
Lincoln Builders Inc.
2003 Ed. (1256)
Lincoln Capital
2000 Ed. (2785, 2789)
1999 Ed. (3050, 3055, 3100, 3583)
1998 Ed. (2254, 2256, 2282, 2306)
1997 Ed. (2510, 2514, 2516, 2528)
1996 Ed. (2377, 2380)
1995 Ed. (2358)
1994 Ed. (2299, 2301)
1993 Ed. (2282, 2288, 2316, 2320, 2324, 2329)
1992 Ed. (2730, 2737)
1991 Ed. (2208, 2215, 2225, 2233)
1990 Ed. (2331)
1989 Ed. (2125, 2131)
Lincoln Capital Management Co.
2004 Ed. (2035)
2003 Ed. (3075)
2002 Ed. (3622)
2001 Ed. (3001, 3004)
2000 Ed. (2801, 2845)
1992 Ed. (2764)
Lincoln Center
1993 Ed. (891, 1897)
Lincoln Center for the Performing Arts
2004 Ed. (929)
Lincoln Chafee
2003 Ed. (3206)
Lincoln Continental
2000 Ed. (345, 348)
1999 Ed. (331)
1998 Ed. (222)
1996 Ed. (308)
1995 Ed. (304)
1993 Ed. (317)
1992 Ed. (444, 484)
Lincoln County, SD
1999 Ed. (1765)
Lincoln Electric Co.
2001 Ed. (3215)
1991 Ed. (2021)
Lincoln Electric Holdings Inc.
2008 Ed. (3530)
2005 Ed. (2283, 2284)
2004 Ed. (2182, 2183)
2003 Ed. (3267, 3268)
2002 Ed. (940)
2001 Ed. (3183, 3184)
Lincoln Federal Savings & Loan Association
1990 Ed. (428, 3588)
Lincoln Financial Corp.
2008 Ed. (1402)
Lincoln Financial Advisors
2002 Ed. (788, 797, 798, 800, 801)
2000 Ed. (1775)
Lincoln Financial Field
2005 Ed. (4438, 4439)
Lincoln Financial Group
2006 Ed. (4217)
1999 Ed. (1998)
1998 Ed. (1424)
Lincoln Graphics, Inc.
1991 Ed. (3163)
Lincoln Heritage Corp.
2002 Ed. (3568)
Lincoln International Corp.
2004 Ed. (4588)
2002 Ed. (3563)
Lincoln Investment Management Inc.
2000 Ed. (3900)
Lincoln Investment Planning
2002 Ed. (788, 802, 803, 804, 805, 806)
2000 Ed. (851, 853, 854, 855, 857, 858, 859, 860, 861)
1999 Ed. (853, 854, 855, 857, 858, 859, 860, 920)
1998 Ed. (530)
1996 Ed. (810)
1995 Ed. (816)
Lincoln Knorr
2002 Ed. (979)
Lincoln Lab
1996 Ed. (1049, 3193)
1994 Ed. (1059, 3047)
1993 Ed. (3001)
1992 Ed. (1284, 3670)
1991 Ed. (1005, 2834)
1990 Ed. (1097, 2998)
Lincoln Laboratory
1995 Ed. (1074, 3096)
1991 Ed. (915)
Lincoln LS
2004 Ed. (345)
Lincoln Marketing Inc.
1999 Ed. (4555)
Lincoln Memorial University
1992 Ed. (1098)
Lincoln Mercury
2001 Ed. (457, 458, 459, 460, 461, 462, 463, 464, 465)
1991 Ed. (318)
1990 Ed. (344)

1989 Ed. (327, 1595)
Lincoln-Mercury Dealer Association
1998 Ed. (206)
Lincoln Multi Fund-FP Growth & Income
1998 Ed. (3652)
Lincoln National Corp.
2008 Ed. (1513, 3024, 3252, 3290, 3292, 3294, 4265)
2007 Ed. (2903, 3132, 3137, 3139, 3141, 3142, 3144)
2006 Ed. (3056, 3119, 3121)
2005 Ed. (1611, 2220, 3108, 3110, 3112, 3116, 4456)
2004 Ed. (3034, 3105, 3107, 3109, 3113)
2003 Ed. (2959, 2995, 3013)
2002 Ed. (2835, 2917)
2000 Ed. (1461, 2696)
1999 Ed. (1504, 1561, 1655, 2120, 2914, 2946, 2949, 2958, 4037, 4700)
1998 Ed. (1145, 2255, 3039)
1997 Ed. (256, 361, 1430, 2416, 2417)
1996 Ed. (1379, 2282, 2284, 2285)
1995 Ed. (2276, 2278)
1994 Ed. (2229, 2231, 2277)
1993 Ed. (2258, 2290, 3655)
1992 Ed. (337, 2385, 2732, 2739)
1991 Ed. (2375)
1990 Ed. (2247)
1989 Ed. (1707)
Lincoln National American Legacy II
1996 Ed. (3771)
Lincoln National American Legacy II High-Yield Bond
1997 Ed. (3824)
Lincoln National Bank
1998 Ed. (344)
Lincoln National Bank & Trust Co.
1993 Ed. (2967)
Lincoln National Bank & Trust Co. (Fort Wayne)
1991 Ed. (546)
Lincoln National Group
2002 Ed. (2952)
1993 Ed. (2199)
Lincoln National Investment Management
1993 Ed. (2302)
1992 Ed. (2741, 2790, 2796)
Lincoln National Investment Management Emerging Growth SA-24
1994 Ed. (2314)
Lincoln National Investment Management Special Opportunity SA-17
1994 Ed. (2314)
Lincoln National Life
2002 Ed. (2904)
1995 Ed. (222, 3333)
1993 Ed. (2205, 2210, 2212, 3260, 3652, 3654)
1990 Ed. (2237)
1989 Ed. (1684)
Lincoln National Life Ins. Co.
2000 Ed. (4327)
Lincoln National Life Insurance Co.
2008 Ed. (3296, 3299, 3300, 3304, 3305)
2007 Ed. (3149, 3150, 3155)
2002 Ed. (2913, 2915, 2920, 2921, 2924, 2925, 2930, 2933)
2001 Ed. (2937, 2938, 2941, 2942, 2945, 2946, 2947, 4666, 4668)
2000 Ed. (2674, 2699, 2700, 2843)
1998 Ed. (170, 171, 2129, 2130, 2143, 2172, 2179, 2268, 3038, 3654, 3656)
1997 Ed. (2430, 2453)
1996 Ed. (224, 2306, 2416)
1994 Ed. (223, 2255, 2259, 2260, 3254, 3258)
1992 Ed. (2670, 4380, 4382)
1991 Ed. (2086, 2102)
Lincoln National Managed
1997 Ed. (2919)
Lincoln National Multi Fund/Social Awareness
1999 Ed. (4697)
Lincoln National Pension
1991 Ed. (245, 2096)
Lincoln National Pension Insurance
1990 Ed. (2349)
Lincoln National Reinsurance
1998 Ed. (3040)
Lincoln National Spec Opp FD
1989 Ed. (261)
Lincoln Navigator
2000 Ed. (4087)
Lincoln, NE
2008 Ed. (4353)
2007 Ed. (3003)
2006 Ed. (3300)
2005 Ed. (3311)
1998 Ed. (3054)
1997 Ed. (2233)
1994 Ed. (969, 974, 2150, 2487, 2496)
1993 Ed. (2549)
1992 Ed. (2541, 3034)
1991 Ed. (2347)
Lincoln (NE) Neighborhood Extra
2003 Ed. (3645)
Lincoln Neighborhood Extra
2002 Ed. (3503)
Lincoln Park Intermediate Care Center
1990 Ed. (1739)
Lincoln Plaza
1991 Ed. (1044)
Lincoln Property Co.
2008 Ed. (258, 4123)
2007 Ed. (282, 3738, 4030, 4103)
2006 Ed. (278, 3995, 4052)
2005 Ed. (257, 4021, 4024)
2004 Ed. (254, 255, 3726, 4088, 4090)
2003 Ed. (286, 287, 4062)
2002 Ed. (325, 2655, 2662, 3920)
2001 Ed. (3992, 4013)
2000 Ed. (305, 1194, 1198)
1999 Ed. (1306, 1307, 1309, 1312, 1320)
1998 Ed. (177, 873, 874, 880, 3011, 3021)
1997 Ed. (1119, 1122, 3265, 3274)
1995 Ed. (1130, 3063, 3070, 3075)
1994 Ed. (1114, 3001, 3002, 3003, 3014, 3022, 3023)
1993 Ed. (238, 239, 1090, 1095, 2963, 2964, 2972, 2973, 2980)
1992 Ed. (1362, 1364, 1367, 3621, 3622, 3629, 3633)
1991 Ed. (247, 1051, 1059, 1063)
1990 Ed. (1045, 1163, 1170, 1172, 2960)
1989 Ed. (1003)
Lincoln Property Co. of Florida Inc.
1998 Ed. (3004)
Lincoln Provision Inc.
1993 Ed. (2517, 2518, 2895, 2896)
Lincoln Re
2002 Ed. (2974)
Lincoln Reinsurance
2002 Ed. (2972, 3952)
2000 Ed. (3749)
Lincoln S & LA, FA
1992 Ed. (3771, 3778, 3780, 3781, 3789, 3796)
Lincoln S&L Association
1992 Ed. (725)
1989 Ed. (2824)
Lincoln Savings & Loan Assn.
1991 Ed. (3363, 3372)
Lincoln Savings Bank
1989 Ed. (506)
Lincoln Savings Bank, FSA
1993 Ed. (3095)
Lincoln, SD
2000 Ed. (1593)
Lincoln Title Co.
1990 Ed. (2265)
Lincoln Town Car
2004 Ed. (344)
2002 Ed. (411)
2000 Ed. (345, 348)
1999 Ed. (331)
1998 Ed. (222)
1997 Ed. (302)
1996 Ed. (308, 312)
1995 Ed. (304)
1993 Ed. (317, 349)
1992 Ed. (444)
1991 Ed. (356)
Lincoln Trust Co.
1990 Ed. (647)
1989 Ed. (636)
Lincolnton, NC
2008 Ed. (3509)
2007 Ed. (3384)
Linda Allard
1993 Ed. (3730)
1992 Ed. (4496)
Linda Bennett
2007 Ed. (2463)
Linda Chatman Thomsen
2006 Ed. (4973)
Linda Cook
2008 Ed. (4949)
2007 Ed. (4982)
2006 Ed. (4974, 4985)
Linda Daquil
1997 Ed. (1996)
Linda Dillman
2005 Ed. (2323)
Linda G. Alvarado
2008 Ed. (1428)
2007 Ed. (1444)
Linda J. Wachner
2000 Ed. (1046, 1886)
1997 Ed. (982, 3916)
1993 Ed. (3730, 3731)
1991 Ed. (3512)
Linda Kristiansen
1999 Ed. (2216)
Linda Miller
1991 Ed. (1698)
Linda Ronstadt
1994 Ed. (1668)
1993 Ed. (1634)
Linda Runyon
1999 Ed. (2272)
1998 Ed. (1678)
1997 Ed. (1871)
1996 Ed. (1798)
1995 Ed. (1796)
1994 Ed. (1786, 1832)
Linda Runyon Mutschler
2000 Ed. (2055)
Linda W. Chapin
1995 Ed. (2484)
Linda Wachner
1999 Ed. (4805)
1996 Ed. (3875, 3876)
1995 Ed. (3786, 3788)
1994 Ed. (3667)
Lindal Cedar Homes
1995 Ed. (1132)
1994 Ed. (1116)
1993 Ed. (1092)
1992 Ed. (1369)
1991 Ed. (1061)
1990 Ed. (1174)
Lindane
1990 Ed. (2812)
Lindburgh Properties
2005 Ed. (1239)
2004 Ed. (1215)
2003 Ed. (1208)
Linde
1998 Ed. (1804)
1997 Ed. (1745)
1990 Ed. (1890, 2177)
Linde AG
2008 Ed. (919, 926, 1186, 1410, 1418, 1425, 1431, 3445, 4778)
2007 Ed. (940, 942, 943, 949, 4855)
2006 Ed. (855, 4852)
2004 Ed. (3331, 4802)
2003 Ed. (4815)
2002 Ed. (1007, 1015, 2323, 2392, 3224)
2001 Ed. (2587, 3190, 4639)
2000 Ed. (3021)
1999 Ed. (1081, 2855, 2857, 3286)
1997 Ed. (2695)
1996 Ed. (2558)
1993 Ed. (1938)
1991 Ed. (1788, 1790)
Linde Aktiengesellschaft (Konzern)
1992 Ed. (2954)
Linde; Douglas
2007 Ed. (1093)
Linde; Edward
2007 Ed. (1018)
2006 Ed. (928)
2005 Ed. (964)
Linde Gas
2001 Ed. (2585)
Lindemann; George
2005 Ed. (4843)
Lindemann; George L.
1991 Ed. (1622)
Lindemans
2008 Ed. (247)
2006 Ed. (4966)
2005 Ed. (4953, 4956, 4963, 4964)
2004 Ed. (4966, 4971)
2003 Ed. (4948)
2002 Ed. (4925, 4975)
2001 Ed. (4845, 4911)
1998 Ed. (3754)
Linden Lab
2007 Ed. (3211)
Linden Trading Co.
2003 Ed. (3724)
Linder & Associates Inc.
2007 Ed. (3612, 3613, 4453)
Linder Dividend
1996 Ed. (2777)
Lindmoser Reinigungsgesellschaft Mbh
2006 Ed. (1561)
Lindner
1991 Ed. (2566)
Lindner AG Decken-, Boden-, Trennwandsysteme
2004 Ed. (2708)
Lindner & Family; Carl
1990 Ed. (3687)
Lindner; Carl
2006 Ed. (4909)
Lindner Dividend
1995 Ed. (2681)
1994 Ed. (2607, 2618)
1993 Ed. (2653)
1992 Ed. (3192)
1991 Ed. (2566)
1990 Ed. (2368, 2385)
Lindner Fund
1990 Ed. (2392)
Lindner Funds
1999 Ed. (862, 3002)
Lindner, II; Carl Henry
1990 Ed. (457, 3686)
Lindner Large-Cap Growth
2004 Ed. (3597, 3598)
Lindner Large-Cap Growth Investment
2005 Ed. (3565)
Lindner; Robert
2008 Ed. (969)
Lindo
2000 Ed. (115)
1999 Ed. (110)
Lindo/FCB Communications
2003 Ed. (93)
2002 Ed. (126)
2001 Ed. (153)
1991 Ed. (118)
Lindo, Foote, Cone & Belding
1997 Ed. (107)
1996 Ed. (106)
1995 Ed. (91)
1992 Ed. (170)
1990 Ed. (120)
1989 Ed. (126)
Lindquist & Trudeau Inc.
2004 Ed. (844, 1593, 1713, 1805, 3948)
Lindquist & Vennum
1993 Ed. (2400)
1992 Ed. (2842)
1991 Ed. (2288)
1990 Ed. (2422)
Lindquist & Vennum PLLP
2007 Ed. (3320)
Lindquist Motors
1991 Ed. (295)
Lindquist Saab
1990 Ed. (318)
Lindqvist Motors Saab
1993 Ed. (285)
Lindsay Cadillac-Sterling
1990 Ed. (319)
Lindsay Davenport
2007 Ed. (293)

2002 Ed. (343)
Lindsay Manufacturing Co.
2007 Ed. (3418)
2005 Ed. (181, 182)
2004 Ed. (181, 182)
Lindsay Smithers/FCB
2000 Ed. (171)
1999 Ed. (153)
1997 Ed. (144)
1996 Ed. (138)
1993 Ed. (136)
1992 Ed. (205)
1991 Ed. (148)
1990 Ed. (148)
1989 Ed. (157)
Lindsay Smithers-FCB Holdings
1995 Ed. (124)
1994 Ed. (115)
Lindstrom, 1932; Fred
1991 Ed. (702)
Lindt & Sprungli AG
2005 Ed. (865)
Lindt & Sprungli AG; Chocoladefabriken
2008 Ed. (843)
2007 Ed. (873)
2006 Ed. (776)
Lindum Group
2007 Ed. (2023)
Line installer
1989 Ed. (2086)
Line 6, Inc.
2003 Ed. (2719)
Line-X Corp.
2008 Ed. (295)
2007 Ed. (308)
2006 Ed. (311)
2005 Ed. (290, 904)
2004 Ed. (351)
2003 Ed. (366)
Linea 800
2001 Ed. (66)
Linea 900
2005 Ed. (94)
Linea Peninsular
2003 Ed. (1225)
Linea 12 McCann-Erickson
2003 Ed. (162)
2002 Ed. (202)
2001 Ed. (229)
2000 Ed. (185)
Linear Films
1996 Ed. (3051)
Linear Gold Corp.
2006 Ed. (1631)
Linear Technology Corp.
2008 Ed. (1609, 2355, 2359, 4307)
2007 Ed. (4343, 4347, 4517)
2006 Ed. (2737, 4282, 4284, 4285, 4458)
2005 Ed. (2220, 2222, 2330, 4345, 4455)
2004 Ed. (2230, 2772, 4483)
2003 Ed. (2197, 4533, 4569)
2002 Ed. (4350)
2000 Ed. (2401, 2402, 2405, 4045, 4046, 4049)
1999 Ed. (1958, 1959, 1962)
1998 Ed. (829)
1997 Ed. (1081)
1996 Ed. (1607)
1994 Ed. (3200)
1993 Ed. (3211)
1991 Ed. (2571, 3148)
1989 Ed. (2501)
Linear Technology Corp
1995 Ed. (884)
Lineberry Research Associates, L.L.C.
2002 Ed. (2530)
The Linen Center
1990 Ed. (2115)
Linen Loft
1998 Ed. (648)
Linen Supermarket
1998 Ed. (3343)
1996 Ed. (3488, 3489)
1995 Ed. (3427)
1990 Ed. (2115)
Linen Supermarkets
1999 Ed. (4373)
1997 Ed. (2323, 3554)
1994 Ed. (2139, 3368)
Linens
2004 Ed. (2552)
Linens Holding Co.
2008 Ed. (1976, 2993)
Linens 'n Things Inc.
2008 Ed. (2993, 3001, 3093, 3104, 4797)
2007 Ed. (2873, 2874, 2881, 2969, 2970, 2981, 2984, 4497)
2006 Ed. (2879, 2880, 2888, 2890, 2952, 2953, 2964, 4440)
2005 Ed. (896, 2873, 2874, 2957, 2969, 4127, 4679, 4680)
2004 Ed. (906, 2883, 2884, 2955, 2962, 4707, 4708)
2003 Ed. (887, 2772, 2870, 4503, 4504)
2002 Ed. (2704)
2001 Ed. (2744, 2746, 4100)
1999 Ed. (4373)
1998 Ed. (3343)
1997 Ed. (2318, 2323, 3554)
1996 Ed. (3488, 3489)
1995 Ed. (3427)
1994 Ed. (2135, 2139, 3368)
1992 Ed. (2532)
1990 Ed. (2115)
Linens n'More
1992 Ed. (2525)
LinerGroup Inc.
2005 Ed. (3914)
Linette
2000 Ed. (2341)
Linfield College
2008 Ed. (1066)
2001 Ed. (1327)
1999 Ed. (1232)
1998 Ed. (803)
1997 Ed. (1056)
1996 Ed. (1040)
1992 Ed. (1272)
Linford Air & Refrigeration Co.
1993 Ed. (1127)
1992 Ed. (1414)
1991 Ed. (1081)
Linfox
2004 Ed. (3962)
2002 Ed. (3787)
Lingo Systems
2006 Ed. (3535)
Lingual Information System Technologies
2008 Ed. (4965)
2007 Ed. (2836, 3564)
2006 Ed. (2829)
Linguistic Technology Corp.
2001 Ed. (2858)
Linhart McClain Finlon Public Relations
2006 Ed. (1681)
Linial DDB
2002 Ed. (123)
2001 Ed. (150)
2000 Ed. (112)
Linial DDB Needham
1999 Ed. (107)
1997 Ed. (105)
1996 Ed. (103)
Linjegods AS
2002 Ed. (3713)
The Link
2002 Ed. (35)
Link Carnival
1995 Ed. (910)
Link Exchange Banner Network
2002 Ed. (4808)
Link Staffing Services
2008 Ed. (168, 4495)
2007 Ed. (4515)
2002 Ed. (4597)
Link Tactical Military
1992 Ed. (1771)
Link Training Service Corp.
1992 Ed. (1771)
LinkEasy Network
1999 Ed. (3000)
Linklaters
2008 Ed. (3428)
2007 Ed. (3317)
2006 Ed. (3251)
1999 Ed. (3151)
Linklaters & Alliance
2005 Ed. (1440, 1449, 1450, 1454, 1455, 1457)
2004 Ed. (1416, 1432, 1433, 1437, 1438, 1446)
2003 Ed. (1407, 1408, 1412)
2002 Ed. (1361)
2001 Ed. (1539)
2000 Ed. (2897)
Linklaters & Paine
1990 Ed. (1701)
Linklaters & Paines
2001 Ed. (4180)
1992 Ed. (14, 15, 2835, 2836, 2034, 2043)
1991 Ed. (1607, 1611, 2286)
1990 Ed. (1708)
1989 Ed. (1369)
Linklaters International
2005 Ed. (3265)
2004 Ed. (3235)
2003 Ed. (3183, 3184)
LinkOnline Network
1999 Ed. (3000)
Linkous Construction Co.
2008 Ed. (1327)
Links: Pebble Beach
1995 Ed. (1102)
Links Pro
1996 Ed. (1078)
Links 386 Pro
1995 Ed. (1083)
LinkShare
2002 Ed. (4808)
2001 Ed. (4760)
Linksys
2005 Ed. (1105, 3904)
Linksys Group Inc.
2005 Ed. (1464)
Linktone Ltd.
2006 Ed. (4260)
Linkwood
1994 Ed. (3152)
1993 Ed. (3106)
1992 Ed. (3810)
Linn Area Credit Union
2008 Ed. (2232)
2007 Ed. (2117)
2006 Ed. (2196)
2005 Ed. (2101)
2003 Ed. (1919)
Linn-Benton Bank
1998 Ed. (375)
Linn County Correctional Center
1994 Ed. (2935)
Linn Energy
2007 Ed. (1954)
Linotype-Hell
1998 Ed. (1140)
1995 Ed. (1394)
1994 Ed. (1368)
1993 Ed. (1313)
Linowes & Blocher
2007 Ed. (3319)
2003 Ed. (3185)
Linpac Group Ltd.
2002 Ed. (4068)
2001 Ed. (4133)
1995 Ed. (1004, 1008, 1014)
1994 Ed. (991, 992, 995, 1001)
1993 Ed. (965, 966, 976)
1992 Ed. (1192, 1195)
1991 Ed. (958, 961)
Linpave Holdings Ltd.
1993 Ed. (969)
Linpro Co.
1990 Ed. (1180)
Linroc Community Services Corp.
1998 Ed. (2411)
Linsco/Private Ledger
1998 Ed. (526)
Linsell Saatchi & Saatchi
2003 Ed. (184)
2002 Ed. (214)
2001 Ed. (244)
2000 Ed. (194)
1999 Ed. (173)
Lintas
2003 Ed. (129, 184)
2001 Ed. (190)
1996 Ed. (138)
1995 Ed. (124)
1991 Ed. (132)
Lintas Abidjan
1996 Ed. (105)
1995 Ed. (90)
1992 Ed. (169)
1991 Ed. (117)
1990 Ed. (119)
1989 Ed. (125)
Lintas:Athens
1993 Ed. (103)
1992 Ed. (154)
1991 Ed. (103)
1990 Ed. (106)
1989 Ed. (111)
Lintas Australia
1996 Ed. (62)
1995 Ed. (46)
1994 Ed. (70)
1993 Ed. (81)
1992 Ed. (121)
Lintas Austria
1996 Ed. (63)
1995 Ed. (47)
1994 Ed. (71)
1992 Ed. (122)
1991 Ed. (75)
1990 Ed. (78)
1989 Ed. (84)
Lintas Belgium
1996 Ed. (66)
1995 Ed. (50)
1994 Ed. (72)
1993 Ed. (83)
1989 Ed. (87)
Lintas:Brasil
1990 Ed. (83)
Lintas:Brasil Comunicacoes
1993 Ed. (84)
Lintas:Brazil
1992 Ed. (128)
1991 Ed. (80)
Lintas: Brussels
1992 Ed. (125)
1991 Ed. (78)
1990 Ed. (81)
Lintas Budapest
1996 Ed. (96)
1995 Ed. (82)
Lintas:Cameroon
1992 Ed. (129)
1991 Ed. (81)
1990 Ed. (84)
Lintas: Campbell-Ewald Co.
1996 Ed. (79, 115)
1995 Ed. (65)
1994 Ed. (83, 102)
1993 Ed. (93)
1992 Ed. (141, 180)
1991 Ed. (92, 127, 840)
1990 Ed. (128)
1989 Ed. (136, 173)
Lintas Chile
1996 Ed. (70)
1995 Ed. (57)
1994 Ed. (77)
1993 Ed. (87)
1992 Ed. (134)
1991 Ed. (86)
1990 Ed. (88)
1989 Ed. (93)
Lintas China
1996 Ed. (71)
1995 Ed. (58)
Lintas Colombia
1995 Ed. (59)
1994 Ed. (79)
1992 Ed. (136)
1991 Ed. (88)
1990 Ed. (90)
Lintas Czech Republic
1996 Ed. (77)
1994 Ed. (81)
Lintas Denmark
1996 Ed. (78)
1995 Ed. (64)
1994 Ed. (82)
1990 Ed. (93)
1989 Ed. (97)
Lintas Deutschland
1995 Ed. (76)
1994 Ed. (89)
1993 Ed. (100)

1992 Ed. (150)
Lintas:France Group
1992 Ed. (149)
Lintas:Germany
1991 Ed. (100)
1990 Ed. (104)
1989 Ed. (108)
Lintas Ghana
1996 Ed. (90)
Lintas/GR:Denmark
1993 Ed. (92)
1991 Ed. (91)
Lintas Greece
1996 Ed. (92)
1995 Ed. (78)
1994 Ed. (91)
Lintas Group Deutschland
1996 Ed. (89)
Lintas Gulf
2001 Ed. (230)
1996 Ed. (149)
1995 Ed. (135)
Lintas:Helsinki
1991 Ed. (98)
1989 Ed. (105)
Lintas (Hong Kong)
1989 Ed. (114)
Lintas:Hungary
1994 Ed. (93)
Lintas India
1996 Ed. (97)
1995 Ed. (83)
1994 Ed. (94)
1993 Ed. (107)
1992 Ed. (159)
1991 Ed. (108)
1990 Ed. (110)
Lintas Indonesia
1996 Ed. (98)
1995 Ed. (84)
1994 Ed. (95)
1993 Ed. (108)
1992 Ed. (160)
Lintas:Italy
1994 Ed. (97)
1993 Ed. (114)
Lintas Malaysia
1996 Ed. (113)
1995 Ed. (97)
1994 Ed. (100)
1993 Ed. (118)
1992 Ed. (178)
1991 Ed. (125)
1990 Ed. (126)
Lintas Manila
1996 Ed. (128)
1995 Ed. (114)
1994 Ed. (109)
1993 Ed. (128)
1992 Ed. (198)
1991 Ed. (143)
1990 Ed. (143)
Lintas: Marketing Communications
1995 Ed. (1564, 1565, 1566)
1994 Ed. (3127)
1993 Ed. (1488, 1489, 3064)
1992 Ed. (1806, 3759)
1990 Ed. (3077)
Lintas:Milan
1990 Ed. (118)
Lintas Milano
1996 Ed. (104)
1995 Ed. (89)
1992 Ed. (168)
Lintas Namibia
1996 Ed. (117)
1995 Ed. (101)
1992 Ed. (182)
1991 Ed. (128)
1990 Ed. (129)
1989 Ed. (137)
Lintas Nederland
1996 Ed. (118)
1995 Ed. (102)
1994 Ed. (103)
1993 Ed. (120)
1990 Ed. (130)
Lintas:Netherlands
1992 Ed. (183)
1991 Ed. (129)
1989 Ed. (138)
Lintas:New York
1993 Ed. (122)
1991 Ed. (136)
1990 Ed. (132, 136)
1989 Ed. (79, 142, 145)
Lintas:New Zealand
1992 Ed. (187)
1991 Ed. (133)
1990 Ed. (133)
1989 Ed. (143)
Lintas: Norway
1989 Ed. (146)
Lintas Oy
1996 Ed. (87)
1995 Ed. (74)
1994 Ed. (87)
1993 Ed. (98)
1992 Ed. (148)
Lintas Paris
1996 Ed. (88)
1995 Ed. (75)
1994 Ed. (88)
1993 Ed. (99)
1991 Ed. (99)
1990 Ed. (103)
1989 Ed. (107)
Lintas:Poland
1994 Ed. (110)
Lintas Portugal
1996 Ed. (130)
1995 Ed. (116)
1994 Ed. (111)
1993 Ed. (130)
1992 Ed. (200)
1991 Ed. (144)
1990 Ed. (144)
1989 Ed. (153)
Lintas Prague
1995 Ed. (63)
Lintas S.A.
1996 Ed. (141)
Lintas:Singapore
1991 Ed. (147)
1990 Ed. (147)
Lintas:South Africa
1994 Ed. (115)
1993 Ed. (136)
1992 Ed. (205)
1991 Ed. (148)
1990 Ed. (148)
1989 Ed. (157)
Lintas Spain
1995 Ed. (127)
1994 Ed. (118)
1993 Ed. (137)
1992 Ed. (209)
1991 Ed. (151)
1989 Ed. (162)
Lintas Stockholm
1996 Ed. (143)
1995 Ed. (129)
1994 Ed. (119)
1993 Ed. (138)
1992 Ed. (211)
Lintas:Sweden
1991 Ed. (153)
Lintas:Switzerland
1990 Ed. (154)
1989 Ed. (165)
Lintas:Taiwan
1994 Ed. (121)
1993 Ed. (140)
1992 Ed. (213)
1990 Ed. (155)
Lintas Thailand
1996 Ed. (146)
1994 Ed. (122)
1993 Ed. (141)
1992 Ed. (214)
1991 Ed. (156)
1990 Ed. (156)
Lintas:USA
1990 Ed. (75)
1989 Ed. (58)
Lintas Warszawa
1996 Ed. (129)
1995 Ed. (115)
Lintas Werbeagentur
1996 Ed. (144)
1995 Ed. (130)
Lintas:Wien
1993 Ed. (82)
Lintas Worldwide
1996 Ed. (41, 42, 43, 100)
1995 Ed. (26, 27, 28, 30)
1994 Ed. (51, 52, 53, 55)
1993 Ed. (64, 66, 69, 70, 75, 97, 111, 117)
1992 Ed. (101, 103, 106, 109, 114, 115, 118, 146, 147, 162, 175)
1991 Ed. (58, 59, 60, 61, 64, 65, 111, 113)
1990 Ed. (58, 60, 61, 63, 64, 69, 70, 112, 114)
1989 Ed. (74, 118, 119)
Lintas Zimbabwe
1996 Ed. (154)
1995 Ed. (140)
1992 Ed. (223)
1991 Ed. (163)
1990 Ed. (164)
1989 Ed. (176)
Lintas:Zurich
1993 Ed. (139)
1992 Ed. (212)
1991 Ed. (154)
Linter Textiles Corp.
1993 Ed. (1177)
Lintes India
1989 Ed. (116)
Linthicum Constructors
1992 Ed. (1409)
Linton Park PLC
2000 Ed. (224)
Linton's-Food Management Services
1993 Ed. (2064)
1992 Ed. (2448)
Linus Torvalds
2005 Ed. (785, 787)
Linux
2001 Ed. (3533)
Linwood and Helen Offutt
1995 Ed. (936)
Linwood Clark Masonry Inc.
2005 Ed. (1285)
Linx Printing
1995 Ed. (3098)
Liny Halim
1997 Ed. (1974)
1996 Ed. (1866)
Lion Corp.
2008 Ed. (3105)
2007 Ed. (250, 2986, 3815)
2006 Ed. (3805)
2003 Ed. (3794)
2001 Ed. (3719)
1999 Ed. (1830)
1990 Ed. (36, 751)
1989 Ed. (1583)
Lion Air Inc.
2008 Ed. (229)
Lion Brewery
2000 Ed. (722, 1149)
1999 Ed. (714, 717)
Lion Gate LLC
2000 Ed. (1314)
The Lion Inc.-Gibbons
1990 Ed. (752)
1989 Ed. (757)
The Lion King
2004 Ed. (3513, 3516, 4717)
2001 Ed. (3412)
1998 Ed. (2537)
1996 Ed. (2687, 3031)
Lion King Activity Center
1998 Ed. (848)
Lion King II: Simba's Pride
2001 Ed. (4693)
The Lion King Story Book
1997 Ed. (1101)
1996 Ed. (1079)
The Lion King Story Book (MPC)
1996 Ed. (1083)
Lion Nathan
2004 Ed. (92, 2651)
2002 Ed. (2303, 3497)
2001 Ed. (47)
2000 Ed. (3331, 3332)
1999 Ed. (3622, 3623)
1997 Ed. (2939, 2940)
1996 Ed. (2844)
1994 Ed. (2670, 2671)
1993 Ed. (2721, 2722)
1992 Ed. (3233, 3234)
Lion Nathan Group
1991 Ed. (39, 1330, 2594)
1990 Ed. (42)
Lion of the Desert
1991 Ed. (2490)
Lion Oil Co.
2001 Ed. (1797)
The Lion, the Witch & the Wardrobe
2008 Ed. (550)
Lion Video
2004 Ed. (4840)
Lionel
1991 Ed. (3164)
Lionel Kiddie City
1995 Ed. (3646)
1994 Ed. (3563)
Lionel Leisure
1995 Ed. (3144, 3644)
1992 Ed. (4330)
1989 Ed. (1256, 2860)
Liong; Liem Sioe
2006 Ed. (4916)
Lionindo Jaya
2006 Ed. (53)
2005 Ed. (46)
2004 Ed. (52)
LionOre Mining International Ltd.
2008 Ed. (1618, 1659, 3677)
2006 Ed. (4594)
2005 Ed. (1709)
Lions Clubs International
1998 Ed. (194)
Lions Gate Entertainment
2008 Ed. (2591)
2007 Ed. (2457)
2006 Ed. (1429)
"Lions of...African Night"; National Geographic,
1991 Ed. (2772)
Lionsgate
2008 Ed. (3752, 3753)
2007 Ed. (3639)
Lionsgate Entertainment Corp.
2008 Ed. (3755)
Lior Bregman
1997 Ed. (1863)
Lip balm
2002 Ed. (2050, 2051)
1990 Ed. (3034)
Lip medications
1995 Ed. (1605)
Lip remedies
2003 Ed. (2106)
Lipari Landfill
1991 Ed. (1889)
Lipei; Ye
2005 Ed. (2515)
Lipfinity; Max Factor
2005 Ed. (3292)
Lipitor
2008 Ed. (2378, 2379, 2381, 2382)
2007 Ed. (2242, 2243, 2246, 2247, 3911, 3912)
2006 Ed. (2312, 2313, 2314, 2315, 2316, 3882)
2005 Ed. (2248, 2251, 2252, 2253, 2254, 2255, 2256, 3813, 3815)
2004 Ed. (2154, 2155, 2156)
2003 Ed. (2111, 2112, 2113, 2114, 2115, 2116)
2002 Ed. (2022, 2023, 2047, 3748, 3749, 3750, 3755)
2001 Ed. (2068, 2097, 2098)
2000 Ed. (1699, 1704, 3063, 3604, 3606)
1999 Ed. (1890, 3325)
Lipman Co.
2001 Ed. (435)
Lipman USA Inc.
2004 Ed. (263)
Lipoma BV
1999 Ed. (1614, 2688)
Liposome Tech
1993 Ed. (2748)
Lipovitan-D
1992 Ed. (83)
Lipper
2007 Ed. (3970)
Lipper High Income Bond Fund
2003 Ed. (3530)
Lipper Intermediate Bond Portfolio
2003 Ed. (3122)

Lipper Prime Europe Equity Prem
2000 Ed. (3275)
The Lippin Group Inc.
1997 Ed. (3205)
1996 Ed. (3129)
1995 Ed. (3025)
1994 Ed. (2966)
Lippincott; Philip E.
1995 Ed. (1732)
1991 Ed. (1633)
Lippo
1993 Ed. (1640)
Lippo Bank
2008 Ed. (433)
2004 Ed. (545)
2002 Ed. (571, 576, 577)
1999 Ed. (544, 545, 3125)
1997 Ed. (509)
1996 Ed. (550)
1992 Ed. (57, 707)
Lippo Bank PT
1996 Ed. (551)
Lippo Indonesian Growth
1997 Ed. (2907)
Lippo Karawaci
2002 Ed. (4480, 4481)
Lippo Land Development
1999 Ed. (3125)
Lippo/SBC Warburg
1997 Ed. (765, 766, 768, 769)
Lippo/SBCI
1995 Ed. (785, 786, 787, 788, 789)
Lippo Securities
1999 Ed. (890, 891)
1997 Ed. (3473)
1996 Ed. (3377)
1994 Ed. (3186)
Lippobank
1993 Ed. (34)
Lipshy Motor Cars Inc.
1994 Ed. (281)
Lipshy Motorcars
1993 Ed. (291)
1992 Ed. (397)
Lipshy Motors
1991 Ed. (292)
Lipson
2006 Ed. (4670)
2005 Ed. (4604)
Lipstick
2004 Ed. (1902, 2129)
2003 Ed. (1869)
2002 Ed. (3640)
Lipsyl
2001 Ed. (1933)
Lipton
2008 Ed. (567, 2730, 4464, 4492, 4598, 4599, 4600)
2007 Ed. (4511, 4690)
2006 Ed. (572, 4454)
2005 Ed. (4448, 4605)
2004 Ed. (4481)
2003 Ed. (676, 2094, 3312, 3323, 3325, 3688, 3689, 4228, 4485, 4486, 4489, 4490, 4520, 4675, 4676)
2002 Ed. (702)
2001 Ed. (1000)
2000 Ed. (4182)
1998 Ed. (3441, 3469)
1997 Ed. (2031)
1996 Ed. (723, 3632)
1995 Ed. (649, 3546, 3547)
1994 Ed. (3477, 3478)
Lipton Brew
2000 Ed. (4148, 4181)
Lipton Brisk
2008 Ed. (4598)
2007 Ed. (4690, 4691)
2006 Ed. (4670)
2005 Ed. (4604)
2003 Ed. (4675)
2000 Ed. (4148)
1998 Ed. (3470)
Lipton Brisk Tea
2008 Ed. (4600)
2000 Ed. (4181)
Lipton Cold Brew
2005 Ed. (4605)
Lipton Iced Tea
2008 Ed. (4598, 4600)
2007 Ed. (4690, 4691)
2006 Ed. (4670)
2005 Ed. (4604)
2000 Ed. (4148, 4181)
Lipton; Jeffrey
2008 Ed. (2633)
2007 Ed. (2501)
Lipton; Martin
1991 Ed. (2297)
Lipton Original
2007 Ed. (4691)
1998 Ed. (3470)
Lipton Recipe Secrets
1996 Ed. (2825)
Lipton Side Dishes
1992 Ed. (3219)
Lipton Sizzle & Stir
2003 Ed. (3923)
Lipton Tea
1992 Ed. (1240)
1991 Ed. (990)
Lipton Inc.; Thomas J.
1992 Ed. (1616)
Liquent
2003 Ed. (2728)
Liqueurs
2008 Ed. (3451)
2002 Ed. (3098, 4309)
Liqui-Box Corp.
2004 Ed. (3909)
2002 Ed. (1558)
1999 Ed. (3840)
Liquid Carbonic
1991 Ed. (1790)
Liquid Container
1998 Ed. (2872)
Liquid Investments Inc.
2005 Ed. (653)
Liquid PC Inc.
2002 Ed. (4290)
Liquid-Plumr
2003 Ed. (986)
Liquid Siding of America Inc.
2006 Ed. (2956)
Liquid Tide, 64-Oz.
1990 Ed. (2129)
1989 Ed. (1630)
Liquid Transport Corp.
2005 Ed. (4592)
2003 Ed. (4790)
Liquidation.com
2003 Ed. (2158)
Liquidity Fund
1995 Ed. (2376)
1993 Ed. (2311)
1991 Ed. (2240)
Liquidity Services
2007 Ed. (836)
2006 Ed. (809)
2004 Ed. (2209)
Liquidmetal Technologies
2005 Ed. (4521)
Liquidnet
2005 Ed. (3582, 3594)
Liquidnet Holdings Inc.
2007 Ed. (2565)
2006 Ed. (2594, 3686, 3700, 3972, 4480)
Liquids
1990 Ed. (1141)
Liquor
2003 Ed. (3936)
2002 Ed. (2029, 2039)
2000 Ed. (4145)
1995 Ed. (151)
1993 Ed. (1941, 2806, 2808)
1992 Ed. (2283)
Liquor, beer, and wine
1990 Ed. (178)
Liquor stores
1996 Ed. (3795)
1994 Ed. (2243)
Liquor/wine
1998 Ed. (1828)
1997 Ed. (2136)
1994 Ed. (1967)
Lira
1992 Ed. (2025)
LiRo
1991 Ed. (1563)
LiRo Group
1994 Ed. (1653)
Liro-Kassner
2000 Ed. (1825)
LIS
2003 Ed. (1123)
Lisa Anderson
1999 Ed. (2187)
Lisa Frank
1996 Ed. (3584)
Lisa Gaffney
1999 Ed. (2159)
1998 Ed. (1580)
1997 Ed. (1936)
Lisa Kudrow
2004 Ed. (2409)
2003 Ed. (2329)
2002 Ed. (2142)
Lisa Leslie
2005 Ed. (266)
Lisa Ratliffe
2008 Ed. (4898)
Lisa Shalett
2000 Ed. (2023)
Lisa Thompson
1999 Ed. (3589)
Lisanti; Mary
1991 Ed. (1694, 1709)
Lisbon Contractors Inc.
1992 Ed. (1418)
1990 Ed. (1214)
Lise Watier
2008 Ed. (4991)
Liseberg
2007 Ed. (273)
2006 Ed. (268)
2005 Ed. (249)
2003 Ed. (273)
2002 Ed. (308)
2001 Ed. (377)
2000 Ed. (297)
1999 Ed. (269)
1997 Ed. (247)
1996 Ed. (216)
1995 Ed. (217)
Liselott Persson
2008 Ed. (4873)
Lisenby; Terry
2006 Ed. (977)
Lisey's Story
2008 Ed. (552)
Lisichansk "Naftorgintez
2002 Ed. (4495)
Lisichanska Soda
2002 Ed. (4495)
Lisin; Vladimir
2008 Ed. (4894)
2007 Ed. (785)
2006 Ed. (4929)
Lisinopril
2007 Ed. (2244, 2245)
2006 Ed. (2310, 2311)
2005 Ed. (2249, 2250, 2255)
Lisle Savings Bank
2008 Ed. (4674)
2007 Ed. (4750)
2006 Ed. (4736)
Lismore
2000 Ed. (2338, 2342)
Lismore Platinum
2000 Ed. (2341)
Lisnave
1993 Ed. (2452)
List Industries Inc.
2008 Ed. (1733, 1740, 2796, 4047)
Listen to music
1992 Ed. (878)
The Listening Co.
2002 Ed. (4572)
Listerhill Credit Union
2008 Ed. (2216)
2007 Ed. (2101)
2006 Ed. (2180)
2005 Ed. (2085)
2004 Ed. (1944)
Listerhill Employee's Credit Union
2003 Ed. (1904)
2002 Ed. (1845)
Listerine
2008 Ed. (3761)
2004 Ed. (2153, 4741, 4743)
2003 Ed. (1994, 3460, 3461)
2002 Ed. (3404, 3405)
2001 Ed. (3402, 4575)
2000 Ed. (4264)
1999 Ed. (1828, 1829, 3458, 4617)
1997 Ed. (3059)
1996 Ed. (1524, 1529, 2703, 2985)
1995 Ed. (1548, 2625, 2901)
1994 Ed. (2570, 2814)
1993 Ed. (1470, 2814)
1992 Ed. (1782, 3403)
1991 Ed. (2714)
1990 Ed. (2808)
Listerine Antiseptic 48 oz
1990 Ed. (2628)
Listerine Antiseptic 32 oz
1990 Ed. (2628)
Listerine Antiseptic 24 oz
1990 Ed. (2628)
Listerine Cool Mint
1996 Ed. (2703)
Listerine Mouthwash
1990 Ed. (3038, 3039)
Listerine mouthwash 32 oz.
1991 Ed. (1452)
Listerine Pocketpacks
2004 Ed. (2128, 4741, 4743)
Listerine PocketPaks
2008 Ed. (727)
Listerine Spray
1996 Ed. (1030)
Listerine Wash
1992 Ed. (1779)
1991 Ed. (1410)
1990 Ed. (1489)
Listermint
1993 Ed. (1470, 1471)
1992 Ed. (1782)
Listermint Fluoride
1994 Ed. (2570)
Lit Systems Inc.
2008 Ed. (3733, 4428)
Litchfield County, CT
1996 Ed. (1472)
Litchfield National Bank
1993 Ed. (508)
Lite Ice
1998 Ed. (2066)
Lite-On Technology Corp.
2006 Ed. (1236)
Liteglow Industries Inc.
2004 Ed. (4553)
Litehouse
2008 Ed. (2338)
Lithgow Ltd.; Scott
1991 Ed. (1338)
Lithia Motors Inc.
2008 Ed. (283, 289, 290, 2028, 4260)
2007 Ed. (298, 299, 301, 1946, 4231)
2006 Ed. (297, 301, 302, 303, 1975, 4215)
2005 Ed. (275, 280, 281, 282, 340, 1940, 4161)
2004 Ed. (270, 276, 341)
2003 Ed. (310, 311)
2002 Ed. (364, 371, 372)
2001 Ed. (440, 445, 450, 451, 452)
2000 Ed. (332)
Litho Flexo Graphics Inc.
2006 Ed. (3542)
Lithographer/photoengraver
1989 Ed. (2086)
Lithographix
2007 Ed. (4010)
Lithography
2001 Ed. (3905)
Lithonia Lighting
2002 Ed. (4877)
Lithuania
2008 Ed. (2203, 4793, 4794)
2007 Ed. (2093, 2826)
2006 Ed. (2149, 2330, 2823)
2005 Ed. (2055, 3610)
2004 Ed. (1911, 1920)
2002 Ed. (1813, 3523)
2001 Ed. (1948)
2000 Ed. (1611)
1999 Ed. (1782, 2067, 4477)
1997 Ed. (1543)
1996 Ed. (1478)
1995 Ed. (1519)
1994 Ed. (1487)

Lithuania MSM 30
2006 Ed. (4502)
Lithuanian Joint-Stock Innovation Bank
1997 Ed. (542)
1996 Ed. (586)
Lithuanian Savings Bank
2000 Ed. (597)
1999 Ed. (579, 580)
Litigation
2001 Ed. (3055)
1997 Ed. (2613)
Litigation support
2003 Ed. (2358)
Litimpeks Bankas
2000 Ed. (597)
Litimpex Commercial Bank
1997 Ed. (542)
1996 Ed. (586)
Litle & Co.
2008 Ed. (2703, 2704, 2925, 4037)
Litoral
2005 Ed. (3576)
Litt; Jonathan
1997 Ed. (1877)
Litte Caesars Pizza
2000 Ed. (3553)
Litten Financial Consulting
1997 Ed. (2477)
Little
2008 Ed. (2524)
Little & Associates Architects
2002 Ed. (2986)
Little Ltd.; Arthur D.
1991 Ed. (1338)
Little Brook Corp. of New Jersey
1999 Ed. (1245)
Little, Brown
2008 Ed. (625, 629)
2007 Ed. (666)
2006 Ed. (641)
2005 Ed. (729)
2004 Ed. (748)
2003 Ed. (726)
Little Caesar
2004 Ed. (2587)
1992 Ed. (93)
1990 Ed. (2870)
Little Caesar Enterprise
1990 Ed. (2871)
Little Caesar Enterprises Inc.
2008 Ed. (55)
2007 Ed. (53)
2002 Ed. (4004)
2001 Ed. (2534)
2000 Ed. (2273, 3775, 4429)
1999 Ed. (2524, 4087, 4808, 4809)
1997 Ed. (1013)
1996 Ed. (989)
1994 Ed. (989)
1992 Ed. (1189)
1989 Ed. (927, 2332)
Little Caesars
2008 Ed. (4191)
2004 Ed. (3906)
2003 Ed. (3889)
2001 Ed. (2409, 3806)
2000 Ed. (3551, 3552, 3789)
1999 Ed. (2519, 3836, 3838, 3839)
1998 Ed. (752, 1764, 1765, 1766, 2867, 2868, 3076)
1996 Ed. (772, 853, 1754, 1759, 3046, 3047, 3048, 3654)
1995 Ed. (1002, 1776, 1781, 2950, 2952, 2953)
1993 Ed. (963, 1752, 2862, 2863, 2864, 3037, 3530)
1990 Ed. (3019, 3020)
1989 Ed. (2235)
Little Caesars Enterprises Inc.
2002 Ed. (3714, 3715, 3716, 4026)
Little Caesars Pizza
2008 Ed. (2664, 2670, 3991, 3993, 3994, 4188, 4189)
2007 Ed. (3967, 3968, 4153)
2006 Ed. (2564, 3916, 3917, 4125)
2005 Ed. (2547, 2557, 3845, 3846, 3847, 3848, 3849, 3850, 3851, 3852, 4083)
2003 Ed. (2440, 3883, 3884, 3885, 3886, 3887, 3888)
1997 Ed. (2081, 2082, 3127, 3128, 3129, 3711)
1996 Ed. (1968, 3049)
1994 Ed. (1748, 1909, 1910, 1913, 1914, 2885, 2887, 2888, 3086, 3499)
1992 Ed. (2116, 2219, 3470, 3471, 3472)
1991 Ed. (1655, 1769, 1770, 2749, 2750, 2751, 2866)
1990 Ed. (2872)
Little Inc.; Carole
1995 Ed. (3787)
Little Ceasars
1995 Ed. (3569)
Little Ceasars Pizza
1992 Ed. (2220, 3704)
Little Chef
2001 Ed. (2490)
Little Debbie
2008 Ed. (338, 4445, 4449)
2007 Ed. (4462)
2006 Ed. (4389)
2003 Ed. (852)
2000 Ed. (368, 370, 371, 971, 4059, 4060)
1999 Ed. (366, 1021, 1022)
1998 Ed. (262, 263, 622, 1717)
1996 Ed. (356, 3464)
1995 Ed. (339, 341)
Little Debbie Fudge Covered
2005 Ed. (1397)
Little Debbie Nutty Bar
1998 Ed. (263)
1996 Ed. (356, 3464)
Little Debbie Nutty Bar Fudgcove
2002 Ed. (1337)
Little Debbie Oatmeal Cream Pies
2002 Ed. (1337)
Little Diversified Architectural Consulting
2007 Ed. (1270, 3194, 4190)
2006 Ed. (4293)
2005 Ed. (4118)
Little Dix Bay
1995 Ed. (2173)
1994 Ed. (3052)
The Little Engine That Could
1990 Ed. (979)
Little Feat
1993 Ed. (1078)
The Little Gym
2008 Ed. (2913)
2007 Ed. (2788)
2006 Ed. (2788)
Little Mermaid
1995 Ed. (3645)
1994 Ed. (3630)
1992 Ed. (4397, 4398)
A Little Monstrous Problem
2003 Ed. (715)
Little Palm Island
2002 Ed. (3990)
Little Palm Island Resort
2008 Ed. (3076)
2007 Ed. (4118)
Little Professor Book Centers
1995 Ed. (1936)
Little Red Shoe House (Wolverine)
1991 Ed. (2649)
Little Rock, AR
2008 Ed. (3117)
2007 Ed. (2997, 3004)
1996 Ed. (303)
1995 Ed. (875, 988, 2666)
1994 Ed. (823, 952)
Little Rock Resid. Housing Fac. Bd., Ark.
1990 Ed. (2648)
Little Six Inc.
2005 Ed. (1869)
Little Swimmers; Huggies
2008 Ed. (2335)
Little Texas
1996 Ed. (1094)
Little Tikes Co.
2008 Ed. (3998)
2007 Ed. (3975)
2006 Ed. (3921)
2005 Ed. (3858)
2004 Ed. (3912)
2003 Ed. (3891)
2001 Ed. (4126, 4127)
2000 Ed. (4277)
1999 Ed. (4628, 4629, 4632, 4637)
1998 Ed. (3596, 3599, 3603, 3604)
1997 Ed. (3775, 3776, 3778, 3779)
1995 Ed. (3638, 3639, 3642, 3643)
1994 Ed. (3560)
1993 Ed. (3601, 3602, 3603)
1992 Ed. (4326, 4327, 4328)
1991 Ed. (3410)
Little; Tony
1997 Ed. (2389)
Little Trees
2008 Ed. (206)
2003 Ed. (237)
Little Tykes
1996 Ed. (3722, 3723)
Littlewoods
2007 Ed. (705, 731)
1992 Ed. (2960)
The Littlewoods Organisation PLC
1995 Ed. (1004, 1005, 1008, 1014)
1994 Ed. (991, 992, 995, 1001)
1993 Ed. (965, 966, 976)
1992 Ed. (1191, 1195, 1200)
1991 Ed. (958, 961)
1990 Ed. (1032, 1033)
Littlewoods Organization PLC
1992 Ed. (1192)
Litton
1992 Ed. (3072, 4361)
1990 Ed. (2574, 2746)
Litton Avondale Industries Inc.
2003 Ed. (1747)
Litton Industries Inc.
2005 Ed. (1491)
2004 Ed. (1475, 3028)
2003 Ed. (1350, 1445)
2002 Ed. (240, 2082)
2001 Ed. (542, 1981, 2195, 2197)
2000 Ed. (216, 217, 1648, 1754)
1999 Ed. (185, 187, 1975, 1976)
1998 Ed. (94, 95)
1997 Ed. (171, 173, 1583)
1996 Ed. (166, 168)
1995 Ed. (161, 2488)
1994 Ed. (141, 1337, 1609, 2413)
1993 Ed. (1286, 1565, 1570, 1579, 2480, 2484)
1992 Ed. (487, 1342, 1917)
1991 Ed. (1524, 1527, 2080, 2847)
1990 Ed. (1628, 1632, 2995, 3108)
1989 Ed. (1314)
Litton Systems Inc.
1995 Ed. (2429)
Litton Systems Canada
1990 Ed. (2005)
1989 Ed. (1589)
Litwin Engineers & Constructors Inc.
1995 Ed. (1676)
Liu Chong Hing Bank
2006 Ed. (448)
2005 Ed. (517)
2004 Ed. (538)
2000 Ed. (527)
1989 Ed. (553)
Liu Chong Hing Investment Ltd.
1993 Ed. (1275)
1991 Ed. (1252)
Liu; Ernest
1997 Ed. (1904)
1996 Ed. (1831)
1995 Ed. (1798, 1853)
1994 Ed. (1815, 1834)
1993 Ed. (1832)
1991 Ed. (1686, 1707)
1990 Ed. (1767, 1768)
Liu Hanyuan
2004 Ed. (2535)
Liu Lan Hsiang Taiwan
2001 Ed. (83)
Liu Inc.; Lee Burkhart
1996 Ed. (235)
Liu Ming Chung
2008 Ed. (4854)
Liu Yonghao
2007 Ed. (2508)
2006 Ed. (2529)
2005 Ed. (2515)
2004 Ed. (2535)
Liu Yongxing
2008 Ed. (4843)
2007 Ed. (2508)
2006 Ed. (2529)
2005 Ed. (2515)
2004 Ed. (2535)
2003 Ed. (2411)
Liuski International
1999 Ed. (1964, 1980, 1982)
1991 Ed. (950, 3146)
Liva
1993 Ed. (3454)
Live & Kicking
2000 Ed. (3501)
Live conversation
1991 Ed. (2610)
Live Entertainment Inc.
1996 Ed. (1698, 2562)
1995 Ed. (2613)
1994 Ed. (2561)
1993 Ed. (1636, 2598)
1992 Ed. (1986, 3109)
Live entertainment except sports
1995 Ed. (3077)
Live from New York: The Uncensored History of Saturday Night Live
2006 Ed. (583)
"Live from the Grand Ole Opry"
1991 Ed. (2772, 2772)
Live Meeting
2005 Ed. (3194)
Live Nation Inc.
2008 Ed. (3626)
Live Picture Corp.
1999 Ed. (993, 4750)
LiveBridge Inc.
2005 Ed. (4645)
LiveCapital
2002 Ed. (4818)
livedoor
2007 Ed. (1582)
LiveJournal.com
2008 Ed. (3370)
Livengood; Scott
2006 Ed. (2517)
Liver
1999 Ed. (4650)
Liveris; Andrew
2008 Ed. (933)
2007 Ed. (972)
Liveris; Andrew N.
2008 Ed. (946)
2007 Ed. (1024)
Livermore; Ann
2005 Ed. (2513)
Livermore Lab; Lawrence
1992 Ed. (1284, 3670)
Livermore Mazda
1992 Ed. (390)
Livermore National Lab; Lawrence
1993 Ed. (3001)
Livernois Engineering Co.
1992 Ed. (422)
1991 Ed. (312)
1990 Ed. (348)
1989 Ed. (309)
Liverpool
2008 Ed. (676, 697)
2007 Ed. (704, 725, 4465)
2006 Ed. (4398)
2005 Ed. (4391)
2003 Ed. (747)
2001 Ed. (4301)
1992 Ed. (1670)
Liverpool Echo
2002 Ed. (233, 3516)
The Liverpool Football Club & Athletic Grounds PLC
1995 Ed. (1009)
Livestock
2000 Ed. (4245)
Livestock feed
2001 Ed. (1508)
Livin' La Vida Loca
2001 Ed. (3406)
Living Centers of America
1998 Ed. (2055, 2691, 3099)
1995 Ed. (2801)
Living Colour
1992 Ed. (1350, 1350, 1350, 1350)
Living Colour, Dou n' Dlaye Rose & Troupe; The Rolling Stones
1991 Ed. (1039)
Living Colour, Mar Magette; The Rolling Stones,
1991 Ed. (1039)

Living Colour, The Rolling Stones,
1991 Ed. (1039, 1039, 1039, 1039, 1039)
Living Colour, The Rolling Stones, Guns N' Roses,
1991 Ed. (1039)
Living History
2005 Ed. (724, 726)
Livingston & Co.
1989 Ed. (173)
Livingston Cellars
2008 Ed. (4936, 4937, 4938)
2007 Ed. (4967)
2006 Ed. (4961, 4962, 4964)
2005 Ed. (4931, 4932, 4949)
2004 Ed. (4951, 4952, 4964)
2003 Ed. (4947, 4950, 4963)
2002 Ed. (4923, 4926, 4938, 4942, 4956)
2001 Ed. (4843, 4846, 4874, 4880, 4884, 4889)
2000 Ed. (4409)
Livingston County Daily Press & Argus
2005 Ed. (3601)
2004 Ed. (3686)
Livingston Credit Union
2004 Ed. (1970)
2003 Ed. (1930)
2002 Ed. (1876)
Livingston Federal Credit Union
2005 Ed. (2112)
Livingston; Ian & Richard
2008 Ed. (4906)
Livingston International Income Fund
2004 Ed. (3173)
Livonia Building Materials
1997 Ed. (835)
Livonia, MI
1999 Ed. (1129, 1147, 1176)
Livostin
1996 Ed. (2871)
Livpol
1993 Ed. (2559)
Livraghi, Ogilvy & Mather
1989 Ed. (124)
Livzon Pharmaceutical Group
2007 Ed. (1589)
LIX
1992 Ed. (372)
Liz Claiborne
2008 Ed. (985, 988, 989, 990, 991, 992, 3008, 3189)
2007 Ed. (1106, 1107, 1108, 1110, 1111, 1112, 1113, 1114, 1115, 2886, 3801, 4747)
2006 Ed. (1017, 1020, 1021, 1022, 1023, 1024, 1025, 1026, 1217)
2005 Ed. (1010, 1011, 1012, 1013, 1016, 1017, 1018, 1019, 1024, 1255, 1257, 1583)
2004 Ed. (992, 993, 1002, 1003, 1005, 1014, 1226, 2956, 4984)
2003 Ed. (1006, 1008, 1009, 1011, 1216, 1217, 2871, 4981, 4982)
2002 Ed. (1081, 1082, 1083, 2705, 4978)
2001 Ed. (1275, 1276)
2000 Ed. (1121, 1122, 1123, 1124)
1999 Ed. (1201, 1202, 1203, 1204, 1205, 1344, 4303)
1998 Ed. (774, 775, 776, 777, 778, 779, 780)
1997 Ed. (1025, 1034, 1035, 1036, 1037, 1038, 1039)
1996 Ed. (2950)
1995 Ed. (1030, 1033, 1034, 1036)
1994 Ed. (1021, 1023, 1024, 1025, 1027, 1028, 1029, 1030, 1290, 1309, 3222, 3226)
1993 Ed. (990, 991, 992, 993, 995, 996, 997, 998, 1225, 1227, 1228, 1253, 1255, 2756, 3471)
1992 Ed. (1219, 1220, 1221, 1223, 3319, 1222, 3313)
1991 Ed. (980, 981, 982, 983, 984, 985, 1246, 1247, 2655, 2660)
1990 Ed. (3704)
1989 Ed. (941, 942, 943, 944, 1195, 2670)
Liz Clairborne
2007 Ed. (1104)
Liz Lange
2005 Ed. (2453)
Liz Lerman Dance Exchange
2004 Ed. (929)
Liz Minyard
1997 Ed. (3916)
1996 Ed. (3876)
1995 Ed. (3788)
1994 Ed. (3667)
1993 Ed. (3731)
Liza Minnelli
1993 Ed. (1078)
LJ & M Partners
2006 Ed. (1081)
L.J. Hooker Developments
1990 Ed. (2960)
L.J. Melody
2000 Ed. (2828, 3723, 3724, 4017)
1992 Ed. (3636)
1990 Ed. (2971)
LJ Simone
1989 Ed. (2368)
LJM Partners
2008 Ed. (1095)
2007 Ed. (1187)
Ljubljanska
1989 Ed. (717)
Ljubljanska Banka
1996 Ed. (676)
1995 Ed. (508)
1993 Ed. (669)
1992 Ed. (871)
1991 Ed. (697)
1990 Ed. (719)
Ljubljanska Banka dd, Ljubljana
1995 Ed. (605)
Ljubljanska Banka Kreditna Banka Maribor dd
1995 Ed. (605)
LKB Baden-Wurttemberg
1995 Ed. (1723)
LKCM Aquinas Fixed Income
2007 Ed. (4467)
LKCM Aquinas Small Cap
2007 Ed. (4469)
LKCM Aquinas Value
2007 Ed. (4468)
LKCM Small Cap Equity
2007 Ed. (4545)
LKQ Corp.
2006 Ed. (1636, 1637)
LL Bean Inc.
2005 Ed. (1852)
2004 Ed. (1786)
2003 Ed. (1750)
1998 Ed. (1277)
1990 Ed. (916)
1989 Ed. (1205)
Llama Co.
1998 Ed. (2227, 2234)
Llama Asset
1999 Ed. (3090)
1993 Ed. (2327)
Llano
2001 Ed. (3776)
Llano Estacado
1995 Ed. (3758)
Llantas General
1997 Ed. (3752)
Llanza; Jacobo
1996 Ed. (1905)
LLBean.com
2006 Ed. (2382)
2001 Ed. (2975, 2980)
LLE Language Services Inc.
2007 Ed. (3612, 3613, 4453)
2006 Ed. (3547, 4385)
Llentab AB
2008 Ed. (2092)
Llewellyn; David
2008 Ed. (16)
Lloyd A. Wise Inc.
1999 Ed. (318)
1995 Ed. (255, 2110)
1992 Ed. (2402)
1990 Ed. (2015)
Lloyd A. Wise Cos.
2002 Ed. (2544, 2562)
2001 Ed. (2708)
2000 Ed. (330, 2466)
1998 Ed. (204)
1997 Ed. (289)
1996 Ed. (260)
Lloyd Aereo Boliviano
2005 Ed. (219)
Lloyd Bentsen
1992 Ed. (1038)
Lloyd C. Blankfein
2008 Ed. (949)
Lloyd Campbell
2008 Ed. (184)
Lloyd College; Alice
1990 Ed. (1085)
Lloyd Electric
2006 Ed. (3541)
Lloyd G. Chavez
2004 Ed. (2843)
Lloyd L. Hill
2006 Ed. (915, 2530)
2005 Ed. (2516)
2004 Ed. (2532)
Lloyd; Michael
1997 Ed. (1895)
Lloyd Morgan International
2007 Ed. (1590)
Lloyd Northover
1995 Ed. (2227)
Lloyd Northover Citigate
1999 Ed. (2836)
1996 Ed. (2236)
Lloyd P. Johnson
1994 Ed. (357)
1989 Ed. (417)
Lloyd Personnel Systems Inc.
2003 Ed. (4532)
Lloyd Staffing
2006 Ed. (4357)
Lloyd Triestino
2004 Ed. (2538, 2539)
2003 Ed. (2418, 2419)
Lloyd-Webber; Lord
2007 Ed. (4932)
2005 Ed. (4894)
Lloyds
2004 Ed. (1371, 3080)
2003 Ed. (3322)
2002 Ed. (1330, 2972)
2001 Ed. (2953)
1999 Ed. (4035, 4036)
1996 Ed. (519)
1991 Ed. (510, 511)
1990 Ed. (551, 553, 560, 563, 567, 583)
Lloyds Bank
2000 Ed. (513, 515)
1997 Ed. (480)
1996 Ed. (521)
1995 Ed. (477)
1994 Ed. (495, 522, 902, 204, 1381)
1993 Ed. (493, 1323, 1861)
1992 Ed. (687, 718, 720, 1628)
1991 Ed. (504, 533, 559, 3231)
1990 Ed. (297, 549)
1989 Ed. (579)
Lloyds Bank Canada
1992 Ed. (664)
Lloyds Bank Group
1992 Ed. (1630)
1991 Ed. (1298)
1990 Ed. (597)
Lloyds Bank Growth Portfolio Account
1997 Ed. (2918)
Lloyds Bank Income Portfolio Account
1997 Ed. (2918)
Lloyds Bank International (Guernsey) Ltd.
1993 Ed. (449)
1992 Ed. (635)
1991 Ed. (477)
Lloyds Bank Master Trust Account
1997 Ed. (2919)
Lloyds Bank of Canada
1990 Ed. (517)
Lloyds Bank PLC
2000 Ed. (531)
1991 Ed. (532)
1990 Ed. (550, 584)
Lloyds Bank Treasury (Jersey) Ltd.
1999 Ed. (492)
Lloyd's Barbeque Co.
2002 Ed. (3276)
Lloyds Bowmaker
1990 Ed. (1787)
Lloyds German Growth
1992 Ed. (3202)
Lloyds Merchant Bank
1989 Ed. (545, 571)
Lloyds New York
1994 Ed. (2275)
1992 Ed. (2680)
Lloyd's Non-Marine
1992 Ed. (2692)
Lloyd's Non-Marine Underwriters
1995 Ed. (2325)
1994 Ed. (2282)
1993 Ed. (2242)
1992 Ed. (2693)
1990 Ed. (2256)
Lloyd's of London
2008 Ed. (3332)
2007 Ed. (3187, 3188)
2006 Ed. (3150, 3151, 3154)
2005 Ed. (3153, 3154)
2004 Ed. (3142, 3143, 3144)
2002 Ed. (2901, 2973, 2974)
2001 Ed. (4038, 4040)
2000 Ed. (2670)
1999 Ed. (2913, 2921)
1995 Ed. (2429)
1993 Ed. (1458)
1992 Ed. (3660)
1990 Ed. (2257)
Lloyd's of London Press (LLP)
2000 Ed. (3879)
Lloyd's of New Mexico
1993 Ed. (2237)
1992 Ed. (2680)
Lloyd's 6
2000 Ed. (3752)
Lloyds TSB
2008 Ed. (686, 707)
2007 Ed. (717, 738, 746)
2000 Ed. (524, 540, 559, 1442, 1444, 2998, 2999)
1999 Ed. (531, 548, 1613, 1642, 1643, 1646, 2438, 3262, 3263)
1998 Ed. (378, 1147)
1997 Ed. (458)
Lloyds TSB Bank
2007 Ed. (538)
2005 Ed. (559)
Lloyds TSB Bank plc
2004 Ed. (574, 578)
2003 Ed. (560)
2002 Ed. (2259)
Lloyds TSB Group plc
2008 Ed. (521, 1745, 1748, 1750, 1756, 1813, 2122, 2135)
2007 Ed. (568, 569, 2041)
2006 Ed. (537, 538, 2054, 2060, 2070, 3328)
2005 Ed. (623, 624)
2004 Ed. (529, 555, 635)
2003 Ed. (539, 543, 626, 1839)
2002 Ed. (40, 583, 659, 1417, 1785, 1788, 1789, 2259, 3215, 3217)
2001 Ed. (1548, 1549, 1552, 1719, 1885)
Llyods New York
1996 Ed. (2341)
LM Capital
1999 Ed. (3087, 3091)
1993 Ed. (2327)
LM Capital Mgmt.
2000 Ed. (2821, 2824)
L.M. Ericsson
2000 Ed. (1560, 3760)
1999 Ed. (1737)
LM Ericsson Telefon
2006 Ed. (4095)
LM Ericsson, Telefonab
2006 Ed. (4575)
LM Ericsson; Telefonaktiebolaget
2008 Ed. (1099, 2088, 2089, 2091, 3582)
2007 Ed. (1192, 1214, 1216, 1994, 1995, 1996, 1997, 1998, 2825, 3074, 3422, 4717)
2006 Ed. (1109, 1112, 1696, 1785, 2024, 2025, 2026, 2027, 4603, 4699)
2005 Ed. (1120, 1966, 3034, 3698, 4517, 4630, 4632, 4635)
LM Ericsson Telephone Co.
2006 Ed. (1087, 3402)

2005 Ed. (239, 1095)
1998 Ed. (2727, 2728)
1993 Ed. (2752, 2753)
LM Western Asset Core
2002 Ed. (3415)
L.M.B. Construction Co. Inc.
1997 Ed. (3516)
1996 Ed. (3429)
1995 Ed. (3375, 3376)
1994 Ed. (3299)
LMC Resources Inc.
2008 Ed. (1690)
LMHC Massachusetts Holdings Inc.
2008 Ed. (3251)
2007 Ed. (3104)
LMI Aerospace Inc.
2008 Ed. (1950)
2006 Ed. (1904, 1908, 1911)
LMKI Inc.
2002 Ed. (3559)
The LMN Group
2001 Ed. (4376)
LMS/MARC
1999 Ed. (155)
LMSC Federal Credit Union
1996 Ed. (1501, 1506, 1512)
1993 Ed. (1447)
1992 Ed. (1754)
1991 Ed. (1394)
LMSC (Lockheed)
1990 Ed. (1458)
LMT
2006 Ed. (63)
2005 Ed. (56)
2004 Ed. (61)
LMV
1993 Ed. (2602)
1990 Ed. (2617)
LNM
2004 Ed. (4539)
The LNM Group
2001 Ed. (4375)
1999 Ed. (4474)
LNM/Ispat (Britain)
2000 Ed. (4119)
LNR Property Corp.
2005 Ed. (4006, 4007)
2004 Ed. (4074, 4075)
LO-AD Communications
1992 Ed. (3248)
Lo Castro; Charles
1995 Ed. (1865)
Loacker Recycling GmbH
2008 Ed. (3658)
Load
1998 Ed. (3025)
Loaded
2000 Ed. (3499)
Loan
2005 Ed. (3620)
Loan America Financial
1996 Ed. (2680)
Loan/credit card applications
2002 Ed. (545)
Loan interviewers & clerks
2004 Ed. (2290)
Loan officer, commercial
2008 Ed. (3813)
Loan origination
1990 Ed. (533)
LoanBright
2007 Ed. (4081)
Loans At Wholesale.com
2005 Ed. (3914)
Loans.co.uk
2006 Ed. (2053)
2005 Ed. (1979)
Lobar Inc.
2008 Ed. (2033)
Lobb
1994 Ed. (2151)
Lobbia; John E.
1993 Ed. (1699)
Lobby attendant
2008 Ed. (3810)
Loblaw
1991 Ed. (1263, 2642, 2894)
1990 Ed. (1408, 3052)
1989 Ed. (1148)
Loblaw Companies Ltd.
2001 Ed. (1658)
Loblaw Cos. Ltd.
2008 Ed. (1626, 1634, 1646, 2744)
2007 Ed. (1626, 2614, 4573)
2006 Ed. (1614, 4634)
2005 Ed. (1701, 1712, 4556)
2004 Ed. (1663)
2003 Ed. (1631, 1639)
2002 Ed. (1609, 4535)
2000 Ed. (4166)
1999 Ed. (1736, 4521, 4522)
1998 Ed. (1740)
1997 Ed. (1373, 2041)
1996 Ed. (1308, 1312, 1943)
1995 Ed. (1366, 3533)
1994 Ed. (1878, 3107, 3466)
1993 Ed. (1402)
1992 Ed. (1596, 2195, 4172)
Loblaws
2008 Ed. (644)
2000 Ed. (4167, 4168)
Loblaws Supermarkets Ltd.
2003 Ed. (4660, 4661)
2002 Ed. (4530, 4531)
Loblow Cos.
2008 Ed. (1653)
2007 Ed. (1627, 1628, 1629, 1635, 1642, 1645)
2006 Ed. (1616, 1622)
Lobsenz-Stevens
1995 Ed. (3005)
1994 Ed. (2949)
LobsenzStevens
2000 Ed. (3639)
Lobster
1992 Ed. (3815)
The Lobster House
2007 Ed. (4124)
2000 Ed. (3772)
Lobsters
2008 Ed. (2723)
2007 Ed. (2586)
2006 Ed. (2611)
2005 Ed. (2612)
2004 Ed. (2623)
2001 Ed. (2441)
Local Anesthesia System
1999 Ed. (1826)
Local Capital Corp.
2005 Ed. (4223)
Local Economic Conditions
1992 Ed. (993)
Local Federal Bank
1998 Ed. (3562)
Local Financial Corp.
2004 Ed. (4291)
2002 Ed. (500)
Local government
2001 Ed. (3561)
1993 Ed. (3543)
Local Government & Politics
2000 Ed. (4210)
Local Government Center HealthTrust
2008 Ed. (4250)
2006 Ed. (4201)
Local Government Employees
1997 Ed. (3028)
1995 Ed. (2873)
1990 Ed. (2790)
Local Government Employees Credit Union
2008 Ed. (2250)
2007 Ed. (2135)
Local Government Officers Fund
1999 Ed. (3735)
Local Government Officials
2008 Ed. (3870)
2007 Ed. (3796)
2004 Ed. (3791)
Local Government Super
2004 Ed. (3963)
2003 Ed. (3956)
Local Initiatives Support Corp.
2005 Ed. (3605)
1993 Ed. (892)
Local Initiatives Support Corporation
1991 Ed. (895)
Local news
2001 Ed. (3585)
Local news & guides
2008 Ed. (2454)
2007 Ed. (2329)
Local spot advertising
2004 Ed. (4053)
LOCAP Inc.
1996 Ed. (3040)
LoCastro; Charles
1996 Ed. (1846)
1994 Ed. (1824, 1831, 1833)
Location Switzerland
2008 Ed. (3520)
Locational convenience
1989 Ed. (440)
Loch Dhu Black
1999 Ed. (3230, 4155)
Loch Fyne Restaurants Ltd.
2008 Ed. (3442, 4203)
Loch Ness Monster
1995 Ed. (3165)
Lochmoor Chrysler-Plymouth
1996 Ed. (269)
1995 Ed. (262)
Lock boxes
1993 Ed. (1456)
lock/line Credit Protection Services LLC
2006 Ed. (4362)
Locke
1990 Ed. (720)
Locke; Charles C.
1996 Ed. (959, 1709, 1715)
Locke; Estate of Louise Lenoir
1991 Ed. (888)
Locke Liddell
2004 Ed. (3230)
Locke Liddell & Sapp
2001 Ed. (566)
Locke Liddell & Sapp LLP
2007 Ed. (3312)
Locke Purnell Rain Harrell
1993 Ed. (2396)
1992 Ed. (2833)
1991 Ed. (2284)
1990 Ed. (2418)
Lockerbie & Hole
2008 Ed. (1184)
Lockerbie & Hole Contracting Ltd.
2008 Ed. (4050)
Lockerbie, Scotland
2005 Ed. (883)
Lockets/pendants/pins
1998 Ed. (2316)
Lockhart; Michael D.
2006 Ed. (869)
Lockhead
1989 Ed. (195)
Lockheed Corp.
1997 Ed. (172, 175, 2791)
1996 Ed. (165, 167, 169, 1192, 1193, 1307, 1518, 1521, 1522, 2548)
1995 Ed. (155, 158, 159, 161, 163, 1363, 1546, 2488)
1994 Ed. (137, 138, 139, 141, 142, 143, 144, 1213, 1337, 1513, 1517, 2413, 2984)
1993 Ed. (153, 157, 159, 160, 826, 1264, 1286, 1460, 1462, 1468, 2705)
1992 Ed. (242, 249, 250, 251, 252, 1337, 1340, 1469, 1517, 1523, 1770, 2941, 3076, 3077, 3216, 4260, 4361)
1991 Ed. (176, 179, 180, 181, 182, 183, 184, 324, 845, 1403, 1404, 1407, 2577, 3435)
1990 Ed. (186, 187, 188, 189, 190, 192, 1138, 1477, 2211)
1989 Ed. (850, 1226)
Lockheed Aeronautical Systems Co.
1991 Ed. (1808)
Lockheed Austin Division
1989 Ed. (280)
Lockheed Credit Union
2008 Ed. (2220)
2007 Ed. (2105)
2006 Ed. (2184)
2005 Ed. (2084, 2089)
2004 Ed. (1948)
2003 Ed. (1899, 1908)
2002 Ed. (1838, 1850)
1996 Ed. (1512)
Lockheed Federal Credit Union
2006 Ed. (2164)
1998 Ed. (1215, 1227, 1233)
1997 Ed. (1569)
Lockheed Georgia Employees Credit Union
2008 Ed. (2226)
2007 Ed. (2111)
2006 Ed. (2190)
2005 Ed. (2095)
2004 Ed. (1953)
2003 Ed. (1913)
2002 Ed. (1859)
Lockheed-Margin Astronautics
1999 Ed. (1244)
Lockheed Martin Corp.
2008 Ed. (157, 158, 159, 160, 161, 162, 163, 164, 1045, 1054, 1157, 1348, 1349, 1352, 1353, 1354, 1355, 1358, 1359, 1361, 1362, 1368, 1372, 1373, 1399, 1462, 1901, 1903, 1904, 2170, 2282, 2283, 2284, 2285, 2286, 2287, 2289, 2487, 3006, 3645, 3688, 3866, 4612, 4753, 4754, 4798, 4799)
2007 Ed. (174, 175, 176, 177, 178, 179, 181, 182, 183, 184, 185, 186, 1161, 1259, 1395, 1396, 1398, 1399, 1400, 1402, 1405, 1411, 1415, 1417, 1468, 1868, 1869, 2061, 2167, 2168, 2169, 2170, 2171, 2172, 2174, 2194, 2884, 3524, 3790, 3792, 4805, 4827, 4828, 4871)
2006 Ed. (171, 172, 174, 175, 176, 177, 178, 179, 180, 777, 1132, 1144, 1355, 1356, 1357, 1359, 1360, 1361, 1363, 1368, 1373, 1377, 1379, 1420, 1662, 1863, 1864, 2105, 2108, 2111, 2243, 2244, 2245, 2246, 2247, 2248, 2250, 3291, 3292, 3363, 3421, 3491, 3932, 4463, 4792, 4793, 4815, 4816, 4872)
2005 Ed. (155, 158, 159, 161, 165, 166, 167, 868, 1143, 1349, 1352, 1353, 1354, 1359, 1364, 1365, 1369, 1370, 1371, 1376, 1381, 1387, 1389, 1391, 1518, 1744, 1854, 1855, 2004, 2005, 2148, 2149, 2150, 2151, 2152, 2153, 2154, 2155, 2156, 2157, 2158, 2160, 2161, 2162, 3177, 3382, 3397, 3691, 4460, 4742, 4764, 4765)
2004 Ed. (158, 161, 162, 163, 165, 166, 882, 1343, 1344, 1345, 1346, 1349, 1351, 1353, 1354, 1360, 1361, 1364, 1366, 1367, 1368, 1370, 1502, 1686, 1789, 1790, 2009, 2010, 2011, 2012, 2014, 2015, 2016, 2017, 2018, 2019, 2020, 2021, 2028, 2039, 2040, 2041, 3153, 3352, 3397, 3772, 3785, 4484, 4576, 4577, 4655, 4776, 4792)
2003 Ed. (198, 199, 200, 201, 202, 203, 207, 210, 1342, 1343, 1344, 1345, 1349, 1350, 1351, 1352, 1353, 1357, 1359, 1362, 1363, 1472, 1658, 1752, 1753, 1964, 1966, 1967, 1968, 1969, 1970, 1971, 1975, 1986, 1987, 3747, 3760, 4806, 4807)
2002 Ed. (239, 241, 243, 1452, 1500, 1722, 1911, 2116, 3618)
2001 Ed. (263, 264, 265, 266, 267, 270, 542, 1557, 1787, 1981, 1986, 2169, 2848, 3667, 3682, 4320, 4462, 4617, 4618)
2000 Ed. (213, 214, 215, 216, 217, 218, 942, 1512, 1646, 1647, 1648, 1651, 1734, 3153, 3378, 3427)
1999 Ed. (183, 184, 185, 186, 187, 188, 192, 193, 194, 994, 1275, 1280, 1703, 1817, 1819, 1821, 1822, 3303, 3429, 3719, 3721)
1998 Ed. (92, 93, 94, 96, 97, 99, 578, 1007, 1147, 1174, 1244, 1245, 1248, 1250, 1251, 1318, 1532, 2502, 2520, 2757, 2758, 2760, 3647)

1997 Ed. (170, 171, 173, 1235, 1476, 1582, 1707, 2614, 2709, 3013)
1996 Ed. (166, 850, 1072, 1520)
Lockheed Martin Aeronautics Co.
2008 Ed. (961, 2112)
2007 Ed. (1038, 2015)
2006 Ed. (943, 2045)
2005 Ed. (1975, 1976)
Lockheed Martin Communications System
1998 Ed. (609)
Lockheed Martin Communications Systems
1999 Ed. (1011)
Lockheed Martin Energy Research Corp.
2008 Ed. (2104)
2007 Ed. (2009)
2006 Ed. (2037)
2005 Ed. (1968)
Lockheed Martin Energy Systems Inc.
2001 Ed. (1875)
Lockheed Martin Government Electronic Systems
1999 Ed. (955)
1998 Ed. (536)
Lockheed Martin Idaho Technologies
2001 Ed. (1728)
Lockheed Martin Information & Tech Services
2005 Ed. (4809)
Lockheed Martin Information Sciences
1997 Ed. (1823)
Lockheed Martin Investment Management
2000 Ed. (3428)
Lockheed Martin Logistics Management Inc.
2008 Ed. (2075)
2007 Ed. (1977)
2006 Ed. (2011)
2005 Ed. (1959)
Lockheed Martin Missiles & Fire Control
2008 Ed. (961, 3563)
2007 Ed. (1038)
2006 Ed. (943)
2005 Ed. (1975)
Lockheed Martin Space Operations Co.
2008 Ed. (4746)
2007 Ed. (1913, 4819)
2006 Ed. (1929, 4803)
2005 Ed. (1902, 4751)
2004 Ed. (1818, 4778)
2003 Ed. (1783)
2001 Ed. (1812, 4629)
Lockheed Martin Space Systems Co.
2008 Ed. (2493)
Lockheed Martin Space Systems-Astronautics
2005 Ed. (2390)
2003 Ed. (2275)
2002 Ed. (1623)
Lockheed Martin Utility Services
2000 Ed. (2880)
Lockheed Missiles & Space Co.
1991 Ed. (2460)
1989 Ed. (1635)
Locking hardware
1992 Ed. (3828)
lockout/Tagout
2000 Ed. (4323, 4324)
Locks
1992 Ed. (3831)
Locksmiths
1992 Ed. (3830)
Lockton Companies of Colorado
2008 Ed. (1707)
Lockton Cos.
2008 Ed. (3237)
2006 Ed. (1679, 3072, 3073)
2005 Ed. (3073)
2004 Ed. (3062, 3063)
2002 Ed. (2853, 2856)
2000 Ed. (2661)
1999 Ed. (2907)
Lockton Developments PLC
1992 Ed. (1197, 1202)
Lockton Insurance Brokers Inc.
2002 Ed. (2864)
2000 Ed. (2665)
Lockton Risk Services of Colorado
1994 Ed. (863)
1993 Ed. (850)
1992 Ed. (1060)
1991 Ed. (855)
1990 Ed. (905)
Lockwood
1990 Ed. (3484)
Lockwood Construction Co.
2006 Ed. (1329)
Lockwood Greene
2008 Ed. (2533, 2540, 2570)
2007 Ed. (2413, 2443)
2006 Ed. (2458, 2470, 2477)
2005 Ed. (2437)
2003 Ed. (2298, 2316, 2317)
2002 Ed. (2133)
2000 Ed. (1793)
1992 Ed. (355, 1955)
1990 Ed. (1666)
Lockwood Greene Engineers Inc.
2004 Ed. (2326, 2332, 2340, 2343, 2352, 2354, 2363, 2365, 2374, 2377, 2397, 2398)
2001 Ed. (2239, 2240)
2000 Ed. (1800, 1818)
1999 Ed. (283, 2017, 2022, 2029)
1998 Ed. (1450)
1997 Ed. (265, 1743)
1996 Ed. (234, 1665, 1675)
1995 Ed. (237, 1682, 1693)
1994 Ed. (235, 1643)
1993 Ed. (246, 1610)
1990 Ed. (280)
Lockwood Group L.L.C.
2000 Ed. (3718)
Lockwood; John
1992 Ed. (3136)
1990 Ed. (2657)
Lockwood, Kessler & Bartlett
2000 Ed. (1825)
1994 Ed. (1653)
1991 Ed. (1563)
Loco Promos Inc.
2008 Ed. (4967)
Locos Deli & Pub
2007 Ed. (4152)
Locos Grill & Pub
2008 Ed. (4187)
Loctite
1998 Ed. (715)
1997 Ed. (974)
1996 Ed. (951)
1995 Ed. (974)
1994 Ed. (941, 942)
1993 Ed. (16, 928)
1992 Ed. (24, 1126, 1128)
1991 Ed. (921)
1990 Ed. (962, 963, 964, 968)
1989 Ed. (895, 896, 897, 899)
Locus Pharmaceuticals Inc.
2006 Ed. (3880)
Locust Street Securities
2000 Ed. (841, 848)
1999 Ed. (849, 850)
LoDan Electronics
1998 Ed. (1407)
Loders Croklaan Ltd.
1994 Ed. (1002)
The Lodge & Beach Club
1999 Ed. (2769)
1998 Ed. (2012)
The Lodge & Club
2008 Ed. (3076)
2006 Ed. (4097)
2005 Ed. (4042)
Lodge at Koele
1995 Ed. (2155)
The Lodge at Pebble Beach
1998 Ed. (2014)
Lodge At Vail
1999 Ed. (2768)
1997 Ed. (2285)
Lodge at Ventana Canyon
2005 Ed. (4042)
1998 Ed. (2014)
LodgeNet Entertainment Corp.
2005 Ed. (839, 840)
2004 Ed. (864, 865)
Lodgian Inc.
2007 Ed. (2948)
2006 Ed. (2937)
2002 Ed. (2626)
2001 Ed. (2776, 2777)
2000 Ed. (2534)
Lodging
2002 Ed. (919)
1998 Ed. (582)
1996 Ed. (852)
1992 Ed. (2624)
Lodging Hospitality
2008 Ed. (4713)
2007 Ed. (4797)
Lodging Investment Advisors
2007 Ed. (2960)
Lodging Unlimited
1992 Ed. (2468, 2469)
Lodha & Co.
1997 Ed. (11)
Lodigiani
1992 Ed. (1436)
Lodine 400mg Capsules
1997 Ed. (1587)
Lodzki Bank Rozwoju SA
1994 Ed. (620)
1993 Ed. (616)
Loeb
1992 Ed. (2195)
Loeb & Loeb
1999 Ed. (3153)
1998 Ed. (2330)
1997 Ed. (2598)
1995 Ed. (2418)
1993 Ed. (2399)
1992 Ed. (2840, 2841)
Loeb & Loeb LLP
2000 Ed. (2899)
Loeber Motors Inc.
1993 Ed. (291)
1990 Ed. (334)
Loebl Schlossman & Hackl
1990 Ed. (281)
Loebl Scholssman & Hackl
1992 Ed. (356)
Loehmann's
2005 Ed. (1025, 1026)
2004 Ed. (1020, 1021)
2003 Ed. (1019)
2001 Ed. (1270)
1996 Ed. (1007)
1995 Ed. (1028)
1994 Ed. (1018, 1537)
1992 Ed. (1216)
1991 Ed. (979)
1990 Ed. (1053)
1989 Ed. (936)
Loehmann's Holdings Inc.
2006 Ed. (1039)
Loera; Alfred
1996 Ed. (1905)
The Loewen Group Inc.
2004 Ed. (1559)
2003 Ed. (1521, 3361)
2002 Ed. (3301)
2001 Ed. (589)
1998 Ed. (2727)
1992 Ed. (1589)
Loewen Group International Inc.
2001 Ed. (3728)
Loewen Ondaatje McCutcheon
1994 Ed. (782, 785)
1992 Ed. (958, 964)
1990 Ed. (822)
Loews Corp.
2008 Ed. (3252)
2007 Ed. (3086, 3107, 3173, 3176)
2006 Ed. (3051, 3057, 3090, 3141, 4468)
2005 Ed. (2213, 2214, 3053, 3134)
2004 Ed. (2110, 3124, 3127, 3130, 3131)
2003 Ed. (1703, 1714, 3005, 3008, 3012)
2002 Ed. (2950, 2962, 2968, 2969, 4354)
2001 Ed. (1685, 2951)
2000 Ed. (2720)
1999 Ed. (181, 1503, 2778, 2965, 2969, 4607)
1998 Ed. (90, 1148, 2198, 2200, 2673, 3577, 3578)
1997 Ed. (169, 1287, 2007, 2010, 3756, 3758)
1996 Ed. (164, 1915, 3696, 3698)
1995 Ed. (152, 153, 2847, 2869, 3618, 3622)
1994 Ed. (134, 1843, 2231, 2750)
1993 Ed. (152, 1854, 2250)
1992 Ed. (231, 239, 240, 2146, 2703, 2705, 3352)
1991 Ed. (172, 173, 175, 1714, 2085, 3393, 3397)
1990 Ed. (1777, 2272, 2273, 3601)
1989 Ed. (1425, 1742, 1743, 2843)
Loews Cineplex
2001 Ed. (3388, 3389)
Loews Cineplex Entertainment Corp.
2006 Ed. (3276)
2003 Ed. (1078, 3449)
Loews Glenpointe Hotel
1993 Ed. (2092)
1990 Ed. (2065)
Loews Hotels
2005 Ed. (2921)
2000 Ed. (2557)
1997 Ed. (2290)
1993 Ed. (2083)
Loews Philadelphia Hotel
2000 Ed. (1227)
Loews/Sony Theatres
1999 Ed. (3451)
Loews Theatre Management Corp.
1990 Ed. (2610)
LOF Glass
1995 Ed. (1246)
Lofthouse of Fleetwood Ltd.
1995 Ed. (1006)
Lofton De Lancie & Nelson
2000 Ed. (3202)
Lofton, DeLancie & Nelson
1997 Ed. (2841)
Log Cabin Country Kitchen Regular
1999 Ed. (4528)
Log Cabin Lite
1999 Ed. (4528)
Log Cabin Regular
1999 Ed. (4528)
Log Homes of America
2004 Ed. (1208)
2003 Ed. (1201)
Log-On Data Corp.
2002 Ed. (2480)
Log Savvy
2007 Ed. (1225)
Logan
1989 Ed. (1998)
Logan Airport; General Edward Lawrence
2008 Ed. (236)
Logan Airport Hilton
1990 Ed. (244)
Logan, Boston
1991 Ed. (215, 216)
Logan International
2001 Ed. (351)
1993 Ed. (206)
1992 Ed. (306, 308)
1989 Ed. (245)
Logan Square East
1991 Ed. (2898)
Logan, UT
2007 Ed. (2375, 3364)
2005 Ed. (3467)
Logan's Roadhouse
2008 Ed. (4164)
2002 Ed. (4017)
2001 Ed. (4060, 4061)
2000 Ed. (3762, 3773, 3797)
1999 Ed. (4059)
1998 Ed. (3072, 3420)
Loggans & Associates; Susan E.
1990 Ed. (3706)
Logging
1996 Ed. (2)
Logging and sawmills
1994 Ed. (2243)
Logibec Groupe Informatique Ltd.
2006 Ed. (2813)
Logic, programmable
1994 Ed. (230)
Logic Solutions Inc.
2001 Ed. (4747)
Logic Trends
2007 Ed. (4291)
2006 Ed. (3031)

Logica
2000 Ed. (4131)
1992 Ed. (1335)
1990 Ed. (1139)
LogicaCMG
2007 Ed. (1236, 1262, 1905)
2006 Ed. (1146)
2005 Ed. (1157)
LogicLibrary Inc.
2006 Ed. (1134)
2005 Ed. (1145)
Logicon Inc.
1998 Ed. (1247)
1997 Ed. (1583)
1991 Ed. (358)
1989 Ed. (1308, 1328)
Logidis
2004 Ed. (4930)
2002 Ed. (4672)
2001 Ed. (4622)
Logility Inc.
2008 Ed. (1137)
2001 Ed. (2858)
1999 Ed. (4525)
Logis et Auberges
1992 Ed. (2505)
Logisticare
2006 Ed. (4017)
Logistics
2008 Ed. (1631, 1633)
Logistics analyst
2004 Ed. (2283)
Logistics & Environmental Support Services Corp.
2006 Ed. (186)
Logistics Management Services
2005 Ed. (4743)
Logistics.com
2003 Ed. (2174)
2001 Ed. (4758)
Logistix
1995 Ed. (2097)
Logitech
1992 Ed. (3120)
Logitech Far East Ltd.
1992 Ed. (1702)
Logitech International SA
2004 Ed. (4660)
2002 Ed. (4509)
Logixml
2008 Ed. (1153)
Logo Athletic
2001 Ed. (4348)
Logo 7
1993 Ed. (3371)
1992 Ed. (4051)
1991 Ed. (3170)
Logos Bible Software
2008 Ed. (1506)
Logos Trading
1994 Ed. (1070)
Logoworks
2008 Ed. (804)
Logs
2004 Ed. (2543, 2544, 2554, 2555, 2556)
2002 Ed. (2216)
Log.Sec Corp.
2008 Ed. (2157)
Lohan Associates
1992 Ed. (356)
1990 Ed. (281)
Lohmann & Co.
2000 Ed. (224)
Lohmann & Co. AG
2002 Ed. (250)
1999 Ed. (201)
Loida N. Lewis
1996 Ed. (3876)
Loida Nicolas Lewis
1997 Ed. (3916)
Loincare Holdings
1999 Ed. (2704)
Loire-Drome-Ardech
1996 Ed. (513)
Loire Drome Ardeche
1994 Ed. (488)
Lois D. Juliber
2002 Ed. (4980)
Lois/GGK
1992 Ed. (190)
Lois/GGK New York
1992 Ed. (108)
1991 Ed. (66, 69)
1990 Ed. (65, 73)
Lois Paul & Partners
2002 Ed. (3809, 3810, 3823)
2001 Ed. (3933)
2000 Ed. (3630, 3644, 3647)
1999 Ed. (3921, 3927)
Lois/USA
1995 Ed. (35)
1994 Ed. (63)
1993 Ed. (65, 73)
LoJack Corp.
2008 Ed. (1910, 4402)
2007 Ed. (1875)
2006 Ed. (1874)
2005 Ed. (1860)
Lojas Americanas
2006 Ed. (4599)
Lojas Arapua
1994 Ed. (17)
1993 Ed. (25)
Lojas Marabraz
2005 Ed. (25)
Loke Lum Partners
1997 Ed. (24)
Lokey Cos.
1993 Ed. (1090)
1992 Ed. (1361, 1364)
Lolab Pharm
1991 Ed. (2643)
Lollipops
2003 Ed. (856, 857)
2002 Ed. (932)
LOM (Holdings) Ltd.
2006 Ed. (4486)
Loma Linda
2008 Ed. (2738)
Loma Linda, CA
2008 Ed. (4611)
Loma Linda University Medical Center
2005 Ed. (2911)
2004 Ed. (2907)
Loma Prieta, CA
2005 Ed. (2268)
Loma Prieta (CA) earthquake
1995 Ed. (1568, 2275)
1994 Ed. (1536)
Loma Prieta Earthquake
2000 Ed. (1681)
Loma Vista B&B, Temecula, CA
1992 Ed. (877)
Loman Ford
1995 Ed. (293, 295)
Lomas Advisors
1991 Ed. (2820, 2821)
1990 Ed. (2969)
Lomas & Nettleton
1990 Ed. (3248)
Lomas & Nettleton Financial Corp.
1990 Ed. (2602)
1989 Ed. (2461)
Lomas Bank USA
1991 Ed. (365)
Lomas Financial
1998 Ed. (267)
1997 Ed. (2935)
1993 Ed. (3218)
1992 Ed. (535, 3920, 3928, 3934)
1991 Ed. (2588, 2591, 3085, 3091, 3093, 3228)
1990 Ed. (1758, 1775)
Lomas Information Systems
1991 Ed. (3379)
Lomas Mortgage USA
1995 Ed. (2601, 2602)
1994 Ed. (2549)
1993 Ed. (2595)
1992 Ed. (3107)
Lomax; Edgar
1997 Ed. (2523, 2527)
Lomax; Rachel
2006 Ed. (4978)
Lombard Bank Isle of Man
1993 Ed. (536)
1992 Ed. (737)
1991 Ed. (569)
Lombard Bank Malta
2000 Ed. (604)
1999 Ed. (588)
1997 Ed. (552)
1996 Ed. (599)
1995 Ed. (540)
1994 Ed. (564)
1993 Ed. (562)
1991 Ed. (603)
Lombard Bank (Malta) Limited
1989 Ed. (615)
Lombard Bank of Malta Ltd.
1992 Ed. (772)
Lombard Banking (Jersey) Ltd.
1994 Ed. (450)
1993 Ed. (449)
1992 Ed. (635)
Lombard-Conrad Architects
2006 Ed. (286)
Lombard NatWest Bank Ltd.
2000 Ed. (507)
1999 Ed. (499)
1997 Ed. (446)
1996 Ed. (482)
1995 Ed. (452)
1994 Ed. (461)
Lombard North Central
1990 Ed. (1787)
Lombard Odier
2000 Ed. (3452)
1995 Ed. (2372)
Lombard Odier & Cie
2001 Ed. (652)
Lombard Odier Et Cie
1990 Ed. (820)
Lombard Odier International
1992 Ed. (2746)
Lombardo Cos.
2005 Ed. (1194)
2004 Ed. (1166)
2003 Ed. (1160)
Lombardo Marsala
2004 Ed. (4967)
2002 Ed. (4924)
2001 Ed. (4844)
The Lombardy
2000 Ed. (2539)
Lomto Credit Union
2008 Ed. (2209)
Lon Babby
2003 Ed. (222, 226)
Lon R. Greenberg
2007 Ed. (1034)
London
2000 Ed. (107, 3373, 3374, 3375, 3377)
1999 Ed. (692)
1997 Ed. (193, 1004, 2684, 2960, 2961)
1990 Ed. (863, 1011)
The London Agency Inc.
1995 Ed. (2289)
1994 Ed. (2241)
1993 Ed. (2192)
1992 Ed. (2649)
1991 Ed. (2088)
London & Overseas Freighters
1990 Ed. (3465)
London & Quadrant Housing Trust
2008 Ed. (2129)
London & Scandinavian Metallurgical Co.
2007 Ed. (3418)
London Bridge Pharmaceuticals
2000 Ed. (4131)
London Bridge Software
2001 Ed. (1886)
London Business School
2008 Ed. (801)
2007 Ed. (812, 813, 827, 828)
2006 Ed. (726, 727)
2005 Ed. (802, 808, 809)
2004 Ed. (839)
2003 Ed. (793)
2002 Ed. (910)
1999 Ed. (985)
London Clubs International PLC
2001 Ed. (1132)
1995 Ed. (1013)
London County, VA
1995 Ed. (1509)
London Drugs
2003 Ed. (2103)
2002 Ed. (2040)
1995 Ed. (1617)
London, England
2008 Ed. (238, 766, 1819)
2006 Ed. (4182)
2004 Ed. (224, 225)
2003 Ed. (187, 257, 258)
2002 Ed. (109, 2749, 2750)
2001 Ed. (136, 2816)
1999 Ed. (1177, 4623)
1996 Ed. (978, 979, 2541, 2543, 2865)
1995 Ed. (1869)
1993 Ed. (2468, 2531)
1992 Ed. (1166, 2717, 3015, 3292)
1991 Ed. (2632, 3249)
1990 Ed. (866, 1439, 1870)
London Forfaiting
1993 Ed. (1323)
London Forfalting
1992 Ed. (1628)
London Gatwick Airport
2001 Ed. (2121)
London Heathrow
1997 Ed. (1679)
London Heathrow Airport
2001 Ed. (2121)
London Insurance Group Inc.
1999 Ed. (2959)
1997 Ed. (2454, 2455)
1996 Ed. (2325, 2326)
1995 Ed. (2311)
1994 Ed. (2263)
1993 Ed. (2228)
1992 Ed. (2673)
London International
1995 Ed. (201)
London International Group
2001 Ed. (1386)
London Life & Casualty Re
2001 Ed. (2955)
London Life Balanced Profile
2006 Ed. (3663)
London Life Income
2003 Ed. (3561, 3562, 3562, 3589)
London Life Insurance
2008 Ed. (4049)
2007 Ed. (4023)
2006 Ed. (3984)
2005 Ed. (3911)
2004 Ed. (3967)
2001 Ed. (1253)
1997 Ed. (1011, 2454)
1996 Ed. (2325)
1994 Ed. (2263)
1992 Ed. (2672)
1991 Ed. (2110)
1990 Ed. (2241)
London Life Natural Resource
2004 Ed. (3619)
London Life Precious Metals
2004 Ed. (3620, 3622)
London; Louis
1992 Ed. (3760)
London Merchant Securities
2007 Ed. (4092)
2006 Ed. (4048)
London - New York
1996 Ed. (179)
London, ON
2001 Ed. (4109)
2000 Ed. (2549)
London, Ontario
1993 Ed. (2556)
London (Ontario) Economic Development Corp.
2004 Ed. (3302)
London Pacific Life & Annuity Co.
1998 Ed. (3653)
London - Paris
1996 Ed. (179)
London Personnel Services
2000 Ed. (4229)
London Pub Steak and Chop Sauce
1992 Ed. (3769)
London Public Relations Group; City of
1996 Ed. (3120)
London Regional Transport
2001 Ed. (4621)
London Reinsurance Group
2008 Ed. (3332)
2004 Ed. (3144)

London Satellite Exchange
2003 Ed. (2182)
London Stock Exchange
2007 Ed. (2579)
2006 Ed. (2605)
2001 Ed. (4379)
1997 Ed. (3631, 3632)
1993 Ed. (3457)
London Towncars Inc.
1996 Ed. (2692, 2693)
1995 Ed. (2616)
1993 Ed. (2600)
1992 Ed. (3113)
London, UK
2007 Ed. (256, 257, 258, 260)
2006 Ed. (251)
2005 Ed. (233, 883, 2033, 3313, 3329)
London Underground Ltd.
2004 Ed. (4796)
2002 Ed. (4671)
2001 Ed. (4621)
London, United Kingdom
2004 Ed. (3305)
London; University of
2007 Ed. (812, 813)
2006 Ed. (726, 727)
London-WE
2000 Ed. (3373)
Londoner; David
1997 Ed. (1881)
1996 Ed. (1783, 1807)
1995 Ed. (1808, 1830)
1994 Ed. (1767, 1791)
1993 Ed. (1808)
1991 Ed. (1695)
Londsdale/Barbados
2001 Ed. (108)
1999 Ed. (61)
Londsdale/Barbados (Y&R)
2000 Ed. (64)
Lone Rock Timber Co.
2004 Ed. (2680)
Lone Star
2000 Ed. (3793)
1999 Ed. (4079)
Lone Star Gas Co.
1999 Ed. (2577, 2581)
1998 Ed. (1821)
1997 Ed. (2123, 2128, 2129, 2131)
1996 Ed. (2010, 2011)
1995 Ed. (1987, 1988)
1994 Ed. (1952, 1961, 1962, 1963)
1993 Ed. (1927, 1935, 1936, 1937)
1992 Ed. (2273, 2274, 2275)
1991 Ed. (1802, 1804)
1990 Ed. (1886, 1887)
Lone Star Industries
1999 Ed. (1048)
1993 Ed. (1953)
1992 Ed. (1070)
1991 Ed. (876)
1990 Ed. (844, 921)
1989 Ed. (865)
Lone Star Steakhouse
2006 Ed. (4136)
2003 Ed. (4102)
2002 Ed. (4006)
2001 Ed. (4071)
Lone Star Steakhouse & Saloon
2008 Ed. (4164, 4197, 4198)
2007 Ed. (1841, 4156)
2006 Ed. (1836)
2005 Ed. (4062)
2004 Ed. (4147, 4697)
2003 Ed. (4107)
2002 Ed. (4029)
2001 Ed. (4075)
2000 Ed. (3792, 3798)
1999 Ed. (4080)
1998 Ed. (1879, 1882, 2724, 3047, 3048, 3059, 3061, 3066)
1997 Ed. (2165, 2977, 3311, 3312, 3318, 3328, 3330, 3331, 3332, 3522, 3650)
1996 Ed. (3211, 3212, 3454)
1995 Ed. (2062, 2065, 2066, 3382, 3385, 3388, 3391)
1994 Ed. (2009, 2012, 2013, 2014, 3054, 3317, 3319, 3321, 3322)
Lone Star Tech
1990 Ed. (3434)
Lone Star Technologies Inc.
2006 Ed. (2438)
2005 Ed. (3464)
1992 Ed. (3352, 4133)
1991 Ed. (1219, 1227, 3216)
1989 Ed. (2636)
Lone Star Transportation Inc.
2008 Ed. (4767)
2007 Ed. (4845)
Lonely Planet
2008 Ed. (642)
2004 Ed. (757, 3161)
2003 Ed. (745, 3055)
Lonestar Northwest Inc.
2000 Ed. (3847)
Long Aldridge
2001 Ed. (865)
Long, Aldridge & Norman
1993 Ed. (2391)
1992 Ed. (2828)
1991 Ed. (2279)
Long & Foster Cos., Inc.
2008 Ed. (4109, 4110)
2007 Ed. (4076, 4077)
2006 Ed. (4036, 4037, 4049)
2005 Ed. (4002)
Long & Foster Real Estate Inc.
2005 Ed. (4001)
2004 Ed. (4069, 4071)
1995 Ed. (3059)
Long Bang Construction
1994 Ed. (3008)
Long Beach
2000 Ed. (3572)
Long Beach Aquarium of the Pacific, CA
1998 Ed. (2563)
Long Beach Arena
2003 Ed. (4530)
Long Beach, CA
2008 Ed. (4015, 4016, 4731)
2005 Ed. (2268)
2004 Ed. (3929)
2003 Ed. (3902, 3905, 3906, 3907, 3908, 3909, 3912, 3913, 3915)
2002 Ed. (2061, 3731)
2000 Ed. (3574, 3575)
1999 Ed. (1149, 1150, 1349, 2095, 2096, 2493, 2494, 3858, 3859, 3860)
1998 Ed. (2887)
1997 Ed. (2073, 3135)
1996 Ed. (3056)
1995 Ed. (1924, 2957)
1994 Ed. (2244, 2897)
1993 Ed. (2883)
1992 Ed. (1081, 1389, 1396, 3043, 3044, 3494, 3496, 3497, 3498, 3500, 3501, 3502)
1991 Ed. (2512, 2756, 3421)
1990 Ed. (2882, 2883, 2884, 2910)
Long Beach City College
2000 Ed. (1144)
Long Beach City Employees Credit Union
2006 Ed. (2157)
2003 Ed. (1900)
Long Beach Convention & Entertainment Center
2002 Ed. (1168)
2000 Ed. (1185)
Long Beach Financing Authority
1995 Ed. (1621, 2230)
Long Beach Firemen's Credit Union
2008 Ed. (2209)
2006 Ed. (2157)
2005 Ed. (2064)
2004 Ed. (1940)
2003 Ed. (1900)
Long Beach Memorial Medical Center
2002 Ed. (2622)
2000 Ed. (2530)
1999 Ed. (2749)
1998 Ed. (1993)
1997 Ed. (2271)
1996 Ed. (2156)
1995 Ed. (2145)
1994 Ed. (2090)
1993 Ed. (2074)
1992 Ed. (2460)
Long Beach Naval Station
1996 Ed. (2643)
Long Beach, NY
1992 Ed. (1168)
Long Beach Schools Federal Credit Union
1998 Ed. (1233)
Long Beach Shipyard
1996 Ed. (2643)
Long Cadillac
1991 Ed. (305)
Long Day's Journey into Night
2005 Ed. (4687)
Long distance
2001 Ed. (1093, 4485)
2000 Ed. (952, 4212)
Long-distance services
1991 Ed. (3308, 3310)
Long-distance telephone service
1999 Ed. (1002, 4565)
Long grain
2001 Ed. (4118)
Long Group; Phil
1996 Ed. (988)
Long, Haymer & Carr
1991 Ed. (149)
Long, Haymes & Carr
1997 Ed. (145)
1994 Ed. (116)
1992 Ed. (206)
1990 Ed. (74, 149)
1989 Ed. (62, 159)
Long Haymes Carr
2002 Ed. (183)
2000 Ed. (172)
1999 Ed. (47, 154)
1998 Ed. (42, 65)
Long Haymes Carr Lintas
1996 Ed. (139)
1995 Ed. (125)
Long Island Bancorp Inc.
1999 Ed. (4600)
1998 Ed. (3558)
Long Island Bancorp/Long Island Savings Bank
2000 Ed. (4250)
The Long Island City Savings & Loan Association
1990 Ed. (3580)
Long Island College Hospital
1998 Ed. (1986)
Long Island Credit Union
2005 Ed. (2073)
1996 Ed. (1508)
Long Island Developers Corp.
1999 Ed. (4339)
Long Island Jewish Medical Center
2002 Ed. (2623)
2001 Ed. (2775)
2000 Ed. (2532)
1999 Ed. (2751)
1998 Ed. (1995)
1994 Ed. (990)
Long Island Lighting Co.
2001 Ed. (3867)
1998 Ed. (1388, 2412)
1997 Ed. (1695, 3214)
1996 Ed. (1616)
1995 Ed. (1632, 1640)
1994 Ed. (1597)
1993 Ed. (2936)
1992 Ed. (1900, 2939, 2940)
1991 Ed. (1274, 1488, 1806, 2358, 2359)
1990 Ed. (1602, 3252)
1989 Ed. (1298, 2468)
Long Island Lighting-Electric
2001 Ed. (1554)
Long Island Newsday
2003 Ed. (3643)
1992 Ed. (3241, 3243)
1991 Ed. (2601)
1990 Ed. (2705)
Long Island, NY
2002 Ed. (2628, 2632, 2635)
2001 Ed. (1090)
1999 Ed. (2007)
1998 Ed. (585)
1996 Ed. (857)
1994 Ed. (831)
1992 Ed. (1020, 1356)
1990 Ed. (2568)
Long Island, NY (Cablevision Systems)
1991 Ed. (835)
Long Island Power Authority
2002 Ed. (3878)
1990 Ed. (3556)
The Long Island Rail Road Co.
2008 Ed. (1986)
2007 Ed. (1919)
2006 Ed. (1936)
1994 Ed. (1076)
Long Island Savings Bank
1998 Ed. (3557)
1997 Ed. (3749)
1996 Ed. (3691)
1993 Ed. (3072, 3092)
1992 Ed. (3793, 4287)
1991 Ed. (3369, 3381, 3382)
1990 Ed. (3105, 3589)
1989 Ed. (2361)
Long Island Savings Bank FSB
1995 Ed. (3614)
1989 Ed. (2831)
Long Island Savings Bank of Centereach FSB
1995 Ed. (3614)
1991 Ed. (3372, 3373)
Long Island Trust, N.Y.
1989 Ed. (2152)
Long Island University
1991 Ed. (888)
Long John Silver's
2008 Ed. (2661, 2672, 4163, 4191, 4195, 4196)
2007 Ed. (4155)
2006 Ed. (2563, 4135)
2005 Ed. (2556)
2004 Ed. (4146)
2003 Ed. (2451, 4101)
2001 Ed. (4074)
2000 Ed. (3791, 3874)
1999 Ed. (4158, 4159)
1998 Ed. (3174)
1997 Ed. (3396, 3397)
1996 Ed. (772, 853, 3299, 3301)
1993 Ed. (1754, 3112)
1992 Ed. (2118, 3721, 3814, 3817, 4229)
1991 Ed. (2867, 2886, 2917, 2939, 3319)
1990 Ed. (3016, 3116, 3542)
Long John Silver's Restaurants Inc.
2007 Ed. (2539)
2006 Ed. (2568)
2004 Ed. (2580)
2002 Ed. (2247)
Long John Silver's Seafood Shoppes
2002 Ed. (4005, 4028)
2000 Ed. (3873)
1995 Ed. (3200)
1994 Ed. (3154, 3156)
Long Kia; Phil
1996 Ed. (293)
Long Masonry Inc.; J. D.
2007 Ed. (1363)
2006 Ed. (1286)
2005 Ed. (1316)
Long-McCarthy Cadillac
1992 Ed. (410)
Long Miller & Associates
2005 Ed. (1486)
Long; R. L.
2005 Ed. (2498)
Long/short equity hedge
2005 Ed. (2818)
Long Subaru
1992 Ed. (401)
1991 Ed. (296)
Long Suzuki; Phil
1996 Ed. (289)
1995 Ed. (286)
1994 Ed. (285)
1993 Ed. (302)
The Long Tail: Why the Future of Business Is Selling Less of More
2008 Ed. (610, 617)
Long Term Bond
1994 Ed. (582, 582)
Long-Term Capital Management
1996 Ed. (2099)
Long-term care
1996 Ed. (2080)
Long-term-care facilities
2003 Ed. (3472)
1999 Ed. (1895)

Long-term Care Insurance
2000 Ed. (1780)
Long-Term Credit Bank
2000 Ed. (576)
1999 Ed. (554, 565)
1992 Ed. (717, 2026)
1991 Ed. (575, 1114, 1134, 1135)
1990 Ed. (1789)
1989 Ed. (576, 1432)
Long-Term Credit Bank of Japan
2000 Ed. (557, 575)
1999 Ed. (521, 521, 523, 546, 564)
1998 Ed. (353, 354, 355, 356, 377, 384, 3008)
1997 Ed. (465, 467, 469, 470, 471, 515, 529, 1447, 1785, 3262)
1996 Ed. (504, 506, 507, 573, 574)
1995 Ed. (519, 2441, 3276)
1994 Ed. (483, 484, 485, 544, 1678, 3013)
1993 Ed. (483, 484, 543, 2415)
1992 Ed. (667, 671, 743, 744, 1997)
1991 Ed. (518, 519, 576, 1584, 2301)
1990 Ed. (575)
1989 Ed. (1371, 1433)
Long-term disability insurance
1995 Ed. (3390)
Long View Collective Investment Fund
1995 Ed. (1262)
Long Wave
2006 Ed. (2249)
Longboat Key Club
1991 Ed. (1947)
Longbow Research
2008 Ed. (3389)
2007 Ed. (3257, 3266)
Longchamp
2000 Ed. (2342)
Longevity
1993 Ed. (2793)
Longfellow Investment
1993 Ed. (2327)
Longfellow Investments
2000 Ed. (2817)
Longfield; W. H.
2005 Ed. (2501)
Longford Homes
2000 Ed. (1202)
Longford Homes of New Mexico
2005 Ed. (1179)
2004 Ed. (1150)
LongHorn Steakhouse
2008 Ed. (4164, 4197, 4198)
2007 Ed. (4156)
2006 Ed. (4136)
2005 Ed. (4060, 4061, 4083, 4084)
2004 Ed. (4147)
2003 Ed. (4102, 4108, 4109, 4111, 4133)
Longhorn Steaks Inc.
1997 Ed. (3330, 3650)
1995 Ed. (3116, 3133)
Longines
1992 Ed. (85)
1991 Ed. (3474)
Longing
1998 Ed. (1353, 2777)
Longleaf Partners
2006 Ed. (4565)
2005 Ed. (4491)
2004 Ed. (2452)
2000 Ed. (3287)
1996 Ed. (2752, 2773, 2788, 2800)
Longleaf Partners Fund
2006 Ed. (3631, 3633)
2004 Ed. (3551, 3553, 3577, 3578)
Longleaf Partners International
2006 Ed. (3675)
2005 Ed. (4481)
2004 Ed. (3643)
2003 Ed. (3613)
Longleaf Partners International Fund
2003 Ed. (3146, 3611)
Longleaf Partners Realty
1998 Ed. (2648)
Longleaf Partners Small Cap
2006 Ed. (3651)
1999 Ed. (3506)
Longleaf Partners Small-Capital Fund
1998 Ed. (2632)
Longley; Alice Beebe
1997 Ed. (1870, 1901)
1996 Ed. (1787, 1827)
1994 Ed. (1772, 1785, 1811)
1991 Ed. (1701)
Longley; Beebe
1993 Ed. (1789)
Longo Lexus
2008 Ed. (284, 285, 286)
2006 Ed. (300)
2005 Ed. (278)
2004 Ed. (271, 274, 275)
2002 Ed. (370)
2000 Ed. (334)
1996 Ed. (294)
1995 Ed. (273)
1994 Ed. (258)
Longo Toyota
2008 Ed. (284, 285, 286, 310, 320, 4790)
2006 Ed. (298, 299, 300, 4867)
2005 Ed. (276, 277, 278, 319, 334, 4805, 4806)
2004 Ed. (271, 272, 273, 274, 275, 338)
2002 Ed. (370)
2000 Ed. (334)
1999 Ed. (320)
1998 Ed. (209)
1996 Ed. (290, 297, 298, 301)
1995 Ed. (287, 294, 295)
1994 Ed. (286, 290, 291)
1993 Ed. (287, 298, 300)
1992 Ed. (376, 377, 378, 380, 381, 402, 416, 417, 418)
1991 Ed. (268, 271, 272, 274, 276, 297)
1990 Ed. (304, 307, 308, 322)
1989 Ed. (283)
Longpre Inc.; Bob
1993 Ed. (281)
Longs
2000 Ed. (1721, 1722)
1995 Ed. (1613, 1616)
1990 Ed. (1555, 1556, 1557)
1989 Ed. (1266, 1268)
Longs Drug Stores Corp.
2008 Ed. (886, 2374, 2375, 2376, 2377, 4563)
2007 Ed. (2234, 2235, 2236, 2237, 2239, 4615, 4616)
2006 Ed. (1577, 2302, 2303, 2304, 2305, 2307, 2308, 4631)
2005 Ed. (1611, 2235, 2236, 2239, 2240, 2241, 4552)
2004 Ed. (2130, 2131, 2136, 2137, 2138, 2140, 2144, 4622)
2003 Ed. (2095, 2096, 2097, 2098, 2099, 2100, 2101, 2104, 2105, 2927, 4149, 4648)
2002 Ed. (2032, 2033, 2034, 2035, 2036, 2037, 2041, 4526)
2001 Ed. (2081, 2082, 2086, 2087, 2090, 2091, 2092)
2000 Ed. (1716, 1717, 1718, 1719, 1720)
1999 Ed. (1922, 1925, 1926, 1927, 1928, 1930, 1931)
1998 Ed. (1359, 1361, 1362, 1363, 1364, 1365, 1366)
1997 Ed. (1665, 1671, 1672, 1676, 1677, 1678)
1996 Ed. (1584, 1585, 1589, 1591)
1995 Ed. (1596, 1611, 1612, 3438)
1994 Ed. (1564, 1565, 1567, 1569, 1571)
1993 Ed. (1519, 1520, 1527)
1992 Ed. (1844, 1845, 1852, 1855, 1857, 1859, 1860, 4062)
1991 Ed. (1450, 1459, 1462, 1463, 1467)
1990 Ed. (1549, 1550, 1563)
1989 Ed. (1263, 1264)
Longs Drugs Stores Corp.
2006 Ed. (1582)
Longterm Capital Management
1996 Ed. (2098)
Longterm care facilities
2002 Ed. (3747, 3756, 3757)
LongView Capital Management
2005 Ed. (1088)
Longview Division
2000 Ed. (2935)
Longview Fibre Co.
2008 Ed. (2141)
2007 Ed. (1947)
2005 Ed. (1263, 2668, 2669)
2004 Ed. (2676, 2677)
2003 Ed. (3731)
2001 Ed. (3634)
1999 Ed. (3701)
1997 Ed. (1145)
1996 Ed. (1118, 2903)
1995 Ed. (1144, 1505, 2830)
1994 Ed. (1129, 1468, 2721)
1993 Ed. (1110, 1414, 2762)
1992 Ed. (1383, 3327; 3333)
1991 Ed. (1071, 2667)
1990 Ed. (1188, 1189, 2760, 2762)
1989 Ed. (1008)
Longview-Marshall, TX
2005 Ed. (2028, 2031)
Longview, WA
1999 Ed. (1149, 2493)
1997 Ed. (2072)
Longwood Gardens
2002 Ed. (2338)
Longwood Partners LP
2003 Ed. (3121, 3136)
Lonmin
2007 Ed. (3520, 3521)
2006 Ed. (3489)
Lonrho
1996 Ed. (1358)
1993 Ed. (2375, 2376, 3265)
1992 Ed. (2815)
1991 Ed. (2269)
1989 Ed. (2017)
Lonrho PLC
1991 Ed. (3110)
Lonsdale Advertising
1989 Ed. (169)
Lonsdale Advertising SSAW
1997 Ed. (153)
1996 Ed. (147)
Lonsdale Saatchi & Saatchi
2003 Ed. (158)
2002 Ed. (198)
2001 Ed. (225)
2000 Ed. (181)
1999 Ed. (163)
1992 Ed. (124)
1991 Ed. (77, 157)
1990 Ed. (80, 158)
Lonsdale/SSA
1995 Ed. (133)
1992 Ed. (216)
Lonvest Corp.
1991 Ed. (2110)
Lonza AG
2002 Ed. (1009)
Lonza Group Ltd.
2006 Ed. (857)
Lonza Italia SpA
2001 Ed. (1211)
Loo; Frances
1996 Ed. (1907)
Look
1992 Ed. (3980)
1991 Ed. (3131)
Look Advertising
2001 Ed. (132)
1999 Ed. (84)
Look Advertising (Ammirati)
2000 Ed. (90)
Look Communications
2007 Ed. (4578)
2003 Ed. (3034)
Look; Dwight
1995 Ed. (932, 1068)
1994 Ed. (1055)
Look Lintas
2002 Ed. (104)
Look Who's Talking
1992 Ed. (4399)
1991 Ed. (2488)
LookSmart Ltd.
2007 Ed. (1257)
2005 Ed. (1678, 1679)
The Loomis Co.
2006 Ed. (3081)
Loomis Sayles
2008 Ed. (2292, 2316)
2000 Ed. (2787, 2834, 2835)
Loomis Sayles Aggressive Growth Return
2004 Ed. (3605)
2002 Ed. (4505)
Loomis, Sayles & Co.
2002 Ed. (3622, 3627)
2001 Ed. (3018)
1999 Ed. (3052, 3081, 3101)
1998 Ed. (2260, 2307)
1995 Ed. (2381, 2389)
1994 Ed. (2296, 2323)
1993 Ed. (2294, 2331)
1991 Ed. (2205)
1990 Ed. (2320)
1989 Ed. (1800, 2141)
Loomis Sayles & Co. LP
2004 Ed. (2035, 2044)
2003 Ed. (3068, 3078, 3441)
2002 Ed. (728, 3022, 3387)
2000 Ed. (2846)
1996 Ed. (2389, 2421)
Loomis Sayles & Co. LP Investment Grade
2003 Ed. (3123)
Loomis Sayles & Co. LP, Short Term
2003 Ed. (3133)
Loomis Sayles Bond
2008 Ed. (595)
2007 Ed. (646)
2006 Ed. (627, 629)
2005 Ed. (701)
1998 Ed. (2594, 2637)
1997 Ed. (687, 2901)
1995 Ed. (2708)
1994 Ed. (2619)
Loomis Sayles Bond Retail
2007 Ed. (642, 644)
2006 Ed. (624, 626)
2005 Ed. (698, 700)
Loomis-Sayles Capital Dev.
1989 Ed. (1850)
Loomis-Sayles Capital Development
1990 Ed. (2391)
Loomis Sayles Global Bond
1996 Ed. (2809)
Loomis Sayles Global Bond Investment
2006 Ed. (626)
Loomis Sayles Global Bond Retail
2007 Ed. (642)
Loomis Sayles Global Bond Return
2006 Ed. (624)
Loomis Sayles High-Income
2008 Ed. (583, 593)
Loomis Sayles High Yield Fund Institutional
2003 Ed. (3530)
Loomis Sayles International Equity-Ret
2004 Ed. (3638)
Loomis Sayles Investment Fixed Income
2006 Ed. (628)
Loomis Sayles Investment Grade Fixed Income Fund
2003 Ed. (3535)
Loomis Sayles Investment High Yield Fixed
2006 Ed. (628)
Loomis Sayles Investment Institutional High Income
2008 Ed. (596)
2007 Ed. (645)
Loomis-Sayles Mutual
1991 Ed. (2559)
1990 Ed. (2394)
Loomis Sayles Small Cap Value Fund
2003 Ed. (3540)
Loomis Sayles Strategic Income
2008 Ed. (592)
2007 Ed. (642, 644)
2006 Ed. (624, 625, 626)
Loomis Sayles Worldwide Retail
2001 Ed. (3435)
Looney Ricks Kiss Architects
2008 Ed. (2527)
Looney Tunes
1996 Ed. (2490)
1995 Ed. (1887)
LOOP Inc.
1999 Ed. (3829)
1998 Ed. (2858)
1997 Ed. (3120, 3125)

1996 Ed. (3040, 3044)
1995 Ed. (2946)
1994 Ed. (2882)
Loop Capital Markets LLC
2008 Ed. (185)
2007 Ed. (198)
2006 Ed. (192)
2005 Ed. (178)
2004 Ed. (177)
2003 Ed. (219)
2002 Ed. (718)
2001 Ed. (782)
The Loop Internet Switch Co.
1999 Ed. (3000)
Lopes Cons Imoveis
1989 Ed. (25)
Lopes Consultoria
1993 Ed. (25)
Lopes Consultoria de Imoveis
2001 Ed. (20)
Lopex PLC
1991 Ed. (110)
Lopez Brothers Construction
2004 Ed. (1220)
Lopez, Edwards, Frank & Co.
2000 Ed. (11)
Lopez Foods Inc.
2008 Ed. (2956, 2963, 3609)
2007 Ed. (2514, 2834, 2835)
2006 Ed. (2842)
2002 Ed. (2542, 2558)
2001 Ed. (2712)
2000 Ed. (3033)
1999 Ed. (3296)
1998 Ed. (2432)
1997 Ed. (2706)
Lopez; George
2008 Ed. (2581)
2006 Ed. (2855)
Lopez; Jennifer
2005 Ed. (2444)
Lopez; Manuel
1995 Ed. (2485)
Lopez Negrete
2004 Ed. (131)
Lopez Negrete Communications
2008 Ed. (113, 2959, 3734)
2007 Ed. (103, 113, 2840, 3603)
2006 Ed. (114, 121, 3541, 4380)
2005 Ed. (105, 114)
Lopid
1994 Ed. (2462)
1992 Ed. (3002)
Lopid Family
1991 Ed. (1473)
Lopito, Ileana & Howie
2003 Ed. (139)
2002 Ed. (172)
1998 Ed. (64)
1997 Ed. (135)
1996 Ed. (131)
1994 Ed. (112)
Lopito, Ileana & Howle
2001 Ed. (201)
1999 Ed. (146)
Lopito, Ileana & Howle (O & M)
2000 Ed. (163)
Lopito Lleana & Howie
1995 Ed. (117)
Lopressor
1995 Ed. (1587)
Lorad
1996 Ed. (2596)
Lorad clean air power technology
1997 Ed. (2746)
Lorad Medical Systems
1997 Ed. (2745)
1996 Ed. (2595)
1995 Ed. (2534)
Lorain-Elyria, OH
1994 Ed. (974, 2496)
Loral Corp.
2005 Ed. (1518)
1998 Ed. (1027, 1247, 1250)
1997 Ed. (171, 173, 1235, 1582, 1583, 1705)
1996 Ed. (166, 1518, 1520)
1995 Ed. (157)
1994 Ed. (136, 140, 1609)
1993 Ed. (158, 1222, 1567, 1570, 1579, 2497)
1992 Ed. (248, 252, 1303, 1771, 1917, 1920, 3678)
1991 Ed. (178, 182, 1519, 1524, 1527, 2841, 2847)
1990 Ed. (186, 1632)
1989 Ed. (193, 1308, 1328, 1667, 2310)
Loral/Qualcom
1994 Ed. (1075)
Loral Space & Communications Ltd.
2005 Ed. (421, 2343)
2001 Ed. (4320)
1998 Ed. (3474)
Loran Futures Inc.
1994 Ed. (1068)
Loratadine
2001 Ed. (3778)
Lorazepam
2003 Ed. (2107)
2002 Ed. (2048, 2049)
2001 Ed. (2102)
1996 Ed. (1566, 2014)
Lorberbaum; Jeffrey S.
2008 Ed. (942)
Lorcet
1996 Ed. (1524)
Lorcet 10/650/Hydrocodone Pain Reliever
1997 Ed. (1587)
Lorcin
1993 Ed. (1863)
Lord Abbett
2008 Ed. (2315)
2005 Ed. (692, 3546)
2004 Ed. (724, 3541)
1998 Ed. (2655)
Lord Abbett Affiliated
2006 Ed. (4564)
2005 Ed. (4489)
1996 Ed. (2764)
Lord, Abbett & Co.
2008 Ed. (2703)
2007 Ed. (3660, 3662)
2006 Ed. (3594, 3599, 3600, 3601)
Lord Abbett Bond
1997 Ed. (2867)
Lord Abbett Bond-Deb.
1992 Ed. (3196)
Lord Abbett Bond-Debenture
1994 Ed. (2610)
1993 Ed. (2675)
1991 Ed. (2563)
1990 Ed. (2388)
Lord Abbett Bond Debenture A
2000 Ed. (766)
Lord Abbett Debenture
1995 Ed. (2692, 2694, 2716)
Lord Abbett Debenture Fund
1996 Ed. (2765)
Lord Abbett Developing Growth
2000 Ed. (3224, 3311)
Lord Abbett Equity 1990 Series
1996 Ed. (2791)
Lord Abbett Georgia Tax-Free Income
2004 Ed. (709)
Lord Abbett Global Income A
2000 Ed. (760)
Lord Abbett International
2004 Ed. (3651)
Lord Abbett Mid-Cap Value
2004 Ed. (3558, 3559)
Lord Abbett Mid-Cap Value Fund
2003 Ed. (3538)
Lord Abbett National T/F Inc
2000 Ed. (3285)
Lord Abbett Small-Cap Value
2002 Ed. (3423)
Lord Abbett Tax-Free Income Texas
1992 Ed. (3146)
Lord Abbett U.S. Government
1990 Ed. (2387)
Lord Abbett U.S. Government Securities
1994 Ed. (2609)
1992 Ed. (3188)
1990 Ed. (2380)
Lord Abbett U.S. Govt
1991 Ed. (2562)
Lord; Albert
2005 Ed. (979)
Lord; Albert L.
2005 Ed. (2517)
Lord Alliance
2008 Ed. (4903)
2007 Ed. (4927)
Lord & Taylor
2006 Ed. (2254)
1996 Ed. (3238)
1992 Ed. (1784, 1794, 1795, 1796)
1990 Ed. (3057)
Lord Ashcroft
2008 Ed. (4006, 4007)
Lord, Bissel & Brook
1993 Ed. (2395)
Lord Bissell & Brook
2002 Ed. (3056)
2001 Ed. (3054)
2000 Ed. (2894)
1999 Ed. (3148)
1998 Ed. (2327)
1997 Ed. (2597)
1996 Ed. (2452)
1995 Ed. (2416)
1992 Ed. (2832)
1991 Ed. (2283)
1990 Ed. (2417)
Lord Calvert
2004 Ed. (4893)
2003 Ed. (4903)
2002 Ed. (291, 3103)
2001 Ed. (4789)
2000 Ed. (2945)
1999 Ed. (3205)
1998 Ed. (2374)
1997 Ed. (2654)
1996 Ed. (2515)
1995 Ed. (2466)
1994 Ed. (2385)
1993 Ed. (2435)
1992 Ed. (2871)
1991 Ed. (2319, 2329, 2332)
1990 Ed. (2453)
Lord Einstein O'Neill & Partners
1991 Ed. (71)
Lord Electric Co. Inc.
1990 Ed. (1202)
Lord Extra
1997 Ed. (990)
1994 Ed. (959)
Lord Gavron
2007 Ed. (917)
Lord, Geller, Federico, Einstein
1989 Ed. (67)
Lord Hamlyn
2005 Ed. (3868)
Lord Harris
2008 Ed. (4006)
Lord Heseltine
2007 Ed. (4935)
2005 Ed. (4896)
Lord Laidlaw
2008 Ed. (4007, 4900)
2007 Ed. (4926)
Lord Lloyd-Webber
2007 Ed. (4932)
2005 Ed. (4894)
The Lord of the Rings
2004 Ed. (745)
2003 Ed. (723)
Lord of the Rings: Battle for Middle Earth
2008 Ed. (4810)
Lord of the Rings: Fellowship of the Ring
2004 Ed. (743, 2160, 2161, 3513, 3516)
2003 Ed. (720, 3453)
The Lord of the Rings: The Return of the King
2005 Ed. (3519, 3520)
Lord of the Rings: The Two Towers
2004 Ed. (743, 3517)
Lord of the Rings: Two Towers
2005 Ed. (2259)
Lord of War
2008 Ed. (2386)
Lord Paul
2008 Ed. (4896, 4906)
Lord Sainsbury
2008 Ed. (897, 4007)
2007 Ed. (917)
2006 Ed. (836)
2005 Ed. (926, 3868)
Lord Steinberg
2008 Ed. (4006)
Lord; Thomas
1993 Ed. (893)
Lordstown, OH
1993 Ed. (336)
Lore Serra
1999 Ed. (2406, 2408)
1996 Ed. (1900)
L'Oreal
2008 Ed. (651, 2180, 2181, 2185, 2186, 3449, 3884)
2007 Ed. (687, 2073, 2074, 3353, 3819)
2006 Ed. (2125, 2126, 2127, 3351, 3805, 4091)
2005 Ed. (2023)
2004 Ed. (30, 35, 44, 45, 50, 74, 83, 1714, 1899, 1900, 2786, 2788, 3260, 3809, 3810)
2003 Ed. (750, 1219, 1527, 1668, 1679, 1860, 3793, 3794, 3795)
2002 Ed. (55, 219, 761, 1658, 1659, 1800, 3643, 4305, 4306)
2001 Ed. (19, 33, 35, 36, 43, 46, 68, 80, 1710, 1711, 1908, 1909, 1910, 1913, 1925, 1931, 1932, 2384, 3228, 3516, 3517, 3719, 4391)
2000 Ed. (34, 202, 790, 791, 1434, 1586, 1587, 1589, 1590, 1591, 1592, 1903, 1904, 2936, 3313, 3506, 4009, 4041, 4075)
1999 Ed. (277, 773, 774, 1631, 1754, 1755, 1758, 1759, 1760, 1761, 1762, 2111, 2112, 2113, 2114, 2628, 3189, 3190, 3778, 4290, 4291, 4292, 4355)
1998 Ed. (71, 1194, 1196, 1197, 1198, 3332)
1997 Ed. (702, 1411, 1531, 1532, 1533, 1534, 1535, 1536, 2635, 2923, 3538)
1996 Ed. (765, 767, 1348, 1463, 1464, 1465, 1467, 1583, 2981)
1995 Ed. (1397, 1507, 1508, 2899)
1994 Ed. (16, 739, 747, 1370, 1471, 1472, 1473, 2034)
1993 Ed. (731, 741, 1316, 1418, 1419, 1420, 1423)
1992 Ed. (49, 1709, 1710, 1711)
1991 Ed. (1363, 1364)
1990 Ed. (1430, 1431, 1433, 1435, 1436, 1437, 1740, 1741, 1981, 3460)
1989 Ed. (1583)
L'Oreal Belgilux
1992 Ed. (41)
L'Oreal Canada Inc.
2008 Ed. (4319)
2007 Ed. (4363)
L'Oreal Casting
1999 Ed. (2627)
L'Oreal Casting Color Spa
2003 Ed. (2671)
2001 Ed. (2657)
L'Oreal Colour Endure
1998 Ed. (1355, 2361)
L'Oreal Colour Riche
2005 Ed. (3292)
2004 Ed. (1901)
2003 Ed. (3217)
1998 Ed. (1355, 2361)
L'Oreal Colour Supreme
1998 Ed. (1355, 2361)
L'Oreal Endless
2006 Ed. (3286)
2005 Ed. (3292)
2004 Ed. (1896, 1901, 2128)
L'Oreal Excellence
2008 Ed. (2874)
2007 Ed. (2757)
2006 Ed. (2751)
2005 Ed. (2779)
2004 Ed. (2783, 2784)
2003 Ed. (2647, 2649, 2671)
2000 Ed. (2409)
1999 Ed. (2627)
L'Oreal Feel Naturale
2002 Ed. (1799)
L'Oreal Feria
2006 Ed. (2751)
2005 Ed. (2779)

2004 Ed. (2784)
2003 Ed. (2671)
L'Oreal Free Naturale
2003 Ed. (1863, 1865)
L'Oreal Golden
2008 Ed. (131)
2002 Ed. (38, 49, 223, 4591)
L'Oreal Group
1990 Ed. (1576)
1989 Ed. (1281)
L'Oreal Infinite Wear
2005 Ed. (2024)
L'Oreal Jet Set
2004 Ed. (3660)
2003 Ed. (3624)
L'Oreal Kids
2004 Ed. (2785)
2003 Ed. (2916)
2001 Ed. (4225, 4226)
L'Oreal Lash Architect
2004 Ed. (1896)
L'Oreal Mattique
1998 Ed. (1195, 1356)
L'Oreal Nederland BV
2001 Ed. (1805)
L'Oreal Open
2004 Ed. (2783)
L'Oreal Perfection
2001 Ed. (1921, 1922, 1923, 1924)
L'Oreal Performing Preference
1999 Ed. (2627)
L'Oreal Plenitude
2003 Ed. (2432)
2002 Ed. (1951)
2000 Ed. (4037)
L'Oreal Plenitude Age Perfect
2003 Ed. (4431)
L'Oreal Plenitude Future
2003 Ed. (2432)
2001 Ed. (2400)
L'Oreal Plenitude Revitalift
2003 Ed. (4431)
2002 Ed. (1951)
L'Oreal Plenitude The Line Eraser
2002 Ed. (1951)
L'Oreal Plentitude
1998 Ed. (3307, 3308)
1996 Ed. (3442)
L'Oreal Plentitude Visible Results
2004 Ed. (4429)
L'Oreal Preference
2008 Ed. (2874)
2007 Ed. (2757)
2006 Ed. (2751)
2005 Ed. (2779)
2004 Ed. (2784)
2003 Ed. (2647, 2649, 2671)
2000 Ed. (2409)
1999 Ed. (2627)
1997 Ed. (2171)
1990 Ed. (2805)
1989 Ed. (2184)
L'Oreal Pure Zone
2004 Ed. (4429)
L'Oreal SA
2008 Ed. (26, 30, 32, 35, 39, 40, 41, 42, 44, 46, 47, 51, 63, 64, 66, 73, 74, 77, 78, 82, 83, 86, 91, 102, 105, 140, 141, 186, 1762, 3105, 3107, 3108, 3880, 3882, 3883, 4653)
2007 Ed. (21, 25, 35, 36, 37, 39, 40, 42, 45, 48, 60, 61, 62, 68, 69, 72, 77, 80, 82, 92, 95, 126, 137, 155, 199, 1326, 1731, 1784, 1785, 1786, 2986, 2987, 2988, 2989, 3814, 3815, 3816, 3817, 3818, 3820)
2006 Ed. (25, 29, 41, 45, 46, 48, 49, 51, 54, 57, 69, 70, 71, 77, 78, 82, 87, 90, 92, 94, 101, 105, 132, 135, 144, 164, 193, 694, 1218, 1722, 1726, 2849, 3380, 3804, 3806, 3807, 4710)
2005 Ed. (14, 23, 34, 38, 39, 41, 42, 44, 47, 48, 62, 64, 69, 73, 78, 92, 129, 133, 135, 3715, 3717, 3718, 4658)
2004 Ed. (20, 142, 957, 3807)
2003 Ed. (188, 189, 1681)
1991 Ed. (18)
1990 Ed. (1332)
L'Oreal Studio
1991 Ed. (1880)
L'Oreal Studio Line
1999 Ed. (2629)
1998 Ed. (1893)
L'Oreal USA
2008 Ed. (3841)
2003 Ed. (1866, 1867, 1868, 2550, 2661, 2662, 2663, 2665, 2666, 2667, 2668, 2923, 3216, 3626, 3784, 3787, 4433, 4434, 4435, 4438, 4625, 4626, 4627)
L'Oreal Visible Lift
2004 Ed. (1896)
2003 Ed. (1863, 1865)
2002 Ed. (1799)
L'Oreal Voluminous
2005 Ed. (2024)
2003 Ed. (1862)
Lorel Interactive
2000 Ed. (4383)
Loren Buick
1994 Ed. (263)
1993 Ed. (294)
1992 Ed. (409)
1991 Ed. (304)
1990 Ed. (337)
Loren C. Adgate
1992 Ed. (532)
Loren Communications International Ltd.
2001 Ed. (4925)
Lorenzo; Francisco A.
1990 Ed. (1711)
Lorenzo Mendoza
2008 Ed. (4840, 4878)
2007 Ed. (4913)
2006 Ed. (4925)
2005 Ed. (4881)
2004 Ed. (4879, 4880)
2003 Ed. (4893)
Lorenzo Zambrano
2008 Ed. (4886)
2003 Ed. (4893)
2000 Ed. (735)
Lori Appelbaum
2000 Ed. (1985)
1999 Ed. (433, 2148)
LoriCp
1989 Ed. (2664)
Lorillard Inc.
2008 Ed. (1701)
2007 Ed. (1675)
2006 Ed. (1672, 4760)
2005 Ed. (4708)
1999 Ed. (1134)
1997 Ed. (986)
1996 Ed. (970, 3701, 3702)
1995 Ed. (984)
1994 Ed. (954)
1993 Ed. (942, 3582)
1992 Ed. (1148, 1149, 1525, 1526, 1527, 4302, 4304, 4306)
1991 Ed. (933, 1215, 1216, 1217, 3394, 3396)
1990 Ed. (994, 1297, 3599)
1989 Ed. (906, 909, 2504)
Lorillard Tobacco Co.
2003 Ed. (968, 4747, 4754)
2001 Ed. (4562)
Lorimar
1989 Ed. (2667)
Lorimar Telepictures Corp.
1991 Ed. (236)
1990 Ed. (249, 262, 3552)
1989 Ed. (255)
Lorisone
1999 Ed. (1899)
Lormet Allied Credit Union Inc.
2001 Ed. (1962)
Lorna Doone
1998 Ed. (992, 993, 3660)
1997 Ed. (1214)
Lorraine Travel Bureau Inc.
2008 Ed. (4957)
Lorrie Morgan
1994 Ed. (1100)
Los Alamos County, NM
2002 Ed. (1805)
1995 Ed. (337, 1513)
1994 Ed. (1479, 1481, 2168)
Los Alamos National Bank
1993 Ed. (513)
Los Alamos National Lab
1996 Ed. (1049, 3193)
1994 Ed. (1059, 3047)
1993 Ed. (3001)
1992 Ed. (1284, 3670)
1991 Ed. (1005, 2834)
1990 Ed. (1097, 2998)
Los Alamos National Laboratory
2005 Ed. (2827)
1995 Ed. (1074, 3096)
1991 Ed. (915)
Los Alamos National Security LLC
2008 Ed. (1980)
Los Alamos, NM
2007 Ed. (3500)
2006 Ed. (3475)
2005 Ed. (2202)
1999 Ed. (1152, 2829)
1991 Ed. (1368, 2002)
Los Altos Hills, CA
2003 Ed. (974)
2002 Ed. (2712)
2001 Ed. (2817)
2000 Ed. (1068, 4376)
1999 Ed. (1155, 4747)
Los Angeles
2000 Ed. (235, 270, 272, 274, 275, 1085, 1086, 2470, 2536, 2537, 3726)
1992 Ed. (98, 1011)
1990 Ed. (243)
Los Angeles Airport
2001 Ed. (1339)
1998 Ed. (108)
1997 Ed. (186)
1996 Ed. (172, 193)
Los Angeles Airport Hilton & Towers
2000 Ed. (2573)
1999 Ed. (2794, 2796)
1998 Ed. (2034)
Los Angeles Airport Marriott
2002 Ed. (2649)
2000 Ed. (2573)
1999 Ed. (2794, 2796)
1998 Ed. (2034)
Los Angeles-Anaheim-Riverside
1989 Ed. (1510, 2894)
Los Angeles/Anaheim/Riverside, CA
2000 Ed. (4288)
1994 Ed. (2536)
1993 Ed. (2154)
1992 Ed. (369, 2100)
1991 Ed. (883, 1813, 2933, 3339, 3457, 3483, 3489)
1990 Ed. (1895, 3070, 3112)
1989 Ed. (2912, 2932, 2933, 2936)
Los Angeles-Anaheim-Riverside-San Diego, CA
1996 Ed. (2089)
1992 Ed. (2389, 2388)
Los Angeles area
1992 Ed. (2545)
The Los Angeles Athletic Club
2000 Ed. (2424)
Los Angeles, CA
2008 Ed. (237, 238, 767, 1221, 3116, 3407, 3513, 4015, 4016, 4040, 4650, 4731)
2007 Ed. (259, 260, 271, 775, 1109, 2269, 2601, 2664, 2693, 2843, 2860, 3002, 3367, 3504, 3505, 3507, 3508, 3509, 3644, 3805, 4014, 4125, 4174, 4175, 4176, 4731)
2006 Ed. (249, 250, 251, 767, 2848, 3068, 3303, 4059, 4100, 4429, 4707, 4970)
2005 Ed. (232, 232, 233, 841, 881, 2202, 3314, 4654, 4983)
2004 Ed. (187, 188, 223, 224, 225, 226, 264, 265, 332, 333, 334, 731, 790, 797, 803, 870, 984, 985, 990, 991, 996, 1007, 1011, 1012, 1015, 1101, 1138, 1139, 2048, 2049, 2263, 2264, 2418, 2598, 2599, 2627, 2649, 2696, 2707, 2710, 2720, 2749, 2750, 2760, 2761, 2795, 2811, 2839, 2850, 2851, 2861, 2865, 2866, 2880, 2898, 2899, 2947, 2948, 2985, 3216, 3347, 3348, 3367, 3368, 3369, 3370, 3371, 3372, 3373, 3374, 3375, 3376, 3379, 3380, 3381, 3383, 3384, 3385, 3386, 3387, 3389, 3390, 3391, 3392, 3476, 3518, 3523, 3704, 3705, 3706, 3707, 3708, 3709, 3710, 3711, 3712, 3713, 3714, 3795, 3796, 3929, 4050, 4087, 4102, 4103, 4104, 4109, 4150, 4152, 4153, 4154, 4155, 4156, 4164, 4165, 4166, 4167, 4191, 4192, 4193, 4199, 4200, 4208, 4209, 4406, 4407, 4415, 4478, 4611, 4612, 4616, 4679, 4765, 4766, 4910, 4911)
2003 Ed. (27, 254, 255, 256, 257, 258, 351, 776, 832, 1013, 2255, 2595, 2756, 3313, 3314, 3316, 3317, 3318, 3319, 3455, 3676, 3902, 3905, 3907, 3908, 3909, 3911, 3912, 3915, 4031, 4081, 4150, 4151, 4152, 4153, 4636, 4709, 4843, 4985)
2002 Ed. (75, 229, 236, 255, 276, 277, 373, 408, 921, 927, 1056, 1059, 1084, 2043, 2218, 2219, 2220, 2221, 2296, 2379, 2393, 2442, 2565, 2566, 2567, 2570, 2629, 2635, 2879, 3268, 3589, 3590, 3731, 3891, 3893, 3991, 4046, 4047, 4317, 4590, 4593)
2001 Ed. (1234, 2717, 2793, 2796, 2818, 2819, 3646, 3727, 3877, 4021, 4024)
2000 Ed. (1065, 1067, 1071, 1072, 1073, 1074, 1075, 1077, 1078, 1079, 1080, 1081, 1082, 1083, 1084, 1089, 1594, 1595, 1596, 1597, 1598, 1599, 1600, 1601, 1602, 1604, 1605, 1606, 2607, 2609, 2611, 2613, 2993, 3051, 3052, 3053, 3054, 3055, 3103, 3109, 3573, 3574, 3686, 4270)
1999 Ed. (355, 526, 1150, 1151, 1154, 1156, 1157, 1159, 1160, 1161, 1163, 1164, 1165, 1166, 1167, 1168, 1169, 1171, 1172, 1349, 2007, 2095, 2096, 2494, 2828, 3372, 3373, 3375, 3377, 3852, 3853, 3858, 3859, 3860, 3890, 4040, 4646, 4647)
1998 Ed. (69, 143, 191, 359, 585, 592, 741, 742, 1746, 1943, 2476, 2479, 2480, 2538, 2887, 2983, 3058, 3296, 3489, 3586, 3612)
1997 Ed. (163, 473, 678, 998, 1000, 1001, 1117, 2073, 2228, 2335, 2337, 2339, 2354, 2360, 2712, 2720, 2721, 2722, 2723, 2764, 2959, 3135)
1996 Ed. (37, 38, 156, 302, 346, 509, 974, 975, 1061, 1238, 1587, 2114, 2210, 2224, 2539, 2571, 2572, 2573, 2574, 2575, 3056, 3198, 3200, 3631)
1995 Ed. (142, 872, 987, 1113, 1282, 1623, 1869, 2189, 2205, 2215, 2564, 2956, 2957, 3103, 3105, 3543, 3544, 3562, 3563, 3564, 3565, 3566, 3633, 3651, 3780, 3781, 3782, 3783, 3784)
1994 Ed. (128, 482, 820, 822, 824, 826, 827, 963, 964, 968, 970, 971, 1259, 2039, 2058, 2164, 2244, 2584, 2895, 2897, 3057, 3059, 3065, 3218, 3494, 3495, 3496, 3497, 3498, 3511)
1993 Ed. (57, 480, 773, 816, 818, 944, 945, 947, 949, 950, 951, 1221, 1424, 1852, 2042, 2071, 2142, 2527, 2883, 2938, 2953, 3223, 3518, 3519, 3520, 3521, 3522, 3523, 3606)
1992 Ed. (237, 309, 310, 347, 668, 896, 1010, 1017, 1025, 1026, 1081, 1153, 1155, 1158, 1159, 1160, 1164, 1389, 1395, 1396, 1725, 2387, 2412, 2546, 2552, 2553, 2575, 2577, 3039, 3041, 3043, 3044, 3048, 3054, 3134,

3135, 3492, 3495, 3496, 3497, 3498, 3499, 3500, 3502, 3617, 3618, 3630, 3693, 3695, 3699, 3700, 4040, 4190, 4191, 4217, 4218, 4219, 4220, 4221, 4222, 4242)
1991 Ed. (56, 515, 826, 828, 831, 832, 935, 936, 937, 1369, 1370, 1375, 1376, 1377, 1397, 1644, 1914, 1979, 1980, 2003, 2005, 2348, 2756, 2780, 2901, 3272, 3296, 3297, 3298, 3299, 3300)
1990 Ed. (245, 404, 875, 876, 917, 1000, 1002, 1003, 1005, 1006, 1007, 1009, 1148, 1440, 1441, 1442, 1443, 1483, 1485, 1950, 2019, 2133, 2135, 2156, 2158, 2161, 2656, 2661, 2882, 2883, 2884, 2885, 3523, 3524, 3526, 3527, 3528, 3529, 3530, 3536, 3607, 3608, 3609, 3614)
1989 Ed. (2, 225, 226, 276, 350, 727, 910, 911, 913, 917, 993, 1175, 1176, 1588, 1611, 1633, 1905, 1926, 2906)
Los Angeles-Central, CA
1996 Ed. (2864)
Los Angeles Civil Disturbance
2002 Ed. (2880)
Los Angeles Community Redevelopment Agency
1996 Ed. (2237)
1995 Ed. (1621, 2230)
1993 Ed. (1544)
Los Angeles Community Redevelopment Agency, CA
2000 Ed. (2621)
Los Angeles Convention & Exhibition Authority, CA
1991 Ed. (2527)
Los Angeles Convention Center
2002 Ed. (1168)
2000 Ed. (1185)
1999 Ed. (1418)
1996 Ed. (1173)
Los Angeles Convention Exhibition Center Authority
1996 Ed. (2729)
Los Angeles County
2000 Ed. (3436, 3440, 3443)
Los Angeles County, CA
2005 Ed. (2203, 2203)
2004 Ed. (794, 1004, 2643, 2704, 2718, 2807, 2858, 2966, 2982, 3521, 4182, 4183)
2003 Ed. (3436, 3438, 3439, 3440, 4986)
2002 Ed. (374, 1085, 1804, 1807, 2044, 2298, 2380, 2394, 2443, 3992, 4048, 4049)
2000 Ed. (3188)
1999 Ed. (1764, 1766, 1767, 1768, 1769, 1770, 1771, 1772, 1773, 1774, 1775, 1776, 1777, 1778, 2008, 2830, 3473, 4630)
1998 Ed. (2359, 2561, 2564)
1997 Ed. (1537, 1538, 1539, 2352, 2848, 3559)
1996 Ed. (1468, 1469, 1470, 1471, 2226, 2237)
1995 Ed. (1510, 1511, 1514, 1515, 2217)
1994 Ed. (1475, 1476, 1477, 1482, 1483, 2166)
1993 Ed. (1426, 1427, 1428, 1432, 1434, 1435, 2141, 2621)
1992 Ed. (1714, 1715, 1716, 1717, 1718, 1720, 2579)
1991 Ed. (2511)
Los Angeles County Department of Health Services
2006 Ed. (3590)
2003 Ed. (3471)
2002 Ed. (3296)
1998 Ed. (2554)
1997 Ed. (2828)
1996 Ed. (2706)
1995 Ed. (2631)
1994 Ed. (2576)
Los Angeles County Employees
2007 Ed. (2183, 2188)
2003 Ed. (1983)
2002 Ed. (3604, 3611)
2001 Ed. (3669, 3676)
Los Angeles County Fair
2007 Ed. (2513)
2006 Ed. (2534)
2005 Ed. (2524)
2003 Ed. (2417)
2002 Ed. (2215)
2000 Ed. (1888)
1999 Ed. (2086)
1998 Ed. (1518)
1997 Ed. (1805)
1996 Ed. (1718)
1995 Ed. (1733)
1994 Ed. (1725)
1993 Ed. (1709)
1992 Ed. (2066)
1990 Ed. (1727)
Los Angeles County Fair, Pomona
1991 Ed. (1635)
Los Angeles County, GOs
1997 Ed. (2845, 2846)
Los Angeles County Health Facility Authority
1991 Ed. (2774)
Los Angeles County Health Services Department
2000 Ed. (3185)
Los Angeles County Metropolitan Transportation Authority
2006 Ed. (687, 3297)
2005 Ed. (3309)
2004 Ed. (3296)
2003 Ed. (3240)
2002 Ed. (3905)
2001 Ed. (3158)
2000 Ed. (2994)
1999 Ed. (956, 3989)
1998 Ed. (537, 538, 2403)
1997 Ed. (840)
1996 Ed. (832, 1062, 3739)
Los Angeles County MTA
2000 Ed. (900)
1995 Ed. (852)
Los Angeles County Museum of Art
1994 Ed. (892)
Los Angeles County Public Works Finance Authority
2000 Ed. (3203)
1997 Ed. (2844)
Los Angeles County-Rancho Los Amigos Med. Ctr.
2000 Ed. (2521)
Los Angeles County Sanitation District
1993 Ed. (3360)
Los Angeles County Sanitation Districts
1991 Ed. (3159)
Los Angeles County Transportation Commission
1995 Ed. (3663)
1993 Ed. (3361)
1992 Ed. (4031)
Los Angeles County-USC Medical Center
2000 Ed. (2515)
Los Angeles Daily News
1998 Ed. (77, 85)
Los Angeles Department of Airports, CA
1991 Ed. (3422)
Los Angeles Department of Water & Power
1998 Ed. (1381, 1382, 1383)
1996 Ed. (1610, 1611, 1612)
1995 Ed. (1634, 1635, 1636)
1994 Ed. (1591, 1592, 1593)
1993 Ed. (1548, 1554, 1555, 1556, 3360)
1992 Ed. (4030, 1893, 1894, 1895)
1991 Ed. (1486, 1494, 1495, 1496, 3159)
1990 Ed. (1595, 1596, 1597)
Los Angeles-Dept. of Health; County of
1992 Ed. (3126)
Los Angeles Dodgers
2008 Ed. (529)
2007 Ed. (578)
2006 Ed. (547)
2005 Ed. (645)
2004 Ed. (656)
2001 Ed. (664)
2000 Ed. (703)
1998 Ed. (438)
Los Angeles Fire & Police
2000 Ed. (3436)
Los Angeles Firemen's Credit Union
1998 Ed. (1233)
Los Angeles Harbor Department, CA
1999 Ed. (4658)
Los Angeles Independent
2002 Ed. (3502)
Los Angeles Industrial Center
1990 Ed. (2180)
Los Angeles International
2001 Ed. (353)
2000 Ed. (271)
1995 Ed. (169, 194, 195, 199)
1994 Ed. (152, 191, 194)
1993 Ed. (168, 206)
1989 Ed. (245)
Los Angeles International Airport
2001 Ed. (349, 2374)
1999 Ed. (252)
1998 Ed. (146)
1997 Ed. (219, 220, 222)
1996 Ed. (196, 199, 201)
1992 Ed. (306, 307, 308, 313)
1991 Ed. (214, 215, 216, 218)
Los Angeles Kings
2006 Ed. (2862)
2003 Ed. (4509)
Los Angeles Lakers
2008 Ed. (530)
2007 Ed. (579)
2006 Ed. (548)
2005 Ed. (646)
2004 Ed. (657)
2003 Ed. (4508)
2001 Ed. (4345)
2000 Ed. (704)
1998 Ed. (439)
Los Angeles Lee Federal Credit Union
2005 Ed. (308)
Los Angeles-Long Beach
2000 Ed. (2472, 2474, 2586, 3819, 3835, 4392)
1992 Ed. (2864, 2877)
Los Angeles-Long Beach-Anaheim, CA
1992 Ed. (2554)
Los Angeles-Long Beach, CA
2006 Ed. (749, 2970, 3327)
2005 Ed. (910, 911, 921, 3064, 3338, 4825, 4826, 4827, 4927, 4933, 4934, 4935, 4936, 4937, 4938, 4972, 4973, 4974)
2004 Ed. (190, 227, 268, 269, 335, 336, 337, 732, 766, 791, 796, 804, 919, 920, 926, 988, 989, 994, 995, 1001, 1006, 1016, 1017, 1018, 1036, 1054, 1109, 1146, 1147, 2052, 2053, 2265, 2266, 2419, 2601, 2602, 2630, 2646, 2702, 2706, 2711, 2719, 2731, 2751, 2752, 2762, 2763, 2801, 2809, 2854, 2855, 2860, 2872, 2873, 2874, 2887, 2900, 2901, 2951, 2952, 2983, 3219, 3262, 3280, 3353, 3354, 3449, 3450, 3451, 3452, 3453, 3454, 3455, 3457, 3458, 3459, 3462, 3463, 3464, 3466, 3467, 3468, 3469, 3470, 3472, 3473, 3474, 3475, 3519, 3522, 3715, 3716, 3717, 3718, 3719, 3720, 3721, 3722, 3723, 3724, 3725, 3799, 3800, 4110, 4111, 4112, 4113, 4116, 4168, 4170, 4171, 4172, 4173, 4174, 4175, 4176, 4177, 4178, 4185, 4186, 4201, 4202, 4210, 4211, 4231, 4317, 4408, 4409, 4418, 4479, 4617, 4618, 4619, 4700, 4782, 4783, 4834, 4835, 4836, 4846, 4894, 4895, 4896, 4897, 4914, 4915, 4947, 4953, 4954, 4955, 4956, 4972, 4973)
2003 Ed. (260, 309, 352, 353, 705, 756, 777, 784, 901, 902, 903, 997, 998, 999, 1000, 1005, 1014, 1015, 1031, 1047, 1088, 1143, 1144, 2006, 2007, 2084, 2256, 2257, 2338, 2468, 2469, 2494, 2587, 2596, 2611, 2632, 2633, 2639, 2640, 2684, 2698, 2764, 2765, 2773, 2778, 2779, 2787, 2862, 2863, 2875, 3162, 3220, 3228, 3253, 3254, 3260, 3290, 3291, 3383, 3384, 3385, 3386, 3387, 3388, 3389, 3391, 3392, 3393, 3396, 3397, 3398, 3399, 3401, 3402, 3403, 3404, 3406, 3407, 3408, 3409, 3456, 3660, 3661, 3662, 3663, 3664, 3665, 3666, 3667, 3668, 3669, 3769, 3770, 4082, 4083, 4084, 4090, 4155, 4156, 4157, 4158, 4159, 4160, 4161, 4162, 4174, 4175, 4181, 4208, 4307, 4391, 4392, 4403, 4512, 4637, 4638, 4639, 4722, 4797, 4798, 4851, 4866, 4904, 4905, 4906, 4907, 4921, 4922, 4943, 4952, 4953, 4987)
2002 Ed. (336, 376, 719, 774, 964, 965, 966, 1086, 1094, 1223, 2028, 2045, 2301, 2382, 2395, 2404, 2444, 2458, 2573, 3092, 3135, 3136, 3137, 3138, 3139, 3140, 3237, 3238, 3325, 3326, 3328, 3331, 3997, 3998, 4050, 4052, 4053, 4075, 4180, 4528, 4608, 4743, 4744, 4745, 4766, 4912, 4927, 4928, 4929, 4930, 4931, 4932, 4933, 4934, 4935)
2001 Ed. (416, 715, 1013, 1153, 1154, 1155, 2080, 2363, 2596, 2722, 2757, 2783, 3102, 3120, 3121, 3219, 3291, 3292, 3718, 4049, 4089, 4143, 4164, 4504, 4678, 4679, 4680, 4708, 4790, 4791, 4792, 4793, 4836, 4848, 4849, 4850, 4851, 4852, 4853, 4854, 4855, 4856)
2000 Ed. (318, 331, 359, 747, 748, 802, 1006, 1010, 1115, 1117, 1158, 1662, 1713, 1908, 2306, 2330, 2392, 2416, 2580, 2604, 2606, 2614, 2938, 2950, 2951, 2952, 2953, 2954, 2955, 3105, 3110, 3111, 3112, 3113, 3114, 3115, 3116, 3117, 3119, 3120, 3121, 3508, 3766, 3770, 3771, 3865, 4014, 4207, 4234, 4357, 4396, 4397, 4402, 4403)
1999 Ed. (356, 734, 797, 1059, 1070, 1158, 1846, 2099, 2126, 2590, 2684, 2686, 2687, 2714, 2758, 2832, 3195, 3211, 3212, 3213, 3214, 3215, 3374, 3378, 3379, 3380, 3381, 3382, 3383, 3384, 3385, 3386, 3387, 3388, 3390, 3391, 3392, 3393, 3394, 4051, 4055, 4125, 4150, 4580, 4728, 4766, 4773, 4774, 4778, 4779, 4807)
1998 Ed. (474, 672, 684, 793, 1316, 1521, 1547, 1832, 2365, 2378, 2379, 2380, 2477, 2478, 3051, 3055, 3109, 3166, 3513, 3685, 3718, 3725, 3726, 3731, 3733)
1997 Ed. (270, 291, 322, 679, 928, 940, 1031, 1032, 1211, 1596, 1669, 2110, 2111, 2140, 2162, 2176, 2230, 2315, 2326, 2327, 2356, 2357, 2358, 2361, 2362, 2639, 2649, 2652, 2657, 2758, 2759, 2760, 2762, 2766, 2768, 2769, 2770, 2771, 2773, 2774, 2775, 2784, 3066, 3306, 3307, 3313, 3350, 3351, 3365, 3390, 3512, 3657, 3710, 3728, 3853, 3883, 3890, 3893, 3894, 3900)
1996 Ed. (238, 239, 261, 343, 747, 897, 907, 1011, 1012, 1170, 1537, 1993, 1994, 2018, 2040, 2076, 2120, 2121, 2194, 2198, 2199, 2222, 2228, 2229, 2231, 2497, 2510, 2513, 2518, 2615, 2616, 2617, 2619, 2620, 2622, 2623, 2624, 2625, 2634, 2982, 3197, 3199, 3209, 3249, 3250, 3266, 3293, 3425, 3604, 3653, 3669, 3802, 3834, 3842, 3845, 3846, 3852)

1995 Ed. (230, 231, 242, 245, 246, 257, 328, 676, 920, 928, 1026, 1027, 1202, 1555, 1609, 1668, 1964, 1966, 1995, 2048, 2080, 2113, 2115, 2116, 2181, 2183, 2184, 2213, 2219, 2220, 2222, 2223, 2451, 2459, 2464, 2467, 2553, 2554, 2555, 2557, 2558, 2560, 2561, 2562, 2563, 2571, 2900, 3102, 3104, 3113, 3149, 3150, 3173, 3195, 3369, 3522, 3567, 3593, 3715, 3735, 3742, 3745, 3746, 3747, 3753)
1994 Ed. (256, 332, 718, 719, 975, 1017, 1188, 1524, 1566, 1935, 1936, 1971, 1992, 2027, 2062, 2063, 2129, 2142, 2143, 2162, 2169, 2170, 2172, 2174, 2372, 2378, 2383, 2386, 2488, 2489, 2490, 2492, 2494, 2497, 2499, 2500, 2501, 2502, 2503, 2811, 3056, 3058, 3068, 3104, 3105, 3121, 3151, 3293, 3456, 3508)
1993 Ed. (267, 347, 707, 709, 872, 884, 989, 1158, 1478, 1525, 1736, 1913, 1943, 1999, 2015, 2043, 2044, 2106, 2107, 2108, 2114, 2139, 2145, 2146, 2148, 2149, 2439, 2444, 2540, 2543, 2544, 2545, 2546, 2550, 2551, 2552, 2553, 2812, 3012, 3043, 3045, 3060, 3105, 3299, 3481, 3549, 3675, 3700, 3708, 3710, 3711, 3717)
1992 Ed. (370, 374, 482, 897, 1086, 1213, 1214, 1440, 1797, 1850, 2254, 2255, 2287, 2352, 2377, 2415, 2416, 2521, 2535, 2536, 2549, 2580, 2581, 2583, 2584, 3040, 3049, 3050, 3051, 3056, 3057, 3058, 3059, 3236, 3399, 3623, 3694, 3696, 3698, 3702, 3734, 3736, 3752, 3809, 3953, 4159, 4265, 4403, 4437, 4446, 4449, 4450, 4456, 2514, 2542, 3035, 3055)
1991 Ed. (275, 348, 715, 976, 977, 1102, 1455, 1782, 1783, 1863, 1888, 1915, 1916, 1940, 1965, 1972, 1973, 1974, 1975, 1982, 1983, 1984, 2000, 2006, 2007, 2009, 2010, 2424, 2425, 2427, 2430, 2431, 2432, 2433, 2434, 2436, 2437, 2439, 2440, 2441, 2442, 2443, 2444, 2445, 2446, 2857, 2861, 2864, 2890, 2892, 3248, 3288)
1990 Ed. (286, 291, 301, 401, 738, 1054, 1055, 1218, 1553, 1867, 1868, 1958, 1986, 2022, 2111, 2123, 2124, 2125, 2126, 2154, 2162, 2163, 2165, 2166, 2546, 2548, 2549, 2551, 2554, 2555, 2556, 2557, 2558, 2559, 2560, 2561, 2567, 2568, 3003, 3047, 3048)
1989 Ed. (284, 738, 1265, 1491, 1492, 1560, 1577, 1625, 1627, 1628, 1644, 1645, 1646, 1647, 1952, 1956, 1958, 1959, 1960, 1961, 1962, 1963, 1964, 1965, 1966, 1967, 2051, 2317, 2774)

Los Angeles-Long Beach-Santa Ana, CA
2008 Ed. (18, 204, 4100, 4748)
2007 Ed. (217, 268, 772, 1105, 2597, 2658, 2692, 2858, 3498, 3499, 3501, 3502, 3503, 3643, 3802, 4120, 4164, 4165, 4166, 4809, 4877, 4885)
2006 Ed. (261, 676, 1019, 2620, 2673, 2698, 2868, 3321, 3473, 3474, 3476, 3477, 3478, 3578, 3796, 4098, 4141, 4142, 4143)

Los Angeles Magazine
2008 Ed. (150, 1597, 4085)
2007 Ed. (1609, 1710, 4019, 4049)

Los Angeles Metropolitan Transportation Authority
2008 Ed. (756)

Los Angeles Municipal Improvement Corp., CA
1991 Ed. (2526)

Los Angeles, Orange, and Riverside Counties
1990 Ed. (2442)

Los Angeles-Orange County, CA
2006 Ed. (3975)
2005 Ed. (4816)
2002 Ed. (4734)

Los Angeles-Pasadena-Whittier,CA
1995 Ed. (1620)

Los Angeles Realty Services Inc.
1990 Ed. (2954)

Los Angeles riots
1994 Ed. (1535, 1536)

Los Angeles-Riverside-Orange County, CA
2008 Ed. (4358)

Los Angeles-San Bernadino, CA
1995 Ed. (2808)

Los Angeles-San Francisco
1991 Ed. (195)

Los Angeles-San Francisco, CA
1992 Ed. (267)

Los Angeles Schools
1991 Ed. (2929)

Los Angeles-South Bay, CA
1996 Ed. (2864)
1995 Ed. (2808)

Los Angeles Sports Arena
1989 Ed. (992)

Los Angeles State Building Authority
1991 Ed. (2774)

Los Angeles Teachers Credit Union
1998 Ed. (1233)

Los Angeles Times
2003 Ed. (3643, 3647)
2002 Ed. (3501, 3504, 3512)
2001 Ed. (261)
2000 Ed. (3334, 3338)
1999 Ed. (3613, 3614, 3620)
1998 Ed. (76, 78, 83, 84, 85, 2682)
1997 Ed. (2943)
1996 Ed. (2847)
1993 Ed. (2724)
1992 Ed. (3237, 3238, 3241, 3243)
1991 Ed. (2603, 2604, 2606, 2609)
1990 Ed. (2692, 2693, 2697, 2703, 2704, 2706)

Los Angeles Times Syndicate
1989 Ed. (2047)

Los Angeles Co. Transportation Commission
1993 Ed. (3623)

Los Angeles Unified School District
2004 Ed. (4311)
2002 Ed. (3917)
2000 Ed. (3859, 3860)
1999 Ed. (4144)
1998 Ed. (3160)
1997 Ed. (3385)
1996 Ed. (3288)
1995 Ed. (3187)
1994 Ed. (3146)
1993 Ed. (3099, 3102)
1992 Ed. (3802)
1991 Ed. (2926, 2927)
1990 Ed. (3106, 3107)

Los Angeles University School District
1995 Ed. (3190)

Los Angeles,CA
1992 Ed. (1014, 2907)

Los Aztecas Industrial Park
1997 Ed. (2373)

Los Cerritos Center
2000 Ed. (4030)
1999 Ed. (4310)
1995 Ed. (3377)
1994 Ed. (3300)

Los Portales Holding
2006 Ed. (1848, 1853)

Losada Auto Truck Inc.
2006 Ed. (316)
2005 Ed. (297)
2004 Ed. (304)

Lose Your Anger
2008 Ed. (4812)

Losec
2003 Ed. (2114, 2115, 2116)
2000 Ed. (1708)

Lost
2007 Ed. (2845, 4512)

Lost In Space
2001 Ed. (4693)

Lost in Translation
2005 Ed. (3518)

The Lost World
1999 Ed. (694)

Lost World: Jurassic Park
2001 Ed. (4695)
1999 Ed. (3447, 3448, 3450, 4717, 4719)

LOT
1990 Ed. (228)

Lotemax/Ophthalmic Corticosteroid
2000 Ed. (3379)

Loteria de Conception
1994 Ed. (19)

Loteria Nacional
2008 Ed. (37)
2007 Ed. (33)
2006 Ed. (42)
2005 Ed. (35)

Loterie Chaquena
1989 Ed. (15)

Loterie Nationale
2008 Ed. (62)
1992 Ed. (3943)
1990 Ed. (27)
1989 Ed. (30)

Loterija Slovenije
2004 Ed. (83)
2001 Ed. (78)

Lothar
2002 Ed. (1986, 4907)

Lothar and Anne Rosenthal
1994 Ed. (899)

Lothar; Winterstorm
2005 Ed. (884)

Lothson; David
1997 Ed. (1869, 1921)
1995 Ed. (1868)
1994 Ed. (1784, 1828)
1993 Ed. (1801)

Lotion, hand & body
2004 Ed. (4431)
2003 Ed. (4439)
2002 Ed. (4285)

Lotions, baby
2002 Ed. (422)

Lotrimin
2001 Ed. (2494)
1999 Ed. (2486)
1996 Ed. (1957)
1993 Ed. (255)
1992 Ed. (365)

Lotrimin AF
2004 Ed. (2672)
2003 Ed. (3773, 4429)
2002 Ed. (2317)
2001 Ed. (2491, 2492)
2000 Ed. (2247)
1999 Ed. (305)
1998 Ed. (1747)
1996 Ed. (249)

Lotrimin AG
2003 Ed. (2537)

Lotrimin Ultra
2004 Ed. (2671, 2672)

Lotrisone
2001 Ed. (2495)

Lotrobe Brewing
1991 Ed. (742)

Lotronex
2002 Ed. (3754)

Lotsoff Capital Management
1998 Ed. (2272)

Lotsoff Capital Mgmt.
1990 Ed. (2335)

Lott Group
1994 Ed. (1138)

Lott; Senator Trent
2007 Ed. (2706)

Lotte
2000 Ed. (2548)
1999 Ed. (1575, 2773)
1996 Ed. (1176)
1992 Ed. (1661)

Lotte Chilsung
1992 Ed. (62)

Lotte Confectionary
1992 Ed. (62)
1991 Ed. (33)
1989 Ed. (40)

Lotte Group
2008 Ed. (85)
2005 Ed. (80)
2004 Ed. (85)
2001 Ed. (51)
1994 Ed. (30)
1993 Ed. (40, 977)

Lotte Shopping
2005 Ed. (4128, 4129)
2000 Ed. (1502, 1506)

Lotte World
2007 Ed. (272)
2006 Ed. (267, 269)
2005 Ed. (248, 250)
2003 Ed. (272, 275)
2002 Ed. (310, 313)
2001 Ed. (382)
2000 Ed. (301)
1999 Ed. (273)
1997 Ed. (252)
1996 Ed. (220)
1995 Ed. (218, 220)
1994 Ed. (219)

Lotteries
1992 Ed. (2256)
1990 Ed. (1872, 1873)

Lotteries Commission New Zealand
2004 Ed. (1641)
2003 Ed. (1621)

Lottery
1996 Ed. (1169)
1995 Ed. (1968)

Lottery tickets
2003 Ed. (4642)

Lotto
1996 Ed. (2554)

Lotto/Spiel
2000 Ed. (3013)

Lottomatica
1996 Ed. (2552)

Lottomatica SpA
2008 Ed. (1424)

Lotus
1996 Ed. (1072, 1089, 1948)
1995 Ed. (20, 1088, 1111)
1994 Ed. (1096, 1881)
1993 Ed. (2800)

Lotus AMI Pro.
1995 Ed. (1107)
1994 Ed. (3673)

Lotus' CC: Mail
1994 Ed. (1621)

Lotus Chinese Food
1992 Ed. (2172)

Lotus Development Corp.
2002 Ed. (4871, 4882)
1997 Ed. (30, 1108, 2205, 2979)
1996 Ed. (1073, 1087, 1275, 2247, 3509)
1995 Ed. (21, 1097, 1110, 1114, 1276, 2240, 2255)
1994 Ed. (1091, 1093, 1097)
1993 Ed. (1070, 1072, 1073, 3003)
1992 Ed. (1328, 1329, 1330, 1332, 1333, 3672, 3674, 3684)
1991 Ed. (1034, 1035, 1036, 1514, 2655, 2660, 2840, 2842, 2855)
1990 Ed. (2581, 2754)
1989 Ed. (1311, 1323, 2101, 2670)

Lotus Hispanic Reps
1991 Ed. (2794)
1990 Ed. (2939)

Lotus Notes
1997 Ed. (1104)
1994 Ed. (1621)

Lotus 1-2-3
1997 Ed. (1104)
1996 Ed. (1088)
1995 Ed. (1108, 1109, 1112)
1994 Ed. (1094)
1993 Ed. (1071)
1992 Ed. (1334, 4056)
1990 Ed. (3343)
1989 Ed. (2526)

Lotus 1-2-3 Release 4 for Windows
1996 Ed. (1086)

Lotus Pacific Inc.
2002 Ed. (3560)

Lou Dobbs Moneyline
2004 Ed. (849, 850)

2003 Ed. (807, 808)
Lou Dobbs Tonight
2008 Ed. (809)
2007 Ed. (843)
2006 Ed. (750)
2005 Ed. (823)
Lou Ehlers Cadillac-Sterling
1990 Ed. (319)
Lou Grubb-Chevrolet
1989 Ed. (283)
Lou Hammond & Associates
2005 Ed. (3956, 3958)
2004 Ed. (3990, 3997)
2003 Ed. (3984, 3991, 3993)
2002 Ed. (3833, 3836)
2000 Ed. (3639, 3641)
1999 Ed. (3922, 3925)
1998 Ed. (1961, 3618)
Lou Sobh Automotive
2008 Ed. (2960)
2006 Ed. (2839)
2005 Ed. (2838)
2003 Ed. (2746)
2002 Ed. (2562)
Lou Sobh Pontiac Buick GMC
2000 Ed. (330)
1999 Ed. (318)
Loucks, Jr.; Vernon R.
1992 Ed. (1143, 2059)
1991 Ed. (926)
1990 Ed. (973, 1720)
Loud Technologies
2008 Ed. (2143)
Loudeye Corp.
2006 Ed. (2075, 4296)
Loudoun County, VA
1994 Ed. (239, 1480)
Loudoun, VA
2000 Ed. (1593)
1990 Ed. (2157)
Louie; Brandt
2005 Ed. (4872)
Louie Co.; H. Y.
2006 Ed. (1573)
2005 Ed. (1666, 1667)
Louis
2006 Ed. (1038, 4496)
Louis Bacon
2008 Ed. (4902)
1995 Ed. (1870)
Louis Baldwin
2008 Ed. (965)
2007 Ed. (1075)
2006 Ed. (981)
Louis Berger Group Inc.
2008 Ed. (2511, 2521, 2536, 2541, 2550, 2554, 2555, 2559, 2561, 2564, 2565, 2566, 2567, 2569, 2598)
2007 Ed. (2414, 2423, 2427, 2428, 2432, 2434, 2437, 2438, 2439, 2440, 2442)
2006 Ed. (2462, 2463, 2464, 2469, 2472, 2474, 2475)
2005 Ed. (2422, 2423, 2424, 2429, 2432, 2434)
2004 Ed. (2327, 2330, 2349, 2351, 2353, 2355, 2356, 2373, 2381, 2388, 2390, 2391, 2392, 2397, 2400, 2402)
2003 Ed. (2302, 2306, 2307, 2309, 2310, 2316, 2319, 2321)
2002 Ed. (2137, 2140, 2153)
2001 Ed. (2244)
2000 Ed. (1803, 1806, 1808, 1812, 1820, 1821)
1998 Ed. (1455)
1997 Ed. (1739, 1740)
1991 Ed. (1555, 1556, 1558, 1559, 1562)
Louis Berger International
1999 Ed. (2026, 2029)
1998 Ed. (1442, 1443)
1997 Ed. (1746, 1747, 1750, 1754, 1760, 1762)
1996 Ed. (1661, 1662, 1666, 1667, 1670, 1679, 1681)
1995 Ed. (1678, 1679, 1684, 1685, 1688, 1697, 1699)
1994 Ed. (1639, 1640, 1644, 1646, 1649)
1993 Ed. (1608, 1613, 1614, 1617)
1992 Ed. (1949, 1952, 1953, 1961, 1962, 1965)
Louis Berger Intl. Inc.
1990 Ed. (1671)
Louis Boston
2008 Ed. (1001)
Louis Bruni
2004 Ed. (2843)
Louis C. Camerilli
2000 Ed. (1050)
Louis C. Camilleri
2008 Ed. (947)
2007 Ed. (1025)
Louis Caldera
2008 Ed. (1428)
2007 Ed. (1444)
Louis Cruise Lines Ltd.
2002 Ed. (4404, 4405)
Louis Dreyfus
2006 Ed. (2541)
2000 Ed. (1893)
Louis-Dreyfus; Gerard
2008 Ed. (4866)
Louis Dreyfus Holding Co.
2005 Ed. (1366)
2004 Ed. (1350)
Louis Dreyfus Plastics LLC
2003 Ed. (1660)
Louis F. Bantle
1994 Ed. (947, 1714)
Louis Gerstner
2001 Ed. (1217, 1218)
Louis Gonda
2006 Ed. (4908)
2002 Ed. (3345)
Louis Hand
1997 Ed. (2317)
Louis Harris & Associates
1996 Ed. (3191)
1995 Ed. (3090)
1993 Ed. (2996)
1992 Ed. (2977)
Louis J. Nicastro
1996 Ed. (1715)
Louis J. Rampino
2000 Ed. (1886)
Louis Jadot
2005 Ed. (4954, 4966)
2002 Ed. (4944, 4957)
2001 Ed. (4882, 4890)
2000 Ed. (4415, 4423)
1999 Ed. (4788, 4796)
1998 Ed. (3742, 3754)
1997 Ed. (3907)
1996 Ed. (3857, 3860, 3866, 3869)
1995 Ed. (3772)
1990 Ed. (3696)
Louis Lavigne Jr.
2006 Ed. (950)
Louis London
1992 Ed. (3760)
Louis M. Soleo
1995 Ed. (2485)
Louis Manoogian Simone Foundation
2000 Ed. (2261)
Louis; Michael W.
1992 Ed. (1093, 1280)
Louis P. Ciminelli Construction Cos.
2003 Ed. (1249)
Louis Rich
2008 Ed. (335, 3606, 3608)
2002 Ed. (423, 3272)
2001 Ed. (3233)
1995 Ed. (1940)
1994 Ed. (1858, 2450)
Louis Rich Carving Board
2004 Ed. (1371)
2002 Ed. (1330, 3272)
Louis Roederer
2005 Ed. (915, 916)
2004 Ed. (924)
2002 Ed. (968, 972, 974)
2001 Ed. (1160, 1161, 1162, 1163)
2000 Ed. (1008)
1999 Ed. (1062, 1065)
1993 Ed. (876)
Louis V. Gerstner
1997 Ed. (982)
Louis V. Gerstner Jr.
2003 Ed. (787, 958, 959, 960, 2371, 2394, 4684)
2002 Ed. (2182, 2183)
2000 Ed. (796, 1044, 1046)
1996 Ed. (959, 964, 966, 709)
Louis Vuitton
2008 Ed. (650, 651, 657, 658, 3529)
2007 Ed. (685, 686, 687, 3398)
1991 Ed. (2298)
Louis W. Bossie
1992 Ed. (531)
Louis Wilsenach Group
1994 Ed. (115)
1993 Ed. (136)
Louise MacBain
2008 Ed. (897)
Louisiana
2008 Ed. (1106, 1107, 2434, 2435, 2806, 3135, 3281, 3779, 4082, 4463, 4787)
2007 Ed. (1201, 2078, 2308, 2373, 3016, 3685, 4046, 4479)
2006 Ed. (1095, 1096, 2130, 2756, 2983, 3104, 3131, 3136, 3257, 3690, 3906, 3950, 4014, 4417, 4477)
2005 Ed. (404, 1100, 1101, 2034, 2987, 2988, 3589, 4203, 4204, 4225, 4231, 4400, 4601, 4794, 4939, 4942)
2004 Ed. (1037, 1038, 1094, 1095, 1096, 1097, 1098, 1904, 2297, 2309, 2310, 2318, 2733, 2981, 3092, 3120, 3278, 3300, 3426, 3671, 3675, 3837, 4252, 4271, 4292, 4298, 4453, 4504, 4515, 4819, 4902, 4957, 4959)
2003 Ed. (354, 397, 398, 399, 415, 1061, 1082, 1083, 2613, 2828, 2886, 3003, 3263, 3628, 3904, 3905, 3906, 3907, 3908, 3910, 3911, 3913, 3914, 4232, 4251, 4284, 4290, 4416, 4417, 4482, 4821, 4911, 4914, 4954, 4956)
2002 Ed. (457, 460, 864, 948, 1112, 1177, 1802, 1904, 1905, 1906, 2119, 2120, 2400, 2402, 2403, 2736, 2741, 2848, 2877, 2881, 2882, 2883, 2895, 2896, 2919, 2946, 2971, 2983, 3114, 3126, 3128, 3129, 3200, 3240, 3730, 3735, 3804, 4063, 4074, 4102, 4103, 4140, 4166, 4328, 4377, 4521, 4537, 4551, 4706, 4776, 4779, 4914, 4916, 4919)
2001 Ed. (361, 721, 1131, 1201, 1304, 1305, 1423, 1426, 2131, 2149, 2151, 2218, 2219, 2398, 2415, 2416, 2418, 2577, 2580, 2581, 2591, 2592, 2598, 2806, 2997, 2998, 3123, 3169, 3295, 3524, 3525, 3526, 3527, 3573, 3574, 3616, 3632, 3639, 3730, 3731, 3735, 3736, 3737, 3738, 3747, 3748, 3768, 3769, 3770, 3771, 3781, 3782, 3804, 3809, 3810, 3965, 4140, 4141, 4157, 4158, 4171, 4173, 4224, 4231, 4232, 4258, 4259, 4311, 4584, 4637, 4657, 4734, 4738, 4739, 4740, 4741, 4742, 4795, 4800, 4862, 4863, 4864, 4929)
2000 Ed. (276, 751, 1791, 2328, 2957, 2963, 2964, 2966, 3009, 3689, 4096, 4105, 4107, 4112, 4113, 4180, 4269, 4290, 4399, 4406)
1999 Ed. (2095, 2911, 3218, 3224, 3225, 3227, 3270, 4409, 4412, 4414, 4418, 4419, 4425, 4440, 4444, 4448, 4449, 4460, 4461, 4466, 4468, 4537, 4775, 4780)
1998 Ed. (466, 481, 1799, 2386, 2418, 2561, 2926, 2971, 3374, 3375, 3382, 3386, 3395, 3466, 3611, 3727, 3734)
1997 Ed. (1, 2651, 3148, 3228, 3562, 3567, 3569, 3580, 3593, 3594, 3595, 3596, 3597, 3599, 3601, 3602, 3603, 3616, 3895, 3896)
1996 Ed. (36, 1644, 2091, 2509, 2512, 3540, 3553, 3554, 3555, 3556, 3557, 3561, 3562, 3577, 3847, 3848)
1995 Ed. (675, 1762, 2462, 2463, 3460, 3472, 3473, 3474, 3475, 3476, 3480, 3481, 3498, 3748, 3749)
1994 Ed. (977, 2382, 3388, 3401, 3402, 3403, 3404, 3405, 3410, 3425)
1993 Ed. (364, 724, 2151, 2613, 3411, 3413, 3414, 3415, 3417, 3419, 3420, 3430, 3439, 3621, 3718)
1992 Ed. (908, 967, 968, 976, 2651, 2918, 2931, 2932, 2933, 3360, 3542, 4083, 4103, 4106, 4107, 4109, 4112, 4123, 4314)
1991 Ed. (726, 788, 790, 791, 2162, 2532, 2815, 2916, 3176, 3186, 3205, 3206, 3208, 3345)
1990 Ed. (435, 744, 823, 1748, 2219, 2410, 3351, 3354, 3362, 3364, 3365, 3366, 3368, 3381, 3384, 3385, 3393, 3395, 3505)
1989 Ed. (746, 1668, 1898, 1900, 2028, 2532, 2533, 2539, 2542, 2558, 2561, 2615, 2619)
Louisiana Bank
1993 Ed. (512)
Louisiana College
1996 Ed. (1042)
Louisiana Electric Co.
2007 Ed. (4423)
Louisiana Energy Services
2005 Ed. (3331)
Louisiana Health Care Authority
1998 Ed. (2554)
1995 Ed. (2631)
1994 Ed. (2576)
Louisiana Health Sciences Center
2006 Ed. (3590)
Louisiana Housing Finance Agency
2001 Ed. (825)
Louisiana Land
1992 Ed. (1946)
1989 Ed. (2205)
Louisiana Land & Exploration
1997 Ed. (2793)
1996 Ed. (2648)
1995 Ed. (1451, 2581, 2582)
1994 Ed. (1416, 2524, 2525)
1993 Ed. (1364, 2575, 2576)
1992 Ed. (1530, 3082, 3083, 3438)
1991 Ed. (1222, 1548, 2465, 2466)
1990 Ed. (1298, 2584, 2585)
1989 Ed. (1055, 1991, 1992)
Louisiana-Pacific Corp.
2008 Ed. (3528, 3852)
2007 Ed. (777, 2010, 2635, 3390, 3391, 3773, 3774)
2006 Ed. (681, 2655, 3332, 3333, 3422, 3459, 3773, 3776, 3777, 3778)
2005 Ed. (1168, 2668, 2669, 2670, 3341, 3342, 3409, 3675, 3680, 3681, 3682, 4458)
2004 Ed. (1145, 2677, 2678, 3318, 3319, 3760, 3765, 3766)
2003 Ed. (2539, 2540, 2541, 3721)
2002 Ed. (2228)
2001 Ed. (2498, 2499, 3622, 4933)
1999 Ed. (2491, 2497, 3689)
1998 Ed. (1069, 1119, 1123, 1752, 1754, 2736, 2737, 2738, 2878, 3372)
1997 Ed. (1496, 2076, 2988, 2991)
1996 Ed. (1434, 1962, 2901, 2902)
1995 Ed. (1472, 2827, 2828, 3446)
1994 Ed. (1438, 1892, 1896, 2723)
1993 Ed. (1384, 1891, 1894, 2478, 3689)
1992 Ed. (2210, 2212)
1991 Ed. (1762, 2366, 2668)
1990 Ed. (1844, 2499, 2500)
1989 Ed. (1914, 1915)
Louisiana Printing; State of
2006 Ed. (3948)
Louisiana Public Facilities Authority
2001 Ed. (825, 922)
1999 Ed. (3473)
1997 Ed. (2845)
1996 Ed. (2723)
1995 Ed. (2644, 2648)
1993 Ed. (2613)

1991 Ed. (2532)
1990 Ed. (3505)
1989 Ed. (2028)
Louisiana Recovery District
1991 Ed. (2532)
1990 Ed. (2655, 3504, 3505)
Louisiana State Employees
2004 Ed. (2029)
Louisiana state retirees
1996 Ed. (1540)
Louisiana State University
2006 Ed. (725, 3952, 3957)
2000 Ed. (1837)
1992 Ed. (1094)
1991 Ed. (1576)
Louisiana State University at Baton Rouge
1999 Ed. (2047)
1994 Ed. (1666)
Louisiana State University-Baton Rouge
2004 Ed. (821, 823)
2001 Ed. (2259)
Louisiana State University Health Care Services Division
2002 Ed. (3296)
Louisiana State University Health Sciences Center
2003 Ed. (3471)
Louisiana Superdome
2001 Ed. (4356, 4358)
Louisiana Teachers
2008 Ed. (2303)
2002 Ed. (3609)
2001 Ed. (3669)
2000 Ed. (3436, 3442)
Louisville
2000 Ed. (270)
1992 Ed. (310, 2547, 2550, 3047)
Louisville Airport
2001 Ed. (349)
1998 Ed. (108)
1997 Ed. (186, 219)
1996 Ed. (172)
Louisville Bedding
2007 Ed. (3438, 3958, 3959)
1992 Ed. (4276)
1991 Ed. (3349)
Louisville Courier-Journal
1990 Ed. (2701)
1989 Ed. (2055)
Louisville Gas & Electric Co.
1995 Ed. (1633)
1992 Ed. (1902, 1903)
1991 Ed. (1501, 1502)
1990 Ed. (1604, 1605)
1989 Ed. (1300, 1301)
Louisville International
2001 Ed. (353)
Louisville-Jefferson Sewer Agency
2001 Ed. (821)
Louisville, KY
2008 Ed. (3132, 4749)
2006 Ed. (3974)
2005 Ed. (4381, 4835)
2003 Ed. (254, 2350, 3260, 3678, 4054)
2002 Ed. (2634)
2000 Ed. (1087, 4093, 4287)
1999 Ed. (254, 3216)
1998 Ed. (2056, 2485)
1997 Ed. (2334, 2338)
1994 Ed. (966, 3326)
1993 Ed. (336, 1736, 3606)
1990 Ed. (1009, 1148)
Louisville, KY-IN
2005 Ed. (2458)
2004 Ed. (2427)
2001 Ed. (2281)
Louisville; University of
2008 Ed. (771)
Loulou
1999 Ed. (3741)
1996 Ed. (2955)
1994 Ed. (2780)
1992 Ed. (3367)
Loumides
2001 Ed. (38)
Lousiana
2008 Ed. (2897)
Louviers Credit Union
2008 Ed. (2224)
2007 Ed. (2109)
2006 Ed. (2188)
2005 Ed. (2093)
2004 Ed. (1951)
2003 Ed. (1911)
2002 Ed. (1854)
Lovable Bra Co.
1999 Ed. (781, 3188)
Lovastatin
2006 Ed. (2312)
Lovastatin/Mevacor
1991 Ed. (931)
Love
2000 Ed. (2342)
Love & Quiches Desserts
2000 Ed. (4434)
Love Bug
2006 Ed. (1147)
Love Chrysler Inc.
2004 Ed. (2830)
Love; Gay
1997 Ed. (3916)
Love; Howard M.
1992 Ed. (1141)
Love; L. Ross
1989 Ed. (736)
Love Letter
2001 Ed. (3379)
"Love, Lies and Murder"
1993 Ed. (3537)
Love Me Tender Chunk
1996 Ed. (2993)
Love Me Tender Chunks
1989 Ed. (2197)
Love You Forever
2008 Ed. (550)
2004 Ed. (736)
2003 Ed. (709, 711)
2001 Ed. (980, 982)
Loveeye
1997 Ed. (1531)
Lovelace Health System
2005 Ed. (3155)
Lovelace Health Systems Inc.
2004 Ed. (1821)
2003 Ed. (1787, 1788)
2001 Ed. (1814)
Lovelace Sandia Health System Inc.
2007 Ed. (1916)
2006 Ed. (1932)
Loveless; Patty
1997 Ed. (1113)
1992 Ed. (1351)
Lovell White Durant
1991 Ed. (2286)
Lovell White Durrant
2001 Ed. (4180)
1992 Ed. (14, 15, 2835, 2836)
Lovelock & Lewes
1997 Ed. (11)
The Lovely Bones
2006 Ed. (640)
2005 Ed. (723, 725)
2004 Ed. (739, 741)
Loveman; G. W.
2005 Ed. (2479)
Loveman; Gary
2008 Ed. (935)
2007 Ed. (980)
2006 Ed. (890)
2005 Ed. (967)
Loveman; Gary W.
2008 Ed. (948)
2007 Ed. (1026)
Lovenox
1999 Ed. (1910)
Lovenox Injection
1997 Ed. (1656)
Loveridge
1989 Ed. (1996)
Loves Park Federal Savings Bank
1990 Ed. (3586)
Lovett; Lyle
1995 Ed. (1118, 1120)
"Loving"
1995 Ed. (3587)
1993 Ed. (3541)
Loving Care
2001 Ed. (2654, 2655)
Loving County, TX
1996 Ed. (2227)
LoVullo Associates Inc.
2008 Ed. (3228)
Low-alcohol refreshers
2001 Ed. (356, 357)
Low Calorie Carbonated Soft Drinks
2000 Ed. (4154)
Low interest loans
1992 Ed. (2909)
Low price purchasing
1992 Ed. (4385)
Low Priced Stock Survey
2002 Ed. (4834)
Low prices
1991 Ed. (1861)
1990 Ed. (1951)
Low profitability
1992 Ed. (4385)
Low quality
1995 Ed. (1956)
Low Siew Kheng
1997 Ed. (2001)
Low tar cigarettes
1990 Ed. (989)
Lowden & Associates Inc.
2008 Ed. (4958)
Lowder Construction
1999 Ed. (1304, 1305)
1998 Ed. (875)
1993 Ed. (1094)
Lowder New Homes
2005 Ed. (1197)
Lowder New Homes/Construction
1996 Ed. (1100)
Lowder Publicidad
1992 Ed. (196)
The Lowe Co.
2006 Ed. (363, 365)
2004 Ed. (105, 124)
2003 Ed. (37, 49, 85, 127, 136, 153, 157, 160)
Lowe Adam
2000 Ed. (183)
1999 Ed. (164)
1995 Ed. (134)
Lowe Adam Tanitim Hizmetleri
1996 Ed. (148)
Lowe Adam Tanitin
1997 Ed. (154)
Lowe Advertising
2003 Ed. (69)
Lowe AGE
2003 Ed. (71, 100, 102)
Lowe Alice
2003 Ed. (74)
Lowe & Fletcher International Ltd.
1997 Ed. (1392)
Lowe & Partners
2003 Ed. (73, 84, 106, 126, 166)
Lowe & Partners SMS
1999 Ed. (74)
1995 Ed. (68)
Lowe & Partners/SSPM
2002 Ed. (93)
2001 Ed. (122)
2000 Ed. (80)
Lowe & Partners UK
2000 Ed. (99)
Lowe & Partners Worldwide
2005 Ed. (117)
Lowe Avanta
2003 Ed. (147)
Lowe Avanta Ljubljana
2001 Ed. (208)
2000 Ed. (170)
1999 Ed. (152)
Lowe Bell Communications
1996 Ed. (3117)
1995 Ed. (3014)
Lowe Brindfors
2003 Ed. (152)
2002 Ed. (188)
2001 Ed. (215)
2000 Ed. (176)
1999 Ed. (158)
1997 Ed. (149)
1996 Ed. (143)
1995 Ed. (129)
1994 Ed. (119)
Lowe, Brockenbrough
2000 Ed. (2816)
Lowe, Brockenbrough, Tierney & Tattersall
1993 Ed. (2325)
Lowe Bull Calvert Pace
2003 Ed. (148)
Lowe Digitel Group
2003 Ed. (62)
Lowe Direct
2000 Ed. (1678)
Lowe Enterprises
2003 Ed. (3086, 4051)
2001 Ed. (3998)
1997 Ed. (2542)
Lowe Enterprises Investment
2000 Ed. (2808)
Lowe Enterprises Investment Management
1998 Ed. (2280)
Lowe Fusion Healthcare
2000 Ed. (3653)
Lowe GGK
2003 Ed. (44, 64, 83, 142, 146)
2000 Ed. (72, 177)
Lowe GGK Bratislava
2001 Ed. (207)
2000 Ed. (169)
1999 Ed. (151)
Lowe GGK Budapest
2000 Ed. (103)
1999 Ed. (99)
Lowe GGK Moskva
1999 Ed. (148)
Lowe GGK Praha
2000 Ed. (84)
Lowe GGK Sofia
1999 Ed. (68)
Lowe GGK Wien/Salzburg
2000 Ed. (61)
1999 Ed. (58)
Lowe Gingko
2001 Ed. (237)
The Lowe Group
2003 Ed. (39, 40)
2002 Ed. (71, 73, 74)
2001 Ed. (100, 102)
The Lowe Group PLC
2001 Ed. (101)
1995 Ed. (73)
1994 Ed. (86)
1991 Ed. (110)
Lowe Healthcare Worldwide
2003 Ed. (35)
2002 Ed. (67)
2001 Ed. (212)
Lowe Howard-Spink
1997 Ed. (92)
1996 Ed. (91)
1995 Ed. (77)
1994 Ed. (90)
1993 Ed. (101, 102)
1992 Ed. (152, 153)
1991 Ed. (101, 102)
1989 Ed. (110)
Lowe Howard-Spink & Bell
1990 Ed. (102, 113)
Lowe Howard-Spink & Bell PLC
1990 Ed. (100)
1989 Ed. (104)
Lowe Idols & Friends
2003 Ed. (182)
Lowe; K. W.
2005 Ed. (2502)
Lowe; Kenneth
2007 Ed. (1003)
2006 Ed. (913)
Lowe LDB
2003 Ed. (151)
Lowe Lintas
2002 Ed. (159, 204)
Lowe Lintas Adventa
2002 Ed. (176, 202)
Lowe Lintas & Partners
2002 Ed. (83, 98, 102, 107, 117)
Lowe Lintas & Partners UK
2001 Ed. (231)
Lowe Lintas & Partners Worldwide
2002 Ed. (110, 112, 118, 140, 155, 168, 197, 214)
2001 Ed. (110, 127, 135, 137, 138, 139, 140, 144, 145, 168, 184, 186, 197, 203, 206, 224, 227, 240, 244)

Lowe Lintas Avanta
2002 Ed. (180)
Lowe Lintas Bull Calvert Pace
2002 Ed. (181)
Lowe Lintas Concept
2002 Ed. (208)
Lowe Lintas Digitel
2002 Ed. (95)
Lowe Lintas GGK
2002 Ed. (78, 97, 116, 175, 179, 189)
2001 Ed. (105, 126, 143, 198, 217)
Lowe Lintas Idols & Friends
2002 Ed. (212)
Lowe Lintas Pirella Goettsche & Partners
2002 Ed. (124)
2001 Ed. (151)
Lowe Lintas Swing Communications
2002 Ed. (88)
Lowe Lintas Tanitim Hizmetleri
2002 Ed. (200)
Lowe Lippmann
2002 Ed. (4)
Lowe McAdams Healthcare
2000 Ed. (58)
1999 Ed. (43, 55)
Lowe Porta
2000 Ed. (78)
Lowe Porta & Partners
2003 Ed. (58)
2002 Ed. (91)
2001 Ed. (120)
Lowe Scanad
2003 Ed. (97, 156, 161)
Lowe/SSPM
2003 Ed. (60)
Lowe Swing Communications
2003 Ed. (55)
Lowe Troost
1997 Ed. (64)
1996 Ed. (66)
1995 Ed. (50)
1994 Ed. (72)
1993 Ed. (83)
1992 Ed. (125)
1991 Ed. (78)
1990 Ed. (81)
1989 Ed. (87)
Lowe Worldwide
2007 Ed. (114)
Lowell Homes
2005 Ed. (1163)
The Lowell Hotel
2000 Ed. (2539)
1999 Ed. (2761)
1998 Ed. (2013)
1997 Ed. (2284)
1995 Ed. (2157)
1994 Ed. (2103)
1993 Ed. (2089)
1992 Ed. (2481)
1991 Ed. (1946)
1990 Ed. (2063)
Lowell, MA-NH
2005 Ed. (2990)
Lowell Paxson
1989 Ed. (1984)
Lowell Sun
1990 Ed. (2710)
1989 Ed. (2064)
Lowenbrau
1992 Ed. (940)
1990 Ed. (764, 3544)
1989 Ed. (771)
Lowenbrau/Light
1991 Ed. (3321)
Lowenstein Sandler
2000 Ed. (2900)
Lowenstein, Sandler, Kohl, Fisher & Boylan
1999 Ed. (3155)
1998 Ed. (2331)
1997 Ed. (2599)
1995 Ed. (2419)
1993 Ed. (2401)
1992 Ed. (2843)
1991 Ed. (2289)
1990 Ed. (2423)
1989 Ed. (1884)
Lowenstein, Sandler, Kohl, Fisher & Boylan P.A.
1994 Ed. (2354)
Lowenstein Sandler, PC
2002 Ed. (3060)
Lower Colorado River Authority
2006 Ed. (2444)
1995 Ed. (1628, 2646)
1994 Ed. (3363)
1993 Ed. (3359)
1991 Ed. (3158)
Lower Colorado River Authority (TX)
1992 Ed. (4029)
LowerMyBills.com
2006 Ed. (2385)
2002 Ed. (4849)
Lowery; Bill
1992 Ed. (1039)
Lowerys
2002 Ed. (2010)
Lowe's
2008 Ed. (636, 4220)
2007 Ed. (678, 4185)
2006 Ed. (648, 4162)
2005 Ed. (738, 4106, 4655)
2004 Ed. (755, 4187)
2003 Ed. (4165)
2002 Ed. (4040)
2000 Ed. (1118, 1527, 1689, 2581, 3808, 4085)
1999 Ed. (1200, 1716, 1872, 2709, 2710, 2711, 4106, 4371)
1998 Ed. (664, 665, 772, 1182, 1298, 1967, 1969, 1970, 1971, 1972, 1973, 1974, 3080, 3340)
1997 Ed. (258, 830, 831, 832, 835, 921, 922, 1491, 2243, 2244, 2245, 2246, 3347, 3549)
1995 Ed. (229, 845, 846, 847, 1957, 2125, 2792, 2793, 2794, 2798, 3289, 3356, 3425)
1994 Ed. (229, 793, 794, 795, 2076, 2683, 3221, 3275)
1993 Ed. (775, 776, 777, 2047, 2424, 2735, 3285)
1992 Ed. (348, 982, 983, 984, 2419, 3275)
1990 Ed. (2023)
1989 Ed. (264)
Lowe's Companies Inc.
2008 Ed. (748, 749, 890, 892, 894, 1991, 1992, 1993, 2728, 2877, 2878, 2976, 2977, 2978, 2995, 2996, 3000, 3090, 3093, 3102, 3193, 3446, 3507, 4075, 4205, 4214, 4223, 4224, 4225, 4234, 4471, 4472, 4477, 4478, 4526, 4797, 4813)
2007 Ed. (773, 774, 909, 911, 913, 1925, 1926, 1927, 2591, 2669, 2760, 2761, 2854, 2855, 2856, 2857, 2875, 2876, 2880, 2967, 2969, 2981, 3350, 4040, 4173, 4179, 4180, 4187, 4199, 4202, 4491, 4493, 4495, 4500, 4501, 4553, 4870)
2006 Ed. (678, 679, 821, 822, 825, 1941, 1942, 1943, 1944, 2615, 2680, 2864, 2865, 2866, 2867, 2881, 2882, 2883, 2887, 2890, 2949, 2952, 2964, 3282, 3320, 4006, 4151, 4163, 4166, 4167, 4177, 4431, 4432, 4433, 4434, 4435, 4437, 4442, 4443, 4444, 4576, 4870)
2005 Ed. (770, 771, 907, 1803, 1808, 1912, 1913, 1914, 1915, 2229, 2619, 2857, 2875, 2876, 2880, 2954, 2969, 3290, 3332, 3932, 4107, 4108, 4115, 4116, 4125, 4141, 4414, 4415, 4416, 4417, 4418, 4419, 4420, 4424, 4425, 4445, 4471, 4807)
2004 Ed. (784, 785, 916, 1609, 1829, 1830, 2124, 2125, 2562, 2631, 2849, 2877, 2879, 2882, 2885, 2888, 2889, 2893, 2902, 2954, 3154, 3258, 4188, 4189, 4195, 4214, 4466, 4467, 4468, 4469, 4470, 4471, 4472, 4474, 4475, 4498, 4545, 4824)
2003 Ed. (774, 775, 842, 1012, 1016, 1559, 1583, 1794, 1795, 2495, 2762, 2780, 2784, 2788, 2790, 2866, 4166, 4167, 4173, 4183, 4184, 4188, 4500, 4501, 4506, 4549, 4563, 4824)
2002 Ed. (1747, 2286, 2696, 4044, 4334, 4335, 4714)
2001 Ed. (1822, 2027, 2728, 2729, 2741, 2742, 2748, 2754, 2755, 4093, 4095, 4107, 4108, 4322)
Lowe's Cos.
2000 Ed. (2492)
1996 Ed. (815, 817, 818, 819, 826, 827, 1430, 2133, 2134, 2493, 2855, 3246, 3485, 3509)
1991 Ed. (248, 801, 802, 803, 2621)
1990 Ed. (2024, 2025, 2719, 3030)
1989 Ed. (2321, 2328)
Lowes Glenpointe Hotel
1991 Ed. (1948)
Lowe's HIW Inc.
2005 Ed. (771)
Lowe's Home Center
2008 Ed. (4070)
Lowe's Home Centers Inc.
2008 Ed. (748, 749, 1991, 4068)
2007 Ed. (773, 774, 1925)
2006 Ed. (678, 679, 1941)
2005 Ed. (770, 771, 1912)
2004 Ed. (784, 785, 1829)
2003 Ed. (774, 775, 1794, 4499)
2001 Ed. (1822, 2755)
Lowe's Home Improvement
2007 Ed. (3382)
Lowes Hotels
1991 Ed. (1941)
Lowes-Manhattan
2004 Ed. (3959)
Lowes.com
2005 Ed. (2326)
Lowestfare.com
2001 Ed. (2991)
Lowey Dannenberg Bemporad & Selinger
1995 Ed. (2411)
Lowitt Alarms & Security Systems
2000 Ed. (3906)
Lowland
2000 Ed. (3298)
Lowndes Drosdick Doster Kantor & Reed
2008 Ed. (3424)
Lowndes Lambert Group Ltd.
1991 Ed. (2339)
1990 Ed. (2465)
Lowndes Ventures
1990 Ed. (1249)
Lowrance Electronics Inc.
2006 Ed. (2742)
Lowrey's
2002 Ed. (2009)
1998 Ed. (3324)
1996 Ed. (3465)
Lowry AFB
1996 Ed. (2643)
Lowry Group Inc.
1999 Ed. (2447)
Lowry; Mike
1995 Ed. (2043)
Lowy Enterprises Inc.
1992 Ed. (2166)
1991 Ed. (1728)
Lowy; Frank
2008 Ed. (4842)
Lowy Group Inc.
1996 Ed. (1922)
1995 Ed. (1879)
1993 Ed. (1866)
Loyal American Life Insurance Co.
1992 Ed. (2662)
Loyens & Volkmaars
1992 Ed. (2839)
Loyola College
2001 Ed. (1325)
2000 Ed. (1139)
1999 Ed. (1230)
1998 Ed. (801)
1997 Ed. (1053)
1996 Ed. (1037)
1995 Ed. (1052)
Loyola College in Maryland
2008 Ed. (1086)
Loyola Marymount
1992 Ed. (1272)
Loyola Marymount University
2008 Ed. (781, 1088)
2007 Ed. (799, 801)
2003 Ed. (800)
2001 Ed. (1327, 3068)
2000 Ed. (930, 2912)
1999 Ed. (1232)
1998 Ed. (803)
1997 Ed. (1056)
1996 Ed. (1040)
1995 Ed. (1055)
1994 Ed. (1047)
1993 Ed. (1020)
Loyola University
2008 Ed. (1087)
1997 Ed. (1054)
1996 Ed. (1038)
Loyola University Chicago
2001 Ed. (3063)
2000 Ed. (2906)
1999 Ed. (3162)
Loyola University Medical Center
2008 Ed. (3063)
2005 Ed. (2911)
2004 Ed. (2907)
2002 Ed. (2618)
2001 Ed. (2770)
2000 Ed. (2525)
1999 Ed. (2746)
1995 Ed. (2141)
Loyola University Medical Center/ Foster G. McGaw Hospital
1998 Ed. (1987)
1997 Ed. (2268)
Loyola University-New Orleans
2006 Ed. (714)
2001 Ed. (1326)
1999 Ed. (1231)
1998 Ed. (802)
1995 Ed. (1053)
1994 Ed. (1045)
Loyola University of Chicago
1997 Ed. (2605)
1996 Ed. (2460)
1995 Ed. (2425)
Lozano; Norma Martinez
2007 Ed. (2496)
Lozier
2008 Ed. (4546)
2007 Ed. (4595)
2000 Ed. (4134)
1999 Ed. (4499)
LP Corp.
2003 Ed. (3369)
L.P. Thebault Co.
2000 Ed. (3614)
LPA Inc.
2008 Ed. (264)
2007 Ed. (288)
The LPA Group
2008 Ed. (2525, 2528)
2006 Ed. (2452)
LPCiminelli Inc.
2006 Ed. (1331)
LPI Capital
2007 Ed. (1864)
LPL Financial Services
2002 Ed. (788, 797, 798, 799, 800, 801)
2000 Ed. (840, 841, 843, 844, 845, 846, 847, 848)
1999 Ed. (843, 844, 845, 846, 847, 848, 849, 850)
LPL Investment Group
1991 Ed. (1508)
LPL Technologies
1992 Ed. (1909, 1923)
1991 Ed. (1218)
LQ Management LLC
2008 Ed. (3073)
L.R. Hughes
2000 Ed. (1885)
LRJ Staffing Services
1999 Ed. (4810)
LRV Environmental Inc.
2008 Ed. (2056)
LS Financial Group Inc.
1995 Ed. (2335, 2339)

LS Power Equity Partners
2008 Ed. (1404)
LSB Corp.
2008 Ed. (1916)
L.S.B. Bancshares of South Carolina
1995 Ed. (491)
LSG Sky Chefs
2008 Ed. (2759)
2005 Ed. (2659, 2662, 2665)
2004 Ed. (2666)
2003 Ed. (2527, 2530, 2533)
2001 Ed. (2482, 4081)
2000 Ed. (254)
1996 Ed. (188)
LSI Industries Inc.
2008 Ed. (2369)
2007 Ed. (2229)
LSI Logic Corp.
2008 Ed. (4309)
2007 Ed. (4350, 4558, 4567)
2006 Ed. (2392, 4466, 4470, 4586, 4587, 4588)
2005 Ed. (1684, 3697, 4342, 4352)
2004 Ed. (1529, 3778, 4399, 4405, 4497)
2003 Ed. (1644, 2193, 2198, 3753, 4376, 4389)
2002 Ed. (2081, 4254, 4256)
2001 Ed. (398, 399, 1040, 3301, 4210, 4214, 4215, 4449)
2000 Ed. (307, 308, 3990, 3991, 3992, 3996, 3998, 3999)
1999 Ed. (1550, 4267, 4268, 4270, 4272, 4276, 4282)
1998 Ed. (3276, 3279, 3280)
1997 Ed. (1081, 1452, 2473, 2788)
1996 Ed. (1274, 2835)
1993 Ed. (3213)
1992 Ed. (3683, 3910)
1991 Ed. (249, 2854, 3082)
1990 Ed. (3231, 3233, 3240)
1989 Ed. (1311, 1327)
LSI Solutions
2005 Ed. (1907)
LSP Automotive Systems
2008 Ed. (3667)
2007 Ed. (3497)
LSS Data Systems
2008 Ed. (2479)
LSS Holdings
1993 Ed. (1910)
LS3P Associates Ltd.
2008 Ed. (2524, 2525, 3348)
LSU/VA Medical Center
2008 Ed. (2917)
LSUMC-Health Care Services Division
2000 Ed. (3185)
1999 Ed. (3466)
LSV Asset Management
1999 Ed. (3071)
LSV Asset Mgmt.
2000 Ed. (2780, 2803, 2805)
Ltaaka
1994 Ed. (3641)
LTC
2001 Ed. (190)
LTC Advertising
2002 Ed. (161)
LTC Healthcare Inc.
2002 Ed. (3568)
LTC (JWT)
2000 Ed. (153)
1999 Ed. (135)
LTCB
1989 Ed. (1372)
LTCB of Japan
1991 Ed. (2675, 2678, 3073)
1990 Ed. (2773)
LTCB Trust Co.
2001 Ed. (578)
1994 Ed. (3011)
1991 Ed. (520)
LTCB-US Loan Assets Portfolio
2001 Ed. (1548)
LTM
2006 Ed. (2249)
2005 Ed. (2159)
LTU
2001 Ed. (331)
LTU International Airways
2001 Ed. (306)
LTU Touristik
2001 Ed. (319, 4589)
LTV Corp.
2004 Ed. (3436)
2003 Ed. (1536, 1538, 1539, 1540, 1543, 3364, 3365, 3370, 3373, 3375)
2002 Ed. (1512, 1516, 1544, 3304, 3305, 3313, 3321)
2001 Ed. (1215, 3215, 3276, 3280, 3281, 3285, 4368)
2000 Ed. (390, 3081, 3091, 3100, 3101, 4118)
1999 Ed. (390, 3344, 3356, 3363)
1998 Ed. (2466, 2470, 2755, 3402, 3404, 3406)
1997 Ed. (354, 2749, 2756, 3627, 3629)
1996 Ed. (383, 1271, 1384, 1389, 1390, 1391, 1392, 2605, 2614, 3585)
1995 Ed. (1284, 1285, 1286, 1287, 1288, 1319, 1426, 1470, 2543, 2551, 2847, 2868, 2869, 3509)
1994 Ed. (1215, 1251, 1261, 1291, 1296, 1310, 1436, 2475, 2485, 2750, 3430, 3431)
1993 Ed. (153, 366, 1261, 1411, 2534, 2538, 2784, 2785, 3452)
1992 Ed. (4135)
1991 Ed. (2684)
1990 Ed. (179, 182, 2432)
1989 Ed. (418, 1944, 1948, 2635)
LTV Aerospace & Defense Co.
1993 Ed. (2573)
LTV Capital Modaraba
1997 Ed. (2589)
LTV/Republic Steel
1991 Ed. (1146)
LTV Steel Co.
2005 Ed. (3703)
2004 Ed. (3430, 4536)
2003 Ed. (3364)
2001 Ed. (3280)
1993 Ed. (3450)
1990 Ed. (3438)
LTX Corp.
2004 Ed. (3029)
2003 Ed. (4548)
1991 Ed. (266, 2837, 2842, 2843)
1990 Ed. (298, 1620, 1630, 2986, 2989, 3237)
1989 Ed. (1309)
Lu Guanqiu
2008 Ed. (4843)
2006 Ed. (2529)
2005 Ed. (2515)
2004 Ed. (2535)
2003 Ed. (2411)
Lu Kuang Inc.
1990 Ed. (2520)
LuAn Mitchell
2004 Ed. (4987)
2003 Ed. (4989)
Lubariderm Lotion, 1 oz.
1989 Ed. (2185)
Lubbock, TX
2007 Ed. (842, 3003)
2006 Ed. (3314)
2005 Ed. (3469)
1998 Ed. (1520, 2474)
1996 Ed. (3205)
1993 Ed. (2549)
Lubricants
2001 Ed. (3750)
1996 Ed. (3052)
Lubriderm
2008 Ed. (4343)
2006 Ed. (3331)
2004 Ed. (4430)
2003 Ed. (3264, 4426)
2001 Ed. (3167, 3168)
2000 Ed. (4038)
1998 Ed. (1354, 3306)
1996 Ed. (2549, 2550)
1994 Ed. (3312)
1993 Ed. (3325)
Lubriderm Lotion
1990 Ed. (2805)
Lubriderm Lotion, 16 oz.
1989 Ed. (2184)
Lubripac
1989 Ed. (1635)
The Lubrizol Corp.
2008 Ed. (921, 3186)
2007 Ed. (921, 930, 944, 957)
2006 Ed. (844, 858, 868, 1418)
2005 Ed. (936, 937, 941, 3026)
2004 Ed. (940, 946, 947, 950, 952, 964, 4097)
2003 Ed. (936, 938, 4070)
2002 Ed. (991, 992, 993, 1017, 1018, 1019, 3965)
2001 Ed. (1212, 1213, 3171)
2000 Ed. (1033)
1999 Ed. (1082, 1105)
1998 Ed. (709, 714, 716)
1997 Ed. (967, 972, 973)
1996 Ed. (945, 950)
1995 Ed. (968, 972, 973, 2491)
1994 Ed. (936, 940, 941)
1993 Ed. (925, 927, 2477)
1992 Ed. (1125, 1126, 1127)
1991 Ed. (914, 919, 920, 921)
1990 Ed. (962, 963, 964, 967, 2498)
1989 Ed. (895, 896, 900)
Luby's
2008 Ed. (4155, 4167, 4168)
2007 Ed. (4141)
2006 Ed. (4114)
2004 Ed. (4126)
2003 Ed. (4095)
2000 Ed. (3779)
1990 Ed. (3017)
Luby's Cafeterias
2002 Ed. (4000, 4010, 4020)
2001 Ed. (4062, 4068, 4072)
1999 Ed. (4061, 4062, 4399)
1997 Ed. (3315, 3321, 3325, 3326, 3336)
1996 Ed. (3214, 3219, 3221, 3223, 3226, 3233)
1995 Ed. (3118)
1994 Ed. (1742, 3054, 3073, 3083, 3091)
1993 Ed. (3019, 3023, 3032)
1992 Ed. (3688, 3711, 3716, 4062)
1991 Ed. (2859, 2871, 2880)
1990 Ed. (3004)
Luc DesJardins
2006 Ed. (2518)
Luca Pizza
1998 Ed. (2869)
1997 Ed. (3126)
1996 Ed. (3045)
Lucas
1995 Ed. (335, 335)
1990 Ed. (400)
Lucas Automotive Inc.
1998 Ed. (1139)
1997 Ed. (704)
1993 Ed. (344, 1312)
1992 Ed. (480)
Lucas; George
2008 Ed. (2582, 2586)
2007 Ed. (2450, 2451)
2005 Ed. (2443)
Lucas Herrmann
2000 Ed. (2120)
1999 Ed. (2334)
Lucas Inds
1989 Ed. (1655)
Lucas Industries
1993 Ed. (1342)
Lucas Management
1998 Ed. (2930)
Lucas Ward
2000 Ed. (2068)
1999 Ed. (2287)
LucasArts
1999 Ed. (1255)
Lucasfilm
2005 Ed. (3910)
LucasVarity Ltd.
2001 Ed. (2213)
LucasVarity Automotive
2001 Ed. (537)
LucasVarity plc
2005 Ed. (1496)
2002 Ed. (2097)
1999 Ed. (350)
Lucchetti
2001 Ed. (66)
Luce County, EDC
1996 Ed. (2239, 2240)
Luce Forward Hamilton & Scripps LLP
2007 Ed. (1502)
Luce Foundation; Henry
1992 Ed. (1099)
Lucent
2000 Ed. (3430, 4206)
1998 Ed. (2757, 2760, 2764, 2765, 2769, 2770)
Lucent Tech-Optical Fibre Unit
2003 Ed. (2199)
Lucent Technologies Inc.
2008 Ed. (1097, 1424, 1468, 3022, 3199, 3866)
2007 Ed. (1189, 1190, 1191, 1216, 1397, 1474, 2180, 2190, 2334, 2900, 3693, 3696, 3792, 4282, 4717)
2006 Ed. (1083, 1084, 1085, 1086, 1087, 1109, 1112, 1358, 1365, 1512, 2390, 2725, 3696, 3699, 4471, 4585)
2005 Ed. (1091, 1092, 1093, 1094, 1095, 1120, 1351, 1362, 1504, 1528, 1532, 1576, 1797, 2335, 3593, 3698, 4039, 4466, 4469, 4517, 4621, 4630, 4632)
2004 Ed. (1082, 1085, 1090, 1488, 1512, 1554, 1559, 1584, 1587, 1686, 1738, 1820, 2028, 2033, 2233, 2262, 2903, 3678, 3680, 3779, 3785, 4491, 4492, 4493, 4496, 4497, 4665, 4672)
2003 Ed. (826, 1069, 1079, 1458, 1482, 1521, 1550, 1554, 1576, 1592, 1644, 1784, 1785, 1786, 1985, 2190, 2191, 2251, 2252, 2254, 3631, 3632, 3633, 3638, 3639, 3754, 3756, 3760, 4073, 4076, 4542, 4545, 4546, 4547, 4687, 4701, 4978)
2002 Ed. (751, 1039, 1122, 1123, 1385, 1438, 1485, 1536, 1623, 1626, 1739, 1740, 2106, 2109, 2510, 3372, 3495, 3496, 3602, 3966, 4363, 4560, 4561)
2001 Ed. (399, 417, 1557, 1574, 1587, 1590, 1591, 1599, 1684, 1748, 1749, 1813, 1867, 1868, 2016, 2193, 2194, 2198, 2869, 3300, 3534, 3535, 3645, 3648, 3665, 3667, 3692, 3910, 3911, 4043, 4044, 4213, 4453, 4455, 4456, 4457)
2000 Ed. (307, 308, 942, 1168, 1333, 1524, 1743, 1744, 1745, 1751, 2642, 3318, 3327, 3427, 3428, 3435, 3443, 3444, 3446, 3757, 3758, 3993, 3998, 3999, 4001, 4125, 4126, 4127, 4187, 4189, 4363)
1999 Ed. (759, 759, 994, 1244, 1460, 1503, 1664, 1713, 1845, 1965, 1966, 1969, 2120, 2505, 2506, 2879, 3112, 3406, 3596, 3604, 3719, 3721, 3723, 3725, 3729, 3730, 4043, 4044, 4269, 4270, 4274, 4276, 4278, 4392, 4489, 4547, 4552, 4561)
1998 Ed. (1027, 1557, 2667, 2671, 3043, 3183, 3210, 3279, 3281, 3283, 3415)
1997 Ed. (2787)
Lucent Technologies/Chartered Semiconductor
2000 Ed. (3029)
Luciano Benetton
2008 Ed. (4869)
2006 Ed. (4924)
Luciano Capicchioni
2003 Ed. (226)
Luciano Pavorotti
1993 Ed. (1080)
Luciano; Robert P.
1996 Ed. (962)
1994 Ed. (1723)
1993 Ed. (1705)
1991 Ed. (1630)
1990 Ed. (1724)
1989 Ed. (1383)

Lucie Salhaney
1995 Ed. (3786)
Lucie Salhany
1996 Ed. (3875)
1993 Ed. (3730)
Lucile Packard Children's Hospital at Stanford
2007 Ed. (2926)
Lucile Packard Foundation for Children
2002 Ed. (2348)
Lucile Salter Packard Children's Hospital at Stanford
1995 Ed. (1926)
Lucille Maurer
1995 Ed. (3505)
1993 Ed. (3443)
1991 Ed. (3210)
Lucille P. Markey Charitable Trust
1999 Ed. (2502)
1998 Ed. (1756)
1995 Ed. (1926)
1994 Ed. (1901)
1993 Ed. (890)
1991 Ed. (893, 1767, 1767, 1767)
Lucille Wertz
1992 Ed. (1095)
Lucinda Riches
2006 Ed. (4984)
Lucio Tan
2008 Ed. (4849)
2006 Ed. (4921)
Lucite
1994 Ed. (2025)
1993 Ed. (2014)
1992 Ed. (2375, 2376)
1991 Ed. (1887)
1990 Ed. (1984)
Luck Stone Corp.
2002 Ed. (4872)
Luckett & Farley, Architects, Engineers & Construction Managers Inc.
2007 Ed. (4422)
Luckie Strategic Public Relations
2005 Ed. (3976)
Luckwell; Mike
2008 Ed. (4905)
2007 Ed. (4929)
2005 Ed. (4891)
Lucky
2007 Ed. (127)
2006 Ed. (133, 145, 3346)
2005 Ed. (130, 147, 148, 3358)
2004 Ed. (140, 3333)
1997 Ed. (2592)
1995 Ed. (795, 796, 797, 798, 799)
1994 Ed. (960)
1993 Ed. (40)
1992 Ed. (62)
1991 Ed. (33)
Lucky Cement
2007 Ed. (1948)
1999 Ed. (3133)
Lucky Charms
2003 Ed. (874, 876)
2002 Ed. (955)
2001 Ed. (1147)
2000 Ed. (1001, 1002, 1003)
1998 Ed. (659, 661)
1995 Ed. (914)
Lucky Country
2008 Ed. (837)
Lucky-Gold Star Group
1990 Ed. (1532)
Lucky Goldstar
1994 Ed. (1414, 1415)
1993 Ed. (977, 1505)
1990 Ed. (1534)
Lucky-Goldstar Group
1990 Ed. (37)
Lucky-Goldstar International Co.
1995 Ed. (1447, 1577)
1992 Ed. (1661)
1991 Ed. (1319)
1990 Ed. (1393)
1989 Ed. (1133)
Lucky Leaf
1996 Ed. (227)
Lucky Man Properties
1995 Ed. (2126)
Lucky Securities
1996 Ed. (3390)
1994 Ed. (30, 2346)
Lucky Start
2005 Ed. (1214)
2004 Ed. (1188)
2003 Ed. (1182)
Lucky Stores Inc.
2003 Ed. (1692)
1996 Ed. (3238)
1995 Ed. (3535)
1994 Ed. (3467)
1990 Ed. (3262)
1989 Ed. (866, 867, 1556, 2470, 2775, 2777)
Lucky Strike Charcoal King Size Box
1999 Ed. (1138)
Lucky Strike Filter
1997 Ed. (990)
Lucky Strike KS
1997 Ed. (988)
Luckytex Industries Corp.
1990 Ed. (1068)
Lucozade
2008 Ed. (722)
2002 Ed. (4327)
2001 Ed. (4310)
1999 Ed. (4366)
1996 Ed. (3480)
1994 Ed. (3360)
1992 Ed. (4020)
Lucy Goldschmidt Moses
1994 Ed. (896, 897, 899, 1057)
Lucy.com
2003 Ed. (3053)
Ludens
2003 Ed. (1878)
2002 Ed. (1803)
2001 Ed. (1939)
2000 Ed. (1133)
1999 Ed. (1219)
Ludgate Comms. of WPRW
2000 Ed. (3635)
Ludgate Communications
1999 Ed. (3918)
Ludgate Group
1997 Ed. (3194, 3197)
1996 Ed. (3120, 3121)
1995 Ed. (3015, 3019)
1994 Ed. (2957, 2959)
Ludgate Network
1995 Ed. (720)
Ludova Banka
2001 Ed. (649)
Ludova Banka Bratislava AS
1997 Ed. (611)
1996 Ed. (675)
Ludwick; Andrew
1997 Ed. (1798, 1800)
Ludwick's
1995 Ed. (340)
Ludwig; Daniel
1995 Ed. (938)
Ludwig; Saul
1995 Ed. (1850)
1994 Ed. (1812)
1993 Ed. (1774, 1829)
Lueck Label Manfacturing
2006 Ed. (3513)
Lueck Label Manufacturing
2007 Ed. (3555, 4420)
Luftfartsverket
2001 Ed. (352)
Lufthansa
2000 Ed. (228, 231, 232, 233, 234, 251, 255, 256, 257, 259, 261, 262, 263, 265, 266, 1433, 1626)
1999 Ed. (208, 209, 210, 211, 227, 230, 232, 233, 234, 235, 236, 237, 238, 242, 243, 1630)
1998 Ed. (113, 118, 119, 120, 121, 138, 139, 1140, 1148)
1997 Ed. (192, 207, 209, 210, 213, 214, 215, 216, 217, 3792)
1996 Ed. (177, 178, 187, 189, 190)
1995 Ed. (177, 180, 181, 184, 185, 187, 188, 1394, 3661, 3662)
1994 Ed. (20, 157, 158, 159, 160, 170, 171, 172, 174, 175, 178, 181, 182, 3577)
1993 Ed. (172, 173, 174, 175, 192, 195, 199, 1313, 3620)
1992 Ed. (264, 265, 282, 286, 287, 292, 296, 297, 298, 299, 1615)
1991 Ed. (191, 192, 193, 194, 202, 205, 206, 208, 210, 211, 212, 213)
1990 Ed. (201, 202, 219, 222, 224, 227, 229, 230, 232, 233, 234, 235, 236, 237, 3646)
1989 Ed. (241, 244)
Lufthansa AG
2005 Ed. (4769)
Lufthansa AG; Deutsche
2008 Ed. (218, 219, 220, 222, 223, 224, 225, 226, 227)
2007 Ed. (239, 240, 241, 243, 244, 245, 246, 247, 248)
2006 Ed. (237, 238, 239, 241, 244, 245, 246)
2005 Ed. (221, 223, 226, 227, 228, 229, 230)
Lufthansa Cargo
2006 Ed. (237)
2005 Ed. (225)
2004 Ed. (217)
2000 Ed. (260)
Lufthansa Cargo AG
2005 Ed. (1662)
2004 Ed. (4798)
2001 Ed. (326, 4623)
Lufthansa CityLine
2001 Ed. (333)
Lufthansa Credit Union
2003 Ed. (1900)
2002 Ed. (1840)
1998 Ed. (1219)
1996 Ed. (1506)
Lufthansa Employees Credit Union
2008 Ed. (2209)
2006 Ed. (2157, 2163)
2005 Ed. (2064, 2066, 2069)
2004 Ed. (1940)
Lufthansa German Air Lines
2005 Ed. (1753)
Lufthansa German Airlines
2005 Ed. (4769)
2003 Ed. (4811)
Lufthansa Group
2000 Ed. (258)
1996 Ed. (3738)
Lufthansa Stamm
1989 Ed. (2874)
Lufthansa Technik
2001 Ed. (271)
Lufthansa Technik AG
2002 Ed. (256)
Luggage
2005 Ed. (4428)
Lugo Construction Inc.
2002 Ed. (2555)
Luguide Industria e Comercio de Confeccoes Ltda.
2004 Ed. (1657)
2002 Ed. (1601)
Lugz
2001 Ed. (423)
Luigi Salvaneschi
1993 Ed. (1703)
Luigino's
2004 Ed. (2663)
2001 Ed. (2478)
Luis Carlos Sarmiento
2008 Ed. (4858)
Luis Miguel
2002 Ed. (1160, 1164)
2000 Ed. (1183)
1995 Ed. (1119)
Luis Munoz Rivera
1992 Ed. (308)
Luis Portillo
2008 Ed. (4874)
Luiz Carvalho
1999 Ed. (2415)
Luka Koper
2006 Ed. (3290)
2000 Ed. (2986, 2987)
1999 Ed. (3252)
Lukas Stipkovich
1999 Ed. (2290)
Luke Beshar
2006 Ed. (2519)
Luke Bolton Leasing
1990 Ed. (385)
Luke Jr.; J. A.
2005 Ed. (2488)
Luke Potter Dodge Inc.
1993 Ed. (268)
1991 Ed. (269, 274, 276, 277)
1990 Ed. (341)
Luke Potter Dodge Inc
1992 Ed. (377, 378, 379, 382, 415, 417, 418)
Luke R. Corbett
2008 Ed. (2633)
2007 Ed. (1031)
Lukens Inc.
2000 Ed. (1039)
1999 Ed. (1115, 3303)
1998 Ed. (717)
1997 Ed. (2709)
1996 Ed. (3586)
1995 Ed. (3510)
1994 Ed. (1267, 3432, 3433)
1993 Ed. (3451)
1992 Ed. (4134, 4136)
1991 Ed. (3218)
1990 Ed. (3435)
1989 Ed. (1054, 2637, 2655, 2665)
Lukoil
2008 Ed. (664, 2794)
2003 Ed. (2978)
1997 Ed. (1502)
Lukoil Holding
2003 Ed. (1816)
Lukoil Holding; OAO
2008 Ed. (2066)
2007 Ed. (1970)
2006 Ed. (1446, 2005, 2006)
Lukoil Holdings
2002 Ed. (4462, 4464)
Lukoil; OAO
2008 Ed. (2064, 2502, 3577, 3918, 3939)
2007 Ed. (1961, 1969, 2387, 3867, 3868, 3896)
2006 Ed. (1697, 2004, 3846, 3866, 4532, 4533)
2005 Ed. (1773, 1958, 3764, 3789)
Lukoil Oil Co.
2006 Ed. (3397)
2002 Ed. (1759)
2001 Ed. (1694)
Lukrecijos Reklama
2003 Ed. (102)
2002 Ed. (136)
2001 Ed. (162)
Luks Industrial
1993 Ed. (2056)
1992 Ed. (2441)
Luksic; Andronice
2006 Ed. (4925)
Luksusowa
1996 Ed. (3807)
Lulu
2006 Ed. (80)
Lulu's
2001 Ed. (1997, 1998)
Lumbemens Mutual Casualty
1996 Ed. (2271)
Lumber & wood product manufacturers, except furniture
2001 Ed. (1699)
Lumber & wood products
1999 Ed. (1941, 2846, 2866)
1992 Ed. (3610)
Lumber City
1996 Ed. (816, 823, 825)
Lumber, timbers
1991 Ed. (2626)
Lumberjack
1989 Ed. (2096)
LumberLiquidators.com
2008 Ed. (2445)
Lumbermen's Merchandising Corp.
2003 Ed. (1380)
Lumbermens Mutual
2001 Ed. (4035)
Lumbermens Mutual Casualty Co.
2005 Ed. (3066, 3140, 3141, 3142, 3144)
2004 Ed. (3132, 3134, 3136)
2003 Ed. (4993)
2002 Ed. (2956, 3957)
2000 Ed. (2651, 2726)
1999 Ed. (2898, 2974)
1998 Ed. (2110, 2205)
1997 Ed. (2411, 2463, 3921)

1996 Ed. (2336, 2339)
1994 Ed. (2217, 2273)
1993 Ed. (2185, 2235)
1992 Ed. (2689)
1991 Ed. (2125)
Lumbermens Mutual Cos.
2000 Ed. (2730)
Lumbermens Underwriter All
1991 Ed. (2126)
Lumenos Inc.
2008 Ed. (3268)
2006 Ed. (3106)
Lumera
2008 Ed. (2140)
2006 Ed. (4256)
Lumina
2001 Ed. (487)
1998 Ed. (219)
Luminant Worldwide Corp.
2001 Ed. (245)
Luminent Mortgage Capital Inc.
2008 Ed. (1587)
Luminer Converting Group
2008 Ed. (4029)
Luminous Networks Inc.
2007 Ed. (2449)
Lumley
2004 Ed. (3080)
Lummis; John
2006 Ed. (980)
Lummus Crest Inc.
1991 Ed. (1092, 1093, 1094, 1095, 1096, 1098)
1990 Ed. (1182, 1195, 1198, 1664)
Lumonics Corp.
1994 Ed. (1366)
Lump-sum
1996 Ed. (3811)
Lumpkin; Steven
2007 Ed. (1080)
Lumry; Rufus W.
1991 Ed. (1620)
Luna
2008 Ed. (108)
2003 Ed. (147)
1997 Ed. (143)
1996 Ed. (137)
Luna di Luna
2005 Ed. (4968)
Luna Innovations Inc.
2008 Ed. (4291)
Luna Park
1995 Ed. (217)
Lunch Bucket
2003 Ed. (861)
Lunch Buckets
1992 Ed. (3219)
Lunch to Go
1994 Ed. (2416)
Lunchables
1992 Ed. (3219)
Lunches, refrigerated
1995 Ed. (2995, 2996)
Lund & Lommer
1989 Ed. (146)
Lund Cadillac
1996 Ed. (267)
1995 Ed. (266)
Lund International
1997 Ed. (2166)
Lund International Holdings Inc.
2004 Ed. (4585)
1991 Ed. (1871, 3144)
Lunda Construction Co.
2004 Ed. (774, 1269)
2003 Ed. (765, 1266)
2002 Ed. (1237)
Lundbeck A/S; H.
2008 Ed. (1703)
2007 Ed. (1677)
2006 Ed. (1402, 1674)
Lundberg; Fredrik
2008 Ed. (4873)
Lundgren
1990 Ed. (24)
1989 Ed. (25)
Lundgren Bros.
2005 Ed. (1215)
2004 Ed. (1189)
2002 Ed. (1200)
Lundgren Brothers
1998 Ed. (911)
Lundgren; Terry
2007 Ed. (968)
2006 Ed. (877)
Lundgren; Terry J.
2007 Ed. (1102, 2503, 2505)
Lundin Mining Corp.
2007 Ed. (1649)
The Lundy Packing Co.
1995 Ed. (1018, 2522, 2523, 2963, 2968)
1994 Ed. (1006)
1993 Ed. (980)
1990 Ed. (1042)
Lunesta
2007 Ed. (3912)
Lung
1999 Ed. (4650)
Lung cancer
1995 Ed. (887, 888)
Lung disease
1995 Ed. (2594, 2595)
Lunn Poly
2002 Ed. (54)
Luoman Oy
2008 Ed. (1728)
2007 Ed. (1701)
2006 Ed. (1705)
Lupberger, Edwin
1991 Ed. (1625)
Lupient Buick Inc.
1994 Ed. (263)
1993 Ed. (294)
1992 Ed. (409)
1991 Ed. (304)
1990 Ed. (337)
Lupient; Jim
1990 Ed. (312)
Lupient Oldsmobile
1993 Ed. (280)
1992 Ed. (394)
Lupient Oldsmobile; Jim
1996 Ed. (282)
1995 Ed. (282)
1994 Ed. (279)
1991 Ed. (289)
Lupin
1996 Ed. (2032)
1994 Ed. (1981)
The Lupus Foundation of America
1999 Ed. (293)
Lurgi AG
1999 Ed. (1386, 1394)
1996 Ed. (1165, 1680)
1995 Ed. (1192)
Lurgi GmbH
1991 Ed. (1094, 2371)
Lurgi PSI Inc.
2002 Ed. (1249)
Luria & Son; L.
1994 Ed. (872)
1992 Ed. (1065)
1991 Ed. (865, 866, 867)
Luria & Sons; L.
1990 Ed. (914, 915)
Luria; L.
1989 Ed. (860)
Lurie, Besikof, Lapidus & Co.
2000 Ed. (13)
1998 Ed. (12)
Lurie Besikof Lapidus & Co., LLP
2002 Ed. (13, 14)
Lurie Besikoff Lapidus & Co. LLP
2008 Ed. (5)
2007 Ed. (7)
2005 Ed. (6)
2004 Ed. (10)
2003 Ed. (4)
1999 Ed. (16)
Lurpak
2008 Ed. (715)
2002 Ed. (1909)
1999 Ed. (1816)
1996 Ed. (1517)
1994 Ed. (1511)
Lurpak Butter
1992 Ed. (1761)
Lusardi Construction Co.
2002 Ed. (1246)
Luscar Coal
2007 Ed. (3518)
Luse, Gorman, Pomerenk & Schick PC
2005 Ed. (1437, 1438)
Lush
2005 Ed. (1980)
Luso
2000 Ed. (1625)
Luso-American Credit Union
2008 Ed. (2213)
Luso Credit Union
2003 Ed. (1896)
2002 Ed. (1836)
Luso International Banking Ltd.
1995 Ed. (533)
1994 Ed. (559)
1993 Ed. (557)
1991 Ed. (597)
Luso International Banking Limited
1992 Ed. (765)
Lusotur - Sociedade Financeira de Turismo
1992 Ed. (2894)
Luster
1998 Ed. (1894)
Luster Pink Oil
2001 Ed. (2634, 2635)
Luster Products
2003 Ed. (2665)
1999 Ed. (2062, 2630)
Luster S-Curl
2001 Ed. (2634, 2635)
Luster's
2008 Ed. (2871)
Luster's Pink Oil, Moisturizer Relaxer, Regular
2000 Ed. (2410)
Luster's S Curl
2003 Ed. (2652, 2656)
Lustgarten; Eli
1997 Ed. (1883)
1995 Ed. (1831)
1994 Ed. (1793)
1993 Ed. (1810)
Lustine Chevrolet
2005 Ed. (320)
2004 Ed. (319)
1992 Ed. (381)
1991 Ed. (272)
1990 Ed. (303)
Lustine Oldsmobile Buick Inc.
1990 Ed. (302)
LUSURC
2006 Ed. (3283)
Lute Riles, Honda
2004 Ed. (271)
Lute Riley, Honda
2005 Ed. (319)
1996 Ed. (272)
Lutece
2007 Ed. (4129)
1994 Ed. (3092)
Luter III; Joseph W.
2007 Ed. (1020, 1025)
Luthai Textile
2007 Ed. (1589)
Luther Burbank Corp.
2005 Ed. (375)
Luther Burbank Saving & Loan Association
1998 Ed. (3529)
Luther Burbank Savings
2007 Ed. (4245)
2006 Ed. (4231)
2005 Ed. (4179)
2004 Ed. (4246)
Luther Burbank Savings & Loan Association
1998 Ed. (1012)
Luther Vandross
2002 Ed. (1161)
Lutheran Brotherhood
2003 Ed. (2994)
2002 Ed. (2932)
2000 Ed. (2695)
1999 Ed. (839, 841, 842, 861, 865, 2945)
1996 Ed. (1972)
1992 Ed. (3261)
Lutheran Brotherhood -Flexible Premium Deferred Variable Annuity
1991 Ed. (2150)
Lutheran Brotherhood - Flexible Premium Variable Life (VUL)
1991 Ed. (2150)
Lutheran Brotherhood Securities
2002 Ed. (790, 791, 792, 793, 794, 795)
2000 Ed. (833, 834, 837, 838, 839, 850, 862, 865, 866)
Lutheran Center For The Aging
2000 Ed. (3362)
Lutheran Credit Union of America
2008 Ed. (2211)
Lutheran Fraternities of American Life
1998 Ed. (2191)
Lutheran General Hospital
2001 Ed. (2770)
2000 Ed. (2525)
1999 Ed. (2746)
1998 Ed. (1987)
1997 Ed. (2268)
1996 Ed. (2153)
1995 Ed. (2141)
1992 Ed. (2456)
1991 Ed. (1932)
1990 Ed. (2054)
Lutheran Health Services
2000 Ed. (3360)
Lutheran Health System-La Crosse
2000 Ed. (3825)
Lutheran Health Systems
2001 Ed. (1824)
1997 Ed. (2829, 2830)
1996 Ed. (2705)
1992 Ed. (3127, 3279)
1991 Ed. (2502)
1990 Ed. (2632)
Lutheran Health Systems of Fargo, ND
1994 Ed. (2573)
Lutheran Hospital & Homes Society
1991 Ed. (219)
Lutheran Services in America
2004 Ed. (3698)
2003 Ed. (3651)
Lutheran Social Ministries
1996 Ed. (911)
Lutheran Social Ministry
1995 Ed. (941, 2780, 2784)
Lutheran Social Ministry Organization
1994 Ed. (910, 2677, 2678)
Lutheran Social Ministry Organizations
1993 Ed. (2730)
1992 Ed. (3267)
1991 Ed. (2613)
Lutheran Social Service of Minnesota
2006 Ed. (3721)
Lutheran Social Services of Illinois
1991 Ed. (2623)
Lutheran Social Services of Michigan
2002 Ed. (3522)
2001 Ed. (3550)
2000 Ed. (3351)
1999 Ed. (3627)
1998 Ed. (2686)
1990 Ed. (2724)
Lutheran World Relief
1994 Ed. (905)
1993 Ed. (896)
1991 Ed. (899, 2614)
Luther's Pontiac-GMC Truck; Rudy
1992 Ed. (396)
Luther's Pontiac; Rudy
1994 Ed. (280)
1993 Ed. (281)
Luthor; Lex
2007 Ed. (682)
Luton Airport
1995 Ed. (197)
Lutz
2004 Ed. (26)
Lutz Group
2005 Ed. (19)
Luv N'Care
2002 Ed. (2801)
Luvata Grenada LLC
2008 Ed. (1941)
Luvs
2008 Ed. (2335, 2336)
2007 Ed. (2201)
2006 Ed. (2263)
2005 Ed. (2201)
2003 Ed. (2054, 2055, 2056, 2921, 2922, 3719)
2002 Ed. (1973, 3379)
2001 Ed. (2007, 3342)
2000 Ed. (367, 1112, 1666, 1667)

1999 Ed. (1191, 1843)
1998 Ed. (1270)
1996 Ed. (1546)
1995 Ed. (1562)
1994 Ed. (1531)
1993 Ed. (1483)
1992 Ed. (1803)
1991 Ed. (1416, 1418)
Luvs Stretch
1998 Ed. (2669)
Luvs Ultra Leakguards
2001 Ed. (2006)
LUX European Re
2001 Ed. (2956)
Lux Holding GmbH
2004 Ed. (1701, 4929)
Lux Soap
1989 Ed. (35)
Luxcom
2002 Ed. (1199)
Luxembourg
2008 Ed. (851, 1415, 2194, 2204, 2398, 2399, 2400, 3164, 4794)
2007 Ed. (674, 2086, 2094, 2263, 2266, 3050, 4776)
2006 Ed. (783, 2138, 2150, 2332, 2335, 2716, 3552, 4769)
2005 Ed. (2042, 2056, 2269, 2761, 2762, 4602, 4717, 4800, 4977)
2004 Ed. (1461, 1909, 1921, 3287, 4751)
2003 Ed. (1879, 2483, 3232)
2002 Ed. (1809, 1810, 1814, 1823, 3183, 4974)
2001 Ed. (1141, 1342, 1949, 1950, 3151, 4246, 4910, 4920)
2000 Ed. (1154, 1155, 1608, 1612, 1613, 3354, 3373, 4425)
1999 Ed. (1253, 1254, 1753, 1783, 1784, 3111, 3629)
1998 Ed. (3467)
1997 Ed. (1544, 1545, 1687, 3912, 3924)
1996 Ed. (1218, 1479, 1480, 3870)
1995 Ed. (1516, 1520, 1521, 3773)
1994 Ed. (335, 836, 841, 1234, 1488, 1489, 2006, 2008, 3436, 3476)
1993 Ed. (3726)
1992 Ed. (1234, 1728, 1737, 2046, 2358, 2807, 4475)
1991 Ed. (1479, 3508)
1990 Ed. (864, 1582, 3700)
1989 Ed. (1284, 2965)
Luxembourg Stock Exchange
1993 Ed. (3457)
Luxemburg
2003 Ed. (2641)
Luxempart
2002 Ed. (3221)
2000 Ed. (3019)
1999 Ed. (3281)
1997 Ed. (2694)
1996 Ed. (2557)
1994 Ed. (2418)
Luxoltica Group
1996 Ed. (2873)
Luxor
2001 Ed. (2801)
Luxottica
2007 Ed. (1827)
1992 Ed. (3303)
Luxottica Group
2001 Ed. (3593)
1999 Ed. (3659)
1997 Ed. (2968, 3725)
1995 Ed. (2814)
Luxottica Group SpA
2008 Ed. (1741, 1743, 1744, 1751, 1755, 3106, 3567, 3881)
2007 Ed. (1712, 1714, 1715, 3814)
2003 Ed. (4592)
Luxottica U.S. Holdings Corp.
2007 Ed. (4947)
Luxury car
2001 Ed. (502)
Luxury Collection/St. Regis
2000 Ed. (2552)
Luxury Limousines
1999 Ed. (3453)
Luxury Linens
2006 Ed. (2888)
2004 Ed. (2881)
1992 Ed. (2526)
1991 Ed. (1969, 1970)
Luxury Linens/Burlington
1994 Ed. (2139)
Luxury Linens/Burlington Coat Factory
1997 Ed. (2323)
Luz del Sur
2002 Ed. (3083)
2000 Ed. (2932, 2933)
Luz Sr. Enterprises Inc.; David S. De
2008 Ed. (1783)
2007 Ed. (1755)
2006 Ed. (1742, 1746)
Luz y Fuerza del Centro
2004 Ed. (3025, 3026)
Luzerne County, PA
1996 Ed. (2538)
Luzerne Optical
2007 Ed. (3750, 3751, 3752, 3753)
2006 Ed. (3751, 3752)
Luzerner Kantonal Bank
1992 Ed. (843)
1991 Ed. (670)
Luzerner Kantonalbank
2002 Ed. (653)
2000 Ed. (670)
1999 Ed. (645)
1997 Ed. (623)
1996 Ed. (689)
1995 Ed. (615)
1994 Ed. (643)
1993 Ed. (640)
1989 Ed. (686)
Luzerner Katonalbank
1990 Ed. (691)
Luzianne
2008 Ed. (4599)
2005 Ed. (4605)
2003 Ed. (3923)
1995 Ed. (3547)
1994 Ed. (3478)
L.V. Gerstner, Jr.
2000 Ed. (1882)
LVI Environmental Services
2003 Ed. (1242)
LVI Environmental Services Group
2000 Ed. (1257)
1999 Ed. (1365, 2060)
1998 Ed. (943, 1492)
1997 Ed. (1174)
1996 Ed. (1145)
1995 Ed. (1170)
1994 Ed. (1150)
1993 Ed. (1136)
1992 Ed. (1423)
LVI Services Inc.
2008 Ed. (1254, 2597)
2007 Ed. (1356)
2006 Ed. (1265)
2005 Ed. (1296)
2004 Ed. (1245, 2445)
2002 Ed. (1235, 1252)
2001 Ed. (1471)
LVM Capital Mgmt.
1990 Ed. (2343, 2346)
LVMH
2003 Ed. (2550, 3626)
2000 Ed. (790, 791)
1997 Ed. (702, 703, 2670)
1996 Ed. (765, 766)
1993 Ed. (731, 732, 1316)
1992 Ed. (915, 916, 1482, 1608)
1991 Ed. (731, 732)
1990 Ed. (1832)
LVMH Moet
1992 Ed. (4147)
LVMH Moet Hennessey
1999 Ed. (773, 774)
LVMH Moet Hennessey Louis Vuitton SA
2004 Ed. (3810)
LVMH Moet Hennessy
1999 Ed. (1433)
1998 Ed. (509, 2398)
1995 Ed. (1397)
1994 Ed. (739, 740, 1370)
1992 Ed. (1621)
LVMH Moet Hennessy Louis Vuiton SA
2008 Ed. (561, 2746, 3105, 4234, 4693)
2007 Ed. (129, 153, 1731, 2986, 3814, 3815, 4199)
2006 Ed. (136, 161, 565, 1722, 2639, 3805, 4177, 4768)
2005 Ed. (663, 1798, 2642, 4716)
LVMH Moet Hennessy/Louis Vuitton
1999 Ed. (1631)
1997 Ed. (1411)
1996 Ed. (1348)
1991 Ed. (1292)
LVMH Moet Hennessy Louis Vuitton SA
2008 Ed. (3841)
2005 Ed. (669)
2002 Ed. (761, 4305)
2001 Ed. (1710, 2119, 2120)
LWB Steinl GmbH & Co. KG
2001 Ed. (2875)
LXSI Services Inc.
2008 Ed. (2967)
2006 Ed. (2830)
Lyberg Group
1993 Ed. (138)
Lycoming College
1996 Ed. (1041)
1994 Ed. (1048)
1992 Ed. (1273)
Lycon Group
1994 Ed. (3007)
Lycos
2008 Ed. (2453)
2007 Ed. (712, 733, 2327, 2351)
2006 Ed. (3183)
2002 Ed. (2520, 4871)
2001 Ed. (4778)
2000 Ed. (2749)
1999 Ed. (32, 3003)
1998 Ed. (3774, 3775, 3779, 3780)
1997 Ed. (3926)
Lycos Europe
2005 Ed. (3197)
Lycos Network
2005 Ed. (3176)
2003 Ed. (3020)
Lyd Plat
1995 Ed. (2586)
Lydall Inc.
2005 Ed. (4677, 4678)
2004 Ed. (4705, 4706)
1993 Ed. (2733)
1992 Ed. (3271)
Lydenburg Platinum
1993 Ed. (2579)
Lydian Trust
2006 Ed. (2594)
2004 Ed. (4661)
Lyell
2000 Ed. (1623)
Lyell Credit Union
2006 Ed. (2166)
2005 Ed. (2072)
2004 Ed. (1932)
2003 Ed. (1888)
2002 Ed. (1827)
1998 Ed. (1216)
1996 Ed. (1504)
Lykes Brothers Inc.
1990 Ed. (1029)
Lykes Family
2005 Ed. (4022)
Lykes Family Holdings
1998 Ed. (753)
1996 Ed. (990, 992)
1995 Ed. (1003)
1993 Ed. (964)
1991 Ed. (954, 956)
Lykes Lines
2004 Ed. (2542)
2003 Ed. (1226)
Lyle Berman
1999 Ed. (2079)
Lyle Lovett
1995 Ed. (1118, 1120)
Lyle Parks Jr. Inc.
2003 Ed. (1312)
1994 Ed. (3298)
Lyles Construction Group
2006 Ed. (1275)
Lyles Diversified Inc.
2005 Ed. (1306)
2003 Ed. (1295)
Lyman Lumber of Wisconsin Inc.
2008 Ed. (749, 1934)
Lyme Computer Systems
2008 Ed. (3721, 4413, 4972)
Lymphoma
1997 Ed. (882, 883)
Lynch & Mayer
1996 Ed. (2395)
1993 Ed. (2321, 2330)
1991 Ed. (2231)
Lynch & Co.; R. Stephen
1996 Ed. (2357)
Lynch Group
1991 Ed. (308)
1990 Ed. (345)
Lynch Imports
1990 Ed. (335)
Lynch; Merrill
1992 Ed. (2776)
Lynch Miller Moore Inc.
2000 Ed. (1864)
Lynch Miller Moore O'Hara Inc.
2001 Ed. (2311)
Lynch Miller Moore Partners Inc.
1996 Ed. (1708)
Lynch; Peter L.
2007 Ed. (959)
Lynchburg News & Advance
1990 Ed. (2701)
Lynchburg News & Advertiser
1991 Ed. (2601)
Lynda Resnick
1997 Ed. (3916)
1996 Ed. (3876)
1995 Ed. (3788)
Lynde and Harry Bradley
1992 Ed. (1097)
Lynde & Harry Bradley Foundation
1989 Ed. (1478)
Lynden
2006 Ed. (4813)
Lynden Air Cargo LLC
2004 Ed. (1342)
2003 Ed. (236)
Lyndon B. Cole
2008 Ed. (2632)
2007 Ed. (2499)
Lyndon Insurance Co.
1997 Ed. (2452)
1996 Ed. (224, 2321)
1995 Ed. (2286, 2309, 2310)
1989 Ed. (1685)
Lyndon Life Insurance Co.
1998 Ed. (2162)
Lyndon State College
1990 Ed. (1086)
Lynette Erceg
2008 Ed. (4848)
Lynk Systems
2006 Ed. (1427)
2001 Ed. (583)
Lynn A. Nagorske
2008 Ed. (369)
2007 Ed. (384)
Lynn (Aetna Life & Casualty Co.); James T.
1991 Ed. (2156)
Lynn Associates; Robert D.
1997 Ed. (269)
1996 Ed. (237)
1995 Ed. (241)
1994 Ed. (238)
Lynn Forester
2002 Ed. (4983)
Lynn Hickey Dodge
1996 Ed. (270)
1995 Ed. (263)
1994 Ed. (267)
1992 Ed. (375)
Lynn Hsu
2008 Ed. (4991)
Lynn; James T.
1990 Ed. (2282)
Lynn Kirkhofer
1993 Ed. (2464)
Lynn Wilson
1998 Ed. (3585)
1996 Ed. (3713)
Lynn Wilson Associates/Creative Environs
1990 Ed. (2286)

Lynn Wilson Associates International
1998 Ed. (2029)
1993 Ed. (243)
1992 Ed. (2716)
Lynne Franks PR
1994 Ed. (2961)
Lynne Franks Public Relations
1997 Ed. (3199)
1995 Ed. (3020)
Lynne; Shelby
1996 Ed. (1094)
1992 Ed. (1351)
Lynnwood Pizza Inc.
1994 Ed. (2884)
Lynx
2008 Ed. (711)
2002 Ed. (3644)
2001 Ed. (3723, 3726)
1999 Ed. (3779, 4749)
1998 Ed. (25, 1856)
1997 Ed. (2153)
1996 Ed. (1062, 2954, 2988)
1995 Ed. (1548)
1994 Ed. (2779, 2819)
1991 Ed. (1855)
Lynx Black
1999 Ed. (3740)
Lynx Energy Services
1996 Ed. (2868)
Lynx Group plc
2001 Ed. (4279)
Lynx Handpiece
1992 Ed. (1779)
1991 Ed. (1410)
1990 Ed. (1489)
Lynx Prod
1996 Ed. (1524)
Lyon
1993 Ed. (486)
1992 Ed. (675)
Lyon Alemand Louyot
1994 Ed. (2438)
1993 Ed. (2498)
1992 Ed. (2971)
Lyon Alemand Louyot (Comptoir)
1991 Ed. (2385)
Lyon College
2001 Ed. (1322)
1999 Ed. (1225)
1998 Ed. (796)
1997 Ed. (1058)
1996 Ed. (1042)
Lyon Companies; William
1990 Ed. (1155)
Lyon Cos.; William
1993 Ed. (1083, 1089, 1095)
Lyon-Turin TGV Railway Line
1996 Ed. (2262)
Lyon Co.; William
1995 Ed. (1134)
1994 Ed. (1113, 1114, 1119)
1992 Ed. (1353, 1362, 1363, 1366, 1367)
1991 Ed. (1047, 1058, 1059, 1062, 1063, 1988)
1990 Ed. (1171)
Lyondell
1999 Ed. (3850)
Lyondell Chemical Co.
2008 Ed. (907, 908, 923, 925, 929, 1444, 1445, 1446, 1449, 1511, 1812, 1813, 1835, 1836, 1837, 1838, 1842)
2007 Ed. (932, 933, 1528, 1529)
2006 Ed. (840, 848, 849, 850, 851, 862)
2005 Ed. (931, 939, 958, 1502)
2004 Ed. (949, 950, 963)
2003 Ed. (933)
2002 Ed. (990, 992, 1018)
2001 Ed. (1181, 1185, 1209, 1582)
2000 Ed. (1337)
Lyondell Petrochem
1992 Ed. (1107)
Lyondell Petrochemical
1999 Ed. (1088, 1097, 1113, 1496, 1504, 1554, 3366)
1998 Ed. (693, 694, 715, 716, 1118)
1997 Ed. (951, 954, 973, 974, 1290, 3401)
1996 Ed. (922, 950, 951, 1244, 1270)
1995 Ed. (950, 974, 1271, 1500)
1994 Ed. (914, 920, 942, 1465)
1993 Ed. (900, 903, 906, 1226, 1339, 1341, 1343, 1350, 1411)
1992 Ed. (1109, 1126, 1525, 1526, 1530, 1532, 1641, 1643, 1644)
1991 Ed. (900, 920, 1206, 1215, 1216, 1222, 1224, 1275, 2940)
Lyonnaise des Eaux
1999 Ed. (2032)
1998 Ed. (1446)
1997 Ed. (1408, 1753, 1781, 3215)
1992 Ed. (3943, 1483)
1990 Ed. (3264, 3468)
1989 Ed. (2482)
Lyonnaise des Eaux Dumez
1995 Ed. (3326)
1994 Ed. (3246)
1993 Ed. (3252)
Lyons
2002 Ed. (928)
1999 Ed. (367)
Lyons & Wolivar Investigations
2007 Ed. (4366)
Lyons Associates
1999 Ed. (2842)
Lyons Bakeries
2008 Ed. (710)
Lyons; Cathy
2007 Ed. (2496)
Lyons; John E.
1992 Ed. (2051)
Lyons, Jr.; Fred. W.
1992 Ed. (2051)
Lyons Lavey Nickel Swift
2003 Ed. (35)
2002 Ed. (67)
2001 Ed. (185, 212)
2000 Ed. (57, 58)
1999 Ed. (43, 54, 55)
1998 Ed. (38, 51)
1997 Ed. (45, 57)
1996 Ed. (48)
The Lyons Press
2001 Ed. (3951)
Lyons Savings
1989 Ed. (2356)
Lyons Savings Bank
1990 Ed. (3101)
Lyons Savings, FS&LA
1990 Ed. (3586)
Lyphomed Inc.
1992 Ed. (1497)
1990 Ed. (2145)
Lyre & Valbo
1995 Ed. (64)
1991 Ed. (91)
Lyre & Valbo Reklamebureau
1992 Ed. (140)
1990 Ed. (93)
1989 Ed. (97)
Lyrica
2007 Ed. (3912)
Lysaght, Lysaght & Kramer
1999 Ed. (3152)
Lysander Pet.
1990 Ed. (3466)
Lysol
2008 Ed. (981)
2007 Ed. (1099)
2006 Ed. (1014)
2005 Ed. (1001)
2004 Ed. (983)
2003 Ed. (977, 981, 986, 987)
2001 Ed. (1237, 1238)
2000 Ed. (1094)
1999 Ed. (1178, 1179, 1182)
1998 Ed. (744, 745, 747)
1997 Ed. (1005, 1006)
1996 Ed. (981, 982)
1995 Ed. (996)
1994 Ed. (979, 980, 982)
1993 Ed. (952, 954)
1992 Ed. (1173, 1174, 1176)
1991 Ed. (943)
1990 Ed. (1013)
Lysol All Purpose
2002 Ed. (1064)
2001 Ed. (1240)
2000 Ed. (1096)
Lysol NeutraAir
2005 Ed. (198)
Lyster Watson International I. LP
2003 Ed. (3146)
Lyttelton
1992 Ed. (1399)
Lytton; Laurence
1991 Ed. (1693, 1706, 1707)
Lyxor Asset Management
2004 Ed. (2819)

M

MCorp.
1997 Ed. (353)
M. A. Bruder
1996 Ed. (2132)
M. A. Bruder & Sons Inc.
1998 Ed. (1968)
M/A-Com Inc.
1996 Ed. (3499)
1995 Ed. (3434, 3436)
1992 Ed. (4058, 4060, 1920, 3678, 4072)
1991 Ed. (2847)
1990 Ed. (1105, 2987, 3232)
1989 Ed. (2309, 2791)
M/A-Com's Information Systems Division
1989 Ed. (981)
M. A. DiBona Jr. Trucking
2008 Ed. (4399)
M. A. Hanna Co.
2001 Ed. (1212, 1213, 4129, 4132)
1999 Ed. (1082, 4115, 4116)
1998 Ed. (714, 3103, 3104)
1997 Ed. (972, 3361, 3362)
1996 Ed. (3262, 3263)
1995 Ed. (972, 3167, 3168)
1994 Ed. (1261, 3117, 3118)
1993 Ed. (3054, 3055)
1992 Ed. (3745)
M. A. Mortenson Co.
2008 Ed. (1222, 1238, 1345)
2007 Ed. (1350)
2006 Ed. (1352, 1679, 2458, 2796)
2005 Ed. (1305)
2004 Ed. (1259, 1263, 1267, 1291, 1295)
2003 Ed. (1250, 1264, 1288, 1316)
2002 Ed. (1230, 1253, 1278, 1280, 1282, 2396)
2001 Ed. (1470, 2671)
2000 Ed. (2417)
1999 Ed. (1380)
1998 Ed. (1482)
1997 Ed. (1177)
1996 Ed. (1148)
1995 Ed. (1173)
1994 Ed. (1154)
M A N Group
1990 Ed. (2175)
1989 Ed. (1656)
M/A/R/C
1992 Ed. (3662)
1991 Ed. (2386, 2835)
1990 Ed. (2980)
The M/A/R/C Group
1996 Ed. (2569)
1995 Ed. (3089)
1994 Ed. (2442)
1993 Ed. (2503, 2995)
1992 Ed. (2976)
M. A. R. K. A. Iletisim Hizmetleri
2003 Ed. (160)
2002 Ed. (200)
M. A. Shattuck III
2004 Ed. (2526)
M & A Investment Banker
2000 Ed. (1789)
M & A West Inc.
2002 Ed. (3563)
M & C Saatchi
2003 Ed. (145)
2001 Ed. (232)
M & D Mechanical Contractors
2008 Ed. (1270)
M & D Ventrues Inc.
2003 Ed. (1607)
M & E Ford Volvo
1990 Ed. (2015)
M & F Bank
2008 Ed. (373)
2007 Ed. (391)
2006 Ed. (407)
2005 Ed. (454)
M & G Convoy
1995 Ed. (3676)
1994 Ed. (3598)
1993 Ed. (3638)
M & G Equity Income
1995 Ed. (2749)
M & G European Acc.
1992 Ed. (3203)
M & G Extra Yield
1995 Ed. (2751)
M & G Gold & General
1995 Ed. (2747)
M & G High Income
1995 Ed. (2749)
M & G Industries Inc.
2006 Ed. (3538, 4376)
M & G Japan & General Account
1997 Ed. (2912, 2913)
M & G Polymers USA LLC
2004 Ed. (1889)
M & G Reinsurance
1991 Ed. (2132)
M & G Waterproofing Inc.
1995 Ed. (1147)
M & H Building Specialties Inc.
2008 Ed. (1316)
2007 Ed. (1381)
2006 Ed. (1328)
M & H Drugs Inc.
1990 Ed. (1652)
M & I
1994 Ed. (464)
M & I Bank, FSB
2007 Ed. (4253)
2006 Ed. (4239)
2005 Ed. (4214)
2004 Ed. (4281)
M & I Data Services Inc.
2001 Ed. (2187)
2000 Ed. (1733)
1998 Ed. (1397)
1997 Ed. (1703)
1993 Ed. (459)
1991 Ed. (1716)
1990 Ed. (1781)
M & I Madison Bank
1998 Ed. (436)
1997 Ed. (647)
1996 Ed. (712)
M & I Marshall & Ilsley Bank
1998 Ed. (436)
1997 Ed. (647, 2622)
1996 Ed. (712)
1995 Ed. (636, 2439)
1992 Ed. (868)
1991 Ed. (694)
M & I Marshall & Ilsley Bank Milwaukee
1997 Ed. (2620)
M & M
2008 Ed. (835)
2007 Ed. (871)
1993 Ed. (833)
M & M Automated Systems Co.
1990 Ed. (2013)
1989 Ed. (1590)
M & M Chocolate Candies
2000 Ed. (1056)
M & M Communications
2003 Ed. (156)
2002 Ed. (192)
2001 Ed. (219)
M & M Distributors & Construction Co. Inc.
1992 Ed. (3963)
M & M Insurance Management Services Inc.
1998 Ed. (640, 642)
1997 Ed. (901, 903)
1996 Ed. (879, 880, 882)
1995 Ed. (905, 907, 909)
1994 Ed. (863, 865, 867)
1993 Ed. (850, 853)
1992 Ed. (1060)
1991 Ed. (855, 856)
1990 Ed. (907)
M & M/Mars
2004 Ed. (1552)
2000 Ed. (1059)

1998 Ed. (621, 622, 623)
1997 Ed. (893)
1994 Ed. (3342)
1992 Ed. (1041, 1044, 1046)
1990 Ed. (3309)
1989 Ed. (858, 2781)
M & M Peanut
2000 Ed. (1054)
1997 Ed. (895)
1995 Ed. (889, 890, 894, 895)
1992 Ed. (1042)
1990 Ed. (895)
M & M Peanut Chocolate Candies
1989 Ed. (856)
M & M Peanut Chocolate Candies, 16-Oz. Bag
1990 Ed. (893)
M & M Plain
2000 Ed. (1054)
1997 Ed. (895)
1995 Ed. (890, 894, 895)
1992 Ed. (1042)
1990 Ed. (895)
M & M Plain Chocolate Candies
1989 Ed. (856)
M & M Plain Chocolate Candies, 16-Oz. Bag
1990 Ed. (893)
M & M Plain-Holidays
1996 Ed. (968)
M & M Products
1989 Ed. (734)
M & Ms
2008 Ed. (973)
2007 Ed. (677)
2006 Ed. (774)
2005 Ed. (996)
2004 Ed. (875, 876, 978)
2003 Ed. (963, 1131)
2002 Ed. (933, 934, 936, 1047, 1048, 1049)
2001 Ed. (1111, 1113, 1114, 1120)
2000 Ed. (1055, 1057, 1058)
1998 Ed. (615, 616, 617, 618, 619, 620, 624, 625, 626, 627, 628, 629, 630, 631)
1997 Ed. (890, 891, 892, 983)
1994 Ed. (846, 848, 849, 850, 1868)
1993 Ed. (832, 838, 1878)
1992 Ed. (1043, 2190, 921)
M & M's Peanut Chocolate Candies
1991 Ed. (847)
1990 Ed. (892)
M & M's Plain Chocolate Candies
1991 Ed. (847)
1990 Ed. (892)
M & M's World
2007 Ed. (888)
M & R
1991 Ed. (1345)
1990 Ed. (1418)
M & R-Hold
1993 Ed. (1395)
M & T Bank
2008 Ed. (355, 367, 371)
2007 Ed. (367, 379, 381, 386, 2561)
2006 Ed. (543, 831)
2005 Ed. (356, 357, 452, 629, 630, 640, 1545)
2004 Ed. (640, 641, 1457)
2003 Ed. (627, 628)
2002 Ed. (491)
2001 Ed. (568, 643)
M & T Trucking Inc.
2008 Ed. (4324)
M & V Provisions Co.
2002 Ed. (4297)
2001 Ed. (4285)
M. Anthony Burns
1991 Ed. (1629)
1990 Ed. (1721, 1722)
1989 Ed. (1382)
M. Arthur Gensler Jr. & Associates Inc.
2008 Ed. (262, 264, 2511, 2523, 2530, 2536, 2537, 2538, 2540, 2541, 2542, 3080, 3337, 3339, 3340, 3341, 3342, 3344, 3345, 3347, 3348, 4227)
2007 Ed. (286, 2414, 2415, 2955, 3195, 3197, 3198, 3200, 3202, 3203, 3205, 3206, 3207, 4190)
2006 Ed. (283, 3162, 3163, 3164, 3166, 3168, 3171, 3172, 3173)
2004 Ed. (2334, 2341, 2345, 2350, 2372, 2388, 2394)
M-B
2001 Ed. (455)
M. B. Haynes Corp.
2006 Ed. (1333)
M Booth & Associates
2005 Ed. (3953, 3958)
2004 Ed. (3976, 3986)
M. C. Dean Inc.
2008 Ed. (1257)
M. C. Hawley
2002 Ed. (2204)
2001 Ed. (2339)
M. C. Pigott
2005 Ed. (2484)
2003 Ed. (2381)
M. C. Products
1997 Ed. (2975)
M-Care Inc.
2001 Ed. (2680)
2000 Ed. (2423, 2434)
1999 Ed. (2644, 2654)
1997 Ed. (2185, 2186, 2193)
1992 Ed. (2390)
1991 Ed. (1894)
1990 Ed. (1996)
M-Cell
2006 Ed. (2010)
2001 Ed. (1846)
M-Corp
1990 Ed. (2084)
M. D. Anderson Cancer Center
1994 Ed. (890)
1993 Ed. (893, 1028, 1741)
M. D. Anderson Cancer Center; University of Texas
2008 Ed. (3042, 3044, 3055, 3056, 3194)
2007 Ed. (2919, 2921)
2006 Ed. (2900, 2902, 2914, 2915)
2005 Ed. (1972, 2894, 2896, 2907)
M. D. C. Holdings Inc.
2008 Ed. (1684, 1686)
2007 Ed. (1664, 1666)
2006 Ed. (1216, 1648, 1650)
2005 Ed. (1231, 1232, 1256, 1737, 1739)
2004 Ed. (1206, 1207, 1679, 1681)
2003 Ed. (1649, 1651)
2002 Ed. (1178, 2656, 2657, 2661, 2665, 2668, 2669)
1998 Ed. (877, 879, 888)
1991 Ed. (1058, 1063, 3224)
M. D. Capellas
2002 Ed. (2201)
M. D. Eisner
2005 Ed. (2502)
2002 Ed. (2205)
M D Foods Amba
1994 Ed. (1346)
M. D. Ivester
2001 Ed. (2321)
M. D. Parker
2004 Ed. (2503)
2003 Ed. (2384)
2002 Ed. (2188)
M. D. Sass Group
2003 Ed. (2701)
M. D. White
2004 Ed. (2517)
2003 Ed. (2398)
2002 Ed. (2190)
M. Douglas Ivester
2000 Ed. (1047, 1875)
M. E. Allison & Co.
1995 Ed. (2331)
M-E Centroamericana
1996 Ed. (74)
M/E Engineering PC
2008 Ed. (1192)
M-E Engineers Inc.
2008 Ed. (2572, 3698, 3700)
2007 Ed. (3539, 3541)
2006 Ed. (3502, 3504)
2005 Ed. (3494, 3495)
2004 Ed. (3494, 3495)
2003 Ed. (3425, 3426)
2002 Ed. (3373)
M. E. Gillis
1994 Ed. (1712)
M-E Republica Dominicana
1996 Ed. (80)
M. E. S. Holding Corp.
2008 Ed. (1250)
2007 Ed. (1353, 1354)
2006 Ed. (1262, 1263)
2005 Ed. (1292)
2004 Ed. (1242)
M. E. Wiley
2005 Ed. (2498)
2004 Ed. (2514)
2003 Ed. (2395)
M. Farooq Kathwari
2003 Ed. (2408)
M-Flex
2005 Ed. (1270)
M-Foods Holdings Inc.
2004 Ed. (3288, 3289)
M Fortunoff
2003 Ed. (2594)
2002 Ed. (2385)
2000 Ed. (2298)
M. Fortunoff's
1999 Ed. (2559)
1998 Ed. (1793)
M. G. Kailis
2004 Ed. (1637)
M. G. McGuinn
2003 Ed. (2372)
M. G. McMahon & Co.
1995 Ed. (2335)
1993 Ed. (2262, 2266)
1991 Ed. (2164, 2169)
M. G. Papa
2005 Ed. (2496)
2003 Ed. (2393)
M. G. Rover Group Ltd.
2004 Ed. (4795)
M. Goldsmith Co. Inc.
1999 Ed. (4500)
M. Gyani
2003 Ed. (2402)
M. H. Golden Co.
1992 Ed. (1409)
M/I Homes
2005 Ed. (1187, 1189, 1201, 1207)
2004 Ed. (1159, 1161, 1173, 1174, 1180)
2003 Ed. (1154, 1156, 1165, 1172)
M/I Schottenstein
1998 Ed. (898)
1994 Ed. (1117, 1118, 1119)
M/I Schottenstein Homes Inc.
2004 Ed. (1206, 1207)
2002 Ed. (1184, 1193, 2680, 2689)
2000 Ed. (1209)
M. J. Brock & Sons Inc.
1997 Ed. (3259)
1994 Ed. (3007)
M. J. Critelli
2004 Ed. (2513)
M. J. Dean Construction Inc.
2008 Ed. (1315, 1340)
2007 Ed. (1380)
2006 Ed. (1327)
M. J. Eriksson A/S
2008 Ed. (1706)
M. J. Harris Inc.
2008 Ed. (1269)
2007 Ed. (1373)
M. J. Marchant Underwriting Ltd.
1993 Ed. (2454)
1992 Ed. (2896)
M. J. McDonald
2005 Ed. (2507)
2004 Ed. (2523)
2003 Ed. (2403)
2002 Ed. (2209)
M. J. Murdock Charitable Trust
1995 Ed. (1927)
M. J. O'Brien
2005 Ed. (2504)
2004 Ed. (2520)
M. J. Ward
2005 Ed. (2503)
2004 Ed. (2519)
M. K. Rose
2005 Ed. (2503)
2004 Ed. (2519)
2003 Ed. (2400)
2002 Ed. (2206)
M. K. Wong & Associates Ltd.
1989 Ed. (1786)
M. Kamenstein Inc.
1993 Ed. (1184)
M. Karmazin
2001 Ed. (2340)
M. Keith Waddell
2007 Ed. (1048)
2006 Ed. (953)
M. L. Annenberg Foundation
1991 Ed. (1768)
M. L. Eskew
2003 Ed. (2406)
M. L. Lukens
2001 Ed. (2337)
M. L. Marsh
2001 Ed. (2338)
M. L. McDonald Co.
1999 Ed. (1373)
1998 Ed. (952)
1997 Ed. (1172)
1996 Ed. (1144)
1995 Ed. (1168)
1994 Ed. (1142)
1993 Ed. (708, 3172, 3178, 3179, 3191)
1992 Ed. (1422)
1991 Ed. (1089)
M. L. McDonald Sales Co. Inc.
2002 Ed. (1295)
M. L. Reissman
1991 Ed. (1618)
M. Lee Pearce
1992 Ed. (2143)
1991 Ed. (2265, 3333)
M. Leslie
2003 Ed. (2394)
M. M. Arison
2005 Ed. (2479)
2004 Ed. (2495)
2003 Ed. (2374)
2002 Ed. (2196)
2001 Ed. (2330)
M. McShane
2003 Ed. (2395)
M. Micky Arison
2000 Ed. (1877)
1998 Ed. (1513)
M-Net
2005 Ed. (79)
2004 Ed. (84)
M-Net/Supersport
2002 Ed. (4450)
M. O. Larsen
2005 Ed. (2482)
2002 Ed. (2184)
M-100/150
1992 Ed. (83)
M. P. Mays
2002 Ed. (2205)
M. P. Watson, Jr.
2001 Ed. (2336)
M-Plan
1999 Ed. (2647, 2650)
1998 Ed. (1910, 1911, 1912, 1913)
M. R. Beal & Co.
2008 Ed. (185)
2007 Ed. (198)
2006 Ed. (192)
2005 Ed. (178)
2004 Ed. (177)
2003 Ed. (219)
2002 Ed. (718)
2000 Ed. (745)
1999 Ed. (732, 4232, 4233, 4245)
1998 Ed. (471, 3236, 3237)
1997 Ed. (2478, 3467)
1996 Ed. (3364)
1991 Ed. (2509, 3049)
M. R. Bonsignore
2003 Ed. (2373)
2001 Ed. (2324)
M. R. Bowlin
2001 Ed. (2333)
M. R. Cannon
2005 Ed. (2489)
M. R. Greenberg
2005 Ed. (2474, 2475)
M. R. Splinter
2005 Ed. (2493)

M. R. Weiser & Co.
1999 Ed. (20)
M. R. Weiser & Co. LLP
2003 Ed. (7)
2002 Ed. (18, 21)
M. R. Weuser & Co.
1998 Ed. (16)
M-Real Corp.
2008 Ed. (3557)
2006 Ed. (1701)
M-Real Oyj
2007 Ed. (1698)
2006 Ed. (1703, 3379)
M. Rothchild
1990 Ed. (2313)
M. S. Carriers
2004 Ed. (4780)
1999 Ed. (4689)
1998 Ed. (3634, 3635)
M. S. Drexler
2004 Ed. (2497)
2001 Ed. (2335)
M. S. Kaufman
2000 Ed. (1051)
M-S-R Public Power Agency, CA
2000 Ed. (1727)
M. Silver Associates
1998 Ed. (3618)
1992 Ed. (3562)
M. Stanley Asset Management
1995 Ed. (2395, 2396)
M-Systems Flash Disk Pioneers Ltd.
2006 Ed. (1580)
M. T. Devlin
2003 Ed. (2394)
M. T. L. Services Ltd.
2004 Ed. (4796)
M. Tucker
1995 Ed. (1920)
M. W. Hunkapiller
2003 Ed. (2391)
2002 Ed. (2195)
2001 Ed. (2329)
M. W. Johnson Construction
2005 Ed. (1215)
2004 Ed. (1189)
2003 Ed. (1183)
1998 Ed. (911)
The M. W. Kellogg Co.
1999 Ed. (29, 1000, 1001, 1341, 1342, 1356, 1361, 1386, 1390, 1400, 1483, 1491, 1551, 2023, 2455, 2459, 2460, 2461, 3637, 4568)
1998 Ed. (258, 595, 596, 934, 939, 942, 967, 1176, 1202, 1439, 1710, 1718, 1720, 1725, 3325, 3490, 3499)
1997 Ed. (919, 1136, 1153, 1158, 1184, 1480, 2028, 2030, 3714, 3715)
1996 Ed. (27, 768, 777, 862, 890, 1124, 1125, 1129, 1151, 1152, 1154, 1155, 1158, 1160, 1163, 1243, 1420, 1666, 1669, 1931, 1933, 3657, 3659, 3661)
1995 Ed. (913, 1138, 1139, 1148, 1151, 1152, 1157, 1177, 1178, 1180, 1181, 1182, 1184, 1185, 1187, 1190, 1458, 1684, 1687, 1691, 1696, 1699, 1885, 1890, 1900, 1904, 3572, 3573, 3574, 3575)
1994 Ed. (1123, 1124, 1130, 1133, 1134, 1158, 1159, 1161, 1162, 1163, 1165, 1167, 1170, 1637, 1640)
1993 Ed. (1101, 1114, 1117, 1118, 1141, 1142, 1144, 1146, 1148, 1614, 1615, 1616, 1617, 1618, 1620)
1992 Ed. (1374, 1375, 1401, 1404, 1405, 1408, 1426, 1427, 1429, 1430, 1431, 1433, 1963, 1968)
1991 Ed. (1069, 1073, 1076, 1091, 1092, 1093, 1094, 1095, 1096, 1098)
M + W Zander
2008 Ed. (2533)
M + W Zander U.S. Operations Inc.
2008 Ed. (2545)
2007 Ed. (2418)
M. Wood Co.
2001 Ed. (2311)
M. Young Communications
2005 Ed. (3953)
M. Zita Cobb
2003 Ed. (2409)
2002 Ed. (4980)
MA & O Inc.
2006 Ed. (2829)
M.A. Bruder & Son
1992 Ed. (3728)
M.A. Hanna
2000 Ed. (3827, 3828)
1990 Ed. (3449)
Ma; Mary
2008 Ed. (4949)
2007 Ed. (4982)
2005 Ed. (4991)
MA Mutual Life
1989 Ed. (2974)
MA Schapiro & Co.
1997 Ed. (3435)
M.A. Weatherbie
2000 Ed. (2821, 2823)
MAA Group
2001 Ed. (144)
1999 Ed. (100)
1997 Ed. (99)
MAA Group (Bozell)
2000 Ed. (104)
Maaco Auto Painting & Bodyworks
2007 Ed. (349)
2006 Ed. (366)
2005 Ed. (351)
2004 Ed. (351)
2003 Ed. (366)
2002 Ed. (419)
2000 Ed. (2269)
1999 Ed. (2515)
Maaco Collision Repair & Auto Painting
2008 Ed. (334)
Maalox
2003 Ed. (283)
1999 Ed. (279)
1998 Ed. (174, 175)
1996 Ed. (225, 226)
1995 Ed. (224)
1994 Ed. (225, 226)
1993 Ed. (236, 237, 1531)
1992 Ed. (340, 342, 343, 346, 1873)
Maalox Max
2004 Ed. (249)
Maalox Plus
1998 Ed. (173, 1350)
1996 Ed. (226)
Maan Al-Sanea
2008 Ed. (4891, 4892)
Ma'anshan
1992 Ed. (4138)
Maanshan Iron & Steel Co., Ltd.
2008 Ed. (3554)
Ma'ariv
2004 Ed. (54)
Maas
2003 Ed. (983)
Maas Polishing Systemes
2003 Ed. (992)
Maass Medical Center; Clara
1993 Ed. (2075)
Maatschappij voor Coordinatie van Produktie en Transport van Elektrische Energie
1999 Ed. (1331)
MAAX Inc.
2003 Ed. (1641)
1997 Ed. (1376)
Mabon Securities
1994 Ed. (728)
Mabor - Manufactura Nacional de Borracha
1992 Ed. (2894)
Mabuchi Taiwan Co. Ltd.
1994 Ed. (2424)
Mabuhay Vinyl
1999 Ed. (4167)
Mabus; Ray E.
1992 Ed. (2344)
Mac
2008 Ed. (2182, 2183, 2184, 3450)
2003 Ed. (1859, 1861, 3215)
2001 Ed. (584, 2186, 2188, 2189, 3826)
2000 Ed. (1732)
1999 Ed. (1954)
1998 Ed. (1396)
1997 Ed. (1704)
1996 Ed. (259, 1624)
1995 Ed. (352, 1648)
1994 Ed. (1606)
1993 Ed. (263)
1992 Ed. (1910, 1912, 1913)
1991 Ed. (1510)
1990 Ed. (292, 293)
1989 Ed. (281)
Mac Aerospace Corp.
2001 Ed. (2715)
Mac Aerospace corp.
2000 Ed. (4291)
Mac Attack Pack
1998 Ed. (850)
Mac Balanced
2003 Ed. (3559)
Mac Cosmetics
2008 Ed. (2277)
Mac Cundill Canadian Balanced
2004 Ed. (3611)
2003 Ed. (3558, 3559)
Mac Cundill Value
2004 Ed. (2478, 2479)
2003 Ed. (3573, 3574, 3575)
Mac Farms of Hawaii LLC
2007 Ed. (1751)
Mac Frugal's Bargains
1999 Ed. (1874, 1875, 1878, 1922)
Mac-Gray Corp.
2007 Ed. (1875)
MAC Group
2008 Ed. (92)
1990 Ed. (855)
MAC Group Italia
1989 Ed. (124)
Mac IND Growth Segregated
2003 Ed. (3576)
Mac Ivy Foreign Equity
2004 Ed. (2478, 2479)
Mac Ivy Foreign Equity Segregated
2004 Ed. (2478, 2479)
Mac Ivy Growth & Income
2004 Ed. (3612)
2003 Ed. (3560)
Mac Ivy RSP Foreign Equity
2004 Ed. (2478, 2479)
MAC (Money Access Service)
1991 Ed. (1509, 1511)
Mac Stewart Investments LLC
2003 Ed. (1821, 2841)
MAC Systems Inc.
2008 Ed. (3714, 4966)
2007 Ed. (3565, 3566)
Mac Universal Canadian Resource
2006 Ed. (2512)
2004 Ed. (3619)
Mac Universal Precious Metals
2004 Ed. (3620, 3622)
2003 Ed. (3576)
Mac Universal RSP Communications
2003 Ed. (3602)
Mac Universal World Precious Metal Cap Class
2003 Ed. (3576)
Mac Universal World Science & Technology
2003 Ed. (3603, 3604)
Macadamia nuts
1992 Ed. (3281)
1990 Ed. (2727)
Macadamian Technologies Inc.
2008 Ed. (1134)
The Macallan
2004 Ed. (4315, 4321)
2003 Ed. (4305)
2002 Ed. (293, 4175, 4181, 4183, 4184)
2001 Ed. (2115, 3133, 4162, 4167, 4168, 4169)
2000 Ed. (2968, 3868, 3869, 3870, 3872)
1999 Ed. (3230, 3247, 4153, 4154, 4155, 4157)
1998 Ed. (2389, 3165, 3169, 3170, 3171, 3173)
1997 Ed. (2662, 3391, 3392, 3394, 3395)
1996 Ed. (3294, 3295, 3296, 3298)
1995 Ed. (2473, 3196, 3197)
1994 Ed. (3152)
1993 Ed. (3106)
1992 Ed. (2891, 3810)
Macallan Glenlivet
1991 Ed. (2934)
1990 Ed. (3463)
Macallan Single Malt
1990 Ed. (3113)
MacAllister Booth
1991 Ed. (1624)
The Macaluso Group
2008 Ed. (2887)
MacAndrews & Forbes
1996 Ed. (360)
MacAndrews & Forbes Holdings Inc.
2007 Ed. (155)
2000 Ed. (955, 1108)
1999 Ed. (1188)
1998 Ed. (756)
1997 Ed. (1015)
1996 Ed. (998)
1993 Ed. (979)
1992 Ed. (1204)
Macao
1992 Ed. (4324)
1990 Ed. (3624)
Macapagal-Arroyo; Gloria
2006 Ed. (4986)
Macardle Moore & Co.
2007 Ed. (609, 2616, 4774)
2006 Ed. (565, 2639, 4768)
Macaroni
2003 Ed. (3926, 3927)
2002 Ed. (3588, 3746)
Macaroni & cheese
1998 Ed. (2463)
Macaroni products
1997 Ed. (2032)
MacArthur
1999 Ed. (2500)
MacArthur Foundation
1990 Ed. (1847)
1989 Ed. (1469)
MacArthur Foundation; John D. & Catherine T.
2008 Ed. (2766)
2005 Ed. (2677, 2678)
1995 Ed. (1931, 1932)
1994 Ed. (1897, 1898, 1906, 2772)
1993 Ed. (1895, 1896, 2783)
1992 Ed. (1096, 2214, 2215, 3358)
1991 Ed. (895, 895, 895, 895, 1765, 2689, 2693)
1990 Ed. (2786)
1989 Ed. (1470, 1471, 2165)
MacArthur Industrial Condos
1991 Ed. (1044)
MacarthurCook
2008 Ed. (1571)
Macatawa Bank Corp.
2002 Ed. (1729)
Macau
1997 Ed. (2560)
Macau; Hong Kong and
1990 Ed. (1732)
MacBain; Louise
2008 Ed. (897)
Maccabee Group
2005 Ed. (3968)
2004 Ed. (4018)
2003 Ed. (4009)
MacCalc
1989 Ed. (2527)
Macco Constructors Inc.
1995 Ed. (1193)
1993 Ed. (1151)
1992 Ed. (1437)
Mac.com
2007 Ed. (2352)
MacCundill Recovery
2006 Ed. (2513)
MacCundill Value
2006 Ed. (2513)
MacDermid Inc.
2007 Ed. (1662)
1989 Ed. (898)
MacDill AFB
1996 Ed. (2645)

MacDill Air Force Base
1998 Ed. (2500)
MacDill Credit Union
2008 Ed. (2225)
2007 Ed. (2110)
2006 Ed. (2177, 2189)
2005 Ed. (2083, 2094)
2004 Ed. (1952)
2003 Ed. (1912)
2002 Ed. (1858)
MacDill FCU
1999 Ed. (1805)
MacDill Federal Credit Union
2000 Ed. (1631)
1998 Ed. (1232)
MacDonald, Dettwiler & Associates
2008 Ed. (1637, 2941, 2947)
2007 Ed. (2815, 2822)
2006 Ed. (1421, 1606, 2816, 2817, 2820)
2003 Ed. (2929, 2932)
MacDonald; Gerald V.
1995 Ed. (981)
MacDonald, Jr.; Ralph L.
1989 Ed. (417)
MacDonald Miller Facilities Solutions
2008 Ed. (1225)
MacDonald-Miller Facility Solutions
2006 Ed. (1260, 1348, 1351)
2005 Ed. (1290)
Macdonald Page Schatz Fletcher
2003 Ed. (5)
2002 Ed. (16)
Macdonald Page Schatz Fletcher & Co., LLC
2005 Ed. (7)
2004 Ed. (11)
MacDonald; Rebecca
2008 Ed. (4991)
2007 Ed. (4985)
2006 Ed. (4988)
2005 Ed. (4992)
MacDonald; Scott
1997 Ed. (1932)
MacDonnell; Robert
1994 Ed. (1840)
Mace Security
2005 Ed. (350)
Macedonia
2008 Ed. (2193)
Macedonian Telecommunications
2006 Ed. (66)
2004 Ed. (64)
The Macerich Co.
2008 Ed. (2368, 4127, 4336)
2007 Ed. (2218, 2222, 2228, 4086, 4106, 4378)
2006 Ed. (4045, 4055, 4315)
2005 Ed. (4025)
2004 Ed. (4091)
2003 Ed. (4065, 4411)
2002 Ed. (4278, 4279)
2001 Ed. (4250, 4255)
2000 Ed. (4019, 4022, 4031)
1991 Ed. (3125)
1990 Ed. (3283, 3290)
Macfarlanes
2001 Ed. (4180)
Macfield Inc.
1991 Ed. (970)
MacFrugal's
1996 Ed. (895)
1995 Ed. (917)
MacFrugal's Bargains
1999 Ed. (1053)
1998 Ed. (666, 1360)
1997 Ed. (926, 1634, 1635)
1994 Ed. (887, 1565)
MacGregor
1997 Ed. (1024)
1996 Ed. (3492, 3493)
1994 Ed. (3371)
1991 Ed. (1855)
1989 Ed. (2664)
MacGregor Athletic Products
1991 Ed. (3166)
MacGregor Golf
1997 Ed. (2153)
1993 Ed. (259)
1992 Ed. (2338)
MacGregor Realty Inc.
1995 Ed. (3061)
MacGregor Sand-Knit
1992 Ed. (4055)
1991 Ed. (3174)
MacGregor Sporting Goods
1989 Ed. (2669)
Macguire Partners
2000 Ed. (3720)
MacGuyer Homebuilders
1995 Ed. (1133)
Machado Enterprises; Gus
1997 Ed. (289)
1996 Ed. (260)
1992 Ed. (2408)
1990 Ed. (2007, 2016)
Machado Ford Inc.; Gus
1995 Ed. (255, 2110)
Machado Garcia-Serra LLC
2008 Ed. (122)
Machado; Gus
1990 Ed. (2015)
Machala
2000 Ed. (513)
Macheezmo Mouse
1997 Ed. (3329, 3651)
Machine & hand tools
1989 Ed. (2646)
Machine & Welding Supply Co.
2006 Ed. (4370)
Machine Design
2008 Ed. (142)
2006 Ed. (756)
2004 Ed. (856)
2001 Ed. (249, 251)
2000 Ed. (3484)
1999 Ed. (3756, 3757, 3758)
1997 Ed. (3044)
1994 Ed. (2796)
Machine Guarding
2000 Ed. (4323, 4324)
Machine Guarding-Abrasive Wheels
2000 Ed. (4323)
Machine/Hand tools
1991 Ed. (2027, 2056)
1990 Ed. (2182, 2186)
Machine tools
1996 Ed. (2566)
Machine tools & metalworking equipment
1995 Ed. (1754, 2248)
Machinery
2008 Ed. (1416, 1423, 1426, 1432)
2007 Ed. (264, 2755)
2006 Ed. (257, 1444, 1447, 1454, 2749)
2005 Ed. (1480, 1543)
2004 Ed. (1464, 1527, 1546, 1558)
2003 Ed. (265, 1435, 1497, 1516, 2909)
2002 Ed. (1413, 1481, 1489, 2798, 3969, 3970)
2001 Ed. (2376, 4364)
2000 Ed. (1897, 3088, 4117)
1999 Ed. (2104, 3352)
1997 Ed. (2630, 2631)
1996 Ed. (2488, 2489)
1995 Ed. (2445)
1993 Ed. (2377)
1992 Ed. (2567, 2902, 3476)
1991 Ed. (1138, 1173, 1174, 1186, 1187, 1995)
1990 Ed. (2150)
Machinery and equipment
2001 Ed. (363, 364)
1998 Ed. (150)
1996 Ed. (3827)
1992 Ed. (2093)
Machinery & equipment, specialized industrial
1999 Ed. (2102)
Machinery & equipment wholesaling
2002 Ed. (2780)
Machinery & supplies
1993 Ed. (2132)
Machinery and transport equipment
1993 Ed. (1727)
Machinery and transportation equipment
1992 Ed. (2086, 2087)
Machinery (diversified)
1996 Ed. (3508)
Machinery, electrical
2008 Ed. (2649, 2650)
Machinery, Equipment and Supplies
1990 Ed. (1657)
Machinery, Except Electrical
1990 Ed. (1658)
Machinery (excluding electrical)
1997 Ed. (1717)
Machinery, general industrial
2008 Ed. (2649, 2650)
Machinery manufacturers, except electrical
2001 Ed. (1637, 1639, 1677, 1681, 1699, 1708, 1757, 1758, 1781, 1804, 1837, 1855, 1859, 1883)
Machinery, non-electrical
1993 Ed. (1713)
Machinery parts
1993 Ed. (1714)
Machinery, power generating
2008 Ed. (2649)
Machinery, specialized industrial
2008 Ed. (2649)
Machines
1993 Ed. (1714)
Machinists
1996 Ed. (3603)
1994 Ed. (2587)
Machinists/Aerospace Workers Union
1999 Ed. (3845)
Machinists, IAM, National Pension Fund
1991 Ed. (2686, 3412)
1989 Ed. (2163, 2862)
Machinists Non-Partisan Political League
1993 Ed. (2873)
Mach3
2001 Ed. (3989, 3990)
Mach3; Gillette
2008 Ed. (3876)
Mach3 Turbo; Gillette
2008 Ed. (3876)
Maciej Radziwill
1999 Ed. (2422)
Macintax
1996 Ed. (1085)
Macintosh
2008 Ed. (1129)
1999 Ed. (1257)
1998 Ed. (825)
1992 Ed. (1331)
1990 Ed. (3709)
Macintosh NV
1991 Ed. (986)
MacIntyre Hudson
2006 Ed. (7)
Mack
2000 Ed. (4304)
1998 Ed. (3625, 3646)
1997 Ed. (3261)
1994 Ed. (317, 3582, 3583)
1992 Ed. (1804, 4350)
Mack & Parker Inc.
2001 Ed. (2910)
Mack; Andrew
2006 Ed. (4140)
Mack-Cali Realty Corp.
2007 Ed. (4105)
2006 Ed. (4054)
2005 Ed. (3637, 4024)
2004 Ed. (4090)
2003 Ed. (1505, 4064)
2002 Ed. (3925)
2001 Ed. (4009)
2000 Ed. (3722)
Mack Group Inc.
2008 Ed. (2155)
2001 Ed. (2874)
1999 Ed. (2626, 4709)
Mack; John J.
2008 Ed. (949)
2007 Ed. (1027)
Mack Molding Co.
2001 Ed. (1893)
1997 Ed. (2170, 3835)
Mack Sales of South Florida Inc.
2000 Ed. (330, 2463, 2467)
1999 Ed. (318)
1997 Ed. (289, 2218)
1996 Ed. (2112)
Mack Technologies Inc.
2006 Ed. (1227, 1235)
2004 Ed. (2238)
Mack Truck
1993 Ed. (337, 3627, 3628)
Mack Trucks Inc.
2005 Ed. (1770, 1945, 3908, 4765)
2002 Ed. (4791)
1996 Ed. (3747)
1995 Ed. (3667)
1992 Ed. (1556, 3116)
1991 Ed. (314, 316, 330, 1214, 1219, 1235, 2491, 2492, 3424)
1990 Ed. (350, 352, 357, 379, 2625, 2626)
1989 Ed. (312, 2014)
Mackay Envelope Co.
2006 Ed. (4360)
Mackay King Advertising
1989 Ed. (143)
Mackay-Shields
1997 Ed. (2524)
MacKay-Shields Financial Corp.
2001 Ed. (3001, 3002, 3003, 3004)
2000 Ed. (2787)
1991 Ed. (2234)
1990 Ed. (2348)
Mackay Sugar Co-op
2002 Ed. (3775)
Mackays Stores (Holdings) PLC
1995 Ed. (1012)
Mackenzie Canada
1993 Ed. (2681)
Mackenzie Cundill Canadian Security
2002 Ed. (3447, 3448)
Mackenzie Financial
1994 Ed. (2309)
1993 Ed. (2297, 2344)
1992 Ed. (3206)
Mackenzie Fixed Income
1992 Ed. (3186)
1990 Ed. (2376)
Mackenzie Industrial Equity Fund
2002 Ed. (3469)
Mackenzie Industrial Growth
2002 Ed. (3458, 3459, 3460)
Mackenzie Industrial Pension
2002 Ed. (3428)
MacKenzie Investment Management
1993 Ed. (2297)
Mackenzie Ivy Growth & Income
2002 Ed. (3428)
Mackenzie Sentinel Canadian Equity
2001 Ed. (3485)
Mackenzie Universal Future
2002 Ed. (3436)
Mackenzie Universal World Value
2002 Ed. (3461, 3462, 3463)
Mackey J. McDonald
2008 Ed. (1108)
2007 Ed. (1202)
2005 Ed. (1104)
Mackey; John
2007 Ed. (1015)
2006 Ed. (925, 2627)
1995 Ed. (1717)
Mackey McDonald
2007 Ed. (1102)
Mackie Designs Inc.
2004 Ed. (1080)
Mackin; John
1997 Ed. (1883)
1993 Ed. (1810)
Mackintosh Ltd.; Cameron
1994 Ed. (993, 996)
Mackintosh; Sir Cameron
2007 Ed. (4932)
2005 Ed. (4894)
MacLaren Advertising
1990 Ed. (86)
MacLaren Lintas
1996 Ed. (69)
1995 Ed. (53)
1994 Ed. (75, 123)
1993 Ed. (85, 142)
1992 Ed. (130, 131, 132, 215)
1991 Ed. (82, 83, 84)
1990 Ed. (85)
MacLaren McCann
2000 Ed. (75, 76)
1999 Ed. (70)
MacLaren McCann Canada
2003 Ed. (57)
2002 Ed. (90)
2001 Ed. (119)

2000 Ed. (76)
1999 Ed. (71)
MacLaren-McCann-Erickson
1997 Ed. (70)
MacLaurin
2002 Ed. (3873)
Maclean Hunter Ltd.
1996 Ed. (2579, 3144)
1995 Ed. (2512)
1994 Ed. (839, 2983)
1993 Ed. (2506)
1992 Ed. (1027, 1295, 3591, 1030)
1991 Ed. (837, 1016, 2393)
1990 Ed. (1107)
1989 Ed. (965)
Maclean Hunter Printing Division
1992 Ed. (3540)
Macleans
2002 Ed. (3644)
2001 Ed. (3402)
1999 Ed. (3779)
1996 Ed. (2988)
1992 Ed. (3404)
Macleans Standard
2001 Ed. (4578)
Macleans Tooth Whitening
2001 Ed. (4578)
Macleans Toothbrush
2001 Ed. (4574)
Macleans toothpaste
1994 Ed. (2819)
MacLennan; Everett W.
1996 Ed. (2989)
1994 Ed. (1712)
Macleod Dixon
2004 Ed. (1427, 1428)
Macleods
1989 Ed. (1487)
MacleodUSA Publishing
2002 Ed. (4580)
MacMahon; Thomas P.
2008 Ed. (1108)
2007 Ed. (1202)
2006 Ed. (930)
2005 Ed. (1104)
Macmillan
1995 Ed. (3043)
1990 Ed. (1228)
1989 Ed. (2270, 2271, 2272, 2274)
MacMillan Bloedel Ltd.
2005 Ed. (1534)
1999 Ed. (2492, 3691, 3703)
1998 Ed. (1754, 2747)
1997 Ed. (2070, 2995)
1996 Ed. (1316, 1960)
1995 Ed. (2831)
1994 Ed. (798, 1894)
1992 Ed. (987, 2213)
1991 Ed. (1764)
1990 Ed. (843, 1337, 2714)
1989 Ed. (1467)
MacMillan Bloedel Building Materials
1991 Ed. (806)
Macmillan Bloedel (USA) Inc.
2001 Ed. (1607)
Macmillan Cancer Support
2008 Ed. (694)
Macmillan General Books
1989 Ed. (743)
MacMillian Bloedel Ltd.
1993 Ed. (782, 1402)
MacNaughton
2004 Ed. (4890)
2003 Ed. (4900)
2002 Ed. (3180)
2001 Ed. (3148)
MacNaughton Litho Co. Inc.
1998 Ed. (2924)
MacNaughton Litho Company, Inc.
2000 Ed. (3614)
MacNeal Hospital
1999 Ed. (2746)
MacNeal Memorial Hospital Assn.
2000 Ed. (2525)
Macneal-Schwendler Corp.
2000 Ed. (3003)
1999 Ed. (1287)
1997 Ed. (3299)
1996 Ed. (1210)
1995 Ed. (3093)
MacNeil/Lehrer News Hour
1991 Ed. (895)
Macnow; Joseph
2007 Ed. (1093)
Macomb County, MI
2002 Ed. (2647)
The Macomb Daily
2005 Ed. (3601)
2004 Ed. (3686)
2001 Ed. (3541)
2000 Ed. (3335)
1999 Ed. (3616)
Macomb-Oakland Regional Center Inc.
2002 Ed. (3522)
2001 Ed. (3550)
2000 Ed. (3351)
1999 Ed. (3627)
Macomb School & Government Credit Union
1995 Ed. (1539)
Macomb Schools & Government Credit Union
2007 Ed. (2124)
2006 Ed. (2203)
2005 Ed. (2108)
2004 Ed. (1966)
2003 Ed. (1926)
2002 Ed. (1856)
2001 Ed. (1963)
2000 Ed. (1630)
1998 Ed. (1231)
1997 Ed. (1572)
1996 Ed. (1514)
1994 Ed. (1506)
1993 Ed. (1453)
1992 Ed. (1756)
1991 Ed. (1395)
Macomb Schools & Gov't Credit Union
1990 Ed. (1461)
Macombs Darn Bridge
1997 Ed. (726)
Macon, GA
1998 Ed. (579)
1994 Ed. (825)
Macquarie Bank Ltd.
2008 Ed. (381)
2007 Ed. (399, 1586)
2006 Ed. (414, 651)
2005 Ed. (461, 1441, 1659, 3224, 4315)
2004 Ed. (449, 1424, 1644, 4374)
2003 Ed. (463, 1402, 4355)
2002 Ed. (516, 517, 519, 523, 524, 2269)
2000 Ed. (464)
1999 Ed. (471, 869, 870)
1997 Ed. (412)
1996 Ed. (447)
1995 Ed. (423)
1994 Ed. (427)
1993 Ed. (427)
1992 Ed. (608)
1991 Ed. (453)
Macquarie Corporate
2002 Ed. (1584, 1592)
Macquarie Equities
1997 Ed. (744, 745, 746, 747, 748)
Macquarie European Infrastructure Fund
2008 Ed. (1411)
Macquarie Infrastructure Group
2008 Ed. (1411)
2004 Ed. (1630, 1655)
Macquarie Securities Asia
2007 Ed. (3278)
Macquarie Textiles Group
2002 Ed. (3786)
Macris; Dean L.
1992 Ed. (3138)
1991 Ed. (2548)
Macrochem
2001 Ed. (4452)
Macrolides
1994 Ed. (228)
Macromedia
2007 Ed. (1251, 1442)
2006 Ed. (1136, 1577, 1582)
2005 Ed. (1147, 1152)
2003 Ed. (2742)
1998 Ed. (3777)
1997 Ed. (3638)
1990 Ed. (1040)
Macromedia Inc. Newspapers
1991 Ed. (2605)
Macronix Inc.
2001 Ed. (2157)
1999 Ed. (4279)
1998 Ed. (1929, 3180, 3282)
1997 Ed. (3252)
Macronix International Co., Ltd.
2003 Ed. (1702)
2002 Ed. (4509, 4545)
2000 Ed. (4177)
Macrovision
2007 Ed. (1255)
2006 Ed. (1136)
2004 Ed. (1080, 2778)
2003 Ed. (2189)
MacSteel
1999 Ed. (3354)
MacSteel Service Centers
2004 Ed. (3448)
2003 Ed. (3381, 3382)
Macsteel Service Centers USA
2008 Ed. (1780, 1781, 3664, 3665)
2007 Ed. (1752, 3493, 3494)
2006 Ed. (3469, 3470)
2005 Ed. (3462)
2002 Ed. (3319)
2000 Ed. (3089)
MACtac
2004 Ed. (19)
Mactaggart Heritable Holdings Ltd.
1993 Ed. (973)
Mactec Inc.
2008 Ed. (2548)
2007 Ed. (2421)
2006 Ed. (1270, 2452)
2004 Ed. (1266, 1276, 1293, 2333, 2353, 2354, 2359, 2369, 2438, 2439, 2441, 3969, 3971)
2003 Ed. (2298, 2355, 2356, 2357, 3961, 3962, 3964)
2002 Ed. (1074, 2131)
2001 Ed. (2289, 2299)
MACTEC Engineering & Consulting Inc.
2008 Ed. (2513, 2516, 2517, 2524, 2525, 2528, 2529)
2007 Ed. (2404, 2407)
MacUser
1998 Ed. (2793, 2794)
1995 Ed. (2893)
MacWeek
1998 Ed. (2795)
1994 Ed. (2795)
1993 Ed. (2800)
Macworld
2008 Ed. (146, 148, 1122)
2007 Ed. (1218)
2004 Ed. (146)
2001 Ed. (255, 3193)
2000 Ed. (3468, 3469)
1999 Ed. (1851, 3749)
1998 Ed. (1276)
Macy
1994 Ed. (1755)
Macy Acquiring Corp.
1997 Ed. (2629)
1996 Ed. (2486)
1995 Ed. (2444)
1991 Ed. (171, 2078)
1990 Ed. (173)
Macy & Co. Inc.; R. H.
1996 Ed. (162, 383, 1200, 1207, 1533, 1535, 2031, 2486)
1995 Ed. (1554, 3147, 3297)
1993 Ed. (150, 151, 366, 957, 958, 979, 1476, 1477, 1477, 1955, 2381, 3038)
1992 Ed. (235, 1183, 1204, 1789, 1791, 1792, 2298)
1991 Ed. (170, 949, 969, 1822, 2309, 2578)
1990 Ed. (1041, 1238, 2440)
Macy/Bullock's; R. H.
1994 Ed. (2138, 2146)
Macy California; R. H.
1994 Ed. (2146)
Macy Florida LLC
2007 Ed. (4169)
Macy Northeast; R. H.
1994 Ed. (2138, 2146)
Macy; R. H.
1997 Ed. (354, 1253, 2151, 2629)
1995 Ed. (149, 150, 1017, 2444)
1994 Ed. (10, 131, 132, 133, 359, 360, 361, 984, 1005, 1009, 1522, 1977, 2210, 3093, 3215)
1992 Ed. (236)
1990 Ed. (910, 1019, 1904, 2676, 3031)
1989 Ed. (920, 1239, 2039)
Macy's
2008 Ed. (139, 154, 3102, 3604, 4220, 4225, 4585)
2007 Ed. (4185)
2006 Ed. (2254, 4162)
2005 Ed. (3244, 4106)
2004 Ed. (4187)
2003 Ed. (4165)
2002 Ed. (4040)
1996 Ed. (775)
1992 Ed. (38, 922, 3730)
1989 Ed. (2974)
Macy's California
1992 Ed. (1784, 1787, 1788, 1790)
1991 Ed. (1413, 1414)
1990 Ed. (1493, 2118)
Macy's East
2005 Ed. (4589)
2004 Ed. (4651)
2003 Ed. (2010, 4671)
2002 Ed. (1919, 2580, 4542)
2001 Ed. (2749)
2000 Ed. (1660, 2290, 4175)
1998 Ed. (1786)
1997 Ed. (1593, 2104, 2322, 3340, 3681)
1996 Ed. (1534, 1990, 3626)
1995 Ed. (1553, 1958)
Macy's Florida LLC
2007 Ed. (1937)
Macy's Florida Stores LLC
2008 Ed. (4209)
Macy's Merchandising Group
2008 Ed. (2990)
Macy's New Jersey
1990 Ed. (1493)
Macy's (New York)
1990 Ed. (1490, 1490, 3057)
Macy's Northeast
1992 Ed. (1784, 1787, 1788, 1790, 2531)
1991 Ed. (1413, 1414)
1990 Ed. (2118)
Macy's South
1992 Ed. (1788, 1790)
Macy's South/Bullock's
1993 Ed. (1477)
1990 Ed. (2118)
Macy's West
2007 Ed. (4675)
2006 Ed. (4654)
2005 Ed. (4589)
2004 Ed. (4651)
2003 Ed. (2010, 4671)
2002 Ed. (1919, 2580, 4542)
2001 Ed. (2749)
2000 Ed. (1660, 2290, 4175)
1998 Ed. (1786)
Macy's West/Bullock's
1997 Ed. (1593, 2104, 2322, 3340, 3681)
1996 Ed. (1534, 1990, 3626)
1995 Ed. (1553, 1958)
Macys.com
2007 Ed. (2320)
2006 Ed. (2383)
"Mad About You"
2001 Ed. (4486)
Mad Catz Interactive
2008 Ed. (2591)
2007 Ed. (2457, 2806, 2813)
2005 Ed. (2829, 2831)
2003 Ed. (2930)
Mad Dog McCree
1995 Ed. (1106)
The Mad Science Group
2008 Ed. (2411)
2007 Ed. (2278)
2006 Ed. (2342)
2005 Ed. (2274)
2004 Ed. (2173)
2003 Ed. (2125)

2002 Ed. (2065)
2001 Ed. (2533)
Mad Scientist Group
2000 Ed. (2271)
Madagascar
2008 Ed. (975, 2402)
2007 Ed. (2267, 3642, 3798)
2006 Ed. (2330, 2331, 2336, 2715, 3793)
2005 Ed. (998, 3704)
2004 Ed. (979, 3792)
2003 Ed. (965)
2001 Ed. (3697)
Madama Butterfly
2001 Ed. (3586)
Madar Detergents
2005 Ed. (84)
2004 Ed. (89)
Madar; Jean
2006 Ed. (2527)
Madco Corp.
2007 Ed. (1912)
MADCO Bahrain
2001 Ed. (106)
2000 Ed. (62)
1997 Ed. (62)
1996 Ed. (64)
1991 Ed. (76)
1989 Ed. (85)
Madco Beirut
1991 Ed. (123)
1989 Ed. (131)
MADCO Egypt
1999 Ed. (84)
MADCO Egypt (Bates)
2000 Ed. (90)
Madco Group Advertising
1995 Ed. (135)
MADCO Gulf
2003 Ed. (163)
2002 Ed. (203)
2001 Ed. (230)
1999 Ed. (166)
1997 Ed. (155, 155)
1996 Ed. (149, 149)
MADCO Gulf (Bates)
2000 Ed. (186)
Madco Gulf (Dubai)
1991 Ed. (94)
1989 Ed. (100)
MADCO Kuwait
1999 Ed. (115)
1997 Ed. (112)
1996 Ed. (110)
1991 Ed. (122)
1989 Ed. (130)
MADCO Kuwait (Bates)
2000 Ed. (121)
MADCO Lebanon
1999 Ed. (117)
1997 Ed. (114)
1996 Ed. (111)
MADCO Lebanon (Bates)
2000 Ed. (123)
MADCO Middle East
2003 Ed. (101)
2002 Ed. (135)
2001 Ed. (161)
Madco Saudi Arabia
1997 Ed. (140, 140)
1996 Ed. (134)
1993 Ed. (134)
1991 Ed. (146)
1989 Ed. (155)
Madden Football '04
2005 Ed. (4831)
Madden Football '97
1998 Ed. (851)
Madden Football '97 MS-DOS
1998 Ed. (847)
Madden Industrial Craftsman
2006 Ed. (1970)
Madden NFL
2008 Ed. (4811)
2007 Ed. (4876)
Madden NFL '94
1995 Ed. (3696)
Madden 99
2000 Ed. (4345)
Maddison
1999 Ed. (2842)
Made in Japan Teriyaki Experience
2008 Ed. (2674)
2007 Ed. (2536)
2003 Ed. (2441)
Made Smart
2005 Ed. (1267)
Madeco
1996 Ed. (3280)
Madejski; John
2005 Ed. (4893)
Madeleine Paquin
2008 Ed. (4991)
2007 Ed. (4985)
2006 Ed. (4988)
2005 Ed. (4992)
2004 Ed. (4987)
2003 Ed. (4989)
Mademoiselle
1992 Ed. (3375, 3387)
1991 Ed. (3246)
Mader Tschacher Peterson & Co.
2008 Ed. (279)
Madera, CA
2008 Ed. (1052, 2490, 3467)
2007 Ed. (1159, 2370, 2375, 3369)
Madge Networks
1999 Ed. (3676, 3677)
1997 Ed. (2208, 3646)
Madge Networks NV
1998 Ed. (2727)
Madge; Robert
1996 Ed. (1717)
Madigan; John W.
1996 Ed. (1716)
Madison
1992 Ed. (2547, 3047)
Madison, AL
1993 Ed. (2982)
Madison Community Foundation
1994 Ed. (901)
Madison County, IL
1996 Ed. (2538)
Madison County, IN
1998 Ed. (2081, 2083)
Madison Dearborn Partners
2006 Ed. (3276)
2005 Ed. (1525)
2004 Ed. (1537, 3255, 4698)
2001 Ed. (2726, 4675)
Madison Dearborn Partners II
1996 Ed. (2487)
Madison Equities
1991 Ed. (2640)
Madison Gas & Electric Co.
1991 Ed. (1167)
Madison Marquette
2006 Ed. (4315)
Madison National Bank
1998 Ed. (347)
Madison Paper
1999 Ed. (3703)
1995 Ed. (2831)
Madison Research
2005 Ed. (4808)
Madison Square Garden
2006 Ed. (1153)
2003 Ed. (4527)
2002 Ed. (4343)
2001 Ed. (4351)
1999 Ed. (1298)
Madison Square Garden Arena
1989 Ed. (992, 992)
Madison Square Garden Network
1992 Ed. (1034)
Madison Square Garden; The Theatre at
2006 Ed. (1154)
Madison, WI
2008 Ed. (3458, 3464, 4091, 4349)
2007 Ed. (3366)
2006 Ed. (3298, 4099, 4864)
2005 Ed. (1056, 3310, 3324, 3469, 4793)
2004 Ed. (3297, 4151)
2003 Ed. (2699)
2002 Ed. (31, 3329)
1999 Ed. (1129, 1147, 3367)
1998 Ed. (2472)
1997 Ed. (1075, 2334, 3525)
1996 Ed. (976, 1061)
1995 Ed. (2559, 3778)
1994 Ed. (965, 2498, 3325)
1993 Ed. (2549)
1992 Ed. (1163)
Madisonville State Bank
1998 Ed. (366)
Madix Store Fixtures
2008 Ed. (4546)
2007 Ed. (4595)
2005 Ed. (4528)
2002 Ed. (4514)
2000 Ed. (4134, 4135)
1999 Ed. (4499, 4501)
1998 Ed. (3427)
1997 Ed. (3653)
Madonna
2008 Ed. (4905)
2007 Ed. (2451, 4929, 4932)
2006 Ed. (1157)
2005 Ed. (4889, 4891, 4894)
2004 Ed. (2412, 2416)
2003 Ed. (1127, 1128, 2327, 2332)
2000 Ed. (2743)
1995 Ed. (1117, 1119)
1993 Ed. (1633)
1992 Ed. (1348, 1982)
1990 Ed. (1672)
1989 Ed. (1347)
Madonna Inn
1994 Ed. (2106)
1991 Ed. (1949)
Madonna Rehabilitation Hospital
2003 Ed. (4067)
Madras, India
1989 Ed. (2245)
Madrid
2000 Ed. (3373)
1997 Ed. (1004)
1992 Ed. (1166, 2717)
1990 Ed. (862)
Madrid, Spain
2008 Ed. (766)
2007 Ed. (256, 257, 258)
2005 Ed. (3329)
2004 Ed. (3305)
2003 Ed. (187)
2002 Ed. (109)
2001 Ed. (136)
1996 Ed. (978, 979, 2541)
Madrid Stock Exchange
1997 Ed. (3631)
1993 Ed. (3457)
Mads Asprem
2000 Ed. (2094, 2100)
1999 Ed. (2312)
Madura Coats
1994 Ed. (25)
Maduro & Curiel's Bank
2004 Ed. (597)
Maduro & Curiel's Bank NV
1999 Ed. (607)
1997 Ed. (573)
1996 Ed. (632)
1995 Ed. (563)
1994 Ed. (594)
1993 Ed. (587)
1992 Ed. (796)
1991 Ed. (621)
1989 Ed. (634)
Maduro & Curiel's Bank NV (Willemstad)
2000 Ed. (630)
Maeda
2007 Ed. (1719)
2002 Ed. (1321)
Maeda Klein
1997 Ed. (1940)
1993 Ed. (1842)
Maeda; Shin
1997 Ed. (1983)
The Maersk Co., Ltd.
2004 Ed. (4799)
1999 Ed. (207, 4299, 4301)
1998 Ed. (931, 3293)
1997 Ed. (1147)
1992 Ed. (3947, 3948, 3949, 3950, 3951)
Maersk Line
1993 Ed. (3298)
Maersk Line Bangkok Branch
1992 Ed. (1570)
Maersk Mc-Kinney Moller
2008 Ed. (4863)
Maersk Sealand
2004 Ed. (1231, 2557, 2558, 2559, 2560)
2003 Ed. (1225, 1226, 1227, 1228, 2425, 2426)
2002 Ed. (4266, 4267, 4268, 4269, 4270, 4271)
Maestro
2005 Ed. (40)
MAF Bancorp Inc.
2007 Ed. (2215)
2005 Ed. (356, 4223, 4224)
2004 Ed. (4290, 4291)
Mafatlal
1990 Ed. (1379)
Mafatlal Dyes & Chemicals
1996 Ed. (1600)
Mafco Consolidated Group Inc.
2008 Ed. (4688)
Mafco Holdings Inc.
2008 Ed. (906)
2007 Ed. (922)
1994 Ed. (1005)
Mafco Worldwide Corp.
2001 Ed. (994)
Mafia!
2001 Ed. (4701)
Mag Instrument Inc.
2006 Ed. (2326, 3318)
Mag Mutual Group
2007 Ed. (3168)
MAG Mutual Insurance Co.
2005 Ed. (3143)
MAG Silver Corp.
2008 Ed. (1617)
Mag Technology Co. Ltd.
1994 Ed. (1459)
Magainin Pharmaceuticals Inc.
1996 Ed. (742)
Magal; Gamil
2007 Ed. (2464)
Magasins B. (Grands) Loceda Import
1991 Ed. (3480)
Magatest
1992 Ed. (372)
Magaworld Properties & Holdings
1999 Ed. (1724)
Magazi
1992 Ed. (85)
Magazin na Divane
2004 Ed. (29)
Magazine
1993 Ed. (737)
1992 Ed. (919)
1991 Ed. (736)
Magazine subscriptions
1991 Ed. (3247)
Magazines
2006 Ed. (2853)
2005 Ed. (132, 2850)
2004 Ed. (1912, 2841)
2003 Ed. (25, 26, 4514)
2002 Ed. (61, 2569, 4954)
2001 Ed. (95, 2022, 2024, 2088, 3245, 3246, 3882, 4876)
2000 Ed. (24, 794, 939)
1998 Ed. (2439)
1997 Ed. (35, 708)
1996 Ed. (771, 3610)
1995 Ed. (143, 144, 693)
1994 Ed. (732, 744)
1990 Ed. (3033)
Magazines, consumer
2006 Ed. (762)
2005 Ed. (835)
Magazines, sports
2003 Ed. (4515)
Magazines, Sunday
2003 Ed. (25, 26)
Magdalena Averhoff
2008 Ed. (1428)
2007 Ed. (1444)
Magee Co.
1998 Ed. (2854)
Magee Rieter Automotive Systems
2008 Ed. (3563)
Magellan
1998 Ed. (3780)
Magellan Aerospace Corp.
2008 Ed. (2934)
2000 Ed. (1399)

Magellan Behavioral Health
2005 Ed. (2363, 2364, 2365)
2002 Ed. (2852)
Magellan Development Group Ltd.
2007 Ed. (1299)
2006 Ed. (1192)
Magellan Health Services Inc.
2008 Ed. (2899)
2006 Ed. (2406, 2407, 2408)
2004 Ed. (3682)
1998 Ed. (2933)
Magellan Medical Communications
1995 Ed. (3017)
Magellan Midstream Holdings LP
2008 Ed. (3988)
Magellan Midstream Partners LP
2006 Ed. (2744)
2005 Ed. (3779, 3781)
Magellan Petroleum Corp.
2006 Ed. (2722)
2002 Ed. (3568)
Magellan's International
1997 Ed. (3346)
Magenic Technologies Inc.
2003 Ed. (2721)
Magerko; Margaret Hardy
2008 Ed. (4836)
2007 Ed. (4907)
2006 Ed. (4913)
Maggiano's
2001 Ed. (4061)
2000 Ed. (3774)
Maggiano's Little Italy
2008 Ed. (4183, 4184)
2007 Ed. (4149)
2006 Ed. (4122)
2004 Ed. (4120, 4138)
2002 Ed. (4022)
2000 Ed. (3762, 3763)
Maggie Allesee
2002 Ed. (979)
Maggie Boepple Associates Ltd.
1996 Ed. (2533)
Maggie Data Forms Printing Ltd.
2005 Ed. (3890)
MaggieMoo's Ice Cream & Treatery
2005 Ed. (2982)
2002 Ed. (2723)
MaggieMoo's International LLC
2008 Ed. (3128)
2007 Ed. (3007)
Maggio Data
2008 Ed. (4033)
Maghrib
1996 Ed. (426)
Magic
2003 Ed. (2673)
2001 Ed. (4610)
Magic Chef
2008 Ed. (3668)
2005 Ed. (2953)
2003 Ed. (2865)
2001 Ed. (2037, 3304, 3600, 3601, 4027)
1993 Ed. (1908, 1909, 2569)
1992 Ed. (1830, 3071, 3649, 4154, 4155)
1991 Ed. (1441, 2457, 2825, 3242, 3243)
1990 Ed. (1861, 1862, 3481, 3482)
Magic Ford
2000 Ed. (334)
1996 Ed. (271, 297)
Magic Isuzu
1994 Ed. (271)
1993 Ed. (272)
Magic Johnson
2006 Ed. (2499)
1997 Ed. (1724, 1725)
Magic Johnson Enterprises
2006 Ed. (2499)
Magic Johnson Foundation
2006 Ed. (2499)
Magic Johnson Theaters
2000 Ed. (3167)
Magic Johnson Theatres
1997 Ed. (2820)
Magic Kingdom
2001 Ed. (379, 381)
2000 Ed. (296, 300)
The Magic Kingdom at Walt Disney World
2007 Ed. (275, 277)
2006 Ed. (269, 272)
2005 Ed. (250, 253)
2004 Ed. (244)
2003 Ed. (275, 277)
2002 Ed. (310, 312)
2000 Ed. (298)
1999 Ed. (270, 272, 4622)
1998 Ed. (166, 167)
1997 Ed. (245, 249, 251, 3546)
1996 Ed. (217, 219, 3481)
1995 Ed. (215, 218)
Magic Line
2001 Ed. (584, 2185, 2186, 2188, 2189, 3826)
1990 Ed. (293)
MAGIC Marketplace
2008 Ed. (4720)
2004 Ed. (4752)
2002 Ed. (4644)
Magic Messenger Inc.
1999 Ed. (3343)
The Magic of David Copperfield
1992 Ed. (1349, 1349)
1991 Ed. (1042, 1042, 1042)
Magic 105.4 FM
2002 Ed. (3896)
2001 Ed. (3980)
Magic Rentals
1996 Ed. (1995)
Magic Shave Powder/Blue, 5 oz.
1990 Ed. (1980)
Magic Shave Powder/Gold, 4.5 oz.
1990 Ed. (1980)
Magic Software Enterprises Ltd.
2006 Ed. (1139)
2005 Ed. (1150)
Magico Internacional; Grupo
2006 Ed. (270)
2005 Ed. (251)
Magicworks Concerts
1999 Ed. (3905)
Magicworks Entertainment
2000 Ed. (3621)
Magie, 1910; Sherwood
1991 Ed. (702)
Magliochetti; J. M.
2005 Ed. (2484)
Maglite
2006 Ed. (3318)
Magma Copper
1997 Ed. (2948)
1996 Ed. (2852)
1995 Ed. (1338, 2776)
1994 Ed. (1265, 1317)
1991 Ed. (255, 3224)
1990 Ed. (249)
Magma Design Automation Inc.
2006 Ed. (2388, 4677)
2005 Ed. (1139, 2332)
2003 Ed. (4319, 4320, 4382)
Magma Power
1993 Ed. (2005, 3329)
1992 Ed. (1541)
1991 Ed. (1232)
1990 Ed. (935, 940)
1989 Ed. (876)
Magna
2002 Ed. (384)
Magna Bank of Illinois
1996 Ed. (534)
1995 Ed. (489)
Magna Bank of Missouri
1997 Ed. (562)
1996 Ed. (608)
Magna Copper
1993 Ed. (1272, 2727)
1992 Ed. (320, 3252, 3254)
Magna Doodle
1993 Ed. (3599, 3600)
Magna Group
1999 Ed. (664)
1995 Ed. (3352)
1994 Ed. (3221, 3271)
Magna Group (seller), Union Planters Corp. (buyer)
2000 Ed. (374)
Magna International Inc.
2008 Ed. (297, 312, 314, 1623, 1626, 1634, 1635, 1640, 1646, 3217, 3552)
2007 Ed. (310, 324, 325, 326, 1446, 1626, 1630, 1632)
2006 Ed. (335, 336, 337, 340, 342, 1599, 1614, 1619, 3375)
2005 Ed. (322, 323, 326, 328, 1701, 1712, 3388)
2004 Ed. (320, 323, 325, 1662, 1663)
2003 Ed. (342, 344, 1634, 2892)
2002 Ed. (399, 2786)
2001 Ed. (529, 1659, 2375)
2000 Ed. (357)
1999 Ed. (353)
1998 Ed. (244, 1539)
1996 Ed. (318, 342, 352)
1994 Ed. (309)
1993 Ed. (2748, 2752, 2753)
1992 Ed. (447)
1990 Ed. (1738)
Magna/OAO Avtovaz
2008 Ed. (2395)
Magna Steyr
2007 Ed. (1594)
Magna Steyr AG
2008 Ed. (1573)
Magna-Tex Inc.
2007 Ed. (3558, 4422)
Magna Trust Co.
1994 Ed. (1739)
1993 Ed. (1747)
1990 Ed. (1744)
1989 Ed. (1411)
MagnaCare
2002 Ed. (3744)
2001 Ed. (3874)
2000 Ed. (2439)
1999 Ed. (3292)
1998 Ed. (2428)
1997 Ed. (2701)
Magnavox
2008 Ed. (2385, 2979, 4649, 4807)
2005 Ed. (2863)
2000 Ed. (2478)
1999 Ed. (2690, 2691, 2695)
1998 Ed. (841, 1949, 1950, 1954)
1997 Ed. (1234, 2206, 2234, 2235, 2236)
1996 Ed. (2125, 2126, 2127, 3783)
1995 Ed. (2118)
1994 Ed. (2070)
1993 Ed. (2050)
1992 Ed. (1285, 2420, 2421, 2429)
1991 Ed. (1917)
1990 Ed. (2027)
Magner; Marjorie
2007 Ed. (4978)
2006 Ed. (4974, 4979, 4980, 4983)
2005 Ed. (4990)
Magners Original Vintage Cider
2006 Ed. (1009)
2005 Ed. (999)
Magnesium
1992 Ed. (3647)
Magnesium Corp. of America
1996 Ed. (3718)
Magnesium Phos Phate
1992 Ed. (2437)
Magness; Bob
1993 Ed. (1696)
MAGNET
2008 Ed. (117, 679)
2005 Ed. (120)
2004 Ed. (2928, 3320)
2002 Ed. (45, 113)
2001 Ed. (140)
Magnet Advertising
2003 Ed. (78)
Magnet Communications
2005 Ed. (2592)
2003 Ed. (3974, 3975, 3977, 3978, 3979, 3980, 3981, 4007, 4013)
Magnet Industrial Group Inc.
1995 Ed. (2098, 2105)
1994 Ed. (2047, 2054)
1993 Ed. (2034, 2041)
1991 Ed. (1902, 1908)
1990 Ed. (2003, 2014)
Magnetech Industrial Services
2007 Ed. (3412)
2006 Ed. (3358)
MagneTek
1999 Ed. (1957)
1995 Ed. (1625)
1994 Ed. (1583, 1584)
1993 Ed. (1543)
1992 Ed. (1561, 1884)
1989 Ed. (1050, 1056, 1057)
Magneti Marelli
1993 Ed. (344)
Magneti Marelli GM Components
1990 Ed. (400)
Magneti Marelli SpA
2001 Ed. (528, 2236)
Magneti Marelli USA
2004 Ed. (321, 322)
Magnetic alloys
2001 Ed. (1296)
Magnetic disk and tape recording
1990 Ed. (2775)
Magnetic Products & Services Inc.
2008 Ed. (3716, 4406, 4968)
2007 Ed. (3569, 3570, 4428)
Magnetrol International Inc.
2008 Ed. (3707, 4384, 4960)
2006 Ed. (3511)
Magnetsigns Advertising Inc.
2007 Ed. (123)
2006 Ed. (130)
Magnetti Marelli
1992 Ed. (480)
Magnevist
1994 Ed. (2467)
Magnevist Gadopentetate Dimeglumine
1996 Ed. (2596)
Magnier; John
2007 Ed. (4918)
Magnificent Estates
1996 Ed. (2142)
1993 Ed. (2057)
Magnitogorsk Metallurgical Combine
1996 Ed. (1744, 3098)
Magnolia Credit Union
2008 Ed. (2241)
2007 Ed. (2126)
Magnolia Federal Credit Union
2006 Ed. (2205)
Magnolia Futures Fund
1995 Ed. (1081)
Magnotta Winery
2008 Ed. (560)
2007 Ed. (608)
Magnox Electric PLC
2001 Ed. (1554)
2000 Ed. (1417)
1999 Ed. (1609)
Magnum
2000 Ed. (1296)
1998 Ed. (498, 3440)
1997 Ed. (165)
1996 Ed. (780, 2447)
1995 Ed. (1454, 2161)
1994 Ed. (2348)
1993 Ed. (2721)
1992 Ed. (3233)
1991 Ed. (1330, 2594)
1990 Ed. (42)
Magnum Corp. Bhd
2002 Ed. (3052)
1991 Ed. (1323)
1990 Ed. (1398)
Magnum Construction Management Corp.
2008 Ed. (2961)
1998 Ed. (960, 1938)
1996 Ed. (2068)
Magnum Construction Management Group
1999 Ed. (1382)
Magnum Hunter Resources Inc.
2005 Ed. (3733, 3739, 3740)
2004 Ed. (3831, 3832)
Magnum Logistics
2008 Ed. (4738)
2007 Ed. (4811)
Magnum XL200
1995 Ed. (3165)
Magnus Holdings
2002 Ed. (4292)

Magroni
2007 Ed. (57)
Magten Asset
1998 Ed. (2260)
Magten Asset Management Corp.
1992 Ed. (2770)
Magti GSM
2007 Ed. (38)
2006 Ed. (47)
2005 Ed. (40)
2004 Ed. (46)
Maguire & Woods Ltd.
1992 Ed. (1200)
Maguire Properties Inc.
2005 Ed. (4251)
Maguire Thomas Partners
1999 Ed. (3996)
1998 Ed. (3006)
1995 Ed. (3064)
1994 Ed. (3001, 3006)
1993 Ed. (2963)
1992 Ed. (3619)
1991 Ed. (1051, 2809, 2810)
1990 Ed. (1163, 2962)
MaguirePartners
2002 Ed. (3923)
Magyar Hitel
1990 Ed. (589)
Magyar Hitel Bank
1999 Ed. (537)
1993 Ed. (469, 499)
1991 Ed. (540)
Magyar Hitel Bank Rt
1992 Ed. (698)
Magyar Hitel (Hungarian Credit) Bank
1997 Ed. (489)
1996 Ed. (530)
1995 Ed. (441, 459)
1994 Ed. (502, 503)
Magyar Kulkereskedelmi Bank
1993 Ed. (469, 499)
Magyar Kulkereskedelmi Bank Rt.
1997 Ed. (489, 490)
1996 Ed. (531)
1995 Ed. (486)
1989 Ed. (554)
Magyar Kulkereskedelmi Bank Rt (Hungarian Foreign Trade Bank Ltd.)
1992 Ed. (698)
Magyar Kulkereskedelmi (Foreign Trade) Bank
1996 Ed. (530)
1994 Ed. (502, 503)
Magyar Kulkeresk'i Bank
1991 Ed. (540)
Magyar Nemzeti Bank
1997 Ed. (490)
1996 Ed. (531)
1995 Ed. (486)
1994 Ed. (503)
1993 Ed. (499)
1989 Ed. (554)
Magyar Nemzieti Bank (National Bank of Hungary)
1992 Ed. (698)
Magyar Olaj Gazi
2001 Ed. (1694)
Magyar Takareksozvetkezeti Bank Rt.
1996 Ed. (531)
Magyar Takarekszovetkezeti Bank Rt.
1997 Ed. (490)
1995 Ed. (486)
1994 Ed. (503)
1993 Ed. (499)
Magyar Tavkozlesi
1999 Ed. (4164)
Magyar Tavkozlesi Rt.--Matav
2002 Ed. (854)
Magyer Tavkozlesi Rt.
2007 Ed. (1690)
2006 Ed. (1694)
Mah Boonkrong Drying & Silo
1991 Ed. (1359)
1990 Ed. (1428)
1989 Ed. (1168)
Mah Sing Group
2008 Ed. (1898)
2007 Ed. (1864)
Mahanagar Telephone Nigam
1999 Ed. (741, 742)
1997 Ed. (695)
Mahanagar Telephone Nigam (MTNL)
2002 Ed. (1921)
Mahanager Telephone Nigam
2000 Ed. (754, 755)
Maharashtra State Co-operative Bank
2005 Ed. (529)
2004 Ed. (547)
2000 Ed. (554)
1999 Ed. (543)
1997 Ed. (506)
1996 Ed. (547)
1995 Ed. (495)
1994 Ed. (513)
1992 Ed. (704)
Mahaska State Bank
1993 Ed. (509)
Mahattan
1993 Ed. (986)
Mahdi Al-Tajir
2008 Ed. (4893, 4906)
2007 Ed. (4930)
Mahedy; John
1997 Ed. (1889)
1996 Ed. (1815)
Mahendra Negi
2000 Ed. (2152, 2162)
1999 Ed. (2372)
1997 Ed. (1990)
Maher
1990 Ed. (1056, 1057)
Maher Duessel, CPAs
2008 Ed. (2037)
Maher; John
1990 Ed. (1723)
Maher; John F.
1994 Ed. (1720)
1990 Ed. (1712)
Mahfouz; Khalid Bin
2008 Ed. (4891)
2005 Ed. (4886)
Mahi Networks
2006 Ed. (4878)
Mahindra & Mahindra
2006 Ed. (319)
1999 Ed. (1654)
1996 Ed. (753)
1992 Ed. (1636)
Mahle
2004 Ed. (324)
2003 Ed. (342, 343)
Mahoney Cohen & Co.
2000 Ed. (17)
1999 Ed. (20)
Mahoney Cohen Rashba & Pokhart
1998 Ed. (2, 5)
Mahoney; Richard
1990 Ed. (1711)
Mahoney; Richard J.
1993 Ed. (936)
Mahoning National Bancorp
2000 Ed. (437)
Mahou
1992 Ed. (942)
Mahwah/Upper Saddle River, NJ
1996 Ed. (1602)
MAI
1999 Ed. (1441)
MAI Basic Four
1992 Ed. (3081)
1991 Ed. (1530, 2464, 2588)
1990 Ed. (1633, 2583)
MAI Systems
1993 Ed. (1070, 1578, 3467)
MAI/United News
1997 Ed. (2726)
The Maid Brigade
1995 Ed. (1936)
Maid Brigade USA/Minimaid Canada
2008 Ed. (746)
2007 Ed. (770)
2006 Ed. (674)
2005 Ed. (767)
2004 Ed. (781)
2003 Ed. (771)
2002 Ed. (857)
Maid in Manhattan
2005 Ed. (4832)
Maid-Rite
1992 Ed. (2122)
Maid To Perfection Corp.
2008 Ed. (746)
2007 Ed. (770)
2006 Ed. (674)
2005 Ed. (767)
2004 Ed. (781)
2003 Ed. (771)
2002 Ed. (857)
1999 Ed. (2512, 2518)
Maiden Group plc
2002 Ed. (1792, 1793)
Maidenform
2008 Ed. (3447)
2007 Ed. (3351)
2006 Ed. (3284)
1999 Ed. (781, 3188)
1997 Ed. (1027)
1993 Ed. (1728)
MaidPro
2008 Ed. (746)
2007 Ed. (770)
2006 Ed. (674)
2005 Ed. (767)
2004 Ed. (781)
2003 Ed. (771)
2002 Ed. (857)
The Maids
2001 Ed. (2530)
1999 Ed. (2508)
The Maids Home Service
2008 Ed. (746)
2007 Ed. (770)
2006 Ed. (674)
2005 Ed. (767)
The Maids Home Services
2004 Ed. (781)
2003 Ed. (771)
Maids To Order
2007 Ed. (770)
2006 Ed. (674)
2005 Ed. (767)
Maidstone Wine & Spirits
1992 Ed. (2884)
1991 Ed. (2325)
1990 Ed. (2459)
Maier's Bakery
1992 Ed. (492)
Mail
2001 Ed. (95)
Mail and message distributing occupations
1989 Ed. (2083)
Mail Boxes Etc.
2008 Ed. (874, 4017)
2004 Ed. (3930)
2003 Ed. (3917)
2002 Ed. (2357, 2358, 3732)
2001 Ed. (2531)
2000 Ed. (2270)
1999 Ed. (2510, 2511, 2514, 2516)
1998 Ed. (1758)
1997 Ed. (2079, 2080, 2083, 2084)
1996 Ed. (1965, 1969)
1995 Ed. (884, 1938)
1994 Ed. (1913, 1914)
Mail Boxes Etc. USA
1992 Ed. (2220)
1991 Ed. (1770)
Mail Center U.S.A.
1992 Ed. (2225)
Mail clerks
2007 Ed. (3719)
Mail machine operators
2007 Ed. (3719)
Mail Marketing Group
1993 Ed. (1486)
The Mail on Sunday
2002 Ed. (231, 3515)
Mail order
2004 Ed. (3892)
2002 Ed. (3758, 3759)
2001 Ed. (3520, 3784)
1999 Ed. (3823)
1998 Ed. (773, 1858, 2317)
1997 Ed. (33, 694, 881)
1995 Ed. (3506, 3523, 3709)
1994 Ed. (2509)
1993 Ed. (58, 2563, 2742)
1992 Ed. (99, 3406, 3407)
1991 Ed. (1978)
1990 Ed. (1017, 1191)
Mail order catalogues
2000 Ed. (4281)
Mail order pharmacies
2002 Ed. (3747, 3756, 3757)
Mail Order Publications
2001 Ed. (976)
Mail, package, and freight delivery
2004 Ed. (3013)
2002 Ed. (2795)
2000 Ed. (1350, 1352, 1357)
1999 Ed. (1514, 1677, 2868)
1998 Ed. (1155, 2098)
1997 Ed. (1443, 2386)
Mail service
1999 Ed. (1895)
Mail-Well Inc.
2006 Ed. (3969)
2005 Ed. (1738, 3673, 3674, 3894, 3898, 3899)
2004 Ed. (1680, 3758, 3759, 3936, 3942)
2003 Ed. (1650, 1651, 3712, 3930, 3934, 3935, 4027)
2002 Ed. (913, 1620, 1771, 3764, 3884)
2001 Ed. (3612, 3613, 3901, 3902)
1999 Ed. (3602, 3887)
Mail.com
2002 Ed. (2075)
1997 Ed. (3702, 3705)
1993 Ed. (1486)
Mailing, reproduction, stenographic services
1994 Ed. (3329)
Mailing supplies
2002 Ed. (3536)
Mailplan
2002 Ed. (3634)
Mailway Printers
2000 Ed. (3607)
Maimonides Medical Center
2007 Ed. (2779)
Main Auto Sales Inc.
1995 Ed. (276)
Main Inc.; Chas. T.
1992 Ed. (355, 1955)
Main Dish
1994 Ed. (2827)
Main Events
1995 Ed. (881)
Main Line Bank
1999 Ed. (4601)
1998 Ed. (3144, 3564)
Main Line Federal Savings and Loan Association
1989 Ed. (2832)
Main Line Federal Savings Bank
1999 Ed. (3436)
1992 Ed. (4294)
Main Line Health
2008 Ed. (2033)
2000 Ed. (3153)
1999 Ed. (1115, 3429)
1998 Ed. (2520)
1992 Ed. (2463)
1991 Ed. (1936)
1990 Ed. (2059)
1989 Ed. (1610)
Main Line Industrial Park
1990 Ed. (2181)
Main Place Funding
1999 Ed. (3438)
Main St. Cafe
2007 Ed. (1146, 1148)
2006 Ed. (1058)
Main Street Ltd.
2008 Ed. (1195)
1998 Ed. (2696)
1992 Ed. (4215)
1991 Ed. (3291)
Main Street Inc. & Growth
1995 Ed. (2678)
Main Street & Main
2003 Ed. (4139)
Main Street Homes
2008 Ed. (1196, 1197)
2005 Ed. (1181, 1236)
2003 Ed. (1150)
2002 Ed. (2691)
Main Street Income & Growth
1994 Ed. (2604, 2614)
1993 Ed. (2651, 2660, 2671)
Main; Timothy
2008 Ed. (939)
2006 Ed. (886)
2005 Ed. (971)

Maine
2008 Ed. (2416, 2434, 2437, 2906, 3271, 3279, 3800, 3885)
2007 Ed. (1200, 2281, 3709, 3824, 4001)
2006 Ed. (3480, 3726, 3904, 3943)
2005 Ed. (386, 387, 410, 411, 412, 913, 2528, 3611, 3882, 3945, 4189, 4233, 4238, 4239, 4240, 4598, 4599, 4600, 4829)
2004 Ed. (359, 367, 368, 380, 382, 385, 390, 391, 392, 393, 436, 437, 922, 980, 1026, 1071, 1903, 2186, 2187, 2318, 2806, 3264, 3426, 3480, 3489, 3672, 3673, 3674, 3700, 4302, 4306, 4307, 4512, 4516, 4518, 4528, 4529, 4530, 4654, 4838, 4949, 4994)
2003 Ed. (398, 400, 401, 403, 411, 416, 417, 418, 905, 969, 1067, 3222, 3652, 4246, 4292, 4297, 4412, 4413, 4945)
2002 Ed. (456, 471, 474, 475, 476, 1112, 1117, 3088, 3090, 3110, 3121, 3199, 3252, 3524, 3734, 4158, 4739, 4741, 4909, 4911)
2001 Ed. (721, 1106, 1232, 2361, 2389, 2545, 2691, 2824, 3104, 3545, 3619, 3620, 4172, 4174, 4238, 4239, 4241, 4242, 4243, 4254, 4273, 4409, 4410, 4411, 4413, 4431, 4682, 4684, 4795, 4837, 4839, 4938)
2000 Ed. (2507, 2940, 2957, 4097, 4101, 4179, 4393, 4407)
1999 Ed. (3197, 3218, 4765, 4782)
1998 Ed. (2041, 2367, 3106, 3717, 3755)
1997 Ed. (2638, 3227, 3364, 3566, 3599, 3882, 3899)
1996 Ed. (36, 2091, 2496, 3174, 3265, 3514, 3517, 3559, 3578, 3851)
1995 Ed. (2450, 3172, 3467)
1994 Ed. (977, 2371, 3120, 3396, 3407)
1993 Ed. (364, 2427, 3059, 3406)
1992 Ed. (908, 973, 2574, 2586, 2863, 3751, 4088, 4098, 4129)
1991 Ed. (726, 2161, 2352, 3178, 3196, 3205, 3214)
1990 Ed. (744, 826, 1748, 2889, 3069, 3347, 3353, 3361, 3418, 3507)
1989 Ed. (746, 1669, 2547, 2551)
Maine Coast Brewing
1989 Ed. (758)
Maine Credit Union; University of
2005 Ed. (2105)
Maine Education Loan Marketing Agency
2001 Ed. (829)
Maine General Health
2008 Ed. (1894)
Maine General Medical Center Inc.
2006 Ed. (1858)
Maine Government Facilities Authority
2001 Ed. (829)
Maine Health & Higher Education Agency
2001 Ed. (829)
Maine Maritime Academy
1990 Ed. (1086)
Maine Medical Center Inc.
2008 Ed. (1896, 1897)
2007 Ed. (1862, 1863)
2006 Ed. (1858, 1859)
2005 Ed. (1851, 1852)
2004 Ed. (1785, 1786)
2003 Ed. (1749)
2001 Ed. (1782)
Maine Municipal Bond Bank
2001 Ed. (829)
Maine National Bank
1991 Ed. (2812)
Maine National Bank (Portland)
1991 Ed. (599)
Maine Savings Bank
1995 Ed. (203)
Maine Savings Credit Union
2008 Ed. (2236)
2007 Ed. (2121)
2006 Ed. (2200)
2005 Ed. (2105)
2004 Ed. (1963)
Maine State Employees Credit Union
2008 Ed. (2236)
2007 Ed. (2121)
2006 Ed. (2200)
2005 Ed. (2105)
2004 Ed. (1963)
2003 Ed. (1923)
2002 Ed. (1869)
Maine State Housing Authority
2001 Ed. (829)
Maine Wood Recycling Inc.
2006 Ed. (4356)
MaineHealth
2004 Ed. (1786)
2003 Ed. (1750)
2001 Ed. (1783)
Maines Paper & Food Service Inc.
2005 Ed. (3385)
2000 Ed. (2244)
Maines Paper & Foodservice
2006 Ed. (2618)
2005 Ed. (2622)
1995 Ed. (1920)
Mainframe Entertainment
2006 Ed. (1571, 1575)
2005 Ed. (1664, 1669)
Mainframes
1993 Ed. (1573)
Mainichi Shimbun
2002 Ed. (3511)
1999 Ed. (3619)
1997 Ed. (2944)
1996 Ed. (2848)
1989 Ed. (2062)
Mainline Constrn Inc.
1990 Ed. (1021)
Mainline Contracting Corp.
2000 Ed. (1259)
Mainline Information Systems
2002 Ed. (1068)
Mainline Sterling
1990 Ed. (319)
Mainostoimisto Finnad-Bates
1989 Ed. (105)
Mainostoimisto MAS Oy
1989 Ed. (105)
Mainostoimisto VPV Oy
1994 Ed. (87)
Mainostomisto MAS Oy
1990 Ed. (101)
Mainosyhtyma Oy
1991 Ed. (98)
1990 Ed. (101)
1989 Ed. (105)
Mainpro
1995 Ed. (3062)
1993 Ed. (2962)
Mainstay
2006 Ed. (611)
1989 Ed. (2193)
Mainstay Capital Appreciation
1993 Ed. (2670)
MainStay Convertible
2003 Ed. (692)
2002 Ed. (725)
1996 Ed. (2807)
1995 Ed. (2680, 2707)
1993 Ed. (2671)
MainStay Equity Index
1996 Ed. (2789)
Mainstay Funds
2004 Ed. (724, 3637)
2003 Ed. (704)
2001 Ed. (3455)
MainStay Global High Income
2008 Ed. (592, 594)
Mainstay Global High Yield
2004 Ed. (3655)
MainStay High Yield Corp.
2002 Ed. (3414)
2000 Ed. (3265)
MainStay High Yield Corp. Bond
1994 Ed. (2621)
MainStay High-Yield Corporate B
1999 Ed. (753)
Mainstay High Yield Corporate Bond
2008 Ed. (599)
2007 Ed. (644)
2005 Ed. (699)
2001 Ed. (3441)
1996 Ed. (2808)
1995 Ed. (2710, 2741)
MainStay High Yield Corporate Bond A
1998 Ed. (2621)
MainStay High Yield Corporate Bond B
1998 Ed. (2621, 2633)
1997 Ed. (688, 2892, 2903)
1996 Ed. (2781, 2795)
MainStay Investments
2007 Ed. (3682)
MainStay Natural Resources/Gold
1995 Ed. (2723)
Mainstay Small Cap Opportunity
2008 Ed. (2622)
2007 Ed. (3673)
MainStay Suites
1998 Ed. (2025)
MainStay Total Return
2000 Ed. (3248, 3251)
1995 Ed. (2739)
1994 Ed. (2639)
1993 Ed. (2673, 2693)
1992 Ed. (3162)
Mainstay Total Return B
1999 Ed. (3562)
MainStay Value
1995 Ed. (2735)
1994 Ed. (2635)
Mainstream Access
1996 Ed. (2879)
1991 Ed. (2650)
Mainstream Investment Advisers LLC, Active Domestic Equity Management
2003 Ed. (3129)
Mainstream Salmones
2002 Ed. (1715)
Maintenance
2007 Ed. (3736)
2005 Ed. (3622, 3633, 3634)
2001 Ed. (339)
1996 Ed. (2881)
Maintenance & repair workers
2007 Ed. (3722)
Maintenance/cleaning franchises
1992 Ed. (2218)
Mainthia Technologies
2008 Ed. (2288)
The Mainxchange
2002 Ed. (4829)
MAIR Holdings Inc.
2005 Ed. (204, 205)
Mairs & Power Balanced
2004 Ed. (3549)
2003 Ed. (3486)
1999 Ed. (3508, 3509)
Mairs & Power Balanced Fund
2000 Ed. (3252)
1999 Ed. (3532)
Mairs & Power Growth
2006 Ed. (3614, 3615, 3616, 3617)
2005 Ed. (4489)
2004 Ed. (3535, 3536, 3537, 3538)
2002 Ed. (3420)
1999 Ed. (3520)
1998 Ed. (2613)
1997 Ed. (2881, 2896)
1996 Ed. (2752)
Mairs & Power Growth Fund
2007 Ed. (3665)
2006 Ed. (3603, 4554)
2005 Ed. (3550, 3551, 3557)
2004 Ed. (3577, 3578)
2003 Ed. (2367, 3497, 3532)
Maison & Objet
2004 Ed. (4756, 4758)
Maison Laprise Inc.
2008 Ed. (2058)
Maize
1999 Ed. (2104)
1995 Ed. (1750)
Majax
1992 Ed. (1613)
Majesco Entertainment Co.
2007 Ed. (4591)
Majestic
2001 Ed. (4348)
1993 Ed. (3375)
1992 Ed. (4055)
1991 Ed. (3174)
Majestic Contractors
1991 Ed. (1554)
Majestic Mortgage Services
2005 Ed. (1937)
Majestic Realty Co.
2008 Ed. (3139, 4125)
2002 Ed. (1495, 3921, 3923)
2000 Ed. (3720)
1999 Ed. (3996)
1998 Ed. (3006)
1997 Ed. (3260)
1995 Ed. (3064)
1994 Ed. (3006)
1990 Ed. (2962)
Majestic Transportation
2008 Ed. (4738)
Majestic Travel Inc.
2003 Ed. (4990)
2002 Ed. (4987)
Majestic Wine
2007 Ed. (2240, 4644)
2006 Ed. (4645)
Majestic Wine PLC
1995 Ed. (1010)
Majesty Cruise Line
1999 Ed. (1808)
1998 Ed. (1236)
Majid Al Futtaim
2008 Ed. (4893)
Major appliance manufacturing
2004 Ed. (2292)
Major appliances
1990 Ed. (2506)
1989 Ed. (862)
Major Appraisals
1999 Ed. (281)
1998 Ed. (181)
1997 Ed. (259)
1996 Ed. (228)
Major Automotive Group
2001 Ed. (450)
Major Chevrolet
2006 Ed. (299, 4867, 4868)
2002 Ed. (360, 361, 362)
1992 Ed. (421)
Major Group
1992 Ed. (3227)
Major household appliances
1989 Ed. (1663)
Major League Baseball
2005 Ed. (4453)
2002 Ed. (3792)
Major League Baseball (MLB)
2003 Ed. (4523)
2001 Ed. (4344, 4349)
Major League Baseball's Pinnacle All-Star FanFest
1999 Ed. (4642)
Major League Marketing Baseball
1995 Ed. (3649)
Major Market Index
1997 Ed. (240, 2967)
1995 Ed. (2812)
1994 Ed. (212, 2698)
1993 Ed. (224)
1992 Ed. (328)
1991 Ed. (234)
1990 Ed. (252)
Major Players
2005 Ed. (1979)
Major Realty Corp.
1998 Ed. (1705, 1707)
1996 Ed. (1926)
Major regional banking industry
1998 Ed. (3363)
Major Travel PLC
1994 Ed. (994)
Major Video
1996 Ed. (3788)
1990 Ed. (3672, 3673)
1989 Ed. (2888)
Major Video of Visalia
1993 Ed. (3665)
1992 Ed. (4392)
Major Wok
1994 Ed. (1916)
Majorska
1999 Ed. (4732)
1997 Ed. (2662, 3856, 3857, 3858)
1996 Ed. (3803, 3806)
1995 Ed. (3716)

1992 Ed. (4408)
1991 Ed. (3462)
1989 Ed. (2896, 2898)
Make-a-Wish Foundation of America
1991 Ed. (1766)
Make-up, skin
2005 Ed. (3708)
Maker's Mark
2004 Ed. (4892, 4908)
2003 Ed. (4902, 4919)
2002 Ed. (283, 3107, 3159, 3160, 3161, 3162)
2001 Ed. (4788, 4803, 4804, 4805, 4806)
2000 Ed. (2948)
1999 Ed. (3235, 3236, 3237, 3238)
1989 Ed. (748, 751, 752)
Makeup
1998 Ed. (2809)
Makeup, combination
2004 Ed. (1902)
Makeup, eye
2004 Ed. (1902)
Makeup, facial
2004 Ed. (1902)
Makeup products
2002 Ed. (3638, 4634)
Makeup removers
2004 Ed. (1902)
Makhimpex
2002 Ed. (4446)
Makhteshim-Agan
2006 Ed. (4684)
2002 Ed. (246, 4559)
Maki of Japan
2008 Ed. (2674)
Makindo
1997 Ed. (3473)
1996 Ed. (3377)
1995 Ed. (786, 787, 788, 789, 3268)
Makindo Securities
1994 Ed. (3186)
The Making of the Atomic Bomb
2006 Ed. (585)
Making Strategy Work: Leading Effective Execution & Change
2007 Ed. (658)
Makio Inui
2000 Ed. (2174)
1999 Ed. (2391)
1997 Ed. (1991)
Makita
2007 Ed. (2991)
1999 Ed. (2634)
Makoto Hiranuma
2000 Ed. (2158)
1999 Ed. (2378)
1997 Ed. (1978)
1996 Ed. (1879)
Makovsky & Co.
2005 Ed. (3952)
2004 Ed. (3985)
2003 Ed. (3987)
2001 Ed. (3925)
1998 Ed. (2937)
1996 Ed. (3106, 3108)
1995 Ed. (3005)
Makpetrol
2006 Ed. (66)
2005 Ed. (59)
2004 Ed. (64)
Makpetrol Fuel
2008 Ed. (59)
Makpetrol Skopje
2002 Ed. (4442)
Makro
1990 Ed. (3680)
1989 Ed. (2901)
Makro Self-Service Wholesale Club
1991 Ed. (3468, 3470)
Makro Technologies Inc.
2008 Ed. (4415)
Makrokoncertas
2004 Ed. (63)
MAKS
1999 Ed. (2924, 2924)
Maktoum; Sheikh Mohammed Bin Rashid al
2007 Ed. (2703)
2005 Ed. (4880)
Malaco International Inc.
1995 Ed. (2104)
1993 Ed. (2040)
1992 Ed. (2403)
Malaga Bank
2004 Ed. (402, 406, 407, 409)
2002 Ed. (3549, 3556)
Malan Realty Investors Inc.
2002 Ed. (1728)
2001 Ed. (4004, 4015)
2000 Ed. (3731)
1999 Ed. (4014)
1998 Ed. (3022)
Malathion
1990 Ed. (2812)
Malawi
2008 Ed. (4601)
2007 Ed. (4692)
2006 Ed. (4671)
2005 Ed. (4606)
2004 Ed. (4656)
2001 Ed. (4446)
1996 Ed. (3633)
1994 Ed. (2007)
1989 Ed. (2240)
Malawi Corporate Graphics
2003 Ed. (105)
Malawi Savings Bank
2000 Ed. (602)
1999 Ed. (586)
1997 Ed. (550)
Malayan Banking
2008 Ed. (1899)
2007 Ed. (1865)
2006 Ed. (1860, 1861)
2004 Ed. (515)
2001 Ed. (1785)
2000 Ed. (1511)
1999 Ed. (470)
1997 Ed. (3001)
1996 Ed. (1416, 2909)
1995 Ed. (420, 539, 1455)
1994 Ed. (527, 563, 1418)
1993 Ed. (561, 2385)
1992 Ed. (769, 770, 2823, 3978)
1989 Ed. (613)
Malayan Banking Berhad
2002 Ed. (515)
1996 Ed. (566)
1990 Ed. (631)
Malayan Banking Bhd
2006 Ed. (4518)
2002 Ed. (3051)
1991 Ed. (601, 2274)
Malayan Breweries Ltd.
1992 Ed. (1685)
1991 Ed. (1340)
1990 Ed. (1414)
1989 Ed. (1155)
Malayan Credit Ltd.
1994 Ed. (3311)
Malayan Credit TSR
1992 Ed. (3979)
Malayan Tobacco Co.
1992 Ed. (64)
Malayan United Bank
1989 Ed. (613)
Malayan United Industries
1991 Ed. (1324)
1990 Ed. (1397)
Malayan United Industries Bhd
2002 Ed. (3052)
1992 Ed. (1667)
Malayan United Manufacturing Bhd
1993 Ed. (1275)
Malaysia
2008 Ed. (379, 1023, 1387, 1419, 2202, 2396, 3846, 3848, 4255, 4387, 4392, 4393, 4549, 4675, 4676, 4677, 4686)
2007 Ed. (397, 1143, 1144, 1436, 2092, 2262, 2802, 3766, 3768, 3798, 3799, 3800, 4218, 4221, 4413, 4600, 4752, 4753, 4754, 4762)
2006 Ed. (412, 1055, 1056, 1404, 1439, 2148, 2327, 2328, 2331, 2721, 2810, 3769, 3771, 3793, 3794, 3795, 4208, 4211, 4613, 4738, 4739, 4740, 4756)
2005 Ed. (217, 459, 1045, 1046, 1419, 1484, 2054, 2530, 2531, 2532, 2533, 2766, 3672, 3704, 3705, 3706, 4152, 4155, 4532, 4691, 4692, 4701, 4799)
2004 Ed. (1044, 1045, 1397, 1919, 3757, 3792, 3793, 3794, 4225, 4228, 4542, 4543, 4598, 4720, 4721, 4725, 4751, 4820)
2003 Ed. (461, 1035, 1036, 1037, 1097, 1383, 2210, 2211, 2219, 2222, 2223, 2225, 2226, 2228, 2229, 2483, 3711, 4198, 4201, 4699, 4735, 4736, 4743)
2002 Ed. (683, 744, 1812, 2423, 2424, 2509, 3725, 4624)
2001 Ed. (509, 510, 1298, 1302, 1506, 1947, 1969, 2362, 2699, 2700, 2968, 3610, 3696, 3697, 4128, 4135, 4534, 4535, 4549, 4914)
2000 Ed. (1610, 2295, 2349, 2357, 2358, 2363, 3011)
1999 Ed. (1133, 1781, 2098, 2553, 2583, 3192, 3273)
1998 Ed. (819, 1418, 1419, 1522, 1524, 1525, 1791, 2421, 2659, 2659, 2660, 2660)
1997 Ed. (204, 305, 915, 917, 1542, 1556, 1812, 2107, 2557, 2558, 2559, 2561, 2573, 2691, 2786, 2922)
1996 Ed. (157, 929, 941, 1477, 1645, 2551, 2652, 2948, 3433, 3436, 3662)
1995 Ed. (3, 186, 1247, 1518, 1544, 1657, 1736, 1745, 1746, 1962, 2010, 2017, 2029, 2036)
1994 Ed. (1486, 2005, 3308)
1993 Ed. (844, 1582, 1967, 1974, 1981, 1987, 2366, 3682)
1992 Ed. (1068, 1732, 1733, 1880, 2075, 2250, 2310, 2317, 2327, 2360, 3454, 3543, 3974)
1991 Ed. (164, 1381, 1834, 1841, 3390)
1990 Ed. (241, 1075, 1076, 1448, 1911, 1918, 1925, 1935, 2759, 3624)
1989 Ed. (1405)
Malaysia Airline System Bhd
2000 Ed. (1510)
Malaysia Airlines
2008 Ed. (60)
2007 Ed. (58)
2001 Ed. (301, 304, 310, 320)
2000 Ed. (1295)
1996 Ed. (2446)
Malaysia & Singapore equities
1996 Ed. (2430)
Malaysia equities
1996 Ed. (2430)
Malaysia Equity
1996 Ed. (2817, 2818)
Malaysia International Shipping Corp.
2008 Ed. (1899)
2007 Ed. (1583, 1865)
2006 Ed. (1860, 1861, 4518)
2001 Ed. (1784, 1785)
Malaysia International Shipping Corp. Bhd
2002 Ed. (3051)
Malaysia Social Security Organisation
2001 Ed. (2887)
Malaysian Air
2007 Ed. (235)
2006 Ed. (231, 232)
Malaysian Airline System
1997 Ed. (1474)
1992 Ed. (1667, 1668, 1669, 2823)
1990 Ed. (1397)
Malaysian Airline System Bhd.
1994 Ed. (1417)
1993 Ed. (1365)
1991 Ed. (1323, 1324, 2274, 2275)
1990 Ed. (1398)
Malaysian Airline Systems
2001 Ed. (1784)
Malaysian Airlines
1999 Ed. (227, 1700)
1995 Ed. (177, 190, 1452, 1453)
Malaysian Breweries
1991 Ed. (2274)
Malaysian Breweries/F&N
1991 Ed. (35)
Malaysian Brewers
1990 Ed. (38)
Malaysian French
1992 Ed. (769)
Malaysian Industrial Development Finance Bhd.
2000 Ed. (2194)
Malaysian International
1994 Ed. (3193)
Malaysian International Merchant Bankers
1996 Ed. (3391)
1995 Ed. (3279)
1989 Ed. (1781)
Malaysian International Shipping
2000 Ed. (1511)
1993 Ed. (2385)
1992 Ed. (1667, 1669, 2823)
1991 Ed. (1324, 2274, 2275)
Malaysian Int'l Shipping Corp.
1990 Ed. (1397)
Malaysian Resources
1999 Ed. (1579, 4494)
1994 Ed. (2349)
Malaysian Resources Corp. Bhd
2002 Ed. (3052)
Malaysian ringgit
2008 Ed. (2274)
Malaysian Tobacco Co. Ltd.
1990 Ed. (1398)
1989 Ed. (41)
Malaysian United Industries Bhd.
1991 Ed. (2275)
Malbak
1995 Ed. (1484)
1993 Ed. (1392, 1395)
1991 Ed. (1344, 1345)
1990 Ed. (1417, 1418)
Malbec
1996 Ed. (3838)
Malboro
2004 Ed. (762)
Malco Steel Inc.
1999 Ed. (3420)
Malcolm Austin Borg
1992 Ed. (3079)
1991 Ed. (2462)
1990 Ed. (2578)
Malcolm Drilling Co., Inc.
2008 Ed. (1258)
2007 Ed. (1361)
2006 Ed. (1282)
2005 Ed. (1312)
2004 Ed. (1305)
2002 Ed. (1290)
2001 Ed. (1475)
2000 Ed. (1261)
1999 Ed. (1369)
1998 Ed. (947)
1997 Ed. (1165)
1996 Ed. (1139)
1995 Ed. (1172)
1994 Ed. (1147)
1993 Ed. (1128)
1992 Ed. (1415)
1991 Ed. (1082)
1990 Ed. (1204)
Malcolm Gladwell
2007 Ed. (3617)
Malcolm in the Middle
2006 Ed. (2855)
2005 Ed. (4664)
Malcolm J. Delaney
1992 Ed. (1140)
Malcolm M. Aslin
2005 Ed. (2516)
Malcolm Marketing & Communications
2003 Ed. (3979, 4018)
Malcolm Pirnie Inc.
2008 Ed. (2547, 2551, 2597)
2007 Ed. (2420, 2424, 2468)
2006 Ed. (2507)
2004 Ed. (2342, 2373, 2375, 2382, 2383, 2385, 2445)
2003 Ed. (2300, 2303)
2002 Ed. (2135, 2138)
2001 Ed. (2289, 2293)
2000 Ed. (1844)
1999 Ed. (2025, 2027)
1998 Ed. (1441, 1453, 1482)

1997 Ed. (1735)
1996 Ed. (1657)
1995 Ed. (1674)
1994 Ed. (1634)
1993 Ed. (1604, 2876)
1992 Ed. (1949)
Malcolm S. Forbes Jr.
1995 Ed. (2580)
1992 Ed. (3079)
Malcolm Sinclair
1997 Ed. (1965)
1996 Ed. (1854)
Malcolm Stevenson Forbes
1990 Ed. (2578)
1989 Ed. (1989)
Malcom Pirnie Inc.
2000 Ed. (1802, 1804)
Malden International
1998 Ed. (2854)
Malden Mills
1996 Ed. (3682)
1995 Ed. (1954, 3607)
Maldutis; Julius
1997 Ed. (1856)
1996 Ed. (1781)
Maleenont; Vichai
2006 Ed. (4920)
Maler Inc.; Roger
1990 Ed. (3086)
Malet; Frank
1994 Ed. (899)
Mali
2003 Ed. (1881)
1993 Ed. (2951)
1989 Ed. (2240)
Malibu
2005 Ed. (3289, 4158)
2004 Ed. (4230, 4235)
2003 Ed. (4207, 4212)
2002 Ed. (299, 380, 387, 409, 412, 3163, 4070, 4076, 4077, 4079)
2001 Ed. (479, 485, 533, 3393, 4142, 4146, 4147, 4396)
2000 Ed. (3834, 3836, 3837)
1999 Ed. (4124, 4126, 4127, 4129)
1998 Ed. (3108, 3110, 3111, 3112)
1997 Ed. (2636, 2644)
1996 Ed. (2494, 2501, 2503)
1995 Ed. (2448)
1994 Ed. (2369)
1993 Ed. (2425, 2431)
1992 Ed. (2861)
Malibu Beach Inn
2006 Ed. (2939)
2005 Ed. (2936)
1999 Ed. (2763)
Malibu; Chevrolet
2008 Ed. (331, 332)
2007 Ed. (344)
2006 Ed. (358, 359)
2005 Ed. (344, 348)
Malignant neoplasms
2000 Ed. (1642)
1992 Ed. (1764, 1765, 1766, 1767, 1768, 1769)
1990 Ed. (1469, 1470, 1471, 1472, 1473, 1474)
MalikCo
2008 Ed. (4952)
Maliya
1991 Ed. (962)
Malkin & Ross
1996 Ed. (2533)
Mall at Short Hills
1990 Ed. (3291)
1989 Ed. (2492)
Mall of America
2006 Ed. (4311)
2003 Ed. (4407)
Mallard Coach Co. Inc.
1993 Ed. (2985, 2986)
1992 Ed. (3643, 3644)
Mallard Group
1990 Ed. (1180)
Mallard's
2003 Ed. (3739)
Mallesons Stephen Jaques
2007 Ed. (1317)
2003 Ed. (3181)
2002 Ed. (3055, 3784)
Mallette LLP
2008 Ed. (279)
Mallinckrodt Inc.
2002 Ed. (2046, 3297)
2001 Ed. (1183, 2073, 3264, 3265, 3266)
2000 Ed. (1019)
1998 Ed. (695)
1997 Ed. (2745)
1996 Ed. (2595)
1994 Ed. (2466)
1992 Ed. (3009)
1991 Ed. (2407)
1990 Ed. (2534)
Mallinckrodt Group
1997 Ed. (952)
1995 Ed. (951, 2534)
Mallinckrodt Medical Inc.
2008 Ed. (3952)
Mallinkrodt Group
1999 Ed. (1482, 1556)
Mallory; Wilhelm A.
1990 Ed. (1714)
Malloy Lithographing Inc.
2001 Ed. (3891)
2000 Ed. (3609)
1998 Ed. (2921)
1992 Ed. (3533)
Mally; Edward
1997 Ed. (1938)
Mallya
1990 Ed. (1380)
Malone & Hyde, Inc.
1990 Ed. (1957)
Malone; John C.
1993 Ed. (937, 1695)
Malone Jr.; Wallace
2006 Ed. (927)
Malone; Mary Alice
2008 Ed. (4827)
2005 Ed. (4843)
Maloney & Fox
2003 Ed. (3985)
Maloney & Porcelli
2007 Ed. (4129)
Maloney; Sean
2005 Ed. (2318)
Maloney's
1990 Ed. (1523)
Maloof & Co.; Joe G.
2005 Ed. (1906)
Maloof Distributing LLC
2008 Ed. (1980)
2007 Ed. (1917)
2006 Ed. (1933)
Maloof; Manuel J.
1993 Ed. (2462)
Malouf Construction LLC
2008 Ed. (1312)
Malpass; David
1996 Ed. (1895)
Malphrus Construction Co.
2008 Ed. (1326)
Malpractice insurance
1994 Ed. (2686)
1992 Ed. (3278)
Malrite
1992 Ed. (3602)
Malrite Communications Group
2001 Ed. (1546)
Malt liquor
2005 Ed. (2759)
2002 Ed. (677)
2001 Ed. (675)
1991 Ed. (744)
Malt-O-Meal Co.
2008 Ed. (869)
2006 Ed. (805)
2003 Ed. (875)
1998 Ed. (662)
Malta
2008 Ed. (4244, 4793, 4795)
2006 Ed. (2140, 2330)
2002 Ed. (1810)
1995 Ed. (2012, 2024)
Malta Goya
1996 Ed. (717)
Malta Goya NA
2001 Ed. (684)
Malta Goya Non-Alcohol
2006 Ed. (559)
2005 Ed. (656)
2004 Ed. (669)
2002 Ed. (685)
Malta National Bank
2003 Ed. (382)
The Malta Stock Exchange
1995 Ed. (3512)
Maltacom
2006 Ed. (4519)
Maltby; John L.
1993 Ed. (2461)
1992 Ed. (2903)
1991 Ed. (2342)
Maltepe
1997 Ed. (995)
Maltesers
2008 Ed. (695, 714)
2002 Ed. (1167)
2001 Ed. (1121)
1999 Ed. (785, 1026)
1996 Ed. (873)
1994 Ed. (856)
1992 Ed. (1045)
Maltezos SA
2002 Ed. (3307)
2001 Ed. (3282)
Malvasia Bianca
2003 Ed. (4968, 4969)
2002 Ed. (4969, 4970)
2001 Ed. (4872, 4873)
1996 Ed. (3837)
Malvern Trust & Savings Bank
1993 Ed. (503, 506)
Malvinder & Shivinder Mohan Singh
2006 Ed. (4926)
Mama Marys
2002 Ed. (1329)
Mama Rosa's
2003 Ed. (3322)
mamamedia.com
2001 Ed. (4775)
Mamaroneck, NY
2002 Ed. (1060)
1997 Ed. (2353)
Mama's
1995 Ed. (1208)
Mamis; Justin
1997 Ed. (1915)
1996 Ed. (1842)
1993 Ed. (1836)
1991 Ed. (1706)
1990 Ed. (1767)
Mamma Mia!
2004 Ed. (4717)
Mammals: A Multimedia Encyclopedia
1994 Ed. (874)
Mammoth/June Ski Resort
1994 Ed. (1102)
Mammoth Life & Accident Insurance Co.
1993 Ed. (2253)
1992 Ed. (2707)
1991 Ed. (2144)
1990 Ed. (2275)
Mammoth Mountain, CA
1990 Ed. (3293)
Man
1999 Ed. (4656)
1997 Ed. (1745)
1995 Ed. (2493)
1994 Ed. (2421, 2422, 3584)
1992 Ed. (4347)
MAN AG
2008 Ed. (312)
2007 Ed. (875, 2400, 3037)
2006 Ed. (4946)
2005 Ed. (3002)
2002 Ed. (4669)
2000 Ed. (4295)
1993 Ed. (346, 2487)
Man AHL Diversified plc
2005 Ed. (1085)
Man-Aktiengesellschaft
1992 Ed. (2954)
Man Eau de Toilette; Robert Cavalli
2008 Ed. (2768)
Man Financial Inc.
2008 Ed. (2803)
2007 Ed. (2672)
2006 Ed. (2682)
2005 Ed. (2707)
2003 Ed. (2599)
Man/Glenwood
2004 Ed. (2818)
Man Group plc
2008 Ed. (1458, 1459, 1461, 1723, 2700)
2007 Ed. (1459, 1463, 2560, 2576, 2579)
2006 Ed. (1473, 1477, 1480, 1481, 2592, 2605)
2005 Ed. (2589, 4887)
2004 Ed. (2819)
Man Investments Inc.
2008 Ed. (2923)
2007 Ed. (1188, 2793)
2006 Ed. (2799, 2800)
2005 Ed. (2819)
Man Lan Gaetano Marzotto & Figli SpA
2002 Ed. (4618)
Man Stamm
1989 Ed. (1918)
The Man Who Listens to Horses
1999 Ed. (693)
Man With a Gun
1998 Ed. (3677)
Manafort Brothers Inc.
2008 Ed. (1256, 1258)
2007 Ed. (1361)
2006 Ed. (1282)
2004 Ed. (1303, 1305)
2003 Ed. (1300, 1302)
2002 Ed. (1290)
2001 Ed. (1475)
1996 Ed. (1139)
1995 Ed. (1172)
1994 Ed. (1147)
1991 Ed. (1082)
Managed Care Inc.
2000 Ed. (3602)
1996 Ed. (2080)
Managed Care Concepts Inc.
2008 Ed. (3269)
Managed Care of North America Inc.
1998 Ed. (1255)
Managed-care organizations
1996 Ed. (2082)
Managed Care 2000+
2006 Ed. (2410)
Managed Health Network Inc.
2006 Ed. (2407, 2408)
2005 Ed. (2364, 2365)
2002 Ed. (2852)
Managed Healthcare Associates
2003 Ed. (2110)
Managed Objects
2003 Ed. (2743)
Management
2007 Ed. (3736)
2006 Ed. (1070)
2005 Ed. (1062, 2684, 3359, 3633, 3634, 3662)
2004 Ed. (3334, 3335)
2000 Ed. (905)
Management Accounting
2002 Ed. (3634)
Management Alliance Programs
2006 Ed. (3549, 4387)
Management analysts
2007 Ed. (3720)
2006 Ed. (3734)
2005 Ed. (3621, 3625)
1991 Ed. (2630)
Management & Engineering Technologies International Inc.
2005 Ed. (173)
Management & Training Corp.
2005 Ed. (1374)
2004 Ed. (1358)
Management Asset Corp.
1990 Ed. (2348)
Management Cleaning Controls LLC
2004 Ed. (1769)
Management Communications Services
1992 Ed. (3572)
Management consulting
2008 Ed. (760, 761)
2007 Ed. (790, 791, 792)
2006 Ed. (697, 698, 699)
Management consulting & public relations
1997 Ed. (1722)
Management consulting services
2002 Ed. (2948)

Management Data Systems International Inc.
2006 Ed. (3519)
Management Decisions Inc.
2008 Ed. (3704, 4380, 4958)
2007 Ed. (3546, 3547, 4407)
Management Events
2008 Ed. (1712)
Management, general
1999 Ed. (964)
Management information systems
2003 Ed. (2271)
Management/Leadership
1993 Ed. (1595)
The Management Network Group Inc.
2004 Ed. (4547)
Management Recruiters International
1999 Ed. (2072, 2508, 2510, 2513, 2516)
1998 Ed. (1505, 1758)
1996 Ed. (1967)
1995 Ed. (1936)
Management Recruiters of Colorado Inc.
2008 Ed. (2627)
Management Recruiters of Salt Lake City Inc.
2006 Ed. (2429)
Management Recruiters/Sales Consultants
2006 Ed. (4316)
2002 Ed. (2171)
1997 Ed. (1794, 2079)
Management Recruiters/Sales Consultants/MRI Worldwide
2005 Ed. (2467)
2004 Ed. (2485)
2003 Ed. (885, 2370)
Management Science America
1991 Ed. (1036, 2842, 2855)
1990 Ed. (1119)
Management Service Systems
1997 Ed. (2253)
1996 Ed. (2148)
1994 Ed. (2085)
Management services
2002 Ed. (2948)
Management Systems Designers Inc.
2006 Ed. (1371, 1374)
Management Today
2002 Ed. (3634)
Managers
2007 Ed. (3737)
1993 Ed. (3694)
Managers AMG Burridge Small Cap Growth
2006 Ed. (3649)
Managers Bond
2008 Ed. (597)
2006 Ed. (3684)
2005 Ed. (3581)
1999 Ed. (3537)
1997 Ed. (687, 2901)
Managers Capital Appreciation
2000 Ed. (3241)
Managers/Executives
2000 Ed. (1787)
Managers Fixed Income
1994 Ed. (2608)
Managers Fixed Income Institutional
2008 Ed. (597)
Managers, general & operations
2007 Ed. (3720, 3721, 3723)
2005 Ed. (3621, 3625, 3629)
Managers, general operations
2005 Ed. (3631)
Managers Global Bond
2000 Ed. (3292)
Managers (health and medicine)
1991 Ed. (2629)
Managers Income Equity
1997 Ed. (2885)
Managers Intermediate Duration U.S. Government
2008 Ed. (605)
Managers Intermediate Mortgage
1995 Ed. (2744)
1994 Ed. (2609, 2620)
Managers International Equity
1999 Ed. (3568)
1997 Ed. (2883)
1996 Ed. (2804)
1995 Ed. (2738)
Managers (marketing, advertising and PR)
1991 Ed. (2630)
Managers, mid- & lower-level
1999 Ed. (3854)
Managers Share Int. Fixed Inc.
1994 Ed. (2619)
Managers Short & Intermediate Bond
1995 Ed. (2682)
Managers Special Equity
1999 Ed. (3577)
Managers 20 Fund
2007 Ed. (4549)
Managua, Nicaragua
1992 Ed. (2280)
Manajans Thompson
2000 Ed. (183)
1999 Ed. (164)
1997 Ed. (154)
1996 Ed. (148)
1995 Ed. (134)
1994 Ed. (124)
1993 Ed. (143)
1992 Ed. (217)
1991 Ed. (158)
1990 Ed. (159)
1989 Ed. (170)
Manatee County, FL
1993 Ed. (2939)
Manatee Memorial Hospital
2002 Ed. (2620)
1999 Ed. (2747)
1998 Ed. (1989)
Manatee Memorial Hospital & Health System
2000 Ed. (2527)
Manatt, Phelps & Phillips
2001 Ed. (567)
1999 Ed. (3153)
1998 Ed. (2330)
1996 Ed. (2454)
Manatt, Phelps & Phillips LLP
2005 Ed. (1437)
2002 Ed. (3059)
2000 Ed. (2899)
Mancari's Chrysler-Plymouth
1996 Ed. (269)
Mancha Development
2002 Ed. (2560)
Manchester
2000 Ed. (3375)
1996 Ed. (2879)
1993 Ed. (2747)
1992 Ed. (1031)
1991 Ed. (2650)
Manchester Airport
1995 Ed. (197)
Manchester, England
2000 Ed. (3374)
Manchester Equipment
2000 Ed. (1167, 3000)
1991 Ed. (1038)
1990 Ed. (1140)
Manchester Evening News
2002 Ed. (233, 3516)
Manchester Financial Corp.
2000 Ed. (330)
Manchester Financial Group
1999 Ed. (318)
Manchester Grammar School
1999 Ed. (4145)
Manchester-Nashua, NH
2007 Ed. (4057)
2006 Ed. (4024)
1993 Ed. (3044)
1992 Ed. (2582, 2585, 3735)
1991 Ed. (2008, 2891)
1990 Ed. (2485, 3046)
1989 Ed. (1903)
Manchester, NH
2005 Ed. (3325)
2002 Ed. (395, 1801)
2001 Ed. (2802)
1999 Ed. (3367)
1994 Ed. (951, 966, 3326)
1990 Ed. (1466)
Manchester Partners
2001 Ed. (555)
Manchester Ship Canal Co.
1992 Ed. (1627)
Manchester, UK
2005 Ed. (883)
Manchester Union Leader
1990 Ed. (2709)
1989 Ed. (2063)
Manchester United
2008 Ed. (669, 670, 671, 676, 697, 4454)
2007 Ed. (704, 725, 4465, 4922)
2006 Ed. (4398)
2005 Ed. (4391, 4449, 4887)
2003 Ed. (747)
2002 Ed. (4307)
Manchester United plc
2006 Ed. (2945, 3274)
2001 Ed. (4301)
Manchester; University of
2007 Ed. (812)
Manchu Wok
2008 Ed. (2674)
2005 Ed. (2552, 2566)
2003 Ed. (2441)
2002 Ed. (2242)
2000 Ed. (3776)
1999 Ed. (4060)
1997 Ed. (3338)
Manchurian Candidate
2007 Ed. (3641)
Mancini Co. Inc.; B. T.
1990 Ed. (1205)
Mancini Duffy
2008 Ed. (3339)
2007 Ed. (3197)
2006 Ed. (3163)
2005 Ed. (3164)
Mancozeb
1990 Ed. (2813)
Mancuso; Michael
2007 Ed. (1039)
2006 Ed. (944)
Mandalay Corp.
2008 Ed. (1968)
2007 Ed. (1907)
2006 Ed. (1923)
2005 Ed. (1896)
2004 Ed. (1813)
2003 Ed. (1778)
Mandalay Bay Events Center
2006 Ed. (1156)
Mandalay Bay Resort & Casino
2005 Ed. (2519)
2004 Ed. (2945)
Mandalay Resort Group
2006 Ed. (266, 1924, 2685, 2930, 2932)
2005 Ed. (247, 1897, 2709, 2710, 2927, 2929)
2004 Ed. (1814, 2716, 2717, 2936, 2937)
2003 Ed. (1779, 2337, 2340, 2844, 2846)
2002 Ed. (2630, 2638)
2001 Ed. (2272, 2273, 2778)
Mandarich; David D.
2007 Ed. (2509, 2511)
Mandarin
2000 Ed. (2890)
Mandarin Library Automation Inc.
2006 Ed. (3278)
2005 Ed. (3288)
2004 Ed. (3257)
Mandarin Orange Slice
1990 Ed. (3314)
Mandarin Oriental
2008 Ed. (2277)
2000 Ed. (1446, 1451, 2546, 2548, 2552)
1999 Ed. (2771, 2773, 2775)
1998 Ed. (577, 2002, 2018, 2032, 2037)
1997 Ed. (2289, 2294, 2307, 2309)
1996 Ed. (2174, 2188, 2188, 2189)
1995 Ed. (2156, 2161, 2175)
1993 Ed. (2102)
1992 Ed. (2509, 2510, 2512)
1991 Ed. (1956)
1990 Ed. (2071, 2096, 2100)
Mandarin Oriental Hotel, San Francisco
1990 Ed. (2079)
Mandarine
2001 Ed. (82)
Mandarins
1992 Ed. (2110)
Mandate
1992 Ed. (3366)
Mandatory Provident Fund
2005 Ed. (3225)
Mandee
2008 Ed. (4547)
Mandel, Jr.; Stephen
1991 Ed. (1691)
Mandel; Morton L.
1992 Ed. (2054)
1991 Ed. (1624)
1990 Ed. (1717)
Mandel; Stan
2006 Ed. (703)
2005 Ed. (796)
Mandeville; Robert L.
1991 Ed. (3209)
M&G Recovery Inc.
2000 Ed. (3303, 3306)
M&G Recovery Cap
2000 Ed. (3306)
M&G Recovery Geared Unit
2000 Ed. (3301)
Mandich; Donald
1991 Ed. (927)
1990 Ed. (974)
Mandiri; Bank
2008 Ed. (351, 433, 1810)
2007 Ed. (468, 1779)
2006 Ed. (456, 1770)
2005 Ed. (526, 540)
Mandle; Ronald
1997 Ed. (1853)
1996 Ed. (1778)
1995 Ed. (1804)
1991 Ed. (1673)
1989 Ed. (1418, 1419)
M&M
1989 Ed. (2505, 2506, 2507)
M&M Communications
2000 Ed. (179)
M&M/Mars
2000 Ed. (970, 971)
1999 Ed. (1021, 1022)
M&Ms
1999 Ed. (1016, 1025, 1130, 1131, 1132)
Mando
1999 Ed. (280)
Mando American Corp.
2008 Ed. (313)
Mandresh; Daniel
1997 Ed. (1876)
1996 Ed. (1803)
1995 Ed. (1796, 1797, 1825)
1994 Ed. (1787, 1833)
1993 Ed. (1803)
1991 Ed. (1676)
1989 Ed. (1416)
Mandy Moore
2004 Ed. (2411)
2003 Ed. (2331)
Maneb
1990 Ed. (2813)
Manetta; R. L.
2006 Ed. (2519)
Manfred Gingl
2008 Ed. (3997)
2007 Ed. (3974)
2006 Ed. (2528, 3920)
2005 Ed. (3857)
Manfred Schreyer & Associates, Inc.
1998 Ed. (3480)
Manfredi Motor Transit Co.
2002 Ed. (4547)
Mangalore Refinery & Petrochemicals
2007 Ed. (1582)
2006 Ed. (3384)
Manganello; Timothy
2007 Ed. (965)
Manganese compounds
2000 Ed. (3562)
Mangnetex
2000 Ed. (1734)
Mangoes guavas
1993 Ed. (1749)
Mangos
2007 Ed. (2652)
2006 Ed. (2669)
2005 Ed. (2694)

2004 Ed. (2694)
Manhaden
2008 Ed. (2722)
2007 Ed. (2585)
2006 Ed. (2610)
2005 Ed. (2611)
2004 Ed. (2622)
2003 Ed. (2490)
2001 Ed. (2440)
Manhasset Mitsubishi
1996 Ed. (280)
1995 Ed. (280)
1993 Ed. (278)
1992 Ed. (392)
1991 Ed. (287)
Manhattan
2001 Ed. (1921, 1922, 1923, 1924, 4424)
1996 Ed. (1005)
1992 Ed. (3385)
Manhattan & Bronx Surface Transportation
1992 Ed. (3265)
Manhattan Associates Inc.
2008 Ed. (4576, 4577)
2006 Ed. (4646)
2005 Ed. (4613)
2004 Ed. (2214, 2773, 3317)
2003 Ed. (1123, 2189)
2002 Ed. (1992, 4502)
2001 Ed. (4425)
Manhattan Bagel
2002 Ed. (424)
1999 Ed. (4049, 4058, 4059)
1998 Ed. (1760, 1761, 3060, 3062, 3070, 3071, 3412)
1997 Ed. (326, 3330, 3650)
Manhattan Beach Savings & Loan Association
1990 Ed. (3585)
Manhattan Beer
2003 Ed. (659)
Manhattan Beer Distributors Inc.
2001 Ed. (680)
Manhattan Beer Distributors LLC
2008 Ed. (538)
2007 Ed. (593)
2006 Ed. (553)
2005 Ed. (653)
2004 Ed. (666)
Manhattan Brewing Co.
1992 Ed. (927)
1989 Ed. (758)
Manhattan Bridge
1997 Ed. (726)
Manhattan Cable TV, Time Warner
1995 Ed. (878)
Manhattan College
1997 Ed. (1053)
1996 Ed. (1037)
1995 Ed. (1052)
1994 Ed. (1044)
1992 Ed. (1269)
Manhattan Communications
2003 Ed. (132)
2002 Ed. (164)
2001 Ed. (193)
1999 Ed. (138)
Manhattan Communications (Burnett)
2000 Ed. (155)
Manhattan Construction
2008 Ed. (1242)
2004 Ed. (1316)
2003 Ed. (1285, 1316)
2002 Ed. (1251, 1253, 1280)
Manhattan East Suite Hotels
1998 Ed. (2017)
1992 Ed. (2477)
Manhattan East Suites
1990 Ed. (2078)
Manhattan Industries
1989 Ed. (944)
Manhattan International
1993 Ed. (2600, 2601)
1992 Ed. (3113, 3114)
1991 Ed. (138)
Manhattan International Limousine
1996 Ed. (2692, 2693)
1995 Ed. (2616)
Manhattan Jeep-Eagle Inc.
1994 Ed. (273)
1993 Ed. (274)
1992 Ed. (388)
1991 Ed. (283)
1990 Ed. (330)
Manhattan Minerals Corp.
2001 Ed. (1656)
Manhattan, NY
1999 Ed. (3302)
1994 Ed. (831, 968)
1992 Ed. (1020)
1990 Ed. (871)
Manhattan, NY (ATC)
1991 Ed. (835)
Manhattan, NY, downtown
1998 Ed. (1948)
Manhattan, NY, midtown
1998 Ed. (1948)
Manhattan Pakistan
1997 Ed. (128)
1996 Ed. (124)
Manhattan Savings Bank
1995 Ed. (3614)
1993 Ed. (596, 3566)
1989 Ed. (506)
Manheim Auctions Inc.
2003 Ed. (4925, 4926)
2001 Ed. (4816, 4817)
Manheim Auto Auction
1992 Ed. (373)
1991 Ed. (267)
Manheim Interactive
2003 Ed. (2155)
Manheim Investments Inc.
2007 Ed. (4947)
2004 Ed. (4925)
2003 Ed. (4926)
2001 Ed. (4816)
Manheim Online
2001 Ed. (4767)
Manheim Realty
2000 Ed. (3710)
1992 Ed. (3613)
Manias, Panics, & Crashes
2005 Ed. (711)
Manicuring products
2002 Ed. (3642)
Manifatture Lane Gaetano Marzotto & Figli SpA
2004 Ed. (4716)
2000 Ed. (4243)
1999 Ed. (4593)
1992 Ed. (4280)
1991 Ed. (3356)
Manifesto
2000 Ed. (1679, 3845)
Manifold business forms
1996 Ed. (3085)
Maniilaq Association
2003 Ed. (1604, 2274, 2693)
Manila
1992 Ed. (1391)
Manila Banking
1990 Ed. (670)
1989 Ed. (655)
Manila Electric Co.
2002 Ed. (3702, 3703)
2001 Ed. (1835, 1836)
2000 Ed. (1538, 1541, 3541, 3542)
1999 Ed. (3820, 3821)
1997 Ed. (3113, 3114)
1996 Ed. (2563, 2564, 2564, 3030)
1995 Ed. (1475)
1994 Ed. (2431, 2432)
1989 Ed. (1151)
Manila Electric Co.-A
1996 Ed. (3029)
Manila Electric Co.-B
1996 Ed. (3029)
Manila International Airport
1996 Ed. (194, 1599)
Manila Mining Corp.
2002 Ed. (3704)
Manila, Philippines
1995 Ed. (991)
Manildra Group
2004 Ed. (2652)
2002 Ed. (3775)
Manilow; Barry
1991 Ed. (1041)
Manis; Justin
1995 Ed. (1858)
Manischewitz
1994 Ed. (2347)
Manitoba
2007 Ed. (3783, 4688)
2006 Ed. (1750, 3238, 3786, 4668)
2001 Ed. (4110)
Manitoba Hydro-Electric Board
2008 Ed. (2428, 2813, 2834)
2007 Ed. (2298, 2684, 2705)
2006 Ed. (2710)
2005 Ed. (2749)
2004 Ed. (2754)
2001 Ed. (1662)
1997 Ed. (1692, 2156)
1996 Ed. (1613, 2038)
1994 Ed. (1594, 1986)
1990 Ed. (1599)
Manitoba Pool Elevators
2001 Ed. (1499)
Manitoba Properties
1992 Ed. (3624)
Manitoba Public Insurance Corp.
1991 Ed. (2131)
Manitoba Telecom Services Inc.
2008 Ed. (1620, 2938, 4648)
2007 Ed. (2810, 4729)
2006 Ed. (1608)
2005 Ed. (2832)
2003 Ed. (2932)
Manitoba Telephone System
1997 Ed. (3707)
1996 Ed. (3648)
1994 Ed. (3491)
1992 Ed. (4211)
Manitoba; University of
2008 Ed. (1074, 3642)
Manitou BF SA
2004 Ed. (4802)
2003 Ed. (4815)
2002 Ed. (2323)
The Manitowoc Co., Inc.
2008 Ed. (3530)
2007 Ed. (3400)
2002 Ed. (1110, 1111)
1997 Ed. (1282)
Mankato-North Mankato, MN
2008 Ed. (3509)
Manley (AmBase Corp.); Marshall
1991 Ed. (2156)
Manley Brothers of Indiana, Inc.
1990 Ed. (3094)
Manley; Marshall
1992 Ed. (2713)
1990 Ed. (2282)
Manlowe; David
1997 Ed. (1862)
Manly E. Gillis
1995 Ed. (1726)
Manmade fibers
2001 Ed. (1186)
Mann; Alfred
2008 Ed. (3979, 4829)
2007 Ed. (3949, 4892)
2006 Ed. (3898)
Mann Educational; Horace
1994 Ed. (2229)
Mann Educators; Horace
1997 Ed. (2416, 2417)
1996 Ed. (2284, 2285)
1995 Ed. (2276, 2278)
Mann Frankfort Stein & Lipp
2000 Ed. (20)
1999 Ed. (24)
1998 Ed. (19)
Mann Judd
1992 Ed. (6)
Mann; Ralph G.
1992 Ed. (534)
Mann Theatres Corporation of California, Inc.
1990 Ed. (2610)
Manna Inc.
2008 Ed. (174, 175)
2007 Ed. (191)
2006 Ed. (185)
2005 Ed. (172)
2004 Ed. (169)
2003 Ed. (213)
2002 Ed. (715)
Mannan; Zahid
1996 Ed. (1908)
Mannatech
2008 Ed. (2337, 2863, 4352)
2006 Ed. (2042, 2745)
2001 Ed. (2015)
Mannesmann
2000 Ed. (1439, 2624, 4130)
1999 Ed. (277, 2853, 2854, 3286)
1998 Ed. (2093)
1997 Ed. (1745, 2371)
1994 Ed. (1919, 2421, 2477)
1993 Ed. (1319, 1903, 2178, 2179)
1992 Ed. (2232)
1991 Ed. (2066)
1990 Ed. (2177)
1989 Ed. (1918)
Mannesmann AG
2003 Ed. (4701)
2002 Ed. (2364, 2729, 2730, 3216, 3224, 3310, 4414, 4415, 4416, 4417)
2001 Ed. (1696, 1716, 1717, 3284)
2000 Ed. (3021)
1999 Ed. (2526)
1997 Ed. (1190, 2087, 2695)
1996 Ed. (1971, 2558)
1995 Ed. (2493, 2494)
Mannesmann Anlagenbau AG
1995 Ed. (1188)
1992 Ed. (1431)
Mannesmann Anlagenbau Aktien-Gesellschaft
1991 Ed. (2371)
Mannesmann Boge GmbH
2001 Ed. (393)
Mannesmann Group
1990 Ed. (2175)
1989 Ed. (1656)
Mannesmann Kienzle
1990 Ed. (2197)
Mannesmann Mobilfunk
2001 Ed. (3340)
Mannesmann Mobilfunk GmbH
2001 Ed. (1337)
Mannesmann VDO AG
2004 Ed. (3032)
2002 Ed. (2832)
2001 Ed. (2897)
2000 Ed. (2648)
Mannheimer Swartling Advokatbyra
2004 Ed. (1416)
Manning; James V.
1994 Ed. (1723)
1993 Ed. (1696)
Manning; Kenneth P.
2008 Ed. (2632)
2007 Ed. (2500)
Manning; Peyton
2006 Ed. (292)
Manning PLC; J.
1992 Ed. (1194)
1991 Ed. (959)
Manning, Selvage & Lee
2004 Ed. (3979, 3980, 3981, 3998, 4001, 4004, 4007, 4014, 4020, 4031, 4037)
2003 Ed. (3995, 3999, 4008, 4018)
2002 Ed. (3808, 3810, 3837, 3838, 3839, 3860)
2001 Ed. (3933, 3939)
2000 Ed. (3628, 3632, 3635, 3636, 3637, 3638, 3643, 3658, 3659, 3662)
1999 Ed. (3908, 3910, 3913, 3916, 3918, 3919, 3920, 3921, 3926, 3927, 3928, 3931, 3943)
1998 Ed. (444, 1472, 1545, 1712, 1902, 1926, 2934, 2936, 2940, 2941, 2942, 2943, 2944, 2947, 2951, 3353)
1997 Ed. (3181, 3183, 3184, 3185, 3188, 3189, 3190, 3191, 3193, 3205, 3208)
1996 Ed. (3109, 3111, 3114, 3123, 3129)
1995 Ed. (719, 3002, 3008, 3009, 3013, 3024, 3025, 3028)
1994 Ed. (2945, 2947, 2950, 2952, 2955, 2962, 2966, 2968)
1993 Ed. (2928, 2929, 2931)
1992 Ed. (3569, 3556, 3558, 3559, 3563, 3565, 3567, 3570, 3574)
1991 Ed. (2775)
1990 Ed. (2917, 2919, 2920)
1989 Ed. (2259)

Mannis; Barry
1997 Ed. (1893)
1996 Ed. (1819)
1995 Ed. (1841)
1994 Ed. (1803)
Mannix; Fred
2005 Ed. (4863)
Mannix; Fred & Ron
2008 Ed. (4855)
Mannix; Ron
2005 Ed. (4863)
Manny Mashouf
2008 Ed. (4826)
Manny Ramirez
2006 Ed. (291)
2003 Ed. (295)
Manny's Music Store
2000 Ed. (3220)
1999 Ed. (3502)
1997 Ed. (2861, 2863)
1996 Ed. (2746, 2748)
1995 Ed. (2673, 2674, 2675)
1994 Ed. (2592, 2593, 2594, 2596)
1993 Ed. (2640, 2641, 2642, 2643)
Manolis
1997 Ed. (2554)
Manoogian; Richard
2005 Ed. (984)
1996 Ed. (965)
1995 Ed. (981)
1994 Ed. (948)
1993 Ed. (939)
1992 Ed. (1144)
1991 Ed. (927)
1990 Ed. (974)
Manoogian; Richard A.
2008 Ed. (944)
2005 Ed. (975)
1997 Ed. (981)
Manoogian Simone Foundation
2002 Ed. (2354)
2001 Ed. (2519)
The Manor
2007 Ed. (4123)
1999 Ed. (4056)
1998 Ed. (3049)
1997 Ed. (3302)
1996 Ed. (3195)
1995 Ed. (3101)
1994 Ed. (3055)
1992 Ed. (3689)
1991 Ed. (2860)
1990 Ed. (3002)
Manor Care Inc.
2008 Ed. (2888, 2899, 2901, 3634, 3801)
2007 Ed. (2769, 2776, 2791, 3460, 3710)
2006 Ed. (2759, 2776, 2795, 3727)
2005 Ed. (2789, 2800, 2801, 2913, 2914, 3612)
2004 Ed. (2796, 2926, 3701)
2003 Ed. (2680, 2692)
2002 Ed. (2451, 4354)
2001 Ed. (2676, 2678, 2679)
1999 Ed. (1552)
1998 Ed. (1318)
1995 Ed. (2081)
1994 Ed. (2030, 2031, 2033, 2089)
1993 Ed. (2018)
1992 Ed. (2383, 2384, 2458)
1991 Ed. (1892, 1893, 2625)
1990 Ed. (1989, 1991, 2726)
1989 Ed. (1579)
Manor Care Health Services
1998 Ed. (2691)
Manor Health Care
1997 Ed. (2270)
1996 Ed. (2155)
1995 Ed. (2144)
1993 Ed. (2073)
1991 Ed. (1934)
Manor Healthcare Corp.
1995 Ed. (2801)
1992 Ed. (2459, 3280)
Manorama AG
1994 Ed. (3660)
ManorCare Health Services
1999 Ed. (3636)
Manpa
1999 Ed. (1037)
MANPA SA CA
2006 Ed. (792)
Manpower Inc.
2008 Ed. (803, 805, 806, 808, 846, 1092, 1516, 1520, 1524, 1895, 2176, 2177, 4663, 4664)
2007 Ed. (837, 838, 839, 1219, 1532, 1536, 1540, 2068, 2069, 4362, 4742, 4743, 4744)
2006 Ed. (743, 744, 745, 1078, 1079, 1503, 1506, 1511, 2120, 2121, 4293, 4720, 4721)
2005 Ed. (818, 1082, 1084, 1624, 2017, 2018, 4668, 4669)
2004 Ed. (844, 1078, 1891, 1892, 3750, 4693, 4694)
2003 Ed. (803, 1855, 1856, 4390, 4393, 4717, 4718)
2002 Ed. (911, 1797, 4595, 4596)
2001 Ed. (1067, 1068, 1589, 1901, 4501)
2000 Ed. (1583, 4225, 4226, 4228, 4229, 4230)
1999 Ed. (1751, 4572, 4573, 4574, 4576)
1998 Ed. (1193, 3288, 3504)
1997 Ed. (1530, 3497, 3724)
1996 Ed. (1245, 1461, 3402, 3665)
1995 Ed. (3367)
1994 Ed. (3232, 3233)
1991 Ed. (3113)
Manpower, Blue Arrow/
1991 Ed. (1146)
Manpower Demonstration Research Corporation
1992 Ed. (1100)
Manpower France Sarl
2004 Ed. (4411)
Manpower, Inc
1992 Ed. (4025)
Manpower Metro Detroit
2001 Ed. (4502)
Manpower of Detroit Inc.
2000 Ed. (4227)
1999 Ed. (4575)
Manpower Staffing Services
2002 Ed. (4598)
Manpower Technical
1999 Ed. (4577)
Manpower Temporary Services
2006 Ed. (2430)
Mansell Group
2006 Ed. (106)
Mansell; Nigel
1996 Ed. (250)
Mansfield News-Journal
1991 Ed. (2599, 2608)
1990 Ed. (2699)
1989 Ed. (2053)
Mansfield, OH
2006 Ed. (1067, 2426)
2005 Ed. (1059, 2381)
2002 Ed. (2713)
1993 Ed. (2115)
Mansion House Group
1995 Ed. (2126)
Mansion House Hong Kong Trust
1990 Ed. (2399)
Mansion House Securities
1992 Ed. (2441)
Mansion on Turtle Creek
2000 Ed. (2570)
1999 Ed. (2761, 2793)
1998 Ed. (2032, 2037)
1997 Ed. (2307, 2309)
1996 Ed. (2189)
1995 Ed. (2156, 2175)
1993 Ed. (2091)
1992 Ed. (2512)
1990 Ed. (2073, 2094, 2101)
Mansion on Turtle Creek, Dallas
1990 Ed. (2079)
Manson; Mark
1994 Ed. (1791, 1825)
1993 Ed. (1808)
Manson on Turtle Creek
1994 Ed. (2102, 2122)
Manta Inc.; J. J.
1995 Ed. (1168)
Manta Inc.; J. L.
1997 Ed. (1172)
1996 Ed. (1144)
1993 Ed. (1135)
1992 Ed. (1422)
Manta Inc.; J.L.
1994 Ed. (1142)
ManTech International Corp.
2008 Ed. (1371, 2156, 2289, 3643, 4606)
2007 Ed. (1414)
2006 Ed. (1355, 1376, 2250)
2005 Ed. (1363, 1386)
Mantegazza; Sergio
2008 Ed. (4875)
Mantex
1999 Ed. (1037)
1996 Ed. (884)
1994 Ed. (868)
1993 Ed. (854)
Mantex, CA
1991 Ed. (858)
Mantle, 1952; Mickey
1991 Ed. (702)
Mantos
1993 Ed. (3069)
Mantua Township, NJ
1992 Ed. (2380)
Manu Bhaskaran
1997 Ed. (1958, 1959)
The Manual
2005 Ed. (717)
Manual food
1990 Ed. (3665)
1989 Ed. (2883)
Manual foodservice
2002 Ed. (4725)
Manual Woodworkers
2007 Ed. (589)
Manual workers
2007 Ed. (3737)
Manuel Alonso-Poch
1999 Ed. (3486)
Manuel D. Medina
1994 Ed. (2059, 2521, 3655)
Manuel J. Maloof
1993 Ed. (2462)
Manuel Jove
2008 Ed. (4874)
Manuel Lopez
1995 Ed. (2485)
Manuel Lujan Insurance Inc.
2002 Ed. (2557)
2001 Ed. (2711)
Manuf. Brinq. Estrela
1992 Ed. (42)
Manuf Franc Pneumatiq Michelin
2004 Ed. (4224)
2002 Ed. (4068)
2001 Ed. (4133)
2000 Ed. (3829)
Manufac. Homes
1991 Ed. (225)
Manufacturas de Papel
1999 Ed. (1036)
Manufacture Francaise de Chaussures Eram
1997 Ed. (2616)
Manufacture Francaise des Pneumatiques Michelin
1995 Ed. (1383)
1994 Ed. (1358)
Manufactured Home Communities Inc.
2005 Ed. (1466)
2000 Ed. (3152)
1999 Ed. (3426)
1998 Ed. (2518, 3001)
1997 Ed. (2803)
Manufactured products
2001 Ed. (3311)
Manufacturer Hanover
1992 Ed. (2984)
Manufacturer Manulife Account 2 Emerging Growth
1994 Ed. (3610)
Manufacturers
2003 Ed. (4836)
1992 Ed. (3830)
Manufacturers & Traders Trust Co.
2007 Ed. (377, 1184)
2006 Ed. (1076)
2005 Ed. (1068)
2004 Ed. (1064)
2003 Ed. (1055)
2002 Ed. (1120)
2000 Ed. (401)
1999 Ed. (402)
1998 Ed. (298, 299, 418)
1997 Ed. (378)
1994 Ed. (2550)
Manufacturers Bank
2001 Ed. (609, 610, 611)
1999 Ed. (3423)
1998 Ed. (390, 2515)
1997 Ed. (543, 2801)
1996 Ed. (587, 3164)
1995 Ed. (530)
1994 Ed. (556, 583)
1991 Ed. (2245)
1990 Ed. (2353)
1989 Ed. (1805)
Manufacturers/Detroit
1990 Ed. (703)
1989 Ed. (2149, 2154, 2158)
Manufacturers Hanover
1996 Ed. (359)
1994 Ed. (1755)
1992 Ed. (536, 572)
1991 Ed. (408, 411, 413, 555, 556, 635, 850, 1275, 1760, 2582, 2673, 2732, 3072, 3073, 3262, 3445)
1990 Ed. (416, 418, 454, 455, 464, 598, 599, 659, 796, 797, 801, 802, 1309, 2769, 3137, 3150, 3162, 3222, 3446)
1989 Ed. (366, 374, 375, 420, 421, 426, 560, 2446, 2455)
Manufacturers Hanover Bank
1991 Ed. (406, 1392, 2813)
Manufacturers Hanover Bank (Guernsey) Ltd.
1992 Ed. (635)
1991 Ed. (477)
Manufacturers Hanover Bank (Wilmington)
1991 Ed. (496)
Manufacturers Hanover Consumer Service Group
1990 Ed. (1759, 1763)
Manufacturers Hanover Securities Corp.
1991 Ed. (3034, 3039)
Manufacturers Hanover Security Corp.
1991 Ed. (3035)
Manufacturers Hanover Trust Co.
1993 Ed. (352, 354, 356, 357, 359, 380, 381, 386, 387, 388, 389, 391, 392, 394, 396, 397, 400, 401, 404, 407, 408, 410, 411, 460, 525, 528, 554, 595, 1175, 1189, 1445, 1683, 1889, 2283, 2451, 2509, 2590, 2713, 2767, 2965, 2968, 3206)
1992 Ed. (505, 508, 513, 528, 537, 541, 542, 544, 545, 546, 549, 551, 552, 554, 556, 557, 560, 561, 564, 567, 568, 570, 673, 713, 714, 802, 1745, 1746, 1748, 2982, 2986, 3104, 3339, 3340, 3341, 3901)
1991 Ed. (362, 369, 405, 409, 410, 412, 486, 487, 488, 489, 593, 628)
1990 Ed. (429, 461, 462, 465, 525, 526, 527, 528, 529, 629, 653)
1989 Ed. (365, 425, 436, 510, 511, 512, 513, 2783)
Manufacturers Hanover Trust & Co.
1992 Ed. (507, 516, 804)
Manufacturers Hanover Trust Co
1994 Ed. (344, 401)
Manufacturers Hanover Venture Capital Corp.
1991 Ed. (3443)
1990 Ed. (3668)
Manufacturers Hanover Wheelease, Inc.
1990 Ed. (2620)
Manufacturers Indemnity & Insurance Co. of America
1995 Ed. (906)
1993 Ed. (851)
Manufacturers Industrial Group
2008 Ed. (179, 3733)
Manufacturers Life
1996 Ed. (2313, 2316)
1993 Ed. (2196, 2211, 2214, 2227, 2228)
1991 Ed. (2086, 2110)
1990 Ed. (2362)

Manufacturers Life Assurance
1994 Ed. (986, 2263)
Manufacturers Life, Canada
1990 Ed. (2237)
1989 Ed. (1684, 1685, 1688)
Manufacturers Life Director 2000 (VA)
1991 Ed. (2155)
Manufacturers Life - Director 2000 (VL)
1991 Ed. (2149)
Manufacturers Life Insurance
2008 Ed. (1641)
2007 Ed. (1634)
1999 Ed. (2940, 2942, 3068)
1998 Ed. (3654)
1997 Ed. (2441, 2446)
1996 Ed. (2325)
1992 Ed. (1186, 2658, 2669, 2670, 2672, 2673)
1991 Ed. (2094, 2101, 2102)
1990 Ed. (2241)
1989 Ed. (923)
Manufacturers Life Insurance Co. Canada
1995 Ed. (2302, 2303, 2311)
Manufacturers Life Insurance (USA)
2001 Ed. (2935)
Manufacturers Life Manulife "2" Emerging Growth Equity
1995 Ed. (3689)
Manufacturers Life of America
2002 Ed. (2904)
2001 Ed. (2935, 2936)
Manufacturers Life, Ontario
1989 Ed. (2150)
Manufacturers Life - The Manufacturers
1991 Ed. (2149)
Manufacturers Life - The Manufacturers Variable Annuity
1991 Ed. (2149)
Manufacturers Life (USA)
2002 Ed. (2904)
1996 Ed. (2324)
Manufacturers National Corp.
1992 Ed. (526)
1991 Ed. (377, 389)
1990 Ed. (444, 449, 3250)
1989 Ed. (625)
Manufacturers National Bank
1992 Ed. (520, 524, 539, 779, 2985)
1990 Ed. (636)
1989 Ed. (621)
Manufacturers National Bank-Detroit
1991 Ed. (608, 2205, 2209, 2221, 2237)
Manufacturers National Bank of Detroit
1993 Ed. (358, 377, 568, 1184, 1189, 2417, 3279, 3392)
1992 Ed. (2773, 4073)
1990 Ed. (2320)
Manufacturers National/Detroit
1990 Ed. (2330)
1989 Ed. (2126)
Manufacturers' Services Ltd.
2006 Ed. (1231, 1233)
2005 Ed. (1272, 1274, 1275, 1277, 3394)
2004 Ed. (1084, 1112, 2238, 2241, 2259, 2260, 2859, 3003, 3419)
2003 Ed. (2247)
2002 Ed. (1226, 2083)
2001 Ed. (1458, 1459)
1998 Ed. (933)
Manufactures indemnity & Insurance Co. of America
1994 Ed. (864)
Manufacturing
2008 Ed. (2957, 4216)
2007 Ed. (2523, 3732, 3733)
2006 Ed. (2833, 3762)
2005 Ed. (2839, 2841)
2003 Ed. (2269, 2753, 2754, 4445, 4446, 4447, 4835)
2002 Ed. (2543, 2547, 2551, 2553, 2554, 4193, 4619)
2001 Ed. (2175, 2176, 2703, 2706, 2707, 2844, 3560, 3561, 4609)
2000 Ed. (200, 2464, 2627)
1999 Ed. (2009, 2679, 2864, 2865, 2933, 3008, 4554, 4821)
1998 Ed. (1933)
1997 Ed. (1076, 1644, 2018, 2220, 2378, 2556)
1996 Ed. (2063, 2663, 2908, 3458, 3874)
1995 Ed. (2203, 2670, 3785, 3789)
1994 Ed. (803, 1625, 2160)
1993 Ed. (2130)
1992 Ed. (4482)
1989 Ed. (1866)
Manufacturing & distribution, consumer products
1999 Ed. (1008)
Manufacturing and productivity costs
1998 Ed. (2039)
Manufacturing engineer
1990 Ed. (3701)
Manufacturing Engineering Systems, Inc.
2002 Ed. (2513)
Manufacturing equipment
1993 Ed. (2410)
Manufacturing, fabrication, or warehouse facilities
2002 Ed. (4722, 4723)
Manufacturing-Industries/equipment/products
1990 Ed. (167)
Manufacturing, primary
2003 Ed. (4445, 4446, 4447)
Manufacturing smart systems
1996 Ed. (2104)
Manufacturing Technology Inc.
1999 Ed. (3422)
1998 Ed. (2514)
Manufatura Brinquedo Estrela
1991 Ed. (19)
Manufatura Brinquedos Estrela
1990 Ed. (24)
Manugistics Inc.
2003 Ed. (2157, 2174)
2002 Ed. (1992)
2001 Ed. (4425)
1999 Ed. (4525)
Manugistics Group Inc.
2006 Ed. (3042)
2005 Ed. (3039)
2004 Ed. (2214, 3317)
Manulife Cabot Blue Chip
2001 Ed. (3469, 3470, 3471)
Manulife Cabot Canadian Equity
2001 Ed. (3469, 3470, 3471)
Manulife Cabot Global Equity
2001 Ed. (3467)
Manulife Emerging Growth Equity
1989 Ed. (261)
Manulife Financial Corp.
2008 Ed. (1615, 1624, 1626, 1635, 1639, 1641, 1642, 1644, 1645, 1646, 1745, 3284, 3306, 3307, 3308)
2007 Ed. (1489, 1617, 1625, 1626, 1630, 1633, 1634, 1782, 2573, 3129, 3156, 3157)
2006 Ed. (1419, 1423, 1441, 1445, 1598, 1600, 1612, 1614, 1618, 1619, 1620, 1621, 3899)
2005 Ed. (1562, 1710, 1720, 1722, 1723, 1725)
2004 Ed. (1668, 1670)
2003 Ed. (1629, 1631, 1635, 1636, 2482)
2002 Ed. (1605, 2268, 2835, 3702, 3952)
2001 Ed. (1253)
2000 Ed. (2265, 2667)
1999 Ed. (2959)
1997 Ed. (1011, 2454, 2455)
1996 Ed. (2326)
1994 Ed. (2325)
Manulife Financial Capital Trust
2008 Ed. (1627, 1647, 1649, 1653)
Manulife Vent Vantage Manu Inv Tr Strategic Bond
2000 Ed. (4329)
Manusell
2000 Ed. (1821)
Manusell Group
1996 Ed. (1667)
Manville Corp.
1998 Ed. (813)
1997 Ed. (829, 1130, 1378)
1996 Ed. (1109, 1319)
1995 Ed. (842, 949, 1076, 1128, 1367)
1994 Ed. (789, 1064, 1112, 1342, 1975)
1993 Ed. (1033, 1088, 1290, 1953)
1992 Ed. (979, 1286, 2294, 3328)
1991 Ed. (798, 799, 800, 1009, 1221, 3228)
1990 Ed. (835, 836, 837, 1300, 1303, 1902)
1989 Ed. (418, 822, 823, 1053, 1516, 2648)
Manville Trust
1993 Ed. (1458)
Manzanares
2005 Ed. (93)
1989 Ed. (1169)
Manzi; Jim
1990 Ed. (1711)
Manzi; Jim P.
1991 Ed. (925, 1619)
1989 Ed. (1376, 1379)
Maoming Petrochemical
1995 Ed. (960)
MAP Equity
1999 Ed. (3516)
1998 Ed. (2613)
MAP Equity Fund
2000 Ed. (3234)
MAP Guaranteed (2000)
1996 Ed. (1060)
Map International
2008 Ed. (3790, 3792)
2007 Ed. (3705, 3707)
2006 Ed. (3713, 3714)
2000 Ed. (3347)
1991 Ed. (898, 899, 2615, 2617, 2619)
MAPA Inc.
1997 Ed. (2224)
MapBlast!
2002 Ed. (4859)
Mapco Inc.
2001 Ed. (1830)
1999 Ed. (1721)
1998 Ed. (1184, 2822)
1997 Ed. (1495, 3085)
1996 Ed. (1433, 2259, 3005)
1995 Ed. (1471, 2754, 2910)
1994 Ed. (1437, 1628)
1993 Ed. (1383, 2833, 2925)
1992 Ed. (3427)
1991 Ed. (1548, 2722)
1990 Ed. (2833, 2835)
1989 Ed. (2205, 2209)
Mapco Gas Products
1992 Ed. (3554)
1990 Ed. (2909)
Mapco Petroleum Inc.
2001 Ed. (1830)
Mapeley
2007 Ed. (4092)
Mapelli Brothers Co.
1991 Ed. (1758)
Mapfire Vera Cruz Seguradora
2008 Ed. (3254)
MapFrame
2005 Ed. (4004)
Mapfre
2008 Ed. (3253)
2007 Ed. (1991, 3108)
2005 Ed. (743)
1996 Ed. (1227, 2289)
1994 Ed. (2238)
1993 Ed. (2260)
Mapfre Generales
2008 Ed. (3255)
Mapfre La Seguridad
2008 Ed. (3261)
2007 Ed. (3118)
Mapfre Peru
2008 Ed. (3260)
2007 Ed. (3116)
Mapfre Peru Vida
2008 Ed. (3260)
2007 Ed. (3116)
Mapfre Re
2001 Ed. (2958)
Mapfre Tepeyac
2008 Ed. (3259)
2007 Ed. (3115)
MapInfo Corp.
2002 Ed. (2428)
1997 Ed. (2715, 3649)
Maplan GmbH
2001 Ed. (2875)
Maple Leaf Farms Inc.
2008 Ed. (3616)
Maple Leaf Foods
2008 Ed. (2745, 4014)
2007 Ed. (2615, 2627, 3997)
2006 Ed. (3939)
2005 Ed. (3876)
2004 Ed. (3928)
2003 Ed. (1218, 3900)
2002 Ed. (1224, 1498)
1998 Ed. (2447, 2893)
1997 Ed. (2036, 2739, 3146)
1996 Ed. (1942)
1995 Ed. (1395)
1994 Ed. (1877, 2454, 2455, 2460, 2910, 2911, 2912)
Maple Leaf Foods Agribusiness Group
1996 Ed. (2592, 3067)
1995 Ed. (2528, 2969)
Maple Leaf Frozen Bakery
2008 Ed. (2780)
Maple Leaf Gardens
1996 Ed. (1698)
1994 Ed. (1670, 3373)
1992 Ed. (1984)
Maple Leaf Meat Products Group
2002 Ed. (3275)
Maple Leaf Meats Inc.
1999 Ed. (3323, 3864)
Maple Leafs; Toronto
2006 Ed. (2862)
Maple Lodge Farms
2008 Ed. (2745)
2007 Ed. (2615)
2000 Ed. (3060, 3582)
1997 Ed. (2735, 2739, 3142, 3146)
1996 Ed. (2592, 3067)
1995 Ed. (2528, 2969)
1994 Ed. (2912)
Maple Shade Mazda
1990 Ed. (332)
Maplehurst Bakeries Inc.
2008 Ed. (2780)
Maples Industries Inc.
2007 Ed. (4223)
Maples Rugs
2007 Ed. (4224)
2006 Ed. (2950)
Mapleshade Mazda
1991 Ed. (285)
Maplewood Peugeot
1992 Ed. (395)
1991 Ed. (290)
1990 Ed. (313)
MAPP
1998 Ed. (1204)
MAPP Construction LLC
2008 Ed. (1310)
2007 Ed. (1377)
Mappin-Cas Anglo
1993 Ed. (25)
Mappin-Casa Anglo
1990 Ed. (24)
Mappin-Casa Anglo Br
1991 Ed. (19)
Mappin-Casa Anglo Bras.
1992 Ed. (42)
Mappin-Casa Anglo Brasileira
1994 Ed. (17)
Mapplethorpe Foundation
1994 Ed. (1901)
Mapplethorpe Foundation; Robert
1995 Ed. (1930)
MapQuest
2007 Ed. (3233)
2005 Ed. (3190)
Maps/globes
1994 Ed. (732)
Maquarie Bank
1995 Ed. (421)
Maquire Thomas Partners
1997 Ed. (3260)
Maquoketa State Bank
1989 Ed. (209)
MAR Construction Co.
2007 Ed. (4215)

MAR Graphics
2008 Ed. (4030, 4034)
Mar Magette; The Rolling Stones, Living Colour,
1991 Ed. (1039)
Mara Balsbaugh
1991 Ed. (1695, 1706)
Marabou
1993 Ed. (1879)
Maral Sales & Paper Co.
2007 Ed. (3597, 4444)
2006 Ed. (3538, 4376)
Maranello Motors
1990 Ed. (334)
Marasco Newton Group Ltd.
2005 Ed. (1350)
2003 Ed. (1341)
Marathan Oil Corp.
1991 Ed. (1153)
Marathon
2008 Ed. (3900)
2007 Ed. (3847)
2006 Ed. (3831)
2005 Ed. (3747)
1998 Ed. (850)
Marathon Ashland
2001 Ed. (3773)
Marathon Ashland Petroleum LLC
2008 Ed. (2819)
2007 Ed. (334, 2694)
2006 Ed. (349, 2699, 2700)
2005 Ed. (1920, 3792)
2004 Ed. (1834, 3863)
2003 Ed. (939, 1566, 1801, 3847, 3848, 3849)
2002 Ed. (3691)
2001 Ed. (1251, 1828, 3755, 3756)
Marathon Ashland Pipe Line LLC
2001 Ed. (3799)
Marathon Asset Management
1991 Ed. (2224)
Marathon Asset Mgmt.
2000 Ed. (2852)
1990 Ed. (2339)
Marathon Electrical Contractors
2008 Ed. (1270)
Marathon Equipment Co.
2006 Ed. (4338)
Marathon Label
2006 Ed. (3971)
Marathon-London
1995 Ed. (2372)
Marathon National Bank of New York
2004 Ed. (505)
Marathon Oil Corp.
2008 Ed. (2111, 2115, 2503, 2820, 3893, 3894, 3901, 3902, 3903, 3904, 3908, 3909, 3910, 3912, 3936, 3941)
2007 Ed. (337, 2014, 2014, 2017, 2695, 3831, 3832, 3841, 3843, 3845, 3849, 3850, 3851, 3855, 3856, 3857, 3859, 3887, 3889, 3890, 3893)
2006 Ed. (353, 2044, 2047, 2686, 2687, 3818, 3819, 3824, 3826, 3828, 3832, 3833, 3834, 3838, 3839, 3840, 3842, 3860, 3861, 3862, 3863, 3868)
2005 Ed. (1973, 1978, 2400, 2711, 2712, 3726, 3727, 3733, 3736, 3737, 3738, 3744, 3746, 3750, 3751, 3752, 3756, 3757, 3758, 3760, 3784, 3794, 3795, 3796, 3798, 3801)
2004 Ed. (1870, 2320, 2721, 2722, 3153, 3818, 3819, 3828, 3829, 3830, 3836, 3839, 3840, 3845, 3846, 3847, 3848, 3849, 3865, 3866, 3868, 3870)
2003 Ed. (1836, 1837, 2583, 3818, 3848, 3851)
2001 Ed. (4235)
1999 Ed. (1412, 3651, 3652, 3652)
1998 Ed. (975)
1997 Ed. (1210, 3091)
1996 Ed. (1171)
1995 Ed. (1203)
1994 Ed. (2864)
1993 Ed. (1160, 2832)
1992 Ed. (1467, 2277, 2278)
1990 Ed. (1235)
1989 Ed. (1023)
Marathon Oil Co., 9 1/2s '94
1990 Ed. (740)
Marathon Oil Oil Corp.
1992 Ed. (1480)
Marathon Petroleum Co.
2008 Ed. (321, 3506)
2007 Ed. (1937, 3886, 3887)
Marathon Petroleum Sakhalin Ltd.
2008 Ed. (2111, 3894)
Marathon Pipe Line Co.
2000 Ed. (2313)
1999 Ed. (3828, 3829, 3830, 3831)
1998 Ed. (2857, 2858, 2859, 2860, 2863)
1997 Ed. (3120, 3123, 3124, 3125)
1996 Ed. (3039, 3040, 3041, 3044)
1995 Ed. (2943, 2946, 2947, 2949)
1994 Ed. (2881, 2882, 2883)
1993 Ed. (2857, 2858, 2860, 2861)
1992 Ed. (3464, 3465, 3466, 3468)
1991 Ed. (2744, 2747)
Marathon Realty
1994 Ed. (3005)
1990 Ed. (2961)
Marathon Realty Company
1992 Ed. (3624)
Marathon Realty Holdings
1997 Ed. (3258)
1996 Ed. (3162)
Marathon Value
2007 Ed. (2484)
Marathon Value Portfolio
2006 Ed. (3623)
Marble Bank
1997 Ed. (642)
Marble Financial
1991 Ed. (1723)
Marble Slab Creamery Inc.
2008 Ed. (3128)
2007 Ed. (3007)
2006 Ed. (2979, 4110, 4112)
2003 Ed. (2883)
2002 Ed. (2723)
Marblehead Lime Co.
2000 Ed. (2935)
MarbleLife
2002 Ed. (2288)
Marbo Inc.
2003 Ed. (2579)
Marburn Stores Inc.
1998 Ed. (648)
MARC
2006 Ed. (110)
Marc Anthony
2002 Ed. (1160)
Marc Benioff
2006 Ed. (4912)
2005 Ed. (2320, 2453)
Marc Cabi
1999 Ed. (2271)
1998 Ed. (1677)
Marc D. Cohen
1995 Ed. (1796, 1812)
1994 Ed. (1771, 1832)
1993 Ed. (1788)
Marc Debrouwer
1999 Ed. (2291)
Marc Glassman Inc.
2004 Ed. (4198)
2003 Ed. (2097, 4172)
MARC Global Systems
2006 Ed. (4646)
2003 Ed. (1123)
Marc Hellman
2000 Ed. (1937)
1999 Ed. (2167)
1998 Ed. (1579)
1997 Ed. (1923)
Marc Hendriks
1999 Ed. (2300)
Marc I. Cohen
2000 Ed. (1986, 2053)
1999 Ed. (2213, 2268)
1998 Ed. (1629, 1675)
1997 Ed. (1855, 1902)
1996 Ed. (1780, 1829)
1995 Ed. (1806, 1851)
1994 Ed. (1813, 1833, 1834)
1990 Ed. (1767)
Marc J. Shapiro
2001 Ed. (2314)
Marc J. Sieger
2007 Ed. (4161)
Marc-Michaels Interior Design
2008 Ed. (3346)
2007 Ed. (3204)
2006 Ed. (3170)
2005 Ed. (3168)
Marc Rich
1990 Ed. (1028)
Marc Rich & Co. AG
1995 Ed. (3730)
1994 Ed. (3661)
1993 Ed. (3695)
1992 Ed. (4432)
Marc Rich-Group
1990 Ed. (1424)
Marc Rubinstein
2000 Ed. (2078)
Marc Sulam
2000 Ed. (2007, 2009)
1999 Ed. (2225, 2227)
1998 Ed. (1605)
1997 Ed. (1867, 1893)
1996 Ed. (1819)
1995 Ed. (1841)
1994 Ed. (1803)
1993 Ed. (1820)
1991 Ed. (1688)
MARC USA
2007 Ed. (108)
2006 Ed. (119)
2005 Ed. (109)
2003 Ed. (2258)
2001 Ed. (188)
Marc Wear
2008 Ed. (175)
Marca Lintas
1996 Ed. (73)
Marcade Group Inc.
1990 Ed. (1245, 1247)
Marcal
2008 Ed. (3857)
2003 Ed. (4668, 4741)
Marcal Paper Mills
2003 Ed. (3720, 4669, 4742)
Marcam Corp.
1992 Ed. (3821)
Marce Fuller
2003 Ed. (4983)
Marcegaglia SpA
2004 Ed. (3447)
Marcel Adams
2005 Ed. (4871)
Marcel Gani
2006 Ed. (957)
Marcel Herrmann Telles
2008 Ed. (4854)
Marcelo Audi
1999 Ed. (2292)
March
2002 Ed. (415, 4704)
2001 Ed. (4857)
March & McLennan
2005 Ed. (3053)
March & McLennan Cos. Inc.
1998 Ed. (2121, 2123)
March 8, 1996
1999 Ed. (4396, 4398)
March 18, 1996
1999 Ed. (4395, 4397)
March 15, 1933
1999 Ed. (4394)
1989 Ed. (2750)
March 14, 1907
1999 Ed. (4497)
1989 Ed. (2748)
March/Hodge Automotive
2005 Ed. (170)
March/Hodge Automotive Group
2008 Ed. (167)
2007 Ed. (190)
2006 Ed. (184)
March/Hodge Holding Co.
2004 Ed. (168)
2003 Ed. (212)
2002 Ed. (709)
2001 Ed. (712)
2000 Ed. (741)
March Networks Corp.
2008 Ed. (2942)
March of Dimes
2004 Ed. (932)
2000 Ed. (3345)
1998 Ed. (1280)
1996 Ed. (914)
1994 Ed. (906, 2681)
March of Dimes Birth Defects Foundation
2000 Ed. (3352)
1999 Ed. (3628)
1998 Ed. (2687)
1996 Ed. (2853)
March of Dimes Foundation
1997 Ed. (2951)
1995 Ed. (249, 940, 2778, 2779)
March Rich-Group
1991 Ed. (1355)
March 13-October 4, 1974
1989 Ed. (2749)
Marchant Underwriting Ltd.; M. J.
1993 Ed. (2454)
1992 Ed. (2896)
Marche Securities
1992 Ed. (3880)
Marches Usines Auchan (Ste Anonyme Des)
1996 Ed. (3252)
Marchex Inc.
2006 Ed. (2074, 2085, 4254, 4255, 4259)
MarchFirst Inc.
2002 Ed. (1216)
2001 Ed. (245)
Marchmont Insurance Co., Ltd.
2008 Ed. (3225)
2007 Ed. (3085)
Marcho Farms Inc.
2008 Ed. (3611)
Marchon
1992 Ed. (3302)
1991 Ed. (2645)
1990 Ed. (2743)
Marchon Eyewear
2001 Ed. (3593)
1999 Ed. (3659)
1997 Ed. (2968)
1996 Ed. (2873)
1995 Ed. (2814)
Marciano Investments Inc.
1995 Ed. (1240)
1994 Ed. (1224)
Marck
1989 Ed. (1273)
Marco
2008 Ed. (2314)
1992 Ed. (3300)
1991 Ed. (2643)
1990 Ed. (2741)
Marco Cipelletti
2000 Ed. (2144)
Marco Contractors Inc.
1994 Ed. (3299)
Marco Enterprises Inc.
2008 Ed. (3713, 4401, 4965)
2007 Ed. (3563, 3564, 4425)
Marco Muzzo
2005 Ed. (4871)
MARCOA DR Group Inc.
1989 Ed. (140)
Marcolin
1999 Ed. (3658)
1992 Ed. (3303)
Marconi Corp.
2007 Ed. (1442)
2006 Ed. (1114)
1993 Ed. (2451)
Marconi-Bearer
1993 Ed. (2452)
Marconi Circuit Tech
1994 Ed. (1368)
1993 Ed. (1313)
Marconi Communications
2001 Ed. (2231)
Marconi Instruments
1991 Ed. (266)
1990 Ed. (298)
Marconi plc
2005 Ed. (1943, 4630)
2004 Ed. (2253, 4672)
2003 Ed. (2207, 2208)
2002 Ed. (1496, 2096, 2097, 3215)
2001 Ed. (1885)
MARCOR Environmental
1998 Ed. (943)

1997 Ed. (1174)
1996 Ed. (1145)
MARCOR Remediation Inc.
2008 Ed. (1254)
2007 Ed. (1356)
2006 Ed. (1265, 4358)
2005 Ed. (1296)
2004 Ed. (1245)
2003 Ed. (1242)
2002 Ed. (1231)
2001 Ed. (1471)
Marco's Inc.
2005 Ed. (2567)
2004 Ed. (2588)
2003 Ed. (2454)
2002 Ed. (3717)
Marco's Franchising LLC
2008 Ed. (2685)
2007 Ed. (2544)
2006 Ed. (2573)
Marc's
2005 Ed. (4119)
2000 Ed. (1716)
1996 Ed. (1588)
1995 Ed. (1610, 1615)
1994 Ed. (1568, 1572)
1993 Ed. (1526)
1992 Ed. (1858)
1991 Ed. (1461)
Marc's, Bernie Shulman's Expect (Marc Glassman)
1991 Ed. (1458)
Marc's, Shulman's
1992 Ed. (1851)
Marcum & Kliegman
2000 Ed. (11)
Marcum & Kliegman LLP
2008 Ed. (8)
2007 Ed. (10)
2006 Ed. (14)
2005 Ed. (9)
Marcus Corp.
2005 Ed. (2925)
Marcus & Millchap Inc.
1990 Ed. (2950)
Marcus & Millichap
2007 Ed. (3083, 3300, 4075, 4080)
2002 Ed. (3912)
1998 Ed. (2998)
1991 Ed. (2804)
Marcus & Millichap Real Estate
1995 Ed. (3060)
Marcus & Millichap Real Estate Investment Brokerage Co.
1997 Ed. (3256)
1994 Ed. (2998)
Marcus; Bernard
2008 Ed. (4831)
2006 Ed. (4907)
2005 Ed. (4853)
1996 Ed. (961)
Marcus Blvd.
1991 Ed. (2023)
1990 Ed. (2179)
Marcus Cable Co.
2001 Ed. (1540)
1998 Ed. (588, 590)
Marcus Cable Co. (buyer), Charter Communications (seller)
2000 Ed. (1308)
Marcus Distributors
1998 Ed. (979)
Marcus Group
1992 Ed. (3572)
1989 Ed. (2258)
Marcus Hook, PA
1992 Ed. (3499)
1990 Ed. (2885)
Marcus James
2002 Ed. (4925)
2001 Ed. (4845)
1998 Ed. (3754)
1997 Ed. (3903)
1996 Ed. (3856, 3860, 3869)
1995 Ed. (3772)
1992 Ed. (4439, 4440, 4465)
Marcus James Cooler
1991 Ed. (3485)
Marcus; Peter
1997 Ed. (1899)
1996 Ed. (1825)
1995 Ed. (1798, 1847)
Marcus Rowland
2007 Ed. (1075)
Marcus Schloss
1993 Ed. (2297)
Marcus Schloss & Co.
1994 Ed. (2309)
Marcus Stranahan
1995 Ed. (938)
Marcus Thomas Public Relations
2003 Ed. (4011)
Marcy
1991 Ed. (1634)
Marden-Kane
2002 Ed. (916)
Mardi Gras
2008 Ed. (3857)
2003 Ed. (3735, 4668)
1996 Ed. (2907)
Mardi Gras Bathroom Tissue, 2-Ply, 100-Sheet
1990 Ed. (2130)
Mardin Cimento
1996 Ed. (2434)
1994 Ed. (2336)
The Mardrian Group Inc.
2008 Ed. (3711, 4396)
2007 Ed. (3558, 4422)
2006 Ed. (3515, 4354)
Mareli
2003 Ed. (1179)
Mareli Development Corp.
2002 Ed. (2682)
Marelich Mechanical
2006 Ed. (1177)
Marenghi Public Relations
2004 Ed. (4016)
Marfin Financial Group
2008 Ed. (420)
Margaret Alexandre
1998 Ed. (1648)
1997 Ed. (1920)
1996 Ed. (1848)
1995 Ed. (1867)
1994 Ed. (1826)
Margaret Anne Cargill
2007 Ed. (4898)
Margaret Astor
2001 Ed. (1921, 1922, 1923, 1924)
Margaret C. Whitman
2005 Ed. (976, 978)
Margaret Cannella
2000 Ed. (1927, 1929)
1999 Ed. (2158, 2159)
1998 Ed. (1570, 1572)
1997 Ed. (1931)
Margaret Dorman
2007 Ed. (1076)
2006 Ed. (982)
Margaret Gilliam
1994 Ed. (1807)
1991 Ed. (1691)
Margaret Hardy Magerko
2008 Ed. (4836)
2007 Ed. (4907)
2006 Ed. (4913)
Margaret Heffernan
2008 Ed. (4899)
2007 Ed. (4919)
Margaret Mary Community Hospital
2006 Ed. (2920)
Margaret (Meg) C. Whitman
2008 Ed. (942, 2636, 4836, 4883, 4948)
2007 Ed. (988, 2506, 4907, 4975, 4981, 4983)
2006 Ed. (898, 935, 2526, 4913, 4975, 4983)
Margaret Whitman
2005 Ed. (971)
Margaretic & Co.; Steven J.
1993 Ed. (1037)
Margaretten & Co.
1995 Ed. (2600, 2603, 2609)
1990 Ed. (2601)
Margarine
2005 Ed. (2760)
2003 Ed. (822)
2001 Ed. (4314)
1998 Ed. (1237)
1994 Ed. (3460)
Margarita
1990 Ed. (1074)
Margarita (Meg) Francisco
1999 Ed. (2421)
Margaritaville
2005 Ed. (4676)
2004 Ed. (4699, 4704)
2003 Ed. (4721, 4726)
2002 Ed. (4610, 4611)
Margeotes Fertitta & Weiss
1992 Ed. (112, 190)
Margeotes Fertitta Donaher & Weiss
1995 Ed. (31)
Margeotes Fertitta + Partners
2001 Ed. (185)
Margie Korshak Associates Inc.
1990 Ed. (2921)
Margin interest
1993 Ed. (3683)
Margo Vignola
1999 Ed. (2233, 2234)
1998 Ed. (1609, 1642, 1643)
1997 Ed. (1869)
1996 Ed. (1796)
1995 Ed. (1823)
1994 Ed. (1783)
1993 Ed. (1800)
Margolin, Winer & Evans
2000 Ed. (11)
Margolin, Winer & Evens
2002 Ed. (18)
Margon Inc.
2004 Ed. (1357)
Marguerite Hale
2004 Ed. (4987)
2003 Ed. (4989)
Marguerite Harbert
2002 Ed. (3364)
Marguerite Sklenka
1995 Ed. (938)
Mari Bari
2000 Ed. (2009)
1999 Ed. (2227)
1998 Ed. (1605)
Mari Matsunaga
2002 Ed. (4982)
Maria Asuncion Aramburuzabala
2008 Ed. (4886)
2007 Ed. (4976)
2006 Ed. (4976)
Maria Azua
2008 Ed. (2628)
Maria-Elisabeth & Georg Schaeffler
2008 Ed. (4867)
Maria Fiorini Ramirez
2004 Ed. (3166)
Maria Lewis
1995 Ed. (1856)
1994 Ed. (1827)
1993 Ed. (1835)
Maria Sharapova
2007 Ed. (293)
Mariah Carey
2004 Ed. (2410, 2412, 2416)
2003 Ed. (2327, 2330, 2332)
1995 Ed. (1715)
1994 Ed. (1668)
Mariah Packing Inc.
1994 Ed. (2457)
1993 Ed. (2515, 2520, 2893)
Marian Bell
2006 Ed. (4978)
Marian County Convention & Recs Facilities Authority
2000 Ed. (3203)
Marian Health System
2006 Ed. (289, 3585)
2003 Ed. (292, 3463)
2002 Ed. (339, 3290, 4062)
2001 Ed. (2666)
2000 Ed. (3178, 3182, 3184)
Marian Ilitch
1997 Ed. (3916)
1996 Ed. (3876)
1995 Ed. (3788)
1994 Ed. (3667)
Mariana Properties
1990 Ed. (2009)
Marianne
1994 Ed. (3094)
1993 Ed. (3039)
1992 Ed. (3727)
Marianne Mannerheim
2003 Ed. (4989)
Marianne Nivert
2003 Ed. (4984)
Marico Industries
2004 Ed. (51)
Maricopa, AZ
2000 Ed. (1595, 1596, 1597, 1598, 1599, 1600, 1601, 1602, 1604, 1605, 1606, 2611, 2613)
1998 Ed. (191)
1992 Ed. (1714)
1991 Ed. (1369, 1375, 1376, 2005)
1990 Ed. (1440, 2156)
1989 Ed. (1175, 1176)
Maricopa County, AZ
2008 Ed. (3473)
2004 Ed. (794, 2643, 2704, 2718, 2807, 2858, 2966, 2982, 3521, 4182, 4183)
2003 Ed. (3436, 3438, 3439, 3440)
2002 Ed. (374, 1804, 1807, 2044, 2298, 2380, 2394, 2443, 3992, 4048, 4049)
1999 Ed. (1764, 1767, 1768, 1769, 1770, 1771, 1772, 1773, 1774, 1775, 1776, 1777, 1778, 2008, 2830, 4630)
1997 Ed. (1537, 1538, 1539, 2352)
1996 Ed. (1468, 1469, 1470, 1471, 2226)
1995 Ed. (1510)
1994 Ed. (1475, 1476, 1477, 2166)
1993 Ed. (1426, 1427, 1428, 1432, 1434, 2141)
1992 Ed. (1715, 1716, 1717, 1718, 2579)
Maricopa County Pollution Control Corp.
1997 Ed. (2839)
Marie Calendar's
2003 Ed. (4098)
Marie Calenders Complete Dinners
2008 Ed. (2775)
Marie Callender
2006 Ed. (4117)
1996 Ed. (1975)
1993 Ed. (3017, 3033)
Marie Callender Pie Shops Inc.
1992 Ed. (3709, 3719)
1990 Ed. (3022)
Marie Callender's
2008 Ed. (2774)
2007 Ed. (4144)
2002 Ed. (2366, 2367, 4002)
2001 Ed. (2539, 2540, 4065, 4067, 4070, 4071, 4073)
2000 Ed. (2280, 3785)
1999 Ed. (4066, 4074, 4075)
1997 Ed. (2091, 3314)
1996 Ed. (3216)
1995 Ed. (3120)
1994 Ed. (3075)
Marie Callender's entrees
1995 Ed. (1942)
Marie Callender's Restaurant & Bakery
2008 Ed. (4159, 4175, 4176)
Marie Claire
2006 Ed. (157)
2002 Ed. (3228)
2000 Ed. (3477, 3502)
1999 Ed. (3746)
1998 Ed. (2796, 2799)
1996 Ed. (2975)
Marie Graber Martens
1994 Ed. (901)
Marie Powell & Assoc.-Better Homes & Gardens
1998 Ed. (2997)
Marie Powell & Associates-Better Homes & Gardens
1997 Ed. (3255)
Marie Quintana Cummiskey
2006 Ed. (2516)
Marie Rossi
2000 Ed. (2014)
1999 Ed. (2231)
Marie Toulantis
2007 Ed. (2506)
Mariella Burani Fashion Group SA
2008 Ed. (994, 1865, 4332, 4672)
Marie's
2001 Ed. (2017, 2018)

Marietta College
1998 Ed. (794)
1996 Ed. (1043)
1995 Ed. (1058)
1994 Ed. (1050)
1993 Ed. (1023)
1992 Ed. (1275)
Marietta; Martin
1994 Ed. (136, 137, 138, 139, 140, 142, 144, 916, 1065, 1213, 1419, 1513)
Marietta/Roswell, GA
1991 Ed. (939)
1990 Ed. (999, 1001, 2484)
Marigold Foods Inc.
2008 Ed. (3125)
2003 Ed. (4493)
Marijuana
1996 Ed. (1566)
Marilda L. Gandara
2006 Ed. (2516)
Marilyn Carlson Nelson
2008 Ed. (4836)
2007 Ed. (4907)
2006 Ed. (4913)
Marilyn; Hurricane
2005 Ed. (2979)
Marilyn J. Gagen CPA, LLC
2006 Ed. (3509)
Marilyn L. Garcia
2001 Ed. (776, 949)
1995 Ed. (2653)
Marilyn Miglin Inc.
1994 Ed. (3668)
1992 Ed. (4483)
1990 Ed. (3706)
Marilyn Miglin LP
2006 Ed. (4989)
Marilyn Monroe
2007 Ed. (891)
2006 Ed. (802)
Marilyn Sheftel
2008 Ed. (4991)
2007 Ed. (4985)
2006 Ed. (4988)
2005 Ed. (4992)
Marimar
1996 Ed. (3663)
Marimark Corp.
2002 Ed. (108)
Marimba, Inc.
2001 Ed. (4182)
Marin, CA
2001 Ed. (1940)
2000 Ed. (1603, 2612)
1991 Ed. (2002)
Marin Community Foundation
2005 Ed. (2673, 2674)
2002 Ed. (1127, 1129)
2001 Ed. (2513, 2514)
1994 Ed. (1904)
1992 Ed. (1097)
1989 Ed. (1474)
Marin County, CA
2003 Ed. (3437)
2002 Ed. (1805, 1808)
1999 Ed. (2831)
1998 Ed. (1200, 2080)
1997 Ed. (1540)
1996 Ed. (2227)
1995 Ed. (2218, 2807)
1994 Ed. (1474, 2167)
1993 Ed. (1429, 1430, 2144)
Marin Educational Foundation
1989 Ed. (1477)
Marin Independent Journal
1998 Ed. (80)
Marina Athletic Club
2000 Ed. (2424)
Marina Berlusconi
2008 Ed. (4949)
2007 Ed. (4982)
2006 Ed. (4985)
2005 Ed. (4991)
2003 Ed. (4984)
Marina District Development Co.
2006 Ed. (1929)
The Marina Limited Partnership
2002 Ed. (3559)
Marinades
2002 Ed. (4337)
Marinades & tenderizers
2003 Ed. (4507)
Marine
2005 Ed. (3018)
1990 Ed. (932, 2468)
1989 Ed. (364)
Marine Atlantic
2008 Ed. (2833)
2005 Ed. (2748)
2004 Ed. (2753)
2001 Ed. (1661)
1995 Ed. (3655)
1992 Ed. (4338, 4339)
Marine Bank Farm Management
1993 Ed. (1746, 1747)
1992 Ed. (2108, 2109)
Marine Bank Milwaukee
1993 Ed. (2414)
Marine Bank of Springfield
1990 Ed. (1014, 1016)
Marine Bank of Springfield, IL
1992 Ed. (1178, 1179)
1991 Ed. (944, 945)
Marine Biological Laboratory
1991 Ed. (892)
Marine Bunker AS
1997 Ed. (1384)
Marine Corps Morale, Welfare & Recreation Supply; U.S.
1996 Ed. (1952)
Marine Corps Morale, Welfare & Recreation Support; U.S.
1995 Ed. (1913, 1918)
Marine Corps Recruit, CA
1992 Ed. (4041)
Marine Corps; U.S.
1997 Ed. (2055)
1996 Ed. (1952)
1995 Ed. (1913, 1918)
Marine Corps West Credit Union
2002 Ed. (1839)
Marine Credit Union
2008 Ed. (2250)
2007 Ed. (2135)
2006 Ed. (2214)
2005 Ed. (2119)
2004 Ed. (1977)
2003 Ed. (1937)
2002 Ed. (1883)
Marine Drill
1993 Ed. (2749)
Marine Drilling
2000 Ed. (2397)
Marine Engineers Union
1999 Ed. (3845)
Marine Farm Management
1991 Ed. (1649)
Marine 418, Merrett Underwriting Agency Management Ltd.
1991 Ed. (2336)
Marine 483, Methuen (Lloyd's Underwriting Agents) Ltd.
1991 Ed. (2336)
Marine 448, Wellington (Underwriting Agencies) Ltd.
1991 Ed. (2336)
Marine Harvest USA Inc.
2008 Ed. (2725)
2007 Ed. (2588)
2006 Ed. (2612)
Marine insurance
1994 Ed. (2228)
Marine Management Systems
1999 Ed. (4169)
Marine Midland
1991 Ed. (371, 2518)
1989 Ed. (2974)
Marine Midland Bank
2001 Ed. (1816)
2000 Ed. (4058)
1999 Ed. (1630)
1995 Ed. (362, 570)
1991 Ed. (401, 1289, 1661, 2301, 2307)
1990 Ed. (2620)
Marine Midland Bank (Delaware)
1991 Ed. (365)
Marine Midland Bank NA
1999 Ed. (419, 482, 525, 3180, 4334, 4339)
1998 Ed. (311, 358, 418, 1140, 3316)
1997 Ed. (367, 371, 472, 579, 3529)
1994 Ed. (348, 354, 382, 383, 487, 600, 1368)
1993 Ed. (360, 482, 595, 652, 1313, 2603)
1992 Ed. (510, 513, 551, 552, 553, 566, 670, 802, 1615, 2430, 2856, 3922)
1991 Ed. (369, 487, 517, 593, 628, 1660, 1922, 1923)
1990 Ed. (429, 629, 653)
Marine Midland Banks Inc.
1996 Ed. (376, 508, 640, 3181, 3182)
1991 Ed. (393)
1990 Ed. (706)
1989 Ed. (364, 395, 415, 640)
Marine Midland Capital Markets Corp.
1991 Ed. (3003, 3049, 3062)
Marine 932, Janson Green Management Ltd.
1991 Ed. (2336)
Marine Power International Ltd. Inc.
2001 Ed. (1900)
Marine Products Corp.
2004 Ed. (235)
Marine Protein Division
1997 Ed. (2702)
Marine supplies
2005 Ed. (4428)
Marine syndicat 861
1997 Ed. (2677, 2678)
Marine syndicate
1995 Ed. (2475, 2476)
1994 Ed. (2397, 2398)
1993 Ed. (2453, 2454)
Marine syndicate 861
1998 Ed. (2399)
1996 Ed. (2529, 2530)
Marine syndicate 588
1997 Ed. (2678)
Marine syndicate 40
1998 Ed. (2399)
1997 Ed. (2677, 2678)
1996 Ed. (2529, 2530)
Marine Syndicate 418
1992 Ed. (2895, 2896)
Marine syndicate 488
1997 Ed. (2678)
1996 Ed. (2529, 2530)
1992 Ed. (2895, 2896)
Marine syndicate 483
1996 Ed. (2530)
1992 Ed. (2895, 2896)
Marine Syndicate 448
1992 Ed. (2895, 2896)
Marine Syndicate 406
1992 Ed. (2896)
Marine Syndicate 932
1992 Ed. (2896)
Marine syndicate 1003
1997 Ed. (2677, 2678)
1996 Ed. (2529, 2530)
Marine syndicate 1028
1997 Ed. (2678)
1996 Ed. (2530)
Marine syndicate 735
1996 Ed. (2530)
1992 Ed. (2896)
Marine syndicate 79
1997 Ed. (2678)
1996 Ed. (2529, 2530)
Marine syndicate 672
1998 Ed. (2399)
1997 Ed. (2677, 2678)
1996 Ed. (2529, 2530)
Marine syndicate 625
1997 Ed. (2678)
1996 Ed. (2530)
Marine Syndicate 367
1992 Ed. (2895, 2896)
Marine Syndicate 282
1992 Ed. (2896)
Marine Syndicate 206
1992 Ed. (2895, 2896)
Marine syndicate 2488
1997 Ed. (2678)
Marine 367, F. L. P. Secretan & Co. Ltd.
1991 Ed. (2336)
Marine Toys for Tots Foundation
2008 Ed. (3790)
2007 Ed. (3705)
Marine transportation
1992 Ed. (2624)
Marine 206, R. W. Sturge & Co.
1991 Ed. (2336)
Marine World Africa USA
1999 Ed. (268)
Marineland
1990 Ed. (266)
MarineMax Inc.
2008 Ed. (4205)
Mariner Cash Management Fund
1994 Ed. (2539)
Mariner Energy Inc.
2008 Ed. (1400)
Mariner Funds NY Tax-Free Money Market
1993 Ed. (2686)
Mariner Government MMF
1994 Ed. (2537)
Mariner Health Care Inc.
2006 Ed. (1417, 3727)
2005 Ed. (3612)
Mariner Health Group Inc.
1999 Ed. (2643)
Mariner NY Tax-Free Bond
1996 Ed. (614)
Mariner Post-Acute Network
2004 Ed. (3701)
2003 Ed. (3653, 4147)
2000 Ed. (3182, 3361)
Mariner US Treasury Fund
1992 Ed. (3094)
Mariners; Seattle
2007 Ed. (578)
2006 Ed. (547)
2005 Ed. (645)
Marinette Marine Corp.
2005 Ed. (1376)
2004 Ed. (1360)
Marino & Associates, Architects; Peter
2008 Ed. (3346)
2007 Ed. (3204)
2006 Ed. (3170, 3171)
Marino; Dan
1997 Ed. (1724)
Marinvest-Marine Midland
1993 Ed. (579)
Mario Batali
2008 Ed. (904)
Mario Kart 64
1999 Ed. (4712)
Mario L. Baeza
2008 Ed. (1428)
2007 Ed. (1444)
Mario M. Cuomo
1995 Ed. (2043)
1993 Ed. (1994)
1992 Ed. (2345)
1991 Ed. (1857)
1990 Ed. (1946)
Mario Moretti Polegato
2008 Ed. (4869)
Mario Teaches Typing
1996 Ed. (1084)
1995 Ed. (1101, 1105)
Marion
1989 Ed. (1998)
Marion & Herbert Sandler
2007 Ed. (384)
Marion & Polk Schools Credit Union
2002 Ed. (1887)
Marion Boucher
1997 Ed. (1930, 1933)
Marion Boucher Soper
2000 Ed. (1934, 1935)
1999 Ed. (2164, 2165)
1998 Ed. (1576, 1577)
Marion County Convention & Recreational Facilities Authority
1993 Ed. (2622)
Marion County Credit Union
2006 Ed. (2154)
2005 Ed. (2067)
2004 Ed. (1928)
Marion County, IN
2008 Ed. (3473)
1998 Ed. (2081, 2082, 2083)
Marion Harper, Jr.
2000 Ed. (37)
Marion Health System
2001 Ed. (2668)

Marion, IN
2007 Ed. (3384)
Marion Jones
2005 Ed. (266)
Marion Laboratories
1997 Ed. (1660)
1991 Ed. (1136, 1143, 1144, 1147, 1216, 1217, 1220, 1471, 2399, 3227, 3229, 3331)
1990 Ed. (1297, 1559, 1562, 3448)
1989 Ed. (1052, 1271, 1277)
Marion Merrell
1997 Ed. (1660)
Marion Merrell Dow Inc.
1997 Ed. (1237, 1238, 1239, 1259, 1655, 2135, 2178, 2740, 2953)
1996 Ed. (1568, 1574, 1576, 1577, 2151, 2152, 2597)
1995 Ed. (1580, 1585, 1589, 2138, 2139, 2529)
1994 Ed. (1254, 1552, 1554, 1556, 1559, 2461)
1993 Ed. (889, 1458, 1510, 1512)
1992 Ed. (1514, 1842, 1861, 1863, 1866, 3001)
1991 Ed. (1468)
Marion O. Sandler
2008 Ed. (4944, 4945)
2007 Ed. (1020)
2005 Ed. (2475)
2002 Ed. (4979)
1994 Ed. (1720)
1993 Ed. (3730)
Marion S. Barry Jr.
1992 Ed. (2987)
Marion Sandier
1995 Ed. (3786)
Marion Sandler
2007 Ed. (996, 4907, 4975, 4978)
1999 Ed. (4805)
1996 Ed. (3875)
Marion State Bank
1996 Ed. (541)
1993 Ed. (508)
Marion's Pizza
2008 Ed. (3992)
2007 Ed. (3966)
2006 Ed. (3915)
2005 Ed. (3844)
Mario's
2008 Ed. (1001)
2006 Ed. (1038)
Mario's Pizza & Italian Restaurant
1996 Ed. (3045)
Mariott
1996 Ed. (2181)
Mariott International
1996 Ed. (2164)
Marisa Christina
1997 Ed. (3522)
Marisa Industries Inc.
2005 Ed. (2843)
2004 Ed. (2833)
2002 Ed. (2556)
2000 Ed. (2462)
Marisol Commercial Inc.
1993 Ed. (1275)
1992 Ed. (1570)
1991 Ed. (1252)
Marital or family problems
1992 Ed. (1939)
Maritime Foods Provi.
1994 Ed. (3307)
Maritime Life Assurance Co.
2004 Ed. (1669)
Maritime Life Bond
2004 Ed. (730)
Maritime Life Global Equities
2004 Ed. (2484)
2003 Ed. (3599, 3600)
Maritime Life Value Equity
2004 Ed. (3615)
2003 Ed. (3569)
Maritime Telephone & Telegraph
1997 Ed. (3707)
1996 Ed. (3648)
1994 Ed. (3491)
1992 Ed. (4211)
1990 Ed. (3519)
Maritime Travel Inc.
2005 Ed. (1718)
Marits B. Brown
1995 Ed. (2485)
Maritz Inc.
2008 Ed. (3188)
2007 Ed. (4029)
2005 Ed. (819, 3918, 4751, 4752)
2004 Ed. (845)
2003 Ed. (804)
2001 Ed. (1798, 4629, 4630)
1994 Ed. (3579)
1993 Ed. (3626)
1990 Ed. (3651)
Maritz Marketing Research Inc.
2002 Ed. (3253)
2001 Ed. (4046, 4047)
2000 Ed. (3042, 3756)
1999 Ed. (3304)
1998 Ed. (2436)
1997 Ed. (2710, 3295)
1996 Ed. (2569, 3190)
1995 Ed. (2508, 3089)
1994 Ed. (2442)
1993 Ed. (2503, 2995)
1992 Ed. (2976, 3662)
1991 Ed. (2386, 2835)
1990 Ed. (2980)
Maritz Travel Co. Inc.
2001 Ed. (4630)
2000 Ed. (4300, 4301)
1999 Ed. (4665, 4666)
1998 Ed. (3621, 3622, 3623)
1997 Ed. (3796)
1996 Ed. (3742, 3744)
Maritz-TRBI
2002 Ed. (3256, 3258, 3260, 3261, 3262)
Marjorie Magner
2007 Ed. (4978)
2006 Ed. (4974, 4979, 4980, 4983)
2005 Ed. (4990)
Marjorie Scardino
2008 Ed. (4949)
2007 Ed. (4975, 4982)
2006 Ed. (4978, 4985)
2005 Ed. (4991)
2003 Ed. (4984)
2002 Ed. (4983)
Marjorie Yang
2002 Ed. (4982)
The Mark
2003 Ed. (723)
1999 Ed. (2761)
1998 Ed. (2013)
1992 Ed. (2481)
Mark A. Cohen
2002 Ed. (3263)
Mark A. Cohn
1995 Ed. (1717)
Mark Abramson
1999 Ed. (2408)
Mark Adlestone
2007 Ed. (4931)
Mark Agnew
1996 Ed. (1891)
Mark Altherr
2000 Ed. (1925)
1999 Ed. (2156, 2166)
1998 Ed. (1568, 1578)
Mark Altman
1995 Ed. (1819)
1994 Ed. (1779)
1993 Ed. (1796)
1991 Ed. (1679, 1706)
Mark Andrew
1995 Ed. (2484)
Mark Asset Management
1993 Ed. (2334)
Mark Bartelstein
2003 Ed. (222, 223, 226)
Mark Baughan
1999 Ed. (2355)
Mark/BBDO
2003 Ed. (64)
2002 Ed. (97)
2001 Ed. (126)
2000 Ed. (84)
1999 Ed. (78)
1997 Ed. (76)
1996 Ed. (77)
1995 Ed. (63)
1994 Ed. (81)
1993 Ed. (91)
Mark/BBDO Bratislava
2003 Ed. (146)
2002 Ed. (179)
2001 Ed. (207)
Mark/BBDO Bratislva
2000 Ed. (169)
1999 Ed. (151)
Mark Beilby
2000 Ed. (2092)
1999 Ed. (2310)
Mark Bono
1999 Ed. (2198)
Mark Brown
1997 Ed. (1979)
1996 Ed. (1871)
Mark Brunell
2003 Ed. (297)
Mark Burton
1993 Ed. (2639)
Mark C. Pigott
2008 Ed. (942)
2007 Ed. (1021)
2006 Ed. (901, 930)
2005 Ed. (973)
2004 Ed. (968, 2500)
Mark Cathcart
2000 Ed. (2084, 2091)
1999 Ed. (2308)
Mark Chesnutt
1997 Ed. (1113)
1994 Ed. (1100)
1993 Ed. (1079)
Mark-Chris Subaru
1990 Ed. (320)
Mark Coombs
2008 Ed. (4901)
Mark Crossman
2000 Ed. (2044)
Mark Cuban
2008 Ed. (4833)
2007 Ed. (4904)
2006 Ed. (4909)
2004 Ed. (4870)
2002 Ed. (3355)
Mark Curtis
2008 Ed. (3376)
2007 Ed. (3248, 3249)
Mark Cusack
1999 Ed. (2328)
Mark Duffy
1999 Ed. (2338, 2349)
Mark Eady
2000 Ed. (2116)
1999 Ed. (2331)
Mark Edelstone
2000 Ed. (2006)
1999 Ed. (2262)
Mark Edlestone
1998 Ed. (1671)
Mark Faulkner
1999 Ed. (2416)
Mark Feehily
2008 Ed. (4884)
Mark Finnie
2000 Ed. (2127)
1999 Ed. (2340)
Mark Fitzgerald
2007 Ed. (2465)
Mark Four Enterprises Inc.
2006 Ed. (2955)
2005 Ed. (2959)
Mark Friedman
1998 Ed. (1623)
1996 Ed. (1775)
Mark Frissora
2008 Ed. (952)
2006 Ed. (936)
Mark Fulton
2000 Ed. (2070)
1999 Ed. (2289)
Mark Giacopazzi
2000 Ed. (2188)
1999 Ed. (2428)
Mark Girolamo
2000 Ed. (1924)
1999 Ed. (2155)
1998 Ed. (1567)
1997 Ed. (1928)
Mark Goldston
2005 Ed. (2321)
Mark Grotevant
2000 Ed. (1944, 1950)
1999 Ed. (2173, 2179)
1998 Ed. (1585)
1997 Ed. (1942)
Mark Gulley
2000 Ed. (1994)
1999 Ed. (2265)
1998 Ed. (1673)
1996 Ed. (1786)
1995 Ed. (1811)
1994 Ed. (1770)
1993 Ed. (1787)
Mark H. Bloodgood
1992 Ed. (2905)
1990 Ed. (2481)
Mark Hassenberg
2000 Ed. (2003)
1999 Ed. (2224)
1998 Ed. (1637)
1997 Ed. (1866)
1996 Ed. (1790, 1792)
1995 Ed. (1795, 1815, 1818)
1994 Ed. (1775, 1778)
1993 Ed. (1771, 1772, 1792, 1795)
Mark Hemstreet
2008 Ed. (2027)
2007 Ed. (1945)
Mark Higley Construction
2000 Ed. (1234)
Mark Hogan
2008 Ed. (3997)
2007 Ed. (3974)
Mark Hotchin
2008 Ed. (4848)
Mark Howard
1999 Ed. (2157)
1998 Ed. (1569)
1997 Ed. (1929)
Mark Howdle
1999 Ed. (2298)
Mark Hughes
2000 Ed. (1886, 1947)
1999 Ed. (2176)
Mark Hunt
1998 Ed. (1602)
1997 Ed. (1913)
1996 Ed. (1840)
Mark Hurd
2008 Ed. (939)
2007 Ed. (986)
Mark Husson
1999 Ed. (2259)
1998 Ed. (1619)
1997 Ed. (1918)
Mark III Industries Inc.
2000 Ed. (1104)
1998 Ed. (753)
1996 Ed. (990)
1995 Ed. (3685, 3686, 3687, 3688)
1992 Ed. (4367, 4369, 4370, 4371)
Mark IV Audio
1996 Ed. (2749)
Mark IV Industries Inc.
2003 Ed. (4196, 4204, 4205)
2002 Ed. (4066, 4067)
2001 Ed. (498, 4129, 4131, 4132)
2000 Ed. (3827, 3828)
1999 Ed. (1885, 1973, 4115, 4116)
1998 Ed. (1373, 3103, 3104)
1997 Ed. (1685, 3361, 3302)
1996 Ed. (2750, 3262, 3263)
1995 Ed. (1290, 1291, 1625, 2671, 2672, 3167, 3168)
1994 Ed. (1266, 1584, 3117)
1993 Ed. (1227, 1228, 1543)
1992 Ed. (1308)
1991 Ed. (358, 1027, 1211, 3227, 3229)
1990 Ed. (1117, 1586, 1618, 1625)
1989 Ed. (969, 972)
Mark J. Gallagher
1995 Ed. (983)
Mark J. Rybarczyk
2007 Ed. (2504)
2005 Ed. (2511)
Mark J. Walsh & Co.
1997 Ed. (1074)
1995 Ed. (1078)
Mark Jackson
2006 Ed. (982)
Mark Kellstrom
2000 Ed. (1948)

Mark L. Bye
2007 Ed. (2500)
Mark L. Schneider
2002 Ed. (2177)
Mark Lambert
2000 Ed. (2136)
Mark Lehman
2003 Ed. (1546)
Mark Levin
2003 Ed. (956)
2002 Ed. (2179)
Mark Logic Corp.
2007 Ed. (3057)
Mark Loveland
1999 Ed. (2336)
Mark Lynch
2000 Ed. (2090, 2125)
1999 Ed. (2307)
Mark Manson
1994 Ed. (1791, 1825)
1993 Ed. (1808)
Mark McClellan
2005 Ed. (3203)
Mark Melcher
2000 Ed. (2057)
1999 Ed. (2275)
1998 Ed. (1681, 1682)
1997 Ed. (1916)
1996 Ed. (1843)
Mark Miller
2006 Ed. (888)
Mark Mills
2000 Ed. (2112)
1999 Ed. (2326)
Mark Mobius
1999 Ed. (3589)
Mark O'Brien
2005 Ed. (984)
The Mark of the Quad Cities
2003 Ed. (4530)
2002 Ed. (4346)
2001 Ed. (4354)
1999 Ed. (1297)
Mark P. Bulriss
2007 Ed. (2499)
Mark P. Frissora
2006 Ed. (869)
Mark Papa
2008 Ed. (936)
2007 Ed. (999)
2006 Ed. (909)
Mark Pibl
2000 Ed. (1931)
Mark Pigott
2007 Ed. (991)
Mark Piliero
1998 Ed. (1596)
1997 Ed. (1949)
1993 Ed. (1844)
Mark Pi's
1997 Ed. (3338)
1996 Ed. (3212)
Mark Puleikis
2000 Ed. (2117, 2118)
1999 Ed. (2332)
Mark R. Bloodgood
1991 Ed. (2344)
Mark R. Chassin
1995 Ed. (3503)
Mark; Reuben
2008 Ed. (947)
2007 Ed. (974)
2006 Ed. (883)
2005 Ed. (967, 980, 981, 983, 2500)
1997 Ed. (982, 1799)
1996 Ed. (959, 960, 964, 966, 1709)
1994 Ed. (950)
Mark Rogers
1997 Ed. (1891)
Mark S. Sexton
2007 Ed. (2509)
Mark Scot
1993 Ed. (3373)
1992 Ed. (4050, 4053)
1991 Ed. (3169, 3172)
1990 Ed. (3329, 3330, 3341, 3342)
Mark Shepperd
2000 Ed. (2135)
1999 Ed. (2347)
Mark Simpson
1997 Ed. (1972)
Mark Singleton Suzuki
1990 Ed. (321)
Mark Smith
2006 Ed. (884)
Mark Stevens
2003 Ed. (4847)
Mark Stockdale
2000 Ed. (2119)
1999 Ed. (2333)
Mark Strome
1996 Ed. (1914)
Mark Suwyn
2006 Ed. (2523)
Mark Swartz
2004 Ed. (972)
2002 Ed. (1043)
2001 Ed. (2345)
2000 Ed. (1880)
Mark T. Curtis
2006 Ed. (658, 3189)
The Mark: The Beast Rules the World
2003 Ed. (706)
Mark Tinker
2000 Ed. (2115)
Mark Tracey
2000 Ed. (2095, 2101)
1999 Ed. (2313, 2343)
Mark Twain Bancshares Corp.
1998 Ed. (266, 269)
1995 Ed. (492)
Mark Twain Bank
1997 Ed. (562)
1996 Ed. (608)
1995 Ed. (550)
1994 Ed. (575)
1993 Ed. (573)
1992 Ed. (784)
Mark Twain Bank (Ladue)
1991 Ed. (612)
Mark V. Hurd
2008 Ed. (954)
2007 Ed. (1032)
Mark Victor Hansen
2002 Ed. (4253)
Mark Weber
2007 Ed. (1102)
Mark Weintraub
2000 Ed. (2032)
Mark Willes
1999 Ed. (2076)
Mark Winter Homes
2007 Ed. (1271)
Mark Wolfenberger
2000 Ed. (1996)
Mark Wyrill
1997 Ed. (2001)
1996 Ed. (1911)
Mark Your Territory
2008 Ed. (4809)
Mark Zurack
1998 Ed. (1606)
1997 Ed. (1914)
1996 Ed. (1841)
Marka
2000 Ed. (474)
MarkAir
1993 Ed. (1105)
Markant Handels- und Industriewaren
1993 Ed. (3049)
Markborough Properties
1997 Ed. (3258)
1996 Ed. (1313, 1315)
1994 Ed. (3005)
1992 Ed. (3624)
Marke H. Willes
2000 Ed. (1879)
Markel Corp.
2008 Ed. (3249, 3252, 3284)
2007 Ed. (1554)
2006 Ed. (3090)
2005 Ed. (3072)
2004 Ed. (3061)
MARKEM Corp.
2008 Ed. (1123)
2007 Ed. (1220)
Markem/Aellora
2007 Ed. (3077)
2005 Ed. (3041)
Marker
1992 Ed. (3980)
1991 Ed. (3131)
Markers
2003 Ed. (3675)
2002 Ed. (3536)
1993 Ed. (3741)
1992 Ed. (4494)
Markers highlighters
1990 Ed. (3712)
Market Basket
2007 Ed. (4622)
Market Basket/Demoulas
2004 Ed. (4628, 4643)
Market Facts Inc.
2003 Ed. (4069)
2002 Ed. (3253)
2001 Ed. (4046, 4047)
1999 Ed. (3304)
1997 Ed. (2710)
1996 Ed. (2569)
1995 Ed. (2508)
1991 Ed. (2386, 2835)
Market Forge
1990 Ed. (2745)
Market Guide
2002 Ed. (4836, 4851)
Market knowledge and willingness to share it
1990 Ed. (3089)
Market Map
1991 Ed. (2257, 2258)
1990 Ed. (2367)
Market Probe Inc.
2008 Ed. (3741, 4439)
2007 Ed. (3615, 4455)
2006 Ed. (3549, 4387)
Market Reach
2002 Ed. (4572)
Market Research
2000 Ed. (941)
1997 Ed. (848)
Market research analyst
2007 Ed. (3731)
Market Scan Information Systems Inc.
2003 Ed. (3965)
2002 Ed. (1077)
2000 Ed. (1106, 2406)
Market Transport
2002 Ed. (4692)
Market USA
1995 Ed. (3556)
Market Wholesale Co.
1996 Ed. (2051)
1995 Ed. (2055)
MarketAxess
2004 Ed. (2222)
MarketAxess Holdings
2008 Ed. (2860, 2861)
2007 Ed. (2730, 2731)
Marketel/Foster/McCann-Erickson
1993 Ed. (132)
1992 Ed. (202)
MarketerNet
2007 Ed. (99)
MarketGuide
2002 Ed. (4853)
MarketHistory.com
2002 Ed. (4853)
Marketing
2007 Ed. (786)
2003 Ed. (2271)
1999 Ed. (2009)
1998 Ed. (3772)
1996 Ed. (3873)
1995 Ed. (2894)
1990 Ed. (533)
Marketing Advantage
2002 Ed. (1980)
Marketing/advertising
1994 Ed. (2066)
Marketing Analysts Inc.
2007 Ed. (4445)
Marketing and consulting services
2003 Ed. (4516)
The Marketing Arm
2008 Ed. (3598)
2007 Ed. (3431)
2006 Ed. (3413, 3417)
Marketing Business
1995 Ed. (2894)
Marketing Communications
2003 Ed. (53)
1991 Ed. (120)
Marketing Continuum
2001 Ed. (3912)
Marketing Corporation of America
1992 Ed. (3758)
Marketing Den
1989 Ed. (92)
Marketing Director Intl
1995 Ed. (2894)
Marketing 4
2008 Ed. (4024, 4030)
Marketing in Action
2000 Ed. (3845)
Marketing Innovators International Inc.
2007 Ed. (4986)
2006 Ed. (4989)
2000 Ed. (4431)
1996 Ed. (3878)
Marketing Lab
2005 Ed. (3404)
Marketing managers
2007 Ed. (3720)
2005 Ed. (3625)
Marketing Metrics: 50+ Metrics Every Executive Should Master
2008 Ed. (621)
Marketing Momentum
2007 Ed. (3613)
Marketing Corp. of America
1998 Ed. (1287)
1997 Ed. (1618)
1996 Ed. (1553, 3276)
1994 Ed. (3127)
1993 Ed. (3063)
1990 Ed. (3082)
The Marketing Organisation
2001 Ed. (2025)
The Marketing Partnership
2002 Ed. (4086)
1990 Ed. (3086)
Marketing/sales
1998 Ed. (544)
Marketing Sciences
2000 Ed. (3044, 3047)
Marketing services
2001 Ed. (2171)
Marketing Solutions & Results LLC
2002 Ed. (4985)
The Marketing Store
2006 Ed. (3416)
2005 Ed. (3407)
1997 Ed. (3374)
1996 Ed. (3277)
1993 Ed. (3065)
1992 Ed. (3761)
The Marketing Store Worldwide
2002 Ed. (4087)
2000 Ed. (3843, 3844)
Marketing Support
1990 Ed. (3079)
Marketing Trangle
1990 Ed. (3088)
Marketing Triangle
1993 Ed. (3065)
Marketing Week
1995 Ed. (2894)
MarketModels Inc.
2006 Ed. (4376)
Marketocracy
2002 Ed. (4854)
Marketplace
2008 Ed. (4559)
2006 Ed. (750)
Marketplace Design
2001 Ed. (1447)
MarketPlayer.com
2002 Ed. (4854)
Marketsource Inc.
2008 Ed. (1764)
1993 Ed. (3064)
1992 Ed. (3759)
Marketsphere Consulting
2008 Ed. (1870)
Marketstar Corp.
2008 Ed. (2148)
2007 Ed. (2046)
2006 Ed. (2088)
2005 Ed. (1990)
2004 Ed. (1874)
2003 Ed. (1840)
MarketWatch.com
2007 Ed. (2328)

MarketXS
2008 Ed. (1967)
2007 Ed. (1906)
Markey Charitable Trust; Lucille P.
1995 Ed. (1926)
1994 Ed. (1901)
1993 Ed. (890)
1991 Ed. (893, 1767, 1767, 1767)
Markfield; Roger S.
2007 Ed. (2505)
Markham Contracting Co.
2008 Ed. (1181)
2007 Ed. (1281)
2006 Ed. (1175)
Markham, Ontario
2008 Ed. (3487, 3490)
Markham/Vaughan, Ontario
2008 Ed. (3493)
Markim Erection Co., Inc.
2006 Ed. (1171)
Markkinointi Topitorma Oy
1994 Ed. (87)
1993 Ed. (98)
Markkinointi Viherjuuri
1991 Ed. (98)
Markkinointi Viherjuuri Oy
1993 Ed. (98)
1992 Ed. (148)
1990 Ed. (101)
1989 Ed. (105)
Markkinointl Viherjuuri Oy
1994 Ed. (87)
Markkula, Jr.; A.C. ''Mike''
1989 Ed. (1984)
Markman Aggressive Allocation
2004 Ed. (3601, 3602)
Markman Core Growth
2008 Ed. (2615)
Markman Moderate Allocation
2004 Ed. (3601, 3602)
Markom/Leo Burnett
1993 Ed. (143)
Markom/Leo Burnett Reklam Hizmetleri
2003 Ed. (160)
Markro
1991 Ed. (3469)
Marks & Spencer
2008 Ed. (677, 690, 698, 700, 720, 4238)
2007 Ed. (707, 718, 726, 728, 739, 746)
2000 Ed. (4133)
1999 Ed. (277, 4100, 4110)
1997 Ed. (1416, 2685)
1996 Ed. (1354, 1357, 1359, 1360, 1361, 1362, 1363, 1364, 1366, 1367, 1369, 2544, 2545, 3414, 3623)
1995 Ed. (1403, 3339)
1994 Ed. (3109, 3111)
1992 Ed. (1101, 1625, 3740, 4178)
1990 Ed. (1372, 1375, 3053, 3055, 3294, 3499)
1989 Ed. (2333)
Marks & Spencer Group plc
2007 Ed. (4952)
2004 Ed. (1739)
Marks & Spencer plc
2008 Ed. (134, 4222, 4236, 4240)
2007 Ed. (4193, 4205)
2006 Ed. (2065, 4180, 4186, 4644)
2005 Ed. (1031, 1986)
2004 Ed. (4929)
2002 Ed. (36, 4059, 4899)
2001 Ed. (4115, 4818)
2000 Ed. (4387)
1993 Ed. (3049, 3267, 3609)
1991 Ed. (2897, 3110)
1990 Ed. (3054, 166, 3265, 3635)
Mark's Office Furniture
1998 Ed. (2706)
Marks Paneth & Shron LLP
2008 Ed. (8)
2006 Ed. (14)
2005 Ed. (9)
2004 Ed. (13)
2003 Ed. (7)
2002 Ed. (18, 21)
Marks, Shron & Co.
2000 Ed. (11)
Marks; Stephen
2005 Ed. (4890)
Mark's Work Wearhouse
1997 Ed. (1033)
1996 Ed. (1013)
1994 Ed. (1020)
1992 Ed. (1218)
1990 Ed. (1056, 1057)
Markson Rosenthal & Co.
2006 Ed. (3930)
2005 Ed. (3866)
Markston Investment Management
1990 Ed. (2318)
Markus Barth
1998 Ed. (1687)
Markus Feehily
2005 Ed. (4885)
MarkWest Energy Partners LP
2008 Ed. (1674)
2004 Ed. (1571)
Markwest Hydrocarbon Inc.
2003 Ed. (1646)
Marla Marron
1996 Ed. (1902)
Marlboro
2008 Ed. (641, 656, 663, 976, 4691)
2007 Ed. (683, 691, 692, 696, 4771)
2006 Ed. (654, 4765)
2005 Ed. (742, 4713)
2004 Ed. (4736)
2003 Ed. (970, 971, 4751, 4756)
2002 Ed. (4629)
2001 Ed. (1230)
2000 Ed. (1061)
1999 Ed. (776, 795, 1135, 1140)
1998 Ed. (489, 727, 728, 729, 730)
1997 Ed. (712, 985, 987, 990, 991, 994, 995)
1996 Ed. (33, 777, 971)
1995 Ed. (696, 985, 986)
1994 Ed. (49, 953, 955, 958, 959, 960)
1993 Ed. (18, 941)
1992 Ed. (30, 55, 63, 1147, 1151)
1991 Ed. (57, 932)
1990 Ed. (992, 993, 1579)
1989 Ed. (907)
Marlboro Box, Carton
1990 Ed. (990, 991)
Marlboro College
2008 Ed. (1069)
Marlboro Kings
1989 Ed. (904, 905)
Marlboro Kings, Carton
1990 Ed. (990, 3036, 3040)
1989 Ed. (2323, 2325)
Marlboro Lights
2001 Ed. (1233)
1997 Ed. (997, 989, 990)
1995 Ed. (985)
1994 Ed. (959)
Marlboro Lights, Carton
1990 Ed. (990, 991)
Marlboro Lights 100s
1989 Ed. (904, 905)
Marlboro Menthol
1997 Ed. (989)
Marlboro 100s
1989 Ed. (904)
Marlboro Psychiatric Hospital
1997 Ed. (2272)
Marlboro Red Box
1997 Ed. (989)
Marleau Lemire
1997 Ed. (749)
1996 Ed. (807)
Marlekor AS
1997 Ed. (1384)
Marlene Dooner
2008 Ed. (2628)
Marler International Inc.
1994 Ed. (1710)
Marletta College
1997 Ed. (1059)
Marley
1995 Ed. (1405)
Marley & Me
2008 Ed. (554, 622)
Marley; Bob
2006 Ed. (802)
Marlim
2001 Ed. (3776)
Marlin
1997 Ed. (761)
1995 Ed. (780, 781, 782, 784)
Marlin Mazda
1996 Ed. (278)
Marlink Builders
2003 Ed. (1167)
2002 Ed. (2683)
Marlin's Car Wash
2007 Ed. (348)
Marlon Abela
2007 Ed. (4925)
Marlon Brando
2007 Ed. (891)
Marlon Kelly
1999 Ed. (2418)
Marlton Technologies Inc.
2005 Ed. (4673)
2004 Ed. (4551)
Marmalade
2002 Ed. (3036)
Marman USA Inc.
1995 Ed. (2103)
1993 Ed. (2040)
1992 Ed. (2403)
Marmaxx
2008 Ed. (1007)
2007 Ed. (1125)
Marmaxx Group
2001 Ed. (4722)
Marmon Corp.
2004 Ed. (4925)
2003 Ed. (4926)
2001 Ed. (4816)
The Marmon Group Inc.
2008 Ed. (4051)
2007 Ed. (4024)
2006 Ed. (3985)
2002 Ed. (1071)
2000 Ed. (1101)
1999 Ed. (328)
1998 Ed. (750, 1523)
1997 Ed. (1012, 1814, 1816)
1996 Ed. (987, 1727)
1995 Ed. (1000, 1748)
1994 Ed. (987)
1993 Ed. (962)
1992 Ed. (1187)
1991 Ed. (952)
1990 Ed. (1025)
Marmon Highway Technologies
2006 Ed. (1535)
Marmon Holdings Inc.
2008 Ed. (4922)
2007 Ed. (4947, 4948)
2006 Ed. (4941)
2005 Ed. (4908, 4909)
2004 Ed. (4925)
2003 Ed. (4926)
2001 Ed. (4816)
Marmosim
2002 Ed. (4460)
Marnell Architecture
2007 Ed. (2405)
Marnell Corrao Associates Inc.
2008 Ed. (1315, 1340)
2007 Ed. (1380, 1391)
2003 Ed. (1265)
2002 Ed. (1247)
1992 Ed. (1365)
1990 Ed. (1168)
Maronda Homes
2005 Ed. (1196, 1199, 1201, 1221)
2004 Ed. (1168, 1171, 1173, 1195)
2003 Ed. (1165, 1190)
2002 Ed. (1203, 2678, 2689)
2000 Ed. (1226)
1999 Ed. (1335)
1998 Ed. (903)
1997 Ed. (1134)
Maroone Chevrolet
1996 Ed. (268)
Maroone Chevrolet-Geo
1995 Ed. (261, 294)
Maroone Dodge
1995 Ed. (263)
Maroone Ford of Margate
2005 Ed. (276)
2004 Ed. (272, 4803)
Maroone Isuzu
1996 Ed. (274)
1995 Ed. (272)
1994 Ed. (271)
Marquard & Bahls AG
2008 Ed. (1771, 2429, 2504, 2814, 3679)
Marquardt; David
2007 Ed. (4874)
Marquee Holdings Inc.
2008 Ed. (3750)
Marques de Riscal Wine
1991 Ed. (3498)
Marquette Bank
1992 Ed. (781)
Marquette Bank Minneapolis NA
1994 Ed. (572)
1993 Ed. (570)
1991 Ed. (610)
Marquette Capital Management
1990 Ed. (2320)
Marquette Electronics
1990 Ed. (2528)
Marquette Financial Co.
2005 Ed. (378)
Marquette Financial Companies
2005 Ed. (539, 540)
Marquette Financial Cos.
2005 Ed. (524)
Marquette Financial Group
2002 Ed. (802, 803, 804, 805, 806)
Marquette Group
2004 Ed. (135)
2003 Ed. (181)
2001 Ed. (241)
Marquette Medical Systems
2000 Ed. (739)
Marquette, MI
2001 Ed. (2822)
Marquette National
1990 Ed. (590)
Marquette University
2005 Ed. (799)
Marquez Bates
1999 Ed. (139)
1997 Ed. (129)
Marquez Constructors Inc.
2007 Ed. (3539)
2005 Ed. (3494)
Marquis Fund Value Equity A
1999 Ed. (3515)
Marquis Value Equity A
1999 Ed. (598)
Marquis Vintage
2000 Ed. (2342)
Marram; Ellen
1993 Ed. (3730)
Marrero, Couvillon & Associates LLC
2007 Ed. (3560)
''Married ... With Children''
1997 Ed. (3722)
1991 Ed. (3245)
''Married...with Children''
1995 Ed. (3579)
Marriner Marketing Communications
1992 Ed. (3757)
Marriot Family Restaurants
1992 Ed. (3719)
Marriott
2008 Ed. (3070, 3075)
2007 Ed. (2945, 2950)
2006 Ed. (2934, 2938)
2005 Ed. (2931)
2004 Ed. (2938)
2003 Ed. (2847)
2001 Ed. (2789, 2791)
2000 Ed. (2548, 2565)
1998 Ed. (577, 2002, 2009, 2010, 2020, 2023, 2024, 2027, 2031)
1997 Ed. (2278, 2279, 2280, 2296, 2302)
1996 Ed. (2182)
1995 Ed. (1258, 1335, 2166, 2167, 2168, 2169, 2170, 2172, 2757, 3323)
1994 Ed. (1237)
1993 Ed. (1502, 2013, 2082, 2083, 2088, 2099, 2101, 2706, 3220, 3230, 3241, 3265, 3271, 3277, 3391)
1992 Ed. (1439, 2173, 2180, 2202, 2203, 2474, 2497, 2504, 2506, 2507, 3933, 3938)
1991 Ed. (1731, 1737, 1939, 3088, 3098, 1055, 1444, 2375, 3472)

1990 Ed. (1814, 1818, 2074, 2081, 2085, 3242, 3245)
1989 Ed. (1451, 1614, 1615, 1616)
Marriott Airport
2006 Ed. (2933)
1996 Ed. (2165)
Marriott Courtyard
2000 Ed. (2559)
1999 Ed. (2785)
Marriott Denver Tech Center
2002 Ed. (2645)
Marriott Eastside
1996 Ed. (2165)
Marriott Fisherman's Wharf
1996 Ed. (2166)
Marriott Food & Services Management
1992 Ed. (2205, 2446, 2447, 2448, 2451, 3705)
Marriott Food Services Management
1991 Ed. (1756, 1752, 1755)
Marriott Hotel Shops
1997 Ed. (3546)
1996 Ed. (3481)
1995 Ed. (3420)
Marriott Hotels
2002 Ed. (2637)
2001 Ed. (2780)
1992 Ed. (312, 2485, 2488, 2490, 2492, 2502, 2503)
Marriott Hotels & Resort
1999 Ed. (2783)
Marriott Hotels & Resorts
2000 Ed. (2558)
1999 Ed. (2780, 2784)
1997 Ed. (2290)
1996 Ed. (2176)
1991 Ed. (1941)
1990 Ed. (2067, 2068, 2075, 2087, 2095)
Marriott Hotels, Resorts & Suites
2006 Ed. (4130)
2005 Ed. (2941, 2942, 2943, 2944, 4085)
2004 Ed. (2933, 2944)
2003 Ed. (2843, 2853, 2854, 2857, 2858, 2859, 2860, 4136)
2002 Ed. (2640)
2000 Ed. (2561, 2562)
1997 Ed. (2300)
Marriott Hotels/Resorts/Suites
2005 Ed. (2935)
Marriott Inflight Services
1991 Ed. (2375)
Marriott International Inc.
2008 Ed. (1494, 1904, 2167, 2168, 2170, 3023, 3040, 3066, 3067, 3068, 3069, 3072, 3074, 3081, 3086, 3172, 3195, 3202, 3439, 3440, 3685, 3687, 4142, 4145)
2007 Ed. (156, 1499, 1869, 2058, 2059, 2061, 2902, 2918, 2938, 2939, 2940, 2943, 2946, 2947, 2949, 2957, 2958, 2962, 3342, 3343, 3347, 3522, 4127)
2006 Ed. (165, 1864, 2102, 2103, 2104, 2105, 2108, 2111, 2491, 2898, 2927, 2928, 2929, 2930, 2932, 2935, 2936, 2946, 3268, 3269, 3271)
2005 Ed. (1855, 2002, 2003, 2004, 2005, 2892, 2922, 2923, 2924, 2925, 2926, 2927, 2929, 2932, 2934, 3280)
2004 Ed. (1790, 1885, 1886, 2406, 2906, 2931, 2932, 2933, 2934, 2935, 2936, 2937, 2939, 2941, 3254)
2003 Ed. (1521, 1548, 1753, 1850, 1851, 2336, 2804, 2840, 2841, 2843, 2844, 2846, 2848, 2849, 3209, 3210)
2002 Ed. (1722, 2146, 2630, 2638, 2639, 2640)
2001 Ed. (1069, 1070, 1250, 1786, 1787, 2401, 2778, 2782, 2784, 2785, 2788, 2792, 3087)
2000 Ed. (1512, 2540, 2542, 2560, 2563, 2571, 2572, 2920)
1999 Ed. (1244, 1472, 1703, 2478, 2760, 2762, 2764, 2765, 2766, 2770, 2773, 2781, 2786, 3174)
1998 Ed. (1174, 1318, 2005, 2006, 2011, 2026, 2033, 2346)
1997 Ed. (1383, 2281, 2282, 2283, 2297)
1996 Ed. (163, 1325, 2163, 2167, 2184)
1995 Ed. (1220, 1911, 2151, 2154, 3309, 3325)
Marriott International Administrative Services Inc.
2006 Ed. (2104, 2483)
2005 Ed. (2003, 2442)
Marriott International/Host Marriott
1997 Ed. (2052)
1996 Ed. (3229)
Marriott International Hotels Inc.
2003 Ed. (1850, 1851, 2324)
2001 Ed. (1069, 1686, 1687)
Marriott International JBS Corp.
2003 Ed. (1850)
Marriott International Pacific Islands
2006 Ed. (1741)
Marriott Corp.; J. W.
1992 Ed. (4422)
1990 Ed. (3683)
1989 Ed. (2902)
Marriott Jr.; J. W.
2008 Ed. (948)
2005 Ed. (2491)
1996 Ed. (958)
Marriott Lodging
1992 Ed. (2498, 2508)
Marriott Lodging Group
2000 Ed. (2569)
1999 Ed. (2792)
1997 Ed. (2306)
1996 Ed. (2187)
1991 Ed. (1955, 1953)
Marriott Management Services
2003 Ed. (2324)
2001 Ed. (1069)
1999 Ed. (2718, 2719, 2720)
1998 Ed. (1738, 1978, 1979, 1980)
1997 Ed. (2057, 2249, 2250, 2253)
1996 Ed. (1954, 2144, 2145, 2148, 3210)
1995 Ed. (1912, 1914, 2132, 2133, 2134, 3114)
1994 Ed. (1885, 1890, 2079, 2082, 2083, 2085, 3069)
1993 Ed. (1886, 2061, 2062, 2063, 2064, 2067, 3013)
Marriott Medical Center, Houston
1990 Ed. (2080)
Marriott Orlando World Center
1999 Ed. (2791, 2795)
Marriott Ownership Resorts
1991 Ed. (3389)
Marriott School of Business; Brigham Young University
2008 Ed. (773, 777, 789)
2007 Ed. (797, 815, 818, 826)
2006 Ed. (740)
Marriott Senior Living Services
2004 Ed. (258)
2003 Ed. (291)
2000 Ed. (1723)
1999 Ed. (1935, 1936)
1998 Ed. (2055, 3099)
Marriott Suites
1997 Ed. (2293)
1996 Ed. (2175, 2179)
1993 Ed. (2086)
1992 Ed. (2477, 2496)
1991 Ed. (1944)
1990 Ed. (2078)
Marriott Worldwide Corp.
2007 Ed. (1867)
2005 Ed. (1853)
2004 Ed. (1788)
2003 Ed. (1751)
2001 Ed. (1786)
Marriott Worldwide Sales & Marketing Inc.
2008 Ed. (1902, 1903, 2578)
Marriott's Orlando World Center
2000 Ed. (2574)
1998 Ed. (2030, 2035)
Marron; Donald B.
1995 Ed. (982)
1993 Ed. (940)
Marron; Marla
1996 Ed. (1902)
Marrow Bone
1989 Ed. (2195)
Mars Inc.
2008 Ed. (78, 714, 835, 843, 1160, 2743, 2753, 2754, 4038, 4058, 4059)
2007 Ed. (51, 72, 83, 871, 873, 2628, 4012, 4031)
2006 Ed. (70, 82, 92, 142, 774, 776, 2638, 2648, 3408, 3973, 3996, 4710)
2005 Ed. (20, 44, 47, 53, 63, 73, 860, 865, 997, 2006, 2641, 2657, 3901, 3922, 4658)
2004 Ed. (25, 27, 47, 53, 68, 78, 88, 881, 1447, 2655, 3946)
2003 Ed. (859, 964, 1133, 1134, 2515, 2522, 2560, 2880, 3951)
2002 Ed. (938, 1066, 2310, 2311, 2718)
2001 Ed. (15, 31, 33, 37, 40, 44, 54, 56, 68, 73, 88, 90, 1246, 1251, 1895, 2465, 3415)
2000 Ed. (1100, 2220, 2230)
1999 Ed. (1132, 1185, 2460, 2463, 2472, 2822, 3637, 4568)
1998 Ed. (749, 1713)
1997 Ed. (1009, 2039)
1996 Ed. (873, 985)
1995 Ed. (1944, 3573, 3575)
1994 Ed. (14, 22, 23, 34, 834, 984, 3502)
1993 Ed. (24, 30, 31, 43, 53, 831, 957, 958, 2124)
1992 Ed. (50, 1182, 4226)
1991 Ed. (25, 949, 15, 16, 18, 23, 26, 28, 37, 842, 843, 947, 3313)
1990 Ed. (21, 22, 23, 28, 29, 34, 40, 50, 878, 879, 882, 891, 1021, 1825, 2825)
1989 Ed. (920, 2505, 2506)
Mars Inc./Ace Music
2000 Ed. (3218)
Mars Advertising Co., Inc.
2005 Ed. (113)
2004 Ed. (114)
2000 Ed. (86)
1999 Ed. (80)
1998 Ed. (53)
Mars AG
1993 Ed. (830)
Mars Bar
2002 Ed. (1167)
2001 Ed. (1121)
2000 Ed. (972)
1999 Ed. (785, 1026)
1994 Ed. (856)
Mars Celebrations
2000 Ed. (1060)
Mars Confectionery
2002 Ed. (41, 49, 224, 237, 4591)
2001 Ed. (2836)
2000 Ed. (34)
1990 Ed. (31)
Mars Family
2008 Ed. (4911)
1995 Ed. (664)
Mars; Forrest E.
1990 Ed. (731, 3688)
Mars; Forrest Jr. & John
2008 Ed. (4881)
2007 Ed. (4915)
2005 Ed. (4882)
MARS International Inc.
2008 Ed. (334)
2007 Ed. (349)
Mars; Jacqueline
2008 Ed. (4827)
2007 Ed. (4898)
2006 Ed. (4903)
2005 Ed. (4848)
Mars; John
2008 Ed. (4827)
2007 Ed. (4898)
2006 Ed. (4903)
2005 Ed. (4848)
1994 Ed. (708)
1993 Ed. (699)
Mars; John F.
1992 Ed. (890)
1991 Ed. (710)
1990 Ed. (731, 3688)
1989 Ed. (732)
Mars Jr.; Forrest
2008 Ed. (4827)
2007 Ed. (4898)
2006 Ed. (4903)
2005 Ed. (4848)
1994 Ed. (708)
1993 Ed. (699)
Mars, Jr.; Forrest E.
1992 Ed. (890)
1991 Ed. (710, 3477)
1990 Ed. (731)
1989 Ed. (732)
Mars, Sr.; Forrest
1994 Ed. (708)
1993 Ed. (699)
Mars, Sr.; Forrest E.
1992 Ed. (890)
1991 Ed. (710, 3477)
1989 Ed. (732)
Mars (U.K.) Ltd.
2004 Ed. (2653)
Mars Vogel; Jacqueline
1992 Ed. (890)
1990 Ed. (3688)
Marsam Pharmaceuticals Inc.
2001 Ed. (2061)
1994 Ed. (2016, 3324)
1993 Ed. (2010, 3335)
Marsanne
1996 Ed. (3837)
Marsden Building Maintenance
2006 Ed. (666, 667, 668)
2005 Ed. (760, 761, 763, 764)
Marseilles-Fos
1992 Ed. (1398)
Marsh Inc.
2001 Ed. (2915)
Marsh & Cunningham
1990 Ed. (2339, 2343)
Marsh & Cunningham-Castegren
1991 Ed. (2219)
Marsh & McLennan
2000 Ed. (2192, 2199)
1999 Ed. (2435, 2906, 2907, 2908, 2909, 2910)
1998 Ed. (515, 1690, 1691, 2120, 2127)
1997 Ed. (733, 2413, 2414, 2415, 2509)
1994 Ed. (1843, 2224, 2225, 2226, 2227, 2229)
1992 Ed. (20, 995, 1377, 2146, 2699, 2700, 2701, 2702, 2705, 2899)
1990 Ed. (854, 1777, 2267, 2268, 2270, 3448)
1989 Ed. (1739)
Marsh & McLennan (Bermuda) Ltd.
1993 Ed. (846)
1992 Ed. (1058)
1991 Ed. (853)
1990 Ed. (903, 904)
Marsh & McLennan (Cayman), Ltd.
1992 Ed. (1059)
1991 Ed. (854)
Marsh & McLennan Companies Inc.
2008 Ed. (1406, 3236, 3237, 3238, 3240, 3241, 3242, 3243)
2007 Ed. (881, 2554, 3086, 3095, 3096, 3097)
2006 Ed. (1777, 2297, 2584, 3071, 3072, 3073, 3074, 3075, 3079, 4605)
2005 Ed. (2582, 3050, 3052, 3070, 3071, 3072, 3073, 3074, 3078, 3090)
2004 Ed. (2604, 3033, 3036, 3059, 3060, 3061, 3062, 3063, 3066, 3068, 3078, 3097)
2003 Ed. (2470, 2476, 2478, 2972, 2973, 2990)
2002 Ed. (2263, 2853, 2856, 2859, 2860, 2861, 2863, 2870)
2001 Ed. (2909, 2915)
Marsh & McLennan Cos., Inc.
2007 Ed. (2228)
2000 Ed. (2661, 2662, 2664)
1998 Ed. (2122, 2124, 2125)

1996 Ed. (795, 2273, 2274, 2275, 2276, 2277)
1995 Ed. (721, 2270, 2271, 2272, 2273, 2274)
1993 Ed. (15, 1854, 2247, 2248, 2249, 2457, 3226)
1991 Ed. (1714, 2139, 2142, 3088, 2137, 2138, 2339)
1990 Ed. (2269, 3242)
1989 Ed. (1738, 1740)
Marsh & McLennan Management Services (Bermuda) Ltd.
1996 Ed. (877)
1995 Ed. (902)
1994 Ed. (859)
Marsh & McLennan Management Services Bermunda Ltd.
1997 Ed. (899)
Marsh & McLennan Management Services Cayman Ltd.
1997 Ed. (899)
1996 Ed. (878)
1995 Ed. (904)
1994 Ed. (862)
1993 Ed. (849)
Marsh & McLennan Services (Bermuda) Ltd.
2001 Ed. (2920)
Marsh-Captive Management Services
2008 Ed. (852, 855)
2007 Ed. (879)
2006 Ed. (784, 3052)
Marsh-Captive Management Services (Dublin)
2006 Ed. (790)
Marsh Electronics Inc.
2004 Ed. (2245)
Marsh Employee Benefits Services
2005 Ed. (2368)
Marsh Management Services Inc.
2008 Ed. (17, 859)
2006 Ed. (789, 791)
2001 Ed. (2923)
Marsh Management Services (Barbados) Ltd.
2008 Ed. (856)
2006 Ed. (785)
2001 Ed. (2919)
Marsh Management Services (Bermuda) Ltd.
2008 Ed. (853, 854, 857)
2007 Ed. (880)
2006 Ed. (786)
Marsh Management Services (Cayman) Ltd.
2008 Ed. (858)
2006 Ed. (787)
2001 Ed. (2921)
Marsh Management Services (Guernsey) Ltd.
2008 Ed. (3381)
2006 Ed. (788)
Marsh Management Services Ltd. (Vermont)
2008 Ed. (853, 854)
2007 Ed. (880)
Marsh-Risk Consulting Practice
2007 Ed. (4292)
2006 Ed. (4264)
Marsh Supermarkets Inc.
2005 Ed. (4560, 4561)
2004 Ed. (4550, 4632, 4633)
2003 Ed. (2497)
1994 Ed. (1178, 1180, 1183, 1184)
1992 Ed. (490)
Marsh Supermarkets LLC
2008 Ed. (1806)
Marsh USA Inc.
2008 Ed. (3238)
2007 Ed. (3096)
2006 Ed. (3071)
2005 Ed. (3070)
2004 Ed. (3059)
2003 Ed. (2972)
2002 Ed. (2112, 2862)
2001 Ed. (2910, 2912, 2913)
Marsh USA Risk & Insurance Services
2002 Ed. (2864)
Marsha Lynn Building
2005 Ed. (1205)
Marshal E. Rinker
1990 Ed. (2577)
Marshall & Ilsley Corp.
2008 Ed. (355, 2177)
2007 Ed. (367, 2069)
2005 Ed. (627, 628)
2004 Ed. (638, 639)
2003 Ed. (629, 630)
2000 Ed. (430, 3739)
1999 Ed. (397, 671, 4028)
1998 Ed. (331)
1997 Ed. (3284, 3285, 3296)
1995 Ed. (373, 3367)
1994 Ed. (349, 668, 3288)
1992 Ed. (517, 518, 519, 522, 525)
1991 Ed. (400)
1990 Ed. (640)
1989 Ed. (371, 414, 430, 431)
Marshall & Ilsley Bank
1993 Ed. (667, 3296)
Marshall & Ilsley (M & I) Bank
2008 Ed. (196, 197, 346)
2007 Ed. (209, 358)
2006 Ed. (202)
2005 Ed. (190)
2004 Ed. (184)
2003 Ed. (229)
Marshall & Ilsley Trust
1990 Ed. (703)
Marshall & Stevens Inc.
1998 Ed. (181)
1997 Ed. (259)
1996 Ed. (228)
Marshall & Sullivan
2000 Ed. (2822)
Marshall & Swift/Boeckh
2006 Ed. (1421)
Marshall; Andrew
1996 Ed. (1909)
Marshall Arts Ltd.
2007 Ed. (1266)
2002 Ed. (3798)
The Marshall Associates, Inc.
1992 Ed. (2207)
1991 Ed. (1759)
1990 Ed. (1840)
Marshall; Bella I.
1992 Ed. (3137)
Marshall Chevrolet; Lawrence
1996 Ed. (268)
1995 Ed. (261)
1991 Ed. (268)
Marshall Chevrolet-Oldsmobile Inc.; Lawrence
1992 Ed. (376, 411, 416)
Marshall Contractors Inc.
1990 Ed. (1168)
Marshall County State Bank
1998 Ed. (367)
Marshall, Dennehey, Warner, Coleman & Goggin
1999 Ed. (3157)
1998 Ed. (2333)
1997 Ed. (2601)
1996 Ed. (2456)
Marshall; E. Pierce
2005 Ed. (4845)
Marshall Equity Income
1998 Ed. (2611)
Marshall Erdman & Associates
2006 Ed. (2793)
2005 Ed. (2815)
2003 Ed. (1264)
2002 Ed. (1173, 1253)
2001 Ed. (404)
2000 Ed. (312, 2505)
1999 Ed. (286)
1998 Ed. (183)
1997 Ed. (261)
1996 Ed. (230)
1995 Ed. (234)
1994 Ed. (232)
1993 Ed. (242)
1992 Ed. (352)
1991 Ed. (250)
1989 Ed. (265)
Marshall Field
2006 Ed. (1453, 4914)
Marshall Field & Co.
2004 Ed. (2668)
Marshall Field's
2006 Ed. (2252, 2254)
2005 Ed. (2167)
2004 Ed. (2054)
2003 Ed. (2008, 2011)
1995 Ed. (1552)
1992 Ed. (1794, 1795, 1796)
1991 Ed. (923, 1414)
Marshall Food Group Ltd.
2004 Ed. (191)
2001 Ed. (283)
2000 Ed. (224)
1993 Ed. (972)
Marshall Grimburg Group
2000 Ed. (1231)
Marshall Industries
2001 Ed. (2169, 2182, 2183, 2215, 2848)
2000 Ed. (940, 1741, 1761, 1762, 1763, 1764, 1765, 1767, 1768, 1769, 1771, 4378)
1999 Ed. (993, 1938, 1964, 1982, 1983, 1984, 1985, 1987, 1989, 1991, 4750)
1998 Ed. (1403, 1405, 1406, 1412, 1413, 1414)
1997 Ed. (1708)
1996 Ed. (1630, 1631, 1632)
1993 Ed. (1577, 1580)
1992 Ed. (1926, 1927)
1991 Ed. (1530, 1532, 1533, 1534)
1990 Ed. (1634, 1635, 1636, 3232, 3234)
1989 Ed. (1321, 1334, 1335, 1336, 1337, 2654)
Marshall International Stock Fund
1998 Ed. (409)
Marshall Manley
1992 Ed. (2713)
1990 Ed. (2282)
Marshall Manley (AmBase Corp.)
1991 Ed. (2156)
Marshall McDonald
1991 Ed. (1629)
Marshall Mid-Cap Value Fund Investor
2003 Ed. (3538)
Marshall Mid-Cap Value Investment
2003 Ed. (3128, 3131)
Marshall Music
1994 Ed. (2595)
Marshall O. Larsen
2007 Ed. (1202)
Marshall of Cambridge (Holdings) Ltd.
1992 Ed. (1200)
1990 Ed. (1032)
Marshall; Paul
2008 Ed. (4902)
Marshall School of Business; University of Southern California
2008 Ed. (772, 789, 790)
2007 Ed. (814, 831, 834)
2006 Ed. (724)
2005 Ed. (800)
Marshall Short-Term Income
1996 Ed. (621)
Marshall Short-Term Tax Free
1996 Ed. (622)
Marshall Space Flight Center
2005 Ed. (1643)
Marshall Space Flight Center; NASA
2008 Ed. (1543)
2007 Ed. (1563)
2006 Ed. (1533)
Marshall Steel
1992 Ed. (1588)
1990 Ed. (3690)
Marshalls
2008 Ed. (1009)
2007 Ed. (781, 1127, 1313, 1465)
2006 Ed. (684)
2005 Ed. (780)
2000 Ed. (1119)
1999 Ed. (1197)
1998 Ed. (768)
1997 Ed. (2321)
1996 Ed. (1007)
1995 Ed. (1028)
1994 Ed. (1018, 1537, 1538, 3094)
1993 Ed. (3039, 3365)
1992 Ed. (4038, 1216, 1811, 1820, 3727)
1991 Ed. (979, 1421)
1990 Ed. (1053, 2117)
1989 Ed. (936)
Marshalls plc
2008 Ed. (753)
Marshmallows
2003 Ed. (856, 857)
2002 Ed. (932)
Marsico Focus
2006 Ed. (4556)
2005 Ed. (4480)
2004 Ed. (2450)
2000 Ed. (3241)
Marsico Growth
2007 Ed. (4548)
2006 Ed. (4572)
2005 Ed. (4496)
Marsico Growth & Income
2000 Ed. (3271)
Marsico Growth & Income Fund
2000 Ed. (3270)
Marsico Growth % Income
2000 Ed. (3235)
Marsico International Opportunities
2007 Ed. (4546)
2006 Ed. (3676, 4555)
Marsico 21st Century
2008 Ed. (2615, 4516)
2007 Ed. (2485)
2006 Ed. (3628, 3629)
Marsman & Co. Inc.
1995 Ed. (1475)
Marstan Industries Inc.
2000 Ed. (2243)
1997 Ed. (2060)
1996 Ed. (1955)
1995 Ed. (1919)
1993 Ed. (1887)
1992 Ed. (2206)
1991 Ed. (1757)
1990 Ed. (1839)
Marston and Assocs.; Robert
1990 Ed. (2918)
Marsulex Inc.
2008 Ed. (1620, 2592)
2007 Ed. (2479, 2814)
2003 Ed. (4805)
2002 Ed. (1610)
MARTA
1993 Ed. (785)
Marta Andreasen
2004 Ed. (1551)
Martanne Group
2001 Ed. (2661)
Marte E. Segal Co.
1991 Ed. (1545)
Martech USA
1995 Ed. (2768)
1994 Ed. (3328)
Martek Biosciences Corp.
2008 Ed. (4609)
2007 Ed. (625, 4696)
2006 Ed. (596, 2113, 4677)
2005 Ed. (682, 683, 2013)
Martel VS
2001 Ed. (3113)
Martell
2004 Ed. (770, 1053)
2003 Ed. (760)
2002 Ed. (296, 775, 776, 777, 779, 3163)
2001 Ed. (1016, 1017, 1018)
2000 Ed. (806, 807)
1999 Ed. (800, 802)
1998 Ed. (2390)
1995 Ed. (2473)
1991 Ed. (741)
1990 Ed. (1249)
1989 Ed. (756)
Martell State Bank
2000 Ed. (435)
1995 Ed. (490)
Martell 3 Star
1996 Ed. (2526)
Martell 3-Star Brandy
1992 Ed. (2892)
Martell Vs
2002 Ed. (3182)
1999 Ed. (3248)
Martell VSOP
1992 Ed. (76)
Marten Transport
2008 Ed. (4133, 4134)
2007 Ed. (4110, 4111)
2006 Ed. (4061, 4062)
2005 Ed. (4033, 4034, 4778)
2004 Ed. (4773, 4807)

2003 Ed. (4789)
2002 Ed. (3944)
2000 Ed. (3734)
1999 Ed. (4019)
1998 Ed. (3031)
1995 Ed. (3081)
1994 Ed. (3029)
1993 Ed. (2987)
1992 Ed. (3648)
1991 Ed. (2824)
Martens Enterprises
2005 Ed. (1209)
Martens; Marie Graber
1994 Ed. (901)
Martex
2008 Ed. (3092)
2007 Ed. (2968)
2006 Ed. (2951)
2000 Ed. (2584)
1999 Ed. (2805)
1997 Ed. (2317)
1996 Ed. (2196)
Martex Farms SE
2005 Ed. (189)
Martha Inc.
2004 Ed. (734)
Martha G. Staub
1994 Ed. (901)
Martha Haynie
1993 Ed. (2463)
Martha Ingram
2008 Ed. (4836)
2007 Ed. (4907)
2006 Ed. (4913)
2005 Ed. (4854)
2004 Ed. (4869)
2003 Ed. (4885)
2002 Ed. (3364)
1997 Ed. (3916)
Martha O. Appleton
1993 Ed. (1028)
Martha O. Haynie
1995 Ed. (2485)
Martha Seger
1995 Ed. (1256)
Martha Stewart
2008 Ed. (2990, 3092)
2007 Ed. (1425, 2968, 4674, 4747)
2006 Ed. (2951)
2005 Ed. (3250, 4686)
2004 Ed. (2527)
2003 Ed. (754, 2869, 3021, 3166)
2002 Ed. (4981)
1999 Ed. (2806)
1997 Ed. (2316)
1996 Ed. (2197)
1995 Ed. (2182)
Martha Stewart Living
2008 Ed. (150, 152)
2007 Ed. (4994)
2002 Ed. (3228)
2001 Ed. (4887)
2000 Ed. (3464, 3477, 3480)
1999 Ed. (1857, 3746, 3763, 3765)
1998 Ed. (2782, 2796, 2799)
1997 Ed. (3036, 3039, 3042, 3046)
1996 Ed. (2961, 2967)
1995 Ed. (2881)
Martha Stewart Living Omnimedia Inc.
2006 Ed. (2730)
2005 Ed. (2771)
2001 Ed. (1579)
Martha Stewart Weddings
2007 Ed. (4993)
Martha White
1998 Ed. (253, 3435)
Martha White Foods
2003 Ed. (3804)
Marti, Flores, Prieto & Wachtel
1997 Ed. (135)
1996 Ed. (131)
1995 Ed. (117)
1994 Ed. (112)
1993 Ed. (131)
1992 Ed. (201)
1991 Ed. (145)
1990 Ed. (145)
1989 Ed. (154)
Marti, Ogilvy & Mather
1997 Ed. (150)
1996 Ed. (144)
1995 Ed. (130)
1994 Ed. (120)
1993 Ed. (139)
1992 Ed. (212)
1991 Ed. (154)
Martial arts
2001 Ed. (4340)
Martin
2002 Ed. (1986, 4907)
2000 Ed. (2817)
The Martin Agency
2004 Ed. (130)
2003 Ed. (172)
2002 Ed. (183)
2000 Ed. (172)
1999 Ed. (154)
1998 Ed. (65)
1997 Ed. (145)
1996 Ed. (139)
1995 Ed. (125)
1994 Ed. (116)
1992 Ed. (206)
1991 Ed. (149)
1990 Ed. (149)
1989 Ed. (159)
Martin & Co.
2000 Ed. (2816)
1999 Ed. (3076, 3078)
Martin & Associates; Albert C.
1992 Ed. (358)
Martin & Olivier Bouygues
2008 Ed. (4866)
Martin Associates Group
2008 Ed. (2571)
2007 Ed. (2444)
2006 Ed. (2478)
2005 Ed. (2438)
2004 Ed. (2341, 2350)
1997 Ed. (1741)
1996 Ed. (1663)
1995 Ed. (1680)
1994 Ed. (1641)
1993 Ed. (1611)
Martin Automotive Group
2008 Ed. (167)
2007 Ed. (190)
2006 Ed. (184)
2005 Ed. (170)
2004 Ed. (168)
2003 Ed. (211, 212)
2002 Ed. (709)
2001 Ed. (712)
2000 Ed. (741)
1999 Ed. (729)
1998 Ed. (467)
Martin Babinec
1999 Ed. (2055)
Martin-Baker (Engineering) Ltd.
1992 Ed. (1202)
Martin Bauer/Muggenberg Extrakt
2001 Ed. (994)
Martin Benefits Consulting
2002 Ed. (1217)
Martin Borghetto
2000 Ed. (2098)
Martin-Brower Co.
1998 Ed. (1740)
1993 Ed. (1888)
Martin-Brower Company
1991 Ed. (1758)
Martin-Brower Co. L.L.C.
2000 Ed. (2242)
Martin Cadillac
1996 Ed. (267)
1991 Ed. (305)
1990 Ed. (338)
Martin Color
2000 Ed. (3392)
Martin Color-Fi Inc.
2005 Ed. (3859)
2004 Ed. (3914)
Martin Cooper
2002 Ed. (2150)
Martin County Coal Corp.
2005 Ed. (1037, 1038, 1835)
Martin County Industrial Development Authority (FL)
1997 Ed. (2363)
Martin County, KY
1998 Ed. (783, 2319)
Martin County National Bank
1989 Ed. (212)
Martin Currie Inc.
2000 Ed. (3305)
1997 Ed. (2537)
1995 Ed. (2372)
1993 Ed. (2355)
1992 Ed. (2792, 2794, 2795)
Martin Currie Emerging Markets
2000 Ed. (3310)
Martin Currie European
2000 Ed. (3296)
Martin D. Dehler
1992 Ed. (533)
Martin Dawes Communications Ltd.
1994 Ed. (999)
Martin Design Inc.
2005 Ed. (263)
Martin Dolan
2000 Ed. (2125)
1999 Ed. (2338)
Martin E. Segal Co.
1993 Ed. (1589, 1592)
1992 Ed. (1940)
1991 Ed. (1543, 1544)
1990 Ed. (1648)
Martin F. C. Emmett
1994 Ed. (1718)
Martin Feldman
2000 Ed. (2053)
1999 Ed. (2268)
Martin French
1997 Ed. (1997)
Martin Fridson
2000 Ed. (1960)
1999 Ed. (2194)
1998 Ed. (1644)
1997 Ed. (1952)
1993 Ed. (1842)
Martin G. McGuinn
2006 Ed. (934)
The Martin Group LLC
2007 Ed. (3571, 4429)
Martin Hamblin Group
2002 Ed. (3256, 3261, 3262)
Martin-Harris Construction
2008 Ed. (1315, 1340)
2007 Ed. (1380, 1391)
2006 Ed. (1327, 1346)
Martin Hughes
2008 Ed. (4902)
Martin Iron Works Inc.
2007 Ed. (1381)
Martin Isuzu
1990 Ed. (328)
Martin J. Wygod
1994 Ed. (947, 950, 1714, 1723)
1993 Ed. (937, 1695)
1992 Ed. (2061, 2062)
Martin; James G.
1993 Ed. (1994)
1992 Ed. (2344, 2345)
1991 Ed. (1857)
1990 Ed. (1946)
Martin; John
2007 Ed. (967)
2006 Ed. (876)
Martin; John C.
2007 Ed. (1021)
2006 Ed. (930)
Martin; John D.
1990 Ed. (1714)
Martin K. Eby Construction Co.
1999 Ed. (1332)
Martin; Kenneth
2008 Ed. (966)
2007 Ed. (1069)
Martin L. Flanagan
1995 Ed. (1728)
Martin L. Grass
2004 Ed. (1549)
Martin Lawrence
2002 Ed. (2141)
Martin Lawrence Ltd. Editions
1991 Ed. (2571)
Martin Lawrence Limited Editions
1991 Ed. (3148)
Martin Lipton
2002 Ed. (3068)
1991 Ed. (2297)
Martin Marietta
1999 Ed. (1049)
1997 Ed. (172, 175, 1437, 2791)
1996 Ed. (165, 167, 168, 169, 1192, 1193, 1235, 1241, 1388, 1417, 1518, 1521, 1522)
1995 Ed. (155, 156, 158, 159, 160, 162, 952, 1077, 1220, 1274, 1542)
1994 Ed. (136, 137, 138, 139, 140, 142, 144, 916, 1065, 1213, 1419, 1513)
1993 Ed. (153, 157, 158, 159, 160, 901, 1034, 1366, 1460, 1468, 2573)
1992 Ed. (242, 248, 249, 250, 251, 252, 253, 1105, 1287, 1770, 3077, 4361)
1991 Ed. (178, 179, 180, 181, 182, 184, 902, 1403, 1404, 3435, 176, 1010, 2460)
1990 Ed. (186, 187, 188, 189, 192, 931, 1477)
1989 Ed. (194, 195, 196, 875, 882, 1226)
Martin Marietta Aggregates
2005 Ed. (4167, 4525, 4526)
2000 Ed. (3847)
1998 Ed. (3123)
Martin Marietta Magnesia Specialties
2000 Ed. (2935)
Martin Marietta Materials Inc.
2008 Ed. (750, 1163, 1188, 1205, 2358, 2362, 3674, 3675, 4545)
2007 Ed. (776, 777, 779, 1315, 3511, 3512, 4594)
2006 Ed. (681, 683, 1206, 1207, 1208, 3459, 3481, 3482, 4610)
2005 Ed. (774, 775, 776, 779, 1247, 1248, 1249, 3450, 3480, 3481, 4527)
2004 Ed. (788, 789, 795, 1222, 1223, 3483, 3484, 4239, 4592, 4594)
2003 Ed. (779, 4217, 4614, 4615)
2002 Ed. (1172, 3366, 4088, 4510, 4511)
2001 Ed. (1048)
1998 Ed. (658)
1997 Ed. (918)
Martin Marietta, Y-12 Plant
1990 Ed. (3557)
Martin/Martin
2008 Ed. (2572)
2007 Ed. (2445)
2005 Ed. (2439)
Martin Media
1998 Ed. (91)
Martin Midstream Partners LP
2004 Ed. (1571)
Martin Mills Inc.
2003 Ed. (1747)
2001 Ed. (1779)
Martin Motor Sales
1994 Ed. (288)
1993 Ed. (289)
1991 Ed. (299)
1990 Ed. (324)
Martin O'Dowd
2004 Ed. (2488)
The Martin Organization
1991 Ed. (254)
1990 Ed. (285)
The Martin Organization, Architects & Land Planners
1993 Ed. (249)
Martin Paint & Chemical
1992 Ed. (3728)
Martin Partners LLC
2001 Ed. (2311)
Martin; Patrick J.
2006 Ed. (1097, 1098)
Martin; Paul
2005 Ed. (4879)
Martin Petersen Co. Inc.
2002 Ed. (1297)
2001 Ed. (1481)
2000 Ed. (1267)
Martin Peterson Co. Inc.
1998 Ed. (954)
Martin Public Relations
2002 Ed. (3826, 3827, 3852)
1999 Ed. (3915)
Martin; R.
1991 Ed. (1618)

Martin R. Cramton, Jr.
1991 Ed. (2548)
Martin; Ray
1992 Ed. (533)
Martin Romm
1995 Ed. (1806)
1994 Ed. (1764)
1993 Ed. (1781)
1991 Ed. (1675)
Martin Roscheisen
2005 Ed. (2453)
Martin S. Davis
1993 Ed. (1698)
1992 Ed. (1145, 2053)
1991 Ed. (924, 928, 1619)
1990 Ed. (972, 975, 1713)
Martin S. Gerstel
1993 Ed. (1700)
Martin Sankey
1999 Ed. (2223)
1998 Ed. (1636)
1997 Ed. (1865)
1996 Ed. (1791)
1995 Ed. (1816)
1994 Ed. (1775, 1776)
1993 Ed. (1792, 1793)
Martin Shafiroff
2006 Ed. (658, 3189)
Martin Short
2004 Ed. (2414)
2003 Ed. (2334)
Martin Sorrell
2000 Ed. (1874)
Martin Swanty Chrysler-Plymouth-Dodge Inc.
1994 Ed. (267)
Martin/Williams
2005 Ed. (102)
2004 Ed. (125)
2003 Ed. (30)
2002 Ed. (64)
1997 Ed. (119)
1989 Ed. (59, 59)
Martina Hingis
2004 Ed. (259)
2003 Ed. (293)
2002 Ed. (343)
2001 Ed. (418)
Martina McBride
2002 Ed. (1159)
1996 Ed. (1094)
Martina Navratilova
1998 Ed. (198, 3757)
Martinair Holland
2001 Ed. (308)
Martindale, Andres & Co.
1993 Ed. (2296)
Martindale-Hubbell Inc.
1995 Ed. (1246)
Martine M. Irman
2005 Ed. (2473)
Martinelli Apple
1993 Ed. (692)
Martinez; Bob
1991 Ed. (1857)
1990 Ed. (1946)
Martinez Construction & Development Co.
1994 Ed. (2052)
Martinez; Pedro
2006 Ed. (291)
Martingale Asset Management
1999 Ed. (3077)
1998 Ed. (2277)
1992 Ed. (2759, 2763)
Martingale Asset Management LP, Long/Short Value Market-Neutral
2003 Ed. (3124, 3127)
Martini
1990 Ed. (1074)
Martini & Rossi
2003 Ed. (4850)
2002 Ed. (4742, 4960)
2001 Ed. (4676, 4893)
1998 Ed. (3442, 3724)
1996 Ed. (726, 3839)
1994 Ed. (1206)
1993 Ed. (869, 873, 874, 883)
1992 Ed. (4468)
1989 Ed. (2937, 2938, 2946)
Martini & Rossi Asti
2006 Ed. (829)
2005 Ed. (915, 917, 919)
2004 Ed. (924, 925)
2003 Ed. (900)
2002 Ed. (963, 972)
2001 Ed. (1151, 1161)
2000 Ed. (1008, 1009)
1999 Ed. (1068)
1998 Ed. (679, 681, 682)
1992 Ed. (1082, 1083, 1084, 1085, 4461, 4462, 4463)
1989 Ed. (872)
Martini & Rossi Asti Spumante
1997 Ed. (932, 942)
1996 Ed. (900, 901, 903, 905, 906, 909, 3865, 3868)
1995 Ed. (921, 926, 930, 3766, 3768, 3769, 3771)
1993 Ed. (878, 879, 880, 881, 882)
Martini & Rossi Asti Spumanti
1991 Ed. (885, 884, 3501, 3502)
Martini & Rossi Brut
1992 Ed. (1083)
Martini & Rossi Vermouth
2005 Ed. (4821, 4823)
2004 Ed. (4833)
2000 Ed. (4420, 4424, 4426)
1998 Ed. (3750, 3752, 3753)
1996 Ed. (3868)
1995 Ed. (3766, 3768, 3769)
1991 Ed. (3503)
Martini Extra Dry
1992 Ed. (2888)
Martinique
2001 Ed. (4585)
1996 Ed. (761)
1995 Ed. (688)
1994 Ed. (1508)
1992 Ed. (911)
Martinizing Dry Cleaning
2008 Ed. (2384)
2007 Ed. (2249)
2006 Ed. (2318)
2005 Ed. (2258)
2004 Ed. (2158)
2003 Ed. (2118)
Martinka No. 1
1989 Ed. (1996)
Martinrea International
2008 Ed. (3657)
Martin's Foods of South Burlington Inc.
2003 Ed. (1750)
2001 Ed. (1783)
Martirene/Ted Bates
1995 Ed. (136)
Martirene/Ted Bates BSB
1993 Ed. (144)
Marto; Robert T.
1996 Ed. (967)
Martore; Gracia
2007 Ed. (1078)
2006 Ed. (985)
2005 Ed. (991)
Martrac
2003 Ed. (4786, 4804)
Marty Fizanica Lincoln-Mercury
1992 Ed. (378, 389, 417)
Marty Franich Auto Center
2001 Ed. (441, 442)
1995 Ed. (296)
Marty Franich Ford
1994 Ed. (268)
1991 Ed. (269)
Marty Franich Lincoln Mercury
1996 Ed. (299)
1994 Ed. (274)
1993 Ed. (275)
1991 Ed. (284)
Marty Stuart
1994 Ed. (1100)
Martyn Arbib
1996 Ed. (1717)
Martz Group
2002 Ed. (863)
2000 Ed. (989)
Marubeni Corp.
2008 Ed. (4727)
2007 Ed. (4368, 4802, 4803)
2004 Ed. (1629, 1710, 4761)
2003 Ed. (1703, 4780)
2002 Ed. (1703, 4664, 4895)
2001 Ed. (1624, 1625, 1704, 1705, 1767, 2173)
2000 Ed. (1424, 1481, 1494, 1498, 1893, 3821, 4285, 4286)
1999 Ed. (1581, 1619, 1662, 1674, 1689, 1692, 4107, 4645)
1998 Ed. (1157, 1165, 3610)
1997 Ed. (1356, 1399, 1434, 1450, 1461, 1463, 3352, 3784)
1996 Ed. (1339, 1394, 1407, 3406, 3408)
1995 Ed. (1349, 1389, 1429, 1430, 1441, 1443, 2765, 3152, 3334, 3342)
1994 Ed. (1319, 1363, 1400, 1410, 1411, 3106, 3255)
1993 Ed. (1277, 1311, 1346, 1356, 2712, 3047, 3261, 3263, 3269)
1992 Ed. (1568, 1612, 1614, 1647, 1656, 1657, 1659, 3738, 4434)
1991 Ed. (1280, 1281, 1306, 1314, 1250, 1288, 1316, 1317, 1582)
1990 Ed. (1383)
1989 Ed. (1131, 1132)
Marubeni America Corp.
1994 Ed. (2662)
1992 Ed. (3223)
Marubeni Canada
1996 Ed. (3828)
1994 Ed. (3659)
Marubeni International Petroleum(S) Pte. Ltd.
1997 Ed. (1503)
Marubeni U K PLC
1991 Ed. (3479)
Maruchan Inc.
2003 Ed. (2094, 3744, 4486, 4490)
Marudas Print Service & Promotional Products
2000 Ed. (906)
Maruha Corp.
2002 Ed. (2306)
2000 Ed. (2223)
1999 Ed. (2465)
1998 Ed. (1731)
1997 Ed. (2040)
Marui
2007 Ed. (4204)
2000 Ed. (3824)
1994 Ed. (3113)
1990 Ed. (3056)
Marukyu Co. Ltd.
1997 Ed. (2288)
Maruri Communications Group
2003 Ed. (68)
MARUSA
2001 Ed. (4465)
Maruti Udyog
2007 Ed. (43)
2006 Ed. (52)
2001 Ed. (41)
Maruyama; Ken
1997 Ed. (1985)
1996 Ed. (1878)
Maruzen Oil Co. Ltd.
1994 Ed. (923)
1993 Ed. (908, 1276)
1992 Ed. (1113, 1571)
1991 Ed. (909)
Marvel Comics Group
1996 Ed. (2959)
Marvel Enterprises Inc.
2006 Ed. (2740, 4584, 4780)
2004 Ed. (4578)
Marvel Entertainment
1995 Ed. (1276, 3038)
Marvel Entertainment Group
1999 Ed. (388, 389)
1998 Ed. (2678, 2974)
1997 Ed. (2169, 3222)
1996 Ed. (2069)
1995 Ed. (2070)
1993 Ed. (2005, 2006, 3329, 3330)
Marvell Semiconductor Inc.
2008 Ed. (3191)
Marvell Technology Group Ltd.
2007 Ed. (4343, 4347, 4349, 4351)
2006 Ed. (1502, 2737, 4604)
2004 Ed. (4559)
2002 Ed. (4192)
Marvin
2002 Ed. (2466)
2000 Ed. (2441)
1999 Ed. (2658)
1998 Ed. (1921)
Marvin A. Andrews
1991 Ed. (2546)
Marvin & Palmer
1999 Ed. (3073)
1992 Ed. (2746)
Marvin & Palmer Associates
2000 Ed. (2807)
1993 Ed. (2354)
Marvin Andrews
1990 Ed. (2657)
Marvin Davis
2006 Ed. (4900)
2005 Ed. (4845)
2004 Ed. (4859)
2003 Ed. (4878)
2002 Ed. (3345)
2000 Ed. (4377)
1999 Ed. (4748)
1998 Ed. (3707)
Marvin Davis and family
1992 Ed. (2143)
Marvin Dernoff
2003 Ed. (223, 227)
Marvin Edwards
1990 Ed. (2658)
Marvin Girouard
2004 Ed. (2528)
Marvin Gold Management Co.
1999 Ed. (4009, 4012)
Marvin Group
2004 Ed. (2017)
Marvin H. McIntyre
2006 Ed. (658, 3189)
Marvin Harold Davis
1990 Ed. (2576)
Marvin K. Dorman, Jr.
1993 Ed. (3444)
Marvin McIntyre
2008 Ed. (3376)
2007 Ed. (3248, 3249)
Marvin S. Davis
1991 Ed. (1140, 3333, 2265)
Marvin Windows & Doors
2008 Ed. (4934)
2007 Ed. (4965)
2006 Ed. (4956)
2005 Ed. (3461)
Marvin's Room
1999 Ed. (4720)
Marwick; KPMG Peat
1990 Ed. (12)
Marx Inc.; Gilda
1996 Ed. (3882)
Marx Industries; Gilda
1995 Ed. (3796)
1994 Ed. (3671)
1993 Ed. (3736)
1992 Ed. (4486)
Marx Layne & Co.
2005 Ed. (3975)
2004 Ed. (3982, 4032)
2003 Ed. (3985, 4018)
2002 Ed. (3839)
2001 Ed. (3936)
Mary Alice Malone
2008 Ed. (4827)
2005 Ed. (4843)
2003 Ed. (4880)
2002 Ed. (3353)
Mary Anselmo
2004 Ed. (4866)
2002 Ed. (3364)
Mary Baldwin College
2001 Ed. (1322)
1999 Ed. (1225)
1998 Ed. (796)
1997 Ed. (1058)
1996 Ed. (1042)
1995 Ed. (1057)
Mary Bane
2000 Ed. (3160, 4428)
Mary Belle
1992 Ed. (1093)
Mary Black Physicians Group
2003 Ed. (1821)
Mary Bourque
1999 Ed. (2397, 2411)
1996 Ed. (1898)

Mary Czernin
2007 Ed. (4924)
Mary E. Burns
1992 Ed. (3139)
Mary Frances Accessories
2008 Ed. (1212)
Mary Glavin
2000 Ed. (3160, 4428)
Mary Griffin
1995 Ed. (2484)
1991 Ed. (2346)
Mary Henry
2000 Ed. (2051)
1999 Ed. (2273)
1998 Ed. (1677)
1997 Ed. (1907)
1996 Ed. (1834)
1994 Ed. (1827)
Mary Higgins Clark
2004 Ed. (262)
2003 Ed. (302)
Mary Hitchcock Memorial Hospital
2001 Ed. (1810)
Mary J. Blige
2002 Ed. (1161)
Mary Jean Connors
2006 Ed. (2525)
Mary-Kate Olsen
2004 Ed. (2411)
2003 Ed. (2331)
Mary Kay
2008 Ed. (2182, 2184, 2652, 3450, 4057, 4263, 4343, 4344, 4553)
2007 Ed. (2075, 4030, 4232)
2006 Ed. (2340, 3995, 4164, 4216)
2005 Ed. (873, 3921, 4162)
2003 Ed. (1859, 1864, 1866, 1867, 1868, 3216, 4426, 4427, 4428, 4432, 4433, 4434, 4435, 4438)
Mary Kay Ash
1991 Ed. (3512)
Mary Kay Cosmetics
1999 Ed. (4809)
1996 Ed. (3470)
1995 Ed. (3410)
1992 Ed. (4480)
1991 Ed. (3135, 3512)
1990 Ed. (3704)
1989 Ed. (2973)
Mary Lisanti
1991 Ed. (1694, 1709)
Mary Lynn Lenz
2007 Ed. (4978)
Mary Ma
2008 Ed. (4949)
2007 Ed. (4982)
2005 Ed. (4991)
2003 Ed. (4984)
Mary, Mary
2008 Ed. (553)
Mary Meeker
2002 Ed. (4981)
2000 Ed. (2020, 2034)
1999 Ed. (2237, 2252)
1998 Ed. (1647, 1662)
1997 Ed. (1874)
Mary Moore
1992 Ed. (4496)
Mary Quinn
1999 Ed. (2411)
Mary Washington College
2001 Ed. (1326)
1999 Ed. (1231)
1998 Ed. (802)
Mary Washington; University of
2008 Ed. (1087)
Mary Wells Lawrence
1991 Ed. (3512)
Mary West
2008 Ed. (4883)
Maryl Group Inc.
2008 Ed. (1775, 1776, 1779)
2007 Ed. (1749)
2006 Ed. (1741)
Maryland
2008 Ed. (1104, 2832, 3118, 3133, 3134, 3984, 4010, 4048, 4593, 4603, 4729)
2007 Ed. (1198, 2272, 3009, 3014, 3015, 3954, 3993, 4021, 4022, 4683, 4804)
2006 Ed. (1094, 2981, 2982, 3136, 3259, 3905, 3935, 3982, 4663, 4791)
2005 Ed. (396, 399, 409, 410, 411, 413, 415, 1074, 1075, 1079, 1099, 2786, 2916, 2937, 2984, 2985, 2986, 3837, 3838, 3872, 3945, 4186, 4187, 4188, 4191, 4192, 4193, 4195, 4203, 4210, 4226, 4232, 4234, 4237, 4242, 4598, 4600)
2004 Ed. (383, 388, 392, 396, 414, 437, 767, 768, 1072, 1073, 1092, 2296, 2317, 2536, 2537, 2565, 2566, 2574, 2733, 2974, 2975, 2976, 2977, 2978, 2979, 2988, 3120, 3300, 3672, 3673, 3674, 3898, 3899, 3924, 3933, 4253, 4254, 4255, 4258, 4259, 4260, 4264, 4277, 4293, 4299, 4300, 4301, 4304, 4309, 4503, 4504, 4505, 4523, 4994, 4995)
2003 Ed. (397, 400, 403, 411, 413, 417, 757, 758, 1081, 2613, 2687, 2884, 2885, 3003, 3874, 3896, 4234, 4235, 4239, 4240, 4241, 4245, 4257, 4285, 4291, 4292, 4293, 4300, 4412, 4413, 4755, 4910)
2002 Ed. (456, 471, 476, 770, 771, 772, 773, 1906, 2069, 2400, 2402, 2403, 2737, 2977, 3118, 3129, 3708, 4074, 4111, 4113, 4145, 4148, 4149, 4150, 4151, 4177, 4179, 4195, 4367, 4627, 4777, 4778)
2001 Ed. (362, 410, 719, 720, 722, 1014, 1015, 1030, 1031, 1293, 1295, 1375, 1417, 1418, 1420, 1975, 2129, 2131, 2143, 2260, 2286, 2598, 2626, 2828, 2840, 2999, 3028, 3048, 3223, 3224, 3225, 3330, 3355, 3416, 3577, 3632, 3807, 3889, 4005, 4006, 4011, 4157, 4173, 4175, 4176, 4223, 4253, 4254, 4271, 4272, 4327, 4328, 4411, 4460, 4479, 4718, 4720, 4734, 4798, 4912, 4919, 4923)
2000 Ed. (803, 804, 2327, 2328, 2465, 2608, 2658, 2659, 2962, 3005, 3006, 3008, 3009, 3010, 3867, 4098)
1999 Ed. (798, 799, 1859, 2588, 2681, 2811, 2834, 3223, 3267, 3268, 3269, 3270, 3271, 3272, 4121, 4152, 4403, 4409, 4410, 4412, 4418, 4433, 4444, 4450, 4463, 4465, 4468)
1998 Ed. (473, 481, 1831, 1935, 2041, 2112, 2113, 2406, 2415, 2416, 2417, 2419, 3376, 3384, 3388, 3391, 3464, 3755)
1997 Ed. (2138, 3363, 3388, 3577, 3581, 3582, 3587, 3595, 3596, 3600, 3601, 3602, 3604, 3605, 3606, 3621, 3786)
1996 Ed. (2016, 3264, 3291, 3514, 3519, 3521, 3525, 3537, 3541, 3542, 3556, 3560, 3561, 3562, 3564, 3565, 3566)
1995 Ed. (244, 363, 675, 1994, 2269, 3192, 3457, 3461, 3462, 3466, 3468, 3474, 3475, 3476, 3479, 3480, 3481, 3483, 3484, 3485, 3497)
1994 Ed. (977, 1969, 2379, 3119, 3385, 3389, 3390, 3395, 3397, 3404, 3405, 3408, 3409, 3412, 3413, 3414)
1993 Ed. (2138, 2441, 2526, 3058, 3059, 3353, 3394, 3405, 3407, 3414, 3415, 3418, 3419, 3421, 3422, 3423, 3436, 3437, 3438)
1992 Ed. (968, 2586, 2857, 2873, 2879, 2916, 2921, 2922, 2931, 2942, 2943, 2944, 2945, 2946, 3750, 3751, 4014, 4074, 4080, 4083, 4086, 4097, 4106, 4110, 4111, 4112, 4113, 4114, 4115, 4127, 4386)
1991 Ed. (787, 790, 791, 796, 1651, 1812, 2084, 2321, 2349, 2360, 2361, 2362, 2363, 2364, 2365, 2397, 2768, 3183, 3186, 3187, 3189, 3194, 3199, 3214)
1990 Ed. (402, 827, 829, 1482, 2168, 2219, 2223, 2411, 2429, 2447, 2492, 2493, 2494, 2495, 2496, 2867, 3068, 3349, 3350, 3357, 3358, 3359, 3363, 3366, 3369, 3370, 3371, 3374, 3375, 3384, 3386, 3390, 3409, 3413, 3415, 3417, 3421, 3423, 3425)
1989 Ed. (1, 1508, 1641, 1649, 1650, 1668, 1897, 1906, 1908, 1909, 1910, 2534, 2537, 2538, 2542, 2550, 2552, 2559, 2931, 2935)
Maryland at Baltimore; University of
1997 Ed. (2603, 2604, 2605)
1996 Ed. (2458, 2459, 2460)
1995 Ed. (2423, 2425)
Maryland at College Park; University of
1997 Ed. (968, 1068)
1996 Ed. (946, 1050)
Maryland Bank
1990 Ed. (416, 418)
Maryland Bank NA
1992 Ed. (510)
1991 Ed. (365, 1392)
1989 Ed. (365)
Maryland Cable
1998 Ed. (602)
Maryland Casualty Co.
2003 Ed. (2970)
2002 Ed. (3954, 3955)
Maryland-College Park; University of
2008 Ed. (778)
2006 Ed. (704)
2005 Ed. (797)
1994 Ed. (937, 939)
1993 Ed. (923, 1030)
1991 Ed. (917, 1006)
Maryland Community Dev. Administration
2000 Ed. (2592)
Maryland Community Development Administration
1997 Ed. (2340)
1993 Ed. (2116)
1991 Ed. (1986)
Maryland-DC
2005 Ed. (3323)
Maryland Department of Business & Economic Development
2008 Ed. (4805)
2005 Ed. (4818)
Maryland Department of Housing
2001 Ed. (834)
Maryland Department of Transportation
2008 Ed. (1903)
2007 Ed. (1868)
1993 Ed. (3621)
1991 Ed. (3421)
Maryland Economic Development Agency
2001 Ed. (834)
Maryland Federal Savings & Loan Association
1998 Ed. (3549)
Maryland Gazette
2002 Ed. (3503)
Maryland Health & Higher Ed. Facs.
1990 Ed. (2644)
Maryland Health & Higher Education Agency
2001 Ed. (834)
Maryland Health & Higher Education Facilities Authority
2000 Ed. (3197)
1996 Ed. (2727)
1991 Ed. (2525)
Maryland Institute College of Art
1997 Ed. (1061)
Maryland Lumber
1995 Ed. (849)
Maryland Medical Center; University of
1994 Ed. (1901)
Maryland Medical System Corp.; University of
2008 Ed. (1902)
2007 Ed. (1867)
2006 Ed. (1862)
2005 Ed. (1853)
Maryland National Corp.
1989 Ed. (430, 431, 432)
Maryland National Bank
1995 Ed. (541, 1047)
1994 Ed. (355, 394, 565, 1039, 3012)
1993 Ed. (360, 404, 409, 563, 2966, 2968)
1992 Ed. (529, 553, 564, 569, 773, 3627)
1990 Ed. (632)
1989 Ed. (616)
Maryland National Bank (Baltimore)
1991 Ed. (604)
Maryland National BankLease
1990 Ed. (2620)
Maryland Pennysaver
2002 Ed. (3505)
Maryland Permanent Bank & Trust
1996 Ed. (678, 2640)
Maryland Retirement
2000 Ed. (3439)
Maryland, Smith School of Business; University of
2007 Ed. (796)
2006 Ed. (722, 740)
Maryland Stadium Authority
1991 Ed. (2527)
Maryland State
1994 Ed. (2762)
Maryland State Retirement
2008 Ed. (2298, 2311)
2007 Ed. (2189)
2002 Ed. (3606, 3612)
2001 Ed. (3671, 3677)
Maryland State Retirement Systems
1991 Ed. (2692)
Maryland State Use Industries
2006 Ed. (3950, 3951, 3952, 3961, 3962)
Maryland Technology Development Corp.
2008 Ed. (4805)
2006 Ed. (4880)
2005 Ed. (4818)
Maryland University
2004 Ed. (810)
Marymount-College Park; University of
2007 Ed. (799)
Marymount College Tarrytown
1995 Ed. (1056)
1994 Ed. (1048)
1993 Ed. (1021)
Marymount Medical Center
2002 Ed. (2455)
Marysville, OH
1993 Ed. (336)
Maryville College
2008 Ed. (1063)
2001 Ed. (1322)
1999 Ed. (1225)
1997 Ed. (1058)
1996 Ed. (1042)
Maryville Technologies
2003 Ed. (2730)
2002 Ed. (2517)
Marz
1995 Ed. (709)
Marzetti
1996 Ed. (773, 1934)
MAS
1994 Ed. (2348)
Mas Alla Del Puente
1996 Ed. (3663)
Mas Family
1995 Ed. (2112, 2579, 3726)
MAS Fds, Fixed Income
2002 Ed. (723)
MAS Fixed Income
2002 Ed. (3415)
1996 Ed. (2784)
MAS Funds
2000 Ed. (3267)
MAS Funds Domestic Fixed Income
1997 Ed. (2887)

MAS High Yield
1997 Ed. (688, 2892, 2903)
MAS High Yield Inst.
2000 Ed. (3265)
MAS High Yield Secs Instl
1999 Ed. (3538)
MAS High Yield Securities
1995 Ed. (2688)
MAS Mid Cap Growth
2000 Ed. (3281, 3282)
MAS Mid Cap Value
2000 Ed. (3282)
MAS Mid Cap Value Instl
1999 Ed. (3569)
MAS Mortgage-Backed Inst.
1998 Ed. (2642)
MAS Pooled Equity
1994 Ed. (2635)
MAS Pooled Fixed Income
1994 Ed. (2608)
MAS Pooled High Yield
1995 Ed. (2700, 2710)
MAS Pooled International Equity
1994 Ed. (2638)
MAS Pooled Select Equity
1994 Ed. (2635)
MAS Select Fixed Income
1995 Ed. (2684)
MAS Small Capital Portfolio
1998 Ed. (2632)
Mas Tec Inc.
1997 Ed. (2224)
MAS Value
1999 Ed. (3542, 3543)
1997 Ed. (2874, 2882, 2897)
1996 Ed. (2753, 2774)
Mas X Menos
1992 Ed. (44)
Masaaki Yamaguchi
2000 Ed. (2167)
1999 Ed. (2384)
1997 Ed. (1984)
1996 Ed. (1877)
Masachusetts Institute of Technology
1999 Ed. (4046)
Masada Security Inc.
1998 Ed. (3202, 3203)
1997 Ed. (3415)
Masafi
1992 Ed. (85)
Masafi Mineral Water
1991 Ed. (53)
Masafumi Shouda
2000 Ed. (2171)
Masahiro Iwano
1997 Ed. (1978)
1996 Ed. (1879)
Masahiro Kubo
2000 Ed. (2175)
1999 Ed. (2392)
Masahiro Matsuoka
2000 Ed. (2171, 2172)
1999 Ed. (2388, 2389)
Masalin Part
1992 Ed. (39)
Masami Fujino
2000 Ed. (2164)
Masanori Maruo
2000 Ed. (2177)
1999 Ed. (2394)
Masaru Okawa
2000 Ed. (2157)
1999 Ed. (2377)
Masashiro Iwano
1999 Ed. (2378)
Masatake Miyoshi
2000 Ed. (2169)
1999 Ed. (2386)
Masatoshi Ito
2008 Ed. (4846)
Masaya Yamasaki
1999 Ed. (2383)
Masayoshi Son
2008 Ed. (4846)
2000 Ed. (735)
1999 Ed. (727)
Masayuki Mochizuki
2000 Ed. (2168)
1999 Ed. (2385)
1997 Ed. (1985)
1996 Ed. (1878)
Masbizinessbank
1999 Ed. (628)
Mascara
2003 Ed. (1869)
2002 Ed. (3640)
Mascaro Construction Co.
2008 Ed. (2035)
Mascelles DeMercado
1997 Ed. (2582)
The Maschhoffs
2008 Ed. (4013)
2007 Ed. (3996)
Masco Corp.
2008 Ed. (751, 1929, 1930, 2364, 2797, 3527, 3528)
2007 Ed. (136, 778, 1276, 1880, 1881, 2224, 2661, 2869, 2870, 2988, 3297, 3390, 3391, 3817, 4038)
2006 Ed. (681, 682, 1881, 1882, 2281, 2676, 2875, 2876, 3332, 3333, 4004)
2005 Ed. (778, 868, 1501, 1516, 1756, 1868, 2219, 2697, 2698, 2871, 2872, 3341, 3342)
2004 Ed. (882, 1500, 1699, 1798, 2114, 2698, 2699, 2701, 2875, 2876, 3443, 3444)
2003 Ed. (1470, 2586, 2775, 2874, 3378, 3379, 3380)
2002 Ed. (1727, 3316, 3317)
2001 Ed. (1790, 2377, 2815, 3278, 3279, 3286)
2000 Ed. (1201, 1516, 1664, 2590, 3084, 3085)
1999 Ed. (1314, 1322, 1706, 1840, 2816, 3347, 3348, 3734)
1998 Ed. (534, 883, 886, 1267, 2060, 2468, 2469, 2775)
1997 Ed. (1130, 1314, 1480, 1601, 2753)
1996 Ed. (1109, 1420, 1543, 2609, 2610)
1995 Ed. (2548)
1994 Ed. (1112, 1421, 1527, 2479, 2481)
1993 Ed. (340, 1088, 1368, 1481, 1481, 2104, 2118, 2535, 2537)
1992 Ed. (979, 1801, 1801, 2244, 2245, 2516, 2556, 2820, 3027, 3029, 3116)
1991 Ed. (798, 1780, 1959, 2419)
1990 Ed. (1499)
1989 Ed. (822, 1947)
Masco Auto Flo
1994 Ed. (2151)
1991 Ed. (1989)
Masco Builder Services Group Inc.
2008 Ed. (4073)
Masco Building Products Corp.
2008 Ed. (3663)
Masco Contractor Services
2005 Ed. (3927)
Masco Contractor Services Central Inc.
2006 Ed. (1262)
2005 Ed. (1292, 1293)
2004 Ed. (1242)
Masco Contractor Services LLC
2008 Ed. (4068, 4070)
Masco Home Furnishings
1997 Ed. (2098, 2099, 2100)
1996 Ed. (1987)
1995 Ed. (1951)
1994 Ed. (1933, 2125)
Masco Industries
1995 Ed. (842, 1128, 1426, 1458, 1560, 2068, 2547, 2548)
1994 Ed. (327, 789, 1265, 1421, 1527, 2479, 2481)
1992 Ed. (467)
1991 Ed. (335, 336, 2491)
1990 Ed. (386, 387, 399, 2174, 2542)
1989 Ed. (334, 1039, 1945)
Mascolo Brothers
2001 Ed. (2661)
Mascon Global Ltd.
2003 Ed. (2704, 2708)
2002 Ed. (1153)
Mascon Information Technologies, Inc.
2002 Ed. (2501)
Mascot Homes
1997 Ed. (3156, 3157)
Mascot Petroleum Co., Inc.
2008 Ed. (2040)
2007 Ed. (1951)
2006 Ed. (1981)
2005 Ed. (1944)
2004 Ed. (1841)
MascoTech Inc.
2001 Ed. (2377)
2000 Ed. (1900)
1999 Ed. (2107)
1998 Ed. (1529, 2469)
1997 Ed. (2752, 2753)
1996 Ed. (2609, 2610)
1995 Ed. (1289, 1458, 2547)
MascoTech Inc. Engineering and Technical Services Unit
1998 Ed. (2429)
Mascott Corp.
1995 Ed. (3133)
Maseca
2000 Ed. (2228)
Maseco
1997 Ed. (2752)
Maserati 228
1992 Ed. (483)
1991 Ed. (354)
"M*A*S*H"
1997 Ed. (3722)
1992 Ed. (4246)
"M*A*S*H Special"
1995 Ed. (3581)
1993 Ed. (3542)
1989 Ed. (2804)
Mashantucket Pequots Tribal Nation
2007 Ed. (3380, 3381, 3382)
Mashburn Construction Co.
2006 Ed. (1335)
Mashouf; Manny
2008 Ed. (4826)
Mashreq Bank
2006 Ed. (4545)
2005 Ed. (71, 91)
MashreqBank
2008 Ed. (519)
2007 Ed. (566)
2006 Ed. (535)
2005 Ed. (622)
2004 Ed. (634)
2003 Ed. (625)
2002 Ed. (658)
2001 Ed. (89)
2000 Ed. (455, 687)
1999 Ed. (464, 677)
1997 Ed. (407, 637)
1996 Ed. (442, 703, 704)
Mashreqbank (Bank of Oman)
1995 Ed. (416)
MASI
2008 Ed. (4502)
MasiMax Resources
2005 Ed. (2787)
Masisa
1996 Ed. (3280)
1994 Ed. (3132)
The Mask
1997 Ed. (3845)
1996 Ed. (2687)
The Mask of Zorro
2001 Ed. (2125)
Maskan; Bank
2008 Ed. (449)
2007 Ed. (484)
Masker Inc.; George E.
1996 Ed. (1144)
The Maslow Media Group Inc.
2007 Ed. (3612, 3613, 4453)
Mason & Cullen Inc.
1999 Ed. (1410)
1996 Ed. (1168)
1995 Ed. (1194)
Mason, Dennis Blair; Jackie
1991 Ed. (1042)
Mason Distributors Inc.
1999 Ed. (4813)
1995 Ed. (3727)
1990 Ed. (2010, 2011, 2012)
Mason-Harrison-Jarrard
2003 Ed. (4139)
Mason Hill Asset Management
2003 Ed. (3146)
Mason; Raymond
2007 Ed. (969)
Mason; Raymond A.
2007 Ed. (1020)
Mason Street High-Yield Bond A
1999 Ed. (3535)
Mason Street Municpal Bond
2000 Ed. (3285)
Mason University; George
1994 Ed. (896, 1057)
1990 Ed. (1086)
Masonary Homes
2004 Ed. (1155)
2003 Ed. (1151)
Masonite International Corp.
2008 Ed. (4934)
2007 Ed. (1325, 4965)
2006 Ed. (4956)
2004 Ed. (3318, 3319)
Masonry Arts Inc.
2008 Ed. (1270)
2007 Ed. (1362)
2005 Ed. (1284, 1286, 1314, 1316)
2004 Ed. (1307, 1309)
2003 Ed. (1304, 1306)
2002 Ed. (1292)
2001 Ed. (1476)
2000 Ed. (1262, 1263)
1999 Ed. (1370, 2600)
1998 Ed. (948, 950)
1997 Ed. (1170, 2149)
1996 Ed. (1143, 1147, 2027)
1995 Ed. (1162, 1166, 2002)
Masonry Arts inc.
1993 Ed. (1137, 1954)
Masonry Builders Inc.
1994 Ed. (1144)
Masonry Homes
2005 Ed. (1182)
Masonry Preservation Services Inc.
2006 Ed. (1254)
2005 Ed. (1284)
Masoutis SA; D.
2008 Ed. (1774, 4230)
Maspar
1994 Ed. (3458)
Mass. Electric Construction Co.
2000 Ed. (1260)
Mass Ex Construction Co.
2006 Ed. (2836, 3498, 4342)
Mass Financial Managed Muni
1991 Ed. (2564)
Mass Financial Total Return
1991 Ed. (2559)
Mass Financial World Government
1992 Ed. (3153)
Mass General Life
1995 Ed. (2296)
Mass Market
2001 Ed. (976)
Mass Marketing, Inc.
2001 Ed. (4464, 4467)
Mass markets
2002 Ed. (3657)
Mass merchandise
1994 Ed. (2509)
Mass merchandise/discount stores
1990 Ed. (987)
Mass Merchandiser
1990 Ed. (267, 2802)
Mass merchandisers
2008 Ed. (1161, 4020, 4702)
2002 Ed. (749)
2000 Ed. (3579, 4061, 4067)
1999 Ed. (1894, 1895, 1904, 3710, 4102, 4360)
1998 Ed. (1862, 2317, 3321)
1997 Ed. (650, 3849)
1996 Ed. (3467)
1995 Ed. (678, 1588, 3402, 3545)
1992 Ed. (1146)
Mass merchants
2002 Ed. (3758, 3759)
2001 Ed. (716, 3798, 4111, 4434, 4435, 4436, 4438)
2000 Ed. (3546, 3802)
1997 Ed. (2319)
1994 Ed. (2068)
1993 Ed. (675, 1436, 1437, 1507, 1508, 2563, 3500)
1992 Ed. (2424, 1743, 1744, 1837, 1838, 2524, 4183)

1991 Ed. (859, 860, 1387, 1388, 1447, 1448, 1918, 1967, 3266)
1990 Ed. (908, 909, 1017, 1453, 1454, 1537, 1538, 2028, 2119)
Mass merchants & clubs
2001 Ed. (1331, 3232)
Mass merchants and consumer electronics stores
1993 Ed. (2742)
Mass Mutual
2000 Ed. (2265, 2667, 2698)
1994 Ed. (3160)
1993 Ed. (2011, 2922)
Mass Nazca Saatchi & Saatchi
2003 Ed. (82)
2002 Ed. (115)
2001 Ed. (142)
2000 Ed. (102)
1999 Ed. (97)
Mass Publicidad
2003 Ed. (134)
2002 Ed. (166)
2001 Ed. (195)
1999 Ed. (140)
1997 Ed. (95, 130)
1996 Ed. (94)
Mass Publicidad (Burnett)
2000 Ed. (157)
Mass spectroscopy
1992 Ed. (3805)
Mass trade
1997 Ed. (3848)
Mass Transit Administration, Maryland Department of Transportation
1998 Ed. (537)
Mass Transit Administration of Maryland
2000 Ed. (2994)
1994 Ed. (802, 2408)
1991 Ed. (1885)
Mass Transit Rail Hong Kong
1991 Ed. (848)
Mass Transit Railway Corp.
2000 Ed. (1446, 1448, 1449)
1999 Ed. (1647)
1997 Ed. (1424)
1996 Ed. (1371)
1995 Ed. (1410)
Massachusettes Financial High Income
1993 Ed. (2677)
Massachusetts
2008 Ed. (1104, 1105, 1106, 1107, 2414, 2415, 2416, 2648, 2906, 3118, 3129, 3130, 3133, 3134, 3279, 3800, 3859, 3984, 4010, 4048, 4361, 4593, 4603, 4729, 4996)
2007 Ed. (356, 1198, 1199, 1200, 1201, 1256, 2163, 2164, 2272, 2281, 2373, 2520, 2702, 3009, 3014, 3015, 3709, 3781, 3954, 3993, 4021, 4022, 4683, 4694, 4997)
2006 Ed. (373, 1094, 2345, 2707, 2980, 2981, 2982, 3070, 3084, 3136, 3155, 3259, 3301, 3480, 3726, 3783, 3904, 3905, 3935, 3982, 3983, 4474, 4476, 4663, 4673)
2005 Ed. (409, 410, 411, 412, 912, 1078, 1099, 2277, 2525, 2526, 2919, 2920, 2937, 2984, 2985, 2986, 3122, 3301, 3611, 3690, 3837, 3838, 3872, 4197, 4199, 4200, 4201, 4202, 4225, 4238, 4828, 4829, 4940, 4941, 4943, 4944)
2004 Ed. (390, 391, 392, 393, 394, 776, 921, 980, 1026, 1074, 1075, 1091, 1092, 1093, 1903, 2176, 2186, 2187, 2317, 2574, 2929, 2930, 2971, 2972, 2973, 2974, 2977, 2978, 2979, 2980, 2988, 2989, 2991, 3042, 3046, 3049, 3070, 3087, 3090, 3098, 3120, 3146, 3263, 3264, 3294, 3299, 3426, 3480, 3672, 3673, 3674, 3700, 3898, 3899, 3924, 4232, 4251, 4256, 4266, 4267, 4268, 4269, 4271, 4292, 4294, 4305, 4308, 4318, 4319, 4500, 4502, 4503, 4504, 4505, 4509, 4518, 4520, 4528, 4531, 4818, 4837, 4838, 4847, 4848, 4900, 4904, 4958, 4960, 4996)
2003 Ed. (381, 411, 412, 413, 414, 904, 969, 1065, 1066, 1081, 2128, 2606, 2687, 2838, 2839, 2885, 2961, 3003, 3221, 3222, 3238, 3652, 3874, 3896, 4209, 4232, 4237, 4247, 4248, 4249, 4251, 4297, 4308, 4309, 4412, 4413, 4852, 4853, 4867, 4868, 4910, 4913, 4955, 4957, 4992)
2002 Ed. (441, 455, 458, 460, 469, 470, 471, 472, 494, 495, 773, 960, 1102, 1118, 1401, 1402, 1824, 1825, 2068, 2121, 2624, 2625, 2846, 2848, 2868, 2874, 2877, 2902, 2903, 2946, 2971, 2978, 2979, 2981, 3088, 3089, 3090, 3091, 3118, 3128, 3197, 3201, 3252, 3327, 3524, 3708, 4072, 4074, 4114, 4153, 4154, 4160, 4162, 4163, 4164, 4165, 4166, 4176, 4177, 4178, 4179, 4195, 4196, 4367, 4373, 4550, 4732, 4739, 4740, 4741, 4763, 4775, 4777, 4915, 4917, 4918, 4920, 4921, 4992)
2001 Ed. (1, 2, 10, 273, 274, 401, 402, 410, 413, 414, 415, 428, 429, 547, 548, 549, 550, 721, 977, 978, 993, 1030, 1031, 1050, 1051, 1084, 1085, 1109, 1127, 1158, 1232, 1245, 1267, 1268, 1304, 1305, 1345, 1346, 1370, 1371, 1372, 1376, 1377, 1378, 1415, 1417, 1420, 1968, 1975, 1976, 2050, 2055, 2056, 2143, 2149, 2150, 2260, 2265, 2266, 2308, 2385, 2386, 2388, 2389, 2391, 2393, 2394, 2396, 2420, 2421, 2436, 2437, 2452, 2538, 2593, 2623, 2626, 2659, 2660, 2682, 2683, 2684, 2692, 2823, 2828, 2829, 2840, 2963, 2997, 2998, 3026, 3032, 3033, 3042, 3043, 3048, 3078, 3079, 3082, 3083, 3090, 3091, 3096, 3097, 3099, 3103, 3104, 3122, 3223, 3224, 3226, 3262, 3287, 3308, 3354, 3355, 3356, 3357, 3417, 3536, 3537, 3538, 3570, 3583, 3584, 3589, 3590, 3618, 3619, 3632, 3633, 3642, 3643, 3652, 3653, 3661, 3662, 3663, 3708, 3781, 3785, 3786, 3787, 3788, 3790, 3810, 3815, 3816, 3879, 3881, 3883, 3889, 3894, 3899, 3906, 3907, 3913, 3914, 3965, 3968, 4005, 4006, 4011, 4012, 4026, 4144, 4157, 4165, 4166, 4171, 4173, 4175, 4176, 4198, 4199, 4211, 4212, 4224, 4232, 4238, 4239, 4241, 4243, 4253, 4254, 4271, 4272, 4274, 4287, 4331, 4360, 4361, 4362, 4363, 4406, 4410, 4413, 4414, 4444, 4445, 4459, 4479, 4480, 4488, 4515, 4516, 4517, 4518, 4571, 4582, 4583, 4584, 4594, 4595, 4614, 4615, 4633, 4634, 4657, 4658, 4682, 4683, 4684, 4709, 4718, 4719, 4720, 4734, 4798, 4820, 4821, 4865, 4866, 4867, 4868, 4869, 4917, 4918, 4919, 4937, 4938)
2000 Ed. (1005, 1317, 1318, 1378, 1792, 2452, 2454, 2475, 2608, 2658, 2659, 2939, 2940, 2962, 2963, 3005, 3006, 3007, 3010, 3688, 3831, 3866, 3867, 4095, 4098, 4100, 4106, 4107, 4110, 4111, 4269, 4299, 4355, 4398, 4400, 4401, 4404, 4405, 4407)
1999 Ed. (1058, 1457, 1458, 1535, 2811, 2834, 3196, 3197, 3221, 3223, 3268, 3271, 3272, 3472, 3473, 3892, 3975, 4121, 4151, 4152, 4404, 4406, 4407, 4408, 4410, 4411, 4417, 4421, 4423, 4428, 4433, 4434, 4446, 4450, 4453, 4455, 4462, 4463, 4465, 4664, 4726, 4776, 4777, 4781, 4782, 4783)
1998 Ed. (481, 671, 673, 1024, 1025, 1109, 1322, 1702, 1928, 1945, 2041, 2112, 2113, 2366, 2367, 2384, 2416, 2419, 2420, 2561, 2562, 2970, 3105, 3167, 3168, 3377, 3384, 3389, 3392, 3393, 3396, 3464, 3620, 3728, 3729, 3732, 3735, 3736, 3737, 3755, 3759)
1997 Ed. (1, 929, 996, 1247, 1249, 1283, 2637, 2638, 2831, 3227, 3363, 3388, 3389, 3562, 3563, 3566, 3572, 3577, 3581, 3582, 3583, 3584, 3589, 3594, 3600, 3604, 3605, 3606, 3607, 3614, 3618, 3620, 3621, 3786, 3988, 3889, 3891, 3892, 3898, 3899, 3915)
1996 Ed. (898, 1201, 1203, 1237, 2091, 2495, 2496, 2723, 2856, 3174, 3264, 3291, 3292, 3515, 3521, 3523, 3525, 3530, 3535, 3537, 3541, 3542, 3544, 3547, 3549, 3560, 3564, 3565, 3566, 3568, 3575, 3578, 3581, 3743, 3840, 3841, 3843, 3844, 3850, 3851, 3853, 3854)
1995 Ed. (363, 918, 1230, 2269, 2449, 2450, 2458, 2608, 2644, 2799, 3171, 3192, 3194, 3299, 3455, 3457, 3461, 3462, 3463, 3464, 3466, 3468, 3478, 3479, 3483, 3484, 3485, 3487, 3494, 3495, 3497, 3499, 3501, 3665, 3712, 3740, 3741, 3743, 3744, 3751, 3752, 3754, 3755, 3801)
1994 Ed. (977, 1214, 1216, 2370, 2371, 2376, 2377, 3119, 3149, 3150, 3217, 3378, 3383, 3385, 3388, 3389, 3390, 3391, 3392, 3395, 3397, 3402, 3407, 3408, 3412, 3413, 3414, 3416, 3423, 3424, 3427, 3638)
1993 Ed. (364, 724, 870, 1190, 1195, 1599, 2138, 2151, 2426, 2427, 2440, 2441, 2443, 2526, 2613, 3058, 3107, 3108, 3222, 3403, 3404, 3405, 3407, 3410, 3412, 3418, 3421, 3422, 3423, 3429, 3432, 3434, 3436, 3437, 3438, 3441, 3661, 3678, 3703, 3706, 3707, 3709, 3712, 3713, 3715, 3716)
1992 Ed. (441, 908, 968, 971, 973, 974, 978, 1079, 1080, 1468, 1481, 2574, 2586, 2849, 2862, 2863, 2866, 2873, 2878, 2879, 2916, 2920, 2942, 2943, 2946, 2947, 3089, 3360, 3750, 3751, 3811, 3812, 4075, 4079, 4082, 4086, 4088, 4095, 4096, 4097, 4099, 4101, 4102, 4104, 4110, 4113, 4114, 4115, 4116, 4122, 4125, 4128, 4344, 4386, 4406, 4442, 4443, 4444, 4445, 4448, 4451, 4452, 4454, 4455, 4457, 4481)
1991 Ed. (322, 726, 788, 789, 790, 792, 797, 881, 882, 1155, 1651, 2084, 2314, 2321, 2352, 2353, 2354, 2360, 2361, 2363, 2364, 2365, 2396, 2397, 2510, 2511, 2768, 2815, 3177, 3180, 3182, 3185, 3191, 3194, 3195, 3199, 3200, 3203, 3204, 3207, 3459, 3460, 3486, 3487, 3488, 1157)
1990 Ed. (647)
1989 Ed. (1, 201, 318, 746, 869, 870, 1190, 1649, 1650, 1668, 1897, 1906, 1908, 1909, 1910, 2548, 2549, 2550, 2554, 2555, 2557, 2560, 2562, 2616, 2893, 2895, 2927, 2928, 2930, 2931, 2934, 2935)
Massachusetts-Amherst; University of
2008 Ed. (779, 783, 784, 785)
2007 Ed. (804, 805)
2006 Ed. (719, 720)
Massachusetts Bay Corp.
2000 Ed. (3102)
Massachusetts Bay Brewing
1999 Ed. (3403)
1998 Ed. (2487)
1996 Ed. (2631)
1992 Ed. (3064)
1991 Ed. (2452)
1990 Ed. (748)
Massachusetts Bay Transportation Authority
2006 Ed. (4018)
2005 Ed. (3992)
2002 Ed. (3904)
2000 Ed. (2994, 4297)
1999 Ed. (3989)
1998 Ed. (537, 2403, 3616)
1997 Ed. (3794)
1994 Ed. (802, 1076, 2408)
1993 Ed. (786, 3361, 3621, 3623)
1992 Ed. (989, 4031)
1991 Ed. (808, 3160)
1990 Ed. (847)
1989 Ed. (830)
Massachusetts Business Development Corp.
2002 Ed. (3561, 3562)
Massachusetts Convention Center Authority
1995 Ed. (2650)
Massachusetts Development Finance Agency
2001 Ed. (838)
Massachusetts Electric Construction Co.
2008 Ed. (1257)
2007 Ed. (1360)
2006 Ed. (1281)
2005 Ed. (1311)
2004 Ed. (1304)
2003 Ed. (1301)
2002 Ed. (1289)
2001 Ed. (1474)
1999 Ed. (1368)
1998 Ed. (946)
1997 Ed. (1162)
1996 Ed. (1133, 1134)
1995 Ed. (1159)
1994 Ed. (1140)
1993 Ed. (1123, 1124)
1992 Ed. (1411)
1991 Ed. (1078)
1990 Ed. (1202)
Massachusetts Eye & Ear Infirmary
2008 Ed. (3047, 3055)
2007 Ed. (2924, 2933)
2006 Ed. (2905, 2914)
2005 Ed. (2907, 2908)
2004 Ed. (2921, 2922)
2003 Ed. (2817, 2818)
2002 Ed. (2613, 2614)
2000 Ed. (2515)
1999 Ed. (2736, 2738)
Massachusetts Financial
1997 Ed. (565)
Massachusetts Financial International Bond
1992 Ed. (3180, 3185, 3201, 3187)
Massachusetts Financial International Trust Bond
1989 Ed. (1853)
Massachusetts Financial Managed Municipal
1992 Ed. (3156)
Massachusetts Financial Services
2000 Ed. (2858)
1998 Ed. (2629, 2647, 2657)
Massachusetts Financial Services - Compass G (VA)
1991 Ed. (2150, 2151, 2153)
Massachusetts Financial Services - Compass I (VA)
1991 Ed. (2154, 2154, 2151)
Massachusetts Financial Services - Compass II (VA)
1991 Ed. (2151, 2153, 2154)
Massachusetts Financial Services - Compass 3 (VA)
1991 Ed. (2151, 2153, 2154)
Massachusetts Financial Total Return
1992 Ed. (3195)

Massachusetts Financial Worldwide Government
1992 Ed. (3163, 3170)
Massachusetts General Hospital
2008 Ed. (3043, 3044, 3045, 3046, 3048, 3051, 3052, 3053, 3054, 3056, 3057, 3063, 3983, 4084)
2007 Ed. (2920, 2921, 2922, 2923, 2925, 2928, 2929, 2930, 2931, 2932, 2934, 4048)
2006 Ed. (2901, 2902, 2903, 2904, 2906, 2909, 2910, 2911, 2912, 2913, 2915, 2916, 3784, 3785, 4016)
2005 Ed. (2895, 2896, 2897, 2898, 2899, 2902, 2903, 2904, 2905, 2906, 2909, 2910, 2911, 3947)
2004 Ed. (2813, 2907, 2909, 2910, 2911, 2912, 2913, 2916, 2917, 2918, 2919, 2920, 2923, 2924, 3974)
2003 Ed. (2806, 2807, 2808, 2809, 2812, 2813, 2814, 2815, 2816, 2819, 2820, 2821, 3971)
2002 Ed. (2600, 2601, 2602, 2603, 2604, 2605, 2608, 2609, 2610, 2611, 2612, 2615, 2616, 3801)
2000 Ed. (2509, 2510, 2511, 2512, 2513, 2514, 2516, 2519, 2520, 2522, 2523, 2524, 2529)
1999 Ed. (2479, 2638, 2730, 2731, 2732, 2733, 2734, 2735, 2737, 2740, 2741, 2743, 2744, 2745)
1998 Ed. (1991)
1995 Ed. (1926, 2143)
1991 Ed. (1057)
Massachusetts General Life
1997 Ed. (2438)
Massachusetts General Life Insurance
1998 Ed. (2188)
Massachusetts, GOs
1996 Ed. (2722)
Massachusetts Health & Education Facilities Agency
2001 Ed. (838, 890)
Massachusetts Health & Education Facilities Authority
2000 Ed. (3197)
1998 Ed. (2572)
1996 Ed. (2727)
1995 Ed. (2648)
1993 Ed. (2618, 3100)
1990 Ed. (2649)
Massachusetts Health & Educational Facilities Authority
1997 Ed. (2842)
Massachusetts Housing Finance Agency
2006 Ed. (398)
1998 Ed. (2062)
1997 Ed. (2340)
1996 Ed. (2211)
1990 Ed. (2139)
Massachusetts Housing Financial Agency
1995 Ed. (2192)
Massachusetts Ind & Life
1992 Ed. (2669, 2670, 2658)
1991 Ed. (2094, 2101, 2102)
Massachusetts Indemnity & Life
1994 Ed. (2257, 2258, 2260)
1990 Ed. (2236, 2237)
1989 Ed. (1683, 1684, 1685)
Massachusetts Individual & Life
1993 Ed. (2204, 2214, 2216, 2226, 2227)
Massachusetts Industrial Finance Agency
1991 Ed. (2523)
Massachusetts Industrial Finance Authority
1990 Ed. (2649)
Massachusetts Industrial Financial Agency
1997 Ed. (2839)
1996 Ed. (2730)
1993 Ed. (2624)
1991 Ed. (2016)
Massachusetts Institute of Technology
2008 Ed. (188, 783, 785, 1059, 1064, 2574, 2575, 2576, 2972, 3168, 3864)
2007 Ed. (201, 804, 806, 2447, 2848)
2006 Ed. (704, 705, 721, 733, 735, 738, 2858, 3785)
2005 Ed. (797, 798, 801, 2273, 2440, 2852)
2004 Ed. (820, 822, 823, 828, 928, 2405, 2844)
2003 Ed. (789, 1967, 4074)
2002 Ed. (873, 875, 877, 880, 883, 884, 886, 887, 888, 890, 891, 894, 896, 898, 1029, 1030, 1031, 1032, 3980, 3983, 3984, 3985)
2001 Ed. (1054, 1056, 1057, 1060, 1064, 1065, 1317, 1319, 1329, 2247, 2248, 2249, 2250, 2251, 2252, 2253, 2254, 2256, 2257, 2258)
2000 Ed. (916, 919, 922, 926, 927, 1034, 1035, 1036, 1037, 1137, 1143, 1146, 1147, 1148, 1826, 1827, 1828, 1829, 1830, 1831, 1832, 1833, 1835, 1836, 3431, 3759)
1999 Ed. (969, 971, 972, 976, 979, 1106, 1107, 1108, 1109, 1228, 1237, 1238, 1239, 2035, 2036, 2037, 2038, 2039, 2040, 2041, 2042, 2043, 2044, 2045, 2046)
1998 Ed. (548, 551, 554, 557, 558, 559, 560, 710, 711, 712, 713, 799, 809, 810, 811, 1458, 1460, 1461, 1462, 1463, 1464, 1465, 1467, 1468, 1469, 2761, 3046)
1997 Ed. (850, 852, 853, 856, 860, 861, 862, 968, 969, 970, 971, 1051, 1062, 1064, 1067, 1068, 1069, 1764, 1765, 1767, 1768, 1769, 1770, 1771, 1772, 1774, 1775, 1776, 3297)
1996 Ed. (837, 946, 947, 948, 949, 1035, 1048, 1050, 1051, 1683, 1684, 1685, 1686, 1687, 1688, 1689, 1692, 1693, 1694, 2941, 3192)
1995 Ed. (858, 969, 970, 971, 1049, 1050, 1063, 1064, 1067, 1071, 1072, 1073, 1701, 1702, 1703, 1704, 1705, 1706, 1707, 1710, 1711, 1712, 3091, 3095)
1994 Ed. (937, 938, 939, 1042, 1060, 1654, 1655, 1656, 1657, 1658, 1659, 1660, 1663, 1664, 1665, 2743, 2771, 3046)
1993 Ed. (794, 923, 924, 926, 1015, 1029, 1030, 1031, 1621, 1622, 1623, 1624, 1625, 1626, 1627, 1629, 1630, 1632, 3000)
1992 Ed. (999, 1000, 1004, 1123, 1124, 1267, 1281, 1282, 1283, 1970, 1971, 1972, 1973, 1974, 1975, 1976, 1978, 1979, 3357, 3669)
1991 Ed. (816, 818, 822, 916, 917, 918, 1001, 1003, 1004, 1006, 1007, 1565, 1566, 1567, 1568, 1569, 1570, 1571, 1572, 1574, 1577, 1767, 2680, 2833)
1990 Ed. (1087, 1088, 1092, 1094, 1095, 1096, 2999)
Massachusetts Institute of Technology, Alfred P. Sloan School of Management
1989 Ed. (842)
Massachusetts Institute of Technology Credit Union
2004 Ed. (1927)
Massachusetts Institute of Technology, Sloan
1996 Ed. (839, 840, 843, 847, 849)
1995 Ed. (861, 865, 868, 869)
1994 Ed. (806, 808, 812, 813, 816)
1993 Ed. (796, 798, 799, 803)
1992 Ed. (997)
1991 Ed. (814)
Massachusetts Institute of Technology, Sloan School of Business
2008 Ed. (182, 770, 772, 773, 780, 788, 790, 791, 796, 797, 798, 799)
2007 Ed. (797, 810, 813, 819, 821, 824)
2006 Ed. (702, 710, 712, 727, 728)
2004 Ed. (810, 815, 817, 818)
Massachusetts Institute of Technology Sloan School of Management
1997 Ed. (865)
Massachusetts Investors A
1997 Ed. (2897)
Massachusetts Investors Growth Stock
2000 Ed. (3239)
Massachusetts Investors Growth Stock A
1999 Ed. (3521)
Massachusetts Investors Trust
2000 Ed. (3236)
1993 Ed. (2689)
Massachusetts Investors Trust A
1999 Ed. (3516)
1998 Ed. (2610, 2623, 2631)
Massachusetts Investors Trust B
1998 Ed. (2631)
Massachusetts Municipal Whole Electric Co.
1995 Ed. (1628)
Massachusetts Municipal Wholesale Electric Co.
1994 Ed. (3363)
1991 Ed. (3158)
Massachusetts Mutual
1992 Ed. (2159, 2370, 2664, 2675, 2729, 2732, 2734, 2739, 2774)
1989 Ed. (1702, 1704)
Massachusetts Mutual Financial Group
2003 Ed. (2975)
Massachusetts Mutual Insurance Cos.
1990 Ed. (1791)
Massachusetts Mutual Life
2000 Ed. (2694, 2793, 2835)
1999 Ed. (1704, 2931, 2943, 2945, 2947, 2948, 2952, 2954, 2956, 2957, 2958, 3064)
1998 Ed. (1175, 2143, 2149, 2171, 2184, 2190, 2268)
1996 Ed. (2298, 2307, 2309, 2310, 2382, 2383)
1994 Ed. (224, 1850, 2261, 2262, 2267, 2303, 2318, 3268)
1993 Ed. (2196, 2208, 2211, 2258, 2284, 2301, 3278)
1990 Ed. (2324)
1989 Ed. (2137)
Massachusetts Mutual Life Insurance Co.
2008 Ed. (1483, 1923, 3275, 3285, 3296, 3301, 3302, 3304, 3309, 4265)
2007 Ed. (1489, 1874, 3125, 3130, 3138, 3146, 3148, 3151, 3152, 3154, 3160, 4233)
2006 Ed. (1867, 1873, 3118, 3120, 3122, 3123)
2005 Ed. (1856, 1863, 3051, 3105, 3115, 3118)
2004 Ed. (1791, 1793, 3102, 3112, 3115)
2003 Ed. (1754, 1756, 2991, 2994)
2002 Ed. (1723, 2869, 2891, 2925, 2926, 2927, 2928, 2932, 2935, 2938)
2001 Ed. (1788, 2933, 2934, 2939, 2942, 2944, 2945)
2000 Ed. (1513, 2674, 2695, 2705, 2707, 2708, 2843)
1998 Ed. (2186)
1997 Ed. (1477)
1996 Ed. (1418, 2416)
1995 Ed. (223, 3349)
1991 Ed. (2207, 2210, 2212, 1721, 2086, 2246)
1990 Ed. (2354)
1989 Ed. (1806)
Massachusetts Mutual Life SA Investment A
1994 Ed. (2313)
Massachusetts PRIM
2008 Ed. (2301, 2302, 2304, 2306, 2307, 2310, 2311, 2312)
2007 Ed. (2175, 2181, 2182, 2183, 2189)
2004 Ed. (2026)
2003 Ed. (1978)
2002 Ed. (3605)
2001 Ed. (3670)
2000 Ed. (3440)
Massachusetts State Employees' & Teachers' Retirement System
1991 Ed. (2695)
Massachusetts State Lottery
2000 Ed. (3014)
1997 Ed. (2689)
1996 Ed. (2552)
Massachusetts Turnpike Authority
2001 Ed. (838)
2000 Ed. (3188, 3189, 4297)
Massachusetts; University of
1995 Ed. (969, 1071)
Massachusetts Water Pollution Abatement Agency
2001 Ed. (838)
Massachusetts Water Resource Authority
1994 Ed. (3363)
1993 Ed. (2938, 3360)
Massachusetts Water Resources
1990 Ed. (2642)
Massachusetts Water Resources Authority
2000 Ed. (3680)
1998 Ed. (2969)
1995 Ed. (3036)
1992 Ed. (4030)
Massachusetts-Worcester; University of
2005 Ed. (3439)
Massachussetts General Hospital
1999 Ed. (2728)
Massacre of the Innocents
2008 Ed. (268)
Massage Envy
2008 Ed. (881, 3888)
Massalin Particulares
1994 Ed. (787)
1990 Ed. (20)
Massbank Corp.
2008 Ed. (1916, 1918)
Massbank for Savings
1994 Ed. (3529)
Masschusetts Mutual Life Insurance Co.
2000 Ed. (2711)
Massengill
2003 Ed. (2461)
2002 Ed. (2255)
Massey
1989 Ed. (948)
Massey Cadillac
1996 Ed. (267)
Massey Cadillac Inc.; Don
1997 Ed. (1013)
1996 Ed. (267, 300, 989, 3766)
1995 Ed. (266, 288, 297)
1994 Ed. (264, 293)
1993 Ed. (303)
1992 Ed. (410, 419)
1990 Ed. (305, 346)
1989 Ed. (283)
Massey Coal Co., Inc.
2006 Ed. (1046)
2005 Ed. (1037, 1038)
2004 Ed. (1030, 1031)
2003 Ed. (1027, 1027)
Massey Coal Co.; A. T.
2008 Ed. (1015, 1016)
Massey Coal Exports
2000 Ed. (1893)
Massey Electric Co.
2008 Ed. (1328)
Massey Energy Co.
2008 Ed. (1015, 1016, 1451, 1535)
2007 Ed. (1130, 1135, 1136, 1554, 3022)
2006 Ed. (1042, 1047, 3463)
2005 Ed. (1037, 1038, 2416, 3454)
2004 Ed. (1030, 1031, 2324)
2003 Ed. (1027, 1028)
Massey Ferguson
1993 Ed. (3604, 3605)
1992 Ed. (4331)
Massey Group; A. T.
1989 Ed. (949)
Massey; James L.
1993 Ed. (1696)
Massey Yardley Chrysler-Plymouth Inc.
1993 Ed. (297)
1992 Ed. (412)
1991 Ed. (307)

Massilly Packaging (U.K.) Ltd.
2001 Ed. (3282)
Massini Group
2005 Ed. (96)
Massive
2007 Ed. (3446)
MassMutual
1999 Ed. (3058)
1998 Ed. (2258, 2262)
1996 Ed. (2376)
Massmutual Corporate Investments Inc.
2004 Ed. (3175)
MassMutual Financial
2002 Ed. (729, 3387, 3390)
MassMutual Financial Group
2008 Ed. (3184)
2003 Ed. (2979, 3002)
Massmutual Institutional International 4
1998 Ed. (2634)
MassMutual International Inc.
2008 Ed. (1907)
MassMutual Life Insurance Co.
2008 Ed. (3314)
2007 Ed. (3166)
MassMutual Premier Inflation-Protected Bond
2008 Ed. (607)
Masson; Paul
1997 Ed. (3901, 3905, 3907)
1990 Ed. (3693)
Massuh
1993 Ed. (769)
1992 Ed. (965, 1566)
MasTec Inc.
2008 Ed. (1265, 1277, 1324, 1325, 1339, 2956, 2961)
2007 Ed. (1369, 2837)
2006 Ed. (1183, 1293, 1307, 1333, 1336, 1345, 2832, 2840)
2005 Ed. (1321, 1323, 2838, 2844, 4839)
2004 Ed. (1315, 1318, 2830, 2834, 2836, 4855)
2003 Ed. (1315, 1318, 2746, 2749)
2002 Ed. (1298, 1300, 2538, 2544, 2561, 3375)
2001 Ed. (1403, 1404, 1469, 1483, 2704, 2714)
2000 Ed. (1272, 2466)
1999 Ed. (1382, 2675, 2682)
1998 Ed. (960, 1934, 1937, 1939)
1997 Ed. (1149, 2213, 2217, 2221, 2223, 2225)
1996 Ed. (1120, 2111)
MasTec North America Inc.
2008 Ed. (4062, 4064, 4068, 4070)
MasTec North American Inc.
2006 Ed. (4001)
2005 Ed. (3927)
Mastellone Hermanos
1994 Ed. (12)
1993 Ed. (22)
1991 Ed. (14)
Master
1999 Ed. (2635)
1994 Ed. (2025)
Master Distributors
2008 Ed. (2469)
2005 Ed. (2351)
2004 Ed. (2249, 2251)
2001 Ed. (2205)
Master Financial
2001 Ed. (3349)
Master Foods
1992 Ed. (41, 2172)
Master Key Consulting
2008 Ed. (3182)
Master Lock
1996 Ed. (2074)
Master P
2000 Ed. (1838)
Master Pools by Paul Haney Inc.
2007 Ed. (4646)
MasterBrand Cabinets Inc.
2008 Ed. (2797, 3527, 3546)
2007 Ed. (2661, 3297, 3390)
2006 Ed. (2676, 3332, 3333)
2005 Ed. (3341, 3342)
2004 Ed. (2701, 3318)
Masterbrand Industries Inc.
2005 Ed. (2699)
2004 Ed. (2700)
MasterCard
2008 Ed. (2197, 2714, 4287, 4289)
2007 Ed. (2088)
2006 Ed. (2142, 2143, 2144)
2005 Ed. (1601, 2049, 2051, 2600, 2602)
2004 Ed. (1913, 1914, 1915)
2003 Ed. (1884, 4641)
2002 Ed. (1817, 1819)
2001 Ed. (1954, 2989)
2000 Ed. (1618, 1619, 1620)
1999 Ed. (1474, 1792)
1998 Ed. (491, 1206, 1213, 1214, 1694)
1997 Ed. (1555)
1996 Ed. (34, 1490, 1493, 3053)
1995 Ed. (349, 1528, 1531)
1994 Ed. (1500)
1993 Ed. (1443)
1992 Ed. (1752)
1991 Ed. (3247)
1990 Ed. (1457, 1799)
1989 Ed. (1183)
MasterCard Automated Point-of-Sale Program
1997 Ed. (1554)
1996 Ed. (1492)
1995 Ed. (1530, 1649)
MasterCard Charge Card
1996 Ed. (1496)
MasterCard International Inc.
2007 Ed. (134, 2570)
2006 Ed. (141, 2603)
2005 Ed. (2605)
2004 Ed. (2614)
2003 Ed. (2481)
2000 Ed. (954)
1990 Ed. (1800)
1989 Ed. (1436)
Masterfoods
2007 Ed. (90)
2005 Ed. (866)
Masterfoods USA
2008 Ed. (3124)
MasterFoodServices
2002 Ed. (4789)
Masterfridge Ltd.
2002 Ed. (4482, 4483)
Masterpiece Studios
1992 Ed. (3532)
The Masters
2003 Ed. (808)
2002 Ed. (4385)
Masters Advertising
2000 Ed. (175)
The Master's College
2008 Ed. (1056)
Master's College & Seminary
2008 Ed. (1066)
Masters DDB
2002 Ed. (187)
2001 Ed. (214)
Masters' Select Equity
2007 Ed. (4548)
2005 Ed. (4496)
2003 Ed. (3488)
Masters' Select International
2005 Ed. (4488)
Masters' Select Smaller Companies
2006 Ed. (4572)
Masters Select Value
2007 Ed. (2484)
2006 Ed. (3623, 4572)
The Master's Seminary
2008 Ed. (1056)
Masterson Moreland Sauer Whisman
1997 Ed. (2478)
1995 Ed. (2339, 2340)
1993 Ed. (2271, 3198, 3199)
Masterson Motors Inc.
1992 Ed. (403)
MasterSpas Inc.
2004 Ed. (3350)
Masters's Select International
2003 Ed. (3613)
Masterworks LifePath 2030 Institutional
1999 Ed. (601)
Mastholm Asset Management
2000 Ed. (2819)
Mastholm Asset Mgmt.
2000 Ed. (2815)
Mastroddi; Paul
1997 Ed. (1956)
Masuda; Etsusuke
1997 Ed. (1979, 1987)
1996 Ed. (1871, 1881)
Masuhisa Kobayashi
2000 Ed. (2150)
Matador
1999 Ed. (4579)
1998 Ed. (3508)
1997 Ed. (3729)
1996 Ed. (3670)
1995 Ed. (3590, 3594)
1994 Ed. (3505)
1993 Ed. (3546)
1992 Ed. (4262)
1991 Ed. (3336)
Matador Fund Ltd.
2007 Ed. (1187)
Matador-Omskshina
2001 Ed. (4545)
Matagorda Co. Navigation District No. 1, TX
1991 Ed. (2530)
Matahari Puta Prima Tbk
2000 Ed. (2872)
Matahari Putra Prima
2000 Ed. (1464, 1465)
1999 Ed. (1656)
Matamoros, Mexico
1993 Ed. (2500)
Matanuska-Susitna Borough, AK
1993 Ed. (1433)
Matanuska Telephone Association
2003 Ed. (1077)
Matanuska Valley Credit Union
2008 Ed. (2217)
2007 Ed. (2102)
2006 Ed. (2181)
2005 Ed. (2086)
2004 Ed. (1945)
2003 Ed. (1905)
2002 Ed. (1846)
Matari
1992 Ed. (160)
1991 Ed. (109)
1990 Ed. (111)
1989 Ed. (117)
MATAV
2002 Ed. (1637)
Matav Rt.
2006 Ed. (664)
2000 Ed. (893)
Matchbox
2007 Ed. (4789)
2001 Ed. (4607)
2000 Ed. (4277)
1998 Ed. (3601)
1997 Ed. (3772)
1996 Ed. (3720)
1994 Ed. (3562)
1993 Ed. (3601)
1992 Ed. (4328, 4329)
Matchbox cars
1995 Ed. (3647)
Match.com
2008 Ed. (3368)
2007 Ed. (3239)
Matches
2002 Ed. (2277)
MatchLogic
2002 Ed. (916)
MatchMaker Regular Strategic Security Portfolio 2
2001 Ed. (3461, 3462)
MatchMaker Strategic Security Portfolio 2
2001 Ed. (3461, 3462)
Matchmaker's
2000 Ed. (1060)
Matco Tools
2008 Ed. (876, 2879)
2007 Ed. (901, 2762)
2006 Ed. (813, 2753)
2005 Ed. (898, 2784)
2004 Ed. (2792)
2003 Ed. (2677)
2002 Ed. (2446, 2576)
1999 Ed. (2520, 2521)
Mate1.com
2007 Ed. (3239)
Mater Health Services
2004 Ed. (3955)
Mater Hospital
2002 Ed. (3776)
Material handling, loading
1989 Ed. (2346)
Material moving equipment operators
1989 Ed. (2080, 2080)
Material Packaging Corp.
2008 Ed. (1943)
Material Sciences Corp.
2001 Ed. (1214)
1992 Ed. (1132)
Material Service Resources Corp.
2008 Ed. (3674)
2007 Ed. (3511)
MaterialNet.com
2001 Ed. (4761)
Materials handling & distributions
1990 Ed. (167)
Materials handling equipment
1999 Ed. (2093, 2848)
Materials management
2005 Ed. (2890, 2891)
Materieeldienst Bergambacht BV
2003 Ed. (1776)
2001 Ed. (1805)
Mateschitz; Dietrich
2008 Ed. (4860)
Math Blaster
1997 Ed. (1089)
Math Blaster: In Search of Spot
1998 Ed. (849)
1997 Ed. (1101)
1996 Ed. (1079)
Mathari Putra Trima Tbk
2002 Ed. (3032)
Mathematical
1992 Ed. (4488)
Mathematical science
2005 Ed. (3635, 3636)
Mathematical sciences
2002 Ed. (3976, 3977)
Mathematician
1989 Ed. (2094, 2095)
Mathematics
2002 Ed. (3975)
Mathematics & computer sciences
2002 Ed. (3963)
Mather; John
1997 Ed. (2705)
Mathers Fund
1992 Ed. (3159, 3177, 3190)
Mathes & Associates Inc.; John
1990 Ed. (3062)
Mathes Brierre Architects
2008 Ed. (2518)
Matheson Holdings; Jardine
1989 Ed. (1125)
Mathews Bros. Inc.
2008 Ed. (4426)
Mathews North Inc.; Gary
1992 Ed. (414)
1990 Ed. (325)
Mathewson; Charles N.
1995 Ed. (978, 1727)
Mathile; Clayton Lee
2008 Ed. (4827)
2007 Ed. (4898)
2006 Ed. (4903)
2005 Ed. (4848)
Mathis Bros.
1996 Ed. (1984)
Mathnasium Learning Centers
2008 Ed. (2412)
2007 Ed. (2279)
Matif, Paris
1993 Ed. (1915)
Matilda Bay
1992 Ed. (4440, 4441)
1991 Ed. (3484)
1990 Ed. (3691)
Matinecock, NY
1999 Ed. (1155, 4747)
1998 Ed. (737, 3704)
Matlack Inc.
2000 Ed. (4178)
1999 Ed. (4681)
1998 Ed. (3461, 3639)
1997 Ed. (3809)
1995 Ed. (3541, 3680)
1994 Ed. (3474, 3602)

1993 Ed. (3503, 3642)
1991 Ed. (3433)
Matlack Systems, Inc.
2001 Ed. (4441, 4645)
1999 Ed. (4532, 4533, 4682)
1996 Ed. (3630, 3759)
Matlock Advertising & Public Relations
2008 Ed. (111, 176, 3704, 4380)
2007 Ed. (101, 193)
2006 Ed. (112, 187)
2005 Ed. (103, 174)
2004 Ed. (107)
2003 Ed. (31, 215)
Matlow-Kennedy Corp.
1994 Ed. (2998)
Matlyn-Stofel Foods Inc.
1995 Ed. (3142)
Matra
1994 Ed. (1514)
1989 Ed. (200)
Matra-Hachette
1997 Ed. (3168)
1996 Ed. (3404)
1995 Ed. (1425, 2987)
Matra S.A.
1992 Ed. (1925)
Matria Healthcare
2003 Ed. (2786)
Matrikon
2007 Ed. (2818)
2006 Ed. (1539)
2005 Ed. (125, 1688, 1692, 1693, 1694, 1695, 1696)
2003 Ed. (2936)
The Matrix
2002 Ed. (3399)
2001 Ed. (3363, 3364, 3373, 3374, 3376, 3378, 3379, 4699)
Matrix Advisors Value
2006 Ed. (3632)
2004 Ed. (2452)
Matrix Advisors Value Fund
2003 Ed. (3532)
Matrix Asset Advisors
1998 Ed. (2276)
Matrix Bancorp
2006 Ed. (1653)
2005 Ed. (362)
2002 Ed. (486)
Matrix Canadian Strategic Equity
2004 Ed. (3627)
Matrix Capital Bank
2008 Ed. (399)
2007 Ed. (431)
2006 Ed. (1075)
2002 Ed. (4134)
Matrix CNI
2008 Ed. (1571)
Matrix Development Group
2002 Ed. (3925)
2000 Ed. (3722)
Matrix Exhibits
1994 Ed. (2049)
Matrix Information Consulting Inc.
2008 Ed. (3722, 4415, 4973)
2007 Ed. (4992)
Matrix Integration
2008 Ed. (3708, 4385, 4961)
2007 Ed. (3553, 3554, 4411)
Matrix IV Architects Inc.
2007 Ed. (3534, 4401)
2006 Ed. (3497, 4341)
Matrix Packaging
1998 Ed. (2872)
Matrix Partners
2005 Ed. (4818)
2002 Ed. (4738)
1997 Ed. (3833)
Matrix Power Services Inc.
2006 Ed. (4376)
The Matrix Reloaded
2005 Ed. (2259, 3519, 3520)
Matrix Resources Inc.
2008 Ed. (2107)
The Matrix Revolutions
2005 Ed. (3519, 3520)
Matrix Risk Consultants Inc.
2007 Ed. (4293)
2006 Ed. (4265)
2005 Ed. (4288)
2004 Ed. (4347, 4349)
Matrix Science Corp.
1990 Ed. (1247)
Matrix Service Co.
2006 Ed. (1249)
2003 Ed. (1276, 1278)
2002 Ed. (1267)
Matrix Services
1993 Ed. (3337)
Matrix Sierra Equity
2004 Ed. (3627)
Matrix Telecom
1997 Ed. (1010, 3526)
Matrix; Toyota
2008 Ed. (298, 332)
MatrixOne
2004 Ed. (2208)
2003 Ed. (2157)
Matrixx Initiatives Inc.
2008 Ed. (4360, 4363, 4367)
2005 Ed. (856, 857)
Matrixx Marketing Inc.
2000 Ed. (4193)
1999 Ed. (4555, 4556, 4557)
1998 Ed. (3478, 3481, 3483)
1997 Ed. (3697)
1996 Ed. (3641, 3642)
1995 Ed. (3556)
1994 Ed. (3485, 3486)
1993 Ed. (3512)
1992 Ed. (4205, 4206)
1991 Ed. (3282)
Matshushita
1998 Ed. (3672)
Matshushita Elec. Indl.
2000 Ed. (1773)
Matshushita Electric Industrial
2000 Ed. (2864)
Matson Navigation Co.
2007 Ed. (4887)
2006 Ed. (4895)
2005 Ed. (4842)
2003 Ed. (4877)
Matsui; Hideki
2005 Ed. (267)
Matsui; Kathy
1997 Ed. (1995)
1996 Ed. (1867)
Matsumoto Medical Instruments
1995 Ed. (1245)
Matsumotokiyoshi
2007 Ed. (4636)
Matsushima; Noriyuki
1997 Ed. (1976)
1996 Ed. (1869)
Matsushita
2000 Ed. (227, 963, 1151, 1728, 1729, 2479, 3130, 4326, 4347)
1999 Ed. (204, 1009, 1242, 1944, 1945, 1992, 2692, 2693, 2879, 2880, 3407, 4274, 4696, 4714)
1998 Ed. (107, 608, 812, 1378, 1379, 1402, 1951, 1952, 2496, 3651)
1997 Ed. (185, 880, 1072, 2789, 3844)
1996 Ed. (1405, 3194)
1995 Ed. (885, 1075, 1630, 1650, 2577, 2846, 3286, 3684, 3702)
1994 Ed. (149, 844, 875, 878, 1063, 1073, 1411, 1588, 1607, 1612, 1616, 1617, 1618, 1671, 2199, 2518, 3050, 3203, 3204, 3205, 3609, 3629, 3678)
1993 Ed. (165, 166, 829, 1032, 1550, 1551, 1562, 2569, 3648, 3667)
1992 Ed. (64, 261, 1461, 1656, 1931, 1932, 3072, 3911, 3918)
1989 Ed. (1341, 2458, 2806)
Matsushita Communication
2005 Ed. (4632)
2004 Ed. (4672)
2003 Ed. (4701)
Matsushita Communication Industrial Co., Ltd.
2002 Ed. (4431)
1995 Ed. (3099)
Matsushita Elec. Indl.
1999 Ed. (1993)
Matsushita Elec Trad
1989 Ed. (2908)
Matsushita Electric Corp.
2003 Ed. (2232)
2000 Ed. (3760)
1992 Ed. (60, 82, 1930)
1990 Ed. (1639)
1989 Ed. (1409)
Matsushita Electric Indl.
2000 Ed. (1498)
Matsushita Electric Industrial Co., Ltd.
2008 Ed. (52, 1116, 1563, 1868, 1869, 2461, 2471, 2472, 2474, 2475, 3568, 3861)
2007 Ed. (34, 49, 71, 89, 1327, 1580, 1585, 1835, 1837, 2342, 2343, 2345, 2346, 2347, 2992, 3782)
2006 Ed. (58, 85, 782, 1550, 1827, 2393, 2398, 2399, 2400, 3389, 4086, 4774)
2005 Ed. (51, 2353, 2354, 2355, 2865, 3393, 3696, 3699)
2004 Ed. (56, 1504, 1707, 1711, 2254, 2255, 2256, 2261, 3362, 3777, 3780)
2003 Ed. (1474, 2235, 2236, 2237, 2239, 2248, 2249, 2250, 3305, 3752, 4076, 4593)
2002 Ed. (253, 348, 929, 1038, 1109, 1131, 1454, 1579, 1684, 1703, 1705, 1706, 1707, 1708, 2071, 2072, 2105, 2106, 2107, 2108, 3251, 3340, 4431, 4581, 4713, 4754)
2001 Ed. (13, 74, 1032, 1614, 1620, 1621, 1624, 1764, 1766, 1767, 1768, 1769, 3648, 3651)
2000 Ed. (1493, 1494, 1495, 1496, 1497, 1772, 1795, 4262)
1999 Ed. (1470, 1581, 1689, 1690, 1691, 1692, 1994, 1995, 2030, 2116, 2117, 3116, 4047, 4614, 4615)
1998 Ed. (1038, 1166, 1417, 1420, 2046)
1997 Ed. (916, 1201, 1269, 1356, 1357, 1448, 1461, 1462, 1463, 1714, 1744, 2313, 2787, 3007, 3762)
1996 Ed. (204, 1223, 1383, 1385, 1386, 1637, 2193, 2578, 2710)
1995 Ed. (1254, 1349, 1423, 1424, 1441, 1442, 1443, 1656, 1659, 1683, 2503, 3100)
1994 Ed. (24, 26, 29, 31, 32, 46, 1235, 1319, 1320, 1365, 1391, 1393, 1394, 1410, 1645)
1993 Ed. (21, 32, 38, 41, 1175, 1207, 1274, 1277, 1337, 1356, 1357, 1564, 1584, 1586, 1587, 1612, 2176, 3007)
1992 Ed. (1459, 1494, 1497, 1568, 1569, 1655, 1657, 1658, 1678, 1959, 2865)
1991 Ed. (870, 1538, 2069, 1281, 1282, 1250, 1287, 2856, 27, 28, 31, 51, 52, 1317, 1251, 1316, 1553, 1536)
1990 Ed. (1363, 3444)
1989 Ed. (33, 39, 41, 49, 54, 1599)
Matsushita Electric Philippines
1995 Ed. (1475)
Matsushita Electric (Taiwan) Co. Ltd.
1994 Ed. (1620, 1734)
1992 Ed. (1933)
1990 Ed. (1427, 1643)
Matsushita Electric Works
2007 Ed. (1294)
1990 Ed. (1588)
1989 Ed. (1289)
Matsushita Electrical
2000 Ed. (3035)
1999 Ed. (3298)
Matsushita Electrical Industrial Co.
2000 Ed. (4263)
Matsushita Electronics
1994 Ed. (1367)
Matsushita Heavy Industries
2000 Ed. (4263)
1999 Ed. (4615)
1997 Ed. (3762)
Matsushita Home Appliance Corp. (HQ)
2000 Ed. (2880)
Matsushita-Kotobuki Electronics Industries Ltd.
1996 Ed. (1746)
Matsushita/MCA
1996 Ed. (2577)
Matsushita (Panasonic)
1997 Ed. (3812)
1992 Ed. (1890, 4363)
1991 Ed. (1490, 1491, 3437)
Matsushita Panasonic Foundation
2003 Ed. (915)
Matsushita (Panasonic, Quasar)
1992 Ed. (1036, 4395)
1991 Ed. (3447)
1990 Ed. (890, 1098, 1103, 1109, 1592, 1593, 1641, 2195, 2203, 2574, 3064, 3238, 3661, 3674)
Matsushita (Panasonic, Sylvania)
1991 Ed. (1008)
Matsushita Plasma Display Panel Co.
2006 Ed. (781)
Matsuzakaya
1990 Ed. (1497)
Matt Aizawa
2000 Ed. (2176)
1999 Ed. (2393)
Matt Bowen
2006 Ed. (2514)
Matt Brewing Co.
2001 Ed. (1023)
2000 Ed. (3127)
1998 Ed. (2491)
Matt Brewing Co.; F. X.
1997 Ed. (713)
Matt Brewing Co.; F.X.
1990 Ed. (752)
1989 Ed. (757)
Matt; F.X.
1990 Ed. (751)
Mattamy U.S. Group
2007 Ed. (1297, 1298)
Matte; Eliodoro
2008 Ed. (4857, 4878)
Mattea, Baillie & The Boys; George Strait, Kathy
1991 Ed. (1040)
Mattea; Kathy
1992 Ed. (1351)
Mattel Inc.
2008 Ed. (3106, 3441, 3542, 3543, 3881, 4704, 4707)
2007 Ed. (3340, 3341, 3344, 3413, 3414, 4784, 4785, 4786, 4789)
2006 Ed. (54, 264, 265, 3270, 3320, 3359, 3360, 4071, 4778, 4779, 4780, 4782)
2005 Ed. (243, 244, 245, 246, 1536, 3177, 3279, 3378, 3379, 4467, 4724, 4725)
2004 Ed. (240, 241, 242, 243, 1226, 1520, 3349, 3350, 4747, 4748)
2003 Ed. (915, 1490, 3207, 3208, 3209, 3285, 3286, 4772, 4773)
2002 Ed. (58, 1469, 4641, 4642)
2001 Ed. (1092, 4604)
2000 Ed. (945, 946, 955, 1346, 4275, 4277, 4280)
1999 Ed. (777, 1001, 1005, 1255, 1345, 3174, 4627, 4628, 4629, 4631, 4632, 4637)
1998 Ed. (599, 2346, 3496, 3499, 3595, 3596, 3597, 3599, 3603, 3604)
1997 Ed. (1827, 3715, 3774, 3775, 3776, 3777, 3778, 3779)
1996 Ed. (3661, 3719, 3722, 3723, 3724)
1995 Ed. (2936, 3573, 3575, 3635, 3638, 3639, 3640, 3642, 3643)
1994 Ed. (2365, 2872, 3025, 3502, 3559, 3560)
1993 Ed. (1228, 2413, 2984, 3462, 3598, 3601, 3602, 3603)
1992 Ed. (2855, 3458, 3459, 4071, 4323, 4325, 4326, 4327)
1991 Ed. (1218, 2299, 2740, 2741, 3408, 3410)
1990 Ed. (26, 35)
1989 Ed. (2855, 2856, 2857, 2858)

Mattel U.K. Ltd.
2002 Ed. (46)
Mattest (Ireland) Ltd.
2007 Ed. (1287)
Matthew
2002 Ed. (3420)
Matthew & Nicole Perrin
2005 Ed. (4862)
Matthew Barrett
1999 Ed. (1123)
Matthew Berler
2000 Ed. (2032)
1999 Ed. (2250)
1998 Ed. (1660)
1997 Ed. (1891)
Matthew Borsch
2006 Ed. (2578)
Matthew Bros. Inc.
2008 Ed. (3731, 4981)
Matthew Bucksbaum
2008 Ed. (4830)
2007 Ed. (4902)
Matthew Burnell
2000 Ed. (1924)
1998 Ed. (1567)
Matthew Clark
2000 Ed. (1927, 1929)
1999 Ed. (2159)
Matthew E. Rubel
2008 Ed. (958)
Matthew Frozen Poultry
2002 Ed. (2368)
Matthew Geller
1999 Ed. (2214)
Matthew Gloag & Son
2001 Ed. (360)
Matthew Harding
1996 Ed. (1717)
Matthew Harrigan
1999 Ed. (2409)
Matthew J. Szulik
2008 Ed. (1108)
2006 Ed. (1099)
Matthew K. Rose
2008 Ed. (942, 959)
2006 Ed. (941)
Matthew Owen
2000 Ed. (2137)
Matthew Paull
2008 Ed. (964)
2007 Ed. (1080)
2006 Ed. (987)
Matthew Perrin
2006 Ed. (4922)
Matthew Perry
2008 Ed. (2590)
Matthew Snowling
2006 Ed. (2578)
Matthew Stover
2000 Ed. (1983)
Matthew Sutherland
1997 Ed. (2000)
1996 Ed. (1910)
Matthew 25
2007 Ed. (2481)
2004 Ed. (2452)
2003 Ed. (3493)
Matthew 25 Fund
2006 Ed. (3617)
Matthews
1999 Ed. (2533)
1998 Ed. (3339)
1997 Ed. (3546)
1996 Ed. (3481)
1994 Ed. (3361)
1993 Ed. (3358)
Matthews & Wright
1989 Ed. (2656)
Matthews Asia Pacific
2006 Ed. (4569)
Matthews Asian Growth & Income
2004 Ed. (2468, 3646, 3647, 3649)
2003 Ed. (3557)
Matthews Asian Technology
2006 Ed. (3639)
Matthews Band; Dave
2008 Ed. (2583)
2007 Ed. (1267)
1997 Ed. (1113)
Matthews; Bernard
1995 Ed. (1405)
Matthews Brothers Builders
2005 Ed. (1212)
2004 Ed. (1186)
2003 Ed. (1180)
2002 Ed. (1198)
Matthews China
2008 Ed. (3771, 4511)
Matthews China Fund
2005 Ed. (3570)
Matthews International Corp.
2007 Ed. (1954, 3418)
2005 Ed. (1949, 3459)
2004 Ed. (3445, 3937)
Matthews International Japan
2001 Ed. (3503)
Matthews International Korea
1999 Ed. (3582)
1998 Ed. (2656)
Matthews International Pacific Tiger
1998 Ed. (2646)
Matthews Korea
2004 Ed. (2468, 3593, 3646, 3647)
2003 Ed. (2359, 3550)
2000 Ed. (3238)
Matthews Korea Fund
2008 Ed. (4509)
2007 Ed. (4541, 4544)
2000 Ed. (3275)
Matthews Korea I
2000 Ed. (3230, 3279)
Matthews; L. White
1997 Ed. (979)
Matthews Inc. of Delaware
1995 Ed. (3420)
Matthews Pacific Tiger Fund
2006 Ed. (4553)
Matthews; Sir Terry
2008 Ed. (4908)
2007 Ed. (4930, 4934, 4935)
2005 Ed. (4888, 4893, 4896)
Matthews; T. J.
2005 Ed. (2479)
Matthews; Terence
2005 Ed. (4874)
Matthews; Terry
1997 Ed. (3871)
Mattie King
1994 Ed. (897)
Mattingly
1990 Ed. (77)
Mattingly & Partners
1996 Ed. (62, 120)
1995 Ed. (46)
1994 Ed. (70, 106)
1993 Ed. (81, 123)
1992 Ed. (187)
Mattingly & Partners Australia
1997 Ed. (60)
Mattingly & Partners New Zealand
1997 Ed. (125)
Mattingly & Partners (NZ)
1995 Ed. (105)
Mattingly; Don
1989 Ed. (719)
Mattress Discounters Corp.
2008 Ed. (3604)
2007 Ed. (3437)
2006 Ed. (3423)
2005 Ed. (3411)
1999 Ed. (2564)
1998 Ed. (440, 1781, 3084)
1996 Ed. (1982)
1995 Ed. (2517)
1994 Ed. (677, 3097)
1993 Ed. (676, 3038)
The Mattress Firm Inc.
2008 Ed. (3604)
2007 Ed. (3437)
2006 Ed. (3423)
2005 Ed. (3411)
2003 Ed. (2781)
2000 Ed. (2297)
1999 Ed. (2555, 2556, 2558)
Mattress Giant Corp.
2008 Ed. (3604)
2007 Ed. (3437)
2006 Ed. (3423)
2005 Ed. (3411)
2002 Ed. (2582, 2585)
2001 Ed. (2740)
2000 Ed. (706, 2291, 2297)
1998 Ed. (1781, 1789)
Mattress Warehouse
1994 Ed. (677, 3097)
Mattresses & bedsprings
1996 Ed. (2566)
Mattresses/boxsprings
1999 Ed. (2541, 2542)
Mattrick; Don A.
2005 Ed. (785)
Mattson Technology Inc.
2008 Ed. (1607)
2005 Ed. (1672, 1676)
Mattu; Ravi
1997 Ed. (1953)
Matuschka
1992 Ed. (2964)
Matuschka & Co.
1991 Ed. (2227)
Matzo bread
1999 Ed. (1422)
Mau; Hui Wing
2008 Ed. (4844)
Mauboussin; Michael
1996 Ed. (1794)
Maui County, HI
1996 Ed. (1472, 1474, 1475)
Maui Divers Jewelry
2008 Ed. (1775, 1776)
Maui Electric Co. Ltd.
2003 Ed. (2134)
Maui, HI
2002 Ed. (2628)
Maui Land & Pineapple Co., Inc.
2008 Ed. (1785)
2007 Ed. (1757)
2006 Ed. (1748)
2002 Ed. (3558)
Maui Petroleum Inc.
2008 Ed. (1785)
2007 Ed. (1757)
2006 Ed. (1748)
Maui Teachers Credit Union
2006 Ed. (2161)
2004 Ed. (1934)
Maui Toyota
2008 Ed. (1785)
2007 Ed. (1757)
2006 Ed. (1748)
Maui Wowi Inc.
2006 Ed. (2621, 3988)
2005 Ed. (3247)
2004 Ed. (914, 3220)
Maui Wowi Fresh Hawaiian Blends
2008 Ed. (882)
2007 Ed. (907)
2006 Ed. (820, 3233)
2005 Ed. (905, 3914)
Maui Wowi Hawaiian Coffees & Smoothies
2008 Ed. (3408)
2007 Ed. (3293)
Maui Wowi Smoothies
2003 Ed. (3164)
2002 Ed. (3041)
Mauldin & Jenkins
2000 Ed. (19)
1998 Ed. (18)
Mauna Kea
1995 Ed. (2155)
Mauna Ken Lodge at Pebble Creek
1992 Ed. (3686)
Mauna Lani Bay
1995 Ed. (2155)
1994 Ed. (3051)
1992 Ed. (3686)
Mauna Lani Resort
2008 Ed. (1783)
2007 Ed. (1755, 1759)
2006 Ed. (1746)
Mauna Loa
2008 Ed. (3802)
2007 Ed. (3711)
2006 Ed. (799, 3728)
2003 Ed. (3654)
Mauna Loa Macadamia Nut Corp.
2003 Ed. (3655)
Mauney; Robert
1991 Ed. (2342)
Maunsell
2000 Ed. (1809)
Maunsell & Partners; G.
1993 Ed. (1614)
Maunsell Consultancy Services Ltd.
1991 Ed. (1556)
Maunsell Group
1998 Ed. (1455)
1997 Ed. (1747, 1760)
1996 Ed. (1679)
1995 Ed. (1685, 1697)
Maureen Cropper Public Relations
1995 Ed. (3017)
Maureen Kelly
2006 Ed. (2518)
Maureen Kempston-Darkes
2008 Ed. (2629)
2005 Ed. (4991)
Maurer; Jerald L.
2007 Ed. (2504)
2005 Ed. (2511)
Maurer; Lucille
1995 Ed. (3505)
1993 Ed. (3443)
1991 Ed. (3210)
Maurice & Gaby Salem
2008 Ed. (4902)
Maurice Bennett
1997 Ed. (2705)
Maurice F. Holmes
1989 Ed. (736)
Maurice Greenberg
2008 Ed. (4829)
2007 Ed. (4892)
2006 Ed. (908)
2005 Ed. (964)
2003 Ed. (4879)
2000 Ed. (1883)
Maurice L. McAlister
1990 Ed. (1712)
Maurice L. Reissman
1992 Ed. (1140)
Maurice R. Greenberg
2006 Ed. (4904)
2005 Ed. (4849)
2004 Ed. (973, 4863)
2003 Ed. (2371)
2002 Ed. (2873)
2000 Ed. (1046)
1999 Ed. (2080)
1998 Ed. (720, 724, 1514, 2138, 2139)
1997 Ed. (982, 1802)
1994 Ed. (2237)
1992 Ed. (2713)
1990 Ed. (2282)
Maurice R. Greenberg (American International Group Inc.)
1991 Ed. (2156)
Maurice Raymond Greenberg
2002 Ed. (3354)
1996 Ed. (966)
Maurice Saatchi
2000 Ed. (37)
Mauricio Reveco
1999 Ed. (2414)
Mauritania
2007 Ed. (2267)
2006 Ed. (2336)
2002 Ed. (738)
Mauritius
2008 Ed. (2200, 2402)
2007 Ed. (2090, 2267, 4599)
2006 Ed. (2146, 2336, 4612)
2005 Ed. (2053, 4531)
2004 Ed. (1918, 4597)
2002 Ed. (1811)
2001 Ed. (1946, 2232)
2000 Ed. (1609, 2364, 2366, 2367)
1999 Ed. (1780)
1997 Ed. (1541, 2562, 3633)
1996 Ed. (1476)
1995 Ed. (1517)
1994 Ed. (1485)
1992 Ed. (1729, 1730)
1991 Ed. (1380)
1990 Ed. (241, 1446)
Mauritius Co-operative Central Bank Ltd.
1991 Ed. (606)
Mauritius Commercial Bank
2008 Ed. (475)
2007 Ed. (518)
2006 Ed. (499, 4520)
2005 Ed. (576, 612)
2004 Ed. (547, 591, 623)

2003 Ed. (584, 614)
2002 Ed. (509, 620, 650, 4443, 4444)
2001 Ed. (1605)
2000 Ed. (439, 606)
1999 Ed. (446, 590, 641)
1997 Ed. (388, 556)
1996 Ed. (421, 603)
1995 Ed. (397, 544)
1994 Ed. (568)
1993 Ed. (566)
1992 Ed. (776)
1991 Ed. (606)
1989 Ed. (619)
Mauritius Stock Exchange
1995 Ed. (3512)
Mauro Auto Group
1991 Ed. (308)
Maury Harris
1999 Ed. (2190)
1998 Ed. (1604)
1996 Ed. (1833)
1995 Ed. (1855)
1994 Ed. (1815, 1837)
1990 Ed. (2285)
Maus Brothers
1991 Ed. (50)
1990 Ed. (50)
1989 Ed. (53)
Maus Freres
1991 Ed. (1355)
Maus Freres SA
1993 Ed. (3253)
Maven Management
2002 Ed. (3257)
Maverick
2003 Ed. (970)
1996 Ed. (2687)
1995 Ed. (2095)
The Maverick & His Machine
2005 Ed. (722)
Maverick County, TX
2002 Ed. (1806)
Maverick Transportation Inc.
2006 Ed. (4851)
2005 Ed. (4783)
Maverick Tube Corp.
2008 Ed. (2852, 3666)
2007 Ed. (1892, 2748, 3836)
2006 Ed. (1902, 1903, 1907, 1909, 3821)
2005 Ed. (1881, 1882, 1889, 4477)
2004 Ed. (4534, 4535)
1993 Ed. (3113)
Mavericks; Dallas
2008 Ed. (530)
2007 Ed. (579)
2006 Ed. (548)
2005 Ed. (646)
Maverik Country Stores Inc.
2008 Ed. (2179)
2007 Ed. (2071)
2006 Ed. (2123)
2005 Ed. (2020)
2004 Ed. (1894)
2003 Ed. (1858)
2001 Ed. (1903)
Mavesa
2002 Ed. (941)
2000 Ed. (985, 986)
1999 Ed. (1036, 1037)
1997 Ed. (906)
1996 Ed. (883, 884)
1994 Ed. (869)
Mavesa SA
2003 Ed. (4611)
Mavis Beacon Teaches Typing
1998 Ed. (848, 849)
1996 Ed. (1079)
1995 Ed. (1101)
Mavrix American Growth
2003 Ed. (3580, 3581)
Mavrix Canadian Strategic Equity
2004 Ed. (3626)
Mavrix Diversified
2004 Ed. (3623, 3624)
Mavrix Dividend & Income
2004 Ed. (3619)
Mavrix Emerging Companies
2004 Ed. (3630)
2003 Ed. (3572)
Mavrix Enterprise
2004 Ed. (2465, 2466, 3635)
2003 Ed. (3580, 3581)
Mavrix Explorer
2005 Ed. (3567)
Mavrix Growth
2004 Ed. (3629, 3630, 3635)
2003 Ed. (3596, 3597, 3602)
Mavrix Sierra Equity
2004 Ed. (3626)
Mavrix Strategic Bond
2004 Ed. (728, 729)
Mawer Canadian Equity
2004 Ed. (3613, 3614)
Mawer New Canada
2004 Ed. (3616, 3617)
Max
2004 Ed. (89)
Max B. Cremer II
2007 Ed. (4441)
Max Bohnstedt
1992 Ed. (2906)
Max Broock Inc.
2001 Ed. (3995)
2000 Ed. (3708)
1999 Ed. (3992)
1998 Ed. (2996)
Max Club
1997 Ed. (3862)
1996 Ed. (3815, 3816)
Max Credit Union
2008 Ed. (2216)
2007 Ed. (2101)
2006 Ed. (2180)
2005 Ed. (2085)
2004 Ed. (1944)
2003 Ed. (1904)
2002 Ed. (1845)
1996 Ed. (1510)
Max D. Soriano
1994 Ed. (2059, 2521, 3655)
Max Dial Porsche
1991 Ed. (292)
Max Dolding
2000 Ed. (2127)
Max Factor
2007 Ed. (2075, 3353)
2006 Ed. (2125)
2005 Ed. (2023)
2004 Ed. (3260)
2003 Ed. (1861, 1864)
2001 Ed. (1910, 1913, 1926, 1927, 1928, 1931, 2384)
2000 Ed. (1586, 1589, 1590, 1903, 1904, 2936, 3313)
1999 Ed. (1754, 1758, 1759, 1760, 2112, 2113, 2114, 3189, 3190)
1998 Ed. (1194, 1196, 1197)
1997 Ed. (1531, 1532, 1533, 1534, 2635, 2923)
1996 Ed. (1463, 1464, 1465)
1995 Ed. (1507, 1508, 2899)
1994 Ed. (1471, 1472, 1473)
1993 Ed. (1418, 1419, 1420)
1992 Ed. (1709, 1710, 1711)
1991 Ed. (1363)
1990 Ed. (1430, 1431, 1433, 1435, 1436, 1740)
Max Factor Lipfinity
2005 Ed. (3292)
2004 Ed. (1901)
2003 Ed. (3217)
Max Internet Communications
2002 Ed. (2476)
Max Martin Fisher
1995 Ed. (935)
Max Muscle
2008 Ed. (2742)
2007 Ed. (2613)
Max 1-10
1993 Ed. (234)
Max Plan
1993 Ed. (235)
Max Re Capital Ltd.
2003 Ed. (4321)
Max Saver
1993 Ed. (235)
Max Toberoff
1991 Ed. (2296)
Maxager Technology Inc.
2001 Ed. (2854, 2855)
MaxCare Professional Cleaning
2000 Ed. (2271)
Maxell
2007 Ed. (1229, 3952)
2002 Ed. (4755)
2000 Ed. (749)
1999 Ed. (735, 736)
1998 Ed. (475, 476, 1949, 2849)
1997 Ed. (680, 681)
1996 Ed. (749, 750)
1995 Ed. (679)
1991 Ed. (1363)
Maxell H6X Gold
2002 Ed. (4755)
Maxell 6X Silver
2002 Ed. (4755)
Maxell UR
2002 Ed. (4755)
Maxfli
2002 Ed. (2416)
1998 Ed. (25)
1997 Ed. (2153, 2154)
Maxfli/Dunlop
1998 Ed. (1856)
Maxfunds.com
2002 Ed. (4817, 4837)
Maxi Drug Inc.
2006 Ed. (2002, 4147)
Maxi Krisp
1998 Ed. (992, 3660)
1997 Ed. (1214)
Maxi-Switch
2006 Ed. (1231)
Maxicare
2002 Ed. (2463)
1990 Ed. (1994)
Maxicare California
1993 Ed. (2023)
Maxicare Communications Inc.
1989 Ed. (1924)
Maxicare Health
1996 Ed. (2081)
1990 Ed. (1988, 1989)
1989 Ed. (1039, 1578, 1579)
Maxicare Health Plans
2003 Ed. (3354)
1995 Ed. (2085)
1993 Ed. (2021)
1990 Ed. (1307, 3254)
1989 Ed. (2461)
Maxicare Healthplans
1989 Ed. (2460)
Maxicare Illinois Inc.
1990 Ed. (1995)
1989 Ed. (1585)
Maxicare Philadelphia Inc.
1990 Ed. (2000)
1989 Ed. (1587)
Maxim
2004 Ed. (139)
2003 Ed. (3275)
2002 Ed. (3228)
2001 Ed. (258, 259, 3197)
2000 Ed. (3499)
Maxim: Bond
1992 Ed. (4374)
Maxim Crane Works LLC
2006 Ed. (382)
The Maxim Group
2001 Ed. (2742)
1996 Ed. (2062, 2882)
Maxim: Growth
1992 Ed. (4377)
Maxim Healthcare
2002 Ed. (2588)
Maxim Healthcare Services
2008 Ed. (4494)
2006 Ed. (4456)
Maxim Hotel Brokerage
2008 Ed. (3071)
Maxim Integrated Products Inc.
2007 Ed. (4343)
2006 Ed. (1522, 4282, 4284, 4285, 4286)
2005 Ed. (1109, 2542, 4343, 4345)
2004 Ed. (1105, 1134, 1136, 2258, 4400, 4568)
2003 Ed. (1124, 2197, 2241, 3302, 4379, 4569)
2002 Ed. (4350)
1999 Ed. (1958, 1962, 1963)
1998 Ed. (829)
Maxim Power Corp.
2003 Ed. (1632, 1633)
Maxima
2001 Ed. (495)
1994 Ed. (715)
1991 Ed. (713)
1990 Ed. (735, 736)
1989 Ed. (734)
Maximilian E. and Marion O. Hoffman Foundation
1995 Ed. (1932)
Maximum Fence Inc.
2007 Ed. (2739)
Maximum Ride No. 2: School's Out Forever
2008 Ed. (549)
Maximum Ride: The Angel Experiment
2008 Ed. (551)
Maximum Value Plan
1997 Ed. (3829)
Maximus Inc.
2008 Ed. (1210)
2007 Ed. (2063)
2006 Ed. (2106)
2001 Ed. (4278)
Maxis Communications
2008 Ed. (60, 1899)
2007 Ed. (58, 1865)
2006 Ed. (67, 1860, 1861)
2005 Ed. (60)
2004 Ed. (65)
Maxis Communications Bhd
2006 Ed. (4518)
Max.Mobil Telekommunikation Service
2001 Ed. (15)
Maxon Hyundai
1996 Ed. (273)
1995 Ed. (270)
1994 Ed. (270)
1993 Ed. (271)
1992 Ed. (385)
Maxons Restorations
2005 Ed. (4036)
Maxoptix
1993 Ed. (1059)
MaxStream
2008 Ed. (1110)
2007 Ed. (1203)
Maxtor Corp.
2007 Ed. (1209, 1222)
2006 Ed. (1101, 1116, 1117, 3033)
2005 Ed. (1106, 1110, 1116, 1127, 1128)
2004 Ed. (1102, 1106, 1120, 1121)
2003 Ed. (1102, 1103, 1104, 1645)
2002 Ed. (1143, 1144)
2001 Ed. (1343, 4181, 4192)
1999 Ed. (1276)
1998 Ed. (822)
1997 Ed. (3725)
1994 Ed. (1265, 1548)
1993 Ed. (1052, 1222)
1992 Ed. (1304, 1312, 1832, 3682)
1991 Ed. (1024, 1442, 1520, 2841, 2853)
1990 Ed. (1125, 1127, 1976)
1989 Ed. (970, 980, 1323)
Maxtor/MiniScribe
1992 Ed. (1833)
Maxtor Peripherals (S)
2001 Ed. (1618, 1619)
Maxum Foods
2008 Ed. (1571)
Maxum Health
1995 Ed. (204)
Maxum Indemnity Co.
2006 Ed. (3100)
Maxus Energy
1995 Ed. (2581, 2582, 3436)
1994 Ed. (1628, 2524)
1992 Ed. (1559, 3083)
1991 Ed. (2465, 2466)
1990 Ed. (1300, 2584, 2585, 3562)
1989 Ed. (880, 1991)
Maxus Equity
1999 Ed. (3526)
1995 Ed. (2725)
Maxus Laureate
2001 Ed. (3436)
2000 Ed. (3291)
Maxus Realty Trust Inc.
2008 Ed. (1871)

2006 Ed. (1831)
Maxway
1990 Ed. (1522)
Maxwell
1992 Ed. (3530)
Maxwell Apparels Industries Ltd.
2002 Ed. (4425)
Maxwell Communication Corp.
2000 Ed. (390)
1996 Ed. (383)
1990 Ed. (3554)
Maxwell Communication Corp. PLC
1990 Ed. (1256, 3553)
Maxwell Communications Corp.
2002 Ed. (1462)
1999 Ed. (390)
1997 Ed. (354)
1993 Ed. (366, 367, 368, 369)
1991 Ed. (2767)
Maxwell Construction Inc.
2004 Ed. (3969)
Maxwell; David
2005 Ed. (974)
Maxwell; David O.
1992 Ed. (1142, 2050)
Maxwell Foods Inc.
2008 Ed. (4013)
Maxwell; Hamish
1993 Ed. (936, 937, 1695)
1991 Ed. (928)
1990 Ed. (975)
Maxwell House
2008 Ed. (1027, 1035)
2007 Ed. (1147, 1154)
2006 Ed. (1059)
2005 Ed. (1048, 1049)
2004 Ed. (1047, 2642)
2003 Ed. (676, 1039, 1041)
2002 Ed. (703, 1089, 1090)
2001 Ed. (1306)
1999 Ed. (710, 1215)
1998 Ed. (1714, 1716)
1997 Ed. (2031)
1996 Ed. (723, 725, 1936)
1995 Ed. (649)
1994 Ed. (693)
1993 Ed. (1004)
1992 Ed. (887, 1239, 1240, 2192, 4233)
1991 Ed. (1743, 3323, 3326, 990)
1990 Ed. (3545)
Maxwell House Instant
2002 Ed. (1089)
Maxwell House Master Blend
2005 Ed. (1048, 1049)
2004 Ed. (1047, 2634, 2642)
2003 Ed. (1039)
2002 Ed. (1089)
Maxwell Jr.; John
1995 Ed. (1851)
Maxwell Kates Inc.
1999 Ed. (4009, 4012)
Maxwell; Kevin
1993 Ed. (1693)
Maxwell/Mt. Morris
1992 Ed. (3531, 3539)
Maxwell; Robert
1993 Ed. (1693)
Maxwell Shoe Co.
2005 Ed. (1260, 4366)
2004 Ed. (4416)
Maxwell Technologies
1998 Ed. (2725)
Maxx Petroleum
1997 Ed. (1375)
Maxx; T. J.
1992 Ed. (1216)
1991 Ed. (979)
1989 Ed. (936)
Maxxam Inc.
2008 Ed. (2764, 2765)
2007 Ed. (2639, 2640)
2006 Ed. (2656, 2657)
2005 Ed. (2671, 2672)
2004 Ed. (3436, 3446)
2003 Ed. (3364, 3370, 3373, 3375)
2002 Ed. (3304, 3305, 3321)
2001 Ed. (3276, 3281)
2000 Ed. (291, 3081, 3091)
1999 Ed. (1492, 1601, 3344, 3356)
1998 Ed. (163, 2466, 2470, 2685)
1997 Ed. (236, 2749, 2756, 2947)
1996 Ed. (2605, 2614, 2850, 2851, 2852)
1995 Ed. (211, 2543, 2551, 2775, 2776)
1994 Ed. (208, 2475, 2485, 2673, 2674)
1993 Ed. (2534, 2538, 2727)
1992 Ed. (315, 3026, 3031, 3252, 3254)
1991 Ed. (220, 1201, 1211, 1213, 1218, 2418, 2611, 2612)
1990 Ed. (248, 1299)
Maxxam Group Inc.
2005 Ed. (2671, 2672)
2004 Ed. (2679, 2680)
2003 Ed. (2544)
2001 Ed. (2503)
Maxxam Properties Inc.
2003 Ed. (2544)
Maxxim Medical Inc.
2002 Ed. (3231)
1995 Ed. (214)
MAXXUM American Equity
2001 Ed. (3477, 3478)
MAXXUM Global Equity
2001 Ed. (3467, 3468)
MAXXUM Income
2003 Ed. (3587, 3588)
2001 Ed. (3460)
Maxygen Inc.
2005 Ed. (3693)
2004 Ed. (3774)
2001 Ed. (1203)
May Co.
2005 Ed. (1027)
2002 Ed. (415, 4704)
2001 Ed. (1156, 1260, 4681, 4857, 4858, 4859)
1992 Ed. (1091)
May Company
2000 Ed. (1113, 3803)
May Construction Co.
2008 Ed. (1271)
2007 Ed. (1374)
May Corporate
2000 Ed. (3547, 3809)
May Davis Group Inc.
2004 Ed. (177)
May Department Stores Co.
2007 Ed. (153, 1497, 2195)
2006 Ed. (161, 166, 1897, 1899, 1900, 1901, 1905, 1906, 1910, 2252, 4146, 4149, 4153, 4155, 4159, 4160, 4161, 4180, 4181)
2005 Ed. (150, 1569, 1876, 1878, 1880, 1884, 1885, 1888, 2008, 2165, 2166, 2167, 2969, 4093, 4094, 4097, 4101, 4102, 4104, 4105, 4116, 4134)
2004 Ed. (152, 1805, 1806, 2050, 2051, 2054, 2055, 2869, 2886, 2895, 2962, 4157, 4158, 4161, 4179, 4180, 4184)
2003 Ed. (193, 1012, 1016, 1768, 1769, 2008, 2011, 2873, 4145, 4146, 4163, 4164, 4166)
2002 Ed. (228, 1552, 1732, 2706, 4045, 4051, 4054, 4059)
2001 Ed. (1799, 2747, 4091, 4092, 4094, 4105, 4107, 4108)
2000 Ed. (206, 207, 1011, 1519, 1621, 2266, 3816, 3818)
1999 Ed. (179, 180, 1071, 1708, 1833, 1834, 4093, 4095, 4098, 4103, 4105)
1998 Ed. (74, 86, 440, 664, 685, 1178, 1258, 1259, 1260, 1261, 3078, 3083, 3084)
1997 Ed. (167, 350, 921, 922, 923, 943, 1482, 1590, 1591, 1592, 3342, 3348, 3354)
1996 Ed. (161, 162, 910, 1000, 1422, 1531, 1532, 1533, 1535, 3235, 3240, 3241, 3245, 3247, 3251, 3426)
1995 Ed. (149, 150, 916, 931, 1021, 1550, 1551, 1554, 3143, 3146, 3147, 3352)
1994 Ed. (10, 131, 132, 133, 886, 888, 1009, 1520, 1521, 1522, 1544, 2210, 3093, 3095, 3096, 3098, 3100, 3101, 3102, 3271, 3295)
1993 Ed. (150, 151, 863, 866, 889, 1442, 1475, 1476, 1497, 2489, 3040, 3041, 3042, 3281, 3300)
1992 Ed. (37, 235, 236, 1089, 1785, 1786, 1789, 1791, 1792, 1816, 2636, 3729, 3730, 3732, 3954)
1991 Ed. (879, 2889, 1411, 1412, 1427, 2887, 2888, 2895, 2896, 3239, 170, 171, 886, 1052, 3115)
1990 Ed. (173, 1162, 1267)
1989 Ed. (1235, 1237, 1238, 1239, 2320, 2322, 2327)
May Department Stores/Associated Dry Goods
1991 Ed. (1145)
May Dept. Stores
1989 Ed. (866)
May 8, 1996
1999 Ed. (3668)
May International Co.; George S.
1996 Ed. (3878)
1995 Ed. (3792)
1994 Ed. (1126, 3668)
1993 Ed. (1103, 3733)
1991 Ed. (811)
1990 Ed. (853)
May 7, 1996
1999 Ed. (3668)
May 6, 1932
1989 Ed. (2750)
May Stores
1991 Ed. (3241)
May 13, 1996
1999 Ed. (4397)
May 31, 1988
1989 Ed. (2746)
May 3, 1996
1999 Ed. (3668)
May 29-October 9, 1946
1989 Ed. (2749)
May 23, 1996
1999 Ed. (3668)
May 2, 1996
1999 Ed. (4398)
Maya Angelou
2002 Ed. (3077)
2001 Ed. (3943)
Maya Construction
1992 Ed. (2404)
1989 Ed. (270)
Maya Telecom Inc.
2007 Ed. (2514)
Mayaguez
2002 Ed. (4396)
Mayank Patel
2007 Ed. (2465)
Mayban Securities (Holdings) Sdn. Bhd.
2004 Ed. (1787)
2002 Ed. (1721)
Maybank
2008 Ed. (473)
2007 Ed. (516)
2006 Ed. (497)
2005 Ed. (575)
2004 Ed. (589)
2003 Ed. (582)
2002 Ed. (617)
2000 Ed. (603, 1296, 1298, 1299, 2884)
1999 Ed. (587, 1701, 1702, 3137)
1997 Ed. (551, 1475, 2593)
1996 Ed. (597, 1415, 2447)
1995 Ed. (1454)
1994 Ed. (2348)
Maybelline
2008 Ed. (672, 2180, 2182, 2183, 2184, 2187, 3450, 3777, 3877, 3878)
2007 Ed. (2073, 2074, 2075, 3353)
2006 Ed. (2125, 2126, 2127, 3800)
2005 Ed. (2023)
2004 Ed. (1899, 1900, 3260)
2003 Ed. (1859, 1860, 1861, 1864, 3215, 3625)
2002 Ed. (1800)
2001 Ed. (1908, 1909, 1910, 1913, 2384, 3516, 3517)
2000 Ed. (1586, 1587, 1589, 1590, 1903, 1904, 2936, 3313)
1999 Ed. (1754, 1755, 1758, 1759, 1760, 2111, 2112, 2113, 2114, 3189, 3190)
1998 Ed. (1194, 1196, 1197)
1997 Ed. (1531, 1532, 1533, 1534, 2635, 2923)
1996 Ed. (767, 1463, 1464, 1465, 1583)
1995 Ed. (1507, 1508, 2899)
1994 Ed. (49, 1471, 1472, 1473)
1993 Ed. (18, 1418, 1419, 1420)
1992 Ed. (30, 709, 1710, 1711)
1991 Ed. (1363)
1990 Ed. (56, 1430, 1431, 1433, 1435, 1436, 1740, 1741)
Maybelline Cool Effect
2003 Ed. (1862)
Maybelline Expert Eyes
2005 Ed. (2024)
2004 Ed. (1901)
2003 Ed. (1862)
Maybelline Express Finish
2004 Ed. (3660)
2003 Ed. (3624)
Maybelline Full 'n Soft
2003 Ed. (1862)
Maybelline Great Lash
2008 Ed. (2186)
2005 Ed. (2024)
2004 Ed. (1896, 1901)
2003 Ed. (1862)
Maybelline Lash Discovery
2004 Ed. (1896)
Maybelline Moisture
2008 Ed. (3449)
Maybelline Moisture Whip
2003 Ed. (3217)
1998 Ed. (1355, 2361)
Maybelline Shades of You
2000 Ed. (1588)
1999 Ed. (1757)
Maybelline Superstay
2008 Ed. (3449)
Maybelline Volum
2008 Ed. (2186)
Maybelline Volume Express
2003 Ed. (1862)
Maybelline Wet Shine
2004 Ed. (1896, 1901, 3659)
2003 Ed. (3217)
Maybelline XXL
2008 Ed. (2186)
Maybelline's Shades of You
1994 Ed. (1470)
Maybin Support Services
2005 Ed. (1989)
Mayborn Gp
1993 Ed. (3474)
Maydan; Dan
1997 Ed. (1797)
Mayer & Co.
2001 Ed. (208)
2000 Ed. (170)
1997 Ed. (143)
1996 Ed. (137)
Mayer Brown & Platt
2004 Ed. (3226)
2003 Ed. (3174, 3178)
2002 Ed. (3056)
2001 Ed. (562, 3051, 3052, 3054)
2000 Ed. (2891, 2894)
1999 Ed. (3141, 3148)
1998 Ed. (2324, 2327)
1997 Ed. (2595, 2597)
1996 Ed. (2450, 2452)
1995 Ed. (2412, 2416)
1993 Ed. (2395)
1992 Ed. (2832, 2838)
1991 Ed. (2283)
1990 Ed. (2417)
Mayer, Brown, Rowe & Maw
2006 Ed. (3243, 3246, 3251)
2005 Ed. (3254, 3256, 3265)
2004 Ed. (1409, 3224)
Mayer, Brown, Rowe & Maw LLP
2008 Ed. (3417, 3420, 3437, 4725)
2007 Ed. (3301, 3305, 3310)
2006 Ed. (3249)
2005 Ed. (3525)

Mayer; Don
2006 Ed. (2514)
Mayer Electric Supply Co., Inc.
2008 Ed. (3692, 4951, 4986)
2007 Ed. (3529, 3530, 4984)
The Mayer Family
1994 Ed. (892)
Mayer Food Division; Oscar
1997 Ed. (2048)
Mayer Foods Corp.; Oscar
1997 Ed. (2732, 2734, 3144, 3145)
1996 Ed. (2583, 2590, 3058, 3062)
1995 Ed. (1909, 2519, 2523, 2527, 2959, 2963, 2964, 2966)
1994 Ed. (1882, 2451, 2455, 2458, 2459, 2903, 2907, 2909, 2911)
1993 Ed. (1878, 2514, 2521, 2522, 2525, 2572, 2887, 2888, 2890, 2892, 2898)
1992 Ed. (3508, 3510, 3512)
Mayer; Hapy
2006 Ed. (2514)
Mayer Hoffman McCann
2008 Ed. (1)
2007 Ed. (2)
2006 Ed. (1, 3)
1999 Ed. (16)
1998 Ed. (12)
Mayer Homes
2005 Ed. (1239)
2004 Ed. (1215)
2003 Ed. (1208)
2002 Ed. (1208)
2000 Ed. (1233)
1995 Ed. (1133)
Mayer; Michael
1997 Ed. (1886, 1888)
1996 Ed. (1812, 1813)
1995 Ed. (1834, 1836)
Mayer; Oscar
1997 Ed. (2088)
Mayer Pollock Steel Corp.
1996 Ed. (1146)
1993 Ed. (1134)
1992 Ed. (1421)
1991 Ed. (1088)
1990 Ed. (1203)
Mayfair
2001 Ed. (1233)
Mayfair Bank
1993 Ed. (571)
1992 Ed. (782)
1990 Ed. (643)
Mayfair Mills, Inc.
1990 Ed. (1044)
Mayfair Regent
1990 Ed. (2098)
Mayfair Super Markets
1990 Ed. (3494)
1989 Ed. (2778)
Mayfield
2008 Ed. (3670)
2003 Ed. (3410, 3411)
2001 Ed. (2547, 3309, 3310, 3312)
2000 Ed. (2281)
1993 Ed. (1907, 2121)
Mayfield Building Supply
1996 Ed. (816, 823, 825)
Mayfield Dairy Farms
2008 Ed. (3125)
Mayfield Farms
2000 Ed. (3133, 3134)
Mayfield Fund
2005 Ed. (4818)
2002 Ed. (4738)
1998 Ed. (3663, 3664, 3665)
1997 Ed. (3833)
Mayflower
2008 Ed. (622)
Mayflower Co-op Bank MA
2000 Ed. (3387)
Mayflower Co-operative Bank
2008 Ed. (1916)
2003 Ed. (511)
Mayflower Group
1995 Ed. (3333, 3669, 3670)
1994 Ed. (361, 3222, 3224, 3254)
1991 Ed. (3096)
1990 Ed. (3246)
1989 Ed. (2467)
Mayflower PAM Balanced Growth
1997 Ed. (2918)
Mayflower Transit
2007 Ed. (4846)
2005 Ed. (4745)
2004 Ed. (4768)
2003 Ed. (4784)
2002 Ed. (3406)
2000 Ed. (3177)
1999 Ed. (3459, 4676)
1998 Ed. (2544, 3636)
1997 Ed. (3810)
1996 Ed. (3760)
1995 Ed. (2626, 3681)
1994 Ed. (2571, 3603)
1993 Ed. (2610, 3643)
1992 Ed. (3121)
1991 Ed. (2496)
Mayflower Transit LLC
2008 Ed. (4768)
Mayflower Vehicle Systems
2004 Ed. (322)
Mayhew Inc.; Ronald D.
1994 Ed. (1142)
1992 Ed. (1422)
1991 Ed. (1089)
Maykin Ho
2000 Ed. (2012)
1999 Ed. (2214)
1998 Ed. (1630)
1997 Ed. (1858)
Mayland; Kenneth
1991 Ed. (2160)
1989 Ed. (1753)
Maynard & Co., Inc.; H. B.
2008 Ed. (2036)
Maynard Cooper
2001 Ed. (723)
Maynard Jackson
1993 Ed. (2513)
1992 Ed. (2987)
Mayne Group Ltd.
2005 Ed. (1659)
2004 Ed. (1632, 1640, 1649)
Mayne Nickless
2003 Ed. (1613, 1620)
2002 Ed. (4674)
Mayo A. Shattuck
2000 Ed. (386)
Mayo Aviation Inc.
2008 Ed. (4992)
Mayo Clinic
2008 Ed. (1048, 2891, 3042, 3043, 3044, 3045, 3046, 3048, 3050, 3051, 3052, 3053, 3054, 3055, 3056, 3057, 3787, 3788, 3793, 3798)
2007 Ed. (2919, 2920, 2921, 2922, 2923, 2925, 2927, 2928, 2929, 2930, 2931, 2932, 2933, 2934, 3953)
2006 Ed. (1883, 2900, 2901, 2902, 2903, 2904, 2905, 2906, 2908, 2909, 2910, 2911, 2912, 2913, 2914, 2915, 2916, 4016)
2005 Ed. (2894, 2895, 2896, 2897, 2898, 2899, 2901, 2902, 2903, 2904, 2905, 2906, 2907, 2908, 2909, 2910, 3947)
2004 Ed. (2908, 2909, 2910, 2911, 2912, 2913, 2915, 2916, 2917, 2918, 2919, 2920, 2921, 2922, 2923, 2924, 3974)
2003 Ed. (2805, 2806, 2807, 2808, 2809, 2811, 2812, 2813, 2814, 2815, 2816, 2817, 2819, 2820, 2821, 2834, 2836, 3971)
2002 Ed. (2600, 2601, 2602, 2603, 2604, 2605, 2607, 2608, 2609, 2610, 2611, 2612, 2613, 2615, 2616, 3801)
2000 Ed. (2508, 2509, 2510, 2511, 2512, 2513, 2514, 2515, 2516, 2517, 2519, 2520, 2521, 2522, 2523, 2524)
1999 Ed. (2728, 2729, 2730, 2731, 2732, 2733, 2734, 2735, 2736, 2737, 2738, 2739, 2740, 2741, 2742, 2743, 2744, 2745)
1995 Ed. (2140)
1994 Ed. (897)
Mayo Clinic Arizona
2008 Ed. (1558, 2889)
Mayo Clinic Hospital
2008 Ed. (3063)
Mayo Clinic Jacksonville Inc.
2007 Ed. (2770)
2005 Ed. (2790)
2004 Ed. (2797)
Mayo Clinic Proceedings
2007 Ed. (4798)
Mayo Clinic Rochester
2006 Ed. (1886, 3903)
2005 Ed. (1869, 2790, 3835)
2004 Ed. (1799, 2796, 2797)
2003 Ed. (1762)
Mayo Clinic-St. Mary's Hospital
2008 Ed. (3059)
2006 Ed. (2918)
Mayo/FCB Publicidad
2000 Ed. (158)
1999 Ed. (141)
1997 Ed. (131)
Mayo Foundation
2006 Ed. (3710, 3711, 3712, 3716, 3720, 3722, 3785)
2004 Ed. (3526)
2003 Ed. (3466, 3470)
2002 Ed. (3292, 4062)
2001 Ed. (1794, 2669)
1992 Ed. (3258)
Mayo Medical Center Inc.
2004 Ed. (1799)
2003 Ed. (1762)
2001 Ed. (1794)
Mayo Medical School
2001 Ed. (3253)
2000 Ed. (3072)
Mayo Mita
2000 Ed. (2169)
1999 Ed. (2386)
Mayonnaise
2003 Ed. (4215)
2002 Ed. (4083)
1991 Ed. (733)
Mayor
1989 Ed. (2092)
Mayor, Day & Caldwell
1992 Ed. (2837)
1991 Ed. (2287)
Mayorga Coffee Roaster Inc.
2008 Ed. (2954)
Mayors Jewelers Inc.
2005 Ed. (3245, 3246)
2004 Ed. (3218)
Mayr-Melnhof
1997 Ed. (3847)
Mays California Inc.
2007 Ed. (1609)
Mays Chemical Co.
2007 Ed. (196, 3553)
May's Drug Stores
2002 Ed. (2036)
Mays; Harry
1992 Ed. (2903)
Mays; L. L.
2005 Ed. (2502)
Mays; L. Lowry
2006 Ed. (914)
2005 Ed. (970)
Mays; Randall
2008 Ed. (967)
2007 Ed. (1079)
2006 Ed. (986)
2005 Ed. (991)
Maysek; Ann
1997 Ed. (1928)
Maysville Division
2000 Ed. (2935)
Maytag
2008 Ed. (2348, 2988, 2992, 3088, 3089, 3835, 4548)
2007 Ed. (136, 1819, 1820, 2339, 2872, 2965, 2966, 4530)
2006 Ed. (143, 1471, 1812, 1813, 2298, 2395, 2397, 2878, 2948, 3395)
2005 Ed. (739, 1626, 1641, 1827, 1828, 2338, 2340, 2341, 2949, 2950, 2951, 2953, 2956, 2962, 2967, 4459)
2004 Ed. (1604, 1616, 1760, 1761, 2237, 2242, 2867, 2868, 2870, 2871, 2878, 2949, 2950, 2953, 2957, 4487)
2003 Ed. (744, 1216, 1578, 1590, 1723, 1724, 2194, 2196, 2772, 2774, 2864, 2865, 3303, 4537)
2002 Ed. (1079, 1221, 1566, 1568, 1694, 1990, 2082, 2695, 2700, 3945, 4352, 4515, 4516, 4781)
2001 Ed. (1040, 1453, 1602, 1753, 2037, 2736, 2737, 2808, 2809, 3600, 3601, 4027, 4731)
2000 Ed. (1111, 1242, 1483, 1691, 2577, 2582, 3735, 4136, 4137, 4366)
1999 Ed. (1190, 1344, 1480, 1550, 1683, 1883, 2117, 2801, 2804, 4020, 4502, 4503, 4741)
1998 Ed. (759, 1170, 1315, 2042, 2045, 2046, 3032, 3428, 3429, 3697)
1997 Ed. (1017, 1018, 1456, 1640, 2114, 2310, 2313, 2314, 3278, 3655, 3656, 3865)
1996 Ed. (2190, 2195)
1995 Ed. (1019, 1020, 1436, 1576, 1969, 2121, 2176, 2180, 3082, 3723)
1994 Ed. (1007, 1008, 1404, 1547, 1940, 2124, 2125, 2128, 2518, 3030, 3454, 3455, 3649)
1993 Ed. (981, 982, 1351, 1499, 1917, 2104, 2105, 2569, 2988, 3478, 3480, 3686)
1992 Ed. (1206, 1207, 1830, 1831, 2258, 2515, 2516, 2520, 2522, 3072, 3650, 4155, 4420, 4421)
1991 Ed. (972, 973, 1441, 1785, 1958, 1959, 1960, 1963, 3243, 3471)
1990 Ed. (1046, 1047, 1295, 1527, 1874, 2038, 2103, 2104, 2110, 2112, 3681)
1989 Ed. (1622)
Maytag (Admiral)
1992 Ed. (2431)
1991 Ed. (1924)
Maytag Appliance
1996 Ed. (1400, 2191, 2193)
Maytag/Jenn-Air, Hardwick, Magic Chef
1992 Ed. (4156, 4158)
Maytag (Magic Chef)
1992 Ed. (2242, 2243)
1991 Ed. (1777, 1778)
Maytex Mills
2007 Ed. (582)
Mazal Fuel Co. Inc.
1994 Ed. (2052, 2055)
Mazama Capital Mgmt.
2000 Ed. (2823)
Mazarin Mining Corp.
1997 Ed. (1374)
Mazars
2006 Ed. (7)
Mazatlan General Rafael Buelna International
2001 Ed. (350)
Mazda
2007 Ed. (313)
2006 Ed. (317, 4855)
2003 Ed. (306, 357)
2000 Ed. (340)
1999 Ed. (338, 4567)
1998 Ed. (225, 226, 227, 3498)
1997 Ed. (299, 2229)
1996 Ed. (322, 3748, 3749)
1995 Ed. (312, 2587)
1994 Ed. (307, 313, 3585)
1993 Ed. (265, 266, 305, 307, 308, 311, 320, 330, 331, 335, 337, 1312, 2581)
1992 Ed. (437, 438, 445, 455, 456, 462, 463, 4348)
1991 Ed. (317, 326, 3425)
1990 Ed. (300, 343, 358, 359, 364, 367)
1989 Ed. (308, 320, 1409)
Mazda B-series
2001 Ed. (477)
Mazda Canada
2008 Ed. (4921)
Mazda Demio
1999 Ed. (339)

Mazda Gator Bowl
1990 Ed. (1841)
Mazda Miata
1996 Ed. (316)
1992 Ed. (435, 453)
Mazda Miata MX-5
1991 Ed. (2579)
Mazda Millenia
1997 Ed. (311)
1996 Ed. (348)
Mazda Motor Corp.
2008 Ed. (287, 3758)
2007 Ed. (317, 3646)
2006 Ed. (137)
2005 Ed. (288)
2004 Ed. (285, 288, 289, 291, 292, 293, 294, 295, 296, 298, 299, 4919)
2003 Ed. (304, 318, 319, 323, 325, 326, 330)
2002 Ed. (349, 365, 375)
2001 Ed. (453, 506, 1765)
1997 Ed. (307, 1359, 1826)
1995 Ed. (317, 670, 1342, 2241)
1994 Ed. (298, 302, 304, 308, 316, 317, 1367)
1992 Ed. (60)
1990 Ed. (36)
1989 Ed. (325)
Mazda MX-5 Miata
1993 Ed. (328)
Mazda MX-6
1995 Ed. (3431)
1993 Ed. (325)
1992 Ed. (450)
Mazda 929
1992 Ed. (451)
Mazda of Oxnard
1994 Ed. (275)
Mazda 1/2 ton Pickup
1998 Ed. (223)
Mazda Protege
2006 Ed. (315)
1997 Ed. (311)
1993 Ed. (324)
1992 Ed. (449)
Mazda RX-7
1993 Ed. (328)
1992 Ed. (453)
1989 Ed. (344)
Mazda 626
2001 Ed. (487)
1998 Ed. (226)
1993 Ed. (327)
1992 Ed. (452)
1991 Ed. (350)
Mazda3
2008 Ed. (298)
Mazeikiu Nafta
2006 Ed. (4516)
2002 Ed. (4440)
Mazeikiu Nafta AB
2008 Ed. (1720)
2007 Ed. (1690)
Mazel Stores Inc.
2005 Ed. (2210)
2004 Ed. (2107, 4825, 4912, 4913)
2003 Ed. (2073)
Mazola
2003 Ed. (3684, 3686)
1995 Ed. (2507)
1992 Ed. (75)
Mazuma Credit Union
2008 Ed. (2242)
2007 Ed. (2127)
2006 Ed. (2206)
2005 Ed. (2111)
2004 Ed. (1969)
2003 Ed. (1929)
2002 Ed. (1875)
Mazzaferro Jr.; Aldo
1996 Ed. (1825)
Mazzio's
2000 Ed. (3787)
1998 Ed. (3065)
1993 Ed. (2864)
1991 Ed. (2751)
1990 Ed. (2872)
Mazzio's Pizza
2008 Ed. (3995)
2007 Ed. (3969)
2004 Ed. (4138)
2002 Ed. (4022)
1999 Ed. (4068)
1997 Ed. (3337)
1994 Ed. (2887)
1989 Ed. (2235)
Mazzocchi Wrecking Inc.
2008 Ed. (1256)
2007 Ed. (1359)
2005 Ed. (1310)
2004 Ed. (1303)
Mazzocco; Dante
1993 Ed. (790)
MB
2000 Ed. (91)
MB Acquisition Inc.
2005 Ed. (1968)
M.B. Contractors Inc.
1994 Ed. (1143)
1993 Ed. (1126)
MB Financial Bank NA
2008 Ed. (394)
2007 Ed. (416)
2006 Ed. (424)
MB Pivara
2008 Ed. (80)
2007 Ed. (74)
MB Staffing Services LLC
2008 Ed. (3739, 4437)
MB Trading
2008 Ed. (738)
2007 Ed. (760, 762)
2006 Ed. (663)
2002 Ed. (4807)
MB Var "B" Spmgr: Ltd. Mat
1994 Ed. (3615)
MBACareers.com
2008 Ed. (3728, 4979)
MBank
1995 Ed. (353)
1991 Ed. (412)
MBank Corpus Christi NA
1991 Ed. (2814)
MBank Dallas
1989 Ed. (694, 695)
MBank Dallas NA
1990 Ed. (698)
1989 Ed. (513)
MBank Houston
1989 Ed. (695)
mbanx direct
2001 Ed. (631)
Mbasogo; Teodoro Obiang Nguema
2007 Ed. (2703)
MBB
1991 Ed. (1897, 1898)
MBB-Messerschmitt-Bolkow-Blohm GmbH
1989 Ed. (199)
MBC Leasing Corp.
2003 Ed. (569)
MBC/O & M
1997 Ed. (84)
MBC/O&M
1999 Ed. (85)
MBF
1999 Ed. (961)
MBF Australia
2005 Ed. (3909)
2004 Ed. (3082, 3964, 3966)
2003 Ed. (3955)
2002 Ed. (3777)
MBF Capital
2000 Ed. (2885)
Mbf Capital Bhd.
2000 Ed. (2194)
1999 Ed. (2436)
MBf Finance
1993 Ed. (2386)
MBf Holdings
1993 Ed. (2386)
MBI Inc.
2007 Ed. (132, 2357)
2006 Ed. (139)
1996 Ed. (159)
1995 Ed. (145)
1994 Ed. (130)
MBIA Inc.
2008 Ed. (2370, 4536)
2007 Ed. (1525, 2230)
2006 Ed. (1780, 4458)
2005 Ed. (3052, 3071, 3072, 3085, 4455)
2004 Ed. (2609, 3036, 3060, 3061, 4483)
2003 Ed. (2959, 4533)
2002 Ed. (4350)
2000 Ed. (2672)
1999 Ed. (1478, 3489, 3490, 3491, 3492, 3493, 3494, 3495, 3496, 3497, 3498, 3499)
1997 Ed. (2006)
1996 Ed. (1916, 2259)
1995 Ed. (1872, 3305)
1994 Ed. (1842, 3223)
1993 Ed. (3217)
1992 Ed. (2145)
1990 Ed. (1775)
1989 Ed. (1424)
MBIA Insurance Corp.
2001 Ed. (743, 4035)
2000 Ed. (3206, 3207, 3208, 3209, 3210, 3211, 3212, 3213, 3214, 3215, 3216)
1998 Ed. (1044, 1692, 2579, 2580, 2581, 2582, 2583, 2584, 2585, 2586, 2587, 2588)
MBK Real Estate
1998 Ed. (875)
MBL/BBDO Canada Inc.
1995 Ed. (54)
MBL Group
2000 Ed. (3044, 3045, 3046, 3048, 3049)
MBL Life Assurance Corp.
1998 Ed. (2184)
MBM Corp.
2000 Ed. (2242)
1993 Ed. (1888)
1991 Ed. (1758)
MBMA America Bank
1998 Ed. (2531)
MBNA Corp.
2008 Ed. (358, 486, 686, 1405)
2007 Ed. (134, 370, 532, 717, 1443, 2553, 2555, 2915)
2006 Ed. (380, 402, 1212, 1670, 1671, 1673, 1690, 2420, 2580, 2581, 2583, 2585)
2005 Ed. (358, 378, 417, 447, 449, 625, 626, 1253, 1750, 1752, 2046, 2578, 2579, 2581, 2583, 2600)
2004 Ed. (440, 636, 637, 1224, 1694, 1696, 2603, 2605, 3306)
2003 Ed. (446, 449, 627, 628, 1215, 1663, 1665, 4549)
2002 Ed. (502, 503, 504, 1219, 1632, 1818, 2261)
2001 Ed. (569, 594, 621, 622, 1452, 1678)
2000 Ed. (380, 392, 393, 397, 422, 427, 428, 430, 431, 432, 1241, 1405, 3745, 3746)
1999 Ed. (379, 393, 427, 437, 438, 1475, 1795, 4028, 4029)
1998 Ed. (273, 283, 291, 293, 331)
1997 Ed. (337, 345, 1847)
1996 Ed. (362, 1767)
1995 Ed. (350, 3324)
1994 Ed. (345, 348, 349, 3244)
1993 Ed. (376, 409, 460, 1438, 1439, 1440, 1441, 1445, 3117, 3250)
MBNA America
2005 Ed. (2048)
2001 Ed. (580)
2000 Ed. (1617)
1999 Ed. (1790, 1794)
MBNA America Bank
2007 Ed. (374)
2006 Ed. (370, 376, 377, 388, 390, 391, 393)
2005 Ed. (367, 368, 369, 382, 383, 430, 432, 433, 435)
2004 Ed. (356, 357, 358, 363, 364, 424, 426, 429)
2000 Ed. (400, 404, 405, 414)
1999 Ed. (402, 406, 408, 417, 439, 2120)
1998 Ed. (303, 332, 1043, 1046, 1050, 1132, 1205, 1207, 1210, 1211, 1212, 1558)
1997 Ed. (336, 372, 382, 384, 449, 1350, 1380, 1549, 1550, 1551, 1552, 1553, 2815)
1995 Ed. (346, 373, 392, 394, 454, 1525, 1526, 1527, 1529)
1994 Ed. (342, 364, 397, 399, 465, 1494, 1496, 1498, 1499, 1501)
MBNA America Bank NA
2007 Ed. (353, 359, 360, 371, 373, 376)
2003 Ed. (377, 378, 379, 384, 385, 430, 432, 435)
2002 Ed. (440, 442, 481, 489, 506, 508, 3210)
1998 Ed. (298, 302, 346)
1996 Ed. (361, 415, 417, 485, 1486, 1487, 1488, 1489, 1491)
1992 Ed. (543, 569, 649, 1745, 1746, 1748)
MBNA America Bank NA (Newark)
1991 Ed. (496)
MBNA America Delaware NA
2008 Ed. (1701)
2007 Ed. (1675)
2006 Ed. (1671)
MBNA American Bank
1999 Ed. (1343, 1476, 1597, 2142)
MBNA Canada Bank
2008 Ed. (2713)
2007 Ed. (413, 2573)
2006 Ed. (1601, 1625, 2604)
MBNA Consumer Services Inc.
2008 Ed. (1701)
2007 Ed. (1675)
2006 Ed. (1671)
2001 Ed. (1678)
The MBNA Foundation
2005 Ed. (2676)
MBNA Information Services Inc.
1997 Ed. (1554)
1996 Ed. (1492)
MBNA Marketing Systems Inc.
2001 Ed. (1678)
MBO
2002 Ed. (1984)
2000 Ed. (1677, 1678)
MBR Associates & Family Britches
1999 Ed. (4338)
MBRT Venture Capital Fund
2006 Ed. (3619)
MBS
1990 Ed. (3465)
MBS Fassaden und Metallbau AG
1994 Ed. (2483)
MBS Love Unlimited Inc.
1999 Ed. (4338)
MBT Financial Corp.
2002 Ed. (443)
MC Inc.
1994 Ed. (3298)
MC & A
1999 Ed. (135)
1996 Ed. (122)
1995 Ed. (107)
1992 Ed. (189)
MC & A Saatchi & Saatchi
2003 Ed. (129)
2002 Ed. (161)
2001 Ed. (190)
2000 Ed. (153)
MC Assembly
2004 Ed. (2232)
MC Carran International Airport
2008 Ed. (236)
MC Direct
2002 Ed. (1985)
MC Fertilizer Group
1990 Ed. (1757)
M.C. Futures
1994 Ed. (1069)
MC Mediacom Service GmbH
2007 Ed. (112)
MC Sporting Goods
1997 Ed. (3560)
1996 Ed. (3494)
MC Sports
1992 Ed. (4046)
1991 Ed. (3167)
MCA Inc.
1997 Ed. (1237, 1269)
1996 Ed. (2578, 2744, 3032)
1995 Ed. (1254)
1994 Ed. (1235)
1993 Ed. (1175, 1207)

1992 Ed. (1459, 1461, 1494, 1497, 1986, 2980, 3109)
1991 Ed. (1579, 2739, 3330, 2391)
1990 Ed. (261, 262, 263, 2663, 2861, 3550)
1989 Ed. (255, 2228, 2273)
MCA Concerts
1998 Ed. (2931)
1997 Ed. (3179)
1996 Ed. (3101)
MCA/Decca
1999 Ed. (1788)
MCA-Universal
1995 Ed. (2615)
1994 Ed. (2562)
McAdams; Rachel
2008 Ed. (2590)
McAdams, Richman & Ong Inc.
1994 Ed. (108)
1993 Ed. (127)
1992 Ed. (197)
1991 Ed. (142)
1990 Ed. (3079)
1989 Ed. (151)
McAdams Inc.; William Douglas
1997 Ed. (57)
1991 Ed. (2398)
1990 Ed. (57)
1989 Ed. (60)
McAdoo; Robert
1995 Ed. (1802)
McAfee Inc.
2007 Ed. (1232)
2006 Ed. (1126)
McAfee & Taft
2001 Ed. (566)
McAfee Associates
1998 Ed. (1877, 3409)
McAfee VirusScan
2000 Ed. (1171)
McAfee.com Corp.
2005 Ed. (4673)
2004 Ed. (4558, 4561, 4565)
2002 Ed. (4882)
McAlister; Maurice L.
1990 Ed. (1712)
McAlister's Deli
2008 Ed. (4272)
2007 Ed. (4238)
2006 Ed. (4223)
2005 Ed. (4169)
2004 Ed. (4118, 4121, 4240)
2003 Ed. (4219)
2002 Ed. (4089)
McAllen/Brownsville, TX
1996 Ed. (156, 2114)
1995 Ed. (142)
1994 Ed. (128, 2058)
1993 Ed. (57, 2042)
McAllen Economic Development Corp.
2008 Ed. (3472)
McAllen-Edinburg-Mission, TX
2008 Ed. (3459, 4349)
2007 Ed. (2374)
2005 Ed. (2028, 2031, 2976, 2991, 3470, 4796)
2004 Ed. (3222)
2003 Ed. (2084)
2002 Ed. (2732, 3330)
2000 Ed. (1076)
1999 Ed. (1173, 3370)
1995 Ed. (2113, 3779)
1994 Ed. (2495)
1993 Ed. (2555)
McAllen-Edinburg-Pharr, TX
2008 Ed. (3510)
McAllen-Edinburg, TX
2007 Ed. (3361)
McAllen-Edinburgh-Mission, TX
2000 Ed. (4365)
McAllen-Mission, TX
2008 Ed. (3112, 3119)
McAllen, TX
2008 Ed. (1040, 2488, 3456)
2007 Ed. (1157, 2367)
2006 Ed. (2129, 2424, 2449, 2857, 4863)
2005 Ed. (1057, 2378, 4792)
2003 Ed. (972, 3241)
1992 Ed. (4242)
McAlpine; Alfred
1996 Ed. (1356)
McAlpin's
1995 Ed. (1552)
McAndrews & Forbes Holdings Inc.
1993 Ed. (3563)
McArdle Printing Co., Inc.
2006 Ed. (4357)
McArthur Homes
2003 Ed. (1209)
McAulay; Ronald
2008 Ed. (4844)
McAuliffe; James
2005 Ed. (4885)
1997 Ed. (1927)
MCB Financial Corp.
2003 Ed. (525, 526, 527)
McBain, Noel-Johnson
1995 Ed. (2226, 2227)
McBains
1999 Ed. (2837, 2840)
McBride
2006 Ed. (3809)
McBride & Associates Inc.
2004 Ed. (4985)
2003 Ed. (1356)
2002 Ed. (2542, 2546)
2001 Ed. (2714)
2000 Ed. (2449, 2468, 4005)
1999 Ed. (2665, 2680, 4284)
1998 Ed. (1927, 1941, 3289)
1997 Ed. (2213, 2221, 2223, 2224, 3495)
1996 Ed. (2067, 3400)
1995 Ed. (2100, 3287)
1992 Ed. (2405, 2406, 2407)
McBride & Son
2000 Ed. (1233)
1998 Ed. (918)
McBride & Son Enterprises
2005 Ed. (1239)
2004 Ed. (1200, 1215)
2003 Ed. (1208)
2002 Ed. (1208)
McBride & the Ride
1995 Ed. (1120)
McBride Corporate Real Estate
2000 Ed. (3712)
McBride; Martina
1996 Ed. (1094)
McBryde Credit Union
2006 Ed. (2163)
1996 Ed. (1510)
MCC
2002 Ed. (3815)
1999 Ed. (3930)
1998 Ed. (2937, 2946)
MCC Behavioral Care
1996 Ed. (2561)
McCabe; Richard
1997 Ed. (1915)
1996 Ed. (1842)
McCaffertys Management
2004 Ed. (3962)
McCaffrey; Robert H.
1991 Ed. (1631)
McCain
2008 Ed. (716)
1999 Ed. (2533)
1994 Ed. (1923)
McCain Chips
2002 Ed. (2368)
McCain Ellio's
1995 Ed. (1945, 2951)
1994 Ed. (2886)
McCain Food Ltd.
2000 Ed. (2230)
McCain Foods
2008 Ed. (2745)
2007 Ed. (2615)
2006 Ed. (2647, 3984)
2005 Ed. (3911)
2004 Ed. (1669)
2003 Ed. (2567)
2001 Ed. (2477)
1999 Ed. (2472)
1998 Ed. (1713)
1997 Ed. (2039)
1996 Ed. (1942)
1994 Ed. (1877)
McCain Foods USA
2008 Ed. (2785)
2001 Ed. (2480)
McCain; G. Wallace
1997 Ed. (3871)
McCain; Harrison
2005 Ed. (4866)
McCain; John
1992 Ed. (1038)
McCain; Wallace
2008 Ed. (4856)
2005 Ed. (4866, 4875, 4876)
McCall
1990 Ed. (2977)
McCall Design Group
2008 Ed. (3347)
2007 Ed. (3205)
McCall, Parkhurst & Horton
2001 Ed. (744)
2000 Ed. (3199, 3679, 3858)
1999 Ed. (3485, 3486, 3967, 4143)
1998 Ed. (2574, 2575, 2968, 3158, 3617)
1997 Ed. (2840, 3384)
1996 Ed. (2724, 2726, 2731, 3138, 3287)
1995 Ed. (1629, 2647, 2652, 3037, 3188)
1993 Ed. (2617, 2626, 2940, 3101, 3622)
1991 Ed. (2015, 2531, 2534, 2782, 2925)
1990 Ed. (2292)
McCall Parkhurst & Horton LLP
2007 Ed. (3649)
McCall Toyota; Sterling
1993 Ed. (287)
1991 Ed. (297)
1990 Ed. (322)
McCallen-Edinburg-Mission, TX
1997 Ed. (2767)
McCallen, TX
1996 Ed. (2204)
McCallie Associates Inc.
2008 Ed. (3719, 4410, 4970)
2007 Ed. (3575, 3576, 4432)
2006 Ed. (3525, 4364)
McCallion Staffing Specialists
2000 Ed. (4229)
McCallister; Michael
2008 Ed. (2640)
2007 Ed. (2512)
2006 Ed. (2531)
McCallister; Michael B.
2008 Ed. (942)
2007 Ed. (960, 1021)
McCall's
2002 Ed. (3226)
2000 Ed. (3462, 3480)
1999 Ed. (1857, 3771)
1998 Ed. (1278, 2801)
1997 Ed. (3050)
1996 Ed. (2963)
1995 Ed. (2884, 2887)
1994 Ed. (2787, 2788)
1993 Ed. (2790, 2795, 2805)
1992 Ed. (3380, 3381)
1991 Ed. (2704)
1990 Ed. (2795)
McCann Direct
1998 Ed. (1288)
1997 Ed. (1616)
1995 Ed. (1566)
1993 Ed. (1488)
McCann-Erickson
2005 Ed. (97, 101)
2004 Ed. (103, 105, 123, 124, 134)
2003 Ed. (49, 53)
2002 Ed. (83, 86, 137)
2000 Ed. (43, 61, 64, 71, 73, 78, 87, 88, 89, 104, 111, 118, 128, 147, 150, 151, 165, 168, 173, 177, 180, 181, 187, 188, 191)
1999 Ed. (37, 56, 57, 58, 82, 132, 150, 155, 161, 168)
1998 Ed. (30, 54, 56, 62)
1997 Ed. (58, 59, 60, 63, 64, 67, 73, 75, 70, 78, 80, 81, 82, 89, 90, 92, 96, 97, 98, 102, 104, 107, 108, 110, 116, 117, 124, 130, 131, 132, 134, 135, 137, 139, 141, 142, 143, 144, 145, 146, 147, 149, 150, 151, 152, 153, 156, 157, 158, 1615)
1996 Ed. (73, 81, 82, 100, 127, 131, 150)
1995 Ed. (81, 87)
1994 Ed. (68, 79, 84, 85, 92, 93, 100, 105, 123)
1993 Ed. (79, 81, 83, 84, 85, 87, 88, 89, 90, 91, 93, 94, 95, 99, 100, 101, 102, 103, 105, 106, 111, 112, 114, 116, 118, 119, 120, 122, 123, 128, 130, 131, 135, 136, 137, 138, 139, 140, 141, 142, 144, 145, 1487)
1992 Ed. (119, 121, 143, 157, 162, 179, 186, 191, 201, 207, 4228)
1991 Ed. (72, 73, 74, 75, 82, 86, 88, 95, 107, 113, 118, 126, 136, 140, 141, 143, 145, 150, 159, 840, 3317, 92)
1990 Ed. (13, 74, 75, 76, 77, 78, 86, 88, 90, 96, 109, 114, 120, 127, 134, 135, 136, 143, 145, 147, 150, 160)
1989 Ed. (79, 83, 89, 101, 110, 111, 114, 119, 126, 128, 134, 138, 145, 149, 150, 152, 154, 156, 160, 161, 167, 168, 169, 171)
McCann-Erickson AB
2000 Ed. (176)
1996 Ed. (143)
McCann-Erickson Advertising
2003 Ed. (43)
2002 Ed. (77)
2001 Ed. (104, 233)
2000 Ed. (60)
1996 Ed. (69)
McCann-Erickson Advertising of Canada
1995 Ed. (53, 54)
1992 Ed. (130, 132, 215)
1991 Ed. (84)
McCann-Erickson Albania
2003 Ed. (41)
McCann-Erickson Argentina
1996 Ed. (61)
McCann-Erickson AS (Denmark)
2000 Ed. (85)
McCann-Erickson Athens
2003 Ed. (78)
2002 Ed. (113)
2001 Ed. (140)
2000 Ed. (100)
1999 Ed. (94)
McCann-Erickson Barbados
2003 Ed. (47)
2002 Ed. (81)
1999 Ed. (61)
1996 Ed. (65)
1995 Ed. (49)
McCann-Erickson Co. (Belgium)
2000 Ed. (66)
1999 Ed. (62)
1996 Ed. (66)
1995 Ed. (50)
1994 Ed. (72)
1992 Ed. (125)
1991 Ed. (78)
1990 Ed. (81)
McCann-Erickson Brazil
1992 Ed. (128)
1991 Ed. (80)
McCann-Erickson, Brown, Christensen
1992 Ed. (187)
McCann-Erickson Budapest
2003 Ed. (83)
2002 Ed. (116)
2001 Ed. (143)
2000 Ed. (103)
1999 Ed. (99)
McCann-Erickson Business Communications
2001 Ed. (234)
McCann-Erickson Cambodia
2003 Ed. (56)
2002 Ed. (89)
2001 Ed. (117)
1999 Ed. (69)
McCann-Erickson Canada
1994 Ed. (74, 75)
McCann-Erickson Centroamericana
2003 Ed. (61, 70, 79, 82)
2002 Ed. (94, 105, 114, 115)
2001 Ed. (123, 133, 142)
2000 Ed. (81, 91, 101, 102)
1999 Ed. (75, 85, 97)

1997 Ed. (74, 84, 95)
1996 Ed. (84, 94)
1995 Ed. (60, 71, 80)
1992 Ed. (137, 145, 156)
1991 Ed. (89, 97, 106)
1990 Ed. (91, 98, 108)
1989 Ed. (95, 112, 113)
McCann-Erickson Centroamericano
1994 Ed. (80)
McCann-Erickson Chile
1999 Ed. (72)
1997 Ed. (71)
1996 Ed. (70)
1992 Ed. (134)
McCann-Erickson China
1997 Ed. (72)
McCann-Erickson Colombia
2003 Ed. (60)
2002 Ed. (93)
2001 Ed. (122)
2000 Ed. (80)
1999 Ed. (74)
1989 Ed. (94)
McCann-Erickson Columbia
1992 Ed. (136)
McCann-Erickson Communications
2002 Ed. (131)
McCann-Erickson Communications Group
2003 Ed. (155)
2002 Ed. (191)
2001 Ed. (218)
2000 Ed. (178)
McCann-Erickson Corp SA
2000 Ed. (163)
McCann-Erickson Croatia
2003 Ed. (62)
2002 Ed. (95)
2001 Ed. (124)
2000 Ed. (82)
1999 Ed. (76)
1996 Ed. (75)
1995 Ed. (61)
McCann-Erickson de Panama
1992 Ed. (194)
1991 Ed. (139)
1990 Ed. (139)
1989 Ed. (148)
McCann-Erickson de Publicadad
1995 Ed. (57)
McCann-Erickson de Publicidad
2003 Ed. (42, 58)
2002 Ed. (76, 91)
1994 Ed. (77)
McCann-Erickson de Publicidad Argentina
2001 Ed. (103)
McCann-Erickson de Publicidad (Chile)
2001 Ed. (120)
McCann-Erickson de Venezuela
1996 Ed. (151)
McCann-Erickson De Villiers
1992 Ed. (205)
McCann-Erickson Denmark
2003 Ed. (65)
2002 Ed. (98)
2001 Ed. (127)
1999 Ed. (79)
1996 Ed. (78)
McCann Erickson Detroit
2005 Ed. (113)
2004 Ed. (114)
2001 Ed. (128, 129)
2000 Ed. (86)
1999 Ed. (80)
1998 Ed. (53)
1997 Ed. (79)
1996 Ed. (79)
1994 Ed. (83)
McCann-Erickson Deutschland
2003 Ed. (76)
2002 Ed. (111)
2001 Ed. (138)
2000 Ed. (97)
1999 Ed. (91)
1996 Ed. (89)
McCann-Erickson DeVilliers
1991 Ed. (148)
1990 Ed. (148)
McCann-Erickson Dominicana
1999 Ed. (81)
1992 Ed. (142)
1991 Ed. (93)
1990 Ed. (95)
1989 Ed. (99)
McCann-Erickson EBLA Group
2003 Ed. (154)
2002 Ed. (190)
McCann-Erickson Ecuador
1999 Ed. (83)
McCann-Erickson Finland
1992 Ed. (148)
1991 Ed. (98)
1990 Ed. (101)
McCann-Erickson France
2003 Ed. (74)
2002 Ed. (110)
2001 Ed. (137)
2000 Ed. (96)
1999 Ed. (90)
1996 Ed. (88)
1994 Ed. (88)
1992 Ed. (149)
1991 Ed. (99)
McCann-Erickson Germany
1994 Ed. (89)
1992 Ed. (150)
1991 Ed. (100)
1990 Ed. (104)
1989 Ed. (108)
McCann-Erickson Greece
1990 Ed. (106)
McCann-Erickson Group
2003 Ed. (160)
2002 Ed. (200)
1992 Ed. (209)
1990 Ed. (151)
1989 Ed. (162)
McCann-Erickson Group Malaysia
1996 Ed. (113)
McCann-Erickson Guangming
2003 Ed. (59)
2002 Ed. (92)
2001 Ed. (121)
2000 Ed. (79)
1999 Ed. (73)
1996 Ed. (71)
1995 Ed. (58)
McCann-Erickson Guanming
1994 Ed. (78)
McCann-Erickson Hakuhodo
1994 Ed. (98)
1993 Ed. (115)
1989 Ed. (127)
McCann-Erickson Hakuhodo Japan
1991 Ed. (119)
McCann-Erickson Hellas
1997 Ed. (93)
1996 Ed. (92)
1995 Ed. (78)
1994 Ed. (91)
1992 Ed. (154)
1991 Ed. (103)
McCann-Erickson Hong Kong
1996 Ed. (95)
McCann-Erickson/Hora
1996 Ed. (130)
1995 Ed. (116)
1994 Ed. (111)
1992 Ed. (200)
1991 Ed. (144)
1990 Ed. (144)
McCann-Erickson/Hora Publicidade
1989 Ed. (153)
McCann-Erickson Hungary
1996 Ed. (96)
McCann-Erickson India
2003 Ed. (84)
2002 Ed. (117)
2001 Ed. (144)
McCann-Erickson Interpress
1992 Ed. (158)
McCann-Erickson Ireland
2003 Ed. (89)
2002 Ed. (122)
2001 Ed. (149)
1999 Ed. (106)
1996 Ed. (102)
McCann-Erickson Italiana
2003 Ed. (91)
2002 Ed. (124)
2001 Ed. (151)
2000 Ed. (113)
1999 Ed. (108)
1997 Ed. (106)
1996 Ed. (104)
1995 Ed. (89)
1994 Ed. (97)
1992 Ed. (168)
1991 Ed. (116)
1990 Ed. (118)
1989 Ed. (124)
McCann-Erickson Jamaica
2003 Ed. (93)
2002 Ed. (126)
2001 Ed. (153)
2000 Ed. (115)
1999 Ed. (110)
1996 Ed. (106)
1995 Ed. (91)
1992 Ed. (170)
McCann-Erickson Japan
2003 Ed. (94)
2002 Ed. (127)
2001 Ed. (154)
2000 Ed. (116)
1999 Ed. (111)
1996 Ed. (107)
1995 Ed. (92)
1992 Ed. (171)
1990 Ed. (121)
McCann-Erickson Jardine
1991 Ed. (87)
McCann-Erickson Jardine China
1992 Ed. (135)
1990 Ed. (89)
McCann-Erickson Kazakhstan
2003 Ed. (96)
2002 Ed. (129)
2001 Ed. (156)
McCann-Erickson Kenya
2003 Ed. (97)
2002 Ed. (130)
2001 Ed. (157)
2000 Ed. (119)
1999 Ed. (113)
1996 Ed. (108)
1995 Ed. (93)
1992 Ed. (173)
1991 Ed. (120)
1990 Ed. (122)
McCann-Erickson Ljubljana
2003 Ed. (147)
McCann-Erickson London
2002 Ed. (204)
2001 Ed. (232)
McCann-Erickson Lorin
1992 Ed. (181)
McCann-Erickson Los Angeles
1999 Ed. (119)
1997 Ed. (115)
1996 Ed. (112)
McCann-Erickson Malaysia
2003 Ed. (106)
2002 Ed. (140)
2001 Ed. (168)
1999 Ed. (122)
1995 Ed. (97)
1992 Ed. (178)
1991 Ed. (125)
1990 Ed. (126)
1989 Ed. (133)
McCann-Erickson Manchester
2000 Ed. (1676)
1996 Ed. (1551)
1994 Ed. (1534)
McCann-Erickson Mexico
2003 Ed. (121)
2002 Ed. (149)
2001 Ed. (179)
2000 Ed. (141)
1999 Ed. (123)
1996 Ed. (114)
1995 Ed. (98)
1994 Ed. (101)
McCann-Erickson Nederland
2003 Ed. (126)
2002 Ed. (155)
1995 Ed. (102)
1994 Ed. (103)
1992 Ed. (183)
1990 Ed. (130)
McCann-Erickson New York
1990 Ed. (132)
1989 Ed. (142)
McCann-Erickson New Zealand
2003 Ed. (127)
2002 Ed. (159)
2001 Ed. (187)
1999 Ed. (133)
1994 Ed. (106)
McCann-Erickson Norway
1992 Ed. (192)
McCann-Erickson of Canada Ltd.
1992 Ed. (131)
McCann-Erickson Co. Paraguay
2001 Ed. (195)
2000 Ed. (157)
1999 Ed. (140)
1996 Ed. (126)
1995 Ed. (111)
1992 Ed. (195)
1990 Ed. (140)
McCann-Erickson Pars
1992 Ed. (217)
1991 Ed. (158)
McCann-Erickson Pars AS
1989 Ed. (170)
McCann-Erickson Peru
1999 Ed. (141)
1992 Ed. (196)
1990 Ed. (141)
McCann-Erickson Philippines
2003 Ed. (136)
2002 Ed. (168)
2001 Ed. (197)
2000 Ed. (160)
1999 Ed. (143)
1996 Ed. (128)
1995 Ed. (114)
1994 Ed. (109)
1992 Ed. (198)
McCann-Erickson Portugal
1999 Ed. (145)
McCann-Erickson Portugal Publicidade
2003 Ed. (138)
2002 Ed. (170)
2001 Ed. (199)
2000 Ed. (162)
McCann-Erickson Prague
2003 Ed. (64)
2002 Ed. (97)
2001 Ed. (126)
2000 Ed. (84)
1999 Ed. (78)
1996 Ed. (77)
1995 Ed. (63)
1994 Ed. (81)
McCann-Erickson Publicadade
1995 Ed. (52)
McCann-Erickson Publicidad
2003 Ed. (68, 135)
2002 Ed. (87, 103, 167)
2001 Ed. (131, 196, 239)
2000 Ed. (189)
1995 Ed. (137)
McCann-Erickson Publicidad de Venezuela
2003 Ed. (179)
2002 Ed. (208)
McCann-Erickson Publicidad (Peru)
2000 Ed. (158)
McCann-Erickson Publicidade
2003 Ed. (54)
2001 Ed. (115)
1999 Ed. (67)
1996 Ed. (68)
1994 Ed. (73)
McCann-Erickson Puerto Rico
2003 Ed. (139)
2002 Ed. (172)
2001 Ed. (201)
1999 Ed. (146)
1994 Ed. (112)
McCann-Erickson Republica Dominicana
2003 Ed. (67)
2002 Ed. (100)
2001 Ed. (130)
McCann-Erickson Romania
2003 Ed. (142)
2002 Ed. (175)
2001 Ed. (203)
McCann-Erickson (Russia)
2003 Ed. (143)
2002 Ed. (176)
2001 Ed. (204)

1999 Ed. (148)
1996 Ed. (133)
McCann-Erickson SA de Publicidad
2000 Ed. (59)
McCann-Erickson S.A. Group
1991 Ed. (151)
McCann-Erickson Senegal
2000 Ed. (167)
McCann-Erickson Singapore
2003 Ed. (145)
2002 Ed. (178)
2001 Ed. (206)
1996 Ed. (135)
1995 Ed. (121)
1994 Ed. (114)
1992 Ed. (204)
1991 Ed. (147)
McCann-Erickson Slovakia
2003 Ed. (146)
2002 Ed. (179)
2001 Ed. (207)
1999 Ed. (151)
1996 Ed. (136)
1995 Ed. (122)
McCann-Erickson Slovenia
2000 Ed. (170)
1999 Ed. (152)
1996 Ed. (137)
1995 Ed. (123)
McCann-Erickson South Africa
1999 Ed. (153)
1996 Ed. (138)
1995 Ed. (124)
1994 Ed. (115)
1989 Ed. (157)
McCann-Erickson South Korea
2003 Ed. (149)
2000 Ed. (120)
1999 Ed. (114)
1996 Ed. (109)
1994 Ed. (99)
McCann-Erickson Spain
2003 Ed. (150)
2002 Ed. (186)
2001 Ed. (210)
2000 Ed. (174)
1999 Ed. (156)
1996 Ed. (141)
1994 Ed. (118)
McCann-Erickson Sweden
2003 Ed. (152)
2002 Ed. (188)
2001 Ed. (215)
1999 Ed. (158)
1994 Ed. (119)
1992 Ed. (211)
1991 Ed. (153)
1990 Ed. (153)
1989 Ed. (164)
McCann-Erickson (Switzerland)
2003 Ed. (153)
2002 Ed. (189)
2001 Ed. (217)
1999 Ed. (160)
1996 Ed. (144)
1994 Ed. (120)
1992 Ed. (212)
1991 Ed. (154)
1990 Ed. (154)
1989 Ed. (165)
McCann-Erickson Taiwan
1996 Ed. (145)
1995 Ed. (131)
1994 Ed. (121)
1992 Ed. (213)
1991 Ed. (155)
1990 Ed. (155)
McCann-Erickson Thailand
2003 Ed. (157)
2002 Ed. (197)
2001 Ed. (224)
1999 Ed. (162)
1996 Ed. (146)
1995 Ed. (132)
1994 Ed. (122)
1992 Ed. (214)
1991 Ed. (156)
1990 Ed. (156)
McCann-Erickson Trinidad
2003 Ed. (158)
2002 Ed. (198)
2001 Ed. (225)
1999 Ed. (163)
1996 Ed. (147)
1995 Ed. (133)
1992 Ed. (216)
1991 Ed. (157)
1990 Ed. (158)
McCann-Erickson U.K.
2001 Ed. (231)
1999 Ed. (93)
1996 Ed. (91)
1994 Ed. (90)
1992 Ed. (151)
1991 Ed. (101)
1990 Ed. (105)
1989 Ed. (109)
McCann-Erickson United Kingdom
2003 Ed. (164)
2002 Ed. (205)
2000 Ed. (99)
McCann-Erickson/Universal McCann
2000 Ed. (130, 131, 132, 133, 134, 135, 136, 137, 138, 140)
McCann-Erickson Uruguay
2003 Ed. (177)
2002 Ed. (206)
2001 Ed. (237)
1999 Ed. (167)
1992 Ed. (218)
McCann-Erickson Uzbekistan Ltd.
2003 Ed. (178)
2002 Ed. (207)
2001 Ed. (238)
McCann-Erickson Venezuela
1994 Ed. (125)
McCann-Erickson Vietnam
2003 Ed. (180)
2002 Ed. (209)
2001 Ed. (240)
2000 Ed. (190)
1999 Ed. (169)
McCann-Erickson World Group
2000 Ed. (110)
McCann-Erickson WorldGroup
2003 Ed. (37)
McCann-Erickson Worldwide
2008 Ed. (119, 123)
2007 Ed. (109, 114, 116)
2006 Ed. (107, 109, 120, 122)
2005 Ed. (110, 116, 117)
2004 Ed. (112, 117)
2003 Ed. (28, 29, 36, 38, 39, 40, 44, 87, 165, 166, 167, 175, 176)
2002 Ed. (63, 65, 70, 71, 72, 73, 74, 78, 101, 102, 119, 184, 211)
2001 Ed. (97, 98, 99, 100, 101, 102, 105, 110, 146, 164, 186, 188, 202, 220, 221, 222, 223, 3249)
2000 Ed. (42, 44, 45, 46, 47, 48, 49, 50, 51, 52, 53, 56)
1999 Ed. (35, 36, 38, 39, 40, 41, 43, 44, 45, 46, 47, 48, 49, 51, 53, 54, 105)
1998 Ed. (31, 32, 33, 34, 35, 36, 39, 40, 41, 42, 43, 44, 46, 48, 49, 51, 597, 3493, 3494)
1997 Ed. (37, 38, 39, 40, 41, 42, 44, 45, 47, 49, 50, 53, 54, 56, 85)
1996 Ed. (39, 40, 41, 42, 43, 44, 45, 47, 48, 49, 50, 51, 52, 53, 57)
1995 Ed. (25, 26, 27, 28, 29, 30, 32, 33, 34, 37, 38, 39, 40, 41, 42)
1994 Ed. (50, 51, 53, 54, 55, 57, 58, 60, 61, 62, 66, 67)
1993 Ed. (59, 60, 61, 62, 63, 64, 66, 67, 69, 70, 72, 76, 80, 97, 117)
1992 Ed. (101, 102, 103, 104, 105, 107, 109, 110, 114, 115, 118, 120, 146, 147, 165, 175, 3598)
1991 Ed. (58, 59, 62, 63, 67, 68, 111, 132)
1990 Ed. (58, 60, 61, 62, 64, 66, 67, 68, 71, 72, 112)
1989 Ed. (60, 66, 74, 118)
McCann-Ericksone Barbados
2001 Ed. (108)
McCann-Erikson
1998 Ed. (64)
McCann Healthcare
1998 Ed. (38)
1989 Ed. (141)
McCann-Ivory Coast
2003 Ed. (92)
2002 Ed. (125)
2001 Ed. (152)
McCann; James
1997 Ed. (1883)
1990 Ed. (1769)
McCann Relationship Marketing
2003 Ed. (2067)
2002 Ed. (1979, 1981)
1999 Ed. (1861)
McCann Relationship Marketing Worldwide
2003 Ed. (2065, 2066)
McCants & Gerald
1991 Ed. (2528)
McCar Development
1999 Ed. (1325)
McCarran Airport
1997 Ed. (220, 222)
McCarran International
2000 Ed. (271)
McCarter & English
2002 Ed. (3060)
2001 Ed. (873)
2000 Ed. (2900)
1999 Ed. (3155)
1998 Ed. (2331)
1997 Ed. (2599)
1995 Ed. (2419)
1994 Ed. (2354)
1993 Ed. (2160, 2401)
1992 Ed. (2843)
1991 Ed. (2015, 2289)
1990 Ed. (2423)
1989 Ed. (1884)
McCarter, Jennifer
1993 Ed. (1079)
McCarter Sisters
1993 Ed. (1079)
The McCarters
1994 Ed. (1100)
McCarthy
2002 Ed. (1247, 1249, 1260)
2001 Ed. (1398)
2000 Ed. (1200)
1999 Ed. (1321, 1357, 1358)
1998 Ed. (891)
1997 Ed. (1126, 1151)
1996 Ed. (1105, 1112, 1122)
1995 Ed. (1124, 1149)
1994 Ed. (1109, 1131)
1993 Ed. (1085)
1992 Ed. (1357, 1424)
1989 Ed. (1000)
McCarthy and McCarthy
1991 Ed. (2293)
1990 Ed. (2416, 2427)
McCarthy & Stone
2008 Ed. (1204)
McCarthy Building Co.
2003 Ed. (1255, 1260, 1264, 1277)
2002 Ed. (1213)
McCarthy Building Cos.
2008 Ed. (1180, 1182, 1223, 1228, 1238, 1241, 1242, 1247, 1252, 1314, 1340, 2915, 4056)
2007 Ed. (1280, 1282, 1338, 1350, 1382, 1391, 4029)
2006 Ed. (1174, 1176, 1237, 1238, 1245, 1329, 1346, 2792, 3992)
2005 Ed. (3918)
2004 Ed. (1267, 1289)
McCarthy; Carol
1991 Ed. (2406)
McCarthy Construction Co.
2004 Ed. (1356)
McCarthy Cosby Paul
1993 Ed. (1487)
McCarthy; Ian J.
2008 Ed. (947)
2007 Ed. (1025)
McCarthy, Jr.; Walter J.
1990 Ed. (1718)
McCarthy; Kevin
2006 Ed. (2579)
McCarthy Mambro Bertino
2004 Ed. (106, 127, 128)
2003 Ed. (169)
McCarthy; Robert
2006 Ed. (2578)
McCarthy Tetrault
2005 Ed. (1444, 1445)
2004 Ed. (1427, 1428)
1999 Ed. (3147)
1997 Ed. (2596)
1996 Ed. (2451)
1995 Ed. (2415)
1994 Ed. (2357)
1993 Ed. (2394, 2405)
1992 Ed. (2831, 2846)
1991 Ed. (2282)
McCarthy Tire Service
2007 Ed. (4755)
2006 Ed. (4746)
2005 Ed. (4696)
McCarthy's Oldsmobile; Wally
1995 Ed. (282)
McCartney; John
1997 Ed. (1797, 1804)
1996 Ed. (1716)
McCartney; Paul
2008 Ed. (2583)
2007 Ed. (1267)
2005 Ed. (2443, 2444)
1996 Ed. (1093)
1995 Ed. (1117, 1118, 1118)
1992 Ed. (1348, 1350, 1350, 1350, 1350)
McCartney; Sir Paul
2007 Ed. (3658, 4932)
2005 Ed. (4894)
The McCarty Co.
1998 Ed. (1774)
The McCarty Co. - Construction Group Inc.
2007 Ed. (1379)
McCaughan
1991 Ed. (775)
McCaughan Anz
1990 Ed. (810)
McCausland; Peter
2008 Ed. (2633)
McCaw
1990 Ed. (918)
McCaw Cellular
1989 Ed. (863)
McCaw Cellular Communications Co.
1997 Ed. (1245, 1250, 1251)
1996 Ed. (1191, 1193, 1199, 1204, 1205, 1209, 2888, 2890, 2894, 3595)
1995 Ed. (1222)
1994 Ed. (877, 1213, 2705, 3287, 3492)
1993 Ed. (2381, 2755, 3517)
1992 Ed. (1067, 1458, 1458, 1459, 1461, 1516, 3317, 3318, 4198, 4212)
1991 Ed. (872, 2654, 3285, 1154, 1169, 3332)
1990 Ed. (3521)
McCaw; Craig O.
2007 Ed. (4905)
2006 Ed. (4910)
2005 Ed. (4856)
1995 Ed. (1729)
1991 Ed. (925, 1619)
McCaw/Lin Cellular
1991 Ed. (871)
McCaw Resort Development Enterprises
2005 Ed. (1873)
McCay Duff & Co.
2008 Ed. (278)
McChord AFB
1996 Ed. (2645)
McChord Air Force Base
1998 Ed. (2500)
McClain Finion Advertising
2002 Ed. (99, 4987)
McClain Finlon
2004 Ed. (133)
McClain Finlon Advertising
2008 Ed. (120, 121, 4993)
2007 Ed. (110, 111, 4987, 4990)
2006 Ed. (4991, 4993)
2005 Ed. (112, 4994)
2004 Ed. (113, 4988, 4989)
2003 Ed. (66, 4990)
2002 Ed. (4986)
2000 Ed. (4430)
McClain Finton Advertising Inc.
1999 Ed. (4811)
McClain Industries Inc.
2002 Ed. (2151)

2001 Ed. (2304)
1999 Ed. (2059)
1998 Ed. (1491)
1997 Ed. (1780)
McClain; Sally
1997 Ed. (3916)
McClain; Temerlin
1994 Ed. (117)
McClane Co.
1993 Ed. (1157)
1990 Ed. (1045)
McClatchy Co.
2008 Ed. (3783)
2007 Ed. (3699)
2006 Ed. (3704)
2005 Ed. (3424, 3598, 3599, 3600)
2004 Ed. (2417, 3411, 3683, 3684, 3685)
2003 Ed. (2336, 3641, 4026)
2002 Ed. (3283)
2001 Ed. (3540)
2000 Ed. (3333)
McClatchy Newspapers Inc.
1998 Ed. (1042)
McClellan AFB
1996 Ed. (2645)
McClellan Cruz/Gaylord & Associates
1996 Ed. (235)
McClellan; Mark
2005 Ed. (3203)
McClellan; Stephen
1997 Ed. (1872, 1879)
1996 Ed. (1799)
1994 Ed. (1789)
1993 Ed. (1806)
1991 Ed. (1677)
McClelland Home for Adults
1999 Ed. (4338)
McClellands
2004 Ed. (4315)
2003 Ed. (4305)
2002 Ed. (4175)
2001 Ed. (4162)
2000 Ed. (3868)
1998 Ed. (3165, 3169)
McClellom; Stephen
1995 Ed. (1828)
McClements, Jr.; Robert
1993 Ed. (1706)
1992 Ed. (2064)
McClements, Jr.; Robert A.
1991 Ed. (1633)
McClendon; Aubrey K.
2007 Ed. (1021)
2006 Ed. (930)
McClendon; Bruce
1991 Ed. (2548)
McClier Corp.
2006 Ed. (2454)
2001 Ed. (405, 406, 407)
2000 Ed. (1793)
1999 Ed. (1339, 1383)
McClinton; Delbert
1995 Ed. (1120)
McColgan; John
2005 Ed. (4884)
McColl; Jim
2008 Ed. (4900)
McColl, Jr.; Hugh L.
1996 Ed. (381, 959, 1709)
1994 Ed. (357)
McCollam; Sharon
2007 Ed. (1060)
2006 Ed. (963)
McCollister's Transportation Systems
2004 Ed. (4768)
2003 Ed. (4784)
McCollough
1999 Ed. (3168)
McCollough; W. Alan
2007 Ed. (2503)
McCollugh; Newton
1993 Ed. (1701)
McCollum/Spielman Worldwide
1992 Ed. (2977)
McCollum; Timothy
1996 Ed. (1799, 1801)
1995 Ed. (1828)
1994 Ed. (1789)
McComb; Len
1993 Ed. (3444)
McCombs Automotive
1999 Ed. (317)
1998 Ed. (205)
McCombs Mazda; Red
1991 Ed. (285)
McCombs School of Business; University of Texas
2005 Ed. (800, 810, 815)
McCombs School of Business; University of Texas-Austin
2008 Ed. (772, 787, 789, 794, 795, 796)
2007 Ed. (797, 808, 818)
2006 Ed. (724)
MCCommunications
2005 Ed. (3974)
2004 Ed. (4030)
2003 Ed. (4003)
2001 Ed. (3935)
McConnell, Budd & Downes Inc.
2001 Ed. (554)
McConnell Douglas
1996 Ed. (3509)
McConnell Dowell Corp. Ltd.
1998 Ed. (970)
McConnell; Patricia
1997 Ed. (1905)
1996 Ed. (1832)
1995 Ed. (1854)
1994 Ed. (1836)
1993 Ed. (1772, 1774, 1833)
1992 Ed. (2138)
McConnell Valdes Kelley Sifre Griggs & Ruiz-Suria
1991 Ed. (2535)
McConnells
1989 Ed. (122)
McConnells Advertising
1991 Ed. (114)
McCook; Michael
2006 Ed. (1201)
McCook National Bank
1989 Ed. (214)
McCord Travel Management
2000 Ed. (4300)
1998 Ed. (3623)
McCorkindale; D. H.
2005 Ed. (2502)
McCorkindale; Douglas
2005 Ed. (970)
McCorkindale; Douglas H.
2006 Ed. (913, 2532)
2005 Ed. (2517)
McCormick Co.
2008 Ed. (190, 191, 192, 193, 195)
2007 Ed. (203, 204, 206, 208)
2006 Ed. (195, 196, 197, 198, 200)
2005 Ed. (183, 184, 185, 186, 188, 2732)
2000 Ed. (4353)
1999 Ed. (2586, 3204, 3209)
1998 Ed. (2373)
1997 Ed. (1643, 2139, 2653)
1996 Ed. (2514, 3800)
1995 Ed. (2465, 3714)
1994 Ed. (2384)
1993 Ed. (1366, 2434)
1992 Ed. (2870)
1991 Ed. (1213, 3335)
McCormick Advertising
1997 Ed. (51)
1996 Ed. (56)
1995 Ed. (35)
1994 Ed. (63)
McCormick Advertising Agency
1999 Ed. (42)
1998 Ed. (37)
McCormick & Co.
2008 Ed. (2169, 2740, 4266)
2007 Ed. (2060, 2596, 2609)
2006 Ed. (2107, 2631, 2632, 3408)
2005 Ed. (2634, 2651, 2652, 2655)
2004 Ed. (2658, 2659)
2003 Ed. (2520, 4228)
2002 Ed. (2295)
1998 Ed. (1725)
1996 Ed. (1933)
1995 Ed. (1890)
1994 Ed. (1419, 1866)
1992 Ed. (2174)
1991 Ed. (1732)
McCormick & Schmick's
2008 Ed. (4195, 4196)
2007 Ed. (4155)
2006 Ed. (4135)
2002 Ed. (4016)
McCormick & Schmick's Seafood Restaurants
2006 Ed. (2074)
McCormick & Shmick's
2004 Ed. (4146)
McCormick Blend
2004 Ed. (4889)
McCormick Blends
2003 Ed. (4899)
2002 Ed. (292, 3102)
2001 Ed. (4786)
2000 Ed. (2944)
McCormick Charitable Trust; Robert R.
1992 Ed. (1280, 2216)
McCormick Distilling Co. Inc.
2004 Ed. (4703, 4849)
2003 Ed. (4725, 4869, 4915)
McCormick Gin
2004 Ed. (2730)
2003 Ed. (2609)
2002 Ed. (292, 2399)
2001 Ed. (2595)
2000 Ed. (2329)
McCormick III
1993 Ed. (1042)
McCormick Jr.; William
1994 Ed. (948)
1993 Ed. (939)
1992 Ed. (1144)
McCormick, Jr.; William T.
1990 Ed. (1715)
McCormick Place
2005 Ed. (2518)
2003 Ed. (2412)
2001 Ed. (2350)
1999 Ed. (1418)
1996 Ed. (1173)
1992 Ed. (1442, 3013)
McCormick Place, Chicago
1991 Ed. (1104)
McCormick Rum
2002 Ed. (292)
McCormick Vodka
2004 Ed. (4845)
2003 Ed. (4864)
2002 Ed. (292, 4760)
2001 Ed. (4706, 4714)
2000 Ed. (4354)
1999 Ed. (4724)
1998 Ed. (3682)
1997 Ed. (3852)
McCormick; William T.
1997 Ed. (981)
McCorquodale
1994 Ed. (2473)
McCourt Label Co.
2008 Ed. (4032)
McCown Gordon Construction LLC
2003 Ed. (4441)
2002 Ed. (4290)
McCoy Corp.
2008 Ed. (1208, 1552)
McCoy & McCoy Laboratories Inc.
2008 Ed. (3711, 4396, 4963)
2007 Ed. (3558, 3559)
McCoy; John B.
1994 Ed. (357)
McCoys
2008 Ed. (721, 2878)
2007 Ed. (2761)
2005 Ed. (4125)
1996 Ed. (3468)
1994 Ed. (3349)
1992 Ed. (4006)
McCracken Apple Chips
1992 Ed. (3220)
McCracken; Steven
2007 Ed. (1001)
McCray & Associates Inc.
1999 Ed. (2073)
1994 Ed. (1710)
McCrory Corp.
2003 Ed. (785)
1994 Ed. (359, 361, 3452, 3620)
1992 Ed. (4383)
1990 Ed. (2116)
McCrory Construction Co.
1992 Ed. (3962)
1991 Ed. (3122)
McCrory Stores
1999 Ed. (4701)
1995 Ed. (3145, 3690)
McCrory's Stores
1998 Ed. (3657)
1997 Ed. (3831)
1996 Ed. (3773)
McCrutchen, Doyle, Brown & Enersen
1994 Ed. (2352)
McCullagh
1990 Ed. (2617)
McCullagh Co.; James
2008 Ed. (4820)
2007 Ed. (4888)
McCulloch
1999 Ed. (3170)
1998 Ed. (2343, 2344)
McCullough
1992 Ed. (2375, 2376)
McCullough Crushing Inc.
2005 Ed. (1993, 3481)
2004 Ed. (1878)
McCutchen, Doyle
2003 Ed. (3179)
McCutchen, Doyle, Brown & Enersen
2001 Ed. (567)
1993 Ed. (2404)
1992 Ed. (2845)
1991 Ed. (2292)
1990 Ed. (2426)
MCD
2000 Ed. (1652)
1999 Ed. (1823)
1998 Ed. (1252, 2496)
1997 Ed. (2789)
1995 Ed. (2577)
MCD Financial Arb
1997 Ed. (2202)
McDade
1989 Ed. (860)
McDade-Woodcock Inc.
2007 Ed. (1383)
2006 Ed. (1330)
McDaniel Fire Systems
2008 Ed. (1227, 2719)
2007 Ed. (2580)
2004 Ed. (1235)
2003 Ed. (1232)
McDaniels Homes
2003 Ed. (1137)
2002 Ed. (1170, 2654)
McData Corp.
2004 Ed. (4559, 4560)
2003 Ed. (1646)
McDavid Acura; David
1993 Ed. (290)
McDavid Nissan Inc.; David
1994 Ed. (278)
1993 Ed. (279)
McDavid Oldsmobile
1992 Ed. (394)
McDavid Subaru; David
1990 Ed. (320)
McDermontt, Will & Emery
1992 Ed. (2838)
McDermott Inc.
2008 Ed. (1193, 1353)
2007 Ed. (1295, 1399, 1858)
2006 Ed. (1187, 1360)
2005 Ed. (1217, 1369)
2003 Ed. (1748)
2001 Ed. (1780)
1995 Ed. (1451, 2547, 2548)
1992 Ed. (1523, 3027)
1991 Ed. (2419)
McDermott International Inc.
2008 Ed. (1193, 1194, 1229, 1230, 1232, 1233, 1234, 2032, 2352)
2007 Ed. (1277, 1295, 1296, 1376, 1389, 3837, 4562, 4564)
2006 Ed. (1167, 1187, 1188, 1324, 1325, 1855)
2005 Ed. (1171, 1217, 1849)
2004 Ed. (1277, 1278, 1280, 1322, 1343, 1353, 1783, 2360, 2362, 2364, 2370, 2392, 2396, 3326, 4495)

2003 Ed. (1186, 1274, 1275, 1278, 1322, 1353, 1748, 2297, 2307, 2311, 4546)
2002 Ed. (1250, 1265, 1267, 1268, 1273, 1306, 2132, 4362, 4364, 4365)
2001 Ed. (1407, 1408, 1466, 1780, 2241)
2000 Ed. (1239, 1248, 1252, 1253, 1277, 1799, 1810, 1819)
1999 Ed. (1341, 1356, 1361, 1362, 1388, 1400, 2024, 2850)
1998 Ed. (935, 939, 940, 942, 967, 1439, 2088, 3372)
1997 Ed. (1136, 1153, 1154, 1158, 1182, 1192, 1749, 2369)
1996 Ed. (1124, 1125, 1126, 2244, 2610)
1995 Ed. (2238)
1994 Ed. (1108, 1416, 2479, 2481)
1993 Ed. (1084, 1364, 2535, 2537)
1992 Ed. (1355, 3029)
1991 Ed. (1284, 2370)
1990 Ed. (1169, 1396, 2831)
1989 Ed. (2206, 2208)
McDermott, Will & Emery
2006 Ed. (3244)
2005 Ed. (3256)
2003 Ed. (3194)
2002 Ed. (3056)
2001 Ed. (3052, 3054)
2000 Ed. (2894)
1999 Ed. (3141, 3148)
1998 Ed. (2327)
1997 Ed. (2597)
1996 Ed. (2452)
1995 Ed. (2416)
1993 Ed. (2395)
1992 Ed. (2832)
1991 Ed. (2283)
1990 Ed. (2417)
McDermott Will & Emery LLP
2008 Ed. (3025, 3415, 3420, 3860, 4725)
2007 Ed. (3306, 3310, 3325)
2006 Ed. (3249)
McDevitt & Street Co.
1993 Ed. (1085, 1138, 3306, 3308)
1992 Ed. (1424, 3962, 3964)
1991 Ed. (3121, 970, 3123)
1990 Ed. (1042, 1196, 1199)
1989 Ed. (1010)
McDevitt Street Bovis
1998 Ed. (904)
1996 Ed. (1105, 1148, 3428)
1995 Ed. (1124, 3374)
1994 Ed. (1109, 3298)
MCD.ie
2007 Ed. (46)
2006 Ed. (55)
McDonald
1994 Ed. (1200)
McDonald & Co.
1993 Ed. (1169)
1991 Ed. (3044, 3045, 3054, 3055)
McDonald & Associates
2008 Ed. (3719, 4410, 4970)
2007 Ed. (3575, 3576, 4432)
McDonald & Company Securities Inc.
1990 Ed. (3210)
McDonald & Co. Securities
1999 Ed. (4209)
1990 Ed. (3162)
McDonald Canada Plus
2002 Ed. (3428, 3430)
2001 Ed. (3457, 3459)
McDonald; Carl
2008 Ed. (2691)
McDonald Construction
1998 Ed. (911)
McDonald Investments
2005 Ed. (1432)
2004 Ed. (1421)
2002 Ed. (1406)
2001 Ed. (554, 557, 559)
McDonald Jacobs
2005 Ed. (1933)
McDonald; James F.
2005 Ed. (983)
McDonald; M. J.
2005 Ed. (2507)
McDonald Co.; M. L.
1997 Ed. (1172)
1996 Ed. (1144)
1995 Ed. (1168)
1994 Ed. (1142)
1993 Ed. (1135)
1992 Ed. (1422)
McDonald; Mackey
2007 Ed. (1102)
McDonald; Mackey J.
2008 Ed. (1108)
2007 Ed. (1202)
2005 Ed. (1104)
McDonald; Marshall
1991 Ed. (1629)
McDonald Co.; M.L.
1991 Ed. (1089)
McDonald's Corp.
2008 Ed. (45, 139, 156, 636, 638, 639, 641, 655, 663, 669, 670, 671, 874, 1500, 1516, 1519, 1520, 1524, 1536, 1850, 1945, 2486, 2657, 2658, 2661, 2665, 2668, 2675, 2676, 2678, 2681, 2757, 2758, 2760, 2969, 2970, 2971, 3066, 3074, 3082, 3439, 3440, 3443, 3682, 3684, 3686, 3687, 4093, 4142, 4143, 4144, 4145, 4152, 4153, 4154, 4171, 4172, 4185, 4192, 4193, 4194, 4202)
2007 Ed. (41, 84, 678, 680, 683, 691, 696, 700, 1518, 1532, 1535, 1536, 1540, 1555, 1811, 1890, 2366, 2529, 2530, 2531, 2535, 2537, 2540, 2629, 2630, 2631, 2833, 2842, 2844, 2846, 2949, 2957, 2958, 3342, 3343, 3347, 3522, 4121, 4122, 4126, 4127, 4133, 4150, 4154)
2006 Ed. (24, 25, 50, 85, 91, 102, 169, 648, 654, 1482, 1488, 1503, 1506, 1511, 1525, 1804, 1898, 2105, 2422, 2553, 2554, 2557, 2561, 2566, 2569, 2649, 2651, 2652, 2847, 2851, 2852, 2854, 3268, 3269, 3271, 4102, 4103, 4108, 4128, 4131, 4132, 4133, 4134, 4177)
2005 Ed. (18, 43, 82, 85, 154, 171, 247, 738, 741, 742, 895, 1617, 1619, 1624, 1636, 1817, 1877, 2008, 2375, 2546, 2550, 2554, 2562, 2563, 2564, 2658, 2661, 2666, 2846, 2847, 2848, 2849, 2851, 3277, 3278, 3280, 3487, 3488, 3492, 4043, 4044, 4045, 4046, 4049, 4054, 4080, 4083, 4086, 4087, 4172, 4173, 4174, 4175, 4452, 4655)
2004 Ed. (25, 29, 49, 53, 68, 76, 81, 90, 156, 755, 756, 762, 903, 905, 1377, 1574, 1592, 1594, 1611, 1648, 1751, 2575, 2582, 2583, 2589, 2664, 2667, 2670, 2838, 2840, 2842, 3252, 3253, 3254, 3492, 4105, 4106, 4117, 4129, 4142, 4143, 4144, 4145, 4684)
2003 Ed. (17, 195, 742, 743, 752, 841, 881, 885, 1524, 1525, 1567, 1585, 2437, 2438, 2439, 2452, 2453, 2458, 2525, 2532, 2534, 2535, 2757, 3209, 3210, 3424, 4079, 4080, 4085, 4086, 4091, 4092, 4093, 4105, 4130, 4134, 4137, 4138, 4142, 4143, 4221, 4222, 4224, 4225, 4711)
2002 Ed. (32, 235, 766, 768, 1510, 1533, 1538, 1613, 1667, 2235, 2237, 2238, 2239, 2243, 2248, 2253, 2294, 2304, 2314, 2315, 2357, 2358, 2568, 3372, 3993, 3999, 4025, 4027, 4031, 4033, 4034, 4587, 4588)
2001 Ed. (14, 39, 58, 62, 71, 76, 83, 1576, 1598, 1604, 2402, 2403, 2407, 2408, 2490, 2529, 2531, 2718, 2719, 3087, 4050, 4056, 4057, 4058, 4059, 4068, 4080, 4081, 4082, 4083)
2000 Ed. (23, 26, 27, 29, 32, 195, 197, 211, 800, 949, 1381, 1429, 1430, 1431, 1911, 1912, 2217, 2240, 2246, 2267, 2270, 2413, 2414, 2920, 3764, 3778, 3797, 3799, 3800, 3822, 4208, 4209, 4211)
1999 Ed. (175, 181, 713, 775, 776, 777, 778, 784, 795, 1005, 1572, 1576, 1620, 1623, 1624, 1625, 2129, 2134, 2139, 2140, 2477, 2480, 2481, 2483, 2484, 2507, 2511, 2515, 2519, 2522, 2523, 2632, 2633, 3174, 4050, 4082, 4083, 4084, 4085, 4108, 4392, 4489, 4564, 4566, 4568)
1998 Ed. (24, 68, 90, 485, 488, 489, 595, 599, 600, 1107, 1533, 1551, 1736, 1742, 1757, 1762, 1763, 1764, 1765, 1897, 1898, 2346, 3050, 3056, 3067, 3068, 3073, 3074, 3077, 3415, 3490, 3492, 3495, 3496, 3497, 3498, 3499)
1997 Ed. (28, 705, 710, 1400, 1402, 1403, 1832, 1840, 2058, 2080, 2172, 2173, 3310, 3711)
1996 Ed. (155, 164, 775, 1340, 1342, 1343, 1345, 1758, 1951, 1964, 1965, 1969, 2072, 2073, 3210, 3228, 3229, 3413, 3591, 3593, 3606, 3657, 3659, 3711)
1995 Ed. (17, 690, 3569)
1994 Ed. (8, 741, 746, 1747, 1748, 1884, 1885, 1909, 1910, 1913, 1914, 1917, 2022, 2023, 3054, 3069, 3084, 3085, 3230, 3259, 3441, 3499, 3500, 3501)
1993 Ed. (19, 32, 49, 56, 152, 738, 742, 824, 935, 1268, 1756, 1757, 1886, 1901, 2012, 2013, 2100, 3011, 3013, 3031, 3037, 3046, 3230, 3464, 3470, 3526, 3527, 3530, 3592)
1992 Ed. (38, 224, 4049)
1991 Ed. (9, 10, 11, 27, 46, 55, 175, 242, 735, 1055, 1756, 1774, 1913, 2646, 3226, 3311, 3312, 3314, 3315)
1990 Ed. (13, 52, 55, 1749, 1753, 1755, 1850, 1853, 1982, 2083, 3004, 3018, 3024, 3025, 3026, 3030, 3031, 3441, 3531, 3539, 3542, 3630, 3632)
1989 Ed. (13, 16, 17, 1117, 2321, 2801)
McDonald's Deutschland Inc.
2003 Ed. (2856)
2001 Ed. (4087)
2000 Ed. (2566)
1999 Ed. (2790)
McDonald's Drive-In Restaurants
1989 Ed. (753)
McDonald's Holdings Co. (Japan) Ltd.
2006 Ed. (4511)
McDonald's Restaurant
2002 Ed. (763)
2001 Ed. (1008)
2000 Ed. (792)
McDonald's Restaurant Group
2004 Ed. (2581)
McDonald's Restaurants Ltd.
2002 Ed. (52)
2000 Ed. (198, 4219, 4220)
1999 Ed. (2790)
1997 Ed. (2304)
1996 Ed. (2186)
1995 Ed. (2171)
1992 Ed. (920, 922, 4422)
1991 Ed. (13, 737, 738)
1990 Ed. (1339)
McDonald's Restaurants of California Inc.
2003 Ed. (1695, 4080)
McDonald's Restaurants of Canada Ltd.
2008 Ed. (3077, 4200, 4201)
2007 Ed. (1571, 2952, 4158)
2006 Ed. (1541)
2005 Ed. (4089)
2004 Ed. (4149)
2003 Ed. (4141)
2001 Ed. (4085)
1994 Ed. (2110)
1992 Ed. (43)
McDonald's Restaurants of Hawaii
1997 Ed. (2177)
McDonald's Restaurants of Illinois Inc.
2008 Ed. (4144)
McDonald's Restaurants of Pennsylvania Inc.
2008 Ed. (4144)
McDonald's USA LLC
2008 Ed. (1516, 4143, 4144)
McDonnell Douglas Corp.
2008 Ed. (4753)
2007 Ed. (4827)
2006 Ed. (4815)
2005 Ed. (1492)
2001 Ed. (1799)
1999 Ed. (184, 187, 188, 193, 194, 1459, 1460, 1822, 1971, 1976, 2660)
1998 Ed. (92, 93, 94, 96, 97, 99, 1013, 1026, 1178, 1245, 1248, 1250, 2413, 3359)
1997 Ed. (170, 171, 172, 175, 1482, 1582, 2791)
1996 Ed. (165, 166, 167, 169, 1285, 1422, 1518, 1520, 1521, 1522, 3500)
1995 Ed. (155, 158, 159, 161, 162, 163, 1275, 1289, 1460, 1542, 1546, 1765)
1994 Ed. (136, 137, 138, 139, 142, 143, 144, 1423, 1513, 1517, 1726, 2044, 2715)
1993 Ed. (153, 156, 157, 159, 160, 203, 845, 1199, 1370, 1460, 1462, 1468, 1710, 1712, 2573, 2945, 2946)
1992 Ed. (242, 244, 246, 249, 250, 251, 253, 1338, 1341, 1342, 1346, 1347, 1770, 2069, 3076, 3077, 4361)
1991 Ed. (179, 180, 181, 184, 324, 1206, 1403, 1407, 1638, 1898, 2789, 3435, 176, 183, 2460)
1990 Ed. (187, 188, 189, 192, 1477, 1536, 1645, 1730, 2204)
1989 Ed. (194, 195, 196, 1227, 1386, 1388)
McDonnell Douglas Aerospace
1996 Ed. (1519)
McDonnell Douglas Aircraft
1991 Ed. (2460)
McDonnell Douglas Foundation
1989 Ed. (1472)
McDonnell Douglas-GD
1992 Ed. (3076)
McDonnell Douglas Helicopter Co.
2006 Ed. (1544)
2005 Ed. (1649)
2004 Ed. (1623)
2003 Ed. (1607)
2001 Ed. (1610)
McDonnell Douglas Payment Systems Inc.
1991 Ed. (1393)
1990 Ed. (1455)
McDonnell Douglas Systems Integration Co.
1992 Ed. (1330)
McDonnell; John
1992 Ed. (2058)
McDonnell; John F.
1994 Ed. (1718)
McDonnell; John Finney
1996 Ed. (961, 963)
McDonnell; Thomas A.
2008 Ed. (958)
2006 Ed. (2530)
2005 Ed. (2516)
McDonough Associates Inc.
2006 Ed. (2454)
McDonough School of Business; Georgetown University
2008 Ed. (775)
2007 Ed. (834, 2849)
2006 Ed. (2859)
2005 Ed. (2853)
McDonough; William
2005 Ed. (3204)
McDougall Associates
1999 Ed. (130)
1998 Ed. (61)
1997 Ed. (123)

1996 Ed. (119)
1995 Ed. (103)
1994 Ed. (104)
1989 Ed. (139)
McDougall; Ronald A.
1995 Ed. (1728)
McDowell
1989 Ed. (1998)
McDowell & Co., Ltd.
1989 Ed. (34)
McDowell County National Bank
1994 Ed. (507)
1993 Ed. (371)
1989 Ed. (557)
McDowell Rice
2001 Ed. (857)
McDuck; Scrooge
2008 Ed. (640)
2007 Ed. (682)
McDuffy & Associates Ltd.
2007 Ed. (3613)
McElroy Truck Lines
2005 Ed. (4783)
McElvaine Investment Trust
2004 Ed. (2469, 2470, 2471)
2003 Ed. (3564, 3565, 3566, 3583)
2002 Ed. (3435, 3436)
2001 Ed. (3464, 3465)
McEntire; Reba
1997 Ed. (1113, 1114)
1996 Ed. (1095)
1994 Ed. (1100)
1993 Ed. (1079)
McEwans Export
1996 Ed. (787)
1994 Ed. (755)
McEwen; Robert
2006 Ed. (2528)
MCF Corp.
2008 Ed. (2855)
2007 Ed. (2725)
2006 Ed. (2735)
McFadden; Bryan & Kerry
2005 Ed. (4885)
McFadden; James
1997 Ed. (1904)
McFadyen Music
1994 Ed. (2595)
McFarland & Drier Inc.
1989 Ed. (106)
The McFarland Group
1997 Ed. (51)
1996 Ed. (56)
McFarland Hanson Inc.
2006 Ed. (667)
McFayden Music
1993 Ed. (2645)
MCG Architects
2000 Ed. (315)
1999 Ed. (290)
1998 Ed. (187)
1997 Ed. (267)
MCG Architecture
2007 Ed. (4190)
2005 Ed. (4118)
2004 Ed. (2372)
2002 Ed. (334, 2986)
MCG Capital
2006 Ed. (2115)
2005 Ed. (2012, 2606, 3214, 3216)
2004 Ed. (3175)
MCG Credit Corp.
2000 Ed. (3026)
MCG Telesis
2000 Ed. (2526)
Mcgarrybowen
2008 Ed. (116)
McGavick; Michael
2006 Ed. (2523)
McGaw Inc.
1996 Ed. (2084)
McGaw Hospital; Foster G.
1995 Ed. (2141)
McGaw Hospital/Loyola University Medical Center, Foster G.
1991 Ed. (1932)
McGaw Hospital/Loyola University Medical; Foster G.
1996 Ed. (2153)
McGaw Hospitall/Layola University Medical Center, Foster G.
1994 Ed. (2088)
McGee Brothers Co., Inc.
2008 Ed. (1260)
2007 Ed. (1363)
2006 Ed. (1255, 1256)
2005 Ed. (1285, 1286)
2003 Ed. (1306)
McGee Foods Corp.
2008 Ed. (869)
McGee Hearne & Paiz LLP
2008 Ed. (278)
McGee, Lafayette, Willis & Greene
1995 Ed. (673, 2413)
McGehee; Robert B.
2007 Ed. (1202)
McGhee Auzenne
2001 Ed. (824)
McGill Imports; Don
1996 Ed. (284)
1995 Ed. (284)
1994 Ed. (281)
McGill Manufacturing Co.
1991 Ed. (3333)
McGill University
2008 Ed. (1070, 1073, 1074, 1075, 1076, 1077, 1078, 1079, 1080, 3636, 3641, 3642, 4279)
2007 Ed. (812, 1166, 1169, 1170, 1171, 1172, 1179, 1180, 3469, 3470, 3471, 3472, 3473)
2004 Ed. (833, 834, 837)
2003 Ed. (790, 792)
2002 Ed. (904, 905, 906, 907)
1995 Ed. (871)
1994 Ed. (819)
1993 Ed. (807)
McGillicuddy, John F.
1994 Ed. (357)
1991 Ed. (402, 1625)
1990 Ed. (458, 459)
1989 Ed. (1381)
McGinnis Partners Focus Fund L.P.
1995 Ed. (2096)
McGinty; John
1997 Ed. (1867, 1883)
1996 Ed. (1793, 1809)
1995 Ed. (1819, 1831)
1994 Ed. (1793)
1993 Ed. (1810)
McGladrey & Pullen
2008 Ed. (1)
2007 Ed. (1)
2006 Ed. (1, 2)
2005 Ed. (1)
2000 Ed. (1, 2, 6)
1998 Ed. (6, 7, 922)
1997 Ed. (4, 5)
1995 Ed. (4, 5, 6)
1994 Ed. (1)
McGladrey & Pullen LLP
2008 Ed. (2, 277)
2006 Ed. (4)
2002 Ed. (1)
1996 Ed. (10)
McGlinchey Stafford
2001 Ed. (853)
McGlinn Capital Management
1990 Ed. (2322)
McGlynn Bakeries
1998 Ed. (254)
1992 Ed. (492)
McGlynn Bakery
1996 Ed. (357)
McGoodwin, Williams & Yates Inc.
2008 Ed. (2514)
McGough Construction
2008 Ed. (1244)
McGough Cos.
2006 Ed. (1250)
McGovern; R. Gordon
1991 Ed. (1621, 1632)
McGrath Estate Agents
2002 Ed. (1581)
McGrath; Joseph W.
2007 Ed. (959)
McGrath; Judy
2007 Ed. (4981)
McGrath/Power Public Relations
2005 Ed. (3960)
2004 Ed. (4003)
2003 Ed. (3998)
McGrath RentCorp
2006 Ed. (1582)
2004 Ed. (1451, 2125, 4584)
McGrath; William
1997 Ed. (2002)
1996 Ed. (1912)
McGraw; Dr. Phil
2008 Ed. (2585)
McGraw Edison Co.
2005 Ed. (1538)
2004 Ed. (1522)
2003 Ed. (1492)
2002 Ed. (1471)
McGraw family
2006 Ed. (4897)
McGraw-Hill
2000 Ed. (825, 3681, 3682, 3683)
1999 Ed. (824, 3649, 3968, 3969, 3971, 3972)
1998 Ed. (512, 1048, 1049, 2972, 2973, 2975, 2976)
1997 Ed. (3219, 3220, 3221, 3222)
1996 Ed. (1241, 1270, 3139, 3140, 3141)
1995 Ed. (1224, 3039, 3040, 3042)
1994 Ed. (1208, 2977, 2978, 2979, 2981, 2982, 3243)
1993 Ed. (1192, 2941, 2942, 2943)
1992 Ed. (1462, 1463, 1523, 3368, 3585, 3586, 3587, 3588, 3590)
1991 Ed. (2700, 2784, 2785, 2786, 2787, 2788)
1990 Ed. (1583, 2929, 2930, 2931, 2933)
1989 Ed. (2264, 2265, 2266, 2267, 2268, 2269, 2270, 2271)
The McGraw-Hill Companies Inc.
2008 Ed. (3031, 3531, 3626, 4085, 4086, 4087)
2007 Ed. (100, 2908, 3401, 3445, 3447, 3449, 4050, 4051, 4052, 4053, 4054)
2006 Ed. (832, 3345, 3433, 3435, 3437, 3438, 3439, 4020, 4021, 4022, 4023)
2005 Ed. (924, 1614, 3357, 3422, 3424, 3427, 3980, 3981, 3982, 3983, 3984)
2004 Ed. (1581, 3332, 3409, 3411, 3413, 3415, 4039, 4041, 4042, 4043, 4045, 4046)
2003 Ed. (2152, 3272, 3345, 3351, 4022, 4023, 4024, 4025, 4026, 4027)
2002 Ed. (1498, 2146, 3282, 3883, 3884, 3885)
2001 Ed. (3886, 3887)
The McGraw-Hill Cos., Inc.
2001 Ed. (1033, 3247, 3248, 3952, 3954, 4608)
1998 Ed. (2974)
McGraw-Hill Employees Credit Union
2006 Ed. (2211)
2005 Ed. (2116)
2004 Ed. (1974)
2003 Ed. (1934)
2002 Ed. (1880)
McGraw-Hill Ryerson
2008 Ed. (4088)
2007 Ed. (4055)
McGraw III; H. W.
2005 Ed. (2502)
McGraw III; Harold
2007 Ed. (1003)
McGraw III; Harold W.
2008 Ed. (948)
2007 Ed. (1026)
McGraw Wentworth
2008 Ed. (3239)
McGregor Fund
2002 Ed. (2354)
2001 Ed. (2519)
2000 Ed. (2261)
McGregor Holding Corp.
1995 Ed. (1232)
McGriff, Seibels & Williams Inc.
2005 Ed. (359)
McGriff Siebels & Williams Inc.
2006 Ed. (1421)
McGriff Treading Co. Inc.
2001 Ed. (4546)
McGrory; Jack
1993 Ed. (2638)
McGrory; John
1995 Ed. (2668)
McGuinn; Martin G.
2006 Ed. (934)
McGuinness
1997 Ed. (2669, 2672)
McGuire Air Force Base
1998 Ed. (2500)
McGuire & Hester
2008 Ed. (4362, 4371)
McGuire Center for Entrepreneurship
2008 Ed. (771, 774)
McGuire; Dr. William
2005 Ed. (2469)
McGuire Federal Credit Union
1993 Ed. (1454)
1991 Ed. (1396)
1990 Ed. (1462)
The McGuire Group
1994 Ed. (3003)
1993 Ed. (2964)
McGuire; Shayne
1996 Ed. (1902)
McGuire; Willaim W.
2008 Ed. (945)
McGuire; William
2008 Ed. (937)
2007 Ed. (993)
2005 Ed. (969)
McGuire; William W.
2006 Ed. (903, 938)
McGuire Woods
2001 Ed. (828, 937)
McGuire Woods Battle & Boothe
1997 Ed. (2840)
McGuireWoods
2008 Ed. (3415, 3429)
2007 Ed. (3324)
2003 Ed. (3192)
McGuyer Homebuilders
2005 Ed. (1206, 1212)
2004 Ed. (1179)
2002 Ed. (1192)
McHenry County, IL
2008 Ed. (4732)
McHugh
2001 Ed. (4424)
McHugh Associates Inc., Equity-Growth Stocks
2003 Ed. (3126)
McHugh Concrete Construction
2008 Ed. (1255)
2005 Ed. (1297)
2001 Ed. (1472)
2000 Ed. (1258)
McHugh Construction Co.; James
1993 Ed. (1098, 1149)
1992 Ed. (1371, 1434)
McHugh; Kerry
1996 Ed. (1898)
McHugh Software International
2003 Ed. (1123)
2002 Ed. (1992)
2001 Ed. (4425)
MCI Inc.
2007 Ed. (1475, 1780, 4708, 4709, 4711)
2006 Ed. (1089, 1378, 1484, 1517, 1774, 1775, 1776, 1791, 1792, 1795, 1798, 2095, 2096, 2097, 2108, 4687, 4688, 4692, 4695, 4704)
2005 Ed. (850, 1388, 4639, 4658)
2000 Ed. (26, 28, 32, 800, 4191, 4219)
1998 Ed. (485, 599, 3484, 3495, 3496, 3497)
1997 Ed. (28, 705, 710)
1990 Ed. (1645, 2488)
MCI Center
2006 Ed. (1153)
MCI Communications Corp.
2006 Ed. (1894)
2005 Ed. (1503, 1874)
2004 Ed. (1803)
2003 Ed. (1851)
2001 Ed. (1687, 2719)
2000 Ed. (195, 934, 935, 936, 937, 3388, 3389, 4187, 4221)
1999 Ed. (988, 989, 991, 1244, 1459, 1603, 3669, 3670, 3671,

3672, 3673, 4542, 4545, 4546, 4551, 4553, 4559)
1998 Ed. (68, 566, 567, 568, 569, 571, 574, 576, 595, 1013, 1026, 1029, 1136, 1318, 2409, 2410, 2719, 2720, 2721, 2722, 2723, 2980, 3043, 3413, 3416, 3471, 3473, 3476, 3477)
1997 Ed. (875, 1275, 1383, 2372, 2976, 2978, 2979, 3231, 3687, 3689, 3690, 3692, 3693, 3706)
1996 Ed. (27, 768, 772, 853, 862, 1202, 1233, 1325, 1974, 2888, 2890, 2891, 2893, 2894, 3407, 3594, 3595, 3636, 3638, 3639, 3647)
1995 Ed. (1229, 1261, 2487, 2821, 3034, 3298, 3325, 3341, 3548, 3549, 3550, 3555, 3559)
1994 Ed. (2412, 2705, 2708, 2712, 2975, 3216, 3234, 3245, 3481, 3482, 3484, 3490, 3492)
1993 Ed. (2470, 2490, 2750, 2751, 2755, 2756, 2757, 2936, 3220, 3227, 3241, 3251, 3381, 3468, 3469, 3508, 3511, 3516, 3517, 3588, 3673)
1992 Ed. (2632, 2938, 3312, 3313, 3317, 3318, 3319, 3584, 3933, 4061, 4071, 4199, 4210, 4212)
1991 Ed. (1308, 2357, 2374, 3103, 2654, 2659, 3090, 3092, 3276, 3277, 3285, 2655, 2656, 2660, 2779)
1990 Ed. (2751, 2752, 3241, 3253, 3255, 3509, 3521)
1989 Ed. (2459, 2790)
MCI Direct
1992 Ed. (4205)
MCI Group
2005 Ed. (4622)
2003 Ed. (4687, 4688)
MCI Group Holding SA
2008 Ed. (2097)
2007 Ed. (2005)
2006 Ed. (2033)
MCI LLC
2008 Ed. (1469, 2158)
MCI WorldCom Inc.
2005 Ed. (1548, 4652)
2004 Ed. (1532, 2838, 4676)
2003 Ed. (1504, 2757, 4562)
2002 Ed. (1379, 1383, 1386, 1437, 1485, 1525, 1532, 2568, 3484, 3485, 4566)
2001 Ed. (1072, 1076, 1092, 1335, 1336, 1582, 1603, 1797, 1867, 1868, 2422, 2718, 2860, 2868, 2869, 3163, 3535, 4454, 4456, 4457, 4462, 4472, 4474, 4475)
2000 Ed. (197, 945, 958, 1343, 1358, 1518, 2641, 2642, 2643, 3690, 4186, 4188, 4203)
MCI Worldcom Deutschland GmbH
2003 Ed. (4396)
MCIC Vermont Inc.
2000 Ed. (983)
1999 Ed. (1033)
McInerney Inc.
2002 Ed. (369)
1996 Ed. (300)
1995 Ed. (297)
1994 Ed. (293)
1993 Ed. (303)
1992 Ed. (419)
1991 Ed. (309)
1990 Ed. (346)
McInerney Ford
1991 Ed. (274, 276, 278, 269)
1990 Ed. (306, 308)
McInnis Electric
2008 Ed. (1313)
McIntire School of Business; University of Virginia
2008 Ed. (772, 773)
2007 Ed. (797)
McIntosh
1993 Ed. (1638)
1991 Ed. (775)
McIntosh & Co.
1997 Ed. (744, 745, 746, 748)
1995 Ed. (765, 766, 767, 768, 769)
McIntosh Asset Management
1990 Ed. (2290)
McIntosh County Bank
1989 Ed. (215)
McIntosh Hamson Hoare Govett
1990 Ed. (810)
McIntosh Securities
1996 Ed. (1851)
McIntyre & King
2002 Ed. (4571, 4575)
2001 Ed. (4470)
2000 Ed. (4198)
1997 Ed. (3703, 3705)
1996 Ed. (3643, 3644, 3646)
The McIntyre Group
2008 Ed. (1694)
2007 Ed. (3542, 3543, 4404)
McIntyre; James A.
1994 Ed. (2237)
McIntyre; Marvin
2008 Ed. (3376)
2007 Ed. (3248, 3249)
McIntyre; Marvin H.
2006 Ed. (658, 3189)
McJunkin Corp.
2008 Ed. (3665)
2006 Ed. (208, 2117, 3926)
2005 Ed. (2015)
2004 Ed. (1889)
2003 Ed. (1853, 2203, 2891)
2001 Ed. (1899)
1998 Ed. (2086)
1997 Ed. (2365)
1995 Ed. (2233)
1994 Ed. (2176)
1993 Ed. (2161)
McJunkin Corporation
1992 Ed. (2590)
MCK Holdings
2004 Ed. (3440)
McKarnish Inc.
2004 Ed. (1338)
McKay & Co., Ltd.; Arthur
2008 Ed. (1187)
Mckechnie Plc
2000 Ed. (3086)
McKee Baking Co.
1998 Ed. (254, 256)
1997 Ed. (328)
1992 Ed. (495, 496)
1989 Ed. (356, 359, 360)
McKee; C. S.
1995 Ed. (2367)
McKee Corp.; Davy
1992 Ed. (1401, 1404, 1948, 1950, 1953)
McKee Foods Corp.
2007 Ed. (2009)
2006 Ed. (2037)
2005 Ed. (1968)
2004 Ed. (1865)
2003 Ed. (761, 853, 4459)
2001 Ed. (1875)
2000 Ed. (373)
1999 Ed. (369)
1998 Ed. (258, 259, 265)
McKee Investment Mgmt.
2000 Ed. (2817)
McKee Jr.; E. Stanton
1995 Ed. (983)
McKee Nelson LLP
2008 Ed. (3417)
McKee; Robert E.
1992 Ed. (1409)
McKee; Scott
1996 Ed. (1891)
McKee; William
2008 Ed. (966)
2007 Ed. (1085)
2006 Ed. (992)
McKeesport Hospital
1997 Ed. (2260)
McKeever Strategy Letter
1990 Ed. (2364)
McKenna & Co.
1992 Ed. (15)
McKenna Industries Inc.
1995 Ed. (3795)
1992 Ed. (4485)
McKenna; Patrick
2007 Ed. (2462)
2006 Ed. (2500)
McKenney's Inc.
2008 Ed. (1225, 1337)
Mckenzie-Gateway Corporate Park
1997 Ed. (2374)
McKenzie, McGhee & Harper
1998 Ed. (2574)
McKenzie; Paul
1997 Ed. (1973)
McKenzie River Corp.
1999 Ed. (812)
1998 Ed. (501, 503, 2487)
McKenzie Tank Lines
1994 Ed. (3602)
1993 Ed. (3642)
McKeough Land Co.
2005 Ed. (4004)
McKernan Jr.; John R.
1992 Ed. (2344)
McKesson Corp.
2008 Ed. (1349, 1586, 1591, 1598, 1610, 3165, 3949, 4927, 4928, 4931, 4932)
2007 Ed. (1533, 1537, 1558, 1608, 1610, 1612, 2232, 2233, 2771, 2775, 2783, 4614, 4956, 4957, 4958, 4959, 4961)
2006 Ed. (1504, 1507, 1528, 1579, 1583, 1586, 1590, 1646, 2301, 2762, 4949, 4950, 4951, 4952, 4954)
2005 Ed. (1504, 1539, 1674, 1677, 1681, 1685, 1687, 1735, 2792, 2796, 4460, 4903, 4904, 4917, 4918, 4919, 4920, 4921)
2004 Ed. (1488, 1659, 1660, 1677, 2799, 2804, 2810, 4912, 4913, 4935, 4936, 4939, 4940, 4941)
2003 Ed. (1458, 1628, 2095, 2096, 4931)
2002 Ed. (1438)
2001 Ed. (996)
2000 Ed. (961, 4384, 4389)
1999 Ed. (1896, 1900, 4390, 4757, 4759, 4762)
1998 Ed. (1128, 1331, 1332, 3709, 3712, 3714)
1997 Ed. (1316, 1369)
1996 Ed. (759, 1200, 1233, 1307, 3616, 3824, 3825)
1995 Ed. (3178, 3298, 3339, 3728)
1994 Ed. (3216)
1993 Ed. (726, 1513, 1519, 3066, 3220, 3241, 3561)
1992 Ed. (1105, 2385, 3763, 3933, 3938)
1991 Ed. (1467, 3098, 3103, 725, 902, 2909)
1990 Ed. (1563, 3241, 3258, 3262)
1989 Ed. (2474, 2478)
McKesson Canada
2008 Ed. (4921)
2007 Ed. (4945)
2006 Ed. (3984)
McKesson Coep.
1998 Ed. (1335)
McKesson Drug Co.
1997 Ed. (1652)
1995 Ed. (1586, 3729)
1994 Ed. (1557)
1990 Ed. (1551)
McKesson HBOC Inc.
2003 Ed. (737, 740, 1627, 1714, 2254, 4565, 4934, 4936)
2002 Ed. (1526, 1602, 1684, 2592, 4893, 4902, 4903)
2001 Ed. (1653, 2062, 2081, 2082, 4807, 4828, 4829)
2000 Ed. (1396, 2421, 4385)
McKesson Information Solutions
2005 Ed. (2802)
McKesson Medication Management
2005 Ed. (3808)
McKesson MedManagement
2003 Ed. (2798)
McKesson Provider Technologies
2008 Ed. (2479, 2885, 2903)
2007 Ed. (2778)
2006 Ed. (2777)
McKesson Provider Technologies Services
2008 Ed. (4803)
McKessonHBOC
2006 Ed. (4940)
McKids
1999 Ed. (1192)
1998 Ed. (760)
McKim Advertising Ltd.
1993 Ed. (142)
1992 Ed. (131, 132, 215)
1991 Ed. (82, 83, 84)
1990 Ed. (85)
McKim & Creed
2008 Ed. (2524)
McKim Baker Lovick/BBDO
1995 Ed. (55)
1994 Ed. (75)
McKinley Capital Management
1999 Ed. (3077)
McKinley Capital Mgmt.
2000 Ed. (2827)
McKinley Commercial Inc.
1998 Ed. (3022)
McKinley Marketing Partners
2007 Ed. (3609)
McKinneell; Henry A.
2007 Ed. (1028)
McKinnell; H. A.
2005 Ed. (2501)
McKinnell; Henry
2005 Ed. (969)
McKinnell Jr.; Henry
2007 Ed. (992)
2006 Ed. (902)
McKinney Advertising & PR
2000 Ed. (3663)
McKinney Advertising & Public Relations
2004 Ed. (4022)
2003 Ed. (4011)
2002 Ed. (3846)
McKinney & Silver
2003 Ed. (172)
2002 Ed. (182, 183)
2000 Ed. (172)
1999 Ed. (154)
1998 Ed. (65)
1997 Ed. (145)
1996 Ed. (139)
1995 Ed. (125)
1994 Ed. (116)
1992 Ed. (206)
1991 Ed. (149)
1990 Ed. (149)
1989 Ed. (159)
McKinney Dodge
2006 Ed. (183)
McKinney Drilling Co.
2008 Ed. (1258)
2007 Ed. (1361)
2004 Ed. (1305)
2003 Ed. (1302)
2002 Ed. (1290)
2001 Ed. (1475)
2000 Ed. (1261)
1999 Ed. (1369)
1998 Ed. (947)
1995 Ed. (1172)
1994 Ed. (1147)
1993 Ed. (1128)
1992 Ed. (1415)
1991 Ed. (1082)
1990 Ed. (1204)
McKinney Public Relations
1997 Ed. (3209, 3210)
1996 Ed. (3132, 3133)
1995 Ed. (3029, 3030)
1994 Ed. (2969, 2970)
1992 Ed. (3575, 3576)
McKinney + Silver
2004 Ed. (130)
McKinnon; Becky
2005 Ed. (4992)
McKinnon-Mulherin Inc.
2008 Ed. (3735, 4431)
2007 Ed. (3605, 3606)
2006 Ed. (3543)
McKinsey
1990 Ed. (851, 854)
1989 Ed. (1007)
McKinsey & Co.
2008 Ed. (762, 763, 764, 765, 3016)
2007 Ed. (787, 788, 789, 2894)
2006 Ed. (694, 695, 696)

2004 Ed. (809)
2001 Ed. (1450, 1451)
2000 Ed. (901)
1999 Ed. (967)
1998 Ed. (542, 545)
1997 Ed. (845)
1996 Ed. (834, 835, 1114)
1993 Ed. (1104)
1992 Ed. (995, 1377)
1990 Ed. (855)
McKinstry Co.
2008 Ed. (1225, 1248, 1264, 1342)
2007 Ed. (1368, 1392)
2006 Ed. (1260, 1292, 1347, 1348, 1351)
2005 Ed. (1290, 1345)
2004 Ed. (1240, 1314, 1340)
2003 Ed. (1237, 1238, 1314, 1340)
1998 Ed. (954)
1997 Ed. (1169)
1996 Ed. (1137)
1995 Ed. (1165)
McKinstry; Nancy
2008 Ed. (4949)
2007 Ed. (4982)
2006 Ed. (4984, 4985)
2005 Ed. (4991)
McKnight Foundation
2002 Ed. (2334)
1995 Ed. (1931)
McKnight; William
2005 Ed. (974)
MCL
2001 Ed. (228)
2000 Ed. (184)
1997 Ed. (110)
1996 Ed. (108)
1995 Ed. (93)
1992 Ed. (173)
1990 Ed. (3017)
MCL Cafeterias
1999 Ed. (4062)
1997 Ed. (3336)
1996 Ed. (3233)
1994 Ed. (3091)
1993 Ed. (3032)
1992 Ed. (3716)
1991 Ed. (2880)
MCL Clayton
1999 Ed. (943)
MCL Cos.
2006 Ed. (1192)
MCL McCann
2003 Ed. (161)
2002 Ed. (201)
MCL Saatchi & Saatchi
2003 Ed. (97)
2002 Ed. (130)
2001 Ed. (157)
2000 Ed. (119)
1999 Ed. (113)
McLane Co., Inc.
2008 Ed. (2111, 4062, 4932)
2007 Ed. (2014, 4034, 4961)
2006 Ed. (1441, 4003, 4954)
2005 Ed. (3929)
2004 Ed. (4941)
2003 Ed. (4936, 4937, 4938)
2001 Ed. (4829)
1998 Ed. (976, 978, 979, 981, 982, 983)
1997 Ed. (1200, 1201, 1202, 1203, 1204, 1205, 1206)
1995 Ed. (1195, 1196, 1197, 1198, 1199, 1200)
1994 Ed. (1177)
1993 Ed. (1154, 1155, 1156)
1991 Ed. (3253)
1990 Ed. (3492)
McLane, Graf, Raulerson & Middleton
1999 Ed. (3154)
McLane Jr.; Robert D.
2006 Ed. (4909)
McLane/Southern Inc.
2008 Ed. (1942)
2006 Ed. (1894)
McLaren Mercedes
2003 Ed. (747)
McLaren plc
2003 Ed. (2735)
2002 Ed. (2497)
McLarend Vasquez Emsiek & Partners Inc.
2008 Ed. (264)
McLaughlin; Amy
1990 Ed. (850)
McLaughlin & Harvey
2006 Ed. (2062)
McLaughlin; Ann
1995 Ed. (1256)
McLaughlin; Elizabeth
2006 Ed. (929)
McLaughlin II; William
1992 Ed. (1137)
McLaughlin; Thomas
2006 Ed. (978)
McLean & Appleton (Holdings) Ltd.
1995 Ed. (1015)
1994 Ed. (1002)
McLean, Budden, Ltd.
2000 Ed. (2844)
1996 Ed. (2419)
McLean Budden Balanced Growth
2004 Ed. (3612)
2002 Ed. (3428)
2001 Ed. (3457)
McLean Budden Canadian Equity Growth
2002 Ed. (3440)
2001 Ed. (3469)
McLean Budden Canadian Equity Value
2004 Ed. (3613, 3614)
McLean Budden Fixed Income
2004 Ed. (725, 726, 727)
2003 Ed. (3563)
McLean Cargo Specialist Inc.
2000 Ed. (4291)
McLean Cargo Specialists Inc.
2008 Ed. (2967)
2002 Ed. (2563)
2001 Ed. (2715)
1999 Ed. (4651)
1998 Ed. (3613)
1997 Ed. (3787)
1996 Ed. (3731)
1995 Ed. (3652)
McLean County Bank
1989 Ed. (208)
McLean Delmo & Partners
2004 Ed. (7)
2002 Ed. (6)
McLean Hospital
2008 Ed. (4084)
2007 Ed. (4048)
2006 Ed. (4016)
2005 Ed. (3947)
2004 Ed. (3974)
2003 Ed. (3971)
2002 Ed. (3801)
2000 Ed. (2519)
1999 Ed. (2740)
McLellan Jr.; J. Houghton
1993 Ed. (893)
McLelland
2008 Ed. (715)
McLeod; Allan
2005 Ed. (2473)
McLeod Inc.; Porter
1993 Ed. (3309)
McLeod Regional Medical Center of the Pee Dee Inc.
2008 Ed. (2075)
2005 Ed. (1959)
2003 Ed. (1820)
2001 Ed. (1847)
McLeod USA
2006 Ed. (3330, 4694)
McLeod Young Weir Ltd.
1990 Ed. (822)
1989 Ed. (812, 1355)
McLeodUSA Inc.
2004 Ed. (1081, 1760)
2001 Ed. (2422)
McLeodUSA Publishing
2003 Ed. (4708)
McLevish; Timothy
2007 Ed. (1068)
McLouth Steel-An Employee Owned Company
1991 Ed. (953)
McLouth Steel Products Corp.
1990 Ed. (1027)
McLure; Howard
2006 Ed. (965)
McLure Oil Co., Inc.
2006 Ed. (3508, 4347, 4987)
MCM Corp.
1995 Ed. (2100)
MCM Advertising
2001 Ed. (193)
2000 Ed. (155)
1999 Ed. (138)
1991 Ed. (138)
McM Balanced
2000 Ed. (3226)
1999 Ed. (3508)
MCM Construction Inc.
2003 Ed. (765)
2002 Ed. (1237)
McMahan Real Estate
1991 Ed. (2239)
McMahan Securities Co.
2007 Ed. (3263)
McMahon & Co.; M. G.
1995 Ed. (2335)
1993 Ed. (2262, 2266)
1991 Ed. (2164, 2169)
McMahon; Jim
1989 Ed. (278)
McMahon; Paul & Sean
2005 Ed. (4885)
McMahon; Sean
2008 Ed. (4884)
2007 Ed. (4920)
McMahon; Sharon
2008 Ed. (4899)
2007 Ed. (4919)
McManimon & Scotland
2001 Ed. (873)
The McManus Group
1999 Ed. (104)
McMaster Carr
1999 Ed. (1043, 3288)
1997 Ed. (913, 2698)
McMaster, Harold and Helen
1995 Ed. (933)
McMaster University
2008 Ed. (1070, 1075, 1076, 1077, 1078, 3642, 4279)
2007 Ed. (1166, 1170, 1171, 1172, 3470, 3471)
2002 Ed. (905)
1994 Ed. (819)
McMaster University, Michael G. DeGroote School of Business
2004 Ed. (836)
2003 Ed. (790, 792)
McMasters
2001 Ed. (4789)
2000 Ed. (2945)
1999 Ed. (3205)
MCMC LLC
2008 Ed. (2482)
McMenamin's
2001 Ed. (1022)
McMillan; C. S.
2005 Ed. (2492)
McMillan Smith & Partners
2008 Ed. (2525)
McMillen; Tom
1994 Ed. (845)
McMillin Cos.
1998 Ed. (920)
1996 Ed. (1099)
McMillin Homes
2005 Ed. (1242)
2004 Ed. (1218)
McMillin; John
1997 Ed. (1868)
1996 Ed. (1794)
1995 Ed. (1821)
1994 Ed. (1781)
1993 Ed. (1798)
1991 Ed. (1681, 1709)
McMillin's Lunch Box
1995 Ed. (2939)
McMoran Exploration Co.
2008 Ed. (3907)
2006 Ed. (3837)
2005 Ed. (3753)
2002 Ed. (2122)
McMoran; Freeport
1993 Ed. (3689)
McMoran Oil & Gas Co.
1990 Ed. (1241)
McMorgan
2002 Ed. (3938)
1999 Ed. (3082, 3095)
1998 Ed. (3015)
1997 Ed. (3270)
1996 Ed. (3168)
1995 Ed. (3074)
1994 Ed. (3018)
1993 Ed. (2976)
1992 Ed. (3636)
1991 Ed. (2222, 2238, 2820)
1990 Ed. (2971)
1989 Ed. (2127)
McMorgan Intermediate Fixed Income
2006 Ed. (614, 615)
MCMS Inc.
2001 Ed. (1728)
McMullen; Kevin M.
2008 Ed. (2630)
McMurray Inc.
2008 Ed. (4346)
MCN
1997 Ed. (2926)
1996 Ed. (2822)
1995 Ed. (2755)
1994 Ed. (2653)
1993 Ed. (2702)
1992 Ed. (3214)
MCN Energy Group
2001 Ed. (3693)
1999 Ed. (3593, 3734)
1998 Ed. (2661, 2664)
MCN Investment Corp.
2000 Ed. (3527)
1999 Ed. (3803)
McNair Law Firm
2001 Ed. (913)
2000 Ed. (1726, 3204)
1999 Ed. (1942, 3476)
McNair; Robert
2005 Ed. (4843)
McNally Robinson Booksellers
2008 Ed. (1900)
McNamara Buick Pontiac
1991 Ed. (310)
McNamara; Edward H.
1993 Ed. (2462)
1992 Ed. (2904)
1991 Ed. (2343)
McNamara; Nancy A.
1994 Ed. (3666)
McNamee, Hosea, Jernigan, Kim, Greenan & Walker
2007 Ed. (3319)
McNamee, Porter & Seeley Inc.
2002 Ed. (2151)
2001 Ed. (2304)
1999 Ed. (2059)
1998 Ed. (1491)
McNamee, Porter & Seely Inc.
1997 Ed. (1780)
McNaught Syndicate
1989 Ed. (2047)
McNaughton & Gunn
2001 Ed. (3891)
2000 Ed. (3609)
1998 Ed. (2921)
McNaughton McKay Electric Co.
2003 Ed. (2205)
McNaughton-McKay Electric Co. of Ohio
2006 Ed. (4372)
McNealy; Scott G.
2007 Ed. (1023)
2005 Ed. (983, 2497)
1995 Ed. (1717)
McNeary Insurance Consulting Inc.
2002 Ed. (4065)
2001 Ed. (4124)
McNeece
1996 Ed. (2235)
McNeely Pigott & Fox
2005 Ed. (3951, 3976)
2004 Ed. (4034)
2003 Ed. (4019)
2002 Ed. (3852)
2000 Ed. (3669)
1999 Ed. (3955)
1998 Ed. (2960)

McNeil
1990 Ed. (3501)
McNeil & NRM Inc.
2001 Ed. (4130)
McNeil Consumer Products
2008 Ed. (3669)
2003 Ed. (282, 284, 1053, 2109, 3689)
2000 Ed. (740, 1712)
1998 Ed. (1349)
1995 Ed. (1589)
McNeil CPC
1994 Ed. (1559)
1990 Ed. (1565)
McNeil Development
2007 Ed. (1289)
McNeil Lab
1997 Ed. (3059)
1996 Ed. (2985)
1995 Ed. (2901)
1993 Ed. (2814)
1992 Ed. (1872, 3403)
McNeil Labs
1999 Ed. (3773)
McNeil Mantha
1992 Ed. (958, 964)
McNeil Technologies Inc.
2005 Ed. (173)
2004 Ed. (170)
McNeilab
1994 Ed. (2814)
McNeill Sullivan
1993 Ed. (2080)
1990 Ed. (2062)
McNerney; James
2005 Ed. (2469)
McNerney Jr.; W. J.
2005 Ed. (2480)
McNerney Jr.; W. James
2008 Ed. (951, 2631, 2632)
2007 Ed. (2499, 2500, 2501)
2006 Ed. (885, 2520, 2522)
McNevin Cleaning Specialists
2008 Ed. (861, 862, 4788)
2006 Ed. (794, 795)
MCNIC Oil and Gas
2001 Ed. (3744)
McNoll; Hugh L.
1990 Ed. (1711)
McNulty Bros. Co.
1995 Ed. (1169)
1992 Ed. (1413)
1991 Ed. (1080)
McNulty Brothers Co.
1993 Ed. (1126)
MCO Transport Inc.
2000 Ed. (4291)
1999 Ed. (4651)
1998 Ed. (3613)
1997 Ed. (3787)
MCorp
2005 Ed. (420)
2000 Ed. (391)
1999 Ed. (391)
1996 Ed. (382)
1994 Ed. (358, 2714)
1993 Ed. (365)
1992 Ed. (547)
1990 Ed. (686, 687, 708, 1303, 2682, 2684, 3252, 3254, 3256, 3562)
1989 Ed. (410, 676, 677, 2466, 2648, 2666)
MCP Computer Products Inc.
2006 Ed. (3498)
MCP/Hahnemann Clinical Practice Groups
2000 Ed. (3545)
McPheeters; F. Lynn
2006 Ed. (973)
McPherson-Shaw
2002 Ed. (1201)
McQ Builders
2002 Ed. (2694)
McQuade Co.; John J.
1993 Ed. (1153)
McQuade Co.; John S.
1990 Ed. (1212)
McQuarrie; Gerald H.
1990 Ed. (1712)
McQuertergroup
1997 Ed. (138)
McRae; Colin
2005 Ed. (268)
McRae's
1994 Ed. (2134)
1991 Ed. (1968)
McRoberts; Johathan
2007 Ed. (2549)
MCS
2005 Ed. (3954)
2004 Ed. (3988)
2003 Ed. (3989)
2002 Ed. (3841)
2000 Ed. (3661)
MCS Business Machines
1991 Ed. (2639)
MCS Health Management Options
2005 Ed. (2817)
MCS Industries
1998 Ed. (2854)
McShain Charities Inc.; John
1990 Ed. (1849)
The McShane Cos.
2004 Ed. (1260)
McStay-Regian Associates
1989 Ed. (160)
MCT Transportation LLC
2008 Ed. (4134)
McVitie's
2008 Ed. (710, 723)
2002 Ed. (928)
1999 Ed. (367)
McVitie's Cheddars
1999 Ed. (4347)
McVitie's Choc Digestive
2008 Ed. (712)
McVitie's Digestives
2008 Ed. (712)
McVitie's Jaffa Cakes
2008 Ed. (712)
McVitie's Penguin
2008 Ed. (712)
McWane Inc.
2006 Ed. (1449)
McWhorter; R. Clayton
1997 Ed. (1797)
McWhorter Technologies
2001 Ed. (3608)
2000 Ed. (3398)
1998 Ed. (2734)
1997 Ed. (2981)
McWilliam Family
2002 Ed. (872)
McWilliams; Bruce M.
2007 Ed. (2502)
MCZ Development Corp.
2008 Ed. (1164, 1196, 1199)
2007 Ed. (1299, 1302, 1306)
2006 Ed. (1192)
MD
2008 Ed. (4697)
2003 Ed. (4759)
1996 Ed. (3705)
M.D. Enterprises of Connecticut
1994 Ed. (985, 3330)
MD Equity
2006 Ed. (3662)
MD Foods
2002 Ed. (1908)
2001 Ed. (1970)
2000 Ed. (1639, 1640)
MD Foods Amba
1997 Ed. (1576)
1996 Ed. (1324)
1995 Ed. (1371)
1993 Ed. (1294)
MD 20/20
2006 Ed. (4960)
2005 Ed. (4930)
2004 Ed. (4950)
2003 Ed. (4946)
2002 Ed. (4922)
2001 Ed. (4842)
1996 Ed. (3861)
MD U.S. Equity
2001 Ed. (3477, 3478)
MD U.S. Large Cap Growth
2004 Ed. (2462)
2003 Ed. (3582)
2002 Ed. (3449)
MDC Corp.
2005 Ed. (1726)
2003 Ed. (1078)
2002 Ed. (3269)
MDC Holdings Inc.
2008 Ed. (1200, 1201, 1202, 1509, 1688, 1692, 4522)
2007 Ed. (1303, 1304, 1307, 1308, 1309, 1310, 1311, 1551, 1667, 1670)
2006 Ed. (1191, 1193, 1196, 1197, 1199, 1200, 1202, 1203, 1520, 1523, 1655, 1656, 1657, 1659, 1663, 2947, 4580)
2005 Ed. (1182, 1193, 1210, 1211, 1219, 1223, 1229, 1230, 1233, 1234, 1235, 1240, 1244, 1246)
2004 Ed. (1177, 1204, 1209, 2946)
2003 Ed. (1135, 1200, 1202, 1203, 1204, 1642, 1654)
2002 Ed. (1172, 1620, 1625)
2001 Ed. (1394)
2000 Ed. (1190, 1193, 1197)
1999 Ed. (1319)
1998 Ed. (885)
1997 Ed. (1119, 1123)
1996 Ed. (1101, 1102, 1103, 1107)
1995 Ed. (1126, 1129)
1994 Ed. (1111)
1993 Ed. (1086)
1992 Ed. (1358, 4146)
1990 Ed. (1159)
1989 Ed. (1001, 2465)
MDC Homes
2005 Ed. (1180, 1204)
2003 Ed. (1149, 1169)
MDC Partners
2008 Ed. (1208)
2007 Ed. (117, 1319)
MDC Trust
1995 Ed. (1048, 3076)
MDHC
1991 Ed. (1897)
MDI Entertainment Inc.
2004 Ed. (4549)
MDI Mobile Data International Inc.
1990 Ed. (1251)
MDL Capital Management Inc.
2006 Ed. (191)
2004 Ed. (172)
2003 Ed. (216)
2002 Ed. (712)
MDM
2006 Ed. (467)
MDM Financial Group
2008 Ed. (497)
2007 Ed. (443, 445, 546)
2005 Ed. (499, 503, 602)
MDM Office Systems Inc.
2006 Ed. (3547, 4385)
MDS Inc.
2008 Ed. (4321)
2007 Ed. (4365)
2003 Ed. (1218)
2002 Ed. (1224)
2001 Ed. (1461, 1654)
MDS Pharma Services (US) Inc.
2005 Ed. (1892)
2004 Ed. (1809)
MDS Proteomics
2003 Ed. (682)
MDSI
2006 Ed. (2821)
MDSI Mobile Data Solutions Inc.
2003 Ed. (1116)
MDT Corp.
1995 Ed. (2085)
1990 Ed. (889)
MDT Advisers
2002 Ed. (4733)
MDU Resources Group Inc.
2008 Ed. (1995, 2500, 4068, 4070, 4545)
2007 Ed. (1929, 2385, 4594)
2006 Ed. (681, 1946, 2354, 2357, 2441)
2005 Ed. (1917, 2225, 2291, 2294, 2399, 2405, 3587, 3588, 3927, 4167, 4526, 4527)
2004 Ed. (1832, 2192, 2195, 2200, 4239)
2003 Ed. (1797, 3811, 3814)
2002 Ed. (2126)
2001 Ed. (1824)
MDVIP
2007 Ed. (2768)
M.E. Allison & Co.
2000 Ed. (2763)
Me and My Cat
1994 Ed. (2827)
Me and My Dog
1994 Ed. (2828)
Me Salve Inc.
2007 Ed. (4189)
2006 Ed. (4168)
2005 Ed. (4117)
MEA
2005 Ed. (216)
The Mead Corp.
2003 Ed. (3715, 3716, 3717, 3718, 3722, 3727)
2002 Ed. (2319, 2320, 2321, 3575, 3580, 3582, 3583)
2001 Ed. (3614, 3621, 3622, 3623, 3625, 3626, 4933)
2000 Ed. (2241, 2254, 2256, 3403, 3404, 3405, 3407, 4116)
1999 Ed. (1553, 2115, 2489, 2490, 2491, 3688, 3689, 3700, 4469, 4470)
1998 Ed. (1750, 1751, 1752, 2736, 2737, 2738, 2741, 2747, 3399, 3400)
1997 Ed. (2067, 2069, 2986, 2987, 2988, 2990, 2991, 3625, 3626)
1996 Ed. (1540, 1958, 1959, 2901, 2906, 3583, 3584)
1995 Ed. (1426, 1470, 1922, 1923, 2826, 2827, 3507)
1994 Ed. (1261, 1436, 1891, 1893, 2722, 2723, 2724, 2725, 2732)
1993 Ed. (1382, 1417, 1890, 1892, 2175, 2497, 2763, 2764, 3446, 3447)
1992 Ed. (1236, 1237, 2102, 2103, 2209, 2211, 2970, 3328, 3330, 3331, 3332, 4131, 4132)
1991 Ed. (1761, 1763, 2669, 3215)
1990 Ed. (2518)
1989 Ed. (1465, 1466, 2112, 2113, 2634)
Mead Cambaridge Executive Notepad
1989 Ed. (2632)
Mead Cambridge Professional Pad Folio
1990 Ed. (3431)
Mead Coated Board UK
2001 Ed. (3611)
Mead; Dana
1997 Ed. (1800)
Mead Data Central
1994 Ed. (2695)
Mead Employees Credit Union
2006 Ed. (2216)
2005 Ed. (2121)
2004 Ed. (1979)
2003 Ed. (1939)
2002 Ed. (1885)
Mead Instruments Corp.
2004 Ed. (3744)
Mead Johnson Nutritionals
2003 Ed. (2062, 2502, 2915)
Mead Packaging
2000 Ed. (3402)
1999 Ed. (3686)
Mead Timber Co.
2008 Ed. (2764, 2765)
2007 Ed. (2639, 2640)
The Meade Group Inc.
1998 Ed. (208)
1996 Ed. (300)
1995 Ed. (297)
1994 Ed. (293)
1993 Ed. (303)
1992 Ed. (419)
1991 Ed. (309)
1990 Ed. (346)
Meade Instruments Corp.
2005 Ed. (3653, 3654)
Meadow Gold
1993 Ed. (2121)
Meadow Gold Dairy Inc.
2008 Ed. (4998)
Meadow Homes Inc.
2006 Ed. (3987)

Meadowbrook Inc.
1999 Ed. (2912)
Meadowbrook Insurance Group Inc.
2001 Ed. (2913)
2000 Ed. (2666)
1998 Ed. (2127)
Meadowbrook Insurance Group of Colorado
1995 Ed. (905)
Meadowbrook Risk Management Ltd.
2008 Ed. (856)
Meadowcraft
1999 Ed. (2548, 2616, 2620, 4323, 4327)
Meadowdale Foods Inc.
1990 Ed. (1027)
1989 Ed. (925, 927, 2332)
Meadowlands Arena
1989 Ed. (992, 992)
Meadowlands Exposition Center
2002 Ed. (1335)
Meadows & Ohly
1998 Ed. (183)
1996 Ed. (230)
Meadows Office Furniture Co.
2007 Ed. (3583, 3584, 4437)
Meadows Regional Medical Center
2008 Ed. (3061)
MeadWestvaco Corp.
2008 Ed. (1512, 1698, 2851, 3020, 3849, 3850, 3852, 3853)
2007 Ed. (1333, 1672, 1673, 1674, 2898, 3769, 3770, 3771, 3774, 3775, 3779, 4529)
2006 Ed. (1666, 1667, 1668, 2654, 2655, 3773, 3774, 3775, 3776, 3777, 3778, 3779)
2005 Ed. (1747, 1748, 1749, 2670, 3673, 3674, 3675, 3676, 3677, 3680, 3681, 3682, 3683, 3854)
2004 Ed. (1580, 1690, 1691, 2561, 2678, 3758, 3759, 3760, 3761, 3765, 3766, 4485)
2003 Ed. (1224, 1597, 2427, 2541, 2542, 3728)
MeadWestvaco Consumer Packaging Group
2007 Ed. (3770)
MeadWestvaco South Carolina LLC
2008 Ed. (3850)
MEAG Power
1999 Ed. (1943)
Meal kits
2002 Ed. (3491)
Meal replacements
2001 Ed. (2011)
Meal replacements/supplements powders
2004 Ed. (3666)
Meal Time
2002 Ed. (3652)
1999 Ed. (3785)
1997 Ed. (3070)
1996 Ed. (2991)
1994 Ed. (2829)
1993 Ed. (2815)
Meals
2008 Ed. (2732)
2002 Ed. (919)
1999 Ed. (3408)
1998 Ed. (582)
Meals and entertainment
1996 Ed. (852)
Meals & entrees
2002 Ed. (3494)
Mealtime
2003 Ed. (3802)
1992 Ed. (3408)
1990 Ed. (2818)
1989 Ed. (2193)
Mears Group plc
2008 Ed. (2126, 4323)
Mease Countryside Hospital
2006 Ed. (2919)
Measured diet meals
1991 Ed. (1457)
Measurement Sciences
1989 Ed. (2502)
Measurement Specialties
2003 Ed. (1561, 2189, 4440)
Measurex
1999 Ed. (1960)
1993 Ed. (1053)
1992 Ed. (1313, 1315, 1922, 2641, 3677)
1991 Ed. (1019, 1030, 1513, 1514, 2079, 2846)
1990 Ed. (1115, 1123, 1126, 2217)
1989 Ed. (969, 978, 1667)
Measuring & checking instruments
1989 Ed. (1387)
Measuring & mixing utensils
2002 Ed. (3046)
Measuring & photographic/medical equipment & clocks
2001 Ed. (1859)
Measuring and scientific products
1990 Ed. (3629)
Measuring Control Instruments
2001 Ed. (3274)
Measuring equipment
1997 Ed. (188)
1994 Ed. (1732)
Measuring instruments
1991 Ed. (1636)
Measuring instruments & equipment
1999 Ed. (2104)
Measuring, medical & photo equipment
1997 Ed. (2630)
1996 Ed. (2488)
Measuring, medical, & photographic equipment
2008 Ed. (1407, 1408, 1423, 1426)
2006 Ed. (1426, 1444, 1447)
2005 Ed. (1471, 1543, 1561, 1572)
2004 Ed. (1456, 1527, 1546, 1558)
2003 Ed. (1426, 1497, 1516, 1520)
2002 Ed. (1399, 1481, 1489)
Measuring, medical, photo equipment
1995 Ed. (2445, 2446)
Measuring/mixing utensils
2003 Ed. (3165)
Measuring, testing & control equipment
1999 Ed. (2093, 2848)
Measuring, testing, control instruments
1996 Ed. (1728)
Meat
2008 Ed. (2647, 2732, 2839)
2007 Ed. (131, 2515)
2004 Ed. (2555)
2003 Ed. (4643)
2001 Ed. (3521)
2000 Ed. (4145, 4146, 4164)
1999 Ed. (3408)
1997 Ed. (3680)
1992 Ed. (2198)
Meat & Cheese
2000 Ed. (4062)
Meat & meat products manufacturing
2002 Ed. (2224)
Meat & seafood
1999 Ed. (4507)
1998 Ed. (3433)
1994 Ed. (3463)
Meat, canned
2004 Ed. (2648)
Meat, fish and poultry
1996 Ed. (1485)
Meat, Fish, Poultry
2000 Ed. (4165)
Meat, fresh
1994 Ed. (3460)
Meat, frozen
1999 Ed. (2532)
Meat, luncheon
2003 Ed. (3344)
Meat market and freezer provisioners
1994 Ed. (3329)
Meat markets and freezer provisioners
1996 Ed. (3452)
Meat, packaged
1996 Ed. (3091)
Meat packers
2001 Ed. (4154)
Meat packing
2007 Ed. (4236)
2006 Ed. (4220)
Meat packing plants
1991 Ed. (2382)
1990 Ed. (2514, 2515)
1989 Ed. (1927, 1929)
Meat pies
1995 Ed. (2993, 2995, 2996)
Meat, processed
1997 Ed. (2929)
1994 Ed. (2657)
1993 Ed. (2708)
Meat products
2003 Ed. (3927)
2002 Ed. (3492)
Meat products processing
1996 Ed. (2)
Meat, red
1994 Ed. (2435)
Meat/seafood, unprepared
2003 Ed. (3941)
Meat snacks
2006 Ed. (4395)
2003 Ed. (4460, 4461)
1996 Ed. (2646)
1995 Ed. (3406)
1994 Ed. (3334, 3346, 3348)
1993 Ed. (3338)
1992 Ed. (4005)
Meat snacks, dried
1997 Ed. (3531)
Meat Sticks
1998 Ed. (3323)
Meat substitutes
2002 Ed. (3492)
Meatless/vegetarian dishes
1998 Ed. (1859)
Meatpacking
1991 Ed. (2626)
Meatpacking plants
1992 Ed. (2969)
Meats, packaged
1995 Ed. (2049, 3721)
Meats, processed
1999 Ed. (3599)
Meats, shaved/wafered
1995 Ed. (3537)
Meats, sliced
1995 Ed. (3536)
1992 Ed. (1777)
Meats, variety
2007 Ed. (3442, 3443)
2006 Ed. (3427, 3428)
2005 Ed. (3417, 3418)
2004 Ed. (3404, 3405)
Meaty Bones
2002 Ed. (3650)
1999 Ed. (3783)
1997 Ed. (3073)
1996 Ed. (2994)
1994 Ed. (2824, 2832)
1993 Ed. (2817)
1992 Ed. (3410)
1990 Ed. (2820)
1989 Ed. (2195)
Mebane Packaging Group
2000 Ed. (3402)
1999 Ed. (3686)
MECA Software Inc.
1992 Ed. (3822)
Mecalux SA
2008 Ed. (3602)
2007 Ed. (3436)
MEC.ca
2007 Ed. (2322)
Meccarillos Rouge
1994 Ed. (961)
Mechanic, airline
2004 Ed. (2288)
Mechanical Inc.
2008 Ed. (4820)
2004 Ed. (1244)
1992 Ed. (4479)
Mechanical design engineer
2004 Ed. (2274)
Mechanical Dynamics Inc.
2002 Ed. (2514)
2001 Ed. (2698)
Mechanical engineering
2003 Ed. (2271)
Mechanical goods, automotive
1992 Ed. (3747)
Mechanical goods, non-automotive
1992 Ed. (3747)
Mechanical Lloyd Co. Ltd.
2002 Ed. (4418)
Mechanical, measuring & control instruments
1999 Ed. (2102)
Mechanical pencils
1993 Ed. (3741)
1992 Ed. (4494)
1990 Ed. (3712)
Mechanical Power
2000 Ed. (4323)
Mechanical Power Presses
2000 Ed. (4324)
Mechanical Power-Transmission
2000 Ed. (4324)
Mechanics
2007 Ed. (3722, 3725)
2005 Ed. (3623)
Mechanics & Farmers
1992 Ed. (4287)
Mechanics & Farmers Bank
1997 Ed. (419)
1995 Ed. (430, 431, 493)
1994 Ed. (437)
1993 Ed. (438)
1991 Ed. (463)
1990 Ed. (510)
Mechanics & Farmers Savings
1992 Ed. (3781)
Mechanics and repairers
1989 Ed. (2080, 2080)
Mechanics Bank
1990 Ed. (514)
Mechanics Bank (Richmond)
1991 Ed. (473)
Mechanics National Bank
1994 Ed. (3332)
1992 Ed. (3996)
Mechel; OAO
2008 Ed. (3577)
Mechwarrior II
1997 Ed. (1097)
Mechwarrior II: Mercenaries
1998 Ed. (847, 851)
Meckleburg, NC
1992 Ed. (1726)
Mecklenburg County, NC
2008 Ed. (3473)
2004 Ed. (2966)
Mecklenburg, NC
1991 Ed. (1372)
Mecklermedia Corp.
2001 Ed. (1541)
1997 Ed. (2714, 3648)
Mecosta County Medical Center
2008 Ed. (3061)
Med/biotechnology
1992 Ed. (2625)
Med Care HMO
1994 Ed. (2040)
1993 Ed. (2022)
1989 Ed. (1585)
M.E.D. Communications
1993 Ed. (67, 121)
1992 Ed. (110, 117, 185)
1991 Ed. (131)
1990 Ed. (57, 135)
1989 Ed. (141)
Med-Mart
1992 Ed. (2436)
Med Network
1990 Ed. (2897)
Med Sense-Admar Corp.
1990 Ed. (2894)
Med Shipping
2002 Ed. (4266, 4267)
1992 Ed. (3947, 3948, 3949, 3950)
Med Staff Inc. PA Recruitment
2001 Ed. (3555)
Med-X Corp.
2002 Ed. (2030)
Medacom Computer Communications Network
1999 Ed. (2727)
MEDai, Inc.
2003 Ed. (2714)
2002 Ed. (2489)
Medalist U.S. Government Income Inv.
1996 Ed. (2810)
Medallion
2002 Ed. (4640)
1994 Ed. (2598)
Medallion Homes
2005 Ed. (1241)
2004 Ed. (1217)
2003 Ed. (1210)
2002 Ed. (2693)

Medallions
2002 Ed. (2414)
MedAmerica, Inc.
2001 Ed. (2765)
2000 Ed. (2498)
MedAmerica Insurance Co.
2008 Ed. (3314, 3315)
2007 Ed. (3166)
MedAmicus
2005 Ed. (4378, 4382)
Medaphis Corp.
2000 Ed. (2496, 2497)
Medar Inc.
2000 Ed. (2459)
1999 Ed. (2669)
Medarex Inc.
2002 Ed. (4502)
MedAssets
2008 Ed. (2893)
2006 Ed. (2771, 2773)
MedAssets HSCA
2005 Ed. (2918)
2004 Ed. (2928)
MedAvant Healthcare Solutions
2008 Ed. (2907)
Medavie Blue Cross
2008 Ed. (2713)
2007 Ed. (2573, 3158)
Medcath Corp.
2006 Ed. (2776)
2005 Ed. (2801)
Medcenter One Inc.
2008 Ed. (1994)
2007 Ed. (1928)
2006 Ed. (1945)
2005 Ed. (1916)
2004 Ed. (1831)
2003 Ed. (1796)
2001 Ed. (1823)
MedCenters Health Plan
1995 Ed. (2091)
MedChem Products Inc.
1993 Ed. (214, 217)
Medco Behavioral Care
1997 Ed. (2702)
1996 Ed. (2561)
Medco Containment
1992 Ed. (1515, 1844, 3919, 3925)
1990 Ed. (1550)
Medco Containment Services Inc.
2005 Ed. (1531)
1996 Ed. (1193)
1995 Ed. (1220, 1229, 2082, 2496, 2821)
1994 Ed. (1215, 1564, 2030, 2705, 2707, 2708, 2712, 3219, 3445, 3446, 3447)
1993 Ed. (1348, 1519, 2751, 3469)
1991 Ed. (1467)
1990 Ed. (1563)
Medco Health Solutions Inc.
2008 Ed. (1977, 1978, 2895, 2911, 4212)
2007 Ed. (1914, 1915, 2363, 2364, 2771, 2782, 2783, 3906, 4171)
2006 Ed. (1930, 1931, 2415, 2416, 2764, 3875, 4148)
2005 Ed. (1640, 1903, 1904, 2244, 2245, 2798, 4096)
2004 Ed. (1819, 4160)
Medco Research Inc.
1993 Ed. (214, 217)
Medcom Credit Union
2006 Ed. (2167, 2172)
MedcomSoft Inc.
2003 Ed. (1637, 1638, 2707, 2934, 2935, 2937)
Medecon Services
1999 Ed. (2754)
Med$ense
1990 Ed. (2897)
MedEquip/HomMed
2004 Ed. (2896)
MedEquip, University of Michigan Health System
2002 Ed. (2588)
Mederma
2004 Ed. (2615)
2003 Ed. (2486)
Medeva
1995 Ed. (201)
1994 Ed. (1379)
Medfac Inc.
1993 Ed. (249)
1992 Ed. (360)
Medford-Ashland, MA
2004 Ed. (4169)
2003 Ed. (4154)
Medford-Ashland, OR
2002 Ed. (1054)
1997 Ed. (3356)
Medford Leas
1991 Ed. (2898)
Medford Lees Retirement Community
1990 Ed. (3061)
Medford Medical Clinic
2005 Ed. (1935)
Medford, OR
2006 Ed. (3299)
2003 Ed. (4189)
1995 Ed. (2807)
1989 Ed. (225)
Medford Savings Bank
1998 Ed. (3550)
1994 Ed. (3529)
Medi-Dyn
2008 Ed. (3095, 3412)
Medi-Flu
1996 Ed. (1031)
Medi Telecom
2008 Ed. (62)
Media
2008 Ed. (2451, 2647)
2007 Ed. (131, 790, 2325)
2006 Ed. (138, 697, 699, 834)
2005 Ed. (95, 134, 852, 3635, 3636)
2004 Ed. (141, 150, 155, 4049, 4678)
2003 Ed. (190)
2002 Ed. (3254, 4193)
2001 Ed. (246, 1077)
2000 Ed. (209, 938, 1310)
1995 Ed. (2894)
1991 Ed. (1138, 1139, 1174, 1186, 1187, 3306)
Media-Advertising Partnership for a Drug-Free America
1992 Ed. (1100)
Media, alternative
2002 Ed. (3882)
Media America
2000 Ed. (4215)
Media & advertising
2002 Ed. (220)
2000 Ed. (947)
Media & entertainment
2001 Ed. (1964, 2176, 2177)
Media Arts Group Inc.
2004 Ed. (3934)
2000 Ed. (4042, 4050)
1999 Ed. (3674)
1996 Ed. (2054, 2057, 3444, 3447)
Media Buying Services
2002 Ed. (3278)
Media City Center
2000 Ed. (4030)
1999 Ed. (4310)
1995 Ed. (3377)
Media Edge
2002 Ed. (142, 144, 145, 147, 148, 174, 193, 194, 195, 3278)
2001 Ed. (165, 166, 171, 172, 173, 174, 175, 176, 177, 178, 3249)
2000 Ed. (130, 131, 132, 133, 134, 135, 136, 138, 140)
Media Enterprises International
1997 Ed. (3203)
Media Express Telemarketing Corp.
1998 Ed. (3482)
1997 Ed. (3701)
Media Five Ltd.
1993 Ed. (243)
Media Five Limited
1992 Ed. (2716)
Media General Inc.
2008 Ed. (2370)
2006 Ed. (3440)
1999 Ed. (1472)
1997 Ed. (238, 3222)
1996 Ed. (2576, 3140)
1989 Ed. (2114)
MEDIA Mail Packaging & Fulfillment Services
2008 Ed. (3733, 4428)
2007 Ed. (3601, 4447)
Media Majique & Research Systems
2003 Ed. (77)
2002 Ed. (112)
2001 Ed. (139)
1999 Ed. (92)
Media Majique & Research Systems (O & M)
2000 Ed. (98)
Media Man
2006 Ed. (634)
Media Markt
2005 Ed. (41)
2004 Ed. (47)
Media Metrix Inc.
2003 Ed. (1499)
Media Networks Inc.
2007 Ed. (152)
2006 Ed. (160)
1989 Ed. (188)
Media, new
2002 Ed. (1983)
Media Corp. of Singapore
2005 Ed. (76)
2004 Ed. (81)
Media One Group
2000 Ed. (3324)
Media Planning Group
2003 Ed. (108, 111, 115)
Media Play
2001 Ed. (2124)
Media Resource
2000 Ed. (4383)
Media Solutions International Inc.
2001 Ed. (1873, 2853)
Media Source Inc.
2004 Ed. (4586)
Media Storm
2008 Ed. (110)
2007 Ed. (896)
2006 Ed. (809)
Media Tech
2006 Ed. (64, 80)
Media Technology Ventures
2000 Ed. (4341)
MediaBay Inc.
2005 Ed. (877, 878)
2004 Ed. (891, 892, 4039)
MediaCom
2008 Ed. (126, 127, 130)
2007 Ed. (119, 120)
2006 Ed. (3432)
2005 Ed. (122, 123, 124)
2004 Ed. (119, 121, 122)
2003 Ed. (108, 111, 112, 113, 114, 117, 119, 120, 825, 830)
2002 Ed. (142, 145, 146, 147, 148, 193, 196)
2001 Ed. (165, 166, 171, 172, 173, 174, 176, 177, 178, 3249)
2000 Ed. (130, 131, 132, 133, 134, 135, 136, 137, 138, 140)
MediaCom Communications Corp.
2008 Ed. (128, 828)
2007 Ed. (121, 867)
2006 Ed. (125, 126, 127, 768, 769, 3554)
2005 Ed. (750, 847)
Mediacom LLC
2008 Ed. (827)
2007 Ed. (866)
Mediacom TMB
2002 Ed. (3279)
2001 Ed. (235)
MediaCorp
2008 Ed. (81)
Mediaedge: CIA
2008 Ed. (126, 127, 128, 130)
2007 Ed. (119, 120, 121)
2006 Ed. (3432)
2003 Ed. (108, 110, 111, 112, 114, 115, 116, 117, 118, 119, 120)
Mediaedge: CIA Worldwide
2006 Ed. (125, 126, 127)
2005 Ed. (122, 123, 124)
2004 Ed. (119, 121, 122)
Mediagrif Interactive Technologies Inc.
2008 Ed. (2942)
2007 Ed. (2816)
2003 Ed. (1086)
Mediamark Research Inc.
1992 Ed. (2977)
MediaNews Group
2008 Ed. (3783)
2005 Ed. (3915)
2004 Ed. (3685, 3971)
2003 Ed. (3641, 3964)
2002 Ed. (1069, 1073, 3283)
2001 Ed. (3540)
MediaOne Inc.
2005 Ed. (842)
2004 Ed. (866)
2003 Ed. (828)
MediaOne Group Inc.
2005 Ed. (1499, 1548, 1570)
2004 Ed. (1483)
2003 Ed. (1453)
2002 Ed. (1392, 4084)
2001 Ed. (1033, 1083, 1091, 1540, 1542, 2422)
2000 Ed. (944, 1402, 3683, 4125)
1999 Ed. (1243)
Mediaphone
1996 Ed. (3646)
Mediascope Ltd.
2002 Ed. (2499)
Mediaset
2007 Ed. (3455)
2006 Ed. (1821, 3230)
1999 Ed. (1687, 3122)
Mediaset SpA
2003 Ed. (1726)
2001 Ed. (1761, 1762)
Mediasurface plc
2007 Ed. (3057)
2006 Ed. (3024)
MediaTek Inc.
2007 Ed. (4351)
2005 Ed. (3035)
Mediatex Communications Corp.
2001 Ed. (1541)
Mediator
2008 Ed. (4243)
MediaVest
2008 Ed. (127)
2007 Ed. (120)
2006 Ed. (126, 3432)
2005 Ed. (123)
2003 Ed. (110, 112, 114, 115, 119, 120)
2002 Ed. (144, 146, 193, 194, 195, 196)
2001 Ed. (165, 171, 172, 173, 174, 176, 177, 178, 3249)
2000 Ed. (131, 133, 136, 137, 138)
MediaVest UK
2002 Ed. (3279)
2001 Ed. (235)
MediaWave Communications Corp.
2005 Ed. (2777)
Medibank Private
2004 Ed. (3081)
2002 Ed. (1587)
Medibuy.com
2001 Ed. (4768)
Medic Computer Systems
1995 Ed. (2797)
Medic Drug
2006 Ed. (2309)
Medica
2008 Ed. (3268)
2006 Ed. (3720, 3722)
1999 Ed. (2651)
1998 Ed. (1914)
1997 Ed. (2190)
1995 Ed. (2092)
1993 Ed. (2019)
Medica Insurance Co.
2002 Ed. (2952)
Medica Sur
2002 Ed. (1715)
Medicaid
1995 Ed. (165)
1992 Ed. (2652)
Medical
2008 Ed. (4722)
2007 Ed. (157)
2006 Ed. (4786)
2005 Ed. (4735)
2003 Ed. (4776)
1993 Ed. (1864)
Medical Action Communications
2002 Ed. (3857, 3863)
2000 Ed. (3649, 3653)

1999 Ed. (3936, 3939)
1996 Ed. (3123)
1995 Ed. (3017)
Medical & dental services
2002 Ed. (2779)
Medical and health
2001 Ed. (1205)
Medical & Health Science Centre UD
2008 Ed. (1790)
Medical & health services managers
2007 Ed. (3720)
Medical & Healthcare
2002 Ed. (4643)
2001 Ed. (4609)
Medical & surgical
2000 Ed. (3466)
Medical assistant
2005 Ed. (2384)
1989 Ed. (2085, 2087, 2088, 2089, 2091)
Medical assistants
2007 Ed. (3724)
2005 Ed. (3630)
2001 Ed. (3564)
1997 Ed. (1721)
1992 Ed. (3282)
1989 Ed. (2076)
Medical Assurance Co., Inc.
2005 Ed. (3143)
2004 Ed. (3135)
Medical Assurance Group
2002 Ed. (2943)
Medical Broadcasting Co.
2007 Ed. (107)
2006 Ed. (118)
2005 Ed. (108)
Medical Card System Inc.
2006 Ed. (1999, 3093)
2005 Ed. (1954, 3088)
2004 Ed. (3083)
Medical care
2007 Ed. (1322)
1995 Ed. (3390)
Medical Care America Inc.
1996 Ed. (2084)
1995 Ed. (1232, 2124)
1994 Ed. (2033)
Medical Care International
1997 Ed. (1261)
1993 Ed. (2017)
1992 Ed. (2383)
1991 Ed. (1892)
The Medical Center at University of California
1999 Ed. (2479, 2638)
Medical Center at University of California-San Francisco
1998 Ed. (1991)
The Medical Center of America
2002 Ed. (2617)
The Medical Center of Aurora
2008 Ed. (1670)
The Medical Center of Aurora & Centennial Medical Plaza
2008 Ed. (1671)
Medical Center of Central Georgia Inc.
2001 Ed. (1712)
Medical Center of Delaware Inc.
1990 Ed. (1487)
Medical Center of Louisiana at New Orleans
2008 Ed. (1889)
2007 Ed. (1857)
2006 Ed. (1854)
Medical Cities
1997 Ed. (1159)
Medical College of Georgia
2008 Ed. (1764)
2007 Ed. (1736)
2006 Ed. (1729)
2005 Ed. (1778)
2004 Ed. (1721)
2003 Ed. (1683)
2001 Ed. (1712)
Medical College of Virginia Hospitals
2003 Ed. (2822)
Medical College, Wisconsin
1991 Ed. (892)
Medical Community Credit Union
2005 Ed. (2079)
Medical Construction Group
2001 Ed. (404)
Medical Consultants
2008 Ed. (2007)
Medical Coverage Industry
1997 Ed. (3527)
Medical Design & Manufacturing West
2005 Ed. (4730, 4732)
Medical devices
2002 Ed. (3242)
Medical diagnostics
2001 Ed. (3603)
1994 Ed. (2009, 3317)
Medical disposables
2001 Ed. (3604, 3605)
Medical doctors
1999 Ed. (3903)
Medical durables
1996 Ed. (2083)
Medical Economics
2008 Ed. (4717)
2007 Ed. (4798)
1998 Ed. (2788, 2789, 2791)
1996 Ed. (2602)
1995 Ed. (2538)
1994 Ed. (2470)
1992 Ed. (3012)
1991 Ed. (2410)
1990 Ed. (2538)
Medical Education Broadcast Network
2007 Ed. (2271)
Medical Emergency Service Associates
1992 Ed. (2453)
Medical equipment
2008 Ed. (2651)
1998 Ed. (1556)
1996 Ed. (1728)
1993 Ed. (2410)
Medical expenses
1992 Ed. (2587)
Medical Express
2001 Ed. (3554)
2000 Ed. (3358)
1999 Ed. (3634)
1997 Ed. (2954)
1996 Ed. (2857)
Medical Express Recruitment
2001 Ed. (3555)
2000 Ed. (3359)
1995 Ed. (2800)
Medical facilities
2007 Ed. (3039)
Medical/health
2001 Ed. (4674)
Medical/Health care
1992 Ed. (4387)
Medical/health service managers
2005 Ed. (3625)
Medical Information Technology
2008 Ed. (4800)
Medical Instruments
2000 Ed. (1895)
1997 Ed. (188)
1993 Ed. (1713)
Medical Insurance
2000 Ed. (1781)
Medical Inter-Insurance Exchange
2000 Ed. (2683, 2715)
Medical Liab Mut NY
1990 Ed. (2250)
Medical Liability Mutual
1999 Ed. (2963)
1992 Ed. (2678, 2695)
Medical Liability Mutual Insurance Co.
2007 Ed. (3168)
2006 Ed. (3133)
2005 Ed. (3123)
Medical Liability Mutual New York
1995 Ed. (2317)
1993 Ed. (2232)
1991 Ed. (2121)
Medical Liability Mutual NY
1996 Ed. (2329)
1989 Ed. (1710)
Medical Liability Mutual of New York
1998 Ed. (2196)
1994 Ed. (2269)
Medical malpractice
2005 Ed. (3130)
2002 Ed. (2954, 2964)
Medical malpractice insurance
1995 Ed. (2323)
1993 Ed. (2232)
1992 Ed. (2678)
1991 Ed. (2121)
1989 Ed. (1710)
Medical Management International Inc.
2008 Ed. (201)
2006 Ed. (205)
2005 Ed. (193)
2004 Ed. (192)
2003 Ed. (233)
2001 Ed. (279)
Medical Manager
1999 Ed. (2614, 2619, 2621, 4322, 4326, 4328)
Medical Mutual of Ohio
2007 Ed. (3121)
2001 Ed. (1254)
Medical Networks
1992 Ed. (2453)
Medical/pharmaceutical
1996 Ed. (2063)
Medical Plaza Urology Associates
2006 Ed. (4341)
Medical products
1994 Ed. (2931)
1993 Ed. (2917)
Medical products and equipment
2008 Ed. (3154, 3155)
2007 Ed. (3040, 3042, 3043)
2006 Ed. (3000, 3003, 3004, 3008)
2005 Ed. (3004, 3006, 3007, 3008, 3009, 3012)
2004 Ed. (3006, 3008, 3009, 3010, 3011, 3012, 3014)
Medical products & supplies
1998 Ed. (3363)
1993 Ed. (3389)
Medical products/pharmaceuticals
1997 Ed. (3165)
Medical Professional Liability Insurance Co. Inc.
2000 Ed. (982)
1999 Ed. (1032)
Medical Properties Inc.
2004 Ed. (1831)
Medical Protective
2000 Ed. (2683, 2715)
1999 Ed. (2963)
1998 Ed. (2196)
1996 Ed. (2329)
1995 Ed. (2317)
1994 Ed. (2269)
1993 Ed. (2232)
1992 Ed. (2678)
1991 Ed. (2121)
1990 Ed. (2250)
1989 Ed. (1710)
Medical-record technicians
1992 Ed. (3282)
Medical records
2005 Ed. (3623, 3630)
Medical records technician
1989 Ed. (2076, 2095)
Medical rubber products
2003 Ed. (2106)
Medical scientist
2006 Ed. (3737)
Medical secretaries
2007 Ed. (3725)
1992 Ed. (3282)
Medical Service Association of Pennsylvania
1998 Ed. (2108)
Medical services
1998 Ed. (2077)
1996 Ed. (859)
Medical Services of America
2004 Ed. (2896)
2003 Ed. (2785)
Medical Society of the State of New York
1996 Ed. (2534)
Medical Staffing Network
2006 Ed. (4456)
Medical Staffing Network Holdings
2008 Ed. (4494)
2004 Ed. (4216, 4830)
Medical supplies
1992 Ed. (2625)
Medical Synergies Inc.
1996 Ed. (2109)
Medical systems and equipment
2007 Ed. (3038)
Medical Technology Stock Letter
1992 Ed. (2802)
Medical Technology Stock Letters
1993 Ed. (2360, 2361)
Medical Technology Systems Inc.
2006 Ed. (2736)
2004 Ed. (4552)
1997 Ed. (2975)
Medical Treatment Information
2006 Ed. (36)
2005 Ed. (29)
2004 Ed. (36)
Medical treatments, targeted
1996 Ed. (2104)
Medical Tribune
1996 Ed. (2602)
Medical University Hospital Authority
2007 Ed. (1977)
2006 Ed. (2011)
Medical x-rays
1992 Ed. (3593)
Medicalbuyer.com
2001 Ed. (2767, 2768)
MedicAlert Foundation
2008 Ed. (2902)
Medicap Pharmacies Inc.
2005 Ed. (2242)
2004 Ed. (2139)
2003 Ed. (2099, 2100, 2102)
2002 Ed. (2031)
Medicap Pharmacy
2002 Ed. (2032, 2038)
Medicare
2002 Ed. (1972)
1995 Ed. (165)
1992 Ed. (2652)
Medicare premiums
2001 Ed. (3271)
Medicated products
2003 Ed. (2106)
2002 Ed. (2052)
Medications
2005 Ed. (2233)
2003 Ed. (3946)
Medications/remedies
2003 Ed. (3945)
Medications, remedies, health aids
1999 Ed. (1789)
1996 Ed. (1484)
Mediceo Holdings
2007 Ed. (4958, 4959)
Mediceo Paltac
2007 Ed. (3942)
Mediceo Paltac Holdings Co., Ltd.
2008 Ed. (4928)
MediChoice Network, Inc.
2001 Ed. (3874)
Medicine
2008 Ed. (109)
2007 Ed. (98)
2006 Ed. (104)
2005 Ed. (95, 3359)
2004 Ed. (100)
2003 Ed. (22, 190)
2002 Ed. (220)
Medicine & Dentistry of New Jersey; University of
2008 Ed. (3983)
Medicine & proprietary remedies
2007 Ed. (131)
2006 Ed. (138)
2005 Ed. (134)
Medicine and remedies
2008 Ed. (2451)
2007 Ed. (2325)
Medicine, emergency
2008 Ed. (3985)
2006 Ed. (3907)
Medicine, family
2008 Ed. (3985)
2006 Ed. (3907)
Medicine, internal
2008 Ed. (3985)
2006 Ed. (3907)
The Medicine Shoppe
2003 Ed. (2102)
2002 Ed. (2038)
2000 Ed. (1687, 1721, 1722)
1999 Ed. (1870, 1927)
1998 Ed. (1297, 1362)
1996 Ed. (1590)
1995 Ed. (1612)

1994 Ed. (1570)
1993 Ed. (1528)
1992 Ed. (1853, 1856)
1991 Ed. (1460)
Medicine Shoppe International Inc.
2006 Ed. (2305)
2005 Ed. (2239, 2240, 2242)
2004 Ed. (2136, 2137, 2139, 2140)
2003 Ed. (2098, 2104, 2105)
2002 Ed. (2031, 2032, 2034, 2037, 2041, 2042)
2001 Ed. (2086, 2087, 2092, 2093)
2000 Ed. (1717, 1719, 1720)
1999 Ed. (1925, 1926, 1928, 1930)
1997 Ed. (1670)
The Medicines Co.
2008 Ed. (2855, 3635)
2007 Ed. (2725)
2005 Ed. (852)
2004 Ed. (46)
2002 Ed. (59, 216, 217, 926, 3888, 4584, 4585, 4586)
2000 Ed. (40)
Medicines & proprietary remedies
2000 Ed. (947, 2629)
1997 Ed. (36)
Medicines, proprietary
1996 Ed. (3655)
Medicinos Bankas
2000 Ed. (597)
Medicis Pharmaceutical Corp.
2006 Ed. (3876, 4583)
1998 Ed. (2725)
Medicomp
1993 Ed. (2068)
1990 Ed. (2050)
Medicore Inc.
1997 Ed. (2021, 2022)
Medicost
1990 Ed. (2896)
Medicus Group International
2000 Ed. (58)
1999 Ed. (55)
1997 Ed. (57)
Medicus Intercon
1992 Ed. (117)
1991 Ed. (2398)
1989 Ed. (144)
Medicus Intercon International Inc.
1992 Ed. (118)
1990 Ed. (57)
1989 Ed. (62)
Medicus Medical Group
1994 Ed. (2080)
1992 Ed. (2453)
Medicus Systems Corp.
1993 Ed. (932)
Medidata Solutions
2008 Ed. (2887)
Medifac Inc.
1994 Ed. (238)
1991 Ed. (254)
Medifac Architects Inc.
1996 Ed. (237)
1995 Ed. (241)
Medifast Inc.
2006 Ed. (2736)
2004 Ed. (4548, 4552)
MediFlu
1993 Ed. (1013)
Medigroup Inc.
1998 Ed. (1920)
1993 Ed. (2025)
1992 Ed. (2391)
Medigroup-Central
1990 Ed. (1998)
1989 Ed. (1586)
Medigroup-South Inc.
1989 Ed. (1587)
MedImmune Inc.
2008 Ed. (571, 572, 575)
2007 Ed. (625, 3917, 4116)
2006 Ed. (591, 593, 596, 3886, 3887, 3894)
2005 Ed. (677, 678, 681, 682, 683, 3817, 3818, 3828, 4467)
2004 Ed. (684, 685, 2150, 2772, 4491, 4660, 4698)
2002 Ed. (2513)
Medimurska Banka dd
1996 Ed. (481)
Medimurska Banka dd Cakovec
1997 Ed. (445)
Medina; Manuel D.
1994 Ed. (2059, 2521, 3655)
Medina/Turgul DDB
2003 Ed. (160)
2002 Ed. (200)
Medina/Turgul DDB/Turkey
2001 Ed. (227)
2000 Ed. (183)
MedInitiatives Inc.
2008 Ed. (2886)
MedInsights Inc.
2008 Ed. (2482)
2007 Ed. (2359, 4112)
2006 Ed. (2411, 4066)
2005 Ed. (4035)
2004 Ed. (4095)
Mediobanca
2006 Ed. (1820)
1997 Ed. (526, 2578)
1996 Ed. (1403, 2641, 2642)
1995 Ed. (1439)
1994 Ed. (1407, 1682, 2290, 2520)
1993 Ed. (539, 1354, 2570, 2571)
1992 Ed. (1654, 3073, 3074)
1991 Ed. (1313, 2458, 2459)
1990 Ed. (1389, 1702, 1703, 3472)
The Mediplex Group Inc.
2007 Ed. (1916)
2006 Ed. (1932)
2001 Ed. (1815)
1992 Ed. (2961)
Mediplex of Connecticut Inc.
2007 Ed. (1916)
2006 Ed. (1932)
Mediplex of Massachusetts Inc.
2008 Ed. (1979)
2007 Ed. (1916)
2006 Ed. (1932)
Medipren
1992 Ed. (2558)
1990 Ed. (269, 3547)
MEDIQ
1999 Ed. (2643)
1994 Ed. (3442)
1989 Ed. (1143)
Medis Health & Pharmaceutical
1994 Ed. (3659)
MediSend International
2008 Ed. (2403, 3786)
MediSense
1996 Ed. (3306, 3307, 3779, 3780)
Medisolution
2007 Ed. (2818)
2003 Ed. (2937)
2002 Ed. (2504, 2505, 2506)
Medison Co.
2001 Ed. (4045)
Medisys Inc.
1996 Ed. (2084)
Medisys Health Group Income Fund
2006 Ed. (1611)
Meditech
2008 Ed. (2479)
Mediterranean
1994 Ed. (1509)
Mediterranean Shipping
2004 Ed. (1231, 2559)
2003 Ed. (1226, 1227, 1228, 2419)
1998 Ed. (931)
1997 Ed. (1147)
Mediterranee Bank
2006 Ed. (64)
2005 Ed. (57)
Meditrust Corp.
2000 Ed. (1724)
1999 Ed. (1936, 4003)
1995 Ed. (1308, 3069)
1993 Ed. (2971)
1992 Ed. (3628)
1991 Ed. (2816)
Medium blue
1992 Ed. (425, 426, 427)
Medium Business Bank
1991 Ed. (672, 673)
1989 Ed. (690)
Medium Business Bank of Taiwan
1994 Ed. (644, 1849)
1993 Ed. (425, 641)
1992 Ed. (845, 2157)
1990 Ed. (695, 1796)
Medium/Dark Blue
2001 Ed. (536)
Medium/dark brown
1992 Ed. (425)
Medium/dark gray
1992 Ed. (427)
Medium/Dark Green
2001 Ed. (536)
Medium grain
2001 Ed. (4118)
Medium gray
1992 Ed. (425)
Medium Red
2001 Ed. (536)
1992 Ed. (425, 427)
Mediware Information Systems, Inc.
2002 Ed. (2526)
MediZine Healthy Living
2006 Ed. (145)
Medlantic Healthcare Group
1992 Ed. (3132)
1991 Ed. (2507)
1990 Ed. (2632)
Medley Hotel & Restaurant Supply
1996 Ed. (1956)
Medley Music Corp.
2000 Ed. (3219)
MedLife DC Group
1999 Ed. (3041)
Medline Industries Inc.
2008 Ed. (3190, 4051)
Medlis Health & Pharmaceutical
1996 Ed. (3828)
MedManagement
2000 Ed. (2501)
1999 Ed. (2722)
MEDMARC Insurance Co. Risk Retention Group Inc.
1993 Ed. (852)
1992 Ed. (1061)
1991 Ed. (857)
1990 Ed. (906)
Medmaster Sys.
1989 Ed. (2671)
MedMaster Systems (old)
1990 Ed. (2748)
Medo Industries Inc.
2006 Ed. (212)
2003 Ed. (238)
MedPartners Inc.
2002 Ed. (2001, 3231)
2001 Ed. (1070, 1607)
2000 Ed. (1348, 1361, 1362, 1364, 1367, 1368, 1383, 2419, 2422, 3544)
1999 Ed. (1486, 1562, 2639, 2641)
1998 Ed. (1082, 1125, 1340, 1901, 2708)
1997 Ed. (2183, 3402, 3406)
MedRehab
1997 Ed. (2254)
1996 Ed. (2144, 2146)
1994 Ed. (2079, 2084)
Medscape Inc.
2003 Ed. (1514)
Medseek Inc.
2008 Ed. (2886)
MedServe Link
2002 Ed. (2516)
MedShares
1999 Ed. (2706)
Medsite, Inc.
2003 Ed. (2724)
Medsite.com Inc.
2001 Ed. (4196)
MedSource Technologies Inc.
2004 Ed. (4340)
Medsource Technologies LLC
2008 Ed. (1971)
2007 Ed. (1911)
2006 Ed. (1926)
Medstar-Georgetown Medical Center Inc.
2008 Ed. (2167)
2007 Ed. (2058)
2006 Ed. (2103)
2005 Ed. (2002)
2004 Ed. (1885)
MedStar Health
2008 Ed. (4059)
2007 Ed. (4031)
2006 Ed. (2105, 2785, 3591, 3996)
2005 Ed. (3922)
2002 Ed. (3295)
MED3000 Inc.
2008 Ed. (2886)
Medtronic Inc.
2008 Ed. (1485, 1933, 1935, 1936, 1937, 1938, 1939, 2898, 3220, 3221, 3638, 3840)
2007 Ed. (1491, 1882, 1883, 1884, 2773, 2774, 2783, 3079, 3080, 3082, 3463, 3464, 3467)
2006 Ed. (831, 1883, 1886, 1887, 1890, 1891, 2761, 2766, 2779, 3047, 3048, 3445, 3448, 4075)
2005 Ed. (740, 923, 1869, 1871, 2791, 2795, 2803, 3043, 3371, 3433, 3434, 3435, 3437)
2004 Ed. (1553, 1563, 1564, 1566, 1799, 2115, 2798, 2803, 2810, 3422, 3423)
2003 Ed. (1762, 2956, 3356, 3357, 3358, 3359, 4565)
2002 Ed. (1521, 2449, 3297, 3299)
2001 Ed. (1794, 2674, 3264, 3265, 3266, 4380)
2000 Ed. (739, 1739, 2647, 3079)
1999 Ed. (728, 1958, 2896, 3340, 3341, 4146)
1998 Ed. (1338, 1906, 2457, 2458, 3162, 3359)
1997 Ed. (651, 1277, 2747)
1996 Ed. (2600, 2601)
1995 Ed. (1241)
1994 Ed. (2032, 2468, 2469)
1993 Ed. (2016, 2528, 2529)
1992 Ed. (1458, 1922, 2382, 3004, 3005, 3010, 3011, 3680)
1991 Ed. (1513, 1514, 1891, 2403, 2404, 2408, 2409, 2470, 2849)
1990 Ed. (1992, 2532, 2535, 2536, 2537)
1989 Ed. (1325, 1941)
Medtronic BV
2004 Ed. (3032)
Medtronic Foundation
2002 Ed. (977)
Medtronic Xomed, Inc.
2004 Ed. (3365)
Medusa
1999 Ed. (1048)
MedView CompPro/MedView Services Inc.
1993 Ed. (2907)
MedView Services Inc.
1998 Ed. (2911)
1997 Ed. (3159, 3160)
1996 Ed. (3079, 3080)
MedVision Inc.
1991 Ed. (1878)
Meehan Tooker Printing
1998 Ed. (2924)
Meek; Harold
2006 Ed. (333)
Meeker Development
1993 Ed. (1094, 1096)
Meeker; Mary
1997 Ed. (1874)
Meeker Sharkey Financial Group Inc.
1995 Ed. (2274)
1992 Ed. (2702)
1991 Ed. (2139)
Meekland Ltd.
1993 Ed. (974)
Meek's Building Centers
2008 Ed. (2878)
2007 Ed. (2761)
2005 Ed. (4125)
1996 Ed. (814)
Meemic Holdings Inc.
2004 Ed. (4697)
Meenan Oil
1991 Ed. (964, 966)
1990 Ed. (1035)
Mees & Hope
1991 Ed. (782)
Meeschaert Capital Accumulation
1992 Ed. (3159)
Meeschaert-Rouselle
1990 Ed. (813)
1989 Ed. (813)
Meet the Fockers
2006 Ed. (3576)

Meet the Parents
2002 Ed. (3397)
Meet the Press
2008 Ed. (809)
2007 Ed. (843, 850)
2006 Ed. (750)
2004 Ed. (850)
Meeting News
2008 Ed. (4713)
2007 Ed. (4797)
2005 Ed. (140)
Meetings
1992 Ed. (1779)
1991 Ed. (1410)
Meetings & Conventions
2008 Ed. (145, 4713)
2007 Ed. (161, 4797)
2005 Ed. (138, 140)
2004 Ed. (856)
2001 Ed. (250)
2000 Ed. (3483)
Meetins & Conventions
2005 Ed. (139)
MEG
2005 Ed. (4528)
MEG, division of Steelworks
2000 Ed. (4134)
Meg Ryan
2004 Ed. (2409)
2003 Ed. (2329)
Meg Whitman
2005 Ed. (787, 2319, 2513, 4990)
2004 Ed. (4983)
2003 Ed. (3021, 4983)
2002 Ed. (4981)
Mega Bloks
2008 Ed. (1215)
2007 Ed. (1446)
2005 Ed. (1711, 1726)
Mega Capital
2007 Ed. (1590)
Mega Communications
2001 Ed. (3979)
Mega Dasa Pariwara/Alliance
1994 Ed. (95)
1992 Ed. (160)
Mega Financial Holding Co.
2008 Ed. (2101)
2007 Ed. (2008)
2006 Ed. (2034, 2035)
Mega Millions
2008 Ed. (3526)
Mega Race
1996 Ed. (887)
Mega Uranium Ltd.
2008 Ed. (1617)
2007 Ed. (1619, 1620, 1650)
Mega Video
1992 Ed. (4392)
Mega Warehouse Foods
1995 Ed. (3722)
MegaBank of Araphoe
1997 Ed. (497)
Megacable
1997 Ed. (877, 878)
Megafon
2007 Ed. (1961)
Megafoods Stores Inc.
1999 Ed. (4738)
1996 Ed. (384, 386, 2887)
Megafoods Warehouse
2000 Ed. (4368)
Megalon
2008 Ed. (664)
Megane
2002 Ed. (382)
Megapo-UIH
1997 Ed. (878)
Megatech Corp.
2004 Ed. (4553)
Megawati Sukarnoputri
2006 Ed. (4986)
Megaworld Corp.
2002 Ed. (3703, 3704)
Megaworld Properties & Holdings
1997 Ed. (3113)
Meggitt
2007 Ed. (188)
2006 Ed. (181, 182)
2005 Ed. (168)
Meggitt plc
2003 Ed. (208)
2001 Ed. (268)
Meghna Shrimp Culture
1996 Ed. (1544)
Meguiar's
2001 Ed. (4744)
Mehdi R. Ali
1993 Ed. (1706)
1992 Ed. (2064)
Mehmet Karamehmet
2008 Ed. (4876)
2003 Ed. (4895)
Mehring; Jaine
1997 Ed. (1862)
Mehrotra; Sanjay
2007 Ed. (2502)
Mehta; Sonny
2007 Ed. (3617)
Mehvaraszan Iran Khodro
2002 Ed. (4429, 4430)
MEI Computer Technology Group Inc.
2006 Ed. (1596)
MEI Diversified Inc.
1991 Ed. (1140, 1156)
Meiban Group
2007 Ed. (1972)
Meier Cadillac; Rodger
1994 Ed. (264)
1993 Ed. (295)
1990 Ed. (319, 338)
Meier Cadillac Co.; Roger
1991 Ed. (305)
Meier Infiniti
1996 Ed. (295)
1995 Ed. (271)
Meier; Jay M.
2006 Ed. (2579)
Meiers
1995 Ed. (3758)
Meier's Cream Sherry
1998 Ed. (3739)
1997 Ed. (3908, 3909)
1996 Ed. (3861, 3863)
1995 Ed. (3761, 3762)
1992 Ed. (4459, 4466)
1989 Ed. (2947)
M8 Entertainment
2007 Ed. (2457)
Meijer Inc.
2008 Ed. (4038, 4559, 4565, 4568)
2007 Ed. (4012, 4618)
2006 Ed. (824, 2893, 3973, 4170)
2005 Ed. (906, 3901, 4119, 4544)
2004 Ed. (915, 2105, 3946, 4198, 4609, 4623, 4636, 4647)
2003 Ed. (2071, 2074, 2075, 3951, 4145, 4172, 4647, 4663)
2002 Ed. (1987, 1988, 4037, 4536)
2001 Ed. (4091, 4092, 4403)
2000 Ed. (1684, 1688, 2595, 3813, 4282)
1999 Ed. (1871, 1876, 1880, 1882, 2820)
1998 Ed. (1295, 1306, 2065, 3094, 3602, 3606)
1997 Ed. (1622, 1630, 1631, 1639, 2321, 2343)
1996 Ed. (2214)
1995 Ed. (1574, 1575, 2196, 3534, 3538)
1994 Ed. (1538, 1546, 2137, 2154, 3468)
1993 Ed. (1492)
1992 Ed. (490, 1811, 1818, 1827, 2527)
1990 Ed. (1512, 1513, 1519)
1989 Ed. (1244)
Meijer Companies Ltd. Inc.
2001 Ed. (4091, 4092)
Meijer Cos. Ltd.
2003 Ed. (4145)
Meijer Stores
2005 Ed. (4543)
Meijer Thrifty Acres
1991 Ed. (1429, 1430, 1431, 1432, 1440, 1969, 1421)
Meijer's
1996 Ed. (1555)
Meiji Dairies
2007 Ed. (2624)
Meiji Life
1989 Ed. (1698)
Meiji Life Insurance Co.
2005 Ed. (3227)
2004 Ed. (3115, 3211)
2003 Ed. (3000)
2002 Ed. (2940, 2942)
Meiji Milk Products Co., Ltd.
2002 Ed. (2306)
2000 Ed. (2223)
1997 Ed. (1577)
1996 Ed. (1390)
1994 Ed. (3551)
1991 Ed. (1744)
1990 Ed. (1826)
Meiji Mutual Life
1994 Ed. (990, 1364, 2236, 2265)
1993 Ed. (2230, 2256)
Meiji Mutual Life Insurance
1999 Ed. (2889, 2961)
1998 Ed. (2134, 2135)
1997 Ed. (2423, 2424)
1996 Ed. (996, 1337, 2287, 2327)
1995 Ed. (1387, 2312)
1992 Ed. (1190)
1991 Ed. (2147, 957)
1990 Ed. (2278)
1989 Ed. (1746)
Meiji Seika
2007 Ed. (2624)
1995 Ed. (1426)
Meiji Seika Kaisha Ltd.
2008 Ed. (1160)
2007 Ed. (873)
2006 Ed. (776)
Meiji Yasuda Life
2006 Ed. (1773)
Meiji Yasuda Life Insurance Co.
2008 Ed. (1841, 3309)
2007 Ed. (1514, 1800, 1803, 1804, 3160)
2006 Ed. (3125, 3127)
Meikles
2002 Ed. (4996, 4997)
Meikles Africa
2006 Ed. (4999)
2000 Ed. (4445, 4446)
1999 Ed. (4829, 4830)
Meikles Hotels
1992 Ed. (88)
Meiko
1994 Ed. (3458)
Meiko Electronic
2008 Ed. (1866)
Meineke Car Care Center
2008 Ed. (170)
2006 Ed. (352)
Meineke Car Care Centers
2008 Ed. (317)
2007 Ed. (330)
2006 Ed. (345)
2005 Ed. (331)
Meineke Discount Muffler
2001 Ed. (532)
Meineke Discount Mufflers
2004 Ed. (329)
2003 Ed. (348)
2002 Ed. (402)
Meinl
1990 Ed. (22)
Meirav Chovav
2000 Ed. (2012)
1999 Ed. (2214)
1998 Ed. (1630)
1997 Ed. (1858)
Meister Brau
1990 Ed. (764)
Meitetsu World Travel
1990 Ed. (3653)
Mejeriselskabet Danmark A.M.B.A.
1990 Ed. (1344)
1989 Ed. (1104)
Mejico
1995 Ed. (1893)
Mejii
2000 Ed. (2713)
Mel Brooks
2008 Ed. (2582)
Mel Farr Automotive Group
2004 Ed. (175)
2003 Ed. (212)
2002 Ed. (369, 709, 717)
2001 Ed. (440, 441, 442, 454, 712, 713)
2000 Ed. (333, 741, 742, 3145)
1999 Ed. (319, 729, 730, 3421)
1998 Ed. (208, 467, 468)
1997 Ed. (675, 676)
1996 Ed. (300, 743, 744)
1995 Ed. (297, 669)
1994 Ed. (293, 713)
1993 Ed. (303, 705)
1992 Ed. (894)
1991 Ed. (712)
Mel Farr Ford Inc.
1991 Ed. (714)
1990 Ed. (737)
Mel Gibson
2007 Ed. (2450, 2451)
2006 Ed. (2485, 2488)
2004 Ed. (2408)
2003 Ed. (2328)
2002 Ed. (2141, 2144)
2001 Ed. (8)
Mel Hing
1990 Ed. (2478)
Mel Karmazin
2000 Ed. (1047, 1875)
Mel Levine
1992 Ed. (1039)
Mel Ville Corp.
1990 Ed. (1048)
Melaleuca Inc.
2001 Ed. (1728)
Melamine and urea resins
2004 Ed. (2547)
Melamine Chemicals
1992 Ed. (3307, 3993)
1990 Ed. (1294, 1972, 3302, 3305)
Melane Becner
1995 Ed. (1802)
Melanie Kau
2005 Ed. (4992)
Melannco International
1998 Ed. (2854)
The Melanson Co.
2007 Ed. (4434)
Melatonin
2001 Ed. (2013)
Melbourne Airport
2004 Ed. (3962)
Melbourne Beach, FL
2008 Ed. (4245)
Melbourne Enterprises
1990 Ed. (2046)
Melbourne, FL
2006 Ed. (2448)
1997 Ed. (3356)
1992 Ed. (1399, 3036)
Melbourne-Titusville-Palm Bay, FL
2006 Ed. (3299)
1992 Ed. (3052)
1991 Ed. (2428)
1990 Ed. (2552)
1989 Ed. (1957)
Melburn Whitmire
1997 Ed. (1797)
Melcher; Mark
1997 Ed. (1916)
1996 Ed. (1843)
Melco PBL Entertainment (Macau) Ltd.
2008 Ed. (4289)
Melcor Developments Ltd.
2008 Ed. (1628, 1648, 1650, 1651, 1652, 1654)
2007 Ed. (1640, 1642, 1646)
2006 Ed. (1626, 1628)
Meldisco
2003 Ed. (4405, 4406)
2002 Ed. (4273, 4274)
Meldrum & Fewsmith
1989 Ed. (59, 67)
Melexis NV
2008 Ed. (300, 1579)
2007 Ed. (1601)
2006 Ed. (1566)
Melhado & Co.; George
1997 Ed. (1202)
1995 Ed. (1197)
Melillo Marsala
2004 Ed. (4967)
Melillo Marsalo
2005 Ed. (4959)
Melin Collection-Houston
1992 Ed. (1096)

Melinda Gates
2007 Ed. (4983)
2006 Ed. (3898)
2004 Ed. (3891)
Melissa Brown
1999 Ed. (2205)
1998 Ed. (1616)
1997 Ed. (1911)
1996 Ed. (1838)
1995 Ed. (1861)
1994 Ed. (1819)
1993 Ed. (1839)
Melissa Joan Hart
2004 Ed. (2411)
2003 Ed. (2331)
Melissa Ruttner
1996 Ed. (1850)
Melitta
2002 Ed. (1092)
2000 Ed. (1130)
1999 Ed. (1216)
1998 Ed. (786)
1997 Ed. (1041)
1995 Ed. (1044)
1994 Ed. (1035)
1993 Ed. (1005)
1992 Ed. (1242)
Mellanox Technologies
2008 Ed. (2458)
2003 Ed. (4381)
Mellat; Bank
2008 Ed. (449)
2007 Ed. (484)
2006 Ed. (471)
2005 Ed. (547)
Mellencamp; John
1997 Ed. (1113)
1995 Ed. (1118, 1120)
1994 Ed. (1100)
1992 Ed. (1351)
Mellencamp; John Cougar
1990 Ed. (1144)
Melli Iran; Bank
2008 Ed. (449)
2007 Ed. (484)
2006 Ed. (471)
2005 Ed. (530, 547)
Mello-Mints
1990 Ed. (896)
Mello; Rubens Ometto Silveira
2008 Ed. (4854)
Mello Yello
1994 Ed. (3356)
Mello Yellow
2003 Ed. (4470)
Mellody Hobson
2007 Ed. (3617)
Mellon
2005 Ed. (490, 2679)
Mellon: An American Life
2008 Ed. (615)
Mellon Bank
2006 Ed. (389)
2005 Ed. (431)
2004 Ed. (425)
2001 Ed. (583, 597, 1833, 3010)
2000 Ed. (392, 403, 406, 427, 432, 618, 619, 620, 621, 647, 676, 677, 678, 2770, 2772, 2774, 2775, 2777, 3156, 3744, 3745, 3746)
1999 Ed. (393, 397, 595, 596, 597, 622, 651, 652, 668, 1442, 1450, 1478, 1955, 2636, 3039, 3040, 3042, 3043, 3045, 3176, 3433, 3436, 4031, 4032, 4340)
1998 Ed. (272, 293, 304, 325, 326, 404, 405, 406, 424, 425, 1044, 1397, 2265, 2295, 2297, 2303, 3316)
1997 Ed. (168, 284, 362, 365, 373, 381, 385, 566, 567, 568, 593, 1261, 2511, 2807, 3281, 3282)
1996 Ed. (256, 405, 406, 407, 408, 414, 418, 617, 618, 619, 654, 656, 697, 698, 1625, 2378, 2484, 2580, 2581)
1995 Ed. (566, 587, 1878, 2378, 2379, 2436, 2437, 3360, 3513)
1994 Ed. (364, 365, 464, 617, 650, 651, 654, 1605, 2300, 2320, 2446, 2447, 2448, 3033, 3034, 3279)
1992 Ed. (523, 820, 852, 853, 1180, 1911, 2738, 2777, 2779, 2782, 2981, 2983, 2985)
1991 Ed. (396, 2249, 2252)
1990 Ed. (703, 2328)
1989 Ed. (624, 653, 2136)
Mellon Bank Center
2000 Ed. (3365)
1998 Ed. (2697)
Mellon Bank (Delaware)
1991 Ed. (365)
Mellon Bank Delaware NA
1997 Ed. (366)
Mellon Bank (East) NA
1991 Ed. (646)
Mellon Bank (East) PSFS NA
1992 Ed. (543, 546, 818, 3104)
Mellon Bank EB Stock
1994 Ed. (2310)
Mellon Bank NA
2003 Ed. (1809)
2001 Ed. (1833)
1995 Ed. (360, 368, 383, 384, 395, 585)
1994 Ed. (249, 353, 368, 378, 388, 389, 396, 400, 527, 615, 2552)
1993 Ed. (388, 390, 398, 399, 410, 530, 612, 614, 648, 649, 653, 2289, 2298, 2508, 2509, 2510, 2511, 2590, 3288)
1992 Ed. (548, 559, 818, 1178)
1991 Ed. (646, 944)
1990 Ed. (667, 1014, 1015, 1016)
Mellon Bank Network Services
2000 Ed. (1733)
Mellon Bond
2000 Ed. (2783, 2789)
1999 Ed. (3055)
1998 Ed. (2256)
1997 Ed. (2514, 2516, 2528)
1996 Ed. (2380)
1993 Ed. (2280, 2282, 2316, 2324, 2329)
1992 Ed. (2728, 2730)
1991 Ed. (2206, 2208)
1990 Ed. (2331)
1989 Ed. (2125, 2131)
Mellon Bond Associates
2000 Ed. (2779, 2801, 2813, 2860)
1994 Ed. (2293, 2301)
Mellon Bond Associates LLP
2003 Ed. (3083)
Mellon Capital
2008 Ed. (2291)
2002 Ed. (3008, 3020)
2000 Ed. (2789, 2790, 2791)
1999 Ed. (3053, 3055, 3056, 3082)
1998 Ed. (2256, 2257, 2261, 2282)
1997 Ed. (2513, 2514, 2518)
1996 Ed. (2380, 2381, 2388)
1993 Ed. (2282, 2283, 3392)
1991 Ed. (2208, 2209, 2213)
1990 Ed. (2330, 2331)
1989 Ed. (2125, 2126)
Mellon Capital Management Corp.
2004 Ed. (2034, 2044, 3209)
2003 Ed. (3083, 3084, 3089, 3110)
2000 Ed. (2858)
1994 Ed. (2301, 2302, 2316, 2324)
1992 Ed. (2730, 2731, 2735, 2772, 4073)
1991 Ed. (2242, 2244)
1989 Ed. (1800, 1802, 1804, 2138, 2141)
Mellon Capital Mgmt.
1990 Ed. (2337, 2341, 2344)
Mellon-Clair Odell Group
2002 Ed. (2857)
Mellon Collection Services SA
2008 Ed. (1774)
Mellon Equity Associates
2000 Ed. (2780, 2809, 2811)
1993 Ed. (2341)
1990 Ed. (2337)
Mellon family
2006 Ed. (4897)
2002 Ed. (3363)
Mellon Financial Corp.
2008 Ed. (426, 1475, 2042, 2046, 2047, 2048, 3184, 3379, 3380)
2007 Ed. (1955, 2552, 2888, 3253, 3254)
2006 Ed. (397, 778, 779, 1983, 1987, 1989, 1990, 3196, 3197)
2005 Ed. (360, 437, 439, 625, 626, 869, 870, 1002, 1946, 1948, 1949, 1950, 1951, 3211, 3212, 4283)
2004 Ed. (431, 433, 636, 637, 3174, 3178)
2003 Ed. (437, 439, 452, 454, 1577, 1809, 3062, 3063, 3064, 3065, 3067)
2002 Ed. (3004, 3621, 3624, 4874)
2001 Ed. (578, 579, 594, 621, 622, 638, 639, 640, 3001, 3004)
Mellon Financial Group-West Coast
1998 Ed. (426)
Mellon Foundation; Andrew W.
2008 Ed. (2766)
2005 Ed. (2678)
1994 Ed. (1897, 1898, 1903, 2772)
1993 Ed. (1895, 1896, 2783)
1992 Ed. (2214, 2215, 3358)
1991 Ed. (895, 1765, 2689)
1990 Ed. (1847, 2786)
1989 Ed. (1469, 1470, 1471, 2165)
Mellon Foundation; Richard King
1993 Ed. (1897)
Mellon Group
2008 Ed. (3403)
2007 Ed. (3286)
2002 Ed. (2411)
Mellon HR Solutions
2005 Ed. (2367, 2368, 2369)
2004 Ed. (2682)
Mellon Information Services
1993 Ed. (459)
Mellon Institutional Small Value
2006 Ed. (4570)
Mellon Leasing
2003 Ed. (570, 571)
Mellon/McMahan Real Estate
1995 Ed. (2375, 3073)
1992 Ed. (2749)
Mellon Mortgage Co.
1999 Ed. (3435, 3440, 3441)
1998 Ed. (2529)
Mellon Network Services
2001 Ed. (2187)
Mellon; Paul
1995 Ed. (932, 1068)
1994 Ed. (1055)
1990 Ed. (457, 3686)
Mellon PSFS
2002 Ed. (626)
2000 Ed. (632)
1999 Ed. (609)
1998 Ed. (3318)
Mellon Stuart Co.
1991 Ed. (1100)
1990 Ed. (1176, 1181, 1210)
1989 Ed. (1000)
Mellon Stuart/Baker
1994 Ed. (1175)
Mellon Stuart Construction Inc.
1995 Ed. (1194)
1994 Ed. (1125)
1993 Ed. (1098, 1149)
Mellon Trust
2001 Ed. (3505, 3506, 3507, 3508, 3509, 3510)
1999 Ed. (409, 3313, 3314, 3315, 3316, 3317)
1998 Ed. (2442, 2443, 2444, 2445, 2446)
1997 Ed. (2727, 2728, 2729, 2730)
1996 Ed. (2582)
Mellon Ventures Inc.
2002 Ed. (4736)
2000 Ed. (1535, 4341)
Mellon's Human Resources & Investor Solutions
2006 Ed. (2418, 2658)
Mellor; James R.
1996 Ed. (963, 964)
1994 Ed. (1715)
Melloul Travel Consultants
1992 Ed. (2405)
Mellville
1996 Ed. (3426)
Melnicove, Kaufman, Weiner & Smouse
1991 Ed. (2280)
Melnicove, Kaufman, Weiner, Smouse & Garbis, P.A.
1990 Ed. (2414)
Melnyk; Eugene
2005 Ed. (4868)
Meloche Monnex
2008 Ed. (3327)
2007 Ed. (3179)
Melody
2008 Ed. (4121)
Melody & Co.; L. J.
2005 Ed. (4016)
1995 Ed. (3074)
Melody Distributing Co.
1990 Ed. (1828)
Melody Foods Inc.
1991 Ed. (1746)
Melody Homes
2005 Ed. (1193)
2003 Ed. (1159)
2002 Ed. (1187, 2676)
1999 Ed. (1329)
1998 Ed. (900)
1994 Ed. (1118)
Melody Homes/Schuler Homes
2000 Ed. (1211)
Melody Kia
1996 Ed. (293)
Melody; L. J.
1997 Ed. (3263, 3269)
1994 Ed. (3018)
1993 Ed. (2976, 2977)
1991 Ed. (2820)
Melody, L.J.
1995 Ed. (3068)
1992 Ed. (3636)
1990 Ed. (2971)
Melody Maker
2000 Ed. (3500)
Melody Toyota Inc.
1993 Ed. (287)
Melons
2007 Ed. (4873)
2003 Ed. (3967, 3968)
2001 Ed. (4669)
Melrose
2007 Ed. (2403)
2001 Ed. (1276)
2000 Ed. (1122, 1624)
1998 Ed. (774)
1997 Ed. (1039)
1995 Ed. (1034)
1994 Ed. (1027)
1993 Ed. (995)
Melrose Credit Union
2008 Ed. (2208)
2007 Ed. (2134)
2006 Ed. (2156, 2157, 2166, 2178)
2005 Ed. (2063, 2064, 2072, 2084)
2004 Ed. (1940)
2003 Ed. (1936)
2002 Ed. (1844, 1882)
2000 Ed. (221, 1629)
1996 Ed. (1511)
Melrose School & Municipal Employees Credit Union
2004 Ed. (1934)
Melt blown
2001 Ed. (3839)
2000 Ed. (3353)
Meltebeke Volkswagen
1993 Ed. (288)
Melting Pot
2006 Ed. (4110)
The Melting Pot Restaurants Inc.
2008 Ed. (4187)
2007 Ed. (4152)
2006 Ed. (4124)
2005 Ed. (4079)
2004 Ed. (4140)
2003 Ed. (4129)
2002 Ed. (4024)
Melton Franchise Systems
2005 Ed. (4036)
Melton; Stuart L.
2007 Ed. (2500)
Melton Truck Lines Inc.
2008 Ed. (4767)
2007 Ed. (4845)
Melton; William
1990 Ed. (2285)

Meltonian
2003 Ed. (984, 985)
Meltus
1996 Ed. (1033)
Meltzer & Martin
1999 Ed. (3930)
1998 Ed. (2946)
1997 Ed. (3192)
1996 Ed. (3113)
1995 Ed. (3012)
1994 Ed. (2954)
1992 Ed. (3566)
Meltzer; Jay
1996 Ed. (1827)
1991 Ed. (1685)
Meltzer, Lippe, Goldstein, Wolf & Schlisse
1999 Ed. (3152)
Meltzer, Lippe, Goldstein, Wolf & Schlissel PC
2000 Ed. (2898)
Melville
1998 Ed. (1305, 1314, 3097, 3340)
1997 Ed. (923, 1028, 1030, 1306, 1632, 1639, 3347, 3355, 3549)
1996 Ed. (893, 1008, 1009, 3146, 3246, 3251, 3485)
1995 Ed. (1024, 3425, 3426)
1994 Ed. (1015, 1016, 1019, 1544, 3098, 3295, 3367)
1993 Ed. (864, 993, 1497, 3267, 3300)
1992 Ed. (1859)
1991 Ed. (974, 975, 978, 1427, 1462, 1463, 2896, 3115)
1990 Ed. (1049, 1050, 1051, 1052, 1554, 3049)
1989 Ed. (933, 934, 2322, 2486)
Melville Apparel
1998 Ed. (771)
1995 Ed. (1029)
Melville Group
1990 Ed. (1373)
Melville Specialty
1998 Ed. (3344)
1996 Ed. (3487)
Melvin Howard
1991 Ed. (1627)
Melvin Simon
2008 Ed. (4833)
2007 Ed. (4904)
2006 Ed. (4906)
Melvin Simon & Associates Inc.
1995 Ed. (3063, 3372)
1994 Ed. (3003, 3004, 3021, 3296, 3297, 3301, 3302, 3304)
1993 Ed. (2964, 3303, 3304, 3305, 3310, 3311, 3313, 3314, 3316)
1992 Ed. (3967, 3958, 3959, 3960, 3966, 3622, 3965, 3620)
1991 Ed. (1052, 2810, 3117, 3118, 3119, 3124, 3125)
1990 Ed. (1162, 3284, 3288, 3289)
1989 Ed. (2490, 2491)
MEM Co.
1991 Ed. (3398)
Memac
2003 Ed. (45, 98, 144, 163)
2002 Ed. (79, 104, 132, 177, 203)
2001 Ed. (106, 132, 159, 230)
2000 Ed. (62, 121, 186)
Member banks of the second association of regional banks
1992 Ed. (2640)
MemberHealth
2008 Ed. (2887, 4037)
2007 Ed. (2364)
Members Credit Union
2004 Ed. (1977)
2003 Ed. (1937)
Members Exchange Credit Union
2005 Ed. (2079)
Members 1st Credit Union
2003 Ed. (1942)
Members First Credit Union of New Hampshire
2008 Ed. (2246)
2007 Ed. (2131)
2006 Ed. (2210)
2005 Ed. (2115)
2004 Ed. (1973)
2003 Ed. (1933)
2002 Ed. (1879)
Members Heritage Credit Union
2008 Ed. (2234)
2007 Ed. (2119)
2006 Ed. (2198)
2005 Ed. (2103)
2004 Ed. (1961)
2003 Ed. (1921)
2002 Ed. (1867)
Members Mutual
2004 Ed. (3623, 3624, 3625)
2003 Ed. (3584, 3585, 3586)
2002 Ed. (3452, 3453, 3454)
Members 1st Credit Union
2008 Ed. (2213, 2255)
2007 Ed. (2140)
2006 Ed. (2174, 2219)
2005 Ed. (2124)
2004 Ed. (1982)
2002 Ed. (1839, 1888)
Members Trust Co.
2006 Ed. (2179)
Members VA-5
1997 Ed. (3816)
Members VUL-5
1997 Ed. (3814)
Membership stores
1992 Ed. (4003)
Membranes/separations
2001 Ed. (3831)
MEMC Electronic Materials Inc.
2008 Ed. (1947, 1949, 1951, 1954, 1956, 4307, 4312)
2007 Ed. (1892, 2733, 4343, 4349)
2006 Ed. (1901, 1902, 1903, 1904, 1907, 1908, 1909, 3038)
2005 Ed. (4343)
2002 Ed. (2081)
2001 Ed. (1040)
1999 Ed. (1550)
1997 Ed. (1713, 3403)
Memec
2002 Ed. (2077)
The Memec Group
2006 Ed. (2387)
2005 Ed. (2347, 2348, 2352, 3385, 4349)
Memec plc
2004 Ed. (2247, 2248, 2252, 4402)
2003 Ed. (2188)
2002 Ed. (2085, 2086, 2088, 2089, 2093, 2095)
MEMIC
2008 Ed. (1894)
Memigo
2005 Ed. (3185)
Memocom International
1990 Ed. (3466)
Memoirs
2004 Ed. (734)
Memoirs of a Geisha
2008 Ed. (623)
2001 Ed. (988)
2000 Ed. (707)
Memorex
2000 Ed. (749)
1999 Ed. (735, 736)
1998 Ed. (475, 476)
1997 Ed. (680, 681)
1996 Ed. (749, 750)
1995 Ed. (679)
1994 Ed. (2200)
1992 Ed. (2420, 2634)
1991 Ed. (2071)
Memorex International
1990 Ed. (1633)
Memorex International NV
1990 Ed. (1226)
Memorex Telex
1999 Ed. (388, 389)
1995 Ed. (201, 2261)
1994 Ed. (199)
1993 Ed. (2178, 2179)
1991 Ed. (2064)
1990 Ed. (2205)
Memorex Telex N.V.
1996 Ed. (384, 385, 386)
Memorex Video 3 pack HS T-120
1992 Ed. (1849)
Memorial Health
2006 Ed. (1728)
Memorial Health Alliance
1999 Ed. (2753)
1998 Ed. (536)
Memorial Health Care System
2008 Ed. (2102)
Memorial Health Services
2008 Ed. (1597, 3171, 3178)
2007 Ed. (1609)
2006 Ed. (1585)
2005 Ed. (1680)
2004 Ed. (1658)
2003 Ed. (1626)
Memorial Health System
2008 Ed. (1690)
1998 Ed. (2548)
Memorial Health Systems
2005 Ed. (2804)
Memorial Health University Medical Center
2008 Ed. (3064)
2006 Ed. (2923)
Memorial Healthcare System
2008 Ed. (1732)
2007 Ed. (1703)
2006 Ed. (1708)
2003 Ed. (3471)
2002 Ed. (3296)
2000 Ed. (3185)
1999 Ed. (3466)
Memorial Hermann Healthcare System
2006 Ed. (3591)
2002 Ed. (3295)
The Memorial Hospital
2008 Ed. (2061, 3041)
2007 Ed. (1966)
2006 Ed. (2001, 2899)
2005 Ed. (1742, 1955, 2893)
2004 Ed. (1684, 1847)
2003 Ed. (1655, 1813)
2001 Ed. (1673, 1840)
Memorial Hospital & Health Care Center
2006 Ed. (2919)
Memorial Hospital & Health System
2008 Ed. (3062)
Memorial Hospital of Carbondale
2008 Ed. (3060)
2006 Ed. (2919)
Memorial Hospital of Laramie County
2008 Ed. (2178, 2179)
2007 Ed. (2070, 2071)
2006 Ed. (2122, 2123)
2005 Ed. (2019)
2004 Ed. (1893)
2003 Ed. (1857)
2001 Ed. (1902)
Memorial Hospital of Sheridan County
2007 Ed. (2070)
2006 Ed. (2122)
2005 Ed. (2019)
2004 Ed. (1893)
2003 Ed. (1857)
2001 Ed. (1902)
Memorial Life Insurance Co.
1995 Ed. (2310)
Memorial Medical Center Inc.
2008 Ed. (1979)
2007 Ed. (1916)
2006 Ed. (1932)
2005 Ed. (1905)
2004 Ed. (1821)
2003 Ed. (1787)
2001 Ed. (1712, 1814)
Memorial Park Mortgage Ltd.
2005 Ed. (362)
Memorial Sloan-Kettering Cancer Center
2008 Ed. (3042, 3056, 3787, 3796, 3797, 3798)
2007 Ed. (2919, 2921, 2934)
2006 Ed. (2900, 2915, 3710, 3711, 3712, 3716)
2005 Ed. (1908, 2894, 2909)
2004 Ed. (2908, 2923)
2003 Ed. (2805, 2820)
2002 Ed. (2600, 2603, 2615, 2623)
2001 Ed. (2773, 2774, 2775)
2000 Ed. (2393, 2508, 2513, 2523, 2532)
1999 Ed. (2728, 2729, 2734, 2744, 2751)
1998 Ed. (1995)
1994 Ed. (890)
1993 Ed. (890)
1992 Ed. (1095)
Memorial University
2004 Ed. (835)
2002 Ed. (905)
Memorial University of Newfoundland
2008 Ed. (1071, 1079, 1081, 1082)
2007 Ed. (1167, 1173, 1175, 1179)
Memory
2001 Ed. (4220)
Memory Experts International
2008 Ed. (2946)
2007 Ed. (2821)
The Memory Keeper's Daughter
2008 Ed. (555, 624)
Memory Lane
2002 Ed. (928)
Memotec Communications
2001 Ed. (2864)
Memotec Data
1992 Ed. (2399)
1989 Ed. (1589)
Memphis
2000 Ed. (270)
Memphis Airport
2001 Ed. (349)
1998 Ed. (108)
1997 Ed. (186, 219)
1996 Ed. (172)
Memphis Area Teachers' Credit Union
2008 Ed. (2260)
2007 Ed. (2145)
2006 Ed. (2224)
2005 Ed. (2129)
2004 Ed. (1987)
2003 Ed. (1947)
2002 Ed. (1893)
Memphis-Ark.-Miss.
1990 Ed. (2608)
Memphis Classics
1997 Ed. (987)
Memphis Construction Inc.
1992 Ed. (1419)
Memphis Downtown, TN
1996 Ed. (1603)
Memphis International
2001 Ed. (353)
1995 Ed. (169)
1993 Ed. (168)
Memphis International Airport
1999 Ed. (252)
Memphis Light, Gas & Water
2002 Ed. (3878, 3879, 4710)
Memphis Light, Gas & Water Division
1998 Ed. (1381, 1382, 1383)
1996 Ed. (1610, 1611, 1612)
1995 Ed. (1634, 1635, 1636)
1994 Ed. (1591, 1592, 1593)
1993 Ed. (1554, 1555, 1556)
Memphis Lights
1997 Ed. (987)
Memphis/Little Rock, TN-AR
1990 Ed. (1077)
Memphis Municipal Employees
2000 Ed. (1623, 1624)
Memphis Municipal Employees Credit Union
2004 Ed. (1932)
2003 Ed. (1888)
2002 Ed. (1827)
1998 Ed. (1216, 1217)
1996 Ed. (1504, 1505)
Memphis-Shelby Airport
2001 Ed. (926)
Memphis, Tenn., Light, Gas & Water Division
1990 Ed. (1595, 1596, 1597)
Memphis, TN
2008 Ed. (204, 4119, 4348, 4354, 4357)
2007 Ed. (2997, 3004, 3374, 4100)
2006 Ed. (249, 2975, 3742, 4050, 4884, 4885)
2005 Ed. (3321, 3644, 4835)
2004 Ed. (3309, 3314, 3735, 3736, 4081)
2003 Ed. (254, 256, 3679, 4054, 4872)
2002 Ed. (276, 277, 373)
2001 Ed. (4022)
2000 Ed. (1078, 1087, 4287)

1999 Ed. (254, 355, 356, 1175, 3374)
1998 Ed. (176, 733)
1996 Ed. (748, 973)
1995 Ed. (677)
1994 Ed. (720, 966, 968, 1104, 2913, 3326)
1992 Ed. (898, 2550)
1991 Ed. (716, 2550)
1990 Ed. (2072)
1989 Ed. (2098)
Memphis, TN-AR-MS
2002 Ed. (4287)
1993 Ed. (710)
Memphis, TN, Electric Service
1991 Ed. (1496)
Memphis, TN, Light, Gas & Water Division
1992 Ed. (1893, 1894, 1895)
1991 Ed. (1494, 1495)
Memphis, TX
2007 Ed. (4098)
Memphis; University of
2006 Ed. (714)
Memry Corp.
2005 Ed. (3347, 3348)
2004 Ed. (3322, 3323)
Men
1998 Ed. (2506)
Men Are from Mars, Women Are from Venus
1999 Ed. (693)
"Men Don't Tell"
1995 Ed. (3584)
Men in Black
2001 Ed. (4695)
1999 Ed. (3447, 3450, 4717, 4719)
Men in Black 2
2004 Ed. (2161, 3517)
Men Yi Corporation
1992 Ed. (4284)
Men Yi Textile Co., Ltd.
1990 Ed. (3573)
Menadol
1993 Ed. (2120)
Menang
1992 Ed. (2824)
Menard Inc.
2008 Ed. (748, 749, 2176, 2877, 2878, 2976, 2977)
2007 Ed. (773, 774, 2068, 2591, 2760, 2761, 2854, 2855)
2006 Ed. (678, 679, 2120, 2615, 2865, 2866)
2005 Ed. (770, 771, 2017, 2619, 4125)
2004 Ed. (784, 785, 1891, 2631, 3258)
2003 Ed. (774, 775, 1855, 2495, 2788, 2789, 2790)
2002 Ed. (2286)
2001 Ed. (1901, 2728, 2729, 2754)
2000 Ed. (2492)
1995 Ed. (845, 846, 847, 848, 2125)
1994 Ed. (793, 794, 795, 796, 2076)
1993 Ed. (775)
1992 Ed. (982)
1990 Ed. (839)
Menard; John
2008 Ed. (4831)
Menard Jr.; John
2007 Ed. (4903)
Menard Jr.; John R.
2006 Ed. (4907)
2005 Ed. (4853)
Menard's
1999 Ed. (2710, 2711)
1998 Ed. (665, 1967, 1969, 1973, 1974)
1997 Ed. (830, 831, 832, 1824)
1996 Ed. (815, 817, 818, 819, 820, 821, 824, 826, 827, 2134, 2493)
1993 Ed. (2047)
Menards Distribution
1998 Ed. (1534)
Menarini Group
2007 Ed. (35, 56)
Menasha Corp.
2004 Ed. (3352)
Menasha Display Group
2008 Ed. (4005)
2007 Ed. (3985)
2006 Ed. (3930)
2005 Ed. (3866)
Menasha Forest Products Corp.
2006 Ed. (2657)
2005 Ed. (2672)
2004 Ed. (2680)
2003 Ed. (2544)
Menatep Bank
1999 Ed. (629)
Mendez & Co.
2007 Ed. (1963, 4946)
2006 Ed. (2000, 4939)
2005 Ed. (4907)
2004 Ed. (4924)
Mendez Dairy/Tropical Cheese Co. Inc.
2000 Ed. (4386)
1999 Ed. (4756)
Mendik Co.
1998 Ed. (3019)
Mendik Co, a Division of Vornado Realty Trust
2000 Ed. (3729)
Mendik Realty Co.
1999 Ed. (4011)
1997 Ed. (3273)
Mendocino Brewing Co.
1996 Ed. (2630)
1992 Ed. (3064)
Mendocino Headlands State Park
1999 Ed. (3704)
Mendota Springs
2005 Ed. (737)
1999 Ed. (767)
Mendoza, Dillon
1991 Ed. (105)
Mendoza Dillon & Asociados
2005 Ed. (105)
2004 Ed. (109, 115)
2003 Ed. (33, 80, 81)
2002 Ed. (69)
2001 Ed. (213)
2000 Ed. (55)
Mendoza; Lorenzo
2008 Ed. (4840, 4878)
2007 Ed. (4913)
2006 Ed. (4925)
2005 Ed. (4881)
Mendoza Productions; Nick
1991 Ed. (1911)
Mendoza; Roberto G.
1991 Ed. (402)
Mendoza School of Business; University of Notre Dame
2008 Ed. (773, 777)
2007 Ed. (795, 797, 815, 829)
2006 Ed. (707)
Menendez Financial & Insurance Services
2002 Ed. (2557)
2000 Ed. (2198)
Menendez Financial Group
1997 Ed. (2011)
Meng; Tsai Eng
2008 Ed. (4852)
Mengyi; Zhu
2008 Ed. (4843)
2007 Ed. (2508)
2006 Ed. (2529)
Menil Foundation
1989 Ed. (1476)
Menkel
1992 Ed. (65)
Menlo Ventures
2002 Ed. (4738)
1998 Ed. (3665)
Menlo Ventures IX, LP
2002 Ed. (4731)
Menlo Worldwide
2004 Ed. (4781)
Menlo Worldwide Logistics
2008 Ed. (4739)
2007 Ed. (4812)
2006 Ed. (4795)
2005 Ed. (4744)
2004 Ed. (4767)
Menneapolis-St. Paul, MN
2000 Ed. (3116)
Mennel Milling Co.
1990 Ed. (1811)
Mennen
2005 Ed. (2164)
2003 Ed. (2001)
2001 Ed. (1989, 3714)
2000 Ed. (1658, 1659, 3506)
1998 Ed. (1256, 1257, 2803)
1995 Ed. (1549)
1994 Ed. (2812)
1992 Ed. (3400)
Mennen Lady
1995 Ed. (1549)
Mennen Lady Speed Stick
1998 Ed. (1256, 1257)
Mennen Lady Speed Stick Deodorant
1990 Ed. (2806)
Mennen Lady Speed Stick Deodorant, 1.5 oz., regular
1989 Ed. (2185)
Mennen/Real
1990 Ed. (3546)
Mennen Skin Bracer
2001 Ed. (3702)
Mennen Speed Stick
2004 Ed. (3797, 3803)
2003 Ed. (2002, 2003)
2001 Ed. (1990)
1994 Ed. (1518)
1993 Ed. (1474)
1992 Ed. (1783)
Mennen Speed Stick Deodorant
1990 Ed. (2805, 2806)
Mennen Speed Stick Deodorant, 2.5 oz., regular
1989 Ed. (2184, 2185)
Mennen Speed Stick 2.5
1990 Ed. (1542)
The Menninger Clinic
2008 Ed. (4084)
2007 Ed. (4048)
2006 Ed. (4016)
2005 Ed. (3947)
Menninger Foundation
1997 Ed. (2261)
1994 Ed. (1901)
Mennonite Central Committee
1996 Ed. (913)
1991 Ed. (2617)
Mennonite General Hospital Inc.
2007 Ed. (2780)
2006 Ed. (2782)
2005 Ed. (2808)
2004 Ed. (2812)
Meno Guaranty Bank, Meno, OK
1992 Ed. (703)
Menopause
2000 Ed. (2446)
Men's
2007 Ed. (166)
Men's Choice
2003 Ed. (2655)
Men's Fitness
2004 Ed. (140, 149)
2000 Ed. (3464)
Men's fragrances & toiletries
1990 Ed. (1578)
Men's Health
2006 Ed. (133, 3346)
2005 Ed. (130, 3358)
2000 Ed. (3464, 3499)
1999 Ed. (1855, 3746)
1998 Ed. (72)
1997 Ed. (3036)
1996 Ed. (2960, 2966, 2967)
1994 Ed. (2789, 2791, 2794, 2800)
Men's Journal
2000 Ed. (3477)
1997 Ed. (3037)
1996 Ed. (2961, 2967)
Men's NCAA Basketball Finals
2005 Ed. (823)
Men's styling products
2001 Ed. (2636, 2637)
Men's toiletries
2001 Ed. (1920, 3712)
Men's Warehouse
1999 Ed. (1197)
1997 Ed. (1633)
The Men's Wearhouse Inc.
2008 Ed. (1007, 4221)
2007 Ed. (1125, 2886, 4494)
2006 Ed. (1039, 1584)
2005 Ed. (1007, 1008, 1025, 1026)
2004 Ed. (986, 987, 1020, 1021)
2003 Ed. (1018, 1019)
2001 Ed. (1270)
1998 Ed. (768)
Men's Werehouse
2000 Ed. (1119)
Mensajeria de Texto
2008 Ed. (106)
Menstrual pain
1996 Ed. (221)
Mensucat Santral
1991 Ed. (2266)
Menswear
2004 Ed. (2552, 2553)
Mentadent
2008 Ed. (4699)
2005 Ed. (4721)
2003 Ed. (1994, 4763, 4766, 4767, 4768, 4770, 4771)
2002 Ed. (4638, 4639)
2001 Ed. (4572, 4573, 4575, 4576, 4577, 4578)
2000 Ed. (1656, 4264)
1999 Ed. (1828, 1829, 3458, 4616, 4617)
1998 Ed. (1254, 3582, 3583)
1997 Ed. (1588, 3055, 3666, 3764)
1996 Ed. (1525, 3709)
Mentadent Cool Mint Paste Pump 3.5 oz
1996 Ed. (3710)
Mentadent Fresh Mint Paste Pump 3.5 oz
1996 Ed. (3710)
Mentadent ProCare
2003 Ed. (4764)
2002 Ed. (4637)
Mentadent Tooth Bleaching
2004 Ed. (4744)
Mental disabilities
1994 Ed. (3674)
Mental Health Association of Los Angeles County
1995 Ed. (933)
Mental Health Consultants Inc.
2000 Ed. (3603)
Mental Health Law Project
1991 Ed. (895)
Mental Health Management
1996 Ed. (2147)
1995 Ed. (2135, 2078, 3799)
1994 Ed. (2087)
1993 Ed. (2065)
1992 Ed. (2449)
Mental health problems
1991 Ed. (2627)
Mental Health/Retardation Center-Austin/Travis County, TX
1992 Ed. (1095)
Mental Health Services Facilities Refunding Bonds
1989 Ed. (740)
Mentholatum
2003 Ed. (3214)
2002 Ed. (3084)
Mentor Corp.
2007 Ed. (3466)
1999 Ed. (3656)
1992 Ed. (1400)
Mentor Balanced
2000 Ed. (3226)
Mentor Graphics
2008 Ed. (2139)
2006 Ed. (1976)
2002 Ed. (2811)
2001 Ed. (4216)
1999 Ed. (1961)
1998 Ed. (687, 1457)
1996 Ed. (1087, 1628)
1995 Ed. (1110)
1994 Ed. (842, 843, 1093, 1097, 3048)
1993 Ed. (810, 1073, 3003, 3005)
1992 Ed. (1332, 1333, 3684)
1991 Ed. (1019, 1023, 1030, 1514, 2846)
1990 Ed. (1111, 1112, 1115, 1117, 1135)
1989 Ed. (969, 972, 1311)
Mentor Investment Group
2000 Ed. (2802)
Mentor Media
2007 Ed. (1972)
Mentortech
2000 Ed. (1179)

Mentos
2005 Ed. (859)
2000 Ed. (968, 973, 976)
1999 Ed. (1018)
1997 Ed. (886)
1996 Ed. (871)
1995 Ed. (892, 897)
1994 Ed. (852)
1993 Ed. (835)
Menu Foods Income Fund
2008 Ed. (1636)
Menzies
2001 Ed. (4703)
Menzies Hotels
2001 Ed. (1881)
Menzies International
2004 Ed. (3965)
2003 Ed. (3952)
2002 Ed. (3771)
Menzies PLC; John
1993 Ed. (1389)
1990 Ed. (1412)
Meow Mix
2004 Ed. (3814)
2003 Ed. (3801)
2002 Ed. (3651)
1999 Ed. (3784)
1997 Ed. (3076)
1996 Ed. (2997)
1994 Ed. (2826, 2835)
1993 Ed. (2821)
1992 Ed. (3414)
1990 Ed. (2815)
1989 Ed. (2199)
MEPC
1993 Ed. (232)
1989 Ed. (2288)
MEPC plc
2005 Ed. (1530)
Mepco/Centralab
1989 Ed. (1285)
Mepco Insurance Premium Financing Inc.
2005 Ed. (364)
Mera; Rosalia
2008 Ed. (4874, 4883)
Merabank
1991 Ed. (3369)
Merabank FSB
1991 Ed. (3373)
1990 Ed. (500)
1989 Ed. (476)
Merage School of Business; University of California-Irvine
2007 Ed. (821)
Merant Inc.
2005 Ed. (1144)
Mercado de Valores
1991 Ed. (784)
Mercadona
2005 Ed. (4129)
Mercantil
2007 Ed. (3118)
2001 Ed. (654, 655, 656)
2000 Ed. (689, 692, 694)
1990 Ed. (712)
Mercantil A
2000 Ed. (985)
Mercantil B
2000 Ed. (985)
Mercantil del Norte
2001 Ed. (634, 635)
2000 Ed. (607, 609, 613)
Mercantil Garzozi
2006 Ed. (42)
2005 Ed. (35)
Mercantil Servicios Financial
2008 Ed. (2150)
Mercantil Servicios Financieros
2008 Ed. (522)
2007 Ed. (571, 572)
2006 Ed. (541, 792)
2005 Ed. (639)
2004 Ed. (650)
2003 Ed. (636)
2002 Ed. (941, 942)
The Mercantile & General Group Ltd.
1995 Ed. (3088)
Mercantile & General Life Reassurance Co. America
1998 Ed. (3038)
Mercantile & General Life Reassurance Co. of America
1998 Ed. (3039)
Mercantile & General Reinsurance PLC
1997 Ed. (3293)
1994 Ed. (3042)
1993 Ed. (2994)
1992 Ed. (3660)
1991 Ed. (2133)
Mercantile Bancorp
1999 Ed. (395, 638, 664, 1833)
1998 Ed. (267, 268, 268, 3034)
1997 Ed. (333, 3284, 3285)
1996 Ed. (3181, 3183)
1995 Ed. (3352)
1994 Ed. (365, 3271)
1992 Ed. (3921)
1989 Ed. (396, 625)
Mercantile Bancorporation Inc.
1991 Ed. (391)
1990 Ed. (451)
1989 Ed. (398)
Mercantile Bank
2008 Ed. (345)
2002 Ed. (1729)
1998 Ed. (386)
1993 Ed. (3277)
1991 Ed. (360)
1989 Ed. (213)
Mercantile Bank Central Missouri
1998 Ed. (368)
Mercantile Bank, Mo.
1989 Ed. (2157)
Mercantile Bank NA
2000 Ed. (434)
1994 Ed. (507)
Mercantile Bank NA (Clayton)
1991 Ed. (612)
Mercantile Bank of Arkansas
1998 Ed. (338)
Mercantile Bank of Plattsburg
1999 Ed. (3432)
Mercantile Bank of St. Louis
1995 Ed. (2442)
Mercantile Bank of St. Louis NA
1997 Ed. (562)
1996 Ed. (608)
1995 Ed. (550)
1994 Ed. (575)
1993 Ed. (573, 3281)
1992 Ed. (784)
Mercantile Bank of Western Iowa
1998 Ed. (385)
Mercantile Bankshares Corp.
2007 Ed. (2561)
2006 Ed. (2593)
2005 Ed. (356, 360, 363, 625, 626, 2590)
2004 Ed. (636, 637)
2003 Ed. (422)
2000 Ed. (422, 429, 430)
1999 Ed. (397, 427, 437, 438, 660)
1998 Ed. (292, 324, 330, 331)
1997 Ed. (345)
1996 Ed. (375, 376)
1995 Ed. (356, 373, 3348)
1994 Ed. (347, 348, 349, 3267)
1992 Ed. (517, 518, 519, 520, 522, 524, 3656)
1990 Ed. (637)
1989 Ed. (423)
Mercantile Credit Co. Ltd.
1991 Ed. (3111)
1990 Ed. (3263, 3266)
Mercantile Lisbon Bank Holdings Ltd.
2002 Ed. (647, 650)
2000 Ed. (664)
Mercantile Mutual Investment Management
2002 Ed. (2818)
Mercantile Mutual Life
2002 Ed. (1653, 2871)
Mercantile-Safe Deposit & Trust Co.
1998 Ed. (393)
1997 Ed. (553)
1996 Ed. (600)
1995 Ed. (541)
1994 Ed. (565)
1993 Ed. (563)
1992 Ed. (773)
Mercantile-Safe Deposit & Trust Co. (Baltimore)
1991 Ed. (604)
Mercantile Safe, Md.
1989 Ed. (2150, 2154, 2155)
Mercantile Savings Bank
1990 Ed. (3124, 3133)
Mercantile Store
1989 Ed. (1235)
Mercantile Stores Co. Inc.
2001 Ed. (1613)
2000 Ed. (4175)
1999 Ed. (1834)
1998 Ed. (1258, 1259, 1260, 1261)
1997 Ed. (1590, 1591, 1592)
1996 Ed. (1531, 1532, 1533, 1535, 3247)
1995 Ed. (1550, 1551, 1554)
1994 Ed. (132, 1520, 1521, 1522)
1993 Ed. (1475, 1476, 3250)
1992 Ed. (1785, 1786, 1789, 1791)
1991 Ed. (1411, 1412)
1990 Ed. (1491, 1492, 1494, 1495)
1989 Ed. (1237, 1238, 1239)
Mercari Technologies
2003 Ed. (2180)
Mercator
2006 Ed. (3290)
2002 Ed. (3187)
2000 Ed. (2986, 2987)
1999 Ed. (3252, 3253)
Mercator-KIT
1991 Ed. (1361)
Mercator Software
2001 Ed. (1368)
Merced, CA
2008 Ed. (1040, 3116)
2007 Ed. (1157, 3002, 3012)
2006 Ed. (1067, 2427, 3305)
2005 Ed. (1059, 2032, 2386, 2991, 2992, 3316, 3475, 4796)
Merced School Employees Credit Union
2005 Ed. (2066)
2004 Ed. (1927)
2003 Ed. (1889)
Mercedes
2008 Ed. (302, 650)
2007 Ed. (315, 685, 686)
2005 Ed. (742, 3331, 4767)
2004 Ed. (762)
2002 Ed. (375)
2000 Ed. (337)
1999 Ed. (338)
Mercedes-Benz
2008 Ed. (330, 652, 655)
2007 Ed. (309, 343, 688)
2006 Ed. (313, 357, 4818)
2005 Ed. (279, 283, 343, 352)
2004 Ed. (343)
2003 Ed. (305, 333, 361, 4809)
2002 Ed. (349, 366, 389, 417)
2001 Ed. (438, 453, 484, 1009, 1010)
2000 Ed. (339, 349)
1999 Ed. (333, 334, 360, 786, 787, 788, 790, 794, 795)
1998 Ed. (211, 212, 228)
1997 Ed. (292, 299, 303, 709, 1826, 2229)
1996 Ed. (309, 319, 321)
1995 Ed. (309, 311, 695)
1994 Ed. (3575, 3584)
1993 Ed. (304, 305, 306, 307, 308, 323, 326, 328, 329, 333, 349, 733, 734, 739, 743, 1301)
1992 Ed. (437, 438, 457, 923, 1804, 4347, 4349)
1991 Ed. (332)
1990 Ed. (364, 367, 3631)
Mercedes-Benz AG
1997 Ed. (1388, 3791)
1996 Ed. (1329, 3735)
Mercedes-Benz Aktiengesellschaft
1995 Ed. (1377, 3659)
Mercedes-Benz Brasil S.A.
1994 Ed. (1331)
Mercedes-Benz C class
2004 Ed. (345)
1996 Ed. (348)
Mercedes-Benz Canada Inc.
2005 Ed. (1698, 2372)
Mercedes-Benz CLK class
2004 Ed. (344)
Mercedes-Benz E class
2004 Ed. (344)
2000 Ed. (348)
1996 Ed. (348)
Mercedes-Benz 560 SL
1989 Ed. (348)
Mercedes-Benz Japan
1997 Ed. (294)
Mercedes Benz Manhattan
1991 Ed. (286)
1990 Ed. (333)
Mercedes Benz of Houston Greenway
2004 Ed. (338)
Mercedes-Benz of North America Inc.
2001 Ed. (4817)
1993 Ed. (1729)
Mercedes Benz 190
1992 Ed. (451)
Mercedes-Benz S class
2004 Ed. (344)
1989 Ed. (348)
Mercedes Benz SL Coupe
1992 Ed. (453)
Mercedes-Benz SL500
1996 Ed. (2266)
Mercedes-Benz SL600
1996 Ed. (2266)
Mercedes-Benz SL320
1996 Ed. (2266)
Mercedes-Benz South Bay
2008 Ed. (285, 320)
Mercedes-Benz Sprinter
2005 Ed. (295)
2004 Ed. (301)
Mercedes-Benz S600
1996 Ed. (2266)
Mercedes Benz 300
1992 Ed. (451)
Mercedes-Benz 300E
1992 Ed. (4362)
Mercedes-Benz 300E sedan
1991 Ed. (313)
Mercedes-Benz US International Inc.
2008 Ed. (1543)
2002 Ed. (4670)
Mercedes-Benz USA LLC
2003 Ed. (4925)
Mercedes C class
2001 Ed. (489)
Mercedes E class
2001 Ed. (486)
Mercedes E Series
1992 Ed. (435)
Mercedes Electric Supply Inc.
2007 Ed. (4991)
Mercedes 560SL Convertible
1992 Ed. (484)
Mercedes 500E
1994 Ed. (297)
Mercedes Greenway Houston
2006 Ed. (4868)
2005 Ed. (334, 4806)
Mercedes Homes Inc.
2007 Ed. (1306)
2006 Ed. (1158)
2005 Ed. (1196, 1198, 1199)
2004 Ed. (1168, 1171)
2003 Ed. (1163)
2002 Ed. (1191, 2678)
1998 Ed. (903, 3005)
1997 Ed. (1134)
1996 Ed. (993)
1995 Ed. (1133)
1993 Ed. (1094)
Mercedes 190
1990 Ed. (370)
Mercedes S Class
1992 Ed. (435)
Mercedes SEL/SDL Series
1992 Ed. (484)
Mercedes 600SEL
1994 Ed. (297)
Mercedes SL Coupe/Roadster
2001 Ed. (493)
Mercedes SLK230
2001 Ed. (493)
Mercedes 300 series
1994 Ed. (312)
Mercedes 200
1990 Ed. (1110)

Mercedes W124
1990 Ed. (370)
Mercer
2008 Ed. (2290, 2314)
Mercer Consulting Group Inc.
2002 Ed. (1216)
2001 Ed. (1052, 1450)
2000 Ed. (901)
1999 Ed. (960)
1998 Ed. (542, 545)
1997 Ed. (845)
1996 Ed. (1114)
1995 Ed. (1142)
1993 Ed. (1104)
Mercer Cos. Inc.; William M.
1996 Ed. (836, 1638, 1639)
1995 Ed. (854, 1661, 1662)
Mercer County Community College
1999 Ed. (1236)
1998 Ed. (808)
Mercer County Improvement Authority, N.J.
1990 Ed. (2876)
Mercer County Industrial Corporate Airport
1992 Ed. (2597)
Mercer County, NJ
2008 Ed. (3131)
Mercer Group International
2002 Ed. (2153)
Mercer-Holmes match
1994 Ed. (840)
Mercer Human Resource Consulting
2004 Ed. (1641, 2267, 2268)
Mercer Human Resource Consulting LLC
2008 Ed. (2484)
2006 Ed. (2418)
2005 Ed. (2367, 2368, 2369)
Mercer International Inc.
2006 Ed. (3779)
2005 Ed. (3683)
Mercer Investment Consulting
2008 Ed. (2710, 2711)
Mercer Management Consulting
1998 Ed. (541)
1996 Ed. (834)
Mercer-Meidinger
1990 Ed. (851)
1989 Ed. (1007)
Mercer Meidinger Hansen Inc.
1992 Ed. (996)
1991 Ed. (812)
1990 Ed. (2255)
Mercer Meidinger Hansen Inc.; William M.
1991 Ed. (1544, 1545)
1990 Ed. (1650)
Mercer Oliver Wyman
2008 Ed. (2127)
Mercer Staffing
2008 Ed. (2480)
Mercer Transportation Co.
2006 Ed. (4809)
2005 Ed. (2689)
Mercer University
2008 Ed. (1087)
2001 Ed. (1326)
1996 Ed. (1038)
1995 Ed. (1053)
1994 Ed. (1045)
1993 Ed. (1018)
1992 Ed. (1270)
Mercer Inc.; William
1990 Ed. (1648)
Mercer; William M.
1997 Ed. (1715, 1716)
1994 Ed. (1622, 1623, 1624)
1993 Ed. (15, 1589, 1590, 1591, 1592)
1992 Ed. (1940)
1991 Ed. (1543)
1990 Ed. (1649)
Mercer Wrecking Recycling Corp.
2004 Ed. (1303)
2003 Ed. (1300)
2002 Ed. (1288)
2001 Ed. (1473)
2000 Ed. (1259)
Mercerville Center Genesis Eldercare Network
2004 Ed. (1818)
merchandise
2000 Ed. (3460)
1993 Ed. (2131)
Merchandise Mart Properties
2004 Ed. (4754)
Merchandisers, general
1999 Ed. (1677, 1679, 2868, 2870)
1998 Ed. (2098, 2100)
Merchandising Sales Force/TTMS
2002 Ed. (3265)
Merchandising Workshop
1993 Ed. (3064)
1992 Ed. (3759)
1990 Ed. (3078, 3084, 3085)
1989 Ed. (2352)
Merchant Bank
1995 Ed. (476)
Merchant Bank (Ghana)
2005 Ed. (513)
1999 Ed. (530)
1997 Ed. (479)
1996 Ed. (518)
1994 Ed. (494)
1991 Ed. (530)
Merchant Bank (Ghana) Limited
1989 Ed. (543)
Merchant Bank of Central Africa
2005 Ed. (642)
2004 Ed. (654)
2003 Ed. (640)
2002 Ed. (666)
2000 Ed. (701)
1999 Ed. (684)
1997 Ed. (648)
1996 Ed. (714)
1995 Ed. (640)
1994 Ed. (673)
1993 Ed. (672)
1991 Ed. (701)
Merchant Bank of Sri Lanka
1997 Ed. (1070)
1996 Ed. (1052, 1053)
1994 Ed. (1061, 1062)
Merchant Bank Services
1998 Ed. (1204, 1206)
1997 Ed. (1554)
1996 Ed. (1492)
1995 Ed. (1530, 1649)
1994 Ed. (1497)
Merchant Capital
2001 Ed. (767, 856, 915)
Merchant Corporate Management Ltd.
2000 Ed. (978)
1999 Ed. (1028)
Merchant Group Inc.
1997 Ed. (1074)
Merchant Underwriting Ltd.; 282, M. J.
1991 Ed. (2337)
Merchants
2002 Ed. (4571, 4573, 4577, 4579)
2001 Ed. (4541, 4543)
2000 Ed. (3298, 3304)
Merchants & Planters Bank
1993 Ed. (512)
Merchants Bancshares
2003 Ed. (517)
1999 Ed. (396)
The Merchants Bank
2002 Ed. (3548)
1997 Ed. (642)
1996 Ed. (3164)
1995 Ed. (3067)
1993 Ed. (573)
1992 Ed. (784)
Merchants Bank (Kansas City)
1991 Ed. (612)
Merchants Bank North
1990 Ed. (666)
Merchants Bank of New York
1991 Ed. (2813)
Merchants Capital
1990 Ed. (1793)
Merchants Distributors
1998 Ed. (1868, 1870, 1874)
1996 Ed. (2048)
1995 Ed. (2053)
Merchants Grocery Co.
1998 Ed. (977)
The Merchants Group
2000 Ed. (4199, 4200, 4201)
1997 Ed. (3702, 3703, 3704)
Merchants Home Delivery Service
1994 Ed. (3591, 3592)
Merchants Investment Corp.
1989 Ed. (1782)
Merchants Mutual Insurance Co.
1996 Ed. (2267)
Merchants National Corp.
1991 Ed. (385)
Merchants National Bank
1990 Ed. (467)
Merchants National Bank & Trust Co.
1993 Ed. (515, 3260)
1992 Ed. (706)
Merchants National Bank & Trust Co. (Indianapolis)
1991 Ed. (546)
Merchants National Bank of Aurora
2001 Ed. (610)
Merchants National-Dover
1993 Ed. (592)
Merchants New York Bancorp Inc.
2002 Ed. (432, 433)
2000 Ed. (437)
Mercier
1997 Ed. (927)
Mercier Gray
2002 Ed. (4085)
Merck
2000 Ed. (1339, 1342, 1360, 1377, 1380, 1470, 1479, 1480, 1524, 1695, 1697, 1698, 1700, 1701, 1702, 1706, 1709, 1710, 1711, 1712, 2420, 2421, 3064, 3328, 3380, 3424, 4092)
1999 Ed. (1475, 1488, 1490, 1496, 1516, 1526, 1538, 1539, 1540, 1545, 1546, 1547, 1663, 1672, 1673, 1681, 1682, 1713, 1897, 1900, 1901, 1902, 1903, 1906, 1915, 1916, 1917, 1918, 3326, 3606, 3608, 3656, 3715, 4488, 4489, 4496, 4498)
1998 Ed. (1043, 1064, 1081, 1085, 1086, 1099, 1100, 1111, 1113, 1117, 1133, 1150, 1158, 1167, 1168, 1180, 1328, 1333, 1334, 1335, 1338, 1344, 1346, 1347, 1906, 2531, 2676, 2753, 3425)
1997 Ed. (1286, 1288, 1294, 1309, 1311, 1321, 1323, 1325, 1328, 1333, 1341, 1350, 1435, 1438, 1439, 1488, 1643, 1646, 1649, 1650, 1651, 1652, 1655, 1657, 1659, 1661, 1662, 1663, 2702, 2709, 2740, 2815, 2937, 2938, 2965, 3006, 3637)
1995 Ed. (1220, 1229, 1274, 1284, 1286, 1292, 1306, 1310, 1336, 1422, 1425, 1427, 1428, 1431, 1465, 1579, 1580, 1581, 1584, 1585, 1592, 1594, 1595, 2084, 2766, 2772, 2844, 2934, 3433, 3437, 3519)
1994 Ed. (1248, 1249, 1255, 1260, 1262, 1268, 1284, 1286, 1290, 1292, 1295, 1297, 1299, 1301, 1303, 1305, 1309, 1313, 1388, 1389, 1391, 1397, 1398, 1399, 1401, 1429, 1551, 1552, 1553, 1554, 1555, 1556, 1559, 1561, 1562, 1920, 2034, 2461, 2665, 2668, 2713, 2745, 2749, 2871, 3438, 3441, 3449)
1993 Ed. (1175, 1223, 1224, 1225, 1229, 1244, 1247, 1248, 1249, 1250, 1251, 1252, 1253, 1254, 1255, 1266, 1270, 1339, 1340, 1376, 1509, 1510, 1511, 1512, 1515, 1516, 1904, 2707, 2716, 2720, 2771, 2774, 3377, 3464, 3470)
1991 Ed. (1194, 1199, 1216, 1229, 1233, 1236, 1238, 1239, 1240, 1241, 1242, 1243, 1244, 1245, 1248, 1464, 1465, 1466, 1468, 1469, 1470, 1472, 2682, 235, 889, 893, 1217, 1471, 1474, 2399, 2592)
1990 Ed. (1278, 1283, 1295, 1301, 1308, 1310, 1313, 1315, 1317, 1319, 1321, 1323, 1558, 1559, 1560, 1561, 1562, 1564, 1565, 1568, 1569, 2529, 2741, 2779, 3442, 3448)
1989 Ed. (1050, 1051, 1201, 1271, 1272, 1276, 1277, 2657)
Merck & Co., Inc.
2008 Ed. (906, 907, 910, 1048, 1488, 1977, 1978, 3030, 3842, 3945, 3946, 3948, 3950, 3952, 3953, 3954, 3957, 3958, 3963, 3964, 3965, 3967, 3968, 3969, 3970, 3973, 3975, 3976, 3977, 4521)
2007 Ed. (133, 915, 922, 923, 929, 1494, 1785, 1914, 1915, 2907, 3900, 3904, 3905, 3908, 3913, 3914, 3918, 3919, 3920, 3921, 3922, 3926, 3927, 3928, 3929, 3932, 3933, 3934, 3935, 3936, 3937, 3938, 3939, 3941, 3943, 3944, 3945, 3946, 4524, 4530, 4568)
2006 Ed. (140, 832, 833, 841, 842, 847, 1173, 1449, 1775, 1776, 1930, 1931, 2291, 2292, 2297, 3869, 3871, 3873, 3874, 3877, 3879, 3883, 3884, 3885, 3888, 3889, 3892, 3895, 4602)
2005 Ed. (740, 924, 932, 933, 944, 1176, 1531, 1597, 1625, 1628, 1801, 1903, 1904, 2224, 2226, 2227, 2228, 2244, 2245, 3488, 3693, 3802, 3804, 3805, 3806, 3809, 3814, 3816, 3820, 3822, 3823, 3825, 3826, 3829, 3830, 3987, 4467, 4508, 4520)
2004 Ed. (942, 943, 966, 1515, 1597, 1598, 1605, 1606, 1613, 1653, 1742, 1754, 1819, 1820, 2119, 2121, 2122, 2148, 2149, 2270, 2273, 3153, 3679, 3774, 3874, 3876, 3877, 3878, 3879, 3880, 3881, 3882, 3884, 3885, 3886, 3887, 3888, 4048, 4581, 4582)
2003 Ed. (914, 934, 935, 942, 1485, 1571, 1579, 1580, 1584, 1717, 1784, 1786, 2690, 2695, 3284, 3640, 3749, 3863, 3865, 3866, 3867, 3868, 3869, 3870, 3871, 3872, 4072, 4559, 4567)
2002 Ed. (980, 994, 1185, 1464, 1534, 1535, 1554, 1557, 1558, 1672, 1680, 1740, 2012, 2014, 2015, 2016, 2017, 2018, 2021, 2024, 2025, 2027, 2046, 2449, 3593, 3753, 3916, 3971, 4600, 4875, 4978)
2001 Ed. (1038, 1041, 1165, 1179, 1180, 1585, 1742, 1813, 2054, 2058, 2059, 2060, 2063, 2064, 2069, 2071, 2072, 2074, 2075, 2076, 2077, 2100, 2674, 3587, 4043)
2000 Ed. (199, 740, 957, 3153, 3325, 3326, 4126)
1999 Ed. (1073, 1536, 1912, 1914, 1919, 2642, 3303, 3429, 3605, 3609, 4391)
1998 Ed. (73, 687, 1329, 1330, 1342, 1345, 1348, 1349, 2520, 2675, 3362, 3415)
1996 Ed. (159, 1193, 1240, 1242, 1248, 1264, 1266, 1276, 1280, 1282, 1288, 1382, 1384, 1389, 1391, 1427, 1567, 1568, 1573, 1574, 1576, 1580, 1582, 1974, 2838, 2839, 2842, 2843, 2916, 3498, 3591, 3593)
1992 Ed. (1507, 1510, 1526, 1527, 1539, 1542, 1543, 1544, 1545, 1546, 1547, 1548, 1549, 1550, 1641, 1642, 1839, 1840, 1842, 1861, 1862, 1863, 1864, 1865, 1866, 1867, 1869, 2385, 3001, 3228, 3232, 3347, 4057, 4144)
1990 Ed. (1567, 1570, 1993, 2509, 2685)
1989 Ed. (2008)
The Merck Company Foundation
2001 Ed. (2515)

Merck Employee Federal Credit Union
1995 Ed. (1535)
Merck Employees Credit Union
2008 Ed. (2209, 2247)
2007 Ed. (2132)
2006 Ed. (2157, 2211)
2005 Ed. (2064, 2116)
2004 Ed. (1940, 1974)
2003 Ed. (1934)
2002 Ed. (1880)
1996 Ed. (1506)
Merck Employees Federal Credit Union
1993 Ed. (1448)
The Merck Co. Foundation
2005 Ed. (2675)
2002 Ed. (976)
Merck Frosst Canada Ltd.
2007 Ed. (1614)
2005 Ed. (2372, 2373)
2002 Ed. (1498)
1997 Ed. (3301)
Merck; George
2005 Ed. (974)
Merck Indonesia
1991 Ed. (2013)
Merck KGaA
2008 Ed. (920, 921, 3959)
2007 Ed. (943, 944, 3923)
2006 Ed. (855, 858, 3891)
2005 Ed. (951, 3824)
2004 Ed. (956, 958)
Merck-Medco Rx Services
2002 Ed. (2046)
Merck-Medco Rx Services of Ohio Ltd.
2003 Ed. (4148)
Merck Sharp
2008 Ed. (1977)
Merck Sharp & Dohme Credit Union
2003 Ed. (1890)
Merck Sharp & Dohme Federal Credit Union
1996 Ed. (1515)
Merck Sharp & I. A. Dohme Corp.
2008 Ed. (4932)
Merck, Sharpe & Dohme
1995 Ed. (1591)
Merckle; Adolf
2008 Ed. (4867)
2007 Ed. (4912)
Merco Inc.
2005 Ed. (3493)
Mercom Inc.
2008 Ed. (3732, 4427, 4982)
2007 Ed. (3599)
Mercosur Provincial y Municipal
2002 Ed. (3478)
Merculieff; Larry
1991 Ed. (3211)
Mercury
2006 Ed. (362)
2003 Ed. (303, 357)
2002 Ed. (414)
2000 Ed. (344)
1999 Ed. (323, 326, 1788)
1998 Ed. (218, 3645)
1997 Ed. (300)
1996 Ed. (306, 309, 310, 315)
1995 Ed. (302, 2871)
1994 Ed. (301)
1993 Ed. (304, 310)
1992 Ed. (442)
1991 Ed. (319, 2739)
Mercury Air Group
1999 Ed. (259)
Mercury Asset Management
2000 Ed. (2852)
1999 Ed. (3073, 3099)
1997 Ed. (2537, 2544)
1996 Ed. (2943, 2945)
1995 Ed. (2870)
1994 Ed. (2774)
1992 Ed. (3350)
1990 Ed. (2321)
Mercury Asset Management International
1998 Ed. (2269, 2273)
Mercury Asset Management plc
2001 Ed. (3922)
Mercury Capri
1996 Ed. (316)
1993 Ed. (328)
1992 Ed. (453)
Mercury Cougar
1989 Ed. (341, 1670)
Mercury Data Systems
2008 Ed. (3725, 4419)
Mercury Emerging Markets
2000 Ed. (3310)
Mercury Finance Co.
1998 Ed. (1889, 2076)
1997 Ed. (2006)
1995 Ed. (1872)
1994 Ed. (1842)
1992 Ed. (1134)
Mercury Financial
1999 Ed. (3611)
Mercury Fund Managers Ltd.
2002 Ed. (2575)
2001 Ed. (2727)
Mercury General Corp.
2006 Ed. (3140)
2004 Ed. (3122)
2003 Ed. (2973)
2002 Ed. (2870)
2000 Ed. (2732, 2735)
1999 Ed. (2966, 2979)
1998 Ed. (2199, 2211)
1997 Ed. (2460)
1996 Ed. (2332)
1995 Ed. (2318, 2321)
1994 Ed. (2276, 2279)
1993 Ed. (2239)
1992 Ed. (2683)
1991 Ed. (2128)
Mercury General Group
2002 Ed. (2970)
Mercury Global Bond
1994 Ed. (726)
Mercury Gold & General
1997 Ed. (2910)
1995 Ed. (2747)
Mercury Grand Marquis
1989 Ed. (341)
Mercury Grand Marquis wagon
1992 Ed. (484)
Mercury Group of Companies Inc.
1991 Ed. (1252)
Mercury Holdings plc
2006 Ed. (1817)
Mercury HW Mid-Cap Value
2003 Ed. (3499)
Mercury Interactive Corp.
2008 Ed. (4668)
2007 Ed. (1254, 4566)
2006 Ed. (1124, 1140, 2737)
2005 Ed. (1151)
2004 Ed. (1127, 4567)
2003 Ed. (1561)
2002 Ed. (4357)
2001 Ed. (4380)
Mercury International Value
2004 Ed. (3642)
Mercury Japan
1997 Ed. (2912)
Mercury Managed Growth
1997 Ed. (2914)
Mercury Marquis Grand
1993 Ed. (349)
Mercury Online Solutions
2005 Ed. (96)
Mercury Print Productions
1998 Ed. (2918)
Mercury Sable
1994 Ed. (306)
1991 Ed. (350)
1989 Ed. (342, 1671)
Mercury Selected Japan Opportunity Fund
2002 Ed. (3222)
Mercury Signs Holding BV
2004 Ed. (1812)
2002 Ed. (1737)
Mercury ST Singapore & Malaysia
1996 Ed. (2817, 2818)
Mercury Topaz
1996 Ed. (3765)
1993 Ed. (322)
1990 Ed. (362)
Mercury Tracer
1993 Ed. (324)
Mercury Villager
1997 Ed. (2798)
Mercury WT Euro Equity Bear
1997 Ed. (2911)
1996 Ed. (2814)
Mercury WT Japan Equity Bear
1997 Ed. (2911)
Mercury WT UK Equity Bear
1997 Ed. (2911)
1996 Ed. (2814)
Mercury WT U.S. Equity Bear
1997 Ed. (2911)
MercuryEMS
2003 Ed. (2717)
Mercy Alternative Inc. (Care Choices)
1992 Ed. (2390)
1991 Ed. (1894)
Mercy Care Plan
1994 Ed. (2036, 2038)
Mercy Catholic Medical Center
1992 Ed. (2463)
1991 Ed. (1936)
1990 Ed. (2059)
1989 Ed. (1610)
Mercy-City Family Credit Union
2006 Ed. (2168)
Mercy Continuing Care
2002 Ed. (2589)
2001 Ed. (2753)
Mercy Corps
2004 Ed. (933)
Mercy Corps International
1994 Ed. (905)
Mercy General Hospital
2008 Ed. (3041)
Mercy Health Corp.
1998 Ed. (1253, 1996)
Mercy Health & Aged Care
2004 Ed. (3955)
2003 Ed. (3952)
2002 Ed. (3776)
Mercy Health Care System
1991 Ed. (2499)
Mercy Health Corp. of Southeastern Pennsylvania
2003 Ed. (1809)
2001 Ed. (1833)
Mercy Health Partners
2005 Ed. (3835)
2001 Ed. (1827)
Mercy Health Partners of Southwest Ohio
2006 Ed. (3903)
Mercy Health Plans
2001 Ed. (2680)
2000 Ed. (2423, 2434)
1999 Ed. (2644, 2649, 2650)
1997 Ed. (2186, 2187)
Mercy Health Plans-Michigan
1999 Ed. (2649)
Mercy Health Services Inc.
2001 Ed. (2226, 2227, 2228, 2229, 2666, 2670, 2772, 3164, 3923)
2000 Ed. (2526, 3178, 3180, 3182, 3184, 3360)
1999 Ed. (2987, 2990, 2991, 2992, 2993, 3460, 3462, 3465)
1998 Ed. (1908, 1988, 2547, 2548, 2550, 2552)
1997 Ed. (2179, 2269, 2824, 2826, 2829)
1996 Ed. (2154, 2704, 2707, 2709)
1995 Ed. (2142, 2627, 2629, 2632, 2802)
1994 Ed. (2572, 2574, 2577)
1993 Ed. (2072)
1992 Ed. (2457, 3122, 3123, 3124, 3125, 3130, 3132, 3279)
1991 Ed. (2507, 1933, 2497, 2498, 2499, 2500)
1990 Ed. (2055, 2629, 2630, 2635, 2638)
Mercy Health System
2008 Ed. (188)
2000 Ed. (2533)
1997 Ed. (2179, 2826)
1995 Ed. (2629)
1994 Ed. (2574)
1992 Ed. (3124)
Mercy Health System of Southeastern Pennsylvania
2005 Ed. (1944)
2004 Ed. (1841)
1999 Ed. (1824)
Mercy Health System of Southeastern Pennsylvania
2000 Ed. (1653)
Mercy HealthCare
2005 Ed. (1926)
Mercy Healthcare Arizona Inc.
2001 Ed. (1610)
Mercy Home Health
1999 Ed. (2708)
Mercy Hospital
2006 Ed. (1811, 1858)
2005 Ed. (1851)
2003 Ed. (1749)
Mercy Hospital Medical Center Inc.
2001 Ed. (1752)
Mercy Hospital Medical Center-Des Moines
2003 Ed. (1722)
Mercy Hospitals and Health Services of Detroit
1991 Ed. (1415)
Mercy Medical
2003 Ed. (4067)
Mercy Medical Center, North Iowa
2008 Ed. (3063)
2006 Ed. (2921)
2005 Ed. (2912)
Meredith Corp.
2008 Ed. (3531, 3623)
2007 Ed. (3401, 3445, 4054)
2006 Ed. (2282, 3345, 3438)
2005 Ed. (3357, 3427, 3981, 3982)
2004 Ed. (3332, 3415, 4042, 4043)
2003 Ed. (3272, 3345)
2001 Ed. (3954)
2000 Ed. (825, 3459, 3683, 3684)
1999 Ed. (824, 3603, 3744, 3969)
1998 Ed. (512, 2780, 2781, 2976)
1997 Ed. (3034)
1996 Ed. (2956, 3143)
1995 Ed. (1436)
1994 Ed. (1404)
1993 Ed. (1351, 2803)
1992 Ed. (3368, 3390)
1991 Ed. (2700, 2709)
1990 Ed. (2796)
Meredith Adler
1998 Ed. (1587)
Meredith/Burda
1990 Ed. (2212)
Meredith Cpro.
1999 Ed. (3972)
Merek & Co.
1989 Ed. (2969)
Merelli; F. H.
2005 Ed. (1103)
Merganser Capital Management
1992 Ed. (2765)
Merge Technologies Inc.
2008 Ed. (4530)
2005 Ed. (2332)
Mergentime Corp.
1990 Ed. (1179)
Merger Fund
2008 Ed. (4516)
Merial Inc.
2006 Ed. (3870)
2001 Ed. (4685)
2000 Ed. (4344)
1999 Ed. (4711)
Merida, Mexico
1993 Ed. (2557)
Meridan Management
2000 Ed. (2816)
Meridan Oil Inc.
1998 Ed. (1806)
1996 Ed. (2005)
Meridian
2005 Ed. (109, 113, 4695)
2004 Ed. (114)
2002 Ed. (4947, 4961)
2001 Ed. (4878, 4886, 4894)
2000 Ed. (4412, 4418, 4421, 4424, 4426)
1999 Ed. (4788, 4794, 4796, 4799, 4800)
1998 Ed. (3742, 3744, 3747, 3748, 3750, 3752)
1994 Ed. (2637)
Meridian Advertising
1999 Ed. (165)

Meridian Advertising (Ammirati)
2000 Ed. (185)
Meridian Aggregates LP
2002 Ed. (4511)
Meridian Automotive Systems Inc.
2004 Ed. (3972)
2002 Ed. (1382)
Meridian Bancorp Inc.
1998 Ed. (271, 425, 3318)
1997 Ed. (332, 339, 3284)
1996 Ed. (360, 656)
1995 Ed. (587, 1242, 3360)
1994 Ed. (617, 654, 3036, 3037, 3279)
1993 Ed. (612, 614, 653, 3288)
1992 Ed. (820)
1991 Ed. (396)
1990 Ed. (440, 669, 707)
1989 Ed. (622)
Meridian Bank
1997 Ed. (593)
1996 Ed. (654)
1995 Ed. (585)
1994 Ed. (615)
1992 Ed. (818)
1991 Ed. (646)
1990 Ed. (431, 667)
1989 Ed. (653)
Meridian Bioscience Inc.
2008 Ed. (2356, 2358, 2362, 2367, 4420)
2007 Ed. (2218, 2222, 2227, 2229)
2006 Ed. (2295)
Meridian Capital
1996 Ed. (2397)
Meridian Capital Group
2008 Ed. (4121)
Meridian Capital Management
1998 Ed. (2276)
1994 Ed. (2309)
Meridian Clear
2000 Ed. (782)
Meridian Credit Union
2008 Ed. (2221)
2007 Ed. (2106)
Meridian Fund
1994 Ed. (2603)
Meridian Gold Inc.
2007 Ed. (3495, 3516)
2006 Ed. (3471, 3484, 3486)
2005 Ed. (4511)
2003 Ed. (2626)
2002 Ed. (3738)
Meridian Growth
2006 Ed. (3603, 3641, 3642, 4554, 4565, 4572)
2005 Ed. (4491)
2004 Ed. (3534, 3535, 3536, 3537, 3570)
2003 Ed. (3547)
Meridian Health
2006 Ed. (289)
Meridian Health System
2000 Ed. (2531)
1999 Ed. (2750)
Meridian Healthcare
1992 Ed. (3280)
Meridian Investment
1997 Ed. (2533)
Meridian IQ
2007 Ed. (2647)
Meridian Knowledge Solutions
2005 Ed. (2366)
Meridian Management
1997 Ed. (2534)
Meridian Mortgage
1994 Ed. (2547)
Meridian, MS
2006 Ed. (1180)
1996 Ed. (977)
Meridian Oil Inc.
1998 Ed. (1801, 1815, 2818, 2829)
1997 Ed. (2116, 2118, 2125, 3087, 3093)
1996 Ed. (1997, 1998, 3008)
1995 Ed. (1970, 1971, 1982, 2914)
1994 Ed. (1942, 1943, 2848)
1993 Ed. (1919, 1920, 2836)
1991 Ed. (1787, 2725)
Meridian Pacific insurance Co. Inc.
2000 Ed. (982)
1999 Ed. (1032)
1998 Ed. (639)
1997 Ed. (902)
Meridian Savings Association
1990 Ed. (3592)
1989 Ed. (2823)
Meridian Sports
1997 Ed. (3359)
Meridian Sports Clubs
2000 Ed. (2424)
Meridian Technologies
2007 Ed. (310)
2004 Ed. (322)
Meridian Trust Co.
1993 Ed. (576, 577, 2299)
Meridian Trust Credit Union
2008 Ed. (2270)
Meridian Value
2004 Ed. (3572, 3593)
2003 Ed. (3506)
2002 Ed. (3423)
Meridian Value Fund
2006 Ed. (3603)
2004 Ed. (3577)
2003 Ed. (3510, 3536, 3549)
Meridian Venture Partner
1990 Ed. (3669)
Meridian Wines
1997 Ed. (3901, 3902, 3905, 3906, 3907, 3910)
1996 Ed. (3856, 3859)
Meridias Capital
2007 Ed. (4011, 4081)
Meridien
2000 Ed. (2565)
Meridien Bank Burundi SARL
1994 Ed. (444)
Meridien Bank Swaziland Ltd.
1994 Ed. (640)
Meridien Banking Services
1992 Ed. (87)
Meridien BIAO Bank Burundi SARL
1996 Ed. (463)
1995 Ed. (436)
Meridien BIAO Bank Sierra Leone Ltd.
1997 Ed. (608)
1996 Ed. (672)
1995 Ed. (602)
Meridien BIAO Bank Swaziland Ltd.
1996 Ed. (687)
1995 Ed. (613)
Meridien BIAO Togo
1997 Ed. (630)
1994 Ed. (648)
Meridien Gestion S.A.
1990 Ed. (2090)
Meridien Hotels
1997 Ed. (2290)
1992 Ed. (2485)
Meridien International Bank
1995 Ed. (397)
1994 Ed. (404)
1993 Ed. (414)
Merillat Industries Inc.
1992 Ed. (2819)
Merin Hunter Codman
2000 Ed. (3709)
1998 Ed. (3002)
Merin Realty
1990 Ed. (2953)
Merincorp
1989 Ed. (1780)
Merinvest
2008 Ed. (741)
2007 Ed. (765)
Merion Golf Course (East)
2000 Ed. (2381)
Merisel, Inc.
2003 Ed. (2206, 2246, 4927)
2002 Ed. (1530, 1567, 1568, 2080, 2103, 4898)
2000 Ed. (1741, 1763)
1999 Ed. (1495, 1504, 1957, 1964, 1978, 1979, 1980, 1982)
1998 Ed. (858, 2414, 3712)
1997 Ed. (2688, 3873, 3874)
1996 Ed. (1746, 2889, 3824)
1994 Ed. (1079, 1083, 1250, 1615, 3219)
1993 Ed. (1049)
1992 Ed. (1308)
MeriStar Hospitality Corp.
2007 Ed. (2948, 2962)
2006 Ed. (2937, 2946)
2005 Ed. (2933, 4018)
2004 Ed. (2940, 4085)
Meristar Hotels & Resorts Inc.
2003 Ed. (1851)
2002 Ed. (2626)
2001 Ed. (1686, 2776, 2777, 2784, 2785)
2000 Ed. (2534, 2535)
Merit
1999 Ed. (3438)
1998 Ed. (727, 729, 730)
1997 Ed. (985)
1995 Ed. (986)
1994 Ed. (953, 955)
1992 Ed. (1151)
1991 Ed. (932)
1990 Ed. (992, 993)
1989 Ed. (907)
Merit Direct
1997 Ed. (3702, 3703, 3704, 3705)
1996 Ed. (3643, 3644, 3645)
1995 Ed. (3557)
1994 Ed. (3487)
1993 Ed. (3513)
1991 Ed. (3283)
Merit Holding Corp.
2000 Ed. (552)
Merit Life Insurance Co.
1998 Ed. (2159)
1996 Ed. (2321)
1995 Ed. (2285, 2286)
Merit Lights
1997 Ed. (988)
Merit Medical Systems
2006 Ed. (4330, 4337)
Merit Printing
2005 Ed. (3900)
Merit-SP
1993 Ed. (235)
Merita
2000 Ed. (368, 525)
1998 Ed. (260, 261, 494)
1996 Ed. (358)
1995 Ed. (339)
Merita Group
1998 Ed. (378)
Merita-Nordbanken
2000 Ed. (1420, 1421, 1422, 1560)
Merita-Nordbanken plc
2001 Ed. (1700, 1701)
Merita Oy
1999 Ed. (515, 2661, 2662)
Merita Oy A
2000 Ed. (2444)
Merita Oyj
2002 Ed. (2468, 2469)
2000 Ed. (2443)
Meritae Private Equity Fund
2002 Ed. (4737)
Meritage Corp.
2007 Ed. (1303)
2005 Ed. (1181, 1183, 1192, 1244, 1610, 4006, 4007)
2004 Ed. (1201, 2770, 4074, 4075)
2003 Ed. (4440)
2002 Ed. (1549, 2652, 2653)
2001 Ed. (1577)
Meritage Home Healthcare Services Inc.
2007 Ed. (1916)
Meritage Homes Corp.
2008 Ed. (1163)
2007 Ed. (1269, 1324, 2736)
2006 Ed. (1216)
2003 Ed. (1192)
Meritage Private Equity Fund
2008 Ed. (4806)
2007 Ed. (4875)
2004 Ed. (4832)
MeritaNordbanken
2002 Ed. (558)
Meritbanc Savings
1990 Ed. (3129)
Meritcare
1992 Ed. (3280)
1991 Ed. (2625)
Meritcare Health Enterprises Inc.
2001 Ed. (1823)
Meritcare Health System
2008 Ed. (1994)
2005 Ed. (1916, 1917)
2004 Ed. (1831, 1832)
2003 Ed. (1796, 1797)
2001 Ed. (1823)
Meritcare Hospital
2008 Ed. (1994, 1995)
2007 Ed. (1928)
2006 Ed. (1945, 1946)
2005 Ed. (1916)
2004 Ed. (1831)
2003 Ed. (1796, 1797)
2001 Ed. (1823, 1824)
Meriter Health Services
1997 Ed. (2829)
Meriton Apartments
2004 Ed. (1154, 3964)
2002 Ed. (3773)
Meritor
1994 Ed. (1755)
Meritor Automotive Inc.
2002 Ed. (1408)
2001 Ed. (498, 499, 1045)
2000 Ed. (1664)
1999 Ed. (349, 361)
Meritor Financial Group
1991 Ed. (1237, 3367, 1185)
1990 Ed. (1309, 1324, 1326, 2858, 3574, 3581, 3591)
1989 Ed. (2821, 2826)
Meritor Savings Bank
1995 Ed. (353)
1994 Ed. (3444)
1993 Ed. (531, 3569)
1992 Ed. (1520, 1554, 1556, 4289, 4294)
1991 Ed. (1207, 3361, 3383)
1990 Ed. (420, 432, 667, 3096, 3097, 3575, 3576, 3578, 3584)
1989 Ed. (653, 2823)
Meritor Savings Bank (Philadelphia, PA)
1991 Ed. (3365)
Meriwest Credit Union
2002 Ed. (1838)
Merix
2006 Ed. (2074)
Merk Hard Currency
2008 Ed. (583)
Merkafon de Mexico
2004 Ed. (3025)
Merkantildata
2002 Ed. (3542, 3544)
Merkel; Angela
2008 Ed. (4950)
Merkez Ajans
1994 Ed. (124)
1993 Ed. (143)
1990 Ed. (159)
Merkez Ajans Reklam
1991 Ed. (158)
1989 Ed. (170)
Merkle
2008 Ed. (2339)
2007 Ed. (2202)
Merkle Direct Marketing Inc.
2007 Ed. (4425)
2006 Ed. (4357)
Merkley Newman Harty & Partners
2004 Ed. (123)
2003 Ed. (30)
Merkley + Partners
2005 Ed. (102)
Merko Ehitus
2006 Ed. (4501)
2002 Ed. (4413)
Merkur
2002 Ed. (3187)
Merkur Warenhandels Ag
1995 Ed. (1358)
1994 Ed. (1327)
1993 Ed. (1282)
Merkur XR4Ti
1992 Ed. (450)
Merle Norman
1990 Ed. (1741)
Merle Norman Cosmetics
2008 Ed. (877, 3888)
2007 Ed. (2072)
2006 Ed. (814)
2005 Ed. (899)
2004 Ed. (1895)
2003 Ed. (896)
2002 Ed. (1798)

1999 Ed. (2509, 2514, 2518)
1994 Ed. (1912)
Merlin Entertainments
2007 Ed. (274)
Merlin International Inc.
2008 Ed. (1346, 4053)
Merlin Jupiter Income
1995 Ed. (2749, 2750)
Merlin Petroleum Co., Inc.
2008 Ed. (3701, 4362, 4375, 4956)
2007 Ed. (3542, 3543, 4404)
2006 Ed. (3505, 4344)
Merlin Plastics Supply Inc.
2001 Ed. (3819)
Merlin Technical Solutions Inc.
2008 Ed. (3182, 3698)
2007 Ed. (1394, 2840, 3064, 3540, 4011, 4403)
Merlin's Franchising Inc.
2007 Ed. (330)
2006 Ed. (345)
2005 Ed. (331)
2004 Ed. (329)
2003 Ed. (348)
MerlinTechnical Solutions
2006 Ed. (3503, 4343)
Merlis; Scott
1997 Ed. (1857)
1996 Ed. (1828)
1995 Ed. (1850)
1993 Ed. (1778)
Merloni
2007 Ed. (1827)
1991 Ed. (1966)
Merloni Domestic Appliances Ltd.
2002 Ed. (43)
Merloni Elettrodomestici
2002 Ed. (3223)
Merloni Group
1990 Ed. (2113)
Merlot
2005 Ed. (4948)
2003 Ed. (4966, 4967)
2002 Ed. (4965, 4966)
2001 Ed. (4860, 4861)
1996 Ed. (3838)
Mermac Inc.
1994 Ed. (1321)
1993 Ed. (1275)
1992 Ed. (1570)
The Mermaid Chair
2008 Ed. (555, 624)
2007 Ed. (662)
Merona
1999 Ed. (1194, 1196)
Merpati
1994 Ed. (154)
Merrell
2005 Ed. (272)
1993 Ed. (3327)
1992 Ed. (3983)
Merrell Dow/Cepacol
1991 Ed. (2495)
Merrell, Texize; Dow Chemical/
1991 Ed. (1145)
Merret Underwriting Agency Management Ltd.; 418,
1991 Ed. (2337)
Merrett Holdings PLC
1992 Ed. (1194, 2900)
1991 Ed. (959)
1990 Ed. (1034)
Merrett Underwriting Agency Management Ltd.
1993 Ed. (2453, 2454, 2455, 2455, 2458)
1992 Ed. (2895, 2896, 2897, 2897)
Merrett Underwriting Agency Management Ltd.; Marine 418,
1991 Ed. (2336)
Merrett Underwriting Agency Management Ltd.; 1067,
1991 Ed. (2338)
Merriam Webster Dictionary
1990 Ed. (2768)
Merriam-Webster Word Central
2002 Ed. (4870)
Merrick & Co.
2008 Ed. (2522, 2572)
2007 Ed. (289, 2406, 2445)
2005 Ed. (263, 2439)
2003 Ed. (1278, 3962)
2002 Ed. (332)
The Merrick Group
2008 Ed. (4207)
Merril Lynch Global Alloc B
1992 Ed. (3178)
Merrill Corp.
2007 Ed. (4006)
2000 Ed. (908, 909, 910)
1999 Ed. (3894)
Merrill Basic Value
2002 Ed. (2159)
Merrill Blueberry Farms Inc.
1998 Ed. (1772)
Merrill; Charles E.
1990 Ed. (1583)
Merrill Development Capital Markets
1995 Ed. (2717, 2727)
Merrill Dragon Fund A
1995 Ed. (2728)
Merrill Dragon Fund B
1995 Ed. (2728)
Merrill Emer Tigers A
1999 Ed. (3582)
Merrill EuroFund
2000 Ed. (3231)
Merrill EuroFund A
1999 Ed. (3512)
Merrill Gardens
2006 Ed. (4192)
2005 Ed. (265)
2004 Ed. (258)
2003 Ed. (291)
Merrill Global Allocation A
1997 Ed. (2883)
Merrill Latin America
2007 Ed. (3672)
Merrill Latin America B
1997 Ed. (2906)
Merrill Latin America C
1997 Ed. (2906)
Merrill Latin America D
1997 Ed. (2906)
Merrill Lynch
2007 Ed. (2559, 3659, 3660)
2006 Ed. (3212, 3599)
2005 Ed. (2597, 2598, 2602, 3547)
2004 Ed. (759, 2612, 3562)
2003 Ed. (2479, 3501)
2002 Ed. (2264)
2001 Ed. (2431)
2000 Ed. (28, 827, 835, 836, 867, 869, 871, 872, 873, 882, 885, 886, 887, 889, 890, 1025, 1338, 1379, 1426, 1525, 1920, 1921, 1922, 2058, 2073, 2107, 2108, 2109, 2110, 2111, 2193, 2263, 2264, 2451, 2455, 2456, 2457, 2768, 2784, 2788, 3190, 3191, 3192, 3193, 3194, 3195, 3280, 3283, 3878, 3880, 3881, 3883, 3884, 3886, 3887, 3888, 3889, 3890, 3891, 3892, 3893, 3894, 3895, 3896, 3897, 3898, 3899, 3901, 3902, 3903, 3904, 4221)
1999 Ed. (3523)
1998 Ed. (491, 1694)
1993 Ed. (716, 755, 756, 757, 758, 759, 760, 761, 763, 764, 765, 766, 767, 793, 839, 840, 841, 842, 1165, 1166, 1167, 1168, 1169, 1170, 1171, 1174, 1177, 1192, 1264, 1648, 1649, 1651, 1652, 1653, 1654, 1659, 1665, 1667, 1668, 1671, 1673, 1675, 1677, 1680, 1681, 1685, 1687, 1689, 1768, 1769, 1770, 1853, 1854, 1855, 1856, 1860, 1956, 2273, 2275, 2276, 2277, 2279, 2646, 2662, 2666, 2672, 2695, 2699, 3116, 3118, 3119, 3120, 3121, 3122, 3123, 3124, 3125, 3126, 3127, 3128, 3129, 3130, 3131, 3132, 3133, 3134, 3135, 3136, 3137, 3138, 3139, 3140, 3141, 3142, 3143, 3144, 3145, 3146, 3147, 3148, 3149, 3150, 3151, 3152, 3153, 3154, 3155, 3156, 3157, 3158, 3159, 3160, 3161, 3162, 3163, 3164, 3165, 3166, 3167, 3168, 3169, 3170, 3171, 3172, 3173, 3174, 3175, 3176, 3179, 3181, 3182, 3183, 3184, 3185, 3186, 3187, 3188, 3189, 3190, 3191, 3192, 3193, 3194, 3195, 3196, 3197, 3198, 3199, 3200, 3201, 3202, 3203, 3205, 3207, 3208, 3218, 3284)
1992 Ed. (950, 951, 952, 953, 954, 955, 956, 957, 960, 961, 1050, 1051, 1052, 1053, 1266, 1450, 1451, 1452, 1453, 1454, 1456, 1463, 1484, 1990, 1991, 1993, 1995, 1996, 1999, 2000, 2010, 2012, 2013, 2020, 2023, 2024, 2028, 2029, 2032, 2036, 2040, 2042, 2044, 2045, 2132, 2133, 2134, 2141, 2144, 2146, 2147, 2148, 2161, 2718, 2719, 2720, 2721, 2723, 2724, 2740, 2776, 2778, 3105, 3157, 3343, 3550, 3640, 3823, 3832, 3834, 3835, 3836, 3837, 3838, 3839, 3840, 3841, 3842, 3843, 3844, 3845, 3846, 3847, 3848, 3849, 3850, 3851, 3853, 3854, 3855, 3856, 3857, 3858, 3859, 3860, 3861, 3862, 3863, 3864, 3865, 3866, 3867, 3868, 3869, 3870, 3871, 3872, 3873, 3874, 3875, 3876, 3877, 3878, 3879, 3880, 3881, 3882, 3883, 3884, 3885, 3886, 3887, 3888, 3889, 3890, 3891, 3892, 3893, 3894, 3895, 3896, 3897, 3899, 3900, 3902, 3903, 3904, 3905, 3906, 3907)
1991 Ed. (752, 753, 754, 755, 756, 757, 759, 760, 761, 762, 763, 764, 765, 766, 767, 768, 769, 774, 780, 852, 999, 1110, 1116, 1117, 1118, 1131, 1132, 1600, 1601, 1605, 1610, 1612, 1613, 1668, 1669, 1670, 1672, 1676, 1677, 1678, 1679, 1685, 1688, 1689, 1690, 1692, 1694, 1695, 1697, 1701, 1703, 1704, 1705, 1706, 1706, 1707, 1707, 1709, 1713, 2176, 2177, 2178, 2179, 2180, 2181, 2182, 2183, 2184, 2185, 2186, 2187, 2188, 2189, 2190, 2191, 2192, 2193, 2194, 2195, 2197, 2198, 2199, 2200, 2202, 2481, 2482, 2513, 2515, 2516, 2517, 2518, 2520, 2522, 2822, 2831, 2832, 2945, 2946, 2947, 2948, 2949, 2950, 2951, 2952, 2953, 2954, 2955, 2956, 2957, 2958, 2959, 2960, 2961, 2962, 2963, 2964, 2965, 2966, 2967, 2968, 2969, 2970, 2971, 2972, 2973, 2974, 2975, 2976, 2979, 2978, 2979, 2980, 2981, 2982, 2983, 2984, 2985, 2986, 2987, 2988, 2989, 2990, 2991, 2992, 2993, 2994, 2995, 2996, 2997, 2998, 2999, 3000, 3001, 3002, 3003, 3004, 3005, 3006, 3007, 3008, 3010, 3011, 3012, 3013, 3014, 3015, 3016, 3017, 3018, 3019, 3020, 3021, 3022, 3023, 3024, 3025, 3026, 3027, 3029, 3066, 3067, 3068, 3069, 3070, 3071, 3074, 3075, 3076, 3077, 3078, 3079, 770, 771, 772, 773, 1149)
1990 Ed. (782, 790, 791, 792, 793, 795, 796, 797, 798, 799, 800, 801, 802, 803, 804, 805, 806, 807, 808, 809, 899, 1221, 1222, 1694, 1695, 1698, 1699, 1700, 1705, 1706, 1707, 1764, 1765, 1770, 1772, 1774, 1776, 1777, 1799, 2291, 2295, 2296, 2297, 2298, 2299, 2300, 2301, 2303, 2304, 2305, 2306, 2307, 2308, 2309, 2312, 2325, 2440, 2641, 2643, 2645, 2647, 2770, 2981, 2982, 3138, 3139, 3140, 3141, 3142, 3143, 3144, 3145, 3146, 3147, 3148, 3149, 3151, 3152, 3153, 3154, 3155, 3156, 3157, 3158, 3159, 3160, 3161, 3163, 3170, 3171, 3172, 3173, 3174, 3175, 3176, 3178, 3181, 3183, 3185, 3187, 3188, 3189, 3190, 3191, 3192, 3193, 3194, 3195, 3196, 3197, 3198, 3199, 3200, 3201, 3202, 3203, 3204, 3205, 3206, 3218, 3219, 3220, 3221, 3224, 3225, 3226, 3228)
1989 Ed. (791, 792, 793, 794, 795, 796, 798, 799, 800, 802, 803, 804, 805, 806, 807, 808, 809, 1013, 1137, 1368, 1370, 1413, 1414, 1415, 1423, 1425, 1426, 1754, 1757, 1758, 1759, 1760, 1762, 1763, 1764, 1765, 1766, 1768, 1769, 1771, 1772, 1773, 1774, 1775, 1776, 1777, 1778, 1872, 1901, 2104, 2132, 2293, 2370, 2371, 2372, 2373, 2374, 2375, 2376, 2377, 2378, 2379, 2380, 2381, 2382, 2383, 2384, 2385, 2386, 2387, 2388, 2389, 2390, 2391, 2392, 2393, 2394, 2395, 2396, 2397, 2398, 2399, 2400, 2401, 2402, 2403, 2404, 2405, 2406, 2407, 2408, 2409, 2410, 2411, 2413, 2414, 2415, 2416, 2417, 2418, 2419, 2420, 2421, 2422, 2423, 2424, 2426, 2447, 2452, 2453, 2454)
Merrill Lynch & Co., Inc.
2008 Ed. (339, 730, 733, 1390, 1391, 1392, 1393, 1396, 1397, 1398, 1431, 1986, 1988, 2281, 2695, 2882, 2922, 3036, 3398, 3400, 3405, 3410, 3685, 4264, 4269, 4286, 4290, 4292, 4294, 4304, 4305, 4306, 4542, 4617, 4665, 4666)
2007 Ed. (649, 651, 751, 1440, 1488, 1919, 1921, 2162, 2552, 2566, 2577, 2642, 2888, 3250, 3255, 3256, 3276, 3278, 3280, 3281, 3285, 3289, 3295, 3631, 3650, 3651, 3652, 3653, 3654, 3655, 4235, 4266, 4267, 4268, 4269, 4270, 4271, 4272, 4273, 4274, 4275, 4278, 4283, 4285, 4286, 4288, 4289, 4290, 4298, 4299, 4300, 4301, 4302, 4303, 4304, 4305, 4306, 4307, 4308, 4309, 4310, 4311, 4312, 4313, 4314, 4315, 4316, 4317, 4318, 4319, 4320, 4321, 4322, 4323, 4324, 4325, 4327, 4328, 4329, 4331, 4332, 4333, 4334, 4335, 4336, 4338, 4339, 4340, 4341, 4342, 4653, 4662, 4664)
2006 Ed. (398, 659, 660, 778, 779, 1408, 1409, 1410, 1411, 1414, 1415, 1416, 1936, 2242, 2586, 3191, 3208, 3209, 3223, 3224, 3236, 3686, 3687, 3700, 3701, 4219, 4251, 4252, 4253, 4261, 4262, 4277, 4278, 4279, 4722, 4723, 4724)
2005 Ed. (111, 162, 164, 215, 222, 293, 299, 527, 680, 706, 707, 708, 753, 755, 756, 849, 869, 870, 949, 952, 1142, 1423, 1424, 1425, 1426, 1429, 1430, 1433, 1434, 1435, 1436, 1441, 1442, 1443, 1446, 1447, 1448, 1451, 1452, 1453, 1456, 1458, 1459, 1496, 1565, 1566, 1908, 2147, 2171, 2174, 2175, 2178, 2180, 2190, 2287, 2299, 2301, 2448, 2449, 2450, 2580, 2583, 2623, 2816, 3029, 3055, 3102, 3117, 3206, 3217, 3219, 3222, 3223, 3235, 3236, 3237, 3238, 3387, 3430, 3436, 3455, 3466, 3503, 3505, 3506, 3507, 3508, 3526, 3527, 3528, 3529, 3530, 3531, 3534, 3535, 3582, 3687, 3714, 3716, 3748, 3749, 3767, 3812, 3986, 4112, 4131, 4165, 4245, 4246, 4247, 4248, 4252, 4255, 4256, 4257, 4258, 4259, 4261, 4263, 4264, 4265, 4268, 4269, 4270, 4271, 4272, 4273, 4274, 4275, 4276, 4277, 4278, 4279, 4280, 4281, 4283, 4295, 4296, 4297, 4298, 4299, 4300, 4301, 4302,

4303, 4304, 4305, 4306, 4307, 4309, 4310, 4311, 4312, 4314, 4315, 4316, 4317, 4318, 4319, 4320, 4321, 4322, 4323, 4325, 4326, 4327, 4328, 4332, 4333, 4334, 4336, 4337, 4338, 4339, 4347, 4348, 4423, 4564, 4578, 4579, 4614, 4615, 4631, 4642, 4644, 4670, 4671, 4672, 4715, 4719, 4982)
2004 Ed. (862, 1402, 1403, 1404, 1405, 1406, 1407, 1410, 1411, 1412, 1413, 1414, 1415, 1420, 1421, 1425, 1426, 1429, 1430, 1431, 1434, 1435, 1436, 1439, 1441, 1442, 1444, 1445, 1480, 1559, 1570, 1596, 1823, 2007, 2059, 2060, 2062, 2064, 2067, 2070, 2072, 2073, 2115, 2118, 2600, 2603, 3171, 3181, 3183, 3185, 3187, 3188, 3190, 3191, 3197, 3198, 3199, 3200, 3201, 3202, 3203, 3204, 3205, 3207, 3500, 3503, 3504, 3527, 3528, 3529, 3530, 3531, 3532, 3786, 4322, 4323, 4324, 4325, 4327, 4328, 4329, 4330, 4331, 4332, 4333, 4334, 4336, 4339, 4341, 4342, 4343, 4344, 4352, 4353, 4356, 4357, 4358, 4359, 4360, 4361, 4362, 4363, 4364, 4365, 4366, 4367, 4368, 4369, 4370, 4371, 4372, 4373, 4374, 4375, 4376, 4377, 4379, 4380, 4381, 4382, 4383, 4384, 4385, 4386, 4387, 4388, 4389, 4390, 4391, 4392, 4393, 4395, 4396, 4397, 4695)
2003 Ed. (192, 818, 1387, 1388, 1389, 1390, 1391, 1392, 1395, 1396, 1397, 1398, 1399, 1402, 1403, 1404, 1405, 1406, 1409, 1410, 1411, 1414, 1416, 1417, 1418, 1450, 1547, 1569, 1644, 1789, 1791, 2013, 2021, 2024, 2025, 2026, 2030, 2031, 2032, 2033, 2152, 2362, 2368, 2476, 2478, 3059, 3060, 3066, 3090, 3091, 3092, 3093, 3094, 3095, 3096, 3098, 3111, 3473, 3474, 3475, 3476, 3477, 3478, 4315, 4316, 4317, 4323, 4324, 4325, 4326, 4332, 4333, 4334, 4336, 4337, 4338, 4339, 4340, 4341, 4342, 4343, 4344, 4345, 4346, 4347, 4348, 4349, 4350, 4351, 4352, 4353, 4354, 4355, 4356, 4357, 4358, 4359, 4360, 4361, 4362, 4363, 4364, 4365, 4366, 4367, 4368, 4369, 4370, 4371, 4372, 4373, 4374, 4564, 4719)
2002 Ed. (338, 439, 502, 503, 504, 579, 727, 728, 730, 731, 733, 734, 735, 736, 807, 808, 809, 811, 812, 821, 822, 823, 824, 825, 826, 827, 828, 830, 831, 834, 837, 838, 840, 841, 842, 843, 844, 846, 847, 848, 850, 851, 852, 853, 999, 1348, 1349, 1350, 1351, 1352, 1353, 1354, 1355, 1358, 1360, 1362, 1363, 1364, 1365, 1366, 1367, 1368, 1369, 1370, 1371, 1372, 1375, 1376, 1377, 1404, 1405, 1421, 1430, 1434, 1537, 1741, 1743, 1920, 1924, 1925, 1926, 1927, 1929, 1930, 1932, 1934, 1942, 1944, 1949, 1950, 2157, 2161, 2162, 2165, 2166, 2167, 2168, 2270, 2271, 2272, 2273, 2274, 2275, 2817, 2999, 3001, 3002, 3003, 3011, 3012, 3015, 3016, 3023, 3024, 3025, 3042, 3043, 3190, 3390, 3407, 3408, 3409, 3410, 3411, 3412, 3419, 3628, 4189, 4190, 4191, 4197, 4198, 4201, 4202, 4206, 4208, 4209, 4210, 4211, 4212, 4213, 4214, 4215, 4217, 4218, 4219, 4220, 4221, 4222, 4223, 4224, 4225, 4226, 4227, 4228, 4229, 4230, 4231, 4232, 4233, 4234, 4235, 4236, 4237, 4238, 4239, 4240, 4241, 4242, 4243, 4244, 4245, 4246, 4247, 4248, 4249, 4250, 4251, 4252, 4556, 4557, 4601, 4602, 4647, 4650, 4651, 4652, 4653, 4654, 4656, 4657, 4659, 4660, 4662, 4663, 4874)
2001 Ed. (552, 553, 554, 556, 557, 559, 582, 746, 747, 748, 749, 751, 752, 753, 754, 755, 756, 757, 758, 771, 775, 779, 783, 787, 795, 799, 802, 810, 815, 823, 827, 831, 836, 840, 844, 848, 868, 872, 876, 884, 892, 908, 912, 916, 924, 952, 956, 960, 961, 962, 963, 964, 966, 967, 968, 969, 970, 971, 972, 973, 974, 975, 1037, 1195, 1196, 1510, 1511, 1512, 1516, 1517, 1518, 1519, 1521, 1522, 1523, 1524, 1526, 1527, 1528, 1529, 1530, 1531, 1532, 1538, 1816, 2423, 2424, 2425, 2426, 2427, 2428, 2429, 2430, 2434, 2435, 2973, 3006, 3007, 3008, 3009, 3010, 3038, 3155, 3513, 3687, 4177, 4178, 4193, 4194, 4197, 4204, 4207, 4208)
2000 Ed. (205, 376, 377, 378, 776, 777, 779, 828, 829, 830, 831, 832, 864, 880, 881, 1919, 2769, 2771, 2772, 2773, 2775, 2777, 3318, 3321, 3416, 3421, 3908, 3909, 3910, 3911, 3912, 3913, 3914, 3916, 3917, 3923, 3924, 3926, 3927, 3928, 3929, 3930, 3931, 3933, 3934, 3935, 3936, 3937, 3938, 3939, 3940, 3941, 3942, 3943, 3944, 3945, 3946, 3947, 3948, 3949, 3950, 3951, 3952, 3953, 3954, 3955, 3956, 3957, 3958, 3959, 3960, 3961, 3962, 3964, 3965, 3966, 3967, 3968, 3969, 3970, 3971, 3972, 3973, 3975, 3976, 3977, 3978, 3979, 3980, 3981, 3982, 3983, 3984, 3985, 3986, 3987, 3988)
1999 Ed. (826, 827, 828, 830, 832, 833, 834, 835, 836, 837, 838, 840, 864, 866, 867, 869, 870, 871, 872, 873, 874, 875, 876, 877, 878, 879, 880, 881, 882, 883, 884, 885, 886, 887, 888, 889, 890, 891, 892, 893, 894, 895, 896, 897, 898, 905, 907, 909, 910, 911, 912, 913, 914, 921, 923, 925, 926, 927, 928, 929, 930, 936, 938, 940, 942, 943, 967, 1087, 1089, 1425, 1426, 1427, 1428, 1429, 1430, 1432, 1433, 1434, 1435, 1437, 1439, 1469, 1537, 1544, 1714, 2063, 2064, 2065, 2066, 2120, 2143, 2150, 2151, 2152, 2278, 2296, 2321, 2322, 2323, 2324, 2325, 2396, 2440, 2442, 3021, 3022, 3023, 3024, 3025, 3026, 3027, 3028, 3029, 3030, 3031, 3032, 3033, 3035, 3036, 3037, 3041, 3045, 3049, 3062, 3066, 3477, 3478, 3479, 3480, 3481, 3482, 3600, 3601, 3649, 4176, 4177, 4178, 4179, 4180, 4181, 4182, 4183, 4184, 4185, 4187, 4188, 4189, 4191, 4192, 4193, 4194, 4195, 4196, 4197, 4198, 4199, 4205, 4206, 4207, 4208, 4209, 4210, 4211, 4212, 4213, 4214, 4215, 4217, 4218, 4219, 4220, 4221, 4222, 4223, 4224, 4225, 4226, 4227, 4228, 4229, 4230, 4232, 4235, 4236, 4237, 4238, 4239, 4240, 4241, 4243, 4244, 4245, 4246, 4247, 4248, 4249, 4250, 4251, 4252, 4253, 4254, 4255, 4256, 4258, 4259, 4260, 4261, 4262, 4263, 4264, 4265)
1998 Ed. (192, 340, 342, 379, 426, 514, 515, 516, 517, 518, 519, 520, 521, 522, 523, 525, 526, 527, 528, 995, 997, 998, 999, 1000, 1001, 1002, 1003, 1004, 1005, 1006, 1084, 1110, 1181, 1265, 1493, 1494, 1495, 1496, 1497, 1498, 1499, 1501, 1559, 1560, 1561, 1562, 1696, 2238, 2239, 2240, 2241, 2242, 2243, 2244, 2245, 2246, 2247, 2248, 2249, 2250, 2251, 2252, 2253, 2262, 2293, 2566, 2567, 2568, 2569, 2570, 2571, 2578, 2645, 2670, 2671, 2672, 2673, 3100, 3176, 3181, 3186, 3187, 3188, 3189, 3191, 3192, 3193, 3194, 3195, 3196, 3197, 3198, 3199, 3200, 3206, 3207, 3208, 3209, 3211, 3212, 3213, 3214, 3215, 3216, 3217, 3218, 3219, 3220, 3221, 3222, 3223, 3224, 3225, 3226, 3227, 3228, 3229, 3230, 3231, 3233, 3234, 3235, 3236, 3237, 3238, 3239, 3240, 3241, 3242, 3243, 3244, 3245, 3246, 3247, 3248, 3249, 3251, 3252, 3253, 3254, 3255, 3256, 3257, 3258, 3259, 3260, 3261, 3262, 3263, 3264, 3265, 3266, 3267, 3268, 3269, 3270, 3271, 3272, 3273)
1997 Ed. (732, 733, 734, 736, 738, 739, 740, 741, 742, 770, 771, 772, 773, 774, 775, 776, 1220, 1221, 1222, 1223, 1224, 1225, 1226, 1227, 1228, 1229, 1279, 1326, 1353, 1489, 1597, 1783, 1784, 1786, 1787, 1788, 1789, 1790, 1848, 1849, 1850, 1922, 1967, 1970, 1971, 2484, 2487, 2488, 2489, 2490, 2491, 2492, 2493, 2494, 2495, 2496, 2497, 2498, 2500, 2501, 2502, 2503, 2504, 2505, 2506, 2507, 2812, 2832, 2833, 2834, 2835, 2836, 2837, 2838, 2932, 2933, 3417, 3418, 3419, 3420, 3421, 3422, 3423, 3424, 3425, 3426, 3427, 3428, 3429, 3430, 3431, 3432, 3433, 3434, 3435, 3436, 3437, 3438, 3439, 3440, 3441, 3442, 3443, 3444, 3445, 3446, 3447, 3448, 3449, 3450, 3451, 3452, 3453, 3454, 3455, 3456, 3457, 3458, 3459, 3460, 3461, 3462, 3463, 3464, 3465, 3466, 3467, 3469, 3470, 3471, 3474, 3475, 3476, 3477, 3478, 3479, 3480, 3481, 3482, 3483)
1996 Ed. (163, 396, 794, 795, 796, 798, 799, 800, 802, 803, 804, 805, 806, 808, 810, 1181, 1182, 1183, 1184, 1185, 1186, 1187, 1188, 1189, 1190, 1263, 1281, 1538, 1699, 1700, 1702, 1703, 1704, 1705, 1706, 1736, 1742, 1743, 1768, 1769, 1892, 1917, 1920, 2360, 2361, 2362, 2363, 2364, 2365, 2366, 2367, 2368, 2369, 2370, 2371, 2372, 2373, 2712, 2713, 2714, 2715, 2716, 2717, 2718, 2719, 2720, 2721, 2786, 2827, 2829, 2830, 3311, 3313, 3314, 3315, 3316, 3317, 3318, 3319, 3320, 3321, 3322, 3323, 3324, 3325, 3326, 3327, 3328, 3329, 3330, 3331, 3332, 3333, 3334, 3335, 3336, 3337, 3338, 3339, 3340, 3341, 3342, 3343, 3344, 3345, 3346, 3347, 3348, 3349, 3350, 3351, 3353, 3354, 3355, 3356, 3357, 3358, 3359, 3360, 3361, 3362, 3363, 3364, 3365, 3367, 3368, 3369, 3370, 3371, 3372, 3373, 3374, 3375, 3378, 3379, 3380, 3381, 3382, 3383, 3384, 3385, 3386, 3387)
1995 Ed. (232, 503, 574, 721, 722, 723, 724, 725, 726, 727, 729, 730, 731, 732, 733, 734, 735, 736, 737, 738, 739, 740, 741, 742, 743, 744, 745, 746, 747, 748, 749, 750, 751, 755, 756, 757, 759, 760, 761, 762, 763, 782, 784, 791, 792, 816, 1213, 1214, 1215, 1216, 1217, 1218, 1556, 1719, 1720, 1721, 1722, 1793, 1794, 1871, 1873, 1876, 2341, 2342, 2344, 2345, 2346, 2347, 2348, 2349, 2350, 2351, 2352, 2353, 2380, 2384, 2385, 2386, 2387, 2388, 2443, 2633, 2634, 2635, 2636, 2637, 2638, 2639, 2640, 2641, 2642, 2702, 2763, 2764, 3204, 3209, 3213, 3215, 3216, 3217, 3218, 3219, 3220, 3221, 3222, 3223, 3224, 3225, 3226, 3227, 3228, 3229, 3230, 3231, 3232, 3233, 3234, 3235, 3236, 3237, 3238, 3239, 3240, 3241, 3242, 3243, 3244, 3245, 3246, 3247, 3248, 3249, 3250, 3251, 3252, 3253, 3254, 3255, 3256, 3257, 3258, 3259, 3260, 3261, 3263, 3264, 3265, 3266, 3269, 3270, 3271, 3273, 3274, 3275, 3308, 3355)
1994 Ed. (727, 728, 763, 764, 765, 766, 767, 768, 769, 770, 771, 772, 774, 775, 776, 777, 778, 779, 780, 783, 784, 1197, 1198, 1199, 1200, 1208, 1311, 1701, 1702, 1703, 1704, 1756, 1757, 1758, 1829, 1830, 1838, 1839, 1841, 1843, 1844, 1845, 1848, 2060, 2286, 2287, 2288, 2291, 2292, 2321, 2322, 2580, 2581, 2582, 2583, 2623, 2663, 3159, 3162, 3163, 3164, 3165, 3166, 3167, 3168, 3169, 3170, 3171, 3172, 3173, 3174, 3175, 3176, 3177, 3178, 3179, 3180, 3181, 3182, 3183, 3184, 3189, 3190, 3191, 3229, 3274)
1990 Ed. (1800)
Merrill Lynch & Co. (buyer), Mercury Asset Management Group PLC-UK (seller)
2000 Ed. (1328)
Merrill Lynch & Co, Pierce Fenner & Smith Inc.
1995 Ed. (752, 753, 754)
Merrill Lynch & Co. Development Capital
1995 Ed. (2699)
Merrill Lynch & Co. Retirement Preservation Trust
1995 Ed. (2072)
Merrill Lynch Asset
2000 Ed. (2796)
1996 Ed. (2374)
1994 Ed. (2299, 2306)
Merrill Lynch Asset Management
2000 Ed. (2767, 2782, 2856)
1999 Ed. (3038, 3040, 3054, 3094, 3588)
1998 Ed. (2225, 2299, 2301, 2303)
1996 Ed. (2347)
1991 Ed. (2250)
1990 Ed. (2356, 2359)
1989 Ed. (1808, 1811, 1812)
Merrill Lynch Asset Management Group
2002 Ed. (3004)
2001 Ed. (3019)
Merrill Lynch Asset Managment
1992 Ed. (2639)
Merrill Lynch Bank
1991 Ed. (626)
Merrill Lynch Bank & Trust
2008 Ed. (446)
2002 Ed. (442, 2725)
2000 Ed. (400)
1998 Ed. (298, 416)
1997 Ed. (384)
1996 Ed. (417, 637)
1995 Ed. (394)
Merrill Lynch Bank USA
2008 Ed. (3138)
2007 Ed. (354, 1185, 3020)
2006 Ed. (371, 2989)
2005 Ed. (368, 2994)
2004 Ed. (357, 2996)
2003 Ed. (378, 2887)
2002 Ed. (442, 2725)
Merrill Lynch Banking & Trust Co.
2006 Ed. (371)
2005 Ed. (368)
2004 Ed. (357)

2003 Ed. (378)
Merrill Lynch Basic Value
1999 Ed. (3543)
1990 Ed. (2392)
Merrill Lynch Basic Value A
1997 Ed. (2874, 2882)
1994 Ed. (2601)
Merrill Lynch Biotechnology Holders
2004 Ed. (234)
Merrill Lynch Bond High Income
2005 Ed. (699)
Merrill Lynch Corp. Bond High Income A
1996 Ed. (2765, 2781)
Merrill Lynch Canada Inc.
1990 Ed. (811, 822)
1989 Ed. (812)
Merrill Lynch Canadian Core Value
2003 Ed. (3567, 3568, 3569)
Merrill Lynch Capital
2000 Ed. (3250)
1999 Ed. (3533)
1998 Ed. (2614)
1997 Ed. (2871)
1990 Ed. (2394)
Merrill Lynch Capital A
1992 Ed. (3152)
1991 Ed. (2559)
Merrill Lynch Capital Appreciation A
1992 Ed. (3191)
Merrill Lynch Capital Markets
1994 Ed. (1672, 1674, 1675, 1676, 1681, 1686, 1688, 1691, 1694, 1697, 1700, 3187, 3188)
1992 Ed. (1989, 2725, 2726, 2727, 3852)
1991 Ed. (1581, 1586, 1587, 1588, 1589, 1590, 1591, 1592, 1593, 1595, 1609, 2203, 2204, 2944, 3009, 3030, 3031, 3032, 3033, 3036, 3037, 3038, 3039, 3040, 3041, 3042, 3043, 3044, 3045, 3047, 3048, 3049, 3050, 3051, 3052, 3053, 3055, 3057, 3058, 3059, 3060, 3061, 3062, 3063, 3064, 3065)
1990 Ed. (1674, 1675, 1676, 1677, 1679, 1680, 1692, 1693, 1704, 2137, 2138, 2310, 2311, 3164, 3165, 3166, 3167, 3168, 3169, 3207, 3208, 3211, 3212, 3213, 3214, 3215, 3216, 3217, 3227)
1989 Ed. (1373, 1374, 1375, 2436, 2437, 2438, 2439, 2440, 2441, 2442, 2443, 2444, 2445)
Merrill Lynch Capital Partners
2005 Ed. (1490, 2737)
2004 Ed. (1474, 2739)
2003 Ed. (1444, 2622)
2002 Ed. (1473, 3791)
2000 Ed. (2347)
1999 Ed. (2604)
1998 Ed. (1845)
1995 Ed. (2004)
1992 Ed. (2299)
1991 Ed. (1823)
1990 Ed. (1905)
Merrill Lynch Corporate High Income
1995 Ed. (2692, 2694, 2700, 2715, 2716)
Merrill Lynch Corporate High Income A
1999 Ed. (753)
1998 Ed. (2625, 2626, 2633)
1995 Ed. (2688)
Merrill Lynch Corporate High Income B
1993 Ed. (2666)
Merrill Lynch Credit
1998 Ed. (2400)
Merrill Lynch Developing Capital Markets
1995 Ed. (2738)
Merrill Lynch Direct
2002 Ed. (4795, 4868)
Merrill Lynch Dragon A
1995 Ed. (2706)
Merrill Lynch EuroFund
2004 Ed. (3646, 3648)
2003 Ed. (3609)
2001 Ed. (3444)
Merrill Lynch Eurofund A
1998 Ed. (2635)
Merrill Lynch Eurofund B
1998 Ed. (2635)
Merrill Lynch Federal Sec.
1992 Ed. (3188)
1991 Ed. (2562)
Merrill Lynch Federal Securities
1990 Ed. (2375)
Merrill Lynch Financial Services
2000 Ed. (26, 4219)
Merrill Lynch Focus Twenty
2004 Ed. (3603)
2003 Ed. (2360)
Merrill Lynch Focus Value
2003 Ed. (3492)
Merrill Lynch Focus Value Fund
2003 Ed. (3534)
Merrill Lynch Futures Inc.
2003 Ed. (2599)
2002 Ed. (4500)
2000 Ed. (826)
1999 Ed. (829)
1998 Ed. (814)
1992 Ed. (1290)
1991 Ed. (1012)
Merrill Lynch Global
1996 Ed. (2770)
1995 Ed. (2692)
Merrill Lynch Global Allocation
1999 Ed. (3565)
1998 Ed. (2617)
1997 Ed. (2870)
1996 Ed. (2775)
1992 Ed. (3161, 3161)
Merrill Lynch Global Allocation A
1998 Ed. (2609)
1995 Ed. (2679)
1994 Ed. (2605, 2616)
1992 Ed. (3178)
Merrill Lynch Global Bond for Inv. B
1994 Ed. (2645)
Merrill Lynch Global Convertible A
1995 Ed. (2742)
Merrill Lynch Global Convertible B
1996 Ed. (2809)
1995 Ed. (2742)
Merrill Lynch Global Growth
2003 Ed. (3601)
Merrill Lynch Global Private Equity
2008 Ed. (1405, 3445, 4079)
Merrill Lynch Global Small Cap
2004 Ed. (2481)
Merrill Lynch Global SmallCap
2003 Ed. (3612)
Merrill Lynch Global Utility
2000 Ed. (3229)
Merrill Lynch Global Utility A
1997 Ed. (2878)
1995 Ed. (2712, 2729)
Merrill Lynch Global Utility B
1995 Ed. (2729)
Merrill Lynch Global Value D
1999 Ed. (3580)
Merrill Lynch Growth
1999 Ed. (3542, 3543)
1995 Ed. (2691, 2693, 2714)
Merrill Lynch Growth A
1998 Ed. (2613, 2619, 2623, 2624)
1996 Ed. (2766)
1995 Ed. (2704)
Merrill Lynch Growth B
1999 Ed. (3561)
1998 Ed. (2619)
Merrill Lynch Growth Fund A
1994 Ed. (2601)
Merrill Lynch Health Care
2001 Ed. (3439)
Merrill Lynch Corp. Hi Inc.
1991 Ed. (2563)
Merrill Lynch Corp. High Income A
1997 Ed. (2892)
1994 Ed. (2600, 2610, 2641)
1992 Ed. (3197)
Merrill Lynch Corp. High-Income B
1996 Ed. (2808)
1994 Ed. (2641)
Merrill Lynch High Quality A
1994 Ed. (2600)
1992 Ed. (3154)
Merrill Lynch Corp. High Yield Income A
1997 Ed. (2867)
Merrill Lynch Hong Kong Securities
1997 Ed. (3472)
Merrill Lynch Institutional
1996 Ed. (2671)
Merrill Lynch Institutional Fund
1994 Ed. (2543)
1992 Ed. (3100)
Merrill Lynch International
2001 Ed. (1535)
1994 Ed. (1706, 1707)
Merrill Lynch International A
1994 Ed. (2600)
Merrill Lynch International B
1994 Ed. (2646)
Merrill Lynch International Bank Ltd.
2004 Ed. (529)
Merrill Lynch Investment Managers
2008 Ed. (1431)
2006 Ed. (3197)
2005 Ed. (3207, 3212, 3213, 3548)
2004 Ed. (3174)
2003 Ed. (3062, 3063, 3067, 3077, 3082, 3084, 3110, 3622)
2002 Ed. (3027)
Merrill Lynch Japan
2002 Ed. (2169)
2000 Ed. (2145)
1999 Ed. (2363)
1997 Ed. (1975)
1996 Ed. (1868)
Merrill Lynch Japan Securities Co.
2007 Ed. (3288)
2003 Ed. (3097)
Merrill Lynch Large Cap Core
2007 Ed. (2484)
Merrill Lynch Large Cap Value
2007 Ed. (2486)
2006 Ed. (3634)
Merrill Lynch Latin America
2007 Ed. (3663)
2005 Ed. (3579)
2003 Ed. (3619)
Merrill Lynch Latin America A
1998 Ed. (2636)
Merrill Lynch Latin America B
1999 Ed. (3566)
1996 Ed. (2804)
Merrill Lynch Latin America D
1998 Ed. (2636)
1996 Ed. (2804)
Merrill Lynch Latin America Fund
2002 Ed. (3477)
Merrill Lynch Life
1995 Ed. (3354)
1994 Ed. (3273)
Merrill Lynch Master Small Cap Value
2003 Ed. (3508)
Merrill Lynch/Mercury
2000 Ed. (3453)
Merrill Lynch/Morgan Stanley
1997 Ed. (2812)
Merrill Lynch Muni Bond Insured
1990 Ed. (2389)
Merrill Lynch Municipal Bond Ltd. Maturity A
1996 Ed. (2796)
Merrill Lynch Municipal Bond National A
1999 Ed. (757)
1998 Ed. (2639)
Merrill Lynch Municipal Insured A
1992 Ed. (4193)
Merrill Lynch Municipal Ltd. Mat.
2001 Ed. (3443)
Merrill Lynch National Resource B
1992 Ed. (3179)
Merrill Lynch Natural Resources
2003 Ed. (3544)
Merrill Lynch Pacific
1994 Ed. (2605)
1992 Ed. (3151)
1991 Ed. (2558)
1990 Ed. (2393)
1989 Ed. (1850)
Merrill Lynch Pacific B
1999 Ed. (3566)
Merrill Lynch Pacific Fund A
1994 Ed. (2632)
Merrill Lynch Phoenix A
1994 Ed. (2604, 2614)
Merrill Lynch Pierce Fenner & Smith
2008 Ed. (2803, 4294)
2007 Ed. (2672, 4290)
2006 Ed. (2682, 4262)
2005 Ed. (2707, 4283)
2004 Ed. (2714, 4344)
2003 Ed. (4326)
2001 Ed. (4197)
1999 Ed. (904)
1998 Ed. (529)
1997 Ed. (782)
1996 Ed. (809)
1995 Ed. (800)
1992 Ed. (962)
1991 Ed. (783)
1990 Ed. (819)
1989 Ed. (819, 821)
Merrill Lynch Pierce Fenner Smith
1992 Ed. (3224)
Merrill Lynch Portfolio Plus High Current Income
1994 Ed. (3614)
Merrill Lynch Realty Inc.
1990 Ed. (2949)
1989 Ed. (2286)
Merrill Lynch Research
1992 Ed. (2158)
1990 Ed. (1797, 1798)
Merrill Lynch Retirement Global A
1992 Ed. (3180, 3185)
Merrill Lynch Retirement Global B
1992 Ed. (3180, 3185, 3201, 3163)
Merrill Lynch Retirement Plus
1996 Ed. (3771)
Merrill Lynch Retirement Plus High Current Income
1994 Ed. (3614)
Merrill Lynch Select Canadian Balanced
2002 Ed. (3429)
Merrill Lynch Select Global Value
2003 Ed. (3573, 3574)
2002 Ed. (3437, 3439)
Merrill Lynch Semiconductor Holders
2004 Ed. (234)
Merrill Lynch Senior Float Rate
1998 Ed. (2649)
Merrill Lynch Small Cap Value
2003 Ed. (3506)
Merrill Lynch Small Cap Value Fund
2003 Ed. (3540)
Merrill Lynch/Smith Borkum Hare
2001 Ed. (1536)
Merrill Lynch Technology A
1996 Ed. (2787)
Merrill Lynch UFJ Securities Co.
2007 Ed. (3279, 3279)
Merrill Lynch Variable: Equity Growth
1992 Ed. (4376)
Merrill Lynch Variable: Hcur. Inc.
1992 Ed. (4375)
Merrill Lynch Variable: Prime Bond
1992 Ed. (4374)
Merrill Municipal Strategy
1999 Ed. (755)
1998 Ed. (2602)
Merrill Natural Resources
2007 Ed. (3664)
Merrill Retirement Global Bond
1992 Ed. (3169)
Merrill; Richard
1992 Ed. (2056)
1991 Ed. (1626)
Merrill Special Value A
1992 Ed. (3172)
Merrill Utility & Telecom
2007 Ed. (3677)
Merrilly Lynch
2008 Ed. (4293)
Merrimac Petroleum Inc.
1997 Ed. (1014, 2168)
Merrimack College
2008 Ed. (1060)
Merrimack County, NH
1996 Ed. (1472)
Merrimack Valley Motor Inn
1993 Ed. (2092)
Merriman Timed Blue Chip
1992 Ed. (3160)

Merrin; Seth
2006 Ed. (3185)
Merritt; Robert
2006 Ed. (987)
Merritt 7 Corp. Park
1990 Ed. (2730)
Merry Cars Inc.; A.
1992 Ed. (414)
Merry Electronics
2007 Ed. (2006)
Merry-Go-Round
1995 Ed. (1025, 2768)
1994 Ed. (1016, 3094)
1993 Ed. (988, 3039)
1992 Ed. (1212, 3727)
Merry-Go-Round Enterprises
1996 Ed. (384, 386)
Merry Maids
2008 Ed. (746)
2007 Ed. (770)
2006 Ed. (674)
2005 Ed. (767)
2004 Ed. (781)
2003 Ed. (771)
2002 Ed. (857, 2576)
1999 Ed. (2509, 2520)
1995 Ed. (1937, 1938)
1992 Ed. (2226)
MERS
2003 Ed. (3445)
Mersereau & Shannon
2001 Ed. (897)
Merta Oy AB
1999 Ed. (2661)
MertaHealth Care Plan of New York
1998 Ed. (2428)
Mertes
2001 Ed. (2119)
Merton Segal
1998 Ed. (723)
Mertz Corp.
1998 Ed. (3000)
Merus Capital Management
1994 Ed. (2328)
1990 Ed. (2350)
Merv Griffin
2006 Ed. (2499)
Merv Griffin's Resorts Casino Hotel
1998 Ed. (2036)
1997 Ed. (912, 2308)
1994 Ed. (2123)
Mervyn's
2005 Ed. (2168)
2004 Ed. (2955)
1999 Ed. (1833, 4094)
1998 Ed. (1258, 3082)
1997 Ed. (2318, 2322)
1996 Ed. (1000, 1535, 3235, 3238)
1995 Ed. (1021, 3426)
1994 Ed. (1009, 2132, 2138, 3093)
1993 Ed. (1477)
1992 Ed. (1215, 1788, 1790, 2526, 2528, 2531, 1829, 2527)
1991 Ed. (1414, 1971)
1990 Ed. (910, 911, 912, 2116, 2121, 2122)
Mervyn's California
2006 Ed. (2253)
2004 Ed. (2055, 2056)
2003 Ed. (2009, 2010, 2011)
2002 Ed. (1918, 1919, 2580)
2001 Ed. (1994, 2033, 2746)
Merz Pharmaceuticals LLC
2006 Ed. (4329)
MES Inc.
2001 Ed. (1355)
MES Holdings Corp.
2001 Ed. (1409)
Mesa Air Group Inc.
2008 Ed. (217)
2007 Ed. (232, 238)
2006 Ed. (217, 226)
2005 Ed. (214)
2004 Ed. (201, 202)
2001 Ed. (312, 333)
Mesa Airlines
2003 Ed. (1080)
1999 Ed. (1252)
1998 Ed. (817)
1994 Ed. (163, 3219, 3225)
Mesa, AZ
2000 Ed. (1087, 4287)
1993 Ed. (2939)
1992 Ed. (1154, 1156)
Mesa Food Products Inc.
1995 Ed. (3397)
Mesa Industrial Development Authority
2001 Ed. (773)
Mesa; Juan
1996 Ed. (1850, 1906)
Mesa Offshore Trust
2002 Ed. (3568)
Mesa Offshore Trust, Units of Beneficial Interest
1994 Ed. (2714)
Mesa Ltd. Partnership
1993 Ed. (2718)
Mesaba
2006 Ed. (228)
1994 Ed. (163)
Mesaba Airlines
2003 Ed. (1080)
2001 Ed. (318)
2000 Ed. (252)
Mesaba Airlines/Northwest Airlink
1993 Ed. (191)
1992 Ed. (283)
Mesaba Aviation Inc.
1999 Ed. (1252)
Mesaba Aviation Inc./Northwest Airlink
1996 Ed. (186)
Mesaba Holdings Inc.
2005 Ed. (213, 1544)
2004 Ed. (201, 202)
Mesabs Aviation Inc./Northwest Airlink
1995 Ed. (179)
Mesastaff Inc.
2006 Ed. (1533)
Mesbla
1989 Ed. (25)
Mesirow Asset
1995 Ed. (2361)
Mesirow Financial
2005 Ed. (3532)
2000 Ed. (3974)
Mesirow Financial Holdings Inc.
2006 Ed. (2602)
Mesirow Insurance Services Inc.
2002 Ed. (2862)
2001 Ed. (2910)
1999 Ed. (2908)
1998 Ed. (2123)
Mesotex AG
1993 Ed. (3557)
1992 Ed. (4280)
Mesquite, TX
1999 Ed. (1176)
Message
2008 Ed. (1866)
Message in a Bottle
2000 Ed. (707)
MessageMedia, Inc.
2003 Ed. (1643, 2709)
2002 Ed. (1619, 1624, 2487)
Messaging
1993 Ed. (2725)
Messenger: The Story of Joan of Arc
2001 Ed. (3366)
Messer
2002 Ed. (2392)
1999 Ed. (2855, 2857)
Messer Construction Co.
2004 Ed. (1263)
Messer Gas Technology & Services LP
2001 Ed. (2585)
Messer Griesheim
1998 Ed. (1804)
1993 Ed. (1938)
1991 Ed. (1788, 1790)
Messer Griesheim GmbH
2006 Ed. (1430)
Messiah College
2008 Ed. (1060)
2001 Ed. (1321)
1997 Ed. (1057)
1996 Ed. (1041)
1990 Ed. (1090)
Messmer Jr.; H. M.
2005 Ed. (2504)
Messmer Jr.; Harold
2007 Ed. (970)
Messner Griesheim GmbH
2001 Ed. (2587)
Messner Vetere Berger Carey Schmetterer
1993 Ed. (77)
1991 Ed. (69, 71)
Messner Vetere Berger McNamee Schmetterer
2001 Ed. (186)
Messner Vetere Berger McNamee Schmetterer/Euro RSCG
2003 Ed. (166)
Mestek
2006 Ed. (3391)
2005 Ed. (3394)
Met Center
1989 Ed. (992)
Met Life
1998 Ed. (2255)
1997 Ed. (2508, 2515)
1996 Ed. (2374, 2375, 2376, 2386, 2387)
Met Life Insurance Co.
2000 Ed. (4023)
Met Life Preference Plus
1996 Ed. (3771)
MET Merchandising Concept
1996 Ed. (3600)
MET Merchandising Concepts
2000 Ed. (4134)
1999 Ed. (4499, 4501)
1998 Ed. (3427)
1997 Ed. (3653)
Met-Pro Corp.
2004 Ed. (3921)
Met Rx
2002 Ed. (1976, 4891)
Met Rx Protein Plus
2002 Ed. (1976)
Met West Agribusiness
1998 Ed. (1773)
META Inc.
1998 Ed. (3763)
1994 Ed. (2056)
1993 Ed. (2039)
1991 Ed. (1911)
META Associates
2002 Ed. (1215)
2001 Ed. (2672)
2000 Ed. (2418)
1999 Ed. (1381)
1998 Ed. (949)
1997 Ed. (1159)
1996 Ed. (1130)
Metab O Lite
2003 Ed. (2059)
2002 Ed. (4889, 4890)
2001 Ed. (2009, 2010)
Metab O Lite Plus
2003 Ed. (2059)
Metabolife 356
2004 Ed. (2098)
2003 Ed. (2059)
2002 Ed. (4890)
Metabolize
2002 Ed. (4890)
2001 Ed. (2009, 2010)
Metabolize & $ave
2002 Ed. (4889)
Metacase
2008 Ed. (1149)
Metagraphix Inc.
2006 Ed. (3496, 4340)
Metal
2001 Ed. (1457)
1997 Ed. (2381)
1992 Ed. (3653)
Metal & metal products
2008 Ed. (1416, 1417, 1420, 1423)
2006 Ed. (1436, 1440, 1454)
2005 Ed. (1480, 1485)
2004 Ed. (1464, 1465, 1527, 1546, 1558)
2003 Ed. (1435, 1436, 1439, 1497, 1520)
1997 Ed. (2630, 2631)
1996 Ed. (2488, 2489)
Metal Banc
1990 Ed. (1974, 1975, 3303)
Metal Box
1989 Ed. (959)
Metal Building Components Inc.
2005 Ed. (1501)
Metal Container Corp.
1992 Ed. (1048)
Metal Management Inc.
2008 Ed. (3656)
2006 Ed. (3468)
2005 Ed. (3452, 4031)
2001 Ed. (4733)
Metal Manufacturers
2004 Ed. (3439)
Metal manufacturing, basic non-ferrous
2002 Ed. (2223, 2224)
Metal/metalworking & machinery
1990 Ed. (165, 166)
Metal Mining
1996 Ed. (2649)
Metal ores
2008 Ed. (2643)
2007 Ed. (3038)
Metal powder
2001 Ed. (4649)
Metal processing
1995 Ed. (1989)
1992 Ed. (1171)
Metal processing, primary
1996 Ed. (1215)
Metal product fabrication
1993 Ed. (2157)
Metal product manufacturing, basic non-ferrous
2002 Ed. (2223)
Metal products
2000 Ed. (1351, 1352)
1999 Ed. (1507, 1508, 1510, 1511)
1998 Ed. (1071, 1072, 1073, 1075, 1076, 1079)
1997 Ed. (1299, 1440, 1442, 1445)
1996 Ed. (1254, 1256)
1995 Ed. (1278)
1994 Ed. (1271, 1272, 1276, 1279, 1280, 1281)
1993 Ed. (1232, 1236, 1237, 1238, 1241, 1242)
1992 Ed. (2601, 2606, 2610, 2612, 2615, 2622)
1991 Ed. (2028, 2030, 2032, 2035, 2038, 2045)
Metal products, fabricated
1993 Ed. (1201, 1214)
Metal products, primary
1996 Ed. (2253)
Metal Sales Inc.
2001 Ed. (4283)
Metal scrap
2004 Ed. (2544)
1992 Ed. (3645)
Metal, sheet
2006 Ed. (1285)
2005 Ed. (1315)
2004 Ed. (1308)
Metal Supermarkets International
2004 Ed. (2792)
2003 Ed. (2677)
2002 Ed. (2446)
Metal Suppliers Online
2003 Ed. (2176)
2001 Ed. (4761)
Metal Ware
1990 Ed. (1081)
Metal, white
2007 Ed. (4751)
2006 Ed. (4737)
Metalclad Corp.
1992 Ed. (1478)
MetalCom-R Ltd.
2008 Ed. (1790)
Metaldyne Corp.
2006 Ed. (341)
2005 Ed. (3916)
2004 Ed. (3972)
Metalex Ventures Ltd.
2004 Ed. (1665)
Metalis Statni Podnik
2001 Ed. (3283)
Metall Mining
1994 Ed. (2527)
1992 Ed. (3086)
Metallgesellschaft
2000 Ed. (3083)
Metallgesellschaft AG
1999 Ed. (4760)

1997 Ed. (1395, 1745, 2751, 3878)
1996 Ed. (1540, 2607, 3829)
1990 Ed. (2717)
1989 Ed. (2071)
Metallgesellschaft Aktien-Gesellschaft
1991 Ed. (3479)
Metallgesellschaft Aktiengesellschaft (Konzern)
1993 Ed. (3695)
1992 Ed. (4432)
Metallica
2006 Ed. (1157, 2486)
2002 Ed. (1162, 1163, 3413)
1999 Ed. (1292)
1995 Ed. (1119)
1994 Ed. (1101)
1991 Ed. (1041)
Metallica's Summer Sanitarium
2005 Ed. (1160)
Metallis Ventures Gold
2007 Ed. (4578)
Metallocene grades
2002 Ed. (3722)
Metallurg Inc.
2004 Ed. (4589)
Metallurgical additives
2007 Ed. (629)
2006 Ed. (600)
Metallurgy
2000 Ed. (2934)
Metalock
1992 Ed. (1613)
Metals
2008 Ed. (760, 761, 1631, 3152, 3154, 3156, 3157, 3158, 3159)
2007 Ed. (3039, 3042, 3045)
2006 Ed. (3000, 3001, 3002, 3003, 3005, 3007)
2005 Ed. (3006, 3011)
2004 Ed. (3008)
2002 Ed. (2767)
2001 Ed. (2378)
2000 Ed. (1897)
1999 Ed. (1506)
1998 Ed. (1151, 2101, 3699)
1997 Ed. (867, 1297, 1300, 1443, 1445)
1996 Ed. (1251, 1254, 1255)
1995 Ed. (1278, 1300)
1994 Ed. (1275, 1278)
1993 Ed. (1233, 1235, 1239, 2168)
1992 Ed. (2599, 2602, 2604, 2607, 2609, 2611, 2613, 2614)
1991 Ed. (2028, 2032, 2036, 2039, 2041, 2043, 2044)
Metals, alloying
1992 Ed. (3647)
Metals & metal products
2002 Ed. (1420, 1481, 1489)
1995 Ed. (2445, 2446)
Metals & minerals
1996 Ed. (3827)
Metals and mining
1989 Ed. (1658, 1660)
Metals & natural resources
2001 Ed. (1964, 2175, 2176)
Metals, bearing
2007 Ed. (280, 3333)
2006 Ed. (275, 3260)
2003 Ed. (3199)
Metals, casting
2007 Ed. (3333)
2006 Ed. (3260)
2003 Ed. (3199)
Metals industry
1989 Ed. (1636)
Metals, nonferrous
1995 Ed. (2243)
Metals, precious
1992 Ed. (3647)
Metals USA Inc.
2008 Ed. (3664, 3665)
2007 Ed. (3493, 3494)
2006 Ed. (3469)
2005 Ed. (3462, 3463)
2004 Ed. (3448)
2003 Ed. (3381, 3382)
2002 Ed. (3312, 3314, 3319, 3323, 3324)
2000 Ed. (1300, 3089)
1999 Ed. (3353, 3354)
MetalSite
2001 Ed. (4761)
Metalurgica Gerdau SA
2008 Ed. (3551)
2006 Ed. (3374)
Metalurgica Riosulense
2007 Ed. (1852)
2005 Ed. (1841)
Metalurgica SA
2006 Ed. (4531)
Metalware
2004 Ed. (2554)
Metalworking
1999 Ed. (3301)
Metalworking machine tools
1996 Ed. (1728)
Metalworking machinery
2008 Ed. (2644)
MetaMatrix Inc.
2005 Ed. (1150)
Metamore Worldwide Inc.
2002 Ed. (3231)
Metamorphosis
2005 Ed. (3536)
Metamucil
2004 Ed. (249, 251)
2003 Ed. (283, 3197, 3198)
2001 Ed. (3073)
1994 Ed. (1573, 2360)
1993 Ed. (1531, 2408)
1992 Ed. (1873, 2850)
MetaSolv Software, Inc.
2003 Ed. (2733)
Metastorm, Inc.
2003 Ed. (2720)
Metatorial Consulting
2007 Ed. (3051)
Metav
2001 Ed. (1694)
Metavante Corp.
2008 Ed. (4801)
Metcalf & Eddy
2001 Ed. (2301)
2000 Ed. (1856)
1990 Ed. (1671)
Metcalf & Eddy/AWT Cos.
1996 Ed. (1111, 1657, 1662)
Metcalf & Eddy Cos. Inc.
1999 Ed. (2025)
1998 Ed. (1441, 1443, 1453, 1476, 1479, 1481, 1482, 1483, 1484, 1485, 1489, 1490)
1997 Ed. (1138, 1735, 1740)
1993 Ed. (1101, 1604, 1617, 2876)
1992 Ed. (1949, 1965)
1991 Ed. (2752, 1068)
1990 Ed. (1181)
Metcalf & Eddy/Research-Cottrell
1995 Ed. (1138, 1674)
1994 Ed. (1123, 1634)
Metcash
2006 Ed. (1719)
2005 Ed. (4129)
2004 Ed. (4920)
2002 Ed. (3040)
Metcash Trading Ltd.
2002 Ed. (1652, 1653, 4897)
Metech International
2007 Ed. (4444)
Meteor Holdings Ltd.
1993 Ed. (974)
Meteor Industries Inc.
2002 Ed. (3677)
Meteora
2005 Ed. (3536)
Meteorologist
1989 Ed. (2095)
Meter reader
1989 Ed. (2087)
Meter readers, office machine operators
1990 Ed. (2729)
Metered calorie meals
1992 Ed. (2353)
Metformin
2007 Ed. (2244, 2245)
2006 Ed. (2310, 2311)
2005 Ed. (2249)
Methacrylates
1996 Ed. (25)
Methamphetamine
1996 Ed. (1566)
Methanex Corp.
2008 Ed. (915, 1621)
2007 Ed. (936, 1445, 1622, 1637)
2006 Ed. (1429, 1573, 1574)
2005 Ed. (1668)
2003 Ed. (1632)
2000 Ed. (1027)
1999 Ed. (1091, 3366)
1998 Ed. (2728)
1997 Ed. (960, 1372, 3766)
1996 Ed. (931)
Methanix Corp.
1996 Ed. (932)
Methanol
2000 Ed. (3562)
Methanor
1999 Ed. (3366)
Metheun (Lloyd's Underwriting Agents) Ltd.
1993 Ed. (2453, 2454, 2456, 2458)
1992 Ed. (2895, 2898)
Metheun (Lloyds's Underwriting Agents) Ltd.
1992 Ed. (2896)
Method Products
2008 Ed. (1212, 4037)
Methode
1996 Ed. (1606)
Methode Electronics Inc.
1994 Ed. (3049)
1992 Ed. (1130)
1991 Ed. (1522)
Methodist Alliance
2004 Ed. (2896)
Methodist Health Care Memphis Hospitals
2003 Ed. (1832)
2001 Ed. (1875)
Methodist Health Care System
2003 Ed. (3468)
2002 Ed. (3294)
2000 Ed. (3183)
1998 Ed. (2551)
Methodist Health Services Corp.
1990 Ed. (2630, 2634)
Methodist Health System
2003 Ed. (1774)
Methodist Health Systems
1998 Ed. (2551)
1997 Ed. (2827)
1996 Ed. (2708)
1995 Ed. (2630)
1994 Ed. (2575)
1992 Ed. (3129)
1991 Ed. (2504)
1990 Ed. (2634)
Methodist HealthCare
2002 Ed. (2588)
1999 Ed. (3464)
Methodist Healthcare/Memphis Hospitals
2006 Ed. (2037)
2005 Ed. (1968)
2004 Ed. (1865)
Methodist Hospital
2008 Ed. (2110, 3046)
2007 Ed. (2013, 2923)
2006 Ed. (2904)
2005 Ed. (2909)
2004 Ed. (2912)
2000 Ed. (2523)
1997 Ed. (2263)
1995 Ed. (2143)
Methodist Hospital of Indiana Inc.
2008 Ed. (1806)
2007 Ed. (1775)
Methodist Hospital System
2008 Ed. (1501, 1503)
1996 Ed. (2708)
1995 Ed. (2630)
1994 Ed. (2575)
1992 Ed. (3129)
1991 Ed. (2504)
1990 Ed. (2630)
Methodist Medical Center of Illinois
2008 Ed. (1796)
Methods Technology Solutions Inc.
2008 Ed. (3712, 4398)
Methotrexate
1990 Ed. (274)
Methuen (Lloyd's Underwriting Agents) Ltd.
1992 Ed. (2900)
Methuen (Lloyd's Underwriting Agents) Ltd.; 48,
1991 Ed. (2335)
Methuen (Lloyd's Underwriting Agents) Ltd.; 484,
1991 Ed. (2338)
Methuen (Lloyd's Underwriting Agents) Ltd.; 483,
1991 Ed. (2337)
Methuen (Lloyd's Underwriting Agents) Ltd.; Marine 483,
1991 Ed. (2336)
Methuen, MA
2002 Ed. (2880)
Methyl methacrylate
2001 Ed. (3290)
Methyl tert-butyl ether
2001 Ed. (3290)
1995 Ed. (955)
Methylisobutyl carbinol/methylisobutyl ketone
1996 Ed. (25)
METI
2006 Ed. (2249, 3972)
Metiom Inc.
2002 Ed. (4879)
MetLife Inc.
2008 Ed. (1483, 1693, 1988, 3024, 3238, 3252, 3255, 3310, 3311, 3313, 3314)
2007 Ed. (370, 532, 1489, 1921, 2903, 3096, 3110, 3129, 3131, 3132, 3137, 3141, 3161, 3162, 3165, 4979)
2006 Ed. (387, 507, 1938, 3051, 3057, 3087, 3091, 3118, 3121, 3123, 3125, 3126, 3127)
2005 Ed. (373, 374, 376, 429, 590, 1486, 1910, 2602, 3053, 3071, 3072, 3082, 3086, 3105, 3116, 3118, 3120, 3121)
2004 Ed. (423, 601, 1825, 3060, 3061, 3075, 3078, 3102, 3103, 3104, 3105, 3106, 3107, 3109, 3110, 3111, 3113, 3114, 3116, 3117)
2003 Ed. (2974, 2995)
2002 Ed. (2939)
2000 Ed. (1657)
1996 Ed. (2416)
1995 Ed. (3683)
1990 Ed. (1994)
MetLife Defined Contribution Group
2000 Ed. (2265, 2667)
MetLife Dental Products
2002 Ed. (1915)
MetLife "E" Prf Pl: A Gro
1994 Ed. (3617)
MetLife "E" Prf PL:- Gro
1994 Ed. (3619)
MetLife "E" Vestmt: A Gro
1994 Ed. (3617)
MetLife "E" Vestmt: Gro
1994 Ed. (3619)
MetLife Equity Income A
1995 Ed. (2712)
MetLife Health Care Management Corp.
1996 Ed. (3767)
MetLife HealthCare Management Corp./MetLife HealthCare Network Inc.
1996 Ed. (2088)
MetLife HealthCare Network
1995 Ed. (2094)
1992 Ed. (2391)
1990 Ed. (1997)
MetLife HealthCare Network of New York
1997 Ed. (2701)
1994 Ed. (2042)
1992 Ed. (2392)
1991 Ed. (1895)
1990 Ed. (1999)
MetLife High Income A
1995 Ed. (2710)
MetLife HMO
1994 Ed. (2041)

MetLife International Equity C
1996 Ed. (2790)
MetLife Managed Assets A
1995 Ed. (2707)
Metlife Mexico
2008 Ed. (3259)
2007 Ed. (3115)
Metlife/Nef
2001 Ed. (4666)
MetLife Securities Inc.
2007 Ed. (4269)
2004 Ed. (4332, 4334)
Metlife-S.S. Capital Appreciation
1992 Ed. (3189)
MetLife S.S. Equity Income A
1995 Ed. (2720)
MetLife S.S. Global Energy A
1995 Ed. (2723)
MetLife S.S. Managed Assets A
1995 Ed. (2725)
Metlife-State St. High-Income Tax-Exempt
1990 Ed. (2378)
MetLife-State St. Research High-Income A
1996 Ed. (2808)
MetLife-State Street Capital Appr. A
1996 Ed. (2799)
1995 Ed. (2733)
MetLife-State Street Equity Investment A
1995 Ed. (2731)
MetLife VestMet Aggressive Growth
1994 Ed. (3610)
Metmor Financial Inc.
1992 Ed. (3107)
1990 Ed. (2602, 2605)
1989 Ed. (2006)
Meto Vermoegensverwaltung GmbH & Co. Kommanditgesellschaft
1996 Ed. (2124)
Metoachlor
1999 Ed. (2663)
Metra
2000 Ed. (1419)
1996 Ed. (1335, 2100)
1994 Ed. (2045)
Metra Commuter Rail
2002 Ed. (3904)
1996 Ed. (1062)
Metra Health
1997 Ed. (2191)
MetraComp Network
1998 Ed. (2911)
MetraHealth Cos.
1997 Ed. (1259, 2178)
Metretek Technologies
2008 Ed. (2458)
Metric Constructors Inc.
1999 Ed. (1332)
Metric Institutional Realty
1996 Ed. (2412, 3169)
1993 Ed. (2310)
1992 Ed. (2750, 2758)
1991 Ed. (2240)
Metric Realty
1995 Ed. (2376)
Metric Systems
2005 Ed. (1270)
2004 Ed. (2232, 2240)
Metricom Inc.
2003 Ed. (1076)
MetricStream Inc.
2007 Ed. (1240)
Metris Companies
2005 Ed. (1253)
2004 Ed. (1224)
2003 Ed. (1215)
2002 Ed. (499, 500, 501)
2000 Ed. (3387)
Metris Cos., Inc.
2007 Ed. (2551)
2005 Ed. (2581)
2004 Ed. (4571)
MetrixLab.com
2002 Ed. (2518)
Metro Inc.
2008 Ed. (1634, 1648, 2744)
2007 Ed. (1628, 1635, 1636, 1640, 1642, 1643, 1644, 2614)
2006 Ed. (1622, 1628)
2003 Ed. (3361)
2002 Ed. (3301)
2001 Ed. (476)
2000 Ed. (1440, 3815)
1999 Ed. (1635, 1637, 1638, 2688, 4524)
1998 Ed. (668)
1996 Ed. (3244)
1994 Ed. (187)
1992 Ed. (76)
1991 Ed. (46)
1990 Ed. (46)
Metro Advertising
2003 Ed. (100)
2002 Ed. (134)
2001 Ed. (160)
2000 Ed. (122)
1997 Ed. (100)
1995 Ed. (84)
Metro AG
2008 Ed. (24, 42, 1738, 1768, 1769, 1770, 4235, 4573, 4575)
2007 Ed. (19, 39, 1689, 1709, 1741, 1742, 4193, 4200, 4206, 4633, 4634, 4635, 4952)
2006 Ed. (25, 48, 1733, 1734, 4178, 4179, 4187, 4641, 4642, 4643, 4945)
2005 Ed. (19, 1781, 3182, 4122, 4132, 4133, 4140, 4566, 4567, 4912)
2004 Ed. (2764, 4204, 4206, 4213, 4641)
2003 Ed. (1669, 1687, 4177, 4187, 4665, 4779)
2002 Ed. (1643, 1644, 1645, 1661, 4060, 4533, 4534)
2001 Ed. (1578, 1689, 1691, 1695, 1697, 1714, 1715, 4102, 4103, 4104, 4114, 4116, 4613)
2000 Ed. (1438, 2477, 4284)
1999 Ed. (4644)
Metro Airlines Inc.
1993 Ed. (2491)
1991 Ed. (1017)
Metro Atlanta Chamber of Commerce
2008 Ed. (3472)
Metro Atlanta Community Foundation
1994 Ed. (1907)
Metro Auto Auction of Kansas City
1992 Ed. (373)
1991 Ed. (267)
Metro Brokers
2008 Ed. (4117)
2007 Ed. (4089)
Metro Cable Marketing Co-op
1992 Ed. (1023)
Metro Cable Operators
1992 Ed. (1023)
Metro Cars
1999 Ed. (3454)
Metro Cash & Carry Ltd.
2002 Ed. (1734)
2001 Ed. (1845)
Metro Cash & Carry GmbH
2005 Ed. (2587)
Metro Commercial Management Services Inc.
1999 Ed. (4013)
Metro Commercial Real Estate Inc.
2000 Ed. (3715)
1999 Ed. (3995)
1998 Ed. (3000)
Metro Community Credit Union
2002 Ed. (1832)
Metro-Dade Transit Agency
2000 Ed. (3102)
1999 Ed. (3989)
1996 Ed. (1062)
Metro Department Store
1994 Ed. (42)
1993 Ed. (49)
Metro-Deutschland Gruppe
1990 Ed. (1220)
Metro Distributions-Logistik GmbH & Co. KG
2001 Ed. (4622)
Metro Drug Inc.
1995 Ed. (1475)
1992 Ed. (1683)
Metro Einkaufs GmbH
1997 Ed. (1363)
Metro Ford Inc.
2000 Ed. (330)
1998 Ed. (204)
1997 Ed. (289)
1995 Ed. (255, 2110)
1992 Ed. (2408)
1990 Ed. (2015)
Metro-Goldwyn-Mayer Inc.
2007 Ed. (1441)
2006 Ed. (657, 2490, 2492, 2494, 3573)
2005 Ed. (2445, 2446, 3513, 3514, 4674)
2000 Ed. (1840)
Metro-Goldwyn-Mayer Inc. (MGM)
2004 Ed. (2420, 2421, 3508, 3509)
2003 Ed. (2337, 2339, 2340, 2343)
2002 Ed. (2147, 3395)
2001 Ed. (2271, 2272, 2273, 3359, 3360, 3377, 4497, 4702)
Metro Group
2000 Ed. (1219, 4171)
1998 Ed. (987, 3085, 3095)
1991 Ed. (3261)
Metro Health Service
2002 Ed. (1130)
Metro Health Services Credit Union
2008 Ed. (2244)
2007 Ed. (2129)
2006 Ed. (2208)
2005 Ed. (2113)
2004 Ed. (1971)
2003 Ed. (1931)
2002 Ed. (1877)
Metro Holding AG
2008 Ed. (2093)
Metro Holdings Ltd.
1989 Ed. (1155)
Metro Hotels
1995 Ed. (2150)
Metro Industrial Painting Inc.
2004 Ed. (3665)
Metro Industrial Piping Inc.
2005 Ed. (3584)
2004 Ed. (3665)
Metro Information
2000 Ed. (2403, 4047)
Metro Information Services
2000 Ed. (4050)
1999 Ed. (4331)
Metro International
1991 Ed. (1355)
Metro International AG
2000 Ed. (1389)
1999 Ed. (1585)
1996 Ed. (1330, 2124)
1995 Ed. (2117)
1994 Ed. (3661)
1993 Ed. (3696)
1992 Ed. (4433)
Metro/Kaufhof
1995 Ed. (3155, 3157)
Metro Litho Inc.
1990 Ed. (2593)
Metro Mazda
1996 Ed. (278)
1995 Ed. (275)
Metro Mechanical Inc.
2008 Ed. (1313)
Metro Mitsubishi
1993 Ed. (278)
Metro Mobile CTS Inc.
1994 Ed. (1205, 1206)
1993 Ed. (216, 1189, 3517)
1992 Ed. (320)
1991 Ed. (3285)
1990 Ed. (1302, 3521)
1989 Ed. (2366)
Metro Mobility
2006 Ed. (4018)
Metro New York Coordinating Council
1991 Ed. (2619)
Metro-North Commuter Railroad
1994 Ed. (1076)
Metro North State Bank
1993 Ed. (2966)
Metro One
1991 Ed. (874)
Metro 1 Credit Union
2006 Ed. (2174)
Metro One Telecom
2003 Ed. (4440)
Metro Pacific Corp.
2002 Ed. (3703)
2000 Ed. (1540)
Metro-Richelieu Inc.
1997 Ed. (2041)
1996 Ed. (1316, 1943)
1992 Ed. (4172, 2195)
1990 Ed. (3051)
Metro SB-Grossmaerkte Gesellschaft Mit Beschraenkter Haftung & Co. Kommanditgesl
1994 Ed. (3661)
Metro Separate School Board
1994 Ed. (3553)
Metro Shores Credit Union
2005 Ed. (2073)
Metro Spanish Food Wholesalers Inc.
1990 Ed. (2593)
Metro Stores
1989 Ed. (49)
Metro TA of Harris County
1993 Ed. (785)
Metro Times Inc.
2005 Ed. (3602)
2004 Ed. (3687)
2000 Ed. (3336)
1999 Ed. (3617)
1998 Ed. (2680)
Metro Toronto Convention Centre
2005 Ed. (2520)
2003 Ed. (2414)
2001 Ed. (2352)
Metro Toronto Separate School Board
1991 Ed. (3402)
Metro Travel & Tours
2006 Ed. (3521)
Metro TV
2008 Ed. (48)
2007 Ed. (44)
Metro Vermoegensverwal Tung GMBH & Co. Kommanditgesellschaft
1994 Ed. (2065)
Metro Vermoegensverwaltung GMBH & Co. Kommanditgesellschaft
1995 Ed. (2117)
Metro Volkswagen Inc.
1994 Ed. (287)
1993 Ed. (288)
Metro Washington Airports
2001 Ed. (938)
Metro Washington Cable Marketing Council
1992 Ed. (1023)
Metro Waste Paper Recovery Inc.
2005 Ed. (4032)
Metro. Water Reclamation Dist. of Chicago
1992 Ed. (4030)
Metro Waterproofing
2008 Ed. (1293)
Metrobank
2007 Ed. (541)
2006 Ed. (513)
2005 Ed. (597)
2004 Ed. (519, 607)
2003 Ed. (599)
2002 Ed. (635)
2000 Ed. (648)
1999 Ed. (623)
1997 Ed. (543, 595)
1996 Ed. (587, 657)
1995 Ed. (530, 588)
1994 Ed. (556)
1993 Ed. (554)
1991 Ed. (594, 2813)
Metrobase Cable Advertising
1991 Ed. (833, 841)
Metrocal
1992 Ed. (3603)
Metrocall
1998 Ed. (2984)
1996 Ed. (3150)
Metrocall Holdings
2005 Ed. (2012, 4641)
MetroCorp Bancshares Inc.
2005 Ed. (633, 634)
2004 Ed. (644, 645)
2002 Ed. (485)
MetroGroup Corp.
2006 Ed. (4364)
MetroHealth System
2004 Ed. (2813)

1997 Ed. (2163, 2257)
1996 Ed. (2706)
1994 Ed. (2576, 2577)
1992 Ed. (3126)
1991 Ed. (2501)
MetroHealth/United HealthCare
1998 Ed. (1919)
Metroland Printing
1992 Ed. (3540)
Metrolina Dodge Inc.
1994 Ed. (267)
1993 Ed. (705)
1992 Ed. (894)
Metrologic Instruments, Inc.
2001 Ed. (659)
Metromedia
1992 Ed. (1458, 1459)
1991 Ed. (968)
Metromedia Communications
1994 Ed. (2412)
1993 Ed. (1189, 2470)
Metromedia Fiber
2000 Ed. (3391)
Metromedia Fiber Network Inc.
2004 Ed. (1457)
2003 Ed. (1421)
2001 Ed. (1745)
Metromedia International Group Inc.
2004 Ed. (2791)
2000 Ed. (2407)
Metromedia; News Corp./
1991 Ed. (1145)
Metromedia Restaurant Group
1998 Ed. (1737)
Metronidazole
1996 Ed. (1572)
Metronome
2007 Ed. (836)
Corp. Metrop. de Finanzas
2000 Ed. (459)
Metropacific Community Credit Union
2006 Ed. (2154)
MetroPCS Inc.
2005 Ed. (4979)
MetroPlus Health Plan Inc.
2002 Ed. (2464)
2000 Ed. (2438)
Metropolitan
2000 Ed. (2781)
1995 Ed. (2315)
1993 Ed. (2011, 2231, 2922)
1992 Ed. (2370, 2664, 3549)
1991 Ed. (243, 246)
1989 Ed. (1692, 1693, 1694, 1695)
Metropolitan Atlanta Rapid Transit Authority
2002 Ed. (3905)
2000 Ed. (2994)
1998 Ed. (2403)
1994 Ed. (2408)
1993 Ed. (3361)
1992 Ed. (4031)
1991 Ed. (3160)
Metropolitan Bank & Trust Co.
2008 Ed. (492)
2006 Ed. (3899)
2004 Ed. (1063)
2002 Ed. (2826, 3702, 3703)
2001 Ed. (1836, 2888)
2000 Ed. (1538, 1541, 3541, 3542)
1999 Ed. (1725, 2892, 3820, 3821)
1997 Ed. (2400, 3113, 3114)
1996 Ed. (2563, 3030)
1993 Ed. (615)
1992 Ed. (821)
1990 Ed. (670)
1989 Ed. (655)
Metropolitan Business Center at East Gate
1998 Ed. (2696)
Metropolitan Business Supplies
1991 Ed. (2638)
Metropolitan Corporate Center
1997 Ed. (2377)
Metropolitan Credit Union
2008 Ed. (2238)
2007 Ed. (2123)
2006 Ed. (2202)
2005 Ed. (2107)
2004 Ed. (1965)
2003 Ed. (1925)
2002 Ed. (1871)
Metropolitan Entertainment
2000 Ed. (3621)
1999 Ed. (3905)
1997 Ed. (3179)
1996 Ed. (3101)
1995 Ed. (3000)
1994 Ed. (2942)
1992 Ed. (3553)
1991 Ed. (2771)
Metropolitan Entertainment Group
2003 Ed. (1126)
2002 Ed. (3798)
2001 Ed. (3917, 3919)
Metropolitan Entertainment/Northeast Concerts
1993 Ed. (2924)
Metropolitan Federal Savings & Loan Association
1993 Ed. (3570)
1990 Ed. (3588)
Metropolitan Financial
1996 Ed. (360)
1995 Ed. (3351)
1994 Ed. (3270, 3536)
1993 Ed. (3280)
Metropolitan Financial S&L
1990 Ed. (3455)
Metropolitan Group Properties & Casualty
2008 Ed. (2061)
2005 Ed. (1955)
2004 Ed. (1847)
2003 Ed. (1813)
2001 Ed. (1840)
Metropolitan Health Networks
2004 Ed. (2771)
Metropolitan Health Plan
1994 Ed. (2035, 2037)
Metropolitan Home
2007 Ed. (145, 169, 3402)
1997 Ed. (3037, 3042)
1996 Ed. (2966, 2967)
1992 Ed. (3377)
1990 Ed. (2798, 2800)
1989 Ed. (178, 182, 2173, 2177)
Metropolitan Independent Dental Association (MIDA)
1991 Ed. (2760)
1990 Ed. (2896)
Metropolitan Ins. & Annuity
1990 Ed. (2247, 2248, 2249)
Metropolitan Insurance & Annuity Co.
2002 Ed. (2908)
1991 Ed. (2117, 2115, 2116)
1989 Ed. (1707, 1708, 1709)
Metropolitan Life
2000 Ed. (2694, 2696, 2698, 2772, 2773, 2775, 2784, 2801, 2814)
1999 Ed. (2922, 2923, 2928, 2929, 2941, 2943, 2946, 2947, 2948, 2949, 2950, 2951, 2952, 2953, 2954, 2955, 2956, 2957, 2958, 2959, 2962, 3039, 3043, 3047, 3049, 3062, 3065, 3066, 3086, 4171, 4172)
1998 Ed. (171, 1181, 2108, 2133, 2134, 2135, 2137, 2140, 2141, 2142, 2147, 2148, 2155, 2156, 2157, 2158, 2160, 2162, 2163, 2164, 2168, 2170, 2172, 2174, 2177, 2178, 2180, 2181, 2182, 2183, 2184, 2186, 2187, 2189, 2190, 2193, 2194, 2263, 2265, 2268, 2295, 2296, 2298, 2673)
1995 Ed. (222)
1993 Ed. (2194, 2195, 2199, 2200, 2204, 2205, 2206, 2207, 2208, 2210, 2211, 2212, 2213, 2214, 2215, 2216, 2217, 2218, 2220, 2221, 2222, 2225, 2226, 2227, 2230, 2256, 2280, 2281, 2286, 2287, 2292, 2302, 2303, 2312, 2324, 2380, 2712, 2906, 2908, 2972, 2973, 2978, 3229, 3284, 3316, 3647, 3653, 3654)
1992 Ed. (337, 338, 2159, 2639, 2653, 2658, 2659, 2660, 2661, 2663, 2666, 2669, 2670, 2671, 2674, 2675, 2676, 2710, 2711, 2728, 2729, 2735, 2736, 2740, 2744, 2748, 2764, 2769, 2774, 2776, 2779, 2781, 2782, 3223, 3362, 3629, 3638, 4381, 4382)
1990 Ed. (2218, 2226, 2231, 2233, 2235, 2237, 2238, 2239, 2240, 2243, 2323, 2324, 2325, 2326, 2329, 2333, 2341, 2356, 2358, 2360, 2361)
1989 Ed. (1436, 1679, 1681, 1684, 1686, 1687, 1688, 1689, 1691, 1808, 1809, 1810, 1812, 2132, 2133, 2134, 2137)
Metropolitan Life & Affiliated
2005 Ed. (3114)
2002 Ed. (2886, 2912, 2931)
Metropolitan Life & Affiliated Cos.
2008 Ed. (3286, 3288, 3289, 3290, 3291, 3292, 3293, 3294, 3295, 3306, 3307)
2007 Ed. (3156, 3157)
2006 Ed. (3124)
2005 Ed. (3093, 3106, 3107, 3108, 3109, 3110, 3112, 3113, 3119)
2003 Ed. (2979, 2992, 2993, 2996, 2997, 2998, 3002, 3013)
Metropolitan Life "E" VestMet: Aggressive Growth
1995 Ed. (3689)
Metropolitan Life Foundation
2002 Ed. (976)
2001 Ed. (2515)
Metropolitan Life HealthCare Network of New York
1993 Ed. (2024)
Metropolitan Life Insurance Co.
2008 Ed. (3238, 3272, 3275, 3276, 3296, 3297, 3298, 3301, 3302, 3303, 3304, 3305)
2007 Ed. (3096, 3122, 3125, 3126, 3133, 3135, 3136, 3139, 3140, 3142, 3144, 3145, 3146, 3147, 3148, 3149, 3151, 3152, 3153, 3154, 3155)
2006 Ed. (3087, 3122)
2005 Ed. (3051, 3082)
2004 Ed. (3075)
2003 Ed. (909, 912, 916, 2974, 2991, 3001, 3065, 3632, 3633)
2002 Ed. (1382, 2869, 2887, 2888, 2905, 2908, 2909, 2910, 2913, 2915, 2916, 2920, 2922, 2923, 2924, 2925, 2926, 2927, 2928, 2929, 2930, 2933, 2935, 2938, 2941, 3619, 4194, 4207)
2001 Ed. (2916, 2925, 2929, 2931, 2933, 2937, 2939, 2940, 2941, 2942, 2944, 2946, 2947, 2949, 3455, 4667)
2000 Ed. (2649, 2672, 2675, 2677, 2679, 2682, 2686, 2687, 2688, 2690, 2691, 2692, 2693, 2697, 2699, 2700, 2701, 2702, 2703, 2704, 2705, 2707, 2709, 2711, 3882, 3885)
1997 Ed. (1306, 1489, 2421, 2423, 2424, 2426, 2427, 2430, 2436, 2437, 2443, 2444, 2445, 2446, 2447, 2448, 2452, 2453, 2456, 2509, 2517, 3412)
1996 Ed. (224, 1428, 2070, 2265, 2283, 2287, 2288, 2296, 2297, 2305, 2306, 2307, 2310, 2311, 2312, 2313, 2314, 2315, 2320, 2323, 2324, 2327, 2328, 2829, 2920, 2921)
1995 Ed. (223, 2290, 2292, 2294, 2295, 2301, 2302, 2303, 2304, 2305, 2306, 2307, 2309, 2312, 2314, 2378, 2380, 2384, 2385, 2765, 3070, 3308, 3355)
1994 Ed. (223, 224, 2236, 2249, 2251, 2255, 2256, 2257, 2258, 2261, 2262, 2265, 2266, 2267, 2293, 2294, 2297, 2298, 2306, 2318, 2320, 2321, 2322, 2662, 2663, 3014, 3019, 3160, 3229, 3274)
1992 Ed. (3224)
1991 Ed. (2085, 2095, 2099, 2112, 2113, 2147, 2206, 2207, 2212, 2213, 2214, 2233, 2237, 2251, 2252, 2253, 2640, 2696, 244, 2091, 2102, 2103, 2104, 2105, 2107, 2109, 2110, 2246, 2584, 2585)
1990 Ed. (2224, 2351, 2354, 2604)
1989 Ed. (1806, 2007)
Metropolitan Life Insurance Co.-Managed Care Services Group
1994 Ed. (3608)
Metropolitan Life Insurance SA-40
1994 Ed. (2314)
Metropolitan Life Insurance SA-43
1994 Ed. (2314)
Metropolitan Life SS Global Energy
1993 Ed. (2682)
Metropolitan Lincoln Mercury
1992 Ed. (414)
Metropolitan Lloyds Insurance Co. Texas
2000 Ed. (2722)
Metropolitan Lloyds Texas
1997 Ed. (2467)
1996 Ed. (2341)
Metropolitan Mechanical Contractors Inc.
2008 Ed. (1249)
2003 Ed. (1314)
Metropolitan Mortgage & Securities Co., Inc.
2006 Ed. (382)
2003 Ed. (2258)
Metropolitan Museum of Art
2008 Ed. (3787)
2006 Ed. (3712)
2000 Ed. (317, 317, 317, 3217, 3343, 3352)
1999 Ed. (3628)
1998 Ed. (2687)
1997 Ed. (2951)
1996 Ed. (916, 2853)
1994 Ed. (1903, 2681)
1992 Ed. (1093, 1096, 3266)
1991 Ed. (894)
Metropolitan Nashville Airport Authority
1993 Ed. (3624)
Metropolitan New York Coordinating Council on Jewish Poverty
1998 Ed. (2687)
1991 Ed. (896, 897, 899)
Metropolitan Opera Association Inc.
2005 Ed. (3605)
2000 Ed. (3343, 3352)
1999 Ed. (3628)
1998 Ed. (2687)
1997 Ed. (2951)
1996 Ed. (2853)
1994 Ed. (2681)
1992 Ed. (3266)
Metropolitan Paper
2006 Ed. (4060)
Metropolitan Physicians Practice Association IPA Inc.
2000 Ed. (2618)
Metropolitan Pier & Exposition Authority
1999 Ed. (3474)
1997 Ed. (2844)
1995 Ed. (2643, 2650)
Metropolitan Property & Casualty
1999 Ed. (2900)
1998 Ed. (2114)
1997 Ed. (2410, 2432)
1996 Ed. (2270, 2302)
Metropolitan Property and Casualty Insurance Co.
2000 Ed. (2653)
Metropolitan Rail
1994 Ed. (1076)
Metropolitan Savings Bank
1998 Ed. (3561)
The Metropolitan State College of Denver
2002 Ed. (1104)
Metropolitan State Hospital
2002 Ed. (2622)
2000 Ed. (2530)
Metropolitan Structures
1991 Ed. (2809)
Metropolitan Transit Authority of Harris County
2006 Ed. (687)

2000 Ed. (900)
1999 Ed. (956)
1998 Ed. (538)
1996 Ed. (832)
1995 Ed. (852)
1994 Ed. (802)
Metropolitan Transit Authority of Harris County, Houston
1989 Ed. (830)
Metropolitan Transit Authority of Harris County, Texas
2004 Ed. (3296)
Metropolitan Transit Authority of Harris County, TX
1997 Ed. (840)
1991 Ed. (3160)
Metropolitan Transit Commission
1991 Ed. (1885)
Metropolitan Transit Commission, Minneapolis
1989 Ed. (830)
Metropolitan Transportation Authority
2008 Ed. (3454, 3455)
2007 Ed. (3357, 3358)
2006 Ed. (3296)
2005 Ed. (3308)
2004 Ed. (3295)
2003 Ed. (3239, 3240)
2001 Ed. (3158, 3159)
2000 Ed. (2994)
1998 Ed. (537, 2403)
1996 Ed. (3739)
1995 Ed. (3663)
1994 Ed. (802, 2408, 3363)
1993 Ed. (3361, 3621, 3623)
Metropolitan Transportation Authority, New York
1992 Ed. (4031)
Metropolitan Transportation Authority, NY
2000 Ed. (4297)
1999 Ed. (4658)
Metropolitan Washington Airports Authority
1997 Ed. (3794)
Metropolitan Waste Control Commission
1991 Ed. (3161)
Metropolitan Water District of Southern California
1993 Ed. (3360)
1992 Ed. (4030)
1991 Ed. (3159)
Metropolitan Water District of Southern California, Los Angeles
1990 Ed. (1484)
Metropolitan Water Reclamation District of Chicago
1993 Ed. (3360)
1991 Ed. (3159)
Metropolitan West
2000 Ed. (2806)
Metropolitan West Asset Management
2006 Ed. (3192)
Metropolitan West Low Duration Bond Fund
2003 Ed. (3539)
Metropolitan West Total Return Bond
2004 Ed. (722)
2000 Ed. (756, 3253)
Metrospace Corp.
1998 Ed. (2998)
1997 Ed. (3256)
1995 Ed. (3060)
Metrospance Corp.
1994 Ed. (2998)
Metrostaff Home Health Care
2000 Ed. (2491)
1999 Ed. (2707)
MetroTech
1992 Ed. (2596)
MetroTech Research Park
1994 Ed. (2188)
Metrotrans
1998 Ed. (2724, 3313)
Metrovacesa
2008 Ed. (1187, 2087)
2007 Ed. (1992, 4079)
2006 Ed. (2022)
Metrovision Production Service
2002 Ed. (4297)
2001 Ed. (4285)
MetroWest Bank
2003 Ed. (518)
Metroworks
2005 Ed. (1148)
Metrum Community Credit Union
2005 Ed. (2071, 2074)
Mets; New York
2008 Ed. (529)
2007 Ed. (578)
2006 Ed. (547)
2005 Ed. (645)
Metsa-Serla
2001 Ed. (3630, 3631)
1991 Ed. (1285)
Metsa-Serla Myllykoski MD Papier
1998 Ed. (2746)
Metsa-Serla Oy
2000 Ed. (1419)
1999 Ed. (1615, 3694)
1997 Ed. (1396, 2203)
1996 Ed. (2100)
1994 Ed. (2045)
Metsa-Serla Oy B
1997 Ed. (2204)
Metsa-Serla Oyj
2001 Ed. (3628)
Metsaeliitto Group
2008 Ed. (1725)
Metsaeliitto-Yhtymae
1996 Ed. (1335)
Metsaliitto Group
2003 Ed. (1674)
2001 Ed. (1698)
2000 Ed. (1419)
Metsaliitto Osuuskunta
2004 Ed. (4411)
Metsalitto Osuuskunta
1999 Ed. (1615, 3278)
1997 Ed. (2692)
Metso
2008 Ed. (1724, 3557)
2007 Ed. (1697)
2003 Ed. (4583)
Metso Oyj
2007 Ed. (1698)
2006 Ed. (3379)
2005 Ed. (1760)
2004 Ed. (3331)
Metso-Serla Oyj
2004 Ed. (3768)
Mettalgesellschaft
1989 Ed. (2017)
Mettallgesellschaft
1995 Ed. (2546)
Mettier-Toledo International Inc.
2005 Ed. (3044, 3045)
2004 Ed. (3029, 3030)
Mettler-Toledo International Inc.
2008 Ed. (3222)
2007 Ed. (2330, 3081, 4263)
2006 Ed. (2386, 3049, 3050, 4249)
2005 Ed. (3046, 4244)
2004 Ed. (2239, 4312)
2003 Ed. (4608)
Metuchen Capacitors, Inc.
2001 Ed. (2210)
2000 Ed. (1768)
1999 Ed. (1988)
Metz
2000 Ed. (368)
Metz Baking Co.
1999 Ed. (369)
1992 Ed. (493)
1989 Ed. (357)
Metz Marina
1991 Ed. (718)
Metzeler Automotive Systems Iowa Inc.
2006 Ed. (1811)
2005 Ed. (1826)
2004 Ed. (1759)
Metzger Associates
2005 Ed. (112)
2003 Ed. (3963, 4020)
2002 Ed. (3816)
Metzler Investment
2000 Ed. (3452)
Metzler/Payden European Emerging Markets
2008 Ed. (3772)
Mevacor
2001 Ed. (2109)
1998 Ed. (1341, 2916)
1997 Ed. (1648)
1996 Ed. (1569, 3084)
1995 Ed. (1583, 2984)
1994 Ed. (2926, 2929)
1993 Ed. (1530, 2915)
1992 Ed. (1876)
1989 Ed. (2042)
Mevacor 20mg Tab
1990 Ed. (1566)
Mevatec Corp.
2005 Ed. (2149)
2004 Ed. (2011)
2003 Ed. (1965, 2750)
2002 Ed. (2546)
1996 Ed. (2064, 2068)
1994 Ed. (2052)
Mexalloy International Inc.
1993 Ed. (2040)
1992 Ed. (2403)
1990 Ed. (2009)
Mexco Energy Corp.
2004 Ed. (3825, 3842, 3843, 3844)
Mexgold Resources
2007 Ed. (1624)
Mexicali, Mexico
1993 Ed. (2500)
Mexican
2003 Ed. (3454)
2002 Ed. (4011)
1991 Ed. (2875, 2876)
Mexican American Legal Defense & Educational Fund
1996 Ed. (917)
Mexican American Opportunity Foundation
2008 Ed. (2964)
2007 Ed. (2841)
2006 Ed. (2843)
2005 Ed. (2845)
2004 Ed. (2837)
Mexican-Americans
1998 Ed. (547)
Mexican dinners
2003 Ed. (3924)
2002 Ed. (3745)
Mexican food
1998 Ed. (1743, 1745)
1992 Ed. (3548)
Mexican foods
1990 Ed. (1954)
Mexican Industries Inc.
2001 Ed. (2712)
Mexican Industries in Michigan Inc.
2002 Ed. (2556)
2001 Ed. (2710)
2000 Ed. (2469, 3033)
1999 Ed. (2678, 3296)
1998 Ed. (1937, 1942, 2432)
1997 Ed. (2217, 2706)
1996 Ed. (2111, 2565)
1995 Ed. (2102, 2108, 2501)
1994 Ed. (2057)
1992 Ed. (2404)
Mexican Industries in Michigcan Inc.
1999 Ed. (2685)
Mexican Investment Co.
1997 Ed. (2908)
1993 Ed. (2683)
Mexican Original
1998 Ed. (3585)
1996 Ed. (3713)
Mexican peso
2008 Ed. (2274)
2007 Ed. (2158)
2006 Ed. (2238)
Mexican sauce
2003 Ed. (1129)
Mexican sauces
1995 Ed. (2992, 2993, 2995, 2996)
1994 Ed. (3462)
Mexican shells
2003 Ed. (3924, 3925)
Mexican States; United
2005 Ed. (3240)
Mexican tortillas
2003 Ed. (3924)
1997 Ed. (2032)
Mexicana
2008 Ed. (216)
2007 Ed. (237)
2006 Ed. (236)
Mexicana Airlines
1995 Ed. (189)
Mexicana de Aviacion
2001 Ed. (316)
Mexicana; Presidente de la Republica
2006 Ed. (68)
2005 Ed. (61)
Mexicano Somex
1990 Ed. (634)
Mexichem
2004 Ed. (3363)
Mexico
2008 Ed. (460, 576, 577, 831, 867, 1019, 1032, 1033, 1034, 1387, 1389, 2205, 2417, 2924, 3038, 3091, 3211, 3434, 3522, 3523, 3537, 3593, 3619, 3650, 3747, 3780, 3781, 3832, 3920, 4244, 4270, 4341, 4467, 4469, 4519, 4550, 4551, 4552, 4597, 4623, 4676, 4785, 4786, 4918, 5000)
2007 Ed. (500, 626, 627, 628, 674, 869, 890, 1151, 1152, 1153, 1435, 1436, 1438, 1439, 1854, 2080, 2081, 2082, 2083, 2085, 2095, 2282, 2592, 2795, 2796, 2797, 2798, 2829, 2917, 3334, 3407, 3408, 3429, 3444, 3476, 3626, 3686, 3687, 3755, 3798, 3871, 4209, 4237, 4387, 4388, 4389, 4390, 4480, 4482, 4483, 4485, 4488, 4551, 4601, 4602, 4604, 4605, 4670, 4753, 4864, 4865, 4941, 5000)
2006 Ed. (484, 597, 598, 599, 773, 801, 1028, 1062, 1063, 1064, 1403, 1404, 1406, 1407, 2132, 2133, 2135, 2137, 2151, 2346, 2617, 2719, 2720, 2803, 2804, 2805, 2806, 2825, 2895, 2967, 3015, 3261, 3353, 3354, 3411, 3429, 3453, 3556, 3691, 3692, 3756, 3793, 3848, 4193, 4221, 4322, 4323, 4324, 4325, 4418, 4421, 4422, 4423, 4424, 4574, 4612, 4614, 4615, 4617, 4618, 4653, 4739, 4935, 5000)
2005 Ed. (563, 684, 685, 853, 861, 886, 1051, 1052, 1053, 1419, 1421, 1422, 2036, 2037, 2039, 2041, 2059, 2278, 2530, 2531, 2539, 2540, 2621, 2764, 2765, 2822, 2823, 2824, 2883, 3021, 3031, 3032, 3269, 3375, 3376, 3402, 3419, 3444, 3499, 3591, 3592, 3658, 3659, 3660, 3661, 3704, 3766, 4145, 4166, 4374, 4375, 4376, 4401, 4404, 4405, 4406, 4407, 4531, 4533, 4534, 4536, 4537, 4587, 4691, 4729, 4799, 4800, 4902, 5000)
2004 Ed. (687, 688, 689, 733, 873, 874, 897, 1050, 1051, 1052, 1395, 1397, 1400, 1401, 1905, 1906, 1907, 1924, 2178, 2768, 2822, 2823, 2905, 3243, 3244, 3344, 3345, 3395, 3406, 3428, 3499, 3676, 3677, 3747, 3792, 3855, 4217, 4238, 4425, 4426, 4427, 4454, 4459, 4460, 4461, 4462, 4540, 4542, 4597, 4599, 4600, 4602, 4603, 4720, 4820, 4909, 4999)
2003 Ed. (285, 562, 851, 871, 1045, 1046, 1096, 1097, 1382, 1383, 1385, 1386, 1494, 1876, 1973, 1974, 2129, 2214, 2215, 2216, 2217, 2218, 2219, 2220, 2221, 2222, 2223, 2224, 2225, 2226, 2227, 2228, 2229, 2702, 2795, 3200, 3282, 3336, 3362, 3431, 3629, 3630, 3703, 3826, 4191, 4216, 4422, 4423, 4425, 4496, 4617, 4618, 4698, 4699, 4735, 4897, 4920, 5000)
2002 Ed. (679, 737, 738, 739, 740, 741, 745, 746, 747, 780, 1816, 1822, 2413, 3073, 3074, 3075, 3099, 3100, 3302, 3724, 3725, 4080, 4283, 4427, 4508)
2001 Ed. (392, 518, 523, 524, 671, 710, 711, 1019, 1101, 1128, 1137,

1140, 1182, 1298, 1307, 1308, 1502, 1506, 1509, 1935, 1936, 1953, 2104, 2127, 2128, 2134, 2156, 2362, 2364, 2365, 2366, 2367, 2369, 2370, 2371, 2372, 2454, 2489, 2554, 2603, 2693, 2695, 2696, 2697, 2699, 2700, 2759, 2838, 2873, 3075, 3112, 3149, 3212, 3244, 3275, 3299, 3343, 3367, 3369, 3370, 3530, 3531, 3596, 3697, 3763, 3764, 3846, 4120, 4148, 4155, 4266, 4267, 4269, 4309, 4312, 4316, 4318, 4369, 4372, 4384, 4386, 4388, 4390, 4427, 4535, 4587, 4588, 4590, 4591, 4592)
2000 Ed. (820, 1616, 1889, 1890, 1891, 1899, 1902, 2295, 2361, 2368, 2369, 2377, 2473, 2943, 2981, 2982, 3354, 3355, 3841, 4033, 4237, 4271)
1999 Ed. (212, 385, 1133, 1146, 1462, 1464, 1465, 1763, 1787, 2087, 2092, 2094, 2097, 2098, 2101, 2103, 2105, 2108, 2553, 2554, 3004, 3342, 3629, 3630, 4130, 4131, 4329, 4368, 4623, 4624, 4695)
1998 Ed. (230, 506, 1032, 1324, 1418, 1419, 1522, 1524, 1525, 1530, 1732, 1791, 1792, 1838, 1849, 2363, 2707, 2814, 2830, 2877, 2898, 3113, 3114, 3304, 3590, 3592)
1997 Ed. (693, 725, 823, 824, 1267, 1268, 1548, 1808, 1809, 2107, 2108, 2147, 3104, 3105, 3371, 3513, 3739, 3768, 3769)
1996 Ed. (761, 1218, 1221, 1222, 1226, 1466, 1483, 1645, 2470, 2471, 2647, 2948, 3019, 3020, 3273, 3275, 3434, 3662, 3714, 3717)
1995 Ed. (344, 663, 688, 710, 713, 1043, 1244, 1249, 1252, 1253, 1524, 1657, 1658, 1734, 1735, 1737, 1768, 1961, 1962, 2000, 2007, 2014, 2023, 2026, 2033, 2925, 2926, 3177, 3418, 3578, 3634)
1994 Ed. (200, 709, 730, 731, 735, 786, 1230, 1490, 1932, 1958, 1974, 1979, 1983, 1987, 2859, 2860, 3125)
1993 Ed. (178, 179, 345, 481, 721, 844, 858, 1206, 1582, 1730, 1743, 1932, 1961, 1964, 1971, 1978, 2045, 2366, 2411, 2412, 2481, 2848, 3061, 3302, 3321, 3357, 3510, 3595, 3596, 3597)
1992 Ed. (268, 269, 906, 911, 1446, 1496, 1738, 1739, 2068, 2070, 2072, 2079, 2080, 2081, 2095, 2171, 2251, 2252, 2293, 2296, 2297, 2303, 2304, 2307, 2314, 2319, 2320, 2324, 2329, 2566, 2853, 2854, 2936, 2937, 2999, 3449, 3450, 3514, 3724, 3957, 3974, 4187, 4203, 4321, 4322, 4324, 4412)
1991 Ed. (1181, 1384, 1650, 1828, 1831, 1838, 1843, 2908, 3270, 3406, 3407)
1990 Ed. (203, 204, 205, 414, 1264, 1451, 1475, 1729, 1747, 1830, 1908, 1915, 1922, 1927, 2148, 2829, 3276, 3610, 3611, 3612, 3613, 3615, 3616, 3617, 3618, 3619, 3624, 3633, 3689)
1989 Ed. (229, 230, 1180, 1389, 1390, 1517, 1518, 2641)
Mexico Bolsa
2006 Ed. (4479)
Mexico City
1990 Ed. (1011)
1989 Ed. (916)
Mexico City Benito Juarez
2001 Ed. (350)
Mexico City, Mexico
2002 Ed. (2760)
1995 Ed. (2564, 2956)
1994 Ed. (2895)
1993 Ed. (2531, 2557)
1991 Ed. (940, 3249)
1989 Ed. (2245)
Mexico, East
1994 Ed. (1509)
Mexico Equity & Income
1994 Ed. (2649)
Mexico Fund Inc.
2005 Ed. (3214)
1997 Ed. (2908)
1994 Ed. (2649)
Mexico; Government of
2006 Ed. (68)
2005 Ed. (1486)
Mexico; Presidente of the Republic of
2008 Ed. (61)
Mexico SA de CV; Grupo
2008 Ed. (1926, 3571)
2007 Ed. (1877)
2006 Ed. (1878, 2547, 3392)
2005 Ed. (3395)
Mexico; Senate of the Republic of
2007 Ed. (59)
Mexico, West
1994 Ed. (1509)
Mexx International
2001 Ed. (1261)
Meybohm, Realtors
2008 Ed. (4107)
Meyer & Associates; Robert H.
1990 Ed. (3084)
Meyer Associates; Hank
1992 Ed. (3579)
Meyer; Daniel R.
1996 Ed. (1056)
Meyer; Fred
1997 Ed. (350, 1496, 1630, 1665, 2343)
1996 Ed. (1434, 1555, 2214)
1995 Ed. (1575, 1596, 2196, 3359)
1994 Ed. (1546, 1567, 2154, 3278)
1993 Ed. (781, 3287)
1992 Ed. (1829, 1844)
1991 Ed. (1429, 1430, 1435, 1440, 1450, 2646)
1990 Ed. (1508, 1509, 1510, 1511, 1525, 1526, 3494)
1989 Ed. (1245, 1248, 1253, 2778)
Meyer International PLC
1999 Ed. (1645)
Meyer; Janice
1997 Ed. (1882)
Meyer Memorial Trust
1995 Ed. (1932)
Meyer, Suozzi, English & Klein
1999 Ed. (3152)
Meyers
2008 Ed. (4005)
2006 Ed. (3930)
2005 Ed. (3866)
Meyers Billingsley Shipley Rodbell
1997 Ed. (3218)
Meyer's Campers
2005 Ed. (1907)
Meyers Containers
1992 Ed. (1386)
Meyers Dining Insurance LLC
2008 Ed. (4993)
2007 Ed. (4990)
Meyers Mitsubishi; Joe
1994 Ed. (277)
Meynadier AG
1992 Ed. (1116)
Meyocks Benkstein Associates
1993 Ed. (73)
Meza & Ted Bates; G.
1990 Ed. (90)
1989 Ed. (94)
Mezcal
2008 Ed. (3451)
Mezhprombank
1999 Ed. (629)
Mezobank Rt.
1996 Ed. (531)
MF Industrial
1994 Ed. (2428)
MFA
2000 Ed. (1316, 3622)
MFA Oil Co.
2008 Ed. (4081)
2007 Ed. (4045)
2006 Ed. (4013)
2005 Ed. (3944)
2004 Ed. (3973)
2003 Ed. (3970)
1998 Ed. (2932)
MFG Agricultural Services
1991 Ed. (1648, 1649)
1990 Ed. (1744)
1989 Ed. (1411, 1412)
MFI
2008 Ed. (679)
2007 Ed. (707)
MFI Furniture
2006 Ed. (4188)
2005 Ed. (4142)
MFI Furniture Group Ltd.
2002 Ed. (45)
1992 Ed. (1191, 1192, 1195, 1199)
MFI/Hygena
1991 Ed. (24, 740, 2893)
1989 Ed. (754)
MFI Investments
1999 Ed. (854, 855, 858, 859, 860)
MFI Store/Hygena
1993 Ed. (3046)
1992 Ed. (52, 100, 926, 3737)
MFI UK Ltd.
2004 Ed. (2708)
MFPW
2002 Ed. (172)
2001 Ed. (201)
1999 Ed. (146)
1998 Ed. (64)
MFPW (JWT)
2000 Ed. (163)
MFRI Inc.
2008 Ed. (4520)
MFS
2007 Ed. (635)
2003 Ed. (3517)
1999 Ed. (3523)
MFS Asset
1996 Ed. (2395, 2407)
MFS Asset Management, Inc.
2000 Ed. (2830)
MFS Bond
1994 Ed. (2600)
1993 Ed. (2655, 2664)
MFS Bond A
1997 Ed. (2866)
MFS Charter Income Trust
1991 Ed. (1275, 2940)
MFS Communications
1999 Ed. (1459, 1460, 3669, 3670)
1998 Ed. (1013, 1026, 1027, 3210)
1995 Ed. (1307)
MFS Emerging Equities
1996 Ed. (2797)
MFS Emerging Growth
1997 Ed. (2864)
MFS Emerging Growth/A
1996 Ed. (2764)
MFS Emerging Growth B
1995 Ed. (2737)
MFS Emerging Markets Debt
2008 Ed. (592, 594)
MFS/F&C Emerging Market A
1999 Ed. (3540)
MFS/F&C Emerging Market B
1999 Ed. (3540)
MFS Global Total Return
2000 Ed. (3232)
MFS Government Market Income Trust
1989 Ed. (2369)
MFS Government Markets Income Trust
1989 Ed. (1113)
MFS High Income
1995 Ed. (2694, 2715)
MFS High Income/A
1999 Ed. (3547, 3548)
1998 Ed. (2625, 2626)
1996 Ed. (2765)
MFS Institutional Advisors
1999 Ed. (3069, 3070, 3071)
MFS Intermediate Income
1990 Ed. (3135, 3186)
MFS Intermediate Income Trust
1990 Ed. (1359, 2686)
MFS International Bond
1990 Ed. (2385)
MFS International New Discovery
2006 Ed. (3679, 3680)
2004 Ed. (3643)
2003 Ed. (3613)
MFS Investment
2003 Ed. (3501)
MFS Investment Management
2004 Ed. (2043, 3195, 3539)
2003 Ed. (3069)
2002 Ed. (3007)
2000 Ed. (2809, 2811, 3280)
MFS Investments Mgmt.
2000 Ed. (2780)
MFS Lifetime Emerging Growth
1994 Ed. (2637)
1993 Ed. (2648, 2658, 2669, 2680, 2691)
MFS Lifetime High-Income
1995 Ed. (2741)
1993 Ed. (2677)
MFS Managed High-Yield Municipal Bond
1992 Ed. (3147)
MFS Managed Municipal
1993 Ed. (2667)
MFS Managed Municipal Bond
1990 Ed. (2389)
MFS Mass. Investors Growth
2000 Ed. (3259, 3263)
MFS Mass Investors Growth Stock
2000 Ed. (3256)
MFS Massachusetts Investors Growth A
1999 Ed. (3559, 3560)
MFS Mid Cap Growth
2004 Ed. (3605)
MFS Multimarket Income Trust
1989 Ed. (1113)
MFS Municipal Bond
1995 Ed. (3542)
MFS New Endeavor
2007 Ed. (2488)
MFS New Endeavour
2006 Ed. (3648)
MFS Regatta Gold
1999 Ed. (4699)
MFS Regatta Gold-8
1997 Ed. (3816)
MFS Research A
1998 Ed. (2613, 2624)
1997 Ed. (2881)
MFS Strategic Growth
2002 Ed. (3417)
2000 Ed. (3261)
MFS Strategic Growth A
1999 Ed. (3507, 3560)
MFS Strategic Income A
1999 Ed. (747)
MFS/Sun Compass G Mass Investors Trust Q
2000 Ed. (4336)
MFS/Sun Compass 1 Mass Investors Trust Q
2000 Ed. (4336, 4336)
MFS/Sun (NY) Compass 1 Mass Investors Growth Stk Q
2000 Ed. (4337)
MFS/Sun Regatta Gold Conservative Growth Series
2000 Ed. (4336)
MFS/Sun (US) Compass G Mass Investors Growth Stk Q
2000 Ed. (4337)
MFS/Sun (US) Compass 1 Mass Investors Growth Stk Q
2000 Ed. (4337)
MFS/Sun (US) Regatta Gold Utilities Series
2000 Ed. (4334)
MFS Total Return
2005 Ed. (4483)
2004 Ed. (3549)
2000 Ed. (3250)
1996 Ed. (2771)
MFS Utilities
2007 Ed. (3677)
MFS Utilities A
1997 Ed. (2878)
1995 Ed. (2729)
MFS Value
2002 Ed. (3418)

MFS World Governments A
1996 Ed. (2809)
1995 Ed. (2742)
MFS Worldwide Government
1995 Ed. (2715)
MFS Worldwide Governments
1994 Ed. (2645)
MG Concepts
2005 Ed. (4528)
MG Industries
2003 Ed. (3372)
MG Kailis
2004 Ed. (3950)
MG McMahon & Co.
2000 Ed. (2760)
MG Rover Group Ltd.
2006 Ed. (318)
MG Studios
2001 Ed. (243)
1999 Ed. (172)
MG Studios (Ammirati)
2000 Ed. (193)
MG Technologies AG
2006 Ed. (1453)
MGA Inc.
2007 Ed. (3637)
MGA Communications Inc.
2007 Ed. (1684)
2006 Ed. (1681)
2003 Ed. (3986, 4020)
2002 Ed. (3816, 3874)
2000 Ed. (3671)
1999 Ed. (3957)
1998 Ed. (2962)
MGH Health Services Corp.
2004 Ed. (1791)
MGI Pharma Inc.
2007 Ed. (3418)
2006 Ed. (1885, 3876, 4578)
MGI Software
2003 Ed. (2707, 2935)
MGIC
1998 Ed. (3417)
MGIC; Baldwin United/
1991 Ed. (1146)
MGIC Investment Corp.
2008 Ed. (1509, 2697)
2007 Ed. (2556, 4517)
2006 Ed. (2585, 2587, 4458, 4734, 4735)
2005 Ed. (2584, 4689, 4690)
2004 Ed. (3036, 4483)
2003 Ed. (2471, 2959, 4533)
2002 Ed. (2870, 4350)
1999 Ed. (1478, 2142, 2442)
1998 Ed. (1044, 1558, 1692, 1696)
1997 Ed. (2006)
1996 Ed. (1916)
1995 Ed. (1872)
1994 Ed. (1842)
MGM
2008 Ed. (3752)
2007 Ed. (1441)
2006 Ed. (657, 2490, 2492, 2494, 3573)
2005 Ed. (2445, 2446, 3513, 3514, 4674)
2002 Ed. (3394)
1999 Ed. (3444, 3445, 4715)
1993 Ed. (3524)
MGM Distribution Co.
2002 Ed. (3393)
MGM Grand Inc.
2001 Ed. (1809, 2272, 2273, 2801)
1999 Ed. (2760)
1998 Ed. (2007, 2014)
1997 Ed. (911, 2283)
1996 Ed. (2163)
1995 Ed. (1307)
1994 Ed. (1289, 2099)
1993 Ed. (2082)
MGM Grand Garden
2002 Ed. (4343)
2001 Ed. (4351)
1999 Ed. (1298)
MGM Grand Hotel Inc.
2005 Ed. (1896)
2004 Ed. (1813)
2003 Ed. (1778)
2001 Ed. (1808)
MGM Grand Hotel & Conference Center
2005 Ed. (2519)
2004 Ed. (2945)
2003 Ed. (2413)
2001 Ed. (2351)
2000 Ed. (2538)
MGM Grand Hotel LLC
2008 Ed. (1968)
2007 Ed. (1907)
MGM Grand Hotels LLC
2006 Ed. (1923)
MGM Home Entertainment
2001 Ed. (4697)
MGM/Midland
1995 Ed. (462, 503)
MGM Mirage Inc.
2008 Ed. (1969, 1970, 3023, 3066, 3067, 3068, 3069, 3074, 3081, 3082, 3439, 3440, 3443, 3684, 3685, 3686, 4142, 4145, 4202)
2007 Ed. (156, 885, 1908, 1909, 2675, 2902, 2937, 2938, 2939, 2940, 2941, 2943, 2949, 2957, 2958, 3339, 3343, 3347, 4119, 4127)
2006 Ed. (266, 1420, 1923, 1924, 1925, 2495, 2685, 2898, 2928, 2930, 2932, 3268, 3269, 4604)
2005 Ed. (264, 1897, 1898, 1899, 2892, 2922, 2923, 2925, 2926, 2927, 2929, 3277, 3278, 3488)
2004 Ed. (1814, 1815, 2906, 2931, 2932, 2934, 2935, 2936, 2937, 2944, 3252, 3253)
2003 Ed. (1779, 1780, 2337, 2340, 2531, 2804, 2840, 2844, 2846)
2002 Ed. (1527, 1738, 2630, 2638)
MGM Mirage Design Group
2003 Ed. (1779)
MGM-Pathe Communications Co.
1993 Ed. (1636, 2596)
"MGM Premiere Network III"
1993 Ed. (3532)
MGM Studios
1992 Ed. (332, 4318)
MGM Studios Theme Park
1993 Ed. (228)
1992 Ed. (331)
MGM/UA
2008 Ed. (3753)
2005 Ed. (3517)
2004 Ed. (3512, 4141)
2003 Ed. (3451, 3452)
2001 Ed. (3358)
2000 Ed. (33, 793, 3164)
1999 Ed. (3442)
1998 Ed. (2534)
1997 Ed. (2816, 2819)
1996 Ed. (2689, 2690)
1992 Ed. (1986, 3110)
MGM/UA Communications
1991 Ed. (2487, 1579)
1990 Ed. (263)
MGM/UA Distribution Co.
1998 Ed. (2532)
MGP Ingredients Inc.
2008 Ed. (1871)
2006 Ed. (1831)
2005 Ed. (2751, 2752)
MGS Manufacturing Group Inc.
2004 Ed. (3913)
MHA
2004 Ed. (2928)
MHA Group
2006 Ed. (4456)
MHC Inc.
1996 Ed. (2664)
1995 Ed. (2593)
MHI
2005 Ed. (1206, 1212)
2000 Ed. (1216)
1998 Ed. (905)
MHI Homes
1999 Ed. (1333)
MHM
1992 Ed. (2464, 2465, 2466, 2468, 2469, 2470)
MHN
2006 Ed. (2407, 2408)
2005 Ed. (2364, 2365)
MHT Securities
1991 Ed. (2981, 2984)
MHTN Architects
2008 Ed. (266, 267)
2006 Ed. (287)
MH2Technologies
2003 Ed. (2164)
MI Developments Inc.
2008 Ed. (1622, 4116)
2007 Ed. (4088)
MI Newspapers Inc.
1991 Ed. (2596)
1990 Ed. (2688)
1989 Ed. (2046)
MI-TECH Inc.
2006 Ed. (3539)
MI Windows & Doors
2008 Ed. (4934)
2007 Ed. (4965)
2006 Ed. (4956)
Mia Hamm
2005 Ed. (266)
Miami
2000 Ed. (235, 270, 272, 274, 2470, 2472, 2474, 3572)
1992 Ed. (98)
1989 Ed. (2, 1905)
Miami Air International Inc.
2006 Ed. (227)
2005 Ed. (214)
Miami Airport
1998 Ed. (108)
Miami Airport Hilton
2000 Ed. (2541)
Miami Airport Hilton & Marina
1993 Ed. (207)
Miami Airport Hilton & Towers
1996 Ed. (2173)
1995 Ed. (198)
1994 Ed. (193)
Miami Airport Hotel
1999 Ed. (2763)
Miami Airport Marriott
2002 Ed. (2636)
Miami Beach Convention Center
2002 Ed. (1334)
1999 Ed. (1417, 1418)
Miami Beach, FL
2007 Ed. (3000)
Miami Center
2000 Ed. (3364)
1998 Ed. (2695)
Miami Center/Ed Ball Bldg.
1990 Ed. (2731)
Miami Children's Hospital
2006 Ed. (2924)
Miami Computer
1999 Ed. (2620, 4327)
Miami/Coral Gables, FL
1989 Ed. (914)
Miami Dade College
2008 Ed. (3178)
Miami-Dade Community College
2002 Ed. (1105)
Miami-Dade County Public Schools
2004 Ed. (4311)
2002 Ed. (3917)
Miami Dolphins
2005 Ed. (2667)
2004 Ed. (2674)
2002 Ed. (4340)
2001 Ed. (4346)
2000 Ed. (2252)
1998 Ed. (1749, 3356)
Miami, FL
2008 Ed. (3116, 3407, 4040, 4259)
2007 Ed. (2269, 3011, 4014)
2006 Ed. (249, 2857, 3974, 3975, 4429)
2005 Ed. (338, 881, 2457, 2460, 2947, 3064, 4826, 4827, 4973, 4974)
2004 Ed. (1017, 2053, 2228, 2809, 2965, 3455, 4172, 4211, 4317, 4783, 4835, 4836, 4915)
2003 Ed. (254, 256, 2007, 3262, 3389, 4156, 4307, 4798, 4922)
2002 Ed. (276, 277, 407, 408, 1086, 2218, 2220, 2573, 2879, 4180, 4744)
2001 Ed. (2363, 2721, 2722, 2793, 2796, 2819, 4164, 4679, 4922)
2000 Ed. (1082, 1089, 3103, 3110, 3686, 4270)
1999 Ed. (254, 356, 526, 1167, 1172, 1175, 1349, 2099, 2672, 2673, 2686, 3259, 3260, 3374, 3378, 3380, 3858, 4040, 4647)
1998 Ed. (143, 359, 739, 741, 1234, 1316, 1521, 1857, 2475, 2477, 2538, 3586)
1997 Ed. (473, 1001, 1075, 2230)
1996 Ed. (156, 344, 346, 509, 748, 975, 2114, 2120, 2121, 2210, 2543, 3293, 3768)
1995 Ed. (142, 677, 872, 1113, 2115, 2116, 2189, 2205, 2957, 3633)
1994 Ed. (128, 482, 963, 1103, 2058, 2244, 2897, 3511)
1993 Ed. (57, 480, 944, 950, 1455, 2042, 2112, 2527)
1992 Ed. (668, 1153, 2412, 2480, 3641, 4242)
1991 Ed. (56, 515, 1397, 1914, 2550, 3297)
1990 Ed. (243, 1002, 1464, 2019, 3535, 3607, 3608, 3609, 3614, 3648)
1989 Ed. (350, 2098, 2247)
Miami (FL) Flyer
2003 Ed. (3646)
Miami Florida Baptist Hospital Credit Union
1996 Ed. (1508)
Miami Flyer
2002 Ed. (3505)
Miami-Fort Lauderdale
1992 Ed. (347)
Miami-Fort Lauderdale, FL
2007 Ed. (2843, 3805)
2006 Ed. (2848)
2004 Ed. (265, 1012, 2049, 2839, 3373, 3387, 3476, 3796, 4154, 4208, 4209, 4766, 4910, 4911)
1999 Ed. (733)
1998 Ed. (69, 1943, 2359)
1997 Ed. (163, 2228)
1996 Ed. (38, 3198, 3200, 3202, 3204)
1994 Ed. (2536, 3059)
1993 Ed. (2071)
1991 Ed. (1813, 2933, 3457, 3483)
1990 Ed. (1895, 2133, 2442, 3070, 3112)
1989 Ed. (1510, 2894, 2912, 2932, 2933)
Miami-Fort Lauderdale-Miami Beach, FL
2007 Ed. (217, 1105, 2597, 2658, 2858, 3498, 3499, 3501, 3502, 3503, 3643, 3802, 4166, 4809, 4877)
2006 Ed. (1019, 2620, 2673, 2868, 3473, 3474, 3476, 3477, 3478, 3578, 3796, 4143)
Miami-Ft. Lauderdale, FL
2003 Ed. (872, 2756, 3314)
2002 Ed. (229, 236, 255, 2565, 2566, 2567, 2570, 3268, 3891, 4590)
2001 Ed. (2717)
2000 Ed. (4288)
1995 Ed. (3103, 3105, 3107, 3109)
Miami-Ft. Lauderdale-Miami Beach, FL
2008 Ed. (204, 4748, 4749)
Miami-Ft.Lauderdale, FL
1990 Ed. (2134)
Miami Heat
2008 Ed. (530)
2007 Ed. (579)
2003 Ed. (4508, 4522)
Miami Herald
2002 Ed. (3508)
2000 Ed. (3337)
1999 Ed. (3618)
1998 Ed. (2681)
1990 Ed. (2708)
Miami-Hialeah, FL
2006 Ed. (2970)
2000 Ed. (3865)
1999 Ed. (4150)
1998 Ed. (3166)

1997 Ed. (3390)
1995 Ed. (2113, 3195, 3753)
1994 Ed. (718, 2062, 2063, 3151)
1993 Ed. (1943, 2043, 2044, 3105, 3675)
1992 Ed. (2415, 2416, 2514, 3809)
1991 Ed. (1455, 1915, 1916, 1940, 1984)
1990 Ed. (1553, 2022, 2607)
1989 Ed. (1952, 1960, 1961, 1963, 1964, 1965)
Miami Honda/Central Hyundai
1995 Ed. (255, 2110)
Miami International
2001 Ed. (353)
1995 Ed. (169, 194)
1994 Ed. (152, 191, 192)
1993 Ed. (168, 206, 208)
1992 Ed. (306, 307, 308, 309, 310, 313)
1989 Ed. (245)
Miami International Airport
2008 Ed. (236)
2002 Ed. (275)
2001 Ed. (349)
2000 Ed. (273)
1999 Ed. (248, 249, 252)
1998 Ed. (145, 146)
1997 Ed. (186, 219, 222, 225)
1996 Ed. (172, 193, 196, 198, 201, 202)
1991 Ed. (214, 215, 216)
Miami International Airport Hotel
2002 Ed. (2636)
2000 Ed. (2541)
1998 Ed. (2008)
1997 Ed. (221, 2287)
1996 Ed. (2173)
1995 Ed. (198)
1994 Ed. (193)
Miami International Boat Show
1996 Ed. (3728)
Miami International Boat Show & Miami International Sailboat Show
1990 Ed. (3627)
Miami International Boat Show & Strictly Sail
2008 Ed. (4720)
2005 Ed. (4733)
2004 Ed. (4752)
2003 Ed. (4774)
2001 Ed. (4610)
Miami International Commerce Center
2002 Ed. (2765)
2000 Ed. (2625)
1990 Ed. (2178)
Miami International Sailboat Show
1996 Ed. (3728)
Miami Koger Center
2002 Ed. (3533)
Miami Lakes Business Park East
1990 Ed. (2178)
Miami Lakes Business Park West
1990 Ed. (2178)
Miami, Leonard M. Miller School of Medicine; University of
2008 Ed. (3637)
Miami Lincoln-Mercury
1992 Ed. (381)
Miami Metrozoo
1994 Ed. (900)
1990 Ed. (265)
Miami News
1990 Ed. (2708)
Miami, School of Business Administration; University of
2008 Ed. (787)
2007 Ed. (808)
Miami, School of Business; University of
2006 Ed. (724)
2005 Ed. (800)
Miami Seaquarium
1990 Ed. (265)
Miami Shores, FL
1995 Ed. (2482)
Miami Subs Inc.
2000 Ed. (2272)
1996 Ed. (3278)
1994 Ed. (3087)
Miami Subs Grill
2000 Ed. (3848)
1999 Ed. (4134)
1998 Ed. (3124)
1997 Ed. (3375)
1995 Ed. (3136, 3137)
Miami Systems
1999 Ed. (962)
1994 Ed. (805)
Miami University
2004 Ed. (826)
Miami; University of
2008 Ed. (3166, 3172, 3177, 3178, 3179, 3180, 3181, 3430)
2007 Ed. (826, 3052, 3329)
2006 Ed. (3019)
1997 Ed. (2608)
1996 Ed. (2463)
1995 Ed. (2428)
1993 Ed. (889)
1992 Ed. (109, 1280)
Miami University Ohio
2008 Ed. (769)
Miami Valley Bank
2000 Ed. (435, 550)
1999 Ed. (442)
1998 Ed. (335)
1997 Ed. (494, 497)
1996 Ed. (538)
1995 Ed. (490)
1994 Ed. (508, 512)
1993 Ed. (507)
Miami Valley Insurance Co.
1990 Ed. (906)
Miami Valley Publishing
1992 Ed. (3539)
Mianmian; Yang
2006 Ed. (4985)
Miar International Bank
1989 Ed. (455)
Mibanco
2005 Ed. (595)
MICA
1993 Ed. (2061, 2062)
MICA Inc.; American Benefit Plan Administrators Inc./
1990 Ed. (1012)
Micah Group
2006 Ed. (2501)
Micasa AG
2004 Ed. (1863)
2002 Ed. (1777)
Micatin
2003 Ed. (2537)
2002 Ed. (2317)
2001 Ed. (2491, 2492)
2000 Ed. (2247)
1999 Ed. (305, 2486)
1998 Ed. (1747)
1996 Ed. (249, 1957)
1993 Ed. (255)
1992 Ed. (365, 2208)
MICC Investments
1992 Ed. (2694)
Michael
1999 Ed. (4716, 4719)
Michael A. Burns
2005 Ed. (3974)
Michael A. Carpenter
2003 Ed. (3061)
Michael A. Miles
1995 Ed. (980)
Michael and Jane Eisner
1999 Ed. (1072)
Michael & Susan Dell
2007 Ed. (3949)
2005 Ed. (3832)
Michael Anthony Jewelers Inc.
2005 Ed. (3245, 3246)
2004 Ed. (3217, 3218)
Michael Armellino
1991 Ed. (1711)
1989 Ed. (1417)
Michael Armitage
2000 Ed. (2097, 2106)
Michael Associates; John
2008 Ed. (4375)
Michael B. Enzi
2003 Ed. (3894)
Michael B. McCallister
2008 Ed. (942)
2007 Ed. (960, 1021)
Michael Baker Corp.
2008 Ed. (2034)
2006 Ed. (1979, 1984, 1985, 1986)
2005 Ed. (2415)
2004 Ed. (2323, 2324, 2380)
1993 Ed. (1607)
Michael Ballack
2008 Ed. (4453)
Michael Barnett
2003 Ed. (224, 228)
Michael Bay
2004 Ed. (2413)
2003 Ed. (2333)
Michael Bennett
1997 Ed. (2705)
Michael Best
2001 Ed. (953)
Michael Best & Friedrich LLP
2007 Ed. (1512)
Michael Birck
2002 Ed. (3349)
1998 Ed. (1509)
1997 Ed. (1798)
1996 Ed. (1711, 1713)
Michael Bloomberg
2008 Ed. (4825)
2007 Ed. (4896)
2006 Ed. (4901)
2005 Ed. (4851)
2004 Ed. (4865)
2003 Ed. (4882)
2002 Ed. (3352)
Michael Blumstein
2000 Ed. (2021)
1999 Ed. (2238)
1998 Ed. (1648)
1997 Ed. (1920)
1996 Ed. (1770, 1771, 1772, 1848)
1994 Ed. (1780)
1993 Ed. (1797)
1991 Ed. (1680)
Michael Bolton
1993 Ed. (1076)
Michael Boyd
2006 Ed. (4922)
2005 Ed. (4862)
Michael Bozic
1991 Ed. (1626)
1990 Ed. (1719)
Michael Branca
2000 Ed. (1986)
1999 Ed. (2213)
1998 Ed. (1629)
Michael Brown
2000 Ed. (2070, 2181)
1999 Ed. (1123, 2289)
Michael Bruynesteyn
2004 Ed. (3165)
Michael Burns & Associates
2003 Ed. (4001)
Michael Cadillac Inc.
1991 Ed. (271)
1990 Ed. (304)
Michael Casey
2007 Ed. (1080)
Michael Cherney
2008 Ed. (4887)
Michael Chrichton
2000 Ed. (1838)
Michael Coppola
2007 Ed. (965)
Michael Cornish
2005 Ed. (4888)
Michael Crichton
2001 Ed. (430)
1999 Ed. (2049)
1998 Ed. (1470)
Michael D. Eisner
2007 Ed. (1026)
2005 Ed. (975)
2004 Ed. (970, 2518)
2003 Ed. (955, 961, 2410)
2002 Ed. (2178, 2181, 2183)
1997 Ed. (1799)
1995 Ed. (978, 1727, 1730)
1992 Ed. (1141, 1142, 2050, 2053)
1991 Ed. (924, 925, 1619, 1623)
1990 Ed. (972, 1713, 1716)
Michael D. Lockhart
2006 Ed. (869)
Michael D. Rose
1996 Ed. (961)
1995 Ed. (1729)
Michael Damann Eisner
1996 Ed. (1712)
Michael Dammann Eisner
1996 Ed. (960)
Michael Davis
2000 Ed. (1052)
Michael DeGroote
2005 Ed. (4873)
Michael Dell
2008 Ed. (957, 4835)
2007 Ed. (4906, 4908)
2006 Ed. (689, 1450, 3262, 3898, 3931, 4911, 4912, 4915)
2005 Ed. (788, 971, 2323, 4858, 4859, 4860)
2004 Ed. (973, 2486, 3890, 4870, 4873)
2003 Ed. (787, 4886, 4888)
2001 Ed. (705, 4745)
2000 Ed. (734, 796, 1044, 1881, 2448, 4375)
1999 Ed. (2082, 2664)
1995 Ed. (1717)
Michael Derchin
1993 Ed. (1777)
1991 Ed. (1711)
Michael Devine III
2008 Ed. (964)
2007 Ed. (1042)
2006 Ed. (947)
Michael DiCandilo
2006 Ed. (965)
Michael Diekmann
2006 Ed. (691)
Michael Douglas
2008 Ed. (4905)
2007 Ed. (4929)
2005 Ed. (4889, 4891)
Michael Dukakis
1990 Ed. (2504)
Michael E. Henry
2005 Ed. (2516)
Michael E. Marks
2003 Ed. (3295)
Michael E. Pulitzer
2000 Ed. (1879)
Michael E. Steinhardt and wife
1991 Ed. (894)
Michael Eisner
2006 Ed. (2517)
2000 Ed. (796, 1044, 1047, 1870, 1873, 1875)
Michael Ellmann
1997 Ed. (1892)
1996 Ed. (1818)
1995 Ed. (1840)
1993 Ed. (1819)
1989 Ed. (1419)
Michael Eskew
2007 Ed. (962)
2006 Ed. (871)
2005 Ed. (966)
Michael Exstein
2000 Ed. (2041)
1999 Ed. (2216)
1997 Ed. (1896)
Michael Flatley
2008 Ed. (2587)
2007 Ed. (4917)
2005 Ed. (4884)
Michael Foods Inc.
2008 Ed. (3452, 3453)
2007 Ed. (3355, 3356)
2006 Ed. (3288)
2005 Ed. (3284, 3296)
2004 Ed. (3288, 3289)
2003 Ed. (3233, 3234)
2001 Ed. (3152, 3153)
1997 Ed. (2037)
1996 Ed. (1941)
1993 Ed. (1877)
Michael Foods of Delaware Inc.
2008 Ed. (3452)
2006 Ed. (3288)
2005 Ed. (3296)
2004 Ed. (3288)
2003 Ed. (3233, 3234)
2001 Ed. (3152, 3153)
Michael Freudenstein
2000 Ed. (2048)
1999 Ed. (429, 430, 2144, 2145)

Michael Fricklas
2003 Ed. (1546)
Michael G. Cherkasky
2006 Ed. (933)
Michael G. Morris
2008 Ed. (956)
2007 Ed. (1034)
Michael G. Oxley
1999 Ed. (3843, 3959)
Michael Gambardella
2000 Ed. (2049)
1999 Ed. (2266)
1998 Ed. (1674)
1997 Ed. (1899)
Michael; George
1991 Ed. (1578)
1990 Ed. (1144)
Michael Gillis
2003 Ed. (224, 228)
Michael Glazer
2000 Ed. (1876)
Michael Goldsetin
1999 Ed. (2204)
Michael Goldstein
2000 Ed. (1975, 1976)
1999 Ed. (2205)
1998 Ed. (1615, 1616)
1997 Ed. (1910, 1911)
1996 Ed. (1773, 1837, 1838)
1992 Ed. (2136, 2138)
1991 Ed. (1680, 1708)
Michael Gordon King
1995 Ed. (982)
Michael Graves & Associates
2002 Ed. (335)
Michael Green
2008 Ed. (4905)
2007 Ed. (4929)
2005 Ed. (4891)
1999 Ed. (2285)
1997 Ed. (1962)
Michael Grimes
2007 Ed. (4874)
2006 Ed. (4879)
2005 Ed. (4817)
Michael Guarnieri
1999 Ed. (2175)
1998 Ed. (1584)
1997 Ed. (1940)
Michael Gumport
1991 Ed. (1678)
Michael H. Campbell
2007 Ed. (2504)
2005 Ed. (2511)
Michael H. Jordan
2008 Ed. (954, 959)
2006 Ed. (941, 3931)
Michael Hartnett
1997 Ed. (1994)
Michael Hays
2006 Ed. (2527)
Michael Higa
2007 Ed. (2549)
Michael Hintze
2008 Ed. (4006, 4007, 4902)
Michael Hodes
1999 Ed. (434, 2149)
Michael Hoffman
2000 Ed. (2009)
1998 Ed. (1605)
Michael Hogg/Y & R
2002 Ed. (214)
2001 Ed. (244)
2000 Ed. (194)
1995 Ed. (140)
Michael Hogg/Y & R Zimbabwe
2003 Ed. (184)
Michael Hogg/Young & Rubicam
1999 Ed. (173)
1997 Ed. (161)
1992 Ed. (223)
1991 Ed. (163)
1990 Ed. (164)
1989 Ed. (176)
Michael Hollerbach
1998 Ed. (1517)
Michael Hood
1999 Ed. (2405, 2433)
Michael Huffington
1994 Ed. (845)
Michael Hughes
2000 Ed. (2048)
1999 Ed. (431, 2146, 2184)
1998 Ed. (1598)
Michael J. Castro
2007 Ed. (2496)
Michael J. Cave
2008 Ed. (2628)
Michael J. Chesser
2008 Ed. (958)
Michael J. Frischmeyer
2008 Ed. (1096)
2005 Ed. (1088)
Michael J. Frischmeyer, CTA
1995 Ed. (1079)
Michael J. Kopper
2004 Ed. (1549)
Michael J. Quigley III
1992 Ed. (533, 1140)
Michael J. Ward
2008 Ed. (951, 2639)
Michael Jackson
2003 Ed. (1128)
1999 Ed. (1292, 1293)
1998 Ed. (1470)
1997 Ed. (1777)
1995 Ed. (1119)
1994 Ed. (1667)
1993 Ed. (1633)
1992 Ed. (1982)
1991 Ed. (1578)
1990 Ed. (1672)
1989 Ed. (1347)
Michael Jeffries
2007 Ed. (1019)
Michael Jordan
2008 Ed. (272)
2007 Ed. (294)
2006 Ed. (292, 2488)
2004 Ed. (260, 2416, 4873)
2003 Ed. (294, 2327)
2002 Ed. (344, 2144)
2001 Ed. (420, 1138)
2000 Ed. (322, 996, 2743)
1999 Ed. (306)
1998 Ed. (197, 199)
1997 Ed. (278, 1724, 1725)
1996 Ed. (250)
1995 Ed. (250, 251, 1671)
1989 Ed. (278)
Michael Jordan: Come Fly With Me
1992 Ed. (4396)
Michael Kadoorie
2008 Ed. (4844)
Michael Kender
2000 Ed. (1938, 1940, 1946)
1999 Ed. (2170, 2175)
1998 Ed. (1583, 1584)
1997 Ed. (1939, 1940)
Michael Keran
1989 Ed. (1753)
Michael Kesselman
2007 Ed. (4161)
Michael King
1994 Ed. (1723)
1993 Ed. (1705)
1992 Ed. (2061, 2062)
1991 Ed. (1631)
Michael Koppel
2007 Ed. (1046)
Michael Krasny
2008 Ed. (4831)
2006 Ed. (4907)
2005 Ed. (4853)
Michael Kremer
2005 Ed. (786)
Michael Kwatinetz
2000 Ed. (2033, 2034)
1999 Ed. (2251, 2252)
1998 Ed. (1661, 1662)
1997 Ed. (1873, 1874)
1996 Ed. (1800, 1801)
Michael L. Wert
1997 Ed. (1802)
Michael Lauer
1995 Ed. (1814)
Michael Lee-Chin
2005 Ed. (4865)
Michael Lever
2000 Ed. (2116)
1999 Ed. (2331)
Michael Lewis
2002 Ed. (3077)
Michael Lloyd
1998 Ed. (1666)
1997 Ed. (1895)
Michael M. Lattimore
2004 Ed. (2488)
Michael Maas
2003 Ed. (225)
Michael Mancuso
2007 Ed. (1039)
2006 Ed. (944)
Michael Mauboussin
1998 Ed. (1640)
1996 Ed. (1794)
Michael Mayer
2004 Ed. (3165)
2000 Ed. (1999, 2019)
1999 Ed. (2222, 2236)
1998 Ed. (1635, 1646)
1997 Ed. (1886, 1888)
1996 Ed. (1812, 1813)
1995 Ed. (1834, 1836)
Michael Mayo
2002 Ed. (2258)
2000 Ed. (1985)
1999 Ed. (2258)
1998 Ed. (1618)
Michael McCallister
2008 Ed. (2640)
2007 Ed. (2512)
2006 Ed. (2531)
Michael McCook
2006 Ed. (1201)
Michael McGavick
2006 Ed. (2523)
Michael McInnis
1999 Ed. (1124)
Michael Milken
2007 Ed. (4891)
2001 Ed. (3779)
1993 Ed. (1693)
1990 Ed. (1773)
1989 Ed. (1422)
Michael Mitsubishi
1993 Ed. (278)
1992 Ed. (392)
1991 Ed. (287)
1990 Ed. (310)
Michael Moorer
1996 Ed. (250)
Michael Moritz
2008 Ed. (4907)
2007 Ed. (4874, 4933, 4935)
2006 Ed. (4879)
2005 Ed. (2318)
2003 Ed. (4847)
Michael Moskowitz
1999 Ed. (2414)
Michael Mueller
1997 Ed. (1882)
1996 Ed. (1808)
1995 Ed. (1792, 1797)
1994 Ed. (1792)
Michael Mulqueen
2005 Ed. (2468)
Michael Naldrett
1997 Ed. (1994)
Michael Newton
2006 Ed. (2500)
Michael Otto
2008 Ed. (4867)
Michael Ovitz
1994 Ed. (1840)
Michael Owen
2007 Ed. (4464, 4925)
2006 Ed. (4397)
2005 Ed. (268, 4895)
2003 Ed. (299)
Michael Oxley
2005 Ed. (1153)
Michael Page International plc
2008 Ed. (1694)
Michael Palkovic
2007 Ed. (1049)
Michael Parekh
2000 Ed. (2020)
1999 Ed. (2237)
1998 Ed. (1647)
Michael Perry
2007 Ed. (384)
Michael Peters
1996 Ed. (2236)
1995 Ed. (2226)
1990 Ed. (1670)
Michael Peters Group
1992 Ed. (2588)
1991 Ed. (2014)
1990 Ed. (1276, 2170)
Michael Pinto
2006 Ed. (1000)
2005 Ed. (985)
Michael Potter
2005 Ed. (4874)
Michael R. Haverty
2006 Ed. (2530)
Michael R. Quinlan
2000 Ed. (1884)
1998 Ed. (721, 1516)
1997 Ed. (1803)
1996 Ed. (958)
1993 Ed. (938)
Michael Reese Health Plan Inc.
1990 Ed. (1995)
1989 Ed. (1585)
Michael Reese Hospital & Medical Center
1995 Ed. (2141)
1992 Ed. (2456)
1991 Ed. (1932)
1990 Ed. (2054)
Michael Rietbrock
2000 Ed. (2022)
1999 Ed. (2239)
Michael Rosenberg
1999 Ed. (2357)
1998 Ed. (1684, 1688)
Michael S. Dell
2003 Ed. (957, 4684)
2002 Ed. (2182, 2183, 2806, 3350, 4787)
Michael S. Jeffries
2008 Ed. (957)
2007 Ed. (2505)
Michael Salshutz
1999 Ed. (2176)
Michael Sargent
1998 Ed. (1673)
1997 Ed. (1862)
1996 Ed. (1786)
Michael Saunders & Co.
2008 Ed. (4106)
2002 Ed. (4989)
2000 Ed. (4433)
1999 Ed. (4813)
1998 Ed. (2997, 3763)
1997 Ed. (3255)
Michael Savage
2007 Ed. (4061)
Michael Sayers
2000 Ed. (2099)
Michael Scarpa
2007 Ed. (1042)
Michael Schumacher
2008 Ed. (272)
2007 Ed. (294, 2450)
2006 Ed. (292, 2485)
2005 Ed. (2443)
2004 Ed. (260, 2410)
2003 Ed. (294, 2330)
2002 Ed. (344, 2143)
2001 Ed. (419)
2000 Ed. (322)
1999 Ed. (306)
1998 Ed. (197, 199)
1997 Ed. (278)
Michael Schwartzer
2006 Ed. (4140)
Michael; Sir Peter
2008 Ed. (4909)
Michael Smith
2006 Ed. (975)
1999 Ed. (2246)
1998 Ed. (1656)
1997 Ed. (1880)
Michael Spencer
2008 Ed. (4006)
Michael Splinter
2007 Ed. (1006)
2006 Ed. (916)
Michael Steinhardt
1998 Ed. (1689)
1996 Ed. (1914)
1995 Ed. (1870)
1994 Ed. (1840)

Michael Stores
1999 Ed. (1054)
Michael Strahan
2003 Ed. (297)
Michael Swerdlow Cos.
2000 Ed. (3719)
Michael T. Theilmann
2008 Ed. (2635, 3120)
Michael Taylor
2000 Ed. (2061)
1999 Ed. (2281)
1997 Ed. (1958)
Michael V. Ciresi
2002 Ed. (3072)
Michael Van Handel
2007 Ed. (1048)
2006 Ed. (953)
2005 Ed. (987)
Michael Vick
2007 Ed. (294)
Michael W. Louis
1992 Ed. (1093, 1280)
Michael Waldman
1993 Ed. (1843)
Michael Ward
2000 Ed. (1982)
1999 Ed. (2211)
Michael Weinstein
2000 Ed. (2016)
Michael Ying
2008 Ed. (4844)
Michael Young
2000 Ed. (2075, 2115)
1998 Ed. (1687)
1994 Ed. (1796)
Michael Zafirovski
2008 Ed. (2637)
Michael's
2000 Ed. (3547, 3809)
Michaels Development Co.
2006 Ed. (1198)
Michael's Finer Meats Inc.
2008 Ed. (3611)
Michaels Stores Inc.
2008 Ed. (2195, 3445, 4057, 4079, 4474, 4475)
2007 Ed. (2087, 4162, 4495, 4497, 4498, 4499)
2006 Ed. (2141, 4169, 4437, 4439, 4440, 4441)
2005 Ed. (896, 4128)
2004 Ed. (906)
2003 Ed. (887, 4502, 4503, 4504, 4550)
2001 Ed. (1943, 4101)
1997 Ed. (922, 3550, 3551, 3553)
1996 Ed. (3486)
A Michailidis - Kapniki S A
2000 Ed. (4259)
Michal Rizek
2000 Ed. (2072)
Michal Solowow
2008 Ed. (4872)
Michaniki SA
1996 Ed. (248)
Michaud; Gerald
1991 Ed. (2296)
Michel Arnau y Cia. (DDBN)
1997 Ed. (73)
Michel Baule SA
2008 Ed. (918)
Michel Bissonnette
2005 Ed. (2473)
Michel David-Weill
1997 Ed. (2004)
1990 Ed. (1773)
1989 Ed. (1422)
Michel David Weill and family
1992 Ed. (2143)
1991 Ed. (2265)
Michelangelo
2000 Ed. (2339)
1996 Ed. (1092)
Michele Ferrero
2008 Ed. (4869)
Michele Preston
1994 Ed. (1788)
1993 Ed. (1804)
Michelin
2008 Ed. (4679, 4680)
2007 Ed. (4757)
2006 Ed. (4741, 4742, 4743, 4744, 4747, 4748, 4751)
2001 Ed. (4542)
2000 Ed. (355, 3560, 3561, 4253)
1999 Ed. (347, 3841, 4117, 4117, 4119, 4602)
1998 Ed. (1141)
1997 Ed. (306, 1827, 3750, 3751)
1996 Ed. (340, 3693)
1995 Ed. (3615)
1994 Ed. (747, 1402)
1993 Ed. (344, 346, 733, 3578)
1992 Ed. (4025, 4298, 4299)
1991 Ed. (732, 1290, 3392, 3155, 3316)
1990 Ed. (400, 1424, 2176, 3597, 3631)
1989 Ed. (1655)
Michelin; Compagnie Generale des Etablissements
2008 Ed. (312, 1762, 3556, 3558, 4678)
2007 Ed. (312, 324, 3973, 4756)
2006 Ed. (335, 336, 3380, 4749)
2005 Ed. (322)
Michelin-Group
1991 Ed. (1355)
Michelin Hungaria Abroncsgyarto Kft
2006 Ed. (3919)
Michelin Italiana Sami SpA
2004 Ed. (4224)
Michelin (Man France des Pneumatiques) (SCA)
1999 Ed. (4117)
Michelin North America Inc.
2008 Ed. (2076, 4253, 4254, 4681)
2007 Ed. (4758)
2006 Ed. (338, 2012, 4206, 4207, 4752)
2004 Ed. (1857)
2003 Ed. (4205)
2002 Ed. (2734)
Michelin Reifenwerke-Kg Auf Aktien
2000 Ed. (3829)
Michelin Reifenwerke-Kommanditgesellschaft
2002 Ed. (4068)
Michelin Reifenwerke-Kommanditgesellschaft auf Aktien
2004 Ed. (4224)
2001 Ed. (4133)
Michelin Tire Corp.
1990 Ed. (3324)
Michelin Tire & Rubber
1989 Ed. (2836)
Michelin Tyre plc
2004 Ed. (4224)
Michelin/Uniroyal Goodrich
1997 Ed. (3752, 3753)
Michelina's Inc.
2008 Ed. (2778)
2002 Ed. (2367)
2001 Ed. (2540)
1997 Ed. (2091)
1996 Ed. (1975)
1995 Ed. (1941, 1942)
Michelina's Internationals
1996 Ed. (773, 1934)
Michell & Titus
1998 Ed. (4)
Michell Australia
2004 Ed. (4715)
Michelle Collins
2008 Ed. (184)
Michelle Galanter Appelbaum
1993 Ed. (1826)
Michelle Galanter Applebaum
2000 Ed. (2049)
1999 Ed. (2266)
1998 Ed. (1674)
1997 Ed. (1899)
1996 Ed. (1825)
1995 Ed. (1795, 1847)
1994 Ed. (1809)
Michelle Kwan
2005 Ed. (266)
Michelle Peluso
2006 Ed. (4975)
Michelle Ring
2000 Ed. (2065)
Michelle Roche
2007 Ed. (4920)
Michelle Wie
2007 Ed. (3617)
2005 Ed. (266)
Michelle Wright
1994 Ed. (1100)
Michelob
2008 Ed. (534)
1995 Ed. (699, 707)
1992 Ed. (936, 4231)
1990 Ed. (749, 758, 763, 764, 3544)
1989 Ed. (768, 771, 772, 773, 774, 775, 777, 778, 779)
Michelob Dry
1993 Ed. (745)
Michelob Light
2007 Ed. (602)
2004 Ed. (667)
2003 Ed. (664)
2000 Ed. (813)
1997 Ed. (715, 3665)
1992 Ed. (932)
1990 Ed. (761)
1989 Ed. (771, 774)
Michelob/Light/Dry
1991 Ed. (3321)
Michelob Ultra
2008 Ed. (546)
2007 Ed. (602)
Michels Corp.
2008 Ed. (3674)
2007 Ed. (1348)
2006 Ed. (1250, 1274)
2005 Ed. (1305)
2003 Ed. (1294)
Michels Pipeline Construction Co.
2002 Ed. (1274, 1282)
2001 Ed. (1470)
Michelson; Gary Karlin
2007 Ed. (4891)
Michelson; Gertrude
1995 Ed. (1256)
Michener; James A. and Mari Sabusawa
1995 Ed. (932, 1068)
Michener, James and Mari
1992 Ed. (1093, 1096)
Michielsens Kranen NV
2008 Ed. (1579, 4757)
Michigan
2008 Ed. (327, 354, 1105, 1106, 1107, 1757, 2405, 2406, 2492, 2648, 2832, 2897, 2918, 2927, 2958, 3004, 3136, 3278, 3470, 3471, 3512, 3545, 3633, 3648, 3759, 3760, 3779, 3806, 3830, 3859, 4011, 4012, 4355, 4455, 4465, 4497, 4603, 4661, 4787, 4838, 4940)
2007 Ed. (333, 341, 366, 1199, 1200, 1201, 2280, 2372, 2373, 2520, 2702, 3017, 3371, 3385, 3419, 3420, 3459, 3474, 3515, 3647, 3648, 3685, 3713, 3749, 3781, 3994, 3995, 4396, 4472, 4481, 4534, 4694, 4866)
2006 Ed. (373, 1095, 1096, 2428, 2707, 2790, 2834, 2984, 2986, 3059, 3070, 3080, 3084, 3097, 3103, 3112, 3115, 3117, 3137, 3155, 3301, 3307, 3323, 3367, 3368, 3443, 3450, 3483, 3584, 3690, 3730, 3750, 3783, 3936, 3937, 4213, 4332, 4410, 4419, 4475, 4673, 4865)
2005 Ed. (346, 370, 386, 387, 389, 391, 392, 394, 402, 403, 404, 405, 406, 408, 418, 441, 442, 443, 912, 913, 1072, 1076, 1100, 1101, 2382, 2526, 2916, 2937, 3122, 3300, 3319, 3335, 3383, 3384, 3432, 3441, 3484, 3524, 3589, 3613, 3652, 3690, 3873, 3874, 4159, 4184, 4192, 4195, 4196, 4203, 4226, 4227, 4228, 4229, 4230, 4232, 4233, 4234, 4241, 4392, 4402, 4472, 4598, 4599, 4600, 4608, 4722, 4776, 4795, 4939, 4941, 4942)
2004 Ed. (348, 370, 372, 373, 375, 377, 380, 394, 398, 767, 768, 896, 921, 922, 1027, 1068, 1070, 1071, 1075, 1092, 1093, 1094, 1095, 1096, 1097, 2188, 2297, 2298, 2299, 2300, 2301, 2302, 2303, 2304, 2309, 2316, 2536, 2727, 2728, 2732, 2805, 2973, 2980, 2989, 2990, 2991, 2992, 2993, 2994, 3038, 3041, 3043, 3044, 3045, 3047, 3048, 3057, 3058, 3070, 3091, 3094, 3098, 3099, 3118, 3145, 3263, 3275, 3281, 3292, 3301, 3311, 3312, 3313, 3355, 3356, 3418, 3425, 3426, 3477, 3478, 3525, 3671, 3675, 3743, 3925, 3926, 4232, 4236, 4251, 4253, 4255, 4259, 4293, 4294, 4296, 4297, 4299, 4303, 4306, 4308, 4446, 4457, 4501, 4507, 4508, 4510, 4511, 4514, 4518, 4520, 4521, 4522, 4524, 4525, 4526, 4527, 4531, 4658, 4805, 4847, 4898, 4899, 4957, 4958, 4959, 4981, 4995, 4996)
2003 Ed. (354, 391, 393, 394, 396, 399, 405, 407, 408, 410, 419, 440, 441, 757, 758, 904, 905, 969, 1057, 1059, 1063, 1064, 1081, 1082, 1083, 2127, 2128, 2270, 2612, 2687, 2960, 2962, 2963, 2964, 2984, 3221, 3236, 3243, 3244, 3248, 3249, 3252, 3255, 3293, 3294, 3355, 3360, 3420, 3459, 3628, 3657, 3700, 3897, 3898, 4209, 4213, 4231, 4235, 4236, 4240, 4243, 4246, 4252, 4285, 4287, 4291, 4294, 4296, 4298, 4414, 4415, 4467, 4494, 4551, 4646, 4680, 4867, 4908, 4909, 4954, 4955, 4956, 4992)
2002 Ed. (273, 367, 368, 378, 379, 451, 453, 459, 461, 463, 466, 468, 770, 771, 772, 773, 864, 959, 960, 961, 1102, 1112, 1113, 1116, 1117, 1824, 1825, 2008, 2063, 2067, 2120, 2351, 2352, 2353, 2401, 2549, 2736, 2737, 2738, 2739, 2740, 2741, 2742, 2837, 2843, 2844, 2845, 2847, 2849, 2851, 2865, 2868, 2877, 2897, 2899, 2902, 2903, 2944, 2961, 2971, 3053, 3089, 3091, 3115, 3116, 3117, 3127, 3128, 3202, 3235, 3236, 3239, 3240, 3252, 3289, 3300, 3327, 3341, 3344, 3367, 3528, 3632, 3734, 3804, 3901, 4072, 4074, 4107, 4108, 4109, 4110, 4111, 4113, 4145, 4149, 4150, 4151, 4156, 4286, 4308, 4330, 4333, 4368, 4370, 4374, 4375, 4376, 4377, 4520, 4550, 4554, 4681, 4682, 4763, 4765, 4775, 4776, 4779, 4916, 4992)
2001 Ed. (2, 9, 10, 274, 285, 354, 396, 397, 411, 412, 413, 414, 428, 548, 549, 550, 719, 720, 722, 992, 1006, 1007, 1014, 1015, 1085, 1086, 1087, 1106, 1107, 1110, 1131, 1157, 1158, 1159, 1232, 1244, 1245, 1268, 1269, 1294, 1295, 1345, 1360, 1361, 1373, 1396, 1397, 1411, 1416, 1419, 1421, 1422, 1423, 1424, 1425, 1426, 1428, 1430, 1431, 1432, 1434, 1435, 1437, 1438, 1440, 1941, 1967, 1968, 1975, 1976, 2048, 2049, 2051, 2053, 2055, 2144, 2150, 2152, 2234, 2235, 2261, 2265, 2266, 2360, 2368, 2396, 2397, 2399, 2452, 2453, 2460, 2520, 2521, 2522, 2523, 2537, 2538, 2544, 2545, 2556, 2557, 2563, 2564, 2572, 2580, 2581, 2591, 2592, 2593, 2594, 2597, 2604, 2617, 2618, 2619, 2620, 2629, 2659, 2660, 2662, 2663, 2683, 2685, 2690, 2705, 2738, 2739, 2758, 2805, 2807, 2823, 2824, 2829, 2964, 3000, 3023, 3026, 3027, 3029, 3034, 3035, 3042, 3046, 3047, 3048, 3049, 3078, 3079, 3083, 3092, 3093, 3099, 3103, 3169, 3170,

3175, 3223, 3224, 3263, 3287, 3288, 3306, 3307, 3308, 3313, 3314, 3327, 3338, 3339, 3357, 3383, 3384, 3385, 3386, 3396, 3397, 3401, 3413, 3414, 3416, 3417, 3418, 3419, 3523, 3524, 3525, 3526, 3527, 3545, 3557, 3567, 3568, 3570, 3606, 3607, 3616, 3618, 3619, 3620, 3636, 3637, 3640, 3643, 3660, 3708, 3731, 3732, 3733, 3792, 3795, 3796, 3804, 3805, 3810, 3815, 3816, 3840, 3841, 3880, 3881, 3888, 3889, 3893, 3896, 3897, 3898, 3914, 3915, 3916, 3964, 3968, 3994, 4000, 4011, 4018, 4019, 4026, 4141, 4144, 4150, 4158, 4198, 4199, 4223, 4247, 4248, 4256, 4257, 4294, 4295, 4304, 4305, 4331, 4332, 4335, 4336, 4362, 4363, 4407, 4415, 4431, 4442, 4443, 4448, 4482, 4488, 4489, 4570, 4571, 4584, 4599, 4600, 4615, 4633, 4634, 4642, 4643, 4646, 4653, 4654, 4658, 4660, 4709, 4718, 4721, 4729, 4730, 4735, 4794, 4796, 4808, 4809, 4810, 4811, 4812, 4813, 4814, 4815, 4825, 4833, 4863, 4912, 4913, 4929, 4930, 4931, 4932, 4934, 4935)
2000 Ed. (276, 751, 803, 804, 1005, 1007, 1140, 1905, 1906, 2327, 2382, 2465, 2599, 2645, 2658, 2659, 2939, 2956, 2958, 2960, 3005, 3006, 3008, 3009, 3010, 3557, 3558, 3587, 3831, 4103, 4104, 4107, 4108, 4109, 4112, 4113, 4114, 4269, 4355, 4399, 4401, 4406)
1999 Ed. (738, 798, 984, 1058, 1060, 1145, 2587, 2681, 3140, 3196, 3217, 3219, 3221, 3258, 3267, 3268, 3269, 3270, 3271, 3272, 4121, 4406, 4409, 4411, 4412, 4413, 4415, 4416, 4419, 4420, 4423, 4426, 4427, 4428, 4434, 4435, 4436, 4437, 4438, 4439, 4441, 4443, 4447, 4456, 4457, 4458, 4459, 4461, 4462, 4466, 4467, 4536, 4726, 4775, 4777)
1998 Ed. (179, 210, 473, 671, 673, 725, 732, 1535, 1536, 1702, 1830, 1935, 2112, 2113, 2366, 2381, 2384, 2404, 2415, 2416, 2417, 2418, 2901, 3105, 3380, 3389, 3391, 3398, 3517, 3683, 3727, 3732, 3759)
1997 Ed. (929, 930, 996, 1283, 1818, 1819, 2137, 2637, 2648, 2655, 3131, 3363, 3563, 3564, 3572, 3573, 3575, 3576, 3578, 3579, 3580, 3586, 3587, 3588, 3590, 3591, 3592, 3593, 3597, 3598, 3600, 3601, 3602, 3612, 3613, 3614, 3615, 3616, 3617, 3618, 3619, 3620, 3621, 3624, 3786, 3850, 3888, 3895, 3896, 3915)
1996 Ed. (898, 899, 1237, 1644, 1720, 1721, 2015, 2495, 2506, 2516, 2536, 2701, 3264, 3511, 3519, 3524, 3527, 3530, 3531, 3532, 3533, 3534, 3535, 3536, 3538, 3539, 3540, 3546, 3547, 3548, 3550, 3551, 3552, 3553, 3557, 3558, 3560, 3561, 3562, 3563, 3567, 3568, 3573, 3574, 3575, 3576, 3577, 3667, 3798, 3840, 3847, 3848)
1995 Ed. (918, 919, 1281, 1993, 2269, 2449, 2458, 2468, 2479, 2481, 2623, 2852, 2856, 3171, 3299, 3448, 3451, 3452, 3453, 3454, 3455, 3456, 3458, 3459, 3460, 3464, 3465, 3466, 3469, 3470, 3471, 3472, 3476, 3477, 3478, 3479, 3480, 3481, 3482, 3486, 3487, 3492, 3493, 3494, 3495, 3498, 3501, 3591, 3712, 3741, 3748, 3749)
1994 Ed. (749, 870, 977, 1258, 1968, 2370, 2377, 2387, 2401, 2405, 2568, 3028, 3119, 3217, 3375, 3378, 3379, 3380, 3381, 3382, 3383, 3384, 3386, 3387, 3392, 3394, 3395, 3398, 3399, 3400, 3401, 3405, 3406, 3407, 3408, 3409, 3410, 3411, 3415, 3416, 3422, 3423, 3424, 3425, 3506, 3638)
1993 Ed. (315, 363, 413, 744, 870, 871, 1190, 1220, 1501, 1599, 2153, 2180, 2426, 2437, 2440, 2460, 2526, 2585, 2608, 3058, 3222, 3396, 3400, 3401, 3402, 3404, 3405, 3408, 3409, 3410, 3411, 3414, 3415, 3416, 3417, 3418, 3419, 3420, 3424, 3429, 3430, 3431, 3432, 3433, 3434, 3435, 3439, 3441, 3547, 3678, 3698, 3703, 3706, 3712)
1992 Ed. (439, 441, 933, 968, 971, 974, 976, 978, 1009, 1079, 1080, 2279, 2339, 2340, 2414, 2862, 2866, 2875, 2878, 2916, 2920, 2921, 2922, 2942, 2943, 2944, 2947, 3084, 3118, 3484, 3750, 3819, 4075, 4077, 4084, 4088, 4091, 4092, 4093, 4094, 4096, 4097, 4100, 4101, 4102, 4103, 4106, 4107, 4108, 4109, 4110, 4111, 4112, 4116, 4121, 4122, 4123, 4124, 4125, 4126, 4263, 4344, 4406, 4435, 4442, 4444, 4451, 4481)
1991 Ed. (320, 322, 786, 790, 792, 793, 794, 797, 881, 1157, 1811, 1853, 2314, 2360, 2361, 2362, 2363, 2364, 2396, 2397, 2475, 2768, 3177, 3179, 3187, 3188, 3190, 3191, 3197, 3198, 3203, 3204, 3337, 3460, 3481, 3486, 3487)
1990 Ed. (354, 356, 366, 402, 825, 826, 827, 828, 830, 834, 857, 859, 860, 1482, 2450, 2492, 2493, 2494, 2495, 2496, 2512, 2575, 3068, 3110, 3344, 3345, 3357, 3358, 3362, 3363, 3364, 3365, 3367, 3375, 3378, 3379, 3380, 3381, 3383, 3384, 3388, 3391, 3392, 3395, 3398, 3399, 3400, 3401, 3402, 3407, 3408, 3411, 3414, 3419, 3420, 3422, 3428, 3429, 3506, 3649, 3692)
1989 Ed. (1, 310, 318, 869, 870, 1190, 1507, 1736, 1900, 1908, 1909, 1910, 2242, 2529, 2531, 2533, 2535, 2546, 2560, 2612, 2621, 2895, 2913, 2928, 2930, 2934, 2935)
Michigan-Ann Arbor; University of
2008 Ed. (772, 776, 779, 789, 791, 793, 794, 795, 797, 1062, 1089, 2574, 2576, 3431, 3639, 3640)
2007 Ed. (803, 1181, 2447, 3330)
2005 Ed. (801, 1063, 2440, 3266, 3440)
Michigan Association of School Boards Schools Employers Trust
2006 Ed. (4201)
Michigan at Ann Arbor; University of
1996 Ed. (842, 845, 848, 849, 1048, 1683, 1684, 1689, 1690, 1691, 1694, 2457, 2461, 3192)
Michigan Bell
1993 Ed. (1480)
Michigan Bell Telephone Co.
1994 Ed. (1526)
1992 Ed. (1800)
1990 Ed. (1500)
Michigan Bulb
2007 Ed. (888)
Michigan Business School; University of Michigan
2006 Ed. (724)
Michigan Catastrophic Claims
1992 Ed. (3259)
Michigan Catastrophic Claims Association
1995 Ed. (2786, 2787)
Michigan Catholic
2005 Ed. (3602)
2004 Ed. (3687)
The Michigan Chronicle
2001 Ed. (3542)
2000 Ed. (3336)
Michigan Chronicle Publishing Co., Inc.
2005 Ed. (3602)
2004 Ed. (3687)
The Michigan Citizen
2001 Ed. (3542)
2000 Ed. (3336)
1999 Ed. (3617)
Michigan Community Bancorp Ltd.
2002 Ed. (1729)
Michigan Community Newspapers
2001 Ed. (3542)
2000 Ed. (3336)
1999 Ed. (3617)
1998 Ed. (2680)
Michigan Conference of Teamsters Welfare Fund
1991 Ed. (2760)
1990 Ed. (2896)
Michigan Consolidated Gas Co.
2005 Ed. (2724, 2725)
2001 Ed. (1683)
1999 Ed. (2573, 2578, 2579, 2580, 2581)
1998 Ed. (1813, 1818, 1819, 1820, 1821, 2775)
1997 Ed. (2127)
1996 Ed. (2000, 2007, 2009, 2010)
1995 Ed. (1984, 1985, 1986, 1987)
1994 Ed. (1959, 1960, 1961, 1962)
1993 Ed. (1933, 1934, 1935, 1936)
1992 Ed. (2263, 2271, 2273, 2274)
1991 Ed. (1802, 1804, 1805)
1990 Ed. (1887)
Michigan Department of Corrections
1997 Ed. (2056)
1996 Ed. (1953)
1995 Ed. (1917)
1994 Ed. (1889)
Michigan Department of Management & Budget
2006 Ed. (3950)
Michigan Department of Treasury
1996 Ed. (2942)
1991 Ed. (2690, 2694)
1990 Ed. (2784)
1989 Ed. (2162)
Michigan Dept. of Corrections
2000 Ed. (3617)
Michigan Economic Development Corp.
2003 Ed. (3245)
Michigan Educational Credit Union
2003 Ed. (1899)
2002 Ed. (1856)
Michigan First Credit Union
2003 Ed. (1897)
Michigan Group Inc.
1999 Ed. (3992)
1998 Ed. (2996)
Michigan Health Care Corp.
1992 Ed. (2457)
1991 Ed. (1933)
1990 Ed. (2055)
Michigan Heritage Bancorp Inc.
2004 Ed. (406)
Michigan HMO Inc.
1999 Ed. (2654)
Michigan HMO Inc. (OmniCare Health Plan)
1991 Ed. (1894)
Michigan HMO Inc. (OnmiCare Health Plan)
1992 Ed. (2390)
Michigan Hospitals & Health Centers; University of
2008 Ed. (3059)
2006 Ed. (2918)
Michigan Hospitals & Health System; University of
2008 Ed. (3055)
Michigan Hospitals; University of
1997 Ed. (2263, 2269)
1996 Ed. (2154)
1995 Ed. (2142)
1993 Ed. (2072)
1992 Ed. (2457)
1991 Ed. (1933)
Michigan Legislative Consultants
2001 Ed. (3156)
2000 Ed. (2991)
Michigan Medical Center; University of
2007 Ed. (2919, 2920, 2927, 2933)
2006 Ed. (2900, 2901, 2913, 2914)
2005 Ed. (2894, 2895, 2906, 2907, 2910)
Michigan, Michigan Business School; University of
2006 Ed. (724)
Michigan Municipal Bond
2001 Ed. (842)
Michigan Municipal Bond Authority
1993 Ed. (3099)
1990 Ed. (2648)
Michigan National Corp.
2002 Ed. (433, 437, 3022, 4294)
2001 Ed. (588, 4280)
1999 Ed. (384, 662, 3101)
1998 Ed. (286, 2307)
1997 Ed. (349)
1996 Ed. (359)
1994 Ed. (570, 3227, 3269)
1992 Ed. (526)
1991 Ed. (377, 389)
1990 Ed. (440, 444, 449, 2320)
1989 Ed. (394, 432)
Michigan National Bank
2002 Ed. (551)
2001 Ed. (583, 620)
2000 Ed. (510, 2922)
1999 Ed. (525)
1998 Ed. (358, 395)
1997 Ed. (334, 558)
1996 Ed. (605)
1995 Ed. (359, 388, 546, 3350)
1993 Ed. (358, 403, 568, 3279)
1992 Ed. (523, 563, 779, 3657)
1991 Ed. (2205)
1990 Ed. (636)
Michigan National Bank (Farmington Hills)
1991 Ed. (608)
Michigan National Bank/Independence One Capital Management Corp.
1995 Ed. (2389)
Michigan National/Grand Rapids
1989 Ed. (2155)
Michigan National Corp./Independence One Capital Management Corp.
2001 Ed. (3018)
2000 Ed. (384, 2846)
1996 Ed. (2421)
Michigan Retirement
2008 Ed. (2296, 2301, 2310, 2312, 2313, 2323)
2007 Ed. (2178, 2179, 2188, 2190, 2191)
2004 Ed. (2031, 2032, 2033)
2003 Ed. (1982, 1983, 1984)
2000 Ed. (3435, 3442, 3443, 3445)
1999 Ed. (3725, 3727, 3728)
1998 Ed. (2764)
Michigan Rivet Corp.
2001 Ed. (4924)
2000 Ed. (4432)
1999 Ed. (4812)
1998 Ed. (3762)
1997 Ed. (3917)
1996 Ed. (3880)
1995 Ed. (3795)
1991 Ed. (3515)
1990 Ed. (3707)
Michigan, Ross School of Business; University of
2008 Ed. (770, 773)
2007 Ed. (795, 796, 797, 808, 814, 815, 816, 817, 823, 824)
2006 Ed. (702, 707, 709, 710, 711, 727, 728)
Michigan Schools & Government Credit Union
2008 Ed. (2239)
Michigan Sporting Goods
1989 Ed. (2522)

Michigan State Attorney General
1993 Ed. (2623)
Michigan State Building Authority
2000 Ed. (3203)
1995 Ed. (2650)
1993 Ed. (2621)
Michigan State Hospital Finance Agency
2001 Ed. (842, 846)
Michigan State Hospital Finance Authority
1999 Ed. (3483)
1998 Ed. (2572)
1996 Ed. (2727)
1993 Ed. (2618)
Michigan State Hospital Financial Authority
1995 Ed. (2648)
Michigan State Housing Development Agency
2001 Ed. (842)
Michigan State Housing Development Authority
1995 Ed. (2192)
Michigan; State of
2005 Ed. (1755)
1996 Ed. (1542)
1995 Ed. (1559)
1994 Ed. (2765)
Michigan State Retirement
1998 Ed. (2767, 2768)
1997 Ed. (3017, 3021, 3023)
1996 Ed. (2929, 2932, 2935)
Michigan State University
2008 Ed. (2575)
2007 Ed. (2446)
2006 Ed. (723, 738, 2339)
2004 Ed. (830, 2669)
2002 Ed. (898, 901)
2001 Ed. (2488, 3255, 3257)
2000 Ed. (1034, 3068, 3073)
1999 Ed. (982, 1106, 3330)
1998 Ed. (3161)
1997 Ed. (3385)
1996 Ed. (3288)
1995 Ed. (3189)
1994 Ed. (816, 889, 1056)
1993 Ed. (3102)
1992 Ed. (3803)
1991 Ed. (892, 2928)
1990 Ed. (2053)
Michigan State University, Broad School of Business
2008 Ed. (777, 799)
2007 Ed. (824, 826)
2006 Ed. (740)
Michigan State University College of Osteopathic Medicine
2001 Ed. (3253)
Michigan State University Credit Union
2008 Ed. (2239)
2007 Ed. (2124)
2006 Ed. (2203)
2005 Ed. (2108)
2004 Ed. (1966)
2003 Ed. (1926)
2002 Ed. (1872)
Michigan State University Federal Credit Union
1998 Ed. (1226)
1997 Ed. (1563)
Michigan Strategic Fund
2001 Ed. (842)
1998 Ed. (2085)
1997 Ed. (2363, 2839)
1995 Ed. (1621, 2230)
1993 Ed. (2625)
Michigan Tech Employees Credit Union
2002 Ed. (1832)
Michigan Technological University
1995 Ed. (1054)
1994 Ed. (1046)
1993 Ed. (1019)
1992 Ed. (1271)
Michigan Treasury
2002 Ed. (3610, 3611, 3613, 3614, 3616)
2001 Ed. (3675, 3676, 3679)
Michigan Underground Storage Tank Authority
1998 Ed. (2085)
Michigan; University of
2008 Ed. (3864)
2007 Ed. (827, 828, 832, 834, 1165)
2006 Ed. (717, 719, 730, 731, 737, 738, 3785, 3948, 3957)
2005 Ed. (804, 809)
1997 Ed. (855, 858, 862, 864, 1065, 1067, 1764, 1765, 1771, 1772, 1773, 1775, 1776, 2602, 2603, 2607, 2632, 3297)
1995 Ed. (1073, 1701, 1702, 1707, 1708, 1709, 1712, 2422, 3091, 3095)
1994 Ed. (806, 810, 811, 818, 1060, 1654, 1655, 1660, 1661, 1662, 1664, 1665, 1713, 2358, 2743, 3046)
1993 Ed. (796, 802, 806, 1029, 1621, 1622, 1626, 1628, 1629, 1631, 2407, 3000)
1992 Ed. (997, 1003, 1007, 1281, 1970, 1971, 1975, 1977, 1978, 1980, 2848, 3663, 3669, 3803)
1991 Ed. (814, 815, 817, 821, 822, 916, 1004, 1565, 1566, 1570, 1573, 1575, 1577, 2295, 2833)
Michinoku Bank
2008 Ed. (439)
Michinori Shimizu
2000 Ed. (2171)
1999 Ed. (2389)
MicHlth
1990 Ed. (2749)
Mick Jagger; Sir
2005 Ed. (4894)
Mickelson; Phil
2008 Ed. (272)
Mickey
1996 Ed. (358)
1995 Ed. (339)
Mickey Levy
1989 Ed. (1753)
Mickey Mantle, 1952
1991 Ed. (702)
Mickey Mouse
2006 Ed. (649)
1992 Ed. (1064)
Mickey's
1998 Ed. (498, 3440)
1996 Ed. (780)
Mickey's ABCs
1995 Ed. (1101)
Micky Arison
2008 Ed. (935, 2639, 4833)
2007 Ed. (989, 4904)
2006 Ed. (899, 4909)
2005 Ed. (967, 4855)
2004 Ed. (4869)
2003 Ed. (4885)
2002 Ed. (3347)
Micom Communications
2000 Ed. (1168)
Micom Systems
1990 Ed. (1106, 2987)
1989 Ed. (963)
Micralyne Inc.
2008 Ed. (1549)
Micrel, Inc.
2002 Ed. (4288)
2000 Ed. (3387, 4042)
1999 Ed. (3667)
Micro Analysis & Design Inc.
2008 Ed. (4992)
2007 Ed. (3540, 4403, 4987, 4988, 4989)
2006 Ed. (1680, 3503, 3987, 4343, 4991, 4992)
2005 Ed. (4993, 4994)
Micro Cap Partners LP
2003 Ed. (3120, 3135)
Micro Center
2001 Ed. (1374)
Micro Electronics
2005 Ed. (4121)
2000 Ed. (1180)
1998 Ed. (859)
Micro Enterprise Bank
2005 Ed. (506)
Micro Focus
1995 Ed. (3098)
Micro Focus Group
1995 Ed. (201)
1992 Ed. (1627)
Micro League Inc.
2008 Ed. (4607)
Micro Machines
1992 Ed. (4328)
1990 Ed. (3620)
Micro Machines-Galoob
1991 Ed. (3409)
Micro Solutions Enterprises
2005 Ed. (3377)
Micro Technology
1999 Ed. (1651)
Micro-Tel Inc.
2000 Ed. (3146)
Micro Touch Systems
1996 Ed. (2886)
Micro W. A. R. Inc.
2008 Ed. (2056, 3730)
Micro Warehouse, Inc.
2003 Ed. (870)
2002 Ed. (946, 1132)
2001 Ed. (1134, 1135, 2184)
2000 Ed. (993, 995, 1159, 3023)
1999 Ed. (1043, 1044, 1260, 1266, 3288, 4313)
1998 Ed. (651, 653, 820, 2426, 3086)
1997 Ed. (914, 3518)
MicroAge Inc.
2003 Ed. (803, 1608, 4927)
2002 Ed. (1567, 1576, 4879, 4898)
2001 Ed. (1610, 1611)
2000 Ed. (1181, 1384)
1999 Ed. (1274, 1563, 2694)
1998 Ed. (858, 1060, 1062, 1126, 1956, 1957)
1997 Ed. (1354)
1996 Ed. (1291)
1995 Ed. (2819, 3289, 3301, 3318)
MicroAge Computer Center
1995 Ed. (1115)
1994 Ed. (1098)
MicroAge Computer Stores
1989 Ed. (984)
MicroAge InfoSystems Services
1998 Ed. (862)
MicroAge, Inc. (Tempe, AZ)
1991 Ed. (1037)
Microband Wireless Cable
1995 Ed. (3777)
MicroCAD Solutions
1998 Ed. (606)
Microcell Telecommunications Inc.
2003 Ed. (2937, 2939, 2941, 4697)
Microchip
2001 Ed. (2158)
Microchip Technology Inc.
2007 Ed. (4349)
2006 Ed. (2395, 4285)
2005 Ed. (2340)
2004 Ed. (1105, 1756)
2003 Ed. (1719, 2198)
2002 Ed. (2081)
2001 Ed. (3300)
1998 Ed. (1532)
1997 Ed. (1822, 1823)
1995 Ed. (3162, 3201)
Microcom
1998 Ed. (2519)
1990 Ed. (2595, 2596)
Microdyne
1996 Ed. (1762)
MicroEnergy Inc.
1992 Ed. (1131)
Microfibres
2000 Ed. (4244)
1996 Ed. (3682)
1995 Ed. (1954, 3607)
Microfinance Bank of Georgia
2004 Ed. (471)
MicroFinancial
2008 Ed. (1916)
Microforum Inc.
2003 Ed. (2937, 2938)
2001 Ed. (2863)
Microgenics
1993 Ed. (1514)
Micrografx Inc.
1992 Ed. (3821)
Micrographics Equipment
1992 Ed. (3070)
Micrographics Equipment Maintenance
1992 Ed. (3070)
Micrographics Software
1992 Ed. (3070)
Micrographics Supplies
1992 Ed. (3070)
Micromachines
1992 Ed. (4329)
Micromuse Inc.
2004 Ed. (2778)
2002 Ed. (1502, 1551, 2808)
Micron
2001 Ed. (3296)
2000 Ed. (3703, 3704, 3705, 3994)
1999 Ed. (4271, 4273)
1998 Ed. (3278)
Micron Custom Manufacturing
1998 Ed. (933)
Micron Electronics Inc.
2003 Ed. (1691, 1692)
2001 Ed. (1134, 1729, 2170)
2000 Ed. (993, 3023)
1999 Ed. (1043, 3288)
Micron Government Computer Systems Inc.
2003 Ed. (1355)
Micron Technology Inc.
2008 Ed. (1793, 1794, 1795, 2136, 2138, 2462, 3861, 4309)
2007 Ed. (1766, 1767, 2260, 2338, 3381, 3782, 4348, 4350, 4356, 4700)
2006 Ed. (1757, 1758, 1759, 2077, 2392, 2395, 4280, 4281, 4282, 4283, 4286, 4472)
2005 Ed. (1786, 1787, 2331, 2337, 2340, 3697, 3699, 4340, 4342, 4344, 4352, 4464)
2004 Ed. (1585, 1727, 1728, 2231, 2236, 3778, 3780, 4398, 4399, 4401, 4405)
2003 Ed. (1583, 1691, 1692, 1693, 2193, 2198, 3753, 3756, 4376, 4378, 4380, 4386, 4387, 4543)
2002 Ed. (1039, 1528, 1529, 1666, 2081, 3334, 3335, 4256, 4258, 4876)
2001 Ed. (1040, 1071, 1728, 1729, 2133, 4214, 4215, 4449)
2000 Ed. (1453, 3327, 3992, 3993)
1999 Ed. (1262, 1502, 1542, 1550, 1652, 3608, 3609, 4270, 4282)
1998 Ed. (831, 1061, 1068, 1115, 1143, 2676)
1997 Ed. (1081, 1083, 1109, 1285, 1288, 1289, 1292, 1293, 1313, 1427, 1452, 1822, 1823, 2166, 3251, 3253, 3639, 3640)
1996 Ed. (1066, 1069, 1274, 1396, 2608)
1995 Ed. (1086, 1272, 1283, 1285, 1289, 1414)
1994 Ed. (2995, 2996, 3199, 3200)
1993 Ed. (1049, 3004, 3211, 3213)
1992 Ed. (1308, 1922, 1924, 3673, 3915)
1991 Ed. (1021, 1513, 1514, 1529, 1530, 1531, 2660, 3081, 3082, 2655)
1990 Ed. (1614, 1618, 2751, 3229, 3233)
Micronas Semiconductor Holding AG
2007 Ed. (2005)
Micronetics Wireless Inc.
2005 Ed. (1559)
Micronic Laser Systems AB
2008 Ed. (2092)
2007 Ed. (1999)
Micropac Industries Inc.
2006 Ed. (2042)
Microphones
1994 Ed. (2591)
Micropolis
1997 Ed. (1827)
1994 Ed. (1548)
1993 Ed. (1052)
1992 Ed. (1312, 1314, 1833, 3682)
1991 Ed. (1024, 1029, 1442, 2853)
1990 Ed. (1118, 1125, 1127, 2202, 2750, 2997)
1989 Ed. (970, 971, 980, 2308)

MicroProbe
1996 Ed. (2887)
Microretailing Inc.
1999 Ed. (2675, 2678, 2683)
1998 Ed. (1940, 3711)
1997 Ed. (3872)
1996 Ed. (3823)
1995 Ed. (2108, 3142)
Micros Systems Inc.
2008 Ed. (1127, 1901, 3216)
2007 Ed. (1264, 3075)
2006 Ed. (3042)
2005 Ed. (2860, 2861, 3039)
2004 Ed. (2852, 2853)
1993 Ed. (2009)
Microscience International
1990 Ed. (2002)
Microsemi Corp.
2006 Ed. (3365)
1991 Ed. (1522)
1990 Ed. (1621)
Microsim
1997 Ed. (1105)
Microsoft Corp.
2008 Ed. (100, 136, 641, 655, 656, 663, 764, 765, 806, 816, 817, 818, 1043, 1046, 1049, 1050, 1115, 1119, 1120, 1125, 1128, 1129, 1130, 1131, 1141, 1143, 1145, 1147, 1148, 1153, 1154, 1155, 1156, 1157, 1158, 1406, 1472, 1528, 1538, 1711, 1714, 1815, 1816, 1826, 1845, 1851, 1852, 2013, 2014, 2015, 2017, 2018, 2019, 2136, 2138, 2142, 2143, 2144, 2146, 2164, 2165, 2166, 2450, 2453, 2475, 3015, 3354, 3374, 4140, 4262, 4268, 4526, 4528, 4542, 4610, 4632, 4667, 4808)
2007 Ed. (154, 683, 691, 692, 696, 838, 851, 852, 853, 855, 859, 860, 1211, 1215, 1217, 1226, 1227, 1228, 1229, 1230, 1231, 1233, 1241, 1242, 1243, 1244, 1245, 1247, 1249, 1252, 1255, 1256, 1257, 1258, 1260, 1448, 1449, 1478, 1541, 1543, 1545, 1547, 1557, 1562, 1584, 1692, 1785, 1807, 1812, 1813, 1814, 1815, 1816, 1817, 1923, 2043, 2044, 2055, 2056, 2057, 2326, 2327, 2862, 2892, 3054, 3061, 3071, 3222, 3690, 3986, 4234, 4280, 4553, 4554, 4570, 4586, 4703)
2006 Ed. (163, 654, 692, 744, 758, 759, 761, 833, 1110, 1111, 1113, 1119, 1120, 1121, 1122, 1123, 1124, 1125, 1127, 1132, 1135, 1136, 1137, 1138, 1141, 1142, 1143, 1144, 1145, 1457, 1466, 1467, 1468, 1469, 1470, 1482, 1516, 1517, 1518, 1519, 1526, 1527, 1531, 1774, 1776, 1800, 1805, 1807, 1808, 1809, 2071, 2072, 2077, 2078, 2082, 2098, 2099, 2100, 2101, 2385, 2869, 3028, 3039, 3108, 3183, 3187, 3688, 3695, 3697, 4079, 4218, 4576, 4577, 4589, 4607)
2005 Ed. (739, 740, 742, 793, 818, 831, 832, 834, 836, 924, 1107, 1108, 1121, 1125, 1130, 1131, 1132, 1133, 1134, 1135, 1141, 1143, 1146, 1147, 1148, 1152, 1154, 1155, 1577, 1578, 1580, 1625, 1627, 1628, 1629, 1630, 1637, 1638, 1642, 1800, 1802, 1804, 1805, 1812, 1818, 1819, 1820, 1821, 1824, 1825, 1998, 1999, 2000, 2329, 2863, 3036, 3176, 3196, 3370, 3695, 4038, 4040, 4164, 4463, 4501, 4502, 4504)
2004 Ed. (762, 809, 844, 857, 859, 862, 1103, 1104, 1116, 1122, 1123, 1124, 1125, 1126, 1127, 1128, 1129, 1130, 1131, 1132, 1133, 1562, 1569, 1597, 1598, 1603, 1605, 1606, 1612, 1613, 1741, 1743, 1752, 1753, 1754, 1757, 1882, 1883, 1884, 2206, 2229, 2258, 2262, 3662, 3776, 4099, 4483, 4554, 4557, 4575, 4688, 4698)
2003 Ed. (752, 803, 815, 818, 1095, 1101, 1105, 1106, 1107, 1108, 1109, 1111, 1112, 1118, 1119, 1120, 1121, 1122, 1522, 1524, 1525, 1526, 1527, 1544, 1545, 1551, 1560, 1570, 1577, 1579, 1587, 1591, 1705, 1706, 1707, 1711, 1712, 1716, 1717, 1720, 1847, 1848, 1849, 2181, 2241, 2242, 2253, 2603, 2943, 3020, 3301, 3673, 3751, 4073, 4559, 4566, 4567)
2002 Ed. (33, 227, 915, 916, 1137, 1139, 1146, 1147, 1149, 1150, 1151, 1152, 1484, 1529, 1534, 1535, 1536, 1539, 1540, 1546, 1554, 1564, 1565, 1681, 1686, 1688, 1689, 1690, 1693, 1796, 2076, 2101, 2109, 2810, 3247, 3248, 3484, 3485, 3966, 4350, 4518, 4871, 4882)
2001 Ed. (1068, 1071, 1073, 1076, 1348, 1359, 1362, 1363, 1364, 1365, 1367, 1542, 1568, 1570, 1574, 1581, 1585, 1587, 1588, 1590, 1591, 1599, 1601, 1603, 1684, 1741, 1748, 1749, 1750, 1896, 1897, 1977, 1978, 2198, 2848, 2860, 2868, 3534, 4043, 4195, 4777, 4778, 4781)
2000 Ed. (932, 933, 934, 937, 953, 967, 1156, 1160, 1163, 1170, 1172, 1173, 1174, 1175, 1176, 1331, 1332, 1334, 1335, 1339, 1342, 1369, 1370, 1377, 1380, 1426, 1427, 1428, 1429, 1430, 1431, 1470, 1479, 1480, 1582, 1737, 1738, 1739, 1740, 1743, 1751, 2453, 2643, 2747, 2748, 2749, 2990, 3368, 3388, 3389, 3390, 3757, 3758, 4092, 4382)
1999 Ed. (795, 986, 987, 991, 1073, 1255, 1256, 1259, 1264, 1271, 1273, 1277, 1278, 1281, 1282, 1283, 1284, 1286, 1475, 1476, 1478, 1485, 1490, 1492, 1494, 1496, 1526, 1527, 1529, 1533, 1538, 1539, 1540, 1545, 1546, 1600, 1620, 1623, 1624, 1625, 1663, 1681, 1682, 1750, 1958, 1959, 1962, 1965, 2875, 2877, 3470, 3643, 3644, 3646, 3648, 3669, 3670, 3671, 3672, 3673, 4387, 4391, 4488, 4496, 4498)
1998 Ed. (562, 570, 571, 824, 826, 833, 840, 841, 842, 843, 844, 855, 1043, 1044, 1046, 1050, 1057, 1061, 1063, 1064, 1070, 1081, 1085, 1099, 1100, 1101, 1104, 1106, 1108, 1111, 1192, 2703, 2719, 2720, 2721, 2722, 2723, 2930, 3119, 3411, 3413, 3416, 3708, 3774, 3777, 3777)
1997 Ed. (30, 712, 1078, 1082, 1086, 1087, 1107, 1108, 1277, 1282, 1288, 1289, 1294, 1311, 1321, 1323, 1329, 1341, 1347, 1400, 1401, 1402, 1403, 1405, 1529, 2205, 2372, 2976, 2978, 2979, 3294)
1996 Ed. (2105)
1995 Ed. (20, 21, 1088, 1089, 1097, 1110, 1111, 1114, 1315, 1317, 1327, 1331, 1391, 1393, 2240, 2251, 2255, 2821, 3304, 3305, 3307, 3366)
1994 Ed. (1091, 1092, 1093, 1096, 1097, 1250, 1614, 2017, 2186, 2208, 2705, 2707, 2708, 2712, 2715, 3219, 3222, 3223, 3224, 3228, 3287, 3445, 3446, 3447)
1993 Ed. (1056, 1069, 1070, 1072, 1073, 1576, 2166, 2750, 2751, 2755, 2756, 2757, 3003, 3004, 3215, 3217, 3225, 3226, 3228, 3295, 3462, 3466, 3468, 3469)
1992 Ed. (1327, 1328, 1329, 1330, 1332, 1333, 1922, 1923, 1924, 2104, 3312, 3313, 3317, 3318, 3672, 3684, 3919, 3924, 3925, 4145, 4147)
1991 Ed. (169, 1034, 1035, 1036, 1202, 1513, 1514, 1529, 1530, 1531, 2077, 2654, 2659, 2840, 2841, 2855, 2656)
1990 Ed. (1119, 1135, 1136, 1137, 1328, 1614, 1626, 1631, 2211, 2734, 2751, 2752, 3136, 3260, 3343)
1989 Ed. (1323, 2101)
Microsoft Access
1995 Ed. (1109)
Microsoft/Alps
1992 Ed. (3120)
Microsoft BCentral
2004 Ed. (2213)
2003 Ed. (2159, 3037)
2002 Ed. (4878)
Microsoft Bookshelf
1997 Ed. (1098)
1996 Ed. (887, 1079)
1994 Ed. (874)
Microsoft Canada Co.
2008 Ed. (1639, 2945, 3497)
2007 Ed. (2820)
2006 Ed. (2818)
2005 Ed. (1716)
2003 Ed. (1115)
Microsoft DOS 6.x
1997 Ed. (1090)
Microsoft Encarta
1997 Ed. (1098)
1996 Ed. (887, 1079, 1083, 1084)
1995 Ed. (1101, 1106)
Microsoft Excel
1995 Ed. (1108, 1109)
1992 Ed. (4056)
Microsoft Excel Upgrade
1996 Ed. (1077)
Microsoft Flight Simulator
1997 Ed. (1097)
1996 Ed. (1080)
1995 Ed. (1102)
Microsoft Flight Simulator 5.0
1995 Ed. (1083)
Microsoft FoxPro
1995 Ed. (1109)
Microsoft Greetings Workshop
1998 Ed. (853)
Microsoft Internet Explorer
1999 Ed. (4749)
Microsoft Licensing
2005 Ed. (1898)
Microsoft Magic School Bus: Oceans
1998 Ed. (848)
Microsoft Mail
1994 Ed. (1621)
Microsoft Money
1998 Ed. (853)
MICROSOFT Network
1999 Ed. (32, 2999)
1997 Ed. (2963)
Microsoft Network (MSN)
2002 Ed. (2993)
Microsoft Office
1997 Ed. (1104)
1995 Ed. (1109)
Microsoft Office Upgrade
1997 Ed. (1100)
1996 Ed. (1077, 1082)
Microsoft Plus
1998 Ed. (846)
1997 Ed. (1090, 1093, 1100, 1103)
Microsoft Publisher
1998 Ed. (847, 853)
1997 Ed. (1092)
1995 Ed. (1104)
Microsoft (U.K.)
2007 Ed. (2024)
Microsoft Windows
2002 Ed. (768)
2000 Ed. (1171)
Microsoft Windows for Workgroups Add-On
1996 Ed. (1082)
Microsoft Windows 95 Upgrade
1998 Ed. (846, 847)
1997 Ed. (1093, 1100)
Microsoft Windows NT Operating System
1998 Ed. (3771)
Microsoft Windows Office
1999 Ed. (1279)
Microsoft Windows 3.1
1996 Ed. (1082)
1995 Ed. (1104)
Microsoft Word
1995 Ed. (1107, 1109)
1994 Ed. (3673)
1992 Ed. (4490)
Microsoft Word Upgrade
1997 Ed. (1100)
1996 Ed. (1077, 1082)
1995 Ed. (1104)
Microsoft Works
1998 Ed. (853)
1997 Ed. (1093, 1100)
Microsoft Xbox
2008 Ed. (4704)
2007 Ed. (4785)
2006 Ed. (4779)
2005 Ed. (4725)
2004 Ed. (4748)
Microsoft.com
2005 Ed. (3197)
Microsoft.net
2004 Ed. (2223)
MicroStar
2006 Ed. (1236)
MicroStrategy Inc.
2008 Ed. (3216)
2007 Ed. (3075)
2006 Ed. (3042)
2005 Ed. (3039, 4505)
2001 Ed. (2190)
Microtech-Tel Inc.
2002 Ed. (3374)
MicroTek
2005 Ed. (2271)
Microtek Medical
2006 Ed. (4330, 4335)
Microtel
2000 Ed. (2551)
1999 Ed. (2774)
1998 Ed. (2015)
Microtel Inn
2001 Ed. (2780)
Microtel Inns & Suites
2003 Ed. (2852)
Microvision, Inc.
2003 Ed. (2744)
MicroVoice Applications
1996 Ed. (3455)
MicroWarehouse
2002 Ed. (2990)
microwarehouse.com
2001 Ed. (2978, 2980)
Microwavable Popcorn
2000 Ed. (4066)
1992 Ed. (3997)
1991 Ed. (3149)
1990 Ed. (3307, 3308)
Microwave
1999 Ed. (4345)
Microwave Butter Lovers popcorn
1999 Ed. (4345)
Microwave Bypass Systems Inc.
1996 Ed. (2535)
Microwave cookware
1992 Ed. (2354)
1990 Ed. (1960)
Microwave Networks
1997 Ed. (1234, 2206)
Microwave oven
1991 Ed. (1964)
Microwave ovens
2005 Ed. (2755)
2000 Ed. (2583)
1998 Ed. (2047, 2224)
1996 Ed. (2192)
Microwave popcorn
1997 Ed. (3531)
Microwave Transmission Systems Inc.
2004 Ed. (4588)
Microwave Transmissions Systems Inc.
2004 Ed. (4583)
Mid Adlantic Medical Services
1997 Ed. (2166)
Mid Am Inc.
1994 Ed. (1223)

Mid-America
1992 Ed. (3264)
Mid-America Apartment Communities
2008 Ed. (2102)
2007 Ed. (283)
2006 Ed. (280)
2003 Ed. (4059)
2002 Ed. (3928)
Mid-America Bancorp
2003 Ed. (545)
Mid America Bank FSB
2008 Ed. (4674)
2007 Ed. (2866, 4750)
2006 Ed. (2872, 4736)
2002 Ed. (4620)
2001 Ed. (4527)
2000 Ed. (4248)
Mid-America Dairymen Inc.
2000 Ed. (1641)
1999 Ed. (197, 1813, 2472)
1998 Ed. (1240, 1713)
1997 Ed. (177, 2039)
1995 Ed. (1460)
1994 Ed. (1423)
1993 Ed. (1370, 1457)
Mid America Federal Savings & Loan
1990 Ed. (3101)
1989 Ed. (2356)
Mid America Federal Savings Bank
1999 Ed. (4598)
1998 Ed. (3154, 3528, 3543)
1996 Ed. (3284)
1995 Ed. (3184)
1992 Ed. (3799)
1991 Ed. (2920)
Mid America FSB
1997 Ed. (3381)
Mid America Group Inc.
2000 Ed. (1779)
1999 Ed. (2001)
1998 Ed. (1427)
Mid-America Pipeline Co.
2003 Ed. (3882)
2001 Ed. (3800)
2000 Ed. (2311)
1999 Ed. (3830, 3831, 3834, 3835)
1998 Ed. (2859, 2860, 2862, 2864)
1997 Ed. (3123, 3124)
1996 Ed. (3039, 3042)
1995 Ed. (2941, 2948)
1994 Ed. (2875, 2878)
1993 Ed. (2854)
1992 Ed. (3462, 3469)
1991 Ed. (2742, 2747, 2748)
1990 Ed. (2869)
1989 Ed. (2232)
Mid-America Trucking Show
2005 Ed. (4733)
2001 Ed. (4610)
Mid American Credit Union
2008 Ed. (2233)
2007 Ed. (2118)
2006 Ed. (2197)
2005 Ed. (2102)
2004 Ed. (1960)
2003 Ed. (1895, 1897, 1920)
2002 Ed. (1866)
Mid American Group Inc.
2008 Ed. (3239, 3246)
2007 Ed. (3098)
2006 Ed. (3078)
2005 Ed. (3077)
2004 Ed. (3067)
2002 Ed. (2857)
Mid-American Waste Systems
1998 Ed. (478, 2678)
1994 Ed. (2669)
1993 Ed. (2875)
Mid-Atlantic
2000 Ed. (4161)
1997 Ed. (2207)
1990 Ed. (2654)
1989 Ed. (2032)
Mid-Atlantic Cars
1999 Ed. (328)
Mid Atlantic Corporate Center
2000 Ed. (2626)
1992 Ed. (2597)
Mid-Atlantic Group Network of Shared Services
2006 Ed. (2771)
Mid Atlantic Medical
1998 Ed. (1905)
1996 Ed. (2081)
1993 Ed. (2021)
Mid Atlantic Medical Services
2006 Ed. (1441)
2005 Ed. (2800)
1999 Ed. (2640)
1997 Ed. (2184)
1995 Ed. (2058, 2083, 2818)
1994 Ed. (2702, 3442)
Mid Atlantic Medical Srvices
1995 Ed. (3517)
Mid-Atlantic Petroleum Properties LLC
2008 Ed. (2965)
Mid-Atlantic Realty Advisors
1991 Ed. (2228, 2240)
Mid-cap value
2006 Ed. (2509)
2003 Ed. (3500)
Mid-Century Insurance Co.
2003 Ed. (3010)
2002 Ed. (2872)
Mid City Bank
1995 Ed. (3394)
1994 Ed. (3332)
Mid City Bank N.A.
1992 Ed. (3996)
Mid City Medical Center
2008 Ed. (1889)
2007 Ed. (1857)
2006 Ed. (1854)
Mid-City National
1990 Ed. (590)
Mid City National Bank of Chicago
2001 Ed. (609)
Mid-Columbia Medical Center
2005 Ed. (1925, 1926, 1931)
Mid-Continent Pipe Line Co.
1996 Ed. (3039)
Mid-Continental Restoration Co.
2006 Ed. (1254, 1256)
Mid East
1997 Ed. (3266)
Mid-Florida Credit Union
2008 Ed. (2225)
Mid-Island Credit Union
2008 Ed. (2264)
2007 Ed. (2149)
2006 Ed. (2228)
2005 Ed. (2133)
2004 Ed. (1991)
2003 Ed. (1951)
2002 Ed. (1897)
Mid Maine Savings Bank, F.S.B.
1995 Ed. (206)
Mid-Med Bank Ltd.
2000 Ed. (604)
1999 Ed. (588)
1997 Ed. (552)
1996 Ed. (599)
1995 Ed. (540)
1994 Ed. (564)
1993 Ed. (562)
1992 Ed. (772)
1991 Ed. (603)
Mid-Med Bank Limited
1989 Ed. (615)
Mid-Mountain Foods
2000 Ed. (2388)
1998 Ed. (1873)
1996 Ed. (2050)
1995 Ed. (2052, 2054)
1994 Ed. (1998, 2003)
1993 Ed. (3487, 3491)
Mid North Coast Health
2004 Ed. (1641)
Mid Ocean Reinsurance Co. Ltd.
1994 Ed. (861)
Mid Ohio Employment Services
2008 Ed. (3726, 4421, 4977)
2007 Ed. (3589)
Mid-South Industries
2005 Ed. (1273)
2004 Ed. (2859)
Mid South Tool Supply Co.
1994 Ed. (2178)
Mid-State Bancorp, Pa.
1989 Ed. (2155, 2159)
Mid-State Bank
1996 Ed. (3164)
Mid State Construction Co.
2008 Ed. (1312)
2007 Ed. (1379)
Mid-State Trust II
1990 Ed. (3186)
Mid States Wireless Inc.
2007 Ed. (3587, 4439)
2006 Ed. (3532, 4371)
Mid Valley Athletic Club
2000 Ed. (2424)
Mid-Valley Pipeline Co.
2004 Ed. (1837, 3904)
Mid-West Materials
2007 Ed. (3588, 3589, 4440)
2006 Ed. (3533)
Mid-West U.S.
1997 Ed. (2207)
Mid-Wisconsin Bank
1993 Ed. (508)
Mid Wits
1995 Ed. (2584)
1993 Ed. (2578)
MidAmerica Bank
2006 Ed. (2602)
MidAmerica Commodity Exchange
2006 Ed. (2683)
2005 Ed. (2706, 2708)
2004 Ed. (2713)
2003 Ed. (2598, 2600)
2001 Ed. (1333, 1334)
1999 Ed. (1247)
1998 Ed. (815, 816)
1996 Ed. (1057)
1994 Ed. (1071, 1072)
1993 Ed. (1039, 1040)
MidAmerica Federal Savings Bank
1994 Ed. (3142)
MidAmerica High Yield
1992 Ed. (3187)
1991 Ed. (2563)
MidAmerica Industrial Park
1994 Ed. (2189)
MidAmerican Energy Co.
2008 Ed. (1856)
2007 Ed. (1819)
2006 Ed. (1812)
2004 Ed. (1760)
2003 Ed. (1723)
2001 Ed. (1753)
MidAmerican Energy Holdings Co.
2008 Ed. (1856)
2007 Ed. (1819)
2006 Ed. (1812)
2005 Ed. (1827)
2004 Ed. (1447, 1760)
2003 Ed. (1723)
2002 Ed. (3711)
2001 Ed. (1753, 2233)
2000 Ed. (2312, 3673)
MidAmerican Funding LLC
2008 Ed. (1856)
2007 Ed. (1819)
2006 Ed. (1812)
2005 Ed. (1827)
MidAmerican Holdings Co.
2001 Ed. (1803)
MidAmerican Power Co.
2001 Ed. (2146)
Midas Inc.
2007 Ed. (3418)
2001 Ed. (532)
1997 Ed. (2879)
Midas Auto Service Experts
2006 Ed. (352)
2005 Ed. (331)
2004 Ed. (328)
2003 Ed. (347)
Midas Fund
1999 Ed. (3582)
Midas Furniture Centre
2006 Ed. (62)
Midas High Yield Fund, Cayman Island
2003 Ed. (3151)
Midas International Corp.
2008 Ed. (317)
2007 Ed. (330)
2006 Ed. (345)
2002 Ed. (57, 402)
Midatlantic Corp.
1995 Ed. (587)
Midcap SPDR Trust
2004 Ed. (3172)
MidCity Financial Corp.
2002 Ed. (3551, 3552, 3557)
Midcoast Seamless Gutters
2008 Ed. (1896)
2007 Ed. (1862)
2006 Ed. (1858)
2005 Ed. (1851)
2004 Ed. (1785)
MIDCOM Communication
1999 Ed. (3675)
MidCon
2001 Ed. (1553)
Middle Atlantic U.S.
2008 Ed. (3483)
Middle Atlantic Warehouse Distributor Inc.
2006 Ed. (329)
2005 Ed. (311)
Middle East
2008 Ed. (728, 3375, 3742)
2007 Ed. (3247, 3619)
2006 Ed. (3178, 3551, 4683)
2005 Ed. (791, 792, 3199)
2003 Ed. (544, 3854)
2001 Ed. (516, 517, 1098, 1192, 1193, 3371, 3372, 3857, 4374)
2000 Ed. (350)
1999 Ed. (189, 2488, 4039)
1998 Ed. (1241, 1807, 2312, 3773)
1997 Ed. (1806)
1996 Ed. (325, 936, 1466, 1730)
1995 Ed. (963)
1994 Ed. (189)
1993 Ed. (1721, 1928, 2027, 2845)
1992 Ed. (2999, 3294, 3295, 3446, 3555, 4195)
1991 Ed. (1799)
1990 Ed. (3439)
Middle East & Africa
2000 Ed. (3830)
Middle East Bank
1999 Ed. (566)
1992 Ed. (599)
1991 Ed. (443)
1990 Ed. (495)
1989 Ed. (472)
Middle East Bank Kenya Ltd.
1991 Ed. (582)
Middle East Banking Co. SAL
1992 Ed. (757)
1991 Ed. (588)
Middle management
2001 Ed. (2994)
Middle South Utilities
1990 Ed. (1606, 1607, 3247, 3253)
1989 Ed. (1302, 1303, 2643)
Middle Tennessee State University
1990 Ed. (1084)
Middle Village
2000 Ed. (1623, 1624)
Middle Village Credit Union
2008 Ed. (2208)
2006 Ed. (2156, 2166, 2169)
2005 Ed. (2063, 2072, 2075)
2004 Ed. (1932, 1935)
2003 Ed. (1888, 1895, 1898)
2002 Ed. (1827, 1834, 1837)
1998 Ed. (1216, 1217)
1996 Ed. (1504, 1505)
Middleberg & Associates
2002 Ed. (3828)
Middleberg Euro RSCG
2004 Ed. (3985, 4012, 4021)
2003 Ed. (3975, 3977, 3979, 3980, 4007)
Middleburg & Associates
2002 Ed. (3821)
Middleburg Euro RSCG
2002 Ed. (3842)
Middleburg Financial Corp.
2008 Ed. (2701)
Middlebury College
2008 Ed. (1067, 1068)
2001 Ed. (1316, 1318, 1328)
2000 Ed. (1136)
1999 Ed. (1227)
1998 Ed. (798)
1997 Ed. (1052)
1995 Ed. (1051)
1994 Ed. (1043)

1993 Ed. (1016)
1992 Ed. (1268)
Middlebury6 College
2008 Ed. (1057)
Middleby Corp.
2008 Ed. (4352)
2007 Ed. (2744, 4395)
2005 Ed. (4813, 4814)
2004 Ed. (4826, 4827)
1992 Ed. (1131)
Middlefield Ventures Inc.
2003 Ed. (1626)
Middlehurst; Francis
1997 Ed. (2003)
1996 Ed. (1913)
Middlesex
2006 Ed. (640)
2002 Ed. (1260)
Middlesex Business Center
1997 Ed. (2377)
Middlesex County
1993 Ed. (1435)
Middlesex County College
2002 Ed. (1108)
2000 Ed. (1145)
1999 Ed. (1236)
1998 Ed. (808)
Middlesex County, MA
2004 Ed. (794)
2003 Ed. (3438)
1999 Ed. (1779, 2997)
1996 Ed. (2538)
1995 Ed. (2483)
1994 Ed. (1482, 2407)
Middlesex County Utilities Authority, NJ
1993 Ed. (2624)
Middlesex Hospital
2006 Ed. (2919)
Middlesex, MA
1989 Ed. (1926)
Middlesex, NJ
2003 Ed. (973)
Middlesex Savings Bank
1998 Ed. (3550)
Middlesex/Somerset counties, NJ
1996 Ed. (2207)
Middlesex-Somerset-Hunterdon, NJ
2005 Ed. (2050, 2455, 2990, 3472)
2004 Ed. (981, 2424, 2426, 2984, 3456, 3460, 3461, 3465, 3471, 4787)
2003 Ed. (2346, 3390, 3394, 3395, 3400, 3405)
2002 Ed. (2762, 3332)
2001 Ed. (2280, 2283, 2358)
2000 Ed. (1070, 2605, 2615, 3118, 3765, 4364)
1999 Ed. (2689, 3376, 4057)
1998 Ed. (2481, 3057, 3706)
1997 Ed. (2355, 2359, 2761, 3303)
1996 Ed. (238, 2223, 2230, 2618, 3207)
1995 Ed. (245, 2221, 3111)
1994 Ed. (717, 2171, 2173, 3066)
1993 Ed. (2147, 2150)
1992 Ed. (370, 2582, 2585, 3697)
1991 Ed. (2008, 2011)
1990 Ed. (291, 2155, 2164, 2167, 2607)
1989 Ed. (1643)
Middlesex-Somerset, NJ
2005 Ed. (2376)
1995 Ed. (242, 243)
1994 Ed. (2149)
Middlesex Water Co.
2005 Ed. (4838, 4839)
2004 Ed. (4854, 4855)
Middleton & Gendron
2002 Ed. (3836)
2000 Ed. (3641)
1999 Ed. (3925)
Middleton, CT
1995 Ed. (3778)
Middletons Moore & Bevins
2003 Ed. (3180)
Middletown Press
1990 Ed. (2710)
1989 Ed. (2064)
Mideast
2000 Ed. (3548)
1990 Ed. (2169)
Mideast Countries
1992 Ed. (3014)
Midfield Dodge-Jeep
2005 Ed. (169)
Midfield Pastoral
2004 Ed. (4923)
Midfirst Bank
2007 Ed. (388, 1182, 3636, 4243, 4247, 4248)
2006 Ed. (403, 3571, 4242)
2005 Ed. (451, 3502, 3511, 4212, 4217)
2004 Ed. (3507, 4279, 4284)
2003 Ed. (4278)
2002 Ed. (4132)
1998 Ed. (3562)
Midfirst Credit Union
2005 Ed. (2121)
2004 Ed. (1979)
2003 Ed. (1939)
2002 Ed. (1885)
Midfirst Savings
1990 Ed. (2471, 3128)
Midi
1990 Ed. (3460)
Midi Pyrenees
1996 Ed. (513)
1994 Ed. (488)
Midisoft
1995 Ed. (3201)
Midland Co.
2008 Ed. (2371)
1997 Ed. (2731)
1996 Ed. (519)
1992 Ed. (1102)
1990 Ed. (552, 553, 555, 556, 558, 583)
Midland Advisory Services
1998 Ed. (2278)
1997 Ed. (2530)
Midland & Scottish Res.
1993 Ed. (1323)
Midland Bank
1994 Ed. (450, 495, 1227, 1402)
1992 Ed. (687, 1628, 3901)
1991 Ed. (510, 511, 504, 533)
1989 Ed. (534, 545)
Midland Bank & Trust Co. (Cayman) Ltd.
1992 Ed. (1059)
1991 Ed. (854)
1990 Ed. (904)
Midland Bank Group
1992 Ed. (712)
Midland Bank International Finance Corp. Ltd.
1999 Ed. (492)
1997 Ed. (435)
1996 Ed. (471)
Midland Bank Offshore Ltd.
2000 Ed. (485)
Midland Bank PLC
1991 Ed. (532)
1990 Ed. (584, 1266)
Midland Bank Trust Corp. Ltd.
1996 Ed. (469)
1993 Ed. (493)
1991 Ed. (477)
Midland Bank Trust Corp. (Cayman) Ltd.
1997 Ed. (432, 899)
1996 Ed. (878)
1995 Ed. (904)
1994 Ed. (862)
1993 Ed. (849)
Midland Bank Trust Corporation (Cayman) Limited
1989 Ed. (502, 586)
Midland Bank Trust Corporation (Jersey) Ltd.
1992 Ed. (635)
Midland Bank Trust Corp. (Isle of Man) Ltd.
1997 Ed. (524)
1996 Ed. (567)
1995 Ed. (514)
1994 Ed. (538)
Midland Bank Trust Corp. (Jersey) Ltd.
1995 Ed. (442)
1993 Ed. (449)
Midland BankTrust Corp. Ltd./HSBC Insurance Management
2000 Ed. (980)
Midland Christian Academy
2008 Ed. (4282)
Midland Credit Management
2005 Ed. (2143, 2144)
Midland Data Systems Inc.
1993 Ed. (3009)
Midland Doherty Financial Corp.
1992 Ed. (958, 964)
1990 Ed. (811, 822)
1989 Ed. (812)
Midland Financial
2005 Ed. (375)
Midland Financial Group
1999 Ed. (2967)
Midland Group
1992 Ed. (1630)
Midland Holdings
2008 Ed. (45)
Midland Independent Newspapers
1997 Ed. (1417)
1996 Ed. (1356)
Midland Montagu
1994 Ed. (1679, 1693, 2430, 2736)
1993 Ed. (1889)
1990 Ed. (2769)
1989 Ed. (2455)
Midland National
1995 Ed. (2297)
Midland Oak Group PLC
1994 Ed. (998, 1002)
Midland Optical
2006 Ed. (3751, 3752)
Midland Orchard
1991 Ed. (1726)
Midland/Samuel Montagu
1994 Ed. (1204)
Midland Securities
1992 Ed. (2986)
Midland Tractor Co.
2008 Ed. (1593)
Midland, TX
2008 Ed. (3476)
1991 Ed. (2891)
1990 Ed. (3046)
1989 Ed. (1957)
Midland Walwyn
1997 Ed. (749)
1996 Ed. (807)
1994 Ed. (782, 785)
Midland Walwyn Capital Inc.
1996 Ed. (801)
Midlands Electricity
1996 Ed. (1361)
Midlantic Corp.
1998 Ed. (425)
1997 Ed. (332, 334)
1996 Ed. (376, 656, 3177, 3181, 3182)
1995 Ed. (1272, 3303, 3354)
1994 Ed. (617, 3225, 3273)
1992 Ed. (504, 820)
1991 Ed. (1724)
1990 Ed. (442, 669)
1989 Ed. (395, 400)
Midlantic Bank
1998 Ed. (3318)
1989 Ed. (574)
Midlantic Bank NA
1996 Ed. (637)
Midlantic Banks
1992 Ed. (523, 524)
1989 Ed. (622)
Midlantic National Bank
1997 Ed. (577)
1996 Ed. (412, 638)
1995 Ed. (361, 362, 376, 389, 568)
1994 Ed. (354, 382, 383, 394, 578, 598, 3010, 3012)
1993 Ed. (360, 392, 393, 404, 519, 523, 593, 614, 2966, 2968, 3221, 3283)
1992 Ed. (529, 800, 2156)
1991 Ed. (625, 2222, 2305)
Midlantic National Bank/North
1992 Ed. (800)
1991 Ed. (625)
Midle East
1999 Ed. (1820)
Midler; Bette
2006 Ed. (1157)
1995 Ed. (1117, 1119)
Midleton
2004 Ed. (4891)
Midnight Bayou
2004 Ed. (743)
Midnight Communications
2002 Ed. (3854)
Midnight in the Garden of Good and Evil
2000 Ed. (708)
1999 Ed. (693)
Midol PM Night Time
1994 Ed. (221)
Midori
2002 Ed. (3097)
1993 Ed. (2430)
Midori Melon Liqueur
2004 Ed. (3271)
Midpac Lumber
1994 Ed. (797)
1993 Ed. (780)
Midsize car
2001 Ed. (502)
MidSouth Bancorp
2007 Ed. (463)
MidSouth Bank
2008 Ed. (2103)
Midsouth Investor Fund
2003 Ed. (3120, 3135)
Midtown Manhattan
2000 Ed. (3726)
Midtown Manhattan, NY
2000 Ed. (3109)
Midtown Realty Corp.
1991 Ed. (2807)
Midway
1992 Ed. (278)
1990 Ed. (207)
Midway Airlines
1998 Ed. (125, 818)
1993 Ed. (190, 193, 1105, 2715)
1992 Ed. (279, 283, 1132)
1991 Ed. (201)
1990 Ed. (210)
1989 Ed. (237)
Midway Auto Team
2008 Ed. (310)
Midway Chevrolet
2008 Ed. (310)
Midway Chevrolet-Geo
1993 Ed. (296)
Midway Ford
2004 Ed. (4822)
2002 Ed. (360, 361, 362)
1990 Ed. (302)
Midway Mall
2001 Ed. (4251)
Midway Stadium
2002 Ed. (4348)
2001 Ed. (4357, 4359)
Midway Tire Disposal/Recycling
2005 Ed. (4695)
Midwest
1989 Ed. (2642)
Midwest Air Group Inc.
2005 Ed. (204, 205)
Midwest America Credit Union
2003 Ed. (1892)
2002 Ed. (1831)
Midwest Athletes Against Childhood Cancer
1991 Ed. (892)
Midwest Banc Holdings
2003 Ed. (515)
Midwest Bank & Trust Co.
2006 Ed. (424)
Midwest Business Medical Association
1998 Ed. (2910)
1997 Ed. (3160)
1996 Ed. (3080)
1990 Ed. (2895)
Midwest Coast Transport Inc.
2007 Ed. (4111)
2000 Ed. (3734)
1999 Ed. (4019)
1998 Ed. (3031)
1995 Ed. (3081)
1994 Ed. (3029)
1993 Ed. (2987)
1991 Ed. (2824)

Midwest Drywall Co., Inc.
2008 Ed. (1268)
2007 Ed. (1372)
2006 Ed. (1297)
2005 Ed. (1324)
2004 Ed. (1319)
2003 Ed. (1319)
2002 Ed. (1301)
2001 Ed. (1484)
1999 Ed. (1379)
1998 Ed. (958)
1997 Ed. (1173)
1996 Ed. (1136)
1994 Ed. (1143)
Midwest Electric
2008 Ed. (1165)
Midwest Energy
1991 Ed. (2575)
Midwest Express
1999 Ed. (3603)
1998 Ed. (818, 2677)
1997 Ed. (195)
1994 Ed. (163)
1993 Ed. (1105)
Midwest Express Holdings Inc.
2005 Ed. (213)
2004 Ed. (201, 202)
Midwest Federal S & L Assn.
1990 Ed. (3578)
Midwest Financial Group Inc.
1990 Ed. (456)
Midwest Grain Products Inc.
2004 Ed. (2756, 2757)
2003 Ed. (2511)
2000 Ed. (2218)
1998 Ed. (1723)
1997 Ed. (2024)
1995 Ed. (1883)
1994 Ed. (1859)
1993 Ed. (1872)
Midwest Legal Services
1993 Ed. (2911)
Midwest Living
2007 Ed. (150)
2006 Ed. (158)
1993 Ed. (2793)
1992 Ed. (3378)
Midwest Loan Services
2005 Ed. (3304)
Midwest Management Consultants Inc.
1996 Ed. (2358)
Midwest Manufactured Housing and Recreational Vehicle Show
1989 Ed. (2861)
Midwest Mechanical Contractors Inc.
1993 Ed. (1123, 1125, 1139, 1140)
1992 Ed. (1412)
1991 Ed. (1079)
Midwest Mechanical Group Inc.
2008 Ed. (1225, 1246, 1264, 1330, 4000, 4001)
2007 Ed. (1368, 3978)
2006 Ed. (1287)
2005 Ed. (1317)
Midwest Metals Inc.
2006 Ed. (3513, 4352)
Midwest Payment System
1992 Ed. (1911)
Midwest Payment Systems Inc.
2001 Ed. (2187)
2000 Ed. (1733)
1999 Ed. (1955)
1998 Ed. (1397)
1997 Ed. (1703)
1996 Ed. (1625)
1994 Ed. (1605)
1991 Ed. (1512)
Midwest Power Inc.
1995 Ed. (1633)
Midwest Re
1996 Ed. (2836)
Midwest Research Institute
2008 Ed. (1369)
Midwest Resources
1993 Ed. (1268)
Midwest Steel Inc.
2008 Ed. (1266)
2007 Ed. (1370)
2005 Ed. (1322)
2004 Ed. (1317)
2003 Ed. (1317)
2002 Ed. (1299)
2001 Ed. (1482)
2000 Ed. (1259, 1269)
1999 Ed. (1367, 1377)
1998 Ed. (945, 956)
1997 Ed. (1164)
1996 Ed. (1140)
1995 Ed. (1161)
1992 Ed. (1416)
Midwest Steel & Alloy Inc.
2007 Ed. (1359)
1997 Ed. (1175)
1996 Ed. (1146)
1995 Ed. (1171)
1993 Ed. (1134)
1992 Ed. (1421)
1991 Ed. (1088)
1990 Ed. (1203)
Midwest Stock Exchange
1994 Ed. (3437)
Midwest Success LLC
2008 Ed. (3718, 4409)
2007 Ed. (3572)
Midwest Technical Inc.
1990 Ed. (1667)
Midwest United Credit Union
2008 Ed. (2242)
2007 Ed. (2127)
2006 Ed. (2206)
2005 Ed. (2111)
2004 Ed. (1969)
2003 Ed. (1929)
2002 Ed. (1875)
Midwest United States
2002 Ed. (2550, 4734)
Midwest Wireless
2008 Ed. (1401)
Midwestern Dental Centers
1991 Ed. (2760)
Midwestern Electronics
2002 Ed. (2511)
Midwestern State University
1990 Ed. (1084)
Midwestern U.S.
2005 Ed. (4816)
MidWynd International
1992 Ed. (3205)
Miele
2007 Ed. (742)
Mifal Hapais
1992 Ed. (58)
Mifal Ha'Pais Lottery
2006 Ed. (56)
Mifal Hapayis
2005 Ed. (49)
2004 Ed. (54)
1991 Ed. (29)
Mifal Hapayis Lottery
1994 Ed. (27)
1993 Ed. (36)
Mifal-H'Pays
2001 Ed. (45)
MIFC
1989 Ed. (1780)
Mifel
2000 Ed. (612)
MIG
1991 Ed. (2239)
MIG NAZCA S & S
1997 Ed. (131)
1996 Ed. (127)
MIG Publicidad
1995 Ed. (112)
1992 Ed. (196)
1991 Ed. (141)
1990 Ed. (141)
MIG Realty
1993 Ed. (2310)
MIG Realty Advisors
1997 Ed. (3271)
1996 Ed. (2411, 3169)
1995 Ed. (2375)
1990 Ed. (2350)
Migdal Insurance
2006 Ed. (4684)
Mighty Blue Grass Shows
2005 Ed. (2523)
1999 Ed. (1039)
1998 Ed. (646)
1997 Ed. (907)
1995 Ed. (910)
Mighty Distribution System of America
2008 Ed. (2879)
2006 Ed. (311)
2005 Ed. (290)
2002 Ed. (377)
Mighty Dog
2002 Ed. (3648)
1999 Ed. (3781)
1997 Ed. (3071)
1996 Ed. (2992)
1994 Ed. (2821, 2830)
1993 Ed. (2818)
1992 Ed. (3411)
1990 Ed. (2822)
1989 Ed. (2196)
Mighty Leaf Tea
2008 Ed. (2733)
2007 Ed. (2598)
MightyBig TV
2003 Ed. (3050)
Miglin-Beitler Management
1997 Ed. (3272)
Miglin Inc.; Marilyn
1994 Ed. (3668)
1992 Ed. (4483)
1990 Ed. (3706)
Migra Spray
2003 Ed. (281)
Migrant farmworker
1989 Ed. (2085, 2090)
Migros
1997 Ed. (1517)
1991 Ed. (50, 1355)
1990 Ed. (50, 1424, 3053)
1989 Ed. (53, 1164)
Migros Betriebe Birsfelden AG
2001 Ed. (4620)
Migros Cooperatives; Federation of
2008 Ed. (89)
2007 Ed. (82, 2004)
2006 Ed. (92)
Migros-Genossenschafts-Bund
2005 Ed. (1967)
2000 Ed. (1562)
1999 Ed. (1741, 4110)
1997 Ed. (3353)
1996 Ed. (3252)
1995 Ed. (1496)
1994 Ed. (1456)
1993 Ed. (53, 1408, 3049)
1990 Ed. (1220, 3635)
Migros-Restaurants
1993 Ed. (1408)
Migrosbank
2008 Ed. (510)
2007 Ed. (558)
2005 Ed. (615)
2004 Ed. (626)
2003 Ed. (617)
2002 Ed. (574)
Miguel de Icaza
2005 Ed. (786)
Miguel; Luis
1995 Ed. (1119)
Miguel Palomino
1999 Ed. (2420)
1996 Ed. (1909)
MII, Inc.
1999 Ed. (4501)
Mii Fixture Group
2007 Ed. (4595)
2005 Ed. (4528)
2000 Ed. (4135)
MIIX Group
2002 Ed. (2943)
Miix Insurance Co.
2004 Ed. (3135)
2002 Ed. (3956)
MIJ Voor Coordinatie Van Produktie en Tr
2002 Ed. (1190)
Mikasa
2007 Ed. (4674)
2005 Ed. (4588)
2003 Ed. (4670)
Mikati; Najib
2008 Ed. (4890)
Mikati; Taha
2008 Ed. (4890)
Mike & Ike
2008 Ed. (838)
1997 Ed. (888)
Mike Betts
1999 Ed. (2304)
Mike Bruynesteyn
2003 Ed. (3057)
Mike Culler System
1993 Ed. (2923)
Mike Ditka's Restaurant
2007 Ed. (4128)
Mike Ferguson
2003 Ed. (3893)
Mike Gordon
2006 Ed. (4922)
Mike Haggerty Pontiac
1993 Ed. (281)
Mike Higgins
2003 Ed. (222, 226)
Mike Jackson
2008 Ed. (952, 2271, 2638)
2007 Ed. (1030)
Mike Johnson Auto Group
2003 Ed. (211)
Mike Lazaridis
2005 Ed. (4874)
Mike Lowry
1995 Ed. (2043)
Mike Luckwell
2008 Ed. (4905)
2007 Ed. (4929)
2005 Ed. (4891)
Mike Miller Kia
1996 Ed. (293)
Mike Murphy
1999 Ed. (2328, 2347)
Mike Myers
2008 Ed. (2590)
Mike Naldrett
1996 Ed. (1889)
Mike Nichols
2008 Ed. (2582)
Mike Piazza
2005 Ed. (267)
2003 Ed. (295)
2001 Ed. (420)
Mike Pruitt Automotive Group
2004 Ed. (167)
Mike Rogers
2003 Ed. (3893)
Mike Schmidt
1989 Ed. (719)
Mike-Sell's
2001 Ed. (4289)
Mike Shaw Automotive
2008 Ed. (2960, 3698)
2007 Ed. (3539, 4027)
2006 Ed. (2839, 3502, 3504, 3986, 3989)
2005 Ed. (3494, 3495)
Mike Shaw Automotive Group
2008 Ed. (2653, 3700)
2007 Ed. (2525)
Mike Shaw Chevrolet Buick Pontiac
2003 Ed. (3426, 3961)
Mike Shaw Chevrolet Buick Saab
2007 Ed. (3541)
2004 Ed. (3495, 3968)
2001 Ed. (2708)
Mike Shaw Chevrolet Buick Saab Pontiac GMC Subaru
2005 Ed. (3912)
Mike Strada
2007 Ed. (2549)
Mike Tyson
2004 Ed. (260)
2003 Ed. (294)
2002 Ed. (344, 2143)
2001 Ed. (419, 1383, 1383)
1999 Ed. (306)
1998 Ed. (199)
1997 Ed. (278, 1725)
1991 Ed. (1578)
1990 Ed. (1672, 2504)
Mike Ullman
2008 Ed. (959)
Mike Young
1999 Ed. (2298)
Mike's Express Car Wash
2005 Ed. (350)
Mike's Hard
2006 Ed. (4957)
Mike's Hard Cranberry
2005 Ed. (3364)
Mike's Hard Iced Tea
2005 Ed. (3364)

Mike's Hard Lemonade
2008 Ed. (239, 240)
2007 Ed. (261, 263)
2006 Ed. (253)
2005 Ed. (234, 3364, 4924, 4926)
2004 Ed. (228, 4946)
2003 Ed. (261, 262, 4942)
Mike's Restaurant
1991 Ed. (1773)
Mikes Restaurants
1996 Ed. (1968, 3049)
Mikhail Fridman
2008 Ed. (4894)
2006 Ed. (691, 4929)
Mikhail Khodorkovsky
2006 Ed. (4929)
2005 Ed. (4877, 4878)
2004 Ed. (4877, 4880, 4881)
Mikhail Prokhorov
2008 Ed. (4894)
2006 Ed. (4929)
Mikohn Nevada Inc.
2005 Ed. (2613)
Mikron Infrared Inc.
2008 Ed. (1975, 3644, 4414)
2006 Ed. (2388)
Mikron Instrument Co. Inc.
1993 Ed. (1183)
MikronInstr
1990 Ed. (2749)
Mil Design Bureau
1994 Ed. (2044)
MIL Research Group
1991 Ed. (2387)
Mil-Way Credit Union
2008 Ed. (2219)
2007 Ed. (2104)
2006 Ed. (2183)
2005 Ed. (2088)
2004 Ed. (1947)
2003 Ed. (1907)
2002 Ed. (1848)
MILA
2007 Ed. (4081)
Milacron Inc.
2005 Ed. (3347, 3348)
2004 Ed. (3322, 3323)
Milagro Packaging
2008 Ed. (2954)
Milan
2002 Ed. (4307)
2001 Ed. (4301)
2000 Ed. (107)
1999 Ed. (1177)
1997 Ed. (1004)
1990 Ed. (861)
Milan; A. C.
2005 Ed. (4449)
Milan, Italy
2007 Ed. (256)
2005 Ed. (3313)
2003 Ed. (187)
2002 Ed. (109)
2001 Ed. (136)
1996 Ed. (978, 979, 2541, 2865)
1993 Ed. (2468)
1992 Ed. (2280)
1990 Ed. (1439)
Milan Stock Exchange
1993 Ed. (3457)
Milani
2008 Ed. (2181)
2001 Ed. (1912)
Milano & Grey
2003 Ed. (91)
2002 Ed. (124)
2001 Ed. (151)
2000 Ed. (113)
1999 Ed. (108)
1997 Ed. (106)
1995 Ed. (89)
1994 Ed. (97)
1993 Ed. (114)
1992 Ed. (168)
1991 Ed. (116)
Milano; Anthony V.
1991 Ed. (3209)
Milbank, Tweed, Hadley & McCloy
2003 Ed. (3175, 3176, 3189)
1994 Ed. (2355)
1993 Ed. (2402)
1992 Ed. (2844)
1991 Ed. (2290)
1990 Ed. (2424)
Milbank, Tweed, Hadley & McCloy LLP
2008 Ed. (3418, 3425, 3426)
2007 Ed. (3302, 3306)
2002 Ed. (3797)
Milberg Weiss Bershad Hynes & Lerach
1995 Ed. (2411)
Milberg Weiss Bershad Schulman LLP
2008 Ed. (3438)
2007 Ed. (3338)
Milburn Homes
2005 Ed. (1181)
2004 Ed. (1152)
2003 Ed. (1150)
Milburn Ridgefield Corp.
1999 Ed. (1251)
Milchan; Arnon
2008 Ed. (4887)
Mild Seven
2005 Ed. (1601)
2000 Ed. (1062)
1999 Ed. (1140, 1141)
1997 Ed. (993)
1992 Ed. (63)
1991 Ed. (34)
1989 Ed. (33)
Mild Seven Cigarettes
1990 Ed. (32)
Mild Seven Lights
2000 Ed. (1062)
1999 Ed. (1141)
1997 Ed. (993)
Mild Seven Super Lights
2000 Ed. (1062)
1999 Ed. (1141)
Milde Sorte
1997 Ed. (987)
Mildew removers
2002 Ed. (2707)
1990 Ed. (1955)
Mile Hi Tours Inc.
2006 Ed. (3987)
Mile High Development LLC
2002 Ed. (3921)
Mile High Properties LLC
2002 Ed. (3935)
Mile High Stadium
2002 Ed. (4347)
Milender White Construction Co.
2005 Ed. (1325)
Milenium Microsurgical System
2000 Ed. (3379)
Miles
1997 Ed. (2066)
1996 Ed. (925)
1995 Ed. (954, 956, 1473)
1994 Ed. (918, 920, 932, 1439)
Miles Advertising Inc.
2002 Ed. (99)
Miles & Co.
2007 Ed. (2588)
Miles & Co.; J. H.
2008 Ed. (2725)
2005 Ed. (2614)
Miles & Stockbridge
2001 Ed. (833)
1993 Ed. (2392)
1992 Ed. (2829)
1991 Ed. (2280)
1990 Ed. (2414)
Miles Calcraft Briginshaw Duffy
2006 Ed. (2052)
Miles Canada
1997 Ed. (960)
1996 Ed. (932)
Miles D. White
2008 Ed. (950)
2007 Ed. (1028)
Miles Diagnostics
1995 Ed. (2532)
Miles Inc. Diagnostics Div.
1996 Ed. (2593)
Miles Homes Inc.
1997 Ed. (2702)
1995 Ed. (1132)
Miles Kimball
1991 Ed. (868)
1990 Ed. (916)
Miles Laboratories
1993 Ed. (903, 1385, 1514)
Miles, Lawyer; Stephen
1989 Ed. (1889)
Miles; Michael A.
1995 Ed. (980)
Miles Pharmaceuticals
1996 Ed. (1577, 2597)
1995 Ed. (1589)
Milesbrand Inc.
2008 Ed. (121, 1672, 1673)
2007 Ed. (111)
Milestone Construction Services
2006 Ed. (1160)
2005 Ed. (1164)
MILESTONE (Fund VA)/World Bond
1992 Ed. (4373)
Milestone Group
2006 Ed. (1210)
2005 Ed. (1251)
Milestone Growth Fund
2006 Ed. (3619)
Milestone Healthcare
2000 Ed. (2502)
1999 Ed. (2724)
1998 Ed. (1985)
1996 Ed. (2146)
1995 Ed. (2136)
Milestone Scientific
2000 Ed. (292)
Milex Tune-Up & Brakes
2008 Ed. (317)
2007 Ed. (330)
2006 Ed. (345)
2005 Ed. (331)
2004 Ed. (328)
Milgard Manufacturing Inc.
2005 Ed. (1501)
Milgard Windows
2008 Ed. (4934)
2007 Ed. (4965)
2006 Ed. (4956)
Milgray Electronic Inc.
1996 Ed. (1634, 1635)
Milgrow Manufacturing
1995 Ed. (1767)
Military
2001 Ed. (3876)
Military/aerospace
1997 Ed. (1612)
Military Aircraft Division
1996 Ed. (1519)
Military & Civilian Credit Union
2008 Ed. (2217)
2007 Ed. (2102)
2006 Ed. (2181)
2005 Ed. (2086)
2004 Ed. (1945)
Military bases
2003 Ed. (4835)
2002 Ed. (4723)
Military electronics
1998 Ed. (1556)
Military exchanges
2001 Ed. (4111)
Military Insurance Co.
1999 Ed. (2924)
Military leave
1995 Ed. (3389)
Military Personnel Services Corp.
2007 Ed. (1408)
Military restaurant services
2001 Ed. (4078)
Milk
2005 Ed. (1395, 1396, 2753, 2754, 2757, 2759, 2760)
2004 Ed. (2133)
2003 Ed. (1962, 3414, 3937, 3938, 4834, 4837, 4841)
2002 Ed. (687, 688, 689, 690, 697, 698, 699, 701, 2799, 3342, 3343, 3489, 4309, 4718)
2001 Ed. (687, 688, 701, 1974, 4288)
2000 Ed. (711, 712, 3619)
1999 Ed. (699, 700, 4507)
1998 Ed. (1237, 1238, 1239)
1997 Ed. (1208, 3711)
1996 Ed. (721, 2043, 3091, 3092, 3093, 3097, 3611, 3615)
1995 Ed. (2049, 2997, 3530)
1994 Ed. (1190, 1510, 1996, 2940)
1993 Ed. (2921, 3484)
1992 Ed. (2198, 3546)
1990 Ed. (1962, 3665)
1989 Ed. (731, 1461, 2883)
Milk Bone
2002 Ed. (3650)
1999 Ed. (3783)
1997 Ed. (3073)
1996 Ed. (2994)
1993 Ed. (2817)
1992 Ed. (3410)
1990 Ed. (2820)
Milk-Bone Dog Biscuits
1994 Ed. (1824, 2832)
Milk-Bone Flavor Snacks
1994 Ed. (2824)
1989 Ed. (2195)
Milk, canned
2005 Ed. (3479)
2003 Ed. (3413)
2001 Ed. (3311)
Milk/dairy products
1996 Ed. (1169)
Milk, dry
2001 Ed. (3311)
milk; Evaporated condensed
1990 Ed. (897)
Milk, flavored
2003 Ed. (3414)
2002 Ed. (3342)
Milk Industry Foundation
2007 Ed. (135)
2006 Ed. (142)
Milk Marketing Inc.
1999 Ed. (197)
1997 Ed. (177)
1993 Ed. (1457)
Milk Marketing Board
1991 Ed. (1747)
Milk N' Cereal
2008 Ed. (870)
Milk 'n Cereal Bars
2005 Ed. (891)
Milk products
2007 Ed. (1422)
2006 Ed. (1385)
Milk products, dry
1994 Ed. (1510)
Milk products, dry whole
2005 Ed. (3479)
Milk Products LP
2008 Ed. (3669)
Milk, skim
1998 Ed. (1709)
Milk, sweetened whole
2005 Ed. (3479)
2001 Ed. (3311)
Milk Thistle
1996 Ed. (2102)
Milk Tray
1993 Ed. (836)
1992 Ed. (1045)
Milk, unsweetened whole
2005 Ed. (3479)
2001 Ed. (3311)
Milk, water-added
2003 Ed. (3413)
Milken Family Foundation
1999 Ed. (2503)
Milken Foundations
1990 Ed. (1848)
Milken; Michael
2007 Ed. (4891)
1993 Ed. (1693)
1990 Ed. (1773)
1989 Ed. (1422)
Milks
2005 Ed. (2234)
Milky Way
2003 Ed. (963, 1131)
2002 Ed. (1047, 1049)
2001 Ed. (1111)
2000 Ed. (972, 1055, 1057)
1999 Ed. (1022, 1025, 1130)
1998 Ed. (623, 630, 631)
1997 Ed. (891, 895)
1995 Ed. (895)
1994 Ed. (848, 850)
1992 Ed. (1042, 1043)
1990 Ed. (895)
Milky Way Bar
1991 Ed. (847)

1990 Ed. (892)
Milky Way II
1994 Ed. (1858)
Milky Way Original
2000 Ed. (1054)
Milky Way, 16-Oz. Bag
1990 Ed. (893)
The Mill Agro Group
2006 Ed. (201)
2005 Ed. (3389)
2004 Ed. (3357)
Mill Neck, NY
2006 Ed. (2972)
1989 Ed. (1634, 2773)
Milla Jovovich
2004 Ed. (3498)
2003 Ed. (3429)
Millar Co.; George W.
1989 Ed. (831)
Millar Western
1999 Ed. (3693)
Millard Drexler
2002 Ed. (2183)
2001 Ed. (1217)
Millard Maintenance Service Co.
1996 Ed. (3878)
Millard Refrigerated Services
2001 Ed. (4724, 4725)
1998 Ed. (1534)
Millburn Ridgefield Corp.
1992 Ed. (1289)
Millbury Credit Union
2004 Ed. (1931)
The Millcraft Paper Co.
2008 Ed. (3726, 4977)
Millea Holdings Inc.
2008 Ed. (1746, 3329)
2007 Ed. (1717, 3114, 3181)
2006 Ed. (3147)
2005 Ed. (3090, 3139)
Millenia
2000 Ed. (292)
Millenium; Bank
2008 Ed. (493)
2007 Ed. (542)
2006 Ed. (514)
2005 Ed. (598)
Millenium bcp
2008 Ed. (494)
2007 Ed. (543)
Millenium Biltmore Hotel
2002 Ed. (1168, 2649)
Millenium Chemicals
1999 Ed. (1084)
Millenium Overseas Holdings Ltd.
2000 Ed. (4007)
Millennia III Income
2004 Ed. (730)
Millennium
2001 Ed. (3407, 3408)
1999 Ed. (3850, 4605)
Millennium Alaskan Hotel
2007 Ed. (2944)
2005 Ed. (2930)
Millennium & Copthorne Hotels
2006 Ed. (3275)
Millennium Bank Internacional de Mocambique
2008 Ed. (480)
Millennium BCP
2007 Ed. (1960)
Millennium Chemicals Inc.
2008 Ed. (1702)
2005 Ed. (936, 937)
2004 Ed. (947)
2000 Ed. (1020)
1999 Ed. (1501)
1998 Ed. (694, 1054)
Millennium Communications Inc.
2003 Ed. (2718)
Millennium CX
2001 Ed. (3588)
Millennium Growth
2000 Ed. (3274)
Millennium Home Care
2002 Ed. (2588)
Millennium Import Co.
2004 Ed. (3286)
2001 Ed. (3129)
Millennium International Fund
2003 Ed. (3112)
Millennium Jaguar of Texas Inc.
2007 Ed. (2016)
Millennium Overseas Holdings Ltd.
2001 Ed. (1690)
2000 Ed. (1414)
Millennium Pharmaceuticals Inc.
2008 Ed. (571, 572)
2007 Ed. (3917, 4565)
2006 Ed. (3872, 3886, 3887, 3894, 4605)
2005 Ed. (676, 681, 3817, 3818, 3828)
2004 Ed. (686)
2003 Ed. (683, 684)
2001 Ed. (706)
Millennium Rugs
2006 Ed. (3358)
Millennium Teleservices
1999 Ed. (4558)
Millennium Teleservices LLC
2005 Ed. (4646)
2001 Ed. (4466)
Millennium Trust Co.
2005 Ed. (365)
Millennnium ADMP
2000 Ed. (1679)
Miller
2008 Ed. (534, 567)
2007 Ed. (1219)
2003 Ed. (658)
1999 Ed. (807, 813, 815)
1998 Ed. (2040)
1996 Ed. (788)
1995 Ed. (707)
1992 Ed. (928, 4231)
1991 Ed. (8, 54, 743)
1990 Ed. (13, 52, 747, 750, 753, 754, 755, 764, 769, 770, 771, 772, 773, 774, 775, 776, 777)
1989 Ed. (761, 763, 764, 765, 766, 2104)
Miller, Alan B.
1993 Ed. (1706)
1992 Ed. (2064)
1990 Ed. (1725)
Miller & Associates; A. M.
1997 Ed. (1047)
Miller & Associates; Ryan
1997 Ed. (1794)
Miller & Hartman
2003 Ed. (4938)
1998 Ed. (981)
1997 Ed. (1201, 1206)
1995 Ed. (1198)
Miller & Long Co., Inc.
2008 Ed. (1255)
2007 Ed. (1338, 1357, 1366)
2006 Ed. (1238, 1266, 1289)
2005 Ed. (1297)
2004 Ed. (1246)
2003 Ed. (1243)
2002 Ed. (1232)
2001 Ed. (1472)
2000 Ed. (1258)
1999 Ed. (1366)
1998 Ed. (944)
1997 Ed. (1167)
1996 Ed. (1141)
1995 Ed. (1163)
1994 Ed. (1145)
1993 Ed. (1131)
1992 Ed. (1410, 1418)
1991 Ed. (1077, 1085)
Miller & Schroeder Financial Inc.
2000 Ed. (3974)
1998 Ed. (3232, 3250, 3251, 3256)
1997 Ed. (2477, 3462)
1996 Ed. (2348, 2355, 3365)
1995 Ed. (3261)
1993 Ed. (3182)
1991 Ed. (2170, 3046, 3047)
1990 Ed. (3166)
Miller & Wade
2006 Ed. (3110)
Miller, Anderson
1993 Ed. (2282, 2288, 2290, 2339, 2340)
1992 Ed. (2737, 2739)
Miller, Anderson & Sherrerd
2000 Ed. (2830, 2857, 2860)
1999 Ed. (3110)
1998 Ed. (2310)
1996 Ed. (2377, 2398)
1994 Ed. (2299, 2304)
1991 Ed. (2215, 2242)
1990 Ed. (2327)
Miller, Anderson, Sherrerd
1989 Ed. (2128, 2135)
Miller Automobile
1990 Ed. (316)
Miller beer
1993 Ed. (738)
Miller; Bill
2005 Ed. (3202)
Miller Bonded Inc.
2008 Ed. (1320)
2007 Ed. (1383)
2006 Ed. (1330)
Miller Brewing Co.
2008 Ed. (537, 566, 1500, 3019, 4481)
2007 Ed. (616, 1518, 2897)
2006 Ed. (552, 1488)
2005 Ed. (652, 672, 1498, 1558, 1605, 4452)
2004 Ed. (2838, 2842)
2003 Ed. (18, 20, 655, 662, 671, 764, 1855, 2757)
2002 Ed. (678, 787, 2568)
2001 Ed. (674, 679, 1025, 1026, 1901)
2000 Ed. (718, 814, 815, 816, 817, 818)
1999 Ed. (708, 809, 810, 811, 812, 814, 816, 1923, 4513)
1998 Ed. (452, 453, 499, 501, 502, 503)
1997 Ed. (716, 717, 718, 722)
1996 Ed. (784)
1995 Ed. (705, 712, 2824)
1994 Ed. (681, 689, 690, 751)
1993 Ed. (679, 687, 748)
1992 Ed. (929, 930, 931, 934, 938)
1991 Ed. (742)
1990 Ed. (757)
1989 Ed. (760, 769)
Miller Building Corp.
2000 Ed. (4026, 4027)
1997 Ed. (3515, 3516)
1996 Ed. (3428, 3429)
1995 Ed. (3374, 3375, 3376)
Miller Building Systems
2006 Ed. (1171)
Miller, Canfield, Paddock & Stone
2001 Ed. (745, 841, 845, 1683, 3056, 4206)
1999 Ed. (3149, 3486, 3487)
1998 Ed. (2061, 2084, 2328, 2576)
1997 Ed. (2341, 2364, 2840)
1996 Ed. (2453)
1995 Ed. (2193, 2417, 2652)
1994 Ed. (2353)
1993 Ed. (2397, 2623, 2626)
1992 Ed. (2834)
1991 Ed. (2285, 2531)
1990 Ed. (2419)
1989 Ed. (1879)
Miller Canfield Paddock & Stone PLC
2008 Ed. (3423)
2007 Ed. (3315)
2005 Ed. (3264)
2004 Ed. (3234)
2000 Ed. (2895)
Miller Chrysler-Plymouth; Jack
1993 Ed. (297)
Miller Communciations of Shandwick
1994 Ed. (2951)
Miller Communications Inc.
2007 Ed. (4454)
Miller Communications of Shandwick
1996 Ed. (3110)
1995 Ed. (3010)
1992 Ed. (3564)
Miller Compressing Co.
2006 Ed. (3468)
Miller Curtain
2007 Ed. (4964)
Miller; Dane A.
2005 Ed. (973, 978)
1993 Ed. (1697, 1699)
1992 Ed. (2052, 2054)
Miller; D.E.
1990 Ed. (1719)
Miller, Dean G.
1995 Ed. (1717)
Miller Diversified Cos.
2004 Ed. (4553)
Miller-Druck Specialty Contracting
2008 Ed. (1275)
Miller Electric Co.
2008 Ed. (1277, 1339)
2006 Ed. (1183, 1336, 1345, 4346)
1993 Ed. (1124)
1992 Ed. (1411)
Miller, Eugene
1993 Ed. (939)
1992 Ed. (1144)
Miller Freeman Inc.
2001 Ed. (4608, 4612)
Miller Genuine Draft
2008 Ed. (539)
2007 Ed. (594)
2006 Ed. (554)
2005 Ed. (648, 649, 650)
2004 Ed. (664, 665, 667)
2003 Ed. (656, 657, 660, 661)
2002 Ed. (674, 675, 676)
2001 Ed. (673, 676, 677, 678)
2000 Ed. (819)
1999 Ed. (1920, 4511)
1998 Ed. (496, 504, 3446)
1997 Ed. (720)
1996 Ed. (781, 782)
1995 Ed. (699, 701, 702, 703, 706)
1994 Ed. (752)
1993 Ed. (746, 747)
1992 Ed. (935)
Miller Genuine Draft Light
2003 Ed. (664)
2000 Ed. (813)
1997 Ed. (715, 3665)
1996 Ed. (781)
1995 Ed. (701)
Miller Global Properties LLC
2008 Ed. (1709)
Miller; Gregory
1996 Ed. (1866)
The Miller Group Ltd.
1993 Ed. (973)
1992 Ed. (1199)
Miller Group; Larry H.
1996 Ed. (3766)
Miller; Heidi
2008 Ed. (4945)
2007 Ed. (4978)
Miller Herman Inc.
2001 Ed. (2570)
1997 Ed. (2101)
1996 Ed. (1988, 1989)
1995 Ed. (1953, 1955)
1994 Ed. (1929, 1930)
1993 Ed. (1910, 1911, 2740, 2741)
1992 Ed. (2247, 2248, 3285, 3286)
1991 Ed. (1779, 1780, 2636)
1990 Ed. (1308, 1864, 1865, 2736, 3260)
1989 Ed. (1490, 2480)
Miller High Life
2008 Ed. (535, 536, 539, 542)
2007 Ed. (590, 591, 597)
2006 Ed. (550, 551, 554)
2005 Ed. (648, 649, 650, 651)
2004 Ed. (664, 665, 667)
2003 Ed. (656, 657, 660, 661)
2002 Ed. (674, 675, 676)
2001 Ed. (673, 676, 677, 678)
2000 Ed. (819)
1999 Ed. (1920, 4511)
1998 Ed. (496, 504, 3446)
1997 Ed. (720)
1996 Ed. (782)
1995 Ed. (702, 703, 706)
1994 Ed. (752)
1993 Ed. (746, 747)
1992 Ed. (935, 936)
1990 Ed. (749, 758, 763)
1989 Ed. (768, 771, 772, 773, 774, 775, 776, 777, 778, 779)
Miller High Life/Draft
1991 Ed. (3321)
Miller/Howard Investments
1995 Ed. (2361)
Miller Industries Inc.
2004 Ed. (4552, 4553)
1998 Ed. (3313)

Miller, Kaplan, Arase & Co.
2000 Ed. (12, 21)
1999 Ed. (15)
1998 Ed. (11)
Miller, Kaplan, Arase & Co. LLP
2003 Ed. (11)
2002 Ed. (26, 27)
Miller, Kaplan, Araso & Co.
1999 Ed. (25)
Miller; Keith
2008 Ed. (4900)
2007 Ed. (4926)
Miller; Kenneth
1995 Ed. (1837)
1994 Ed. (1799)
1991 Ed. (1707)
Miller Kia; Mike
1996 Ed. (293)
Miller-Klutznick-Davis-Gray Co.
1991 Ed. (1154, 1165)
Miller Life
2005 Ed. (4445)
Miller Light
2008 Ed. (546)
2000 Ed. (813)
1989 Ed. (771)
Miller; Linda
1991 Ed. (1698)
Miller Lite
2008 Ed. (535, 536, 539, 545, 2971)
2007 Ed. (590, 591, 592, 594, 601, 602)
2006 Ed. (550, 551, 554)
2005 Ed. (648, 649, 650, 651)
2004 Ed. (664, 665, 667, 887)
2003 Ed. (656, 657, 660, 661, 664)
2002 Ed. (674, 675, 676)
2001 Ed. (673, 676, 677, 678)
2000 Ed. (819)
1999 Ed. (1920, 4511)
1998 Ed. (496, 500, 504, 3446)
1997 Ed. (715, 720, 3665)
1996 Ed. (782, 3654)
1995 Ed. (702, 703, 706)
1994 Ed. (752)
1993 Ed. (746, 747)
1992 Ed. (93, 224, 932, 935, 936, 4228)
1991 Ed. (3316, 3317, 3321)
1990 Ed. (749, 758, 761, 763, 768, 3539, 3544)
1989 Ed. (768, 772, 773, 774, 775, 776, 777, 778, 779, 2801)
Miller Lite Beer
2005 Ed. (2851)
1989 Ed. (753)
Miller Lite Ice
2006 Ed. (554)
2005 Ed. (649)
1997 Ed. (715, 3665)
Miller; Mark
2006 Ed. (888)
Miller Mason & Dickenson Inc.
1993 Ed. (1590)
1992 Ed. (1941)
1991 Ed. (1544)
Miller Mason & Dickerson Inc.
1990 Ed. (1650)
Miller Meester Advertising Inc.
1989 Ed. (81)
Miller/Miller Lite
1989 Ed. (13)
Miller Mitsubishi
1995 Ed. (280)
Miller Motorsports Show
1999 Ed. (4642)
1998 Ed. (3608)
Miller Multiplex
2002 Ed. (4877)
Miller Nash LLP
2007 Ed. (1508)
Miller Inc.; Paul
1996 Ed. (264, 285)
1995 Ed. (260, 278)
1994 Ed. (261, 281)
1993 Ed. (292)
1992 Ed. (407)
1991 Ed. (293, 302)
1990 Ed. (316)
Miller Pilsner
2002 Ed. (686)
2001 Ed. (685)
Miller products
1990 Ed. (765)
Miller Reserve Amber Ale
1997 Ed. (719)
Miller; Richard
2005 Ed. (990)
Miller; Richard M.
1990 Ed. (2271)
Miller; Rick
1997 Ed. (1943)
Miller; Robert
2008 Ed. (4856)
2005 Ed. (4873)
Miller; Roger
1993 Ed. (1079)
Miller; S. A.
2005 Ed. (2504)
Miller School of Medicine; University of Miami, Leonard M.
2008 Ed. (3637)
Miller/Shandwick
2002 Ed. (3812)
Miller/Shandwick Technologies
2002 Ed. (3810)
2000 Ed. (3644, 3645, 3657)
1999 Ed. (3927, 3928)
1998 Ed. (2942, 2944)
1997 Ed. (3189)
Miller; Stuart
2006 Ed. (894)
2005 Ed. (967)
Miller; Stuart A.
2008 Ed. (2638, 2639)
2007 Ed. (1025)
Miller; Terran
1997 Ed. (1926)
Miller Transporters
2005 Ed. (4591)
2003 Ed. (4790)
2002 Ed. (4547)
1999 Ed. (4681)
1998 Ed. (3639)
1997 Ed. (3809)
1996 Ed. (3759)
1995 Ed. (3680)
1994 Ed. (3602)
1993 Ed. (3642)
1991 Ed. (3433)
Miller Ultra Light
2008 Ed. (539)
Miller Zell Inc.
2008 Ed. (4227)
2005 Ed. (4118)
The Milleridge Inn
2007 Ed. (4123, 4124)
Millers American Group
2002 Ed. (2952)
Miller's Retail
2004 Ed. (1652)
2002 Ed. (1584)
Millfield Trading
1994 Ed. (2704)
The Millgard Corp.
2001 Ed. (1473)
MilliCare Commercial Carpet Care
2005 Ed. (894)
2004 Ed. (904)
2003 Ed. (883)
Millicare Environmental Services
2000 Ed. (2271)
Millicom Inc.
1994 Ed. (2020, 3493)
Millicom International Cellular
2008 Ed. (43, 68, 70, 92)
2007 Ed. (85, 3072)
2006 Ed. (95, 3340)
2005 Ed. (86)
2004 Ed. (91)
2002 Ed. (3219)
2000 Ed. (3018)
1999 Ed. (3280)
1997 Ed. (2693)
Millicom Services Co.
1995 Ed. (3560)
1993 Ed. (2775)
Milligan College
1996 Ed. (1042)
Milligan; John
2008 Ed. (966)
2007 Ed. (1045)
2006 Ed. (950)
Milliken
2007 Ed. (4225)
2005 Ed. (4157)
2003 Ed. (4206)
1991 Ed. (3359)
Milliken & Co.
2005 Ed. (4681)
2004 Ed. (4709, 4710)
1992 Ed. (1205)
1991 Ed. (971, 1808, 3155)
1990 Ed. (3324)
Milliken & Company
1990 Ed. (1044)
Milliken & Michaels
1997 Ed. (1046)
Milliken; Roger
2005 Ed. (4850)
Millikin University
1999 Ed. (1223)
1998 Ed. (794)
1997 Ed. (1059)
1996 Ed. (1043)
1994 Ed. (1046)
1989 Ed. (956)
Milliman
2008 Ed. (14, 15, 2767)
2007 Ed. (2641)
2006 Ed. (2658)
Milliman & Robertson Inc.
2002 Ed. (1217, 4064)
2001 Ed. (4123)
2000 Ed. (3826)
1999 Ed. (3063, 3065, 4113)
1998 Ed. (541, 3102)
1996 Ed. (3258)
1993 Ed. (15)
1990 Ed. (2255)
Milliman & Robertson/Betterley
1997 Ed. (3360)
1995 Ed. (3163)
Milliman USA
2005 Ed. (2368, 2679)
2004 Ed. (2267, 2268, 2682)
Million Air
1995 Ed. (193)
The Millionaire Mind
2003 Ed. (707)
The Millionaire Next Door
2000 Ed. (708)
1999 Ed. (690, 693)
Millipore Corp.
2007 Ed. (3082)
2006 Ed. (3446)
2005 Ed. (1864)
2003 Ed. (2197)
2002 Ed. (1522, 4355)
2001 Ed. (1204)
1995 Ed. (2068)
1994 Ed. (2212)
1993 Ed. (2181)
1992 Ed. (2641, 3935, 3939)
1991 Ed. (2079, 2904)
1990 Ed. (2217, 2536, 3065, 3257, 3259)
1989 Ed. (1667, 1941)
Millirobes/Milliman & Robertson Services
1997 Ed. (2259)
Milliyet Yayinlari
2001 Ed. (86)
The Mills Corp.
2008 Ed. (4127)
2007 Ed. (4106)
2006 Ed. (4045, 4049, 4313)
2005 Ed. (2013, 4006)
2004 Ed. (4074)
1999 Ed. (3663, 3664)
Mills & Partners
1996 Ed. (2487)
Mills; Joe Jack
1993 Ed. (2463)
Millsaps College
2008 Ed. (784)
Millsaps College, Else School
1989 Ed. (840)
Millsaps University
1995 Ed. (937, 1069)
Millstone
2005 Ed. (1048)
2003 Ed. (676, 1041)
Millstone-2
1990 Ed. (2722)
Millward Brown
2000 Ed. (3045, 3046, 3049)
1997 Ed. (3296)
1995 Ed. (3090)
1993 Ed. (2996)
1991 Ed. (2387)
Millward Brown International
1999 Ed. (4041)
1998 Ed. (3041)
1996 Ed. (2570, 3191)
Millward Brown Intl.
2000 Ed. (3755)
Millward Brown UK
2002 Ed. (3258, 3259, 3262)
Millwork
1993 Ed. (779)
1992 Ed. (986)
1991 Ed. (805)
1990 Ed. (842)
Millwork, veneer and plywood manufacturing
1996 Ed. (3452)
Milner Associates Inc.; John
1996 Ed. (237)
Milnet Group PLC
1996 Ed. (2274)
Milo
2005 Ed. (84)
Milo's
1996 Ed. (3632)
Milstein Family Foundation
1991 Ed. (893, 1767)
Milstein Family; Paul
2005 Ed. (1464)
Milstein; Monroe G.
2007 Ed. (960)
Milstein; Paul
2008 Ed. (4830)
1992 Ed. (1093)
Miltec Corp.
2006 Ed. (4338)
Milton Bradley
2008 Ed. (4707)
2006 Ed. (4782)
2000 Ed. (4277)
1999 Ed. (4628)
1998 Ed. (3596, 3599)
1997 Ed. (3775, 3776)
1996 Ed. (3722, 3723)
1995 Ed. (3639)
1994 Ed. (3560)
1993 Ed. (3602, 3603)
1992 Ed. (4326, 4327)
1991 Ed. (3410)
1990 Ed. (3623)
Milton Cooper
2007 Ed. (1018)
2006 Ed. (928)
Milton Hershey School & School Trust
1995 Ed. (2786)
Milton Hollander
1994 Ed. (1226)
Milton J. Womack Inc.
2006 Ed. (1325)
Milton; Jose
1995 Ed. (2112, 2579, 3726)
1994 Ed. (2059, 2521, 3655)
Milton PDM
2000 Ed. (1679, 3845)
Miltope Group Inc.
1998 Ed. (98, 1249)
Milunovich; Steven
2006 Ed. (2579)
1997 Ed. (1876)
1996 Ed. (1803)
1995 Ed. (1825, 1826)
1994 Ed. (1787, 1823)
1993 Ed. (1803)
1992 Ed. (2136)
1991 Ed. (1676)
1989 Ed. (1419)
Milupa
1996 Ed. (2258)
1994 Ed. (2198)
Milupa Baby Foods
1992 Ed. (2630)
Milwaukee
1992 Ed. (2550)
Milwaukee Bucks
1998 Ed. (3358)
Milwaukee CMSA, WI
1990 Ed. (1156)

Milwaukee County Dept. of Health
1991 Ed. (2501)
Milwaukee Co. Dept. of Health and Human Services
1990 Ed. (2631)
Milwaukee Journal Sentinel
1992 Ed. (3242)
1991 Ed. (2600, 2605)
1990 Ed. (2700, 2705)
1989 Ed. (2054)
Milwaukee Marriott, Milwaukee
1990 Ed. (2080)
Milwaukee Metropolitan Sewerage District
1993 Ed. (3360)
1992 Ed. (4030)
1991 Ed. (3159)
Milwaukee-Racine, WI
1996 Ed. (2089)
1992 Ed. (2388)
Milwaukee River Hilton, Milwaukee
1990 Ed. (2080)
Milwaukee School of Engineering
2008 Ed. (2573)
Milwaukee-Waukesha, WI
2004 Ed. (766, 4435, 4894)
2003 Ed. (756, 4904)
2002 Ed. (774, 3135)
2001 Ed. (1013, 4790)
2000 Ed. (802, 2950)
1999 Ed. (797, 3211)
1998 Ed. (2485)
1997 Ed. (2639)
1996 Ed. (2497)
Milwaukee, WI
2008 Ed. (3132)
2007 Ed. (2995)
2006 Ed. (3302, 3743)
2005 Ed. (3312, 4834)
2004 Ed. (3298, 3737)
2002 Ed. (2634)
2001 Ed. (4023)
2000 Ed. (4093)
1997 Ed. (1075, 2333)
1996 Ed. (1061, 2206, 2278, 2279, 2280, 2281, 3208)
1995 Ed. (2665, 3544)
1994 Ed. (967, 1104, 2372, 2913)
1993 Ed. (946, 1598, 2115)
1992 Ed. (1157)
1991 Ed. (3116)
1990 Ed. (296, 1483, 1485, 2608)
Milwaukee's Best
2008 Ed. (534, 542)
2007 Ed. (597)
2006 Ed. (554)
2005 Ed. (649)
2002 Ed. (674)
2001 Ed. (676)
1999 Ed. (807)
1998 Ed. (496)
1997 Ed. (720)
1996 Ed. (782)
1995 Ed. (699, 702, 703, 706)
1994 Ed. (752)
1993 Ed. (746, 747)
1992 Ed. (935, 936)
1990 Ed. (749, 758, 763)
1989 Ed. (776)
Milwaukee's Best Light
2008 Ed. (542, 546)
2003 Ed. (664)
2000 Ed. (813)
1997 Ed. (715, 3665)
MIM
1996 Ed. (255)
1993 Ed. (262)
1990 Ed. (2319)
MIM Britannia Far East Fund
1990 Ed. (2397)
MIM Britannia US Smaller Companies
1992 Ed. (3209)
MIM Holdings
2004 Ed. (3490)
2002 Ed. (3368)
2001 Ed. (4270)
1999 Ed. (311)
1998 Ed. (3305)
1997 Ed. (283)
1994 Ed. (248)
1992 Ed. (4182)
1991 Ed. (3265)
1990 Ed. (2588)
MIM Japan Growth Fund
1990 Ed. (2400)
MIM Stock Appreciation
1995 Ed. (2734)
1994 Ed. (2634)
1993 Ed. (2679)
MIMB
1997 Ed. (3485)
Mimi's Cafe
2008 Ed. (4157)
2004 Ed. (4119)
2002 Ed. (4017)
MIMLIC Asset Allocation
1993 Ed. (2662)
MIMLIC Investors I
1993 Ed. (2689)
MIMS International Ltd.
2000 Ed. (978)
MIMS International (Barbados) Ltd.
2006 Ed. (785)
2001 Ed. (2919)
1999 Ed. (1028)
Min Education Nat, ENS SUP ET
2000 Ed. (1416)
Min; Foo Jou
1997 Ed. (2001)
Min H. Kao
2005 Ed. (4850)
Min Kao
2008 Ed. (4828)
MIN-R2000 Screen Film System
1999 Ed. (3338)
Min; Soo Bong
2008 Ed. (369)
Mina Qakboos
1992 Ed. (1393)
Mina Salman
2001 Ed. (3858)
Mina Zayed
2001 Ed. (3858)
Minacs; Elaine
2007 Ed. (4985)
2006 Ed. (4988)
2005 Ed. (4992)
Minacs Worldwide Inc.
2008 Ed. (1208, 2947)
2007 Ed. (1319, 1638, 2822)
2006 Ed. (2820)
2003 Ed. (1700)
Minact Inc.
2005 Ed. (1374)
2004 Ed. (1358)
Minale Tattersfield
1992 Ed. (2588, 2589)
1990 Ed. (2170)
Minale Tattersfield & Partners
2001 Ed. (1444, 1446, 1447, 1448)
1999 Ed. (2838)
Minale Tattersfield Design Strategy
1996 Ed. (2233, 2234, 2236)
1995 Ed. (2225, 2227, 2228, 2229)
1994 Ed. (2175)
1993 Ed. (2158)
Minamerica Corp.
1999 Ed. (3684)
Minara
1994 Ed. (37)
Minasmaquinasa
2007 Ed. (1852)
Minato
1992 Ed. (372)
1991 Ed. (266)
1990 Ed. (298)
Mind & Spirit Inc.
2004 Ed. (20)
2003 Ed. (834)
A Mind at a Time
2004 Ed. (742)
Mindbridge Inc.
2000 Ed. (4383)
Mindbridge Software
2006 Ed. (1118)
Mindray Medical
2008 Ed. (3635)
Mindready Solutions
2007 Ed. (2814)
Mindreef Inc.
2008 Ed. (1151, 1152)
2007 Ed. (1252)
Minds FCB
2001 Ed. (214)
Minds Lanka
1999 Ed. (157)
1997 Ed. (148)
1996 Ed. (142)
1995 Ed. (128)
1992 Ed. (210)
1991 Ed. (152)
1990 Ed. (152)
1989 Ed. (163)
Minds Lanka (Bozell)
2000 Ed. (175)
MindShare
2008 Ed. (130)
2002 Ed. (142, 144, 145, 146, 147, 148, 174, 193, 194, 195, 196, 3279)
2001 Ed. (165, 166, 171, 172, 173, 174, 175, 176, 177, 178, 235, 3249)
2000 Ed. (130, 140)
MindShare Canada
2002 Ed. (3278)
MindShare Worldwide
2008 Ed. (126, 127, 128)
2007 Ed. (119, 120, 121)
2006 Ed. (125, 126, 127, 3432)
2005 Ed. (122, 123, 124)
2004 Ed. (119, 121, 122)
2003 Ed. (108, 110, 111, 112, 113, 114, 115, 116, 117, 118, 119, 120)
MindSpring Enterprises Inc.
2004 Ed. (1453)
1999 Ed. (2999)
MindSpring Entertainment
2000 Ed. (3391)
1999 Ed. (3674)
mindspring.com
2001 Ed. (2986)
Mine Safety Appliances Co.
2008 Ed. (2356, 2362)
2007 Ed. (2216, 2222)
2006 Ed. (1979, 1986, 2286, 2289, 2290, 2295)
2005 Ed. (1942, 1946, 1947, 1951)
1998 Ed. (1878, 1925)
Mineko Sasaki-Smith
1997 Ed. (1994)
Miner Fleet Management Group
2008 Ed. (804)
Minera
1994 Ed. (3131)
1993 Ed. (3068)
1992 Ed. (3765)
1991 Ed. (2911)
Minera Alumbrera
2006 Ed. (2541)
Minera Barrick Misquichilca
2006 Ed. (2546)
Minera Candelaria
2006 Ed. (2543)
Minera El Abra
2006 Ed. (2543)
Minera Escondida
2006 Ed. (2543)
Minera Loma de Niquel
2007 Ed. (1851)
Minera Los Pelambres
2006 Ed. (2543)
Minera Yanacocha
2006 Ed. (2546)
Mineral & Resources Corp.
1991 Ed. (2269, 2270)
Mineral fuels
1995 Ed. (1647)
Mineral fuels, lubricants, and related products
1992 Ed. (2086)
Mineral Ice
2003 Ed. (280)
2002 Ed. (315, 316)
2001 Ed. (384)
1999 Ed. (275)
Mineral, metal, & chemical wholesaling
2002 Ed. (2224, 2780)
Mineral/metal manufacturers, non-metallic
1996 Ed. (1724)
Mineral Oils
2000 Ed. (1895)
Mineral products
1992 Ed. (2092)
Mineral Resources International
1992 Ed. (3086)
Mineral supplements
2004 Ed. (2102)
Minerals
2003 Ed. (4862)
2002 Ed. (4758)
2001 Ed. (2014)
1998 Ed. (3681)
Minerals Technologies Inc.
2005 Ed. (3459)
2004 Ed. (3445)
1995 Ed. (949)
1994 Ed. (1975)
Mineros de Antioquia
2006 Ed. (3488)
Minerva plc
2002 Ed. (1793)
Minet Group Plc
1998 Ed. (2120, 2124)
1997 Ed. (2414)
1996 Ed. (2276)
1995 Ed. (2270, 2271, 2273)
1994 Ed. (2224, 2226, 2227)
Minet Holdings
1990 Ed. (2270)
Minet Holdings PLC
1993 Ed. (2247, 2249)
1991 Ed. (2138)
Minet Re (North America) Inc.
1994 Ed. (3041)
Minet Reinsurance Inc.
1998 Ed. (3036)
1997 Ed. (3291)
1996 Ed. (3187)
Minet Reinsurance (North America) Inc.
1995 Ed. (3086)
1993 Ed. (2993)
Minet Risk Services
1995 Ed. (902)
Minet Risk Services (Bermuda) Ltd.
1996 Ed. (877)
1994 Ed. (859)
Minet Risk Services (Vermont) Inc.
1996 Ed. (882)
Ming; Jenny
2005 Ed. (2513)
Ming Jung Kim
2008 Ed. (369)
Ming Ren Investment
1990 Ed. (2047)
Ming Wong; Kam
1997 Ed. (1972)
Ming; Xu
2007 Ed. (2508)
Ming Yao Department Store
1992 Ed. (1798)
Mingles
2008 Ed. (674)
Mingo
1989 Ed. (1998)
Mini
2004 Ed. (758)
Mini Cheddars
2008 Ed. (721)
Mini-Circuits
2006 Ed. (2396)
Mini Fazer Gun
1993 Ed. (3599)
Mini ($5) Dow Jones Industrial Index
2007 Ed. (2671)
Mini Labs
1989 Ed. (2229)
Mini Wheats
2003 Ed. (876)
Minicomputers
1993 Ed. (1573)
Minimaid Canada; Maid Brigade USA/
2008 Ed. (746)
2007 Ed. (770)
2006 Ed. (674)
2005 Ed. (767)
Mining
2008 Ed. (1631, 1821, 1822, 1823, 1824)
2006 Ed. (834)
2004 Ed. (1747, 1748, 3010)
2003 Ed. (2269)
2001 Ed. (3561)
1999 Ed. (4821)
1998 Ed. (2750)

1997 Ed. (2018, 2556)
1996 Ed. (2663, 2908, 3874)
1995 Ed. (1, 2670, 3785)
1992 Ed. (4482)
1989 Ed. (1866)
Mining & crude-oil production
2002 Ed. (2773)
Mining and extraction
1989 Ed. (2080, 2080)
Mining & minerals
1998 Ed. (1036)
1997 Ed. (1263, 1274)
1996 Ed. (1220, 1232)
1995 Ed. (1248, 1259)
1994 Ed. (1211, 1229, 1233)
1993 Ed. (1205)
1992 Ed. (1502, 1488)
1991 Ed. (1179, 1191)
Mining and quarrying operations
1994 Ed. (2243)
Mining, coal
2002 Ed. (2224)
Mining, crude oil production
2008 Ed. (3151, 3152, 3153, 3155, 3156, 3157)
2007 Ed. (3039, 3040, 3041, 3042, 3043, 3044, 3045, 3046, 3047)
2006 Ed. (3000, 3001, 3002, 3004, 3005, 3006)
2005 Ed. (3004, 3005, 3006, 3007, 3008, 3010)
2003 Ed. (2900, 2904, 2905)
2002 Ed. (2766, 2767, 2768, 2772, 2776, 2787)
1995 Ed. (1278, 1300)
1994 Ed. (1274, 1278, 1279)
1993 Ed. (1233, 1235, 1239, 1240)
1992 Ed. (2599, 2603, 2606, 2611, 2613, 2614, 2622)
1991 Ed. (2028, 2031, 2033, 2035, 2036, 2038, 2041, 2043, 2044)
Mining/lumbering
2000 Ed. (3088)
Mining, metal ore
2002 Ed. (2224)
Mining, Oil & Gas Extraction
1990 Ed. (1224, 1225, 1254, 1268, 1269)
Mining/petroleum
1997 Ed. (2381)
Minipress
1991 Ed. (2400)
1990 Ed. (2530)
MiniScribe Corp.
1991 Ed. (1442, 2653, 2655, 2660)
1990 Ed. (1118, 1125, 2200, 2997)
1989 Ed. (970, 971, 1311, 1319, 1323, 1325, 2308)
Miniskirts
1989 Ed. (2042)
Ministers Life
1989 Ed. (1701, 1702, 1703, 1704)
Ministry Health Care Inc.
2003 Ed. (1854)
Ministry of Aviation
1994 Ed. (198)
Ministry of Communications
1993 Ed. (49)
Ministry of Community Development, Youth & Sports
2007 Ed. (2564)
Ministry of Defence
2000 Ed. (1416)
Ministry of Economy
1989 Ed. (51)
Ministry of Energy & Infrastructure
2008 Ed. (3929)
2007 Ed. (3880)
2006 Ed. (3854)
2005 Ed. (3788)
2004 Ed. (3861)
2003 Ed. (3844)
Ministry of Finances
1992 Ed. (78)
Ministry of Health
2004 Ed. (95)
2001 Ed. (65)
1992 Ed. (69)
Ministry of Health, Harrare, Zimbabwe
1994 Ed. (1906)
Ministry of Public Function, Mexico
2007 Ed. (2564)
Minit Lube
1990 Ed. (406)
MINIT STOP Stores
2008 Ed. (1785)
2007 Ed. (1757)
Minitel
1992 Ed. (4216)
1991 Ed. (3293)
Minivan
2001 Ed. (502)
Minmetal Townlord Technology
2005 Ed. (1733)
Minmetals Development Co., Ltd.
2007 Ed. (1658)
2006 Ed. (1643, 1781)
Minneapolis
2000 Ed. (1086)
Minneapolis Grain Exchange
2008 Ed. (2804, 2805)
2007 Ed. (2673, 2674)
2006 Ed. (2683, 2684)
2005 Ed. (2706, 2708)
2004 Ed. (2713)
2003 Ed. (2598, 2600)
2001 Ed. (1333, 1334)
1999 Ed. (1247)
1998 Ed. (815, 816)
1996 Ed. (1057)
1994 Ed. (1071, 1072)
1993 Ed. (1039, 1040)
Minneapolis, MN
2008 Ed. (3463, 3516)
2007 Ed. (3001, 3365)
2006 Ed. (3302)
2005 Ed. (3312)
2003 Ed. (27)
2002 Ed. (75, 3589)
2001 Ed. (1234, 3877)
1999 Ed. (1024, 1153, 1171, 1487, 3373, 3890, 4514)
1998 Ed. (734, 742, 1055, 3587)
1997 Ed. (998, 1284)
1996 Ed. (973, 974, 1238, 2208, 2278, 2279, 2280, 2281)
1995 Ed. (987, 989, 990, 1282, 2667, 3543)
1994 Ed. (951, 964, 972, 1104, 1259, 2585)
1993 Ed. (773, 945, 1221, 2071)
1992 Ed. (1162, 2546, 3623)
1991 Ed. (935, 1644)
1990 Ed. (1000, 1003, 1466, 2910)
1989 Ed. (911, 1905, 2906)
Minneapolis, MN & St. Paul, WI
1996 Ed. (2089)
Minneapolis Society of Fine Arts
2006 Ed. (3718)
Minneapolis-St. Paul
2000 Ed. (3835, 4392)
1992 Ed. (3055, 2864, 2877)
Minneapolis-St. Paul Airport
2001 Ed. (850)
1997 Ed. (220)
Minneapolis-St. Paul-Bloomington, MN
2008 Ed. (3458)
Minneapolis-St. Paul-Bloomington, MN-WI
2008 Ed. (3524, 4089, 4100)
2007 Ed. (268, 772, 2658, 2692, 3383, 3388, 4165)
2006 Ed. (261, 676, 2673, 2698, 4142)
Minneapolis/St. Paul International
1989 Ed. (245)
Minneapolis-St. Paul Metropolitan
1995 Ed. (2646)
Minneapolis-St. Paul, MN
2008 Ed. (237)
2007 Ed. (259, 271, 775, 2693, 4175)
2006 Ed. (250, 749, 3310, 4099, 4100)
2005 Ed. (232, 2457, 2458, 3333, 4381, 4802, 4927)
2004 Ed. (187, 223, 225, 332, 334, 335, 337, 732, 766, 790, 791, 796, 1101, 1109, 2048, 2052, 2264, 2266, 2424, 2601, 2627, 2630, 2696, 2702, 2710, 2711, 2719, 2851, 2855, 2866, 2873, 2874, 2898, 2899, 2900, 2948, 2952, 3216, 3219, 3262, 3280, 3309, 3347, 3353, 3354, 3376, 3450, 3459, 3470, 3711, 3722, 3735, 4151, 4165, 4166, 4168, 4175, 4176, 4177, 4210, 4231, 4782, 4895, 4914, 4947)
2003 Ed. (255, 351, 353, 756, 776, 777, 1088, 1148, 2006, 2255, 2257, 2350, 2468, 2494, 2587, 2595, 2596, 2633, 2765, 2863, 3162, 3220, 3228, 3253, 3254, 3260, 3290, 3291, 3384, 3393, 3404, 3666, 4151, 4152, 4159, 4160, 4161, 4162, 4208, 4403, 4448, 4797, 4905, 4943)
2002 Ed. (774, 2735, 3092, 3136, 3137, 3237, 3238, 3590, 4050, 4075, 4912)
2001 Ed. (1013, 2757, 3102, 3120, 3646, 4143, 4791, 4836)
2000 Ed. (802, 1158, 2416, 2938, 2951, 2952, 3119, 4207, 4357)
1999 Ed. (797, 1148, 2099, 2714, 3195, 3212, 3213, 3257, 3378, 3387, 3390, 4125, 4728, 4766)
1998 Ed. (1521, 2056, 2365, 2378, 2379, 2477, 3109, 3685, 3718)
1997 Ed. (291, 2176, 2233, 2639, 2649, 2657, 3304, 3307, 3351, 3365, 3657, 3853, 3883)
1996 Ed. (38, 261, 343, 2076, 2497, 2510, 2518, 3199, 3207, 3266, 3604, 3802, 3834)
1995 Ed. (328, 2451, 2459, 2467, 2559, 3111, 3173, 3715, 3735)
1994 Ed. (332, 2027, 2039, 2372, 2378, 2386, 2498, 3066, 3067, 3105, 3497)
1993 Ed. (347, 2015, 2154, 2439, 2444)
1992 Ed. (482, 2377, 2388, 2535, 2544, 2554, 2913, 3038, 3697, 3734)
1991 Ed. (1974, 2890)
1990 Ed. (401, 2125, 2567, 3048, 3702)
1989 Ed. (1560, 1627, 1950, 2051)
Minneapolis-St. Paul, MN-WI
2002 Ed. (2395, 2444)
2001 Ed. (2363)
1995 Ed. (3778)
1990 Ed. (2562)
1989 Ed. (1966, 1967)
Minneapolis Star Tribune
1999 Ed. (3613)
Minneapolis-St.Paul, MN
2000 Ed. (331, 359)
Minnegasco
1998 Ed. (1808)
1997 Ed. (2130)
Minnelli; Liza
1993 Ed. (1078)
Minnesota
2008 Ed. (1388, 2654, 2655, 2656, 2726, 2906, 3004, 3037, 3134, 3279, 3351, 3471, 3760, 3806, 3885, 4326, 4465, 4581, 4915)
2007 Ed. (1437, 2272, 2273, 2280, 2526, 2528, 2589, 2763, 2916, 3014, 3015, 3210, 3371, 3515, 3648, 3713, 3749, 3781, 3824, 4001, 4021, 4371, 4481, 4650, 4682, 4938)
2006 Ed. (1405, 2344, 2550, 2552, 2613, 2754, 2790, 2809, 2894, 2981, 2982, 3131, 3307, 3584, 3730, 3750, 3783, 3904, 3943, 4213, 4334, 4419, 4474, 4650, 4661, 4932)
2005 Ed. (371, 400, 405, 409, 410, 412, 444, 445, 1075, 1078, 1420, 2276, 2543, 2544, 2545, 2615, 2785, 2882, 2984, 2985, 2986, 3301, 3319, 3484, 3611, 3613, 3652, 3882, 4159, 4197, 4230, 4402, 4569, 4597, 4598, 4599, 4600, 4722, 4899, 4929)
2004 Ed. (186, 360, 377, 378, 390, 391, 393, 438, 439, 767, 768, 775, 896, 1070, 1075, 1398, 1399, 2000, 2001, 2002, 2175, 2177, 2563, 2567, 2570, 2571, 2573, 2793, 2904, 2974, 2975, 2976, 2978, 2987, 2988, 3037, 3039, 3282, 3290, 3294, 3301, 3478, 3525, 3700, 3702, 3743, 4232, 4233, 4236, 4270, 4456, 4457, 4500, 4506, 4511, 4514, 4517, 4528, 4529, 4530, 4648, 4649, 4654, 4818, 4884, 4886, 4899, 4903, 4949, 4980)
2003 Ed. (381, 397, 398, 399, 400, 402, 414, 415, 444, 445, 757, 758, 1057, 1061, 1064, 1384, 2127, 2433, 2435, 2436, 2678, 2688, 2793, 2794, 2884, 2982, 3236, 3238, 3243, 3249, 3256, 3261, 3420, 3652, 3657, 3700, 4209, 4210, 4213, 4233, 4248, 4250, 4414, 4415, 4494, 4666, 4909, 4912, 4945)
2002 Ed. (461, 462, 467, 473, 494, 495, 497, 668, 770, 771, 772, 773, 951, 1113, 1116, 1347, 1907, 2008, 2067, 2226, 2232, 2233, 2234, 2285, 2351, 2352, 2447, 2574, 2739, 2740, 2881, 2892, 2953, 3091, 3111, 3116, 3122, 3123, 3128, 3201, 3239, 3240, 3273, 3341, 3344, 3367, 3524, 3528, 3734, 3901, 3906, 4071, 4072, 4073, 4074, 4156, 4159, 4330, 4374, 4520, 4522, 4523, 4538, 4539, 4778, 4892, 4909, 4911)
2001 Ed. (278, 414, 415, 703, 977, 993, 1007, 1014, 1015, 1079, 1107, 1109, 1124, 1245, 1305, 1346, 1360, 1361, 1370, 1371, 1411, 1439, 1440, 1441, 1507, 1968, 2308, 2459, 2467, 2471, 2472, 2537, 2538, 2544, 2556, 2623, 2624, 2664, 2689, 2690, 2723, 2998, 3023, 3042, 3070, 3071, 3235, 3236, 3262, 3294, 3308, 3313, 3314, 3400, 3413, 3539, 3545, 3557, 3568, 3597, 3616, 3716, 3717, 3787, 3791, 3792, 3828, 3878, 3879, 3892, 3893, 3894, 3898, 3899, 3903, 3913, 3915, 3963, 3964, 4026, 4144, 4145, 4150, 4242, 4256, 4257, 4331, 4480, 4570, 4571, 4581, 4582, 4614, 4719, 4796, 4797, 4809, 4822, 4830, 4837, 4839, 4934, 4935)
2000 Ed. (751, 803, 804, 1905, 1906, 2452, 2608, 2958, 2959, 2961, 3007, 3688, 3831, 3832, 4095, 4097, 4098, 4110, 4113, 4179, 4393)
1999 Ed. (738, 798, 799, 1077, 1996, 2834, 3140, 3219, 3220, 3222, 3892, 3975, 4122, 4404, 4405, 4413, 4420, 4422, 4429, 4433, 4439, 4441, 4442, 4445, 4446, 4447, 4451, 4452, 4455, 4535, 4536, 4765)
1998 Ed. (472, 2041, 2381, 2382, 2383, 2452, 2883, 3105, 3106, 3378, 3379, 3381, 3390, 3465, 3716, 3717, 3755)
1997 Ed. (996, 1283, 2647, 2656, 3227, 3364, 3564, 3566, 3588, 3608, 3609, 3611, 3612, 3621, 3786, 3881, 3882)
1996 Ed. (1237, 2507, 2516, 2517, 3174, 3514, 3517, 3519, 3520, 3526, 3548, 3567, 3569, 3570, 3571, 3572, 3573, 3578, 3832)
1995 Ed. (947, 1231, 1281, 1669, 2468, 2469, 3299, 3467, 3486, 3488, 3489, 3490, 3491, 3492, 3500, 3540, 3733, 3801)
1994 Ed. (870, 1258, 2388, 3028, 3374, 3390, 3415, 3417, 3418, 3419, 3420)
1993 Ed. (1220, 2438, 2441, 2526, 2608, 3222, 3394, 3406, 3424, 3425, 3426, 3427, 3428, 3691, 3699)
1992 Ed. (973, 974, 2339, 2559, 2560, 2561, 2562, 2586, 2875,

2876, 2917, 2918, 2920, 2930, 2934, 3084, 4074, 4076, 4077, 4081, 4117, 4118, 4119, 4120, 4180)
1991 Ed. (186, 788, 793, 1398, 1399, 1645, 2353, 2354, 2916, 3175, 3178, 3179, 3180, 3184, 3187, 3195, 3196, 3199, 3200, 3203, 3207, 3208, 3214, 3263, 3482)
1990 Ed. (366, 829, 831, 834, 996, 1482, 1746, 2411, 2429, 2513, 2575, 3346, 3356, 3361, 3372, 3375, 3376, 3387, 3394, 3404, 3405, 3409, 3423, 3425, 3428)
1989 Ed. (206, 1897, 2538, 2555, 2563, 2565, 2616, 2914)
Minnesota at Duluth; University of
1992 Ed. (1271)
Minnesota at Twin Cities, Carlson; University of
1996 Ed. (840)
Minnesota at Twin Cities; University of
1996 Ed. (1686)
1993 Ed. (799, 1632)
1992 Ed. (1000)
Minnesota Board
2000 Ed. (3444)
Minnesota Brewing Co.
2001 Ed. (674, 1023)
2000 Ed. (3127)
1998 Ed. (2491)
1997 Ed. (713)
Minnesota, Carlson School of Business; University of
2007 Ed. (796)
Minnesota Diversified Industries
2006 Ed. (3721)
Minnesota-Duluth; University of
2005 Ed. (3439)
Minnesota Educational Computing Corp.
1997 Ed. (1256)
Minnesota Historical Society
2006 Ed. (3718)
Minnesota Housing Finance Agency
2001 Ed. (850)
1998 Ed. (2062)
1997 Ed. (2340)
1996 Ed. (2211)
Minnesota Life Insurance Co.
2008 Ed. (3297, 3298)
2007 Ed. (3147, 3148)
2006 Ed. (3019, 3952, 3955, 3961)
2002 Ed. (2907, 2909, 2922, 2923)
2001 Ed. (2940)
2000 Ed. (2698)
Minnesota Mining
1991 Ed. (2930)
1989 Ed. (2657)
Minnesota Mining & Manufacturing
2000 Ed. (1517, 1692, 2647, 3862, 3863)
1993 Ed. (901, 1369, 2495, 2741, 3103)
1992 Ed. (1105, 2967, 3284, 3286, 3804)
1991 Ed. (902, 1546, 2381, 2635, 1053)
1990 Ed. (931, 933, 934, 938, 1529, 1530, 3108)
1989 Ed. (874, 875, 879, 882, 1259, 1260, 2362)
Minnesota Mining & Manufacturing Co. (3M)
2004 Ed. (19, 965, 1553, 1719, 2109, 2110, 2111, 2112, 2114, 4098)
2003 Ed. (1219, 1530, 1762, 1763, 1764, 2729, 2957, 3287, 3289, 3292, 3296, 3674, 3714, 3716, 3722, 3750, 4071, 4303)
2002 Ed. (913, 1731, 2830, 2831, 3534, 3592, 3604, 3968, 4172)
2001 Ed. (11, 1044, 1586, 1794, 1795, 2070, 2136, 2137, 2138, 2892, 3218, 3220, 3221, 3624, 3625, 3649)
1990 Ed. (1533)
Minnesota-Morris; University of
2008 Ed. (1061)
Minnesota Mutual Cos., Inc.
2005 Ed. (3093, 3094, 3106, 3107)
2004 Ed. (3085, 3086, 3103, 3104)
Minnesota Mutual Group
2007 Ed. (3133, 3134, 3135)
Minnesota Mutual Life
1993 Ed. (2213, 3280)
1989 Ed. (2974)
Minnesota Mutual Life Insurance Co.
2000 Ed. (2701)
1998 Ed. (2161)
1997 Ed. (2450)
1996 Ed. (2321)
1995 Ed. (2285, 3351)
1994 Ed. (2252, 2253, 3270)
1991 Ed. (2471)
Minnesota Mutual Megannuity Advantus Mtg Secs Q
2000 Ed. (4330)
Minnesota Mutual Megannuity Advantus NtGvBd 06 Q
2000 Ed. (4330)
Minnesota Mutual Megannuity Advantus NtGvBd 10 Q
2000 Ed. (4330)
Minnesota Mutual Multioption
1997 Ed. (3821)
Minnesota Mutual MultiOption A Advantus MtGvBd 10
2000 Ed. (4330)
Minnesota Mutual Multioption A Mat Govt Bond 2006
1997 Ed. (3821)
Minnesota Mutual Multioption A Mat Govt Bond 2010
1997 Ed. (3821)
Minnesota Mutual MultiOption Select Advantus MtGvBd10
2000 Ed. (4330)
Minnesota Mutual MultiOption Select Advantus NtGvBd06
2000 Ed. (4330)
Minnesota Mutual Multioption Select Mat Govt Bond 2006
1997 Ed. (3821)
Minnesota Orchestral Association
2006 Ed. (3718)
Minnesota Power Inc.
2001 Ed. (2146)
Minnesota Power & Light
1993 Ed. (1557)
1992 Ed. (1898, 1899)
1991 Ed. (1497, 1498, 1489)
1990 Ed. (1601)
Minnesota Public Facilities Authority
1999 Ed. (3471)
Minnesota Public Radio Inc.
2006 Ed. (3718)
Minnesota Soybean Processors
2004 Ed. (2663)
Minnesota State Board
2008 Ed. (2297, 2300, 2312, 2323)
2007 Ed. (2186)
2004 Ed. (2027)
2003 Ed. (1979, 1984)
2002 Ed. (3608, 3613, 3615)
2001 Ed. (3673, 3678, 3680)
2000 Ed. (3441)
1998 Ed. (2765)
1997 Ed. (3019)
1996 Ed. (2931)
Minnesota State Board of Investment
1991 Ed. (2692)
Minnesota State Fair
2007 Ed. (2513)
2006 Ed. (2534)
2005 Ed. (2524)
2003 Ed. (2417)
2002 Ed. (2215)
2000 Ed. (1888)
1999 Ed. (2086)
1998 Ed. (1518)
1997 Ed. (1805)
1996 Ed. (1718)
1995 Ed. (1733)
1994 Ed. (1725)
1993 Ed. (1709)
1992 Ed. (2066)
1990 Ed. (1727)
Minnesota State Fair, St. Paul
1991 Ed. (1635)
Minnesota State University-Mankato
2008 Ed. (769)
Minnesota Synod of the Lutheran Church Board
1990 Ed. (2724)
Minnesota Technology Corridor
1992 Ed. (2596)
Minnesota-Twin Cities, Carlson School of Business; University of
2008 Ed. (796)
Minnesota Twins
1998 Ed. (3358)
Minnesota; University of
2007 Ed. (829)
2006 Ed. (3784, 3957, 3961)
1997 Ed. (853, 862, 970, 971, 1067, 1768, 3297)
1996 Ed. (948, 949, 1048, 3192)
1995 Ed. (971, 1066, 1073, 1704, 3091, 3095)
1994 Ed. (939, 1060, 1657, 2743, 3046)
1993 Ed. (1029, 3000)
1992 Ed. (1281, 3669)
1991 Ed. (818, 916, 1004, 1572, 2680, 2833, 2928)
Minnesota Vikings
2002 Ed. (4340)
Minnesota Vikings Ventures Inc.
2001 Ed. (2446)
Minnetonka
1990 Ed. (3603)
Minnetonka Brands Inc.
2003 Ed. (2923)
Minnetonka Insurance Co.
1992 Ed. (1061)
1991 Ed. (857)
1990 Ed. (906)
Minnova Inc.
1994 Ed. (2527)
1990 Ed. (1362)
Minocin Pellets
1992 Ed. (1868)
Minogue Investment Co.
1997 Ed. (1074)
Minolta
2008 Ed. (834)
2006 Ed. (3900)
2005 Ed. (1355, 1384, 1390)
2004 Ed. (1347, 1366, 1369)
2003 Ed. (1346, 1361)
2001 Ed. (1358)
2000 Ed. (966)
1999 Ed. (1012, 1013, 3825)
1998 Ed. (608, 610, 611)
1997 Ed. (880)
1996 Ed. (868, 3035)
1995 Ed. (885, 2937)
1994 Ed. (844, 2873, 2874)
1993 Ed. (829, 2853)
1992 Ed. (1037, 1449, 3289, 3460)
1991 Ed. (846, 1107, 1108)
Minolta Camera
1995 Ed. (1656)
1994 Ed. (1322)
1989 Ed. (2297)
Minolta Corp./Minolta Business Systems
1993 Ed. (1359)
Minor International
2007 Ed. (2018)
Minor League Baseball
2001 Ed. (4349)
Minor Profit Centers
2000 Ed. (2544)
Minorco
2000 Ed. (3018)
1999 Ed. (3130, 3280)
1997 Ed. (2693)
1991 Ed. (2657)
Minorco Canada
1997 Ed. (2794)
1994 Ed. (2526)
Minorco SA
2006 Ed. (1856)
1996 Ed. (2442, 2556)
1994 Ed. (2342, 2343, 2417)
Minorco Societe Anonyme
1997 Ed. (2585)
1993 Ed. (2375, 2376)
1992 Ed. (1486, 2815, 2816)
Minority Alliance Capital LLC
2008 Ed. (3715, 4404)
2007 Ed. (2840, 3567)
2006 Ed. (190, 3520, 4359)
Minority Business Development Agency
2008 Ed. (3691)
2007 Ed. (3528)
2006 Ed. (3493)
A Minority Entity Inc.
1994 Ed. (715)
Minority-owned business
2000 Ed. (2617)
Minority Report
2004 Ed. (2161)
Minorplanet Systems
2001 Ed. (1886)
Minorplanet Systems plc
2002 Ed. (2495)
Minoru Hasegawa
1996 Ed. (1879)
Minoru Kawahara
2000 Ed. (2173)
1999 Ed. (2390)
1997 Ed. (1989)
Minoru Mori
1995 Ed. (664)
1994 Ed. (708)
Minot State University
1990 Ed. (1084)
Minotels Europe
1992 Ed. (2505)
Minsa, SA de CV; Grupo
2005 Ed. (2649)
Minsky's Pizza
2006 Ed. (3915)
Minsky's Pizza Cafe/Bar
2005 Ed. (3844)
Minstar
1991 Ed. (2470, 3420)
1990 Ed. (1325, 3643, 3644)
1989 Ed. (2296, 2856, 2871, 2880)
Minstergate PLC
1993 Ed. (971)
Minsur
2006 Ed. (2546)
2000 Ed. (2933)
1999 Ed. (3187)
Minsur (L)
1997 Ed. (2633, 2634)
Mint Asure
2008 Ed. (727)
Mint chocolate chip
2001 Ed. (2832)
Mint Guar. Currencies
1996 Ed. (1060)
Mint Guar. Currencies (2001)
1996 Ed. (1060)
Mint Guar. Global Fin. (2003)
1996 Ed. (1060)
Mint Guaranteed
1989 Ed. (962)
Mint Investment Management Co.
1992 Ed. (1289)
Mint Limited
1989 Ed. (962)
Mint Special
1989 Ed. (962)
Mintek
2008 Ed. (2385)
Minter Ellison
2003 Ed. (3180, 3181)
2002 Ed. (3055, 3784)
Minter-Weisman Co.
1998 Ed. (976, 978)
1997 Ed. (1200, 1202)
1995 Ed. (1197, 1199)
Mintie Corp.
2002 Ed. (2152)
2000 Ed. (1861)
Minto Builders
2005 Ed. (1202)
2004 Ed. (1169, 1174)
2003 Ed. (1161, 1166)
2002 Ed. (2677, 2681)
Mints
2008 Ed. (841)
Mintum/Red Cliff, CO
1997 Ed. (999)
Mintz & Hoke
2003 Ed. (170)
2002 Ed. (157)

2000 Ed. (148)
1999 Ed. (130)
1998 Ed. (61)
1997 Ed. (123)
1996 Ed. (119)
1995 Ed. (103)
1994 Ed. (104)
1992 Ed. (184)
1991 Ed. (130)
1990 Ed. (131)
Mintz, Levin
2005 Ed. (3259)
2004 Ed. (3228)
Mintz, Levin, Cohn, Ferris, Glovsky & Popeo
2001 Ed. (837, 889, 933)
2000 Ed. (4298)
1993 Ed. (2393)
1992 Ed. (2830)
1991 Ed. (2535, 2524)
Mintz Levin Cohn Ferris Glovsky & Popeo PC
2007 Ed. (3308)
2006 Ed. (3247)
2005 Ed. (3533)
Mintz Levin Cohn Ferris Glovsky Popeo
1996 Ed. (3138)
1995 Ed. (3037)
Minute Maid
2008 Ed. (568, 3831, 4492)
2007 Ed. (618, 2655, 3754)
2006 Ed. (3755)
2005 Ed. (3656, 4448)
2004 Ed. (2663, 3746, 4481)
2003 Ed. (669, 674, 2578, 2579, 3702, 4472, 4475)
2001 Ed. (3595, 4302, 4307, 4308)
2000 Ed. (2284, 2285, 4079, 4081)
1999 Ed. (2536, 3660)
1998 Ed. (1714, 1778)
1997 Ed. (2094)
1996 Ed. (1981, 2875)
1995 Ed. (696, 1947, 1948)
1994 Ed. (1922)
1993 Ed. (3355, 3356)
1992 Ed. (2240, 2241, 3304, 4017)
1991 Ed. (3153)
1990 Ed. (724)
1989 Ed. (2515)
Minute Maid Coolers
2007 Ed. (2655)
Minute Maid Orange
2003 Ed. (4470)
1990 Ed. (3314)
Minute Maid Park
2005 Ed. (4439)
Minute Maid Premium
2007 Ed. (2655)
2005 Ed. (3657)
2003 Ed. (2578)
2002 Ed. (3541)
1999 Ed. (3660)
Minute Maid Premium Choice
1998 Ed. (1778)
Minute Maid Premium Fruit Drink
2007 Ed. (2656)
2006 Ed. (2672)
Minute Maid Premium Orange Juice
2007 Ed. (2656)
2006 Ed. (2672)
Minute Maid Single Serve
2007 Ed. (4511)
2006 Ed. (4454)
Minuteman Press International Inc.
2008 Ed. (4023)
2007 Ed. (4005)
2006 Ed. (3963)
2005 Ed. (3896)
2004 Ed. (3940)
2003 Ed. (3932)
2002 Ed. (3765)
1999 Ed. (2510)
Minutemen Press International Inc.
1997 Ed. (2079)
Minyard Food (Sack 'N Save)
1990 Ed. (1554)
Minyard Food Stores Inc.
2007 Ed. (4630)
2005 Ed. (1977)
1999 Ed. (4808)
1992 Ed. (4480)
Minyard; Liz
1997 Ed. (3916)
1996 Ed. (3876)
1995 Ed. (3788)
1994 Ed. (3667)
1993 Ed. (3731)
Minyard Suzuki
1990 Ed. (321)
Mio AB
1994 Ed. (45)
Miotics & glaucoma medications
1998 Ed. (1327)
MIPS
2001 Ed. (3303)
MIPS Computer Systems
1993 Ed. (2999)
1992 Ed. (3668)
MIPS Rxx00
2001 Ed. (3302)
MIPS Technologies Inc.
2001 Ed. (4216)
MIR SpA
2001 Ed. (2875, 4130)
Mira
2008 Ed. (627)
Mirabaud & Cie
2001 Ed. (652)
Mirabella
2000 Ed. (3479, 3490)
1994 Ed. (2789)
Miracle Auto Painting Inc.
2006 Ed. (366)
2005 Ed. (351)
2004 Ed. (351)
2002 Ed. (419)
Miracle Ear Inc.
2006 Ed. (816)
2005 Ed. (901)
2004 Ed. (910)
2002 Ed. (2452)
1993 Ed. (824)
Miracle-Gro
2000 Ed. (2913)
1999 Ed. (3167)
1998 Ed. (2341)
Miracle International Co., Ltd.
2004 Ed. (1871)
2002 Ed. (1783)
Miracle Method Bathroom Restoration
2003 Ed. (2123)
2002 Ed. (2288)
Miracle Method Surface Restoration
2008 Ed. (2393)
2007 Ed. (2256)
2006 Ed. (2325)
2005 Ed. (2267)
2004 Ed. (2169)
Miracle Strip Amusement Park
1992 Ed. (333)
1990 Ed. (266)
Miracle Trading Method
1994 Ed. (2941)
1990 Ed. (1869)
Miracle Whip
2002 Ed. (4083)
Miracles
1996 Ed. (3031)
Mirae Corp.
2002 Ed. (3050)
2001 Ed. (4045)
Mirage
2001 Ed. (476, 2801)
1997 Ed. (911, 1339, 1341, 2281, 2282, 2283)
1996 Ed. (2164, 2167)
1995 Ed. (2151, 215)
Mirage Casino-Hotel Inc.
2008 Ed. (1968)
2007 Ed. (1907)
2006 Ed. (1923)
2005 Ed. (1896)
2004 Ed. (1813)
2003 Ed. (1778, 2413)
2001 Ed. (1808, 1809)
1997 Ed. (2285)
Mirage Resorts Inc.
2007 Ed. (1907)
2003 Ed. (1779, 2841)
2001 Ed. (1809, 2272, 2273, 2778, 2787, 3087)
2000 Ed. (1371, 1374, 2238, 2540, 2560)
1999 Ed. (2760, 2762, 2768, 2786, 3174)
1998 Ed. (1099, 1100, 1101, 1103, 1105, 2005, 2006, 2007)
1996 Ed. (2163)
1994 Ed. (2099, 2100)
1993 Ed. (2082, 2088)
Mirai Shooken
2006 Ed. (4522)
Miraluma
1999 Ed. (3338)
Miramar Lincoln-Mercury
1994 Ed. (274)
Miramar Mining Corp.
2008 Ed. (249)
2007 Ed. (4577)
2006 Ed. (1571)
1997 Ed. (2795)
Miramar NAS
1996 Ed. (2645)
Miramar Naval Air Station
1993 Ed. (2884)
Miramax
2007 Ed. (670)
2006 Ed. (3574, 3575)
2004 Ed. (3512)
2001 Ed. (3358)
1999 Ed. (3442)
1997 Ed. (2816, 2819)
1996 Ed. (2690)
Miramax Film Corp.
2004 Ed. (4141)
2003 Ed. (3452)
2002 Ed. (3396)
2001 Ed. (3360)
Miramax Films
2005 Ed. (3517)
2003 Ed. (3451)
2002 Ed. (3393, 3394)
2000 Ed. (33, 793, 3164, 3165)
1998 Ed. (2532)
Miranda Technologies Inc.
2008 Ed. (2939)
Mirant Corp.
2008 Ed. (1525, 2499, 4667)
2007 Ed. (1549)
2006 Ed. (2437)
2005 Ed. (421, 2395, 2398, 2406)
2004 Ed. (1722, 2190, 2196, 2197, 2314, 2319, 4489, 4494, 4571, 4579)
2003 Ed. (1685, 2137, 2280, 2282, 4535, 4539)
Mirant Mid-Atlantic LLC
2006 Ed. (2104)
Mirassou
1996 Ed. (3855)
1995 Ed. (3756)
Miratek Corp.
2003 Ed. (3949)
Miravant Medical Technologies
2002 Ed. (2479)
Mireille; Typhoon
2005 Ed. (884)
Mirgor
2007 Ed. (1852)
Miriam Cutler Willard
2000 Ed. (2015)
1999 Ed. (2234)
1998 Ed. (1643)
1997 Ed. (1869)
1995 Ed. (1868)
1994 Ed. (1783, 1784, 1828)
1993 Ed. (1801)
Miriam Hospital Inc.
2003 Ed. (1813)
2001 Ed. (1840)
Miriam W. Sellgren
1995 Ed. (933)
Mirifex Systems
2007 Ed. (1318)
Mirinda
2002 Ed. (4325)
MirKim Erection Co., Inc.
2008 Ed. (4251)
Mirkin; Chad
2005 Ed. (2453)
Mirko Sangiorgio
2000 Ed. (2189)
1999 Ed. (2429)
Miroglio SpA
2004 Ed. (1010)
Miroglio Tessile SpA
1999 Ed. (1206)
1995 Ed. (1037)
1994 Ed. (1031)
1993 Ed. (999)
1992 Ed. (1229)
Miron
1990 Ed. (922)
Miron Bldg. Prod.
1990 Ed. (840)
Miron Construction Co.
2008 Ed. (1345)
2006 Ed. (1337, 1352)
Miroslave Nosal
2000 Ed. (2072)
Mirro
1998 Ed. (3459)
1997 Ed. (2330)
1996 Ed. (2026, 2202)
1993 Ed. (2110)
The Mirror
2002 Ed. (3514)
2001 Ed. (3544)
1989 Ed. (2062)
Mirror Group of Newspapers
2002 Ed. (39)
Mirror Image Access (Australia) Pty. Ltd.
2008 Ed. (2928)
Mirror Image Internet Inc.
2007 Ed. (3056)
2006 Ed. (3023)
Mirror Show Management
2008 Ed. (4324)
Mirrors
2007 Ed. (4385)
2006 Ed. (4320)
2005 Ed. (4372)
2004 Ed. (4424)
2003 Ed. (4421)
Mirvac Group
2002 Ed. (3800)
MIS
1998 Ed. (3772)
Mis Sut Sanayi A.S.
1995 Ed. (1902)
MIS Week
1990 Ed. (1133)
Misawa Homes
2007 Ed. (2991)
MISC
1997 Ed. (2593)
1996 Ed. (2447)
1994 Ed. (2348)
Misc. manufacturing
1989 Ed. (1661)
Miscellaneous administrative support
1989 Ed. (2081, 2081)
Miscellaneous Business Services
1990 Ed. (1657)
Miscellaneous dough products
1990 Ed. (1954)
Miscellaneous dried fruits
1992 Ed. (2354)
Miscellaneous Fresh Vegetables
1990 Ed. (1961)
Miscellaneous Frozen Breakfast
1990 Ed. (1959)
Miscellaneous items
1990 Ed. (1954)
Miscellaneous juices
1990 Ed. (1953, 1954)
Miscellaneous plastic products
1991 Ed. (2382)
1990 Ed. (1657, 2515)
Miscellaneous plastics products
1989 Ed. (1929)
Miscellaneous prepared foods
1990 Ed. (1953)
Miscellaneous prepared products
1990 Ed. (1952)
Miscellaneous prepared vegetables
1990 Ed. (1953)
Miscellaneous retail
1991 Ed. (739)
Miscellaneous retail trade
2001 Ed. (1727, 1855)
Miscellaneous services
2001 Ed. (1681, 1859)
1992 Ed. (1464, 1465, 1466, 1487, 1491, 1492, 1501)

1991 Ed. (1150, 1152, 1175, 1176, 1179, 1180, 1190, 3223)
1990 Ed. (1233, 1257, 1261, 1272, 2184, 3629)
Miscellaneous snacks/dips
1990 Ed. (1952)
Misco Shawnee, Inc.
2000 Ed. (2202)
1999 Ed. (2447)
1998 Ed. (1699)
1996 Ed. (1922)
1995 Ed. (1879)
1993 Ed. (1866)
1992 Ed. (2166)
Miscor Group
2008 Ed. (4042)
2007 Ed. (4015)
The Miserable Mill
2004 Ed. (735)
Misery
1989 Ed. (744)
Mishima; Shigeru
1997 Ed. (1986)
Misner; Jeffrey
2007 Ed. (1041)
2006 Ed. (946)
Misr International
1991 Ed. (428)
Misr International Bank
2008 Ed. (405)
2007 Ed. (434)
2006 Ed. (433)
2005 Ed. (488)
2004 Ed. (482)
2003 Ed. (485)
2002 Ed. (554)
2000 Ed. (445, 518)
1999 Ed. (453)
1997 Ed. (396)
1996 Ed. (431)
1995 Ed. (404)
1994 Ed. (411)
1992 Ed. (583)
1990 Ed. (477)
Misrfone
2004 Ed. (42)
Missett; Bruce
1997 Ed. (1896)
Missimer & Associates Inc.
1994 Ed. (1857)
Mission
2008 Ed. (725, 3858, 4703)
2002 Ed. (4640)
2001 Ed. (4579)
2000 Ed. (4267)
1999 Ed. (4620)
1998 Ed. (3320, 3585)
1997 Ed. (3532)
1996 Ed. (3466, 3713)
1995 Ed. (3396)
Mission Australia
2004 Ed. (3955)
Mission Bay Hospital Complex
2008 Ed. (2917)
Mission Bay Investments
1994 Ed. (2597)
1993 Ed. (2640, 2644)
Mission Credit Union
2008 Ed. (2220)
2007 Ed. (2105)
2005 Ed. (2089)
2004 Ed. (1948)
2003 Ed. (1908)
2002 Ed. (1850)
Mission Federal Credit Union
2006 Ed. (2184)
1998 Ed. (1215)
Mission Foods
1995 Ed. (3397)
1994 Ed. (2505)
Mission Health Inc.
2007 Ed. (1924)
Mission Health System Inc.
2008 Ed. (1990)
Mission Impossible
1998 Ed. (2535, 3673)
Mission: Impossible III
2008 Ed. (3754)
Mission: Impossible 2
2002 Ed. (3397)
Mission National Bank
1998 Ed. (397)
Mission Petroleum
1999 Ed. (4681)
Mission Petroleum Carriers
2003 Ed. (4790)
Mission Pharmacal Co.
2008 Ed. (3949)
2006 Ed. (4026)
2005 Ed. (3990)
2004 Ed. (4052)
Mission Pools Inc.
2007 Ed. (4648)
2006 Ed. (4649)
Mission Resource Partners, L.P.
1991 Ed. (227)
Mission Resources Corp.
2005 Ed. (3734, 3735)
2004 Ed. (3826, 3827)
1991 Ed. (224)
Mission Restaurant Supply Co.
2007 Ed. (2594)
Mission Roller Hockey
2001 Ed. (4329)
Mission-St. Joseph's Health System Inc.
2006 Ed. (1940)
2005 Ed. (1911)
2004 Ed. (1828)
2003 Ed. (1793)
Mission Viejo Bank
1992 Ed. (3996)
Mission West Properties
2005 Ed. (4380)
Missionary Sisters of Sacred Heart, Western Province
1991 Ed. (2507)
Mississauga/Brampton, Ontario
2008 Ed. (3493)
Mississauga, Ontario
2005 Ed. (1785)
Mississippi
2008 Ed. (2436, 2806, 2896, 3004, 3135, 3136, 4355, 4594, 4595, 4596, 4787)
2007 Ed. (2078, 2373, 3016, 3017, 4396, 4479, 4481, 4686, 4687, 4866)
2006 Ed. (2130, 2983, 2986, 3109, 3257, 3906, 4332, 4417, 4419, 4665, 4666, 4865)
2005 Ed. (405, 1071, 2034, 2917, 2987, 2988, 3836, 4185, 4186, 4187, 4188, 4196, 4209, 4226, 4235, 4400, 4597, 4723, 4794)
2004 Ed. (414, 1067, 1074, 1904, 2297, 2308, 2726, 2733, 2981, 3312, 3426, 3837, 3897, 3933, 4253, 4254, 4255, 4265, 4270, 4272, 4276, 4293, 4302, 4504, 4513, 4819, 4902, 4905, 4979, 4993)
2003 Ed. (1068, 2613, 2828, 2886, 3244, 3249, 3250, 3252, 3255, 4231, 4235, 4236, 4250, 4256, 4285, 4294, 4416, 4417, 4482, 4911, 4914)
2002 Ed. (441, 464, 468, 1802, 1905, 2069, 2400, 2402, 2736, 2895, 2896, 2919, 2977, 2983, 3110, 3114, 3121, 3126, 3202, 3213, 3735, 3804, 4063, 4109, 4110, 4115, 4141, 4142, 4143, 4144, 4145, 4157, 4328, 4366, 4377, 4537)
2001 Ed. (1029, 1131, 1262, 1263, 1934, 2131, 2144, 2152, 2418, 2566, 2567, 2580, 2591, 2592, 2598, 2806, 2807, 3070, 3090, 3174, 3295, 3573, 3617, 3620, 3768, 3871, 4173, 4231, 4258, 4259, 4536, 4735, 4738, 4741, 4742, 4795, 4800, 4927, 4928, 4929, 4934)
2000 Ed. (276, 2328, 2957, 2966, 3587, 3689, 4097, 4104, 4112, 4179)
1999 Ed. (1859, 2588, 3218, 3227, 3595, 4424, 4425, 4431, 4440, 4447, 4448, 4460, 4461, 4466, 4468, 4536, 4780)
1998 Ed. (466, 1799, 1831, 2028, 2386, 2926, 2971, 3374, 3375, 3376, 3382, 3386, 3395, 3466, 3611, 3734)
1997 Ed. (2138, 2303, 2651, 3148, 3228, 3567, 3569, 3580, 3593, 3599, 3603, 3619, 3622, 3785, 3896)
1996 Ed. (35, 2016, 2512, 3516, 3518, 3536, 3540, 3553, 3580, 3848)
1995 Ed. (675, 1669, 1994, 2463, 3456, 3460, 3472, 3500, 3749)
1994 Ed. (1969, 2382, 2535, 3384, 3388, 3401, 3407)
1993 Ed. (1734, 1945, 2180, 2586, 3397, 3411, 3417, 3433)
1992 Ed. (2099, 2651, 2914, 2915, 2927, 2929, 2968, 4084, 4103, 4109, 4126)
1991 Ed. (1812, 2350, 2351, 2352, 3176, 3202, 3206)
1990 Ed. (2410, 2430, 2664, 2868, 3350, 3351, 3354, 3362, 3368, 3381, 3385, 3393, 3410, 3426, 3427)
1989 Ed. (1642, 1669, 1737, 1898, 2533, 2543, 2547, 2564, 2613, 2615, 2620)
Mississippi Band of Choctaw Indians
2006 Ed. (1893)
2005 Ed. (1873)
2004 Ed. (1802)
2003 Ed. (1765)
2001 Ed. (1796)
Mississippi Baptist Health Systems Inc.
2008 Ed. (1941)
2007 Ed. (1886)
2004 Ed. (1802)
2003 Ed. (1765)
Mississippi Business Finance Corp.
1997 Ed. (2363)
Mississippi Business Finance Agency
2001 Ed. (854, 922)
Mississippi Chemical Corp.
2004 Ed. (2591, 2592)
2001 Ed. (1208)
2000 Ed. (1914)
1999 Ed. (2115)
1998 Ed. (1022, 1553)
1997 Ed. (1844)
1995 Ed. (1784)
1994 Ed. (1753)
1993 Ed. (1762)
1991 Ed. (1662)
1990 Ed. (1757)
Mississippi Development Bank
2001 Ed. (854)
Mississippi Home Corp.
2001 Ed. (854)
Mississippi Industrial Waste Disposal Inc.
2006 Ed. (4361)
Mississippi Medical Center; University of
2008 Ed. (1941)
2007 Ed. (1886)
2006 Ed. (1893)
Mississippi Music
1993 Ed. (2645)
Mississippi Postal Employees Credit Union
2008 Ed. (2241)
2007 Ed. (2126)
2006 Ed. (2205)
2005 Ed. (2110)
2004 Ed. (1968)
Mississippi Power Co.
2008 Ed. (1942, 2427)
2007 Ed. (2297)
2006 Ed. (1894, 2361, 2363, 2364, 2693, 2695, 2696)
The Mississippi Queen
2005 Ed. (4042)
Mississippi River
2005 Ed. (2204)
1998 Ed. (3703)
Mississippi State University
2006 Ed. (4203)
Mississippi Steel Metal Inc.
2008 Ed. (1313)
Mississippi Telco Credit Union
2008 Ed. (2241)
2007 Ed. (2126)
2006 Ed. (2205)
2005 Ed. (2110)
2004 Ed. (1968)
2003 Ed. (1928)
2002 Ed. (1874)
Mississippi; University of
2008 Ed. (768)
2006 Ed. (4203)
Mississippi Valley
1989 Ed. (2131)
Mississippi Valley Bancshares
2003 Ed. (545)
2000 Ed. (423, 437)
Mississippi Wildlife Fisheries & Parks
2008 Ed. (2724, 2725)
2007 Ed. (2587, 2588)
2005 Ed. (2613, 2614)
Missori Health & Education
1990 Ed. (2646)
Missoula County, MT
1996 Ed. (1473)
Missoula Credit Union
2008 Ed. (2243)
2007 Ed. (2128)
2006 Ed. (2207)
2005 Ed. (2112)
2004 Ed. (1970)
2003 Ed. (1930)
2002 Ed. (1876)
Missoula, MT
2008 Ed. (825, 4353)
2007 Ed. (842, 864)
2006 Ed. (766, 2427, 3299, 3311)
2005 Ed. (838, 2380, 2386, 3325)
2004 Ed. (869, 2289)
2003 Ed. (831)
2002 Ed. (920)
2001 Ed. (2822)
2000 Ed. (3768)
Missouri
2008 Ed. (1106, 1388, 2424, 2436, 2642, 2656, 2806, 2896, 3271, 4463, 4465, 4581, 4594, 4916)
2007 Ed. (1200, 1201, 1437, 2078, 2373, 2528, 2763, 3515, 4479, 4481, 4650, 4684, 4939)
2006 Ed. (1095, 1096, 1405, 2130, 2552, 2754, 2756, 2790, 2984, 3098, 3109, 3483, 3906, 4417, 4419, 4650, 4664, 4933)
2005 Ed. (403, 782, 1076, 1420, 2034, 2527, 2545, 2785, 3318, 3484, 3611, 4205, 4226, 4235, 4236, 4400, 4402, 4569, 4601, 4776, 4900)
2004 Ed. (186, 379, 776, 895, 1037, 1038, 1067, 1398, 1399, 2001, 2002, 2570, 2571, 2572, 2573, 2726, 2793, 3038, 3069, 3088, 3278, 3672, 3933, 4300, 4301, 4453, 4456, 4457, 4648, 4649, 4805, 4887, 4901, 4902, 4905)
2003 Ed. (445, 1032, 1033, 1384, 2435, 2436, 2606, 2678, 2828, 3420, 4040, 4243, 4244, 4285, 4294, 4414, 4415, 4482, 4494, 4666, 4896, 4911)
2002 Ed. (454, 458, 459, 460, 469, 474, 951, 952, 1347, 1802, 2232, 2233, 2234, 2351, 2352, 2353, 2447, 2574, 2746, 2837, 2865, 2875, 2977, 3110, 3113, 3119, 3120, 3121, 3125, 3127, 3128, 3129, 3344, 3367, 4063, 4142, 4143, 4145, 4155, 4156, 4157, 4159, 4195, 4328, 4330, 4366, 4538, 4539, 4682, 4914, 4919)
2001 Ed. (9, 277, 284, 362, 411, 428, 666, 667, 719, 977, 992, 1202, 1293, 1295, 1304, 1361, 1400, 1421, 1422, 1441, 1507, 1967, 2055, 2056, 2131, 2132, 2356, 2357, 2415, 2417, 2466, 2467, 2522, 2523, 2626, 2664, 2723, 2806, 2807, 3023, 3069, 3071, 3078, 3079, 3093, 3094, 3095, 3122, 3123, 3170, 3175, 3235, 3313, 3321, 3328, 3354, 3385, 3400, 3536, 3539, 3576, 3577, 3607, 3642, 3643, 3730, 3731, 3786, 3795, 3808, 3872,

3878, 3888, 3895, 3903, 3906, 3907, 3914, 4158, 4231, 4238, 4240, 4241, 4242, 4243, 4256, 4257, 4294, 4295, 4311, 4328, 4361, 4362, 4363, 4429, 4430, 4633, 4658, 4730, 4734, 4741, 4742, 4782, 4862, 4864, 4917, 4928, 4930, 4932, 4935)
2000 Ed. (2963, 2964, 4406)
1999 Ed. (3218, 3224, 4431, 4439, 4442, 4452, 4780)
1998 Ed. (2028, 3395, 3466, 3611)
1997 Ed. (331, 2303, 2650, 3564, 3608, 3609, 3612, 3619)
1996 Ed. (36, 3514, 3526, 3536, 3569, 3570)
1995 Ed. (1764, 2650, 3299, 3488, 3489, 3540)
1994 Ed. (678, 3217, 3309, 3374, 3417, 3418)
1993 Ed. (315, 3222, 3320, 3394, 3425, 3426)
1992 Ed. (1066, 2574, 2919, 2925, 2930, 3483, 3977, 4023, 4074, 4088, 4117, 4118, 4180, 4429)
1991 Ed. (1652, 2362, 2900, 3128, 3182, 3187, 3263)
1990 Ed. (366, 1482, 3349, 3350, 3403, 3606)
1989 Ed. (201, 206, 1899, 2545, 2934, 2935)
Missouri at Kansas City; University of
1993 Ed. (889)
Missouri Board of Public Buildings
1993 Ed. (2621)
Missouri Bridge Bank NA
1994 Ed. (575, 3010)
Missouri City, TX
2007 Ed. (3010)
Missouri-Columbia; University of
2006 Ed. (3957)
2005 Ed. (3439)
Missouri Convention & Sports Complex Authority
1993 Ed. (2622)
Missouri Credit Union
2008 Ed. (2242)
Missouri Development Finance Agency
2001 Ed. (858)
Missouri Electric Cooperative Credit Union
2004 Ed. (1927)
Missouri Health & Education Agency
2001 Ed. (858)
Missouri Health & Education Authority
1989 Ed. (739)
Missouri Health & Education Facilities Authority
1996 Ed. (2727)
1995 Ed. (2648)
1991 Ed. (2923)
Missouri Health & Educational Facilities Authority
1997 Ed. (2842)
1990 Ed. (2649)
Missouri Higher Education Loan Agency
2001 Ed. (846, 858)
Missouri Higher Education Loan Authority
2000 Ed. (3205)
Missouri Housing Development Agency
2001 Ed. (858)
Missouri Housing Development Commission
1993 Ed. (2116)
Missouri-Kansas-Texas Railroad
1989 Ed. (2470)
Missouri Nebraska Express
1996 Ed. (3758)
Missouri Public Schools
2008 Ed. (2309)
Missouri Southern State University
1990 Ed. (1084)
Missouri State Employees
2008 Ed. (2302, 2305, 2306)
2007 Ed. (2180)
Missouri State Environmental & Energy Resources Authority
1999 Ed. (3471)
Missouri State Fair
2001 Ed. (2355)
Missouri State Printing
2006 Ed. (3950)
Missouri; University of
2006 Ed. (3960, 3961)
Missouri University Research Reactor
1999 Ed. (3633)
Missundaztood
2004 Ed. (3533)
MIST Inc.
2005 Ed. (2831)
Mister Car Wash
2005 Ed. (350)
Mister Donut
1994 Ed. (1750)
1993 Ed. (1759, 3022)
1991 Ed. (1657)
1990 Ed. (1750)
Mister Donut of America
1992 Ed. (2113)
Mister Money-USA Inc.
2001 Ed. (2533)
Mister Salty
1998 Ed. (3319)
1997 Ed. (3530, 3664)
1996 Ed. (3463)
1994 Ed. (3344)
Mister Softee Inc.
1997 Ed. (2085)
1996 Ed. (1969)
1995 Ed. (1939)
1994 Ed. (1917)
1990 Ed. (1855)
1989 Ed. (1488)
Mister Sparky
2005 Ed. (4036)
Mistic
2008 Ed. (4491)
2003 Ed. (4675)
1998 Ed. (3441, 3469)
1997 Ed. (695)
Mistolin
1992 Ed. (46)
Mistral
1989 Ed. (2909)
Mistral International
2002 Ed. (3778)
Mistry; Pallonji
2008 Ed. (4879)
2007 Ed. (4914)
2006 Ed. (4926)
Mistui Marine & Fire Insurance Co. Ltd.
1997 Ed. (2008)
Misumi Group
2008 Ed. (1564, 1866)
Misys
2007 Ed. (1262)
2006 Ed. (1146)
2001 Ed. (1886)
Misys plc
2003 Ed. (2244)
MIT
1992 Ed. (3257, 3663)
1989 Ed. (958)
MIT Holdings
1996 Ed. (2140)
Mita
1995 Ed. (1212)
1993 Ed. (1163)
1992 Ed. (1448)
Mita Copystar
1991 Ed. (1107, 1108)
Mita Industrial Co.
1998 Ed. (574, 575)
MiTAC International Corp.
2006 Ed. (3040)
2003 Ed. (2200, 2202, 2246)
2001 Ed. (1623, 1864, 2199)
1994 Ed. (1089)
1992 Ed. (1323, 1324)
Mitarai; Fujio
2006 Ed. (690, 3262)
Mitch Murch's Maintenance Management
2005 Ed. (761, 762, 764)
Mitchel Field
1991 Ed. (2023)
1990 Ed. (2179)
The Mitchell Co.
2007 Ed. (1298)
2005 Ed. (1227)
2001 Ed. (1389)
1994 Ed. (1118)
Mitchell & Co.
2001 Ed. (3912)
Mitchell & Titus
1998 Ed. (2517)
Mitchell Associates
1991 Ed. (250)
Mitchell Capital
1995 Ed. (2365, 2369)
Mitchell Caplan
2007 Ed. (3223)
2006 Ed. (3185)
2005 Ed. (3183)
Mitchell; David T.
1993 Ed. (1702)
Mitchell Energy
2002 Ed. (2123)
1999 Ed. (3412)
1998 Ed. (1809, 2507, 2508)
1997 Ed. (2119)
1996 Ed. (1999)
1995 Ed. (1972, 2581, 2582)
1994 Ed. (1945)
1993 Ed. (1922)
1992 Ed. (2262)
1991 Ed. (2465, 2466)
1990 Ed. (1883, 2584, 2585)
1989 Ed. (1500, 1992)
Mitchell Energy & Development
2003 Ed. (3813)
2002 Ed. (3664)
1997 Ed. (2792, 2793)
1996 Ed. (2648)
1994 Ed. (2524)
1991 Ed. (1218)
Mitchell Fromstein
1998 Ed. (1510)
Mitchell; George
2007 Ed. (4895)
Mitchell; George Phydias
2005 Ed. (4845)
The Mitchell Gold Co.
2007 Ed. (2901)
Mitchell Gold + Bob Williams
2008 Ed. (3032)
2007 Ed. (2901)
Mitchell Grocery Corp.
2000 Ed. (2387, 2389)
1996 Ed. (2047)
1994 Ed. (1998)
Mitchell Hutchins, Inc.
1990 Ed. (2352)
Mitchell Hutchins Inst'l
1989 Ed. (2125, 2135)
Mitchell; Paul
1991 Ed. (1879, 1881)
Mitchell Plastics
1996 Ed. (3602)
Mitchell Pontiac Inc.
1995 Ed. (289)
1992 Ed. (400)
Mitchell Quain
1996 Ed. (1809)
1995 Ed. (1831)
1994 Ed. (1793)
1993 Ed. (1810)
Mitchell Rales
2008 Ed. (4828)
2007 Ed. (4901)
2006 Ed. (4905)
2005 Ed. (4850)
2004 Ed. (4864)
Mitchell Saab
1991 Ed. (295)
Mitchell, Silberberg & Knupp
1997 Ed. (2598)
1996 Ed. (2454)
1995 Ed. (2418)
1993 Ed. (2399)
1992 Ed. (2840, 2841)
1990 Ed. (2421)
Mitchell Titus & Co.
1999 Ed. (3425)
1996 Ed. (2662)
1995 Ed. (2592)
1994 Ed. (2533)
Mitchell Wolfson Jr.
1999 Ed. (1072)
Mitchells
2006 Ed. (1038)
Mitchells & Butlers
2007 Ed. (1467, 4160)
2006 Ed. (3275, 4139)
Mitchells & Butlers plc
2008 Ed. (4204)
2007 Ed. (2956, 3349, 4159)
Mitchum
2007 Ed. (742)
2005 Ed. (2164)
2003 Ed. (2003)
Mitec Telecom
2007 Ed. (2809, 4574)
2005 Ed. (1728, 2829)
2003 Ed. (2936)
2002 Ed. (2504)
mit.edu
2001 Ed. (2965)
Mitel Corp.
2000 Ed. (2458)
1999 Ed. (2667)
1997 Ed. (2214)
1995 Ed. (2990, 2991)
1994 Ed. (2936)
1992 Ed. (3544)
1991 Ed. (1903, 2770)
1990 Ed. (2906, 2907, 3513, 3522)
Mitel Networks Corp.
2008 Ed. (2935)
2007 Ed. (2807)
2002 Ed. (2502)
Mitel/Trillium
1990 Ed. (3520)
Mithoff; Richard
1997 Ed. (2612)
Mithoff; Richard Warren
1991 Ed. (2296)
Mito
1999 Ed. (896)
Mitomycin
1990 Ed. (274)
Mitoxantrone
1990 Ed. (274)
Mitrani, Rynor & Gallegos
1997 Ed. (3218)
The Mitre Corp.
2008 Ed. (3167, 3172, 3180, 3181)
2007 Ed. (3052)
2006 Ed. (1362, 1372, 1865, 3019)
2005 Ed. (1358, 2151)
2004 Ed. (2012, 2018, 4655)
2003 Ed. (1349, 1967)
1997 Ed. (2791)
1992 Ed. (3256)
Mitre Corp
1989 Ed. (1146)
Mitre 10
2002 Ed. (3788)
1996 Ed. (3242)
Mitre 10 Australia
2004 Ed. (4921)
Mitretek Systems, Inc.
2004 Ed. (180)
Mitsu Taiyo Kobe Bank Ltd.
1992 Ed. (672)
Mitsubishi Corp.
2008 Ed. (1747, 1867, 4727)
2007 Ed. (313, 1718, 1782, 1833, 4368, 4802, 4803, 4962)
2006 Ed. (317, 355, 1718, 4416)
2005 Ed. (1816)
2004 Ed. (1629, 1710)
2003 Ed. (305, 306, 358)
2002 Ed. (375, 1579, 1691, 1703, 4518, 4664)
2001 Ed. (453, 506, 1620, 1624, 1704, 1705, 1744, 1747, 1766, 1767, 2159, 2173, 3331, 3835, 3836, 4218)
2000 Ed. (340, 1151, 1424, 1489, 1494, 1498, 3703, 3704, 3705, 3707, 3821, 3994, 3995, 3996, 4000, 4223, 4285, 4286, 4347)
1999 Ed. (338, 1242, 1581, 1619, 1662, 1674, 1689, 1692, 1992, 2876, 3406, 3716, 4107, 4271, 4272, 4273, 4274, 4277, 4280, 4281, 4645, 4691, 4692, 4714)
1998 Ed. (227, 231, 812, 1157, 1165, 2752, 3277, 3278, 3281, 3284, 3285, 3610, 3645, 3672)

1997 Ed. (1072, 1109, 1399, 1434, 1463, 2787, 3007, 3251, 3492, 3784, 3844)
1996 Ed. (322, 328, 1339, 1407, 2608, 3396, 3399, 3406, 3408, 3409)
1995 Ed. (317, 670, 1349, 1389, 1429, 1430, 1441, 1442, 1443, 2846, 3152, 3286, 3334, 3342, 3343)
1994 Ed. (307, 1063)
1993 Ed. (265, 266, 311, 325, 330, 331, 1032, 1277, 1311, 1346, 1356, 1587, 2035, 2772, 3047, 3214, 3261, 3263, 3264, 3627, 3667)
1992 Ed. (57, 445, 455, 462, 463, 1285, 1322, 1612, 1647, 1938, 1994, 1995, 2010, 2015, 2017, 2020, 2154, 2429, 2984, 3345, 3911, 3912, 3918, 4349, 4395)
1991 Ed. (40, 317, 870, 1008, 1280, 1281, 1306, 1314, 1718, 2069, 3447)
1990 Ed. (1330, 1364, 1391, 1478, 1533, 3636)
1989 Ed. (308, 530, 1341, 2908)
Mitsubishi Bank
1998 Ed. (383, 384, 1163, 2347)
1997 Ed. (465, 467, 468, 469, 470, 515, 529, 3262, 3652)
1996 Ed. (204, 502, 503, 504, 505, 506, 511, 557, 558, 561, 562, 573, 574, 1338, 1398, 1408, 3597, 3706, 3707)
1995 Ed. (471, 505, 510, 519, 1434, 1444, 2841)
1994 Ed. (480, 483, 484, 518, 525, 526, 530, 531, 544, 545, 1388, 1409, 2734, 2735, 3013, 3550)
1993 Ed. (424, 476, 477, 483, 484, 485, 517, 518, 527, 529, 532, 542, 543, 544, 1333, 1349, 1358, 1859, 2415, 2419, 2420, 2969, 3475, 3587)
1992 Ed. (603, 604, 665, 666, 667, 672, 674, 709, 710, 716, 719, 721, 726, 728, 743, 744, 1660, 1991, 3626, 4310)
1991 Ed. (382, 509, 512, 514, 519, 561, 562)
1990 Ed. (297, 501, 502, 547, 594, 595, 603, 604, 607, 609, 617, 1385, 1390, 1392, 1789, 2435, 2436, 2437, 2438, 2439, 2773)
1989 Ed. (477, 478, 531, 564, 566, 567, 568, 570, 571, 581, 592, 1432, 2122)
Mitsubishi Canada
1996 Ed. (2107)
1994 Ed. (2048)
Mitsubishi/Caterpillar
2008 Ed. (4778)
2007 Ed. (4855)
2006 Ed. (4852)
2003 Ed. (4815)
2002 Ed. (2323)
2001 Ed. (4639)
Mitsubishi Chemical Corp.
2008 Ed. (913, 914, 925, 926)
2007 Ed. (934, 935, 941, 945, 947, 948, 949, 951, 952, 953)
2006 Ed. (852, 859, 860, 861, 863)
2005 Ed. (951, 953, 954)
2004 Ed. (958, 959, 960)
2003 Ed. (945, 946)
2002 Ed. (1001, 1020)
2000 Ed. (1026, 1029, 1030)
1999 Ed. (1090, 1098, 1100, 1101, 1103)
1998 Ed. (706, 1148, 1346)
1990 Ed. (955)
1989 Ed. (892)
Mitsubishi Chemical Industries Ltd.
1990 Ed. (949)
Mitsubishi Denki
1990 Ed. (2777)
Mitsubishi Denki KK
2001 Ed. (3645)
1990 Ed. (2778)
Mitsubishi Development
2004 Ed. (1630, 3490)
Mitsubishi Diamante
1996 Ed. (348)
Mitsubishi Eclipse
1995 Ed. (3431)
Mitsubishi Electric Corp.
2008 Ed. (2472)
2007 Ed. (875, 2342, 2343, 2401)
2005 Ed. (1124, 3696)
2004 Ed. (1117, 2255, 2261, 3777, 3780)
2003 Ed. (1098, 2236, 2248, 2250, 3752)
2002 Ed. (1707, 2107, 2108)
2001 Ed. (3651)
1999 Ed. (1993, 1994, 3714)
1998 Ed. (1420)
1997 Ed. (1581, 1584, 1714)
1996 Ed. (1637)
1995 Ed. (1543, 1626, 1683, 2845)
1994 Ed. (1585, 1616, 1645, 2204)
1993 Ed. (1274, 1357, 1461, 1612)
1992 Ed. (1658, 1678, 1772, 1932)
1991 Ed. (1553)
1990 Ed. (1478, 1590)
1989 Ed. (1307)
Mitsubishi Electric Crop.
1999 Ed. (1995)
Mitsubishi Electric Industrial
1991 Ed. (3401)
Mitsubishi Electronics
2000 Ed. (1773)
1999 Ed. (4282)
Mitsubishi Electronics America
1997 Ed. (1826)
Mitsubishi Estate
2007 Ed. (4091)
2003 Ed. (1484)
2002 Ed. (1463)
1992 Ed. (1497)
1990 Ed. (2958)
Mitsubishi Finance
1992 Ed. (2026)
Mitsubishi Finance International
1991 Ed. (1594)
1989 Ed. (1349, 1371)
Mitsubishi Fuso
1994 Ed. (3582)
Mitsubishi Galant
1993 Ed. (327)
1992 Ed. (452)
Mitsubishi Gas
2000 Ed. (3559, 3567)
1998 Ed. (2876)
Mitsubishi Gas Chemical Co., Inc.
2008 Ed. (927)
2007 Ed. (950, 953)
2002 Ed. (1000)
2001 Ed. (2508)
Mitsubishi Heavy
1990 Ed. (2177)
1989 Ed. (1918)
Mitsubishi Heavy Industries Ltd.
2008 Ed. (1812, 3149)
2007 Ed. (202, 2401, 3035, 3036, 3037)
2006 Ed. (2998, 2999)
2005 Ed. (3003)
2004 Ed. (3005, 4802)
2003 Ed. (2899)
2002 Ed. (2729, 2730)
2001 Ed. (4130)
2000 Ed. (2624)
1999 Ed. (1387, 1390, 1391, 1397, 1398, 1402, 1403, 1407, 1580, 2853, 2854)
1998 Ed. (962, 964, 965, 968, 969, 970, 1452, 2093)
1997 Ed. (1581, 1781, 2371)
1996 Ed. (1152, 1161, 1162)
1995 Ed. (1184, 1188, 1189, 1543, 2493)
1994 Ed. (1159, 1168, 1173, 2421)
1993 Ed. (1142, 1145, 1461, 3586)
1992 Ed. (1430, 1772, 3078, 4309)
1991 Ed. (1405, 3401, 1092, 1096, 1098, 1553)
1990 Ed. (1478)
1989 Ed. (1656)
Mitsubishi Heavy Industries of America
2003 Ed. (3271)
Mitsubishi International Corp.
2007 Ed. (4948)
2006 Ed. (4942)
2005 Ed. (1532)
Mitsubishi Kagaku
1998 Ed. (704)
1996 Ed. (940, 1406)
Mitsubishi/Kanzaki/Hokuetsu
1993 Ed. (1739)
Mitsubishi Kasei Corp.
1999 Ed. (1090)
1997 Ed. (959, 963, 964)
1996 Ed. (939)
1995 Ed. (959)
1994 Ed. (923, 931)
1993 Ed. (908, 914, 915, 2035)
1992 Ed. (1113)
1990 Ed. (953)
1989 Ed. (891)
Mitsubishi Kyushu
1997 Ed. (293, 294)
Mitsubishi Logistics
2007 Ed. (4835)
Mitsubishi Magna
1990 Ed. (360)
Mitsubishi Materials Corp.
2008 Ed. (3661)
2007 Ed. (3490)
2006 Ed. (3465)
2005 Ed. (3456)
2000 Ed. (3093)
1999 Ed. (2115, 3358)
1997 Ed. (2757)
1996 Ed. (2613)
1995 Ed. (2550, 2552)
1994 Ed. (2486)
1993 Ed. (2539)
Mitsubishi Metal Corp.
1992 Ed. (3032)
1991 Ed. (2423)
1990 Ed. (2545, 2717)
1989 Ed. (2071)
Mitsubishi Metal Industry Co.
2001 Ed. (1505, 3076)
Mitsubishi Minica
1999 Ed. (339)
Mitsubishi Mining
1990 Ed. (1903)
1989 Ed. (826)
Mitsubishi Mirage
1992 Ed. (449)
1990 Ed. (403)
Mitsubishi Montero/Sport
2000 Ed. (4087)
Mitsubishi Motor Co.
2001 Ed. (13, 27, 47, 83, 1622)
1999 Ed. (2030)
1997 Ed. (307, 308, 309, 319, 1744)
1994 Ed. (13, 29, 298, 304, 308, 313, 316)
1993 Ed. (23, 38, 335)
1992 Ed. (40, 60, 1959)
Mitsubishi Motor Sales of America, Inc.
2004 Ed. (279)
2003 Ed. (2085)
Mitsubishi Motors Corp.
2007 Ed. (317, 1780)
2006 Ed. (27, 72, 80, 94, 314, 318, 1484, 1791, 1792, 1793, 1794, 1795, 1796, 1797, 1798)
2005 Ed. (51, 65, 85, 288, 294, 1774)
2004 Ed. (90, 285, 287, 288, 294, 295, 296, 297, 299, 883, 1650, 1709, 1755, 4761)
2003 Ed. (304, 318, 319, 325, 326, 327, 330, 1614, 1678, 1701, 1713, 1715, 1718, 4780)
2002 Ed. (3225)
2000 Ed. (1795)
1995 Ed. (306, 307, 314)
1991 Ed. (31)
Mitsubishi Motors North America Inc.
2006 Ed. (305)
2005 Ed. (285)
Mitsubishi Oil
2000 Ed. (1026)
1999 Ed. (1090)
1997 Ed. (959)
1995 Ed. (959)
1994 Ed. (923, 931, 1396, 2861)
1993 Ed. (908, 1341)
1992 Ed. (1643)
1990 Ed. (949)
Mitsubishi Paper Mills Ltd.
1997 Ed. (2994)
1992 Ed. (3334)
1991 Ed. (2671)
Mitsubishi Petrochem
1992 Ed. (1643)
Mitsubishi Petrochemical
1993 Ed. (914, 915)
Mitsubishi pickup
1992 Ed. (2409)
Mitsubishi Corp. PLC
1997 Ed. (3878)
Mitsubishi Precis
1993 Ed. (350)
Mitsubishi Rayon
2002 Ed. (1009)
2001 Ed. (4514)
1996 Ed. (3681)
Mitsubishi Semiconductor
2001 Ed. (2133, 3300)
Mitsubishi Stanza
1992 Ed. (452)
Mitsubishi Starion
1994 Ed. (334)
1990 Ed. (403)
Mitsubishi Steel Mfg.
1990 Ed. (3469)
Mitsubishi 3000 GT
1996 Ed. (348)
Mitsubishi 3000GT
2001 Ed. (493)
1993 Ed. (328)
Mitsubishi Tokyo Financial Group Inc.
2007 Ed. (478, 489, 1443)
2006 Ed. (463, 465, 466, 475, 1776, 1825, 1826, 1829, 2590, 4774)
2005 Ed. (533, 535, 537, 542, 553, 1459, 1811, 2588, 3227, 3938, 3942, 4280, 4339, 4513)
2004 Ed. (550, 552, 554, 567, 3211, 4397)
2003 Ed. (1416, 1728)
Mitsubishi Trust & Banking Corp.
2003 Ed. (553)
2001 Ed. (2885)
2000 Ed. (1475)
1997 Ed. (515, 2396, 2547)
1996 Ed. (558, 561)
1993 Ed. (485, 2969)
1992 Ed. (604, 666, 671, 674, 717, 721, 2638, 3626)
1991 Ed. (448, 577, 2306, 382, 384, 512, 518, 561, 562)
1990 Ed. (602)
1989 Ed. (478, 479, 578, 592)
Mitsubishi UFJ Financial Group Inc.
2008 Ed. (441, 443, 444, 454, 1844, 1867, 4537)
2007 Ed. (490, 1833, 1837, 4341, 4557, 4655)
Mitsubishi UFJ Securities
2007 Ed. (2548, 3288)
Mitsubishi Wagon
1992 Ed. (450)
Mitsui
2000 Ed. (1481, 2713, 4285, 4286)
1991 Ed. (1280, 1281, 1314, 1718)
1990 Ed. (1383, 1783, 1784)
1989 Ed. (530, 2908)
Mitsui & Co., Ltd.
2008 Ed. (1746, 1747, 4727, 4921, 4923)
2007 Ed. (1717, 1718, 4368, 4802, 4803)
2005 Ed. (1563, 1564, 1774)
2004 Ed. (1629, 1709, 4761, 4918)
2003 Ed. (1615, 1678, 4780)
2002 Ed. (1579, 1653, 1691, 1703, 3310, 4518, 4664, 4896)
2001 Ed. (1624, 1704, 1705, 1744, 1747, 1767, 2173, 3284)
2000 Ed. (1424, 1494, 1498, 1893, 3821)
1999 Ed. (1581, 1619, 1662, 1674, 1689, 1692, 4107, 4645, 4760)
1998 Ed. (1157, 1165, 1538, 3610)
1997 Ed. (1399, 1434, 1450, 1463, 3784)

1996 Ed. (1339, 1394, 1407, 3406, 3408, 3409, 3828, 3829)
1995 Ed. (1389, 1429, 1430, 1443, 3334, 3342, 3343)
1994 Ed. (1319, 1363, 1400, 1410, 1411, 3106, 3255, 3659)
1993 Ed. (1277, 1311, 1346, 1356, 2712, 3047, 3261, 3263, 3269)
1992 Ed. (1612, 1647, 1655, 1656, 1659, 2154)
1991 Ed. (1306, 1315)
1990 Ed. (1330, 1364, 1391, 3636)
1989 Ed. (923, 1131, 1386)
Mitsui & Co. (Australia)
2001 Ed. (1632)
Mitsui & Co. (Canada)
2007 Ed. (4945)
1995 Ed. (1395)
1992 Ed. (4431)
1990 Ed. (1365, 1731, 1738)
Mitsui & Co. UK PLC
1997 Ed. (1419, 3501, 3878)
Mitsui & Co. (USA) Inc.
2004 Ed. (4926)
2001 Ed. (4817)
1992 Ed. (3223)
1991 Ed. (2584)
Mitsui Bank
1992 Ed. (604, 666, 743, 1461)
1991 Ed. (448, 508, 575, 576, 1720, 2675, 2678, 3278, 382, 518, 561)
1990 Ed. (575, 601, 618)
1989 Ed. (477, 478, 531, 1432, 2122)
Mitsui Chemicals Inc.
2008 Ed. (913, 914)
2007 Ed. (934, 935)
2006 Ed. (852)
2002 Ed. (1001, 1002)
2001 Ed. (2508)
Mitsui Engineering & Shipbuilding
1991 Ed. (1308)
Mitsui Finance International
1991 Ed. (1584)
1990 Ed. (1679)
Mitsui Foods Inc.
1993 Ed. (1729)
Mitsui Fudosan
2007 Ed. (4091)
1999 Ed. (1565)
1996 Ed. (3408, 3409)
1995 Ed. (3343)
Mitsui Manufacturers Bank
1991 Ed. (594)
Mitsui Marine & Fire
1999 Ed. (2915)
1998 Ed. (2128)
1996 Ed. (2292)
Mitsui Marine & Fire Insurance Co. Ltd.
1995 Ed. (1874)
Mitsui Metals
2001 Ed. (1505, 3076, 4944)
Mitsui Mining & Smelting
2007 Ed. (3490)
Mitsui Mutual Life
1999 Ed. (2961)
1998 Ed. (2135)
1997 Ed. (2424)
1996 Ed. (2327)
1995 Ed. (2312)
1994 Ed. (2265)
Mitsui Mutual Life Insurance Co.
2004 Ed. (3115)
2002 Ed. (1684, 2940)
Mitsui O. S. K. Lines Ltd.
1991 Ed. (3416)
Mitsui O.S.K.
2002 Ed. (4269)
Mitsui Osk Lines
2007 Ed. (4835)
2000 Ed. (4293)
1999 Ed. (4653)
1998 Ed. (931)
1997 Ed. (1147, 3788)
1995 Ed. (3654)
1994 Ed. (3570)
1993 Ed. (3298, 3613)
1992 Ed. (4343, 3951, 4337)
1990 Ed. (3641)
1989 Ed. (2874)
Mitsui Petrochemical
1993 Ed. (921)
Mitsui Real Estate Development Co. Ltd.
1990 Ed. (1177)
1989 Ed. (1005)
Mitsui Sekka
1996 Ed. (940, 1406)
Mitsui Shipbuilding
1990 Ed. (3469)
Mitsui Shipbuilding & Engineering
1995 Ed. (1543)
Mitsui Sumitomo Insurance
2007 Ed. (3114)
Mitsui Taiyo Kobe
1992 Ed. (2015, 2020)
Mitsui Taiyo Kobe Bank
1993 Ed. (424, 476, 477, 527, 529, 532, 543, 544, 1358, 1656, 1859, 2415, 2419, 3587)
1992 Ed. (665, 667, 671, 709, 1650, 1660)
Mitsui Toatsu
1996 Ed. (940)
Mitsui Toatsu Chemical
1996 Ed. (1406)
1989 Ed. (894)
Mitsui Toatsu Chemicals
1994 Ed. (931)
1993 Ed. (914, 921)
Mitsui Trust
1992 Ed. (1997)
Mitsui Trust & Banking
2002 Ed. (575)
2001 Ed. (2885)
1997 Ed. (352, 2396, 2547)
1996 Ed. (2423)
1994 Ed. (483, 485, 3013)
1993 Ed. (483, 485, 2420, 2967, 2969)
1992 Ed. (671, 674, 717, 3626)
1991 Ed. (509, 518)
1990 Ed. (502, 1681)
1989 Ed. (578)
Mitsui Trust & Banking Group
2005 Ed. (3227)
2004 Ed. (3211)
2002 Ed. (4216)
Mitsui Trust Bank USA
1992 Ed. (803)
1991 Ed. (630)
1990 Ed. (654)
Mitsui Trust Holdings
2008 Ed. (454)
2007 Ed. (489, 490)
Mitsuibishi
2000 Ed. (1481)
Mitsuko Morita
2000 Ed. (2162)
1999 Ed. (2381)
Mitsukoshi
2000 Ed. (3824)
1995 Ed. (3158)
1994 Ed. (3113)
1990 Ed. (3050)
Mitsumasa Okamoto
1999 Ed. (2370)
Mitsutoshi Murakata
2000 Ed. (2173)
Mittal Canada
2008 Ed. (4498)
2007 Ed. (4535)
Mittal; Lakshmi
2008 Ed. (4841, 4864, 4879, 4881, 4882, 4896, 4901)
2007 Ed. (4909, 4911, 4914, 4915, 4916, 4923)
2006 Ed. (4926, 4927)
2005 Ed. (4861, 4888, 4897)
Mittal Steel Co.
2008 Ed. (1410, 1418, 1963)
2007 Ed. (1899)
Mittal Steel Co., NV
2008 Ed. (1427, 1746, 1747, 1964, 1965, 3660, 3661)
2007 Ed. (1717, 1718, 1781, 1782, 1784, 1900, 1903, 1904, 3487, 3488, 3489)
2006 Ed. (3393, 4597)
Mittal Steel South Africa Ltd.
2008 Ed. (3579)
2006 Ed. (3399)
Mittal Steel USA Inc.
2008 Ed. (3651, 3652)
2007 Ed. (3477)
Mittal Steel USA ISG Inc.
2007 Ed. (2065, 2066)
Mittal Steel USA-Weirton Inc.
2008 Ed. (2173)
Mittal; Sunil
2008 Ed. (4841, 4879)
2007 Ed. (4914)
2006 Ed. (4926)
Mittelstaedt; Ronald
2007 Ed. (978)
2006 Ed. (888)
Mitzi Newhouse
1990 Ed. (731, 3688)
Miuccia Prada
2007 Ed. (1102, 4977)
MIVA Inc.
2007 Ed. (1238, 4572)
Miwon
1999 Ed. (3428)
Mix in Las Vegas
2008 Ed. (4149)
2007 Ed. (4131)
Mixed Fruit
2001 Ed. (1216)
Mixed nuts
1990 Ed. (2727)
Mixers
2002 Ed. (2702)
Mixes, ethnic specialty
2002 Ed. (3745)
Mixes for frozen products
2002 Ed. (2720)
Mize, Houser & Co. PA
2006 Ed. (11)
2005 Ed. (6)
2002 Ed. (14)
Mizel; Larry
2007 Ed. (2497)
Mizel; Larry A.
2007 Ed. (2509, 2511)
2006 Ed. (1097, 1098)
2005 Ed. (1103)
Mizgalski; Jim
1993 Ed. (790)
Mizrahi Tefahot Bank
2008 Ed. (451, 1860)
2007 Ed. (1825)
Mizuho Asset Trust & Banking
2005 Ed. (533)
Mizuho Bank
2007 Ed. (684)
Mizuho Financial Group
2008 Ed. (441, 443, 444, 454, 1867, 2698)
2007 Ed. (476, 478, 489, 490, 1806, 1833, 1837, 2558, 4341, 4585, 4666, 4667)
2006 Ed. (463, 465, 475, 1799, 1825, 1826, 1829, 2590, 4774)
2005 Ed. (533, 535, 537, 553, 1459, 1797, 1811, 2588, 3942, 4339, 4582, 4583)
2004 Ed. (550, 552, 554, 567, 1443, 4397)
2003 Ed. (536, 538, 553, 1416, 4374)
2002 Ed. (1376, 3193)
Mizuho Holdings Inc.
2005 Ed. (534)
2004 Ed. (559, 1738)
2003 Ed. (542)
2002 Ed. (1705)
Mizuho Trust & Banking
2007 Ed. (490)
Mizuno
1993 Ed. (259, 260, 1991)
1992 Ed. (2338, 4044, 4045)
1991 Ed. (1855)
Mizuno; Hideyuki
1996 Ed. (1878)
M.J. Electric Inc.
1992 Ed. (1411)
MJ Optical
2007 Ed. (3750, 3752)
2006 Ed. (3751)
2001 Ed. (3591, 3592)
MJ Research
2002 Ed. (707)
MJ Soffe
2001 Ed. (4350)
MJ Whitman
2005 Ed. (3582)
Mjardevi Science Park
1997 Ed. (2373)
MJB
1992 Ed. (1239, 4233)
MJC Cos.
2007 Ed. (1302)
2005 Ed. (1194, 1226)
2004 Ed. (1166)
2003 Ed. (1160)
2000 Ed. (1212)
MJDesigns
2001 Ed. (1943)
1999 Ed. (1054)
MJM Designer Shoes
2007 Ed. (1118)
MJ's Supper Club
2000 Ed. (4057)
MK-mainos Oy
1994 Ed. (87)
MK Zalozba
1997 Ed. (2675, 2676)
MKB
2008 Ed. (424)
2007 Ed. (460)
MKD Holdings Ltd.
2002 Ed. (45)
M.K.G. Holdings Ltd.
1995 Ed. (1007)
1994 Ed. (994)
1993 Ed. (968)
1992 Ed. (1194)
MKI Corp.
1996 Ed. (2140)
MKK Consulting Engineers Inc.
2007 Ed. (2445)
2005 Ed. (2439)
MKK Technologies Inc.
1994 Ed. (1157)
1992 Ed. (1435)
1991 Ed. (1099)
MKS
2007 Ed. (1253, 2816)
2006 Ed. (1133)
2005 Ed. (1144)
2003 Ed. (2930, 2938, 2940)
MKS Instruments Inc.
2008 Ed. (1906, 1912, 1924, 3644)
2006 Ed. (2826)
2003 Ed. (3308, 3309)
2001 Ed. (4181)
The M.L. Annenberg Foundation
1990 Ed. (1849)
ML Labs
1993 Ed. (3474)
1990 Ed. (3464)
M.L. McDonald Co. Inc.
2000 Ed. (1265, 1271)
ML Trust
1990 Ed. (1357)
ML Trust X
1989 Ed. (1112)
ML Trust XIII
1989 Ed. (1112)
ML Vijay Sdn. Bhd.
2004 Ed. (1787)
2002 Ed. (1721)
MLB
2005 Ed. (4453)
MLB ALCS
2007 Ed. (4740)
2006 Ed. (4719)
MLB Divisional Series
2008 Ed. (826)
2006 Ed. (764)
MLB NLCS
2006 Ed. (4719)
MLC
2002 Ed. (2871)
MLH & A Inc.
1993 Ed. (15)
1990 Ed. (1649)
MLI AGF Canadian Bond GIF
2004 Ed. (730)
2003 Ed. (3589)
2002 Ed. (3455)
MLI AGF Canadian High Income GIF
2002 Ed. (3452, 3453)

MLI Conservative Asset Allocation GIF Encore
2004 Ed. (728, 729)
MLI E & P Balanced GIF
2002 Ed. (3452)
MLI Elliott & Page Balanced
2004 Ed. (3625)
MLI Elliott & Page Equity GIF
2004 Ed. (3628)
MLI Fidelity Canadian Bond GIF
2002 Ed. (3455)
MLife; AT & T
2005 Ed. (738)
MLL Inc.
1998 Ed. (3427)
MLMIC Group
2004 Ed. (3119)
2002 Ed. (2943)
2000 Ed. (2683, 2715)
Mlotok; Paul
1995 Ed. (1836)
MLP
2006 Ed. (1689)
MLP Multifamily
2002 Ed. (1208)
MLS
2001 Ed. (4349)
MLX
1993 Ed. (1088, 3467)
MM Group
2002 Ed. (4571, 4573, 4574, 4575)
MM Karton
2001 Ed. (3611)
2000 Ed. (3403, 3404)
MMA Financial LLC
2008 Ed. (259)
2007 Ed. (284)
2006 Ed. (281)
MMA Praxis Core Stock Fund
2004 Ed. (4443)
MMA Praxis Intermediate Income
2007 Ed. (4467)
2006 Ed. (4402)
MMA Praxis International
2007 Ed. (4470)
2006 Ed. (4400)
MMA Praxis Value Index
2007 Ed. (4468)
2006 Ed. (4405)
MMC Corp.
2006 Ed. (1264, 1338)
2005 Ed. (1295, 1342)
2004 Ed. (1238, 1241, 1244, 1310, 1337)
2003 Ed. (1235, 1241, 1307, 1337)
2002 Ed. (1294)
2001 Ed. (1478)
2000 Ed. (1254, 1264)
1999 Ed. (1363, 1372)
1998 Ed. (951, 955)
1994 Ed. (1139, 1141)
1991 Ed. (2275)
MMC Automobile
1992 Ed. (81)
MMC Corp./Midwest Mechanical Contractors Inc.
1997 Ed. (1161, 1163, 1178)
1996 Ed. (1133, 1135)
MMC Corp./Midwest Mechanical Contractors & Engineers
1995 Ed. (1160)
MMC Networks Inc.
2005 Ed. (1510)
2002 Ed. (2483)
2001 Ed. (2190)
MMC Norilsk Nickel
2006 Ed. (1697)
MMC Norlisk Nickel
2007 Ed. (3486)
MMC Sittipol Co. Ltd.
2000 Ed. (1577)
1999 Ed. (1747)
1997 Ed. (1525)
1995 Ed. (1502)
1994 Ed. (1466)
1993 Ed. (1412)
1992 Ed. (1707)
MMG Insurance
2008 Ed. (1895)
MMI Cos. Group
2000 Ed. (2683, 2715)
1999 Ed. (2963)
1998 Ed. (2196)
MMI Medical
1992 Ed. (2369)
1991 Ed. (1877)
MML Bay State
1999 Ed. (2938, 2940)
MML Bay State Life Insurance Co.
2001 Ed. (2936)
MML Investor Services Inc.
2007 Ed. (4276)
MML Investors Services
2002 Ed. (790, 791, 792, 793, 794, 795)
2000 Ed. (833, 834, 837, 838, 839, 849, 850, 862, 865, 866)
1999 Ed. (839, 841, 842, 851, 861, 865)
MMM Healthcare Inc.
2006 Ed. (1634, 3093)
2005 Ed. (3088)
MMR Inc.
1991 Ed. (1077, 1078)
MMR Cos.
1990 Ed. (1202)
MMR Group Inc.
2008 Ed. (1311, 1338)
2006 Ed. (1240, 1326)
MMR Holdings
1992 Ed. (3311)
MMR/Wallace Group Inc.
1991 Ed. (1077, 1079)
1990 Ed. (1201, 1208)
MMRI
1999 Ed. (4042)
1998 Ed. (3042)
MMS Werbeagentur
1990 Ed. (78)
1989 Ed. (84)
MMTC
1997 Ed. (1825)
mm02
2006 Ed. (4702)
2005 Ed. (4640)
mm02 plc
2006 Ed. (1691)
MMYTECH Corp.
2006 Ed. (4348)
MNC/American Security Bank
1992 Ed. (4422)
1991 Ed. (3472)
MNC Financial
1994 Ed. (3267)
1993 Ed. (1444, 3277)
1992 Ed. (502, 508, 3657)
1991 Ed. (635, 387)
1990 Ed. (442, 637, 638)
1989 Ed. (368, 392)
MNC Fincancial Corp.
1990 Ed. (419)
MNJ Technologies Direct Inc.
2008 Ed. (4960)
2007 Ed. (3552)
2006 Ed. (4871)
MNO Bank
1994 Ed. (593)
1993 Ed. (585)
MNX
1994 Ed. (3601)
1993 Ed. (3215, 3216, 3641)
Mo & Domsjo AB
1995 Ed. (2834)
1994 Ed. (2730)
Mo Och Domsjo
1991 Ed. (1286)
Mo Och Domsjo AB
2000 Ed. (3409)
1996 Ed. (2905)
Mo Vaughn
2006 Ed. (291)
2003 Ed. (295)
M+O+A Architectural Partnership
2007 Ed. (3538, 4026)
Moajil; Abdulaziz & Saad Al
1994 Ed. (3140)
Mobay, Ag Chem Div.
1990 Ed. (15)
Mobay, Agricultural Chemical Division
1989 Ed. (177)
Mobcl Pfister
1992 Ed. (81)
Mobet Mining & Construction Co., Inc.
1989 Ed. (952)
Mobiasbanca
2004 Ed. (469)
Mobicom/Mobifon
2001 Ed. (21)
Mobifon
2001 Ed. (72)
Mobil Corp.
2008 Ed. (281, 2794)
2007 Ed. (296, 2657)
2006 Ed. (2044, 3858, 3859)
2005 Ed. (1463, 1488, 1524, 1527, 1547, 3792, 3793)
2004 Ed. (3863, 3864)
2003 Ed. (1844, 1845, 3279, 3847, 3848)
2002 Ed. (3230)
2001 Ed. (1184, 1490, 1553, 1592, 1894, 1895, 2174, 2578, 2579, 2582, 2584, 3403, 3739, 3740, 3741, 3742, 3743, 3745, 3755, 3756, 3762, 3774, 3775)
2000 Ed. (1018, 1581, 2308, 2309, 2316, 2317, 3056, 3187, 3406, 3517, 3518, 3519, 3520, 3521, 3522, 3523, 3524, 3525, 3526, 3528, 3529, 3530, 3536, 3537)
1999 Ed. (348, 1079, 1412, 1517, 1548, 1549, 1559, 1749, 1864, 2568, 2569, 2575, 2576, 3294, 3318, 3468, 3651, 3793, 3795, 3798, 3799, 3800, 3801, 3802, 3803, 3804, 3805, 3806, 3808, 3810, 3812, 3814, 3815, 3816, 3850, 4389, 4618)
1998 Ed. (239, 242, 975, 1080, 1087, 1088, 1116, 1162, 1191, 1318, 1801, 1806, 1815, 1816, 1824, 2430, 2435, 2817, 2818, 2819, 2820, 2823, 2825, 2826, 2827, 2828, 2829, 2831, 2832, 2833, 2834, 2836, 2837, 2840, 2878, 3361)
1997 Ed. (1210, 1276, 1307, 1310, 1324, 1327, 1351, 1406, 1528, 2116, 2118, 2125, 2126, 2703, 3083, 3084, 3086, 3087, 3088, 3089, 3090, 3091, 3092, 3093, 3094, 3098, 3099, 3101, 3102, 3106, 3108, 3109, 3765)
1996 Ed. (1171, 1265, 1279, 1287, 1386, 1459, 1997, 1998, 2005, 2006, 3004, 3006, 3007, 3008, 3009, 3010, 3011, 3012, 3013, 3016, 3017, 3018, 3021, 3022, 3024, 3026, 3711)
1995 Ed. (1203, 1269, 1280, 1284, 1292, 1293, 1309, 1313, 1424, 1435, 1504, 1970, 1971, 1982, 1983, 2498, 2908, 2909, 2911, 2912, 2913, 2914, 2915, 2916, 2917, 2918, 2919, 2920, 2922, 2923, 2924, 2927, 2930, 2931)
1994 Ed. (329, 330)
1993 Ed. (898, 1160, 1217, 1223, 1230, 1243, 1244, 1334, 1413, 1490, 1600, 1919, 1920, 1929, 1931, 2492, 2611, 2770, 2824, 2827, 2830, 2831, 2832, 2834, 2835, 2836, 2837, 2838, 2839, 2840, 2846, 2847, 2849, 2850, 3592)
1992 Ed. (1565, 2260, 2261, 2269, 2270, 2962, 3222, 3418, 3419, 3429, 3430, 3432, 3433, 3434, 3438, 3451)
1991 Ed. (347, 349, 1198, 1200, 1226, 1228, 1304, 1549, 2508, 2721, 2728, 2733, 2734, 2735, 2737, 3230, 3404, 1787, 1789, 1800, 1801, 2376, 2583, 2584, 2715, 2716, 2723, 2724, 2725, 2726, 2727, 2730, 2731, 2736)
1990 Ed. (1235, 1243, 1267, 1280, 1652, 1875, 1877, 1884, 1885, 2679, 2827, 2828, 2838, 2839, 2840, 2841, 2846, 2847, 2852, 3453)
1989 Ed. (1023, 1038, 1059, 1117, 1237, 2016, 2204, 2207, 2221, 2222, 2225)
Mobil Chemical Co.
2005 Ed. (1527)
1993 Ed. (2869)
1992 Ed. (3321)
Mobil Cotton Bowl
1990 Ed. (1841)
Mobil Credit Corp.
1998 Ed. (1823)
Mobil/Exxon
2000 Ed. (3533, 3534)
Mobil Films
1996 Ed. (3051)
Mobil Foundation
1989 Ed. (1472, 1473)
Mobil Holdings UK Ltd.
2008 Ed. (2158)
2006 Ed. (2095)
2005 Ed. (1995)
2004 Ed. (1879)
Mobil International Trading Co.
2006 Ed. (2095)
2005 Ed. (1995)
2004 Ed. (1879)
2003 Ed. (1844)
Mobil Marine Transportation Ltd.
1996 Ed. (986)
1994 Ed. (3571)
Mobil Oil
2002 Ed. (3760)
2000 Ed. (2345, 4265)
1997 Ed. (2554)
1995 Ed. (2928, 2929)
1994 Ed. (2864, 2865)
1992 Ed. (1441, 3223, 3431)
1991 Ed. (2584, 2696)
1990 Ed. (959, 2791)
Mobil Oil Canada Ltd.
1997 Ed. (3095, 3096)
1996 Ed. (3014)
1994 Ed. (2853)
1993 Ed. (1930, 2704, 2841, 2842, 2843)
1992 Ed. (4160)
1990 Ed. (3485)
1989 Ed. (2038)
Mobil Oil Credit Corp.
2000 Ed. (2320)
1999 Ed. (2584)
1997 Ed. (2133)
1996 Ed. (2013)
1995 Ed. (1991)
1994 Ed. (1965)
1992 Ed. (2282)
1991 Ed. (1807)
Mobil Oil Indonesia Inc.
2003 Ed. (1844)
Mobil Oil Nigeria plc
2002 Ed. (4450)
Mobil Oil Portuguesa Lda.
1997 Ed. (1500)
1996 Ed. (1437)
1994 Ed. (1441)
Mobil Oil Portuguesa Ltda.
1995 Ed. (1477)
Mobil Oil Portuguesa Sarl
1993 Ed. (1387)
1990 Ed. (1410)
1989 Ed. (1153)
Mobil Oil (West Germany)
1991 Ed. (1284)
Mobil 1
2001 Ed. (3392)
Mobil 1 Lube Express
2008 Ed. (322)
2007 Ed. (335)
Mobil Paulsboro
1999 Ed. (2602)
1998 Ed. (1843)
Mobil Pipe Line Co.
2001 Ed. (3799, 3800)
2000 Ed. (2311, 2315)
1999 Ed. (3830)
1998 Ed. (2859, 2864)
1997 Ed. (3124)
1996 Ed. (3039)
1995 Ed. (2941, 2948)
1994 Ed. (2875, 2877, 2878)
1993 Ed. (2854, 2855)
1992 Ed. (3462, 3463, 3464, 3469)
1991 Ed. (2742, 2743)
Mobil Pipeline Co.
2003 Ed. (3882)
1989 Ed. (2232)

Mobil Refinery
2000 Ed. (3733)
Mobil Rom
2001 Ed. (72)
Mobil Saudi Arabia Inc.
1994 Ed. (3137, 3139)
Mobil Telecommunications Co.
2008 Ed. (96)
Mobilcom AG
2002 Ed. (4417)
Mobile Corp.
2005 Ed. (3372)
2004 Ed. (3341)
2000 Ed. (3027)
Mobile Airwaves Inc.
2004 Ed. (1341)
Mobile, AL
2008 Ed. (4349)
2003 Ed. (3908, 3911)
2002 Ed. (2219, 2221)
1999 Ed. (1149, 2493)
1997 Ed. (2072)
1996 Ed. (3768)
1994 Ed. (952, 2149, 2150, 2487, 2944)
1992 Ed. (1013, 2101, 3492, 3494, 3501)
1991 Ed. (829, 1979, 1985)
1990 Ed. (1467, 2883)
Mobile Area Chamber of Commerce
2007 Ed. (3373)
Mobile Computing Corp.
2001 Ed. (2864)
Mobile Data Solutions Inc.
2006 Ed. (2821)
Mobile Home Communities Inc.
1994 Ed. (2534)
1993 Ed. (2587)
1992 Ed. (3093)
1991 Ed. (2477)
Mobile homes
1996 Ed. (2566)
1991 Ed. (2626)
Mobile Homes Central
2006 Ed. (4039)
Mobile imaging
2003 Ed. (2691)
Mobile Infirmary Association
2008 Ed. (1543)
2007 Ed. (1563)
2006 Ed. (1533)
2005 Ed. (1643)
2004 Ed. (1617)
2003 Ed. (1600)
2001 Ed. (1606)
Mobile Knowledge Inc.
2003 Ed. (2934)
Mobile Media Group Inc.
2003 Ed. (813)
Mobile Messenger
2007 Ed. (1590)
Mobile Mini Inc.
2005 Ed. (4476)
2004 Ed. (2770, 4534)
Mobile Music
1994 Ed. (2594)
Mobile Oil Inc.
2001 Ed. (1894)
Mobile phone
2000 Ed. (3505)
Mobile Pipe Line Co.
1991 Ed. (2745, 2748)
Mobile Pipeline Co.
1990 Ed. (2869)
Mobile Satellite Ventures LP
2003 Ed. (4849)
Mobile Telecom
2008 Ed. (67)
2007 Ed. (63)
2005 Ed. (55)
2004 Ed. (60)
Mobile Telecommunications-GSM
2004 Ed. (64)
Mobile Tele.Net
2001 Ed. (79)
Mobile Telephone
2002 Ed. (4436)
Mobile Telephone Networks
2007 Ed. (78)
2006 Ed. (88)
Mobile Telephone Systems Co.
2006 Ed. (4513)
Mobile Telesystems
2008 Ed. (78, 97)
2007 Ed. (4715)
2006 Ed. (82, 1697, 2005, 2006, 3038)
2003 Ed. (2942, 4603)
2002 Ed. (1637)
Mobile TeleSystems OJSC
2006 Ed. (3041)
2005 Ed. (3033, 3037, 3038)
MobileCom
2008 Ed. (53)
2007 Ed. (50)
2006 Ed. (59)
2005 Ed. (52)
2004 Ed. (57)
MobileMedia Corp.
2000 Ed. (387, 388)
1998 Ed. (2726, 2984)
MobileOne
2008 Ed. (81)
2007 Ed. (75)
2006 Ed. (85)
2005 Ed. (76)
2001 Ed. (76, 3335)
MobilePro Corp.
2006 Ed. (1424)
Mobiliar
1994 Ed. (2239)
1990 Ed. (2258)
Mobility Electronics Inc.
2005 Ed. (1559)
Mobilix
2001 Ed. (29)
Mobilkom Austria
2004 Ed. (26)
Mobilkom Austria AG
2001 Ed. (15)
MobilTel
2006 Ed. (32)
2005 Ed. (26)
2004 Ed. (33)
2001 Ed. (78)
Mobily
2008 Ed. (79)
Mobimak
2006 Ed. (66)
2005 Ed. (59)
Mobinil
2008 Ed. (38)
2007 Ed. (34)
2006 Ed. (43)
2005 Ed. (36)
2004 Ed. (42)
2001 Ed. (30)
Mobistar
2007 Ed. (4715)
Mobitai
2001 Ed. (3336)
Mobitek Communication Corp.
2008 Ed. (2928)
Mobitel
2006 Ed. (87)
2004 Ed. (83)
Mobitel Phones
2001 Ed. (84)
Mobitel Telephone
2001 Ed. (87)
Mobitex
2005 Ed. (78)
Mobius Management Systems Inc.
2002 Ed. (1156)
Mobius Partners Enterprise Solutions
2008 Ed. (4607)
Mobius Venture Capital
2006 Ed. (4880)
2005 Ed. (4818, 4819)
Mobley; Sybil
1995 Ed. (1256)
Mobtel
2005 Ed. (75)
Moby
2006 Ed. (2499)
Moby-Dick
2005 Ed. (717)
Moby Entertainment
2006 Ed. (2499)
Mocar
1992 Ed. (72)
Mocatta & Goldsmid Ltd.
1995 Ed. (1409, 3650)
1994 Ed. (1383, 3565)
1993 Ed. (1327, 3609)
1991 Ed. (3110)
Mocatta & Goldsmid Ltd
1990 Ed. (1374, 3265, 3635)
Moceri Cos.
1998 Ed. (901)
Moceri Development
2002 Ed. (1188)
Mocha Delites Inc.
2005 Ed. (1050)
Mochida Pharmaceutical
1994 Ed. (3551)
Mochizuki; Masayuki
1997 Ed. (1985)
1996 Ed. (1878)
Mock Resources
1996 Ed. (2644)
Mod-Pac Corp.
2005 Ed. (3673, 3674)
Model kits
2001 Ed. (4605)
Model 379 heavy duty truck
1989 Ed. (2342)
Modell's Sporting Goods
2006 Ed. (4447, 4450, 4451)
2001 Ed. (4337)
1999 Ed. (4381)
1998 Ed. (3352)
1997 Ed. (3560)
1996 Ed. (3494)
1995 Ed. (3429)
1994 Ed. (3372)
1992 Ed. (4047)
1991 Ed. (3168)
Modelo
2002 Ed. (678)
Modelo Contineente
1999 Ed. (3250)
Modelo Continente
2000 Ed. (2984)
Modelo Continente Hipermercados SA
2007 Ed. (1958)
2003 Ed. (1812)
2001 Ed. (1839)
2000 Ed. (1544)
1997 Ed. (1500)
Modelo Continente-SGPS
2002 Ed. (3185, 3186)
1997 Ed. (2673)
1996 Ed. (2527, 2528)
Modelo Continente SGPS SA
2008 Ed. (2053)
2007 Ed. (1958)
2006 Ed. (1995)
2005 Ed. (1953)
Modelo Especial
2008 Ed. (540, 544)
2007 Ed. (592, 599)
2006 Ed. (556)
2005 Ed. (654, 655)
2004 Ed. (668)
2001 Ed. (683)
Modelo Especiale
2008 Ed. (543)
Modelo SA de CV; Grupo
2008 Ed. (537, 1926, 3571)
2007 Ed. (1877, 1878)
2006 Ed. (552, 570, 1876, 1878, 2547, 3392)
2005 Ed. (652, 671, 1865)
Modelo SGPS
1997 Ed. (2673)
1996 Ed. (2527, 2528)
Modem Media
2007 Ed. (3435)
2006 Ed. (3420)
2004 Ed. (116)
2003 Ed. (2710)
2001 Ed. (245)
1999 Ed. (102)
Modern Biomedical & Imaging
2006 Ed. (3449)
2005 Ed. (2884, 3438)
2003 Ed. (2796)
2002 Ed. (2591)
Modern Biomedical Services
2001 Ed. (2762)
2000 Ed. (2495)
1999 Ed. (2717)
Modern Bride
2007 Ed. (139, 4993)
2006 Ed. (147, 155)
2004 Ed. (147)
2000 Ed. (203, 3491)
1999 Ed. (3766, 3769)
1997 Ed. (3041)
1996 Ed. (2964)
1995 Ed. (2890)
1994 Ed. (2789, 2797, 2803, 2804)
1993 Ed. (2802, 2807)
1989 Ed. (183, 2178)
Modern Builders Inc.
2005 Ed. (4149)
Modern Business Associates Inc.
2008 Ed. (1732)
2007 Ed. (1703)
2006 Ed. (1708)
2005 Ed. (1762)
2004 Ed. (1704)
Modern Commodities Management Corp.
1993 Ed. (1037)
Modern Continental Construction Co., Inc.
2005 Ed. (1307)
2004 Ed. (1299)
2003 Ed. (765, 1270, 1295, 1296, 2630, 2745)
2002 Ed. (1254, 1277, 1279, 1283, 1284, 1285)
2001 Ed. (1467)
2000 Ed. (1251, 1255)
1999 Ed. (1360, 1364)
1998 Ed. (941)
1997 Ed. (1155)
1996 Ed. (1127)
1993 Ed. (1131)
1992 Ed. (1419)
1991 Ed. (1086)
Modern Continental Cos., Inc.
2006 Ed. (1275, 1276)
Modern Continental Enterprises
2000 Ed. (1206)
Modern Engineering Service Co.
1989 Ed. (309)
Modern International Graphics Inc.
2001 Ed. (3890)
Modern Machine Shop
2003 Ed. (814)
Modern Machinery Co.
2007 Ed. (1895)
Modern Maternity
1989 Ed. (181)
Modern Maturity
2003 Ed. (3274)
2000 Ed. (3462)
1999 Ed. (292, 3771)
1997 Ed. (271)
1996 Ed. (240, 2972)
1995 Ed. (247, 2885, 2887)
1994 Ed. (2787, 2788)
1993 Ed. (2794, 2795)
1992 Ed. (3380, 3381)
1991 Ed. (2704)
1990 Ed. (287, 2800)
1989 Ed. (180, 2175, 2176)
Modern Niagara Group Inc.
2005 Ed. (1703, 1724)
Modern Photo Film PT
1997 Ed. (1431)
Modern Salon
2005 Ed. (139, 140)
Modern Sanitation Systems Inc.
1994 Ed. (2049)
1991 Ed. (1907)
Modern Sanitations Systems
1996 Ed. (2065)
Modern Times Group
2007 Ed. (54)
2006 Ed. (63)
2004 Ed. (61)
Modern Woodmen of America
1998 Ed. (170)
1996 Ed. (1972)
1995 Ed. (2786, 2787)
Moderna
1999 Ed. (3397, 3398)
Moderna Empresas
2000 Ed. (2228)
Modernista!
2004 Ed. (106, 128)
2003 Ed. (169, 170)
Modernoble Publicidad
2002 Ed. (94)

2001 Ed. (123)
1999 Ed. (75)
1997 Ed. (74)
1996 Ed. (74, 84)
1995 Ed. (60, 71)
1993 Ed. (104, 126)
1992 Ed. (155)
Modernoble Publicidad (O & M)
2000 Ed. (81)
Modesto, CA
2008 Ed. (3116)
2007 Ed. (3002)
2006 Ed. (2974, 4863)
2005 Ed. (338, 2973, 3324, 4792)
2004 Ed. (190)
2003 Ed. (232)
1999 Ed. (1162, 2809)
1997 Ed. (2337, 2764)
1993 Ed. (950, 2527, 2547)
Modi
1991 Ed. (962)
1990 Ed. (1379, 1380)
Modiano Ltd.; G.
1994 Ed. (998)
Modine Manufacturing Co.
2007 Ed. (323)
2006 Ed. (328, 331)
2005 Ed. (314, 315, 317)
2004 Ed. (315, 316)
2003 Ed. (339)
2001 Ed. (498)
1999 Ed. (349)
1998 Ed. (241)
1997 Ed. (316)
1996 Ed. (339)
1995 Ed. (325)
1994 Ed. (327, 328)
1993 Ed. (341)
1992 Ed. (472, 473, 476, 477)
1991 Ed. (339, 340, 343, 344)
1990 Ed. (389, 390, 391, 392)
1989 Ed. (330, 331)
Modis Professional Services
2003 Ed. (4717, 4718)
2002 Ed. (4595, 4596)
2001 Ed. (1589, 4501)
2000 Ed. (4226)
Modjtabai; Avid
2006 Ed. (3185, 4980)
2005 Ed. (3183)
Modo
1997 Ed. (2071)
1992 Ed. (3336)
Mod's Hair
2001 Ed. (2645)
Modtech
2000 Ed. (2395)
1995 Ed. (2820)
Modtech Holdings Inc.
2005 Ed. (774, 775)
2004 Ed. (788)
Modular Marketing
1990 Ed. (3086)
Modum
2006 Ed. (28)
2005 Ed. (22)
Modus Media Inc.
2003 Ed. (2951)
Modzelewski; Jack
1997 Ed. (1909)
1996 Ed. (1836)
Moe; Timothy
1997 Ed. (1959)
Moeller
2001 Ed. (4125)
Moeller; Harald A.
2007 Ed. (62)
2006 Ed. (71)
2005 Ed. (64)
Moe's
2006 Ed. (4111, 4112)
Moe's Southwest Grill
2008 Ed. (2663, 2680, 2682, 2686)
2007 Ed. (905, 2541, 4136, 4137, 4139)
2006 Ed. (819, 2570)
Moe's Southwest Grill LLC
2007 Ed. (2598)
Moet
1997 Ed. (931, 936, 937, 938)
1989 Ed. (2946)
Moet & Chandon
2008 Ed. (651, 657, 3529)
2007 Ed. (687, 3398)
2006 Ed. (829)
2005 Ed. (915, 916, 919, 4953, 4955, 4956)
2004 Ed. (925)
2003 Ed. (900)
2002 Ed. (963, 4957)
2001 Ed. (1151, 4890, 4911)
2000 Ed. (1008, 1009)
1999 Ed. (1061, 1063, 1066, 1067, 1068, 4796, 4798, 4799, 4800)
1998 Ed. (675, 676, 680, 681, 682, 3442, 3724, 3752)
1996 Ed. (896, 900, 901, 903, 904, 906, 909, 3864, 3866)
1995 Ed. (921, 924, 926, 930, 3770)
1993 Ed. (882)
1992 Ed. (1082, 1084, 1085, 4447, 4461, 4463)
1989 Ed. (872)
Moet & Chandon Champagne
2003 Ed. (908)
2002 Ed. (967, 971, 973, 974)
2001 Ed. (1160, 1161, 1162)
2000 Ed. (4423, 4424)
Moet et Chandon
1997 Ed. (927, 934, 942)
1991 Ed. (885, 884, 3500, 3502)
Moet Hennessey Inc.
2001 Ed. (281)
Moet Hennessy Inc.
2008 Ed. (2271)
2007 Ed. (2156)
2004 Ed. (1998)
2003 Ed. (1958, 1959)
2001 Ed. (282)
Moet Hennessy Louis Vuitton
1990 Ed. (1369)
Moevenpick Holding Ag.
1993 Ed. (2100)
1990 Ed. (2093)
Moffatt & Nichol Engineers
2004 Ed. (2355)
Moffett; David
2008 Ed. (370)
2006 Ed. (999)
Moffett Field
1996 Ed. (2643)
Moffett; J. R.
2005 Ed. (2495)
Moffitt Cancer Center & Research Institute; H. Lee
2008 Ed. (3176, 3179)
Mofif
2003 Ed. (908)
Mogilev Chemical Fiber Production Association
1993 Ed. (910)
Moglia; Joe
2007 Ed. (3223)
2006 Ed. (3185)
Mohala Liqueur
1990 Ed. (2461)
Mohamed Al-Bahar
2008 Ed. (4889)
Mohamed al-Fayed
2005 Ed. (4892, 4893)
Mohammed Al Amoudi
2008 Ed. (4891, 4892)
2007 Ed. (4921)
Mohammed Jameel
2005 Ed. (4886)
2004 Ed. (4883)
2003 Ed. (4895)
Mohasco Corp.
2005 Ed. (1514)
1995 Ed. (1951, 1952)
1994 Ed. (1933)
1992 Ed. (2244)
1991 Ed. (1780, 2375, 2375)
1990 Ed. (1864, 1865, 2038, 2104)
1989 Ed. (1490, 1622)
Mohasco Furniture Co.
1990 Ed. (1863)
Mohawk
2007 Ed. (4225)
2005 Ed. (4157)
2003 Ed. (4206, 4732)
Mohawk Carpet Corp.
2008 Ed. (4669, 4670)
2007 Ed. (4745, 4746)
2006 Ed. (4727, 4728)
2005 Ed. (4681)
2003 Ed. (4727, 4728)
2001 Ed. (4507)
1992 Ed. (1063)
1991 Ed. (2375)
Mohawk Distilled Products
1992 Ed. (2884)
Mohawk Home
2007 Ed. (589, 3957, 4223, 4224)
2006 Ed. (2950)
Mohawk Industries Inc.
2008 Ed. (1766, 2992, 3027, 4669, 4670)
2007 Ed. (1530, 1553, 2871, 2872, 2905, 4745, 4746)
2006 Ed. (1216, 2877, 2878, 4727, 4728, 4731)
2005 Ed. (2617, 2618, 2962, 2964, 4681, 4682, 4685)
2004 Ed. (1756, 2628, 2629, 2870, 2871, 2878, 2957, 2959, 4709, 4710, 4713)
2003 Ed. (1719, 2871, 4727, 4728, 4729, 4730, 4731, 4733)
2002 Ed. (1524, 4615, 4616)
2001 Ed. (4506, 4507, 4508, 4513)
2000 Ed. (4240, 4241)
1999 Ed. (2700, 4589, 4591)
1998 Ed. (3518, 3519)
1997 Ed. (837, 2239, 3734)
1996 Ed. (2129, 3677)
1994 Ed. (3517)
Mohawk Oil Canada
1994 Ed. (2853)
Mohawk Vodka
1998 Ed. (3690)
1997 Ed. (3857, 3858)
Mohegan IT Group
2007 Ed. (4404)
Mohegan Tribal Gaming Authority
2008 Ed. (253)
2007 Ed. (270)
2006 Ed. (263, 2930)
2005 Ed. (242, 2929)
Mohler Nixon & Williams
2004 Ed. (17)
2003 Ed. (11)
Mohler, Nixon & Williams Accountancy Group
2005 Ed. (13)
Moise Safra
2008 Ed. (4854)
Moist
2000 Ed. (3515)
Moist & Beefy
2002 Ed. (3654)
1999 Ed. (3788)
1997 Ed. (3074)
1996 Ed. (2995)
1994 Ed. (2833)
1993 Ed. (2816)
1992 Ed. (3409)
Moist & Chunky
1999 Ed. (3789)
1997 Ed. (3072)
1996 Ed. (2993)
1994 Ed. (2831)
1993 Ed. (2819)
1992 Ed. (3412)
1989 Ed. (2197)
Moist & Meaty
2002 Ed. (3654)
1999 Ed. (3788)
1997 Ed. (3074)
1996 Ed. (2995)
1994 Ed. (2823, 2833)
1993 Ed. (2816)
1992 Ed. (3409)
1990 Ed. (2819)
1989 Ed. (2194)
Moist & Tender
1993 Ed. (2822)
1992 Ed. (3415)
1990 Ed. (2816)
1989 Ed. (2200)
Moist Meals
1994 Ed. (2836)
1993 Ed. (2822)
1992 Ed. (3415)
1990 Ed. (2816)
1989 Ed. (2200)
Moist 'n Chunky
1990 Ed. (2821)
Moist towelettes
1997 Ed. (3058, 3175)
1996 Ed. (3090)
Moist'n Beefy
1990 Ed. (2819)
Moisture
1994 Ed. (3312)
Moisture Drops
1997 Ed. (1817)
Moisture; Maybelline
2008 Ed. (3449)
Moisture Stay
2001 Ed. (1907)
Moisture Whip
2001 Ed. (1906, 1907)
Moisturel
1993 Ed. (3325)
Moisturizers/cleansers, skin
1997 Ed. (3173)
Mojo
2000 Ed. (3500)
1994 Ed. (70, 106)
Mojo Australia
1996 Ed. (62)
1995 Ed. (46)
Mojo MDA
1990 Ed. (77)
1989 Ed. (83)
Mojo New Zealand
1997 Ed. (125)
1996 Ed. (120)
1995 Ed. (105)
Mok; Philip
1996 Ed. (1864)
Mokelumne Credit Union
2005 Ed. (2073)
MOL
2008 Ed. (1789)
2007 Ed. (1762)
2006 Ed. (664, 1754)
2004 Ed. (1231)
2000 Ed. (893)
1999 Ed. (947)
MOL Magyar Olaj-es Gazipari Rt.
2002 Ed. (854)
MOL Magyer Olaj-Es Gazipari Rt.
2007 Ed. (1690)
2006 Ed. (1694)
MOL Nyrt
2008 Ed. (1720)
Molasses
2002 Ed. (4540)
Mold-Masters
2007 Ed. (4362)
Mold-release agents
1996 Ed. (3052)
Moldavia
1991 Ed. (3157)
Moldazhanova; Gulzhan
2006 Ed. (4984)
Moldflow Corp.
2008 Ed. (4359, 4402)
2004 Ed. (4547)
Moldindconbank
2004 Ed. (469)
Molding, blow
2002 Ed. (3722)
Molding, injection
2002 Ed. (3722)
Moldova
2006 Ed. (2330, 4530)
1999 Ed. (2067, 4803)
Moldova Agroindbank
2004 Ed. (469)
Molecular Biosystems, Inc.
2001 Ed. (1645)
1995 Ed. (667)
1994 Ed. (712)
1993 Ed. (702)
1992 Ed. (893)
Molex Inc.
2008 Ed. (3222)
2007 Ed. (2337, 2339)
2006 Ed. (2349, 2397)
2005 Ed. (2279, 2283, 2284, 2336, 2339, 2340, 2341)
2004 Ed. (2182, 2183, 2239)
2003 Ed. (2196, 4379)
2001 Ed. (2136, 2137, 2138, 4214)

2000 Ed. (1736, 1748)
1999 Ed. (1960, 1972, 1975)
1997 Ed. (1683)
1996 Ed. (1606)
1994 Ed. (3049, 3200)
1993 Ed. (1563, 3211)
1992 Ed. (1299, 1908, 1909, 3676, 3915)
1991 Ed. (1027, 1507, 1508, 1518, 1522, 2845, 3082)
1990 Ed. (1611, 1616, 1621, 1622, 1625, 2988, 3233)
1989 Ed. (1286, 1310, 1313, 1325, 1327, 2303)
Molibdenos y Metales
2006 Ed. (2543)
Molifor
2000 Ed. (992)
Molina; Alvaro G. de
2007 Ed. (385)
Molina Bianchi O & M
2003 Ed. (70)
2002 Ed. (105)
2001 Ed. (133)
Molina Healthcare Inc.
2008 Ed. (2883, 2899, 2956, 2966)
2007 Ed. (2834, 2837, 3121)
2006 Ed. (2832, 2845)
2005 Ed. (2838)
2003 Ed. (2746, 2749)
2002 Ed. (2538, 2561, 3376)
2001 Ed. (2714)
Molina Healthcare of California
2005 Ed. (2817)
2003 Ed. (3427)
Molina Medical Centers
2000 Ed. (4005)
1999 Ed. (4284)
Molinari Sambuca
2002 Ed. (298)
Molinaro Jr.; Samuel
2007 Ed. (1047)
Moline, IL
1994 Ed. (2493)
Molinos
1992 Ed. (1566)
Molinos de Mano Azteca
1996 Ed. (1733)
Molinos Rio
2000 Ed. (2228)
Molinos Rio de la Plata
2006 Ed. (2541)
1994 Ed. (788)
1991 Ed. (14)
Molitalia
2003 Ed. (1738)
Moller; A. P.
2005 Ed. (4769)
Moller-Maersk A/S; A. P.
2008 Ed. (1703, 1704, 1705, 3555, 4330)
2007 Ed. (1677, 1678, 1679, 1680, 4375, 4833, 4834)
2006 Ed. (1402, 1674, 1675, 1677, 1685, 1700, 1718)
Moller; Maersk Mc-Kinney
2008 Ed. (4863)
Molly Maid Inc.
2008 Ed. (746)
2007 Ed. (770)
2006 Ed. (674)
2005 Ed. (767)
2004 Ed. (781)
2003 Ed. (771)
2002 Ed. (857, 2361)
2000 Ed. (2268)
1996 Ed. (1967)
Molnlycke
1992 Ed. (3272)
Molnlycke AB
1997 Ed. (3737)
1995 Ed. (3604)
Molnlycke Health Care
2008 Ed. (2907)
Molowa; David
1997 Ed. (1858)
1996 Ed. (1782)
Molson
2007 Ed. (599)
2006 Ed. (557)
2003 Ed. (1218)
2001 Ed. (682)
2000 Ed. (821, 822)
1999 Ed. (808, 817, 817, 818, 819)
1998 Ed. (507, 508)
1997 Ed. (724)
1990 Ed. (764, 766, 767)
1989 Ed. (770, 778, 780)
Molson Breweries
1989 Ed. (26)
Molson Breweries of Canada
1993 Ed. (48)
1992 Ed. (74)
Molson Breweries USA
1999 Ed. (814, 816, 1923, 4513)
1991 Ed. (745)
Molson Canadian
2008 Ed. (644)
Molson Centre
2002 Ed. (4343)
1999 Ed. (1298)
Molson Companies
1992 Ed. (886)
Molson Coors Brewing Co.
2008 Ed. (244, 559, 566, 1509, 1688, 1689, 1692, 2739)
2007 Ed. (606, 607, 1525, 1667, 1670, 1719, 2897, 3354)
2006 Ed. (256, 560, 562, 564, 1655, 1656, 1657, 1663)
Molson Coors Canada
2008 Ed. (560)
2007 Ed. (608)
The Molson Cos.
2003 Ed. (673)
1998 Ed. (455)
1997 Ed. (1641)
1996 Ed. (30, 724, 733, 1564, 3148)
1995 Ed. (654, 655, 656, 659, 661, 1578)
1994 Ed. (18, 692, 704, 705)
1993 Ed. (26, 749)
1991 Ed. (20)
1990 Ed. (25)
Molson Cos. (Class B)
1995 Ed. (662)
Molson Dry
1993 Ed. (745)
Molson Exel
1997 Ed. (654)
Molson Export Ale
1997 Ed. (719)
Molson family
2005 Ed. (4869)
Molson Golden
2000 Ed. (812)
1998 Ed. (497)
1997 Ed. (721)
1996 Ed. (783, 786)
1995 Ed. (704, 711)
1994 Ed. (753)
1993 Ed. (751)
1992 Ed. (937)
1991 Ed. (746)
Molson Ice
2002 Ed. (281)
2001 Ed. (1024)
2000 Ed. (812)
1998 Ed. (497, 2066)
1997 Ed. (721)
Molson Light
1992 Ed. (939)
Molson Park
1994 Ed. (3373)
Molson USA
2003 Ed. (658, 662)
2002 Ed. (678)
Molten Metal Technology
1999 Ed. (3675)
Molymet
2007 Ed. (1851)
Molzen-Corbin & Associates
2008 Ed. (2522)
2007 Ed. (2406)
MoMA
2007 Ed. (3212)
Mombasa
1992 Ed. (1394)
Momentum
2000 Ed. (1674)
1995 Ed. (2315)
1993 Ed. (2231)
Momentum & Value
2003 Ed. (3125)
Momentum BMW
1996 Ed. (265)
1994 Ed. (262)
Momentum Builder (SPVL)
1991 Ed. (2120)
Momentum Cash System
2001 Ed. (436)
Momentum Integrated Comms
2000 Ed. (1678)
Momentum North America
2005 Ed. (3408)
Momentum Ogilvy & Mather
2003 Ed. (135)
2002 Ed. (167)
2001 Ed. (196)
Momentum on the Move
2002 Ed. (3264)
Momentum Pictures
2008 Ed. (101)
Momentum Porsche
1996 Ed. (284)
Momentum Resourcing Inc.
2005 Ed. (3914)
Momentum Worldwide
2008 Ed. (3597, 3598)
2007 Ed. (3431, 3433)
2006 Ed. (3415, 3417, 3419)
Momongha, WV
2005 Ed. (2204)
Mom's Bake At Home Pizza
2002 Ed. (3718)
Mon Ami Gabi
2006 Ed. (4105)
Mon; Antonio B.
2008 Ed. (2638, 2639)
Mon Cheri Hazelnut
1993 Ed. (836)
Mon/Merrill-Mult Str
1989 Ed. (259)
Mon Tresor Mon Desert Ltd.
2006 Ed. (4520)
Mona, Meyer & McGrath of Shandwick
1992 Ed. (3571)
Mona Meyer McGrath & Gavin
1996 Ed. (3130)
1995 Ed. (3026)
Monaco
1998 Ed. (3028)
Monaco Coach Corp.
2007 Ed. (306, 1554)
2006 Ed. (304, 307, 1976)
2005 Ed. (284, 286, 287, 3521)
2004 Ed. (278, 280, 340)
2003 Ed. (312, 314)
1995 Ed. (2064, 3386)
Monaco Group
1990 Ed. (3569)
Monadnock Bank
1994 Ed. (597)
1993 Ed. (590)
Monalisa
2008 Ed. (2079)
Monarch
2008 Ed. (668)
2007 Ed. (699)
2005 Ed. (4396)
2003 Ed. (4477)
2001 Ed. (4303)
2000 Ed. (4080)
1999 Ed. (4579)
1998 Ed. (3508)
1997 Ed. (3366)
1996 Ed. (3267)
1995 Ed. (3170)
1994 Ed. (3122)
1993 Ed. (3057)
1992 Ed. (3749)
1991 Ed. (2906)
1990 Ed. (3067, 3695)
1989 Ed. (2929, 2945)
Monarch Beverage Co.
2008 Ed. (4457)
2007 Ed. (4474)
2006 Ed. (4412)
Monarch Capital
1991 Ed. (2100)
1990 Ed. (2232)
1989 Ed. (1680)
Monarch Capital Management
2007 Ed. (1188)
Monarch Capitalization
1992 Ed. (3227)
Monarch Cash Fund/Universal Shares
1996 Ed. (2669)
Monarch Casino & Resort Inc.
2006 Ed. (2495)
2005 Ed. (4382)
Monarch Entertainment Bureau/John Scher Presents
1990 Ed. (2908)
Monarch/Fidelity MM
1990 Ed. (3662)
Monarch Gin
2002 Ed. (2399)
2001 Ed. (2595)
Monarch Government Cash Fund/ Universal
1996 Ed. (2669)
Monarch Industries Ltd.
2005 Ed. (1703, 1721)
Monarch International Inc.
2006 Ed. (4366)
Monarch Investments
1990 Ed. (2961)
Monarch Life
1991 Ed. (2086)
Monarch Machine Tool
1993 Ed. (2480, 3378, 3382)
1992 Ed. (4058, 4062)
Monarch/Merril-Money M
1990 Ed. (3662)
Monarch/Merrill GL Str
1990 Ed. (273)
Monarch/Merrill-HY Bd
1990 Ed. (3663)
Monarch/Merrill-Money M
1989 Ed. (262, 263)
Monarch Notes
1994 Ed. (874)
Monarch/Opp Cap Apprec
1989 Ed. (261)
Monarch/Opp Growth Fd
1990 Ed. (3664)
Monarch/Opp Hi Income
1990 Ed. (3663)
Monarch/Opp Money Fd
1990 Ed. (3662)
Monarch/Opp Money Fund
1989 Ed. (262)
Monarch/Opp Mult Str
1990 Ed. (273)
1989 Ed. (259)
Monarch Resources - Fidelity Future Reserves (SPVL)
1991 Ed. (2153)
Monarch Rum
2004 Ed. (4230)
2003 Ed. (4207)
2002 Ed. (4070)
2001 Ed. (4142)
2000 Ed. (3834)
1999 Ed. (4124)
1998 Ed. (3108)
Monarch Sales & Marketing
2008 Ed. (3726, 4421)
Monash University
2004 Ed. (1060)
2002 Ed. (1103)
Moncrief; W. A. and Deborah
1994 Ed. (890)
Moncton, New Brunswick
2008 Ed. (3492)
2005 Ed. (3327)
Moncton-Riverview-Dieppe, New Brunswick
2006 Ed. (3316)
Moncton University
2004 Ed. (835)
Mondadori Risp. Non. Cv.
1991 Ed. (3233)
Mondavi
1993 Ed. (3721)
Mondavi Corp.; Robert
2005 Ed. (3293, 3294)
1996 Ed. (730, 731, 3849)
Monday Night Football
2005 Ed. (4665, 4666)
2002 Ed. (4583)
2001 Ed. (4491)
Monday Night Football''; ''NFL
2006 Ed. (2855)

Mondi International
2002 Ed. (3578)
Mondo
1996 Ed. (773, 1934)
Mondo Fruit Squeezers
2000 Ed. (2282)
Mondoro
2005 Ed. (917)
Mondrian
2008 Ed. (2293)
1990 Ed. (2063)
Monenco
1992 Ed. (1960)
1991 Ed. (1561)
Monetary Authority of Singapore
2004 Ed. (521)
Monetta Blue Chip Fund
2004 Ed. (3604)
Monetta Fund
1994 Ed. (2604, 2631, 2634)
1993 Ed. (2651, 2660, 2671)
Monetta Intermediate Bond
2000 Ed. (3253)
Monetta Mid Cap Equity
2004 Ed. (3606)
Monetta Small-Cap Equity
1999 Ed. (3576)
Monex
2008 Ed. (739)
2007 Ed. (763)
Money
2007 Ed. (140, 143)
2006 Ed. (151)
2000 Ed. (915, 3465)
1989 Ed. (180, 2175)
Money Access Service Inc.
1996 Ed. (1625)
Money back offers/cash refunds
1990 Ed. (1185)
Money center banking industry
1998 Ed. (3363)
Money-center banks
1994 Ed. (2192)
Money Clip Magazine
2005 Ed. (3421)
Money fund
1991 Ed. (2260)
Money funds
1993 Ed. (2365)
Money Mailer
1995 Ed. (1937)
Money Mailer LLC
2008 Ed. (137)
2007 Ed. (122)
2006 Ed. (129)
2005 Ed. (126)
2004 Ed. (136)
2003 Ed. (185)
Money Maker
1999 Ed. (3904)
Money market accounts
1994 Ed. (338, 1908)
Money market funds
2001 Ed. (2525)
1997 Ed. (910)
1995 Ed. (3160)
1993 Ed. (2926)
1992 Ed. (2805)
1989 Ed. (1863)
Money One Credit Union
2004 Ed. (1943)
Money Station
2001 Ed. (2186, 2189)
1996 Ed. (259)
1991 Ed. (1511)
1990 Ed. (292, 293)
Money Store Inc.
2005 Ed. (4386)
1999 Ed. (2142, 2625)
1998 Ed. (3318)
Money Store Investment Corp.
2002 Ed. (4295)
2000 Ed. (4055)
1999 Ed. (4337, 4340)
1998 Ed. (3314, 3317)
1997 Ed. (3528, 3529)
1996 Ed. (3459, 3460)
1995 Ed. (3394)
1994 Ed. (3332)
1992 Ed. (3996)
Money theft
1989 Ed. (967)
Moneyball: The Art of Winning an Unfair Game
2006 Ed. (580)
MoneyCentral
2002 Ed. (4800)
MoneyGram International Inc.
2008 Ed. (2703)
2007 Ed. (2563)
2006 Ed. (2583)
Moneyline News Hour
2002 Ed. (914)
MoneyMaker
2001 Ed. (2185, 2189)
MoneyTree
2002 Ed. (4818)
Monfort, Inc.
2002 Ed. (4084)
2001 Ed. (1674)
1994 Ed. (1065)
Monfort; Ken and Myra
1994 Ed. (890)
Monfort Transportqation Co.
1995 Ed. (3081)
Mong-Joon; Chung
2008 Ed. (4851)
Mong-Koo; Chung
2008 Ed. (4851)
Mongol Savkhi
2002 Ed. (4445, 4446)
Mongolia
2008 Ed. (3747)
2007 Ed. (2262, 3626, 4863)
2006 Ed. (2327, 2331, 3556, 4860)
2005 Ed. (3499, 4789)
2004 Ed. (3499, 4815)
2003 Ed. (3431)
2001 Ed. (3343, 4650)
Mongolian Barbeque; BD's
2008 Ed. (4178)
2007 Ed. (4140)
2006 Ed. (4113)
Mongolian Grill; BD's
2008 Ed. (4166)
Mongolian Telecom
2002 Ed. (4445)
Mongolian Tsakhilgaan Kholboo
2006 Ed. (4522)
Monica Lewinsky
2000 Ed. (2743)
Monica Seles
2001 Ed. (418)
1998 Ed. (198, 3757)
Monika von Holtzbrinck
2004 Ed. (4875)
Monistat
2003 Ed. (4429)
1998 Ed. (1552)
1993 Ed. (3650)
1991 Ed. (2762)
1990 Ed. (2899)
1989 Ed. (2255)
Monistat 1
2003 Ed. (2461)
2002 Ed. (2255)
Monistat 7
2003 Ed. (2461)
2002 Ed. (2255)
1999 Ed. (1905)
1996 Ed. (3769)
1995 Ed. (1608)
1994 Ed. (1574)
Monistat 3
2003 Ed. (2461)
2002 Ed. (2255)
Monitor
1996 Ed. (834)
Monitor Builders
2006 Ed. (2793)
2005 Ed. (2815)
2002 Ed. (1173)
2001 Ed. (404)
2000 Ed. (312)
1999 Ed. (286)
1998 Ed. (183)
1996 Ed. (230)
1993 Ed. (242)
Monitor Fixed-Income Trust
1996 Ed. (615)
Monitor Mortgage Securities Trust
1998 Ed. (412, 2597)
1997 Ed. (2902)
Monitor Mortgage Services Investment
1998 Ed. (402)
Monitor Mortgage Services Trust
1998 Ed. (402)
Monitrend Gold
1993 Ed. (2681)
Monitrend Gold Fund
1994 Ed. (2627, 2630)
Monitrend Summation
1995 Ed. (2732)
Monitronics International Inc.
2008 Ed. (4296, 4298, 4299, 4301)
2007 Ed. (4294, 4296)
2006 Ed. (4268, 4270, 4272, 4273)
2005 Ed. (4284, 4290, 4292)
2003 Ed. (4328)
2001 Ed. (4202)
Monk-Austin
1996 Ed. (3696)
1995 Ed. (3622)
Monkey-2
1996 Ed. (1092)
Monks
1992 Ed. (3205)
Monkton Insurance Services Ltd.
2006 Ed. (787)
Monlycke AB
1996 Ed. (3680)
Monmouth College
1995 Ed. (1058)
1994 Ed. (1050)
1993 Ed. (1023)
1992 Ed. (1275)
1990 Ed. (1091)
Monmouth County, NJ
1994 Ed. (239, 1480)
Monmouth Mall
1990 Ed. (3291)
1989 Ed. (2492)
Monmouth Medical Center
2002 Ed. (2457)
1993 Ed. (2075)
1990 Ed. (2057)
Monmouth, NJ
2002 Ed. (2996)
1989 Ed. (1612)
Monmouth/Ocean Counties, NJ
1999 Ed. (3367)
1992 Ed. (2551)
Monmouth-Ocean, NJ
2005 Ed. (2455, 3472)
2004 Ed. (981, 2424, 2426)
2003 Ed. (2346)
2001 Ed. (2276, 2283)
1997 Ed. (2359, 3303)
Monno Ceramic
1997 Ed. (1602)
1996 Ed. (1544)
Monofilament
2001 Ed. (3839)
MonoGen Inc.
2008 Ed. (2933)
Monogram Bank
1994 Ed. (1494)
1992 Ed. (514)
Monogram Bank USA
1993 Ed. (384)
Monogram Credit Card Bank
2006 Ed. (403)
2005 Ed. (451)
1998 Ed. (312, 360)
1997 Ed. (477)
1996 Ed. (515)
1995 Ed. (474)
Monolithic Memories
1989 Ed. (1327, 2302, 2312)
Monolithic Power Systems Inc.
2008 Ed. (4609)
Monolithic System Technology Corp.
2006 Ed. (1420)
2003 Ed. (4320)
Monon
1999 Ed. (4649)
1994 Ed. (3566)
Monongahela Power Co.
2008 Ed. (2174)
2007 Ed. (2066)
2006 Ed. (2117)
2005 Ed. (2015)
2004 Ed. (1889)
2001 Ed. (1899)
Monongahela River
1998 Ed. (3703)
1993 Ed. (3690)
Monongahela Valley Hospital
1997 Ed. (2260)
Monongalia
1989 Ed. (1998)
Monopoly
1992 Ed. (2257)
1991 Ed. (1784)
Monopoly Junior
1992 Ed. (2257)
Monopoly; Mr.
2008 Ed. (640)
MONOPRIX
2002 Ed. (4493, 4494)
MonrchAvl
1996 Ed. (2885)
Monro Muffler Brake Inc.
2008 Ed. (4682)
2007 Ed. (4759)
Monroe County Airport Authority, NY
1991 Ed. (3422)
Monroe County, IN
1998 Ed. (2083)
Monroe County, MI
1991 Ed. (2530)
Monroe County, PA
1996 Ed. (1472, 1473, 1474, 1475)
Monroe G. Milstein
2007 Ed. (960)
Monroe, LA
2005 Ed. (3473)
2002 Ed. (1054)
1998 Ed. (1548)
Monroe; Marilyn
2007 Ed. (891)
2006 Ed. (802)
Monroe Muffler Brake Inc.
2006 Ed. (4753)
Monroe Muffler Brake & Service
2006 Ed. (352)
Monroe Schneider Associates
1993 Ed. (1867)
1992 Ed. (2165)
1990 Ed. (1802)
Monroe Trout Jr.
1997 Ed. (2004)
Monsannto Co.
1989 Ed. (187)
Monsanto Co.
2008 Ed. (911, 921, 924, 1943, 1944, 1946, 1948, 1949, 1950, 1952, 1954, 1955, 1956, 1957, 3167, 3170, 3603)
2007 Ed. (927, 928, 930, 941, 944, 951, 957, 1552, 1889, 1891, 1893, 4521)
2006 Ed. (840, 846, 848, 858, 1502, 1895, 1897, 1899, 1901, 1902, 1904, 1906, 1908, 1910, 1911, 2421, 3870, 4077, 4604)
2005 Ed. (181, 182, 945, 947, 951, 1493, 1507, 1512, 1551, 1878, 1883, 1885, 1888, 1889, 2656)
2004 Ed. (181, 182, 941, 952, 958, 967, 1477, 1491, 1536, 4097)
2003 Ed. (933, 938, 942, 1447, 1461, 1504, 1508, 2517, 3280)
2002 Ed. (246, 1393, 1394, 1427, 1441, 1485, 3592, 3968, 4789)
2001 Ed. (275, 276, 1038, 1164, 1176, 1177, 1178, 1180, 1181, 1209, 1798, 1799, 2073)
2000 Ed. (1018, 1020, 1022, 1023, 1024, 1519, 3056, 3423, 3512, 3517)
1999 Ed. (196, 1079, 1083, 1084, 1085, 1086, 1105, 1708, 3318, 3713, 3793)
1998 Ed. (101, 692, 693, 694, 697, 698, 699, 700, 701, 702, 703, 705, 709, 1178, 1346, 1555, 2692, 2751, 2812, 3361, 3521)
1997 Ed. (176, 951, 954, 955, 957, 958, 967, 1482, 3005)
1996 Ed. (922, 923, 925, 926, 928, 945, 1422, 2915, 3718)
1995 Ed. (948, 950, 953, 954, 956, 957, 964, 968, 1460, 2861)

1994 Ed. (912, 914, 917, 918, 919, 920, 921, 922, 926, 932, 936, 1423, 2744, 2820, 2854)
1993 Ed. (161, 898, 900, 903, 905, 906, 907, 913, 916, 919, 922, 925, 1370, 2773, 2852, 2874, 3689)
1992 Ed. (1103, 1106, 1107, 1108, 1109, 1111, 1112, 1115, 1122, 1125, 3346, 4059)
1991 Ed. (900, 903, 904, 905, 907, 908, 914, 2681, 3307, 168, 910)
1990 Ed. (930, 941, 942, 943, 945, 947, 957, 961, 1987, 2780, 3449, 3501, 3502)
1989 Ed. (884, 885, 886, 889, 2192)
Monsanto Ag Products
1990 Ed. (15)
Monsanto Agricultural Products
1989 Ed. (177)
Monsanto Canada
1997 Ed. (960)
1996 Ed. (932)
1994 Ed. (924)
1990 Ed. (950)
Monsanto Chemical Co.
2005 Ed. (2204)
1991 Ed. (913)
Monsanto Nitro Credit Union
2005 Ed. (2071)
Monsanto's Fisher Controls International
1994 Ed. (1205)
Monsieur Henri
1997 Ed. (3903)
Monsieur Henri Imported Wines
1989 Ed. (2940, 2941)
Monsoon
2008 Ed. (706)
2007 Ed. (737)
Monsour Builders
2003 Ed. (1179)
2002 Ed. (2682)
Monster
2007 Ed. (3240)
Monster Energy
2008 Ed. (4490, 4493)
2007 Ed. (4510, 4512)
2006 Ed. (4453)
2005 Ed. (4447)
Monster Munch
1999 Ed. (4347)
1996 Ed. (3468)
1994 Ed. (3349)
Monster Video
1994 Ed. (3627)
Monster Worldwide Inc.
2008 Ed. (817, 3358)
2007 Ed. (859, 3228, 4521, 4523)
2006 Ed. (747, 4459)
2005 Ed. (99)
Monster.com
2004 Ed. (3156)
2003 Ed. (3040, 3042, 3047)
2002 Ed. (4801, 4802, 4809, 4819)
Monsters Inc.
2004 Ed. (2160)
2003 Ed. (3453)
Monsters, Inc.: Read-Aloud Storybook
2003 Ed. (712)
Mont Blanc
2000 Ed. (3425)
Mont Blanc Gourmet
2008 Ed. (2733, 4053)
2007 Ed. (2598, 4026)
2006 Ed. (2621)
Mont Saint-Sauveur International
1994 Ed. (1670)
1992 Ed. (1984)
Montag & Caldwell
2004 Ed. (3193)
2001 Ed. (3689)
Montag & Caldwell Balanced
2000 Ed. (3252)
Montagu Private Equity
1995 Ed. (2499)
Montagu; Samuel
1994 Ed. (1201, 1202, 1203)
1993 Ed. (1672)
1992 Ed. (2140)
1991 Ed. (1126)
1990 Ed. (2313)
Montague Cold Storage
1999 Ed. (1220)
Montague DeRose
2007 Ed. (3656)
2001 Ed. (736, 778, 943, 951)
Montalvo Cash & Carry Inc.; J. F.
2005 Ed. (1954)
Montana
2008 Ed. (1012, 2437, 3280, 4326, 4593, 4914, 4915, 4916)
2007 Ed. (1131, 2273, 2371, 4371, 4683, 4937, 4938, 4939)
2006 Ed. (1043, 2755, 2980, 3109, 3982, 4305, 4663, 4931, 4932, 4933)
2005 Ed. (391, 408, 413, 414, 415, 1034, 1070, 1071, 1081, 2528, 2987, 2988, 4196, 4200, 4202, 4204, 4205, 4206, 4207, 4208, 4209, 4225, 4231, 4238, 4240, 4362, 4723, 4794, 4898, 4899)
2004 Ed. (382, 395, 396, 1028, 1066, 1073, 1077, 2022, 2308, 2310, 2318, 2537, 2568, 2569, 2572, 2726, 2744, 2806, 2981, 4253, 4254, 4255, 4257, 4265, 4272, 4273, 4275, 4276, 4292, 4294, 4298, 4305, 4307, 4308, 4412, 4513, 4519, 4819, 4884, 4885, 4886, 4903)
2003 Ed. (380, 388, 389, 411, 416, 417, 440, 1025, 1057, 1064, 1066, 1068, 2146, 2147, 2625, 2886, 4243, 4251, 4252, 4253, 4254, 4255, 4256, 4284, 4290, 4292, 4293, 4297, 4400, 4821, 4912)
2002 Ed. (450, 455, 458, 467, 469, 475, 476, 477, 668, 1114, 1115, 1119, 2008, 2011, 2230, 2231, 2285, 3079, 3111, 3122, 3735, 3805, 4159, 4371, 4520, 4551, 4706, 4892)
2001 Ed. (362, 478, 1284, 1287, 2591, 2609, 2613, 3597, 4228, 4274, 4797, 4830)
2000 Ed. (1128, 1791, 2959, 4096, 4115)
1999 Ed. (1209, 1211, 1996, 3220, 3595, 4401, 4405, 4424, 4451, 4535)
1998 Ed. (472, 2367, 2382, 3376, 3381)
1997 Ed. (994, 2638, 2656, 3570, 3594, 3622, 3785)
1996 Ed. (35, 2517, 3175, 3518, 3520, 3528, 3554, 3579, 3580)
1995 Ed. (2450, 2461, 2469, 3449, 3473, 3480, 3801)
1994 Ed. (2334, 2388, 2414, 2535, 3309, 3376, 3402)
1993 Ed. (413, 2438, 3320, 3398, 3412, 3442, 3691, 3732)
1992 Ed. (969, 2334, 2810, 2876, 2917, 2928, 2934, 3977, 4089, 4104, 4400, 4428)
1991 Ed. (3128, 3192, 3197, 3198, 3205, 3206, 3208, 3233, 3451)
1990 Ed. (759, 1748, 2868, 3373, 3376, 3382, 3396, 3412, 3414, 3418, 3419, 3420, 3422, 3424, 3507)
1989 Ed. (1900, 2536, 2540, 2541, 2561, 2563)
Montana Board of Housing
2001 Ed. (762)
Montana Credit Union
2004 Ed. (1970)
2003 Ed. (1930)
2002 Ed. (1876)
Montana Deaconess Medical Center
1992 Ed. (2448, 2455)
Montana Federal Credit Union
2008 Ed. (2243)
2007 Ed. (2128)
2006 Ed. (2207)
2005 Ed. (2112)
Montana Health Facilities Authority
2001 Ed. (762)
Montana Higher Education Board of Regents
2001 Ed. (762)
Montana Higher Education Student Assistance Corp.
1991 Ed. (2924)
Montana Higher Education Student Assistance Agency
2001 Ed. (762)
Montana; Joe
1997 Ed. (1724)
1995 Ed. (250, 251, 1671)
Montana; Pontiac
2008 Ed. (299)
Montana Power Co.
2003 Ed. (1771)
2001 Ed. (1801)
2000 Ed. (3673)
1999 Ed. (1953)
1998 Ed. (1395)
1997 Ed. (1702)
1996 Ed. (1622, 1623)
1995 Ed. (1645, 1646)
1994 Ed. (1603, 1604)
1993 Ed. (1561)
1992 Ed. (1888, 1906, 1907)
1991 Ed. (1506)
1990 Ed. (1073, 1609)
1989 Ed. (947, 1305)
Montana Rail Link Inc.
2001 Ed. (1801)
Montauk Credit Union
2008 Ed. (2208)
2006 Ed. (2156)
2005 Ed. (2063)
1998 Ed. (1217)
1996 Ed. (1505)
Montclair State University
2008 Ed. (778)
2002 Ed. (1108)
2000 Ed. (1145)
1999 Ed. (1236)
Monte Alban
1996 Ed. (3672, 3674)
1995 Ed. (3595)
1994 Ed. (3510)
1993 Ed. (3551)
1992 Ed. (4266, 4267)
1991 Ed. (3340, 3341)
1990 Ed. (3558)
Monte Alban Mezcal Con Gusano
1989 Ed. (2809)
Monte Cable
2005 Ed. (93)
Monte Carlo
2001 Ed. (2801)
Monte de Gozo
2001 Ed. (4359)
Monte dee Paschi di Siena
1997 Ed. (526)
Monte Dei Paschi
2007 Ed. (1826)
2006 Ed. (1820)
Monte dei Paschi di Siena
1996 Ed. (570, 3411)
1995 Ed. (516)
1994 Ed. (541)
1993 Ed. (539)
1992 Ed. (740)
1991 Ed. (571, 572)
1989 Ed. (589)
Monte del Paschi di Siena
1990 Ed. (615, 616)
Monte Teca
1993 Ed. (2431)
Monte Zweben
2002 Ed. (4787)
Montebello Long Island Ice Tea
2004 Ed. (1034)
2002 Ed. (3104)
Montecatini
1996 Ed. (1214)
Montecatini Edison SpA in Abbreviazione Montedison SpA
1991 Ed. (3107)
Montecito, CA
2005 Ed. (2203)
2003 Ed. (974)
Montecristo
1994 Ed. (962)
Montedison
2000 Ed. (1030, 2871)
1999 Ed. (1687, 1688, 3123)
1993 Ed. (1197, 1354, 1355, 2570, 2571)
1992 Ed. (1483, 1654, 3073, 3074)
1991 Ed. (1311, 1313, 2458, 2459)
1990 Ed. (952, 956, 1389, 3472)
1989 Ed. (892, 893)
Montedison Group
2005 Ed. (1830)
2000 Ed. (1488)
1990 Ed. (954)
1989 Ed. (891)
Montedison ord
1997 Ed. (2578)
1994 Ed. (2520)
Montedison SpA
2005 Ed. (1527)
2004 Ed. (1511)
2003 Ed. (1481, 2516)
2002 Ed. (1460, 2309)
2001 Ed. (1199)
1997 Ed. (961, 1260, 1458, 1460, 2115, 2579, 3100)
1996 Ed. (1403, 1404)
1995 Ed. (201, 1440, 2117)
1994 Ed. (1407, 1408)
1990 Ed. (1349, 1388)
1989 Ed. (1130)
Montedison's Eridania Zuccherifici Nazionale's Beghin-Say
1994 Ed. (1227)
Montedonico, Hamilton & Altman
2003 Ed. (3185)
Montefiore IPA Integrated Provider Association Inc.
2000 Ed. (2618)
Montefiore Medical Center
2002 Ed. (2623)
2001 Ed. (2773, 2775)
2000 Ed. (2532)
1999 Ed. (2645, 2751)
1998 Ed. (1909, 1986, 1992, 1995)
1997 Ed. (2273)
1996 Ed. (2157)
1995 Ed. (2146)
1994 Ed. (897, 1901, 2663)
1993 Ed. (2076, 2713)
1992 Ed. (2462)
1991 Ed. (1935)
1990 Ed. (2058)
1989 Ed. (1609)
Montego Bay
2002 Ed. (292)
1999 Ed. (4124)
1998 Ed. (3108)
1997 Ed. (3366)
1996 Ed. (3267)
1995 Ed. (3170)
1994 Ed. (3122)
1992 Ed. (3749)
Montel SDK
2001 Ed. (3838)
Montell
2001 Ed. (3837)
Montell Resources Ltd.
2001 Ed. (3836)
Montemayor & Asociados
2003 Ed. (80)
Montemayor Capital
1995 Ed. (2095)
Montemayor y Asociados
2000 Ed. (55)
Montenegro
2007 Ed. (3765, 3976)
2006 Ed. (2140, 3768, 3923)
2005 Ed. (3671, 3860)
Monterey
2003 Ed. (3739, 4484)
2000 Ed. (4416)
1999 Ed. (4792)
1998 Ed. (3745, 3753)
1997 Ed. (3906)
Monterey Bay Aquarium Research Institute
2002 Ed. (2348)
1995 Ed. (1931)
Monterey, CA
1998 Ed. (1857, 2475)
Monterey Coal Co., No. 2 mine
1990 Ed. (1072)
Monterey Homes
2005 Ed. (1181, 1183, 1244)
2004 Ed. (1197)
2003 Ed. (1213)
2002 Ed. (2670)

Monterey Institute of International Studies
2008 Ed. (771)
1992 Ed. (1008)
Monterey Mechanical Co.
2008 Ed. (1253, 4820)
2007 Ed. (4888)
2006 Ed. (1264)
2005 Ed. (1295)
2004 Ed. (1244)
2003 Ed. (1241)
Monterey Mushrooms Inc.
2008 Ed. (2271)
2007 Ed. (2156, 2157)
2006 Ed. (2235, 2236)
2005 Ed. (2140, 2141)
2004 Ed. (1998)
Monterey Pasta Co.
2005 Ed. (2653)
2003 Ed. (3742, 4488)
2001 Ed. (1650)
Monterey PIA Short-Term Government Securities
2000 Ed. (765)
Monterey-Salinas, CA
2007 Ed. (3506)
2004 Ed. (188, 3377, 3378, 3388)
2003 Ed. (3315)
1993 Ed. (815)
Monterey Vineyard
1989 Ed. (2942, 2945)
Monterey Vineyard Wines
1991 Ed. (3494)
Montero; Alejandro
1996 Ed. (1856)
Monterrey
1994 Ed. (2440)
Monterrey Aetna
2000 Ed. (2671)
Monterrey General Mariano
2001 Ed. (350)
Monterrey, Mexico
1993 Ed. (2500, 2557)
Monterrey Security Consultants Inc.
2006 Ed. (2829)
Monterrey Technical Institute
2007 Ed. (795)
Montevideo Refrescos
2008 Ed. (105)
2007 Ed. (95)
2006 Ed. (102)
2005 Ed. (93)
1989 Ed. (1169)
Montevideo Refrescos SA
2006 Ed. (4547)
2002 Ed. (4496, 4497)
Montezuma
2005 Ed. (4676)
2004 Ed. (4699)
2003 Ed. (4721)
2002 Ed. (287, 4604, 4609)
2001 Ed. (4503)
2000 Ed. (4233)
1999 Ed. (4579)
1998 Ed. (3508, 3509)
1997 Ed. (3729)
1996 Ed. (3670, 3671)
1995 Ed. (3590, 3594)
1994 Ed. (3505)
1993 Ed. (3546)
1992 Ed. (4262)
1991 Ed. (3336)
Montgomery
1998 Ed. (3176, 3181)
1996 Ed. (3630)
1991 Ed. (1110)
Montgomery, AL
2008 Ed. (3481)
2005 Ed. (2974)
2002 Ed. (4289)
1994 Ed. (966, 3326)
1993 Ed. (2982)
Montgomery & Collins
1992 Ed. (2649)
1991 Ed. (2089)
Montgomery Area Chamber of Commerce
2006 Ed. (3308)
Montgomery Assset Mgmt.
2000 Ed. (2807)
Montgomery; Catherine
1993 Ed. (1842)
Montgomery Consulting Engineers Inc.; James M.
1993 Ed. (1604, 2876)
1992 Ed. (358, 3480)
Montgomery Consuting Engineers Inc.; James M.
1992 Ed. (1949)
Montgomery County Children Services
2005 Ed. (2827)
Montgomery County Comprehensive Day Care Program
1991 Ed. (929)
1990 Ed. (977)
Montgomery County Industrial Development Authority, PA
1993 Ed. (2625)
Montgomery County, MD
2008 Ed. (3437, 3438, 4732)
2002 Ed. (1805)
1995 Ed. (337, 1513)
1994 Ed. (1474, 1479, 1481, 2168)
1993 Ed. (1430, 1431)
1992 Ed. (1720)
Montgomery County Teachers Credit Union
2008 Ed. (2237)
2007 Ed. (2122)
Montgomery County, VA
2008 Ed. (3480)
Montgomery Emerging Asia
2001 Ed. (3429)
2000 Ed. (3257)
Montgomery Emerging Markets
1995 Ed. (2717, 2727)
Montgomery Emerging Markets Focus
2004 Ed. (2476)
Montgomery Global
2000 Ed. (3284)
Montgomery Global Communications
2000 Ed. (3233)
Montgomery Global Long Short
2000 Ed. (3238)
Montgomery Global Opport R
1999 Ed. (3580)
Montgomery Global Opportunities
2000 Ed. (3233)
Montgomery Growth
1996 Ed. (2788)
Montgomery Co. Industrial Development Authority, PA
1991 Ed. (2529)
Montgomery Inn at the Boathouse
2001 Ed. (4051)
1994 Ed. (3053)
Montgomery International Growth
2004 Ed. (3651)
Montgomery Investment Management, Equity Plus Cash
2003 Ed. (3120, 3128, 3129)
Montgomery; J. F.
1991 Ed. (1618)
Montgomery; James
1990 Ed. (1712, 1723)
Montgomery; James F.
1994 Ed. (1720)
Montgomery Mall
2000 Ed. (4032)
1999 Ed. (4312)
1998 Ed. (3302)
1994 Ed. (3305)
1992 Ed. (3972)
1991 Ed. (3127)
1990 Ed. (3292)
1989 Ed. (2493)
Montgomery Martin Contractors LLC
2008 Ed. (1327)
2007 Ed. (1385)
Montgomery, McCracken, Walker & Rhoads
1993 Ed. (2403)
Montgomery, MD
1998 Ed. (2058)
1992 Ed. (1722, 1725)
1991 Ed. (1368, 1370, 1372)
1990 Ed. (1441, 1442, 2157)
Montgomery Newspaper Group
1992 Ed. (3246)
1990 Ed. (2712)
Montgomery/Quality
1997 Ed. (3809)
Montgomery; R. L.
2005 Ed. (2481)
Montgomery; R. Lawrence
2007 Ed. (968, 1023)
Montgomery; Robert
2008 Ed. (2634)
Montgomery Securities
1998 Ed. (342, 996, 997, 998, 3208, 3211, 3212, 3223, 3227, 3242, 3244, 3247)
1997 Ed. (1220, 1221, 1222, 1227, 2502, 2503, 3419, 3420, 3422, 3424, 3439, 3441)
1996 Ed. (1181, 1182, 1183, 3316, 3317, 3319, 3321, 3337, 3339, 3347)
1995 Ed. (732, 1215, 3219, 3221, 3223, 3243, 3253)
1994 Ed. (776, 1198, 1199, 1200, 3169)
1993 Ed. (1167, 1168, 3119, 3149)
1992 Ed. (1451, 1452, 3837, 3838, 3875, 3884)
1991 Ed. (1672, 1673, 1674, 1692, 2193, 2945, 2959, 3016)
1990 Ed. (3196)
1989 Ed. (1761)
Montgomery Select 50 R
1999 Ed. (3580)
Montgomery/Selma, AL
1994 Ed. (2924)
Montgomery Short Duration Government R
2000 Ed. (765)
1999 Ed. (752)
Montgomery Short Government
1998 Ed. (2650)
Montgomery Small Capital
1993 Ed. (2669, 2680)
Montgomery Tank
1996 Ed. (3759)
Montgomery Tank Lines
2000 Ed. (4178)
1999 Ed. (4532, 4681, 4682)
1998 Ed. (3461, 3639)
1995 Ed. (3541, 3680)
1994 Ed. (3474, 3602)
1993 Ed. (3503, 3642)
Montgomery Total-Return Bond
2004 Ed. (692)
Montgomery Traders Bank
1997 Ed. (503)
Montgomery, TX
2000 Ed. (1607, 2437)
1993 Ed. (2982)
Montgomery Ward Corp.
2001 Ed. (1994, 2741, 2748)
2000 Ed. (2300, 2581, 3808, 4348)
1999 Ed. (1833)
1998 Ed. (440, 652, 750, 1302, 1314, 1964, 2980, 3084)
1997 Ed. (258, 1592, 1631, 1639, 2241, 2318, 2320, 3231)
1995 Ed. (149, 229, 1000, 1021, 1574, 1967, 2119, 2123, 2498, 2517)
1994 Ed. (131, 132, 229, 677, 987, 1009, 1545, 2132, 2135, 2136, 2429, 3093, 3097)
1993 Ed. (676, 962, 2492, 3038, 3649)
1992 Ed. (235, 348, 1187, 1792, 1819, 1822, 1827, 2423, 2528, 2529, 2539, 2962, 3649, 4155, 4364, 4420)
1991 Ed. (1429, 1431, 1432, 1433, 1435, 1440, 1919, 1920, 1921, 1971, 1994, 2309, 2825, 3240, 3243, 3471, 248, 952, 2376)
1990 Ed. (910, 1230, 2029, 2032, 2033, 2116, 2121, 2440)
1989 Ed. (264)
Montgomery Ward & Co., Inc.
2005 Ed. (3372)
2003 Ed. (785)
2002 Ed. (1918, 2696, 4714)
2001 Ed. (1271, 1272)
2000 Ed. (1101, 3690)
1996 Ed. (162, 985, 1533, 3239)
1990 Ed. (1025, 1652)
Montgomery Ward Credit Corp.
1990 Ed. (1762)
Montgomery Ward Credit Card Buyers
1999 Ed. (1856)
Montgomery Ward Direct
1998 Ed. (648)
1997 Ed. (2324)
Montgomery Ward Holding Corp.
2001 Ed. (1272)
2000 Ed. (387, 390)
1997 Ed. (1012)
1996 Ed. (987)
1990 Ed. (3242, 3246)
Montgomery Ward Holdings Corp.
2000 Ed. (388, 389)
Montgomery Ward LLC
2003 Ed. (1010, 1011)
Montgomery Ward/Montgomery Ward Direct
1996 Ed. (3237)
Montgomery Ward 1 Electric Avenue
1992 Ed. (2422)
Montgomery Watson Inc.
2003 Ed. (2319, 2322)
2002 Ed. (2135, 2138, 2152)
2001 Ed. (2289, 2293, 2296, 2301, 2302)
2000 Ed. (1802, 1804, 1816, 1820, 1822, 1844, 1846, 1847, 1849, 1851, 1856, 1857, 1858, 1861)
1999 Ed. (2025, 2027, 2060)
1998 Ed. (1441, 1453, 1454, 1476, 1482, 1486, 1489, 1492)
1997 Ed. (1735, 1740, 1761, 1762, 1782)
1996 Ed. (1657, 1662, 1677, 1681)
1995 Ed. (1674, 1695, 1699, 1718)
1994 Ed. (1634, 2892)
Montgomery Watson Harza
2006 Ed. (2481)
Monticello Bank
2005 Ed. (523)
Monticello Homes
2008 Ed. (1164)
Monticello State Bank
1989 Ed. (204, 209)
Montpelier Re Holdings Ltd.
2004 Ed. (4337)
Montpelier, VT
2005 Ed. (3325)
Montpellier Technopole
1997 Ed. (2376)
Montreal
2000 Ed. (2549)
1990 Ed. (865, 1151)
Montreal; Bank of
2007 Ed. (412, 414, 449, 1445, 1617, 1627, 1634, 1639, 1641, 1712, 1720, 1727, 2573, 4575)
2006 Ed. (423, 443, 1451, 1598, 1600, 1606, 1612, 1618, 1620, 1627, 1629, 2604, 4491)
2005 Ed. (473, 1567, 1697, 1710, 1719, 1720, 1722, 1723, 3491)
Montreal Canadiens
2006 Ed. (2862)
2001 Ed. (4347)
2000 Ed. (2476)
Montreal City & District Savings Bank
1989 Ed. (563)
Montreal Convention Centre
2005 Ed. (2520)
Montreal/Dorval International
1995 Ed. (196)
Montreal Forum
1994 Ed. (3373)
Montreal Gazette
2003 Ed. (3648, 3649)
2002 Ed. (3506, 3507, 3509, 3510)
1999 Ed. (3615)
Montreal La Presse
2003 Ed. (3648, 3649)
1999 Ed. (3615)
Montreal-Laval, Quebec
2006 Ed. (3317)
Montreal Le Journal
2003 Ed. (3648, 3649)
1999 Ed. (3615)
Montreal National Home & Landscaping Show
2003 Ed. (4778)
Montreal Olympic Stadium
1994 Ed. (3373)
Montreal, PQ
2001 Ed. (4109)
1996 Ed. (3056)

1993 Ed. (2531, 2556)
1992 Ed. (530, 1396, 2784)
Montreal, PQ, Canada
1995 Ed. (2957)
1990 Ed. (1010)
Montreal, Quebec
2005 Ed. (1785, 3476)
2003 Ed. (3251)
Montreal RV Show
2003 Ed. (4778)
Montreal Transit Corp.
2006 Ed. (687)
Montreal Trust
1990 Ed. (2951, 2957)
Montreal Trust of Canada
1996 Ed. (2581)
Montreal Trustco
1997 Ed. (3811)
1996 Ed. (3761)
1994 Ed. (3606)
1992 Ed. (4360)
1990 Ed. (3659)
Montreal; University of
2008 Ed. (1073, 1074, 1079, 3636, 3641, 3642)
2007 Ed. (1169, 1171, 1179, 3469, 3473)
Montreal Urban Community Transit Corp.
2000 Ed. (900)
1999 Ed. (956)
1998 Ed. (538)
1997 Ed. (840)
1996 Ed. (832)
1995 Ed. (852)
1993 Ed. (786)
1992 Ed. (989)
1991 Ed. (808)
Montreal Urban Community Transit Corporation
1990 Ed. (847)
Montreal Urban Commuter Transit Corp.
1994 Ed. (801, 1076)
Montreal Urban Transit
2008 Ed. (756)
Montrose Travel
2003 Ed. (4991)
2002 Ed. (4990)
2000 Ed. (4302, 4435)
1999 Ed. (4667, 4814)
1998 Ed. (3764)
1997 Ed. (3918)
Montry; Gerald F.
1997 Ed. (979)
1996 Ed. (967, 1710)
Monty; Jean
2005 Ed. (2514)
Monument Internet
2000 Ed. (3230)
Monument Oil & Gas
2000 Ed. (4132)
Monumental General Insurance
1992 Ed. (2647)
Monumental Investment Corp.
2001 Ed. (1410)
Monumental Life Insurance Co.
2002 Ed. (2910)
2000 Ed. (2688)
1998 Ed. (2162)
1997 Ed. (2452)
1995 Ed. (2309, 2310)
1993 Ed. (2223, 2225)
Monus
2005 Ed. (75)
MONY
1992 Ed. (2741, 3549)
1989 Ed. (2974)
MONY AM "A" MMST: M IT Bd
1994 Ed. (3615)
MONY Financial Services
1992 Ed. (2774)
1990 Ed. (2354)
1989 Ed. (1806)
Mony Group Inc.
2006 Ed. (1441, 1445)
2005 Ed. (3104)
2004 Ed. (3101)
MONY Life Moneymaster Managed Portfolio
1995 Ed. (3689)
MONY Life - The MONYVestor (SPVL)
1991 Ed. (2149)
MONY MONYMaster Equity
1994 Ed. (3611)
MONY MONYMaster Managed
1994 Ed. (3612)
MONY MONYMaster Small Cap.
1994 Ed. (3610)
MONY Securities
2002 Ed. (791, 792, 793, 794)
2000 Ed. (833, 834, 837, 838, 839, 849, 850, 862, 865, 866)
1999 Ed. (839, 841, 842, 851, 852, 861, 865)
MONY ValueMaster OCC Managed
2000 Ed. (4328)
MONYMaster
1999 Ed. (4697)
MONYMaster Enterprise Managed
2000 Ed. (4328, 4328)
1997 Ed. (3819)
Monymaster Flexible Payment Contract
1997 Ed. (3830)
MONYMaster MONY Long Term Bond
1997 Ed. (3820)
Monza; Chevrolet
2008 Ed. (303)
2006 Ed. (322)
Moody Construction Co.; C. D.
2008 Ed. (175)
Moody; D. Thomas
1990 Ed. (1721)
1989 Ed. (1382)
Moody Jr.; Charles David
2006 Ed. (2514)
Moody's Corp.
2008 Ed. (803, 808, 2706)
2007 Ed. (835, 2555, 2569)
2006 Ed. (2586, 2600, 4462)
2005 Ed. (2583, 2593, 2596, 4353)
2004 Ed. (4483, 4562)
2003 Ed. (4533)
Moog Inc.
2008 Ed. (157)
2007 Ed. (173)
2005 Ed. (156, 157)
2004 Ed. (159, 160)
2003 Ed. (204)
Moog; Delia
2005 Ed. (4871)
Moog Employees Credit Union
1996 Ed. (1510)
Moon Drops
2001 Ed. (1906, 1907)
Moon Nissan
1996 Ed. (281)
1992 Ed. (393)
Mooney; Beth
2007 Ed. (385)
Mooney; James F.
2005 Ed. (2517)
Moore Corp. Ltd.
2005 Ed. (1549)
2004 Ed. (3942)
2003 Ed. (2892, 3934, 3935)
2002 Ed. (2786)
2001 Ed. (3901, 3902)
1999 Ed. (3891)
1998 Ed. (2920, 2923)
1997 Ed. (3167)
1996 Ed. (2904, 3087)
1994 Ed. (2729)
1993 Ed. (789, 1288)
1991 Ed. (2383)
1990 Ed. (2517)
1989 Ed. (2482)
Moore & Associates Inc.; Overton
1994 Ed. (3006)
Moore & Co. Realtor
1990 Ed. (2950)
Moore & Van Allen PLLC
2007 Ed. (1505)
Moore; Ann
2007 Ed. (4974)
Moore Arts & Crafts Inc.; A. C.
2008 Ed. (884, 2195)
2007 Ed. (2087)
2006 Ed. (2141)
Moore; Benjamin
1995 Ed. (2825)
1994 Ed. (2025)
1993 Ed. (2761)
Moore; Betty
2006 Ed. (3898)
Moore Business Forms Inc.
1998 Ed. (1138)
1995 Ed. (2986)
1994 Ed. (2932)
1993 Ed. (2920)
1992 Ed. (3528, 3538)
Moore Business Forms Canada
1992 Ed. (3540)
Moore Business Forms/Response
1992 Ed. (3534)
Moore Capital Management
2006 Ed. (3192)
1993 Ed. (1038)
Moore Chevrolet; Steve
1996 Ed. (268)
Moore Corporation
2000 Ed. (3613)
1992 Ed. (992, 3335)
Moore; David
1995 Ed. (1859)
1994 Ed. (1817)
1993 Ed. (1837)
1991 Ed. (1693)
Moore de Venezuela SA
2004 Ed. (1876)
2002 Ed. (1794)
Moore Development for Big Spring
1996 Ed. (2239)
Moore Excavation Inc.
2006 Ed. (1334)
Moore Financial
1990 Ed. (716)
Moore Financial Group, Inc.
1989 Ed. (368)
Moore Global Investments
1996 Ed. (2098)
Moore; Gordon
2008 Ed. (4834)
2007 Ed. (4905)
2006 Ed. (3898, 4910)
2005 Ed. (4856)
Moore; Gordon & Betty
2008 Ed. (895, 3979)
2007 Ed. (3949)
2005 Ed. (3832)
Moore-Hudson Olds-GMC
1990 Ed. (312)
Moore Investments; Jerry J.
1994 Ed. (3303, 3304)
1993 Ed. (3312, 3313, 3315)
1992 Ed. (3961, 3968, 3971)
1991 Ed. (3120)
1990 Ed. (3285, 3287)
Moore Jr.; Eddie N.
1993 Ed. (3443)
Moore Langen Printing Co., Inc.
2007 Ed. (3553, 3554, 4411)
Moore; Mary
1992 Ed. (4496)
Moore McCormack
1989 Ed. (865)
Moore Medical Corp.
1994 Ed. (205, 3442)
Moore; Patrick
2006 Ed. (912)
Moore; Randell
1991 Ed. (2160)
Moore School of Business; University of South Carolina-Columbia
2008 Ed. (793)
Moore School of Business; University of South Carolina, Darla
2008 Ed. (777)
Moore Stephens
2001 Ed. (4179)
2000 Ed. (7)
1999 Ed. (3)
1998 Ed. (14)
1997 Ed. (19, 20, 24)
1996 Ed. (22, 23)
Moore Stephens Australia
2007 Ed. (3)
2006 Ed. (5)
2005 Ed. (3)
2004 Ed. (5)
2002 Ed. (4, 5)
2000 Ed. (5)
Moore Stephens International Ltd.
2006 Ed. (6, 7, 8, 9, 10)
Moore U.S.A. Inc.
1999 Ed. (1627)
Moore Wallace Inc.
2006 Ed. (1446)
2005 Ed. (3898, 3899)
Moore Walton; Sam
1992 Ed. (890)
Moore Co.; WH
2007 Ed. (1289)
Moorefield Construction Inc.
2003 Ed. (1310, 4991)
2002 Ed. (4990)
Moorer; Michael
1996 Ed. (250)
Moore's
1996 Ed. (820)
1994 Ed. (796)
Moores family
2008 Ed. (4904)
2007 Ed. (4928)
2005 Ed. (4892)
Moores; John and Rebecca
1994 Ed. (889, 1055, 1056)
Moores Rowland
1999 Ed. (11, 22)
1997 Ed. (26, 27)
1993 Ed. (2, 6)
1992 Ed. (16)
Moores Rowland International
1998 Ed. (10)
1997 Ed. (6, 7, 17)
1996 Ed. (11, 12, 19)
Moorestown Corporate Center
1998 Ed. (2696)
Moorestown Mall
1990 Ed. (3291)
1989 Ed. (2493)
Mooresville, NC
2005 Ed. (3334)
2004 Ed. (3310)
2003 Ed. (3247)
2002 Ed. (2745)
Mooresville-South Iredell Chamber
2008 Ed. (3472)
2007 Ed. (3373)
Mooresville-South Iredell Chamber of Commerce
2003 Ed. (3245)
Mooreville-South Iredell Chamber
2006 Ed. (3308)
Moors & Cabot
2001 Ed. (830)
Moosehead
1995 Ed. (704, 711)
1994 Ed. (753)
1993 Ed. (751)
1992 Ed. (937)
1991 Ed. (746)
1990 Ed. (766, 767)
1989 Ed. (780)
Moosejaw.com
2008 Ed. (2448)
Moose's Tooth Pub & Pizzeria
2007 Ed. (3965)
Moothart Chrysler-Plymouth
1996 Ed. (269)
1995 Ed. (262)
Moovies Inc.
1999 Ed. (4713)
1998 Ed. (3668, 3670)
1997 Ed. (3839, 3841)
Mop & Glo
2003 Ed. (979, 984)
Mops and brooms
1993 Ed. (2109)
MOPS International
2008 Ed. (4136)
M.O.P.T.
1992 Ed. (44)
Mor-Flo
1994 Ed. (3653)
1993 Ed. (3687)
1992 Ed. (4424)
1991 Ed. (3475)
1990 Ed. (3684)
Moraes; Antonio Ermirio de
2008 Ed. (4854)
Moraine, OH
1993 Ed. (336)

Moran Asset Management Inc.
1990 Ed. (2318)
Moran; Frederick
1996 Ed. (1805)
Moran Health Care
2004 Ed. (3955, 3963, 3965)
2003 Ed. (3952)
2002 Ed. (3771, 3776)
Moran; James
2008 Ed. (4832)
2005 Ed. (4853)
Moran Ogilvy & Mather
2003 Ed. (160)
1997 Ed. (154)
1996 Ed. (148)
1995 Ed. (134)
1994 Ed. (124)
1993 Ed. (143)
1992 Ed. (217)
1991 Ed. (158)
1990 Ed. (159)
1989 Ed. (170)
Moran Oldsmobile; Pat
1996 Ed. (282)
1995 Ed. (282)
Moran; Pat
1994 Ed. (3667)
Moran Pontiac-GMC Inc.; Art
1996 Ed. (283, 300)
1995 Ed. (268, 283)
1994 Ed. (293)
1992 Ed. (396, 419)
1991 Ed. (273, 309)
1990 Ed. (314)
Moran Printing Co.
1998 Ed. (2919)
Moran; Raymond
1991 Ed. (1703, 1707, 1708)
1990 Ed. (1768)
1989 Ed. (1416, 1418, 1419)
Moran Stanley Dean Witter
2000 Ed. (836)
Moravia Banka AS
1997 Ed. (447)
1996 Ed. (484)
Moravian College
1990 Ed. (1090)
Moravske Chemical Works
1994 Ed. (925)
Moravskosle-zska Kooperativa pojistovna
2001 Ed. (2922)
Moray Dewhurst
2008 Ed. (965)
2007 Ed. (1089)
Mordashov; Alexei
2008 Ed. (4894)
2006 Ed. (4929)
More
2008 Ed. (3532)
2007 Ed. (127, 4994)
2005 Ed. (3358)
2004 Ed. (149)
2002 Ed. (3227)
More After Dark
1995 Ed. (1098)
More of the Monkees soundtrack
1990 Ed. (2862)
More Space Place
2008 Ed. (2801)
2007 Ed. (2670)
More Than You Know: Finding Financial Wisdom is Unconventional Places
2008 Ed. (610)
Morean; William
2005 Ed. (4850)
Moreau Blanc
1995 Ed. (3758)
1989 Ed. (2942)
Morehead Dodge-Yugo Inc.; Ken
1993 Ed. (268)
Morehouse College
2000 Ed. (744)
1995 Ed. (1057)
1994 Ed. (1049)
1993 Ed. (1022)
1992 Ed. (1274)
Moreno Valley, CA
1992 Ed. (1156)
Moreover Technologies Inc.
2007 Ed. (3056)
Moreton; Fred A.
2006 Ed. (3110)
The Morey Corp.
2005 Ed. (1277)
Morey Mahoney Advertising Inc.
2002 Ed. (99)
Morgan: American Financier
2006 Ed. (589)
Morgan & Co. Inc.; J. P.
1996 Ed. (369, 370, 372, 373, 374, 377, 379, 388, 393, 394, 395, 396, 552, 554, 556, 618, 641, 697, 698, 927, 1181, 1183, 1185, 1188, 1189, 1190, 1539, 1647, 1648, 1649, 1650, 1651, 1653, 1699, 1702, 1703, 1704, 1705, 1706, 1892, 2028, 2029, 2030, 2360, 2361, 2363, 2364, 2365, 2366, 2367, 2369, 2370, 2371, 2373, 2374, 2375, 2378, 2382, 2383, 2386, 2389, 2390, 2394, 2398, 2402, 2406, 2410, 2424, 2425, 2428, 2830, 2910, 3165, 3167, 3168, 3184, 3313, 3320, 3322, 3323, 3324, 3325, 3326, 3327, 3328, 3329, 3330, 3336, 3347, 3348, 3349, 3375, 3378, 3379, 3380, 3381, 3382, 3383, 3385, 3388, 3389, 3599)
1995 Ed. (35436, 370, 396, 462, 501, 503, 504, 571, 574, 734, 736, 737, 738, 739, 740, 741, 742, 743, 744, 745, 746, 747, 748, 1213, 1315, 1327, 1331, 1333, 1540, 1541, 1556, 2354, 2362, 2366, 2370, 2378, 2380, 2381, 2383, 2384, 2386, 2388, 2516, 2837, 2842, 2843, 3073, 3209, 3225, 3226, 3252, 3302, 3308, 3355)
1992 Ed. (3898)
1991 Ed. (372, 373, 383, 393, 403, 404, 407, 408, 411, 413, 494, 495, 511, 555, 556, 560, 635, 850, 851, 852, 1111, 1112, 1113, 1116, 1117, 1118, 1122, 1125, 1130, 1133, 1196, 1231, 1581, 1587, 1588, 1589, 1590, 1591, 1593, 1595, 1600, 1601, 1602, 1603, 1604, 1606, 1608, 1609, 1610, 1612, 2178, 2197, 2198, 2199, 2200, 2201, 2206, 2213, 2216, 2221, 2225, 2229, 2233, 2237, 2249, 2252, 2253, 2256, 2585, 2673, 2676, 2677, 2732, 2956, 2965, 3066, 3067, 3068, 3069, 3072, 3077, 3078, 3099, 3262)
1990 Ed. (443)
1989 Ed. (378, 401, 415, 416, 560)
Morgan & Co., Inc.; J.P.
1990 Ed. (436, 437, 438, 441, 600, 701, 702, 706)
Morgan & Myers
2007 Ed. (205, 207)
2006 Ed. (197, 199)
2005 Ed. (185, 187, 3949, 3953, 3968, 3975)
2003 Ed. (4009, 4018)
2002 Ed. (3839)
2000 Ed. (3631, 3659, 3660)
1999 Ed. (3915, 3945)
1998 Ed. (104, 2937, 2952)
1997 Ed. (3206)
1996 Ed. (3130)
1995 Ed. (3005, 3026)
1994 Ed. (2949)
1992 Ed. (3571)
Morgan Bank Delaware
1992 Ed. (649)
1990 Ed. (466)
Morgan Bank of Canada
1994 Ed. (478)
1992 Ed. (664)
Morgan Bank (Wilmington)
1991 Ed. (496)
Morgan Capital Corp.; J. P.
1994 Ed. (3622)
Morgan Capital Corp./Morgan Investment Corp. (SBIC)
1991 Ed. (3441)
Morgan City-Berwick, LA
2000 Ed. (3573)
Morgan City, LA
2003 Ed. (3907, 3909, 3910)
Morgan Crucible
2008 Ed. (2476)
2007 Ed. (2350)
2006 Ed. (2480)
Morgan Crucible Co. plc
2001 Ed. (4025)
Morgan Delaware; J. P.
1995 Ed. (454)
1994 Ed. (370, 391, 465)
1993 Ed. (460)
Morgan Distribution
1992 Ed. (987)
1991 Ed. (806)
1990 Ed. (843)
Morgan Drive-Away
2002 Ed. (4689)
2000 Ed. (4310)
1999 Ed. (4679)
1998 Ed. (3632)
Morgan E. O'Brien
2006 Ed. (2532)
Morgan Foods Inc.
2006 Ed. (3369)
Morgan; Frank Sherman
1990 Ed. (457, 3686)
Morgan French Franc Bond Fund; J. P.
1991 Ed. (2368)
Morgan French Franc Liquid Fund; J. P.
1991 Ed. (2368)
Morgan FunShares
2000 Ed. (3293)
Morgan Garanty Trust Co.
1993 Ed. (2713)
Morgan Grenfell
2001 Ed. (2880)
2000 Ed. (3452, 3453)
1997 Ed. (766, 767, 768, 769, 799, 800, 801, 802, 1233, 2521, 2529, 2537, 2549)
1996 Ed. (2424, 2426, 2943)
1995 Ed. (785, 786, 788, 789, 801, 802, 803, 804, 805, 820, 822, 823, 824, 825, 826, 1219, 2355, 2363, 2371, 2871)
1994 Ed. (1201, 1202, 1203, 2474)
1993 Ed. (1173, 1198, 1640, 1643, 1645, 1851, 2305, 2317, 2325, 2357)
1992 Ed. (1484, 3020, 3025, 3351)
1991 Ed. (1121, 1124, 1127, 1129, 1131, 1133, 1168, 2256)
1990 Ed. (583, 902, 2313, 2363)
1989 Ed. (545, 574, 1349, 1356, 2144)
Morgan Grenfell & Co. Ltd.
1994 Ed. (2290)
Morgan Grenfell Asia
1996 Ed. (3376)
1994 Ed. (781, 3185, 3195)
Morgan Grenfell Asset
1998 Ed. (2308)
Morgan Grenfell Asset Management
1997 Ed. (2552)
1996 Ed. (2945)
1995 Ed. (2870)
1994 Ed. (2774)
Morgan Grenfell Asset Mgmt.
2000 Ed. (2779, 2813)
Morgan Grenfell Capital
1999 Ed. (3110)
1996 Ed. (2391, 2399)
Morgan Grenfell Capital Management Inc.
1998 Ed. (2310)
1992 Ed. (2766)
1991 Ed. (2230, 2243)
Morgan Grenfell Capital Mgmt.
2000 Ed. (2860)
1990 Ed. (2342, 2345)
Morgan Grenfell (Channel Islands) Ltd.
1994 Ed. (450)
Morgan Grenfell (C.I.) Ltd.
1997 Ed. (435)
1996 Ed. (471)
1995 Ed. (442)
1993 Ed. (449)
1992 Ed. (635)
Morgan Grenfell Deposit Account
1997 Ed. (2912)
Morgan Grenfell Europe
1997 Ed. (2909)
Morgan Grenfell European Equity G Institutional
2001 Ed. (3500)
Morgan Grenfell European Growth
1992 Ed. (3202)
Morgan Grenfell Investment
1999 Ed. (3084)
1996 Ed. (2391, 2403)
1991 Ed. (2218)
Morgan Grenfell Investment Management
1992 Ed. (3350)
1990 Ed. (2321)
Morgan Grenfell Investment Services
1992 Ed. (2790, 2793, 2795)
Morgan Grenfell (Jersey) Ltd.
1991 Ed. (477)
Morgan Grenfell Latin America
2000 Ed. (3309)
Morgan Grenfell Managed Income
1997 Ed. (2915, 2916)
Morgan Grenfell Municipal Bond
1998 Ed. (2602, 2643)
1996 Ed. (2762)
The Morgan Group Inc.
2004 Ed. (236)
1999 Ed. (1307, 1312)
Morgan Guaranty
1990 Ed. (455, 551, 552, 553, 554, 557, 558, 899, 900, 901, 1694, 1695, 1696, 1697, 1699, 1705, 1706, 1707, 2770, 2771, 2772, 3137)
1989 Ed. (532, 534, 640, 1365, 1366, 1367, 1368, 1370, 1758, 1759, 1760, 2118, 2119, 2120, 2449, 2451, 2455)
Morgan Guaranty, N.Y.
1989 Ed. (2153, 2157)
Morgan Guaranty TR of New York
1992 Ed. (3224)
Morgan Guaranty Trust Co.
2001 Ed. (641)
2000 Ed. (399, 2930)
1999 Ed. (401, 407, 408, 410, 412, 420, 1836, 3179, 3433, 3434)
1998 Ed. (294, 318, 418, 2524)
1997 Ed. (359, 360, 364, 443, 579, 2624, 2807)
1995 Ed. (360, 368, 369, 371, 450, 570, 1047, 2435, 2436, 2441, 2604)
1993 Ed. (359, 380, 381, 389, 390, 397, 398, 400, 401, 579, 595, 2298, 2300, 2417)
1992 Ed. (528, 541, 542, 545, 546, 673, 802, 3104, 175)
1991 Ed. (405, 409, 410, 486, 487, 488, 628, 2303, 2307, 3278)
1990 Ed. (461, 462, 465, 525, 526, 529, 653, 2435, 2436, 2438, 2439)
1989 Ed. (792, 793, 794, 797, 798, 800, 801, 802)
Morgan Guaranty Trust Fixed Income Commingled
1994 Ed. (2310)
Morgan Guaranty Trust Co. of New York
2002 Ed. (487, 489, 508, 3210)
2001 Ed. (644)
2000 Ed. (407, 418, 633)
1998 Ed. (297, 304, 305, 307, 315, 2670)
1997 Ed. (365, 373, 375, 376)
1996 Ed. (389, 390, 398, 399, 404, 405, 406, 408, 409, 420, 479, 640, 2477, 2479, 2483, 2484, 2485, 2676, 2830)
1995 Ed. (374, 375, 381, 382, 383, 385, 386, 393)
1994 Ed. (353, 368, 371, 379, 380, 386, 387, 388, 390, 391, 401, 403, 460, 578, 582, 586, 600, 1039, 2553, 2663)
1991 Ed. (2585)
Morgan Guaranty Trust Co. of NY
1992 Ed. (549, 550, 551, 556, 557, 558, 560, 561)
Morgan Guaranty Trust Real Estate
1994 Ed. (2310)

Morgan; Gwyn
2007 Ed. (2507)
2005 Ed. (2514)
Morgan Investment; J. P.
1992 Ed. (2772, 3351, 3637)
1989 Ed. (2133)
Morgan Investment; J.P.
1990 Ed. (2969)
Morgan Investment Management Inc.; J. P.
1996 Ed. (2347, 2414)
1994 Ed. (2316)
1991 Ed. (2244, 2821)
1989 Ed. (1800, 2141)
Morgan Investment Management Inc.; J.P.
1990 Ed. (2352)
Morgan Investment Mgmt.; J.P.
1990 Ed. (2334)
Morgan; J. C.
2005 Ed. (2493)
Morgan; J. P.
1997 Ed. (340, 341, 344, 346, 347, 348, 358, 362, 363, 386, 387, 511, 512, 567, 580, 1223, 1224, 1227, 1228, 1229, 1231, 1232, 1295, 1308, 1326, 1597, 1728, 1729, 1730, 1783, 1786, 1787, 1788, 1789, 1790, 2015, 2487, 2488, 2489, 2490, 2491, 2493, 2494, 2495, 2496, 2497, 2498, 2501, 2502, 2503, 2506, 2507, 2508, 2511, 2516, 2519, 2520, 2524, 2528, 2532, 2536, 2540, 2548, 2549, 2550, 2551, 2552, 3002, 3003, 3004, 3267, 3269, 3270, 3287, 3288, 3289, 3417, 3421, 3426, 3427, 3428, 3429, 3430, 3431, 3432, 3436, 3438, 3444, 3446, 3471, 3474, 3475, 3476, 3477, 3478, 3479, 3480, 3481)
1996 Ed. (2427)
1995 Ed. (355, 357, 358, 1216, 1218, 1720, 1721, 2341, 2342, 2343, 2344, 2345, 2346, 2348, 2350, 2351, 2352, 3215, 3224, 3228, 3231, 3235, 3236, 3237, 3238, 3239, 3271, 3273, 3274, 3276, 3277)
1994 Ed. (350, 351, 352, 362, 363, 364, 365, 366, 367, 374, 375, 376, 377, 402, 520, 521, 522, 523, 604, 650, 651, 728, 780, 1201, 1202, 1290, 1295, 1309, 1630, 1631, 1672, 1674, 1675, 1676, 1677, 1678, 1679, 1680, 1689, 1691, 1692, 1693, 1694, 1696, 1697, 1698, 1700, 1701, 1702, 1703, 1704, 1706, 1707, 1709, 1756, 1850, 2286, 2287, 2288, 2291, 2293, 2296, 2297, 2300, 2303, 2304, 2320, 2321, 2322, 2323, 2329, 2330, 2331, 2332, 2448, 2449, 2663, 2736, 2737, 2740, 3017, 3164, 3165, 3169, 3174, 3187, 3189, 3191, 3220, 3274)
1993 Ed. (356, 357, 372, 373, 374, 386, 387, 411, 412, 521, 525, 526, 597, 601, 648, 649, 652, 841, 1164, 1171, 1174, 1650, 1651, 1652, 1653, 1654, 1655, 1658, 1660, 1669, 1670, 1673, 1675, 1677, 1679, 1681, 1683, 1684, 1685, 1686, 1687, 1689, 1690, 1851, 1889, 2272, 2273, 2274, 2277, 2279, 2280, 2284, 2289, 2290, 2292, 2294, 2304, 2316, 2324, 2347, 2349, 2350, 2351, 2356, 2357, 2511, 2512, 2713, 2767, 2769, 2977, 3118, 3122, 3123, 3129, 3134, 3136, 3137, 3144, 3150, 3153, 3154, 3156, 3159, 3206, 3224, 3229, 3284, 3470)
1992 Ed. (516, 537, 544, 713, 714, 720, 804, 808, 852, 853, 1054, 1055, 1454, 1455, 1989, 1990, 1991, 1992, 2023, 2024, 2028, 2029, 2030, 2031, 2033, 2035, 2040, 2041, 2042, 2044, 2141, 2639, 2719, 2720, 2721, 2722, 2723, 2724, 2728, 2735, 2738, 2739, 2740, 2776, 2777, 2779, 2780, 2782, 2786, 2788, 2789, 2984, 2986, 3339, 3341, 3342, 3343, 3823, 3842, 3847, 3856, 3857, 3868, 3874, 3899, 3901, 3904, 3906)
1990 Ed. (464, 902, 3222, 3223)
1989 Ed. (374, 375, 376, 377, 420, 421, 422, 426, 571, 579, 1049, 1197, 1810, 1812, 1813, 2127, 2128, 2131, 2132, 2136)
Morgan; JP
1992 Ed. (1993, 1994, 1995, 1999, 2005, 2010, 2014, 2017, 2018, 2020, 2021, 2036)
1990 Ed. (659, 2323, 2325, 2326, 2328, 2363, 2645, 2769)
Morgan Keegan, Inc.
2001 Ed. (741, 755, 759, 766, 799, 827, 923, 924, 928)
1999 Ed. (4213, 4217)
1998 Ed. (322, 3414)
1996 Ed. (2841)
1994 Ed. (3173)
1993 Ed. (2714, 3135, 3167)
1992 Ed. (3853)
Morgan Keegan & Co., Inc.
2007 Ed. (3652)
2001 Ed. (761)
2000 Ed. (3980)
1995 Ed. (3260)
1991 Ed. (2520, 2973, 3030, 3042)
1990 Ed. (3166)
Morgan; Kenny Rogers, Lorrie
1991 Ed. (1040)
Morgan, Lewis & Bockius
2004 Ed. (3226)
2001 Ed. (3057, 3086)
2000 Ed. (2891)
1999 Ed. (3141, 3157, 3650)
1998 Ed. (2324, 2333, 2710)
1997 Ed. (2595, 2601)
1996 Ed. (2450, 2456, 3138)
1995 Ed. (2412, 2421, 3664)
1994 Ed. (2351, 2356)
1993 Ed. (2390, 2403, 3625)
1992 Ed. (2825, 2838)
1991 Ed. (2291, 2277)
1990 Ed. (2412, 2425, 2428)
1989 Ed. (1885)
Morgan, Lewis & Bockius LLP
2007 Ed. (3301, 3322, 3325, 3327)
2006 Ed. (3243, 3247)
2005 Ed. (3254)
2004 Ed. (3224, 3238, 3240)
2003 Ed. (3170, 3178, 3190, 3194, 3195)
2001 Ed. (3085)
Morgan, Lewis & Bocklus
2000 Ed. (2902)
Morgan Lewis & Brockius LLP
2006 Ed. (3265)
2005 Ed. (3274)
2004 Ed. (3250, 3251)
2003 Ed. (3204, 3205)
Morgan; Lorrie
1994 Ed. (1100)
Morgan Lovell
1996 Ed. (2235)
Morgan Lovell PLC
1992 Ed. (1194)
Morgan Medical Holdings
1996 Ed. (1926)
1994 Ed. (1857)
Morgan Products
1996 Ed. (1109)
1995 Ed. (1128)
1994 Ed. (1112)
1993 Ed. (1088)
1992 Ed. (1134)
1990 Ed. (1158)
Morgan Research Corp.
2008 Ed. (1399)
2007 Ed. (3529, 3530, 4398)
2006 Ed. (3494, 4338)
Morgan Samuels Co.
2002 Ed. (2174)
2000 Ed. (1866)
1994 Ed. (1710)
Morgan Securities Asia; J. P.
1997 Ed. (3472)
Morgan Securities Inc.; J. P.
1997 Ed. (742, 1922, 2832, 2833, 2834, 2835, 2836, 2837, 2838, 3450, 3451, 3452, 3453, 3455, 3458, 3459, 3460, 3465, 3468, 3469)
1996 Ed. (806, 2712, 2713, 2714, 2716, 2718, 2719, 2720, 2721, 3353, 3354, 3358, 3360, 3362, 3366, 3369, 3370, 3371, 3373)
1995 Ed. (2633, 2636, 2637, 2639, 2640, 2641, 3263)
1994 Ed. (2583, 3181)
1993 Ed. (793, 1688, 3130, 3165, 3166, 3171, 3172, 3174, 3176, 3183)
1991 Ed. (2979, 2984, 3039, 3065)
1990 Ed. (3220)
1989 Ed. (1350, 1351, 1353, 1354, 1355, 1358, 1361, 1362, 2382)
Morgan Securities; J.P.
1990 Ed. (1674, 1675, 1677, 1680, 1684, 1693, 1704)
Morgan Sindall
2008 Ed. (1203)
2007 Ed. (1313)
Morgan Stanley
2008 Ed. (339, 585, 730, 762, 764, 1390, 1391, 1392, 1393, 1396, 1397, 1398, 1482, 1988, 2281, 2317, 2695, 2882, 2922, 3398, 3405, 3410, 4120, 4264, 4269, 4285, 4286, 4290, 4292, 4294, 4304, 4305, 4306, 4525, 4617, 4665, 4666)
2007 Ed. (635, 649, 650, 651, 689, 751, 788, 789, 1440, 1488, 1921, 2021, 2161, 2162, 2559, 2566, 2577, 3250, 3255, 3276, 3278, 3280, 3281, 3285, 3289, 3295, 3630, 3631, 3632, 3633, 3650, 3651, 3652, 3653, 3654, 3655, 3986, 4101, 4235, 4267, 4268, 4269, 4270, 4271, 4274, 4275, 4278, 4283, 4285, 4286, 4288, 4289, 4290, 4298, 4299, 4300, 4301, 4302, 4303, 4304, 4305, 4306, 4307, 4308, 4309, 4310, 4311, 4312, 4313, 4314, 4315, 4317, 4318, 4319, 4320, 4321, 4322, 4323, 4324, 4325, 4327, 4328, 4329, 4330, 4332, 4333, 4334, 4335, 4336, 4338, 4339, 4340, 4341, 4342, 4662)
2006 Ed. (279, 395, 659, 660, 695, 696, 778, 779, 1408, 1409, 1410, 1411, 1414, 1415, 1416, 1938, 2241, 2242, 2682, 3191, 3208, 3209, 3212, 3223, 3224, 3236, 3490, 3686, 3687, 3700, 3701, 4051, 4219, 4251, 4252, 4253, 4261, 4262, 4277, 4278, 4279, 4722, 4723, 4724)
2005 Ed. (162, 164, 215, 222, 293, 299, 321, 527, 543, 662, 664, 706, 707, 708, 753, 756, 822, 849, 867, 869, 870, 952, 961, 1119, 1423, 1424, 1425, 1426, 1429, 1430, 1431, 1433, 1434, 1435, 1436, 1442, 1443, 1446, 1447, 1448, 1451, 1452, 1453, 1456, 1458, 1460, 1910, 2146, 2147, 2171, 2172, 2173, 2174, 2176, 2177, 2178, 2179, 2180, 2181, 2187, 2188, 2190, 2192, 2299, 2301, 2449, 2577, 2580, 2597, 2598, 2602, 2604, 2638, 2805, 3013, 3102, 3117, 3175, 3206, 3217, 3219, 3222, 3223, 3234, 3236, 3238, 3249, 3356, 3369, 3387, 3430, 3436, 3455, 3503, 3504, 3505, 3506, 3507, 3508, 3512, 3526, 3527, 3528, 3529, 3530, 3531, 3590, 3687, 3732, 3748, 3749, 3811, 3812, 3819, 4015, 4020, 4165, 4245, 4246, 4247, 4248, 4252, 4255, 4256, 4257, 4258, 4259, 4260, 4261, 4262, 4263, 4264, 4265, 4266, 4267, 4268, 4269, 4270, 4271, 4272, 4273, 4276, 4277, 4278, 4279, 4281, 4283, 4295, 4296, 4297, 4298, 4299, 4300, 4301, 4302, 4303, 4304, 4305, 4306, 4307, 4308, 4309, 4310, 4311, 4312, 4313, 4314, 4315, 4316, 4317, 4318, 4319, 4320, 4321, 4322, 4323, 4324, 4325, 4326, 4327, 4328, 4330, 4331, 4332, 4333, 4334, 4336, 4337, 4338, 4339, 4341, 4347, 4348, 4356, 4578, 4579, 4584, 4614, 4615, 4616, 4631, 4644, 4670, 4671, 4672, 4715, 4719, 4770, 4771, 4772, 4982)
2004 Ed. (1402, 1403, 1404, 1405, 1406, 1407, 1410, 1411, 1412, 1413, 1414, 1415, 1419, 1424, 1425, 1426, 1429, 1430, 1431, 1434, 1435, 1436, 1439, 1441, 1442, 1443, 1444, 1445, 1570, 1596, 1825, 2007, 2008, 2035, 2037, 2038, 2044, 2046, 2057, 2058, 2059, 2060, 2061, 2062, 2063, 2064, 2066, 2067, 2068, 2069, 2070, 2072, 2073, 2074, 2075, 2083, 2086, 2600, 2603, 2612, 2614, 3171, 3186, 3187, 3189, 3190, 3191, 3197, 3198, 3200, 3202, 3203, 3205, 3207, 3500, 3504, 3527, 3528, 3529, 3530, 3531, 3532, 3562, 4082, 4324, 4325, 4326, 4328, 4329, 4330, 4331, 4332, 4333, 4336, 4339, 4341, 4342, 4343, 4344, 4352, 4353, 4354, 4355, 4356, 4357, 4358, 4359, 4360, 4361, 4362, 4363, 4364, 4365, 4366, 4367, 4368, 4369, 4370, 4371, 4372, 4375, 4376, 4377, 4378, 4379, 4380, 4381, 4382, 4383, 4384, 4385, 4386, 4387, 4388, 4389, 4390, 4391, 4392, 4393, 4395, 4396, 4397, 4695)
2003 Ed. (688, 689, 2479, 3487, 3502)
2002 Ed. (2264)
2000 Ed. (3880, 3939)
1999 Ed. (826, 827, 828, 829, 832, 834, 835, 837, 840, 864, 874, 879, 882, 883, 884, 885, 886, 892, 893, 894, 895, 896, 897, 898, 908, 910, 912, 925, 927, 942, 967, 1087, 1089, 1425, 1426, 1427, 1428, 1429, 1430, 1432, 1435, 1436, 1437, 1438, 1439, 1476, 1515, 1537, 1544, 2063, 2064, 2065, 2142, 2143, 2150, 2151, 2152, 2278, 2321, 2323, 2363, 2396, 2440, 2442, 3013, 3022, 3023, 3024, 3025, 3027, 3028, 3029, 3030, 3031, 3032, 3033, 3035, 3036, 3037, 3038, 3043, 3060, 3064, 3067, 3068, 3105, 3315, 3316, 3317, 3477, 3478, 3479, 3480, 3481, 3482, 3600, 4007, 4176, 4178, 4179, 4180, 4184, 4186, 4187, 4189, 4191, 4194, 4196, 4197, 4198, 4199, 4205, 4206, 4207, 4208, 4210, 4211, 4212, 4213, 4214, 4215, 4217, 4218, 4219, 4220, 4221, 4222, 4223, 4224, 4225, 4226, 4227, 4228, 4229, 4231, 4233, 4234, 4235, 4236, 4239, 4241, 4242, 4244, 4246, 4247, 4249, 4250, 4251, 4252, 4253, 4254, 4255, 4256, 4258, 4259, 4260, 4261, 4262, 4263, 4264, 4265, 4308)
1998 Ed. (192, 342, 379, 514, 515, 516, 517, 518, 520, 522, 525, 527, 528, 814, 995, 996, 997, 998, 999, 1000, 1001, 1002, 1003, 1004, 1005, 1084, 1265, 1493, 1494, 1495, 1496, 1497, 1498, 1499, 1501, 1559, 1560, 1562, 1696, 2228, 2238, 2239, 2240, 2241, 2242, 2243, 2244, 2245, 2246, 2247, 2248, 2249, 2250, 2251, 2253, 2284, 2285, 2304, 2444, 2445, 2446, 2567, 2568, 2569, 2570, 2571, 2578, 3181, 3187, 3188, 3189, 3190, 3191, 3192,

3194, 3195, 3196, 3199, 3200, 3206, 3207, 3208, 3209, 3211, 3212, 3213, 3214, 3215, 3216, 3217, 3218, 3219, 3220, 3221, 3222, 3223, 3224, 3225, 3226, 3227, 3228, 3229, 3230, 3231, 3232, 3233, 3234, 3235, 3237, 3238, 3239, 3240, 3241, 3242, 3243, 3244, 3245, 3246, 3247, 3248, 3249, 3250, 3251, 3252, 3253, 3256, 3257, 3258, 3259, 3260, 3261, 3262, 3263, 3264, 3265, 3266, 3267, 3268, 3269, 3270, 3271, 3272, 3273)
1997 Ed. (733, 734, 756, 757, 758, 759, 760, 761, 762, 763, 764, 770, 772, 773, 774, 776, 806, 1220, 1221, 1223, 1224, 1225, 1226, 1227, 1228, 1229, 1230, 1231, 1232, 1597, 1783, 1784, 1786, 1787, 1788, 1789, 1790, 1848, 1849, 1850, 2487, 2488, 2489, 2490, 2491, 2493, 2494, 2495, 2496, 2497, 2498, 2499, 2500, 2501, 2502, 2503, 2504, 2506, 2510, 2729, 2731, 2812, 2832, 2833, 2834, 2835, 2836, 3417, 3418, 3419, 3420, 3422, 3423, 3424, 3425, 3426, 3427, 3428, 3429, 3430, 3431, 3432, 3433, 3434, 3435, 3437, 3439, 3440, 3441, 3442, 3443, 3444, 3445, 3446, 3448, 3450, 3451, 3452, 3454, 3455, 3457, 3459, 3460, 3463, 3465, 3468, 3469, 3471, 3474, 3475, 3476, 3477, 3478, 3479, 3480, 3481, 3482)
1995 Ed. (421, 462, 503, 721, 722, 723, 724, 725, 726, 727, 729, 730, 731, 732, 733, 734, 735, 736, 737, 738, 739, 741, 742, 743, 744, 745, 746, 747, 748, 749, 750, 751, 752, 753, 754, 756, 790, 791, 794, 1048, 1213, 1214, 1216, 1217, 1218, 1219, 1720, 1721, 1722, 1793, 1794, 1799, 2341, 2342, 2346, 2348, 2349, 2350, 2351, 2352, 2515, 2633, 2634, 2635, 2636, 2637, 2639, 2640, 3076, 3204, 3209, 3213, 3215, 3216, 3218, 3219, 3220, 3221, 3222, 3225, 3226, 3227, 3228, 3229, 3232, 3233, 3234, 3235, 3236, 3237, 3238, 3239, 3240, 3241, 3242, 3243, 3244, 3245, 3246, 3247, 3250, 3251, 3252, 3253, 3255, 3256, 3257, 3258, 3259, 3263, 3265, 3266, 3269, 3270, 3271, 3273, 3274, 3275, 3277)
1994 Ed. (727, 763, 764, 765, 767, 768, 769, 770, 771, 772, 774, 775, 776, 777, 778, 779, 780, 783, 1197, 1198, 1199, 1200, 1673, 1674, 1677, 1678, 1686, 1688, 1691, 1698, 1703, 1757, 1829, 1830, 1835, 1841, 1843, 1844, 1845, 2288, 2291, 2330, 2448, 2580, 2581, 2582, 3159, 3162, 3163, 3164, 3165, 3166, 3167, 3168, 3170, 3171, 3172, 3173, 3174, 3175, 3176, 3177, 3178, 3179, 3180, 3181, 3182, 3183, 3185, 3187, 3188, 3189, 3190, 3274)
1993 Ed. (755, 756, 757, 758, 760, 761, 764, 793, 839, 840, 841, 842, 1164, 1165, 1166, 1167, 1168, 1169, 1170, 1171, 1172, 1174, 1198, 1642, 1646, 1648, 1654, 1655, 1668, 1670, 1674, 1677, 1680, 1682, 1685, 1687, 1689, 1768, 1769, 1770, 1846, 1848, 1851, 1853, 1854, 1855, 1856, 2264, 2272, 2273, 2275, 2276, 2277, 2278, 2279, 2328, 3116, 3118, 3119, 3120, 3121, 3122, 3124, 3125, 3126, 3127, 3128, 3130, 3131, 3132, 3133, 3134, 3137, 3138, 3139, 3141, 3143, 3144, 3145, 3146, 3147, 3148, 3149, 3150, 3151, 3152, 3154, 3155, 3156, 3157, 3158, 3159, 3160, 3161, 3162, 3164, 3165, 3166, 3168, 3171, 3172, 3173, 3175, 3176, 3185, 3188, 3189, 3190, 3194, 3196, 3197, 3198, 3201, 3202, 3203, 3204, 3205, 3207, 3208)
1992 Ed. (950, 955, 957, 1050, 1051, 1052, 1053, 1054, 1290, 1450, 1453, 1454, 1455, 1456, 1992, 1994, 1995, 2011, 2012, 2027, 2028, 2033, 2036, 2037, 2040, 2132, 2134, 2141, 2158, 2719, 2720, 2721, 2722, 2725, 2726, 2734, 3343, 3550, 3823, 3832, 3834, 3835, 3837, 3838, 3839, 3840, 3841, 3842, 3843, 3844, 3845, 3846, 3847, 3848, 3849, 3850, 3851, 3852, 3854, 3856, 3858, 3859, 3862, 3864, 3865, 3866, 3868, 3870, 3872, 3873, 3874, 3875, 3876, 3877, 3878, 3879, 3880, 3881, 3882, 3883, 3884, 3885, 3886, 3887, 3889, 3890, 3891, 3894, 3895, 3896, 3897, 3900, 3902, 3903, 3904)
1991 Ed. (754, 755, 757, 758, 759, 760, 761, 763, 764, 765, 767, 768, 769, 774, 780, 850, 1110, 1111, 1112, 1113, 1114, 1115, 1116, 1117, 1118, 1119, 1120, 1121, 1122, 1125, 1130, 1131, 1132, 1133, 1134, 1135, 1599, 1600, 1603, 1605, 1606, 1608, 1668, 1669, 1684, 1694, 1704, 1708, 1760, 2176, 2177, 2178, 2179, 2180, 2181, 2184, 2186, 2187, 2190, 2191, 2192, 2193, 2195, 2197, 2199, 2200, 2201, 2203, 2204, 2515, 2516, 2517, 2831, 2832, 2945, 2946, 2949, 2950, 2951, 2952, 2953, 2955, 2956, 2957, 2958, 2959, 2960, 2961, 2962, 2963, 2964, 2965, 2966, 2967, 2968, 2969, 2970, 2971, 2972, 2973, 2974, 2975, 2976, 2978, 2979, 2980, 2982, 2983, 2984, 2986, 2987, 2990, 2991, 2993, 2994, 2995, 2996, 2997, 2998, 2999, 3000, 3001, 3002, 3004, 3006, 3007, 3008, 3009, 3010, 3011, 3014, 3016, 3018, 3019, 3020, 3021, 3022, 3023, 3024, 3025, 3026, 3027, 3028, 3029, 3066, 3067, 3068, 3069, 3070, 3071, 3074, 3075, 3076, 3078, 3079, 770, 771, 772, 773, 3030, 3031, 3033, 3036, 3037, 3038, 3039, 3046, 3047, 3050, 3051, 3052, 3053, 3054, 3055, 3058, 3059, 3060, 3061, 3064, 3065)
1990 Ed. (454, 782, 790, 791, 792, 793, 795, 796, 797, 798, 799, 800, 802, 803, 804, 805, 806, 807, 808, 899, 900, 902, 1222, 1694, 1696, 1697, 1698, 1700, 1764, 1765, 1772, 2293, 2295, 2296, 2298, 2299, 2300, 2301, 2302, 2305, 2308, 2310, 2311, 2312, 2440, 2641, 2643, 2645, 2770, 2981, 2982, 3138, 3139, 3140, 3141, 3144, 3145, 3146, 3147, 3150, 3151, 3154, 3155, 3156, 3157, 3158, 3159, 3160, 3161, 3171, 3172, 3173, 3174, 3175, 3185, 3187, 3189, 3191, 3192, 3193, 3194, 3195, 3196, 3197, 3198, 3199, 3201, 3202, 3203, 3205, 3206, 3219, 3221, 3224, 3225, 3226, 3228)
1989 Ed. (791, 792, 793, 794, 795, 796, 797, 798, 799, 800, 801, 802, 803, 804, 805, 806, 807, 808, 809, 1013, 1136, 1348, 1365, 1366, 1368, 1413, 1414, 1758, 1759, 1761, 1762, 1763, 1764, 1765, 1766, 1767, 1768, 1769, 1770, 1773, 1774, 1775, 1778, 1872, 1902, 2118, 2370, 2371, 2372, 2373, 2375, 2376, 2377, 2378, 2379, 2386, 2387, 2388, 2390, 2391, 2392, 2393, 2394, 2395, 2396, 2397, 2398, 2399, 2400, 2401, 2402, 2404, 2405, 2406, 2407, 2408, 2409, 2410, 2411, 2412, 2413, 2414, 2416, 2417, 2436, 2437, 2438, 2439, 2440, 2442, 2443, 2444, 2445, 2448, 2449, 2450, 2451, 2452, 2453, 2454)
Morgan Stanley Aggressive Eq B
1999 Ed. (3529)
Morgan Stanley Aggressive Equity
2007 Ed. (4547)
Morgan Stanley Aggressive Equity A
1999 Ed. (3529)
Morgan Stanley Aggressive Equity Inst'l
2000 Ed. (3311)
Morgan Stanley & Co., Inc.
2005 Ed. (2707)
2004 Ed. (2714)
2000 Ed. (777)
1996 Ed. (396, 795, 796, 797, 798, 808, 1181, 1182, 1184, 1185, 1186, 1187, 1188, 1189, 1190, 1538, 1699, 1700, 1702, 1703, 1704, 1705, 1706, 1768, 1769, 1774, 1861, 1892, 2352, 2360, 2361, 2362, 2363, 2364, 2365, 2367, 2369, 2370, 2371, 2373, 2425, 2427, 2712, 2713, 2714, 2715, 2716, 2717, 2718, 2719, 2720, 2721, 3100, 3311, 3313, 3314, 3315, 3316, 3317, 3318, 3319, 3320, 3321, 3323, 3324, 3325, 3326, 3327, 3328, 3329, 3330, 3331, 3332, 3333, 3334, 3335, 3337, 3338, 3339, 3340, 3341, 3342, 3343, 3344, 3345, 3346, 3347, 3348, 3349, 3350, 3351, 3353, 3354, 3355, 3356, 3357, 3358, 3359, 3360, 3361, 3362, 3363, 3366, 3367, 3368, 3369, 3370, 3372, 3373, 3374, 3375, 3378, 3379, 3380, 3381, 3382, 3383, 3385, 3386, 3387, 3388, 3389)
1994 Ed. (2583)
1990 Ed. (783, 785, 787, 788, 789, 3209, 3210, 3211, 3213)
Morgan Stanley Asia
1997 Ed. (1957)
Morgan Stanley Asian Equity
1995 Ed. (2706)
Morgan Stanley Asset
2000 Ed. (2796)
1991 Ed. (2215)
1990 Ed. (2327)
1989 Ed. (2128)
Morgan Stanley Asset; Chicago Group-
1990 Ed. (2345)
Morgan Stanley Asset Management
1999 Ed. (3107, 3588)
1998 Ed. (2299, 2308)
1997 Ed. (1353, 2552)
1992 Ed. (2737, 2768, 2769, 2791, 2792, 2797, 2798)
Morgan Stanley Asset Mgmt.
1990 Ed. (2334, 2337, 2341)
Morgan Stanley Bank
2008 Ed. (341)
Morgan Stanley Capital Opportunities
2007 Ed. (4547)
Morgan Stanley Capital Opportunity
2004 Ed. (3605, 3606)
Morgan Stanley Capital Partners
1998 Ed. (2105)
Morgan Stanley-Chicago Group
1991 Ed. (2223, 2227, 2231)
Morgan Stanley Dean Whitter & Co.
2000 Ed. (380)
Morgan Stanley Dean Witter
2001 Ed. (4197)
2000 Ed. (826, 827, 835, 869, 882, 883, 885, 1025, 1379, 1476, 1919, 1920, 1921, 1922, 2058, 2073, 2108, 2109, 2110, 2111, 2145, 2199, 2451, 2455, 2456, 2457, 2756, 2765, 2768, 2770, 2771, 2775, 2777, 2779, 2785, 2810, 2812, 2813, 2833, 2841, 2850, 3190, 3191, 3192, 3193, 3194, 3195, 3312, 3878, 3881, 3883, 3884, 3886, 3887, 3888, 3889, 3890, 3891, 3892, 3893, 3894, 3895, 3896, 3897, 3898, 3899, 3901, 3902, 3904, 3910, 3911, 3913, 3915, 3924, 3925, 3926, 3931, 3933, 3934, 3935, 3936, 3937, 3938, 3940, 3941, 3942, 3943, 3944, 3945, 3946, 3947, 3948, 3949, 3950, 3951, 3952, 3953, 3954, 3955, 3956, 3957, 3958, 3959, 3960, 3961, 3962, 3964, 3965, 3966, 3967, 3968, 3970, 3971, 3972, 3973, 3974, 3975, 3976, 3977, 3978, 3981, 3982, 3983, 3984, 3986, 3987, 3988)
Morgan Stanley Dean Witter & Co.
2005 Ed. (1530, 1533, 1538)
2004 Ed. (1517, 1915, 2006, 4322, 4323)
2003 Ed. (1387, 1388, 1389, 1390, 1391, 1392, 1395, 1396, 1397, 1398, 1399, 1402, 1403, 1404, 1405, 1406, 1409, 1410, 1411, 1414, 1416, 1417, 1418, 1487, 1547, 1548, 1569, 1668, 1791, 2013, 2015, 2016, 2017, 2021, 2024, 2025, 2026, 2027, 2028, 2030, 2031, 2033, 2035, 2362, 2368, 2476, 2478, 2481, 2599, 2701, 3060, 3066, 3070, 3078, 3091, 3095, 3096, 3097, 3098, 3109, 3473, 3474, 3475, 3476, 3477, 3478, 3621, 3622, 4055, 4058, 4315, 4316, 4317, 4323, 4324, 4325, 4326, 4332, 4333, 4334, 4335, 4336, 4337, 4338, 4339, 4340, 4341, 4342, 4343, 4344, 4345, 4346, 4347, 4348, 4350, 4351, 4352, 4353, 4354, 4356, 4357, 4358, 4359, 4360, 4361, 4362, 4363, 4364, 4365, 4366, 4367, 4368, 4369, 4370, 4371, 4373, 4374, 4375, 4719)
2002 Ed. (227, 338, 439, 502, 503, 504, 579, 727, 728, 730, 731, 732, 734, 735, 736, 807, 808, 809, 819, 822, 826, 828, 832, 833, 834, 838, 999, 1348, 1349, 1350, 1351, 1352, 1353, 1354, 1355, 1358, 1360, 1362, 1363, 1364, 1365, 1366, 1367, 1368, 1369, 1370, 1371, 1372, 1375, 1376, 1377, 1404, 1405, 1421, 1459, 1466, 1537, 1741, 1742, 1743, 1818, 1920, 1922, 1924, 1925, 1926, 1927, 1928, 1929, 1930, 1934, 1942, 1943, 1945, 1946, 1948, 1949, 1950, 2157, 2161, 2162, 2165, 2166, 2167, 2168, 2169, 2267, 2270, 2271, 2272, 2273, 2274, 2275, 2467, 2817, 2999, 3001, 3002, 3003, 3004, 3008, 3011, 3012, 3015, 3016, 3023, 3042, 3043, 3204, 3407, 3408, 3409, 3410, 3411, 3412, 3419, 3622, 3623, 3624, 3627, 3929, 4189, 4190, 4191, 4197, 4198, 4201, 4202, 4206, 4208, 4209, 4210, 4211, 4212, 4213, 4214, 4215, 4217, 4218, 4219, 4220, 4221, 4222, 4223, 4224, 4225, 4226, 4227, 4228, 4229, 4231, 4232, 4233, 4234, 4235, 4236, 4237, 4238, 4239, 4240, 4241, 4242, 4243, 4244, 4245, 4246, 4247, 4248, 4249, 4250, 4251, 4252, 4500, 4556, 4557, 4601, 4602, 4647, 4648, 4650, 4653, 4654, 4657, 4658, 4659, 4662, 4663)
2001 Ed. (552, 553, 555, 556, 559, 734, 746, 747, 748, 749, 750, 751, 752, 753, 754, 755, 756, 757, 758, 760, 779, 783, 787, 806, 827, 831, 848, 868, 892, 896, 915, 948, 952, 961, 962, 963, 964, 966, 967, 968,

969, 970, 971, 972, 973, 974, 975, 1037, 1195, 1196, 1511, 1512, 1514, 1515, 1516, 1517, 1518, 1519, 1520, 1521, 1522, 1523, 1524, 1525, 1526, 1527, 1528, 1529, 1530, 1531, 1532, 1535, 1538, 1587, 1684, 2423, 2424, 2425, 2426, 2427, 2428, 2429, 2430, 2433, 2434, 2435, 2973, 3003, 3007, 3008, 3009, 3010, 3038, 3513, 3687, 3688, 3992, 4003, 4088, 4177, 4178, 4193, 4194, 4204, 4207, 4208)
2000 Ed. (376, 378, 828, 829, 830, 831, 832, 864, 1338, 1617, 2769, 3320, 3321)
Morgan Stanley Dean Witter Global Short Term
2000 Ed. (760)
Morgan Stanley Dean Witter Institutional Japan
2001 Ed. (3504)
Morgan Stanley Dean Witter Investment Management
2001 Ed. (3011)
Morgan Stanley Dean Witter Japan
2001 Ed. (3504)
Morgan Stanley Dean Witter Venture Partners
2000 Ed. (1526)
Morgan Stanley Dean Witter World Wide B
2000 Ed. (760)
Morgan Stanley Equally Weighted S & P 500
2008 Ed. (2614)
Morgan Stanley Equity Gro.
1999 Ed. (3542)
Morgan Stanley European Growth
2004 Ed. (3648)
Morgan Stanley Fixed
1999 Ed. (3549)
Morgan Stanley Funds Latin America A
1998 Ed. (2636)
Morgan Stanley GI Equity A
1999 Ed. (3574)
Morgan Stanley Global Custody
1999 Ed. (2601)
1998 Ed. (1842)
Morgan Stanley Global Utilities
2007 Ed. (3677)
2004 Ed. (2463)
Morgan Stanley Global Value Equity
2003 Ed. (3543)
Morgan Stanley Gold A
1999 Ed. (3582)
Morgan Stanley Group Inc.
2005 Ed. (1500)
1997 Ed. (736, 739, 742, 2005, 2007, 2010)
1996 Ed. (800, 803, 806, 1202, 1915, 1917)
1995 Ed. (757, 760, 763, 1556, 1871, 1873, 3355)
1992 Ed. (951, 952, 953, 954, 960, 2144, 2147, 2148, 2161, 3905, 3907)
1991 Ed. (1713)
1990 Ed. (1774, 1776, 1777)
1989 Ed. (1423, 1426, 2645)
Morgan Stanley High-Technology 35 Index
2000 Ed. (3381)
1998 Ed. (2714)
Morgan Stanley Inst. Aggr Eq
2000 Ed. (3246)
Morgan Stanley Inst Aggr Equity A
1999 Ed. (3529)
Morgan Stanley Inst Latin America A
1999 Ed. (3564)
1998 Ed. (2636)
Morgan Stanley Inst. US Real Estate A
1998 Ed. (2648)
Morgan Stanley Institute Latin America A
1998 Ed. (2600)
Morgan Stanley Institutional Asian Equity
1995 Ed. (2718, 2728)
Morgan Stanley Institutional Emerging Markets
1995 Ed. (2717, 2727)
Morgan Stanley Institutional European Real Estate
2006 Ed. (2508)
Morgan Stanley Institutional Global Equity
1997 Ed. (2883)
Morgan Stanley Institutional High-Yield
1997 Ed. (2892, 2903)
Morgan Stanley Institutional High Yield A
1998 Ed. (2633)
Morgan Stanley Institutional Intermediate-Duration
2004 Ed. (693)
Morgan Stanley Institutional International Equity A
1998 Ed. (2634)
Morgan Stanley Institutional Investment Grade Fixed Income
2004 Ed. (693)
Morgan Stanley Institutional Limited Duration
2003 Ed. (3539)
Morgan Stanley Institutional Small Cap Growth
2003 Ed. (3551)
Morgan Stanley Institutional Small Cap Value
2008 Ed. (2620)
Morgan Stanley Institutional U.S. Core Fixed Income
2004 Ed. (693)
Morgan Stanley International
1997 Ed. (1967, 1969, 1970)
1996 Ed. (1859)
1994 Ed. (1706, 1707)
1991 Ed. (1581, 1583, 1585, 1590, 1591, 1592, 1593, 1594, 1595)
1990 Ed. (1675, 1676, 1678, 1679, 1682, 1686, 1702, 1704, 1771)
1989 Ed. (1349, 1350, 1351, 1352, 1353, 1354, 1361, 1362, 1373)
Morgan Stanley International Small Cap
2006 Ed. (3680)
Morgan Stanley International Small Cap Fund
2003 Ed. (3529)
Morgan Stanley Investment Management
2005 Ed. (3207)
2004 Ed. (3174, 3196, 3210, 3786)
2003 Ed. (3062, 3063, 3065, 3067, 3082)
Morgan Stanley Japan
2007 Ed. (3279, 3288)
1997 Ed. (1975)
1996 Ed. (1868)
Morgan Stanley KLD Social Index
2006 Ed. (4403)
Morgan Stanley Latin America A
1999 Ed. (3518, 3564)
Morgan Stanley Latin America B
1999 Ed. (3564)
Morgan Stanley Latin America C
1999 Ed. (3564)
Morgan Stanley Latin American Growth
2003 Ed. (3619)
Morgan Stanley/MAS
1997 Ed. (2894)
Morgan Stanley/Miller
1999 Ed. (3052)
Morgan Stanley/Miller Anderson
2000 Ed. (2840, 2851, 2853, 2855)
Morgan Stanley Mortgage Trust
1990 Ed. (1357)
Morgan Stanley Real Estate Fund III
2004 Ed. (1537)
Morgan Stanley Realty Inc.
1990 Ed. (2950)
Morgan Stanley Small Cap Growth
2004 Ed. (3607)
Morgan Stanley Special Value
2008 Ed. (4515)
Morgan Stanley Tangible Asset Fund
2000 Ed. (1153)
Morgan Stanley Trust
2005 Ed. (4216)
2004 Ed. (4283)
Morgan Stanley U.S. Small Cap Value
2008 Ed. (4515)
Morgan Stanley/Van Kampen
2007 Ed. (3660)
Morgan Stanley Venture Partners
1999 Ed. (4707)
Morgan Stanley Worldwide High Income A
1999 Ed. (748)
Morgan Stanley Wroldwide Hilnc A
1999 Ed. (3581)
Morgan; Steve
2007 Ed. (4935)
1996 Ed. (1717)
Morgan Tire & Auto
2001 Ed. (4539, 4541, 4543)
Morgan Yugo; Joe
1990 Ed. (325)
Morgandale
1993 Ed. (1081)
1992 Ed. (1352)
1991 Ed. (1046)
1990 Ed. (1147)
Morgans Hotel
1992 Ed. (2481)
1991 Ed. (1946)
The Morganti Group Inc.
2002 Ed. (1283)
Morgantown, WV
2008 Ed. (3456, 3461, 3462)
2007 Ed. (3364)
2006 Ed. (2971)
Morgen-Walke Associates
2004 Ed. (3981, 3985, 4012, 4021, 4027, 4030)
2003 Ed. (3977, 3980, 4007)
2002 Ed. (3843)
2000 Ed. (3628, 3630, 3635, 3662)
1999 Ed. (3911, 3914, 3918)
1998 Ed. (2313, 2938, 2939, 2954)
1997 Ed. (3182, 3186, 3208)
1996 Ed. (3103, 3105, 3131)
1995 Ed. (3004, 3007)
1994 Ed. (2948)
Morgenthaler Ventures
1997 Ed. (3833)
Morgridge; John
2006 Ed. (4910)
2005 Ed. (4856)
1996 Ed. (1711, 1713)
Morgridge; John P.
1996 Ed. (961)
1995 Ed. (1729, 1731)
Morguard Corp.
2008 Ed. (4116)
2007 Ed. (4088)
MORI
2002 Ed. (3258, 3262)
2000 Ed. (3046, 3049)
1996 Ed. (2570)
1991 Ed. (2387)
Mori; Akira
2008 Ed. (4846)
1995 Ed. (664)
1994 Ed. (708)
Mori; Minoru
1995 Ed. (664)
1994 Ed. (708)
Mori Seiki
2004 Ed. (885)
2001 Ed. (3185)
1993 Ed. (2484)
Mori; Taikichiro
1994 Ed. (707)
1993 Ed. (698, 699)
1992 Ed. (889)
1991 Ed. (709)
1990 Ed. (730)
Morico Inc.
2006 Ed. (1007)
The Morie Co., Inc.
1990 Ed. (3094)
Morin; Gary
2006 Ed. (967)
2005 Ed. (992)
Morinaga
1997 Ed. (1577)
Morinaga Milk Industry Co. Ltd.
1990 Ed. (1826)
Morino Associates
1989 Ed. (2503)
Moritz Cadillac Inc.
1990 Ed. (305)
Moritz; Michael
2008 Ed. (4907)
2007 Ed. (4874, 4933, 4935)
2006 Ed. (4879)
2005 Ed. (2318)
Morley Builders
2002 Ed. (1326)
Morley Capital
1991 Ed. (2226)
Morley Capital Management
2000 Ed. (2776)
1999 Ed. (3044)
1995 Ed. (2071, 2381)
1994 Ed. (2323)
1992 Ed. (2780)
Morley Companies Inc.
2003 Ed. (1563, 1565, 1759, 2324)
Morley Construction
2007 Ed. (1358)
2006 Ed. (1279)
1994 Ed. (1145)
Morley Fund Management
2001 Ed. (3015, 3016)
Morley Group Inc.
1998 Ed. (973)
1997 Ed. (1197)
1994 Ed. (1174)
Morley; Kevin
1997 Ed. (1929)
Morning Fresh
1999 Ed. (1183)
Morning Fresh Liquid
1992 Ed. (1177)
Morning Star Foods
1992 Ed. (2189)
Morning Star Travel
1989 Ed. (33)
Morningstar Inc.
2008 Ed. (1662, 3031)
Morningstar Farms
2007 Ed. (2606)
2006 Ed. (2629)
2005 Ed. (2632)
2004 Ed. (2641)
2003 Ed. (2506)
Morningstar Farms Grillers
2007 Ed. (2606)
2006 Ed. (2629)
MorningStar Foods
1992 Ed. (2187)
Morningstar Group
2000 Ed. (3989)
1996 Ed. (1939, 1941)
Morningstar New Zealand
2003 Ed. (3028)
Morningstar.com
2003 Ed. (3026, 3027)
2002 Ed. (4817, 4837)
Morocco
2008 Ed. (2206, 2689, 3160, 3827, 3828, 3832, 4549, 4793, 4795)
2007 Ed. (2096, 2265, 2547, 3746, 3747, 3755, 4483, 4600)
2006 Ed. (2152, 2329, 2576, 3747, 3748, 4423, 4613)
2005 Ed. (2053, 2571, 3649, 3650, 4406, 4532)
2004 Ed. (1918, 2593, 3741, 3742, 3747, 4598)
2003 Ed. (2467, 3698, 3699, 3703)
2002 Ed. (328, 329, 1811, 3074)
2001 Ed. (507, 508, 1946, 2419, 3578, 3579, 4316)
2000 Ed. (1609, 1896, 2352, 2353, 2359)
1999 Ed. (1780)
1997 Ed. (1541)
1996 Ed. (1476, 2652, 3435, 3821)
1995 Ed. (1517, 2011, 2018, 2030, 2037)
1994 Ed. (1485)
1993 Ed. (1968, 1975, 1982)
1992 Ed. (1729, 2095, 2311, 2318, 2328)
1991 Ed. (1380, 1642, 1835, 1842)
1990 Ed. (1446, 1475, 1912, 1919, 1926, 3689)
1989 Ed. (362, 1869)

Moroch & Associates
2002 Ed. (184, 185)
1989 Ed. (160)
Moroch-Leo Burnett
2004 Ed. (131)
Moroch-Leo Burnett USA
2004 Ed. (132)
2003 Ed. (173, 174)
Moroe; Yukihiro
1997 Ed. (1988)
1996 Ed. (1882)
Morphy; John
2007 Ed. (1051)
2006 Ed. (955)
Morrell & Co.; John
1997 Ed. (2734, 2735, 3142)
1996 Ed. (1949, 2583, 2586, 2587, 2590, 3058, 3062, 3065, 3066)
1995 Ed. (1909, 2519, 2527, 2959, 2964, 2966)
1994 Ed. (2451, 2458, 2750, 2903, 2907)
1993 Ed. (1884, 2514, 2521, 2879, 2887, 2888, 2890)
1992 Ed. (2199, 2988, 2993, 2996, 3505, 3508, 3510)
1991 Ed. (1750)
Morrigan's Cross
2008 Ed. (553)
Morris Air
1995 Ed. (3787)
Morris Co.; The Allen
1990 Ed. (2953)
Morris Architects
2004 Ed. (2376)
Morris Beck Construction Services Inc.
2008 Ed. (1271)
Morris Capital; Philip
1993 Ed. (845)
Morris Chang
2006 Ed. (690)
Morris Companies Inc.; Philip
1990 Ed. (246, 882, 2713)
1989 Ed. (188)
Morris Construction Co.
1999 Ed. (1305)
1998 Ed. (880)
Morris Corporate Center
1997 Ed. (2377)
The Morris Cos.
1994 Ed. (3002)
Morris Cos. Inc.; Philip
1997 Ed. (29, 31, 162, 166, 169, 240, 661, 662, 664, 665, 666, 668, 669, 670, 706, 875, 986, 1245, 1250, 1251, 1270, 1272, 1286, 1294, 1307, 1309, 1310, 1311, 1312, 1321, 1323, 1324, 1325, 1327, 1349, 1351, 1436, 1446, 1451, 1643, 1807, 1810, 2029, 2034, 2046, 2930, 2932, 2937, 2938, 3020, 3052, 3713, 3714, 3755, 3756, 3758)
1996 Ed. (28, 31, 155, 158, 159, 164, 728, 729, 732, 733, 734, 735, 737, 769, 862, 970, 1199, 1204, 1205, 1209, 1224, 1240, 1248, 1264, 1265, 1266, 1267, 1276, 1279, 1280, 1282, 1287, 1288, 1384, 1389, 1395, 1428, 1565, 1723, 1928, 1932, 1935, 1937, 1946, 2644, 2827, 2829, 2838, 2843, 2974, 3146, 3498, 3656, 3657, 3659, 3660, 3661, 3696, 3698, 3701, 3702)
1995 Ed. (18, 22, 23, 141, 145, 146, 148, 152, 153, 651, 652, 654, 655, 656, 657, 658, 659, 660, 662, 691, 879, 984, 1221, 1222, 1223, 1228, 1233, 1234, 1238, 1255, 1266, 1269, 1280, 1284, 1292, 1293, 1294, 1306, 1309, 1310, 1311, 1313, 1314, 1320, 1336, 1422, 1431, 1466, 1567, 1886, 1888, 1891, 1894, 1895, 1898, 1900, 1904, 1905, 2760, 2762, 2763, 2765, 2771, 2772, 2812, 2889, 3047, 3433, 3437, 3570, 3571, 3572, 3573, 3574, 3575, 3618, 3622)
1992 Ed. (34, 232, 233, 239, 240, 328, 881, 1148, 1458, 1459, 1470, 1471, 1475, 1483, 1495, 1498, 1507, 1510, 1512, 1513, 1534, 1538, 1539, 1542, 1560, 1563, 1565, 1648, 1809, 1836, 3221, 3228, 3229, 3231, 3232, 3362, 3621)
1990 Ed. (17, 170, 174, 175, 177, 878, 923, 1161, 1235, 1236, 1239, 1240, 1244, 3601)
1989 Ed. (14, 21, 26, 33, 46, 186, 191, 1453, 2525, 2838)
Morris County, NJ
1995 Ed. (337, 1513)
1994 Ed. (239, 716, 1474, 1478, 1479, 1480, 1481, 2061, 2168)
1993 Ed. (1430)
Morris Gelb
2008 Ed. (2631)
Morris Gesellschaft mit Beschraenkter Haftung; Philip
1994 Ed. (3547)
Morris GmbH; Philip
1997 Ed. (3759)
1996 Ed. (3703)
Morris III; Robert
1996 Ed. (1772, 1826)
1995 Ed. (1797, 1848)
1994 Ed. (1810)
1993 Ed. (1774, 1827)
1991 Ed. (1684, 1707)
1990 Ed. (1769)
1989 Ed. (1416, 1418, 1419)
Morris; Jonathan
1996 Ed. (1855)
Morris, Jr.; Earle E.
1991 Ed. (3210)
Morris Kahn
2008 Ed. (4887)
Morris mbH; Philip
1995 Ed. (3625)
Morris; Michael G.
2008 Ed. (956)
2007 Ed. (1034)
Morris Nichols Arsht & Tunnell
2005 Ed. (1457)
2003 Ed. (1415)
2002 Ed. (1359, 1374)
2000 Ed. (2893)
Morris; Nigel W.
2006 Ed. (2532)
2005 Ed. (2512)
Morris, NJ
2001 Ed. (1940)
1991 Ed. (1368)
1990 Ed. (1483, 2157)
Morris; Philip
1994 Ed. (9, 12, 15, 16, 18, 22, 23, 24, 26, 31, 40, 41, 48, 127, 129, 134, 212, 695, 696, 697, 699, 700, 701, 702, 704, 705, 706, 742, 833, 834, 954, 1212, 1213, 1217, 1218, 1222, 1236, 1247, 1248, 1249, 1255, 1256, 1257, 1260, 1268, 1269, 1270, 1284, 1285, 1286, 1313, 1388, 1389, 1391, 1399, 1401, 1430, 1726, 1862, 1865, 1867, 1869, 1870, 1871, 1880, 2579, 2658, 2661, 2662, 2664, 2668, 2698, 2717, 2739, 2749, 2761, 2985, 3441, 3449, 3500, 3501, 3502, 3540, 3542, 3544)
1993 Ed. (19, 20, 21, 22, 24, 30, 31, 32, 34, 35, 41, 56, 147, 148, 149, 152, 224, 736, 749, 823, 825, 942, 1178, 1182, 1188, 1196, 1208, 1217, 1223, 1229, 1230, 1231, 1243, 1244, 1247, 1270, 1333, 1335, 1347, 1349, 1377, 1490, 1506, 1738, 1873, 1876, 1882, 1883, 2124, 2382, 2572, 2611, 2709, 2711, 2712, 2716, 2717, 2719, 2720, 2760, 3377, 3381, 3464, 3470, 3475, 3526, 3527, 3528, 3529, 3581, 3583)
1992 Ed. (2185, 2187, 2188)
1990 Ed. (1824)
1989 Ed. (15)
Morris Schrage
2006 Ed. (333)
Morris Subaru; Jeff
1992 Ed. (401)
Morris U.S.A.; Philip
1989 Ed. (2781)
Morris View
1990 Ed. (1739)
Morrison
1992 Ed. (3715)
1991 Ed. (2859, 2874)
1990 Ed. (3004, 3009, 3018)
1989 Ed. (1451)
Morrison & Foerster
2007 Ed. (2904, 3309)
2006 Ed. (3248)
2005 Ed. (3261)
2004 Ed. (3232)
1995 Ed. (2412)
1994 Ed. (2351, 2352)
1993 Ed. (2399, 2404)
1992 Ed. (2845)
1991 Ed. (2292)
1990 Ed. (2426)
Morrison & Foerster LLP
2008 Ed. (3025)
2007 Ed. (1502, 3323)
2006 Ed. (1584, 1680, 3108)
2003 Ed. (3204, 3205)
2002 Ed. (3059)
Morrison & Hecker LLP
2001 Ed. (563)
Morrison Brown Argiz & Co.
1999 Ed. (6)
1998 Ed. (9)
Morrison, Brown, Argiz & Farra
2008 Ed. (9)
2007 Ed. (11)
Morrison Communications Inc.
2007 Ed. (3601, 3602, 4447)
2006 Ed. (3540)
Morrison Custom Management
1991 Ed. (1752, 1755)
Morrison; Don
2006 Ed. (2518)
Morrison Family Dining Division
1993 Ed. (3032)
1992 Ed. (3716)
1991 Ed. (2880)
Morrison-Foreman Fight
1995 Ed. (880)
Morrison Health Care
2000 Ed. (2496, 2499)
1998 Ed. (1738, 1978, 1980)
Morrison Health Care Group
1996 Ed. (2144, 2145)
Morrison Homes
2005 Ed. (1201)
2004 Ed. (1172, 1195)
2003 Ed. (1149, 1165, 1190)
2002 Ed. (1178, 1203, 2674, 2679, 2680)
2000 Ed. (1226)
1999 Ed. (1335)
1998 Ed. (874, 875)
Morrison; J. Clarence
1997 Ed. (1885)
1996 Ed. (1811, 1825)
1995 Ed. (1796, 1833)
1994 Ed. (1795)
1993 Ed. (1812)
Morrison; Jim
2007 Ed. (4934)
Morrison Knudsen Corp.
2002 Ed. (1236, 1237, 1238, 1239, 1243, 1246, 1250, 1252, 1254, 1259, 1263, 1264, 1278, 1279, 1281, 1284, 1285, 1286, 1316, 1318)
2001 Ed. (1403, 1404, 1408, 1463, 1464, 1465, 1467, 1729, 2239, 2240, 2290, 2291, 2295, 2299)
2000 Ed. (1240, 1246, 1250, 1251, 1253, 1255, 1286, 1800, 1845, 1847, 1850, 1854)
1999 Ed. (387, 388, 389, 1342, 1354, 1359, 1360, 1362, 1364)
1998 Ed. (881, 937, 938, 940, 941, 970, 1052, 1089, 1090, 1091, 1097, 1452, 1479, 1480, 1481, 1483, 1485, 1487, 1488, 1490)
1997 Ed. (1127, 1129, 1137, 1152, 1154, 1155, 1156, 1157, 1195, 1272, 1306, 1330, 1332, 1334, 1336, 1338, 1342, 1344, 1348, 1427, 1732, 1738, 3642, 3643, 3644, 3645)
1996 Ed. (1098, 1106, 1108, 1112, 1113, 1121, 1123, 1126, 1127, 1128, 1129, 1153, 1154, 1155, 1160, 1161, 1164, 1166, 1376, 1654, 1663, 1668)
1995 Ed. (1123, 1125, 1127, 1138, 1153, 1154, 1155, 1156, 1157, 1179, 1181, 1184, 1187, 1191, 1680, 1686, 1694, 3331)
1994 Ed. (1106, 1108, 1110, 1125, 1132, 1136, 1162, 1167, 1169, 1641, 3252)
1993 Ed. (719, 1084, 1087, 1102, 1114, 1115, 1116, 1117, 1119, 1120, 1611, 3258)
1992 Ed. (1354, 1355, 1376, 1403, 1407, 1408, 3920)
1991 Ed. (1048, 1050, 1075)
1990 Ed. (1154, 1160, 1169)
1989 Ed. (1002)
Morrison-Knudsen Engineers Inc.
1990 Ed. (1671)
Morrison Management Specialists
2008 Ed. (2905, 2909)
2006 Ed. (2778, 2783)
2005 Ed. (2662, 2663, 2664, 2665, 2809, 2886, 3665)
2004 Ed. (2666)
2003 Ed. (2526, 2527, 2528, 2529, 2530, 2533, 2798, 2799, 2800)
2002 Ed. (2592, 2593, 2595)
2001 Ed. (2483, 2763, 2764)
Morrison Restaurants
1996 Ed. (1951, 3228)
1994 Ed. (1740, 1742, 1746, 3054, 3073, 3083, 3085, 3091)
Morrison-Shipley Engineers Inc.
2008 Ed. (2514)
Morrison Supermarkets plc; Wm
2007 Ed. (1782, 2240, 2241, 4631, 4632, 4634, 4644)
2006 Ed. (1431, 1438, 1682, 1684, 4644, 4645)
2005 Ed. (1590, 1591, 1595, 1596, 4568)
Morrison; Van
2008 Ed. (2587)
2007 Ed. (4917)
2005 Ed. (4884)
Morrison; William
1990 Ed. (3500)
Morrisons
2008 Ed. (708, 720)
2007 Ed. (739)
2001 Ed. (262)
2000 Ed. (3779)
1999 Ed. (4061)
1997 Ed. (2051, 3315, 3323, 3327, 3336)
1996 Ed. (3214, 3222, 3623)
1995 Ed. (3118, 3131)
1993 Ed. (3011, 3019, 3023, 3031)
1992 Ed. (3711)
1991 Ed. (2871)
1990 Ed. (3017)
Morrison's Cafeterias
1990 Ed. (3005)
Morrison's Custom Management
1994 Ed. (1890, 2079, 2082, 2085)
1993 Ed. (2061, 2062, 2063, 2064, 2067)
1992 Ed. (2202, 2446, 2447, 2448, 2451)
Morrison's Family Dining
1996 Ed. (3233)
Morrison's Fresh Cooking
1999 Ed. (4062)
Morrison's Health Care Division
1997 Ed. (2250)
Morrison's Hospitality Group
1996 Ed. (1954)
1995 Ed. (1912, 2132, 2134)
Morrissey & Co.
2005 Ed. (3967)
2004 Ed. (4016)
Morrissey; James D.
1990 Ed. (1214)
Morristown BMW
1995 Ed. (264)

1990 Ed. (336)
Morristown Memorial Hospital
2002 Ed. (2457)
1997 Ed. (2272)
1994 Ed. (2091)
1993 Ed. (2075)
1992 Ed. (2461)
1990 Ed. (2057)
Morristown, TN
2008 Ed. (1052)
2007 Ed. (1159, 2999)
2005 Ed. (3334)
2004 Ed. (3310)
Morrone's Italian Ices/Homemade Ice Cream
2002 Ed. (2724)
Morrow
2008 Ed. (625)
2007 Ed. (666)
2006 Ed. (641)
2005 Ed. (729)
2003 Ed. (726)
Morrow Bay State Park
1999 Ed. (3704)
Morrow-Meadows Corp.
1998 Ed. (946)
Morrow; Richard M.
1992 Ed. (1143, 2059)
1991 Ed. (926, 1628)
1990 Ed. (973)
Morse Brothers Inc.
2005 Ed. (3927)
Morse Cadillac; Ed
1996 Ed. (267)
1995 Ed. (266, 266)
Morse Chevrolet; Ed
1995 Ed. (293, 295, 296)
1994 Ed. (254, 255, 265, 289, 291, 292)
1993 Ed. (296, 299, 300, 301)
1992 Ed. (377, 378, 379, 411, 415, 417, 418)
1991 Ed. (269, 274, 276, 306)
1990 Ed. (339)
Morse Daniel International
2000 Ed. (1238)
Morse/Diesel Inc.
1990 Ed. (1176, 1183, 1210)
1989 Ed. (1000)
Morse Diesel International Inc.
2002 Ed. (1234, 1251, 1280)
2000 Ed. (1225, 1256)
1999 Ed. (1321, 1326, 1340, 1383)
1997 Ed. (1126)
1996 Ed. (1105)
1995 Ed. (1124, 1136, 1175)
1994 Ed. (1109, 1156)
1993 Ed. (1098, 1149)
1992 Ed. (1371, 1434)
Morse Dodge; Ed
1994 Ed. (267)
1991 Ed. (277)
Morse Operations Inc.
2001 Ed. (497)
1996 Ed. (3766)
Morse Williams & Co.
1999 Ed. (3088)
Morsemere Federal Savings Bank
1990 Ed. (3120)
Morse's Heartland; Ed
1994 Ed. (280)
Mort Hall Acquisition Inc.
1993 Ed. (705)
Mort Hall Ford
1992 Ed. (894)
1991 Ed. (712)
Mort Zuckerman
2006 Ed. (4906)
2005 Ed. (4852)
Mortal Kombat
1995 Ed. (3636, 3637, 3696)
Mortal Kombat II
1996 Ed. (3721)
Mortensens Forlag AS; Ernst G.
1991 Ed. (40)
Mortenson Co.; M. A.
2008 Ed. (1222, 1238, 1345)
2007 Ed. (1350)
2006 Ed. (1352, 1679, 2458, 2796)
2005 Ed. (1305)
1997 Ed. (1177)
1996 Ed. (1148)
1995 Ed. (1173)
1994 Ed. (1154)
M.A. Mortenson Co.
2000 Ed. (1856)
Mortgage Alliance
2008 Ed. (1777, 1778)
Mortgage & escrow companies
1999 Ed. (698, 1811)
Mortgage Authority
1998 Ed. (2525)
1995 Ed. (2599)
Mortgage Bank
1992 Ed. (364)
Mortgage Bankers
1989 Ed. (1486)
Mortgage Center LLC
2006 Ed. (2179)
Mortgage companies
1999 Ed. (2528)
Mortgage finance
2008 Ed. (1643)
Mortgage Guaranty Insurance
1989 Ed. (1711)
Mortgage industry
1999 Ed. (2529)
Mortgage interest on owner-occupied homes
1992 Ed. (2587)
Mortgage Investors Corp.
2000 Ed. (1104)
Mortgage loan processing
1990 Ed. (531, 532)
Mortgage Corp. of America
2001 Ed. (3353)
Mortgage One
2001 Ed. (3353)
Mortgage One/The Loan Guys
2001 Ed. (3353)
Mortgage origination
1997 Ed. (1570)
Mortgage processing
1998 Ed. (290)
Mortgage Revenue Bonds
1989 Ed. (740)
The Mortgage Store Inc.
1999 Ed. (4810)
Mortgageport
2004 Ed. (1635)
MortgageRamp
2003 Ed. (2179)
Mortgages
1993 Ed. (2257)
1992 Ed. (2667)
Mortimer B. Zuckerman
2004 Ed. (4867)
Mortimer Zuckerman
2008 Ed. (4830)
2007 Ed. (4902)
Morton
1993 Ed. (16)
1992 Ed. (24)
Morton Automotive Coatings
1996 Ed. (351)
Morton Custom Plastics Inc.
2001 Ed. (4519)
Morton Floors Inc.
1997 Ed. (2016)
1996 Ed. (1923)
1995 Ed. (1880)
1994 Ed. (1852)
1993 Ed. (1867)
1992 Ed. (2165)
1990 Ed. (1802)
Morton International Inc.
2005 Ed. (1512)
2000 Ed. (1022, 1033, 1038)
1999 Ed. (1085, 1105, 1561, 1885, 3708)
1998 Ed. (703, 709, 714)
1997 Ed. (967, 972)
1996 Ed. (950, 1727)
1995 Ed. (972, 973)
1994 Ed. (940, 941)
1993 Ed. (927, 1718)
1992 Ed. (1127, 2162)
1991 Ed. (919)
Morton International Coatings
2001 Ed. (11)
Morton L. Mandel
1992 Ed. (2054)
1991 Ed. (1624)
1990 Ed. (1717)
Morton L. Topfer
2000 Ed. (1882)
Morton Plant Hospital
2008 Ed. (3064)
2006 Ed. (2921, 2923)
2005 Ed. (2912)
2000 Ed. (2528)
1999 Ed. (2748)
1998 Ed. (1990)
Morton Plant Mease Health Care
2002 Ed. (339)
Morton R. Lane State University Credit Union
2002 Ed. (1828)
Morton Thiokol
1991 Ed. (3435)
1990 Ed. (190, 938, 968)
1989 Ed. (197, 879, 884, 901)
Morton's
2002 Ed. (4018)
Morton's of Chicago
2006 Ed. (4136)
2004 Ed. (4147)
2002 Ed. (4016)
Morton's Restaurant Group
2000 Ed. (3000)
Morton's, the Steakhouse
2008 Ed. (4197, 4198)
2007 Ed. (4156)
Morven Partners LP
2003 Ed. (3655)
Mory Ejabat
2002 Ed. (2150)
The Mosaic Co.
2008 Ed. (911)
2007 Ed. (928, 3433)
2005 Ed. (2271)
Mosaic Group
2002 Ed. (1982)
2000 Ed. (76)
Mosaic Group Marketing Services
2002 Ed. (4087)
Mosaic Investors
2006 Ed. (4564)
2005 Ed. (4489)
Mosaic Investors Fund
1999 Ed. (3557)
Mosaic Mid-Cap Fund
2003 Ed. (3536)
Mosaic Mid-Cap Growth
2003 Ed. (3497)
Mosaic Phosphates MP Inc.
2008 Ed. (3674, 3675)
2007 Ed. (3511, 3512)
2006 Ed. (3481, 3482)
Mosaic Sales Solutions
2008 Ed. (3600)
Mosaic Technology & Communications
2002 Ed. (3264, 3265, 3266)
Mosaica Education
2007 Ed. (4015)
2006 Ed. (3976)
2005 Ed. (3902)
Mosaid Technologies Inc.
2008 Ed. (2943)
2007 Ed. (2806, 2817)
2002 Ed. (2504)
2001 Ed. (2864)
Mosbiznesbank
1997 Ed. (603)
Mosbusinessbank
1996 Ed. (665)
1995 Ed. (595)
1993 Ed. (631)
Mosby
1994 Ed. (2685, 2686)
Moscone Center
1996 Ed. (1173)
Moscow
2000 Ed. (3374, 3375, 3377)
1997 Ed. (2960, 2961)
1990 Ed. (861)
Moscow Bank for Business Promotion
1996 Ed. (667)
Moscow; Bank of
2007 Ed. (546)
2005 Ed. (602)
Moscow Business World Financial Group
2006 Ed. (467)
Moscow Business World (MDM) Bank
2004 Ed. (557, 612)
2003 Ed. (540, 604)
Moscow Industrial Bank
1997 Ed. (603)
1996 Ed. (665, 667)
1995 Ed. (595)
1993 Ed. (631)
Moscow International Bank
1995 Ed. (595)
Moscow Music Festival
1991 Ed. (844)
Moscow Narodny Bank
2003 Ed. (540)
2002 Ed. (572, 582)
1990 Ed. (582)
Moscow National Bank
2002 Ed. (584)
Moscow, Russia
2006 Ed. (4182)
2005 Ed. (2033, 3313, 3329)
2004 Ed. (3305)
Moscow Telephone
1997 Ed. (1502)
Moscow Tire Production Plant
2001 Ed. (4545)
Moscow, USSR
1992 Ed. (2280)
1991 Ed. (3249)
Mosel Vitelic Inc.
2002 Ed. (1496, 1497, 2228, 4544, 4545)
2000 Ed. (4177)
Moseley
1995 Ed. (2429)
Moseley Architects
2008 Ed. (2525)
Moseley; Jack
1992 Ed. (2713)
Moselle
1992 Ed. (675)
Mosena; David
1991 Ed. (2548)
Mosena; David R.
1992 Ed. (3138)
Mosenergo
2002 Ed. (4462, 4463, 4464)
1997 Ed. (1502)
Moses Lake, WA
2008 Ed. (3509)
Moses; Lucy Goldschmidt
1994 Ed. (896, 897, 899, 1057)
Moshe Orenbuch
2000 Ed. (1985)
1999 Ed. (2258)
1998 Ed. (1598, 1618)
1997 Ed. (1854)
1996 Ed. (1779)
Moshi Moshi Hotline
2008 Ed. (1866)
Mosler Inc.
2003 Ed. (4330)
2002 Ed. (4541)
Mosley Construction Inc.
2006 Ed. (3523)
Mosley; Ian
1997 Ed. (2705)
Moss Adams
2000 Ed. (21)
1999 Ed. (25)
1998 Ed. (20)
Moss Adams LLP
2008 Ed. (12)
2007 Ed. (14)
2006 Ed. (18)
2005 Ed. (13)
2004 Ed. (17)
2003 Ed. (11)
2002 Ed. (26, 27)
Moss & Associates
2008 Ed. (1276)
Moss; Kate
2008 Ed. (3745)
Moss; Patricia
2007 Ed. (384)
2006 Ed. (4980)
Moss Rehab
2007 Ed. (2927)
Mossimo
2001 Ed. (1264, 1265)
2000 Ed. (3322)
Mossinghoff; Gerald
1991 Ed. (2406)

Mosstroibank
1995 Ed. (596)
Mossy Nissan
1996 Ed. (281)
1995 Ed. (281)
1994 Ed. (278)
1993 Ed. (279, 298)
1992 Ed. (393)
1991 Ed. (288)
1990 Ed. (311)
MOST
1998 Ed. (1396)
1997 Ed. (1704)
1996 Ed. (259, 1624)
1995 Ed. (352, 1648)
1994 Ed. (1606)
1992 Ed. (1910)
1991 Ed. (1509, 1510, 1511)
1990 Ed. (292, 293)
MostChoice.com
2008 Ed. (110)
Mostostal
1994 Ed. (3648)
Mostostal Ex
1996 Ed. (3817)
Mostostal-Export
2000 Ed. (4371)
1997 Ed. (3863, 3864)
Moszkowski; Guy
1997 Ed. (1908)
1996 Ed. (1835)
1995 Ed. (1820)
Motel 6
2008 Ed. (3079)
2007 Ed. (2953, 2954)
2006 Ed. (2942, 2943)
2005 Ed. (2939)
2004 Ed. (2942)
2002 Ed. (2644)
2001 Ed. (2790)
2000 Ed. (2551, 2562)
1999 Ed. (2765, 2766, 2774, 2782, 2784)
1998 Ed. (2009, 2015, 2023)
1997 Ed. (2279, 2280, 2295, 2298)
1996 Ed. (2161, 2162, 2183)
1995 Ed. (2163, 2164, 2165)
1994 Ed. (2096, 2097, 2111, 2112, 2119)
1993 Ed. (2095, 2096, 2099)
1992 Ed. (1486, 2488, 2489, 2491, 2494, 2495, 2497, 2502)
1991 Ed. (1943, 1951, 1954)
1990 Ed. (2077, 2966)
Motel 6 LP
1992 Ed. (1469)
1990 Ed. (2086, 2087, 2088)
Motels of America
1998 Ed. (2000)
1995 Ed. (2147)
1994 Ed. (2092)
1993 Ed. (2077)
1992 Ed. (2464)
Moth repellents
1998 Ed. (122)
Mother Earth News
1990 Ed. (2799)
Mother Jones
1992 Ed. (3384)
Motherboards
1995 Ed. (1094)
Mothercare
2008 Ed. (677)
2007 Ed. (705)
2006 Ed. (2051)
Mothercare UK
2007 Ed. (2021)
Mothernature.com
2001 Ed. (2079)
Mothers Against Drunk Driving
1991 Ed. (2614, 2616)
Mother's Day
2004 Ed. (2759)
2001 Ed. (2627)
1992 Ed. (2348)
1990 Ed. (1948)
Mothers Work Inc.
2008 Ed. (887, 4529)
2004 Ed. (3663, 4555)
Motherwell; Robert
1994 Ed. (898)
Motion Industries Inc.
2008 Ed. (1544, 3140)
2005 Ed. (2211, 2996)
2004 Ed. (2998)
2003 Ed. (2891)
2002 Ed. (1993)
2000 Ed. (2622)
1999 Ed. (2847)
1998 Ed. (2086)
1997 Ed. (2365)
1995 Ed. (2233)
1994 Ed. (2176)
1993 Ed. (2161)
1992 Ed. (2590)
Motion Media plc
2002 Ed. (2498)
Motion Picture and Television Fund
1994 Ed. (892)
Motion Picture Association of America
1996 Ed. (242)
Motion picture previews
2001 Ed. (95)
Motion picture production & distribution
2002 Ed. (1407)
Motion picture/TV production
1998 Ed. (607)
Motion picture/video production
2001 Ed. (94)
Motion pictures
2006 Ed. (4712)
2005 Ed. (149, 4653)
2003 Ed. (1425, 2341, 2342)
2001 Ed. (1093, 3245, 3246, 4484, 4485)
2000 Ed. (952, 4210, 4212)
1999 Ed. (30, 1002, 4565)
1998 Ed. (561)
1997 Ed. (36)
1995 Ed. (2446)
1991 Ed. (739)
Motion pictures & videotape productions
1998 Ed. (29)
Motionplan Inc.
2008 Ed. (2037)
Motiva Enterprises LLC
2008 Ed. (282, 1740, 2111, 3506, 4047)
2007 Ed. (3890)
2006 Ed. (296, 349, 1421, 1716, 3981)
2005 Ed. (274)
2004 Ed. (267)
2003 Ed. (308, 3849)
2002 Ed. (3691)
2001 Ed. (497)
Motive Inc.
2008 Ed. (2846)
2007 Ed. (2712)
Motive Communications
2005 Ed. (1129)
2001 Ed. (1870, 2850)
MotivePower
1999 Ed. (3602)
Motley Crue
1992 Ed. (1348)
The Motley Fool
2004 Ed. (3155)
2003 Ed. (3046)
2002 Ed. (4812, 4830, 4834, 4886)
The Motley Fool Investment Guide
1999 Ed. (691)
Motley Fool: Rule Breaker
2003 Ed. (3025)
Motley; Ronald
1997 Ed. (2612)
Moto Photo Inc.
2002 Ed. (4260)
2001 Ed. (2530)
Motomaster
2006 Ed. (4747, 4748)
MotoPhoto
2005 Ed. (4358)
Motor Car Auto Carriers
2007 Ed. (4811)
Motor Cargo Industries Inc.
2002 Ed. (4698)
Motor City Electric Co.
2000 Ed. (1260)
Motor City Sales & Service
1995 Ed. (268)
Motor City Stamping Inc.
2005 Ed. (4995)
2004 Ed. (4990)
2002 Ed. (4988)
2001 Ed. (4924)
2000 Ed. (4432)
1999 Ed. (4812)
1998 Ed. (3762)
1997 Ed. (3917)
1994 Ed. (3670)
Motor Coach Industries
1995 Ed. (300)
Motor-Columbus AG
2007 Ed. (2393)
2005 Ed. (2303, 2408)
Motor insurance
2001 Ed. (2223)
Motor oil
2005 Ed. (309)
2003 Ed. (365)
2002 Ed. (420)
Motor Oil Hellas
2004 Ed. (2013)
2003 Ed. (1972)
Motor Oil (Hellas) Corinth Refineries SA
2008 Ed. (1773)
2007 Ed. (1747)
2006 Ed. (1739)
2005 Ed. (1782)
Motor Oil (Hellas) SA
2008 Ed. (3560)
2006 Ed. (3382)
Motor Oils
2001 Ed. (538)
Motor syndicate
1995 Ed. (2475)
Motor syndicate 218
1998 Ed. (2399)
1997 Ed. (2677)
1996 Ed. (2529)
Motor Trend
2007 Ed. (140)
2006 Ed. (148)
Motor vehicle
1989 Ed. (2347)
Motor vehicle accidents
1998 Ed. (2039)
Motor vehicle & car body industry
1998 Ed. (2433)
Motor vehicle & parts manufacturing
2002 Ed. (2222, 2224, 2225)
Motor vehicle & passenger car bodies
1995 Ed. (2502)
1993 Ed. (2496)
Motor/vehicle care products
2003 Ed. (3943, 3944)
Motor vehicle dealers & petrol stations
2001 Ed. (1754)
Motor vehicle manufacturing
2004 Ed. (2292)
Motor Vehicle Parts
2000 Ed. (1892)
1992 Ed. (2073, 2084, 2085)
1991 Ed. (1637)
Motor vehicle parts and accesories
1992 Ed. (2969)
1991 Ed. (2382)
Motor vehicle parts & accessories
1995 Ed. (2502)
1993 Ed. (2496)
1990 Ed. (2514, 2515)
1989 Ed. (1927, 1929)
Motor vehicle parts and equipment
1993 Ed. (1726)
Motor vehicle, parts, & fuel
2007 Ed. (1321)
Motor vehicle records
2001 Ed. (3037)
Motor vehicle services
2002 Ed. (2779)
Motor vehicle theft
2000 Ed. (1632)
Motor vehicle wholesaling
2002 Ed. (2780)
Motor vehicles
2002 Ed. (56, 3969, 3970)
2001 Ed. (94, 2178)
2000 Ed. (39, 1892, 4245)
1997 Ed. (188, 1843, 3165)
1994 Ed. (1271, 1273, 1275, 1277, 1282, 2434, 2435, 2931)
1992 Ed. (1763)
Motor vehicles and car bodies
2000 Ed. (2628)
1992 Ed. (2969)
1991 Ed. (2382)
1990 Ed. (2514)
1989 Ed. (1927)
Motor vehicles & equipment
1992 Ed. (3610)
Motor vehicles and equipment manufacturing
1996 Ed. (3)
Motor vehicles and pans
1991 Ed. (2029, 2031, 2033, 2035, 2037, 2039, 2041, 2042, 2045, 2046, 2047, 2048, 2049, 2050, 2051)
Motor vehicles & parts
2008 Ed. (3158)
2005 Ed. (3011)
2004 Ed. (3007)
2003 Ed. (1710, 2907)
2002 Ed. (2775, 2778, 2789, 2792, 2793, 2795, 2797)
2000 Ed. (1350, 1351, 2631, 2633, 2634, 2635)
1999 Ed. (1512, 1676, 1677, 1678, 1679, 1680, 2093, 2102, 2848, 2863, 2867, 2868, 2869, 2870, 2871)
1998 Ed. (1077, 2097, 2098, 2099, 2100, 2101)
1997 Ed. (1302, 1305, 1440, 1443, 2382, 2383, 2384, 2385, 2386)
1996 Ed. (1251, 1253, 1254, 1259, 1262)
1995 Ed. (1295, 1297, 1299, 1304)
1993 Ed. (1218, 1233, 1235, 1238, 1727)
1992 Ed. (2600, 2602, 2604, 2607, 2609, 2611, 2612, 2615, 2616, 2618, 2619, 2621)
Motor vehicles manufacturing
1996 Ed. (2)
Motor Werks of Barrington
1990 Ed. (319, 345)
Motor World Hyundai
1994 Ed. (270)
Motorcar Parts & Accessories Inc.
2004 Ed. (4587)
Motorcraft Fast Lube
2006 Ed. (352)
Motorcycle/auto parts
1996 Ed. (1724)
Motorcyclist
2008 Ed. (152)
Motores Perkins
1996 Ed. (1733)
Motorists Insurance Group
2004 Ed. (3040)
Motorola
2008 Ed. (681, 702, 1097, 1098, 1099, 1159, 1350, 1433, 1468, 1663, 1799, 1800, 2320, 2459, 2460, 3022, 3199, 3744, 3782, 4638)
2007 Ed. (708, 729, 1189, 1190, 1191, 1192, 1214, 1216, 1263, 1397, 1403, 1406, 1447, 1474, 1654, 1769, 1770, 2333, 2334, 2799, 2900, 3071, 3074, 3623, 3690, 3691, 4704, 4711, 4717, 4969)
2006 Ed. (1083, 1084, 1085, 1086, 1109, 1112, 1148, 1151, 1358, 1364, 1639, 1762, 1763, 1850, 2389, 2390, 3695, 3696, 3697, 3699, 4290, 4699)
2005 Ed. (85, 887, 1090, 1091, 1092, 1093, 1094, 1095, 1120, 1158, 1351, 1360, 1361, 1379, 1389, 1509, 1732, 1791, 1792, 2334, 2335, 2353, 3034, 3037, 3372, 3498, 3593, 3698, 4039, 4350, 4463, 4630, 4635, 4639)
2004 Ed. (1081, 1082, 1085, 1090, 1135, 1368, 1493, 1731, 1732, 2017, 2040, 2185, 2233, 2234, 2254, 2262, 3020, 3678, 3779, 4404, 4492)
2003 Ed. (1069, 1079, 1125, 1349, 1363, 1463, 1551, 1695, 1696,

1971, 2190, 2191, 2192, 2193, 2195, 2235, 2237, 2239, 2251, 2252, 2254, 2948, 3428, 3631, 3639, 3754, 3756, 4073, 4076, 4384, 4387, 4388, 4542, 4978)
2002 Ed. (1122, 1123, 1443, 1499, 1587, 1592, 1612, 1613, 1667, 2079, 2097, 2105, 2106, 2107, 2109, 3231, 3618, 3966, 4257, 4258, 4581)
2001 Ed. (24, 528, 1550, 1600, 1731, 2016, 2181, 2191, 2193, 2194, 2195, 2197, 2198, 2213, 2401, 2869, 3300, 3301, 3331, 3535, 3645, 3649, 3650, 3682, 4043, 4213, 4217, 4218, 4916)
2000 Ed. (216, 282, 942, 997, 998, 1042, 1454, 1743, 1744, 1745, 1748, 1751, 2239, 3020, 3029, 3381, 3447, 3707, 3757, 3758, 3993, 3997, 4000, 4002, 4003, 4126, 4187)
1999 Ed. (187, 994, 1265, 1620, 1623, 1624, 1625, 1653, 1845, 1965, 1966, 1968, 1969, 1972, 2120, 2506, 2879, 3112, 3298, 3406, 3714, 3716, 3730, 3974, 4043, 4044, 4270, 4274, 4275, 4277, 4280, 4281, 4489, 4544, 4545, 4547, 4552)
1998 Ed. (153, 578, 718, 719, 1070, 1144, 1246, 1398, 1399, 1400, 1402, 1417, 1523, 2519, 2676, 2708, 2714, 2752, 2770, 2978, 3043, 3119, 3277, 3279, 3280, 3281, 3284, 3285, 3415, 3475)
1997 Ed. (240, 712, 916, 977, 978, 1341, 1400, 1401, 1402, 1403, 1405, 1428, 1584, 1611, 1705, 1706, 1707, 1807, 1814, 1816, 1822, 1823, 2473, 2787, 2788, 2967, 3007, 3022, 3226, 3235, 3253, 3298, 3492, 3493, 3494, 3637, 3690)
1996 Ed. (774, 777, 2105)
1995 Ed. (976, 1093, 1327, 1329, 1390, 1391, 1393, 1415, 1538, 1650, 1651, 1652, 1655, 1748, 1763, 1765, 2258, 2503, 2812, 2845, 2846, 3092, 3286, 3435, 3553)
1994 Ed. (875, 878, 944, 1073, 1074, 1075, 1085, 1316, 1386, 1608, 1609, 1610, 1611, 1613, 1619, 1731, 2746, 2764, 2767, 2996, 3043, 3049, 3201, 3202, 3203, 3204, 3205)
1993 Ed. (931, 1045, 1331, 1569, 1570, 1571, 1572, 1574, 1583, 1585, 1588, 1712, 1718, 2612, 2947, 3002, 3212, 3213, 3214, 3509)
1992 Ed. (1293, 1559, 1916, 1917, 1918, 1919, 1921, 1929, 3671, 3675, 3683, 3911, 3912, 3916, 3918, 3975, 4201, 4202)
1991 Ed. (249, 870, 1516, 1523, 1524, 1525, 1526, 1527, 1528, 1539, 2070, 2839, 2844, 2847, 2854, 3080, 3280, 3286, 922, 1640)
1990 Ed. (919, 1105, 1460, 1622, 1623, 1624, 1627, 1628, 1629, 1632, 1642, 2204, 2987, 2990, 2995, 2996, 3231, 3232, 3236, 3238, 3511)
1989 Ed. (280, 902, 1339)

Motorola Canada
2008 Ed. (2945)
1996 Ed. (986)
1993 Ed. (961)
1992 Ed. (1185)

Motorola Credit Union
2003 Ed. (1917)
2002 Ed. (1844, 1863)

Motorola Electronics
2001 Ed. (1618)

Motorola Electronics Taiwan Ltd.
1994 Ed. (1620)

Motorola Employees Credit Union
2008 Ed. (2230)
2007 Ed. (2115)
2006 Ed. (2194)
2005 Ed. (2099)
2004 Ed. (1957)
1994 Ed. (1505)
1993 Ed. (1452)

Motorola Employees Credit Union-West
2004 Ed. (1946)
2003 Ed. (1906)
2002 Ed. (1847)

Motorola Hospitality Group
2001 Ed. (2487)

Motorola Messaging Information & Media Inc.
2001 Ed. (1702)

Motorola Micro TAC Personal Telephone
1991 Ed. (2579)

Motorola RED
2008 Ed. (4547)

Motorola Semiconductor Products Sector
2001 Ed. (1146)

Motorola/Siemens
2000 Ed. (3029)

Motors
1992 Ed. (99)

Motors Holdings
2004 Ed. (3957)
2002 Ed. (383)

Motors Insurance Group
2001 Ed. (4033)
1994 Ed. (2219, 2220)

Motorsports
2005 Ed. (4446)

MotorVac Technologies Inc.
2004 Ed. (4583)

Motown Industries
1989 Ed. (734)

Motrin
2008 Ed. (254)
2004 Ed. (246, 1055)
2003 Ed. (278, 1052)
1997 Ed. (253)
1996 Ed. (222)
1993 Ed. (2120)

Motrin IB
2008 Ed. (254)
2004 Ed. (247)
2003 Ed. (278)
2002 Ed. (319, 320)
2001 Ed. (385)
2000 Ed. (1703)
1999 Ed. (274)
1992 Ed. (2558, 4235)

Mott; Claudia
1997 Ed. (1912)
1996 Ed. (1839)
1995 Ed. (1862)
1994 Ed. (1820)
1993 Ed. (1772, 1774, 1840)

Mott Foundation; Charles Stewart
1993 Ed. (892)

Mott MacDonald
2005 Ed. (2421, 2432, 2433, 2434, 2435)
2004 Ed. (2387, 2400, 2403)
2003 Ed. (2320)
2000 Ed. (1809, 1813, 1822)
1998 Ed. (1454)
1997 Ed. (1747, 1751, 1757, 1758, 1760)
1996 Ed. (1667, 1677, 1679)
1995 Ed. (1008, 1685, 1695, 1697)

Mott MacDonald Group Ltd.
2008 Ed. (2552, 2554, 2564, 2567)
2007 Ed. (2425, 2437, 2439, 2440)
2006 Ed. (2460, 2471, 2472, 2474, 2475)
1991 Ed. (1556)

Motto; William
2008 Ed. (2634)

Mott's Inc.
2003 Ed. (669, 863, 2574)
2002 Ed. (2375)
1996 Ed. (227)

Mott's Apple Juice
2007 Ed. (2654)
2006 Ed. (2671)

Mouchel Associates Ltd.
1994 Ed. (997)

Moueix
2005 Ed. (4966)

Moulinex
1995 Ed. (680)
1994 Ed. (721)

Moulinex Regal
1993 Ed. (1885)
1992 Ed. (2201)
1991 Ed. (1751)
1990 Ed. (1834)

Mounissa Chodieva
2008 Ed. (4880)

Mount Allison University
2008 Ed. (1072, 1080, 1083, 1084)
2007 Ed. (1168, 1176, 1178, 1180)

Mount Auburn
1996 Ed. (2397)

Mount Bachelor, OR
1993 Ed. (3324)

Mount Cook
1989 Ed. (242)

Mount Gay
2005 Ed. (4158)
2004 Ed. (4235)
2003 Ed. (4207, 4212)
2002 Ed. (293, 4076, 4078)
2001 Ed. (4142, 4146, 4147)
2000 Ed. (3834, 3836, 3837, 3839)
1999 Ed. (4126, 4127, 4129)
1998 Ed. (3110, 3111)
1997 Ed. (3368, 3369, 3370)
1996 Ed. (3269, 3270, 3272)
1995 Ed. (3175)
1994 Ed. (3124)
1992 Ed. (3753)
1991 Ed. (2906, 2907)
1990 Ed. (3067, 3071, 3072)

Mount Holyoke College
1990 Ed. (1093)

Mount Lucas Mgmt.
1990 Ed. (2343)

Mount Mansfield Insurance Group Inc.
1997 Ed. (904)
1996 Ed. (881)

Mount Pritchard Club
2004 Ed. (3949)

Mount Real Corp.
2007 Ed. (1319)

Mount Saint Vincent University
2008 Ed. (1080)
2007 Ed. (1180)

Mount Sinai
2007 Ed. (3706)
2006 Ed. (2901, 3710, 3714, 3716)

Mount Sinai Faculty Practice Associates
2000 Ed. (2393)

Mount Sinai Health System
1998 Ed. (1909, 2216)

Mount Sinai Hospital
2008 Ed. (1986)
2007 Ed. (1919)
2006 Ed. (1936)
2005 Ed. (1908)
2004 Ed. (1823)
2003 Ed. (1789)
2001 Ed. (1816, 2774, 2775)
2000 Ed. (2532)
1996 Ed. (2830)

Mount Sinai Independent Practice Association Inc.
2000 Ed. (2618)

Mount Sinai Medical Center
2008 Ed. (3052)
2007 Ed. (2920, 2929)
2006 Ed. (2910)
2005 Ed. (2895, 2903, 2911)
2004 Ed. (2907, 2909, 2917)
2003 Ed. (2806, 2813, 2822, 2823, 2832)
2002 Ed. (2602, 2621)
2000 Ed. (2511, 2512, 2528)
1999 Ed. (2732, 2733, 2748, 2751)
1998 Ed. (1986, 1992, 1995)
1997 Ed. (2273)
1996 Ed. (2157)
1995 Ed. (2146)
1994 Ed. (897)
1993 Ed. (2076)
1992 Ed. (2462, 3258)
1991 Ed. (891, 893, 1935)
1990 Ed. (2058)
1989 Ed. (1609)

Mount Sinai New York University Health
2004 Ed. (2813)

Mount Sinai NYU Health
2000 Ed. (3320)

Mount Sinai School of Medicine
2001 Ed. (3259)
2000 Ed. (3069)
1999 Ed. (3331)

Mount St. Mary's College
1999 Ed. (1232)
1995 Ed. (1059)
1994 Ed. (1051)
1993 Ed. (1024)
1992 Ed. (1276)

Mount Tamalpias State Park
1999 Ed. (3704)

Mount Union College
1999 Ed. (1223)
1998 Ed. (794)
1997 Ed. (1059)
1996 Ed. (1043)
1995 Ed. (1058)
1994 Ed. (1050)
1993 Ed. (1023)

Mount Vernon-Anacortes, WA
2005 Ed. (3467)

Mountain
1990 Ed. (2654)
1989 Ed. (2032)

Mountain Alarm
2008 Ed. (4296, 4297)
2006 Ed. (4271)
2005 Ed. (4291)

Mountain America Credit Union
2008 Ed. (2262)
2007 Ed. (2147)
2006 Ed. (2226)
2005 Ed. (2131)
2004 Ed. (1989)
2003 Ed. (1949)
2002 Ed. (1835, 1895)
1996 Ed. (1498)

Mountain Bike
1992 Ed. (3382)

Mountain biking
1999 Ed. (4384)
1997 Ed. (3561)

Mountain Brewers Inc.
1996 Ed. (2630)

Mountain Coal Co.
2001 Ed. (1292, 1592, 1674)

Mountain Crest Liquors Inc.
2006 Ed. (1540)

Mountain Dew
2008 Ed. (568, 570, 860, 4458, 4459, 4462)
2007 Ed. (618, 620, 882, 4473, 4475, 4478)
2006 Ed. (572, 574, 793, 4413)
2005 Ed. (674, 874, 4397)
2004 Ed. (681, 887)
2003 Ed. (678, 866, 4469, 4473, 4475, 4476)
2002 Ed. (4311, 4312, 4313, 4314, 4315, 4316, 4319, 4320, 4325)
2001 Ed. (4302, 4307, 4308)
2000 Ed. (715, 4079, 4081)
1999 Ed. (703, 4356, 4361, 4362, 4365)
1998 Ed. (450, 451, 3334, 3337)
1997 Ed. (3541, 3544)
1996 Ed. (3473, 3477)
1995 Ed. (3415)
1994 Ed. (3356, 3357, 3359)
1993 Ed. (3352, 3354)
1992 Ed. (4013, 4016, 4017, 4230)
1991 Ed. (3152, 3153)
1989 Ed. (2515)

Mountain Dew Live Wire
2005 Ed. (4393)

Mountain Equipment Co-operative
2007 Ed. (1434)

Mountain Forestry Inc.
2006 Ed. (2656)

Mountain Health
2008 Ed. (3247)

Mountain Medical Affiliates
2003 Ed. (3921)
2002 Ed. (3742)

Mountain Medical Equipment
1990 Ed. (254)
Mountain Parks Bank East
1997 Ed. (497)
Mountain Region U.S.
2008 Ed. (3483)
Mountain/Rock-climbing
1999 Ed. (4384)
Mountain States Bancorporation Inc.
2008 Ed. (344)
2007 Ed. (357)
2005 Ed. (379)
Mountain States Computer Systems Inc.
2002 Ed. (1142)
Mountain States Insurance Managers
1995 Ed. (905)
Mountain States Mortgage Center Inc.
2006 Ed. (3542)
Mountain States Rosen
2008 Ed. (3611)
Mountain Valley
1997 Ed. (696)
1996 Ed. (760)
Mountain View Inn
1997 Ed. (2286)
1996 Ed. (2172)
1993 Ed. (2091)
Mountain Village, CO
2003 Ed. (974)
2002 Ed. (2712)
2001 Ed. (2817)
2000 Ed. (1068, 4376)
Mountain Vista Builders Inc.
1996 Ed. (2068)
Mountain West Bank
1996 Ed. (678, 2640)
Mountain Winery
1998 Ed. (3745)
1997 Ed. (3906)
Mountaineer Log & Siding
2004 Ed. (1208)
2003 Ed. (1201)
Mountaineer Park Inc.
2008 Ed. (2173)
2005 Ed. (2014)
Mountaineer Suzuki
1996 Ed. (289)
MountainOne Financial Partners
2005 Ed. (446, 453)
Mountainview Insurance Co.
1994 Ed. (864)
Mountaire Farms Inc.
2008 Ed. (3610, 3618)
2003 Ed. (3338, 3339)
1998 Ed. (2449, 2450, 2891, 2892)
Mountleigh Group
1992 Ed. (1628)
Mountleigh Group PLC
1993 Ed. (1177)
MountMed
1990 Ed. (248)
Mouse
1995 Ed. (1094)
Mouse/rat/mole traps
2002 Ed. (2816)
Mouser Electronics Inc.
2008 Ed. (2464, 2466, 2468)
Moussaieff; Sam & Alisa
2007 Ed. (4931)
Mousse
1992 Ed. (2371)
Mousses
2001 Ed. (2651, 2652)
Moussy
1995 Ed. (643)
1992 Ed. (880)
1991 Ed. (703)
Moutai
2008 Ed. (647)
Mouthwash
2004 Ed. (4746)
2001 Ed. (3713)
1994 Ed. (2818, 2937)
1993 Ed. (2811)
1990 Ed. (1956)
Mouthwashes
1996 Ed. (3094)
Mouton-Cadet
1996 Ed. (3857, 3869)
1992 Ed. (4465)
1990 Ed. (3696)
1989 Ed. (2942)
Mouvement des Caisses Desjardins
2001 Ed. (1498)
1997 Ed. (2009)
1996 Ed. (1919)
1991 Ed. (474)
MOVA Pharmaceutical Corp.
2006 Ed. (3376)
2005 Ed. (3389)
2004 Ed. (3357)
Movado
2001 Ed. (1243)
Movado Group Inc.
2005 Ed. (3245, 3246)
2004 Ed. (3217, 3218)
Movie admissions, video rentals
1995 Ed. (3077)
Movie Buffs
1997 Ed. (3841)
Movie Channel
1998 Ed. (604)
Movie Gallery Inc.
2008 Ed. (1544, 3750)
2007 Ed. (3637)
2006 Ed. (3572)
2004 Ed. (4840, 4842, 4843, 4844)
2002 Ed. (4751)
2001 Ed. (2123)
2000 Ed. (4346)
1999 Ed. (4713)
1998 Ed. (3670)
1997 Ed. (3839, 3841)
1996 Ed. (3785, 3786)
1994 Ed. (3625)
Movie Gallery Veterans Stadium
2005 Ed. (4444)
Movie memorabilia
1990 Ed. (1083)
Movie production
1997 Ed. (1722)
The Movie Shop
1994 Ed. (3626)
The Movie Stop
1994 Ed. (3626)
Movie Superstore
1992 Ed. (4392)
Movie theater
1995 Ed. (1533)
Movie theaters
1992 Ed. (89, 90)
Movie Warehouse
1998 Ed. (3668)
Movie World
1998 Ed. (3669, 3671)
MovieBeam
2007 Ed. (1225)
Moviefone
2008 Ed. (3363)
2007 Ed. (3234)
Movieland
1994 Ed. (3626)
1990 Ed. (3673)
Movies
2008 Ed. (109, 2454)
2007 Ed. (98, 2329)
2006 Ed. (104)
2005 Ed. (95)
2004 Ed. (100)
2003 Ed. (22, 850)
2002 Ed. (59, 216, 225, 226, 234, 926, 3887, 3888, 4584, 4585, 4586)
2000 Ed. (40)
1997 Ed. (3712)
1996 Ed. (860, 2473)
1994 Ed. (837)
1991 Ed. (734, 3302, 3308)
1990 Ed. (3532)
Movies and media
2000 Ed. (2629)
Movies, classic
1996 Ed. (865)
Movies, contemporary
1996 Ed. (865)
Movies, made-for-TV
1996 Ed. (865)
Movies N' Video Superstore
1992 Ed. (4392)
Movies-on-demand
1996 Ed. (859)
Movies or theater
2000 Ed. (1048)
Movies or TV programs
1995 Ed. (3577)
Movies To Go
1995 Ed. (3698)
1993 Ed. (3665)
Movies Unlimited
1995 Ed. (3701)
1993 Ed. (3666)
1992 Ed. (4393)
Moving/storage companies
1999 Ed. (698, 1811)
movistar
2008 Ed. (661, 3743)
Moy Park
2008 Ed. (2123)
2007 Ed. (2035, 2040)
2006 Ed. (2063, 2065, 2068)
2005 Ed. (1984, 1986, 1989)
2004 Ed. (191)
2000 Ed. (224)
Moya Doherty
2005 Ed. (4884)
Moya Villanueva & Associates
1995 Ed. (2480)
Moyer; Benjamin
1996 Ed. (1869)
Moyer Packing Co.
1998 Ed. (2453)
1997 Ed. (2733)
1996 Ed. (2589)
1995 Ed. (2525)
1993 Ed. (2520)
1992 Ed. (2995)
1990 Ed. (1043)
1989 Ed. (932)
Moyers; Edward L.
1994 Ed. (1721)
Mozambique
2008 Ed. (863, 1387)
2007 Ed. (886, 1436)
2006 Ed. (797, 1404, 2330)
2005 Ed. (875, 1419)
2004 Ed. (889, 1397)
2003 Ed. (1383)
2001 Ed. (1102, 1506)
1994 Ed. (2007)
1991 Ed. (2826)
1989 Ed. (2240)
Mozilo; Angelo
2008 Ed. (941)
2007 Ed. (996)
2006 Ed. (906)
Mozilo; Angelo R.
2008 Ed. (945, 957)
2007 Ed. (1035)
2006 Ed. (938)
Mozzarella
2002 Ed. (983)
Mozzarella cheese
1993 Ed. (897)
MPACT
1995 Ed. (1648)
1992 Ed. (1910, 1912)
1991 Ed. (1509, 1510)
1989 Ed. (281)
MPB Corp.
1991 Ed. (2577)
1990 Ed. (2675)
MPB Architects
1995 Ed. (241)
1993 Ed. (249)
MPC Computers LLC
2007 Ed. (1407)
2006 Ed. (1369, 1372)
2005 Ed. (1380)
MPC Insurance Ltd.
1998 Ed. (641)
1997 Ed. (904)
1995 Ed. (908)
1994 Ed. (866)
1991 Ed. (857)
MPG
2008 Ed. (126, 128)
2007 Ed. (119, 121)
2006 Ed. (125, 127)
2005 Ed. (122, 124)
2004 Ed. (119, 122)
mPhase Technologies Inc.
2007 Ed. (2824)
M.P.H.B.
1996 Ed. (2448)
MPI Holdings Inc.
1994 Ed. (1366)
MPL Interiors and Architecture
2001 Ed. (1446, 1448)
MPM Ammirati Puris Lintas
1997 Ed. (67)
MPM Capital
2006 Ed. (4880)
MPM Lintas Comunicacoes
1996 Ed. (68)
1995 Ed. (52)
1994 Ed. (73)
MPM Propaganda
1992 Ed. (128)
1991 Ed. (80)
1990 Ed. (83)
1989 Ed. (89)
Mport Single Hand Disposable IOL Inserter
2001 Ed. (3588)
mPortal
2007 Ed. (4968)
MPS Group Inc.
2008 Ed. (2926, 4663)
2007 Ed. (835, 2800, 4742, 4743)
2006 Ed. (4721)
2005 Ed. (2826, 4668)
2004 Ed. (3015, 3018, 4693, 4694)
2002 Ed. (710)
MPS International New Discovery
2004 Ed. (2477)
MPT
1997 Ed. (3694, 3695)
MPT Advanced Telecommunication
2005 Ed. (21)
MPT Review
2002 Ed. (4834)
1993 Ed. (2360, 2361)
1992 Ed. (2799, 2801)
MP3.com
2001 Ed. (4183)
MPV Projektentwicklung GmbH & Co. Objekt Schwerin-Krebsforden
2005 Ed. (2587)
MQSoftware, Inc.
2003 Ed. (2721)
Mr. & Mrs. Benson Ford Jr.
2002 Ed. (979)
Mr. and Mrs. Harry B. Helmsley
1991 Ed. (891, 893)
Mr. and Mrs. Sergio Proserpi
1995 Ed. (935)
Mr. & Mrs. Smith
2007 Ed. (3642)
Mr. & Mrs. William Buel Irvin
1992 Ed. (1098)
Mr. Appliance Corp.
2008 Ed. (2391)
2007 Ed. (2254)
2006 Ed. (2323)
2005 Ed. (2263)
2004 Ed. (2167)
2003 Ed. (4068)
2002 Ed. (2703)
M.R. Beal & Co.
2000 Ed. (3969, 3971)
Mr. Boston
1999 Ed. (796)
1998 Ed. (493)
Mr. Boston Brandy
2003 Ed. (755)
2002 Ed. (769)
2001 Ed. (1012)
2000 Ed. (801)
Mr. Boston Cordials
2004 Ed. (3261)
2003 Ed. (3218)
2002 Ed. (3085)
Mr. Boston Line
1991 Ed. (2312)
Mr. Boston Prepared Cocktail
2002 Ed. (3106)
Mr. Boston Prepared Cocktails
2003 Ed. (1030)
Mr. Brown
2007 Ed. (1146, 1148)
2006 Ed. (1058)
Mr. Bubble
2008 Ed. (3162)
2003 Ed. (642, 2916)
2002 Ed. (669)
2000 Ed. (705)

1999 Ed. (686)
Mr. Bubbles
2001 Ed. (665)
Mr. China: A Memoir
2007 Ed. (654)
Mr. Chips
1993 Ed. (39)
Mr. Clean
2008 Ed. (981)
2007 Ed. (1099)
2006 Ed. (1014)
2004 Ed. (983)
2003 Ed. (977, 981, 986)
2002 Ed. (1064)
2001 Ed. (1237, 1240)
2000 Ed. (1096)
1999 Ed. (1182)
1998 Ed. (747)
1995 Ed. (996)
1994 Ed. (982)
1993 Ed. (954)
1992 Ed. (1176)
Mr. Coffee
2008 Ed. (1036)
2005 Ed. (2955)
2003 Ed. (2867)
2001 Ed. (2811)
2000 Ed. (2587)
1999 Ed. (2807, 2808)
1998 Ed. (2050, 2051)
1997 Ed. (2330, 2331)
1996 Ed. (2201, 2202)
1995 Ed. (1044, 2185)
1994 Ed. (1035, 2145, 2147)
1993 Ed. (2110)
1992 Ed. (1242, 2538)
Mr. Coffee Drip Coffee Maker, 10-Cup
1990 Ed. (2105, 2106)
Mr. C's Car Wash
2007 Ed. (348)
Mr. Electric
2008 Ed. (2391)
2007 Ed. (2254)
2006 Ed. (2323)
2005 Ed. (2263)
2004 Ed. (2167)
2003 Ed. (4068)
2002 Ed. (2703)
Mr. Food
2005 Ed. (3250)
2003 Ed. (3166)
Mr. Gasket Co.
1992 Ed. (478)
1991 Ed. (345)
1990 Ed. (395)
Mr. Gatti's
1996 Ed. (3048)
1993 Ed. (2864)
1992 Ed. (3472)
1991 Ed. (2751)
1990 Ed. (2872)
1989 Ed. (2235)
Mr. Goodcents Franchise Systems Inc.
2008 Ed. (4276)
2006 Ed. (4226)
2005 Ed. (4176)
2004 Ed. (4243)
2002 Ed. (4091)
Mr. Handyman International LLC
2007 Ed. (2251)
2006 Ed. (819, 2320)
2005 Ed. (2262)
2004 Ed. (2164)
2003 Ed. (2121)
Mr. Hero
2000 Ed. (3762)
1992 Ed. (2122)
Mr. Hero Restaurants
2007 Ed. (4241)
2006 Ed. (4226)
2004 Ed. (4243)
2003 Ed. (4227)
2002 Ed. (4091)
Mr. Holland's Opus
1998 Ed. (3675)
Mr. Jax Fashions
1992 Ed. (4279)
1990 Ed. (3569)
Mr. Kipling
2008 Ed. (710)
2002 Ed. (928)
1999 Ed. (367)
Mr. Monopoly
2008 Ed. (640)
Mr. Movies Inc.
2004 Ed. (4840, 4844)
1996 Ed. (3785)
1995 Ed. (3697)
1994 Ed. (3625)
1993 Ed. (3664)
1990 Ed. (3673)
Mr. Muscle
2002 Ed. (2709)
1999 Ed. (1183)
Mr. Nature
1994 Ed. (3342)
Mr. Payroll Check Cashing
2007 Ed. (918)
Mr. Philly
1992 Ed. (2122)
Mr. Phipps
1998 Ed. (3319)
1996 Ed. (3463)
1994 Ed. (3344)
Mr. Rooter Corp.
2008 Ed. (4000, 4003, 4004)
2007 Ed. (3977, 3980, 3981)
2006 Ed. (3925)
2005 Ed. (3862)
2004 Ed. (3916)
2003 Ed. (770)
2002 Ed. (2058)
2000 Ed. (2269)
Mr. Sign Franchising Corp.
1992 Ed. (2225)
Mr. Steak
1991 Ed. (2873)
1990 Ed. (3012)
Mr. Submarine Ltd.
2007 Ed. (4241)
1992 Ed. (2227)
1991 Ed. (1773)
1990 Ed. (1854)
1989 Ed. (1487)
Mr. Transmission
2008 Ed. (318)
2007 Ed. (331)
2006 Ed. (346)
2005 Ed. (332)
2004 Ed. (330)
2003 Ed. (349)
2002 Ed. (401)
1995 Ed. (1936)
Mr. Turkey
2000 Ed. (3853)
Mr. Youth LLC
2008 Ed. (3595)
2006 Ed. (3413)
MRA Staffing
1996 Ed. (2857)
MRA Staffing Recruitment
1995 Ed. (2800)
MRB Group
1999 Ed. (4041)
1997 Ed. (3296)
1996 Ed. (3191)
1995 Ed. (3090)
1993 Ed. (2996)
1992 Ed. (2976, 3662)
1991 Ed. (2386)
1990 Ed. (2980)
MRC
1999 Ed. (2677)
MRC Polymers Inc.
2008 Ed. (4132)
2007 Ed. (4109)
MRE Consulting
2005 Ed. (1251)
MRF Ltd.
2001 Ed. (17)
2000 Ed. (1456, 1458, 1459, 1460)
1999 Ed. (1654)
1992 Ed. (56)
MRF Ltd./MRF Tyres
1997 Ed. (1429)
1996 Ed. (1378)
1995 Ed. (1417)
MRH, Mineraloel-Rohstoff-Handel Gesellschaft MBH
1991 Ed. (3480)
MRI machines
1992 Ed. (3006)
MRI/Management Recruiters
2000 Ed. (2269)
MRI Network
2008 Ed. (4495)
MRI Worldwide
2006 Ed. (4316)
MRI Worldwide; Management Recruiters/Sales Consultants/
2005 Ed. (2467)
MRJ
1997 Ed. (794, 795, 797)
MRM
2000 Ed. (913)
MRM/Gillespie
2000 Ed. (1671)
MRM Worldwide
2008 Ed. (2339)
2007 Ed. (2202, 3434)
2000 Ed. (1674)
MRO Software Inc.
2004 Ed. (2210)
2003 Ed. (2160)
MRO.com
2001 Ed. (4759)
MRP Site Development Inc.
2004 Ed. (1303)
2003 Ed. (1300)
2002 Ed. (1288)
Mrs. Baird's
1998 Ed. (260, 261, 494)
Mrs. Baird's Bakeries
1997 Ed. (330)
1992 Ed. (496)
1989 Ed. (360)
Mrs. Butterworth Lite
1999 Ed. (4528)
Mrs. Butterworth Regular
1999 Ed. (4528)
Mrs. Doubtfire
1998 Ed. (2537)
1996 Ed. (3790, 3791)
1995 Ed. (2612)
Mrs. Edwin A. Bergman
1994 Ed. (892)
Mrs. Eugene C. Pulliam
1994 Ed. (894)
Mrs. Fields
2003 Ed. (2091)
2002 Ed. (426)
2001 Ed. (4064)
2000 Ed. (3762, 3783)
1999 Ed. (2513, 4081)
1997 Ed. (1842, 3319)
1996 Ed. (3218)
1995 Ed. (1783)
1994 Ed. (1750, 1912, 3078)
1993 Ed. (1759)
1992 Ed. (2113, 2119, 3714)
Mrs. Fields Cookies
2008 Ed. (1028)
1998 Ed. (1759)
1991 Ed. (1657, 2885)
1990 Ed. (1750)
Mrs. Fields Original Cookies Inc.
2004 Ed. (1379)
Mrs. Gooch's Natural Foods
1994 Ed. (3671)
1993 Ed. (3736)
1992 Ed. (4486)
Mrs. Paul's
2008 Ed. (2789)
2002 Ed. (2370)
Mrs. Smith's Bakeries Inc.
2001 Ed. (2475)
Mrs T's
1995 Ed. (1941)
Mrs. Vanelli's Fresh Italian Foods
2003 Ed. (2455)
2002 Ed. (2250)
Mrs. Vanelli's Pizza & Italian Foods
1996 Ed. (1968, 3049)
Mrs. Vincent Astor
1991 Ed. (893)
Mrs. Winner's
2000 Ed. (1910)
1990 Ed. (1751)
Mrs. Winner's Chicken
1992 Ed. (2112)
1991 Ed. (1656)
Mrs. Winner's Chicken & Biscuit
2004 Ed. (4130)
Mrs. Winner's Chicken & Biscuits
2002 Ed. (2244)
1999 Ed. (2135)
1998 Ed. (1549)
1995 Ed. (1782)
1994 Ed. (1749)
1993 Ed. (1758)
Mrs. Winner's/Lee's Famous
2005 Ed. (2558)
Ms.
1994 Ed. (2793)
MS Age of Empires
2008 Ed. (4810)
MS Aggressive Equity
2007 Ed. (4539)
MS Automap Road Atlas
1997 Ed. (1103)
MS Capital Opportunities
2007 Ed. (4539)
MS Carriers Inc.
2002 Ed. (4693)
2000 Ed. (4313, 4319)
1999 Ed. (4688)
1997 Ed. (3808)
1996 Ed. (3758)
1995 Ed. (3671, 3675)
1994 Ed. (3592, 3593, 3596)
1993 Ed. (3632, 3633)
MS Dividend Growth
2004 Ed. (3585)
MS-DOS
1992 Ed. (1331)
1990 Ed. (3709)
MS-DOS 6.2
1996 Ed. (1081)
1995 Ed. (1103)
MS-DOS 6.2 Upgrade
1997 Ed. (1099)
MS/Essex Holdings Inc.
1995 Ed. (2443)
MS Management Services Inc.
1998 Ed. (3023)
MS Real Estate Fund
2008 Ed. (3762)
MS Utilities
2003 Ed. (3515)
MS Windows 95 Upgrade
1997 Ed. (1103)
MSA
1991 Ed. (2840)
MSA Industries
1997 Ed. (2016)
1996 Ed. (1923)
1995 Ed. (1880)
1994 Ed. (1852)
MSAS Cargo International Pty. Ltd.
1997 Ed. (191)
Msauli
1991 Ed. (2469)
MSB Bank
1998 Ed. (3528)
MSBC Holdings
1995 Ed. (502)
MSC Industrial Direct Co., Inc.
2008 Ed. (845)
2007 Ed. (4360)
2006 Ed. (4788, 4789)
2005 Ed. (3352, 3353, 4738, 4739)
2004 Ed. (3327, 3328, 4759, 4760)
2003 Ed. (2891)
MSC Services
1996 Ed. (2918)
MSC Software
2002 Ed. (1154)
MSDW
2001 Ed. (2431)
2000 Ed. (2193)
MSDW Information
2002 Ed. (4505)
MSDW Investment
2002 Ed. (3937)
MSDW Spectrum Strategic Fund
2005 Ed. (1085)
MSF Core Growth A, Oak Growth
2003 Ed. (3491)
Mshind Bar Soap
2001 Ed. (84)
MSI Cellular Investments Holdings
2004 Ed. (95)
MSI Companies
2007 Ed. (1383)
MSI Security Systems Inc.
2000 Ed. (3922)
1999 Ed. (4204)
1998 Ed. (1421)

MSIF Trust Fixed Income II: INST
2003 Ed. (3113)
MSIF Trust Fixed Income: INST
2003 Ed. (3113)
MSIF Trust Municipal: INST
2003 Ed. (3132)
M.S.J. Insurance Co.
1995 Ed. (906)
1994 Ed. (864)
1993 Ed. (851)
MSL Services Joint Venture
2007 Ed. (1916)
MSM Transportation Inc.
2006 Ed. (1596)
2005 Ed. (1724)
MSN
2007 Ed. (3222, 3242)
2006 Ed. (3183, 3187)
2005 Ed. (3176, 3196, 3197)
2003 Ed. (3020)
2001 Ed. (4777, 4778, 4781)
2000 Ed. (2744, 2745)
1998 Ed. (2713)
MSN Autos
2007 Ed. (3226)
MSN Games
2008 Ed. (3361)
2007 Ed. (3231)
MSN Health
2008 Ed. (3362)
2007 Ed. (3232)
MSN Maps & Directions
2005 Ed. (3190)
MSN Microsoft
2008 Ed. (3354)
2007 Ed. (3224, 3246)
2004 Ed. (3152)
MSN Mobile
2008 Ed. (3367)
MSN Money
2008 Ed. (3366)
2007 Ed. (3237)
2004 Ed. (3155)
2003 Ed. (3024)
MSN MoneyCentral
2003 Ed. (3032)
2002 Ed. (4793, 4817, 4831, 4843, 4846, 4851, 4853)
MSN MoneyCentral Investor
2002 Ed. (4792)
MSN Movies
2008 Ed. (3363)
2007 Ed. (3234)
MSN Music
2007 Ed. (3235)
MSN Network
2007 Ed. (3220)
2006 Ed. (3180)
MSN Search
2008 Ed. (3355)
2007 Ed. (3225)
MSN Spaces
2007 Ed. (3227)
MSN Stock Finder
2002 Ed. (4852)
MSNBC
2008 Ed. (3365, 3367)
2007 Ed. (3236)
1998 Ed. (3778)
MSNBC.com
2007 Ed. (846, 2328)
2001 Ed. (2966, 4774)
1999 Ed. (4754)
MSN.com
2007 Ed. (2328)
2001 Ed. (4776)
MsourcE Corp.
2005 Ed. (4647, 4650, 4651)
Msource Medical Development
2007 Ed. (1601)
MSR Expl
1996 Ed. (208)
MSS Marketing Research
2000 Ed. (3047)
mstar.net
2006 Ed. (3186)
msu.edu
2001 Ed. (2965)
MSV Resources
1997 Ed. (1374)
MSW LLC
2008 Ed. (3708, 4385)
2007 Ed. (3553, 4411)
2006 Ed. (3512, 4351)
MSX International Inc.
2001 Ed. (1256, 4747)
Mt. Airy Lodge
1999 Ed. (4048)
MT & T Business Travel
2006 Ed. (3521)
MT Associates
1996 Ed. (2419)
1993 Ed. (2344)
Mt. Carmel Public Utility Co.
2002 Ed. (3558)
Mt. Clemens General Hospital
2002 Ed. (2619)
2001 Ed. (2227, 2772)
Mt. Hawley Insurance Co.
2008 Ed. (3264)
2006 Ed. (3101)
Mt. Juliet Public Building Authority, TN
1991 Ed. (2781)
Mt. Kisco Chevrolet-Cadillac-Hummer Inc.
2004 Ed. (167)
Mt. Laurel Resort
1999 Ed. (4048)
Mt. San Antonio College
2000 Ed. (1144)
1999 Ed. (1235)
1998 Ed. (807)
Mt. Sinai Health System
1999 Ed. (2645, 2987, 2989, 2990, 2992)
Mt. Sinai Hospital
2002 Ed. (2623)
Mt. Sinai Medical Center
2002 Ed. (2609)
Mt. Sinai NYU Health
2002 Ed. (1743)
MT Tesoro Hawaii Corp.
2004 Ed. (1726)
MTA Long Island Rail Road
2005 Ed. (3992)
2002 Ed. (3904, 3905)
MTA Metro-North Railroad
2008 Ed. (1103)
2002 Ed. (3904)
MTA New York City Transit
2008 Ed. (756, 1103)
2006 Ed. (687, 4018)
2005 Ed. (3992)
2002 Ed. (3904, 3905)
2000 Ed. (900, 3102)
1998 Ed. (538)
1997 Ed. (840)
1996 Ed. (1062)
MTA New York Transit
1999 Ed. (956, 3989)
1996 Ed. (832)
MTB Small Cap Growth
2006 Ed. (3647)
MTC Electronic Technologies
1996 Ed. (2890, 2895, 2896)
1994 Ed. (2709, 2710)
MTC Technologies Inc.
2007 Ed. (1404)
2006 Ed. (1367)
2005 Ed. (1363, 2773)
2004 Ed. (4337)
MTD Products Inc.
2002 Ed. (3062, 3064, 3066, 3067)
1998 Ed. (2545, 2546)
MTech
1990 Ed. (534, 1138)
Mtel
1996 Ed. (3150)
Mtel (Skytel)
1998 Ed. (2984)
MTH Asset
1993 Ed. (2319, 2323)
MTH Assets Mgmt.
1990 Ed. (2346)
MTH Industries
2008 Ed. (1259)
2007 Ed. (1362, 2696)
2001 Ed. (1476)
2000 Ed. (1262, 2343)
1999 Ed. (1370, 2600)
1998 Ed. (948)
1997 Ed. (1170, 2149)
1996 Ed. (1143, 2027)
1995 Ed. (1166, 2002)
1994 Ed. (1152, 1976)
1993 Ed. (1133, 1954)
M3K Solutions Inc.
2007 Ed. (2821)
MTI Electronics
2006 Ed. (3549, 4387)
MTI Technology
1996 Ed. (3304, 3306, 3778, 3779)
MTL Inc.
1999 Ed. (4533)
MTL Instruments
1995 Ed. (3098)
MTL Trust Holdings Ltd.
2001 Ed. (4621)
MTM Entertainment Inc.
1995 Ed. (1246)
MTN
2004 Ed. (95)
MTN Group Ltd.
2008 Ed. (65, 84, 96, 2072)
2007 Ed. (1975)
2006 Ed. (2009, 4536)
MTNL
2001 Ed. (1734)
MTO Cleaning Services
2008 Ed. (746)
MTR
2006 Ed. (1751)
MTR Gaming Group Inc.
2005 Ed. (4028)
2004 Ed. (4093)
2003 Ed. (4440)
MTrust (Growth), Texas
1989 Ed. (2145, 2149)
MTS
2008 Ed. (664)
2004 Ed. (1850, 4469)
MTS Allstream Inc.
2008 Ed. (2948)
2007 Ed. (2823)
MTS Communications Inc.
2003 Ed. (3034, 4697)
MTS Safety Products Inc.
2008 Ed. (4407)
MTS Systems Corp.
2005 Ed. (3044, 3045)
1991 Ed. (1517, 1521)
1990 Ed. (1615)
MTV
2008 Ed. (688)
2007 Ed. (719)
2006 Ed. (4711, 4713)
2001 Ed. (1089)
1998 Ed. (2710)
1997 Ed. (870, 3717)
1996 Ed. (854)
1993 Ed. (822)
1992 Ed. (1015)
1991 Ed. (838, 839)
1990 Ed. (869)
"MTV Jams Countdown"
2001 Ed. (1094)
MTV: Music Television
1990 Ed. (880, 885)
MTV Networks
2008 Ed. (3364)
M2 Inc.
2000 Ed. (904)
M2 Technology
2005 Ed. (1655)
Mu-Cana Investment
1996 Ed. (2419)
1994 Ed. (2325)
1993 Ed. (2344, 2345)
1990 Ed. (2362)
1989 Ed. (2143)
Mu-Cana Investment Counseling Ltd.
1992 Ed. (2783, 2784)
1991 Ed. (2254, 2255)
1989 Ed. (1786)
Muang Thai Life Assurance Co.
2001 Ed. (2891)
Muang Thong Thani
1993 Ed. (55)
Mubea Inc.
2003 Ed. (3372)
Muchmore Harrington Smalley & Associates
2001 Ed. (3156)
2000 Ed. (2991)
Mucinex
2008 Ed. (1037)
2007 Ed. (1155)
Mud Ltd.; B. W.
1994 Ed. (994)
1993 Ed. (968)
Mudd
2001 Ed. (1264)
Mudd College; Harvey
1994 Ed. (1054)
1993 Ed. (1027)
Mudge Rose Guthrie Alexander & Ferdon
1998 Ed. (1376, 2574, 2968)
1997 Ed. (2341, 2840, 2843, 2847, 2849, 3218, 3384, 3795)
1996 Ed. (2212, 2238, 2724, 2726, 2728, 2731, 2732, 3138, 3287, 3740)
1995 Ed. (1629, 2193, 2645, 2651, 3037, 3664)
1993 Ed. (2627)
1991 Ed. (2535)
1990 Ed. (2292)
Mudge, Rose, Guthrie, Alexander, Ferdon
1993 Ed. (1549, 2615, 2617, 2626, 2940, 3101, 3622, 3625)
1991 Ed. (2536, 1487, 2534, 1987, 2782, 2925, 3423)
Mudra Communications
2003 Ed. (84)
2002 Ed. (117)
1999 Ed. (100)
1997 Ed. (99)
1996 Ed. (97)
1994 Ed. (94)
1993 Ed. (107)
1992 Ed. (159)
1991 Ed. (108)
Mudra Communications (DDB)
2000 Ed. (104)
Mudra Communications/India
2001 Ed. (144)
Muebleria Casa Abelardo SRL
2004 Ed. (1876)
2002 Ed. (1794)
Mueblerias Berrios
2007 Ed. (4189)
2006 Ed. (4168)
Muehlbauer Holding AG
2008 Ed. (1216)
Mueller
2001 Ed. (1011)
Mueller AG; Toni
1996 Ed. (1021)
Mueller AG; Walter
1994 Ed. (2415)
Mueller Copper Fittings Co.
2006 Ed. (1893)
Mueller Copper Tube Co.
2006 Ed. (1893)
Mueller Industries Inc.
2008 Ed. (845)
2006 Ed. (3364)
2005 Ed. (3459)
2004 Ed. (3429, 3445)
2003 Ed. (3363, 3368, 3371)
2002 Ed. (1172)
1999 Ed. (1314)
1998 Ed. (883)
1997 Ed. (1130)
1996 Ed. (1109)
1994 Ed. (1112)
Mueller Martini Versand-Systeme AG
1996 Ed. (2568)
Mueller; Michael
1997 Ed. (1882)
1996 Ed. (1808)
1995 Ed. (1792, 1797)
1994 Ed. (1792)
Mueller; V.
1994 Ed. (3470)
Mueller's
2008 Ed. (3858)
2003 Ed. (3740)
1999 Ed. (782, 3712)
Muench, Rueckv.-Ges. AG
1997 Ed. (2086)
1996 Ed. (1970)
Muench.Rueckvers.VNA
2006 Ed. (4504)

Muenshener Rueck.
2000 Ed. (1439)
Muenster
2001 Ed. (1173)
Muenster State Bank
1994 Ed. (509)
Muer; C. A.
1997 Ed. (3397)
1996 Ed. (3301)
1995 Ed. (3200)
1994 Ed. (3071, 3156)
1992 Ed. (3817)
1991 Ed. (2939)
1990 Ed. (3116)
Muer Restaurants; C. A.
1993 Ed. (3112)
Muffins
2003 Ed. (367, 369, 375)
2002 Ed. (425, 430)
1998 Ed. (255, 257)
Mug
2005 Ed. (4393)
1997 Ed. (3545)
Mugs
1996 Ed. (3476)
Muhammad Ali
2008 Ed. (272)
Muhlenberg College
2006 Ed. (706)
2005 Ed. (799)
Muhlenkamp
2007 Ed. (4548)
2006 Ed. (4557)
2005 Ed. (4482)
2002 Ed. (3422)
1999 Ed. (3558)
Muhlenkamp Fund
2008 Ed. (1516)
2007 Ed. (3665)
2006 Ed. (3605, 3615, 3616)
2005 Ed. (3551)
2004 Ed. (3551, 3553, 3554, 3578)
2003 Ed. (3493, 3538)
1998 Ed. (2598, 2632)
1995 Ed. (2725)
MUI Bank
1991 Ed. (601)
Muir Cornelius Moore
1989 Ed. (2352)
Muirfield Fund
1992 Ed. (3176)
Mujer de Madera
2006 Ed. (2856)
MUK Logistics
2007 Ed. (4880)
Mukesh Ambani
2008 Ed. (4841, 4879)
2007 Ed. (4909, 4914)
Mukesh & Anil Ambani
2008 Ed. (4881)
2006 Ed. (4926)
2005 Ed. (4861)
Mukesh Chatter
2001 Ed. (2279)
Mukwano Industries
2008 Ed. (96)
Mulally; Alan
2008 Ed. (952)
Mulawa Holdings
2004 Ed. (3951)
Mulcahy; Anne
2008 Ed. (4948, 4950)
2007 Ed. (2506, 4975, 4981, 4983)
2006 Ed. (895, 2526, 4975, 4983)
2005 Ed. (2513, 4990)
Muldoon, Murphy & Faucette
2001 Ed. (563)
Muldoon Murphy & Faucette LLP
2005 Ed. (1437, 1438)
Mulhauser/McCleary Associates Inc.
1991 Ed. (1759)
Mulkey Enterprises
2008 Ed. (1293)
Mull; Dr. John
2005 Ed. (4868)
Mullane; Robert E.
1991 Ed. (926, 1628)
1990 Ed. (972, 973, 1720)
Mullen
2004 Ed. (127, 128, 130)
2003 Ed. (169, 170)
2002 Ed. (64, 156, 157)
2000 Ed. (148)
1999 Ed. (130)
1998 Ed. (61)
1997 Ed. (123)
1996 Ed. (119)
1995 Ed. (103)
1994 Ed. (104)
1992 Ed. (184)
Mullen Advertising
1991 Ed. (130)
1990 Ed. (131)
Mullen Group Inc.
2008 Ed. (4779)
Mullen Group Income Fund
2008 Ed. (4752)
Mullen; James
1992 Ed. (2904)
Mullen; James H.
1993 Ed. (2462)
Mullen/LHC
2003 Ed. (172)
Mullen Transportation
2007 Ed. (4856)
2006 Ed. (4853)
2003 Ed. (4805)
2002 Ed. (1610, 4695)
2000 Ed. (4320)
Muller
2008 Ed. (715, 723)
2002 Ed. (767, 1960)
1994 Ed. (3680)
Muller Boat Works Inc.
1998 Ed. (3765)
Muller Engineering Co.
2005 Ed. (2439)
Muller Jordan Weiss
1989 Ed. (59)
Muller; Robert
1997 Ed. (1947)
Mulliez
2001 Ed. (4512)
Mullin; Leo F.
1996 Ed. (1716)
Mullinax Ford; Ed
1996 Ed. (271, 297)
1995 Ed. (267)
Mullinax Ford South
2002 Ed. (354, 355, 356, 358, 359)
1996 Ed. (271, 297)
Mullinax Lincoln-Mercury
1996 Ed. (277)
Mullins; Keith
1991 Ed. (1694)
Mullins; L. Keith
1997 Ed. (1912)
1996 Ed. (1839)
1995 Ed. (1862)
1994 Ed. (1820)
1993 Ed. (1772, 1840)
Mulpha
1997 Ed. (2594)
1996 Ed. (2448)
Mulpha International Trading Corp.
1994 Ed. (2349)
Mulqueen; Michael
2005 Ed. (2468)
Mult Vit 100s
1991 Ed. (3454)
Mult Vit w/iron 100s
1991 Ed. (3454)
Mult W/Min 100s
1991 Ed. (3454)
Multex Investor
2003 Ed. (3032)
2002 Ed. (4850, 4861)
Multex.com, Inc.
2003 Ed. (2724)
2002 Ed. (2524)
Multi Banco
2000 Ed. (475)
Multi Bank Financial
1994 Ed. (2703)
Multi Bintang Indonesia
1991 Ed. (1303, 2012, 2013)
1990 Ed. (1381)
1989 Ed. (1127)
Multi-Channel Communications Inc.
2007 Ed. (2739)
Multi Choice
2001 Ed. (84)
Multi-Color Corp.
2008 Ed. (4420)
2005 Ed. (4379)
Multi-Craft Contractors Inc.
2008 Ed. (1272, 1338)
Multi-Craft Litho Inc.
2008 Ed. (3711, 4396, 4963)
2007 Ed. (3558, 3559, 4422)
2006 Ed. (3515, 4354)
Multi-Financial Securities
2000 Ed. (847)
Multi-Fineline Electronix
2008 Ed. (2856)
2007 Ed. (2726)
Multi Fund
1998 Ed. (3655)
1997 Ed. (3817)
Multi Holding Corp.
2002 Ed. (3574)
Multi Link Telecom
2002 Ed. (1619)
Multi-Marques
2000 Ed. (3028)
Multi-Mile
2008 Ed. (4679)
2006 Ed. (4743, 4744)
Multi Plan Inc./Donald Rubin Inc.
1993 Ed. (2907)
Multi-Products Distribution Inc.
2002 Ed. (1074)
Multi-Purpose
1996 Ed. (2446)
Multi-Purpose Holdings
1994 Ed. (2349)
1992 Ed. (2824, 3979)
1991 Ed. (1324)
1990 Ed. (1397)
1989 Ed. (1139)
Multi-Purpose Holdings Bhd
1997 Ed. (182, 1474)
1995 Ed. (164, 1453)
1992 Ed. (1667)
Multi-Tech
1990 Ed. (2595)
Multi-utilities
2008 Ed. (1632)
Multiactive Software Inc.
2003 Ed. (2940, 2941)
Multibanco Comermex
1997 Ed. (557)
1996 Ed. (604)
1995 Ed. (545)
1994 Ed. (569)
1993 Ed. (567)
1992 Ed. (777, 777)
1991 Ed. (607)
1990 Ed. (634)
1989 Ed. (620)
Multibanco Mercantil Probursa
1997 Ed. (557)
1996 Ed. (604)
Multibank Financial Corp.
1990 Ed. (452, 648)
Multibanka
2000 Ed. (591)
1997 Ed. (538)
Multibras
2005 Ed. (1839)
Multicanal
1997 Ed. (877, 877)
Multicare Cos. Inc.
1999 Ed. (1552)
Multicare; Crest
2008 Ed. (4699)
Multichannel News
2007 Ed. (158)
1996 Ed. (2970)
MultiChoice
2007 Ed. (85)
2006 Ed. (95)
Multichoice Hellas
2008 Ed. (44)
Multicom Holdings Ltd.
1992 Ed. (1198)
Multicor
1989 Ed. (1780)
Multifamily residential properties
1994 Ed. (2366)
Multiflavor juice
1990 Ed. (1859)
Multifood Distribution Group
2000 Ed. (2242)
Multilayer PC boards
1990 Ed. (1613)
MultiLink Technology Corp.
2004 Ed. (4580)
2003 Ed. (2723)
multiLIS
1994 Ed. (2522, 2523)
Multimania
2001 Ed. (4777)
Multimax Inc.
2008 Ed. (1399)
2003 Ed. (1348)
Multimedia
2001 Ed. (4220)
1997 Ed. (728)
1996 Ed. (790)
1995 Ed. (716, 717, 877)
1994 Ed. (757, 759, 760, 2445)
1993 Ed. (752, 753, 2009)
1992 Ed. (944, 945)
1991 Ed. (750, 751)
1990 Ed. (780, 3525, 3552)
1989 Ed. (782)
Multimedia Games
2005 Ed. (2775)
Multimedia PR & Marketing
2002 Ed. (3854)
Multimedia Saatchi & Saatchi
2000 Ed. (179)
Multimedia Security Service Inc.
1998 Ed. (3201, 3202)
Multimedia Security Services Inc.
1997 Ed. (3415, 3416)
Multimedia Solutions Corp.
2002 Ed. (1155)
Multiminerals
1994 Ed. (3637)
Multinacional de Seguros
2008 Ed. (3261)
2007 Ed. (3118)
Multinational Investment Bancorp
1990 Ed. (2316)
MultiPlan Inc.
2002 Ed. (3743, 3744)
2001 Ed. (2767, 3874)
2000 Ed. (2439, 2504, 3599, 3602, 3603)
1999 Ed. (3292, 3881, 3882)
1998 Ed. (2428, 2910)
1997 Ed. (2701, 3159)
1996 Ed. (3079)
1989 Ed. (2526)
MultiPlan National Provider Network
2005 Ed. (3883)
Multiplan Network
2001 Ed. (2768)
2000 Ed. (2505)
Multiple
1992 Ed. (1870, 1870)
Multiple Opportunities
2001 Ed. (3475)
Multiple phone lines
1994 Ed. (2101)
Multiple Plant Services Inc.
2006 Ed. (1288)
2000 Ed. (1265, 1271)
Multiplex Ltd.
2006 Ed. (1438)
Multiplex Constructions
2005 Ed. (3909)
2004 Ed. (1153, 1154, 3964, 3966)
2003 Ed. (3953, 3960)
2002 Ed. (1179, 3771, 3772, 3773)
Multiplex Display Fixture Co.
1999 Ed. (4500)
Multiplicas
2008 Ed. (741)
2007 Ed. (765)
Multipolar Corp.
2002 Ed. (3032, 4480, 4481)
Multiracial
2008 Ed. (1211)
Multisector
2006 Ed. (622)
Multistate Transmission
2001 Ed. (2530)
Multistate Transmissions
2005 Ed. (332)
2004 Ed. (330)
2003 Ed. (349)
2002 Ed. (401)
Multivalores B.G.
2008 Ed. (736)
2007 Ed. (757)

Multiverse
2007 Ed. (3446)
Multivision
1997 Ed. (877)
Multivitamins
2004 Ed. (2102)
1994 Ed. (3636, 3637)
Multivitamins, adult
2004 Ed. (2101)
Multivitamins, children
2004 Ed. (2101)
Multnomah
2004 Ed. (749)
2003 Ed. (727)
Mulupa Food
1999 Ed. (2872)
Mulva; J. J.
2005 Ed. (2496)
Mulva; James
2007 Ed. (987)
2006 Ed. (897)
Mulva; James J.
2008 Ed. (953)
Mulvaney Homes
2005 Ed. (1185)
2004 Ed. (1157)
2003 Ed. (1152)
2002 Ed. (1181)
Mulvanny G2 Architecture Corp.
2008 Ed. (2018, 2019)
MulvannyG2
2005 Ed. (260)
MulvannyG2 Architecture
2008 Ed. (4227)
2007 Ed. (4190)
2006 Ed. (283)
2005 Ed. (4118)
Muma; L. M.
2005 Ed. (2497)
Mumbai, Bombay India
2000 Ed. (3374)
Mumford Co.
2008 Ed. (3071)
Mumm
2004 Ed. (924)
2002 Ed. (968)
2001 Ed. (1162, 1163)
1999 Ed. (1062, 1066, 1067, 1068, 4797, 4799)
1998 Ed. (675, 678, 681, 682)
1997 Ed. (927, 931, 935, 938, 942)
1996 Ed. (896, 909)
1995 Ed. (930)
1993 Ed. (876, 882, 883)
1992 Ed. (1082, 1083, 1085, 4460)
1989 Ed. (872)
Mumm Champagne
1991 Ed. (885, 884, 3499)
Mumm Cordon Rouge
1996 Ed. (903, 3865)
1995 Ed. (926, 3766)
Mumm Cuvee Napa
2006 Ed. (827)
2005 Ed. (909)
2004 Ed. (918)
2003 Ed. (899)
2002 Ed. (962)
2001 Ed. (1150)
Mumm; G. H.
1990 Ed. (1249)
Mumm Napa Valley
1997 Ed. (3886)
1996 Ed. (903, 904, 906, 3839, 3864)
Mummi Naps Valley
1995 Ed. (921, 923, 926, 927, 3766, 3767)
Mumms
2002 Ed. (777)
The Mummy
2002 Ed. (3399)
2001 Ed. (2125, 3363, 3364, 3374, 3375, 3376, 3378, 3379)
The Mummy Returns
2003 Ed. (3453)
Munch Bar
1997 Ed. (894)
Munch Bunch
2002 Ed. (1960)
Munchener Hypothekenbank
2008 Ed. (436)
2007 Ed. (471)
2006 Ed. (459)
2005 Ed. (530)
2004 Ed. (548)
2003 Ed. (532)
2002 Ed. (573)
Munchener Ruck
2000 Ed. (4130)
1997 Ed. (1415, 2425)
1996 Ed. (1352, 3412)
1995 Ed. (1401)
Munchener Ruckvers-Ges. AG.
1990 Ed. (2284)
Munchener Ruckversicherung
1993 Ed. (1320, 1902)
1991 Ed. (1775)
Munchener Ruckversicherungs-Gesellschaft
1994 Ed. (1376)
Munchener Ruckversicherungs-Gesellschaft AG
2008 Ed. (1767, 1769, 1770, 3258, 3329, 3330, 3332)
2007 Ed. (1739, 1742, 3113, 3129, 3142, 3181, 3182, 3187, 3188, 3990)
2006 Ed. (1734, 3094, 3095, 3145, 3146, 3147, 3150, 3151, 3154)
2005 Ed. (2146, 3089, 3090, 3091, 3138, 3139, 3153, 3154)
Munchener Ruckversicherungs-Gesellschaft AG (Munich Re)
2004 Ed. (3130, 3131, 3142, 3143, 3144)
2003 Ed. (1686, 2990, 3012)
2002 Ed. (1661, 1663, 2966, 2968, 2969, 2972, 2973, 2974, 3952)
2001 Ed. (1716, 1717, 4038, 4040)
Munchener Rueck
1999 Ed. (2438, 2525, 2920, 2982)
Munchkin Bottling Inc.
2002 Ed. (2801)
Muncie, IN
2008 Ed. (2491)
2007 Ed. (2369)
2006 Ed. (2426)
2005 Ed. (2381)
2002 Ed. (2713)
1998 Ed. (1520, 2474)
1996 Ed. (3205)
1990 Ed. (2553)
Muncie Press Star
1992 Ed. (3239)
1991 Ed. (2600)
Muncie Star Press
1989 Ed. (2054)
The Muncy Bank & Trust
1996 Ed. (543)
1993 Ed. (510)
Muncy Building Enterprises
1998 Ed. (2899, 2900)
1996 Ed. (3075, 3076)
1995 Ed. (2974, 2977)
Muncy Homes
2007 Ed. (3625)
2006 Ed. (3555)
2004 Ed. (1202)
2003 Ed. (1197)
2000 Ed. (3592, 3593)
1999 Ed. (3871, 3872)
1991 Ed. (2758, 2759)
1990 Ed. (2597)
Munder Balanced
2001 Ed. (3454)
Munder Capital
2008 Ed. (608, 3764, 3775)
2007 Ed. (647, 648, 3662)
2006 Ed. (631, 3594)
2000 Ed. (2790, 2791)
1993 Ed. (2313)
Munder Capital Management
2006 Ed. (3601)
2005 Ed. (3583)
2003 Ed. (3084, 3110)
2002 Ed. (3022)
2001 Ed. (3018)
2000 Ed. (2846)
1999 Ed. (3053, 3056, 3101)
1998 Ed. (2261, 2307, 2657)
1997 Ed. (2518)
1996 Ed. (2381, 2399, 2421)
1995 Ed. (2363, 2367, 2389)
1992 Ed. (2753)
1991 Ed. (2222, 2205)
1990 Ed. (2320)
1989 Ed. (1803, 2139)
Munder Capital Mgmt.
2000 Ed. (2799)
1990 Ed. (2337)
Munder Framlington Emerging Markets
2001 Ed. (2307)
Munder Framlington Emerging Markets Y
1999 Ed. (3540)
Munder Framlington Healthcare
2002 Ed. (4504)
Munder Micro Cap Equity
2007 Ed. (2491)
2006 Ed. (3648, 3649)
Munder Micro-Cap Equity A
1999 Ed. (3576)
Munder Micro-Cap Equity Fund
2003 Ed. (3541)
Munder Micro-Cap Equity Y
1999 Ed. (3522)
Munder Mid Cap Core Growth
2008 Ed. (2618)
2007 Ed. (2488)
Munder Net Fund
2001 Ed. (2306, 2306, 2306)
Munder Net Net Fund A
2000 Ed. (622)
Munder NetNet
2000 Ed. (3225, 3290)
1999 Ed. (3578)
Munder Small Cap Value K
1999 Ed. (598, 3575)
Munder Small Cap Value Y
1999 Ed. (598, 3575)
Munder Small Company Growth
1998 Ed. (2608)
Munder Small Company Growth K
1998 Ed. (407)
Munder Small Company Growth Y
1998 Ed. (407)
Mundet
1997 Ed. (698)
Mundial Confianca
1999 Ed. (3251)
Mundie; Craig J.
2005 Ed. (2476)
Mundt; Ray
1992 Ed. (2064)
Mundt; Ray B.
1993 Ed. (1706)
1991 Ed. (1633)
1990 Ed. (1725)
Munford
1990 Ed. (1217)
Munger, Tolles & Olson LLP
2007 Ed. (3299, 3318)
2006 Ed. (3242)
2002 Ed. (3059)
Muni Assist Corp
1990 Ed. (2655)
MuniAuction
2001 Ed. (4754)
Munich
2000 Ed. (3377)
1997 Ed. (3782)
Munich American Reassurance Co.
2008 Ed. (3292, 3300, 3305)
2007 Ed. (3150, 3155)
2004 Ed. (3107)
2003 Ed. (3013)
Munich American Reinsurance
1999 Ed. (2905)
1995 Ed. (3087)
Munich-Cologne, Germany
1992 Ed. (1166)
Munich, Germany
2008 Ed. (1819)
2007 Ed. (256, 257, 258)
2006 Ed. (4182)
2004 Ed. (3305)
2002 Ed. (2750)
1993 Ed. (2468, 2531)
1992 Ed. (1165, 3292)
Munich Group
2000 Ed. (3750)
Munich Re
2008 Ed. (1767, 1769, 1770, 3258, 3329, 3330, 3332)
2007 Ed. (1739, 1742, 3113, 3129, 3142, 3181, 3182, 3187, 3188, 3990)
2006 Ed. (1734, 3094, 3095, 3145, 3146, 3147, 3150, 3151, 3154)
2005 Ed. (2146, 3089, 3090, 3091, 3138, 3139, 3153, 3154)
Munich Re (Italia)
2001 Ed. (2956, 2957, 2959)
Munich Reinsurance Co.
1999 Ed. (2918, 4034, 4035, 4036, 4037)
1998 Ed. (3039, 3040)
1997 Ed. (2420, 3293)
1996 Ed. (3186, 3188)
1995 Ed. (2281, 3088)
1994 Ed. (3040, 3042)
1993 Ed. (2992, 2994)
1991 Ed. (2132, 2133, 2829)
1990 Ed. (2261)
Munich Reinsurance Group
2000 Ed. (3749, 3752)
1992 Ed. (3658, 3660)
Munich, West Germany
1991 Ed. (2632)
Municie Press, Star
1990 Ed. (2691)
Municie Star Press
1990 Ed. (2700)
Municipal
2000 Ed. (1628)
1996 Ed. (1503)
Municipal Advisors Inc.
1996 Ed. (2357)
1991 Ed. (2174)
Municipal Advisory Co. Inc.
1999 Ed. (3017)
Municipal Advisory Partners
2005 Ed. (3532)
2001 Ed. (735, 875)
2000 Ed. (2757, 2759, 2765)
1998 Ed. (2233)
1997 Ed. (2478, 2480)
1993 Ed. (2268)
Municipal Assistance Corp. for New York City
1991 Ed. (2532)
1990 Ed. (3504, 3505)
Municipal Assistance Corp., New York City
1989 Ed. (2028)
Municipal Authority
2001 Ed. (905)
Municipal Bond Consulting
2001 Ed. (931)
Municipal Bond Investors Assurance
1997 Ed. (2850, 2851, 2852, 2853, 2854, 2855, 2856, 2857, 2858, 2859, 2860)
1996 Ed. (2733, 2734, 2735, 2736, 2737, 2738, 2739, 2740, 2741, 2742)
1995 Ed. (2654, 2655, 2656, 2657, 2658, 2659, 2660, 2661, 2662, 2663, 2664)
1993 Ed. (2628, 2629, 2630, 2631, 2632, 2633, 2634, 2635, 2636, 2637)
1991 Ed. (2168, 2537, 2538, 2539, 2540, 2541, 2542, 2543, 2544, 2545)
1990 Ed. (2650, 2651, 2652, 2653)
Municipal California long
2006 Ed. (622)
2004 Ed. (691)
Municipal Consultants Inc.
2005 Ed. (1644)
Municipal Credit Union
2008 Ed. (2249)
2007 Ed. (2134)
2006 Ed. (2213)
2005 Ed. (2082, 2118)
2004 Ed. (1942, 1976)
2003 Ed. (1902, 1936)
2002 Ed. (1843, 1882)
2001 Ed. (1961)
1998 Ed. (1222)
1994 Ed. (1504)
Municipal Electric Authority of Georgia
2000 Ed. (1727)
1996 Ed. (1612)

1995 Ed. (1628, 1635)
1994 Ed. (3363)
1993 Ed. (1548, 1556, 3359)
1992 Ed. (4029)
1991 Ed. (3158)
Municipal Electric-Georgia
1990 Ed. (2640, 2640)
Municipal Employee Credit Union of Baltimore
1995 Ed. (1536)
Municipal Employees Credit Union of Baltimore
2008 Ed. (2237)
2007 Ed. (2122)
2006 Ed. (2201)
2005 Ed. (2106)
2004 Ed. (1964)
2003 Ed. (1924)
2002 Ed. (1870)
Municipal Financial
1992 Ed. (2153)
Municipal Financial Consultants Inc.
1991 Ed. (2170)
Municipal-general bond funds
1993 Ed. (717)
Municipal high yield
2006 Ed. (622)
Municipal-high yield bond funds
1993 Ed. (717)
The Municipal Insurance Co. of America
2002 Ed. (3558)
Municipal-insured bond funds
1993 Ed. (717)
Municipal National intermediate
2004 Ed. (691)
Municipal National long
2004 Ed. (691)
Municipal New York intermediate
2004 Ed. (691)
Municipal New York long
2004 Ed. (691)
Municipal Savings & Loan
1997 Ed. (3811)
1992 Ed. (4360)
Municipal single-state intermediate
2004 Ed. (691)
Municipal single-state long
2004 Ed. (691)
Municipal Stadium
1989 Ed. (986)
Municipal Treasurers Association of the United States and Canada
1999 Ed. (301)
Municipalities
2001 Ed. (2153)
Municipality of Metro Toronto
1994 Ed. (3553)
Municipality of Metropolitan Seattle
1992 Ed. (3487, 4032)
1991 Ed. (1886, 3161)
1990 Ed. (847)
Municipality of Metropolitan Toronto
1995 Ed. (3632)
1993 Ed. (3590)
1992 Ed. (4311)
MuniEnhanced Fund
1991 Ed. (2940)
Munistat/PFA Inc.
1997 Ed. (2482)
Munistat Services Inc.
1995 Ed. (2330)
Munistate Serivices Inc.
1993 Ed. (2261)
MuniYield Insured Fund Inc.
2005 Ed. (3215, 3216)
2004 Ed. (3176)
Munk It A/S
2006 Ed. (1678)
Munk; Peter
1996 Ed. (960)
Munoz Holding Inc.
2006 Ed. (1634)
Munro & Co.
1991 Ed. (258)
Munro & Company
1992 Ed. (361)
1989 Ed. (273)
Munro & Forster Communications
2002 Ed. (3858)
Munro Corporate PLC
1991 Ed. (960)
Munro Pitt
1991 Ed. (1698)
Munroe Regional Medical Center
2008 Ed. (3041)
2006 Ed. (2899)
2005 Ed. (2893)
Munson Medical Center
2008 Ed. (3062)
2006 Ed. (2921)
Munster cheese
2008 Ed. (902)
2007 Ed. (919)
2006 Ed. (838)
2005 Ed. (929)
2004 Ed. (937)
2003 Ed. (929)
Muntenia
2006 Ed. (4530)
Munu Bhaskaran
1996 Ed. (1852)
Munze Osterreich AG
2001 Ed. (3216)
1999 Ed. (3299)
Murad Skin Care
1997 Ed. (2390)
Murai, Wald, Biondo & Moreno PA
2001 Ed. (565)
Murat Theatre
2006 Ed. (1155)
2003 Ed. (4529)
Murata
1993 Ed. (1733)
1992 Ed. (1935, 2096, 2097)
1990 Ed. (2040, 2041, 2042, 2043, 2044)
Murata Business Systems
1991 Ed. (1643)
Murata/Erie
1993 Ed. (1562)
Murata Machinery Ltd.
2008 Ed. (3602)
2007 Ed. (3436)
2006 Ed. (3421)
2004 Ed. (3397)
2003 Ed. (3320)
Murata Manufacturing
2007 Ed. (2349)
2006 Ed. (4095)
2004 Ed. (2258)
2003 Ed. (2249)
2002 Ed. (4431)
2001 Ed. (1146)
Murata/Muratec
1994 Ed. (1735)
Muratee
1995 Ed. (1761)
Muratore; Carol
1989 Ed. (1417)
Murayama; Rie
1997 Ed. (1979, 1987)
1996 Ed. (1871, 1881)
Murchie; James
1996 Ed. (1812, 1813)
1995 Ed. (1834)
Murco Inc.
1996 Ed. (2587, 2589, 3065)
1993 Ed. (2515, 2893)
Murder at 1600
1999 Ed. (4720)
"Murder, She Wrote"
1995 Ed. (3582)
Murders/Assaults
1992 Ed. (1763)
Murdoch
1993 Ed. (2803)
Murdoch; Elisabeth
2007 Ed. (4977)
Murdoch; Elizabeth
2007 Ed. (4976)
2006 Ed. (4976)
Murdoch; K. Rupert
2008 Ed. (948)
2007 Ed. (977, 1033)
Murdoch; Keith Rupert
1989 Ed. (1986)
Murdoch; Lachlan
2005 Ed. (785)
Murdoch Magazines
2004 Ed. (3939)
2002 Ed. (3783)
1996 Ed. (3607)
1992 Ed. (3390)
1991 Ed. (2709)
1990 Ed. (2796)
Murdoch; Rupert
2008 Ed. (4825)
2007 Ed. (4896)
2006 Ed. (689, 4901)
2005 Ed. (788, 4851)
1993 Ed. (1693)
1989 Ed. (2751, 2905)
Murdock Charitable Trust; M. J.
1995 Ed. (1927)
Murdock; David
2008 Ed. (4830)
2007 Ed. (4893)
Murdock; David H.
2005 Ed. (3936, 4843)
Murdock Development
2002 Ed. (1495)
Murdter Dvorak Iisovna, spol. s.r.o
2008 Ed. (300, 1700)
Murdter Dvorak nastrojarna, spol. s.r.o.
2008 Ed. (1700)
Murdy; W. W.
2005 Ed. (2495)
Murdy; Wayne W.
2006 Ed. (1097)
Murer Consultants
1993 Ed. (2068)
Muriel
2003 Ed. (966)
1998 Ed. (731, 3438)
Muriel Coronella 10/15
1990 Ed. (985)
Muriel Siebert
2000 Ed. (1682)
Muriel Siebert & Co.
2008 Ed. (731, 737, 2340)
2007 Ed. (758, 759, 760, 761, 2203)
2006 Ed. (662, 2267)
2005 Ed. (2205)
1999 Ed. (1867, 3012)
1996 Ed. (2658, 3352)
Murine
1996 Ed. (1601)
1993 Ed. (1541)
Murine Plus
1997 Ed. (1817)
1995 Ed. (1601, 1759)
Murli Kewalram Chanrai
2008 Ed. (4850)
2006 Ed. (4918)
Murphey Favre Inc.
1997 Ed. (738)
1996 Ed. (802)
1993 Ed. (763)
Murphy Co.
2005 Ed. (1294)
2000 Ed. (1254)
Murphy & Associates Inc.; P.
1997 Ed. (847)
1996 Ed. (836)
1995 Ed. (854)
Murphy Bank
2005 Ed. (520)
Murphy Bros. Enterprises
2000 Ed. (987)
Murphy Bros. Exposition
2005 Ed. (2523)
1999 Ed. (1039)
1998 Ed. (646)
1997 Ed. (907)
Murphy Bros. Expositions
1995 Ed. (910)
"Murphy Brown"
1997 Ed. (3722)
1995 Ed. (3582)
1993 Ed. (3534)
Murphy-Brown LLC
2008 Ed. (3452)
2007 Ed. (3355)
2006 Ed. (3288)
2005 Ed. (3296, 3297)
2004 Ed. (3288, 3289)
Murphy; Dale
1989 Ed. (719)
Murphy; Daniel T.
1992 Ed. (2904)
1991 Ed. (2343)
Murphy; David L.
2008 Ed. (2635, 3120)
Murphy; Eddie
2008 Ed. (183)
1990 Ed. (1672, 2504)
1989 Ed. (1347)
Murphy Family Farms
1998 Ed. (757)
Murphy Farms Inc.
2003 Ed. (3234)
2001 Ed. (3153)
Murphy/Jahn Inc.
2001 Ed. (407, 408)
1999 Ed. (2788)
1992 Ed. (356)
1990 Ed. (281)
Murphy; John
1991 Ed. (928)
Murphy; Kevin
1997 Ed. (1856)
Murphy Co. Mechancial Contractors & Engineers
1999 Ed. (1363)
Murphy Co. Mechanical Contractors & Engineers
2008 Ed. (1245, 1261, 1330, 4001, 4002)
2007 Ed. (1387, 3977, 3978, 3979)
2006 Ed. (1258, 1260, 1287, 1338, 3924)
2005 Ed. (1288, 1317, 1342, 3861)
2004 Ed. (1238, 1240, 1337)
2003 Ed. (1235, 1337)
1999 Ed. (1372)
1998 Ed. (951)
1997 Ed. (1163)
1996 Ed. (1135)
1995 Ed. (1160)
1994 Ed. (1141)
1993 Ed. (1125, 1140)
Murphy Oil Corp.
2008 Ed. (1561, 1562, 3894, 3908)
2007 Ed. (1578, 1579, 3832, 3838, 3845, 3855, 3889)
2006 Ed. (1548, 1549, 3828, 3838, 3861)
2005 Ed. (1653, 1654, 3736, 3737, 3746, 3756, 3795)
2004 Ed. (1627, 1628, 3845, 3866)
2003 Ed. (1611, 1612, 3818)
2002 Ed. (1577)
2001 Ed. (1613)
1996 Ed. (1646, 2821)
1995 Ed. (1339, 2754)
1994 Ed. (1318, 1628)
1993 Ed. (1273)
Murphy Oil USA Inc.
2008 Ed. (1561, 3932)
2007 Ed. (1578)
2006 Ed. (1548)
2005 Ed. (1653)
2004 Ed. (1627)
Murphy Overseas Ventures Inc.
2003 Ed. (1611)
Murphy; Therese
1997 Ed. (1879)
Murphy; Thomas S.
1996 Ed. (966)
1992 Ed. (2051)
Murphy's
1999 Ed. (1182)
Murphy's Mart
1990 Ed. (1518)
Murphy's Oil
2003 Ed. (977)
Murphy's Oil Soap
2002 Ed. (1064)
2001 Ed. (1237, 1240)
2000 Ed. (1096)
Murray Co.
2008 Ed. (4001)
2002 Ed. (3062, 3064, 3066, 3067)
2000 Ed. (2913)
1999 Ed. (3167, 3168, 4629)
1998 Ed. (2342, 2545, 2546, 3351, 3596)
1997 Ed. (3775)
1996 Ed. (3723)
1995 Ed. (3639)
1994 Ed. (3560)
Murray & Roberts Contractors
2003 Ed. (1320)
2002 Ed. (1304)
Murray & Roberts Holdings Ltd.
2004 Ed. (1855)
2002 Ed. (1764)

Murray, Anne
1991 Ed. (1040)
1989 Ed. (991)
The Murray Automotive Group
2007 Ed. (1866, 4363)
Murray, Axmith & Associates
1993 Ed. (2747)
1991 Ed. (2650)
Murray-Benjamin Electric
1998 Ed. (3765)
Murray Brown
1996 Ed. (1907)
Murray; Catherine
1996 Ed. (1897)
Murray Construction
2000 Ed. (3722)
1997 Ed. (3261)
Murray Construction Company Inc.
2000 Ed. (3712)
Murray; David
2007 Ed. (4926, 4928)
2005 Ed. (4892)
Murray Demo
2007 Ed. (1063)
2006 Ed. (967)
Murray; Eddie
1989 Ed. (719)
Murray Edwards
2005 Ed. (4864)
Murray Emerging Economies
2000 Ed. (3309)
Murray European
1992 Ed. (3203)
Murray Franklin
1998 Ed. (921)
Murray Franklin Cos.
2000 Ed. (1236)
Murray Franklyn
2004 Ed. (1219)
2003 Ed. (1212)
2002 Ed. (1211)
Murray Goulburn Co-op
2005 Ed. (3909)
2004 Ed. (2651, 2652, 3964, 3966)
2003 Ed. (3959)
2002 Ed. (3775)
Murray Income
2000 Ed. (3298)
Murray; J. Terrence
1996 Ed. (381)
Murray; James
2007 Ed. (2465)
Murray Johnstone
1993 Ed. (2306)
1992 Ed. (2679, 2793)
Murray Johnstone Holdings (1984) Ltd.
1990 Ed. (1413)
Murray Johnstone International
2001 Ed. (3003)
1998 Ed. (2279)
1997 Ed. (2523, 2539)
1992 Ed. (2747)
Murray-Kentucky Lake, KY
1989 Ed. (2336)
Murray Lawrence & Partners Ltd.
1993 Ed. (2453, 2455, 2458)
1992 Ed. (2900)
Murray Lawrence & Partners; Non-marine 362,
1991 Ed. (2336)
Murray Lawrence & Partners; 362,
1991 Ed. (2338)
Murray Lawrence & Partnets
1992 Ed. (2897)
Murray M. Rosenberg Foundation
2002 Ed. (2339)
Murray Medical Campus
2002 Ed. (2455)
Murray Ohio
1990 Ed. (2681)
Murray Ohio Manufacturer Co. Corp.
1990 Ed. (3557)
Murray Pipework Ltd.
1990 Ed. (1413)
Murray; Sir David
2008 Ed. (4900, 4904)
Murray; William
1996 Ed. (1710)
1994 Ed. (1715)
Murray Winckler
2000 Ed. (2187)
1999 Ed. (2427)
Murray's
2001 Ed. (1494)
1999 Ed. (1420)
Murrell, Hall, McIntosh & Co.
2008 Ed. (2008)
Murren; James
2007 Ed. (1059)
2006 Ed. (962)
2005 Ed. (988)
1997 Ed. (1919)
1996 Ed. (1847)
1995 Ed. (1866)
Murry; Albert B.
1992 Ed. (532)
Murry Gerber
2007 Ed. (997)
2006 Ed. (907)
2005 Ed. (968)
Muscarelle Inc.; Jos. L.
1990 Ed. (1179)
Muscat Advertising-Oman
2003 Ed. (131)
2002 Ed. (163)
2001 Ed. (192)
1999 Ed. (137)
Muscat Blanc
2002 Ed. (4969)
2001 Ed. (4873)
1996 Ed. (3837)
Muscat Festival
2008 Ed. (67)
2007 Ed. (63)
2006 Ed. (72)
2005 Ed. (65)
2004 Ed. (70)
Muscat of Alexandria
2003 Ed. (4968, 4969)
2002 Ed. (4969, 4970)
2001 Ed. (4872, 4873)
Muscatine, IA
2000 Ed. (1090, 3817)
Muscle & Fitness
1993 Ed. (2805)
1992 Ed. (3386)
1991 Ed. (2705)
Muscle/body support devices
2002 Ed. (2050, 2051, 2281)
Muscle or body aches
1996 Ed. (221)
MuscleTech Research & Development Inc.
2006 Ed. (140)
Musco Marchewka & Co.
2008 Ed. (279)
Muscular Dystrophy Association
1996 Ed. (914)
1995 Ed. (940, 2779)
1994 Ed. (906)
1993 Ed. (1701)
Muse Communications Inc.
2008 Ed. (176)
2007 Ed. (193)
2006 Ed. (187)
Muse Cordero Chen & Partners
2005 Ed. (174)
2004 Ed. (171)
2000 Ed. (68)
1999 Ed. (64)
Muse Creative Holdings
2003 Ed. (215)
Muse Creative Holdings LLC
2002 Ed. (711)
Museum Associates
1996 Ed. (916)
The Museum Center at Union Terminal
1993 Ed. (3594)
Museum/Imagery
1995 Ed. (2989)
Museum of Contemporary Art
1991 Ed. (894)
Museum of Contemporary Art (Chicago)
1994 Ed. (892)
Museum of Fine Arts
2008 Ed. (3792)
2007 Ed. (3707)
1989 Ed. (1146)
Museum of Fine Arts Boston
2000 Ed. (317)
Museum of Flying
2000 Ed. (1185)
Museum of Immigration (Ellis Island)
1992 Ed. (4318)
Museum of Modern Art
2005 Ed. (3605)
2000 Ed. (3343)
Museum of Radio & Television
1993 Ed. (3594)
The Museum Shop
1997 Ed. (3546)
1996 Ed. (3481)
Museums
2002 Ed. (2782)
1999 Ed. (3007)
Musgrave & Theis LP
2007 Ed. (1684)
2006 Ed. (1681)
Musgrave Group plc
2008 Ed. (1858)
Musgrave SuperValu Centra
2007 Ed. (2038)
2006 Ed. (2066)
2005 Ed. (1985, 1987)
Mushrooms
2003 Ed. (4827, 4828)
2002 Ed. (4715)
1999 Ed. (3837)
Mushrooms, exotic
1998 Ed. (1859)
Music
2008 Ed. (109, 2439)
2007 Ed. (98)
2006 Ed. (104)
2005 Ed. (3359)
2004 Ed. (3334, 3335)
2001 Ed. (1099, 2988, 2990)
2000 Ed. (1048)
1996 Ed. (865)
1992 Ed. (2859)
Music amplifiers
1994 Ed. (2591)
Music & games
1998 Ed. (3661, 3662)
Music Boulevard
1999 Ed. (3001, 3503)
Music Box
1996 Ed. (3031)
Music boxes
1999 Ed. (1222)
1997 Ed. (1049)
Music/CDs/Records
1999 Ed. (4314)
Music equipment
1998 Ed. (1953)
Music Express Inc.
2008 Ed. (4954)
Music Fair Prods.
1991 Ed. (2771)
Music Fair Productions
1993 Ed. (2924)
Music Go Round
2008 Ed. (879)
2004 Ed. (911)
2002 Ed. (957)
Music Hall at Fair Park
2002 Ed. (4345)
2001 Ed. (4353)
"Music Man"
1991 Ed. (2772)
Music Mountain Water Co., Inc.
2006 Ed. (4355)
Music-on-demand
1996 Ed. (859)
Music Stand
2007 Ed. (888)
Music Street
2007 Ed. (75)
2004 Ed. (81)
Music/video stores
1998 Ed. (3295)
"Music Videos"
2001 Ed. (1094)
1993 Ed. (3669, 3670)
Musical Arts Association
2001 Ed. (3549)
Musical instrument repairer
1989 Ed. (2091)
Musical instruments
1998 Ed. (927)
Musical portable keyboards
1994 Ed. (2591)
Musical toys
1998 Ed. (3605)
Musicblvd.com
2000 Ed. (2753)
Musicians Friend Inc.
1999 Ed. (3500, 3502)
1997 Ed. (2861, 2863)
1996 Ed. (2746, 2748)
1995 Ed. (2675)
1994 Ed. (2594, 2596)
1993 Ed. (2641, 2642)
Musicians Friend Wholesale
2001 Ed. (3415)
2000 Ed. (3218, 3220)
Musicland Group Inc.
2001 Ed. (1794, 2750)
Musicland Retail Inc.
2001 Ed. (1794)
Musicland Stores Corp.
2005 Ed. (2873)
2004 Ed. (2162, 2883, 4843)
2003 Ed. (2776)
2002 Ed. (2055, 4748, 4750)
2001 Ed. (2751)
1997 Ed. (3551, 3553)
1996 Ed. (2745, 3486)
1995 Ed. (3423)
Musicnotes.com
2007 Ed. (2322)
Musil Perkowitz Ruth Inc.
1997 Ed. (267)
1996 Ed. (235)
Musk; Elon
2005 Ed. (2453)
Muskegon Chronicle
1998 Ed. (79)
1992 Ed. (3245)
1991 Ed. (2599, 2608)
1990 Ed. (2695, 2699)
1989 Ed. (2053)
Muskegon, MI
1990 Ed. (291)
Muskingum River
1992 Ed. (1896)
Muskita Aluminium Industries Ltd.
2006 Ed. (4496)
Muskogee
1998 Ed. (3401)
Muskogee, OK
2007 Ed. (4097)
2006 Ed. (1180)
2005 Ed. (1190)
Muslim Commercial Bank
2008 Ed. (489)
2006 Ed. (510)
2004 Ed. (604)
2002 Ed. (3045, 4453, 4454)
1999 Ed. (3132)
1996 Ed. (566)
1992 Ed. (814)
1989 Ed. (649)
Muslim Commercial Bank Limited
2000 Ed. (2879)
Mussels
2007 Ed. (2581, 2582)
2006 Ed. (2606, 2607)
2005 Ed. (2607, 2608)
2004 Ed. (2618, 2619)
2001 Ed. (2447)
Mustang
2002 Ed. (380)
2001 Ed. (492, 533)
Mustang Engineering Holdings Inc.
2008 Ed. (2541, 2544, 2554, 2561)
2007 Ed. (2417, 2434)
Mustang Engineering LP
2005 Ed. (2422)
2004 Ed. (2360, 2362, 2364)
2003 Ed. (2297)
Mustang; Ford
2005 Ed. (348)
Mustang Holdings Inc.
2003 Ed. (1729)
Mustang Pipeline Co.
2008 Ed. (3987, 3988)
2007 Ed. (3960, 3961)
2006 Ed. (3910, 3911)
Mustang Resources
2007 Ed. (1622)
2005 Ed. (1728)
Mustapha Kamal Abu Bakar
2006 Ed. (4917)
Mustard
2003 Ed. (1129)

2002 Ed. (1981)
Mustard seed
1998 Ed. (3348)
MUT BEN "9" SELIG-CM STK
1994 Ed. (3619)
Mutant Technology
2002 Ed. (2494)
Mutton
2007 Ed. (3442, 3443)
2006 Ed. (3427, 3428)
2005 Ed. (3417, 3418)
Muttontown, NY
1989 Ed. (1634, 2773)
Mutua Madrilena
1996 Ed. (2289)
1994 Ed. (2238)
Mutua Madrilena Autom
1993 Ed. (2260)
Mutual American Investment Corp.: Stock
1992 Ed. (4376)
Mutual American Life Assurance Co.
1990 Ed. (2241)
Mutual & Federal
2000 Ed. (2673)
1995 Ed. (2284)
1993 Ed. (2259)
1991 Ed. (2157)
1990 Ed. (2283)
Mutual Beacon
1997 Ed. (2874, 2882)
1996 Ed. (2753, 2774, 2789, 2801)
1995 Ed. (2678, 2698, 2704)
1994 Ed. (2614)
Mutual Beacon Fund
1990 Ed. (2392)
Mutual Benefit
1990 Ed. (1040, 1795)
Mutual Benefit Fund
1994 Ed. (2604)
Mutual Benefit Life
1992 Ed. (2156)
1991 Ed. (968, 1724)
1990 Ed. (1039)
Mutual Benefit Life Insurance
1993 Ed. (2204, 2226)
1992 Ed. (1203, 2676)
1990 Ed. (2224)
Mutual Credit Union
2008 Ed. (2241)
2007 Ed. (2126)
2006 Ed. (2205)
2005 Ed. (2110)
2004 Ed. (1968)
2003 Ed. (1928)
2002 Ed. (1874)
Mutual Discovery
2004 Ed. (2481)
2003 Ed. (3614)
1995 Ed. (2724)
Mutual Discovery Z
1999 Ed. (3574)
Mutual European
2005 Ed. (4494)
2004 Ed. (2475, 3646, 3649)
2003 Ed. (3609)
2001 Ed. (3500)
Mutual Federal S & L Association of Atlanta
1991 Ed. (2922)
Mutual Financial Services
2005 Ed. (4486)
2003 Ed. (3117, 3522)
Mutual First Credit Union
2004 Ed. (1971)
2003 Ed. (1931)
2002 Ed. (1877)
Mutual First Federal Credit Union
2008 Ed. (2244)
2007 Ed. (2129)
2006 Ed. (2208)
2005 Ed. (2113)
Mutual fund
1991 Ed. (2260)
Mutual fund companies
1994 Ed. (2773)
Mutual Fund Forcaster
1993 Ed. (2360)
Mutual Fund Public Co.
2001 Ed. (2891)
1999 Ed. (2895)
1997 Ed. (2403)
Mutual fund sales
1993 Ed. (3683)
The Mutual Fund Store
2005 Ed. (1831)
The Mutual Fund Strategist
1993 Ed. (2360)
1992 Ed. (2799, 2801)
Mutual funds
1994 Ed. (338)
1993 Ed. (2365)
Mutual Funds Magazine
1999 Ed. (3765)
Mutual funds/securities
1997 Ed. (1570)
The Mutual Group
1999 Ed. (2959)
1997 Ed. (2455)
1996 Ed. (2326)
Mutual Life Assurance
1989 Ed. (923)
Mutual Life Assurance Co. Canada
1996 Ed. (2325)
1994 Ed. (2263)
Mutual Life Assurance Co. of Canada
1997 Ed. (1011, 2454)
1995 Ed. (2311)
1993 Ed. (2228)
1992 Ed. (1186, 2672, 2673)
Mutual Life Insurance Co. of New York
2000 Ed. (2672)
1999 Ed. (2923)
1998 Ed. (2137)
1996 Ed. (2288)
Mutual Life Insurance Co. of NY
1994 Ed. (2261)
1991 Ed. (244, 2103)
Mutual Life of Canada
1991 Ed. (2110)
Mutual Life of New York
1997 Ed. (2426)
1996 Ed. (2317)
1993 Ed. (2258, 2380, 3653)
1992 Ed. (338, 4381)
1991 Ed. (243, 246)
Mutual NY Var Acct B
1989 Ed. (262, 263)
Mutual of America
1995 Ed. (2277)
1993 Ed. (2291, 2379)
Mutual of America Life Insurance Co.
2007 Ed. (3138)
1999 Ed. (2923)
1998 Ed. (172, 2137)
1997 Ed. (2426)
1992 Ed. (3261)
Mutual of America Scudder International
1994 Ed. (3613)
Mutual of Detroit Insurance Co.
2001 Ed. (2948)
2000 Ed. (2710)
1999 Ed. (2960)
1998 Ed. (2191)
Mutual of Omaha
1999 Ed. (2930)
1993 Ed. (2194, 2195, 2197, 2198)
1990 Ed. (2218, 2226)
Mutual of Omaha America
1990 Ed. (2387)
Mutual of Omaha Group
2003 Ed. (1774)
2002 Ed. (3486)
Mutual of Omaha Insurance Co.
2008 Ed. (1960, 1962, 3273, 3274, 3313, 3314)
2007 Ed. (1896, 1898, 2903, 3123, 3124, 3138, 3165, 3166, 3167)
2006 Ed. (1914, 1916, 3120)
2005 Ed. (1892, 1894, 3115)
2004 Ed. (1809, 1811, 3112)
2003 Ed. (1772, 1775, 2994)
2002 Ed. (1733, 2889, 2890, 2932)
2001 Ed. (1802, 2930, 2932, 2949)
2000 Ed. (1520, 2676, 2678, 2695)
1999 Ed. (1709, 2925, 2932, 2945)
1998 Ed. (1179, 2150, 2151, 2171)
1997 Ed. (1483)
1996 Ed. (1423, 2265, 2299, 2300)
1995 Ed. (2277, 2290)
1992 Ed. (2653)
1991 Ed. (2091)
Mutual of Omaha Interest Shares
1993 Ed. (2664)
Mutual of Omaha Life Insurance Co.
2008 Ed. (1960)
2007 Ed. (1896)
Mutual of Omaha Marketing Corp.
2003 Ed. (1772)
2001 Ed. (1802)
Mutual of Omaha Tax-Free Income
1992 Ed. (3167)
Mutual Omaha Interest Shares
1991 Ed. (2561)
Mutual Qualified
1997 Ed. (2874, 2882)
1996 Ed. (2753, 2774, 2789, 2801)
1995 Ed. (2678, 2698, 2704)
1994 Ed. (2614)
1991 Ed. (2566)
1990 Ed. (2371, 2392)
Mutual Risk Captive Group Ltd.
2001 Ed. (2920)
2000 Ed. (979)
1999 Ed. (1029)
Mutual Risk Management Ltd.
2001 Ed. (2921)
2000 Ed. (978, 980)
Mutual Risk Management (Barbados) Ltd.
2001 Ed. (2919)
1999 Ed. (1028)
Mutual Risk Management (Cayman) Ltd.
1999 Ed. (1030)
1997 Ed. (899)
1996 Ed. (878)
1995 Ed. (904)
1994 Ed. (862)
1993 Ed. (849)
1992 Ed. (1059)
1991 Ed. (854)
1990 Ed. (904)
Mutual Savings & Loan Association
1990 Ed. (3580, 3586)
Mutual Savings Bank
1998 Ed. (3551)
Mutual Savings Bank FSB
1997 Ed. (3743)
Mutual Savings Bank of Wisconsin
1998 Ed. (3571)
Mutual Security Bank
1994 Ed. (2339)
Mutual Security Credit Union
2008 Ed. (2223)
2007 Ed. (2108)
2006 Ed. (2187)
2005 Ed. (2092)
2004 Ed. (1950)
2003 Ed. (1910)
2002 Ed. (1853)
Mutual Series
1998 Ed. (2618)
Mutual Service
2005 Ed. (2604)
2002 Ed. (797, 798, 799, 800, 801)
2000 Ed. (840, 841, 843, 844, 845, 846, 848)
1999 Ed. (843, 844, 845, 846, 847, 848, 850)
Mutual Service Insurance Group
2002 Ed. (2951)
Mutual Service Life
1991 Ed. (2096)
Mutual Shares
1997 Ed. (2882)
1996 Ed. (2753, 2774, 2801)
1995 Ed. (2678, 2698)
1991 Ed. (2557)
1990 Ed. (2371, 2392)
Mutually Preferred PPO
2000 Ed. (3598)
Mutuelles du Mans
1990 Ed. (2279)
Muzzleloading
2001 Ed. (4340)
Muzzo; Marco
2005 Ed. (4871)
MV Transportation Inc.
2008 Ed. (174, 177)
2007 Ed. (191)
2006 Ed. (185, 3977, 4017, 4794)
2005 Ed. (172)
2004 Ed. (169)
MVBMS Euro RSCG
2002 Ed. (102)
1996 Ed. (58)
1995 Ed. (68)
1994 Ed. (85)
MVM Inc.
2008 Ed. (2966)
2007 Ed. (2834)
2006 Ed. (2845)
1995 Ed. (2102)
1994 Ed. (2051, 2052, 2056, 2057)
MW Custom Papers LLC
2008 Ed. (1986)
The M.W. Kellogg Co.
2000 Ed. (1275, 1279, 1287)
1998 Ed. (660, 662, 1730)
1992 Ed. (1953)
1990 Ed. (1182, 1195, 1198, 1209, 1664)
MW Polar Foods Inc.
2003 Ed. (4312)
MW Post Advisory
2003 Ed. (2701)
MWE
1999 Ed. (3138)
MWH
2005 Ed. (2439)
2003 Ed. (2300, 2303)
MWH Global Inc.
2008 Ed. (2547, 2551, 2564, 2567, 2601, 2602, 2604, 2605, 2607, 4054, 4821, 4822)
2007 Ed. (2420, 2424, 2432, 2437, 2440, 2472, 2473, 2474, 2475, 2476, 2478, 4027, 4889, 4890)
2006 Ed. (1275, 1277, 1278, 2469, 2472, 2475, 2503, 2504, 2505, 2506, 2507, 3989)
2005 Ed. (1309, 2425, 2429, 2432, 2435, 3915)
2004 Ed. (1253, 1300, 1302, 2331, 2336, 2351, 2365, 2368, 2373, 2375, 2382, 2383, 2384, 2385, 2393, 2395, 2397, 2400, 2403, 2435, 2438, 2441, 2443, 2444, 2446)
MWI Inc.
2008 Ed. (3573)
MWI McDade-Woodcock Inc.
2008 Ed. (1320)
MWI Veterinary Supply
2008 Ed. (2139, 2143)
The MWW Group
2003 Ed. (3977, 3978, 3979, 3980, 3982, 4007, 4017)
2002 Ed. (3821, 3823, 3829, 3830, 3834, 3836, 3841, 3842, 3851)
2000 Ed. (3628, 3630, 3661, 3668)
1999 Ed. (3911, 3914, 3947)
MWW/Savitt
1999 Ed. (3954)
MWW Strategic Communications
1998 Ed. (2953, 2962)
1997 Ed. (3186)
1996 Ed. (3105)
1995 Ed. (3004)
1994 Ed. (2949)
1992 Ed. (3562, 3572)
MX-5 Miata
2001 Ed. (492)
MX Promotions
2002 Ed. (4086)
MX Telecom Ltd.
2008 Ed. (2951, 2952)
MXenergy
2008 Ed. (2495, 4043)
My Best Friend's Wedding
2001 Ed. (4695)
1999 Ed. (3447, 4717)
My Big Fat Greek Wedding
2005 Ed. (2259, 3518, 4832)
2004 Ed. (3517)
My Chauffeur
2000 Ed. (3168)
1999 Ed. (3453)
My Friend's Place
2004 Ed. (4240)
2002 Ed. (4089)
My Girl
1993 Ed. (2599)
My Gym Children's Fitness Center
2008 Ed. (2913)

2007 Ed. (2788)
2006 Ed. (2788)
2005 Ed. (2812)
2004 Ed. (2816)
2003 Ed. (2696)
My Gym's Children's Fitness Center
2002 Ed. (2362)
My Life
2006 Ed. (637)
My Life As a Quant
2006 Ed. (634)
My Sister's Keeper
2007 Ed. (665)
My Web Search
2008 Ed. (3355)
2007 Ed. (3225)
My Yahoo!
2002 Ed. (4838)
My Years with General Motors
2005 Ed. (718)
The MYA Group Inc.
2008 Ed. (3709, 4394)
Myanma Foreign Trade Bank
1992 Ed. (789)
1991 Ed. (469)
1990 Ed. (512)
1989 Ed. (498)
Myanmar
2006 Ed. (3016)
1997 Ed. (305)
Myanmar Investment & Commercial Bank
2007 Ed. (525)
2006 Ed. (503)
Myanmar Maccomm Public Relations Advertising
1999 Ed. (127)
Myanmar Media International
2003 Ed. (124)
1999 Ed. (127)
Myanmar Oriental Bank
2008 Ed. (351)
2007 Ed. (363, 525)
2006 Ed. (381, 503)
MyBoeingFleet.com
2004 Ed. (2203)
Mycal Corp.
2003 Ed. (4178)
2002 Ed. (4061)
2000 Ed. (3823, 3824)
1999 Ed. (1668, 4112)
Mycelex
1996 Ed. (249, 3769)
1993 Ed. (3650)
Mycelex-7
1998 Ed. (1552)
MyCFO
2002 Ed. (2473, 4814)
Mycinettes
1991 Ed. (3388)
Mycogen
1998 Ed. (465)
1997 Ed. (674)
1995 Ed. (665)
1994 Ed. (1196)
MyDoom
2006 Ed. (1147)
Myeongdong
2006 Ed. (4182)
Myer Emco
2007 Ed. (2865)
The Myer Emporium Ltd.
2004 Ed. (1634)
2002 Ed. (1594)
The Myer Family
2001 Ed. (3317)
Myers
2005 Ed. (4158)
2000 Ed. (3834)
1990 Ed. (3067, 3071, 3072, 3073)
Myers; A. Maurice
2005 Ed. (966)
Myers Inc.; Allan A.
1996 Ed. (1142)
1995 Ed. (1167)
1994 Ed. (1145, 1153)
1993 Ed. (1132)
1992 Ed. (1418, 1419)
Myers Anderson Architects
2006 Ed. (286)
Myers; Christopher
2008 Ed. (369)
Myers; Greg
2007 Ed. (1083)
2006 Ed. (990)
Myers Co. Group; L. E.
1997 Ed. (1161, 1162)
1996 Ed. (1134)
1993 Ed. (933)
Myers Industries Inc.
2008 Ed. (2358)
2007 Ed. (2230)
Myers Co.; The L. E.
1995 Ed. (1159)
1994 Ed. (1140)
1992 Ed. (3226)
Myers:Lintas Norway
1993 Ed. (124)
Myers; Mike
2008 Ed. (2590)
Myers Mitsubishi; Joe
1995 Ed. (280)
1993 Ed. (278)
1992 Ed. (392)
Myer's Original
1993 Ed. (3057)
1992 Ed. (3753, 3749)
Myers' Rum
1997 Ed. (3366, 3369, 3370)
1992 Ed. (2887)
1991 Ed. (2330, 2906, 2907, 2328, 2329)
1990 Ed. (2460)
Myers; Steven
1997 Ed. (1981)
Myers's
2004 Ed. (4230)
2003 Ed. (4207)
2002 Ed. (296, 4070)
2001 Ed. (4142)
1999 Ed. (4124)
1998 Ed. (3108)
1996 Ed. (3267, 3269, 3270, 3272)
1995 Ed. (3170, 3174, 3175)
1994 Ed. (3122, 3124)
Mykolaiv Alumina Works
2002 Ed. (4495)
Mykrolis Corp.
2006 Ed. (3391)
2005 Ed. (3394)
Mylan
2000 Ed. (2321, 2323)
1999 Ed. (1906)
Mylan Co. Ad
2001 Ed. (2067)
Mylan/DiffCo.
1999 Ed. (1910)
Mylan/Diff Co. Ad
1997 Ed. (1656)
Mylan Laboratories Inc.
2008 Ed. (3942, 3952)
2007 Ed. (3907)
2006 Ed. (1983, 1987, 2781, 3873, 3876, 4468)
2005 Ed. (1942, 1946, 1947, 1948, 1951, 2246, 2247, 3805, 3807)
2004 Ed. (2151, 3877)
2002 Ed. (2017, 3753)
2001 Ed. (2061, 2103)
1997 Ed. (1650, 2135)
1993 Ed. (1183)
1992 Ed. (1541)
1991 Ed. (1232, 3229, 2587, 2589)
1989 Ed. (1568, 1572, 2495, 2499)
Mylan Labs
1996 Ed. (1568)
Mylan Pharmaceuticals
2001 Ed. (2064)
1997 Ed. (1658, 2134)
1996 Ed. (1577)
Mylanta
2004 Ed. (251)
2003 Ed. (283)
2002 Ed. (322)
2000 Ed. (304)
1999 Ed. (279)
1998 Ed. (173, 174, 175, 1350)
1997 Ed. (257)
1996 Ed. (225, 226)
1995 Ed. (224, 1618)
1994 Ed. (225, 226)
1993 Ed. (236, 237)
1992 Ed. (340, 342, 343, 1846)
Mylanta II
1996 Ed. (226)
Mylanta II Liquid 12
1990 Ed. (1543)
Mylanta Liquid 12
1990 Ed. (1542, 1543)
Mylanta liquid 12 oz.
1990 Ed. (1575)
Mylanta 12 oz.
1991 Ed. (1451)
Mylex
1992 Ed. (2367, 3991)
Mylod; Robert
1995 Ed. (981)
1992 Ed. (1144)
1991 Ed. (927)
Myoflex
2002 Ed. (315, 316)
2001 Ed. (384)
1999 Ed. (275)
Myogen Inc.
2008 Ed. (4668)
2007 Ed. (4587)
2003 Ed. (682)
MYOU Video Corp.
2002 Ed. (2542)
MyPalm
2002 Ed. (4863)
mypoints.com
2001 Ed. (2992, 2995, 2996)
MYR Group Inc.
2008 Ed. (1257)
2007 Ed. (1360)
2006 Ed. (1281, 1293)
2005 Ed. (1311, 1321)
2004 Ed. (1304, 1315)
2003 Ed. (1301)
2002 Ed. (1289)
2001 Ed. (1474)
2000 Ed. (1260, 1268)
1999 Ed. (1368, 1376)
1998 Ed. (946, 955)
Myres/Lintas
1991 Ed. (137)
Myres Reklamebrya
1999 Ed. (136)
Myriad Genetics Inc.
2002 Ed. (4502)
Myron I. Gottlieb
1991 Ed. (1621)
Myron Picoult
1995 Ed. (1829)
1994 Ed. (1790)
1993 Ed. (1807)
Myrtle Beach, FL
1990 Ed. (3648)
Myrtle Beach, SC
2008 Ed. (2490)
2005 Ed. (2388)
2004 Ed. (4114, 4115)
2003 Ed. (4088, 4089)
2002 Ed. (3995, 3996)
2001 Ed. (4048, 4055)
2000 Ed. (1076, 1909, 3767, 3768, 3769, 4365)
1999 Ed. (2127, 4052, 4053)
1998 Ed. (743, 1548, 2057, 3052, 3053)
1997 Ed. (2336, 2763, 3305, 3308, 3309, 3349)
1996 Ed. (3201, 3203, 3248)
1995 Ed. (3106, 3108, 3148)
1990 Ed. (998)
Myrtle Potter
2007 Ed. (2506)
2006 Ed. (2526)
Myrtle Stockhus
1994 Ed. (897)
mySimon
2002 Ed. (4849)
MySoftware
2000 Ed. (3391)
MySpace
2007 Ed. (3246)
MySpace Blogs
2007 Ed. (3227)
MySpace Music
2008 Ed. (3364)
MySpace.com
2008 Ed. (3370, 3371)
MySQL AB
2008 Ed. (1147)
2007 Ed. (1249)
2006 Ed. (1135)
2005 Ed. (1146)
Myst
1998 Ed. (850)
1997 Ed. (1088, 1089, 1094, 1097)
1996 Ed. (887, 1078, 1080, 1083)
1995 Ed. (1100)
MYST MPC
1997 Ed. (1102)
The Mystery of Capital: Why Capitalism Triumphs in the West and Fails Everywhere Else
2006 Ed. (579)
The Mystery System
1999 Ed. (3904)
Mystic
1997 Ed. (3661)
Mystic Cliffs
2002 Ed. (4941, 4943, 4948, 4955, 4961)
2001 Ed. (4877, 4878, 4879, 4881, 4888, 4894)
Mystic River
2005 Ed. (727)
Mystique
2001 Ed. (485)
1996 Ed. (329)
Myteam.com
2003 Ed. (3053)
Mythic Entertainment
2005 Ed. (3276)
The Mythical Man-Month
2005 Ed. (709)
Myung-Hee; Lee
2008 Ed. (4851)
MyYearbook.com
2008 Ed. (3370)

N

N & L Apple
1993 Ed. (837)
N. B. Holdings Corp.
2003 Ed. (426)
N. B. K.
2008 Ed. (55)
2007 Ed. (53)
N. Brown
1992 Ed. (2960)
N. C. Sturgeon LP
2005 Ed. (4149)
N-Cube
1994 Ed. (3458)
N. D. Archibald
2005 Ed. (2493)
2004 Ed. (2509)
2003 Ed. (2390)
2002 Ed. (2194)
N. D. Chabraja
2005 Ed. (2482)
2004 Ed. (2498)
2003 Ed. (2378)
2001 Ed. (2317)
N. E. Agri Service
1998 Ed. (1541)
N. E. B. C. Inc.
1991 Ed. (1087)
N. E. Garrity
2001 Ed. (2332)
N. E. Philadelphia (PA) News Gleaner
2003 Ed. (3644)
N. E. Philadelphia (PA) Northeast Times
2003 Ed. (3642)
The N. G. Bailey Organisation Ltd.
1995 Ed. (1008)
N. H. Wesley
2005 Ed. (2480)
2004 Ed. (2496)
2003 Ed. (2375)
2002 Ed. (2197)
N-Hance
2008 Ed. (881, 2390)
2007 Ed. (2253)
N. Hurtado
2002 Ed. (4396)
N/I Numeric Investors Emerging Growth
2008 Ed. (2621)

N/I Numeric Investors Midcap
2008 Ed. (2617)
N/I Numeric Investors Small Cap Value
2008 Ed. (2622)
2007 Ed. (2492)
N K K Corp.
1991 Ed. (2423)
1990 Ed. (2545)
N. L. L. Construction SE
2006 Ed. (1634)
N. L. V. Financial Corp.
2006 Ed. (2091)
2005 Ed. (1992)
2004 Ed. (1877)
2003 Ed. (1842)
n-Link Corp.
2008 Ed. (3738, 4435, 4989)
2007 Ed. (3610, 3611)
2006 Ed. (3546)
N. M. Coulson
1991 Ed. (1618)
N. M. Raiji & Co.
1997 Ed. (10)
N. M. Rothschild
1997 Ed. (1232, 3488)
1994 Ed. (2474)
1993 Ed. (1198)
1992 Ed. (2140, 1456, 1484)
1991 Ed. (1126, 2676)
1990 Ed. (902)
N M Rothschild & Sons Ltd.
2008 Ed. (4666)
2006 Ed. (1416, 4724)
2005 Ed. (1446, 1447, 1448, 1453, 1460, 4672)
2004 Ed. (1429, 1430, 1431, 1434, 1435, 1442, 4695)
2003 Ed. (1404, 1405, 1406, 1411, 1418, 4719)
2002 Ed. (1354, 1355, 1360, 1364, 1365, 1367, 1368, 1369, 1371, 1421)
2001 Ed. (1521, 1530, 1531)
1996 Ed. (3393)
1994 Ed. (1203)
N. M. Rothschild & Sons (Channel Islands) Ltd.
1994 Ed. (450)
N. M. Rothschild & Sons (C.I.) Ltd.
1996 Ed. (471)
1995 Ed. (442)
1993 Ed. (449)
1992 Ed. (635)
1991 Ed. (477)
N. M. Rothschild International Asset Management
1992 Ed. (2780)
1991 Ed. (2243)
N/P Grey A/S
1989 Ed. (97)
N. Racanelli Associates
1991 Ed. (963, 965)
N. Scanniello
2006 Ed. (348)
N Software
2008 Ed. (1146)
2006 Ed. (1134)
2005 Ed. (1145)
'N Sync
2004 Ed. (2412, 2416)
2003 Ed. (1127, 1128, 2327, 2332)
2002 Ed. (1162, 1163, 2144, 3413)
2001 Ed. (1384, 3408)
N. T. Butterfield & Son; Bank of
2007 Ed. (405)
2006 Ed. (420)
2005 Ed. (468)
N. V. Kon Nederlandsche Petroleum MIJ
2002 Ed. (1644)
N V Ryan
1990 Ed. (1343)
N. W. Ayer
1997 Ed. (53)
1995 Ed. (37)
1993 Ed. (65, 75)
1992 Ed. (108)
1991 Ed. (132, 840)
1990 Ed. (65, 134, 136)
1989 Ed. (61, 64, 67, 79, 145)
N. W. Ayer & Partners
1998 Ed. (39)
1996 Ed. (54)
N. W. Newborn Specialists PC
2008 Ed. (2020)
N. Z. Mili Products
2003 Ed. (2513)
N.A.
1996 Ed. (717)
N.A. Beer
1994 Ed. (679)
1992 Ed. (880)
NA General Partnership
2005 Ed. (1940)
2003 Ed. (1807)
Na Hoku
2008 Ed. (1775)
2007 Ed. (1749)
Na Hoku, Hawaii's Finest Jewelers Since 1924
2008 Ed. (1776)
NAAFI
1996 Ed. (2186)
Naake; Judy
2007 Ed. (2463)
Naamloze Vennootschap DSM
1991 Ed. (911)
NAB
2008 Ed. (4720)
2006 Ed. (651)
2003 Ed. (4774)
2002 Ed. (4644)
NAB/Karl Koch
1993 Ed. (1152)
NAB 2004
2005 Ed. (4733)
NAB 2003
2004 Ed. (4752)
Nabanco
1996 Ed. (2604)
1995 Ed. (2540)
1993 Ed. (351)
1992 Ed. (503)
1991 Ed. (360)
Nabholz Construction Corp.
2008 Ed. (1271)
2007 Ed. (1374, 1376, 1389)
2006 Ed. (1250, 1274, 1341)
2005 Ed. (1305)
Nabi Biopharmaceuticals
2007 Ed. (4572)
2004 Ed. (2150)
NABIL Bank Ltd.
2006 Ed. (4524)
Nabisco
2008 Ed. (3161, 4444, 4448)
2007 Ed. (4462)
2006 Ed. (4389)
2003 Ed. (2503)
2001 Ed. (1813, 2464)
2000 Ed. (971, 2231)
1999 Ed. (1021, 1022, 2458)
1998 Ed. (622, 623, 1717, 3782)
1997 Ed. (328, 1212, 1213, 2930, 3069, 3533)
1996 Ed. (1176, 1942)
1995 Ed. (695, 698, 1207)
1994 Ed. (881)
1993 Ed. (740, 861, 2572)
1992 Ed. (1046, 1073, 3405)
1990 Ed. (1823)
1989 Ed. (360, 361, 2505, 2506)
Nabisco Better Cheddars
1995 Ed. (1207)
Nabisco Biscuit Co.
2000 Ed. (373)
1998 Ed. (265)
1992 Ed. (491, 493, 494, 495, 496, 497)
Nabisco Brands
1999 Ed. (2460, 2473, 3637)
1994 Ed. (882, 1191, 1877, 2828, 3342)
1991 Ed. (1741, 1745)
1990 Ed. (1827)
1989 Ed. (858)
Nabisco Brands USA
1992 Ed. (3075)
Nabisco Brands USA (Biscuit Div.)
1999 Ed. (369)
1995 Ed. (342)
1989 Ed. (354, 357, 358, 359)
Nabisco Cheese Nips
1997 Ed. (1217)
1995 Ed. (1207)
Nabisco Cheese/Peanut Butter Crackers
1997 Ed. (1216)
Nabisco Chicken in a Biskit
1995 Ed. (1206)
Nabisco Chips Ahoy
2005 Ed. (1397)
2002 Ed. (1337)
1998 Ed. (989, 991)
1997 Ed. (1215)
Nabisco Chips Ahoy Chewy
2008 Ed. (1379)
Nabisco Chips Ahoy Chunky
2008 Ed. (1379)
Nabisco Chips Ahoy Original
2008 Ed. (1379)
Nabisco Dandy
1995 Ed. (1208)
Nabisco Doo Dads
2001 Ed. (4291)
Nabisco Fig Newton
2008 Ed. (1379)
1998 Ed. (3659)
Nabisco Fig Newtons
1996 Ed. (3775)
Nabisco Foods
2000 Ed. (3131)
1998 Ed. (256, 990, 2501, 2813)
Nabisco Foods Group
2000 Ed. (2636)
Nabisco Garden Crisps
1995 Ed. (1206)
Nabisco Group
2003 Ed. (3804)
Nabisco Group Holdings Corp.
2005 Ed. (1513, 1570)
2003 Ed. (1513)
2002 Ed. (2291, 2299, 2302, 2308)
2001 Ed. (1042, 1601, 1602, 2458, 2473, 2474, 4561)
Nabisco Harvest Crisps
1995 Ed. (1206)
Nabisco Holdings Corp.
2005 Ed. (1513, 1570)
2003 Ed. (2503, 2636, 2637, 4452)
2001 Ed. (1813, 2464, 2474)
1997 Ed. (3401, 3407)
Nabisco Holdings; RJR
1991 Ed. (1227)
Nabisco Honey Maid
2002 Ed. (1339)
Nabisco Lorna Doone
1998 Ed. (3659)
1996 Ed. (3775)
Nabisco Mr. Phipps
1997 Ed. (3530, 3664)
Nabisco Newtons
2005 Ed. (1397)
2002 Ed. (1337)
1998 Ed. (989, 991)
1997 Ed. (1215)
1995 Ed. (1205)
Nabisco Nilla
1998 Ed. (989)
Nabisco Nilla Wafers
2008 Ed. (1379)
1997 Ed. (1215)
Nabisco Nutter Butter
1998 Ed. (989)
1997 Ed. (1215)
Nabisco 100 Calorie Packs
2007 Ed. (3695)
Nabisco Oreo
2008 Ed. (1379)
2002 Ed. (1337)
1998 Ed. (989, 991, 3659)
1997 Ed. (1215)
1996 Ed. (3775)
Nabisco Oreo Double Stuff
2008 Ed. (1379)
Nabisco Oreos
2005 Ed. (1397)
Nabisco Oysterettes
1995 Ed. (1208)
Nabisco Premium Saltines
2002 Ed. (1339)
Nabisco; R. J. R.
1990 Ed. (3601)
Nabisco Ritz
2002 Ed. (1339)
Nabisco Ritz Bits
2002 Ed. (1339)
Nabisco Ritz Bits Cheese Crackers
1997 Ed. (1216)
Nabisco Ritz Bits Peanut Butter Crackers
1997 Ed. (1216)
Nabisco Ritz Party Mix
2001 Ed. (4291)
Nabisco; RJR
1991 Ed. (10, 166, 173, 842, 1136, 1147, 1153, 1162, 1474, 1739, 1749, 1822, 2377, 2696, 3331, 11, 20, 27, 35, 39, 167, 175, 235, 843, 889, 890, 949, 1143, 1144, 1158, 1159, 1163, 1235, 1733, 1736, 1740, 1742, 1823, 2309, 2592, 2593, 2661, 2663, 2665, 3314)
1990 Ed. (17, 170, 175, 1236, 1238, 1239, 1240, 1244, 1346, 1815, 1820, 1905, 2685, 2687, 3475)
1989 Ed. (188)
Nabisco Round Toast Sandwich
1997 Ed. (1216)
Nabisco Saltines
1997 Ed. (1217)
Nabisco Snackwells
2005 Ed. (1397)
2002 Ed. (1337)
2000 Ed. (370, 371, 2383)
1998 Ed. (989, 991)
1997 Ed. (1215)
1996 Ed. (2825)
1995 Ed. (1205, 1207)
Nabisco Snackwell's Vanilla Sandwich Creme
1998 Ed. (3659)
Nabisco Snorkels
1995 Ed. (1207)
Nabisco Square Cheese/Peanut Butter Crackers
1997 Ed. (1216)
Nabisco Swiss Creme
1998 Ed. (3659)
1996 Ed. (3775)
Nabisco Teddy Grahams
2005 Ed. (1397)
2002 Ed. (1337)
Nabisco Triscuit
2002 Ed. (1339)
1995 Ed. (1206)
Nabisco US Food Group
2003 Ed. (371, 372, 875, 926, 952, 1133, 1134, 1371, 2915, 3655, 4457, 4458, 4459)
Nabisco Wheat Thins
2002 Ed. (1339)
1997 Ed. (1217)
1995 Ed. (1206)
Nabors Alaska Drilling Inc.
2008 Ed. (1545)
2007 Ed. (1566)
2006 Ed. (1537)
2003 Ed. (3422)
Nabors Drilling USA LP
2008 Ed. (4074)
Nabors, Giblin & Nickerson
2001 Ed. (792, 921)
1995 Ed. (2651)
Nabors Industries Inc.
2008 Ed. (1580, 3893)
2007 Ed. (1602, 2382, 3831, 3834, 4516)
2006 Ed. (2434, 2438, 2439, 3818, 3822)
2005 Ed. (2393, 2396, 2397, 3726)
2004 Ed. (234, 2312, 2315, 3818, 3820, 3821)
2003 Ed. (2583, 3808, 3810, 3812, 3815, 4540)
2002 Ed. (306, 307, 3666)
2001 Ed. (3753)
2000 Ed. (281, 283, 284, 288)
1999 Ed. (3794)
1995 Ed. (205)
1994 Ed. (204)
Nac Reinsurance Corp.
2002 Ed. (3953)
Nacco Industries Inc.
2008 Ed. (4778)
2007 Ed. (4855)
2006 Ed. (4852)

2005 Ed. (2213, 2214, 2221)
2004 Ed. (2110)
2002 Ed. (1523, 2323)
2001 Ed. (3183, 3184)
1999 Ed. (1480, 2850, 4399)
1998 Ed. (2088, 3371)
1997 Ed. (2369)
1996 Ed. (2244)
1995 Ed. (2238)
1994 Ed. (2184)
1993 Ed. (1228, 2165, 3382)
1992 Ed. (4062, 1231, 1232, 2595)
1991 Ed. (987, 988, 1211, 2021)
1990 Ed. (1073, 2174)
1989 Ed. (947, 1654)
NACCO Industries Cl. ''A''
1995 Ed. (3438)
NACCO/MHG
2004 Ed. (4802)
2003 Ed. (4815)
2001 Ed. (4639)
Nachi-Fujikoshi
1990 Ed. (3064)
Nacho Doritos
1999 Ed. (4345, 4703)
Nacional
1990 Ed. (511)
Nacional de Chocolates
2006 Ed. (37)
2005 Ed. (30)
2004 Ed. (37)
2002 Ed. (4395, 4398)
Nacional de Comercio
1990 Ed. (634)
Nacional de Comercio Exteriore
1989 Ed. (574)
Nacional de Costa Rica
1990 Ed. (530)
1989 Ed. (514)
Nacional de Desarrollo
1990 Ed. (498)
Nacional de Mexico
1990 Ed. (634)
Nacional de Panama
1990 Ed. (664)
Nacional Financiera
1995 Ed. (1561)
1994 Ed. (519, 549, 550)
1993 Ed. (550, 567)
1992 Ed. (754, 756, 778)
1990 Ed. (623, 634)
1989 Ed. (577, 599)
Nacional Telefonos de Venezuela
1999 Ed. (1036)
NACO Finance Corp.
1998 Ed. (478)
Nadar; Shiv
2006 Ed. (4926)
Nadaskay Kopelson Architects
2002 Ed. (335)
Nadasky/Kopelson
1990 Ed. (283)
Nadel Architects Inc.
2002 Ed. (334)
1998 Ed. (187)
The Nadel Partnership
1995 Ed. (239)
1994 Ed. (236)
1992 Ed. (353, 358)
Nadhmi Auchi
2008 Ed. (4906, 4910)
2007 Ed. (4930)
Nadine Blue
2000 Ed. (2341)
Nadinola
1999 Ed. (4318)
Nadinola cocoa butter
1994 Ed. (3314)
Nadinola Deluxe
1994 Ed. (3314)
Nadra Bank
1999 Ed. (676)
Nadro
2004 Ed. (1772)
2003 Ed. (4180)
Nads
2003 Ed. (2673)
Nadwislanska Spolka Weglowa SA
2004 Ed. (1846)
2002 Ed. (1755)
N.A.E.Credit Union
2002 Ed. (1834)
Nafta
2006 Ed. (655)
2002 Ed. (783)
2000 Ed. (809, 810)
1999 Ed. (805, 806)
Naftagas
1991 Ed. (1361)
Naftokhimik Prycarpatya
2002 Ed. (4495)
Naga DDB
2003 Ed. (106)
2002 Ed. (140)
2000 Ed. (128)
Naga DDB/Malaysia
2001 Ed. (168)
Naga DDB Needham
1999 Ed. (122)
1997 Ed. (116)
1994 Ed. (100)
NAGA DDB Needham DIK
1993 Ed. (118)
Nagashima Spa Land
2007 Ed. (272)
2006 Ed. (267)
2003 Ed. (272)
2002 Ed. (313)
2001 Ed. (382)
2000 Ed. (301)
1999 Ed. (273)
1997 Ed. (252)
1996 Ed. (220)
1995 Ed. (220)
Nagorske; Lynn A.
2008 Ed. (369)
2007 Ed. (384)
Nagoya, Japan
2003 Ed. (3914)
2002 Ed. (3730)
Nagoya Railroad Co. Ltd.
1991 Ed. (3416)
Naguib Sawiris
2008 Ed. (4859, 4892)
Nahama & Weagant Energy
1996 Ed. (2887)
Nahan Printing Inc.
2006 Ed. (4360)
Nahmad; Albert H.
2008 Ed. (2639)
Nahyan; Sheikh Khalifa Bin Zayed al
2007 Ed. (2703)
Nahyan; Sheikh Zayed Bin Sultan Al
2005 Ed. (4880)
NAI Inc.
2007 Ed. (4075)
2006 Ed. (4035, 4052)
2005 Ed. (4000, 4021)
2004 Ed. (4067)
2003 Ed. (4049, 4062)
NAI Capital Commercial
2002 Ed. (3912)
NAI/Eric Bram & Co.
2002 Ed. (3914)
NAI Global
2008 Ed. (3071, 4108)
2007 Ed. (4103)
NaiKun Wind Energy Group Inc.
2008 Ed. (1658)
Nail accessories/implements
2004 Ed. (3661)
Nail-care products
1994 Ed. (2818)
Nail Communications
2004 Ed. (127)
Nail cosmetics
2000 Ed. (4149)
Nail polish
2003 Ed. (1869)
2002 Ed. (3640)
Nail polish remover
2003 Ed. (1869)
2002 Ed. (3640)
Nail polish removers
2004 Ed. (3661)
Nail polish/treatments
2004 Ed. (3661)
Nailene
2004 Ed. (3660)
2003 Ed. (3623)
Nailene Quick French
2004 Ed. (3659)
Nails, false
2002 Ed. (3642)
Nailtiques
2004 Ed. (3659)
Naimoli; Vincent J.
1990 Ed. (1721)
1989 Ed. (1382)
Naina Lal Kidwai
2002 Ed. (4982)
Nair
2008 Ed. (2875)
2003 Ed. (2672, 2673)
Nair 3 in 1
2003 Ed. (2673)
Nairobi
1990 Ed. (864)
Najib Mikati
2008 Ed. (4890)
Nakagama & Wallace
1996 Ed. (2401)
Nakagawa; Hiroshi
1997 Ed. (1986)
1996 Ed. (1880)
Nakajima; Kenkichi
1993 Ed. (698)
Nakazawa; Fumihiko
1997 Ed. (1985)
1996 Ed. (1878)
Naked Furniture
1999 Ed. (2563)
Nakornthai Strip Mill
2006 Ed. (2048)
Nakornthon Bank
1999 Ed. (647)
Nakumatt Supermarkets
2008 Ed. (54)
NAL-Canadian Equity
2004 Ed. (3614)
NAL-Equity Growth
2003 Ed. (3569)
NAL Financial
1999 Ed. (3675)
NAL Financial Group Inc.
1998 Ed. (1705)
NAL-Investor Canadian Diversified
2001 Ed. (3481)
NAL-Investor Canadian Equity
2001 Ed. (3491, 3492, 3493)
NAL-Investor Global Equity
2002 Ed. (3438)
NAL Merchant Bank
2002 Ed. (628)
2000 Ed. (635)
1999 Ed. (613)
1996 Ed. (643)
1995 Ed. (573)
1994 Ed. (602)
1993 Ed. (599)
1992 Ed. (806)
NAL Oil & Gas Trust
2007 Ed. (4576)
Nalco Chemical Co.
2005 Ed. (1502)
2001 Ed. (1214)
1999 Ed. (1080, 1085, 3708)
1998 Ed. (698, 714, 716, 2751, 3372, 3702)
1997 Ed. (974, 3869)
1996 Ed. (950, 951)
1995 Ed. (972, 973, 974)
1994 Ed. (940, 941, 942)
1993 Ed. (927, 928)
1992 Ed. (1126, 1127, 1128)
1991 Ed. (919, 920, 921)
1990 Ed. (962, 963, 964, 968)
1989 Ed. (895, 896, 897, 900, 901)
Nalco Europe
1992 Ed. (4426)
Nalco Holding Co.
2007 Ed. (1652)
Naldecon
1996 Ed. (1026, 1027, 1028)
1993 Ed. (1009, 1010)
1992 Ed. (1245, 1246, 1247, 1250, 1251, 1259, 1264)
1991 Ed. (991, 992, 1367)
Naldecon DX
1996 Ed. (1027, 1028)
1993 Ed. (1011)
1992 Ed. (1259)
1991 Ed. (991, 992, 1366, 1367)
Naldecon Sr.
1996 Ed. (1027)
Naldrett; Michael
1997 Ed. (1994)
Naldrett; Mike
1996 Ed. (1889)
Nalley Chevrolet
1991 Ed. (273)
1990 Ed. (302)
Nam Tai Electronics Inc.
2008 Ed. (1745, 1749, 1755, 1756)
2007 Ed. (1712, 1716, 1721, 1723, 1724, 1727)
2006 Ed. (1227, 1232)
2005 Ed. (1273)
2004 Ed. (2232, 2859)
Nam Ti Electronics
1994 Ed. (2703)
Namaqua
2008 Ed. (247)
Namath-Hanger Investment Corp.
1999 Ed. (1245)
Namath; Joe
1995 Ed. (250, 1671)
Nambe Pueblo Development Corp.
2006 Ed. (3529, 4368)
Namco
2003 Ed. (2594)
2002 Ed. (2385)
2001 Ed. (4688)
2000 Ed. (2298)
1999 Ed. (2559)
1998 Ed. (1793)
Namenda
2007 Ed. (3912)
Namibia
2008 Ed. (2200, 2332, 2402, 4789)
2007 Ed. (2090, 2198, 2267, 4868)
2006 Ed. (2146, 2260, 2336, 4866)
2005 Ed. (2053, 2198, 4801)
2004 Ed. (1918, 2094, 4821)
2003 Ed. (2051, 4822)
2002 Ed. (682, 1811, 4707)
2001 Ed. (1182, 1946, 2003, 4656)
2000 Ed. (1609)
1999 Ed. (1780, 1842)
1997 Ed. (1604, 1605)
1992 Ed. (1802)
Namibia Breweries
2002 Ed. (4449)
Namibian Minerals Corp.
2001 Ed. (1605, 1656)
Namoi Cotton Co-op
2004 Ed. (1637)
2002 Ed. (247)
Nampak Ltd.
2006 Ed. (3399)
Namuh Rhee
1997 Ed. (1996)
Namyang Dairy Product
2001 Ed. (51)
Namyang Dairy Products
2005 Ed. (80)
2004 Ed. (85)
Nan Aron
2008 Ed. (3789)
2007 Ed. (3704)
Nan Chau Co.
1990 Ed. (51)
Nan Shan Life Insurance Co. Ltd.
1994 Ed. (2268, 3282)
1992 Ed. (2677)
1990 Ed. (2246, 3268)
Nan Ya Plastic
2006 Ed. (2034, 3404)
2002 Ed. (4543)
2000 Ed. (4176)
1991 Ed. (3271, 1356)
Nan Ya Plastics Corp.
2008 Ed. (2101, 3584)
2007 Ed. (2008)
2006 Ed. (2035)
2001 Ed. (1864, 1865)
2000 Ed. (1565, 1568, 1569)
1999 Ed. (1743, 1744, 4530)
1997 Ed. (1520, 1521, 3682)
1996 Ed. (3627, 3628)
1995 Ed. (1497)
1994 Ed. (1457, 1458, 1734, 2439, 3472, 3525)
1993 Ed. (1409, 3501, 3502)
1992 Ed. (1697, 1698, 1699, 2094, 2974, 2975)
1991 Ed. (1357)

1990 Ed. (1426, 1427, 2503, 2519)
1989 Ed. (1165, 1166)
Nan Ya Technology Corp.
2000 Ed. (3029)
Nan Yang Industries Co. Ltd.
1994 Ed. (3282)
1990 Ed. (3268)
Nan Yang Industries Co. Ltd
1992 Ed. (3945)
NANA/Marriott
2003 Ed. (1604, 4093)
2001 Ed. (1608)
Nana Regional Corp.
2008 Ed. (1366, 1367, 1370)
Nancy A. McNamara
1994 Ed. (3666)
Nancy Hamon
1994 Ed. (890)
Nancy Handel
2007 Ed. (1081)
Nancy Knowlton
2004 Ed. (4987)
2003 Ed. (4989)
Nancy Laurie
2003 Ed. (4884)
Nancy Lerner Beck
2005 Ed. (4855)
Nancy McKinstry
2008 Ed. (4949)
2007 Ed. (4982)
2006 Ed. (4984, 4985)
2005 Ed. (4991)
Nancy Walton Laurie
2006 Ed. (4913)
2005 Ed. (4853)
2004 Ed. (4868)
Nancy's
1995 Ed. (1941)
Nando Wines
1997 Ed. (3903)
Nando's
1999 Ed. (2140)
Naniq Systems LLC
2008 Ed. (3693, 4366)
Nanjing
2001 Ed. (3856)
Nanjing, China
2007 Ed. (1098)
Nanjing International Trust & Investment Co.
1999 Ed. (2885)
The Nanny Diaries
2005 Ed. (728)
2004 Ed. (739, 741)
Nanny's
1992 Ed. (45)
Nano Pulse Industries
1995 Ed. (2097)
Nano-Tex
2006 Ed. (592)
Nano Virtual Pet
1999 Ed. (4640, 4641)
Nanogen, Inc.
2002 Ed. (2481)
NanoMuscle
2003 Ed. (4683)
Nanosolar
2006 Ed. (2436)
Nanosphere
2003 Ed. (4683)
Nantai Line Co., Ltd.
1990 Ed. (240)
Nanticoke
2002 Ed. (2659)
Nanticoke Homes
2002 Ed. (2658)
2001 Ed. (1387)
2000 Ed. (3592)
1999 Ed. (3871, 3872)
1998 Ed. (2899)
1997 Ed. (3154, 3155)
1996 Ed. (3076)
1995 Ed. (1132, 2974, 2977)
1994 Ed. (1116, 2920, 2921)
1993 Ed. (1092)
1992 Ed. (1369)
1991 Ed. (1061)
1990 Ed. (1174, 1180)
Nantong
2001 Ed. (3856)
Nantucket
1992 Ed. (1227)
Nantucket County, MA
2003 Ed. (3437)
1993 Ed. (1430)
Nantucket Industries Inc.
1994 Ed. (205)
Nanula; Richard
2007 Ed. (1045)
2006 Ed. (950)
2005 Ed. (990)
NanYa
1998 Ed. (2880)
Nanya PCB
2008 Ed. (4022)
2007 Ed. (4004)
2006 Ed. (3947)
Nanya Technology Corp.
2008 Ed. (4310)
2007 Ed. (4351)
2002 Ed. (1497)
Nanyang Comm Bank
1991 Ed. (539)
Nanyang Commercial Bank
2003 Ed. (501)
2002 Ed. (566)
2000 Ed. (547, 548)
1999 Ed. (535, 536)
1997 Ed. (487, 488)
1996 Ed. (528, 529)
1995 Ed. (484, 485)
1994 Ed. (500, 501)
1993 Ed. (498)
1992 Ed. (695, 696)
1989 Ed. (553)
Nanyang Polytechnic
2008 Ed. (2403, 3786)
Naobaijin Health Products
2007 Ed. (27)
2006 Ed. (36)
Naobaijin Pharmaceutical
2004 Ed. (36)
Naoko Ito
2000 Ed. (2162)
1999 Ed. (2381)
1996 Ed. (1874)
Naoko Matsumoto
2000 Ed. (2175)
1999 Ed. (2392)
Naomi Ghez
1999 Ed. (2228)
Naoshima
2001 Ed. (1500, 1501)
Naoto Hashimoto
2000 Ed. (2175, 2177)
1999 Ed. (2392, 2394)
1997 Ed. (1993)
1996 Ed. (1887, 1888)
Naousa Spinning Mills SA
2002 Ed. (342)
Naoussa Spinning Mills
1991 Ed. (261)
NAP
2000 Ed. (963, 1151, 2479, 4347)
1999 Ed. (1009, 1242, 2693, 4714)
1998 Ed. (608, 812, 1952, 3672)
1997 Ed. (880, 1072, 3844)
1995 Ed. (885, 1075, 3702)
1994 Ed. (844, 1063, 3629)
1993 Ed. (829, 1032, 3667)
NAP Consumer Electronics Corp.
1990 Ed. (3557)
NAP (Magnavox, Sylvania)
1992 Ed. (1036, 4395)
1991 Ed. (1008, 3447)
1990 Ed. (890, 1098, 1109, 3674, 3675)
NAPA
2006 Ed. (329)
2005 Ed. (311)
2000 Ed. (2339)
Napa Auto Parts
2005 Ed. (4445)
Napa, CA
2008 Ed. (3467)
2007 Ed. (3369)
1998 Ed. (1857, 2475)
1991 Ed. (2002)
1990 Ed. (2157)
Napa County, CA
1995 Ed. (2218)
1994 Ed. (2167)
1993 Ed. (1429, 2144)
NAPA-Echlin
1995 Ed. (335, 335)
Napa Ridge
1998 Ed. (3742, 3750)
1997 Ed. (3901, 3905, 3907)
1995 Ed. (3757)
Napa Ridge Wine
1991 Ed. (3494, 3496)
Napa Schools Credit Union
2004 Ed. (1938)
Napa Valley
1993 Ed. (2710)
Napal Grindlays Bank Ltd.
1991 Ed. (618)
Napate; Praveen
1997 Ed. (1973)
Napco Security Group Inc.
2008 Ed. (4417)
Napco Security Systems Inc.
2005 Ed. (4285, 4286)
2004 Ed. (4345, 4346)
The Napeague Letter
2002 Ed. (4869)
Naperville, IL
1999 Ed. (1129, 1147)
Naperville (IL) Sun
2003 Ed. (3642)
Naperville Jeep-Eagle
1996 Ed. (276)
1995 Ed. (277)
Napier; Russell
1997 Ed. (1959)
Napkin rings
2001 Ed. (3039)
Napkins
2001 Ed. (3039)
Napkins, paper
2002 Ed. (4092)
Naples Area Chamber
2000 Ed. (1004)
1999 Ed. (1057)
Naples Area Chamber of Commerce
1998 Ed. (670)
Naples Federal Savings & Loan Assn.
1990 Ed. (424)
Naples, FL
2008 Ed. (2488, 3116, 3456)
2007 Ed. (2367, 3002)
2006 Ed. (2427)
2005 Ed. (2380)
2004 Ed. (981, 3456, 3465, 4762)
2003 Ed. (3390, 3400)
2002 Ed. (3726)
2000 Ed. (3108, 3765, 3767, 3768)
1999 Ed. (1173, 3370, 4052, 4053, 4057)
1998 Ed. (743, 2057, 2481, 3053, 3057, 3706)
1997 Ed. (2336, 2763, 2765, 2772, 3303, 3309)
1996 Ed. (2225)
1995 Ed. (874, 1667, 2216)
1994 Ed. (2165, 2495)
1993 Ed. (2143, 2547, 2554)
1992 Ed. (2578, 3036, 3052)
1991 Ed. (1547, 2428)
1990 Ed. (2552)
1989 Ed. (1957)
Naples-Marco Island, FL
2008 Ed. (3461, 4090)
2007 Ed. (2374, 3359, 3363, 4057)
2006 Ed. (4024)
Naples; Ronald J.
2007 Ed. (2500)
Napolean Brandford III
2008 Ed. (184)
Napolean Lajoie, 1933
1991 Ed. (702)
Napoleon Bonaparte
2006 Ed. (1450)
Napoli
2008 Ed. (732)
Napolina
1996 Ed. (1948)
1994 Ed. (1881)
Napolina Dry Pasta
1992 Ed. (2172)
Napolitano Enterprises
2002 Ed. (2694)
Napolitano Homes
2005 Ed. (1205)
2004 Ed. (1178)
2003 Ed. (1170)
Napro Biotherapeutics
2002 Ed. (1627)
Naprosyn
1995 Ed. (2530)
1994 Ed. (2926)
1993 Ed. (1530, 2913, 2915)
1992 Ed. (1876, 3525)
1991 Ed. (2762)
1990 Ed. (2898)
1989 Ed. (2255)
Naproxen
1995 Ed. (1590)
Naproxen sodium
1997 Ed. (255)
Naproyn
1990 Ed. (2899)
Napster.com
2006 Ed. (2379)
Napus Credit Union
2006 Ed. (2159)
2005 Ed. (2066)
2003 Ed. (1889)
Naqvi; Ali
1997 Ed. (1999)
Nara Corp.
1990 Ed. (123)
Nara Advertising
1989 Ed. (129)
Nara Bancorp
2007 Ed. (390)
2003 Ed. (504, 506)
Nara Bank
2002 Ed. (4296)
2000 Ed. (4056)
1996 Ed. (3459)
Nara Communications
1991 Ed. (121)
Narcotic analgesics
2001 Ed. (2096)
Nardelli; Bob
2006 Ed. (939)
Nardelli; Robert
2007 Ed. (981)
2006 Ed. (891, 2515)
Nardelli; Robert L.
2007 Ed. (2503)
NAREIT
2002 Ed. (4839)
Naresh Goyal
2008 Ed. (4896)
Narita
2006 Ed. (249)
2001 Ed. (353)
1992 Ed. (311)
Narita Airport
1998 Ed. (147)
1996 Ed. (194)
Nariupol Illych Steelworks
2006 Ed. (4544)
Narodna Banka Slovenska
1997 Ed. (611)
Narodowy Bank Polski
1989 Ed. (656)
Narragansett Capital Inc.
1991 Ed. (3442)
1990 Ed. (3667)
Narula; Deepak
1997 Ed. (1953, 1954)
NAS/Hitachi
1992 Ed. (1309)
NASA
2007 Ed. (3528)
2006 Ed. (3493)
2005 Ed. (165, 2746)
2001 Ed. (2862)
1998 Ed. (2512)
1994 Ed. (3331)
NASA Ames Research
1996 Ed. (2643)
NASA Credit Union
2008 Ed. (2237)
2007 Ed. (2122)
2006 Ed. (2201)
2005 Ed. (2106)
2004 Ed. (1964)
2003 Ed. (1903, 1924)
2002 Ed. (1870)
NASA Human Space Flight
2004 Ed. (3163)
NASA Marshall Space Flight Center
2008 Ed. (1543)

2007 Ed. (1563)
2006 Ed. (1533)
Nasal preparations
1996 Ed. (3094)
Nasal products
2004 Ed. (1058)
2003 Ed. (1054)
2002 Ed. (1096)
Nasal spray
1997 Ed. (3058, 3173, 3175)
Nasal spray/drops/inhalers
2002 Ed. (1101)
Nasalcrom
2003 Ed. (3627)
2002 Ed. (2998)
NASCAR
2008 Ed. (2277, 4055)
2007 Ed. (4028)
2006 Ed. (3990)
2005 Ed. (3917, 4453)
NASCAR Racing
1997 Ed. (1088, 1097)
Nascar.com
2003 Ed. (3054)
NASD Inc.
2007 Ed. (134, 1488)
2006 Ed. (141)
NASD Regulation Inc.
2002 Ed. (4844)
Nasdaq
2008 Ed. (1409, 4501)
2006 Ed. (1428, 4479)
2005 Ed. (1472)
2002 Ed. (4199)
2001 Ed. (4379)
2000 Ed. (2748, 4382)
1996 Ed. (206, 2832, 2883, 3588)
NASDAQ LIFFE Markets
2007 Ed. (2673)
2006 Ed. (2683)
NASDAQ 100; E Mini
2008 Ed. (2802)
2007 Ed. (2671)
2006 Ed. (2681)
2005 Ed. (2705)
Nasdaq-100 index
2005 Ed. (2466)
NASDAQ-100 Trust
2004 Ed. (234, 3172)
2002 Ed. (2170)
Nasdaq Stock Market
2007 Ed. (4562, 4587)
2006 Ed. (4480)
Naseem Hamed
2005 Ed. (4895)
2003 Ed. (299)
Nash; Avi
1997 Ed. (1861)
1996 Ed. (1785)
1995 Ed. (1810)
1994 Ed. (1769)
1993 Ed. (1786)
Nash Finch Co.
2008 Ed. (1539)
2007 Ed. (1558, 4555, 4954)
2006 Ed. (1528, 4630, 4947, 4948)
2005 Ed. (1632, 1639, 4506, 4551, 4913, 4914, 4915, 4916)
2004 Ed. (4931, 4932, 4933, 4934)
2003 Ed. (1582, 4550, 4654, 4929, 4930)
2002 Ed. (4901)
2000 Ed. (2384, 2385, 2386, 2391)
1999 Ed. (4755, 4758)
1998 Ed. (1719, 1871, 1875, 3710, 3713)
1997 Ed. (2027, 3875, 3876)
1996 Ed. (1930, 2048, 2052, 3822, 3826)
1995 Ed. (1884, 2056)
1994 Ed. (1860, 1991, 2000, 3658)
1993 Ed. (1998, 3487, 3488)
1992 Ed. (2173, 2180, 2351, 4165)
1991 Ed. (1731, 1737, 2471, 1862, 3253)
1990 Ed. (1814, 1818)
1989 Ed. (1445)
Nash Phillips/Copus, Inc.
1989 Ed. (1003)
Nash; Steve
2005 Ed. (4895)
Nashoba Valley
1997 Ed. (3906)
1996 Ed. (3859)
Nashua Corp.
1997 Ed. (3644)
1993 Ed. (2705)
1992 Ed. (1535, 1537, 3216)
1991 Ed. (2577)
1990 Ed. (2675)
Nashua Federal Savings & Loan
1990 Ed. (1794)
Nashua Hollis CVS Inc.
2008 Ed. (2062)
2007 Ed. (1967)
2006 Ed. (2002)
2005 Ed. (1956)
2004 Ed. (1848)
2003 Ed. (1814)
2001 Ed. (1841)
Nashua Label Products
2007 Ed. (4007)
Nashua, NH
2002 Ed. (1801, 1903)
1999 Ed. (3367)
1995 Ed. (3778)
1991 Ed. (2447)
1990 Ed. (2568)
Nashua Telegraph
1990 Ed. (2710)
1989 Ed. (2064)
Nashua Trust Co.
1993 Ed. (590)
1990 Ed. (649)
Nashville Area Chamber of Commerce
2005 Ed. (3320)
Nashville Arena
1999 Ed. (1298)
Nashville Auto Auction
1992 Ed. (373)
1991 Ed. (267)
1990 Ed. (299)
Nashville Bank of Commerce
1998 Ed. (364)
Nashville Bridge Co.
1993 Ed. (2491)
Nashville-Davidson-Murfreesboro, TN
2008 Ed. (3508)
Nashville Display
2000 Ed. (4134)
Nashville Display Manufacturing Co.
1999 Ed. (4499)
Nashville Electric Service
1998 Ed. (1381, 1382)
1996 Ed. (1610)
1995 Ed. (1634)
1994 Ed. (1591)
1993 Ed. (1554)
Nashville Machine Co.
2008 Ed. (1328, 1338)
The Nashville Network
1992 Ed. (1022)
1990 Ed. (880, 885)
Nashville, Tenn., Electric Service
1990 Ed. (1595, 1596, 1597)
Nashville, TN
2008 Ed. (767, 977, 3460, 4348, 4354, 4357)
2007 Ed. (2997, 3003, 3004, 3362, 3374)
2006 Ed. (748, 3309, 3313)
2005 Ed. (2972, 3321)
2004 Ed. (2228, 2426, 2429, 3303)
2003 Ed. (3260)
2002 Ed. (1801, 2743, 2759)
2000 Ed. (3769)
1999 Ed. (1154, 1164, 3371, 4054, 4806)
1998 Ed. (2057, 2485, 3054)
1997 Ed. (2333)
1996 Ed. (303, 973, 2209)
1994 Ed. (2924, 2944)
1993 Ed. (948)
1990 Ed. (1485)
Nashville, TN, Electric Service
1992 Ed. (1893, 1895)
1991 Ed. (1494, 1495, 1496)
Nasicecement
1997 Ed. (3928)
NASL SRS Tr.: Global Equity
1992 Ed. (4379)
NASL SRS TR: Global Government Bond
1992 Ed. (4379)
Nason & Cullen Inc.
1997 Ed. (1198)
1994 Ed. (1175)
1993 Ed. (1153)
1991 Ed. (1100)
1990 Ed. (1212)
Nason & Cullen Group Inc.
1998 Ed. (974)
Naspers
2008 Ed. (84)
2007 Ed. (78)
Nassau, Bahamas
1992 Ed. (3015)
Nassau Capital
2000 Ed. (4342)
1998 Ed. (3667)
Nassau Capital LLC
2000 Ed. (1535)
1999 Ed. (4708)
Nassau County Correctional Center
1999 Ed. (3902)
Nassau County, NY
2008 Ed. (3437, 3438)
2004 Ed. (1004, 2807)
2002 Ed. (1085, 1808, 2298)
1999 Ed. (1766)
1997 Ed. (3559)
1995 Ed. (337, 1513)
1994 Ed. (239, 716, 1474, 1477, 1478, 1479, 1480, 1481, 2061, 2168)
1993 Ed. (1428, 1430)
1992 Ed. (1717, 1720)
Nassau Educators Credit Union
2008 Ed. (2249)
2007 Ed. (2134)
2006 Ed. (2213)
2005 Ed. (2118)
2004 Ed. (1976)
Nassau North Corporate Center Phase I
1991 Ed. (1043)
Nassau North Corporation Center, Phase I
1990 Ed. (1145)
Nassau, NY
2000 Ed. (1594)
1997 Ed. (1075)
1992 Ed. (1081, 1724, 3048)
1991 Ed. (1368, 1370, 1375, 1376)
1990 Ed. (1441, 1443, 2156, 2157)
1989 Ed. (1177)
Nassau (NY) Shoppers Guide/ Pennysaver
2003 Ed. (3646)
Nassau (NY) This Week/Pennysaver
2003 Ed. (3646)
Nassau-Suffolk
2000 Ed. (1713, 3835, 4397)
1992 Ed. (2864)
1990 Ed. (301)
Nassau-Suffolk, NJ
2005 Ed. (2973)
Nassau-Suffolk, NY
2005 Ed. (910, 921, 2050, 2454, 2975, 2990, 3472, 4826, 4827, 4937, 4972, 4973, 4974)
2004 Ed. (336, 732, 919, 926, 981, 1006, 2752, 2809, 2983, 2984, 3309, 3456, 3460, 3461, 3470, 3471, 4112, 4210, 4221, 4231, 4317, 4835, 4836, 4896, 4972, 4973)
2003 Ed. (352, 901, 903, 1047, 2345, 2765, 2787, 3390, 3394, 3395, 3404, 3405, 4083, 4160, 4208, 4307, 4851, 4906)
2002 Ed. (870, 964, 966, 1086, 2028, 2045, 2301, 2382, 2444, 2762, 3138, 3331, 3332, 4075, 4180, 4744, 4745, 4929, 4931, 4932, 4933, 4934, 4935)
2001 Ed. (1153, 1155, 2080, 2757, 4143, 4164, 4679, 4680, 4792, 4850, 4851, 4852, 4853, 4855, 4856)
2000 Ed. (1010, 1115, 2306, 2416, 2605, 2615, 2953, 3110, 3113, 3114, 3115, 3118, 3119, 3865, 4396)
1999 Ed. (1070, 2672, 2673, 2832, 3195, 3214, 3259, 3260, 3380, 3382, 3383, 3385, 3386, 3390, 4125, 4150, 4773, 4779)
1998 Ed. (672, 684, 2481, 3109, 3166, 3706, 3726, 3731, 3733)
1997 Ed. (928, 940, 1031, 1032, 1211, 1596, 1669, 2110, 2111, 2162, 2176, 2265, 2315, 2356, 2357, 2358, 2359, 2360, 2361, 2362, 2639, 2649, 2759, 2760, 2770, 2775, 3066, 3303, 3350, 3365, 3390, 3512, 3657, 3893, 3900)
1996 Ed. (1011, 1012, 1170, 1537, 1587, 1993, 2040, 2076, 2194, 2222, 2228, 2229, 2230, 2231, 2616, 2617, 2625, 2982, 3266, 3293, 3604, 3852)
1995 Ed. (928, 1026, 1027, 1202, 1555, 1609, 1964, 2048, 2080, 2181, 2219, 2220, 2221, 2222, 2223, 2451, 2555, 2557, 2900, 3148, 3173, 3195, 3522, 3746, 3753)
1994 Ed. (1017, 1188, 1524, 1566, 1935, 1936, 1992, 2027, 2129, 2162, 2169, 2170, 2171, 2172, 2173, 2174, 2489, 2490, 2492, 2503, 2811, 3103, 3104, 3121, 3151, 3456)
1993 Ed. (884, 989, 1158, 1478, 1525, 1913, 1999, 2015, 2106, 2139, 2145, 2146, 2147, 2148, 2149, 2150, 2543, 2544, 2545, 2550, 2812, 3044, 3045, 3060, 3105, 3299, 3481, 3717)
1992 Ed. (374, 1086, 1161, 1213, 1214, 1440, 1797, 1850, 2254, 2255, 2352, 2377, 2521, 2549, 2551, 2575, 2580, 2581, 2582, 2583, 2584, 2585, 3040, 3041, 3049, 3050, 3056, 3057, 3059, 3399, 3735, 3736, 3752, 3809, 3953, 4159, 4456)
1991 Ed. (275, 976, 977, 1102, 1782, 1783, 1863, 1888, 1965, 1972, 2000, 2006, 2007, 2008, 2009, 2010, 2011, 2424, 2425, 2430, 2431, 2433, 2434, 2435, 2436, 2438, 2441, 2442, 2891, 2892, 3248, 1973)
1990 Ed. (1054, 1055, 1218, 1867, 1868, 1958, 1986, 2111, 2123, 2124, 2154, 2155, 2162, 2163, 2164, 2165, 2166, 2167, 2548, 2549, 2551, 2554, 2555, 2557, 2562, 2563, 2564, 2565, 2566, 2607, 3046, 3047)
1989 Ed. (284, 1265, 1491, 1492, 1560, 1577, 1588, 1625, 1643, 1644, 1645, 1646, 1647, 1956, 1958, 1959, 2774)
Nassau This Week/Pennysaver
2002 Ed. (3505)
Nassau Veterans Memorial Coliseum
1999 Ed. (1298)
1989 Ed. (992)
Nassau Vision Group
1995 Ed. (2814)
Nassau Vision Group Laboratories
2007 Ed. (3752, 3753)
2006 Ed. (3753, 3754)
Nassauische Sparkasse
2004 Ed. (558)
1996 Ed. (516)
Nassauische Sparkasse Wiesbaden
1993 Ed. (490)
1992 Ed. (682)
NASSCO Holdings Inc.
2002 Ed. (1424)
Nassda Corp.
2003 Ed. (4319, 4320)
Nassef Sawiris
2008 Ed. (4859)
Nasser Al-Kharafi
2008 Ed. (4889, 4892)
2007 Ed. (4921)
2006 Ed. (4928)
2005 Ed. (4886)
2004 Ed. (4883)
2003 Ed. (4895)

Nassetta; Christopher
2008 Ed. (941)
2007 Ed. (980)
Nastasi & Associates Inc.
2002 Ed. (1301)
2001 Ed. (1484)
1998 Ed. (958)
1997 Ed. (1173)
Nastasi-White Inc.
2001 Ed. (1484)
1998 Ed. (958)
1997 Ed. (1173)
1996 Ed. (1136)
1995 Ed. (1169)
1994 Ed. (1143)
1993 Ed. (1126)
1992 Ed. (1413)
Nastech Pharmaceutical
2008 Ed. (2140)
2000 Ed. (2460)
1999 Ed. (2623, 2670)
Nastel Technologies
2002 Ed. (2525)
Nat Robbins
2000 Ed. (1904)
1999 Ed. (2112, 2113)
Nat Rothschild
2008 Ed. (4902)
Nat West Securities
1999 Ed. (2321)
Natalia Franco
2006 Ed. (2516)
Natalia Vodianova
2008 Ed. (4898)
Natan R. Rok
1994 Ed. (2059, 2521, 3655)
Natasi & Associates Inc.
1999 Ed. (1379)
Natasi-White Inc.
1999 Ed. (1379)
Natchez Trace Parkway
1990 Ed. (2666)
Natchiq Inc.
2004 Ed. (1277, 1279, 1621, 2360, 2364)
2003 Ed. (1606)
2002 Ed. (1265, 1266, 1267)
Natchitoches, LA
2008 Ed. (4245)
NatCity Investments Inc.
2007 Ed. (4276)
Natexis
2000 Ed. (535)
Natexis BAnques Populaires
2008 Ed. (1411, 1418)
2004 Ed. (503)
Nath Cos. Inc.
2003 Ed. (1762)
Nathan
2008 Ed. (2770)
2002 Ed. (2365)
Nathan & Lewis Securities
2002 Ed. (798, 799)
2000 Ed. (840, 843, 846, 847)
1999 Ed. (843, 844, 845, 848, 849)
Nathan Jones
2007 Ed. (1068)
2006 Ed. (973)
Nathan Richardson
2006 Ed. (3185)
2005 Ed. (3183)
Nathan's Famous Inc.
2002 Ed. (2249)
1995 Ed. (3116, 3135, 3137)
1994 Ed. (3130)
Nathanson Creek
2000 Ed. (4412, 4414, 4418, 4421, 4424, 4426)
Natio Vie
2002 Ed. (2937)
Natioal Beef Packing Co. LP
1997 Ed. (3145)
Nation Media Group Ltd.
2006 Ed. (3685)
2002 Ed. (3482, 3483)
Nation Publishing Group
2000 Ed. (1573, 1574, 1576, 1578)
1995 Ed. (1503)
National
2008 Ed. (306)
2007 Ed. (318)
2006 Ed. (326)
2005 Ed. (306)
2000 Ed. (351, 352, 353)
1999 Ed. (342, 343, 344, 346)
1998 Ed. (235, 236, 238)
1997 Ed. (312, 313, 314, 2473)
1996 Ed. (332, 333, 334, 335)
1995 Ed. (319, 322, 323)
1994 Ed. (321, 322, 323, 324)
1993 Ed. (338, 674)
1991 Ed. (249)
1990 Ed. (382, 383, 384, 2621, 3231)
1989 Ed. (2458)
National Abatement Corp.
1995 Ed. (1170)
National Academy of Sciences
1999 Ed. (295)
1997 Ed. (274)
1996 Ed. (916)
1995 Ed. (1931, 1931)
National Academy of Sciences and the Institute of Medicine
1991 Ed. (1003, 1767)
National ads
2008 Ed. (155)
2007 Ed. (171)
2006 Ed. (167)
2005 Ed. (151)
2004 Ed. (153)
National Advanced Systems
1993 Ed. (2035)
1992 Ed. (1925)
1991 Ed. (1141)
National Aeronautics & Space Administration
2007 Ed. (3528)
2006 Ed. (3493)
2005 Ed. (165, 2746)
1992 Ed. (1094)
National Aeronautics & Space Administration (NASA)
2002 Ed. (1024, 1025, 1026, 1027, 1028, 3962, 3972, 3986, 3987, 3988, 3989)
2001 Ed. (4461)
National Agricultural Cooperative Federation
2008 Ed. (505)
2007 Ed. (553)
2006 Ed. (524)
2005 Ed. (610)
2004 Ed. (620)
National AIDS Network
1992 Ed. (1095)
National Airlines; Pan Am/
1991 Ed. (1146)
National Aluminum Co.
2008 Ed. (849)
National, American CAM; Triangle Industries/
1991 Ed. (1145)
National American Insurance Co.
2002 Ed. (2952)
National Amusements Inc.
2008 Ed. (3750, 3751)
2007 Ed. (152, 1871, 3637, 3638)
2006 Ed. (160, 193, 1868, 3572, 3573)
2005 Ed. (14, 1520, 1857, 3515, 3516)
2004 Ed. (20, 1504, 1792, 3510, 3511)
2003 Ed. (839, 1474, 1755, 3449, 3450)
2002 Ed. (1454)
2001 Ed. (1789, 3361, 3362, 3390)
2000 Ed. (948, 950)
1999 Ed. (3451)
1996 Ed. (1199, 1200, 1229, 2578)
1990 Ed. (2440)
1989 Ed. (1020)
National & Provincial
1995 Ed. (3185)
1992 Ed. (3801)
1990 Ed. (3103)
National & Provincial Building Society
1991 Ed. (1719)
1990 Ed. (1786)
National Appeal Carolinas
2006 Ed. (795)
National Aquarium Marine Mamal Pavillion
1992 Ed. (4318)
National Arts Stabilization Fund
1995 Ed. (1930)
1994 Ed. (1903)
National Asset
1995 Ed. (2367)
National Asset Management Co.
2001 Ed. (2891)
1999 Ed. (3070)
1997 Ed. (2533)
National Asset Recovery Services Inc.
2008 Ed. (4409)
National Association for Exchange of Independent Resources
2000 Ed. (3347)
National Association for Exchange of Industrial Resources
1993 Ed. (896)
National Association for Female Executives
1998 Ed. (193)
National Association for Stock Car Auto Racing
2008 Ed. (2277, 4055)
2007 Ed. (4028)
2006 Ed. (3990)
2005 Ed. (3917, 4453)
National Association for Stock Car Auto Racing (NASCAR)
2004 Ed. (855)
2003 Ed. (4523)
2002 Ed. (1075)
2001 Ed. (4344, 4349)
National Association for the Exchange of Industrial Resources
2008 Ed. (3790, 3791)
2007 Ed. (3705, 3707)
2006 Ed. (3713, 3715)
National Association of Chain Drug Stores
2004 Ed. (3920)
National Association of Community Health Care Centers
1993 Ed. (889, 890)
National Association of Convenience Stores
2004 Ed. (3920)
National Association of Home Builders
1997 Ed. (273)
1996 Ed. (242)
1995 Ed. (886)
National Association of Letter Carriers
1998 Ed. (2322)
National Association of Life Underwriters
1995 Ed. (886, 2954)
National Association of Life Underwriters PAC
1990 Ed. (2874)
1989 Ed. (2236, 2237)
National Association of Police Organizations
1996 Ed. (242)
National Association of Realtors
2006 Ed. (4047)
1995 Ed. (886)
National Association of Retired Federal Employees PAC
1990 Ed. (2873, 2874)
1989 Ed. (2236)
National Association of Securities Dealers
2007 Ed. (853)
1999 Ed. (299)
1997 Ed. (275)
1996 Ed. (244)
1992 Ed. (3259)
National Association of Securities Dealers Automated Quotation System
2006 Ed. (4479)
National Association of the Partners of Americas
1995 Ed. (1933)
National Association of Wheat Growers
1997 Ed. (273)
1996 Ed. (242)
National Association of Wholesaler Distributors
1997 Ed. (273)
National Atlantic Holdings Corp.
2007 Ed. (3103, 4016)
National Auditorium
1999 Ed. (1296)
National Audubon Society
1996 Ed. (915)
1995 Ed. (944, 2783)
1994 Ed. (907)
1993 Ed. (1637)
1992 Ed. (1987)
1991 Ed. (1580)
National Australia
1990 Ed. (551, 559)
National Australia Bank Ltd.
2008 Ed. (380, 381, 1566, 1569, 1748, 1750, 1756)
2007 Ed. (398, 399, 1586, 1592, 4658, 4659)
2006 Ed. (294, 413, 414, 1552, 1553, 1554, 1557)
2005 Ed. (460, 461, 1656, 1657, 1658, 1659, 1660, 1661, 3938, 3939, 4577)
2004 Ed. (448, 449, 495, 1638, 1639, 1640, 1642, 1647)
2003 Ed. (462, 463, 1519, 1617, 1619, 1620, 4571)
2002 Ed. (345, 346, 520, 521, 523, 524, 1580, 1583, 1585, 1586, 1588, 1590, 1591, 1593, 2269)
2001 Ed. (576, 1628, 1629, 1630, 1631, 1633, 1634, 1635, 1956)
2000 Ed. (325, 326, 464, 1386, 1387, 1388)
1999 Ed. (310, 311, 467, 471, 547, 548, 1582, 1583, 1584)
1998 Ed. (355, 1150, 3008)
1997 Ed. (282, 283, 334, 411, 412, 1360, 1361, 1362)
1996 Ed. (254, 255, 359, 446, 447, 1293, 1294, 1295)
1995 Ed. (422, 423, 502, 1354, 1355, 2434, 2839)
1994 Ed. (247, 248, 426, 427, 529, 1323, 1324)
1993 Ed. (261, 262, 426, 427, 528, 1279, 1280)
1992 Ed. (605, 608, 718, 727, 1574, 1575, 4181, 4182)
1991 Ed. (453, 1255, 3265, 383, 384, 2301, 2302, 3264, 1254)
1990 Ed. (504, 1331)
1989 Ed. (481, 482)
National Austrialia Bank Ltd.
1991 Ed. (452)
National Auto Dealers Association
1995 Ed. (886)
National Auto Dealers Exchange
1991 Ed. (267)
1990 Ed. (299)
National Auto Finance Co.
1999 Ed. (4165)
National Aviation & Technology
1990 Ed. (2374)
National Balanced
2003 Ed. (3584, 3585)
National Bancard Corp.
1997 Ed. (335, 1554)
1996 Ed. (1492)
1995 Ed. (348, 1530, 1649)
1994 Ed. (343, 1497)
National Bancard Corp. (Nabanco)
1992 Ed. (1751)
1991 Ed. (1393)
National Bancorp Inc.
2005 Ed. (362)
1995 Ed. (492)
National Bancorp of Alaska Inc.
2000 Ed. (429, 430)
1999 Ed. (424)
1995 Ed. (373)
National Bancorp of Kentucky
1995 Ed. (492)
National Bancshares Corp. of Texas
2001 Ed. (570)
National Bancshares Texas
1989 Ed. (676, 2672)
National Bank
2002 Ed. (4436)
2000 Ed. (467)
1999 Ed. (475)
1997 Ed. (415)

1996 Ed. (453)
1995 Ed. (427)
1994 Ed. (432)
1993 Ed. (432)
1992 Ed. (364)
1991 Ed. (458)
1990 Ed. (652)
1989 Ed. (546)
National Bank & Trust Co.
1992 Ed. (702)
National Bank Canadian Index
2002 Ed. (3441, 3442)
National Bank/Commerce, Neb.
1989 Ed. (2151)
National Bank Discount Brokerage
2002 Ed. (813, 814, 815, 816, 818)
National Bank Financial
2008 Ed. (3401)
2007 Ed. (3282)
2005 Ed. (1442, 1443)
National Bank for FEA of Uzbekistan
2008 Ed. (437, 438)
2006 Ed. (540)
2005 Ed. (531, 637)
2004 Ed. (546, 649)
2003 Ed. (530, 635)
2002 Ed. (572, 660)
National Bank of Abu Dhabi
2008 Ed. (477, 519)
2007 Ed. (566)
2006 Ed. (535)
2005 Ed. (622)
2004 Ed. (634)
2003 Ed. (625)
2002 Ed. (658)
2000 Ed. (455, 687)
1999 Ed. (464, 677)
1997 Ed. (407, 637)
1996 Ed. (442, 703, 704)
1995 Ed. (416, 627, 628)
1994 Ed. (423, 659)
1993 Ed. (658)
1992 Ed. (599, 858)
1991 Ed. (443, 683)
1990 Ed. (495)
1989 Ed. (472, 703)
National Bank of Alaska
2003 Ed. (1603, 2472)
1994 Ed. (2550)
1993 Ed. (960)
1992 Ed. (576)
1991 Ed. (219)
National Bank of Alaska (Anchorage)
1991 Ed. (418)
National Bank of Arizona
2000 Ed. (434)
National Bank of Australia
1995 Ed. (421)
National Bank of Bahrain
2008 Ed. (383)
2007 Ed. (401)
2006 Ed. (416, 4483)
2005 Ed. (463)
2004 Ed. (451)
2003 Ed. (465)
2002 Ed. (526, 4382)
2000 Ed. (444, 466)
1999 Ed. (452, 474)
1997 Ed. (395, 414)
1996 Ed. (430, 451, 452)
1995 Ed. (403, 426)
1994 Ed. (410, 431)
1993 Ed. (431)
1992 Ed. (582, 613)
1991 Ed. (427, 457)
1990 Ed. (476)
1989 Ed. (454)
National Bank of Brunei Berhad
1989 Ed. (495)
National Bank of California
1992 Ed. (3996)
National Bank of Canada
2008 Ed. (391, 392, 1647, 1655)
2007 Ed. (412, 414, 1445, 1639, 1646, 4660, 4661)
2006 Ed. (423, 1628, 1629)
2005 Ed. (473)
2004 Ed. (460)
2003 Ed. (473)
2002 Ed. (535, 2268)
2000 Ed. (482, 3155)
1999 Ed. (487, 488, 489, 2437)
1997 Ed. (429, 430, 431, 2009)
1996 Ed. (466, 467, 468, 1318, 1919)
1995 Ed. (439, 440, 1875)
1994 Ed. (447, 448, 1341)
1993 Ed. (447, 1858)
1992 Ed. (630, 631, 632, 1595, 2152, 3102)
1991 Ed. (474)
1990 Ed. (517, 518, 1780)
National Bank of Canton
1993 Ed. (508)
National Bank of Commerce Ltd.
2000 Ed. (672)
1998 Ed. (430)
1997 Ed. (626)
1996 Ed. (545, 691)
1995 Ed. (617)
1994 Ed. (645)
1993 Ed. (512, 642, 643)
1992 Ed. (574, 846, 847)
1991 Ed. (416, 674, 675)
1989 Ed. (692)
National Bank of Detroit
1994 Ed. (582)
1992 Ed. (779)
1991 Ed. (608, 2205)
1990 Ed. (636, 2320)
1989 Ed. (621)
National Bank of Dubai
2008 Ed. (98, 519)
2007 Ed. (566)
2006 Ed. (535, 4545)
2005 Ed. (622)
2004 Ed. (446, 634)
2003 Ed. (458, 459, 530, 625)
2002 Ed. (512, 513, 572, 633, 658)
2001 Ed. (599)
2000 Ed. (442, 455, 687)
1999 Ed. (449, 450, 464, 677)
1997 Ed. (393, 407, 637)
1996 Ed. (427, 428, 442, 703, 704)
1995 Ed. (401, 416, 627, 628)
1994 Ed. (408, 423, 659)
1993 Ed. (417, 658)
1992 Ed. (580, 599, 858)
1991 Ed. (422, 424, 443, 683)
1990 Ed. (471, 495, 606)
1989 Ed. (445, 452, 472, 569, 576, 703)
National Bank of Egypt
2008 Ed. (38, 405)
2007 Ed. (34, 434)
2006 Ed. (43, 433)
2005 Ed. (488)
2004 Ed. (482)
2003 Ed. (485)
2002 Ed. (554)
2001 Ed. (599)
2000 Ed. (442, 445, 518)
1999 Ed. (450, 453, 506)
1997 Ed. (396, 456)
1996 Ed. (431, 493)
1995 Ed. (404, 461)
1994 Ed. (411, 470)
1993 Ed. (465)
1992 Ed. (583, 655)
1991 Ed. (428, 501)
1990 Ed. (477)
1989 Ed. (447, 455, 522)
National Bank of Fiji
1993 Ed. (472)
1992 Ed. (660)
1991 Ed. (505)
1989 Ed. (527)
National Bank of Fujairah
2000 Ed. (455)
1999 Ed. (464)
1997 Ed. (407)
National Bank of Greece
2008 Ed. (410, 420, 1772)
2007 Ed. (454, 1745)
2006 Ed. (290, 447, 1737, 1738, 3341)
2005 Ed. (504, 514)
2004 Ed. (491, 535)
2003 Ed. (500, 4586)
2002 Ed. (341, 342, 565)
2000 Ed. (320, 321, 541, 542, 4127)
1999 Ed. (303, 304, 532)
1997 Ed. (276, 277, 481, 516)
1996 Ed. (247, 248, 522)
1995 Ed. (478)
1994 Ed. (242, 243, 496)
1993 Ed. (253, 254, 494)
1992 Ed. (363, 689)
1991 Ed. (260, 261)
1990 Ed. (585)
National Bank of Greece SA
2007 Ed. (1747)
2006 Ed. (1739)
National Bank of Hungary
1992 Ed. (653)
National Bank of Indianapolis
2005 Ed. (1065)
National Bank of Kenya
2008 Ed. (457)
2007 Ed. (493)
2005 Ed. (556)
2004 Ed. (570)
2003 Ed. (556)
2002 Ed. (599)
2000 Ed. (580)
1999 Ed. (568, 3590, 3591)
1997 Ed. (533)
1996 Ed. (577)
1995 Ed. (522)
1994 Ed. (547)
1993 Ed. (546)
1992 Ed. (748)
1991 Ed. (582)
1989 Ed. (594)
National Bank of Kuwait
2008 Ed. (377, 458, 477)
2007 Ed. (394, 494, 522)
2006 Ed. (410, 478, 4513)
2005 Ed. (457, 557, 580, 582)
2004 Ed. (446, 513, 571)
2003 Ed. (458, 459, 557)
2002 Ed. (512, 513, 604, 622, 633, 1730)
2001 Ed. (599)
2000 Ed. (442, 447, 582)
1999 Ed. (449, 450, 457, 570)
1997 Ed. (393, 400, 535)
1996 Ed. (427, 428, 435, 579, 580)
1995 Ed. (401, 408, 524, 525)
1994 Ed. (408, 415)
1993 Ed. (417, 549)
1992 Ed. (63, 580, 588, 752)
1991 Ed. (422, 433, 585)
1990 Ed. (470, 471, 472, 482, 621, 622)
1989 Ed. (445, 446, 449, 459, 597)
National Bank of Kuwait Group
1991 Ed. (423, 424)
National Bank of Malawi
2006 Ed. (4517)
2004 Ed. (588)
2003 Ed. (581)
2002 Ed. (616)
2000 Ed. (601, 602)
1999 Ed. (585, 586)
1997 Ed. (550)
1996 Ed. (596)
1995 Ed. (538)
1994 Ed. (562)
1993 Ed. (560)
1992 Ed. (768)
1991 Ed. (600)
1989 Ed. (612)
National Bank of Middlebury
1996 Ed. (543)
1993 Ed. (510)
National Bank of New Zealand
2006 Ed. (505)
2005 Ed. (586)
2004 Ed. (598)
2000 Ed. (634)
1999 Ed. (612)
1992 Ed. (725)
1990 Ed. (582)
National Bank of North Carolina
1992 Ed. (2723)
National Bank of Oman
2008 Ed. (351, 488)
2007 Ed. (363, 480, 534)
2006 Ed. (381, 460, 461, 509)
2005 Ed. (592)
2004 Ed. (603)
2003 Ed. (596)
2002 Ed. (631, 4451, 4452)
2000 Ed. (451)
1999 Ed. (460, 617, 618)
1995 Ed. (411, 579)
1994 Ed. (418, 609)
1992 Ed. (592, 812)
1991 Ed. (436, 640)
1990 Ed. (487)
1989 Ed. (464)
National Bank of Oman Ltd. SAO
1993 Ed. (606)
1989 Ed. (647)
National Bank of Oman Ltd. SAOG
1997 Ed. (403, 588)
1996 Ed. (438, 649)
National Bank of Oman Ltd. SAOG (Muscat)
2000 Ed. (638)
National Bank of Pakistan
2008 Ed. (489, 2031)
2007 Ed. (481, 535)
2006 Ed. (468, 510, 4527)
2005 Ed. (540, 593)
2004 Ed. (518, 604)
2003 Ed. (597)
2002 Ed. (569, 632)
1999 Ed. (619)
1997 Ed. (590)
1996 Ed. (651)
1995 Ed. (581)
1994 Ed. (611)
1993 Ed. (608)
1992 Ed. (814)
1989 Ed. (649)
National Bank of Ras al-Khaimah
1996 Ed. (704)
1995 Ed. (628)
National Bank of Romania
1994 Ed. (625)
National Bank of Sharjah
2006 Ed. (457)
2005 Ed. (622)
2004 Ed. (399, 634)
2003 Ed. (420, 537, 625)
1996 Ed. (442)
1995 Ed. (416)
1994 Ed. (423)
1993 Ed. (658)
1992 Ed. (599, 858)
1991 Ed. (443)
1990 Ed. (495)
1989 Ed. (472)
National Bank of Solomon Islands Ltd.
1989 Ed. (669)
National Bank of South Carolina
1998 Ed. (428)
National Bank of Stamford
1989 Ed. (557)
National Bank of the Republic of Tajikistan
1997 Ed. (625)
National Bank of Umm Al-Qaiwain
1997 Ed. (407)
1995 Ed. (416)
1994 Ed. (423)
National Bank of Umm Al-Qawain
1995 Ed. (628)
National Bank of Uzbekistan
2004 Ed. (470)
National Bank of Washington (Washington, DC)
1991 Ed. (688)
National Bank of Yemen
2000 Ed. (698)
1999 Ed. (681)
1995 Ed. (637)
1992 Ed. (869)
1991 Ed. (445, 695)
1990 Ed. (497)
1989 Ed. (474, 715)
National Bank Small Cap
2002 Ed. (3446)
National Bank Small Capitalization
2003 Ed. (3570, 3571)
National Bank Texas
1989 Ed. (1047)
National Bank/Washington
1993 Ed. (2300)
National Baptist Convention USA Inc.
2000 Ed. (3754)
National Baptists of the U.S.A.
1998 Ed. (2460)
National Basketball Association
2005 Ed. (4453)
2002 Ed. (3792)

National Basketball Association (NBA)
2003 Ed. (4523)
2001 Ed. (4344, 4349)
National Beef Packaging Co.
1998 Ed. (2889)
National Beef Packing Co.
2008 Ed. (2784, 3609)
2006 Ed. (3431)
1998 Ed. (1733, 2451, 2453, 2455, 3647)
National Beef Packing Co. LP
1997 Ed. (2048, 2732, 2733, 2737, 2738, 3139, 3140, 3144)
1996 Ed. (2589)
National Benefit Fund for Hospital & Health Care Employees
1992 Ed. (3355, 4333)
National Benefit Services
2006 Ed. (3110)
National Benevolent Association Christian Church
1996 Ed. (912)
National Benevolent Association of the Christian Church
1995 Ed. (941, 2780)
National Beverage Corp.
2008 Ed. (4457)
2007 Ed. (4474)
2006 Ed. (4412)
2005 Ed. (667, 4394, 4395, 4396)
2004 Ed. (4447, 4448)
2003 Ed. (737, 738, 739, 867, 4472, 4477)
2002 Ed. (4321, 4326)
2001 Ed. (4303)
2000 Ed. (733, 4080)
1998 Ed. (151)
1997 Ed. (2023)
1995 Ed. (654, 657, 1898)
National Biscuit
2002 Ed. (4451)
National Board for Professional Teaching Standards
2004 Ed. (930)
National Bond
1994 Ed. (2621)
1993 Ed. (1916, 2677)
1991 Ed. (2570)
National Breweries plc
2006 Ed. (4548)
2002 Ed. (4499)
National Brewing
1994 Ed. (754)
1992 Ed. (84)
National Broadcasting Co.
2006 Ed. (2491)
National Broadcasting Co., Inc. (NBC)
2003 Ed. (3347)
2002 Ed. (4582)
2001 Ed. (4492)
National Brotherhood of Electrical Workers
2005 Ed. (1972)
National Building Systems
1995 Ed. (1132)
1994 Ed. (1116)
National Business Aircraft Association
1998 Ed. (2460)
National Business Systems
1990 Ed. (3455)
National Cable & Wire Manufacturing
1997 Ed. (242)
National Cable Television Cooperative Inc.
2007 Ed. (1428)
2006 Ed. (1393)
2005 Ed. (1407)
2004 Ed. (1386)
2003 Ed. (1377)
National Capital Commission
2007 Ed. (1615)
National Capital Motors
2003 Ed. (3954)
National Capital Parks
1990 Ed. (2666)
National Car Rental
1992 Ed. (464)
1991 Ed. (333, 334)
National Car Rental System
2008 Ed. (307)
2007 Ed. (319)
2006 Ed. (327)
2005 Ed. (307)
2004 Ed. (311)
2003 Ed. (336)
National Car Wash
2006 Ed. (363)
National Career Development Association
1999 Ed. (300)
National Carriers Inc.
2008 Ed. (4134)
2007 Ed. (4111)
2004 Ed. (4773)
2002 Ed. (3944)
1991 Ed. (2824)
National Catholic Risk Retention Group Inc.
1994 Ed. (866)
National Century Finance Services
2001 Ed. (2768)
National Centyer for Children in Poverty
1992 Ed. (1100)
National chains
2001 Ed. (1331, 3232, 3798)
2000 Ed. (3546, 3802)
1992 Ed. (2524)
1991 Ed. (1967, 1978)
1990 Ed. (2119)
National chains and catalogs
1991 Ed. (859, 860, 1387, 1388, 1447, 1448, 3266)
1990 Ed. (908, 909, 1453, 1454, 1537, 1538)
National Children's Cancer Society
1996 Ed. (918)
National Christian Charitable Foundation
2006 Ed. (3714)
National City Corp.
2008 Ed. (371, 1467, 2006, 2354)
2007 Ed. (387, 1473, 2231)
2006 Ed. (384, 396, 399, 402, 404, 405, 1513, 2283)
2005 Ed. (355, 423, 438, 447, 449, 452, 627, 628, 1003, 2866, 4385)
2004 Ed. (418, 432, 434, 440, 638, 639)
2003 Ed. (437, 439, 446, 449, 629, 630, 818, 4557)
2002 Ed. (438, 498, 3947, 4294)
2001 Ed. (433, 575, 582, 587, 597, 636, 637, 1672, 3348, 4029, 4280, 4281)
2000 Ed. (327, 396, 436, 1531, 2484, 3157, 3741, 3742, 3743)
1999 Ed. (424, 436, 547, 667, 2698, 4030, 4031)
1998 Ed. (282, 329)
1997 Ed. (332, 339, 3281, 3282, 3283)
1996 Ed. (368, 3178, 3179, 3180)
1995 Ed. (3357)
1994 Ed. (3033, 3035, 3276)
1993 Ed. (1177, 3286)
1992 Ed. (715, 780)
1991 Ed. (609)
1990 Ed. (415)
1989 Ed. (624, 625)
National City, BancOhio & FNB of Louisville
1992 Ed. (3175)
National City Bank
2008 Ed. (346, 349, 350, 363, 364, 365, 1091, 2987)
2007 Ed. (375, 2867)
2006 Ed. (632, 2873, 3559)
2005 Ed. (2868)
2004 Ed. (711, 2863)
2003 Ed. (2771, 3444)
2002 Ed. (2578)
2001 Ed. (595, 596, 763, 764)
2000 Ed. (379)
1999 Ed. (376)
1998 Ed. (332, 387, 421, 421)
1997 Ed. (532)
1996 Ed. (393, 549, 576, 647, 647, 3599)
1995 Ed. (497, 521, 577, 577, 2540)
1994 Ed. (571, 607, 3039)
1993 Ed. (569, 604, 2991)
1992 Ed. (810)
1991 Ed. (637)
1990 Ed. (661)
1989 Ed. (646)
National City Bank, Cleveland
1999 Ed. (3175, 3181)
1997 Ed. (586)
National City Bank (Columbus)
1997 Ed. (586)
National City Bank, Dayton
1999 Ed. (3182)
National City Bank Indiana
2007 Ed. (361, 362)
2002 Ed. (483)
1997 Ed. (508)
1994 Ed. (370, 515)
National City Bank Kentucky
2007 Ed. (210)
National City Bank Michigan/Illinois
2002 Ed. (539)
National City Bank Midwest
2006 Ed. (424)
National City Bank of Indiana
2007 Ed. (467)
2006 Ed. (379, 392)
2005 Ed. (385, 434)
2004 Ed. (366, 428)
2003 Ed. (387, 434)
1998 Ed. (376)
National City Bank of Michigan/Illinois
2001 Ed. (588, 610, 612)
National City Bank of Pittsburgh
1998 Ed. (424)
National City Bank of the Midwest
2008 Ed. (394)
2007 Ed. (416)
National City Insurance Group
2008 Ed. (3246)
2006 Ed. (3078)
National City Mortgage Co.
2006 Ed. (3559, 3560, 3566, 3567, 3568)
2005 Ed. (3302, 3501, 3509)
2003 Ed. (3433, 3445)
2002 Ed. (3383, 3384)
National City Processing Co.
1999 Ed. (1791)
1998 Ed. (272, 1204, 1206)
1997 Ed. (335, 1554)
1996 Ed. (1492, 2604)
1995 Ed. (348)
The National Civic League
1995 Ed. (1931)
The National Civil Rights Museum
1993 Ed. (3594)
National College of Education
1992 Ed. (1093, 1280)
National Commerce Bancorp
2000 Ed. (392, 393, 422, 429)
1999 Ed. (427, 437, 669)
1998 Ed. (291, 324, 330)
1997 Ed. (3280)
1995 Ed. (373)
National Commerce Bank
2008 Ed. (79)
National Commerce Financial Corp.
2006 Ed. (1419)
2005 Ed. (631, 632)
2004 Ed. (642, 643, 1529)
2003 Ed. (422)
National Commerce Trinidad & Tobao Ltd.
1992 Ed. (851)
National Commercial B. Jamaica
2004 Ed. (462)
National Commercial Bank
2008 Ed. (377, 477, 498)
2007 Ed. (73, 394, 522, 547)
2006 Ed. (83, 410, 518)
2005 Ed. (74, 457, 571, 580, 582, 603)
2004 Ed. (79, 446, 613)
2003 Ed. (458, 459, 501, 587, 605)
2002 Ed. (512, 513, 566, 622, 633, 641)
2001 Ed. (599)
2000 Ed. (442, 449, 453, 595, 656)
1999 Ed. (449, 450, 458, 462, 577, 630)
1997 Ed. (393, 401, 405, 605)
1996 Ed. (427, 428, 440, 528, 584, 668, 669)
1995 Ed. (401, 409, 413, 528, 599)
1994 Ed. (408, 416, 420, 554, 627, 3137, 3139)
1993 Ed. (417, 452, 552, 622)
1992 Ed. (580, 589, 594, 638, 760, 829)
1991 Ed. (480, 434, 422, 423, 424, 481, 591, 656, 438)
1990 Ed. (470, 471, 472, 484, 489, 522, 627, 674, 675)
1989 Ed. (446, 449, 461, 466, 505, 607, 665)
National Commercial Bank Jamaica Ltd.
2006 Ed. (3232)
2005 Ed. (552)
2004 Ed. (461, 566)
2003 Ed. (474, 552)
2000 Ed. (573)
1999 Ed. (562)
1997 Ed. (528)
1996 Ed. (572)
1995 Ed. (518)
1994 Ed. (543)
1991 Ed. (574)
National Commercial Bank Jamaica Limited
1989 Ed. (591)
National Commercial Bank of Trinidad & Tobago Ltd.
1995 Ed. (622)
1994 Ed. (649)
1993 Ed. (647)
1991 Ed. (679)
National commercial banks
1989 Ed. (2475)
National Commerical Bank Jamaica Ltd.
1993 Ed. (541)
1992 Ed. (742)
National Committee to Preserve Social Security and Medicare
1999 Ed. (294)
1997 Ed. (272)
1996 Ed. (241)
1995 Ed. (248, 2777)
1994 Ed. (240, 2675)
1990 Ed. (288)
National Community
1992 Ed. (2156)
1989 Ed. (424)
National Community AIDS Partnership
1995 Ed. (1926)
National Community Bank
1994 Ed. (598)
1993 Ed. (593)
1992 Ed. (800)
1991 Ed. (1724, 625)
National Community Banks
1992 Ed. (524)
1990 Ed. (637)
National Computer Print Inc.
2006 Ed. (4338)
National Computer Systems
1990 Ed. (1115)
National Congress of Parents and Teachers
1999 Ed. (294)
1996 Ed. (241)
National Congress of Parents St Teachers
1997 Ed. (272)
National Congressional Club
1993 Ed. (2872, 2873)
National Construction Enterprises Inc.
2008 Ed. (1259, 1268)
2007 Ed. (1372)
2006 Ed. (1297)
2005 Ed. (1324)
2004 Ed. (1319)
2003 Ed. (1319)
2002 Ed. (1301)
2001 Ed. (1484)
1999 Ed. (1379)
1998 Ed. (958)
National Construction LLC
2007 Ed. (3554)
National Construction Providers Inc.
2006 Ed. (3526)
National Consumer Cooperative Bank
2005 Ed. (375)
National Consumer Insurance Co.
1996 Ed. (2267)

National Consumer Marketing
2007 Ed. (132)
2006 Ed. (139, 168)
2005 Ed. (152)
National Convenience
1998 Ed. (984)
1990 Ed. (1217)
National Convenience Stores Inc.
1997 Ed. (1209)
1996 Ed. (1172)
1994 Ed. (1178, 1183, 3444)
1993 Ed. (1159, 1160, 2715)
1991 Ed. (1101)
National Coop. Refinery
1989 Ed. (1055)
National Coop. Refinery Ass'n
1991 Ed. (1222)
National Cooperative Refinery Association Inc.
2004 Ed. (1382)
2003 Ed. (1375)
1995 Ed. (1445)
1994 Ed. (1412)
1993 Ed. (1360)
1992 Ed. (1530)
National Coporation Refinery
1990 Ed. (1298)
National Corporate Housing
2005 Ed. (1994)
National Council for Industrial Defense
1993 Ed. (250, 2729)
National Council of La Raza
2008 Ed. (2964)
2007 Ed. (2841)
2006 Ed. (2843)
2005 Ed. (2845)
2004 Ed. (2837)
2003 Ed. (2755)
2002 Ed. (2559)
National Council of Negro Women
1998 Ed. (193)
National Council of Senior Citizens
1997 Ed. (272)
1996 Ed. (241)
1995 Ed. (248, 2777)
1994 Ed. (240, 2675)
The National Council of YMCAs
2005 Ed. (3607, 3608)
2004 Ed. (3698)
2003 Ed. (3651)
2001 Ed. (1819)
2000 Ed. (3346, 3348)
National Council on the Aging
1991 Ed. (896, 897, 899)
National Credit & Commerce Bank Ltd.
1999 Ed. (475)
National Dairy Holdings LP
2007 Ed. (3355, 3356)
2006 Ed. (2240, 3288, 3289)
2005 Ed. (2142)
2004 Ed. (2005)
National Dairy Promotion & Research Board
1994 Ed. (11, 2211)
National Data Corp.
2001 Ed. (1955)
1998 Ed. (2464)
1996 Ed. (2604)
1995 Ed. (348, 1530, 1649, 2540)
1994 Ed. (343, 1497)
1992 Ed. (503, 1751, 3248, 4206)
1991 Ed. (1393)
1990 Ed. (1455)
National Data Products
1992 Ed. (990)
National department stores
1996 Ed. (1985, 1986)
National Detergent
2002 Ed. (4451)
National Development Bank
2006 Ed. (1073)
2000 Ed. (472, 1149)
1999 Ed. (480, 1240, 1241)
1997 Ed. (420, 1070)
1996 Ed. (1052, 1053)
1995 Ed. (432)
1994 Ed. (439)
1992 Ed. (623)
1991 Ed. (465)
National Development Bank of Sri Lanka
2000 Ed. (666)
1999 Ed. (640)
National Disaster Medical System Annual Conference & Exposition
2005 Ed. (4730)
National Discount Brokers
2002 Ed. (4868)
2000 Ed. (1682)
1999 Ed. (862, 1867, 3002)
National Discount House of South Africa
1992 Ed. (833)
National Dispatch Center Inc.
1998 Ed. (1890)
National Distillers & Chemical Corp.
1989 Ed. (191)
National Distributing Co., Inc.
2005 Ed. (666)
2004 Ed. (677)
National Easter Seal Society
2000 Ed. (3345)
1998 Ed. (1280)
1996 Ed. (914)
1995 Ed. (940, 2779)
1994 Ed. (906)
1991 Ed. (898)
1989 Ed. (2074)
National Education
1995 Ed. (3434)
1992 Ed. (4072)
1991 Ed. (2588)
1990 Ed. (3261)
1989 Ed. (2477)
National Education Association
1996 Ed. (3499, 3603)
National Education Association Political Action Committee
1993 Ed. (2873)
National Electric
2007 Ed. (2187)
2004 Ed. (3790)
2003 Ed. (3764)
National Electric Information Corp.
1997 Ed. (2258)
National Electric Union
2008 Ed. (3869)
2007 Ed. (3795)
National Electrical
2001 Ed. (3686)
2000 Ed. (3450)
1999 Ed. (3733)
National Electrical Benefit
1997 Ed. (3016)
1995 Ed. (2851)
National Electrical Benefit Fund
2000 Ed. (3451)
National Electrical Benefit Fund, Washington, DC
2000 Ed. (4283)
National Electrical Benefit Union
1996 Ed. (2927)
National Electrical Contractors
1994 Ed. (2757)
National Emergency Medicine Association/National Heart Research
1996 Ed. (918)
National Emergency Services
1996 Ed. (2144, 2150)
1995 Ed. (2132)
1994 Ed. (2079, 2080)
1993 Ed. (2061, 2062)
1990 Ed. (2051, 2052)
National Enquirer
2004 Ed. (3337)
2003 Ed. (3275)
2001 Ed. (3195, 3198)
2000 Ed. (3481)
1999 Ed. (3751)
1998 Ed. (72)
1997 Ed. (3040, 3048)
1996 Ed. (2958, 2959)
1994 Ed. (2784, 2790)
1993 Ed. (2791, 2796)
1992 Ed. (3371)
1991 Ed. (2702)
National Enquirer, Weekly World News
1990 Ed. (2690)
National Enterprises
1993 Ed. (1092)
1992 Ed. (1369, 1476)
1991 Ed. (1061)
1990 Ed. (1174)
National Envelope Corp.
2007 Ed. (1913)
2006 Ed. (1729, 1867, 1896, 1929)
National Equipment Services Inc.
2004 Ed. (3246)
2002 Ed. (1611)
2000 Ed. (2916)
1999 Ed. (3171)
National Equities
2004 Ed. (3626, 3627)
2003 Ed. (3593, 3594)
National Event Management Inc.
2008 Ed. (4723)
2006 Ed. (4787)
2005 Ed. (4736)
National Examiner
1992 Ed. (3373)
1991 Ed. (2708)
National Exhibition Centre
2006 Ed. (1156)
National Export-Import Bank
1995 Ed. (611)
1994 Ed. (638)
1993 Ed. (635)
1992 Ed. (839)
National Express
2006 Ed. (4823)
National Express Group plc
2008 Ed. (4759)
2002 Ed. (4671)
2001 Ed. (4621)
National/Fairchild
1990 Ed. (3236)
National Federal Security
1993 Ed. (2676)
National Federation of Independent Business
2002 Ed. (340)
2000 Ed. (319, 2989)
1999 Ed. (302)
1998 Ed. (195)
National Finals Rodeo
2001 Ed. (1383)
National Finance
2002 Ed. (4488, 4489)
National Finance & Securities
1999 Ed. (4162)
1997 Ed. (3490)
1995 Ed. (3284)
1994 Ed. (3197)
1992 Ed. (3824)
1991 Ed. (2942)
National Financial
2000 Ed. (1097)
National Financial Systems Inc.
2007 Ed. (3525, 3545)
National Fire & Marine Insurance Co.
2006 Ed. (3101)
2005 Ed. (3095)
National Flour Mills Ltd.
2002 Ed. (4680)
National Foods Inc.
1994 Ed. (2452, 2904)
National Foot Care
1991 Ed. (2760)
1990 Ed. (2896)
National Football League
2005 Ed. (4453)
2002 Ed. (3792)
1995 Ed. (2429)
National Football League (NFL)
2003 Ed. (4523)
2001 Ed. (4344, 4349)
National Forensic League
1993 Ed. (250, 2729)
National 4-H Council
1995 Ed. (1929)
1993 Ed. (895)
National Fraud Information Center
2002 Ed. (4844)
National Freight
1993 Ed. (3641)
1992 Ed. (4355)
1991 Ed. (3430)
National Freight Consortium Plc.
1990 Ed. (1032, 1033)
National Fuel Gas Co.
2008 Ed. (2812)
2007 Ed. (2681, 2682)
2006 Ed. (2354, 2357, 2441)
2005 Ed. (2291, 2294, 2403, 2404, 2405, 3587)
2004 Ed. (2192, 2195, 3670)
2003 Ed. (3811)
2001 Ed. (3946, 3947)
1998 Ed. (2665)
1997 Ed. (2927)
1996 Ed. (2823)
1993 Ed. (1935, 2703, 3463)
1992 Ed. (3215)
1991 Ed. (2576)
1990 Ed. (2672)
1989 Ed. (2037)
National Fuel Gas Distribution Corp.
1994 Ed. (1961, 2654)
National Fuel Gas Supply Corp.
1999 Ed. (3594)
1995 Ed. (1974, 2756)
National Futures Association
1997 Ed. (273)
1996 Ed. (242)
National Gallery of Art
2000 Ed. (317, 317, 3217, 3343)
1993 Ed. (891)
National Gallery of Art-DC
1992 Ed. (1096)
National General Cooling Co.
2006 Ed. (4545)
National Geographic
2007 Ed. (3404)
2005 Ed. (3362)
2003 Ed. (3274)
2002 Ed. (3226)
2001 Ed. (3196)
2000 Ed. (3462, 3472)
1999 Ed. (3752, 3771)
1998 Ed. (2801)
1997 Ed. (271, 709, 3048, 3050)
1996 Ed. (240, 2958, 2962, 2972)
1995 Ed. (247, 2887)
1994 Ed. (2783, 2787, 2788, 2793, 2794)
1993 Ed. (2790, 2794, 2795, 250, 2729)
1992 Ed. (3380, 3381)
1991 Ed. (2702)
1990 Ed. (287)
1989 Ed. (277, 2180, 2181, 2182)
National Geographic Adventure
2008 Ed. (3532)
2007 Ed. (128)
2004 Ed. (140)
National Geographic, "Grizzlies"
1991 Ed. (2772)
National Geographic, "Incredible Machine"
1991 Ed. (2772)
National Geographic Kids
2007 Ed. (169)
2006 Ed. (145, 3348)
National Geographic, "Land of the Tiger"
1991 Ed. (2772)
National Geographic, "Lions of...African Night"
1991 Ed. (2772)
National Geographic Magazine
1991 Ed. (2704)
"National Geographic"; National Geographic,
1991 Ed. (2772, 2772)
National Geographic, "Sharks"
1991 Ed. (2772)
National Geographic Society
1999 Ed. (292)
1996 Ed. (241, 243)
1992 Ed. (3266)
1990 Ed. (288)
1989 Ed. (274, 275, 2072)
National Geographic Traveler
2002 Ed. (3227)
2001 Ed. (259)
1992 Ed. (3378)
1989 Ed. (277)
National Geographic World
1989 Ed. (277)
National Girobank
1992 Ed. (2160)

National Glass & Metal Co. Inc.
1999 Ed. (1370)
1998 Ed. (948)
1997 Ed. (1170)
1996 Ed. (1143)
1995 Ed. (1166)
1994 Ed. (1152, 1976)
1993 Ed. (1133)
1992 Ed. (1420)
1991 Ed. (1087)
1990 Ed. (1206)
National Government Employees
1997 Ed. (3028)
1990 Ed. (2790)
National Government Employees Mutual Aid Association
1995 Ed. (2873)
National Grape Co-Op
1995 Ed. (1896)
National Graphics Inc.
2006 Ed. (4344)
National Grid Group plc
2004 Ed. (1450, 1452, 1459, 1467, 1534, 1547)
2002 Ed. (4419, 4420)
National Grid plc
2008 Ed. (1743, 1753, 1756, 1816, 1818, 2433, 2815)
2007 Ed. (2301, 2686)
National Grid Transco
2007 Ed. (2306)
2005 Ed. (2308, 2402, 2404, 2406)
National Grid Transco plc
2007 Ed. (2685, 2691)
2006 Ed. (1431, 2697)
National Grid USA
2008 Ed. (2421)
2007 Ed. (1871, 2287)
2006 Ed. (1868)
2005 Ed. (1857)
2004 Ed. (1792)
National Guard Training Base
1996 Ed. (2643)
National Guardian Corp.
1996 Ed. (3309)
1995 Ed. (3212)
1993 Ed. (3115)
1992 Ed. (3826)
National Gypsum Co.
2008 Ed. (3563)
2007 Ed. (1270, 3424)
2006 Ed. (2893, 3993)
2005 Ed. (1501, 1534, 3919)
2004 Ed. (1485)
2003 Ed. (1455)
2002 Ed. (1435)
1996 Ed. (1202, 3812)
1992 Ed. (3934)
1991 Ed. (799, 1224)
1990 Ed. (837)
1989 Ed. (823, 1516)
National Hardware Show
2002 Ed. (4644)
2001 Ed. (4610)
1996 Ed. (3728)
1990 Ed. (3627)
1989 Ed. (2861)
National Health Corp.
1992 Ed. (3280)
1991 Ed. (2625)
1990 Ed. (2726)
National Health Laboratories
1994 Ed. (2031, 2033)
1993 Ed. (2017, 2018)
1991 Ed. (1892)
1990 Ed. (1991)
National Health Labs
1996 Ed. (2081)
1995 Ed. (1232, 2081, 2083)
1992 Ed. (2381, 2383, 2384)
National Health Service
2004 Ed. (1873)
2001 Ed. (1695)
2000 Ed. (1416)
National Health Service Executive Headquarters
2002 Ed. (1643, 1787)
National Health Services Inc.
1998 Ed. (3650)
1996 Ed. (3767)
National Healthcare Corp.
2008 Ed. (3801)
2006 Ed. (3727)
2005 Ed. (3612)
1999 Ed. (3636)
National Heritage Corp.
1999 Ed. (2928)
1998 Ed. (2147)
1996 Ed. (2296)
1992 Ed. (2459, 3280)
1991 Ed. (1934)
1990 Ed. (2056)
National Heritage Academies
2005 Ed. (2271)
National Heritage Insurance Co.
2002 Ed. (2887, 2888)
2001 Ed. (2929, 2931)
2000 Ed. (2675, 2677)
National Highway System
1993 Ed. (3619)
National Hispanic Scholarship Fund
1996 Ed. (917)
National Hockey League
2005 Ed. (4453)
2003 Ed. (808)
2002 Ed. (3792)
National Hockey League (NHL)
2003 Ed. (4523)
2001 Ed. (4344, 4349)
National Home Centers
2003 Ed. (2762)
National Home Communities
2000 Ed. (3152)
National Home Health Care
2003 Ed. (2786)
National Home Life - Pacer Choice (VA)
1991 Ed. (2149)
National Home Show
2008 Ed. (4724)
National Home Video
1997 Ed. (3841)
National Homefinders
2000 Ed. (3711)
National House Industries
2002 Ed. (1702)
National Housing Partnership
1991 Ed. (247)
National Humanities Center
1994 Ed. (1903)
National Imaging
1989 Ed. (2368)
National Income/Growth-A
1993 Ed. (2653)
National Indemnity Co.
2008 Ed. (3323)
2007 Ed. (3184)
2005 Ed. (3132, 3145, 3147, 3149)
2004 Ed. (3137)
2002 Ed. (3959)
2001 Ed. (2954, 2960, 2961, 4032)
National Industrial Credit
1999 Ed. (3591)
National Industrial Credit Bank
2008 Ed. (457)
2007 Ed. (493)
National Industries
2006 Ed. (4513)
2002 Ed. (4436)
1992 Ed. (3160)
National Information Solutions Cooperative Inc.
2008 Ed. (3175)
National Institute for Dispute Resolution
1992 Ed. (1097)
National Institute of Health
1991 Ed. (893)
National Institute of Health Credit Union
2002 Ed. (1870)
National Institute of Standards and Technology
1999 Ed. (3633)
National Institutes of Health
2002 Ed. (1023, 1024, 1025, 1026, 1027, 1028, 3986)
1992 Ed. (25, 27)
National Institutes of Health Credit Union
2008 Ed. (2237)
2007 Ed. (2122)
2006 Ed. (2201)
2005 Ed. (2106)
2004 Ed. (1964)
2003 Ed. (1924)
National Instruments Corp.
2007 Ed. (2330)
2006 Ed. (1126, 2040)
2005 Ed. (1111, 1112)
2004 Ed. (1107, 1108)
National Instruments Corp. (U.K.) Ltd.
2008 Ed. (2125, 2133)
National Insurance Co.
2006 Ed. (3093)
2005 Ed. (3088)
2004 Ed. (3083)
1994 Ed. (2239)
1992 Ed. (79)
National Integrity Pinnacle Dreman Value
1997 Ed. (3823)
National Intergroup
1996 Ed. (3411, 3499, 3825)
1995 Ed. (952, 3301, 3335, 3728)
1994 Ed. (916)
1990 Ed. (931, 1288, 1343, 3249, 3258)
1989 Ed. (882, 2474, 2478)
National Internet Service
2002 Ed. (2994)
National Interstate
2008 Ed. (2854)
2007 Ed. (2724)
National Investment Services
1993 Ed. (2325)
1991 Ed. (2206)
1990 Ed. (2323)
1989 Ed. (2131)
National Investment Trust Co.
2001 Ed. (2890)
1999 Ed. (2894)
1997 Ed. (2402)
National Iranian Co.
1998 Ed. (2838)
National Iranian Oil Co.
2008 Ed. (3919, 3929, 3939)
2007 Ed. (3870, 3880, 3896)
2006 Ed. (3847, 3854, 3866)
2005 Ed. (3765, 3788, 3799)
2004 Ed. (3854, 3861, 3871)
2003 Ed. (3825, 3844, 3858)
2002 Ed. (3679, 3680)
2001 Ed. (3772)
2000 Ed. (3531, 3532)
1999 Ed. (3817, 3818)
1998 Ed. (2839)
1997 Ed. (3110, 3111)
1996 Ed. (3027, 3028)
1995 Ed. (2932, 2933)
1994 Ed. (2866, 2869, 2870)
1993 Ed. (2825, 2826)
1992 Ed. (3420, 3421)
1991 Ed. (2717, 2735)
National Irish Bank
2007 Ed. (485)
2006 Ed. (472)
2005 Ed. (548)
National Iron & Steel Mills Ltd.
1990 Ed. (1414)
National Jet Systems
2002 Ed. (3787)
National Jewish Center
2004 Ed. (2920)
2003 Ed. (2816)
2002 Ed. (2612)
2000 Ed. (2520)
1999 Ed. (2741)
National Jewish Medical & Research Center
2008 Ed. (3054)
2007 Ed. (2932)
2006 Ed. (2913)
2005 Ed. (2906)
National Journal
1989 Ed. (179, 2174)
National Law Enforcement Officers Memorial Fund
1996 Ed. (918)
The National Law Journal
2007 Ed. (4796)
National Law Publishing Co.
1999 Ed. (3745)
National Leasing
2005 Ed. (1721)
National Legal Shield
1993 Ed. (2911)
National Lending Corp.
2008 Ed. (2199)
National Liberation Army, Colombia
2000 Ed. (4238)
National Liberty Corp.
1990 Ed. (2281)
National Liberty Insurance Co. Inc.
2000 Ed. (982)
1999 Ed. (1032)
1997 Ed. (902)
National Liberty Insurance Group
1998 Ed. (639)
National Life
1998 Ed. (2258)
National Life Balanced
2002 Ed. (3453, 3454)
National Life Employees Credit Union
2003 Ed. (1950)
2002 Ed. (1896)
National Life Equities
2002 Ed. (3465, 3466)
National Life Group
2008 Ed. (2155)
National Life Insurance Co.
2006 Ed. (2091)
2005 Ed. (3088)
2004 Ed. (1877, 3083)
2003 Ed. (1842)
2001 Ed. (1892)
National Life Investment
1999 Ed. (3059)
National Life of Vermont
1999 Ed. (4709)
1997 Ed. (3835)
1994 Ed. (3623)
National Live Stock and Meat
1990 Ed. (1824)
National Live Stock & Meat Board
1992 Ed. (36, 2637)
1991 Ed. (12)
1990 Ed. (19, 2214)
National Lloyds
1999 Ed. (2970)
1998 Ed. (2202)
1997 Ed. (2467)
1996 Ed. (2341)
1994 Ed. (2275)
1993 Ed. (2237)
National Lloyds Insurance Co.
2000 Ed. (2722)
National Logistics Management
2006 Ed. (4794)
National Lottery
2005 Ed. (59)
2004 Ed. (64)
1999 Ed. (174, 783)
National Lumber
1995 Ed. (849)
1993 Ed. (780)
National Lumber (MI)
1994 Ed. (797)
National Machinery LLC
2004 Ed. (3330)
National Maintenance Contractors
1994 Ed. (1915)
1991 Ed. (1772)
National Maintenance Service
2002 Ed. (2539)
National Marine Engineers' Beneficial Association
1998 Ed. (2322)
National Marine Manufacturers Association Boat Show
1999 Ed. (4642)
National Maritime Union
1998 Ed. (2322)
National Media
2000 Ed. (3322)
1997 Ed. (2934)
1995 Ed. (2250)
1992 Ed. (3225)
1991 Ed. (1871, 3144)
National Media House
2004 Ed. (59)
National Medical
1994 Ed. (1252)
1992 Ed. (2381, 2384)
1991 Ed. (1890, 1893)
1990 Ed. (1988, 1989)
1989 Ed. (1578, 1579)

National Medical Care Inc.
1997 Ed. (1235)
1992 Ed. (2435)
1991 Ed. (1927)
National Medical Enterprises
1997 Ed. (2270)
1996 Ed. (1230, 1260, 1285, 2077, 2079, 2155, 2548, 2704)
1995 Ed. (1257, 2082, 2085, 2144, 2627, 2802)
1994 Ed. (2031, 2033, 2089, 2572)
1993 Ed. (2017, 2018, 2073)
1992 Ed. (2383, 2458, 2459, 3123, 3128, 3130, 3131, 3132, 3279)
1991 Ed. (1892, 1934, 2498, 2503, 2505, 2506, 2507, 3090, 1057)
1990 Ed. (1167, 1232)
1989 Ed. (742, 1603)
National Medical Enterprises Management Services Division
1996 Ed. (2147)
1995 Ed. (2135)
1994 Ed. (2086, 2087)
National Medical Enterprises Millhaven Corp.
1991 Ed. (2624)
National Medical Health Card Systems
2008 Ed. (2861)
2007 Ed. (2731)
2006 Ed. (2731)
National Medical Rentals
1991 Ed. (1928)
National Mental Health Association
2004 Ed. (932)
1996 Ed. (914, 917)
1995 Ed. (940, 2779)
1994 Ed. (906)
National Mercantile Bancorp
2003 Ed. (527)
National Merchandise Co. (Pic 'N Save)
1990 Ed. (1554)
National Merchant Bank
2000 Ed. (4446)
National Merchant Bank of Zimbabwe
2000 Ed. (701)
National Metalwares Inc.
1997 Ed. (2702)
National Microfinance Bank
2008 Ed. (512)
National Micrographics Systems Inc.
2005 Ed. (1355)
2004 Ed. (1347)
National Mobile
2006 Ed. (4513)
National Mobile Telephone
2002 Ed. (4436)
National Mortgage
1991 Ed. (534)
National Mortgage Bank
2000 Ed. (320, 321)
1999 Ed. (303, 304)
1992 Ed. (363)
1991 Ed. (260, 261)
National Mortgage Bank of Greece
2000 Ed. (541)
1999 Ed. (532)
1997 Ed. (481)
1996 Ed. (522)
1995 Ed. (478)
1994 Ed. (496)
1993 Ed. (253, 254, 494)
1992 Ed. (689)
National Multi Fixed Inc. A
1994 Ed. (2619)
National Multiple Sclerosis Society
2000 Ed. (3352)
1999 Ed. (293, 3628)
1997 Ed. (2951)
1995 Ed. (940, 2779)
National Mutual
1990 Ed. (2319)
National Mutual Asset Management
1993 Ed. (2352, 2358)
National Mutual Funds Management
2001 Ed. (2880)
1997 Ed. (2391, 2399)
1995 Ed. (2392)
National Mutual Holdings
2001 Ed. (1818)
National Mutual Insurance Federation of Agricultural Cooperatives
2005 Ed. (3227)
National Mutual Pacific Fund
1990 Ed. (2397)
National network advertising
2004 Ed. (4053)
National Network Services
2005 Ed. (4808, 4810)
National newspapers
2001 Ed. (1078)
1997 Ed. (708)
1996 Ed. (771)
1995 Ed. (693)
National Oceanic & Atmospheric Administration
2002 Ed. (3986)
National Office Warehouse
1995 Ed. (2804)
1994 Ed. (2690)
National Oil Corp.
2008 Ed. (3913, 3939)
2007 Ed. (3860, 3896)
2006 Ed. (3843, 3866)
2005 Ed. (3761, 3799)
2004 Ed. (3850, 3871)
2003 Ed. (3820, 3858)
2002 Ed. (3680)
2000 Ed. (3531, 3532)
1999 Ed. (3818)
1998 Ed. (2839)
1997 Ed. (3110, 3111)
1996 Ed. (3027, 3028)
1995 Ed. (2932, 2933)
1994 Ed. (2869, 2870)
1993 Ed. (2825, 2826)
1992 Ed. (3420)
National Oilwell Inc.
2006 Ed. (2439, 3820, 3822)
2005 Ed. (2397, 3728, 3729, 3730, 3731)
2004 Ed. (3821, 3822, 3823)
2003 Ed. (3810)
National Oilwell Varco Inc.
2008 Ed. (1514, 2498, 3896, 4525, 4922)
2007 Ed. (1529, 2382, 3836, 4516, 4519)
2006 Ed. (3821)
National Optical Observatory
1991 Ed. (257)
National Osteoporosis Foundation
1999 Ed. (293)
National Paragon Corp.
1991 Ed. (172)
1990 Ed. (172, 2713)
National Parent Teachers Association
1995 Ed. (248, 2777)
National Park Trust
2004 Ed. (935)
National Park Zoo
1990 Ed. (3325)
National Parking Corp. Ltd.
1995 Ed. (1004, 1005)
1994 Ed. (991, 992)
1993 Ed. (966, 967)
National Parking Corporation Ltd.
1992 Ed. (1192, 1193, 1199)
National Partnership Investments Corp.
1998 Ed. (178)
1993 Ed. (238)
National Pawnbrokers Association
1999 Ed. (301)
National Penn Bank
1998 Ed. (3318)
National Pension
2008 Ed. (3870)
2007 Ed. (3796)
2005 Ed. (3231)
National Pension Crop.
1997 Ed. (2397)
National Pension Fund
2002 Ed. (2824)
2001 Ed. (2886)
National Petrochemical Public
1997 Ed. (3400)
National Pharmaceutical Services
2007 Ed. (2364, 2365)
2006 Ed. (2416, 2417)
National Picture & Frame
1998 Ed. (2854)
National Pizza Co.
1993 Ed. (1899)
1991 Ed. (2884)
National Plastics Exposition & Conference
1990 Ed. (3627)
National Poly Products
1998 Ed. (2873)
National Power Corp.
2001 Ed. (1835)
1999 Ed. (1639)
1997 Ed. (3215)
1995 Ed. (3208)
National Power plc
2001 Ed. (3949)
National Preferred Provider Network
2005 Ed. (3883)
2000 Ed. (3598, 3599)
National Presto
1993 Ed. (1006, 1885, 2026, 2104)
1992 Ed. (1243, 2201, 2394, 2517)
1991 Ed. (1751, 1961)
1990 Ed. (1081, 2107)
National Presto Industries Inc.
2005 Ed. (2949, 2950)
2004 Ed. (2949, 2950, 4547, 4556, 4566)
National print
1992 Ed. (94)
National Processing Co.
2001 Ed. (1955)
1998 Ed. (1929, 2464, 3180)
1995 Ed. (1530, 1649)
1994 Ed. (343, 1497)
1993 Ed. (351)
1992 Ed. (503, 1751)
1991 Ed. (360, 1393)
1990 Ed. (1455)
National Products
1992 Ed. (55)
National Projects Inc.
2003 Ed. (1691)
National Propane
1999 Ed. (3906)
1998 Ed. (2932)
1997 Ed. (3180)
1996 Ed. (3102)
1995 Ed. (3001)
National Propane Partners, LP
2000 Ed. (3623)
National Property Analysts Inc.
1991 Ed. (3120)
1990 Ed. (3284, 3288)
1989 Ed. (2490)
National Property Inspections Inc.
2008 Ed. (2388)
2007 Ed. (2250)
2006 Ed. (2319)
2005 Ed. (2261)
2004 Ed. (2163)
2003 Ed. (2120)
2002 Ed. (2056)
The National PTA
1994 Ed. (240, 2675)
1990 Ed. (288)
National PTA-National Congress of Parents and Teachers
1993 Ed. (250, 2729)
1989 Ed. (274, 2072)
National Public Radio
1991 Ed. (895)
National Public Service Personnel
2001 Ed. (3695)
2000 Ed. (3454)
National Public Service Personnel Fund
1999 Ed. (3735)
National Purchasing Alliance
2003 Ed. (2110)
National Railroad
2008 Ed. (2302, 3865)
2007 Ed. (3791)
2004 Ed. (3787)
National Railroad Passenger Corp.
2007 Ed. (2059, 4064, 4065)
2006 Ed. (2104, 4029, 4030)
2005 Ed. (2003, 3995, 3996)
2004 Ed. (1886, 4057, 4058)
2003 Ed. (1851, 4036, 4037)
2001 Ed. (3983)
National Real Estate
2002 Ed. (4436, 4437)
National Real Estate Service
1990 Ed. (2951)
National Realty
1990 Ed. (2967)
National Realty & Development Corp.
2006 Ed. (4315)
1997 Ed. (3261)
National Rehabilitation Hospital
2008 Ed. (3050)
National Reinsurance
2001 Ed. (4032)
1998 Ed. (1028)
1991 Ed. (2375)
1990 Ed. (2261)
National Relief Charities
2004 Ed. (935)
National Renal Alliance
2008 Ed. (2103)
National Reproductions Corp.
1997 Ed. (3164)
1996 Ed. (3086)
National Republic Bank
2006 Ed. (454)
1994 Ed. (573)
1993 Ed. (571)
1992 Ed. (782)
1990 Ed. (643)
National Republic Bank Chicago
2008 Ed. (395)
2007 Ed. (417)
2002 Ed. (540)
National Republic Bank of Chicago
2005 Ed. (521)
1995 Ed. (548)
National Reserve Bank of Tonga
1999 Ed. (649)
National Restaurant Association Restaurant, Hotel-Motel Show
1989 Ed. (2861)
National Restaurant Association SmartBrief
2008 Ed. (4711)
2007 Ed. (4794)
National Restaurant Management
1993 Ed. (1899)
National restaurants
2000 Ed. (952, 4210, 4212)
National Retail Properties Inc.
2008 Ed. (2363)
National Revenue Corp.
2001 Ed. (1312, 1314)
1997 Ed. (1045, 1046, 1047, 1048)
National Review
1996 Ed. (2967)
National Rifle Association of America
2000 Ed. (2989)
National Rifle Association Political Victory Fund
1989 Ed. (2236, 2237)
National Riggers & Erectors Inc.
2006 Ed. (1294)
2003 Ed. (1317)
2002 Ed. (1299)
2000 Ed. (1269)
National Right to Life Committee
2000 Ed. (2989)
1999 Ed. (294)
1997 Ed. (272)
1995 Ed. (248, 2777)
1994 Ed. (240, 2675)
1990 Ed. (288)
1989 Ed. (274, 2072)
National Rugby League
2004 Ed. (3951)
National Rural Electric
2008 Ed. (3865)
2003 Ed. (3761)
2001 Ed. (3668)
2000 Ed. (3433)
1999 Ed. (3722)
National Rural Electric Co-op
1997 Ed. (3014)
1995 Ed. (2858)
1994 Ed. (2755)
National Rural Electric Co-op Association
1999 Ed. (299)
National Rural Electric Cooperative Association
2008 Ed. (3177, 3179, 3180)
1997 Ed. (275)
1996 Ed. (244, 2928)

National Rural Telecommunications Cooperative
2006 Ed. (1393)
2005 Ed. (1407)
2004 Ed. (1386)
2003 Ed. (1377)
National Rural Utilities Co-Op Finance
1992 Ed. (3265)
National RV
1998 Ed. (3028)
1996 Ed. (3173, 3257)
1993 Ed. (2985)
1992 Ed. (3643)
National RV Holdings
2000 Ed. (2396, 4042)
National RV Trade Show
2008 Ed. (4720)
National Safety Council
2008 Ed. (3808)
2006 Ed. (3732)
2005 Ed. (3615)
1998 Ed. (194, 2460)
National Savings & Commercial Bank
2008 Ed. (413, 424)
2007 Ed. (443, 444, 445, 460)
2006 Ed. (440, 449)
2005 Ed. (499, 503, 518)
2004 Ed. (489, 539, 558)
2003 Ed. (502, 541)
2002 Ed. (538, 567)
National Savings Bank
1992 Ed. (653, 697)
National Savings Capital Bond
1991 Ed. (1726)
National Savings Life Insurance Co.
1992 Ed. (2662)
National Science Foundation
2005 Ed. (2746)
2002 Ed. (1023, 1024, 1025, 1026, 1027, 1028, 3962, 3972, 3986, 3988)
1994 Ed. (3331)
National Seating & Mobility
2003 Ed. (2785)
National Securities
1998 Ed. (3214)
1995 Ed. (834, 835)
1994 Ed. (3196)
National security
1992 Ed. (2902)
National Security Council
1992 Ed. (25, 27)
The National Security Group Inc.
2006 Ed. (2289, 2290)
2004 Ed. (2116, 4583)
National Security Insurance Co.
1998 Ed. (2165)
1997 Ed. (2451)
1995 Ed. (2308)
1993 Ed. (2224)
1991 Ed. (2106)
National Security Systems Inc.
1999 Ed. (4204)
1998 Ed. (1421)
National Self Storage
1992 Ed. (3909)
National Self Storage Management Inc.
1998 Ed. (3274)
1996 Ed. (3395)
National Semi
1990 Ed. (2211)
National Semiconductor Corp.
2008 Ed. (3191)
2007 Ed. (4349, 4350)
2006 Ed. (2392, 4281, 4282, 4284, 4285, 4286, 4459)
2005 Ed. (2337, 4342, 4343, 4345, 4346, 4352, 4500)
2004 Ed. (2230, 2236, 4398, 4400)
2003 Ed. (2193, 2241, 2244, 4389)
2002 Ed. (2099, 2103, 2104, 4254)
2001 Ed. (2181, 2962, 4210, 4215)
2000 Ed. (3990, 3991, 3992, 3993)
1999 Ed. (1550, 4267, 4268, 4269, 4270, 4282)
1998 Ed. (3276)
1997 Ed. (3494)
1994 Ed. (2285, 3200, 3201, 3202)
1993 Ed. (1057, 3211, 3212)
1992 Ed. (1531, 1535, 1537, 3674, 3683, 3910, 3912, 3915, 3916)
1991 Ed. (256, 2854, 3080, 3082)
1990 Ed. (2202, 2996, 3230, 3232, 3233)
1989 Ed. (272, 2302, 2312, 2456, 2457)
National Senior Care Inc.
2006 Ed. (1417)
National Service
1998 Ed. (1373)
1992 Ed. (1882, 1883, 1884)
1991 Ed. (1481, 1483)
1990 Ed. (1585, 1586, 3259)
1989 Ed. (1287, 1288, 2479)
National Service Industries Inc.
2004 Ed. (947)
2003 Ed. (2196, 4561, 4562)
2002 Ed. (2082)
2001 Ed. (2140, 2141)
1999 Ed. (1939)
1995 Ed. (1399, 1624)
1994 Ed. (1374, 1582, 1583, 1584)
1993 Ed. (1318, 1546)
1991 Ed. (1482, 1808)
1990 Ed. (1587, 1893)
National Societe Generale Bank
2008 Ed. (405)
2007 Ed. (434)
2006 Ed. (433)
2004 Ed. (482)
National Society for the Prevention of Cruelty to Children
2008 Ed. (694)
2007 Ed. (723)
National specialty stores
1996 Ed. (1985, 1986)
National spot advertising
2004 Ed. (4053)
National spot radio
2001 Ed. (1078)
1997 Ed. (708)
1996 Ed. (771)
1995 Ed. (693)
1993 Ed. (737)
1992 Ed. (919)
National Staff Management Group
2001 Ed. (3909)
National Standard Co.
1993 Ed. (1211)
1990 Ed. (3435)
1989 Ed. (2637)
National Starch
1993 Ed. (16)
1992 Ed. (24)
National Starch & Chemical Co.
2004 Ed. (19, 2663)
2001 Ed. (11)
National State Bank
1994 Ed. (2550)
1993 Ed. (593, 2966)
National Steel Corp.
2005 Ed. (1466, 1795, 3446, 3703)
2004 Ed. (1735, 4536)
2003 Ed. (1698, 3365, 4552, 4553)
2002 Ed. (3313)
2001 Ed. (272, 1737, 2230, 3281, 3285, 4367, 4368)
2000 Ed. (3096, 3097, 3101)
1998 Ed. (3404, 3406)
1997 Ed. (2756, 3629)
1996 Ed. (2614, 3585)
1995 Ed. (1341, 1418, 2543, 2551, 3509)
1994 Ed. (1387, 2475, 2485)
1993 Ed. (2534, 2538, 3450)
1992 Ed. (3026, 3031)
1991 Ed. (1237, 2418, 2422)
1990 Ed. (2539)
1989 Ed. (1151)
National Surface Cleaning Co.
1990 Ed. (1248)
National Surgery Centers
1999 Ed. (257, 1118, 2622)
National Syndications Inc.
2004 Ed. (154)
2003 Ed. (194)
2002 Ed. (222)
2000 Ed. (199, 208)
1998 Ed. (73)
1996 Ed. (159)
1995 Ed. (145)
1994 Ed. (130)
1993 Ed. (148)
1992 Ed. (231)
National Systems & Research Co.
1996 Ed. (2106, 2113)
1995 Ed. (2098, 2105)
1994 Ed. (2047, 2054)
1993 Ed. (2034, 2041)
National Technical System Inc.
1993 Ed. (185)
National Technical Systems
1995 Ed. (172)
1992 Ed. (273)
National TechTeam
2003 Ed. (2946)
2002 Ed. (1138)
2001 Ed. (1352)
1998 Ed. (1881)
1995 Ed. (2063, 3384)
1991 Ed. (1164)
National Textiles LLC
2006 Ed. (3993)
National Thermal Power Corp.
2008 Ed. (1802, 2505)
2007 Ed. (1772)
2006 Ed. (1765)
2001 Ed. (1732)
National Tobacco
2003 Ed. (4753)
1998 Ed. (3575)
National Total Income
1992 Ed. (3152, 3195)
1991 Ed. (2560)
1990 Ed. (2368, 2385)
National Total Return
1993 Ed. (2662)
1990 Ed. (2394)
National toy stores
2001 Ed. (4602, 4603)
National Trade Bank
1995 Ed. (535)
The National Trade Centre
2005 Ed. (2520)
2003 Ed. (2414)
2001 Ed. (2352)
National Transportation Exchange
2001 Ed. (4758)
National Treasure
2007 Ed. (3641)
National Trust
1999 Ed. (488)
1997 Ed. (429, 945, 946)
1996 Ed. (467, 919)
1995 Ed. (945)
1994 Ed. (911, 2680)
1992 Ed. (3270)
1989 Ed. (2143)
National Trust for Historic Preservation
1994 Ed. (907)
National Trust Fund for Health Policy & Service Development (South Africa)
1995 Ed. (1933)
National Trustco
1997 Ed. (3811)
1996 Ed. (3761)
1995 Ed. (439)
1994 Ed. (447, 3606)
1992 Ed. (632, 4360)
1990 Ed. (3659)
National Underwriter, Life & Health
2008 Ed. (4715)
National Underwriter, Property & Casualty
2008 Ed. (4715)
National Union Fire
2001 Ed. (4031, 4036)
1995 Ed. (2327)
1994 Ed. (2223, 2283)
1990 Ed. (2260)
National Union Fire Insurance Co.
2004 Ed. (3134)
1997 Ed. (2470)
1992 Ed. (2688, 2695, 2696)
1991 Ed. (2124)
National Union Fire Insurance Co. of Pennsylvania
2002 Ed. (3954, 3956)
National Union Fire Insurance Co. of Pittsburgh
2008 Ed. (3319, 3323)
2007 Ed. (3174)
2005 Ed. (3129)
2000 Ed. (2728, 2733)
National Union Fire of Pittsburg
1996 Ed. (2338)
National Union Fire of Pittsburgh
1999 Ed. (2976)
1998 Ed. (2207)
1997 Ed. (2462, 2464, 3921)
1994 Ed. (2272)
1993 Ed. (2234)
National Union of Municipal Personnel
1997 Ed. (3028)
1996 Ed. (2947)
National Urban League
2002 Ed. (2348)
1991 Ed. (2618)
1989 Ed. (275)
National Van
1999 Ed. (4676)
1998 Ed. (3636)
National Van Lines Inc.
2008 Ed. (3707, 4384, 4960)
2007 Ed. (3551, 3552, 4410, 4986)
2006 Ed. (3511, 4989)
2002 Ed. (3406)
1997 Ed. (3810)
1996 Ed. (3760)
National Video Inc.
1989 Ed. (2888)
National Vision
2005 Ed. (3655)
2003 Ed. (3701)
National Vocational Technical Honor Society
1999 Ed. (297)
National Western Life
1998 Ed. (3418)
1996 Ed. (2322)
1995 Ed. (2300)
1990 Ed. (2234)
National Western Life Federal Credit Union
2005 Ed. (308)
National Western Life Insurance Co.
2005 Ed. (3103)
2004 Ed. (3100)
National Westminister Bank Ltd.
1990 Ed. (2434, 2439)
1989 Ed. (506)
National Westminster
1997 Ed. (458)
1996 Ed. (360)
1993 Ed. (1690)
1990 Ed. (551, 583)
1989 Ed. (545, 568, 571)
National Westminster Bancorp
1997 Ed. (332, 580)
1996 Ed. (641, 1736, 1742)
1993 Ed. (597)
1992 Ed. (804)
1991 Ed. (393)
National Westminster Bancorp NJ
1989 Ed. (371, 400)
National Westminster Bank
2000 Ed. (521, 522, 523, 540, 2999)
1999 Ed. (278, 510, 511, 512, 513, 514, 531, 1643, 3176, 3184)
1997 Ed. (480, 1421, 2686, 3529)
1996 Ed. (508)
1995 Ed. (464, 471, 477, 502, 571, 1394, 1404, 1407, 2433, 2434, 2438, 2441, 2442, 2839, 2843, 3354)
1994 Ed. (472, 473, 495, 902, 1368, 1381, 1631, 1708, 1709, 2736, 2737, 2738, 3273)
1993 Ed. (395, 468, 470, 482, 493, 532, 595, 1313, 1683, 1686, 1688, 2415, 2421, 2423, 2512, 2767, 2768, 3206, 3221)
1992 Ed. (658, 664, 687, 710, 728, 1630, 3341, 3901)
1991 Ed. (504, 563, 691, 1298, 503, 533, 549, 560, 2308, 2673, 3072, 3231)
1990 Ed. (2435, 2437)
National Westminster Bank Group
1990 Ed. (1704)
1989 Ed. (1374)
National Westminster Bank New Jersey
1993 Ed. (482, 593)
1992 Ed. (670, 800)
National Westminster Bank NJ
1996 Ed. (637, 638)

1995 Ed. (568)
1994 Ed. (487, 598)
1991 Ed. (517, 625)
National Westminster Bank plc
2002 Ed. (40, 557, 659, 663, 1947)
2001 Ed. (579)
1998 Ed. (2347)
1997 Ed. (459, 467, 468, 469, 3262)
1996 Ed. (496, 503, 504, 505, 511, 519, 521, 553, 1368, 2477, 2478, 2480, 2483, 2910)
1992 Ed. (667)
1991 Ed. (532, 514)
1990 Ed. (542, 548, 574, 584, 600)
1989 Ed. (710)
National Westminster Bank USA
1998 Ed. (2347)
1996 Ed. (419, 508, 640, 2474, 2476, 2481)
1995 Ed. (361, 362, 381, 570)
1994 Ed. (354, 382, 385, 386, 487, 600)
1992 Ed. (513, 551, 555, 670, 802, 1615)
1991 Ed. (369, 517, 593, 628, 1289)
1990 Ed. (429, 629)
National Westminster Group
1990 Ed. (3222, 3223)
1989 Ed. (2446, 2455)
National Westminster PLC
1989 Ed. (364)
National Wholesale Liquidators
2003 Ed. (2781)
2000 Ed. (4434)
National Wildlife Federation
2000 Ed. (3342)
1997 Ed. (272)
1996 Ed. (241, 915)
1995 Ed. (248, 944, 2777, 2783)
1994 Ed. (240, 907, 2675)
1993 Ed. (250, 1637, 1701, 2729)
1992 Ed. (254, 1987)
1991 Ed. (1580)
1990 Ed. (288)
National Yellow Pages Services
2004 Ed. (135)
Nationale Investeringsbank
2000 Ed. (629)
1999 Ed. (606)
1997 Ed. (572)
1996 Ed. (631)
1995 Ed. (562)
1994 Ed. (593)
1993 Ed. (586)
Nationale-Nederland
1991 Ed. (1326)
Nationale Nederlanded NV
1991 Ed. (1141)
Nationale-Nederlanden
2001 Ed. (2922, 2924)
1993 Ed. (226, 227, 1176, 1197, 2254)
1992 Ed. (329, 330, 1671, 1672, 2708)
1991 Ed. (238, 1327)
1990 Ed. (1401, 2277, 3473)
1989 Ed. (1746)
Nationale-Nederlanden (Den Haag)
1991 Ed. (2159)
Nationale-Nederlanden NV
1995 Ed. (2282)
1994 Ed. (2234)
1990 Ed. (2276, 2284)
Nationale Nederlanden P & C Group
1995 Ed. (2325)
1993 Ed. (2242)
1992 Ed. (2693)
Nationale-Niederlanden
1991 Ed. (237)
Nationale Westminster Bank Canada
1997 Ed. (463)
Nationals; Washington
2008 Ed. (529)
2007 Ed. (578)
Nationar
1991 Ed. (489)
NationBbank of Texas NA
1995 Ed. (382)
Nations Air
1998 Ed. (142)
Nations Bank
1996 Ed. (1747, 1748, 1749, 1750)
1995 Ed. (1769, 1770, 1771, 1772, 2514)
Nations Builders Insurance Services
2007 Ed. (896)
Nation's Business
1999 Ed. (292)
1997 Ed. (271)
1996 Ed. (240)
1995 Ed. (247)
Nations Capital Growth Trust A
1994 Ed. (584)
Nations Convertible Securities Investment
2004 Ed. (3547)
2003 Ed. (690, 692)
2002 Ed. (725, 726)
Nations Disciplined Equity Pr
2000 Ed. (3287)
Nations Diversified Income Inv. A
1998 Ed. (403)
Nations Diversified Income Inv. C
1998 Ed. (403)
Nations Diversified Income Pr. A
1998 Ed. (403)
Nations FL Municipal Bond Investment A
1994 Ed. (584)
Nations Gartmore
1997 Ed. (2539)
Nations Global Government Income Part A
1998 Ed. (408)
Nations High Yield Bond Investor
2005 Ed. (699, 700)
Nations International Equity Trust A
1996 Ed. (616)
Nations International Value
2006 Ed. (3675, 3677)
2004 Ed. (3640)
Nations International Value Investment
2003 Ed. (3610)
Nations Marsico Focused Equity Inv A
2000 Ed. (622)
Nations Marsico Focused Equity Inv B
2000 Ed. (622)
Nations Marsico Focused Equity Investment
2004 Ed. (2451)
Nations Marsico Focused Equity Pr A
2000 Ed. (622)
Nations Marsico Gr & Inc Pr
2000 Ed. (3270)
Nations Marsico International Opportunities
2006 Ed. (3676)
Nations Marsico 21st Century
2006 Ed. (3628, 3629)
Nations Mortgage Backed
1994 Ed. (582)
Nations Municipal Income Pr. A
1998 Ed. (2639)
Nation's Restaurant News
2008 Ed. (143, 145, 815, 4711)
2007 Ed. (159, 161, 849, 4794)
2006 Ed. (756)
2005 Ed. (138, 830)
2004 Ed. (856)
2003 Ed. (814)
2002 Ed. (914)
2001 Ed. (249, 252)
2000 Ed. (3482, 3483, 3484, 3485)
1999 Ed. (3756, 3757, 3758)
1996 Ed. (2970)
1991 Ed. (2703)
Nations Short-Term Municipal Income
2001 Ed. (3443)
Nations Short-Term Municipal Income A
1996 Ed. (2796)
Nations Short-Term Municipal Income Investment
2001 Ed. (726)
Nations Short-Term Municipal Income Investment N
1996 Ed. (622)
Nations Short-Term Municipal Income Pr.
2001 Ed. (726)
Nations Short-Term Municipal Income Tr A
1996 Ed. (622)
Nations Strategic Fi.
1996 Ed. (626)
Nations Strategic Fixed Income Trust A
1994 Ed. (584)
Nations Trust Bank
2002 Ed. (4478)
Nations Value Inv. A
1996 Ed. (613)
Nations Value Trust A
1996 Ed. (611, 613)
NationsBanc & Affiliates
1999 Ed. (3440)
NationsBanc & Affilitates
1999 Ed. (3439)
NationsBanc Capital Markets
1993 Ed. (2261)
NationsBanc Insurance Co.
2002 Ed. (2907)
NationsBanc Montgomery Securities LLC
2000 Ed. (376, 378, 831, 863)
Nationsbanc Mortgage Corp.
2002 Ed. (3392)
2001 Ed. (3346)
2000 Ed. (3163)
1999 Ed. (3435, 3441)
1997 Ed. (2808, 2809, 2810, 2811)
1996 Ed. (2678, 2682)
1995 Ed. (2599, 2600)
NationsBank Corp.
2005 Ed. (1497)
2004 Ed. (1481)
2003 Ed. (1451)
2002 Ed. (1386, 1431, 3392)
2001 Ed. (641)
2000 Ed. (220, 327, 328, 381, 385, 397, 398, 399, 401, 402, 403, 404, 405, 406, 408, 409, 410, 411, 412, 413, 415, 416, 417, 418, 419, 431, 438, 505, 526, 558, 559, 566, 636, 676, 677, 680, 682, 1302, 1303, 1304, 1907, 2484, 2921, 2922, 2923, 2927, 3163, 3737, 4053)
1999 Ed. (312, 313, 316, 370, 373, 380, 381, 382, 383, 398, 399, 400, 401, 403, 404, 405, 406, 407, 408, 410, 411, 412, 413, 415, 416, 418, 419, 420, 421, 422, 435, 439, 443, 445, 548, 595, 596, 597, 615, 651, 666, 1437, 1443, 1444, 1537, 1544, 1716, 1794, 1795, 1817, 1836, 2011, 2012, 2013, 2014, 2121, 2122, 2123, 2124, 2636, 2698, 3021, 3034, 3175, 3179, 3182, 3432, 3433, 3434, 3706, 3707, 4022, 4023, 4024, 4025, 4205, 4206, 4211, 4212, 4213, 4214, 4215, 4222, 4225, 4252, 4256, 4262, 4333, 4334, 4335, 4337)
1998 Ed. (201, 202, 203, 268, 270, 270, 274, 275, 277, 278, 279, 281, 282, 284, 285, 288, 294, 295, 297, 299, 300, 305, 306, 307, 308, 311, 315, 316, 317, 318, 319, 321, 325, 326, 327, 328, 332, 404, 406, 420, 1007, 1010, 1134, 1182, 1264, 1503, 1541, 1542, 1543, 1544, 1958, 2103, 2237, 2249, 2350, 2357, 2456, 2524, 2528, 2529, 2531, 3215, 3229, 3243, 3262, 3263, 3269, 3315, 3316, 3316)
1997 Ed. (285, 286, 338, 340, 341, 342, 343, 346, 347, 348, 358, 363, 364, 365, 367, 368, 371, 374, 375, 377, 380, 381, 385, 387, 513, 566, 568, 735, 1295, 1308, 1326, 1350, 1491, 1729, 1828, 1829, 1830, 1831, 2492, 2511, 2618, 2620, 2621, 2815, 3003, 3004, 3287, 3288, 3289, 3417, 3437)
1996 Ed. (257, 258, 367, 369, 370, 371, 373, 374, 379, 388, 394, 395, 617, 619, 697, 698, 927, 1194, 1249, 1263, 1281, 1430, 1647, 1648, 1650, 1651, 1653, 2366, 2378, 2415, 2480, 2580, 2855, 3184)
1995 Ed. (253, 254, 351, 354, 355, 357, 358, 364, 367, 370, 396, 553, 554, 555, 1312, 1663, 2540, 2603, 2793, 2794, 2798, 2837, 2842, 3224, 3231, 3308, 3337, 3356)
1994 Ed. (346, 350, 351, 352, 362, 363, 367, 377, 384, 397, 402, 582, 586, 634, 650, 651, 1287, 1630, 1631, 1736, 1737, 1738, 1739, 2289, 2300, 2317, 2446, 2557, 2683, 2737, 2738, 2740, 3020, 3034, 3275)
1993 Ed. (362, 372, 373, 374, 375, 386, 630, 648, 649, 1245, 2289, 2298, 2300, 2419, 2735, 2768, 2871, 3229, 3285)
NationsBank Card Services
1997 Ed. (335)
1996 Ed. (2604)
1995 Ed. (348)
1994 Ed. (343)
NationsBank Carolinas
1998 Ed. (103)
NationsBank/Intercontinental/CS Holdings
1997 Ed. (386)
NationsBank Leasing Corp.
1998 Ed. (389)
NationsBank Mortgage Corp.
1998 Ed. (1861, 2522, 2523, 2525, 2527, 2530)
1997 Ed. (2813, 2814)
1994 Ed. (2549)
NationsBank NA
2000 Ed. (4055)
1996 Ed. (402, 600, 644)
NationsBank NA (Carolinas)
1997 Ed. (179, 351, 359, 360, 584)
NationsBank NB Stable Capital
1994 Ed. (2310)
NationsBank of Delaware
1998 Ed. (302)
1993 Ed. (384)
NationsBank of Delaware NA
1994 Ed. (1496)
NationsBank of Florida NA
1996 Ed. (411, 499, 3163)
1995 Ed. (388, 467, 507, 3066)
1994 Ed. (393, 477, 3009)
NationsBank of Georgia
1993 Ed. (489)
NationsBank of Georgia NA
1997 Ed. (374, 378, 379, 477)
1996 Ed. (515)
1995 Ed. (474)
1994 Ed. (491)
NationsBank of Maryland NA
1996 Ed. (411)
1995 Ed. (541)
1994 Ed. (565)
NationsBank of North Carolina
1994 Ed. (372, 603)
NationsBank of North Carolina NA
1997 Ed. (378, 379)
1995 Ed. (388, 575)
NationsBank of South Carolina
1994 Ed. (632)
NationsBank of South Carolina NA
1996 Ed. (680)
1995 Ed. (507, 607)
NationsBank of Tennessee
1998 Ed. (430)
1994 Ed. (645)
NationsBank of Tennessee NA
1997 Ed. (626)
1996 Ed. (691)
1995 Ed. (617)
NationsBank of Texas
1998 Ed. (301, 303, 307, 315, 316, 431, 2524)
Nationsbank of Texas NA
2007 Ed. (2013)
2001 Ed. (1877)
1999 Ed. (405, 408, 421)
1997 Ed. (351, 360, 364, 372, 374, 379, 380, 627, 2807)
1996 Ed. (380, 389, 390, 399, 407, 408, 413, 418, 692, 2676)
1995 Ed. (360, 368, 369, 372, 374, 384, 385, 390, 395, 618, 2596, 2605)
1994 Ed. (353, 356, 368, 371, 379, 380, 387, 399, 390, 395, 400, 403, 646, 1039, 2553)

NationsBank of Virginia NA
1996 Ed. (708)
1995 Ed. (632)
1994 Ed. (663)
NationsBank South
1998 Ed. (295, 300, 301, 306, 308, 314, 316, 318, 360, 1958, 3314)
NationsBank Stable Capital Fund
1995 Ed. (2072)
NationsBank Trust
1994 Ed. (578)
NationsCredit
1996 Ed. (1765)
Nationsrent
2000 Ed. (2916)
Nations's Business
2000 Ed. (915)
NationsWay Transport
1996 Ed. (988)
NationsWay Transport Service
1998 Ed. (3644)
NationsWay Transportation
1997 Ed. (3807)
1996 Ed. (3757)
Nationwide
2008 Ed. (2006, 3024, 3229, 3230, 3231, 3232, 3233, 3234, 3248, 3282, 3320, 3322, 3324, 3325, 3326)
2007 Ed. (738, 1938, 2903, 3088, 3089, 3090, 3091, 3092, 3093, 3101, 3127, 3128, 3175, 3176, 3177, 3178)
2006 Ed. (1955, 2051, 2340, 3058, 3060, 3061, 3062, 3063, 3064, 3065, 3085, 3113, 3114, 3124, 3141, 3142, 3143, 3144, 3979)
2005 Ed. (1921, 3053, 3056, 3057, 3058, 3059, 3060, 3061, 3062, 3063, 3080, 3098, 3099, 3114, 3119, 3132, 3133, 3134, 3135, 3137, 3906)
2004 Ed. (3050, 3051, 3052, 3053, 3054, 3071, 3072, 3073, 3095, 3111, 3114, 3126, 3128)
2001 Ed. (4667)
2000 Ed. (303, 2721, 3855, 3932, 4410)
1999 Ed. (3556)
1997 Ed. (256, 361, 2465)
1996 Ed. (3770)
1995 Ed. (336, 3185)
1993 Ed. (2689)
1992 Ed. (2643, 2655, 2664, 3150)
1991 Ed. (2557)
Nationwide Advertising Service
2001 Ed. (188)
2000 Ed. (50)
1999 Ed. (46)
1998 Ed. (41)
1997 Ed. (41)
1996 Ed. (39, 44)
1995 Ed. (29)
1994 Ed. (54)
1993 Ed. (63)
1991 Ed. (64, 66)
1990 Ed. (63)
1989 Ed. (69)
Nationwide Anglia
1993 Ed. (1861, 3575)
1990 Ed. (3103)
Nationwide Anglia Bldg. Soc.
1992 Ed. (2160)
Nationwide Anglia Building Society
1995 Ed. (3613)
1994 Ed. (3537)
1991 Ed. (1719)
1990 Ed. (1786)
Nationwide Arena
2005 Ed. (4439)
2001 Ed. (4355)
Nationwide Beef Inc.
1994 Ed. (2454, 2910)
Nationwide Best of America
1996 Ed. (3771)
Nationwide Best of America IV VIP High Income
1994 Ed. (3614)
Nationwide Building Society
2007 Ed. (2021)
1996 Ed. (3690)
Nationwide Cellular Services
1990 Ed. (1974, 1975, 3303)
Nationwide Communications
2001 Ed. (1545)
Nationwide Credit
2005 Ed. (1055)
2001 Ed. (1312)
1997 Ed. (1044, 1045, 1046)
Nationwide Credit Union
2008 Ed. (2252)
2007 Ed. (2137)
2006 Ed. (2216)
2005 Ed. (2121)
2004 Ed. (1979)
2003 Ed. (1939)
2002 Ed. (1885)
Nationwide DCVA Mass Investors Growth Stock Q
2000 Ed. (4337)
Nationwide DCVA Nationwide Bond (Q)
1997 Ed. (3820)
Nationwide DCVA Nationwide Q
2000 Ed. (4336)
Nationwide Discount Sleep Centers
1999 Ed. (2555)
Nationwide Enterprise
1997 Ed. (2421)
Nationwide Financial
2002 Ed. (3017)
Nationwide Financial Services Inc.
2007 Ed. (3137)
2006 Ed. (3119)
2005 Ed. (3103, 3104)
2004 Ed. (1586, 3100, 3101, 3192)
2003 Ed. (3083)
2000 Ed. (2265, 2667)
1998 Ed. (2107, 3179)
Nationwide Floor & Window Coverings
2007 Ed. (3193)
2006 Ed. (3159)
2005 Ed. (2960, 3158)
2004 Ed. (4943)
2003 Ed. (4940)
2002 Ed. (4905)
Nationwide Fund
2000 Ed. (3272)
1999 Ed. (3516, 3557)
Nationwide Group
2004 Ed. (1835, 3127)
2003 Ed. (1802, 2965, 2966, 2967, 2968, 2969, 2981, 2986, 2993, 2996, 2997, 2998, 3007, 3008, 3009)
2002 Ed. (2835, 2838, 2839, 2840, 2841, 2842, 2867, 2894, 2912, 2931, 2957, 2959, 2960, 2975, 3486)
2000 Ed. (2655, 2656, 2657, 2723, 2725, 4438, 4440)
1999 Ed. (2901, 2902, 2903, 2913, 2921, 2927, 2934, 2937, 2971, 2972, 2978, 4822)
1996 Ed. (2295, 2301, 2304, 2334, 2335, 2337, 3885)
1995 Ed. (2266, 2267, 2291, 2320, 2322, 3800)
1994 Ed. (2219, 2220, 2221, 2242, 2246, 2248, 2278, 2281, 3675)
1993 Ed. (2188, 2190, 2193, 2201, 2203, 2238, 2241, 3740)
1992 Ed. (2644, 2646, 2650, 2656, 2685)
1991 Ed. (2082, 2083, 2090, 2092, 2130)
1990 Ed. (2220, 2221, 2227, 2229, 2252, 3708)
1989 Ed. (1672, 1673, 1674, 1676, 1678, 1734, 2975)
Nationwide Health
1995 Ed. (3069)
Nationwide Health Properties Inc.
2006 Ed. (4192)
2000 Ed. (1724)
1999 Ed. (1936)
1994 Ed. (3000)
1993 Ed. (2971)
Nationwide Homes
1990 Ed. (2597)
Nationwide Insurance Co. and subsidiary cos.
2000 Ed. (2670)
Nationwide Insurance Enterprise
2006 Ed. (3138, 3145, 3146)
2005 Ed. (3128, 3138)
2004 Ed. (3124)
2003 Ed. (3005, 4526)
2002 Ed. (1749, 2949, 2950, 2962)
2001 Ed. (2898, 2902, 2903, 2904, 2906, 2951)
2000 Ed. (1531, 2717, 2720)
1999 Ed. (1720, 2965, 2969)
1997 Ed. (1494, 2436)
Nationwide Insurance Enterprises
1996 Ed. (1432, 2283)
Nationwide Insurance Group
2000 Ed. (2843)
1998 Ed. (1183, 2115, 2116, 2117, 2133, 2146, 2152, 2154, 2172, 2174, 2203, 2268, 3769)
Nationwide Insurance of America
2001 Ed. (4034)
Nationwide Investing Growth
1999 Ed. (3515)
Nationwide Life
1999 Ed. (2949, 2958, 3068, 4700)
1998 Ed. (171, 2189, 2266)
1995 Ed. (3303, 3357)
1993 Ed. (2291, 3286, 3652, 3654, 3655)
1989 Ed. (2130)
Nationwide Life & Annuity
2002 Ed. (2904)
Nationwide Life & Annuity Insurance
1998 Ed. (3654)
Nationwide Life Insurance Co.
2008 Ed. (3298)
2007 Ed. (3146)
2006 Ed. (3122)
2005 Ed. (3051)
2002 Ed. (2920, 2921, 2929)
2001 Ed. (2937, 2938, 2946, 4666, 4668)
2000 Ed. (2697, 2700, 2709, 4327)
1998 Ed. (2155, 2177, 2179, 3656)
1997 Ed. (2430, 2453)
1996 Ed. (224, 2306, 2379)
1995 Ed. (222)
1994 Ed. (223, 2259, 3276)
1992 Ed. (4380, 4382)
Nationwide Life Insurance, Ohio
1989 Ed. (2151)
Nationwide Life Spectrum MFS/ Growth Stock
1999 Ed. (4697)
Nationwide Lloyds
2000 Ed. (2722)
1999 Ed. (2970)
1998 Ed. (2202)
Nationwide Money Service
2001 Ed. (436)
Nationwide Mutual
1998 Ed. (2205)
1996 Ed. (2331, 2336, 2339)
1990 Ed. (2251)
Nationwide Mutual Fire
2000 Ed. (2730)
1999 Ed. (2898, 2974)
1998 Ed. (2110, 2205)
1997 Ed. (2411, 2432, 2463)
1996 Ed. (2271, 2272, 2302, 2339)
1994 Ed. (2217)
1993 Ed. (2185, 2235)
1991 Ed. (2125)
Nationwide Mutual Fire Insurance Co.
2002 Ed. (2956, 2965)
2000 Ed. (2651, 2726, 2733)
1992 Ed. (2689)
Nationwide Mutual Insurance Co.
2008 Ed. (1483, 2004, 3319, 3321, 3323)
2007 Ed. (1489, 1500, 1936, 3174)
2006 Ed. (1953)
2005 Ed. (1919, 3129)
2004 Ed. (3133)
2003 Ed. (1800, 2985)
2002 Ed. (1382, 2869, 2956, 2958)
2001 Ed. (1827, 2899, 2901, 2908, 3084)
2000 Ed. (2650, 2651, 2724, 2726, 2730)
1999 Ed. (2898, 2904, 2973, 2974)
1998 Ed. (2110, 2118, 2204)
1997 Ed. (2406, 2407, 2408, 2409, 2411, 2431, 2434, 2462, 2463, 3921, 3922)
1996 Ed. (2269, 2271)
1994 Ed. (2215, 2217, 2222, 2270, 2273)
1993 Ed. (2183, 2185, 2233, 2235)
1992 Ed. (2686, 2689, 2696)
1991 Ed. (2122, 2125, 1725)
1990 Ed. (2224)
Nationwide Mutual Insurance Co. (hostile suitor), Allied Group Inc. (target company)
2000 Ed. (4231)
Nationwide Termite & Pest Management
2002 Ed. (1582)
Nationwide VA II Amtg NQ
1990 Ed. (3664)
Nationwide VA II Amtg Q
1990 Ed. (3664)
Nationwide VA MFI Q
1989 Ed. (260)
Nationwise
1994 Ed. (336)
1992 Ed. (486)
1991 Ed. (357, 1439)
1990 Ed. (407)
1989 Ed. (351)
Nationwise Automotive
1996 Ed. (354)
Native American
2008 Ed. (1211)
2005 Ed. (1102)
1995 Ed. (2989)
Native American casinos
1999 Ed. (2566)
Native American Management Services
2007 Ed. (3609)
Native American Systems Inc.
2004 Ed. (3494)
2003 Ed. (3425)
2002 Ed. (3373, 3374)
2000 Ed. (3146)
Native Americans
1998 Ed. (1, 547, 1997)
Natixis SA
2008 Ed. (4537)
Natkin Contracting LLC
1999 Ed. (1363)
Natkin Group Inc.
1996 Ed. (1135, 1137)
1995 Ed. (1160)
1994 Ed. (1141)
1993 Ed. (1127, 1140)
1992 Ed. (1410, 1412)
1991 Ed. (1077, 1079)
1990 Ed. (1201, 1208)
NATLSCO
2004 Ed. (4348)
Natoli Construction Corp.; Joseph A.
1990 Ed. (1179)
Natorl Co.
2001 Ed. (4925)
Natour
2001 Ed. (4635)
Natrium Products
1998 Ed. (3333)
Natrol
2003 Ed. (4856, 4859)
2002 Ed. (1974)
2000 Ed. (3003)
1998 Ed. (1273, 1357)
Natrona County School Credit Union
2003 Ed. (1957)
2002 Ed. (1902)
Natrona County School Employees Credit Union
2004 Ed. (1997)
Natsionalnyy Reservnyy Bank
2008 Ed. (442, 445, 497)
2007 Ed. (477, 480)
2003 Ed. (604)
Natsteel Ltd.
2004 Ed. (1853)
2002 Ed. (1226, 1762)
2000 Ed. (1550, 4035)
1999 Ed. (1729)
1996 Ed. (3437)
1995 Ed. (1479)

1994 Ed. (1443, 3311)
1993 Ed. (1390)
Natsteel Electronics Ltd.
2001 Ed. (1458, 1459, 1623)
2000 Ed. (230, 4013)
NatSteel Electronics Pte. Ltd.
2003 Ed. (1509)
Natura
2008 Ed. (661)
2004 Ed. (763)
Natura Cosmeticos SA
2007 Ed. (1604)
Natural
2008 Ed. (534)
Natural Beverage
1999 Ed. (725)
Natural Cures "They" Don't Want You to Know About
2007 Ed. (663)
Natural food items
2001 Ed. (4288)
Natural Foods
2001 Ed. (2014)
1996 Ed. (2041)
Natural gas
2008 Ed. (2644, 2646)
2007 Ed. (2309)
2006 Ed. (2371)
2005 Ed. (2316)
2003 Ed. (1614, 1792)
2001 Ed. (1332, 2162)
1999 Ed. (2565)
1994 Ed. (1627)
1992 Ed. (1887, 1944, 1945)
1990 Ed. (1663)
1989 Ed. (1663)
Natural Gas Pipeline of America
2003 Ed. (3880, 3881)
2000 Ed. (2310, 2312, 2314)
1999 Ed. (2571, 2572, 2574)
1998 Ed. (1810, 1811, 1812)
1997 Ed. (2120, 2121, 2123, 2124)
1996 Ed. (2000, 2002, 2003, 2004)
1995 Ed. (1973, 1974, 1975, 1976, 1977, 1979, 1980, 1981)
1994 Ed. (1944, 1946, 1947, 1948, 1949, 1950, 1951, 1952, 1953, 1954)
1993 Ed. (1923, 1924, 1925, 1926, 1927)
1992 Ed. (2263, 2265, 2266, 2267)
1991 Ed. (1795, 1797, 1798, 1792)
1990 Ed. (1879, 1881)
1989 Ed. (1497, 1498, 1499)
Natural Gas Plant Liquids
2001 Ed. (3750)
Natural Gas Services Group Inc.
2007 Ed. (2722)
Natural Gas Transmission Services
1999 Ed. (1184, 4321)
Natural Golf Corp.
2005 Ed. (4254)
Natural Health Trends Corp.
2006 Ed. (2741)
Natural History
1995 Ed. (2881)
1989 Ed. (277)
Natural Ice
2008 Ed. (542)
1998 Ed. (2066)
Natural Instincts
2001 Ed. (2654, 2655)
Natural Instincts; Clairol
2008 Ed. (2874)
2007 Ed. (2757)
Natural Light
2008 Ed. (535, 536, 539, 542, 546)
2007 Ed. (590, 591, 592, 597, 602)
2006 Ed. (550, 551)
2005 Ed. (650, 651)
2004 Ed. (664, 667)
2003 Ed. (656, 660, 661, 664)
2002 Ed. (674, 675, 676)
2001 Ed. (673, 676, 677, 678)
2000 Ed. (813, 819)
1999 Ed. (807, 813, 815, 1920, 4511)
1998 Ed. (496, 500, 504, 3446)
1997 Ed. (715, 720, 3665)
1996 Ed. (782)
1995 Ed. (702, 703, 706)
1994 Ed. (752)
1992 Ed. (932)
1990 Ed. (761)
Natural Lite
2005 Ed. (648)
2004 Ed. (665)
2003 Ed. (657)
Natural Organics
2000 Ed. (4434)
Natural Resource Group Inc.
2007 Ed. (3570)
Natural Resource Partners
2008 Ed. (2854)
2007 Ed. (2724)
Natural resources
2006 Ed. (2509)
2004 Ed. (2449)
2002 Ed. (3426)
1991 Ed. (2568)
1989 Ed. (1658, 1845)
Natural Resources Defense Council
2004 Ed. (931)
1995 Ed. (1932)
1993 Ed. (1637)
1992 Ed. (1987)
1991 Ed. (1580)
Natural Resources; Illinois Department of
2008 Ed. (2724)
2007 Ed. (2587)
Natural Resources Partners LP
2005 Ed. (1032, 1033)
Natural scientists
1991 Ed. (2629)
Natural Selection Foods LLC
2008 Ed. (2782)
Natural Shredded Cheese
2002 Ed. (985)
Natural Unshredded
2002 Ed. (985)
Natural vitamins, mineral, supplements
1991 Ed. (1456)
Natural White
2004 Ed. (4742)
Natural White 5 Minute
2004 Ed. (4744)
Natural White Pro
2004 Ed. (4744)
Natural White Rapid White
2004 Ed. (4744)
NaturaLamb
1998 Ed. (870, 871)
NaturaLawn of America Inc.
2008 Ed. (3433)
2007 Ed. (3332)
2005 Ed. (3268)
2004 Ed. (3242)
2003 Ed. (3196)
2002 Ed. (3065)
Naturalizer
1995 Ed. (3371)
Naturally Yours
2001 Ed. (4313)
2000 Ed. (1638, 4162)
Naturals
2008 Ed. (531)
2003 Ed. (644)
Nature
2005 Ed. (137)
2004 Ed. (143, 144)
1999 Ed. (3757)
Nature and animals
1995 Ed. (2981)
Nature Conservancy
2008 Ed. (3787, 3797, 3798)
2006 Ed. (3711, 3712)
2005 Ed. (3608)
2004 Ed. (931)
2000 Ed. (3342)
1998 Ed. (689)
1996 Ed. (915, 917)
1995 Ed. (944, 2783)
1994 Ed. (907, 1905)
1993 Ed. (1637)
1992 Ed. (1987)
1991 Ed. (1580)
1989 Ed. (1477)
Nature Made
2008 Ed. (2337)
2004 Ed. (2100)
2003 Ed. (2063, 2108, 4856, 4857, 4859, 4860)
2002 Ed. (1974)
1998 Ed. (1273, 1357)
1994 Ed. (3633, 3634)
Nature Valley
2008 Ed. (4444)
2007 Ed. (893)
2006 Ed. (806)
2005 Ed. (891)
2004 Ed. (901)
2003 Ed. (878, 4456)
Nature Valley Granola
1995 Ed. (3399)
Nature Valley Granola Bars
2000 Ed. (2383, 4065)
Nature Valley Granola Bites
1995 Ed. (3399)
Nature's Accents
2003 Ed. (644)
Nature's Beauty
2008 Ed. (2337)
Nature's Bounty
2004 Ed. (2100)
2003 Ed. (4855, 4857, 4859)
2002 Ed. (1974)
1998 Ed. (1273, 1357)
Nature's Bounty Body Success
2004 Ed. (2097)
Nature's Bounty Vitamin World
2003 Ed. (4857)
Nature's Cure
2000 Ed. (22)
Nature's Elements
1996 Ed. (3304, 3778)
Nature's Goodness
2008 Ed. (3161)
Nature's Own
2008 Ed. (725)
1998 Ed. (494)
1996 Ed. (779)
Natures Path
2006 Ed. (805)
Nature's Path Foods Inc.
2008 Ed. (869)
2007 Ed. (4363)
Natures Preserves
2002 Ed. (671)
2001 Ed. (3700, 3701)
Nature's Resource
2004 Ed. (2100)
2003 Ed. (4856)
1998 Ed. (1273, 1357)
Nature's Sunshine
2008 Ed. (2337)
Nature's Sunshine Products Inc.
2008 Ed. (4263)
2007 Ed. (4232)
2006 Ed. (2090, 4216)
2005 Ed. (4162, 4913, 4914)
2004 Ed. (4931)
2001 Ed. (2015)
Nature's Way
2003 Ed. (4860, 4861)
Nature's Way Cafe
2008 Ed. (2684)
Nature's Way Tissue Corp.
2007 Ed. (3615, 4455)
Naturex
2008 Ed. (1763, 2747)
2007 Ed. (1735)
Naturisitics
2000 Ed. (1903)
Naturistics
2001 Ed. (3516)
2000 Ed. (2936, 3313)
1999 Ed. (1759, 2113, 2114, 3189, 3190)
Natuzzi
1999 Ed. (2548, 2549)
1997 Ed. (2099)
Natuzzi SpA
2004 Ed. (2867)
NatWest
2008 Ed. (707)
2001 Ed. (1552)
2000 Ed. (524)
1999 Ed. (872, 874, 875, 876, 878)
1998 Ed. (349, 1265)
1997 Ed. (3003)
1996 Ed. (797)
1995 Ed. (1541)
1992 Ed. (1101, 1102, 2041, 3339, 3340, 2005, 2016, 2029)
1991 Ed. (510, 511, 558, 559)
1990 Ed. (553, 566)
NatWest Access & Visa Cards
1996 Ed. (1496)
NatWest Access Card
1996 Ed. (1496)
NatWest Bank USA
1997 Ed. (371, 378, 472, 577)
1996 Ed. (3460)
NatWest Capital Markets
1994 Ed. (1679, 1693, 1696)
1993 Ed. (1658, 2275, 2769)
NatWest/County NatWest
1994 Ed. (1204)
NatWest Fund of Funds Account
1997 Ed. (2914)
NatWest Group
2001 Ed. (3006)
Natwest Group Holdings Corp.
2001 Ed. (4197)
NatWest Investment Bank Ltd.
1989 Ed. (562)
NatWest Investment Management
1996 Ed. (2943, 2945)
1995 Ed. (2870)
NatWest Markets Group
1999 Ed. (9, 2069, 2278, 4227)
1998 Ed. (1005, 2249, 3230)
1997 Ed. (1729, 1730, 3002)
1996 Ed. (1650, 1652, 3320, 3388)
1995 Ed. (3223, 3276)
1994 Ed. (2288)
NatWest Offshore Ltd.
2000 Ed. (569)
NatWest Securities
1999 Ed. (2296, 2325)
1997 Ed. (1967, 1968)
1996 Ed. (1859)
1995 Ed. (728, 752, 1719)
1994 Ed. (773, 1838, 1839)
NatWest Small Business
1992 Ed. (2160)
NatWest UK Smaller Cos.
1997 Ed. (2909)
NatWest Ventures
1995 Ed. (2499, 2500)
Naughton Energy Corp.
2008 Ed. (3729, 4980)
2007 Ed. (3595)
2006 Ed. (3536)
Naugles
1990 Ed. (2569)
Naumes Inc.
1998 Ed. (1771)
Nautica Enterprises Inc.
2004 Ed. (986, 987)
1996 Ed. (3454)
1995 Ed. (3391)
Nautilus Inc.
2007 Ed. (1947)
2003 Ed. (141)
Nautilus Group Inc.
2005 Ed. (3379)
2003 Ed. (2644, 2645, 2646)
Nautilus Insurance Co.
2008 Ed. (3264)
NAV Canada
2008 Ed. (4752)
2007 Ed. (4826)
Nava Finance & Securities
1997 Ed. (3490)
1992 Ed. (3824)
1989 Ed. (1785)
Navaira; Emilio
1997 Ed. (1113)
Navajo Agricultural Products Industry
2008 Ed. (1979)
2007 Ed. (1916)
2006 Ed. (1932)
2005 Ed. (1905)
Navajo Express Inc.
2008 Ed. (4134)
2007 Ed. (4111)
Navajo Nation Inn
1995 Ed. (2160)
Navajo Refining Co.
2004 Ed. (1822)
2003 Ed. (1788)
2001 Ed. (1815)
Navajo Refining Co. LP
2007 Ed. (1917)
2006 Ed. (1933)
2005 Ed. (1906)

2004 Ed. (1822)
Navajo Shippers
2008 Ed. (4133)
2007 Ed. (4110)
2006 Ed. (4061)
Naval Air Federal Credit Union
1995 Ed. (1536)
1994 Ed. (1503, 1504)
Naval Criminal Investigative Service
2005 Ed. (2827)
Naval Facilities Engineering Command; U.S.
1991 Ed. (1056)
Naval Postgraduate School
2008 Ed. (786)
2007 Ed. (807)
2006 Ed. (723)
Naval Sea Systems Command; U.S.
1993 Ed. (2382)
1992 Ed. (2818)
1991 Ed. (2271)
Naval Supply Systems Command
2000 Ed. (2237)
1998 Ed. (1739)
Naval Supply Systems Command, Sup.51
1997 Ed. (2055)
Naval Supply Systems Command-Support Services
2001 Ed. (2485)
Naval Surface Warfare Center
2000 Ed. (2619)
Navarre Corp.
2006 Ed. (1884, 1885, 1889)
Navarre; Richard
2006 Ed. (977)
Navarro Discount Drugs
1999 Ed. (1929)
1995 Ed. (1615)
Navarro Discount Pharmacies
2008 Ed. (2965)
2006 Ed. (2844)
2002 Ed. (2035, 2036, 2560, 3375)
2001 Ed. (2713)
2000 Ed. (1716, 3805)
Navarro Research & Engineering
2006 Ed. (2501)
2005 Ed. (1164)
2004 Ed. (2829)
2002 Ed. (2539, 2540)
NAVCO Security Systems
2004 Ed. (4351)
2002 Ed. (4541)
2000 Ed. (3922)
Navdeep S. Sooch
2005 Ed. (976)
Naveen Jain
2002 Ed. (3355)
Naveller & Associates
1993 Ed. (2296)
Navellier Aggressive Small Cap Equity
2004 Ed. (3608)
Navellier Mid Cap Growth
2004 Ed. (3556)
2003 Ed. (3498)
Navellier Performance Mid Cap Growth
2001 Ed. (3442)
Navellier Preferred Mid Cap Growth
2004 Ed. (2453)
Navidec Inc.
2003 Ed. (1643)
Navigant
2000 Ed. (4300, 4301)
1999 Ed. (4665)
Navigant Consulting Inc.
2008 Ed. (1662)
2007 Ed. (2744)
2003 Ed. (3280)
2001 Ed. (4278)
Navigant International Inc.
2006 Ed. (1645)
Navigant International/RockyMountain
2002 Ed. (4677)
Navigata Communications Inc.
2005 Ed. (3490)
Navigation Mixte
1992 Ed. (916, 1649)
1990 Ed. (3264)
Navigator
2001 Ed. (481)
1997 Ed. (137)
Navigator Credit Union
2008 Ed. (2241)
2007 Ed. (2126)
2006 Ed. (2205)
2005 Ed. (2110)
Navigator DDB
2003 Ed. (143)
2002 Ed. (176)
2000 Ed. (165)
1999 Ed. (148)
Navigator DDB/Russia
2001 Ed. (204)
Navigator Systems
2004 Ed. (3945)
Navigator Tax-Free MMF (Money Market Fund)
1994 Ed. (2540)
The Navigators
2000 Ed. (3350)
Navin & Varsha Engineer
2005 Ed. (4889)
NavInfo Co., Ltd.
2008 Ed. (2928)
Navio Systems
2007 Ed. (3446)
Navion ASA
2005 Ed. (1564)
Navion Shipping AS
2004 Ed. (4799)
Navis Logistics Network
2007 Ed. (907)
2005 Ed. (905)
2004 Ed. (914)
2003 Ed. (895)
Navis Pack & Ship Centers
2006 Ed. (3940)
2005 Ed. (3880)
2004 Ed. (3930)
Navistar
2002 Ed. (4703)
2000 Ed. (4304)
1998 Ed. (214, 2755, 3625, 3646)
1990 Ed. (379, 3654)
1989 Ed. (2673)
Navistar International Corp.
2008 Ed. (1448, 1449, 1450)
2007 Ed. (307, 3031)
2006 Ed. (3579)
2005 Ed. (1641, 3349, 3355, 3521, 4039)
2004 Ed. (341, 1616, 3324, 3520, 4495)
2003 Ed. (312, 314, 316, 3457)
2002 Ed. (3400, 3401, 4362, 4791)
2001 Ed. (475, 503, 504)
2000 Ed. (341, 3028, 3171)
1999 Ed. (321, 322, 324, 1480, 1495, 4388, 4484)
1998 Ed. (215, 216, 1123, 2539)
1997 Ed. (295, 298, 2822, 2823, 3644, 3645)
1996 Ed. (1727)
1995 Ed. (298, 1276, 1748, 2239, 2621, 2622, 2867, 2868, 3436, 3667)
1994 Ed. (294, 295, 299, 317, 1731, 2566, 2567, 3583)
1993 Ed. (309, 312, 337, 934, 1718, 2605, 2606, 2785, 3380, 3628)
1992 Ed. (2077)
1991 Ed. (2683, 3424, 314, 315, 316, 1221, 2491, 2492, 3228, 1640)
1990 Ed. (350, 357, 2625, 2626, 3449)
1989 Ed. (311, 312, 1053, 2014)
Navistar International Holdings
1998 Ed. (3422, 3423, 3424)
Navistar International Transportation
1996 Ed. (304, 305, 1595, 2698, 2699, 3747)
1991 Ed. (330)
Navix Line
1994 Ed. (1322)
1993 Ed. (1276)
Navmar Credit Union
2003 Ed. (1914)
2002 Ed. (1860)
Navteq Corp.
2008 Ed. (1662, 2857, 4616)
2007 Ed. (1652, 2727, 2733, 2735)
2006 Ed. (4258)
Navy
2000 Ed. (1628)
1996 Ed. (2951)
1990 Ed. (1458)
Navy Army & Air Force
1990 Ed. (2093)
The Navy, Army & Air Force Institutes
1994 Ed. (2120)
1993 Ed. (2100)
Navy Club System; U.S.
1997 Ed. (2055)
1996 Ed. (1952)
1995 Ed. (1913, 1918)
Navy Credit Union
2008 Ed. (2210, 2214, 2215, 2265)
2007 Ed. (2098, 2099, 2100, 2150)
2006 Ed. (2158, 2162, 2164, 2171, 2175, 2176, 2229)
2005 Ed. (2065, 2070, 2077, 2081, 2082, 2134)
2004 Ed. (1926, 1930, 1941, 1942, 1992)
2003 Ed. (1887, 1892, 1901, 1902, 1952)
2002 Ed. (1831, 1835, 1841, 1843, 1898)
Navy Exchange Service Command
1997 Ed. (3311)
1996 Ed. (1952)
1995 Ed. (1918)
1994 Ed. (1888)
Navy Exchange Service Command/NEXCOM
2001 Ed. (2485)
Navy FCU
1999 Ed. (1799, 1800, 1801, 1802, 1803)
Navy Federal Credit Union
2007 Ed. (1429)
2006 Ed. (1390, 1394, 1395)
2005 Ed. (1404, 1408, 1409, 1995, 2047, 2060, 2061)
2004 Ed. (1383, 1387, 1388)
2003 Ed. (1378)
2002 Ed. (1842)
2001 Ed. (434, 1960, 1961)
1998 Ed. (1220, 1221, 1222, 1223, 1224, 1225, 1227, 1228, 1229, 1230)
1997 Ed. (1558, 1560, 1562, 1564, 1566, 1567, 1568, 1569)
1996 Ed. (1497, 1499, 1500, 1501, 1502, 1503, 1512)
1995 Ed. (1534, 1535)
1994 Ed. (1502, 1503)
1993 Ed. (1447, 1450)
1992 Ed. (1754, 3262)
1991 Ed. (1394)
Navy Food Service Systems; U.S.
1996 Ed. (1952)
1995 Ed. (1913, 1918)
Navy Mutual Aid Association
1995 Ed. (2786)
Navy Resale and Services Support
1992 Ed. (2204)
Navy Resale & Services Support Office
1992 Ed. (4207)
1991 Ed. (1753)
1990 Ed. (1835)
Navy Reserve
1992 Ed. (3278)
Navy; United States
2006 Ed. (2809)
Navy; U.S.
2007 Ed. (3528)
1996 Ed. (2857)
1994 Ed. (2685, 2686)
1992 Ed. (3277)
Navy (VA)
2000 Ed. (1627)
Nawras Telecom
2008 Ed. (67)
Naya
2000 Ed. (781)
1999 Ed. (765, 766, 4510)
Naylor Wentworth Lund Architects PC
2008 Ed. (266, 267)
Naz-Dar
1999 Ed. (3899)
Nazareth Literary, Benevolent Inst.
1991 Ed. (2618)
Nazareth Mass Communications
1990 Ed. (117)
Nazdar Co.
2006 Ed. (3045)
Nazek Hariri
2008 Ed. (4890)
Nazionale del Lavoro
2001 Ed. (601, 602)
2000 Ed. (458)
NB High Income Bond Investment
2008 Ed. (3409)
2007 Ed. (3294)
2006 Ed. (3234, 3235)
2005 Ed. (3248)
N.B. Power Commission
1997 Ed. (1692, 2156)
1996 Ed. (1613, 2038)
NB Stable Capital
1997 Ed. (569)
NBA
2005 Ed. (4453)
NBA All-Star Game
2006 Ed. (764)
NBA All-Star Pre-Game Show
2006 Ed. (764)
NBA Allstar Game
2008 Ed. (826)
"NBA Basketball Playoffs"
2001 Ed. (1100)
NBA Jam
1996 Ed. (3721)
NBA Playoffs
2008 Ed. (826)
NBA Street Vol. 2
2005 Ed. (4831)
NBA.com
2003 Ed. (3054)
NBB Bancorp
1996 Ed. (360)
1994 Ed. (3536)
1992 Ed. (4291)
NBBJ
2008 Ed. (261, 262, 264, 2532, 2537, 3343, 3348)
2007 Ed. (286, 288, 2409, 3201, 3206, 3207)
2006 Ed. (283, 2453, 2455, 2457, 2791, 3167, 3172, 3173)
2005 Ed. (3160, 3162, 3166, 3170)
2004 Ed. (2334, 2335, 2345, 2348, 2376)
2003 Ed. (2295)
2002 Ed. (330, 2130)
2001 Ed. (403, 2238)
2000 Ed. (310, 311, 1797)
1999 Ed. (284, 285, 290, 2020)
1998 Ed. (182, 184, 1437)
1997 Ed. (260, 263, 1736)
1996 Ed. (229, 232, 1658)
1995 Ed. (233, 235, 1675)
1994 Ed. (231, 233, 1636)
1993 Ed. (241, 244)
1992 Ed. (351, 353)
1991 Ed. (251)
The NBBJ Group
1990 Ed. (278)
1989 Ed. (266)
NBC
2008 Ed. (4662)
2007 Ed. (4739, 4741)
2005 Ed. (4663)
2004 Ed. (4691)
2003 Ed. (4714)
2001 Ed. (4496)
2000 Ed. (4214)
1999 Ed. (825, 3307, 4569, 4570)
1998 Ed. (513, 2441, 3500, 3501, 3502, 3778)
1997 Ed. (730, 731, 2719, 3717, 3719, 3721)
1996 Ed. (793)
1995 Ed. (718, 3576)
1994 Ed. (762)
1993 Ed. (754, 3544)
1992 Ed. (924, 947, 948, 949, 4243, 4256)
1989 Ed. (1136, 1902)
NBC Acquisition Corp.
2008 Ed. (1960)
2007 Ed. (1896)
NBC Bank-San Antonio
1991 Ed. (1647)

NBC/GE
1999 Ed. (823)
NBC Internet Inc.
2002 Ed. (3547)
"NBC Nightly News"
1995 Ed. (3586)
1993 Ed. (3540)
1992 Ed. (4254)
NBC (NY) Employees Credit Union
2005 Ed. (2074)
NBC-TV
2005 Ed. (3425, 4660, 4661, 4662)
2004 Ed. (3412, 4689, 4690)
2003 Ed. (3346, 4712, 4713)
2002 Ed. (3280, 3286)
2001 Ed. (3230, 3231, 4490)
2000 Ed. (3050, 4213)
NBC Universal Inc.
2008 Ed. (824, 3200, 3625, 4659)
2007 Ed. (863, 1193, 3448, 4737, 4738)
2006 Ed. (765, 3436, 4716, 4717, 4718)
NBC Universal Entertainment
2006 Ed. (2496)
NBD Bancorp Inc.
1999 Ed. (374)
1997 Ed. (332, 334, 339, 348, 349, 1252, 1601, 2730)
1996 Ed. (378, 617, 1543, 3180)
1995 Ed. (359, 553, 1560, 3350)
1994 Ed. (340, 571, 1527, 3035, 3269)
1993 Ed. (358, 569, 1480, 1481, 3279)
1992 Ed. (780)
1991 Ed. (377, 389, 1415)
1990 Ed. (639, 641)
1989 Ed. (396, 623, 624)
NBD Bancorp/NBD Investment Management
1996 Ed. (2421)
NBD Bank
2000 Ed. (219, 384, 510)
1999 Ed. (502, 4334)
1998 Ed. (343, 376, 395, 2353, 2354, 3316, 3566)
1997 Ed. (436, 493, 508, 558, 2623)
1995 Ed. (371, 443, 489, 497, 546, 2438, 2604)
1994 Ed. (369, 372, 378, 403, 451, 506, 515, 570, 578, 583, 587, 2552, 2553)
NBD Bank NA
1996 Ed. (472, 534, 549, 559, 605, 2394, 2398, 2406, 2676)
1993 Ed. (388, 390, 568, 2590)
1992 Ed. (546, 570, 3104)
NBD Bank/NBD Investment Management
1995 Ed. (2389)
NBD Grand Rapids NA
1991 Ed. (608)
NBI Inc.
1994 Ed. (2714)
1991 Ed. (2591)
1990 Ed. (2510)
NBK
2001 Ed. (52)
1994 Ed. (31)
1991 Ed. (34)
NBO Stores
1989 Ed. (936)
NBS
1996 Ed. (366)
NBS Bank
2001 Ed. (1535)
1999 Ed. (446, 638)
1997 Ed. (388, 614)
1996 Ed. (421, 679)
1995 Ed. (397, 606)
1994 Ed. (404, 631)
NBS Boland Bank
2000 Ed. (439, 664)
NBS Holdings
1999 Ed. (641)
1993 Ed. (414, 626)
NBS Technologies
2007 Ed. (2812)
NBT Bancorp Inc.
2002 Ed. (435)
NBTY Inc.
2008 Ed. (3872, 3879)
2006 Ed. (3797, 3801)
2005 Ed. (2247, 3709, 3712, 3713)
2004 Ed. (3798, 3802)
2003 Ed. (4861)
2001 Ed. (2015)
NCAA Championship
1992 Ed. (4252)
NCAA Final Four Tournament
2004 Ed. (850)
NCAA Football
2008 Ed. (4811)
2007 Ed. (4876)
NCAA Football '04
2005 Ed. (4831)
NCAA Men's Basketball March Madness
2008 Ed. (809)
NCAA Men's Basketball Tourney
2001 Ed. (4344)
NCAA Women's Basketball Tournament
2006 Ed. (764)
NCB Corp.
1990 Ed. (1465)
NCB, FSB
2007 Ed. (462)
2006 Ed. (451)
NCB Group
2002 Ed. (3033)
2000 Ed. (2874)
1999 Ed. (3126, 3127)
1997 Ed. (2582, 2583)
1996 Ed. (2437, 2438)
1994 Ed. (2339, 2340)
NCB Securities
2005 Ed. (754)
NCC
1999 Ed. (1399)
1993 Ed. (1154, 1155)
NCC AB
2003 Ed. (1323, 1330, 1334, 1336)
2002 Ed. (1190, 1307, 1316, 1318)
2000 Ed. (1286, 1290)
NCC Funds/Government Portfolio
1992 Ed. (3094)
NCC Funds T-E Portfolio
1992 Ed. (3168)
NCC International
1992 Ed. (1429)
NCC International AB
1994 Ed. (1173)
NCC L. P.
1995 Ed. (1196)
NCC L.P.
1995 Ed. (1195, 1200)
NCC-Puolimatka Oy
1999 Ed. (1629)
NCES Inc.
2008 Ed. (4962)
2007 Ed. (3557)
NCG Porter Novelli
2002 Ed. (3811)
NCH
2000 Ed. (4072)
1998 Ed. (3328)
1997 Ed. (3534)
1995 Ed. (3409, 3410)
1994 Ed. (3350)
1993 Ed. (3346, 3347, 3348)
1992 Ed. (4008, 4009)
1990 Ed. (3310)
NCI Building Systems Inc.
2006 Ed. (677, 680)
2005 Ed. (769, 772, 773, 777, 1501)
2004 Ed. (783, 786, 787, 793, 1485)
2003 Ed. (1455)
2002 Ed. (1435)
NCI Information Systems Inc.
2008 Ed. (1365)
NCI Public Relations
1997 Ed. (3187)
NCI Systems Inc.
2003 Ed. (1354)
nCipher plc
2003 Ed. (2737)
NCL America
2008 Ed. (1779)
NCL Cruises Ltd.
2003 Ed. (4876)
2001 Ed. (4626)
NCL Holding
2000 Ed. (3383)
NCL Holding ASA
2002 Ed. (3544)
NCL Mutual Insurance Co.
2000 Ed. (983)
NCM Advertising
1997 Ed. (107)
NCM Capital
2008 Ed. (180)
1997 Ed. (2531, 2535)
1996 Ed. (2418, 2656, 3877)
1991 Ed. (2235)
NCM Capital Management Group Inc.
2007 Ed. (197)
2006 Ed. (191)
2004 Ed. (172)
2003 Ed. (216)
2002 Ed. (712)
1993 Ed. (2328, 2330)
1992 Ed. (2768)
1991 Ed. (2241)
NCMC Faculty Practice Plan
2000 Ed. (2393)
NCNB
1996 Ed. (359)
1994 Ed. (341)
1993 Ed. (264, 356, 411, 412, 579, 1175, 1176, 1189, 2510, 2769, 2970, 2979)
1992 Ed. (536, 572)
1991 Ed. (411, 663, 1275, 1308)
1990 Ed. (683, 684, 685)
1989 Ed. (574, 673, 674, 675)
NCNB National
1992 Ed. (3639)
NCNB National Bank
1992 Ed. (2985)
1991 Ed. (2813)
NCNB National Bank of Florida
1993 Ed. (475)
1992 Ed. (663)
1991 Ed. (489)
1990 Ed. (546)
NCNB National Bank of Florida (Tampa)
1991 Ed. (507)
NCNB National Bank of North Carolina
1993 Ed. (403, 600)
1992 Ed. (546, 563, 807, 3104, 3627)
1991 Ed. (634, 1923, 2811)
1990 Ed. (656)
1989 Ed. (644)
NCNB National Bank of South Carolina
1993 Ed. (628)
1992 Ed. (834)
NCNB South Carolina
1991 Ed. (661)
NCNB Texas
1990 Ed. (1744, 1745)
NCNB Texas Asset Management
1990 Ed. (2353)
NCNB Texas National Bank
1993 Ed. (380, 390, 399, 400, 410, 644, 1744, 1745, 1746, 1747, 3009)
1992 Ed. (546, 550, 559, 570, 848, 2106, 2107, 2108, 2109, 3104)
1991 Ed. (488, 676, 944, 1142, 1646, 1647, 1648, 1649)
1990 Ed. (525)
NCO Group Inc.
2005 Ed. (1055)
2002 Ed. (1551)
2001 Ed. (1312, 1313, 1314)
NCO Portfolio Management
2005 Ed. (2144)
NCP Solutions
2006 Ed. (4338)
NCR Corp.
2008 Ed. (1113, 3014)
2007 Ed. (1209, 1210, 1264, 2893, 4038)
2006 Ed. (692, 1101, 1103, 1105, 1106, 1108, 1149, 1151)
2005 Ed. (1106, 1107, 1108, 1114, 1116, 1118, 1523, 3930)
2004 Ed. (263, 1102, 1103, 1104, 1110, 1111, 1114, 2903)
2003 Ed. (1089, 1092, 1361, 3671, 3672)
2002 Ed. (1133, 1135, 4355)
2001 Ed. (435, 1344, 3565, 3566)
2000 Ed. (1161, 1164, 1173, 1359, 3367)
1999 Ed. (1267, 1283, 2881)
1997 Ed. (1261)
1995 Ed. (1092, 1093)
1994 Ed. (1084)
1993 Ed. (1054, 1064, 1175, 1176, 1182, 1188, 1572, 2177, 3002, 3379, 3390)
1992 Ed. (1300, 1306, 1307, 1309, 1310, 1311, 1316, 1317, 1320, 1321, 1529, 1919, 2631, 3671, 3679)
1991 Ed. (1025, 1026, 1028, 1031, 1032, 1033, 1038, 1516, 1526, 1540, 1717, 2070, 2634, 2637, 2639, 2839, 2848, 2852, 3377)
1990 Ed. (534, 535, 1121, 1124, 1129, 1131, 1140, 1612, 1627, 1644, 1782, 2190, 2201, 2204, 2733, 2735, 2990, 2992, 2993, 3239)
1989 Ed. (975, 976, 979, 983, 1117, 1329, 1330, 1333, 1342, 2100, 2103, 2307, 2311, 2654)
NCR Business Forms Div.
1993 Ed. (789)
NCR Canada Ltd.
1995 Ed. (2099)
1991 Ed. (1903)
1990 Ed. (2005)
1989 Ed. (1589)
NCR Data Services
1992 Ed. (1762)
1990 Ed. (1781)
NCR Data Services Division
1991 Ed. (1716, 3376, 3378)
NCR Japan
1994 Ed. (1367)
1993 Ed. (1585)
1991 Ed. (1537)
1990 Ed. (1640)
NCRAM High Yield Total Return Composite
2003 Ed. (3122)
NCRIC Group Inc.
2005 Ed. (2606)
NCS HealthCare Inc.
2005 Ed. (1544)
ND Tax-Free Fund
1998 Ed. (2644)
NDB
2002 Ed. (4476, 4477)
2000 Ed. (1150)
ndb.com
2001 Ed. (2974)
NDC
1993 Ed. (351)
NDC/MMB Milk
1992 Ed. (2192)
1991 Ed. (1743, 3326)
1989 Ed. (754)
NDC Telemarketing
1991 Ed. (3282)
N'Djamena, Chad
1992 Ed. (1712)
NDS Group Inc.
2002 Ed. (3547)
N.E. Agri Service
1999 Ed. (2122, 2123)
1996 Ed. (1748)
NEAD Organization
2008 Ed. (1318, 1322, 1333, 1334)
Neal & Harwell PLC
2007 Ed. (1510)
Neal & Massy
1994 Ed. (3580, 3581)
Neal & Massy Holdings Ltd.
2006 Ed. (4485)
2002 Ed. (4679, 4680)
1999 Ed. (4669)
1997 Ed. (3797, 3798)
1996 Ed. (3745, 3746)
Neal C. Hansen
2006 Ed. (1097, 1098)
2005 Ed. (1103)
Neal Custom Homes
2002 Ed. (2679)

Neal; Dianne
2006 Ed. (993)
Neal L. Patterson
2008 Ed. (958)
2005 Ed. (976)
Neal; P. M.
2005 Ed. (2480)
Neal Schmale
2007 Ed. (1073)
2006 Ed. (979)
Neal; Stephen L.
1992 Ed. (1039)
Neale-May & Partners
2004 Ed. (3989, 4003)
2003 Ed. (3998, 4004, 4006)
2002 Ed. (3812, 3821)
Nealed Power
1989 Ed. (337)
Near East Asia
1994 Ed. (3657)
Near; James W.
1996 Ed. (958)
Near North Insurance Brokerage Inc.
2002 Ed. (2862)
2001 Ed. (2910)
1999 Ed. (2908)
1998 Ed. (2123)
Nearman & Associates, CPA
2008 Ed. (2)
2006 Ed. (4)
Neatea
2001 Ed. (1000)
Neaton Auto Products
2005 Ed. (327)
Nebco Evans
2001 Ed. (4050)
2000 Ed. (2217)
Nebraska
2008 Ed. (1388, 2424, 2654, 2655, 2896, 2897, 3271, 3800, 4463, 4465, 4581, 4596, 4916)
2007 Ed. (1437, 2273, 2292, 2526, 2527, 3713, 4479, 4481, 4650, 4687, 4939)
2006 Ed. (1405, 2358, 2550, 2551, 2984, 3059, 3131, 3256, 3730, 3904, 4213, 4417, 4419, 4650, 4666, 4933)
2005 Ed. (390, 397, 403, 406, 408, 413, 1070, 1076, 1077, 1420, 2543, 4159, 4194, 4226, 4232, 4235, 4236, 4237, 4239, 4400, 4402, 4569, 4900)
2004 Ed. (186, 371, 376, 413, 895, 1098, 1398, 1399, 2000, 2001, 2002, 2177, 2294, 2563, 2564, 2568, 2569, 2573, 2987, 3038, 3039, 3290, 3293, 3702, 4236, 4261, 4293, 4299, 4300, 4301, 4304, 4306, 4453, 4456, 4457, 4506, 4513, 4519, 4529, 4648, 4649, 4884, 4887, 4979, 4980)
2003 Ed. (392, 409, 1065, 1384, 2433, 2434, 2436, 3248, 4040, 4213, 4242, 4243, 4244, 4285, 4291, 4294, 4295, 4296, 4298, 4414, 4415, 4482, 4494, 4666, 4896)
2002 Ed. (454, 455, 458, 950, 952, 1114, 1115, 1118, 1177, 1347, 1907, 2008, 2226, 2229, 2230, 2231, 2234, 2447, 2574, 2746, 2837, 3273, 4109, 4110, 4145, 4151, 4155, 4156, 4157, 4159, 4328, 4330, 4520, 4522, 4523, 4538, 4539)
2001 Ed. (278, 1507, 1975, 1979, 2308, 2418, 2459, 2467, 2723, 3078, 3235, 3236, 3525, 3597, 4257, 4311, 4409, 4782, 4830)
2000 Ed. (1140)
1999 Ed. (1996, 4422, 4429, 4442, 4451)
1998 Ed. (2452, 2883, 3378, 3379)
1997 Ed. (3147, 3227, 3564, 3566, 3568, 3609, 3610, 3611)
1996 Ed. (3175, 3518, 3520, 3526, 3570, 3571, 3572, 3579, 3580)
1995 Ed. (3489, 3490, 3491, 3540)
1994 Ed. (678, 2334, 3418, 3419, 3420)
1993 Ed. (363, 413, 3395, 3426, 3427, 3428)
1992 Ed. (1066, 2810, 2914, 2917, 2918, 2922, 2923, 2926, 2928, 2934, 3483, 4023, 4078, 4085, 4118, 4119, 4120, 4180, 4429)
1991 Ed. (186, 1398, 1399, 1645, 1652, 2350, 2353, 2916, 3181, 3198, 3263)
1990 Ed. (366, 1746, 2409, 3387, 3394, 3403, 3404, 3405, 3414, 3424)
1989 Ed. (201, 206, 1669, 1737, 1898, 1899, 2540, 2544, 2549, 2613, 2848)
Nebraska Energy Credit Union
2008 Ed. (2244)
2007 Ed. (2129)
2006 Ed. (2208)
2005 Ed. (2113)
2004 Ed. (1971)
2003 Ed. (1931)
2002 Ed. (1834, 1877)
Nebraska Furniture Mart Inc.
2008 Ed. (1960)
2006 Ed. (2888)
1995 Ed. (2447)
Nebraska Health System
2003 Ed. (1774)
Nebraska Higher Ed. Loan
1990 Ed. (2644)
Nebraska Higher Education Loan Program
1996 Ed. (2725, 3286)
1995 Ed. (2646, 2787, 3187)
Nebraska Higher Education Loans
1991 Ed. (3244)
Nebraska Investment Finance Agency
2001 Ed. (862)
Nebraska Investment Finance Authority
1991 Ed. (2523)
Nebraska Public Power Agency
2001 Ed. (862)
Nebraska Public Power District
2006 Ed. (2363, 2695)
2001 Ed. (2146, 3867)
1998 Ed. (1377, 1381)
1996 Ed. (1612)
1995 Ed. (1635)
1994 Ed. (1593)
1993 Ed. (1555, 3359)
1992 Ed. (1894, 4029)
1991 Ed. (1495, 3158)
1990 Ed. (1596)
Nebraska; University of
1991 Ed. (888)
NEC
2008 Ed. (681, 1117, 3568)
2007 Ed. (708, 1212, 1213, 2347, 2828, 3074)
2006 Ed. (2399, 2400, 3389, 4287, 4288)
2005 Ed. (1124, 1126, 2354, 2355, 3036, 3393, 3695, 3699, 4350, 4513)
2004 Ed. (1117, 1119, 2255, 2256, 2261, 3362, 3776, 3780, 4404)
2003 Ed. (1098, 1100, 1703, 2236, 2239, 2248, 2250, 3305, 3751, 3756, 3797, 3933, 4384, 4387, 4388)
2002 Ed. (1140, 1707, 2105, 2106, 2107, 2108, 3251, 3334, 3336, 3337, 3338, 3339, 4258, 4518, 4636)
2001 Ed. (398, 399, 1032, 1354, 1379, 1625, 1766, 2133, 3114, 3300, 3301, 3331, 3645, 3648, 3650, 3651, 4217, 4218)
2000 Ed. (307, 308, 998, 1490, 1495, 1772, 1773, 1795, 3703, 3704, 3705, 3707, 3760, 3994, 3996, 3998, 3999, 4000, 4002, 4003)
1999 Ed. (1690, 1992, 1993, 1994, 1995, 2030, 2875, 2876, 2877, 2881, 3406, 3714, 3716, 4047, 4271, 4272, 4273, 4274, 4275, 4276, 4277, 4279, 4280, 4281, 4561, 4615)
1998 Ed. (1246, 1402, 1417, 1420, 2412, 2494, 2555, 2556, 2752, 2884, 3277, 3278, 3279, 3280, 3281, 3282, 3284, 3285)
1997 Ed. (1611, 2782)
1996 Ed. (246, 1067, 1405, 1637, 2247, 2260, 2608, 2635, 2637, 2638, 2639, 3055, 3194, 3396, 3398, 3399, 3640, 3707)
1995 Ed. (1084, 1090, 1111, 1442, 1543, 1626, 1659, 1683, 2252, 2453, 2569, 2570, 2573, 2575, 2576, 2938, 2990, 2991, 3100, 3286, 3553)
1994 Ed. (20, 29, 32, 1074, 1087, 1096, 1616, 1617, 1618, 1645, 2186, 2199, 2202, 2203, 2204, 2207, 2511, 2512, 2514, 2515, 2516, 2995, 3050, 3199, 3201, 3202, 3203, 3204, 3205)
1993 Ed. (38, 41, 1056, 1059, 1060, 1061, 1062, 1357, 1584, 1586, 1587, 1612, 2166, 2176, 2565, 2566, 2567, 2568, 2882, 3007, 3212, 3214, 3483, 3509, 3586)
1992 Ed. (60, 64, 1036, 1298, 1320, 1321, 1322, 1658, 1678, 1772, 1931, 1932, 2714, 2715, 3065, 3488, 3544, 3911, 3912, 3916, 3918, 3975, 4200, 4201, 4202)
1991 Ed. (1536)
1990 Ed. (890, 919, 1116, 1478, 1590, 1641, 2195, 2201, 2203, 2570, 2880, 2881, 2906, 2907, 3236, 3238, 3240, 3488, 3489, 3513, 3520)
1989 Ed. (983, 1307, 1341, 2458, 2644, 2794)
NEC America
1991 Ed. (1289)
1990 Ed. (3522)
NEC Computer Storage Philippines
2000 Ed. (3030)
NEC Electronics Corp.
2007 Ed. (2828, 4356)
1992 Ed. (234)
NEC Information Systems Inc.
1990 Ed. (2579)
NEC Corp. (Kyushu, Japan)
1996 Ed. (1744)
NEC Corp. (Livingston, Scotland)
1996 Ed. (1744)
NEC Networks
2005 Ed. (4630)
NEC Nextar
1994 Ed. (3644)
NEC Technologies
1998 Ed. (2708)
1995 Ed. (20, 21, 1088, 2240)
NEC Telephones
1994 Ed. (2936)
NeCastro; Joseph
2007 Ed. (1078)
2006 Ed. (985)
Necco
1997 Ed. (886)
Necco Canada
2000 Ed. (973)
Necessity Supplies
2001 Ed. (1881)
Neches Credit Union
2006 Ed. (2154)
NechesHuntsman Credit Union
2006 Ed. (2154)
Necklaces/neckchains
1998 Ed. (2316)
Necma, MA
1992 Ed. (3043, 3044, 3045, 3046)
NECSO Entrecanales Cubiertas SA
2002 Ed. (1327)
Nectar Imperial Champagne
2003 Ed. (908)
Nectarines
2007 Ed. (2652)
2006 Ed. (2669)
2005 Ed. (2694)
2004 Ed. (2694)
2001 Ed. (2548)
Nectars
2003 Ed. (2580)
NECX
2001 Ed. (2200)
2000 Ed. (1770)
1999 Ed. (1990)
1998 Ed. (1404, 1415)
1997 Ed. (1708, 1709, 1710)
1996 Ed. (1633)
NECX.com LLC
2001 Ed. (2201)
Ned Davis
1998 Ed. (1622)
1997 Ed. (1915)
1990 Ed. (1767, 1769)
Ned Davis Research
2007 Ed. (3272)
2006 Ed. (3204)
Ned Johnson
2006 Ed. (689)
2003 Ed. (3058)
2002 Ed. (3026)
Ned Zachar
1998 Ed. (1585)
1997 Ed. (1942)
Ned Zuivelbureau
1990 Ed. (40)
Ned. Zuivelburo
1989 Ed. (43)
Nedbank
2008 Ed. (504, 507)
1990 Ed. (679, 680, 681)
1989 Ed. (671, 672)
Nedbank Swaziland Ltd.
2006 Ed. (4539)
2002 Ed. (4482, 4483)
1999 Ed. (643)
Nedcor
2007 Ed. (552, 555)
2006 Ed. (523)
2005 Ed. (609)
2004 Ed. (619)
2002 Ed. (509, 647, 650, 3038)
2001 Ed. (1846)
2000 Ed. (439, 664, 2877)
1999 Ed. (446, 638, 641)
1997 Ed. (388, 614)
1996 Ed. (421, 679)
1995 Ed. (397, 606, 1486)
1994 Ed. (404, 631)
1993 Ed. (414, 626, 627, 1396)
1992 Ed. (574, 833)
1991 Ed. (415, 554, 660)
Nedcor Bank
2005 Ed. (612)
2004 Ed. (623)
2003 Ed. (610, 614)
Nedcor Investment Bank
2001 Ed. (1534)
NEDECO
2003 Ed. (2305, 2309, 2310, 2312, 2315, 2316, 2319, 2322, 2323)
2000 Ed. (1808, 1821, 1822)
1998 Ed. (1454, 1455)
1997 Ed. (1746, 1749, 1750, 1754, 1758, 1760)
1996 Ed. (1666, 1670, 1677, 1679)
1995 Ed. (1684, 1688, 1695, 1697)
1994 Ed. (1644, 1649)
1993 Ed. (1613, 1617)
1992 Ed. (1961, 1962, 1965)
1991 Ed. (1555, 1556, 1559, 1562)
1990 Ed. (1671)
Nederlander
2007 Ed. (1266)
2006 Ed. (1152)
Nederlander Organization, Inc.
2003 Ed. (1126)
2002 Ed. (3798)
2001 Ed. (3917, 3919)
1998 Ed. (2931)
1990 Ed. (2908)
Nederlandsche Middendsbank
1991 Ed. (620)
Nederlandsche Middenstandsbank
1990 Ed. (646)
1989 Ed. (633)
Nederlandsche Petroleum Maatschappij; Koninklijke
2006 Ed. (1691)
Nederlandse Gasunie; NV
2007 Ed. (1903)
2006 Ed. (2445, 2446)
2005 Ed. (2413)
2000 Ed. (1522)
1999 Ed. (1711)
1993 Ed. (1373)

1990 Ed. (1400)
Nederlandse Gemeenten; Bank
2008 Ed. (481)
2007 Ed. (526)
2006 Ed. (504)
2005 Ed. (585)
Nederlandse Philips Bedrijven BV
1999 Ed. (1611, 3285)
1997 Ed. (1389, 2696)
Nederlandse Waterschapsb
2002 Ed. (572)
Nederlandse Waterschapsbank
2008 Ed. (434, 481)
2007 Ed. (469, 526)
2006 Ed. (457, 504)
2005 Ed. (528, 585)
2004 Ed. (546, 596)
2003 Ed. (530, 591)
2002 Ed. (625)
2000 Ed. (629)
1999 Ed. (606)
1997 Ed. (572)
Nederlight
1992 Ed. (2963)
Nedfin
1989 Ed. (671)
Nedlloyd
1992 Ed. (3948, 3949, 3950)
1990 Ed. (3646)
Nedlloyd Groep
1993 Ed. (227)
Nedlloyd Group
1997 Ed. (1147)
1992 Ed. (330, 3947)
1991 Ed. (238)
Neeco
1990 Ed. (1976)
Needham Growth
2007 Ed. (2488)
2004 Ed. (2453, 3556, 3591)
2003 Ed. (3498, 3508, 3549)
2002 Ed. (3421)
1998 Ed. (2603)
Needham; Wendy Beal
1991 Ed. (1672)
Needham; Wendy Beale
1997 Ed. (1852, 1857)
1996 Ed. (1777, 1828)
1994 Ed. (1761)
Needlepunch
2000 Ed. (3353)
Needlework/knitting
1996 Ed. (2122)
Need2Buy
2003 Ed. (2167)
Neeleman; David
2007 Ed. (963)
2006 Ed. (872)
2005 Ed. (787, 2323)
Neeley School of Business; Texas Christian University
2006 Ed. (740)
Neely; Paul T. and Barbara Hirschi
1993 Ed. (893)
Neenan Co.
2006 Ed. (2793)
2005 Ed. (1325, 2815)
2002 Ed. (1173, 2396)
2001 Ed. (404)
Neff
2008 Ed. (678)
2007 Ed. (706)
2004 Ed. (2834, 2836)
1998 Ed. (2345)
Neff & Ricci LLP
2002 Ed. (24)
Neff; Andrew
1997 Ed. (1873)
1996 Ed. (1800)
1995 Ed. (1827)
Neff Rental
2000 Ed. (2916)
1999 Ed. (3171)
Neff + Ricci LLP
2007 Ed. (12)
2006 Ed. (16)
2005 Ed. (11)
2004 Ed. (15)
2003 Ed. (9)
Neff; Thomas J.
1991 Ed. (1614)
Neffs National Bank
1993 Ed. (510)
Neft Gazprom; OAO
2008 Ed. (3577)
Nefte Bank
1996 Ed. (575)
Neftohim AD
2002 Ed. (4390, 4391)
Neg. Agricola Vista Alegre
2007 Ed. (1856)
NEG Oil & Gas LLC
2008 Ed. (1400)
Negative feeling/vending
1992 Ed. (4385)
Negi; Mahendra
1997 Ed. (1990)
Negrocios Industriales Real
2006 Ed. (2545)
Nehls; Robert G.
1990 Ed. (2662)
NEIC Networking System
1997 Ed. (2259)
Neidiger, Tucker, Bruner Inc.
2002 Ed. (822)
NeighborCare Inc.
2007 Ed. (2060)
2006 Ed. (2107, 2785, 3875, 4630)
2005 Ed. (2004, 2800)
Neighborhood block watch
1990 Ed. (845)
Neighborhood Centers
1996 Ed. (912)
Neighborhood Health Partnership
2000 Ed. (2435)
1999 Ed. (2655)
Neighborhood Health Plan of Rhode Island
2008 Ed. (3632)
Neighborhood stores
2001 Ed. (681)
NeighborhoodFind.com LLC
2004 Ed. (1544)
Neighbors Credit Union
2008 Ed. (2235, 2242)
2007 Ed. (2120)
2006 Ed. (2199)
Neighbours Game
1991 Ed. (1784)
Neil Baker
1999 Ed. (2331)
Neil Barsky
1999 Ed. (2229, 2239)
1998 Ed. (1649)
Neil Barton
2000 Ed. (2096, 2104, 2105)
1999 Ed. (2316, 2317)
Neil Blackley
2000 Ed. (2086, 2092, 2128)
1999 Ed. (2310, 2341)
Neil Bluhm
2007 Ed. (4902)
Neil Brown
2007 Ed. (385)
Neil Currie
1999 Ed. (2345)
Neil D. Nicastro
2000 Ed. (1877)
1996 Ed. (1716)
Neil Diamond
2008 Ed. (2583)
2007 Ed. (1267)
2001 Ed. (1380, 1384)
1998 Ed. (866)
1995 Ed. (1117)
1994 Ed. (1099, 1101)
1991 Ed. (1039, 1041)
Neil Group
1992 Ed. (420)
Neil Laboratories, Inc.
2002 Ed. (2523)
Neil MacKinnon
1998 Ed. (1688)
Neil Payne
1997 Ed. (2001)
1996 Ed. (1911)
Neil S.Blaisdell Center
2002 Ed. (4344)
Neil Steer
2000 Ed. (2123)
1999 Ed. (2317, 2336)
Neil Young
2005 Ed. (1161)
1997 Ed. (1113)
1995 Ed. (1118, 1120)
1994 Ed. (1100)
1992 Ed. (1351)
Neill Junor
2000 Ed. (2128)
1999 Ed. (2341)
Neiman Group
2003 Ed. (4013)
2002 Ed. (3848)
Neiman Marcus
2007 Ed. (4030)
2006 Ed. (2255)
2004 Ed. (2054, 2668)
2003 Ed. (2008)
2002 Ed. (4039)
2000 Ed. (3814)
1993 Ed. (1475, 1477)
1992 Ed. (1217, 1786, 1794, 1795, 1796, 4260)
1991 Ed. (1414)
Neiman Marcus Direct
2005 Ed. (879)
2004 Ed. (893)
2003 Ed. (869)
Neiman Marcus Group Inc.
2008 Ed. (2327, 2328, 4057)
2007 Ed. (1441, 2195, 4184)
2006 Ed. (1036, 2252, 4161, 4169)
2005 Ed. (1024, 2167, 4102, 4105)
2004 Ed. (1014, 2055)
2003 Ed. (1011)
1999 Ed. (1834, 4095, 4098)
1998 Ed. (1259, 1261)
1997 Ed. (1591)
1996 Ed. (1532)
1995 Ed. (1551)
1994 Ed. (1521)
1991 Ed. (886)
1990 Ed. (1048)
Neiman Marcus/Neiman Marcus Direct
1997 Ed. (3340, 3681)
1996 Ed. (3626)
Neiman; Seth
2005 Ed. (4817)
NeimanMarcus.com
2006 Ed. (2382)
Nejmeh; Gregory
1997 Ed. (1860)
1996 Ed. (1784)
1995 Ed. (1809)
1994 Ed. (1768)
1993 Ed. (1784)
Nektar Therapeutics
2008 Ed. (1587, 1606, 1607)
Nel/son Distributing
2007 Ed. (4452)
Nell Minow
2004 Ed. (3169)
Nellyville
2004 Ed. (3533)
Nelnet Inc.
2006 Ed. (380)
Nels Friets
1997 Ed. (2001)
Nelson
2008 Ed. (2537, 3336, 3337, 3339, 4425)
2007 Ed. (3197, 4443)
2006 Ed. (3161, 3163)
2005 Ed. (3164)
Nelson & Associates Inc.; R. A.
2008 Ed. (1673)
Nelson, Benson & Zellmer
1994 Ed. (581, 582)
Nelson Bostock Communications
2002 Ed. (3853)
Nelson Capital
1995 Ed. (2365)
1991 Ed. (2236)
Nelson; Carol
2007 Ed. (4978)
Nelson Chan
2007 Ed. (2502)
Nelson Chrysler Dodge GM Inc.
2007 Ed. (3569, 3570, 4428)
Nelson Communications
2001 Ed. (212)
2000 Ed. (58, 3629)
1992 Ed. (117)
Nelson Communications Group
2000 Ed. (3645)
1999 Ed. (55, 3957)
1998 Ed. (2962)
1997 Ed. (57, 3186)
1994 Ed. (2949)
1992 Ed. (3561, 3570)
Nelson Communications Group & Nelson, Robb, DuVal & DeMenna
1995 Ed. (3004)
Nelson Communications, Irvine & San Diego
1995 Ed. (3024)
Nelson Communications Worldwide
2003 Ed. (35)
2002 Ed. (67)
Nelson; Corliss J.
2008 Ed. (2630, 2632)
Nelson Ford-Lincoln-Mercury Inc.
2007 Ed. (3569, 3570, 4428)
2006 Ed. (3521)
Nelson J. Marchioli
2004 Ed. (2491, 2532)
Nelson J. Sabatini
1995 Ed. (3503)
Nelson; John
1996 Ed. (1912)
Nelson Maintenance Services Inc.
1996 Ed. (2065)
1994 Ed. (2052)
1993 Ed. (2039)
Nelson; Marilyn Carlson
2008 Ed. (4836)
2007 Ed. (4907)
2006 Ed. (4913)
Nelson McCann
2001 Ed. (118)
2000 Ed. (74)
Nelson McCann-Ivory Coast
2000 Ed. (114)
1999 Ed. (109)
Nelson Parkhill
1992 Ed. (4, 5)
Nelson Parkhill BDO
1992 Ed. (6)
Nelson Peltz
2004 Ed. (2491, 2530, 2531)
2002 Ed. (1040)
Nelson Resources Ltd.
2005 Ed. (4512)
Nelson; Richard
1996 Ed. (1840)
Nelson; Shawn
2007 Ed. (4161)
Nelson Inc.; Thomas
1997 Ed. (1255)
Nelson; Todd
2007 Ed. (970)
2006 Ed. (879)
Nelson; Todd S.
2005 Ed. (981, 2504)
Nelson; Virginia S.
1995 Ed. (937, 1069)
Nelson; Willie
1997 Ed. (1113)
1995 Ed. (1118, 1120)
1994 Ed. (1100)
1992 Ed. (1351)
Nemacolin Woodlands Resort
2008 Ed. (3076)
Nemak SA
2004 Ed. (321, 322)
2003 Ed. (342, 343)
Nemeon
2008 Ed. (1383)
Nemesis
2001 Ed. (2509)
Nemi Publishing
2006 Ed. (4356)
Nemo
2006 Ed. (649)
Nemofeffer
1991 Ed. (2913)
Nenpuku
2001 Ed. (2885)
1999 Ed. (2889)
Nenpuku (Pension Welfare Public Service Corp.)
2002 Ed. (2823)
Neo Material Technologies Inc.
2008 Ed. (1625)
Neo Synephrine
2003 Ed. (3627)
2001 Ed. (3518)

2000 Ed. (1134)
Neoax, Inc.
1991 Ed. (340, 1188, 1878)
Neodata
1994 Ed. (3485, 3486)
Neodata Services Inc.
1992 Ed. (4205)
Neoforma
2003 Ed. (2170)
Neoforma Services
2001 Ed. (2768)
Neoforma.com Inc.
2003 Ed. (1505)
2002 Ed. (4192)
2001 Ed. (2767, 4768)
Neoh WM Lam
1997 Ed. (19)
Neolit Restaurant
2006 Ed. (26)
Neon
2002 Ed. (416)
2001 Ed. (490, 490, 494)
1996 Ed. (329)
Neon Software Inc.
2001 Ed. (1368)
Neon Systems
2001 Ed. (1579)
NeoPharm Inc.
2008 Ed. (4541)
Neopolitan
2001 Ed. (2832)
1990 Ed. (2144)
Neopost SA
2004 Ed. (858)
Neose Pharmaceuticals Inc.
1996 Ed. (742)
Neosed
2006 Ed. (50)
Neosporin
2004 Ed. (2616)
2003 Ed. (2486)
2002 Ed. (2279, 2280)
Neosporin Plus
2004 Ed. (2616)
2003 Ed. (2486, 4429)
2002 Ed. (2279, 2280)
NeoStar Retail Group
1999 Ed. (387)
1998 Ed. (2726)
1997 Ed. (3550)
Neosynephrine
2002 Ed. (2998)
Neoteric Cosmetics
2003 Ed. (4435)
Neoteris
2003 Ed. (1093)
Neoware Systems Inc.
2006 Ed. (2731)
2005 Ed. (2332)
Nepal
2008 Ed. (2192)
2004 Ed. (1910)
2001 Ed. (1129)
1995 Ed. (2009, 2016, 2028, 2035)
1994 Ed. (2007)
1993 Ed. (1966, 1973, 1980)
1989 Ed. (2240)
Nepal Arab Bank Ltd.
2000 Ed. (628)
1999 Ed. (605)
1995 Ed. (561)
1994 Ed. (591)
1993 Ed. (584)
Nepal Bangladesh Bank Ltd.
2006 Ed. (4524)
Nepal Bank Ltd.
2006 Ed. (4524)
1995 Ed. (561)
1994 Ed. (591)
1993 Ed. (584)
1992 Ed. (793)
1991 Ed. (618)
1990 Ed. (644)
1989 Ed. (632)
Nepal Grindlays Bank Ltd.
2000 Ed. (628)
1999 Ed. (605)
1995 Ed. (561)
1994 Ed. (591)
1993 Ed. (584)
1992 Ed. (793)
Nepal Indosuez Bank Ltd.
2000 Ed. (628)
1999 Ed. (605)
Nepal Investment Bank Ltd.
2006 Ed. (4524)
Nepal Lever Ltd.
2006 Ed. (4524)
Nepal SBI Bank Ltd.
2006 Ed. (4524)
NEPCO
2003 Ed. (1262, 1280)
2002 Ed. (331, 1271, 1273)
2000 Ed. (1253)
1999 Ed. (1362)
Neptune Orient Lines Ltd.
2008 Ed. (2070)
2007 Ed. (1974)
2006 Ed. (2007)
2001 Ed. (1623, 1842)
2000 Ed. (1550)
1999 Ed. (1729)
1997 Ed. (1503, 3520)
1996 Ed. (3437)
1995 Ed. (1479)
1994 Ed. (1443)
1993 Ed. (1390, 3323)
1992 Ed. (1685, 1686, 3979)
1991 Ed. (1339, 1340)
1990 Ed. (1414)
1989 Ed. (1155)
Neptunus
2004 Ed. (36)
NERCO Inc.
1994 Ed. (926, 1438, 2525, 2854)
1993 Ed. (1001, 1384, 2575, 2576)
1992 Ed. (1233, 1231, 3082, 3083)
1991 Ed. (987, 2465, 2466)
1990 Ed. (1069, 1070, 2584, 2585)
1989 Ed. (948, 949, 1991, 1992)
Neremat
2003 Ed. (1624)
2001 Ed. (1638)
Nervous system disorders
1995 Ed. (3799)
Nervous system/psychiatric disorders
1995 Ed. (3798)
NES
1999 Ed. (2718, 2721)
NES Healthcare Services
1997 Ed. (2249, 2251)
NESB Corp.
1992 Ed. (4292)
Nesbitt; Bryan
2005 Ed. (785)
Nesbitt Burns Inc.
2001 Ed. (1530)
2000 Ed. (879)
1999 Ed. (863)
Nesbitt Burns & Securities
1999 Ed. (838)
Nesbitt Burns Securities
1998 Ed. (340, 521, 2250, 3270)
Nesbitt Thomson Corp.
1994 Ed. (782, 785)
1993 Ed. (762)
1992 Ed. (958)
1991 Ed. (1119)
1990 Ed. (822)
1989 Ed. (812)
Nesbitt Thomson Deacon
1992 Ed. (964)
1990 Ed. (811)
Nesbitt Thomson Group
1997 Ed. (749)
1996 Ed. (807)
Nescafe
2008 Ed. (666, 1035)
2007 Ed. (698, 1154)
2006 Ed. (1058)
2003 Ed. (1042)
2002 Ed. (703, 767)
2001 Ed. (1011)
1999 Ed. (710, 789)
1998 Ed. (489)
1997 Ed. (712)
1996 Ed. (725, 776, 777)
1994 Ed. (693, 748, 2004)
1992 Ed. (45, 887, 925, 1239, 1240, 2192, 2356, 4233)
1991 Ed. (990, 3323, 1743)
1990 Ed. (3545)
1989 Ed. (754)
Nescafe Gold Blend
1999 Ed. (174, 783)
1992 Ed. (2192)
1991 Ed. (1743)
Nesco Inc.
2001 Ed. (1254)
NESCO Industries Inc.
2002 Ed. (1235)
Nesen Cadillac
1992 Ed. (410)
Nesen Hyundai
1993 Ed. (271)
Nesen Motor Car Co.
1994 Ed. (264)
1993 Ed. (295)
Neshaminy Mall
2000 Ed. (4032)
1999 Ed. (4312)
1998 Ed. (3302)
1994 Ed. (3305)
1992 Ed. (3972)
1991 Ed. (3127)
1990 Ed. (3292)
1989 Ed. (2493)
Nespray
1992 Ed. (79)
Nesquick; Nestle
2008 Ed. (3672)
Ness, Motley
2004 Ed. (3227)
2002 Ed. (3721)
Ness Technologies Inc.
2006 Ed. (4680)
Neste
2000 Ed. (1422)
1993 Ed. (1309, 1341)
1990 Ed. (1028)
Neste Oil
2008 Ed. (1724)
2007 Ed. (1697)
Neste Oil Oyj
2008 Ed. (1725)
2007 Ed. (1698)
Neste Oy
2003 Ed. (1674)
2001 Ed. (1698)
2000 Ed. (1419, 2443)
1999 Ed. (1615, 1616, 2661, 3811)
1997 Ed. (1396)
1996 Ed. (1335)
1995 Ed. (1385)
1994 Ed. (1361)
1990 Ed. (1360)
1989 Ed. (1114)
Neste Oyj
2000 Ed. (3538)
Neste Resins Corp.
2001 Ed. (2504, 2505, 2511)
Nestea
2008 Ed. (4462, 4598, 4600)
2007 Ed. (4478, 4691)
2006 Ed. (4670)
2005 Ed. (4448, 4604)
2004 Ed. (4481)
2003 Ed. (4520, 4675)
2002 Ed. (702)
2000 Ed. (4148, 4181, 4182)
1998 Ed. (3441, 3469, 3470)
1996 Ed. (723, 3632)
1995 Ed. (649, 3546)
1994 Ed. (3477)
1992 Ed. (1240)
1991 Ed. (990)
Nestea Cool
2008 Ed. (4598, 4600)
2007 Ed. (4690, 4691)
2006 Ed. (4670)
2005 Ed. (4604)
2003 Ed. (4675)
2000 Ed. (4148, 4181)
1998 Ed. (3470)
Nestea Decaf
2000 Ed. (4182)
Nestea Free
2000 Ed. (4182)
Nestea Suntea
2000 Ed. (4182)
Nester Healthcare
2000 Ed. (4131)
Nestle
2008 Ed. (666, 835)
2007 Ed. (698, 741, 744, 871)
2006 Ed. (774, 4495)
2004 Ed. (2651)
2003 Ed. (750)
2000 Ed. (1427, 1561, 1563, 1640, 2227, 2279, 3822, 4083, 4084)
1999 Ed. (177, 708, 711, 1573, 1604, 1605, 1606, 1607, 1608, 1610, 1613, 1621, 1740, 1741, 1742, 1815, 2456, 2467, 2468, 2469, 2470, 2822, 3116, 3598, 4108, 4831, 4832)
1998 Ed. (621, 1202, 1715, 1730, 1731, 2070, 2071)
1997 Ed. (166, 1385, 1386, 1387, 1400, 1401, 1406, 1517, 1518, 1519, 2042, 2046, 2350, 2930, 3931, 3932)
1996 Ed. (31, 1326, 1327, 1328, 1340, 1341, 1451, 1452, 1945, 1946, 2710, 3888)
1995 Ed. (695, 1041, 2889)
1994 Ed. (1348, 1367, 1454, 1455, 1456, 1869, 1879, 1880, 2578, 2658, 3681, 3682)
1993 Ed. (25, 27, 30, 31, 35, 41, 43, 46, 47, 51, 55, 147, 149, 830, 831, 1269, 1296, 1306, 1406, 1407, 1408, 1518, 1879, 1881, 1882, 1883, 2124, 2709, 3528, 3742, 3743)
1992 Ed. (46, 49, 53, 64, 70, 73, 78, 84, 923, 1046, 1603, 1604, 1605, 1606, 1694, 1695, 1696, 2200, 3221, 4497, 4498)
1991 Ed. (25, 989, 1270, 1271, 1352, 1353, 1354, 1355, 1747, 2580, 3303, 3517, 3518)
1990 Ed. (30, 31, 1028, 1078, 1079, 1249, 1355, 1423, 1424, 1829, 1831, 1832, 2404, 3478, 3533)
1989 Ed. (1164, 1867)
Nestle Aero
2000 Ed. (972)
Nestle AG
1990 Ed. (3714)
Nestle/Alpo
1998 Ed. (2813)
1997 Ed. (3069)
Nestle Australia
2002 Ed. (32, 2303)
Nestle Belgilux
1992 Ed. (41)
Nestle Beverage Co.
1994 Ed. (681)
Nestle-Brazil
1997 Ed. (2047)
Nestle Butterfinger
2004 Ed. (978)
1998 Ed. (985, 2067)
Nestle Canada
1996 Ed. (1942)
Nestle/Chambourcy
1994 Ed. (3680)
Nestle Cheerios
2008 Ed. (718)
Nestle Chile SA
2001 Ed. (1972)
Nestle Chocolate
2000 Ed. (1059)
Nestle Comercial e Industrial
1996 Ed. (1947)
Nestle Crunch
2005 Ed. (996)
2004 Ed. (978)
2002 Ed. (1048, 1049)
2001 Ed. (1113)
2000 Ed. (1055, 1056, 1058)
1999 Ed. (1016, 1025, 1131)
1998 Ed. (617, 618, 619, 620, 985, 2067)
1997 Ed. (890, 983, 1199, 2348)
1996 Ed. (1976)
1993 Ed. (836)
Nestle Crunch Bar
1990 Ed. (2143)
Nestle Drumstick
2008 Ed. (3121)
2003 Ed. (2876)
Nestle Enterprises
1994 Ed. (1877)
1992 Ed. (1041)

Nestle Grocery Division
2002 Ed. (41, 237)
2001 Ed. (2836)
Nestle Holdings, Inc.
1992 Ed. (2182)
1991 Ed. (1739)
Nestle Ice Cream
2005 Ed. (1571)
2001 Ed. (2836)
Nestle India Ltd.
1992 Ed. (56)
Nestle Industrial e Comercial (Brazil)
2001 Ed. (1972)
Nestle (Malaysia)
1995 Ed. (1343, 1345, 3151)
Nestle-Mexico
1997 Ed. (2047)
Nestle N
2000 Ed. (4447, 4448)
Nestle Nesquick
2008 Ed. (3672)
2005 Ed. (3477)
Nestle Nesquik
2001 Ed. (3309)
Nestle Nigeria
2006 Ed. (4525)
Nestle Nigeria plc
2003 Ed. (4555)
Nestle Philippines
1992 Ed. (71)
Nestle Porteur
1989 Ed. (1459)
Nestle Prepared Foods
2008 Ed. (2778)
Nestle-Produtos Alimentares
1992 Ed. (72)
Nestle Quality Street
2000 Ed. (1060)
Nestle Quik
2003 Ed. (3410)
2001 Ed. (3309)
Nestle Quik Instant Milk
2003 Ed. (675)
Nestle (Registered)
1996 Ed. (3889)
Nestle Rich Chocolate
1998 Ed. (442)
Nestle Rowntree Division
2002 Ed. (41)
Nestle SA
2008 Ed. (29, 31, 37, 41, 43, 44, 51, 57, 60, 65, 69, 71, 72, 73, 77, 78, 82, 87, 89, 90, 95, 97, 99, 106, 107, 140, 556, 561, 562, 564, 843, 1160, 1827, 2093, 2094, 2095, 2096, 2743, 2746, 2748, 2749, 2751, 2753, 2754, 2755, 2756, 3583, 4693, 4695)
2007 Ed. (24, 26, 31, 33, 37, 38, 45, 48, 51, 55, 58, 59, 64, 66, 67, 68, 72, 76, 82, 83, 90, 96, 97, 126, 135, 612, 613, 873, 1326, 1604, 1790, 1792, 2000, 2001, 2002, 2003, 2004, 2617, 2618, 2619, 2621, 2622, 2628, 4778)
2006 Ed. (28, 29, 32, 34, 40, 42, 44, 46, 49, 53, 54, 57, 60, 63, 67, 73, 75, 76, 77, 78, 82, 86, 92, 93, 99, 103, 132, 142, 565, 566, 776, 1696, 1698, 1785, 1850, 2028, 2030, 2031, 2032, 2638, 2639, 2641, 2643, 2644, 2648, 3225, 3351, 3403, 3430, 4540, 4546, 4768)
2005 Ed. (23, 26, 28, 33, 37, 39, 42, 44, 45, 46, 47, 48, 50, 53, 60, 67, 68, 69, 73, 77, 83, 84, 90, 129, 192, 665, 860, 865, 997, 1195, 1546, 1550, 1571, 1766, 1771, 1803, 1805, 1809, 1967, 2641, 2644, 2646, 2647, 2648, 3486, 4658)
2004 Ed. (28, 29, 35, 40, 45, 48, 50, 51, 52, 62, 65, 66, 67, 71, 72, 73, 78, 82, 86, 88, 89, 92, 96, 138, 676, 1449, 1534, 1714, 2650, 2654, 2655, 3212, 3407, 4682)
2003 Ed. (671, 1506, 1669, 1679, 1829, 1830, 2501, 2512, 2514, 2515, 2517, 2524, 2561, 3148, 3284)
2002 Ed. (1639, 1640, 1641, 1645, 1655, 1675, 1776, 1778, 1908, 2302, 2307, 2308, 2309, 2310, 4402, 4403, 4476, 4486)
2001 Ed. (13, 14, 20, 21, 23, 33, 36, 37, 40, 41, 43, 44, 45, 46, 49, 53, 57, 58, 59, 60, 61, 67, 73, 79, 80, 82, 85, 88, 90, 1578, 1691, 1751, 1860, 1861, 1862, 1863, 1970, 1971, 2069, 2070, 2071, 2470, 2845, 3228)
2000 Ed. (718, 1411, 1413, 1415, 1562, 1639, 2225)
1998 Ed. (259, 453, 1722, 2786)
1997 Ed. (659, 1388, 1390, 1391, 1393, 1394, 1516, 1576, 2043, 2044, 2045, 3052)
1996 Ed. (158, 204, 1330, 1331, 1333, 1453, 1944, 2974)
1995 Ed. (22, 146, 148, 1373, 1374, 1375, 1379, 1390, 1422, 1435, 1494, 1495, 1496, 1767, 1894, 1902, 1903, 1905, 2760, 2762)
1994 Ed. (17, 19, 21, 22, 23, 25, 26, 32, 33, 38, 44, 47, 129)
1992 Ed. (2191, 40, 50, 232, 233, 2196, 2809, 4226, 4227)
1991 Ed. (15, 18, 19, 21, 22, 23, 26, 28, 32, 36, 37, 42, 48, 51, 52, 166, 167, 1269, 1748, 2264, 3313)
1990 Ed. (24, 26, 27, 28, 29, 33, 34, 37, 39, 43, 44, 48, 51, 168, 728, 891, 1216, 1250, 1353)
1989 Ed. (25, 27, 28, 30, 32, 36, 42, 46, 47, 51, 1106, 1110, 1144)
Nestle SA, Banque Indosuez
1994 Ed. (1206)
Nestle Shredded Wheat
2008 Ed. (718)
2002 Ed. (956)
1999 Ed. (1051)
Nestle Shreddies
2008 Ed. (718)
2002 Ed. (956)
Nestle Sweet Success
2000 Ed. (1668)
1999 Ed. (1844)
1998 Ed. (1272, 1352)
1996 Ed. (1548)
Nestle Toll House Caf¤ by Chip
2007 Ed. (351)
2005 Ed. (1399)
Nestle Toll House Cafe by Chip
2008 Ed. (337)
Nestle Transportation Co.
2003 Ed. (4789)
Nestle Treasures
2002 Ed. (1047)
2001 Ed. (1111)
Nestle U.K. Ltd.
2004 Ed. (2653)
Nestle USA Inc.
2008 Ed. (2736, 2776, 2783, 4069, 4071, 4266)
2007 Ed. (2602)
2006 Ed. (1007, 2625)
2005 Ed. (2629, 2657)
2004 Ed. (2638)
2003 Ed. (679, 680, 737, 738, 739, 740, 964, 1043, 1044, 1133, 1134, 1960, 2062, 2505, 2513, 2560, 2562, 2880, 2915, 3412, 3742, 4472)
2002 Ed. (2291, 2718)
2001 Ed. (2458, 2478)
2000 Ed. (2214, 2636, 3131)
1997 Ed. (893)
1996 Ed. (1935)
1995 Ed. (1891, 1944)
1994 Ed. (1867)
Nestle Waters
2005 Ed. (667)
Nestle Waters NA
2005 Ed. (735)
Nestle Waters North America Inc.
2004 Ed. (674)
Nestle Waters of North America
2005 Ed. (2656)
Nestle's & Banque Indosuez/Cie de Suez's Demilac
1994 Ed. (1227)
Nestle's Drumstick
1997 Ed. (1199, 2348)
Nestle's Quik
1995 Ed. (649, 2578)
Nestor Cano
2006 Ed. (2516)
Nestor Healthcare
2006 Ed. (2784)
N.E.T./Adaptive
1996 Ed. (246)
NET Brasile
1997 Ed. (877)
Net Federal
2001 Ed. (4462)
Net First National Bank
2004 Ed. (361)
Net Health Systems Inc.
2008 Ed. (1140)
Net Market Makers
2002 Ed. (4858)
Net Perceptions, Inc.
2002 Ed. (2515)
Net Snippets Ltd.
2006 Ed. (3023)
Net Vision
2007 Ed. (34)
Netbaby
2003 Ed. (3045)
Netbank
2007 Ed. (1183, 4257)
2006 Ed. (1075, 4233, 4243)
2005 Ed. (362, 1067, 4218)
2004 Ed. (1063, 4248)
NetBenefit plc
2003 Ed. (2734)
NetB@nk
2001 Ed. (631)
Netcare Health System
1999 Ed. (3461)
Netco Government Services Inc.
2008 Ed. (1399)
net.com
2005 Ed. (4628)
2002 Ed. (3542, 3544)
2000 Ed. (2744)
1999 Ed. (2999)
1998 Ed. (2713)
Netcom Solutions International Inc.
2002 Ed. (710, 716)
Netcom Systems Inc.
2002 Ed. (1418)
2001 Ed. (2872)
NETCONN Solutions
2008 Ed. (4401, 4965)
2007 Ed. (3563, 3564)
Netcraft
2004 Ed. (3157)
NetCreations, Inc.
2002 Ed. (2524)
2001 Ed. (2866)
Netease.com Inc.
2002 Ed. (4200)
Netegrity Inc.
2004 Ed. (2775, 2778)
2003 Ed. (2161, 2703)
NetEx
2007 Ed. (1211)
Netflix Inc.
2008 Ed. (3627, 4208)
2007 Ed. (2326, 3072)
2006 Ed. (2385, 2722, 2736)
2005 Ed. (1686)
2004 Ed. (4844)
Netflix.com
2008 Ed. (2442)
2007 Ed. (2317)
2006 Ed. (2379)
2002 Ed. (4749, 4751)
2001 Ed. (2123, 4779)
Netgear Inc.
2008 Ed. (1114)
2007 Ed. (3692)
2006 Ed. (4679)
2005 Ed. (1678)
net.Genesis Corp.
2001 Ed. (2858)
Netguide
1999 Ed. (1851)
1998 Ed. (1276, 2793, 2794)
Nethconsult
2001 Ed. (2237, 2246)
2000 Ed. (1808, 1811, 1813, 1814, 1815, 1817, 1821, 1823)
1998 Ed. (1445, 1447, 1453, 1454)
1997 Ed. (1746, 1747, 1749, 1752, 1754, 1755, 1756, 1758, 1759, 1761, 1762)
1996 Ed. (1668, 1669, 1671, 1672, 1673, 1674, 1677, 1679, 1680, 1681)
1995 Ed. (1686, 1687, 1689, 1690, 1691, 1692, 1695, 1697, 1698)
1994 Ed. (1646, 1651, 1652)
1993 Ed. (1616, 1619)
1992 Ed. (1964, 1967)
1991 Ed. (1558, 1561, 1562)
1990 Ed. (1671)
Netherland Antilles
2001 Ed. (4149)
2000 Ed. (3840)
1990 Ed. (3076, 3616)
Netherland Office Products
2006 Ed. (4356)
Netherlands
2008 Ed. (251, 414, 823, 1020, 1021, 1022, 1109, 1284, 1412, 1413, 1414, 1421, 1422, 2194, 2204, 2399, 2823, 2824, 2949, 2950, 3164, 3209, 3592, 3780, 3847, 4386, 4387, 4389, 4391, 4392, 4393, 4555, 4587, 4627)
2007 Ed. (267, 446, 1140, 1141, 1142, 2086, 2094, 2524, 2697, 2794, 2827, 3428, 3686, 3767, 3983, 4209, 4413, 4418, 4419, 4482, 4607, 4676, 4702, 4776, 4862)
2006 Ed. (260, 441, 839, 1051, 1052, 1055, 1432, 1433, 1434, 1435, 1439, 1442, 1443, 2124, 2138, 2150, 2538, 2539, 2540, 2702, 2703, 2717, 2802, 2824, 3017, 3116, 3273, 3325, 3412, 3426, 3691, 3770, 3928, 4193, 4421, 4422, 4424, 4573, 4620, 4656, 4682, 4769, 4859)
2005 Ed. (240, 259, 505, 930, 1042, 1043, 1045, 1476, 1477, 1478, 1479, 1484, 1540, 1541, 2042, 2056, 2530, 2536, 2537, 2735, 2738, 2763, 2821, 3022, 3030, 3101, 3198, 3337, 3403, 3416, 3591, 3864, 4145, 4404, 4405, 4407, 4539, 4590, 4602, 4717, 4788, 4799, 4800)
2004 Ed. (237, 257, 938, 1041, 1042, 1043, 1044, 1460, 1461, 1462, 1463, 1468, 1525, 1909, 1921, 2170, 2737, 2740, 2767, 2821, 3164, 3315, 3393, 3396, 3402, 3403, 3676, 3918, 4217, 4459, 4460, 4462, 4605, 4652, 4738, 4814, 4820)
2003 Ed. (268, 290, 930, 949, 1036, 1084, 1085, 1096, 1430, 1431, 1432, 1433, 1438, 1494, 1495, 1879, 2151, 2217, 2219, 2220, 2221, 2224, 2233, 2234, 2616, 2617, 2618, 2620, 2623, 2624, 2641, 3257, 3259, 3333, 3629, 3755, 4191, 4496, 4672, 4698)
2002 Ed. (559, 561, 681, 737, 739, 740, 746, 1409, 1410, 1411, 1412, 1419, 1474, 1475, 1477, 1478, 1479, 1486, 1682, 1809, 1810, 1814, 1823, 2409, 2412, 2424, 2426, 2509, 2751, 2752, 2753, 2754, 2755, 2756, 2757, 2900, 2936, 2997, 3099, 3101, 3595, 3723, 4056, 4378, 4773)
2001 Ed. (291, 358, 373, 525, 526, 625, 704, 979, 989, 1081, 1082, 1097, 1129, 1140, 1141, 1171, 1174, 1190, 1191, 1242, 1259, 1274, 1283, 1299, 1300, 1301, 1338, 1340, 1342, 1353, 1496, 1497, 1919, 1949, 1950, 2002, 2008, 2035, 2036, 2038, 2042, 2044, 2047, 2094, 2139, 2142, 2147, 2264, 2305, 2365, 2366, 2367, 2370, 2373, 2379, 2412, 2442, 2444, 2469, 2543, 2552, 2553, 2562, 2574, 2602, 2611,

2639, 2681, 2694, 2699, 2700, 2734, 2752, 2799, 2800, 2814, 2821, 2835, 3020, 3036, 3149, 3160, 3209, 3227, 3298, 3305, 3368, 3420, 3529, 3530, 3629, 3691, 3694, 3706, 3760, 3783, 3825, 3865, 3875, 3991, 4017, 4113, 4120, 4249, 4277, 4315, 4318, 4370, 4399, 4440, 4565, 4566, 4569, 4601, 4632, 4648, 4664, 4686, 4687, 4705, 4715, 4716, 4732, 4831, 4915, 4920, 4941)
2000 Ed. (820, 1064, 1154, 1155, 1321, 1322, 1323, 1324, 1585, 1608, 1612, 1613, 1649, 1889, 1890, 1899, 2335, 2360, 2374, 2375, 2862, 2863, 2943, 2981, 2982, 3355, 4273, 4360, 4361)
1999 Ed. (332, 1146, 1213, 1253, 1254, 1463, 1464, 1465, 1753, 1783, 1784, 1796, 2015, 2092, 2103, 2106, 2108, 2488, 2596, 2825, 2826, 2884, 2936, 3004, 3111, 3113, 3114, 3115, 3203, 3342, 3629, 3630, 3653, 3654, 3697, 3790, 4478, 4479, 4481, 4626, 4734, 4801, 4802, 4804)
1998 Ed. (115, 352, 506, 632, 633, 635, 1030, 1031, 1032, 1033, 1131, 1367, 1431, 1527, 1528, 1530, 1732, 1803, 1838, 1846, 1847, 2192, 2209, 2312, 2461, 2707, 2749, 2814, 2897, 3467, 3593, 3691)
1997 Ed. (287, 321, 474, 518, 693, 723, 897, 939, 966, 1264, 1265, 1544, 1545, 1557, 1687, 1809, 2117, 2147, 2555, 2558, 2561, 2562, 2563, 2564, 2568, 2570, 3000, 3079, 3080, 3770, 3860)
1996 Ed. (363, 510, 872, 874, 942, 944, 1217, 1218, 1221, 1222, 1226, 1479, 1480, 1495, 1719, 1729, 1963, 2025, 2344, 2449, 3714, 3715, 3763, 3809, 3881)
1995 Ed. (170, 191, 710, 876, 899, 900, 967, 1247, 1249, 1252, 1253, 1516, 1520, 1521, 1593, 1658, 1734, 1735, 1743, 1744, 1961, 2000, 2005, 2019, 2020, 2872, 3169, 3520, 3719, 3776)
1994 Ed. (156, 184, 311, 335, 486, 730, 731, 735, 836, 841, 854, 855, 934, 957, 1230, 1349, 1484, 1488, 1489, 1515, 1516, 1530, 1533, 1932, 1958, 1974, 2130, 2264, 2367, 2731, 2898, 3436, 3450, 3476, 3643)
1993 Ed. (171, 179, 201, 212, 481, 721, 722, 843, 917, 1035, 1202, 1203, 1206, 1209, 1299, 1422, 1463, 1542, 1717, 1719, 1720, 1722, 1723, 1724, 1730, 1743, 1932, 1952, 1957, 1958, 1976, 2129, 2368, 2950, 3456, 3476, 3596, 3597, 3681, 3723)
1992 Ed. (225, 226, 227, 228, 229, 230, 269, 305, 498, 669, 723, 906, 907, 912, 1029, 1120, 1234, 1373, 1390, 1485, 1489, 1493, 1713, 1727, 1728, 1736, 1737, 1880, 2046, 2070, 2079, 2080, 2082, 2170, 2171, 2292, 2293, 2296, 2300, 2301, 2312, 2806, 2807, 3348, 3685, 3754, 4140, 4152, 4322, 1040)
1991 Ed. (165, 516, 930, 1177, 1178, 1181, 1184, 1379, 1383, 1479, 1641, 1650, 1821, 1824, 1825, 1844, 2111, 2263, 2276, 2908, 3108, 3109, 3236, 3358, 3405, 3407)
1990 Ed. (203, 205, 413, 741, 742, 960, 984, 1259, 1263, 1264, 1445, 1450, 1481, 1728, 1736, 1747, 1830, 1930, 1931, 2403, 3076, 3471, 3611, 3612, 3615, 3617, 3619)
1989 Ed. (230, 254, 363, 565, 1178, 1179, 1389, 1395, 1401, 1403, 1515, 1865, 2202, 2957)
Netherlands Antilles
2002 Ed. (2410)
2001 Ed. (1019, 2603)
2000 Ed. (2336)
1999 Ed. (2597, 4130)
1998 Ed. (1839, 3113)
1997 Ed. (2146, 3371)
1996 Ed. (2024, 3273, 3275)
1995 Ed. (3177)
1994 Ed. (1973, 3125)
1993 Ed. (178, 2368, 3061, 3595)
1992 Ed. (268, 3754, 4321)
1991 Ed. (1818, 2908, 3406)
1990 Ed. (204, 1747, 1900, 3613, 3618)
1989 Ed. (229, 1514, 1865)
Netherlands Foreign Investment Agency
2008 Ed. (3520)
Netherlands; Government of the
2008 Ed. (63)
2007 Ed. (60)
Netherlands PTT
1995 Ed. (3555)
1992 Ed. (4204)
1990 Ed. (1108)
1989 Ed. (966)
Netherlands Refining Co.
1995 Ed. (2928)
1994 Ed. (2865)
Netherlands/UK
1993 Ed. (1299)
Netherlands/United Kingdom
1994 Ed. (1349)
Netimmo SA
2006 Ed. (2033)
NetIQ Corp.
2005 Ed. (1684)
2004 Ed. (1538)
NetLedger
2003 Ed. (2159)
2002 Ed. (4800)
NetLogic Microsystems nc.
2006 Ed. (4256)
Netmanage
1997 Ed. (2164, 3521)
1996 Ed. (2057, 2058, 2060, 2062, 3447, 3448, 3450)
1995 Ed. (2062, 2063, 3207, 3382, 3384)
NetMed
2000 Ed. (292)
Netmont Mining
1995 Ed. (1367)
NetNumina Solutions Inc.
2001 Ed. (1871, 2851)
NetPlus Marketing Inc.
2008 Ed. (2036, 4980)
NetQoS Inc.
2008 Ed. (1136)
2007 Ed. (1224)
NetRatings Inc.
2004 Ed. (2774)
NetReach, Inc.
2003 Ed. (2728)
Netrix
1994 Ed. (2016, 3324)
Netro Corp.
2005 Ed. (4673)
2004 Ed. (4697)
2001 Ed. (4191)
NETS Electronics Inc.
1999 Ed. (2671)
Netscape
2001 Ed. (4778)
2000 Ed. (2749, 2990)
1999 Ed. (32)
1998 Ed. (3708, 3774, 3775, 3779)
Netscape Communications Corp.
2005 Ed. (1504, 4249)
2001 Ed. (1547)
2000 Ed. (1163, 1173, 1755, 1757, 1760)
1999 Ed. (4490)
1997 Ed. (1322, 3403, 3408, 3409, 3926)
Netscape Navigator
1999 Ed. (4749)
1998 Ed. (846)
1997 Ed. (1093)
Netscape Navigator Gold
1998 Ed. (846)
Netscape Navigator Personal Edition
1998 Ed. (846)
Netscape World Online Subscribers
1999 Ed. (1858)
NetScout Systems Inc.
2008 Ed. (1127, 1906)
NetScreen Technologies Inc.
2003 Ed. (4319)
Netshare
2002 Ed. (4811)
NetShops
2008 Ed. (4207)
NetSky
2006 Ed. (1147)
Netsmart Technologies Inc.
2008 Ed. (4417)
2000 Ed. (2460)
Netspace
2006 Ed. (3181)
2005 Ed. (3173)
NetSpeak
2000 Ed. (1168)
Netspoke
2006 Ed. (741)
Netstock Direct
2002 Ed. (4795, 4839)
Netstock Investment Corp.
2004 Ed. (2229)
NetSuite
2007 Ed. (1224)
2006 Ed. (1118)
Nettec plc
2003 Ed. (2734)
Nettles
1996 Ed. (2102)
Netto A/S
2006 Ed. (1676)
Netto i/s
2004 Ed. (1697)
2002 Ed. (1635)
Net2000 Communications, Inc.
2003 Ed. (2743)
2002 Ed. (2535)
Netuno USA
2006 Ed. (2621)
NetVantage Inc.
1999 Ed. (2624, 3265)
NetVersant Solutions Inc.
2005 Ed. (4294)
2004 Ed. (4351)
NetVersant Washington
2006 Ed. (1351)
2005 Ed. (1998)
Netviewer GmbH
2008 Ed. (2951, 2952)
NetVoice Technologies, Corp.
2003 Ed. (2706)
NetWare
2001 Ed. (3533)
2000 Ed. (1171)
1999 Ed. (1279)
1998 Ed. (854)
1997 Ed. (1104)
1996 Ed. (1088)
1995 Ed. (1112)
Netwood Communications
1999 Ed. (3000)
Network
2002 Ed. (2766, 2767, 2768, 2769, 2771, 2772, 2777)
Network advertising, national
2006 Ed. (4027)
Network Affiliates Inc.
2008 Ed. (120, 121)
2007 Ed. (110, 111)
2005 Ed. (112)
2004 Ed. (113)
2003 Ed. (66)
2002 Ed. (99)
Network & computer systems administrators
2007 Ed. (3726)
Network Appliance Inc.
2008 Ed. (1113, 1124, 1501, 1503, 4605, 4614)
2007 Ed. (1209, 1222, 4701)
2006 Ed. (1151, 1584, 3019, 3693)
2005 Ed. (1159)
2004 Ed. (1111)
2003 Ed. (1561)
2002 Ed. (1502, 1548, 1550, 2427, 4357)
2001 Ed. (1348, 1577)
Network architect
2004 Ed. (2287)
Network Associates Inc.
2005 Ed. (1107, 4673)
2004 Ed. (1125, 4559, 4565)
2003 Ed. (1101, 1597)
2002 Ed. (1158, 2078)
2000 Ed. (1306, 1735)
Network back-up system
1998 Ed. (828)
Network Commerce
2002 Ed. (2537)
Network Communications
1993 Ed. (3697, 2980)
Network communications equipment
2008 Ed. (1822, 1823, 1824)
Network Computing
2008 Ed. (146, 147, 148, 149, 1122)
2007 Ed. (162, 163, 164, 165)
2006 Ed. (4783)
2005 Ed. (141, 142, 143, 144)
2000 Ed. (3470, 3486, 3487)
1999 Ed. (1850)
1998 Ed. (1275, 2793)
1994 Ed. (2796, 2800)
Network Construction Services
2001 Ed. (2702)
Network control technician
2004 Ed. (2287)
Network Data Ltd.
2002 Ed. (2494)
Network Designs Inc.
2008 Ed. (4988)
2007 Ed. (3609)
Network EFT Inc.
1991 Ed. (265)
Network engineer
2004 Ed. (2287)
Network Equipment
1996 Ed. (2835)
1992 Ed. (1294)
Network Equipment Tech
1990 Ed. (1967, 3297)
Network Equipment Technologies
1991 Ed. (3145)
Network Equipment Technology
1990 Ed. (889)
Network General Corp.
1992 Ed. (3994)
1991 Ed. (1869, 3142)
Network Integration Services
2000 Ed. (1789)
Network Liquidators
2008 Ed. (4647)
Network management
1999 Ed. (3009)
Network Management Group International Inc.
1994 Ed. (3022)
Network monitoring, remote
2005 Ed. (3666)
Network Multi-Family Security
1998 Ed. (3203)
1997 Ed. (3415)
Network, national
2008 Ed. (4095)
2007 Ed. (4058)
Network One
1992 Ed. (1913)
1991 Ed. (1511)
Network Outsource.com, Inc.
2003 Ed. (2718)
Network Peripherals
1996 Ed. (1762, 2061, 3305, 3451, 3777)
Network radio
1999 Ed. (992)
1997 Ed. (708)
1996 Ed. (771)
1995 Ed. (693)
1994 Ed. (744)
1993 Ed. (737)
1992 Ed. (919)
1991 Ed. (736)
1990 Ed. (54)
Network Rail Ltd.
2006 Ed. (2241)
2004 Ed. (1459, 1467)

Network Security Corp.
1992 Ed. (3827)
Network Services Co.
2008 Ed. (4206, 4919)
2007 Ed. (4163, 4942)
Network Shipping
2003 Ed. (1225)
Network Six
1998 Ed. (2726)
Network Solutions Inc.
2005 Ed. (1504)
2003 Ed. (1513)
2002 Ed. (916, 2535, 4808)
2000 Ed. (1340, 3391)
Network systems
2005 Ed. (3624, 3630)
1996 Ed. (1763)
1991 Ed. (1514)
Network/systems administrator
2005 Ed. (2384)
Network systems analyst
2005 Ed. (2384)
Network systems analysts
2007 Ed. (3721, 3724, 3726)
Network systems & datacom analysts
2006 Ed. (3736)
Network Telephone Services
1992 Ed. (3248)
Network television
2001 Ed. (1078)
1997 Ed. (35)
1994 Ed. (744)
Network TV
2002 Ed. (61)
2000 Ed. (24, 794, 939)
1999 Ed. (992)
1997 Ed. (708)
1996 Ed. (771)
1995 Ed. (693)
1993 Ed. (737)
1992 Ed. (919)
1991 Ed. (736)
1990 Ed. (54)
Network World
2008 Ed. (4718)
2007 Ed. (4799)
2006 Ed. (4783)
2000 Ed. (3470)
1996 Ed. (2970)
Network World Fusion
2005 Ed. (827)
Networking
1996 Ed. (2914)
Networks
2008 Ed. (3154, 3155, 3156)
2007 Ed. (3042, 3043)
2006 Ed. (3002, 3003, 3004, 3007)
2005 Ed. (3011)
Networks Around the World Inc.
2000 Ed. (1109, 2408)
Networks New Media Ltd.
2003 Ed. (2738)
NetworkWorld
2008 Ed. (146, 147, 148, 149, 811)
2007 Ed. (162, 163, 164, 165)
2005 Ed. (141, 142, 143, 144)
2004 Ed. (145, 146)
2001 Ed. (253, 256)
2000 Ed. (3489)
1999 Ed. (3761)
1998 Ed. (2792, 2793, 2794)
NetWorth
1995 Ed. (3207)
NetWorx Inc.
2008 Ed. (3723, 4416)
2007 Ed. (3581, 4436)
2006 Ed. (3529)
NetX
2004 Ed. (1635)
NetZero, Inc.
2002 Ed. (2993)
Neubauer; J.
2005 Ed. (2491)
Neuber
2002 Ed. (1004)
1999 Ed. (1092)
Neuberger
1999 Ed. (3523, 3524)
1998 Ed. (2618)
Neuberger & Berman
1999 Ed. (3527)
Neuberger & Berman Guardian
1996 Ed. (2801)
1995 Ed. (2735)
Neuberger & Berman Management
1991 Ed. (2565)
Neuberger & Berman Ltd. Mat. Tr.
1996 Ed. (2767)
Neuberger & Berman NYCDC Socially Res.
1996 Ed. (2813)
Neuberger & Berman Partners
1998 Ed. (2623, 2624)
Neuberger Berman Inc.
2005 Ed. (1465)
2003 Ed. (3080)
Neuberger Berman Fasciano
2006 Ed. (4560)
2005 Ed. (4485)
Neuberger Berman Focus Investment
2006 Ed. (3614, 3618)
Neuberger Berman Genesis Investment
2006 Ed. (3651)
2004 Ed. (3574)
2002 Ed. (3423)
Neuberger Berman High-Income Bond Investment
2004 Ed. (696)
Neuberger Berman Manhattan Investment
2004 Ed. (3560)
Neuberger Berman Ltd. Mat. Bond
2003 Ed. (3546)
Neuberger Berman Socially Responsible
2006 Ed. (4403)
2004 Ed. (4443)
Neuberger Berman Socially-Responsible Investment
2007 Ed. (4468)
Neuberger Berman Socially Responsive Investment
2008 Ed. (2614)
Neuberger Genesis
1999 Ed. (3505)
Neuberger Genesis Trust
1998 Ed. (2608)
Neuberger Guardian
1996 Ed. (2753)
1995 Ed. (2678)
1994 Ed. (2601, 2604)
Neuberger Limited Maturity Bond
1992 Ed. (3164)
Neuberger Partners
1994 Ed. (2601)
Neuberger Partners Investment
2007 Ed. (3670)
Neufchatel
1993 Ed. (897)
Neufchatel cheese
2008 Ed. (902)
2007 Ed. (919)
2006 Ed. (838)
2005 Ed. (929)
Neuman Distributors
2001 Ed. (2062)
2000 Ed. (1108)
1998 Ed. (1331, 1332)
1994 Ed. (1004)
Neumann Enterprises
2006 Ed. (4039)
Neumann Homes
2006 Ed. (1190)
2005 Ed. (1186)
2004 Ed. (1140, 1158)
2003 Ed. (1153)
2002 Ed. (1183, 2652, 2653)
1999 Ed. (1327)
1998 Ed. (897)
Neumann Insurance Co.
1995 Ed. (906)
1994 Ed. (864)
1993 Ed. (851)
Neumann/Joel Smith & Associates Inc.; Kenneth
1992 Ed. (357)
1991 Ed. (252)
Neumaticos Michelin SA
2002 Ed. (4068)
2000 Ed. (3829)
Neumeier Investment
1996 Ed. (2397)
Neumont University
2007 Ed. (2268)
Neupogen
2000 Ed. (1707)
1995 Ed. (1590)
1994 Ed. (1560)
1993 Ed. (1529)
Neurobiological Technologies
1996 Ed. (3304, 3778)
Neurochem Inc.
2008 Ed. (1430)
2005 Ed. (1729)
Neurocrine Biosciences Inc.
2008 Ed. (4530, 4541)
2007 Ed. (622)
2006 Ed. (594)
2003 Ed. (683)
Neurological disorder
1995 Ed. (2078)
Neurology Associates of Eugene
2006 Ed. (1970, 1971)
Neurology Associates of Eugene-Springfield PC
2007 Ed. (1944)
2006 Ed. (1973)
Neuromancer
2005 Ed. (712)
Neuromedical Systems Inc.
1997 Ed. (3406, 3408)
Neurometrix Inc.
2007 Ed. (3461)
NeuroNova
2003 Ed. (682)
Neurontin
2006 Ed. (2313)
2005 Ed. (2251, 2254)
Neurotransmitter Modulators
2000 Ed. (1696, 1705)
NeuStar Inc.
2008 Ed. (3216)
2007 Ed. (3075, 4281)
NeuTec Pharma
2006 Ed. (3897)
Neutra Air
2008 Ed. (206)
Neutrogena
2008 Ed. (2181, 2184, 2187, 2652, 2872, 3878, 4343, 4344, 4553)
2007 Ed. (2075)
2006 Ed. (2125)
2003 Ed. (12, 651, 1868, 2431, 2657, 2663, 2666, 4427, 4428, 4429, 4432, 4433, 4434, 4435, 4436, 4438, 4620, 4621, 4622, 4623, 4625, 4626, 4627)
2002 Ed. (29)
2001 Ed. (1913, 2400, 4292, 4293, 4300, 4392)
2000 Ed. (22, 4009, 4036, 4037, 4039, 4139)
1999 Ed. (4290, 4291, 4292, 4505)
1998 Ed. (1354, 1358, 3291, 3306, 3307, 3308, 3309, 3331, 3432)
1997 Ed. (3658)
1996 Ed. (2550, 2981, 3416, 3442)
1994 Ed. (676, 3312, 3315, 3353)
1992 Ed. (1035, 4307)
1991 Ed. (3135, 3398)
1990 Ed. (3603)
Neutrogena Acne Wash
2003 Ed. (12)
2002 Ed. (29)
2001 Ed. (5)
Neutrogena Clear Pore
2003 Ed. (12)
Neutrogena Deep Clean
2003 Ed. (2431)
2001 Ed. (4292, 4293)
Neutrogena Healthy
2001 Ed. (3165, 3166)
Neutrogena Healthy Defense
2008 Ed. (4553)
2004 Ed. (4429)
2003 Ed. (4623)
Neutrogena Healthy Skin
2003 Ed. (2432, 4431)
2002 Ed. (1951)
2001 Ed. (2400)
Neutrogena Heat Safe
1996 Ed. (2981)
Neutrogena Kids
2003 Ed. (2916)
Neutrogena Moisture
2003 Ed. (2432)
Neutrogena Moisturizer
2001 Ed. (3165, 3166)
Neutrogena Norwegian Formula
2000 Ed. (4038)
Neutrogena On the Spot
2003 Ed. (12)
2002 Ed. (29)
Neutrogena Pore Refining
2003 Ed. (2432)
Neutrogena Skin Clearing
2003 Ed. (1863, 1865)
Neutrogena Visably Firm
2003 Ed. (4431)
Neutrogena Visibly Firm
2004 Ed. (4429)
Neuwirth Fund
1990 Ed. (2369)
Nevada
2008 Ed. (343, 2414, 2641, 2832, 3118, 3136, 3137, 3280, 3469, 3482, 4009, 4355, 4595)
2007 Ed. (2371, 2702, 3017, 3018, 3372, 3515, 3992, 4396, 4686)
2006 Ed. (2707, 2755, 2986, 2987, 3483, 3934, 4332, 4334, 4476, 4477, 4665)
2005 Ed. (370, 386, 387, 388, 389, 390, 393, 401, 402, 403, 404, 406, 407, 412, 416, 442, 444, 445, 782, 1077, 1078, 1079, 1080, 1081, 2527, 2741, 3298, 3300, 3484, 3836, 3871, 4185, 4188, 4189, 4190, 4198, 4205, 4225, 4226, 4229, 4230, 4235, 4597, 4723, 4829, 4942, 4943, 4944)
2004 Ed. (359, 368, 369, 371, 376, 379, 380, 382, 385, 388, 397, 414, 436, 438, 439, 768, 775, 1038, 1075, 1076, 1077, 1098, 2293, 2295, 2296, 2297, 2317, 2568, 2733, 2744, 2806, 2977, 3264, 3282, 3291, 3299, 3477, 3489, 3672, 3897, 3923, 4233, 4251, 4252, 4257, 4294, 4302, 4306, 4308, 4319, 4499, 4502, 4509, 4515, 4701, 4702, 4838, 4848, 4902, 4903, 4904, 4959, 4960, 4993)
2003 Ed. (380, 390, 398, 399, 401, 402, 404, 410, 415, 442, 443, 444, 758, 786, 1033, 1058, 1067, 2613, 2625, 3222, 3235, 3236, 3263, 3420, 3895, 4210, 4233, 4238, 4244, 4254, 4298, 4309, 4418, 4419, 4424, 4723, 4724, 4853, 4868, 4911, 4912, 4913, 4914, 4956, 4957)
2002 Ed. (446, 447, 448, 449, 452, 462, 465, 492, 493, 495, 496, 770, 772, 869, 1119, 1905, 2230, 2351, 2352, 2400, 2402, 2848, 2896, 3088, 3090, 3110, 3111, 3112, 3113, 3114, 3121, 3122, 3123, 3124, 3125, 3126, 3197, 3198, 3199, 3213, 3367, 4071, 4073, 4101, 4106, 4107, 4140, 4146, 4152, 4165, 4169, 4170, 4176, 4178, 4369, 4371, 4372, 4605, 4606, 4607, 4739, 4741, 4762, 4764, 4779, 4914, 4915, 4919, 4920, 4921)
2001 Ed. (354, 361, 414, 998, 1015, 1131, 2598, 2609, 2612, 2613, 2629, 2630, 3082, 3093, 3104, 3123, 3849, 3999, 4145, 4166, 4260, 4261, 4268, 4406, 4410, 4411, 4412, 4414, 4444, 4505, 4682, 4684, 4710, 4795, 4797, 4800, 4862, 4864, 4865, 4867, 4869, 4923)
2000 Ed. (804, 2328, 2940, 2957, 2959, 2961, 2964, 2966, 3689, 3832, 3866, 4105, 4232, 4235, 4290, 4356, 4404, 4405, 4406, 4407)
1999 Ed. (799, 1848, 2588, 2812, 2834, 3140, 3197, 3218, 3220, 3222, 3225, 3227, 3595, 4122, 4151, 4401, 4402, 4403, 4412, 4424, 4425, 4430, 4439, 4441,

4444, 4448, 4454, 4581, 4582, 4621, 4727, 4780, 4781, 4782, 4783)
1998 Ed. (466, 472, 1321, 1799, 1831, 1977, 2028, 2059, 2367, 2382, 2383, 2386, 2406, 2437, 2926, 3106, 3167, 3374, 3381, 3382, 3383, 3384, 3385, 3386, 3387, 3388, 3464, 3511, 3512, 3684, 3717, 3734, 3735, 3736, 3737)
1997 Ed. (930, 1573, 2138, 2303, 2638, 2647, 2651, 2656, 3228, 3364, 3388, 3567, 3570, 3571, 3574, 3584, 3595, 3596, 3597, 3604, 3606, 3612, 3622, 3623, 3726, 3727, 3785, 3851, 3882, 3889, 3891, 3896, 3899)
1996 Ed. (899, 2016, 2496, 2507, 2508, 2509, 2512, 2517, 3255, 3265, 3291, 3512, 3519, 3525, 3528, 3529, 3543, 3555, 3556, 3557, 3564, 3566, 3573, 3581, 3668, 3799, 3832, 3841, 3844, 3848, 3851, 3853, 3854)
1995 Ed. (244, 919, 1669, 1994, 2114, 2450, 2457, 2460, 2461, 2463, 2469, 2608, 3172, 3194, 3449, 3450, 3463, 3464, 3474, 3476, 3485, 3492, 3496, 3499, 3500, 3592, 3713, 3733, 3740, 3744, 3749, 3752, 3754, 3755)
1994 Ed. (1969, 2371, 2376, 2379, 2380, 2382, 2388, 3120, 3150, 3309, 3376, 3377, 3391, 3392, 3396, 3403, 3405, 3414, 3475, 3507, 3639)
1993 Ed. (871, 1945, 2427, 2438, 2441, 2442, 2443, 3059, 3107, 3320, 3398, 3399, 3403, 3404, 3415, 3421, 3423, 3505, 3548, 3677, 3699, 3707, 3713, 3716, 3718, 3719)
1992 Ed. (969, 1080, 1757, 1942, 2334, 2574, 2651, 2857, 2863, 2873, 2876, 2879, 2880, 2915, 2916, 2919, 2921, 2924, 2925, 2929, 3084, 3632, 3751, 3811, 3977, 4085, 4087, 4089, 4090, 4095, 4096, 4105, 4107, 4115, 4127, 4264, 4315, 4316, 4317, 4405, 4436, 4443, 4445, 4452, 4455, 4457)
1991 Ed. (787, 792, 882, 1812, 2084, 2161, 2321, 2349, 2351, 2900, 3128, 3189, 3192, 3193, 3201, 3202, 3213, 3338, 3459, 3482, 3488, 3492)
1990 Ed. (759, 2168, 2219, 2223, 2447, 3069, 3109, 3353, 3359, 3366, 3373, 3384, 3388, 3389, 3396, 3397, 3412, 3416, 3426, 3427, 3677)
1989 Ed. (1508, 1668, 1906, 1987, 2241, 2530, 2541, 2552, 2556, 2558, 2787, 2893, 2914, 2927)
Nevada Banking Co.
1998 Ed. (375)
1997 Ed. (505)
Nevada Community Bank
1995 Ed. (494)
Nevada County, AZ
1996 Ed. (1475)
Nevada County, CA
2005 Ed. (2827)
Nevada Credit Union
2008 Ed. (2245)
2007 Ed. (2130)
2006 Ed. (2209)
2005 Ed. (2114)
2004 Ed. (1972)
2003 Ed. (1932)
2002 Ed. (1878)
1996 Ed. (1509)
Nevada Housing Division
2001 Ed. (866)
Nevada Mikohn Inc.
2008 Ed. (2724)
Nevada Nikohn Inc.
2007 Ed. (2587)
Nevada Power Co.
2008 Ed. (1969)
2007 Ed. (1908)
2006 Ed. (1924)
2005 Ed. (1897)
2001 Ed. (1809)
Nevco Evans
2000 Ed. (1404)
The Nevele Hotel
1999 Ed. (4048)
Never Give In: The Best of Winston Churchill's Speeches
2006 Ed. (581)
Neville Jeffress Advertising
1992 Ed. (121)
1991 Ed. (74)
1989 Ed. (83)
Neville Jeffress/Armstrongs Group
1997 Ed. (60)
1996 Ed. (62)
1995 Ed. (46)
Neville Smith Timber
2002 Ed. (3789)
Nevis Fund
2004 Ed. (3607, 3608)
Nevsun Resources
2007 Ed. (4578)
2006 Ed. (4594)
2005 Ed. (1665)
2004 Ed. (1665)
New Ltd.
1990 Ed. (1236)
New Africa Investment Ltd.
2002 Ed. (3040)
New Age Electronics, Inc.
2000 Ed. (1106, 2406)
New Age Thinking
1997 Ed. (3346)
New Albertson's Inc.
2008 Ed. (1934, 4560, 4561)
New Alliance Bank
2007 Ed. (424)
2006 Ed. (428)
New Alternatives
2007 Ed. (4471)
2006 Ed. (4408)
New America Network Inc.
1990 Ed. (2949)
New America Savings Bank
1995 Ed. (2598)
New American Capital Inc.
2001 Ed. (2726)
New American Healthcare Corp.
2001 Ed. (2667)
1999 Ed. (3461)
New American Roget's College Thesaurus
1990 Ed. (2768)
New American Webster's Handy College Dictionary
1990 Ed. (2768)
New Amsterdam
1996 Ed. (2631)
New Amsterdam Brewing Co.
1992 Ed. (927)
New Amsterdam Partners
2000 Ed. (2818)
1996 Ed. (2397)
New Amvisc Plus
1995 Ed. (2810)
New & Improved: The Story of Mass Marketing in America
2006 Ed. (588)
The New Argonauts: Regional Advantage in a Global Economy
2008 Ed. (617)
New Asia Bank
1995 Ed. (548)
1994 Ed. (573)
1993 Ed. (571)
1992 Ed. (782)
1990 Ed. (643)
New Asia Construction & Development Corp.
1994 Ed. (1176)
1992 Ed. (1438)
1990 Ed. (1213)
New Balance
2008 Ed. (273, 4479, 4480)
2007 Ed. (295, 3335, 4502, 4503)
2006 Ed. (293, 4445, 4446)
2005 Ed. (270)
2004 Ed. (261)
2003 Ed. (300, 301)
2002 Ed. (4275)
2001 Ed. (423, 425)
2000 Ed. (323, 324)
1999 Ed. (309)
1998 Ed. (200)
1997 Ed. (279, 280, 281)
1996 Ed. (251)
1993 Ed. (256)
1992 Ed. (366)
1991 Ed. (262, 264)
1990 Ed. (3339)
New Balance Athletic Shoe Inc.
2005 Ed. (269)
New Bedford, MA
2004 Ed. (4762)
2000 Ed. (2200)
1992 Ed. (2164, 2540, 3033)
New Bedford Standard-Times
1989 Ed. (2064, 2065)
New Bedford Star-Times
1990 Ed. (2710, 2711)
New Beetle
2002 Ed. (416)
2001 Ed. (485)
New Begium Brewing Co.
1999 Ed. (3403)
New Belgium
2008 Ed. (541)
New Belgium Brewing Co.
2000 Ed. (3128)
1998 Ed. (2488)
New Belgium Fat Tire Amber Ale
2007 Ed. (595)
2006 Ed. (555)
New Bern Transport Corp.
2008 Ed. (4069, 4071)
2007 Ed. (4034)
2006 Ed. (3999, 4801)
2005 Ed. (3925, 3928, 4746, 4761, 4783)
2004 Ed. (4770)
New Britain Herald
1990 Ed. (2710)
1989 Ed. (2064)
New Brunswick
2007 Ed. (3783, 4688)
2006 Ed. (1750, 3238, 3786, 4668)
2001 Ed. (4110)
New Brunswick Electric Power Comm.
1990 Ed. (1599)
New Brunswick Electric Power Commission
1994 Ed. (1594, 1986)
1992 Ed. (1897, 2342)
New Brunswick Power Corp.
2001 Ed. (1662)
New Brunswick Telephone Co.
1996 Ed. (3648)
1994 Ed. (3491)
1992 Ed. (4211)
1990 Ed. (3519)
New Brunswick; University of
2008 Ed. (1071, 1081, 1082)
2007 Ed. (1167)
New Caledonia
2008 Ed. (1018, 3785)
2007 Ed. (1138, 3702)
2006 Ed. (1049, 3708)
2005 Ed. (1040, 3604)
2004 Ed. (1033, 3694)
2003 Ed. (1029, 3650)
2002 Ed. (3520, 3521)
2001 Ed. (1297, 3548)
New Canaan, CT
1989 Ed. (1634, 2773)
New Capital Bank plc
2002 Ed. (4499)
New Castle Corp.
2008 Ed. (1968)
2007 Ed. (1907)
2006 Ed. (1923)
2005 Ed. (1896)
2004 Ed. (1813)
2003 Ed. (1778)
2001 Ed. (1808)
New Castle County, DE
2008 Ed. (3478)
New Castle County, DE (Army Creek Landfill)
1992 Ed. (2380)
New Castle County, DE (Tybouts Landfill)
1992 Ed. (2380)
New Castle County School Employees Credit Union
2008 Ed. (2224)
2007 Ed. (2109)
2006 Ed. (2188)
New Castle Ford-Lincoln-Mercury Inc.
2004 Ed. (167)
New Cent
1995 Ed. (2584)
New Center Stamping Inc.
2001 Ed. (4284)
2000 Ed. (4054)
New Centuries Energies Inc.
2001 Ed. (1046)
New Century Balanced
2004 Ed. (3584)
New Century Bank
2004 Ed. (361, 400, 403)
New Century BMW
1995 Ed. (264)
New Century Energies Inc.
2001 Ed. (1674)
2000 Ed. (1402, 1403, 3674)
1999 Ed. (1243, 1595, 1953)
New Century Financial Corp.
2008 Ed. (4122, 4522)
2007 Ed. (2554, 4086, 4087, 4555)
2006 Ed. (2584, 2729, 2731, 4041, 4043, 4045, 4584)
2005 Ed. (417, 4689, 4690)
New Century Global Inc.
2002 Ed. (2855)
New Century Life
1990 Ed. (2238, 2239)
1989 Ed. (1686, 1688)
New Century Mortgage
2006 Ed. (3558, 3562)
New City Investments Ltd.
1995 Ed. (1010)
New College of Florida
2008 Ed. (1061, 1065)
2007 Ed. (1163)
The New Competitors: How Foreign Investors Are Changing the U.S. Economy
1991 Ed. (708)
New Complexion
2001 Ed. (1904, 1905)
New Computer Terminal (Terminal F)
2000 Ed. (1227)
New Concepts Consulting Inc.
2007 Ed. (196, 3588, 3589)
New Continental Fund Ltd. (DM)
1996 Ed. (1059)
New Country Motor Car Group
2008 Ed. (288)
New Covenant Income
2006 Ed. (4402)
New Covent Gardens Soup Co.
2008 Ed. (101)
New Creation Masonry
2005 Ed. (1285)
New Danfords Inn
1999 Ed. (2769)
New Deal DDB
2000 Ed. (154)
New Deal DDB Needham
1999 Ed. (136)
1997 Ed. (127)
1996 Ed. (123)
New Deal DDB/Norway
2003 Ed. (130)
2002 Ed. (162)
2001 Ed. (191)
New Corp. Deferred Preference
1999 Ed. (310)
New Delhi
2000 Ed. (3375)
New Delhi, India
2000 Ed. (3374)
New Dimension Precision Manifold Inc.
2003 Ed. (3372)
New East Textile Co., Ltd.
1992 Ed. (4282)
New Economy
1995 Ed. (2697, 2705, 2726, 2731)
New Edge Networks
2006 Ed. (4705)

New Energy Co. of Indiana
1994 Ed. (195)
New Eng Zenith Fd MM
1990 Ed. (3662)
New England
2008 Ed. (3483)
2005 Ed. (4816)
2002 Ed. (4734)
2001 Ed. (2820)
2000 Ed. (4161)
1999 Ed. (2835)
1998 Ed. (1865)
1997 Ed. (2207, 2509)
1996 Ed. (2376)
1994 Ed. (2298)
1993 Ed. (2287)
1992 Ed. (439, 2654)
1991 Ed. (320, 2214)
1990 Ed. (354, 886, 2169, 2329, 2360, 2361, 2654)
1989 Ed. (310, 310, 1810, 2032, 2134)
New England Adj. Rate U.S. Government A
1996 Ed. (2778)
New England American Forerunner Series Strat Bond Opp
2000 Ed. (4329)
New England American Growth Series Equity Growth
1997 Ed. (3822)
New England American Growth Series Strategic Bond Oppor
2000 Ed. (4329)
New England Balanced A
1996 Ed. (2806)
New England Balanced Fund A
1998 Ed. (2620)
New England/Bay State Press & Printing Ltd.
1997 Ed. (3166)
New England Bond Income A
1997 Ed. (2866, 2887)
New England Business Service Inc.
2005 Ed. (3638, 4360)
2004 Ed. (3728)
1999 Ed. (1849)
1998 Ed. (1274)
1993 Ed. (789)
1992 Ed. (992)
1990 Ed. (2736)
New England Business Services Inc.
2006 Ed. (4726)
New England Construction Cos., Inc.
2006 Ed. (3530)
New England Credit Union
2008 Ed. (2263)
2007 Ed. (2148)
2006 Ed. (2227)
2005 Ed. (2132)
2004 Ed. (1990)
2003 Ed. (1950)
2002 Ed. (1896)
New England Critical Care
1992 Ed. (2435)
1991 Ed. (1927)
New England Deaconess Hospital
1999 Ed. (2731)
New England Education Loan Market Corp.
1996 Ed. (3286)
New England Education Loan Marketing Corp.
1997 Ed. (2848)
1995 Ed. (2787)
1989 Ed. (1146)
New England Electric
1999 Ed. (1950)
1998 Ed. (1388, 1389)
1997 Ed. (1695, 1696)
1996 Ed. (1616, 1617)
1995 Ed. (1632, 1639, 1640)
1994 Ed. (1597, 1598)
1993 Ed. (1558)
1992 Ed. (1900, 3944)
1990 Ed. (1603)
1989 Ed. (1298, 1299)
New England Electric System
1990 Ed. (3267)
New England Extrusion
1998 Ed. (2873)
New England Futures Inc.
1992 Ed. (2742)
New England Growth Fund
1992 Ed. (3159, 3179)
New England International Equity A
1996 Ed. (2790)
New England Inv.
1998 Ed. (2590)
New England Investment Cos.
1992 Ed. (2781)
New England Journal of Medicine
2008 Ed. (143)
2007 Ed. (158, 159, 160, 4798)
2005 Ed. (137)
2004 Ed. (143, 144)
2001 Ed. (252, 1053)
2000 Ed. (3467, 3485)
1999 Ed. (3748, 3755)
1998 Ed. (2788, 2789, 2791)
1996 Ed. (2602)
1995 Ed. (2538)
1994 Ed. (2470)
1992 Ed. (3012)
1991 Ed. (2410)
1990 Ed. (2538)
New England Mechanical
2008 Ed. (1693)
New England Medical Center
1994 Ed. (1901)
1993 Ed. (1897)
New England Monthly
1992 Ed. (3385)
New England Motor
2006 Ed. (4809)
New England Motor Freight
2004 Ed. (4789)
2002 Ed. (4690)
2000 Ed. (4312)
New England Mutual (Gro.)
1989 Ed. (2146, 2150)
New England Mutual Life
1995 Ed. (3349)
New England Mutual Life Ins.
1990 Ed. (1791)
New England Mutual Life Insurance Co.
1994 Ed. (2261, 3268)
1993 Ed. (2211, 2258, 2302, 3278, 3653)
1992 Ed. (2736, 4381, 4382)
1991 Ed. (1721)
New England Mutual, Mass.
1989 Ed. (2150)
New England Office Supply Inc.
2007 Ed. (3565, 3566, 4426)
2006 Ed. (3519)
New England Patriots
2008 Ed. (2761)
2007 Ed. (2632)
2006 Ed. (2653)
2005 Ed. (2667, 4437)
2004 Ed. (2674)
2003 Ed. (4522)
2001 Ed. (4346)
New England Securities
2002 Ed. (790, 791, 792, 793, 794)
2000 Ed. (833, 834, 837, 838, 839, 849, 850, 862)
1999 Ed. (839, 841, 842, 851, 852, 861, 865)
1989 Ed. (819)
New England Short-Term Corporate Income
2001 Ed. (3428)
New England Tax Exempt
1990 Ed. (2389)
New England Telephone
1990 Ed. (743)
New England Telephone & Telegraph Co.
2001 Ed. (1789)
New England; University of
1995 Ed. (1056)
1994 Ed. (1048)
New England Variable
1995 Ed. (2296)
New England Zenith Accumulator Equity Growth
1997 Ed. (3822)
New England Zenith Accumulator Strategic Bond Oppor
2000 Ed. (4329)
New England Zenith: Bond Inc.
1992 Ed. (4374)
New England Zenith: Capital Growth
1992 Ed. (4376)
1989 Ed. (1846)
New England Zenith: Stock Index
1992 Ed. (4377)
New English Ltd.
1994 Ed. (1003)
New Enterprise Associates
2008 Ed. (4805)
2005 Ed. (4818, 4819)
2004 Ed. (4831)
2003 Ed. (4848)
2002 Ed. (4735)
1999 Ed. (1967, 4704)
1998 Ed. (3663, 3664, 3665)
1992 Ed. (2770)
New Enterprise Associates X, LP
2002 Ed. (4731)
New Enterprise Stone & Lime Co.
2008 Ed. (3674, 3675)
2007 Ed. (3511, 3512)
2006 Ed. (3481, 3482)
2005 Ed. (3480)
2004 Ed. (774, 3483)
2003 Ed. (3416)
New Equipment Digest
1992 Ed. (3374)
New Era
2001 Ed. (4348)
1993 Ed. (3371)
New Era Bank
1993 Ed. (509)
New Era Beverage
1993 Ed. (679)
New Era Building Systems
2006 Ed. (3555)
2004 Ed. (1202)
2003 Ed. (1197)
2000 Ed. (3592, 3593)
New Era Network
2000 Ed. (3391)
New Era of Networks
2003 Ed. (2709)
2002 Ed. (1152, 2487)
The New Financial Order
2005 Ed. (722)
New First City, Texas-Dallas NA
1994 Ed. (370)
New First City, Texas-Houston NA
1994 Ed. (370, 385, 646)
New Flyer Industries Ltd.
2008 Ed. (1611)
2007 Ed. (1613)
The New Fortis Corp.
2003 Ed. (1168)
2002 Ed. (2686)
New Freedom
2003 Ed. (2462)
2002 Ed. (2254)
2001 Ed. (2411)
1992 Ed. (2125)
New Freedom Mortgage
2006 Ed. (3560)
New Frontier Bank
2007 Ed. (423)
New Generation
2005 Ed. (3288)
New Generation Technologies Inc.
2006 Ed. (3278)
New Germany Fund Inc.
1993 Ed. (2718)
1992 Ed. (3833)
New Guaranty Federal Savings & Loan
1991 Ed. (2921)
New Guinea
2008 Ed. (1387)
2007 Ed. (1436)
2006 Ed. (1404)
2005 Ed. (1419)
2004 Ed. (1397)
2003 Ed. (1383)
2001 Ed. (1506)
New Hampshire
2008 Ed. (2642, 2906, 3004, 3133, 3134, 3137, 3279, 3351, 3482, 3800, 3885, 4593, 4595)
2007 Ed. (2164, 2272, 2273, 3014, 3015, 3018, 3210, 3824, 4683, 4685, 4686, 4687)
2006 Ed. (2707, 2981, 2982, 2987, 3904, 4474, 4476, 4663, 4665, 4667)
2005 Ed. (386, 387, 388, 389, 390, 395, 397, 399, 400, 416, 913, 1075, 1078, 1080, 2527, 2528, 2786, 2984, 2985, 2986, 3298, 3299, 3318, 3945, 4200, 4201, 4202, 4204, 4207, 4208, 4238, 4240, 4829, 4942, 4943, 4944)
2004 Ed. (369, 370, 371, 374, 377, 378, 383, 387, 388, 393, 394, 397, 922, 1038, 1070, 1071, 1076, 1077, 1091, 1098, 1903, 2186, 2187, 2295, 2308, 2317, 2733, 2805, 2971, 2972, 2974, 2975, 2976, 2977, 2978, 2979, 3264, 3282, 3291, 3292, 3672, 3673, 3674, 4233, 4256, 4266, 4267, 4268, 4269, 4271, 4273, 4274, 4275, 4305, 4307, 4319, 4499, 4500, 4502, 4509, 4518, 4702, 4838, 4848, 4902, 4903, 4904, 4905, 4959, 4960, 4980)
2003 Ed. (390, 391, 392, 395, 398, 399, 401, 402, 404, 414, 418, 905, 1033, 1057, 1064, 1066, 1068, 2606, 2613, 2829, 2884, 2885, 3222, 3235, 3237, 3895, 4210, 4232, 4247, 4248, 4249, 4251, 4253, 4254, 4255, 4297, 4309, 4412, 4413, 4724, 4853, 4868, 4911, 4912, 4913, 4914, 4956, 4957)
2002 Ed. (447, 448, 449, 452, 457, 460, 462, 464, 466, 467, 472, 477, 492, 493, 959, 961, 1117, 1119, 2121, 2400, 2402, 3088, 3090, 3110, 3111, 3112, 3113, 3114, 3121, 3122, 3123, 3124, 3125, 3126, 3197, 3198, 3200, 3252, 4071, 4073, 4158, 4162, 4163, 4164, 4165, 4166, 4167, 4169, 4170, 4176, 4178, 4369, 4550, 4551, 4605, 4607, 4739, 4741, 4762, 4764, 4777, 4778, 4915, 4920, 4921)
2001 Ed. (1157, 1159, 2388, 2437, 2598, 2691, 2824, 2840, 3104, 3123, 3294, 3589, 3590, 3619, 3632, 3906, 4145, 4166, 4240, 4243, 4253, 4254, 4273, 4274, 4406, 4409, 4410, 4411, 4412, 4413, 4414, 4479, 4505, 4682, 4684, 4710, 4719, 4735, 4795, 4797, 4800, 4865, 4867, 4869, 4919)
2000 Ed. (1007, 1792, 2328, 2452, 2507, 2608, 2940, 2957, 2959, 2961, 2964, 2966, 3688, 3832, 3866, 4095, 4098, 4100, 4101, 4110, 4180, 4235, 4356, 4404, 4405, 4407)
1999 Ed. (1060, 1996, 2588, 2834, 3197, 3218, 3220, 3222, 3225, 3227, 3975, 4122, 4151, 4404, 4433, 4451, 4581, 4727, 4781, 4782, 4783)
1998 Ed. (673, 1831, 2367, 2382, 2383, 2386, 2970, 3106, 3167, 3377, 3512, 3684, 3734, 3735, 3736, 3737)
1997 Ed. (930, 2138, 2638, 2647, 2656, 3147, 3227, 3364, 3388, 3566, 3568, 3574, 3584, 3605, 3727, 3851, 3889, 3891, 3899)
1996 Ed. (899, 2016, 2091, 2496, 2507, 2508, 2509, 2517, 3265, 3291, 3564, 3565, 3581, 3668, 3799, 3841, 3844, 3848, 3851, 3853, 3854)
1995 Ed. (363, 919, 1994, 2450, 2457, 2460, 2461, 2469, 2608, 3172, 3194, 3483, 3484, 3496, 3497, 3499, 3713, 3740, 3744, 3749, 3752, 3754, 3755)
1994 Ed. (1969, 2371, 2376, 2379, 2380, 2388, 3120, 3150, 3412, 3413, 3475, 3639)
1993 Ed. (364, 871, 1945, 2138, 2180, 2427, 2438, 2441, 2442, 2443, 3059, 3107, 3421, 3422,

3442, 3505, 3677, 3707, 3713, 3716, 3719, 3732)
1992 Ed. (1080, 2574, 2863, 2873, 2876, 2879, 2880, 2916, 2919, 2921, 2923, 2929, 2932, 3089, 3751, 3811, 4077, 4088, 4113, 4115, 4405, 4443, 4445, 4452, 4455, 4457)
1991 Ed. (325, 882, 1651, 1812, 2321, 2349, 2352, 2815, 3179, 3189, 3193, 3194, 3197, 3198, 3203, 3204, 3213, 3459, 3488, 3492)
1990 Ed. (759, 2168, 2411, 2447, 3069, 3109, 3345, 3352, 3369, 3371, 3416, 3419, 3420, 3428, 3677)
1989 Ed. (870, 1508, 1669, 1737, 1906, 2548, 2553, 2557, 2613, 2617, 2893, 2927, 2931)
New Hampshire Credit Union
2008 Ed. (2246)
2007 Ed. (2131)
2006 Ed. (2210)
2005 Ed. (2115)
2004 Ed. (1973)
2003 Ed. (1933)
2002 Ed. (1879)
New Hampshire Electric Cooperative Inc.
2003 Ed. (2134)
New Hampshire Higher Education & Health Agency
2001 Ed. (870)
New Hampshire Higher Education Loan Agency
2001 Ed. (870)
New Hampshire Housing Finance Authority
2001 Ed. (870)
New Hampshire Industrial Development Authority
1993 Ed. (2616, 2625)
1991 Ed. (2530)
New Hampshire Municipal Bond Bank
2001 Ed. (870)
New Hampshire Savings Bank
1992 Ed. (799, 4292)
1990 Ed. (453)
New Hampshire Savings Bank South
1992 Ed. (799)
New Hampshire Thrift Bancshares Inc.
1993 Ed. (591)
New Hampshire; University of
2006 Ed. (725)
New Hampton Inc.
1991 Ed. (869)
New Harding Group
1990 Ed. (2039)
New Haven/Bridgeport/Stamford/Danbury/Waterbury, CT
2000 Ed. (1070, 4364)
1999 Ed. (2833, 3389)
1997 Ed. (2355, 2761)
New Haven-Bridgeport-Stamford-Waterbury-Danbury, CT
2004 Ed. (981, 2984)
2002 Ed. (3332)
2000 Ed. (2615, 3118)
New Haven, CT
2008 Ed. (3115)
2002 Ed. (2996)
2001 Ed. (2802)
1996 Ed. (2864)
1995 Ed. (2808)
1994 Ed. (968)
1992 Ed. (1163)
1989 Ed. (2099)
New Haven-Meriden, CT
2005 Ed. (2974)
2003 Ed. (2699)
2002 Ed. (2459)
1992 Ed. (2549)
New Haven Register
1990 Ed. (2709)
1989 Ed. (2063)
New Haven Savings Bank
2005 Ed. (355, 481)
2004 Ed. (473)
2003 Ed. (478)
1998 Ed. (3539)
New Haven Teachers Credit Union
1996 Ed. (1507)
New Haven-Waterbury, CT
2004 Ed. (3456, 3460, 3461, 3465)
New Holland NV
1999 Ed. (3604)
New Holland Tractor Ltd.
2002 Ed. (3224)
New Hollywood Video
1995 Ed. (3697)
New Horizon Kids Quest Inc.
2004 Ed. (4583)
New Horizons Community Credit Union
2008 Ed. (2222)
2007 Ed. (2107)
New Horizons Computer Learning Center
2008 Ed. (3710, 4395, 4962)
2006 Ed. (3514, 4353)
New Horizons Computer Learning Centers Inc.
2006 Ed. (4674)
2005 Ed. (4609)
2004 Ed. (4659)
2002 Ed. (4555)
The New Huntington Town House
2000 Ed. (4434)
New Ideas
2006 Ed. (212)
New Indigo Resources
1997 Ed. (1376)
New Intelligence
2005 Ed. (2273)
New International Terminal
2000 Ed. (1227)
New Japan Securities
1995 Ed. (1352)
1992 Ed. (1997, 2026)
New Japan Securities Europe
1990 Ed. (1678)
New Jersey
2008 Ed. (1104, 1105, 1757, 2299, 2309, 2313, 2405, 2406, 2407, 2414, 2415, 2416, 2492, 2906, 2958, 3118, 3129, 3130, 3133, 3134, 3266, 3351, 3471, 3648, 3859, 3868, 3984, 4010, 4048, 4356, 4361, 4455, 4497, 4593, 4594, 4603, 4729, 4838, 4940, 4996)
2007 Ed. (356, 1198, 1199, 2177, 2185, 2191, 2192, 2193, 2272, 2274, 2280, 2281, 2372, 2520, 3009, 3014, 3015, 3210, 3371, 3474, 3781, 3794, 3954, 3993, 3994, 3995, 4021, 4022, 4472, 4534, 4683, 4684, 4694)
2006 Ed. (373, 1094, 2344, 2345, 2428, 2834, 2981, 2982, 3069, 3070, 3080, 3084, 3097, 3103, 3104, 3112, 3115, 3117, 3130, 3132, 3136, 3155, 3156, 3259, 3307, 3450, 3783, 3905, 3935, 3936, 3937, 4158, 4410, 4475, 4663, 4664, 4673)
2005 Ed. (386, 387, 403, 405, 409, 410, 412, 843, 912, 913, 1076, 1099, 1100, 1101, 2276, 2277, 2382, 2526, 2840, 2920, 2937, 2984, 2985, 2986, 3122, 3301, 3319, 3441, 3643, 3690, 3837, 3838, 3872, 3873, 3874, 3945, 4195, 4196, 4233, 4234, 4392, 4472, 4598, 4599, 4600, 4608, 4828, 4829, 4939, 4940, 4941)
2004 Ed. (379, 390, 391, 393, 436, 776, 805, 921, 922, 980, 1037, 1074, 1091, 1093, 1094, 1095, 1096, 1097, 1903, 2023, 2175, 2176, 2186, 2187, 2188, 2293, 2294, 2298, 2299, 2300, 2302, 2303, 2304, 2305, 2316, 2565, 2574, 2732, 2805, 2930, 2971, 2972, 2973, 2974, 2975, 2976, 2977, 2978, 2979, 2980, 2988, 2989, 2990, 2991, 2992, 2993, 2994, 3041, 3042, 3043, 3044, 3045, 3046, 3047, 3048, 3049, 3057, 3058, 3069, 3070, 3087, 3091, 3092, 3094, 3096, 3098, 3099, 3118, 3120, 3145, 3146, 3263, 3281, 3294, 3300, 3301, 3425, 3671, 3733, 3734, 3898, 3899, 3924, 3925, 3926, 4232, 4233, 4253, 4254, 4259, 4260, 4262, 4263, 4293, 4298, 4299, 4300, 4301, 4318, 4319, 4446, 4503, 4504, 4505, 4507, 4508, 4509, 4516, 4517, 4518, 4520, 4522, 4523, 4524, 4525, 4526, 4527, 4528, 4531, 4654, 4658, 4818, 4837, 4838, 4847, 4900, 4957, 4958, 4960, 4981, 4996)
2003 Ed. (398, 400, 401, 411, 412, 415, 904, 905, 969, 1032, 1061, 1062, 1065, 1082, 1083, 1976, 1977, 2127, 2128, 2270, 2424, 2582, 2612, 2687, 2751, 2839, 2884, 2885, 2960, 2961, 2962, 2963, 2964, 2982, 2984, 2988, 3003, 3221, 3236, 3238, 3243, 3261, 3360, 3762, 3763, 3874, 3896, 3897, 3898, 4209, 4210, 4231, 4235, 4236, 4240, 4241, 4243, 4244, 4285, 4290, 4291, 4292, 4293, 4308, 4309, 4412, 4413, 4467, 4551, 4680, 4852, 4853, 4867, 4910, 4913, 4954, 4955, 4957, 4992)
2002 Ed. (367, 378, 454, 460, 469, 471, 474, 773, 959, 960, 961, 1102, 1401, 1402, 1825, 2063, 2064, 2067, 2068, 2121, 2352, 2353, 2401, 2403, 2552, 2625, 2742, 2843, 2844, 2845, 2846, 2847, 2848, 2851, 2865, 2868, 2874, 2877, 2881, 2882, 2883, 2897, 2899, 2902, 2903, 2944, 2946, 2947, 2961, 2971, 2977, 2978, 2979, 2980, 2981, 3053, 3089, 3091, 3112, 3117, 3118, 3119, 3124, 3199, 3201, 3235, 3300, 3327, 3708, 4072, 4074, 4103, 4112, 4114, 4142, 4143, 4144, 4145, 4149, 4150, 4151, 4152, 4153, 4154, 4176, 4177, 4178, 4179, 4286, 4308, 4367, 4368, 4370, 4373, 4374, 4375, 4537, 4554, 4682, 4732, 4739, 4740, 4741, 4763, 4765, 4775, 4776, 4777, 4778, 4779, 4915, 4916, 4917, 4918, 4920, 4921, 4992)
2001 Ed. (1, 9, 10, 273, 274, 396, 402, 410, 412, 414, 415, 548, 549, 550, 660, 661, 667, 719, 720, 977, 978, 992, 993, 1030, 1031, 1050, 1051, 1084, 1086, 1109, 1110, 1124, 1131, 1157, 1158, 1159, 1201, 1202, 1232, 1234, 1266, 1267, 1268, 1269, 1293, 1294, 1295, 1304, 1371, 1372, 1373, 1375, 1376, 1420, 1421, 1429, 1436, 1491, 1492, 1941, 1942, 1965, 1966, 1968, 1975, 1976, 1979, 1980, 2053, 2055, 2056, 2111, 2112, 2130, 2132, 2261, 2286, 2287, 2368, 2380, 2381, 2387, 2388, 2390, 2391, 2392, 2393, 2394, 2420, 2421, 2452, 2453, 2460, 2538, 2542, 2556, 2563, 2564, 2573, 2576, 2593, 2594, 2597, 2604, 2606, 2607, 2617, 2623, 2624, 2626, 2630, 2659, 2660, 2682, 2683, 2684, 2685, 2690, 2692, 2705, 2738, 2805, 2807, 2828, 2829, 2840, 2963, 2997, 2998, 2999, 3000, 3032, 3033, 3034, 3035, 3042, 3043, 3048, 3049, 3079, 3082, 3083, 3090, 3091, 3096, 3097, 3098, 3099, 3103, 3122, 3169, 3170, 3172, 3173, 3204, 3205, 3223, 3224, 3225, 3226, 3262, 3263, 3288, 3294, 3307, 3313, 3314, 3354, 3355, 3356, 3357, 3384, 3386, 3413, 3414, 3416, 3417, 3419, 3536, 3537, 3538, 3570, 3571, 3577, 3589, 3590, 3606, 3607, 3618, 3632, 3633, 3636, 3637, 3640, 3642, 3643, 3652, 3653, 3660, 3661, 3662, 3663, 3707, 3708, 3716, 3717, 3732, 3733, 3770, 3771, 3781, 3782, 3785, 3786, 3787, 3788, 3789, 3790, 3791, 3792, 3805, 3807, 3808, 3809, 3810, 3816, 3827, 3828, 3879, 3880, 3881, 3883, 3889, 3893, 3895, 3896, 3897, 3903, 3904, 3906, 3907, 3913, 3916, 3993, 3999, 4005, 4012, 4140, 4141, 4144, 4157, 4165, 4166, 4172, 4174, 4175, 4176, 4198, 4212, 4224, 4238, 4247, 4248, 4253, 4254, 4271, 4272, 4294, 4295, 4304, 4305, 4327, 4328, 4335, 4361, 4363, 4408, 4410, 4413, 4414, 4429, 4430, 4444, 4445, 4448, 4459, 4460, 4480, 4481, 4482, 4516, 4518, 4571, 4583, 4594, 4599, 4600, 4633, 4634, 4653, 4654, 4657, 4658, 4682, 4683, 4684, 4709, 4720, 4726, 4727, 4728, 4734, 4737, 4739, 4740, 4742, 4798, 4808, 4810, 4811, 4812, 4813, 4814, 4815, 4820, 4821, 4822, 4823, 4824, 4825, 4826, 4827, 4833, 4863, 4865, 4866, 4867, 4868, 4869, 4912, 4913, 4918, 4919)
2000 Ed. (1005, 1007, 1086, 1317, 1318, 1378, 2327, 2452, 2454, 2465, 2475, 2507, 2603, 2608, 2645, 2658, 2659, 2939, 2956, 2960, 2962, 2963, 3005, 3006, 3008, 3009, 3010, 3188, 3429, 3439, 3449, 3557, 3831, 3866, 3867, 4094, 4098, 4101, 4106, 4108, 4109, 4110, 4111, 4114, 4299, 4355, 4356, 4398, 4399, 4400, 4401, 4404, 4405, 4407)
1999 Ed. (392, 1058, 1060, 1145, 1171, 1457, 1458, 1535, 2587, 2681, 2811, 2834, 2911, 3140, 3196, 3217, 3221, 3223, 3224, 3258, 3267, 3268, 3269, 3270, 3271, 3720, 3726, 3727, 3732, 3892, 4121, 4122, 4151, 4152, 4406, 4407, 4409, 4410, 4411, 4412, 4414, 4415, 4416, 4419, 4420, 4421, 4423, 4426, 4427, 4428, 4432, 4433, 4434, 4435, 4436, 4437, 4438, 4440, 4441, 4446, 4450, 4455, 4456, 4457, 4458, 4462, 4463, 4464, 4465, 4467, 4664, 4726, 4727, 4775, 4776, 4777, 4781, 4782, 4783)
1998 Ed. (473, 671, 673, 732, 742, 1024, 1025, 1109, 1316, 1322, 1702, 1799, 1830, 1928, 1935, 1945, 2112, 2113, 2366, 2384, 2401, 2406, 2415, 2416, 2417, 2418, 2438, 2561, 2562, 2756, 2759, 2766, 2767, 2772, 3105, 3167, 3168, 3374, 3384, 3388, 3389, 3390, 3391, 3392, 3393, 3394, 3396, 3397, 3464, 3465, 3620, 3683, 3684, 3727, 3728, 3729, 3732, 3735, 3736, 3737, 3759)
1997 Ed. (1, 929, 930, 1247, 1249, 1283, 2137, 2138, 2219, 2637, 2648, 2681, 2683, 3011, 3015, 3017, 3131, 3363, 3364, 3388, 3389, 3562, 3563, 3565, 3572, 3573, 3575, 3576, 3577, 3578, 3579, 3581, 3582, 3585, 3586, 3587, 3588, 3589, 3590, 3591, 3598, 3599, 3600, 3601, 3602, 3604, 3605, 3606, 3607, 3614, 3615, 3617, 3618, 3620, 3621, 3624, 3786, 3850, 3851, 3888, 3889, 3891, 3892, 3895, 3898, 3899, 3915)
1996 Ed. (898, 899, 1201, 1203, 1237, 1721, 2015, 2091, 2495, 2506, 2536, 2723, 2922, 2923, 2926, 2929, 2936, 3174, 3264, 3265, 3291, 3292, 3514, 3515, 3519, 3521, 3522, 3523, 3524, 3525, 3527, 3530, 3531, 3532, 3533, 3534, 3535, 3537, 3538,

3539, 3541, 3542, 3545, 3546, 3547, 3548, 3549, 3550, 3551, 3558, 3560, 3561, 3562, 3564, 3565, 3566, 3567, 3568, 3574, 3575, 3576, 3578, 3582, 3743, 3798, 3799, 3840, 3841, 3843, 3844, 3847, 3850, 3851, 3853)
1995 Ed. (244, 363, 918, 919, 1230, 1231, 1281, 1993, 1994, 2114, 2204, 2269, 2449, 2458, 2479, 2481, 2643, 2644, 2848, 2849, 2852, 2856, 2859, 2957, 3171, 3172, 3192, 3194, 3299, 3448, 3451, 3452, 3453, 3454, 3455, 3457, 3458, 3459, 3461, 3462, 3465, 3466, 3467, 3468, 3469, 3470, 3477, 3478, 3479, 3480, 3481, 3483, 3484, 3485, 3486, 3487, 3493, 3494, 3495, 3497, 3501, 3502, 3665, 3712, 3713, 3740, 3741, 3743, 3744, 3748, 3751, 3752, 3754)
1994 Ed. (161, 749, 1214, 1216, 1258, 1968, 1969, 2370, 2377, 2401, 2405, 2751, 2752, 2756, 2758, 2766, 3028, 3119, 3120, 3149, 3150, 3217, 3374, 3375, 3378, 3379, 3380, 3381, 3382, 3383, 3385, 3386, 3387, 3389, 3390, 3393, 3394, 3395, 3396, 3397, 3398, 3399, 3406, 3408, 3409, 3410, 3412, 3413, 3414, 3415, 3416, 3422, 3423, 3424, 3427, 3638)
1993 Ed. (364, 724, 744, 870, 871, 1195, 1220, 1501, 1599, 1945, 1946, 2138, 2426, 2440, 2460, 2526, 2778, 2883, 3058, 3059, 3107, 3108, 3222, 3400, 3401, 3402, 3405, 3406, 3407, 3408, 3409, 3416, 3418, 3419, 3420, 3421, 3422, 3423, 3424, 3429, 3431, 3432, 3434, 3435, 3436, 3437, 3438, 3441, 3661, 3678, 3703, 3706, 3707, 3709, 3712, 3713, 3715, 3716, 3718)
1992 Ed. (1, 439, 441, 908, 933, 968, 971, 973, 975, 976, 1079, 1080, 1396, 1481, 2279, 2286, 2414, 2862, 2866, 2878, 2907, 2915, 2920, 2924, 2942, 2943, 2944, 2945, 2946, 2947, 3353, 3359, 3484, 3493, 3495, 3542, 3750, 3811, 3812, 4075, 4076, 4077, 4079, 4080, 4083, 4086, 4091, 4092, 4093, 4094, 4097, 4098, 4099, 4100, 4101, 4108, 4110, 4111, 4113, 4114, 4115, 4116, 4121, 4122, 4124, 4125, 4127, 4344, 4386, 4405, 4406, 4435, 4442, 4443, 4444, 4445, 4448, 4451, 4452, 4454, 4455, 4457, 4481)
1991 Ed. (1, 320, 322, 726, 786, 788, 790, 881, 882, 1155, 1157, 1651, 1811, 2084, 2162, 2163, 2314, 2351, 2360, 2361, 2362, 2363, 2364, 2365, 2396, 2397, 2512, 2514, 2768, 3177, 3179, 3182, 3183, 3186, 3188, 3190, 3191, 3194, 3195, 3197, 3198, 3203, 3204, 3207, 3344, 3460, 3481, 3486, 3487, 3488, 3492)
1990 Ed. (354, 356, 402, 744, 825, 827, 828, 832, 833, 1237, 2021, 2147, 2168, 2219, 2223, 2411, 2429, 2447, 2450, 2492, 2493, 2494, 2495, 2496, 2512, 2867, 3068, 3109, 3110, 3281, 3344, 3345, 3347, 3348, 3356, 3357, 3358, 3359, 3363, 3367, 3369, 3370, 3371, 3372, 3375, 3376, 3377, 3378, 3379, 3380, 3386, 3387, 3390, 3391, 3392, 3398, 3399, 3400, 3401, 3402, 3407, 3408, 3409, 3411, 3417, 3419, 3421, 3428, 3429, 3506, 3606, 3649, 3692)
1989 Ed. (1, 3, 4, 310, 318, 746, 869, 870, 1507, 1508, 1641, 1649, 1650, 1668, 1897, 1908, 1909, 1910, 2529, 2532, 2534, 2537, 2538, 2550, 2552, 2555, 2559, 2565, 2614, 2895, 2913, 2927, 2928, 2930, 2931, 2934, 2935)
New Jersey - American Water Co.
2002 Ed. (4711)
New Jersey - American Water Company
2000 Ed. (3678)
New Jersey & Delaware Valley
1997 Ed. (2207)
New Jersey Bell
1994 Ed. (2656)
1993 Ed. (2706)
1992 Ed. (3217)
1991 Ed. (2578)
1990 Ed. (2676)
1989 Ed. (2039)
New Jersey Bell Telephone Co.
1995 Ed. (2758)
New Jersey Building Authority
2000 Ed. (3203)
1997 Ed. (2844)
1991 Ed. (2526)
New Jersey City University
2002 Ed. (1108)
New Jersey Convention & Exposition Center
2002 Ed. (1335)
New Jersey Department of Corrections
2001 Ed. (2486)
1997 Ed. (2056)
1996 Ed. (1953)
1995 Ed. (1917)
1994 Ed. (1889)
New Jersey Devils
2003 Ed. (4509)
2000 Ed. (2476)
1998 Ed. (3357)
New Jersey Division
2002 Ed. (3601, 3603, 3606, 3607, 3614)
2001 Ed. (3664, 3666, 3671, 3672, 3679, 3685)
1999 Ed. (3718)
New Jersey Division of Investment
2004 Ed. (2024, 2025, 3788, 3789)
2000 Ed. (3432)
1998 Ed. (2762)
1996 Ed. (2940)
1994 Ed. (2770)
1993 Ed. (2777, 2781)
1992 Ed. (3356)
1991 Ed. (2687, 2691, 2695)
1990 Ed. (2781, 2784)
1989 Ed. (2162)
New Jersey Divison of Investment
1991 Ed. (2693)
New Jersey Economic Development Authority
2001 Ed. (765, 874, 890)
2000 Ed. (2621, 3189, 3205)
1999 Ed. (2844)
1998 Ed. (2572)
1997 Ed. (2363, 2846, 3217)
1995 Ed. (1621, 2230, 2646)
1993 Ed. (1544, 2616)
1991 Ed. (1478)
New Jersey Economic Division
2000 Ed. (3188)
New Jersey Educational Facilities Authority
1998 Ed. (3159)
New Jersey, Gos
1999 Ed. (3473)
1997 Ed. (2845)
New Jersey Health Care Facilities Agency
2001 Ed. (874)
New Jersey Health Care Facilities Finance Authority
1990 Ed. (2649)
New Jersey Health Care Facilities Financial Authority
1997 Ed. (2842)
1993 Ed. (2618)
New Jersey Healthcare Facilities Finance Authority
2000 Ed. (3197)
New Jersey Housing & Mortgage Finance Agency
1991 Ed. (1986, 2519)
New Jersey Housing & Mortgage Financial Agency
1995 Ed. (2192)
New Jersey National Bank
1996 Ed. (638)
1992 Ed. (800)
1991 Ed. (625)
New Jersey Natural Gas Co.
2002 Ed. (4711)
New Jersey Nets
2003 Ed. (4508)
New Jersey Office Supply
1992 Ed. (3289)
New Jersey Performing Arts Center
1995 Ed. (1930)
1994 Ed. (1903)
New Jersey Resources Corp.
2008 Ed. (2812)
2007 Ed. (2682)
2006 Ed. (2688, 2689, 2692)
2005 Ed. (2713, 2714, 2726, 2728, 3588, 3769)
2004 Ed. (2723, 2724, 3670)
2000 Ed. (3678)
New Jersey Sports & Exposition Authority
1995 Ed. (2650)
New Jersey; State of
1995 Ed. (2758)
New Jersey Transit Corp.
2008 Ed. (756, 1103, 3455)
2006 Ed. (687, 3296, 3297)
2005 Ed. (3309, 3992)
2004 Ed. (3295, 3296)
2003 Ed. (3239, 3240)
2002 Ed. (3904, 3905)
2001 Ed. (3158, 3159)
2000 Ed. (900, 3102)
1999 Ed. (956, 3989)
1998 Ed. (538, 2403)
1997 Ed. (840)
1996 Ed. (832)
1995 Ed. (852)
1993 Ed. (786, 1544)
1992 Ed. (989)
1991 Ed. (808)
New Jersey Transit Bus Operations Inc.
2006 Ed. (3296, 3297)
New Jersey Transit Corp
1994 Ed. (801, 802, 1076, 2408)
New Jersey Transit Corporation
2000 Ed. (2994)
1990 Ed. (847)
1989 Ed. (830)
New Jersey Transit System
1998 Ed. (537)
New Jersey Transportation Trust Fund
2001 Ed. (874)
New Jersey Transportation Trust Fund Authority
2000 Ed. (4297)
1999 Ed. (3472, 3472, 4658)
1998 Ed. (3616)
1997 Ed. (2831, 3794)
New Jersey Turnpike Authority
2000 Ed. (3188, 3188)
1999 Ed. (3473, 3473)
1997 Ed. (2845)
1996 Ed. (2723, 2723)
1995 Ed. (2643, 2644, 3663)
1994 Ed. (3363)
1993 Ed. (2613, 2613, 2614, 3623)
1991 Ed. (2532)
1990 Ed. (3505)
New Jersey Veterans Memorial Hospital
1990 Ed. (1739)
New Kid on the Block
1995 Ed. (1105)
New Kids Hangin Tough Live
1992 Ed. (4396)
New Kids on the Block
1994 Ed. (1667)
1993 Ed. (1077, 1078, 1080, 1633)
1992 Ed. (1348, 1982)
New Line
2008 Ed. (3753)
2006 Ed. (3575)
2001 Ed. (3358)
1997 Ed. (2816)
1996 Ed. (2690, 2691)
1993 Ed. (2596)
New Line Cinema
2008 Ed. (3752)
2007 Ed. (3639)
2006 Ed. (3574)
2005 Ed. (3517)
2004 Ed. (3512, 4141)
2003 Ed. (3451, 3452)
2002 Ed. (3393, 3394, 3396)
2001 Ed. (3360)
2000 Ed. (33, 3164)
1999 Ed. (3442, 3445, 4715)
1998 Ed. (2532)
1997 Ed. (2819)
1995 Ed. (2070)
1994 Ed. (2020)
1992 Ed. (318, 321, 4245)
1991 Ed. (2390, 3328)
New Line/Fine Line
2000 Ed. (3165)
New LineCinema
2000 Ed. (793)
New London Communications Inc.
2008 Ed. (4024)
New London Day
1990 Ed. (2709)
1989 Ed. (2063)
New London-Norwich, CT-RI
2004 Ed. (4221)
New London Press Inc.
2003 Ed. (3928)
New London Security Credit Union
2003 Ed. (1900)
1996 Ed. (1507)
New London Trust Co.
1994 Ed. (597)
New Look
2000 Ed. (3879)
New Look Group
2005 Ed. (1031)
New Madrid; City of
1996 Ed. (2240)
New Madrid, MO
1995 Ed. (1619)
New Market Cos.
1993 Ed. (3304, 3305, 3314)
New Market Development Co. Ltd.
1992 Ed. (3970)
New Market Management
1994 Ed. (3304)
New Math Blaster Plus
1996 Ed. (1084)
1995 Ed. (1105)
New Mauritius Hotels Ltd.
2006 Ed. (4520)
2002 Ed. (4443, 4444)
New Mexico
2008 Ed. (2414, 2641, 2897, 2958, 3135, 3280, 3281, 3482, 3779, 3862, 4082, 4594)
2007 Ed. (2371, 3016, 3685, 3788, 4003, 4046, 4371, 4684)
2006 Ed. (2755, 2834, 2983, 3131, 3301, 3690, 3790, 3945, 4014, 4305, 4477, 4664)
2005 Ed. (400, 401, 414, 415, 422, 2525, 2840, 2987, 2988, 3589, 3701, 4197, 4198, 4229, 4230, 4241, 4362, 4723, 4794)
2004 Ed. (367, 368, 380, 382, 388, 395, 396, 775, 896, 1066, 1071, 1075, 1076, 2295, 2537, 2568, 2569, 2981, 3477, 3478, 3675, 3783, 3837, 4270, 4304, 4308, 4412, 4453, 4514, 4515, 4529, 4530, 4702, 4819, 4979)
2003 Ed. (393, 397, 402, 410, 413, 416, 417, 442, 1057, 1058, 1064, 2751, 2829, 2886, 3628, 3758, 4231, 4233, 4235, 4236, 4238, 4243, 4244, 4250, 4285, 4286, 4289, 4294, 4295, 4400, 4418, 4419, 4724, 4821)
2002 Ed. (450, 464, 474, 475, 476, 948, 1115, 1904, 1906, 2067, 2230, 2231, 2549, 2552, 2896, 3202, 3600, 3735, 3804, 3805, 4105, 4142, 4143, 4144, 4155, 4157, 4286, 4371, 4372, 4605, 4607, 4706, 4909)

2001 Ed. (412, 413, 1287, 2361, 2580, 2705, 3032, 3033, 3524, 3526, 3527, 3573, 3574, 3654, 3738, 3747, 3748, 3768, 3769, 4228, 4260, 4261, 4311, 4505, 4580, 4581, 4837, 4923)
2000 Ed. (2475, 3689, 4097, 4105, 4111, 4179, 4235, 4290, 4393)
1999 Ed. (1209, 1211, 1848, 2812, 4401, 4402, 4418, 4420, 4430, 4440, 4444, 4447, 4448, 4453, 4454, 4460, 4466, 4536, 4581, 4765)
1998 Ed. (466, 472, 1945, 1977, 2041, 2059, 2386, 3376, 3381, 3382, 3385, 3390, 3392, 3465, 3512, 3611, 3755)
1997 Ed. (1, 1573, 3148, 3228, 3562, 3567, 3569, 3570, 3571, 3583, 3594, 3595, 3596, 3622, 3623, 3727, 3785)
1996 Ed. (35, 3513, 3516, 3517, 3518, 3528, 3529, 3543, 3555, 3556, 3559, 3668, 3832)
1995 Ed. (2114, 3449, 3450, 3474, 3475, 3492, 3592, 3733)
1994 Ed. (2414, 2535, 3376, 3377, 3403, 3421, 3507)
1993 Ed. (2153, 3398, 3399, 3413, 3414, 3417, 3440, 3548)
1992 Ed. (1757, 2414, 2651, 2914, 2921, 2927, 3084, 4023, 4076, 4081, 4089, 4090, 4105, 4109, 4264, 4429, 4436)
1991 Ed. (2350, 2815, 2916, 3178, 3184, 3193, 3201, 3202, 3208, 3338, 3344)
1990 Ed. (759, 1748, 2021, 3347, 3349, 3350, 3356, 3362, 3368, 3376, 3382, 3383, 3396, 3397, 3406, 3416, 3426, 3427)
1989 Ed. (2551, 2561, 2562, 2617)
New Mexico Education Asst. Foundation
1997 Ed. (3383)
New Mexico Educators Credit Union
2008 Ed. (2248)
2007 Ed. (2133)
2006 Ed. (2212)
2005 Ed. (2117)
2004 Ed. (1926, 1975)
2003 Ed. (1935)
2002 Ed. (1881)
New Mexico Educators Federal Credit Union
1997 Ed. (1561)
New Mexico Employees
1997 Ed. (3025)
New Mexico, Graduate School of Management; University of
2006 Ed. (724)
2005 Ed. (800)
New Mexico Institute of Mining and Technology
2001 Ed. (2259)
2000 Ed. (1837)
New Mexico, Robert O. Anderson School of Management; University of
2007 Ed. (808)
New Mexico State Fair
1998 Ed. (1518)
1997 Ed. (1805)
1996 Ed. (1718)
1995 Ed. (1733)
1994 Ed. (1725)
1993 Ed. (1709)
1992 Ed. (2066)
New Mexico State Fair, Albuquerque
1991 Ed. (1635)
New Mexico State Permanent Fund
2000 Ed. (3431)
1996 Ed. (2941)
1994 Ed. (2771)
1993 Ed. (2782)
1992 Ed. (3357)
New Mexico State University
2002 Ed. (1029, 1032)
2000 Ed. (1034, 1037)
1999 Ed. (1106, 1108)
1998 Ed. (710, 711)
1997 Ed. (971)
1996 Ed. (949)
New Mexico; University of
2008 Ed. (2575, 3430, 3637)
2007 Ed. (3462)
1997 Ed. (2603)
1996 Ed. (2458)
New Milford Bank & Trust Co.
1990 Ed. (647)
1989 Ed. (636)
New Millennium Building Solutions
2002 Ed. (3320)
New Missions Systems International
2008 Ed. (4136)
New Musical Express
2000 Ed. (3500)
New Nigeria Bank
1991 Ed. (416)
New Oji Paper
1997 Ed. (2074, 2075, 2994)
1996 Ed. (1961)
New Oriental Education & Technology Group Inc.
2008 Ed. (4287)
New Orleans
2000 Ed. (3572)
1992 Ed. (1012, 4191)
New Orleans, LA
2008 Ed. (2489, 4119)
2007 Ed. (2368)
2006 Ed. (748, 3742, 4099, 4785)
2005 Ed. (3064, 3644)
2004 Ed. (848, 3733, 3736, 4081, 4753, 4852)
2003 Ed. (872, 3418, 3419, 3679, 3681, 3902, 3903, 3904, 3905, 3906, 3907, 3908, 3909, 3911, 3912, 3913, 4054, 4775, 4871)
2002 Ed. (870, 1061, 2218, 2219, 2220, 2221, 4646)
2001 Ed. (2274, 2721, 2797, 4611)
2000 Ed. (2954)
1999 Ed. (254, 356, 1175, 2095, 3215, 3374, 3859)
1998 Ed. (738, 2693)
1997 Ed. (678, 1000, 1117, 2140)
1996 Ed. (748, 2209, 2864)
1995 Ed. (676, 677, 872, 2539)
1994 Ed. (719, 720, 822, 952, 2472, 2913, 2944)
1993 Ed. (710, 1455, 2071, 3606)
1992 Ed. (896, 898, 2514, 2549, 3140, 3293, 3491, 3492, 3493, 3494, 3495, 3497, 3499, 3501, 3502, 4190)
1991 Ed. (716, 828, 1103, 1940, 2550, 2631, 2756, 2901)
1990 Ed. (738, 1008, 1150, 1467, 2487, 2882, 2883, 2884, 2885)
1989 Ed. (738, 828, 845)
New Orleans-Metairie-Kenner, LA
2005 Ed. (3336)
New Orleans-Metarie-Kenner, LA
2008 Ed. (4817)
2007 Ed. (4885)
New Orleans Original
2002 Ed. (3151, 3155)
New Orleans Police Department Credit Union
2003 Ed. (1888, 1895, 1898)
New Orleans Police Department Employees Credit Union
2004 Ed. (1932, 1935)
New Orleans Time-Picayune
1991 Ed. (2601)
New Orleans Times-Picayune
1990 Ed. (2701)
New Orleans,LA
2000 Ed. (3575)
New Path Media
2004 Ed. (1868)
New Pattern Inc.
2000 Ed. (4054)
New Penn Motor Express
2005 Ed. (4761, 4762)
2004 Ed. (4789, 4790)
2003 Ed. (4802, 4803)
2002 Ed. (4690, 4691, 4698)
2000 Ed. (4312, 4315)
1999 Ed. (4684, 4685)
1998 Ed. (3640, 3641)
1995 Ed. (3671, 3673)
1994 Ed. (3591, 3592)
1993 Ed. (3631, 3632)
New Perspective
2004 Ed. (2464)
2000 Ed. (3232, 3291)
1997 Ed. (2883)
1996 Ed. (2754, 2775)
1995 Ed. (2679, 2743)
1994 Ed. (2605, 2646)
1993 Ed. (2661, 2692)
1992 Ed. (3151)
1991 Ed. (2558)
New Perspective Fund
2004 Ed. (3645)
2003 Ed. (2361, 2364)
New PHD Ltd.
2002 Ed. (3279)
2001 Ed. (235)
New Plan Excel Realty Trust Inc.
2008 Ed. (4127, 4334)
2007 Ed. (4106)
2006 Ed. (4055)
2005 Ed. (4025)
2004 Ed. (4091)
2003 Ed. (4065, 4411)
2002 Ed. (4279)
2001 Ed. (4009, 4250)
2000 Ed. (4019)
New Plan Realty
1995 Ed. (3069)
New Plan Realty Trust
2000 Ed. (4018, 4020)
1999 Ed. (3663, 3664)
1998 Ed. (3297, 3301)
1996 Ed. (3427)
1994 Ed. (1289, 3000, 3303)
1993 Ed. (1246, 2961, 3315)
1992 Ed. (1541, 3616, 3628, 3961, 3971)
1991 Ed. (1232, 2808, 2816)
1990 Ed. (2956)
1989 Ed. (2287)
New Port Richey Hospital
2000 Ed. (2527)
New Prime Inc.
2008 Ed. (1943)
2007 Ed. (1888)
2006 Ed. (1896)
2005 Ed. (1875)
2004 Ed. (1804)
2003 Ed. (1767)
2001 Ed. (1798)
New Process Co.
1990 Ed. (2508)
New Re
2001 Ed. (2957, 2958)
New Real SpA
2006 Ed. (1430)
The New Realities: In Goverment and Politics/In Economics and Business/In Society and World View
1991 Ed. (708)
New Resources Corp.
1998 Ed. (543)
1997 Ed. (846, 1140)
New Richmond National Bank
2004 Ed. (542)
New River Electrical Corp.
2008 Ed. (1267)
1999 Ed. (1378)
1998 Ed. (957)
1997 Ed. (1171)
1996 Ed. (1142)
1995 Ed. (1167)
1993 Ed. (1132)
1992 Ed. (1419)
New River Pharmaceuticals Inc.
2008 Ed. (4288)
2007 Ed. (4571, 4587)
2006 Ed. (4256)
New School Online University
2003 Ed. (3036)
New Skin
2004 Ed. (2615)
2003 Ed. (2484)
2002 Ed. (2282)
New South
1998 Ed. (2424, 3152)
New South Bank for Savings FSB
1990 Ed. (3125)
New South Credit Union
2008 Ed. (2212, 2213)
2006 Ed. (2165)
New South Federal Savings Bank
1990 Ed. (3130)
New South Wales Lotteries
2002 Ed. (3078)
New South Wales Treasury Corp.
2005 Ed. (3224)
2002 Ed. (2269)
New State & Local
1995 Ed. (2859)
New Straits Times Press
2000 Ed. (1295, 1298)
1997 Ed. (1475)
New Super Mario Brothers
2008 Ed. (4811)
New Technology Management
2005 Ed. (4808)
2001 Ed. (1355)
New Technology Steel LLC
2008 Ed. (3715, 4404, 4967)
New Tokyo International Airport
1999 Ed. (250, 252)
1997 Ed. (223, 224, 1679)
1996 Ed. (197, 200, 201, 202, 1596, 1597, 1598)
1993 Ed. (209)
New Tokyo International Authority
2001 Ed. (352)
New Tradition Homes
2005 Ed. (1224)
2004 Ed. (1198)
2003 Ed. (1193)
2002 Ed. (1206)
2000 Ed. (1231)
1999 Ed. (1338)
1998 Ed. (916)
New Urban West Inc.
1999 Ed. (3997)
1998 Ed. (3007)
1997 Ed. (3259)
New Valley Corp.
1998 Ed. (1706)
1995 Ed. (2847, 2868, 2869)
1994 Ed. (2750, 3444)
New Vector (U.S. West)
1989 Ed. (863)
New Venture Gear Inc.
2005 Ed. (324)
2001 Ed. (1256, 2377)
New Venture Gear, New Process Gear Division
1992 Ed. (2973)
New Vernon Associates
2006 Ed. (3198)
New Vernon, NJ
2006 Ed. (2972)
New Wave Group AB
2008 Ed. (994, 2092, 4332, 4672)
2007 Ed. (1999)
2006 Ed. (2029)
New Wave Logistics
2005 Ed. (873)
New Waved Supermarkets
1992 Ed. (67)
New West Federal
1991 Ed. (2919)
New West Federal Savings & Loan Association
1991 Ed. (3373, 3374)
1990 Ed. (3096, 3098)
New West FS & LA
1992 Ed. (3786, 3787)
New West Mezzanine Fund LP
2004 Ed. (4832)
New West Savings, FS & LA
1993 Ed. (3086, 3095)
New Wits
1995 Ed. (2584)
1993 Ed. (2578)
New Woman
2000 Ed. (3502)
New Work Station Telemarketing
2001 Ed. (4465, 4468, 4469)
1998 Ed. (3482)
New World
2006 Ed. (4569)
2005 Ed. (4494)
2001 Ed. (3333)
New World Center
2001 Ed. (71)
New World China Finance
1999 Ed. (761, 1578)

New World Communications
1999 Ed. (1441)
1997 Ed. (3718, 3719, 3721)
1995 Ed. (715)
New World Communications Group
1998 Ed. (3500)
New World Development
2002 Ed. (4422)
2001 Ed. (1723)
2000 Ed. (1450, 2547)
1999 Ed. (1648, 1649, 2715, 2716, 2772)
1996 Ed. (2138)
1995 Ed. (2161, 2162)
1994 Ed. (2109)
1993 Ed. (2058, 2093)
1992 Ed. (1632, 2439, 2442, 2486)
1991 Ed. (1950)
1990 Ed. (2082)
New World Entertainment
1991 Ed. (224)
New World Homes
2003 Ed. (1213)
2002 Ed. (2670)
New World Library
1997 Ed. (3223)
New World Pasta
2003 Ed. (2094, 3743)
New World Supermarkets
1994 Ed. (35)
1993 Ed. (44)
1989 Ed. (45)
New World Symphony
1994 Ed. (892)
New World Technologies
1999 Ed. (1184, 4321)
New World Van
1999 Ed. (4676)
New World Van Lines
2003 Ed. (4784)
2002 Ed. (3406)
1997 Ed. (3810)
1996 Ed. (3760)
New York
2008 Ed. (151, 327, 343, 354, 1104, 1105, 1106, 1107, 1757, 2405, 2406, 2407, 2414, 2415, 2416, 2437, 2492, 2648, 2906, 2918, 2958, 3118, 3129, 3130, 3134, 3471, 3512, 3532, 3545, 3633, 3648, 3759, 3760, 3806, 3830, 3859, 3984, 4010, 4011, 4012, 4048, 4361, 4455, 4497, 4603, 4661, 4729, 4838, 4940)
2007 Ed. (168, 333, 341, 356, 366, 1198, 1199, 1200, 1201, 2274, 2280, 2281, 2372, 2373, 2520, 2763, 3009, 3015, 3371, 3385, 3419, 3420, 3459, 3474, 3647, 3713, 3749, 3781, 3954, 3993, 3994, 3995, 4022, 4472, 4534, 4694)
2006 Ed. (373, 383, 1094, 1095, 2344, 2345, 2428, 2754, 2790, 2834, 2980, 2982, 3069, 3070, 3080, 3084, 3097, 3098, 3103, 3104, 3112, 3115, 3117, 3130, 3132, 3136, 3137, 3155, 3156, 3259, 3301, 3307, 3323, 3367, 3368, 3443, 3450, 3750, 3783, 3905, 3935, 3936, 3937, 3983, 4158, 4334, 4410, 4475, 4673, 4791)
2005 Ed. (145, 371, 388, 389, 390, 391, 392, 393, 394, 395, 396, 398, 399, 404, 407, 418, 422, 441, 443, 843, 912, 1070, 1072, 1073, 1074, 1075, 1099, 2276, 2277, 2382, 2525, 2526, 2785, 2840, 2920, 2937, 2985, 2986, 3122, 3298, 3319, 3335, 3383, 3384, 3432, 3441, 3613, 3652, 3690, 3837, 3838, 3872, 3873, 3874, 4192, 4194, 4197, 4201, 4202, 4210, 4228, 4234, 4238, 4242, 4392, 4472, 4599, 4600, 4601, 4608, 4795, 4816, 4828, 4829, 4928, 4939, 4940, 4941)
2004 Ed. (360, 369, 370, 371, 372, 373, 374, 375, 383, 384, 385, 386, 387, 388, 398, 415, 435, 767, 776, 805, 896, 921, 980, 1066, 1068, 1069, 1072, 1073, 1091, 1092, 1093, 1903, 2023, 2175, 2176, 2187, 2188, 2298, 2299, 2300, 2301, 2302, 2303, 2304, 2305, 2308, 2309, 2316, 2317, 2536, 2727, 2728, 2732, 2793, 2805, 2930, 2973, 2974, 2977, 2978, 2979, 2980, 2981, 2988, 2989, 2990, 2991, 2992, 2993, 2994, 3037, 3041, 3042, 3043, 3044, 3045, 3046, 3047, 3048, 3049, 3057, 3058, 3069, 3070, 3087, 3090, 3091, 3092, 3094, 3096, 3098, 3099, 3118, 3120, 3121, 3145, 3146, 3263, 3278, 3281, 3291, 3293, 3299, 3301, 3311, 3312, 3313, 3355, 3356, 3418, 3425, 3478, 3671, 3673, 3674, 3702, 3743, 3898, 3899, 3924, 3925, 3926, 4232, 4261, 4262, 4267, 4268, 4269, 4271, 4272, 4277, 4295, 4297, 4305, 4309, 4318, 4319, 4419, 4446, 4500, 4501, 4503, 4504, 4505, 4507, 4508, 4509, 4511, 4517, 4520, 4521, 4522, 4523, 4524, 4525, 4526, 4527, 4528, 4529, 4530, 4531, 4654, 4658, 4701, 4818, 4837, 4838, 4847, 4898, 4900, 4948, 4957, 4958, 4981, 4993, 4995, 4996)
2003 Ed. (354, 380, 381, 391, 392, 393, 394, 395, 396, 402, 404, 405, 406, 407, 408, 419, 441, 757, 904, 905, 969, 1057, 1059, 1060, 1063, 1081, 2127, 2128, 2270, 2612, 2678, 2687, 2751, 2839, 2885, 2886, 2960, 2961, 2962, 2963, 2964, 2982, 2984, 2988, 3003, 3221, 3243, 3244, 3249, 3252, 3255, 3293, 3294, 3355, 3360, 3459, 3657, 3700, 3874, 3896, 3897, 3898, 3904, 3905, 3906, 3907, 3909, 3910, 3912, 3913, 4209, 4232, 4239, 4240, 4241, 4242, 4248, 4249, 4257, 4287, 4288, 4289, 4292, 4293, 4296, 4297, 4300, 4308, 4309, 4408, 4412, 4413, 4467, 4551, 4646, 4680, 4723, 4821, 4852, 4853, 4867, 4908, 4909, 4910, 4913, 4944, 4954, 4955, 4988, 4992)
2002 Ed. (273, 367, 368, 378, 448, 449, 451, 452, 453, 454, 456, 457, 460, 461, 462, 465, 473, 494, 496, 497, 771, 864, 948, 959, 960, 961, 1102, 1113, 1116, 1401, 1402, 1824, 1825, 2063, 2064, 2067, 2068, 2120, 2121, 2351, 2352, 2353, 2401, 2552, 2625, 2737, 2738, 2739, 2740, 2741, 2843, 2844, 2845, 2846, 2847, 2848, 2849, 2851, 2865, 2868, 2874, 2877, 2881, 2882, 2883, 2892, 2897, 2899, 2902, 2903, 2919, 2944, 2946, 2947, 2953, 2961, 2971, 2978, 2979, 2980, 2981, 3053, 3089, 3112, 3115, 3116, 3117, 3118, 3119, 3124, 3199, 3212, 3235, 3236, 3239, 3240, 3252, 3289, 3300, 3327, 3341, 3344, 3708, 3730, 3735, 3804, 3805, 3901, 4071, 4072, 4073, 4074, 4108, 4111, 4112, 4113, 4147, 4149, 4150, 4151, 4153, 4163, 4164, 4176, 4177, 4178, 4179, 4195, 4196, 4286, 4308, 4367, 4368, 4370, 4373, 4374, 4375, 4376, 4550, 4554, 4606, 4681, 4706, 4732, 4740, 4763, 4775, 4777, 4910, 4916, 4917, 4918, 4992)
2001 Ed. (1, 2, 10, 273, 274, 284, 285, 361, 362, 396, 397, 401, 402, 410, 411, 412, 413, 414, 415, 429, 547, 548, 549, 550, 660, 661, 667, 720, 722, 977, 978, 993, 997, 998, 1006, 1007, 1014, 1030, 1031, 1050, 1051, 1084, 1085, 1086, 1087, 1106, 1107, 1110, 1123, 1126, 1127, 1157, 1158, 1159, 1201, 1202, 1244, 1245, 1262, 1263, 1266, 1267, 1268, 1269, 1304, 1305, 1345, 1346, 1360, 1361, 1372, 1373, 1375, 1376, 1377, 1378, 1396, 1397, 1400, 1411, 1415, 1416, 1417, 1418, 1419, 1424, 1425, 1428, 1429, 1430, 1431, 1432, 1433, 1434, 1436, 1437, 1438, 1491, 1492, 1941, 1942, 1965, 1966, 1967, 1968, 1975, 1976, 1979, 1980, 2048, 2049, 2050, 2051, 2053, 2055, 2056, 2111, 2112, 2131, 2132, 2144, 2149, 2150, 2152, 2218, 2234, 2235, 2260, 2261, 2266, 2286, 2287, 2368, 2380, 2381, 2385, 2386, 2387, 2388, 2389, 2390, 2391, 2392, 2393, 2394, 2396, 2397, 2399, 2418, 2420, 2421, 2437, 2452, 2453, 2460, 2472, 2523, 2537, 2538, 2541, 2542, 2544, 2545, 2556, 2557, 2563, 2564, 2566, 2567, 2572, 2573, 2593, 2594, 2597, 2607, 2617, 2618, 2619, 2620, 2623, 2624, 2625, 2626, 2630, 2659, 2660, 2662, 2663, 2664, 2682, 2683, 2684, 2685, 2689, 2690, 2692, 2705, 2738, 2739, 2758, 2824, 2828, 2829, 2840, 2963, 2964, 2997, 2998, 2999, 3000, 3027, 3029, 3032, 3033, 3034, 3035, 3042, 3043, 3046, 3047, 3048, 3049, 3069, 3072, 3078, 3079, 3082, 3083, 3091, 3095, 3096, 3097, 3098, 3099, 3103, 3169, 3170, 3172, 3173, 3204, 3205, 3223, 3224, 3225, 3226, 3262, 3263, 3287, 3288, 3295, 3307, 3308, 3313, 3314, 3354, 3355, 3356, 3357, 3383, 3384, 3385, 3386, 3396, 3397, 3400, 3401, 3413, 3414, 3416, 3417, 3418, 3419, 3523, 3536, 3537, 3538, 3539, 3545, 3557, 3567, 3568, 3570, 3571, 3583, 3584, 3589, 3590, 3607, 3615, 3616, 3618, 3619, 3632, 3633, 3636, 3637, 3640, 3643, 3652, 3653, 3660, 3661, 3662, 3663, 3707, 3708, 3716, 3717, 3732, 3733, 3781, 3782, 3786, 3787, 3788, 3789, 3790, 3791, 3792, 3795, 3796, 3805, 3815, 3816, 3827, 3828, 3840, 3841, 3878, 3879, 3880, 3881, 3883, 3888, 3889, 3892, 3893, 3894, 3895, 3896, 3897, 3898, 3899, 3907, 3913, 3914, 3915, 3916, 3963, 3964, 3965, 3966, 3968, 3969, 3993, 3994, 4005, 4006, 4011, 4012, 4019, 4141, 4144, 4145, 4157, 4158, 4165, 4166, 4172, 4174, 4175, 4176, 4198, 4199, 4211, 4212, 4224, 4230, 4232, 4238, 4240, 4241, 4243, 4247, 4248, 4253, 4254, 4272, 4273, 4274, 4287, 4295, 4304, 4305, 4328, 4332, 4335, 4336, 4360, 4361, 4362, 4363, 4407, 4408, 4415, 4429, 4430, 4431, 4442, 4443, 4444, 4445, 4448, 4460, 4479, 4480, 4481, 4482, 4488, 4489, 4515, 4516, 4517, 4518, 4532, 4570, 4571, 4582, 4583, 4584, 4594, 4595, 4599, 4600, 4614, 4615, 4633, 4634, 4637, 4642, 4643, 4646, 4653, 4654, 4657, 4658, 4659, 4660, 4683, 4709, 4718, 4720, 4721, 4726, 4727, 4728, 4729, 4734, 4737, 4739, 4740, 4742, 4794, 4796, 4798, 4808, 4809, 4810, 4811, 4812, 4813, 4814, 4815, 4820, 4821, 4822, 4823, 4824, 4825, 4826, 4827, 4833, 4838, 4863, 4866, 4868, 4913, 4917, 4918, 4938)
2000 Ed. (235, 274, 751, 803, 1005, 1007, 1085, 1086, 1317, 1318, 1378, 1792, 1905, 1906, 2327, 2382, 2454, 2470, 2472, 2474, 2475, 2507, 2536, 2537, 2586, 2603, 2608, 2645, 2658, 2659, 2939, 2956, 2958, 2960, 2962, 3005, 3006, 3008, 3009, 3010, 3377, 3557, 3558, 3819, 3831, 3832, 3866, 3867, 4015, 4016, 4024, 4025, 4094, 4097, 4098, 4100, 4101, 4103, 4106, 4107, 4108, 4109, 4111, 4113, 4114, 4179, 4232, 4269, 4299, 4355, 4391, 4392, 4398, 4399, 4400, 4401)
1999 Ed. (355, 392, 526, 738, 798, 1058, 1059, 1060, 1077, 1145, 1167, 1171, 1457, 1458, 1535, 1846, 1859, 2587, 2714, 2811, 2834, 2911, 3140, 3196, 3217, 3219, 3221, 3223, 3224, 3258, 3267, 3268, 3269, 3270, 3271, 3272, 3375, 3377, 3892, 4121, 4122, 4150, 4151, 4152, 4405, 4406, 4407, 4410, 4411, 4413, 4414, 4415, 4416, 4417, 4419, 4420, 4421, 4423, 4426, 4427, 4428, 4432, 4433, 4434, 4435, 4436, 4437, 4438, 4440, 4441, 4443, 4445, 4446, 4450, 4453, 4455, 4456, 4457, 4458, 4459, 4462, 4463, 4464, 4465, 4466, 4467, 4468, 4535, 4582, 4664, 4726, 4764, 4775, 4776, 4777)
1998 Ed. (143, 179, 210, 473, 481, 592, 671, 673, 725, 732, 1024, 1025, 1109, 1322, 1535, 1536, 1702, 1746, 1799, 1830, 1832, 1928, 1945, 2112, 2113, 2359, 2366, 2378, 2379, 2381, 2384, 2401, 2415, 2416, 2417, 2418, 2419, 2459, 2473, 2538, 2970, 2983, 3105, 3106, 3109, 3166, 3167, 3168, 3373, 3374, 3377, 3380, 3384, 3389, 3390, 3391, 3392, 3393, 3396, 3397, 3464, 3465, 3472, 3489, 3511, 3517, 3616, 3620, 3683, 3716, 3727, 3728, 3729, 3732, 3736, 3759)
1997 Ed. (1, 193, 331, 929, 930, 996, 1247, 1249, 1283, 1818, 2137, 2351, 2637, 2648, 2655, 2681, 2683, 3131, 3148, 3228, 3363, 3364, 3388, 3389, 3562, 3563, 3565, 3567, 3569, 3572, 3573, 3575, 3576, 3577, 3578, 3579, 3581, 3582, 3584, 3585, 3586, 3587, 3588, 3589, 3590, 3591, 3592, 3593, 3594, 3596, 3598, 3599, 3600, 3604, 3605, 3606, 3607, 3613, 3614, 3615, 3616, 3617, 3618, 3620, 3624, 3726, 3850, 3881, 3888, 3892, 3895, 3898, 3899, 3915)
1996 Ed. (36, 898, 899, 1201, 1203, 1237, 1644, 1720, 1721, 2015, 2216, 2217, 2218, 2219, 2220, 2495, 2506, 2516, 2536, 2701, 3264, 3265, 3291, 3292, 3511, 3515, 3517, 3518, 3519, 3521, 3522, 3523, 3524, 3525, 3527, 3530, 3531, 3532, 3533, 3534, 3535, 3537, 3538, 3539, 3541, 3542, 3544, 3545, 3546, 3547, 3548, 3549, 3550, 3551, 3552, 3553, 3554, 3556, 3558, 3559, 3560, 3563, 3564, 3565, 3566, 3567, 3568, 3574, 3575, 3576, 3577, 3667, 3743, 3798, 3831, 3840, 3843, 3847, 3850)
1995 Ed. (244, 363, 918, 919, 947, 1230, 1231, 1281, 1993, 2114, 2199, 2200, 2201, 2202, 2204, 2269, 2449, 2458, 2468, 2479, 2481, 2623, 2799, 2957, 3171, 3172, 3192, 3194, 3299, 3448, 3451, 3452, 3453, 3454, 3455, 3457, 3458, 3459, 3461, 3462, 3464, 3465, 3466, 3467, 3468, 3469, 3470, 3471, 3472, 3473, 3475, 3477, 3478, 3479, 3482, 3483, 3484, 3485, 3486, 3487, 3493, 3494, 3495, 3498, 3501,

3502, 3591, 3665, 3712, 3732, 3741, 3743, 3748, 3751, 3752)
1994 Ed. (161, 749, 1214, 1216, 1258, 1968, 2155, 2156, 2157, 2158, 2370, 2377, 2387, 2401, 2405, 2556, 2568, 3028, 3119, 3120, 3149, 3150, 3217, 3375, 3378, 3379, 3380, 3381, 3382, 3383, 3385, 3386, 3387, 3388, 3389, 3390, 3392, 3393, 3394, 3395, 3396, 3397, 3398, 3399, 3400, 3401, 3402, 3404, 3406, 3408, 3411, 3412, 3413, 3414, 3415, 3416, 3422, 3423, 3424, 3425, 3426, 3427, 3506, 3638)
1993 Ed. (364, 744, 870, 871, 1190, 1195, 1220, 1501, 1599, 1946, 2125, 2126, 2127, 2128, 2138, 2153, 2180, 2426, 2437, 2440, 2460, 2526, 2608, 2883, 3058, 3059, 3107, 3108, 3222, 3353, 3400, 3401, 3402, 3404, 3405, 3406, 3407, 3408, 3409, 3410, 3411, 3412, 3413, 3414, 3416, 3418, 3421, 3422, 3423, 3424, 3429, 3430, 3431, 3432, 3434, 3435, 3436, 3437, 3438, 3439, 3441, 3547, 3678, 3698, 3703, 3706, 3709, 3712, 3715, 3716)
1992 Ed. (1, 98, 441, 896, 933, 967, 968, 969, 970, 971, 972, 973, 974, 975, 976, 977, 978, 1011, 1012, 1013, 1014, 1079, 1080, 1086, 1166, 1396, 1468, 1481, 1757, 1810, 1850, 2279, 2286, 2339, 2340, 2387, 2414, 2559, 2560, 2561, 2562, 2573, 2586, 2849, 2857, 2862, 2864, 2866, 2875, 2877, 2878, 2907, 2918, 2920, 2932, 2944, 2945, 2946, 2947, 3054, 3118, 135, 3140, 3359, 3484, 3493, 3495, 3632, 3750, 3751, 3811, 3812, 3819, 4014, 4075, 4079, 4080, 4082, 4086, 4091, 4092, 4093, 4094, 4096, 4097, 4098, 4099, 4100, 4101, 4102, 4103, 4104, 4105, 4106, 4108, 4110, 4113, 4114, 4115, 4116, 4121, 4122, 4123, 4124, 4125, 4127, 4263, 4314, 4315, 4316, 4317, 4344, 4386, 4406, 4435, 4442, 4444, 4448, 4451, 4454, 4455, 4481)
1991 Ed. (1, 320, 322, 786, 788, 789, 790, 791, 794, 795, 796, 797, 881, 882, 1155, 1157, 1811, 2084, 2162, 2163, 2314, 2361, 2362, 2363, 2364, 2365, 2396, 2397, 2475, 2768, 2815, 3177, 3183, 3185, 3186, 3188, 3190, 3191, 3194, 3195, 3196, 3197, 3198, 3199, 3200, 3203, 3204, 3205, 3207, 3208, 3214, 3337, 3346, 3460, 3481, 3486, 3487)
1990 Ed. (356, 402, 823, 824, 825, 826, 827, 828, 829, 831, 832, 833, 834, 1237, 2021, 2147, 2168, 2223, 2409, 2429, 2450, 2493, 2494, 2495, 2496, 2512, 2575, 2664, 2867, 3068, 3069, 3109, 3110, 3279, 3280, 3282, 3344, 3345, 3346, 3355, 3357, 3358, 3359, 3363, 3367, 3369, 3370, 3371, 3372, 3375, 3376, 3377, 3378, 3379, 3380, 3381, 3382, 3384, 3386, 3387, 3390, 3391, 3392, 3393, 3394, 3395, 3398, 3399, 3400, 3401, 3402, 3407, 3408, 3409, 3411, 3417, 3418, 3419, 3420, 3421, 3422, 3423, 3425, 3428, 3429, 3506, 3606, 3649, 3692)
1989 Ed. (1, 2, 3, 4, 318, 741, 869, 870, 1190, 1507, 1633, 1649, 1650, 1668, 1887, 1908, 1909, 1910, 2529, 2532, 2534, 2545, 2552, 2554, 2557, 2559, 2560, 2614, 2616, 2621, 2642, 2846, 2847, 2895, 2913, 2927, 2928, 2930, 2931, 2934)

New York Air
1989 Ed. (237)
New York Airport
1996 Ed. (172)
New York & Co.
2008 Ed. (886, 998, 1010)
New York & Life
2000 Ed. (2836)
New York & Presbyterian Healthcare Network
1999 Ed. (2645)
New York & Presbyterian Hospital
2008 Ed. (1986)
2007 Ed. (1919)
2000 Ed. (2532)
New York and Presbyterian Hospitals
1999 Ed. (2987, 2990, 2992)
New York and Presbyterian Hospitals Care Network
1998 Ed. (1909)
New York Association for New Americans Inc.
1996 Ed. (912, 2853)
1994 Ed. (904)
New York Athletic Club
2002 Ed. (2631)
New York Bagel Boys
2001 Ed. (545)
New York Bancorp Inc.
1999 Ed. (4600)
1998 Ed. (3558)
1997 Ed. (3749)
1996 Ed. (1211)
1995 Ed. (214)
New York Bancorp/Home Federal Savings Bank
2000 Ed. (4250)
New York; Bank of
2006 Ed. (376, 388, 389, 393, 1077, 2582)
2005 Ed. (365, 382, 431, 435, 490, 1467, 2580)
New York Blood Center
2006 Ed. (3784)
1991 Ed. (898)
New York Board of Education
1991 Ed. (2521)
New York Board of Trade
2008 Ed. (2804, 2805)
2007 Ed. (2673, 2674)
2006 Ed. (2683, 2684)
2005 Ed. (2706, 2708)
2004 Ed. (2713)
2003 Ed. (2598, 2600)
2001 Ed. (1333, 1334)
New York-Boston
1992 Ed. (267)
1991 Ed. (195)
New York Burrito
2002 Ed. (4021)
New York Burrito-Gourmet Wraps
2002 Ed. (2360, 4089)
New York Bus Service
1990 Ed. (846)
1989 Ed. (829)
New York Business Development Corp.
1996 Ed. (3460)
New York Business Systems
2000 Ed. (3148)
New York Carpet World Inc.
1998 Ed. (669)
1994 Ed. (989)
1993 Ed. (963)
1992 Ed. (1189)
1991 Ed. (953)
1989 Ed. (925, 927, 2332)
New York Central Mutual
1994 Ed. (2222)
New York-Chicago
1992 Ed. (267)
1991 Ed. (195)
New York City
1999 Ed. (3475)
1994 Ed. (2751, 2752, 2756, 2760, 2763, 2766, 2776)
1992 Ed. (2540, 2551, 2553, 3033, 3039, 3353)
1990 Ed. (3504)
1989 Ed. (2028)
New York City area
1992 Ed. (2545)

New York City Board of Education
2004 Ed. (4311)
2000 Ed. (3860)
1998 Ed. (3160)
1997 Ed. (3385)
1996 Ed. (3288)
1995 Ed. (3190)
1994 Ed. (3146)
1993 Ed. (3102)
1992 Ed. (3802)
1991 Ed. (2582, 2926, 2927, 2929)
1990 Ed. (3106)
New York City Board of Education School Food & Nutrition Services
1990 Ed. (3107)
New York City Comptroller's Office
1990 Ed. (2784)
1989 Ed. (2162)
New York City Deferred Compensation
2008 Ed. (2323)
New York City Defined Contribution
2008 Ed. (2320)
New York City Department of Buildings
2005 Ed. (2827)
New York City Department of General Services
1991 Ed. (1056)
1990 Ed. (1166)
New York City Department of Health & Mental Hygiene
2004 Ed. (4661)
New York City Department of Transportation
1998 Ed. (537, 2403)
1994 Ed. (801)
New York City Dept. of Corrections
1999 Ed. (3902)
New York City GOs
2000 Ed. (3189, 3189, 3189)
1999 Ed. (3472, 3472, 3472, 3472, 3472)
1997 Ed. (2846)
1996 Ed. (2722)
New York City Health
1990 Ed. (2635)
New York City Health & Hospital Corp.
1991 Ed. (2498, 2501, 2506, 2582)
1990 Ed. (2056, 2631, 2636, 2638, 2725)
New York City Health & Hospitals Corp.
2004 Ed. (2797)
2003 Ed. (2681, 3470, 3471)
2002 Ed. (3292, 3296)
2001 Ed. (2669, 2677)
2000 Ed. (3181, 3184, 3185)
1999 Ed. (2645, 3463, 3465, 3466)
1998 Ed. (1908, 1909, 2216, 2411, 2550, 2552, 2554)
1997 Ed. (2179, 2270, 2824, 2828)
1996 Ed. (2704, 2706, 2727)
1995 Ed. (2144, 2627, 2631, 2802)
1994 Ed. (2089, 2572, 2576)
1993 Ed. (2073)
1992 Ed. (3126, 3265, 3122, 3123, 3131)
1991 Ed. (1934, 2497)
New York City Housing Authority
1991 Ed. (2582)
New York City Housing Development Corp.
1999 Ed. (2818)
1990 Ed. (2139)
New York City Independent Development Agency
1996 Ed. (2725)
New York City Industrial Development Agency
2000 Ed. (2621)
1999 Ed. (2844)
1997 Ed. (2363, 3794)
1996 Ed. (2237)
1993 Ed. (3624)
New York City Municipal Water Fin Authority
1993 Ed. (2938)
New York City Municipal Water Finance
1990 Ed. (2642, 2642)

New York City Municipal Water Finance Authority
2000 Ed. (3680)
1998 Ed. (2969)
1996 Ed. (2722)
1995 Ed. (2643, 3036)
New York City Municipal Water Financial Authority
1997 Ed. (3217)
1991 Ed. (2514, 2514, 2780)
New York City Municipal Water Financing Authority
1989 Ed. (2028)
New York City, NY
2000 Ed. (1067, 1070, 1071, 1073, 1074, 1075, 1077, 1078, 1079, 1080, 1081, 1083, 1084, 2609, 3769, 4093)
1990 Ed. (2135)
New York City (NY) Marketeer
2003 Ed. (3646)
New York; City of
1996 Ed. (2534)
New York City Public Elementary Schools
1992 Ed. (1094, 1280)
New York City Retirement
2008 Ed. (2296, 2298, 2299, 2304, 2307, 2311, 2319, 2320, 2321, 2323, 3867, 3868)
2007 Ed. (2176, 2177, 2183, 2189, 2192, 3793, 3794)
2003 Ed. (1976, 1981, 3763)
2002 Ed. (3601, 3617)
2001 Ed. (3664, 3681, 3685)
2000 Ed. (3429, 3438, 3449)
1999 Ed. (3720, 3723, 3732)
1998 Ed. (2756, 2759, 2762, 2765, 2772)
1995 Ed. (2853, 2856, 2859, 2862)
New York City Retirement Fund
1991 Ed. (2696)
New York City Retirement Systems
2004 Ed. (2024, 2030, 3788, 3789)
2000 Ed. (3432)
1997 Ed. (3010, 3011, 3015, 3019, 3024)
1996 Ed. (2923, 2926, 2931, 2933, 2936, 2940)
1994 Ed. (2770)
1993 Ed. (2781)
1992 Ed. (3356, 3362)
1991 Ed. (2687, 2690)
1990 Ed. (2781, 2791)
New York City Systems
1990 Ed. (2790, 2792)
New York City Teachers
2004 Ed. (2040, 2041)
2003 Ed. (1981, 1986, 1987)
2002 Ed. (3617, 3618, 3620)
2001 Ed. (3681, 3682, 3684)
2000 Ed. (3438, 3446, 3447)
1999 Ed. (3723, 3724, 3729, 3730)
1998 Ed. (2760, 2765, 2766, 2769, 2770)
1997 Ed. (3012, 3019, 3020, 3024)
1996 Ed. (2924, 2931, 2934, 2936)
1995 Ed. (2853, 2855, 2857, 2861)
New York City Transit Authority
2008 Ed. (3454, 3455)
2007 Ed. (3357, 3358)
2006 Ed. (3296, 3297)
2005 Ed. (3308)
2004 Ed. (3295, 3296)
2003 Ed. (3239, 3240)
2001 Ed. (3158, 3159)
1995 Ed. (852)
1994 Ed. (801, 1076)
1993 Ed. (786, 3361)
1992 Ed. (989, 4031)
1991 Ed. (808)
1990 Ed. (847)
1989 Ed. (830)
New York City Transit Authority (bus only)
1991 Ed. (1886)
New York City Transitional Finance Agency
2001 Ed. (878)
New York City Transitional Finance Authority
2001 Ed. (765, 890)

New York Commodity Exchange
1993 Ed. (1915)
New York Common
2000 Ed. (3429, 3434, 3435, 3437, 3438, 3439, 3443, 3445)
1999 Ed. (3720, 3723, 3724, 3725, 3726, 3727, 3728, 3732)
1998 Ed. (2756, 2759, 2765, 2766, 2767, 2768, 2772)
New York Common Fund
1999 Ed. (3735)
New York Community Bancorp Inc.
2006 Ed. (2737, 4734, 4735)
2005 Ed. (355, 356, 357, 629, 630, 1616, 4690)
2003 Ed. (423, 427)
New York Community Bank
2008 Ed. (1090)
2007 Ed. (1184)
2006 Ed. (1076)
2005 Ed. (1068)
The New York Community Trust
2005 Ed. (2673, 2674)
2002 Ed. (1127, 1128, 1129, 2337)
2001 Ed. (2513, 2514, 2518)
2000 Ed. (3341)
1999 Ed. (2501)
1995 Ed. (1070, 1928)
1994 Ed. (1898, 1903, 1905)
1993 Ed. (1896)
1989 Ed. (1474, 1475)
New York Cotton Exchange
1999 Ed. (1247)
1998 Ed. (815, 816)
1996 Ed. (1057)
1994 Ed. (1071, 1072)
1993 Ed. (1039, 1040)
New York County, NY
2004 Ed. (1004, 2704, 2807, 2858, 2982, 4182, 4183)
2003 Ed. (3437, 4986)
2002 Ed. (1085, 1807, 2044, 2380, 3992, 4049)
1999 Ed. (1766, 1768, 1769, 1770, 1772, 1777, 2830)
1998 Ed. (1200, 2080)
1997 Ed. (1538, 1539, 2352)
1996 Ed. (1469, 1470, 2226)
1995 Ed. (1511, 1514, 1515, 2217)
1994 Ed. (1476, 1477, 1482, 1483, 2166)
1993 Ed. (1427, 1428, 1434, 1435, 2141)
1992 Ed. (1717)
New York Daily News
2003 Ed. (3643, 3647)
2002 Ed. (3501, 3504)
1999 Ed. (3614)
1993 Ed. (2724)
1992 Ed. (3241)
1991 Ed. (2603, 2604, 2606, 2609)
1990 Ed. (2692, 2693, 2697, 2703, 2704, 2706)
New York Daily Times
2001 Ed. (261)
New York Dormitory Authority
1999 Ed. (4144)
New York Equity
2004 Ed. (3603)
New York Eye & Ear Infirmary
2008 Ed. (3047)
2002 Ed. (2614)
New York Founding Hospital
1998 Ed. (2687)
New York Foundling
1996 Ed. (2853)
New York Foundling Hospital
2000 Ed. (3352)
New York-Ft. Lauderdale
1991 Ed. (195)
New York Futures Exchange
1996 Ed. (1057)
1994 Ed. (1071, 1072)
1993 Ed. (1039, 1040)
New York-Geneseo; State University of
2008 Ed. (1065)
2007 Ed. (1163)
New York Giants
1998 Ed. (1749)
New York Hilton & Towers
1999 Ed. (2798)
The New York Hospital
1999 Ed. (2479, 2638)
1998 Ed. (1986, 1991)
1993 Ed. (890, 1897)
New York Hospital-Cornell Medical Center
2000 Ed. (2514, 2519)
1999 Ed. (2740)
1997 Ed. (2273)
1996 Ed. (2157)
1995 Ed. (2143, 2146)
1994 Ed. (1901)
1993 Ed. (890, 2076)
1992 Ed. (2462)
1991 Ed. (891, 891, 891, 893, 893, 893, 893, 1935)
1990 Ed. (2058)
New York Hospital Queens-Independent Physicians Association
2000 Ed. (2618)
New York Housing Authority
2007 Ed. (1485)
New York Interconnect
1998 Ed. (587, 601)
1994 Ed. (830)
1992 Ed. (1018)
1991 Ed. (833, 841)
The New York Interconnect-WNYI
1996 Ed. (856, 861)
New York International Gift Fair
2004 Ed. (4755)
New York International Gift Show
2004 Ed. (4756)
New York JFK
1996 Ed. (1061)
1992 Ed. (309, 310)
New York Kennedy
2000 Ed. (270, 272)
New York Kennedy Airport
1998 Ed. (108)
New York Knicks
2008 Ed. (530)
2007 Ed. (579)
2006 Ed. (548)
2005 Ed. (646)
2004 Ed. (657)
2003 Ed. (4508)
2001 Ed. (4345)
2000 Ed. (704)
1998 Ed. (439, 3356)
New York Land Co.
1991 Ed. (2640)
New York Law School
2000 Ed. (2912)
New York Lee Credit Union
1996 Ed. (1505)
New York (LGA)
1992 Ed. (309)
New York Life
2005 Ed. (692, 704)
2000 Ed. (2694, 2695, 2698, 2781, 2835)
1997 Ed. (2436, 2456, 2517)
1993 Ed. (2011, 2204, 2205, 2206, 2207, 2208, 2210, 2211, 2212, 2214, 2216, 2217, 2218, 2281, 2922)
1991 Ed. (243, 246, 2085, 2095, 2099, 2207)
1990 Ed. (2231, 2233, 235, 2236, 2237, 2240, 2243, 2323, 2324)
1989 Ed. (1679, 1681, 1683, 1684, 2104, 2134, 2137)
New York Life & Annuity
1996 Ed. (2318)
1993 Ed. (3250)
1991 Ed. (245, 2115, 2117)
1990 Ed. (2247, 2248, 2249)
1989 Ed. (1707, 1708, 1709)
New York Life Group
2005 Ed. (3114)
2003 Ed. (2992, 2993, 2998)
New York Life Insurance Co.
2008 Ed. (1483, 3285, 3288, 3291, 3293, 3294, 3295, 3296, 3297, 3298, 3301, 3302, 3305, 3306, 3307, 3309, 3311)
2007 Ed. (3130, 3138, 3140, 3143, 3145, 3146, 3147, 3148, 3151, 3152, 3153, 3155, 3156, 3157, 3160, 3162)
2006 Ed. (3088, 3118, 3120, 3122, 3123, 3124, 3125, 3126, 3490, 3979)
2005 Ed. (3051, 3084, 3105, 3109, 3115, 3118, 3119, 3120, 3906)
2004 Ed. (180, 1615, 3102, 3106, 3108, 3111, 3112, 3114, 3115)
2003 Ed. (2991, 2994, 2999, 3000)
2002 Ed. (728, 729, 1382, 2869, 2891, 2905, 2912, 2913, 2914, 2915, 2924, 2925, 2926, 2927, 2928, 2929, 2930, 2931, 2932, 2935, 2938, 2939, 2940, 3390)
2001 Ed. (2933, 2934, 2940, 2941, 2942, 2943, 2944, 2946, 2947, 2949)
2000 Ed. (2672, 2674, 2690, 2691, 2692, 2693, 2697, 2699, 2702, 2703, 2704, 2705, 2707, 2709, 2711, 2843, 3882, 3885, 3900)
1999 Ed. (2923, 2931, 2938, 2941, 2943, 2945, 2947, 2948, 2950, 2952, 2953, 2954, 2956, 2957, 2958, 2961, 3047, 4171, 4172, 4173)
1998 Ed. (171, 2137, 2143, 2155, 2156, 2157, 2158, 2160, 2163, 2164, 2168, 2170, 2171, 2174, 2177, 2178, 2180, 2181, 2182, 2183, 2184, 2185, 2186, 2187, 2189, 2190, 2193, 2194, 2255, 2268, 2673)
1997 Ed. (2426, 2430, 2443, 2444, 2445, 2446, 2453, 3412)
1996 Ed. (2070, 2283, 2288, 2305, 2306, 2307, 2308, 2309, 2310, 2313, 2314, 2315, 2316, 2320, 2323, 2324, 2328, 2376, 2382, 2383, 2387, 2416, 2829)
1995 Ed. (223, 2292, 2294, 2295, 2296, 2299, 2301, 2302, 2303, 2307, 2314, 2387)
1994 Ed. (224, 2249, 2251, 2255, 2256, 2257, 2258, 2261, 2262, 2266, 2294, 2298, 2304, 2318, 3160)
1993 Ed. (2226, 2227)
1992 Ed. (338, 2159, 2370, 2658, 2663, 2664, 2666, 2669, 2670, 2671, 2674, 2675, 2676, 2711, 2729, 2739, 2774, 3223)
1991 Ed. (244, 2094, 2101, 2102, 2109, 2112, 2113, 2246)
1990 Ed. (2224, 2349, 2351, 2354)
1989 Ed. (1806, 2142)
New York Life Insurance & Annuity Co.
2008 Ed. (3299)
2007 Ed. (3149)
2002 Ed. (2934)
1998 Ed. (2168, 2169, 2188)
1997 Ed. (2437, 2438, 2441)
1995 Ed. (2295)
New York Life Investment
2003 Ed. (3071, 3078, 3086, 3441, 3442)
New York Life/Mainstay Funds
2000 Ed. (2265, 2667)
New York Life Venture Capital Group
1994 Ed. (3622)
New York Local Government Assistance Corp.
1993 Ed. (2614)
New York-Long Island, NY
1999 Ed. (3372)
New York-Los Angeles
1992 Ed. (267)
1991 Ed. (195)
New York Magazine
2007 Ed. (147)
2001 Ed. (248)
1995 Ed. (2890)
1992 Ed. (3392)
1991 Ed. (2710)
New York Marriott
1999 Ed. (2798)
New York Marriott Marquis
1999 Ed. (2798)
New York Medical Group
2000 Ed. (2393)
New York Mercantile
1989 Ed. (2642)
New York Mercantile Exchange
2008 Ed. (2804, 2805)
2007 Ed. (2563, 2673, 2674)
2006 Ed. (2683, 2684)
2005 Ed. (2706, 2708)
2004 Ed. (2713)
2003 Ed. (2598, 2600)
2001 Ed. (1333, 1334)
1999 Ed. (1247)
1998 Ed. (815, 816)
1996 Ed. (1057)
1994 Ed. (1071, 1072)
1993 Ed. (1039, 1040, 1915)
New York Methodist Hospital
1997 Ed. (2267)
New York Metro
1997 Ed. (2207)
New York Metro Area Postal Credit Union
2004 Ed. (1931)
New York Metro Transportation Authority
2001 Ed. (878)
New York Mets
2008 Ed. (529)
2007 Ed. (578)
2006 Ed. (547)
2005 Ed. (645)
2004 Ed. (656)
2001 Ed. (664)
2000 Ed. (703)
New York-Miami
1992 Ed. (267)
1991 Ed. (195)
New York Municipal
1992 Ed. (3147)
New York National Bank
1990 Ed. (587)
New York/New Jersey
2000 Ed. (3574, 3575)
1996 Ed. (3056)
1992 Ed. (1389, 1395, 3496, 3497, 3498)
1991 Ed. (2756)
New York/New Jersey/Connecticut
1990 Ed. (2442)
New York-New Jersey-Long Island, NY
2008 Ed. (4351)
New York, New York
1992 Ed. (2412)
1989 Ed. (1905)
New York-Newark-Edison, NY-NJ-PA
2008 Ed. (18, 204, 3477, 3524, 4097, 4100, 4748, 4817)
2007 Ed. (217, 268, 772, 1105, 2597, 2658, 2692, 2858, 3376, 3383, 3387, 3388, 3498, 3499, 3501, 3502, 3503, 3643, 3802, 4063, 4120, 4164, 4165, 4166, 4809, 4877, 4885)
2006 Ed. (261, 676, 1019, 2620, 2673, 2698, 2868, 3321, 3324, 3473, 3474, 3476, 3477, 3478, 3578, 3796, 4098, 4141, 4142, 4143)
New York-Newark-New Jersey City, NY-NJ-CT
1992 Ed. (2554)
New York News
1992 Ed. (3243)
New York Newsday/Newsday
1996 Ed. (2849)
New York, Northern New Jersey, Long Island
1992 Ed. (2389)
1991 Ed. (883, 1813, 2933, 3339, 3457, 3483, 3489)
1990 Ed. (1895, 2136, 3070, 3112)
1989 Ed. (1510, 2894, 2912, 2932, 2933, 2936)
New York-Northern New Jersey-Long Island, NY
2003 Ed. (2827)
New York-Northern New Jersey-Long Island, NY-NJ
1993 Ed. (2154)
New York NW Transport Service Inc.
1999 Ed. (1186)

New York, NY
2008 Ed. (767, 829, 1819, 3407, 3463, 3465, 3513, 3519, 4015, 4016, 4040, 4650, 4721, 4731)
2007 Ed. (271, 775, 868, 1109, 2076, 2601, 2664, 2693, 2843, 2860, 3365, 3367, 3504, 3505, 3507, 3508, 3509, 3644, 3805, 4014, 4125, 4174, 4175, 4176, 4731)
2006 Ed. (249, 749, 767, 771, 2128, 2848, 3068, 3302, 3303, 3975, 4059, 4182, 4429, 4707, 4785, 4970)
2005 Ed. (748, 841, 843, 881, 883, 910, 911, 921, 2025, 2027, 2032, 2033, 2202, 2204, 2389, 2454, 3064, 3312, 3314, 3326, 3333, 3336, 3471, 3472, 4654, 4734, 4804, 4825, 4826, 4827, 4927, 4933, 4934, 4935, 4936, 4937, 4938, 4972, 4973, 4974, 4983)
2004 Ed. (187, 226, 227, 264, 265, 269, 332, 333, 334, 336, 731, 732, 766, 790, 791, 796, 797, 803, 804, 848, 870, 919, 920, 926, 984, 985, 988, 989, 990, 991, 994, 995, 996, 1001, 1006, 1007, 1011, 1012, 1015, 1016, 1017, 1018, 1054, 1101, 1109, 1138, 1139, 1146, 1147, 2048, 2049, 2052, 2053, 2263, 2264, 2265, 2266, 2418, 2419, 2598, 2599, 2601, 2602, 2627, 2630, 2646, 2649, 2696, 2702, 2706, 2707, 2710, 2711, 2720, 2731, 2749, 2750, 2751, 2752, 2760, 2761, 2762, 2763, 2795, 2801, 2809, 2811, 2839, 2850, 2851, 2854, 2855, 2860, 2861, 2865, 2866, 2872, 2873, 2874, 2880, 2887, 2898, 2899, 2900, 2901, 2947, 2948, 2951, 2952, 2965, 2983, 2984, 2985, 3216, 3219, 3262, 3280, 3298, 3309, 3314, 3347, 3348, 3353, 3354, 3367, 3368, 3369, 3370, 3371, 3372, 3373, 3374, 3375, 3376, 3377, 3378, 3379, 3380, 3381, 3382, 3383, 3384, 3385, 3386, 3387, 3389, 3390, 3391, 3392, 3449, 3450, 3451, 3452, 3453, 3454, 3455, 3457, 3458, 3459, 3462, 3463, 3464, 3466, 3467, 3468, 3469, 3470, 3472, 3473, 3474, 3475, 3476, 3518, 3523, 3704, 3705, 3706, 3707, 3708, 3709, 3710, 3711, 3712, 3713, 3714, 3715, 3716, 3717, 3718, 3719, 3720, 3721, 3722, 3723, 3724, 3725, 3795, 3796, 3799, 3800, 4050, 4087, 4102, 4103, 4104, 4109, 4110, 4111, 4112, 4113, 4116, 4150, 4152, 4153, 4154, 4155, 4156, 4164, 4165, 4166, 4167, 4168, 4170, 4171, 4172, 4173, 4174, 4175, 4176, 4177, 4178, 4185, 4186, 4191, 4192, 4193, 4199, 4200, 4201, 4202, 4208, 4209, 4210, 4211, 4231, 4317, 4406, 4407, 4408, 4409, 4415, 4418, 4478, 4479, 4611, 4612, 4616, 4617, 4618, 4619, 4679, 4753, 4765, 4766, 4782, 4783, 4834, 4835, 4836, 4846, 4894, 4896, 4910, 4911, 4914, 4915, 4947, 4953, 4954, 4955, 4956, 4972, 4973)
2003 Ed. (27, 254, 256, 260, 309, 351, 352, 705, 756, 776, 777, 784, 832, 901, 902, 903, 973, 997, 998, 999, 1000, 1005, 1013, 1014, 1015, 1047, 1088, 1143, 1144, 1870, 2006, 2007, 2255, 2256, 2257, 2338, 2346, 2468, 2469, 2494, 2587, 2595, 2596, 2611, 2632, 2633, 2639, 2640, 2684, 2698, 2756, 2764, 2765, 2773, 2778, 2779, 2787, 2862, 2863, 3162, 3220, 3228, 3242, 3253, 3254, 3290, 3291, 3313, 3314, 3315, 3316, 3317, 3318, 3319, 3383, 3384, 3385, 3386, 3387, 3388, 3389, 3391, 3392, 3393, 3396, 3397, 3398, 3399, 3401, 3402, 3403, 3404, 3406, 3407, 3408, 3409, 3455, 3660, 3661, 3662, 3663, 3664, 3665, 3666, 3667, 3668, 3669, 3769, 3770, 3902, 3903, 4031, 4081, 4082, 4083, 4084, 4090, 4150, 4151, 4152, 4153, 4155, 4156, 4157, 4158, 4159, 4160, 4161, 4162, 4174, 4175, 4181, 4208, 4307, 4391, 4392, 4403, 4512, 4636, 4637, 4638, 4639, 4709, 4775, 4797, 4798, 4843, 4851, 4866, 4904, 4905, 4906, 4921, 4922, 4943, 4952, 4953, 4985, 4987)
2002 Ed. (75, 229, 255, 276, 277, 336, 373, 396, 408, 719, 774, 921, 964, 965, 966, 1055, 1056, 1059, 1084, 1086, 1094, 1223, 2028, 2043, 2045, 2117, 2218, 2220, 2221, 2296, 2301, 2379, 2382, 2393, 2395, 2404, 2442, 2444, 2458, 2565, 2566, 2567, 2570, 2573, 2628, 2632, 2731, 2733, 2735, 2759, 2762, 2879, 3092, 3135, 3136, 3137, 3138, 3237, 3325, 3326, 3328, 3331, 3589, 3590, 3893, 3991, 3997, 3998, 4046, 4047, 4050, 4052, 4053, 4075, 4180, 4317, 4528, 4593, 4646, 4734, 4743, 4744, 4745, 4766, 4912, 4927, 4928, 4929, 4930, 4931, 4932, 4933, 4934, 4935)
2001 Ed. (416, 715, 765, 1013, 1090, 1153, 1154, 1155, 1234, 1940, 2080, 2283, 2363, 2596, 2717, 2721, 2722, 2757, 2793, 2794, 2797, 2816, 2818, 2819, 3102, 3120, 3291, 3292, 3646, 3718, 3727, 3877, 4021, 4049, 4089, 4143, 4164, 4611, 4678, 4679, 4680, 4708, 4790, 4791, 4792, 4836, 4848, 4849, 4850, 4851, 4852, 4853, 4854, 4855, 4856)
2000 Ed. (318, 747, 748, 802, 1006, 1010, 1072, 1082, 1089, 1091, 1092, 1115, 1117, 1158, 1330, 1594, 1596, 1597, 1598, 1600, 1606, 1607, 1662, 1713, 1790, 1908, 2306, 2330, 2392, 2416, 2437, 2580, 2604, 2606, 2607, 2611, 2613, 2614, 2637, 2938, 2950, 2951, 2952, 2953, 2995, 2996, 3051, 3052, 3053, 3054, 3055, 3103, 3105, 3110, 3112, 3113, 3114, 3115, 3116, 3117, 3119, 3120, 3121, 3508, 3686, 3766, 3770, 3771, 3835, 3865, 4014, 4207, 4270, 4357, 4364, 4396, 4397, 4402, 4403)
1999 Ed. (356, 733, 734, 797, 1070, 1149, 1150, 1151, 1154, 1156, 1157, 1158, 1159, 1160, 1161, 1163, 1164, 1165, 1166, 1168, 1169, 1172, 1349, 1487, 2095, 2096, 2099, 2126, 2493, 2494, 2590, 2686, 2757, 2758, 2828, 2832, 3195, 3211, 3212, 3213, 3214, 3215, 3373, 3374, 3378, 3379, 3380, 3382, 3383, 3384, 3385, 3386, 3387, 3388, 3390, 3391, 3392, 3852, 3853, 3858, 3859, 3860, 3890, 4040, 4051, 4055, 4125, 4646, 4728, 4766, 4773, 4774, 4778, 4779, 4807)
1998 Ed. (69, 143, 359, 474, 580, 585, 672, 684, 735, 736, 740, 741, 742, 793, 1055, 1235, 1316, 1521, 1547, 1943, 2003, 2004, 2365, 2405, 2476, 2477, 2478, 2479, 2562, 2564, 3051, 3054, 3055, 3058, 3586, 3612, 3685, 3718, 3725, 3726, 3731, 3733)
1997 Ed. (163, 270, 322, 473, 678, 679, 869, 928, 940, 998, 1000, 1001, 1002, 1031, 1032, 1117, 1211, 1284, 1596, 1669, 2072, 2073, 2110, 2111, 2140, 2162, 2176, 2228, 2230, 2265, 2315, 2326, 2327, 2335, 2337, 2339, 2354, 2356, 2357, 2358, 2360, 2361, 2639, 2649, 2657, 2682, 2684, 2712, 2720, 2721, 2722, 2723, 2758, 2759, 2760, 2762, 2764, 2766, 2768, 2769, 2770, 2771, 2773, 2774, 2775, 2784, 2831, 2848, 2959, 3066, 3306, 3307, 3313, 3350, 3351, 3365, 3390, 3512, 3710, 3853, 3883, 3890, 3893, 3894, 3900)
1996 Ed. (37, 38, 156, 238, 239, 261, 302, 346, 509, 747, 748, 857, 897, 907, 974, 975, 1011, 1012, 1170, 1238, 1537, 1587, 1993, 1994, 2018, 2040, 2076, 2114, 2120, 2121, 2194, 2198, 2199, 2210, 2222, 2224, 2228, 2229, 2281, 2497, 2510, 2513, 2518, 2536, 2537, 2539, 2543, 2571, 2572, 2573, 2574, 2575, 2615, 2616, 2617, 2619, 2620, 2622, 2623, 2624, 2625, 2634, 2723, 2725, 2865, 2982, 3197, 3198, 3199, 3200, 3209, 3249, 3250, 3266, 3293, 3425, 3653, 3802, 3834, 3842, 3845, 3846, 3852)
1995 Ed. (142, 230, 231, 243, 245, 246, 257, 328, 330, 676, 677, 872, 874, 920, 928, 987, 990, 1026, 1027, 1113, 1202, 1282, 1555, 1609, 1622, 1869, 1924, 1964, 1966, 1995, 2048, 2080, 2115, 2116, 2181, 2183, 2184, 2189, 2205, 2213, 2215, 2219, 2220, 2222, 2451, 2459, 2464, 2467, 2481, 2553, 2554, 2555, 2557, 2558, 2560, 2561, 2562, 2563, 2564, 2571, 2643, 2644, 2646, 2665, 2849, 2873, 2900, 2956, 3102, 3103, 3104, 3105, 3113, 3149, 3150, 3173, 3195, 3300, 3369, 3543, 3544, 3562, 3563, 3564, 3565, 3566, 3567, 3633, 3651, 3715, 3735, 3742, 3745, 3746, 3747, 3753, 3780, 3781, 3782, 3783, 3784)
1994 Ed. (128, 256, 332, 482, 719, 720, 820, 821, 822, 823, 824, 826, 827, 951, 963, 964, 965, 971, 973, 975, 1017, 1188, 1259, 1524, 1566, 1935, 1936, 1971, 1992, 2027, 2058, 2062, 2063, 2129, 2142, 2143, 2162, 2164, 2169, 2170, 2172, 2372, 2378, 2383, 2386, 2405, 2409, 2488, 2489, 2490, 2492, 2494, 2497, 2499, 2500, 2501, 2502, 2503, 2811, 2895, 2897, 3056, 3057, 3058, 3059, 3068, 3104, 3105, 3121, 3151, 3218, 3293, 3325, 3494, 3495, 3496, 3497, 3498)
1993 Ed. (57, 267, 347, 370, 480, 707, 709, 773, 808, 816, 818, 872, 884, 944, 945, 949, 950, 989, 1158, 1221, 1424, 1478, 1525, 1852, 1913, 1943, 1999, 2015, 2042, 2043, 2044, 2071, 2106, 2107, 2108, 2139, 2142, 2145, 2148, 2149, 2439, 2444, 2460, 2527, 2540, 2543, 2544, 2545, 2546, 2550, 2551, 2552, 2553, 2613, 2614, 2616, 2777, 2778, 2812, 2953, 3012, 3043, 3045, 3060, 3105, 3223, 3299, 3518, 3519, 3520, 3521, 3522, 3523, 3606, 3675, 3700, 3708, 3710, 3711, 3717)
1992 Ed. (237, 374, 482, 668, 897, 898, 1010, 1017, 1025, 1026, 1081, 1153, 1155, 1160, 1164, 1213, 1214, 1440, 1797, 2254, 2255, 2287, 2352, 2377, 2415, 2416, 2480, 2514, 2521, 2535, 2536, 2575, 2577, 2580, 2583, 2584, 3040, 3041, 3043, 3044, 3045, 3046, 3049, 3050, 3051, 3056, 3057, 3058, 3059, 3236, 3292, 3399, 3491, 3499, 3500, 3502, 3617, 3618, 3661, 3692, 3693, 3694, 3695, 3696, 3702, 3734, 3736, 3752, 3809, 3953, 4190, 4191, 4217, 4218, 4219, 4220, 4221, 4222, 4242, 4403, 4437, 4446, 4449, 4450, 4456)
1991 Ed. (2510, 2511, 2512, 2523, 2533, 2533, 2533, 2698, 56, 275, 348, 515, 715, 716, 826, 827, 828, 829, 831, 832, 935, 936, 937, 940, 976, 977, 1102, 1397, 1455, 1644, 1782, 1783, 1863, 1888, 1914, 1915, 1916, 1940, 1965, 1972, 1973, 1974, 1975, 1984, 2000, 2003, 2006, 2009, 2010, 2348, 2424, 2425, 2427, 2430, 2431, 2432, 2433, 2434, 2435, 2436, 2437, 2441, 2442, 2443, 2444, 2445, 2446, 2857, 2861, 2864, 2890, 2892, 2901, 3116, 3249, 3272, 3296, 3297, 3298, 3299, 3300)
1990 Ed. (301, 401, 404, 738, 873, 875, 876, 917, 1000, 1002, 1003, 1005, 1006, 1007, 1008, 9, 1010, 1054, 1055, 1148, 1150, 1151, 1218, 1439, 1464, 1466, 1485, 1553, 1867, 1868, 1870, 1950, 1958, 1986, 2019, 2022, 2111, 2123, 2124, 2125, 2126, 2154, 2156, 2158, 2161, 2162, 2163, 2165, 2548, 2549, 2551, 2554, 2555, 2556, 2557, 2558, 2559, 2560, 2561, 2562, 2563, 2564, 2565, 2655, 2656, 2882, 2884, 2885, 3003, 3047, 3048, 3504, 3523, 3524, 3526, 3527, 3528, 3529, 3535, 3536, 3607, 3609, 3614)
1989 Ed. (225, 226, 276, 284, 350, 727, 738, 828, 843, 844, 845, 846, 847, 910, 911, 913, 917, 993, 1177, 1265, 1491, 1492, 1560, 1577, 1625, 1627, 1628, 1645, 1646, 1647, 1926, 1952, 1956, 1958, 1959, 1960, 1961, 1962, 1963, 1964, 1965, 1966, 1967, 2051, 2317, 2906)

New York NY Fresh Deli
2008 Ed. (4276)
2007 Ed. (4241)

New York, NY-NJ
1991 Ed. (2438, 2439, 2440)
1990 Ed. (2566, 2567)

New York, NY, NJ-CT
1992 Ed. (369)

New York (NY) Observer
2003 Ed. (3645)

New York (NY) People's Weekly World
2003 Ed. (3645)

New York Observer
2002 Ed. (3503)

New York-Orlando
1992 Ed. (267)
1991 Ed. (195)

New York Philharmonic Symphony
1994 Ed. (892)

New York Post
2001 Ed. (261, 3543)
2000 Ed. (3339)
1999 Ed. (3621)
1998 Ed. (2683)
1997 Ed. (2945)
1996 Ed. (2849)
1993 Ed. (2723)
1991 Ed. (2603, 2609)
1990 Ed. (2697, 2703)

New York Power Authority
2003 Ed. (2138)
1998 Ed. (1381, 1383)
1996 Ed. (1611, 1612)
1995 Ed. (1635, 1636)
1994 Ed. (1592, 1593)
1993 Ed. (1152, 1555, 1556)
1992 Ed. (1894, 1895)
1991 Ed. (1495, 1496)
1990 Ed. (1596, 1597)

New York-Presbyterian; Children's Hospital of
2007 Ed. (2926)
2006 Ed. (2907)
2005 Ed. (2900)

New York Presbyterian Healthcare Network
2000 Ed. (3181, 3184, 3186, 3320, 3624)
New York-Presbyterian Healthcare System
2008 Ed. (2891)
2006 Ed. (3587, 3588, 3591)
2004 Ed. (3526)
2003 Ed. (3470)
2002 Ed. (1743, 3292, 3295, 3802)
2001 Ed. (2669, 2670, 3923)
New York-Presbyterian Healthcare Systems
2003 Ed. (3466, 3467, 3469)
New York-Presbyterian Hospital
2008 Ed. (2902, 3787, 3788, 3793, 3798)
2007 Ed. (2921, 2922, 2923, 2924, 2930, 2931, 2934, 4048)
2006 Ed. (1936, 2902, 2903, 2904, 2912, 2915, 2916, 3710, 3711, 3712, 3716, 4016)
2005 Ed. (1908, 2898, 2904, 2905, 2909, 2910, 3947)
2004 Ed. (2912, 2919, 2923, 3974)
2003 Ed. (2807, 2808, 2810, 2815, 2820, 2822, 2823, 2831, 3971)
2002 Ed. (2603, 2604, 2606, 2611, 2615, 2623, 3801)
2001 Ed. (2773, 2775)
2000 Ed. (2529)
New York-Presbyterian University Hospital of Columbia & Cornell
2008 Ed. (3043, 3044, 3045, 3046, 3049, 3053, 3056, 3057, 4084)
New York Private Bank & Trust Corp.
2007 Ed. (388)
2006 Ed. (403)
New York Public Library
1992 Ed. (3266)
New York Rangers
2006 Ed. (2862)
2003 Ed. (4509)
2001 Ed. (4347)
2000 Ed. (2476)
1998 Ed. (1946)
New York Restaurant Group
2000 Ed. (3763)
1998 Ed. (3048)
New York-San Francisco
1992 Ed. (267)
1991 Ed. (195)
New York Servitas IPA Inc.
2000 Ed. (2618)
New York Shipping Association
1992 Ed. (3259)
New York St. Medical Care Facilities Financial Agency
1993 Ed. (2618)
New York Staffing Services
2005 Ed. (2366)
New York State
1991 Ed. (2511, 2514)
New York State & Local
1997 Ed. (3010, 3011, 3015, 3017, 3019, 3021, 3024, 3028)
1996 Ed. (2922, 2923, 2926, 2929, 2931, 2932, 2933, 2935, 2936, 2947)
1995 Ed. (2848, 2849, 2852, 2853, 2854, 2856, 2863)
1994 Ed. (2751, 2752, 2756, 2758, 2760, 2762, 2765, 2766, 2770, 2776)
1993 Ed. (2777, 2778, 2781, 2786)
1991 Ed. (2698)
1990 Ed. (2790, 2792)
New York State & Local Retirement Systems
1992 Ed. (3353, 3356)
1991 Ed. (2687, 2690, 2692)
1990 Ed. (2781, 2784)
1989 Ed. (2162)
New York State Attorney General
1993 Ed. (2620, 2623, 2627, 3625)
1991 Ed. (2528)
New York State Bankers Association
1996 Ed. (2534)
New York State Bar Journal
2008 Ed. (4716)
New York State Common
2008 Ed. (2297, 2298, 2299, 2301, 2306, 2309, 2310, 2312, 2313, 3867, 3868, 3870)
2007 Ed. (2177, 2178, 2179, 2188, 2190, 2191, 2192, 3793, 3794, 3796)
2004 Ed. (2024, 2025, 2026, 2030, 2031, 2032, 2033, 3788, 3789, 3791)
2003 Ed. (1976, 1977, 1978, 1979, 1981, 1982, 1983, 1984, 3762, 3763)
2002 Ed. (3601, 3603, 3604, 3605, 3606, 3607, 3610, 3611, 3614, 3615, 3616, 3617)
2001 Ed. (3664, 3666, 3670, 3671, 3672, 3675, 3676, 3678, 3679, 3680, 3681, 3685)
2000 Ed. (3449)
1999 Ed. (3718)
New York State Common Retirement Fund
2001 Ed. (3695)
2000 Ed. (3432, 3454)
1998 Ed. (2762)
1996 Ed. (2940)
New York State Conference of Mayors & Municipal Officials
1996 Ed. (2534)
New York State Deferred Compensation
2008 Ed. (2323)
2007 Ed. (2176)
New York State Department Correction Services
1996 Ed. (1953)
New York State Department Correctional Services
1995 Ed. (1917)
New York State Department of Correctional Services
1997 Ed. (2056)
1994 Ed. (1889)
New York State Department of Corrections
2001 Ed. (2486)
New York State Dept. of Corrections
2000 Ed. (3617)
New York State Dorm
1990 Ed. (2644)
New York State Dormitory Authority
2001 Ed. (765, 878, 890)
2000 Ed. (3197, 3859)
1999 Ed. (3475, 3483)
1998 Ed. (2572, 3159)
1997 Ed. (2831, 3383)
1996 Ed. (2722, 2729, 3286)
1995 Ed. (3187)
1993 Ed. (2619, 2621, 3100)
1991 Ed. (1056, 2510, 2525, 2533, 2923, 2521)
1990 Ed. (1166)
New York State E & G
1994 Ed. (1597)
New York State Electric & Gas Corp.
2001 Ed. (3868)
1998 Ed. (1388)
1997 Ed. (1695)
1996 Ed. (1616)
1995 Ed. (1633)
1992 Ed. (1900)
1991 Ed. (1499)
1990 Ed. (1602)
1989 Ed. (1299)
New York State Energy R & D Authority
1993 Ed. (2159)
1991 Ed. (2016)
New York State Energy Research & Development Authority
1998 Ed. (1377)
1997 Ed. (2839)
New York State Environmental Facilities Corp.
2000 Ed. (3201)
1999 Ed. (3471)
1997 Ed. (2846, 3217)
1993 Ed. (2938)
1991 Ed. (2529)
New York State Facilities Development Corp.
1991 Ed. (1057)
1990 Ed. (1167)
New York State Fair
2001 Ed. (2355)
New York State Housing Finance
1990 Ed. (2644)
New York State Housing Finance Agency
2000 Ed. (2592)
1999 Ed. (2818)
1996 Ed. (2211)
1993 Ed. (2116)
New York state local
1995 Ed. (2873)
New York State Lottery
2000 Ed. (3014)
1997 Ed. (2689)
1996 Ed. (2552)
1995 Ed. (2490)
New York State Medical Care
1990 Ed. (2646, 2646)
New York State Medical Care Facilities Finance Agency
1998 Ed. (2572)
1997 Ed. (2846)
1996 Ed. (2727)
1991 Ed. (2525, 2510)
1990 Ed. (2649, 2655)
New York State Medical Care Facilities Financial Ag.
1995 Ed. (2648)
New York State Medical Care Facilities Financing Authority
1989 Ed. (2028)
New York State Medical Facilities Finance Agency
1997 Ed. (2831, 2842)
New York State Mortage Agency
1990 Ed. (2139)
New York State Mortgage Agency
2000 Ed. (2592)
1999 Ed. (2818)
1998 Ed. (2062)
1997 Ed. (2340)
1996 Ed. (2725)
1995 Ed. (2192)
1993 Ed. (2116)
1991 Ed. (1986, 2519)
New York State Office of Mental Health
2002 Ed. (3802)
1994 Ed. (1889)
New York State Power Authority
1996 Ed. (2722)
1993 Ed. (1548, 3359)
1992 Ed. (4029)
1991 Ed. (3158)
1990 Ed. (2640, 3504)
New York State School Boards Association
1996 Ed. (2534)
New York State Teachers
2008 Ed. (2296, 2298, 2309, 2310, 2311, 2313, 3867, 3868)
2007 Ed. (2185, 2187, 2188, 2189, 2191, 2192, 3793, 3794)
2004 Ed. (2024, 2030, 2032, 3788, 3789)
2003 Ed. (1976, 1981, 1983, 3762, 3763)
2002 Ed. (3601, 3603, 3606, 3607, 3611, 3612, 3614, 3616, 3617)
2001 Ed. (3664, 3666, 3671, 3672, 3676, 3679, 3681, 3685, 3695)
2000 Ed. (3429, 3438, 3439, 3443, 3449, 3454)
1999 Ed. (3718, 3720, 3723, 3725, 3726, 3727, 3728, 3732)
1998 Ed. (2756, 2759, 2764, 2765, 2767, 2768, 2772)
1997 Ed. (3010, 3011, 3015, 3017, 3019, 3021, 3023)
1996 Ed. (2922, 2923, 2926, 2929, 2931, 2932)
1995 Ed. (2848, 2849, 2852, 2853, 2854, 2859)
1994 Ed. (2751, 2752, 2756, 2758, 2760, 2762, 2770)
1993 Ed. (2778)
1991 Ed. (2698)
1990 Ed. (2792)
New York State Teachers' Retirement System
2000 Ed. (3432)
1998 Ed. (2762)
1996 Ed. (2940)
1993 Ed. (2777, 2781)
1992 Ed. (3353, 3356)
1991 Ed. (2687, 2692)
1990 Ed. (2781, 2784)
1989 Ed. (2162)
New York State Thruway Authority
2001 Ed. (878, 890)
2000 Ed. (4297)
1999 Ed. (4658)
1998 Ed. (3616)
1997 Ed. (2831, 3794)
1995 Ed. (3663)
New York State United Teachers
1996 Ed. (2534)
New York State Urban Development Corp.
1998 Ed. (2563)
1996 Ed. (2729)
1993 Ed. (2621)
1991 Ed. (2526, 3161)
New York State Urban Development Agency
1999 Ed. (2818, 3474)
New York State Wines
1991 Ed. (3495)
New York Stock Exchange
2008 Ed. (1409)
2006 Ed. (1428, 4479, 4480)
2005 Ed. (1472)
2002 Ed. (4199)
2001 Ed. (4379)
1999 Ed. (1248)
1997 Ed. (3632)
1996 Ed. (206, 1058, 2832, 2883, 3588)
1994 Ed. (3437)
New York Suburban Ice Rinks
1999 Ed. (4338)
New York Teachers
2000 Ed. (3445)
New York Telephone Co.
1996 Ed. (2830)
1993 Ed. (2471)
1992 Ed. (2939)
1991 Ed. (2358, 2582, 3478)
1990 Ed. (2489)
The New York Times
2008 Ed. (759, 813, 2453, 3031, 3200, 3783, 4086, 4087)
2007 Ed. (847, 850, 2908, 3699, 4050, 4051, 4053, 4530, 4568, 4590)
2006 Ed. (754, 2491, 3433, 3434, 3704, 4020, 4021, 4022)
2005 Ed. (828, 1614, 3422, 3423, 3424, 3598, 3599, 3600, 3980, 3983, 3984, 4467)
2004 Ed. (849, 854, 3158, 3409, 3410, 3411, 3415, 3683, 3684, 3685, 4041, 4045, 4046, 4984)
2003 Ed. (812, 1533, 1534, 1555, 3050, 3210, 3351, 3641, 3643, 3647, 4023, 4024, 4025, 4026, 4027, 4981, 4982)
2002 Ed. (244, 1509, 1679, 1680, 2146, 3283, 3501, 3504, 3509, 3510, 3883, 3884, 3885)
2001 Ed. (261, 1033, 3540, 3543, 3887, 3952)
2000 Ed. (825, 3050, 3333, 3334, 3339, 3681, 3682, 3683)
1999 Ed. (260, 824, 1479, 3612, 3614, 3621, 3968, 3971, 3972)
1998 Ed. (83, 152, 161, 163, 164, 512, 1049, 2679, 2683, 2972, 2973, 2976)
1997 Ed. (228, 230, 234, 236, 238, 239, 2718, 2942, 3219, 3220, 3221)
1996 Ed. (2847, 2849)
1995 Ed. (2878)
1994 Ed. (206, 211, 213, 2978, 2980, 2981)
1993 Ed. (2723, 2724)
1992 Ed. (3368, 320, 322, 325, 327)

1991 Ed. (1210, 2392, 2603, 2604, 2606, 2609, 2709, 2783, 2784, 2786, 2787, 3327)
1990 Ed. (249, 2693, 2697, 2703, 2704, 2706, 2796, 2930, 2932)
1989 Ed. (2264, 2265, 2266, 2267, 2268, 2667)
New York Times Almanac
2003 Ed. (721)
The New York Times Almanac 2000
2001 Ed. (987)
New York Times co.
1998 Ed. (156)
New York Times Digital
2008 Ed. (3365, 3374)
2007 Ed. (3236, 3246)
2001 Ed. (4196)
The New York Times Magazine
2008 Ed. (151)
2007 Ed. (139, 143, 147, 150, 168)
2006 Ed. (151, 155)
2005 Ed. (145)
2004 Ed. (147)
2001 Ed. (260)
2000 Ed. (3491)
1999 Ed. (3766)
1998 Ed. (2797)
1997 Ed. (3041)
1996 Ed. (2964)
1994 Ed. (2797)
1993 Ed. (2802)
New York Times Magazine Group
2000 Ed. (3684)
New York Times Publications
1996 Ed. (2956)
New York Times Syndication Sales
1989 Ed. (2047)
New York Times.com
2003 Ed. (811)
New York Transit Authority
1991 Ed. (2582)
New York University
2008 Ed. (776, 779, 783, 785, 3431, 3639)
2007 Ed. (803, 804, 806, 3330)
2006 Ed. (717, 719, 730, 731, 3784)
2005 Ed. (3266)
2004 Ed. (813, 820, 829, 3241)
2003 Ed. (794)
2002 Ed. (874, 876, 877, 879, 880, 886, 887, 889, 890, 893, 897)
2001 Ed. (1055, 1057, 1059, 1060, 1063, 3059, 3060, 3064, 3065, 3066, 3067, 3258)
2000 Ed. (917, 919, 921, 922, 925, 2903, 2904, 2905, 2907, 2908, 2909, 2910, 2911, 3066)
1999 Ed. (970, 972, 973, 975, 976, 980, 982, 3158, 3159, 3163, 3164, 3165, 3166, 3328)
1998 Ed. (551, 2334, 2335, 2337, 2338, 2339, 2340)
1997 Ed. (852, 862, 863, 864, 2602, 2603, 2606, 2607, 2608, 2609, 2933)
1996 Ed. (2457, 2458, 2461, 2462, 2463, 2464, 2828, 2830)
1995 Ed. (861, 2422, 2423, 2426, 2428, 2764)
1994 Ed. (1713, 2358, 2663)
1993 Ed. (795, 893, 2407, 2713)
1992 Ed. (999, 1001, 1008, 1093, 1280, 2848, 3257)
1991 Ed. (818, 819, 891, 1003, 2295, 2585)
New York University Hospital
2004 Ed. (1823)
2003 Ed. (1789)
New York University Hospital for Joint Diseases
2008 Ed. (3051)
New York University, Leonard N. Stern School of Business
2008 Ed. (787, 788)
2007 Ed. (796, 820, 2849)
2005 Ed. (2853)
New York University Medical Center
2008 Ed. (3050)
2007 Ed. (2927)
2006 Ed. (2908)
2005 Ed. (2901)
2004 Ed. (1823, 2915)
2003 Ed. (1789, 2811)
2002 Ed. (2607)
2000 Ed. (2521, 2529)
1999 Ed. (2479, 2638, 2740, 2742)
1998 Ed. (1991)
1995 Ed. (2143)
1992 Ed. (2462)
1991 Ed. (1935)
New York University, Stern
1996 Ed. (839)
1995 Ed. (863)
1994 Ed. (808, 809)
1993 Ed. (798, 799, 800)
New York University, Stern School of Business
2008 Ed. (772, 773, 791, 793, 795)
2007 Ed. (797)
2006 Ed. (708, 724)
New York Venture
1991 Ed. (2556)
1990 Ed. (2390)
New York Venture Fund
1994 Ed. (2603, 2632)
New York-Washington
1992 Ed. (267)
1991 Ed. (195)
New York Wines
1989 Ed. (2941)
New York Yankees
2008 Ed. (529)
2007 Ed. (578)
2006 Ed. (547)
2005 Ed. (645, 4449)
2004 Ed. (656)
2001 Ed. (664)
2000 Ed. (703)
1998 Ed. (438, 3356)
1995 Ed. (642)
New York Zoological Society
1994 Ed. (1905)
The New Yorker
2007 Ed. (146, 150)
2006 Ed. (154, 3346)
2005 Ed. (35, 130)
2004 Ed. (139)
1995 Ed. (2880)
1994 Ed. (2794)
New Yorker LH/LHS
1999 Ed. (331)
New YorkTimes
1990 Ed. (2929, 2931)
New Zealand
2008 Ed. (823, 903, 2201, 2396, 2398, 3205, 3484, 3591, 3671, 4244, 4327, 4386, 4387, 4388, 4587, 4995)
2007 Ed. (862, 920, 2091, 2262, 2263, 2794, 2802, 3427, 3440, 3510, 4372, 4412, 4413, 4415, 4996)
2006 Ed. (763, 2124, 2147, 2327, 2332, 2802, 2810, 3410, 3425, 3479, 4306, 4995)
2005 Ed. (837, 2054, 2269, 2735, 2821, 3030, 3401, 3415, 3478, 4363, 4970, 4971, 4997)
2004 Ed. (863, 1911, 1919, 2170, 2821, 3394, 3402, 3479, 4413, 4542, 4543, 4991)
2003 Ed. (824, 1084, 2483, 2619, 3257, 3332, 3415, 4401)
2002 Ed. (684, 739, 1812)
2001 Ed. (1082, 1088, 1947, 1969, 2370, 2694, 3240, 3316, 3387, 4229, 4494, 4936)
2000 Ed. (1585, 1610, 3309)
1999 Ed. (1753, 1781, 2583)
1998 Ed. (819, 1131, 1241, 2744)
1997 Ed. (1542, 1556, 1812, 2475, 2555)
1996 Ed. (1477, 2948, 3433, 3436)
1995 Ed. (1253, 1518)
1994 Ed. (1486, 3476)
1993 Ed. (843, 2028, 3597)
1992 Ed. (230, 1493, 1496, 1732, 2170, 3000, 3543, 3600, 4239, 4319)
1991 Ed. (1184, 1381)
1990 Ed. (778, 1448, 1830)
1989 Ed. (1181, 2121)
New Zealand; Bank of
2007 Ed. (527)
2006 Ed. (505)
2005 Ed. (586)
New Zealand Forest Products
1990 Ed. (1249)
New Zealand; Government of
2008 Ed. (64)
New Zealand Lotteries Commission
2008 Ed. (64)
2007 Ed. (61)
2004 Ed. (68)
New Zealand Post
2004 Ed. (1088)
2003 Ed. (1792)
2002 Ed. (1125, 1745)
New Zealand Refining Co. Ltd.
1994 Ed. (2670)
New Zealand TAB
2002 Ed. (1745)
New Zealand Totalisator Agency
2004 Ed. (1645)
2003 Ed. (1792)
NewAge Systems, Inc.
2002 Ed. (2523)
Newalta Income Fund
2008 Ed. (2592)
2007 Ed. (2479)
Neward Group Inc.
1998 Ed. (2748)
Neward InOne
2004 Ed. (2251)
Newark
2001 Ed. (351)
2000 Ed. (270, 272, 274, 3404)
1992 Ed. (1012, 1013, 2864)
Newark Airport
2001 Ed. (349)
1998 Ed. (108)
1997 Ed. (186, 219, 220)
1996 Ed. (172, 193)
Newark Airport Marriot
1997 Ed. (2308)
Newark Airport Marriott
2000 Ed. (2575)
1999 Ed. (2797)
1998 Ed. (2036)
1994 Ed. (2123)
1992 Ed. (2511)
1990 Ed. (2097)
Newark & Co. Real Estate
1997 Ed. (3273)
Newark Beth Israel Medical Center
2002 Ed. (2457)
2001 Ed. (2774)
Newark Board of Education Credit Union
2002 Ed. (1837)
Newark, DE
1993 Ed. (336)
Newark Electronics
2002 Ed. (2089, 2095)
Newark Extended Care Facility
1990 Ed. (1739)
Newark Group
2005 Ed. (3689, 4032)
Newark InOne
2008 Ed. (2457, 2466, 2467, 2468, 2469, 2470)
2007 Ed. (2331, 2340)
2005 Ed. (2349, 2350, 2351, 2352, 4349)
2004 Ed. (2249, 2250, 2252)
Newark International
1995 Ed. (169, 194)
1994 Ed. (152, 191, 192)
Newark International Airport
1991 Ed. (216)
Newark, NJ
2008 Ed. (4731)
2007 Ed. (2269, 3011)
2006 Ed. (3068)
2005 Ed. (881, 2389, 3064, 3323, 4825, 4827, 4973, 4974)
2004 Ed. (926, 2984, 3456, 3800, 4317, 4787, 4834, 4836, 4972, 4973)
2003 Ed. (254, 903, 2346, 3390, 3770, 4307, 4851)
2002 Ed. (396, 966, 2628, 2762, 2879, 3332, 4180, 4743, 4745, 4931, 4932, 4933)
2001 Ed. (1155, 2793, 2794, 2796, 2797, 4164, 4678, 4680, 4792, 4851, 4852, 4853)
2000 Ed. (1010, 1070, 2605, 2615, 3103, 3118, 3765, 3865, 4093, 4364, 4369, 4396)
1999 Ed. (1070, 1172, 1175, 2833, 3373, 3389, 3890, 4040, 4150, 4773)
1998 Ed. (684, 739, 1234, 2365, 2481, 3166, 3706, 3731)
1997 Ed. (678, 940, 2355, 2359, 2361, 2362, 2761, 3303, 3390, 3900)
1996 Ed. (344, 346, 748, 2223, 2230, 2231, 2618, 3293, 3852)
1995 Ed. (243, 677, 2221, 2223, 2665, 3195, 3543, 3544, 3746)
1994 Ed. (333, 718, 720, 820, 821, 822, 823, 827, 2171, 2173, 2174, 2503, 3151)
1993 Ed. (709, 808, 884, 2071, 2146, 2150, 3105, 3717)
1992 Ed. (310, 897, 898, 1010, 1014, 1086, 1155, 1356, 2540, 2551, 2581, 2585, 3033, 3043, 3044, 3236, 3697, 3809, 4456)
1991 Ed. (715, 716, 826, 827, 829, 1397, 2007, 2011, 2434, 2437, 2443, 2444, 2445, 2446)
1990 Ed. (243, 404, 1464, 2166, 2558, 2559, 2560, 2561)
1989 Ed. (2, 343, 843, 844, 845, 846, 847, 1644, 1962, 2051, 2247)
Newark-Northern New Jersey
2004 Ed. (3734)
Newark Star Ledger
1999 Ed. (3613)
1998 Ed. (76, 81, 82, 83, 84, 85)
The Newberry Group Inc.
2007 Ed. (3572, 3573, 4430)
2006 Ed. (3523)
2003 Ed. (2730)
Newberry State Bank
1996 Ed. (536)
Newberry; Stephen
2008 Ed. (939)
Newbold's Asset
1993 Ed. (2317, 2321)
Newbold's Asset Management Inc.
1998 Ed. (2310)
1992 Ed. (2761)
1991 Ed. (2230)
1990 Ed. (2322)
1989 Ed. (1800, 1803, 2139, 2141)
Newbold's Son & Co. Inc./Hopper Soliday & Co. Inc.; W. H.
1991 Ed. (783)
Newbold's Son & Co./Hopper Soliday & Co. Inc.; W.H.
1992 Ed. (962)
Newbold's Son & Co.; W. H.
1996 Ed. (810)
1993 Ed. (768)
1990 Ed. (819)
Newbold's Son & Co. Inc.; W.H.
1989 Ed. (820)
Newbold's Son's & Co.; W. H.
1994 Ed. (784)
Newborn Specialists PC; N. W.
2008 Ed. (2020)
Newbreed Capital Management
1996 Ed. (1056)
Newbridge
1998 Ed. (196)
1996 Ed. (246)
1993 Ed. (2612, 2752)
Newbridge Capital LLC
2006 Ed. (1420)
Newbridge Networks Corp.
2003 Ed. (3637)
2001 Ed. (1659, 2865)
2000 Ed. (2458, 4266)
1999 Ed. (2667)
1997 Ed. (2214)
1996 Ed. (2108, 2895, 2896)
1994 Ed. (2703, 2709, 2710)
1992 Ed. (1588, 3314)
NewBridge Partners LLC
2005 Ed. (360)
Newburgh, NY
2004 Ed. (4221)

Newburgh, NY-PA
2005 Ed. (3472, 3475)
2001 Ed. (2359)
Newbury Marketing
1997 Ed. (3704)
1993 Ed. (3513)
Newcastle
2008 Ed. (697)
2007 Ed. (725)
2001 Ed. (4301)
Newcastle Brown Ale
2008 Ed. (540, 544)
Newcastle Construction
2006 Ed. (1160)
2004 Ed. (1141)
Newcastle Permanent
2004 Ed. (3952)
Newcastle United
2006 Ed. (4398)
2005 Ed. (4391)
Newco
1990 Ed. (1138)
Newcor
1995 Ed. (2001)
Newcourt Credit Group Inc.
2000 Ed. (1399)
1998 Ed. (388)
Newcourt Small Business Lending Corp.
2002 Ed. (4295)
Newcrest Mining
2007 Ed. (1587)
Newegg.com
2008 Ed. (1110, 4043)
2007 Ed. (2317)
2006 Ed. (2374)
Newell Co.
2005 Ed. (1527)
2004 Ed. (1511)
2003 Ed. (1481)
2002 Ed. (1460)
2001 Ed. (3281)
2000 Ed. (3034, 3084, 3085)
1999 Ed. (2806, 3347, 3348, 3776)
1998 Ed. (1962, 1963, 2049, 2434, 2468, 2469)
1997 Ed. (2752, 2753)
1996 Ed. (2197, 2609, 2610)
1995 Ed. (2122, 2547)
1994 Ed. (1223, 2073, 2074, 2131, 2433)
1993 Ed. (1227, 2054, 2495)
1992 Ed. (1388, 2432, 2433, 2967, 3029)
1991 Ed. (1220, 2381, 2419, 2421, 1202, 1925, 1926)
1990 Ed. (2037)
Newell & Sorrell
1996 Ed. (2236)
1995 Ed. (2227)
Newell Rubbermaid Inc.
2008 Ed. (1214, 2992, 3217, 3662, 3663)
2007 Ed. (2869, 2870, 2872, 2901, 2977, 2978, 3076, 3491, 3492, 4518)
2006 Ed. (2875, 2876, 2878, 2957, 2961, 3043, 3466, 3467)
2005 Ed. (1464, 1491, 2782, 2783, 2871, 2872, 2962, 3040, 3457, 3458, 3854, 4467, 4508, 4519)
2004 Ed. (1226, 1475, 2790, 2791, 2868, 2870, 2871, 2875, 2876, 2957, 2959, 3027, 3430, 3431)
2003 Ed. (1445, 2775, 2871, 3287, 3292, 3364, 3365, 3380, 4144)
2002 Ed. (3316, 3317)
2001 Ed. (3220, 3221, 3280, 3286)
NEWERA Partners Ltd.
2006 Ed. (4539)
2002 Ed. (4482)
Newfarmer; Gerald
1993 Ed. (2638)
Newfarmer; Gerald E.
1991 Ed. (2546)
Newfield Exploration Co.
2005 Ed. (3741, 3742)
2004 Ed. (3833)
Newfoundland
2007 Ed. (3783, 4688)
2006 Ed. (1750, 3238, 3786, 4668)
2001 Ed. (4110)
Newfoundland & Labrador Hydro
1992 Ed. (1897)
1990 Ed. (1599)
Newfoundland Capital Corp. Ltd.
1997 Ed. (1375, 3789)
1996 Ed. (3733)
Newfoundland Light & Power Co.
1992 Ed. (1897)
Newfoundland Telephone Co.
1992 Ed. (4211)
1990 Ed. (3519)
Newgate LLP, Municipal Bond (Tax Free Extra Yield)
2003 Ed. (3132, 3139)
Newgateway PLC
1991 Ed. (1140, 1141, 1170)
Newhall Land & Farm
2000 Ed. (3003)
Newhall Land & Farming Co.
1999 Ed. (3997)
1998 Ed. (3007)
1997 Ed. (3259)
1995 Ed. (3065)
Newhall Ld. & Farm
1990 Ed. (2966)
Newhaven Homes
2005 Ed. (1220)
Newhouse
1992 Ed. (1024, 2959)
1990 Ed. (868, 877)
Newhouse Broadcasting
1996 Ed. (858)
1994 Ed. (832)
1993 Ed. (814)
Newhouse/Conde Nast
1992 Ed. (3390)
1991 Ed. (2709)
Newhouse; Donald
2008 Ed. (4825)
2007 Ed. (4896)
2006 Ed. (4901)
2005 Ed. (4851)
1994 Ed. (708)
Newhouse; Donald E.
1993 Ed. (699)
1992 Ed. (890)
1991 Ed. (710)
1990 Ed. (731, 3688)
1989 Ed. (732)
Newhouse; Donald Edward
1995 Ed. (664)
Newhouse Foundation; Samuel I.
1994 Ed. (1903)
Newhouse, Jr., Donald E Newhouse; Samuel I
1991 Ed. (3477)
Newhouse, Jr.; Donald Edward
1989 Ed. (1986)
Newhouse, Jr., Donald Edward Newhouse; Samuel Irving
1991 Ed. (2461)
Newhouse, Jr.; Samuel I.
1994 Ed. (708)
1993 Ed. (699)
1992 Ed. (890)
1991 Ed. (710)
1990 Ed. (731)
1989 Ed. (732)
Newhouse Jr.; Samuel Irving
2008 Ed. (4825)
2007 Ed. (4896)
2006 Ed. (4901)
2005 Ed. (4851)
1995 Ed. (664)
Newhouse; Mitzi
1990 Ed. (731)
Newhouse Newspapers
1990 Ed. (2689)
Newhouse; Samuel I Newhouse, Jr., Donald E
1991 Ed. (3477)
Newhouse; Samuel Irving & Donald Edward
1990 Ed. (2576)
Newhouse; Samuel Irving Newhouse, Jr., Donald Edward
1991 Ed. (2461)
Newly Wed Foods Inc.
1992 Ed. (492)
Newmac
2002 Ed. (2377)
Newman & Associates Inc.
2001 Ed. (786)
2000 Ed. (3979)
1999 Ed. (4243)
1998 Ed. (3009, 3254)
1997 Ed. (3263)
1996 Ed. (3363)
1995 Ed. (3260)
1993 Ed. (3135, 3142, 3167, 3182, 3200)
Newman Distributor
1999 Ed. (1896)
Newman; J. Robert
1992 Ed. (531)
Newman; Paul
2006 Ed. (2499)
Newman-Stein Co.
1992 Ed. (2977)
Newman's Own
2006 Ed. (2499)
1998 Ed. (3126)
1995 Ed. (1889, 1889)
Newman's Own All-Natural Bandito
1995 Ed. (1889)
Newman's Own Salsa
1994 Ed. (3136)
Newmark & Lewis
1992 Ed. (2428)
1990 Ed. (1646, 2026, 2031, 3327)
1989 Ed. (1255, 1256)
Newmark & Co. Real Estate Inc.
2000 Ed. (3729)
1999 Ed. (4011)
1998 Ed. (3019)
Newmark Home Corp.
2000 Ed. (1188, 1189)
1999 Ed. (1304)
Newmark Homes
2005 Ed. (1216)
2004 Ed. (1190)
2003 Ed. (1185)
2002 Ed. (1192, 2691)
Newmark Knight Frank
2008 Ed. (4108)
NewMark Merrill Companies
2003 Ed. (3965)
2002 Ed. (1077)
Newmark Rug
1991 Ed. (862)
Newmarket Corp.
2006 Ed. (2447, 3575)
Newmarket Films
2006 Ed. (3574)
Newmarket Software Systems Inc.
1999 Ed. (2671)
NewMarket Technology Inc.
2008 Ed. (2925)
NewMech Cos., Inc.
2008 Ed. (1248)
2003 Ed. (1241, 1253)
Newmedia
1999 Ed. (1850)
Newmond PLC
2000 Ed. (2294)
Newmont
2000 Ed. (2380)
Newmont Australia
2004 Ed. (3490)
Newmont Gold Co.
2001 Ed. (3322)
1994 Ed. (2480)
1993 Ed. (2536)
1992 Ed. (3028)
1991 Ed. (1846, 2420)
1990 Ed. (2543, 2589)
1989 Ed. (1946, 2665)
Newmont Mining Corp.
2008 Ed. (1675, 1676, 1683, 1684, 1685, 1686, 1688, 1689, 1692, 3653, 3654)
2007 Ed. (1663, 1664, 1665, 1666, 1667, 1670, 2740, 3479, 3480, 3482, 3485, 3495, 3513, 3514, 3516, 3517, 3844, 4516)
2006 Ed. (831, 1647, 1648, 1649, 1650, 1652, 1654, 1655, 1656, 1657, 1659, 1663, 3422, 3456, 3457, 3471, 3484, 3485, 3825, 3827)
2005 Ed. (1521, 1734, 1736, 1737, 1738, 1739, 1741, 1745, 2739, 2740, 3409, 3447, 3448, 3449, 3452, 3454, 3485, 3743, 3745)
2004 Ed. (1505, 1537, 1589, 1678, 1680, 1681, 1683, 2742, 2743, 3429, 3432, 3433, 3835, 3838, 4576, 4577, 4698)
2003 Ed. (1475, 1648, 1650, 3366, 3367, 3368, 3371, 3374, 3817)
2002 Ed. (1455, 1622, 1769, 3366)
2001 Ed. (3277, 3289, 3320, 3322, 3323)
2000 Ed. (3096, 3097, 3099, 3100, 3136, 3137, 3340)
1999 Ed. (1502, 3357, 3360, 3364, 3365, 3413)
1998 Ed. (149, 1855, 2684, 2685)
1997 Ed. (2946, 2947, 2948)
1996 Ed. (2034, 2850, 2851, 2852)
1995 Ed. (1286, 2581, 2774, 2775, 2776)
1994 Ed. (1064, 1342, 2480, 2672, 2673, 2674)
1993 Ed. (1033, 1226, 1290, 2576, 2726)
1992 Ed. (1286, 1469, 1525, 1526, 1527, 3028, 3082, 3083, 3252, 3253)
1991 Ed. (1217, 1846, 2420, 2611, 2612)
1990 Ed. (2543, 2715, 2716)
1989 Ed. (1051, 1946, 2068, 2069)
Newmont Yandal Operations
2004 Ed. (1631)
Newnan Hospital
2002 Ed. (2455)
Newpark Resources Inc.
2007 Ed. (4881)
Newpoint Equity
2000 Ed. (3271)
Newport
2008 Ed. (976, 4691)
2007 Ed. (4771)
2006 Ed. (4765)
2005 Ed. (4713)
2004 Ed. (4736)
2003 Ed. (970, 971, 4751, 4756)
2002 Ed. (4502, 4629)
2001 Ed. (1230)
2000 Ed. (1061)
1999 Ed. (1135)
1998 Ed. (727, 728, 729, 730)
1997 Ed. (985)
1996 Ed. (971)
1995 Ed. (985, 986)
1994 Ed. (953, 955)
1993 Ed. (941)
1992 Ed. (1151)
1991 Ed. (932)
1990 Ed. (992, 993)
1989 Ed. (907)
Newport Auto Center
1995 Ed. (284)
1994 Ed. (281, 282)
1993 Ed. (284)
1992 Ed. (399)
1991 Ed. (294)
1990 Ed. (317)
Newport Beach, CA
2007 Ed. (3000)
2006 Ed. (2972)
1995 Ed. (2216)
1994 Ed. (2165)
1993 Ed. (2143)
1992 Ed. (2578)
1991 Ed. (938, 2004)
1990 Ed. (2159)
Newport Beach/Fashion Island Area, CA
1996 Ed. (1604)
Newport Beach/Laguna, CA
1991 Ed. (939)
1990 Ed. (999, 1001)
Newport Centre
1990 Ed. (3291)
1989 Ed. (2492)
Newport Electronics Inc.
1994 Ed. (1224, 1226)
Newport Imports Inc.
1995 Ed. (278)
1994 Ed. (272)
1993 Ed. (273, 283)

1992 Ed. (387, 398)
1991 Ed. (282, 293)
1990 Ed. (316, 329)
Newport Japan Opport
2000 Ed. (3279)
Newport, Jersey City
1990 Ed. (1178)
Newport/Layton Home
2007 Ed. (3957)
Newport Media
2007 Ed. (4968)
Newport Menthol
1989 Ed. (904, 905)
Newport Menthol, Carton
1990 Ed. (990, 991)
Newport Mining
1993 Ed. (2536)
Newport News
1999 Ed. (1852)
1998 Ed. (1277)
Newport News Shipbuilding Inc.
2005 Ed. (1491)
2003 Ed. (1844, 1970)
2001 Ed. (265, 266, 1894)
1989 Ed. (2882)
Newport News Shipbuilding & Dry Dock Co.
2003 Ed. (1844)
2001 Ed. (1894)
Newport News Shipbuilding Credit Union
2007 Ed. (2150)
2006 Ed. (2229)
2005 Ed. (2134)
2004 Ed. (1992)
2003 Ed. (1952)
2002 Ed. (1898)
Newport News Shipbuilding Employees Credit Union
2008 Ed. (2265)
Newport News Shipbuildings Inc.
2004 Ed. (4698)
Newport News, VA
2000 Ed. (1065, 2993)
1992 Ed. (3492, 3501)
1990 Ed. (2883)
Newport Pacific Management
2000 Ed. (2819)
1998 Ed. (2287, 2291)
1996 Ed. (2404)
1992 Ed. (2790, 2791, 2796, 2797, 2798)
Newport Partners Income Fund
2008 Ed. (2975)
Newport Printing Systems
1993 Ed. (787)
Newport, RI
2000 Ed. (1090, 3817)
1992 Ed. (2164)
1990 Ed. (997, 2157)
Newport Rolls-Royce
1996 Ed. (286)
Newport Tiger
1996 Ed. (2804)
1995 Ed. (2699, 2706, 2738)
1994 Ed. (2605, 2616)
News Corp.
2008 Ed. (824, 1406, 1987, 2588, 2589, 2593, 2594, 3623, 3625, 3626, 3630, 3750, 3751, 3755, 4093, 4094, 4659)
2007 Ed. (749, 863, 1920, 2311, 2453, 2454, 2455, 2456, 2458, 2459, 3445, 3447, 3448, 3456, 3637, 3638, 4737)
2006 Ed. (20, 160, 294, 657, 765, 1554, 1557, 2492, 2493, 2494, 2497, 2498, 3370, 3433, 3435, 3436, 3572, 3573, 4025, 4716)
2005 Ed. (845, 1465, 1468, 1516, 1549, 1656, 1657, 2452, 3425, 3428, 3989, 4660)
2004 Ed. (98, 868, 1500, 1631, 1632, 1638, 1640, 1642, 1643, 1645, 2422, 3412, 3414, 3416, 3514, 4051, 4689)
2003 Ed. (23, 829, 1470, 1483, 1506, 1614, 1615, 1617, 2344, 3210, 3346, 3347, 3352, 4032, 4571, 4712)
2002 Ed. (228, 345, 346, 1462, 1578, 1583, 1585, 1586, 1588, 1590, 1591, 1593, 1675, 2148, 2149, 3078, 3267, 3280, 3281, 3284, 3286, 3287, 3889)
2001 Ed. (90, 1142, 1541, 1614, 1629, 1630, 1631, 1632, 1633, 1634, 1635, 3230, 3231, 3251, 4490)
2000 Ed. (944, 1386, 1387, 1388, 1841, 3050, 3463, 3690, 4213, 4215)
1999 Ed. (310, 311, 1582, 1583, 1584, 2052, 3307, 3308, 3309, 3310, 3312, 3743, 3977, 4569)
1998 Ed. (2441, 2711, 2780, 2922, 2977, 2980, 3500)
1997 Ed. (282, 283, 1360, 1361, 1362, 2718, 2719, 2726, 3169, 3222, 3225, 3231, 3718, 3720)
1996 Ed. (865)
1995 Ed. (150, 715, 1353, 1354, 1355, 2510, 2878, 3041, 3044, 3047)
1994 Ed. (133, 247, 248, 757, 1220, 1323, 1324, 1402, 1671, 2444, 2980, 2985)
1993 Ed. (151, 752, 1278, 1279, 2505, 2507)
1992 Ed. (235, 1291, 1473, 1573, 1574, 1679, 1985, 2979, 3368, 3592, 3596, 4181, 4182)
1991 Ed. (1255)
1990 Ed. (1331)
1989 Ed. (2793)
News America
2008 Ed. (636)
2007 Ed. (678)
2006 Ed. (648, 2490)
2005 Ed. (738, 2445)
2004 Ed. (2420)
2003 Ed. (2339)
2002 Ed. (2145)
2001 Ed. (3362, 3954)
2000 Ed. (3459)
1999 Ed. (3744)
1998 Ed. (2781)
1997 Ed. (3034)
News America FSI
2002 Ed. (763)
2001 Ed. (1008)
2000 Ed. (792)
1999 Ed. (775)
News America Holdings Inc.
2001 Ed. (3362)
News America Marketing
2007 Ed. (125)
2006 Ed. (131)
News America Publishing
2000 Ed. (1839)
1999 Ed. (2050)
News & current events
2008 Ed. (2454)
2007 Ed. (2329)
News Corp. Ltd.-Australia
1997 Ed. (1253)
1996 Ed. (1207, 1294)
1995 Ed. (1236)
1993 Ed. (1180)
1990 Ed. (1242)
News Corp Ltd.
2000 Ed. (948)
News Corporation
2000 Ed. (325, 326)
News Corporation (Australia)
1991 Ed. (723)
News, financial and other
1991 Ed. (2610)
News Gleaner
2002 Ed. (3502)
News Gleaner Publications
1990 Ed. (2712)
News Group Newspapers Ltd.
2004 Ed. (3941)
News International
1999 Ed. (1609)
1992 Ed. (3235)
1991 Ed. (25)
News International Newspapers Ltd.
2002 Ed. (39)
News International Plc
1994 Ed. (1358)
1993 Ed. (1307)
News International Supply Co., Ltd.
2004 Ed. (3941)
News Journal
2002 Ed. (3508)
1998 Ed. (2681)
1992 Ed. (3246)
News, local
1992 Ed. (3235)
News Corp./Metromedia
1991 Ed. (1145)
News, national
1992 Ed. (3235)
News of the World
2002 Ed. (3515)
1999 Ed. (3619)
News Orleans Times-Picayune/States Interm
1989 Ed. (2055)
News Phone
2004 Ed. (64)
News-Press
2002 Ed. (3508)
2000 Ed. (3337)
1999 Ed. (3618)
1998 Ed. (2681)
News Publishers' Press
2003 Ed. (3928)
News Publishing Australia Ltd.
2005 Ed. (3516)
2004 Ed. (1823)
2003 Ed. (1789, 3449)
2001 Ed. (3361, 3362)
News Retrieval Service; Dow Jones
1991 Ed. (2641, 3450)
News Shopper Property News Series
2002 Ed. (3513)
News Shopper Series
2002 Ed. (3513)
News stands
1991 Ed. (724, 2706)
News/talk radio
2001 Ed. (3962)
News 12 Long Island
1991 Ed. (833, 841)
News-weeklies
2000 Ed. (3471)
Newsboys
2001 Ed. (2270)
NewsCorp Overseas Ltd.
2003 Ed. (4576)
Newsday
2002 Ed. (3501)
2001 Ed. (261, 3543)
2000 Ed. (3334, 3339)
1999 Ed. (3613, 3614, 3621)
1998 Ed. (2683)
1997 Ed. (2943, 2945)
1996 Ed. (2847)
1993 Ed. (2471, 2723, 2724)
1992 Ed. (2939, 3237, 3238)
1991 Ed. (2358)
NewsGator Technologies Inc.
2007 Ed. (3056)
2006 Ed. (3023)
NewsKnowledge GmbH
2007 Ed. (3056)
2006 Ed. (3023)
Newsletters
2000 Ed. (3478)
Newsmedia Magazine
1998 Ed. (1275)
NewsNet
1994 Ed. (2695)
NewSouth Capital
1996 Ed. (2396, 2400, 2408)
Newspaper
2001 Ed. (2781)
1995 Ed. (144)
1993 Ed. (737)
1992 Ed. (919, 3645)
1991 Ed. (736)
Newspaper advertising
1990 Ed. (2737)
Newspaper Enterprise Association
1989 Ed. (2047)
The Newspaper Guild
1998 Ed. (2322)
Newspaper inserts
2001 Ed. (3882)
Newspaper publishing & printing
1995 Ed. (2502)
Newspaper Publishing PLC
1995 Ed. (1012)
1993 Ed. (973)
Newspaper Services of America
2004 Ed. (120)
2003 Ed. (109, 116)
Newspapers
2004 Ed. (1912)
2003 Ed. (25)
2002 Ed. (61, 4954)
2001 Ed. (95, 1078, 2022, 2024, 4876)
2000 Ed. (24, 794, 939)
1998 Ed. (2439)
1997 Ed. (35, 708)
1996 Ed. (771, 3085)
1995 Ed. (693, 3724)
1994 Ed. (744, 3027)
1990 Ed. (2514)
1989 Ed. (1927)
Newspapers, daily
1995 Ed. (143)
Newspapers, local
2006 Ed. (762, 2853)
2005 Ed. (835, 2850)
2004 Ed. (861, 2841)
2003 Ed. (26, 817)
2002 Ed. (918, 2569)
1999 Ed. (992)
1992 Ed. (94)
Newspapers/magazines
1997 Ed. (1208, 2256)
Newspapers, national
2006 Ed. (762, 2853)
2005 Ed. (835, 2850)
2004 Ed. (861, 2841)
2003 Ed. (25, 26, 817)
2002 Ed. (918, 2569)
1999 Ed. (992)
Newspapers, online
2007 Ed. (3240)
Newsphone Hellas SA
2007 Ed. (1748)
2006 Ed. (1740)
Newsprint paper
1992 Ed. (2073)
Newsquest (North London) Group
2002 Ed. (3513)
"NewsRadio"
2001 Ed. (4499)
NewsStand Inc.
2007 Ed. (3056)
2006 Ed. (3023)
Newstel Information
2000 Ed. (4196)
Newsweek
2008 Ed. (153, 3533)
2007 Ed. (140, 143, 146, 148, 151, 170, 3403)
2006 Ed. (146, 148, 151, 154, 156, 159, 3347)
2005 Ed. (136, 146, 3361)
2004 Ed. (148, 3333, 3336)
2003 Ed. (191)
2002 Ed. (221)
2001 Ed. (257, 1231, 3192, 3194, 3196, 3710, 3954)
2000 Ed. (3459, 3461, 3472, 3475, 3476, 3481, 3493)
1999 Ed. (1853, 3744, 3752, 3753, 3764, 3770)
1998 Ed. (1343, 2781, 2783, 2784, 2787, 2798)
1997 Ed. (3035, 3036, 3038, 3045, 3048, 3049)
1996 Ed. (2956, 2957, 2958, 2962, 2965, 2971)
1995 Ed. (2878, 2882, 2886, 3041)
1994 Ed. (2782, 2783, 2793, 2794, 2798, 2801, 2805)
1993 Ed. (2789, 2790, 2797, 2804)
1992 Ed. (3370, 3371, 3388)
1991 Ed. (2701, 2702, 2707, 3246)
1990 Ed. (2801)
1989 Ed. (185, 2172, 2180)
Newsweek International
1990 Ed. (3326)
Newsweeklies
2007 Ed. (166)
Newt Gingrich
1994 Ed. (845)

Newton Buying Corp.
1997 Ed. (2321)
Newton European
2000 Ed. (3308)
The Newton Group Inc.
2008 Ed. (1311)
Newton Income
2000 Ed. (3297)
1995 Ed. (2750)
Newton Investment Management
1993 Ed. (2356, 2357)
Newton McCollugh
1993 Ed. (1701)
Newton; Michael
2006 Ed. (2500)
Newton Trust
1991 Ed. (626)
Newton; Wayne
1994 Ed. (1100)
1991 Ed. (844)
Newton-Wellesley Hospital
2006 Ed. (2921)
Newtons
2008 Ed. (1380)
2005 Ed. (1398)
2004 Ed. (1378)
2003 Ed. (1369)
2002 Ed. (1338)
2001 Ed. (1493, 1494)
1999 Ed. (1420)
Newtons; Nabisco
2005 Ed. (1397)
Newtown
2005 Ed. (3895, 3897)
Newtrend
1994 Ed. (464)
1993 Ed. (459)
Newtrend/Miser
1990 Ed. (535)
Newtrend/Miser Information
1990 Ed. (534)
The Newtron Group Inc.
2007 Ed. (1378)
2006 Ed. (1326)
1995 Ed. (1159)
1994 Ed. (1140)
1993 Ed. (1124)
Newtwork Equipment Technologies
1991 Ed. (1876)
Nex-Link Communications Project Services LLC
2005 Ed. (1545)
Nexabit Networks
2001 Ed. (1247, 1866)
2000 Ed. (1753, 4340)
NexAir LLC
2008 Ed. (4428)
Nexans Deutschland Industries AG & Co., KG
2004 Ed. (4593)
Nexans Wires & Cables Co., Ltd.
2007 Ed. (3497)
Nexar Technology
2000 Ed. (3392)
Nexaweb Technologies
2008 Ed. (1154)
NexCycle
2000 Ed. (1098, 4043)
Nexen Inc.
2008 Ed. (1429, 1552, 1553, 1623, 3915)
2007 Ed. (1613, 1648, 3862, 3864, 4589)
2006 Ed. (1592, 3845)
2005 Ed. (1727, 3763, 3774, 3776)
2004 Ed. (3852)
2003 Ed. (1637, 3823)
Nexen Tire
2008 Ed. (850)
Nexfor Inc.
2007 Ed. (1862)
2005 Ed. (1709)
2004 Ed. (3320)
2003 Ed. (3723)
2002 Ed. (3576)
2001 Ed. (3627)
Nexfor (USA) Inc.
2006 Ed. (1858)
2005 Ed. (1851)
2004 Ed. (1785)
2003 Ed. (1749)
Nexia International
1997 Ed. (17)
1996 Ed. (6, 19)
NexInnovations
2008 Ed. (1637, 2935)
2007 Ed. (2807)
2006 Ed. (2815)
Nexium
2008 Ed. (2378, 2379, 2381, 2382)
2007 Ed. (2242, 2243, 2246, 2247, 3910, 3911)
2006 Ed. (2313, 2315, 3881, 3882)
2005 Ed. (2248, 2251, 2253, 2254, 3813, 3815)
Nexsen Pruet
2001 Ed. (913)
Nexsen Pruet Adams Kellmeier
2008 Ed. (3413, 4112)
Next
2008 Ed. (552, 706, 996, 4240)
2007 Ed. (716, 737, 1117, 4193, 4205, 4643)
2006 Ed. (1782, 4174, 4186, 4644)
2005 Ed. (1031)
1995 Ed. (1404, 2879)
1994 Ed. (3679)
1993 Ed. (3474)
1992 Ed. (1628, 4491)
1991 Ed. (1279)
Next King Size Box
2000 Ed. (1063)
1999 Ed. (1138)
Next KS
1997 Ed. (988)
Next Wave Stocks
2002 Ed. (4857)
NexTag
2007 Ed. (4167)
Nextance
2008 Ed. (1126)
Nextbank
2004 Ed. (361)
Nextel
2006 Ed. (4695)
2005 Ed. (1601, 4629)
2004 Ed. (4671)
Nextel Communications Inc.
2007 Ed. (154, 854, 1475, 1785)
2006 Ed. (803, 1092, 1422, 1448, 2096, 2097, 2108, 2110, 2111, 2850, 3041, 3550, 4465, 4473, 4687, 4688, 4692, 4693, 4696, 4704, 4971)
2005 Ed. (836, 1089, 1090, 1098, 1609, 1633, 1823, 1996, 1997, 2005, 2006, 2010, 3038, 4450, 4517, 4623, 4626, 4627, 4641, 4652, 4978, 4985)
2004 Ed. (1081, 1578, 1589, 1880, 1881, 3021, 3023, 3024, 3662, 4486, 4669, 4670, 4676)
2003 Ed. (195, 1076, 1846, 4544, 4691, 4692, 4693, 4975, 4976, 4977, 4980)
2002 Ed. (1124, 1553, 1795, 2470, 4360, 4361, 4566, 4883, 4977)
2001 Ed. (1039, 1041, 1600)
2000 Ed. (958)
1997 Ed. (1254, 2587)
1996 Ed. (1202, 1277)
1995 Ed. (1307)
Nextel Communications A
1998 Ed. (3422)
Nextel Communications Philippines Inc.
2005 Ed. (1995)
Nextel Partners Inc.
2007 Ed. (1550, 3070, 3618, 4701, 4707, 4971)
2006 Ed. (1092, 2084, 3038)
2005 Ed. (1098, 4979)
Nextep
2008 Ed. (2008)
Nextera Enterprises, Inc.
2001 Ed. (4181)
Nextest Systems
2002 Ed. (4255)
Nextgen Healthcare Information Systems
2008 Ed. (2479)
NextGen Information Services Inc.
2008 Ed. (3718, 4409, 4969)
2007 Ed. (3572, 3573, 4430)
2006 Ed. (3523, 4362)
NextLevel Systems Inc.
1998 Ed. (1890)
Nextlink Communications
2002 Ed. (1553)
NEXTLINK Interactive, Inc.
2001 Ed. (4468)
NexTran
2004 Ed. (263)
NexTrend
2005 Ed. (757)
NextWave Telecom—C & F Block
2003 Ed. (1427)
NextWeb
2007 Ed. (4727)
Nexus Corp.
2007 Ed. (4990)
2006 Ed. (4993)
2005 Ed. (4994)
2004 Ed. (4989)
Nexus Choat
2002 Ed. (3869)
1999 Ed. (3933)
Nexus Communcacion Total
1999 Ed. (65)
Nexus Communicacion Total
2001 Ed. (112)
Nexus Comunicacion Total
2002 Ed. (84)
Nexus Comunicacion Total (McCann)
2000 Ed. (69)
Nexus-Optimus
2003 Ed. (51)
Nexus Technologies Inc.
2002 Ed. (1072)
Nexxus
1991 Ed. (1880)
Neyveli Lignite Corp.
2007 Ed. (2390)
Neyveli Lignites
1999 Ed. (741)
NFC
1997 Ed. (3792)
NFC Championship
2006 Ed. (4719)
NFC Championship Game
1993 Ed. (3538)
1992 Ed. (4252)
NFC Logistics
1999 Ed. (963)
NFC North America
2000 Ed. (4317)
1999 Ed. (1627)
NFC Playoff
1992 Ed. (4252, 4252)
NFC Playoff Game
1993 Ed. (3538)
NFC Playoff Game Sunday
1993 Ed. (3538)
NFC plc
2001 Ed. (4623)
2000 Ed. (287)
1998 Ed. (159)
1997 Ed. (235, 238)
1995 Ed. (209, 210, 213)
1994 Ed. (206, 207, 209, 210, 213)
1993 Ed. (218, 219, 220, 221, 3473)
NFC Public Ltd. Co.
1992 Ed. (323)
NFC (U.K.) Ltd.
2001 Ed. (4622)
NFC Wildcard Game
1993 Ed. (3538)
NFC Wildcard Playoff
1992 Ed. (4252)
NFI Industries
2008 Ed. (4744, 4764)
2007 Ed. (4817)
NFJ Investment Group
1995 Ed. (2360)
1991 Ed. (2231)
NFJ Investment Group, Income Equity
2003 Ed. (3124, 3141)
NFJ Investment Group, Value Equity
2003 Ed. (3124, 3127)
NFL
2008 Ed. (3367)
2005 Ed. (4453)
NFL Films
2007 Ed. (2452)
NFL Football: Chicago vs. Minnesota
1992 Ed. (1033)
NFL Football: Cleveland vs. Houston
1992 Ed. (1033)
NFL Football: Dallas vs. Washington
1992 Ed. (1033)
NFL Football: L.A. Raiders vs. San Diego
1992 Ed. (1033)
NFL Football: L.A. Raiders vs. Seattle
1992 Ed. (1033)
NFL Football: L.A. Rams vs. New Orleans
1992 Ed. (1033)
NFL Football: New England vs. Miami
1992 Ed. (1033)
NFL Football '94 Starring Joe Montana
1995 Ed. (3696)
NFL Football: N.Y. Jets vs. Indianapolis
1992 Ed. (1033)
NFL GameDay '98
1999 Ed. (4712)
NFL Internet Group
2008 Ed. (3372)
2007 Ed. (3243)
2003 Ed. (3054)
NFL Monday Night Football
2006 Ed. (2855)
2004 Ed. (300, 850, 4450, 4685, 4686, 4692)
2001 Ed. (4487, 4498)
1995 Ed. (3582)
1993 Ed. (3534)
NFL Network
2007 Ed. (2452)
NFL on Fox
2006 Ed. (750)
NFL Regular Season
2008 Ed. (826)
2006 Ed. (764)
NFLShop.com
2008 Ed. (2448)
NFO Research Inc.
1998 Ed. (2436)
1997 Ed. (2710)
1996 Ed. (2569, 3190)
1995 Ed. (2508)
1994 Ed. (2442)
1993 Ed. (2503, 2995)
1992 Ed. (2976, 3662)
1991 Ed. (2835, 2386)
1990 Ed. (2980)
NFO UK
2002 Ed. (3258, 3259, 3261, 3262)
NFO WorldGroup
2005 Ed. (1467, 4041)
2004 Ed. (4096, 4101)
2003 Ed. (4069, 4077)
2002 Ed. (3253)
NFO Worldwide Inc.
2002 Ed. (3255)
2001 Ed. (4046, 4047)
2000 Ed. (3041, 3042, 3755, 3756)
1999 Ed. (3304, 4041, 4042)
NFP Securities
2002 Ed. (789)
NFS Financial Corp.
1993 Ed. (591)
1990 Ed. (453)
nFusion Group
2008 Ed. (110)
Ng Lee & Associates
1997 Ed. (24, 25)
1996 Ed. (22, 23)
Ng Teng Fong
2008 Ed. (4850)
2006 Ed. (4918, 4919)
Ng-Yow; Richard
1996 Ed. (1840)
Ngaire Cuneo
1999 Ed. (4805)
NGAS Resources Inc.
2008 Ed. (4360, 4364)
2007 Ed. (4394)
2006 Ed. (2739)
NGC
2000 Ed. (1476)
1999 Ed. (1746, 3594, 3832, 3833)
1998 Ed. (1062, 2662, 2665, 2856, 2861)

1997 Ed. (2924, 2927, 3118)
N'Gel
2001 Ed. (1939)
NGG Ltd. Inc.
1996 Ed. (2027)
NGK
1995 Ed. (335, 335)
NGK Insulators Ltd.
2001 Ed. (1146)
NGK Spark Plugs (USA) Inc.
2006 Ed. (2117)
NGuard Intermediate-Term Bond Index
2004 Ed. (692)
Nguyen; Bill
2005 Ed. (2453)
NH Auto Reinsurance Facility
1992 Ed. (3259)
N.H. Geotech
1993 Ed. (3604, 3605)
NHC Communications Inc.
2002 Ed. (1604)
NHL
2005 Ed. (4453)
NHL Hockey '94
1995 Ed. (3696)
NHL Network
2003 Ed. (3054)
nhl.com
2001 Ed. (2975)
NHMA International Housewares Exposition
1996 Ed. (3728)
1990 Ed. (3627)
1989 Ed. (2861)
NHN
2008 Ed. (2079)
2006 Ed. (4537)
Nhong Shim
1989 Ed. (40)
Nhongshim
1991 Ed. (33)
NHP Inc.
1998 Ed. (177, 178)
1994 Ed. (3023)
1993 Ed. (238, 239, 2980)
1992 Ed. (3633)
NHS
2008 Ed. (1053)
2007 Ed. (1160)
2006 Ed. (1068)
2005 Ed. (1060)
NI Numeric Investors Emerging Growth
2006 Ed. (3648, 3649)
NI Numeric Investors Small Cap Value
2006 Ed. (3652, 3653)
2004 Ed. (3573)
The NIA Group
1995 Ed. (2274)
Niacin
2001 Ed. (4704)
Niaga
1995 Ed. (3268)
Niaga Securities
1997 Ed. (3473)
Niagara
2003 Ed. (3168)
2000 Ed. (2407)
Niagara Credit Union
2006 Ed. (2185)
2005 Ed. (2090)
2002 Ed. (1851)
1999 Ed. (1804)
Niagara Falls, NY
1994 Ed. (2245)
1990 Ed. (1010, 1151)
1989 Ed. (1612)
Niagara Fire Insurance Co.
1991 Ed. (2585)
Niagara Mohawk Holdings Inc.
2001 Ed. (1046)
Niagara Mohawk Power Corp.
2002 Ed. (4873)
2000 Ed. (3963)
1997 Ed. (3214)
1995 Ed. (1632)
1991 Ed. (1806)
Niall Shiner
1997 Ed. (1973, 1999)
Niamh & Stephen Keating
2005 Ed. (4885)
Niamh Keating
2007 Ed. (4920)
Niaspan
2006 Ed. (2312)
NIB Capital Bank
2008 Ed. (481)
2007 Ed. (526)
2006 Ed. (504)
2005 Ed. (585)
2004 Ed. (596)
2003 Ed. (591)
2002 Ed. (625)
NIB Health Funds
2002 Ed. (3777)
NIB International Bank
2008 Ed. (408)
2007 Ed. (438)
2005 Ed. (492)
2004 Ed. (484)
Nibbard Brown & Co. Inc.
1994 Ed. (784)
Nibco Inc.
2007 Ed. (3216)
NIBID
1999 Ed. (304)
Niblock; Robert A.
2008 Ed. (1108)
Nibs
2008 Ed. (837)
NIC
2006 Ed. (4522)
2003 Ed. (2717)
2002 Ed. (4445)
NIC Bank
2000 Ed. (3315)
Nicaragua
2006 Ed. (2330)
2005 Ed. (4729)
2004 Ed. (2766)
2002 Ed. (537, 4080)
2001 Ed. (4148, 4587, 4588)
1999 Ed. (1146)
1997 Ed. (3372)
1996 Ed. (3274)
1993 Ed. (2367)
Nicastro; Louis J.
1996 Ed. (1715)
Nicastro; Neil D.
1996 Ed. (1716)
Nice
2006 Ed. (93)
2000 Ed. (1133)
1999 Ed. (1219)
1991 Ed. (3387)
1989 Ed. (2795)
Nice, France
1992 Ed. (1165)
Nice Girls Don't Get the Corner Office
2006 Ed. (635)
Nice Group
1993 Ed. (54)
1992 Ed. (82)
Nice 'n Clean
2003 Ed. (3430)
Nice 'n Easy
2001 Ed. (2654, 2655)
1997 Ed. (2171)
Nice 'N Easy; Clairol
2008 Ed. (2874)
2007 Ed. (2757)
2006 Ed. (2751)
2005 Ed. (2779)
Nice 'n' Fluffy
2003 Ed. (2429)
Nichi
1997 Ed. (3354)
Nichiboshin Ltd.
1991 Ed. (1715)
1990 Ed. (1778)
Nichido
1992 Ed. (2712)
Nichido Fire & Marine Insurance Co. Ltd.
1999 Ed. (2915)
1997 Ed. (2418)
1995 Ed. (2279)
1994 Ed. (2232)
1990 Ed. (2274)
Nichido Fire & Marine Isurance Co. Ltd.
1992 Ed. (2706)
1991 Ed. (2143)
Nichido Firel & Marine Insurance Co. Ltd.
1993 Ed. (2252)
Nichii
1998 Ed. (3096)
1994 Ed. (3113)
1990 Ed. (3050, 3054)
1989 Ed. (2333)
Nichimen Corp.
2000 Ed. (3821, 4285, 4286)
1999 Ed. (4107, 4645)
1998 Ed. (3610)
1997 Ed. (3784)
1996 Ed. (3406)
1995 Ed. (3152, 3334)
1994 Ed. (1319, 1410, 3106, 3255)
1993 Ed. (1277, 1356, 3047, 3261, 3270)
1992 Ed. (1568, 1657, 1659, 3738, 4434)
1990 Ed. (3636)
1989 Ed. (1132)
Nichirei Corp.
2007 Ed. (4880)
2002 Ed. (2306)
1999 Ed. (2465)
1997 Ed. (2040)
1995 Ed. (1901)
1994 Ed. (1876)
1993 Ed. (1880)
1992 Ed. (2193)
1991 Ed. (1744)
Nichiro Gyogyo Kaisha Ltd.
2000 Ed. (223)
1999 Ed. (200)
1997 Ed. (182)
1995 Ed. (164)
1994 Ed. (146)
1993 Ed. (162)
1992 Ed. (256)
Nichiyu
2007 Ed. (4855)
2006 Ed. (4852)
Nichola Pease
2008 Ed. (4897, 4902)
Nicholas Co.
1991 Ed. (2565)
1989 Ed. (1998)
Nicholas & Co.
2006 Ed. (2087)
Nicholas-Applegate
2003 Ed. (3071)
2002 Ed. (3009)
2000 Ed. (2834)
1995 Ed. (2355, 2359, 2367)
1992 Ed. (2791, 2797, 2798)
Nicholas-Applegate Balanced Growth A
1999 Ed. (3534)
Nicholas-Applegate Capital
1991 Ed. (2230)
Nicholas-Applegate Capital Management
1993 Ed. (2330)
Nicholas-Applegate Capital Management LP
2004 Ed. (3195)
2003 Ed. (1502, 1507)
Nicholas-Applegate Emerging Companies I
1999 Ed. (3540)
Nicholas-Applegate Emerging Cos
2000 Ed. (3258)
Nicholas-Applegate Emerging Country A
1998 Ed. (2622, 2630)
Nicholas-Applegate Emerging Country B
1998 Ed. (2622, 2630)
Nicholas-Applegate Emerging Country C
1998 Ed. (2622, 2630)
Nicholas-Applegate Emerging Country Inst.
1998 Ed. (2622)
Nicholas-Applegate Emerging Country Institutional
1998 Ed. (2630)
Nicholas-Applegate Emerging Country Qualified
1998 Ed. (2630)
Nicholas-Applegate Growth Equity A
1993 Ed. (2687)
Nicholas Applegate High-Yield Bond Fund
2003 Ed. (3530)
Nicholas-Applegate Int Sm Cap Growth
2000 Ed. (3275)
Nicholas-Applegate International Core Gr I
1999 Ed. (3564)
Nicholas Applegate International Small Cap Growth Fund
2003 Ed. (3529)
Nicholas-Applegate Latin America
2002 Ed. (3477)
Nicholas-Applegate Worldwide Growth
2000 Ed. (3233)
Nicholas Chabraja
2007 Ed. (961)
2006 Ed. (870, 3931)
Nicholas; Charles R.
1997 Ed. (1804)
Nicholas D. Chabraja
2008 Ed. (951)
2007 Ed. (1029)
2005 Ed. (2517)
Nicholas Fund
2006 Ed. (3609)
2004 Ed. (3658)
1990 Ed. (2391)
Nicholas Hawkins
2000 Ed. (2134)
1999 Ed. (2346)
Nicholas II
1999 Ed. (3505)
Nicholas III; Henry
2006 Ed. (4910)
2005 Ed. (4856)
Nicholas Income
2003 Ed. (3524)
2000 Ed. (766)
1999 Ed. (753)
1996 Ed. (2781, 2795)
1993 Ed. (2675)
1990 Ed. (2386)
Nicholas J. St. George
1999 Ed. (1411)
Nicholas J. Tricarico, Architect
2006 Ed. (3171)
2005 Ed. (3169)
Nicholas Kiwi
1992 Ed. (61)
Nicholas Kwan
1999 Ed. (2281)
Nicholas L. Ribis
2000 Ed. (1877)
1999 Ed. (2079)
Nicholas Laboratories
1992 Ed. (1874)
Nicholas Limited Edition
1992 Ed. (3193)
Nicholas Lobaccaro
2000 Ed. (1982)
Nicholas; Peter
2008 Ed. (4829)
2007 Ed. (4892)
Nicholas; Peter M.
2006 Ed. (4904)
2005 Ed. (4849)
Nicholas Spencer
1999 Ed. (2241)
1998 Ed. (1651)
1997 Ed. (1861)
1996 Ed. (1771, 1773, 1785)
Nicholas Toufexis
1991 Ed. (1682)
Nichols Foods Ltd.
2003 Ed. (3297)
Nichols Homeshield
1990 Ed. (1294)
Nichols Institute
1996 Ed. (1210)
Nichols; J. Larry
2007 Ed. (2507)
Nichols; Mike
2008 Ed. (2582)
Nichols Pang
1997 Ed. (1962)
Nichols Research Corp.
1993 Ed. (1566)
1992 Ed. (488)

Nichols; S. E.
1991 Ed. (3224)
1990 Ed. (1303)
Nicholson Chamberlain Colls Group Ltd.
1995 Ed. (1006, 1007)
Nicholson Construction
2008 Ed. (1275)
2005 Ed. (1312)
2004 Ed. (1305)
1999 Ed. (1369)
1998 Ed. (947)
1996 Ed. (1139)
1992 Ed. (1415)
1991 Ed. (1082)
Nicholson Construction of America
1995 Ed. (1172)
1994 Ed. (1147)
1993 Ed. (1128)
Nicholson Kovac Inc.
2008 Ed. (193, 194)
2007 Ed. (206)
2006 Ed. (198)
Nicholson; Vanessa-Mae
2007 Ed. (4925)
Nicholson; W. W.
1995 Ed. (1232)
NICK
2000 Ed. (943)
1998 Ed. (583, 589)
Nick A. Caporella
1994 Ed. (1722)
1993 Ed. (1703)
1990 Ed. (1721, 1722)
1989 Ed. (1382)
Nick Alexander Imports
1996 Ed. (265)
1995 Ed. (264)
1994 Ed. (262)
1993 Ed. (293)
1992 Ed. (408)
1991 Ed. (303)
NICK at NITE/Nickelodeon
1994 Ed. (829)
Nick Bell
1999 Ed. (2310)
Nick Jr.
2007 Ed. (167)
2005 Ed. (147, 148)
Nick Jr. Family Magazine
2007 Ed. (128)
2006 Ed. (134)
2005 Ed. (131)
Nick Mendoza Productions
1991 Ed. (1911)
Nick Pink
2000 Ed. (2099, 2122)
1999 Ed. (2335)
Nick Robertson
2007 Ed. (2465)
Nick Roditi
1999 Ed. (2434)
1998 Ed. (1689)
Nick Snee
2000 Ed. (2077)
1999 Ed. (2301)
nick.com
2001 Ed. (4775)
Nickel
2008 Ed. (1093)
Nickel alloys
2007 Ed. (3701)
2006 Ed. (3707)
2001 Ed. (3547)
Nickel & Dimed
2005 Ed. (721)
Nickel & Dimed: On (Not) Getting by in America
2006 Ed. (590)
Nickelodean
2004 Ed. (140)
Nickelodeon
2008 Ed. (4654)
2007 Ed. (719, 4732, 4733, 4739)
2006 Ed. (4711)
2005 Ed. (4663)
2004 Ed. (4691)
2003 Ed. (4714)
2002 Ed. (3227)
2001 Ed. (1089, 4496)
2000 Ed. (4216)
1996 Ed. (854)
1993 Ed. (812, 822)
1992 Ed. (1022)
1990 Ed. (869, 880, 885)
Nickelodeon/Nick at Nite
1992 Ed. (1015)
Nickelson & Co., Inc.; D. R.
2006 Ed. (4994)
Nickerson & Co., Inc.; C. H.
2006 Ed. (1278)
Nicklaus; Jack
2008 Ed. (2827)
1997 Ed. (278)
1996 Ed. (250)
Nickles
1995 Ed. (339)
Nickles Bakery; Alfred
1992 Ed. (493)
Nicky Byrne
2008 Ed. (4884)
2005 Ed. (4885)
Nicky Oppenheimer
2008 Ed. (4892, 4895)
2007 Ed. (4921)
2006 Ed. (4928)
2005 Ed. (4886)
2004 Ed. (4883)
2003 Ed. (4895)
Nicoderm
2000 Ed. (3319)
1999 Ed. (4342)
1994 Ed. (1560)
Nicoderm CQ
2003 Ed. (3780, 4451)
1999 Ed. (3597)
Nicol; James
2005 Ed. (3857)
Nicolae
2001 Ed. (988)
Nicolai Holt
1997 Ed. (1974)
Nicolas Cage
2002 Ed. (2141)
2001 Ed. (8)
Nicolas Gonzalez Oddone
2006 Ed. (4529)
2002 Ed. (4456, 4457)
Nicolas Hayek
2008 Ed. (4875)
Nicole Eskenazi
1996 Ed. (3875)
Nicole Kidman
2008 Ed. (2579)
2006 Ed. (4922)
2005 Ed. (4862)
2004 Ed. (2409)
2003 Ed. (2329)
2001 Ed. (2270)
Nicole Perrin
2006 Ed. (4922)
Nicole Richie
2008 Ed. (2584)
Nicolet Instruments
1989 Ed. (1309, 1326)
Nicor Inc.
2008 Ed. (2812)
2007 Ed. (2682)
2006 Ed. (2692)
2005 Ed. (2726, 2728, 2730, 3728, 3729, 3769, 3771)
2004 Ed. (3820, 3821, 4493)
2003 Ed. (3811, 3814)
2001 Ed. (3946, 3947)
1999 Ed. (3593)
1998 Ed. (2661, 2664)
1997 Ed. (2926)
1996 Ed. (2819, 2822)
1995 Ed. (2752, 2755, 2906)
1994 Ed. (1941, 2650, 2653)
1993 Ed. (1918, 2702)
1992 Ed. (2259, 3211, 3214)
1991 Ed. (2572)
1990 Ed. (2668)
1989 Ed. (2033)
Nicor Gas
2005 Ed. (2716, 2717, 2718, 2721, 2723, 2724, 2725)
Nicorette
2003 Ed. (2108, 3780, 4450)
2002 Ed. (2053)
1999 Ed. (1905, 4342)
1998 Ed. (2669)
1996 Ed. (1594)
Nicorette Smoking Cessations
1999 Ed. (1932)
Nicotrol
2003 Ed. (4451)
1999 Ed. (4342)
Niculescu; Peter
1997 Ed. (1953)
Niczowski; Susan
2008 Ed. (4991)
2007 Ed. (4985)
Nidec Corp.
2007 Ed. (1834, 2349)
2006 Ed. (3037)
2000 Ed. (4127)
Nidera
2006 Ed. (2541)
Nido
1991 Ed. (32, 41, 45)
NIE
2000 Ed. (2865)
Niederhoffer Investments Inc.
1996 Ed. (1055)
Niedersachsische Immobilien KG
2007 Ed. (4090)
Niehaus Ryan Wong
2000 Ed. (3667)
1999 Ed. (3912, 3953)
The Nielsen Co.
2008 Ed. (4138)
1994 Ed. (2442)
1992 Ed. (2976)
1991 Ed. (2386)
1990 Ed. (3000, 3001)
Nielsen Co.; A. C.
1995 Ed. (3089, 3090)
1993 Ed. (2503, 2995, 2996)
1992 Ed. (3662)
1991 Ed. (2835)
A.C. Nielsen Corp.
1998 Ed. (3042)
1990 Ed. (2980)
Nielsen Construction Co.
1995 Ed. (1146)
Nielsen/IMS International
1997 Ed. (3295, 3296)
1996 Ed. (3190, 3191)
Nielsen Marketing Research
1991 Ed. (2387)
Nielsen Media Research
2008 Ed. (4315)
2005 Ed. (1522)
2002 Ed. (3255)
2001 Ed. (4046, 4047)
2000 Ed. (3042, 3756)
1999 Ed. (4042)
1998 Ed. (3042)
Nieman Printing
2008 Ed. (4030)
Niemi Buick Inc.; Ben
1994 Ed. (263)
Nierenberg; Bradley
2006 Ed. (2514)
NIF Group Inc.
2008 Ed. (3228)
2006 Ed. (3077)
2005 Ed. (3076)
2004 Ed. (3065)
Nifedipine
2002 Ed. (3754)
1992 Ed. (1870)
Nifedipine ER OSM
2002 Ed. (2049)
Nigel Alliance
2008 Ed. (4007)
Nigel & Trevor Green
2005 Ed. (4891)
Nigel Dally
1999 Ed. (432, 2147)
Nigel Doughty
2008 Ed. (4006)
Nigel Green
2008 Ed. (4905)
2007 Ed. (4929)
Nigel Mansell
1996 Ed. (250)
Nigel Morris
2003 Ed. (2409)
Nigel Travis
2008 Ed. (2640)
2007 Ed. (2512)
Nigel W. Morris
2006 Ed. (2532)
2005 Ed. (2512)
Niger
2007 Ed. (4868)
2006 Ed. (4866)
2005 Ed. (4801)
2004 Ed. (4821)
2003 Ed. (1881, 4822)
2002 Ed. (1815, 4707)
2001 Ed. (4656)
1993 Ed. (2951)
Nigeria
2008 Ed. (863, 1019, 2200, 3848, 3863, 3920, 4247, 4624, 4677)
2007 Ed. (886, 1139, 2257, 2830, 3768, 3789, 3871, 4211, 4218, 4754)
2006 Ed. (797, 1050, 1054, 2328, 2640, 2715, 2827, 3771, 3791, 3848, 4208, 4613)
2005 Ed. (875, 1041, 3672, 3702, 3766, 4152, 4532)
2004 Ed. (889, 1040, 3757, 3784, 3855, 4225, 4598)
2003 Ed. (1035, 3711, 3759, 3826, 4198)
2002 Ed. (682)
2001 Ed. (507, 508, 1102, 1298, 2369, 3610, 3761, 3763, 3765, 4128)
2000 Ed. (824, 1896, 3571)
1999 Ed. (1133, 2109, 4477)
1998 Ed. (2311)
1997 Ed. (3105, 3633)
1996 Ed. (3020, 3821)
1995 Ed. (1736, 2925)
1994 Ed. (2860)
1993 Ed. (1952, 2366, 3357)
1992 Ed. (499, 2083, 2095)
1991 Ed. (2754)
1990 Ed. (1075, 1475, 2759, 3633)
1989 Ed. (1219, 1869)
Nigeria Airways Ltd.
2004 Ed. (1827)
2002 Ed. (1746)
Nigeria Bottling Co. plc
2002 Ed. (4450)
Nigeria Emerging Market Fund
1997 Ed. (2907)
Nigeria International Bank
1999 Ed. (613)
1997 Ed. (583)
1996 Ed. (643)
1995 Ed. (573)
1994 Ed. (602)
1993 Ed. (599)
1992 Ed. (806)
Nigeria Merchant Bank
1996 Ed. (643)
1995 Ed. (573)
1992 Ed. (806)
Nigerian Bottling Co.
2006 Ed. (4525)
Nigerian Breweries
2006 Ed. (4525)
2001 Ed. (1605)
Nigerian Breweries plc
2003 Ed. (4555)
2002 Ed. (4450)
Nigerian Industrial Development Bank
1991 Ed. (415, 416)
Nigerian International Bank
1990 Ed. (569)
Nigerian National Petroleum Corp.
2008 Ed. (3913, 3919, 3939)
2007 Ed. (3860, 3870, 3896)
2006 Ed. (3843, 3847, 3866)
2005 Ed. (3761, 3765, 3799)
2004 Ed. (1827, 3850, 3854, 3871)
2003 Ed. (3820, 3825, 3858)
2002 Ed. (1746, 3679, 3680)
2000 Ed. (3531, 3532)
1999 Ed. (3817, 3818)
1998 Ed. (2838, 2839)
1997 Ed. (3110, 3111)
1996 Ed. (3027, 3028)
1995 Ed. (2932, 2933)
1994 Ed. (2869, 2870)
1993 Ed. (2825, 2826)
1992 Ed. (3420, 3421)
Night
2008 Ed. (555, 624)

The Night Before Christmas
2003 Ed. (710)
Night Musk
1990 Ed. (2793)
Night of Olay
2002 Ed. (1951)
1994 Ed. (3313)
Night of the Proms
2005 Ed. (1161)
Night Spice
1990 Ed. (3604)
Night Train
2004 Ed. (4950)
2003 Ed. (4946)
2002 Ed. (4922)
2001 Ed. (4842)
NightHawk Radiology Services
2008 Ed. (2143, 2887)
Nightingale-Conant
1999 Ed. (1849)
1998 Ed. (1274)
Nightingale Nursing Service
2008 Ed. (1958)
2007 Ed. (1894)
2006 Ed. (1912)
Nigro, Karlin & Segal
2002 Ed. (26, 27)
2000 Ed. (12, 21)
1999 Ed. (15, 25)
1998 Ed. (11, 20)
1996 Ed. (18)
NIH.gov
2008 Ed. (3362)
2007 Ed. (3232)
Nihon Architects, Engineers & Consultants Inc.
1991 Ed. (1561)
Nihon Business Computer
1990 Ed. (1640)
Nihon Keizai Shimbun
2002 Ed. (3511)
1999 Ed. (3619)
1997 Ed. (2944)
1996 Ed. (2848)
Nihon Life
1989 Ed. (1698)
Nihon Ryo-In Consul
1990 Ed. (3025)
Nihon Sekkei Inc.
1998 Ed. (1448)
Nihon Travel Agency
1990 Ed. (3653)
Nihon Unisys
1994 Ed. (2199, 2203)
1993 Ed. (1585)
1991 Ed. (1537, 2069)
1990 Ed. (2203)
NII Holdings Inc.
2008 Ed. (1534, 4613, 4614, 4642, 4645, 4939)
2007 Ed. (3618, 4564, 4707, 4725)
2006 Ed. (1092, 2736, 2739, 4578, 4704)
2005 Ed. (1098, 2012, 3035, 3037, 4641)
NIIT
2000 Ed. (1177)
Nika
1997 Ed. (2675, 2676)
Nike
2008 Ed. (273, 765, 982, 983, 984, 985, 990, 992, 993, 995, 996, 1041, 1433, 1500, 2013, 2027, 2028, 2029, 2136, 2138, 2142, 2144, 2146, 3008, 3106, 3872, 3881, 4253, 4254, 4479, 4480)
2007 Ed. (129, 295, 1100, 1101, 1103, 1104, 1108, 1110, 1111, 1114, 1115, 1117, 1518, 1945, 1946, 1947, 2043, 2044, 2886, 2987, 3801, 3809, 3816, 4216, 4217, 4377, 4502, 4503, 4514)
2006 Ed. (136, 293, 1015, 1016, 1022, 1025, 1026, 1027, 1217, 1218, 1488, 1961, 1974, 1975, 1976, 2071, 2072, 2077, 2078, 2082, 4206, 4207, 4310, 4445, 4446, 4729, 4730)
2005 Ed. (269, 270, 1016, 1018, 1019, 1257, 1601, 1605, 1939, 1940, 3181, 4150, 4151, 4366, 4367, 4429, 4430, 4431, 4432, 4433, 4452, 4683, 4684)
2004 Ed. (261, 761, 764, 1002, 1005, 1008, 1226, 1563, 1574, 1839, 1840, 2903, 4222, 4223, 4416, 4417, 4711, 4712)
2003 Ed. (20, 300, 301, 751, 1002, 1006, 1007, 1009, 1217, 1806, 1807, 1808, 3201, 3202, 4404)
2002 Ed. (58, 1081, 1082, 1083, 1751, 2416, 2705, 4274, 4275)
2001 Ed. (423, 425, 1275, 1276, 1280, 1281, 1831, 1832, 2616, 3080, 3081, 4244, 4245, 4348, 4350)
2000 Ed. (323, 324, 1112, 1121, 1122, 1124, 1429, 1533, 4088)
1999 Ed. (309, 792, 1201, 1202, 1203, 1204, 1205, 1344, 1474, 1502, 1528, 1558, 1623, 1625, 1722, 4303, 4377, 4378, 4380)
1998 Ed. (200, 761, 774, 775, 776, 777, 779, 780, 926, 1043, 1046, 1050, 1061, 1185, 3349, 3350, 3411)
1997 Ed. (279, 280, 281, 1021, 1036, 1038, 1292, 1293, 1496, 3557, 3558)
1996 Ed. (251, 1001, 3491, 3493, 3654)
1995 Ed. (252, 1030, 1033, 1391, 3304, 3359, 3569, 3728)
1994 Ed. (49, 244, 246, 747, 1010, 1021, 1023, 1025, 3222, 3278, 3294, 3295, 3370, 3499)
1993 Ed. (18, 256, 258, 259, 260, 983, 991, 993, 3225, 3287, 3300, 3372, 3376, 3466, 3530)
1992 Ed. (30, 93, 224, 366, 367, 368, 1208, 1219, 1221, 1223, 3923, 3925, 3954, 3955, 3956, 4042, 4043, 4049, 4052, 4071, 4228)
1991 Ed. (262, 263, 264, 980, 982, 984, 3088, 3090, 3115, 3165, 3171, 3317)
1990 Ed. (3273)
1989 Ed. (279, 943, 944, 2459, 2485)
Nike ACG
2001 Ed. (424)
Nike Inc. (apparel only)
2000 Ed. (1123)
Nike at Nite
2008 Ed. (4654, 4655)
2007 Ed. (4732, 4733)
2006 Ed. (4713)
Nike, Cl. 'B'
1993 Ed. (3390)
Nike Inc. Class 'B'
1996 Ed. (3510)
1994 Ed. (2715)
Nike Retail Denmark
2007 Ed. (1679)
2005 Ed. (1753)
NIKE U.K. Ltd.
2002 Ed. (36)
NikeStore.com
2008 Ed. (2446)
Nikkei Credit Union
2002 Ed. (1826)
Nikkei Net Interactive
2002 Ed. (4826)
Nikkei 225
2008 Ed. (4501)
1993 Ed. (1916)
Nikkeisha
2002 Ed. (127)
Nikken Sekkei Ltd.
1998 Ed. (1448)
Nikko
1999 Ed. (894, 895, 896, 898)
1997 Ed. (772, 773, 774, 775, 776)
1992 Ed. (2024)
1991 Ed. (758)
Nikko Capital
1991 Ed. (2219)
Nikko Capital Management
1999 Ed. (3075)
1993 Ed. (2359)
Nikko Citigroup
2007 Ed. (3279, 3288)
Nikko Cordial
2007 Ed. (2548)
Nikko Hotels
2000 Ed. (2557)
Nikko Hotels International
2001 Ed. (2788)
Nikko Japan Tilt Fund
1992 Ed. (3171, 3174)
Nikko Merchant Bank (S)
1989 Ed. (1783)
Nikko Research Center
1999 Ed. (2363)
1997 Ed. (1975)
1996 Ed. (1868)
Nikko Salomon Smith Barney
2003 Ed. (3097)
2002 Ed. (832, 833, 834, 1376, 2169)
2000 Ed. (2145)
The Nikko Securities Co., Ltd.
2002 Ed. (1920)
1999 Ed. (893)
1998 Ed. (528, 1497, 1500)
1997 Ed. (770, 3483)
1996 Ed. (808, 1701, 3384)
1995 Ed. (793, 3272)
1994 Ed. (773, 783, 1678, 1690)
1993 Ed. (767, 1302, 1327, 1641, 1648, 1655, 1656, 1657, 1671, 1675, 1681, 1682, 3204, 3209, 3254, 3268)
1992 Ed. (960, 961, 1569, 1989, 1994, 1997, 2007, 2015, 2019, 2023, 2638, 3898, 3899, 3906)
1991 Ed. (722, 780, 1581, 1583, 1584, 1590, 1591, 1595, 3066, 3068, 3077, 3078)
1990 Ed. (1788)
1989 Ed. (817, 1350, 1353, 1354, 1365, 1371, 1433, 2449, 2451, 2452, 2453)
Nikko Securities Co. (Europe) Ltd.
1991 Ed. (3111)
Niklas Zennstrom
2008 Ed. (4908)
2007 Ed. (4934)
Nikolaas Faes
1999 Ed. (2291)
Nikolai
2002 Ed. (294)
Nikolaos Angelakis & Co. E.E.
2002 Ed. (2383)
Nikon
2008 Ed. (833, 834)
2007 Ed. (870, 2992)
2004 Ed. (1347)
2003 Ed. (2202, 4377)
2001 Ed. (1104)
2000 Ed. (966, 1433)
1999 Ed. (1013, 1630, 3337)
1998 Ed. (610, 611, 1140, 3275)
1996 Ed. (868, 3035, 3397)
1995 Ed. (1394, 2937, 3285)
1994 Ed. (2873, 2874)
1993 Ed. (3210)
1992 Ed. (1318, 3914)
1991 Ed. (846, 3083)
1990 Ed. (3237)
Nikon Engineering
2001 Ed. (4219)
Nikon Keizai Shimbun
1989 Ed. (2062)
Nikopol Ferroalloys
2006 Ed. (4544)
Nikos Theodosopoulos
2000 Ed. (2051)
1999 Ed. (2273)
Niku Corp.
2002 Ed. (2471)
Nile Bank Ltd.
2000 Ed. (685)
1997 Ed. (396, 635)
1996 Ed. (431, 702)
1995 Ed. (404)
1994 Ed. (658)
Nile Special Lager
2001 Ed. (87)
Nile Spice
2008 Ed. (4464)
2003 Ed. (4486)
Nilein Bank (El)
1989 Ed. (681)
Niles Bolton Associates
2007 Ed. (2410)
Niles, MI
2008 Ed. (2491)
2007 Ed. (2369)
NILK
1994 Ed. (434)
Nilla
2001 Ed. (1494)
Nilla Wafers
2007 Ed. (1423)
1999 Ed. (1420)
Nilla Wafers; Nabisco
2008 Ed. (1379)
Nimda
2006 Ed. (1147)
Nina Ricci
2001 Ed. (2117)
1990 Ed. (1579)
Nina Wang
2008 Ed. (4844)
Ninas Leger
1994 Ed. (961)
950
1990 Ed. (2466)
950, Oxford Syndicate Management Ltd.
1991 Ed. (2335)
900 Services
1991 Ed. (2356)
960
1990 Ed. (2466)
960, R. W. Sturge & Co.
1991 Ed. (2335)
932, Janson Green Management Ltd.
1991 Ed. (2337)
9 Lives
2003 Ed. (3801)
2002 Ed. (3647, 3651, 3653)
1999 Ed. (3780, 3784)
1997 Ed. (3075, 3076)
1996 Ed. (2996, 2997)
1994 Ed. (2825, 2826, 2827, 2834, 2835)
1993 Ed. (2820, 2821, 2822, 2823)
1992 Ed. (3413, 3414)
1990 Ed. (2814, 2815)
1989 Ed. (2198, 2199)
9-Lives Finicky Bits
2002 Ed. (3649)
1999 Ed. (3782)
1997 Ed. (3078)
1996 Ed. (2999)
1994 Ed. (2837)
1992 Ed. (3416)
9-Lives Lean Entrees
1995 Ed. (2905)
9 Lives Tender Meal
1999 Ed. (3787)
1997 Ed. (3077)
1996 Ed. (2998)
1994 Ed. (2836)
1992 Ed. (3415)
1989 Ed. (2200)
9-Lives/Tender Meals
1990 Ed. (2816)
Nine Mile Point
1990 Ed. (2721)
Nine Mile Point-1
1990 Ed. (2722)
9001211
2007 Ed. (95)
2005 Ed. (93)
The 9 Steps to Financial Freedom
2000 Ed. (708)
9008 Group Inc.
2008 Ed. (179, 3690, 3696, 4954, 4986)
2007 Ed. (196, 3526, 3535, 3536, 4984)
2006 Ed. (190, 3492, 3498, 4342)
9870
2008 Ed. (4988)
Nine West
2001 Ed. (4245)
1995 Ed. (3371)
Nine West Group Inc.
2008 Ed. (3435)
2007 Ed. (3335)
2006 Ed. (3263)

2005 Ed. (1494, 3272)
2004 Ed. (3247)
2003 Ed. (3201, 4405, 4406)
2002 Ed. (4273, 4274)
2001 Ed. (3080, 3081)
2000 Ed. (1121, 1124)
1999 Ed. (1202, 1205, 4303)
1998 Ed. (780)
1997 Ed. (1038)
1996 Ed. (2831, 3426)
1995 Ed. (3515)
Nine Zero Hotel
2007 Ed. (2942)
99 Cents Only
1999 Ed. (1874, 1875, 1881)
94
2006 Ed. (93)
2005 Ed. (84)
94 Telephone Co.
2008 Ed. (90)
2007 Ed. (83)
90 Minutes in Heaven
2008 Ed. (555)
99 Cents Only Stores
2006 Ed. (2273, 4875, 4876)
2005 Ed. (2207, 2208, 2210, 4812)
2004 Ed. (2103, 2107, 4825)
2003 Ed. (2070, 2073)
2001 Ed. (2029)
99 Restaurants
2002 Ed. (4016)
97
1990 Ed. (2466)
97, Wellington Underwriting Agencies Ltd.
1991 Ed. (2335)
90210 Management Co.
2008 Ed. (1780)
92nd Street Y (New York City)
1995 Ed. (1929)
99 Cents Only
1998 Ed. (1313)
Nineveh Coal Co.
2001 Ed. (1291)
Ninfa's Inc.
1994 Ed. (2051)
1992 Ed. (2401)
1991 Ed. (1906)
1990 Ed. (2008)
Ninfa's Mexican Restaurants
1998 Ed. (1761, 3071)
Ningbo
2001 Ed. (1096, 3854, 3855)
Ningbo, China
2007 Ed. (1098)
2006 Ed. (1012)
Ninston
1992 Ed. (63)
Nintendo
2008 Ed. (660, 1129, 4704)
2007 Ed. (694, 2992, 4785)
2006 Ed. (652, 1121, 4779)
2005 Ed. (4725)
2004 Ed. (2258, 4748)
2003 Ed. (2242, 2246, 2249, 2603, 4773)
2002 Ed. (4642)
2001 Ed. (1617, 4604, 4688)
2000 Ed. (955, 1492, 2478, 4275)
1999 Ed. (1257, 1278, 1690, 2690, 4627, 4628, 4632)
1998 Ed. (840, 841, 3595, 3599, 3603)
1997 Ed. (1462, 2235, 3777, 3779, 3836, 3837, 3938)
1996 Ed. (1405, 2126, 3722, 3724, 3726)
1995 Ed. (3640)
1994 Ed. (1398, 2069, 3561, 3562)
1993 Ed. (2049, 2050, 3601, 3602, 3603)
1992 Ed. (1649, 1679, 2420, 2421, 4328)
1991 Ed. (1917)
1990 Ed. (2027)
Nintendo Action Set
1990 Ed. (3040)
Nintendo Entertainment System-Nintendo
1991 Ed. (3409)
Nintendo/Game boy
2000 Ed. (1156, 1170)
1994 Ed. (3562)
1991 Ed. (2579)
Nintendo Game Genie
1993 Ed. (3600)
Nintendo/Gameboy
1999 Ed. (1277)
Nintendo 64
2002 Ed. (4746)
1999 Ed. (4639)
1998 Ed. (3607)
The Ninth Gate
2001 Ed. (3366)
NIOC
1998 Ed. (1802)
1992 Ed. (3447)
Nipon Steel
1991 Ed. (3401)
Nippon
2000 Ed. (2713)
1992 Ed. (2712, 3326)
1990 Ed. (2758)
Nippon ABS
1999 Ed. (280)
Nippon Broadcasting System
2001 Ed. (1765, 4493)
Nippon Building Fund
2007 Ed. (4091)
Nippon Cargo
2001 Ed. (305)
Nippon Credit
1992 Ed. (1997)
Nippon Credit Bank Ltd.
2000 Ed. (557)
1999 Ed. (546, 1659)
1998 Ed. (353, 377)
1997 Ed. (471)
1996 Ed. (507)
1994 Ed. (485)
1993 Ed. (484)
1992 Ed. (672, 717)
1991 Ed. (519, 1584)
1990 Ed. (1681)
Nippon Credit International
1992 Ed. (2026)
Nippon Credit Trust Co.
1998 Ed. (366)
Nippon Dantai Life
1998 Ed. (2136)
Nippon Denso
1989 Ed. (1655)
Nippon Electric Co.
1993 Ed. (1461)
Nippon Electric Glass
2007 Ed. (2349)
2001 Ed. (2605)
Nippon Express Co., Ltd.
2008 Ed. (4329, 4331)
2007 Ed. (4374, 4376, 4835)
2006 Ed. (4309)
2005 Ed. (4365)
2004 Ed. (3753)
2003 Ed. (3709)
2002 Ed. (3573, 4265)
2000 Ed. (3576, 4293)
1999 Ed. (2498, 3681, 3861, 4653)
1998 Ed. (1755, 2888)
1997 Ed. (2077, 3136, 3788)
1996 Ed. (3738)
1995 Ed. (3654, 3662)
1994 Ed. (3570, 3578)
1993 Ed. (3613, 3620)
1992 Ed. (4337, 4343)
1991 Ed. (3416)
1990 Ed. (3641, 3645)
1989 Ed. (2874)
Nippon Express USA Inc.
2000 Ed. (2258)
Nippon Fire
1990 Ed. (2259)
Nippon Fire & Marin Insurance Co. Ltd.
1993 Ed. (2252)
Nippon Fire & Marine
1996 Ed. (2292)
Nippon Fire & Marine Insurance Co. Ltd.
1999 Ed. (2915)
1995 Ed. (2279)
1994 Ed. (2232)
1992 Ed. (2706)
1991 Ed. (2143)
1990 Ed. (2274)
Nippon Foundry
2001 Ed. (1763)
Nippon Fund
1990 Ed. (2400)
Nippon Kangyo Kakumaru (Europe)
1990 Ed. (1678)
Nippon Kasei
2001 Ed. (2508)
Nippon Koei Co., Ltd.
2006 Ed. (2475)
2005 Ed. (2435)
2000 Ed. (1822)
1998 Ed. (1454)
1997 Ed. (1747, 1757, 1758)
1996 Ed. (1667, 1677)
1994 Ed. (1646)
1993 Ed. (1613, 1614)
1992 Ed. (1962)
1991 Ed. (1556, 1562)
1990 Ed. (1671)
Nippon Koel Co. Ltd.
1995 Ed. (1685, 1695)
Nippon Kogan
1989 Ed. (2639)
Nippon Kokan
1991 Ed. (3401)
1990 Ed. (3438, 3469)
Nippon Kokan K. K.
1991 Ed. (2423)
Nippon Kokan KK
1994 Ed. (2486)
1993 Ed. (2539)
1992 Ed. (3032)
Nippon Life
2000 Ed. (2712, 2849)
1999 Ed. (2889, 2922, 2961, 3104, 3106, 3587)
1998 Ed. (2134, 2135)
1997 Ed. (1447, 2396, 2423, 2424, 2547)
1995 Ed. (1387, 2312, 2391)
1994 Ed. (2236, 2265, 2327)
1993 Ed. (2230, 2256, 2346)
1991 Ed. (2147)
Nippon Life Insurance Co.
2008 Ed. (1868, 3309, 3311)
2007 Ed. (1835, 3160, 3162)
2006 Ed. (1550, 1827, 3095, 3127)
2005 Ed. (3091, 3121, 3227)
2004 Ed. (1629, 1765, 3084, 3115, 3117, 3211)
2003 Ed. (3000)
2002 Ed. (1704, 2823, 2939, 2940, 2942, 4216)
2001 Ed. (2885, 2925)
1996 Ed. (996, 1337, 2287, 2327, 2423)
1992 Ed. (1190, 2638, 2710)
1991 Ed. (957)
1990 Ed. (2278)
1989 Ed. (1746)
Nippon Light Metal Co. Ltd.
2000 Ed. (3093)
1999 Ed. (3358)
1996 Ed. (2613)
1995 Ed. (2550, 2552)
1994 Ed. (1392, 2484, 2486)
1993 Ed. (2539)
1992 Ed. (1644, 1681)
1991 Ed. (2423)
1989 Ed. (2070)
Nippon Light Metal Mining Co. Ltd.
1997 Ed. (2757)
Nippon Meat
2004 Ed. (4920)
Nippon Meat Packers
2007 Ed. (2624)
2006 Ed. (3430)
2004 Ed. (3407)
2003 Ed. (3337)
2002 Ed. (2306, 3274)
2000 Ed. (2223, 2224)
1999 Ed. (2465, 2466)
1997 Ed. (2040)
1995 Ed. (1901)
1994 Ed. (1876)
1993 Ed. (1880, 2525, 2898)
1992 Ed. (2193)
1991 Ed. (1744)
Nippon Mektron
2008 Ed. (4022)
2007 Ed. (4004)
2006 Ed. (3947)
2005 Ed. (3884)
Nippon Mining
2007 Ed. (3878)
1995 Ed. (959)
1994 Ed. (923)
1993 Ed. (908, 2035)
1992 Ed. (1113, 1497)
1991 Ed. (909)
1990 Ed. (2540)
Nippon Mining & Metals Co. Ltd.
2001 Ed. (1505, 4944)
Nippon Mining Holdings Inc.
2008 Ed. (3934)
2007 Ed. (3874, 3891)
2005 Ed. (3778, 3782)
Nippon Mitsubishi Oil Corp.
2004 Ed. (3851)
2003 Ed. (3821)
Nippon Mitsubishi Petroleum Refining Co. Ltd.
2003 Ed. (3852)
2002 Ed. (3695)
Nippon Motorola
1991 Ed. (1537)
Nippon Oil Corp.
2008 Ed. (2501, 3568, 3934)
2007 Ed. (2386, 3874, 3878, 3891)
2006 Ed. (3863)
2005 Ed. (3762, 3778, 3780, 3782, 3796)
1997 Ed. (3352)
1994 Ed. (2861, 3106)
1993 Ed. (1341, 3047)
1992 Ed. (1643, 3738)
1990 Ed. (2849)
1989 Ed. (1344)
Nippon Paint Co., Ltd.
2008 Ed. (3843)
2007 Ed. (3763)
2006 Ed. (3766)
1996 Ed. (1023)
Nippon Paper Group Inc.
2008 Ed. (3856)
2007 Ed. (3779, 3780)
2006 Ed. (3781)
Nippon Paper Industries
2002 Ed. (3579)
2000 Ed. (3408)
1999 Ed. (2495, 2496, 3690)
1998 Ed. (1148, 1753, 2746)
1997 Ed. (1437, 2074, 2075, 2994)
1996 Ed. (1388, 1961)
1995 Ed. (2835)
Nippon Performance
1997 Ed. (2201)
Nippon Phonogram
1995 Ed. (1245)
Nippon Sanso Corp.
2002 Ed. (2392)
2001 Ed. (2585)
2000 Ed. (2319)
1999 Ed. (2857)
1993 Ed. (1938)
1991 Ed. (1790)
1990 Ed. (1890)
Nippon Shinpan Co. Ltd.
1995 Ed. (1874)
1994 Ed. (1846)
1993 Ed. (1857)
1992 Ed. (2149)
1991 Ed. (1715)
1990 Ed. (1778)
1989 Ed. (1131)
Nippon Shinyaku Co. Ltd.
1995 Ed. (1351)
Nippon Shokubai Co., Ltd.
2008 Ed. (919)
2006 Ed. (858)
2002 Ed. (1002, 1017)
2001 Ed. (1212)
Nippon Steel Corp.
2008 Ed. (1869, 3660, 3661)
2007 Ed. (3487, 3488, 3489, 3490)
2006 Ed. (3464, 3465)
2005 Ed. (3456)
2004 Ed. (3442, 4539)
2003 Ed. (3377)
2002 Ed. (3309, 3310, 3311, 4434)
2001 Ed. (3284, 4375, 4376)
2000 Ed. (3083)
1999 Ed. (3346, 3351, 4472, 4474)

1998 Ed. (2467, 3405)
1997 Ed. (2751)
1996 Ed. (2607)
1995 Ed. (2544, 2546, 2552)
1994 Ed. (1320, 2476, 2478, 2486)
1993 Ed. (1357, 2035, 3586)
1992 Ed. (1658, 1678, 3032, 4309)
1991 Ed. (3220, 1251, 2423)
1990 Ed. (2540)
1989 Ed. (2639)
Nippon Steel (Japan)
2000 Ed. (4119)
Nippon Suisan Kaisha, Ltd.
2002 Ed. (2306)
Nippon Suisan Kaisma Ltd.
2000 Ed. (223)
1999 Ed. (200)
1997 Ed. (182)
1995 Ed. (164, 1426)
1994 Ed. (146)
1993 Ed. (162)
1992 Ed. (256)
Nippon Suisan USA
2008 Ed. (4284)
2007 Ed. (4265)
2006 Ed. (4250)
Nippon Tel & Tel
2000 Ed. (1424, 1498)
Nippon Telegraph & Telephone Corp.
2008 Ed. (1563, 1867, 1868, 1869, 4641, 4643)
2007 Ed. (1580, 1833, 1835, 1837, 4717, 4718, 4719, 4720, 4721)
2006 Ed. (1550, 1711, 1713, 1825, 1826, 1827, 1829, 4697, 4698, 4774)
2005 Ed. (1532, 1767, 4632, 4633, 4634)
2000 Ed. (1482, 1491, 1493, 1494, 1495, 1497, 4192, 4262, 4263)
1999 Ed. (1580, 1581, 1675, 1681, 1682, 1689, 1691, 4047, 4496, 4551, 4552, 4614, 4615)
1998 Ed. (1166, 3477)
1997 Ed. (1356, 1357, 1399, 1448, 1461, 1463, 1464, 3693, 3761, 3762)
1995 Ed. (1350, 1388, 1434, 1444, 3100, 3208, 3334, 3340, 3341, 3342, 3343, 3551)
1994 Ed. (1320, 1365, 1388, 1399, 1409, 3261, 3483, 3550, 3551)
1993 Ed. (38, 1274, 1333, 1349, 1358, 2937, 3007, 3587)
1992 Ed. (1568, 1569, 1638, 1650, 1655, 1657, 1660)
1991 Ed. (1305, 1309, 1315, 1318, 2856, 1317, 1280, 1281, 1282, 1314, 1538, 2069, 3235, 3400)
1990 Ed. (1342, 1385, 1390, 1392)
1989 Ed. (966)
Nippon Telegraph & Telephone Corp. (NTT)
2004 Ed. (1629, 1707, 1709, 1710, 1738, 1765, 4673)
2003 Ed. (1506, 1678, 1728, 2249, 2250, 4593, 4701, 4702, 4704)
2002 Ed. (305, 1483, 1579, 1703, 1704, 1705, 1706, 1707, 1708, 4431, 4569, 4570, 4603, 4635, 4636)
2001 Ed. (47, 1614, 1616, 1620, 1622, 1624, 1626, 1704, 1740, 1748, 1749, 1764, 1766, 1767, 1768, 1769, 2173)
Nippon Telegrqph & Telephone
1999 Ed. (4553)
Nippon Telephone & Telegraph
1999 Ed. (1619, 1692)
1996 Ed. (1338, 1398, 1408, 3406, 3407, 3408, 3409, 3415, 3706, 3707)
Nippon Television Network Corp.
2001 Ed. (1617, 4493)
1996 Ed. (792)
Nippon Trust Bank
1990 Ed. (596)
Nippon TV Network
2007 Ed. (3452)
Nippon Unipac Holding
2006 Ed. (3782)
2005 Ed. (3688)
Nippon Unisys
1990 Ed. (1640)
Nippon Yakin Kogyo
2004 Ed. (3693)
Nippon Yusen
2007 Ed. (4835)
2000 Ed. (4293)
1999 Ed. (4299, 4653)
1998 Ed. (3294)
1997 Ed. (3510, 3788)
1995 Ed. (3654)
1994 Ed. (3570)
1993 Ed. (3613)
1992 Ed. (4337, 4343)
1991 Ed. (3416)
1990 Ed. (3641)
1989 Ed. (2874)
Nippon Yusen Kabushiki Kaisha
2008 Ed. (4330)
2007 Ed. (4375)
2002 Ed. (4272)
Nippon Zeon
2002 Ed. (1000)
2001 Ed. (4138)
Nippondenso
1999 Ed. (280)
1990 Ed. (1668)
Nippondenso America Inc.
1997 Ed. (704)
1996 Ed. (1346)
1994 Ed. (1366)
1993 Ed. (1312)
Nippondenso Electronics
1996 Ed. (342)
Nipponkoa Insurance
2007 Ed. (3114)
Nipporica Associates LLC
2007 Ed. (3557)
Nips; Pearson
2008 Ed. (836, 839)
Nipsco Industries Inc.
2001 Ed. (1737)
2000 Ed. (1461)
1999 Ed. (1949)
1998 Ed. (1386, 1387)
1997 Ed. (1693, 1694)
1996 Ed. (1614, 1615)
1995 Ed. (1637)
1994 Ed. (1595)
Niraj Gupta
2000 Ed. (1988)
Nirma Chemical
1992 Ed. (56)
Nirma Chemicals
2005 Ed. (45)
1993 Ed. (33)
Niroo Mokarekeh
2002 Ed. (4429, 4430)
Nirop Synchrome
1996 Ed. (1600)
NISA Investment
1999 Ed. (3048, 3069, 3072)
1998 Ed. (2254)
1997 Ed. (2516)
1996 Ed. (2386)
Nishat Mills
2008 Ed. (2030)
2007 Ed. (1948)
Nishi-Nippon Bank
2004 Ed. (549, 550)
2003 Ed. (535)
2002 Ed. (596)
Nishihama & Kishida CPAs Inc.
2007 Ed. (1750)
Nishimatsu Construction Co. Ltd.
2004 Ed. (1321, 1334)
2000 Ed. (1276, 1289)
1999 Ed. (1323, 1407)
1998 Ed. (971)
1997 Ed. (1181)
1996 Ed. (1152)
Nishimatsuya Chain
2008 Ed. (1564, 1866)
Nishimoto Trading Co. Ltd.
2003 Ed. (3745)
NiSource Inc.
2008 Ed. (1807, 1808)
2007 Ed. (1776, 1777, 2679)
2006 Ed. (1768, 1769, 2688, 2689, 2691)
2005 Ed. (1795, 1796, 2311, 2713, 2714, 2726, 2727, 2728, 2729, 2731, 3768, 3769, 3770, 3772, 4507)
2004 Ed. (1587, 1735, 1736, 2199, 2321, 2723, 2724)
2003 Ed. (1698, 1699)
2002 Ed. (1390, 1559, 1670)
NISP; Bank
2008 Ed. (433)
2006 Ed. (456)
Nissan
2008 Ed. (139, 302, 329, 639, 643, 660)
2007 Ed. (309, 313, 315, 342, 680, 684, 694)
2006 Ed. (313, 317, 355, 356, 4855)
2005 Ed. (342, 741)
2004 Ed. (342)
2003 Ed. (305, 306, 317, 358, 359, 360, 743)
2002 Ed. (413, 414, 4703)
2001 Ed. (457, 458, 459, 462, 463, 464, 465, 483, 535, 1009)
2000 Ed. (25, 340, 344, 358, 795, 3001, 3002, 3031)
1999 Ed. (323, 326, 335, 338, 778)
1998 Ed. (212, 218, 227, 3498)
1997 Ed. (290, 300, 307, 309, 1584, 2804)
1996 Ed. (310, 315, 322, 3748, 3749)
1995 Ed. (302, 312, 317, 2587)
1994 Ed. (301, 307, 313, 319, 3585)
1993 Ed. (307, 308, 316, 330, 331)
1992 Ed. (61, 77, 83, 431, 432, 437, 438, 442, 445, 455, 456, 460, 462, 463, 481, 2413, 3117, 4346, 4348, 4349)
1990 Ed. (300, 343, 353, 358, 359, 364, 367, 373, 2624, 2627)
1989 Ed. (308, 314, 317, 320, 325, 326, 327, 1409, 1595)
Nissan Altima
2008 Ed. (331, 332)
2007 Ed. (344)
2006 Ed. (358)
2005 Ed. (344, 345, 348)
2004 Ed. (347)
1999 Ed. (4564)
Nissan Auto Dealers Assn.
1990 Ed. (19)
Nissan Auto Dealers Association
1994 Ed. (11, 2211)
Nissan Auto Directors Assn.
1990 Ed. (2214)
Nissan Automobiles
2000 Ed. (26, 27, 28, 29)
Nissan Automobiles-Altima
2000 Ed. (198, 4219, 4220, 4221)
Nissan Baking Co.; J. J.
1992 Ed. (494)
Nissan Bluebird
1990 Ed. (375)
Nissan Cab-Chassis
2004 Ed. (308)
Nissan Canada
2008 Ed. (4921)
1992 Ed. (4431)
Nissan cars, trucks & vans
1992 Ed. (920)
Nissan Chassis
2008 Ed. (304)
2006 Ed. (323)
2005 Ed. (304)
Nissan Diesel Motor
1992 Ed. (1681)
1991 Ed. (1283)
Nissan Division
2005 Ed. (341)
Nissan Europe NV
1999 Ed. (4288)
1996 Ed. (2612)
1995 Ed. (2549)
Nissan Fire & Marine Insurance Co. Ltd.
1997 Ed. (2418)
Nissan Laurel Altima
1992 Ed. (75)
Nissan March
1999 Ed. (339)
1997 Ed. (310)
Nissan Maxima
2000 Ed. (360)
1996 Ed. (3764)
1993 Ed. (327)
1992 Ed. (435, 452, 454)
1991 Ed. (313, 350)
Nissan Micra
1996 Ed. (320)
Nissan Mitsubishi Kia of Lake Charles
2007 Ed. (189)
2006 Ed. (183)
Nissan Motor Co., Ltd.
2008 Ed. (52, 91, 287, 293, 296, 301, 1563, 1867, 1868, 3568, 3758, 4652, 4656, 4778)
2007 Ed. (49, 53, 71, 73, 130, 314, 316, 317, 1327, 1580, 1585, 1833, 1835, 1837, 2260, 3380, 3645, 3646, 4716, 4830, 4855)
2006 Ed. (58, 62, 80, 83, 137, 144, 169, 314, 320, 1550, 1825, 1826, 1827, 1829, 2484, 3389, 3580, 3581, 3582, 3583, 4709, 4774, 4852)
2005 Ed. (51, 55, 65, 71, 74, 154, 288, 294, 298, 300, 301, 3393, 3522, 3523, 3692, 4657)
2004 Ed. (56, 60, 70, 76, 285, 287, 305, 306, 2171, 3362, 3524, 3773, 4681, 4802, 4919)
2003 Ed. (17, 304, 318, 1728, 3305, 3458, 3748, 4815)
2002 Ed. (349, 365, 366, 375, 381, 398, 1579, 1655, 1707, 1708, 2323, 3251, 3403, 4670, 4896)
2001 Ed. (47, 52, 60, 64, 71, 74, 89, 453, 456, 506, 515, 519, 520, 1620, 1764, 1766, 3835, 4044, 4639)
2000 Ed. (27, 28, 29, 198, 356, 1795, 3760, 4190, 4220, 4221)
1999 Ed. (179, 322, 336, 337, 351, 352, 2030)
1998 Ed. (86, 214, 231, 232, 233, 243, 1246)
1997 Ed. (298, 308, 319, 1359, 1581, 1744)
1996 Ed. (160, 305, 306, 319, 323, 324, 326, 327, 328, 330, 775, 1385, 3656)
1995 Ed. (148, 306, 307, 314, 315, 316, 670, 1350, 1423, 1543, 1683, 2241, 3100, 3570, 3571)
1994 Ed. (13, 35, 41, 308, 316, 1645)
1993 Ed. (21, 50, 53, 55, 265, 266, 310, 311, 312, 320, 334, 335, 337, 1357, 1612, 1738, 1741, 2607, 3366)
1992 Ed. (60, 1569, 1655, 1658, 1678, 1959, 4223, 4225)
1991 Ed. (317, 326, 327, 328, 2494, 3425, 28, 31, 39, 52, 1315, 1582, 1251, 1553, 3312)
1990 Ed. (21, 26, 34, 36, 47)
1989 Ed. (319)
Nissan Motor Acceptance Corp.
2007 Ed. (329)
1998 Ed. (229)
1996 Ed. (337)
Nissan Motor Corp. in Hawaii Ltd.
2006 Ed. (1749)
Nissan Motor Insurance Corp.
2000 Ed. (982)
1999 Ed. (1032)
1998 Ed. (639)
1997 Ed. (902)
Nissan Motor Manufacturing Corp.
1990 Ed. (3557)
Nissan Motor Manufacturing Corp. USA Inc.
2004 Ed. (1865)
2003 Ed. (1832)
2001 Ed. (1875)
Nissan Motors
1998 Ed. (87)
Nissan North America Inc.
2008 Ed. (1464)
2007 Ed. (1470)
2006 Ed. (305)
2005 Ed. (4767)

2004 Ed. (288, 289, 290, 291, 292, 293, 294, 295, 296, 297, 298, 299, 3307, 4794)
2003 Ed. (319, 320, 321, 322, 323, 324, 325, 326, 327, 328, 329, 330, 331)
Nissan of Brandon
1996 Ed. (281)
1995 Ed. (281)
1994 Ed. (278)
Nissan of Downey
1991 Ed. (288)
1990 Ed. (311)
Nissan 112 Sales
1992 Ed. (420)
1991 Ed. (310)
Nissan passenger cars
1991 Ed. (737)
Nissan Pathfinder
2000 Ed. (4087)
1996 Ed. (3764)
Nissan Pavilion at Stone Ridge
2001 Ed. (374)
Nissan Pickup
2008 Ed. (304)
2006 Ed. (323)
2005 Ed. (304)
2004 Ed. (308)
1992 Ed. (2410)
Nissan Pintara
1990 Ed. (360)
Nissan Platina
2008 Ed. (303)
2006 Ed. (322)
2005 Ed. (303)
Nissan Prince Osaka
1997 Ed. (293)
Nissan Pulsar
1990 Ed. (360)
Nissan Quest
1997 Ed. (2798)
Nissan SA
1991 Ed. (47)
Nissan Sentra
2008 Ed. (303, 328)
2006 Ed. (322)
2005 Ed. (303)
2004 Ed. (307)
1996 Ed. (313)
1995 Ed. (305, 2111)
1993 Ed. (319, 324, 2187)
1992 Ed. (440, 449, 485, 2409, 2410)
1990 Ed. (349, 2017)
1989 Ed. (342, 348, 1671)
Nissan Shatai
1993 Ed. (346)
Nissan Skyline
1990 Ed. (360)
Nissan Smyrna
2000 Ed. (4305)
1997 Ed. (320)
1992 Ed. (4351)
Nissan Stanza
1993 Ed. (327)
1992 Ed. (454)
Nissan Sunny
1997 Ed. (310)
1990 Ed. (375, 377)
Nissan 300ZX
1993 Ed. (328, 350)
1992 Ed. (453)
1991 Ed. (355)
Nissan Tsuru
2008 Ed. (303)
2006 Ed. (322)
2005 Ed. (303)
2004 Ed. (307)
1990 Ed. (376)
Nissan 240SX/200SX
1993 Ed. (325)
1992 Ed. (450)
Nissan 200 SX
1989 Ed. (341, 1670)
Nissan United Kingdom
1992 Ed. (1094)
Nissan X-Trail
2008 Ed. (304)
2006 Ed. (323)
2005 Ed. (304)
Nissay Dowa General Insurance
2007 Ed. (3114)
Nissen Baking
1998 Ed. (258)
Nissen Baking Co.; J. J.
1989 Ed. (358)
Nissha Printing
2007 Ed. (4368)
Nisshin Fire & Marine Insurance Co. Ltd.
1997 Ed. (2418)
Nisshin Flour Milling Co. Ltd.
1990 Ed. (1826)
Nisshin Seifun
2007 Ed. (2624)
Nisshin Steel Co. Ltd.
2000 Ed. (3093)
1999 Ed. (3358)
1990 Ed. (2545)
1989 Ed. (2639)
Nisshinbo
1989 Ed. (2820)
Nisshinbo Industries
2007 Ed. (3821)
2001 Ed. (4514)
2000 Ed. (4242)
1999 Ed. (280, 4592)
1995 Ed. (3603)
1994 Ed. (3519)
1993 Ed. (3556)
1992 Ed. (4278)
1991 Ed. (3355)
1990 Ed. (3568)
Nissho Iwai Corp.
2004 Ed. (4761, 4918)
2003 Ed. (4780)
2002 Ed. (1703, 4664, 4895)
2001 Ed. (1624, 1767, 2173)
2000 Ed. (1424, 1494, 1498, 3821, 4285, 4286)
1999 Ed. (761, 1578, 1581, 1619, 1689, 1692, 4107, 4645)
1998 Ed. (3610)
1997 Ed. (1356, 1399, 1434, 1450, 1461, 1463, 3352, 3784)
1996 Ed. (1339, 1394, 1407, 3406, 3408)
1995 Ed. (1349, 1389, 1429, 1430, 1441, 1443, 3152, 3334, 3342)
1994 Ed. (1319, 1363, 1400, 1410, 1411, 3106, 3255)
1993 Ed. (1277, 1311, 1346, 1356, 3047, 3261, 3263, 3269, 3270)
1992 Ed. (1612, 1614, 1647, 1656, 1659, 4434)
1991 Ed. (1280, 1306, 1314, 1250, 1288, 1316, 1317)
1990 Ed. (1383)
1989 Ed. (1132)
Nissho Iwai American Corp.
2003 Ed. (4925)
2001 Ed. (4817)
Nissho Iwai Petroleum
2001 Ed. (1842)
Nissho Iwai Petroleum Co.(S) Pte. Ltd.
1997 Ed. (1503)
Nissho Iwai (UK) Ltd.
1991 Ed. (3479)
Nissin Food Products
2007 Ed. (2624)
Nissin Foods USA Co.
2003 Ed. (2094, 3744)
NIT
1998 Ed. (3425)
Nita Ing
2002 Ed. (4982)
Nite Time Decor Inc.
2005 Ed. (2265)
2002 Ed. (2985)
Nite White for Whitening Teeth
1996 Ed. (1524)
Nitec Solutions Ltd.
2002 Ed. (2496)
Nitin Anandkar
2000 Ed. (2141)
1999 Ed. (2355)
Nitinol Medical Technologies
1998 Ed. (3177)
Nitrate compounds
2000 Ed. (3562)
Nitrile
1994 Ed. (3116)
Nitrites/nitrates
1995 Ed. (2531)
Nitrobenzene
1999 Ed. (3624)
Nitrofurantoin
1996 Ed. (1572)
Nitrogen
1997 Ed. (956)
1996 Ed. (924, 953)
1995 Ed. (955)
1994 Ed. (913)
1993 Ed. (899, 904)
1992 Ed. (1104)
1991 Ed. (906)
1990 Ed. (944)
NitroMed Inc.
2008 Ed. (4541)
2006 Ed. (1874)
2005 Ed. (4254)
Nitto Boseki Co. Ltd.
2001 Ed. (4514)
1999 Ed. (4592)
1997 Ed. (3736)
1995 Ed. (3603)
1994 Ed. (3519)
1993 Ed. (3556)
1992 Ed. (4278)
1991 Ed. (3355)
1990 Ed. (3568)
Nitto Denko
2007 Ed. (953)
2006 Ed. (4510)
2003 Ed. (1700)
2002 Ed. (3720)
Niugini - Lloyds International Bank Ltd.
1991 Ed. (644)
Niugini-Lloyds International Bank Limited
1989 Ed. (651)
Nivarox-Far SA
1996 Ed. (2264)
Nivea
2008 Ed. (652, 693, 711, 3884)
2007 Ed. (688, 722, 3819)
2006 Ed. (3331)
2004 Ed. (760, 4429, 4430)
2003 Ed. (3264, 4426, 4428)
2001 Ed. (2648, 2649, 2650, 3167, 3168, 3714, 4396)
2000 Ed. (4038)
1998 Ed. (1354, 3306)
1996 Ed. (2549, 2550)
Nivea Beaute
2001 Ed. (1921, 1922, 1923, 1924)
Nivea Body
2008 Ed. (4343)
Nivea Creme
2001 Ed. (1933)
Nivea for Men
2004 Ed. (2683)
Nivea Sun
2001 Ed. (1933, 4394, 4395, 4397)
Nivea Visage
2001 Ed. (3165, 3166)
Nivea Visage Q10
2003 Ed. (4431)
2002 Ed. (1951)
Nivel Publicidad
2000 Ed. (157)
1999 Ed. (167)
1997 Ed. (156)
The Niven Marketing Group
1989 Ed. (2352)
Nix
2003 Ed. (3212)
2001 Ed. (3089)
1996 Ed. (2919)
1995 Ed. (1590)
1993 Ed. (2776)
Nix, Patterson & Roach
2002 Ed. (3721)
Nixdorf
1992 Ed. (1319, 2633, 2634)
1991 Ed. (2063, 2064, 2066)
1990 Ed. (1130, 2195, 2197)
Nixdorf Computer
1989 Ed. (1306)
Nixdorf Computer AG
1993 Ed. (1307)
Nixon Group
2003 Ed. (4002)
2002 Ed. (3818)
Nixon Hargrave Devans & Doyle
2001 Ed. (877)
2000 Ed. (3198, 3199, 3200, 3679)
1999 Ed. (3967)
Nixon, Hargrove, Devans & Doyle
1998 Ed. (2573, 3158)
Nixon Library; Richard
1992 Ed. (4318)
Nixon Peabody LLP
2008 Ed. (3025)
2007 Ed. (3649, 3657)
2005 Ed. (3533)
2001 Ed. (564, 877, 889)
Nixon; Simon
2008 Ed. (2595, 4907)
2007 Ed. (2462, 4933)
2006 Ed. (2500)
Nizari Progressive Credit Union
2006 Ed. (2160, 2161, 2172)
2005 Ed. (2067, 2068, 2071, 2078)
2004 Ed. (1928, 1929, 1938)
2003 Ed. (1893, 1898)
Nizhnekamsk Petrochemical Combine
1993 Ed. (910)
Nizhnekamsk Tire Production Association
1993 Ed. (910)
Nizhnekamskshina
2001 Ed. (4545)
Nizhnevartovskneftegaz
1996 Ed. (3098)
Nizoral Cream (Janssen)
2001 Ed. (2495)
NJHA Corporate Services
2006 Ed. (2772)
NKC
1990 Ed. (2630)
NKH & W Inc.
2005 Ed. (184, 186, 187)
1999 Ed. (42)
1997 Ed. (51)
NKK Corp.
2004 Ed. (3442, 4539)
2003 Ed. (3377)
2002 Ed. (3310, 3311, 4433)
2001 Ed. (3284, 3301, 4375, 4376)
2000 Ed. (3083, 3093)
1999 Ed. (3346, 3351, 3358)
1998 Ed. (2467, 3280, 3405)
1997 Ed. (1359, 2751, 2757)
1996 Ed. (2607)
1995 Ed. (2546, 2552)
1994 Ed. (198, 2478, 2486)
1993 Ed. (2539)
1992 Ed. (1681, 3032, 4309)
1991 Ed. (3220)
NKK (Japan)
2000 Ed. (4119)
NL Chemicals Inc.
1993 Ed. (1729)
NL Industries Inc.
2005 Ed. (934, 935)
2004 Ed. (944)
1996 Ed. (2835, 3499)
1995 Ed. (3436, 3447)
1994 Ed. (915)
1992 Ed. (4260)
1991 Ed. (2719)
1990 Ed. (933, 934, 937)
1989 Ed. (878, 883, 2208)
NLC Mutual Insurance Co.
1999 Ed. (1033)
1998 Ed. (641)
NM Capital
1995 Ed. (2357, 2365, 2369)
NM Capital Management
1992 Ed. (2755)
NM Capital Mgmt.
1990 Ed. (2339)
NM Gold
1995 Ed. (2747)
NM Hong Kong Fund
1990 Ed. (2399)
NM Rothschild
2001 Ed. (1535)
1998 Ed. (1006)
1993 Ed. (1173)
NM Schroder Far Eastern Growth Fund
1990 Ed. (2397)
NM Schroder Tokyo Fund
1990 Ed. (2400)

NMB
1990 Ed. (562)
NMB Bank
2003 Ed. (640)
2002 Ed. (666)
1992 Ed. (1483)
1991 Ed. (619)
1990 Ed. (645)
NMB Postbank
1993 Ed. (586, 1176, 1197, 1889)
NMB Postbank Group
1992 Ed. (719, 795, 1672)
NMBZ
2002 Ed. (4997)
NMBZ Holdings
2005 Ed. (539, 540, 612, 642)
2004 Ed. (654)
NMC Homecare
1998 Ed. (1965, 1966, 3419)
1997 Ed. (2242)
1996 Ed. (2131)
1995 Ed. (2124)
1994 Ed. (2075)
1993 Ed. (2055)
NMHG Oregon Inc.
2007 Ed. (1945)
NMS Communications Corp.
2005 Ed. (4637)
NMT Medical Inc.
2007 Ed. (4552)
N.M.W. Computers
1990 Ed. (3465)
NN Inc.
2005 Ed. (4476)
2004 Ed. (4534)
NN Ball & Roler
1997 Ed. (3522)
N9NE Steak House
2007 Ed. (4129)
NNPC
1998 Ed. (1802)
No-Ad
2008 Ed. (4553)
2003 Ed. (4619, 4621, 4622)
2001 Ed. (4392, 4396)
2000 Ed. (4039, 4139)
1999 Ed. (4505)
1998 Ed. (1358, 3432)
1997 Ed. (711, 3659)
No Brainer Enterprises
2005 Ed. (1254)
No creative differentiation
1990 Ed. (2678)
No-fault, auto
2007 Ed. (4113)
2006 Ed. (4067)
No. 50
1989 Ed. (1996)
No Holds Barred
2003 Ed. (849)
No Logo
2005 Ed. (719)
No Nonsense
1999 Ed. (1195)
1998 Ed. (766)
1994 Ed. (1014)
1992 Ed. (2445)
No. 1 Cochran
2008 Ed. (284, 285, 320, 4791)
1991 Ed. (268)
The No. 1 Ladies' Detective Agency
2005 Ed. (728)
No point of difference
1990 Ed. (2678)
No Scrubs
2001 Ed. (3406)
The No Spin Zone: Confrontations with the Powerful and Famous in America
2003 Ed. (717)
No States Power
1998 Ed. (1386, 1387)
1994 Ed. (1596)
1993 Ed. (1557)
1992 Ed. (1899)
1990 Ed. (1601)
1989 Ed. (1297, 2036)
No. 2 Heating Oil
1994 Ed. (1939)
No. 2 pencils, 7-count
1990 Ed. (3430)
No. 2 pencils, 7-ct.
1989 Ed. (2632, 2633)
No. 2 Textile
1994 Ed. (3289, 3290)
NOAA Undersea Research Center
2008 Ed. (2403, 3786)
2007 Ed. (2801)
Noah
2000 Ed. (3271, 3293)
Noah's Ark
2007 Ed. (4884)
2006 Ed. (4893)
2005 Ed. (4840)
2004 Ed. (4856)
2003 Ed. (4875)
2001 Ed. (4736)
Noah's Ark, WI
2000 Ed. (4374)
Noatak National Preserve
1990 Ed. (2667)
Nob Hill
1991 Ed. (1045)
1990 Ed. (1146)
Nob Hill Foods
2007 Ed. (4642)
2004 Ed. (4646)
Nobart Inc.
1996 Ed. (2659)
1995 Ed. (2589)
1994 Ed. (2531)
1993 Ed. (2582)
1992 Ed. (3091)
Nobel
2006 Ed. (4705)
1994 Ed. (960)
Nobel Biocare
2007 Ed. (2781)
Nobel Biocare Holding AG
2008 Ed. (1723)
Nobel Inds
1991 Ed. (1349)
Nobel Industrier
1989 Ed. (200)
Nobel Industrier A/S
1996 Ed. (2555)
Nobel Industrier A/S (Koncern)
1995 Ed. (2492)
Nobel Industrier Sweden
1996 Ed. (1214)
Nobel Industries
1994 Ed. (3440)
1993 Ed. (1403)
1992 Ed. (1692)
Nobel Petit
2001 Ed. (2113)
Nobel's Explosives Co. Ltd.
1991 Ed. (1338)
Nobia Nordisk Bygginterior AB
2000 Ed. (2294)
Nobility Homes Inc.
2008 Ed. (4377)
2005 Ed. (3496, 3497)
2004 Ed. (3496)
Noble Corp.
2008 Ed. (1661)
2007 Ed. (1651, 3834, 4516)
2006 Ed. (1635, 2434, 2438, 3822, 4596)
2005 Ed. (2393, 2396)
Noble Affiliates Inc.
2004 Ed. (2312, 2315, 2320, 3826, 3827)
2003 Ed. (3812, 3815)
2001 Ed. (3757, 3758)
1999 Ed. (3413)
1994 Ed. (2840)
1993 Ed. (2828)
1992 Ed. (3423)
1991 Ed. (2719)
1990 Ed. (2832)
1989 Ed. (2206)
Noble China
1997 Ed. (658, 1376)
Noble Communications
1994 Ed. (56)
1993 Ed. (65)
1992 Ed. (108)
1991 Ed. (66)
Noble County Community Foundation Inc.
1994 Ed. (1907)
Noble Drilling Corp.
2003 Ed. (3815, 4533)
2000 Ed. (2397)
1996 Ed. (1211)
Noble Energy Inc.
2008 Ed. (3898, 3901)
2005 Ed. (3734, 3735)
Noble Fiber Technologies
2005 Ed. (3377)
Noble Ford-Mercury Inc.
2004 Ed. (167)
Noble Group
1999 Ed. (4167)
1993 Ed. (119)
Noble Investment Group
2006 Ed. (2926)
Noble Lowndes
1993 Ed. (1591, 1592)
1991 Ed. (1545)
1990 Ed. (1651)
Noble Lowndes & Partners Ltd.
1994 Ed. (1623)
Noble Raredon
1990 Ed. (3464)
Noble Romans
2004 Ed. (1377)
1998 Ed. (3412)
Noble Roman's Pizza
1994 Ed. (2887)
Noble y Asociados
1991 Ed. (105)
1989 Ed. (134)
Nobleza Picardo
1992 Ed. (39)
1989 Ed. (1089)
Nobleza Piccardo SAICIF
1990 Ed. (20)
Noboa Corp.
2004 Ed. (355)
Nobody Beats The Wiz
2001 Ed. (2217)
2000 Ed. (2481)
1999 Ed. (2696)
1998 Ed. (1955)
1997 Ed. (2237)
1996 Ed. (2128)
Nobody's Supposed to Be Here
2001 Ed. (3406)
Noboru Terashima
2000 Ed. (2152)
1997 Ed. (1990)
1996 Ed. (1884)
Nobu
2008 Ed. (4166, 4178)
Noburu Terashima
1999 Ed. (2372)
Nobutada Saji
2008 Ed. (4846)
2005 Ed. (4861)
2004 Ed. (4876)
2003 Ed. (4890)
Nobuyuki Idei
2006 Ed. (690)
2005 Ed. (789, 2470)
2003 Ed. (787)
Nobuyuki Matsuhisa
2004 Ed. (939)
2003 Ed. (931)
2002 Ed. (986)
2001 Ed. (1175)
Nobuyuki Saji
1999 Ed. (2364)
NoDakBonds
2001 Ed. (887)
Nodarse & Associates Inc.
2002 Ed. (4989)
Nodaway Valley Bank
1989 Ed. (213)
Noe, Jr.; Robert S.
1991 Ed. (2343)
Noe; Leo
2007 Ed. (917)
Noel
2002 Ed. (4398)
Noel Group Inc.
1997 Ed. (2169)
1996 Ed. (2069)
Noel Irwin-Hentschel
1999 Ed. (2055)
Noel Leeming Appliances
1993 Ed. (44)
Noetic Specialty Insurance Co.
2006 Ed. (3100)
Noevir USA
2008 Ed. (4263)
2007 Ed. (4232)
2005 Ed. (4162)
Nogales, AZ
2005 Ed. (3878, 3879)
Nogales Investors
2006 Ed. (3619)
Nogales, Mexico
1993 Ed. (2500)
Nogales Produce Inc.
2006 Ed. (2046)
Noglows; William P.
2007 Ed. (2500)
2006 Ed. (2521)
Noha (CNA Financial Corp); Edward J.
1991 Ed. (2156)
Noha; Edward J.
1994 Ed. (2237)
1992 Ed. (1143, 2059, 2713)
1991 Ed. (926, 1628)
1990 Ed. (973, 1720, 2282)
Nohon Unisys
1993 Ed. (2176)
Noilly Prat
2005 Ed. (4820, 4823)
2004 Ed. (4833)
2003 Ed. (4850)
2002 Ed. (4742)
2001 Ed. (4676)
NOK Inc.
2003 Ed. (4204)
Nokala AB Oy
1999 Ed. (1615)
Nokia Corp.
2008 Ed. (40, 47, 79, 90, 98, 107, 648, 650, 653, 654, 655, 681, 690, 691, 692, 702, 1099, 1724, 1726, 1727, 2475, 3210, 3557, 3744, 4632)
2007 Ed. (53, 83, 89, 685, 686, 691, 708, 721, 729, 1192, 1214, 1216, 1584, 1692, 1697, 1699, 1700, 1813, 2825, 3062, 3071, 3073, 3074, 3623, 3624, 4703, 4717)
2006 Ed. (26, 45, 62, 83, 93, 100, 652, 654, 1087, 1109, 1112, 1469, 1696, 1701, 1702, 1704, 2396, 2400, 3029, 3039, 3379, 4575, 4647)
2005 Ed. (38, 91, 239, 742, 887, 1095, 1120, 1765, 1771, 3034, 3498, 3698, 4040, 4630, 4632)
2004 Ed. (44, 97, 758, 761, 762, 1090, 1707, 1714, 1716, 2253, 3020, 3024, 3779, 4568, 4672)
2003 Ed. (746, 751, 752, 1527, 1545, 1668, 1673, 1679, 1706, 2207, 2208, 2209, 2237, 2944, 3428, 3636, 3637, 3638, 3639, 3754, 4583, 4701, 4974, 4978)
2002 Ed. (304, 768, 1638, 1641, 1646, 1647, 1676, 1681, 1689, 2096, 2100, 2468, 2469, 2510, 2810, 3216, 3248, 4581)
2001 Ed. (24, 31, 35, 1696, 1700, 1701, 1750, 1820, 1867, 1868, 2214, 2868, 2871, 2872, 3331, 4213, 4916)
2000 Ed. (997, 998, 1420, 1421, 1422, 3322, 4127)
1999 Ed. (1616, 1617)
1997 Ed. (916, 1396, 1397, 1452)
1996 Ed. (1334, 1335, 1396, 1736, 1742, 2100)
1994 Ed. (1360, 2045)
1993 Ed. (1581, 2029, 2178, 2179)
1992 Ed. (2395, 2634)
1991 Ed. (870, 1278, 2073, 1900)
1990 Ed. (1361, 2200, 2207, 3458)
Nokia AB
2002 Ed. (4484, 4485)
Nokia AB Oy
2003 Ed. (1674)
2001 Ed. (1698)
2000 Ed. (1419, 4124)
Nokia Americas
2008 Ed. (960)
2007 Ed. (1037)
2006 Ed. (942)

2005 Ed. (1974)
Nokia Australia
2004 Ed. (4919)
Nokia Data
1991 Ed. (2455)
1990 Ed. (1130)
Nokia Group
1995 Ed. (1384, 1385)
1991 Ed. (1276)
Nokia Corp., K
1991 Ed. (1901)
Nokia kanta V
1994 Ed. (2046)
Nokia Matkapuhelimet Oy
2004 Ed. (2185)
2003 Ed. (1674)
2002 Ed. (2097)
2001 Ed. (1698)
Nokia Mobile Phones Oy
2008 Ed. (1725)
Nokia-Mobira
1990 Ed. (919)
Nokia Networks
2008 Ed. (1725)
Nokia Oy Ab
1990 Ed. (1360)
1989 Ed. (1114)
Nokia Oyj
2008 Ed. (1725)
2007 Ed. (1698, 3422)
2006 Ed. (1703, 2801, 4546)
2005 Ed. (1760, 4639)
2000 Ed. (2443)
Nokia Oyj A
2000 Ed. (2444)
Nokia Oyj K
2000 Ed. (2444)
Nokia Telecommunications Oy
2001 Ed. (3649)
NOKIA Theatre
2006 Ed. (1154)
Nokian Tyres plc
2006 Ed. (3919)
NOL
1991 Ed. (3130)
NOL Transferable Subscription Rights 1993
1991 Ed. (3130)
Nolan Archibald
2000 Ed. (1873)
1989 Ed. (2340)
Noland Co.
2004 Ed. (4589, 4912, 4913)
1996 Ed. (1109)
1995 Ed. (1128)
1994 Ed. (1112)
1993 Ed. (1088)
Noland D. Archibald
1993 Ed. (936)
Noll Printing
1992 Ed. (3531)
NoLoad FundX
2002 Ed. (4834)
Nolo.com
2003 Ed. (3038)
2002 Ed. (4835)
Nolte GmbH & Co.
2003 Ed. (4779)
Nolte Gmbh & Co. KG
2005 Ed. (4122, 4912)
Nolvadex
2001 Ed. (2068)
Noma Industries
1992 Ed. (1288)
Noma Inc.; O. P.
2006 Ed. (1880)
Nomi Ghez
2000 Ed. (2010)
1998 Ed. (1640)
1997 Ed. (1968)
1996 Ed. (1794)
1995 Ed. (1821)
1994 Ed. (1781)
1993 Ed. (1773, 1798)
1991 Ed. (1681, 1707)
Nomiki Bibliothiki Group SA
2006 Ed. (1740)
Nomos-Bank; Bank Novaya Moskva—
2005 Ed. (539)
Nomura
2000 Ed. (883, 2145)
1999 Ed. (894, 895, 896, 897, 898, 2363)
1997 Ed. (772, 773, 774, 775, 776, 1975, 2812, 3488)
1996 Ed. (1868, 3100)
1993 Ed. (1641)
1992 Ed. (2024, 2638, 2639)
1991 Ed. (758, 781, 1597)
1990 Ed. (817, 1772)
Nomura Asset Capital Corp.
1998 Ed. (3009)
Nomura Bank
1993 Ed. (1664)
Nomura Bank International
2008 Ed. (442)
2007 Ed. (477)
2006 Ed. (464, 467)
Nomura Bank (Luxembourg) SA
2008 Ed. (1717)
Nomura Bank Nederland
1999 Ed. (606)
1996 Ed. (631)
Nomura Bank (Switzerland)
1994 Ed. (1683)
Nomura Capital
1999 Ed. (4007, 4308)
1994 Ed. (2331)
1993 Ed. (2305, 2349, 2351)
1992 Ed. (2786, 2788, 2789)
1991 Ed. (2218)
Nomura Group
1999 Ed. (2889)
1998 Ed. (192, 379)
Nomura Holdings Inc.
2008 Ed. (4286)
2007 Ed. (2548)
Nomura Indonesia
1997 Ed. (3473)
Nomura International
1996 Ed. (3376)
1994 Ed. (1702)
Nomura International Group
1993 Ed. (1680, 1681, 1682, 1687, 2346, 3203, 3204, 3205)
1992 Ed. (3898, 3899, 3900)
1991 Ed. (3066, 3067, 3068, 3069, 3070, 3071)
Nomura International (Hong Kong)
1997 Ed. (3472)
Nomura Intl (HK)
1989 Ed. (1779)
Nomura Research
1995 Ed. (817)
Nomura Research Institute
2007 Ed. (1261)
1994 Ed. (1838)
The Nomura Securities Co., Ltd.
2008 Ed. (4304)
2007 Ed. (3279, 3288, 4299, 4318, 4327, 4328, 4329, 4339, 4341)
2006 Ed. (4277, 4278)
2005 Ed. (1459, 4255, 4325, 4326, 4327, 4336, 4337, 4339)
2004 Ed. (1443, 3211, 4352, 4384, 4385, 4397)
2003 Ed. (1416, 3097, 4317, 4324, 4364, 4374)
2002 Ed. (832, 833, 834, 1376, 1685, 1920, 2169, 4191, 4432, 4433)
2001 Ed. (961, 974, 4178)
2000 Ed. (3926, 4262)
1999 Ed. (893, 1574, 2065, 4191, 4615)
1998 Ed. (528, 1496, 1497, 1500, 1501, 3248, 3249)
1997 Ed. (770, 1783, 1785, 1789, 1790, 3471, 3476, 3483, 3761, 3762)
1996 Ed. (808, 1408, 1699, 1700, 1701, 1703, 1706, 3315, 3345, 3375, 3378, 3381, 3383, 3384, 3387, 3411, 3412, 3707)
1995 Ed. (728, 729, 790, 791, 792, 793, 794, 1720, 1721, 2391, 3269, 3271, 3272, 3273)
1994 Ed. (729, 773, 783, 1672, 1673, 1674, 1675, 1676, 1678, 1681, 1686, 1687, 1688, 1690, 1691, 1697, 1698, 1700, 1701, 1704, 3191, 3551)
1993 Ed. (767, 1274, 1359, 1648, 1649, 1652, 1653, 1654, 1655, 1656, 1657, 1663, 1668, 1669, 1670, 1671, 1672, 1674, 1675, 1676, 1677, 1685, 3201, 3202, 3208, 3209, 3268)
1992 Ed. (961, 1054, 1569, 1655, 1989, 1990, 1993, 1994, 1995, 1997, 1998, 2000, 2005, 2010, 2013, 2015, 2019, 2023, 2026, 2027, 2030, 2031, 2032, 2033, 2036, 2037, 3343, 3836, 3880, 3896, 3897, 3903, 3904, 4310)
1991 Ed. (221, 722, 780, 850, 851, 1315, 1318, 1581, 1583, 1584, 1585, 1589, 1590, 1591, 1593, 1595, 1598, 1599, 1602, 1603, 1604, 1605, 1606, 1720, 3075, 3076, 3077, 3078, 3079, 3400)
1990 Ed. (794, 900, 1384, 1385, 1390, 1392, 1674, 1675, 1676, 1677, 1678, 1680, 1681, 1691, 1692, 1693, 1694, 1696, 1697, 1698, 1700, 1702, 1788, 1789, 2770, 3157, 218, 3219, 3220, 3221, 3224, 3225, 3226, 3227)
1989 Ed. (817, 1348, 1349, 1350, 1351, 1353, 1354, 1365, 1367, 1368, 1371, 1432, 1433, 2118, 2448, 2449, 2450, 2451, 2452, 2453)
Nomura Securities Group
2002 Ed. (2823)
Nomura Securities International Inc.
1991 Ed. (2973, 3030, 3046)
Nomura Securities (SES)
2001 Ed. (1844)
Nomura Singapore
1994 Ed. (3195)
Non-alcoholic beverages
2002 Ed. (2217)
Non-alcoholic wines/malts
1990 Ed. (1952)
Non-bank financial services
1993 Ed. (2917)
Non-chocolate
2008 Ed. (840)
Non-cotton/puff cosmetic products
2002 Ed. (3642)
Non-dairy beverages
2000 Ed. (2222)
Non-durable goods
1992 Ed. (3651, 3652)
1991 Ed. (2827)
Non-edible groceries
2000 Ed. (3620, 4151)
Non-European Industrialized countries
1992 Ed. (4195)
Non-ferrous metals
1994 Ed. (2192)
Non-filter cigarettes
1992 Ed. (2355)
Non-financial asset investors
2002 Ed. (2781, 2782)
Non-herbal supplements
2004 Ed. (2102)
Non-life insurance companies
1992 Ed. (2640)
Non-marine 510, R. J. Klin & Co. Ltd.
1991 Ed. (2336)
Non-Marine 190
1990 Ed. (2468)
Non-marine 190, Three Quays Underwriting Management Ltd.
1991 Ed. (2336)
Non-Marine 799
1990 Ed. (2468)
Non-marine Syndiacte 210
1992 Ed. (2895)
Non-marine syndicate
1995 Ed. (2475, 2477)
1994 Ed. (2397, 2399)
1993 Ed. (2453, 2455)
Non-marine Syndicate 839
1992 Ed. (2897)
Non-marine syndicate 51
1998 Ed. (2399)
1997 Ed. (2679)
1996 Ed. (2531)
Non-marine syndicate 510
1998 Ed. (2399)
1997 Ed. (2677, 2679)
1996 Ed. (2529, 2531)
1992 Ed. (2895, 2897)
Non-marine Syndicate 404
1992 Ed. (2897)
Non-marine syndicate 490
1996 Ed. (2531)
Non-marine syndicate 435
1998 Ed. (2399)
1997 Ed. (2677, 2679)
1996 Ed. (2529, 2531)
Non-marine Syndicate 190
1992 Ed. (2895, 2897)
Non-marine syndicate 1095
1997 Ed. (2679)
Non-marine syndicate 1007
1997 Ed. (2679)
1996 Ed. (2531)
Non-marine Syndicate 1067
1992 Ed. (2897)
Non-marine Syndicate 1066
1992 Ed. (2897)
Non-marine syndicate 33
1998 Ed. (2399)
1997 Ed. (2677, 2679)
1996 Ed. (2531)
1992 Ed. (2897)
Non-marine syndicate 386
1997 Ed. (2677, 2679)
1996 Ed. (2531)
1992 Ed. (2897)
Non-marine syndicate 376
1997 Ed. (2679)
1996 Ed. (2531)
Non-marine syndicate 362
1998 Ed. (2399)
1997 Ed. (2677, 2679)
1996 Ed. (2529, 2531)
1992 Ed. (2895, 2897)
Non-marine syndicate 205
1997 Ed. (2679)
1996 Ed. (2531)
Non-marine Syndicate 210
1992 Ed. (2897)
Non-Marine 362
1990 Ed. (2468)
Non-marine 362, Murray Lawrence & Partners
1991 Ed. (2336)
Non-Marine 210
1990 Ed. (2468)
Non-marine 210, R. W. Sturge & Co.
1991 Ed. (2336)
Non-marine 2488
1998 Ed. (2399)
Non-Marine Underwriters Lloyd's
1993 Ed. (2237)
1992 Ed. (2680)
Non-monetary gold (excl. ores)
1989 Ed. (1387)
Non-office jobs
1998 Ed. (3758)
Non-Partisan Political Support Committee for General Electric Employees
1992 Ed. (3475)
Non-profit institutions
1992 Ed. (3664)
Non-profit organizations
1997 Ed. (1579, 1613)
Non-U.S. Bond Hedged
2003 Ed. (3147)
Non-U.S. Fixed Income
2003 Ed. (3147)
Non-U.S. stocks
2001 Ed. (2525)
Nonaka; Tomoyo
2007 Ed. (4982)
Nonbank Financial
2000 Ed. (1310)
1991 Ed. (1139, 1186)
Nonchocolate
2001 Ed. (1112)
Nonchocolate candy
2001 Ed. (2085)
Noncommercial restaurant services
2001 Ed. (4078)
Nondepository Credit Institutions
1990 Ed. (1269)
Nondepository institutions
2002 Ed. (2265)
Nondurable goods
1996 Ed. (3827)

1993 Ed. (2989)
Nonfat ice cream
2000 Ed. (2596)
Nonferrous metals
1992 Ed. (2629)
1991 Ed. (2057)
1990 Ed. (2188)
Nonfinancial business services
2005 Ed. (4815)
Nong Shim Food Co. Ltd.
2003 Ed. (3744)
Nongshim
2001 Ed. (51)
Nonherbal supplements
2002 Ed. (2051)
Nonionics
1999 Ed. (4526)
Nonpaper packaging
1993 Ed. (2989)
Nonprofit institutions
2002 Ed. (3973, 3974, 3979)
Nonprofits Insurance Alliance of California
2006 Ed. (3054)
"Nonstop Country"
2001 Ed. (1100)
Nonzero: The Logic of Human Destiny
2006 Ed. (579)
Noodles & Co.
2008 Ed. (2662, 2679, 4166)
2006 Ed. (2559, 2621, 3987)
2005 Ed. (2552, 3276, 3913, 4050, 4051)
2004 Ed. (3969)
Noodles & dumplings
2003 Ed. (3746)
2002 Ed. (3588)
Noonan Pontiac
1996 Ed. (283)
Noonan/Russo
2003 Ed. (4004)
Noonan/Russo Communications
2004 Ed. (3988)
2003 Ed. (3989)
1999 Ed. (3911)
1998 Ed. (2937)
1997 Ed. (3187)
1996 Ed. (3106, 3108)
Noonan Russo/Presence
2005 Ed. (3952, 3954, 3965)
2004 Ed. (4012, 4021)
Noonan Russo/PresenceEuro
2005 Ed. (3970)
Noorda; Raymond J.
1996 Ed. (961)
1995 Ed. (1729)
1994 Ed. (1716, 1718)
Noordervliet & Winninghoff/LB
1989 Ed. (138)
Noosh.com
2001 Ed. (4762)
Nooyi; Indra
2008 Ed. (964, 4948, 4950)
2007 Ed. (1044, 4974)
2006 Ed. (949, 4974)
2005 Ed. (4990)
NOP Group
1991 Ed. (2387)
NOP Research Group
2002 Ed. (3258, 3259, 3260, 3261, 3262)
2000 Ed. (3043, 3044, 3045, 3046, 3047, 3048, 3049)
1996 Ed. (2570)
NOP World
2007 Ed. (4117)
2006 Ed. (4096)
2005 Ed. (4041)
2004 Ed. (4101)
NOP World US
2006 Ed. (4068)
2005 Ed. (4037)
2004 Ed. (4096)
2003 Ed. (4069)
Nor-Tech
2002 Ed. (4290)
Nora Beverages
2001 Ed. (996)
Nora Inds
1991 Ed. (1333)
Nora Industrier
1993 Ed. (2745)
Nora Roberts
2006 Ed. (2485)
NorAm Energy Corp.
1999 Ed. (3832)
1998 Ed. (1047, 1817, 1818, 1819, 1820, 1821, 2662, 2665, 2856, 2861, 2964, 3360)
1997 Ed. (2127, 2129, 2130, 2131, 2924, 2927, 3118, 3119)
1996 Ed. (2007, 2008, 2009, 2010, 2011, 2820, 2823, 3037)
Norampac Inc.
2008 Ed. (3839, 3854)
2007 Ed. (3762, 3776)
Norand
1996 Ed. (2882)
Noranda Inc.
2007 Ed. (3517, 3518)
2006 Ed. (1593, 1611, 3485)
2005 Ed. (1727, 3485)
2003 Ed. (3376)
2002 Ed. (3313, 3314, 3315, 3322, 3369)
2001 Ed. (2375, 3285, 4270)
2000 Ed. (3095, 3101)
1999 Ed. (1888, 3359, 3360, 3361, 3363, 3364, 3365)
1998 Ed. (3305)
1997 Ed. (1641, 1813)
1996 Ed. (1564, 2123)
1995 Ed. (1578, 1925)
1994 Ed. (1338)
1993 Ed. (1287, 1288, 1402, 1402, 1504, 1893, 3591)
1992 Ed. (1587, 1590, 1595, 1598, 1600, 1835, 2417)
1991 Ed. (1262, 1263, 1264, 2642, 3403)
1990 Ed. (1339, 1340, 1408, 1531, 1731, 1738, 2540, 2589, 2767)
1989 Ed. (1148, 2070, 2071)
Noranda Aluminium Co.
1999 Ed. (3415)
Noranda Forest Inc.
1999 Ed. (2492, 3691)
1998 Ed. (2747)
1997 Ed. (2070, 2987, 2995)
1996 Ed. (1960)
1994 Ed. (1894, 1895, 2732)
1992 Ed. (1237, 2212, 2213)
1991 Ed. (1764)
Noranda Metallurgy
1999 Ed. (3415)
1997 Ed. (2795)
Noranda Minerals
1996 Ed. (2649)
1994 Ed. (2526)
Noranda Mining & Exploration
1997 Ed. (2795)
Norasia
2004 Ed. (2538)
2003 Ed. (2418, 2423)
Norbert Toth
2000 Ed. (2140)
1999 Ed. (2354)
Norbest Inc.
2000 Ed. (3057, 3058, 3583, 3584)
1993 Ed. (2517, 2518, 2895, 2896)
1992 Ed. (2989, 3506)
Norbord Inc.
2007 Ed. (2636)
2006 Ed. (1609)
Norcal Group
2007 Ed. (3168)
2004 Ed. (3119)
Norcal, Recycle Central
2006 Ed. (4060)
Norcen Energy Resources
1997 Ed. (3095, 3096)
1996 Ed. (3014)
1995 Ed. (212)
1994 Ed. (211, 2853)
1992 Ed. (1597, 3436)
1991 Ed. (2729)
Norco
2002 Ed. (2588)
Norcold
1998 Ed. (1959)
Norcom
1998 Ed. (3399)
1997 Ed. (3625)
1995 Ed. (3507)
1993 Ed. (3447)
1992 Ed. (4132)
Norconsult AS
1991 Ed. (1555)
Norconsult International AS
1993 Ed. (1613)
Norcor Holdings Ltd.
1995 Ed. (1015)
1994 Ed. (1002)
1993 Ed. (974)
Norcraft
2007 Ed. (3297)
Norcros
1996 Ed. (1355)
1991 Ed. (1279)
Norcross/Duluth/Lilburn, GA
1992 Ed. (3291)
NORD/LB Latvija
2006 Ed. (4515)
Nord Pool ASA
2006 Ed. (1947)
Nord Pool Spot AS
2008 Ed. (1996)
2007 Ed. (1930)
Nord Resources Corp.
1997 Ed. (3642, 3643, 3644, 3645)
Nord Zahar
2006 Ed. (4521)
Nordbanken
2000 Ed. (669)
1999 Ed. (644, 1739, 4482)
1997 Ed. (517, 622)
1996 Ed. (688)
1995 Ed. (614)
1994 Ed. (642, 1451)
1993 Ed. (639)
1992 Ed. (842)
1991 Ed. (669)
1990 Ed. (690)
1989 Ed. (684)
Nordbanken Group
1992 Ed. (712)
Nordbanken Holding
2001 Ed. (1858)
2000 Ed. (1558)
Nordbanken Holding AB
2002 Ed. (1415)
Norddeutsche Landesbank
1997 Ed. (478)
1996 Ed. (517)
1995 Ed. (475)
1994 Ed. (493)
1993 Ed. (491)
1992 Ed. (683)
1990 Ed. (580)
1989 Ed. (542)
Norddeutsche Landesbank Girozentrale
2007 Ed. (452)
2006 Ed. (446)
2005 Ed. (512)
2004 Ed. (533)
2002 Ed. (563)
1991 Ed. (528)
1990 Ed. (581)
Norddeutsche Landesbank Luxembourg
2008 Ed. (472)
2007 Ed. (515)
2006 Ed. (495)
2005 Ed. (573)
2004 Ed. (584)
Norddeutsche L'bank
1991 Ed. (529)
Nordea
2006 Ed. (1402, 4575)
Nordea AB
2006 Ed. (2801)
Nordea Bank
2007 Ed. (1998)
2006 Ed. (2026)
2003 Ed. (1828)
Nordea Bank AB
2008 Ed. (2089, 2091)
2007 Ed. (1995, 1997)
2006 Ed. (2025, 2027)
Nordea Bank Danmark
2008 Ed. (404)
2007 Ed. (430)
2006 Ed. (432)
2005 Ed. (486)
2004 Ed. (479)
Nordea Bank Finland
2008 Ed. (415)
2007 Ed. (448)
2006 Ed. (442)
2005 Ed. (509)
2004 Ed. (492)
Nordea Bank Norge
2008 Ed. (487)
2007 Ed. (533)
2006 Ed. (508)
2005 Ed. (591)
2004 Ed. (602)
Nordea Bank Polska
2004 Ed. (485)
Nordea Group
2008 Ed. (509)
2007 Ed. (557)
2006 Ed. (527)
2005 Ed. (614)
2004 Ed. (625)
2003 Ed. (616)
Nordeman Grimm Inc.
1993 Ed. (1692)
1992 Ed. (2048)
1991 Ed. (1616)
1990 Ed. (1710)
Norden Systems
1990 Ed. (1743)
Nordic
1997 Ed. (2201)
1990 Ed. (720)
Nordic Baltic Holding AB
2002 Ed. (1773, 1775)
Nordic Capital
2008 Ed. (1410)
Nordic Cold Storage LLC
2008 Ed. (4815)
2006 Ed. (4888)
Nordic Construction Ltd.
2006 Ed. (1742)
2003 Ed. (2258)
Nordic Investment Bank
1993 Ed. (474)
1992 Ed. (662)
Nordic Refrigerated Services
2001 Ed. (4724, 4725)
Nordic ski exercise
1997 Ed. (3561)
Nordic Telephone Co.
2008 Ed. (1425, 3445, 4079)
Nordic Track
1998 Ed. (600)
1997 Ed. (2389)
1996 Ed. (3491)
Nordic Trak
1992 Ed. (2065)
1991 Ed. (1634)
Nordica
1992 Ed. (3981)
1991 Ed. (3132)
NordicTrack
1993 Ed. (1707)
Nordiska Invest
1991 Ed. (506)
Nordlandsbanken
2003 Ed. (595)
2002 Ed. (630)
Nordlb
1992 Ed. (2016)
Nordlund; Donald E.
1990 Ed. (1720)
Nordmann & Rassmann
1999 Ed. (1092)
Nordmann; Ronald
1994 Ed. (1774)
1993 Ed. (1791)
NordNet (TeleTrade)
2003 Ed. (2712)
Nordskar & Thorkildsen
1990 Ed. (137)
1989 Ed. (146)
Nordskar & Thorkildsen Leo Burnett
1995 Ed. (108)
1994 Ed. (107)
1993 Ed. (124)
1992 Ed. (192)
1991 Ed. (137)
Nordson Corp.
2005 Ed. (3352)
2001 Ed. (2231)
1999 Ed. (2851)
1998 Ed. (2090)
1997 Ed. (2370)
1993 Ed. (2486)

1991 Ed. (2370)
1990 Ed. (2502)
Nordstjernan AB
1992 Ed. (4343)
Nordstrom Inc.
2008 Ed. (999, 1000, 1502, 2136, 2138, 2142, 2145, 2146, 2165, 2166, 2276, 2327, 3008, 4215, 4217, 4219, 4237)
2007 Ed. (1118, 1119, 1123, 1454, 2043, 2044, 2056, 2057, 2886, 4162, 4177, 4178, 4182, 4183, 4184)
2006 Ed. (1031, 1032, 1036, 2071, 2072, 2078, 2082, 2098, 2100, 2101, 2255, 2659, 4149, 4155, 4161, 4163, 4432)
2005 Ed. (1022, 1023, 1024, 1569, 1999, 2000, 4097, 4101, 4102, 4105, 4108)
2004 Ed. (1013, 1014, 1883, 1884, 2055, 2668)
2003 Ed. (1010, 1011, 1849, 2010, 2011)
2002 Ed. (1796, 1919, 4039, 4045)
2001 Ed. (1271, 1272, 1897, 4105)
2000 Ed. (1582, 3412, 3814, 3816, 3818, 4427)
1999 Ed. (1198, 1750, 1833, 4095, 4098, 4099, 4103, 4105)
1998 Ed. (769, 770, 1192, 1258, 1259, 3078, 3083)
1997 Ed. (350, 1028, 1029, 1529, 1592, 3342, 3345, 3348)
1996 Ed. (1008, 1009, 1010, 1247, 1460, 1535, 3245, 3247, 3487)
1995 Ed. (1024, 1029, 1552, 3145, 3147, 3366, 3426)
1994 Ed. (1015, 1016, 1522, 3071, 3108, 3287, 3452)
1993 Ed. (988, 1476, 1477, 3295)
1992 Ed. (1089, 1091, 1211, 1212, 1784, 1788, 1789, 1790, 1791, 3318, 3733)
1991 Ed. (974, 975, 1414, 2654, 2659, 886, 2656)
1990 Ed. (1049, 1050, 1490, 1494, 1495, 3031)
1989 Ed. (933, 934, 1238, 1239)
Nordstrom; Blake W.
2008 Ed. (942)
Nordstrom National Credit Bank
1998 Ed. (369)
Nordstrom.com
2008 Ed. (2446)
2006 Ed. (2382)
2001 Ed. (2977, 2982, 2983, 4779)
Nordyne
1999 Ed. (203, 2539, 2540, 2659)
1998 Ed. (106, 1779, 1780, 1922)
1997 Ed. (184, 2095, 2096, 2200)
1995 Ed. (167, 1949, 1950)
1994 Ed. (148, 1925, 1926, 2043)
1993 Ed. (164)
1992 Ed. (260)
Nordyne (Intertherm)
1993 Ed. (2026)
1992 Ed. (1885, 2243, 2394)
1991 Ed. (1484, 1778)
1990 Ed. (196, 1589, 1862, 2001)
Noreen Energy Resources Ltd.
1993 Ed. (223, 1930, 2704)
Norelco
2007 Ed. (3807)
2005 Ed. (3707)
2003 Ed. (3790)
2002 Ed. (2071, 2072)
2000 Ed. (1728, 1729, 3507)
1999 Ed. (202, 1940, 1944, 1945, 3774, 3775)
1998 Ed. (105, 1375, 1378, 1379, 2805, 2806)
1997 Ed. (183, 1688, 1689, 3060, 3062)
1996 Ed. (2984, 2986)
1995 Ed. (166, 2902)
1994 Ed. (147, 2813, 2815)
1993 Ed. (163, 2813)
1992 Ed. (257, 1242, 3401, 3402)
1991 Ed. (2713)
1990 Ed. (194, 2809)
Norelco Rechargeable Electric Shaver
1990 Ed. (2803, 2804)
Norelco Tripleheader Shaver
1990 Ed. (2803)
Norene & Associates Inc.; R. V.
1993 Ed. (2267)
Norethin
1991 Ed. (1473)
Norex Exploration Services Ltd.
2008 Ed. (1548)
Norex Industries Inc.
1998 Ed. (158)
Norfolk County, MA
1996 Ed. (2538)
1995 Ed. (2483)
1994 Ed. (716, 1478, 2407)
1993 Ed. (1430)
Norfolk NADEP
1996 Ed. (2643)
Norfolk Naval Air Station
1996 Ed. (2643)
Norfolk Naval Base
1993 Ed. (2884)
Norfolk-Newport, VA
1990 Ed. (2160, 2550)
Norfolk-Portsmouth, VA
2004 Ed. (2749)
Norfolk Southern Corp.
2008 Ed. (2159, 2161, 2162, 2171, 4098, 4099, 4101, 4750)
2007 Ed. (218, 2053, 2054, 2062, 4064, 4065, 4066, 4067, 4068, 4808, 4821, 4823, 4834)
2006 Ed. (2097, 2109, 4029, 4030, 4031, 4032, 4033, 4802, 4807, 4811, 4812, 4824)
2005 Ed. (1537, 1997, 2687, 2688, 3995, 3996, 3997, 3998, 4749, 4756, 4758, 4759)
2004 Ed. (2689, 2690, 4057, 4058, 4059, 4060, 4763, 4774, 4785, 4788)
2003 Ed. (1845, 4035, 4036, 4037, 4038, 4039, 4041, 4781, 4801)
2002 Ed. (1795, 3899, 3900, 4885)
2001 Ed. (3981, 3982, 3983, 3984, 3985, 4616)
2000 Ed. (3699, 3700, 4292)
1999 Ed. (1749, 3984, 3985, 3986, 3987, 4652)
1998 Ed. (1010, 1191, 2989, 2990, 2992, 2993, 2994, 3507, 3614)
1997 Ed. (1528, 3242, 3243, 3244, 3245, 3246, 3247)
1996 Ed. (1459, 3155, 3156, 3157, 3158, 3159, 3413)
1995 Ed. (2044, 3054, 3055, 3056, 3057, 3337, 3365)
1994 Ed. (2990, 2991, 2992, 2993, 3221, 3286)
1993 Ed. (2956, 2957, 2958, 3294)
1992 Ed. (3608, 3609, 3611)
1991 Ed. (2798, 2799, 2800, 3239)
1990 Ed. (2944, 2945, 2946)
1989 Ed. (1049, 2281, 2282, 2283, 2868)
Norfolk Southern Railway Co.
2008 Ed. (4098)
2007 Ed. (4064)
2006 Ed. (4029, 4030)
2005 Ed. (3995, 3996)
2004 Ed. (4057, 4058)
2003 Ed. (1845, 4036, 4037)
2001 Ed. (3983, 3984)
Norfolk, VA
2008 Ed. (4015, 4016)
2006 Ed. (3298, 3742)
2004 Ed. (1162, 3736)
2002 Ed. (2218, 2219, 2220)
1999 Ed. (733, 1149, 1349, 2095, 2096, 2493, 2673, 3259, 3858, 3859, 3860)
1998 Ed. (738, 2693)
1996 Ed. (2206)
1994 Ed. (3511)
1992 Ed. (1389, 2550, 3492, 3500, 3501, 3502)
1990 Ed. (2486, 2487, 2882, 2883)
Norfolk-Virginia Beach-Newport News, VA
2008 Ed. (3474, 4348, 4357)
2006 Ed. (3313)
2004 Ed. (2423, 2424, 2751, 3303)
2003 Ed. (2345, 2632, 2826, 3246)
1999 Ed. (2672, 3260)
1996 Ed. (748)
1995 Ed. (677)
1994 Ed. (720)
1993 Ed. (1737)
1992 Ed. (898)
1991 Ed. (716)
1990 Ed. (2608)
Norfolk-Virginia Beach-Newport News, VA-NC
2005 Ed. (2457, 2460)
2001 Ed. (2280, 2284)
Norfolk/Virginia Beach/Portsmouth, VA
1992 Ed. (2100, 2101)
Norfolk-Virginia Beach, VA
2001 Ed. (2795)
Norgard Clohessy
2002 Ed. (4)
Norgard Clohessy Equity
2002 Ed. (1582)
Norgard Mikkelsen
1990 Ed. (93)
Norgard Mikkelsen Reklamebureau
1991 Ed. (91)
Norge
1995 Ed. (1019, 1020)
1994 Ed. (1007, 1008)
1993 Ed. (981, 982)
1992 Ed. (1206, 1207)
1991 Ed. (972, 973)
1990 Ed. (1046, 1047, 3681)
Norges Bank
2004 Ed. (517)
Norges Kooperative Landsforening
1997 Ed. (1492)
Norgren Group Ltd.; IMI
2006 Ed. (1720)
2005 Ed. (1775)
Noridian Administrative Services LLC
2008 Ed. (1994)
2007 Ed. (1928)
2006 Ed. (1945)
2005 Ed. (1916)
Noridian Mutual Insurance Co.
2008 Ed. (1994)
2007 Ed. (1928)
2006 Ed. (1945)
2005 Ed. (1916)
2004 Ed. (1831)
2003 Ed. (1796)
Noriko Oki
2000 Ed. (2166)
1999 Ed. (2367)
Norilsk Metallurgical Combine
2004 Ed. (3695)
Norilsk Nickel
2008 Ed. (2066)
2007 Ed. (1970)
2006 Ed. (2005, 2006, 4533)
2005 Ed. (1958)
2002 Ed. (4462, 4464)
1997 Ed. (1502)
1996 Ed. (3098)
Norilsk Nickel RAO
2008 Ed. (3577)
2003 Ed. (3301)
Norinchukin Bank
2008 Ed. (454)
2007 Ed. (489)
2006 Ed. (475)
2005 Ed. (553)
2004 Ed. (567)
2003 Ed. (553)
2002 Ed. (594, 595, 597)
2000 Ed. (462, 574, 575)
1999 Ed. (466, 552, 563)
1998 Ed. (383, 1163)
1997 Ed. (515, 529, 1447)
1996 Ed. (557, 558, 561, 574)
1995 Ed. (505, 506, 509, 520, 69)
1994 Ed. (525, 526, 530, 545)
1993 Ed. (544, 1656)
1992 Ed. (604, 716, 717, 726, 744, 2640)
1991 Ed. (382, 448, 449, 508, 512, 550, 553, 557, 561, 562)
1990 Ed. (445, 502, 547, 594, 596, 601, 602, 603, 604, 609, 617, 618)
1989 Ed. (478, 479, 480, 561, 564, 566, 567, 570, 592)
Norinchukin Bank Group
2002 Ed. (2823)
Norit NV
2002 Ed. (3713)
Noritake Co. Ltd.
2001 Ed. (3822)
Noriyuki Matsushima
2000 Ed. (2154)
1999 Ed. (2374)
1997 Ed. (1976)
1996 Ed. (1869)
Noriyuki Maysushima
1999 Ed. (2375)
Norkabel
1992 Ed. (2963)
Norkom Technologies Ltd.
2003 Ed. (2716)
Norlarco Credit Union
2008 Ed. (2222)
2007 Ed. (2107)
2006 Ed. (2186)
2005 Ed. (2091)
2004 Ed. (1949)
2003 Ed. (1909)
2002 Ed. (1852)
Norlease
2003 Ed. (569)
Norlop Thompson
2003 Ed. (68)
2002 Ed. (103)
2001 Ed. (131)
2000 Ed. (89)
Norlop Thompson Asociados
1999 Ed. (83)
1997 Ed. (82)
1996 Ed. (82)
1995 Ed. (69)
1993 Ed. (95)
1992 Ed. (143)
1991 Ed. (95)
1989 Ed. (101)
Norlop-Thompson/Ecuador
1990 Ed. (96)
Norm Brownstein
2007 Ed. (2497)
Norm Reeves Honda
2000 Ed. (334)
1998 Ed. (209)
1996 Ed. (272, 301)
1995 Ed. (269, 294)
1991 Ed. (279)
Norm Reeves Honda Superstore
2004 Ed. (271, 272, 274)
2002 Ed. (352, 353, 358, 370)
1999 Ed. (320)
1993 Ed. (270, 298)
1992 Ed. (376, 384, 416)
Norm Reeves Honda Superstores
2005 Ed. (276)
Norma
2006 Ed. (4501)
2002 Ed. (4412, 4413)
Norma Lerner
2005 Ed. (4855)
Norma Martinez Lozano
2007 Ed. (2496)
Norma Pace
1995 Ed. (1256)
Norma Paige
1993 Ed. (3731)
Normac Foods Inc.
1996 Ed. (2066, 2067, 2110, 2565)
1995 Ed. (2101, 2106, 2501)
1994 Ed. (2050)
Normaction SA
2008 Ed. (1763)
Norman Augustine
1999 Ed. (1120)
1996 Ed. (963)
1995 Ed. (979)
1992 Ed. (2058)
Norman B. Rice
1993 Ed. (2513)
Norman Broadbent International Inc.
1997 Ed. (1793)
1992 Ed. (2048)
Norman Cosmetics; Merle
1994 Ed. (1912)
Norman D. Shumway
1992 Ed. (1039)

Norman E. Brinker
1998 Ed. (721)
1996 Ed. (958)
1995 Ed. (978, 1727)
Norman Energy Corp.
1997 Ed. (2128)
Norman; Greg
1989 Ed. (278)
Norman Hawkes
1992 Ed. (2905)
Norman Hickey
1990 Ed. (2478)
Norman Jaffe
1999 Ed. (2147)
Norman Lorentz
2004 Ed. (976)
Norman P. Blake Jr.
1998 Ed. (720, 2138)
1994 Ed. (2237)
Norman R. Hawkes
1993 Ed. (2463)
1991 Ed. (2344)
Norman Reeves Honda Superstore
1994 Ed. (269, 290)
Norman Regional Health System
2008 Ed. (2007)
Norman Rice
1992 Ed. (2987)
Norman Rosenthal
1997 Ed. (1880)
1996 Ed. (1806)
1995 Ed. (1829)
1994 Ed. (1790)
1993 Ed. (1807)
1991 Ed. (1708)
Norman Sisisky
2001 Ed. (3318)
Norman W. Hickey
1993 Ed. (2461)
1992 Ed. (2903)
1991 Ed. (2342)
Norman Waitt
2002 Ed. (3350)
Norman Weinger
1993 Ed. (1833)
1991 Ed. (1709, 1687, 1708)
Normandy Farms
1991 Ed. (2898)
Normandy Farms Estates
1990 Ed. (3061)
Normandy Mining Ltd.
2005 Ed. (1521)
2004 Ed. (1537, 4698)
2002 Ed. (3368)
Normann; Ronald
1991 Ed. (1703)
Normant; Serge
2007 Ed. (2758)
Normura
1997 Ed. (765, 821)
Noroco
2000 Ed. (690, 691, 693)
Norpac Controls Ltd.
2007 Ed. (1607)
NORPAC Foods Inc.
2008 Ed. (2782)
Norquest Seafood Co.
2003 Ed. (2523)
Norrell
2000 Ed. (4225, 4226)
1999 Ed. (4572, 4573, 4574, 4576)
1998 Ed. (3504, 3505, 3506)
1996 Ed. (3306, 3779)
Norrell Services
2000 Ed. (4228)
1999 Ed. (2508)
Norrep
2006 Ed. (2512)
2005 Ed. (3568)
2004 Ed. (3616, 3617, 3618)
2003 Ed. (3570, 3571, 3572, 3583)
Norsan Group
2002 Ed. (2560)
2001 Ed. (2713)
2000 Ed. (3805)
Norsat International
2007 Ed. (2806)
2005 Ed. (1664)
2003 Ed. (2931)
Norsk Data
1991 Ed. (2073)
1990 Ed. (1130, 2202, 2207)
Norsk Hydro
2000 Ed. (1030, 1529, 1530, 3382, 3383)
1999 Ed. (1101, 1103, 1717, 1718, 1719, 3661, 3662)
1997 Ed. (1492, 1493, 2970, 2971)
1994 Ed. (930, 935, 1434, 1435, 2700, 2701)
1993 Ed. (913, 918, 1380, 1381, 2745, 2746)
1992 Ed. (1121, 1676, 1677, 3305, 3306)
1991 Ed. (1333, 1334, 1335, 2647, 2648)
1990 Ed. (953, 1028, 1407, 1703, 3474)
1989 Ed. (1147, 1344)
Norsk Hydro A/S
2005 Ed. (192, 1195, 1918, 3456, 3486, 3764, 3773, 3774, 3775, 3776, 3777)
2004 Ed. (3442, 3853)
2003 Ed. (1798, 1799, 3824)
2001 Ed. (1826)
1990 Ed. (1406)
Norsk Hydro AS
2007 Ed. (3872)
1999 Ed. (1717)
1996 Ed. (1431, 2876, 2877)
1995 Ed. (1469)
Norsk Hydro ASA
2008 Ed. (1427, 1749, 1751, 1755, 1996, 1997, 1998, 1999, 2353, 2502, 3574, 3660, 3661, 3918, 3921)
2007 Ed. (214, 1286, 1930, 1931, 1932, 1933, 2213, 3486, 3488, 3489, 3519, 3867)
2006 Ed. (1947, 1948, 1949, 1950, 3396, 3464, 3465, 3757, 3846)
2003 Ed. (946, 4598)
2002 Ed. (1010, 1020, 1748, 3310, 3542, 3544)
2001 Ed. (3284)
Norsk Hydro Produksjon
1993 Ed. (1381)
Norsk Hydro Produksjon A/S
2005 Ed. (1918)
1994 Ed. (1435)
1990 Ed. (1406)
Norsk Hydro Produksjon AS
2007 Ed. (1930)
2000 Ed. (1528)
1997 Ed. (1492)
1996 Ed. (1431)
Norsk Meierier
1992 Ed. (68)
Norsk Tipping
2007 Ed. (62)
2006 Ed. (71)
2005 Ed. (64)
2004 Ed. (69)
Norsk Tipping A-S
2001 Ed. (63)
1994 Ed. (36)
1993 Ed. (45)
Norske Meierier
1994 Ed. (36)
1993 Ed. (45)
Norske Skog
2004 Ed. (3767)
Norske Skog Canada
2007 Ed. (2636)
2003 Ed. (3734)
Norske Skogindustrier
2006 Ed. (1949)
1992 Ed. (3305)
Norske Skogindustrier A/S
2005 Ed. (1918)
1994 Ed. (1435, 2701)
1993 Ed. (1381)
Norske Skogindustrier AS
2000 Ed. (1528)
1997 Ed. (2970)
1995 Ed. (1469)
Norske Skogindustrier ASA
2008 Ed. (1999, 3574)
2007 Ed. (1933)
2006 Ed. (3396, 3757)
2004 Ed. (3768)
2002 Ed. (3542)
NorskeCanada
2006 Ed. (1574)
2005 Ed. (1668)
2003 Ed. (3732)
Norsolor
1990 Ed. (1350)
Norstaff Inc.
2005 Ed. (1643)
Norstar Bancorp.
1990 Ed. (415)
1989 Ed. (364)
Norstar Bank of Upstate New York
1993 Ed. (2967)
Norstar Trust, N.Y.
1989 Ed. (2146, 2150, 2155)
Nortankers
1994 Ed. (203)
Nortek Inc.
2008 Ed. (2062)
2005 Ed. (3936)
2004 Ed. (788, 789)
2003 Ed. (1814)
2002 Ed. (252, 2376, 2377, 2465, 2701)
2000 Ed. (2286, 2442)
1999 Ed. (1314)
1998 Ed. (883)
1997 Ed. (1130)
1995 Ed. (1128, 2239)
1994 Ed. (1112, 1265, 1442)
1993 Ed. (1088, 1388)
1991 Ed. (3224, 2384)
1990 Ed. (836)
Nortel
2008 Ed. (4639)
2007 Ed. (2035, 4712)
2006 Ed. (2063, 4695)
2005 Ed. (1982, 1984, 1985)
2000 Ed. (4206, 4363)
1997 Ed. (3708)
Nortel Inversora
2004 Ed. (24)
Nortel Inversora SA
2003 Ed. (4570)
Nortel Matra
1997 Ed. (916)
Nortel Networks Corp.
2008 Ed. (960, 1468, 2930, 2932, 2935, 2937, 3201)
2007 Ed. (1037, 1216, 1474, 1632, 1798, 1799, 1802, 1803, 1805, 2804, 2807, 2809, 2819, 4717)
2006 Ed. (942, 1109, 1112, 1615, 1618, 2812, 2814, 2815, 2817, 3699, 4593)
2005 Ed. (1120, 1710, 1719, 1727, 1974, 2828, 2830, 2833, 3025, 3698, 4517, 4630, 4632, 4639)
2004 Ed. (1090, 1663, 1738, 2825, 3016, 3678, 3680, 3779, 4672)
2003 Ed. (1079, 1629, 1635, 1639, 1701, 2251, 2252, 2892, 2933, 2937, 2938, 2939, 2940, 2941, 3148, 3631, 3636, 3637, 3638, 3639, 3754, 4541, 4542, 4545, 4575, 4701, 4978)
2002 Ed. (1123, 1385, 1483, 1494, 1605, 1606, 1607, 1609, 1641, 1693, 2109, 2228, 2502, 2503, 2510, 2786, 4360, 4361, 4560, 4561, 4876)
2001 Ed. (1658, 1659, 1660, 1664, 1665, 2170, 2172, 2196, 2865, 2868, 4044)
2000 Ed. (1398, 2458)
NorTerra Inc.
2008 Ed. (2975)
Nortex
2000 Ed. (226)
1995 Ed. (1478)
North Adams Transcript
2008 Ed. (1907)
North America
2008 Ed. (728, 1497, 3375, 3742)
2007 Ed. (1515, 3247, 3619)
2006 Ed. (1485, 3178, 3551, 4683)
2005 Ed. (1598, 3199)
2003 Ed. (3854)
2002 Ed. (1022, 2026, 4323, 4324)
2001 Ed. (368, 516, 517, 728, 1098, 3157, 3371, 3372, 3857, 4374)
2000 Ed. (350, 2867, 3012, 3548, 3830, 4343)
1999 Ed. (199, 1913, 1937, 2856, 3274, 3282, 3586, 3632, 3842, 3900, 4039, 4118, 4550, 4827)
1998 Ed. (251, 505, 857, 1807, 2422, 2660, 2735, 2815)
1997 Ed. (1682, 1806, 2113, 2690, 3491)
1996 Ed. (325, 936, 1175, 1725, 2553, 3662)
1995 Ed. (1593, 2489, 2872)
1994 Ed. (189, 3657)
1993 Ed. (1113, 1721, 2027, 2243, 2475, 3350)
1992 Ed. (1235, 2129, 3294, 3295, 3552)
North America Syndicate
1989 Ed. (2047)
North American Co.
1996 Ed. (995)
1989 Ed. (948, 949)
North American Airlines Inc.
2007 Ed. (2167)
2006 Ed. (2243)
2005 Ed. (1348, 2153)
North American Armorgroup Inc.
2004 Ed. (1879)
The North American Bank & Trust Co.
2004 Ed. (402)
North American Biologicals
1997 Ed. (2022)
North American Builders Indemnity Co.
1995 Ed. (906)
North American Capital Management, Equity
2003 Ed. (3125)
North American Chemical Co.
1998 Ed. (3333)
North American Coal
2000 Ed. (1129)
1999 Ed. (1208, 1210)
1998 Ed. (782)
1992 Ed. (1233)
1990 Ed. (1069)
The North American Coffee Partnership
2003 Ed. (1044)
North American Communications Inc.
2006 Ed. (4369)
1989 Ed. (2655)
North American Construction Co.
2008 Ed. (4050)
North American Diversified II
1995 Ed. (1081)
North American Enclosures
1998 Ed. (2854)
North American Fidelity & Guarantee Ltd.
1994 Ed. (861)
North American Global Equity A
1999 Ed. (3580)
North American Holding
1990 Ed. (2748)
North American Holding C1A
1990 Ed. (2748)
North American Housing Corp.
1995 Ed. (1132)
1994 Ed. (1116)
1993 Ed. (1092)
1992 Ed. (1369)
1991 Ed. (1061)
1990 Ed. (1174, 2597)
North American (IMCO)
1995 Ed. (2603)
North American Intelecom
1996 Ed. (2918)
1995 Ed. (3560)
1994 Ed. (3493)
North American International Motorcycle Super Show
2004 Ed. (4757)
North American Investment Corp.
1989 Ed. (819)
North American Life & Casualty
1993 Ed. (3652)
North American Life Assurance Co.
1997 Ed. (2454, 2455)
1996 Ed. (2326)
1995 Ed. (2311)

North American Logistics
2002 Ed. (1225)
North American Metals Distribution Group
2000 Ed. (3089)
1999 Ed. (3354)
North American Mortgage
2003 Ed. (3433, 3435, 3443, 3445, 3446, 3447, 3448)
2001 Ed. (3346)
2000 Ed. (3158, 3161)
1999 Ed. (370)
1998 Ed. (2522, 2526)
1997 Ed. (2809, 2811)
1996 Ed. (2679, 2680, 2682, 2683)
1995 Ed. (2597, 2598, 2600, 2609, 2611)
North American Mortgage/Dime
2001 Ed. (3345, 4522)
North American Mortgage (IMCO)
1994 Ed. (2557)
North American Palladium Ltd.
2003 Ed. (1633, 1640)
North American Philips
1997 Ed. (1686)
1995 Ed. (1044, 1627, 1630, 1652)
1994 Ed. (1035, 1586, 1588, 1608, 1610, 1619)
1993 Ed. (1005, 1547, 1550, 1551, 1569, 1588)
1992 Ed. (1536, 1616, 1918)
1991 Ed. (1523)
1990 Ed. (1080, 1591, 1592, 1593, 1623, 1642)
North American Philips (Norelco)
1992 Ed. (1886)
1991 Ed. (1485, 1490, 1491)
North American Philips (Norelco, Schick)
1992 Ed. (1889, 1890)
North American Pipe Corp.
2008 Ed. (3990)
2007 Ed. (3964)
2006 Ed. (3914)
2005 Ed. (3843)
North American Railway Braking
1992 Ed. (2961)
North American Reinsurance
1991 Ed. (2829)
1990 Ed. (2261)
North American Risk Co.
2008 Ed. (3808, 4249)
North American Risk Management Inc.
2007 Ed. (3715)
2006 Ed. (3732, 4199)
2005 Ed. (3615)
North American Savings Bank
2004 Ed. (4719)
1998 Ed. (3553)
North American Securities Administrators Association
2002 Ed. (4844)
North American Security
1996 Ed. (3770)
1993 Ed. (3652, 3655)
North American Security Life
1992 Ed. (4380)
North American Security Venture Global Equity
1994 Ed. (3613)
North American Site Developers Inc.
2008 Ed. (1256)
2007 Ed. (1359)
2006 Ed. (1280)
2005 Ed. (1310)
2004 Ed. (1303)
2003 Ed. (1300)
2002 Ed. (1288)
2001 Ed. (1473)
2000 Ed. (1259)
North American Steel Alliance
2008 Ed. (1383)
North American/Swiss Reinsurance
1996 Ed. (3186)
1994 Ed. (3040)
1993 Ed. (2992)
1992 Ed. (3658)
North American Systems
1998 Ed. (786)
1997 Ed. (1041)
1993 Ed. (1005)
1990 Ed. (1080)
North American Timber Corp.
2003 Ed. (2543)
2001 Ed. (2502)
North American Title Co.
2000 Ed. (2739)
1999 Ed. (2986)
1998 Ed. (2215)
1990 Ed. (2265)
North American Trade Corp.
2000 Ed. (2463)
1994 Ed. (2049)
North American Trust
1996 Ed. (3761)
North American U.S. Government Securities A
1996 Ed. (2810)
North American Vaccine Inc.
1993 Ed. (214, 217)
North American Van Lines Inc.
2007 Ed. (1776, 4846)
2006 Ed. (1768)
2005 Ed. (1795, 2686)
2004 Ed. (1735, 2688)
2000 Ed. (3177)
1999 Ed. (3459, 4676)
1998 Ed. (2544, 3636)
1997 Ed. (3810)
1996 Ed. (3755, 3760)
1995 Ed. (2626, 3678, 3681)
1994 Ed. (2571, 3590, 3595, 3603, 3604)
1993 Ed. (2610, 3635, 3643, 3644)
1992 Ed. (3121, 4357)
1991 Ed. (2496)
North American Van Lines Commercial Transport Div.
1995 Ed. (3675)
1993 Ed. (3636)
1991 Ed. (3430)
North American Van Lines Commercial Transport Division
1994 Ed. (3596)
1992 Ed. (4355)
North American Ventures
1990 Ed. (3455)
North American Video Inc.
2008 Ed. (3722, 4415, 4973)
2007 Ed. (4435, 4992)
2003 Ed. (4330)
1999 Ed. (4204)
North & Central NJ
1990 Ed. (2133)
North & South America
2000 Ed. (4040)
North Anna
1998 Ed. (3401)
North Antelope/Rochelle
2002 Ed. (3365)
North Antelope, WY
2000 Ed. (1126)
North Atlantic Energy Corp.
2007 Ed. (1911)
2006 Ed. (1926)
2005 Ed. (1900)
2004 Ed. (1816)
North Atlantic Refining Ltd.
2008 Ed. (1611)
North Bancshares
2003 Ed. (512)
North Borward Hospital District
2002 Ed. (3296)
North Bridge Venture Partners
2008 Ed. (4805)
2002 Ed. (4738)
North British Distillery Co. Ltd.
1994 Ed. (993)
1993 Ed. (967)
North Broken Hill Peko
1990 Ed. (2540)
North Broward Hospital District
2006 Ed. (3590)
2003 Ed. (3471)
2000 Ed. (3185)
1999 Ed. (3466)
1998 Ed. (2554)
1994 Ed. (2576)
1990 Ed. (2631)
North Canadian Oils
1992 Ed. (3436)
North Carolina
2008 Ed. (343, 1757, 2407, 2641, 2654, 2655, 3266, 3469, 3470, 3482, 3512, 3545, 3648, 3862, 4009, 4011, 4012, 4455, 4581, 4661, 4690, 4733)
2007 Ed. (333, 356, 2078, 2274, 2373, 2526, 2527, 3385, 3419, 3420, 3474, 3788, 3794, 3992, 3995, 4472, 4650, 4770)
2006 Ed. (2130, 2550, 2551, 2984, 3104, 3323, 3367, 3368, 3450, 3790, 3934, 3937, 4158, 4410, 4650, 4764, 4791, 4865)
2005 Ed. (371, 392, 393, 394, 395, 396, 398, 399, 404, 418, 441, 1070, 1072, 1074, 1075, 2034, 2543, 2544, 3299, 3383, 3384, 3441, 3701, 3871, 3874, 4204, 4225, 4231, 4392, 4569, 4601, 4712, 4795, 4928, 4939, 4942)
2004 Ed. (360, 370, 373, 374, 375, 377, 380, 385, 386, 398, 413, 435, 1066, 1068, 1070, 1904, 2000, 2188, 2294, 2297, 2301, 2302, 2316, 2563, 2564, 2565, 2566, 2567, 2572, 2574, 2727, 2728, 2732, 2971, 2972, 2993, 2994, 3044, 3046, 3087, 3092, 3121, 3275, 3290, 3292, 3311, 3312, 3313, 3355, 3356, 3425, 3783, 3923, 3926, 3933, 4271, 4292, 4298, 4300, 4301, 4419, 4446, 4501, 4506, 4510, 4512, 4513, 4519, 4522, 4526, 4527, 4648, 4649, 4735, 4901, 4948, 4957, 4959)
2003 Ed. (354, 381, 391, 394, 395, 396, 400, 403, 404, 415, 419, 441, 1057, 1059, 1063, 2424, 2433, 2434, 2612, 2963, 2982, 3237, 3244, 3248, 3249, 3250, 3252, 3255, 3256, 3293, 3294, 3360, 3758, 3763, 3898, 4232, 4249, 4251, 4284, 4290, 4408, 4416, 4417, 4467, 4646, 4666, 4755, 4944, 4954, 4956)
2002 Ed. (368, 448, 450, 451, 453, 456, 459, 461, 463, 466, 468, 473, 494, 497, 864, 1112, 1113, 1116, 1117, 1802, 2064, 2069, 2226, 2229, 2401, 2403, 2574, 2736, 2737, 2738, 2739, 2740, 2741, 2742, 2746, 2846, 2851, 2874, 2881, 2882, 2883, 2971, 2981, 2983, 3120, 3127, 3129, 3212, 3235, 3236, 3239, 3240, 3273, 3289, 3300, 3600, 3901, 4102, 4103, 4160, 4166, 4167, 4308, 4366, 4375, 4376, 4537, 4538, 4539, 4627, 4681, 4732, 4765, 4910, 4911, 4914, 4916, 4919)
2001 Ed. (370, 371, 396, 397, 660, 661, 666, 667, 719, 720, 721, 722, 992, 993, 997, 998, 1028, 1029, 1084, 1087, 1106, 1109, 1123, 1126, 1127, 1201, 1245, 1262, 1263, 1266, 1267, 1269, 1294, 1371, 1378, 1396, 1397, 1400, 1411, 1415, 1416, 1417, 1418, 1419, 1422, 1423, 1427, 1428, 1429, 1430, 1432, 1433, 1434, 1435, 1437, 1438, 1439, 1491, 1934, 1942, 1965, 1966, 2049, 2050, 2051, 2055, 2056, 2111, 2132, 2144, 2150, 2152, 2218, 2234, 2380, 2381, 2385, 2386, 2387, 2388, 2389, 2390, 2391, 2392, 2393, 2394, 2397, 2398, 2418, 2421, 2453, 2466, 2471, 2537, 2563, 2566, 2567, 2572, 2573, 2594, 2597, 2607, 2617, 2618, 2619, 2620, 2662, 2682, 2684, 2685, 2723, 2739, 2758, 2807, 2964, 2997, 2998, 3035, 3046, 3047, 3072, 3078, 3079, 3090, 3091, 3172, 3173, 3174, 3175, 3213, 3214, 3235, 3236, 3295, 3338, 3339, 3386, 3396, 3397, 3400, 3418, 3419, 3525, 3567, 3568, 3577, 3615, 3617, 3620, 3632, 3639, 3640, 3654, 3716, 3730, 3731, 3736, 3788, 3791, 3795, 3796, 3809, 3810, 3840, 3841, 3849, 3871, 3872, 3894, 3895, 3897, 3899, 3904, 3914, 3965, 3969, 3993, 3994, 4000, 4005, 4006, 4012, 4173, 4238, 4242, 4258, 4259, 4305, 4336, 4407, 4408, 4415, 4442, 4443, 4445, 4480, 4489, 4515, 4516, 4517, 4518, 4532, 4536, 4552, 4570, 4581, 4646, 4799, 4821, 4823, 4824, 4826, 4827, 4838, 4839, 4862, 4863, 4864, 4917, 4927, 4928, 4929, 4930, 4931, 4934, 4935, 4937, 4938)
2000 Ed. (276, 751, 1140, 1905, 1906, 2327, 2658, 2659, 2965, 3434, 3558, 3587, 3859, 4102, 4104, 4105, 4112, 4113, 4289, 4290, 4391, 4399, 4406)
1999 Ed. (981, 1145, 2587, 2812, 2911, 3226, 3595, 3724, 4414, 4415, 4416, 4417, 4422, 4424, 4426, 4427, 4429, 4430, 4431, 4435, 4436, 4443, 4449, 4457, 4458, 4464, 4467, 4537, 4764, 4775, 4780)
1998 Ed. (179, 473, 725, 732, 1535, 1536, 1830, 2059, 2112, 2113, 2385, 2404, 2406, 2561, 2883, 2901, 2971, 3375, 3379, 3380, 3385, 3388, 3391, 3398, 3611, 3716, 3727, 3734)
1997 Ed. (1, 1818, 1819, 2137, 2650, 3562, 3564, 3573, 3575, 3578, 3579, 3585, 3590, 3591, 3598, 3610, 3611, 3613, 3614, 3615, 3619, 3881, 3895, 3896)
1996 Ed. (1737, 1738, 2015, 2504, 2511, 2512, 2701, 2856, 3175, 3254, 3255, 3512, 3513, 3514, 3516, 3522, 3524, 3527, 3531, 3532, 3536, 3538, 3539, 3545, 3550, 3551, 3558, 3563, 3571, 3572, 3574, 3575, 3576, 3579, 3798, 3831, 3847, 3848)
1995 Ed. (675, 1669, 1762, 1764, 1993, 2204, 2269, 2462, 2463, 2608, 2623, 2799, 2856, 3451, 3452, 3456, 3458, 3459, 3469, 3470, 3477, 3482, 3490, 3491, 3493, 3494, 3499, 3500, 3502, 3540, 3732, 3748, 3749)
1994 Ed. (1968, 2381, 2382, 2535, 2568, 2756, 2766, 3379, 3380, 3384, 3386, 3387, 3393, 3398, 3399, 3406, 3411, 3419, 3422, 3423)
1993 Ed. (1501, 1734, 1735, 1946, 2151, 2153, 2180, 2585, 2586, 2608, 3395, 3396, 3397, 3400, 3402, 3408, 3409, 3416, 3427, 3428, 3433, 3435, 3698, 3712, 3718)
1992 Ed. (969, 972, 973, 975, 2098, 2099, 2286, 2339, 2340, 2574, 2915, 2923, 2926, 2927, 2929, 2968, 3118, 3484, 3542, 3819, 4074, 4077, 4078, 4080, 4081, 4091, 4092, 4094, 4100, 4108, 4119, 4120, 4121, 4126, 4180, 4435, 4451)
1991 Ed. (789, 794, 795, 796, 1853, 2349, 2351, 2352, 2475, 2476, 2768, 3179, 3181, 3183, 3184, 3187, 3190, 3200, 3263, 3481)
1990 Ed. (760, 824, 830, 833, 2410, 2430, 2513, 2664, 3279, 3280, 3281, 3282, 3356, 3357, 3358, 3367, 3378, 3385, 3389, 3391, 3392, 3399, 3400, 3401, 3407, 3408, 3410, 3411, 3413, 3415, 3425, 3429)
1989 Ed. (1737, 2529, 2543, 2547, 2553, 2613, 2913, 2934)
North Carolina A & T University
2000 Ed. (744)
North Carolina-Asheville; University of
2008 Ed. (1061)
North Carolina AT & T State University
2008 Ed. (181)

North Carolina at Chapel Hill; University of
1997 Ed. (2632)
North Carolina Baptist Hospital
2008 Ed. (1990)
2001 Ed. (1821)
North Carolina Baptist Hospitals Inc.
2006 Ed. (1940)
2005 Ed. (1911)
2004 Ed. (1828)
2003 Ed. (1793)
North Carolina-Chapel Hill, Kenan-Flagler School of Business; University of
2008 Ed. (772, 794, 795)
2007 Ed. (795, 814, 833, 834)
2006 Ed. (724)
2005 Ed. (800, 803, 810, 813, 814, 815)
North Carolina-Chapel Hill; University of
2008 Ed. (781, 1062, 1065, 3639)
2007 Ed. (801, 1163)
2006 Ed. (704, 705, 715, 720, 723, 725, 3957)
2005 Ed. (797, 798, 3439)
North Carolina Corrections Enterprise
2006 Ed. (3950, 3951)
North Carolina Department of Commerce
2003 Ed. (3245)
North Carolina East Municipal Power Agency
2001 Ed. (427, 882)
2000 Ed. (3188)
1989 Ed. (2028)
North Carolina Eastern Municipal Power Agency
1999 Ed. (1943, 3473)
1997 Ed. (2845)
1996 Ed. (2722, 2723)
1993 Ed. (1548)
1991 Ed. (1486, 2532)
1990 Ed. (3505)
North Carolina Eastern Municipal Power Authority
1990 Ed. (2640)
North Carolina Electric Membership Corp.
2007 Ed. (1428)
2006 Ed. (1392, 1393)
2005 Ed. (1406, 1407)
2004 Ed. (1385, 1386)
2003 Ed. (1377)
North Carolina Farm Bureau Mutual
2004 Ed. (3133)
2003 Ed. (2985)
2002 Ed. (3955)
North Carolina Housing Finance Agency
2001 Ed. (882)
North Carolina Local Government Credit Union
2003 Ed. (1937)
2002 Ed. (1883)
North Carolina Local Government Employees Credit Union
2006 Ed. (2214)
2005 Ed. (2119)
2004 Ed. (1977)
North Carolina Medical Care Commission
1999 Ed. (3483)
1993 Ed. (2619)
North Carolina Medical Care Committee
1995 Ed. (2648)
North Carolina Municipal Power Agency No. 1
2001 Ed. (882)
1995 Ed. (1628, 2643)
North Carolina Municipal Power 1
1990 Ed. (2640)
North Carolina Mutual Life
1989 Ed. (1690)
North Carolina Mutual Life Insurance Co.
2007 Ed. (3585, 4397, 4438)
2006 Ed. (3092)
2005 Ed. (3087)
2004 Ed. (3079)
2003 Ed. (2976)
2002 Ed. (714)
2000 Ed. (2669)
1999 Ed. (2916)
1998 Ed. (2132)
1997 Ed. (2419)
1996 Ed. (2286)
1995 Ed. (2280)
1994 Ed. (2233)
1993 Ed. (2253)
1992 Ed. (2707)
1991 Ed. (2106, 2144)
1990 Ed. (2275)
North Carolina Natural Gas
1995 Ed. (2795)
North Carolina Retirement
1998 Ed. (2766)
1996 Ed. (2936)
North Carolina Retirement System
2004 Ed. (2024, 2027, 2028, 3789)
North Carolina Retirement Systems
1991 Ed. (2692)
North Carolina School of the Arts
1992 Ed. (1277)
North Carolina School of the Arts in Winston-Salem
1995 Ed. (1070, 1928)
North Carolina State
1992 Ed. (3663)
North Carolina; State of
1989 Ed. (2284)
North Carolina State University
2006 Ed. (706)
2002 Ed. (1029, 1032)
2001 Ed. (2258)
2000 Ed. (1034, 1037, 1836)
1999 Ed. (2046)
1995 Ed. (971, 1070, 1928)
1989 Ed. (2284)
North Carolina State University at Raleigh
1996 Ed. (948)
North Carolina State University, Raleigh
1997 Ed. (970)
1994 Ed. (939)
North Carolina; University of
2006 Ed. (731, 3948)
1994 Ed. (818, 1713)
1993 Ed. (806)
North Castle Partners
2004 Ed. (127, 128)
2003 Ed. (170)
2002 Ed. (157)
2000 Ed. (148)
1999 Ed. (130)
1998 Ed. (61)
1997 Ed. (52, 123)
1992 Ed. (184)
1991 Ed. (130)
1990 Ed. (131)
1989 Ed. (140)
North central
1994 Ed. (2586)
1990 Ed. (2654)
1989 Ed. (2032)
North Central Health Services
1991 Ed. (2624)
North/Central New Jersey
1990 Ed. (1157)
North Central Power Co. Inc.
2000 Ed. (3673)
North Central Texas Health Facilities Corp.
1993 Ed. (2618)
North Coast Brewing Co.
2000 Ed. (3126)
North Coast Concrete
2007 Ed. (1336)
North Coast Credit Union
2002 Ed. (1833)
North Coast Energy Inc.
2005 Ed. (4383)
2004 Ed. (3825)
2002 Ed. (3662)
North Colorado Medical Center
1994 Ed. (890)
North Community Bank
1999 Ed. (494)
1998 Ed. (344)
North Conway Bank
1993 Ed. (590)
1990 Ed. (649)
North Corridor, IL
1996 Ed. (1602)
North Country Bank & Trust Co.
2005 Ed. (3307)
North Country Credit Union
2005 Ed. (2086)
2004 Ed. (1945)
2003 Ed. (1905)
2002 Ed. (1846)
North County Ford
2005 Ed. (276)
North Dakota
2008 Ed. (2424, 2434, 2435, 2436, 2641, 2726, 3037, 3271, 3800, 3806, 4257, 4914, 4915)
2007 Ed. (2292, 2308, 2589, 2916, 3709, 3713, 4001, 4226, 4937, 4938, 4997)
2006 Ed. (2358, 2613, 2754, 2756, 2894, 2980, 3256, 3726, 3730, 3906, 3943, 4213, 4474, 4931, 4932, 4996)
2005 Ed. (1071, 2528, 2615, 2786, 2882, 2916, 3298, 3300, 3611, 3613, 3882, 4159, 4189, 4198, 4199, 4200, 4207, 4208, 4225, 4233, 4240, 4898, 4899)
2004 Ed. (186, 376, 378, 380, 381, 397, 438, 1074, 1075, 1077, 2001, 2002, 2022, 2308, 2310, 2318, 2537, 2568, 2569, 2726, 2793, 2806, 2904, 2972, 3039, 3700, 3702, 3837, 4233, 4236, 4256, 4263, 4266, 4267, 4268, 4269, 4271, 4274, 4275, 4296, 4513, 4530, 4884, 4885, 4886, 4903, 4979, 4980)
2003 Ed. (390, 397, 409, 416, 418, 443, 444, 1065, 1066, 1068, 2148, 2678, 2793, 2794, 2828, 3652, 3657, 4210, 4213, 4237, 4247, 4255, 4912)
2002 Ed. (441, 446, 447, 464, 465, 477, 492, 493, 495, 496, 668, 1907, 2008, 2011, 2230, 2231, 2285, 2738, 3079, 3111, 3122, 3199, 3524, 3528, 3734, 3805, 3906, 4071, 4073, 4082, 4102, 4115, 4159, 4160, 4161, 4162, 4163, 4164, 4167, 4168, 4169, 4170, 4520, 4522, 4523, 4892)
2001 Ed. (277, 278, 354, 1015, 2053, 2361, 2664, 3104, 3557, 3597, 3747, 4145, 4150, 4797, 4830)
2000 Ed. (804, 1791, 2940, 2959, 3832, 4096)
1999 Ed. (799, 1211, 3220, 4453)
1998 Ed. (2382, 3376)
1997 Ed. (2656, 3147, 3568, 3594)
1996 Ed. (2090, 2508, 2509, 2517, 3513, 3518, 3520, 3554)
1995 Ed. (2457, 2460, 2461, 2469, 3473)
1994 Ed. (678, 2371, 2376, 2379, 2380, 2388, 3402, 3475)
1993 Ed. (363, 2438, 2442, 3412, 3691)
1992 Ed. (2573, 2876, 2880, 2914, 2915, 2917, 2918, 2919, 2925, 2926, 2927, 2932, 2933, 2934, 3090, 4078, 4079, 4104, 4428, 4429)
1991 Ed. (186, 1399, 2162, 2350, 2353, 2354, 2924, 3175, 3182, 3192, 3205, 3206, 3208)
1990 Ed. (366, 1746, 2430, 2889, 3349, 3382, 3410, 3412, 3414, 3418, 3424, 3429, 3507)
1989 Ed. (206, 1669, 1736, 1888, 1898, 1899, 2540, 2541, 2549, 2558, 2561, 2562, 2612, 2787, 2848)
North Dakota Housing Finance Agency
2001 Ed. (886)
North Dakota Rural Water Finance Agency
2001 Ed. (886)
North Dakota; University of
2008 Ed. (774)
North Dallas Bank
1991 Ed. (677)
North Dallas Bank & Trust Co.
2004 Ed. (401)
North-east Agri Service
2000 Ed. (1907)
North East Press Ltd.
2002 Ed. (3513)
North Estonian Bank
1997 Ed. (457)
The North Face
2008 Ed. (4547)
2001 Ed. (1108)
North Florida Credit Union
2004 Ed. (1933)
North Fork Bancorp.
2007 Ed. (381, 4519)
2006 Ed. (1419)
2005 Ed. (355, 629, 630, 4455)
2004 Ed. (441, 640, 641, 4483)
2003 Ed. (424, 427, 627, 628, 1505)
2000 Ed. (422, 423, 429, 3738, 3739, 3740)
1999 Ed. (393, 427, 437, 482, 610)
1998 Ed. (276, 324, 419, 3035)
1997 Ed. (3280)
North Fork Bancorporation Inc.
2007 Ed. (2215)
2006 Ed. (405, 1522)
2005 Ed. (450)
North Fork Bank
2008 Ed. (1090)
2007 Ed. (1184)
2001 Ed. (644)
2000 Ed. (633)
1994 Ed. (369, 372)
North Fork Bank & Trust Co.
1993 Ed. (2966)
North Forty Fine Furniture
2006 Ed. (4994)
2005 Ed. (4996)
North Growth U.S. Equity
2004 Ed. (2460, 2461, 2462)
2003 Ed. (3580, 3581)
2002 Ed. (3450)
North Hawaii Community Hospital
2008 Ed. (1783)
2007 Ed. (1755)
North Hempstead, NY
1992 Ed. (1167)
North Hempstead Solid Waste Management, NY
1993 Ed. (2624)
The North Highland Co.
2008 Ed. (2103)
North Holland-Amsterdam Severocesky, Czech Republic
2005 Ed. (3329)
North Island Credit Union
2002 Ed. (1831)
North Island Federal Credit Union
1997 Ed. (1565)
North Japan Foods
1996 Ed. (1176)
North Jersey Prospector
2002 Ed. (3500)
North Jersey Savings & Loan Association
1990 Ed. (3588)
North Kalgurli Mines
1990 Ed. (3470)
North Kansas City, MO
1996 Ed. (2537)
1995 Ed. (2482)
North Kansas, MO
1994 Ed. (2406)
North Kona, HI
1997 Ed. (999)
North Korea
2008 Ed. (4338, 4784)
2007 Ed. (4382, 4863)
2006 Ed. (4317, 4319)
2005 Ed. (4369, 4371)
2004 Ed. (4421, 4423)
2002 Ed. (4705)
2001 Ed. (4262, 4264)
1995 Ed. (1544)
1993 Ed. (1464, 1466)
1992 Ed. (362)
1991 Ed. (259)
North London Collegiate School
1999 Ed. (4145)
North Maple Inn
2007 Ed. (2951)

2006 Ed. (2940)
2005 Ed. (2938)
North Medical Community Health Plan
2000 Ed. (2432)
North Midland Construction plc
2008 Ed. (1187)
North Mississippi Health Services Inc.
2008 Ed. (1941)
2007 Ed. (1886)
2006 Ed. (1893)
2005 Ed. (1873)
2004 Ed. (1802)
North Mississippi Medical Center Inc.
2008 Ed. (1941)
2007 Ed. (1886)
2006 Ed. (1893)
2005 Ed. (1873)
2004 Ed. (1802)
2003 Ed. (1765)
2001 Ed. (1796)
North Pacific Bank
2002 Ed. (596)
North Pacific Lumber Co.
1994 Ed. (798)
1993 Ed. (782)
1992 Ed. (987)
1991 Ed. (806)
1990 Ed. (843)
North Pacific Paper Corp.
2000 Ed. (3410)
North Pacific Processors
2003 Ed. (2523)
North Park College
1995 Ed. (1058)
1993 Ed. (1023)
1992 Ed. (1275)
North Park Lincoln-Mercury
1996 Ed. (277)
1995 Ed. (274)
1991 Ed. (284)
North Pittsburgh Systems Inc.
2008 Ed. (2050)
2005 Ed. (1949)
2004 Ed. (2125)
North Ridge Medical Center
2002 Ed. (2620)
2000 Ed. (2527)
1999 Ed. (2747)
1998 Ed. (1989)
North Rock Insurance Co., Ltd.
2007 Ed. (3085)
2006 Ed. (3055)
North Shor University
1999 Ed. (2752)
North Shore Animal League
1998 Ed. (1280)
1996 Ed. (915)
North Shore Bank FSB
1998 Ed. (3571)
North Shore Credit Union
2006 Ed. (2588)
2005 Ed. (2585)
North Shore Health System
1998 Ed. (1909, 2553)
North Shore-Long Island Jewish Health System
2006 Ed. (3591)
2003 Ed. (3467)
2002 Ed. (3295, 3802)
2001 Ed. (2669, 3923)
2000 Ed. (3181, 3186)
1999 Ed. (2645, 3463, 3467)
North Shore Properties Inc.
2003 Ed. (1694)
North Shore University Hospital
2001 Ed. (2774)
1993 Ed. (2471)
1991 Ed. (2358)
1990 Ed. (2489)
North Shore University Hospital at Manhasset
1998 Ed. (1992)
North Shore University Hospital-Manhasset/Syosset
2002 Ed. (2623)
2001 Ed. (2773, 2775)
North Slope Borough, AK
1996 Ed. (2537)
1995 Ed. (2482)
1994 Ed. (2406)
North Sound Bank
1998 Ed. (375)
1997 Ed. (505)
1996 Ed. (546)
North Springs Mixed Use
2002 Ed. (3532)
North Star Community Credit Union
2008 Ed. (2251)
2007 Ed. (2136)
2006 Ed. (2215)
2005 Ed. (2075, 2120)
2004 Ed. (1978)
North Star Dodge
1996 Ed. (270)
North Star Dodge Center Inc.
1993 Ed. (268)
North Star Steel Co.
1993 Ed. (3449)
1990 Ed. (3440)
North State
1997 Ed. (989)
North State National Bank
2004 Ed. (409)
2003 Ed. (507, 508)
2002 Ed. (3556)
North State Telecommunications Corp.
2004 Ed. (4584)
North Telecom
1992 Ed. (4201)
North Texas Health Science Center; University of
2007 Ed. (3462)
North Texas; University of
2006 Ed. (706)
2005 Ed. (799)
1994 Ed. (896, 1057)
North Vernon Industrial Park
1994 Ed. (2188)
North West Co.
2006 Ed. (4857)
North West Company Fund
2004 Ed. (3173)
North West Gold
1992 Ed. (319)
North West Quadrant
1992 Ed. (2796)
North West Securities
1990 Ed. (1787)
North-West Telecommunications
1991 Ed. (1165, 1166)
North West Water
1993 Ed. (1323)
North Western Health
2002 Ed. (1130)
North Wind Inc.
2008 Ed. (1356, 3706, 4382, 4959)
2007 Ed. (3549, 3550, 4409)
2006 Ed. (3510, 4349)
2005 Ed. (2837)
Northam
1995 Ed. (2586)
Northam; R. E.
1996 Ed. (967)
Northampton Hilton Inn
1991 Ed. (1949)
Northbrook Computers Inc.
1995 Ed. (3142)
Northbrook Life Insurance
1999 Ed. (4697)
Northbrook Technology
2007 Ed. (2034, 2037)
2006 Ed. (2065)
2005 Ed. (1983, 1986)
Northcoast Golf Show
1999 Ed. (4642)
Northcorp Realty Advisors
1993 Ed. (3009)
Northcote & Asociados
2003 Ed. (58)
2002 Ed. (91)
2001 Ed. (120)
1999 Ed. (72)
1997 Ed. (71)
1996 Ed. (70)
1995 Ed. (57)
1994 Ed. (77)
1992 Ed. (134)
1990 Ed. (88)
Northcote & Asociados (O & M)
2000 Ed. (78)
Northcote/Ogilvy & Mather
1993 Ed. (87)
Northcote/Oglivy & Mather
1991 Ed. (86)
Northcote y Asociados
1989 Ed. (93)
Northcott; Richard
2007 Ed. (4931)
Northcountry Credit Union
2008 Ed. (2263)
2007 Ed. (2148)
2006 Ed. (2227)
2005 Ed. (2132)
2004 Ed. (1990)
2003 Ed. (1950)
2002 Ed. (1896)
The Northcross Group
2002 Ed. (1955)
2001 Ed. (1445)
Northcutt Associates; James
1997 Ed. (2474)
1996 Ed. (2346)
Northeast
1994 Ed. (2586)
Northeast Arkansas Credit Union
2008 Ed. (2219)
2007 Ed. (2104)
2006 Ed. (2183)
2005 Ed. (2088)
2004 Ed. (1947)
2003 Ed. (1907)
2002 Ed. (1848)
Northeast Bancorp Inc.
1991 Ed. (623)
1990 Ed. (452, 648)
1989 Ed. (635)
Northeast Capital & Advisory Inc.
2001 Ed. (556, 559)
Northeast Construction Inc.
1999 Ed. (2674)
Northeast Credit Union
2008 Ed. (2246)
2007 Ed. (2131)
2006 Ed. (2210)
2005 Ed. (2115)
2004 Ed. (1973)
2003 Ed. (1933)
2002 Ed. (1879)
Northeast Delta Dental
2008 Ed. (4346)
2007 Ed. (4393)
2006 Ed. (4329)
Northeast Federal Corp.
1994 Ed. (2666, 3225)
Northeast Florida Telephone Co. Inc.
1998 Ed. (3485)
Northeast Hyundai
1996 Ed. (273)
Northeast Industrial Area
1997 Ed. (2375)
1996 Ed. (2249)
Northeast Investment Trust
2008 Ed. (596)
2006 Ed. (628)
1995 Ed. (2688, 2707)
Northeast Investors
1997 Ed. (688)
1996 Ed. (2781, 2795, 2808)
Northeast Investors Trust
2006 Ed. (625, 630)
2005 Ed. (703)
2004 Ed. (3221)
2000 Ed. (766)
1999 Ed. (753, 3539)
1998 Ed. (2599, 2621, 2633)
1997 Ed. (2892)
1996 Ed. (2761)
1994 Ed. (2617)
1990 Ed. (2386)
Northeast Laboratory Services Inc.
2006 Ed. (4356)
Northeast Maryland Waste Disposal Authority
1996 Ed. (2730)
Northeast Missouri State Bank
1994 Ed. (511)
Northeast National Bank
1996 Ed. (540)
Northeast Philadelphia Airport Industrial Park
1995 Ed. (2242)
1994 Ed. (2190)
Northeast Philadelphia Industrial Park
2000 Ed. (2626)
1996 Ed. (2251)
Northeast Savings
1991 Ed. (1723, 3224)
Northeast Savings FA
1991 Ed. (1207)
Northeast Securities
2002 Ed. (803, 804, 805, 806)
2000 Ed. (851, 852, 853, 854, 855, 856, 858)
1999 Ed. (853, 854, 855, 856, 858, 860)
Northeast Times
2002 Ed. (3500)
1990 Ed. (2712)
Northeast United States
2002 Ed. (680, 756, 2373, 2550, 3141, 4318, 4341, 4553, 4936)
Northeast Utilities
2008 Ed. (1514, 1698, 1699, 1908, 2426, 2427, 3035)
2007 Ed. (1672, 1673, 1674, 2297, 2913)
2006 Ed. (1666, 1667, 1668, 2353, 2362, 2363, 2364, 2694, 2695, 2696)
2005 Ed. (1747, 1749, 2295, 2310)
2004 Ed. (1690, 1691, 2196, 2197)
2003 Ed. (1555, 1661, 1662)
2002 Ed. (1629)
1998 Ed. (1385)
1997 Ed. (1696)
1995 Ed. (1335, 1632, 1639, 3034)
1994 Ed. (1205, 1598, 2975)
1993 Ed. (2936)
1992 Ed. (1900, 3584, 3944)
1991 Ed. (1500, 2779, 3112)
1990 Ed. (1603, 2193, 2926, 3267)
1989 Ed. (1299)
Northeast Utilities System
2004 Ed. (1689)
Northeastern Bank of Pennsylvania
1994 Ed. (3011)
1993 Ed. (2967)
1990 Ed. (2435, 2439)
Northeastern Engineers Credit Union
2002 Ed. (1840)
Northeastern University
2007 Ed. (2268)
2006 Ed. (725)
Northen Indiana Public Service Co.
1998 Ed. (1813)
Northern
2003 Ed. (3719, 4668, 4759)
1996 Ed. (3705)
1995 Ed. (2991)
1994 Ed. (3549)
1993 Ed. (3585)
1992 Ed. (4308)
1991 Ed. (2770)
1990 Ed. (3513)
Northern Air Cargo
2003 Ed. (241)
Northern Arizona Healthcare Corp.
2008 Ed. (1557)
2007 Ed. (1574)
Northern Automotive
1998 Ed. (247)
1997 Ed. (325)
1996 Ed. (354)
1995 Ed. (336)
1994 Ed. (336)
1992 Ed. (486, 1821)
1991 Ed. (357, 1434, 1438, 1439)
1990 Ed. (407, 1514)
Northern Bank
2007 Ed. (2037)
Northern Border Partners LP
2005 Ed. (2728, 3769)
Northern Border Pipeline Co.
1995 Ed. (1978)
1991 Ed. (1793)
1990 Ed. (1881)
1989 Ed. (1499)
Northern British Columbia; University of
2008 Ed. (1072)
2007 Ed. (1168)
Northern California
1997 Ed. (2207)
Northern California Bancorp
2008 Ed. (429)
Northern California Power Agency
1999 Ed. (1943)

Northern California Tax-Exempt
2004 Ed. (700)
Northern Capital Management LLC, Diversified Growth Portfolio
2003 Ed. (3126)
Northern Colorado Electric LLC
2004 Ed. (3493)
Northern Colorado; University of
2008 Ed. (2409)
Northern Cross Investments
2001 Ed. (3005)
Northern Dynasty Minerals Ltd.
2006 Ed. (4492)
2005 Ed. (1728)
Northern Electric
1993 Ed. (1545)
1992 Ed. (2519)
1991 Ed. (1480)
1990 Ed. (1584, 2108)
Northern Electric Belton
1992 Ed. (1881)
Northern Electric plc
2005 Ed. (2405)
Northern Empire Bancshares
2004 Ed. (408, 409)
2003 Ed. (504, 506)
2002 Ed. (3549, 3556)
"Northern Exposure"
1995 Ed. (3582)
Northern Fixed Income Fund
2001 Ed. (725)
1999 Ed. (599)
Northern Foods
2006 Ed. (2645)
2005 Ed. (2650)
1997 Ed. (1418)
1995 Ed. (1425)
1991 Ed. (1284)
Northern Foods plc
2007 Ed. (2626)
2006 Ed. (2646)
Northern Group Retail Ltd.
2005 Ed. (3179)
Northern High-Yield Fixed Income
2003 Ed. (3524)
Northern Hills Credit Union
2008 Ed. (2259)
2007 Ed. (2144)
2006 Ed. (2223)
2005 Ed. (2128)
2004 Ed. (1986)
2003 Ed. (1946)
2002 Ed. (1892)
Northern Illinois Gas Co.
1999 Ed. (2577, 2579, 2580, 2581)
1998 Ed. (1817, 1818, 1819, 1820, 1821)
1997 Ed. (2127, 2128, 2129, 2130, 2131)
1996 Ed. (2007, 2008, 2009, 2010, 2011)
1995 Ed. (1984, 1985, 1986, 1987, 1988)
1994 Ed. (1959, 1960, 1961, 1962, 1963)
1993 Ed. (1933, 1934, 1935, 1936, 1937)
1992 Ed. (2271, 2272, 2273, 2274, 2275, 3467)
1991 Ed. (1802, 1803, 1804, 1805)
1990 Ed. (1886, 1887)
Northern Income Equity
2002 Ed. (726)
Northern Indiana Public Service Co.
2008 Ed. (1807)
2006 Ed. (1768)
2005 Ed. (2721)
1999 Ed. (2573)
1996 Ed. (2000)
1992 Ed. (2274)
1991 Ed. (1488, 1805)
Northern Institutional Balanced A
2000 Ed. (624)
Northern Institutional International Growth A
2000 Ed. (623)
Northern Intermediate Tax-Exempt
2004 Ed. (703)
Northern International Fixed-Income
2000 Ed. (3292)
Northern Investment
1991 Ed. (2226, 2234)
Northern Investment Mgmt.
1990 Ed. (2334, 2344)
Northern Investments
1998 Ed. (2306)
1997 Ed. (2508, 2512)
Northern Iowa; University of
1992 Ed. (1271)
Northern Ireland
1993 Ed. (2367)
1992 Ed. (3543)
Northern Ireland Electricity
1995 Ed. (1404)
Northern Kentucky Tri-ED
2007 Ed. (3373)
Northern Labs Inc.
2003 Ed. (992, 993)
Northern Light
2004 Ed. (4893)
2003 Ed. (4903)
2002 Ed. (3103, 4848)
2001 Ed. (3148)
2000 Ed. (2797)
1999 Ed. (3003, 3205)
1997 Ed. (2654)
1996 Ed. (2515)
1995 Ed. (2466)
1991 Ed. (2319)
1990 Ed. (2453)
Northern Light Technology LLC
2001 Ed. (4746)
Northern Mashachusetts Telephone Workers Credit Union
2006 Ed. (2159)
Northern Massachusetts Telephone Workers Credit Union
2002 Ed. (1871)
Northern Municipal Power Agency, MN
1991 Ed. (1486)
Northern Natural, Div. of Enron
1990 Ed. (1879, 1880)
Northern Natural Division of Enron
1989 Ed. (1497, 1498, 1499)
Northern Natural Gas Co.
2003 Ed. (3880, 3881)
2000 Ed. (2310, 2312, 2314)
1999 Ed. (2571, 2572)
1998 Ed. (1810, 1811, 1812)
1997 Ed. (2120, 2121, 2124)
1996 Ed. (2002, 2003, 2004)
1995 Ed. (1973, 1974, 1975, 1976, 1977, 1978, 1979, 1980, 1981)
1994 Ed. (1944, 1946, 1947, 1948, 1949, 1951, 1952, 1953, 1954)
1993 Ed. (1923, 1925, 1927)
1992 Ed. (2263, 2265, 2266, 2267)
1991 Ed. (1792, 1793, 1794, 1795, 1797)
Northern Nef Inc.
2003 Ed. (1354)
Northern Orion Explorations
2006 Ed. (1429)
Northern Pipeline Construction Co.
2007 Ed. (4036)
Northern Rock
1995 Ed. (3185)
Northern Rock plc
2008 Ed. (520, 521)
2007 Ed. (567, 568, 569)
2006 Ed. (537, 538)
2005 Ed. (624, 2145)
2004 Ed. (635)
Northern Schools Credit Union
2008 Ed. (2217)
2007 Ed. (2102)
2006 Ed. (2181)
2005 Ed. (2086)
2004 Ed. (1945)
2003 Ed. (1905)
2002 Ed. (1846)
Northern Select Equity
2000 Ed. (3223)
Northern Skies Credit Union
2008 Ed. (2217)
2007 Ed. (2102)
2006 Ed. (2181)
Northern Small Cap Value
2008 Ed. (4512)
Northern spotted owl
1996 Ed. (1643)
Northern Star Holdings
1991 Ed. (3234)
Northern State Bank
1998 Ed. (367, 375)
1997 Ed. (505)
1996 Ed. (546)
Northern State Prison
1999 Ed. (3902)
Northern States Power Co.
2005 Ed. (2719)
2001 Ed. (427, 2146)
1999 Ed. (1949)
1997 Ed. (1278, 1282, 3214)
1996 Ed. (1614)
1995 Ed. (1633, 1637, 3351)
1993 Ed. (3280)
1991 Ed. (1498, 2471, 1806)
Northern States Power Co. of Wisconsin
2001 Ed. (2146)
Northern Sydney Health
2004 Ed. (1649)
2002 Ed. (1130)
Northern Technologies
1996 Ed. (205)
Northern Technologies International Corp.
2005 Ed. (3678)
Northern Technology
2001 Ed. (2306, 3448)
2000 Ed. (622, 3225, 3290)
Northern Telecom
2005 Ed. (4629)
2004 Ed. (1664, 4671)
2003 Ed. (4694)
2002 Ed. (1608, 4565)
2001 Ed. (4473)
2000 Ed. (1400, 3154, 4265, 4266)
1999 Ed. (1593, 1736, 2667, 3430, 4548, 4618)
1998 Ed. (3476)
1997 Ed. (1371, 1373, 2805, 3301, 3861)
1996 Ed. (1308, 1310, 1312, 1313, 1315, 2107, 2673, 2674, 3640, 3712)
1995 Ed. (1365, 2258, 2990, 3550, 3553)
1994 Ed. (1073, 1074, 1339, 1340, 2048, 2545, 2546, 2936, 3482, 3555, 3556)
1993 Ed. (1176, 1288, 1289, 1402, 2588, 2589, 3508, 3509, 359)
1992 Ed. (1339, 1590, 1599, 1601, 2399, 3544, 4202, 4414, 4415)
1991 Ed. (2062, 2642, 3280, 3281, 1016)
1990 Ed. (2191, 2720)
1989 Ed. (1098, 1148, 1589, 2794)
Northern Tier Credit Union
2008 Ed. (2251)
2007 Ed. (2136)
2006 Ed. (2215)
2005 Ed. (2120)
2004 Ed. (1978)
2003 Ed. (1938)
2002 Ed. (1884)
Northern Truck Equipment Corp.
2007 Ed. (4446)
2006 Ed. (4378)
Northern Trust Corp.
2008 Ed. (360, 367, 394, 2291, 2315, 2316, 2317, 2318, 3184, 3403)
2007 Ed. (372, 416, 2552, 2888, 3286)
2006 Ed. (389, 424, 779, 2582)
2005 Ed. (431, 437, 627, 628, 923, 2580)
2004 Ed. (425, 638, 639, 3209)
2003 Ed. (431, 437, 454, 629, 630, 3063)
2002 Ed. (491, 507, 539)
2001 Ed. (431, 594, 612, 636, 637, 640, 1730, 3509, 3510)
2000 Ed. (406, 427, 428, 432, 486, 620, 676, 677, 678, 680, 681, 2770, 2790, 2795, 2798, 2842, 3744, 3746)
1999 Ed. (312, 409, 436, 439, 493, 651, 652, 657, 3055, 3056, 3060, 3063, 3064, 3065, 3066, 3067, 3081, 3083, 3085, 3175, 3176, 3313, 3314, 3317, 3583, 4030, 4032)
1998 Ed. (201, 287, 291, 304, 325, 326, 343, 363, 405, 426, 2281, 2283, 2284, 2305, 2354, 2442, 2443, 2444, 2445, 2446, 2655)
1997 Ed. (284, 373, 436, 493, 566, 568, 2511, 2520, 2524, 2528, 2623, 2727, 2728, 2729, 2730, 3285, 3286, 3290)
1996 Ed. (256, 391, 406, 472, 534, 617, 619, 697, 698, 2375, 2378, 2390, 2394, 2398, 2406, 2415, 2477, 2580, 2581, 2582, 3182, 3183, 3185)
1995 Ed. (383, 443, 489, 553, 554, 2387, 2513, 2514, 2515, 3085, 3332)
1994 Ed. (249, 364, 388, 451, 506, 578, 581, 582, 586, 650, 651, 2297, 2300, 2306, 2317, 2446, 2447, 2448, 3036, 3037, 3038, 3039, 3253)
1993 Ed. (376, 398, 450, 502, 569, 578, 648, 649, 2286, 2289, 2292, 2422, 2508, 2509, 2510, 2511)
1992 Ed. (524, 538, 539, 540, 558, 636, 701, 780, 852, 853, 1178, 1180, 2738, 2773, 2981, 2982, 2983, 2984, 3175)
1991 Ed. (609, 946, 2216)
1990 Ed. (639, 703, 2328)
1989 Ed. (2136)
Northern Trust Bank of Colorado
2003 Ed. (477)
Northern Trust Bank of Florida
2000 Ed. (434)
1999 Ed. (441)
Northern Trust Bank of FloridaA
1998 Ed. (334, 348)
Northern Trust Co. (Chicago)
1991 Ed. (543)
Northern Trust Global Corp.
2000 Ed. (2801)
1998 Ed. (2257, 2263, 2266)
Northern Trust Global Investments
2008 Ed. (3379)
2007 Ed. (3252, 3253, 3254)
2006 Ed. (3193, 3196)
2005 Ed. (3211)
2004 Ed. (3178, 3192)
2003 Ed. (3072, 3079, 3083, 3084, 3110)
2002 Ed. (3005, 3006, 3017, 3018, 3019)
2000 Ed. (2779, 2799, 2809, 2810, 2813, 2845)
1999 Ed. (3100)
Northern Trust (Inter.), ILL.
1989 Ed. (2157)
Northern Trust of Florida Corp.
2002 Ed. (445)
2000 Ed. (526)
Northern Trust Retirement Consulting
1998 Ed. (2293)
Northern Utah Healthcare Corp.
2008 Ed. (2148)
2006 Ed. (2088)
2005 Ed. (1990)
NorthernTool.com
2006 Ed. (2384)
Northfield Car Wash
2006 Ed. (364)
Northfield International
2005 Ed. (1086)
1995 Ed. (1080)
Northfield Savings Bank
1997 Ed. (642)
Northgate
2007 Ed. (4838)
1995 Ed. (2574)
Northgate Computer Systems Inc.
1993 Ed. (1055, 1056, 1578, 2166)
1992 Ed. (234, 1184)
Northgate Exploration
1992 Ed. (2335)
1990 Ed. (1936)
Northgate Information Solutions
2008 Ed. (1121)
2007 Ed. (1262)
2006 Ed. (1146)

Northgate Lincoln-Mercury
1995 Ed. (274)
1993 Ed. (275)
1992 Ed. (389)
1991 Ed. (284)
1990 Ed. (331)
Northgate Minerals
2008 Ed. (2825)
2007 Ed. (2698)
Northgate Plaza
1991 Ed. (1044)
Northland
2002 Ed. (2375)
1998 Ed. (190)
Northland Center
2002 Ed. (4280)
2001 Ed. (4252)
2000 Ed. (4028)
Northland Cranberries
2005 Ed. (667)
2000 Ed. (729)
1999 Ed. (717, 718, 719, 722, 725)
1998 Ed. (1772)
Northland Financial Co.
1999 Ed. (4006, 4306)
1998 Ed. (3009)
1997 Ed. (3263)
1995 Ed. (3068)
Northland Inn & Conference Center
1992 Ed. (2483)
Northland/Marquette Capital Group Inc.
2002 Ed. (3386)
2000 Ed. (3724, 4017)
Northland Residential Corp.
2006 Ed. (1158)
Northlands Park
2005 Ed. (2520)
2003 Ed. (2414)
2001 Ed. (2352)
Northlich
2003 Ed. (3975, 3978, 3981)
Northlich Public Relations
2003 Ed. (4011)
2002 Ed. (3833, 3846)
Northlich Stolley LaWarre
2000 Ed. (3663)
NorthMarq Capital Inc.
2008 Ed. (4121)
2005 Ed. (4016)
2004 Ed. (4083)
2003 Ed. (447, 4057)
2002 Ed. (4277)
NorthMed HMO
1998 Ed. (1911)
1997 Ed. (2185, 2193)
1995 Ed. (2086, 2088)
Northpoint Commerce Center
1994 Ed. (2188)
NorthPoint Communications
2001 Ed. (4183)
NorthPoint Communications Group, Inc.
2002 Ed. (916)
Northpoint Ford Lincoln Mercury Inc.
2008 Ed. (166)
NorthPointe Capital LLC
2002 Ed. (3022)
Northridge, CA
2005 Ed. (2268)
2002 Ed. (2061)
Northridge earthquake
2005 Ed. (882, 884)
2002 Ed. (949)
2000 Ed. (1681)
Northridge Fashion Center
2000 Ed. (4030)
1999 Ed. (4310)
1995 Ed. (3377)
1994 Ed. (3300)
NorthRim Bank
1996 Ed. (546)
Northrock Resources
1997 Ed. (1375)
Northrop Corp.
1997 Ed. (1235, 1287, 1582, 2791)
1996 Ed. (1522, 3666)
1995 Ed. (155, 158, 159, 162, 1546, 2488)
1994 Ed. (137, 138, 139, 142, 144, 1267, 1513, 1517, 2413)
1993 Ed. (153, 157, 159, 160, 1286, 1460, 1462)
1992 Ed. (242, 248, 249, 250, 251, 253, 2941, 3077)
1991 Ed. (179, 180, 181, 1407, 183)
1990 Ed. (187, 188, 189, 1326)
1989 Ed. (194, 195, 196)
Northrop Grumman Corp.
2008 Ed. (158, 159, 160, 162, 163, 164, 1348, 1349, 1352, 1354, 1355, 1358, 1361, 1362, 1368, 1372, 1373, 1462, 1519, 1598, 1610, 2160, 2282, 2283, 2284, 2285, 2286, 2287, 2308, 3220, 3221, 3866, 4798, 4803)
2007 Ed. (174, 176, 177, 178, 179, 182, 183, 184, 185, 186, 1396, 1398, 1400, 1402, 1405, 1406, 1411, 1415, 1417, 1468, 1535, 1610, 1612, 2167, 2168, 2169, 2170, 2171, 2172, 3079, 3080, 3792)
2006 Ed. (171, 172, 173, 174, 175, 176, 177, 178, 179, 180, 1355, 1356, 1357, 1359, 1361, 1363, 1365, 1368, 1373, 1377, 1379, 1586, 1590, 1772, 2105, 2243, 2244, 2245, 2246, 2247, 2248, 2250, 3047, 3048, 3241, 3291, 3363, 3395, 3932)
2005 Ed. (155, 156, 157, 158, 159, 160, 161, 163, 165, 166, 167, 1349, 1352, 1353, 1354, 1359, 1363, 1364, 1365, 1368, 1371, 1374, 1376, 1377, 1378, 1381, 1387, 1389, 1390, 1391, 1468, 1491, 1496, 1542, 1571, 1611, 1612, 1681, 1687, 2008, 2148, 2150, 2151, 2152, 2153, 2154, 2155, 2156, 2157, 2158, 3042, 3043, 3691, 4461, 4673)
2004 Ed. (157, 158, 159, 160, 161, 162, 163, 165, 166, 882, 1343, 1344, 1345, 1346, 1349, 1352, 1355, 1360, 1361, 1362, 1364, 1367, 1368, 1370, 1450, 1452, 1457, 1475, 1547, 1660, 2009, 2010, 2012, 2014, 2015, 2016, 2017, 2018, 2019, 3028, 3772, 4655, 4698)
2003 Ed. (197, 198, 199, 200, 201, 202, 203, 207, 1342, 1344, 1345, 1349, 1350, 1351, 1352, 1356, 1358, 1359, 1362, 1363, 1745, 1746, 1964, 1966, 1967, 1968, 1969, 1970, 1971, 1975, 3747)
2002 Ed. (239, 240, 241, 242, 1452, 1603, 1911)
2001 Ed. (263, 264, 265, 266, 267, 270, 542, 1646, 1981)
2000 Ed. (213, 214, 215, 216, 217, 218, 960, 1646, 1647, 1648, 1651, 1747, 2461, 3004)
1999 Ed. (184, 186, 187, 188, 192, 1484, 1819, 1821, 1822, 1971)
1998 Ed. (92, 93, 94, 96, 97, 1244, 1245, 1247, 1248, 1250, 1251, 2413, 2414, 2502)
1997 Ed. (170, 171, 172, 2688)
1996 Ed. (165, 167, 1272, 1518, 1520, 1521, 2548)
Northrop Grumman Employees Federal Credit Union
2005 Ed. (358)
Northrop Grumman Information Technology Inc.
2008 Ed. (806, 2159, 2160)
2007 Ed. (1395)
2005 Ed. (1379)
2004 Ed. (1363)
Northrop Grumman Mission Systems
2008 Ed. (2160)
Northrop Grumman Ship Systems Inc.
2008 Ed. (1941, 1942)
2007 Ed. (1886, 1887)
2006 Ed. (1893)
2005 Ed. (1873, 1874, 3330)
2004 Ed. (1802)
Northrop Grumman Ship Systems, Avondale Operations
2004 Ed. (1782)
Northrop Grumman Space & Mission Systems Corp.
2004 Ed. (4776)
Northrop Grumman Space Systems Division
2003 Ed. (3308, 3309)
Northrup Grumman Corp.
2008 Ed. (3006)
2007 Ed. (2884)
1999 Ed. (183)
Northstar Advantage High Total Return A
1997 Ed. (2903)
Northstar Aerospace Inc.
2008 Ed. (2934)
Northstar Balance Sheet Opp A
1999 Ed. (3534)
Northstar Computer Forms
2000 Ed. (912)
Northstar Fire & Water Restoration
2007 Ed. (766)
The Northstar Group
1993 Ed. (2980)
Northstar Homes
2004 Ed. (1220)
Northtown Nissan Inc.
1994 Ed. (278)
1993 Ed. (279)
1992 Ed. (393)
1990 Ed. (311)
Northumbrian Water
2007 Ed. (2691)
2006 Ed. (2697)
2005 Ed. (1475)
Northumbrian Water Group
1993 Ed. (1323)
Northville
1992 Ed. (3442)
Northville Industries Corp.
1998 Ed. (2412)
1991 Ed. (964, 966)
1990 Ed. (1035, 1891, 2848)
The Northwest Co.
2007 Ed. (589)
2001 Ed. (295)
1996 Ed. (184)
1992 Ed. (280, 291)
1991 Ed. (204)
1990 Ed. (206, 207, 208, 209, 226)
1989 Ed. (240)
Northwest Airlines Corp.
2008 Ed. (208, 209, 211, 213, 217, 220, 221, 225, 226, 227, 235, 1443, 1445, 1446, 1448, 1508, 1531, 1835, 1838, 1934, 1936, 1939, 1940, 3007, 4534)
2007 Ed. (222, 226, 229, 230, 231, 238, 241, 242, 246, 247, 248, 365, 1514, 1524, 1798, 1799, 1802, 1883, 1884, 1885, 2885, 4582, 4583, 4584)
2006 Ed. (213, 213, 214, 215, 216, 218, 220, 221, 222, 223, 224, 239, 240, 242, 244, 245, 246, 248, 1887, 1891, 1892)
2005 Ed. (199, 199, 200, 201, 202, 203, 206, 207, 208, 209, 210, 211, 212, 220, 223, 224, 228, 229, 230, 1870, 1871, 1872)
2004 Ed. (196, 196, 197, 197, 198, 199, 200, 203, 204, 205, 206, 207, 208, 211, 212, 213, 215, 216, 220, 221, 222, 1800, 1801, 4558)
2003 Ed. (239, 240, 241, 242, 243, 244, 245, 246, 248, 250, 251, 252, 253, 1763, 1764, 4796)
2002 Ed. (257, 258, 259, 260, 261, 262, 263, 264, 265, 266, 267, 268, 269, 272, 1566, 1568, 1731, 1916, 2076)
2001 Ed. (271, 292, 293, 293, 294, 296, 297, 298, 299, 300, 310, 312, 315, 318, 320, 322, 323, 324, 325, 329, 330, 335, 337, 338, 1795, 1795, 3830)
2000 Ed. (229, 231, 233, 236, 237, 238, 240, 241, 242, 243, 244, 245, 246, 247, 248, 249, 250, 252, 253, 255, 258, 259, 260, 261, 262, 263, 264, 265, 266, 267, 268, 1471, 3436, 4381)
1999 Ed. (208, 211, 214, 215, 216, 218, 219, 220, 221, 222, 223, 224, 225, 226, 228, 229, 231, 232, 233, 236, 237, 238, 240, 241, 242, 243, 244, 245, 363, 1664)
1998 Ed. (112, 113, 114, 118, 119, 120, 121, 124, 125, 126, 127, 128, 128, 129, 130, 131, 132, 133, 134, 135, 136, 137, 138, 140, 141, 142, 248, 249, 250, 818, 925, 1065, 1177)
1997 Ed. (189, 190, 192, 194, 195, 196, 197, 198, 199, 200, 201, 202, 203, 206, 209, 210, 211, 212, 213, 215, 216, 217, 218, 1291, 1333, 1481)
1996 Ed. (173, 174, 175, 177, 178, 180, 181, 182, 183, 185, 186, 189, 190, 191, 355, 1115, 1274, 1285, 1421)
1995 Ed. (173, 174, 176, 178, 179, 182, 184, 185, 187, 189, 192, 1316, 1322, 1328, 3351, 3653)
1994 Ed. (154, 155, 157, 158, 159, 160, 162, 164, 165, 169, 172, 173, 174, 175, 177, 178, 181, 182, 183, 185, 190, 3567, 3569, 3572)
1993 Ed. (169, 177, 188, 190, 191, 193, 196, 197, 199, 200, 202, 1106, 1955, 3610, 3612)
1992 Ed. (262, 266, 278, 281, 282, 283, 284, 285, 286, 287, 288, 289, 295, 296, 297, 298, 299, 300, 301, 302, 303, 1379, 2298, 4334, 4336, 4340)
1991 Ed. (196, 197, 200, 203, 205, 206, 207, 208, 209, 213, 825, 3318, 3413, 2471)
1990 Ed. (213, 218, 223, 224, 225, 238, 242, 3541)
1989 Ed. (234, 235, 236, 238)
Northwest Airlines World Traveler
1998 Ed. (2796, 2799)
1994 Ed. (2799)
Northwest Alaskan Pipeline Co.
1995 Ed. (1974)
1994 Ed. (1947)
Northwest Arctic County, AK
1995 Ed. (2218)
1994 Ed. (2167)
Northwest Balanced
2003 Ed. (3558)
Northwest Bancorp Inc.
2005 Ed. (625, 1943)
2001 Ed. (568)
Northwest Bank/Minnesota
1993 Ed. (2299)
Northwest Bank South Dakota, N.A.
1989 Ed. (205)
Northwest Cable Advertising
1996 Ed. (856, 861)
Northwest Cargo
1994 Ed. (153)
Northwest Cattlemen's Alliance
2006 Ed. (2647)
Northwest Community Credit Union
2008 Ed. (2254)
2007 Ed. (2139)
2006 Ed. (1968, 2218)
2005 Ed. (1933, 1934, 1938, 2123)
Northwest Convenant Medical Center
1998 Ed. (1994)
Northwest Covenant Medical Center
1999 Ed. (2750)
Northwest Credit Union
2008 Ed. (2265)
2007 Ed. (2150)
2006 Ed. (2229)
2005 Ed. (2134)
2004 Ed. (1992)
2003 Ed. (1889, 1952)
2002 Ed. (1898)
Northwest Dairymen's Association
1993 Ed. (1457)
Northwest Fabrics & Crafts
1999 Ed. (1054)
Northwest Farm Credit System
2000 Ed. (222)
Northwest Federal Credit Union
2004 Ed. (1927)
Northwest Georgia Bank
1998 Ed. (373)

1997 Ed. (503)
Northwest Growth
2003 Ed. (3564, 3565)
2002 Ed. (3435)
Northwest Hills Credit Union Inc.
2002 Ed. (1828)
Northwest International Equity
2002 Ed. (3438)
Northwest London
1992 Ed. (1031)
Northwest Medical Center
2008 Ed. (3041)
2006 Ed. (2919)
Northwest Medical Teams International
2008 Ed. (3790)
2007 Ed. (3705, 3706)
Northwest Natural Gas Co.
2008 Ed. (2141)
2007 Ed. (1947)
2006 Ed. (1976, 2076, 2688, 2689)
2005 Ed. (2714)
2004 Ed. (1451)
1999 Ed. (276)
1996 Ed. (2009)
Northwest Nazarene College
1999 Ed. (1226)
1998 Ed. (797)
1997 Ed. (1060)
1996 Ed. (1044)
1993 Ed. (1024)
1992 Ed. (1276)
Northwest Newborn Specialists PC
2007 Ed. (1944)
2006 Ed. (1968, 1973)
Northwest Outdoor Advertising
2001 Ed. (1544)
Northwest Pipe Co.
2005 Ed. (4476)
2004 Ed. (4534)
Northwest Pipeline Corp.
1998 Ed. (1814)
1996 Ed. (2001, 2002)
1995 Ed. (1975, 1979)
1994 Ed. (1944, 1948, 1949, 1951, 1953)
1990 Ed. (1880)
Northwest Plus Credit Union
2005 Ed. (2079)
Northwest Portland Indian Health
2005 Ed. (1933)
Northwest Portland Indian Health Board
2006 Ed. (1968)
Northwest Process Inc.
2004 Ed. (1839)
NorthWest Quadrant
1992 Ed. (2798)
Northwest Retreaders Inc.
2008 Ed. (4683)
2007 Ed. (4760)
2006 Ed. (4754)
2005 Ed. (4699)
Northwest Savings Bank
1998 Ed. (3564)
Northwest Software Inc.
2006 Ed. (3535)
Northwest Specialty Equity
2006 Ed. (2512)
2005 Ed. (3568)
2004 Ed. (3616, 3617, 3618)
Northwest Specialty High Yield Bond
2006 Ed. (3665)
2002 Ed. (3456, 3457)
Northwest Sports
1994 Ed. (1670)
1992 Ed. (1984)
Northwest Staffing
2005 Ed. (1932)
Northwest Staffing Resources Inc.
2008 Ed. (2027)
2007 Ed. (1945)
2005 Ed. (1939)
2003 Ed. (1806)
Northwest States
1997 Ed. (2207)
1996 Ed. (365)
Northwest Suites & Housing Services
2007 Ed. (3610, 3611, 4452)
Northwest Tire Factory LLC
2004 Ed. (1840)
Northwest United States
2002 Ed. (2550, 4734)
NorthWestern Corp.
2008 Ed. (2078)
2007 Ed. (1980, 2393, 2396)
2006 Ed. (2014)
2005 Ed. (421, 1962)
2004 Ed. (1859, 2201)
2003 Ed. (1595, 1823, 2280)
2002 Ed. (1527, 1765, 2126, 3711)
2001 Ed. (1850, 2233)
1997 Ed. (2154)
1996 Ed. (2291)
1993 Ed. (1991)
1991 Ed. (1855)
1990 Ed. (857, 858, 860)
Northwestern Dodge Inc.
2001 Ed. (4924)
2000 Ed. (4432)
1999 Ed. (4812)
1998 Ed. (468, 3762)
1997 Ed. (676, 3917)
1996 Ed. (744, 3880)
1995 Ed. (3795)
1991 Ed. (714)
1990 Ed. (737)
Northwestern Fruit & Produce Co.
1998 Ed. (1771)
Northwestern Growth Corp.
2006 Ed. (2013)
2005 Ed. (1292, 1961, 1962)
2004 Ed. (1858, 1859)
2003 Ed. (1239, 1240, 1822, 1823)
Northwestern Healthcare
2000 Ed. (3186)
1998 Ed. (1908, 2553)
Northwestern Healthcare Network
1999 Ed. (2987, 2988, 3467)
1997 Ed. (2830)
1996 Ed. (2704, 2705)
1995 Ed. (2628)
Northwestern Meat Inc.
2008 Ed. (2645, 2968)
2007 Ed. (2517)
2002 Ed. (2564)
2001 Ed. (2716)
2000 Ed. (2467, 4386)
1999 Ed. (2678, 2683, 4756)
1998 Ed. (1940, 3711)
1997 Ed. (2218, 3872)
1996 Ed. (2112, 3823)
1995 Ed. (3727)
1990 Ed. (2016)
Northwestern Memorial Hospital
2006 Ed. (2922)
2003 Ed. (2823, 2833)
2002 Ed. (2618)
2001 Ed. (2770, 2771)
2000 Ed. (2513, 2525)
1999 Ed. (2728, 2746)
1998 Ed. (1987)
1997 Ed. (2268)
1996 Ed. (2153)
1995 Ed. (2141)
1994 Ed. (890, 2088)
1992 Ed. (2456)
1991 Ed. (1932)
1990 Ed. (2054)
Northwestern Mutual
2005 Ed. (1809, 3114)
2000 Ed. (2698)
1990 Ed. (2235, 2243)
1989 Ed. (1701, 1702, 1703, 1704)
Northwestern Mutual Financial Network
2008 Ed. (3167, 3170)
Northwestern Mutual Group
2008 Ed. (3291)
2003 Ed. (2979, 2993)
Northwestern Mutual Investment Services LLC
2007 Ed. (4274)
Northwestern Mutual Life
2000 Ed. (1583, 2694, 2695, 3846)
1993 Ed. (2196, 2204, 2205, 2206, 2207, 2208, 2209, 2210, 2211, 2214, 2216, 2217, 2218, 2226, 2227, 2972, 3296)
1992 Ed. (2663, 2666)
1990 Ed. (2231, 2233, 2236, 2237, 2240)
1989 Ed. (1679, 1681, 1683, 1684, 1685, 2104)
Northwestern Mutual Life Insurance Co.
2008 Ed. (1483, 2177, 3274, 3275, 3285, 3290, 3293, 3294, 3295, 3296, 3300, 3301, 3302, 3304, 3305, 3309, 3311)
2007 Ed. (1489, 2069, 3125, 3130, 3138, 3139, 3140, 3142, 3143, 3144, 3145, 3146, 3150, 3151, 3152, 3155, 3156, 3157, 3160, 3162)
2006 Ed. (1529, 2121, 3088, 3118, 3120, 3122, 3123, 3124, 3125, 3126)
2005 Ed. (1640, 2018, 3051, 3105, 3108, 3109, 3110, 3111, 3112, 3113, 3115, 3118, 3119, 3120)
2004 Ed. (1615, 1892, 2270, 2273, 3102, 3105, 3106, 3107, 3108, 3109, 3110, 3111, 3112, 3114)
2003 Ed. (1856, 2991, 2994, 2999, 3000)
2002 Ed. (1797, 2869, 2890, 2891, 2905, 2913, 2914, 2915, 2916, 2920, 2924, 2925, 2926, 2927, 2928, 2929, 2930, 2932, 2935, 2938, 2939)
2001 Ed. (1900, 2933, 2934, 2937, 2941, 2942, 2944, 2945, 2947)
2000 Ed. (2674, 2690, 2691, 2692, 2693, 2697, 2699, 2703, 2704, 2705, 2707, 2708, 2709, 2711, 3723, 3882, 3885)
1999 Ed. (1751, 2931, 2939, 2940, 2941, 2943, 2945, 2947, 2948, 2952, 2953, 2954, 2956, 2957, 2958, 4171, 4172)
1998 Ed. (1070, 1193, 2143, 2149, 2155, 2157, 2158, 2163, 2164, 2166, 2167, 2168, 2170, 2171, 2174, 2177, 2178, 2182, 2183, 2184, 2185, 2186, 2187, 2189, 2190, 2193, 2194, 3009, 3011, 3119)
1997 Ed. (1530, 2427, 2430, 2437, 2439, 2440, 2443, 2444, 2445, 2446, 2453, 2456, 3263, 3265, 3412)
1996 Ed. (1461, 2298, 2305, 2306, 2307, 2308, 2309, 2310, 2316, 2317, 2320, 2323, 2328)
1995 Ed. (2292, 2294, 2295, 2297, 2298, 2301, 2302, 2303, 2304, 2314, 3068, 3070, 3367)
1994 Ed. (2249, 2251, 2255, 2256, 2257, 2258, 2261, 2262, 2266, 3014, 3288)
1992 Ed. (2658, 2664, 2669, 2670, 2674, 2675, 2711, 3629)
1991 Ed. (1725, 2086, 2095, 2099, 2094, 2101, 2102, 2109, 2112, 2113)
Northwestern Mutual Select VA FL Index 500 Stock
2000 Ed. (4336)
Northwestern National Life
1998 Ed. (2180, 2181)
1996 Ed. (2312, 2313, 2314, 2315)
1993 Ed. (2213, 2221)
Northwestern National Life Insurance Co.
1992 Ed. (2661)
1991 Ed. (2471)
Northwestern Nissan
1991 Ed. (288)
Northwestern Printing Co.
2000 Ed. (3609)
Northwestern Savings & Loan Association
1996 Ed. (3284)
1995 Ed. (3184)
1994 Ed. (3142, 3532)
1993 Ed. (3567)
Northwestern Savings Bank
1998 Ed. (3154)
1997 Ed. (3381)
Northwestern Selecta Inc.
2007 Ed. (1963, 4946)
2006 Ed. (2000, 4939)
2005 Ed. (4907)
2004 Ed. (4924)
Northwestern Steel
1998 Ed. (3403)
Northwestern Steel & Wire
1993 Ed. (3449)
Northwestern University
2008 Ed. (771, 776, 783, 785, 786, 1089, 3639)
2007 Ed. (804, 806, 807, 1181)
2006 Ed. (717, 719, 721, 723, 731, 737)
2005 Ed. (795, 801, 3266)
2004 Ed. (828, 829, 1061)
2003 Ed. (789, 793, 794, 795, 798)
2002 Ed. (873, 874, 875, 876, 877, 878, 879, 881, 882, 883, 884, 898, 2348, 2349)
2001 Ed. (1054, 1055, 1057, 1058, 1061, 1062, 1063, 1064, 1065, 2255, 2256, 3061, 3067, 3261)
2000 Ed. (916, 917, 918, 919, 920, 923, 924, 925, 926, 927, 928, 1829, 1834, 2903, 2904, 2910, 3074)
1999 Ed. (969, 970, 971, 972, 973, 974, 977, 978, 980, 981, 982, 983, 984, 1228, 2043, 2044, 3159, 3166, 3335)
1998 Ed. (548, 552, 555, 556, 560, 799, 1467, 2335, 2340)
1997 Ed. (850, 855, 858, 859, 1774, 2609)
1996 Ed. (837, 849, 1692, 2464)
1995 Ed. (858, 859, 1710)
1994 Ed. (1663)
1993 Ed. (1624)
1992 Ed. (1002, 1003, 1007, 1280, 1973, 2216, 2216, 2338, 2671)
1991 Ed. (1767, 820, 821, 823, 1003, 1568)
1990 Ed. (856)
Northwestern University, J. L. Kellogg Graduate School of Management
1989 Ed. (842)
Northwestern University, Kellogg
1996 Ed. (842, 845, 846)
1995 Ed. (862, 864, 866, 867)
1994 Ed. (806, 810, 811, 815, 816, 818)
1993 Ed. (796, 801, 802, 806)
1992 Ed. (997, 1009)
1991 Ed. (814)
Northwestern University, Kellogg School of Business
2008 Ed. (182, 770, 780, 788)
2007 Ed. (796, 798, 810, 814, 817, 823, 825, 827, 828, 829, 830, 834)
2006 Ed. (702, 707, 708, 709, 710, 711, 712, 718, 728)
2005 Ed. (803, 804, 806, 807, 809, 810, 813, 815)
2004 Ed. (810, 811, 812, 813, 814, 815, 816, 817, 818)
Northwestern Utilities
1997 Ed. (2132)
1996 Ed. (2012)
1994 Ed. (1964)
1992 Ed. (2276)
1990 Ed. (1888)
Northwood Pulp & Timber Ltd.
1999 Ed. (2497)
1998 Ed. (1754)
1997 Ed. (2076)
1996 Ed. (1962)
1994 Ed. (1896)
Norton
2008 Ed. (1129)
2007 Ed. (1229)
2006 Ed. (645)
1992 Ed. (1459, 1469, 1486, 4259)
1991 Ed. (799, 2018, 2381)
1990 Ed. (836, 837, 1902, 2171, 2516)
1989 Ed. (823, 1516, 1651, 1928)
Norton Antivirus
1998 Ed. (846)
1997 Ed. (1093, 1100)
Norton Antivirus Upgrade
1997 Ed. (1093, 1100)
Norton Community Credit Union
2004 Ed. (1937)
2002 Ed. (1832)

Norton Frickey & Associates
1989 Ed. (1889)
Norton; Gale
2007 Ed. (2497)
Norton; Graham
2007 Ed. (4917)
Norton Healthcare
2008 Ed. (3173)
Norton Hospitals Inc.
2005 Ed. (1835)
2004 Ed. (1769)
2003 Ed. (1732)
Norton Navigator Upgrade
1997 Ed. (1100)
Norton Publicidade
1993 Ed. (84)
1992 Ed. (128)
1991 Ed. (80)
1990 Ed. (83)
1989 Ed. (89)
Norton Rose
2005 Ed. (1457)
2001 Ed. (1539, 4180)
1999 Ed. (3151)
1992 Ed. (14, 15, 2835, 2836)
1991 Ed. (2286)
Norton Simon Art Foundation
1989 Ed. (1476)
Norton Simon Foundation
1989 Ed. (1476)
Norton Sound Health Corp.
2003 Ed. (2693)
Norton Utilities
1998 Ed. (845, 846)
1997 Ed. (1091, 1096, 1099)
1996 Ed. (1077, 1081)
1995 Ed. (1098)
Norton Utilities Upgrade
1997 Ed. (1093, 1100)
Norvac
2003 Ed. (3958)
Norvasc
2008 Ed. (2379)
2007 Ed. (2243, 2246)
2006 Ed. (2314, 2316)
2005 Ed. (2248, 2252, 2253, 2255, 2256)
2004 Ed. (2154, 2155, 2156)
2003 Ed. (2113, 2116)
2002 Ed. (2023, 3749)
2001 Ed. (2066, 2067, 2097, 2098)
2000 Ed. (1699, 1704, 1708, 3063, 3604, 3606)
1999 Ed. (1891, 1892, 1893, 1898, 1908, 1910, 3325, 3884, 3886)
1998 Ed. (2915)
1997 Ed. (1656, 2741)
1996 Ed. (1571, 2598)
1995 Ed. (1590, 2530)
Norwalk
2000 Ed. (2297)
Norwalk, CT
1990 Ed. (2568)
Norwalk Hospital
1994 Ed. (890)
Norwalk - The Furniture Idea
2008 Ed. (2801)
2007 Ed. (2670)
2006 Ed. (817)
2005 Ed. (902)
1999 Ed. (2563)
1998 Ed. (1781, 1788, 1789)
Norway
2008 Ed. (248, 1018, 1283, 1412, 1413, 2194, 2204, 2720, 2721, 2841, 2844, 2949, 2950, 3504, 4387, 4389, 4393, 4519, 4686)
2007 Ed. (266, 1138, 2086, 2094, 2583, 2584, 2827, 3394, 4412, 4413, 4414, 4417, 4551, 4762)
2006 Ed. (259, 1049, 1213, 2124, 2138, 2150, 2540, 2608, 2609, 2716, 2717, 2824, 2985, 3273, 3336, 3349, 3553, 4176, 4574, 4681, 4682, 4756)
2005 Ed. (238, 505, 1040, 1122, 1479, 2042, 2056, 2609, 2610, 2761, 2762, 2763, 3030, 3198, 3363, 4130, 4602, 4701, 4799)
2004 Ed. (232, 233, 1033, 1461, 1909, 1921, 2170, 2620, 2621, 2767, 3164, 3339, 4203, 4725, 4820)
2003 Ed. (267, 493, 1029, 1084, 1879, 2151, 2488, 2489, 2619, 3023, 3257, 3276, 4176, 4700, 4743)
2002 Ed. (302, 303, 1412, 1809, 1814, 1823, 2426, 2997, 3229, 3520, 4055, 4378, 4508)
2001 Ed. (291, 367, 386, 390, 670, 697, 704, 979, 1125, 1141, 1171, 1242, 1259, 1297, 1340, 1497, 1917, 1944, 1949, 1950, 1984, 2002, 2008, 2020, 2035, 2036, 2038, 2042, 2044, 2045, 2126, 2142, 2369, 2395, 2442, 2443, 2444, 2448, 2449, 2543, 2574, 2575, 2639, 2658, 2735, 2799, 2825, 3036, 3044, 3199, 3207, 3298, 3315, 3387, 3420, 3602, 3638, 3761, 3764, 3783, 3875, 3991, 4276, 4277, 4393, 4500, 4549, 4569, 4596, 4664, 4670, 4686, 4687, 4732, 4915, 4920, 4921)
2000 Ed. (1154, 1585, 1608, 1612, 1613)
1999 Ed. (1253, 1254, 1753, 1783, 1784, 3289, 3653, 3654)
1998 Ed. (634, 635, 819, 1030, 1131, 1431, 1849, 3467)
1997 Ed. (896, 897, 1544, 2117, 2475, 3105, 3509)
1996 Ed. (872, 874, 1479, 1963, 3020, 3763, 3808)
1995 Ed. (345, 683, 899, 900, 1244, 1520, 2925, 3418, 3520, 3605, 3718)
1994 Ed. (841, 854, 855, 1230, 1234, 1488, 1515, 1533, 1699, 1705, 2006, 2008, 2367, 2731, 3476, 3642)
1993 Ed. (240, 1035, 1542, 2950, 3680)
1992 Ed. (226, 227, 305, 1029, 1736, 2358, 3685, 4140, 4187, 4412)
1991 Ed. (930, 2276, 3270, 3465)
1990 Ed. (984, 1264, 1878, 3503)
1989 Ed. (363, 2899)
Norwegian
1990 Ed. (3295)
Norwegian Air Shuttle
2008 Ed. (229, 230)
Norwegian Caribbean
1990 Ed. (2774)
Norwegian Cruise Line Ltd.
2008 Ed. (4818, 4819)
2007 Ed. (4886, 4887)
2006 Ed. (4894, 4895)
2005 Ed. (4841)
2004 Ed. (4857, 4858)
2003 Ed. (4876, 4877)
2001 Ed. (4626)
2000 Ed. (1633)
1999 Ed. (1808)
1998 Ed. (1236)
Norwegian Dairy Association
1991 Ed. (40)
Norwegian Formula
2001 Ed. (3167, 3168)
Norwegian krone
2008 Ed. (2275)
Norwegian kroner
2008 Ed. (2273)
2007 Ed. (2159)
Norwesco Inc.
2008 Ed. (3998)
2007 Ed. (3975)
2006 Ed. (3921)
2005 Ed. (3858)
2004 Ed. (3912)
2003 Ed. (3891)
2001 Ed. (4126, 4127)
Norwest Corp.
2005 Ed. (1497)
2004 Ed. (1481)
2003 Ed. (1451)
2002 Ed. (1431)
2000 Ed. (374, 385, 505, 1302, 1303, 1304, 3156, 3157, 3737, 4053)
1999 Ed. (312, 383, 397, 422, 439, 443, 595, 596, 663, 1707, 4022, 4023, 4024, 4025, 4333, 4335)
1998 Ed. (277, 280, 282, 283, 285, 288, 293, 317, 319, 328, 332, 404, 406, 1177, 2103, 2357, 2456, 3315)
1997 Ed. (333, 343, 345, 566, 567, 568, 1240, 1241, 1277, 1481, 3281, 3282, 3283)
1996 Ed. (368, 388, 618, 1194, 1195, 1421, 3178, 3179, 3180)
1995 Ed. (358, 553, 3351)
1994 Ed. (352, 524, 3033, 3034, 3035, 3270)
1992 Ed. (521, 538, 539, 780)
1991 Ed. (609)
1990 Ed. (450, 536)
1989 Ed. (624)
Norwest Adv. Index
1999 Ed. (3541)
Norwest Advantage
2000 Ed. (3282)
Norwest Advantage-CO Tax Free A
1999 Ed. (602)
1998 Ed. (411)
Norwest Advantage-CO Tax Free I
1999 Ed. (602)
1998 Ed. (411)
Norwest Advantage-Growth Bal
2000 Ed. (624)
Norwest Advantage-Intrm Gov Inc I
2000 Ed. (626)
Norwest Advantage-Large Co. Growth
2000 Ed. (3281)
Norwest Advantage-Stable Inc I
1998 Ed. (412)
Norwest Advantage Tax-Free Income A
2000 Ed. (771)
1999 Ed. (602)
1998 Ed. (411)
Norwest Advantage-Tax Free Income I
1999 Ed. (602)
1998 Ed. (411, 2639)
Norwest Advisors Income Stock I
1997 Ed. (2900)
Norwest Asset Securities Corp.
1999 Ed. (3438)
Norwest Bank
2001 Ed. (581, 595, 596, 763, 764)
2000 Ed. (381, 403, 412, 412, 417, 1907)
1999 Ed. (380, 381, 405, 3313, 3314)
1998 Ed. (274, 417, 1541, 1542, 1543, 1544, 2443, 2605)
1997 Ed. (338, 339, 363, 3290)
1996 Ed. (393, 639, 2475, 2482, 3185, 3599)
1995 Ed. (367, 1769, 1771, 1772, 3085)
1992 Ed. (371)
Norwest Bank Arizona NA
1998 Ed. (337)
1997 Ed. (409)
1996 Ed. (444)
1995 Ed. (418)
Norwest Bank Colorado NA
1998 Ed. (345)
1997 Ed. (440)
1996 Ed. (476)
Norwest Bank Denver, NA
1995 Ed. (447)
Norwest Bank Des Moines NA
1992 Ed. (731)
1991 Ed. (564)
Norwest Bank Farm Management
1999 Ed. (2121, 2122, 2123, 2124)
Norwest Bank Grafton NA
1989 Ed. (215)
Norwest Bank Indiana NA
1998 Ed. (376)
1997 Ed. (508)
1996 Ed. (549)
Norwest Bank Iowa NA
2000 Ed. (434)
1998 Ed. (385)
1997 Ed. (520)
1994 Ed. (532)
1993 Ed. (533)
1992 Ed. (543)
Norwest Bank Minneapolis
1991 Ed. (945)
1989 Ed. (626)
Norwest Bank Minneapolis NA
1992 Ed. (1179)
1990 Ed. (642, 1014)
Norwest Bank Minnesota
1990 Ed. (1016)
Norwest Bank Minnesota International Equity
1994 Ed. (2312)
Norwest Bank Minnesota NA
1998 Ed. (201, 396, 3316)
1997 Ed. (284, 559)
1996 Ed. (256, 606)
1995 Ed. (371, 372, 390, 547, 2596, 2604, 2605)
1994 Ed. (249, 356, 395, 572)
1993 Ed. (388, 570, 576, 577, 2332, 2335, 2354, 2355, 2590)
1992 Ed. (781, 1178, 2985)
1991 Ed. (944)
Norwest Bank Minnesota NA (Minneapolis)
1991 Ed. (610)
Norwest Bank Minnesota South NA
1998 Ed. (396)
1997 Ed. (559)
Norwest Bank Moorhead NA
1989 Ed. (212)
Norwest Bank NA
1994 Ed. (364, 366, 370, 373, 455, 571, 586, 1736, 1737, 1738, 1739, 3039)
1993 Ed. (376, 569, 1191, 1744, 1745, 1746, 1747, 2593, 3280)
Norwest Bank NE
1997 Ed. (1829, 1829, 1830, 1831)
Norwest Bank Nebraska NA
1998 Ed. (334, 413)
1997 Ed. (571)
1996 Ed. (629)
1995 Ed. (560)
1994 Ed. (590)
1993 Ed. (583)
1992 Ed. (792)
1991 Ed. (616)
Norwest Bank Nevada NA
1998 Ed. (3129, 3528)
Norwest Bank New Mexico NA
1997 Ed. (578)
Norwest Bank of South Dakota
2000 Ed. (220)
Norwest Bank of South Dakota NA
1994 Ed. (145, 392, 633)
Norwest Bank Small Company Growth
1994 Ed. (2311)
Norwest Bank South Dakota NA
1999 Ed. (198, 399)
1998 Ed. (103, 296, 429)
1997 Ed. (179, 377, 616)
1996 Ed. (410, 681)
1995 Ed. (387, 608)
1993 Ed. (629)
1992 Ed. (835)
1991 Ed. (662)
Norwest Bank Texas South Central
1998 Ed. (431)
Norwest Bank Wahpeton NA
1989 Ed. (215)
Norwest Bank Wisconsin NA
1998 Ed. (436)
1997 Ed. (647)
1996 Ed. (712)
1995 Ed. (636)
Norwest Bank Wyoming
1999 Ed. (441)
Norwest Capital Management & Trust
1990 Ed. (1744, 1745)
Norwest Equity Partners
1997 Ed. (3833)
Norwest Farm Management
1996 Ed. (1747, 1748, 1749, 1750)
1991 Ed. (1646, 1648, 1649)
Norwest Financial Group Inc.
1997 Ed. (1847)
Norwest Financial Services Inc.
1996 Ed. (1767)

Norwest Foundation
2002 Ed. (976, 977, 2336)
2001 Ed. (2515)
Norwest Funding Inc.
2001 Ed. (3346, 3347)
1997 Ed. (2808, 2809, 2810, 2811)
1996 Ed. (2679, 2681, 2682, 2683)
Norwest Income Stock Investment A
1996 Ed. (620)
Norwest Income Stock Trust
1996 Ed. (620, 2792)
Norwest Insurance Inc.
2000 Ed. (2661, 2662, 2663)
Norwest Investment
1996 Ed. (2379)
Norwest Investment Management Inc.
2001 Ed. (920)
2000 Ed. (2811)
1999 Ed. (3082)
1993 Ed. (2334, 2341)
Norwest Investment Services Inc.
2001 Ed. (819, 852, 4382)
1991 Ed. (3035)
Norwest Investments & Trust
1993 Ed. (2291)
1992 Ed. (2106, 2108, 2109)
Norwest Mortage Inc.
1999 Ed. (3439)
Norwest Mortgage Inc.
2001 Ed. (3345, 3346, 3347, 3351, 3352, 4522)
2000 Ed. (3158, 3159, 3161, 3162, 3163)
1999 Ed. (2608, 3435, 3436, 3437, 3440, 3441)
1998 Ed. (1861, 2400, 2522, 2523, 2525, 2526, 2527, 2528, 2529, 2530)
1997 Ed. (2813, 2814)
1996 Ed. (2036, 2675, 2677, 2684, 2686)
1995 Ed. (2042, 2597, 2599, 2600, 2603, 2606, 2609, 2610)
1994 Ed. (1984, 2548, 2554, 2557)
1993 Ed. (1993, 2592)
1991 Ed. (1660)
Norwest Mortgage Inc./CA
2002 Ed. (3392)
Norwest Nova Inc.
2001 Ed. (1794, 1959)
Norwest Passage VA Fortis Global Growth
1997 Ed. (3825)
Norwest Stable Return Fund
1995 Ed. (2072)
Norwest Trust Corp.
1998 Ed. (405)
Nor'Wester Brewing Co.
1998 Ed. (2488)
Norwich
1993 Ed. (230)
1992 Ed. (334)
Norwich International Bond
1994 Ed. (726)
Norwich Life
1995 Ed. (2315)
1993 Ed. (2231)
Norwich Master Trust
1997 Ed. (2919)
Norwich Union
1993 Ed. (2255)
The Norwich Union Life Insurance Society
1995 Ed. (2282)
1994 Ed. (2234)
1991 Ed. (2145)
1990 Ed. (2242, 2280)
Norwich Union Linked Life Assurance Ltd.
2004 Ed. (2607)
Norwich Union plc
2002 Ed. (1416, 2941)
Norwood Construction Co. Inc.
1993 Ed. (1153)
Norwood Industrial Construction Co. Inc.
1996 Ed. (1168)
Norwood Subaru
1994 Ed. (284)
1991 Ed. (296)
NOS/BBDO
2003 Ed. (137)
2002 Ed. (169)
NOS Electronics Taiwan Inc.
1994 Ed. (1459)
Nosbaum; Leroy D.
2005 Ed. (977)
Nossa Caixa
2006 Ed. (421)
2000 Ed. (473, 478)
Nossa Caixa Nosso Banco
2000 Ed. (588)
Nossaman, Guthner, Knox & Elliott
2000 Ed. (2620)
1999 Ed. (2843)
1995 Ed. (3664)
Nostalgia Network
1992 Ed. (1032)
Not a Moment Too Soon
1996 Ed. (3031)
Not enough revenue
2005 Ed. (784)
Note pads and adding machine tape
1995 Ed. (3079)
Notebaert; Richard
2006 Ed. (3931)
Notebaert; Richard C.
2006 Ed. (1098)
2005 Ed. (1103)
The Notebook
2006 Ed. (639)
2000 Ed. (709)
1999 Ed. (692)
Notebooks, pads, & paper
1999 Ed. (2713)
Notes
1996 Ed. (1086)
Notework
1994 Ed. (1621)
Nothenberg; Rudolf
1995 Ed. (2668)
Nothenberg; Rudy
1993 Ed. (2638)
1991 Ed. (2546)
Nothing's Fair in the Fifth Grade
1990 Ed. (981)
"Noticerio 1"
1993 Ed. (3531)
Noticias del Mundo (Los Angeles)
1992 Ed. (4028)
Noticias del Mundo (New York)
1992 Ed. (4028)
NOTIS
1994 Ed. (2522)
1991 Ed. (2310, 2311)
Notre Dame; College of
1994 Ed. (1051)
Notre Dame, Mendoza School of Business; University of
2008 Ed. (773, 777)
2007 Ed. (795, 797, 815, 829)
2006 Ed. (707)
Notre Dame University
2005 Ed. (811)
2003 Ed. (795)
Notre Dame; University of
2007 Ed. (2268)
2006 Ed. (725, 2858)
2005 Ed. (2852)
1997 Ed. (2609)
1996 Ed. (2464)
1995 Ed. (3189)
1992 Ed. (1093, 1124, 1280, 1283, 3803)
1991 Ed. (2928)
Notting Hill
2001 Ed. (3364, 3366, 3373, 3374, 3375, 3378, 3381, 3382)
Nottingham
1992 Ed. (1031)
Nottingham Group Holdings Ltd.
1994 Ed. (1002)
Notz Stucki
2004 Ed. (2819)
Notz, Stucki & Cie.
2005 Ed. (2819)
Nouakchott, Mauritania
1993 Ed. (1425)
Nourypharma Ltd.
2007 Ed. (4952)
Nouvelle Banque de Kinshas
1994 Ed. (671)
Nouvelle Banque de Kinshasa
1993 Ed. (670)
Nouvelle Kitchen Towels
1999 Ed. (4604)
Nouvelle Toilet Tissue
2002 Ed. (3585)
1999 Ed. (4604)
Nova Corp.
1999 Ed. (1082, 3431)
1998 Ed. (693)
1993 Ed. (1288)
1992 Ed. (1590, 4313)
1991 Ed. (1286)
1990 Ed. (1882)
Nova & Partners
2001 Ed. (1955)
Nova banka
2006 Ed. (429)
Nova Bus Inc.
2003 Ed. (1787)
2001 Ed. (1814)
NOVA Chemicals Corp.
2008 Ed. (915, 927, 1555, 1622, 2003, 2048)
2007 Ed. (936, 950, 1572, 1955)
2006 Ed. (854, 1542, 1979, 1983, 1984, 1985, 1986, 1987, 1989, 1990)
2005 Ed. (1648, 1947, 1948, 1950)
2003 Ed. (2369, 2892)
2002 Ed. (989, 992, 1018, 2786)
2001 Ed. (1209, 2309, 3842, 3843)
2000 Ed. (1020, 1027)
1999 Ed. (1091, 1736)
Nova Corporation of Alberta
1991 Ed. (2479)
Nova Corporation of Alberta A
1991 Ed. (3403)
Nova Development
2000 Ed. (1106, 2406)
Nova Electronics Data Inc.
2006 Ed. (3527, 4366)
Nova Information Systems Inc.
2000 Ed. (379)
1998 Ed. (2464)
Nova Kreditna banka Maribor
2008 Ed. (503)
2007 Ed. (551)
2006 Ed. (522)
2005 Ed. (608)
2004 Ed. (618)
2003 Ed. (609)
2002 Ed. (646)
2000 Ed. (663)
Nova Kreditna Banka Maribor DD
1999 Ed. (637)
1997 Ed. (612, 613)
Nova Ljubljanska Banka
2008 Ed. (503)
2007 Ed. (443, 445, 551)
2006 Ed. (522)
2005 Ed. (499, 503, 608)
2004 Ed. (618)
2003 Ed. (609)
2002 Ed. (646)
2000 Ed. (663)
Nova Ljubljanska Banka DD Ljubljana
1999 Ed. (637)
1997 Ed. (612, 613)
1996 Ed. (677)
Nova Nordisk AS
1995 Ed. (1371)
Nova Corp. of Alberta
1997 Ed. (1372, 3766)
1994 Ed. (1955)
1992 Ed. (1595, 2268, 4148)
Nova Petrochemicals
1992 Ed. (1114)
Nova Pharmaceutical
1993 Ed. (2999)
Nova Scotia
2007 Ed. (3783, 4688)
2006 Ed. (1750, 3238, 3786, 4668)
2001 Ed. (4110)
Nova Scotia; The Bank of
2005 Ed. (1710, 1722)
Nova Scotia, Canada
1998 Ed. (725)
Nova Scotia, Jamaica; Bank of
2005 Ed. (552)
Nova Scotia Power Corp.
1994 Ed. (1594)
Nova Southeastern University
2008 Ed. (758)
2002 Ed. (867, 1106)
2001 Ed. (3068)
2000 Ed. (929, 1142)
1998 Ed. (805)
Nova Southwestern University
1999 Ed. (1233)
Novabase - S. G. P. S. SA
2008 Ed. (2055)
2007 Ed. (1962)
2006 Ed. (1998)
Novacare Inc.
2001 Ed. (2676)
1995 Ed. (1241)
1994 Ed. (1207)
Novacare Employee Services Inc.
2001 Ed. (1833)
Novacare PA Inc.
2001 Ed. (2676)
Novacept Inc.
2006 Ed. (1427)
Novachuk; Oleg
2008 Ed. (4880)
Novacor
1999 Ed. (3850)
Novacor Chemicals (Canada) Ltd.
1996 Ed. (931, 932, 986)
1995 Ed. (999)
1994 Ed. (924)
Novadaq Technologies Inc.
2008 Ed. (2933)
Novae
2008 Ed. (3541)
NovaGold Resources Inc.
2006 Ed. (1603)
Novahistime DMX
1991 Ed. (1367)
Novahistine
1992 Ed. (1246)
Novahistine DMX
1991 Ed. (992)
Novak; D. C.
2005 Ed. (2491)
Novak; David
2008 Ed. (935, 2640)
2007 Ed. (1005, 2512)
2006 Ed. (915, 2531)
Novak; David C.
2007 Ed. (1026)
Novak-Fleck
1998 Ed. (911)
NovaLogic Inc.
2002 Ed. (1154)
Novamed Eyecare Inc.
2002 Ed. (1611)
Novamerican Steel
2008 Ed. (4498)
2007 Ed. (4535)
2006 Ed. (4601)
Novamoxin
2003 Ed. (2114)
Novapress AG
1996 Ed. (3088)
NovaQuest InfoSystems
2000 Ed. (3149)
1999 Ed. (1274, 3423)
1998 Ed. (862, 2515)
1997 Ed. (1111, 2801)
1996 Ed. (1091)
Novar plc
2002 Ed. (1793)
Novara Computer Services Inc.
2002 Ed. (1155, 1156)
Novare Group
2008 Ed. (1196, 1199)
Novare Services
2001 Ed. (2762)
2000 Ed. (2495)
Novartis
2008 Ed. (666)
2007 Ed. (698)
2001 Ed. (3587)
2000 Ed. (1561, 1701, 1709, 1710, 2249, 3064, 3380, 3512, 4344)
1999 Ed. (196, 1102, 1613, 1669, 1682, 1740, 1741, 1742, 1906, 1911, 1912, 1914, 1915, 1916, 1917, 1918, 1919, 2538, 3326, 3656, 3659, 4711, 4831, 4831)
1998 Ed. (576, 1345, 2812)
Novartis AG
2008 Ed. (1424, 1735, 1741, 1742, 1744, 1750, 1827, 2094, 2095,

2096, 3583, 3842, 3943, 3944, 3945, 3950, 3952, 3953, 3954, 3957, 3958, 3959, 3960, 3961, 3962, 3963, 3964, 3966, 3969, 3970, 3972, 3973, 3974, 3975, 3976, 3977, 4267)
2007 Ed. (45, 1693, 1706, 1712, 1713, 1722, 2000, 2001, 2002, 2003, 2004, 3913, 3916, 3918, 3920, 3921, 3922, 3923, 3924, 3925, 3926, 3927, 3928, 3929, 3930, 3931, 3932, 3933, 3934, 3935, 3936, 3937, 3938, 3940, 3941, 3943, 3944, 3945, 3946, 3988)
2006 Ed. (140, 772, 1696, 1698, 1711, 2028, 2030, 2031, 2032, 3351, 3403, 3877, 3884, 3885, 3888, 3889, 3890, 3891, 3895, 4540, 4546)
2005 Ed. (1765, 1766, 1802, 1967, 3809, 3814, 3816, 3820, 3822, 3823, 3824, 3825, 3826, 3829, 3830, 4040)
2004 Ed. (953, 1707, 1743, 3879, 3881, 3884, 3885, 3886, 3888)
2003 Ed. (679, 680, 1830, 2502, 2695, 3749, 3868, 3869, 3870, 3872, 4608)
2002 Ed. (996, 1007, 1638, 1776, 1778, 2017, 2018, 2021, 2025, 3216, 3753, 4486, 4789)
2001 Ed. (275, 1187, 1861, 1862, 1863, 2069, 2070, 2071, 2074, 2075, 2076, 2100, 4685)
2000 Ed. (1562)
Novartis Consumer Health Inc.
2003 Ed. (282, 284, 1053, 2109, 4436)
2002 Ed. (50)
Novartis Credit Union
2005 Ed. (2067, 2068)
2004 Ed. (1928, 1929)
2003 Ed. (1890)
Novartis Group
2000 Ed. (1563)
Novartis I
2000 Ed. (4447)
Novartis India
2001 Ed. (1735)
Novartis International AG
2008 Ed. (2093)
2001 Ed. (1860)
Novartis N
2000 Ed. (4447, 4448)
Novartis Pharma AG
2005 Ed. (1467)
Novartis Pharmaceuticals Corp.
2008 Ed. (3030, 3176)
2007 Ed. (2907)
2006 Ed. (1929)
2005 Ed. (1902)
2003 Ed. (3871)
2002 Ed. (2027)
2001 Ed. (1812)
2000 Ed. (1711)
Novasen
2003 Ed. (2115, 2116)
Novasoft
1998 Ed. (839, 1323)
Novasoft Information Technology Corp.
2003 Ed. (2723)
2002 Ed. (2523)
Novasoft Sanidad
2005 Ed. (2788)
NovaStar Financial Inc.
2006 Ed. (1830)
2005 Ed. (1834)
Novatek
2006 Ed. (3038)
Novatek Microelectronics Corp.
2008 Ed. (1564)
2007 Ed. (3070)
2005 Ed. (3035)
NovAtel Inc.
2008 Ed. (2939)
2007 Ed. (4574)
Novatel Wireless Inc.
2003 Ed. (2726)
Novation
2008 Ed. (2893)
2006 Ed. (2771, 2773)
2005 Ed. (2918)
2004 Ed. (2928)
2003 Ed. (2110)
1999 Ed. (2754)
Novaya Moskva—Nomos-Bank; Bank
2005 Ed. (539)
Novel Enterprises
1992 Ed. (1613)
Novel technologies
2001 Ed. (3831)
Novelis Inc.
2008 Ed. (3657)
2007 Ed. (1638, 4535)
Novell Inc.
2008 Ed. (1155, 1913)
2007 Ed. (1232)
2006 Ed. (1136, 1142, 1455, 1872, 4458, 4469, 4587, 4701)
2005 Ed. (1147, 4458)
2003 Ed. (2243, 2945, 4547)
2002 Ed. (1146, 1149, 4362, 4363, 4871)
2001 Ed. (1362)
2000 Ed. (1172, 1173, 1754)
1999 Ed. (1281, 1282, 1556, 1559, 1560, 1561, 1961, 2877, 4400, 4491, 4492)
1998 Ed. (153, 826, 839, 842, 843, 844, 855, 1056, 1121, 1123, 1124, 1323, 2714, 2722, 2723, 3413, 3422, 3423)
1997 Ed. (30, 240, 1078, 1082, 1086, 1097, 1107, 1261, 1282, 1320, 2205, 2967, 2976, 2978, 2979)
1996 Ed. (1064, 1072, 1073, 1087, 2890, 2891, 2893, 2894, 3594, 3595)
1995 Ed. (1097, 1110, 1111, 1114, 2255, 2821, 3437)
1994 Ed. (1091, 1092, 1093, 1096, 1097, 2017, 2705, 2707, 2708, 2712, 3445, 3446, 3447)
1993 Ed. (1069, 1070, 1073, 1348, 2751, 2757, 3466, 3469)
1992 Ed. (1327, 1328, 1329, 1330, 1332, 1333, 1469, 3312, 3673, 3684, 4145)
1991 Ed. (1014, 1015, 1035, 1520, 2076, 2341, 2844)
1990 Ed. (1137, 1618)
1989 Ed. (2645)
Novell IPX
1993 Ed. (1065)
Novell NetWare
1994 Ed. (2404)
Novellus Systems Inc.
2008 Ed. (4307)
2006 Ed. (4605)
2004 Ed. (3327, 3328, 4400)
2003 Ed. (3296, 4377)
2000 Ed. (1756, 1757, 3992)
1999 Ed. (1959, 1962, 2615, 2666)
1992 Ed. (2362, 3988, 3994)
Novelties
2001 Ed. (3908)
1998 Ed. (1768)
1996 Ed. (2491)
Novelties, frozen
1998 Ed. (1239)
November
2002 Ed. (4704)
2001 Ed. (1156, 4681, 4857, 4858, 4859)
November 15, 1991
1999 Ed. (4396)
November 14, 1929
1999 Ed. (4394)
1989 Ed. (2750)
November 6, 1996
1999 Ed. (4395, 4397)
November 6, 1929
1999 Ed. (4393, 4497)
1991 Ed. (3238)
1989 Ed. (2748)
November 30, 1987
1989 Ed. (2747)
November 30, 1995
1998 Ed. (2718)
NovenPharm
1996 Ed. (2885)
Noveon International Inc.
2006 Ed. (857, 1418)
Noverco
1991 Ed. (2778)
1990 Ed. (2925)
Novinger's Inc.
1991 Ed. (1080)
Novmetric Medical Systems Inc.
1999 Ed. (3667)
Novo
1990 Ed. (3457)
Novo B
1991 Ed. (1105, 1106)
Novo Nordisk Inc.
2008 Ed. (1973)
2000 Ed. (1407)
1999 Ed. (1423, 1424, 1598)
1997 Ed. (1382)
1995 Ed. (1370)
1994 Ed. (1345)
1993 Ed. (1161, 1162, 1293)
1991 Ed. (1266)
Novo Nordisk A/S
2008 Ed. (1703, 1715, 1752, 3555, 3943, 3956)
2007 Ed. (1677, 1678, 1679, 1714, 1716, 1724, 3916)
2006 Ed. (1402, 1674, 1675, 3377)
2005 Ed. (873)
2003 Ed. (1666, 1668, 4580)
2002 Ed. (1342, 1343, 1634)
2001 Ed. (1682, 2073)
1996 Ed. (1323, 1324)
Novo-Nordisk B
1997 Ed. (1218, 1219)
1996 Ed. (1179, 1180)
1994 Ed. (1194, 1195)
1992 Ed. (1444, 1445)
Novo-Nordisk Pharmaceuticals Inc.
2001 Ed. (2589)
Novogradac & Co., LLP
2008 Ed. (12)
2007 Ed. (14)
2006 Ed. (18)
2005 Ed. (13)
2004 Ed. (17)
Novolipetsk Ferrous
2007 Ed. (3486)
Novolipetsk Steel
2007 Ed. (1970)
Novon
2008 Ed. (671)
2007 Ed. (700)
Novopan-Keller AG
1996 Ed. (2555)
Novopharm Ltd.
2001 Ed. (2061)
Novosti-McCann
1992 Ed. (208)
Novosti McCann-Erickson
1995 Ed. (119)
1994 Ed. (113)
1993 Ed. (133)
Novotel
2000 Ed. (2555)
1998 Ed. (2019)
Novotel Hotels
1996 Ed. (2177)
1994 Ed. (2114)
Novotny; Joseph H.
1992 Ed. (2905)
Novozymes
2006 Ed. (1402)
NOVUM Research Park
1992 Ed. (2596)
Novus
1999 Ed. (1795)
Novus Auto Glass
2008 Ed. (319)
2007 Ed. (332)
2006 Ed. (347)
2005 Ed. (333)
Novus Credit Services Inc.
2007 Ed. (2089)
2006 Ed. (2145)
2003 Ed. (1885)
Novus Marketing
1997 Ed. (119)
Novus Windshield Repair
2004 Ed. (331)
2003 Ed. (350)
2002 Ed. (403)
2000 Ed. (2268)
1999 Ed. (2509, 2520)
1998 Ed. (1757, 1759)
1995 Ed. (1937)
1992 Ed. (2222)
1991 Ed. (1772)
1990 Ed. (1851, 1852)
Now
1990 Ed. (988)
Now & Later
1997 Ed. (887)
1995 Ed. (896)
1994 Ed. (847, 851)
Nowak; Eugene
1993 Ed. (1813)
1991 Ed. (1697)
1989 Ed. (1416)
NowDocs
2002 Ed. (4806)
NOWE Bank Ltd.
1997 Ed. (457)
Nowhere to Hide
2001 Ed. (3379)
Nowlin Savings
1990 Ed. (3129)
Nowsco Well Service
1997 Ed. (2962)
1996 Ed. (2868)
1994 Ed. (2694)
1992 Ed. (3296)
1990 Ed. (2740)
Noxell Corp.
2003 Ed. (1489)
2002 Ed. (1468)
1998 Ed. (1194)
1997 Ed. (1532)
1996 Ed. (1465)
1995 Ed. (1508)
1994 Ed. (1472)
1993 Ed. (1419)
1992 Ed. (1709, 1710)
1991 Ed. (1363, 2581, 3151, 1362)
1990 Ed. (1433, 2807, 2810, 3311, 3603)
1989 Ed. (1629)
Noxon 7
2003 Ed. (983)
Noxzema
2003 Ed. (2431, 4397)
2002 Ed. (4261)
2001 Ed. (4227, 4292, 4293)
2000 Ed. (22, 4036)
1999 Ed. (4295, 4296)
1998 Ed. (3307, 3309)
1997 Ed. (3063)
1996 Ed. (3441)
1994 Ed. (3313)
Noxzema Skin Cream
1990 Ed. (2806)
Noyabrskneftegaz
1997 Ed. (1502)
Nozaki of America
1996 Ed. (875)
Nozomu Kunishige
1997 Ed. (1992)
1996 Ed. (1886)
NP/3 Advertising
2000 Ed. (85)
1999 Ed. (79)
1997 Ed. (78)
1996 Ed. (78)
1993 Ed. (92)
NP/3 Marketing
1990 Ed. (93)
NP/3 Reklamebureau
1991 Ed. (91)
NPA System
1990 Ed. (1140)
NPA Systems
1991 Ed. (1038)
NPC Inc.
2008 Ed. (4030)
2006 Ed. (856, 3964)
2005 Ed. (3890)
2001 Ed. (583)
NPC International
2003 Ed. (4139)
2000 Ed. (3796)
The NPD Group Inc.
2000 Ed. (3042)

1999 Ed. (3304, 4041)
1998 Ed. (2436, 3041)
1997 Ed. (2710, 3295, 3296)
1996 Ed. (2569)
1995 Ed. (2508)
1994 Ed. (2442)
1993 Ed. (2503)
1992 Ed. (2977)
NPE 2000
2001 Ed. (4610)
NPI Global Care
2000 Ed. (3299)
NPI Global Care Income
2000 Ed. (3300)
NPI Latin America
2000 Ed. (3310)
NPL Construction Co.
2006 Ed. (4001)
NPR Morning Edition
2005 Ed. (823)
NPS Pharmaceuticals Inc.
2006 Ed. (2087)
2005 Ed. (1466)
NP3 Communication
2002 Ed. (98)
NP3 Communications
2003 Ed. (65)
NRA Political Victory Fund
1993 Ed. (2872)
NRC Electronics
2005 Ed. (2345)
N.R.F. Distributors
1992 Ed. (2166)
1991 Ed. (1728)
NRG America Life Reassurance Corp.
1991 Ed. (2094)
NRG Energy Inc.
2008 Ed. (1401, 1512, 1513, 2499)
2007 Ed. (2384)
2005 Ed. (421)
NRG Systems Inc.
2008 Ed. (2152)
NRG Victory International Ltd.
1993 Ed. (847)
NRL Federal Credit Union
2006 Ed. (2201)
2005 Ed. (2106)
2004 Ed. (1964)
2003 Ed. (1924)
2002 Ed. (1870)
NRMA
2004 Ed. (3964)
2002 Ed. (3781)
NRMA Insurance Group
2002 Ed. (3772, 3777)
NRT Inc.
2008 Ed. (4109, 4110)
2007 Ed. (4076, 4077)
2006 Ed. (4036, 4037)
2005 Ed. (4001, 4002)
2004 Ed. (4069, 4071)
NRTA/AARP Bulletin
1994 Ed. (2787, 2788)
1993 Ed. (2794, 2795)
Nrthbrk "VA" DWR: Euro GR
1994 Ed. (3618)
Nrthbrk "VA" DWR: HY
1994 Ed. (3616)
Nrthbrk "VAII" DWR: Euro GR
1994 Ed. (3618)
Nrthbrk "VAII"DWR: HY
1994 Ed. (3616)
NRW
2001 Ed. (1252)
N.S. Bancorp
1995 Ed. (3612)
1994 Ed. (3536)
1992 Ed. (3799)
NS Group Inc.
2007 Ed. (1849)
2006 Ed. (1844)
1999 Ed. (3602)
1993 Ed. (3449)
NSB Group
2008 Ed. (1637)
NSB Holding
2001 Ed. (4529)
NSB Retail Systems plc
2008 Ed. (2944)
2002 Ed. (2494)
NSC Corp.
2001 Ed. (1471, 2587)
1999 Ed. (1365)
1998 Ed. (943, 1804)
1997 Ed. (1174)
1994 Ed. (1150)
NSC corp.
2000 Ed. (1257)
NSCSA
2004 Ed. (2542)
2003 Ed. (2423)
NSI Global Inc.
2003 Ed. (2934)
NSI Research Group
1991 Ed. (1911, 1912)
N64
2000 Ed. (3496)
NSK Corp.
2004 Ed. (321, 322)
NSM AG
2000 Ed. (3036)
NSPCC
1996 Ed. (919)
1992 Ed. (3270)
NSPCC (London East Central)
2002 Ed. (42)
NSS Corp.
1991 Ed. (1878)
NStar
2008 Ed. (1911, 1916, 1921, 2500)
2007 Ed. (1873)
2006 Ed. (4301)
2005 Ed. (2309, 4360)
Nstein Technologies Inc.
2008 Ed. (1134)
2007 Ed. (1240, 3058)
2006 Ed. (3025)
NSW Lotteries
2004 Ed. (1645)
2002 Ed. (1587)
NSW Teachers Credit Union Ltd.
2002 Ed. (1849)
NSW Treasury Corp.
2004 Ed. (1647)
NTDStichler Architects
2008 Ed. (2535)
NTDStichler Architecture
2008 Ed. (264)
2007 Ed. (288)
NTELOS Inc.
2004 Ed. (3664, 4580)
Ntera
2003 Ed. (4683)
N.te's Gravenhage
1992 Ed. (794)
NTH Consultants Ltd.
2002 Ed. (2151)
2001 Ed. (2304)
1999 Ed. (2059)
1998 Ed. (1491)
1997 Ed. (1780)
NTI Inc.
2002 Ed. (2000)
NTL
2008 Ed. (680, 701, 1411)
2007 Ed. (4706, 4709)
2006 Ed. (1092, 3437, 4578)
2005 Ed. (1098)
2004 Ed. (412)
2003 Ed. (1076, 1518, 1789)
2002 Ed. (39, 1124, 1385, 1484, 1492, 1553, 2470, 3547, 3565, 3566)
2001 Ed. (1039, 1551)
2000 Ed. (2407)
1999 Ed. (2625)
NTL (CWC) Ltd.
2002 Ed. (1126)
NtlSteel B
1996 Ed. (2833)
NTN Communications Inc.
1995 Ed. (205)
NTN USA Corp.
2008 Ed. (313)
NTR Inc.
2008 Ed. (4989)
NTT
2008 Ed. (1563, 1867, 1868, 1869, 4641, 4643)
2007 Ed. (1580, 1833, 1835, 1837, 4717, 4718, 4719, 4720, 4721)
2006 Ed. (1550, 1711, 1713, 1825, 1826, 1827, 1829, 4697, 4698, 4774)
2005 Ed. (1532, 1767, 4632, 4633, 4634)
2000 Ed. (1204, 1470, 2642, 4204)
1999 Ed. (1663, 1995, 4549)
1998 Ed. (1158, 1168, 2217)
1997 Ed. (1433, 1454, 3652, 3692, 3694, 3695)
1996 Ed. (3194, 3597, 3649, 3650, 3651)
1994 Ed. (1073, 1389, 1616, 2199, 3050, 3449)
1993 Ed. (1587, 2176, 3475)
1992 Ed. (1932, 4151, 4310)
1990 Ed. (2203, 3514)
1989 Ed. (1341, 2793)
NTT Corp
1995 Ed. (3552, 3554)
NTT Data Corp.
2008 Ed. (1156, 4799)
2007 Ed. (1261)
2006 Ed. (1143)
2004 Ed. (1131)
2002 Ed. (4635, 4636)
2001 Ed. (1616, 1769)
1999 Ed. (2879)
NTT DoCoMo
2008 Ed. (643, 3743)
2007 Ed. (684, 1837, 3062, 3621, 3622, 4717)
2006 Ed. (1711, 1712, 1826, 1829, 3029, 3329, 4602, 4774)
2005 Ed. (1765, 3036, 4632, 4634, 4986)
2004 Ed. (3022, 4674)
2003 Ed. (1728, 2948, 4704, 4974)
NTT Mobile Communications Network (NTT DoCoMo)
2003 Ed. (4703)
2002 Ed. (1693, 1705, 1706, 2810, 4635, 4636)
2001 Ed. (1616, 1617, 1622, 1626, 1749, 1768, 1769, 2868, 3334)
NTT Urban Developments
2007 Ed. (4091)
NTUC
2005 Ed. (76)
NTUC Fairprice
2001 Ed. (76)
1991 Ed. (46)
1990 Ed. (46)
NTUC FairPrice Co-Operative
2008 Ed. (81)
2007 Ed. (75)
2006 Ed. (85)
NTUC Income Insurance Co-operative
2005 Ed. (3230)
2002 Ed. (2827)
2001 Ed. (2889)
1999 Ed. (2893)
NTUC Income Insurance Cooperative
1997 Ed. (2401)
N2H2, Inc.
2003 Ed. (2744)
Nu-Car Carriers
1991 Ed. (3431)
Nu Coastal LLC
2006 Ed. (1420)
Nu Hair
2003 Ed. (2651)
Nu Horizons Electronics Corp.
2008 Ed. (2457, 2464, 2465, 2466, 2469, 2470)
2007 Ed. (2340)
2005 Ed. (2348)
2004 Ed. (2247, 2248, 2251)
2003 Ed. (2188, 2946)
2002 Ed. (1501, 2077, 2086, 2088, 2089, 2091, 2092, 2093, 2095)
2001 Ed. (2202, 2205, 2209, 2210, 2212)
2000 Ed. (1764, 2460)
1999 Ed. (1983, 2623, 2670)
1998 Ed. (1404, 1409)
1997 Ed. (1710)
1996 Ed. (1632, 1635)
Nu-Kote Holding
1995 Ed. (3162)
Nu-Kote Holdings
1997 Ed. (3522)
Nu Skin Enterprises Inc.
2008 Ed. (4263)
2007 Ed. (4232)
2006 Ed. (2090, 3364, 3797, 3801, 3803, 4216)
2005 Ed. (2021, 2022, 4162)
2004 Ed. (1897, 1898, 3798, 3802)
2003 Ed. (2095, 2096)
2001 Ed. (2015)
Nu-Swift PLC
1994 Ed. (2438)
1993 Ed. (2498)
Nu Trans Inc.
2000 Ed. (4291)
Nu West Industries
1994 Ed. (1753)
1993 Ed. (1762)
Nua Internet Surveys
2002 Ed. (4808)
Nuala
2006 Ed. (2499)
Nuance/Alders
1999 Ed. (247)
Nuance Communications Inc.
2008 Ed. (1135)
Nuance Global Traders
2002 Ed. (2708)
Nuance Group
2004 Ed. (1652)
NuCar Connection
2008 Ed. (311)
2005 Ed. (320)
2004 Ed. (319)
Nuclear
2007 Ed. (2309)
2006 Ed. (2371)
2005 Ed. (2316)
2001 Ed. (2155, 2162)
1994 Ed. (1627)
1992 Ed. (1887)
1990 Ed. (1663)
Nuclear Electric PLC
1997 Ed. (1391, 1392)
Nuclear energy
1992 Ed. (1944, 1945)
1991 Ed. (3250)
Nuclear medicine
2001 Ed. (2761)
1992 Ed. (3006, 3593)
Nuclear power
2001 Ed. (2161)
1995 Ed. (1647)
1991 Ed. (2053)
Nuclear power generation
2004 Ed. (2292)
Nuclear waste
2001 Ed. (2303)
Nucleo
2007 Ed. (65)
2006 Ed. (74)
2005 Ed. (66)
Nucleo Publicidad
2002 Ed. (206)
1999 Ed. (167)
1997 Ed. (156)
NuCom
1996 Ed. (2918)
Nucon Engineering Associates
2006 Ed. (3505)
The Nucon Group
2006 Ed. (3505)
Nucor Corp.
2008 Ed. (1991, 1992, 1993, 2356, 2358, 2359, 2362, 2852, 3141, 3603, 3651, 3652, 3655, 3656, 3661, 4496)
2007 Ed. (1925, 1926, 1927, 2218, 2219, 2220, 2231, 3022, 3477, 3478, 3481, 3482, 3483, 3484, 3485, 3489, 3495, 3513, 3516, 4560)
2006 Ed. (1496, 1497, 1941, 1943, 1944, 2282, 3422, 3455, 3458, 3460, 3461, 3462, 3463, 3471, 3484, 4459, 4460, 4461, 4473)
2005 Ed. (1915, 3446, 3449, 3451, 3452, 3453, 3454, 4474, 4475)
2004 Ed. (3429, 3431, 3434, 3436, 3437, 3438, 4532, 4533, 4536)
2003 Ed. (1794, 3363, 3365, 3370, 3372, 3373, 3374, 4552, 4553)
2002 Ed. (3303, 3304, 3313, 3315, 3321, 3322)
2001 Ed. (1822, 3276, 3281, 3285, 3289, 4367, 4368)

2000 Ed. (1527, 3081, 3091, 3092, 3096, 3097, 3098, 3099, 3100, 3101, 3138)
1999 Ed. (1716, 3344, 3351, 3356, 3357, 3360, 3361, 3362, 3363, 3364, 3414, 4471, 4472)
1998 Ed. (1182, 2466, 2470, 2471, 2509, 3403, 3404, 3406, 3459)
1997 Ed. (1491, 2749, 2756, 3629, 3630)
1996 Ed. (1430, 2605, 2614, 2855, 3585, 3586)
1995 Ed. (1468, 2543, 2792, 2793, 2794, 2796, 2798, 3509, 3510)
1994 Ed. (1433, 2683, 3431, 3432, 3433)
1993 Ed. (1379, 2735, 3448, 3449, 3451)
1992 Ed. (3275, 4133, 4134, 4136)
1991 Ed. (3216, 3217, 3218, 2621)
1990 Ed. (3434, 3435, 3436)
1989 Ed. (2635, 2636, 2637)
Nucorp Inc.
1992 Ed. (1131)
Nucorp Group
1995 Ed. (2329)
Nudi Suzuki
1995 Ed. (286)
Nuestro LLC
2007 Ed. (4427)
NueVista LLC
2008 Ed. (4607)
Nuevo Amanecer Latino Children's Services
2002 Ed. (2559)
Nuevo Banco Comercial
2007 Ed. (570)
Nuevo Banco Industrial de Azul
2000 Ed. (459)
Nuevo Laredo
1994 Ed. (2440)
Nuevo Laredo, Mexico
1993 Ed. (2500)
Nuevo Leon
2001 Ed. (2839)
Nuevo Mundo
2000 Ed. (640, 641, 643, 644, 645, 646)
Nufarm
2004 Ed. (1653)
2002 Ed. (3760)
Nuffer, Smith, Tucker
2004 Ed. (4015)
Nugget Market Inc.
2008 Ed. (1504, 2485)
Nuheat
2007 Ed. (1607)
NuHome
2002 Ed. (1186)
NUI/Elizabethtown Gas Co.
2002 Ed. (4711)
Nukamatt
2004 Ed. (59)
NuLogX Inc.
2006 Ed. (4349)
Num-Zit
1993 Ed. (1473)
Numark Credit Union
2006 Ed. (2172)
Number the Stars
2004 Ed. (736)
Numbers
1996 Ed. (2554)
1990 Ed. (1872)
Numbers, illegal
1992 Ed. (2256)
Numerex
2008 Ed. (2458)
Numeric Investment Small Cap Value
2004 Ed. (4541)
Numeric Investors
2002 Ed. (3013)
2000 Ed. (2858)
1995 Ed. (2360)
Numerica Credit Union
2008 Ed. (2266)
2007 Ed. (2151)
Numerica Financial
1991 Ed. (1723)
1990 Ed. (453)
Numerica Group
2006 Ed. (8)
Numerica Savings Bank
1990 Ed. (1794)
Numerical Financial
1990 Ed. (1793)
Numerical Productions Inc.
2008 Ed. (4961)
2007 Ed. (3554)
Numerical Technologies, Inc.
2003 Ed. (2731, 4382)
Numerous ATM's
1992 Ed. (571)
Numetrix
1999 Ed. (4525)
Numico NV; Koninklijke
2006 Ed. (1686, 1688)
Numico NV; Royal
2007 Ed. (2617)
NUMMI
2000 Ed. (4305)
Nuna Bank
1997 Ed. (482)
1996 Ed. (523)
1995 Ed. (479)
NUnit Development Team
2007 Ed. (1254)
Nuova Cimimontubi Spa
1991 Ed. (1096, 1098)
Nuova Italsider SPA
1989 Ed. (1130)
Nuova Pansac SpA
2008 Ed. (918, 1865)
2007 Ed. (1831)
Nuovo Banco Ambrosiano
1989 Ed. (575)
Nuovo Pignone SpA
1993 Ed. (1144)
Nupercaina
1992 Ed. (336)
Nupercaina/Ciba
1992 Ed. (2397)
Nupercainal
1996 Ed. (2101)
1993 Ed. (2031)
Nuprecon Inc.
2008 Ed. (1256)
2006 Ed. (1280)
2004 Ed. (1303)
Nupremis, Inc.
2002 Ed. (2487)
Nuprin
1997 Ed. (253)
1994 Ed. (1574, 1576)
1993 Ed. (2120)
1992 Ed. (2558, 4235)
1991 Ed. (240)
1990 Ed. (269, 3547)
Nupro
1991 Ed. (35)
1990 Ed. (38)
1989 Ed. (41)
Nur OJSC
2006 Ed. (4514)
Nur Touristic GmbH
2004 Ed. (4798)
Nurco Companies
1991 Ed. (3143)
Nuremberg
1997 Ed. (3782)
Nurofen
2002 Ed. (2053)
2001 Ed. (2108)
1996 Ed. (1594)
1994 Ed. (1577)
1992 Ed. (1875)
Nurofen Analgesics
1999 Ed. (1932)
Nurse anesthetist
1990 Ed. (3701)
Nurse Book Society
1994 Ed. (2686)
Nurse Service Org.
1991 Ed. (2622)
Nurse Service Organization
1994 Ed. (2685)
1990 Ed. (2723)
Nursefinders
2008 Ed. (4494)
2000 Ed. (2490)
1999 Ed. (2705)
Nursery
2007 Ed. (673)
Nursery/daycare
2001 Ed. (3794)
Nurses' aides, orderlies, attendants
1989 Ed. (2077)
Nurse's Book Society
1995 Ed. (2800)
Nurses' Choice
1990 Ed. (2723)
Nurses, licensed practical & vocational
2007 Ed. (3722, 3725)
Nurses, licensed practical/vocational
2005 Ed. (3622, 3623)
Nurses, registered
2007 Ed. (3722, 3723, 3725, 3728)
2006 Ed. (3735)
2005 Ed. (3622, 3623, 3629, 3631)
2002 Ed. (3531)
Nurses (registered) & other health therapists
1993 Ed. (2739)
Nurses Service Organization
2001 Ed. (3554)
1999 Ed. (3634)
1996 Ed. (2856)
1995 Ed. (2799)
1992 Ed. (3277)
Nursing
2005 Ed. (1062)
2004 Ed. (2279)
Nursing accessories
2002 Ed. (422)
Nursing aide, orderly
1993 Ed. (3727)
Nursing aides
2005 Ed. (3628, 3629, 3631)
2002 Ed. (3531)
Nursing aides, orderlies, & attendants
2007 Ed. (3723, 3725)
1993 Ed. (2738)
Nursing and personal-care facilities
1994 Ed. (3327, 3329)
Nursing care facilities
1996 Ed. (2)
Nursing home care
2001 Ed. (3271)
1996 Ed. (2083)
Nursing homes
1995 Ed. (1588)
1994 Ed. (2028, 2029)
Nursing '98
1999 Ed. (3748)
Nursing, personal care facilities
1996 Ed. (3)
Nursinsur
1999 Ed. (3635)
Nursinsur/Liability Insurance for Nurses
2000 Ed. (3359)
Nursoy
1994 Ed. (2197)
Nurun Inc.
2008 Ed. (2941)
2007 Ed. (2816)
Nurzhan Subkhanberdin
2008 Ed. (4888)
NUS Corp.
1992 Ed. (1951)
Nut & Honey
1991 Ed. (3322)
1990 Ed. (3540)
Nutcracker
2008 Ed. (3802)
1996 Ed. (2859)
Nutmeg Federal Savings & Loan Association
2001 Ed. (576)
Nutmeg Industries
1993 Ed. (2714)
Nutmeg Insurance Co.
2001 Ed. (1675)
Nutmeg Mills
1993 Ed. (3371)
1992 Ed. (1226, 1227, 4051)
1991 Ed. (3170)
Nutmeg State Credit Union
2005 Ed. (2092)
2004 Ed. (1950)
2003 Ed. (1910)
2002 Ed. (1853)
Nutmeg State Federal Credit Union
2008 Ed. (2223)
2007 Ed. (2108)
2006 Ed. (2187)
Nutone
2002 Ed. (4517)
1999 Ed. (4504)
1998 Ed. (3430)
1997 Ed. (3654)
1995 Ed. (3521)
1994 Ed. (3453)
1993 Ed. (3479)
1992 Ed. (4157)
1990 Ed. (3480)
NuTool
2003 Ed. (4381)
Nutra Nail
1999 Ed. (3778)
Nutraceuticals
1998 Ed. (2666)
Nutrament
1996 Ed. (1548)
Nutramigen
2002 Ed. (2802)
2001 Ed. (2847)
NutraNail
2008 Ed. (3777)
1995 Ed. (2899)
NutraSweet Spoonful
1996 Ed. (3624)
1995 Ed. (3539)
Nutri-Grain
2007 Ed. (893)
2006 Ed. (806)
2005 Ed. (891)
2004 Ed. (901)
2003 Ed. (878)
1995 Ed. (3399)
Nutri-Grain; Kellogg's
2008 Ed. (870, 4444)
Nutri-Lawn
2002 Ed. (3065)
Nutrilite
2008 Ed. (2337)
2003 Ed. (2108, 4860)
Nutrimix Feed Co.
2005 Ed. (3389)
Nutrinor Cooperative
2008 Ed. (1385)
NutriSystem Inc.
2008 Ed. (4352)
2007 Ed. (132, 2734, 4552)
Nutritional/health bars
2008 Ed. (2836)
Nutritional items
2002 Ed. (4758)
Nutritional supplements
2005 Ed. (2233)
2004 Ed. (2127)
2003 Ed. (4862)
2002 Ed. (4758)
Nutro
2000 Ed. (3513)
1998 Ed. (2813)
1997 Ed. (3069)
Nutro Products Inc.
2002 Ed. (3656)
1999 Ed. (3786)
Nuts
2006 Ed. (4395)
2003 Ed. (4830)
2002 Ed. (3493, 4721)
2001 Ed. (2084)
1996 Ed. (1561)
1992 Ed. (4005, 4007)
Nuts About Miami
2008 Ed. (3804)
2007 Ed. (3712)
2006 Ed. (3729)
Nuts & dried fruit
2000 Ed. (4141)
Nuts, bagged
2003 Ed. (3656)
Nuts, bags
2002 Ed. (3527)
Nuts, baking
1999 Ed. (4508)
Nuts, canned
2003 Ed. (3656)
Nuts, cans
2002 Ed. (3527)
Nuts, jars
2003 Ed. (3656)
2002 Ed. (3527)

Nuts, mixed
1994 Ed. (2687)
1993 Ed. (2736)
1992 Ed. (3281)
Nuts, snack
1998 Ed. (1727, 1728)
1995 Ed. (3406)
Nuts, unshelled
2002 Ed. (3527)
Nutsspaarbank te 's-Gravenhage
1993 Ed. (585)
Nutsspaarbank te's-Gravenhage
1995 Ed. (562)
1994 Ed. (592, 593)
Nutter, McClennen & Fish
1993 Ed. (2393)
1992 Ed. (2830)
1991 Ed. (2281)
1990 Ed. (2415)
The Nutty Professor
1999 Ed. (3448)
1998 Ed. (2535)
Nuturn Bates
2003 Ed. (97)
NuUnion Credit Union
2008 Ed. (2239)
Nuveen
2008 Ed. (3776)
Nuveen Advisory
2001 Ed. (3453)
Nuveen & Co.; John
1996 Ed. (3361)
1995 Ed. (758, 3258)
1993 Ed. (762, 3138, 3175)
1991 Ed. (2944, 2983, 2986, 3036, 3038, 3062)
1990 Ed. (3164, 3207, 3211, 3216)
Nuveen Flag All American A
1999 Ed. (757)
Nuveen Flag Intermediate Municipal A
1999 Ed. (758)
Nuveen High Yield Municipal Bond
2007 Ed. (643)
Nuveen Insurance Municipal Opportunity Fund
2004 Ed. (3176, 3177)
Nuveen Insured Muni Opp Fund
1993 Ed. (3117)
Nuveen Insured Municipal Bond R
1997 Ed. (692)
Nuveen Insured Quality Municipal Fund
1992 Ed. (3833)
Nuveen Investment Quality Municipal Fund
1992 Ed. (3833)
Nuveen Investments Inc.
2008 Ed. (2360, 2367)
2007 Ed. (3277)
2006 Ed. (1455)
2005 Ed. (2226)
Nuveen Co.; The John
1996 Ed. (801)
1992 Ed. (3857, 3858, 3860)
1990 Ed. (2645, 2647, 3150)
1989 Ed. (2382)
Nuveen Municipal Advantage Fund
1991 Ed. (2940, 1275)
Nuveen Municipal Bond R
1998 Ed. (2639)
Nuveen Municipal Market
1992 Ed. (3833)
Nuveen Municipal Value Fund
1989 Ed. (1113, 2369)
Nuveen NWQ Multi-Cap Value
2006 Ed. (3616, 3617)
Nuveen Performance Plus Muni
1991 Ed. (1275, 2940)
Nuveen Premium Income Muni
1990 Ed. (3135)
Nuveen Premium Income Muni Fund
1990 Ed. (1359)
Nuveen Premium Income Municipal Fund
2004 Ed. (3176, 3177)
Nuveen Quality Income Muni
1993 Ed. (3117)
Nuveen Select Quality Muni
1993 Ed. (3117)
Nuveen St Co.; John
1997 Ed. (737)
Nuveen Tax-Exempt Money Market Fund
1992 Ed. (3097, 3101)
NuView Systems Inc.
2007 Ed. (2362)
NuVim Inc.
2007 Ed. (4287)
NuVision
1991 Ed. (2644)
Nuvo Network Management
2003 Ed. (3034)
Nuway Construction
2006 Ed. (1171)
Nux Vomica
1992 Ed. (2437)
N.V. Bondsspaarbank Schiedam Vlaardingen
1993 Ed. (585)
NV DSM
1992 Ed. (1671, 4149)
1991 Ed. (1326)
NV Homes
2008 Ed. (2158)
2007 Ed. (2052)
2005 Ed. (1182, 1188, 1246)
2002 Ed. (1180, 1189)
NV Homes/NVR
2000 Ed. (1205, 1213)
NV Kon. Nederlandse Petroleum Maatschappij
1997 Ed. (1388, 2796)
1996 Ed. (1330, 2651)
1994 Ed. (1353)
1992 Ed. (1607)
1991 Ed. (1269, 3480)
NV Koninkijike Nederlandsche Petroleum Mij
1995 Ed. (1464)
NV Koninklijke KNP BT
1997 Ed. (2996)
1996 Ed. (2905)
NV Koninklijke Nederlandsche Petroleum MIJ
1999 Ed. (1614, 3416, 3896)
1995 Ed. (1377, 1378, 1379, 1382, 2583)
1994 Ed. (1354, 1355, 1359, 1427, 2528)
NV Koninklijke Nederlandse Petroleum Maatschappij
1993 Ed. (1300)
N.V. Nederlands Gasunie
2001 Ed. (3949)
NV Nederlandse Gasunie
2007 Ed. (1903)
2006 Ed. (2445, 2446)
2005 Ed. (2413)
1997 Ed. (1484)
1996 Ed. (1426)
1995 Ed. (1464)
1994 Ed. (1427)
NV Nederlandse Spoorwegen
2002 Ed. (3902)
NV Partners
1996 Ed. (2099)
NV Philips
1993 Ed. (2177, 2178, 2179, 2488)
1992 Ed. (2633, 2634)
1991 Ed. (2063, 2064, 2071)
1990 Ed. (1639, 2205)
1989 Ed. (15, 25, 43, 1340)
NV Philips' Gloeilampenfabneken
2001 Ed. (3648)
NV Philips Gloeilampenfabrieken
1994 Ed. (2423)
1992 Ed. (2955)
1991 Ed. (1269, 2372)
N.V. Philips GMB
1991 Ed. (1536)
NV Spaarbank CVB Utrecht
1994 Ed. (592)
1993 Ed. (585)
NV Sparebank Centrale Volksbank
1992 Ed. (794)
NV Verenigd Bezit VNU
1997 Ed. (3168)
1994 Ed. (2933)
NV Verenigd Streekvervoer Nederland
2002 Ed. (4671)
NVE Corp.
2006 Ed. (2733)
NVF Co.
1990 Ed. (1486, 1810)
NVHomes
1999 Ed. (1330)
NVIDIA Corp.
2008 Ed. (1596, 3644, 4309, 4312, 4539)
2007 Ed. (2720, 4343, 4349, 4350, 4351)
2006 Ed. (2730, 4281, 4285, 4286)
2005 Ed. (1613, 4340, 4342, 4343, 4345, 4610)
2004 Ed. (1134, 1583, 2257, 4399, 4400, 4401, 4489, 4494, 4558, 4559, 4565, 4579)
2003 Ed. (4379, 4382, 4536, 4538, 4539, 4540)
2002 Ed. (1550, 1551, 2428, 2430, 2483, 2528, 2812, 2814)
2001 Ed. (1644, 2871, 2872)
nView
1995 Ed. (2067)
NVR Inc.
2008 Ed. (1201, 1202, 1514, 1533, 4118)
2007 Ed. (1269, 1300, 1304, 1307, 1308, 1309, 1310, 1311, 1530, 1542, 1551, 4093, 4563)
2006 Ed. (1194, 1197, 1199, 1200, 1202, 1203, 1216, 1498, 1514, 1520, 1523, 2947, 2959, 4049, 4581, 4583, 4595)
2005 Ed. (1182, 1185, 1187, 1188, 1204, 1216, 1222, 1230, 1231, 1232, 1233, 1234, 1235, 1236, 1246, 1608, 1626, 1631, 1634, 2007, 2948, 2964)
2004 Ed. (1205, 1206, 1207, 1209, 1210, 1211, 1577, 1604, 1607, 1608, 2946, 2959)
2003 Ed. (1141, 1147, 1200, 1202, 1203, 1204, 4550)
2002 Ed. (1172, 2656, 2657, 2661, 2665, 2666, 2667, 2668, 2669)
2001 Ed. (1391, 1392, 1393, 1405, 1406, 2803)
2000 Ed. (1190, 1191, 1192, 1197, 1199)
1999 Ed. (1308, 1309, 1310, 1316, 1317, 1318, 1319)
1998 Ed. (877, 878, 887, 888, 889, 890)
1997 Ed. (1119, 1120)
1996 Ed. (1096, 1097, 1101, 1132)
1991 Ed. (1988)
NVR Building Products Co.
1990 Ed. (2597)
NVR L. P.
1991 Ed. (1062, 1063, 1047, 1058)
NVR L.P.
1995 Ed. (1122, 1129, 1134)
1994 Ed. (359, 360, 1105, 1113, 1119)
1993 Ed. (1083, 1089, 1095)
1992 Ed. (319, 1353, 1362, 1363, 1366, 2555, 3920)
1990 Ed. (1155)
NVR Mortgage Finance Inc.
2005 Ed. (3303)
1996 Ed. (2678)
NVRyan
1990 Ed. (2966)
NVRyan L.P.
1990 Ed. (1164, 1170, 1171)
NVST.com
2002 Ed. (4860)
NW Ayer Inc.
1992 Ed. (186)
1990 Ed. (132)
1989 Ed. (142)
NW Financial Corp.
2001 Ed. (875)
NW Mutual Financial Network
2003 Ed. (1854, 3878)
NW Mutual Life Insurance
1996 Ed. (2283)
NW Mutual VA C MM
1990 Ed. (3662)
1989 Ed. (262, 263)
NW Mutual VL MM
1989 Ed. (262)
NW Power
2006 Ed. (2363, 2695)
NW Transport
1994 Ed. (988, 3600)
1993 Ed. (3640)
NW Transport Service Inc.
1998 Ed. (751)
1995 Ed. (1001, 3679)
1992 Ed. (1188)
NWA Inc.
2006 Ed. (213)
2005 Ed. (199, 200, 1870, 2736)
2004 Ed. (196, 197, 1800, 2738)
2003 Ed. (239, 240, 247, 1763, 2621)
2002 Ed. (3790)
2001 Ed. (292, 293, 1795)
2000 Ed. (1517, 2346)
1999 Ed. (1707, 2603)
1998 Ed. (1844)
1997 Ed. (2151, 2629)
1996 Ed. (2031, 2486)
1995 Ed. (188, 2003, 2444)
1994 Ed. (984, 1977, 3270)
1993 Ed. (957, 958, 3280)
1991 Ed. (1143, 1308, 3418, 1136, 1140, 1140, 1154, 1156, 1156, 1156, 1822, 3331, 3333)
1990 Ed. (212, 214, 217, 3637, 3638)
1989 Ed. (231, 232, 233)
NWA Credit Union
2005 Ed. (2109)
2004 Ed. (1967)
2003 Ed. (1927)
2002 Ed. (1873)
NWA Eagan
1989 Ed. (2867)
NWH Inc.
2004 Ed. (4549)
NWL "2" BOA3: AMT Bond
1994 Ed. (3615)
NWL "2" BOA3: VIP HI Inc.
1994 Ed. (3616)
NWL "2" BOA3: VIP OVERSEA
1994 Ed. (3618)
NWNL
1993 Ed. (2219)
1992 Ed. (2668)
NWNL Select Annuity II VIP High Income
1994 Ed. (3614)
NWNL "Select" II: FHI
1994 Ed. (3616)
NWNL "Select" II: FHI Q
1994 Ed. (3616)
NWNL "Select" II: FOP
1994 Ed. (3618)
NWNL "Select" II: FOP Q
1994 Ed. (3618)
NWNL "Select" II: VIP2 IG
1994 Ed. (3615)
NWP Communications Ltd.
2003 Ed. (2737)
NWQ Investment Management
1992 Ed. (2753)
NXP Semiconductors
2008 Ed. (2280, 4313)
NXTbook Media
2007 Ed. (3056)
2006 Ed. (3023)
NxTrend
2001 Ed. (4424)
NxTrend Technology
2001 Ed. (4425)
N.Y. Central Mutual Fire
1997 Ed. (2432)
1996 Ed. (2302)
NY. Marriott, World Trade Center
1999 Ed. (2798)
Nya Sparbanken
1995 Ed. (614)
1994 Ed. (641, 642)
Nya Sparebanken
1993 Ed. (638)
NYC Employees/Teachers
1993 Ed. (2786)
NYCE
2001 Ed. (584, 2185, 2186, 2188, 2189, 3826)
2000 Ed. (1732)
1999 Ed. (1954, 1955)

1998 Ed. (1396, 1397)
1997 Ed. (1704)
1996 Ed. (259, 1624)
1995 Ed. (352, 1648)
1994 Ed. (1606)
1993 Ed. (263)
1992 Ed. (1910, 1912, 1913)
1991 Ed. (1510)
1990 Ed. (292, 293)
1989 Ed. (281)
NYCE (New York Switch Corp.)
1991 Ed. (1509, 1511)
NYCOM Information Services
1993 Ed. (2010, 3335)
Nycomed Inc.
1999 Ed. (3339, 3661)
1997 Ed. (2745)
1996 Ed. (2595)
Nycomed A
2000 Ed. (3383)
Nycomed Amersham
2002 Ed. (3543)
2001 Ed. (3269)
2000 Ed. (3078)
Nycomed B
2000 Ed. (3383)
Nycomed/co ad
1997 Ed. (2746)
Nycomed Pharma AS
2008 Ed. (3955)
Nycor Inc.
1997 Ed. (1254)
Nye County, NV
1999 Ed. (1765)
Nye, NV
2000 Ed. (1593)
NYFIX Inc.
2005 Ed. (2834)
2004 Ed. (2826, 4432)
Nygard; Peter
2005 Ed. (4869)
NYK
1997 Ed. (1147)
NYK Line
2006 Ed. (4813)
2004 Ed. (1231, 2558)
2003 Ed. (1228, 2426)
2002 Ed. (4271)
1998 Ed. (931, 3293)
1992 Ed. (3951)
NYK Line (North America) Inc.
1993 Ed. (3298)
NYK Logistics
2007 Ed. (1334, 1335, 2647, 2648)
Nykredit
1999 Ed. (1599)
1996 Ed. (3411)
Nykredit Group
2006 Ed. (432)
2005 Ed. (486)
2004 Ed. (479)
2003 Ed. (483)
2002 Ed. (550)
Nykredit Holding AS
2001 Ed. (1680)
2000 Ed. (1406)
Nykredit Realkredit Group
2008 Ed. (404)
2007 Ed. (430)
NYLCare
1998 Ed. (1919)
Nylcare Health Plans of the Midwest Inc.
1999 Ed. (2653)
NYLife Insurance Co. of Arizona
2002 Ed. (2934)
2001 Ed. (2935)
NYLIFE Securities
2002 Ed. (790, 791, 792, 793, 794)
2000 Ed. (833, 834, 837, 838, 839, 850, 862, 865, 866)
Nylon
2001 Ed. (3812)
Nymat Machine Tool Corp.
2008 Ed. (1984, 4930)
Nynex Corp.
2001 Ed. (1335)
2000 Ed. (4204)
1999 Ed. (1459, 1460, 3717, 3719, 3729, 3731, 4392, 4542, 4562)
1998 Ed. (568, 1013, 1026, 1029, 2672, 2757, 2769, 2771, 3364, 3471, 3473, 3484, 3487, 3774)
1997 Ed. (1306, 2933, 3013, 3020, 3021, 3687, 3689, 3692, 3706, 3835)
1996 Ed. (864, 1192, 1235, 2547, 2828, 2925, 3501, 3636, 3638, 3647, 3649, 3651)
1995 Ed. (2764, 3439)
1994 Ed. (680, 2754, 2760, 2761, 2763, 2768, 2973, 2974, 3220, 3488, 3489, 3490)
1993 Ed. (821, 2779, 2934, 2935, 3383, 3463, 3514, 3515, 3516)
1992 Ed. (1067, 3260, 3582, 3583, 4063, 4208, 4209, 4210)
1991 Ed. (871, 872, 2776, 2777, 3284, 1329, 2685, 2696, 3113, 3478)
1990 Ed. (918, 1138, 2200, 2782, 2791, 2923, 2924, 3443, 3509, 3510, 3514, 3518)
1989 Ed. (1087, 1145, 2161)
NYNEX Asset Management Co.
1998 Ed. (2758)
1996 Ed. (2938)
NYNEX Business Centers (Atlanta, GA)
1991 Ed. (1037)
NYNEX-Cellular Phone Business
1997 Ed. (1237)
NYNEX Mobile
1991 Ed. (874)
1989 Ed. (863)
NYNEX Mobile Communications
1994 Ed. (877)
NYPD Blue
2003 Ed. (4715, 4716)
Nypro Inc.
2008 Ed. (3217, 4253)
2007 Ed. (3076)
2006 Ed. (3043)
2005 Ed. (3040)
2004 Ed. (3027)
2001 Ed. (2874)
NyQuil
2008 Ed. (1038)
2003 Ed. (1050)
2001 Ed. (1310)
2000 Ed. (277, 1135)
1999 Ed. (1218)
1998 Ed. (788, 789)
1997 Ed. (1043)
1996 Ed. (1024, 1031)
1995 Ed. (2898)
1994 Ed. (1573)
1993 Ed. (1007, 1531)
1992 Ed. (1250, 1251, 1254, 1265, 1873)
1991 Ed. (991, 992, 995, 996)
Nyquil 6 oz.
1990 Ed. (1540)
Nyquil 10 oz.
1990 Ed. (1540)
Nyren Scott-Malden
1999 Ed. (2349)
Nyroop; Kirsten
1993 Ed. (3445)
NYS Medical Care Facilities Finance Agency
1989 Ed. (739, 739)
NYSE
2006 Ed. (4479)
Nytol
1991 Ed. (3136, 3137)
NZ Listener
1989 Ed. (45)
NZ TAB
2002 Ed. (3078)
NZI Corp.
1991 Ed. (2595, 2594)
1990 Ed. (3470)
NZI Bank
1993 Ed. (598)
1992 Ed. (805)
NZI Merchant Bank
1992 Ed. (3025)

O

O & G Industries Inc.
2004 Ed. (1274)
2003 Ed. (1271, 1293)
2002 Ed. (1261, 1274)
O & K
1996 Ed. (2445)
O & M
1999 Ed. (153)
O & M Rightford
2001 Ed. (209)
2000 Ed. (171)
O & M Rightford Searle-Tripp & Makin
2003 Ed. (148)
2002 Ed. (181)
O & Y Enterprise
2002 Ed. (3933)
O & Y Properties
2007 Ed. (4088)
2006 Ed. (1611)
2003 Ed. (4053)
2002 Ed. (3919)
O & Y REIT
2006 Ed. (1617)
o b
2008 Ed. (2688)
2003 Ed. (2462, 2464)
O. B. Betriebs GmbH
2005 Ed. (2587)
O. B. King
2001 Ed. (2326)
O Boticario
2007 Ed. (1604)
O Brother, Where Art Thou?
2004 Ed. (3533)
2003 Ed. (3454)
O. Brown II
2003 Ed. (2382)
2002 Ed. (2186)
O/C estrogen/progesterone
1999 Ed. (1909)
O. C. I. Wyoming LP
2008 Ed. (2178)
2007 Ed. (2070)
2006 Ed. (2122)
2005 Ed. (2019)
2004 Ed. (1893)
2003 Ed. (1857)
O. C. Smith
2004 Ed. (2508)
2002 Ed. (2192)
O. C. Tanner Co.
2007 Ed. (2046)
2006 Ed. (3366)
2005 Ed. (1990)
2004 Ed. (1874)
2001 Ed. (1890)
O. C. Tanner Manufacturing
2005 Ed. (1990)
2004 Ed. (1874)
O. C. Tanner Recognition Co.
2007 Ed. (2046)
2006 Ed. (2088)
O-Cedar
1998 Ed. (2051)
1995 Ed. (2185)
1994 Ed. (2147)
O Cedar Originals
2003 Ed. (976)
O Diario
1999 Ed. (3619)
O/E Automation Inc.
2002 Ed. (1138)
2001 Ed. (1352)
1999 Ed. (1270)
1998 Ed. (836)
O. J. Simpson
1997 Ed. (1725)
O. K. Foods Inc.
2001 Ed. (1612)
O Magazine
2006 Ed. (2499)
2002 Ed. (3635)
O. P. Club
1991 Ed. (2633)
O. P. Noma Inc.
2006 Ed. (1880)
O-Phenylpheno
1990 Ed. (2813)
O, The Oprah Magazine
2007 Ed. (127, 144, 149, 4994)
2006 Ed. (133)
2005 Ed. (130)
2004 Ed. (139, 149)
O. Wendell White
1992 Ed. (3136)
Oahu Community Correctional Center
1994 Ed. (2935)
Oahu Midweek
2002 Ed. (3502)
Oahu Transit Services Inc.
2007 Ed. (1752)
2003 Ed. (1688)
Oak Associates Ltd.
2004 Ed. (3193)
2003 Ed. (3081)
1997 Ed. (2525)
1993 Ed. (2332, 2336)
Oak Associates Pin Oak Aggressive Stock
2002 Ed. (4505)
Oak Communications
1999 Ed. (3617)
1998 Ed. (2680)
Oak Farms Dairy
2008 Ed. (3669)
O.A.K. Financial Corp.
2000 Ed. (552)
1999 Ed. (540)
Oak Hall Capital Advisors
1991 Ed. (2220)
Oak Hill
1991 Ed. (1046)
Oak Industries
1991 Ed. (1508)
1990 Ed. (1611, 1616, 2988)
Oak Investment Partners
2002 Ed. (4738)
1998 Ed. (3663)
1996 Ed. (3781)
1991 Ed. (3442)
1990 Ed. (3667)
Oak Lawn Hilton
1999 Ed. (2763)
Oak Ridge Associated Universities
2008 Ed. (2102)
Oak Ridge Investments
1998 Ed. (2289)
Oak Technology
1997 Ed. (3408, 3409)
Oak Tree Federal Savings Bank
1994 Ed. (3531)
1993 Ed. (3071, 3082, 3088, 3570, 3571)
Oak Tree Imports
1991 Ed. (285)
Oak Tree Mazda
1990 Ed. (332)
Oak Tree Partners L.P.
1995 Ed. (2096)
Oak Tree Savings Bank
1992 Ed. (3773, 3789, 4287)
1990 Ed. (3580)
Oak Value
2002 Ed. (3420)
1999 Ed. (3520)
1998 Ed. (2613)
Oak Value Capital
1997 Ed. (2527)
Oakbrook Center
2003 Ed. (4407)
Oakbrook Investments
2000 Ed. (2821, 2823)
Oakdale
2002 Ed. (765, 928)
Oakdale Theatre; careerbuilder.com
2006 Ed. (1155)
Oakes Electrical Supply Co.
2003 Ed. (2203)
Oakes; Peter
1997 Ed. (1882)
1996 Ed. (1808)
1995 Ed. (1792)
Oakhurst/North Fork, CA
1997 Ed. (999)
Oakland
2000 Ed. (275, 4403)
Oakland-Alameda County Coliseum Authority, CA
1998 Ed. (2563)

Oakland-Berkeley Hills, CA
2005 Ed. (2203)
Oakland, CA
2008 Ed. (4015, 4016, 4041)
2006 Ed. (3327, 4189, 4884)
2005 Ed. (338, 911, 2027, 2029, 2202, 2946, 2973, 2975, 2978, 2990, 3338, 3472, 4143, 4933, 4934, 4935, 4936, 4938)
2004 Ed. (848, 919, 920, 3460, 3461, 3471, 4617, 4834, 4953, 4955, 4956)
2003 Ed. (901, 902, 1870, 2698, 2699, 2875, 3241, 3260, 3902, 3912, 4174, 4637, 4639, 4952, 4953)
2002 Ed. (336, 408, 964, 965, 1052, 2458, 2459, 2627, 2628, 2629, 2632, 2633, 2634, 2635, 2996, 4743, 4929, 4930, 4934, 4935)
2001 Ed. (416, 1153, 1154, 2797, 4678, 4850, 4854, 4855, 4856)
2000 Ed. (318, 1006, 3574, 4397)
1999 Ed. (1059, 1349, 2095, 2096, 2684, 2687, 2689, 2833, 3376, 3389, 3393, 3394, 3858, 3859, 3860, 4774, 4779)
1998 Ed. (672, 3726)
1997 Ed. (270, 928, 2265, 2770, 2784, 3728, 3890, 3893)
1996 Ed. (238, 239, 897, 907, 2223, 2618, 2625, 2634, 3056, 3842, 3845)
1995 Ed. (242, 245, 246, 920, 2113, 2214, 2556, 2571, 2957, 3742, 3745)
1994 Ed. (1566, 2163, 2491, 2897, 3508)
1993 Ed. (872, 951, 1525, 2140, 2541, 2883, 3700, 3708, 3710)
1992 Ed. (1081, 1356, 1389, 1396, 1850, 3043, 3044, 3496, 3497, 3498, 3500, 3502, 3623, 4217, 4265, 4437, 4449)
1991 Ed. (827, 1455, 2001, 2009, 2426, 3288)
1990 Ed. (1656, 2162, 2607, 2882, 2884)
1989 Ed. (845, 1611)
Oakland, CA fire
1995 Ed. (1568, 2275)
1994 Ed. (1536)
Oakland County, CA
2005 Ed. (2203)
Oakland County Future Jail
2002 Ed. (2419)
Oakland County, MI
2008 Ed. (2831)
2004 Ed. (3521, 4182)
2002 Ed. (374, 2647, 4048)
1999 Ed. (1767, 1774)
Oakland-East Bay, CA
1997 Ed. (2339)
1996 Ed. (2210)
1995 Ed. (2189)
Oakland Fire
2002 Ed. (949)
2000 Ed. (1681)
Oakland Fire Storm
2002 Ed. (2880)
Oakland Mall
2002 Ed. (4280)
2001 Ed. (4252)
2000 Ed. (4028)
Oakland, MI
2000 Ed. (1595, 1602)
1990 Ed. (1483)
1989 Ed. (1926)
Oakland Nissan
1994 Ed. (278)
Oakland Police Department
2005 Ed. (2827)
The Oakland Press
2005 Ed. (3601)
2004 Ed. (3686)
2001 Ed. (3541)
2000 Ed. (3335)
1999 Ed. (3616)
Oakland Raiders
1998 Ed. (1749)
Oakland Redevelopment Agency
1995 Ed. (1621)
Oakland Redevelopment Agency, CA
1995 Ed. (2230)
Oakland Technology Park
1996 Ed. (2248)
1992 Ed. (2596)
Oaklands Hills Country Club (South)
2000 Ed. (2381)
Oakleaf Management
1990 Ed. (2062)
Oakleaf Waste Management
2005 Ed. (3902, 4036)
Oakley Inc.
2005 Ed. (3653, 3654)
2004 Ed. (3744, 3745)
1998 Ed. (2677, 3313)
Oakley Custom Homes
2006 Ed. (1159)
Oakley; Katherine
1997 Ed. (1924, 1929)
Oakley Transport
2005 Ed. (4783)
Oakley Young
1999 Ed. (2839)
Oakmark
2006 Ed. (4556)
2005 Ed. (4480)
1999 Ed. (3542, 3543, 3561)
1997 Ed. (2873)
1996 Ed. (2800)
1995 Ed. (2705, 2726)
Oakmark Equity & Income
2008 Ed. (4504)
2007 Ed. (2482)
2006 Ed. (3593, 4560)
2005 Ed. (3538, 4485)
2004 Ed. (2448, 3540, 3545, 3548)
2003 Ed. (3483, 3486, 3520)
1999 Ed. (3509, 3532)
Oakmark Equity & Income Investment
2006 Ed. (4549)
Oakmark Fund
2004 Ed. (3558)
2000 Ed. (3311)
1999 Ed. (3574)
1996 Ed. (2752, 2773)
1994 Ed. (2615, 2629)
Oakmark Global
2008 Ed. (2623)
2007 Ed. (2493)
Oakmark Global Investment
2008 Ed. (4508)
2007 Ed. (4543)
2006 Ed. (4552)
Oakmark International
2008 Ed. (4514)
2007 Ed. (4546)
2006 Ed. (3674, 3675, 4555, 4563)
2005 Ed. (4481, 4488)
2004 Ed. (4573)
2003 Ed. (3613)
1999 Ed. (3568)
Oakmark International Fund
2008 Ed. (4506, 4507)
2007 Ed. (4542)
2006 Ed. (3670)
2005 Ed. (3573)
2004 Ed. (3638)
2003 Ed. (3529, 3611)
Oakmark International Fund Investment
2006 Ed. (4551)
Oakmark International Small Cap
2008 Ed. (2613)
2007 Ed. (2483)
2006 Ed. (3679, 3680, 3681)
2004 Ed. (2477, 3641, 3643)
2003 Ed. (3611, 3613)
Oakmark International Small Cap Fund
2000 Ed. (3257)
Oakmark Select
2007 Ed. (2486, 4548)
2006 Ed. (3632)
2004 Ed. (3556)
2003 Ed. (3496, 3499, 3549)
1999 Ed. (3507, 3559)
Oakmont Country Club
2000 Ed. (2381)
Oakre Life Insurance
1998 Ed. (2173, 2179)
Oakridge Holdings Inc.
2004 Ed. (4549)
Oaks Bank & Trust Co.
2004 Ed. (542)
Oaks Group
2000 Ed. (4005)
1999 Ed. (4284)
Oaktree Capital
2003 Ed. (2701, 3071, 3078, 3085, 3086)
2002 Ed. (728, 2467, 3009, 3014)
2000 Ed. (2787, 2792, 2834)
Oaktree Capital Management
1999 Ed. (3057, 3069, 3074)
1998 Ed. (2260, 2269, 2272, 2274)
Oaktree Capital Management LLC
2004 Ed. (2035)
Oaktree Capital Mananagement
1999 Ed. (3052)
Oaktronics Inc.
2001 Ed. (1849)
Oakview Construction Inc.
1995 Ed. (3376)
1993 Ed. (3309)
Oakwood Corporate Apartments
1999 Ed. (2777)
Oakwood Counselors
1993 Ed. (2342)
Oakwood Deposit Bank Co.
2005 Ed. (1565)
2004 Ed. (361)
Oakwood Development
2005 Ed. (1242)
2004 Ed. (1218)
Oakwood Health Services Corp.
1995 Ed. (2142)
1993 Ed. (2072)
1992 Ed. (2457)
1991 Ed. (1933)
Oakwood Healthcare Inc.
2002 Ed. (2619)
2001 Ed. (2230, 2772)
2000 Ed. (2526)
Oakwood Healthcare Services Corp.
1997 Ed. (2269)
Oakwood Healthcare System Inc.
2008 Ed. (188)
1996 Ed. (2154)
Oakwood Home Care Services
2001 Ed. (2753)
2000 Ed. (2491)
1999 Ed. (2707)
Oakwood Homes
2005 Ed. (1193)
2004 Ed. (1165, 3346, 3497)
2003 Ed. (1159, 3265, 3266, 3283)
2002 Ed. (1187, 2676, 3739, 3740)
2001 Ed. (2500, 2501)
2000 Ed. (1195, 3588, 3589, 3590, 3591, 3592, 3593, 3594, 3595)
1999 Ed. (1316, 3873, 3874, 3875, 3876, 3877, 3878)
1998 Ed. (885, 900, 2902, 2903, 2904, 2905, 2906, 2907)
1997 Ed. (1125, 1128, 3149, 3150, 3151, 3152, 3153, 3156, 3157)
1996 Ed. (1104, 1107)
1995 Ed. (1131, 2769, 2796)
1994 Ed. (1115, 2669)
1993 Ed. (1091, 2899, 2902, 2903)
1992 Ed. (3519, 3520)
Oakwood Hospital Corp.
2004 Ed. (1796)
2003 Ed. (1759)
2001 Ed. (1791)
1990 Ed. (2055)
Oakwood Hospital & Medical Center
2008 Ed. (3064)
2005 Ed. (2912)
OAO Aeroflot Russian Airlines
2005 Ed. (221)
OAO Gazprom
2008 Ed. (1736, 1738, 1814, 1816, 1845, 2064, 2065, 2066, 2502, 2506, 3577, 3918)
2007 Ed. (1693, 1707, 1709, 1817, 1961, 1969, 1970, 2387, 2392, 3867, 3868, 3876, 4579, 4581)
2006 Ed. (1697, 2004, 2005, 2006, 2445, 3846)
2005 Ed. (1768, 1958, 3785)
2004 Ed. (1711, 3859)
2003 Ed. (1816, 2286)
2002 Ed. (1637, 1758, 2128)
2001 Ed. (1746)
OAO Lukoil
2008 Ed. (2064, 2502, 3577, 3918, 3939)
2007 Ed. (1961, 1969, 2387, 3867, 3868, 3896)
2006 Ed. (1697, 2004, 3846, 3866, 4532, 4533)
2005 Ed. (1773, 1958, 3764, 3789)
2004 Ed. (1850, 1851, 3853, 3858)
2003 Ed. (1706, 1707, 3304, 3824, 3829, 3858)
2002 Ed. (1497, 1637, 1684, 1758, 3682, 4461, 4463)
OAO Lukoil Holding
2008 Ed. (2066)
2007 Ed. (1970)
2006 Ed. (1446, 2005, 2006)
OAO Mechel
2008 Ed. (3577)
OAO Neft Gazprom
2008 Ed. (3577)
OAO NK Yukos
2006 Ed. (1775, 1776, 2004, 4532, 4533)
2005 Ed. (1801, 1802, 1958, 3764, 3789)
2004 Ed. (1850, 3853, 3859)
2003 Ed. (1816, 3824, 3830)
OAO Rosneft
2008 Ed. (3918)
OAO Rosneft Oil Co.
2008 Ed. (1812, 1813, 2064, 2066, 4537)
OAO Rostelecom
2003 Ed. (4603)
OAO Siberian Oil Co.
2006 Ed. (4532, 4533)
OAO Surgutneftegaz
2008 Ed. (3577)
OAO Tatneft
2008 Ed. (2066, 3577)
2007 Ed. (1970, 4581)
OAPEC
2008 Ed. (3781)
2007 Ed. (3687)
2006 Ed. (3692)
2005 Ed. (3592)
OASIS
2005 Ed. (1153)
Oasis Car Wash
2005 Ed. (350)
Oasis Semiconductor
2007 Ed. (1203)
Oasis Technology Ltd.
2003 Ed. (1116)
1996 Ed. (2064)
1995 Ed. (2107, 2109)
OB
2002 Ed. (2254)
1994 Ed. (1752)
1993 Ed. (1761)
1992 Ed. (2127)
Obama; Barack
2007 Ed. (3617)
Oban
2004 Ed. (4315)
2003 Ed. (4305)
2002 Ed. (4175)
2001 Ed. (4162)
1997 Ed. (3391)
1996 Ed. (3294)
Obayashi Corp.
2008 Ed. (1191, 1290, 1301, 1303, 1869)
2007 Ed. (1291, 1293, 1294)
2006 Ed. (1184, 1185, 1311, 1317, 1772)
2005 Ed. (1208, 1327, 1336)
2004 Ed. (1182, 1326, 1327, 1331)
2003 Ed. (1174, 1327, 1332, 1335)
2002 Ed. (1194, 1195, 1313, 1324)
2001 Ed. (1486)
2000 Ed. (1203, 1281, 1284, 1288, 1824)
1999 Ed. (1323, 1387, 1392, 1398, 1401, 1407, 2032, 2033)
1998 Ed. (535, 907, 962, 965, 1446)
1997 Ed. (1131, 1135, 1186, 1196, 1753)
1996 Ed. (1157)
1995 Ed. (1135, 1183)
1994 Ed. (1121, 1164, 1166)

1993 Ed. (1097, 1142, 1147)
1992 Ed. (3665)
OBC
1997 Ed. (3519)
Ober, Kaler, Grimes & Shriver
1993 Ed. (2392)
1992 Ed. (2829)
1991 Ed. (2280)
Oberbank
2008 Ed. (382)
2007 Ed. (400, 1593)
2006 Ed. (415, 1558)
2005 Ed. (462)
2004 Ed. (450)
2003 Ed. (464)
2002 Ed. (525)
2000 Ed. (465)
1999 Ed. (472)
1997 Ed. (413)
1995 Ed. (424)
1993 Ed. (429)
1990 Ed. (506)
Oberlin College
1991 Ed. (1002)
1990 Ed. (1093)
Oberlin Collge
1989 Ed. (955)
Oberon Associates Inc.
2008 Ed. (4988)
Oberto
2002 Ed. (2009)
1998 Ed. (3324)
1996 Ed. (3465)
Oberweis Asset Management, Micro Cap Growth Equity
2003 Ed. (3121, 3136)
Oberweis China Opportunities
2008 Ed. (3771, 4511)
Oberweis Emerging Growth
2004 Ed. (3591)
1995 Ed. (2737)
1994 Ed. (2602, 2637)
1993 Ed. (2648, 2669, 2679, 2691)
Oberweis Micro Cap
2008 Ed. (2621)
2007 Ed. (2491)
2006 Ed. (3647, 3648, 3649)
2005 Ed. (3543)
Oberweis Mid-Cap
2004 Ed. (3605)
Oberwels Report
1993 Ed. (2362)
Obi
2001 Ed. (2756)
Obic Business Consultants Ltd.
2006 Ed. (4511)
2001 Ed. (1763)
Obie Media Corp.
2004 Ed. (101)
Object Design
1996 Ed. (3455)
Object-oriented programming
1996 Ed. (2914)
Object Sciences
2007 Ed. (2173, 4011)
Objective Systems Integrators Inc.
1997 Ed. (3403)
Objects
2005 Ed. (3617)
ObjectVideo Inc.
2005 Ed. (1347)
Oblon, Spivak, McClelland, Maier & Neustadt
2008 Ed. (3429, 3860)
2007 Ed. (3324)
2003 Ed. (3192)
OBM International
2008 Ed. (3084)
2007 Ed. (2955)
Obra Homes
2008 Ed. (1196, 1197)
2004 Ed. (1220)
Obrascon Huarte Lain SA
2008 Ed. (1286)
2006 Ed. (1303)
Obremo SI
2007 Ed. (1992)
O'Brien
1989 Ed. (2909)
O'Brien Advertising
2005 Ed. (112)
O'Brien & Gere Cos. Inc.
2003 Ed. (1273)
O'Brien & Gere Engineers Inc.
2007 Ed. (4397, 4437)
2004 Ed. (1329)
O'Brien; Denis
2007 Ed. (4918)
O'Brien Environmental Energy
1996 Ed. (385)
O'Brien; G. Robert
1991 Ed. (1633)
O'Brien; James
2008 Ed. (2640)
2007 Ed. (2512)
2006 Ed. (2531)
O'Brien; James J.
2008 Ed. (2631)
O'Brien-Kreitzberg Inc.
2000 Ed. (1240)
O'Brien-Kreitzberg & Associates Inc.
1995 Ed. (1141)
1992 Ed. (1969)
1991 Ed. (1564)
1989 Ed. (269)
O'Brien; M. J.
2005 Ed. (2504)
O'Brien; Mark
2005 Ed. (984)
O'Brien; Morgan E.
2006 Ed. (2532)
O'Brien Partners Inc.
2001 Ed. (734, 737, 738, 739, 740, 742, 770, 778, 786, 951)
2000 Ed. (2756, 2757, 2760, 2761, 2762, 2764, 2765, 2766)
1999 Ed. (3010, 3013, 3016, 3019, 3020)
1998 Ed. (2226, 2228, 2229, 2230, 2231, 2234, 2235)
1997 Ed. (2476, 2480, 2481, 2483, 2485, 2496)
1996 Ed. (2350, 2352, 2353, 2354, 2356, 2359)
1995 Ed. (2331, 2333, 2335, 2339, 2340)
1993 Ed. (2264, 2268, 2271)
1991 Ed. (2167, 2172)
O'Brien's
1994 Ed. (3342)
O'Bryant; Daniel
2006 Ed. (983)
Observation booths
1993 Ed. (1456)
The Observer
2002 Ed. (3515)
Obsession
1999 Ed. (3739, 3740)
1996 Ed. (2954, 2955)
1994 Ed. (2778, 2779, 2780)
1993 Ed. (2788)
1991 Ed. (2699)
1990 Ed. (2794, 3604)
Obsession for Men
2006 Ed. (2662)
2001 Ed. (2527, 3703)
Obstetrician
2008 Ed. (3809)
Obstetrics/gynecology
2008 Ed. (3985)
2006 Ed. (3907)
2004 Ed. (3900)
1995 Ed. (2935)
Obstructive pulmonary disease
1992 Ed. (1769)
Obuv Statni Podnik
2004 Ed. (1693)
2002 Ed. (1631)
OCA Inc.
2008 Ed. (353)
2005 Ed. (93)
O.C.A.A.T.,C.A.
2001 Ed. (91)
Ocala, FL
2007 Ed. (3001)
2003 Ed. (972)
2002 Ed. (3726)
2000 Ed. (3108)
1997 Ed. (2765, 2772)
1995 Ed. (3779)
1993 Ed. (2554)
1992 Ed. (3036, 3052)
1991 Ed. (1547, 2428)
1990 Ed. (2552)
1989 Ed. (1957)
Ocala National Bank
2006 Ed. (453)
Ocala Regional Medical Center
2006 Ed. (2899)
OCBC
2000 Ed. (4034)
1999 Ed. (4316)
1996 Ed. (1439, 3393)
1995 Ed. (1481, 3282)
OCBC Asset Management
2001 Ed. (2889)
1999 Ed. (2893)
OCBC Assurance Corp.
2002 Ed. (2827)
OCBC Bank
2006 Ed. (2008)
1996 Ed. (3438)
1994 Ed. (3310)
1993 Ed. (1391, 3322)
OCBC Overseas Chinese Bank
2001 Ed. (1843)
2000 Ed. (1553)
1999 Ed. (1731)
1997 Ed. (1504, 1505)
1996 Ed. (1440)
1994 Ed. (1444)
1992 Ed. (1687)
1991 Ed. (1341)
1990 Ed. (1415)
OCBC Sikap Securities
1994 Ed. (3186)
Occam Networks Inc.
2008 Ed. (2925)
Occasio d.o.o.
2008 Ed. (2071)
Occasions by Sandy
2007 Ed. (4987)
2006 Ed. (4991)
Occidental
1990 Ed. (2673)
Occidental Andina
2006 Ed. (2544)
Occidental Chemical Corp.
2008 Ed. (961)
2007 Ed. (1038)
2006 Ed. (849, 943, 3319)
2005 Ed. (1975)
1997 Ed. (2554)
1993 Ed. (2852)
1990 Ed. (2877)
Occidental de Colombia
2006 Ed. (2544)
Occidental de Descuento
2000 Ed. (691, 693)
Occidental Petroleum Corp.
2008 Ed. (1479, 1815, 1816, 2503, 3192, 3676, 3680, 3894, 3899, 3902, 3903, 3904, 3907, 3908, 3909, 3910, 3912, 3924, 3927, 3938, 3941)
2007 Ed. (950, 1484, 1541, 2389, 3832, 3838, 3840, 3843, 3844, 3849, 3850, 3851, 3855, 3856, 3857, 3859, 3895, 3898, 4531, 4560)
2006 Ed. (2435, 2442, 3819, 3824, 3825, 3826, 3827, 3832, 3833, 3834, 3838, 3839, 3840, 3842, 3849, 3850, 3865, 3868, 4073, 4473)
2005 Ed. (938, 939, 1804, 1805, 1807, 1810, 2400, 3727, 3738, 3743, 3744, 3745, 3746, 3750, 3752, 3756, 3757, 3758, 3760, 3783, 3798, 3801)
2004 Ed. (943, 948, 949, 1659, 2320, 3830, 3835, 3836, 3838, 3839, 3841, 3845, 3846, 3848, 3849, 3858, 3870, 3873)
2003 Ed. (1746, 2278, 2279, 2281, 2583, 3813, 3817, 3829, 3831, 3833, 3834, 3838, 3839, 3840, 3842, 3860, 3862)
2002 Ed. (1603, 3366, 3664, 3669, 3672, 3673, 3681, 3698, 3699, 4358)
2001 Ed. (2561, 3320, 3740, 3745, 3751, 3762, 3766, 3774, 3775, 4195)
2000 Ed. (1024, 3137, 3520, 3523, 3529, 3530)
1999 Ed. (1083, 1086, 1504, 1601, 3798, 3801, 3806, 3816)
1998 Ed. (694, 700, 1049, 2414, 2818, 2825, 2831, 2840)
1997 Ed. (954, 957, 1727, 2688, 3087, 3090, 3093, 3109)
1996 Ed. (922, 925, 928, 2548, 3006, 3008, 3010)
1995 Ed. (948, 954, 956, 1363, 2488, 2911, 2912, 2915, 2917)
1994 Ed. (912, 918, 1337, 1629, 2413, 2525, 2844, 2845, 2846, 2862)
1993 Ed. (718, 826, 898, 1199, 1286, 1600, 1876, 1882, 2575, 2830, 2837, 2838, 2840, 2849)
1992 Ed. (904, 1103, 1524, 1536, 1947, 2175, 2179, 2941, 3297, 3425, 3432, 3433, 3833)
1991 Ed. (2753, 1549, 1733, 1736, 2593, 2733, 2734, 2736, 845, 1800, 2724, 2726, 2727)
1990 Ed. (887, 888, 1227, 1703, 1884, 2686, 2838, 2839)
1989 Ed. (1113, 1149, 1444, 1450, 1500, 2204, 2221, 2222)
Occidental Petroleum, deep disc '94
1990 Ed. (740)
Occidente
2001 Ed. (616)
2000 Ed. (498, 499, 501, 502, 693)
Occupational health
2003 Ed. (2691)
2001 Ed. (3598)
Occupational Health Services
1996 Ed. (2561)
Occupational therapists
2007 Ed. (3727)
Occupational therapy
2001 Ed. (2761)
Occupational/Urgent Care Health Systems
1993 Ed. (1193, 2906, 2907)
1990 Ed. (2897)
OccupMed
1990 Ed. (2749)
OccuSystems
1997 Ed. (2183, 3402, 3406)
Oce NV
2008 Ed. (3572)
Oce-Van de Grinten NV
2004 Ed. (1347)
2003 Ed. (1346)
Oce-Van der Grinten NV
2005 Ed. (1355, 1390)
Ocean
2001 Ed. (3518)
2000 Ed. (1134)
Ocean Auto Center Inc.
1997 Ed. (289)
Ocean Bancshares Inc.
2000 Ed. (526)
Ocean Bank
2005 Ed. (2844)
2004 Ed. (2834, 2835)
2002 Ed. (3375)
Ocean Bankshares Inc.
2008 Ed. (345)
2007 Ed. (388)
2006 Ed. (403)
2002 Ed. (445)
Ocean Beauty Seafoods
2003 Ed. (2523)
1998 Ed. (1734)
1997 Ed. (2049)
1996 Ed. (1950)
Ocean carriers
1999 Ed. (4300)
Ocean City, NJ
2008 Ed. (3467)
2007 Ed. (3369)
Ocean Communities Credit Union
2007 Ed. (2121)
2006 Ed. (2200)
2004 Ed. (1963)
2003 Ed. (1923)
2002 Ed. (1869)
The Ocean Conservancy
2004 Ed. (931)

Ocean County College
2002 Ed. (1108)
Ocean County Utilities Authority
2000 Ed. (3201)
Ocean Cuisine International
2008 Ed. (2776)
Ocean Drilling & Exploration
1992 Ed. (3423)
1991 Ed. (2719)
1990 Ed. (2832)
1989 Ed. (2206)
Ocean Duke
1994 Ed. (3307)
Ocean Energy Inc.
2005 Ed. (1465, 1468)
2004 Ed. (3669, 3836)
Ocean Exploration Co. Ltd.
1989 Ed. (1109)
Ocean Exploration Co Ltd
1990 Ed. (1350)
Ocean Federal Savings Bank
1998 Ed. (3556)
Ocean Financial
2000 Ed. (3856)
Ocean Group
1996 Ed. (1358)
1995 Ed. (1405)
Ocean Group plc
2002 Ed. (4675)
2001 Ed. (4623)
Ocean Hospitalities
2008 Ed. (3065)
2007 Ed. (2936)
2006 Ed. (2926)
2001 Ed. (2776)
2000 Ed. (2534)
1999 Ed. (2755)
1998 Ed. (1999)
1997 Ed. (2274, 2275, 2276)
1996 Ed. (2159)
1992 Ed. (2468, 2469)
Ocean Mile, Asbury Park
1990 Ed. (1178)
Ocean Ogilvy & Mather
2003 Ed. (92)
2002 Ed. (125)
2001 Ed. (152)
2000 Ed. (114, 167)
Ocean Pacific
1993 Ed. (3372)
1992 Ed. (4043, 4052)
1991 Ed. (3165, 3171)
1990 Ed. (3332)
Ocean Park
2007 Ed. (272)
2006 Ed. (267)
2005 Ed. (248)
2003 Ed. (272)
2002 Ed. (313)
2001 Ed. (382)
2000 Ed. (301)
1999 Ed. (273)
1997 Ed. (252)
1996 Ed. (220)
1995 Ed. (220)
Ocean Reef Club
2006 Ed. (4097)
Ocean Spray
2003 Ed. (674, 2578)
2002 Ed. (2375, 2375)
1999 Ed. (704)
1998 Ed. (451, 1714, 1777)
1997 Ed. (2031, 2094)
1996 Ed. (1936, 1980, 1981)
1995 Ed. (1456, 1896)
1994 Ed. (1420)
1993 Ed. (690)
1992 Ed. (2240, 2241)
1990 Ed. (723, 724)
Ocean Spray Cranberries Inc.
2006 Ed. (1388)
2005 Ed. (667, 1402)
2004 Ed. (1381)
2003 Ed. (669, 865, 2579)
1998 Ed. (452)
1993 Ed. (688)
1989 Ed. (44, 929)
Ocean Spray Cranberry
1993 Ed. (696)
Ocean Spray Cranberry Cocktail/Juice Drink
2007 Ed. (2654)
2006 Ed. (2671)
Ocean Spray Juice & Tea
2007 Ed. (4690)
Ocean Spray Light Cranberry Cocktail/ Juice Drink
2007 Ed. (2654)
Ocean Spray Mauna Lai
2000 Ed. (2282)
Ocean Spray Refresher
1997 Ed. (2094)
1996 Ed. (1980)
Ocean State Coordinated Health Services
1991 Ed. (950, 1878, 3146)
Ocean State Jobbers
1999 Ed. (4701)
1998 Ed. (3657)
1997 Ed. (3831)
1996 Ed. (3773)
Ocean State Technical Services
2006 Ed. (4376)
Oceanaire Seafood Room
2008 Ed. (4165)
Oceaneering
1991 Ed. (2652)
OceanFirst
2002 Ed. (627)
Oceania
2002 Ed. (684)
2001 Ed. (368, 3857)
2000 Ed. (3548)
1999 Ed. (4550)
1998 Ed. (2815)
1995 Ed. (963)
1994 Ed. (3657)
1993 Ed. (2243)
Oceanic Cablevision Time Warner
1995 Ed. (878)
Oceanit
2007 Ed. (1750)
2006 Ed. (1741)
Oceanmark Federal
1990 Ed. (3133)
Oceanport Industries Inc.
2006 Ed. (3506, 4345)
Ocean's Eleven
2004 Ed. (2160, 2161)
Oceans of Fun
1992 Ed. (4425)
1990 Ed. (3685)
1989 Ed. (2904)
Oceans of Fun, Kansas City, MO
1991 Ed. (3476)
Oceanside, CA
1992 Ed. (1154, 1156, 1158, 3134)
Oceanside Economic Development & Redevelopment
2004 Ed. (3302)
Oceanwide Inc.
2006 Ed. (2746)
Oceda Corp.
2008 Ed. (4412)
Ocelot Industries
1992 Ed. (3296)
1990 Ed. (1362, 2740)
Ocelot Industries Ltd
1990 Ed. (1251)
Ocesa
1995 Ed. (3000)
OCESA Presents
2006 Ed. (1152)
2003 Ed. (1126)
2002 Ed. (3798)
Och; Daniel
2006 Ed. (2798)
Och-Ziff Capital Management Group
2006 Ed. (2800)
Ochakovo
2005 Ed. (746)
O'Charley's
2008 Ed. (4169, 4170, 4191)
2007 Ed. (4142)
2006 Ed. (4115)
2005 Ed. (2660, 4060)
2003 Ed. (4108, 4109, 4111, 4133, 4135)
1995 Ed. (3136)
1993 Ed. (3014)
O'Charley's Restaurant
2004 Ed. (4127)
Ochoa & Sillas
2000 Ed. (1726)
1997 Ed. (2941)
1995 Ed. (2653)
1991 Ed. (1487)
Ochsner Alton Medical Foundation Inc.
2004 Ed. (1782)
2003 Ed. (1747)
2001 Ed. (1779)
Ochsner Clinic Foundation
2008 Ed. (1889, 2884)
2007 Ed. (1857)
2006 Ed. (1854)
2005 Ed. (1848)
Ochsner Foundation Hospital
2007 Ed. (1857)
2006 Ed. (1854)
2005 Ed. (1848)
Ochsner Gift Shop
2008 Ed. (1889)
Ochsner Health Plan
1998 Ed. (1911, 1912, 1913)
Ochsner Health System
2008 Ed. (2902)
Ochsner/Sisters of Charity Health Plan
1997 Ed. (2186)
OCI Holding Co.
2005 Ed. (2019)
2004 Ed. (1893)
2003 Ed. (1857)
2001 Ed. (1902)
OCI Wyoming LP
2008 Ed. (2179)
2006 Ed. (2123)
2005 Ed. (2020)
2004 Ed. (1894)
2001 Ed. (1902, 1903)
Ocidental-Companhia Portuguesa
2008 Ed. (2053)
Ocilla Industries, Inc.
1991 Ed. (2758, 2759)
OCLC
1991 Ed. (2310)
OCLC Online Computer Library Center
2008 Ed. (2002)
O'Cleireacain; Carol
1995 Ed. (2669)
1993 Ed. (2639)
OCM Gold
2006 Ed. (3638)
OCM High Income Convertible Securities
2003 Ed. (3116)
O'Connell & Goldberg
2005 Ed. (3963)
2004 Ed. (4009)
O'Connell; Patrick
1995 Ed. (2486)
1993 Ed. (2463)
1992 Ed. (2905)
1991 Ed. (2344)
1990 Ed. (2481)
O'Conner Group
1992 Ed. (2749)
O'Conner Hyundai
1993 Ed. (271)
O'Conner Lincoln-Mercury
1991 Ed. (284)
O'Connor
1997 Ed. (3267, 3268, 3269)
O'Connor & Drew
1998 Ed. (13)
O'Connor & Co., Inc.; J. W.
1990 Ed. (3290)
1989 Ed. (1803, 2139)
O'Connor & O'Sullivan
1999 Ed. (106)
1997 Ed. (104)
1996 Ed. (102)
O'Connor Auto Dealerships
1991 Ed. (308)
O'Connor Constructors Inc.
2004 Ed. (1284)
O'Connor; Erin
2008 Ed. (4898)
O'Connor, Feather
1991 Ed. (3210)
O'Connor Group
2000 Ed. (2808)
1998 Ed. (2294)
1996 Ed. (2417, 2920, 3165, 3166)
1994 Ed. (3303)
1993 Ed. (2309, 3305, 3312)
1992 Ed. (3968)
1991 Ed. (2238, 3126)
1990 Ed. (2340)
O'Connor Hyundai
1991 Ed. (280)
O'Connor; James
2008 Ed. (934)
2007 Ed. (978)
2006 Ed. (888)
O'Connor; James J.
1992 Ed. (2055)
O'Connor Leddy Holmes
1999 Ed. (13)
O'Connor; Sandra Day
2006 Ed. (4986)
OCP Repartition
2004 Ed. (4930)
OCS
2002 Ed. (4725)
O.C.S. Group Ltd.
1995 Ed. (1008)
1994 Ed. (995)
1992 Ed. (1195)
Octagon
2006 Ed. (3416)
2003 Ed. (2079)
Octel Corp.
2005 Ed. (936, 937)
2004 Ed. (946)
1999 Ed. (1971)
1997 Ed. (3861)
1992 Ed. (1292, 1914, 4414, 4415)
1991 Ed. (3467)
Octel Communications
2000 Ed. (4363)
1991 Ed. (1513, 1514)
1990 Ed. (1974, 1975, 3303)
October
2002 Ed. (415, 4704)
2001 Ed. (1156, 4681, 4857, 4858, 4859)
October 8, 1931
1999 Ed. (4394)
October 18, 1995
1998 Ed. (2718)
October 18, 1937
1999 Ed. (4393, 4497)
1991 Ed. (3238)
1989 Ed. (2748)
October 15, 1987
1989 Ed. (2045)
October 5, 1932
1999 Ed. (4393)
1991 Ed. (3238)
October 14, 1987
1991 Ed. (3237)
1989 Ed. (2747)
October 19, 1987
1999 Ed. (4393, 4396, 4497)
1991 Ed. (3237, 3238)
1990 Ed. (2753)
1989 Ed. (2045, 2747, 2748)
October 6, 1987
1991 Ed. (3237)
1989 Ed. (2747)
October 6, 1931
1999 Ed. (4394)
1989 Ed. (2750)
October 16, 1987
1999 Ed. (4396)
1991 Ed. (3237)
1989 Ed. (2045, 2747)
October 13, 1989
1999 Ed. (4396)
1991 Ed. (3237)
October 30, 1987
1990 Ed. (2753)
October 30, 1929
1999 Ed. (4394)
1989 Ed. (2750)
October 28, 1987
1990 Ed. (2753)
October 28, 1929
1999 Ed. (4393, 4497)
1991 Ed. (3238)
1989 Ed. (2748)
October 29, 1987
1999 Ed. (4395)
1990 Ed. (2753)
1989 Ed. (2746)
October 29, 1929
1999 Ed. (4393, 4497)
1991 Ed. (3238)

1989 Ed. (2748)
October 21, 1987
1999 Ed. (4394, 4395)
1990 Ed. (2753)
1989 Ed. (2746)
October 20, 1987
1999 Ed. (4395)
1990 Ed. (2753)
1989 Ed. (2045, 2746)
October 27, 1987
1990 Ed. (2753)
October 27, 1997
1999 Ed. (4497)
October 26-December 5, 1973
1989 Ed. (2749)
October 26, 1987
1999 Ed. (4393, 4396, 4497)
1991 Ed. (3237, 3238)
1989 Ed. (2747)
October 22, 1987
1991 Ed. (3237)
1990 Ed. (2753)
1989 Ed. (2747)
Octocom Systems
1992 Ed. (1184)
Octomobilcific
2000 Ed. (1320)
Octopus Car Wash
1999 Ed. (1035)
Ocuclenz
1995 Ed. (1599, 1757)
Ocucoat
1996 Ed. (2871)
Ocucoat syringe
1997 Ed. (2966)
Ocufen
1992 Ed. (3301)
Ocuflax ophthalmic solution
1997 Ed. (2966)
Ocuflox
2001 Ed. (3588)
1996 Ed. (2871)
Ocuflox/Ophthalmic Solution
2000 Ed. (3379)
Ocuflush
1995 Ed. (1602)
Ocular Networks
2004 Ed. (4829)
Ocular Sciences
1999 Ed. (2616, 4323)
Ocumare
2001 Ed. (4146, 4147)
2000 Ed. (3836, 3837, 3839)
Ocupress
1996 Ed. (2871)
Ocupress ophthalmic solution
1997 Ed. (2966)
O'Currance Inc.
1998 Ed. (3480)
Ocuvite
1996 Ed. (2871)
1994 Ed. (2697)
Ocuvite/vitamin & mineral supplement
1995 Ed. (2810)
Ocwen Federal Bank
1998 Ed. (3146, 3147, 3149, 3152, 3540)
Ocwen Federal Bank, FSB
2006 Ed. (4243)
2005 Ed. (4218)
2004 Ed. (4249, 4283, 4285, 4288)
2003 Ed. (4229, 4259, 4271, 4277, 4280)
2002 Ed. (4116, 4127, 4133, 4134, 4137)
1998 Ed. (3128)
Ocwen Financial Corp.
2006 Ed. (2602)
2005 Ed. (3305)
2001 Ed. (572)
Odakyu Electric Railway Co. Ltd.
2000 Ed. (4293)
1999 Ed. (4653)
1997 Ed. (3788)
1994 Ed. (3256, 3570)
Odd Job Trading
1998 Ed. (666)
1995 Ed. (917)
1994 Ed. (887)
1992 Ed. (1078)
Odd Job Trading New York
1996 Ed. (895)
Odd Job Training
1997 Ed. (926)
Odd Jobb Trading
1999 Ed. (1053)
Odd Lots
1998 Ed. (666)
Odd Lots/Big Lots
1999 Ed. (1053)
Odebrecht
1999 Ed. (1390)
1997 Ed. (1184, 1191)
1993 Ed. (3266, 3267)
Odebrecht SA
2002 Ed. (1019)
2001 Ed. (1643)
2000 Ed. (1279, 1290, 1292)
1998 Ed. (972)
Odell Brewing Co.
1998 Ed. (2489)
1997 Ed. (714)
O'Dell's Enterprises Inc.
2001 Ed. (4283)
Odeon
2001 Ed. (3390)
Odeon Cinemas
2001 Ed. (3388, 3389)
Oder Maru
1995 Ed. (1245)
Odessa-Midland, TX
2005 Ed. (2031, 2976, 3469)
2004 Ed. (3481, 3482, 3487, 3488)
2003 Ed. (3418, 3419)
2002 Ed. (1061)
1999 Ed. (2089, 3369)
1989 Ed. (1904)
Odessa, TX
2007 Ed. (1159)
1994 Ed. (2493)
1993 Ed. (2548)
1991 Ed. (2891)
1990 Ed. (3046)
Odesus
2008 Ed. (3182)
Odey; Crispin
2008 Ed. (4897, 4902)
Odimo Inc.
2007 Ed. (4287)
Odio; Cesar H
1995 Ed. (2668)
Odlum Brown
2008 Ed. (1583)
2007 Ed. (1606)
Odom's Tennessee Pride
1999 Ed. (4139)
Odom's Tennessee Pride Sausage Inc.
2008 Ed. (3614)
O'Donnell; James V.
2007 Ed. (2505)
O'Donnell; Kevin
2006 Ed. (4140)
O'Donnell Wicklund Pigozzi & Peterson Architects Inc.
1990 Ed. (281)
O'Donnell World Equity
2001 Ed. (3467)
O'Donoghoe; Denise
2007 Ed. (2463)
O'Donohoe; Thomas
2008 Ed. (4884)
2007 Ed. (2465, 4920)
O'Doul's
2006 Ed. (559)
2005 Ed. (656)
2002 Ed. (685)
2001 Ed. (684)
1997 Ed. (653)
1996 Ed. (717)
1995 Ed. (643, 707)
1994 Ed. (679)
1993 Ed. (677)
1992 Ed. (879, 880)
O'Doul's Non-Alcohol
2004 Ed. (669)
ODS
1994 Ed. (2403)
Odwalla
2000 Ed. (722)
1999 Ed. (714, 722)
1998 Ed. (458, 462)
Odwalla Super Protein
2008 Ed. (3672)
Odyssey
1996 Ed. (2098)
Odyssey America Reinsurance
2007 Ed. (3184)
2005 Ed. (3067, 3145, 3146, 3147, 3148, 3149)
2004 Ed. (3056, 3137, 3138, 3140)
2003 Ed. (3016, 3017)
2002 Ed. (3953)
Odyssey Arena
2006 Ed. (1154)
Odyssey Digital Printing
2003 Ed. (3928)
Odyssey Entertainment
1990 Ed. (3455)
Odyssey HealthCare Inc.
2004 Ed. (2779)
2003 Ed. (4320)
Odyssey; Honda
2008 Ed. (4781)
2005 Ed. (291)
Odyssey Marine Exploration
2008 Ed. (2855, 2859)
2007 Ed. (2725, 2729)
Odyssey Partners
1996 Ed. (2099)
Odyssey Re Holdings Corp.
2008 Ed. (3249, 3252)
2007 Ed. (2741)
2005 Ed. (3126, 4506)
2003 Ed. (4321)
Odyssey Reinsurance Corp.
2002 Ed. (3951)
Odyssey Resource Management Inc.
2007 Ed. (2013)
2006 Ed. (2043)
2005 Ed. (1972)
2004 Ed. (1868)
2003 Ed. (1835)
2001 Ed. (1877)
Odyssey Staffing Inc.
2003 Ed. (1774)
Odyssey Video
1998 Ed. (3669)
1997 Ed. (3840, 3842)
1996 Ed. (3787, 3789)
1995 Ed. (3699, 3700, 3701)
1994 Ed. (3627, 3628)
1993 Ed. (3666)
1992 Ed. (4393, 4394)
OEA Inc.
1995 Ed. (156)
1993 Ed. (155, 156)
1992 Ed. (318, 321)
Oechsle Advisors
1992 Ed. (2788)
Oechsle International
2000 Ed. (2807)
1993 Ed. (2351)
1991 Ed. (2218)
Oechsle International Advisors
2001 Ed. (3005)
1992 Ed. (2745)
Oechsle International Advisors LLC
2004 Ed. (2038)
Oechsle Investment Advisors
2002 Ed. (3623)
OEConnection
2004 Ed. (2204)
2003 Ed. (2155)
OEConnection LLC
2008 Ed. (2003)
Oei Hong Leong
2008 Ed. (4850)
2006 Ed. (4918)
OEMV
1997 Ed. (1363)
1994 Ed. (1327)
1993 Ed. (1282, 3671)
1992 Ed. (4400)
OEMV Ag
1996 Ed. (1298)
1990 Ed. (1332)
Oerlikon-Bue Inhaber
1989 Ed. (200)
Oerlikon-Buehrle Hldg
1991 Ed. (1352)
Oerlikon-Buhrle
1993 Ed. (1406)
1992 Ed. (1694)
Oerlikon-Buhrle-Holding
1999 Ed. (3172)
Oerlikon-Contraves AG
1998 Ed. (1247)
Oerlikon-Contraves Pyrotec AG
1997 Ed. (1583)
1996 Ed. (2612)
Oeseder Moebelindustrie Mathias Wieman GMBH & Co. KG
1995 Ed. (1960)
Oeseder Moebelindustrie Mathias Wiemann GmbH Co. KG
1994 Ed. (1931)
OESI Power
1993 Ed. (3113)
Oesterr Automobilfabrik Ag
1994 Ed. (1357)
Oesterr. Landerbank AG
1993 Ed. (3672)
Oesterreich. V'banken
1991 Ed. (454)
Oesterreichische Bundesbahnen
1996 Ed. (1298)
1995 Ed. (1358)
1994 Ed. (1327)
1993 Ed. (1282)
1990 Ed. (1332, 1352)
Oesterreichische Industrie Holding AG
1996 Ed. (1298)
1995 Ed. (1358)
1994 Ed. (1327)
1993 Ed. (1282)
Oesterreichische Industrie Verwaltungs-AG
1990 Ed. (1332)
Oesterreichische Philips Industrie GmbH
1995 Ed. (1358)
1994 Ed. (1327)
Oesterreichische Post-Und Telegraph
1993 Ed. (1282)
Oesterreichische Post-Und Telegraphen-Verwaltung
1997 Ed. (3693)
1996 Ed. (1298)
1995 Ed. (1358)
1994 Ed. (1327)
1990 Ed. (1332)
Oesterreichische Postsparkasse AG
2001 Ed. (2432)
Oesterreichische Volksbanken
1992 Ed. (722)
Of America
2000 Ed. (459, 489, 493, 494)
Of Tokyo
2000 Ed. (489, 494)
OFC International/DMB & B
2001 Ed. (203)
2000 Ed. (164)
1999 Ed. (147)
1997 Ed. (136)
1996 Ed. (132)
Ofer; Sammy
2008 Ed. (4887)
Off!
2003 Ed. (2952)
Off Madison Avenue
2005 Ed. (3950, 3977)
Off-premise beer/wines/liquor
2001 Ed. (3918)
Off-price stores
2001 Ed. (3030, 3031)
1998 Ed. (2360)
Off-Road
1992 Ed. (3384)
Off-site incineration
1992 Ed. (2378)
Off-site treatment and disposal
1992 Ed. (2379)
Off the Record Research
2007 Ed. (3268)
Offen Petroleum Inc.
2008 Ed. (3699, 4955)
Offenses including attempted murder, rape, embezzlement, robbery, counterfeiting
1990 Ed. (1463)
Office/administrative support
2005 Ed. (3633, 3634)
Office America
1996 Ed. (2860)
1995 Ed. (2804)
1994 Ed. (2690)

Office & administrative support
2007 Ed. (3736)
Office & administrative support workers
2007 Ed. (3730)
Office Angels
2007 Ed. (2023)
2006 Ed. (2053)
Office automation
1997 Ed. (1612)
Office buildings
1994 Ed. (2366)
Office/business accessories
1998 Ed. (1828)
1997 Ed. (2136)
Office/business acessories
1996 Ed. (2221)
Office Business Systems Inc.
1992 Ed. (3289)
The Office Center
1991 Ed. (1043)
1990 Ed. (1145)
Office clerks
2007 Ed. (3728, 3729)
2001 Ed. (3563)
1993 Ed. (2738)
Office Club
1992 Ed. (1825, 3283)
1991 Ed. (2633)
Office computing and accounting machines
1991 Ed. (1904)
Office Connection
1998 Ed. (2706)
Office Depot Inc.
2008 Ed. (866, 885, 1730, 1733, 1734, 2800, 2991, 3822, 3823, 4212, 4224, 4478)
2007 Ed. (856, 889, 1702, 1704, 1705, 2354, 2669, 2863, 3740, 3741, 4171, 4493, 4494, 4495, 4496, 4501, 4520)
2006 Ed. (800, 1456, 1707, 1709, 1710, 2374, 2403, 2680, 2871, 4148, 4431, 4432, 4433, 4435, 4438, 4442, 4444)
2005 Ed. (880, 1761, 1763, 1764, 2357, 2704, 2864, 3640, 4096, 4415, 4416, 4418, 4420, 4422, 4424, 4425)
2004 Ed. (894, 1705, 1706, 1739, 1756, 2712, 4159, 4160, 4195, 4467, 4468, 4469, 4470, 4472, 4473, 4474, 4475, 4560, 4565)
2003 Ed. (870, 1557, 1582, 1676, 1677, 1719, 2068, 2069, 2070, 2597, 4147, 4148, 4170, 4499, 4500, 4501, 4505, 4506, 4534, 4536)
2002 Ed. (946, 1648, 1649, 2386, 2583, 2804, 4054, 4334, 4335, 4336, 4888)
2001 Ed. (1135, 1374, 1703, 2030, 2031, 2032, 2169, 2743, 2745, 3572, 4322, 4326)
2000 Ed. (282, 1180, 1423, 2207, 2300, 2483, 3366, 3381, 3804, 3811, 4085)
1999 Ed. (1618, 1879, 2449, 2451, 3640, 4106, 4372, 4374)
1998 Ed. (859, 861, 862, 1137, 1305, 1708, 2698, 2699, 2704, 3340, 3341, 3342, 3344)
1997 Ed. (925, 1398, 1622, 1627, 1628, 1629, 1633, 2019, 2955, 3347, 3548, 3549, 3550)
1996 Ed. (893, 894, 1336, 1555, 1924, 1927, 2860, 3246, 3484, 3486)
1995 Ed. (1882, 2804, 3424)
1994 Ed. (1854, 2177, 2690, 3364)
1993 Ed. (2162)
1992 Ed. (1825, 2591, 3283)
1991 Ed. (1438, 2633)
Office des Nations Unies
2004 Ed. (1863)
2002 Ed. (1777)
Office Electronics
1989 Ed. (832)
Office Environments Inc.
2008 Ed. (4419)
Office equipment
2007 Ed. (3044)
2006 Ed. (3001)
2001 Ed. (2779)
2000 Ed. (201, 1892, 4245)
1999 Ed. (2102)
1998 Ed. (1556)
1995 Ed. (2207, 2211, 2212)
1993 Ed. (2132, 2135)
1992 Ed. (2567, 2570, 2572)
1991 Ed. (1515, 1995, 1998)
1990 Ed. (1613, 1733, 2150, 2152)
Office Equipment & Computer Hardware
2000 Ed. (1326)
1997 Ed. (1263, 1266)
1992 Ed. (1465, 1487)
Office equipment dealers
1993 Ed. (2742)
Office Facilities Corp.
2001 Ed. (825)
Office for Macintosh
1996 Ed. (1086)
Office for Windows
1996 Ed. (1086)
Office furniture
2001 Ed. (2568)
Office furniture manufacturing
1996 Ed. (2)
Office helpers and messengers
1990 Ed. (2729)
Office Interiors Ltd.
2006 Ed. (3527, 4366)
Office machine parts
1999 Ed. (2104)
Office machine repairer
1989 Ed. (2087, 2090)
Office machines
2008 Ed. (2646, 2649, 2650)
1996 Ed. (2468)
1993 Ed. (2410)
Office Max Inc.
2000 Ed. (1180, 2483, 3366, 3804)
1999 Ed. (3640)
1998 Ed. (859, 861, 1301, 1307, 1310, 1311, 2698, 2704, 3342)
1997 Ed. (925, 2955, 3548)
1996 Ed. (2837, 2860)
Office National
2004 Ed. (4922)
Office National de Recherches et d'Exploitations Petrolieres
2005 Ed. (3761)
L'Office National de Recherches et e'Exploitation Petrolieres
2008 Ed. (3913)
2007 Ed. (3860)
Office National des Forets
1999 Ed. (201)
Office Network Inc.
1990 Ed. (2950)
Office of Management & Budget
2005 Ed. (2746)
Office of Personnel Management
2005 Ed. (2746)
Office of the General Assembly Presbyterian Church
1999 Ed. (295)
1997 Ed. (274)
1996 Ed. (243)
1995 Ed. (249, 2778)
Office of the Secretary of Defense
2001 Ed. (2862)
Office of the Secretary of Treasury
1992 Ed. (27)
Office of the Under Secretary of Defense
2006 Ed. (4793)
Office of Thrift Supervision
1992 Ed. (28)
Office paper
1994 Ed. (3027)
Office paper and forms
2003 Ed. (3675)
Office Pavillion
1998 Ed. (2706)
Office Pavilon/Specmark
1991 Ed. (2638)
The Office Place
1992 Ed. (3283)
1991 Ed. (2633)
Office products
2004 Ed. (4190)
Office professionals
1998 Ed. (3758)
Office property
1992 Ed. (3631)
Office/school supplies
2005 Ed. (2233)
2003 Ed. (3943, 3944)
Office Stop
1997 Ed. (3346)
Office storage products
2003 Ed. (3675)
Office Superstore
2000 Ed. (3861)
Office superstores
1997 Ed. (2102)
1996 Ed. (1985, 1986)
Office supplies
2005 Ed. (4473)
2001 Ed. (3569)
1999 Ed. (2713)
1992 Ed. (4390)
Office supply industry
1997 Ed. (3527)
Office support
2005 Ed. (3662)
1998 Ed. (3758)
Office Warehouse
1994 Ed. (2690)
OfficeClick
2001 Ed. (4765)
Office.com
2002 Ed. (4878)
OfficeDepot.com
2007 Ed. (2321)
2006 Ed. (2383)
2005 Ed. (2326)
2003 Ed. (3049)
OfficeMax Inc.
2008 Ed. (866, 1531, 2982, 2991, 3822, 3823, 4473, 4922, 4931)
2007 Ed. (889, 1781, 3524, 3740, 3741, 4186, 4496, 4527, 4960, 4961)
2006 Ed. (3491, 3781, 4435, 4442, 4459, 4460, 4953)
2005 Ed. (3640)
2004 Ed. (3729, 4474)
2003 Ed. (2068, 2069, 2070, 4147, 4505)
2002 Ed. (4336, 4888)
2001 Ed. (1374, 2030, 2031, 2032, 3572, 4770)
1995 Ed. (2804)
1994 Ed. (2690)
OfficeMax Contract Inc.
2007 Ed. (4960)
2006 Ed. (4953)
Officemax.com
2005 Ed. (2326)
2003 Ed. (3049)
2001 Ed. (4780)
Officers of large corporations
1991 Ed. (813, 2628)
Offices
2003 Ed. (4835)
2002 Ed. (4722, 4723)
Offices & clinics of medical doctors
1994 Ed. (3235)
Offices of Physicians
1990 Ed. (1657)
OfficeScapes
2008 Ed. (1707)
Official All Star Cafe
2001 Ed. (4084)
1998 Ed. (3049)
Official coins
2002 Ed. (2414, 4282)
Official PlayStation Mag
2000 Ed. (3496)
Official Playstation Magazine
2001 Ed. (254)
The Official Pokémon Deluxe Handbook: Collector's Edition
2001 Ed. (983)
Official U.S. PlayStation Magazine
2000 Ed. (3486, 3488)
Official Xbox Magazine
2006 Ed. (3348)
Offit Bank
1994 Ed. (653)
1993 Ed. (652)
OFFIT Emerging Markets Bond Select
2001 Ed. (725)
OFFITBANK
1999 Ed. (665, 3052)
1998 Ed. (2260)
1996 Ed. (2399)
1992 Ed. (2746, 2766)
Offitbank Emerging Markets Bond Select
1999 Ed. (599)
1998 Ed. (408)
Offitbank High Yield Select
1999 Ed. (603)
1998 Ed. (412)
Offitbank Latin America Select
1999 Ed. (600)
OFFITBANK Latin American Sel
1999 Ed. (3540)
OffRoad Capital
2002 Ed. (4860)
Offset Atlanta
1998 Ed. (2918)
Offshore Angler
2007 Ed. (888)
Offshore instruments
1997 Ed. (910)
Offshore Logistics Inc.
2005 Ed. (156, 157)
2004 Ed. (159)
1991 Ed. (2652)
Offshore Systems
2005 Ed. (1665, 1670)
Offshore Traders Inc.
2000 Ed. (2463)
Offutt Air Force Base
2003 Ed. (1774)
Offutt; Linwood and Helen
1995 Ed. (936)
Oganizacion Nacional de Ciegos de Espana
2002 Ed. (1767)
Ogastro
2007 Ed. (2243)
Ogawa; Alicia
1997 Ed. (1982, 1983)
1996 Ed. (1875, 1876)
OGD Software
2002 Ed. (2519)
Ogden
2002 Ed. (3545)
2001 Ed. (3599)
2000 Ed. (3384)
1999 Ed. (1601, 4283, 4742)
1998 Ed. (3287, 3698)
1997 Ed. (3497, 3498, 3866)
1996 Ed. (1211)
1992 Ed. (3478, 3935, 3939)
1991 Ed. (3095, 3100)
1989 Ed. (2459, 2472, 2476, 2479)
Ogden Allied
1991 Ed. (1752, 1755)
Ogden Allied Abatement and Decontamination Service Inc.
1991 Ed. (1090)
Ogden Allied Maintenance Corp.
1993 Ed. (2713)
1991 Ed. (2585)
Ogden; Dr. Peter
2005 Ed. (926)
Ogden Entertainment Services
1996 Ed. (1954)
1995 Ed. (1912)
Ogden Environmental & Energy
2000 Ed. (1804)
Ogden Presents
1995 Ed. (3000)
Ogden Projects Inc.
1996 Ed. (1211)
1991 Ed. (2823)
Ogden Services
1994 Ed. (1890, 3231)
Ogden, UT
1990 Ed. (1467, 3245, 3257)
OGE Energy Corp.
2008 Ed. (2500)
2007 Ed. (1940, 1941, 2214, 3963)
2006 Ed. (1958, 1959, 3913)
2005 Ed. (1923, 1924, 2295, 2313, 2314)
2004 Ed. (1837, 1838)
2003 Ed. (1804, 1805)

2002 Ed. (1750)
1999 Ed. (1952)
Oggi Hair Products
1990 Ed. (1981)
Ogihara America Corp.
2004 Ed. (322)
2001 Ed. (2226)
Ogilby & Mather
1989 Ed. (91)
Ogilby, Renault
1991 Ed. (2293)
Ogilvie
2008 Ed. (2871)
2003 Ed. (2652, 2656)
Ogilvie; Robert
2006 Ed. (2518)
Ogilvy Adams & Rinehart
1998 Ed. (104, 1474, 1902, 2313, 2934, 2936, 2940, 2945, 2954, 2961)
1997 Ed. (3181, 3183, 3208, 3212)
1996 Ed. (3107, 3131, 3135)
1995 Ed. (3028, 3032)
1994 Ed. (2945, 2967, 2968, 2972)
1993 Ed. (2928, 2929, 2931, 2933)
Ogilvy & Mather
2005 Ed. (97, 101)
2004 Ed. (103, 114, 123, 124)
2003 Ed. (59, 60, 62, 73, 83, 84, 91, 147, 151, 152, 177)
2002 Ed. (93, 116, 117, 124, 180, 187, 188)
2000 Ed. (43, 59, 61, 70, 72, 75, 76, 76, 79, 79, 82, 83, 84, 85, 87, 88, 96, 97, 99, 103, 104, 118, 119, 125, 128, 147, 150, 151, 154, 160, 161, 162, 164, 165, 168, 169, 170, 178, 180, 184, 190, 192)
1999 Ed. (35, 36, 37, 38, 39, 40, 41, 44, 45, 46, 47, 50, 51, 53, 56, 58, 68, 71, 73, 76, 77, 78, 79, 81, 82, 90, 91, 93, 98, 99, 100, 105, 108, 113, 119, 122, 126, 129, 132, 133, 136, 143, 145, 147, 148, 150, 151, 152, 158, 161, 162, 165, 171, 3910, 3916, 3917, 3918, 3919, 3920, 3922, 3924, 3929)
1998 Ed. (30, 54, 62)
1997 Ed. (58, 59, 61, 68, 70, 72, 76, 78, 81, 89, 90, 92, 96, 97, 98, 99, 110, 115, 116, 122, 124, 125, 127, 134, 136, 137, 141, 142, 151, 152)
1996 Ed. (58, 59, 61, 63, 69, 71, 77, 78, 81, 87, 88, 89, 91, 95, 96, 97, 108, 112, 113, 118, 120, 123, 128, 130, 132, 133, 135, 136, 145, 146)
1995 Ed. (45, 47, 53, 58, 63, 64, 67, 68, 74, 75, 76, 77, 81, 82, 83, 93, 96, 97, 99, 102, 104, 105, 108, 115, 116, 121, 131, 132)
1994 Ed. (69, 71, 74, 82, 84, 89, 90, 92, 93, 94, 100, 102, 103, 106, 107, 111, 114, 117, 121, 122, 126)
1993 Ed. (59, 61, 66, 69, 70, 71, 72, 74, 75, 78, 79, 82, 85, 86, 92, 97, 99, 100, 101, 102, 105, 106, 107, 111, 117, 118, 120, 122, 123, 124, 130, 135, 140, 141, 142, 2932)
1992 Ed. (113, 119, 120, 122, 131, 140, 146, 149, 151, 152, 153, 157, 158, 159, 173, 175, 178, 180, 183, 186, 187, 191, 192, 200, 204, 207, 213, 214)
1991 Ed. (72, 75, 82, 102, 107, 120, 125, 127, 129, 132, 133, 136, 137, 147, 150, 156, 840)
1990 Ed. (75, 77, 78, 85, 86, 87, 93, 109, 126, 130, 132, 133, 134, 136, 137, 150, 153, 155, 156, 157, 881)
1989 Ed. (58, 79, 80, 83, 84, 97, 108, 110, 114, 121, 133, 138, 142, 143, 145, 146, 156, 160, 161, 166, 167, 168, 2338)
Ogilvy & Mather Canada
2003 Ed. (57)
1999 Ed. (70)
1995 Ed. (54, 55)
1994 Ed. (75, 123)
1992 Ed. (130, 132, 215)
1991 Ed. (83, 84)
Ogilvy & Mather Chicago
2000 Ed. (77)
1998 Ed. (52)
1995 Ed. (56)
1994 Ed. (76)
1992 Ed. (133)
1991 Ed. (85)
Ogilvy & Mather Direct
1998 Ed. (47, 1284, 1285, 1288)
1997 Ed. (52, 1614, 1615, 1616, 1617, 1619)
1996 Ed. (55, 1550, 1551, 1552, 1554)
1995 Ed. (1563, 1564, 1565, 1566)
1994 Ed. (1534)
1993 Ed. (1487, 1488, 1489)
1991 Ed. (1419, 1420)
1990 Ed. (1503, 1504, 1505, 1506)
Ogilvy & Mather Direct Response
1992 Ed. (1805)
1989 Ed. (56, 68)
Ogilvy & Mather France
1991 Ed. (99)
Ogilvy & Mather Germany
1992 Ed. (150)
1991 Ed. (100)
1990 Ed. (104)
Ogilvy & Mather (Holdings) Ltd.
1990 Ed. (100)
1989 Ed. (104)
Ogilvy & Mather North America
2003 Ed. (804)
Ogilvy & Mather Portugal
1991 Ed. (144)
1990 Ed. (144)
1989 Ed. (153)
Ogilvy & Mather Public Relations
1992 Ed. (3563, 3578)
Ogilvy & Mather Public Relations Group
1990 Ed. (2922)
1989 Ed. (2259)
Ogilvy & Mather Rightford
1997 Ed. (144)
1996 Ed. (138)
1995 Ed. (124)
1994 Ed. (115)
1993 Ed. (136)
1992 Ed. (205)
1991 Ed. (148)
1989 Ed. (157)
Ogilvy & Mather South
1996 Ed. (140)
Ogilvy & Mather (Taiwan)
1991 Ed. (155)
Ogilvy & Mather 2
2001 Ed. (215)
2000 Ed. (176)
Ogilvy & Mather Worldwide
2008 Ed. (119)
2007 Ed. (109, 114, 116)
2006 Ed. (109, 120, 122)
2005 Ed. (110, 116, 117, 819)
2004 Ed. (112, 117, 845)
2003 Ed. (28, 29, 36, 38, 39, 40, 42, 44, 53, 55, 63, 64, 67, 74, 76, 87, 96, 97, 106, 126, 127, 130, 136, 137, 138, 142, 145, 155, 157, 161, 164, 166, 180, 182)
2002 Ed. (63, 65, 70, 72, 73, 74, 76, 78, 86, 88, 90, 92, 96, 97, 100, 101, 102, 110, 111, 119, 129, 130, 140, 155, 159, 162, 168, 169, 170, 175, 178, 191, 197, 201, 205, 209, 212)
2001 Ed. (97, 98, 100, 101, 102, 103, 105, 114, 116, 119, 121, 121, 125, 126, 127, 130, 137, 138, 143, 144, 146, 156, 157, 164, 168, 184, 185, 186, 187, 188, 191, 197, 198, 199, 202, 203, 206, 207, 218, 221, 223, 224, 228, 231, 232, 240, 242)
2000 Ed. (42, 44, 45, 46, 48, 49, 50, 51, 56, 110)
1998 Ed. (32, 33, 34, 36, 39, 40, 41, 45, 46, 48, 49, 56, 3493)
1997 Ed. (37, 38, 40, 42, 43, 44, 47, 49, 53, 54, 102)
1996 Ed. (41, 43, 45, 47, 50, 52, 54, 100)
1995 Ed. (26, 28, 30, 32, 34, 37, 39, 41)
1994 Ed. (50, 51, 52, 53, 56, 57, 60, 62, 65)
1992 Ed. (101, 102, 108, 109, 114, 115, 116, 118, 147, 162, 165, 3598)
1991 Ed. (58, 59, 60, 61, 63, 66, 67, 111, 113)
1990 Ed. (58, 59, 60, 61, 62, 66, 69, 72, 112, 114)
1989 Ed. (63, 64, 66, 74, 118, 119)
Ogilvy & Mather Yellow Pages
1994 Ed. (64)
Ogilvy Benson & Mather
1999 Ed. (135)
1991 Ed. (108)
1990 Ed. (110)
1989 Ed. (116)
Ogilvy Group Inc.
1992 Ed. (164, 3569)
1991 Ed. (101, 3332)
1990 Ed. (105, 113, 2521, 2905)
1989 Ed. (120, 1935)
Ogilvy Group Holdings
2001 Ed. (233)
1989 Ed. (109)
Ogilvy Interactive
2008 Ed. (3601)
2007 Ed. (3434, 3435)
2006 Ed. (3420)
Ogilvy on Advertising
2005 Ed. (719)
Ogilvy One Worldwide
1999 Ed. (1860, 1861, 1862, 3956)
Ogilvy PR
2000 Ed. (3638)
Ogilvy PR Worldwide
2000 Ed. (3625, 3626, 3628, 3632, 3634, 3636, 3637, 3639, 3643, 3646, 3667, 3670, 3671)
Ogilvy Public Relations
1990 Ed. (2912, 2915, 2916)
Ogilvy Public Relations Group
1992 Ed. (3556, 3558, 3559, 3573, 3574)
1991 Ed. (2775)
1990 Ed. (2917, 2919, 2920)
Ogilvy Public Relations Worldwide
2004 Ed. (3977, 3979, 3980, 3981, 3987, 3992, 3993, 3994, 3996, 3998, 4001, 4004, 4007, 4013, 4014, 4025, 4026, 4035, 4037)
2003 Ed. (3994, 3995, 3997, 4001, 4005, 4008, 4010, 4016, 4020, 4021)
2002 Ed. (3806, 3807, 3808, 3810, 3815, 3817, 3821, 3824, 3825, 3831, 3832, 3837, 3838, 3842, 3850, 3874)
2001 Ed. (3924, 3926, 3927, 3929, 3930, 3931, 3932, 3933, 3935, 3937, 3938, 3939)
Ogilvy Renault
1999 Ed. (3147)
1990 Ed. (2416)
OgilvyInteractive
2005 Ed. (115)
2004 Ed. (116)
2001 Ed. (245)
OgilvyOne
2003 Ed. (2067)
2002 Ed. (1981, 1985)
2000 Ed. (106, 1673)
OgilvyOne Worldwide
2008 Ed. (2339)
2007 Ed. (2202)
2006 Ed. (2266, 3418)
2003 Ed. (2065, 2066)
2001 Ed. (2025)
2000 Ed. (1671, 1674, 1680)
OgilvyOne Worldwide London
2000 Ed. (1676)
Ogisu; Esturo
1997 Ed. (1981)
Ogivar
1992 Ed. (1589)
Oglebay Norton Co.
2008 Ed. (3675)
2007 Ed. (3511, 3512)
2006 Ed. (382, 3481, 3482)
2005 Ed. (3481, 3482, 3483)
2004 Ed. (3483, 3484, 3485, 3486)
2003 Ed. (3417)
1990 Ed. (3094)
Oglebay Norton Marine Services Co.
2006 Ed. (3481)
Oglebay Resort
2005 Ed. (2014)
2004 Ed. (1888)
Oglebay Resort Conference Center
2008 Ed. (2173)
2007 Ed. (2065)
2006 Ed. (2116)
Oglethorpe Power Corp.
2007 Ed. (1428)
2006 Ed. (1392, 1393)
2005 Ed. (1406, 1407)
2004 Ed. (1385, 1386)
2001 Ed. (3869)
1995 Ed. (3329)
1994 Ed. (3250)
1993 Ed. (3256)
1992 Ed. (3929)
1991 Ed. (3094)
Oglethorpe Power Corporation
2003 Ed. (1377)
Ogner Motorcars Inc.
1995 Ed. (284)
1993 Ed. (282)
Ogre's
2004 Ed. (883)
Ogston; Hamish
2006 Ed. (2500)
2005 Ed. (2463)
Oh Boy
1994 Ed. (1924)
Oh Boy! Oberto
2008 Ed. (4447)
2002 Ed. (2009, 2010)
2001 Ed. (3234)
Oh Henry!
1999 Ed. (1132)
Oh, the Places You'll Go!
2008 Ed. (548)
2004 Ed. (735)
2003 Ed. (708, 710)
2001 Ed. (980)
O'Hare
2001 Ed. (353)
O'Hare, Chicago
1991 Ed. (214)
1990 Ed. (243, 245)
O'Hare; Dean R.
1994 Ed. (2237)
1991 Ed. (1632)
O'Hare Hilton Hotel
1999 Ed. (2787)
1997 Ed. (2301)
O'Hare International
2000 Ed. (271)
1995 Ed. (169, 194, 195, 199)
1994 Ed. (152, 194)
1993 Ed. (168, 206)
1992 Ed. (306, 307, 308, 313)
O'Hare International Airport
2008 Ed. (814)
2006 Ed. (755)
2004 Ed. (855)
2003 Ed. (813)
1999 Ed. (252)
1998 Ed. (146)
1997 Ed. (219, 220, 222)
1996 Ed. (193, 196, 199, 201)
O'Hare International Autos, Inc.
1991 Ed. (302)
O'Hare Midway
2000 Ed. (3168)
1999 Ed. (3453)
O'Hare-Midway Limousine Service Inc.
1995 Ed. (2617)
O'Hare-Midway Limousine Services Inc.
1993 Ed. (2601)
1992 Ed. (3114)
Ohbayashi Corp.
1992 Ed. (1370, 1374, 1375, 1432)
1991 Ed. (1064, 1092)
1990 Ed. (1175, 1177)
1989 Ed. (1006)
Ohbayashi-Gumi Ltd.
1994 Ed. (1121)
1993 Ed. (1097)
1992 Ed. (1370)
1991 Ed. (1064)
1990 Ed. (1175)

Ohe Direct Agency
2000 Ed. (1679)
O'Henstein; Robert
1995 Ed. (1811)
Ohi Automotive
2006 Ed. (341)
2005 Ed. (326, 327)
OHI DDB
2002 Ed. (163)
OHI DDB Advertising & Publicity Co.
2003 Ed. (131)
O'Higgins
1990 Ed. (521)
Ohio
2008 Ed. (327, 343, 354, 1105, 1106, 1107, 1388, 1757, 2405, 2406, 2492, 2648, 2656, 2918, 3266, 3278, 3470, 3471, 3512, 3545, 3633, 3648, 3759, 3760, 3806, 3859, 4010, 4011, 4012, 4048, 4361, 4455, 4465, 4497, 4581, 4661, 4690, 4787, 4838, 4916, 4940)
2007 Ed. (333, 341, 356, 366, 1199, 1200, 1201, 1437, 2372, 2373, 2528, 3371, 3385, 3419, 3420, 3459, 3474, 3647, 3648, 3781, 3993, 3994, 3995, 4022, 4472, 4481, 4534, 4650, 4770, 4866, 4939)
2006 Ed. (373, 383, 1095, 1096, 1405, 2428, 2552, 2756, 2790, 2984, 3069, 3070, 3080, 3084, 3098, 3103, 3112, 3115, 3117, 3130, 3132, 3137, 3155, 3156, 3301, 3307, 3323, 3367, 3368, 3443, 3450, 3584, 3783, 3906, 3935, 3936, 3937, 3983, 4158, 4410, 4419, 4475, 4650, 4764, 4933)
2005 Ed. (346, 371, 388, 392, 393, 394, 396, 398, 418, 422, 441, 445, 912, 1070, 1072, 1074, 1100, 1101, 1420, 2382, 2526, 2545, 2786, 2916, 3122, 3319, 3335, 3383, 3384, 3432, 3441, 3524, 3613, 3690, 3872, 3873, 3874, 4185, 4187, 4188, 4189, 4190, 4191, 4192, 4193, 4194, 4197, 4198, 4210, 4228, 4229, 4230, 4232, 4236, 4242, 4392, 4402, 4472, 4569, 4712, 4722, 4776, 4828, 4900, 4939)
2004 Ed. (348, 359, 360, 369, 372, 373, 374, 375, 376, 378, 381, 384, 386, 398, 413, 415, 435, 436, 437, 438, 439, 805, 896, 921, 1027, 1037, 1038, 1067, 1068, 1069, 1072, 1094, 1095, 1096, 1097, 1098, 1398, 1399, 2023, 2177, 2188, 2298, 2299, 2300, 2301, 2302, 2304, 2308, 2309, 2316, 2536, 2570, 2571, 2573, 2727, 2728, 2973, 2980, 2989, 2990, 2991, 2992, 2993, 2994, 3037, 3041, 3042, 3043, 3044, 3045, 3046, 3047, 3048, 3049, 3057, 3058, 3069, 3070, 3088, 3091, 3094, 3096, 3098, 3099, 3118, 3121, 3145, 3146, 3275, 3281, 3292, 3301, 3311, 3312, 3313, 3355, 3356, 3418, 3425, 3525, 3671, 3702, 3924, 3925, 3926, 4258, 4259, 4260, 4261, 4262, 4272, 4277, 4295, 4299, 4301, 4309, 4419, 4446, 4456, 4457, 4507, 4508, 4510, 4511, 4520, 4521, 4522, 4523, 4524, 4525, 4526, 4527, 4531, 4648, 4649, 4735, 4805, 4837, 4887, 4898, 4899, 4901, 4957, 4958, 4981, 4995)
2003 Ed. (354, 380, 381, 388, 389, 390, 391, 392, 393, 394, 395, 396, 404, 405, 406, 407, 408, 409, 419, 440, 441, 904, 1032, 1033, 1059, 1060, 1063, 1082, 1083, 1384, 2270, 2435, 2436, 2960, 2961, 2962, 2963, 2964, 2984, 2988, 3221, 3235, 3237, 3243, 3244, 3249, 3252, 3293, 3294, 3355, 3360, 3459, 3657, 3896, 3897, 3898, 4239, 4240, 4241, 4242, 4245, 4257, 4286, 4287, 4289, 4291, 4295, 4296, 4298, 4300, 4408, 4414, 4415, 4467, 4494, 4551, 4646, 4666, 4755, 4852, 4896, 4908, 4909, 4954)
2002 Ed. (273, 367, 368, 378, 379, 441, 450, 451, 453, 456, 459, 461, 463, 468, 473, 493, 494, 497, 864, 960, 1102, 1113, 1116, 1177, 1347, 1401, 1402, 1825, 2063, 2064, 2120, 2229, 2232, 2233, 2234, 2353, 2403, 2736, 2737, 2739, 2740, 2741, 2742, 2746, 2843, 2844, 2845, 2846, 2847, 2849, 2851, 2865, 2868, 2875, 2892, 2897, 2899, 2902, 2903, 2919, 2944, 2947, 2961, 2971, 2977, 2978, 2980, 2981, 3053, 3089, 3091, 3113, 3115, 3116, 3117, 3119, 3120, 3125, 3127, 3128, 3129, 3212, 3235, 3236, 3239, 3240, 3252, 3289, 3300, 3327, 3341, 3344, 3528, 4105, 4108, 4109, 4110, 4111, 4112, 4113, 4141, 4147, 4148, 4149, 4150, 4151, 4155, 4156, 4308, 4330, 4366, 4367, 4368, 4370, 4373, 4374, 4375, 4376, 4377, 4538, 4539, 4627, 4681, 4682, 4740, 4776, 4779, 4892, 4916, 4917, 4918)
2001 Ed. (1, 2, 9, 10, 273, 284, 285, 361, 362, 370, 371, 396, 397, 401, 402, 410, 411, 548, 550, 660, 661, 666, 667, 703, 722, 977, 1006, 1007, 1028, 1029, 1031, 1085, 1086, 1087, 1107, 1109, 1110, 1123, 1124, 1158, 1201, 1202, 1245, 1269, 1287, 1288, 1289, 1290, 1293, 1294, 1295, 1345, 1346, 1361, 1372, 1373, 1396, 1397, 1400, 1411, 1415, 1416, 1418, 1419, 1421, 1423, 1424, 1425, 1426, 1427, 1428, 1429, 1430, 1431, 1432, 1433, 1434, 1435, 1436, 1437, 1438, 1439, 1440, 1441, 1491, 1507, 1941, 1942, 1965, 1966, 1967, 1968, 1976, 1979, 1980, 2048, 2049, 2051, 2111, 2112, 2129, 2130, 2131, 2132, 2144, 2149, 2150, 2151, 2152, 2218, 2219, 2234, 2235, 2261, 2265, 2266, 2286, 2287, 2357, 2368, 2394, 2396, 2397, 2398, 2399, 2421, 2452, 2453, 2459, 2460, 2466, 2471, 2472, 2520, 2521, 2522, 2523, 2541, 2557, 2563, 2564, 2566, 2567, 2572, 2573, 2577, 2580, 2581, 2591, 2592, 2593, 2594, 2617, 2618, 2619, 2620, 2623, 2624, 2626, 2629, 2630, 2659, 2660, 2662, 2663, 2682, 2683, 2684, 2685, 2689, 2690, 2723, 2738, 2739, 2758, 2806, 2807, 2828, 2829, 2963, 2964, 2999, 3000, 3026, 3027, 3028, 3029, 3034, 3035, 3043, 3046, 3047, 3048, 3049, 3070, 3071, 3072, 3090, 3091, 3092, 3093, 3094, 3095, 3097, 3098, 3099, 3122, 3123, 3170, 3173, 3204, 3205, 3224, 3225, 3226, 3263, 3287, 3288, 3306, 3307, 3308, 3313, 3327, 3328, 3356, 3383, 3384, 3385, 3386, 3396, 3397, 3400, 3401, 3416, 3417, 3418, 3419, 3523, 3525, 3537, 3538, 3539, 3557, 3567, 3568, 3570, 3571, 3574, 3576, 3577, 3583, 3584, 3589, 3606, 3607, 3615, 3616, 3618, 3619, 3632, 3633, 3636, 3637, 3652, 3653, 3660, 3661, 3707, 3716, 3732, 3733, 3748, 3768, 3769, 3770, 3771, 3785, 3786, 3788, 3789, 3790, 3791, 3792, 3795, 3796, 3804, 3805, 3807, 3808, 3809, 3810, 3815, 3816, 3827, 3828, 3841, 3871, 3872, 3878, 3879, 3880, 3881, 3883, 3888, 3892, 3893, 3894, 3895, 3896, 3897, 3898, 3899, 3904, 3906, 3907, 3913, 3915, 3916, 3966, 3968, 3969, 3999, 4000, 4005, 4012, 4018, 4019, 4026, 4140, 4141, 4157, 4158, 4199, 4230, 4247, 4248, 4256, 4257, 4286, 4287, 4294, 4295, 4304, 4305, 4327, 4328, 4335, 4336, 4360, 4362, 4407, 4408, 4415, 4429, 4430, 4431, 4442, 4443, 4444, 4479, 4481, 4482, 4488, 4489, 4515, 4516, 4531, 4532, 4552, 4570, 4571, 4594, 4595, 4599, 4600, 4634, 4642, 4643, 4646, 4653, 4654, 4659, 4660, 4683, 4720, 4721, 4726, 4727, 4730, 4737, 4782, 4794, 4796, 4799, 4808, 4809, 4810, 4811, 4812, 4813, 4814, 4815, 4820, 4821, 4822, 4823, 4824, 4825, 4826, 4827, 4832, 4833, 4863, 4866, 4868, 4912, 4913, 4917, 4918, 4930, 4932, 4934, 4935)
2000 Ed. (1005, 1128, 1317, 1318, 1378, 1905, 1906, 2454, 2599, 2645, 2956, 2958, 2960, 2963, 2965, 3005, 3006, 3008, 3009, 3010, 3557, 3558, 3859, 4015, 4016, 4024, 4025, 4102, 4106, 4108, 4109, 4114, 4115, 4289, 4299, 4398, 4399)
1999 Ed. (392, 738, 1058, 1145, 1209, 1457, 1458, 1535, 2911, 3217, 3219, 3224, 3226, 3258, 3267, 3268, 3269, 3271, 3272, 3475, 3892, 4409, 4412, 4413, 4414, 4415, 4416, 4417, 4419, 4423, 4426, 4427, 4428, 4431, 4432, 4434, 4435, 4436, 4437, 4438, 4442, 4443, 4446, 4455, 4456, 4457, 4458, 4459, 4461, 4462, 4463, 4464, 4467, 4664, 4775)
1998 Ed. (210, 671, 732, 1024, 1025, 1109, 1535, 1536, 1702, 1799, 2069, 2381, 2385, 2401, 2404, 2417, 2419, 2420, 3374, 3389, 3397, 3620, 3727, 3729, 3759)
1997 Ed. (929, 1247, 1249, 1283, 1818, 1819, 2351, 2648, 2650, 2655, 2681, 2683, 3131, 3563, 3564, 3565, 3572, 3573, 3575, 3576, 3577, 3578, 3579, 3580, 3585, 3586, 3590, 3591, 3592, 3598, 3601, 3602, 3607, 3608, 3613, 3614, 3615, 3616, 3617, 3618, 3619, 3620, 3621, 3624, 3786, 3895, 3898, 3915)
1996 Ed. (898, 1201, 1203, 1237, 1644, 1720, 1721, 1737, 1738, 2216, 2217, 2218, 2219, 2220, 2504, 2506, 2511, 2536, 2701, 3511, 3522, 3524, 3527, 3530, 3531, 3532, 3533, 3534, 3535, 3536, 3537, 3538, 3539, 3540, 3545, 3546, 3550, 3551, 3552, 3553, 3558, 3561, 3562, 3563, 3567, 3568, 3569, 3574, 3575, 3576, 3577, 3743, 3847, 3850)
1995 Ed. (918, 1230, 1231, 1281, 1762, 1764, 2199, 2200, 2201, 2202, 2462, 2479, 2481, 2623, 3171, 3187, 3299, 3448, 3451, 1452, 3453, 3454, 3455, 3456, 3457, 3458, 3459, 3460, 3465, 3469, 3470, 3471, 3477, 3480, 3481, 3482, 3486, 3487, 3488, 3493, 3494, 3495, 3498, 3501, 3502, 3540, 3665, 3748, 3751)
1994 Ed. (161, 749, 1214, 1216, 1258, 2155, 2156, 2157, 2158, 2381, 2387, 2401, 2405, 2556, 2568, 3028, 3217, 3375, 3378, 3379, 3380, 3381, 3382, 3383, 3384, 3385, 3386, 3387, 3393, 3394, 3398, 3399, 3400, 3401, 3406, 3409, 3410, 3411, 3415, 3416, 3417, 3421, 3422, 3423, 3424, 3425, 3426, 3427)
1993 Ed. (315, 744, 870, 1190, 1195, 1220, 1501, 1735, 2125, 2126, 2127, 2128, 2437, 2460, 2608, 3222, 3353, 3400, 3401, 3402, 3408, 3409, 3410, 3411, 3416, 3419, 3420, 3424, 3425, 3429, 3430, 3431, 3432, 3433, 3434, 3435, 3436, 3439, 3440, 3441, 3703, 3706, 3709, 3712, 3715)
1992 Ed. (1, 439, 441, 933, 969, 970, 971, 974, 975, 977, 1079, 1468, 1481, 2098, 2099, 2279, 2340, 2573, 2875, 2942, 2943, 2944, 2947, 3118, 3483, 3484, 3542, 4075, 4082, 4086, 4091, 4092, 4093, 4094, 4100, 4101, 4102, 4103, 4108, 4111, 4112, 4116, 4117, 4121, 4122, 4123, 4124, 4125, 4126, 4180, 4344, 4386, 4435, 4442, 4444, 4448, 4451, 4454, 4481)
1991 Ed. (1, 322, 788, 791, 792, 793, 794, 796, 881, 1155, 1157, 1853, 2016, 2163, 2314, 2360, 2361, 2363, 2365, 2396, 2397, 2530, 2768, 2900, 3177, 3188, 3190, 3191, 3263, 3481, 3486, 3487, 3493)
1990 Ed. (354, 356, 366, 827, 828, 829, 830, 831, 833, 1237, 1482, 1746, 2409, 2448, 2450, 2492, 2495, 2496, 2512, 2575, 2644, 3279, 3280, 3281, 3282, 3344, 3364, 3365, 3367, 3372, 3378, 3379, 3380, 3381, 3390, 3391, 3392, 3395, 3398, 3399, 3400, 3401, 3402, 3403, 3406, 3407, 3408, 3411, 3414, 3417, 3506, 3692)
1989 Ed. (310, 318, 741, 869, 1190, 1507, 1649, 1650, 1669, 1900, 1908, 1909, 1910, 2242, 2529, 2531, 2532, 2533, 2546, 2548, 2621, 2913, 2928, 2930, 2934)
Ohio Air Quality Development Authority
1998 Ed. (2560)
1997 Ed. (2839)
1991 Ed. (2530)
1990 Ed. (2876)
Ohio Art
1996 Ed. (207)
1991 Ed. (1877)
Ohio Bell Telephone Co.
2004 Ed. (1833)
2003 Ed. (1800)
Ohio Building Authority
2001 Ed. (894)
2000 Ed. (3203)
1999 Ed. (3474)
1998 Ed. (2563)
1997 Ed. (2844)
1996 Ed. (2729)
1993 Ed. (2621)
Ohio Casualty Corp.
2008 Ed. (3197)
2007 Ed. (3107, 3173)
2004 Ed. (3122)
2002 Ed. (1523, 2002)
2001 Ed. (4034)
1999 Ed. (2977)
1998 Ed. (2208)
1995 Ed. (2268)
1993 Ed. (3463)
1992 Ed. (2681)
1991 Ed. (2127)
1990 Ed. (2253)
1989 Ed. (1732, 1733)
Ohio Casualty Group
2005 Ed. (3083)
Ohio Deferred Compensation
2008 Ed. (2323)
Ohio Department of Rehabilitation & Correction
2001 Ed. (2486)
1997 Ed. (2056)
1996 Ed. (1953)
1995 Ed. (1917)

Ohio Dept. of Corrections
2000 Ed. (3617)
Ohio Division of Public Works
1991 Ed. (1056)
1990 Ed. (1166)
Ohio Edison
1998 Ed. (1386)
1997 Ed. (1693)
1996 Ed. (1382, 1614)
1995 Ed. (3357)
1994 Ed. (1595, 3276)
1992 Ed. (1898, 3932)
1991 Ed. (1488, 1497, 3089)
1989 Ed. (1296, 2469)
Ohio Educational Credit Union
2001 Ed. (1962)
Ohio Employees
2000 Ed. (3434, 3449)
1999 Ed. (3724, 3725, 3732)
Ohio Health
1999 Ed. (3464)
Ohio Health Care Association Annual Convention & Exposition
2005 Ed. (4730)
Ohio Higher Education Trust
1994 Ed. (889, 1056)
1993 Ed. (888, 1028)
Ohio Housing Finance Agency
2001 Ed. (894)
2000 Ed. (2592)
1999 Ed. (2818)
1995 Ed. (2192)
1993 Ed. (2116, 2880, 3362)
1992 Ed. (3487, 4032)
1991 Ed. (1986, 2519)
1990 Ed. (2139)
Ohio Indemnity Co.
2006 Ed. (4372)
Ohio Lighting Center/Belden Village Lighting Center
1990 Ed. (2441)
Ohio Mattress Co.
2005 Ed. (1514)
1991 Ed. (1779, 1235, 1780)
1990 Ed. (1863)
Ohio Mortgage Banking
2002 Ed. (3384)
Ohio National - Top (VA)
1991 Ed. (2152)
Ohio Northern University
2008 Ed. (1058)
2001 Ed. (1320)
1999 Ed. (1223)
1998 Ed. (794)
1997 Ed. (1059)
1996 Ed. (1043)
1992 Ed. (1271)
Ohio Public Employees
2008 Ed. (2298, 2311, 3868)
2007 Ed. (2178, 2189)
2004 Ed. (2030, 2032)
2003 Ed. (1977, 1981)
2002 Ed. (3606, 3607, 3611, 3612, 3614)
2001 Ed. (3672, 3676, 3677, 3679, 3680, 3685)
1999 Ed. (3727)
1998 Ed. (2764, 2766, 2767, 2772)
1997 Ed. (3015, 3017, 3023, 3024)
1996 Ed. (2926, 2929, 2935)
1995 Ed. (2852, 2859)
1994 Ed. (2770)
Ohio Public Employees' Retirement System
1996 Ed. (2940, 2942)
1994 Ed. (2756, 2758)
1993 Ed. (2781)
1992 Ed. (3356)
1991 Ed. (2687, 2690)
1990 Ed. (2781, 2784)
1989 Ed. (2162)
Ohio Public Facility Commission
1999 Ed. (4144)
1997 Ed. (3383)
Ohio River
1998 Ed. (3703)
Ohio Savings Bank
2006 Ed. (4792)
1998 Ed. (3129, 3131, 3138, 3561)
1992 Ed. (506)
Ohio Savings Bank, FSB
2007 Ed. (4243, 4244, 4248, 4260)
2006 Ed. (4229, 4230, 4233, 4234, 4246)
2005 Ed. (4177, 4178, 4181, 4182, 4221)
2004 Ed. (2862, 3506, 4244, 4245, 4248, 4249, 4250, 4280)
2003 Ed. (4229, 4261, 4263, 4267, 4270, 4277)
2002 Ed. (4120, 4126)
Ohio Savings Financial Corp.
2000 Ed. (2485)
Ohio Stadium
1999 Ed. (1300)
Ohio State Fair
1994 Ed. (1725)
1993 Ed. (1709)
1992 Ed. (2066)
1990 Ed. (1727)
Ohio State Fair, Columbus
1991 Ed. (1635)
Ohio State Life
1991 Ed. (2116)
Ohio State Teachers
2008 Ed. (2299, 2304, 2305, 2310, 2313)
2007 Ed. (2177, 2181, 2185, 2188, 2191)
2004 Ed. (2025, 2026, 2032)
2003 Ed. (1977, 1978, 1983)
2002 Ed. (3605, 3606, 3611, 3612, 3614, 3616)
2001 Ed. (3670, 3671, 3676, 3677, 3679)
1999 Ed. (3724)
1998 Ed. (2764, 2766, 2767)
1997 Ed. (3017, 3023, 3024)
1996 Ed. (2929, 2935, 2936, 2942)
1995 Ed. (2852, 2863)
1994 Ed. (2758, 2765, 2766)
Ohio State University
2007 Ed. (830, 832, 833, 3462)
2006 Ed. (704, 717, 1071)
2005 Ed. (797)
2004 Ed. (830, 2813)
2002 Ed. (892, 897, 1034, 3983)
2001 Ed. (1064, 3061)
2000 Ed. (2904)
1999 Ed. (970, 979, 1109, 1239, 3160)
1998 Ed. (559, 713, 809)
1997 Ed. (861)
1994 Ed. (813, 816)
1993 Ed. (804)
1992 Ed. (1005)
1991 Ed. (824, 891, 1003)
Ohio State University-Columbus, Fisher School of Business
2008 Ed. (799)
Ohio State University, Fisher
1996 Ed. (847)
Ohio State University, Fisher School of Business
2007 Ed. (826)
2006 Ed. (740)
Ohio State University Medical Center
2008 Ed. (2884, 3050)
2007 Ed. (2927)
2006 Ed. (2908)
2005 Ed. (2901)
2004 Ed. (2915)
2003 Ed. (2811, 2833, 2834)
2002 Ed. (2607)
2000 Ed. (2521)
Ohio State University Research Foundation
1992 Ed. (3265)
Ohio State Wines
1991 Ed. (3495)
Ohio Teachers
2000 Ed. (3437, 3439, 3443, 3445)
1999 Ed. (3725, 3726, 3727, 3728)
Ohio Teamsters
2000 Ed. (1623, 1624)
Ohio Teamsters Credit Union
2004 Ed. (1932, 1935)
2003 Ed. (1888, 1895)
2002 Ed. (1827, 1834)
Ohio Valley Banking Co.
2005 Ed. (1065)
Ohio Valley Community Credit Union
2005 Ed. (2074)
Ohio Valley Electric Corp.
2000 Ed. (3673)
Ohio Valley Flooring
2000 Ed. (2202)
1999 Ed. (2447)
1998 Ed. (1699)
1996 Ed. (1922)
1995 Ed. (1879)
Ohio Valley Health Services
1991 Ed. (2500)
Ohio Valley Health Services & Education Corp.
2008 Ed. (2173)
2006 Ed. (2116)
2005 Ed. (2014)
2004 Ed. (1888)
2003 Ed. (1852)
2001 Ed. (1898)
Ohio Water Development Authority
2001 Ed. (894)
2000 Ed. (3201)
1998 Ed. (2969)
1995 Ed. (3036)
1994 Ed. (3363)
1991 Ed. (2530)
1990 Ed. (2876)
Ohio Wesleyan University
1995 Ed. (1058)
1994 Ed. (1050)
1993 Ed. (1023)
1992 Ed. (1275)
Ohio Wines
1989 Ed. (2941)
OhioHealth Corp.
2006 Ed. (1953, 3589)
2003 Ed. (3468)
2002 Ed. (3294)
2000 Ed. (3183)
Ohison Lavole Corp.
2002 Ed. (332)
OHM Corp.
1998 Ed. (937, 938, 1476, 1477, 1480, 1485, 1487)
1997 Ed. (1152, 1156, 3132)
1996 Ed. (1123, 1128)
1995 Ed. (1155)
1994 Ed. (1137)
1993 Ed. (1121)
1992 Ed. (1408)
Ohman; Richard W.
1990 Ed. (1719)
Ohmeda-Medical Corp.
1999 Ed. (2643, 2643)
Ohmicron Corp.
1995 Ed. (668)
1993 Ed. (704)
Ohmicron Environmental Diagnostics Inc.
1996 Ed. (742)
Ohnstad Twitchell
2001 Ed. (885)
Ohori; Ryusuke
1997 Ed. (1979)
1996 Ed. (1871)
Ohridska Banka AD Skopje
2000 Ed. (599)
OHS Inc.
1999 Ed. (3882)
Ohtsuki; Keiko
1997 Ed. (1979, 1987)
1996 Ed. (1881)
Oi
2005 Ed. (1563, 1564)
OIA Global Logistics
2007 Ed. (291, 3592)
Oil
2008 Ed. (1631)
2007 Ed. (4236)
2006 Ed. (4220)
2001 Ed. (4154)
1994 Ed. (1627)
1993 Ed. (2364)
1992 Ed. (1945, 2093, 2804)
1991 Ed. (2053, 2262)
1990 Ed. (1663, 2402)
Oil & fat manufacturing
2002 Ed. (2781, 2784)
Oil & gas
2008 Ed. (1407, 1408, 1420, 1426, 1432)
2006 Ed. (1425, 1426, 1437, 1440, 1444, 1447, 1454, 3258, 3294)
2005 Ed. (1470, 1471, 1481, 1485, 1543, 1572, 3015)
2004 Ed. (1455, 1456, 1465, 1541, 1546, 1558)
2003 Ed. (1426, 1436, 1497, 1516, 1520)
2002 Ed. (1398, 1407, 1481, 1490, 1491)
2001 Ed. (4364)
2000 Ed. (1310, 1312, 1326, 1327, 3088)
1999 Ed. (1468, 3352)
1998 Ed. (1036, 1040, 2750)
1997 Ed. (1263, 1274, 2572)
1996 Ed. (1220)
1995 Ed. (1227, 1248)
1994 Ed. (1210, 1211, 1228, 1229, 1240)
1993 Ed. (1186, 1187, 1201, 1205)
1992 Ed. (1488)
1991 Ed. (1151, 1175, 1180, 2055, 2059)
1990 Ed. (1258, 1262, 2186)
Oil & Gas Development
2008 Ed. (2031)
2007 Ed. (1949)
2006 Ed. (1977)
Oil & Gas drilling
1992 Ed. (4070)
Oil & gas equipment/service
1995 Ed. (2248)
Oil & gas equipment, services
2008 Ed. (3151, 3152, 3153, 3154, 3156, 3157, 3159)
2007 Ed. (3039, 3041, 3046)
Oil & gas exploration/production
2005 Ed. (3015, 3016)
Oil & gas extraction
2002 Ed. (2222, 2223, 2224, 2225, 2784)
2001 Ed. (1726, 1825)
1990 Ed. (1658)
Oil & gas field machinery & services
1995 Ed. (1754)
Oil & Gas Journal
2003 Ed. (814)
Oil & gas; petroleum refining
1996 Ed. (2489)
Oil & Natural Gas Corp., Ltd.
2008 Ed. (1802, 1803, 2501, 3562, 3680, 3914, 3921, 3924, 3927)
2007 Ed. (1583, 1772, 1774, 2386, 3861, 3872, 3875)
2006 Ed. (1552, 1753, 1765, 3384, 3844, 3851)
2005 Ed. (3773, 3775, 3776, 3777)
2004 Ed. (3851)
2002 Ed. (4424)
2001 Ed. (1732, 1733, 1734, 1735)
Oil & Natural Gas Commission
2000 Ed. (754)
1999 Ed. (741)
1992 Ed. (1642)
Oil and Natural Gas Commission (India)
1991 Ed. (2717)
Oil and oil products
2001 Ed. (2376)
Oil Butler International Corp.
2006 Ed. (351)
2005 Ed. (335)
2004 Ed. (339)
2003 Ed. (355)
2002 Ed. (404)
Oil Can Henry's
2004 Ed. (339)
2003 Ed. (355)
2002 Ed. (404)
Oil Casualty Insurance Ltd.
2008 Ed. (3224)
2007 Ed. (3084)
2006 Ed. (3054)
Oil, Chemical & Atomic Workers International Union
1996 Ed. (3602)
Oil companies
1994 Ed. (1041, 1495)
Oil Company YUKOS
2002 Ed. (1637)
Oil, crude
2008 Ed. (2644, 2650, 2802)
2007 Ed. (2516, 2522, 2671)

2006 Ed. (2536, 2681)
2005 Ed. (2705)
2004 Ed. (2715)
2003 Ed. (2601)
Oil Dri
2001 Ed. (3834)
2000 Ed. (1859)
Oil Dry Corp. America
1997 Ed. (3132)
Oil field equipment
2004 Ed. (2545)
1992 Ed. (2625)
Oil/gas
2003 Ed. (1425, 2910, 2911)
Oil India Ltd.
2003 Ed. (3821)
Oil Insurance Ltd.
2008 Ed. (3224)
2007 Ed. (3084)
2006 Ed. (3054)
OIL Management Services Ltd.
2006 Ed. (3052)
Oil of Olay
2006 Ed. (35, 3800)
2003 Ed. (643, 645, 646)
2002 Ed. (671, 3644, 4304)
2001 Ed. (1906, 1907, 1910, 1913, 1922, 1923, 1933, 2384, 2400, 3165, 3166, 3516, 3700, 4292, 4293, 4297, 4299, 4300)
2000 Ed. (1586, 4036, 4037)
1999 Ed. (687, 1754, 4349, 4351, 4354)
1998 Ed. (1197, 2808, 3307, 3308, 3309)
1996 Ed. (2988, 3441, 3442)
1994 Ed. (2819, 3313, 3353)
1993 Ed. (1522)
1992 Ed. (3404)
1991 Ed. (3135)
Oil of Olay All Day
2001 Ed. (1904)
Oil of Olay Complete
2001 Ed. (2400, 3165, 3166)
Oil of Olay Daily
2001 Ed. (3166)
Oil of Olay Daily UV
2001 Ed. (2400)
Oil of Olay 4
1990 Ed. (1543)
Oil of Olay Lotion
1990 Ed. (2805, 2806)
Oil of Olay Lotion, 4 oz.
1989 Ed. (2184, 2185)
Oil of Olay Provital
2001 Ed. (2400, 3165, 3166)
Oil of Olay Total Effects
2002 Ed. (1951)
Oil, olive
2003 Ed. (3691, 3692)
2002 Ed. (3538)
Oil, salad and cooking
2003 Ed. (3691, 3692)
2002 Ed. (3538)
Oil Seeds
2000 Ed. (1895)
Oil service and supply
1989 Ed. (1659)
Oil States International Inc.
2008 Ed. (2498)
2007 Ed. (3836)
2006 Ed. (2434)
Oil well equipment & services
1992 Ed. (4070)
Oil wells
1990 Ed. (2776)
Oilexco Inc.
2008 Ed. (1617)
2007 Ed. (1619)
Oils, baby
2002 Ed. (422)
Ointments, baby
2002 Ed. (422)
OIQ Ferique American
2001 Ed. (3477)
OIQ Ferique Balanced
2001 Ed. (3457, 3458, 3459)
OIQ Ferique Equity
2002 Ed. (3441)
O.I.V. Systems Inc.
1995 Ed. (2107)
O.J. Transport Co.
1997 Ed. (676)
Ojai
2002 Ed. (3728)
OJB Group
1994 Ed. (16)
Oji Paper Co., Ltd.
2008 Ed. (3856)
2007 Ed. (3779, 3780)
2006 Ed. (3781, 3782)
2005 Ed. (3688)
2003 Ed. (3725)
2002 Ed. (2322, 3578, 3579)
2001 Ed. (3630, 3631)
2000 Ed. (2257, 3408)
1999 Ed. (2495, 2496, 3690)
1998 Ed. (2746)
1995 Ed. (2833)
1994 Ed. (2728)
1993 Ed. (2766)
1992 Ed. (3334)
1991 Ed. (2672, 2671)
1990 Ed. (2764, 2767)
1989 Ed. (1467)
OJSC Surgutneftegas
2008 Ed. (1816, 1840, 2064, 2065, 2066, 3680, 3924, 3927)
2006 Ed. (1697, 4532, 4533)
OK
1993 Ed. (1162)
OK Bazaars
1994 Ed. (43)
1993 Ed. (50)
1992 Ed. (77, 88)
1991 Ed. (47)
1990 Ed. (47)
1989 Ed. (50)
O.K. Foods Inc.
1997 Ed. (2738, 3139)
OK IN
2001 Ed. (289)
OK Investimentos
2000 Ed. (477)
OK! Magazine
2000 Ed. (3496)
OK Marketing & Advertising
1990 Ed. (117)
1989 Ed. (123)
OK Tire Stores
2001 Ed. (4539)
Okacim
1994 Ed. (3648)
Okalahoma Gas & Electric Co.
1995 Ed. (1633)
Okaloosa Gas District
2000 Ed. (2318)
1999 Ed. (2582)
1998 Ed. (1822, 2966)
Okamoto Industries
1994 Ed. (3551)
Okamoto USA, Inc.
2001 Ed. (1386)
Okasan Securities
2002 Ed. (1702, 1710)
OKC Limited Partnership
1991 Ed. (1166)
Okeanos
1994 Ed. (3306)
O'Keefe Centre for the Performing Arts
1994 Ed. (3373)
O'Keefe Communications Inc.
2007 Ed. (3612, 3613, 4453)
O'Keefe Implement Inc.
2004 Ed. (1859)
O'Keeffe Ltd.
1989 Ed. (122)
O'Keeffe & Co.
2004 Ed. (4038)
O'Keeffes Ltd.
1991 Ed. (114)
1990 Ed. (116)
O'Kennedy-Brindley
1989 Ed. (122)
Oki
1994 Ed. (2199, 2995, 3199)
1993 Ed. (2176)
1991 Ed. (870, 2069)
OKI Electric Industry
1992 Ed. (1681)
Oki Systems (Japan)
2001 Ed. (2133)
Okidata
1995 Ed. (1096)
1994 Ed. (1090)
Okinawa Electric Power Co.
2003 Ed. (1972)
Oklahoma
2008 Ed. (2434, 2435, 2642, 2656, 3135, 3271, 3281, 3779, 3862, 4082, 4257, 4463, 4594, 4916)
2007 Ed. (2308, 2520, 2527, 2528, 2763, 3685, 3788, 4046, 4226, 4479, 4684, 4939)
2006 Ed. (2552, 2754, 2755, 2983, 3131, 3690, 3790, 4014, 4213, 4417, 4664, 4791, 4933)
2005 Ed. (1079, 2527, 2545, 2785, 2917, 2988, 3318, 3589, 3701, 3836, 4159, 4189, 4199, 4206, 4228, 4229, 4230, 4237, 4400, 4601, 4900)
2004 Ed. (414, 776, 895, 2000, 2569, 2570, 2571, 2726, 2805, 3300, 3426, 3675, 3783, 3837, 3897, 4236, 4251, 4256, 4266, 4268, 4269, 4271, 4273, 4294, 4295, 4296, 4297, 4304, 4308, 4453, 4511, 4514, 4648, 4884, 4887, 4902)
2003 Ed. (786, 1066, 2145, 2146, 2147, 2148, 2424, 2435, 2582, 3250, 3256, 3628, 3758, 4213, 4232, 4234, 4237, 4249, 4288, 4289, 4295, 4296, 4416, 4417, 4482, 4896, 4911)
2002 Ed. (869, 951, 952, 1112, 1905, 2231, 2232, 2233, 2549, 2574, 2895, 2896, 3110, 3121, 3600, 4082, 4104, 4105, 4109, 4114, 4141, 4146, 4148, 4152, 4153, 4154, 4160, 4162, 4165, 4328, 4539, 4892)
2001 Ed. (341, 1028, 1370, 1371, 1417, 2151, 2266, 2417, 2580, 2581, 2591, 2592, 2606, 2607, 2629, 3523, 3524, 3526, 3527, 3573, 3574, 3654, 3738, 3747, 3748, 3768, 3769, 3770, 3771, 3804, 3805, 4150, 4258, 4259, 4272, 4311, 4536, 4782, 4795, 4830)
2000 Ed. (2957, 3689)
1999 Ed. (3218, 4403, 4425, 4449, 4452, 4460, 4468, 4537)
1998 Ed. (1321, 2926, 3383, 3386)
1997 Ed. (2219, 2651, 3148, 3569, 3597, 3603, 3610)
1996 Ed. (35, 2512, 2729, 3516, 3557, 3581)
1995 Ed. (2463, 3476)
1994 Ed. (870, 977, 2382, 3405, 3421)
1993 Ed. (2153, 2180, 3415, 3440, 3691)
1992 Ed. (970, 1066, 2651, 2922, 2928, 2933, 3542, 4023, 4107, 4128, 4428, 4429)
1991 Ed. (1, 2162, 2768, 2815, 2900, 3182)
1990 Ed. (435, 760, 826, 2448, 2868, 3354, 3366, 3406, 3424)
1989 Ed. (206, 1898, 2619, 2787)
Oklahoma Alltel Corp. Services
2007 Ed. (1577)
2006 Ed. (1547)
2005 Ed. (1652)
2004 Ed. (1626)
2003 Ed. (1610)
Oklahoma Baptist University
2008 Ed. (1066)
2001 Ed. (1323)
1999 Ed. (1226)
1998 Ed. (797)
1997 Ed. (1060)
1996 Ed. (1044)
1995 Ed. (1059)
1994 Ed. (1051)
1992 Ed. (1276)
Oklahoma Central Credit Union
2008 Ed. (2253)
2007 Ed. (2138)
2006 Ed. (2217)
2005 Ed. (2122)
2004 Ed. (1980)
2003 Ed. (1940)
2002 Ed. (1886)
Oklahoma Christian University
2008 Ed. (1066)
2001 Ed. (1323)
Oklahoma City Airport Trust, OK
1991 Ed. (3422)
Oklahoma City Bond Issue
2002 Ed. (2419, 3532)
Oklahoma City, OK
2008 Ed. (4089, 4119)
2007 Ed. (3012, 3368, 4098, 4099, 4100)
2006 Ed. (3304, 3309, 3742, 3743, 4050)
2005 Ed. (883, 2458, 3315, 3321, 3642, 3644, 3645)
2004 Ed. (2427, 3222, 3481, 3482, 3487, 3488, 3733, 3736, 3737, 4435, 4852)
2003 Ed. (3246, 3418, 3419, 3676, 3679, 3680, 3681, 3682, 4054, 4871)
2000 Ed. (1092, 2886, 2995, 3107)
1998 Ed. (3648)
1997 Ed. (2338)
1996 Ed. (2209, 2864)
1995 Ed. (875, 2808)
1994 Ed. (1104, 2149, 2150, 2487, 2944)
1993 Ed. (946, 2112, 2154)
1992 Ed. (1157, 1162, 2913)
1991 Ed. (3272)
1990 Ed. (1010, 1151)
1989 Ed. (1904)
Oklahoma County Industrial Development Authority, OK
1991 Ed. (2525)
Oklahoma County, OK
1996 Ed. (2538)
Oklahoma Department of Education
2002 Ed. (3917)
Oklahoma Department of Wildlife Conservation
2003 Ed. (2491)
2001 Ed. (2445)
Oklahoma Employees Credit Union
2008 Ed. (2253)
2007 Ed. (2138)
2006 Ed. (2217)
2005 Ed. (2122)
2004 Ed. (1980)
2003 Ed. (1940)
2002 Ed. (1886)
Oklahoma Fixture Co.
2002 Ed. (4514)
2000 Ed. (4135)
1999 Ed. (4501)
1997 Ed. (3653)
1996 Ed. (3600)
Oklahoma G & E
1997 Ed. (1699)
1995 Ed. (1643, 1644)
Oklahoma Gas & Electric
1998 Ed. (1393)
1997 Ed. (1700)
1996 Ed. (1620, 1621)
1994 Ed. (1601, 1602)
1993 Ed. (1560)
1992 Ed. (1904, 1905)
1991 Ed. (1503, 1504)
1990 Ed. (1606, 1607)
1989 Ed. (1302, 1303)
Oklahoma, Oklahoma City; State Fair of
1991 Ed. (1635)
Oklahoma Political Subdivision Cash Management Trust
1991 Ed. (2774)
Oklahoma School District Cash Management Trust
1991 Ed. (2774)
Oklahoma Spaceport
2002 Ed. (2419)
Oklahoma State Fair
1996 Ed. (1718)
Oklahoma; State Fair of
1995 Ed. (1733)
1994 Ed. (1725)
1993 Ed. (1709)
1992 Ed. (2066)

Oklahoma State University
2006 Ed. (1071)
1998 Ed. (710, 711)
1997 Ed. (970, 971)
Oklahoma Turnpike Authority
1995 Ed. (3663)
1991 Ed. (2512, 3421)
Oklahoma; University of
2006 Ed. (3952, 3957, 3961)
1997 Ed. (970)
1996 Ed. (948)
1994 Ed. (1666)
1991 Ed. (1576)
Okland Construction Co.
2008 Ed. (1341, 1344)
2003 Ed. (1285)
OKO Bank
2007 Ed. (1697)
OKO Bank Group
2005 Ed. (509)
2004 Ed. (492)
OKO; Ostuuspankit
1989 Ed. (29)
Okobank
2000 Ed. (525)
1999 Ed. (515)
1997 Ed. (461)
1996 Ed. (498)
1995 Ed. (466)
1994 Ed. (476)
1992 Ed. (48, 662)
1991 Ed. (506)
1990 Ed. (544)
1989 Ed. (529)
Okobank Group
2003 Ed. (495)
2002 Ed. (558)
1993 Ed. (28, 474)
OKOBANK Real Estate
1993 Ed. (28)
1992 Ed. (48)
Okocim
2000 Ed. (4371)
1999 Ed. (4740)
1996 Ed. (3817)
The Okonite Co.
1989 Ed. (1932)
Okregowa Spoldzielnia Mleczarska W. Sokolowie Podlaskim
2008 Ed. (2052)
Okuda; Hiroshi
2006 Ed. (1450, 3262)
Okuma Corp.
2001 Ed. (3185)
Okuma Machinery Works
1993 Ed. (2484)
Okura
2000 Ed. (2546)
1997 Ed. (2289)
1996 Ed. (2174)
1992 Ed. (2509, 2510)
1991 Ed. (1956)
1990 Ed. (2096)
Ol' Roy
2008 Ed. (3890)
Olaf Toelke
2000 Ed. (2082)
Olafur Stephensen Advertising
1989 Ed. (115)
Olan Mills Inc.
2003 Ed. (3799)
2001 Ed. (3729)
Olav Thon
2008 Ed. (4871)
Olay
2008 Ed. (532, 693, 711, 2187, 2652, 3878, 3884, 4451)
2007 Ed. (722, 2075, 3811)
2006 Ed. (2125)
2004 Ed. (4430)
2003 Ed. (2431, 2432, 4427, 4432, 4466)
2000 Ed. (4069, 4074)
1998 Ed. (3330)
Olay Complete
2004 Ed. (659)
2003 Ed. (2432, 4465)
Olay Daily Facials
2003 Ed. (2431)
Olay Provital
2003 Ed. (2432)
Olay Total Effects
2004 Ed. (4429, 4430)
2003 Ed. (4431)
Olbes, Ogilvy & Mather
1992 Ed. (198)
1991 Ed. (143)
1990 Ed. (143)
Olbeter; Erik
2008 Ed. (2692)
Olco Petroleum Group
2007 Ed. (1636, 1638, 3863)
Old America Stores
2001 Ed. (1943)
1999 Ed. (1054)
Old American County Mutual Fire
2002 Ed. (3954)
2001 Ed. (2908)
Old American County Mutual Fire Insurance Co.
2005 Ed. (3066)
2004 Ed. (3055)
2003 Ed. (2970)
Old Bridge Township, NJ
1992 Ed. (2380)
Old Charter
2002 Ed. (294)
2001 Ed. (4806)
1999 Ed. (3208)
1998 Ed. (2376)
1997 Ed. (2660)
1996 Ed. (2521)
1995 Ed. (2472)
1994 Ed. (2391)
1991 Ed. (727)
1989 Ed. (749)
Old Charter KY
1991 Ed. (2317)
Old Chicago Restaurants
2002 Ed. (4016, 4019)
1998 Ed. (3060, 3062)
Old Country Buffet
2008 Ed. (4155, 4167, 4168)
2007 Ed. (4141)
2006 Ed. (4114, 4128)
2003 Ed. (4095)
2002 Ed. (4000, 4010)
2001 Ed. (4062, 4070, 4072)
2000 Ed. (3779)
1999 Ed. (4061, 4062, 4077)
1998 Ed. (1879, 3059)
1997 Ed. (3315, 3323, 3336)
1996 Ed. (3214, 3221, 3222, 3233)
1995 Ed. (3118)
1994 Ed. (1743, 3070, 3073, 3081, 3091)
1993 Ed. (3019, 3032)
1990 Ed. (3017)
Old Country Buffets
1992 Ed. (3703, 3716)
1991 Ed. (2880)
Old Crow
2004 Ed. (4892)
2003 Ed. (4902)
2002 Ed. (3107)
2001 Ed. (4788)
2000 Ed. (2948)
1999 Ed. (3208)
1998 Ed. (2376)
1997 Ed. (2660)
1996 Ed. (2521)
1995 Ed. (2472)
1994 Ed. (2391)
1993 Ed. (2446)
1992 Ed. (2869)
1991 Ed. (727, 2317)
Old Dominion
1999 Ed. (4677)
1998 Ed. (3637)
1997 Ed. (3807)
1993 Ed. (3640)
Old Dominion Electric
2002 Ed. (3532)
1992 Ed. (3263)
Old Dominion Electric Cooperative
2007 Ed. (1428)
2006 Ed. (1392, 1393)
2005 Ed. (1406, 1407)
2004 Ed. (1385, 1386)
2001 Ed. (427, 3553, 3869)
Old Dominion Freight
1996 Ed. (3757)
1995 Ed. (3679)
Old Dominion Freight Line Inc.
2008 Ed. (4736, 4763, 4769, 4780)
2007 Ed. (4847, 4857)
2006 Ed. (4836, 4854)
2005 Ed. (4778)
2004 Ed. (4570, 4807)
2002 Ed. (1501)
Old Dominion Freight Lines
2002 Ed. (4698)
1994 Ed. (3600)
Old Dominion Tobacco Co.
1995 Ed. (1200)
Old Dutch
2002 Ed. (4640)
2001 Ed. (4579)
2000 Ed. (4267)
Old Ebbit Grill
2001 Ed. (4051)
Old Ebbitt Grill
2008 Ed. (4148, 4149)
2007 Ed. (4130, 4131)
2006 Ed. (4105)
2005 Ed. (4047)
2003 Ed. (4087)
Old El Paso
2004 Ed. (1371)
1999 Ed. (2474)
1998 Ed. (3126)
1996 Ed. (1948, 3283)
1994 Ed. (1881, 3136)
Old El Paso Mexican Food
1992 Ed. (2172)
Old El Paso Mexican Foods
2002 Ed. (2312)
Old English
2008 Ed. (980)
2003 Ed. (980, 984)
1989 Ed. (775, 778)
The Old Farmer's Almanac
2008 Ed. (547)
1993 Ed. (2798)
Old Farmer's Almanac 2000
2001 Ed. (987)
Old Fitzgerald
1989 Ed. (750)
Old Fitzgerald Prime
1989 Ed. (749)
Old Forester
2002 Ed. (3159, 3161, 3162)
2001 Ed. (4803, 4804, 4806)
1989 Ed. (749)
Old Forge Crossing
1993 Ed. (1081)
1992 Ed. (1352)
1991 Ed. (1046)
1990 Ed. (1147)
Old Grand-Dad
2004 Ed. (4892)
1999 Ed. (3208)
1995 Ed. (2472)
1993 Ed. (2446)
1992 Ed. (2869)
1991 Ed. (727, 2317)
1989 Ed. (748, 751, 752)
Old Hickory Furniture Co. Inc.
1999 Ed. (4500)
Old Holborn
2001 Ed. (4568)
The Old Horse Guards, London
1994 Ed. (2720)
Old Kent Bank
2001 Ed. (4282)
1998 Ed. (395)
Old Kent Bank & Trust Co.
1997 Ed. (558, 2618)
1996 Ed. (605, 2484)
1995 Ed. (546)
1994 Ed. (570, 2550)
1993 Ed. (450, 568)
1992 Ed. (779)
Old Kent Bank & Trust Co. (Grand Rapids)
1991 Ed. (608)
Old Kent Bank-Chicago
1999 Ed. (493)
1998 Ed. (343)
1997 Ed. (436)
Old Kent Finance Corp.
1994 Ed. (3039, 3269)
Old Kent Financial Corp.
2002 Ed. (432, 433, 434, 436, 437, 491, 4294)
2001 Ed. (588, 4280)
2000 Ed. (384, 3740)
1999 Ed. (384, 662, 4026, 4029)
1998 Ed. (286, 3034)
1997 Ed. (349, 1257)
1996 Ed. (378, 3181)
1995 Ed. (359, 3085, 3350)
1993 Ed. (358, 2991)
1992 Ed. (522, 525, 526)
1991 Ed. (389)
1990 Ed. (640)
1989 Ed. (623)
The Old Lady Who Walked...
1998 Ed. (3677)
The Old Lady Who Walked in the Sea
1998 Ed. (3676)
Old Lahaina Luau
2006 Ed. (1741)
Old Line Life
1995 Ed. (2297)
Old Line National Bank
1998 Ed. (365)
Old London Foods
2003 Ed. (1371)
Old master paintings
1992 Ed. (2804)
1991 Ed. (2262)
1990 Ed. (2401)
Old Mill (Country Miss)
1991 Ed. (2649)
Old Milwaukee
2008 Ed. (542)
2007 Ed. (597)
1997 Ed. (720)
1996 Ed. (782)
1995 Ed. (702, 703, 706)
1994 Ed. (752)
1993 Ed. (677, 746, 747)
1992 Ed. (935, 936, 4231)
1990 Ed. (749, 758, 763, 764)
1989 Ed. (768, 772, 773, 774, 779)
Old Milwaukee Light
2003 Ed. (664)
2000 Ed. (813)
1992 Ed. (932)
1991 Ed. (3321)
1990 Ed. (761, 3544)
Old Milwaukee NA
2001 Ed. (684)
1997 Ed. (653)
1996 Ed. (717)
1995 Ed. (643)
1994 Ed. (679)
Old Milwaukee Non-Alcohol
2006 Ed. (559)
2005 Ed. (656)
2004 Ed. (669)
2002 Ed. (685)
Old Mr. Boston
1991 Ed. (741)
1990 Ed. (2443)
Old Mutual
2006 Ed. (2010, 3128)
2005 Ed. (3092)
2002 Ed. (3038, 3039, 3040)
1996 Ed. (3414)
1995 Ed. (1486, 2315)
1993 Ed. (1396, 2231)
Old Mutual Clay Finlay China
2008 Ed. (3771)
Old Mutual Hong Kong
1997 Ed. (2910)
1996 Ed. (2815)
Old Mutual Latin America
2000 Ed. (3310)
Old Mutual plc
2008 Ed. (1410)
2007 Ed. (3159, 3164)
2006 Ed. (3129, 4517, 4523, 4999)
2002 Ed. (1793, 4447, 4448, 4449, 4996, 4997)
Old Mutual South Africa
1997 Ed. (2907)
Old Mutual Thailand Account
1997 Ed. (2910)
Old National Bancorp
2005 Ed. (359)
Old National Bank
1999 Ed. (658)
1998 Ed. (376)
Old Navy
2008 Ed. (982, 1009)

2007 Ed. (1101, 1117, 1127)
2006 Ed. (1015)
2005 Ed. (1028, 3244, 4106)
Old Orleans
2001 Ed. (4086)
Old Reliance Insurance Co.
1991 Ed. (2108)
Old Republic General Group
2008 Ed. (3233)
2004 Ed. (3053)
2002 Ed. (2838)
2001 Ed. (2905)
2000 Ed. (2656)
1999 Ed. (2902)
1998 Ed. (2116)
Old Republic Group
1991 Ed. (2130)
1989 Ed. (1735)
Old Republic International Corp.
2008 Ed. (1509, 2371)
2007 Ed. (1496, 1525, 2230)
2006 Ed. (2283, 3140)
2005 Ed. (2221, 4507)
2004 Ed. (3034)
2002 Ed. (2870)
2001 Ed. (4033)
2000 Ed. (2729)
1999 Ed. (2914, 2977)
1998 Ed. (2129, 2130, 2208)
1997 Ed. (2416, 2417)
1996 Ed. (2284, 2285)
1995 Ed. (2276, 2278)
1994 Ed. (2229, 2231, 2277)
1993 Ed. (2250)
1992 Ed. (2682, 2703)
1991 Ed. (2140, 2142)
1990 Ed. (2273)
1989 Ed. (1742, 1743)
Old Republic National Title Insurance Co.
2002 Ed. (2982)
2000 Ed. (2738)
1999 Ed. (2985, 2986)
1998 Ed. (2214)
Old Republic Title Co.
2000 Ed. (2739)
1998 Ed. (2215)
Old Second Bancorp Inc.
2008 Ed. (2369)
Old Second National, IL.
1989 Ed. (2152)
Old Smuggler
2004 Ed. (4316)
2003 Ed. (4306)
2002 Ed. (4173)
2001 Ed. (4163)
1998 Ed. (3163)
1997 Ed. (3387)
1996 Ed. (3290)
1995 Ed. (3193)
1994 Ed. (3148)
1993 Ed. (3104)
1992 Ed. (3808)
1991 Ed. (2932)
1990 Ed. (3111)
Old South Home Co.
2004 Ed. (1176)
Old Southwest Life Insurance Co.
1995 Ed. (2310)
Old Spaghetti Factory
2008 Ed. (4161)
2004 Ed. (4120)
2002 Ed. (4022)
2000 Ed. (3787)
1999 Ed. (4068)
1998 Ed. (3065)
1997 Ed. (3337)
Old Spaghetti Warehouse, Inc.
1991 Ed. (227)
Old Spice
2008 Ed. (2326)
2007 Ed. (2643)
2006 Ed. (2660)
2005 Ed. (2164, 2680)
2004 Ed. (2684)
2003 Ed. (2001, 2003, 2546, 3778)
2002 Ed. (2355)
2001 Ed. (3702, 3723)
2000 Ed. (1658, 1659, 3455)
1999 Ed. (3736, 3740)
1998 Ed. (1256, 1257, 2778)
1997 Ed. (3033, 3063)
1996 Ed. (2952, 2954)
1995 Ed. (1549, 2877)
1994 Ed. (2779)
1993 Ed. (2787)
1992 Ed. (3366)
1990 Ed. (3546, 3604)
Old Spice High Endurance
2008 Ed. (2326, 3876)
2004 Ed. (658, 3797)
2003 Ed. (2002)
2001 Ed. (1990)
Old St. Andrews
2004 Ed. (4321)
Old Stone Corp.
1993 Ed. (3289)
Old Stone Bank
1993 Ed. (3082, 3089, 3569, 3570)
Old Stone Bank, FSB
1992 Ed. (3781, 3790)
1989 Ed. (2824)
Old Style
1989 Ed. (773)
Old Style Light
1989 Ed. (773)
Old Style Special Dry
1993 Ed. (745)
Old Thompson
2002 Ed. (3102)
2001 Ed. (4786)
2000 Ed. (2944)
1999 Ed. (3204)
1998 Ed. (2373)
1997 Ed. (2653)
1996 Ed. (2514)
1995 Ed. (2465)
1994 Ed. (2384)
1993 Ed. (2434)
1992 Ed. (2870)
1991 Ed. (2318)
1990 Ed. (2452)
Old Thomspon
2004 Ed. (4889)
2003 Ed. (4899)
Old Town San Diego State Historic Park
1999 Ed. (3704)
Old Tyme
2000 Ed. (4063)
Old Weller
2002 Ed. (294)
Old Westbury Capital Opportunities
2006 Ed. (3622)
Old Westbury International
1998 Ed. (409)
Old Wisconsin
2002 Ed. (3271)
Old Wisconsin Sausage
1998 Ed. (3324)
1996 Ed. (3465)
Old World Foods
1998 Ed. (254)
Old World Kitchens & Custom Cabinets Ltd.
2006 Ed. (4994)
2005 Ed. (4996)
Oldcastle Inc.
2008 Ed. (4543, 4544, 4545)
2007 Ed. (4592, 4593, 4594)
2006 Ed. (4608, 4609, 4610)
2005 Ed. (4167, 4523, 4524, 4525, 4526)
2003 Ed. (4612, 4613)
2001 Ed. (1144)
Oldcastle Materials Inc.
2008 Ed. (2168, 4543)
2006 Ed. (2104, 4608, 4609)
2005 Ed. (2003, 4523, 4524, 4527)
2004 Ed. (1886, 4239, 4590, 4591, 4592, 4594)
2002 Ed. (4088, 4510, 4511)
Oldcastle Inc. Materials Group
2003 Ed. (4217, 4614, 4615)
Olde Discount
1998 Ed. (523)
Olde English
2002 Ed. (1050)
Olde English 800
1998 Ed. (498, 3440)
1996 Ed. (780)
Olde English 800 Ice
1998 Ed. (498, 3440)
Olde Heurich Brewing Co.
1992 Ed. (927)
Olde Mill Inn
2005 Ed. (2938)
2002 Ed. (2641)
2000 Ed. (2545)
Olde New England Brownie
1998 Ed. (992, 993, 3660)
1997 Ed. (1214)
1995 Ed. (1209, 3692)
Olden & Co.
1992 Ed. (1420)
1991 Ed. (1087)
1990 Ed. (1206)
Oldenberg Brewing Co.
1992 Ed. (3064)
1991 Ed. (2452)
1990 Ed. (748)
Oldest House
1990 Ed. (266)
Oldham Estate
1989 Ed. (2288)
Oldies
2001 Ed. (3405, 3962)
Olds Custom Cruiser
1992 Ed. (436)
Olds Custom Cruiser wagon
1992 Ed. (484)
Olds Cutlass Ciera
1999 Ed. (357)
Olds Cutlass Ciera station wagon
1991 Ed. (356)
Olds Cutlass Supreme
1996 Ed. (316, 345)
Olds 88
1989 Ed. (316)
Oldsmobile
2003 Ed. (303, 357)
2000 Ed. (339)
1999 Ed. (323)
1998 Ed. (3645)
1997 Ed. (300)
1996 Ed. (306, 309, 315)
1995 Ed. (302)
1994 Ed. (301, 319)
1993 Ed. (304, 305, 310, 316)
1992 Ed. (442, 2413)
1991 Ed. (319)
1990 Ed. (358)
1989 Ed. (320, 327, 1595)
Oldsmobile Aurora
2000 Ed. (348)
Oldsmobile Cutlass
2000 Ed. (360)
1989 Ed. (341, 1670)
Oldsmobile Cutlass Ciera
1993 Ed. (318, 349)
1990 Ed. (349)
1989 Ed. (315)
Oldsmobile Cutlass Ciera SL
1992 Ed. (4362)
Oldsmobile Cutlass Supreme
1997 Ed. (323)
1995 Ed. (329)
1993 Ed. (348)
1990 Ed. (403)
Oldsmobile Cutless Ciera
1991 Ed. (321)
Oldsmobile Dealer Association
1998 Ed. (206)
Oldsmobile Delta 88
1991 Ed. (350)
1989 Ed. (315)
Oldsmobile 98
1991 Ed. (350)
Oldsmobile Royale
1997 Ed. (323)
Ole Mexican Foods Inc.
2008 Ed. (2963)
Ole South Properties
2005 Ed. (1216)
2004 Ed. (1190)
2003 Ed. (1185)
O'Leary CA
1997 Ed. (1471)
O'Leary, M.D.; Dennis
1991 Ed. (2406)
O'Leary; Thomas
1997 Ed. (1801)
Oleg Cassini
2003 Ed. (3623)
Oleg Deripaska
2008 Ed. (4894)
2006 Ed. (4929)
Oleg Novachuk
2008 Ed. (4880)
Oles Envelope Corp.
2006 Ed. (4357)
Olex Holdings
2004 Ed. (3956)
Olga
1997 Ed. (1039)
Olga Dergunova
2006 Ed. (4984)
Olga's
1992 Ed. (2122)
Olga's Kitchen Inc.
2000 Ed. (3775)
1999 Ed. (4087)
1998 Ed. (3076)
Olgilvy & Mather
1999 Ed. (66)
OLH LP
2004 Ed. (1865)
2003 Ed. (1832)
Olicom A/S
1996 Ed. (2895)
Olifant
2002 Ed. (4771)
Oliff & Berridge
2008 Ed. (3860)
2007 Ed. (3324)
Olimpia Srl
2003 Ed. (1429)
Olin Corp.
2008 Ed. (1947, 1948, 1951, 1953, 1956, 3666)
2007 Ed. (1892, 3484, 3496)
2006 Ed. (1905, 2298, 3460, 3472)
2005 Ed. (935, 3451, 3453, 3464)
2004 Ed. (944, 945, 1361, 3438)
2003 Ed. (3368, 3371, 3375)
2002 Ed. (3305, 4880)
2001 Ed. (1221)
2000 Ed. (3095, 3098)
1999 Ed. (1084, 1503, 2115, 3359, 3361, 3362, 3713)
1998 Ed. (701, 702)
1997 Ed. (951, 955, 3005)
1996 Ed. (923)
1995 Ed. (953, 957)
1994 Ed. (917, 921, 922, 1343)
1993 Ed. (1291, 2852, 2946, 3326)
1992 Ed. (1106, 3346, 3982)
1991 Ed. (903, 914, 2681, 3133, 910)
Olin College of Engineering; Franklin W.
2008 Ed. (2408)
Olin Foundation; John M.
1991 Ed. (1003, 1003, 1767, 1767)
Olin Graduate School of Business; Babson College, F. W.
2008 Ed. (780)
2007 Ed. (819, 2849)
Olin School of Business; Washington University
2008 Ed. (777)
Oliphant; Randall
2006 Ed. (2528)
Olivarera Nuestra Senora de Fuens A Nts Sc Andaluza
2005 Ed. (1963)
Olive Garden
2008 Ed. (4161, 4181, 4182, 4183, 4184)
2007 Ed. (4148, 4149)
2006 Ed. (4104, 4109, 4122, 4130)
2005 Ed. (4052, 4062, 4063, 4064, 4083, 4085)
2004 Ed. (4120, 4137, 4138)
2003 Ed. (4078, 4099, 4106, 4107, 4109, 4110, 4121, 4136)
2002 Ed. (4001, 4022, 4031)
2001 Ed. (4063, 4066, 4067, 4068, 4069, 4070, 4071, 4072, 4073)
2000 Ed. (3781, 3787)
1999 Ed. (4064, 4068, 4076)
1998 Ed. (3065)
1997 Ed. (3317, 3322, 3337)
1996 Ed. (3216, 3224, 3225)
1995 Ed. (2953, 3120, 3124, 3125, 3127, 3130, 3141)

1994 Ed. (1740, 1741, 1744, 1745, 1746, 2888, 3075, 3079, 3080, 3082, 3086)
1993 Ed. (2863, 3014, 3015, 3017, 3023, 3024, 3027, 3028, 3029, 3036)
1992 Ed. (3471, 3703, 3704, 3709)
1991 Ed. (2750, 2869, 2877, 2878)
1990 Ed. (3019, 3020)
Olive LLP
2002 Ed. (12, 19)
Olive oil
1992 Ed. (3298)
1991 Ed. (1864)
Olive, palm, & peanut oil
2002 Ed. (2217)
Olive View Employees Credit Union
1998 Ed. (1218)
Oliver & Company
1998 Ed. (3673)
Oliver Bonacini Partnership
2008 Ed. (4319)
Oliver "Daddy" Warbucks
2008 Ed. (640)
2007 Ed. (682)
Oliver Freaney
1996 Ed. (14, 15)
Oliver Freaney & Co.
1993 Ed. (7, 8)
1992 Ed. (17, 18)
Oliver-Hoffmann; Paul W.
1994 Ed. (892)
Oliver J. Nilsen
2004 Ed. (3956)
Oliver Kahn
2007 Ed. (4464)
2006 Ed. (4397)
Oliver, Maner & Gray
2000 Ed. (1726)
1999 Ed. (1942)
1995 Ed. (1629)
1991 Ed. (1487)
Oliver Paving Co.
2007 Ed. (3586)
Oliver Realty/Grubb & Ellis
1992 Ed. (3615)
1991 Ed. (2806)
Oliver T. Wilson Inc.
2008 Ed. (15, 17)
Olives, black
2003 Ed. (3875)
2002 Ed. (3709)
Olives, green
2003 Ed. (3875)
2002 Ed. (3709)
Olivet Nazarene University
2008 Ed. (1056)
Olivetti
2000 Ed. (4127)
1997 Ed. (2579)
1995 Ed. (2575)
1993 Ed. (1058, 1060, 1064, 1353, 1581, 2177, 2178, 2179, 2565, 2566, 2567, 2571)
1992 Ed. (1310, 1319, 1320, 1653, 1928, 2633, 2634, 3069, 3073, 3074)
1991 Ed. (1032, 1311, 1535, 1717, 2063, 2064, 2068, 2455, 2456, 2458, 2459)
1990 Ed. (1130, 1638, 1782, 2195, 2201, 2573, 3472)
1989 Ed. (983, 1306, 1338, 1982)
Olivetti & C. Spa; Ing. C.
1991 Ed. (2371)
Olivetti & Co. SpA; Ing. C.
2005 Ed. (1475, 1483, 1562, 1830)
1994 Ed. (20, 252, 1406, 2200, 2201, 2207, 2514, 3660)
Olivetti Group
1991 Ed. (1312, 1313)
1990 Ed. (1389, 2739)
Olivetti International Finance
2005 Ed. (2146)
Olivetti ord
1996 Ed. (2642)
Olivetti SpA
2005 Ed. (1772, 1773)
2004 Ed. (1715, 1716, 4673)
2003 Ed. (1726, 2209, 3303, 3304, 4702)
2002 Ed. (1684, 1685, 1699, 3249, 3250, 4570)
2001 Ed. (46, 1551, 2214)
Olivetty
2000 Ed. (1468)
The Olivia Cos., LLC
2008 Ed. (3023)
2007 Ed. (2902)
Olivia Saves the Circus
2003 Ed. (712)
Olivier Stocker
2000 Ed. (2186)
Olivio
2002 Ed. (1909)
Ollie's Bargain Outlet
1999 Ed. (1053)
Ollila; Jorma
2006 Ed. (691)
2005 Ed. (789, 2320)
Olmsted County Jail
1994 Ed. (2935)
Olney Trust Bank
1989 Ed. (208)
Olofson; Tom W.
2005 Ed. (976, 977)
Olsen
2002 Ed. (2377)
Olsen; Ken
1990 Ed. (971)
Olsen; Kenneth H.
1994 Ed. (1719)
1993 Ed. (1700)
1992 Ed. (2053)
Olsen Thielen & Co., Ltd.
2008 Ed. (5)
2007 Ed. (7)
2006 Ed. (11)
2005 Ed. (6)
2004 Ed. (10)
2003 Ed. (4)
2002 Ed. (13, 14)
1999 Ed. (16)
1998 Ed. (12)
The Olsen Twins
2008 Ed. (2584)
Olshan Demolishing Co. Inc.
1999 Ed. (1367)
1998 Ed. (945)
1997 Ed. (1175)
1996 Ed. (1146)
1995 Ed. (1171)
1993 Ed. (1134)
1992 Ed. (1421)
1991 Ed. (1088)
1990 Ed. (1203)
The Olson Co.
2005 Ed. (1226, 1227)
Olson; John
1997 Ed. (1884)
1995 Ed. (1832)
1994 Ed. (1794)
1993 Ed. (1811)
Olson Co.; John M.
1997 Ed. (1179)
1996 Ed. (1150)
1995 Ed. (1176)
1993 Ed. (1150)
1992 Ed. (1435)
Olson Rug Co
1990 Ed. (912)
Olson, Thielen & Co.
2000 Ed. (13)
Olsson Roofing Co. Inc.
1998 Ed. (953)
1997 Ed. (1168)
1996 Ed. (1138)
1995 Ed. (1164)
1994 Ed. (1148)
1992 Ed. (1417)
Olstein Financial Alert
2006 Ed. (3616, 3618)
2004 Ed. (2447, 3534, 3537)
2003 Ed. (3499)
Olsten
2000 Ed. (4225, 4226)
1999 Ed. (3264, 4572, 4573, 4575)
1998 Ed. (1703, 2412, 3504, 3506)
1997 Ed. (3497, 3724)
1996 Ed. (3402, 3665)
1995 Ed. (3288, 3301)
1994 Ed. (3233)
1993 Ed. (1704, 2472)
1992 Ed. (2940)
1991 Ed. (2359)
1990 Ed. (3260)
1989 Ed. (2477)
Olsten Flying Nurses Tx Recruitment
2001 Ed. (3555)
Olsten Health Care Services
2000 Ed. (2491)
1999 Ed. (2704, 2705, 2706, 2707, 2726, 2727)
1998 Ed. (1966, 3419)
Olsten Health Services
2001 Ed. (2753)
2000 Ed. (2490)
Olsten Kimberly Qualitycare
1998 Ed. (1965)
1997 Ed. (2242)
1996 Ed. (2131)
Olsten of Chicago Inc.
1998 Ed. (3505)
Olsten Staffing Services
2001 Ed. (4501, 4502)
2000 Ed. (4227, 4228)
1999 Ed. (4574, 4576)
Oltenia
2006 Ed. (4530)
Oltmans Construction
2006 Ed. (1295)
2004 Ed. (1249, 1260)
2003 Ed. (1257)
1992 Ed. (1437)
Olvia-Beta Co.
2005 Ed. (90)
Olwen Direct Mail
1993 Ed. (1486)
Olymel Ltd.
2003 Ed. (3341)
Olymel & Co. Ltd.
1997 Ed. (2735, 2739, 3142, 3146)
1994 Ed. (2452, 2453, 2460, 2904, 2905, 2912)
Olymel LP
2007 Ed. (2615)
Olymel Societe en Commandite
2008 Ed. (2745)
1996 Ed. (2592, 3067)
1995 Ed. (2523, 2528, 2963, 2969)
Olympia & York Developments Ltd.
2000 Ed. (390)
1999 Ed. (390)
1998 Ed. (1008)
1997 Ed. (354)
1996 Ed. (383, 1208)
1995 Ed. (1237)
1994 Ed. (1221)
1993 Ed. (1181)
1992 Ed. (1474)
1991 Ed. (1162, 2377)
1990 Ed. (1243, 1274)
1989 Ed. (191)
Olympia Broadcasting
1991 Ed. (2795)
Olympia Commercial Bank
1997 Ed. (538)
Olympia Energy Inc.
2003 Ed. (1633)
Olympia Gaming
2007 Ed. (3381)
Olympia Homes
2003 Ed. (1179)
Olympia Mortgage Corp.
2000 Ed. (4057)
Olympia Stadium
1999 Ed. (1300)
Olympia, WA
2008 Ed. (3460, 3476)
2005 Ed. (2377)
1992 Ed. (3055)
Olympian Consultancy
2001 Ed. (1882)
Olympic
1990 Ed. (219)
Olympic Air Lines
1997 Ed. (207)
Olympic Airways
2001 Ed. (310, 312)
1996 Ed. (187)
1991 Ed. (202)
Olympic DDB
2000 Ed. (100)
Olympic DDB Albania
2003 Ed. (41)
Olympic DDB Bulgaria
2003 Ed. (55)
2002 Ed. (88)
Olympic DDB/Greece
2003 Ed. (78)
2002 Ed. (113)
2001 Ed. (140)
Olympic DDB Needham
1999 Ed. (94)
1997 Ed. (68, 93)
1996 Ed. (92)
1995 Ed. (78)
1994 Ed. (91)
1993 Ed. (103)
1992 Ed. (154)
1991 Ed. (103)
1990 Ed. (106)
1989 Ed. (111)
Olympic Equity Income
1993 Ed. (2674)
Olympic Federal Savings & Loan Association
1991 Ed. (3372)
Olympic Hyundai
1991 Ed. (280)
Olympic International Bank & Trust Co.
1990 Ed. (647)
Olympic National Park
1990 Ed. (2665)
Olympic Paint
1998 Ed. (1899)
Olympic Saddledome
1994 Ed. (3373)
Olympic Savings Bank
1994 Ed. (1226)
Olympic Stadium
2005 Ed. (2520)
2003 Ed. (2414)
2002 Ed. (4348)
2001 Ed. (2352)
1999 Ed. (1300)
Olympic Steel
2008 Ed. (2847)
2007 Ed. (2713)
2005 Ed. (4477)
Olympic Trust Equity Income
1995 Ed. (2736)
Olympic Turnaround: How the Olympic Games Stepped Back from the Brink of Extinction to Become the Wor
2008 Ed. (613)
Olympics
2005 Ed. (4446)
2003 Ed. (807, 808)
Olympus
2008 Ed. (833, 834, 3982)
2007 Ed. (870, 2992, 3952)
2006 Ed. (3900, 3902)
2000 Ed. (966)
1999 Ed. (1012, 1013)
1998 Ed. (610, 611)
1997 Ed. (2743)
1996 Ed. (2593)
1995 Ed. (2937)
1994 Ed. (2873, 2874)
1993 Ed. (1313, 1359)
1992 Ed. (1037, 1615)
1991 Ed. (846, 1289)
Olympus Advisor Partners
1996 Ed. (3781)
Olympus America Inc.
2001 Ed. (1104)
2000 Ed. (1433, 2504)
1999 Ed. (1630)
1998 Ed. (1140)
1995 Ed. (1394)
Olympus America Financial Services
2000 Ed. (2505)
Olympus Flag & Banner
2007 Ed. (3615, 3616)
Olympus Optical Co.
1995 Ed. (3099)
Olympus Tax-Exempt High-Yield
1992 Ed. (3147)
Olympus U.S. Government Plus
1992 Ed. (3165)
OM Berkeley Income
1997 Ed. (2918)
OM Berkeley International Growth
1997 Ed. (2918)

OM Chartfield Portfolio of Funds
1997 Ed. (2917)
OM Chartfield Securities
1997 Ed. (2917)
OM Christows Opportunities
1997 Ed. (2917, 2918)
OM Group Inc.
2007 Ed. (4555)
2005 Ed. (939, 945, 1632, 4500)
2004 Ed. (941, 948, 949, 954, 1580, 1591)
2003 Ed. (938, 944)
OM International Growth
1997 Ed. (2917, 2919)
OM International Strategy
1997 Ed. (2915)
OM IPS Portfolio Account
1997 Ed. (2919)
OM Paribas French Equities
2000 Ed. (3308)
OM Roxborough Strategic Yield Income
1997 Ed. (2917, 2919)
Omaha-Council Bluffs, NE-IA
2008 Ed. (4091)
Omaha, NE
2008 Ed. (3110, 4349)
2007 Ed. (3003)
2005 Ed. (3642)
2004 Ed. (2707, 3297)
2002 Ed. (2744)
1999 Ed. (1024, 1153, 4514)
1995 Ed. (1622, 2188)
1993 Ed. (1598, 2115)
1989 Ed. (827)
Omaha, NE, Public Power District
1992 Ed. (4029)
1991 Ed. (3158)
Omaha Public Power Distribution Employees Credit Union
2002 Ed. (1826)
Omaha Public Power District
2008 Ed. (1960)
2006 Ed. (2363, 2695)
2001 Ed. (2146)
1993 Ed. (3359)
Omaha Public Schools
2003 Ed. (1774)
Omaha Steaks
2008 Ed. (4578)
1992 Ed. (2957)
OmahaSteaks.com
2008 Ed. (2441)
Omaho, NE
1994 Ed. (1104)
O'Malley, Miles, Nylen & Gilmore
2003 Ed. (3185)
Oman
2008 Ed. (2206, 2401, 4390)
2007 Ed. (2096, 2265, 4416)
2006 Ed. (2152, 2334, 4591)
2005 Ed. (2058)
2004 Ed. (1923)
2002 Ed. (328, 329, 1816, 1821)
2001 Ed. (1952, 2586)
2000 Ed. (1615)
1999 Ed. (1786)
1997 Ed. (1547)
1996 Ed. (1482, 3025)
1995 Ed. (1523)
1994 Ed. (1491)
1992 Ed. (350, 1731, 1740)
1991 Ed. (1385, 1642)
1990 Ed. (1447)
Oman Air
2008 Ed. (214)
2007 Ed. (234)
2006 Ed. (229)
Oman & Emirates
2002 Ed. (4452)
Oman Arab Bank
2008 Ed. (488)
2007 Ed. (534)
2006 Ed. (509)
2004 Ed. (603)
2000 Ed. (451)
Oman Arab Bank SAO
1999 Ed. (618)
1997 Ed. (403, 588)
1996 Ed. (438, 649)
1995 Ed. (579)
1994 Ed. (609)
1993 Ed. (606)
1992 Ed. (812)
1991 Ed. (640)
Oman Arab Bank SAOC
1999 Ed. (617)
Oman Arab Bank SAOC (Ruwi)
2000 Ed. (638)
Oman Banking Corp. SAOG
1996 Ed. (649)
1995 Ed. (579)
Oman Cement
2006 Ed. (4526)
2002 Ed. (4451, 4452)
Oman Development Bank SAO
1999 Ed. (617)
1997 Ed. (588)
1996 Ed. (649)
1995 Ed. (579)
1992 Ed. (812)
1991 Ed. (640)
Oman Development Bank SAOG (Muscat)
2000 Ed. (638)
Oman Fisheries
2002 Ed. (4451, 4452)
Oman; Government of
2008 Ed. (67)
Oman International Bank
2008 Ed. (67, 488)
2007 Ed. (63, 534)
2006 Ed. (72, 509, 4526)
2005 Ed. (65, 592)
2004 Ed. (70, 603)
2003 Ed. (596)
2002 Ed. (631, 4451, 4452)
2001 Ed. (64)
2000 Ed. (451)
1995 Ed. (411, 579)
1994 Ed. (418, 609)
1989 Ed. (647)
Oman International Bank SAO
1991 Ed. (640)
Oman International Bank SAOG
1999 Ed. (460, 617, 618)
1997 Ed. (403, 588)
1996 Ed. (438, 649)
1993 Ed. (606)
1992 Ed. (812)
Oman International Bank SAOG (Muscat)
2000 Ed. (638)
Oman Mobile
2008 Ed. (67)
Oman Telecom
2006 Ed. (72)
Omani European Bank SAOC
1995 Ed. (579)
Omantel
2008 Ed. (67)
2007 Ed. (63)
Omar Medical Supplies
2008 Ed. (1356, 3707, 4384)
Ombrelle; L'Oreal
2008 Ed. (4553)
OMC Holdings Ltd.
1993 Ed. (971)
1992 Ed. (1196)
OMD
2008 Ed. (130)
OMD Germany GmbH
2007 Ed. (112)
OMD Worldwide
2008 Ed. (126, 127, 128)
2007 Ed. (119, 120, 121)
2006 Ed. (125, 126, 127, 3432)
2005 Ed. (122, 123, 124)
2004 Ed. (119, 121, 122)
2003 Ed. (108, 110, 111, 112, 113, 114, 115, 116, 117, 118, 119, 120)
2002 Ed. (142, 144, 145, 146, 147, 148, 174, 193, 194, 195, 196)
2001 Ed. (171, 172, 173, 174, 175, 176, 177, 178)
Omdurman National Bank
2008 Ed. (508)
2007 Ed. (556)
2005 Ed. (613)
2004 Ed. (624)
2000 Ed. (667)
O'Meara & Partners; Des
1996 Ed. (102)
1993 Ed. (112)
1990 Ed. (116)
Omega Advisors
1996 Ed. (2099)
Omega Electronics SA
1996 Ed. (2264)
Omega Enterprises
2001 Ed. (2446)
Omega Environmental Inc.
1996 Ed. (1194)
Omega Healthcare Investors Inc.
2001 Ed. (4004)
Omega Insurance Services
2005 Ed. (3081)
Omega Marketing Services
2000 Ed. (4198)
Omega Overseas
1995 Ed. (2095)
Omega Overseas Partners
1996 Ed. (2098)
Omega Pharma
2008 Ed. (574, 1579, 2908)
2007 Ed. (1601)
2006 Ed. (1566, 1699, 2748)
Omega Research Inc.
2003 Ed. (1510)
Omega SA
1996 Ed. (2264)
1994 Ed. (2214)
Omega Securities
1999 Ed. (853, 854, 855, 857, 858)
Omega Tool Corp.
2008 Ed. (3746)
2006 Ed. (3922)
2004 Ed. (3913)
Omega Watch
1992 Ed. (76)
1990 Ed. (46)
Omega World Travel
2008 Ed. (3690, 3737, 4986, 4988)
2007 Ed. (3526, 3608, 3609, 4984)
2006 Ed. (3492, 3545, 4383, 4987)
2000 Ed. (4300)
1999 Ed. (4665)
1998 Ed. (3621, 3622)
1997 Ed. (3796)
1996 Ed. (3742, 3744)
1994 Ed. (3579)
1990 Ed. (3652)
Omega World Travel Fairfax
2008 Ed. (4058)
O'Meiveny & Myers
1996 Ed. (2454, 2732, 3740)
O'Melvaney & Myers
2000 Ed. (3198)
O'Melveny
2004 Ed. (3230)
O'Melveny & Myers
2007 Ed. (3309)
2006 Ed. (3244, 3248)
2005 Ed. (3261, 3533)
2004 Ed. (3232, 3238)
2001 Ed. (776, 861, 949, 957)
2000 Ed. (1726, 3202, 3679)
1999 Ed. (3153, 3484, 3485, 3488, 3967)
1998 Ed. (2330, 2565, 2573)
1997 Ed. (2598, 2841)
1995 Ed. (2418, 2653, 3188, 3664)
1993 Ed. (2399, 2615, 2620, 2627, 3625)
1992 Ed. (2840, 2841)
1991 Ed. (1487, 2528, 2782)
1990 Ed. (2421)
O'Melveny & Myers LLP
2007 Ed. (3318)
2004 Ed. (3251)
2003 Ed. (3205)
2002 Ed. (3059)
2000 Ed. (2899)
Omeprazole
2007 Ed. (2244)
2006 Ed. (2310)
2005 Ed. (2249)
2001 Ed. (3778)
OMG
2007 Ed. (1247)
OMI Corp.
2008 Ed. (2847, 2853)
2007 Ed. (2713, 2723)
2006 Ed. (2733)
2004 Ed. (1360, 2689)
1993 Ed. (2009)
1991 Ed. (3427)
OmiCare/The HMO
1989 Ed. (1586)
Omico Corp.
2002 Ed. (3704)
Omicron Systems Inc.
2000 Ed. (1109, 2408)
Omidyar; Pierre
2008 Ed. (4834)
2007 Ed. (4891)
Omidyar; Pierre M.
2006 Ed. (4896, 4912)
2005 Ed. (4856, 4859)
Omin
1996 Ed. (955)
OminiCare Health Plan
1990 Ed. (1996)
Ominicom
1990 Ed. (115)
Ominvest
2006 Ed. (4526)
OMNA Cardio-Pulmonary Services
1990 Ed. (2050)
Omne Staffing Inc.
2006 Ed. (3528, 4367, 4987)
Omnexus
2003 Ed. (2162)
Omni
2002 Ed. (930)
2001 Ed. (1105)
1998 Ed. (2022)
1993 Ed. (2805)
1990 Ed. (2085)
Omni Air International
2007 Ed. (233)
2006 Ed. (227)
2005 Ed. (214)
Omni Facility Resources Inc.
2006 Ed. (205)
2005 Ed. (193)
2004 Ed. (192)
2003 Ed. (233)
2001 Ed. (279, 1812)
Omni Facility Services Inc.
2008 Ed. (201)
2005 Ed. (764)
Omni Healthcare
1998 Ed. (1910, 1911, 1912, 1913)
Omni Hotel
1992 Ed. (2479)
1991 Ed. (1937)
Omni Hotels
1994 Ed. (2113, 3071)
Omni Los Angeles Hotel & Center
2000 Ed. (1185, 2573)
1999 Ed. (2794)
Omni Los Angeles Hotel & Centre
1998 Ed. (2034)
Omni Mandalay at Las Colinas
2006 Ed. (2940)
Omni Marketing
1989 Ed. (62, 65)
Omni Program
1994 Ed. (2467)
Omni Properties Inc.
2002 Ed. (3935)
Omni Recycling of Westbury
2006 Ed. (4060)
Omni Rosen Hotel
2002 Ed. (2648)
2000 Ed. (2568, 2574)
1999 Ed. (2791, 2795)
1998 Ed. (2030, 2035)
Omni Technology Solutions Inc.
2006 Ed. (1540)
Omni Warehouse
2008 Ed. (2967)
Omniamerican Credit Union
2007 Ed. (2146)
2006 Ed. (2225)
2005 Ed. (2083, 2130)
2004 Ed. (1988)
2003 Ed. (1948)
2002 Ed. (1894)
Omniamerican Federal Credit Union
1998 Ed. (1228)
1997 Ed. (1559, 1561, 1567)
Omnibank Denver
1995 Ed. (494)
Omnibank Southeast
1993 Ed. (505)

Omnicare Inc.
2008 Ed. (1882, 1883, 1884, 4931)
2007 Ed. (1846, 1847, 1848, 1849, 2233, 2766, 2775, 3906)
2006 Ed. (1841, 1842, 1843, 2301, 3875)
2005 Ed. (1544, 1836, 1837, 2246, 2247, 4503)
2004 Ed. (2150, 2151)
2002 Ed. (1522)
2001 Ed. (2081, 2082)
1998 Ed. (1023)
OmniCare Health Plan
2001 Ed. (2680)
2000 Ed. (2423, 2434)
1999 Ed. (2644)
Omnicell Inc.
2008 Ed. (1590, 1608)
2003 Ed. (4319)
Omnicom
2002 Ed. (1982)
1995 Ed. (85, 86, 2509, 3315)
1993 Ed. (109, 110, 2504, 2916, 2928, 2931)
1991 Ed. (112)
1989 Ed. (120)
Omnicom Group Inc.
2008 Ed. (124, 125, 3005, 3623)
2007 Ed. (100, 104, 105, 115, 117, 118, 838, 2883, 3445, 3449, 3456, 4052)
2006 Ed. (108, 111, 115, 116, 117, 123, 124, 744, 3438)
2005 Ed. (98, 99, 100, 106, 118, 119, 121, 3427)
2004 Ed. (101, 102, 104, 110, 111, 118, 120, 1454, 3415)
2003 Ed. (34, 86, 88, 109, 1424, 4394)
2002 Ed. (62, 66, 120, 121, 143, 171, 911, 1504, 1505, 1507, 1508, 1509, 1511, 3822)
2001 Ed. (96, 147, 170, 200, 1571, 1572, 4222)
2000 Ed. (36, 108, 109, 110, 139, 4004)
1999 Ed. (31, 33, 34, 103, 104, 1860, 4285)
1998 Ed. (27, 50, 57, 58, 1052)
1997 Ed. (34, 55, 101, 103)
1996 Ed. (32, 60, 99, 101)
1994 Ed. (96, 2443, 2930)
1992 Ed. (161, 163, 164, 3527)
1991 Ed. (110, 2765)
1990 Ed. (113, 2521, 2905)
1989 Ed. (1935)
Omnicom Health Care
2007 Ed. (106)
Omnicom Healthcare
2008 Ed. (114)
2005 Ed. (107)
Omnicom Media Group
2002 Ed. (3278)
Omnicom PR Network
1995 Ed. (3002, 3006, 3008)
1994 Ed. (2945)
1990 Ed. (2917, 2919, 2920, 2922)
Omnicom Public Relations Network
1992 Ed. (3556, 3558, 3559, 3560, 3565, 3569, 3573, 3574)
1991 Ed. (2775)
OmniDigital Studio Inc.
2008 Ed. (3739, 4437, 4985)
Omnipaque
1994 Ed. (2467)
Omnipaque Nonionic
1996 Ed. (2596)
Omniplan Corp.
1991 Ed. (1902, 1908)
Omniplex World Services Corp.
2008 Ed. (174)
2005 Ed. (172)
2004 Ed. (169)
Omnipoint Corp.
2001 Ed. (1039)
Omniscan
1994 Ed. (2467)
Omniscan Injection
2001 Ed. (3270)
2000 Ed. (3077)
1999 Ed. (3338)
OmniSource Corp.
2006 Ed. (3468)
2005 Ed. (4031)
OmniSource Marketing Group Inc.
2008 Ed. (4961)
OmnIT
2003 Ed. (2722)
Omnitel Pronto Italia SpA
2004 Ed. (1089)
Omniture Inc.
2008 Ed. (1126, 1137, 4287)
Omnium Worldwide Inc.
2006 Ed. (4364)
Omnivision
1997 Ed. (3914)
OmniVision Technologies Inc.
2008 Ed. (1595)
2007 Ed. (2717, 2719, 2737)
2005 Ed. (4505)
Omnova Solutions Inc.
2005 Ed. (937)
2004 Ed. (947)
Omrix Biopharmaceuticals Inc.
2008 Ed. (3635, 4287)
Omron Automotive Electronics Inc.
2008 Ed. (313)
Omskshina
2001 Ed. (4545)
OMV
2000 Ed. (1390, 4351, 4352)
1995 Ed. (1356)
1994 Ed. (1325, 3631, 3632)
1992 Ed. (4401)
1991 Ed. (1256, 3452)
OMV AG
2008 Ed. (1573, 3548)
2007 Ed. (1594, 1595, 1696)
2006 Ed. (1560, 3371, 4883)
2005 Ed. (1662, 2408)
2004 Ed. (3491)
2003 Ed. (1622)
2002 Ed. (1595, 4756)
2001 Ed. (1636)
2000 Ed. (1389)
1999 Ed. (1585, 4722, 4723)
1997 Ed. (1364, 2796, 3846, 3847)
1996 Ed. (1296, 2051, 3792, 3793)
1993 Ed. (3672)
1992 Ed. (1576)
1991 Ed. (1257)
OMV Aktiengesellschaft
2000 Ed. (3139)
OMV Clearing und Treasury GmbH
2003 Ed. (1622)
OMV Group
2008 Ed. (1572)
2007 Ed. (1593)
2006 Ed. (1558, 1683, 1685)
2000 Ed. (1391)
1999 Ed. (1586)
OMX Riga Index
2008 Ed. (4503)
On Assignment
2008 Ed. (4494)
1999 Ed. (3266)
On-Co Redi-Serve
2003 Ed. (3322)
On Command Corp.
2004 Ed. (864, 865)
2003 Ed. (1643)
On-Cor Frozen Foods, Inc.
2003 Ed. (3324)
On Cor Redi Serve
2002 Ed. (1330, 2369)
On Demand Technologies, Inc.
2002 Ed. (2511)
On Hand Safety Supplies
2002 Ed. (1994)
On Leadership
2006 Ed. (581)
On-Line financial market data
1990 Ed. (533)
On-Line Financial Services Inc.
1991 Ed. (3376, 3378)
On-Line Software International
1993 Ed. (2998, 3006)
1992 Ed. (3289)
On or near-site child-care facility
1992 Ed. (2233)
ON Semiconductor Corp.
2003 Ed. (2238)
2002 Ed. (2083)
2001 Ed. (2962)
On-site/Employer Sponsored Child or Adult Care Centers
2000 Ed. (1780)
On-Site Fuel Service Inc.
2008 Ed. (4407)
2007 Ed. (4429)
2006 Ed. (4361)
On-site incineration
1992 Ed. (2378)
On-Site Sourcing
2006 Ed. (4383)
On-site treatment and disposal
1992 Ed. (2379)
On Target Promotions
2006 Ed. (1214)
On-Target Supplies & Logistics Ltd.
2008 Ed. (175, 4430)
2007 Ed. (192)
On the Border
2001 Ed. (4060)
2000 Ed. (3773, 3774)
On The Border Cafes
2000 Ed. (3762)
1995 Ed. (3133)
On the Border Mexican Grill & Cantina
2008 Ed. (4162, 4180, 4186)
2007 Ed. (4151)
On the Go
2004 Ed. (1372)
2002 Ed. (1331)
On-the-job training
1995 Ed. (1665)
On the Street Where You Live
2004 Ed. (743)
ONA
2006 Ed. (796)
2002 Ed. (944, 945)
2000 Ed. (990, 991)
1999 Ed. (1040, 1041)
1997 Ed. (908, 909)
Onahama
2001 Ed. (1500, 1501)
ONAREP
2008 Ed. (3913)
2007 Ed. (3860)
OnBancorp
1998 Ed. (276, 292)
1997 Ed. (344, 1318)
1996 Ed. (372)
1995 Ed. (356, 3084)
1994 Ed. (3032, 3536)
1992 Ed. (4291)
Onbank & Trust Co.
1998 Ed. (2354)
Once Upon A Child
2008 Ed. (878)
2007 Ed. (903)
2006 Ed. (815)
2005 Ed. (900)
2004 Ed. (909)
2003 Ed. (884)
2002 Ed. (1045)
Once Upon a Time in America
1991 Ed. (2490)
Oncolytics Biotech Inc.
2005 Ed. (1704, 1730)
2003 Ed. (1638)
Oncor
2000 Ed. (292)
ONCOR International
2008 Ed. (4108)
2005 Ed. (3637)
2004 Ed. (4088)
2003 Ed. (4049, 4062)
Ondaatje Corp.
1997 Ed. (749)
Ondaatje; Sir Christopher
2005 Ed. (3868)
Ondeo Nalco Co.
2005 Ed. (1571, 3284)
Ondigital
2002 Ed. (39, 766)
Ondrej Datka
1999 Ed. (2295)
One Corp.
2006 Ed. (1662)
2005 Ed. (1742, 1744)
2004 Ed. (1684, 1686)
2003 Ed. (1655)
1999 Ed. (3784, 3785)
1997 Ed. (3070)
1996 Ed. (2991)
1994 Ed. (2829)
1993 Ed. (2815)
1990 Ed. (2818)
One-A-Day
2003 Ed. (4856, 4858)
1994 Ed. (3633)
One America Financial Partners
2008 Ed. (4265)
One Asset Management
2002 Ed. (2829)
2001 Ed. (2891)
1999 Ed. (2895)
One Bancorp
1992 Ed. (4292)
One Billion Customers: Lessons from the Front Lines of Doing Business in China
2007 Ed. (655)
One Biscayne Tower
2000 Ed. (3364)
1990 Ed. (2731)
One Brickell Square
1990 Ed. (2731)
One Commerce Square
2000 Ed. (3365)
1998 Ed. (2697)
01 Communique
2003 Ed. (1116)
01 Communique Laboratory Inc.
2002 Ed. (2485)
One Community Credit Union
2008 Ed. (2268)
2007 Ed. (2153)
2006 Ed. (2232)
2005 Ed. (2137)
2004 Ed. (1995)
1-800-Collect
2000 Ed. (197)
1999 Ed. (777)
1-800-Contacts Inc.
2006 Ed. (2087)
2004 Ed. (4548, 4570)
1-800-DryClean
2008 Ed. (2383)
2007 Ed. (2248)
2006 Ed. (2317)
2005 Ed. (2257)
2004 Ed. (2157)
2003 Ed. (2117)
1-800-Flowers Inc.
2008 Ed. (884)
2000 Ed. (1105)
1-800-Flowers.com
2008 Ed. (2444, 4218)
2007 Ed. (1523, 2318, 4163, 4942)
2006 Ed. (2380)
2005 Ed. (2324, 2325, 2328)
2004 Ed. (2227, 4565)
2003 Ed. (2185)
1-800-GOT-JUNK?
2008 Ed. (3488, 3494, 3495, 3496, 3498, 4322)
2007 Ed. (4366)
2006 Ed. (4299)
2005 Ed. (4358)
1-800-Water Damage
2007 Ed. (905, 2252)
One Fish, Two Fish, Red Fish, Blue Fish
2008 Ed. (548)
One Force Staffing of Louisville Inc.
2007 Ed. (4422)
One Group Diversified Equity
2004 Ed. (3553)
One Group Equity Index
2002 Ed. (2158)
One Group Government ARM
1996 Ed. (2794)
One Group Government ARM Fld
1996 Ed. (621)
One Group-Growth Opportunity Fidelity
2000 Ed. (3286)
One Group Income Equity
2000 Ed. (3228)
1999 Ed. (3510, 3511)
One Group-Large Co Growth Fld
1996 Ed. (620)
One Group Large Company Growth
2000 Ed. (3239)

One Group Large Co. Growth
1996 Ed. (2752)
One Group-Large Co. Growth Fid.
2000 Ed. (3272)
One Group-Large Co. Growth Fidelity
2000 Ed. (3270)
One Group-Large Co. Growth Inv.
2000 Ed. (3272)
One Group-Large Co. Growth Investment
2000 Ed. (3270)
One Group Municipal Income Inv.
1998 Ed. (2643)
One Group-Ultra Short-Term Bond
2001 Ed. (727)
One Group-Ultra Short-Term Income Fidelity
1998 Ed. (412, 2650)
ONE GSM
2008 Ed. (24)
One Health Plan of Colorado Inc.
2003 Ed. (2700, 3921)
2002 Ed. (2461, 3742)
One Holding Public
1997 Ed. (3400)
One Hour Air Conditioning & Heating
2008 Ed. (2391)
2007 Ed. (2254)
One-hour lab
2001 Ed. (3784)
One Hour Martinizing
2000 Ed. (2268)
One Hour Martinizing Dry Cleaning
2002 Ed. (2054)
2001 Ed. (2530)
One-hour photo labs
2004 Ed. (3892, 3893)
118 Choir
2008 Ed. (4809)
180
2005 Ed. (4447)
180 Connect
2008 Ed. (1636, 2941)
2007 Ed. (2815)
2006 Ed. (2747)
180s
2005 Ed. (3902)
180s LLC
2006 Ed. (1214, 3976)
2005 Ed. (1254, 3903)
180solutions Inc.
2007 Ed. (99, 4011)
2006 Ed. (106)
100 First Stamford Place
1990 Ed. (2730)
100% Natural
1995 Ed. (915)
190
1990 Ed. (2467)
190, Three Quays Underwriting Management Ltd.
1991 Ed. (2338)
101 Dalmatians
1995 Ed. (3704)
110Technology LLC
2008 Ed. (3721)
2007 Ed. (3578)
128 Mazda
1990 Ed. (332)
128 Sales Inc.
1996 Ed. (287)
1995 Ed. (289)
One Liberty Place
2000 Ed. (3365)
1998 Ed. (2697)
1989 Ed. (2337)
One Liberty Pptys.
1990 Ed. (2964)
"One Life to Live"
1995 Ed. (3587)
1993 Ed. (3541)
1992 Ed. (4255)
One Nation Energy Solutions LLC
2008 Ed. (3734, 4430, 4984)
2007 Ed. (3603, 3604, 4448)
One-on-one instruction
1993 Ed. (1594)
One Price Clothing
1989 Ed. (1571, 2498)
One Price Clothing Store
1991 Ed. (3147)
One Price Clothing Stores
2005 Ed. (1025)
2004 Ed. (1020)
2001 Ed. (1271)
1998 Ed. (1300)
1997 Ed. (1637)
1994 Ed. (3099)
1992 Ed. (1826)
1990 Ed. (1294)
1989 Ed. (1566, 2500)
One Stop Environmental LLC
2008 Ed. (3692, 4365, 4951)
1800
2005 Ed. (4676)
1818 Market Street
2000 Ed. (3365)
1888 Mills
2007 Ed. (581)
1810 Ahorro Pesos
2003 Ed. (3615)
1838 Fixed Income
2003 Ed. (3528)
1500 Font Mega Pack
1997 Ed. (1095)
1525 Foundation
1993 Ed. (1897)
1900
1994 Ed. (187)
1984
1990 Ed. (2768)
The 1997 What Color is Your Parachute?
1999 Ed. (691)
1912 A/S; D/S
2005 Ed. (1475, 1483, 1562)
1,001 Home Ideas
1989 Ed. (178, 2173)
The 1199 Health Care Employees Pension Fund
1996 Ed. (3729)
1993 Ed. (2780, 3607)
1199 Healthcare Employees
2004 Ed. (3790)
2003 Ed. (3764)
2001 Ed. (3686)
2000 Ed. (3450)
1199 Hospital Employees Union
1996 Ed. (2927, 2939)
1199 SEIU Credit Union
2006 Ed. (2160)
2004 Ed. (1933)
1199 SEIU National
2008 Ed. (3869)
2007 Ed. (3795)
1001 Ways to Reward Employees
1999 Ed. (691)
1784 Acciones
2005 Ed. (3576)
1784 America
2004 Ed. (3652)
1784 Brazil
2002 Ed. (3478)
1717 Capital Management
2002 Ed. (790, 791, 792, 793, 794, 795)
2000 Ed. (833, 834, 837, 838, 839, 850, 862, 865, 866)
1776
2007 Ed. (663)
1067, Merrett Underwriting Agency Management Ltd.
1991 Ed. (2338)
1221 Brickell
1990 Ed. (2731)
One Touch
2002 Ed. (1972)
1995 Ed. (1618)
One Touch Hospital
2002 Ed. (1972)
One 2 One Ltd.
2005 Ed. (1570)
2002 Ed. (766)
1999 Ed. (793, 4560)
One 2 One Personal Communications Ltd.
2002 Ed. (35, 237, 1496, 3892)
1-2-3 for Windows
1996 Ed. (1075)
1-2-3 System
1999 Ed. (3904)
1994 Ed. (2941)
One Up on Wall Street: How to Use What You Already Know to Make Money in the Market
1991 Ed. (708)
One Valley Bancorp Inc.
2002 Ed. (434)
2000 Ed. (429, 2486)
One Valley Bank/Charleston
1993 Ed. (577)
One Valley Bank NA
1999 Ed. (3183)
1998 Ed. (330, 435)
1997 Ed. (645)
1996 Ed. (710)
1995 Ed. (634)
One Valley Bank Special Equity S
1994 Ed. (2311)
One World Trade Center
1997 Ed. (839)
1ABN AMRO
2000 Ed. (3962)
O'Neal Inc.
2008 Ed. (2525)
2004 Ed. (2340)
O'Neal; E. S.
2005 Ed. (2490)
O'Neal; E. Stanley
2008 Ed. (949)
2007 Ed. (1027)
2005 Ed. (2474)
O'Neal; Shaquille
2008 Ed. (272)
2007 Ed. (294, 2451)
2006 Ed. (291, 292)
1997 Ed. (1724, 1725)
1996 Ed. (250)
1995 Ed. (250, 251, 1671)
O'Neal; Stanley
2006 Ed. (878)
2005 Ed. (3201)
O'Neal Steel Inc.
2008 Ed. (1544, 3664, 3665)
2007 Ed. (3493, 3494)
1999 Ed. (3353)
O'Neal Stell Inc.
2006 Ed. (1535)
O'Neal Suzuki; David
1996 Ed. (289)
OneBeacon Insurance Co.
2005 Ed. (3066, 3140, 3141)
2004 Ed. (3132, 3133)
OneBox.com
2003 Ed. (3044)
OneChicago
2008 Ed. (2804)
2007 Ed. (2673)
2006 Ed. (2683)
OneClickHR plc
2003 Ed. (2734, 2741)
OneComm
1997 Ed. (2587)
141 Worldwide
1999 Ed. (1861)
101 Dalmatians
1999 Ed. (3446)
101Dalmatians
1999 Ed. (4719)
Oneida
2007 Ed. (4674)
2005 Ed. (2949, 2950, 4588)
2004 Ed. (2868, 2949, 2950)
2003 Ed. (4670)
1996 Ed. (2129)
1995 Ed. (2122)
1994 Ed. (2074)
1993 Ed. (2054)
1992 Ed. (2433)
Oneida American Ballad Pattern
2000 Ed. (4174)
Oneida Cassandra Pattern
2000 Ed. (4174)
Oneida Colonial Boston Pattern
2000 Ed. (4174)
Oneida Daydream Pattern
2000 Ed. (4174)
Oneida Easton Pattern
2000 Ed. (4174)
Oneida Flight Pattern
2000 Ed. (4174)
Oneida Gold Juilliard Pattern
2000 Ed. (4174)
Oneida Juilliard Pattern
2000 Ed. (4174)
Oneida Together Pattern
2000 Ed. (4174)
O'Neil & Borges
2001 Ed. (906)
O'Neil Construction Co.; W. E.
1995 Ed. (1136, 1175)
1994 Ed. (1156)
1993 Ed. (1098, 1149)
1990 Ed. (1176)
O'Neil Industries Inc.
2004 Ed. (1249)
O'Neil Lumber
1997 Ed. (834)
O'Neill & Whitaker Inc.
2000 Ed. (2258)
O'Neill Construction Co.; W. E.
1990 Ed. (1210)
O'Neill; Daniel
2006 Ed. (2528)
O'Neill; Sandler
1994 Ed. (1200)
Onek
1996 Ed. (2823)
Oneksimbank
1996 Ed. (665)
OneLook
2005 Ed. (3191)
OneLook Dictionaries
2002 Ed. (4845)
OneMediaPlace
2001 Ed. (4760)
ONEOK Inc.
2008 Ed. (1829, 1831, 1833, 1834, 2010, 2011, 2419, 2496, 2507, 2809, 2812, 2816)
2007 Ed. (1529, 1940, 1941, 2381, 2383, 2681, 2687)
2006 Ed. (1497, 1958, 1959, 2440, 2441, 2691)
2005 Ed. (1923, 3585, 3586)
2004 Ed. (1837, 3667, 3668)
2003 Ed. (1804, 1805, 4561)
2002 Ed. (1527, 1750, 4353)
2001 Ed. (1830, 3946, 3947)
1999 Ed. (3594)
1998 Ed. (2665, 2964)
1997 Ed. (2927)
1995 Ed. (2756)
1994 Ed. (2654)
1993 Ed. (2703)
1992 Ed. (3215)
1991 Ed. (2576)
1990 Ed. (2672)
1989 Ed. (2037)
ONEOK Energy Marketing & Trading LP
2004 Ed. (1837)
Oneok Services Co.
2004 Ed. (1836)
OneSecure
2002 Ed. (4205)
OneSource Building Services Inc.
2004 Ed. (1721)
2003 Ed. (1683)
OneSource Distributors Inc.
2008 Ed. (2968)
2006 Ed. (2836, 3498, 4342)
2002 Ed. (2542, 2564)
2001 Ed. (2716)
OneSource Landscape & Golf Services Inc.
2008 Ed. (3432)
2007 Ed. (3331)
2006 Ed. (3253)
2005 Ed. (3267)
OneSource Services Holdings Inc.
2008 Ed. (3886, 3887)
2007 Ed. (3826, 3827)
1st Ade
1994 Ed. (687)
1st American Bancorp
1991 Ed. (1723)
1st Bank & Trust
2004 Ed. (543)
1st Communications
2002 Ed. (4645)
2001 Ed. (4612)
1st Constitution Bancorp
2002 Ed. (3549)

1st CT Small Bus
1992 Ed. (319)
1st Fleet
2004 Ed. (3962)
1st Liberty Credit Union
2008 Ed. (2243)
2007 Ed. (2128)
2006 Ed. (2207)
2005 Ed. (2112)
2004 Ed. (1970)
2002 Ed. (1876)
1st Mississippi Credit Union
2004 Ed. (1968)
2002 Ed. (1874)
1st Security CU
2000 Ed. (1622)
1st Software
2002 Ed. (2499)
1st Source Corp.
2006 Ed. (2290)
1st Tennessee National Corp.
1993 Ed. (3291)
1st United Bank
2000 Ed. (4055)
OneSteel
2004 Ed. (3439)
2002 Ed. (3306)
One.Tel Ltd.
2002 Ed. (1125)
OneTravel.com
2002 Ed. (4859)
OneUnited Bank
2008 Ed. (373)
2007 Ed. (391)
2006 Ed. (407)
2005 Ed. (454)
2004 Ed. (442)
OneWayFurniture.com
2008 Ed. (4207)
ONEWORLD Software Solutions
2002 Ed. (2520)
Onex Corp.
2008 Ed. (1634, 1640, 1812, 2975, 3552, 4311, 4314)
2007 Ed. (1630, 1632, 1638, 2853, 4352, 4355)
2006 Ed. (1484, 1599, 1619, 1798, 3375, 4291, 4292)
2005 Ed. (1701, 1708, 1712, 4351, 4510)
2004 Ed. (1662, 1663, 1739, 4403)
2003 Ed. (1639, 2089)
2002 Ed. (1607, 1995, 3241)
2001 Ed. (1658)
2000 Ed. (1397, 1399, 1401)
1999 Ed. (1888)
1997 Ed. (1641)
1996 Ed. (1316, 1564, 2123)
1995 Ed. (1578)
1993 Ed. (1504)
1992 Ed. (1835)
1990 Ed. (1531)
OnExchange
2003 Ed. (2168)
OnFiber Communications
2007 Ed. (4727)
Onfolio Inc.
2006 Ed. (3030)
Ong & Wong
1997 Ed. (19)
Ong; John D.
1990 Ed. (1717)
OnGard Systems
1999 Ed. (2623, 2670)
ONGC Corp.
2006 Ed. (4507)
Ongweoweh Corp.
2008 Ed. (3724, 3778, 4418)
2007 Ed. (3583, 3683, 4437)
ONI Medical Systems
2007 Ed. (2768)
ONI Systems Corp.
2004 Ed. (2243)
ONIC Holding
2006 Ed. (4526)
2002 Ed. (4451, 4452)
Onion
1997 Ed. (3832)
1992 Ed. (4384)
Onions
2007 Ed. (4873)
2006 Ed. (4877)
2005 Ed. (2045)
2004 Ed. (2003)
2003 Ed. (3967, 3968)
2002 Ed. (4337)
2001 Ed. (2555, 4669)
1999 Ed. (4702)
1998 Ed. (3658)
1996 Ed. (3774)
1994 Ed. (1993)
1993 Ed. (1749)
1992 Ed. (2111)
Onions/garlic, dehydrated
1998 Ed. (3348)
Onken
2002 Ed. (1960)
Onkyo
2008 Ed. (274)
Online
2000 Ed. (941)
Online Computer Library Center
2007 Ed. (3058)
2006 Ed. (3025)
Online Connecting Point
1999 Ed. (1274)
Online games
2001 Ed. (2969)
Online gaming
2008 Ed. (3352)
2007 Ed. (3218)
Online newsgroups
1997 Ed. (3925)
Online Resources Corp.
2008 Ed. (4434)
Online Technologies Group Inc.
2001 Ed. (2857)
Online Trading Systems
2002 Ed. (1582)
Online Tradinginc.com Corp.
2003 Ed. (1514)
OnlineBenefits
2007 Ed. (2360)
OnlineMetals.com
2003 Ed. (2176)
2001 Ed. (4761)
Only Deals/Odd's-n-Ends
1999 Ed. (1053)
Only the Paranoid Survive
2006 Ed. (587)
Ono Pharmaceutical
2007 Ed. (3942)
Onoda Cement
1996 Ed. (829)
1995 Ed. (850)
1989 Ed. (826)
Onoff
1994 Ed. (45)
1993 Ed. (52)
Onondaga County Economic Development
2006 Ed. (3308)
Onondaga, NY
1992 Ed. (1726)
1991 Ed. (1378)
ONPE
2004 Ed. (71)
Onpoint Community Credit Union
2008 Ed. (2254)
2007 Ed. (2139)
Onsale
2001 Ed. (2967)
1999 Ed. (3006, 4752)
1998 Ed. (3776)
onsale.com
2001 Ed. (2978, 2981, 2984, 2993)
OnSat
1996 Ed. (2966)
1994 Ed. (2799)
Onsi Sawiris
2008 Ed. (4859, 4892)
2007 Ed. (4921)
2006 Ed. (4928)
Onsite Access Inc.
2001 Ed. (4196)
Ontario
2007 Ed. (3783, 4688)
2006 Ed. (165, 1750, 3238, 3786, 4668)
2001 Ed. (4110)
2000 Ed. (275)
Ontario, CA
1993 Ed. (947)
Ontario, Canada
2001 Ed. (4734)
1998 Ed. (725)
1995 Ed. (1723)
1993 Ed. (1446)
Ontario Credit Union League
1990 Ed. (1459)
Ontario Dental Association Annual Spring Meeting
2005 Ed. (4730)
Ontario Exteriors Inc.
2008 Ed. (1192)
Ontario Government
1990 Ed. (25)
Ontario; Government of
1996 Ed. (3148)
1995 Ed. (3632)
1994 Ed. (3553)
1993 Ed. (3590)
1992 Ed. (4311)
1991 Ed. (3402)
Ontario Hydro
2001 Ed. (1662)
1997 Ed. (1692, 2156, 3301)
1996 Ed. (1613, 2038)
1995 Ed. (3035, 3632)
1994 Ed. (1594, 1986, 2976, 3553, 3554)
1993 Ed. (2937, 3590, 3591)
1992 Ed. (1897, 2342, 4311)
1991 Ed. (3402)
1990 Ed. (1599, 1661, 2787)
Ontario, Ivey School of Business; University of Western
2007 Ed. (813)
Ontario Municipal Employees Retirement System
1990 Ed. (2787)
Ontario Northland Transportation
1992 Ed. (4339)
Ontario Power Generation
2008 Ed. (2428, 2813, 2834)
2007 Ed. (2298, 2684, 2705)
2006 Ed. (2710)
2005 Ed. (2749)
2004 Ed. (2754)
2002 Ed. (3879, 4710)
Ontario; Province of
1994 Ed. (1699, 1705)
Ontario Store Fixtures
1999 Ed. (4499, 4501)
1998 Ed. (3427)
1997 Ed. (3653)
1996 Ed. (3600)
Ontario Store Fixtures (OSF)
2002 Ed. (4514)
Ontario Teachers Growth
2002 Ed. (3447, 3448)
2001 Ed. (3475, 3476)
Ontario; University of Western
2008 Ed. (801, 1070, 1073, 1074, 1077, 1078, 3636, 3641, 3642, 4279)
2007 Ed. (1166, 1169, 1172, 3469, 3473)
OnTrak Systems
1998 Ed. (3313)
On2.com Inc.
2002 Ed. (2476)
Onvia.com
2002 Ed. (4810)
2001 Ed. (4765)
OnVista AG
2003 Ed. (2712)
Onward Kashiyama
2007 Ed. (3821)
2000 Ed. (4242)
1999 Ed. (4592)
1997 Ed. (3736)
1995 Ed. (3603)
1994 Ed. (3519)
1993 Ed. (3556)
1992 Ed. (4278)
Onyx NA
2006 Ed. (4890)
2005 Ed. (4836)
Onyx North America Corp.
2007 Ed. (4041)
2006 Ed. (4007)
Onyx Software Corp.
2002 Ed. (2537)
Onyx Technologies Inc.
2003 Ed. (1515)
Onyx Waste Services Inc.
2005 Ed. (3933)
OOCL
2004 Ed. (2557, 2558, 2559, 2560)
2003 Ed. (2425)
2002 Ed. (4269)
1998 Ed. (3293)
1992 Ed. (3947, 3948, 3949, 3950)
OOIL-Orient Overseas
2008 Ed. (4532)
OOkiep
1989 Ed. (2663)
Oopsie Daisy-Tyco
1991 Ed. (3409)
OP Bank Group
2008 Ed. (415)
2007 Ed. (448)
2006 Ed. (442)
Op Center VI: State of Siege
2001 Ed. (986)
OP-Kiinteistokeskus
1989 Ed. (29)
Op Rank
1996 Ed. (867)
Opal; Hurricane
2005 Ed. (882, 2979)
Opalescence
2000 Ed. (1655)
Opalescence PF Tooth Whitening
2001 Ed. (1988)
Opalescence Tooth Whitening Gel
2001 Ed. (1988)
Opalescence Tooth Whiting Gel
1999 Ed. (1826)
Opalesence Tooth Whiting Family
1999 Ed. (1826)
OPAP
2005 Ed. (42)
2004 Ed. (48)
2001 Ed. (27, 38)
Opap (National Lottery)
2008 Ed. (44)
2007 Ed. (40)
OPAP SA
2008 Ed. (1772)
2007 Ed. (1745, 3346)
2006 Ed. (290, 1737, 1738, 1779, 1780, 1781)
Opcal Insurance Inc.
1999 Ed. (1032)
1998 Ed. (639)
Opcom
1992 Ed. (4414)
OPEC
2008 Ed. (3781)
2007 Ed. (3687)
2006 Ed. (3692)
2005 Ed. (3592)
Opel
1990 Ed. (363)
Opel Ascona
1990 Ed. (370, 371, 381)
Opel Austria AG
2000 Ed. (1389)
Opel Bank
2004 Ed. (558)
2003 Ed. (541)
Opel Corsa
1990 Ed. (371, 377, 380)
Opel Espana de Automoviles SA
1999 Ed. (1734)
Opel Kadett
1990 Ed. (370, 371, 374, 377, 380, 381)
Opel Omega
1990 Ed. (1110)
Opel/Vauxhall Corsa
1996 Ed. (320)
Opel/Vxl
2001 Ed. (455)
Opelika, AL
2005 Ed. (3320)
Opelousas, LA
2002 Ed. (1058)
O.P.E.N. America Inc.
1997 Ed. (2085)
O.P.E.N. Cleaning Systems
2001 Ed. (2532)
1996 Ed. (1969)
1995 Ed. (1939)

1994 Ed. (1915, 1917)
1992 Ed. (2221)
1991 Ed. (1771, 1772)
Open Market, Inc.
2002 Ed. (2521)
Open Road BMW
1995 Ed. (264)
Open SA; Groupe
2008 Ed. (1722, 1763, 2868)
Open Society Institute
2002 Ed. (2328, 2329, 2336, 2337, 2338, 2339)
2001 Ed. (2518)
Open Software Solutions
2005 Ed. (4284)
Open Solutions
2008 Ed. (2858)
2007 Ed. (2728, 2824)
2006 Ed. (4675)
2003 Ed. (2710)
Open Source Development Labs Inc.
2005 Ed. (1153)
Open Source Development Network
2005 Ed. (827)
Open Systems of Cleveland
2005 Ed. (1105)
Open Systems Today
1993 Ed. (2800)
Open Text Corp.
2008 Ed. (1132, 1637, 2944)
2007 Ed. (1234, 1238, 2818, 3054)
2006 Ed. (1128, 2816, 3021, 3281, 3694)
2005 Ed. (3286)
2004 Ed. (2211, 3257)
2003 Ed. (1114)
2002 Ed. (2485)
2001 Ed. (2854, 2855, 2863)
Open University
2002 Ed. (42)
Open Works
2002 Ed. (856)
OpenAir.com
2002 Ed. (4863)
OPENIX, Open Internet Exchange
2000 Ed. (2746)
OpenMake
2008 Ed. (1144)
OpenNetwork Technologies
2003 Ed. (2732)
2002 Ed. (2491)
OpenPages
2008 Ed. (1126)
2007 Ed. (1224)
OpenRoad Auto Group
2008 Ed. (1583)
2007 Ed. (1606)
OpenShop AG
2003 Ed. (2712)
OpenWorks
2007 Ed. (768)
2006 Ed. (672)
2005 Ed. (765)
2004 Ed. (779)
2003 Ed. (769)
OPERA America
1994 Ed. (1903)
Opera Software ASA
2008 Ed. (2000)
Operating Engineering International
2008 Ed. (3869)
2007 Ed. (3795)
Operating Engineers
2004 Ed. (3790)
2003 Ed. (3764)
2001 Ed. (3686)
2000 Ed. (3450)
1999 Ed. (3733)
1998 Ed. (2773)
1997 Ed. (3016)
1995 Ed. (2851)
1994 Ed. (2757)
Operating Engineers Local 18
2001 Ed. (3040)
Operating Engineers Local 3
2004 Ed. (3790)
2003 Ed. (3764)
Operating Engineers Local 324
2001 Ed. (3041)
2000 Ed. (2888)
1999 Ed. (3139)
1998 Ed. (2323)
Operating Engineers, Local 324 Pension Fund
2001 Ed. (3693)
Operating Engineers Union
1996 Ed. (2927, 2939, 3603)
Operating foundations
2002 Ed. (2344, 2345, 2346, 2347)
Operating systems
1996 Ed. (2914)
Operating while undercapitalized
1992 Ed. (963)
Operation
1992 Ed. (4251)
Operation Blessing International Relief
2008 Ed. (3790, 3792)
2007 Ed. (3705, 3707)
2006 Ed. (3713, 3715)
Operation Oswego County
2005 Ed. (3320)
Operational audits of manufacturing plants
2003 Ed. (2358)
Operational Technologies
2003 Ed. (2746)
2002 Ed. (2561)
1997 Ed. (2222, 2227)
Operations and systems researchers and analysts
1991 Ed. (2629)
Operations-research analysts
1992 Ed. (3282)
Operator Service/Credit Card
1991 Ed. (2356)
Ophelia B. Basgal
2008 Ed. (2628)
Ophthalmic Mutual Insurance Co.
2000 Ed. (983)
1998 Ed. (641)
1997 Ed. (904)
1995 Ed. (908)
Ophthalmic Mutual Insurance Co
1999 Ed. (1033)
Opici
2005 Ed. (4955)
2002 Ed. (4945, 4958)
2001 Ed. (4883, 4891)
2000 Ed. (4416)
1999 Ed. (4792)
1989 Ed. (2944)
Opie Marketing Group Inc.
2008 Ed. (2867)
Opin Kerfi Group Hf
2007 Ed. (1764)
2006 Ed. (1756)
Opinion Research Corp.
2000 Ed. (3043)
Opium
1999 Ed. (3741)
1996 Ed. (2950, 2955)
1994 Ed. (2778, 2780)
1993 Ed. (2788)
1992 Ed. (3367)
1991 Ed. (2699)
Opium for Men
1997 Ed. (3031)
Oplum
1995 Ed. (2875)
OPP Produtos Petroquimicos
2004 Ed. (1548)
Oppenheim Jr. & Cie; Sal.
1992 Ed. (725)
Oppenheimer
2008 Ed. (585, 3763, 3764)
2007 Ed. (635, 3660)
2003 Ed. (3621)
2001 Ed. (3453)
1999 Ed. (3523, 3524)
1998 Ed. (1493, 2647)
1997 Ed. (565)
1995 Ed. (232, 1719, 3216, 3217, 3248)
1994 Ed. (769, 1756, 2307)
1991 Ed. (1687, 1706, 1708, 1709, 2194, 2567, 3017)
1989 Ed. (2416)
Oppenheimer A Real Asset
2004 Ed. (721)
Oppenheimer A Small Cap Value
2006 Ed. (4570)
Oppenheimer Amount Free Municipal Bond
2008 Ed. (603)
Oppenheimer AMT-Free Municipals
2007 Ed. (643)
Oppenheimer & Co.
1999 Ed. (4705)
1996 Ed. (797, 833, 1892, 3314, 3315, 3341, 3345, 3386)
Oppenheimer Asset Allocation A
1998 Ed. (2620)
Oppenheimer Bond Fund for Growth M
1999 Ed. (3563)
Oppenheimer Bond Growth A
1997 Ed. (2884)
Oppenheimer California Municipal
2007 Ed. (643)
Oppenheimer Capital
2004 Ed. (3194)
2001 Ed. (3001)
1997 Ed. (2532)
1996 Ed. (2377)
1994 Ed. (2299)
1993 Ed. (2294)
1992 Ed. (2752, 2756, 2760, 2780, 3836)
1991 Ed. (2221, 2229)
1989 Ed. (2135)
Oppenheimer Capital Appreciation
2006 Ed. (3626)
2000 Ed. (3223)
Oppenheimer Capital Appreciation A
1999 Ed. (3505, 3530)
Oppenheimer Capital Income
2004 Ed. (3549)
2002 Ed. (3414, 3415)
Oppenheimer/Centennial
2006 Ed. (610)
2003 Ed. (704, 3501)
Oppenheimer Champion High Yield
1994 Ed. (2610, 2641)
1993 Ed. (2695)
Oppenheimer Champion High-Yield A
1996 Ed. (2781, 2795, 2808)
Oppenheimer Champion Income
2001 Ed. (3441)
Oppenheimer Developing Markets
2007 Ed. (3672, 3676)
2004 Ed. (2476, 3649)
2003 Ed. (3484)
Oppenheimer Developing Markets A
1999 Ed. (3540)
Oppenheimer Developing Markets B
1999 Ed. (3540)
Oppenheimer Discovery
1994 Ed. (2602)
1993 Ed. (2648)
Oppenheimer Enterprise
2004 Ed. (3608)
2000 Ed. (3224, 3288)
Oppenheimer Enterprise A
1999 Ed. (3576)
Oppenheimer Enterprise Fund
2001 Ed. (3447)
Oppenheimer Enterprises Fund
2000 Ed. (3286)
Oppenheimer Equity-Income
1992 Ed. (3192)
1991 Ed. (2560)
1990 Ed. (2368, 2385)
Oppenheimer Equity Income A
1998 Ed. (2620)
Oppenheimer Funds
2005 Ed. (3595)
2002 Ed. (4816)
2001 Ed. (3455)
1998 Ed. (2605, 2627, 2628, 2629)
Oppenheimer Funds Services
2002 Ed. (3021)
Oppenheimer Global
2003 Ed. (3612)
2000 Ed. (3276, 3284)
1994 Ed. (2646)
1993 Ed. (2649, 2661, 2669, 2680, 2692)
1992 Ed. (3151, 3161, 3184, 3194)
1991 Ed. (2558)
1990 Ed. (2393)
Oppenheimer Global A
1999 Ed. (3551)
1997 Ed. (2876)
Oppenheimer Global Bio. Tech.
1992 Ed. (3151, 3161)
Oppenheimer Global Biotech
1994 Ed. (2626)
Oppenheimer Global Fund
2003 Ed. (3543, 3614)
1992 Ed. (3178)
Oppenheimer Global Growth & Income
2003 Ed. (3612)
Oppenheimer Global Growth & Income A
1999 Ed. (3514, 3570)
Oppenheimer Global Growth & Income Fund
2003 Ed. (3543)
Oppenheimer Gold
1990 Ed. (2390)
1989 Ed. (1849)
Oppenheimer Gold & Special Minerals
2004 Ed. (3594)
1990 Ed. (2373)
1989 Ed. (1846)
Oppenheimer Gold/Spc Min
1991 Ed. (2555)
Oppenheimer High Yield
1997 Ed. (2867)
1992 Ed. (3166)
Oppenheimer Holdings Inc.
2008 Ed. (1623, 3401)
2007 Ed. (3282)
2006 Ed. (1610)
2005 Ed. (363)
1999 Ed. (370)
Oppenheimer Industries
1991 Ed. (1647, 1646)
1989 Ed. (1410)
Oppenheimer International Bond
2008 Ed. (602)
2007 Ed. (642, 644)
2006 Ed. (624, 625, 626)
2005 Ed. (698, 700)
2004 Ed. (719)
Oppenheimer International Growth
2006 Ed. (3677)
Oppenheimer International Small Co.
2008 Ed. (2613)
2007 Ed. (2483)
Oppenheimer International Small Company
2007 Ed. (3669)
2006 Ed. (3680, 3681)
2005 Ed. (3560)
Oppenheimer Limited-Term Government A
2000 Ed. (765)
1999 Ed. (752)
1996 Ed. (2778)
Oppenheimer Limited Term Municipal
2008 Ed. (601)
Oppenheimer Main St. Inc. & Grth. A
1996 Ed. (2801)
Oppenheimer Main Street Growth & Income
2001 Ed. (3437)
Oppenheimer Main Street Small Cap
2003 Ed. (3547)
Oppenheimer/MS Income Growth A
1995 Ed. (2698, 2704)
Oppenheimer; Nicky
2008 Ed. (4892, 4895)
2007 Ed. (4921)
2006 Ed. (4928)
2005 Ed. (4886)
Oppenheimer 90-10
1990 Ed. (2379)
Oppenheimer 90-10 Fund
1989 Ed. (1846)
Oppenheimer; Peter
2007 Ed. (1064)
Oppenheimer Premium Income
1989 Ed. (1846)
Oppenheimer/Quest Balanced Val
2000 Ed. (3248)
Oppenheimer Quest Balanced Value
2004 Ed. (3547)
2003 Ed. (3486)
2000 Ed. (3226)
Oppenheimer Quest International
2006 Ed. (3674)
Oppenheimer Quest Opp. Value A
1999 Ed. (3526)
Oppenheimer Quest Opportunity Value A
1998 Ed. (2604)

Oppenheimer Real Asset
2008 Ed. (3773)
Oppenheimer Rochester Fund Municipals
2007 Ed. (643)
Oppenheimer Rochester National Municipal
2007 Ed. (643)
Oppenheimer Small & Mid Cap Value
2008 Ed. (2619)
Oppenheimer Small Cap Value
2007 Ed. (3673)
2003 Ed. (3516)
Oppenheimer Strategic Income A
1999 Ed. (747)
Oppenheimer Tax-Free Bond
1989 Ed. (1855)
Oppenheimer Total Return
1995 Ed. (2735)
1994 Ed. (2606)
1993 Ed. (2662)
Oppenheimer Total Return A
1995 Ed. (2678, 2698)
Oppenheimer U.S. Government A
1999 Ed. (751)
Oppenheimer Variable: Capital Appr.
1992 Ed. (4376)
Oppenheimer Variable: High Inc.
1992 Ed. (4375)
Oppenheimer Wolff & Donnelly
1993 Ed. (2400)
1992 Ed. (2842)
1991 Ed. (2288)
1990 Ed. (2422)
OppenheimerFunds
2005 Ed. (691, 3218, 3537, 3572)
2001 Ed. (3513)
2000 Ed. (3312)
Oppenheimerfunds/Centennial
2004 Ed. (3562)
OppenQst. Opportunity Value A
1997 Ed. (2884, 2899)
Opportunities Credit Union
2008 Ed. (2263)
2007 Ed. (2148)
Opportunity Brazil Multi Portfolio Sub-Fund
2003 Ed. (3151)
Opportunity Brazilian Hedge Sub-Fund
2003 Ed. (3151)
Opportunity Capital Partners
2008 Ed. (178)
2007 Ed. (195)
2006 Ed. (189)
2005 Ed. (176)
2004 Ed. (174)
2003 Ed. (218)
Opportunity/Distressed
2003 Ed. (3150, 3153)
Opportunity Fund
1996 Ed. (624)
1994 Ed. (579)
Opportunity II
1993 Ed. (234, 235)
Oprah Winfrey
2008 Ed. (183, 2580, 2585, 2586, 4836, 4883, 4948)
2007 Ed. (2450, 2451, 4907, 4977, 4981, 4983)
2006 Ed. (2485, 2487, 2488, 2499, 4913, 4977, 4983)
2005 Ed. (2443, 2444, 4990)
2004 Ed. (176, 2410, 2415, 2416, 4983)
2003 Ed. (2327, 2330, 2335, 4983)
2002 Ed. (2143, 2144, 4546)
2001 Ed. (1138, 2269, 4439)
2000 Ed. (996, 1838)
1999 Ed. (2049, 2055)
1998 Ed. (1470)
1997 Ed. (1777)
1995 Ed. (1714)
1994 Ed. (1667)
1993 Ed. (1633)
1992 Ed. (1982)
1991 Ed. (1578)
1990 Ed. (2504)
"The Oprah Winfrey Show"
2001 Ed. (4499)
1992 Ed. (4244)
"Oprah with Michael Jackson"
1995 Ed. (3583)
Opryland Hotal Convention Center
2000 Ed. (2538)
Opryland Hotel Convention Center
2001 Ed. (2351)
Opryland Hotel Nashville
2003 Ed. (2413)
Opsware Inc.
2008 Ed. (1606)
2006 Ed. (3694)
The Opt-Out Revolt: Why People Are Leaving Companies to Create Kaleidoscope Careers
2008 Ed. (611)
Optek Technology
1999 Ed. (2619, 4326)
Optelecom-NKF Inc.
2008 Ed. (4400)
Opthalmology Courses
1992 Ed. (3301)
Opthalmology Meetings
1992 Ed. (3301)
OPTi Inc.
1997 Ed. (2167, 2212)
Opti-Free
1995 Ed. (1597, 1598, 1608, 1755, 1755, 1756, 1756)
Opti-Free Disinfectant Solution
1997 Ed. (1143)
Opti-One
1996 Ed. (2874)
Opti-One/multi purpose solution
1997 Ed. (2969)
Optibond Solo Bonding System
1999 Ed. (1826)
Optical and phonographic recording
1990 Ed. (2775)
Optical care/vouchers
2001 Ed. (2223)
Optical Coating Laboratory Inc.
2005 Ed. (1518)
Optical Communication Products Inc.
2004 Ed. (2777, 4547)
2002 Ed. (2429, 2430, 2431)
Optical goods
2008 Ed. (2646)
Optical outlets
1995 Ed. (3523)
Optical Radiation Corp.
1995 Ed. (2085)
Optical Resources Group
2001 Ed. (3591, 3592)
Optical stores
1999 Ed. (4089, 4506)
Optichem & Flexlyt
1992 Ed. (3008)
Optician
1989 Ed. (2086)
Opticom Inc.
2002 Ed. (2520, 3542, 3544)
Opticon, Inc.
2001 Ed. (659)
Optifast
2008 Ed. (4913)
OptiFree
1995 Ed. (2815)
Optika Inc.
2002 Ed. (1627)
Optima
1990 Ed. (418)
Optima Card
1989 Ed. (2042)
Optima Futures Fund Ltd.
2004 Ed. (2820)
2003 Ed. (3112)
Optima Health-CMC
2003 Ed. (1781)
2001 Ed. (1810)
The Optima Opportunity Fund Ltd.
2003 Ed. (3143, 3145, 3152)
Optimal Geomatics Inc.
2008 Ed. (2866)
Optimal Global Trading
2004 Ed. (2820)
Optimal Group Inc.
2008 Ed. (2940)
2007 Ed. (2805, 2806, 2813)
Optimal Payments Inc.
2008 Ed. (1132)
2007 Ed. (1234)
Optimal Robotics Corp.
2002 Ed. (2507)
Optimal Solutions Integration Inc.
2008 Ed. (4984)
2007 Ed. (1394, 3604)
Optimation Technology Inc.
2008 Ed. (1983, 4324)
Optimedia
2002 Ed. (142, 144, 145, 146, 147, 174, 195, 3279)
2001 Ed. (172, 178)
Optimedia International U.S.
2003 Ed. (113)
Optimum
2001 Ed. (2656)
Optimum Care
2008 Ed. (2871)
2003 Ed. (2656)
Optimum Care Kit, No-Lye, Regular
2000 Ed. (2410)
Optimum Care Kit, No-Lye, Super
2000 Ed. (2410)
Optimum Management Systems
2007 Ed. (2833)
Optimum Management Systems LLC
2007 Ed. (3539)
2002 Ed. (4985)
Optimum Managements Systems LLC
2004 Ed. (3493)
Optimum Media
2000 Ed. (131, 132, 133, 134, 135, 136, 137, 138)
Optimum Media Direction
2001 Ed. (3249)
Optimum Media Directories
2000 Ed. (130, 140)
Optimum Obligations
2004 Ed. (727)
Optimus
2004 Ed. (74)
2000 Ed. (4371)
Optimus Solutions
2006 Ed. (4871)
Optimus Telecomunicacoes
2008 Ed. (74)
Option
2008 Ed. (1579, 3207)
Option Care
2003 Ed. (2786)
1994 Ed. (2159)
Option Direct
1997 Ed. (3700)
Option growth
1989 Ed. (1845)
Option One
1997 Ed. (3374)
1994 Ed. (3128)
1993 Ed. (3065)
1990 Ed. (3088)
Option One Group
1996 Ed. (3277)
Option One Mortgage
2006 Ed. (3563)
2005 Ed. (3305)
Option One Sales Promotion
1992 Ed. (3761)
Option Technologies Interactive LLC
2006 Ed. (4381)
Optionetics
2002 Ed. (4842)
OptionInvestor
2002 Ed. (4842)
Options
1994 Ed. (693)
The Options Group
2002 Ed. (2176)
OptionsExpress Holdings Inc.
2008 Ed. (1662)
OptionsHouse
2008 Ed. (737)
OptionSites.com
2002 Ed. (4842)
OptionsXpress
2008 Ed. (731, 737, 2340)
2007 Ed. (758, 760, 761, 2203)
2006 Ed. (662, 2267, 4878)
2005 Ed. (758, 759)
2003 Ed. (768, 3031)
optionsXpress Holdings Inc.
2008 Ed. (2855, 2861, 4352)
2007 Ed. (2565, 2725, 2731, 4011)
Optipure
2001 Ed. (994)
Optiray
1999 Ed. (3338)
1997 Ed. (2746)
Optisport Exploitaties
2008 Ed. (1967, 3442, 4203)
2007 Ed. (1906)
Optiva
1999 Ed. (1184, 4321)
1998 Ed. (748, 3310)
Optiva Bank
2002 Ed. (527, 555, 4412)
Optiva Credit Union
2008 Ed. (2232)
Optiva Pank
2002 Ed. (4413)
Optiva Sonicare
2003 Ed. (4766)
Optos
2007 Ed. (2785)
Optrex
2001 Ed. (3725)
1992 Ed. (2865)
Optum
2008 Ed. (3269)
2005 Ed. (2364)
Optus Mobile Pty. Ltd.
2001 Ed. (3332)
Opus Corp.
1990 Ed. (1168)
Opus Companies
1992 Ed. (1365)
Opus Cos.
1997 Ed. (3257)
1994 Ed. (3002)
opus:creative
2005 Ed. (1937)
The Opus Group
2008 Ed. (3139, 3821)
2007 Ed. (2412, 3021, 3738)
2006 Ed. (2458, 2990, 3738)
2005 Ed. (2418, 2995, 3637)
2004 Ed. (1256, 1260, 2997, 3726)
2003 Ed. (1254, 1257, 2888, 3670)
2001 Ed. (4001)
2000 Ed. (1679)
Opus Group of Companies
2000 Ed. (1239)
1998 Ed. (3003)
Opus Group of Cos.
2002 Ed. (1241, 1244)
Opus Healthcare Solutions Inc.
2005 Ed. (2788)
Opus Investment Management
2006 Ed. (3192)
Opus North Corp.
2006 Ed. (1352)
Opus Northwest LLC
2008 Ed. (1708)
2002 Ed. (3921)
Opus South Corp.
2002 Ed. (3922)
Opus System
1992 Ed. (3008)
Opus 2 Ambassador Growth Portfolio
2004 Ed. (2484)
Opus 2 Canada Plus Balanced
2003 Ed. (3560)
Opus 2 Canadian Growth Equity
2004 Ed. (2470)
Opusmagnum
1997 Ed. (2744)
1996 Ed. (2594)
Opus360 Corp.
2002 Ed. (2476)
OQO
2007 Ed. (1205)
Oquendo, Ramirez, Zayas, Torres & Martinez
2004 Ed. (3237)
2003 Ed. (3187)
O'Quinn & Laminack
2002 Ed. (3721)
O'Quinn; John
1997 Ed. (2612)
OR Steel Mills
1992 Ed. (3226)
Orabase
1996 Ed. (1528)
1993 Ed. (1473, 2032)
Orabase B
2003 Ed. (1995)
1996 Ed. (1528, 2103)

Orabase B/Colgate-Hoyt
1992 Ed. (2398)
Orablast
2000 Ed. (811)
Oracle Corp.
2008 Ed. (806, 1119, 1125, 1130, 1131, 1143, 1147, 1151, 1158, 1347, 1359, 1406, 1472, 1585, 1586, 1588, 1589, 1591, 1594, 1599, 1600, 1601, 1602, 1603, 1609, 2280, 3015, 4262, 4268, 4525, 4528, 4576, 4577, 4632)
2007 Ed. (838, 1215, 1227, 1228, 1230, 1231, 1233, 1241, 1243, 1244, 1247, 1249, 1252, 1256, 1258, 1404, 1406, 1413, 1442, 1478, 1608, 1611, 2892, 4234, 4280)
2006 Ed. (692, 744, 832, 1111, 1119, 1120, 1122, 1123, 1124, 1125, 1127, 1132, 1135, 1136, 1138, 1364, 1375, 1513, 1581, 1587, 1588, 1589, 3688, 4218, 4577)
2005 Ed. (793, 818, 924, 1107, 1108, 1125, 1130, 1131, 1132, 1133, 1135, 1136, 1141, 1143, 1146, 1147, 1155, 1156, 1360, 1367, 1379, 1385, 1614, 1675, 1682, 1683, 1685, 2343, 2542, 3035, 4502)
2004 Ed. (844, 1103, 1104, 1122, 1123, 1124, 1125, 1126, 1127, 1128, 1129, 1130, 1131, 1132, 1133, 1351, 1363, 1581, 1603, 1609, 1742, 1743, 2212, 2258, 3021, 3662, 4562, 4568, 4581)
2003 Ed. (803, 1101, 1105, 1106, 1107, 1108, 1109, 1111, 1112, 1113, 1117, 1118, 1120, 1121, 1122, 1355, 1577, 1583, 2165, 2181, 2241, 2242, 2244, 2245, 2253, 2943, 2947, 3301, 3302, 3303, 3673, 4566)
2002 Ed. (1139, 1146, 1147, 1149, 1150, 1524, 1528, 1536, 1547, 1554, 1562, 1565, 1566, 1570, 2099, 2807, 2809, 3247, 3248, 3484, 3485, 4350, 4352, 4358, 4871, 4882)
2001 Ed. (1068, 1348, 1359, 1362, 1363, 1364, 1365, 1366, 1367, 1369, 1587, 1599, 1600, 1647, 1977, 1978, 2164, 2867, 2871, 2872, 4195, 4380, 4770)
2000 Ed. (967, 1160, 1163, 1172, 1173, 1174, 1175, 1176, 1178, 1331, 1740, 2453, 2990, 3368, 3388, 3389, 3390)
1999 Ed. (1099, 1259, 1273, 1281, 1282, 1283, 1284, 1285, 1286, 1289, 1492, 1542, 1962, 1963, 2048, 2877, 3643, 3648, 3669, 3670, 3671, 3672, 3673)
1998 Ed. (826, 833, 842, 843, 844, 855, 1057, 1061, 1063, 1533, 2703, 2719, 2720, 2721, 2722, 2723, 3411, 3413, 3416)
1997 Ed. (1078, 1086, 1289, 2976, 3294)
1996 Ed. (1072)
1992 Ed. (1035, 1330, 1338, 1340, 1341)
1991 Ed. (2077)
1990 Ed. (2200, 3136)
1989 Ed. (1311)
Oracle Applications Users Group
1999 Ed. (300)
Oracle Corp. Canada Inc.
2007 Ed. (2820)
2003 Ed. (1115)
Oracle Corp. Ireland Ltd.
2008 Ed. (1858)
Oracle Japan
2007 Ed. (1261)
2002 Ed. (1710)
2001 Ed. (1763)
Oracle Magazine
2008 Ed. (1122)
2007 Ed. (1218)
Oracle Systems
1997 Ed. (1082, 1087, 1107, 1108, 2166, 2978, 2979)
1996 Ed. (1064, 1068, 1073, 1087, 1089, 2888, 2890, 2891, 2893, 2894, 3509, 3594, 3595)
1995 Ed. (1097, 1110, 1114, 1432, 2255, 2821, 3289)
1994 Ed. (1091, 1092, 1093, 1097, 2707, 3445, 3446)
1993 Ed. (828, 1069, 1070, 1072, 1073, 2035, 2750, 2757, 3004, 3381, 3468)
1992 Ed. (1305, 1327, 1328, 1329, 1332, 1333, 1519, 1914, 1922, 1923, 1924, 3312, 3319, 3673, 3684, 4071)
1991 Ed. (1034, 1035, 1036, 1202, 1513, 1514, 1520, 1529, 1530, 1531, 2651, 2841, 2855)
1990 Ed. (1119, 1135, 1136, 1137, 1614, 1618, 1626, 2734)
1989 Ed. (1043, 2101, 2655)
OracleMobile
2002 Ed. (4864)
Orajel
2003 Ed. (1995, 3780)
1996 Ed. (1528)
1993 Ed. (1473)
Orajel PM
2003 Ed. (1995)
Oral antiseptics
2003 Ed. (1999)
1996 Ed. (3609)
Oral-B
2008 Ed. (711, 3884)
2007 Ed. (3807, 3819)
2005 Ed. (3707)
2003 Ed. (1989, 1990, 1994, 3790, 4763)
2001 Ed. (4572, 4573, 4574)
1999 Ed. (1827, 4616)
1998 Ed. (3582)
1996 Ed. (3708)
1995 Ed. (3628)
Oral B Advantage
2003 Ed. (4764)
2002 Ed. (4637)
Oral B Advantage Plus
2003 Ed. (4764)
Oral B Cross Action
2002 Ed. (4637)
Oral B Crossaction
2003 Ed. (4764)
Oral B Indicator
2003 Ed. (4764)
2002 Ed. (4637)
Oral-B Laboratories
1995 Ed. (1547)
Oral B Satinfloss
2003 Ed. (1990)
Oral B Satintape
2003 Ed. (1990)
Oral-B Super Floss
1999 Ed. (1827)
Oral B Tooth & Gum Toothpaste
1997 Ed. (3763)
Oral-B Ultra
1999 Ed. (1827)
Oral B Ultra Floss
2003 Ed. (1990)
Oral care
2002 Ed. (3636, 3637, 3638, 4634)
Oral care, portable
2004 Ed. (2129, 4746)
Oral contraceptives
2002 Ed. (2013)
2001 Ed. (2096)
1996 Ed. (1575)
Oral Diabetes
2000 Ed. (1705)
Oral estrogen with progestogens
1998 Ed. (1327)
Oral Health Services Inc.
2002 Ed. (3743)
2000 Ed. (1657, 3602)
1999 Ed. (1831)
1998 Ed. (1255)
Oral Health Services of Florida
1998 Ed. (2911)
Oral hygeine products
2001 Ed. (1920)
Oral hygiene
1995 Ed. (2996)
Oral hygiene products
2003 Ed. (3945, 3946)
1996 Ed. (1484)
1995 Ed. (2995)
1994 Ed. (2938)
Oral rinses
2003 Ed. (1999)
2002 Ed. (1913)
OraLabs Inc.
2002 Ed. (3084)
OraLabs Holding Corp.
2008 Ed. (1682)
Oraldene
2001 Ed. (3402)
Orange
2008 Ed. (682, 703, 3743)
2007 Ed. (709, 730, 746, 3621)
2004 Ed. (758)
2003 Ed. (746)
2000 Ed. (720, 4129)
1999 Ed. (793, 4560)
1994 Ed. (3358)
1992 Ed. (2239)
1990 Ed. (1805)
Orange & Rockland
1996 Ed. (1617)
1995 Ed. (1639)
1993 Ed. (1558)
1992 Ed. (1901)
Orange & Rockland Utilities Inc.
2006 Ed. (2361, 2693)
2003 Ed. (2134)
1997 Ed. (1272)
1994 Ed. (1598, 1948)
1991 Ed. (1500, 1488)
Orange Bowl
1992 Ed. (4252)
Orange Buick-GMC
1996 Ed. (266)
1990 Ed. (337)
Orange Buick-GMC Truck Co.
1995 Ed. (265)
1994 Ed. (263)
1993 Ed. (294)
1992 Ed. (409)
1991 Ed. (304)
Orange, CA
2000 Ed. (1594, 1595, 1596, 1597, 1598, 1599, 1600, 1601, 1602, 1604, 1605, 1606, 2611, 2613)
1998 Ed. (191)
1991 Ed. (1369, 1370, 1375, 1376, 1377, 2002, 2005, 2526)
1990 Ed. (1440, 1441, 2156)
1989 Ed. (1175, 1176, 1926)
Orange Cellular Phones
2001 Ed. (45)
Orange Clean
2003 Ed. (977)
Orange Co Met Group
1989 Ed. (2046)
Orange Coast Components
1998 Ed. (1415)
Orange Coast Jeep-Eagle
1990 Ed. (330)
Orange County
1999 Ed. (4580)
Orange County, CA
2008 Ed. (4732)
2006 Ed. (2128, 2974, 3327)
2005 Ed. (910, 911, 2027, 2029, 2050, 2203, 2203, 2462, 2978, 4825, 4933, 4934, 4935, 4936, 4937, 4938, 4972)
2004 Ed. (766, 791, 794, 919, 920, 926, 1004, 1054, 1109, 2265, 2266, 2431, 2602, 2643, 2704, 2718, 2807, 2855, 2858, 2860, 2874, 2887, 2900, 2952, 2965, 2966, 2982, 3353, 3354, 3459, 3460, 3521, 4169, 4182, 4183, 4700, 4834, 4896, 4953, 4954, 4955, 4956, 4972)
2003 Ed. (756, 901, 902, 903, 1047, 1088, 1870, 2256, 2257, 2765, 2779, 2863, 2875, 3241, 3253, 3254, 3290, 3291, 3393, 3438, 3439, 3440, 4722, 4851, 4921, 4952, 4953, 4986)
2002 Ed. (336, 374, 774, 964, 965, 966, 1085, 1094, 1804, 1807, 2044, 2298, 2380, 2394, 2443, 2573, 2764, 3138, 3237, 3238, 3992, 4048, 4049, 4608, 4743, 4745, 4927, 4928, 4929, 4930, 4931, 4934, 4935)
2001 Ed. (416, 1013, 1153, 1154, 1155, 2285, 2722, 4504, 4678, 4680, 4792, 4848, 4849, 4850, 4852, 4854, 4855, 4856)
2000 Ed. (318, 802, 1006, 1010, 1089, 1115, 1158, 2472, 2474, 2953, 2954, 3103, 3686, 3726, 4234, 4396, 4397, 4402, 4403)
1999 Ed. (797, 1059, 1764, 1766, 1767, 1768, 1769, 1770, 1771, 1772, 1773, 1774, 1775, 1776, 1777, 1778, 2008, 2684, 2686, 2687, 2689, 2810, 2830, 3214, 3376, 3393, 3394, 4630, 4773, 4774, 4778, 4779)
1998 Ed. (672, 734, 1701, 3513, 3587, 3725, 3726, 3731, 3733)
1997 Ed. (270, 928, 1537, 1538, 1539, 1821, 2110, 2230, 2265, 2335, 2352, 2362, 2770, 2784, 2844, 2848, 3559, 3710, 3728, 3890, 3893, 3894, 3900)
1996 Ed. (238, 239, 897, 907, 1468, 1469, 1470, 1471, 1994, 2120, 2121, 2205, 2208, 2223, 2226, 2230, 2231, 2618, 2625, 2634, 3653, 3669, 3842, 3845)
1995 Ed. (245, 246, 257, 1510, 1511, 1514, 1515, 1966, 2115, 2116, 2189, 2213, 2214, 2217, 2219, 2221, 2223, 2554, 2556, 2571, 3104, 3150, 3567)
1994 Ed. (1475, 1476, 1477, 1482, 1483, 2166, 2167)
1993 Ed. (1426, 1427, 1428, 1429, 1431, 1432, 1434, 1435, 2141, 2144, 2622)
1992 Ed. (1714, 1715, 1716, 1717, 1718, 1719, 1720, 2480, 2550, 2579, 3630)
1990 Ed. (2072, 2136, 2568)
Orange County (CA) Sanitation Districts
1991 Ed. (3159)
Orange County (CA) TA
1993 Ed. (785)
Orange County Convention Center
2005 Ed. (2518)
2003 Ed. (2412)
2002 Ed. (1334)
2001 Ed. (2350)
1999 Ed. (1418)
Orange County, FL
2000 Ed. (3109)
1998 Ed. (1201)
1995 Ed. (1512, 2650)
1993 Ed. (1431)
Orange County, NC
2002 Ed. (1805)
Orange County Register
1998 Ed. (76, 78, 81, 82, 84, 85)
1993 Ed. (2723)
Orange County Sanitation Districts
1993 Ed. (3360)
Orange County Sanitation Districts, California
1992 Ed. (4030)
Orange County Sanitation Districts 1-3, CA
1993 Ed. (2624)
Orange County Teachers
2000 Ed. (1627)
Orange County Teachers Credit Union
2008 Ed. (2210, 2214, 2215, 2220)
2007 Ed. (2099, 2100, 2105)
2006 Ed. (2158, 2171, 2175, 2176, 2184)
2005 Ed. (2065, 2081, 2089)
2004 Ed. (1926, 1941, 1948)
2003 Ed. (1901, 1908)
2002 Ed. (1841, 1842, 1844, 1850)
Orange County Teachers FCU
1999 Ed. (1799, 1800, 1803)

Orange County Teachers Federal Credit Union
2006 Ed. (4328)
2005 Ed. (2047, 2060, 2061)
2001 Ed. (1960)
1998 Ed. (1215, 1220, 1221, 1223, 1224, 1225, 1227, 1230)
1997 Ed. (1558, 1560, 1562, 1566, 1569)
1996 Ed. (1500, 1501, 1502)
1995 Ed. (1534)
1994 Ed. (1502, 1503)
1993 Ed. (1450)
Orange County Transportation Authority
2003 Ed. (3240)
2001 Ed. (3159)
2000 Ed. (3102)
Orange County Transportation Authority Scholarship Foundation Inc.
2008 Ed. (3455)
2007 Ed. (3358)
Orange County Volvo
1990 Ed. (324)
Orange County's Credit Union
2006 Ed. (2154)
Orange Crush
1990 Ed. (3314)
Orange, FL
1991 Ed. (1373, 1376)
Orange Ford Lincoln-Mercury Inc.
2002 Ed. (708)
Orange Glo International
2005 Ed. (1254, 3904)
2004 Ed. (3944)
2003 Ed. (995, 3950)
2002 Ed. (1067)
Orange Glo Wood Cleaner & Polish
2008 Ed. (980)
Orange Holdings (U.K.) Ltd.
2004 Ed. (1089)
Orange juice
2008 Ed. (2793)
2003 Ed. (2580, 2581)
2002 Ed. (2374)
2001 Ed. (2560)
2000 Ed. (4142)
1990 Ed. (1859, 1954)
Orange juice concentrate
2001 Ed. (2559)
Orange juice concentrate, frozen
1993 Ed. (3485)
Orange Julius
2002 Ed. (426)
2001 Ed. (4064)
2000 Ed. (3783)
1999 Ed. (4081)
1997 Ed. (3319)
1996 Ed. (3218)
1994 Ed. (3078)
1992 Ed. (3723)
1991 Ed. (1657, 2877, 2878)
Orange Julius of America
2006 Ed. (2572)
2005 Ed. (2566)
2003 Ed. (2457)
2002 Ed. (2251)
Orange Lake Country Club
1991 Ed. (3389)
Orange Personal Communications Services Ltd.
2004 Ed. (1089)
Orange plc
2005 Ed. (4640)
2004 Ed. (4674)
2003 Ed. (1681)
2002 Ed. (35, 1416, 1496, 4419, 4420)
2001 Ed. (1551)
Orange/Riverside
1990 Ed. (3063)
Orange SA
2008 Ed. (99, 100, 103, 135, 136)
2007 Ed. (90, 91)
2006 Ed. (1093)
2005 Ed. (1475, 1483)
Orange Tango
1999 Ed. (174, 783)
Orangeburg, SC
2003 Ed. (3247)
Oranges
2008 Ed. (2792)
2007 Ed. (2651, 2653)
2006 Ed. (2668, 2670)
2005 Ed. (2693, 2695)
2004 Ed. (2003, 2552, 2693, 2695)
2003 Ed. (2575, 2576)
2002 Ed. (2371)
2001 Ed. (2548, 2549)
1999 Ed. (2534)
1996 Ed. (1978)
1993 Ed. (1748)
1992 Ed. (2110)
Oranges, tangerines
1989 Ed. (1662)
Orascom Construction Industries
2008 Ed. (1710)
2007 Ed. (1685)
2006 Ed. (4499)
Orascom of America Inc.
2004 Ed. (2009)
Orascom Telcom Tunisie
2006 Ed. (97)
Orascom Telecom
2007 Ed. (1685)
Orascom Telecom Holding
2006 Ed. (4499)
Orascom Telecom Holding (SAE)
2008 Ed. (21, 68, 94, 1710, 4532)
2006 Ed. (4597)
Orascom Telecom Tunisie
2007 Ed. (87)
Orban; Carre
1993 Ed. (1691)
Orbimaoe
2006 Ed. (2114)
Orbis Global Equity Fund
2003 Ed. (3149)
Orbis Holding Group L.L.C.
2001 Ed. (3909)
Orbis Leveraged (US$) Fund
2003 Ed. (3149, 3152)
Orbis Optimal (US$) Fund
2003 Ed. (3149)
Orbit
2008 Ed. (931)
2005 Ed. (963)
2004 Ed. (46, 875)
Orbit Instrument Corp.
1990 Ed. (409)
Orbit International Corp.
2008 Ed. (4417)
1995 Ed. (2070)
1993 Ed. (1567)
Orbit White
2008 Ed. (931)
Orbit World
2002 Ed. (3437, 3438, 3439)
2001 Ed. (3466, 3467, 3468)
Orbita Bank
1993 Ed. (631)
Orbital Engine Corp. Ltd.
2003 Ed. (4571)
1995 Ed. (201)
Orbital Sciences Corp.
2008 Ed. (2156, 2847, 4606, 4634)
2007 Ed. (2713)
2006 Ed. (2113, 2250, 2738)
2005 Ed. (2012)
2003 Ed. (1346)
2002 Ed. (1397)
1998 Ed. (98, 1249)
1990 Ed. (1020, 3304)
Orbitel
2007 Ed. (28)
2006 Ed. (37)
2005 Ed. (30)
2004 Ed. (37)
Orbitex Health & Biotechnology
2002 Ed. (4504)
Orbitz
2007 Ed. (3244)
2006 Ed. (761, 1636, 1637, 4726)
2005 Ed. (834, 3193, 4254)
2004 Ed. (858, 3161)
2003 Ed. (3055)
ORC International
2002 Ed. (3260)
Orcad
1997 Ed. (1105)
Orchard Federal Savings Bank
1999 Ed. (1793)
The Orchard Hotel
1996 Ed. (2170)
Orchard Supply
1998 Ed. (1967, 1970)
1995 Ed. (848)
1994 Ed. (796)
Orchard Supply Hardware Corp.
2005 Ed. (770)
1996 Ed. (820, 826)
Orchard Supply Hardware Stores Corp.
2005 Ed. (770)
The Orchestral Association
1996 Ed. (916)
Orchidis
1996 Ed. (933)
Orchids
1993 Ed. (1871)
Orckit Communications Ltd.
2007 Ed. (4571)
Orco Bank NV
1997 Ed. (573)
1996 Ed. (632)
Orco Bank NV (Willemstad)
2000 Ed. (630)
Ord Minnett
2000 Ed. (874, 887)
1999 Ed. (867, 868, 869, 870, 871, 910, 911, 912, 913, 914)
1997 Ed. (744, 745, 746, 748, 788, 790, 791, 792)
1995 Ed. (765, 766, 767, 768, 769, 806, 807, 808, 809, 810)
1993 Ed. (1638)
1991 Ed. (775)
1990 Ed. (810)
Ord Minnett Securities
1996 Ed. (1851)
Ord Minnett Securities New Zealand
1995 Ed. (3280)
Ord Paterson Brown
1997 Ed. (789)
Order clerks
2007 Ed. (3719)
2004 Ed. (2290)
Order entry
1999 Ed. (964)
Order processing
1999 Ed. (964)
Order Trust LLC
2001 Ed. (2859)
Ordering
1993 Ed. (2725)
Orderlies
2005 Ed. (3631)
Orderzone Service
2001 Ed. (2768)
orderzone.com
2001 Ed. (4770)
Ordina
2002 Ed. (4292)
Ordina Beheer
2001 Ed. (4279)
Ordinance and accessories
1991 Ed. (1904)
The Ordinary Mutual
1999 Ed. (1033)
1996 Ed. (881)
1995 Ed. (908)
1993 Ed. (852)
The Ordinary Mutual, A Risk Retention Group Corp.
1994 Ed. (866)
Ordway Center for the Performing Arts
2006 Ed. (3718)
Ore-Ida
1994 Ed. (1923, 1924)
Ore-Ida Foods Inc.
2001 Ed. (1729)
L'Oreal
2008 Ed. (672, 693, 2187, 3877, 3878)
2007 Ed. (2075, 3811)
2005 Ed. (1771)
L'Oreal Canada
2007 Ed. (1325)
L'Oreal Dermo-Expertise
2008 Ed. (2652)
L'Oreal Golden
2008 Ed. (99, 104, 4658)
2007 Ed. (90, 94, 4735)
L'Oreal Jet Set
2008 Ed. (3777)
L'Oreal Kids
2008 Ed. (3162)
L'Oreal Ombrelle
2008 Ed. (4553)
L'Oreal Perfection
2008 Ed. (2182)
Oreck
2008 Ed. (4796)
2007 Ed. (4869)
2003 Ed. (4823)
2002 Ed. (251, 3890)
Oreck Commercial Sales
2008 Ed. (4403)
Oregano
1998 Ed. (3348)
O'Regan's Automotive Group
2007 Ed. (1935)
Orego
1996 Ed. (3255, 3512, 3513, 3528, 3529, 3542, 3543, 3548, 3582, 3841, 3844, 3853, 3854)
Oregon
2008 Ed. (2437, 2641, 2832, 3351, 3830, 3885, 4593, 4787, 4915)
2007 Ed. (2702, 3210, 3749, 3824, 4001, 4683, 4866, 4938, 4997)
2006 Ed. (2755, 3109, 3480, 3750, 3943, 4476, 4663, 4865, 4932)
2005 Ed. (370, 397, 400, 401, 409, 410, 411, 412, 414, 415, 1076, 1078, 1079, 1080, 1081, 2919, 3299, 3301, 3652, 3882, 4199, 4200, 4201, 4202, 4204, 4205, 4206, 4207, 4208, 4233, 4234, 4238, 4240, 4794, 4795, 4899)
2004 Ed. (371, 385, 386, 387, 388, 389, 391, 395, 413, 438, 439, 1071, 1074, 1076, 1095, 1097, 2175, 2176, 2295, 2297, 2929, 3088, 3275, 3293, 3294, 3299, 3477, 3480, 3489, 3743, 4266, 4267, 4268, 4269, 4272, 4273, 4274, 4275, 4499, 4500, 4502, 4514, 4518, 4819, 4886, 4902)
2003 Ed. (392, 400, 409, 411, 412, 414, 416, 418, 442, 443, 444, 1065, 1067, 2145, 2146, 2147, 2148, 2688, 2829, 2838, 3238, 3248, 3700, 4232, 4244, 4247, 4248, 4249, 4253, 4286, 4296, 4299, 4418, 4419, 4821, 4911)
2002 Ed. (446, 449, 454, 455, 457, 465, 469, 470, 472, 475, 476, 477, 495, 496, 668, 1118, 1119, 1904, 2011, 2590, 2624, 2875, 3110, 3121, 3199, 3201, 3632, 3734, 3901, 4114, 4152, 4153, 4154, 4158, 4161, 4168, 4333, 4371, 4372, 4605, 4607, 4706, 4915)
2001 Ed. (341, 361, 362, 703, 1232, 1304, 1305, 1378, 2052, 2053, 2541, 2542, 2545, 2557, 2604, 2625, 2626, 2824, 3174, 3213, 3214, 3294, 3308, 3545, 3577, 3582, 3639, 4018, 4019, 4171, 4211, 4212, 4231, 4232, 4260, 4261, 4273, 4332, 4409, 4505, 4580, 4581, 4595, 4614, 4615, 4721, 4728, 4735, 4795, 4865, 4867, 4923, 4929, 4931, 4935)
2000 Ed. (2452, 2506, 2957, 3007, 4099, 4110, 4235, 4404)
1999 Ed. (2812, 3218, 4401, 4405, 4408, 4418, 4430, 4450, 4454, 4535, 4581, 4781)
1998 Ed. (179, 472, 725, 2059, 2419, 2420, 3380, 3381, 3385, 3512, 3735, 3737)
1997 Ed. (3570, 3571, 3582, 3583, 3588, 3595, 3889, 3891)
1995 Ed. (3449, 3450, 3462, 3463, 3740, 3744, 3754, 3755, 3801)
1994 Ed. (161, 2414, 3376, 3377, 3390, 3391, 3421)
1993 Ed. (2586, 3394, 3397, 3398, 3399, 3403, 3438, 3440, 3442, 3707, 3713, 3719, 3732)
1992 Ed. (967, 1757, 2586, 2849, 2924, 2925, 2928, 4089, 4090, 4095, 4127, 4129, 4264, 4452)

1991 Ed. (325, 786, 2161, 2352, 2476, 2900, 3197, 3198, 3199, 3200, 3214, 3338, 3488, 3492)
1990 Ed. (365, 1748, 2889, 3373, 3383, 3387, 3388, 3396, 3397, 3419, 3420, 3423, 3425)
1989 Ed. (1736, 2533, 2536, 2556, 2612, 2619)
Oregon Aero
2007 Ed. (1323)
Oregon Bank
1989 Ed. (2160)
Oregon Community Credit Union
2008 Ed. (2254)
2007 Ed. (2139)
2006 Ed. (2155, 2218)
2005 Ed. (2123)
Oregon Community Health Information Network Inc.
2007 Ed. (1945)
Oregon Credit Union
2003 Ed. (1897)
Oregon Department of Administrative Services
2001 Ed. (898)
Oregon Department of Consumer & Business Services
2006 Ed. (2809)
Oregon Electric Group
2006 Ed. (1334, 1348)
Oregon Employees
2004 Ed. (2031)
2003 Ed. (1978, 1982)
2002 Ed. (3604, 3605, 3610, 3612)
2001 Ed. (3675, 3677)
2000 Ed. (3435, 3439, 3440)
1999 Ed. (3725)
Oregon Employees Credit Union
2006 Ed. (2167)
Oregon Health & Science University
2005 Ed. (3439)
Oregon Health Sciences University
2001 Ed. (3253, 3255)
2000 Ed. (3068, 3072, 3073)
1999 Ed. (3330)
Oregon Health Sciences University Foundation
1997 Ed. (1065)
Oregon Housing & Community Services Agency
2001 Ed. (898)
Oregon Metallurgical
1993 Ed. (2009)
1992 Ed. (273)
1991 Ed. (1870, 3143)
Oregon Metro Credit Union
2006 Ed. (2154)
Oregon Pacific Banking Co.
1996 Ed. (546)
Oregon Public Employees
2008 Ed. (2296, 2297, 2301, 2303, 2307, 2309, 2311)
2007 Ed. (2179, 2180, 2181, 2183, 2185, 2187, 2189)
1994 Ed. (2763)
Oregon Public Employees' Retirement System
1996 Ed. (2942)
Oregon Shakespeare Festival
2005 Ed. (1930)
Oregon State University
2008 Ed. (2403, 2409, 3786)
Oregon Steel Mills Inc.
2008 Ed. (2029, 3666)
2007 Ed. (2045)
2006 Ed. (2074, 2081, 2083)
2005 Ed. (4476, 4477)
2004 Ed. (4535)
2003 Ed. (3635)
2002 Ed. (1626, 3323, 3324)
1999 Ed. (3365)
1996 Ed. (3586)
1995 Ed. (1283, 1472, 3510)
1994 Ed. (3433)
1992 Ed. (4134)
Oregon Telco Community Credit Union
2005 Ed. (2123)
2004 Ed. (1981)
2003 Ed. (1941)
Oregon Telco Credit Union
2002 Ed. (1887)
Oregon Territory Credit Union
2002 Ed. (1833)
Oregon Trail
1997 Ed. (1089)
1996 Ed. (1079, 1084)
1995 Ed. (1101, 1105)
Oregon Trail II
1997 Ed. (1101)
Oregon; University of
2008 Ed. (782)
2007 Ed. (802)
2006 Ed. (706, 3960)
2005 Ed. (799, 1063)
1996 Ed. (2459)
Oregon Wines
1989 Ed. (2941)
O'Reilley; David J.
2008 Ed. (953)
2007 Ed. (1031)
O'Reilly; Anthony
2008 Ed. (4885)
1996 Ed. (1712)
1994 Ed. (947, 1714, 1717)
1993 Ed. (937, 1695, 1698)
O'Reilly; Anthony J.
1991 Ed. (924)
O'Reilly; Anthony J. F.
1995 Ed. (1730)
1992 Ed. (1141)
O'Reilly Auto Parts
2005 Ed. (311)
O'Reilly Automotive Inc.
2008 Ed. (324, 326, 1872, 1873, 1874, 1875, 4205, 4474, 4475, 4476)
2007 Ed. (320, 338, 340, 1840, 1841, 1844, 4494)
2006 Ed. (329, 354, 1833, 1834, 1835, 1836, 4437)
2005 Ed. (312, 336, 1834)
2004 Ed. (313)
2002 Ed. (421)
1998 Ed. (1299, 1301)
O'Reilly Automotives
2001 Ed. (540)
1999 Ed. (362, 1874, 1875)
1997 Ed. (1634, 1635)
O'Reilly; Bill
2008 Ed. (2585)
O'Reilly; D. J.
2005 Ed. (2496)
The O'Reilly Factor
2006 Ed. (750)
2005 Ed. (823)
2004 Ed. (849, 850)
2003 Ed. (707, 719)
O'Reilly; Lady
2008 Ed. (4899)
O'Reilly Media Inc.
2005 Ed. (1153)
O'Reilly; Sir Tony
2007 Ed. (4918)
Orem Community Bank
1998 Ed. (365)
Oren Cohen
2000 Ed. (1950)
1999 Ed. (2179)
1998 Ed. (1585)
1997 Ed. (930, 1942)
Orenbuch; Moshe
1997 Ed. (1854)
1996 Ed. (1779)
Orenburgneft
2005 Ed. (3789)
Oreo
2008 Ed. (1380)
2007 Ed. (1423)
2006 Ed. (1386)
2005 Ed. (1398)
2004 Ed. (1378)
2003 Ed. (1368, 1369)
2002 Ed. (1338)
2001 Ed. (1493, 1494)
1999 Ed. (1420)
1998 Ed. (992, 993, 3660)
1997 Ed. (1214)
1993 Ed. (3345)
Oreo Double Stuff
2007 Ed. (1423)
2006 Ed. (1386)
Oreo Double Stuff; Nabisco
2008 Ed. (1379)
Oreo; Nabisco
2008 Ed. (1379)
Oreos
2008 Ed. (4448)
2007 Ed. (4462)
1995 Ed. (1205, 1209, 3692)
Oreos; Nabisco
2005 Ed. (1397)
Ores & minerals
1992 Ed. (3610)
Oresund Tunnel Contractors i/s
2004 Ed. (1697)
2002 Ed. (1635)
ORF-Austrian Broadcasting Corp.
2005 Ed. (19)
Orfanides S/M
2004 Ed. (39)
Orfanides X/Mas Prosfores
2004 Ed. (39)
Orfeon
2008 Ed. (61)
ORGA
1994 Ed. (2473)
Organic
2008 Ed. (3601)
2007 Ed. (3435)
2006 Ed. (3420)
Organic chemicals
1991 Ed. (1636)
Organic chemicals and products
1989 Ed. (1387)
Organic chemicals, excluding gum and wood
1994 Ed. (2435)
Organic Gardening
1992 Ed. (3384)
Organic Online
1999 Ed. (102)
Organic Style
2006 Ed. (134, 3348)
2005 Ed. (131)
Organics Ltd.
2002 Ed. (2499)
2001 Ed. (2650, 2653)
Organics and inorganics
1996 Ed. (930)
Organisacion Bimbo
1989 Ed. (42)
Organisation Nacional de Ciegos
2004 Ed. (86)
Organismo Nacional de Loterias y Apuestas
2000 Ed. (3014)
1996 Ed. (2552)
1995 Ed. (2490)
Organismo Nacional de Loterias y Apuestas del Estado
1997 Ed. (2689)
1993 Ed. (2474)
Organizacion Nacional de Ciegos de Espana
2004 Ed. (1861)
2000 Ed. (3014)
1997 Ed. (2689)
1996 Ed. (2552)
Organizacion Soriana
2003 Ed. (4180)
1995 Ed. (3159)
Organizacion Soriana SA de CV
2006 Ed. (4175)
2005 Ed. (4137)
2004 Ed. (4207)
Organization of Arab Petroleum Exporting Counties (OAPEC)
2001 Ed. (3531)
Organization of Arab Petroleum Exporting Countries
2008 Ed. (3781)
2007 Ed. (3687)
2006 Ed. (3692)
2005 Ed. (3592)
2003 Ed. (3630)
Organization of Arab Petroleum Exporting Countries--OAPEC
2004 Ed. (3677)
Organization of Petroleum Exporting Counties (OPEC)
2001 Ed. (3531)
Organization of Petroleum Exporting Countries
2008 Ed. (3781)
2007 Ed. (3687)
2006 Ed. (3692)
2005 Ed. (3592)
2003 Ed. (3630)
Organization of Petroleum Exporting Countries--OPEC
2004 Ed. (3677)
Organizational design
1998 Ed. (544)
Organizations
2005 Ed. (1603)
Organizers
2001 Ed. (1911)
Organochlorine
1994 Ed. (2209)
Organoclay
1991 Ed. (942)
Organogene
2004 Ed. (236)
Organogenesis Inc.
1997 Ed. (233)
Organon Inc.
2000 Ed. (1711)
1999 Ed. (1919)
Organon (Ireland) Ltd.
2006 Ed. (1816)
2005 Ed. (1829)
2003 Ed. (1725)
Organon Teknika Ltd.
2001 Ed. (1755)
Organophosphorus
1994 Ed. (2209)
Orgullo Hispano
2008 Ed. (2971)
Orhei Vit
2006 Ed. (4521)
Orian
2005 Ed. (4157)
Orica Ltd.
2008 Ed. (3547)
2007 Ed. (1729)
2006 Ed. (3370)
2004 Ed. (1653)
2002 Ed. (3760)
Oricom Inc.
2001 Ed. (158)
1999 Ed. (114)
1997 Ed. (111)
1996 Ed. (109)
1995 Ed. (94)
1994 Ed. (99)
1993 Ed. (116)
1992 Ed. (174)
1991 Ed. (121)
1990 Ed. (123)
1989 Ed. (129)
Orient Corp.
1995 Ed. (1874)
1993 Ed. (1857)
Orient Advertising
1993 Ed. (125)
Orient Bank Ltd.
2000 Ed. (685)
Orient-Express Hotels Ltd.
2003 Ed. (4573)
Orient Finance
1992 Ed. (1655, 2149)
1991 Ed. (1315, 1715)
1990 Ed. (1778)
1989 Ed. (1131)
Orient Leasing Co. Ltd.
1993 Ed. (1857)
1992 Ed. (2149)
1991 Ed. (1715)
1990 Ed. (1778)
Orient Leasing (Asia)
1989 Ed. (1779)
Orient/McCann
2003 Ed. (132)
2002 Ed. (164)
2001 Ed. (193)
2000 Ed. (155)
1999 Ed. (138)
1997 Ed. (128)
1996 Ed. (124)
1995 Ed. (109)
Orient Overseas
1992 Ed. (3951)
Orient Overseas Container Line (U.K.) Ltd.
2002 Ed. (4673)
Orient Overseas Container Service
1999 Ed. (4299)

1993 Ed. (3298)
Orient Overseas (International) Ltd.
2000 Ed. (1450)
Orient Power Holdings
1996 Ed. (2140)
Orient Semiconductor Electronics Ltd.
2006 Ed. (1230)
2005 Ed. (1270, 1272)
Oriental
2000 Ed. (2546, 2570)
1999 Ed. (2771, 2793)
1998 Ed. (2032)
1997 Ed. (2289, 2307)
1996 Ed. (2174, 2188)
1995 Ed. (2174, 2175)
1994 Ed. (2108, 2122)
1993 Ed. (2102)
1992 Ed. (2509, 2510)
1991 Ed. (1956)
1990 Ed. (2096)
Oriental Bank of Commerce
2007 Ed. (466, 481)
2006 Ed. (455, 468)
2005 Ed. (525)
2004 Ed. (544)
2003 Ed. (528)
2002 Ed. (569, 570)
2000 Ed. (554)
1999 Ed. (543)
Oriental dishes, canned
2000 Ed. (4142)
Oriental Financial Group Inc.
2007 Ed. (2557)
2006 Ed. (404, 2589)
2005 Ed. (450, 2586)
2004 Ed. (2606)
2003 Ed. (4602)
2002 Ed. (486)
1999 Ed. (396)
Oriental Financial Services Corp.
1998 Ed. (3233)
Oriental food, frozen
1996 Ed. (3617)
Oriental foods
2003 Ed. (3927)
1994 Ed. (3307)
Oriental Knitting Co., Ltd.
1990 Ed. (3572)
Oriental Land
2007 Ed. (4836)
Oriental Minerals Inc.
2008 Ed. (1658)
Oriental noodles
2002 Ed. (3588)
Oriental Patron Asia
1997 Ed. (3472)
Oriental Petroleum
1993 Ed. (2494)
Oriental Petroleum A
1991 Ed. (2379)
Oriental Petroleum & Minerals Corp.
2002 Ed. (3704)
1994 Ed. (2432)
1992 Ed. (2966)
Oriental Press
1996 Ed. (2139)
Oriental sauce
2003 Ed. (1129)
Oriental Trading Co.
1997 Ed. (1823)
Oriental Union Chemical Corp.
1992 Ed. (1701, 1702, 1704, 1705)
Oriental Weavers
2007 Ed. (4224, 4225)
2005 Ed. (4157)
2003 Ed. (4206)
Orientation Programs
2000 Ed. (1783, 1784)
Orientations
1991 Ed. (146)
Orientations-Bozell
1995 Ed. (120)
1993 Ed. (134)
Oriflame
1990 Ed. (3294)
Origami
1989 Ed. (831)
Origenes
2003 Ed. (3765)
Origenes Seguros de Retiro
2008 Ed. (3253)
2007 Ed. (3108)
Origin Energy Ltd.
2008 Ed. (3547)
2005 Ed. (1658, 1660)
2004 Ed. (1646)
2003 Ed. (1616)
2002 Ed. (4708)
The Original Basket Boutique
2008 Ed. (4322)
Original Coors
1996 Ed. (781)
1995 Ed. (701)
The Original Graziano's Pizza Restaurant
2007 Ed. (3966)
Original Impressions Inc.
1997 Ed. (2215)
Original Impressions LLC
2006 Ed. (3970)
The Original Mega Warheads
2002 Ed. (936)
2001 Ed. (1120)
Original New York Seltzer
1993 Ed. (685)
Original NY Seltzer
1994 Ed. (688)
The Original Seafood Shanty
1995 Ed. (3200)
1994 Ed. (3156)
1993 Ed. (3112)
Original Sixteen to One Mine Inc.
2002 Ed. (3568)
Original $2 Car Wash
2005 Ed. (350)
Origins
2008 Ed. (4344)
2003 Ed. (4428, 4619, 4620)
2001 Ed. (4275)
Origins of the Crash
2006 Ed. (634)
Orin C. Smith
2004 Ed. (973, 2491, 2530, 2531, 2532)
Orin R. Smith
1994 Ed. (1723)
Orin Smith
2006 Ed. (915)
2005 Ed. (967)
Orin T. Leach
1994 Ed. (896, 1057)
Orinoco
2000 Ed. (693)
Oriole Homes Corp.
2004 Ed. (235)
2002 Ed. (2681)
Orion
2004 Ed. (1377)
2002 Ed. (1109, 4754)
2001 Ed. (35)
2000 Ed. (641, 644)
1999 Ed. (2691)
1993 Ed. (2596, 2597, 2598, 2715, 3524)
1992 Ed. (3110)
Orion Bancorp
2008 Ed. (427)
Orion Capital Corp.
2002 Ed. (1391)
1999 Ed. (2966)
1998 Ed. (2199, 3417)
1997 Ed. (2460)
1996 Ed. (2332)
1995 Ed. (2321)
1994 Ed. (2279)
Orion Construction Inc.
2004 Ed. (1273)
2003 Ed. (1270)
Orion Electric (Taiwan) Co., Ltd.
1992 Ed. (1933, 2094)
1990 Ed. (1643, 1737)
Orion Food Systems Inc.
2005 Ed. (2566)
2004 Ed. (2586)
2003 Ed. (2457)
2002 Ed. (2251)
1999 Ed. (2521)
Orion Food Systems LLC
2006 Ed. (2572)
Orion Futures
1997 Ed. (1073)
Orion Hoch
1992 Ed. (2058)
Orion Infusion
1996 Ed. (1544)
Orion International Technologies Inc.
1992 Ed. (2406, 2407)
Orion Magnetic Media PLC
1991 Ed. (959)
Orion Network Systems
1997 Ed. (3410)
Orion New Zealand
2003 Ed. (1621)
Orion Pictures
1992 Ed. (3109, 4245)
1991 Ed. (2487, 1579, 2390, 3328)
Orion Power Holdings Inc.
2004 Ed. (2771, 2774)
Orion Refining Corp.
2005 Ed. (1467)
Orion Systems International Inc.
2005 Ed. (2788)
Orion Telescopes & Binoculars
2008 Ed. (865)
Orion-Yhtyma Oy
1999 Ed. (2661)
Orion-yhtyma Oyj
2000 Ed. (2443)
Oris Bleach Powder
2001 Ed. (82)
Orius Corp.
2003 Ed. (1239)
Orix
2007 Ed. (2548)
2005 Ed. (4673)
2003 Ed. (4593)
1993 Ed. (204)
ORIX Aircraft
2001 Ed. (345)
Orizon
2007 Ed. (3064)
2006 Ed. (1353)
Orkay Silk Mills
1991 Ed. (721)
Orkem
1992 Ed. (1618)
Orkin Inc.
2007 Ed. (4042)
Orkin Exterminating Co., Inc.
2006 Ed. (4008)
2005 Ed. (3934)
Orkla
2006 Ed. (1949)
2002 Ed. (3542, 3544)
2000 Ed. (1529, 3382, 3383)
1997 Ed. (2971)
1994 Ed. (1213, 1215, 2214, 2700, 2701)
Orkla A/S
2005 Ed. (1918)
2003 Ed. (1798)
2001 Ed. (1826)
Orkla AS
1999 Ed. (1717, 1718, 3661, 3662)
1997 Ed. (1492, 2970)
1996 Ed. (1431, 2876, 2877)
1995 Ed. (1469, 2264)
Orkla ASA
2008 Ed. (66, 1996, 1999, 3574)
2007 Ed. (1930, 1933, 2617)
2006 Ed. (1686, 1947, 1950, 3396, 3757)
2000 Ed. (1528)
Orkla Borregaard
1993 Ed. (2745)
1992 Ed. (3305, 3306)
1991 Ed. (1333, 2647, 2648)
Orkla Borregaard AS
1989 Ed. (1147)
Orkla Borregard
1990 Ed. (3474)
Orland Utilities Commission, FL
1991 Ed. (2781)
Orlando
2000 Ed. (235, 2536, 2589)
Orlando Airport
1997 Ed. (222)
Orlando Ayala
2006 Ed. (2516)
Orlando/Central Complex, FL
1992 Ed. (1020)
Orlando/Central Complex, FL (ATC)
1991 Ed. (835)
Orlando Central Park
2002 Ed. (2765, 3533)
2000 Ed. (2625)
Orlando County Convention Center
1999 Ed. (1417)
Orlando-Daytona Beach-Melbourne, FL
2002 Ed. (927)
1996 Ed. (3202, 3204)
1995 Ed. (3112)
1994 Ed. (3067)
1992 Ed. (3692, 3700, 3701)
Orlando, FL
2008 Ed. (3517, 4721)
2007 Ed. (156, 3360, 3386)
2006 Ed. (748, 4785)
2005 Ed. (2385, 2456, 2457, 2947, 2972, 4734)
2004 Ed. (2425, 2426, 2429, 4114, 4115, 4154, 4753)
2003 Ed. (2348, 2349, 2352, 2826, 3262, 4088, 4089, 4775)
2002 Ed. (1062, 1169, 2731, 2758, 2763, 2996, 3726, 3995, 3996, 4287, 4646)
2001 Ed. (1090, 2276, 2280, 2284, 2721, 2783, 2794, 2797, 2834, 4048, 4055, 4611, 4922)
2000 Ed. (1072, 1082, 1085, 2537, 3104, 3106, 3767, 3768, 4270, 4288)
1999 Ed. (254, 733, 1158, 2672, 2673, 2757, 2758, 3259, 3260, 4053)
1998 Ed. (585, 736, 1857, 2003, 2028, 2475, 3586)
1997 Ed. (1003, 1820, 2303, 3308, 3309, 3523)
1996 Ed. (857, 2207, 3203)
1995 Ed. (988, 1667, 2191, 2539, 2666, 3111, 3633)
1994 Ed. (717, 831, 973, 2409, 2472, 3060, 3066, 3511)
1993 Ed. (948, 1736, 2547, 3606)
1992 Ed. (347, 2100, 2480, 2542, 3035, 3036, 3052, 3054, 3630, 3690, 3691, 3697)
1991 Ed. (1547, 1983, 1984, 2347, 2428)
1990 Ed. (1004, 1149, 1156, 1438, 2072, 2485, 2546, 2552, 3607)
1989 Ed. (1903)
Orlando, FL, Utilities Commission
1992 Ed. (4029)
Orlando International
1994 Ed. (192)
Orlando International Airport
2002 Ed. (275)
2000 Ed. (273)
1999 Ed. (248)
1998 Ed. (145)
Orlando-Kissimmee, FL
2008 Ed. (3457)
2007 Ed. (2374)
1991 Ed. (939)
1990 Ed. (999, 1001, 2484)
Orlando Magic
1998 Ed. (439)
Orlando Mariott Downtown
2000 Ed. (2574)
Orlando Marriott Downtown
1999 Ed. (2795)
Orlando Marriott International Drive
2000 Ed. (2568)
1999 Ed. (2791)
1998 Ed. (2030)
Orlando Naval Training Center
1993 Ed. (2884)
Orlando-Orange Co. Expressway
1996 Ed. (3739)
Orlando Pita
2007 Ed. (2758)
Orlando Regional Chamber of Commerce
2002 Ed. (958)
Orlando Regional Healthcare
2005 Ed. (3917)
Orlando Regional Healthcare System Inc.
2008 Ed. (1732)
2006 Ed. (1708)
2005 Ed. (1762)
2004 Ed. (1704)
2003 Ed. (1675)
2001 Ed. (1702)

2000 Ed. (3180)
Orlando Regional Medical Center
2005 Ed. (2912)
Orlando Regional Medical Center-Orange County
1998 Ed. (1990)
Orlando Sanford Airport
2002 Ed. (275)
2000 Ed. (273)
Orlando Sentinel
2002 Ed. (3508)
2000 Ed. (3337)
1999 Ed. (3618)
1998 Ed. (2681)
1990 Ed. (2701)
1989 Ed. (2055)
Orlando Utilities Commission
2000 Ed. (3675)
1999 Ed. (3965)
1998 Ed. (2965)
1993 Ed. (2939, 3359)
Orlando Utilities Commission, FL
1995 Ed. (3036)
Orlando Wines
2001 Ed. (4902)
Orlando World Center Marriott
2003 Ed. (2413)
2002 Ed. (2648, 2650)
2000 Ed. (2568)
Orlando World Center Marriott Resort
2001 Ed. (2351)
2000 Ed. (2538)
Orleans Corp.
2000 Ed. (1229)
Orleans Inc.; A. P.
1990 Ed. (1180)
Orleans Builders
1998 Ed. (914)
Orleans Capital
1997 Ed. (2530, 2538)
1996 Ed. (2392, 2400)
1995 Ed. (2364, 2368)
Orleans Construction Co.
1991 Ed. (1066)
Orleans Homebuilders
2006 Ed. (1193, 4331)
2005 Ed. (1222, 4379)
2004 Ed. (1196, 4433)
2003 Ed. (1191, 1195, 1196)
2002 Ed. (1204)
2001 Ed. (1389)
Orleans Inn
2008 Ed. (3076)
Orleans Public School Credit Union
2002 Ed. (1828)
ORLEN SA; PKN
2008 Ed. (3934)
Orlimar Golf Co.
2001 Ed. (2616)
Orly
1992 Ed. (311)
Ormerod; Graham
1997 Ed. (1966)
1996 Ed. (1857)
Ormes Capital Markets Inc.
2005 Ed. (178)
2003 Ed. (219)
2002 Ed. (718)
Ormet Corp.
2003 Ed. (1853)
Ormond; P. A.
2005 Ed. (2504)
Ornaments
1999 Ed. (1222)
1997 Ed. (1049)
Ornda HealthCorp.
2006 Ed. (2760)
1998 Ed. (1908)
Ornda Healthcorp
2007 Ed. (2769)
2006 Ed. (2759)
1997 Ed. (2824, 2825)
Ornelas & Associates
2006 Ed. (121)
Ornelas Enterprises Inc.
2007 Ed. (3592, 4442)
2006 Ed. (3535)
Ornelas; Susana
1996 Ed. (1897)
Ornex
1991 Ed. (998)
ORNL Credit Union
2008 Ed. (2260)
2007 Ed. (2145)
2006 Ed. (2224)
2005 Ed. (2129)
2004 Ed. (1987)
2003 Ed. (1947)
2002 Ed. (1893)
O'Roarke; Andrew P.
1991 Ed. (2343)
Oronite
2001 Ed. (3171)
1995 Ed. (2491)
O'Rourke; Andrew P.
1993 Ed. (2462)
1992 Ed. (2904)
1990 Ed. (2479)
O'Rourke Construction Co.
1994 Ed. (1151)
1993 Ed. (1134)
1990 Ed. (1203)
O'Rourke Industries Inc.
1991 Ed. (1088)
Oroweat
2008 Ed. (725)
2001 Ed. (545)
1998 Ed. (494)
1996 Ed. (779)
Oroweat Foods Co.
1992 Ed. (497)
1989 Ed. (361)
Orphanides
2001 Ed. (27)
Orr & Reno
1999 Ed. (3154)
Orrick, Herrington & Sutcliffe
2004 Ed. (3232)
2000 Ed. (1726, 2593, 2620, 3196, 3198, 3199, 3200, 3202, 3204, 3679, 3858)
1999 Ed. (1942, 2817, 2843, 3476, 3484, 3485, 3486, 3487, 3488, 3967, 4143, 4659)
1998 Ed. (1376, 2061, 2084, 2565, 2573, 2574, 2575, 2576, 2577, 2968, 3158, 3617)
1997 Ed. (2341, 2364, 2840, 2841, 2843, 2847, 2849, 3218, 3384, 3795)
1996 Ed. (2212, 2238, 2724, 2726, 2728, 2731, 2732, 3138, 3287, 3740)
1995 Ed. (1629, 2193, 2231, 2645, 2649, 2651, 2653, 3037, 3188)
1993 Ed. (1549, 2117, 2160, 2404, 2615, 2617, 2620, 2623, 2940, 3101, 3622, 3625)
1992 Ed. (2845)
1991 Ed. (1987, 2015, 2292, 2528, 2534, 2535, 2536, 2782, 2925, 3423)
1990 Ed. (2292, 2426)
Orrick Herrington & Sutcliffe LLP
2008 Ed. (3025)
2007 Ed. (3649, 3657)
2005 Ed. (3525, 3533)
2004 Ed. (3238)
2003 Ed. (3190)
2001 Ed. (723, 744, 745, 776, 800, 803, 812, 841, 845, 865, 933, 949, 4206)
Orrick Herrington Sutcliffe LLP
2006 Ed. (3266)
Orrick Rambaud Martel
2008 Ed. (3417)
Orrin Thompson Homes
2005 Ed. (1215)
2003 Ed. (1183)
2000 Ed. (1223)
1998 Ed. (911)
Orrstown Financial Services Inc.
2004 Ed. (408, 409)
Orsino; Philip
2006 Ed. (2528)
Orso Superior Enterprises Corp.
1991 Ed. (1910)
Orszagos Keres & Hitel
1991 Ed. (540)
Orszagos Kereskedelmi es Hitelbank Rt
1992 Ed. (698)
Orszagos Szakipari V
2001 Ed. (1412)
Orszagos Takarekpentar
1991 Ed. (540)
Orszagos Takarekpentzar Bank
1997 Ed. (489)
Orszagos Takarekpentzar (Nat. Savings) Bank
1996 Ed. (530)
Orszagos Takarekpentzar National Savings Bank
1995 Ed. (441, 459)
Orszagos Takarekpenztar
1993 Ed. (469)
Orszagos Takarekpenztar es Kereskedelmi Bank Rt.
1997 Ed. (490)
1996 Ed. (531)
1995 Ed. (486)
1994 Ed. (502, 503)
Ortega
1998 Ed. (3126)
1996 Ed. (3283)
1994 Ed. (3136)
Ortega; Amancio
2008 Ed. (4864, 4865, 4874, 4882)
2007 Ed. (4911, 4912)
2006 Ed. (4924)
2005 Ed. (4877)
Ortega Ranches; Oscar
1991 Ed. (1906)
1990 Ed. (2008)
Ortega Ranches; Oscar J.
1993 Ed. (2038)
Ortega Travel Services Inc.
1998 Ed. (1932, 1936)
1997 Ed. (2224)
1996 Ed. (2064, 2066)
Ortel
1996 Ed. (3306, 3779)
Orth, Chakler, Murnane & Co., CPAs
2008 Ed. (2)
2006 Ed. (4)
OrthAlliance, Inc.
2001 Ed. (1644)
Ortho
2003 Ed. (2952)
2000 Ed. (2913)
1999 Ed. (3167, 3168)
1998 Ed. (2341, 2342)
1990 Ed. (1192)
Ortho-Cept
1996 Ed. (1571)
Ortho-Cinical Diagnostics
2000 Ed. (3076)
Ortho-Clinical Diagnostics
2002 Ed. (3298)
2001 Ed. (3267)
Ortho Evra
2006 Ed. (3881)
Ortho Gynol II
1999 Ed. (1303)
1998 Ed. (932)
Ortho Mattress Inc.
1993 Ed. (676, 3038)
Ortho-Novum
1989 Ed. (2256)
Ortho Novum 7/7/7
1995 Ed. (2984)
1994 Ed. (2929)
1993 Ed. (2914)
1992 Ed. (3526)
1991 Ed. (2763)
Ortho Pharm
1999 Ed. (3326)
1997 Ed. (2066)
Orthoclone OKT3
1996 Ed. (1581)
Orthodontic Centers of America
1998 Ed. (1704)
Orthodontist
2008 Ed. (3809)
Orthopedic Hospital
1995 Ed. (2140)
Orthopedic Service Inc.
1993 Ed. (1191)
Ortiz, Scopesi y Cia
1991 Ed. (73)
1989 Ed. (82)
Ortopedia GmbH
1993 Ed. (2491)
Orval Kent Food Co.
2001 Ed. (2480)
Orval Kent Foods
2008 Ed. (2785)
Orvana Minerals
2007 Ed. (4577)
Orville Redenbacher
2008 Ed. (4448)
1993 Ed. (3345)
Orville Redenbacher's
2003 Ed. (4455)
Orvis Co., Inc.
2008 Ed. (2155)
1999 Ed. (4709)
1997 Ed. (2170)
Oryx Energy
2000 Ed. (3136)
1999 Ed. (1483, 3412, 3413, 3796, 4387)
1998 Ed. (1052, 1434, 2507, 2508)
1997 Ed. (1333, 1727, 2792, 2793, 3644)
1996 Ed. (1286, 2648)
1995 Ed. (961, 2581, 2582, 2921)
1994 Ed. (1308, 1628, 2524, 2525)
1993 Ed. (2575, 2576, 2835, 2839)
1992 Ed. (1514, 1522, 1946, 2104, 3082, 3083, 3434, 3438)
1991 Ed. (1225, 2465, 2715, 2725)
OS Cal
2003 Ed. (2063)
OS/2
1992 Ed. (1331)
1990 Ed. (3709)
OS/2 for Windows
1995 Ed. (1104)
OS/2 Warp
1996 Ed. (1081)
OS/2 Warp Upgrade
1997 Ed. (1099)
Osaka
1997 Ed. (2960)
1989 Ed. (915)
Osaka Airport
1996 Ed. (194)
Osaka Gas Co.
2008 Ed. (2816)
2007 Ed. (2687, 2690)
2005 Ed. (2727, 2731, 3768, 3772)
2002 Ed. (4434)
Osaka, Japan
2005 Ed. (2033)
2001 Ed. (348)
1994 Ed. (976)
1992 Ed. (311, 1712)
1991 Ed. (1365, 3249)
Osaka Securities Exchange
1993 Ed. (1915)
Osaka Securities Finance
1995 Ed. (1874)
1994 Ed. (1846)
1993 Ed. (1857)
1992 Ed. (2149)
1991 Ed. (1715)
1990 Ed. (1778)
Osaka Stock Exchange
1997 Ed. (3632)
Osaka Uochiba Co. Ltd.
1999 Ed. (200)
Osaka Uoichiba Co. Ltd.
2000 Ed. (223)
1997 Ed. (182)
1995 Ed. (164)
Osar; Karen
2008 Ed. (2632)
Osborn & Barr Communications
2008 Ed. (190, 192, 195)
2007 Ed. (203, 205, 208)
2006 Ed. (195, 197, 200)
2005 Ed. (183, 185, 188)
Osborn Communications Corp.
1998 Ed. (1042)
1991 Ed. (2795)
Osbourne; Ozzy & Sharon
2007 Ed. (4929)
2005 Ed. (4889, 4891)
Osbournes
2005 Ed. (2260)
OSC Teleservices
2001 Ed. (4468)
Oscar de la Hoya
2007 Ed. (294)
2002 Ed. (344)
2001 Ed. (419)

2000 Ed. (322)
1999 Ed. (306)
Oscar I Corp.
1995 Ed. (2443)
Oscar J. Boldt Construction Co.
2002 Ed. (1275)
1998 Ed. (891)
1992 Ed. (1357)
Oscar J. Ortega Ranches
1993 Ed. (2038)
Oscar Mayer
2008 Ed. (335, 2770, 3606, 3607, 3608, 3613, 3617)
2007 Ed. (3439)
2006 Ed. (3424)
2005 Ed. (3412)
2004 Ed. (3399)
2003 Ed. (3326)
2002 Ed. (423, 2365, 3270, 3271, 3272)
2001 Ed. (3233)
2000 Ed. (2275)
1997 Ed. (2088)
1996 Ed. (1936)
1995 Ed. (695, 696, 1892, 1940)
1994 Ed. (1868, 2450)
1992 Ed. (921, 2190)
Oscar Mayer & Pizza
2005 Ed. (3420)
2004 Ed. (3408)
Oscar Mayer Bun Length
2002 Ed. (2365)
2000 Ed. (2275)
1995 Ed. (1940)
Oscar Mayer Food Corp.
1998 Ed. (1767)
Oscar Mayer Food Division
2000 Ed. (2232)
1997 Ed. (2048)
Oscar Mayer Foods
2003 Ed. (3328, 3342)
2002 Ed. (3275, 3277)
2001 Ed. (2479)
2000 Ed. (3061, 3580)
1999 Ed. (2475, 2527, 3321, 3323, 3864, 3865)
1998 Ed. (1733, 2451, 2454, 2455, 2889)
1997 Ed. (2732, 2734, 3144, 3145)
1996 Ed. (2583, 2590, 3058, 3062)
1995 Ed. (1909, 2519, 2523, 2527, 2959, 2963, 2964, 2966)
1994 Ed. (1882, 2451, 2455, 2458, 2459, 2903, 2907, 2909, 2911)
1993 Ed. (1878, 1884, 2514, 2521, 2522, 2525, 2572, 2887, 2888, 2890, 2892, 2898)
1992 Ed. (2199, 2988, 2993, 2996, 2997, 3075, 3505, 3508, 3510, 3512)
1991 Ed. (1741, 1750)
Oscar Mayer Free lunchmeat
1998 Ed. (1726, 2668)
Oscar Mayer Light
1995 Ed. (1940)
Oscar Mayer Lunchables
2001 Ed. (3182, 3182, 3182, 3182, 3182)
1994 Ed. (2416)
Oscar Ortega Ranches
1991 Ed. (1906)
1990 Ed. (2008)
Oscar's
1998 Ed. (2869)
Oscar's Money Exchange
1991 Ed. (412)
Osceola
1990 Ed. (1806)
Osceola County, FL
1993 Ed. (1433)
Osco
1990 Ed. (1552)
Osco Drug
1990 Ed. (1555)
1989 Ed. (1266, 1267, 1268)
Osco/Jewell
1991 Ed. (1994)
Osem
2008 Ed. (50)
2007 Ed. (47)
1992 Ed. (58)
Osem Foods
1994 Ed. (27)
1993 Ed. (36)
1991 Ed. (29)
OSF Inc.
2000 Ed. (4134, 4135)
OSF St. Francis Medical Center
2008 Ed. (3064)
Osgood; Jonathan
1995 Ed. (1868)
Osh-Kosh
2008 Ed. (982)
2007 Ed. (1100)
2006 Ed. (1015)
OSHA & DOT audits
2005 Ed. (3618)
OSHA inspections
1997 Ed. (1176)
OSHA Log
2000 Ed. (4322)
O'Shaughnessy Canadian Equity
2004 Ed. (3613, 3614, 3615)
2003 Ed. (3567, 3568)
O'Shaughnessy U.S. Growth
2003 Ed. (3580, 3581)
Oshawa Group
1997 Ed. (2041)
1996 Ed. (1316, 1943)
1994 Ed. (1878, 3107)
1993 Ed. (3591)
1992 Ed. (2195)
1991 Ed. (2894)
1990 Ed. (3051, 3052)
Osher; Bernard
2008 Ed. (3979)
Osher; Bernard A.
2008 Ed. (895)
OshKosh
2000 Ed. (1112)
1999 Ed. (1191)
1998 Ed. (760, 761)
1996 Ed. (1001)
1994 Ed. (1010, 1011)
Oshkosh B'Gosh Inc.
2005 Ed. (1014, 1015)
2004 Ed. (999, 1000)
1997 Ed. (1019, 1020, 1021)
1996 Ed. (999)
1994 Ed. (1029, 1030)
1993 Ed. (734, 983, 984, 997, 998)
1992 Ed. (1208, 1221, 1226, 1227)
1991 Ed. (982)
1990 Ed. (1063, 1064, 1065)
1989 Ed. (943)
Oshkosh Truck
2008 Ed. (845)
2007 Ed. (874, 3031, 3400)
2006 Ed. (2995, 3579)
2005 Ed. (3521)
2004 Ed. (2015, 3520)
2003 Ed. (312, 314, 3457)
2002 Ed. (3400)
1995 Ed. (1506)
1994 Ed. (1261, 1469)
1992 Ed. (430)
1991 Ed. (316, 1247)
1990 Ed. (190, 352)
Oshman's
2001 Ed. (4337)
1999 Ed. (4381)
1998 Ed. (3352)
1997 Ed. (3560)
1995 Ed. (3429)
1994 Ed. (3372)
1992 Ed. (4046, 4047)
1991 Ed. (3167, 3168)
1989 Ed. (2522)
Oshman's Sporting Goods
1996 Ed. (3494)
1993 Ed. (3368, 3369)
OSI Group
2006 Ed. (3430, 3431)
OSI Group LLC
2008 Ed. (2784, 3613, 4051)
2007 Ed. (4024)
2006 Ed. (3985)
OSI Industries Inc.
1997 Ed. (1012)
OSI Pharmaceuticals Inc.
2006 Ed. (594)
2005 Ed. (681)
2002 Ed. (4502)
OSI Portfolio Services
2005 Ed. (2143, 2144)
OSI Restaurant Partners Inc.
2008 Ed. (2758, 4171)
OSI Systems Inc.
2005 Ed. (4673)
Osicom Technologies
1991 Ed. (1876, 3145)
1989 Ed. (2501)
Osim International
2007 Ed. (1972)
Osiris Therapeutics Inc.
2008 Ed. (4287)
Osisko Exploration Ltd.
2008 Ed. (1617, 1619)
Osler, Haskin & Harcourt
1990 Ed. (2416, 2427)
Osler Hoskin & Harcourt
2005 Ed. (1444, 1445)
2004 Ed. (1427, 1428)
1999 Ed. (3147)
1997 Ed. (2596)
1995 Ed. (2415)
1994 Ed. (2357)
1993 Ed. (2394)
1991 Ed. (2293)
Oslin; K. T.
1993 Ed. (1079)
Oslin; Randy Travis, K.T.
1991 Ed. (1040)
Oslo, Norway
1994 Ed. (976)
1993 Ed. (1425)
1992 Ed. (1712)
1991 Ed. (1365)
Oslo Stock Exchange
1997 Ed. (3631)
Osmopura
1997 Ed. (698)
Osorno & la Union
1990 Ed. (521)
Osothsapha
1994 Ed. (47)
1991 Ed. (52)
Osotspa Co.
2008 Ed. (93)
2007 Ed. (86)
2006 Ed. (96)
2005 Ed. (87)
OSP Consultants
1991 Ed. (950, 3146)
Osprey Communications
1990 Ed. (1373)
Osprey Maritime Ltd.
1999 Ed. (1433)
Osprey Media Income Fund
2008 Ed. (1621, 4088)
2007 Ed. (4055)
OSR Solutions
2007 Ed. (3594, 3595)
Osram GmbH
2001 Ed. (2605)
Osram Sylvania Inc.
2003 Ed. (341)
Ossip; David
2005 Ed. (2473)
Ossur Hf
2008 Ed. (574, 1792, 2908)
2007 Ed. (1764)
2006 Ed. (1756)
OST Business Rules Ltd.
2003 Ed. (2734)
Ost. Lotterien
2001 Ed. (15)
Ostasiatiske Kompagni
1992 Ed. (1445)
1991 Ed. (1105, 1106)
Osteo
2000 Ed. (3319)
Osteo Bi Flex
2003 Ed. (4855, 4859)
2002 Ed. (1974)
Osteoarthritis
1996 Ed. (3884)
Osteopath
1989 Ed. (2084, 2092)
Oster
2005 Ed. (2955)
2003 Ed. (2867)
2000 Ed. (2587)
1994 Ed. (721, 2145)
1993 Ed. (711, 1885)
1992 Ed. (899, 2201, 2517)
1991 Ed. (717, 1751, 1961)
1990 Ed. (739)
Oster, Hoskin & Harcourt
1996 Ed. (2451)
Oster/Sunbeam
2001 Ed. (2811)
Osterr Elek
1991 Ed. (3231)
Osterreich. L'bank Vienna
1991 Ed. (454)
Osterreichische Bundes.
1993 Ed. (3266, 3270)
Osterreichische Bundesbahnen
2004 Ed. (4061)
2003 Ed. (1622)
2001 Ed. (1636, 3986)
Osterreichische Industrieholding
1995 Ed. (2545)
Osterreichische Industrieholding AG
1997 Ed. (2750)
1996 Ed. (2606)
Osterreichische Industrieholding Aktiengesellschaft
1993 Ed. (2498)
Osterreichische Industrieholdingaktien.
1994 Ed. (2477)
Osterreichische Landerbank
1993 Ed. (429, 1281)
1992 Ed. (610, 1577, 1649, 4401)
1991 Ed. (3452)
Osterreichische Philips Industrie GmbH
2003 Ed. (1622)
2001 Ed. (1636)
Osterreichische PTT
1989 Ed. (966)
Osterreichische Volksbanken
2008 Ed. (382)
2007 Ed. (400)
2006 Ed. (415)
2005 Ed. (462)
2004 Ed. (450)
2003 Ed. (464)
2002 Ed. (525)
1999 Ed. (472)
1996 Ed. (449)
1994 Ed. (429)
Osterreichischen Nationalbank
2004 Ed. (496)
OsterreichischeVolksbanken
2000 Ed. (465)
Osterweis
2003 Ed. (3494)
Osterweis Fund
2007 Ed. (3665)
2006 Ed. (3605, 3641)
2004 Ed. (3556)
Ostgota Enskilda Bank
1994 Ed. (528)
1993 Ed. (639)
Ostler; Clyde
2007 Ed. (3223)
Ostrander; Gregg
2005 Ed. (3284)
Ostroff; Greg
1993 Ed. (1775)
Ostuuspankit OKO
1989 Ed. (29)
OSU Federal Credit Union
2008 Ed. (2254)
2007 Ed. (2139)
2006 Ed. (2218)
2005 Ed. (2123)
2004 Ed. (1981)
2003 Ed. (1941)
2002 Ed. (1887)
O'Sullivan
2000 Ed. (2292)
1999 Ed. (2544)
1998 Ed. (1783, 1787)
1995 Ed. (1952, 1959)
1992 Ed. (2245, 2246)
1990 Ed. (3275)
O'Sullivan Hicks Patton LLP
2002 Ed. (11)
Oswald; Scott
1993 Ed. (13)
Oswego, NY
1992 Ed. (2380)
OTA Financial Group
2006 Ed. (3200, 3206)

Ota; Kiyohisa
1997 Ed. (1991)
1996 Ed. (1873, 1885)
Otago
1992 Ed. (1399)
Otak Inc.
2006 Ed. (2455)
Otak Architects Inc.
2006 Ed. (2453)
Otani; Yoneichi
1993 Ed. (698)
OTASCO
1990 Ed. (407)
1989 Ed. (351, 1252)
Otau Cinema
2004 Ed. (58)
Otava S E
1993 Ed. (2030)
Otay Mesa Station, CA
2005 Ed. (3878, 3879)
OTB (Only The Best) Engineering
2002 Ed. (2519)
O.T.C.
1995 Ed. (1208)
1993 Ed. (3511)
OTC Insight
1993 Ed. (2362)
1992 Ed. (2801, 2799)
OTE Hellenic Telecommunications
2007 Ed. (24)
OTE Hellenic Telecommunications Organization
2008 Ed. (29, 44, 1772)
2007 Ed. (40, 57, 1745)
OTE SA
2008 Ed. (1773)
Otecel
2006 Ed. (42)
Otellini; Paul
2007 Ed. (1007)
Otellini; Paul S.
2007 Ed. (1032)
Otero Credit Union
2008 Ed. (2248)
2007 Ed. (2133)
2006 Ed. (2212)
2005 Ed. (2117)
2004 Ed. (1975)
2003 Ed. (1935)
2002 Ed. (1881)
Otero Savings
1990 Ed. (3128)
Other
2000 Ed. (3753, 3802, 3840, 4041, 4062, 4077, 4078, 4252, 4253, 4255, 4304)
1989 Ed. (256, 314, 1514, 1515, 1866, 2229, 2346, 2347, 2511, 2517, 2526, 2527, 2899, 2900, 2909, 2910, 2964)
Other dried fruits
1991 Ed. (1865)
Other electronics
1992 Ed. (4387)
Other Home Storage
1989 Ed. (1236)
Other Imports
1989 Ed. (317, 322, 323)
Other Industrial
1990 Ed. (3439)
Other leisure
1991 Ed. (2052, 3225)
1989 Ed. (2647)
Other medical & psychiatric illnesses
1998 Ed. (2039)
Other sausage products
1991 Ed. (1867)
Other single-flavor juice
1990 Ed. (1859)
Others
2001 Ed. (2628)
2000 Ed. (964, 997, 2861, 3735, 3736, 4066, 4084, 4136, 4137, 4138, 4202, 4236)
1989 Ed. (221, 756, 1982, 2097)
Otis
1992 Ed. (1938)
Otis Elevator Co.
2008 Ed. (1697, 3143, 4073)
2007 Ed. (1672, 3025)
2006 Ed. (2991)
2005 Ed. (2997)
2004 Ed. (1689, 3000)
2003 Ed. (1660, 2894)
2001 Ed. (3186)
Otis Spunkmeyer Inc.
2001 Ed. (2475)
1998 Ed. (254, 262)
1996 Ed. (357)
Oto-Melara
1992 Ed. (3078)
Oto Melara SpA
1995 Ed. (2549)
Otosan
1996 Ed. (2434)
1994 Ed. (2336)
1992 Ed. (2811)
1991 Ed. (2266)
OTP
2006 Ed. (664)
2002 Ed. (854)
2000 Ed. (893)
1999 Ed. (947)
OTP Bank
2008 Ed. (1789)
2007 Ed. (1762)
2006 Ed. (1697, 1754)
1999 Ed. (537)
1997 Ed. (433)
OTP-Garancia
2001 Ed. (2924)
Otsuka
2007 Ed. (1261)
1993 Ed. (1517)
Otsuka America Pharmaceuticals Inc.
1996 Ed. (2870)
Ottawa
2000 Ed. (2549)
Ottawa Citizen
2003 Ed. (3648, 3649)
2002 Ed. (3507, 3509, 3510)
1999 Ed. (3615)
Ottawa-Hull, ON
2001 Ed. (4109)
Ottawa-Hull, Ontario-Quebec
2005 Ed. (3476)
1993 Ed. (2556)
Ottawa International
1995 Ed. (196)
Ottawa, ON Canada
1992 Ed. (3292, 530)
Ottawa, Ontario
2008 Ed. (3489)
2003 Ed. (3251)
Ottawa; University of
2008 Ed. (1074, 1078, 3642, 4279)
Ottenstein; Robert
1996 Ed. (1786)
Otter Tail Power Co.
1992 Ed. (1888)
Otterbein College
2008 Ed. (1058)
2001 Ed. (1320)
1999 Ed. (1223)
1998 Ed. (794)
1997 Ed. (1059)
1996 Ed. (1043)
1989 Ed. (956)
Ottmans Construction Co.
2002 Ed. (1326)
Otto
1994 Ed. (3650)
Otto Group
2008 Ed. (4477)
2007 Ed. (1781, 4500)
1991 Ed. (3261)
Otto; Michael
2008 Ed. (4867)
Otto Oldsmobile
1996 Ed. (282)
Otto Oldsmobile-Cadillac
1995 Ed. (282)
Otto Reisen GmbH
2005 Ed. (4769)
2003 Ed. (4811)
Otto Versand
2006 Ed. (4443)
2000 Ed. (3024, 4387)
1999 Ed. (3290, 4110, 4111)
1998 Ed. (2427, 3097)
1997 Ed. (2699, 3353, 3355)
1994 Ed. (2427)
1992 Ed. (2959)
Otto Versand GmbH & Co.
2004 Ed. (4475, 4929)
2003 Ed. (1523, 4506)
2002 Ed. (1076, 4044, 4899)
2001 Ed. (3208, 4818)
Otto Versand-Group
1990 Ed. (3054)
Otto Versand (Spiegel)
1991 Ed. (2373)
Ottoman
2002 Ed. (928)
Ottoville Bank Co.
1996 Ed. (539)
Otttoman
1999 Ed. (367)
O2
2008 Ed. (682, 692, 703, 3743)
2007 Ed. (730, 746, 1443, 3621, 4722)
O2 plc
2008 Ed. (103, 135, 136, 1410, 1418)
2007 Ed. (93)
2006 Ed. (1685, 4703)
O2Micro International
2005 Ed. (2332)
o2wireless Solutions Inc.
2005 Ed. (1553)
Ouachita Baptist University
2008 Ed. (1063)
1997 Ed. (1058)
OUB
2002 Ed. (4468)
OUB Asset Management
2002 Ed. (2827)
2001 Ed. (2889)
1999 Ed. (2893)
OUC/Orlando Utilities Commission
2002 Ed. (3881)
Oudemeester
1989 Ed. (50)
Ouest-France
1994 Ed. (2781)
1992 Ed. (3369)
1990 Ed. (2797)
Oulun Alue
1994 Ed. (475)
1992 Ed. (661)
Oulun Aluesaastopankki
1993 Ed. (473)
Ounce Labs
2008 Ed. (1150)
Our Friend, Martin
2001 Ed. (4689)
Our Lady of Consolation
2000 Ed. (3362)
Our Lady of Lake Regional Medical Center
2003 Ed. (1747)
2001 Ed. (1779)
Our Lady of Lourdes Healthcare Services Inc.
1999 Ed. (2753)
Our Lady of Lourdes Medical Center
2000 Ed. (965)
1999 Ed. (1011)
Our Lady of the Lake Hospital Inc.
2008 Ed. (1889)
2007 Ed. (1857)
2006 Ed. (1854)
2005 Ed. (1848)
2004 Ed. (1782)
Our Lady of the Lake University
2000 Ed. (929)
Our Own Hardware Co.
1992 Ed. (2374)
1990 Ed. (1985)
Our Price
2001 Ed. (4703)
Ouray County, CO
1997 Ed. (1681)
Oust
2008 Ed. (206)
2005 Ed. (198)
The Oustin Co.
1992 Ed. (1957)
Out Magazine
2007 Ed. (167)
Out-of-home
2006 Ed. (2853)
2005 Ed. (2850)
2002 Ed. (2569)
Out-of-pocket costs
1992 Ed. (2652)
Out-Sourcing
2000 Ed. (1869)
Out There News
2002 Ed. (4828)
Outback
2008 Ed. (4181, 4182)
2007 Ed. (4148)
Outback Concerts
2006 Ed. (1152)
Outback Steakhouse
2008 Ed. (4164, 4197, 4198)
2007 Ed. (2630, 4122, 4133, 4156)
2006 Ed. (2649, 2651, 2652, 4103, 4104, 4107, 4136)
2005 Ed. (2658, 2661, 2666, 4045, 4046, 4052, 4053, 4054, 4062, 4063, 4064, 4085)
2004 Ed. (2632, 2664, 2667, 4107, 4108, 4128, 4129, 4137, 4147)
2003 Ed. (2497, 2525, 2532, 2534, 4078, 4102, 4104, 4105, 4106, 4107, 4109, 4110, 4111, 4121, 4136)
2002 Ed. (2294, 2314, 3993, 4006, 4018, 4029)
2001 Ed. (4050, 4066, 4067, 4069, 4071, 4073, 4075, 4077)
2000 Ed. (2240, 3792, 3793, 3795)
1999 Ed. (2481, 4070, 4071, 4074, 4076, 4079, 4080, 4082)
1998 Ed. (1879, 1882, 3047, 3059, 3061, 3066)
1997 Ed. (2165, 2387, 3311, 3318, 3320, 3321, 3322, 3324, 3328, 3333)
1996 Ed. (3211, 3212, 3217, 3219, 3220, 3223, 3224, 3225, 3230)
1995 Ed. (2069, 3115, 3116, 122, 3124, 3125, 3127, 3130, 3132, 3136, 3137, 3141, 3517)
1994 Ed. (2019, 3054, 3087, 3328)
1993 Ed. (2001, 2007, 3331, 3334)
Outboard Marine
1999 Ed. (1521, 4017)
1998 Ed. (3027, 3371, 3615)
1997 Ed. (3275, 3790)
1996 Ed. (3171)
1995 Ed. (2239, 3078)
1994 Ed. (3026, 3574)
1993 Ed. (934, 2983, 3615, 3616)
1992 Ed. (1132, 1535, 1537, 3642, 4341, 4342)
1991 Ed. (2299, 3419, 3420)
1990 Ed. (2973, 2974, 2975, 3643)
1989 Ed. (1891, 2294, 2295, 2296)
Outbound telemarketing
2000 Ed. (3504)
Outbreak
1997 Ed. (3845)
Outdoor
2006 Ed. (762)
2005 Ed. (835)
2002 Ed. (61, 918, 4954)
2001 Ed. (1078, 4876)
1996 Ed. (771)
1994 Ed. (744)
1992 Ed. (919)
1991 Ed. (736)
1990 Ed. (54)
Outdoor advertising
2004 Ed. (861)
2003 Ed. (25, 26, 817)
1997 Ed. (35, 708)
1995 Ed. (143, 693)
1993 Ed. (737)
Outdoor Communications
2001 Ed. (1544)
Outdoor Connection
2008 Ed. (4129)
2003 Ed. (4066)
2002 Ed. (3943)
Outdoor Life
2003 Ed. (4524)
1999 Ed. (1855)
1998 Ed. (1282)
Outdoor Lighting Perspectives
2007 Ed. (2253)
2005 Ed. (2265)
Outdoor products and accessories
1991 Ed. (1977)

Outdoor recreation
2000 Ed. (4325)
1998 Ed. (3619)
1993 Ed. (2949)
1992 Ed. (2910)
Outdoor Recreation Group
2001 Ed. (1108)
Outdoor Systems Inc.
2005 Ed. (1522)
2001 Ed. (1544)
2000 Ed. (212)
1999 Ed. (1498)
1998 Ed. (91)
Outer Banks Outfitters
2007 Ed. (888)
2006 Ed. (799)
Outercoats/jackets
2001 Ed. (1277)
Outerwear
2005 Ed. (1004, 1005, 1006, 1009)
Outlast; Cover Girl
2006 Ed. (3286)
2005 Ed. (3292)
Outlet Park at Waccamaw
1996 Ed. (2878)
Outokumpu
2008 Ed. (1724, 3557)
2006 Ed. (1701)
1990 Ed. (3458)
Outokumpu GmbH
2008 Ed. (1573)
Outokumpu Group
1991 Ed. (1900)
Outokumpu Heatcraft USA LLC
2007 Ed. (1886)
Outokumpu Oy
2005 Ed. (1760)
2001 Ed. (1698)
2000 Ed. (1419)
1999 Ed. (1615)
1996 Ed. (2100)
1995 Ed. (1385)
1994 Ed. (1361, 2045)
1993 Ed. (1309)
1990 Ed. (1360)
1989 Ed. (1114)
Outokumpu Oyj
2007 Ed. (1698)
2006 Ed. (1703, 3379)
2004 Ed. (3491)
2000 Ed. (2443)
Outokumpu Oyj A
2000 Ed. (2444)
Outpatient
1996 Ed. (2080)
Outpatient care centers
2007 Ed. (3718)
Outpatient-care facilities
1994 Ed. (3327, 3329)
Outpatient hospital services
2001 Ed. (3271)
Outpost Inc.
2003 Ed. (2710)
outpost.com
2001 Ed. (2978)
Output Technologies Phoenix Litho Group
1995 Ed. (2985)
Outrigger Enterprises Group
2008 Ed. (3065)
2007 Ed. (2936)
Outrigger Hotel Hawaii
1997 Ed. (2177)
Outrigger Hotels & Resorts
2007 Ed. (1749)
2006 Ed. (1741)
2000 Ed. (2555)
Outrigger Hotels Hawaii
2003 Ed. (1689)
Outsell Inc.
2007 Ed. (3051)
2006 Ed. (3018)
Outside
1999 Ed. (3746)
1994 Ed. (2785)
1993 Ed. (2792)
Outside commissaries
2003 Ed. (4836)
The Outsiders
2008 Ed. (550)
2004 Ed. (736)
2003 Ed. (711)
2001 Ed. (982)
OutSolve LLC
2008 Ed. (4964)
2007 Ed. (3560, 3561)
Outsource Capital Group
2006 Ed. (454)
The Outsource Group
2005 Ed. (2366, 3904)
2004 Ed. (3944)
The Outsource Group LLC
2006 Ed. (2409, 3977)
Outsource Partners International
2007 Ed. (836)
Outsourcing services, diversified
2002 Ed. (2767, 2774, 2775)
Outsourcing Solutions
2007 Ed. (2768)
2005 Ed. (1055)
2001 Ed. (1312, 1313, 1314)
OutStart Inc.
2005 Ed. (4613)
Outtrim; Steve
2005 Ed. (4862)
Outukumpu Oy
1999 Ed. (2661)
1997 Ed. (2203, 2204)
Outward Bound U.S.A.
1994 Ed. (1902)
Ovaltine
1996 Ed. (723)
1995 Ed. (649)
Ovaltine Classic Malt Original
2003 Ed. (675)
Ovarian cancer
1995 Ed. (888)
Ovation Advertising
2003 Ed. (52, 103, 182)
2002 Ed. (85, 138, 212)
2001 Ed. (163, 242)
OVB Emerging Growth A
1998 Ed. (400)
OVB Emerging Growth B
1998 Ed. (400)
OVB Equity Income A
1999 Ed. (600)
Ove Arup Partnership
2000 Ed. (1809, 1815, 1818)
1998 Ed. (1445, 1448)
1997 Ed. (1747, 1755, 1756, 1760)
1996 Ed. (1674)
1995 Ed. (1692)
1991 Ed. (1556)
Oven cleaners
2002 Ed. (1065)
Ovenware
2001 Ed. (2608)
2000 Ed. (2340)
Over-the-counter drugs
1990 Ed. (3035)
Over-the-counter medications
2002 Ed. (764)
Over the Hedge
2008 Ed. (2387, 3754, 3756)
Over the Hedge: Meet the Neighbors
2008 Ed. (551)
Overbyte Computers Corp.
1995 Ed. (1115)
1994 Ed. (1098)
Overexertion
2004 Ed. (1)
Overhead & Equipment
2000 Ed. (962)
Overhead Door Inc.
2005 Ed. (1501)
Overhead expense
2002 Ed. (2711)
Overland Data Inc.
2006 Ed. (3365)
1998 Ed. (1884)
Overland Exp. CA Tax Free Bond
1996 Ed. (614)
Overland Exp: CA Tax-Free Money Market
1993 Ed. (2686)
Overland Exp. Variable Rate Government A
1996 Ed. (611)
Overland Express Asset
1992 Ed. (3162)
Overland Express Asset Allocation A
1998 Ed. (410, 2620)
1997 Ed. (2884, 2899)
Overland Express Cal. Tax-Free
1994 Ed. (587)
Overland Express Municipal Income
1995 Ed. (2711)
Overland Express Variable Government
1994 Ed. (584)
Overland Park, KS
1999 Ed. (1129, 1147)
Overland Solutions Inc.
2006 Ed. (4264)
2005 Ed. (4287)
Overland Storage Inc.
2005 Ed. (4613)
Overlook Hospital
1994 Ed. (2091)
1993 Ed. (2075)
The Overlook Performance Fund
2003 Ed. (3151)
Overlook Press
2001 Ed. (3951)
Overnight instruments
1997 Ed. (910)
Overnight Press
1995 Ed. (2985)
Overnite Corp.
2007 Ed. (4857)
2006 Ed. (4810, 4811, 4824, 4854)
2005 Ed. (4251, 4756, 4778, 4779)
2001 Ed. (1894)
Overnite Transportation Co.
2007 Ed. (4847)
2006 Ed. (4850)
2005 Ed. (4763, 4784)
2004 Ed. (4769)
2002 Ed. (4696, 4698)
2000 Ed. (4321)
1999 Ed. (4680, 4690)
1998 Ed. (3638, 3642, 3644)
1997 Ed. (3805, 3806)
1996 Ed. (3755, 3756)
1995 Ed. (3673, 3678, 3682)
1994 Ed. (3590, 3595, 3599, 3604, 3605)
1993 Ed. (3631, 3635, 3639, 3644, 3645)
1992 Ed. (4357, 4358, 4359)
1991 Ed. (3434)
Oversea-Chinese Bank
1989 Ed. (569)
Oversea-Chinese Banking Corp.
2003 Ed. (462, 607, 1818)
2000 Ed. (527, 661, 1548, 1551)
1996 Ed. (673)
1994 Ed. (630)
1993 Ed. (625)
1990 Ed. (676)
1989 Ed. (668)
Overseas Auto Corp.
1992 Ed. (395)
1991 Ed. (290)
1990 Ed. (313)
Overseas Chinese; Bank of
2006 Ed. (458)
2005 Ed. (529)
Overseas-Chinese Banking Corp.
2008 Ed. (501, 2070)
2007 Ed. (549, 1974)
2006 Ed. (520, 2007, 4326)
2005 Ed. (606)
2004 Ed. (521, 616)
2002 Ed. (515, 521, 644, 1763, 4468)
2001 Ed. (1844)
1999 Ed. (467, 635, 1730)
1997 Ed. (609)
1995 Ed. (603, 1480)
1992 Ed. (832, 2823, 3978)
1991 Ed. (451, 659, 2274, 3129)
Overseas Military Sales
2000 Ed. (1105)
Overseas Partners
2001 Ed. (2958, 2960, 2961)
Overseas Shipholding
1995 Ed. (3670)
Overseas Shipholding GP.
1989 Ed. (2468)
Overseas Shipholding Group Inc.
2008 Ed. (4819)
2007 Ed. (2750, 4825, 4887)
2006 Ed. (4814)
2004 Ed. (2689)
1994 Ed. (3588, 3589)
1993 Ed. (3629)
1992 Ed. (3932, 4353)
1991 Ed. (3089, 3097, 3427)
1990 Ed. (3247, 3658)
1989 Ed. (2879)
Overseas Shipping
1996 Ed. (3754)
Overseas Trust Bank
1996 Ed. (528)
1995 Ed. (484)
1994 Ed. (500)
1989 Ed. (553)
Overseas Union Bank
2003 Ed. (607)
2002 Ed. (515, 518, 644, 3193)
2001 Ed. (1843)
2000 Ed. (661)
1999 Ed. (469, 635, 1730, 1731, 4316)
1997 Ed. (609, 1504, 3488, 3519)
1996 Ed. (673, 3393, 3438)
1995 Ed. (603, 3282)
1994 Ed. (630)
1993 Ed. (625, 3322)
1992 Ed. (832)
1991 Ed. (659)
1990 Ed. (573, 676)
1989 Ed. (668)
Overseas Union Bank Asset Management
1997 Ed. (2401)
Overseas Union Enterprise
1989 Ed. (1156)
Overseas Union Securities Ltd.
1992 Ed. (1570)
1991 Ed. (1252)
Overselling the Web? Development & the Internet
2008 Ed. (617)
Overstock.com Inc.
2008 Ed. (888, 2991)
2007 Ed. (4186)
2006 Ed. (2090, 2383, 4590)
Overstreet; Robert
1992 Ed. (3139)
Overton; David
2007 Ed. (1005)
Overton Moore & Associates Inc.
2000 Ed. (3720)
1999 Ed. (3996)
1998 Ed. (3006)
1997 Ed. (3260)
1995 Ed. (3064)
1994 Ed. (3006)
1990 Ed. (2962)
Overton Moore Properties
2002 Ed. (3923)
Overture
2000 Ed. (2341, 2341)
1991 Ed. (2120)
Overture Annuity III
1997 Ed. (3828, 3828, 3829, 3829, 3830, 3830)
Overture II (SPVA)
1991 Ed. (3439)
Overture Services Inc.
2005 Ed. (1465)
2004 Ed. (3019)
2003 Ed. (2942, 2947)
Overwaitea
1992 Ed. (4172)
Overweight
1991 Ed. (2627)
Ovid Technologies
1997 Ed. (2715, 3649)
Ovitz; Michael
1994 Ed. (1840)
Ovu-Quick
1996 Ed. (2897)
1993 Ed. (2758)
1992 Ed. (3320)
Ovukit
1996 Ed. (2897)
1993 Ed. (2758)
Ovulation kits
1994 Ed. (1528)
OW Office Warehouse
1995 Ed. (2804)
1992 Ed. (3283)
Owen & Robinson
1990 Ed. (3466)

Owen C. Johnson
2007 Ed. (2504)
2005 Ed. (2511)
Owen Healthcare, Inc.
2003 Ed. (2798)
2002 Ed. (2592)
2001 Ed. (2764)
2000 Ed. (2497, 2501)
1999 Ed. (2718, 2722)
1998 Ed. (1980, 1983)
1997 Ed. (2183, 2249, 2252, 3402)
1996 Ed. (2149, 2151)
1995 Ed. (2132, 2137, 3787)
1994 Ed. (2081)
1993 Ed. (2061, 2062, 2069)
1992 Ed. (2446, 2454)
1990 Ed. (2052)
Owen; John
2007 Ed. (1041)
2006 Ed. (946)
Owen; Michael
2007 Ed. (4464, 4925)
2006 Ed. (4397)
2005 Ed. (268, 4895)
Owen; R. C.
1989 Ed. (2504)
Owen School of Business; Vanderbilt University
2006 Ed. (740)
Owen Steel Co. Inc.
1992 Ed. (1205)
1991 Ed. (971)
Owen Steel Company, Inc.
1990 Ed. (1044)
Owens
2008 Ed. (4278)
2003 Ed. (3322)
2002 Ed. (1329, 4098)
Owens & Minor Inc.
2008 Ed. (2171)
2007 Ed. (4957)
2006 Ed. (2109, 2763, 2785, 4949, 4950)
2005 Ed. (2793, 3026, 3178, 3434, 4917, 4918)
2004 Ed. (2800, 3421, 4935, 4936)
2003 Ed. (2683, 2927, 3358, 4931)
2002 Ed. (4501, 4902)
2001 Ed. (2767, 3266)
1998 Ed. (2457)
1997 Ed. (2747)
1996 Ed. (2601)
1992 Ed. (3011)
1991 Ed. (2409)
1990 Ed. (2536)
Owens Border
2002 Ed. (1329)
Owens Brockway
1992 Ed. (3321)
Owens-Brockway Packaging Inc.
2008 Ed. (4544)
Owens-Brockway Plastic Products Inc.
2003 Ed. (687)
2001 Ed. (718)
Owens Corning
2008 Ed. (750, 1525, 1526, 3027, 3199, 3667, 3799, 4543, 4544)
2007 Ed. (776, 779, 1524, 2905, 4592, 4593)
2006 Ed. (683, 1521, 3369, 4597, 4608, 4609)
2005 Ed. (776, 779, 2960, 4523, 4524)
2004 Ed. (792, 795, 4590, 4591)
2003 Ed. (773, 778, 779, 780, 4612, 4613)
2002 Ed. (859, 860, 989, 1513, 1515)
2001 Ed. (1047, 1048, 1049, 1144, 1145, 1164, 2463, 2605, 2815)
2000 Ed. (897, 898, 1201, 2337, 2590)
1999 Ed. (951, 952, 1314, 1322, 2816)
1998 Ed. (532, 533, 534, 883, 886, 1054, 1069, 1119, 1555, 1840, 2060, 3521)
1997 Ed. (829, 1130, 2148)
1995 Ed. (842, 843)
1994 Ed. (789, 790, 791, 792, 1112, 1436, 1975)
1993 Ed. (771, 772, 774, 1088, 1219, 1382, 1458, 1459, 1953)
1992 Ed. (979, 980)
1990 Ed. (835, 1902, 1978)
1989 Ed. (822)
Owens-Corning Fiber
1990 Ed. (836)
Owens-Corning Fiberglas
1996 Ed. (813, 828)
1995 Ed. (844, 949)
1992 Ed. (981)
1991 Ed. (798, 799, 800, 2384, 1170)
1990 Ed. (837, 844)
1989 Ed. (823, 1516)
Owens-Corning Fiberglass
1997 Ed. (836)
1992 Ed. (2294)
Owens Corning Remodeling
2006 Ed. (2956)
Owens Country Sausage
1999 Ed. (4139)
Owens DDB
2003 Ed. (89)
2002 Ed. (122)
2001 Ed. (149)
Owens-Illinois Inc.
2008 Ed. (4543, 4544)
2007 Ed. (1330, 1331, 1332, 1333, 4592, 4593)
2006 Ed. (601, 1221, 1222, 1223, 1224, 1225, 1226, 1446, 3043, 4206, 4207, 4579)
2005 Ed. (686, 1261, 1262, 1266, 1490, 1525, 1534, 2736, 3040, 3855, 3856, 4150, 4151)
2004 Ed. (690, 798, 1227, 1228, 1230, 1474, 1608, 2738, 3027, 3909, 3910, 4222, 4223)
2003 Ed. (778, 1221, 1222, 1223, 1444, 2538, 2621, 4196, 4197, 4560)
2002 Ed. (859, 860, 861, 1473, 1652, 3790)
2001 Ed. (1047, 1145, 1454, 1455, 1456, 2463, 2605, 2874, 4131)
2000 Ed. (898, 1244, 2337, 2346, 3397)
1999 Ed. (951, 952, 1346, 1347, 2603, 3682)
1998 Ed. (532, 533, 928, 929, 1840, 1844, 2872)
1997 Ed. (829, 836, 1144, 1145, 2148, 2151, 2629)
1996 Ed. (813, 828, 1117, 1118, 2031, 2486)
1995 Ed. (843, 844, 949, 1143, 1470, 2003, 2444, 2544)
1994 Ed. (790, 792, 799, 1127, 1128, 1129, 1436, 1975, 1977, 2476)
1993 Ed. (771, 774, 783, 1382, 1953, 1955, 2865, 3117)
1992 Ed. (980, 1384, 2295, 2298, 3474)
1991 Ed. (799, 2309, 1822)
1990 Ed. (836, 837, 1902, 2440)
1989 Ed. (823, 1020, 1516, 2752)
Owens-Illionis
1992 Ed. (3473)
Owens; James
2008 Ed. (934)
Owens Ltd.; Peter
1997 Ed. (104)
1996 Ed. (102)
1995 Ed. (87)
1992 Ed. (166)
1990 Ed. (116)
Owensaboro Mercy Health System
2003 Ed. (1732)
Owensboro, KY
2007 Ed. (3370)
2006 Ed. (3306)
2005 Ed. (3317)
2002 Ed. (1903)
1993 Ed. (2616)
Owensboro Medical Health System Inc.
2006 Ed. (1840)
Owensboro Mercy Health Systems
2003 Ed. (1732)
2001 Ed. (1772)
Owensboro Messenger Inquirer
1992 Ed. (3244)
1991 Ed. (2598, 2607)
1990 Ed. (2694, 2696, 2698)
1989 Ed. (2052)
Owl
1991 Ed. (1509, 1510)
1990 Ed. (292)
Owner Equity
2000 Ed. (4051)
Ownes-Illinois
2000 Ed. (897)
Owney & Co.; Carl
1997 Ed. (833)
OWP & P Architects Inc.
2001 Ed. (405, 406, 407)
Owsley Brown II
2006 Ed. (2531)
Owsley County, KY
2002 Ed. (1806)
Oxadiazon
1990 Ed. (2813)
Oxfam
2008 Ed. (673)
2007 Ed. (702, 723)
1997 Ed. (946)
1996 Ed. (919)
1995 Ed. (945)
1994 Ed. (911, 2680)
1992 Ed. (3270)
Oxfam America
2004 Ed. (933)
Oxfam U.K. & Ireland
2002 Ed. (42)
Oxford & Simpson Realty
2000 Ed. (3710)
Oxford Automotive Inc.
2006 Ed. (339)
Oxford Bank
2002 Ed. (551)
2001 Ed. (620)
2000 Ed. (384, 510)
1999 Ed. (502)
Oxford Cold Storage
1999 Ed. (1220)
Oxford County Newspapers Group
2002 Ed. (3517)
Oxford Credit Union
2007 Ed. (2121)
2006 Ed. (2200)
2005 Ed. (2105)
Oxford Development
1992 Ed. (1360, 1367, 3633)
1991 Ed. (1059, 1054)
1989 Ed. (1003)
Oxford Energy
1991 Ed. (1876, 3145)
Oxford (England); University of
1995 Ed. (1933)
The Oxford English Dictionary Second Edition
1994 Ed. (874)
Oxford Future Fund
2000 Ed. (1152)
Oxford Health Plan
1990 Ed. (1998)
Oxford Health Plans Inc.
2006 Ed. (1419, 2781)
2005 Ed. (2796, 3071, 3072)
2004 Ed. (1756, 2804, 3060, 3061, 3340, 4556, 4563)
2003 Ed. (1559, 1578, 1662, 1719, 2682, 2686, 2975, 3277, 3278)
2002 Ed. (1563, 2464, 4875)
2001 Ed. (1602, 2675)
2000 Ed. (1362, 1365, 1368, 2419, 2426, 2427, 2431, 2438, 2440)
1999 Ed. (2640, 2641, 2643, 2657, 3292, 4490)
1998 Ed. (1877, 1904, 1905, 1919, 1920, 2428, 3410)
1997 Ed. (2181, 2184, 2189, 2199, 2701)
1995 Ed. (2094)
1994 Ed. (2041, 2042)
1993 Ed. (2024)
1992 Ed. (2391, 2392)
1991 Ed. (1895)
Oxford Health Plans, Norwalk, CT
2000 Ed. (2429)
Oxford Health Plans (NY) Inc.
2001 Ed. (2688)
Oxford Health Plans of New York
1990 Ed. (1999)
Oxford Industries Inc.
2008 Ed. (1251, 3872)
2007 Ed. (3801)
2005 Ed. (1007, 1008)
2004 Ed. (986, 987)
2003 Ed. (1004)
1999 Ed. (1202, 4303)
1997 Ed. (1022)
1996 Ed. (1003)
1991 Ed. (983, 984, 985, 1223, 1808)
1990 Ed. (1059, 1060, 1061, 1062)
1989 Ed. (942, 944, 1056)
Oxford Instruments
1995 Ed. (3098)
Oxford Learning Centers Inc.
2007 Ed. (2279)
Oxford Learning Centres Inc.
2008 Ed. (2412)
2006 Ed. (2343)
2004 Ed. (2174)
Oxford Networks
2008 Ed. (1895)
Oxford Partners
1994 Ed. (3621)
1993 Ed. (3662)
Oxford Properties Group Inc.
2003 Ed. (4053)
2002 Ed. (3919)
2001 Ed. (1657)
Oxford Realty Services Corp.
1994 Ed. (3023)
1993 Ed. (239, 2980)
Oxford, Said Business School; University of
2007 Ed. (811)
Oxford Strategic Marketing
2008 Ed. (129)
Oxford Street
2006 Ed. (4182)
1992 Ed. (1166)
Oxford Syndicate Management Ltd.
1993 Ed. (2456)
1992 Ed. (2898)
Oxford Syndicate Management Ltd.; 950,
1991 Ed. (2335)
Oxford; University of
1994 Ed. (1906)
Oxford University, Said School of Business
2005 Ed. (802)
Oxford Valley Mall
2000 Ed. (4032)
1999 Ed. (4312)
1998 Ed. (3302)
1994 Ed. (3305)
1992 Ed. (3972)
1991 Ed. (3127)
1990 Ed. (3292)
1989 Ed. (2493)
Oxides, battery
2007 Ed. (3333)
2006 Ed. (3260)
Oxidizers
2001 Ed. (3831)
Oxley; Michael
2005 Ed. (1153)
Oxley; Rep. Michael
2007 Ed. (2706)
Oxnard-Thousand Oaks-Ventura, CA
2007 Ed. (3500)
2006 Ed. (3475)
Oxnard-Ventura, CA
1994 Ed. (975, 2497)
1993 Ed. (2114, 2140, 2147, 2541)
1992 Ed. (2540, 3033)
1991 Ed. (2001, 2008, 2011, 2426)
1990 Ed. (2155, 2164, 2167)
1989 Ed. (1643)
OXO
2005 Ed. (3250)
2003 Ed. (3166)
Oxxo Care Cleaners
2007 Ed. (2249)
Oxy
2004 Ed. (4429)
2000 Ed. (22)
1999 Ed. (3651, 3652)
1994 Ed. (1576, 3315)

Oxy Balance
2003 Ed. (12)
2002 Ed. (29)
2001 Ed. (5)
Oxy Chemical
1993 Ed. (2869)
Oxy 10
1994 Ed. (3315)
Oxy 10 Balance
2003 Ed. (12)
2002 Ed. (29)
OxyChem
2001 Ed. (1221)
Oxycodone
2007 Ed. (2244)
Oxydol
1992 Ed. (4234)
Oxygen
2001 Ed. (3957)
1997 Ed. (956)
1996 Ed. (924, 953)
1995 Ed. (955)
1994 Ed. (913)
1993 Ed. (899, 904)
1992 Ed. (1104)
1991 Ed. (906)
1990 Ed. (944)
Oxygen Communications
2000 Ed. (4197)
Oxygen Media
2006 Ed. (2499)
Oxygen.com
2003 Ed. (3042)
OxyVinyls LP
2001 Ed. (1221, 3848)
Oy Dagmar
1994 Ed. (87)
1993 Ed. (98)
1992 Ed. (148)
Oy Liikemainonta-McCann
1999 Ed. (88)
1996 Ed. (87)
1994 Ed. (87)
1993 Ed. (98)
1990 Ed. (101)
Oy Liikemainonta-McCann AB
1997 Ed. (88)
Oy Likemainonta-McCann
2000 Ed. (94)
1989 Ed. (105)
Oy Lilkemalnonta-McCann
1995 Ed. (74)
Oy Mainos Taucher Reklam
1989 Ed. (105)
Oy Noka AB
1994 Ed. (1361)
Oy Nokia
1992 Ed. (1610)
1991 Ed. (1277)
Oy Nokia AB
1999 Ed. (2661, 2662, 2662)
1997 Ed. (2203)
1993 Ed. (1309, 2487)
Oy Nokia Ab ord
1997 Ed. (2204)
Oy Nokia Ab pref
1997 Ed. (2204)
Oy Schenker East AB
2004 Ed. (3905)
Oy Taucher Y & R
1991 Ed. (98)
Oy Wartsila Ab
1993 Ed. (2029)
1992 Ed. (2395)
Oyster Bay Nissan
1991 Ed. (310)
Oyster Bay, NY
1992 Ed. (1167)
Oyster crackers
2002 Ed. (1336)
The Oyster Point Hotel
1995 Ed. (2159)
1994 Ed. (2105)
1991 Ed. (1948)
Oyster Point Hotel & Marina
1997 Ed. (2286)
Oyster Point Hotel, Marina & Conference Center
1990 Ed. (2065)
Oysters
2008 Ed. (2723)
2007 Ed. (2581, 2582, 2586)
2006 Ed. (2606, 2607, 2611)
2005 Ed. (2607, 2608, 2612)
2004 Ed. (2618, 2619, 2623)
2002 Ed. (4186)
2001 Ed. (2439, 2441, 2447)
Oysters, clams, mussels
1992 Ed. (349)
OZ Architecture
2008 Ed. (265)
2007 Ed. (289)
2002 Ed. (332)
Ozark
1990 Ed. (745)
Ozark Purchasing LLC
2008 Ed. (1943)
2007 Ed. (1888)
2006 Ed. (1896)
Ozarka
2008 Ed. (631, 632)
2007 Ed. (671, 673)
2005 Ed. (734)
2004 Ed. (754)
2003 Ed. (733, 736)
2001 Ed. (995, 1001)
2000 Ed. (783, 784)
1999 Ed. (765, 766, 768, 4510)
1998 Ed. (480, 483)
1997 Ed. (696)
1995 Ed. (685)
1992 Ed. (910)
1989 Ed. (747)
Ozarka/Oasis
1996 Ed. (760)
1995 Ed. (687)
1994 Ed. (734)
Ozarks; College of the
1993 Ed. (1023)
1992 Ed. (1275)
Ozburn-Hessey Logistics
2008 Ed. (4814)
2007 Ed. (4879)
2006 Ed. (4813, 4887)
Ozeki Sake
2006 Ed. (4960)
2005 Ed. (4930)
OZFOREX
2007 Ed. (1590)
Ozone
1999 Ed. (1884)
Ozyegin; Husnu
2008 Ed. (4876)
Ozzie Smith
1989 Ed. (719)
Ozzy & Sharon Osbourne
2007 Ed. (4929)
2005 Ed. (4889, 4891)
Ozzy Osbourne
1998 Ed. (866)

P

P. A. Bergner
1995 Ed. (1554)
P. A. Bergner & Co.
1991 Ed. (1141)
P. A. M. Transport
2004 Ed. (4790)
2003 Ed. (4803)
P. A. M. Transportation Services Inc.
2005 Ed. (2689, 4762, 4763)
P. A. Ormond
2005 Ed. (2504)
P. A. Rentrop, Hubbert & Wagner Fahrzeugausstattungen GmbH & Co. KG
1997 Ed. (2106)
1996 Ed. (1991)
P. A. Ridder
2005 Ed. (2502)
2004 Ed. (2518)
2003 Ed. (2399)
P & C Stadium
2005 Ed. (4443)
2002 Ed. (4348)
P & F Brother Ind. Corp.
1992 Ed. (2956)
P & F Brother Industrial Corp.
1994 Ed. (2425)
P & G
2003 Ed. (750)
P & H Ltd.
1991 Ed. (961)
P & L Coal Holdings Corp.
2003 Ed. (1027)
2001 Ed. (1291, 1292)
P & L Holdings Corp.
2003 Ed. (1028)
P & O
2007 Ed. (4837)
2005 Ed. (4773)
2004 Ed. (1655)
2003 Ed. (1616)
1998 Ed. (931)
1997 Ed. (1147)
P & O Alfin SA
2004 Ed. (1673)
2002 Ed. (1614)
P & O Cold Logistics
2007 Ed. (4880)
2006 Ed. (4888)
P & O Cold Storage
1999 Ed. (1220)
P & O Cruises Ltd.
2002 Ed. (54)
P & O European Ferries
1996 Ed. (1598)
1993 Ed. (1539)
P & O Nedlloyd
2004 Ed. (1231, 2557, 2558, 2559, 2560)
2003 Ed. (1227, 1228, 2425, 2426)
P & O Nedlloyd Container Line Ltd.
2002 Ed. (4673)
P & O Princess Cruises plc
2005 Ed. (1468, 1537, 1552, 4675)
2004 Ed. (1451)
P & O Steam Navigation Co.
1992 Ed. (4343)
P & O Stena Line
2001 Ed. (2414)
P & O Stena Line Ferries Ltd.
2002 Ed. (54)
P & OCL
1992 Ed. (3947, 3948)
P & P Contractors Inc.
2001 Ed. (1473)
1992 Ed. (1413)
1991 Ed. (1080)
P & P Link Saatchi & Saatchi
2003 Ed. (107)
2002 Ed. (141)
2001 Ed. (169)
P & R Environmental Industries Inc.
2001 Ed. (3819)
P. Anthony Ridder
2000 Ed. (1879)
P. B. Fireman
2004 Ed. (2523)
P. B. I./McCann-Erickson Sofia
2003 Ed. (55)
2002 Ed. (88)
P. C. Richard & Son
2003 Ed. (2866)
2002 Ed. (2696)
2001 Ed. (2748)
2000 Ed. (1105)
1991 Ed. (248, 964, 966)
P. C. Richards & Son
2008 Ed. (3090)
2007 Ed. (2967)
2006 Ed. (2949)
2005 Ed. (2954)
2004 Ed. (2954)
P. Cartwright
2001 Ed. (2344)
P. D. Addis
2002 Ed. (2211)
P. D. Levy
2003 Ed. (2394)
P. Douglas
2006 Ed. (348)
P. F. Chang's
2001 Ed. (4060, 4061)
P. F. Chang's China Bistro
2008 Ed. (4157, 4166, 4178)
2007 Ed. (4126, 4140)
2006 Ed. (2650, 4109, 4113, 4127, 4129, 4130)
2005 Ed. (2660, 4060, 4061, 4063, 4082, 4084, 4085)
2004 Ed. (1583, 4122, 4125)
2003 Ed. (2531, 2643, 4094)
2002 Ed. (4008, 4017)
P. F. Karches
2002 Ed. (2200)
P. F. Russo
2005 Ed. (2506)
2004 Ed. (2522)
2003 Ed. (2374)
P. G. Corbin
1998 Ed. (2290)
P. G. Corbin & Co.
2001 Ed. (734, 735, 736, 740, 741, 742, 782, 839, 859, 871, 891, 903, 911, 935, 943, 951)
1999 Ed. (3010, 3014, 3015, 3017, 3018, 3019)
1998 Ed. (2226, 2233, 2234, 2235)
1997 Ed. (2478, 2481, 2482, 2483, 2486)
1996 Ed. (2349, 2350, 2353, 2359)
1995 Ed. (2330, 2331, 2334, 2338)
1993 Ed. (2261, 2262, 2267, 2268, 2271)
1991 Ed. (2164, 2171, 2173, 2175)
P. G. Corbin Asset
1995 Ed. (2357, 2365)
P. G. Satre
2003 Ed. (2374)
2002 Ed. (2196)
P. H. Glatfelter Co.
2005 Ed. (3892)
1999 Ed. (3701)
1996 Ed. (2902)
1995 Ed. (2828)
1994 Ed. (2725, 2726)
1993 Ed. (221, 2765)
1992 Ed. (3329, 3330, 3332)
1991 Ed. (2668, 2670)
1990 Ed. (2761)
P. H. Knight
2005 Ed. (2507)
2004 Ed. (2523)
2003 Ed. (2403)
2002 Ed. (2209)
P. Hazen
2001 Ed. (2320)
P. I. Bijur
2001 Ed. (2333)
P-I-E Nationwide
1992 Ed. (4357, 4359)
1991 Ed. (3434, 955)
1990 Ed. (1029, 1030)
P. J. Bilek
2003 Ed. (2384)
P. J. Carroll
1989 Ed. (37)
P. J. Clemens III
2001 Ed. (2322)
P. J. Curlander
2005 Ed. (2497)
2004 Ed. (2513)
P. J. Dick-Trumbull
2003 Ed. (1255)
P. J. Dick-Trumbull-Lindy
2004 Ed. (1257)
P. J. Liska
2003 Ed. (2376)
P. J. Purcell
2005 Ed. (2490)
2004 Ed. (2506)
2003 Ed. (2387)
2002 Ed. (2200)
2001 Ed. (2334)
P. J. Spillane Co.
2006 Ed. (1254)
2005 Ed. (1284)
P/Kaufmann
2000 Ed. (4239)
1996 Ed. (3675)
1995 Ed. (3596)
P. M. Anderson
2005 Ed. (2509)
P. M. Condit
2005 Ed. (2482)
2004 Ed. (2498)
2003 Ed. (2378)
2002 Ed. (2184)
2001 Ed. (2317)
P. M. Neal
2005 Ed. (2480)
2004 Ed. (2496)
2003 Ed. (2375)
2002 Ed. (2197)

P. M. Place
1999 Ed. (4701)
P. Murphy & Associates Inc.
1999 Ed. (2072)
1998 Ed. (546, 1505)
1997 Ed. (847)
1996 Ed. (836)
1995 Ed. (854)
P. Needleman
2001 Ed. (2323)
P-O-P displays
2001 Ed. (3921)
P-O-S systems
1993 Ed. (1456)
P. Periquito
2003 Ed. (2380)
2001 Ed. (2318)
P. R. Charron
2003 Ed. (2403)
P. R. Dolan
2005 Ed. (2501)
P. R. Goodwin
2003 Ed. (2400)
P. R. Kann
2005 Ed. (2502)
2003 Ed. (2399)
P. Roy Vagelos
1994 Ed. (950)
1993 Ed. (940, 1705)
1992 Ed. (1142, 2050, 2061)
1991 Ed. (928, 1630)
1990 Ed. (975, 1724)
P. Roy Vagelos, MD
1996 Ed. (962)
P. S. Hellman
2001 Ed. (2324)
P. S. Pressler
2005 Ed. (2481)
2004 Ed. (2497)
P/Strada LLC
2007 Ed. (3557)
P. T. Bank Central Asia
2004 Ed. (507)
P. T. Bates Mulia Indonesia
1991 Ed. (109)
P. T. Citra:Lintas
1991 Ed. (109)
P. T. Forum Cahayabuana
1991 Ed. (109)
P. T. Indo Ad
1991 Ed. (109)
P. T. Indonesian Satellite Corp.
2003 Ed. (4589)
P. T. Rama Perwira
1991 Ed. (109)
P. T. Stokes
2005 Ed. (2485)
2004 Ed. (2501)
2003 Ed. (2382)
2002 Ed. (2186)
2001 Ed. (2321)
P. T. Telekommunikasi Indonesia
2003 Ed. (4589)
P to P IT Consulting
2008 Ed. (2092)
P W A Corp.
1991 Ed. (3417)
P. W. Allender
2001 Ed. (2332)
P. W. Chellgren
2003 Ed. (2393)
2002 Ed. (2198)
P. W. Stephens Contractors Inc.
1998 Ed. (1492)
1997 Ed. (1782)
PA Communications Strategy
1996 Ed. (3124, 3125)
1995 Ed. (3022)
PA Consulting
1992 Ed. (995)
PA Consulting Group
1992 Ed. (994)
P.A. Equipment
1992 Ed. (3145)
PA Holdings Ltd.
1995 Ed. (1008)
1994 Ed. (995)
1993 Ed. (969, 973)
1992 Ed. (1195)
1990 Ed. (1267)
Pablo Riveroll
1999 Ed. (2409, 2417)
1996 Ed. (1905)
Pabrik Kertas Tijwi Kimia
2000 Ed. (1465)
Pabrik Kertas Tjiwi Kimia
1992 Ed. (1637)
Pabst
1990 Ed. (750, 753, 770, 771, 772, 776, 777)
1989 Ed. (761, 762, 763, 765, 766, 768, 775)
Pabst Blue Ribbon
2008 Ed. (542)
2007 Ed. (597)
1995 Ed. (699)
Pabst Brewing Co.
2008 Ed. (537)
2006 Ed. (552)
2005 Ed. (652)
2003 Ed. (662, 764)
2002 Ed. (787)
2001 Ed. (1025, 1026)
2000 Ed. (814, 815, 816, 817, 818)
1999 Ed. (809, 810, 811, 812, 814, 816, 1923, 4513)
1998 Ed. (499, 501, 502, 503)
1997 Ed. (716, 718, 722)
1996 Ed. (784)
1995 Ed. (705)
1994 Ed. (751)
1993 Ed. (748)
1992 Ed. (929, 931, 934)
1991 Ed. (742)
1990 Ed. (757)
1989 Ed. (759)
Pabst NA
2001 Ed. (684)
1996 Ed. (717)
1995 Ed. (643)
1994 Ed. (679)
1993 Ed. (677)
1992 Ed. (879, 880)
Pabst products
1990 Ed. (765)
PAC/BBDO
1994 Ed. (109)
1993 Ed. (128)
1992 Ed. (198)
PAC/BBDO Worldwide
1991 Ed. (143)
1990 Ed. (143)
Pac Fid "VA" Inc. PLS: HI
1994 Ed. (3616)
PAC Fid "VA" Inc. PLS: Ovr
1994 Ed. (3618)
Pac Gateway
1996 Ed. (208)
A Pac Holdings Inc.
2007 Ed. (1295)
Pac Tel
1991 Ed. (873)
Pac-Van
2000 Ed. (1099, 2398)
PacAm MoneyCenter
2000 Ed. (3392)
Pacarro; Gwen
2007 Ed. (2549)
Paccar Inc.
2008 Ed. (1217, 2136, 2138, 2141, 2142, 2145, 2146, 2165, 2166, 3097, 3183, 3530, 4496, 4525, 4754)
2007 Ed. (307, 2043, 2044, 2056, 2057, 2972, 3030, 3031)
2006 Ed. (305, 310, 777, 2072, 2076, 2077, 2078, 2082, 2086, 2100, 2101, 2995, 3342, 3343, 3344, 3579)
2005 Ed. (285, 289, 339, 340, 868, 1789, 1941, 1999, 2000, 2001, 3349, 3354, 3355, 3521, 4462)
2004 Ed. (281, 340, 341, 1883, 1884, 3324, 3329, 3520)
2003 Ed. (312, 314, 316, 1848, 1849, 3457)
2002 Ed. (1429, 1796, 3400, 3401, 4362, 4791)
2001 Ed. (475, 497, 503, 504, 1897, 3395)
2000 Ed. (341, 1582, 3171)
1999 Ed. (322, 324, 1480, 1750, 3457)
1998 Ed. (214, 215, 216, 1192)
1997 Ed. (295, 298, 1529, 2823)
1996 Ed. (304, 305, 1460, 2698, 2699, 3747)
1995 Ed. (298, 300, 336, 1505, 2621, 2622, 3667)
1994 Ed. (294, 295, 299, 317, 336, 1468, 2185, 2566, 2567)
1993 Ed. (309, 312, 337, 1414, 2605, 2606)
1992 Ed. (423, 424, 430, 3115, 3116)
1991 Ed. (314, 315, 316, 330, 357, 2491, 2492, 3424)
1990 Ed. (350, 352, 357, 379, 2625, 2626, 3654)
1989 Ed. (311, 312, 2014)
Paccar Automotive
2001 Ed. (540)
PACCAR Financial Corp.
2003 Ed. (3634)
Paccar of Canada
1996 Ed. (318)
1992 Ed. (447)
Paccess
2008 Ed. (3546)
Pace
1998 Ed. (3126)
1996 Ed. (3283)
1995 Ed. (3722)
1994 Ed. (1545, 2141, 3136, 3645, 3646)
1990 Ed. (1516, 2117)
1989 Ed. (1254, 1255, 2901)
Pace Concerts
1999 Ed. (3905)
1998 Ed. (2931)
1997 Ed. (3179)
1996 Ed. (3101)
1995 Ed. (3000)
1994 Ed. (2942)
1990 Ed. (2908)
Pace Concerts/Pace Entertainment/Pace Touring
2000 Ed. (3621)
Pace Construction
2003 Ed. (1170)
Pace Express Pty. Ltd.
1997 Ed. (191)
PACE Industries Inc.
1990 Ed. (1226, 1227)
PACE Membership
1990 Ed. (3680)
Pace Membership Club
1990 Ed. (3679)
Pace Membership Warehouse
1993 Ed. (1498, 3684)
1992 Ed. (490, 1823, 2534, 4416, 4417, 4418, 4419)
1991 Ed. (3469, 3470, 3468)
1990 Ed. (1099)
Pace; Norma
1995 Ed. (1256)
Pace; Phillip
1996 Ed. (1814)
1995 Ed. (1835)
Pace Securities
1993 Ed. (1491)
Pace; Stanley
1992 Ed. (2058)
Pace Suburban Bus
2008 Ed. (756)
Pace University
2001 Ed. (3062)
2000 Ed. (2905)
1999 Ed. (3161)
1998 Ed. (2336)
1997 Ed. (2604)
1996 Ed. (2459)
1995 Ed. (2424)
1993 Ed. (795)
Pace University, Lubin School of Business
1989 Ed. (839)
Pace; Wayne
2007 Ed. (1056)
2006 Ed. (960)
Pacer Global Logistics
2007 Ed. (2647)
Pacer Health Corp.
2008 Ed. (2955)
Pacer International Inc.
2008 Ed. (205, 4745)
2007 Ed. (219, 4808, 4818, 4820, 4822)
2006 Ed. (209, 210, 211, 2994, 4801, 4804, 4810)
2005 Ed. (197, 2687, 4752, 4755, 4757)
2004 Ed. (4216, 4779, 4786)
Pacers; Indiana
2005 Ed. (646)
Pacesetter Capital Group
2006 Ed. (3619)
Pachiney Plastic Packaging Inc.
2001 Ed. (3817)
PacifCare Health Systems
2007 Ed. (2899)
PacifiCorp.
1993 Ed. (1268, 1561, 2936, 3287)
Pacific
2001 Ed. (51)
2000 Ed. (4040, 4161)
1992 Ed. (3014)
1991 Ed. (1166)
1990 Ed. (2654)
1989 Ed. (2032, 2642)
Pacific Access Technology Holding
1996 Ed. (2067, 2106, 2113, 3400)
Pacific Access Technology Holdings Inc.
2000 Ed. (2449, 2468)
1999 Ed. (2665, 2680)
1998 Ed. (1927, 1938, 1941, 3289)
1997 Ed. (2213, 2215, 2221, 3495)
Pacific Advisors Small Cap
2008 Ed. (2622)
Pacific Alliance Capital Management
1999 Ed. (3108)
Pacific Architects & Engineers Inc.
2008 Ed. (1399)
Pacific/Asia
2004 Ed. (2449)
2003 Ed. (3500)
Pacific/Asia, diversified
2004 Ed. (2449)
Pacific Asset Management
2005 Ed. (1087)
2002 Ed. (4833)
Pacific Bank NA
1999 Ed. (587)
1994 Ed. (3010)
1991 Ed. (2813)
Pacific Bay Credit Union
2005 Ed. (2071)
2003 Ed. (1893)
Pacific Bay Homes
2002 Ed. (1197, 2658, 2659, 3924)
2001 Ed. (1388, 1389)
2000 Ed. (1220)
1999 Ed. (3997)
Pacific Bell
2003 Ed. (1745)
1999 Ed. (3717)
1992 Ed. (1339)
1990 Ed. (2491, 3092)
Pacific Bell Video Services
1999 Ed. (999)
Pacific Benefit Consultants
2005 Ed. (1932)
Pacific BMW
1996 Ed. (265)
1995 Ed. (264)
1994 Ed. (262)
1993 Ed. (293)
1992 Ed. (408)
1991 Ed. (303)
1990 Ed. (336)
Pacific Brewing
1991 Ed. (2452)
1990 Ed. (748)
Pacific Brokerage
1993 Ed. (1491)
Pacific Building Management Inc.
1990 Ed. (2972)
Pacific Capital Bancorp
2005 Ed. (635, 636, 2225, 2230)
2004 Ed. (646, 647)
2002 Ed. (2003)
Pacific Capital Divers Fixed
2000 Ed. (626)
Pacific Capital Growth & Income 1
1999 Ed. (3546)
Pacific Capital New Asia Growth
2001 Ed. (3445)

Pacific Capital Tax-Free Short-Interim Income
2001 Ed. (726)
Pacific Care Dental & Vision
1999 Ed. (1832)
Pacific Century
2002 Ed. (4468)
Pacific Century Advisers
1992 Ed. (2771)
Pacific Century CyberWorks Ltd.
2005 Ed. (43)
2004 Ed. (49)
2003 Ed. (4587)
2002 Ed. (1403, 1665, 4421, 4422)
Pacific Century Financial Corp.
2003 Ed. (422, 425, 633, 634, 1688)
2001 Ed. (657, 658, 1721)
1999 Ed. (394, 656)
Pacific Century Group Holdings
2008 Ed. (45)
2007 Ed. (41)
Pacific Century Homes
2005 Ed. (1237)
2004 Ed. (1140)
2003 Ed. (1195, 1196, 1206)
2002 Ed. (2673)
Pacific Chemical
2007 Ed. (79)
1994 Ed. (30)
1993 Ed. (40)
1992 Ed. (62)
1991 Ed. (33)
1989 Ed. (40)
Pacific Coast
1991 Ed. (1054)
Pacific Coast Building Products
1994 Ed. (798)
Pacific Coast Development Co.
1990 Ed. (1164)
Pacific Coast Farm Credit Services
2000 Ed. (222)
Pacific Coast Feather Co.
2007 Ed. (586, 3438, 3959)
2006 Ed. (2950)
2005 Ed. (2881)
2004 Ed. (2867)
Pacific Coast Savings
2002 Ed. (1851)
Pacific Coast Savings Credit Union
2001 Ed. (1498)
1999 Ed. (1804)
1997 Ed. (1571)
1996 Ed. (1513)
1995 Ed. (1537)
1993 Ed. (1451)
1992 Ed. (1755)
1990 Ed. (1459)
Pacific Coast Steel Inc.
2005 Ed. (1322)
2004 Ed. (1317)
Pacific Coast Valuations
1996 Ed. (228)
Pacific Coliseum
1994 Ed. (3373)
Pacific Columns
2008 Ed. (1165)
Pacific Commercial Bank Ltd.
2000 Ed. (697)
1999 Ed. (680)
1997 Ed. (646)
1996 Ed. (711)
1995 Ed. (635)
1994 Ed. (666)
1993 Ed. (665)
1992 Ed. (866)
1991 Ed. (692)
Pacific Communications
2008 Ed. (115)
2007 Ed. (107)
2006 Ed. (118)
2005 Ed. (108)
Pacific Concord
1993 Ed. (2056)
Pacific Construction Co. Ltd.
1994 Ed. (3008, 3473)
1992 Ed. (3625)
1990 Ed. (2963)
Pacific Consultants International
1997 Ed. (1747, 1750, 1760)
1996 Ed. (1667, 1679)
1995 Ed. (1685, 1697)
1994 Ed. (1646)
1993 Ed. (1614)
1992 Ed. (1962)
1991 Ed. (1556)
Pacific Consultants International Group
2007 Ed. (2432)
2006 Ed. (2463, 2467)
2000 Ed. (1821)
Pacific Continental Corp.
2005 Ed. (364)
Pacific Continental Bank
2008 Ed. (2013, 2019)
2005 Ed. (1934, 1938)
1998 Ed. (333)
1996 Ed. (538)
Pacific Corinthian Life
1998 Ed. (2173)
1995 Ed. (2304)
Pacific Corinthian VIP Bond & Income Fund
1997 Ed. (3820)
Pacific Crest Securities
2008 Ed. (3388)
2007 Ed. (3265)
Pacific Cycle LLC
2006 Ed. (1427)
Pacific Design & Manufacturing
2005 Ed. (4730, 4732)
Pacific Dining Car
2002 Ed. (4035)
Pacific Dunlop Ltd.
2002 Ed. (1586, 4897)
1999 Ed. (1584)
1996 Ed. (253, 255, 1293, 1294)
1995 Ed. (1353, 1354, 1355)
1994 Ed. (247, 248, 1323, 1324)
1993 Ed. (261, 1278, 1279, 1280)
1992 Ed. (1573, 1679, 4147)
1991 Ed. (1253, 1283)
Pacific Dunlop Olympic
1997 Ed. (283, 1361)
Pacific Edge Software, Inc.
2002 Ed. (2536)
Pacific Electric Wire & Cable
1992 Ed. (1701, 1702, 1704, 4188)
1990 Ed. (1223)
Pacific Enterprises
2001 Ed. (1553)
1999 Ed. (2573, 2574, 3594)
1998 Ed. (2662, 2665)
1997 Ed. (2924, 2927)
1996 Ed. (2820, 2823)
1995 Ed. (2753, 2756)
1994 Ed. (1251, 1941, 2413, 2652, 2654)
1993 Ed. (1918, 2703)
1992 Ed. (1860, 2259, 2941, 3213, 3215, 3938)
1991 Ed. (1463, 1786, 2574, 2576, 3098)
1990 Ed. (1550, 1876, 2669, 2672, 3262)
1989 Ed. (1494, 2034)
Pacific European Growth
1996 Ed. (2804)
Pacific Financial Co.
1991 Ed. (2206, 2214, 951)
1990 Ed. (2329)
Pacific Financial Asset Management
1993 Ed. (2337)
Pacific Financial Cos.
1990 Ed. (1023)
1989 Ed. (922)
Pacific Financial (Hyr.), CA
1989 Ed. (2156)
Pacific Finanicial
1990 Ed. (2323)
Pacific First Bank
1994 Ed. (3530)
Pacific First Bank, A FSB
1993 Ed. (3087, 3088)
1992 Ed. (3788, 3789)
Pacific First Federal Savings
1990 Ed. (2434)
Pacific First Financial
1994 Ed. (340)
Pacific Forest Resources
2000 Ed. (1894)
1997 Ed. (1810)
Pacific Fruit Inc.
2003 Ed. (2513)
Pacific Gas & Electric Co.
2008 Ed. (352)
2007 Ed. (364)
2006 Ed. (2241)
2005 Ed. (420, 2716, 2717, 2718, 2719, 2721, 2723, 2724, 2725)
2003 Ed. (2135)
2001 Ed. (2145, 2154, 4195, 4661, 4662)
1999 Ed. (2573, 2577, 2578, 2579, 2580, 2581, 3963)
1998 Ed. (1384, 1395, 1813, 1817, 1818, 1819, 1820, 1821)
1997 Ed. (1691, 1701, 1702, 2127, 2129, 2129, 2130, 2131, 3213, 3214)
1996 Ed. (1289, 1307, 1609, 1622, 1623, 2007, 2008, 2009, 2010, 2011, 2837, 3136)
1995 Ed. (1335, 1632, 1645, 1646, 1984, 1985, 1986, 1987, 1988, 3033, 3178, 3320)
1994 Ed. (1312, 1590, 1603, 1604, 1959, 1960, 1961, 1962, 1963, 2973, 2974, 3129, 3240)
1993 Ed. (1268, 1553, 1561, 1933, 1934, 1935, 1936, 1937, 2934, 2935, 3066, 3246)
1992 Ed. (1559, 1562, 1892, 1906, 1907, 2271, 2272, 2273, 2274, 3467, 3582, 3583, 3763)
1991 Ed. (1204, 1493, 1505, 1805, 1806, 2593, 2776, 2777, 2909, 3086, 1802, 1803, 1804)
1990 Ed. (1598, 1608, 1609, 2680, 2686, 2687, 2923, 2924, 3093, 3262)
1989 Ed. (1291, 1305, 2260, 2261)
Pacific Gas Transmission Co.
1996 Ed. (2001)
1995 Ed. (1974, 1978)
1994 Ed. (1947)
1991 Ed. (1794)
Pacific Gas Transmission System
1990 Ed. (1880)
Pacific Gateway Exchange Inc.
2001 Ed. (4474)
Pacific Gloves & Service LLC
2006 Ed. (3509, 4348)
Pacific Guardian Life Insurance Co., Ltd.
2008 Ed. (1786)
2007 Ed. (1759)
Pacific Gulf Marine
2004 Ed. (1360)
Pacific Health Alliance
1993 Ed. (2906)
Pacific Health Resources
1990 Ed. (2050)
Pacific Heritage Bank
1991 Ed. (544)
Pacific Hide & Fur Depot Corp.
2008 Ed. (1959)
2007 Ed. (1895)
Pacific Homes
1998 Ed. (874, 908)
Pacific Honda
1991 Ed. (279)
Pacific Horizon
1993 Ed. (2694)
Pacific Horizon Agg. Growth
1993 Ed. (580)
Pacific Horizon Asset Allocation
2000 Ed. (3242)
1998 Ed. (410)
Pacific Horizon Capital Income
1995 Ed. (2680, 2707, 2740)
1994 Ed. (583, 585, 2640)
Pacific Horizon Corporate Bond
1998 Ed. (403)
Pacific Horizon Prime/Hrzn Shares
1996 Ed. (2666, 2670)
Pacific Horizon: Tax-Exempt Money Market
1993 Ed. (2686, 2686)
Pacific Horizon: U.S. Government
1993 Ed. (2685)
Pacific Income Advisors
1999 Ed. (3069, 3072)
Pacific Insight Electronics
2006 Ed. (1576)
Pacific Institute for Natural Sciences
1995 Ed. (1932)
Pacific Insurance Co., Ltd.
2006 Ed. (3100)
2001 Ed. (2927, 2928)
1995 Ed. (2326)
Pacific Insurance Co. Management Ltd.
1999 Ed. (2926)
Pacific International Auto Show
2005 Ed. (4737)
2004 Ed. (4757)
Pacific Internet Ltd.
2001 Ed. (4189)
Pacific Investment
1999 Ed. (3048, 3051, 3052)
1996 Ed. (2375, 2383, 2386, 2390, 2398)
1995 Ed. (2354, 2358, 2362, 2370)
1989 Ed. (2128)
Pacific Investment Management Co.
2001 Ed. (3002, 3003, 3688, 3689)
2000 Ed. (2802, 2831)
1999 Ed. (3060, 3081, 3084, 3085)
1998 Ed. (2254, 2260, 2263, 2267, 2281, 2284)
1997 Ed. (2508, 2516, 2520, 2528, 2536)
1994 Ed. (2297, 2304, 2316, 2324)
1993 Ed. (2290, 2292, 2316, 2324, 2329)
1992 Ed. (2739, 2744, 2756, 2764, 2769, 2772)
1991 Ed. (2225, 2229, 2233, 2241, 2242)
1990 Ed. (2334, 2349)
Pacific Investment Management Co., Fixed Income—Low Duration
2003 Ed. (3133)
Pacific Investment Management Co. LLC
2008 Ed. (2292, 2294, 2316, 2318)
Pacific Investment Management Co. (PIMCO)
2004 Ed. (2035, 2037, 2044, 2045)
2003 Ed. (3068, 3072, 3073, 3076, 3078, 3079)
Pacific Investment Mgmt.
1990 Ed. (2341)
Pacific Investments Management
2000 Ed. (2810)
Pacific Investments Mgmt.
2000 Ed. (2779, 2813)
Pacific Islands
1997 Ed. (2147)
Pacific Life
2002 Ed. (2904)
2000 Ed. (2695, 2799, 2832)
1999 Ed. (2945, 3047, 3048, 3058)
Pacific Life Group
2002 Ed. (2835)
Pacific Life Insurance Co.
2008 Ed. (3299)
2007 Ed. (3141, 3149)
2006 Ed. (3121)
2005 Ed. (128, 3084, 3116)
2004 Ed. (3077)
2002 Ed. (2921, 2929, 2932, 2938)
2001 Ed. (2935, 2936, 2938, 4668)
2000 Ed. (2781, 2843, 3882, 3900)
Pacific Lifecorp
2004 Ed. (3113)
2003 Ed. (2995)
Pacific Lifestyle Homes
2003 Ed. (1193)
2002 Ed. (1206)
Pacific Lighting
1989 Ed. (1264, 2037)
Pacific Linen Inc.
1997 Ed. (2323)
1994 Ed. (2139)
Pacific Lutheran University
2001 Ed. (1327)
1999 Ed. (1232)
1998 Ed. (803)
1995 Ed. (1055)
1994 Ed. (1047)
1993 Ed. (1020)
1992 Ed. (1272)
Pacific Marine Credit Union
2005 Ed. (2080)
2004 Ed. (1939)
Pacific Marketing Group
1992 Ed. (3756)

Pacific Mechanical Co., Inc.
2008 Ed. (4381)
Pacific Medical
2002 Ed. (912)
Pacific Medical Buildings
2008 Ed. (2916)
2006 Ed. (2794)
1996 Ed. (230)
1993 Ed. (242)
1992 Ed. (352)
Pacific Metals
2008 Ed. (1866)
2004 Ed. (3693)
Pacific Mezzanine Investors
2000 Ed. (4341)
Pacific Motor Trucking
2006 Ed. (4808)
2005 Ed. (4783)
2003 Ed. (4787, 4802, 4803)
Pacific Mutual
2005 Ed. (4163)
1993 Ed. (2287)
1992 Ed. (2159, 2728, 2736)
1989 Ed. (2134)
Pacific Mutual, Calif.
1989 Ed. (2153, 2157)
Pacific Mutual Life
1999 Ed. (2939, 2940, 2941, 2942, 4173)
1998 Ed. (2166, 2167, 2169, 2171, 2254)
1997 Ed. (2439, 2440, 2441, 2529)
1995 Ed. (2297, 2298, 2299, 2355, 2359, 2384, 2385, 2386)
1994 Ed. (2298, 2303)
Pacific Mutual Life Insurance Co.
1997 Ed. (3412)
Pacific Mutual - Pacific Select (SPVL)
1991 Ed. (2153)
Pacific Mutual/PM Group Life Insurance Co.
1990 Ed. (2895)
Pacific National Exhibition
1990 Ed. (1727)
Pacific National Exhibition, Vancouver, BC
1991 Ed. (1635)
Pacific Network Supply
2003 Ed. (217)
2002 Ed. (710, 716)
Pacific Northern Gas Ltd.
2002 Ed. (3689)
1997 Ed. (2132)
1996 Ed. (2012)
1992 Ed. (2276)
1990 Ed. (1888)
Pacific Northwest Bancorp
2005 Ed. (355, 356)
Pacific Northwest Development Corp.
2004 Ed. (4585)
Pacific Ocean Post
1999 Ed. (2053)
Pacific Piano
1997 Ed. (2862)
Pacific Pioneer Insurance Group
2000 Ed. (4435)
1999 Ed. (4814)
Pacific Pools & Spas
2008 Ed. (4580)
2007 Ed. (4646, 4648, 4649)
2006 Ed. (4649)
Pacific Power & Light Co.
1992 Ed. (1888)
1991 Ed. (1489)
Pacific Premier Bancorp
2007 Ed. (463)
Pacific Presbyterian Medical Center
1992 Ed. (1095)
Pacific Properties
1994 Ed. (1114)
Pacific Property Assets
2007 Ed. (4081)
2006 Ed. (4039)
Pacific Realty Corp.
1990 Ed. (1172)
Pacific Regeneration Technologies
2005 Ed. (1670)
Pacific Region
1996 Ed. (1466)
Pacific Resources
1990 Ed. (1298)
1989 Ed. (1055)
Pacific Ridge Homes
2005 Ed. (1243)
Pacific Rim
2008 Ed. (1497)
2007 Ed. (1515)
2006 Ed. (1485)
1998 Ed. (1805)
1997 Ed. (1682)
1996 Ed. (936)
Pacific Rim Mining
2006 Ed. (1571)
Pacific Rim Packaging
1992 Ed. (1386)
Pacific Safety Products
2006 Ed. (1571)
2005 Ed. (1665)
Pacific Sales & Service Inc.
2008 Ed. (4423)
Pacific Scene
1992 Ed. (1360)
Pacific Scientific Co.
1990 Ed. (409)
Pacific Seafood Group
2008 Ed. (4284)
2007 Ed. (4265)
2006 Ed. (4250)
Pacific Select Exec. (VUL)
1991 Ed. (2119)
Pacific Select: High Yield Bond
1992 Ed. (4375)
Pacific Select: International
1992 Ed. (4378)
Pacific Select (SPVL)
1991 Ed. (2120)
Pacific Service Credit Union
2008 Ed. (4346)
2007 Ed. (4393)
2003 Ed. (1899)
2002 Ed. (1838)
Pacific Service Federal Credit Union
1997 Ed. (1565)
Pacific Sogo Department Store Co., Ltd.
1992 Ed. (1798)
Pacific/Southeast Asia
2000 Ed. (3094)
Pacific Southwest Airlines
1989 Ed. (237)
Pacific Southwest Bank
1998 Ed. (3567)
Pacific Southwest Bank, FSB
2002 Ed. (4127)
1998 Ed. (3129)
Pacific Southwest Container
2008 Ed. (3838)
Pacific Star Communications
2005 Ed. (4808)
Pacific State Bancorp
2008 Ed. (429)
2004 Ed. (402)
Pacific State Bank
2003 Ed. (507)
Pacific Stock Exchange
2008 Ed. (4500)
2007 Ed. (4537)
2006 Ed. (4481)
2005 Ed. (4479)
1999 Ed. (1248)
1996 Ed. (1058)
1994 Ed. (3437)
Pacific Sunwear
2001 Ed. (4325)
Pacific Sunwear of California Inc.
2008 Ed. (993, 997, 1003, 1004, 1006, 1011)
2007 Ed. (912, 1116, 1123, 1129, 4563)
2006 Ed. (1027, 1041, 4447)
2005 Ed. (1030)
2004 Ed. (1023)
2003 Ed. (1020, 1022, 1024)
Pacific Suzuki
1992 Ed. (413)
Pacific Telecom Inc.
1993 Ed. (1177)
1992 Ed. (4212)
Pacific Telesis
1993 Ed. (826, 1175, 1176, 2934, 2935, 3066, 3246, 3383, 3463, 3514, 3515, 3516)
1992 Ed. (1030, 3260, 3582, 3583, 3763, 4063, 4198, 4199, 4208, 4209, 4210)
1990 Ed. (918, 2192, 3093, 3443, 3509)
1989 Ed. (2789, 2790)
Pacific Telesis Group
2004 Ed. (1087, 1869)
1999 Ed. (1459, 1460)
1998 Ed. (1013, 1026, 2769, 3364, 3476, 3487)
1997 Ed. (1306, 1318)
1996 Ed. (2547, 2937, 3501, 3637, 3638)
1995 Ed. (1273, 3033, 3178, 3214, 3297, 3320, 3439, 3550, 3558)
1994 Ed. (680, 2973, 2974, 3129, 3240, 3481, 3488, 3489)
1991 Ed. (3276, 845, 2776, 2777, 2909, 3284)
1990 Ed. (887, 888, 1329, 2923, 2924, 3262, 3517, 3518)
1989 Ed. (850, 1087, 2161, 2260, 2261, 2796)
Pacific Telesis PacTel Paging
1992 Ed. (3603)
Pacific Theaters Winnetka 20
2000 Ed. (3167)
Pacific Total Return
2001 Ed. (3486, 3487)
Pacific Trail
1992 Ed. (4052)
1991 Ed. (3171)
1990 Ed. (3333)
Pacific Transportation Credit Union
2005 Ed. (2072)
Pacific Union College
2001 Ed. (1323)
1999 Ed. (1226)
1998 Ed. (797)
1997 Ed. (1060)
1996 Ed. (1044)
Pacific United States
2002 Ed. (680, 756, 2373, 3141, 4318, 4341, 4553, 4936)
Pacific University
1995 Ed. (1059)
1994 Ed. (1051)
1993 Ed. (1024)
Pacific; University of the
1992 Ed. (1272, 1276)
Pacific U.S.
2008 Ed. (3483)
Pacific Venture Finance
1993 Ed. (3662)
Pacific West Cable TV
1995 Ed. (3777)
Pacific West Cancer Fund
1996 Ed. (918)
Pacific/West Comms. Group
1998 Ed. (2943)
Pacific/West Communications Group
1998 Ed. (1474, 2951)
1997 Ed. (3186, 3190, 3205)
1996 Ed. (3111)
1995 Ed. (3004, 3024, 3025)
1994 Ed. (2949, 2952)
1992 Ed. (3562, 3570)
Pacific West Cos.
2008 Ed. (1199)
Pacific West Credit Union
1998 Ed. (1218)
Pacific Western Bancshares Inc.
1995 Ed. (1241)
Pacific Western Technologies Ltd.
2008 Ed. (3698, 3700)
2007 Ed. (3539, 3541, 4987, 4988)
2006 Ed. (3502, 3504, 4991, 4992)
2005 Ed. (3494, 3495, 4993)
2004 Ed. (3494, 4988)
2002 Ed. (3374)
Pacific Western Transportation Ltd.
2008 Ed. (755)
2007 Ed. (783)
2006 Ed. (686)
2002 Ed. (863)
2000 Ed. (989)
Pacific Wildfire LLC
2007 Ed. (2639)
Pacifica Asset Preservation
1996 Ed. (621)
Pacifica Group
2004 Ed. (1650)
Pacifica Holding Co.
1999 Ed. (1461)
Pacifica Papers Ltd.
2000 Ed. (3410)
Pacifica Services Inc.
1996 Ed. (2660, 3400)
1995 Ed. (2590)
1993 Ed. (2034, 2041, 2583)
1992 Ed. (2402, 2404)
1991 Ed. (1902, 1908)
1990 Ed. (2003, 2013, 2014)
1989 Ed. (1590)
Pacifica Short-Term CA Tax Free
1996 Ed. (622)
PacifiCare
1998 Ed. (1340)
1995 Ed. (2081, 2082, 2083, 2090, 2092, 3515)
PacifiCare Health
1991 Ed. (1893, 2652)
PacifiCare Health Systems Inc.
2007 Ed. (2775, 3120)
2006 Ed. (2762, 2767, 2770, 3105, 3106, 3107, 4584)
2005 Ed. (2800, 3365, 3368, 4354)
2004 Ed. (1608, 2802, 2815, 3017, 3076, 3340)
2003 Ed. (2685, 2689, 2694, 2975, 3277, 3278)
2002 Ed. (2448, 2450, 2453)
2001 Ed. (1646, 2673, 2675, 2678, 2679)
2000 Ed. (1331, 2419, 2422, 2426, 2427, 2428)
1999 Ed. (1494, 1500, 2639, 2641)
1998 Ed. (1052, 1061, 1901, 1903, 1904, 1905, 1915)
1997 Ed. (1334, 2180, 2181, 2182, 2188, 2700)
1996 Ed. (1245, 2077, 2078, 2079, 2081, 2085, 2086, 2087)
1994 Ed. (2030, 2031, 2033, 3442, 3443)
1993 Ed. (827, 828, 2018, 2019, 2020, 2021, 3462)
1992 Ed. (2384, 2386)
PacifiCare Health Systems, Cypress, CA
2000 Ed. (2429)
PacifiCare Health Sytems
1999 Ed. (1497)
PacifiCare of California Inc.
2005 Ed. (3366)
2002 Ed. (2463)
2000 Ed. (2431, 2436)
1998 Ed. (1914, 1918)
1997 Ed. (2190, 2194, 2197)
1996 Ed. (2092, 2095)
1995 Ed. (2091)
1993 Ed. (2023)
Pacificare of Colorado Inc.
2008 Ed. (2920)
2007 Ed. (2792)
2003 Ed. (2700)
2002 Ed. (2461)
PacificCare Health Systems
1999 Ed. (2640)
PacificCare of California
1999 Ed. (2656)
1990 Ed. (1997)
PacifiCenter Santa Ana
1994 Ed. (2188)
PacificNet
1999 Ed. (3000)
Pacifico
2007 Ed. (600)
2006 Ed. (558)
2001 Ed. (683)
2000 Ed. (514, 517)
Pacifico Dealer Group
2001 Ed. (441, 442)
Pacifico Ford Inc.
1993 Ed. (269)
1992 Ed. (383)
1991 Ed. (278)
1990 Ed. (342)
Pacifico Lincoln-Mercury
1992 Ed. (389)
PacifiCorp
2008 Ed. (1431, 2028, 3035)

2007 Ed. (1946, 2913)
2006 Ed. (1975)
2005 Ed. (1940, 2394)
2004 Ed. (1840, 2313)
2003 Ed. (1807, 2138)
2001 Ed. (1554, 1832, 2145, 2148, 3868)
2000 Ed. (1129, 1533, 3672, 3673)
1999 Ed. (1469, 1481, 1722, 1953)
1998 Ed. (1185, 1374, 1385, 1394, 1395)
1997 Ed. (1496, 1701, 1702)
1996 Ed. (1434, 1622, 1623)
1995 Ed. (1257, 1258, 1633, 1645, 1646, 3359)
1994 Ed. (1312, 1603, 1604, 3278)
1992 Ed. (1906, 1907, 1892)
1991 Ed. (1165, 1493, 1505)
1990 Ed. (1073, 1598, 1608, 1609, 3510)
1989 Ed. (947, 1304, 1305, 2790)
PacifiCorp Holdings Inc.
2008 Ed. (2028)
2007 Ed. (1946)
2006 Ed. (1975)
Pacific's Lakewood Center
2000 Ed. (3167)
Pacific's Lakewood Theatres
1997 Ed. (2820)
Pacifiers/teethers
2002 Ed. (422)
Pack Expo
2001 Ed. (4610)
1996 Ed. (3728)
PACK EXPO International
2005 Ed. (4733)
2003 Ed. (4774)
Pack 'N' Mail Mailing Center
1993 Ed. (1900)
Package and article carriers
1990 Ed. (2776)
Package Delivery
2000 Ed. (938)
1998 Ed. (572)
Package/liquor stores
2001 Ed. (681)
Packaged bacon
1991 Ed. (1867)
Packaged bread
1989 Ed. (1461)
Packaged candy covered chocolate
1991 Ed. (1457)
Packaged diet candies
1990 Ed. (1952)
Packaged foods
1997 Ed. (3165)
1993 Ed. (2917)
Packaged goods
2005 Ed. (1602)
2004 Ed. (1572)
Packaged Ham & Picnics
1990 Ed. (1962)
Packaged Ice Inc.
2005 Ed. (3936)
2004 Ed. (4913)
Packaged luncheon meats
1989 Ed. (1461)
Packaged Unpopped Popcorn
1990 Ed. (1959)
Packaging
2008 Ed. (3152)
2007 Ed. (264, 2755)
2006 Ed. (257, 2749, 3007)
2001 Ed. (3811, 3844)
2000 Ed. (3556)
1999 Ed. (964)
1998 Ed. (150)
1995 Ed. (16)
1994 Ed. (2889)
1993 Ed. (2867)
1992 Ed. (3338)
1991 Ed. (2827)
Packaging and containers
2004 Ed. (3013)
2003 Ed. (2907)
2000 Ed. (1327)
1999 Ed. (1473)
1997 Ed. (1266)
1993 Ed. (1214)
Packaging, carton
1998 Ed. (2733)
Packaging compounds
2001 Ed. (1207)
Packaging Corporation of America
2008 Ed. (1219)
2007 Ed. (1331)
2006 Ed. (1223, 1224)
2005 Ed. (1264, 1268, 1269)
2004 Ed. (1229, 1232, 1233)
2003 Ed. (3712, 3713)
2002 Ed. (3581)
Packaging, glass
1998 Ed. (2733)
Packaging, metal
1998 Ed. (2733)
Packaging, modified atmosphere
1998 Ed. (2666)
Packaging Corp. of America
2007 Ed. (3772)
Packaging, plastic
1998 Ed. (2733)
Packaging Resources
2006 Ed. (2621)
The Packaging Store Inc.
2002 Ed. (2363)
Packaging (users)
1990 Ed. (167)
Packaging West Inc.
2004 Ed. (4989)
2002 Ed. (4986)
2000 Ed. (4430)
1999 Ed. (4811)
Packard
1999 Ed. (2500)
Packard Bell
2007 Ed. (715, 736)
2001 Ed. (3296)
2000 Ed. (1156)
1999 Ed. (1256, 1257, 1278, 3404)
1998 Ed. (824, 825, 841, 1539, 2492, 2493, 2494, 2555, 2556)
1997 Ed. (1827, 2780, 2781, 2782, 2783, 2785)
1996 Ed. (1067, 2632, 2633, 2635, 2637)
1995 Ed. (2257, 2573)
1994 Ed. (1086, 2512, 2517)
1993 Ed. (2561)
1992 Ed. (3065, 3489)
Packard Bell Electronics
1996 Ed. (997, 1736, 1742, 1743)
Packard Bell NEC
2000 Ed. (932, 3129)
1999 Ed. (2874, 3405)
Packard Children's Hospital at Stanford; Lucile
2007 Ed. (2926)
Packard Children's Hospital at Stanford; Lucile Salter
1995 Ed. (1926)
Packard; David
2005 Ed. (974)
1990 Ed. (3687)
1989 Ed. (1986, 2751, 2905)
Packard; David & Lucille
2008 Ed. (895)
Packard Foundation; The David & Lucile
2005 Ed. (2677, 2678)
1995 Ed. (1926, 1931)
Packard Foundation; David & Lucille
2008 Ed. (2766)
Packard Humanities Institute
2002 Ed. (2348)
packardbell.com
2001 Ed. (4779)
Packer; James
2008 Ed. (4842)
Packerland Packing Co., Inc.
2002 Ed. (3275)
1999 Ed. (3321, 3322, 3865, 3866)
1998 Ed. (2453)
1997 Ed. (2733, 2735, 3142)
1996 Ed. (2589)
1995 Ed. (2520, 2521, 2525, 2960, 2961)
1994 Ed. (2457)
1993 Ed. (2520)
1992 Ed. (2995)
Packers Provision Co. of Puerto Rico Inc.
2007 Ed. (4946)
2006 Ed. (4939)
2005 Ed. (4907)
2004 Ed. (4924)
Packet foods
1995 Ed. (2998)
PacketFront Sweden AB
2007 Ed. (1999)
PacketVideo Corp.
2002 Ed. (4976)
Packquisition Corp. t/a Packard Press
2000 Ed. (3615)
Packwood; Bob
1994 Ed. (2890)
Packy the Hipper, Pack 'N Ship
1991 Ed. (1772)
Packy the Shipper
1992 Ed. (2222)
1990 Ed. (1852)
Paco Energy Co.
2000 Ed. (1653)
Paco Rabanne
1999 Ed. (3740)
1996 Ed. (2954)
1994 Ed. (2779)
1992 Ed. (3366)
1990 Ed. (1579)
PacSun
2007 Ed. (4596)
Pact
2004 Ed. (933)
PacTel Corp.
1997 Ed. (3401)
1996 Ed. (1191, 1234)
1995 Ed. (3203)
1991 Ed. (872)
PacTel Cable
1997 Ed. (3913)
1993 Ed. (821)
PacTel Cellular
1994 Ed. (877)
1992 Ed. (1067)
1991 Ed. (871)
1989 Ed. (863)
Pactiv Corp.
2008 Ed. (1218, 1219, 4673)
2007 Ed. (1329, 1332, 1333, 3972, 4749)
2006 Ed. (1221, 1222, 1223, 1224, 1225, 1226, 3918, 4733)
2005 Ed. (1261, 1262, 1263, 1264, 1266, 3853, 3855, 3856, 4688)
2004 Ed. (1227, 1228, 1229, 1230, 2675, 3398, 3907, 3909, 3910, 4718)
2003 Ed. (1223, 1224, 2538, 3712, 3713, 3890, 4734)
2002 Ed. (4066, 4067)
2001 Ed. (4519, 4520)
Pactual
2004 Ed. (3204)
Pactual Fixed Income Real Shares
2004 Ed. (3653)
Pactual Simmetry Fund
2004 Ed. (3653)
PacWest Development
1994 Ed. (1118)
Padaeng Industry Co. Ltd.
1992 Ed. (1706, 3824)
1991 Ed. (2941, 2942, 1359)
1990 Ed. (1428)
Padbury Advertising
1997 Ed. (104)
Paddington
1999 Ed. (3198, 4123)
1998 Ed. (2368, 3107)
1997 Ed. (2640)
1991 Ed. (2325)
1990 Ed. (2459)
Paddock Pool Construction Co.
2008 Ed. (4580)
2007 Ed. (4648, 4649)
Paddock Pools
2006 Ed. (4649)
2000 Ed. (2298)
1999 Ed. (2559)
1998 Ed. (1793)
Paddock Pools & Patio
2002 Ed. (2385)
Paddock Pools, Patios, & Spas
2003 Ed. (2594)
Paddy
1990 Ed. (2464)
Paddy Power
2007 Ed. (731)
Padgett Business Services
2005 Ed. (2)
2004 Ed. (3)
2003 Ed. (2)
2002 Ed. (2, 22)
2000 Ed. (2269)
Padgett Business Services USA Inc.
2008 Ed. (2705)
2007 Ed. (2, 2568)
2006 Ed. (3, 2599)
2005 Ed. (2599)
2004 Ed. (2613)
2003 Ed. (2480)
2002 Ed. (28)
1996 Ed. (1967)
Padgett, Stratemann & Co.
2000 Ed. (20)
1999 Ed. (24)
1998 Ed. (19)
Padgett, Stratemann & Co. LLP
2008 Ed. (10)
2007 Ed. (12)
2006 Ed. (16)
2005 Ed. (11)
2004 Ed. (15)
2003 Ed. (9)
2002 Ed. (24)
Padila Speer Beardsley
1994 Ed. (2948)
Padilla Speer Beardsley
2005 Ed. (3968)
2004 Ed. (4018)
2003 Ed. (3987, 4009)
2002 Ed. (3835, 3840)
2000 Ed. (3660)
1999 Ed. (3946)
1998 Ed. (2937, 2952)
1997 Ed. (3206)
1996 Ed. (3130)
1995 Ed. (3026)
1992 Ed. (3561, 3571)
Padini Holdings
2008 Ed. (1898)
Padma Oil Co. Ltd.
2000 Ed. (1665)
Padma Textile Mills
1997 Ed. (1602, 1603)
Padova & Rovigo
1993 Ed. (538)
1992 Ed. (739)
Padova e Rovigo
1994 Ed. (540)
Padrinos
2002 Ed. (4640)
2001 Ed. (4579)
2000 Ed. (4267)
1998 Ed. (3320)
1997 Ed. (3532)
1995 Ed. (3396)
Paducah Credit Union
2008 Ed. (2234)
2007 Ed. (2119)
2006 Ed. (2198)
2005 Ed. (2103)
2004 Ed. (1961)
2003 Ed. (1921)
2002 Ed. (1867)
Paducah, KY
2006 Ed. (3322)
PAECO Inc.
1997 Ed. (2226)
Paegas
2001 Ed. (28)
PaeTec Corp.
2003 Ed. (2706)
PAETEC Communications Inc.
2008 Ed. (1982, 2953)
2006 Ed. (1935)
2005 Ed. (1907)
Page America
1997 Ed. (227)
1996 Ed. (3150)
1992 Ed. (3603)
Page & Moy
2000 Ed. (35, 3396)
Page Computer
1998 Ed. (862)
1997 Ed. (1111)
Page Engineering Services Ltd.; H.
1991 Ed. (959)

Page; Jimmy
1997 Ed. (1114)
Page; John D.
1992 Ed. (534)
Page; Larry
2008 Ed. (4834, 4839)
2007 Ed. (4905)
2006 Ed. (4896, 4912)
2005 Ed. (787, 4859)
Page One Printing
2003 Ed. (3928)
2002 Ed. (3763)
Page Southerland Page Architects/Eng.
1990 Ed. (277)
Pageantry Cos.
2007 Ed. (1297, 1298)
2005 Ed. (1163, 1243)
Pagemaker
1999 Ed. (1279)
1998 Ed. (854)
1997 Ed. (1104)
1994 Ed. (1094)
1993 Ed. (1071)
1992 Ed. (1334)
PageMaker Upgrade
1997 Ed. (1096)
PageMart
1998 Ed. (2984)
Pages Inc.
1999 Ed. (2453)
Pages/BBDO
2003 Ed. (67)
2002 Ed. (100)
PagesJaunes Groupe SA
2008 Ed. (1425, 3445)
PageSoutherlandPage
2008 Ed. (3341, 3342, 3343)
2007 Ed. (3199, 3201, 3206)
2006 Ed. (3165, 3167, 3172)
2005 Ed. (3166)
Paging Network
1998 Ed. (2984)
1996 Ed. (3150)
1992 Ed. (3603)
PAHO/WHO Credit Union
2008 Ed. (2267)
2007 Ed. (2152)
2006 Ed. (2231)
2005 Ed. (2136)
2004 Ed. (1940, 1994)
2003 Ed. (1900, 1954)
2002 Ed. (1840, 1857)
PAI
1995 Ed. (2097)
Paid holidays
2005 Ed. (2371)
Paid parking
1989 Ed. (2183)
Paid vacation
2005 Ed. (2371)
Paige; Norma
1993 Ed. (3731)
Paige Personnel Services
2007 Ed. (3552)
2002 Ed. (4349)
Paige Temporary Inc.
1998 Ed. (3505)
PAIL Vermont Insurance Co.
1996 Ed. (881)
Pain management
2001 Ed. (3598)
Pain Patch
2003 Ed. (280)
Pain relief
2001 Ed. (2105)
Pain relief, oral
2004 Ed. (4746)
Pain Relievers
1992 Ed. (1871)
Pain remedies
2004 Ed. (2127)
2003 Ed. (3945, 3946)
2001 Ed. (2084, 4485)
2000 Ed. (4212)
1999 Ed. (4565)
Paine & Associates
2002 Ed. (3812)
Paine Public Relations
2003 Ed. (3984)
Paine Webber
2000 Ed. (1921, 3981, 3983)
1999 Ed. (834, 836, 864)
1998 Ed. (514)
1991 Ed. (2946)
Paine Webber Asset Management
1991 Ed. (2224)
Paine Webber Group Inc.
2005 Ed. (1500)
2001 Ed. (4197, 4382)
1991 Ed. (769, 770, 771, 772, 773, 774, 1725)
PainePR
2005 Ed. (3950, 3966)
2004 Ed. (3976, 3982, 4015)
PaineWebber Inc.
2001 Ed. (747, 758, 760, 831, 1511, 3513)
2000 Ed. (836, 885, 1920, 1922, 3190, 3191, 3192, 3193, 3194, 3195, 3312, 3911, 3914, 3933, 3944, 3950, 3956, 3958, 3959, 3964, 3965, 3966, 3967, 3968, 3969, 3970, 3971, 3972, 3973, 3974, 3975, 3976, 3977, 3978, 3979, 3980, 3982)
1999 Ed. (826, 827, 828, 830, 832, 833, 837, 838, 840, 904, 2150, 2151, 2152, 3013, 3477, 3478, 3479, 3480, 3481, 3482, 4209, 4213, 4221, 4227, 4229, 4230, 4231, 4232, 4233, 4234, 4235, 4236, 4237, 4238, 4240, 4242, 4243, 4244, 4245, 4246, 4247, 4248, 4249, 4250, 4251, 4256, 4264)
1998 Ed. (515, 516, 517, 519, 520, 521, 522, 523, 525, 526, 529, 1559, 1560, 1562, 2228, 2566, 2567, 2568, 2569, 2570, 2571, 2578, 2711, 3207, 3208, 3230, 3231, 3232, 3233, 3234, 3235, 3236, 3237, 3238, 3239, 3240, 3241, 3250, 3251, 3253, 3254, 3256, 3257, 3258, 3259, 3261, 3266, 3270)
1997 Ed. (782, 1848, 1849, 1850, 2832, 2833, 2834, 2835, 2836, 2837, 2838, 3418, 3425, 3435, 3437, 3443, 3445, 3449, 3450, 3451, 3452, 3453, 3454, 3455, 3456, 3458, 3459, 3460, 3461, 3462, 3463, 3464, 3465, 3466, 3467, 3468, 3469, 3470, 3481)
1996 Ed. (794, 795, 796, 798, 799, 800, 802, 803, 804, 805, 809, 810, 1184, 1186, 1705, 1768, 1769, 1774, 2360, 2362, 2366, 2368, 2373, 2712, 2713, 2714, 2715, 2716, 2717, 2718, 2719, 2720, 2721, 2841, 3311, 3313, 3314, 3315, 3316, 3317, 3319, 3321, 3324, 3325, 3326, 3327, 3328, 3329, 3330, 3333, 3334, 3335, 3337, 3338, 3339, 3340, 3341, 3342, 3343, 3344, 3345, 3346, 3348, 3349, 3350, 3351, 3353, 3355, 3356, 3357, 3358, 3359, 3360, 3361, 3362, 3363, 3364, 3365, 3366, 3367, 3368, 3369, 3371, 3372, 3373, 3374, 3380, 3381, 3382)
1995 Ed. (232, 721, 723, 724, 725, 726, 727, 731, 736, 739, 746, 750, 751, 753, 754, 755, 756, 757, 759, 760, 761, 762, 800, 1218, 1308, 1793, 1794, 1799, 2333, 2633, 2634, 2635, 2636, 2639, 2640, 2642, 3215, 3217, 3227, 3230, 3232, 3233, 3236, 3242, 3244, 3245, 3247, 3248, 3250, 3254, 3255, 3257, 3258, 3259, 3260, 3261, 3262, 3264, 3265, 3266, 3270)
1994 Ed. (763, 764, 765, 766, 767, 769, 770, 771, 772, 775, 777, 778, 779, 780, 1757, 1758, 1829, 1830, 1835, 2287, 2289, 2580, 2581, 2582, 3159, 3162, 3164, 3166, 3167, 3170, 3171, 3175, 3177, 3178, 3179, 3180, 3182, 3183, 3184)
1993 Ed. (755, 756, 757, 758, 759, 760, 761, 763, 764, 765, 766, 768, 841, 842, 1170, 1768, 1769, 1770, 2264, 2267, 2272, 2274, 2278, 3116, 3118, 3119, 3120, 3121, 3122, 3124, 3126, 3131, 3133, 3134, 3135, 3138, 3139, 3140, 3141, 3142, 3143, 3146, 3149, 3150, 3157, 3159, 3160, 3161, 3165, 3167, 3168, 3170, 3172, 3173, 3174, 3175, 3176, 3179, 3180, 3181, 3184, 3185, 3186, 3187, 3188, 3189, 3190, 3191, 3192, 3196, 3197, 3200)
1992 Ed. (955, 956, 959, 1052, 1053, 1290, 2132, 2133, 2134, 2159, 2632, 2718, 2721, 2725, 2726, 3550, 3832, 3834, 3835, 3836, 3849, 3851, 3852, 3854, 3856, 3857, 3858, 3859, 3860, 3861, 3862, 3864, 3865, 3866, 3868, 3878, 3882, 3886, 3888, 3892, 3900)
1991 Ed. (2188, 999, 1117, 1668, 1669, 1670, 1672, 1673, 1674, 1674, 1675, 1679, 1684, 1686, 1697, 1698, 1703, 1704, 1705, 1706, 1706, 1707, 1708, 1709, 1710, 2176, 2179, 2182, 2183, 2184, 2185, 2186, 2187, 2189, 2192, 2195, 2196, 2202, 2513, 2515, 2516, 2517, 2520, 2822, 2831, 2832, 2944, 2945, 2947, 2950, 2957, 2958, 2960, 2970, 2972, 2973, 2974, 2975, 2976, 2978, 2980, 2982, 2983, 2984, 2985, 2986, 2988, 2989, 2990, 2991, 2992, 2993, 2994, 2996, 3000, 3001, 3002, 3004, 3013, 3014, 3015, 3016, 3020, 3026, 2167, 2174, 3030, 3031, 3033, 3036, 3038, 3039, 3040, 3041, 3042, 3043, 3047, 3049, 3050, 3051, 3052, 3056, 3057, 3058, 3059, 3060, 3061, 3063, 3064)
1990 Ed. (792, 793, 804, 1221, 1765, 1770, 2291, 2301, 2304, 2309, 2311, 2312, 2643, 2647, 2982, 3142, 3143, 3147, 3148, 3149, 3151, 3152, 3153, 3154, 3158, 3159, 3160, 3161, 3163, 3164, 3170, 3173, 3175, 3187, 3188, 3189, 3200, 3204)
1989 Ed. (806, 1137, 1413, 1414, 1415, 1754, 1757, 1758, 1759, 1760, 1901, 2293, 2371, 2372, 2373, 2374, 2375, 2378, 2379, 2380, 2381, 2382, 2383, 2384, 2385, 2386, 2389, 2403, 2406, 2418, 2419, 2420, 2422, 2423, 2431, 2437, 2438, 2440, 2441)
PaineWebber ADV Gl Gr
1990 Ed. (3664)
PaineWebber Atlas
1990 Ed. (2393)
PaineWebber Capital
2001 Ed. (880)
PaineWebber Class World
1992 Ed. (3161)
PaineWebber Com. Part. 1
1996 Ed. (1059)
PaineWebber Fixed High Income A
1993 Ed. (2677)
PaineWebber Global B
1993 Ed. (2699)
PaineWebber Global Growth & Income A
1994 Ed. (2646)
PaineWebber Global Income A
1999 Ed. (3579)
PaineWebber Global Income B
1995 Ed. (2742)
PaineWebber Group
2003 Ed. (915)
2002 Ed. (822, 838, 2165, 4190, 4649, 4655, 4656, 4663)
2001 Ed. (746, 748, 749, 751, 752, 753, 754, 755, 756, 757, 770, 771, 775, 779, 795, 799, 802, 810, 811, 818, 819, 823, 832, 840, 848, 852, 860, 864, 872, 876, 892, 900, 904, 908, 912, 924, 932, 936, 940, 944, 948, 952, 2423, 2424, 2425, 3009, 3211, 4177, 4178)
2000 Ed. (827, 828, 830, 831, 832, 835, 864, 1331)
1997 Ed. (732, 733, 734, 736, 738, 739, 740, 741)
1992 Ed. (950, 951, 952, 953, 954, 957, 2148)
1990 Ed. (782, 783, 784, 785, 786, 787, 788, 789, 809)
1989 Ed. (809, 1047)
PaineWebber High Income A
1998 Ed. (2621)
1995 Ed. (2688, 2700, 2710)
1994 Ed. (2621)
PaineWebber High-Yield Municipals
1990 Ed. (2378)
PaineWebber Income B
1993 Ed. (2675)
PaineWebber Investment Grade Income A
1999 Ed. (743, 3550)
PaineWebber Life Insurance Co.
2002 Ed. (2918)
PaineWebber Master Global
1992 Ed. (3153, 3163, 3170, 3201)
PaineWebber Master Global Fund
1992 Ed. (3180)
PaineWebber Master Global Income
1992 Ed. (3185, 3186)
PaineWebber Municipal High Income A
1999 Ed. (755)
1998 Ed. (2602, 2644)
PaineWebber Pace Global Fixed
2000 Ed. (761)
PaineWebber Pace Global Fixed Income
2000 Ed. (760)
PaineWebber Pace Government Securities
2003 Ed. (691)
PaineWebber Pace Government Securities Fixed-Income
2003 Ed. (3527)
PaineWebber Regional Finance
1994 Ed. (2624)
PaineWebber Regional Finance A
1994 Ed. (2613)
PaineWebber Regional Finance B
1994 Ed. (2625)
PaineWebber Regional Financial A
1995 Ed. (2731)
PaineWebber Tactical Allocation
2000 Ed. (3242, 3243)
PaineWebber Tactical Allocation A
1999 Ed. (3525, 3526)
PaineWebber Tactical Allocation C
1999 Ed. (3531)
1997 Ed. (2899)
PaineWebber TR: Global Growth
1992 Ed. (4379)
PaineWebber U.S. Government Income A
2000 Ed. (762)
Paint
2008 Ed. (4809)
2005 Ed. (2781)
2001 Ed. (2812, 4314)
2000 Ed. (4255)
1999 Ed. (3119)
1998 Ed. (2318)
1993 Ed. (779)
1992 Ed. (986)
1991 Ed. (805)
Paint, art/hobby
2003 Ed. (3675)
Paint, Body & Equipment
1989 Ed. (329)
Paint, Body & Equipment (all)
1990 Ed. (398)
Paint, paper hanging and decorating
1996 Ed. (3452)
Paint/sundries
1990 Ed. (842)
Paint supplies
1998 Ed. (122)
Paint, Thinner, Solvents
1990 Ed. (397)
1989 Ed. (328)
The Paint Works Corporate Center
1998 Ed. (2696)
A Painted House
2004 Ed. (746)

2003 Ed. (716, 718, 720)
Painters
2007 Ed. (2461)
2005 Ed. (3632)
Painting, coating, finishing
1989 Ed. (2346)
Paintings, old masters
1993 Ed. (2364)
Paints
2001 Ed. (1296)
Paints & coatings
2001 Ed. (1186, 1205, 3797)
1996 Ed. (930)
Pair Gain Technologies
1997 Ed. (2208, 3646)
1995 Ed. (2066, 3205, 3693)
Pairgain Technologies
2000 Ed. (2397)
1996 Ed. (2061, 2062, 3451)
1995 Ed. (3388)
Paisley Kelly/Bozell
1990 Ed. (120)
Pak Mail
2002 Ed. (2363, 3732)
2001 Ed. (2530)
2000 Ed. (2268)
Pak Mail Centers of America Inc.
2008 Ed. (882, 4017)
2007 Ed. (907, 3998)
2006 Ed. (820, 3940)
2005 Ed. (905, 3880)
2004 Ed. (914, 3930)
2003 Ed. (895, 3917)
Pak Tobacco Co.
1992 Ed. (69)
Paker Hannifin
1991 Ed. (2019)
Pakhoed Distribution Corp.
2001 Ed. (1897)
Pakhta Bank
2003 Ed. (635)
Pakhtabank
2002 Ed. (4498)
Pakistan
2008 Ed. (864, 2190, 2191, 2202, 2822, 3847, 4103, 4246, 4551, 4584, 4624, 4694, 4795, 4995)
2007 Ed. (887, 2081, 2082, 2084, 2092, 2257, 2259, 3767, 4070, 4210, 4483, 4602, 4604, 4671, 4777, 4996)
2006 Ed. (798, 1028, 2133, 2134, 2136, 2148, 2328, 2329, 2640, 3770, 4194, 4423, 4617, 4771, 4934, 4995)
2005 Ed. (876, 2037, 2038, 2040, 3999, 4146, 4406, 4536, 4901, 4997)
2004 Ed. (890, 1905, 1906, 1908, 4218, 4461, 4602, 4739, 4888, 4991)
2003 Ed. (868, 1875, 1877, 4192, 4757, 4898)
2001 Ed. (521, 522, 522, 1129, 1133, 1936, 1938, 3987, 4121, 4388, 4567, 4785, 4936)
2000 Ed. (1890, 2350, 2364, 2366, 2367, 2376, 3571, 4237)
1999 Ed. (4480)
1998 Ed. (1848)
1996 Ed. (2470, 2471, 3821)
1995 Ed. (3, 1544, 2009, 2016, 2022, 2028, 2035, 2039)
1994 Ed. (2359, 3656)
1993 Ed. (1960, 1966, 1973, 1980, 1986, 3558, 3692)
1992 Ed. (305)
1991 Ed. (259, 2754)
1990 Ed. (1581)
1989 Ed. (1869)
Pakistan & Afghanistan
1992 Ed. (2303, 2309, 2316, 2326, 2332)
1991 Ed. (1827, 1833, 1840, 1849)
1990 Ed. (1910, 1917, 1924, 1934)
Pakistan Oilfields Ltd.
2006 Ed. (4527)
Pakistan 100
2006 Ed. (4592)
Pakistan Petroleum Ltd.
2007 Ed. (3861)
Pakistan PTA Ltd.
2006 Ed. (4527)
Pakistan rupee
2007 Ed. (2158)
Pakistan State Oil Co.
2006 Ed. (4527)
2002 Ed. (3044, 3045, 4453, 4454)
1999 Ed. (3132)
1997 Ed. (2588)
Pakistan State Oil Company Limited
2000 Ed. (2879)
Pakistan Synthetic
1997 Ed. (2589)
Pakistan Telecom
2007 Ed. (1949)
2006 Ed. (1977)
Pakistan Telecommunication Co.
2008 Ed. (68)
2006 Ed. (4527)
2002 Ed. (3044, 3045, 4453, 4454)
Pakistan Telecommunication Co
2000 Ed. (2878)
Pakistan Telecommunications
1999 Ed. (3132, 3133)
Pal
2002 Ed. (3658)
1999 Ed. (3791)
1996 Ed. (3000)
Pal canned dog food
1992 Ed. (3417)
Pal Dog Food
1994 Ed. (2838)
Pal; Ranjan
1997 Ed. (1958)
Pala-Interstate LLC
2006 Ed. (3541, 4380)
Palabors Mining Co.
1993 Ed. (2579)
Palace Entertainment
2007 Ed. (274)
2006 Ed. (270)
2005 Ed. (251)
Palace of Auburn Hills
2003 Ed. (4527)
2002 Ed. (4343)
2001 Ed. (4351)
Palace of Auburn Hills, MI
1999 Ed. (1298)
Palacio de Hierro
1994 Ed. (3114)
Palacio de Hierro, SA de CV; Grupo
2005 Ed. (4137)
Palacio de Los Deportes
2005 Ed. (2522)
2003 Ed. (2416)
2001 Ed. (2353)
Paladin Resources
2006 Ed. (3856)
Palais des Congres de Montreal
2005 Ed. (2520)
Palama Holdings
2008 Ed. (1779)
Palamin
1995 Ed. (2586)
1991 Ed. (2469)
Palanker Chevrolet
2004 Ed. (168)
2003 Ed. (211, 212)
2002 Ed. (708)
2000 Ed. (3148)
Palas Magazin
2004 Ed. (29)
Palco Telecom
2008 Ed. (3692, 4365, 4951)
Palestine
2002 Ed. (328)
Palestine Development & Investment Co.
2006 Ed. (4528)
2002 Ed. (4455)
Palestine International Bank
2006 Ed. (4528)
Palestine Investment Bank
2002 Ed. (4455)
Palestine Real Estate Investment Co.
2006 Ed. (4528)
2002 Ed. (4455)
Palestine Telecommunications Co.
2006 Ed. (4528)
2002 Ed. (4455)
Palestine, TX
1990 Ed. (998)
Paley, Rothman, Goldstein, Rosenberg & Cooper
2003 Ed. (3185)
Paley, Rothman, Goldstein, Rosenberg, Elg & Cooper
2007 Ed. (3319)
Paley; William
1992 Ed. (1096)
Palfinger AG
2008 Ed. (300, 1574)
2007 Ed. (1596)
2006 Ed. (1561)
Pali Capital
2008 Ed. (3395)
Palink
2006 Ed. (65)
Palio
2002 Ed. (382, 385)
Palio Communications
2008 Ed. (115)
2007 Ed. (107)
2006 Ed. (118)
2005 Ed. (108)
Palio; Fiat
2005 Ed. (296)
Palio Weekend
2002 Ed. (385)
Palio Weekend; Ford
2005 Ed. (296)
Palisade Capital
2003 Ed. (3081)
Palisades Capital
2000 Ed. (2834)
Palkovic; Michael
2007 Ed. (1049)
Pall Corp.
2006 Ed. (2386)
2005 Ed. (3355, 3869, 3870)
2004 Ed. (3921, 3922)
2003 Ed. (2087, 2088)
2002 Ed. (4880)
2001 Ed. (2039, 2040, 3834)
2000 Ed. (1693, 1859)
1999 Ed. (1886, 3264)
1998 Ed. (1319, 1477, 2457, 2458)
1997 Ed. (3132)
1996 Ed. (2600, 2601)
1995 Ed. (2536, 2537)
1994 Ed. (1550, 2468, 2469)
1993 Ed. (218, 1503, 1704, 2472)
1992 Ed. (1834, 2940)
1991 Ed. (182)
1990 Ed. (186, 190, 2536)
1989 Ed. (1651, 1916)
Pall Mall
2008 Ed. (976)
1989 Ed. (907)
Palladium Equity Partners
2006 Ed. (3619)
2005 Ed. (2838)
Pallburg International Holdings
1994 Ed. (2109)
Pallet Direct Inc.
2008 Ed. (4961)
2007 Ed. (3554)
Pallet Pallet Inc.
2001 Ed. (1656)
Palletizing & unitizing
2001 Ed. (3605)
Palley-Needelman
1993 Ed. (2314)
Palley-Needelman Asset Mgmt.
1990 Ed. (2338)
Palliser Furniture
2008 Ed. (1215)
1999 Ed. (2551)
1997 Ed. (2105)
Pallonji Mistry
2008 Ed. (4879)
2007 Ed. (4914)
2006 Ed. (4926)
Palm Inc.
2007 Ed. (2720, 3692)
2005 Ed. (2771)
2003 Ed. (3797, 4544)
2002 Ed. (1134, 1547, 2470)
1999 Ed. (4088)
Palm Bay, FL
1992 Ed. (3036)
Palm Bay Imports
2006 Ed. (4967)
2005 Ed. (4976)
Palm Bay-Melbourne, FL
2007 Ed. (3361)
Palm Bay-Melbourne-Titusville, FL
2008 Ed. (3476)
2007 Ed. (2374, 3375)
Palm Beach
1990 Ed. (1063, 1805)
Palm Beach Community College
2002 Ed. (1105)
Palm Beach Community Foundation
1994 Ed. (901)
Palm Beach County, FL
1998 Ed. (1201, 1701)
1992 Ed. (1719)
1991 Ed. (2523, 3422)
Palm Beach County (Fla.) Schools
1990 Ed. (3106)
Palm Beach County Solid Waste Authority
2000 Ed. (3201)
1996 Ed. (2730)
Palm Beach Daily News
1990 Ed. (2708)
Palm Beach, FL
2004 Ed. (2986)
2003 Ed. (974)
2002 Ed. (1060)
2000 Ed. (1066, 2610)
1999 Ed. (1152, 2829)
1997 Ed. (2353)
1996 Ed. (2225)
1995 Ed. (874, 2216)
1994 Ed. (2165)
1993 Ed. (2143)
1992 Ed. (2578)
1991 Ed. (1373)
1989 Ed. (1176)
Palm Beach International Airport
2002 Ed. (275)
2000 Ed. (273)
1999 Ed. (248)
1998 Ed. (145)
Palm Beach Lincoln Mercury
2004 Ed. (319)
Palm Beach Mall
1998 Ed. (3299)
Palm Beach Motor Cars
1996 Ed. (275)
1995 Ed. (276)
1994 Ed. (272)
1992 Ed. (387)
Palm Beach Post
2002 Ed. (3508)
2000 Ed. (3337)
1999 Ed. (3618)
1998 Ed. (2681)
1990 Ed. (2708)
Palm Beach Tan
2008 Ed. (4589)
2007 Ed. (4678)
2006 Ed. (4144, 4658)
Palm Computing Inc.
2002 Ed. (3729)
Palm Drive Hospital
1997 Ed. (2264)
Palm Harbor Group
1991 Ed. (1060)
1990 Ed. (1173)
Palm Harbor Homes Inc.
2008 Ed. (3538)
2007 Ed. (3409, 3625)
2006 Ed. (3355, 3356, 3555)
2004 Ed. (3346)
2003 Ed. (3283)
2002 Ed. (3739, 3740)
2000 Ed. (1195, 3588, 3589, 3590, 3591, 3594, 3595)
1999 Ed. (3873, 3874, 3875, 3876, 3878)
1998 Ed. (2902, 2903, 2904, 2907)
1997 Ed. (3149, 3152, 3153, 3158)
1996 Ed. (1104, 3068, 3070, 3073, 3074)
1995 Ed. (1131, 2970, 2971, 2973, 2976)
1994 Ed. (1115, 2914, 2915, 2918, 2919)
1993 Ed. (1091, 2899, 2904, 2905)
1992 Ed. (1368, 3522, 3515, 3518, 3521)
1991 Ed. (2757)
1990 Ed. (2892, 2893)

Palm Import Motors
1992 Ed. (397)
Palm Infiniti
1996 Ed. (295)
1995 Ed. (271)
Palm kernel oil
1992 Ed. (3299)
Palm oil
1992 Ed. (3299)
PALM Publicite Marketing
1993 Ed. (132)
Palm Reach Motor Cars
1993 Ed. (273)
Palm Restaurants
2002 Ed. (4018, 4021)
Palm; Richard
1995 Ed. (1838)
1994 Ed. (1800)
1993 Ed. (1817)
Palm Springs
2005 Ed. (4509)
Palm Springs, CA
2008 Ed. (829)
2007 Ed. (868)
2006 Ed. (771)
2005 Ed. (846)
2004 Ed. (872)
2003 Ed. (845)
2002 Ed. (922)
1998 Ed. (591)
1996 Ed. (977)
1993 Ed. (815)
1992 Ed. (1016)
1991 Ed. (830, 1103)
1990 Ed. (874)
Palm Springs, FL
1994 Ed. (3067)
Palmarejo Silver & Gold Corp.
2007 Ed. (1650)
Palmas Inc. & Affiliates
2003 Ed. (2748)
2002 Ed. (2560)
Palm.com
2008 Ed. (2443)
Palmdale, CA
1999 Ed. (1174, 3851)
Palmer
1996 Ed. (968)
1990 Ed. (3673)
Palmer & Dodge
2001 Ed. (837, 869, 889, 933)
1998 Ed. (2576)
1997 Ed. (3795)
1996 Ed. (2728, 2731)
1995 Ed. (2649, 2652)
1993 Ed. (2393, 2617, 2626, 3101, 3622)
1992 Ed. (2830)
1991 Ed. (2281, 2535, 2536)
1990 Ed. (2415)
Palmer & Harvey (Holdings) Ltd.
1995 Ed. (1004, 1014)
1994 Ed. (991, 999, 1001)
1993 Ed. (970, 972, 976)
1992 Ed. (1201)
Palmer; Arnold
2008 Ed. (2827)
1996 Ed. (250)
Palmer Avenue Carpet
1999 Ed. (4338)
Palmer Cadillac; Arnold
1995 Ed. (266)
Palmer; Estate of Winthrop Bushnell
1991 Ed. (888)
Palmer Financial Corp.
1991 Ed. (3332)
Palmer Ford Lincoln-Mercury; Arnold
1990 Ed. (306, 308, 331, 342)
Palmer Ford, Lincoln-Mercury;Arnold
1991 Ed. (284)
Palmer G. E. Employees Credit Union
2003 Ed. (1943)
2002 Ed. (1889)
Palmer House Hilton
1999 Ed. (2787)
1997 Ed. (2301)
Palmer Jarvis Communications DDB
1999 Ed. (70)
Palmer Jarvis DDB
2003 Ed. (57)
2000 Ed. (76)
Palmer Motors; Arnold
1990 Ed. (314)
Palmer; R. M.
1993 Ed. (830)
Palmer Ranch, FL
1998 Ed. (2871)
Palmer Skin's Success Bar
1999 Ed. (4318)
Palmer Video
1997 Ed. (3839, 3840)
1996 Ed. (3785, 3788, 3789)
1995 Ed. (3697)
1994 Ed. (3625)
1993 Ed. (3664)
1992 Ed. (4391)
1991 Ed. (3446)
1990 Ed. (3671, 3672)
Palmer Wireless
1998 Ed. (655)
Palmers Cocoa Butter
2001 Ed. (3168)
Palmer's Skin Success
1994 Ed. (3314)
Palmer's Skin Success Bar
1999 Ed. (4353)
Palmetto Bank
1998 Ed. (373, 3565)
1997 Ed. (503)
1996 Ed. (544)
Palmetto Citizens Credit Union
2008 Ed. (2258)
2007 Ed. (2143)
2006 Ed. (2222)
2005 Ed. (2127)
2004 Ed. (1985)
2003 Ed. (1945)
Palmetto Health Alliance Inc.
2008 Ed. (2075)
2007 Ed. (1977)
Palmetto Health Credit Union
2005 Ed. (2067, 2068)
Palmetto Lakes Industrial Park
2002 Ed. (2765)
PalmGear.com
2004 Ed. (3157)
2003 Ed. (3048)
2002 Ed. (4805)
Palmisano; S. J.
2005 Ed. (2497)
Palmisano; Sam
2005 Ed. (2318)
Palmisano; Samuel
2006 Ed. (689, 896)
Palmisano; Samuel J.
2008 Ed. (954)
2007 Ed. (1032, 2502)
Palmolive
2008 Ed. (2347)
2003 Ed. (2077, 2078)
2002 Ed. (1989)
2001 Ed. (2034, 2640, 2646)
1999 Ed. (4354)
1992 Ed. (83)
Palmolive Colgate
1992 Ed. (69)
Palmolive Spring Sensations
2003 Ed. (2079)
palmOne Inc.
2006 Ed. (1104, 2730)
2005 Ed. (1684)
PalmSource Inc.
2006 Ed. (1136, 1137)
2005 Ed. (1148)
Palo Alto
1993 Ed. (1042)
Palo Alto, CA
2004 Ed. (2986)
2002 Ed. (1057)
2000 Ed. (1066, 2610)
1995 Ed. (2216)
1994 Ed. (2165)
1993 Ed. (2143)
1992 Ed. (2578)
1991 Ed. (938, 2004)
1990 Ed. (2159)
Palo Alto Investors, Micro-Cap Composite
2003 Ed. (3135)
Palo Viejo
1999 Ed. (4124)
1998 Ed. (3108)
1997 Ed. (3366)
1996 Ed. (3267, 3271, 3272)
1995 Ed. (2473, 3170, 3175)
1994 Ed. (3122, 3124)
1992 Ed. (3749)
1991 Ed. (2906)
1990 Ed. (3067)
Paloma Industries Ltd.
1990 Ed. (1226, 1227)
Paloma Securities LLC
1998 Ed. (524)
Paloma Systems Inc.
2006 Ed. (1353, 3031)
Palomar Hospital
2008 Ed. (2917)
Palomar Medical Technologies Inc.
2008 Ed. (1905, 1906, 1918, 1920, 1924, 2852, 3646, 4347, 4359, 4364, 4402, 4608)
2007 Ed. (2732, 2735, 4697)
2006 Ed. (1870, 1875, 2742, 2745)
1997 Ed. (2164, 3521)
Palomino Euro Bistro
2004 Ed. (4131)
Palomino Fund Ltd.
2003 Ed. (3150, 3153)
1998 Ed. (1923)
Palomino/G Chasselas
2002 Ed. (4970)
2001 Ed. (4872)
Palomino; Miguel
1996 Ed. (1909)
Palos Community Hospital
1997 Ed. (2261)
Paltemaa Huttunen Santala TBWA
2002 Ed. (107)
2001 Ed. (135)
2000 Ed. (94)
1999 Ed. (88)
Palter; Gilbert
2005 Ed. (2473)
Pam
2003 Ed. (3684, 3686)
Pam Thomas
2004 Ed. (410)
Pam Tillis
1994 Ed. (1100)
P.A.M. Transport
2002 Ed. (4691, 4692)
Pamassus Investments
1999 Ed. (3077)
Pamela Anderson
2008 Ed. (2590)
2000 Ed. (2743)
Pamela Bonnie
1997 Ed. (1963)
Pamela H. Patsley
2007 Ed. (2510)
Pamela Joseph
2008 Ed. (4945)
Pamela S. Jue
2000 Ed. (2593)
1999 Ed. (2817, 3476, 4659)
1998 Ed. (2061, 2968)
1997 Ed. (2341)
1996 Ed. (2732)
1995 Ed. (2653)
1993 Ed. (2117)
Pamela Temples Interiors
2002 Ed. (2646)
Pamida Inc.
2007 Ed. (2208)
2006 Ed. (2272)
2005 Ed. (2209)
2004 Ed. (2106)
2000 Ed. (1683, 1685, 1688)
1998 Ed. (1294)
1997 Ed. (1623, 1624)
1990 Ed. (1520)
Pamida Holdings
1999 Ed. (1868, 1869, 1871)
1995 Ed. (1571, 1606)
1994 Ed. (1565)
1993 Ed. (1520)
Pamour
1992 Ed. (1594)
Pampered Chef
2000 Ed. (4431)
Pampero Rum
2001 Ed. (4146, 4147)
Pampers
2008 Ed. (2335, 2336)
2007 Ed. (2201)
2006 Ed. (2263)
2005 Ed. (2201)
2003 Ed. (2054, 2055, 2056, 3719)
2002 Ed. (767, 1973, 2803)
2001 Ed. (1011, 2007)
2000 Ed. (1112, 1666, 1667, 3319)
1999 Ed. (789, 1191, 1843)
1998 Ed. (1270)
1996 Ed. (776, 1546, 2258)
1995 Ed. (1562)
1994 Ed. (1011, 1531, 2198)
1993 Ed. (1483)
1992 Ed. (75, 1803)
1991 Ed. (1416, 1418)
Pampers Baby Dry
2001 Ed. (543, 2006)
Pampers Baby Dry Stretch
2001 Ed. (2006)
Pampers Baby Fresh
2003 Ed. (2921, 2922)
2002 Ed. (3379)
2001 Ed. (3342)
2000 Ed. (367)
Pampers Baby Fresh One Ups
2003 Ed. (2922)
2002 Ed. (3379)
Pampers Baby Fresh Wipes
1999 Ed. (3597)
Pampers Baby Wipes
2002 Ed. (2803)
Pampers Disposable Nappies
1992 Ed. (2630)
Pampers Easy Ups
2008 Ed. (2335)
Pampers Nappies
1999 Ed. (2872)
1994 Ed. (748)
Pampers One Ups
2003 Ed. (2922)
Pampers Premium
2003 Ed. (2921)
2001 Ed. (2006)
1998 Ed. (2669)
Pampers Premium Extra Comfort
2001 Ed. (543)
Pampers Rash Care
2003 Ed. (2921)
2001 Ed. (3342)
Pampers Rash Care One Ups
2003 Ed. (2922)
Pampers Tidy Tykes
2003 Ed. (3430)
Pampers Trainers
1996 Ed. (1546)
Pampers Ultra Plus large 32
1991 Ed. (1452)
Pampers Wipes
1999 Ed. (2872)
Pamukbank
2005 Ed. (620)
2004 Ed. (632)
2003 Ed. (623)
2002 Ed. (585, 657)
2000 Ed. (684)
1995 Ed. (624, 625)
Pamukbank TAS
2000 Ed. (737)
1999 Ed. (674)
1997 Ed. (634)
1996 Ed. (700, 701)
1994 Ed. (657)
1992 Ed. (856)
Pan African Bank
1995 Ed. (522)
1994 Ed. (547)
1993 Ed. (546)
1991 Ed. (582)
Pan African Insurance Ltd.
2002 Ed. (3483)
Pan Am
1994 Ed. (185)
1993 Ed. (169, 177, 193, 202, 367, 368, 369, 718, 1106, 2785, 3380)
1992 Ed. (262, 266, 276, 278, 279, 281, 284, 295, 301, 302, 303, 3444, 3934, 4060)
1991 Ed. (196, 197, 198, 199, 200, 201, 210, 211, 2683, 2684, 3318, 1156)
1990 Ed. (206, 208, 209, 212, 213, 214, 217, 226, 227, 229, 230, 242)

1989 Ed. (231, 232, 233, 234, 235, 238, 240, 243)
Pan Am Express Inc.
1990 Ed. (238)
Pan Am/National Airlines
1991 Ed. (1146)
Pan Am Pacific Routes; UAL/
1991 Ed. (1145)
Pan American
1989 Ed. (241)
Pan American Airlines
2005 Ed. (3703)
1990 Ed. (201, 216, 232, 233, 234, 235, 236, 237, 3541)
Pan American Energy
2006 Ed. (2541)
Pan American Express Inc.
2008 Ed. (2967)
2006 Ed. (2846)
2002 Ed. (2542, 2563)
2001 Ed. (2715)
2000 Ed. (4291)
1999 Ed. (4651)
1997 Ed. (3787)
Pan American Hospital
2002 Ed. (2538, 2544, 2561, 3375)
2001 Ed. (2704, 2714)
2000 Ed. (4005)
1999 Ed. (3422)
1998 Ed. (2514)
1995 Ed. (3287)
Pan American Hospital/Pan American Medical Centers
2003 Ed. (2746)
Pan-American Life Group
2002 Ed. (2917)
Pan-American Life Insurance Co.
2008 Ed. (2962)
1995 Ed. (2308, 2310)
Pan American Silver
2005 Ed. (1669, 4510)
2001 Ed. (1656)
1997 Ed. (1374, 1376)
Pan American World Airways
1997 Ed. (3009)
1992 Ed. (904)
Pan Asia
1999 Ed. (1797)
PAN Communications
2005 Ed. (3967)
2004 Ed. (4016)
2003 Ed. (3997)
Pan Global Partners
2001 Ed. (1721)
Pan-Holding
1994 Ed. (2418)
Pan Indonesia Bank
1995 Ed. (498)
Pan Malaysian Industries Bhd
2002 Ed. (3052)
Pan-O-Gold Holsum Baking Co.
1992 Ed. (492)
Pan-Ocean Energy Corp., Ltd.
2005 Ed. (4512)
Pan Pacific Fisheries Inc.
1994 Ed. (2428)
Pan Pacific Hotels & Resorts
2000 Ed. (2557)
Pan Pacific Industrial Investments
1999 Ed. (761, 1578)
Pan Pacific Retail Properties Inc.
2006 Ed. (4045)
2005 Ed. (4380)
Pan Pepin Inc.
2006 Ed. (3376)
2004 Ed. (3357)
Pan Tadeusz
2001 Ed. (3378)
PANACO Inc.
2004 Ed. (3832)
Panadol
1992 Ed. (23, 1875)
Panafax
1993 Ed. (1733)
1992 Ed. (1935, 2097)
1991 Ed. (1643)
Panafon SA
2005 Ed. (1782)
2002 Ed. (341)
Panagopoulos Pizza
1996 Ed. (1968, 3049)
PanAgora
2000 Ed. (2789, 2791)
1994 Ed. (2295, 2296)
1993 Ed. (2282, 2283, 2293, 2348, 3392)
PanAgora Asset
1999 Ed. (3053)
1998 Ed. (2256, 2261)
1997 Ed. (2514, 2518)
1996 Ed. (2380, 2388, 2389, 2426)
1995 Ed. (2362, 2366, 2370)
1991 Ed. (2209)
PanAgora Asset Management
1992 Ed. (2731, 2787, 4073)
Panaldine
1992 Ed. (1841)
Panalpina
2008 Ed. (3525)
2007 Ed. (1334)
1997 Ed. (1811)
Panalpina AG
1997 Ed. (2077)
Panama
2008 Ed. (2205, 2397, 3593, 4386)
2007 Ed. (2095, 2264, 3429, 4483)
2006 Ed. (2151, 2333, 3411, 4423)
2005 Ed. (2057, 4406, 4798)
2004 Ed. (1922, 2766, 3395, 4461)
2003 Ed. (2215)
2002 Ed. (537, 1820)
2001 Ed. (512, 1951, 4316, 4587, 4588)
2000 Ed. (1614)
1999 Ed. (1785)
1997 Ed. (2570)
1995 Ed. (1740)
1992 Ed. (1739, 3973, 4240, 4319)
1990 Ed. (413, 1728, 1747, 3503)
1989 Ed. (1180)
Panama City, FL
2007 Ed. (4097)
2006 Ed. (1180)
2005 Ed. (1190)
2004 Ed. (4114, 4115)
2003 Ed. (4088, 4089)
2002 Ed. (3995, 3996)
2001 Ed. (4048, 4055)
2000 Ed. (3767, 3768)
1999 Ed. (2089, 3369, 4052, 4053)
1998 Ed. (3052, 3053)
1997 Ed. (3309, 3309)
1996 Ed. (977, 3201, 3203)
1995 Ed. (3106, 3108)
1994 Ed. (3060, 3062)
Panama City-Lynn Haven, FL
2007 Ed. (2375)
Panama City, Panama
2008 Ed. (4244)
Panama City Tocumen
2001 Ed. (350)
Panama Jack
2003 Ed. (4622, 4626, 4627)
PANAMACO
1999 Ed. (2471)
Panamco
2003 Ed. (1742, 1743)
2000 Ed. (2229)
Panamer/Graficoncepto
2003 Ed. (121)
2002 Ed. (149)
Panamer/Graficoncepto (O & M)
2000 Ed. (141)
Panamerican Beverages Inc.
2005 Ed. (1465, 1498, 1549, 1558, 1564)
2004 Ed. (677)
2003 Ed. (4599)
2001 Ed. (698)
2000 Ed. (723, 726, 730, 732, 733)
1999 Ed. (715, 717, 721, 725, 3469)
Panamerican Securities
2003 Ed. (4375)
Panamericana del Ecuador
2008 Ed. (3257)
2007 Ed. (3112)
Panamericana/Graficoncepto
1999 Ed. (123)
1997 Ed. (117)
Panamericana Ogilvy & Mather
1996 Ed. (114)
1995 Ed. (98)
1994 Ed. (101)
1993 Ed. (119)
1991 Ed. (126)
1990 Ed. (127)
Panamotor
2008 Ed. (69)
Panamsat Corp.
2006 Ed. (1092, 1453, 3276, 4010)
2005 Ed. (1098)
2003 Ed. (1076)
2002 Ed. (1124)
2001 Ed. (1039, 1041)
1998 Ed. (3474)
1997 Ed. (1322, 3688)
PanAmSat Holding Corp.
2008 Ed. (1400, 4616)
2007 Ed. (4281)
Panarctic Oils Ltd.
1993 Ed. (2704)
Panasonic
2008 Ed. (274, 275, 660, 699, 832, 833, 2385, 2979, 2981, 3668, 3982, 4649, 4796, 4807)
2007 Ed. (694, 727, 2861, 2862, 2965, 2975, 3807, 4869)
2006 Ed. (2869, 2870, 3902)
2005 Ed. (2862, 2863, 3707, 4667)
2004 Ed. (2856)
2003 Ed. (653, 2766, 2865, 3790, 4823)
2002 Ed. (672, 2577)
2001 Ed. (2731, 3304)
2000 Ed. (964, 2478, 2480, 3507, 4202, 4223)
1999 Ed. (735, 2690, 2691, 2695, 3774)
1998 Ed. (475, 610, 1949, 1950, 1954, 2848)
1997 Ed. (680, 1688, 1689, 2234, 2235, 2236, 3235)
1996 Ed. (749, 2125, 2126, 2127, 2644, 3034, 3783)
1995 Ed. (1096, 2118)
1994 Ed. (1735, 2069, 2070, 2873)
1993 Ed. (1066, 2049, 2050, 2569, 2853)
1992 Ed. (1285, 1447, 2096, 2420, 2421, 2429, 3071, 3460)
1991 Ed. (1109, 1917, 2457)
1990 Ed. (919, 2027, 2040, 2041, 2042, 2043, 2044, 2746)
Panasonic Automotive Electronics Co.
2003 Ed. (342)
Panasonic Automotive Systems Co. of America
2008 Ed. (291, 4737)
Panasonic Broadcast & Television Systems Co.
2002 Ed. (4594)
Panasonic C & S
1994 Ed. (1090)
Panasonic Consumer Electronics Co.
2001 Ed. (1103)
Panasonic Super-VHS VCR
1989 Ed. (2344)
Panasonic USA
2006 Ed. (2392)
2005 Ed. (2337)
2003 Ed. (1216)
Panattoni Construction
2007 Ed. (1282)
2004 Ed. (1262)
Panattoni Development Co.
2008 Ed. (3139)
2007 Ed. (3021)
2006 Ed. (2990)
2005 Ed. (2995, 4023)
2004 Ed. (2997, 4089)
2003 Ed. (2888, 4063)
2001 Ed. (4001)
Panattroni & Van Valkenburgh
1998 Ed. (1534)
Panavia Aircraft GmbH
2004 Ed. (3447)
Panavision
1999 Ed. (4331)
Pancake
2002 Ed. (430)
Pancakes
2003 Ed. (375)
PanCanadian Energy Corp.
2004 Ed. (1467, 1547)
PanCanadian Petroleum Ltd.
2004 Ed. (3852)
2003 Ed. (3822, 3823)
2002 Ed. (3675)
1999 Ed. (1736)
1997 Ed. (3095, 3096)
1996 Ed. (3014)
1994 Ed. (2853)
1993 Ed. (1930, 2704, 2841, 2842, 2843)
1992 Ed. (3436, 4160)
1991 Ed. (2729)
1990 Ed. (3485)
1989 Ed. (2038)
PanCanadian Petroleum International Ltd.
2002 Ed. (3676)
Pancho Villa
1992 Ed. (4262)
1991 Ed. (3336)
Pancho's Mexican Buffet
2002 Ed. (4010)
1997 Ed. (2777, 3329, 3651)
1994 Ed. (2506)
1993 Ed. (2558)
Panchos Tropicale
2001 Ed. (2017)
PanCom
2006 Ed. (113)
2005 Ed. (104)
2004 Ed. (108)
2003 Ed. (32)
PanCom International
2008 Ed. (112)
2007 Ed. (102)
Pancreas
1999 Ed. (4650)
Pancreatic cancer
1995 Ed. (887, 888)
Panda Bear, Panda Bear, What Do You See?
2008 Ed. (549)
Panda Express
2008 Ed. (2664, 2679, 4155, 4166, 4191)
2007 Ed. (2531, 2532, 2533, 4140)
2006 Ed. (2554, 2555, 2556, 2559, 4113)
2005 Ed. (2548, 2549, 2552, 4082, 4084)
2004 Ed. (4125)
2003 Ed. (4131, 4132, 4133, 4135)
2002 Ed. (4008)
2000 Ed. (3776)
1999 Ed. (4060)
1997 Ed. (3338)
Panda Management Co. Inc.
2002 Ed. (3376)
2000 Ed. (3149)
1999 Ed. (3423)
1998 Ed. (2515)
1997 Ed. (2801)
Panda Motor Corp.
1992 Ed. (2103)
Panda Property Development Co. Ltd.
2003 Ed. (1708)
Panda Restaurant Group Inc.
2006 Ed. (2650)
2003 Ed. (3427)
Panda Software
2008 Ed. (2087)
2007 Ed. (1992)
2006 Ed. (2022)
P&O Container
1992 Ed. (3949, 3950)
Pandolfi, Topolski, Weiss & Co.
1998 Ed. (2233)
P&P Link Saatchi & Saatchi
2000 Ed. (129)
Panela S. Jue
1996 Ed. (2212)
PanEnergy Corp.
2005 Ed. (1508)
1999 Ed. (3832)
1998 Ed. (1809, 2663, 2856, 2861, 2964)
1997 Ed. (3118)
Panera Bread Co.
2008 Ed. (1946, 1951, 2664, 2667, 2671, 4271, 4274, 4275)
2007 Ed. (1892, 2532, 2533, 2534, 4133, 4138, 4240)

2006 Ed. (1903, 1911, 2555, 2556, 2560, 2650, 4109, 4126, 4127, 4129, 4222, 4225)
2005 Ed. (1882, 1886, 1889, 2547, 2548, 2549, 2553, 2660, 4050, 4051, 4081, 4082, 4084, 4168)
2004 Ed. (4118, 4121, 4122, 4123, 4124, 4242)
2003 Ed. (4094, 4120, 4131, 4133, 4135, 4218, 4550)
2002 Ed. (2252, 4017)
2001 Ed. (4061)
Panera Bread/Saint Louis Bread Co.
2006 Ed. (368)
2005 Ed. (353)
Panera/St. Louis Bread
2005 Ed. (2568)
2004 Ed. (2590)
2003 Ed. (2459)
Panero; Hugh
2007 Ed. (1004)
Panevezio Pienas
2002 Ed. (4441)
Pang; Nichols
1997 Ed. (1962)
Pangborn Imports
1993 Ed. (302)
Pangea Group
2004 Ed. (2829)
2003 Ed. (2747, 2748)
Pangolim Publicidade
2003 Ed. (123)
2002 Ed. (153)
2001 Ed. (181)
2000 Ed. (144)
Pangulf Publicity
1999 Ed. (166)
Panhandle Automotive Inc.
2008 Ed. (167)
2007 Ed. (190)
2006 Ed. (183)
2004 Ed. (167)
Panhandle Bancorp
2002 Ed. (3555, 3556)
Panhandle Eastern
1995 Ed. (2906)
1992 Ed. (1562, 2259, 2262, 3212)
1991 Ed. (1201, 1786, 2573)
1990 Ed. (1876, 2670)
1989 Ed. (1040, 1494, 1635, 2035)
Panhandle Eastern Pipe Line Co.
1999 Ed. (2574)
1998 Ed. (1811, 1812)
1997 Ed. (2119, 2121, 2124, 2925, 3119)
1996 Ed. (2002, 2003, 2004)
1995 Ed. (1972, 1973, 1976, 1981, 2752, 2940)
1994 Ed. (1941, 1945, 1946, 1954, 2651)
1993 Ed. (1918, 1922, 1926, 1927)
1992 Ed. (2267)
1991 Ed. (1792, 1796)
1990 Ed. (1879, 1881)
1989 Ed. (1497, 1499)
Panhandle Eastern Pipeline Co.
1996 Ed. (1239, 1268, 1999, 2819, 3037, 3038)
Panhandle Royalty Co.
2008 Ed. (4363)
2004 Ed. (4432)
Panholzer Advisory Corp.
1993 Ed. (1037)
Panin Bank
2008 Ed. (433)
2007 Ed. (468)
2006 Ed. (456)
2005 Ed. (526)
2004 Ed. (545)
2003 Ed. (529, 530)
2002 Ed. (571, 4480, 4481)
1991 Ed. (2012, 2013)
Panin Insurance
2002 Ed. (4480, 4481)
Panin Life
2007 Ed. (1778)
Panitz Homes
2002 Ed. (2678)
Pankl Racing Systems AG
2008 Ed. (300, 1574)
2007 Ed. (1596)
2006 Ed. (1561)
Pankow Builders Ltd.; Charles
1997 Ed. (1197)
1996 Ed. (1167)
1995 Ed. (1193)
1994 Ed. (1174)
1993 Ed. (1093, 1151)
1992 Ed. (1365)
1990 Ed. (1168)
Panneaux Maski Inc.
2007 Ed. (1965)
Pannell Ken Forster
2002 Ed. (25)
Pannell Kerr Forster
2002 Ed. (5)
2001 Ed. (4179)
2000 Ed. (5)
1999 Ed. (3)
1997 Ed. (8, 9)
1996 Ed. (13)
1995 Ed. (10)
1994 Ed. (3)
1993 Ed. (5, 13, 3728)
1992 Ed. (4, 5, 6, 11, 12, 13)
Pannell Kerr Forster of Texas, PC
2008 Ed. (10)
2007 Ed. (12)
2006 Ed. (16)
2005 Ed. (11)
2004 Ed. (15)
2003 Ed. (9)
Pannill
1992 Ed. (4052)
1991 Ed. (3171)
1990 Ed. (3331)
Pannill Knitting
1990 Ed. (1064)
Pannon
2000 Ed. (1320)
Pannon GSM
2001 Ed. (40)
Pannone & Partners
2007 Ed. (2023)
2006 Ed. (2053)
2005 Ed. (1980)
Pannonia
2000 Ed. (1623)
Pannonia Credit Union
2004 Ed. (1932)
2003 Ed. (1888)
2002 Ed. (1827)
Pannonplast
1999 Ed. (947)
1997 Ed. (826)
Panonska Banka
2006 Ed. (519)
Pansophic
1993 Ed. (1072)
Pansophic Systems, Inc.
1992 Ed. (1297)
Pantellos
2003 Ed. (2166)
Pantellos Group
2004 Ed. (2218)
Panten Pro-V
2001 Ed. (2653, 2653)
Pantene
2008 Ed. (711, 2869, 2870, 2872, 2873, 3877, 3878)
2007 Ed. (2756, 3811)
2006 Ed. (2750, 3800)
2005 Ed. (2778)
2004 Ed. (2786)
2003 Ed. (2648, 2649, 2657, 2659, 2660, 2669)
2001 Ed. (2640, 2641, 2643, 2644, 2645, 2646, 2648, 2649, 2650)
2000 Ed. (3506, 4009)
1999 Ed. (2628, 2629, 3772, 3773, 3779, 4290, 4291, 4292)
1998 Ed. (1893, 2803, 2804, 3291)
1997 Ed. (3059, 3061)
1996 Ed. (2071, 2988, 3416)
Pantene Classically Clean
2004 Ed. (2785)
2003 Ed. (2658)
Pantene Constant Care
2003 Ed. (2650)
Pantene Hydrating Curls
2003 Ed. (2650)
Pantene Pro V
2003 Ed. (2653, 2654, 2658)
2002 Ed. (2433, 2434, 2435, 2437, 2438)
2001 Ed. (2632, 2633, 4225, 4226)
1998 Ed. (1895)
Pantene Pro V Elastesse
2003 Ed. (2653)
2002 Ed. (2436)
Pantene Pro-Vitamin
1997 Ed. (3503)
1996 Ed. (2981)
Pantene Sheer Volume
2004 Ed. (2783)
2003 Ed. (2650, 2658)
Pantene Smooth & Sleek
2004 Ed. (2785)
2003 Ed. (2650, 2658)
Panter Senoritas Red
2001 Ed. (2116)
Pantera's Corp.
1991 Ed. (2751)
1990 Ed. (2872)
Pantheon International
2007 Ed. (3290)
Panther Technologies
2006 Ed. (2501)
Panthers; Carolina
2007 Ed. (2632)
2005 Ed. (2667)
Pantin/JGR Public Relations
2003 Ed. (4002)
Pantin Partnership
1999 Ed. (3932)
1995 Ed. (2480)
Pantin Partnership-Miami
1998 Ed. (2948)
Pantorama Industries
1997 Ed. (1033)
1996 Ed. (1013)
1994 Ed. (1020)
1990 Ed. (1056, 1057)
The Pantry Inc.
2008 Ed. (886, 1377, 1530, 2838)
2007 Ed. (1419, 4494)
2006 Ed. (1381)
2005 Ed. (2207, 2208, 4129, 4551)
2004 Ed. (1376, 2104)
2003 Ed. (308, 4390)
2001 Ed. (1489, 1490)
Pantry Pride Inc.
2005 Ed. (1535)
2004 Ed. (1519)
2003 Ed. (1489)
2002 Ed. (1468)
Pantyhose
2004 Ed. (4190)
Pantyhose/nylons
2001 Ed. (2085)
Panzhihua
1992 Ed. (4138)
Pao de Acucar
1991 Ed. (19)
1989 Ed. (1096, 1135)
Pao-Ku Co., Ltd.
1990 Ed. (2963)
Pao Shiang Construction
1992 Ed. (1701, 1703, 3625)
Pao Sin Knitting Works Co., Ltd.
1990 Ed. (1068)
Paolin & Sweeney Inc.
1995 Ed. (113)
1992 Ed. (185, 197)
1991 Ed. (131, 142)
Paolo Fresco
1999 Ed. (2081)
1997 Ed. (1797)
Paolo Zaniboni
1999 Ed. (2354)
Paoloni
2006 Ed. (1030)
Pap America-Pacific Rim Fund
2003 Ed. (3533)
PAP Security Printing Inc.
2007 Ed. (3594)
Pap test
1990 Ed. (1501)
Papa Gino's
2008 Ed. (3995)
2007 Ed. (3969, 4149)
2006 Ed. (4122)
2004 Ed. (4138)
2002 Ed. (4020, 4022)
2000 Ed. (3787)
1999 Ed. (4068)
1997 Ed. (3337)
1989 Ed. (2234)
Papa Gino's & D'Angelo Sandwich Shops
2008 Ed. (4218)
Papa Joe's
1994 Ed. (2884)
Papa John's
2008 Ed. (3991, 3994, 4188, 4189)
2007 Ed. (3968, 4153)
2006 Ed. (3917, 4125)
2003 Ed. (3889)
2002 Ed. (3714, 4004, 4020)
2001 Ed. (2409, 3806)
2000 Ed. (3551, 3552, 3789)
1998 Ed. (3047)
Papa John's International Inc.
2008 Ed. (874, 2685, 3993)
2007 Ed. (1849, 2544, 3967)
2006 Ed. (3916)
2005 Ed. (2557, 2567, 3845, 3846, 3852)
2004 Ed. (2587, 3906, 4108)
2003 Ed. (2761)
2002 Ed. (3715, 3716, 4026)
2001 Ed. (2726)
2000 Ed. (3553, 3796)
1998 Ed. (1882, 3061, 3072, 3420)
1997 Ed. (2165, 3127, 3128, 3129, 3311, 3312, 3328, 3331, 3522)
1996 Ed. (2882, 3047, 3048, 3454)
1995 Ed. (2059, 2952, 3135, 3380)
Papa John's Pizza
2008 Ed. (2670)
2006 Ed. (2564)
2005 Ed. (3847, 3848, 3849, 3850, 3851)
2003 Ed. (2440, 3883, 3884, 3885, 3886, 3887, 3888)
2000 Ed. (3795)
1999 Ed. (2514, 2518, 3836, 3838, 3839)
1998 Ed. (1879, 2867, 2868, 3059)
Papa Johns Support Services
2006 Ed. (3952, 3953, 3954, 3958)
Papa John's USA Inc.
2001 Ed. (1772)
Papa; M. G.
2005 Ed. (2496)
Papa; Mark
2008 Ed. (936)
2007 Ed. (999)
2006 Ed. (909)
Papa Murphy's
2008 Ed. (2687)
2006 Ed. (2575)
2005 Ed. (2567)
2004 Ed. (2588)
2003 Ed. (2460)
2002 Ed. (2361, 3718)
Papa Murphy's Take 'N' Bake Pizza
2008 Ed. (2670, 3991, 3993, 3994, 4188, 4189)
2007 Ed. (2532, 2546, 3967, 3968, 4153)
2006 Ed. (3917, 4125)
2005 Ed. (3846)
2004 Ed. (2587)
2002 Ed. (3714, 4026)
2000 Ed. (3553)
Papa Romano's Inc.
2000 Ed. (3775)
1999 Ed. (4087)
1998 Ed. (3076)
Papa's Pizza To-Go Inc.
2006 Ed. (2573)
2003 Ed. (2454)
Papastratos
1997 Ed. (992)
Papastratos Cigarette Co. SA
1999 Ed. (303, 1137)
Papel Simao
1992 Ed. (3768)
1991 Ed. (2914)
Papeleria Mercedes SA
2006 Ed. (4547)
Papeles y Cartones
1989 Ed. (1100)
Paper
2001 Ed. (2844)
2000 Ed. (1895, 4255)

1999 Ed. (1473)
1998 Ed. (1040, 2318)
1997 Ed. (1243, 1274)
1996 Ed. (1216, 1225, 1232, 2489)
1995 Ed. (1786)
1993 Ed. (1214)
1992 Ed. (2629, 3476, 3653)
1991 Ed. (1151, 1179, 1180, 2057)
Paper & allied product manufacturers
2001 Ed. (1699, 1804)
Paper & allied products
1999 Ed. (1941, 2846, 2866)
Paper & Chemical Supply Co.
2008 Ed. (4365, 4951)
2006 Ed. (3494)
Paper and office products
2001 Ed. (2178)
Paper and packaging
1991 Ed. (1139, 1637)
Paper & paper product manufacturing
2002 Ed. (2222)
Paper & paper products
2003 Ed. (1436)
2002 Ed. (1414)
1997 Ed. (2631)
Paper & paperboard
2008 Ed. (2647)
2002 Ed. (2216)
1998 Ed. (3699)
1992 Ed. (3646)
1990 Ed. (1733)
Paper & paperboard mills industry
1998 Ed. (2433)
Paper containers
1992 Ed. (2627, 2629)
1991 Ed. (2057)
Paper Converting
2002 Ed. (3789)
The Paper Cutter
1998 Ed. (2698)
1997 Ed. (2955)
1996 Ed. (2860)
1995 Ed. (2804)
1994 Ed. (2690)
Paper fasteners/punches
2002 Ed. (3536)
Paper for copiers/printers
1995 Ed. (3079)
Paper/forms
2002 Ed. (3536)
Paper goods
2005 Ed. (2961)
1995 Ed. (2998)
Paper, high-grade
1992 Ed. (3645)
Paper Industries
1992 Ed. (1683)
Paper Industries Corp of the Philippines
1989 Ed. (1152)
Paper Industries Corporation of the Philippines
1990 Ed. (1409)
Paper Industries Corp. of The Philippines
1995 Ed. (1474, 1475)
1994 Ed. (1440)
1993 Ed. (1386)
1992 Ed. (1684, 2965)
1991 Ed. (1336)
Paper Mate
2000 Ed. (4116)
Paper mills
1995 Ed. (2502)
1994 Ed. (2434)
Paper, mixed
1992 Ed. (3645)
Paper packaging
1989 Ed. (2646)
Paper, paperboard packaging
1993 Ed. (2989)
Paper Plates, 9-in., 80-Count
1990 Ed. (2129, 2130, 3041)
Paper Plates, 9 in., 80-ct.
1989 Ed. (1630, 1631)
Paper products
2006 Ed. (3012, 3013)
2005 Ed. (3017, 3019)
2004 Ed. (2543, 2544, 2545, 2546, 2547, 2548, 2549, 2550)
2003 Ed. (3947, 3948)
2002 Ed. (764)
2001 Ed. (2084)
1996 Ed. (2253, 2491, 3091, 3092, 3093)
1995 Ed. (2049, 3721)
Paper towels
2004 Ed. (2129)
2002 Ed. (4092)
1995 Ed. (3528)
Paper towels and bags
1995 Ed. (3079)
Paper Warehouse Franchising Inc.
2004 Ed. (3771)
2003 Ed. (3737)
2002 Ed. (3587)
Paperback, adult
2002 Ed. (748)
Paperback, mass-market
2002 Ed. (748)
Paperback Software (VP-Planner)
1990 Ed. (3343)
Paperboard
2001 Ed. (1457)
1998 Ed. (21)
Paperboard Industries
1994 Ed. (2718)
Paperdirect/Business Address
1998 Ed. (1274)
PaperExchange.com
2001 Ed. (4762)
Paperlinx Ltd.
2008 Ed. (3547)
2006 Ed. (3370)
2004 Ed. (3767)
Paperloop.com
2003 Ed. (2178)
Papermate
2000 Ed. (3426)
1999 Ed. (4469, 4470)
1998 Ed. (3399, 3400)
1997 Ed. (3625, 3626)
1996 Ed. (3583, 3584)
1995 Ed. (3507)
1994 Ed. (3428, 3429)
1993 Ed. (3446, 3447)
1992 Ed. (4131, 4132)
1991 Ed. (3215)
1990 Ed. (3432)
1989 Ed. (2634)
Papers, mixed
1995 Ed. (3724)
Paper2Print.com
2003 Ed. (2178)
Papillon
1990 Ed. (3696)
Papillon; Le
1989 Ed. (2946)
Pappadeaux Seafood
2006 Ed. (4135)
Pappadeaux Seafood Kitchen
2008 Ed. (4195, 4196)
2007 Ed. (4155)
2004 Ed. (4146)
Pappas; James
1996 Ed. (2409)
Paprika
1998 Ed. (3348)
Papua New Guinea
2008 Ed. (1019, 2202, 2826, 3846, 3848)
2007 Ed. (1139, 2699, 3766, 3768, 4692)
2006 Ed. (1050, 2704, 3769, 3771)
2005 Ed. (1041, 2742)
2004 Ed. (1040, 2741, 2745)
2003 Ed. (2627)
2002 Ed. (1815, 2415)
2001 Ed. (2614, 2615)
1996 Ed. (170, 3435)
1995 Ed. (2040)
1994 Ed. (1980)
1993 Ed. (1988)
1992 Ed. (2336)
1991 Ed. (1851)
1990 Ed. (1937)
Papua New Guinea Banking Corp.
2000 Ed. (639)
1997 Ed. (591)
1996 Ed. (652)
1995 Ed. (583)
1994 Ed. (613)
1993 Ed. (610)
1992 Ed. (816)
1991 Ed. (644)
1990 Ed. (665)
1989 Ed. (651)
Papua New Guinea Banking Corp
1999 Ed. (620)
Papyrus
2004 Ed. (3732)
2003 Ed. (2635)
1999 Ed. (2517)
Paquete Desintoxicador
2008 Ed. (2971)
Paquin; Madeleine
2008 Ed. (4991)
2007 Ed. (4985)
2006 Ed. (4988)
2005 Ed. (4992)
Par Electrical Contractors Inc.
2007 Ed. (4036)
Par Mellstrom
2000 Ed. (2184)
1999 Ed. (2424)
Par Pharmaceutical
2006 Ed. (2729)
Par Six L.L.C.
2001 Ed. (4284)
PAR Technology Corp.
2004 Ed. (3681)
2003 Ed. (1113)
Para International Fund Ltd.
2003 Ed. (3146)
Para Pharmaceuticals
2004 Ed. (51)
Paracelsus Healthcare Corp.
1999 Ed. (3461)
1998 Ed. (2549)
1997 Ed. (2825)
1992 Ed. (3128, 3130, 3132)
1991 Ed. (2503, 2505, 2507)
1990 Ed. (2633, 2637)
Parade
2008 Ed. (153, 3533)
2007 Ed. (141, 142, 143, 145, 147, 148, 151, 170, 3403)
2006 Ed. (149, 150, 151, 152, 153, 155, 159, 3347)
2005 Ed. (136, 146, 3361)
2004 Ed. (148, 3336)
2003 Ed. (191)
2002 Ed. (221)
2001 Ed. (257, 3194, 3710)
2000 Ed. (3461, 3475, 3476, 3493)
1999 Ed. (3753, 3764, 3770)
1998 Ed. (1343, 2783, 2784, 2787, 2798)
1997 Ed. (3035, 3038, 3045, 3049)
1996 Ed. (2957, 2965, 2971, 2972)
1995 Ed. (2882, 2885, 2886)
1994 Ed. (2782, 2798)
1993 Ed. (2789, 2792, 2797, 2804)
1992 Ed. (3377, 3391)
1991 Ed. (2701, 2705, 2707)
1990 Ed. (2798, 2800)
1989 Ed. (181, 185, 2172, 2176)
Parade Publications Inc.
2001 Ed. (3954)
2000 Ed. (3459)
1999 Ed. (3744)
1998 Ed. (2781)
1997 Ed. (3034)
1996 Ed. (2956, 3143)
1995 Ed. (2878, 3041, 3044)
1994 Ed. (2980)
Parade Telemarketing
1996 Ed. (3646)
The Paradies Shops
1995 Ed. (3420)
Paradigm Asset
1997 Ed. (2526)
Paradigm Asset Management Co.
2003 Ed. (216)
2000 Ed. (2805)
Paradigm Asset Management Co. LLC
2002 Ed. (712)
Paradigm Communications
2000 Ed. (95)
1998 Ed. (55)
Paradigm Partners
1991 Ed. (2228)
Paradigm Solutions Corp.
2007 Ed. (1408, 3563, 4425)
2006 Ed. (1370, 3518, 4357)
2005 Ed. (1356, 3023)
2004 Ed. (170)
Paradigm Technology
1993 Ed. (2033)
Paradign Solutions Corp.
2005 Ed. (1357)
Paradise
2000 Ed. (707)
Paradise Timeshare U.K. Ltd.
2002 Ed. (51)
Paradise Valley Securities Inc.
1995 Ed. (2497)
Paradiset DDB
2003 Ed. (152)
2002 Ed. (188)
2000 Ed. (176)
Paradiset DDB Needham
1999 Ed. (158)
1997 Ed. (149)
1996 Ed. (143)
Paradiset DDB/Sweden
2001 Ed. (215)
Paradiso Painting Co.
2007 Ed. (3530)
The Paradox of Choice
2006 Ed. (634)
Paradyne
1990 Ed. (1105, 2596, 2683)
1989 Ed. (2309)
paragon AG
2008 Ed. (300)
Paragon Cable
1997 Ed. (879)
1995 Ed. (882)
1994 Ed. (838, 839)
Paragon Cable Manhattan
1996 Ed. (866)
Paragon Commercial Interiors Inc.
2006 Ed. (3513, 4352)
Paragon Communications Inc.
2007 Ed. (4426)
Paragon Credit Union
2008 Ed. (2247)
2007 Ed. (2132)
2006 Ed. (2211)
2005 Ed. (2116)
2004 Ed. (1974)
2003 Ed. (1934)
2002 Ed. (1880)
Paragon Engineering Services Inc.
2004 Ed. (2360)
Paragon Films
1996 Ed. (3051)
Paragon Group
1992 Ed. (1360, 1362)
1991 Ed. (1051)
1990 Ed. (1170, 1172)
Paragon Gulf South Fund
1994 Ed. (583, 585)
Paragon Health Network
1999 Ed. (3636)
Paragon Holdings
1996 Ed. (2139, 2142)
Paragon Homes Inc.
1995 Ed. (3065)
Paragon Marketing Promotion
1992 Ed. (3757)
Paragon Municipal
2001 Ed. (927)
Paragon Networks
2004 Ed. (2826)
Paragon Petroleum
1997 Ed. (1375)
Paragon Properties/Crossmann Communities
2000 Ed. (1221)
Paragon Restaurant Group
1990 Ed. (3116)
Paragon Solutions Group Inc.
2008 Ed. (4053, 4607)
2007 Ed. (4026)
Paragon Specialty Restaurants
1991 Ed. (2939)
Paragon Trade Brands
2003 Ed. (2057)
Paragon Value Growth
1996 Ed. (612)
Paragon Value Growth Fund
1994 Ed. (583, 585)
Paraguana Refining Center
2003 Ed. (3856)
2002 Ed. (3694)
1999 Ed. (3813)

Paraguay
2008 Ed. (864, 4466, 4468)
2007 Ed. (887, 4484, 4486, 4861)
2006 Ed. (798, 2328, 4420, 4425, 4858)
2005 Ed. (876, 2043, 2539, 4403, 4408, 4787)
2004 Ed. (889, 890, 4458, 4463, 4813)
2003 Ed. (868, 2214, 4495, 4497)
2001 Ed. (1102, 1133, 4317, 4319, 4471, 4591, 4647)
2000 Ed. (823)
1999 Ed. (4477)
1997 Ed. (1546)
1996 Ed. (1481)
1995 Ed. (3421)
1994 Ed. (1490)
1992 Ed. (1738, 1739)
1991 Ed. (1384)
1990 Ed. (1451)
1989 Ed. (1180)
Paraguay; Government of
2008 Ed. (70)
2007 Ed. (65)
2006 Ed. (74)
Paralegal
2008 Ed. (3812)
Paralegal (legal assistant)
1989 Ed. (2088, 2089, 2093, 2094)
Paralegals
2007 Ed. (3725)
1997 Ed. (1721)
1992 Ed. (3282)
1989 Ed. (2076)
Paralegals and legal assistants
2001 Ed. (3564)
Parallan Computer
1995 Ed. (2066, 3388)
Parallel Internet
2002 Ed. (2496)
Parallel Petroleum Corp.
2008 Ed. (4360, 4363, 4429)
2005 Ed. (3739, 3753, 3754, 3755)
Paralyzed Vets of America/Eastern PVA
1998 Ed. (1280)
Paramaribo, Surinam
1993 Ed. (1425)
Paramedics
2005 Ed. (3623)
Parametric Portfolio
1995 Ed. (2359)
1993 Ed. (2306)
Parametric Portfolio Associates
1991 Ed. (2219)
1990 Ed. (2345, 2350)
Parametric Tech
1996 Ed. (1073)
1995 Ed. (1097)
Parametric Technology Corp.
2008 Ed. (1912)
2007 Ed. (915)
2006 Ed. (832, 1870, 2826)
2005 Ed. (924, 2835, 4468)
2004 Ed. (4497)
2003 Ed. (2157)
2002 Ed. (4362)
2000 Ed. (1740)
1999 Ed. (1264, 1282, 1478, 1958, 1962, 3644)
1998 Ed. (843, 1881)
1997 Ed. (1086, 1234, 2166, 2206)
1994 Ed. (2011, 2012, 3320, 3322)
1993 Ed. (2001, 2006, 2007, 3330, 3331, 3334)
Parametrix Inc.
2006 Ed. (2455, 2457)
2005 Ed. (1925, 1927, 1928, 1931)
Paramins
1995 Ed. (2491)
Paramo Works
1994 Ed. (925)
Paramount
2008 Ed. (3752, 3753)
2007 Ed. (3639)
2006 Ed. (3574, 3575)
2005 Ed. (3517)
2004 Ed. (3512)
2001 Ed. (3358)
2000 Ed. (3165)
1999 Ed. (3445, 4715)
1998 Ed. (2534)
1997 Ed. (2284, 3719)
1996 Ed. (2689, 2690, 2691)
1995 Ed. (2615, 3043, 3580)
1992 Ed. (3110)
1990 Ed. (3552)
Paramount Auto Group
2008 Ed. (2960)
Paramount Canada's Wonderland
1995 Ed. (3164)
Paramount Care
1999 Ed. (2651)
1995 Ed. (2086, 2088)
Paramount Communications Inc.
2005 Ed. (1520)
1998 Ed. (1008)
1997 Ed. (1248)
1996 Ed. (1193)
1995 Ed. (716, 1228, 1229, 1237, 1261, 1716, 2613, 3589)
1994 Ed. (18, 758, 1221, 1241, 1288, 1669, 1671, 2561, 3503)
1993 Ed. (26, 1181, 1215, 1635, 2507, 2598, 3533)
1992 Ed. (43, 1474, 1521, 1983, 1985, 2979, 3108, 3109, 3920, 3940)
1991 Ed. (2487, 3330, 1143, 1140, 1156, 1162, 1185, 1192, 2377, 3334)
Paramount Communications Acquisition Corp.
2008 Ed. (1986)
2007 Ed. (1919)
2006 Ed. (1936)
2005 Ed. (1908)
2004 Ed. (1823)
2003 Ed. (1789)
Paramount Communications (U.S.)
1991 Ed. (723)
Paramount Dental Plan Inc.
2002 Ed. (1915)
1999 Ed. (1831)
1998 Ed. (1255)
Paramount Development
1992 Ed. (2443)
1990 Ed. (2047)
Paramount Distillers, Inc.
1991 Ed. (2323)
1990 Ed. (2457)
Paramount Domestic Distribution
2002 Ed. (3393)
Paramount Energy Trust
2005 Ed. (1707, 1711)
Paramount Farming Co.
1998 Ed. (1773, 1775)
Paramount Health Care
1999 Ed. (2646, 2647)
1998 Ed. (1910, 1911)
1997 Ed. (2185, 2193)
1994 Ed. (2035, 2037)
Paramount Home Entertainment
2001 Ed. (2122, 4691, 4692)
Paramount Home Video
2001 Ed. (4697)
Paramount Parks
2007 Ed. (274)
2006 Ed. (270)
2005 Ed. (251)
2003 Ed. (274)
2002 Ed. (309)
2001 Ed. (378)
1997 Ed. (246)
Paramount Pictures
2007 Ed. (3214)
2005 Ed. (3516)
2004 Ed. (3511, 4141)
2003 Ed. (3450, 3451, 3452)
2002 Ed. (3394, 3395, 3396)
2001 Ed. (3359, 3360, 3377, 4497, 4702)
2000 Ed. (33, 793, 3164)
1999 Ed. (3442)
1998 Ed. (2532)
1997 Ed. (2816, 2819)
1994 Ed. (2562)
1993 Ed. (2596, 2597, 3524)
1992 Ed. (3111)
Paramount Resources
2007 Ed. (1622, 1649)
2006 Ed. (1611)
Paramount Stations
1999 Ed. (823)
Paramount Stations Group
2001 Ed. (4492)
Paramount's Great America
1999 Ed. (268)
Paramount's Kings Island
1995 Ed. (3164)
1994 Ed. (218)
Paramus Honda
1996 Ed. (272)
Paranapanema
1994 Ed. (3133)
1992 Ed. (3768)
1991 Ed. (2914)
Paranapanema PN
1995 Ed. (3181)
1994 Ed. (3135)
Parapectolin
1993 Ed. (1532)
1992 Ed. (1872)
Paraquat
1999 Ed. (2663)
Paraquay
1995 Ed. (1522)
Paras Pharmaceuticals
2008 Ed. (47)
2007 Ed. (43)
2006 Ed. (52)
2005 Ed. (45)
Parasites
1995 Ed. (1908)
Parasiticides
1999 Ed. (4710)
Parasoft
2008 Ed. (1152)
2005 Ed. (1151)
Parasol; Ruth
2008 Ed. (4897, 4907)
2007 Ed. (4899, 4924, 4933)
Parati
2002 Ed. (385)
Paratox
1992 Ed. (3349)
Paravant, Inc.
2003 Ed. (2714)
2002 Ed. (2489)
Parball Corp.
2005 Ed. (1896)
2004 Ed. (1813)
Parcel
2001 Ed. (4234)
Parcel Distribution Logistics Inc.
1999 Ed. (3343)
1998 Ed. (2465)
Parcel Plus
2007 Ed. (3998)
2006 Ed. (3940)
2005 Ed. (3880)
2004 Ed. (3930)
2003 Ed. (3917)
2002 Ed. (3732)
1996 Ed. (1967)
Parda Credit Union
2002 Ed. (1833)
Pardee Construction Co.
2002 Ed. (1196, 1197, 1210)
1999 Ed. (3997)
1998 Ed. (908, 920, 3007)
1997 Ed. (3259)
1995 Ed. (3065)
1994 Ed. (3007)
Pardee Construction/Weyerhaeuser Real Estate Co.
2000 Ed. (1218, 1235)
Pardee Homes
2005 Ed. (1210, 1242)
2004 Ed. (1184, 1218)
2003 Ed. (1177, 1178, 1211)
1999 Ed. (1334)
Parducci
1998 Ed. (3743)
Parente Randolph
2006 Ed. (14)
2005 Ed. (9)
2004 Ed. (13)
2003 Ed. (7)
Parente, Randolph, Orlando & Assoc.
2000 Ed. (17)
Parente, Randolph, Orlando, Carey & Associates
1999 Ed. (20)
1998 Ed. (16)
Parente Randolph, PC
2002 Ed. (20, 21)
Parenteau
2006 Ed. (3190)
Parenting
2006 Ed. (133)
1994 Ed. (2785)
1993 Ed. (2792, 2805)
1992 Ed. (3376)
Parents
1999 Ed. (1857)
Parents Choice
2002 Ed. (2802)
Parents Magazine
1997 Ed. (3040)
Parents, middle-aged
1999 Ed. (2543)
Parents, older
1999 Ed. (2543)
Parents, young
1999 Ed. (2543)
Pareto Law
2006 Ed. (2052)
Pareto Partners
2003 Ed. (3089)
2002 Ed. (3020)
2000 Ed. (2778, 2797, 2854)
1999 Ed. (3046, 3061)
1998 Ed. (2300, 2302)
1997 Ed. (2519, 2520, 2551)
1996 Ed. (2389, 2391, 2428)
1994 Ed. (2296, 2332)
Parex Bank
2008 Ed. (468)
2006 Ed. (490)
2005 Ed. (569)
2004 Ed. (580)
2003 Ed. (568)
2002 Ed. (527, 607)
2000 Ed. (591)
1999 Ed. (574)
1997 Ed. (537, 538)
Parexel International Corp.
2008 Ed. (1911)
2006 Ed. (4301)
2005 Ed. (4360)
2001 Ed. (1461)
2000 Ed. (2399, 2450)
Parfums Lagerfeld
1990 Ed. (1579)
Pari L.L.C.
2001 Ed. (4283)
Pari Mutuel Urbain
1994 Ed. (3247)
Pari-mutuels
2003 Ed. (2602)
Paribas
2001 Ed. (962, 963, 968, 970, 972, 974, 975, 3155)
2000 Ed. (1025, 2344, 3418, 3420, 3421, 3880, 3986)
1999 Ed. (2063, 2064, 2066, 2601)
1996 Ed. (553)
1995 Ed. (502)
1993 Ed. (524, 731, 732, 1315, 1316, 1648, 1680, 1682, 3203, 3204, 3205)
1992 Ed. (915, 916, 1621, 3899)
1991 Ed. (503, 521, 691, 776, 1292, 1604, 3068)
1990 Ed. (577, 1369, 3460)
1989 Ed. (535)
Paribas Asia
1999 Ed. (887, 888, 889, 891, 921, 922, 923, 924, 941, 943, 944, 945)
1992 Ed. (3020, 3021)
1991 Ed. (2411, 2412)
Paribas Bank
2001 Ed. (626)
Paribas Capital Markets
1994 Ed. (521, 1702)
Paribas Capital Markets Group
1991 Ed. (1586, 1588, 1589, 1596, 1598)
Paribas Group
1992 Ed. (1620)
1991 Ed. (1291)
Paribas SA
2001 Ed. (579, 1197, 4208)
Paric Corp.
2008 Ed. (1314)

Paridoc
1995 Ed. (3650)
1994 Ed. (3565)
1993 Ed. (3609)
1990 Ed. (1366, 3635)
Parimutuels
1992 Ed. (2256)
Paris
2000 Ed. (107, 3374, 3375, 3377)
1997 Ed. (193, 1004, 2684, 2961)
1996 Ed. (2955)
1995 Ed. (2875)
1994 Ed. (2780)
1992 Ed. (675, 1166, 2717, 3367)
Paris Bank
1993 Ed. (486)
Paris BF
1994 Ed. (805)
Paris Business Forms
1995 Ed. (856)
1993 Ed. (788)
1992 Ed. (991)
1991 Ed. (809)
Paris Business Products
2006 Ed. (3966, 3971)
1999 Ed. (3895)
Paris Charles de Gaulle Airport
2001 Ed. (2121)
1997 Ed. (1679)
Paris FF Brand
1999 Ed. (3741)
Paris, France
2008 Ed. (238, 766, 1819)
2007 Ed. (256, 257, 258, 259, 260)
2006 Ed. (250, 251, 4182)
2005 Ed. (232, 233, 3313)
2004 Ed. (223, 224, 225, 3305)
2003 Ed. (187, 255, 257, 258)
2002 Ed. (109, 2750)
2001 Ed. (136)
1999 Ed. (1177)
1996 Ed. (978, 979, 2541, 2865)
1995 Ed. (1869)
1993 Ed. (2468, 2531)
1991 Ed. (3249)
1990 Ed. (865, 866, 1011, 1439, 1870)
Paris Hilton
2008 Ed. (2584)
Paris Hotel Casino Resort
2008 Ed. (1968)
2007 Ed. (1907)
2006 Ed. (1923)
2005 Ed. (1896)
2004 Ed. (1813)
Paris Plantations Bhd
1995 Ed. (1453)
Paris Stock Exchange
2001 Ed. (4379)
1997 Ed. (3631, 3632)
1993 Ed. (3457)
Parisco Int'l
1990 Ed. (2046)
Parish Capital Advisors LLC
2007 Ed. (195)
Parisienne
1993 Ed. (349)
Parisot Meubles
1993 Ed. (1912)
Parity Group plc
2002 Ed. (1792)
Park Acquisitions Inc.
1998 Ed. (1042)
Park Avenue
2001 Ed. (489, 505)
Park Avenue at Morris County, Parispparny
1990 Ed. (1178)
Park Avenue Motor Corp.
1994 Ed. (262)
Park Bank
1998 Ed. (370)
1997 Ed. (500)
Park Cities News
2002 Ed. (3503)
Park City, UT
1993 Ed. (3324)
1990 Ed. (3293)
Park, CO
2000 Ed. (1593)
Park Communications
1996 Ed. (2576)
1992 Ed. (2978, 4241)
1991 Ed. (2388, 3327)
1990 Ed. (2522, 2938, 3525)
1989 Ed. (1933)
Park Community Credit Union
2008 Ed. (2234)
2007 Ed. (2119)
Park County, CO
1999 Ed. (1765)
Park Credit Union
2004 Ed. (1961)
2003 Ed. (1921)
2002 Ed. (1867)
Park ElectroChemical/Nelco
2002 Ed. (3720)
Park Federal Credit Union
2006 Ed. (2198)
2005 Ed. (2103)
Park Hyatt
1998 Ed. (577, 2002)
1990 Ed. (2102)
Park Inns
1998 Ed. (2025)
Park Lane
2000 Ed. (2338)
Park Medya
2004 Ed. (94)
Park Mountaineer Inc.
2007 Ed. (2065)
2006 Ed. (2116)
Park 'n Shop
2001 Ed. (39)
Park National Corp.
2002 Ed. (484)
2000 Ed. (437)
1999 Ed. (444)
Park National Bank
2008 Ed. (394, 395)
2000 Ed. (434)
Park National Bank and Trust Co. of Chicago
2008 Ed. (395)
2007 Ed. (417)
Park Nicollet Health Services
2006 Ed. (3720, 3722)
Park Place Entertainment Corp.
2004 Ed. (1814, 1815, 2717, 2931, 2932, 2936, 2937, 3252)
2003 Ed. (1779, 1780, 1785, 2337, 2340, 2840, 2841, 2844, 2846)
2002 Ed. (1738, 1739, 2630, 2638)
2001 Ed. (2272, 2273, 2786)
Park Place Lexus
1996 Ed. (294)
Park Place Motorcars
1996 Ed. (279)
1995 Ed. (279)
1994 Ed. (276)
1993 Ed. (277)
1992 Ed. (391)
1991 Ed. (286)
1990 Ed. (333)
Park Ridge Corp.
1995 Ed. (1017)
Park Ridge Estates
2000 Ed. (1219)
Park Side Credit Union
2008 Ed. (2243)
Park Square
2000 Ed. (1625)
Park Square Credit Union
2002 Ed. (1890)
Park Square Homes
2006 Ed. (1189, 1190)
2004 Ed. (1195)
2003 Ed. (1190)
Park Suites
1992 Ed. (2477)
1991 Ed. (1944)
1990 Ed. (2078)
Park T. Adikes
1994 Ed. (1720)
Park Tower Group
1997 Ed. (3257)
Park View Credit Union
2003 Ed. (1891)
Parkay
2008 Ed. (3589)
2003 Ed. (3311, 3684, 3685)
2001 Ed. (3222)
2000 Ed. (3039, 3040, 4156)
1995 Ed. (2507)
1994 Ed. (2441)
Parkdale Mills Inc.
2006 Ed. (3993)
2005 Ed. (3919)
2004 Ed. (4710)
1998 Ed. (757)
1997 Ed. (1016)
1995 Ed. (1018)
1994 Ed. (1006)
1993 Ed. (980)
1991 Ed. (970)
1990 Ed. (1042)
Parke-Davis
1994 Ed. (1559, 2461)
1991 Ed. (1472, 2399)
1990 Ed. (2529)
Parke Davis Consumer
1990 Ed. (1565)
Parkell
1992 Ed. (1778)
1990 Ed. (1488)
Parkell Products
1991 Ed. (1409, 1410)
1990 Ed. (1489)
Parkell Today
1999 Ed. (1825)
1997 Ed. (1586)
1996 Ed. (1523)
1995 Ed. (1547)
Parken Stadium
1999 Ed. (1300)
Parker
2000 Ed. (4116)
1999 Ed. (4469, 4470)
1997 Ed. (3626)
1996 Ed. (3583)
1994 Ed. (3428, 3429)
1993 Ed. (3447)
1992 Ed. (4131)
1989 Ed. (2634)
Parker & Co. Interocean Ltd.
1990 Ed. (903)
Parker & Orleans Homebuilding
2005 Ed. (1236)
Parker & Parsley Petroleum
1999 Ed. (3803)
1998 Ed. (2829)
Parker; Brian
1997 Ed. (1972)
1996 Ed. (1864)
Parker Bros.
2000 Ed. (4277)
1999 Ed. (4628)
Parker Brothers
1998 Ed. (3596)
1997 Ed. (3776)
1996 Ed. (3722)
1994 Ed. (3560)
1993 Ed. (3602)
1992 Ed. (4327)
Parker Buick Co.; Al
1993 Ed. (294)
Parker; David R.
1990 Ed. (1722)
Parker Duofold
2000 Ed. (3425)
Parker Group Communications Inc.
1989 Ed. (92)
Parker Hannifin Corp.
2008 Ed. (845, 2076, 2364, 3143, 3199, 4268)
2007 Ed. (212, 2224, 3030, 3032, 3525, 4234, 4440)
2006 Ed. (2279, 2281, 2991, 2993, 2996, 3342, 3343, 3344, 4218)
2005 Ed. (2330, 2331, 2997, 2999, 3000, 3349, 3354, 3382)
2004 Ed. (2230, 2231, 3000, 3002, 3004, 3324, 3329)
2003 Ed. (2896, 2897, 3287, 3289, 3292, 3372, 4204, 4205)
2002 Ed. (2726, 2727)
2001 Ed. (268, 1672, 2843, 3215, 3218, 3220, 3221)
2000 Ed. (2623, 3034)
1999 Ed. (2849, 2852, 3297)
1998 Ed. (2087, 2091, 2092)
1997 Ed. (2366, 2369)
1996 Ed. (2241, 2243)
1995 Ed. (2235, 2236, 2237)
1994 Ed. (2181, 2182, 2183, 2433)
1993 Ed. (2163, 2164, 2495)
1992 Ed. (2593, 2594, 2967)
1991 Ed. (2020, 2021, 2381)
1990 Ed. (184, 188, 2171, 2172, 2174)
1989 Ed. (1651, 1654, 1928)
Parker; Jack
1990 Ed. (2577)
Parker; James
2008 Ed. (2691)
2005 Ed. (967)
Parker Jewish Institute for Health Care & Rehabilitation
2000 Ed. (3362)
Parker-Lancaster
2002 Ed. (1207)
2000 Ed. (1232)
1998 Ed. (917)
Parker Lancaster & Orleans Homes
2003 Ed. (1205)
Parker Law Office; Larry H.
1989 Ed. (1889)
Parker, McCay & Criscuolo
1993 Ed. (2626)
Parker, McCay & Crisuolo
1997 Ed. (2840)
Parker Poe Adams & Bernstein
2001 Ed. (881, 913)
Parker Poe Adams & Bernstein LLP
2007 Ed. (1505)
Parker Risk Management (Bermuda) Ltd.
1993 Ed. (846)
1992 Ed. (1058)
1991 Ed. (853)
Parker Risk Management (Cayman) Ltd.
1993 Ed. (849)
Parker Risk Management (Colorado) Ltd.
1993 Ed. (850)
1992 Ed. (1060)
1991 Ed. (855)
Parker S. Kennedy
2004 Ed. (968)
Parker Tanner Woodham
2002 Ed. (3257)
Parker; Tom
1997 Ed. (1935)
Parker& Orleans Homebuilding
2004 Ed. (1212)
Parkersburg-Marietta, WV-OH
2008 Ed. (3511)
2007 Ed. (2999)
2006 Ed. (2971)
2002 Ed. (2713)
Parkersburg, WV
1998 Ed. (3648)
Parking
1995 Ed. (1533)
Parking Authority
2001 Ed. (905)
Parkinson Jr.; Robert L.
2008 Ed. (950)
Parkinson's Disease Foundation
1996 Ed. (917)
Parkland Income Fund
2008 Ed. (1625)
2007 Ed. (1636)
2005 Ed. (1693, 1694, 1695, 1696)
Parkland Industries Ltd.
2002 Ed. (2122)
Parkland Memorial Hospital
2005 Ed. (2896)
2004 Ed. (2910)
2003 Ed. (2807, 2813)
2002 Ed. (2603)
1999 Ed. (2731, 2734)
1997 Ed. (2261)
Parklane
2000 Ed. (2342)
ParkLane Homes Ltd.
2007 Ed. (1614)
2006 Ed. (1596)
Parks & gardens
2002 Ed. (2783)
Parks Construction Co.; T. U.
1996 Ed. (1131)
Parks Jr. Inc.; Lyle
1994 Ed. (3298)
Parks Palmer Turner & Yemenidjian
1994 Ed. (4)

Parks/Preserves
1992 Ed. (332, 333)
Parks; Stephen
2007 Ed. (1073)
Parkside Behavioral Health Services
1997 Ed. (2255)
1996 Ed. (2147)
Parkside Homes
2005 Ed. (1206)
Parkside Medical Services
1995 Ed. (2135)
1994 Ed. (2086)
1993 Ed. (2065, 2066)
1992 Ed. (2449, 2450)
Parksite
2005 Ed. (3904)
Parkstadt Am Rhein
1997 Ed. (2374)
Parkstone Bond Fund
1994 Ed. (584, 587)
Parkstone Bond Institutional
1996 Ed. (615)
Parkstone Equity Fund
1994 Ed. (584, 587)
Parkstone High-Income Equity
1994 Ed. (587, 2636)
1992 Ed. (3177)
Parkstone International Discovery Fund A
1995 Ed. (556)
Parkstone International Discovery Fund C
1995 Ed. (556, 2717)
Parkstone Small Cap Investments
2000 Ed. (3294)
Parkstone Small Cap Value
1993 Ed. (580)
Parkstone Small Capital A
1998 Ed. (401)
Parkstone Small Capital Institutional
1998 Ed. (401)
Parkstone Small Capital Investment
1998 Ed. (2619)
Parkstone: Tax-Free Fund
1993 Ed. (2686)
Parkstone U.S. Government Obligations
1994 Ed. (2537)
Parkvale Financial Corp.
2003 Ed. (513)
Parkview Health System Inc.
2005 Ed. (1794)
Parkview Homes
2002 Ed. (2688)
Parkview Hospital Inc.
2008 Ed. (1806)
2006 Ed. (1767)
2005 Ed. (1794)
2004 Ed. (1734)
2003 Ed. (1697)
2001 Ed. (1736)
Parkway Co. Inc.
1996 Ed. (1213)
Parkway Bank & Trust Co.
2001 Ed. (609)
Parkway Financial
1995 Ed. (492)
Parkway Holdings Ltd.
1994 Ed. (3311)
Parkway Properties Inc.
2005 Ed. (4006)
Parkway Regional Medical Center
1999 Ed. (2747)
1998 Ed. (1989)
Parkway USA
1992 Ed. (4033)
1991 Ed. (3163)
Parkwood Builders
2005 Ed. (1206)
Parla; Steven
1997 Ed. (1884)
1996 Ed. (1810)
1995 Ed. (1796, 1832)
1993 Ed. (1811)
Parle Products
1993 Ed. (33)
1992 Ed. (56)
Parliament
1997 Ed. (995)
Parliament 100
1997 Ed. (998)
Parliament 100 Box
2000 Ed. (1063)
1999 Ed. (1138)
Parlux Fragrance
2006 Ed. (4333)
Parlux Fragrances Inc.
2008 Ed. (4364, 4377)
2004 Ed. (4546)
1996 Ed. (1926)
Parmalat
2001 Ed. (1970)
2000 Ed. (2228)
Parmalat Australia
2002 Ed. (1589)
Parmalat Brasil
2000 Ed. (2229)
Parmalat Brasil Ltda.
2001 Ed. (1972)
Parmalat Canada
2008 Ed. (2745)
2007 Ed. (2160)
2006 Ed. (2240)
2005 Ed. (2142)
2004 Ed. (2005)
2003 Ed. (1961)
2002 Ed. (1910)
2001 Ed. (1973)
2000 Ed. (1641)
Parmalat Finanziaria SpA
2005 Ed. (2647)
2002 Ed. (1908)
Parmalat USA
2003 Ed. (3412)
Parmatown Mall
2001 Ed. (4251)
Parnassos Enterprises
1999 Ed. (304)
Parnassus
2006 Ed. (4404)
1996 Ed. (2800, 2813)
1990 Ed. (2371)
Parnassus CA Tax-Exempt
2006 Ed. (4401)
Parnassus Equity Income
2006 Ed. (3621, 3622, 3623, 4403)
2005 Ed. (3550)
2004 Ed. (3551, 3554, 3577)
2003 Ed. (3492)
Parnassus Equity Income Fund
2003 Ed. (3534)
Parnassus Fixed Income
2006 Ed. (4402)
Parnassus Fund
2004 Ed. (4443)
2003 Ed. (3497, 3533)
1996 Ed. (2788)
1995 Ed. (2730, 2734)
1994 Ed. (2615, 2624)
Parnassus Income-CA Tax Free
2007 Ed. (4467)
Parnassus Income Equity
2003 Ed. (3488)
Parnassus Income Equity Income
2007 Ed. (2484)
2004 Ed. (2452, 4443)
Parnassus Income-Fixed Income
2007 Ed. (4467)
Parnell; Lee Roy
1995 Ed. (1120)
Parners & Simons
2000 Ed. (41)
Paroxetine
2007 Ed. (2244)
2006 Ed. (2310)
Parque da Monica
2007 Ed. (276)
2006 Ed. (271)
2005 Ed. (252)
2003 Ed. (276)
2002 Ed. (311)
2001 Ed. (380)
1999 Ed. (271)
1997 Ed. (250)
1996 Ed. (218)
1995 Ed. (219)
Parque de la Costa
2006 Ed. (271)
2003 Ed. (276)
2002 Ed. (311)
2001 Ed. (380)
2000 Ed. (299)
1999 Ed. (271)
Parque de la Costs
2005 Ed. (252)
Parque de la Monica
2000 Ed. (299)
Parque do Gugu
2003 Ed. (276)
2001 Ed. (380)
1999 Ed. (271)
Parque du Gugu
2000 Ed. (299)
Parque Espana
1997 Ed. (252)
Parr Lumber
1996 Ed. (814)
Parr Waddoups Brown Gee & Loveless
2006 Ed. (3252)
Parra Autoplex; Frank
1995 Ed. (2106, 2110)
1994 Ed. (2050)
Parra Chevrolet Inc.; Frank
1992 Ed. (2408)
1991 Ed. (271, 1905)
1990 Ed. (2007)
Parra; Frank
1990 Ed. (2015)
Parra Mitsubishi; Frank
1996 Ed. (280)
1995 Ed. (280)
1994 Ed. (277)
1993 Ed. (278)
1992 Ed. (392)
1991 Ed. (287)
Parrish; J. T.
1990 Ed. (3466)
Parrish; Larry
1991 Ed. (2342)
1990 Ed. (2478)
Parrot
2008 Ed. (3207)
Pars
1990 Ed. (239)
1989 Ed. (2315)
Pars Electric
2002 Ed. (4428)
Pars McCann-Erickson
1999 Ed. (164)
1997 Ed. (154)
1996 Ed. (148)
1995 Ed. (134)
1994 Ed. (124)
1993 Ed. (143)
1990 Ed. (159)
Pars/McCann-Erickson Group
2001 Ed. (227)
2000 Ed. (183)
Parseghian; Greg
1993 Ed. (1843, 1845)
Parseghian; Gregory J.
2006 Ed. (2532)
Parsian Bank
2008 Ed. (449)
2007 Ed. (484)
Parsippany Hilton
1998 Ed. (2036)
1990 Ed. (2097)
Parsippany Hilton Hotel
1999 Ed. (2797)
1997 Ed. (2308)
Parsippany, NJ
2004 Ed. (2986)
2002 Ed. (1060)
2000 Ed. (1066, 2610)
Parsippany, NY
1997 Ed. (2353)
Parson Infrastructure & Technology Group
2000 Ed. (1854)
Parsons Corp.
2008 Ed. (207, 1232, 1288, 1299, 1357, 2542, 2543, 2545, 2548, 2549, 2550, 2565, 2598, 2599, 2600, 2601, 2602, 2604, 2605, 3187)
2007 Ed. (1342, 1345, 2415, 2416, 2421, 2422, 2423, 2438, 2469, 2471, 2472, 2473)
2006 Ed. (1169, 1170, 1247, 1270, 1362, 1372, 2459, 2461, 2465, 2468, 2473, 2476, 2502, 2503, 2506, 2507)
2005 Ed. (1168, 1173, 1174, 1334, 2419, 2420)
2004 Ed. (1145, 1248, 1255, 1259, 1265, 1266, 1273, 1278, 1287, 1293, 1329, 2327, 2330, 2331, 2333, 2336, 2337, 2342, 2346, 2347, 2349, 2356, 2357, 2358, 2359, 2368, 2370, 2378, 2381, 2382, 2386, 2389, 2401, 2434, 2435, 2436, 2438, 2439, 2440, 2441, 2444)
2003 Ed. (1142, 1251, 1253, 1262, 1263, 1271, 1275, 1276, 1280, 1281, 1284, 1290, 2268, 2291, 2292, 2293, 2294, 2308, 2314, 2320, 3966)
2002 Ed. (331, 1067, 1078, 1176, 1214, 1238, 1248, 1251, 1256, 1263, 1267, 1268, 1269, 1308, 2115, 2131, 2134, 2135, 2136, 2137, 2139, 2152)
2001 Ed. (1239, 1407, 1408, 1466, 2224, 2237, 2238, 2241, 2242, 2244, 2245, 2291, 2301)
2000 Ed. (1107, 1240, 1248, 1252, 1796, 1797, 1799, 1801, 1802, 1803, 1813, 1861)
1999 Ed. (1340, 1342, 1403, 2019, 2021, 2023, 2024, 2026, 2027, 2060)
1998 Ed. (755, 970, 1436, 1440, 1441, 1442, 1447, 1451, 1452, 1453, 1455)
1997 Ed. (1138, 1152, 1154, 1155, 1733, 1735, 1737, 1738, 1739, 1751, 1760, 1782)
1996 Ed. (997, 1111, 1112, 1125, 1156, 1158, 1160, 1162, 1163, 1164, 1166, 1655, 1657, 1659, 1661, 1671, 1679)
1995 Ed. (1138, 1139, 1141, 1148, 1150, 1151, 1152, 1153, 1154, 1155, 1157, 1178, 1180, 1182, 1184, 1185, 1189, 1190, 1191, 1664, 1673, 1674, 1676, 1678, 1679, 1689, 1696)
1994 Ed. (1123, 1124, 1130, 1132, 1133, 1134, 1135, 1136, 1137, 1159, 1165, 1171, 1172, 1173, 1633, 1634, 1637, 1639, 1640)
1993 Ed. (978, 1100, 1101, 1114, 1116, 1117, 1118, 1119, 1120, 1121, 1146, 1148)
1992 Ed. (1401, 1403, 1404, 1405, 1406, 1407, 1408, 1427, 1437, 1375, 1431)
1991 Ed. (1546)
1990 Ed. (1182, 1195, 1198, 1209)
1989 Ed. (1343)
Parsons & Whittemore
2000 Ed. (3411)
1997 Ed. (2992)
1995 Ed. (2836)
1994 Ed. (2727)
Parsons Behle & Latimer
2006 Ed. (3252)
Parsons; Bill
1990 Ed. (2480)
Parsons Brinckerhoff Inc.
2008 Ed. (2511, 2523, 2536, 2540, 2550, 2555, 2563, 2566, 2569, 2571)
2007 Ed. (1316, 2408, 2413, 2422, 2423, 2436, 2439, 2442, 2444)
2006 Ed. (1169, 1170, 1209, 2467, 2471, 2474, 2478)
2005 Ed. (1173, 1174, 1250, 2420, 2423, 2431, 2434, 2438)
2004 Ed. (1297, 2327, 2330, 2334, 2337, 2344, 2349, 2351, 2355, 2356, 2367, 2368, 2378, 2380, 2381, 2386, 2399, 2402)
2003 Ed. (1293, 2291, 2293, 2296, 2299, 2301, 2301, 2302, 2302, 2304, 2304, 2313, 2318, 2321)
2002 Ed. (1176, 1214, 2134, 2136, 2137, 2139)
2001 Ed. (2242, 2243, 2244, 2245)
2000 Ed. (1237, 1796, 1801, 1803, 1806, 1815)
1999 Ed. (1339, 2026, 2029)
1998 Ed. (1440, 1442, 1443, 1455)
1997 Ed. (1139, 1733, 1736, 1739, 1740, 1741)

1996 Ed. (1113, 1655, 1661, 1662, 1663, 1679)
1995 Ed. (1678, 1680, 1697)
1994 Ed. (1636, 1639, 1641)
1993 Ed. (1607)
1992 Ed. (1952)
Parsons Brinckerhoff Quade & Douglas Inc.
2008 Ed. (2513, 2520, 2522, 2529)
2007 Ed. (2404, 2407)
2006 Ed. (2456)
2000 Ed. (1807)
Parsons cORP.
1998 Ed. (1438)
Parsons De Leuw Inc.
1993 Ed. (1607)
Parsons Environmental Services Inc.
1995 Ed. (1718)
1994 Ed. (2892)
Parsons Foundation; Ralph M.
1990 Ed. (1848)
The Parsons Group
1996 Ed. (1656)
1995 Ed. (1672)
Parsons Infrastructure & Technology Group
2000 Ed. (1847)
1998 Ed. (1492)
Parsons Main
1994 Ed. (1643, 1648, 1650)
1993 Ed. (1601, 1605, 1607, 1608, 1618)
1992 Ed. (1948, 1950, 1952, 1953, 1958, 1962, 1966)
1991 Ed. (1550)
Parsons; R. D.
2005 Ed. (2479)
Parsons Co.; Ralph M.
1990 Ed. (1664)
Parsons; Richard
2007 Ed. (977)
2006 Ed. (887)
Parsons; Richard D.
2008 Ed. (183)
Parsons; William
1993 Ed. (2464)
1992 Ed. (2906)
Parsons; William L.
1991 Ed. (2344)
Part-time employment
1997 Ed. (2014)
Partager
1990 Ed. (3696)
Partec
1990 Ed. (3458)
Partek Corp.
1992 Ed. (2395)
1991 Ed. (1276, 1279, 1901)
Partenaires Grey
1993 Ed. (132)
Participations du Cea (Societe des)
1995 Ed. (2583)
Parting the Waters: America in the King Years 1954-63
2006 Ed. (581)
PartMiner
2003 Ed. (2167)
2001 Ed. (4196, 4751)
Partner
2006 Ed. (4684)
2000 Ed. (709)
1999 Ed. (692)
1989 Ed. (87)
Partner Communications
2007 Ed. (47)
Partner-J. Walter Thompson Co.
1990 Ed. (81)
Partner Reinsurance Co. of the U.S.
2005 Ed. (3067)
2003 Ed. (2971, 3015)
Partner Reinsurance Co. of United States
2002 Ed. (3951)
Partnering
2001 Ed. (707)
PartnerRe Ltd.
2007 Ed. (1712, 3185, 3187, 3188)
2006 Ed. (1567, 3148, 3151)
2005 Ed. (3153)
2003 Ed. (4573)
PartnerRe Group
2006 Ed. (3154)
PartnerRe Holdings
1995 Ed. (3203)
PartnerRe US
2001 Ed. (4034)
The Partners
2002 Ed. (1953)
1999 Ed. (2072, 2836)
1997 Ed. (1794)
Partners (Aetna/VHA)
1990 Ed. (1994)
Partners & Shevack
1991 Ed. (69, 135)
Partners & Simons
2003 Ed. (169)
2002 Ed. (156)
2000 Ed. (3474)
Partners Andrews Aldridge
2002 Ed. (1980)
Partners Construction Inc.
1990 Ed. (1200)
Partners Health Plan
1997 Ed. (2185, 2186, 2187, 2193)
Partners HealthCare
2008 Ed. (2884)
Partners HealthCare System Inc.
2008 Ed. (3168)
2004 Ed. (1792)
Partners Human Resources
2006 Ed. (2409)
The Partners LLC
1998 Ed. (1505)
Partners National Health Plans of Indiana
1997 Ed. (2187)
Partners National Health Plans of NC
2000 Ed. (2430)
Partners National Health Plans of North Carolina
1999 Ed. (2646, 2647, 2649, 2650)
1998 Ed. (1910, 1911, 1912, 1913)
Partners Trust Bank
2006 Ed. (1075)
A Partnership
2008 Ed. (112)
2007 Ed. (102)
2006 Ed. (113)
2005 Ed. (104)
2004 Ed. (108)
2003 Ed. (4442, 4443, 4444)
Partnership for a Drug Free America
1993 Ed. (895)
Partnership in Advertising
1991 Ed. (148)
1990 Ed. (148)
1989 Ed. (157)
Partnership In Building
2002 Ed. (1170, 2654)
Partnership Plus
1997 Ed. (3202)
1996 Ed. (3127)
Partnership 2010
2005 Ed. (3320)
Parton; Dolly
2006 Ed. (4977)
1992 Ed. (1351)
Parton; Kenny Rogers/Dolly
1991 Ed. (1040)
Partouche
2000 Ed. (992)
Partridge Meats
1999 Ed. (2527)
Partridge Snow
2001 Ed. (909)
Parts Distributors LLC
2007 Ed. (4435, 4992)
Parts for office and ADP machines
1989 Ed. (1387)
Parts of road vehicles
1989 Ed. (1387)
PartsBase.com
2001 Ed. (4748)
Party America Franchising Inc.
2008 Ed. (879)
2007 Ed. (904)
2006 Ed. (817)
Party City Corp.
2008 Ed. (884)
2005 Ed. (2207)
1999 Ed. (1874, 1875)
1998 Ed. (1299, 1301)
Party Gaming
2007 Ed. (4922)
Party Girl
1998 Ed. (3676, 3677)
Party goods
2005 Ed. (4473)
Party Land Inc.
2004 Ed. (3771)
2003 Ed. (3737)
Party Mix
2000 Ed. (4066)
1993 Ed. (3338)
Party Poker
2007 Ed. (710)
Party Snacks/Lunches
2000 Ed. (4140)
Party snacks, refrigerated
1994 Ed. (3462)
Party supplies
2001 Ed. (2089)
Party supply stores
1999 Ed. (3710)
PartyGaming
2007 Ed. (3230, 3346, 3349)
Parvest Obli-Euro
2002 Ed. (3222)
Parvizian
1990 Ed. (910)
PAS Management
2006 Ed. (1081)
Pasadena Balanced Return
1994 Ed. (2639)
Pasadena, CA
1994 Ed. (2244)
1990 Ed. (1485)
Pasadena (CA) Star-News
1990 Ed. (2690)
Pasadena Center
2000 Ed. (1185)
Pasadena Chrysler-Plymouth Inc.
1994 Ed. (266)
1993 Ed. (297)
Pasadena City College
2000 Ed. (1144)
1999 Ed. (1235)
1998 Ed. (807)
Pasadena Conference Center
2002 Ed. (1168)
Pasadena Fundamental Value
1992 Ed. (3190)
1990 Ed. (2379)
Pasadena Growth
1994 Ed. (2631)
1993 Ed. (2659, 2670, 2688)
1992 Ed. (3190)
1990 Ed. (2370)
Pasadena Independent School District
2002 Ed. (2062)
Pasadena Investment: Growth
1995 Ed. (2719)
Pasadena Nifty Fifty
1993 Ed. (2670)
Pasadena Small & Medium Capital Growth A
1998 Ed. (2603)
Pasadena Star-News
2002 Ed. (3512)
2000 Ed. (3338)
Pasadena, TX
2005 Ed. (2202)
2002 Ed. (2880)
PASB WHO
2000 Ed. (1626)
PASB WHO Credit Union
1998 Ed. (1219)
1996 Ed. (1506)
Pascack Valley Hospital
1995 Ed. (933)
Pascagoula; City of
2005 Ed. (2719)
Pascagoula-Moss Point, MS
2000 Ed. (3573)
Pascagoula, MS
2008 Ed. (3476)
Pascale; Frank J.
1992 Ed. (534)
Paschall Truck Lines
2002 Ed. (4692)
Paschen Contractors Inc.
1990 Ed. (1176, 1210)
Pasco County, FL
1991 Ed. (2529)
Pascual
1993 Ed. (51)
Pascual Hermanos SA
2005 Ed. (1553)
Pasha Eau de Toilette; Cartier
2008 Ed. (2768)
Pasha Fraicheur Mint; Cartier
2008 Ed. (2768)
Pasminco
2002 Ed. (3368)
Pasquinelli Construction Co.
2008 Ed. (1198)
2007 Ed. (1297, 1300, 1301)
2006 Ed. (1194, 1195)
2005 Ed. (1185, 1186, 1203, 1228)
2004 Ed. (1158, 1203)
2002 Ed. (2660, 2666)
2001 Ed. (1393)
2000 Ed. (1192)
1999 Ed. (1310, 1327)
1998 Ed. (897)
1996 Ed. (1099)
Pass & Seymour/Legrand
1992 Ed. (2973)
Pass & Weisz Inc.
1995 Ed. (260)
1994 Ed. (261)
1993 Ed. (292)
Passage Fitness NV
2008 Ed. (1579, 3442, 4203)
2007 Ed. (1601)
Passat
2001 Ed. (534)
Passbook Savings
1989 Ed. (1863)
Passenger car
1991 Ed. (734)
Passenger cars, domestic
1991 Ed. (739)
Passenger cars, imported
1991 Ed. (739)
Passenger motor vehicles
1989 Ed. (1387)
Passenger Transport Board
2003 Ed. (1621)
Passenger transports
1992 Ed. (2071)
Passenger vehicles, 4 cylinder
1992 Ed. (2073)
Passenger vehicles, 6 cylinder
1992 Ed. (2073)
PassGo Technologies Ltd.
2005 Ed. (1140)
Passion
1996 Ed. (2950)
The Passion of the Christ
2006 Ed. (3576)
Passive components
2003 Ed. (2230, 2231)
Passmore Marketing Services
1993 Ed. (3513)
Passoni; Susan
1997 Ed. (1871)
1996 Ed. (1798)
Passport
2004 Ed. (4316)
2003 Ed. (4306)
2002 Ed. (4173)
2001 Ed. (4163)
1997 Ed. (3387)
1996 Ed. (3290, 3297)
1995 Ed. (3193)
1994 Ed. (3148)
1993 Ed. (3104)
1992 Ed. (3808)
1991 Ed. (2932)
1990 Ed. (3111)
Passport Health Inc.
2008 Ed. (2900)
2007 Ed. (899)
2006 Ed. (816)
2005 Ed. (901)
2004 Ed. (910)
2003 Ed. (891)
Passport Health Communications
2006 Ed. (2758)
Passport Inn
1998 Ed. (2021)
Pasta
2008 Ed. (2732)
2002 Ed. (3491)
2000 Ed. (4141)
1992 Ed. (2198, 3016, 3017, 3018)

Pasta-based dishes
1998 Ed. (1709)
Pasta del Capitano
2001 Ed. (4577)
Pasta dinners
2003 Ed. (3924, 3925)
2002 Ed. (3745)
Pasta dishes
1990 Ed. (897)
Pasta, frozen
1995 Ed. (2992, 2993, 2995, 2996)
The Pasta House Co.
1997 Ed. (3337)
Pasta, refrigerated
1995 Ed. (2992, 2993)
Pasta-Roni
2008 Ed. (2730)
2003 Ed. (3323)
Pasta sauces and pasta varieties
1992 Ed. (3218)
Pastamakers
1996 Ed. (2192)
Paste floor wax
1991 Ed. (1865)
Pastora San Juan Cafferty
2008 Ed. (1428)
2007 Ed. (1444)
Pastries
2003 Ed. (4830)
2002 Ed. (4721)
1998 Ed. (257)
Pastries, flaky
1997 Ed. (327)
Pastries, French
1997 Ed. (327)
Pastries, toaster & bar
1998 Ed. (3433, 3434)
Pastry
1990 Ed. (3665)
1989 Ed. (2883)
Pastry/croissant
1997 Ed. (2033)
Pastry, Danish
1997 Ed. (327)
Pat Dougan
1997 Ed. (2705)
Pat Moran
1994 Ed. (3667)
Pat Moran Oldsmobile
1996 Ed. (282)
1995 Ed. (282)
Pat Russo
2005 Ed. (2513)
Pat Stryker
2007 Ed. (2497, 4900)
2005 Ed. (4857)
Pat the Bunny
2001 Ed. (982)
1990 Ed. (978)
Pat Woertz
2007 Ed. (4981)
2006 Ed. (4983)
2005 Ed. (4990)
2004 Ed. (4983)
2003 Ed. (4983)
Patagon.com
2002 Ed. (4826)
Patagonia
1998 Ed. (2531)
1997 Ed. (1350, 2815)
1990 Ed. (3333)
Patak's
1996 Ed. (1948)
Patak's Indian Food
1999 Ed. (2474)
Pataks Indian Foods
2002 Ed. (2312)
Patch Adams
2001 Ed. (4700)
PatchLink Corp.
2008 Ed. (1136, 4295)
2007 Ed. (1240)
2006 Ed. (1130, 1131)
Patco Assurance
1996 Ed. (2341)
PATCO Lloyds
1994 Ed. (2275)
Pate Insurance Agency Inc.
2005 Ed. (359)
Pate; James
1996 Ed. (1714)
Patel; Kiran
2006 Ed. (959)
Patel; Mayank
2007 Ed. (2465)
Patel; Vijay & Bikhu
2007 Ed. (2464)
Patelco Credit Union
2008 Ed. (2214, 2220)
2007 Ed. (2105)
2006 Ed. (2171, 2175, 2184)
2005 Ed. (2061, 2081, 2084, 2089)
2004 Ed. (1948)
2003 Ed. (1908)
2002 Ed. (1850)
1998 Ed. (1224, 1229)
1997 Ed. (1566, 1568)
1996 Ed. (1498, 1499, 1502)
1994 Ed. (1503)
1993 Ed. (1450)
Patelco CU
1999 Ed. (1799, 1802)
The Patent & License Exchange
2001 Ed. (4771)
Patent/trademark/copyright law
1997 Ed. (2613)
Patentlean
2004 Ed. (2097, 2098, 2128)
Paterson, Superblock
1990 Ed. (1178)
Path
2008 Ed. (3792)
PATH Car Maintenance Facility, Harrison
1990 Ed. (1178)
Pathe Communications Corp.
1992 Ed. (1986)
Pathe SA
2001 Ed. (3389)
Patheon Inc.
2008 Ed. (3951)
2007 Ed. (3915)
Pathfinder
2001 Ed. (478)
1998 Ed. (3778, 3779)
1997 Ed. (3926)
pathfinder.com
2001 Ed. (4774)
Pathmark
1994 Ed. (1539, 3464, 3467)
1993 Ed. (2471)
1992 Ed. (2939)
1991 Ed. (2358, 3259)
1990 Ed. (2489)
Pathmark Stores Inc.
2008 Ed. (3193, 4572)
2007 Ed. (4615, 4628, 4639)
2006 Ed. (4175, 4631, 4639)
2005 Ed. (4551, 4552, 4558, 4559, 4563, 4565)
2004 Ed. (4622, 4630, 4631, 4635, 4637, 4638, 4644)
2003 Ed. (1785, 4633, 4648, 4659, 4664)
2002 Ed. (1739, 4526, 4529, 4536)
2000 Ed. (3318, 4170)
1999 Ed. (1188, 3596, 4523)
1998 Ed. (756, 2667)
1997 Ed. (1015, 2928, 3678)
1996 Ed. (998, 1556, 2824, 3619, 3622)
1995 Ed. (1017, 1569, 2757, 3531)
Pathmark Supermarkets
1995 Ed. (3535)
Pathway Capital
2003 Ed. (4844)
1999 Ed. (3057)
1998 Ed. (2259, 2264)
Pathway Financial F.A.
1990 Ed. (3101, 3586)
1989 Ed. (2356)
Pathways to Leadership Inc.
2008 Ed. (1709)
Pathwayz Communications
2006 Ed. (4705)
Patient Care
1996 Ed. (2602)
1995 Ed. (2538)
1994 Ed. (2470)
1992 Ed. (3012)
1991 Ed. (2410)
1990 Ed. (2538)
Patient News Publishing Inc.
2007 Ed. (1197, 4364)
Patient satisfaction measurement
2001 Ed. (2760)
Patina Group
2008 Ed. (4150, 4151)
2007 Ed. (4132)
Patina Oil & Gas Corp.
2007 Ed. (3854, 3866)
2006 Ed. (3829, 3837, 4581)
2005 Ed. (3739, 3740, 3755)
2004 Ed. (1583, 3831, 3832)
2003 Ed. (1646)
2002 Ed. (2123, 3677)
Patio Enclosures Inc.
2008 Ed. (3003, 3096)
2007 Ed. (2971)
2006 Ed. (2955)
Patni Computer Systems
2008 Ed. (4800)
2007 Ed. (876)
2000 Ed. (1177)
Patokh Chodiev
2008 Ed. (4861)
Patria Life
1991 Ed. (2114)
1990 Ed. (2245)
Patrica A. Larson
1995 Ed. (2484)
Patrice Gervais
2005 Ed. (2473)
Patrice Tanaka & Co.
2005 Ed. (3953, 3956, 3958)
2004 Ed. (3976, 3986, 3990, 3997)
2003 Ed. (3984, 3988, 3991, 3993)
2002 Ed. (3833)
1998 Ed. (1545, 1961)
Patricia
1993 Ed. (1197)
1992 Ed. (1482)
Patricia Barbizet
2003 Ed. (4984)
Patricia DeRosa
1996 Ed. (3875)
Patricia F. Russo
2007 Ed. (1032)
Patricia Hewitt
2006 Ed. (4978)
Patricia Kluge
2008 Ed. (4909)
Patricia McConnell
2000 Ed. (1963)
1999 Ed. (2186)
1998 Ed. (1600)
1997 Ed. (1905)
1996 Ed. (1832)
1995 Ed. (1854)
1994 Ed. (1836)
1993 Ed. (1772, 1774, 1833)
1992 Ed. (2138)
Patricia Moss
2007 Ed. (384)
2006 Ed. (4980)
Patricia Russo
2008 Ed. (2636, 4949)
2007 Ed. (2506)
2006 Ed. (4975)
Patricia Woertz
2008 Ed. (4948, 4950)
Patrick Corp.
2006 Ed. (2656)
Patrick Allender
2006 Ed. (958)
2005 Ed. (987)
Patrick BMW-Saab
1990 Ed. (318)
Patrick Burton
2000 Ed. (1996)
Patrick Corcoran
2000 Ed. (1970)
Patrick; Danica
2007 Ed. (3430)
Patrick Dealer Group
1991 Ed. (308)
Patrick Earle
2000 Ed. (2097, 2106, 2136)
1999 Ed. (2318, 2348)
Patrick Erlandson
2007 Ed. (1070)
Patrick Ewing
2003 Ed. (296)
2001 Ed. (420)
2000 Ed. (322)
1998 Ed. (199)
Patrick G. Halpin
1993 Ed. (2462)
1992 Ed. (2904)
1991 Ed. (2343)
Patrick G. Ryan
1990 Ed. (2271)
1989 Ed. (1741)
Patrick Group
1990 Ed. (345)
Patrick Henry Creative Promotions Inc.
2008 Ed. (2107)
Patrick Industries Inc.
2005 Ed. (774, 775)
2004 Ed. (789)
Patrick J. Bulgaro
1995 Ed. (3504)
Patrick J. Falci Management
1998 Ed. (3018)
Patrick J. Falvey
1991 Ed. (3423)
Patrick J. Kelly
2002 Ed. (3263)
Patrick J. Martin
2006 Ed. (1097, 1098)
Patrick Legland
2000 Ed. (2112)
Patrick McKenna
2007 Ed. (2462)
2006 Ed. (2500)
Patrick Mohr
2000 Ed. (2151)
1999 Ed. (2371)
Patrick Moore
2006 Ed. (912)
Patrick Motors
1990 Ed. (318)
Patrick O'Connell
1995 Ed. (2486)
1993 Ed. (2463)
1992 Ed. (2905)
1991 Ed. (2344)
1990 Ed. (2481)
Patrick Pontiac
1992 Ed. (396)
Patrick Pontiac-GMC
1991 Ed. (291)
Patrick Ryan
2002 Ed. (3354)
2000 Ed. (1883)
Patrick Soon-Shiong
2008 Ed. (4829)
2007 Ed. (4892)
Patrick; Stephen
2007 Ed. (1052)
2006 Ed. (956)
Patrick Stokes
2006 Ed. (875)
Patrick Subaru
1990 Ed. (320)
Patrick Tay Kim Chuan
1997 Ed. (25)
1996 Ed. (23)
Patrick W. Thomas
2007 Ed. (2498, 2500)
Patrick Wellington
2000 Ed. (2128)
Patricof & Co. Ventures Inc.
2000 Ed. (1526, 1535)
1999 Ed. (4707, 4708)
1996 Ed. (3781)
1994 Ed. (3622)
Patrimonio
2000 Ed. (474)
Patriot Amer
1999 Ed. (4003)
Patriot American
2000 Ed. (2535)
Patriot American Hospitality
2000 Ed. (2540, 2561)
1999 Ed. (2770, 2770, 4001)
1998 Ed. (1023)
1997 Ed. (3405)
Patriot Center
1999 Ed. (1297)
Patriot Games
1989 Ed. (744)
Patriot Homes
2007 Ed. (3409)
2006 Ed. (3355, 3356)
2004 Ed. (3346)

2003 Ed. (3283)
2002 Ed. (1180, 3740)
2000 Ed. (1205, 3589)
1992 Ed. (1369)
1990 Ed. (2594)
Patriot III
1995 Ed. (1081)
Patriot Transportation Holding Inc.
2004 Ed. (4807)
Patriots; New England
2008 Ed. (2761)
2007 Ed. (2632)
2006 Ed. (2653)
2005 Ed. (2667, 4437)
Patrizio Bertelli
2007 Ed. (1102)
Patroit American Hospitality
1999 Ed. (2770)
Patron
2004 Ed. (4699, 4704)
2003 Ed. (4721, 4726)
2002 Ed. (4604, 4610, 4612)
1999 Ed. (4585, 4588)
1998 Ed. (3514, 3516)
Patron Tequila
2005 Ed. (4676)
Patruno; Gregg
1997 Ed. (1954)
Patsley; Pamela H.
2007 Ed. (2510)
Pattern Probability System
1995 Ed. (2999)
Patterson & Co.; J. O.
1994 Ed. (2308)
Patterson, Belknap
2003 Ed. (3179)
Patterson, Belknap, Webb & Tyler LLP
2007 Ed. (3299)
2006 Ed. (3242)
Patterson Capital
1993 Ed. (2325)
Patterson Capital Corp., Enhanced Short Maturity
2003 Ed. (3133)
Patterson Construction
2004 Ed. (1216)
2002 Ed. (1209)
Patterson Cos., Inc.
2007 Ed. (3466, 4956, 4957)
2006 Ed. (3447, 4950)
Patterson Dental Co.
2006 Ed. (4949)
2005 Ed. (1464, 4917, 4918)
2004 Ed. (4936)
2003 Ed. (2890)
2002 Ed. (2449)
1999 Ed. (3340)
1998 Ed. (2458)
1997 Ed. (651)
1996 Ed. (2882)
1995 Ed. (2818, 3162)
Patterson Energy Inc.
2003 Ed. (3835)
2002 Ed. (2123)
Patterson; Grady L.
1995 Ed. (3505)
1991 Ed. (3210)
Patterson; James
2008 Ed. (280)
Patterson Jr.; Grady L.
1993 Ed. (3443)
Patterson; Neal L.
2008 Ed. (958)
2005 Ed. (976)
Patterson; Peyton
2007 Ed. (384, 4978)
2006 Ed. (4979, 4980)
Patterson Pty.; George
1996 Ed. (62)
1995 Ed. (46)
1994 Ed. (70)
1993 Ed. (81)
1992 Ed. (121)
1991 Ed. (74)
1990 Ed. (77)
1989 Ed. (83)
Patterson-Schwartz Real Estate
2008 Ed. (4106, 4107)
2004 Ed. (4068, 4070)
Patterson-UTI Energy Inc.
2008 Ed. (3896)
2007 Ed. (3837)
2006 Ed. (3822)
2005 Ed. (2396, 3740)
2004 Ed. (3831, 3832)
Patterson Ventilation
2005 Ed. (3377)
Patti Dodge
2007 Ed. (1072)
Patti Co. Inc.; J. P.
1997 Ed. (1168)
1996 Ed. (1138)
1995 Ed. (1164)
1994 Ed. (1148)
1993 Ed. (1130)
1992 Ed. (1417)
1991 Ed. (1084)
1990 Ed. (1205)
Patti Satterhwaite
1999 Ed. (3589)
Pattillo Cos.
2000 Ed. (3719)
Pattison Group; Jim
1997 Ed. (1641)
1996 Ed. (2123)
1995 Ed. (1578)
1994 Ed. (2064)
1993 Ed. (1504)
1992 Ed. (1835)
1991 Ed. (748)
1990 Ed. (1337, 1531)
Pattison; James
2008 Ed. (4855)
2007 Ed. (4910)
2006 Ed. (4923)
2005 Ed. (4863, 4875, 4876)
1991 Ed. (1617)
Pattison; James A.
1997 Ed. (3871)
Pattison; Jim
2008 Ed. (4856)
2006 Ed. (4925)
2005 Ed. (4881)
Patton
1994 Ed. (2152)
Patton Boggs
2007 Ed. (3326)
2003 Ed. (3193)
Patton Boggs LLP
2006 Ed. (3295)
Patty Loveless
1997 Ed. (1113)
1992 Ed. (1351)
Patwil Homes Inc.
1997 Ed. (2702)
Pauffley/IDH Group
2002 Ed. (1954)
Paul A. Brunner
2008 Ed. (1428)
2007 Ed. (1444)
Paul A. DeJesse Inc. Advertising
1989 Ed. (60)
Paul A. Maritz
2001 Ed. (2316)
Paul A. Motenko
2004 Ed. (2488)
Paul, Albert, and Ralph Reichmann
1993 Ed. (698)
1991 Ed. (709)
1990 Ed. (730)
Paul Allen
2006 Ed. (3898)
2005 Ed. (4882)
2004 Ed. (2487, 3890, 4872, 4874)
2000 Ed. (734, 1881, 2448, 4375)
1999 Ed. (2082, 2664, 4746)
Paul & Lady Smith; Sir
2005 Ed. (4889)
Paul & Sean McMahon
2005 Ed. (4885)
Paul Arpin Van
1998 Ed. (3636)
Paul Arpin Van Lines Inc.
2008 Ed. (4768)
2007 Ed. (4846)
1997 Ed. (3810)
1996 Ed. (3760)
1995 Ed. (3681)
1994 Ed. (3603)
1993 Ed. (3643)
Paul B. Fireman
1992 Ed. (1141, 1142, 2050, 2053)
1991 Ed. (924, 925)
1990 Ed. (972)
Paul Barry-Walsh
2005 Ed. (927)
Paul Bilzerian
1990 Ed. (1773)
Paul Brainerd
1989 Ed. (2341)
Paul Brest
2008 Ed. (3789)
Paul Brooke
2000 Ed. (2017)
1999 Ed. (2253)
1998 Ed. (1663)
1997 Ed. (1864)
1993 Ed. (1771, 1791)
1992 Ed. (2135, 2137)
Paul C. Ely, Jr.
1992 Ed. (2057)
Paul C. Saville
2006 Ed. (2532)
2005 Ed. (2517)
Paul Chamberlain
2005 Ed. (4817)
Paul Charron
2007 Ed. (964)
2006 Ed. (873)
2005 Ed. (967)
Paul Cheneau
2005 Ed. (918)
2003 Ed. (900)
1999 Ed. (1068)
1998 Ed. (682)
1993 Ed. (883)
1992 Ed. (1085)
1991 Ed. (885)
1989 Ed. (872)
Paul Cheng
2006 Ed. (2578)
Paul Chertkow
1999 Ed. (2357)
1998 Ed. (1688)
Paul Coghlan
2008 Ed. (968)
2007 Ed. (1082)
2006 Ed. (989)
Paul Compton
2000 Ed. (2124)
1999 Ed. (2337)
Paul Curlander
2008 Ed. (2640)
2007 Ed. (985)
2006 Ed. (895, 2531)
2005 Ed. (971)
Paul D. Sobey
2004 Ed. (971, 1667)
Paul; David L.
1990 Ed. (1712, 1721)
1989 Ed. (1382)
Paul Davis Inc.
2004 Ed. (1782)
Paul Davis Restoration Inc.
2008 Ed. (2389)
2006 Ed. (2956)
2005 Ed. (2264, 2960)
2004 Ed. (2165)
2003 Ed. (782)
2002 Ed. (2885)
Paul DePodesta
2005 Ed. (786)
Paul Desmarais
1997 Ed. (3871)
1991 Ed. (1617)
Paul Desmarais Sr.
2008 Ed. (4855, 4856)
2007 Ed. (4910)
2006 Ed. (4923)
2005 Ed. (4865, 4875, 4876)
Paul Diaz
2008 Ed. (2640)
2007 Ed. (2512)
2006 Ed. (2531)
Paul E. Freiman
1993 Ed. (1699)
Paul E. Jacobs
2008 Ed. (954)
2007 Ed. (2502)
Paul E. Tsongas Arena
2003 Ed. (4528)
2002 Ed. (4344)
Paul Eubert, M.D.
1991 Ed. (2406)
Paul Filek
2006 Ed. (4140)
Paul Fireman
2008 Ed. (4826)
2005 Ed. (4846)
1999 Ed. (1122, 4302)
1991 Ed. (1619, 1623)
1990 Ed. (1713, 1716)
1989 Ed. (1376)
Paul Fisher
2006 Ed. (1001)
Paul Fox
2000 Ed. (2004)
Paul G. Allen
2008 Ed. (4839)
2007 Ed. (4908, 4916)
2006 Ed. (4915, 4927)
2005 Ed. (4860, 4883)
2004 Ed. (4882)
2003 Ed. (4894)
1998 Ed. (464)
1991 Ed. (891)
Paul G. Hulme
2008 Ed. (2630, 2632)
Paul G. Stern
1990 Ed. (1725)
1989 Ed. (1377)
Paul Garcia
2007 Ed. (973)
2006 Ed. (882)
Paul Gardner Allen
2008 Ed. (4835)
2007 Ed. (4906)
2006 Ed. (4911)
2005 Ed. (4858)
2003 Ed. (4887, 4889)
2002 Ed. (706, 2806, 3361)
2001 Ed. (705, 4745)
1999 Ed. (726)
Paul; Gerry
1997 Ed. (1852)
1996 Ed. (1770, 1777)
1995 Ed. (1803)
Paul Getman
1989 Ed. (1753)
Paul Gower
2007 Ed. (4925)
Paul Greenberg
2000 Ed. (1947, 1952)
1999 Ed. (2176, 2181)
1998 Ed. (1592)
1997 Ed. (1935, 1943)
Paul H. Schwendener Inc.
1999 Ed. (1326, 1383)
1997 Ed. (1160)
1996 Ed. (1131)
1995 Ed. (1136, 1146, 1175)
1994 Ed. (1138)
Paul Harless
2004 Ed. (410)
Paul Harrison
2007 Ed. (2465)
Paul Harvey
2007 Ed. (4061)
2006 Ed. (2487)
2004 Ed. (2415)
2003 Ed. (2335)
2002 Ed. (4546)
Paul Hastings
2005 Ed. (2514)
Paul, Hastings, Janofsky & Walker
2006 Ed. (3244)
2004 Ed. (3232)
1999 Ed. (3153)
1998 Ed. (2330)
1997 Ed. (2598)
1996 Ed. (2454)
1995 Ed. (2418)
1993 Ed. (2399)
1992 Ed. (2840, 2841)
1990 Ed. (2421)
Paul, Hastings, Janofsky & Walker LLB
2007 Ed. (3083, 3300, 4080)
Paul Hastings Janofsky & Walker LLP
2007 Ed. (3318)
2004 Ed. (3238)
2003 Ed. (3190)
2002 Ed. (3059)
2000 Ed. (2899)
Paul Hazen
2001 Ed. (2314)
1998 Ed. (289)

Paul Huck
2007 Ed. (1084)
Paul Hyde Homes
2007 Ed. (1271)
Paul Ivanier
1999 Ed. (1123)
Paul J. Curlander
2007 Ed. (1023)
2006 Ed. (932)
Paul Jablansky
2000 Ed. (1956, 1964)
1999 Ed. (2185)
1997 Ed. (1950)
Paul Jablnasky
1998 Ed. (1599)
Paul Johnson
2000 Ed. (1998)
Paul Kariya
2003 Ed. (298)
Paul Karos
1997 Ed. (1856)
1996 Ed. (1781)
1995 Ed. (1802)
1994 Ed. (1765)
1993 Ed. (1777)
Paul Kazarian
1996 Ed. (1914)
Paul Kelly
2002 Ed. (2258)
Paul Krajewski
2005 Ed. (786)
Paul L. Woodard
1992 Ed. (3139)
Paul Leibman
1991 Ed. (1708)
Paul; Lord
2008 Ed. (4896, 4906)
Paul M. Anderson
2006 Ed. (940, 1099)
Paul Maritz
2001 Ed. (2345)
Paul Marsch
2000 Ed. (2136)
Paul Marshall
2008 Ed. (4902)
Paul Martin
2005 Ed. (4879)
Paul Masson
1999 Ed. (796)
1998 Ed. (493, 3744, 3748)
1997 Ed. (3901, 3905, 3907)
1996 Ed. (778, 3835, 3855)
1995 Ed. (3738)
1990 Ed. (3693)
1989 Ed. (755, 2943)
Paul Masson Brandy
2004 Ed. (765, 770)
2003 Ed. (755, 760)
2002 Ed. (287, 769, 775, 777, 779)
2001 Ed. (1012, 1016, 1017, 1018)
2000 Ed. (801, 805, 807)
1999 Ed. (800, 801)
Paul Masson/Taylor California Cellars
1989 Ed. (868)
Paul Masson Wines
1991 Ed. (741, 3496, 3500, 3501, 3502)
Paul Mastroddi
1997 Ed. (1956)
Paul McCartney
2008 Ed. (2583)
2007 Ed. (1267)
2005 Ed. (2443, 2444)
1996 Ed. (1093)
1995 Ed. (1117, 1118, 1118, 1118)
1992 Ed. (1348, 1350, 1350, 1350, 1350)
Paul McCartney; Sir
2005 Ed. (4894)
Paul McCulley
2000 Ed. (1966)
1999 Ed. (2192, 2195)
1998 Ed. (1565, 1607, 1611)
Paul McKenzie
1997 Ed. (1973)
Paul Mellon
1995 Ed. (932, 1068)
1994 Ed. (1055)
1990 Ed. (457, 3686)
Paul Miller Inc.
1996 Ed. (264, 285)
1995 Ed. (260, 278)
1994 Ed. (261, 281)
1993 Ed. (292)
1992 Ed. (407)
1991 Ed. (293, 302)
1990 Ed. (316)
Paul Milstein
2008 Ed. (4830)
1992 Ed. (1093, 1095)
Paul Milstein Family
2005 Ed. (1464)
Paul Mitchell
1991 Ed. (1879, 1880, 1881)
Paul Mlotok
1995 Ed. (1836)
Paul Morland
2000 Ed. (2135)
1999 Ed. (2347)
Paul Newman
2006 Ed. (2499)
Paul Otellini
2007 Ed. (1007)
Paul Periquito
2004 Ed. (2527)
Paul, Phelan & Perry Ltd.
1989 Ed. (92)
Paul Podlucky
2007 Ed. (2758)
Paul Pressler
2006 Ed. (929)
Paul R. Duncan
1997 Ed. (979)
Paul R. Ray
1990 Ed. (1710)
Paul R. Ray & Co. Inc.
1994 Ed. (1710)
Paul Ramsay Holdings
2004 Ed. (3955)
2002 Ed. (3776)
Paul Ray
1993 Ed. (1691)
Paul Ray & Carre Orban International
1994 Ed. (1711)
Paul Ray Berndtson
1999 Ed. (2073)
1998 Ed. (1504, 1506, 1507)
1997 Ed. (1792, 1793, 1795)
1996 Ed. (1707, 1708)
Paul Raymond Organisation Ltd.
1995 Ed. (1006)
1994 Ed. (993)
1993 Ed. (967)
Paul Raymond Organization Ltd.
1992 Ed. (1193)
Paul Reichmann
1993 Ed. (699)
1992 Ed. (890)
1990 Ed. (731)
1989 Ed. (732)
Paul Revere
1996 Ed. (2291)
Paul Revere Life
1999 Ed. (2931, 2932)
1998 Ed. (1028, 2143, 2149, 2150)
1997 Ed. (2427)
1996 Ed. (2298)
1993 Ed. (2196)
1991 Ed. (2086)
Paul Revere Life Insurance Co.
2008 Ed. (3275)
2007 Ed. (3125)
2002 Ed. (2890, 2891)
2001 Ed. (2930, 2945)
2000 Ed. (2674, 2678)
Paul Revere Protective
1993 Ed. (2196)
Paul Revere Protective Life
1998 Ed. (2143, 2149)
1996 Ed. (2298)
Paul Rice
2006 Ed. (2527)
Paul Roye
2005 Ed. (3204)
Paul Ruddle
2000 Ed. (2124)
1999 Ed. (2306, 2337)
Paul Ruddock
2008 Ed. (4902)
Paul S. Otellini
2007 Ed. (1032)
Paul S. Pressler
2007 Ed. (2505)
Paul Sacher
1998 Ed. (464)
1997 Ed. (673)
Paul Saleh
2008 Ed. (969)
2007 Ed. (1087)
2006 Ed. (995)
2005 Ed. (993)
Paul Sarbanes
2005 Ed. (1153)
Paul Schlesinger
2000 Ed. (1981, 2054)
1999 Ed. (2269)
1998 Ed. (1676)
1997 Ed. (1903)
1996 Ed. (1830)
1995 Ed. (1852)
1994 Ed. (1814)
1993 Ed. (1831)
Paul Schulte
2000 Ed. (2062)
Paul Schultz
2008 Ed. (1880)
Paul Severin
1999 Ed. (2290)
Paul Simon
1995 Ed. (1119)
1994 Ed. (1100)
1993 Ed. (1076, 1077)
Paul Singer
1993 Ed. (1867)
Paul Singer Floor Covering
1994 Ed. (1852)
Paul Singer Floor Coverings
1992 Ed. (2165)
1990 Ed. (1802)
Paul Slattery
1999 Ed. (2340)
Paul Smith
2005 Ed. (4884)
2002 Ed. (4870)
2000 Ed. (2161, 2177)
1999 Ed. (2392)
1997 Ed. (1993)
Paul Spruell Alfa Inc.
1995 Ed. (259)
1994 Ed. (260)
1992 Ed. (406)
1991 Ed. (301)
Paul Spruell Alfa Romeo
1996 Ed. (263)
Paul Stecko
2007 Ed. (1002)
2006 Ed. (912)
Paul Stuart Inc.
2001 Ed. (737)
Paul Sweeney
2000 Ed. (1988)
Paul Sykes
2008 Ed. (4907)
2007 Ed. (4933)
2001 Ed. (3319)
Paul T. and Barbara Hirschi Neely
1993 Ed. (893)
Paul Tellier
2005 Ed. (2514)
Paul Theofanous
2003 Ed. (224, 228)
Paul Tice
2000 Ed. (1931)
1999 Ed. (2161)
1998 Ed. (1574)
Paul Ting
2000 Ed. (1999, 2019)
1999 Ed. (2222)
Paul Tudor Jones II
2006 Ed. (2798)
1997 Ed. (2004)
1995 Ed. (1870)
1994 Ed. (1840)
1992 Ed. (2143)
1991 Ed. (2265)
Paul Turnbull
2000 Ed. (2114)
Paul Varga
2008 Ed. (2640)
2007 Ed. (2512)
Paul; Vivek
2005 Ed. (2469)
Paul Volcker
2004 Ed. (3169)
Paul W. Davis Systems
1999 Ed. (2516)
Paul W. Oliver-Hoffmann
1994 Ed. (892)
Paul W. Timmreck
1995 Ed. (3504)
Paul Weinstein
2000 Ed. (1998)
1999 Ed. (2189)
1998 Ed. (1603)
1996 Ed. (1800)
Paul Weiss
2004 Ed. (3230)
Paul, Weiss, Rifkind, Wharton & Garrison
2008 Ed. (3425, 3426, 3427)
2007 Ed. (3299, 3302, 3304, 3306)
2006 Ed. (3242)
2005 Ed. (1445, 3275)
2004 Ed. (1427, 1428, 3236)
2003 Ed. (1401, 3177, 3179, 3186, 3188)
2002 Ed. (1373)
2001 Ed. (3058)
2000 Ed. (2901)
1999 Ed. (3156)
1998 Ed. (2332)
1997 Ed. (2600)
1996 Ed. (2455)
1995 Ed. (14, 2420, 2430)
1994 Ed. (2352, 2355)
1993 Ed. (2402)
1992 Ed. (2826, 2844)
1991 Ed. (2290)
1990 Ed. (2424)
Paul, Weiss, Rifkind, Wharton & Garrison LLP
2008 Ed. (3419)
Paul Werth Associates
2002 Ed. (3846)
Paul Westra
1998 Ed. (1667)
Paul Y. Holdings
1992 Ed. (2441)
Paul Y. - ITC Construction Holdings Ltd.
2003 Ed. (1321)
Paul York Mitsubishi
1991 Ed. (287)
Paul Young Co.
2001 Ed. (2708)
2000 Ed. (330)
1998 Ed. (204)
1997 Ed. (289)
Paul Young Chevrolet Inc.
2002 Ed. (2562)
Paula Dominick
1997 Ed. (1926)
Paula G. Rosput
2002 Ed. (4979)
Paula Insurance Co., California
2000 Ed. (2716)
Paulding County, CO
1999 Ed. (1765)
Paulding, GA
2000 Ed. (1593)
Paulette Cole
2008 Ed. (2990)
Paulette Goddard
1993 Ed. (893)
Pauline Hyde & Associates Ltd.
1993 Ed. (2747)
Paull; Matthew
2008 Ed. (964)
2007 Ed. (1080)
2006 Ed. (987)
Paulo de Araujo
1999 Ed. (2423)
Paulo Leme
2000 Ed. (1957)
1999 Ed. (2400, 2405)
1996 Ed. (1893, 1895)
Paulo Vasconcellos
1996 Ed. (1855)
Paul's Hauling Group
2008 Ed. (4779)
2007 Ed. (4856)
2006 Ed. (4853)
Paul's TV & Video
2004 Ed. (3920)
Paulsboro, NJ
1992 Ed. (3499)

1990 Ed. (2885)
Paulsen; John
1997 Ed. (1932)
Paulson Capital Corp.
2006 Ed. (2086)
Paulson Investment
1995 Ed. (3222)
Paulson Jr.; H. M.
2005 Ed. (2490)
Paulson Jr.; Henry
2007 Ed. (969)
2006 Ed. (878)
Paulson Jr.; Henry M.
2007 Ed. (1027)
2005 Ed. (2475)
Paulson Rolls-Royce
1996 Ed. (286)
Paulus, Sakolowski & Sartor
2008 Ed. (2539)
Paulus, Sokolowski & Sartor
2008 Ed. (2521)
2007 Ed. (2411)
2002 Ed. (2153)
Paulus, Sokolowski & Sartor LLC
2006 Ed. (2477)
2004 Ed. (2365)
Paulus Tumewu
2006 Ed. (4916)
Paumanock Insurance Co. Ltd.
1993 Ed. (847)
Pauze U.S. Government Total Return
1999 Ed. (749)
Pauze US Government Total Return No Load
1999 Ed. (3552)
Pavafibres SA
1996 Ed. (2555)
Pavatex AG
1996 Ed. (2555)
Pavel Bure
2003 Ed. (298)
Pavelcomm Inc.
2008 Ed. (4423)
PaviaHealth Inc.
2004 Ed. (2812)
Pavichevich Brewing Co.
1993 Ed. (933)
1992 Ed. (3064)
Pavilion
1991 Ed. (1043)
1990 Ed. (1145)
Pavilion International
1990 Ed. (3466)
Pavilion Lincoln-Mercury Inc.
1995 Ed. (669)
1994 Ed. (274, 713)
1993 Ed. (275, 705)
1992 Ed. (376, 389, 416, 894)
Pavilions
2004 Ed. (2144, 4642)
Pavimental
1992 Ed. (1436)
Pavion
1999 Ed. (3191)
Pavion's Black Radiance
1994 Ed. (1470)
Pavlides
1991 Ed. (261)
Pavlik Design Team
2008 Ed. (3340, 3347, 4227)
2007 Ed. (3205, 4190)
2006 Ed. (3171)
2005 Ed. (3160, 3169, 4118)
2002 Ed. (2986)
1999 Ed. (287)
1998 Ed. (184)
1997 Ed. (262)
1996 Ed. (231)
Pavorotti; Luciano
1993 Ed. (1080)
Pawn shops
1998 Ed. (2317)
Pawszechna Kasa Oszczednosci BP
1999 Ed. (624)
Pawtucket Credit Union
2008 Ed. (2257)
2007 Ed. (2142)
2006 Ed. (2221)
2005 Ed. (2126)
2004 Ed. (1984)
2003 Ed. (1944)
2002 Ed. (1890)
PAX Life
1991 Ed. (2114)
1990 Ed. (2245)
Pax World
2000 Ed. (3226, 3251)
1996 Ed. (2791, 2813)
1994 Ed. (2639)
1993 Ed. (2693)
1992 Ed. (3162, 3195)
Pax World Balanced
2007 Ed. (4466)
2006 Ed. (4399)
Pax World Balanced Fund
2004 Ed. (3540)
Pax World Fund
2000 Ed. (3252)
1999 Ed. (3532)
Pax World Growth
2007 Ed. (4469)
Pax World High-Yield
2007 Ed. (4467)
2006 Ed. (4401)
Paxar Corp.
2005 Ed. (3892, 3893)
2004 Ed. (3934, 3935)
Paxil
2005 Ed. (2248, 2253)
2004 Ed. (2154, 2155)
2003 Ed. (2111, 2112, 2115, 2116)
2002 Ed. (2019, 2047, 3755)
2001 Ed. (2098)
2000 Ed. (1704, 1708)
1999 Ed. (1891, 1892, 1908)
1996 Ed. (1571)
1995 Ed. (2530)
Paxson Communications Corp.
2008 Ed. (4662)
2007 Ed. (4741)
2006 Ed. (4717, 4718)
2005 Ed. (4661, 4662)
2004 Ed. (4690)
2002 Ed. (4582)
2001 Ed. (4492)
2000 Ed. (2208, 4214)
1999 Ed. (1472, 4570)
1998 Ed. (1023, 3501)
Paxson; Lowell
1989 Ed. (1984)
PaxWorld Growth
2006 Ed. (4407)
Pay Day
1995 Ed. (891, 896)
1994 Ed. (847, 851)
1993 Ed. (834)
Pay Day Bar
1997 Ed. (894)
Pay Less
1990 Ed. (1526)
1989 Ed. (1253, 1257)
Pay Less Drug Stores
1992 Ed. (1854, 1857)
Pay Less Northwest
1994 Ed. (1571)
Pay Less NW
1992 Ed. (1852)
1991 Ed. (1459)
1990 Ed. (1517, 1525, 1552, 1555)
1989 Ed. (1268)
Pay N' Pak
1993 Ed. (2424)
Pay 'n Save
1990 Ed. (1556)
Pay-per-View movies, in-room
1994 Ed. (2101)
Pay phone
1991 Ed. (2356)
Pay-Tel Phone Systems
1995 Ed. (3560)
1993 Ed. (2775)
1992 Ed. (4207)
Pay TV
1999 Ed. (4341)
Payback
2001 Ed. (4700)
Payce Consolidated
2005 Ed. (4509)
Paychex Inc.
2008 Ed. (803, 2355, 2367, 2714, 2767, 3169, 3177)
2007 Ed. (1207, 2215, 2227, 2641, 2800, 3784, 4358)
2006 Ed. (2284, 2658, 3035)
2005 Ed. (2220, 2222, 2826, 3027, 3663)
2004 Ed. (847, 1079, 2117, 3781, 3782)
2003 Ed. (4393, 4394)
2002 Ed. (1520, 1521, 1522, 2003, 2114)
2001 Ed. (4222)
2000 Ed. (4004)
1998 Ed. (1429, 3288)
1997 Ed. (3497)
Payco American Corp.
1997 Ed. (1044, 1045, 1046, 1047, 1048)
Payco Teleservicing Inc.
1994 Ed. (3485)
Paycom
2008 Ed. (2480)
Payday
2000 Ed. (969)
Payden & Rygel
2003 Ed. (3556)
2000 Ed. (2859, 3255)
1999 Ed. (3108)
1998 Ed. (2284, 2309)
1997 Ed. (2528, 2553)
1996 Ed. (2418, 2429, 2656, 3877)
1995 Ed. (2354, 2362, 2370, 2392)
1994 Ed. (2328, 2330, 2332)
1993 Ed. (2348, 2350)
1992 Ed. (2745, 2765, 2787)
Payden & Rygel Global
2000 Ed. (3292)
Payden & Rygel Global Fixed-Income A
1999 Ed. (3579)
Payden & Rygel Global Fixed R
2000 Ed. (760)
Payden & Rygel High Income
2000 Ed. (3254)
Payden & Rygel High Income R
2000 Ed. (767)
Payden & Rygel Payden Emerging Markets Bond
2008 Ed. (594)
Payden & Rygel Short Duration Tax Exempt
2001 Ed. (3443)
Payden & Rygel Total Return
2000 Ed. (3266)
Payden & Rygel US Government
2001 Ed. (3450)
Payden Core Bond
2007 Ed. (639)
Payden Global Fixed Income
2004 Ed. (697)
Payden GNMA
2008 Ed. (600)
2007 Ed. (637)
2006 Ed. (613)
Payden GNMA Fund
2008 Ed. (587)
Payden Short Bond
2004 Ed. (715)
Payden Short Bond Fund
2003 Ed. (3539)
Payden U.S. Government
2004 Ed. (695)
PaydenFunds Emerging Markets
2003 Ed. (3618)
Payless
1999 Ed. (346)
1998 Ed. (235, 236, 236)
1997 Ed. (313)
1996 Ed. (333, 334, 335)
1995 Ed. (322)
1994 Ed. (323, 324, 1569, 1570)
1993 Ed. (338)
Payless Building Supply
1997 Ed. (834)
Payless Car Rental System Inc.
2004 Ed. (309)
2003 Ed. (334)
2002 Ed. (363)
Payless Cashways Inc.
2003 Ed. (2762, 2790)
2002 Ed. (1626)
2001 Ed. (2754)
2000 Ed. (387, 388, 389, 2492)
1999 Ed. (760, 2709, 2711, 3611)
1998 Ed. (1969, 1970, 1971, 1972, 1974)
1997 Ed. (830, 831, 832, 1482, 2243, 2244, 2245, 2246)
1996 Ed. (815, 817, 818, 819, 821, 827, 1422, 2133, 2134, 2493)
1995 Ed. (845, 846, 847, 848, 2125)
1994 Ed. (793, 794, 795, 796, 2076)
1993 Ed. (775, 776, 777, 2047)
1992 Ed. (982, 983, 984, 2419)
1991 Ed. (801, 802, 803)
1990 Ed. (838, 840)
1989 Ed. (2321)
Payless Drug Stores
1997 Ed. (2628)
1995 Ed. (1611, 1613, 1614, 1616)
Payless Shoe Source
1996 Ed. (3238)
Payless ShoeSource Inc.
2008 Ed. (1000, 1871, 1874, 1875, 1878, 4547)
2007 Ed. (1118, 1119, 1840, 1841, 1843, 1844, 4494)
2006 Ed. (1031, 1032, 1835, 1836, 1838)
2005 Ed. (1023, 1024, 1833, 2165, 2166)
2004 Ed. (1013, 1014, 1767, 2050, 2051, 2562)
2003 Ed. (1010, 1020, 1021, 1022, 1730, 2428, 4173, 4185, 4405, 4406)
2002 Ed. (4273, 4274, 4599)
2001 Ed. (1272, 1771, 4323, 4325)
1998 Ed. (3347)
1997 Ed. (1811, 3551, 3552)
Payless ShoeSource Financial Inc.
2004 Ed. (1013)
2003 Ed. (1010)
Payless ShoeSource Inc. (MO)
2005 Ed. (1833)
PayLess Super Markets
1992 Ed. (4174)
Paymaster Technology Corp.
2008 Ed. (2272)
Paymentech Inc.
2000 Ed. (379)
Paymentech LLC
2005 Ed. (2604)
Pay'n Save
1989 Ed. (1264)
Payne & Co. Ltd.; David
1992 Ed. (1193, 1194)
Payne; David
2008 Ed. (369)
Payne; Neil
1997 Ed. (2001)
1996 Ed. (1911)
Payne Stracey
1997 Ed. (1615)
PayPal Inc.
2007 Ed. (3380)
2004 Ed. (4337)
2002 Ed. (2473)
Payroll processing
1990 Ed. (532)
Payroll services
1999 Ed. (3665, 4330)
Payroll tax
1999 Ed. (4320)
Payroll Transfers
1998 Ed. (1429)
1996 Ed. (991)
Pays de la Loire
1996 Ed. (513)
Pays de Loire
1994 Ed. (488)
Paysaver
1990 Ed. (1460)
1989 Ed. (1191)
PaySource
2007 Ed. (2357)
2006 Ed. (2409)
Paytas Homes
2005 Ed. (1196)
2004 Ed. (1168)
Paytru$t, Inc.
2003 Ed. (3033)
Pazo
1993 Ed. (2031)
PB Inc.
1998 Ed. (1932)
PB Capital Return II
2000 Ed. (1153)

PB Capital Return III
2000 Ed. (1153)
PB International Futures Fund
2005 Ed. (1085)
PB International Futures Fund F
2000 Ed. (1152)
PBA Direct
1991 Ed. (3283)
PBA/PAL Laboratories
2002 Ed. (2815)
PBGH Large Cap
2001 Ed. (3438)
PBHG Advison
2000 Ed. (3261)
PBHG Advisor Enhanced Equity
2000 Ed. (3270, 3272)
PBHG Clipper Focus
2003 Ed. (3492)
PBHG Clipper Focus PBHG
2004 Ed. (3554)
2003 Ed. (3526)
PBHG Clipper Focused
2006 Ed. (3632)
PBHG Core Growth
1998 Ed. (2601)
PBHG Emerging Growth
2004 Ed. (3607)
1996 Ed. (2787, 2797)
PBHG Focused
2006 Ed. (3632)
PBHG Growth
2002 Ed. (2156)
1999 Ed. (3561)
1998 Ed. (2624)
1997 Ed. (2872)
1996 Ed. (2803)
1995 Ed. (2703, 2737)
PBHG Large Cap
2005 Ed. (4480)
PBHG Large Cap 20
2000 Ed. (3268, 3273)
PBHG Large Cap 20 PBHG
1999 Ed. (3560)
PBHG Large Cap Value
2004 Ed. (2452, 3551)
2003 Ed. (3493)
2000 Ed. (3235)
PBHG Mid-Cap
2005 Ed. (4491)
PBHG Mid Cap Value
2004 Ed. (2454, 3556)
2003 Ed. (3497)
PBHG REIT
2003 Ed. (3545)
PBHG Technology & Communication
1998 Ed. (2593, 2603)
PBHG Technology & Communications
2002 Ed. (4503)
2001 Ed. (3448)
P.B.I.
2000 Ed. (72)
P.B.I. Advertising (McCann)
1999 Ed. (68)
1997 Ed. (68)
P.B.I./McCann-Erickson Sofia
2001 Ed. (116)
PBK
2002 Ed. (4780)
2000 Ed. (4370)
PBM Graphics
2007 Ed. (4010)
PBM Maintenance Corp.
2005 Ed. (760)
PBOC Holdings, Inc.
2001 Ed. (1650)
PBR Automotive USA
1999 Ed. (2117)
PBS & J
2008 Ed. (2516, 2517, 2520, 2524, 2528, 2541, 2550)
2007 Ed. (2405, 2414, 2423)
2006 Ed. (2452)
2004 Ed. (2341, 2349, 2373, 2384, 2388)
2003 Ed. (2306)
2002 Ed. (2129, 2137, 2138)
2000 Ed. (1807)
PBS Building Systems
1989 Ed. (265)
The PBSJ Corp.
1999 Ed. (2026)
1998 Ed. (1442)
1997 Ed. (1739)
PBX Inc.
2005 Ed. (4034)
2003 Ed. (4789, 4802, 4804)
PBX, inc.
2002 Ed. (3944, 4690, 4691, 4692)
PC Advisor
2002 Ed. (3634)
PC & More
1996 Ed. (3455)
PC Cam Pacific Acc.
1996 Ed. (2815)
PC Club
1998 Ed. (862)
PC Computing
2001 Ed. (3191)
2000 Ed. (3468, 3469, 3489)
1999 Ed. (1851, 3749, 3760, 3761)
1998 Ed. (1276, 2792)
1997 Ed. (3047)
1996 Ed. (2969)
1995 Ed. (2892)
1994 Ed. (2796, 2800)
1993 Ed. (2798, 2800)
1992 Ed. (3382)
1991 Ed. (2703, 2708)
PC Connection Inc.
2008 Ed. (1972, 4800)
2007 Ed. (1912, 4700)
2006 Ed. (1927)
2005 Ed. (877, 878, 1392, 1901)
2004 Ed. (891, 892, 1817)
2003 Ed. (1782)
2002 Ed. (4036)
2001 Ed. (1374, 2871)
1992 Ed. (234)
1989 Ed. (2502)
PC Connection Sales Corp.
2003 Ed. (1782)
PC Direct
2002 Ed. (3634)
PC DOCS
1998 Ed. (839, 1323)
PC-FILE 6.0
1993 Ed. (1068)
PC Financial
1999 Ed. (1867)
PC Gamer
2000 Ed. (3468, 3488)
1999 Ed. (3759, 3762)
PC Magazine
2008 Ed. (147, 149, 1122, 4718)
2007 Ed. (141, 148, 162, 163, 164, 165, 1218, 4799)
2006 Ed. (149, 156, 4783)
2005 Ed. (141, 142, 143, 144)
2004 Ed. (145, 146, 852, 3157)
2003 Ed. (3048)
2002 Ed. (3634)
2001 Ed. (253, 256, 3193)
2000 Ed. (203, 3461, 3469, 3470, 3475, 3476, 3487, 3489)
1999 Ed. (1851, 3749, 3753, 3760, 3761, 3769, 3770)
1998 Ed. (70, 1276, 2783, 2784, 2787, 2792, 2795)
1997 Ed. (3035, 3038, 3043, 3047, 3049)
1996 Ed. (2957, 2962, 2968, 2969)
1995 Ed. (2882, 2883, 2892, 2893)
1994 Ed. (2795, 2798)
1993 Ed. (2789, 2797, 2799)
1992 Ed. (3388)
1990 Ed. (3625)
1989 Ed. (985)
PC Mall
2008 Ed. (4803)
2006 Ed. (2738)
2004 Ed. (2225, 2226, 4550)
PC Net Inc.
2002 Ed. (2546)
PC Plus
1995 Ed. (2893)
PC Quote
1998 Ed. (165)
1992 Ed. (2565)
1991 Ed. (1993)
P.C. Richard
1989 Ed. (264)
P.C. Richard & Son
2000 Ed. (2581, 3808)
1990 Ed. (1035)
PC Sources
1995 Ed. (2883)
1993 Ed. (2798, 2799, 2800)
PC Specialists Inc.
2008 Ed. (269, 270, 3696)
2007 Ed. (290, 291, 3535)
PC-TEL, Inc.
2002 Ed. (2483, 2528)
2000 Ed. (1742)
PC Week
2000 Ed. (3470, 3487, 3489)
1999 Ed. (1850, 3759, 3760, 3761, 3762)
1998 Ed. (2792, 2794, 2795)
1997 Ed. (3043, 3047)
1996 Ed. (2968, 2969)
1995 Ed. (2883, 2892)
1994 Ed. (2795)
1993 Ed. (2799)
1990 Ed. (3625)
1989 Ed. (985)
PC World
2008 Ed. (146, 148, 149, 1122, 4718)
2007 Ed. (162, 164, 165, 1218, 4799)
2006 Ed. (4783)
2005 Ed. (141, 142, 144)
2004 Ed. (146)
2003 Ed. (810)
2002 Ed. (766)
2001 Ed. (253, 3193)
2000 Ed. (3468, 3469, 3487, 3488, 3489)
1999 Ed. (1851, 3749, 3760, 3761)
1998 Ed. (1276, 2792)
1997 Ed. (3047)
1996 Ed. (2969)
1995 Ed. (2892)
1992 Ed. (3374)
1990 Ed. (3625)
1989 Ed. (985)
PC World Computer Superstore
2002 Ed. (37)
PC World Group Ltd.
2001 Ed. (2220)
PC World Superstore
2002 Ed. (230)
PC World Weekly Brief
2005 Ed. (824)
PCA
1992 Ed. (1385)
PCA-Austin
1999 Ed. (2648)
PCA Family Health Plan
1998 Ed. (1917)
PCA International Inc.
2003 Ed. (3799)
1994 Ed. (2017)
1993 Ed. (1417, 2004, 3328)
PCA-Jacksonville
1999 Ed. (2648)
PCA-Miami
1999 Ed. (2648)
PCA Property & Casualty
1999 Ed. (2964)
PCA-Tampa
1999 Ed. (2648)
PCC
2000 Ed. (2934)
PCC Structurals Inc.
2006 Ed. (1974)
2005 Ed. (1939)
2004 Ed. (1839)
2003 Ed. (1806)
2001 Ed. (1831)
PCCW Contact Center Business
2005 Ed. (4649)
PCD Partners
2000 Ed. (1868)
PCG Trading LLC
2007 Ed. (196, 3565)
2006 Ed. (190, 3519, 4358)
PCH.com
2008 Ed. (3360)
2007 Ed. (3230)
PCI Bank
1999 Ed. (1725)
1997 Ed. (1499)
1996 Ed. (1436)
PCI Capital
1997 Ed. (3487)
1995 Ed. (3281)
1994 Ed. (3194)
1989 Ed. (1782)
PCI Capital Corp
1996 Ed. (3392)
PCI International Inc.
1996 Ed. (2066)
1995 Ed. (2107, 2109)
1994 Ed. (2055)
PCI Leasing & Finance
1999 Ed. (4167)
PCI Live Design
2002 Ed. (1955)
PCL Construction Enterprises Inc.
2008 Ed. (1222, 1224, 1229, 1230, 1231, 1236, 1237, 1240, 1241, 1247, 1252, 1282, 1319, 1708, 1758, 4052, 4054)
2007 Ed. (1337, 1339, 1342, 1343, 1344, 1349, 1350, 1355, 1729, 4025, 4027)
2006 Ed. (1244, 1245, 1276, 1301, 1354, 3989)
2005 Ed. (1328, 1775, 3915)
2004 Ed. (1250, 1262, 1263, 1268, 1277, 1287, 1290, 1298, 1322, 1328, 1717, 3971)
2003 Ed. (765, 1247, 1259, 1270, 1274, 1278, 1284, 1286, 1316, 1322, 3964)
2002 Ed. (1073, 1241, 1255, 1265, 1280, 2396)
PCL Construction Group
2008 Ed. (1184, 4050)
2007 Ed. (1284)
2006 Ed. (1591)
2005 Ed. (1689, 1698, 2472)
1991 Ed. (1097)
PCL Construction Services Inc.
2008 Ed. (1777, 1778)
2002 Ed. (1326)
2000 Ed. (1102)
1995 Ed. (1001)
1994 Ed. (988)
PCL Constructors Inc.
2008 Ed. (1611)
2006 Ed. (1592)
2000 Ed. (1281)
1998 Ed. (962)
1994 Ed. (1164)
PCL Courier Holdings Inc.
1999 Ed. (4654)
PCL Enterprises Inc.
2002 Ed. (1306)
2001 Ed. (1468)
2000 Ed. (1248, 1849, 1850)
1998 Ed. (942)
1997 Ed. (1158, 1182)
1996 Ed. (1153)
1995 Ed. (1179, 1186)
1993 Ed. (1120)
1992 Ed. (1188)
1990 Ed. (1026)
PCL Industries
1992 Ed. (2434)
PCM International
1997 Ed. (2542)
1995 Ed. (3272)
1993 Ed. (2306)
1992 Ed. (2746, 2758, 2770)
PCNA Annual Symposium
2005 Ed. (4730)
PCNet Inc.
2008 Ed. (3701, 4375)
2007 Ed. (3542, 4404)
2004 Ed. (2830)
PCOrder.com
2001 Ed. (4751)
PCPC Direct
2007 Ed. (1203)
PCS
1997 Ed. (1106)
1995 Ed. (1094)
1990 Ed. (1294, 3305)
1989 Ed. (2503)
PCS Health
1997 Ed. (1261)
PCS Health Systems-McKesson
1996 Ed. (1191, 1192)
PCS Nitrogen
2000 Ed. (3563)

PCS Phosphate Co., Inc.
2004 Ed. (3484)
1999 Ed. (3847)
PCU
2006 Ed. (3283)
PCV/MURCOR
1999 Ed. (281)
1998 Ed. (181)
1997 Ed. (259)
PDA
2001 Ed. (2720)
PDA Engineering Inc.
1996 Ed. (1210)
PDF Solutions Inc.
2007 Ed. (1239)
2003 Ed. (4320)
PDFCI
1993 Ed. (2156)
PDFM & UBSII
1996 Ed. (2943)
PDFM/UBS
1996 Ed. (2945)
PDG Environmental Inc.
2008 Ed. (1254)
2007 Ed. (1356)
2006 Ed. (1265)
2005 Ed. (1296)
2004 Ed. (1245)
2003 Ed. (1242)
2002 Ed. (1231)
2001 Ed. (1471)
2000 Ed. (1257)
1999 Ed. (1365)
1998 Ed. (943)
1997 Ed. (1174)
1996 Ed. (1145)
1995 Ed. (1170)
1994 Ed. (1150)
PDL BioPharma Inc.
2008 Ed. (1607)
2007 Ed. (4532)
PDL Foods Inc.
1994 Ed. (2907)
PDM Molding Inc.
2001 Ed. (4125)
PDP
2002 Ed. (4085)
PDP Systems Inc.
2004 Ed. (2238)
PDSA
2008 Ed. (694)
2007 Ed. (702, 723)
PDV
1992 Ed. (3447, 3448)
PDV America Inc.
2007 Ed. (1940, 3887, 3890)
2006 Ed. (1716, 1958, 3859, 3981)
2005 Ed. (1770, 1923, 3778, 3780, 3782, 3908)
2004 Ed. (1837, 3864)
PDVSA
2008 Ed. (1836, 1838, 1839, 1840, 1842, 1843, 1886, 3919, 3928, 3935, 3939)
2007 Ed. (1853, 3870, 3879, 3896)
2006 Ed. (1484, 1794, 1796, 1798, 3847, 3852, 3866)
2000 Ed. (1482, 3536)
1999 Ed. (1671, 1675)
1998 Ed. (1802)
1996 Ed. (1386)
1995 Ed. (1424)
PDVSA (CITGO Petroleum Corp.)
2001 Ed. (3773)
PE Biosystems Group
2001 Ed. (2192, 2893, 2894)
Peabody
1992 Ed. (1486)
1989 Ed. (948)
Peabody; Charles
1993 Ed. (1779)
Peabody Coal
2004 Ed. (3307)
1993 Ed. (1002)
Peabody Coal Company
1989 Ed. (952)
Peabody Coal Co., Federal No. 2 mine
1990 Ed. (1072)
Peabody Coal Co., Lynville mine
1990 Ed. (1072)
Peabody College; Vanderbilt University
2008 Ed. (1089)
Peabody Energy Corp.
2008 Ed. (1014, 1015, 1016, 1947, 1948, 1949, 1954, 1956, 1957, 3141, 3676, 3899, 4527)
2007 Ed. (1130, 1134, 1135, 1136, 1549, 1891, 1892, 1893, 3022, 3482, 3513, 3514, 3840, 3844, 3848, 4532, 4589)
2006 Ed. (1046, 1047, 1899, 1902, 1904, 1906, 1908, 1909, 3458, 3461, 3463, 3825, 3827)
2005 Ed. (1032, 1033, 1037, 1038, 1878, 1879, 1889, 3449, 3452, 3743, 3745)
2004 Ed. (1024, 1025, 1030, 1031, 3434, 3437, 3838)
2003 Ed. (4319)
Peabody Group
2002 Ed. (1069)
2001 Ed. (3992)
2000 Ed. (1127)
1999 Ed. (1208, 1210)
1989 Ed. (949)
Peabody Holding Co.
2008 Ed. (1015)
2007 Ed. (1135, 1136)
2006 Ed. (1046, 1047)
2005 Ed. (1037, 1038)
2004 Ed. (1030, 1031)
2003 Ed. (1027, 1028)
2001 Ed. (1291, 1292)
2000 Ed. (1129)
1998 Ed. (782)
1992 Ed. (1233)
1990 Ed. (1069, 1659)
Peabody Hotels
2000 Ed. (2557)
1998 Ed. (2020)
Peabody Orlando
1992 Ed. (2483)
Peace Bank of Korea
2002 Ed. (4435)
Peace Corps
2008 Ed. (1054)
PeaceHealth Oregon Region
2005 Ed. (1931)
Peach
1992 Ed. (2239)
Peach Bowl
1990 Ed. (1841)
Peach Schnapps
2002 Ed. (3087)
2001 Ed. (3101)
Peaches
2008 Ed. (2792)
2007 Ed. (2652, 2653)
2006 Ed. (2669, 2670)
2005 Ed. (2694, 2695)
2004 Ed. (2695)
2003 Ed. (2575)
2002 Ed. (2371)
2001 Ed. (2549)
1999 Ed. (2534)
Peaches, cling
2003 Ed. (2576)
Peaches 'n' Clean of Montgomery
2008 Ed. (861, 862)
Peaches 'n' Clean Powerful Carpet Cleaning
2007 Ed. (883, 884)
Peaches/nectarines
1996 Ed. (1978)
Peachtree Asset Management
1998 Ed. (2277)
The Peachtree Cos., Inc.
2008 Ed. (4934)
2006 Ed. (4956)
Peachtree Industrial Plaza
1991 Ed. (1044)
Peacock Hislop
2001 Ed. (774, 775)
Peak
2001 Ed. (389)
Peak Banks of Colorado
2007 Ed. (465)
2006 Ed. (454)
Peak Creative Media
2007 Ed. (111)
Peak Designs Ltd.
1990 Ed. (1034)
Peak Laboratories Inc.
2007 Ed. (4456)
2006 Ed. (4388)
Peak National Bank
2005 Ed. (521)
Peak Oilfield Service Co.
2003 Ed. (1604, 3422)
Peak Resources Inc.
2002 Ed. (1142)
Peak Software Solutions
2002 Ed. (1152)
Peak Technologies Group
1995 Ed. (2070)
Peak 10
2007 Ed. (3064)
Peaks Bank of Colorado
2005 Ed. (524)
Peanut butter
2007 Ed. (3785, 3786, 3787)
2006 Ed. (3787, 3788, 3789)
2003 Ed. (3160, 3161, 3757)
2002 Ed. (3036)
2001 Ed. (3655, 3656, 3657, 3658)
Peanut Butter Eggs
1989 Ed. (856)
Peanut oil
1992 Ed. (3299)
Peanut Panic
1997 Ed. (3771)
Peanuts
1999 Ed. (1807)
1996 Ed. (1516)
1994 Ed. (2687)
1993 Ed. (2736)
1992 Ed. (3281)
1990 Ed. (2727)
Peanuts, crushed
2003 Ed. (3757)
Peanuts, dry-roasted
1994 Ed. (2688)
Peanuts, flavored
1994 Ed. (2688)
Peanuts, honey roasted
1996 Ed. (2858)
1994 Ed. (2688)
Peanuts, hot & spicy
1996 Ed. (2858)
Peanuts, in-shell
1994 Ed. (2688)
Peanuts, plain
1994 Ed. (2688)
Peanuts, roasted in-shell
1996 Ed. (2858)
Peanuts, Spanish
1994 Ed. (2688)
Peapod Inc.
2001 Ed. (1666)
1999 Ed. (1118, 2622)
Peapod.com
2007 Ed. (2316)
2006 Ed. (2378)
2001 Ed. (4779)
Pear
1992 Ed. (2239)
Pearce Beverage Co.
2004 Ed. (666)
Pearce; Harry J.
1996 Ed. (1228)
Pearce; M. Lee
1992 Ed. (2143)
1991 Ed. (2265, 3333)
Pearce, Urstadt, Mayer & Greer Realty
1990 Ed. (2950)
Pearl Aggressive Growth
2008 Ed. (2623)
Pearl Assurance
1991 Ed. (1168)
Pearl Brewing Co.
2000 Ed. (816, 817, 818)
1999 Ed. (812)
1998 Ed. (501, 503)
Pearl Harbor
2003 Ed. (3453)
Pearl Harbor Credit Union
2008 Ed. (2228)
2007 Ed. (2113)
2006 Ed. (2192)
2005 Ed. (2097)
2004 Ed. (1955)
2003 Ed. (1915)
2002 Ed. (1861)
Pearl Harbor, HI
1992 Ed. (4041)
Pearl Harbor Naval Base
1993 Ed. (2884)
Pearl Izumi
1990 Ed. (3340)
Pearl of Kuwait Real Estate
2002 Ed. (4437)
Pearl Total Return
2007 Ed. (4543)
2006 Ed. (3672, 4552)
Pearle Inc.
1991 Ed. (2644)
Pearle Vision Inc.
2008 Ed. (2900)
2007 Ed. (899)
2006 Ed. (816)
2003 Ed. (891)
2002 Ed. (2452)
Pearlite Display Products Ltd.
2004 Ed. (2780)
Pears
2008 Ed. (2792)
2007 Ed. (2652, 2653)
2006 Ed. (2669, 2670)
2005 Ed. (2694, 2695)
2004 Ed. (2694, 2695)
2003 Ed. (2575, 2576)
2002 Ed. (2371)
2001 Ed. (2548, 2549)
1999 Ed. (2534)
1996 Ed. (1978)
Pearson
2000 Ed. (1471)
1997 Ed. (2725, 2726)
1996 Ed. (1361)
1992 Ed. (311)
Pearson Airport
1996 Ed. (198)
1993 Ed. (208)
Pearson (Britain)
1991 Ed. (723)
Pearson Government Solutions Inc.
2007 Ed. (1409)
2005 Ed. (1382)
Pearson International
1995 Ed. (196)
Pearson Music Co.
1994 Ed. (2595)
1993 Ed. (2645)
Pearson Nips
2008 Ed. (836, 839)
2006 Ed. (1006)
1997 Ed. (888)
Pearson plc
2008 Ed. (3631)
2007 Ed. (3454, 3455, 3458)
2006 Ed. (3441, 3442)
2005 Ed. (1376, 1529, 3431)
2004 Ed. (1513, 3413)
2003 Ed. (1483, 3210)
2002 Ed. (1462, 1791, 3249, 3762, 3885)
2001 Ed. (1888, 3900)
2000 Ed. (3610)
1999 Ed. (3896)
1996 Ed. (1212, 3088)
1995 Ed. (2987)
1994 Ed. (2933)
Pearson Software Recruiting Specialists
2007 Ed. (2739)
Pearson's Candy Mints
1990 Ed. (896)
Peas
2008 Ed. (2791)
2003 Ed. (2573, 4827, 4828)
2002 Ed. (4715, 4716)
Pease; Nichola
2008 Ed. (4897, 4902)
Peat Marwick
1992 Ed. (3224)
1990 Ed. (4, 5, 10, 1710)
1989 Ed. (5, 6, 11, 1007)
Peat Marwick Main
1990 Ed. (3, 851)
1989 Ed. (8, 10)
Peat, Marwick, Main & Co.
1993 Ed. (15)
1990 Ed. (6, 11, 855, 1650, 2255, 3703)
Peat Marwick McLintock
1992 Ed. (11, 12, 13)
1991 Ed. (4)
1990 Ed. (7, 9)

1989 Ed. (9)
Peat Marwick Mitchell
1989 Ed. (12)
Peat Marwick Thorne
1993 Ed. (3)
1992 Ed. (7, 8, 9)
1991 Ed. (2)
Peavey Co.
1991 Ed. (1858)
1990 Ed. (1947)
Peavey Electronics
2001 Ed. (3409, 3411)
2000 Ed. (3176, 3221)
1998 Ed. (2589)
1996 Ed. (2749, 2750)
1995 Ed. (2671, 2672)
1994 Ed. (2588, 2589, 2590)
1992 Ed. (3142, 3143, 3144)
Peavey Fund I
1993 Ed. (1042)
Peavey Fund III
1996 Ed. (1060)
1995 Ed. (1081)
PEBB
2007 Ed. (754)
Pebble Beach Golf Links
2000 Ed. (2381)
Pebbles
2003 Ed. (876)
Pebercan Inc.
2007 Ed. (4574)
2006 Ed. (1607, 1633)
2005 Ed. (1707)
PEC Israel Economic
1994 Ed. (215)
PEC Solutions Inc.
2006 Ed. (2106, 4336)
2003 Ed. (1357, 2646)
Pecan Valley Nut Co.
1998 Ed. (1775)
Pecans
1994 Ed. (2687)
1993 Ed. (2736)
1992 Ed. (3281)
1990 Ed. (2727)
Pech Optical Co.
2007 Ed. (3750, 3751, 3752, 3753)
2006 Ed. (3751, 3752)
Pechinery SA
2004 Ed. (1509)
2003 Ed. (1479)
2002 Ed. (1458)
Pechiney
2001 Ed. (369)
2000 Ed. (3087)
1999 Ed. (1612, 3350, 3351)
1997 Ed. (1407, 2750, 2755)
1996 Ed. (2613)
1995 Ed. (2117, 2544, 2550)
1994 Ed. (1372, 2065, 2476, 2484)
1993 Ed. (1314, 1317, 1739)
1992 Ed. (1617, 1619)
1991 Ed. (1290, 2264)
1990 Ed. (2717)
1989 Ed. (2071)
Pechiney Aluminum
2005 Ed. (871, 872)
Pechiney Pacific
2004 Ed. (3439)
2002 Ed. (3306)
Pechiney Plastic Packaging Inc.
2005 Ed. (3853)
2004 Ed. (3907)
2003 Ed. (3890)
Pechiney Rolled Products LLC
2003 Ed. (1852, 1853)
Pechiney SA
2005 Ed. (1483)
2003 Ed. (3423, 4584)
2002 Ed. (3309, 3318, 4506)
1991 Ed. (1169)
Peck; Drew
1995 Ed. (1817)
Peck/Jones Construction
2002 Ed. (1326)
1999 Ed. (1409)
1997 Ed. (1197)
1996 Ed. (1167)
1995 Ed. (1193)
1994 Ed. (1174)
1993 Ed. (1151)
1992 Ed. (1437)
Peck, Shaffer & Williams
2001 Ed. (820, 845, 893, 925)
2000 Ed. (2593, 3196)
1999 Ed. (2817, 3487)
1995 Ed. (2193)
1993 Ed. (2117, 2620)
1991 Ed. (1987, 2536)
Peco
1996 Ed. (3413)
PECO Energy Co.
2008 Ed. (2427)
2007 Ed. (2297)
2006 Ed. (2361, 2362, 2693, 2694)
2005 Ed. (1508)
2004 Ed. (1492, 1536)
2003 Ed. (1462, 1508)
2002 Ed. (1394, 1442, 3878, 3879, 4710)
2001 Ed. (1550, 2145, 3948)
2000 Ed. (3540, 3674)
1999 Ed. (1486, 1501)
1998 Ed. (717, 1385, 1388, 1389, 2845)
1997 Ed. (1695, 3214)
1996 Ed. (1609, 1616)
1995 Ed. (1640, 3360)
PECO Energy Service Annuity Fund
1997 Ed. (3029)
Peco Foods Inc.
2008 Ed. (3452)
2007 Ed. (3355)
2006 Ed. (3288)
2005 Ed. (3296)
2004 Ed. (3288)
2003 Ed. (3233)
2001 Ed. (3152)
1999 Ed. (3322, 3866)
1998 Ed. (2449, 2450, 2891, 2892)
Pecom (Perez Companc)
2003 Ed. (753)
Pedcor Bancorp
2007 Ed. (462)
Pedersen; George
2006 Ed. (3931)
Pedia Sure
2002 Ed. (4891)
1999 Ed. (1844)
Pedia Sure Weight
2000 Ed. (1668)
Pediacare
2003 Ed. (1052)
2002 Ed. (318, 1098)
1996 Ed. (1026, 1028)
1994 Ed. (196)
1993 Ed. (1009, 1011)
1992 Ed. (1245, 1247, 1264)
Pediacare Fever
2003 Ed. (281)
2002 Ed. (317, 318)
Pedialyte
2003 Ed. (283)
2002 Ed. (2800)
2001 Ed. (2847)
PediaSure
2008 Ed. (3161)
2003 Ed. (2060, 2914)
1996 Ed. (1548)
Pediatric medicine
1995 Ed. (2935)
Pediatric Services of America
2003 Ed. (2786)
2000 Ed. (2490)
1999 Ed. (2704)
Pediatrics
2008 Ed. (3985)
2006 Ed. (3907)
2004 Ed. (3900)
Pediatrix Medical Group Inc.
2008 Ed. (1731, 2771)
2007 Ed. (2777)
1997 Ed. (2183, 3402, 3406)
Pedifix
2001 Ed. (2493)
Pedigree
2008 Ed. (719, 3890)
1994 Ed. (2821)
Pedigree Choice
2002 Ed. (3648)
Pedigree Choice Cuts
1999 Ed. (3781)
1997 Ed. (3071)
1996 Ed. (2992)
1994 Ed. (2821, 2830)
1993 Ed. (2818)
Pedigree Chum
1996 Ed. (3000)
Pedigree Masterfoods
2002 Ed. (44)
Pedigree Mealtime
2004 Ed. (3815)
1994 Ed. (2822)
Pedigree Petfoods
1990 Ed. (31)
Pedigree Select Dinners
1999 Ed. (3781)
1997 Ed. (3071)
1996 Ed. (2992)
1994 Ed. (2821, 2830)
1993 Ed. (2818)
1992 Ed. (3411)
Pedley Ross
2001 Ed. (820)
Pedro Baptista
1999 Ed. (2423)
Pedro Domecq
1989 Ed. (42)
Pedro Fonseca
1999 Ed. (2423)
Pedro Martinez
2006 Ed. (291)
2003 Ed. (295)
Pedro P. Granadillo
2006 Ed. (2525)
Pedus Security Service
1997 Ed. (3413)
Pedus Security Services
1995 Ed. (3211)
1994 Ed. (3161)
1993 Ed. (3114)
1992 Ed. (3825)
Pedus Service
1990 Ed. (2051)
Pedus Services
1998 Ed. (3185)
Pee Wee Herman Talking Doll
1990 Ed. (3620)
The Peebles Corp.
2007 Ed. (192, 194)
Peebles Atlantic Development Corp.
2006 Ed. (186)
2005 Ed. (173)
Peec.com
2000 Ed. (4383)
Peek & Cloppenburg
1991 Ed. (986)
Peek; Jeffrey
2007 Ed. (1010)
Peel; Charles
2005 Ed. (3868)
Peel Holdings
1994 Ed. (1379)
1993 Ed. (1324)
Peel Hunt
2001 Ed. (1036, 4204)
Peel Hunt plc
2002 Ed. (1793)
Peelbrooke Capital Inc.
2002 Ed. (4392, 4393)
Peeler & Co.; J. Lee
1993 Ed. (78)
Peer Foods Inc.
2002 Ed. (3276)
PEER 1 Network Enterprises Inc.
2008 Ed. (2866, 2942)
2007 Ed. (2738)
Peer Review Analysis Inc.
1994 Ed. (3608)
1993 Ed. (3647)
Peer Review Analysis CORE Management
1996 Ed. (3767)
Peer Review Analysis Inc./CORE Management Inc.
1995 Ed. (3683)
Peerless
1993 Ed. (3056)
Peerless Carpet
1996 Ed. (1054)
1994 Ed. (1066)
1992 Ed. (2434)
1990 Ed. (2039)
The Peerless Group
1998 Ed. (2918)
Peerless Insurance Co.
2005 Ed. (3066, 3140, 3141)
Peerless-Premier
1997 Ed. (3656)
1994 Ed. (3455)
1993 Ed. (3478)
1992 Ed. (4156)
1990 Ed. (3482)
Peerless Systems Corp.
2002 Ed. (1154)
1999 Ed. (2624, 3265)
Peerless Tyre Co.
2008 Ed. (4682)
2001 Ed. (4541)
Peet's Coffee & Tea
2008 Ed. (1029, 1031)
P.E.G./Park Architects
1999 Ed. (287)
Peg Yorkin
1994 Ed. (893)
Pegaso PCS
2004 Ed. (1548)
Pegasus
2003 Ed. (2171)
Pegasus Bond I
1998 Ed. (2641)
Pegasus Capital
2001 Ed. (345)
Pegasus Communications Corp.
2004 Ed. (778)
Pegasus Gold
1999 Ed. (262)
1997 Ed. (2152)
1996 Ed. (2033)
1994 Ed. (1982)
1992 Ed. (2335)
Pegasus Group Plc
1990 Ed. (1034)
Pegasus Growth Fund
2000 Ed. (3235)
Pegasus Hotels
2000 Ed. (2875)
Pegasus Intermediate Bond I
1998 Ed. (412)
Pegasus International Bond I
1998 Ed. (408)
Pegasus Corp. of America
2004 Ed. (3330)
Pegasus Solutions Inc.
2006 Ed. (2929, 2936)
2005 Ed. (2924)
2004 Ed. (2933)
Peggy White
2007 Ed. (3223)
Pegmont Mines
2006 Ed. (4482)
Pegram Walters Group
2000 Ed. (3048)
Peguform Gmb & Co., KG
2004 Ed. (4224)
Pehong Chen
2004 Ed. (3891)
2002 Ed. (3346, 3351)
Pehuenche
2004 Ed. (1775)
Pei & Partners; I. M.
1989 Ed. (268)
Pei & Partners; I.M.
1990 Ed. (278, 284)
Pei Cobb Freed & Partners
1998 Ed. (188)
1997 Ed. (268)
1996 Ed. (236)
1994 Ed. (233)
1992 Ed. (353)
1991 Ed. (253)
PEI-Genesis
2008 Ed. (2468)
2005 Ed. (2350)
2004 Ed. (2245, 2250)
2002 Ed. (2090)
2001 Ed. (2207)
1996 Ed. (1636)
Pei Wei
2007 Ed. (4140)
2006 Ed. (2559, 4111, 4112, 4113)
2005 Ed. (2552)
Pei Wei Asian Diner
2008 Ed. (2679, 4166)
2007 Ed. (4136, 4137, 4139)
Peico Electronics & Electricals
1989 Ed. (34)

Peiffer, Jack O.
1994 Ed. (1712)
Peine Salzgitter
1994 Ed. (3435)
Peirce-Phelps Inc.
2000 Ed. (4436)
Peiuf Enterprises
1989 Ed. (54)
Peizer, Terran S.
1993 Ed. (1194)
Pejo Trading
2007 Ed. (77)
2001 Ed. (78)
PEKAO
2006 Ed. (4889)
2002 Ed. (4780)
2001 Ed. (1694)
Pekao; Bank
2008 Ed. (413, 493)
2007 Ed. (444, 542)
2006 Ed. (440, 514, 1994)
2005 Ed. (598)
Pekin Energy
1994 Ed. (195)
Peking, China
1989 Ed. (2245)
Pel Cobb Freed & Partners
1995 Ed. (235)
Pelawatte Sugar Industries
1997 Ed. (1071)
Pele-Phone
2001 Ed. (45)
Pelephone
2006 Ed. (56)
2005 Ed. (49)
2004 Ed. (54)
Pelham Bank & Trust Co.
1994 Ed. (597)
1993 Ed. (590)
1990 Ed. (649)
Pelican
2003 Ed. (3526)
2000 Ed. (3293)
The Pelican Brief
1996 Ed. (3790, 3791)
Pelican Cos.
1997 Ed. (835)
Pelican Financial
2007 Ed. (463)
2006 Ed. (452)
2005 Ed. (374)
Pelican Homestead
1992 Ed. (4287)
Pelican Homestead & Savings Association
1993 Ed. (3071, 3571)
1991 Ed. (3372, 3373)
Pelican Importing
2007 Ed. (2840, 3603, 4448)
Pelican Savings
1991 Ed. (3369)
Pelican State Credit Union
2007 Ed. (2120)
Pelikan Holding AG
1993 Ed. (1912)
1992 Ed. (2249)
Pelkie-Copper Community CU
2000 Ed. (1622)
Pella Corp.
2008 Ed. (4934)
2007 Ed. (136, 4965)
2006 Ed. (1810, 1811, 4956)
2005 Ed. (1826)
2004 Ed. (1759)
2001 Ed. (1752)
Pella Acquisition Corp.
2008 Ed. (1855, 3527, 3528)
2007 Ed. (1818)
Pelled Ltd.
1990 Ed. (117)
1989 Ed. (123)
Pelled Advertising
1993 Ed. (113)
1992 Ed. (167)
1991 Ed. (115)
Pelli & Associates; Cesar
2006 Ed. (285)
2005 Ed. (262)
Pelmad Industrial Park
2002 Ed. (2765)
2000 Ed. (2625)
Pelosky; Robert (Jay)
1996 Ed. (1906)
Pels; Donald A.
1991 Ed. (925, 928, 1619)
Peluso; Michelle
2006 Ed. (4975)
Pelwalte Sugar Industries
1996 Ed. (1053)
Pelwatte Sugar Industries Ltd.
1994 Ed. (1062)
Pembina, ND
2005 Ed. (3877)
1995 Ed. (2958)
Pembina Pipeline Income Fund
2007 Ed. (3885)
2003 Ed. (3846)
Pembridge
1991 Ed. (1168)
Pembroke; Earl of
2007 Ed. (4925)
Pembroke Lakes Mall
2000 Ed. (4029)
Pembroke Pines, FL
1999 Ed. (1174, 3851)
PEMEX
2008 Ed. (1811, 1836, 1886, 1925, 3919, 3928)
2007 Ed. (1853, 1876, 1878, 3870, 3875, 3879)
2006 Ed. (1771, 2547, 2548, 3847, 3849, 3850, 3852, 3866)
2005 Ed. (3765, 3783, 3799)
2000 Ed. (3140, 3535)
1999 Ed. (3417, 3807)
1998 Ed. (2510, 2835)
1997 Ed. (1478, 3102)
1996 Ed. (1386, 3021)
1993 Ed. (1337, 1344)
1992 Ed. (1645, 3447, 3448)
1991 Ed. (1285)
Pemex Exploracion y Produccion
2007 Ed. (1853)
Pemex Gas y Petroquimica
2007 Ed. (1853)
Pemex (Petroleos Mexicanos)
1995 Ed. (1424)
1994 Ed. (1394, 2866, 2869, 2870)
1990 Ed. (2849)
Pemex Refinacion
2008 Ed. (1886)
2007 Ed. (1853)
Pemigewasset National Bank
1993 Ed. (592)
Pemmican
2002 Ed. (2009, 2010)
2001 Ed. (3234)
1998 Ed. (3324)
1996 Ed. (3465)
Pemstar Inc.
2006 Ed. (1233)
2005 Ed. (1271, 1272, 1274, 1275)
2004 Ed. (2232, 2240, 3003, 3419)
2003 Ed. (2721)
2002 Ed. (2516)
Pen & Oriental Ste
1989 Ed. (2874)
Pena Investment Advisors
1995 Ed. (2357, 2361)
Penaflor
1992 Ed. (39)
PenAir
2003 Ed. (241)
Penajans DMB & B
2000 Ed. (183)
1999 Ed. (164)
1994 Ed. (124)
Penajans DMB & B Ticaret
2001 Ed. (227)
Penanjans D'Arcy Masues Benton & Bowles
1996 Ed. (148)
Penarroya
1990 Ed. (3469)
Penda Corp.
2001 Ed. (4519)
Pender; Peter A.
1995 Ed. (938)
Pendimethalin
1999 Ed. (2663)
Pendleton Woolen Mills
2007 Ed. (584)
Pendragon
2006 Ed. (324)
Penfolds
2005 Ed. (4954, 4964)
2002 Ed. (4975)
2001 Ed. (4911)
Penford Corp.
2005 Ed. (936)
Pengea
2005 Ed. (1164)
Pengrowth Energy Trust
2007 Ed. (4576)
2006 Ed. (4857)
Pengrowth Saddledome
2005 Ed. (4438)
Penguin
2008 Ed. (629)
2007 Ed. (670)
2006 Ed. (645)
2005 Ed. (733)
2003 Ed. (730)
Penguin Putnam Inc.
2004 Ed. (749, 751, 4044)
2003 Ed. (727, 729)
2001 Ed. (3955)
Penguin USA
2008 Ed. (626, 628)
2007 Ed. (667, 669)
2006 Ed. (642, 644)
2005 Ed. (730, 732)
1999 Ed. (3970)
1997 Ed. (3224)
1995 Ed. (3043)
1989 Ed. (743)
Penhall Co.
2008 Ed. (1256)
2007 Ed. (1359)
2006 Ed. (1280)
2005 Ed. (1310)
2004 Ed. (1303)
2003 Ed. (1300)
2002 Ed. (1288)
2001 Ed. (1473)
Penhall International Inc.
2000 Ed. (1259)
1999 Ed. (1367)
1998 Ed. (945)
1997 Ed. (1175)
1996 Ed. (1146)
1995 Ed. (1171)
1994 Ed. (1151)
1993 Ed. (1134)
1992 Ed. (1421)
1991 Ed. (1088)
1990 Ed. (1203)
Penicillin VK
1994 Ed. (1966)
1993 Ed. (1939)
Penicillins
1994 Ed. (228)
The Peninsula
2005 Ed. (4042)
2000 Ed. (2546, 2570)
1999 Ed. (2771, 2775, 2793)
1998 Ed. (2032)
1997 Ed. (2289, 2307)
1996 Ed. (2174, 2188)
1995 Ed. (2174)
1994 Ed. (2108)
1993 Ed. (2102)
1992 Ed. (2509, 2510)
1991 Ed. (1956)
1990 Ed. (2071, 2096)
Peninsula Airways Inc.
2006 Ed. (1537)
2005 Ed. (1646)
2004 Ed. (1620)
2003 Ed. (1605)
Peninsula Asset Management
1993 Ed. (2353, 2354, 2355)
Peninsula Bank of Commerce
1993 Ed. (513)
Peninsula Beverly Hills
2007 Ed. (2942)
2006 Ed. (2931)
2002 Ed. (2631)
Peninsula Community Foundation
2005 Ed. (2674)
2002 Ed. (1128)
Peninsula Group
2000 Ed. (2548, 2552)
The Peninsula New York
1993 Ed. (2089)
Peninsula Pontiac-Oldsmobile Inc.
1996 Ed. (743, 2660)
1995 Ed. (669, 2590)
1994 Ed. (279, 280, 713)
1993 Ed. (281, 705, 2583)
1992 Ed. (894)
Peninsula Postal Credit Union Ltd.
2002 Ed. (1844)
Peninsular & Oriental
1998 Ed. (3294)
Peninsular & Oriental Steam
1991 Ed. (3111)
Peninsular & Oriental Steam Navigation
2006 Ed. (4823)
2002 Ed. (4272)
2001 Ed. (1634, 4620, 4624)
2000 Ed. (4296)
1999 Ed. (4657)
1997 Ed. (1133, 3510, 3792, 3793)
1996 Ed. (1110)
1995 Ed. (3661)
1994 Ed. (3577)
1993 Ed. (3618, 3620)
1992 Ed. (3941)
1990 Ed. (3266)
The Peninsular & Oriental Steam Navigation Co. (P & O)
2002 Ed. (4419, 4674)
Peninsular Machinery Co.
2001 Ed. (1683)
Penloyd
2008 Ed. (4546)
Penmac Personnel Services Inc.
2008 Ed. (3718, 4409, 4969)
2007 Ed. (3572, 3573, 4430)
2006 Ed. (3523, 4362)
Penn
1994 Ed. (3370)
1992 Ed. (4042)
Penn & Teller
1992 Ed. (1349)
Penn Annual Conference
2005 Ed. (4730)
Penn Central
2000 Ed. (390)
1999 Ed. (390)
1997 Ed. (354)
1996 Ed. (383)
1993 Ed. (366, 2538)
1992 Ed. (535, 2970, 3026)
1991 Ed. (1021, 1225)
1990 Ed. (1529, 2544, 3511)
1989 Ed. (418, 1040, 1058, 1329, 1333, 1944, 1948, 2791)
Penn Dairies Inc.
1992 Ed. (1476)
Penn Engineering & Manufacturing Corp.
2000 Ed. (894)
1998 Ed. (531)
Penn Fed Financial Service
2000 Ed. (3856)
Penn Federal Savings Bank
2002 Ed. (627)
1998 Ed. (3556)
Penn Foundation; William
1994 Ed. (1904)
1992 Ed. (2217)
1991 Ed. (1768)
1990 Ed. (1849)
Penn Industries
2008 Ed. (4025)
Penn Life; William
1995 Ed. (2297)
Penn Lyon Homes, Inc.
1992 Ed. (3516, 3517)
1991 Ed. (2758, 2759)
1990 Ed. (2597)
Penn Maid
1995 Ed. (338)
Penn Mutual Life - Diversifier II (VA)
1991 Ed. (2150, 2154)
Penn Mutual Life - Emancipator Life I (VL)
1991 Ed. (2150)
The Penn Mutual Life Insurance Co.
1990 Ed. (2281)

Penn Mutual Life - Momentum Builders (SPVL)
1991 Ed. (2154, 2150)
Penn Mutual MB Eq Inc
1990 Ed. (3664)
Penn Mutual MB Hi Yld Bd
1990 Ed. (3663)
Penn Mutual Towers
2000 Ed. (3365)
Penn Mutual-VA3-Hi Yld
1990 Ed. (3663)
Penn National Gaming Inc.
2008 Ed. (253, 3066, 3439, 4142)
2007 Ed. (269, 270, 2675, 2752, 2937, 2943, 3339, 4119, 4556, 4561, 4563)
2006 Ed. (263, 2495, 2685, 4579, 4581, 4582, 4583)
2005 Ed. (243, 244)
2004 Ed. (240, 241)
Penn National Insurance
2004 Ed. (3040)
Penn National Insurance Cos.
1999 Ed. (2967)
Penn Option Flex
1995 Ed. (2316)
Penn Pontiac
1990 Ed. (314)
Penn Power
2002 Ed. (3878, 3879)
Penn Security
1990 Ed. (666)
Penn State
2000 Ed. (1140)
Penn State University at University Park
1996 Ed. (1691)
Penn State University-University Park
2001 Ed. (2248, 2255, 2256, 2258, 2259)
Penn Station East Coast Subs
2008 Ed. (4276)
2007 Ed. (4241)
2006 Ed. (4226)
2005 Ed. (4176)
2004 Ed. (4243)
2003 Ed. (4227)
2002 Ed. (4089)
Penn Street Advanced Sector Rotational
2007 Ed. (2485)
Penn Street Advanced Sector Rotational Portfolio
2008 Ed. (2614)
Penn Tower Hotel
1992 Ed. (312)
The Penn Traffic Co.
2004 Ed. (4932)
2003 Ed. (4633, 4645, 4654)
2000 Ed. (774, 2385, 2388, 2389)
1999 Ed. (760, 1495, 4755)
1998 Ed. (1869, 1873, 1874, 3710)
1997 Ed. (3876)
1996 Ed. (2046, 2047, 2048, 2050, 2052, 3822)
1995 Ed. (209, 2056)
1994 Ed. (207, 1991, 1998, 2000, 3658)
1993 Ed. (220, 1998)
1992 Ed. (324, 2351)
1991 Ed. (1201)
Penn Trafic Co.
1998 Ed. (2678)
Penn Treaty
2000 Ed. (2714)
Penn Treaty American Corp.
2008 Ed. (4265)
2007 Ed. (4233)
2006 Ed. (4217)
2005 Ed. (4163)
1998 Ed. (1012)
Penn Virginia Corp.
2007 Ed. (2752)
2005 Ed. (3739, 3740)
2004 Ed. (3831, 3832)
2003 Ed. (3836)
Penn Virginia Resource Partners LP
2008 Ed. (2864)
2005 Ed. (1032, 1033)
Penn Warner Industrial Park
2000 Ed. (2626)
1996 Ed. (2251)
1995 Ed. (2242)
Penn Warner Park
1994 Ed. (2190)
1992 Ed. (2598)
1991 Ed. (2024)
1990 Ed. (2181)
Penn West Energy Trust
2008 Ed. (4783)
Penn West Petroleum
2007 Ed. (3864, 4573)
2005 Ed. (3763)
Penna Powers Brian Haynes
2006 Ed. (128)
Pennbancorp
1989 Ed. (368)
Penncorp Financial
2000 Ed. (3330)
1998 Ed. (2131, 2175)
1995 Ed. (3162)
PennCorp Financial Group
1998 Ed. (1021)
Penney Business Services Inc.; J. C.
1997 Ed. (1554)
1996 Ed. (1492)
1995 Ed. (1649)
1994 Ed. (1497)
1991 Ed. (1393)
Penney Catalog; J. C.
2005 Ed. (879)
Penney Funding; J. C.
1993 Ed. (1766)
1991 Ed. (1666)
1990 Ed. (1762)
Penney Co., Inc.; J. C.
2008 Ed. (886, 1008, 1491, 1510, 2114, 2116, 2328, 2848, 2991, 2995, 3000, 3092, 3093, 3103, 3446, 4209, 4209, 4210, 4213, 4215, 4217, 4220, 4225, 4236, 4483)
2007 Ed. (153, 1126, 1497, 2012, 2195, 2886, 2969, 2983, 3350, 4163, 4168, 4168, 4169, 4172, 4177, 4178, 4181, 4182, 4183, 4185, 4201, 4529, 4878, 4942)
2006 Ed. (161, 1445, 2041, 2047, 2253, 2890, 2952, 3282, 4145, 4145, 4146, 4149, 4153, 4155, 4159, 4160, 4161, 4162, 4163, 4169, 4180, 4181, 4448, 4471, 4654, 4886)
2005 Ed. (908, 1569, 1971, 1973, 1978, 2168, 3244, 3990, 4093, 4093, 4094, 4094, 4097, 4099, 4101, 4102, 4104, 4106, 4114, 4116, 4126, 4134)
1997 Ed. (162, 167, 350, 913, 914, 922, 924, 943, 1524, 1590, 1591, 1592, 1593, 2104, 2241, 2318, 2320, 2697, 2698, 2699, 3341, 3342, 3343, 3344, 3348, 3354, 3780)
1996 Ed. (155, 162, 775, 885, 886, 893, 910, 1000, 1456, 1531, 1532, 1533, 1534, 1535, 1990, 3053, 3235, 3236, 3237, 3238, 3240, 3241, 3245, 3247, 3251, 3253, 3415, 3725)
1995 Ed. (690, 911, 916, 931, 1021, 1550, 1551, 1553, 1554, 1958, 1967, 2517, 3143, 3144, 3146, 3147, 3154, 3309, 3337, 3363, 3644)
1994 Ed. (131, 132, 677, 741, 873, 885, 886, 888, 1009, 1307, 1520, 1521, 1522, 1544, 1927, 2132, 2135, 2136, 2426, 2427, 2761, 3093, 3095, 3096, 3097, 3098, 3101, 3102, 3221, 3230, 3284)
1993 Ed. (676, 866, 1265, 1442, 1444, 1475, 1476, 1477, 1497, 2111, 2424, 2489, 2490, 3038, 3040, 3041, 3042, 3048, 3050, 3230, 3292, 3368)
1992 Ed. (236, 1076, 1089, 1091, 1784, 1785, 1786, 1788, 1790, 1791, 1792, 1794, 1795, 1796, 1816, 1837, 2525, 2527, 2528, 2529, 2959, 3726, 3729, 3730, 3732, 3739, 3741)
1991 Ed. (43, 170, 171, 869, 879, 886, 1052, 1411, 1412, 1427, 1546, 1968, 1971, 2887, 2888, 2889, 2895, 2896, 3240)
1990 Ed. (2508)
1989 Ed. (271)
J.C. Penney
2000 Ed. (706)
1992 Ed. (1838)
1990 Ed. (45)
Penney Life Insurance Co.; J. C.
1997 Ed. (2457)
Penney Shopping Channel; J. C.
1992 Ed. (4214)
1991 Ed. (3289, 3290)
Penney, Ward; Sears,
1991 Ed. (2061)
Penney's
1992 Ed. (3725)
Penneys Pty. Ltd.
2004 Ed. (1634)
2002 Ed. (1594)
Pennichuck Corp.
2005 Ed. (4838)
Pennington; Ty
2008 Ed. (2584)
Pennington's Stores
1992 Ed. (1218)
1990 Ed. (1056, 1057)
Pennisula Pontiac-Oldsmobile Inc.
1992 Ed. (396)
Pennon
2007 Ed. (2691)
2006 Ed. (2697)
Pennoni Associates Inc.
2008 Ed. (2033)
1999 Ed. (2034)
1998 Ed. (1456)
1997 Ed. (1763)
1996 Ed. (1682)
1995 Ed. (1700)
1991 Ed. (1564)
PennRock Financial Services Corp.
2007 Ed. (2229)
2002 Ed. (3556)
Penns Woods Bancorp Inc.
2000 Ed. (552)
1999 Ed. (540)
Pennswood Village
1990 Ed. (3061)
Pennsylvania
2008 Ed. (327, 343, 354, 1012, 1105, 1757, 2405, 2406, 2407, 2492, 2648, 2832, 2896, 2906, 2918, 3129, 3130, 3266, 3471, 3545, 3633, 3648, 3759, 3760, 3806, 3984, 4011, 4012, 4361, 4455, 4497, 4593, 4661, 4690, 4838, 4940)
2007 Ed. (341, 356, 366, 1131, 1199, 2274, 2372, 2448, 2702, 3371, 3385, 3419, 3420, 3459, 3474, 3647, 3648, 3709, 3713, 3781, 3954, 3994, 3995, 4472, 4534, 4683, 4694, 4770)
2006 Ed. (373, 383, 1043, 2428, 2707, 2790, 3070, 3080, 3084, 3097, 3098, 3103, 3112, 3115, 3117, 3130, 3132, 3137, 3155, 3156, 3301, 3307, 3323, 3367, 3368, 3443, 3450, 3483, 3584, 3726, 3730, 3783, 3904, 3905, 3906, 3936, 3937, 3983, 4158, 4213, 4334, 4410, 4475, 4663, 4666, 4673)
2005 Ed. (371, 396, 397, 411, 413, 418, 422, 441, 912, 1034, 1072, 1073, 1074, 2382, 2526, 2786, 2916, 2937, 3122, 3319, 3335, 3383, 3384, 3432, 3441, 3524, 3611, 3613, 3690, 3837, 3838, 3873, 3874, 3945, 4159, 4190, 4191, 4192, 4193, 4194, 4195, 4210, 4228, 4232, 4234, 4237, 4239, 4242, 4392, 4472, 4598, 4599, 4600, 4608, 4712, 4722, 4828, 4928, 4929, 4939, 4940, 4941)
2004 Ed. (360, 373, 376, 378, 381, 384, 398, 415, 435, 776, 805, 896, 921, 1027, 1028, 1037, 1068, 1069, 1072, 1073, 1903, 2023, 2177, 2188, 2293, 2294, 2298, 2299, 2300, 2301, 2302, 2303, 2304, 2305, 2309, 2316, 2536, 2574, 2727, 2728, 2732, 2973, 2980, 2989, 2990, 2991, 2992, 2993, 2994, 3041, 3042, 3043, 3044, 3045, 3046, 3047, 3048, 3049, 3058, 3069, 3070, 3087, 3090, 3091, 3094, 3096, 3098, 3099, 3118, 3121, 3145, 3263, 3275, 3281, 3301, 3311, 3312, 3313, 3355, 3356, 3418, 3425, 3478, 3489, 3525, 3671, 3674, 3700, 3702, 3898, 3899, 3925, 3926, 4232, 4236, 4257, 4258, 4259, 4260, 4261, 4277, 4295, 4299, 4303, 4306, 4309, 4318, 4419, 4446, 4501, 4507, 4508, 4511, 4516, 4519, 4520, 4521, 4522, 4524, 4525, 4526, 4527, 4531, 4658, 4735, 4818, 4837, 4847, 4898, 4900, 4948, 4957, 4958, 4981, 4994, 4995, 4996)
2003 Ed. (381, 398, 404, 415, 419, 441, 904, 1025, 1032, 1059, 1060, 1061, 2270, 2606, 2612, 2828, 2960, 2961, 2962, 2963, 2964, 2982, 2984, 2988, 3221, 3243, 3252, 3293, 3294, 3355, 3360, 3420, 3459, 3652, 3657, 3874, 3897, 3898, 4209, 4213, 4238, 4239, 4240, 4241, 4242, 4245, 4252, 4257, 4287, 4291, 4295, 4298, 4300, 4308, 4408, 4412, 4413, 4467, 4551, 4646, 4680, 4755, 4852, 4867, 4908, 4910, 4944, 4954, 4955, 4992)
2002 Ed. (273, 367, 368, 378, 451, 453, 457, 458, 459, 460, 473, 474, 494, 497, 864, 948, 950, 960, 1102, 1113, 1116, 1117, 1401, 1402, 1824, 1825, 2063, 2064, 2068, 2120, 2121, 2351, 2352, 2353, 2401, 2737, 2738, 2740, 2741, 2746, 2843, 2844, 2845, 2846, 2847, 2851, 2865, 2868, 2874, 2877, 2881, 2897, 2899, 2902, 2903, 2944, 2946, 2947, 2953, 2961, 2971, 2977, 2978, 2979, 2980, 2981, 3053, 3089, 3091, 3115, 3117, 3118, 3119, 3127, 3197, 3212, 3235, 3236, 3239, 3240, 3252, 3300, 3327, 3341, 3344, 3524, 3528, 3708, 3901, 4072, 4101, 4106, 4107, 4108, 4111, 4112, 4113, 4147, 4148, 4149, 4150, 4155, 4156, 4177, 4196, 4286, 4308, 4366, 4368, 4370, 4373, 4374, 4375, 4377, 4538, 4554, 4627, 4681, 4740, 4763, 4765, 4916, 4918, 4992)
2001 Ed. (1, 2, 9, 10, 274, 277, 284, 285, 341, 370, 371, 396, 397, 401, 402, 411, 547, 548, 549, 550, 660, 661, 666, 667, 703, 977, 978, 992, 993, 997, 998, 1006, 1007, 1028, 1029, 1030, 1031, 1050, 1051, 1084, 1086, 1087, 1106, 1107, 1109, 1110, 1123, 1124, 1126, 1127, 1158, 1201, 1202, 1245, 1262, 1263, 1266, 1267, 1268, 1269, 1284, 1287, 1288, 1289, 1290, 1293, 1294, 1295, 1345, 1346, 1361, 1373, 1375, 1376, 1378, 1396, 1397, 1400, 1411, 1415, 1416, 1418, 1419, 1422, 1424, 1425, 1426, 1428, 1429, 1430, 1431, 1433, 1434, 1435, 1436, 1437, 1438, 1439, 1441, 1491, 1492, 1941, 1942, 1965, 1966, 1967, 1968, 1976, 1979, 1980, 2048, 2049, 2050, 2051, 2055, 2056, 2111, 2112, 2129, 2130, 2131, 2132, 2149, 2150, 2151, 2235, 2260, 2261, 2265, 2286, 2287, 2356, 2357, 2368, 2380, 2381, 2385, 2386, 2387, 2389, 2390, 2391, 2392, 2393, 2394, 2396, 2397, 2398, 2399, 2417, 2452, 2453, 2459, 2460, 2466, 2467, 2472, 2520, 2521,

2522, 2523, 2537, 2538, 2542, 2563, 2564, 2566, 2567, 2572, 2573, 2577, 2580, 2581, 2592, 2593, 2594, 2597, 2604, 2607, 2617, 2618, 2619, 2620, 2623, 2624, 2625, 2626, 2659, 2660, 2663, 2682, 2683, 2684, 2685, 2689, 2690, 2692, 2738, 2739, 2758, 2823, 2828, 2829, 2963, 2964, 2997, 2998, 2999, 3000, 3026, 3027, 3028, 3029, 3032, 3033, 3034, 3035, 3042, 3043, 3046, 3047, 3049, 3069, 3070, 3071, 3072, 3078, 3079, 3082, 3083, 3090, 3091, 3092, 3093, 3094, 3095, 3096, 3097, 3098, 3099, 3103, 3122, 3169, 3170, 3175, 3204, 3205, 3213, 3214, 3225, 3226, 3235, 3236, 3262, 3263, 3287, 3288, 3306, 3307, 3308, 3314, 3327, 3328, 3339, 3354, 3355, 3356, 3357, 3383, 3384, 3385, 3386, 3396, 3397, 3401, 3413, 3414, 3416, 3417, 3418, 3419, 3523, 3525, 3536, 3537, 3538, 3539, 3557, 3567, 3568, 3570, 3571, 3574, 3583, 3584, 3589, 3590, 3606, 3607, 3615, 3616, 3618, 3619, 3632, 3633, 3636, 3637, 3640, 3642, 3643, 3652, 3653, 3660, 3661, 3662, 3663, 3707, 3717, 3732, 3733, 3736, 3737, 3738, 3770, 3771, 3782, 3785, 3787, 3788, 3789, 3790, 3792, 3795, 3796, 3804, 3805, 3807, 3808, 3809, 3810, 3815, 3816, 3827, 3828, 3840, 3841, 3872, 3878, 3879, 3880, 3881, 3883, 3888, 3889, 3892, 3893, 3896, 3897, 3898, 3899, 3903, 3904, 3906, 3907, 3913, 3915, 3916, 3963, 3964, 3966, 3968, 3969, 3993, 3994, 4000, 4011, 4019, 4141, 4144, 4150, 4158, 4165, 4176, 4198, 4199, 4211, 4212, 4224, 4230, 4238, 4239, 4241, 4242, 4247, 4248, 4253, 4254, 4273, 4274, 4286, 4287, 4294, 4295, 4304, 4305, 4327, 4328, 4331, 4332, 4335, 4336, 4360, 4361, 4362, 4363, 4407, 4408, 4415, 4429, 4430, 4431, 4442, 4443, 4445, 4448, 4481, 4482, 4488, 4489, 4515, 4516, 4517, 4518, 4532, 4552, 4570, 4571, 4582, 4583, 4584, 4595, 4599, 4600, 4633, 4634, 4637, 4642, 4643, 4646, 4653, 4654, 4658, 4659, 4660, 4683, 4709, 4726, 4727, 4728, 4729, 4735, 4737, 4738, 4739, 4794, 4798, 4808, 4809, 4810, 4811, 4812, 4813, 4814, 4815, 4820, 4821, 4822, 4823, 4824, 4825, 4826, 4827, 4832, 4833, 4863, 4868, 4912, 4913, 4917, 4918, 4928, 4930, 4932, 4935, 4937, 4938)
2000 Ed. (276, 1005, 1128, 1317, 1318, 1378, 1906, 2454, 2645, 2658, 2659, 2939, 2956, 2960, 2962, 2963, 3005, 3006, 3008, 3009, 3557, 3558, 3831, 3867, 4015, 4016, 4024, 4025, 4102, 4106, 4107, 4108, 4109, 4112, 4114, 4115, 4269, 4289, 4299, 4355, 4398, 4399, 4400, 4401)
1999 Ed. (738, 981, 983, 984, 1058, 1145, 1209, 1211, 1457, 1458, 1535, 1859, 2587, 2911, 3196, 3217, 3221, 3223, 3224, 3258, 3267, 3268, 3269, 3270, 3271, 3892, 4121, 4152, 4411, 4413, 4414, 4415, 4416, 4417, 4419, 4421, 4423, 4426, 4427, 4428, 4431, 4434, 4435, 4436, 4437, 4438, 4443, 4446, 4455, 4456, 4457, 4458, 4459, 4461, 4462, 4463, 4464, 4465, 4467, 4468, 4664, 4726, 4775, 4776, 4777)
1998 Ed. (179, 210, 481, 671, 725, 732, 1024, 1025, 1109, 1322, 1536, 1702, 1830, 1928, 2069, 2112, 2113, 2366, 2384, 2401, 2404, 2415, 2416, 2417, 2418, 2438, 2452, 2459, 2883, 2901, 3105, 3168, 3373, 3378, 3379, 3380, 3389, 3393, 3394, 3396, 3397, 3398, 3620, 3683, 3727, 3728, 3729, 3732, 3759)
1997 Ed. (929, 1247, 1249, 1283, 2137, 2351, 2637, 2648, 2655, 2681, 3131, 3363, 3389, 3563, 3565, 3572, 3573, 3575, 3576, 3577, 3578, 3579, 3580, 3581, 3585, 3586, 3587, 3589, 3590, 3591, 3592, 3598, 3607, 3613, 3614, 3615, 3616, 3617, 3618, 3619, 3620, 3624, 3850, 3888, 3892, 3895, 3898, 3915)
1996 Ed. (898, 1201, 1203, 1237, 1644, 1720, 1721, 2015, 2090, 2216, 2217, 2218, 2219, 2220, 2495, 2506, 2516, 2536, 2701, 2729, 3254, 3264, 3292, 3511, 3521, 3522, 3523, 3524, 3527, 3530, 3531, 3532, 3533, 3534, 3535, 3536, 3537, 3538, 3539, 3540, 3541, 3545, 3546, 3547, 3549, 3550, 3551, 3552, 3558, 3563, 3567, 3568, 3573, 3574, 3575, 3576, 3577, 3743, 3798, 3840, 3843, 3847, 3850)
1995 Ed. (918, 947, 1230, 1231, 1281, 1993, 2199, 2200, 2201, 2204, 2269, 2449, 2458, 2468, 2479, 2481, 2623, 3171, 3192, 3299, 3448, 3451, 3452, 3453, 3454, 3455, 3456, 3457, 3458, 3459, 3460, 3465, 3468, 3469, 3470, 3471, 3477, 3482, 3486, 3487, 3493, 3494, 3495, 3498, 3501, 3502, 3665, 3712, 3741, 3743, 3748, 3751)
1994 Ed. (749, 1214, 1216, 1258, 1968, 2155, 2156, 2157, 2158, 2370, 2377, 2387, 2401, 2405, 2556, 2568, 3028, 3119, 3149, 3217, 3375, 3378, 3379, 3380, 3381, 3382, 3383, 3384, 3385, 3386, 3387, 3388, 3393, 3394, 3397, 3398, 3399, 3400, 3406, 3411, 3415, 3416, 3421, 3422, 3423, 3424, 3425, 3426, 3427, 3638)
1993 Ed. (724, 744, 870, 1190, 1195, 1220, 1501, 1946, 2125, 2126, 2127, 2128, 2426, 2437, 2440, 2460, 2585, 2586, 2608, 3058, 3108, 3222, 3353, 3396, 3397, 3400, 3401, 3402, 3408, 3409, 3410, 3416, 3424, 3429, 3430, 3431, 3432, 3433, 3434, 3435, 3436, 3437, 3439, 3440, 3441, 3505, 3661, 3678, 3709, 3712, 3715)
1992 Ed. (1, 439, 441, 908, 933, 967, 968, 969, 970, 971, 972, 973, 974, 975, 976, 977, 978, 1079, 1468, 1481, 2279, 2286, 2339, 2340, 2559, 2560, 2561, 2562, 2849, 2862, 2866, 2875, 2878, 2920, 2942, 2943, 2944, 2945, 2946, 2947, 3106, 3118, 3359, 3484, 3750, 3812, 4014, 4075, 4086, 4088, 4091, 4092, 4093, 4094, 4099, 4100, 4101, 4102, 4108, 4116, 4118, 4121, 4122, 4123, 4124, 4125, 4126, 4130, 4344, 4386, 4406, 4448, 4451, 4454, 4481)
1991 Ed. (1, 320, 726, 787, 788, 790, 791, 792, 795, 796, 797, 881, 1155, 1157, 1651, 1811, 2084, 2163, 2314, 2360, 2361, 2362, 2363, 2364, 2365, 2396, 2397, 2475, 2476, 2485, 2511, 2512, 2514, 2768, 3177, 3183, 3187, 3188, 3190, 3191, 3346, 3460)
1990 Ed. (354, 356, 744, 826, 828, 830, 832, 833, 834, 1237, 2147, 2219, 2223, 2409, 2448, 2450, 2492, 2493, 2494, 2495, 2496, 2512, 2575, 3068, 3110, 3279, 3280, 3281, 3282, 3344, 3345, 3346, 3361, 3367, 3372, 3377, 3378, 3379, 3380, 3386, 3390, 3391, 3392, 3393, 3395, 3398, 3399, 3400, 3401, 3402, 3406, 3407, 3408, 3411, 3417, 3506, 3606, 3649)
1989 Ed. (201, 310, 318, 741, 746, 869, 1190, 1507, 1649, 1650, 1668, 1736, 1887, 1908, 1909, 1910, 2242, 2529, 2531, 2532, 2557, 2612, 2614, 2621, 2846, 2847, 2895, 2930)

Pennsylvania Academy of the Fine Arts
1998 Ed. (2688)

Pennsylvania Aviation Inc.
1990 Ed. (238)

Pennsylvania Brewing
1996 Ed. (2631)
1992 Ed. (927)

Pennsylvania Business Campus
1996 Ed. (2251)
1995 Ed. (2242)
1994 Ed. (2190)

Pennsylvania Capital Advisors
2001 Ed. (903)

Pennsylvania Convention Center
1999 Ed. (1419)

Pennsylvania Convention Center Authority
1997 Ed. (2844)
1991 Ed. (2527)

Pennsylvania Cyber Charter School
2008 Ed. (2035)

Pennsylvania Department of Corrections
2001 Ed. (2486)
1997 Ed. (2056)
1996 Ed. (1953)
1995 Ed. (1917)
1994 Ed. (1889)

Pennsylvania Dept. of Corrections
2000 Ed. (3617)
1992 Ed. (3703)

Pennsylvania Dutch Candy
1992 Ed. (1044)

Pennsylvania Employees
2008 Ed. (2295, 2302, 2303, 2304, 2306, 2307, 2312)
2007 Ed. (2175, 2180, 2181, 2182, 2190)
2003 Ed. (1980, 1984)
2002 Ed. (3613)
2001 Ed. (3669, 3678)
2000 Ed. (3440, 3444)

Pennsylvania Engineering & Manufacturing
1999 Ed. (948)
1997 Ed. (229)

Pennsylvania Higher Education Facilities Agency
2001 Ed. (902)

Pennsylvania Higher Education Facilities Auth.
1999 Ed. (3483)

Pennsylvania Higher Education Facilities Authority
1998 Ed. (3159)
1993 Ed. (3100)
1989 Ed. (739)

Pennsylvania Hospital
1992 Ed. (2463)
1991 Ed. (1936)
1990 Ed. (2059)

Pennsylvania; Hospital of the University of
2006 Ed. (2902)
2005 Ed. (2896, 2898, 2905, 2907)

Pennsylvania Housing Finance Agency
2001 Ed. (902)
2000 Ed. (2592)
1999 Ed. (2818)
1996 Ed. (2211)
1995 Ed. (2192)

Pennsylvania Industrial Development Authority
1999 Ed. (2844)
1997 Ed. (2363)
1993 Ed. (1544)

Pennsylvania Intergovernment Cooperative
2001 Ed. (902)

Pennsylvania Manufacturer's Association Insurance Inc.
1992 Ed. (2696)

Pennsylvania Merchant Group Ltd.
1998 Ed. (530)

Pennsylvania Mutual
2003 Ed. (3516)
1990 Ed. (2390)

Pennsylvania Mutual Investment
2008 Ed. (4512)
2007 Ed. (4545)
2006 Ed. (3603, 4554)
2005 Ed. (3550)
2004 Ed. (3571)

Pennsylvania/New Jersey/New York/Ohio
1996 Ed. (365)

Pennsylvania P & L
1989 Ed. (1298)

Pennsylvania Power & Light Co.
1998 Ed. (1385)
1996 Ed. (1617)
1995 Ed. (1639, 1640, 3360)
1994 Ed. (1597, 1598, 3279)
1993 Ed. (1558, 3288)
1992 Ed. (1900, 1901)
1991 Ed. (1499)
1990 Ed. (1602)
1989 Ed. (1141)

Pennsylvania Public School
2000 Ed. (3443)
1997 Ed. (3019, 3021, 3023)
1996 Ed. (2931, 2932, 2933)

Pennsylvania Public School Employees Retirement System
2004 Ed. (2025)
1991 Ed. (2690, 2694)

Pennsylvania Real Estate Investment Trust
2000 Ed. (3730)

Pennsylvania Recreation Vehicle & Camping Show; Annual
2007 Ed. (4800)

Pennsylvania RV & Camping Show
2008 Ed. (4720)

Pennsylvania School
1994 Ed. (2760, 2762)

Pennsylvania School Employees
2008 Ed. (2299, 2301, 2303, 2304, 2306)
2007 Ed. (2177, 2178, 2179, 2180, 2189)
2003 Ed. (1984)
2002 Ed. (3613)
2001 Ed. (3676, 3678)
1995 Ed. (2854)

Pennsylvania, School of Medicine; University of
2007 Ed. (3953)

Pennsylvania Securities Commission
2002 Ed. (4844)

Pennsylvania State
1989 Ed. (958)

Pennsylvania State Employees
2000 Ed. (1628)
1996 Ed. (1503)

Pennsylvania State Employees Credit Union
2008 Ed. (2210, 2255)
2007 Ed. (2098, 2140)
2006 Ed. (2219)
2005 Ed. (2047, 2065, 2124)
2004 Ed. (1926, 1982)
2003 Ed. (1887, 1902, 1942)
2002 Ed. (1843, 1888)
2001 Ed. (1961)
1998 Ed. (1222, 1224, 1228)
1997 Ed. (1566, 1567)
1996 Ed. (1502)

Pennsylvania State Employees CU
1999 Ed. (1799, 1801)

Pennsylvania State Employees Retirement System
2004 Ed. (2028, 2033)
1991 Ed. (2691)

Pennsylvania State University
2007 Ed. (4597)
2006 Ed. (704, 3957)
2005 Ed. (797)

2004 Ed. (830, 2669)
2002 Ed. (901, 1030, 1031, 1033, 1034, 3980, 3981)
2001 Ed. (1330, 2488)
2000 Ed. (931, 1035, 1147, 1834, 1836, 1837)
1999 Ed. (1107, 1237, 1238, 4046)
1998 Ed. (712, 811, 3161)
1997 Ed. (968, 1068)
1996 Ed. (946, 1050, 3288)
1995 Ed. (969, 1071, 1709, 3187, 3189)
1994 Ed. (1060, 3046)
1992 Ed. (1094, 3663, 3803)
1991 Ed. (2928)
1990 Ed. (2053)
Pennsylvania State University at University Park
1999 Ed. (2043, 2044, 2046)
1998 Ed. (1466)
1997 Ed. (1773)
Pennsylvania State University, Smeal
1994 Ed. (816)
Pennsylvania State University, Smeal School of Business
2008 Ed. (182, 799)
2007 Ed. (827)
2006 Ed. (727)
Pennsylvania Turnpike Commission
1993 Ed. (3623)
1991 Ed. (3421)
Pennsylvania University
2003 Ed. (793)
2002 Ed. (898)
Pennsylvania; University of
2008 Ed. (181, 776, 783, 785, 1059, 1064, 3166, 3169, 3176, 3181, 3431, 3640)
2007 Ed. (806, 1181, 2848, 3052, 3330, 3468)
2006 Ed. (721, 730, 732, 734, 736, 739, 2337, 3019)
2005 Ed. (801, 1063, 3266, 3440)
1997 Ed. (850, 851, 852, 855, 857, 861, 862, 969, 1063, 1069, 2602)
1996 Ed. (837, 947, 1051)
1995 Ed. (969, 970, 1063, 1066, 1071, 1072, 2422)
1994 Ed. (938, 1713)
1993 Ed. (924, 1031, 2407)
1992 Ed. (998, 999, 1001, 1002, 1003, 1005, 1006, 1007, 1008, 1093, 1280, 2463, 2848, 3257, 3803)
1991 Ed. (816, 819, 820, 821, 823, 824, 1569, 1936, 2295, 2402)
Pennsylvania University, Wharton School of Business
2004 Ed. (808, 813, 814, 815, 816, 817, 818)
Pennsylvania, Wharton School of Business; University of
2008 Ed. (770, 772, 773, 780, 788, 789, 790, 791, 792, 793, 794, 795, 797, 798, 800)
2007 Ed. (797, 798, 810, 814, 818, 820, 822, 825, 828, 830, 834)
2006 Ed. (693, 702, 707, 708, 709, 710, 711, 712, 718, 728)
2005 Ed. (798, 803, 804, 805, 806, 807, 809, 815)
Pennsylvania, Wharton; University of
1996 Ed. (838, 839, 841, 842, 844, 845, 846, 847, 848, 849)
1994 Ed. (806, 807, 808, 809, 811, 813, 814, 815, 817, 818)
1993 Ed. (796, 797, 798, 800, 802, 804, 805, 806)
1992 Ed. (997, 1009)
1991 Ed. (814)
Pennwalt Corp.
1991 Ed. (1169)
1990 Ed. (942, 948)
Penny/Ohlmann/Neiman
1989 Ed. (62)
Penny Streeter
2007 Ed. (2465)
Penny Tattersall
2000 Ed. (2089)
Pennzoil
2001 Ed. (3392)
2000 Ed. (3015)
1999 Ed. (347, 348, 1489, 3277, 4693)
1998 Ed. (239, 242)
1997 Ed. (317, 318)
1996 Ed. (340, 341)
1995 Ed. (326, 2754)
1994 Ed. (329, 330)
1993 Ed. (342, 343)
1992 Ed. (469, 470)
1991 Ed. (338)
1990 Ed. (388, 1297)
1989 Ed. (338, 339, 2209, 2644)
Pennzoil Motor Oil
1990 Ed. (3037)
1989 Ed. (2326)
Pennzoil-Quaker State Co.
2004 Ed. (1534, 3828, 3829, 4916)
2003 Ed. (3847, 4923, 4924)
2002 Ed. (4894)
Pennzoil Ten Minute
2008 Ed. (333)
2007 Ed. (346)
2006 Ed. (361)
2005 Ed. (349)
2003 Ed. (364)
2001 Ed. (531)
Pennzoil 10-Minute Oil Change
2008 Ed. (322)
2007 Ed. (335)
2006 Ed. (350)
2002 Ed. (418)
Pennzoil 10W-40 Motor Oil
1989 Ed. (2324)
Penobscot Cleaning Service Inc.
2007 Ed. (767)
Penobscot Cleaning Services Inc.
2008 Ed. (861, 862, 4788)
Penoles
1998 Ed. (3305)
Penril Corp.
1992 Ed. (317)
Penrith Rugby League Club
2004 Ed. (3949)
Penrock Financial Services Corp.
2002 Ed. (3551, 3557)
Penrose-St. Francis Health Services
2006 Ed. (2899)
Pens
2003 Ed. (3675)
Pens & pencils
2002 Ed. (3536)
Pens/pencils
1994 Ed. (1967)
1993 Ed. (1941)
1992 Ed. (2283)
Pensacola, FL
2007 Ed. (3001)
2001 Ed. (2281)
Pensacola NADEP
1996 Ed. (2643)
Pensacola Regional Airport
2002 Ed. (275)
2000 Ed. (273)
1999 Ed. (248)
1998 Ed. (145)
Pensacola Suzuki
1994 Ed. (285)
Pensacola Training Center
1996 Ed. (2643)
Pensare
2002 Ed. (2474)
Pension Consulting
2008 Ed. (2290)
Pension Consulting Alliance
2008 Ed. (2710, 2711)
Pension Fund Association
2008 Ed. (3870)
2007 Ed. (3796)
Pension Funds
2000 Ed. (772, 2646)
1991 Ed. (2818)
Pension Management Co. Fixed Income
2003 Ed. (3123)
Pension Plan
2000 Ed. (1781)
1992 Ed. (2234, 2235)
Pension Plus
2006 Ed. (3110)
Pension Portfolio Advisors
1995 Ed. (2389)
Pension/retirement annuity plan
1994 Ed. (338)
Pension Trust Fund
1999 Ed. (2891)
Pension Welfare Service
1993 Ed. (2786)
Pensiondanmark A/S
2008 Ed. (1704)
Pensions
2002 Ed. (2266)
1993 Ed. (2365, 3051)
Pensions & Investments
2007 Ed. (158, 160)
Penske Corp.
2005 Ed. (3916)
2004 Ed. (3972)
2001 Ed. (1256)
2000 Ed. (1103)
1999 Ed. (1187)
1998 Ed. (752)
1997 Ed. (1013)
1996 Ed. (989)
1995 Ed. (1002)
1991 Ed. (968)
1990 Ed. (1039)
Penske Auto Center
1990 Ed. (347)
Penske Auto Centers
2001 Ed. (4539, 4541, 4543)
Penske Automotive Group
2006 Ed. (333, 348)
2002 Ed. (350)
2001 Ed. (443)
2000 Ed. (329)
1998 Ed. (205)
Penske Cadillac
1994 Ed. (264)
1993 Ed. (295)
1991 Ed. (305)
Penske Cadillac, Roger
1992 Ed. (410)
1990 Ed. (338)
Penske Cadillac Sterling
1990 Ed. (319)
Penske Chevrolet; David
1993 Ed. (296)
1992 Ed. (411)
Penske Dedicated Logistics
1998 Ed. (3633)
Penske Honda
1996 Ed. (272)
1991 Ed. (279)
1990 Ed. (326)
Penske Honda-Downey
1992 Ed. (384)
Penske Honda Westminster
1992 Ed. (384)
Penske Logistics Inc.
2008 Ed. (4739)
2007 Ed. (1335, 3389, 4812)
2006 Ed. (4795, 4834)
2005 Ed. (3340, 4744, 4761, 4762, 4783)
2004 Ed. (4767, 4791)
2003 Ed. (4782, 4802, 4803, 4804)
2002 Ed. (1225, 4687)
2000 Ed. (4311, 4318)
1999 Ed. (1351, 4674)
Penske Motorcars
2008 Ed. (320)
2002 Ed. (370)
Penske Racing South
2007 Ed. (327)
Penske; Roger
2008 Ed. (952)
Penske; Roger S.
2006 Ed. (4905)
1991 Ed. (2462)
Penske Transportation Services Inc.
2002 Ed. (4687)
2000 Ed. (4318)
Penske Truck Leasing Co.
2008 Ed. (316, 3198, 4743)
2007 Ed. (329, 4816)
2006 Ed. (4799, 4805)
2005 Ed. (330, 4750, 4754)
2004 Ed. (4777)
2003 Ed. (346, 4791)
2000 Ed. (4314)
1999 Ed. (4678)
1997 Ed. (3800, 3803)
1996 Ed. (3750, 3753)
1995 Ed. (2620)
1990 Ed. (2618)
Penske Truck Leasing Co. LP
2001 Ed. (500, 501)
Pensylvania
1991 Ed. (322)
Penta
1999 Ed. (1092, 1093)
1996 Ed. (933)
The Penta Building Group Inc.
2008 Ed. (1315)
2007 Ed. (1380)
2006 Ed. (1327)
Penta Chemicals
2002 Ed. (1004, 1005)
Penta ex-AGF Allianz
2007 Ed. (3110)
Penta-Ocean Construction Co. Ltd.
2000 Ed. (1291)
1997 Ed. (1193)
Pentafour Software
2002 Ed. (4426)
Pentafour Software & Exports
1997 Ed. (1106)
Pentafour Software &Exports
2000 Ed. (1177)
Pentagon
2000 Ed. (1627, 1628)
1990 Ed. (1458)
Pentagon Credit Union
2008 Ed. (2214, 2215, 2265)
2007 Ed. (2099, 2100, 2150)
2006 Ed. (2171, 2175, 2176, 2229)
2005 Ed. (2066, 2077, 2081, 2082, 2134)
2004 Ed. (1941, 1942, 1992)
2003 Ed. (1901, 1902, 1952)
2002 Ed. (1841, 1843, 1898)
Pentagon education loans and overpayments
1989 Ed. (1220)
Pentagon FCU
1999 Ed. (1799, 1801, 1802, 1803)
Pentagon Federal Credit Union
2006 Ed. (1961)
2005 Ed. (2047, 2060, 2061)
2002 Ed. (1842)
2001 Ed. (1960, 1961)
1998 Ed. (1220, 1221, 1222, 1223, 1224, 1225, 1228, 1229, 1230)
1997 Ed. (1558, 1560, 1562, 1564, 1566, 1567, 1568)
1996 Ed. (1497, 1498, 1499, 1500, 1501, 1502, 1503, 1509, 1512)
1995 Ed. (1534, 1536)
1994 Ed. (1502)
1993 Ed. (1447, 1450)
1992 Ed. (1754, 3262)
1991 Ed. (1394)
Pentagram
1995 Ed. (2225, 2226, 2227, 2228, 2229)
1994 Ed. (2175)
1992 Ed. (2588, 2589)
1991 Ed. (2014)
1990 Ed. (1670, 2170)
Pentagram Design
1993 Ed. (2158)
Pentair Inc.
2007 Ed. (2978)
2006 Ed. (1885, 2289, 2961, 3344)
2005 Ed. (3347, 3348)
2004 Ed. (3322, 3323)
2003 Ed. (3269, 3270)
2002 Ed. (2082)
1997 Ed. (1272)
1995 Ed. (1285, 1459)
1994 Ed. (1422)
1993 Ed. (1369)
1992 Ed. (1236)
1991 Ed. (2670, 2470)
1990 Ed. (2174, 2762)
1989 Ed. (1654, 2114)
PentaMark
2003 Ed. (168)
PentaSafe
2004 Ed. (4829)
Pentasena Arthasentosa
1996 Ed. (3377)
PentaStar Communications Inc.
2004 Ed. (3664)

Pentax Corp.
2003 Ed. (1680)
2000 Ed. (966)
1999 Ed. (1012, 1013)
1998 Ed. (611)
1996 Ed. (868, 3035)
1995 Ed. (2937)
1994 Ed. (2873, 2874)
1991 Ed. (846)
Pente Hills Mitsubishi
1992 Ed. (392)
Pentech
2000 Ed. (3426)
Pentech International
1990 Ed. (1974, 1975, 3303)
1989 Ed. (1569, 1570, 2496, 2497)
Pentel
2000 Ed. (3426, 4116)
1999 Ed. (4469, 4470)
1998 Ed. (3399)
1997 Ed. (3625, 3626)
1996 Ed. (3583, 3584)
1995 Ed. (3507)
1994 Ed. (3429)
1992 Ed. (4131, 4132)
Penthouse
2003 Ed. (3275)
2001 Ed. (3195, 3198)
1998 Ed. (72)
1994 Ed. (2784)
1993 Ed. (2791, 2792, 2805)
1992 Ed. (3383)
Pentland Group
1996 Ed. (1356, 1365)
Pentland Group plc
2002 Ed. (36)
Pento
2001 Ed. (2642, 2644)
Penton Media, Inc.
2004 Ed. (4754)
2003 Ed. (1424, 3350, 4777)
2002 Ed. (4645)
2001 Ed. (247, 4612)
Penton Press
2001 Ed. (3890)
Penwalt Pharmaceuticals
1990 Ed. (948)
Penzoil
2000 Ed. (355)
1991 Ed. (2723)
Peon; Ricardo
1996 Ed. (1904)
People
2008 Ed. (151, 153, 3532, 3533)
2007 Ed. (127, 138, 140, 142, 144, 146, 149, 151, 168, 170, 3403)
2006 Ed. (146, 148, 150, 152, 154, 157, 159, 3347)
2005 Ed. (136, 145, 146, 3361)
2004 Ed. (147, 148, 3336)
2001 Ed. (257, 260, 1231, 3192, 3194, 3195, 3196)
2000 Ed. (203, 3472, 3476, 3481, 3491, 3493)
1999 Ed. (3751, 3752, 3753, 3764, 3766, 3769, 3770)
1998 Ed. (70, 72, 1343, 2782, 2783, 2784, 2787, 2797, 2798)
1997 Ed. (3035, 3038, 3039, 3041, 3045, 3048, 3049)
1996 Ed. (2957, 2958, 2959, 2962, 2964, 2965)
1995 Ed. (2890)
1994 Ed. (2782, 2783, 2784, 2793, 2794, 2797, 2798, 2803)
1993 Ed. (2789, 2790, 2791, 2796, 2797, 2802, 2804, 2807)
1992 Ed. (3370, 3371, 3375, 3379, 3388)
1991 Ed. (2701, 2702, 2707, 2710)
1990 Ed. (2801)
1989 Ed. (2180, 2181, 2182)
People & Grey
1991 Ed. (107)
1990 Ed. (109)
People en Espanol
2007 Ed. (128)
2006 Ed. (134)
2005 Ed. (131, 3360)
2002 Ed. (3227)
2000 Ed. (4086)
People Express
1989 Ed. (237)
People Management
2002 Ed. (3634)
People Meters
1989 Ed. (2043)
People Soft
2000 Ed. (2504)
1997 Ed. (1086)
People Soft Software
2000 Ed. (2505)
People Telecom
2006 Ed. (1555)
People Weekly
2004 Ed. (3337)
2003 Ed. (191, 3275)
2002 Ed. (221)
2001 Ed. (248, 3198, 3710, 4887)
2000 Ed. (3461, 3475)
1996 Ed. (2971)
1995 Ed. (2882, 2886)
1994 Ed. (2790, 2801, 2804, 2805)
1992 Ed. (3383, 3391, 3392, 3393)
1991 Ed. (3246)
1990 Ed. (2798, 2800)
1989 Ed. (180, 185, 2172, 2175)
Peoplease Corp.
2004 Ed. (1856)
2003 Ed. (1820)
Peopleclick
2006 Ed. (3976)
Peoplefeeders
1989 Ed. (2234)
Peoplelink
2007 Ed. (2357)
PeoplePC Inc.
2005 Ed. (1553)
Peoples
1991 Ed. (1460)
1990 Ed. (1555)
1989 Ed. (1266, 1267, 1268)
Peoples Bancorp Inc.
2007 Ed. (2229)
Peoples Bancorp of Worcester
1995 Ed. (3612)
People's Bancshares
2003 Ed. (516, 517)
2002 Ed. (485, 486)
People's Bank
2008 Ed. (1693)
2007 Ed. (383, 424, 2218, 2222)
2006 Ed. (428, 2284, 2289)
2005 Ed. (481, 630)
2004 Ed. (473, 640, 641)
2003 Ed. (478, 613)
2001 Ed. (437)
2000 Ed. (666)
1999 Ed. (442, 640)
1998 Ed. (335, 3526, 3539)
1997 Ed. (618)
1996 Ed. (684)
1995 Ed. (610, 3303)
1994 Ed. (637, 3225)
1992 Ed. (506, 838)
1991 Ed. (363, 665)
1990 Ed. (420, 524, 545, 689)
1989 Ed. (210, 509, 680, 2831)
People's Bank & Trust Co.
2005 Ed. (523)
People's Bank of California
1999 Ed. (4142)
Peoples Bank of Zanzibar Ltd.
1991 Ed. (674)
People's Choice TV
1999 Ed. (999)
1997 Ed. (872, 3913, 3914)
1995 Ed. (3201, 3777)
People's Community Capital Corp.
2002 Ed. (3548, 3550)
Peoples Community Credit Union
2002 Ed. (1826)
People's Construction Bank of China
1999 Ed. (517)
1997 Ed. (411, 438, 2392)
1996 Ed. (446, 474)
1995 Ed. (422, 445)
1994 Ed. (426, 453)
1993 Ed. (353, 426, 452, 634)
The Peoples Credit Union
2008 Ed. (2257, 2268)
2007 Ed. (2142, 2153)
2006 Ed. (2221, 2232)
2005 Ed. (2126, 2137)
2004 Ed. (1984, 1995)
2003 Ed. (1944, 1955)
2002 Ed. (1890, 1900)
Peoples Energy Corp.
2008 Ed. (2812)
2006 Ed. (2688, 2689, 2692)
2005 Ed. (2394, 2713, 2714, 2726, 2728, 3587, 3588, 3769)
2004 Ed. (2723, 2724, 3669, 3670)
2003 Ed. (3811, 3814)
2001 Ed. (3946)
1999 Ed. (3593)
1998 Ed. (2664)
1997 Ed. (2926)
1996 Ed. (2822)
1995 Ed. (2755)
1994 Ed. (2653)
1993 Ed. (1918, 2702, 3463)
1992 Ed. (3214)
1991 Ed. (2572, 2575)
1990 Ed. (2668, 2671)
1989 Ed. (2036)
Peoples First
1990 Ed. (666)
Peoples First Community Bank
2007 Ed. (4244)
2006 Ed. (4230)
2005 Ed. (4178)
2004 Ed. (4245)
2003 Ed. (4270)
2002 Ed. (4126, 4622)
2000 Ed. (4249)
1999 Ed. (4599)
1998 Ed. (3138, 3540)
People's Friend
2000 Ed. (3503)
Peoples Gas, Light & Coke Co.
2005 Ed. (2724)
1993 Ed. (1933)
1992 Ed. (2271, 2272, 3467)
1991 Ed. (1802, 1805)
1990 Ed. (1887)
Peoples Gas System
2000 Ed. (2318)
1999 Ed. (2582)
1998 Ed. (1822, 2966)
Peoples Heritage Bank
2001 Ed. (830)
Peoples Heritage Finance
1993 Ed. (3276)
Peoples Heritage Finance Group
1994 Ed. (3225, 3266)
Peoples Heritage Financial Group, Inc.
2001 Ed. (437, 622, 4523)
1995 Ed. (3347)
Peoples Heritage Savings Bank
1998 Ed. (3533, 3548)
People's Insurance Co. of China
1999 Ed. (2885)
1997 Ed. (2392)
Peoples Jewellers
1994 Ed. (3366)
1992 Ed. (4036)
Peoples Mutual
2000 Ed. (2486)
1995 Ed. (566)
People's Mutual Holdings
2006 Ed. (403)
2005 Ed. (2046)
Peoples National Bank
2006 Ed. (453)
2005 Ed. (520, 521, 522)
1989 Ed. (216)
People's National-Littleton
1993 Ed. (592)
People's Republic of China
1990 Ed. (1965)
Peoples Savings & Loan Association
1990 Ed. (3592)
Peoples Savings Association FA
1990 Ed. (3587)
Peoples State Bank
2002 Ed. (551)
2001 Ed. (620)
1999 Ed. (502)
1998 Ed. (347)
1994 Ed. (511)
1993 Ed. (506)
1989 Ed. (557)
Peoples Telephone Co. Inc.
2001 Ed. (3333)
1996 Ed. (2918)
1995 Ed. (3560)
1994 Ed. (3493)
1993 Ed. (2775)
Peoples Telephone Company
1992 Ed. (4207)
People's Weekly World
2002 Ed. (3503)
Peoples Westch., SB
1992 Ed. (4291)
Peoples Westchester Savings Bank
1995 Ed. (1232, 1240)
PeoplesChoice Credit Union
2008 Ed. (2236)
PeopleSoft Inc.
2006 Ed. (1120, 1125, 1127, 4793)
2005 Ed. (1130, 1131, 1133, 1135, 1136, 2343)
2004 Ed. (1122, 1123, 1124, 1125, 1126, 1128, 1130, 2207, 2212, 3016)
2003 Ed. (1105, 1107, 1108, 1109, 1112, 1113, 1118, 1714, 2165, 2172, 2243, 4569)
2002 Ed. (1146, 1147, 1150, 2078, 2098, 2811)
2001 Ed. (1359, 1363, 1369)
2000 Ed. (1175, 1178, 1346, 1735, 2394, 4128)
1999 Ed. (1956, 2048, 4486, 4525)
1998 Ed. (843, 3409)
1997 Ed. (1108, 2167, 2212)
1996 Ed. (1089, 1277)
1994 Ed. (2016, 3324)
PeopleSoft Global Services
2005 Ed. (4810)
Peoplestel
2007 Ed. (30)
2006 Ed. (39)
2005 Ed. (32)
2004 Ed. (39)
PeopleSupport
2008 Ed. (2861)
2007 Ed. (2731)
Peoria, IL
2008 Ed. (2189)
2006 Ed. (2129)
2005 Ed. (2026, 2379)
2003 Ed. (1871)
1993 Ed. (2542)
1992 Ed. (2541, 3034)
1991 Ed. (2429)
1990 Ed. (1004)
1989 Ed. (1904)
Peoria Journal-Star
1991 Ed. (2601)
1990 Ed. (2701)
1989 Ed. (2055)
Peoria-Pekin, IL
1998 Ed. (176, 733)
PEP Botswana Holdings Ltd.
2002 Ed. (4388)
Pep Boys
1999 Ed. (362, 1875)
1998 Ed. (247, 1301, 3345, 3346, 3347)
1997 Ed. (325, 1635, 3550)
1996 Ed. (354, 3484, 3486)
1995 Ed. (336)
1994 Ed. (336)
1992 Ed. (486)
1991 Ed. (357)
1990 Ed. (407)
1989 Ed. (351, 2328)
The Pep Boys—Manny, Moe & Jack Inc.
2008 Ed. (324, 325, 326)
2007 Ed. (320, 338, 339, 340, 4186)
2006 Ed. (329, 352, 354)
2005 Ed. (273, 311, 314, 315, 336)
2004 Ed. (266, 315, 316)
2003 Ed. (307, 887)
2002 Ed. (421)
2001 Ed. (496, 497, 532, 540, 4099)
1991 Ed. (336)
1990 Ed. (399)
Pepcid
2005 Ed. (255)
2004 Ed. (250)
2003 Ed. (3781)
2002 Ed. (322)
2001 Ed. (388, 2109, 2110)

1992 Ed. (339)
Pepcid AC
2008 Ed. (256)
2007 Ed. (279)
2006 Ed. (274)
2004 Ed. (251)
2003 Ed. (283)
2001 Ed. (387)
2000 Ed. (304, 1703)
1999 Ed. (279, 1905)
1998 Ed. (173, 174, 175, 1350, 2669)
Pepcid Antacid
2008 Ed. (2380)
Pepcid Complete
2008 Ed. (2380)
2004 Ed. (249, 251)
Pepcid Tabs & Susp
1991 Ed. (1473)
Pepco
2007 Ed. (2059)
2006 Ed. (2104)
Pepco Community Development Inc.
2004 Ed. (1885)
Pepco Holdings Inc.
2008 Ed. (2168, 2170, 2172, 2509, 3685)
2007 Ed. (2059, 2061, 2064, 2398)
2006 Ed. (2104, 2108, 2112, 2115, 2447)
2005 Ed. (171, 1612, 2003, 2005, 2009, 2011, 2013, 2309, 2310, 2414)
2004 Ed. (1886, 1887)
Pepe
1999 Ed. (791, 3128)
1990 Ed. (2406)
Pepe Group PLC
1995 Ed. (1013)
Pepe Lopez
2004 Ed. (4699)
2003 Ed. (4721)
2002 Ed. (4604)
2001 Ed. (4503)
2000 Ed. (4233)
1999 Ed. (4579)
1998 Ed. (3508, 3509)
1997 Ed. (3729)
1996 Ed. (3670)
1995 Ed. (3590, 3594)
1994 Ed. (3505)
1993 Ed. (3546)
1992 Ed. (4262)
1991 Ed. (3336)
Peperami
2008 Ed. (713)
Pepe's Mexican Restaurants
2008 Ed. (4187)
2005 Ed. (4079)
2004 Ed. (4140)
2003 Ed. (4129)
2002 Ed. (4024)
Pepito
1999 Ed. (4620)
Pepper
2003 Ed. (4507)
2002 Ed. (4337)
1994 Ed. (3358)
1991 Ed. (3123)
Pepper Construction
2008 Ed. (1244)
2002 Ed. (1230)
2001 Ed. (2671)
1996 Ed. (3429)
1995 Ed. (3375, 3376)
1989 Ed. (1010)
Pepper Construction Group
2008 Ed. (1295, 1329)
2007 Ed. (1386)
2006 Ed. (1308, 1310, 1337)
2002 Ed. (1182)
Pepper Cos.
2000 Ed. (2417)
1999 Ed. (1326, 1380, 1383)
1998 Ed. (959)
1997 Ed. (1160, 3516)
1996 Ed. (1131)
1995 Ed. (1136, 1146, 1175)
1994 Ed. (1138, 1156)
1993 Ed. (1098, 1122, 1149, 3309)
1992 Ed. (1371, 1434)
1991 Ed. (3121)
1990 Ed. (1176, 1210)
Pepper Hamilton
2000 Ed. (2902)
Pepper, Hamilton & Scheetz
1999 Ed. (3157)
1998 Ed. (2333)
1997 Ed. (2601)
1996 Ed. (2456)
1995 Ed. (2421)
1994 Ed. (2356)
1993 Ed. (2403)
Pepper, Hamilton & Sheetz
1991 Ed. (2291)
1990 Ed. (2425)
1989 Ed. (1885)
Pepper Hamilton LLP
2007 Ed. (3322)
Pepper; J. W.
1997 Ed. (2861)
1996 Ed. (2746)
1995 Ed. (2673)
1994 Ed. (2592)
PepperCom
2005 Ed. (3952, 3956)
2004 Ed. (3985)
2003 Ed. (3987)
Pepperdine University
2008 Ed. (781)
2007 Ed. (801)
2006 Ed. (715)
2004 Ed. (821)
2003 Ed. (795, 799)
2001 Ed. (3061)
2000 Ed. (929, 2904)
1999 Ed. (3160)
1993 Ed. (795)
1989 Ed. (841)
Pepperdine University, Graziadio School
2003 Ed. (800)
Pepperdine's Graziadio School
2000 Ed. (930)
Pepperel
2007 Ed. (2968)
2006 Ed. (2951)
Pepperell/Lady Pepperell/West Point
1998 Ed. (2048, 2049)
Pepperell/Lady Pepperell/Westpoint
1999 Ed. (2805, 2806)
1996 Ed. (2196, 2197)
1995 Ed. (2182)
1994 Ed. (2131)
Pepperidge Farm
2008 Ed. (725, 726)
2003 Ed. (1368)
2000 Ed. (373)
1999 Ed. (369)
1998 Ed. (265, 494, 990)
1997 Ed. (328, 330, 1212, 1213)
1996 Ed. (779)
1995 Ed. (342)
1994 Ed. (1191)
1992 Ed. (491, 494)
1989 Ed. (355)
Pepperidge Farm Classics
2001 Ed. (1494)
Pepperidge Farm Distinctive
2007 Ed. (1423)
2006 Ed. (1386)
2005 Ed. (1397, 1398)
2004 Ed. (1378)
2002 Ed. (1337)
2001 Ed. (1494)
1999 Ed. (1420)
1998 Ed. (989)
1997 Ed. (1215)
Pepperidge Farm Distinctive Milano
2008 Ed. (1379)
Pepperidge Farm Goldfish
2008 Ed. (1381)
2007 Ed. (1424)
2006 Ed. (1387)
2005 Ed. (1400)
2004 Ed. (1380)
2002 Ed. (1339)
1995 Ed. (1207)
Pepperidge Farm Goldfish Party Mix
2001 Ed. (4291)
Pepperidge Farms
2004 Ed. (2663)
Peppermint Schnapps
2002 Ed. (3087, 3098)
2001 Ed. (3101, 3111)
Pepperoni
1999 Ed. (3837)
Peppers
2007 Ed. (4873)
2006 Ed. (4877)
2002 Ed. (3709)
2001 Ed. (2555)
1999 Ed. (4702)
1993 Ed. (1749)
Peppertree Resorts, Ltd.
1991 Ed. (3389)
Pepsi
2008 Ed. (567, 568, 722, 4448)
2007 Ed. (618, 679, 4462)
2006 Ed. (572)
2005 Ed. (674, 874)
2004 Ed. (681, 887, 2842)
2003 Ed. (4473)
2002 Ed. (767, 4311, 4312, 4313, 4314, 4315, 4316, 4320, 4327)
2001 Ed. (4310)
2000 Ed. (715)
1999 Ed. (703, 704, 778, 789, 4356, 4361, 4362, 4365, 4366, 4367, 4564)
1998 Ed. (22, 449, 450, 451, 490, 3334, 3337)
1995 Ed. (19, 648, 694, 696, 697, 3569)
1989 Ed. (14)
Pepsi Americas
2002 Ed. (696)
Pepsi Arena
2005 Ed. (4440, 4441)
Pepsi Bottle, 2-Liter
1990 Ed. (3315, 3316)
The Pepsi Bottling Group Inc.
2008 Ed. (558, 559, 565, 566, 635, 2731, 2734, 2735, 4069, 4071)
2007 Ed. (603, 604, 605, 606, 607, 614, 616, 676, 2599, 4476)
2006 Ed. (560, 561, 562, 563, 564, 566, 567, 568, 570, 647, 2622, 4411)
2005 Ed. (657, 658, 659, 660, 661, 668, 669, 672, 2626, 2637, 4394, 4395)
2004 Ed. (670, 671, 672, 673, 679, 2647, 4447, 4448, 4449)
2003 Ed. (665, 666, 667, 668, 4474)
2002 Ed. (696)
2001 Ed. (695, 696, 1003, 4188, 4306)
Pepsi Bottling Ventures LLC
2008 Ed. (635)
2007 Ed. (676)
2006 Ed. (647)
2004 Ed. (4449)
2003 Ed. (4474)
Pepsi Cans, 6-Pack, 12-Oz.
1990 Ed. (3315)
Pepsi Cans, 12-Pack, 12-Oz.
1990 Ed. (3315)
Pepsi Case, 12-Pack, 12-Oz.
1990 Ed. (3316)
Pepsi Center
2003 Ed. (4527)
2001 Ed. (4355)
Pepsi-Cola
2008 Ed. (570, 860, 4458, 4459, 4462, 4481)
2007 Ed. (620, 882, 4475, 4478)
2006 Ed. (574, 793, 4413)
2005 Ed. (4396, 4397)
2003 Ed. (678, 866, 4469, 4475, 4476)
2002 Ed. (753, 4319, 4325)
2001 Ed. (4302, 4307, 4308)
2000 Ed. (1242, 4077, 4078, 4079, 4080, 4081)
1997 Ed. (2554, 3541, 3544, 3711)
1996 Ed. (726, 776, 3473, 3477, 3479, 3480, 3654)
1995 Ed. (3415, 3417)
1994 Ed. (3357, 3359, 3360, 3499)
1993 Ed. (3352, 3354, 3355, 3356, 3530)
1992 Ed. (224, 923, 924, 4013, 4015, 4016, 4017, 4019, 4020, 4228, 4230)
1991 Ed. (8, 54, 57, 3152, 3153, 3316, 3320)
1990 Ed. (13, 52, 56, 3317, 3318, 3539, 3543, 3630)
1989 Ed. (13, 2511, 2515)
Pepsi-Cola Bottling Co.
2000 Ed. (786)
1999 Ed. (769, 4369, 4369)
Pepsi-Cola Bottling Company
2000 Ed. (4082)
The Pepsi-Cola Bottling Group
2005 Ed. (666)
2004 Ed. (677)
Pepsi-Cola Canada Ltd.
1992 Ed. (1185)
Pepsi-Cola General Bottlers
2000 Ed. (786, 4082)
1999 Ed. (769)
Pepsi Cola Interamericana
1989 Ed. (1169)
Pepsi-Cola North America
2005 Ed. (667)
Pepsi/Diet Pepsi
1992 Ed. (93)
1991 Ed. (3317)
1989 Ed. (2801)
Pepsi-Gemex
2004 Ed. (1548)
2003 Ed. (672)
Pepsi-Lipton Tea Partnership
2003 Ed. (4472, 4677)
Pepsi One
2003 Ed. (4473)
Pepsi Vanilla
2005 Ed. (4393)
PepsiAmericas Inc.
2008 Ed. (558, 559, 635)
2007 Ed. (603, 606, 607, 676, 2596, 4476)
2006 Ed. (560, 561, 562, 563, 564, 568, 647, 4411)
2005 Ed. (657, 658, 659, 660, 661, 666, 2213, 2214)
2004 Ed. (670, 671, 672, 673, 677, 1577, 1579, 2109, 2110, 4449)
2003 Ed. (666, 668, 2086, 2087, 4474)
PepsiCo Inc.
2008 Ed. (38, 47, 53, 57, 61, 68, 90, 95, 107, 186, 556, 559, 562, 564, 566, 1213, 1465, 1500, 1714, 1851, 1854, 1987, 2734, 2735, 2736, 2739, 2748, 2749, 2751, 2753, 2754, 2755, 2756, 2969, 2970, 3019, 3036, 3682, 3684, 3686, 4060, 4061, 4062, 4065, 4066, 4067, 4069, 4071, 4266, 4268, 4457, 4460, 4542, 4651, 4656, 4695)
2007 Ed. (34, 43, 50, 55, 59, 72, 97, 135, 199, 604, 605, 606, 612, 613, 616, 1471, 1518, 1784, 1790, 1795, 1920, 2599, 2600, 2602, 2607, 2610, 2618, 2619, 2621, 2628, 2842, 2844, 2846, 2897, 2914, 4034, 4234, 4474, 4476, 4553, 4778)
2006 Ed. (43, 52, 54, 79, 82, 103, 142, 193, 560, 562, 563, 569, 570, 1215, 1488, 1775, 1783, 1785, 1790, 1850, 1937, 2622, 2623, 2625, 2630, 2633, 2635, 2641, 2648, 2847, 2851, 2852, 3357, 3999, 4218, 4411, 4412, 4414, 4576, 4577, 4647, 4708)
2005 Ed. (14, 36, 45, 52, 57, 61, 65, 70, 73, 171, 657, 659, 660, 665, 669, 670, 672, 735, 740, 1513, 1577, 1605, 1801, 1806, 1909, 2626, 2627, 2629, 2633, 2635, 2637, 2646, 2657, 2846, 2847, 2848, 2849, 3371, 3492, 3925, 3928, 4164, 4394, 4395, 4398, 4656, 4659)
2004 Ed. (39, 42, 51, 57, 66, 78, 670, 671, 672, 674, 675, 676, 679, 1482, 1497, 1563, 1574, 1824, 2635, 2636, 2644, 2647, 2655, 2840, 2845, 3153, 4447, 4448, 4451, 4452, 4554, 4582, 4680, 4682)

2003 Ed. (16, 665, 666, 667, 668, 670, 671, 673, 732, 737, 740, 867, 877, 1217, 1423, 1452, 1467, 1790, 2503, 2504, 2511, 2515, 2517, 2522, 2637, 4468, 4472, 4477, 4481, 4521, 4559, 4710, 4720)
2002 Ed. (60, 691, 696, 704, 705, 1432, 2299, 2310, 2311, 4321, 4322, 4326)
2001 Ed. (17, 30, 41, 48, 53, 55, 59, 60, 64, 68, 73, 87, 92, 689, 695, 696, 698, 699, 996, 1042, 1817, 2461, 2464, 2465, 2470, 4303)
2000 Ed. (23, 714, 718, 719, 721, 723, 726, 728, 730, 732, 2220, 2231, 2266, 4126)
1999 Ed. (28, 708, 709, 713, 715, 716, 720, 721, 724, 725, 1472, 1474, 1505, 1551, 1561, 1670, 1817, 2460, 2463, 2473, 2478, 2480, 2483, 2484, 3112, 3637, 4359, 4363, 4489, 4566, 4567, 4694)
1998 Ed. (28, 448, 452, 453, 456, 457, 460, 461, 486, 1112, 1169, 1181, 1721, 1722, 1729, 1736, 1742, 2671, 3067, 3338, 3415, 3490, 3491)
1997 Ed. (29, 31, 32, 657, 661, 662, 663, 665, 666, 670, 706, 875, 1296, 1449, 1489, 2034, 2035, 2051, 2062, 2932, 3327, 3540, 3637, 3713, 3714)
1996 Ed. (28, 31, 720, 722, 727, 728, 729, 730, 731, 732, 733, 736, 737, 738, 769, 1176, 1250, 1288, 1387, 1390, 1393, 1428, 1935, 1937, 1938, 1940, 1951, 1979, 2827, 2842, 3146, 3228, 3472, 3475, 3591, 3593, 3656, 3657, 3659, 3660)
1995 Ed. (18, 22, 23, 141, 153, 645, 646, 647, 650, 651, 652, 653, 654, 655, 656, 659, 660, 662, 691, 1223, 1224, 1265, 1294, 1341, 1420, 1466, 1567, 1891, 1895, 1896, 1900, 1904, 2763, 2824, 3047, 3131, 3151, 3414, 3416, 3519, 3570, 3571, 3572, 3574)
1994 Ed. (9, 12, 33, 39, 42, 681, 683, 684, 685, 686, 689, 690, 694, 695, 696, 697, 699, 700, 703, 704, 705, 706, 742, 1207, 1246, 1268, 1270, 1284, 1311, 1395, 1430, 1561, 1861, 1867, 1870, 2060, 2661, 2717, 2985, 3085, 3355, 3441, 3500, 3501)
1993 Ed. (19, 20, 21, 22, 42, 47, 49, 678, 679, 682, 683, 684, 686, 687, 697, 736, 1231, 1253, 1338, 1342, 1377, 1515, 1879, 2711, 2760, 3381, 3464, 3526, 3527, 3529)
1992 Ed. (31, 35, 40, 70, 881, 882, 883, 884, 885, 918, 1439, 1548, 1564, 2182, 2183, 2184, 2185, 2187, 2188, 2200, 3222, 3322, 3596, 4012, 4049, 4144, 4225, 33, 1028, 2817, 4223)
1991 Ed. (15, 36, 43, 44, 45, 46, 242, 705, 706, 707, 1236, 1740, 1742, 2662, 2664, 2665, 3301, 10, 11, 704, 735, 1170, 1185, 1185, 1739, 2793, 3226, 3312, 3315)
1990 Ed. (14, 17, 20, 39, 43, 45, 46, 1279, 1281, 1567, 2811, 2936, 3321, 3322, 3451)
1989 Ed. (16, 17, 20, 42, 726, 1099, 1453, 2277, 2510, 2514)
PepsiCo Beverages & Foods North America
2008 Ed. (4481)
PepsiCo Foodservice Division
1990 Ed. (1836)
PepsiCo Restaurants International
1998 Ed. (1737)
Pepsodent
2003 Ed. (4770)
1995 Ed. (3628, 3630)
Pepto Bismol
2004 Ed. (250)
2003 Ed. (283, 3776, 3781, 3782)
1999 Ed. (279)
1998 Ed. (173, 174, 175, 1350)
1997 Ed. (257)
1996 Ed. (225, 1593)
1995 Ed. (224, 2898)
1994 Ed. (225, 226)
1993 Ed. (236, 1532)
1992 Ed. (341, 342, 346, 1872)
Pepto-Bismol liquid antacid 8 oz.
1990 Ed. (1575)
Pequot General Partners
1994 Ed. (2308)
Pequot International
1994 Ed. (2598)
Per Aarsleff A/S
2004 Ed. (1333)
Per Diem
1994 Ed. (2360)
Per. Listrik Negara (PLN)
2001 Ed. (1738)
Per Mar Security Services
2008 Ed. (4297)
2007 Ed. (4295)
2006 Ed. (4270, 4271)
2005 Ed. (4291)
2000 Ed. (3918)
1999 Ed. (4200)
1998 Ed. (3201)
Per Se
2007 Ed. (4129)
Per-Se Technologies
2008 Ed. (2905)
Peramina Pension Fund
1999 Ed. (2888)
Perata; Don
1991 Ed. (2346)
Perbio Science AB
2005 Ed. (4675)
Perceive for Women
2003 Ed. (2545)
Percepta Progressive
1999 Ed. (3658)
Perception
1992 Ed. (4039)
Perception Technology Corp.
1995 Ed. (1239)
Perceptron Inc.
2002 Ed. (2514)
2001 Ed. (2698)
2000 Ed. (2459)
1999 Ed. (2669)
1998 Ed. (1931)
Perceptronics Inc.
1990 Ed. (412)
Percogesic
1993 Ed. (14)
Percussion Software Inc.
2007 Ed. (3057)
2006 Ed. (3024)
Percy Medicine
2003 Ed. (3776)
Percy Thomas Partnership
1990 Ed. (1276)
PerDatum Inc.
2006 Ed. (4202)
Perdiem
2003 Ed. (3197)
2001 Ed. (3073)
Perdiem Fiber
2003 Ed. (3197)
Perdigao
2006 Ed. (1846)
2004 Ed. (1773)
Perdigao Agroindustrial, SA
1995 Ed. (1906)
Perdipine
1992 Ed. (1841)
Perdomo BSB Publicidad
1995 Ed. (112)
Perdomo-Ted Bates
1992 Ed. (196)
Perdomo-Ted Bates/Public
1991 Ed. (141)
Perdomo/Ted Bates Publicidad
1990 Ed. (141)
1989 Ed. (150)
Perdue Inc.
2006 Ed. (1862)
1998 Ed. (2706)
Perdue Done It
2004 Ed. (1371)
2002 Ed. (1330)
Perdue Farms Inc.
2008 Ed. (2779, 2784, 3610, 3616, 3618)
2007 Ed. (2627)
2005 Ed. (3420)
2004 Ed. (3408)
2003 Ed. (2520, 3324, 3328, 3340, 3341, 3342)
2002 Ed. (2290, 3277)
2001 Ed. (2479)
2000 Ed. (2230, 2232, 3580)
1999 Ed. (2472, 2475, 3321, 3323, 3864, 3865)
1998 Ed. (1733, 2449, 2450, 2451, 2889, 2891, 2892, 2895, 2896)
1997 Ed. (2048, 2732, 2737, 3140, 3143, 3144, 3145)
1996 Ed. (1949, 2583, 2588, 2591, 3058, 3061, 3063, 3064)
1995 Ed. (2524, 2526, 2959, 2962, 2965, 2967)
1994 Ed. (1858, 1882, 2456, 2459, 2906, 2908, 2909)
1993 Ed. (2518, 2519, 2522, 2523, 2889, 2891, 2892, 2896)
1992 Ed. (2990, 2994, 2997, 3507, 3509, 3511, 3512)
1990 Ed. (2890, 2891)
Perdue Inc
1990 Ed. (1037)
Perdue Short Cuts
2004 Ed. (1371)
2002 Ed. (1330)
Peregrine Inc.
2001 Ed. (1256)
2000 Ed. (1103)
1999 Ed. (866, 872, 873, 874, 875, 876, 877, 878, 879, 880, 881, 882, 883, 884, 885, 886, 887, 889, 890, 899, 900, 901, 902, 903, 908, 923, 925, 938, 944, 1187)
1997 Ed. (750, 751, 752, 753, 754, 755, 757, 758, 759, 760, 761, 762, 764, 765, 768, 778, 779, 798, 799, 800, 801, 802, 813, 814, 815, 816, 817, 820, 821)
1995 Ed. (421, 772, 773, 774, 775, 776, 777, 778, 779, 785, 787, 788, 789, 797, 801, 802, 805, 817, 818, 819, 820, 821, 837, 838, 839, 840, 841)
Peregrine Brokerage
1998 Ed. (3268)
Peregrine Capital
2004 Ed. (3195)
1996 Ed. (1700, 3376)
1995 Ed. (3267, 3281)
1994 Ed. (781, 3185, 3186)
Peregrine Capital Management
2005 Ed. (3583)
2000 Ed. (2858)
1993 Ed. (1639, 1644, 2332, 2335)
Peregrine Capital Philippines Inc.
1997 Ed. (3487)
1996 Ed. (3392)
Peregrine Invest Partner
1997 Ed. (2202)
Peregrine Investments
1999 Ed. (892, 1669)
1995 Ed. (2129, 3514)
Peregrine Investments Holdings Ltd.
1997 Ed. (1423)
Peregrine Leadership Institute LLC
2007 Ed. (4456)
Peregrine Securities International
1996 Ed. (1851)
Peregrine Systems Inc.
2004 Ed. (1453)
2002 Ed. (2808)
Perella Wasserstein
1993 Ed. (1208)
1992 Ed. (1495)
Perelli Group
1997 Ed. (1459)
Perelman; Ronald
2008 Ed. (4823)
2007 Ed. (4893)
2006 Ed. (4898)
2005 Ed. (4847)
Perelman; Ronald Owen
1991 Ed. (2461)
Peremel & Co.
2005 Ed. (363)
Perenchio Television Inc.
1995 Ed. (2443)
Perennial
2005 Ed. (733)
2004 Ed. (752)
Perennial Building Group
2004 Ed. (1186)
Perex Companc
1999 Ed. (950)
Perez Companc
2003 Ed. (3301)
2002 Ed. (855)
2000 Ed. (895, 896)
1999 Ed. (949)
1997 Ed. (827, 828)
1996 Ed. (811, 812)
1994 Ed. (787, 788)
1993 Ed. (769, 770)
1992 Ed. (965, 966, 1566)
1991 Ed. (784, 785)
Perez Companc SA
2004 Ed. (3860)
2003 Ed. (3843, 4570)
Perez Cove Marine
1991 Ed. (718)
Perez Interboro Asphalt Co.
1992 Ed. (3092)
1991 Ed. (2474)
1990 Ed. (2593)
Perez; William
2007 Ed. (964)
Perfect Commerce
2007 Ed. (1839)
2006 Ed. (1830)
2005 Ed. (1560)
Perfect Fit
2007 Ed. (3438)
Perfect Gentlemen
1993 Ed. (1078)
Perfect Office
1997 Ed. (1104)
Perfect Order
2005 Ed. (4810)
Perfect Output of Kansas City
2005 Ed. (1831)
Perfect Output of Kansas City LLC
2007 Ed. (3556, 4421)
Perfect Smile
1997 Ed. (2389)
The Perfect Store: Inside eBay
2005 Ed. (709)
The Perfect Storm
2002 Ed. (3397)
2000 Ed. (709)
1999 Ed. (693)
The Perfect Wedding Guide Inc.
2005 Ed. (127)
2004 Ed. (137, 913)
2003 Ed. (186)
2002 Ed. (215)
Perfection
1992 Ed. (2257)
1990 Ed. (3339)
Perfection Bakers Inc.
2008 Ed. (726)
Perfetti
1992 Ed. (59)
Perfetti SpA
1994 Ed. (28)
1993 Ed. (37)
Perfetti Van Melle SpA
2008 Ed. (843)
2006 Ed. (776)
2005 Ed. (865, 866)
Perficient Inc.
2008 Ed. (2109, 3643, 4608)
2006 Ed. (4871)
Perfiles Especiales Selak SL
2003 Ed. (1825)
Perforce
2008 Ed. (1144)
2007 Ed. (1253)
Perforce Software Inc.
2006 Ed. (1133)
2005 Ed. (1144)
Performance Bonus
2000 Ed. (1781)
Performance Contracting Inc.
2008 Ed. (1316)
2006 Ed. (1330)

Performance Contracting Group Inc.
2008 Ed. (1183, 1254, 1265, 1268)
2007 Ed. (1356, 1369, 1372)
2006 Ed. (1265, 1293, 1297, 1334, 1348, 1351)
2005 Ed. (1296, 1324)
2004 Ed. (1245, 1319)
2003 Ed. (1242, 1319)
2002 Ed. (1231, 1301)
2001 Ed. (1409, 1471, 1484)
2000 Ed. (1257, 1268)
1999 Ed. (1365, 1376, 1379)
1998 Ed. (955, 958)
1997 Ed. (1161, 1173, 1174)
1996 Ed. (1133, 1135, 1136, 1145)
1995 Ed. (1158, 1160, 1169, 1170)
1994 Ed. (1139, 1143, 1150)
1993 Ed. (1123, 1126, 1136)
Performance Contractors Inc.
2008 Ed. (1310, 1335)
2007 Ed. (1376, 1377, 1389)
2006 Ed. (1324, 1325)
2004 Ed. (1279)
2003 Ed. (1291)
Performance Food
2002 Ed. (2294, 4901)
Performance Food Group Co.
2008 Ed. (1539, 2171, 4926)
2007 Ed. (1528, 1558, 2062, 2709, 4953, 4954)
2006 Ed. (2109, 2618, 4947, 4948)
2005 Ed. (2238, 2622, 4550, 4913, 4914, 4915, 4916)
2004 Ed. (4621, 4931, 4932, 4933, 4934)
2003 Ed. (2497, 2498, 2499, 4558, 4929, 4930)
2001 Ed. (2456, 2457)
2000 Ed. (2217, 2240)
1999 Ed. (2481, 4758)
Performance Fund LP
1993 Ed. (1044)
Performance Health Technology
2008 Ed. (2020, 2026)
2007 Ed. (1944)
2006 Ed. (1972)
Performance Imaging
2008 Ed. (2983, 2984)
2005 Ed. (2859)
Performance Nissan
1990 Ed. (311)
Performance Pipe
2008 Ed. (3990)
2007 Ed. (3964)
2006 Ed. (3914)
2005 Ed. (3843)
Performance Plus Employment Services
2006 Ed. (2430)
Performance Site Management
2002 Ed. (1300)
Performance Software
2005 Ed. (1129)
Performance Technologies Inc.
2008 Ed. (4417)
Performance Transportation Services
2008 Ed. (4741, 4770)
2007 Ed. (4814)
2006 Ed. (4797)
Performance World Custom Car Show
2004 Ed. (4757)
2003 Ed. (4778)
Performark Inc.
1997 Ed. (3701)
Performing arts
2003 Ed. (2341, 2342)
2001 Ed. (3794)
Perfume
2004 Ed. (2685)
Perfumes
1992 Ed. (2951)
Perfumes & cosmetics
2001 Ed. (1186)
Perfumes/colognes
2005 Ed. (3708)
Pergament
1998 Ed. (1967, 1973)
1996 Ed. (2493)
1990 Ed. (3057)
Pergament Home Centers
1991 Ed. (964, 966)
1990 Ed. (1035)
Pergamon/AGB
1990 Ed. (3000, 3001)
Pergamon Journals Inc.
1995 Ed. (1246)
Peri-Colace
1993 Ed. (2408)
Peri-colase
1992 Ed. (2850)
Peridex
1992 Ed. (1779)
1990 Ed. (1489)
Peridex Oral Rinse
1995 Ed. (1548)
Perie Systems Ltd.
2002 Ed. (2503)
Periféricos
1992 Ed. (44)
Perigee Canadian Value Equity
2001 Ed. (3469, 3470, 3471)
Perigee Index Plus Bond
2004 Ed. (727)
2003 Ed. (3563)
Perigee Investment Counsel, Inc.
2000 Ed. (2844)
Perigee Symmetry Balanced
2001 Ed. (3457)
Perimeter Internetworking
2007 Ed. (2824)
2006 Ed. (2822)
Perini Corp.
2008 Ed. (1178, 1222, 1228, 1237, 1274, 1911, 1924)
2007 Ed. (1337, 1343, 2412)
2006 Ed. (1167, 1354, 1493, 2450, 2458, 4301)
2005 Ed. (1864, 4007, 4360)
2004 Ed. (1148, 1268, 1274, 1284, 1359, 4075)
2003 Ed. (1140, 1146, 1265, 1271, 1281, 2289, 2290)
2002 Ed. (1242, 1247, 1255, 1261, 1272)
1999 Ed. (1315, 1357, 1360, 1364)
1998 Ed. (884, 936, 938, 941)
1997 Ed. (1129, 1177, 1198)
1996 Ed. (1108, 1122, 1148, 1168)
1995 Ed. (1149, 1179, 1194)
1994 Ed. (1110, 1175, 1647)
1993 Ed. (1087, 1138, 1152, 1615)
1992 Ed. (1359, 1402, 1963)
1991 Ed. (1074)
1990 Ed. (1197, 1199)
Perini Building Co.
2008 Ed. (1315, 1340)
2007 Ed. (1380, 1391)
2006 Ed. (1327, 1346)
1999 Ed. (1385)
1998 Ed. (961, 974)
1997 Ed. (1160)
Perini Building Co. Central U.S. Division
1997 Ed. (1179)
1996 Ed. (1150)
1995 Ed. (1176)
Periochip
2001 Ed. (1988)
Periodicals
1996 Ed. (3085)
Periostat Capsules
2001 Ed. (1988)
Peripheral Vision Infosystems, Inc.
2002 Ed. (2511)
Peripherals
1995 Ed. (1653)
1991 Ed. (1515)
1990 Ed. (1613)
Periphonics
1992 Ed. (4039)
Periscope
2004 Ed. (125)
Perisom
2008 Ed. (1595)
Perkin-Elmer
2000 Ed. (1736, 1746, 1750, 3862)
1999 Ed. (1960, 1974, 1975, 3340)
1998 Ed. (2457)
1994 Ed. (2212)
1993 Ed. (2181)
1992 Ed. (1313, 1315, 2641, 2642, 3677)
1991 Ed. (2079, 2080, 2843, 2930)
1990 Ed. (1622, 2216, 2217, 2989, 3108, 3237)
1989 Ed. (1316, 1326, 1333, 1667, 2304, 2362)
PerkinElmer Inc.
2008 Ed. (2904)
2007 Ed. (2330, 2774, 4263)
2006 Ed. (2386, 2769, 3049, 4249)
2005 Ed. (2339, 3046, 3047, 4244)
2004 Ed. (3031, 4312)
2003 Ed. (2131, 2133, 2957, 4302)
2002 Ed. (4172)
2001 Ed. (2039, 2892)
Perkins
2003 Ed. (4098)
2002 Ed. (4002)
2001 Ed. (4065)
2000 Ed. (3785)
1999 Ed. (4067)
1992 Ed. (3710)
1990 Ed. (3005)
Perkins & Marie Callenders
2008 Ed. (2104)
Perkins & Will Inc.
2008 Ed. (261, 262, 2517, 2524, 2532, 2537, 2542, 3017, 3337, 3339, 3341, 3342, 3343, 3346)
2007 Ed. (2409, 2415, 2895, 3194, 3195, 3197, 3198, 3199, 3201, 3204)
2006 Ed. (283, 2791, 3162, 3163, 3167, 3173)
2005 Ed. (260, 3160, 3161, 3163, 3166, 3168)
2004 Ed. (2339, 2348)
2002 Ed. (330, 334)
2001 Ed. (403, 407)
2000 Ed. (309, 311)
1999 Ed. (285)
1998 Ed. (182, 188)
1997 Ed. (260, 268)
1996 Ed. (229)
1995 Ed. (240)
1994 Ed. (231, 237)
1993 Ed. (241)
1992 Ed. (351, 354, 356, 359, 1954)
1991 Ed. (253)
1990 Ed. (281)
Perkins Capital
1993 Ed. (2315)
Perkins Coie
2001 Ed. (941)
1998 Ed. (1376)
Perkins Coie LLP
2007 Ed. (1508, 1511)
2006 Ed. (1966, 2098, 3108)
Perkins Discovery
2006 Ed. (3647, 3648, 3649)
Perkins; Douglas & Mary
2008 Ed. (4897)
Perkins Eastman
2008 Ed. (2515, 3343)
2007 Ed. (2410, 3201)
2006 Ed. (3165, 3167)
Perkins Eastman Architects
2008 Ed. (262)
2007 Ed. (286)
2006 Ed. (283)
2005 Ed. (260)
1998 Ed. (188)
1997 Ed. (268)
1996 Ed. (236)
Perkins Family Restaurant
2004 Ed. (4133)
2003 Ed. (4118)
2001 Ed. (4079)
1994 Ed. (3072, 3090)
Perkins Family Restaurants
2002 Ed. (4014)
2000 Ed. (3784)
1999 Ed. (4066, 4069)
1998 Ed. (3064)
1997 Ed. (3314, 3335)
1996 Ed. (3213, 3232)
1990 Ed. (3022)
Perkins Family Restaurants L.P.
1992 Ed. (3719)
1991 Ed. (2870, 2881)
Perkins Opportunity Fund
1997 Ed. (2896, 2905)
Perkins Papers
1999 Ed. (3702)
1996 Ed. (2904)
1994 Ed. (2729)
1992 Ed. (3335)
1990 Ed. (2765)
Perkins Restaurant & Bakery
2008 Ed. (4159, 4175, 4176)
2007 Ed. (4144)
2006 Ed. (1935, 4117)
2005 Ed. (4065, 4066, 4067, 4068, 4069, 4070)
2004 Ed. (4132, 4134)
2003 Ed. (4112, 4113, 4114, 4115, 4116, 4117)
2002 Ed. (4015)
Perkins Restaurants
1995 Ed. (3117, 3140)
1993 Ed. (3018, 3033)
Perkins School for the Blind
1993 Ed. (1897)
Perkins + Will
2007 Ed. (286)
Perkowitz Ruth Architects
2002 Ed. (334)
Perle Systems Ltd.
2003 Ed. (2931)
Perlegen Sciences
2006 Ed. (592)
Perlette
2002 Ed. (4967)
2001 Ed. (4871)
Perlin; Gary
2008 Ed. (970)
Perlis Plantations
2001 Ed. (1784)
2000 Ed. (1694)
1999 Ed. (1700)
1996 Ed. (2446)
1995 Ed. (164, 1452)
Perlis Plantations Bhd
2000 Ed. (223, 1510)
1999 Ed. (200)
1997 Ed. (182, 1474)
1994 Ed. (146, 1417)
1993 Ed. (162, 1365, 2385)
1992 Ed. (256, 1668, 1669)
1991 Ed. (1323, 1324)
Perlman; Lawrence
1995 Ed. (979)
Perlmooser
1994 Ed. (3632)
Perlmooser Zementwerke
1992 Ed. (4401)
Perlmuter Printing Co.
2001 Ed. (3890)
Perlstein, Pacifico, Brown
1991 Ed. (1759)
1990 Ed. (1840)
Perlstein, Pacifico, Brown Associates
1992 Ed. (2207)
Perma-Glaze
2002 Ed. (2288)
Perma Soft
1991 Ed. (1879)
Permal Asset Management
2008 Ed. (2923)
2007 Ed. (2793)
2006 Ed. (2799)
2005 Ed. (2819)
2004 Ed. (2819)
Permal-Drakkar Growth
1993 Ed. (2657)
Permal Emerging Market Holdings
2004 Ed. (2820)
Permal FX, Financial & Futures
2004 Ed. (2820)
Permal Global High Yield Holdings
2004 Ed. (2820)
Permal/Haussmann
2004 Ed. (2818)
Permal Media & Communication
1997 Ed. (2201)
Permanent Aggressive Growth
1996 Ed. (2799)
1995 Ed. (2733)
Permanent Port Aggressive Growth
2007 Ed. (3671, 4547)
Permanent Portfolio
2008 Ed. (2612)
2007 Ed. (2482)
Permanent Portfolio Aggress Gr
1999 Ed. (3529)

Permanent Portfolio Aggressive Growth
2004 Ed. (3558)
2003 Ed. (3489)
Permanent Portfolio-Treasury Bill
1990 Ed. (2375)
Permanent/relaxer kits
2004 Ed. (2787)
Permanent Treasury Bill
1996 Ed. (2794)
Permanente Medical Group
2006 Ed. (3903)
2005 Ed. (3835)
Permasteelisa Cladding Technologies Ltd.
2008 Ed. (2821)
Permata
1994 Ed. (3193)
Permata; Bank
2006 Ed. (456)
Permata Chartered Merchant Bank
1989 Ed. (1781)
Permata Merchant Bank
1997 Ed. (3485)
1996 Ed. (3391)
Permatheme 12
1996 Ed. (1547)
Permathene 16
2001 Ed. (2010)
1998 Ed. (1271, 1351)
Permathene 12
1998 Ed. (1271, 1351)
Permian Basin Royalty Trust
2004 Ed. (2776, 2777)
Permian Partners
1991 Ed. (3094)
1990 Ed. (3244, 3251)
Permira
2008 Ed. (4293)
2003 Ed. (944)
Permodalan Nasional
2001 Ed. (2887)
Permodalan Nasional Berhad
2005 Ed. (3229)
2002 Ed. (2825)
Permodolan Nasional
1997 Ed. (2398)
Pernod Liqueur
2002 Ed. (3097)
Pernod Ricard
2005 Ed. (672)
2004 Ed. (679, 1039, 2734, 4320)
2001 Ed. (2118, 2120)
1998 Ed. (2398)
1997 Ed. (2670)
Pernod Ricard SA
2008 Ed. (562)
2007 Ed. (610)
2003 Ed. (671)
2002 Ed. (3184)
Pernod Ricard USA
2004 Ed. (3286)
Pernod Richard USA
2005 Ed. (4975)
Perot Foundation
1991 Ed. (1003, 1767)
Perot; H. Ross
2008 Ed. (4823)
2007 Ed. (4893)
2006 Ed. (4898)
2005 Ed. (4847)
Perot; Henry Ross
1991 Ed. (2461)
1990 Ed. (2576)
1989 Ed. (1986)
Perot Jr.; Ross
2006 Ed. (3931)
Perot Systems Corp.
2008 Ed. (2109, 2885, 2903, 2926, 3013, 3188, 3203)
2007 Ed. (1223, 2778, 2891, 2915, 3065, 3066, 3068)
2006 Ed. (1150, 2777, 2808, 2893)
2005 Ed. (2802, 2826, 3025)
2004 Ed. (1122)
2003 Ed. (2926)
2002 Ed. (1147)
2001 Ed. (4181, 4182)
1993 Ed. (459)
Perote
2002 Ed. (3728)
Peroxyl
2008 Ed. (3761)
2003 Ed. (3461)
1999 Ed. (1828, 3458)
Perpetual European
2000 Ed. (3295, 3296)
Perpetual Global Bond
1994 Ed. (726)
Perpetual Japanese
1999 Ed. (3585)
Perpetual Latin America
2000 Ed. (3310)
Perpetual Savings Bank
1993 Ed. (3072, 3081, 3569)
Perpetual Savings Bank, FSB
1992 Ed. (3779, 3781, 3790)
1989 Ed. (2824)
Perpich; Rudy G.
1991 Ed. (1857)
Perrier
2008 Ed. (634)
2007 Ed. (675)
2005 Ed. (737)
2003 Ed. (734, 735)
2002 Ed. (754)
2001 Ed. (999)
1999 Ed. (767)
1998 Ed. (482)
1996 Ed. (760, 3616)
1995 Ed. (685, 686, 687)
1994 Ed. (734)
1993 Ed. (685)
1992 Ed. (910)
1991 Ed. (725)
1990 Ed. (745)
1989 Ed. (747)
The Perrier Group
2004 Ed. (2663)
2003 Ed. (732)
2002 Ed. (753)
1994 Ed. (689, 690, 691)
1993 Ed. (679, 687, 726)
Perrier Group-Arrowhead
1996 Ed. (759)
The Perrier Group of America
2001 Ed. (996)
Perrier-Jouet
2006 Ed. (829)
2005 Ed. (915, 916, 919)
2004 Ed. (924, 925)
2003 Ed. (900, 908)
2002 Ed. (963, 968, 971, 974, 4956, 4959)
2001 Ed. (1151, 1160, 1162, 1163, 4889, 4892)
2000 Ed. (1009, 4422)
1999 Ed. (1062, 1068)
1998 Ed. (677, 681, 682, 3753)
1997 Ed. (933, 934, 938, 942)
1996 Ed. (896, 903, 909, 3865)
1995 Ed. (921, 926, 930, 3766)
1993 Ed. (876, 882)
1992 Ed. (1083, 4460)
Perrier-Jouet Champagne
1991 Ed. (3499)
Perrier-owned brands
1991 Ed. (725)
Perrigo Co.
2001 Ed. (2015, 2103)
1997 Ed. (1652)
1996 Ed. (1574)
1995 Ed. (1585)
Perrin; Matthew
2006 Ed. (4922)
Perrin; Matthew & Nicole
2005 Ed. (4862)
Perrin; Nicole
2006 Ed. (4922)
Perritt Micro Cap Opportunities
2008 Ed. (2621)
2007 Ed. (2491)
Perritt Micro Cap Opportunity
2006 Ed. (3647, 3648, 3649)
Perron Group
2004 Ed. (3952)
2002 Ed. (3774)
Perron; Stanley
2008 Ed. (4842)
Perry
1998 Ed. (905)
Perry (A.L. Price)
1990 Ed. (1554)
Perry & Butler Realty Inc.
2002 Ed. (3910)
Perry & Hylton, Inc.
1989 Ed. (1997)
Perry; B. W.
2005 Ed. (2495)
Perry; Barry W.
2006 Ed. (2520, 2522)
Perry Bass
2003 Ed. (4878)
2002 Ed. (3359)
Perry Brothers
1999 Ed. (4701)
1997 Ed. (3831)
Perry Capital
2005 Ed. (3867)
Perry Communications Group
2005 Ed. (3972)
Perry County, KY
1998 Ed. (783, 2319)
Perry D. Smith
1991 Ed. (2549)
Perry Drug Stores
1990 Ed. (1550)
1989 Ed. (1264)
Perry Ellis International Inc.
2008 Ed. (987)
2005 Ed. (1007, 2844)
2004 Ed. (2834, 2836)
Perry Homes
2005 Ed. (1206, 1240, 1241)
2004 Ed. (1179, 1216, 1217)
2003 Ed. (1171, 1209)
2002 Ed. (1192, 1209, 2693)
2000 Ed. (1216, 1234)
1999 Ed. (1333)
1998 Ed. (919)
Perry Homes, A Joint Venture
2004 Ed. (1220)
Perry/Judd's
1999 Ed. (1045, 3889)
Perry; Matthew
2008 Ed. (2590)
Perry; Michael
2007 Ed. (384)
Perry Partners International
2003 Ed. (3151)
Perry Partners LP
2003 Ed. (3114)
Perry Printing
1992 Ed. (3530)
Perry R. and Nancy Lee Bass
1994 Ed. (890, 891, 894)
Perry R. Bass
1994 Ed. (889, 1056)
Perry; Tyler
2008 Ed. (183)
Perry; Wayne M.
1991 Ed. (1620)
Perry's
2001 Ed. (2833)
Perse Technologies Inc.
2003 Ed. (1683)
Perseco
1998 Ed. (2708)
PerSeptive Biosystems
1997 Ed. (2164, 3521)
1996 Ed. (2061, 3451)
Perseus
2006 Ed. (4010)
Perseus Partners
2004 Ed. (2820)
Pershing
2005 Ed. (3594)
2000 Ed. (1097)
Pershing Auto Leasing
1990 Ed. (385)
Pershing LLC
2007 Ed. (2563)
Persian Gulf
2008 Ed. (3781)
2007 Ed. (3687)
2006 Ed. (3692)
2005 Ed. (3592)
2004 Ed. (3677)
2003 Ed. (3630)
2001 Ed. (3531)
Persil
2008 Ed. (692, 717)
2007 Ed. (721)
2002 Ed. (767, 2227, 2709)
2001 Ed. (1011)
1999 Ed. (789, 1183, 1839)
1996 Ed. (776, 1541)
1992 Ed. (925, 1799, 2356)
Persil Washing-Up Liquids
1996 Ed. (983)
1994 Ed. (748, 983, 1525, 2004)
Persimmon
2007 Ed. (1312)
2006 Ed. (1204, 1205)
2005 Ed. (1245)
Persimmon plc
2008 Ed. (1204, 1460)
2007 Ed. (2985, 2994)
Personal accident insurance
2001 Ed. (2223)
Personal & home care aides
2007 Ed. (3724, 3729)
2004 Ed. (2291)
2000 Ed. (3363)
Personal & repair services
1997 Ed. (1579)
Personal auto liability
1995 Ed. (2323)
Personal auto PD
1995 Ed. (2323)
Personal bank loans
1996 Ed. (3457)
Personal business
2007 Ed. (1322)
Personal car
1998 Ed. (582)
Personal care
2008 Ed. (109)
2007 Ed. (98)
2006 Ed. (104)
2005 Ed. (95)
2003 Ed. (24, 2917, 2918)
2001 Ed. (2014)
2000 Ed. (38)
1996 Ed. (770)
1995 Ed. (692)
1994 Ed. (743)
1992 Ed. (2626)
1991 Ed. (3223)
1989 Ed. (1659)
Personal care accessories
2002 Ed. (2702)
Personal care and home health aides
2001 Ed. (3563, 3564)
Personal care & remedies
1997 Ed. (707)
Personal care appliances
2001 Ed. (2812)
Personal care, drugs & cosmetics
1998 Ed. (23, 487)
Personal Care Group Inc.
2003 Ed. (2923)
Personal care products
1998 Ed. (122)
Personal coach
2008 Ed. (4243)
Personal Computer Centre
1993 Ed. (2583)
1992 Ed. (1336)
Personal Computer Magazine
1995 Ed. (2893)
Personal Computer World
1995 Ed. (2893)
Personal computers
2003 Ed. (2763)
2001 Ed. (2732)
1994 Ed. (2101)
Personal contract plan
2001 Ed. (2223)
Personal data
1997 Ed. (1076)
Personal finance adviser
2006 Ed. (3737)
Personal Fund
2002 Ed. (4817)
Personal Fund.com
2003 Ed. (3027)
Personal growth
2007 Ed. (2311)
Personal health care
1994 Ed. (2028)
Personal History
2006 Ed. (581)
1999 Ed. (690)
Personal/home care aide
2005 Ed. (2384)
Personal Home Care Services Inc.
2002 Ed. (2589)
2000 Ed. (2491)

1999 Ed. (2707)
Personal, home services
1992 Ed. (2229)
Personal hygiene & health
2002 Ed. (4584, 4586)
Personal income tax
1999 Ed. (4320)
Personal insect repellants
1992 Ed. (2353)
Personal items
1998 Ed. (1828)
1993 Ed. (1941)
Personal leave
1995 Ed. (3389)
Personal Loan Express
2008 Ed. (132, 136)
Personal loans
1996 Ed. (3457)
Personal planners
2003 Ed. (3675)
1999 Ed. (2713)
Personal/pocket-purse products
1999 Ed. (4132)
Personal Products Co.
2003 Ed. (2465, 3720, 3785)
1992 Ed. (2125)
Personal Protective Equipment
2000 Ed. (4324)
Personal self-help, relationships
1995 Ed. (2981)
Personal services
1999 Ed. (2865, 2933)
1993 Ed. (2152)
Personal Support Computers
1997 Ed. (1111)
1996 Ed. (1091)
1995 Ed. (1115)
The Personal Touch Inc.
2007 Ed. (3575, 3576, 4432)
2006 Ed. (3525)
1999 Ed. (3990, 3991)
PersonalCare
1997 Ed. (2198)
PersonalCreations.com
2007 Ed. (2318)
Personalities
2005 Ed. (1603)
Personals
2007 Ed. (2311)
Personify Inc.
2001 Ed. (1869, 2849)
Personnel
2000 Ed. (962)
Personnel and labor relations managers
1991 Ed. (2629, 2630)
Personnel Contractors Inc.
1992 Ed. (2401)
The Personnel Department
2008 Ed. (2014, 2016)
2007 Ed. (1606, 1943)
Personnel Management Corp.
2006 Ed. (4012)
Personnel One
1998 Ed. (3506)
Personnel Pool of America
1993 Ed. (1900)
Personnel Supply Services
1990 Ed. (1658)
Perspectives Corp.
2008 Ed. (2059)
2002 Ed. (2852)
2000 Ed. (1678, 3844)
Persson; Karl-Johan
2008 Ed. (4903)
2007 Ed. (4927)
2005 Ed. (4890)
Persson; Liselott
2008 Ed. (4873)
Persson; Stefan
2008 Ed. (4865, 4873)
2007 Ed. (4912)
2006 Ed. (4924)
Persson; Stefan & Liselott
2008 Ed. (4864)
Perstim
1999 Ed. (3138)
Perstorp
1999 Ed. (2552)
Perstorp AB
2001 Ed. (2504, 2507)
Pert
2008 Ed. (2872)
2003 Ed. (2658, 2669)
2002 Ed. (2438)
1996 Ed. (2983)
Pert Plus
2004 Ed. (2785)
2003 Ed. (2658, 2660)
2002 Ed. (2437)
2001 Ed. (4225, 4226)
2000 Ed. (4009)
1999 Ed. (4290, 4291, 4292)
1998 Ed. (3291)
1997 Ed. (3503)
1996 Ed. (2981, 3416)
1995 Ed. (3526)
1993 Ed. (3297)
1992 Ed. (3946, 4236)
1991 Ed. (3114)
1990 Ed. (3269)
Pert Plus Dry
1990 Ed. (3269)
Pert Plus Extra Body Fine
1990 Ed. (3269)
Pertamina
2002 Ed. (3695)
2001 Ed. (1738)
1999 Ed. (3817)
1998 Ed. (1802, 2838)
1995 Ed. (2932)
1994 Ed. (2869)
1993 Ed. (2825, 2826)
1992 Ed. (3420)
Pertamina Pension Fund
2001 Ed. (2884)
1997 Ed. (2395)
Pertnoy, Solowsky, Allen & Haber
2004 Ed. (3227)
Pertonas Dagangan
1996 Ed. (2446)
Pertree Constructors Inc.
2007 Ed. (4214)
Peru
2008 Ed. (257, 460, 576, 577, 1033, 1386, 2205, 2720, 2721, 3160, 3593, 3747, 4341, 4677, 4918)
2007 Ed. (281, 500, 626, 627, 628, 1152, 1435, 1854, 2583, 2584, 2829, 3291, 3429, 3626, 4209, 4387, 4390, 4483, 4754, 4941)
2006 Ed. (276, 484, 597, 598, 599, 1063, 1403, 2151, 2608, 2609, 2701, 2825, 3227, 3411, 3556, 4322, 4325, 4423, 4508, 4740, 4935)
2005 Ed. (256, 563, 684, 685, 1052, 1418, 2057, 2539, 2609, 2610, 3242, 3402, 3499, 4376, 4406, 4692, 4902)
2004 Ed. (253, 687, 688, 689, 1051, 1395, 1396, 2620, 2621, 2741, 3214, 3395, 3499, 4427, 4461, 4721, 4909)
2003 Ed. (285, 562, 1045, 1382, 1880, 2214, 2215, 2488, 2489, 3154, 3431, 4191, 4425, 4736, 4920)
2002 Ed. (679, 744, 1345, 1346, 2415, 3074, 4283, 4624, 4705)
2001 Ed. (392, 511, 512, 710, 711, 1182, 1307, 1502, 1951, 2448, 2449, 2873, 3024, 3299, 3343, 3846, 4120, 4269, 4316, 4534, 4591, 4592, 4650)
2000 Ed. (1614, 2361, 2368, 2369, 2379, 4033)
1999 Ed. (385, 1763, 2606)
1998 Ed. (3304)
1997 Ed. (3633)
1996 Ed. (2647, 3434)
1995 Ed. (2007, 2014, 2026, 2033, 3578)
1993 Ed. (1964, 1971, 1978, 2367, 2373, 3321)
1992 Ed. (1446, 2095, 2307, 2314, 2320, 2324)
1991 Ed. (1831, 1838, 1844, 1847)
1990 Ed. (241, 1475, 1908, 1915, 1922, 1932)
Peru Copper
2007 Ed. (1624)
Peru; Government of
2007 Ed. (66)
2006 Ed. (75)
Peru; Presidency of
2008 Ed. (71)
2007 Ed. (66)
Perusahaan Otomobil Nasional
1999 Ed. (1700)
Perusahaan Otomobil Nasional Bhd
2000 Ed. (1510)
1997 Ed. (1474)
Perusahaan Perseroan P.T. Telekomunikasi Indonesia Tbk.
2008 Ed. (4539)
2004 Ed. (3021, 3024)
Perusahaan Pertambangan Minyak Dan Gas Bumi Negara (Pertamina)
2003 Ed. (3852)
Pervasive Software Inc.
2006 Ed. (1138)
2005 Ed. (1146)
Pervez; Sir Anwar
2008 Ed. (4896)
Perwanal D'Arcy
2002 Ed. (118)
Perwanal/D'Arcy Masius Benton & Bowles
1995 Ed. (84)
Perwanal/D'Arey Masius Benton & Bowles
1997 Ed. (100)
Perwanal/DMB & B
2001 Ed. (145)
1999 Ed. (101)
1996 Ed. (98)
1994 Ed. (95)
1991 Ed. (109)
1990 Ed. (111)
Perwanal/DMB&B
1992 Ed. (160)
Perwanala/D'Arcy Masius Benton & Bowles
1993 Ed. (108)
Perwira Affin Bank
2002 Ed. (617)
2000 Ed. (603)
1999 Ed. (587)
1997 Ed. (551)
Perwira Habib Bank
1991 Ed. (601)
Perwira Habib Bank Malaysia
1992 Ed. (769, 770)
1989 Ed. (613)
PESA Chyron
1993 Ed. (1564)
Peshtigo, WI
2005 Ed. (2204)
peso; Chilean
2008 Ed. (2274)
peso; Mexican
2008 Ed. (2274)
peso; Philippine
2008 Ed. (2274)
Pesquera Itata
2004 Ed. (1775)
The Pest
1999 Ed. (4720, 4721)
Pest control
2001 Ed. (2760)
Pesticides
2003 Ed. (2954)
1991 Ed. (1865)
Pet
2008 Ed. (3670)
1995 Ed. (1897, 1898)
1994 Ed. (1423)
Pet accessories
2005 Ed. (3724)
2002 Ed. (3661)
Pet & animal feeds
2004 Ed. (2544)
Pet care products
2003 Ed. (3947, 3948)
Pet Care Superstore Inc.
1999 Ed. (3792)
1996 Ed. (3001)
Pet food
2001 Ed. (4288)
1999 Ed. (1789)
1996 Ed. (1484)
1995 Ed. (2049, 2998)
1993 Ed. (3484)
1991 Ed. (3304)
Pet Food Warehouse
1999 Ed. (3792)
1998 Ed. (1300)
1996 Ed. (3001)
Pet foods
2000 Ed. (4141)
1994 Ed. (1493)
1990 Ed. (3534)
Pet specialty stores
2002 Ed. (3657)
Pet store
1992 Ed. (3406, 3407)
Pet Supermarket
1996 Ed. (3001)
Pet supplies
2002 Ed. (3768, 4038)
2001 Ed. (2088)
1996 Ed. (2042)
Pet Supplies ''Plus
2007 Ed. (3829)
2006 Ed. (3814)
2005 Ed. (3725)
1999 Ed. (3792)
1996 Ed. (3001)
Pet toys
2005 Ed. (3724)
Pet treatments
2002 Ed. (3661)
Petan; Diane
1997 Ed. (1932)
Petas; Peter
1997 Ed. (1932)
Petchey; Jack
2007 Ed. (4928)
Petco Animal Supplies Inc.
2001 Ed. (3734)
1999 Ed. (1873, 3792)
1996 Ed. (3001)
PETCO Animal Supplies Stores Inc.
2008 Ed. (4221, 4474, 4475)
2007 Ed. (4497, 4498)
2006 Ed. (3817, 4440, 4441)
Petco.com
2008 Ed. (2448)
Pete Dye
1999 Ed. (2607)
Pete Ellis Dodge, Inc.
1991 Ed. (283)
Pete Ellis Motors
1992 Ed. (375)
1989 Ed. (285)
Pete Sampras
1998 Ed. (197)
Pete V. Domenici
1999 Ed. (3844, 3960)
Pete' Wicked Seasonal Ale
1998 Ed. (495)
Pete Wilson
1995 Ed. (2043)
1993 Ed. (1994)
1992 Ed. (1038)
Peter A. Guglielmi
1997 Ed. (1804)
Peter A. Mayer Advertising
2003 Ed. (173)
Peter A. Pender
1995 Ed. (938)
Peter Ackerman
1992 Ed. (2143)
1991 Ed. (2265)
Peter Allen
1989 Ed. (990, 990)
Peter & Denise Coates
2008 Ed. (2595)
Peter & Owens
1989 Ed. (122)
Peter & Vicki Kazacos
2002 Ed. (2477)
Peter Anker
1993 Ed. (1812)
Peter Appert
2000 Ed. (2000)
Peter Aseritis
2000 Ed. (1980)
1998 Ed. (1624)
1997 Ed. (1851, 1863)
1996 Ed. (1776, 1788)
1995 Ed. (1801, 1814)
1994 Ed. (1760, 1773)
1993 Ed. (1790)
1991 Ed. (1671, 1702)
Peter Atkins
2002 Ed. (3068)

Peter B. Lewis
2004 Ed. (4863)
Peter Beck
1999 Ed. (2326)
Peter Bernstein
1991 Ed. (2160)
1990 Ed. (2285)
Peter Bijur
2000 Ed. (796, 1044)
Peter Brabeck-Letmathe
2006 Ed. (691)
Peter Bronfman
1991 Ed. (1617)
Peter Burg
2005 Ed. (2470)
Peter Butler
1993 Ed. (1786)
1992 Ed. (2135)
1991 Ed. (1700)
Peter C. Brown
2005 Ed. (2516)
Peter Cartwright
2006 Ed. (934)
Peter Caruso
2000 Ed. (2042)
1999 Ed. (2230)
1998 Ed. (1669)
Peter Chambers
1998 Ed. (1686)
Peter Churchouse
2000 Ed. (2062, 2066)
1999 Ed. (2285)
1997 Ed. (1959, 1962)
Peter Clapman
2005 Ed. (3200)
Peter Clark
2000 Ed. (2120)
1999 Ed. (2334)
Peter Cohen
1989 Ed. (2340)
Peter Cruddas
2008 Ed. (2595, 4907)
2007 Ed. (2462, 4933)
2005 Ed. (2463)
Peter D'Amico Alfa Romeo
1996 Ed. (263)
Peter Dell'Orto
2000 Ed. (1951)
Peter DiMartino
2000 Ed. (1971, 1972)
Peter Dolan
2004 Ed. (2487)
Peter Dye
2008 Ed. (2827)
Peter Enderlin
1999 Ed. (2254)
1996 Ed. (1818)
1995 Ed. (1840)
1994 Ed. (1802)
1993 Ed. (1819)
Peter F. Drucker Graduate School of Management
2000 Ed. (930)
Peter Falco
1995 Ed. (1808)
1994 Ed. (1767, 1804)
1993 Ed. (1783, 1821)
1991 Ed. (1689)
1990 Ed. (1768)
Peter Fitzgerald
2001 Ed. (3318)
Peter Fugiel
1999 Ed. (2182)
1998 Ed. (1593, 1594)
Peter Gilbert Advertising
1997 Ed. (160)
1995 Ed. (139)
1992 Ed. (222)
1991 Ed. (162)
Peter Gilbert Advertising (Saatchi)
1996 Ed. (153)
Peter Gisondi & Co.
2008 Ed. (1275)
Peter Godsoe
1999 Ed. (1123)
Peter Gyllenbaga
1999 Ed. (2320)
Peter Halmos
1993 Ed. (1703)
1992 Ed. (2060)
Peter Hambro Mining
2007 Ed. (3521)
2006 Ed. (3489)
Peter Hill
2006 Ed. (4922)
2005 Ed. (4862)
Peter Houghton
2000 Ed. (2081, 2089)
1999 Ed. (2305)
Peter Hyde
2000 Ed. (2137)
Peter Island Resort
1997 Ed. (2285)
Peter J. Baxter
1992 Ed. (534)
Peter J. Solomon Co. Ltd.
2000 Ed. (2455)
Peter J. Tobin
1999 Ed. (1127)
Peter Jackson
2008 Ed. (2582)
Peter Jones
2008 Ed. (4908)
2006 Ed. (2500)
Peter Kane & Co.
1999 Ed. (2842)
Peter Kann
1999 Ed. (2077)
Peter Karmanos
2002 Ed. (2178)
2001 Ed. (1220)
Peter Karmanos Jr.
2005 Ed. (984)
2004 Ed. (975)
2003 Ed. (960)
2001 Ed. (1218)
2000 Ed. (1882)
1999 Ed. (1125)
1995 Ed. (981)
Peter Keenan
1996 Ed. (1907)
Peter Kennan
1997 Ed. (1998)
Peter Kiewit Foundation
1989 Ed. (1478)
Peter Kiewit Sons' Inc.
2008 Ed. (1177, 1184, 1193, 1194, 1282, 1541, 1961, 1962, 4064, 4068, 4070)
2007 Ed. (1275, 1295, 1296, 1897, 1898, 2399, 4036, 4890)
2006 Ed. (1165, 1187, 1188, 1267, 1269, 1273, 1275, 1276, 1277, 1278, 1301, 1915, 2450, 2507, 4001)
2005 Ed. (1169, 1217, 1218, 1298, 1299, 1300, 1304, 1306, 1307, 1308, 1309, 1328, 1893, 1894, 2417, 2419)
2004 Ed. (774, 1148, 1191, 1192, 1247, 1249, 1250, 1258, 1269, 1273, 1274, 1283, 1285, 1290, 1292, 1295, 1297, 1298, 1299, 1301, 1302, 1322, 1810, 1811, 2325, 2435, 2437, 2443, 2828, 4239)
2003 Ed. (765, 1145, 1186, 1187, 1244, 1247, 1250, 1256, 1259, 1260, 1266, 1268, 1271, 1282, 1293, 1294, 1295, 1296, 1297, 1298, 1299, 1322, 1773, 1775, 2289, 2292, 2294, 2745, 4217)
2002 Ed. (331, 1171, 1174, 1175, 1228, 1234, 1237, 1243, 1250, 1254, 1256, 1258, 1261, 1265, 1273, 1277, 1279, 1282, 1283, 1284, 1286, 1287, 1733, 4088)
2001 Ed. (1395, 1402, 1407, 1462, 1467, 1470, 1803)
2000 Ed. (1247, 1251, 1253, 1255, 1520, 1805, 3847)
1999 Ed. (1313, 1709, 2028)
1998 Ed. (881, 1179, 1435, 3123)
1997 Ed. (1127, 1483, 1732)
1996 Ed. (1423, 1654)
1993 Ed. (2537, 3282)
1992 Ed. (1469, 3027)
1990 Ed. (1019)
Peter Knight
2007 Ed. (3223)
2006 Ed. (3185)
2005 Ed. (3183)
2003 Ed. (2150)
Peter Kurz
2000 Ed. (2190)
1999 Ed. (2430)
1997 Ed. (2002)
Peter L. Lynch
2007 Ed. (959)
Peter Lewis
2007 Ed. (4892)
2006 Ed. (4904)
Peter M. Grant
2003 Ed. (3061)
Peter M. Nicholas
2006 Ed. (4904)
2005 Ed. (4849)
2004 Ed. (4863)
Peter Marcus
1997 Ed. (1899)
1996 Ed. (1825)
1995 Ed. (1798, 1847)
Peter Marino & Associates, Architects
2008 Ed. (3346)
2007 Ed. (3204)
2006 Ed. (3170, 3171)
Peter Martin Associates
2005 Ed. (3958, 3962)
2002 Ed. (3814)
Peter McCausland
2008 Ed. (2633)
Peter Metzger
1999 Ed. (2306)
Peter Morris
2004 Ed. (4828)
Peter Munk
2001 Ed. (1219)
1999 Ed. (1123)
1996 Ed. (960)
Peter N. Larson
1997 Ed. (1803)
Peter Nicholas
2008 Ed. (4829)
2007 Ed. (4892)
2002 Ed. (3354)
Peter Niculescu
2000 Ed. (1961)
1999 Ed. (2196, 2200)
1997 Ed. (1953)
Peter Nygard
2005 Ed. (4869)
Peter Oakes
2000 Ed. (2038)
1998 Ed. (1667)
1997 Ed. (1882)
1996 Ed. (1808)
1995 Ed. (1792)
Peter Oppenheimer
2007 Ed. (1064)
Peter Owens Ltd.
1999 Ed. (106)
1997 Ed. (104)
1996 Ed. (102)
1995 Ed. (87)
1992 Ed. (166)
1990 Ed. (116)
Peter Owens Advertising & Marketing DDB
2000 Ed. (111)
Peter Pan
2003 Ed. (3157)
1996 Ed. (1950)
1994 Ed. (2748, 3630)
1992 Ed. (4397, 4397, 4398)
Peter Pan Bus Lines Inc.
2008 Ed. (755)
2007 Ed. (783)
2006 Ed. (686)
Peter Pan Motors Inc.
1993 Ed. (293)
Peter Pan Seafoods
2003 Ed. (2523)
Peter Paul Almond Joy
2002 Ed. (1048, 1049)
2001 Ed. (1113)
2000 Ed. (1055, 1058)
Peter Petas
2000 Ed. (1928)
1999 Ed. (2154, 2283)
1998 Ed. (1571)
1997 Ed. (1932)
Peter Peterson
1990 Ed. (1773)
Peter Piper Pizza
2008 Ed. (3995)
2007 Ed. (3969)
Peter Plant
1999 Ed. (2154)
Peter Plaut
1997 Ed. (1932)
Peter R. Dolan
2007 Ed. (1028)
Peter R. Haje
1996 Ed. (1228)
Peter R. Huntsman
2008 Ed. (2630)
Peter R. Kellogg
2004 Ed. (4861)
Peter Rice
1996 Ed. (1864)
Peter Rigby
1996 Ed. (1717)
Peter Rogan
2008 Ed. (2771)
Peter Rose
2006 Ed. (871)
Peter Rubinstein
1999 Ed. (2199)
Peter Ruschmeier
2006 Ed. (2578)
2000 Ed. (2032)
Peter S. Kalikow
1991 Ed. (891, 893)
Peter Simon
2008 Ed. (4903)
2007 Ed. (4927)
2005 Ed. (4890)
Peter Sperling
2007 Ed. (4891)
Peter Stokkebye
2003 Ed. (982, 4750)
Peter Stokkebye International
2003 Ed. (4753)
Peter Stuyvesant
1997 Ed. (990)
1994 Ed. (958, 959)
1991 Ed. (35)
1990 Ed. (38)
Peter Sutton
2000 Ed. (2142)
1999 Ed. (2356)
1996 Ed. (1866)
Peter Swartz
2000 Ed. (1998)
Peter T. Buchanan
1989 Ed. (1379)
Peter T. King
1993 Ed. (2463)
1992 Ed. (2905)
1991 Ed. (2344)
1990 Ed. (2481)
Peter T. Pruitt
1990 Ed. (2271)
1989 Ed. (1741)
Peter Tasker
1997 Ed. (1995)
1996 Ed. (1867)
Peter Thomas
2007 Ed. (4935)
Peter Treadway
1996 Ed. (1844)
1995 Ed. (1846, 1863)
1994 Ed. (1808, 1821)
1993 Ed. (1825)
1991 Ed. (1692)
Peter Tsao
1999 Ed. (2430)
Peter V. Berns
2007 Ed. (3704)
Peter Vardy; Sir
2005 Ed. (927)
Peter Vella
2006 Ed. (4961)
Peter Warren Group
2004 Ed. (3957)
Peter Webb Public Relations Inc.
2008 Ed. (1709)
2007 Ed. (1684)
2006 Ed. (1681)
Peter Wilkinson
2008 Ed. (4907)
2007 Ed. (4933)
Peter Wolff
2000 Ed. (2068)
1999 Ed. (2287)
Peter Wood
2000 Ed. (1052)

Peterbilt
2000 Ed. (4304)
1998 Ed. (3625, 3646)
1994 Ed. (3582, 3583)
1993 Ed. (3627, 3628)
1992 Ed. (4350)
Peterborough-Smith-Ennismore-Lakefield, Ontario
2006 Ed. (3316)
Petercam Securities
2001 Ed. (1523)
Peters & Brownes
2003 Ed. (3960)
2002 Ed. (3775)
Peters Group; Michael
1992 Ed. (2588)
1991 Ed. (2014)
1990 Ed. (2170)
Peters; Michael
1996 Ed. (2236)
1995 Ed. (2226)
Peters; Thomas J.
1995 Ed. (936)
Peters; Vicki
2006 Ed. (4988)
2005 Ed. (4992)
Petersdorf, M.D.; Robert
1991 Ed. (2406)
Petersen
1999 Ed. (3742)
Petersen & Associates
2008 Ed. (2)
2006 Ed. (4)
The Petersen Companies
2001 Ed. (1541)
Petersen Dean Roofing
2008 Ed. (1183)
Petersen; Don
1990 Ed. (971)
Petersen; Donald
1992 Ed. (1144)
1991 Ed. (927)
Petersen International Underwriters
2002 Ed. (2864)
2000 Ed. (2665)
Petersen's Enhanced Lifestyle Masterfile
1999 Ed. (1858)
Petersen's 4Wheel & Off-Road
2008 Ed. (152)
Peterson Brothers Construction
2007 Ed. (1358)
2006 Ed. (1279, 1290)
Peterson; Clementine Lockwood
1995 Ed. (937, 1069)
Peterson; Coleman
1996 Ed. (2989)
Peterson; Coleman H.
1997 Ed. (3068)
Peterson; Donald
1990 Ed. (974)
Peterson Farms Inc.
1999 Ed. (3322, 3866)
1998 Ed. (2447, 2448, 2893, 2894)
Peterson; Peter
1990 Ed. (1773)
Petery; Andras
1997 Ed. (1895)
1996 Ed. (1821)
1994 Ed. (1805, 1814)
Pete's Brewing Co.
2000 Ed. (3128)
1999 Ed. (3399, 3402)
1998 Ed. (2487)
1996 Ed. (2631)
1992 Ed. (927)
Pete's Wicked Ale
1998 Ed. (495, 3436)
1997 Ed. (719)
Pete's Wicked Seasonal Ale
1998 Ed. (3436)
Petfood/treats
2005 Ed. (3724)
Petfood warehouse
1992 Ed. (3406, 3407)
Pethealth Inc.
2006 Ed. (2746)
2004 Ed. (2781, 2782)
Petit Bateau
2001 Ed. (1261)
Petit Press
2007 Ed. (76)
Petit Verdot
1996 Ed. (3838)
Petite Fleur Nursing Home
2000 Ed. (4434)
Petite Liqueur
1991 Ed. (2330)
Petites
2001 Ed. (3514, 3515)
Petkim
2002 Ed. (3030)
2000 Ed. (2868)
1999 Ed. (3120)
1997 Ed. (2576, 2577)
1996 Ed. (2433)
1993 Ed. (2369)
Petland
2008 Ed. (3891)
2007 Ed. (3829)
2006 Ed. (3814)
2004 Ed. (3817)
2003 Ed. (3807)
2001 Ed. (3734)
1999 Ed. (3792)
1996 Ed. (3001)
1992 Ed. (2226)
PetMed Express Inc.
2008 Ed. (4352)
2005 Ed. (2773, 2774, 2775)
Petoleos de Venezuela SA
1992 Ed. (3421)
petopia.com
2001 Ed. (4672)
Petra Inc.
2008 Ed. (1294)
Petra Bank
1991 Ed. (432, 578)
1990 Ed. (481)
Petra Fashions
2006 Ed. (4216)
2005 Ed. (4162)
Petrex (London) Ltd.
1994 Ed. (998)
1992 Ed. (1194)
Petrie
1990 Ed. (1048, 1051)
Petrie Parkman
1991 Ed. (1708)
Petrie Stores
1997 Ed. (1030)
1995 Ed. (1029)
1994 Ed. (1019, 3094)
1992 Ed. (1212, 1215, 1217, 3727, 4038)
1991 Ed. (974, 975, 978)
1990 Ed. (1050, 1052)
1989 Ed. (934)
Petrie's
1993 Ed. (3039)
Petris Technology
2003 Ed. (2177)
Petro Amigos Supply Inc.
1999 Ed. (2674)
Petro-Canada
2008 Ed. (645, 646, 1551, 1552, 1553, 1554, 1555, 3552, 3915, 3916)
2007 Ed. (1445, 1572, 1617, 1634, 1637, 3862, 3863)
2006 Ed. (781, 849, 1451, 1542, 1593, 1620, 1621, 3375, 3845)
2005 Ed. (1567, 1648, 1719, 1722, 3763)
2004 Ed. (3852)
2003 Ed. (3822, 3823)
2002 Ed. (3675)
1999 Ed. (1035)
1997 Ed. (3095, 3097, 3404)
1996 Ed. (1390, 3015)
1993 Ed. (1288, 1930, 2704, 2841, 2842, 2843)
1992 Ed. (1590, 2341, 3437, 4160)
1990 Ed. (1661, 1942, 2844)
1989 Ed. (2038)
Petro Canada C/V
2000 Ed. (4266)
PETRO Heating Oil & Services
2005 Ed. (3931)
Petro Star Inc.
2008 Ed. (1546)
2004 Ed. (1621)
Petroagroprombank
1995 Ed. (596)
Petrobank Energy & Resources Ltd.
2008 Ed. (1659)
Petrobra-Petroleo Brasiliro SA
1990 Ed. (2849)
Petrobras
2008 Ed. (1581, 1582, 1886, 2503, 2508, 3551, 3922, 3928)
2007 Ed. (23, 1603, 1604, 1605, 1853, 2389, 2394, 3876, 3877, 3879)
2006 Ed. (1568, 1569, 1570, 1712, 1776, 1845, 1849, 1851, 2542, 3374, 3852, 4489)
2005 Ed. (1842, 1843, 1844, 2409, 2410, 2412, 3785)
2004 Ed. (763)
2000 Ed. (1472, 3851, 3852, 4128)
1999 Ed. (1665, 4137, 4138)
1998 Ed. (2558)
1997 Ed. (1368, 3378)
1996 Ed. (3281)
1995 Ed. (1362, 3181, 3182)
1994 Ed. (1336, 3133, 3134)
1993 Ed. (909, 1285)
1992 Ed. (1580, 1586, 3448, 3767, 3768)
1991 Ed. (2913, 1261, 1322, 2914)
1990 Ed. (1395, 1396)
1989 Ed. (1096, 1135, 1553)
Petrobras Dist.
1990 Ed. (1396)
Petrobras Distr.
1989 Ed. (1135)
Petrobras Distribuidora
2008 Ed. (1886)
2005 Ed. (1844)
2004 Ed. (1778)
2003 Ed. (1741)
2002 Ed. (1719, 1720)
1989 Ed. (1096)
Petrobras Distribuidora SA
1997 Ed. (1472)
1996 Ed. (1306)
1994 Ed. (1335)
1992 Ed. (1585)
1990 Ed. (1336)
Petrobras Distributadora
1990 Ed. (1395)
Petrobras Energia Participaciones
2006 Ed. (665)
Petrobras-Petroleo Brasil
2000 Ed. (1395)
Petrobras; Petroleo Brasileiro SA--
2005 Ed. (3786)
1999 Ed. (1590)
1996 Ed. (1302, 1303, 1304, 1305, 1306)
1994 Ed. (1332, 1334, 1335, 2866)
1992 Ed. (1581, 1582, 1584, 1585)
1990 Ed. (1334, 1335, 1336)
Petrobras Pn
1997 Ed. (3379)
1996 Ed. (3282)
1994 Ed. (3135)
Petrocard Systems Inc.
2008 Ed. (3738, 3778, 4989)
2007 Ed. (3610, 3611, 3683)
Petrochem
1994 Ed. (3291, 3292)
Petrochemical Industries
2003 Ed. (1702)
Petrochemicals
2001 Ed. (2178)
1998 Ed. (2750)
PetroChina Co., Ltd.
2008 Ed. (913, 1665, 1666, 1845, 1853, 2501, 2508, 2794, 3554, 3914, 3919, 3922, 3926, 4524)
2007 Ed. (937, 1583, 1585, 1656, 1658, 2386, 2394, 2397, 3861, 3870, 3873, 3876, 3877)
2006 Ed. (1641, 1642, 1643, 3844, 3847, 3851, 4089)
2005 Ed. (1733, 2409, 2412, 3762, 3765)
2004 Ed. (3851, 3854)
2003 Ed. (3821, 3825, 4578)
2002 Ed. (305, 1615, 4194)
Petrocommerce; Bank
2005 Ed. (493, 502)
PetroCorp Inc.
2005 Ed. (3733)
Petrodex
2003 Ed. (2177)
Petroecuador
2006 Ed. (2545)
Petrofac Ltd.
2008 Ed. (1300)
2007 Ed. (3883)
Petrofina
2001 Ed. (1638)
2000 Ed. (788, 789, 1392, 1394)
1999 Ed. (771, 772, 1587, 1588, 1589)
1997 Ed. (700, 701, 1366, 1367)
1995 Ed. (1359, 1360, 1361, 2928, 3650)
1994 Ed. (737, 738, 1328, 1329, 1330, 3565)
1993 Ed. (729, 730, 1283, 1284)
1992 Ed. (913, 914, 1578, 1579)
1991 Ed. (729, 730, 1258, 1260)
1990 Ed. (1333, 3456)
1989 Ed. (1344)
PetroFina SA
2008 Ed. (1576)
2007 Ed. (1599)
2006 Ed. (1564)
2005 Ed. (1663)
2003 Ed. (1624)
2002 Ed. (759, 760)
2001 Ed. (1641)
2000 Ed. (1393)
1997 Ed. (1365)
1996 Ed. (763, 764, 1299, 1300, 1301, 3023, 3730)
1991 Ed. (1259)
1989 Ed. (1095)
PetroFina/Total
2000 Ed. (3533, 3534)
Petroflex
2001 Ed. (4138)
Petrogal
2008 Ed. (2053)
2007 Ed. (1958)
2006 Ed. (1995)
2005 Ed. (1953)
1993 Ed. (1341)
Petrogal EP
2002 Ed. (3692)
Petrogal-Petroleos de Portugal EP.
1999 Ed. (1726)
1997 Ed. (1500)
1996 Ed. (1437)
1995 Ed. (1477)
1994 Ed. (1392, 1441, 2865)
Petrogal-Petroleos de Portugal SA
2001 Ed. (1839)
2000 Ed. (1544)
Petrohawk Energy Corp.
2008 Ed. (1400)
2007 Ed. (3839)
PetroKazakhstan Inc.
2007 Ed. (1621, 1623, 3864, 4573)
2006 Ed. (1593, 1603, 1609, 1613)
2005 Ed. (1702, 1707, 1711)
Petrol
2006 Ed. (3290)
2002 Ed. (3187)
2000 Ed. (2986, 2987)
Petrol AD-Sofia
2006 Ed. (4490)
Petrol Bank
2004 Ed. (469)
Petrol Holding Group AD
2002 Ed. (4391)
Petrol Industries Inc.
2007 Ed. (3852)
Petrol Ofisi
2006 Ed. (2050)
2002 Ed. (3030)
2000 Ed. (2868)
1999 Ed. (3120, 3121)
1997 Ed. (2576)
1996 Ed. (2433, 2434)
Petrol Ofisi AS
2007 Ed. (2393)
2005 Ed. (2410, 3780, 3781)
Petrolane
1990 Ed. (2909)
Petroleo Brasileiro Petrobras
1997 Ed. (1471, 1472)

Petroleo Brasileiro SA
2008 Ed. (1581, 1582, 1886, 2503, 2508, 3551, 3922, 3928)
2007 Ed. (23, 1603, 1604, 1605, 1853, 2389, 2394, 3876, 3877, 3879)
2006 Ed. (1568, 1569, 1570, 1712, 1776, 1845, 1849, 1851, 2542, 3374, 3852, 4489)
2005 Ed. (1842, 1843, 1844, 2409, 2410, 2412, 3785)
1999 Ed. (3814)
Petroleo Brasileiro SA--Petrobras
2005 Ed. (3786)
2004 Ed. (1657, 1776, 1777, 1778, 3860)
2003 Ed. (1517, 1625, 1703, 1739, 1740, 1741, 3830, 3843, 3857, 4574)
2002 Ed. (1600, 1601, 1683, 1716, 1717, 1718, 1719, 1720, 3693, 3696, 4096, 4097, 4194, 4389)
2001 Ed. (1200, 1643, 1746, 1778, 3772)
1999 Ed. (1698)
Petroleos de Portugal Ep-Petrogal
1993 Ed. (1387)
1990 Ed. (1410)
Petroleos de Portugal EpPetrogal
1989 Ed. (1153)
Petroleos de Portugal SA
2008 Ed. (2053)
2007 Ed. (1958)
2006 Ed. (1995)
2005 Ed. (1953)
2000 Ed. (3538)
Petroleos de Portugal SA (Petrogal)
2003 Ed. (1812)
Petroleos De Venezuela
1992 Ed. (1641, 3420)
1991 Ed. (1322, 2735)
Petroleos de Venezuela Petrobras
1999 Ed. (3814)
Petroleos de Venezuela S/A
1999 Ed. (1698)
Petroleos de Venezuela SA
2008 Ed. (1836, 1838, 1839, 1840, 1842, 1843, 1886, 3919, 3928, 3935, 3939)
2007 Ed. (1853, 3870, 3879, 3896)
2006 Ed. (1484, 1794, 1796, 1798, 3847, 3852, 3866)
2005 Ed. (3765, 3786, 3799)
2004 Ed. (3854, 3860, 3871)
2003 Ed. (3148, 3825, 3843, 3849, 3855, 3857, 3858)
2002 Ed. (1794, 3679, 3680, 3691, 3696)
2001 Ed. (1200, 3772)
2000 Ed. (2864, 3531, 3532)
1999 Ed. (3116, 3366, 3817, 3818)
1998 Ed. (2838, 2839)
1997 Ed. (1471, 1472, 3110, 3111)
1996 Ed. (3027, 3028)
1995 Ed. (2929, 2932, 2933)
1994 Ed. (990, 1364, 2866, 2869, 2870)
1993 Ed. (1335, 1339, 2825, 2826)
1991 Ed. (2717)
1990 Ed. (2404, 2849)
1989 Ed. (1867)
Petroleos de Venezuela SA (PDVSA)
2004 Ed. (1708, 1876, 3212, 3868)
2002 Ed. (3683)
Petroleos del Ecuador
2008 Ed. (3928)
2007 Ed. (3879)
2006 Ed. (3852)
2005 Ed. (3786)
2004 Ed. (3860)
2003 Ed. (3843)
Petroleos del Peru
1989 Ed. (1149)
Petroleos Mexicanos
2008 Ed. (1811, 1836, 1886, 1925, 3919, 3928)
2007 Ed. (1853, 1876, 1878, 3870, 3875, 3879)
2006 Ed. (1771, 2547, 2548, 3847, 3849, 3850, 3852, 3866)
2005 Ed. (3765, 3783, 3786, 3799)
2003 Ed. (1701, 3825, 3829, 3843, 3858)
2002 Ed. (3679, 3680, 3696)
2001 Ed. (3772, 3773)
2000 Ed. (3531, 3532)
1999 Ed. (3814, 3817, 3818)
1998 Ed. (2838, 2839)
1997 Ed. (1472, 3110, 3111)
1996 Ed. (3027, 3028)
1995 Ed. (2929, 2932, 2933)
1993 Ed. (2825, 2826)
1992 Ed. (3420, 3421)
1991 Ed. (1322, 2717)
1990 Ed. (1395, 1396)
1989 Ed. (1135, 1140)
Petroleos Mexicanos (PEMEX)
2004 Ed. (3854, 3858, 3871)
2002 Ed. (3682)
Petroleum
2007 Ed. (2309)
2006 Ed. (834)
2001 Ed. (2378, 3820)
1997 Ed. (1717)
1996 Ed. (3827)
1992 Ed. (1887, 1944, 2568, 2569, 3476)
1991 Ed. (1996, 1997, 3250)
1990 Ed. (2149, 2151)
1989 Ed. (1866)
Petroleum and coal products
2001 Ed. (2844)
Petroleum & natural gas
2002 Ed. (3242)
Petroleum & oil
1990 Ed. (166)
Petroleum Authority
2001 Ed. (1879)
1996 Ed. (1457)
Petroleum Authority of Thailand
2000 Ed. (1575, 1578)
1999 Ed. (1748)
1997 Ed. (1526)
1995 Ed. (1503)
Petroleum Development Corp.
2005 Ed. (3739, 3740)
2004 Ed. (3831, 3832)
2002 Ed. (3662)
Petroleum Development Oman LLC
2008 Ed. (3929)
2007 Ed. (3880)
2006 Ed. (3854)
2005 Ed. (3788)
2004 Ed. (3861)
2003 Ed. (3844)
Petroleum distribution
1993 Ed. (2917)
1992 Ed. (3535)
Petroleum Geo-Services
2000 Ed. (3382, 3383)
1999 Ed. (3662, 3676, 3677)
Petroleum Geo-Services ASA
2005 Ed. (421)
2004 Ed. (3682)
2003 Ed. (4598)
2002 Ed. (3542, 3544)
Petroleum industry
1993 Ed. (2870)
Petroleum jellies
1996 Ed. (3094)
Petroleum Co. of Trinidad & Tobago Ltd.
2008 Ed. (3928)
2007 Ed. (3879)
2006 Ed. (3852)
2005 Ed. (3786)
2004 Ed. (3860)
2003 Ed. (3843)
Petroleum, oils, etc.
1993 Ed. (1715)
Petroleum preparations
2008 Ed. (2643, 2644, 2650)
Petroleum products
2007 Ed. (2515, 2516, 2522)
1995 Ed. (2208, 2210, 2980)
1994 Ed. (2925)
1993 Ed. (2133, 2134, 2137)
1990 Ed. (1733)
Petroleum products & coke
1992 Ed. (3610)
Petroleum Recycling Corp.
1996 Ed. (3176)
1995 Ed. (3080)
Petroleum refining
2008 Ed. (1820, 1821, 1822, 1824, 1825, 3151, 3154, 3156, 3157, 3159)
2007 Ed. (3039, 3040, 3041, 3042, 3044, 3045, 3046, 3047)
2006 Ed. (3000, 3001, 3002, 3003, 3005, 3007)
2005 Ed. (3004, 3005, 3006)
2004 Ed. (1746, 1747, 1749)
2003 Ed. (1710, 2903, 2905)
2002 Ed. (2766, 2767, 2768, 2771, 2773, 2774, 2776, 2778, 2784, 2787, 2788, 2789, 2790, 2792, 2793, 2794, 2795, 2796, 2797)
2001 Ed. (4389)
2000 Ed. (1356, 2631, 2633, 2634, 2635)
1999 Ed. (1513, 1676, 1677, 1678, 1679, 1680, 2867, 2868, 2869, 2870, 2871)
1998 Ed. (1071, 1072, 1078, 1153, 1156, 2097, 2098, 2099, 2100, 2101, 2433)
1997 Ed. (1301, 1442, 1443, 1445, 2382, 2383, 2384, 2385, 2386)
1996 Ed. (1252, 1261)
1995 Ed. (1279, 1296, 1297, 1299, 1300, 1304)
1994 Ed. (1275, 1277, 1278, 1282, 2435)
1993 Ed. (1218, 1233, 1235, 1238, 1239, 2496)
1992 Ed. (2601, 2603, 2606, 2608, 2611, 2612, 2614, 2616, 2617, 2618, 2619, 2620, 2621, 2622, 2969)
1991 Ed. (2031, 2029, 2033, 2034, 2037, 2038, 2041, 2044, 2046, 2047, 2048, 2049, 2050, 2051, 2382)
1990 Ed. (2514, 2515)
1989 Ed. (1927, 1929)
Petroleum refining & related industries
2001 Ed. (1781, 1825)
Petroleum services
1992 Ed. (2626)
1991 Ed. (2055, 3223)
1990 Ed. (2182, 2184)
Petroli Ofisi
1997 Ed. (2577)
Petroliam Nasional
2001 Ed. (1626, 1784)
Petroliam Nasional Berhad
2008 Ed. (60, 1816, 3914)
2007 Ed. (58, 1785, 3861)
2006 Ed. (67, 1776, 3844)
Petroliam Nasional Berhad--Petronas
2005 Ed. (60, 3762)
2004 Ed. (65, 1743, 3851)
2003 Ed. (1707)
2002 Ed. (1690)
Petroliam Nasional Bhd
1999 Ed. (761, 1578)
Petrolifera Petroleum Ltd.
2008 Ed. (1625)
Petrolite
1990 Ed. (966)
1989 Ed. (899)
Petromin Mobil Yanbu Refinery Co. Ltd.
1994 Ed. (3137, 3139)
Petromont
1996 Ed. (931)
Petron Corp.
2008 Ed. (3575)
2001 Ed. (1835)
2000 Ed. (3541)
1999 Ed. (1574, 3820)
1997 Ed. (3113, 3114)
Petron Pacific
2007 Ed. (3412)
Petronas
2008 Ed. (60, 1816, 3914)
2007 Ed. (58, 1785, 3861)
2006 Ed. (67, 1776, 3844)
2003 Ed. (3821)
2000 Ed. (1296, 1298, 1299, 1480)
1999 Ed. (1673, 1701, 1702)
1997 Ed. (1475)
1996 Ed. (1391, 1415)
1995 Ed. (1427, 1454)
1994 Ed. (1396, 1397)
1993 Ed. (1340)
1992 Ed. (1680, 1682)
Petronas Gas
2005 Ed. (2730, 3771)
2001 Ed. (1785)
2000 Ed. (1511)
Petronas Gas Bhd
2006 Ed. (4518)
2002 Ed. (3051)
Petronas; Petroliam Nasional Berhad--
2005 Ed. (60, 3762)
Petronas Tower 1
1997 Ed. (839)
Petronas Tower 2
1997 Ed. (839)
Petroperu
2006 Ed. (2546)
Petroplus International NV
2006 Ed. (3393)
PetroQuest Energy Inc.
2004 Ed. (3828, 3829)
Petroquimica Uniao
1993 Ed. (909)
Petroquisa Petrobras Quim. S.A.
1992 Ed. (1582, 1583)
Petros
2008 Ed. (3871)
2007 Ed. (3797)
2002 Ed. (3631)
1997 Ed. (3026)
Petros Homes
2002 Ed. (2688)
Petroshimi Arak
2002 Ed. (4428)
Petroshimi Khark
2006 Ed. (4509)
2002 Ed. (4428, 4430)
Petrotel
2000 Ed. (1320)
Petroven
1990 Ed. (1395, 1396)
1989 Ed. (1135)
Pets Are Inn
2004 Ed. (3817)
2002 Ed. (3660)
Petscape Pet Products Inc.
2003 Ed. (1751, 1752)
2001 Ed. (1786, 1787)
Petsche Co.; A. E.
2008 Ed. (2468)
2005 Ed. (2350)
PETsMART Inc.
2008 Ed. (1558, 4221, 4474, 4475, 4476, 4527)
2007 Ed. (1575, 4162, 4495, 4497, 4498, 4499)
2006 Ed. (1545, 3817, 4174, 4437, 4439, 4440, 4441)
2005 Ed. (896, 1650, 4417)
2004 Ed. (192, 193, 906, 1624)
2003 Ed. (233, 234, 887)
2001 Ed. (279, 280, 1611, 3734, 4100, 4101)
1999 Ed. (1878, 3792)
1997 Ed. (1636, 3553)
1996 Ed. (3001)
1995 Ed. (3205, 3206, 3693, 3694)
Petstuff Inc.
1996 Ed. (3001)
Pettibone Corp.
1991 Ed. (1167)
Pettit & Martin
1992 Ed. (2845)
1991 Ed. (2292)
1990 Ed. (2426)
Petty Enterprises
2007 Ed. (327)
Petty; Richard
1994 Ed. (1100)
Petty; Tom
1997 Ed. (1114)
Petzetakis
1993 Ed. (254)
1992 Ed. (364)
Peugeot
2001 Ed. (455)
2000 Ed. (3174)
1999 Ed. (1633, 4656)
1997 Ed. (306, 309, 703, 1407, 3791)
1993 Ed. (332)

1992 Ed. (49, 448, 458, 461, 915, 916, 1619, 1621)
1991 Ed. (328, 731, 732, 1290, 1292)
1990 Ed. (205, 369, 374, 377, 380, 381)
1989 Ed. (309, 321)
Peugeot (Automobiles)
1996 Ed. (3735)
Peugeot-Citroen
1992 Ed. (3117)
1991 Ed. (327, 2494)
1990 Ed. (2627)
Peugeot Citroen Automobiles SA
2006 Ed. (1724, 3378)
2005 Ed. (1777, 3020)
2003 Ed. (1672, 1682)
Peugeot Citroen Automoviles Espana SA
2005 Ed. (1963)
Peugeot-Citroen SA
1994 Ed. (16, 21, 23, 26, 28, 34, 44, 308, 310, 740, 1355, 1371, 1372, 3575)
1993 Ed. (22, 29, 31, 35, 37, 43, 51, 53, 334, 335, 732, 741, 1303, 1314, 1315, 1317, 2607)
Peugeot Citroen SA; PSA
2008 Ed. (21, 41, 86, 89, 133, 301, 1760, 3558)
2007 Ed. (37, 80, 312, 314, 316, 1731, 1732, 1787, 3423, 3646, 4716)
2006 Ed. (25, 46, 87, 90, 320, 3581, 3582, 4818)
2005 Ed. (39, 41, 50, 78, 81, 83, 92, 298, 300, 301, 871, 3522)
Peugeot Contract Hire
1999 Ed. (3455)
1997 Ed. (2821)
Peugeot 405
1993 Ed. (323)
1992 Ed. (446)
1991 Ed. (323)
Peugeot 405 series
1994 Ed. (314)
Peugeot Group
1989 Ed. (326)
Peugeot Group SA
1997 Ed. (1410)
Peugeot Groupe
2000 Ed. (1436)
1996 Ed. (1347)
1994 Ed. (1369)
Peugeot Groupe SA
1992 Ed. (1620, 4149)
1991 Ed. (1291)
1990 Ed. (368)
Peugeot Motor Co. plc
2004 Ed. (3524)
2003 Ed. (3458)
2002 Ed. (48, 224, 237)
Peugeot Motors of America Inc.
1993 Ed. (1729)
Peugeot of Union County
1992 Ed. (395)
1991 Ed. (290)
Peugeot of Westfield
1990 Ed. (313)
Peugeot 106
1996 Ed. (320)
Peugeot Partner Van
2004 Ed. (301)
Peugeot (PSA); Automobiles
1990 Ed. (1367)
Peugeot SA
2008 Ed. (1761)
2007 Ed. (1733)
2006 Ed. (1721, 1724, 1725, 3378, 3380)
2005 Ed. (3390, 3523)
2004 Ed. (306, 3359)
2003 Ed. (3298)
2000 Ed. (1435)
1998 Ed. (231)
1996 Ed. (319, 328, 1349)
1995 Ed. (314, 315, 317, 1379, 1396, 1398, 3659)
1992 Ed. (460)
1991 Ed. (22, 48, 332)
1990 Ed. (373, 1366)
1989 Ed. (1118)
Peugeot SpA
1990 Ed. (27)
Peugeot Talbot
1996 Ed. (324)
Peugeot 309
1993 Ed. (323)
Peugeot 306
1999 Ed. (175, 784)
Peugeot 205
1996 Ed. (320)
1993 Ed. (323)
1992 Ed. (446, 459)
Peugeot 206
2005 Ed. (295)
Peunte Hills Mazda
1992 Ed. (390)
Pew Charitable Trust
1991 Ed. (893, 894, 2689, 1765, 1768)
The Pew Charitable Trusts
2005 Ed. (2677, 2678)
2004 Ed. (2681)
2002 Ed. (2324, 2325, 2326, 2327, 2329, 2330, 2333, 2335, 2337, 2340, 2342)
2001 Ed. (2517, 2518, 3780)
2000 Ed. (2259, 2260)
1999 Ed. (2499, 2500, 2501, 2504)
1994 Ed. (1897, 1898, 1906, 2772)
1993 Ed. (1895, 1896, 2783)
1992 Ed. (1099, 2214, 2215, 2217, 3358)
1990 Ed. (1849, 2786)
1989 Ed. (2165)
Pew Freedom Trust; J. Howard
1992 Ed. (1097)
Pew Memorial Trust
1990 Ed. (1847)
1989 Ed. (1469, 1470, 1471)
Peyber Hispania Empresa Constructora SL
2008 Ed. (1187)
Peyber Hispania Empresa Constuctora SL
2008 Ed. (2087)
Peyto Energy Trust
2006 Ed. (1603, 1613, 3668)
2005 Ed. (1702, 1711)
Peyto Exploration & Development Corp.
2003 Ed. (1632, 1633, 1638)
Peyton Center Alfa
1993 Ed. (291)
Peyton Cramer Peugeot
1992 Ed. (395)
Peyton Manning
2006 Ed. (292)
2003 Ed. (297)
Peyton Patterson
2007 Ed. (384, 4978)
2006 Ed. (4979, 4980)
Pez
2002 Ed. (936)
2001 Ed. (1120)
1997 Ed. (886)
1996 Ed. (870, 871)
PF Pimco Inflation Managed
2008 Ed. (607)
Pfaltzgraff
2007 Ed. (4674)
2005 Ed. (4588)
2003 Ed. (4670)
1999 Ed. (2599)
1998 Ed. (3459)
1996 Ed. (2026)
1995 Ed. (2001)
Pfaltzgraff Ocean Breeze Pattern
2000 Ed. (4173)
Pfaltzgraff Tea Rose Pattern
2000 Ed. (4173)
PFAMCo Equity Income
1994 Ed. (2618)
PFD Food Services
2004 Ed. (4923)
Pfeiffer
1992 Ed. (1872)
Pfeiffer; Eckhard
1996 Ed. (959, 1709)
Pfeiffer Vacuum Technology AG
2007 Ed. (1714, 1715, 1724)
Pfeifier; Brian
2007 Ed. (3249)
Pfeifler; Brian
2008 Ed. (3376)
2007 Ed. (3248)
2006 Ed. (658, 3189)
PFF Bank & Trust
2006 Ed. (4229, 4230)
2005 Ed. (4177)
2004 Ed. (4244)
1999 Ed. (4142)
Pfister Moebel
1989 Ed. (53)
Pfizer Inc.
2008 Ed. (75, 141, 906, 907, 910, 1048, 1179, 1405, 1431, 1451, 1488, 1525, 1527, 1529, 1537, 1538, 1818, 1853, 1987, 2357, 2366, 3030, 3185, 3842, 3944, 3945, 3946, 3948, 3950, 3952, 3953, 3954, 3957, 3958, 3959, 3960, 3963, 3965, 3969, 3970, 3971, 3973, 3974, 3977, 4140, 4267, 4521, 4526, 4542)
2007 Ed. (45, 68, 70, 133, 922, 923, 929, 1279, 1494, 1500, 1544, 1545, 1547, 1556, 1557, 1783, 1786, 1807, 1920, 1921, 2217, 2221, 2226, 2907, 3697, 3698, 3900, 3902, 3904, 3905, 3913, 3914, 3918, 3920, 3921, 3922, 3923, 3924, 3926, 3927, 3928, 3929, 3930, 3932, 3933, 3934, 3935, 3936, 3938, 3939, 3940, 3941, 3943, 3944, 3945, 3946, 4554, 4570, 4588, 4805)
2006 Ed. (21, 54, 79, 135, 140, 832, 833, 835, 841, 842, 847, 1173, 1501, 1515, 1516, 1518, 1519, 1526, 1527, 1531, 1778, 1800, 1806, 1807, 1808, 1809, 1934, 1937, 1938, 2051, 2282, 2285, 2287, 2849, 3698, 3699, 3702, 3869, 3871, 3873, 3874, 3877, 3878, 3879, 3883, 3884, 3885, 3888, 3889, 3890, 3891, 3892, 3895, 4026, 4459, 4576, 4577, 4589, 4602, 4607, 4708, 4710, 4714, 4726, 4792, 4869)
2005 Ed. (15, 47, 70, 133, 135, 850, 851, 924, 932, 933, 944, 946, 1463, 1465, 1468, 1488, 1507, 1542, 1547, 1549, 1571, 1628, 1630, 1637, 1638, 1642, 1800, 1801, 1802, 1812, 1820, 1821, 1824, 1825, 1909, 1910, 2224, 2226, 2227, 2244, 2245, 2270, 3330, 3331, 3596, 3693, 3802, 3804, 3805, 3806, 3807, 3809, 3810, 3814, 3816, 3820, 3821, 3822, 3823, 3824, 3826, 3829, 3830, 3990, 4038, 4040, 4463, 4501, 4502, 4504, 4516, 4522, 4656, 4658, 4659, 4742)
2004 Ed. (21, 22, 23, 71, 75, 871, 942, 943, 953, 966, 1448, 1472, 1491, 1531, 1547, 1553, 1597, 1598, 1603, 1605, 1606, 1613, 1741, 1742, 1743, 1752, 1753, 1754, 1757, 1824, 1825, 2119, 2121, 2122, 2148, 2149, 3153, 3679, 3680, 3774, 3874, 3876, 3877, 3878, 3879, 3880, 3881, 3882, 3884, 3885, 3886, 3887, 3888, 4052, 4099, 4483, 4498, 4554, 4557, 4575, 4582, 4680, 4682, 4742)
2003 Ed. (16, 19, 188, 189, 282, 284, 833, 840, 844, 934, 935, 942, 1053, 1420, 1442, 1461, 1503, 1570, 1571, 1577, 1579, 1580, 1587, 1591, 1711, 1716, 1717, 1720, 1998, 2109, 2690, 2695, 3462, 3639, 3640, 3749, 3766, 3786, 3788, 3789, 3863, 3864, 3865, 3866, 3867, 3868, 3869, 3870, 3872, 4072, 4073, 4399, 4436, 4549, 4559, 4565, 4567, 4710, 4711)
2002 Ed. (60, 218, 219, 994, 1379, 1383, 1386, 1390, 1393, 1441, 1485, 1521, 1534, 1535, 1539, 1554, 1686, 1693, 2012, 2014, 2015, 2016, 2017, 2021, 2024, 2025, 2046, 2449, 3495, 3496, 3567, 3593, 3753, 3890, 3966, 3971, 4501, 4587)
2001 Ed. (1038, 1179, 1180, 1558, 2054, 2058, 2059, 2060, 2069, 2072, 2074, 2075, 2076, 2077, 2100, 2674, 4153, 4391, 4685)
2000 Ed. (1335, 1339, 1380, 1470, 1695, 1697, 1698, 1700, 1701, 1702, 1709, 1710, 2420, 2421, 3325, 3326, 3424, 3846, 4092, 4344)
1999 Ed. (1073, 1536, 1538, 1546, 1672, 1673, 1897, 1900, 1901, 1902, 1903, 1906, 1911, 1912, 1914, 1915, 1916, 1917, 1918, 2642, 3715, 4043, 4044, 4488, 4498, 4711)
1998 Ed. (1043, 1099, 1100, 1150, 1328, 1329, 1330, 1333, 1334, 1335, 1338, 1344, 1345, 1347, 1906, 2753)
1997 Ed. (1646, 1649, 1650, 1651, 1659, 1661, 1662, 1663, 3006)
1996 Ed. (1567, 1568, 1573, 1580, 1582, 2916)
1995 Ed. (1466, 1579, 1581, 1584, 1592, 1595, 2084, 2529, 2812, 2844, 2934)
1994 Ed. (1551, 1552, 1553, 1554, 1555, 1559, 1562, 1563, 2034, 2461, 2745, 2817)
1993 Ed. (1264, 1509, 1510, 1511, 1515, 2491, 2771, 2774)
1992 Ed. (1559, 1842, 1862, 1863, 1864, 1865, 1869, 3001, 3347, 3396)
1991 Ed. (1464, 1465, 1466, 1468, 1469, 1470, 1471, 1472, 2399, 2581, 2682, 1474, 3226)
1990 Ed. (1558, 1559, 1560, 1561, 1562, 1564, 1568, 1569, 1993, 2529, 2779, 3441, 3501)
1989 Ed. (1271, 1272, 1273, 1276, 1277)
Pfizer Canada Inc.
2008 Ed. (1612)
2007 Ed. (1614)
2006 Ed. (1602)
Pfizer Century Holdings
2007 Ed. (1823)
Pfizer Consumer Healthcare
2008 Ed. (1431)
The Pfizer Foundation Inc.
2005 Ed. (2675)
Pfizer Global Research & Development
2003 Ed. (939, 1553, 1554)
Pfizer International Bank
1993 Ed. (520)
1992 Ed. (711, 729)
Pfizer Laboratories
2001 Ed. (2063, 2064)
2000 Ed. (1706, 3064)
1999 Ed. (1911, 3326)
1997 Ed. (1655, 2740)
1996 Ed. (1577, 2597)
1995 Ed. (1589)
Pfizer Labs
1992 Ed. (1867, 3277)
Pfizer/Plax
1991 Ed. (2495)
PFL Life Insurance
2001 Ed. (2949)
1998 Ed. (3653)
Pfleiderer Holzerkstoffe Gmbh & Co. KG
1995 Ed. (2492)
Pfleiderer Verkherstechnik Gmbh & Co. KG
1995 Ed. (2492)
Pfleuger Acura
1993 Ed. (290)
1992 Ed. (405)
Pflueger Acura
1995 Ed. (258)
1994 Ed. (259)
1991 Ed. (300)
Pflueger Honda
1990 Ed. (326)
PFPC Inc.
2001 Ed. (3421, 3422, 3423)

PFPC Trust Co.
2001 Ed. (3505, 3506, 3507, 3508, 3509, 3510, 3511)
PFS
1998 Ed. (1740)
1993 Ed. (1888)
PFSweb
2005 Ed. (4808)
2003 Ed. (2704, 2733)
PFTS
2006 Ed. (4502)
PG & E Corp.
2008 Ed. (1479, 1496, 2421, 2500, 2815, 3035, 3685)
2007 Ed. (1484, 1786, 2287, 2291, 2293, 2301, 2385, 2389, 2686, 2913)
2006 Ed. (1445, 1496, 1513, 1578, 1589, 2351, 2355, 2360, 2443, 2690, 4458)
2005 Ed. (1673, 2289, 2292, 2295, 2300, 2314, 2715, 3487)
2004 Ed. (1659, 1756, 2193, 2200, 2201, 2725, 4496)
2003 Ed. (1628, 1701, 1719, 2135, 2136, 2139, 2143, 2607)
2002 Ed. (1602, 3875, 3877, 3880)
2001 Ed. (1046, 1685, 2148, 4661, 4662, 4663)
2000 Ed. (961, 1731)
1999 Ed. (1481, 1591, 1947, 1953, 3961, 3964)
1998 Ed. (1394, 2963)
PG & E Energy Trading Holdings LLC
2004 Ed. (1789)
PG & E Gas Transmission
2000 Ed. (2314)
PG & E Gas Transmission, Northwest Corp.
2003 Ed. (3881)
PG &E Corp.
2000 Ed. (3672)
P.G. Corbin & Co.
2000 Ed. (2761, 2762, 2763, 2764, 2766)
1998 Ed. (2230)
PG Industries
1997 Ed. (3929)
PG Tips
2002 Ed. (703)
1999 Ed. (710)
1996 Ed. (725)
1994 Ed. (693, 2004)
1992 Ed. (887)
PG Tips Extra
1992 Ed. (925)
PG Tips Tea
1992 Ed. (2356)
PGA
2008 Ed. (809)
PGA Credit Union
2004 Ed. (1938)
P.G.A. National Resort & Spa
1995 Ed. (2158)
PGA Tour
1992 Ed. (4050)
1991 Ed. (3169)
PGAL
2008 Ed. (3348)
PG&E Corp.
2000 Ed. (1396, 3674, 3676, 3677)
PGas
2000 Ed. (2884)
1999 Ed. (3137)
PGE Park
2005 Ed. (4442, 4443)
PGI
2006 Ed. (2266)
2001 Ed. (3551)
2000 Ed. (3356)
1997 Ed. (2952)
PGI Nonwovens
2008 Ed. (3799)
2007 Ed. (3708)
2006 Ed. (3725)
2005 Ed. (3609)
2004 Ed. (3699)
1999 Ed. (3631)
1998 Ed. (2689)
PGM Inc.
1990 Ed. (3085)
Pgnig-Polskie Gornictwo Naftowe
2008 Ed. (2051)
PGT Trucking Inc.
2008 Ed. (4767)
PH & N Balanced Pension Trust
2006 Ed. (3662)
PH & N Bond
2004 Ed. (725, 726, 727)
2003 Ed. (3561, 3562, 3563)
2002 Ed. (3431, 3432, 3433)
PH & N Canadian Equity
2006 Ed. (3662)
2002 Ed. (3435)
PH & N Dividend Income
2006 Ed. (3662)
2004 Ed. (3619)
P.H. Glatfelter
1990 Ed. (2762)
Pham; Quynh
2006 Ed. (2578, 2579)
Phamacia & Upjohn
2000 Ed. (1695)
Phantasialand
2000 Ed. (297)
1996 Ed. (216)
1995 Ed. (217)
Phantasmagoria
1997 Ed. (1097, 1103)
The Phantom of the Opera
2004 Ed. (4717)
2002 Ed. (1165)
Phar-Mor Inc.
2004 Ed. (2136)
2003 Ed. (2097, 2098, 2101)
2002 Ed. (2033, 2034, 2035, 2036, 2037)
2001 Ed. (2082, 2090, 2091, 2092)
2000 Ed. (1716, 1718, 1720, 1721)
1999 Ed. (1926, 1929, 1930, 1931)
1998 Ed. (1304, 1361, 1363, 1366)
1997 Ed. (1678)
1996 Ed. (1585, 1588, 1589)
1995 Ed. (1610, 1611, 1615, 1616)
1994 Ed. (1568, 1569, 1571, 1572, 3624)
1993 Ed. (864, 1526, 1527)
1992 Ed. (1851, 1854, 1855, 1858)
1991 Ed. (1458, 1461)
1990 Ed. (1554)
Pharma Plus
1995 Ed. (1617)
Pharma Plus Drugmarts
1997 Ed. (3547)
1996 Ed. (3483)
1994 Ed. (3366)
Pharma Services Co.
2005 Ed. (3284, 3936, 4673)
Pharmaceutical
2008 Ed. (4216)
2001 Ed. (3604)
Pharmaceutical and medical
2001 Ed. (2178)
Pharmaceutical Basics Inc.
1990 Ed. (2592)
Pharmaceutical Executive
2003 Ed. (814)
Pharmaceutical Marketing Services Inc.
1999 Ed. (4041)
1998 Ed. (3041)
1997 Ed. (3296)
Pharmaceutical preparations
2007 Ed. (2519, 2521, 2522)
2006 Ed. (2535, 2536)
2001 Ed. (94)
2000 Ed. (39, 2628)
1994 Ed. (2434, 2463, 2560)
1990 Ed. (2514)
1989 Ed. (1927)
Pharmaceutical Processing
2008 Ed. (4717)
Pharmaceutical Product Development Inc.
2008 Ed. (2883)
2006 Ed. (2775)
2005 Ed. (675, 676)
2004 Ed. (682, 683)
2001 Ed. (1461)
Pharmaceutical products
1997 Ed. (3716)
Pharmaceutical Research & Manufacturers of America
2006 Ed. (3291, 3292)
Pharmaceutical Resources, Inc.
2003 Ed. (4568)
Pharmaceutical Technology
2008 Ed. (4717)
2005 Ed. (830)
Pharmaceuticals
2008 Ed. (1822, 1823, 2651, 3154, 3155, 3156)
2007 Ed. (3042, 3043, 3044)
2006 Ed. (834, 3004, 3011, 3258, 3294)
2005 Ed. (3006, 3007, 3008, 3009, 3015, 3019, 4815)
2004 Ed. (1744, 1745, 1747, 1748, 3009, 3010, 3011, 3014)
2003 Ed. (2902, 2903, 2904, 2905, 2906)
2002 Ed. (1014, 2769, 2770, 2771, 2772, 2773, 2777, 2789, 2790, 2791, 2797, 2798, 3242, 3254)
2001 Ed. (1186, 1194)
2000 Ed. (938, 1350, 1352, 1353, 1354, 1355, 1357, 2633)
1999 Ed. (1508, 1509, 1510, 1511, 1514, 1678, 2869, 4710)
1998 Ed. (1073, 1074, 1075, 1076, 1152, 1154, 1155, 1981, 2077, 2099, 2433, 3462)
1997 Ed. (1298, 1299, 1303, 1304, 1305, 1440, 1441, 1444, 2384)
1996 Ed. (25, 930, 1255, 1256, 1257, 1258, 1259, 1262)
1995 Ed. (1298, 1301, 1302, 1303, 1304, 1670, 2207, 2209, 2211, 2502)
1994 Ed. (1271, 1272, 1276, 1278, 1279, 1280, 1281, 1282)
1993 Ed. (1232, 1234, 1236, 1237, 1239, 1240, 1241, 1242, 2136)
1992 Ed. (2599, 2601, 2603, 2606, 2608, 2610, 2613, 2614, 2617, 2619, 2620, 2622, 2625, 3003)
1991 Ed. (2028, 2030, 2032, 2034, 2036, 2038, 2040, 2043, 2047, 2049, 2050)
Pharmaceuticals & medical equipment
2001 Ed. (1964, 2175, 2176)
Pharmacia Corp.
2005 Ed. (1465, 1468, 1507, 1542, 1547, 1558, 3820, 3830)
2004 Ed. (943, 944, 945, 966, 1819, 1820, 2270, 3876, 3878, 3879, 3880, 3884, 3886, 3887)
2003 Ed. (934, 935, 942, 1053, 1786, 3863, 3865, 3866, 3867, 3868, 3869, 3871, 3872, 4072, 4436)
2002 Ed. (994, 1020, 1740, 2012, 2014, 2015, 2016, 2018, 2021, 2027, 3593, 4875)
1997 Ed. (1239, 1515, 1600, 3635, 3636)
1992 Ed. (1483, 1483, 4143)
1991 Ed. (3222)
1990 Ed. (2741)
Pharmacia AB
1997 Ed. (1236, 1246, 1252, 1259, 2178)
1996 Ed. (1449, 1450, 3589)
Pharmacia & Upjohn Inc.
2005 Ed. (1507, 1551, 1902)
2004 Ed. (1818)
2003 Ed. (1783)
2002 Ed. (50, 1392, 4484, 4485)
2001 Ed. (81, 1038, 1792, 1812, 2054, 2059, 2060, 2077, 3587, 4685)
2000 Ed. (1697, 1698, 1700, 2239, 2249, 3380, 3424, 4124)
1999 Ed. (1536, 1897, 1902, 3656, 4483)
1998 Ed. (1176, 1328, 1330, 1333, 1342)
1997 Ed. (1285, 1380, 1646, 1649, 1657, 1661, 1662)
Pharmacia & Upjohn (Perth)
2002 Ed. (1589)
Pharmacia Ophthalmics
1996 Ed. (2870)
Pharmacies, chain
1999 Ed. (1894, 4102)
1995 Ed. (1588)
Pharmacies, independent
1999 Ed. (1894, 4102)
1995 Ed. (1588)
Pharmacies, mail order
1999 Ed. (1894, 4102)
1995 Ed. (1588)
Pharmacist
2007 Ed. (3731)
1990 Ed. (3701)
1989 Ed. (2091)
Pharmacists
2007 Ed. (3727)
2005 Ed. (3626)
1997 Ed. (3177)
Pharmaco hf.
2006 Ed. (4506)
Pharmacy
2008 Ed. (3151, 3154, 3159)
2007 Ed. (3045, 3046)
2006 Ed. (2897, 3006)
2005 Ed. (2890, 2891)
2004 Ed. (2279)
2003 Ed. (2691)
2002 Ed. (2598, 2599)
2001 Ed. (2766, 3598)
2000 Ed. (2503)
Pharmacy Systems
2005 Ed. (3808)
2000 Ed. (2501)
1998 Ed. (1983)
1996 Ed. (2149)
1994 Ed. (2081)
1993 Ed. (2069)
1992 Ed. (2454)
Pharmasave
2003 Ed. (2103)
2002 Ed. (2040)
1995 Ed. (1617)
PharmaSource Healthcare
2000 Ed. (2501)
1999 Ed. (2722)
1998 Ed. (1983)
Pharmassure
2003 Ed. (4857)
Pharmavit
1997 Ed. (825)
Pharmavite Corp.
2003 Ed. (4861)
PharmChmLab
1996 Ed. (2884)
Pharmed Group Corp.
2005 Ed. (2529, 2844)
2004 Ed. (2540, 2834, 2835)
2003 Ed. (2420, 2421, 2749)
2002 Ed. (2564)
2001 Ed. (2716)
2000 Ed. (4386)
1997 Ed. (2218, 2223)
1996 Ed. (2112)
1995 Ed. (2103, 2108)
1994 Ed. (2057)
1993 Ed. (2039)
Pharmed Group Holdings
2005 Ed. (2838)
Pharmexx
2007 Ed. (2742)
Pharmexx GmbH
2008 Ed. (1209, 1722, 1771, 2868)
2007 Ed. (1695, 1744)
Pharmexx Sales & Marketing Intelligence GmbH
2006 Ed. (1736)
Pharmhouse
1995 Ed. (1615)
1994 Ed. (1572)
1992 Ed. (1851)
Pharmion Corp.
2008 Ed. (1678, 1680)
Pharos Capital
2005 Ed. (176)
Pharos Capital Group LLC
2008 Ed. (178)
2007 Ed. (195)
2006 Ed. (189)
Pharr Yarns Inc.
1998 Ed. (757)
1997 Ed. (1016)
1995 Ed. (1018)
1994 Ed. (1006)
Phase Forward Inc.
2006 Ed. (4257)

Phase Two Strategies
2004 Ed. (4027)
1998 Ed. (2959)
Phatra Leasing
2007 Ed. (2018)
Phatra Thanakit
2000 Ed. (3876)
1999 Ed. (941, 942, 944, 945)
1997 Ed. (3490)
1996 Ed. (3394)
1995 Ed. (3284)
1994 Ed. (3197)
1989 Ed. (1785)
Phazyme
2001 Ed. (387)
PHC Las Cruces Inc.
2008 Ed. (1979)
PHD
2008 Ed. (130)
2006 Ed. (126)
2004 Ed. (121)
2003 Ed. (110, 112, 114, 117, 118, 119, 120)
2001 Ed. (165, 175)
Pheasants Forever Inc.
2006 Ed. (3717)
Phelan family
2005 Ed. (4866)
Phelan; Joseph
1995 Ed. (2485)
Phelan; Richard J.
1995 Ed. (2484)
Phelps Inc.
1990 Ed. (1026)
Phelps Dodge Corp.
2008 Ed. (1403, 1427, 1530, 1558, 1559, 3653, 3654, 3655, 3656)
2007 Ed. (1526, 1575, 1576, 3479, 3480, 3481, 3483, 3484, 3485, 3495, 3516, 4521, 4560)
2006 Ed. (1496, 1545, 1546, 3422, 3456, 3457, 3458, 3460, 3461, 3462, 3463, 3471, 3484, 4459, 4460)
2005 Ed. (1416, 1417, 1650, 1651, 3447, 3448, 3449, 3451, 3452, 3453, 3454)
2004 Ed. (1393, 1394, 1624, 1625, 3432, 3433, 3434, 3436, 3438)
2003 Ed. (1608, 1609, 3366, 3367, 3368, 3370, 3371, 3373)
2002 Ed. (1576, 3304, 3321, 3322)
2001 Ed. (1503, 1504, 1611, 3276, 3277, 3322, 3323)
2000 Ed. (1384, 3081, 3091, 3096, 3098, 3340)
1999 Ed. (1489, 1502, 1563, 3344, 3356, 3357, 3361, 3362, 3363, 3414, 3625, 4693)
1998 Ed. (149, 1126, 2466, 2470, 2471, 2509, 2684, 2685)
1997 Ed. (1293, 1354, 2749, 2756, 2946, 2947, 2948)
1996 Ed. (1291, 2605, 2614, 2850, 2851, 2852)
1995 Ed. (1211, 1338, 2504, 2543, 2551, 2774, 2775, 2776)
1994 Ed. (1317, 2475, 2480, 2485, 2672, 2673, 2674)
1993 Ed. (1272, 2009, 2534, 2536, 2538, 2726, 2727, 2874, 2946)
1992 Ed. (1527, 3026, 3028, 3031, 3252, 3253, 3254)
1991 Ed. (2418, 2420, 2422, 2611, 2612)
1990 Ed. (2539, 2543, 2544, 2715, 2716)
1989 Ed. (271, 1054, 1944, 1946, 2068, 2069)
Phelps Dodge Exploration Corp.
2003 Ed. (1608, 3367)
Phelps Dodge International Corp.
2008 Ed. (2578)
Phelps Dodge Morenci Inc.
2005 Ed. (3448)
2004 Ed. (1623)
2003 Ed. (1607)
2001 Ed. (1610)
The Phelps Group
2005 Ed. (3949, 3958, 3966)
2004 Ed. (3975, 3997, 4015)
Phelps Industries Inc.
2006 Ed. (4341)
2003 Ed. (2080)
PhenCal 106
2000 Ed. (1669)
Phenergan
1999 Ed. (1899)
Phenlic
2001 Ed. (3813)
Phenomenon
1999 Ed. (4716)
PHH Corp.
2008 Ed. (3188)
1999 Ed. (2770)
1998 Ed. (3288)
1997 Ed. (3497)
1996 Ed. (2696, 2697, 3402)
1995 Ed. (172, 3315, 3348)
1994 Ed. (3232, 3233, 3267)
1993 Ed. (183, 184, 3277, 3611)
1992 Ed. (270, 274, 3936, 4335)
1991 Ed. (3101, 3104, 3414)
1990 Ed. (3447, 3640)
PHH Arval
2008 Ed. (4317)
PHH FleetAmerica
1995 Ed. (2620)
1994 Ed. (2565)
1993 Ed. (2602, 2604)
PHH FleetAmerica, including Avis
1990 Ed. (2617)
PHH Group
1989 Ed. (2101, 2461, 2480)
PHH Mortgage
2008 Ed. (2707)
2006 Ed. (3566)
PHH Mortgage Services
1999 Ed. (955)
1998 Ed. (536, 2522)
1997 Ed. (2811)
PHH US Mortgage
1996 Ed. (2682)
PHH Walker
1990 Ed. (2287)
PHI
2007 Ed. (587)
Phibro Energy
1992 Ed. (2817)
Phico Group
2002 Ed. (2943)
Phico Insurance Co.
2002 Ed. (3956)
1999 Ed. (2964)
1996 Ed. (2329)
1995 Ed. (2317)
1994 Ed. (2269)
1991 Ed. (2121)
1990 Ed. (2250)
1989 Ed. (1710)
Phil Batchelor
1993 Ed. (2461)
Phil Collins
1999 Ed. (1292)
1996 Ed. (1093, 1095)
1992 Ed. (1348)
Phil Geier
2000 Ed. (1874)
Phil Gramm
2003 Ed. (3894)
1999 Ed. (3844, 3960)
1992 Ed. (1038)
Phil Long Dealerships
2007 Ed. (4025, 4027)
2006 Ed. (3989)
2005 Ed. (3915)
2002 Ed. (1073)
2001 Ed. (1255)
1999 Ed. (1186)
1998 Ed. (751)
Phil. Long Distance Telephone Co.
1996 Ed. (3029)
Phil Long Ford Colorado Springs
2005 Ed. (4805)
Phil Long Ford Denver
2002 Ed. (1073)
Phil Long Ford of Denver
2004 Ed. (274)
Phil Long Group
1996 Ed. (988)
Phil Long Kia
1996 Ed. (293)
Phil Long Suzuki
1996 Ed. (289)
1995 Ed. (286)
1994 Ed. (285)
1993 Ed. (302)
Phil Mickelson
2008 Ed. (272)
Phil Rosenthal
2001 Ed. (2026)
Phil Scott
2008 Ed. (3376)
2007 Ed. (3248, 3249)
Philadelphia
2004 Ed. (4889)
2003 Ed. (922, 4899)
2002 Ed. (1909, 3102)
2001 Ed. (4786)
2000 Ed. (1086, 2586, 2944, 2950, 3726, 3771, 3819, 3835)
1999 Ed. (3204)
1998 Ed. (2373)
1997 Ed. (2653)
1996 Ed. (3790, 3791)
1993 Ed. (2434)
1992 Ed. (1011, 2864, 2870, 2877)
Philadelphia ADI NN
1991 Ed. (2596)
1990 Ed. (2688)
Philadelphia Airport Marriott
2000 Ed. (2576)
1998 Ed. (2038)
1995 Ed. (198)
Philadelphia Auto Show
1998 Ed. (3608)
Philadelphia Blended Whiskey
1996 Ed. (2514)
1990 Ed. (2452)
Philadelphia Board of Trade
2003 Ed. (2598)
2001 Ed. (1333)
1998 Ed. (815)
1994 Ed. (1071)
Philadelphia Boat Show
1998 Ed. (3608)
Philadelphia Cable Advertising
1996 Ed. (856, 861)
1994 Ed. (830)
1992 Ed. (1018)
Philadelphia Cable Interconnect
1998 Ed. (587, 601)
Philadelphia-Camden-Wilmington, PA-NJ
2007 Ed. (3387)
Philadelphia-Camden-Wilmington, PA-NJ-DE-MD
2008 Ed. (18, 3477, 4097)
2007 Ed. (268, 772, 1105, 2597, 2658, 2692, 3376, 3498, 3499, 3501, 3502, 3503, 3643, 3802, 4063, 4120, 4165, 4166, 4809, 4877)
2006 Ed. (261, 676, 1019, 2620, 2673, 2698, 3321, 3473, 3474, 3476, 3477, 3478, 3578, 3796, 4098, 4141, 4142, 4143)
Philadelphia Cheese
1994 Ed. (1511)
1992 Ed. (1761)
Philadelphia Cheese Spread
1999 Ed. (1816)
Philadelphia; Children's Hospital of
2008 Ed. (3049)
2007 Ed. (2926)
2006 Ed. (2907, 2924)
2005 Ed. (2900)
Philadelphia Civic Center
1990 Ed. (1219)
The Philadelphia Coca-Cola Bottling Co.
2008 Ed. (177, 635)
2007 Ed. (194, 676)
2006 Ed. (188, 647)
2005 Ed. (172, 175)
2004 Ed. (173, 4449)
2003 Ed. (213, 217)
2002 Ed. (716)
2001 Ed. (714)
2000 Ed. (743, 3143, 3151)
1999 Ed. (731, 3425)
1998 Ed. (470, 2517)
1997 Ed. (677)
1996 Ed. (745, 2662)
1995 Ed. (671, 672, 2592)
1994 Ed. (714, 715, 2533)
1993 Ed. (706)
1992 Ed. (895)
1991 Ed. (713)
1990 Ed. (735, 736)
1989 Ed. (734)
Philadelphia College of Textile and Science
2000 Ed. (931)
Philadelphia Consolidated Holding Corp.
2008 Ed. (3249)
2007 Ed. (3173)
Philadelphia County, PA
1993 Ed. (1434)
Philadelphia Cream Cheese
2002 Ed. (985)
2001 Ed. (1167)
Philadelphia Credit Union
2005 Ed. (2124)
2004 Ed. (1982)
2003 Ed. (1942)
2002 Ed. (1888)
Philadelphia Cultural Community Marketing Initiative
1991 Ed. (894)
Philadelphia Daily News
1992 Ed. (3246)
1990 Ed. (2712)
Philadelphia District Railway Postal Clerks Credit Union
2002 Ed. (1837)
Philadelphia Eagles
2008 Ed. (2761)
2007 Ed. (2632)
2006 Ed. (2653)
2005 Ed. (3281)
2003 Ed. (4522)
1998 Ed. (1749)
Philadelphia Electric Co.
1995 Ed. (3338)
1994 Ed. (1597, 3259, 3279)
1993 Ed. (2851, 3288)
1992 Ed. (1521, 1562, 3230, 3363, 3457)
1991 Ed. (3089)
1990 Ed. (2858, 2860)
1989 Ed. (1298)
Philadelphia Electric Co. Service Annuity Fund
1995 Ed. (2874)
Philadelphia Federal Credit Union
2008 Ed. (2255)
2007 Ed. (2140)
2006 Ed. (2219)
1996 Ed. (1515)
1994 Ed. (1507)
1993 Ed. (1454)
1991 Ed. (1396)
1990 Ed. (1462)
Philadelphia Flower Show
1999 Ed. (4642)
1998 Ed. (3608)
Philadelphia Flyers
2006 Ed. (2862)
2003 Ed. (4509)
2001 Ed. (4347)
2000 Ed. (2476)
1998 Ed. (1946)
The Philadelphia Foundation
1999 Ed. (2504)
1992 Ed. (2217)
1991 Ed. (1768)
1990 Ed. (1849)
Philadelphia Free
2001 Ed. (1945)
Philadelphia Gas Works
1998 Ed. (1808)
Philadelphia Home Show
1999 Ed. (4642)
1998 Ed. (3608)
Philadelphia Hospitals & Higher Education Authority
1996 Ed. (2727)
Philadelphia Industrial Development Agency of Pennsylvania
2001 Ed. (890)
Philadelphia Industrial Development Authority
2001 Ed. (765, 902)
1999 Ed. (2844)

Philadelphia Industrial Development Authority, PA
2000 Ed. (2621)
Philadelphia Inquirer
2003 Ed. (3647)
2002 Ed. (3504, 3509, 3510)
1998 Ed. (78, 83)
1990 Ed. (2693, 2712)
Philadelphia Inquirer-News
1992 Ed. (3241, 3243, 3246)
1991 Ed. (2603, 2604, 2606, 2609, 2605)
1990 Ed. (2692, 2697, 2703, 2705, 2706)
Philadelphia Insurance Cos.
2004 Ed. (3093)
Philadelphia International
1994 Ed. (192)
Philadelphia International Airport
1999 Ed. (1336)
Philadelphia International Airport Runway 8-26
2000 Ed. (1227)
Philadelphia International Auto Show
1999 Ed. (4642)
Philadelphia Investment
1991 Ed. (2232, 2236)
Philadelphia Investment Management Group
1990 Ed. (2322)
Philadelphia Light Flavors
2001 Ed. (1945)
Philadelphia Lite
2001 Ed. (1945)
Philadelphia Marriott Hotel
2000 Ed. (2576)
1998 Ed. (2038)
Philadelphia Municipal Authority
1993 Ed. (2621)
Philadelphia Municipal Pension Fund
1997 Ed. (3029)
1996 Ed. (2949)
1995 Ed. (2874)
1992 Ed. (3363)
1991 Ed. (2695)
Philadelphia Municipal Retirement System
1991 Ed. (2697)
Philadelphia Museum of Art
2000 Ed. (317, 3217)
1998 Ed. (2688)
1992 Ed. (1096)
Philadelphia mutual fund
1994 Ed. (2614)
Philadelphia National
1989 Ed. (2145, 2149)
Philadelphia National Bank
1991 Ed. (486, 487, 646)
1990 Ed. (529, 667)
1989 Ed. (512, 653)
Philadelphia Naval Business Center
2000 Ed. (2626)
Philadelphia Newspapers Inc.
1999 Ed. (3303)
1997 Ed. (2709)
Philadelphia Orchestra Association
1998 Ed. (2688)
1995 Ed. (935)
Philadelphia Outdoor
2001 Ed. (1544)
Philadelphia, PA
2008 Ed. (237, 829, 3111, 3407, 3463, 4040, 4650, 4731)
2007 Ed. (271, 775, 868, 1109, 2276, 2601, 2664, 2860, 2996, 3365, 3504, 3505, 3507, 3508, 3509, 3644, 3805, 4014, 4094, 4095, 4125, 4174, 4175, 4176, 4731)
2006 Ed. (767, 771, 2973, 3068, 3302, 4059, 4707, 4970)
2005 Ed. (841, 846, 921, 2946, 2972, 3312, 3326, 3333, 3336, 4654, 4826, 4827, 4927, 4933, 4934, 4936, 4937, 4938, 4973, 4974, 4983)
2004 Ed. (188, 189, 190, 226, 227, 264, 265, 268, 269, 332, 333, 334, 336, 731, 732, 790, 791, 796, 803, 804, 848, 870, 872, 926, 984, 985, 988, 989, 990, 991, 994, 995, 996, 1001, 1007, 1011, 1012, 1015, 1016, 1017, 1018, 1036, 1138, 1139, 1146, 1147, 2048, 2049, 2052, 2053, 2228, 2263, 2264, 2265, 2418, 2419, 2598, 2599, 2601, 2602, 2627, 2649, 2696, 2710, 2731, 2749, 2750, 2751, 2752, 2760, 2761, 2762, 2763, 2795, 2801, 2811, 2850, 2851, 2854, 2855, 2865, 2866, 2872, 2880, 2887, 2898, 2899, 2900, 2901, 2947, 2948, 2951, 2952, 2985, 3216, 3219, 3262, 3280, 3298, 3314, 3347, 3348, 3353, 3354, 3367, 3368, 3369, 3370, 3371, 3372, 3373, 3374, 3375, 3376, 3379, 3380, 3381, 3383, 3384, 3385, 3386, 3387, 3389, 3390, 3391, 3392, 3449, 3450, 3451, 3452, 3453, 3454, 3455, 3457, 3458, 3459, 3462, 3463, 3464, 3466, 3467, 3468, 3469, 3470, 3472, 3473, 3474, 3475, 3476, 3518, 3519, 3704, 3705, 3706, 3707, 3708, 3709, 3710, 3711, 3712, 3713, 3714, 3715, 3716, 3717, 3718, 3719, 3720, 3721, 3722, 3723, 3724, 3725, 3795, 3796, 3799, 3800, 4050, 4102, 4103, 4104, 4109, 4110, 4111, 4112, 4113, 4116, 4150, 4152, 4153, 4154, 4155, 4156, 4164, 4165, 4166, 4167, 4170, 4171, 4172, 4173, 4174, 4176, 4177, 4178, 4191, 4199, 4200, 4201, 4202, 4208, 4209, 4210, 4211, 4231, 4317, 4406, 4407, 4408, 4409, 4415, 4418, 4478, 4479, 4611, 4612, 4616, 4617, 4618, 4619, 4679, 4765, 4766, 4782, 4783, 4835, 4836, 4846, 4894, 4896, 4910, 4911, 4914, 4915, 4947, 4953, 4954, 4956, 4972, 4973)
2003 Ed. (27, 231, 232, 260, 309, 351, 352, 353, 705, 776, 777, 784, 832, 903, 997, 998, 999, 1000, 1005, 1013, 1014, 1015, 1031, 1143, 1144, 2006, 2007, 2255, 2256, 2338, 2468, 2469, 2494, 2587, 2595, 2596, 2611, 2632, 2633, 2639, 2640, 2684, 2698, 2764, 2765, 2773, 2778, 2779, 2787, 2862, 2863, 3162, 3220, 3228, 3242, 3290, 3291, 3313, 3314, 3316, 3317, 3318, 3319, 3383, 3384, 3385, 3386, 3387, 3388, 3389, 3391, 3392, 3393, 3396, 3397, 3398, 3399, 3401, 3402, 3403, 3404, 3406, 3407, 3408, 3409, 3455, 3456, 3660, 3661, 3662, 3663, 3664, 3665, 3666, 3667, 3668, 3669, 3769, 3770, 3903, 3909, 3910, 4031, 4081, 4082, 4083, 4084, 4090, 4150, 4151, 4152, 4153, 4155, 4156, 4157, 4158, 4159, 4160, 4161, 4162, 4174, 4175, 4181, 4208, 4307, 4391, 4392, 4403, 4512, 4636, 4637, 4638, 4639, 4709, 4797, 4798, 4851, 4866, 4904, 4906, 4921, 4922, 4943, 4952, 4953)
2002 Ed. (236, 408, 719, 921, 927, 966, 1055, 1056, 1059, 1084, 1223, 2028, 2043, 2220, 2221, 2296, 2379, 2404, 2634, 2744, 3092, 3135, 3137, 3138, 3139, 3238, 3326, 3589, 3590, 3893, 3997, 4047, 4050, 4052, 4075, 4180, 4317, 4528, 4593, 4744, 4745, 4766, 4927, 4928, 4931, 4932, 4933)
2001 Ed. (715, 1155, 1234, 2080, 2596, 2819, 3102, 3120, 3121, 3291, 3292, 3646, 3718, 3727, 3877, 4024, 4049, 4089, 4143, 4164, 4679, 4680, 4708, 4790, 4792, 4848, 4849, 4851, 4852, 4853)
2000 Ed. (331, 359, 747, 748, 1010, 1071, 1074, 1075, 1077, 1079, 1080, 1081, 1083, 1115, 1117, 1330, 1607, 1662, 1713, 1908, 2306, 2330, 2392, 2416, 2437, 2580, 2604, 2606, 2607, 2609, 2938, 2952, 2953, 2954, 3051, 3052, 3053, 3054, 3055, 3105, 3109, 3110, 3111, 3112, 3113, 3114, 3115, 3116, 3117, 3119, 3120, 3121, 3508, 3766, 3770, 3865, 4014, 4093, 4207, 4357, 4396, 4402)
1999 Ed. (355, 733, 734, 1070, 1150, 1151, 1156, 1157, 1160, 1161, 1163, 1165, 1166, 1168, 1487, 1846, 2126, 2494, 2590, 2714, 2828, 2832, 3195, 3211, 3212, 3213, 3214, 3215, 3373, 3375, 3377, 3379, 3380, 3381, 3382, 3383, 3384, 3385, 3386, 3387, 3388, 3390, 3392, 3852, 3853, 3890, 4051, 4055, 4125, 4150, 4728, 4773, 4774, 4778, 4807)
1998 Ed. (474, 580, 592, 684, 734, 735, 736, 793, 1055, 1547, 1746, 1832, 2003, 2004, 2028, 2359, 2365, 2379, 2405, 2476, 2478, 2479, 2480, 2538, 2983, 3051, 3055, 3058, 3109, 3166, 3296, 3489, 3587, 3612, 3685, 3725, 3731, 3733)
1997 Ed. (291, 322, 678, 679, 869, 940, 1031, 1032, 1211, 1284, 1596, 1669, 2073, 2110, 2111, 2140, 2162, 2176, 2303, 2315, 2326, 2327, 2335, 2354, 2356, 2357, 2358, 2360, 2361, 2362, 2639, 2649, 2657, 2712, 2720, 2721, 2722, 2723, 2758, 2759, 2760, 2762, 2766, 2768, 2769, 2771, 2773, 2774, 2775, 3066, 3306, 3307, 3313, 3350, 3351, 3365, 3390, 3512, 3657, 3710, 3853, 3894, 3900)
1996 Ed. (37, 261, 302, 343, 747, 1011, 1012, 1170, 1238, 1517, 1537, 1587, 1993, 1994, 2018, 2040, 2076, 2194, 2198, 2199, 2222, 2224, 2228, 2229, 2231, 2281, 2497, 2510, 2518, 2539, 2571, 2572, 2573, 2574, 2575, 2620, 2622, 2623, 2624, 2982, 3197, 3198, 3199, 3200, 3209, 3249, 3250, 3266, 3293, 3425, 3604, 3653, 3802, 3842, 3845, 3846, 3852)
1995 Ed. (257, 328, 330, 676, 928, 990, 1026, 1027, 1113, 1202, 1555, 1609, 1924, 1964, 1966, 1995, 2048, 2080, 2181, 2183, 2184, 2205, 2215, 2219, 2220, 2222, 2223, 2451, 2459, 2465, 2467, 2558, 2560, 2561, 2562, 2563, 2665, 2900, 3102, 3103, 3104, 3105, 3112, 3113, 3149, 3150, 3173, 3195, 3369, 3522, 3543, 3544, 3562, 3563, 3564, 3565, 3566, 3567, 3715, 3742, 3745, 3746, 3747, 3753, 3780, 3781, 3782, 3783, 3784)
1994 Ed. (256, 332, 719, 820, 821, 822, 824, 826, 827, 951, 964, 965, 971, 1017, 1188, 1524, 1566, 1935, 1936, 1971, 1992, 2027, 2129, 2143, 2164, 2169, 2170, 2172, 2174, 2372, 2378, 2386, 2490, 2494, 2499, 2500, 2501, 2502, 2811, 3056, 3057, 3058, 3059, 3067, 3068, 3104, 3105, 3121, 3151, 3293, 3325, 3456, 3494, 3495, 3496, 3497, 3498)
1993 Ed. (267, 347, 709, 808, 816, 818, 872, 884, 945, 949, 950, 989, 1158, 1424, 1478, 1525, 1852, 1913, 1943, 1999, 2015, 2071, 2106, 2107, 2108, 2142, 2145, 2146, 2148, 2149, 2439, 2444, 2527, 2540, 2543, 2544, 2546, 2550, 2551, 2552, 2553, 2812, 2938, 2953, 3012, 3043, 3045, 3060, 3105, 3299, 3481, 3518, 3519, 3520, 3521, 3522, 3523, 3675, 3710, 3711, 3717)
1992 Ed. (237, 374, 482, 896, 897, 1010, 1017, 1025, 1026, 1081, 1086, 1160, 1161, 1164, 1213, 1214, 1440, 1797, 1850, 2254, 2255, 2287, 2352, 2377, 2387, 2521, 2535, 2536, 2543, 2544, 2548, 2551, 2575, 2577, 2580, 2581, 2583, 2584, 2907, 3038, 3040, 3041, 3043, 3044, 3045, 3046, 3049, 3050, 3051, 3056, 3057, 3058, 3059, 3135, 3236, 3399, 3491, 3493, 3495, 3499, 3692, 3693, 3694, 3695, 3696, 3702, 3734, 3736, 3752, 3809, 3953, 4040, 4040, 4159, 4190, 4217, 4218, 4219, 4220, 4221, 4222, 4403, 4446, 4449, 4450, 4456)
1991 Ed. (2780, 2318, 275, 348, 715, 827, 831, 832, 936, 937, 976, 977, 1102, 1455, 1644, 1782, 1783, 1863, 1888, 1965, 1972, 1973, 1974, 1975, 1983, 2003, 2006, 2007, 2009, 2010, 2427, 2430, 2431, 2432, 2433, 2437, 2438, 2439, 2440, 2514, 2861, 2864, 2890, 2892, 3248, 3296, 3297, 3298, 3299, 3300, 2857)
1990 Ed. (301, 401, 404, 738, 875, 876, 1000, 1003, 1005, 1006, 1007, 1054, 1055, 1218, 1438, 1466, 1553, 1867, 1868, 1958, 1986, 2111, 2123, 2124, 2125, 2126, 2158, 2162, 2163, 2165, 2166, 2442, 2551, 2554, 2555, 2556, 2557, 2566, 2567, 2656, 2885, 3003, 3047, 3048, 3523, 3524, 3526, 3527, 3528, 3529, 3530, 3535, 3536, 3607, 3648)
1989 Ed. (2, 226, 276, 284, 727, 738, 843, 844, 845, 847, 910, 911, 1177, 1265, 1491, 1492, 1560, 1577, 1625, 1627, 1628, 1644, 1645, 1646, 1647, 1905, 1956, 1958, 1959, 2051, 2317, 2642, 2774)
Philadelphia, PA-NJ
2004 Ed. (1006, 2646, 2706, 2719, 2809, 2983, 3522, 4185, 4186)
2002 Ed. (376, 1086, 2045, 2301, 2382, 2395, 2444, 2458, 3325, 3328, 3331, 3998, 4053)
2001 Ed. (2757)
2000 Ed. (2614)
1996 Ed. (2615, 2616, 2617, 2619)
1995 Ed. (2213, 2553, 2554, 2555, 2557)
1994 Ed. (718, 2162, 2488, 2489, 2492)
1993 Ed. (707, 710, 2139, 2545)
1991 Ed. (1982, 2000, 2424, 2425, 2435, 2436, 2441, 2442, 2443, 2444, 2445, 2446)
1990 Ed. (2154, 2548, 2549, 2558, 2559, 2560, 2561, 2562, 2563, 2564, 2565)
1989 Ed. (1952, 1960, 1961, 1962, 1963, 1964, 1965, 1966, 1967)
Philadelphia Park
1990 Ed. (1219)
Philadelphia Phillies
2008 Ed. (529)
2007 Ed. (578)
2006 Ed. (547)
Philadelphia Protestant Home
1991 Ed. (2898)
1990 Ed. (3061)
Philadelphia Ranger Corps
1994 Ed. (1904)
Philadelphia Resource Supply Co.
1990 Ed. (1985)
Philadelphia School District
2004 Ed. (4311)
2000 Ed. (3860)
1998 Ed. (3160)
1997 Ed. (3385)
1996 Ed. (3288)
1994 Ed. (3146)
1993 Ed. (3099, 3102)

1991 Ed. (2926)
Philadelphia, School District of
1990 Ed. (3106)
Philadelphia 76ers
2006 Ed. (548)
2005 Ed. (646)
2004 Ed. (657)
2001 Ed. (4345)
2000 Ed. (704)
Philadelphia Stock Exchange
2008 Ed. (4500)
2007 Ed. (4537)
2006 Ed. (4481)
2005 Ed. (4479)
1999 Ed. (1248)
1996 Ed. (1058)
1994 Ed. (3437)
Philadelphia Suburban Corp.
2004 Ed. (4854, 4855)
Philadelphia Telco Credit Union
2005 Ed. (2124)
2004 Ed. (1982)
2003 Ed. (1942)
2002 Ed. (1888)
1996 Ed. (1515)
1994 Ed. (1507)
1993 Ed. (1454)
1991 Ed. (1396)
1990 Ed. (1462)
The Philadelphia Tribune
2000 Ed. (3151)
1999 Ed. (3425)
1998 Ed. (2517)
1990 Ed. (2712)
Philadelphia, utilities
1996 Ed. (2722)
Philadelphia Ventures Inc.
1999 Ed. (4708)
1998 Ed. (3667)
1993 Ed. (3663)
1992 Ed. (4388)
1991 Ed. (3444)
1990 Ed. (3669)
Philadelphia Whiskey
1994 Ed. (2384)
Philadelphia, Wilmington, Trenton
1992 Ed. (2389)
1991 Ed. (883, 1813, 3457, 3489, 2933)
1990 Ed. (1895, 3070, 3112)
1989 Ed. (1510, 2894, 2932, 2933, 2936)
The Philadelphian
1993 Ed. (1081)
1992 Ed. (1352)
1991 Ed. (1046)
1990 Ed. (1147)
Philbin; Regis
2008 Ed. (2585)
Philco
1996 Ed. (2127)
Philco Allied
1997 Ed. (784)
Philcore Credit Union
2008 Ed. (2256)
2007 Ed. (2141)
2006 Ed. (2220)
2005 Ed. (2125)
2004 Ed. (1983)
2003 Ed. (1943)
2002 Ed. (1889)
Phildelphia, PA
1999 Ed. (3391)
Phildrew Ventures
1995 Ed. (2499, 2500)
1994 Ed. (2430)
Philex Mining
1992 Ed. (1683, 2965)
1990 Ed. (1409)
1989 Ed. (1152)
Philex Mining A
1991 Ed. (2378, 2379)
Philex Mining B
1991 Ed. (2378, 2379)
Philip Allen
1993 Ed. (2464)
Philip & Cristina Green
2008 Ed. (4910)
Philip & Donna Berber
2004 Ed. (3891)
Philip & Tina Green
2007 Ed. (4923, 4927)
Philip Anschutz
2008 Ed. (4823)
2007 Ed. (4893)
2006 Ed. (4900)
2005 Ed. (4845)
2003 Ed. (4886)
2002 Ed. (3358)
Philip Beck
2002 Ed. (3068)
Philip Corboy
1997 Ed. (2612)
Philip Cornish
2002 Ed. (872, 2477)
Philip E. Lippincott
1995 Ed. (1732)
1991 Ed. (1633)
Philip Eliasch
2008 Ed. (897)
Philip Environmental Service Group
2000 Ed. (1848)
Philip Environmental Services
2000 Ed. (1846)
1998 Ed. (943, 945)
Philip Environmental Services Group
2000 Ed. (1844, 1853, 1855, 1858)
Philip F. Anschutz
2007 Ed. (2497)
2004 Ed. (4866)
2002 Ed. (3361)
2001 Ed. (705)
2000 Ed. (735)
Philip Fischer
2000 Ed. (1962)
Philip Fricke
1998 Ed. (1626)
Philip Friedman
1997 Ed. (1851, 1863)
1996 Ed. (1776, 1788)
1995 Ed. (1801, 1814)
1994 Ed. (1773)
1993 Ed. (1776)
1991 Ed. (1702)
Philip G. Satre
2000 Ed. (1877)
1999 Ed. (2079)
Philip Green
2005 Ed. (4888, 4890, 4897)
Philip H. Corboy
2002 Ed. (3071)
Philip H. Geier
2003 Ed. (2410)
Philip H. Knight
2008 Ed. (4826)
2007 Ed. (4897)
2006 Ed. (4902)
2005 Ed. (4846)
1993 Ed. (1697, 1699)
1992 Ed. (2052, 2054)
Philip Hall
1997 Ed. (1986)
Philip Higson
1996 Ed. (1884)
Philip Holzmann AG
2002 Ed. (1190)
2001 Ed. (1412)
2000 Ed. (1815)
Philip J. Dion
1999 Ed. (1411)
Philip J. Purcell
2005 Ed. (2474)
2002 Ed. (2183)
2000 Ed. (1046)
Philip Knight
2006 Ed. (873)
2004 Ed. (4860)
2003 Ed. (4881)
2002 Ed. (3348)
1989 Ed. (1984)
Philip L. Smith
1990 Ed. (1714)
Philip M. Hampton
1989 Ed. (417)
Philip Medical System
2001 Ed. (3269)
Philip Middleton
1999 Ed. (2352)
Philip Miller
1999 Ed. (1122, 4302)
Philip Mok
1996 Ed. (1864)
Philip Morris Inc.
2003 Ed. (1790, 4745, 4747)
2001 Ed. (4561, 4562)
2000 Ed. (195, 199, 202, 211, 282, 723, 725, 726, 728, 730, 731, 732, 945, 956, 1342, 1344, 1360, 1373, 1382, 1478, 1525, 1692, 1894, 2220, 2231, 3132, 3321, 3325, 3326, 3327, 3328, 3381, 3446, 3458, 4257, 4260, 4261)
1999 Ed. (28, 177, 181, 715, 716, 718, 719, 720, 721, 724, 725, 1000, 1001, 1134, 1474, 1488, 1516, 1517, 1539, 1540, 1543, 1545, 1547, 1548, 1549, 1554, 1661, 1663, 1666, 1671, 1681, 1714, 1864, 1885, 2463, 2473, 3598, 3601, 3605, 3608, 3609, 3729, 3768, 4389, 4391, 4496, 4566, 4567, 4568, 4606, 4607, 4610, 4612, 4613)
1998 Ed. (22, 28, 68, 71, 90, 153, 456, 457, 459, 460, 461, 486, 595, 596, 687, 926, 1009, 1037, 1081, 1083, 1085, 1086, 1087, 1088, 1111, 1113, 1116, 1117, 1118, 1149, 1158, 1159, 1164, 1168, 1181, 1202, 1289, 1722, 1729, 2320, 2501, 2671, 2673, 2675, 2769, 2786, 3362, 3425, 3490, 3491, 3499, 3574, 3576, 3577, 3578, 3581)
1994 Ed. (12, 15, 16, 18, 22, 23, 24, 26, 31, 40, 41, 48, 127, 129, 134, 212, 695, 696, 697, 699, 700, 701, 702, 704, 705, 706, 742, 833, 834, 954, 958, 1212, 1213, 1217, 1218, 1222, 1236, 1247, 1248, 1249, 1255, 1256, 1257, 1260, 1268, 1269, 1270, 1284, 1285, 1286, 1313, 1388, 1389, 1391, 1399, 1401, 1430, 1726, 1862, 1865, 1867, 1869, 1870, 1871, 1880, 2579, 2658, 2661, 2662, 2664, 2668, 2698, 2717, 2739, 2749, 2761, 2985, 3441, 3449, 3500, 3501, 3502, 3540, 3542, 3544)
1993 Ed. (19, 20, 21, 22, 24, 30, 31, 32, 34, 35, 41, 56, 147, 148, 149, 152, 224, 73674, 823, 825, 942, 1178, 1182, 1188, 1196, 1208, 1217, 1223, 1229, 1230, 1231, 1243, 1244, 1247, 1270, 1333, 1335, 1347, 1349, 1377, 1490, 1506, 1738, 1873, 1876, 1879, 1882, 1883, 1898, 2124, 2382, 2572, 2611, 2709, 2711, 2712, 2716, 2717, 2719, 2720, 2760, 3377, 3381, 3464, 3470, 3475, 3526, 3527, 3528, 3529, 3581, 3583)
1992 Ed. (2185, 2187, 2188, 4049)
1991 Ed. (235, 933, 1194, 1209, 1226, 1228, 1229, 1230, 1233, 1234, 1236, 1238, 1243, 1244, 1245, 1248, 1733, 1740, 1742, 2590, 2592, 2661, 2662, 2663, 2664, 2665, 3239, 3301, 3303, 3305, 3307, 3309, 3395, 3399, 23411, 14, 17, 20, 27, 34, 35, 41, 44, 45, 53, 55, 167, 171, 172, 175, 242, 735, 843, 1197, 1198, 1199, 1200, 1749, 2583, 2793, 3314, 3315, 3393, 3397, 10, 166, 173, 704, 842, 1053, 1739, 2271, 2584, 3311, 3312, 3313, 2696, 3396, 1153, 1159, 9, 1158, 1913, 1163)
1990 Ed. (55, 994, 1228, 1229, 1278, 1301, 1305, 1308, 1315, 1317, 1533, 2685, 2756, 2791, 3442, 3444, 3531, 3533, 3600, 3602)
1989 Ed. (16, 17, 20, 906, 909, 1023, 2277, 2657, 2803, 2837, 2839, 2842)
Philip Morris (Australia)
2001 Ed. (1618)
Philip Morris Capital
1993 Ed. (845)
Philip Morris Companies Inc.
2005 Ed. (1498, 1513, 1570, 2846)
2004 Ed. (20, 22, 23, 33, 34, 40, 50, 58, 60, 61, 63, 72, 77, 96, 138, 679, 1497, 1556, 1557, 1570, 1574, 1741, 1754, 2119, 2122, 2123, 2270, 2271, 2838, 2840, 2845, 4728, 4729, 4740)
2003 Ed. (16, 19, 188, 189, 195, 673, 833, 844, 877, 968, 1217, 1467, 1518, 1533, 1562, 1564, 1568, 1571, 1572, 1573, 1574, 1579, 1580, 1712, 1717, 1790, 1791, 1980, 2259, 2512, 2513, 2517, 2522, 2757, 3288, 4549, 4557, 4710, 4711, 4745, 4746, 4747, 4748, 4749, 4752, 4754, 4758)
2002 Ed. (60, 218, 219, 222, 235, 751, 925, 980, 1039, 1447, 1540, 1543, 1552, 1557, 1559, 1560, 1564, 1572, 1688, 1741, 2295, 2302, 2303, 2310, 2311, 2568, 3233, 3496, 3620, 4354, 4587, 4588, 4589, 4628, 4630, 4632, 4789)
2001 Ed. (18, 19, 21, 28, 37, 38, 40, 52, 53, 54, 55, 56, 60, 64, 68, 72, 77, 81, 88, 698, 699, 1041, 1092, 1148, 1165, 1453, 1572, 1581, 1583, 1584, 1588, 1592, 1593, 1594, 1596, 1742, 1817, 2174, 2461, 2470, 2718, 3403, 3684, 4551, 4560, 4561, 4562, 4563)
1992 Ed. (231)
1990 Ed. (14, 168, 172, 173, 176, 246, 252, 882, 995, 1215, 2713, 3553)
1989 Ed. (188)
Philip Morris Cos., Inc.
2005 Ed. (1558)
2000 Ed. (727)
1998 Ed. (2714, 3407, 3407)
1997 Ed. (29, 31, 162, 166, 169, 240, 661, 662, 664, 665, 666, 668, 669, 670, 706, 875, 986, 1245, 1250, 1251, 1270, 1272, 1286, 1294, 1307, 1309, 1310, 1311, 1312, 1321, 1323, 1324, 1325, 1327, 1328, 1349, 1351, 1436, 1446, 1451, 1489, 1643, 1807, 1810, 2029, 2034, 2046, 2930, 2932, 2937, 2938, 2967, 3020, 3052, 3713, 3714, 3715, 3755, 3756, 3758)
1996 Ed. (28, 31, 155, 158, 159, 164, 728, 729, 732, 733, 734, 735, 737, 769, 862, 970, 1199, 1204, 1205, 1209, 1224, 1240, 1248, 1264, 1265, 1266, 1267, 1276, 1279, 1280, 1282, 1287, 1288, 1384, 1389, 1395, 1428, 1565, 1723, 1928, 1932, 1935, 1937, 1946, 2644, 2827, 2829, 2838, 2839, 2842, 2843, 2974, 3146, 3498, 3593, 3656, 3657, 3659, 3660, 3661, 3696, 3698, 3701, 3702)
1995 Ed. (18, 22, 23, 141, 145, 146, 148, 152, 153, 651, 652, 654, 655, 656, 657, 658, 659, 660, 662, 691, 879, 984, 1221, 1222, 1223, 1228, 1233, 1234, 1238, 1255, 1266, 1269, 1280, 1284, 1292, 1293, 1294, 1306, 1309, 1310, 1311, 1313, 1314, 1320, 1336, 1422, 1431, 1466, 1567, 1886, 1888, 1891, 1894, 1895, 1898, 1900, 1904, 1905, 2760, 2762, 2763, 2765, 2771, 2772, 2812, 2889, 3047, 3433, 3437, 3570, 3571, 3572, 3573, 3574, 3575, 3618, 3622)
1992 Ed. (3597)
1990 Ed. (16, 17, 32, 33, 38, 50, 170, 174, 175, 177, 728, 878, 879, 923, 1161, 1235, 1236, 1239, 1240, 1244, 1283, 1291, 1296, 1820, 1858, 2679, 2936, 3537, 3538, 3598, 3599, 3601)
1989 Ed. (14, 21, 26, 33, 46, 186, 191, 1453, 2525, 2838)
Philip Morris Credit Corp.
1991 Ed. (1664)
Philip Morris Czech Republic
2006 Ed. (3946)

Philip Morris Europe SA
2001 Ed. (1691, 1860)
Philip Morris Gesellschaft Mit Beschraenkter Haftung
2001 Ed. (4564)
1994 Ed. (3547)
Philip Morris GmbH
2004 Ed. (4737)
2002 Ed. (4631)
1997 Ed. (3759)
1996 Ed. (3703)
Philip Morris Holland BV
2004 Ed. (4737)
Philip Morris International Inc.
2008 Ed. (4688, 4689)
2007 Ed. (4764, 4765)
2006 Ed. (4758, 4760)
2005 Ed. (3239, 4704, 4708)
2004 Ed. (4727, 4731)
2003 Ed. (4745, 4747)
2001 Ed. (4561, 4562)
Philip Morris/Kraft Foods
1992 Ed. (51)
Philip Morris mbH
1995 Ed. (3625)
Philip Morris One King Size Box
1999 Ed. (1138)
Philip Morris One KS Box
2000 Ed. (1063)
Philip Morris PAC
1992 Ed. (3475)
Philip Morris Super Light 100 Box
2000 Ed. (1063)
Philip Morris Super Lights
1997 Ed. (988)
Philip Morris Super Lights Box
2000 Ed. (1063)
1999 Ed. (1138)
Philip Morris Super Lights 100 Box
1999 Ed. (1138)
Philip Morris U.S.A.
2008 Ed. (2160, 3166, 3172, 4688, 4689)
2007 Ed. (4764, 4765)
2006 Ed. (4758, 4760)
2005 Ed. (2270, 4704, 4708)
2004 Ed. (4727, 4731)
2000 Ed. (2880)
1989 Ed. (908, 2781)
Philip Morrisey
1999 Ed. (2303)
Philip Odeen
1999 Ed. (1120)
Philip Orsino
2006 Ed. (2528)
Philip Poole
1999 Ed. (2358)
Philip Purcell
1999 Ed. (1121, 1126, 2078)
Philip Services Corp.
2005 Ed. (3664)
2004 Ed. (3749)
2001 Ed. (1469, 1471, 1473, 1475, 1478, 1483)
2000 Ed. (1257, 1259, 1261, 1264, 1268, 1399, 3330)
1999 Ed. (1365, 1367, 1376)
Philip Suttle
1996 Ed. (1895)
Philip Wolstencroft
2000 Ed. (2115)
1999 Ed. (2329)
Philipp Holzmann AG
2004 Ed. (1355, 1359, 2013, 4737)
2003 Ed. (1326, 1328, 1329, 1330, 1333, 1334, 1336)
2002 Ed. (1310, 1312, 1314, 1316, 1320, 1322)
2001 Ed. (1487)
2000 Ed. (1214, 1281, 1284, 1285, 1286, 1288, 1292, 1816)
1999 Ed. (1331, 1389, 1392, 1394, 1397, 1398, 1399, 1401, 1403, 1405)
1998 Ed. (962, 964, 965, 966, 968, 970)
1997 Ed. (1132, 1133, 1183, 1186, 1187, 1189, 1191, 1194, 1195, 1196, 1752, 1756)
1996 Ed. (1110, 1157, 1158, 1159, 1160, 1161, 1162, 1164, 1165, 1166, 1672, 1675)
1995 Ed. (1137, 1183, 1185, 1690, 3335)
1994 Ed. (1161, 1164, 1165, 1651)
1993 Ed. (1143, 1144, 1147, 1148, 1619)
1992 Ed. (1372, 1426, 1432, 1649, 1967)
1991 Ed. (1097, 1098)
1990 Ed. (1209)
Philipp Rolzmann AG
1995 Ed. (1693)
Philippa Rose
2007 Ed. (2463)
Philippe Benacin
2006 Ed. (2527)
Philippe Dauman
1997 Ed. (2611)
Philippine
1990 Ed. (228)
Philippine Advertising Counselors
1989 Ed. (152)
Philippine Air Lines
1989 Ed. (1151)
Philippine Airlines
2001 Ed. (310, 312)
1999 Ed. (1724)
1997 Ed. (1498)
1995 Ed. (1351)
1993 Ed. (198)
Philippine Automotive Manufacturing Corp.
1997 Ed. (1498)
Philippine Comm. International
1989 Ed. (655)
Philippine Commercial International
1995 Ed. (588)
1990 Ed. (670)
Philippine Commercial International Bank
2001 Ed. (2888)
2000 Ed. (648)
1999 Ed. (623)
1997 Ed. (595, 2400)
1996 Ed. (657, 2563, 3030)
1994 Ed. (618, 2431)
1993 Ed. (615, 2493)
1992 Ed. (821, 2965)
1991 Ed. (649, 2378)
Philippine Funds
1990 Ed. (2396)
Philippine Geotheraml Inc.
1991 Ed. (1252)
Philippine Government Service Insurance System
2002 Ed. (2826)
2001 Ed. (2888)
Philippine Islands; Bank of the
2008 Ed. (492)
2007 Ed. (541)
2006 Ed. (513)
2005 Ed. (597)
Philippine Long Distance Telephone Co.
2008 Ed. (72)
2007 Ed. (67)
2006 Ed. (76, 1992)
2005 Ed. (68)
2004 Ed. (72, 1845)
2003 Ed. (4582)
2002 Ed. (1754)
2000 Ed. (1540)
1999 Ed. (1724, 3820, 3821)
1997 Ed. (1499, 1498, 3113, 3114)
1996 Ed. (212, 2563, 2564, 3030)
1995 Ed. (207, 210, 212, 213, 1474)
1994 Ed. (38, 210, 1440, 2431, 2432)
1993 Ed. (46, 221, 1386, 2493, 2494)
1992 Ed. (1683, 1684, 2965, 2966)
1991 Ed. (2378, 2379, 1336)
1990 Ed. (1409)
1989 Ed. (1151)
Philippine National Bank
2008 Ed. (351, 492)
2007 Ed. (363, 541)
2006 Ed. (381, 513)
2005 Ed. (597)
2004 Ed. (519, 556, 607)
2003 Ed. (599)
2002 Ed. (635)
2001 Ed. (2888)
2000 Ed. (648)
1999 Ed. (623, 2892, 3821)
1997 Ed. (595, 3113, 3114, 3487)
1996 Ed. (657, 2563, 2564, 3029, 3030, 3392)
1995 Ed. (588, 1476)
1994 Ed. (618, 2431, 2432)
1993 Ed. (615, 2493, 2494)
1992 Ed. (821, 2965, 2966)
1991 Ed. (649)
1990 Ed. (670)
1989 Ed. (563, 655)
Philippine National Oil Co.
2004 Ed. (884)
Philippine Overseas Drilling A
1991 Ed. (2379)
Philippine Overseas Drilling & Oil Development Corp.
1993 Ed. (2494)
1992 Ed. (2966)
Philippine peso
2008 Ed. (2274)
2007 Ed. (2158)
2006 Ed. (2238)
Philippine Refining Corp.
1994 Ed. (38)
1993 Ed. (46)
1991 Ed. (42)
1990 Ed. (43)
1989 Ed. (46)
Philippine Strat Investment Holding
1997 Ed. (2907)
Philippine Telecommunications Investment Corp.
1994 Ed. (1321)
1993 Ed. (1275)
1992 Ed. (1570)
Philippine Telecommunications Investments Corp
1991 Ed. (1252)
Philippines
2008 Ed. (379, 864, 1023, 1024, 1387, 2202, 3163, 4248, 4519, 4550, 4582, 4795)
2007 Ed. (397, 887, 1144, 1145, 1436, 2083, 2092, 3049, 3702, 4212, 4482, 4551, 4601, 4604, 4651)
2006 Ed. (412, 798, 1056, 1057, 1404, 2135, 2148, 2721, 3708, 4196, 4422, 4592, 4614)
2005 Ed. (459, 863, 864, 876, 1046, 1047, 1123, 1419, 2039, 2531, 2532, 2533, 2767, 3031, 3032, 3659, 3660, 3661, 4148, 4405, 4533)
2004 Ed. (890, 1045, 1046, 1397, 1907, 4220, 4460, 4599)
2003 Ed. (461, 868, 1037, 1038, 1097, 1383, 1876, 1880, 2210, 2211, 2222, 2226, 2229, 4194)
2002 Ed. (683, 738, 739, 1815, 2509, 3723, 3724, 3725)
2001 Ed. (400, 509, 510, 1133, 1302, 1303, 1341, 1506, 1935, 1969, 2699, 2700, 2838, 2968, 4122, 4315)
2000 Ed. (2295, 2349)
1999 Ed. (821, 2553)
1998 Ed. (1791, 2659, 2749)
1997 Ed. (204, 305, 915, 1008, 1791, 2107, 2922)
1996 Ed. (170, 2470, 2471, 2948, 3821)
1995 Ed. (1745, 1746, 1962, 2010, 2017, 2029, 2036)
1994 Ed. (200, 2005, 3308, 3656)
1993 Ed. (240, 844, 1967, 1974, 1981, 1987, 2366, 2367, 3301, 3692)
1992 Ed. (1446, 2095, 2250, 2251, 2296, 2310, 2317, 2327, 2333, 2336, 2360, 3742, 3973, 3974, 4240)
1991 Ed. (164, 1834, 1841, 1850, 1851)
1990 Ed. (742, 1076, 1475, 1581, 1900, 1911, 1918, 1925, 1935, 1937, 2148, 3689)
Philippines Associated Smelting & Refining Corp.
1991 Ed. (1336)
1990 Ed. (1409)
Philippines equities
1996 Ed. (2430)
Philippines Long Distance Telephone Co.
2006 Ed. (3899)
2002 Ed. (3702, 3703)
2001 Ed. (67)
2000 Ed. (3541, 3542)
Philippines National Bank
2002 Ed. (2826)
2000 Ed. (3542)
Philippines National Construction Corp.
1989 Ed. (1151)
Philippines Refining Co.
1992 Ed. (71)
Philipps Builders
2002 Ed. (1201)
Philipps Petroleum Co.
2005 Ed. (1524)
2004 Ed. (1508)
Philips
2008 Ed. (274, 275, 662)
2007 Ed. (695, 2861)
2006 Ed. (2870)
2005 Ed. (2862, 2863, 4667)
2004 Ed. (2856)
2003 Ed. (2766)
2002 Ed. (2577)
2001 Ed. (2731, 3910)
2000 Ed. (4001, 4002, 4003)
1999 Ed. (1606, 1992, 3406, 4274, 4278, 4280)
1998 Ed. (2817, 3277, 3281, 3283)
1997 Ed. (916, 1386, 2787, 3492)
1996 Ed. (774, 2105)
1995 Ed. (1374, 2241, 3097, 3553)
1993 Ed. (226, 227, 344, 1297, 1372, 1562, 1581, 1584, 2530, 3007, 3214)
1992 Ed. (48, 49, 54, 65, 69, 329, 330, 1319, 1605, 1928, 1930, 2714, 2715, 3345, 3428, 3911, 3916, 3917, 3918, 4202)
1991 Ed. (1271, 1272, 1273, 1325, 1535, 2728, 3232, 3280)
1990 Ed. (400, 919, 1028, 1347, 1354, 1638, 2113, 2537, 2777, 3238, 3473, 3631)
1989 Ed. (1111, 1338, 1626, 2123, 2458, 2794, 2806)
Philips Arena
2006 Ed. (1153)
2005 Ed. (4438, 4439)
2003 Ed. (4527)
2001 Ed. (4355)
Philips Broadcast
2002 Ed. (4594)
Philips Builders
2000 Ed. (1224)
Philips Consumer Communications LP
2001 Ed. (1812)
Philips Contracting Co., Inc.
2007 Ed. (1379)
Philips Cordials
2000 Ed. (2937)
Philips Display Components
2002 Ed. (2514)
2001 Ed. (2698)
2000 Ed. (2459)
Philips Domestic Appliance & Personal Care International BV
1999 Ed. (1611, 2688)
1997 Ed. (1389, 2232)
Philips Electronic Building Elements Ind.
1990 Ed. (1643, 1737)
Philips Electronic Building Elements Industries
1994 Ed. (1620, 2439)
Philips Electronic Building Elements Industries (Taiwan)
1992 Ed. (1933, 2094)
Philips Electronics
2000 Ed. (295, 1521)
1998 Ed. (1420, 2046)
1997 Ed. (243, 244, 1485, 1487, 1714, 2313, 2388)
1996 Ed. (214, 215, 1425, 1637, 2193, 3396, 3398)
1995 Ed. (1435, 1463, 1656, 1659, 2180)

Philips Electronics Industries (Taiwan) Ltd.
1994 Ed. (1620)
1992 Ed. (1933, 2094)
1990 Ed. (1643, 2519)
Philips Electronics N. A.
2004 Ed. (2237)
2003 Ed. (2194)
2002 Ed. (2079)
Philips Electronics North America Corp.
2008 Ed. (1476)
2007 Ed. (1481, 2335, 4947, 4948)
2006 Ed. (2393, 4941, 4942)
2005 Ed. (2338, 4908, 4909)
2004 Ed. (4925)
2003 Ed. (2232, 4925, 4926)
2001 Ed. (2181, 2194)
Philips Electronics NV
2000 Ed. (1413, 1522)
1999 Ed. (266, 267, 1608, 1611, 1710, 1711, 1968, 1993, 1994, 2883, 3285, 3285, 4047)
1997 Ed. (1273, 1389, 1393, 1484, 2696)
1996 Ed. (1230, 1329, 1426, 2559)
1995 Ed. (1257, 1381, 1464, 2495)
1994 Ed. (17, 20, 21, 24, 25, 217, 252, 738, 1351, 1357, 1358, 1425, 1426, 1427, 1612, 1617, 1618, 1671, 2128, 2161, 2578, 3050, 3198, 3202, 3203, 3204, 3205)
Philips Electronics NV; Koninklijke
2008 Ed. (1963, 1964, 1965, 1966, 2472, 2474, 3572)
2007 Ed. (1899, 1900, 1903, 1904, 1905, 2213, 2342, 2343, 2345, 2346, 3422, 4354)
2006 Ed. (1918, 1919, 1920, 1921, 2398, 2399, 3393, 4287, 4288)
2005 Ed. (1347, 1895, 2329, 2344, 2353, 2354, 2865, 3396, 3696)
Philips Electronics U.K. Ltd.
2002 Ed. (43)
Philips France
2004 Ed. (2185)
Philips Gloeilampenfabrieken
2005 Ed. (1378)
2004 Ed. (1362)
1992 Ed. (1672)
1991 Ed. (1327, 2856)
1990 Ed. (1401)
Philips Gloeilampenfabrieken NV
1993 Ed. (1305, 1373, 1586)
1990 Ed. (1348, 1351, 1353, 1400)
1989 Ed. (1106, 1110, 1144)
Philips GmbH
2004 Ed. (4411)
2000 Ed. (4007)
Philips Group
2000 Ed. (1523)
1999 Ed. (1712)
1997 Ed. (1486)
1996 Ed. (1424)
1995 Ed. (1462)
1992 Ed. (1671)
1991 Ed. (1326)
1990 Ed. (1588)
1989 Ed. (1289)
Philips Holding USA Inc.
2006 Ed. (4941, 4942)
Philips Home Products 1592,
1990 Ed. (1593)
Philips Home Products (Schick)
1991 Ed. (490, 1491)
Philips Industrial Electronics International BV
1999 Ed. (1611)
1997 Ed. (1389)
Philips Industries
1991 Ed. (256, 1220)
1990 Ed. (1158)
1989 Ed. (272)
Philips International BV
1999 Ed. (1611)
1997 Ed. (1389, 3500)
1996 Ed. (3404)
Philips International Realty Corp.
2001 Ed. (4008)
Philips Kommunikations Industrie
1993 Ed. (3008)
Philips Lamps
1991 Ed. (237, 238)
Philips Lamps Holdings NV
1990 Ed. (1356)
Philips Lighting Holding BV
1997 Ed. (1389, 2696)
Philips Lighting Holdings BV
1999 Ed. (1611, 3285)
1996 Ed. (2559)
Philips/Magnavox
2000 Ed. (964, 2480)
Philips Medical
1991 Ed. (2407)
Philips Medical Systems
2006 Ed. (2777)
2005 Ed. (2802)
Philips Medical Systems International BV
1999 Ed. (1611, 2897)
1997 Ed. (1389, 2405)
Philips N.A. Circuit Assy.
1995 Ed. (1145, 1654)
Philips NV
1993 Ed. (21, 25, 29, 43, 52)
1992 Ed. (1931)
1991 Ed. (19, 21, 30, 37)
1990 Ed. (20, 24, 26, 40, 44, 1639, 2205)
Philips Petroleum Co.
1999 Ed. (2569, 2576)
1991 Ed. (1787)
Philips Pipe Line Co.
1990 Ed. (2869)
Philips S.A.
1989 Ed. (1095)
Philips Semiconductors
2003 Ed. (1708)
2001 Ed. (3300)
Philips Semiconductors Gratkorn GmbH
2001 Ed. (2213)
Philips/Signetics
1990 Ed. (3236)
Philips (Singapore)
2001 Ed. (1619)
Philips 66 Co.
1998 Ed. (1824)
Philips TropArtic
2001 Ed. (531)
Philips USA
2002 Ed. (1109, 1131, 4754)
Philips Whirlpool
1996 Ed. (1563)
Philipson Bil AB
1991 Ed. (49)
Philipsons Bil
1992 Ed. (80)
Phillies
2003 Ed. (966)
1998 Ed. (731, 3438)
Phillies; Philadelphia
2008 Ed. (529)
2007 Ed. (578)
2006 Ed. (547)
Phillip Allen
1992 Ed. (2906)
Phillip B. Rooney
1998 Ed. (1516)
1994 Ed. (1721)
1989 Ed. (1376)
Phillip C. Allen
1995 Ed. (2486)
1991 Ed. (2345)
1990 Ed. (2480)
Phillip Fund; J.
1997 Ed. (2201)
Phillip G. Satre
1998 Ed. (1513)
Phillip Holzmann AG
2000 Ed. (1814)
Phillip J. Hickey Jr.
2004 Ed. (2488)
Phillip Merrick
2002 Ed. (2477)
Phillip Morris Co.
2000 Ed. (946, 4208, 4256)
1995 Ed. (2861)
Phillip Morris Cos.
2000 Ed. (23, 31, 798, 4209, 4211)
1999 Ed. (3606)
Phillip Morris International
2002 Ed. (53)
Phillip Pace
2000 Ed. (2029)
1999 Ed. (2247)
1998 Ed. (1657)
1996 Ed. (1814)
1995 Ed. (1835)
Phillip Ruffin
2007 Ed. (4899)
2005 Ed. (4844)
Phillipe Fragrances; Jean
1995 Ed. (2058)
Phillips
2003 Ed. (3776, 3782, 3816)
1999 Ed. (796, 4281)
1997 Ed. (3494)
1996 Ed. (1327, 3428, 3429, 3682)
1995 Ed. (2788, 2920, 3607)
1991 Ed. (347, 49)
1990 Ed. (1456, 1660, 1892, 2673, 2674, 2836)
Phillips Alaska Inc.
2003 Ed. (1605, 1606)
Phillips & Drew
2001 Ed. (3922)
2000 Ed. (2852, 3453)
1995 Ed. (2870, 2871)
1990 Ed. (815)
1989 Ed. (815, 1421)
Phillips & Drew Fund Management
1994 Ed. (2774)
1992 Ed. (3350)
1990 Ed. (2321)
Phillips & Sons; Ed
1990 Ed. (2457)
Phillips Brandy
2004 Ed. (765)
2003 Ed. (755)
2002 Ed. (769)
2001 Ed. (1012)
2000 Ed. (801)
Phillips Builders
2004 Ed. (1190)
2003 Ed. (1185)
1998 Ed. (912)
Phillips Building Supply
1997 Ed. (834)
Phillips Cables
1996 Ed. (2611)
1994 Ed. (2482)
1992 Ed. (3030)
Phillips Coal Co.
1999 Ed. (1210)
Phillips Construction Co. Inc.
1995 Ed. (3374, 3375, 3376)
1994 Ed. (3298, 3299)
1993 Ed. (3306, 3307, 3308, 3309)
1992 Ed. (3962, 3964)
Phillips Contracting Co.
2008 Ed. (1312)
Phillips Cordials
2004 Ed. (3261)
2002 Ed. (3085)
2001 Ed. (3100)
1999 Ed. (3194)
Phillips Display Components
1999 Ed. (2669)
1998 Ed. (1931)
Phillips Electronics N.V.
2000 Ed. (1772)
Phillips Fibers
1993 Ed. (2733)
1992 Ed. (3271)
Phillips Flagship
2001 Ed. (4052)
Phillips Fox
2003 Ed. (3180, 3181)
2002 Ed. (3055)
Phillips Hager & North
1996 Ed. (2419)
1993 Ed. (2345)
1992 Ed. (2783)
1991 Ed. (2254)
1990 Ed. (2362)
1989 Ed. (2143)
Phillips, Hager & North, Investment Mgmt., Ltd.
2000 Ed. (2844)
Phillips, Hager & North Vintage
2001 Ed. (3463)
Phillips Harborplace
1994 Ed. (3053)
1993 Ed. (3010)
1992 Ed. (3687, 3689)
1991 Ed. (2858, 2860)
1990 Ed. (3002)
Phillips International Holding Corp.
1992 Ed. (3961)
Phillips Jr.; Charles
1997 Ed. (1879)
Phillips/Magnavox
2000 Ed. (4223)
Phillips Medical Systems
2008 Ed. (3840)
Phillips Medical Systems International BV
1996 Ed. (2264)
Phillips Milk of Magnesia
2001 Ed. (3073)
Phillips Mills Inc.
1995 Ed. (1954)
Phillips N.A. Circuit Assembly
1993 Ed. (1112)
Phillips NV
2001 Ed. (2605)
Phillips Petroleum Co.
2007 Ed. (296, 1939, 1940)
2006 Ed. (1957, 1958, 3858, 3859)
2005 Ed. (1551)
2004 Ed. (1374, 1376, 1450, 1452, 1526, 2721, 2722, 3669, 3670, 3839, 3840, 3841, 3845, 3846, 3847, 3848, 3849, 3865, 3869, 3870, 3872, 3873)
2003 Ed. (1645, 1803, 1804, 1805, 2278, 2279, 2281, 2583, 2604, 2605, 3819, 3830, 3831, 3832, 3833, 3834, 3838, 3839, 3840, 3842, 3847, 3849, 3850, 3851, 3859, 3860, 3861, 3862)
2002 Ed. (1492, 1500, 1618, 1750, 2124, 2389, 2391, 3663, 3667, 3668, 3669, 3670, 3671, 3672, 3673, 3674, 3681, 3690, 3699)
2001 Ed. (1184, 1680, 1829, 1830, 2309, 2561, 2578, 2579, 2584, 3739, 3741, 3742, 3743, 3745, 3746, 3751, 3752, 3755, 3766, 3774, 3775)
2000 Ed. (1347, 1532, 2308, 2309, 2317, 3518, 3519, 3521, 3522, 3523, 3525, 3526, 3528, 3529, 3530, 3537)
1999 Ed. (276, 1492, 1721, 2568, 2575, 3795, 3796, 3799, 3800, 3801, 3804, 3806, 3810, 3815, 3816)
1998 Ed. (1184, 1434, 1801, 1806, 1815, 1816, 2818, 2819, 2820, 2823, 2824, 2831, 2836, 2837, 2840)
1997 Ed. (1495, 1727, 2116, 2118, 2125, 2126, 3083, 3084, 3085, 3086, 3089, 3092, 3094, 3106, 3109)
1996 Ed. (1433, 1646, 1997, 1998, 2005, 2006, 2821, 3004, 3011, 3012, 3013, 3018, 3022, 3024, 3026)
1995 Ed. (1471, 1970, 1971, 1982, 1983, 2908, 2909, 2910, 2918, 2919, 2924, 2927, 2931)
1994 Ed. (926, 1437, 1628, 1629, 1942, 1943, 1956, 1957, 2842, 2843, 2845, 2850, 2851, 2852, 2854, 2858, 2862, 2863, 2868)
1993 Ed. (1383, 1600, 1919, 1920, 1929, 1931, 2701, 2770, 2827, 2830, 2831, 2833, 2834, 2838, 2844, 2847, 2849, 2850)
1992 Ed. (2282)
1991 Ed. (1549, 2721, 2722, 2730, 2737, 234, 1789, 1800, 1801, 1807, 2723, 2727)
1990 Ed. (959, 1292, 2833, 2835, 2843, 2855)
1989 Ed. (1496, 1502, 2210)
Phillips Petroleum International Investment Co.
2003 Ed. (1663)
Phillips Petroleum Co. Norway
2003 Ed. (1798)
Phillips Pipe Line Co.
1998 Ed. (2860)
1996 Ed. (3039, 3041)

1995 Ed. (2941, 2944, 2945, 2947, 2948)
1994 Ed. (2875, 2879, 2880, 2881)
1993 Ed. (2859, 2860)
1992 Ed. (3468)
1991 Ed. (2745, 2746, 2747)
Phillips Point
1990 Ed. (2731)
Phillips-Ramsey
1997 Ed. (138)
Phillips Ltd.; S. J.
1995 Ed. (1016)
Phillips Seafood Restaurants
1993 Ed. (3112)
1992 Ed. (3817)
Phillips Service Industries Inc.
2002 Ed. (2514)
2001 Ed. (2698)
2000 Ed. (2459)
1999 Ed. (2669)
1998 Ed. (1931)
Phillips 66
2003 Ed. (939, 3422)
2000 Ed. (2320)
1999 Ed. (2584)
1998 Ed. (1823)
1997 Ed. (2133)
1996 Ed. (2013)
1995 Ed. (1991)
1994 Ed. (1965)
Phillips Sumika Polypropylene Co.
1998 Ed. (2875)
Phillips Texas Pipeline Co.
2001 Ed. (3799)
Phillips; Thomas
1992 Ed. (2058)
Phillips TropArctic Fast Lube
2003 Ed. (364)
2002 Ed. (418)
Phillips TropArtic Fast Lube
2006 Ed. (350)
Phillips University
1995 Ed. (1059)
1993 Ed. (1024)
Phillips-Van Heusen Corp.
2008 Ed. (987, 989, 992)
2007 Ed. (1107, 1114, 1115, 3801)
2006 Ed. (1018, 1021, 1022, 1025, 1026, 4729)
2005 Ed. (1007, 1008, 1013, 1016, 1018, 1019, 1464, 1467, 4683)
2004 Ed. (986, 987, 998, 1002, 1005, 4711, 4712)
2003 Ed. (1002, 1004, 1006, 1007, 1009)
2002 Ed. (1081, 1083)
2001 Ed. (1278, 1279, 1280, 1281)
1998 Ed. (775, 776, 780)
1997 Ed. (1022, 1034)
1996 Ed. (1003, 1014, 1015, 1018, 1020)
1995 Ed. (1033, 1036)
1994 Ed. (1023, 1024, 1025, 1028, 1029)
1993 Ed. (990, 992, 993, 996, 997)
1992 Ed. (1220, 1222, 1223, 1224, 1225, 1226, 1525)
1991 Ed. (981, 983, 984, 1215, 1224)
1990 Ed. (1059, 1060, 1061)
1989 Ed. (942, 944)
Phillipson Fletcher
2002 Ed. (4)
Philly Connection
2007 Ed. (4239)
2006 Ed. (4224)
2005 Ed. (4170)
2004 Ed. (4241)
Philo; Eric
1997 Ed. (1894)
1996 Ed. (1820)
1995 Ed. (1796, 1797, 1842)
1994 Ed. (1804)
1993 Ed. (1821)
1991 Ed. (1689)
The Philodrill Corp.
1994 Ed. (1321)
1993 Ed. (1275)
Philtrust Bank
1993 Ed. (2493)
Phipps family
2006 Ed. (4897)
2002 Ed. (3363)
Phish
2005 Ed. (1161)
2002 Ed. (1162, 1164)
Phisoderm
1996 Ed. (3441)
Phizackerley; John
1994 Ed. (1782, 1832)
1993 Ed. (1799)
PHL Variable Insurance Co.
2001 Ed. (2935)
PHLCorp
1990 Ed. (2681, 2683)
PHM Corp.
1995 Ed. (1125, 1129, 1134)
1994 Ed. (1107, 1111)
1993 Ed. (1086, 1089, 1095, 2961)
1992 Ed. (1354, 1358, 1363, 1366, 2555)
1991 Ed. (1049)
1990 Ed. (1154, 1159, 1758)
PHM Cor.(Pulte Home Cor.)
1990 Ed. (1155)
PHM Corp. (Pulte)
1994 Ed. (1117, 1119, 1120, 3000)
PHN/HealthStar
2002 Ed. (3741)
PHNS
2008 Ed. (3165)
Pho Hoa
2008 Ed. (2679)
Phoenician Resort
1996 Ed. (2165, 2166, 2171)
Phoenix
2000 Ed. (275, 4392)
1992 Ed. (98)
Phoenix-Aberdeen New Asia
2004 Ed. (3647)
2003 Ed. (3557)
Phoenix Airport
1997 Ed. (222)
Phoenix American Life Insurance Co.
1995 Ed. (2307)
Phoenix, AZ
2008 Ed. (237, 3517, 4040, 4259)
2007 Ed. (259, 2564, 2843, 2998, 3360, 3362, 3374, 3386, 4014)
2006 Ed. (250, 2848, 3975, 4059, 4100, 4189)
2005 Ed. (232, 2385, 4143)
2004 Ed. (223, 225, 797, 1101, 2649, 2707, 2720, 2811, 2839, 2861, 2985, 3373, 3523, 3733, 3734, 4192, 4193)
2003 Ed. (255, 258)
2002 Ed. (373, 408, 1052, 1056, 1059, 2043, 2117, 2296, 2379, 2393, 2442, 2570, 3991, 4046, 4047, 4287)
2001 Ed. (1090, 2282, 2783, 4021)
2000 Ed. (1067, 1071, 1073, 1074, 1075, 1078, 1079, 1080, 1083, 1084, 1087, 1088, 2609, 2952, 2954, 2955, 3104, 3687, 4234, 4287, 4357)
1999 Ed. (355, 1151, 1154, 1157, 1159, 1160, 1161, 1164, 1165, 1166, 1168, 1169, 2757, 2828, 3213, 3215, 3216, 3852, 4580, 4728, 4766)
1998 Ed. (585, 734, 735, 743, 1746, 2004, 2379, 2380, 2405, 2473, 2476, 2480, 2538, 3296, 3472, 3513, 3586, 3587, 3685, 3718)
1997 Ed. (1002, 2233, 2354, 3728, 3853, 3883)
1996 Ed. (38, 302, 857, 973, 2207, 2208, 2224, 3768)
1995 Ed. (1668, 2215, 3166, 3593, 3735)
1994 Ed. (831, 967, 972, 2062, 2164, 2536, 2585, 2944, 3508)
1993 Ed. (946, 948, 1455, 1737, 2043, 2142, 2154, 2465, 3549, 3700, 3711)
1992 Ed. (1020, 1157, 1162, 1164, 1356, 1388, 2101, 2412, 2415, 2544, 2547, 2548, 2577, 2913, 3038, 3047, 3048, 4265, 4437)
1991 Ed. (56, 936, 1103, 1914, 1915, 2631, 3339, 3483)
1990 Ed. (871, 873, 1007, 1656, 2019, 2072, 2485, 2486, 2546, 2552, 2656)
1989 Ed. (225, 1588, 1903, 1951)
Phoenix, AZ (Times Mirror)
1991 Ed. (835)
Phoenix Balanced
1996 Ed. (2771)
1994 Ed. (2606, 2639)
1993 Ed. (2662, 2693)
1991 Ed. (2559, 2566)
1990 Ed. (2394)
Phoenix Balanced Series
1992 Ed. (3152, 3162, 3195)
Phoenix Big Edge Plus Growth
1994 Ed. (3611)
Phoenix Big Edge Plus Total Return
1994 Ed. (3612)
Phoenix Canada Oil Co.
1991 Ed. (1166)
Phoenix Capital Appreciation
1992 Ed. (3159, 3169, 3173)
Phoenix Cement
2006 Ed. (1279)
Phoenix Color
2001 Ed. (3956)
Phoenix Communications
2003 Ed. (149)
2002 Ed. (131)
2001 Ed. (158)
2000 Ed. (120)
The Phoenix Companies, Inc.
2008 Ed. (1693)
2003 Ed. (4321)
Phoenix Continental Group
1990 Ed. (2256)
Phoenix Continental Insurance
1990 Ed. (2257)
Phoenix Convertible
1993 Ed. (2694)
1991 Ed. (2559)
Phoenix Convertible A
1999 Ed. (3563)
Phoenix Convertible Fund
1992 Ed. (3162, 3177, 3196)
The Phoenix Cos., Inc.
2008 Ed. (3252)
2005 Ed. (365, 3085)
2003 Ed. (1419)
Phoenix Down
2007 Ed. (586, 589)
Phoenix Duff & Phelps
1998 Ed. (2653, 2654, 2657)
Phoenix Emerging Markets Bond A
1999 Ed. (3581)
Phoenix-Engemann
2000 Ed. (3251)
Phoenix-Engemann Aggressive Growth
2004 Ed. (3576)
2001 Ed. (3426)
Phoenix-Engemann Balanced Return
2000 Ed. (3248)
Phoenix-Engemann Sm & Mid Cap
2000 Ed. (3287)
Phoenix-Engermann Small & Mid Growth
2002 Ed. (3424)
Phoenix-Euclid Market Neutral
2004 Ed. (3546)
Phoenix Funds Mid Cap Value
2008 Ed. (4515)
Phoenix Group
1992 Ed. (3157)
Phoenix Growth
1990 Ed. (2391)
Phoenix Growth Fund SER
1992 Ed. (3177)
Phoenix Growth Series
1992 Ed. (3149, 3159)
Phoenix High Yield
1992 Ed. (3155, 3166)
Phoenix High Yield A
1998 Ed. (2621)
Phoenix Home Life
2000 Ed. (2698)
1996 Ed. (2316, 2317)
1995 Ed. (2304, 3074)
1994 Ed. (3018)
Phoenix Home Life Big Edge Plus: Growth
1995 Ed. (3689)
Phoenix Home Life Mutual Insurance
2002 Ed. (2933)
Phoenix International Life Sciences Inc.
2001 Ed. (1461)
Phoenix Investment
2005 Ed. (3574)
2003 Ed. (3555)
1993 Ed. (2321)
Phoenix Investment Partners
2008 Ed. (3377)
2007 Ed. (2494, 3678)
2006 Ed. (3659)
Phoenix Land Development
2000 Ed. (3718)
Phoenix Laser
1995 Ed. (204)
Phoenix Market Neutral Fund
2008 Ed. (3773)
Phoenix Med
1992 Ed. (3311)
Phoenix-Mesa
2000 Ed. (2472, 2474, 2589)
Phoenix-Mesa, AZ
2008 Ed. (3474, 4348, 4357, 4358)
2006 Ed. (3309, 3327)
2005 Ed. (338, 2383, 2456, 2461, 3064, 3321, 3338, 4927)
2004 Ed. (190, 227, 268, 335, 337, 1036, 1109, 2425, 2630, 3280, 3303, 3449, 3453, 3519, 3522, 3800, 4176, 4700, 4846, 4895, 4897, 4947)
2003 Ed. (232, 260, 353, 1031, 1088, 1144, 1148, 2007, 2348, 2353, 2494, 2778, 2827, 3228, 3246, 3383, 3387, 3389, 3391, 3456, 3770, 4160, 4722, 4866, 4905, 4907, 4943)
2002 Ed. (407, 1062, 2573, 2743, 2761, 3137, 3139, 3140, 4528, 4608, 4766, 4912)
2001 Ed. (2280, 2722, 3120, 3121, 3291, 4504, 4708, 4793, 4836)
2000 Ed. (1158, 1908, 2392, 2580, 3106, 3766, 3770, 3771)
1999 Ed. (356, 1173, 2007, 2126, 3370, 3371, 3372, 3374, 4051, 4055, 4806)
1998 Ed. (1547, 2056, 2482, 3051, 3055)
1997 Ed. (1820, 1821, 2265, 2652)
1996 Ed. (1170, 1739, 1740, 1993, 2120, 2194, 2513, 2634, 3669, 3802, 3834)
1995 Ed. (2115, 2191, 2571)
Phoenix-Mesa, AZ-NM
2001 Ed. (3219)
Phoenix-Mesa-Scottsdale, AZ
2008 Ed. (3457, 3458)
1997 Ed. (3356)
Phoenix Multi-Sector Short Term A
1999 Ed. (746)
Phoenix Multi-Sector Short-Term Bond
2008 Ed. (604)
Phoenix Mutual
1989 Ed. (1702, 1703, 1704)
Phoenix Mutual, Conn.
1989 Ed. (2146, 2150)
Phoenix Mutual Life Insurance
1993 Ed. (2303)
Phoenix Natural Gas
2007 Ed. (2034)
2006 Ed. (2062)
2005 Ed. (1983)
Phoenix Network
1999 Ed. (262)
1998 Ed. (1011)
1993 Ed. (2010, 3335)
Phoenix Nifty Fifty
2008 Ed. (4517)
Phoenix Nursing Agency
2007 Ed. (1219)
Phoenix Online; University of
2005 Ed. (2773, 2774, 2775, 3035)
Phoenix Real Estate Securities
2008 Ed. (3762)
2001 Ed. (3446)
Phoenix Realty Advisors
1999 Ed. (3095)
1997 Ed. (3270)
1996 Ed. (2921, 3168)

Phoenix Realty Group
1998 Ed. (2280, 3015)
Phoenix Relocation Services
2001 Ed. (1882)
Phoenix Resource Cos.
1996 Ed. (205)
Phoenix-Scottsdale, AZ
2007 Ed. (3001, 4230)
Phoenix Seminary
2008 Ed. (1056)
Phoenix Seneca Bond
2000 Ed. (3254)
Phoenix-Seneca Real Estate
2003 Ed. (3117)
Phoenix Sky Harbor International
2000 Ed. (271)
1989 Ed. (245)
Phoenix Sky Harbor International Airport
2008 Ed. (236)
Phoenix Stock
1990 Ed. (2390)
Phoenix Suns
2008 Ed. (530)
2007 Ed. (579)
2006 Ed. (548)
2005 Ed. (646)
2004 Ed. (657)
2001 Ed. (4345)
2000 Ed. (704)
1998 Ed. (439)
Phoenix Systems Inc.
2001 Ed. (3424)
Phoenix Tax-Exempt Bond
1994 Ed. (2622)
Phoenix Technologies
1996 Ed. (2056, 3446)
1993 Ed. (2998)
1991 Ed. (2837, 2838)
Phoenix Technologies LP
2001 Ed. (3819)
Phoenix Technology Income Fund
2007 Ed. (1569)
Phoenix Textile Corp.
2008 Ed. (1356, 3718, 4409, 4969)
2007 Ed. (3572, 3573, 4430)
2006 Ed. (3523, 4362)
Phoenix Total Return
1993 Ed. (2662)
1992 Ed. (3162)
Phoenix-Tucson, AZ
2002 Ed. (4317)
1990 Ed. (1950)
Phoenix UK Fund
2003 Ed. (3145)
Phoenix U.S. Government A
1997 Ed. (2880)
Phoenix Valley (AZ) Arizona Pennysaver
2003 Ed. (3646)
Phoenix,AZ
2000 Ed. (4288)
Phonak Holding AG
2008 Ed. (574, 2097, 2908)
2007 Ed. (2005)
Phondy Enterprises Co., Ltd.
1992 Ed. (1703)
Phone Base Systems Inc.
1994 Ed. (3485)
Phone companies
1990 Ed. (2188)
Phone Marketing America, Inc.
1991 Ed. (3282)
Phone.com, Inc.
2001 Ed. (4191)
Phonemate
2000 Ed. (4202)
Phonetel Technologies
2000 Ed. (292)
1995 Ed. (3560)
Phonetime Inc.
2005 Ed. (2829, 2831)
Phonetime International Inc.
2004 Ed. (2780)
Phono records, audio tapes, & CDs
1998 Ed. (29)
Phosphate esters
2000 Ed. (3016)
Phosphate Research Partners
2001 Ed. (1208)
Phosphate Resource
2000 Ed. (1914)
Phosphate Resources
2002 Ed. (3780)
Phosphoric acid
1997 Ed. (956)
1996 Ed. (924, 953)
1995 Ed. (955)
1994 Ed. (913)
1993 Ed. (899, 904)
1992 Ed. (1104)
1991 Ed. (906)
1990 Ed. (944)
Photel Communications Inc.
2008 Ed. (1790)
Photo
1990 Ed. (721)
Photo Album, Adhesive, 100- Page
1990 Ed. (3040)
Photo albums
2001 Ed. (3569)
Photo/electronics stores
1993 Ed. (675)
Photo/film processing
2003 Ed. (4643)
Photo, imaging ID
1998 Ed. (3205)
Photo Max Film Supplies Co.
1999 Ed. (3420)
Photo, Medical & Optical Instruments
1990 Ed. (1255, 1268, 1269)
PhotoChannel Networks Inc.
2008 Ed. (2942)
2003 Ed. (1498)
Photochemicals
2001 Ed. (1186)
Photocircuits
2000 Ed. (2461)
1991 Ed. (2764)
1990 Ed. (2902)
Photocopiers
1993 Ed. (1725)
Photocoping
1990 Ed. (2775)
PhotoDisc
1999 Ed. (1184, 4321)
Photofinishing
2005 Ed. (3833)
Photographic & scientific equipment manufacturing
2002 Ed. (2222, 2225)
Photographic equipment
2008 Ed. (2646)
Photographic materials
2007 Ed. (4385)
2006 Ed. (4320)
2005 Ed. (4372)
2004 Ed. (4424)
2003 Ed. (4421)
Photographic process worker
1989 Ed. (2087)
Photography
2002 Ed. (4282)
1999 Ed. (4315)
1996 Ed. (2122)
1990 Ed. (2775)
Photography supplies
2004 Ed. (4190)
Photon Dynamics Inc.
2006 Ed. (1580)
Photonic Integration Research Inc.
2005 Ed. (1532)
Photonics
2005 Ed. (4815)
Photoplex
1996 Ed. (3605)
1993 Ed. (3482)
1992 Ed. (4161)
Photoreceptors
1992 Ed. (3287)
Photoresist adjunts
2001 Ed. (1207)
Photoresists
2001 Ed. (1207)
Photoresists and adjuncts
2001 Ed. (1206)
Photoship
1997 Ed. (1104)
Photowatt
2006 Ed. (4416)
PHP
1997 Ed. (2185, 2196, 2193)
PHP Healthcare
1997 Ed. (2934)
PHP Hither
2000 Ed. (3330)
PHS Health Plans
2002 Ed. (2464)
Phua Young
2000 Ed. (2024)
1999 Ed. (2242)
1998 Ed. (1653)
1996 Ed. (1836)
1995 Ed. (1859)
1994 Ed. (1817)
1993 Ed. (1837)
PhyAmerica Physician Services
2003 Ed. (2797)
Phycor Inc.
2003 Ed. (1521)
2000 Ed. (3544)
1995 Ed. (2069)
1994 Ed. (2016, 2019, 3324)
Phyllis H. Arnold
1994 Ed. (3666)
Phyllis Klein & Associates
2003 Ed. (3984)
Phyllis M. Taylor
2008 Ed. (4836)
2007 Ed. (4907)
Phyllis Wattis
1999 Ed. (1072)
Physical
1992 Ed. (4488)
Physical agents
2005 Ed. (3619)
Physical & Corrective Therapy Assistants & Aides
2000 Ed. (3363)
1989 Ed. (2076)
Physical disabilities
1994 Ed. (3674)
Physical exams
1989 Ed. (2183)
Physical fitness exercise
1997 Ed. (2231)
Physical, occupational, & speech therapists
2007 Ed. (3718)
Physical sciences
2002 Ed. (3963, 3975, 3976, 3977)
Physical therapist aides
2005 Ed. (3630)
Physical therapist assistants
2007 Ed. (3724)
2005 Ed. (3630)
Physical therapists
2007 Ed. (3727)
2005 Ed. (3626)
1997 Ed. (1721)
1992 Ed. (3282)
1989 Ed. (2076)
Physical therapy
2003 Ed. (2691)
2002 Ed. (3525)
2001 Ed. (2766, 3556, 3598)
Physical-therapy assistants
1997 Ed. (1721)
Physical Therapy Provider Network Inc.
1990 Ed. (2897)
Physical therapy/rehabilitation
2001 Ed. (2761)
Physical Therapy Services
1993 Ed. (2068, 2070)
Physician Corp. America
1997 Ed. (2184)
Physician assistant
2007 Ed. (3731)
Physician assistants
2007 Ed. (3724)
2005 Ed. (3630)
2001 Ed. (3564)
Physician executive
1989 Ed. (2972)
Physician groups
1996 Ed. (2082)
Physician Micro Systems
2007 Ed. (2779)
Physician Corp. of America
1998 Ed. (1905)
Physician offices
1994 Ed. (3327, 3329)
Physician organizations
2003 Ed. (3472)
Physician Sales & Service
2000 Ed. (3846)
Physician Sales & Services
2001 Ed. (4153)
Physician/Supplier/Vision services
2001 Ed. (3271)
Physicians
2007 Ed. (3717)
2005 Ed. (3626)
1994 Ed. (2028, 2029)
1991 Ed. (1000, 2629, 2630)
Physicians and surgeons
2007 Ed. (3721, 3727)
2006 Ed. (3734)
2002 Ed. (4884)
Physicians, clinic-based
1994 Ed. (1041)
Physician's Computer Co.
2008 Ed. (2152)
1993 Ed. (3113)
Physicians Formula
2008 Ed. (2180, 2181)
2001 Ed. (2384)
2000 Ed. (1589, 1903)
1999 Ed. (1759, 2114)
1997 Ed. (1531)
Physicians Health Plan Inc.
1999 Ed. (2649, 2650)
Physicians Health Plan of North Carolina
1995 Ed. (2086, 2087, 2088, 2089)
1994 Ed. (2035, 2037)
Physicians Health Services
2001 Ed. (2688)
2000 Ed. (2426, 2438)
Physicians Health Services of NJ Inc.
2000 Ed. (2432)
Physicians Healthcare Plans Inc.
2004 Ed. (2830)
2003 Ed. (2746)
2002 Ed. (2561, 3375)
2001 Ed. (2714)
2000 Ed. (3147, 4005)
1999 Ed. (2655, 3422, 4284)
1998 Ed. (2514, 3289)
1997 Ed. (2215, 3495)
1996 Ed. (1921)
Physician's Money Digest
2007 Ed. (4798)
Physicians Mutual
1999 Ed. (2930)
1998 Ed. (2151)
1996 Ed. (2300)
1993 Ed. (2197, 2198)
Physicians Mutual Insurance Co.
2007 Ed. (3123)
2002 Ed. (2889)
2001 Ed. (2932)
2000 Ed. (2676, 2678)
Physicians Corp. of America
1999 Ed. (2454)
Physicians, office-based
1994 Ed. (1041)
Physicians Practice
2007 Ed. (4798)
Physicians Reciprocal Insurers
2005 Ed. (3143)
2004 Ed. (3135)
Physicians Resource Group Inc.
1998 Ed. (1023)
1997 Ed. (1240)
Physicians' services
1999 Ed. (3666)
Physicians' Travel & Meeting Guide
1990 Ed. (3626)
Physicist
1989 Ed. (2094)
Physicists and astronomers
1990 Ed. (2729)
Phytopharm plc
2002 Ed. (2493)
PI Design Consultants
1999 Ed. (2841)
1996 Ed. (2233)
1995 Ed. (2228)
PIA Corporation
1992 Ed. (69)
PIA OCM Gold Fund
2006 Ed. (3660)
Piaggio; Rinaldo
1994 Ed. (188)

The Pianist
2005 Ed. (3518)
Piano Mart
1994 Ed. (2593)
Piano Superstore
2000 Ed. (3219)
Piano tuner
1989 Ed. (2086)
Pianos
1992 Ed. (3145)
Pianos, acoustic
1994 Ed. (2591)
Piasecki
1991 Ed. (1899)
Piave
2001 Ed. (4573)
Piazza; Mike
2005 Ed. (267)
Pic
2003 Ed. (2952, 2953)
PIC Improvement Co.
2003 Ed. (3233)
PIC Institute Small Capital
1997 Ed. (2864)
PIC International Group plc
2001 Ed. (283)
Pic 'n' Save
1996 Ed. (1588)
1995 Ed. (1610)
1994 Ed. (1568, 1572)
1992 Ed. (1078, 1845, 1851, 1858)
Pic 'N Save (National Merchandise)
1991 Ed. (1458)
Pic 9N' Save
1990 Ed. (1517, 1525, 1526)
PIC Small Capital Growth
1997 Ed. (2895)
Picadilly Cafeterias
2000 Ed. (3779)
Picador
2005 Ed. (733)
2004 Ed. (752)
2003 Ed. (730)
Picaduros
1994 Ed. (961)
Picanol
2000 Ed. (3001, 3002, 3031)
Picard; Dennis
1996 Ed. (963)
1995 Ed. (979)
Picard Surgeles SA
2006 Ed. (1430)
Picasso's Pizza
1996 Ed. (3045)
Picasso's Pizza Express
1996 Ed. (3045)
1994 Ed. (2884)
Picatinny Credit Union
2008 Ed. (2247)
2007 Ed. (2132)
2006 Ed. (2211)
2005 Ed. (2116)
2004 Ed. (1974)
2003 Ed. (1934)
2002 Ed. (1880)
Picaval Pichincha
2008 Ed. (736)
2007 Ed. (757)
PICC Property & Casualty
2007 Ed. (1658)
2006 Ed. (1643)
Piccadilly
1999 Ed. (4062)
1990 Ed. (3017)
Piccadilly Cafeteria
2008 Ed. (4167, 4168)
2007 Ed. (4141)
2006 Ed. (4114)
Piccadilly Cafeterias
2004 Ed. (4126)
2003 Ed. (4095)
2002 Ed. (4000, 4010)
2001 Ed. (4062, 4070)
1997 Ed. (3315, 3326, 3336)
1996 Ed. (3214, 3233)
1995 Ed. (3118)
1994 Ed. (3073, 3091)
1993 Ed. (3019, 3032)
1992 Ed. (3711, 3716)
1991 Ed. (2871, 2880)
1990 Ed. (3005)
Piccadilly Circus
2002 Ed. (3714)
Piccadilly Circus Pizza
2004 Ed. (1377)
2000 Ed. (3551)
1999 Ed. (3836)
1998 Ed. (2867)
1997 Ed. (3128)
Piccadilly Radio
1990 Ed. (3464)
Picchi; Bernard
1996 Ed. (1813)
1995 Ed. (1836)
1991 Ed. (1697)
1989 Ed. (1416, 1417, 1418)
Picerne Investment Corp.
1997 Ed. (1122)
Picerne Properties
1993 Ed. (1090)
1991 Ed. (1054)
Picerne Real Estate Group
2006 Ed. (1198)
2004 Ed. (254)
2003 Ed. (286)
2002 Ed. (2655)
2000 Ed. (1194)
1999 Ed. (1312)
Pichincha
2006 Ed. (4498)
2000 Ed. (513, 514, 517)
Picis Inc.
2006 Ed. (2757)
Pick & Pay
1989 Ed. (50)
Pick 'n Pay
2007 Ed. (1976)
2001 Ed. (79)
1994 Ed. (43)
1993 Ed. (50)
1992 Ed. (77)
1991 Ed. (47)
Pick 'n Pay Holdings
2008 Ed. (84)
2007 Ed. (78)
2006 Ed. (88)
2005 Ed. (79)
2004 Ed. (84)
Pick N Pay Ltd
1990 Ed. (47)
Pick N' Save/National Merchandise
1996 Ed. (994)
Pick 'N Save Warehouse Foods Inc.
2006 Ed. (2119)
2005 Ed. (2016)
2004 Ed. (1890)
2003 Ed. (1854)
Pick Szeged
1999 Ed. (947)
1997 Ed. (825, 826)
Pick 10
1996 Ed. (2554)
Pick Up Stix
2008 Ed. (2679, 4166)
2007 Ed. (4140)
2006 Ed. (4113)
2005 Ed. (4051)
2004 Ed. (4125)
2002 Ed. (4008)
Pickard Family Trusts
1994 Ed. (1058, 1900)
Pickens, Jr.; T. Boone
1991 Ed. (925)
Pickens Roofing Inc.
2004 Ed. (1856)
Picker
1993 Ed. (2530)
Picker Imaging CT System
2001 Ed. (3270)
Picker International
2001 Ed. (3269)
2000 Ed. (3078)
1994 Ed. (2161, 2466)
1992 Ed. (3009)
1991 Ed. (2407)
1990 Ed. (2534)
Pickering Inc.
2008 Ed. (2527)
1993 Ed. (3373)
1992 Ed. (4053)
1991 Ed. (3169, 3172)
1990 Ed. (3334)
Pickering Creek Industrial Park
1994 Ed. (2190)
1992 Ed. (2598)
1991 Ed. (2024)
Pickering Energy Partners
2008 Ed. (3384, 3391)
Pickerman's Soup & Sandwich Shop
2004 Ed. (4240)
2003 Ed. (4219)
2002 Ed. (4089)
Pickett Suite Hotels
1991 Ed. (1944)
1990 Ed. (2078)
Pickled Sausage
1998 Ed. (3323)
Pickles
2001 Ed. (1385)
Pickles, dill
2003 Ed. (3875)
2002 Ed. (3709)
Pickles, sweet
2003 Ed. (3875)
2002 Ed. (3709)
Pickup; Nissan
2005 Ed. (304)
Picnic
2008 Ed. (674)
Pic'N'Save
1993 Ed. (1520, 1526)
Pico Rivera Redevelopment Agency, CA
1991 Ed. (1478)
Picone; John P.
1993 Ed. (1152)
Picoult; Myron
1995 Ed. (1829)
1994 Ed. (1790)
1993 Ed. (1807)
Picower Institute for Medical Research
1994 Ed. (890)
Picower; Jeffry M. and Barbara
1994 Ed. (890)
PICS Telecom Corp.
2008 Ed. (4930)
Pictet & Cie.
2005 Ed. (3213)
2001 Ed. (652)
Pictet Et Cie
1990 Ed. (820)
Pictet International
1996 Ed. (2404)
Pictet International Small Companies
2004 Ed. (3643)
2003 Ed. (3613)
Pictet International Small Companies Fund
2003 Ed. (3529)
Pictionary
1991 Ed. (1784)
1990 Ed. (3620)
Pictometry International Inc.
2008 Ed. (1981, 1983, 2953)
Pictorial Offset
2002 Ed. (3767)
1998 Ed. (2924)
Pictorial Offset Corporation
2000 Ed. (3614)
Picture frames
2005 Ed. (2961)
Picturedrome
2001 Ed. (3390)
Picturetel
2000 Ed. (1747)
1997 Ed. (2208, 3646)
Pie & pastry filling
2003 Ed. (2576)
2002 Ed. (2371)
Pie & pastry shells
2002 Ed. (431)
Pie, apple
1998 Ed. (1266)
1995 Ed. (1557)
Pie, chocolate
1998 Ed. (1266)
Pie, cream
1998 Ed. (1266)
Pie crust
1990 Ed. (1954)
Pie, ice cream
1995 Ed. (1557)
PIE Mutual Insurance Co.
1999 Ed. (2963)
1998 Ed. (2196)
1996 Ed. (2329)
1995 Ed. (2317)
1994 Ed. (2269)
Piece
2007 Ed. (3965)
Pied Piper Inc.
1994 Ed. (2595)
Pied Piper Music
1993 Ed. (2645)
Piedmont
1990 Ed. (206, 207, 208, 209, 242)
1989 Ed. (240)
Piedmont Airlines
1999 Ed. (1252)
1998 Ed. (817)
1991 Ed. (3318)
1990 Ed. (213, 223, 238, 3541)
1989 Ed. (234, 235, 236)
Piedmont Aviation Credit Union
2007 Ed. (2135)
2006 Ed. (2214)
2005 Ed. (2119)
2004 Ed. (1977)
2003 Ed. (1937)
2002 Ed. (1883)
Piedmont CAD/CAM
1998 Ed. (606)
Piedmont Capital
1997 Ed. (2531)
1996 Ed. (2401)
Piedmont Centre
1996 Ed. (2248)
Piedmont Fayette Hospital
2008 Ed. (3060)
2006 Ed. (2919)
Piedmont Federal Savings & Loan Association
1998 Ed. (3559)
Piedmont Hospital
2006 Ed. (2917)
Piedmont Municipal Power Agency
1999 Ed. (1943)
Piedmont Municipal Power Agency, SC
2000 Ed. (1727)
1993 Ed. (1548)
Piedmont Natural Gas Co., Inc.
2008 Ed. (2419, 2809)
2007 Ed. (2681, 2682)
2006 Ed. (2691)
2005 Ed. (2728, 3587, 3769)
1999 Ed. (3593)
1998 Ed. (2664)
1997 Ed. (2926)
1996 Ed. (2822)
1995 Ed. (2755, 2795)
1994 Ed. (2653)
1993 Ed. (2702)
1992 Ed. (3214)
1991 Ed. (2575)
Piedmont Realty Advisors
1991 Ed. (2239)
Piedmont Triad Partnership
2008 Ed. (3472)
2007 Ed. (3373)
Piel de Otono
2007 Ed. (2847)
Piemonte Ford
1989 Ed. (285)
Piemonte Ford; Al
1990 Ed. (342)
Piemonte Ford Sales, Inc.; Al
1991 Ed. (278)
Pien; Howard
2006 Ed. (2517)
Pier
1989 Ed. (39, 2518)
Pier House
1990 Ed. (2064)
Pier One
1990 Ed. (1866)
Pier 1 Imports Inc.
2008 Ed. (2800, 2994, 3001, 3002, 3104, 4475, 4585)
2007 Ed. (2669, 2873, 2881, 2882, 2984, 4497, 4498, 4499, 4675)
2006 Ed. (2680, 2879, 2880, 2888, 2889, 4440, 4441, 4654)
2005 Ed. (2222, 2704, 2873, 2874, 4127, 4589)

2004 Ed. (2117, 2120, 2125, 2712, 2883, 2884, 4651)
2003 Ed. (2597, 2774, 4499, 4503, 4504, 4671)
2002 Ed. (222, 2386)
2001 Ed. (2736, 2743, 2744, 2751)
2000 Ed. (2296, 2297, 2301, 2302, 2303, 2304)
1999 Ed. (2555, 2561, 2564, 2702)
1998 Ed. (1781, 1784, 1796)
1997 Ed. (2109)
1996 Ed. (1992)
1995 Ed. (1963, 1967)
1994 Ed. (1937, 1938)
1992 Ed. (1477, 2253)
1991 Ed. (1959)
1990 Ed. (2038, 2104)
Pier 1 Imports (U.S.) Inc.
2006 Ed. (2879, 2880)
2005 Ed. (2873, 2874)
2004 Ed. (2884)
Pier 1 Licensing Inc.
2006 Ed. (2879)
Pier 39
1992 Ed. (4026)
1991 Ed. (3156)
1990 Ed. (264, 3325)
Pierce
2008 Ed. (3595, 3598)
Pierce Atwood
2001 Ed. (828)
Pierce County, WA
2008 Ed. (2831, 3478)
Pierce Homes of Carolina
2005 Ed. (1203)
2004 Ed. (1176)
2003 Ed. (1168)
Pierce, Kennedy, Hearth Group Inc.
1992 Ed. (1673)
Pierce Law Center; Franklin
1997 Ed. (2606)
Pierce/Morgeson/Plattner
2003 Ed. (659)
Pierce National Life
2000 Ed. (2689)
1998 Ed. (2165)
Pierce-Phelps Inc.
1999 Ed. (4815)
Pierce Rolf Corp.
2002 Ed. (2686)
Piercey Toyota
1993 Ed. (287, 298)
Piercing Pagoda, Inc.
2001 Ed. (4101)
Pierer; Heinrich von
2006 Ed. (691)
Pieris & Co. Ltd.; Richard
1996 Ed. (1052)
Pierpont Communications
2003 Ed. (3996, 4003)
2002 Ed. (3820)
2000 Ed. (3657)
1999 Ed. (3942)
Pierpont Equity
1996 Ed. (613)
Pierpont International Equity
1996 Ed. (616)
Pierpont International Fund
1996 Ed. (620)
Pierre
1990 Ed. (2098)
Pierre Bellon
2008 Ed. (4866)
Pierre Bergeron
1999 Ed. (2154)
1998 Ed. (1571)
Pierre Cardin
1991 Ed. (1653, 2298)
Pierre Chao
2000 Ed. (1980)
1999 Ed. (2208)
1998 Ed. (1624)
Pierre Choquette
2004 Ed. (971, 1667)
Pierre Foods Inc.
2008 Ed. (2776, 2783)
The Pierre Hotel
1999 Ed. (2761, 2798)
1992 Ed. (2481)
Pierre M. Omidyar
2006 Ed. (4896, 4912)
2005 Ed. (4856, 4859)
Pierre Omidyar
2008 Ed. (4834)
2007 Ed. (4891)
2004 Ed. (3891, 4870, 4873)
2003 Ed. (4886, 4888)
2002 Ed. (3355, 4787)
Pierson, Heldring & Pierson
1991 Ed. (782)
1990 Ed. (818)
1989 Ed. (818)
Pies
2003 Ed. (367, 369, 2557)
2002 Ed. (425)
1998 Ed. (257)
Pies and cakes
1994 Ed. (2937)
1992 Ed. (3548)
Pies (pkg.)
2000 Ed. (4143)
Pietrafesa Co. Inc.; Joseph J.
1992 Ed. (2973)
Pietrantoni Mendez
2001 Ed. (906)
Pietro's Corp.
1994 Ed. (2884)
1989 Ed. (2234)
Pietro's Pizza
1997 Ed. (3126)
1996 Ed. (3045)
Pifco
2008 Ed. (678)
2007 Ed. (706)
Pig Improvement Co.
2001 Ed. (3152)
Pig of cast iron scrap
1992 Ed. (2076)
Piggins and Rix Ltd.
1990 Ed. (1413)
Piggly Wiggly Alabama Distributing Co.
2006 Ed. (1535)
Piggly Wiggly Carolina
2000 Ed. (2386, 2388)
1998 Ed. (1873)
1996 Ed. (2050, 2053)
1995 Ed. (2054)
1994 Ed. (2003)
1993 Ed. (3491)
1992 Ed. (1205)
1991 Ed. (971)
Pigments
2007 Ed. (280)
2006 Ed. (275)
2001 Ed. (391, 1296)
Pigott; M. C.
2005 Ed. (2484)
Pigott; Mark
2007 Ed. (991)
Pigott; Mark C.
2008 Ed. (942)
2007 Ed. (1021)
2006 Ed. (901, 930)
2005 Ed. (973)
The Pike Co.
2008 Ed. (1192, 1982)
Pike Brewing Co.
1998 Ed. (2487)
Pike County, KY
1998 Ed. (783, 2319)
Pike Electric Inc.
2008 Ed. (4064)
2007 Ed. (4036)
2006 Ed. (4001)
2005 Ed. (3927)
Pikes Peak Community College
2002 Ed. (1104)
Pikeville Medical Center
2008 Ed. (1879)
Pilar Short-Term Investment A
1996 Ed. (2793)
Pilgrim America Bank & Thrift
2000 Ed. (3289)
Pilgrim America Bank & Thrift A
1999 Ed. (3578)
Pilgrim America High Yield A
1999 Ed. (753)
Pilgrim American Bank & Thrift A
1999 Ed. (3522)
Pilgrim Baxter & Associates
2000 Ed. (2860)
1999 Ed. (3110)
Pilgrim Capital
2001 Ed. (1577)
Pilgrim Convertible
2003 Ed. (690, 692)
2002 Ed. (725, 726)
Pilgrim Financial Services
2003 Ed. (3522)
Pilgrim Global Communications
2003 Ed. (2360)
Pilgrim GNMA Income
2003 Ed. (691)
Pilgrim Health and Life
1989 Ed. (1690)
Pilgrim Health & Life Insurance Co.
1993 Ed. (2224)
1992 Ed. (2707)
1991 Ed. (2106, 2144)
1990 Ed. (2275)
Pilgrim Health Care
1995 Ed. (2091)
Pilgrim International Growth
2003 Ed. (3610)
Pilgrim International Small Cap Growth
2003 Ed. (3610)
2002 Ed. (3476)
Pilgrim International Value
2003 Ed. (3610)
Pilgrim Large Cap Growth
2001 Ed. (3438)
Pilgrim Life Insurance Co.
1995 Ed. (2308)
Pilgrim Management
1993 Ed. (2340, 2343)
Pilgrim Preferred
1991 Ed. (2570)
Pilgrim Prime Rate
2000 Ed. (759)
Pilgrim Russia
2003 Ed. (2359)
Pilgrim Software, Inc.
2003 Ed. (2732)
2002 Ed. (2491)
Pilgrim Corp. Utilities
1995 Ed. (2719)
Pilgrims Fund Board
2005 Ed. (3229)
Pilgrim's Pride Corp.
2008 Ed. (2737, 2784, 3610, 3613, 3616, 3617, 3618)
2007 Ed. (2596, 2603, 2608, 2611, 4034)
2006 Ed. (1497, 2626, 2631, 2634, 3430, 3431)
2005 Ed. (2630, 2634, 2636, 3413, 3414)
2004 Ed. (2639, 2645, 3400, 3401, 3408)
2003 Ed. (2508, 3340, 3341)
2002 Ed. (2369)
2000 Ed. (3059, 3581)
1999 Ed. (3321, 3865)
1998 Ed. (2896)
1997 Ed. (3143)
1996 Ed. (2591, 3063, 3064)
1995 Ed. (1899, 2524, 2526, 2962, 2965, 2967)
1994 Ed. (2456, 2906, 2908)
1993 Ed. (2519, 2522, 2523, 2889, 2891, 2892)
1992 Ed. (2181, 2989, 2990, 2994, 3506, 3507, 3509, 3511)
1991 Ed. (1213)
1990 Ed. (1328, 2527, 2890, 2891)
Pilgrims Worldwide Growth
2000 Ed. (3291)
Piliero; Mark
1997 Ed. (1949)
1993 Ed. (1844)
Pilipinas Shell Petroleum
2001 Ed. (1835)
1989 Ed. (1151)
Pilipino Telephone Corp.
1999 Ed. (3821)
Pilkington
2006 Ed. (684)
2004 Ed. (798)
2001 Ed. (1146, 2605)
2000 Ed. (4132)
1999 Ed. (3300)
1994 Ed. (799, 2437, 2476)
1993 Ed. (783, 2499)
1992 Ed. (480, 2972)
1989 Ed. (959)
Pilkington Deutschland GMBH
2000 Ed. (3037)
Pilkington Holdings (Pilkington)
1995 Ed. (1246)
Pilkington North America
2007 Ed. (3411)
2005 Ed. (325)
2003 Ed. (342, 343)
Pilkington plc
2008 Ed. (753)
2007 Ed. (781, 1313, 1459)
2006 Ed. (1205)
2002 Ed. (4512)
2001 Ed. (4381)
2000 Ed. (3037)
1997 Ed. (2707)
1996 Ed. (829, 2567)
1995 Ed. (850, 2505, 2544)
1989 Ed. (825)
Pillar Fund Short Investment A
1996 Ed. (621)
Pillar Fund Short Investment B
1996 Ed. (621)
Pillar Point Capital Management
1998 Ed. (2290)
Pillar Point Equity Management LLC, Mid Cap Equities
2003 Ed. (3129)
Pillar Property
2007 Ed. (4047)
2006 Ed. (4015, 4048)
2005 Ed. (3946)
Pillar To Post
2007 Ed. (2250)
2006 Ed. (2319)
2005 Ed. (2261)
2004 Ed. (2163)
2003 Ed. (2120)
2002 Ed. (2056)
Pillar To Post Inspection Services
2008 Ed. (2388)
Pilling
1994 Ed. (3470)
Pillowtex Corp.
2005 Ed. (1013)
2004 Ed. (998, 2868, 2878)
2003 Ed. (1003, 1004, 4730)
2002 Ed. (4615, 4616)
2001 Ed. (1278, 1279)
2000 Ed. (1124, 2585)
Pillsbury
2007 Ed. (679)
2003 Ed. (862, 863, 865, 2038, 2094, 2524, 2556, 2562, 2572, 2637, 2880, 4487, 4826)
2001 Ed. (2475, 2477, 2478, 2480)
2000 Ed. (3131)
1998 Ed. (253, 256, 1534, 2928, 3325, 3435)
1997 Ed. (2031)
1996 Ed. (1936)
1995 Ed. (696, 1254)
1994 Ed. (1868)
1993 Ed. (1207)
1992 Ed. (1439, 1494, 3221)
1991 Ed. (1143, 1144, 1136, 1147, 1169, 2470, 3331)
1990 Ed. (1236, 1244, 1247, 1250, 1265, 1811, 1947, 2936, 3537)
1989 Ed. (1444, 1450)
Pillsbury Classic Cookbooks
2000 Ed. (3473)
1994 Ed. (2789)
Pillsbury Com.
1990 Ed. (252)
Pillsbury Madison & Sutro
1998 Ed. (2330)
1997 Ed. (2598)
1996 Ed. (2450, 2454)
1995 Ed. (2418)
1994 Ed. (2351)
1993 Ed. (2390, 2399, 2404)
1992 Ed. (2838, 2845)
1991 Ed. (2277, 2292)
1990 Ed. (2412, 2426)
Pillsbury Co. Restaurant Group
1990 Ed. (1836)
Pillsbury UK
2001 Ed. (2836)

Pillsbury Winthrop
2006 Ed. (3248)
2005 Ed. (3261)
2004 Ed. (3232)
Pillsbury Winthrop LLP
2003 Ed. (3190, 3192)
Pillsbury Winthrop Shaw Pittman
2007 Ed. (3309, 3324, 3325)
Pillsbury Winthrop Shaw Pittman LLP
2008 Ed. (3025, 3429)
2007 Ed. (1502)
Pilot Corp.
2003 Ed. (308, 1833)
2000 Ed. (3426)
Pilot Grove Savings Bank
1989 Ed. (209)
Pilot Insurance Co.
1991 Ed. (2131)
Pilot Kleinwort International Equity B
1996 Ed. (616)
Pilot Trader
1994 Ed. (2941)
Pilots
2003 Ed. (3659)
1991 Ed. (2630)
Pilots & navigators
2005 Ed. (3616)
The Pilot's Wife
2001 Ed. (988)
Pilsen Callao
2001 Ed. (66)
Pilsner Lager
2001 Ed. (87)
PIM Engineering Laboratory Inc.
2006 Ed. (3537)
Pima County
1991 Ed. (255)
Pima County, AZ
2008 Ed. (3478)
Pima County (AZ) Industrial Development Authority
1991 Ed. (2774)
Pima County Industrial Development Auth., AZ
2000 Ed. (2621)
Pima County Industrial Development Authority
2001 Ed. (773)
Pima-Produtos Alimentares
1992 Ed. (72)
PIMCO
2008 Ed. (2292, 2294, 2316, 2318)
2000 Ed. (2783, 2785, 2786, 2787, 2795, 2798)
Pimco Adv. Equity Income C
1998 Ed. (2595)
Pimco Adv. Short Intermediate A
1998 Ed. (2597)
Pimco Advisors
2006 Ed. (631, 3594, 3600, 3601)
2005 Ed. (3540, 3546, 3548)
2004 Ed. (711, 3561)
2003 Ed. (688, 689)
1999 Ed. (3043)
1998 Ed. (2298)
1997 Ed. (2510, 2894)
1996 Ed. (2377)
Pimco Advisors Holdings
2000 Ed. (2770, 2775)
PIMCO Advisors Holdings LP
2003 Ed. (3065)
2002 Ed. (728, 3018, 3019, 3387, 3621, 3622, 3624, 3627, 3629)
PIMCO Advisors LP
2000 Ed. (2830)
Pimco Advisors Opportunity C
1996 Ed. (2798)
Pimco/Allainz
2008 Ed. (2624)
Pimco/Allianz
2008 Ed. (3764)
2007 Ed. (2480, 3661, 3662)
PIMCO CA Intermediate Muni Bond Institutional
2003 Ed. (3139)
PIMCO Core Fixed Income Total Return
2007 Ed. (752)
PIMCO Core Plus Total Return Full Authority
2007 Ed. (752)
PIMCO Emerging Markets Bond
2008 Ed. (592)
2007 Ed. (642, 643, 644)
2006 Ed. (624, 626)
2005 Ed. (698, 699, 700)
PIMCO Emerging Markets Bond Inst.
2003 Ed. (3144, 3153, 3618)
Pimco Emerging Markets Bond Institutional
2004 Ed. (3655)
PIMCO Equity Advisors, Core Value
2003 Ed. (3131)
PIMCO Foreign Bond
2003 Ed. (691)
PIMCO Foreign Bond Fund Inst.
2003 Ed. (3147)
PIMCO Global Bond Fund II Inst.
2003 Ed. (3150)
PIMCO GNMA Inst.
2003 Ed. (3113)
PIMCO Growth & Income Fund Institutional
2003 Ed. (3532)
Pimco High Yield
1998 Ed. (2633)
1997 Ed. (2892, 2903)
PIMCO High Yield Fund
2000 Ed. (3254)
PIMCO High Yield Fund Institutional
2003 Ed. (3530)
PIMCO High Yield Inst.
2002 Ed. (3414)
1999 Ed. (3547, 3548)
PIMCO Innovation
2002 Ed. (4503)
2001 Ed. (3448)
Pimco Institutional Long-Term U.S. Government
2004 Ed. (721)
Pimco Institutional Real Return
2004 Ed. (721)
Pimco Investment Grade Corporate Bond Institutional
2008 Ed. (597)
Pimco Long-Term U.S. Government
2004 Ed. (718, 719, 720)
2002 Ed. (724)
1997 Ed. (2891, 2902)
1994 Ed. (2620)
PIMCo Long-Term U.S. Government A
1999 Ed. (3552)
Pimco Low Duration
1998 Ed. (2641)
1997 Ed. (2886)
1996 Ed. (2782)
1995 Ed. (2682)
PIMCO Low Duration Fund Institutional
2003 Ed. (3539)
Pimco Low Duration II
1997 Ed. (2886)
1996 Ed. (2763, 2782)
Pimco Low Duration Institute
1996 Ed. (2767)
PIMCO Mid Cap Growth Fund Inst
1999 Ed. (3569)
PIMCO Municipal Bond Inst.
2003 Ed. (3132, 3139)
Pimco Municipal Income Fund
2005 Ed. (3215)
PIMCO NFJ A Small Cap Value
2004 Ed. (4541)
Pimco PEA Opportunity
2006 Ed. (3645)
Pimco PEA Value
2006 Ed. (3632, 3634)
Pimco RCM Biotechnology
2006 Ed. (3637)
2004 Ed. (3588)
Pimco RCM Global Healthcare
2004 Ed. (3544, 3565, 3588)
PIMCO RCM Global Small-Cap Fund Institutional
2003 Ed. (3543)
Pimco RCM International Growth Equity
2004 Ed. (3650)
PIMCO Real Estate Real Return Strategy
2006 Ed. (2508)
Pimco Real Return
2006 Ed. (624)
2005 Ed. (698)
Pimco Real Return Bond
2004 Ed. (694, 718, 719, 720)
PIMCO Real Return Fund Inst.
2003 Ed. (3150)
Pimco Renaissance
2004 Ed. (3556, 3558, 3559)
2003 Ed. (3496, 3499)
2002 Ed. (3422)
PIMCo Renaissance Fund A
1999 Ed. (3545, 3546)
PIMCO Renaissance Fund C
1999 Ed. (3546)
Pimco Stocks Plus
1997 Ed. (2896)
Pimco Total Return
2008 Ed. (584)
2006 Ed. (623, 3611)
2004 Ed. (717, 3582)
2002 Ed. (723, 3414, 3415)
2000 Ed. (3267)
1998 Ed. (2637)
1997 Ed. (2888)
1996 Ed. (2784)
1995 Ed. (2683, 2692, 2716)
1994 Ed. (2608)
PIMCO Total Return Core
2007 Ed. (752)
PIMCO Total Return Fund Institutional
2003 Ed. (3531)
PIMCO Total Return II Fund Institutional
2003 Ed. (3531)
Pimco Total Return III
1996 Ed. (2813)
Pimco Total-Return III Admin.
2004 Ed. (692)
Pimco Total Return Institute
1997 Ed. (2869)
PIMCO Total Return Inst'l
2000 Ed. (3266)
Pimco Total Return Mortgage
2008 Ed. (605)
PIMCO Total Rtn Inst.
1999 Ed. (3549)
PIMCO Value Fund Inst.
2003 Ed. (3124, 3127, 3534)
Pimentos
2002 Ed. (3709)
Pimo Group
1999 Ed. (117)
1997 Ed. (114)
Pimo Group (Ammirati)
2000 Ed. (123)
Pin Oak Aggressive Stock
2004 Ed. (3603)
2000 Ed. (3245, 3286)
Pin X
2003 Ed. (3212)
Pinacle West
1996 Ed. (1622)
Pinal County, AZ
2008 Ed. (3480)
Pinar Entegre Et Ve Yem Sanayii A.S.
1995 Ed. (1902)
Pinata
1999 Ed. (4620)
1998 Ed. (3585)
1996 Ed. (3713)
Pinault; Francois
2008 Ed. (4865, 4866)
Pinault; Francois-Henri
2007 Ed. (1102)
Pinault-Prientemps
2000 Ed. (3823)
Pinault-Printemp
1997 Ed. (1409, 3880)
Pinault-Printemps
2003 Ed. (4178)
2002 Ed. (1642)
1999 Ed. (4112)
1998 Ed. (3096)
Pinault-Printemps; Groupe
2006 Ed. (1796, 4180)
Pinault-Printemps-Redoute
2004 Ed. (4205)
2002 Ed. (4059, 4061)
1996 Ed. (3252)
Pinault-Printemps-Redoute SA
2007 Ed. (4201)
2006 Ed. (1430)
Pinault-Printemps-Redoute SA; Groupe
2006 Ed. (4945)
Pinault SA
1994 Ed. (1373, 3660)
Pinch
2002 Ed. (295)
2001 Ed. (4170)
1999 Ed. (4156)
1998 Ed. (3172, 3173)
1997 Ed. (3393)
1992 Ed. (3813)
Pinch-A-Penny
2000 Ed. (2272)
Pinchuk; Victor
2008 Ed. (4877)
Pincus Brothers Inc.
1990 Ed. (1043)
Pindrum Staffing Services
2006 Ed. (3539, 4377)
Pine
2007 Ed. (3396)
2006 Ed. (3338)
2005 Ed. (3345)
2001 Ed. (3179)
Pine Bluff, AR
2005 Ed. (2976, 2977, 3475)
2003 Ed. (4195)
2002 Ed. (3330)
1999 Ed. (356, 3374)
Pine Bluff Cotton Belt Credit Union
2008 Ed. (2219)
2007 Ed. (2104)
2006 Ed. (2183)
2005 Ed. (2088)
2004 Ed. (1947)
2003 Ed. (1907)
2002 Ed. (1848)
Pine Knob Music Theatre
2002 Ed. (4342)
2001 Ed. (374)
1999 Ed. (1291)
Pine Mountain
1998 Ed. (190)
Pine nuts
1994 Ed. (2687)
1993 Ed. (2736)
Pine Point Mines
1992 Ed. (3086)
Pine River Valley Bank
1996 Ed. (540)
Pine Sol
2008 Ed. (981)
2007 Ed. (1099)
2006 Ed. (1014)
2005 Ed. (1001)
2004 Ed. (983)
2003 Ed. (977, 981, 986)
2002 Ed. (1064)
2001 Ed. (1237, 1240)
2000 Ed. (1094, 1096)
1999 Ed. (1178, 1179, 1182)
1998 Ed. (744, 745, 747)
1997 Ed. (1006)
1996 Ed. (981)
1995 Ed. (996)
1994 Ed. (979, 982)
1993 Ed. (954)
1992 Ed. (1173, 1176)
Pine State Tobacco & Candy Co.
1995 Ed. (1198)
Pine Tree Community Credit Union
2003 Ed. (1894)
Pine Valley Golf Course
2000 Ed. (2381)
Pineapple
2003 Ed. (2576)
2002 Ed. (2371)
Pineapple juice
2002 Ed. (2374)
2001 Ed. (2560)
Pineapples
2007 Ed. (2652)
2006 Ed. (2669)
2005 Ed. (2694)
2004 Ed. (2694)
2001 Ed. (2548)
Pinecraven Developments PLC
1995 Ed. (1012)
Pinecrest School Northridge-Devonshire
1999 Ed. (1128)

Pinecrest School of Van Nuys
1999 Ed. (1128)
Pinecrest School of Woodland Hills
1999 Ed. (1128)
Pinehurst Country Club
2000 Ed. (2381)
Pinehurst Management Co. Ltd.
2000 Ed. (979)
1993 Ed. (846)
1992 Ed. (1058)
1991 Ed. (853)
1990 Ed. (903)
Pinehurst Resort
1999 Ed. (2768)
Pinel Inc., Realtors; Alain
2005 Ed. (4001)
Pinelands Inc.
1994 Ed. (1215)
Pinellas
1990 Ed. (1805)
Pinellas County, FL
1998 Ed. (1201, 1701)
Pinellas County Jail
2006 Ed. (3241)
Pinellas (FL) Suncoast News
2003 Ed. (3644)
Pinellas Suncoast News
2002 Ed. (3502)
Pinera; Sebastian
2008 Ed. (4857)
Pines
1994 Ed. (3566)
Pines Resort Hotel & Conference Center
1999 Ed. (4048)
Pinetree Capital Ltd.
2008 Ed. (1621, 1625, 1659)
2007 Ed. (1620, 1650)
Piney, Hardin, Kipp, & Szuch
1992 Ed. (2843)
Ping
1998 Ed. (25, 1856)
1997 Ed. (2153)
Ping An
2008 Ed. (647)
Ping An Insurance Group
2007 Ed. (1656, 1658)
2006 Ed. (1641)
Ping An Insurance Co. of China
1999 Ed. (2885)
Ping Communications
2002 Ed. (1980)
Pingree heirs
2005 Ed. (4022)
Pinheiro Neto-Advogados
2005 Ed. (1461)
2004 Ed. (1446)
The Pink
2002 Ed. (3516)
The Pink Companies
1994 Ed. (1852)
1993 Ed. (1867)
The Pink Cos.
1997 Ed. (2016)
1996 Ed. (1923)
1995 Ed. (1880)
Pink Floyd
2001 Ed. (1380)
1997 Ed. (1777)
1996 Ed. (1095)
1991 Ed. (1578)
1990 Ed. (1142, 1144)
1989 Ed. (989, 989)
Pinkard Construction Co.
2005 Ed. (1325)
Pinkerton
1989 Ed. (2504)
Pinkerton & Laws Inc.
1996 Ed. (3428)
1995 Ed. (3374)
1992 Ed. (3962, 3963, 3964)
1991 Ed. (3121, 3122, 3123)
Pinkerton Government Services Inc.
2004 Ed. (1879)
Pinkerton Group Inc.
2002 Ed. (53)
Pinkerton Security
1997 Ed. (3413)
1995 Ed. (3211)
1993 Ed. (3114)
1992 Ed. (3825)
Pinkerton Security & Investigation
2000 Ed. (3905)
Pinkerton Security & Investigation Services
1994 Ed. (3161)
Pinkerton Systems Integration Inc.
2005 Ed. (4294)
2004 Ed. (4351)
2003 Ed. (4330)
2002 Ed. (4541)
2000 Ed. (3922)
1999 Ed. (4204)
1998 Ed. (1421)
Pinkerton Tobacco Co.
1998 Ed. (3575)
Pinkerton's Inc.
2003 Ed. (802, 1565)
2000 Ed. (960, 3907)
1999 Ed. (4175)
1998 Ed. (3185)
1996 Ed. (3308)
1991 Ed. (2943)
Pinkus; Scott
1993 Ed. (1843)
Pinn Brothers Construction
2002 Ed. (2664)
Pinn Brothers Fine Homes
2004 Ed. (1193)
Pinnacle
2008 Ed. (258)
2007 Ed. (282)
2006 Ed. (228, 277, 278, 3496, 4340)
Pinnacle Actuarial Resources Inc.
2008 Ed. (17)
Pinnacle Airlines Corp.
2007 Ed. (232)
2006 Ed. (2741)
2005 Ed. (204, 205)
Pinnacle Associates
1999 Ed. (3079)
1995 Ed. (2394)
Pinnacle Automation Inc.
2002 Ed. (1418)
Pinnacle Banc Group Inc.
1998 Ed. (287)
1993 Ed. (379)
Pinnacle Data Systems Inc.
2004 Ed. (4546)
Pinnacle Energy Inc.
2003 Ed. (2747)
Pinnacle Entertainment Inc.
2008 Ed. (253, 1403)
2006 Ed. (2495)
Pinnacle Estate Properties
1995 Ed. (3061)
1994 Ed. (2999)
Pinnacle Financial Corp.
2005 Ed. (362)
Pinnacle Foods Group Inc.
2008 Ed. (2776, 2778, 2783)
Pinnacle Group
1995 Ed. (3003)
Pinnacle Group Worldwide
2008 Ed. (1207)
Pinnacle Investment
1997 Ed. (2531)
Pinnacle Petroleum Inc.
2008 Ed. (4371, 4954)
2007 Ed. (3536, 4402)
Pinnacle Realty Management Co.
2005 Ed. (257)
2004 Ed. (255)
2003 Ed. (287, 288)
2002 Ed. (324, 325)
2000 Ed. (305)
1998 Ed. (177)
Pinnacle Systems Inc.
2005 Ed. (1678, 1679, 3513, 3514)
2004 Ed. (3508, 3509)
2002 Ed. (4594)
Pinnacle Technical Resources
2008 Ed. (4042)
2007 Ed. (1318)
Pinnacle Technological Resources
2007 Ed. (2835)
Pinnacle West
1999 Ed. (1953)
1998 Ed. (1394, 1395)
1997 Ed. (1701, 1702)
1996 Ed. (1623)
1995 Ed. (1645, 1646)
1994 Ed. (1603, 1604, 3238)
1993 Ed. (3244)
1991 Ed. (1205, 1506, 3085, 3087)
1990 Ed. (1285, 1608, 1609, 3660)
1989 Ed. (1304, 1305, 2469)
Pinnacle West Capital Corp.
2008 Ed. (2354, 2370, 2426)
2007 Ed. (1525, 1575)
2006 Ed. (1545)
2005 Ed. (1650, 2313, 2314, 2394, 4507)
2004 Ed. (1624, 2200, 2201, 2313)
2003 Ed. (1608, 1609, 2138)
2002 Ed. (1576)
2001 Ed. (1611)
1995 Ed. (3318)
1989 Ed. (2468)
Pinnacol Assurance
2007 Ed. (1682)
2006 Ed. (1679, 3056)
Pinnick; Jennifer
2008 Ed. (2692)
Pinocchio
1995 Ed. (3704)
Pinola; Joseph J.
1990 Ed. (1718)
1989 Ed. (1381)
Pinot blanc
1996 Ed. (3837)
Pinot Gris
2003 Ed. (4968, 4969)
1996 Ed. (3838)
Pinot Noir
2003 Ed. (4966, 4967)
2002 Ed. (4965, 4966)
2001 Ed. (4860, 4861)
1996 Ed. (3838)
Pinpoint Color
2002 Ed. (3763)
Pinto & Sotto Mayor
1989 Ed. (657)
Pinto; Michael
2006 Ed. (1000)
2005 Ed. (985)
Pio Asti Spumante
1993 Ed. (874)
Pioneer
2008 Ed. (274)
2007 Ed. (1715, 3678)
2006 Ed. (3658, 4087)
2005 Ed. (4667)
2002 Ed. (1498)
2000 Ed. (2479, 3234, 4121)
1999 Ed. (2693)
1998 Ed. (253, 1952, 3435)
1995 Ed. (2773)
1994 Ed. (2069)
1993 Ed. (2962)
1992 Ed. (2420, 2429, 3908)
1990 Ed. (1109, 3675)
Pioneer A
1999 Ed. (3556)
Pioneer Aluminum Factory Ltd.
2002 Ed. (4418)
Pioneer Bank
1996 Ed. (546)
1993 Ed. (509)
Pioneer Bank, IL
1989 Ed. (2148)
Pioneer Capital Growth
1996 Ed. (2788)
1994 Ed. (2615)
Pioneer Capital Growth A
1997 Ed. (2881)
1996 Ed. (2773, 2800)
Pioneer Cement
1999 Ed. (3133)
Pioneer Centres
1996 Ed. (284, 285)
1995 Ed. (284)
1993 Ed. (283)
1992 Ed. (398)
Pioneer Chemicals
2001 Ed. (1221, 1223)
Pioneer Chicken
1993 Ed. (1758)
Pioneer Citizens Bank
1993 Ed. (513)
Pioneer Concrete
1990 Ed. (1903)
1989 Ed. (826)
Pioneer Concrete of America, Inc.
1998 Ed. (3123)
Pioneer Consolidated Corp.
2008 Ed. (4403)
2007 Ed. (4426)
Pioneer Credit Union
2006 Ed. (2193)
2005 Ed. (2098)
2004 Ed. (1956)
2003 Ed. (1916)
2002 Ed. (1862)
Pioneer Cullen Value
2008 Ed. (2616)
Pioneer Electronic
1998 Ed. (2046)
1997 Ed. (2313)
1996 Ed. (2193)
1989 Ed. (1626)
Pioneer Electronics
1993 Ed. (2035, 3586)
Pioneer Emerging Markets A
1998 Ed. (2622)
Pioneer Emerging Markets B
1998 Ed. (2622)
Pioneer Engineering & Manufacturing
1992 Ed. (422)
1989 Ed. (309)
Pioneer Entertainment (USA) Inc.
2004 Ed. (3510, 3511)
Pioneer Equity Income
2000 Ed. (3228)
1995 Ed. (2736)
1994 Ed. (2618)
Pioneer Equity Income A
1999 Ed. (3511, 3545)
1996 Ed. (2802)
Pioneer Equity Income B
1999 Ed. (3546)
Pioneer Europe A
1999 Ed. (3512, 3567)
1998 Ed. (2612)
Pioneer Federal Credit Union
2008 Ed. (2229)
2007 Ed. (2114)
Pioneer Federal Savings Bank
1998 Ed. (3542)
Pioneer Financial A Cooperative
1990 Ed. (2472)
Pioneer Financial Equity
2007 Ed. (4549)
Pioneer Financial Services Inc.
1998 Ed. (2131)
1997 Ed. (1254)
1995 Ed. (2767)
1992 Ed. (1131)
Pioneer Focused Equity
2007 Ed. (2484)
Pioneer Fund A
1999 Ed. (3557)
Pioneer Fund B
1999 Ed. (3557)
Pioneer Global High Yield
2008 Ed. (592, 602)
Pioneer Growth A
1999 Ed. (3515)
Pioneer Growth Gold
1993 Ed. (2681)
Pioneer Growth Shares A
1999 Ed. (3521, 3559)
Pioneer Hi-Bred
1999 Ed. (1088)
Pioneer Hi-Bred International Inc.
2005 Ed. (1493, 1827)
2003 Ed. (1723)
2001 Ed. (1753)
1999 Ed. (2455, 2459, 2464)
1998 Ed. (1718, 1720, 1724)
1997 Ed. (2028, 2030)
1996 Ed. (1931)
1995 Ed. (1885)
1994 Ed. (1196, 3262)
1993 Ed. (3273)
1992 Ed. (2174)
1991 Ed. (1732)
1990 Ed. (1813, 1819)
1989 Ed. (1446, 1452)
Pioneer High Income Trust
2005 Ed. (3214)
Pioneer High Yield
2007 Ed. (642)
2006 Ed. (624, 630)
2005 Ed. (698, 699, 700, 703)

2003 Ed. (691, 692, 3524)
Pioneer Industries (Holdings) Ltd.
1994 Ed. (3570)
1992 Ed. (4337)
Pioneer Industries International
1992 Ed. (2440)
Pioneer International
2002 Ed. (861, 1652, 1653)
1994 Ed. (1323)
1993 Ed. (1278, 1279)
1992 Ed. (1573)
Pioneer Intl.
1991 Ed. (1253)
Pioneer Investment
2006 Ed. (3600)
2005 Ed. (3562)
2003 Ed. (689, 3503)
Pioneer Investment Management
2005 Ed. (692)
2004 Ed. (724)
Pioneer Investment Management Inc., High Yield Bond
2003 Ed. (3119, 3122)
Pioneer Investments
2000 Ed. (2794)
Pioneer Life
2001 Ed. (2949)
Pioneer Life Insurance Co.
2002 Ed. (2889)
Pioneer Management Corp.
1989 Ed. (1801, 2140)
Pioneer Mill Credit Union
1996 Ed. (1509)
Pioneer Muslim Credit Union
2006 Ed. (2172)
2002 Ed. (1837)
Pioneer Muslim Credit Union of Houston
2004 Ed. (1938)
2002 Ed. (1834)
1998 Ed. (1217)
Pioneer Muslim Credit Union of Houston Credit Union
1996 Ed. (1505)
Pioneer Natural Resources Co.
2008 Ed. (3896, 3906, 3907, 3911, 3938)
2007 Ed. (2753, 3895)
2006 Ed. (3829, 3865)
2005 Ed. (3736, 3737, 3798)
2004 Ed. (3870)
2002 Ed. (3537, 3698)
2001 Ed. (3744)
2000 Ed. (3527)
Pioneer Oil & Gas
2008 Ed. (3898, 3905)
2007 Ed. (3852)
2006 Ed. (3835)
Pioneer Pole Builders Inc.
2008 Ed. (4251, 4252)
Pioneer Press
1990 Ed. (2690)
Pioneer Savings
1991 Ed. (2653)
Pioneer Savings & Loan Association
1990 Ed. (2435, 2439)
Pioneer Savings and Trust FA
1990 Ed. (2473)
Pioneer Savings Bank
1993 Ed. (3567)
Pioneer Savings Bank (Clearwater)
1991 Ed. (3380)
Pioneer Small Cap Value
2003 Ed. (3506)
Pioneer-Standard
1993 Ed. (1577, 1580)
1991 Ed. (1534)
1990 Ed. (1634, 1635)
1989 Ed. (1336)
Pioneer-Standard Electric
1995 Ed. (1091)
Pioneer-Standard Electronic Inc.
1999 Ed. (1982)
Pioneer-Standard Electronics, Inc.
2004 Ed. (2108, 2235, 2244, 2252, 4402, 4927)
2003 Ed. (2085, 2152, 2188, 2206, 2889, 2890, 4928)
2002 Ed. (1131, 2077, 2085, 2086, 2087, 2089, 2091, 2095)
2001 Ed. (2182, 2183, 2202, 2203, 2204, 2206, 2208, 2210, 2211, 2212, 2842)
2000 Ed. (1734, 1761, 1762, 1763, 1768, 1769, 1771)
1999 Ed. (1983, 1984, 1986, 1987, 1991)
1998 Ed. (1403, 1404, 1405, 1406, 1408, 1409, 1410, 1412, 1413, 1414, 1416)
1997 Ed. (1708, 1710, 1711, 1712)
1996 Ed. (1630, 1632, 1634, 1635)
1992 Ed. (1927)
1990 Ed. (1636, 3234)
1989 Ed. (1321, 1334, 1335)
Pioneer Strategic Income
2007 Ed. (642)
2006 Ed. (624)
Pioneer Take Out Corp.
1991 Ed. (1656)
Pioneer Takeout Corp.
1990 Ed. (1751)
Pioneer Tele-Technologies, Inc.
1991 Ed. (3282)
Pioneer Three
1990 Ed. (2371)
Pioneer Trust Bank NA
1996 Ed. (535)
1994 Ed. (507)
1993 Ed. (371)
1989 Ed. (557)
Pioneer West Virginia Credit Union
2008 Ed. (2268)
2007 Ed. (2153)
2006 Ed. (2232)
2005 Ed. (2137)
Pioneering Management
1999 Ed. (3059)
Piow; Teh Hong
2008 Ed. (4847)
2006 Ed. (4917)
PIP Printing
2005 Ed. (3896)
2004 Ed. (3940)
2003 Ed. (3932)
2002 Ed. (3765)
1993 Ed. (1900)
PIP Printing & Document Services
2008 Ed. (4023)
Pipe and tubing
2001 Ed. (4366)
Pipefitters
2007 Ed. (3730)
Pipeline
2001 Ed. (4234)
Pipelines
2008 Ed. (3158, 3159)
2007 Ed. (3040, 3041, 3047)
2006 Ed. (3001, 3002, 3006)
2005 Ed. (3006, 3010)
2003 Ed. (2900, 2901, 2907, 2910)
2002 Ed. (2766, 2767, 2768, 2769, 2770, 2775, 2776, 2777)
2000 Ed. (1351, 1356)
1999 Ed. (1507, 1513)
1998 Ed. (1072, 1076, 1078, 1079)
1997 Ed. (1297, 1298, 1301)
1996 Ed. (1252, 1254, 1255)
Piper & Marbury
2001 Ed. (833)
1996 Ed. (2728, 2731)
1993 Ed. (2392)
1992 Ed. (2829)
1991 Ed. (2280)
1990 Ed. (2414)
Piper Capital
1998 Ed. (2606, 2653, 2655)
1993 Ed. (2314, 2326)
Piper Heidsieck
2005 Ed. (916)
2002 Ed. (963, 968)
2001 Ed. (1151, 1163)
2000 Ed. (1009)
1999 Ed. (1062, 1068)
1998 Ed. (682)
1996 Ed. (896)
1995 Ed. (926)
1993 Ed. (875)
Piper-Heidsieck Champagne
1991 Ed. (3499)
Piper-Heidsiek
1997 Ed. (927)
Piper II Adjustable-Rate Mortgage
1998 Ed. (2597)
Piper Indemnity of Hawaii Inc.
1997 Ed. (902)
Piper Jaffray
2008 Ed. (1404)
2002 Ed. (3407, 3408, 3409, 3412)
2000 Ed. (2766, 3984)
1999 Ed. (826, 4229, 4240, 4250)
1998 Ed. (3260)
1997 Ed. (3461)
1996 Ed. (797, 3315, 3333, 3345)
1995 Ed. (3217, 3248)
Piper, Jaffray & Hopwood
1993 Ed. (2264, 3120, 3137, 3146, 3161, 3169)
1992 Ed. (3836, 3871, 3893)
1991 Ed. (2522, 2185, 2193, 3032)
Piper Jaffray Cos.
2006 Ed. (3191)
2005 Ed. (3527, 3532)
Piper, Jaffray Emerging Growth
1995 Ed. (2737)
Piper Jaffray Investment Government Income
1993 Ed. (2676)
Piper, Jaffray National Tax-Exempt
1995 Ed. (2711)
Piper Jaffray Sector Performance
1994 Ed. (2633)
Piper Jaffray Inc.; U.S. Bancorp
2005 Ed. (3175)
Piper Marbury Rudnick & Wolfe
2003 Ed. (3194)
2002 Ed. (3056)
Piper Rudnick LLP
2006 Ed. (3249, 3295)
Piper Sonoma
2003 Ed. (899)
2002 Ed. (968)
2001 Ed. (1163)
1996 Ed. (905)
1993 Ed. (874)
Piper Sonoma Sparkling
1997 Ed. (932)
Pipes
2007 Ed. (3333)
2006 Ed. (3260)
2003 Ed. (3199)
2001 Ed. (3074, 4553, 4555, 4556, 4557, 4558)
The Pipestone System
2008 Ed. (4013)
2007 Ed. (3996)
2006 Ed. (3938)
2005 Ed. (3875)
2004 Ed. (3927)
Pipex Communications
2007 Ed. (4723)
2006 Ed. (4703)
Piping
2006 Ed. (1285)
2005 Ed. (1315)
2004 Ed. (1308)
2003 Ed. (1305)
Piraeus
1992 Ed. (1398)
Piraeus Bank
2008 Ed. (420, 1772)
2007 Ed. (454, 1745)
2006 Ed. (447, 1737)
2005 Ed. (504, 514)
2004 Ed. (491, 535)
2003 Ed. (500)
Piraiki-Patraiki
1992 Ed. (363)
Piranha Interactive Publishing
1999 Ed. (4169)
Pirateology
2008 Ed. (549)
Pirates
2008 Ed. (549)
1991 Ed. (2490)
Pirates of the Caribbean: Dead Man's Chest
2008 Ed. (551, 2387, 3756)
Pirates of the Caribbean: The Curse of the Black Pearl
2005 Ed. (2259, 3519, 3520)
Pirates of the Mississippi
1993 Ed. (1079)
Pirella Goettsche Lowe
1997 Ed. (106)
1996 Ed. (104)
1995 Ed. (89)
1994 Ed. (97)
Pirelli
2000 Ed. (4253)
1999 Ed. (4602)
1998 Ed. (1557)
1997 Ed. (306, 3750, 3751, 3752)
1996 Ed. (3693)
1993 Ed. (344, 346)
1991 Ed. (1355, 3392)
1990 Ed. (400, 1424, 2176)
1989 Ed. (1164)
Pirelli & C SpA
2008 Ed. (850, 4678)
2007 Ed. (312, 4756)
2006 Ed. (4749)
Pirelli Armstrong
1993 Ed. (3578)
1990 Ed. (3597)
Pirelli Cable & Systems LLC
2003 Ed. (1821, 3365)
Pirelli Cables
2002 Ed. (1589)
Pirelli Canada
1994 Ed. (2482)
Pirelli Group
1996 Ed. (1402)
1995 Ed. (1438, 3615)
1994 Ed. (1406)
Pirelli Sarca SpA
1997 Ed. (2579)
1996 Ed. (3405)
1995 Ed. (3327)
1994 Ed. (3248)
1993 Ed. (1355, 3254)
Pirelli SpA
2008 Ed. (3567)
2007 Ed. (3973)
2006 Ed. (3388)
2005 Ed. (1095, 1530, 1532)
2001 Ed. (4540, 4544)
1993 Ed. (1353)
1992 Ed. (1653, 3942, 4298, 4299)
1991 Ed. (1312)
1990 Ed. (1388)
1989 Ed. (1109)
Pirelli Telecom Italia TIM
2007 Ed. (1827)
Pirelli Tire & Rubber
1989 Ed. (2836)
Pirelli Tire North America
2008 Ed. (4681)
2007 Ed. (4758)
2006 Ed. (4752)
Pirelli Tyre
1991 Ed. (1325)
Pirelli Tyre Holdings NV
1999 Ed. (4117)
Pirma Banka
2004 Ed. (486)
Pirnie Inc.; Malcolm
1997 Ed. (1735)
1994 Ed. (1634)
1993 Ed. (1604, 2876)
1992 Ed. (1949)
Pirrung/Economos
2003 Ed. (659)
Pirtek
2008 Ed. (4322)
2007 Ed. (4366)
2006 Ed. (4299)
2005 Ed. (4358)
Pirtek USA
2004 Ed. (2792)
2003 Ed. (2677)
2002 Ed. (2446)
Pisa Brothers Travel Service
1992 Ed. (4345)
Piscines Ideales
2008 Ed. (1711, 1716)
Pisco Capel Liqueur
2001 Ed. (3108, 3109)
Pismo State Park
1999 Ed. (3704)
Pistachios
1994 Ed. (2687)
1993 Ed. (2736)
1992 Ed. (3281)
1990 Ed. (2727)

Pistachios, shelled
1996 Ed. (2858)
The Piston Group
2007 Ed. (4015)
2006 Ed. (3976)
Pistons; Detroit
2008 Ed. (530)
2007 Ed. (579)
2006 Ed. (548)
2005 Ed. (646)
Pita; Orlando
2007 Ed. (2758)
Pita Pit Inc.
2008 Ed. (4272)
Pitcher Partners
2007 Ed. (3)
2006 Ed. (5)
2002 Ed. (6)
Pitkin, CO
2001 Ed. (1940)
1994 Ed. (339)
Pitkin County, CO
2002 Ed. (1805)
1998 Ed. (1200, 2080)
Pitman, NJ
1992 Ed. (2380)
Pitney Bowes Inc.
2008 Ed. (1699, 2360, 3014, 3687, 4262)
2007 Ed. (841, 1206, 1210, 2220, 2227, 3008, 3739)
2006 Ed. (745, 747, 1078, 1079, 1103, 1108, 2292, 3369, 3739)
2005 Ed. (821, 1082, 1083, 1114, 1118, 1384, 2227, 3638, 3639)
2004 Ed. (1078, 1079, 1110, 1114, 1366, 1689, 2122, 3728, 3729, 3731)
2003 Ed. (1092, 1361, 1578, 1662, 2245, 3671, 3672, 3674, 4562)
2002 Ed. (913, 1135, 1629, 2100)
2001 Ed. (1072, 3565, 3566)
2000 Ed. (1164, 1747, 3369, 4427)
1999 Ed. (3642, 3645)
1998 Ed. (827, 2700, 2701, 2702, 2704)
1997 Ed. (1079, 2956, 2957)
1996 Ed. (1063, 1390, 2861, 2862)
1995 Ed. (1087, 1368, 2805, 2806)
1994 Ed. (1080, 1343, 2428, 2691, 2692, 2693)
1993 Ed. (845, 1047, 1291, 2740, 2741)
1992 Ed. (1300, 1307, 3284, 3285, 3286, 3288)
1991 Ed. (1025, 1643, 2634, 2635, 2636, 2637, 2639)
1990 Ed. (1121, 1742, 2733, 2734, 2735, 2736, 2993)
1989 Ed. (975, 1313, 1316, 2100, 2102, 2103)
Pitney, Hardin, Kipp & Szuch
2002 Ed. (3060)
2001 Ed. (564)
2000 Ed. (2900)
1999 Ed. (3155)
1998 Ed. (2331)
1997 Ed. (2599)
1995 Ed. (2419)
1994 Ed. (2354)
1993 Ed. (2401)
1991 Ed. (2289)
1990 Ed. (2423)
1989 Ed. (1884)
Pitt; Brad
2008 Ed. (2579)
Pitt County Memorial Hospital Inc.
2008 Ed. (1990)
2007 Ed. (1924)
2001 Ed. (1821)
Pitt County, NC
2008 Ed. (2831)
Pitt-Des Moines Inc.
2002 Ed. (1286)
2000 Ed. (1286)
Pitt; Munro
1991 Ed. (1698)
Pitt Ohio Express
2006 Ed. (4808, 4840)
2005 Ed. (4761)
2002 Ed. (4690, 4691)
2000 Ed. (4312, 4315)
1999 Ed. (4684, 4685)
Pitt Street Mall
2006 Ed. (4182)
PITTCON
2005 Ed. (4732)
Pittler Maschinenfabrik
1992 Ed. (1613)
Pittman & Brooks PC
2008 Ed. (2021, 2023, 2025, 2026)
2007 Ed. (1944)
Pittman; Harold S.
1995 Ed. (2486)
Pittsburg Tank & Tower Co.
2007 Ed. (1370)
2006 Ed. (1294)
1998 Ed. (956)
1997 Ed. (1164)
1996 Ed. (1140)
Pittsburgh
1990 Ed. (243, 1077)
Pittsburgh Adi Newspaper N
1989 Ed. (2046)
Pittsburgh ADI NW N
1990 Ed. (2688)
Pittsburgh Airport
2001 Ed. (1339)
Pittsburgh Airport Marriott
1994 Ed. (193)
1993 Ed. (207)
Pittsburgh Ballet Theatre
2006 Ed. (3723)
Pittsburgh Brewing Co.
2001 Ed. (674, 1023)
2000 Ed. (3127)
1998 Ed. (2491)
1997 Ed. (713, 716)
1989 Ed. (769)
Pittsburgh; Children's Hospital of
2005 Ed. (2900)
Pittsburgh Civic Light Opera
2006 Ed. (3723)
Pittsburgh Cultural Trust
2006 Ed. (3723)
Pittsburgh Foundation
2002 Ed. (1127)
2001 Ed. (2513)
Pittsburgh Logistics Systems
2007 Ed. (2647)
Pittsburgh Medical Center; University of
2008 Ed. (3055, 3194, 3983)
2007 Ed. (2767, 2770, 2919, 2933, 4048)
2006 Ed. (2914, 3903, 4016)
2005 Ed. (2907)
Pittsburgh Mercy Health System
2006 Ed. (3724)
Pittsburgh National Bank
1994 Ed. (378, 380, 399, 403, 615, 1039, 2552, 2553)
1993 Ed. (388, 390, 409, 612, 2590)
1992 Ed. (546, 569, 818, 3104)
1991 Ed. (646)
1990 Ed. (667, 2436)
1989 Ed. (653)
Pittsburgh Opera
2006 Ed. (3723)
Pittsburgh, PA
2008 Ed. (3111, 3458, 3463, 4089, 4097, 4242)
2007 Ed. (2996, 3003, 4063)
2006 Ed. (3302, 3310)
2005 Ed. (846, 3312, 4834)
2004 Ed. (872, 3298, 3304, 3373, 3455, 3481, 3487, 3735, 3737, 4835)
2003 Ed. (3677, 3678, 3903, 3904)
2002 Ed. (1055, 3238, 4744)
2001 Ed. (1090, 4679)
2000 Ed. (1330)
1999 Ed. (1487)
1998 Ed. (738, 1055, 2056, 2693)
1997 Ed. (1284, 2233, 2775)
1996 Ed. (38, 1238)
1995 Ed. (1282, 3522, 3543, 3651)
1994 Ed. (1259)
1993 Ed. (948, 950, 1221, 1852, 2112, 2527)
1992 Ed. (1017, 1026, 2543, 2544, 2551, 3038, 3053, 3293)
1991 Ed. (831, 1985, 2348, 2429, 2447)
1990 Ed. (875, 1003, 2125, 2486, 2564, 2566, 2608)
1989 Ed. (766, 843, 846, 847, 2774)
Pittsburgh (PA) PennySaver
2003 Ed. (3646)
Pittsburgh Penguins
2003 Ed. (4509)
1998 Ed. (1946)
Pittsburgh PennySaver
2002 Ed. (3505)
Pittsburgh Post Gazette
2002 Ed. (3510)
Pittsburgh Press, Post-Gazette
1992 Ed. (3242)
1991 Ed. (2605)
1990 Ed. (2705)
Pittsburgh Public Theater
2006 Ed. (3723)
Pittsburgh Regional Alliance
2003 Ed. (3245)
Pittsburgh Steelers
2004 Ed. (2674)
Pittsburgh Symphony Orchestra
2006 Ed. (3723)
Pittsburgh Tank & Tower Co. Inc.
2004 Ed. (1317)
2001 Ed. (1482)
1995 Ed. (1161)
Pittsburgh Teachers Credit Union
2006 Ed. (2166)
2005 Ed. (2072)
Pittsburgh Technical Institute
2008 Ed. (2035)
Pittsburgh; University of
2008 Ed. (2409)
2007 Ed. (829)
2006 Ed. (1072)
1997 Ed. (862, 2632)
1992 Ed. (2216)
Pittsburgh vs. Dallas
1992 Ed. (4162)
Pittsburgh-Youngstown, PA
2004 Ed. (4537)
Pittsburgh Zoo & PPG Aquarium
2006 Ed. (3723)
Pittsfield Berkshire Eagle
1990 Ed. (2709)
1989 Ed. (2063)
Pittsfield, MA
2007 Ed. (3369)
2006 Ed. (3305)
2005 Ed. (2389, 3316)
1994 Ed. (2493, 3062)
Pittsfield, PA
1995 Ed. (3108)
The Pittston Co. Inc.
2004 Ed. (1024, 1025, 3752, 4414, 4778, 4779)
2003 Ed. (2642, 3707, 3708, 4792, 4793, 4794, 4799)
2002 Ed. (3569, 3570)
2001 Ed. (4233, 4629, 4630)
2000 Ed. (3393, 3394)
1999 Ed. (3678, 3679, 4491)
1998 Ed. (2729)
1997 Ed. (2980)
1996 Ed. (2898)
1994 Ed. (151, 1034, 3587)
1993 Ed. (167, 1001)
1992 Ed. (263, 276, 1231, 1232, 3921)
1991 Ed. (188, 198, 987, 988, 3112)
1990 Ed. (198, 212, 1070, 1073)
1989 Ed. (223, 947)
Pittston Burlington
1999 Ed. (206)
1998 Ed. (111)
Pittston Co. Minerals Group
1997 Ed. (3642)
Pittston Services
1997 Ed. (187)
1996 Ed. (171)
1995 Ed. (168)
Pittway
1994 Ed. (2128)
1993 Ed. (2105)
1992 Ed. (2163, 2520)
1991 Ed. (1727, 1164)
1990 Ed. (1801)
1989 Ed. (1009)
Pittway-Seaguist
1992 Ed. (1388)
Pitway
1994 Ed. (1851)
1993 Ed. (1862)
Pivot
2004 Ed. (3960)
2002 Ed. (3782)
Pivotal
2006 Ed. (1571, 1575)
2005 Ed. (1664, 1669)
2003 Ed. (1114, 2707, 2935)
2002 Ed. (2485, 2528)
Pivovarna Lasko
2006 Ed. (3290)
Pivovarna Union
2006 Ed. (3290)
Pivovarni Ivana Taranova
2005 Ed. (22)
2004 Ed. (29)
Pixar
2006 Ed. (650)
2004 Ed. (3508, 3509)
2001 Ed. (4450)
Pixar Animation Studios Inc.
2008 Ed. (2857, 2860)
2007 Ed. (749, 2455, 2727, 2730)
2006 Ed. (657, 1577, 2492, 2737, 2740)
2005 Ed. (3513, 3514)
2004 Ed. (1589)
2003 Ed. (3349)
Pixelworks Inc.
2006 Ed. (4677)
2005 Ed. (1466)
2004 Ed. (2771)
2003 Ed. (2727)
2002 Ed. (2531)
Pixley Capital Management
2008 Ed. (1096)
PixStream Inc.
2002 Ed. (2484)
Piz Buin
2001 Ed. (4396, 4397)
Pizza
2008 Ed. (2732)
2003 Ed. (2571, 3941, 3942)
2002 Ed. (4011)
2001 Ed. (3603)
2000 Ed. (4140, 4146, 4164)
1999 Ed. (1413, 2125, 3408)
1998 Ed. (1743, 1745, 1768, 2463)
1997 Ed. (2033, 2059, 2063, 2064, 3669, 3680)
1995 Ed. (3536, 3537)
1993 Ed. (3499)
1992 Ed. (1777, 2198, 3016, 3017, 3018, 4173, 4175)
1991 Ed. (2875, 2876)
Pizza Cottage
2007 Ed. (3965)
Pizza crust
1998 Ed. (1709)
Pizza Delight
1996 Ed. (1968, 3049)
1990 Ed. (1854)
Pizza Experts
1996 Ed. (1968, 3049)
Pizza Express
2008 Ed. (713)
Pizza Factory Inc.
2008 Ed. (2685)
2007 Ed. (2544)
2006 Ed. (2573)
2005 Ed. (2567)
2004 Ed. (2588)
2003 Ed. (2454)
2002 Ed. (3717)
Pizza franchises
1992 Ed. (2218)
Pizza, frozen
1999 Ed. (2532, 4508)
1994 Ed. (3347)
Pizza Hut Inc.
2008 Ed. (961, 2657, 2658, 2668, 2670, 2681, 3991, 3993, 3994, 3995, 4152, 4153, 4185, 4188, 4189, 4192, 4193, 4194)
2007 Ed. (895, 1038, 2529, 2530, 2535, 2544, 3967, 3968, 3969, 4150, 4153, 4154)
2006 Ed. (943, 2553, 2561, 2564, 3916, 3917, 4125, 4131, 4132, 4133, 4134)

2005 Ed. (1975, 2546, 2554, 2557, 2564, 3845, 3846, 3847, 3848, 3849, 3850, 3851, 3852, 4053, 4080, 4086, 4087)
2004 Ed. (2575, 2587, 2589, 3906, 4128, 4142, 4143, 4144, 4145)
2003 Ed. (2437, 2440, 2458, 3883, 3884, 3885, 3886, 3887, 3888, 3889, 4093, 4104, 4130, 4134, 4137, 4138, 4142, 4143)
2002 Ed. (2237, 3714, 3715, 3716, 4004, 4026, 4027, 4031, 4032, 4033, 4034)
2001 Ed. (2407, 2409, 2529, 3806, 4058, 4059, 4077, 4080, 4082, 4083)
2000 Ed. (29, 1911, 1912, 2246, 3551, 3552, 3553, 3764, 3789, 3799, 3800)
1999 Ed. (775, 2129, 2134, 2477, 2507, 2519, 2522, 2523, 3836, 3838, 3839, 4050, 4083, 4084, 4085)
1998 Ed. (600, 1551, 2867, 2868, 3050, 3073, 3074, 3077, 3492)
1997 Ed. (1832, 2052, 2058, 2083, 3127, 3128, 3129, 3310, 3711)
1996 Ed. (1759, 1968, 3046, 3047, 3048, 3049, 3210, 3229)
1995 Ed. (1781, 1911, 1914, 2950, 2952, 2952, 2953, 3114, 3128)
1994 Ed. (1748, 1884, 1885, 2885, 2887, 2888, 3069)
1993 Ed. (1757, 1886, 2862, 2863, 2864, 3013, 3030, 3037, 3530)
1992 Ed. (38, 922, 2124, 2203, 2205, 2224, 2228, 3470, 3471, 3472, 3705, 3720, 3721, 3722, 3723, 4229)
1991 Ed. (1655, 1658, 1659, 1756, 2749, 2750, 2867, 2879, 2886, 3319, 2751)
1990 Ed. (2872)
1989 Ed. (2235)

Pizza Hut Cafe
1997 Ed. (3128)
1996 Ed. (3047)

Pizza Hut Express
1997 Ed. (3128)
1996 Ed. (3047)
1995 Ed. (2952)

Pizza Hut Holdings Inc.
2003 Ed. (4079, 4080)

Pizza Hut of America Inc.
2005 Ed. (4043)
2004 Ed. (4105)
2003 Ed. (4079)
2001 Ed. (4058)

Pizza Hut of Arizona Inc.
1989 Ed. (271)

Pizza Hut Restaurant
2000 Ed. (198)

Pizza Hut Restaurants
1989 Ed. (753)

Pizza Inn Inc.
2008 Ed. (2685)
2006 Ed. (2573)
2005 Ed. (2567)
2004 Ed. (2588)
2003 Ed. (2454)
2002 Ed. (3714, 3717)
2000 Ed. (3551, 3553)
1999 Ed. (3836, 3838, 3839)
1998 Ed. (2867, 2868)
1997 Ed. (3128, 3129)
1995 Ed. (2950, 2952, 2953, 3128, 3134)
1994 Ed. (2885, 2887, 2888, 3086)
1993 Ed. (2862, 2863, 2864)
1991 Ed. (2749, 2750)
1990 Ed. (2870, 2871)
1989 Ed. (2235)

Pizza Inns
1996 Ed. (3047, 3048)
1992 Ed. (3470, 3471, 3472)

Pizza Man
2002 Ed. (2362)

Pizza Man--He Delivers
2002 Ed. (3717)

Pizza Management Inc.
1994 Ed. (2053)
1993 Ed. (1899, 2037, 2038)
1992 Ed. (2400, 2401)
1991 Ed. (1905, 1906)
1990 Ed. (2008)

Pizza mix
1994 Ed. (3460)

Pizza My Heart
2006 Ed. (3915)
2005 Ed. (3844)

Pizza Patio
1996 Ed. (1968, 3049)

Pizza pie & crust mixes
2002 Ed. (3745)

Pizza Pizza
1996 Ed. (1968, 3049)
1992 Ed. (2227)
1990 Ed. (1854)

Pizza Plus
1997 Ed. (3126)

The Pizza Ranch
2007 Ed. (2544)
2005 Ed. (2567)
2002 Ed. (3717)

Pizza 73
2008 Ed. (1547)

Pizza Shuttle Inc.
2007 Ed. (3965)

Pizza Strada
1997 Ed. (3126)
1996 Ed. (3045)

Pizza Uno Chicago Bar & Grill
2003 Ed. (4108)

PizzaExpress plc
2001 Ed. (4279)

Pizzagalli Construction Co.
2008 Ed. (2155)
2006 Ed. (1277, 1278)
2005 Ed. (1309, 1993)
2004 Ed. (1291, 1300, 1302, 1878)
2003 Ed. (1288, 1297, 1843)
2002 Ed. (1278, 1285, 1287)
2000 Ed. (1849, 1850)
1999 Ed. (1380, 4709)
1997 Ed. (3835)
1996 Ed. (1131)
1994 Ed. (3623)

Pizzagelli Construction Co.
2001 Ed. (1893)

Pizzas
2002 Ed. (3491)

Pizzeria Uno
2006 Ed. (4126)
2004 Ed. (4120)
2002 Ed. (4001)
2000 Ed. (3552, 3789)
1993 Ed. (3014, 3015, 3036)

Pizzeria Uno Chicago Bar & Grill
2005 Ed. (4079)
2004 Ed. (4140)
2003 Ed. (4099, 4132)
2002 Ed. (4013)
2000 Ed. (3787)
1998 Ed. (3065)

Pizzeria Uno Restaurant & Bar
1999 Ed. (4068)
1997 Ed. (3337)
1995 Ed. (2953)

Pizzuti Commercial Real Estate
1998 Ed. (3002)

PJ America Inc.
2000 Ed. (3797)
1998 Ed. (1880)

PKbanken
1992 Ed. (842)
1990 Ed. (690)
1989 Ed. (575, 684, 685)

PKbanken Group
1991 Ed. (669, 1350)

PKF
2004 Ed. (5)

PKF Australia Ltd.
2007 Ed. (3)
2006 Ed. (5)
2005 Ed. (3)

PKF Consulting
2008 Ed. (3084)

PKF Holdings Ltd.
2008 Ed. (4)
2007 Ed. (6)
2006 Ed. (6, 7, 8, 9, 10)

PKK, Kurdistan Workers Party
2000 Ed. (4238)

PKN Orlen
2008 Ed. (2051)
2007 Ed. (1957)
2006 Ed. (1993)

PKN ORLEN SA
2008 Ed. (3934)

PKNORLEN
2006 Ed. (4889)

PKO Bank Polski
2008 Ed. (413, 493, 2051)
2007 Ed. (443, 444, 445, 542, 1957)
2006 Ed. (436, 440, 514, 1993)
2005 Ed. (494, 498, 499, 503, 540, 598)
2004 Ed. (489, 490, 558, 608)
2003 Ed. (489, 492, 600)

PKO BP
1997 Ed. (433)

Place Bonaventure Exhbition Hall
2001 Ed. (2352)

Place Bonaventure Exhibition Hall
2005 Ed. (2520)
2003 Ed. (2414)

Placemats
2001 Ed. (3039)

Placement specialists
2007 Ed. (3726)

Placer, CA
1991 Ed. (2002)

Placer County, CA
1995 Ed. (1512, 2218)

Placer Dome Inc.
2007 Ed. (2698)
2006 Ed. (1429, 1574, 3485)
2005 Ed. (1668)
2003 Ed. (2626, 4575)
2002 Ed. (3314, 3324, 3738)
2000 Ed. (2380, 3092, 3138, 4266)
1999 Ed. (1556, 1558, 1560, 3360, 3365, 3415, 4619)
1998 Ed. (1855)
1997 Ed. (1371, 2152, 3766)
1996 Ed. (1310, 2033, 2034, 3509, 3712)
1994 Ed. (1982)
1993 Ed. (3593)
1992 Ed. (2335, 4313)
1991 Ed. (748, 1846, 2467)
1990 Ed. (1936, 2586, 2588)

Placers
2000 Ed. (4229)

Placewares
1992 Ed. (4037)

Placido
2002 Ed. (4942)
2001 Ed. (4880, 4884)

Placido Domingo
1995 Ed. (1715)
1994 Ed. (1668)
1993 Ed. (1634)

Plack; Vernon
2008 Ed. (2691)

Placosa
1996 Ed. (1733)

Plain vegetables
2000 Ed. (4146, 4164)

Plains
2001 Ed. (3312)
2000 Ed. (3134)
1990 Ed. (2169)

Plains All American Pipeline LP
2008 Ed. (1540, 2115, 2506, 3923, 3987, 3988, 3989)
2007 Ed. (1558, 1559, 1782, 2017, 3884, 3960, 3961, 3962)
2006 Ed. (1528, 1529, 2047, 3857, 3910, 3911, 3912)
2005 Ed. (1639, 1640, 2395, 3779, 3791)
2004 Ed. (1614, 1615, 3862)
2003 Ed. (1588, 1589, 3845)

Plains Exploration & Production Co.
2008 Ed. (1403, 3938)
2007 Ed. (3895)
2006 Ed. (3823)
2005 Ed. (3741)

Plains Holding Inc.
2004 Ed. (3904)

Plains Resources Inc.
2006 Ed. (4010)
2004 Ed. (3825, 3833, 3843)
2003 Ed. (3813)
2002 Ed. (1567, 1568, 1569, 3366, 3664)
2001 Ed. (3320)
2000 Ed. (3137)

Plaintree Systems Inc.
2001 Ed. (2864)

Plainwell Community Credit Union
2003 Ed. (1891)

Plaisio Computers SA
2008 Ed. (1774)
2007 Ed. (1748)
2006 Ed. (1740)

PLAN International
1993 Ed. (251, 2728)

Planchon; Susan
1992 Ed. (2906)

Planchon; Susan S.
1993 Ed. (2464)
1991 Ed. (2345)

The Planet
2008 Ed. (4607)
1995 Ed. (2287)

Planet Access Networks, Inc.
2000 Ed. (2746)

Planet Automotive
2001 Ed. (444, 451, 452)
2000 Ed. (329)

Planet Automotive Group Inc.
2002 Ed. (350, 364, 1075)

Planet Beach Franchising Corp.
2008 Ed. (4589)
2006 Ed. (4658)
2005 Ed. (4593)
2004 Ed. (1895)
2003 Ed. (4673)
2002 Ed. (4548)

Planet Hollywood
2002 Ed. (4007, 4032)
2001 Ed. (4066, 4076, 4084, 4086)
2000 Ed. (3763, 3782, 3794, 3798)
1999 Ed. (4064, 4065)
1998 Ed. (3048, 3060, 3062)
1997 Ed. (3331, 3332)
1993 Ed. (3594)

Planet of the Apes
2003 Ed. (3453)

Planet Recycling Inc.
1995 Ed. (3080)

Planet Smoothie
2003 Ed. (3164)
2002 Ed. (3041)

Planet Video
1998 Ed. (3668)

Planeta Azul
2005 Ed. (252)

PlanetCAD
2003 Ed. (1653)

PlanetGov Inc.
2005 Ed. (1392)

PLANETGOV.COM
2002 Ed. (2535)

Planetrx.com
2001 Ed. (2079)

Plank; Roger
2007 Ed. (1075)
2006 Ed. (981)

Planmetrics Inc.
1991 Ed. (811)
1990 Ed. (853)

Planned Management Services
1992 Ed. (3093)
1991 Ed. (2477)

Planned Parenthood
1997 Ed. (2949)
1996 Ed. (911)
1995 Ed. (942, 2781, 2784)

Planned Parenthood Federation
1991 Ed. (2618)

Planned Parenthood Federation of America
2005 Ed. (3607)
2000 Ed. (3346)
1998 Ed. (689)
1989 Ed. (2074)

Planned Systems International Inc.
2007 Ed. (3563)
2006 Ed. (3518)

Planners
2002 Ed. (3536)

Planning Research Corp.
1992 Ed. (1343)
1989 Ed. (981)

Planning Technologies Inc.
1999 Ed. (2665, 2680)
1998 Ed. (1939, 3289)
Plano Independent School District
2005 Ed. (2273)
Plano, TX
1999 Ed. (1129, 1147, 1174, 1176, 3851)
1992 Ed. (1154, 1156)
Plant; John
2008 Ed. (952)
2007 Ed. (1030)
Plant manager
2004 Ed. (2283)
Plant operations
2002 Ed. (2599)
2001 Ed. (3556)
2000 Ed. (2503)
1998 Ed. (1981)
Plant operations/equipment maintenance
2001 Ed. (2766)
Plant Performance Services LLC
2008 Ed. (1310)
2007 Ed. (1378)
2006 Ed. (1324)
Plant Reclamation
1998 Ed. (945)
Plant Reclamation/F. Scott Industries
1997 Ed. (1175)
Plant; Robert
1997 Ed. (1114)
Plantasjen ASA
2008 Ed. (2000, 4230)
2007 Ed. (1934)
Plantation
1997 Ed. (1214)
The Plantation at Leesburg
2008 Ed. (1195)
Plantation Brownie
1998 Ed. (3659)
1996 Ed. (3775)
Plantation Olde New England Brownie
1998 Ed. (3659)
1996 Ed. (3775)
Plantation Pipe Line Co.
2001 Ed. (3801)
2000 Ed. (2313)
1999 Ed. (3831)
1998 Ed. (2860, 2866)
1997 Ed. (3123)
1996 Ed. (3041)
1995 Ed. (2942, 2947)
1994 Ed. (2876, 2881)
1993 Ed. (2856, 2860)
1992 Ed. (3464, 3468)
1991 Ed. (2747)
1989 Ed. (2233)
Plantations des Terres Rouges
2006 Ed. (3340)
Plante & Moran
2000 Ed. (2, 8)
1999 Ed. (5)
1998 Ed. (8)
1989 Ed. (10)
Plante & Moran LLP
2008 Ed. (7)
2007 Ed. (9, 1522)
2006 Ed. (13, 1879)
2005 Ed. (5, 8)
2004 Ed. (9, 12)
2003 Ed. (6, 1549)
2002 Ed. (10, 12, 19, 1503)
2001 Ed. (3)
1997 Ed. (5)
Planter's
2008 Ed. (835, 3802, 3803, 3805, 4446)
2007 Ed. (871, 3711, 4461, 4462)
2006 Ed. (3728, 4389, 4394)
2004 Ed. (4437, 4439)
2003 Ed. (3654, 4453, 4455)
2000 Ed. (971)
1999 Ed. (1021, 1022)
1998 Ed. (622)
1996 Ed. (2858, 2859)
1993 Ed. (3345)
1989 Ed. (2505, 2506, 2507)
Planters Bank & Trust Co.
1993 Ed. (511)
Planters Cheez Mania
2006 Ed. (4390)
Planters LifeSavers Co.
1993 Ed. (929)
Planters Select Mix
1996 Ed. (2859)
Planters Sweet Roast
2008 Ed. (3802)
Plantronics Inc.
2008 Ed. (1594, 1595)
2006 Ed. (4685)
2005 Ed. (1089)
2004 Ed. (1080)
2000 Ed. (2403, 4047)
1996 Ed. (3256)
PlanVista Corp.
2005 Ed. (4165)
Plaquemine, LA
2004 Ed. (3310)
2002 Ed. (2745)
Plaquemines, LA
2003 Ed. (3904, 3913)
Plaques
1993 Ed. (2131)
Plasma Physics Lab
1996 Ed. (1049, 3193)
1994 Ed. (1059, 3047)
1993 Ed. (3001)
1992 Ed. (1284, 3670)
1991 Ed. (1005, 2834)
1990 Ed. (1097, 2998)
Plasma Physics Laboratory
1995 Ed. (1074, 3096)
1991 Ed. (915)
Plasma-Therm Inc.
1997 Ed. (2021)
Plastec USA Inc.
2008 Ed. (2645)
2005 Ed. (2529)
2004 Ed. (2540)
2003 Ed. (2421)
2000 Ed. (2467)
1999 Ed. (2678, 2683)
1998 Ed. (3081)
1997 Ed. (2218)
1996 Ed. (2112, 3234)
1995 Ed. (2103)
1994 Ed. (2055)
1993 Ed. (2040)
1992 Ed. (2405)
PLASTEC West Pavilion
2005 Ed. (4730, 4732)
Plastech Engineered Products Inc.
2008 Ed. (3217)
2007 Ed. (3076)
2006 Ed. (341, 3043)
2005 Ed. (3040, 4995)
2004 Ed. (324, 3027, 3908, 4990)
2002 Ed. (4988)
2001 Ed. (4924)
Plastech Equipment Products Inc.
2003 Ed. (343)
Plastech Exterior Systems
2005 Ed. (3854)
Plaster Development Co.
2002 Ed. (2652, 2653)
1999 Ed. (1306, 1307)
Plastic
2001 Ed. (1457)
1999 Ed. (2102)
1998 Ed. (3699)
1992 Ed. (3653)
Plastic additives
2002 Ed. (1035)
2001 Ed. (1210)
Plastic bottles
2001 Ed. (3908)
Plastic cutlery
1994 Ed. (1993)
Plastic flatware
1990 Ed. (1955)
Plastic materials
2007 Ed. (2516, 2521)
2006 Ed. (2535)
Plastic materials and synthetic resins, rubber, and fibers
1991 Ed. (1904)
Plastic materials/resins
1995 Ed. (2248)
Plastic Omnium
1997 Ed. (2804)
Plastic Omnium Industries Inc.
2001 Ed. (717)
Plastic Products Co.
2008 Ed. (3716, 4406, 4968)
2007 Ed. (3569, 3570)
2006 Ed. (3521, 4360)
2002 Ed. (2217)
Plastic products, miscellaneous
1992 Ed. (2969)
Plastic refuse bags
1990 Ed. (1955)
Plastic retardents
2006 Ed. (275)
Plastic Trash Bags, 20- to 30- Gal., 50-Count
1990 Ed. (2129)
Plastic wrap
2002 Ed. (3719)
2000 Ed. (4155)
Plasticizers
1999 Ed. (1110, 4826)
Plasticom Telecommunications
2002 Ed. (2539, 2540)
Plasticomm
2007 Ed. (3539)
Plasticomm Industries Inc.
2006 Ed. (3504)
2003 Ed. (2747)
Plasticraft Corp.
2001 Ed. (4125)
Plastics
2008 Ed. (2649)
2007 Ed. (280)
2006 Ed. (275)
2002 Ed. (3242)
2001 Ed. (391, 1205, 3797)
2000 Ed. (1895, 4255)
1999 Ed. (3119)
1996 Ed. (930)
1992 Ed. (3476, 3646)
Plastics additives
1996 Ed. (952)
Plastics and artificial resins
1990 Ed. (1733)
Plastics & rubber
2002 Ed. (2798)
1995 Ed. (1248)
1993 Ed. (1214)
1990 Ed. (1261)
The Plastics Group Inc.
2006 Ed. (4350)
2001 Ed. (4125)
Plastics Management Group
1999 Ed. (3840)
Plastics modification
1992 Ed. (3747)
Plastics products
1995 Ed. (2502)
1994 Ed. (2434, 2435, 3327)
1993 Ed. (2496)
1990 Ed. (2514)
1989 Ed. (1927)
plasticsnet.com
2001 Ed. (4770)
Plastika
1999 Ed. (806)
Plastika Skopje
2002 Ed. (4442)
Plastipack
1993 Ed. (2865)
1992 Ed. (3473)
Plastipak Packaging Inc.
2008 Ed. (578)
2007 Ed. (630)
2006 Ed. (601)
2005 Ed. (686, 3854)
2004 Ed. (690, 3908)
2003 Ed. (687)
2002 Ed. (3720)
2001 Ed. (718)
Plastpro 2000
2004 Ed. (3908)
Plateau Systems
2005 Ed. (1994)
Plates
1999 Ed. (1222)
1997 Ed. (1049)
Plates & bowls
1998 Ed. (3434)
Plates, cuts and coils
2001 Ed. (4366)
Plates, disposable
2002 Ed. (4092)
PlateSpin Ltd.
2008 Ed. (2867)
Platform Computing Inc.
2006 Ed. (1128)
2005 Ed. (1347)
2003 Ed. (1110)
Platform Learning
2007 Ed. (2276)
Platina; Nissan
2008 Ed. (303)
2006 Ed. (322)
2005 Ed. (303)
Plating chemicals
2001 Ed. (1207)
Platinum
2008 Ed. (2644)
1992 Ed. (2092)
Platinum Capital Group
2000 Ed. (1106, 2406)
Platinum Entertainment Inc.
2000 Ed. (1043)
1999 Ed. (1118, 2622)
Platinum Equity
2006 Ed. (4010)
2003 Ed. (3965)
2002 Ed. (1077)
Platinum Equity Holdings
2004 Ed. (3255)
2001 Ed. (2726)
Platinum Equity LLC
2005 Ed. (2856)
2004 Ed. (2848)
The Platinum Fund Ltd.
2003 Ed. (3149)
Platinum Holdings
2007 Ed. (4081)
Platinum 600
2001 Ed. (3793)
Platinum Software
1997 Ed. (2209, 3647)
Platinum Solutions
2008 Ed. (1126, 1346)
Platinum Technology Inc.
2000 Ed. (1173)
1999 Ed. (1956, 1961, 1977)
1998 Ed. (1889, 2076)
1997 Ed. (1240, 2167, 2212, 3299, 3300)
1994 Ed. (2018, 2159, 3049)
1993 Ed. (933, 1075, 2001, 2002, 2003, 2007, 2010, 3331, 3332, 3333, 3334, 3335)
Platinum Underwriters
2007 Ed. (3185)
Platinum Underwriters Holdings Ltd.
2004 Ed. (4338)
Plato Learning Inc.
2006 Ed. (1885)
Plato's Closet
2008 Ed. (879)
2007 Ed. (904)
2006 Ed. (817)
2005 Ed. (902, 904)
2004 Ed. (911)
2003 Ed. (1017)
Plats du Chef Inc.; Les
2007 Ed. (1965)
Platte Valley Federal
1990 Ed. (2472, 3120, 3129)
Platte Valley Financial Services Corp.
2005 Ed. (453)
Plattsburgh, KY
2006 Ed. (3322)
Plattsburgh, NY
2007 Ed. (3384)
2005 Ed. (3334)
2004 Ed. (3310)
2003 Ed. (3247)
2002 Ed. (2745)
Plaut; Peter
1997 Ed. (1932)
Plavix
2008 Ed. (2379, 2382)
2007 Ed. (2242, 2243, 2246, 2247)
2006 Ed. (2313, 2315)
Plax
2008 Ed. (3761)
2003 Ed. (3460, 3461)
2002 Ed. (3404, 3405)
2001 Ed. (3402)
1999 Ed. (1828, 3458)
1996 Ed. (1524, 1527, 1529)

1995 Ed. (2625)
1994 Ed. (2570)
1993 Ed. (1470, 1471)
1992 Ed. (1782)
Plax dental rinse
1991 Ed. (1451)
Plax Dental Rinse 8 oz
1990 Ed. (2628)
Plax dental rinse mint 16 oz.
1991 Ed. (1452)
1990 Ed. (2628)
Plax dental rinse original 16 oz.
1991 Ed. (1452)
Plax Dental Rinse 16 oz
1990 Ed. (2628)
Play
2000 Ed. (3496)
Play-Doh
1995 Ed. (3647)
Play It Again Sports
2008 Ed. (4487)
2007 Ed. (4508)
2006 Ed. (4452)
2005 Ed. (4436)
2004 Ed. (4480)
2003 Ed. (4513)
2002 Ed. (4339)
1994 Ed. (1912)
1992 Ed. (2223)
Play It Agian Sports Franchise
1995 Ed. (998, 3392)
Play N Trade Franchise Inc.
2008 Ed. (879)
Playballs
1993 Ed. (3599)
Playboy
2003 Ed. (3275)
2001 Ed. (3192)
1999 Ed. (1855)
1998 Ed. (594, 1278)
1991 Ed. (837)
Playboy Enterprises
2003 Ed. (827)
1995 Ed. (3793)
1994 Ed. (3669)
1993 Ed. (3734)
1992 Ed. (1027, 4484)
1991 Ed. (3513)
1990 Ed. (3705)
Playboy: Hardbodies
1998 Ed. (3674)
Playcenter
2007 Ed. (276)
2006 Ed. (271)
2005 Ed. (252)
2003 Ed. (276)
2002 Ed. (311)
2001 Ed. (380)
2000 Ed. (299)
1999 Ed. (271)
1997 Ed. (250)
1996 Ed. (218)
1995 Ed. (219)
Player Petroleum Corp.
2003 Ed. (1637)
Players International Inc.
1992 Ed. (3994)
Players Lake Charles Inc.
2001 Ed. (1779)
Player's Light King Size
1999 Ed. (1136)
Player's Light Regular
1999 Ed. (1136)
Player's Regular
1999 Ed. (1136)
Playgirl
1992 Ed. (3373)
Playhouse Square Foundation
2001 Ed. (3549)
Playmate Pajama Party
2001 Ed. (4689)
Playmates
1997 Ed. (3778)
1995 Ed. (3638, 3642, 3643)
1993 Ed. (3601)
Playmates Holdings
1992 Ed. (2440)
Playmates International
1993 Ed. (2056)
PlayNetwork
2005 Ed. (3276)
Playroom
1995 Ed. (1105)
Playskool
2007 Ed. (4789)
2000 Ed. (4277)
1999 Ed. (4628, 4629)
1998 Ed. (3596, 3599)
1997 Ed. (3775, 3776)
1996 Ed. (3722, 3723)
1995 Ed. (3639)
1994 Ed. (3560)
1993 Ed. (3602, 3603)
1992 Ed. (4326, 4327)
1991 Ed. (3410)
1990 Ed. (3623)
1989 Ed. (2858)
Playstation
2008 Ed. (1129, 2981)
2007 Ed. (1229, 2862)
2006 Ed. (1121, 4782)
2004 Ed. (757)
2003 Ed. (745)
1999 Ed. (4639)
PlayStation Power
2000 Ed. (3496)
PlayStation Solutions (US)
2000 Ed. (3495)
PlayStation; Sony
2008 Ed. (4704)
2007 Ed. (4785)
2006 Ed. (4779)
Playstation System
1997 Ed. (3773)
Playtex
2008 Ed. (2688, 3447)
2007 Ed. (3351)
2006 Ed. (3284)
2003 Ed. (2462, 2464)
2002 Ed. (2254)
2000 Ed. (1116, 3319)
1999 Ed. (1195)
1998 Ed. (765, 766)
1997 Ed. (1026, 1027, 3055, 3666)
1996 Ed. (1019, 3608)
1995 Ed. (1035, 3526)
1994 Ed. (1014, 1026, 1752)
1993 Ed. (987, 994, 1761)
1992 Ed. (2127)
1990 Ed. (41)
1989 Ed. (929)
Playtex Baby Magic
2003 Ed. (2917, 2918, 2920, 2922)
Playtex Baby Magic Lite
2003 Ed. (2918)
Playtex Chubs Stackables
2003 Ed. (2922)
Playtex Gentle Guide
2003 Ed. (2464)
Playtex Holdings Inc.
1990 Ed. (1227)
Playtex Portables
2003 Ed. (2464)
Playtex Products Inc.
2005 Ed. (2021, 2022)
2004 Ed. (1897, 1898)
2003 Ed. (763, 988, 2049, 2465, 2663, 2665, 2923, 2924, 3720, 3789)
2002 Ed. (2801)
2001 Ed. (4391)
1996 Ed. (3257)
Playtex Silk Guide
2003 Ed. (2464)
Playtex Slimfits
2003 Ed. (2464)
Plaza
2000 Ed. (690, 691)
Plaza Associates
2006 Ed. (4369)
The Plaza at King of Prussia
1992 Ed. (3972)
1991 Ed. (3127)
1990 Ed. (3292)
1989 Ed. (2493)
The Plaza at West Covina
2000 Ed. (4030)
1999 Ed. (4310)
1995 Ed. (3377)
1994 Ed. (3300)
Plaza Athenee
1999 Ed. (2789)
1993 Ed. (2102)
1992 Ed. (2512)
1990 Ed. (2071, 2094, 2098)
Plaza Bank
2007 Ed. (417)
2002 Ed. (4293)
1999 Ed. (494)
Plaza Construction Corp.
2008 Ed. (1321, 1331)
2007 Ed. (1384)
Plaza de Sesamo
2007 Ed. (276)
Plaza de Toros
2002 Ed. (4348)
Plaza Funding
1996 Ed. (2679, 2680)
1995 Ed. (2597, 2598)
1994 Ed. (2548)
The Plaza Group Inc.
2008 Ed. (2645)
2007 Ed. (2517)
2004 Ed. (2540)
2003 Ed. (2420, 2421, 2746, 2748)
2002 Ed. (2538, 2545)
2000 Ed. (4005)
Plaza Honda
1993 Ed. (270)
1992 Ed. (384)
1991 Ed. (279)
1990 Ed. (326)
Plaza Hotel
1999 Ed. (2798)
1998 Ed. (2013)
1996 Ed. (2170)
1991 Ed. (32)
Plaza Indonesia Realty
1997 Ed. (2581)
Plaza International Bank NA
1998 Ed. (397)
Plaza Pontiac-Isuzu
1992 Ed. (420)
Plaza Provision Co., Inc.
2007 Ed. (1963, 4946)
2006 Ed. (4939)
2005 Ed. (4907)
2004 Ed. (4924)
Plaza Savings
1990 Ed. (3123, 3132)
Plaza 230
1990 Ed. (1145)
PLC Constructors Inc.
1999 Ed. (1392)
PLDT
2001 Ed. (1835, 1836)
1995 Ed. (1475)
Pleasant Co.
2005 Ed. (1536)
2004 Ed. (1520)
2003 Ed. (1490)
2002 Ed. (1469)
Pleasant Street Homes
2007 Ed. (3625)
Pleasant T. Rowland Foundation
2002 Ed. (2336, 2341)
Pleasant Travel Service Inc.
2000 Ed. (4302)
1999 Ed. (4667)
1998 Ed. (3624)
Pleasanton, CA
1991 Ed. (938, 2004)
Pleasantville, NJ
1992 Ed. (2380)
Pleasures
2008 Ed. (2769, 4586)
2003 Ed. (2545, 2552, 3783)
2001 Ed. (2528, 3705)
Pleasures for Men
2001 Ed. (2527)
Pledge
2008 Ed. (980)
2003 Ed. (980, 984, 986)
1996 Ed. (983)
Pledge Grab It
2003 Ed. (976)
Plendil
2001 Ed. (2066)
1994 Ed. (2462)
Plenitude Eye Defense
1994 Ed. (3313)
Plenitude Future
2001 Ed. (3165, 3166)
Plentitude
1998 Ed. (3309)
Plenum Publishing
1994 Ed. (3448)
Plessey Co.
1992 Ed. (3910, 3917)
1991 Ed. (1168)
Plessey/Ferranti
1990 Ed. (3240)
Plessey Co. PLC
1995 Ed. (1246)
Plettac AG
2004 Ed. (3447)
Plexus Corp.
2008 Ed. (3222)
2006 Ed. (1229, 1230, 1233, 1234, 2401)
2005 Ed. (1271, 1274, 1275, 1278, 2356)
2004 Ed. (1084, 2232, 3003, 3419)
2001 Ed. (1460)
PLH Corp.
1993 Ed. (1092)
1992 Ed. (1369)
Pliagel Lens Solution .85 oz.
1990 Ed. (1546)
Pliant Corp.
2008 Ed. (353, 3996)
2007 Ed. (3972)
2006 Ed. (3918)
2005 Ed. (3853)
2004 Ed. (3907)
2003 Ed. (3890)
Pliego; Ricardo Salinas
2008 Ed. (4886)
Plight of farmers
1990 Ed. (276)
Pliva
2001 Ed. (26)
1997 Ed. (3928)
PLIVA dd
2008 Ed. (4668)
Plizer
1992 Ed. (4179)
PLM Group
2008 Ed. (4088)
2007 Ed. (4055)
PLN Pension Fund
2001 Ed. (2884)
1999 Ed. (2888)
Plourde; Katharine
1996 Ed. (1786)
1995 Ed. (1811)
1994 Ed. (1770)
1993 Ed. (1787)
Plourde; Katherine
1997 Ed. (1862)
Plourde; Real
2006 Ed. (2518)
Pluck
2007 Ed. (3446)
Plug Power Inc.
2006 Ed. (3366)
2004 Ed. (4561)
Plugg
2001 Ed. (1264, 1265)
Plum Creek Timber Co.
2008 Ed. (2141, 3851, 4122)
2007 Ed. (2635, 3771, 3773, 4087)
2006 Ed. (2076, 2079, 2083, 2655, 4041, 4043, 4046)
2005 Ed. (1534, 2668, 2669, 4008, 4010, 4012, 4013, 4461)
2004 Ed. (1518, 2676, 2677, 4076, 4078, 4080, 4485)
2003 Ed. (1147, 1488, 2874, 4060, 4533, 4537)
1997 Ed. (2068)
1995 Ed. (3518)
Plum Island
1999 Ed. (692)
Plumbers
2007 Ed. (3730, 3737)
2005 Ed. (3627)
Plumbers, International Headquarters
1998 Ed. (2774, 3609)
Plumbers Local 55
2001 Ed. (3040)
Plumbers Local 98
2001 Ed. (3041)
1999 Ed. (3139)
Plumbers Local 120
2001 Ed. (3040)

Plumbers Local 653
2000 Ed. (2888)
Plumbers National
1994 Ed. (2757, 2769, 3564)
Plumbers, National Headquarters
1996 Ed. (2939, 3729)
1993 Ed. (2780, 3607)
1992 Ed. (3355, 4333)
1991 Ed. (2686, 3412)
1990 Ed. (2783, 3628)
1989 Ed. (2163, 2862)
Plumbery Inc.
2004 Ed. (4926)
Plumbing
2006 Ed. (1285)
2005 Ed. (1315)
2004 Ed. (1308)
2003 Ed. (1305)
1992 Ed. (986)
1991 Ed. (805)
1990 Ed. (842)
Plumbing products
1993 Ed. (779)
Plume
2004 Ed. (752)
2003 Ed. (730)
Plumer & Associates Inc.
2000 Ed. (3716)
Plumer-Levit-Smith & Parke
1991 Ed. (2807)
Plummer Cobb; Jewel
1995 Ed. (1256)
Plummer; Roger L.
1989 Ed. (736)
Plumrose USA
1999 Ed. (3320, 3868)
1994 Ed. (2454, 2910)
1992 Ed. (2991, 2992, 3485, 3486)
Plums
2008 Ed. (2792)
2007 Ed. (2652, 2653)
2006 Ed. (2669, 2670)
2005 Ed. (2694, 2695)
2004 Ed. (2694)
Plumtree Software Inc.
2006 Ed. (3028)
2004 Ed. (1341, 4340)
2003 Ed. (1110)
Plunkett & Cooney
2001 Ed. (3056)
1999 Ed. (3149)
1998 Ed. (2328)
1996 Ed. (2453)
1995 Ed. (2417)
1994 Ed. (2353)
1993 Ed. (2397)
1992 Ed. (2834)
1991 Ed. (2285)
1990 Ed. (2419)
1989 Ed. (1879)
Plunkett & Cooney PC
2008 Ed. (3423)
2005 Ed. (3264)
2004 Ed. (3234)
2000 Ed. (2895)
Plus Advertising Ammirati Puris Lintas
1997 Ed. (136)
Plus Consulting
2008 Ed. (2037)
Plus Expressway Bhd
2006 Ed. (4518)
A Plus Group
1997 Ed. (3200, 3202)
1996 Ed. (3124, 3127)
1995 Ed. (3021)
1994 Ed. (2963)
Plus White
2004 Ed. (4744)
Plus White Ultra
2004 Ed. (4744)
Plush dolls
1997 Ed. (1049)
Plush toys
2005 Ed. (4728)
1996 Ed. (2491)
Pluvalca Fund
1993 Ed. (2657)
PLX Technology, Inc.
2002 Ed. (4288)
Ply Gem Industries Inc.
2008 Ed. (3990, 4934)
2006 Ed. (4956)
2003 Ed. (3265)
1998 Ed. (883)
1997 Ed. (1130)
1996 Ed. (1109)
1995 Ed. (1128)
1994 Ed. (1112)
1993 Ed. (1088)
Plymouth
2002 Ed. (4703)
2001 Ed. (2599)
1998 Ed. (3645)
1997 Ed. (292)
1996 Ed. (310, 3748)
1993 Ed. (316)
Plymouth/Dodge Vista
1992 Ed. (2409)
Plymouth High-Income Municipal
1992 Ed. (3156, 3167)
Plymouth High Yield
1993 Ed. (2666, 2695)
1992 Ed. (3155, 3166, 3197)
Plymouth Horizon
1994 Ed. (334)
1991 Ed. (350)
Plymouth I & G
1992 Ed. (3191)
Plymouth Management
1998 Ed. (3018)
Plymouth Reliant
1989 Ed. (342, 1671)
Plymouth Rubber Co., Inc.
2005 Ed. (4693, 4694)
2004 Ed. (4722, 4723)
Plymouth Savings Bank
2005 Ed. (3304)
Plymouth Sundance
1989 Ed. (342)
Plymouth Turismo
1991 Ed. (355)
Plymouth Voyager
1997 Ed. (2798)
1996 Ed. (2492)
1994 Ed. (2529)
1993 Ed. (2580)
1992 Ed. (434, 3087)
1989 Ed. (342)
Plymouth Voyager LE
1992 Ed. (4362)
Plywood
1989 Ed. (1931)
PM Group Life Insurance Co.
1991 Ed. (2105)
PM North America Growth
1997 Ed. (2909)
PM Realty Advisors
1995 Ed. (2376)
PM Realty Group
2007 Ed. (1750)
2002 Ed. (3933)
1998 Ed. (3021, 3023)
1997 Ed. (2541, 3274)
1995 Ed. (3075)
1994 Ed. (3022)
PMA Capital Insurance Co.
2006 Ed. (3090)
2005 Ed. (3067, 3145, 3149)
2004 Ed. (3137)
PMA Capital Reinsurance Co.
2004 Ed. (3140)
2003 Ed. (3017)
PMA Consultants LLC
2005 Ed. (2843)
2004 Ed. (2833)
2000 Ed. (2469)
PMA Group
1990 Ed. (2281)
PMA Reinsurance Corp.
2002 Ed. (3953)
PMC Inc.
1998 Ed. (755)
1993 Ed. (978)
PMC Financial Corp.
2000 Ed. (279)
PMC Global Inc.
2000 Ed. (1107)
PMC-Sierra
2007 Ed. (2817)
2006 Ed. (4078, 4081, 4469, 4578, 4586)
2005 Ed. (2828, 4458)
2004 Ed. (4497)
2003 Ed. (2938, 2939, 2940, 2941, 4541, 4543, 4545)
2002 Ed. (1547, 2503, 2505, 2506)
2001 Ed. (1597, 4380)
The PMI Group Inc.
2005 Ed. (3071, 3072, 4690)
2004 Ed. (3060, 3061)
1998 Ed. (2201)
1997 Ed. (3405)
PMI Mortgage Insurance
1989 Ed. (1711)
PMP
2004 Ed. (3938)
2003 Ed. (1614)
2002 Ed. (4617)
PMR Corp.
1999 Ed. (2723)
1998 Ed. (1984, 2725)
PMR Construction Services Inc.
2004 Ed. (1822)
PMRealty
1999 Ed. (3074, 4015)
1993 Ed. (2310)
PMRealty Advisors
1992 Ed. (2750)
1991 Ed. (2239)
PMS
2000 Ed. (2446)
PMS & vW/Y & R
2002 Ed. (155)
2001 Ed. (184)
2000 Ed. (147)
PMS & vW/Young & Rubicam
2003 Ed. (126)
1997 Ed. (122)
PMSI
1995 Ed. (2496)
PMSI/Source Informatics
1999 Ed. (3305)
1998 Ed. (2436)
PMSvW/Y & R
1999 Ed. (129)
1996 Ed. (118)
1995 Ed. (102)
PMSvW/Young & Rubicam
1994 Ed. (103)
1993 Ed. (120)
1992 Ed. (183)
1991 Ed. (129)
1990 Ed. (130)
1989 Ed. (138)
PMT Services Inc.
2001 Ed. (569)
PMU
1997 Ed. (3502)
1992 Ed. (3943)
1990 Ed. (3264)
PMZ Real Estate
2008 Ed. (4104)
PNB International Finance
1991 Ed. (2411)
PNB Trust Banking Group
1997 Ed. (2400)
PNBBJ
2005 Ed. (260)
PNC Asset Management Group
1999 Ed. (3110)
1998 Ed. (2310)
PNC Bank
2007 Ed. (2561)
2006 Ed. (394)
2005 Ed. (436)
2004 Ed. (430, 2996)
2001 Ed. (432, 433, 578, 621, 622, 638, 639, 4003, 4029, 4088)
2000 Ed. (327, 406, 409, 410, 411, 413, 415, 416, 417, 418, 419, 436, 618, 619, 620, 632, 647, 676, 677, 678, 682, 1534, 2484, 2923, 2927, 3157, 3378, 3737, 3741, 3742, 3743)
1999 Ed. (313, 394, 398, 401, 404, 409, 411, 413, 416, 418, 419, 420, 421, 595, 596, 609, 622, 651, 652, 668, 3179, 3180, 3432, 3434, 4022, 4031, 4032, 4334, 4340)
1998 Ed. (202, 282, 288, 294, 295, 297, 300, 306, 307, 308, 311, 313, 314, 315, 318, 325, 326, 394, 404, 405, 424, 425, 1958, 2524, 2712, 2712, 3315)
1997 Ed. (286, 332, 334, 343, 566, 568, 2511, 2620)
1996 Ed. (380, 390, 394, 399, 401, 413, 414, 418, 485, 555, 559, 576, 617, 619, 647, 654, 656, 2415, 2676)
1995 Ed. (355, 357, 358, 364, 370, 553, 554, 587, 3084, 3360)
1994 Ed. (362, 363, 604, 650, 654, 3032, 3279)
PNC Bank Arts Center
2003 Ed. (269)
2001 Ed. (374)
1999 Ed. (1291)
PNC Bank Delaware
1998 Ed. (346)
1997 Ed. (449)
PNC Bank Kentucky
1998 Ed. (387)
1997 Ed. (532)
1995 Ed. (521)
PNC Bank NA
2008 Ed. (365)
2007 Ed. (377, 1185)
2003 Ed. (2887)
2002 Ed. (507, 626, 643, 2725, 3391)
1998 Ed. (304)
1997 Ed. (351, 373, 380, 381, 395, 593, 2807)
1995 Ed. (360, 369, 371, 372, 374, 375, 390, 391, 394, 577, 585, 1047, 2604, 2605)
PNC Bank Ohio
1998 Ed. (421)
PNC Bank Ohio NA
1997 Ed. (586)
1994 Ed. (607)
PNC Brokerage Corp.
1999 Ed. (920)
PNC Capital Corp.
2001 Ed. (1959)
PNC Capital Markets, Inc.
2001 Ed. (892, 904)
2000 Ed. (3968)
PNC Equity Advisors
1999 Ed. (3087, 3089)
1998 Ed. (2287, 2289)
PNC Financial Corp.
1995 Ed. (396)
1994 Ed. (351, 352, 367, 402, 617, 2447)
1993 Ed. (373, 412, 601, 614, 648, 653, 3288)
1992 Ed. (808)
1991 Ed. (635, 374, 396, 404, 407)
1990 Ed. (637, 638, 659)
1989 Ed. (376, 377, 422, 622)
PNC Financial Corp. 415,439,
1990 Ed. (669, 701, 702, 707, 2359)
PNC Financial Services
2008 Ed. (372)
PNC Financial Services Group
2008 Ed. (367, 371, 426, 1467, 2042, 2043, 2046, 2047, 2048, 2049, 3378, 4264, 4269)
2007 Ed. (379, 386, 1473, 1955, 4235)
2006 Ed. (384, 397, 398, 399, 1983, 1987, 1989, 1990, 4219)
2005 Ed. (355, 356, 437, 439, 440, 625, 626, 1946, 1948, 1950, 1951, 4165)
2004 Ed. (431, 433, 636, 637)
2003 Ed. (437, 439, 452, 453, 454, 818)
2002 Ed. (502, 1752, 3947)
PNC Financials
1989 Ed. (374, 375)
PNC Fund Muni MMP Institution Cl
1996 Ed. (2668)
PNC Fund-Small Capital Growth Equity Institutional
1996 Ed. (620)
PNC Fund-Small Capital Growth Equity Serv Short
1996 Ed. (620)
PNC Institutional
1998 Ed. (2627)
PNC International
1996 Ed. (624)

PNC Managed Income Institutional
1996 Ed. (615)
PNC Mortgage
2002 Ed. (3381, 3382, 3389)
1995 Ed. (2609)
PNC Mortgage Bank NA
1998 Ed. (298, 424)
1997 Ed. (384, 593)
1996 Ed. (417, 654, 2682)
1995 Ed. (394, 585)
PNC Mortgage Bank National Association
2005 Ed. (1944, 2052)
2004 Ed. (1841, 1917)
PNC Mortgage Corp. of America
2001 Ed. (3347)
1999 Ed. (3436)
PNC Mortgage Securities
1999 Ed. (3438)
PNC National Bank
1996 Ed. (361, 2479)
1995 Ed. (367, 2433, 2438)
PNC Personal Special Equity
1994 Ed. (579, 580, 2311)
PNC Real Estate Finance
2003 Ed. (448)
2002 Ed. (4276)
PNC Small Capital Growth
1996 Ed. (625)
PNC Tele.Com plc
2003 Ed. (2736)
PNC Venture Corp.
1993 Ed. (3663)
Pneumonia
2000 Ed. (1642, 1644, 1645)
1995 Ed. (2595)
1992 Ed. (1764, 1769)
PNM Resources Inc.
2008 Ed. (1980, 2500, 3681)
2007 Ed. (1917)
2006 Ed. (1933, 2360)
2005 Ed. (1906, 2313, 3487, 3492)
2004 Ed. (1822, 2200, 3492)
2003 Ed. (3424)
PNMD Communications
1992 Ed. (202)
PNMD/Publitel
1993 Ed. (132)
PNS Realty Partners
1999 Ed. (4006, 4306)
Po Sang Bank
2003 Ed. (501)
2002 Ed. (566)
2000 Ed. (548)
1999 Ed. (535, 536)
1997 Ed. (487, 488)
1996 Ed. (528, 529)
1995 Ed. (484, 485)
1994 Ed. (500, 501)
1993 Ed. (498)
1992 Ed. (696)
Poalim Investments
1996 Ed. (3635)
Pocahontas
1998 Ed. (3673)
1997 Ed. (2817)
Pocahontas Animated Storybook
1998 Ed. (848)
Pocatello, ID
2005 Ed. (2386)
2002 Ed. (2118)
Pocatello Railroad Credit Union
2006 Ed. (2193)
2005 Ed. (2098)
2004 Ed. (1956)
2003 Ed. (1916)
2002 Ed. (1862)
Pocket
2003 Ed. (730)
Pocket Books
2008 Ed. (627)
2007 Ed. (668)
2006 Ed. (643)
2005 Ed. (731)
2004 Ed. (750)
2003 Ed. (728)
Pocket Star
2008 Ed. (627)
2007 Ed. (668)
2006 Ed. (643)
PocketPaks; Listerine
2008 Ed. (727)
Pod
2007 Ed. (1922)
Podiatrists
1989 Ed. (2076)
Podiatry PAC
1995 Ed. (2954)
Podley Doan Inc.
2000 Ed. (3713)
Podlucky; Paul
2007 Ed. (2758)
Podmoskovye
1995 Ed. (2283)
Podravka
1997 Ed. (3928)
Podravska Banka
2005 Ed. (506)
"Podre Diabla"
1993 Ed. (3531)
PodShow
2007 Ed. (3446)
Poe & Associates
1994 Ed. (2702)
1992 Ed. (20, 3307)
1989 Ed. (1739)
Poe & Brown
2000 Ed. (1775, 2662, 2663)
1999 Ed. (2906, 2907)
1998 Ed. (2122)
1997 Ed. (2413)
1995 Ed. (2818)
Poe Financial Group
2004 Ed. (3093)
Poe; Haven
1991 Ed. (2346)
Poe; William F.
1990 Ed. (2271)
1989 Ed. (1741)
PoFolks
1996 Ed. (3213)
1995 Ed. (3117)
1994 Ed. (3072)
1993 Ed. (3018, 3026)
1992 Ed. (3710)
1991 Ed. (2870)
1990 Ed. (3005)
Pogo Producing Co.
2008 Ed. (3906, 3907)
2006 Ed. (1779, 1780)
2005 Ed. (3733, 3741, 3742)
2004 Ed. (3825, 3833)
Pohang
1990 Ed. (3438)
Pohang Iron & Steel Co., Ltd.
2008 Ed. (2080, 2081, 2082, 3580, 3660, 3661, 3667)
2007 Ed. (877, 1583, 1983, 1984, 1985, 1986, 2261, 3487, 3488, 3489)
2006 Ed. (1551, 2015, 2016, 2017, 3237, 3400, 3464, 3465)
2005 Ed. (3181, 3398, 3456)
2001 Ed. (1774, 1775, 1776)
2000 Ed. (1503, 1506, 1507, 1508, 2882, 2883, 3083)
1999 Ed. (1566, 1567, 1568, 1569, 1571, 1572, 1573, 1576, 1577, 1696, 1697, 3135, 3346, 4472)
1997 Ed. (1468, 1469, 1470)
1996 Ed. (1411, 1412)
1995 Ed. (1342, 1346, 1347, 1448, 1449)
1994 Ed. (1415)
1993 Ed. (1362, 2383)
1992 Ed. (1662, 1664, 2821)
1991 Ed. (3220, 1320)
Pohang Iron & Steel Co., Ltd. (POSCO)
2004 Ed. (3442, 4539)
2003 Ed. (1824, 3377, 4594)
2002 Ed. (305, 1578, 1713, 3048, 3049, 3309, 3311)
2001 Ed. (4375, 4376)
Pohang Iron & Stell Co.
1990 Ed. (1394)
Pohjois-Karjala
1994 Ed. (475)
Pohjois-Karjalan
1992 Ed. (661)
Pohjois-Karjalan Saastopankki
1993 Ed. (473)
Pohjola
1990 Ed. (1361, 3458)
The Pohjola Insurance Co. Ltd.
1993 Ed. (2029)
1992 Ed. (2395)
1991 Ed. (1278, 1900, 1901)
Pohjola Insurance Co., A Free
1991 Ed. (1901)
Pohjola Insurance Co. Ltd., B Free
1992 Ed. (2396)
Pohjola-yhtyma Vakuutus Oyj
2002 Ed. (2468, 2469)
Pohlad; Carl
2008 Ed. (4833)
2007 Ed. (4904)
2006 Ed. (4909)
2005 Ed. (4855)
Pohlad; Carl Ray
1990 Ed. (457, 3686)
Pohlmann; Andreas
2008 Ed. (2632)
2007 Ed. (2499)
Poinciana Development Co.
2003 Ed. (1182)
Poinsett Construction
2005 Ed. (1204)
2004 Ed. (1177)
2003 Ed. (1169)
2002 Ed. (2690)
Point Arguello Pipeline Co.
1998 Ed. (2863)
1995 Ed. (2943)
1994 Ed. (2877)
Point B Solutions Group LLP
2008 Ed. (1709, 2016, 2017, 2018, 2019)
2006 Ed. (1681)
Point Beach
1990 Ed. (2721)
Point Breeze Credit Union
2008 Ed. (2237)
2007 Ed. (2122)
2006 Ed. (2201)
2005 Ed. (2106)
2004 Ed. (1964)
2003 Ed. (1924)
2002 Ed. (1870)
The Point Group
2003 Ed. (173)
Point Judith, RI
2000 Ed. (2200)
Point Loma Credit Union
2006 Ed. (2164)
2005 Ed. (2070)
2004 Ed. (1930)
2003 Ed. (1892)
2002 Ed. (1831)
Point Loma Nazarene University
2008 Ed. (1505)
Point of Origin
2001 Ed. (986)
Point-of-purchase
1990 Ed. (3080, 3081)
Point-of-service
1999 Ed. (3291)
Point Park University
2006 Ed. (1072)
Point Plus Credit Union
2005 Ed. (2071)
Point Resorts
1991 Ed. (1944)
Point Reyes National Seashore
1999 Ed. (3705)
Point Theatre
2006 Ed. (1154)
Point Vedra Inn & Club
1992 Ed. (2482)
Point West Volvo
1996 Ed. (292)
1995 Ed. (292)
1994 Ed. (288)
1993 Ed. (289)
1992 Ed. (404)
1991 Ed. (299)
Pointcarre
2008 Ed. (986)
pointcast.net
1999 Ed. (4751)
Point.com
2002 Ed. (4864)
Pointe-a-Pietre
1992 Ed. (1392)
Pointe Developers Inc.
2008 Ed. (2955)
Pointe of View Condominiums
2005 Ed. (1691, 1692, 1693)
Pointe Resorts
1997 Ed. (2293)
1996 Ed. (2175, 2179)
1994 Ed. (2116)
1993 Ed. (2086)
1992 Ed. (2477)
Pointer; Volkswagen
2008 Ed. (303)
2006 Ed. (322)
2005 Ed. (303)
Pointil Systems
2008 Ed. (4024, 4034)
2006 Ed. (3965)
Point2
2001 Ed. (4752)
PoirMol
1990 Ed. (2749)
PoirMor
1990 Ed. (2749)
Poison
1996 Ed. (2955)
1995 Ed. (2875)
1994 Ed. (2780)
1992 Ed. (3367)
1991 Ed. (1041)
Poisoning
2005 Ed. (3619)
The Poisonwood Bible
2003 Ed. (722)
Poju Zabludowicz
2008 Ed. (4906)
2007 Ed. (4930)
Pokeman Ruby
2005 Ed. (4831)
Pokeman Sapphire
2005 Ed. (4831)
Pokeman 2
2001 Ed. (3376)
Pokemon
2006 Ed. (649)
Pokémon Chapter Book #4: Night in the Haunted Tower
2001 Ed. (983)
Pokémon Chapter Book #1: I Choose You
2001 Ed. (983)
Pokémon Chapter Book #3: Attack of the Prehistoric Pokémon
2001 Ed. (983)
Pokémon Chapter Book #2: Island of the Giant Pokémon
2001 Ed. (983)
Pokemon Emerald
2007 Ed. (4876)
Pokémon Movie Tie-In Novelization: Mewtwo Strikes Back
2001 Ed. (983)
pokemon.com
2001 Ed. (4775)
pokemonthemovie.com
2001 Ed. (4775)
pokemonvillage.com
2001 Ed. (4775)
The Poker Face of Wall Street
2008 Ed. (610)
PokerRoom.com
2007 Ed. (710)
PokerStars
2008 Ed. (3360)
Pokka Corp.
2000 Ed. (223)
1999 Ed. (200)
1997 Ed. (182)
1992 Ed. (1241)
Pokrzywinski; Jennifer
1997 Ed. (1865)
The Poky Little Puppy
2008 Ed. (548)
Poland
2008 Ed. (251, 412, 823, 1013, 1386, 2203, 3160, 3206, 3411, 4270, 4341, 4552, 4582, 4794)
2007 Ed. (267, 442, 862, 1133, 1435, 2093, 2592, 2826, 3298, 3379, 3397, 3510, 3714, 3982, 3984, 4070, 4390, 4603, 4605, 4651)
2006 Ed. (260, 439, 763, 1045, 1403, 2149, 2331, 2617, 2721, 2823, 3239, 3339, 3479, 3731,

3927, 3929, 4034, 4214, 4221, 4325, 4616, 4618, 4651, 4669)
2005 Ed. (240, 497, 501, 837, 1036, 1418, 2055, 2534, 2535, 2621, 2765, 3252, 3346, 3478, 3614, 3863, 3865, 3999, 4160, 4166, 4376, 4535, 4537, 4570, 4603, 4798)
2004 Ed. (237, 863, 1029, 1395, 1396, 1462, 1920, 3223, 3321, 3479, 3703, 3917, 3919, 4063, 4237, 4238, 4427, 4601, 4603, 4650)
2003 Ed. (268, 488, 824, 1026, 1382, 1432, 2212, 2213, 3167, 3415, 3658, 4043, 4214, 4216, 4425, 4618, 4667)
2002 Ed. (681, 1345, 1346, 1412, 1813, 2423, 2751, 2753, 2754, 3074, 4283, 4773)
2001 Ed. (291, 358, 373, 513, 514, 697, 989, 1021, 1081, 1082, 1088, 1097, 1171, 1274, 1285, 1286, 1341, 1502, 1944, 1948, 1983, 1985, 2002, 2036, 2043, 2135, 2139, 2395, 2442, 2444, 2454, 2469, 2562, 2724, 2752, 2799, 2800, 3045, 3181, 3316, 3369, 3558, 3823, 3824, 3850, 3863, 3987, 4028, 4112, 4113, 4151, 4155, 4246, 4249, 4269, 4387, 4390, 4590, 4670, 4671, 4715)
2000 Ed. (1611, 2355, 2356, 4033, 4271, 4360)
1999 Ed. (1139, 1212, 1214, 1782, 2067, 4477, 4624, 4734)
1998 Ed. (3304, 3590, 3592, 3691)
1997 Ed. (1543, 2117, 3634, 3767, 3860)
1996 Ed. (1478, 2647, 3809)
1995 Ed. (1519, 2031, 3791)
1994 Ed. (1487, 3643)
1993 Ed. (943, 1209, 1464, 1466, 1716, 1951, 3681)
1992 Ed. (1734, 1776, 2357, 2359, 3543, 4320, 4412, 4413, 910)
1991 Ed. (934, 1382, 1408, 1818)
1990 Ed. (1449, 1476, 3689)
1989 Ed. (2900)

Poland Spring
2008 Ed. (567, 630, 632)
2007 Ed. (671, 672, 673, 675)
2006 Ed. (646, 4454)
2005 Ed. (734, 736, 737, 4448)
2004 Ed. (754, 4481)
2003 Ed. (731, 733, 734, 735, 736, 4520)
2002 Ed. (702, 752, 754, 755)
2001 Ed. (995, 1000, 1001)
2000 Ed. (781, 783, 784)
1999 Ed. (764, 765, 766, 767, 768, 4510)
1998 Ed. (480, 482, 483)
1997 Ed. (695, 696, 3661)
1996 Ed. (759, 760, 3616)
1995 Ed. (685, 686, 687)
1994 Ed. (734)
1993 Ed. (725)
1990 Ed. (745)
1989 Ed. (747)

Poland Springs
2008 Ed. (631)

Poland Stock Exchange
1995 Ed. (3512)

Polaner
2003 Ed. (3156, 3157)
1997 Ed. (2584)

Polar
2003 Ed. (734, 735)
2002 Ed. (754)
2001 Ed. (2348)
1999 Ed. (767)
1998 Ed. (482)

Polar Air Cargo
2005 Ed. (213)
2001 Ed. (335, 3830)
2000 Ed. (229)
1998 Ed. (114)

Polar Construction Corp.
1992 Ed. (2396)

The Polar Express
2007 Ed. (3641)
2006 Ed. (3576)

Polariod Corp.
1989 Ed. (44)

POLARIS
1998 Ed. (3655)
1995 Ed. (832, 833, 834, 835, 836)
1993 Ed. (204)
1989 Ed. (107)

Polaris Capital
1997 Ed. (2523, 2535)

Polaris Consulting & Information
2000 Ed. (1109, 2408)

Polaris Direct LLC
2008 Ed. (3721, 4413, 4972)
2007 Ed. (3578, 3579, 4434)
2006 Ed. (3527)

Polaris Financial Services
2000 Ed. (851, 852, 853, 854, 855, 856, 857, 858, 859, 860, 861)

Polaris 5
1997 Ed. (3815)

Polaris Global Value
2008 Ed. (4508)
2007 Ed. (4543)
2006 Ed. (3672, 4552)

Polaris Global Value Investor
2008 Ed. (2623)
2007 Ed. (2493)

Polaris Industries Inc.
2008 Ed. (2359, 2360, 3441)
2007 Ed. (2972, 3344, 4108, 4829)
2006 Ed. (264, 265, 1888, 1889, 3270, 4057, 4817)
2005 Ed. (245, 246, 3279, 4028, 4029, 4766)
2004 Ed. (242, 243, 4093, 4094, 4793)
2003 Ed. (3207, 3208, 4808)
2002 Ed. (1221, 4667)
2000 Ed. (4294)
1999 Ed. (4017, 4018, 4655)
1998 Ed. (3027, 3615)
1997 Ed. (3275, 3790)
1996 Ed. (3734)

POLARIS/POLARIS II
2000 Ed. (4338)
1999 Ed. (4699)

Polaris Venture Partners
2005 Ed. (4819)
2004 Ed. (4831)
2003 Ed. (4848)

PolarMolec
1990 Ed. (2749)

Polaroid
2008 Ed. (833, 3982)
2007 Ed. (870, 3952)
2006 Ed. (3900, 3902)
2005 Ed. (1560)
2003 Ed. (1216, 1536, 1537, 1539, 1543, 2957, 3635)
2002 Ed. (1499, 2830, 4172)
2001 Ed. (1104, 2892)
2000 Ed. (749, 966, 2647, 3079, 3543, 3862)
1999 Ed. (735, 736, 1012, 1013, 1345, 2697, 2896, 3824, 3825, 3826, 4146)
1998 Ed. (475, 476, 610, 611, 2106, 2848, 2849, 3162)
1997 Ed. (680, 681, 2404, 3115, 3116, 3386)
1996 Ed. (749, 750, 868, 2263, 3034, 3035, 3289)
1995 Ed. (679, 2937)
1994 Ed. (1252, 1420, 1614, 2213, 2365, 2436, 2872, 2873, 2874, 3025, 3147)
1993 Ed. (1224, 1225, 1226, 1228, 1367, 2182, 2413, 2497, 2853, 2984, 3103)
1992 Ed. (66, 1037, 1519, 1525, 1923, 2642, 2855, 3458, 3459, 3460, 3461, 3804)
1991 Ed. (1215, 2080, 2299, 2740, 2741, 2930, 3239, 1140)
1990 Ed. (41, 1904, 2193, 2518)
1989 Ed. (1891, 2230, 2231, 2295, 2362)

Polaroid I-Zone
2002 Ed. (3705)

Polaroid Platinum 600
2002 Ed. (3705)

Polaroid 600 film
1991 Ed. (1453)

Polaroid 600 Film High Speed
1990 Ed. (1544, 1545)

Polaroid 600 High Spd film
1991 Ed. (1454)

Polaroid 600 High Spd film twin
1991 Ed. (1454)

Polaroid 600 High-Speed Instant Film
1989 Ed. (2325)

Polaroid 600 Plus
1999 Ed. (3826)
1996 Ed. (3033)
1993 Ed. (1523, 1524)

Polaroid 600 Plus Film
1990 Ed. (3036)

Polaroid 600 Plus Film, 1- Pack
1990 Ed. (2865, 2866)

Polaroid 600 Plus Film, 2- Pack
1990 Ed. (2865, 3040)

Polaroid 600 Plus Single
1992 Ed. (1849)

Polaroid 600 Plus 2 pack
1992 Ed. (1849)

Polaroid Spectra
1999 Ed. (3826)

Polaroid Spectra Platinum
2002 Ed. (3705)

Polaroid SX 70 Time Zero
1991 Ed. (1454)

Polaroid SX-70 Time Zero Film
1990 Ed. (1545)

Polaroid T-120 SG 3 pack
1992 Ed. (1849)

Polaroid Time Zero Film, 2- Pack
1990 Ed. (2865, 2866)

Polder
2007 Ed. (3971)

Polegato; Mario Moretti
2008 Ed. (4869)

Polep Distribution Services; J.
1995 Ed. (1196)

The Polestar Group Ltd.
2004 Ed. (3941)

Polet; Robert
2007 Ed. (1102)

Polett-Scott Buick
1995 Ed. (265)

Polhill Communications
2002 Ed. (3862)

Poli-Grip
2008 Ed. (2324)

Police
2005 Ed. (3622, 3627)

Police & Fire Credit Union
2008 Ed. (2255)
2007 Ed. (2140)
2006 Ed. (2219)
2005 Ed. (2124)
2004 Ed. (1982)
2003 Ed. (1942)
2002 Ed. (1888)

Police and Fire Federal Credit Union
1996 Ed. (1515)
1994 Ed. (1507)
1993 Ed. (1454)
1991 Ed. (1396)
1990 Ed. (1462)

Police & Nurses Credit Society Ltd.
2002 Ed. (1849)

Police Credit Union
2007 Ed. (2152)
2005 Ed. (2136)

Police Foundation
1993 Ed. (892)

Police Foundations Third Decade for Improving Public Safety
1991 Ed. (895)

Police Foundation's Third Decade Fund for Improving Public Safety
1991 Ed. (895)

Police officer
1989 Ed. (2092, 2096)

Police officers
2007 Ed. (3730)
1997 Ed. (3177)

Police protection
2001 Ed. (3559, 3560)

Police Quest IV
1995 Ed. (1102)

Police/Taxi
1990 Ed. (2615)

Police/Taxi/Rental
1990 Ed. (2616)

Policemen
1999 Ed. (3903)

Policia Bonaerense
1999 Ed. (1698)

Policolor Bucharest
2002 Ed. (4458)

Policy loans
1993 Ed. (2257)
1992 Ed. (2667)

Policy Management System
1996 Ed. (1087)

Policy Management Systems Corp.
2004 Ed. (1470)
2001 Ed. (1847)
1994 Ed. (1091, 1093)

Policy Resource Center Inc.
1995 Ed. (1931)

Policy Studies Inc.
2005 Ed. (3913)
2004 Ed. (3969)

Polident
2008 Ed. (2324)
2003 Ed. (1992, 1993)
1996 Ed. (1526)
1993 Ed. (1472)

Polident for Partials
2003 Ed. (1992, 1993)

Polident Overnight
2003 Ed. (1992, 1993)

Poliet
1997 Ed. (1132)
1995 Ed. (2505)
1994 Ed. (3256)
1992 Ed. (2972)

Polifarb Cieszyn
1997 Ed. (3864)

POLIFORUM LEON
2003 Ed. (2416)

Poliforum Leon Convention & Exhibition Center
2005 Ed. (2522)

Polifrab
1996 Ed. (3817)

Poligrip
2003 Ed. (1992)

Poligrip Free
2003 Ed. (1991)

Poligrip Ultra Fresh
2003 Ed. (1991)

Polimeni Realty
1992 Ed. (3613)

Poling; Harold
1994 Ed. (948)
1993 Ed. (939)

Poling; Harold A.
1996 Ed. (965)
1995 Ed. (981)
1989 Ed. (1376)

Polioles
1996 Ed. (1733)

Polipropileno
1991 Ed. (2914)

Polisa
2001 Ed. (2926)

Polish & Slavic
2000 Ed. (1625)

Polish & Slavic Credit Union
2008 Ed. (2249)
2007 Ed. (2132)
2006 Ed. (2170, 2213)
2005 Ed. (2076, 2118)
2004 Ed. (1936, 1976)
2003 Ed. (1896, 1936)
2002 Ed. (1836, 1882)

Polish National Credit Union
2006 Ed. (2170)
2005 Ed. (2076)
2004 Ed. (1936)
2003 Ed. (1896)
2002 Ed. (1836)

Polish Ocean
1992 Ed. (3947, 3948)

Polish Ocean Line
1992 Ed. (3949, 3950)

Polish Wedding
2001 Ed. (4698, 4701)

Polish zloty
2007 Ed. (2159)

Polishes
2005 Ed. (309)
Political advertising
1990 Ed. (13, 52)
Political committees
2008 Ed. (1687)
Political memorabilia
1990 Ed. (1083)
Politician
2008 Ed. (4243)
Politics
2001 Ed. (3585)
Politics.com Inc.
2004 Ed. (1529)
Politis Communications
1999 Ed. (3957)
1998 Ed. (2962)
Poljoprivredni Kombinat Beograd
1991 Ed. (1361)
Polk & Co.; R. L.
1989 Ed. (928)
Polk County Industrial Development Authority, FL
1993 Ed. (2159)
Polk Majestic Travel Inc.
2005 Ed. (4993)
Polk Majestic Travel Group
2008 Ed. (4992, 4993)
2007 Ed. (4990)
2006 Ed. (4993)
2005 Ed. (4994)
Polkomtel
2008 Ed. (73)
2007 Ed. (68)
2006 Ed. (77)
2005 Ed. (69)
2004 Ed. (73)
Polkomtel S.A.
2001 Ed. (68)
Polkowitz Motors
1994 Ed. (263, 264, 291, 1004)
1993 Ed. (294, 295, 300)
1992 Ed. (410)
1991 Ed. (269, 274, 276, 304, 305)
1990 Ed. (306, 337, 338)
Pollack Corp.; Sheldon L.
1994 Ed. (3671)
1993 Ed. (3736)
1992 Ed. (4486)
Pollak Hospital; B.S.
1990 Ed. (1739)
Pollenex
1995 Ed. (166)
1994 Ed. (147)
1993 Ed. (163)
1992 Ed. (257)
1990 Ed. (194)
Pollin; Abe and Irene
1994 Ed. (893)
Polling
1993 Ed. (900, 2725)
1991 Ed. (2610)
Polling services
1992 Ed. (3249)
Polling/Surveying
1992 Ed. (3251)
Pollitt Jr.; Byron
2007 Ed. (1094)
2006 Ed. (1002)
Pollo Campero
2008 Ed. (4165)
Pollo Tropical
2008 Ed. (4173, 4174)
2007 Ed. (4143)
2006 Ed. (4116)
2004 Ed. (4130)
2002 Ed. (2244)
1997 Ed. (3329, 3651)
1995 Ed. (3135)
Pollock
2008 Ed. (2722)
2007 Ed. (2585)
2006 Ed. (2610)
2005 Ed. (2611)
2004 Ed. (2622)
2003 Ed. (2490)
2001 Ed. (2440)
1998 Ed. (3175)
1991 Ed. (2938)
Pollock, Alaska
1994 Ed. (3155)
Pollock Begg Komar Glasser LLC
2008 Ed. (2037)
Pollock Research & Design Inc.
2006 Ed. (4375)
Pollock; Thomas P.
1991 Ed. (1620)
Pollution Abatement Services
1991 Ed. (1889)
Pollution control
1992 Ed. (4070)
1991 Ed. (3223)
Pollution control equipment
1995 Ed. (1754)
Polly O
2001 Ed. (1169)
Polly O Natural
2003 Ed. (924)
Polly Pack
1992 Ed. (500, 501)
Polly Peck International PLC
1991 Ed. (1169)
Polly Pocket
1996 Ed. (3726)
1995 Ed. (3645)
Pollybottle Group Ltd.
1998 Ed. (2872)
Polmos
1998 Ed. (2398)
Pol'nobanka
2001 Ed. (649)
1999 Ed. (636)
Polo
2008 Ed. (982)
2006 Ed. (1016, 2951)
2004 Ed. (2683)
2002 Ed. (382)
2001 Ed. (1276, 2527, 3702)
2000 Ed. (1122)
1994 Ed. (2779)
Polo by Ralph Lauren
1993 Ed. (2787)
Polo Classic; Volkswagen
2005 Ed. (295)
Polo Cologne
1996 Ed. (2950)
Polo/Ralph Lauren
2008 Ed. (984, 987, 988, 989, 990, 992, 1005, 3092, 3106, 3872, 3881)
2007 Ed. (153, 1103, 1106, 1107, 1110, 1113, 1114, 1115, 2968, 3801)
2006 Ed. (1018, 1020, 1021, 1022, 1024, 1025, 1026, 1037, 2662, 4729, 4730)
2005 Ed. (1012, 1013, 1016, 1018, 1019, 4683, 4684)
2004 Ed. (986, 987, 997, 998, 1002, 1005, 2879, 4711, 4712)
2003 Ed. (1002, 1004, 1006, 1007, 1009)
2002 Ed. (1081, 1083)
2001 Ed. (1275, 1279, 1280, 1281, 2117)
2000 Ed. (1123)
1999 Ed. (1204, 4164, 4170)
1998 Ed. (775)
1997 Ed. (1015, 1022, 1034)
1996 Ed. (1015)
Polo Sport
2003 Ed. (2551, 3778)
2001 Ed. (2527, 3703)
1997 Ed. (3031)
Polo.com
2008 Ed. (2446)
Polonia
2001 Ed. (2926)
Poloron Homes of Pa., Inc.
1992 Ed. (3517)
Poloron Homes of Pennsylvania, Inc.
1991 Ed. (2759)
Polska Telefonia Cyfrowa
2008 Ed. (73)
2007 Ed. (68)
2006 Ed. (77)
2005 Ed. (69)
2004 Ed. (73)
Polski Bank Inwestycyjny SA
1997 Ed. (597)
Polski Koncern Naftowy
2001 Ed. (1694)
Polski Koncern Naftowy Orlen SA
2008 Ed. (1720, 3576)
2007 Ed. (1690)
2006 Ed. (1694)
2004 Ed. (956)
2002 Ed. (4780)
Polskie Gornictwo Naftowe I Gazownictwo
2004 Ed. (1846)
2002 Ed. (1755)
Polskie Gornictwo Naftowe i Gazownictwo SA
2008 Ed. (1720)
Polskie Koleje Panstwowe SA
2004 Ed. (4796)
Polskie Linie Lotnicze Lot SA
2004 Ed. (4796)
Polskie Sieci Elektroenergetyczne SA
2008 Ed. (1720)
Poly
2001 Ed. (2648)
Poly Chemical Engineering Co., Ltd.
1992 Ed. (1438)
Poly Kur
2001 Ed. (2649)
Poly-olefins
2000 Ed. (3016)
Poly-Pak Industries
2008 Ed. (4418)
Poly Processing Co.
2001 Ed. (4126)
Poly VI Sol
2003 Ed. (4858)
Polyair Inter Pack
2008 Ed. (3839, 3854)
2007 Ed. (3762, 3776)
2004 Ed. (235)
Polyalkylene glycols
2000 Ed. (3016)
Polybutadiene
1994 Ed. (3116)
Polycarboxylic acids
1993 Ed. (1714)
Polychloroprene
1994 Ed. (3116)
Polycom Inc.
2006 Ed. (4685)
2002 Ed. (2431)
Polyester
2001 Ed. (2628)
Polyester, thermoplastic
2001 Ed. (3812)
Polyester, unsaturated
2001 Ed. (3813)
Polyethylene
1998 Ed. (2881)
1997 Ed. (3738)
Polyethylene, high density
2001 Ed. (3812)
Polyethylene, low density
2001 Ed. (3812)
Polyfelt
1995 Ed. (2789)
Polygon Northwest
2005 Ed. (1224, 1243)
2004 Ed. (1198, 1219)
2003 Ed. (1212)
2002 Ed. (1206, 1211, 2658, 2659)
2001 Ed. (1390)
1999 Ed. (1338)
1998 Ed. (916, 921)
Polygram
1997 Ed. (243, 1487)
1996 Ed. (214, 1425, 3032)
1995 Ed. (881, 1245, 1433, 1463)
1994 Ed. (216, 1403, 1426)
1993 Ed. (226, 1372)
1992 Ed. (329, 1672)
1990 Ed. (2861)
1989 Ed. (2228)
Polygram Diversified
1996 Ed. (867)
Polygram Film International
2001 Ed. (4694)
Polygram Filmed Entertainment
1998 Ed. (2710)
Polygram Holding
1998 Ed. (2711)
Polygram International Holding BV
1997 Ed. (2696)
Polygram NV
1997 Ed. (2696)
1996 Ed. (2744)
Polyisoprene; Butyl
1994 Ed. (3116)
PolyMedica Corp.
2007 Ed. (1875)
Polymer Group
1999 Ed. (3708)
Polymer Resh. Corp.
1992 Ed. (3307)
Polymers
2001 Ed. (1206)
Polymers industry
1999 Ed. (1046)
Polymers, specialty
2002 Ed. (1035)
1999 Ed. (1110, 1111, 1112, 1114)
Polynesian Cultural Center Inc.
2008 Ed. (1780)
2007 Ed. (1752)
2006 Ed. (1743)
2005 Ed. (1783)
2004 Ed. (1725)
2003 Ed. (1688)
Polyol esters
2000 Ed. (3016)
PolyOne Corp.
2006 Ed. (844, 848)
2005 Ed. (941, 945, 3856, 4151)
2004 Ed. (950, 3910, 4223)
2003 Ed. (936)
2002 Ed. (4066, 4067)
PolyOne Canada
2008 Ed. (915)
Polyphase
1998 Ed. (1877)
1995 Ed. (2497)
Polyphase Instrument Co. Inc.
1995 Ed. (2497)
Polypropylene
2001 Ed. (3812, 3814)
1998 Ed. (2881)
1997 Ed. (3738)
PolyQuest
2004 Ed. (3914)
Polysar
1996 Ed. (931)
Polysar Energy
1991 Ed. (3403)
Polysciences Inc.
1996 Ed. (742)
1995 Ed. (668)
1993 Ed. (704)
Polysindo Eka Parkesa
1994 Ed. (2337)
Polysindo Eka Perkasa
2000 Ed. (1465)
1997 Ed. (1431)
Polysoft BV
2004 Ed. (1812)
2002 Ed. (1737)
Polysporin
2003 Ed. (2486)
2002 Ed. (2279, 2280)
Polystyrene
2001 Ed. (3812)
1998 Ed. (2881)
1997 Ed. (3738)
Polysytrene
2001 Ed. (3814)
Polytank-Cotex Industries
2001 Ed. (84)
Polytrin Oph Solution
1992 Ed. (3301)
Polyvinyl acetate
2001 Ed. (2628)
Polyvinyl chloride
2001 Ed. (3812)
1998 Ed. (2881)
PolyVision Corp.
2005 Ed. (4613)
Pomento; Alexander
1997 Ed. (2000)
Pomerantz & Co.; A.
1996 Ed. (2662)
Pomerantz; John J.
1993 Ed. (940)
1992 Ed. (1145)
Pomerantz Personnel
1992 Ed. (4487)
Pomerleau Inc.
2007 Ed. (1965)
1991 Ed. (1554)

1990 Ed. (1669)
Pomerleau; Groupe
2008 Ed. (1184)
2007 Ed. (1284)
Pomeroy Computer Resources
2000 Ed. (1181)
Pomeroy Group
2007 Ed. (1569)
Pomeroy IT Solutions
2008 Ed. (1885)
Pommery
2005 Ed. (916)
Pomona, CA
2006 Ed. (2857)
1994 Ed. (2244)
Pomona College
2008 Ed. (1057, 1067, 1068, 2972)
2007 Ed. (2848)
2001 Ed. (1316, 1318, 1328)
2000 Ed. (1136)
1999 Ed. (1227)
1998 Ed. (798)
1997 Ed. (1052)
1996 Ed. (1036)
1995 Ed. (1051)
1994 Ed. (1043)
1993 Ed. (1016)
1992 Ed. (1268)
1991 Ed. (1002)
1990 Ed. (1089)
1989 Ed. (955)
Pomona First Federal Savings & Loan
1995 Ed. (3186)
Pomona First Federal Savings & Loan Assoc.
1998 Ed. (3157)
Pomona First Federal Savings & Loan Association
1997 Ed. (3382)
1996 Ed. (3285)
1994 Ed. (3144)
Pomorski Bank Kreditowy (Pomeranian Credit)
1994 Ed. (619)
Pomorski Bank Kredytowy
1995 Ed. (589, 590)
1993 Ed. (469)
Pomorski Bank Kredytowy SA
1996 Ed. (659)
Pompano Lincoln-Mercury
1993 Ed. (275)
1992 Ed. (389)
1990 Ed. (331)
Pompano Masonry Corp.
2008 Ed. (1260)
2007 Ed. (1363)
2001 Ed. (1477)
1997 Ed. (1166)
1996 Ed. (1147)
1995 Ed. (1162)
1994 Ed. (1144)
1993 Ed. (1137)
Pompano Square
2000 Ed. (4029)
Pompeian
1996 Ed. (2869)
1995 Ed. (2809)
Pompons
1993 Ed. (1871)
Pomp's Tire Service
2008 Ed. (4683)
2007 Ed. (4755, 4760)
2006 Ed. (4746, 4754)
2005 Ed. (4696, 4699)
Ponce Federal Bank
1991 Ed. (412, 3384)
Ponce Federal Bank, FSB
1993 Ed. (3082)
1992 Ed. (3782)
Ponder & Co.
2001 Ed. (737, 742, 766, 794, 798, 805, 809, 814, 843, 847, 915, 923, 927)
2000 Ed. (2761, 2763, 2764)
1999 Ed. (3010, 3015, 3018)
1998 Ed. (2226, 2230)
1997 Ed. (2486)
1996 Ed. (2353)
1995 Ed. (2332, 2334)
1993 Ed. (2265)
1991 Ed. (2166)
Ponderosa
2008 Ed. (4155, 4167, 4168)
2007 Ed. (3395, 4141)
2006 Ed. (3337, 4114)
2005 Ed. (3344)
2004 Ed. (4126)
2003 Ed. (4102)
2002 Ed. (4006)
2001 Ed. (4075)
2000 Ed. (3792, 3793)
1999 Ed. (2513, 2515, 4079, 4080)
1998 Ed. (1763, 3066)
1997 Ed. (3318, 3333)
1996 Ed. (3217, 3226, 3230)
1995 Ed. (3122, 3138)
1994 Ed. (3077, 3088)
1993 Ed. (3021, 3035)
1992 Ed. (3713, 3718)
1991 Ed. (2883)
1990 Ed. (3009, 3012, 3019, 3023)
Ponderosa/Bonanza
2002 Ed. (4029)
Ponderosa Steakhouse
2006 Ed. (4128)
2005 Ed. (4074, 4075, 4076, 4077, 4078)
2003 Ed. (4122, 4123, 4124, 4125, 4126, 4127, 4140)
2002 Ed. (4030)
Ponderosa/White pine
2001 Ed. (3178)
Pond's
2008 Ed. (2652)
2004 Ed. (4430)
2003 Ed. (2431, 2432, 4427, 4428, 4431, 4432)
2001 Ed. (2400, 3165, 3166, 4292, 4293)
2000 Ed. (4036, 4037)
1998 Ed. (3307, 3308, 3309)
1996 Ed. (3442)
1994 Ed. (3313)
1991 Ed. (3135)
Ponds Dramatic Results
2002 Ed. (1951)
P1 Group
2008 Ed. (1225)
2006 Ed. (1240)
Poneman; David
1997 Ed. (1896)
1996 Ed. (1822)
1995 Ed. (1844)
Ponsse Oyj
2006 Ed. (1705)
Pontarelli Builders
1998 Ed. (897)
Ponte Vedra Inn & Club
2008 Ed. (3076)
2006 Ed. (4097)
2005 Ed. (4042)
2002 Ed. (3990)
1999 Ed. (2768)
1998 Ed. (2014)
1997 Ed. (2285)
1996 Ed. (2171)
1995 Ed. (2158)
1994 Ed. (2104)
1993 Ed. (2090)
Ponte Vedra Inn/Club
2000 Ed. (2543)
Pontiac
2005 Ed. (341)
2003 Ed. (303, 359)
2002 Ed. (413, 414)
2001 Ed. (458, 460, 461, 463, 464, 465, 483, 535)
2000 Ed. (344)
1999 Ed. (323, 326, 360)
1998 Ed. (218, 3645)
1997 Ed. (300)
1996 Ed. (306, 310, 315)
1995 Ed. (302)
1994 Ed. (301)
1993 Ed. (310, 316)
1992 Ed. (442, 2413)
1991 Ed. (319)
1990 Ed. (344, 358)
1989 Ed. (320, 327, 1595)
Pontiac Bonneville
1991 Ed. (350)
Pontiac Fiero
1993 Ed. (350)
1991 Ed. (355)
1990 Ed. (403)
Pontiac Firebird
1995 Ed. (3431)
1994 Ed. (334)
1993 Ed. (348, 350)
1992 Ed. (436)
1991 Ed. (355)
1990 Ed. (403)
1989 Ed. (341, 344, 1670)
Pontiac Grand Am
2005 Ed. (348)
2004 Ed. (346, 350)
2003 Ed. (362)
2000 Ed. (347)
1999 Ed. (327)
1998 Ed. (213, 217)
1997 Ed. (301, 304)
1996 Ed. (314, 317)
1995 Ed. (301, 2111)
1994 Ed. (300)
1992 Ed. (440)
1991 Ed. (321)
1989 Ed. (315)
Pontiac Grand Prix
1998 Ed. (213)
1989 Ed. (344)
Pontiac LeMans
1993 Ed. (324)
1992 Ed. (485)
Pontiac Montana
2008 Ed. (299)
2004 Ed. (303)
Pontiac Safari
1993 Ed. (349)
Pontiac Silverdome
2002 Ed. (4347)
2001 Ed. (4356, 4358)
Pontiac 6000
1990 Ed. (362)
Pontiac Sunbird
1996 Ed. (316, 3765)
1993 Ed. (322)
1990 Ed. (362)
Pontiac Sunfire
2006 Ed. (315)
Pontifical Catholic University of Puerto Rico
2006 Ed. (4298)
Pontikes; Kenneth N.
1992 Ed. (1143, 2059)
1991 Ed. (926)
1990 Ed. (1720)
Pontillos Pizza
1996 Ed. (3045)
Pontotoc Production Inc.
2003 Ed. (3828, 3835)
Pool Corp.
2008 Ed. (1890, 3441, 4205)
The Pool People Inc.
2007 Ed. (4649)
The Poole & Kent Co.
2001 Ed. (1478)
1999 Ed. (1363, 1372, 1376)
1998 Ed. (951, 955)
1997 Ed. (1161, 1163, 1178)
1996 Ed. (1133, 1135)
1995 Ed. (1158, 1160)
1994 Ed. (1139, 1141)
1993 Ed. (1123, 1125, 1140)
1992 Ed. (1412, 1410)
1991 Ed. (1079)
1990 Ed. (1200, 1201)
Poole and Kent Org.
2000 Ed. (1264, 1268)
The Poole and Kent Organization
2000 Ed. (1254)
1990 Ed. (1208)
Pooled Fixed
1994 Ed. (581)
Pooled Fixed Income
1994 Ed. (581)
Pools by John Clarkson
2007 Ed. (4646)
Poor planning
2005 Ed. (784)
Poore Brothers Inc.
2004 Ed. (4546)
Poorman-Douglas Corp.
2006 Ed. (4374)
Pop
2001 Ed. (3405)
Pop-A-Lock Franchise System
2008 Ed. (4322)
2006 Ed. (4299)
2005 Ed. (4358)
2004 Ed. (4410)
Pop Art LLC
2003 Ed. (2727)
POP Displays
2008 Ed. (4005)
Pop Internationalism
2006 Ed. (577)
Pop Shots
2001 Ed. (1105)
Pop Tarts
1995 Ed. (3398)
Pop Tarts; Kellogg's
2008 Ed. (338)
Popa Credit Union
2008 Ed. (2211)
2006 Ed. (2159, 2161)
2005 Ed. (2066, 2068)
2004 Ed. (1929)
2003 Ed. (1890)
Popcorn
2006 Ed. (4395)
2003 Ed. (4460)
1998 Ed. (1709, 2497)
1995 Ed. (3403)
1994 Ed. (2893, 2894, 3347)
1992 Ed. (4005, 4007)
1990 Ed. (3306)
Popcorn, butter
1994 Ed. (2893, 2894)
1993 Ed. (2877, 2878)
Popcorn, buttered
1995 Ed. (2955)
Popcorn, caramel
1994 Ed. (2893, 2894)
1993 Ed. (2877, 2878)
Popcorn, cheese
1995 Ed. (2955)
1994 Ed. (2893, 2894)
1993 Ed. (2877, 2878)
Popcorn, cinnamon
1994 Ed. (2893)
Popcorn, microwavable
1995 Ed. (3406)
Popcorn, microwave
2003 Ed. (4830)
2002 Ed. (4721)
1993 Ed. (3338)
Popcorn, microwaveable
1994 Ed. (3333, 3334, 3346, 3348)
Popcorn/popcorn oil
1997 Ed. (3171, 3173)
Popcorn, popped
2002 Ed. (4298)
Popcorn, ready-to-eat
1997 Ed. (3531)
1995 Ed. (3406)
1994 Ed. (3333, 3334, 3346, 3348)
1993 Ed. (3338)
Popcorn, regular
1993 Ed. (2877, 2878)
Popcorn, unpopped
2003 Ed. (4461)
2002 Ed. (4298)
1994 Ed. (3333, 3346, 3348)
Popcorn, white cheddar
1994 Ed. (2893)
1993 Ed. (2877)
Pope & Talbot
2008 Ed. (2145)
2005 Ed. (2668, 2669)
2004 Ed. (2676, 2677)
1996 Ed. (2902)
1995 Ed. (1472)
1994 Ed. (2726)
1993 Ed. (1738, 2765)
1992 Ed. (3332)
1991 Ed. (1877, 2670)
1990 Ed. (2500)
Pope Chevrolet Inc.
1990 Ed. (734)
Pope Home; Lena
1994 Ed. (891)
Pope; John C.
1992 Ed. (2051)
1991 Ed. (1620)
Pope Resources
2008 Ed. (2137, 2144, 2145, 2147)
2007 Ed. (2045)

2006 Ed. (2079)
Pope Resources LP
2008 Ed. (2765)
2007 Ed. (2640)
Pope; Robert G.
1996 Ed. (967)
Popeye
1992 Ed. (1064)
Popeyes
2008 Ed. (2666)
2006 Ed. (4116)
2005 Ed. (2551)
2003 Ed. (2442, 2443, 2444, 2445, 2446, 2447, 2449, 4096)
2002 Ed. (2236, 2240, 2253)
2001 Ed. (2404)
2000 Ed. (3780)
1995 Ed. (1782, 3119)
1993 Ed. (1758, 3020)
Popeyes Chicken & Biscuits
2008 Ed. (4158, 4173, 4174)
2007 Ed. (2542, 4143)
2006 Ed. (2558, 2571)
2005 Ed. (2560, 4055, 4056, 4057, 4058, 4059)
2004 Ed. (2577, 2578, 4130)
2003 Ed. (2448)
2002 Ed. (2244, 2245)
2001 Ed. (2406)
2000 Ed. (1910)
Popeye's Famous Fried Chicken
1999 Ed. (2135, 4063)
1997 Ed. (1841, 3316)
1992 Ed. (2112, 2123, 3712)
1991 Ed. (1656, 2872, 1774)
1990 Ed. (1751, 3014)
Popeye's Famous Fried Chicken & Biscuits
1998 Ed. (1549)
1996 Ed. (1760, 3215)
1994 Ed. (1749, 3074)
1990 Ed. (1855)
1989 Ed. (1488)
Popham, Haik, Schnobrich & Kaufman
1993 Ed. (2400)
Popham, Haik, Schnobrich, Kaufman & Doty
1992 Ed. (2842)
1991 Ed. (2288)
1990 Ed. (2422)
Popham, Haik, Schnobrick & Kaufman
1999 Ed. (3486)
Popiel Dehydrator
1997 Ed. (2389)
Popkin Software Inc.
2006 Ed. (1139)
2005 Ed. (1150)
Popov
2005 Ed. (4833)
2004 Ed. (4845)
2003 Ed. (4864)
2002 Ed. (4760, 4767)
2001 Ed. (4706)
2000 Ed. (2946, 4353, 4354)
1999 Ed. (3206, 4724)
1998 Ed. (2377, 3682)
1997 Ed. (2646, 2666, 3852)
1996 Ed. (2505, 3800)
1995 Ed. (2454, 2456, 3711, 3714)
1994 Ed. (2375, 3640)
1993 Ed. (2436, 3674)
1992 Ed. (2872, 4402)
1991 Ed. (2313, 2320, 3455, 3456)
1990 Ed. (2445, 2451, 3676)
1989 Ed. (1895, 2892)
Popov Vodka
2002 Ed. (299)
2001 Ed. (3142)
Poppe Tyson
1999 Ed. (54, 102)
1998 Ed. (2953)
1993 Ed. (121)
1989 Ed. (141)
Poppe Tyson Advertising and Public Relations
1992 Ed. (185)
1991 Ed. (131)
Poppoya-Railroad Man
2001 Ed. (3376)
Poppy seed
1998 Ed. (3348)
Poppycock
2008 Ed. (4008)
2007 Ed. (3991)
2006 Ed. (3933)
2004 Ed. (4437)
Popsicle
2008 Ed. (3121)
2003 Ed. (2876, 2877)
2001 Ed. (2830)
2000 Ed. (2600, 2601, 4152)
1999 Ed. (2823)
1998 Ed. (2070, 2071)
1997 Ed. (2346)
1996 Ed. (1976)
Popsicle Fantastic Fruity
1997 Ed. (2349, 2931)
Popsicle Firecracker
1997 Ed. (2347)
Popsicle Juice Jets
1997 Ed. (2347)
Popsicle Lick-A-Color
1997 Ed. (2349, 2931)
Popsicle Sherbet Cyclone
1997 Ed. (2349, 2931)
Poptech Ltd.
2006 Ed. (2747)
Popular Inc.
2008 Ed. (75)
2007 Ed. (367, 1964, 2557)
2006 Ed. (79, 401, 1999, 2589)
2005 Ed. (70, 448, 1731, 1954, 2230, 2586, 4386)
2004 Ed. (75, 420, 421, 1671, 1672, 2606, 4436)
2003 Ed. (631)
2001 Ed. (616, 617, 618, 650, 651)
2000 Ed. (497, 498, 499, 500, 501, 502, 514, 517, 752, 753)
1999 Ed. (482)
1990 Ed. (523)
Popular beer
2001 Ed. (675)
Popular Club
1998 Ed. (648)
1997 Ed. (2324)
1994 Ed. (2140)
1992 Ed. (2525, 2533)
Popular Club Plan
1990 Ed. (2114)
Popular Espanol
1991 Ed. (664)
Popular Ford
1990 Ed. (2015)
Popular Ford Sales Inc.
1996 Ed. (260, 2661)
1995 Ed. (2591)
1994 Ed. (2057)
1993 Ed. (2584)
1992 Ed. (2408)
1991 Ed. (2474)
Popular Mechanics
1999 Ed. (1855, 2634)
1998 Ed. (1899)
1997 Ed. (2174)
1996 Ed. (2075)
1995 Ed. (2079)
1994 Ed. (2026)
Popular or lower-priced beer
1991 Ed. (744)
Popular Photography & Imaging
2007 Ed. (141)
2006 Ed. (149)
Popular Science
2005 Ed. (147)
2004 Ed. (140)
1999 Ed. (1855)
Popular Securities
2001 Ed. (908)
Population Council
2000 Ed. (3344)
1996 Ed. (916)
1993 Ed. (1701)
1991 Ed. (2617)
Population Service International
2008 Ed. (54, 92)
2007 Ed. (52, 85)
Population Services International
2006 Ed. (61, 95)
2005 Ed. (54, 86)
Porges; David
2006 Ed. (979)
2005 Ed. (989)
Pork
2007 Ed. (3442, 3443)
2006 Ed. (3427, 3428)
2005 Ed. (3417, 3418)
2004 Ed. (3404, 3405)
2003 Ed. (3327, 3334, 3335, 3343)
2001 Ed. (3237, 3238, 3239, 3242, 3243)
1992 Ed. (3016, 3018, 3019)
1990 Ed. (1961)
1989 Ed. (1663)
Pork, canned
2001 Ed. (3242, 3243)
Pork Farm
2008 Ed. (713)
The Pork Group Inc.
2003 Ed. (3899)
2002 Ed. (3727)
Pork rinds
2006 Ed. (4395)
Pork shoulders
2005 Ed. (3417)
Porky Products
1998 Ed. (1734)
1997 Ed. (2049)
1996 Ed. (1950)
Porous pens
1993 Ed. (3741)
1992 Ed. (4494)
Porous point pens
1990 Ed. (3712)
Porsche
2008 Ed. (302, 650, 652, 657, 658)
2007 Ed. (315, 343, 686, 688)
2003 Ed. (357)
2002 Ed. (417)
2001 Ed. (1010)
1999 Ed. (334, 360, 794)
1998 Ed. (225)
1997 Ed. (290)
1995 Ed. (306)
1994 Ed. (304)
1993 Ed. (308)
1992 Ed. (438)
1991 Ed. (16)
1990 Ed. (3631, 3632)
1989 Ed. (345)
Porsche AG
2007 Ed. (312, 1740)
2006 Ed. (319)
2005 Ed. (3523)
2001 Ed. (520)
1993 Ed. (24, 1282)
Porsche Austria GmbH
2001 Ed. (2727)
The Porsche Collection
1996 Ed. (284)
1995 Ed. (284)
1994 Ed. (281)
1990 Ed. (315)
Porsche Exchange
1991 Ed. (292)
Porsche GmbH
2001 Ed. (2727)
Porsche Holding Gesellschaft M.B.H.
2000 Ed. (2477)
Porsche Holding GmbH
2008 Ed. (1573)
2005 Ed. (1662)
2003 Ed. (1622)
2001 Ed. (1636)
Porsche Holding OHG
2000 Ed. (1389)
1999 Ed. (1585)
1997 Ed. (1363)
1996 Ed. (1298)
1995 Ed. (1358)
1994 Ed. (1327)
Porsche 911 Cabriolet
2001 Ed. (493)
Porsche 911 Carrera
1996 Ed. (2266)
1991 Ed. (313)
Porsche 911 Carrera Coupe
2001 Ed. (493)
Porsche 968
1996 Ed. (2266)
1994 Ed. (297)
Porsche 928
1994 Ed. (297)
Porsche 928 GTS
1996 Ed. (2266)
Porsche 928 S4
1992 Ed. (483)
1991 Ed. (354)
Port Adventura
2007 Ed. (273)
2006 Ed. (268)
Port & Sabine Power I, Ltd.
2003 Ed. (939, 1553)
Port Angeles-Strand of Juan de Fuca, WA
1989 Ed. (2336)
Port Arthur, TX
2000 Ed. (3575)
1992 Ed. (3491)
Port Authority of Allegheny County
1991 Ed. (1885)
Port Authority of Alleghney County
1991 Ed. (2755)
Port Authority of New York & New Jersey
2007 Ed. (1485)
2001 Ed. (352)
2000 Ed. (4297)
1999 Ed. (1943, 3989, 4011, 4658)
1998 Ed. (3616)
1997 Ed. (3794)
1996 Ed. (3739)
1995 Ed. (3663)
1993 Ed. (2880, 3362, 3621, 3623)
1992 Ed. (3487, 4032)
1991 Ed. (2755, 3421)
Port Authority of New York & New Jersey Airports
2000 Ed. (3189)
Port Authority of New York/New Jersey
2000 Ed. (3572)
1999 Ed. (3857)
Port Authority of NY & NJ
1990 Ed. (2876)
Port Aventura
2003 Ed. (273)
2002 Ed. (308)
2001 Ed. (377)
2000 Ed. (297)
1999 Ed. (269)
1997 Ed. (247)
Port Canaveral, FL
1999 Ed. (1150, 2494)
1995 Ed. (1924)
Port City Electric Co.
2008 Ed. (1324, 1325)
2006 Ed. (1333)
Port City Java
2008 Ed. (1030)
Port Elizabeth
1992 Ed. (1394)
Port Everglades, FL
1997 Ed. (2073)
Port Huron, MI
2005 Ed. (3877, 3879)
1995 Ed. (2958)
Port Judith, RI
1992 Ed. (2164)
Port of Brownsville
1997 Ed. (2375)
1996 Ed. (2249)
1994 Ed. (2189)
Port of Buffalo-Niagara Falls, N.Y.
2001 Ed. (2374)
Port of Detroit
2001 Ed. (2374)
Port of Everglades, FL
1999 Ed. (3857)
Port of Fujairah
2001 Ed. (3858)
Port of Houston, TX
1999 Ed. (3857)
Port of Huron, Michigan
2001 Ed. (2374)
Port of Laredo, Texas
2001 Ed. (2374)
Port of Long Beach, CA
1999 Ed. (3857)
Port of Long Beach, California
2001 Ed. (2374)
Port of Los Angeles
2001 Ed. (2374)
2000 Ed. (3572)
Port of Los Angeles, CA
1999 Ed. (3857)

Port of Miami, FL
1999 Ed. (3857)
Port of New Orleans, LA
1999 Ed. (3857)
Port of N.Y. and N.J.
2001 Ed. (2374)
Port of Oakland, CA
1991 Ed. (3422)
Port of Portland
1993 Ed. (2880, 3362, 3624)
Port of Portland, OR
1992 Ed. (3487, 4032)
1991 Ed. (2755)
1990 Ed. (1484)
Port of Seattle
1993 Ed. (2880, 3362)
1992 Ed. (3487, 4032)
1990 Ed. (1484)
Port of Seattle, WA
1999 Ed. (3857)
Port of Singapore Authority Group
2001 Ed. (1615)
1997 Ed. (2401)
Port of Subs
2007 Ed. (4241)
2006 Ed. (4226)
2005 Ed. (4176)
2004 Ed. (4243)
2003 Ed. (4227)
2002 Ed. (4091)
Port of Tacoma, WA
1999 Ed. (3857)
Port Rashid
1992 Ed. (1393)
Port St. Lucie, FL
2008 Ed. (4242)
2007 Ed. (2367)
Port St. Lucie-Fort Pierce, FL
2008 Ed. (3116, 3461)
2007 Ed. (3359, 3363)
Port Townsend
1992 Ed. (3333)
Port Townsend Paper
1996 Ed. (2903)
1995 Ed. (2830)
Porta
1999 Ed. (72)
Porta/D'Arcy Masius Benton & Bowles
1995 Ed. (57)
Porta/D'Arey Masius Benton & Bowles
1997 Ed. (71)
Porta/DMB & B
1996 Ed. (70)
Porta Publicidad
1991 Ed. (86)
Porta Systems
1997 Ed. (227)
Portable Cassette Recorder
1990 Ed. (2803, 2804)
Portable Computer Systems Inc.
2006 Ed. (4993)
Portable Design
1999 Ed. (1858)
Portable Keyboards
1992 Ed. (3145)
Portage Environmental Inc.
2007 Ed. (3581, 4436)
2006 Ed. (2501, 3529, 4368)
2005 Ed. (1164)
Portal, ND
2005 Ed. (3877)
Portales Partners
2008 Ed. (3392)
2007 Ed. (3270)
2006 Ed. (3202)
PortalPlayer
2008 Ed. (2859)
2007 Ed. (2332, 2729)
Portals
2008 Ed. (2454, 3352)
2007 Ed. (2329, 3218)
Porte de Versailles
1992 Ed. (1443)
Portec Inc.
1991 Ed. (1167)
Portello Saatchi & Saatchi
2001 Ed. (219)
Porter Adventist Hospital
2002 Ed. (2617)
Porter County, IN
1998 Ed. (2083)
Porter Industries
2006 Ed. (668)
Porter McLeod Inc.
1993 Ed. (3307, 3309)
Porter McLeod Construction Services
1994 Ed. (3299)
1992 Ed. (3964, 3963)
Porter Novelli
2004 Ed. (3979, 3980, 3981, 3991, 3993, 3994, 3996, 3998, 4001, 4002, 4004, 4008, 4013, 4014, 4020, 4025, 4026, 4028, 4037)
2002 Ed. (3818)
2001 Ed. (3924, 3927, 3930, 3932, 3933, 3934, 3937, 3938, 3940, 3942)
2000 Ed. (3632, 3633, 3634, 3635, 3636, 3637, 3638, 3641, 3646, 3662, 3670)
1999 Ed. (3908, 3909, 3910, 3913, 3916, 3917, 3918, 3919, 3920, 3921, 3924, 3925, 3943, 3948, 3956)
1997 Ed. (3181, 3183, 3184, 3185, 3207, 3208)
1990 Ed. (2921)
Porter Novelli International
2003 Ed. (3994, 3995, 3997, 3998, 3999, 4002, 4005, 4010, 4014, 4016, 4017, 4021)
2002 Ed. (3806, 3807, 3808, 3810, 3813, 3817, 3819, 3824, 3825, 3831, 3832, 3843, 3844, 3845, 3850, 3851)
2000 Ed. (3625, 3626, 3627, 3642)
1998 Ed. (444, 1472, 1474, 1545, 1712, 1902, 1926, 2313, 2934, 2935, 2936, 2940, 2943, 2954, 2961, 3618)
Porter/Novelli of CI Group
1997 Ed. (3212)
1996 Ed. (3131, 3135)
Porter/Novelli of Omnicom
1995 Ed. (3028)
1994 Ed. (2972)
1993 Ed. (2933)
1992 Ed. (3578, 3581)
Porter Novelli/PN Convergence
2001 Ed. (3931)
Porter Paint
1992 Ed. (3728)
Porter Paints
1996 Ed. (2132)
Porter White & Co.
2001 Ed. (766)
Porter, White & Yardley Inc.
1993 Ed. (2269)
1991 Ed. (3044)
Porter Wright Morris & Arthur
2001 Ed. (893)
Porter Wright Morris & Arthus LLP
2007 Ed. (1507)
Porterbrook Leasing Co., Ltd.
2004 Ed. (4796)
1997 Ed. (2704)
Porterfield Wilson Pontiac-GMC Truck-Mazda Inc.
1991 Ed. (714)
1990 Ed. (734, 737)
Portfolio Acquisition Corp.
1999 Ed. (2441, 3424)
1998 Ed. (2516, 3289)
1997 Ed. (2802, 3495)
1996 Ed. (3400)
Portfolio Acquisition Corp. (PAC)
1995 Ed. (1877)
Portfolio Communications
2002 Ed. (3854)
Portfolio Director
2000 Ed. (4338)
1999 Ed. (4699)
1998 Ed. (3655)
1997 Ed. (3817, 3828, 3829)
Portfolio Director Tax-Deferred Annuity
1996 Ed. (2152)
Portfolio, 8.5-In. x 11-In., 2- pocket
1990 Ed. (3430, 3431)
Portfolio Fund of Funds
1997 Ed. (2914, 2915, 2916)
Portfolio Recovery Associates Inc.
2008 Ed. (4434)
2005 Ed. (2143, 2144)
2004 Ed. (4337)
Portfolio, 3-ring, no-pocket
1990 Ed. (3430)
Portfolio, 3-Ring, 2- Pocket
1990 Ed. (3037, 3041, 3430)
Portfolio 21
2007 Ed. (4470)
2006 Ed. (4400)
Porthold
1997 Ed. (3929, 3930)
Portico
2002 Ed. (4946, 4960)
2001 Ed. (4885, 4893)
Portico Bond Index Return
1996 Ed. (615)
Portico Equity Index Return
1996 Ed. (613)
Portico Funds-Special Growth
1993 Ed. (580)
Portico Microcap Institutional
1998 Ed. (2603)
Portico Short-Term Bond Market
1996 Ed. (2782)
Portico Short-Term Bond Return
1997 Ed. (2886)
Portico Special Growth
1995 Ed. (2734)
Portico Special Growth Return
1996 Ed. (612)
Portillo; Luis
2008 Ed. (4874)
Portland
1999 Ed. (3402)
1992 Ed. (347, 2547)
Portland Adventist Medical Center
2008 Ed. (2027)
2006 Ed. (1974)
2005 Ed. (1939)
2004 Ed. (1839)
Portland Area Community Employees Credit Union
2006 Ed. (2218)
2005 Ed. (2123)
2004 Ed. (1981)
2003 Ed. (1941)
Portland-Auburn, ME
1996 Ed. (3202, 3204)
Portland-Beaverton, OR
2007 Ed. (2998)
Portland Brewing Co.
1999 Ed. (3403)
1998 Ed. (2488)
Portland City Grill
2008 Ed. (4146)
2007 Ed. (4128)
Portland CMSA, OR
1990 Ed. (1156)
Portland/Concord, ME-MA
1990 Ed. (1077)
Portland General
1998 Ed. (1395)
1997 Ed. (1701, 1702)
1996 Ed. (1622, 1623)
1995 Ed. (1645, 1646)
1994 Ed. (1603, 1604)
1993 Ed. (1561)
1992 Ed. (1906, 1907)
1990 Ed. (1608, 1609)
1989 Ed. (1304, 1305)
Portland General Electric Co.
2008 Ed. (2029, 2143)
2004 Ed. (1840)
1992 Ed. (1888)
1991 Ed. (1506, 1489)
Portland Holdings
2000 Ed. (4445)
1999 Ed. (4829)
Portland, ME
2008 Ed. (978, 3115)
2006 Ed. (2973, 3305)
2005 Ed. (3316, 4797)
2004 Ed. (4169)
2003 Ed. (4154)
2001 Ed. (2802)
2000 Ed. (2200, 4093)
1996 Ed. (3201, 3203, 3248)
1995 Ed. (2665, 3106, 3108, 3148, 3544)
1994 Ed. (3060, 3062, 3103)
1993 Ed. (3044)
1992 Ed. (2164, 3690, 3691, 3735)
1991 Ed. (2862, 2863, 2891)
1990 Ed. (1466, 3046)
Portland, OR
2008 Ed. (3113, 3518, 4039)
2006 Ed. (3741)
2005 Ed. (3326)
2004 Ed. (187, 188, 189)
2003 Ed. (231, 232, 2875, 3908, 3911)
2002 Ed. (1053, 2634, 2996)
2001 Ed. (2795, 2834)
2000 Ed. (3104)
1999 Ed. (1024, 1148, 1153, 1170, 2099, 2815, 3257, 3371, 3378, 4514, 4806)
1998 Ed. (2473, 3058, 3472)
1997 Ed. (1003, 1075, 2072, 2233, 2333, 2336, 2763, 3217, 3523)
1996 Ed. (1061, 2206, 2207)
1995 Ed. (331, 872, 989, 2187, 2667)
1994 Ed. (965, 967, 970, 972, 2584, 2585, 3325)
1993 Ed. (946, 1598, 2465)
1992 Ed. (1157, 1159, 1356, 2480, 2543, 2545, 2548, 2552, 3039, 3047, 3492, 3494, 3501)
1991 Ed. (1397, 1982, 1985, 2348)
1990 Ed. (1464, 2487, 2607, 2883)
Portland, OR & Vancouver, WA
1996 Ed. (2089)
Portland, OR-Vancouver, WA
2001 Ed. (2285, 3219, 4922)
1997 Ed. (2265)
Portland Oregonian
1998 Ed. (76, 79, 81, 82)
1991 Ed. (2601)
1990 Ed. (2701)
1989 Ed. (2055)
Portland-Poland Spring, ME
1995 Ed. (3107, 3109)
1994 Ed. (3061, 3063)
1992 Ed. (3700, 3701)
Portland; Port of
1993 Ed. (2880, 3362, 3624)
Portland Press Herald
1989 Ed. (2065)
Portland Press-Herald Examiner
1990 Ed. (2709, 2711)
Portland Press-Herald Express
1989 Ed. (2063)
Portland Teachers Credit Union
2006 Ed. (2218)
2005 Ed. (1927, 1929, 1931, 2123)
2004 Ed. (1981)
2003 Ed. (1941)
2002 Ed. (1887)
1998 Ed. (1229)
1997 Ed. (1559)
Portland This Week
1992 Ed. (3239, 3242, 3245)
1990 Ed. (2699, 2705)
1989 Ed. (2053)
Portland This Week-Weekly
1991 Ed. (2599, 2605)
Portland Trail Blazers
2004 Ed. (657)
2001 Ed. (4345)
2000 Ed. (704)
1998 Ed. (439, 3357)
Portland; University of
2008 Ed. (1088)
2006 Ed. (706)
2005 Ed. (799)
1997 Ed. (1056)
1992 Ed. (1272)
Portland/Vancouver
2000 Ed. (2589)
1992 Ed. (2388)
1989 Ed. (2933)
Portland-Vancouver, OR
2000 Ed. (3106)
Portland-Vancouver, OR-WA
2006 Ed. (3327)
2005 Ed. (3338, 3470)
2002 Ed. (2743)
1998 Ed. (2482)
Portlandcementwerk AG Olten
1993 Ed. (3695)
Portman
2000 Ed. (3855)

Portofino Hotel & Yacht Club
2007 Ed. (2951)
Porton International PLC
1992 Ed. (1193, 1202)
Portr Keadle Moore LLP
2008 Ed. (279)
Portrait America Inc.
1992 Ed. (2223)
Portrait Homes
2005 Ed. (1185, 1186, 1203)
2004 Ed. (1157, 1176)
2003 Ed. (1152, 1168)
2002 Ed. (2686)
Portrait of a Killer
2004 Ed. (740)
Portrait of a Young Girl Wearing a Gold-Trimmed Cloak, by Rembrandt
1989 Ed. (2110)
Portrait of Adele Bloch Bauer I
2008 Ed. (268)
Portrait of Dr. Gachet
2008 Ed. (268)
Portrait of Johannes Uyttenbogaert
1994 Ed. (2720)
Portraite de l'Artiste Sans Barbe
2008 Ed. (268)
Ports Design
2008 Ed. (1787)
Portsmouth Bank Shares Inc.
1993 Ed. (591)
Portsmouth-Dover-Rochester, NH
1994 Ed. (3103)
1993 Ed. (3044)
1992 Ed. (3735)
1991 Ed. (2891)
Portsmouth, NH
2004 Ed. (4215)
2002 Ed. (1903)
1999 Ed. (3367)
1990 Ed. (2485)
Portsmouth-Rochester, NH
2006 Ed. (2973)
1996 Ed. (3248)
Portsmouth-Rochester, NH-ME
2002 Ed. (1801)
Portsmouth-Rochester, NY
2003 Ed. (4154)
2000 Ed. (2605)
Portucel-Emp. de Celulose e Papel de Portugal Ep
1993 Ed. (1387)
1990 Ed. (1410)
1989 Ed. (1153)
Portucel Empresa de Cellose e Papel de Portugal
1999 Ed. (3251)
Portucel-Empresa de Cellose e Papi de Portugal
1995 Ed. (1477)
Portucel-Empresa de Celulose e Papel de Portugal
1994 Ed. (1441)
Portugal
2008 Ed. (414, 3164, 3828, 4392, 4519, 4784)
2007 Ed. (446, 2795, 2796, 3050, 3747, 4418, 4754, 4863)
2006 Ed. (441, 1435, 2803, 2804, 3748, 4740, 4860)
2005 Ed. (505, 2822, 2823, 3650, 4497, 4692, 4789, 4969, 4970, 4971, 4977)
2004 Ed. (2170, 2822, 3287, 3742, 4721, 4751, 4815, 4820)
2003 Ed. (493, 2623, 3232, 3699, 4556, 4736, 4971, 4972)
2002 Ed. (780, 2412, 2936, 3183, 4624, 4705, 4971, 4972, 4973, 4974)
2001 Ed. (390, 525, 526, 670, 1019, 1088, 1141, 1149, 1340, 2008, 2046, 2442, 2443, 2444, 2481, 2552, 2553, 2693, 2695, 3020, 3044, 3151, 3420, 3575, 3578, 3644, 3863, 3864, 4119, 4371, 4393, 4471, 4500, 4534, 4650, 4671, 4905, 4909, 4910, 4920, 4921)
2000 Ed. (2355, 2356, 2360, 4425)
1999 Ed. (4623, 4803)
1997 Ed. (287, 321, 941, 1557, 1687, 3912)
1996 Ed. (761, 1495, 3433, 3436, 3714, 3763, 3870, 3871, 3881)
1995 Ed. (344, 683, 688, 1038, 1743, 2005, 2012, 2024, 3773, 3774, 3775)
1994 Ed. (311, 335, 735, 1515, 1533, 3436)
1993 Ed. (1962, 1969, 2366, 3722, 3724, 3725, 3726)
1992 Ed. (911, 1087, 1088, 1759, 2046, 2305, 2322, 4186, 4475, 4489)
1991 Ed. (1402, 1820, 1829, 3269, 3506, 3507, 3508)
1990 Ed. (1581, 1906, 1913, 1920, 3694, 3699, 3700)
1989 Ed. (2940, 2956, 2964, 2965)
Portugal Telecom
2007 Ed. (69)
2004 Ed. (74)
2002 Ed. (1756, 3185, 3186)
2000 Ed. (1543, 2984, 2985)
1999 Ed. (1726, 3250, 3251)
1998 Ed. (2217)
1997 Ed. (3691)
Portugal Telecom SA
2008 Ed. (74, 2054)
2007 Ed. (1959, 1960, 4714)
2006 Ed. (1996, 1997)
2005 Ed. (1953)
2003 Ed. (1517, 1812, 4601)
2001 Ed. (69, 1839)
2000 Ed. (1544)
Portugal Telecom SGPS SA
2008 Ed. (2053)
2007 Ed. (1958)
2006 Ed. (1995)
Portuguese
2000 Ed. (2890)
PortWise AB
2007 Ed. (1999)
POS World
2006 Ed. (741)
POSB
1992 Ed. (88)
POSCO
2008 Ed. (2080, 2081, 2082, 3580, 3660, 3661, 3667)
2007 Ed. (877, 1583, 1983, 1984, 1985, 2261, 3487, 3488, 3489)
2006 Ed. (1551, 2015, 2016, 2017, 3400, 3464, 3465)
2005 Ed. (3181, 3398, 3456)
1999 Ed. (1408, 4474)
1998 Ed. (3405)
1997 Ed. (2591, 2592)
1996 Ed. (2444)
1994 Ed. (2345)
1992 Ed. (1665)
1991 Ed. (2272)
POSCO Chemical
2000 Ed. (1505)
POSCO (South Korea)
2000 Ed. (4119)
POSCOChemical
2000 Ed. (1026)
Poseidon
2008 Ed. (3754)
Poseidon Schiffahrtsgesellschaft mbH
2001 Ed. (4624)
Poser
2000 Ed. (912, 914)
Poser BF
1999 Ed. (962)
Poses; F. M.
2005 Ed. (2486)
Posicor
1999 Ed. (1890)
Positive Thinking
2000 Ed. (3845)
Poslethwaite & Netterville
1999 Ed. (24)
Posner
2001 Ed. (1912)
2000 Ed. (1588)
1999 Ed. (1756, 1757)
Posner Cosmetics
1994 Ed. (1470)
Posner; Steve
1990 Ed. (1722)
Posner, Steven
1992 Ed. (2060)
Posner; Victor
1996 Ed. (1914)
1994 Ed. (1722)
1993 Ed. (1703)
1992 Ed. (2060)
1990 Ed. (1722)
PosResponse
1996 Ed. (2885)
Possis Medical Inc.
2006 Ed. (1888)
2003 Ed. (2721)
Post
2008 Ed. (2741)
2006 Ed. (805)
2003 Ed. (874)
1998 Ed. (662)
1994 Ed. (880, 881, 882)
1993 Ed. (861)
Post Alarm Systems
1992 Ed. (3827)
Post & Savings Bank
2006 Ed. (449)
2005 Ed. (518)
Post Banana Nut Crunch
1996 Ed. (2825)
1995 Ed. (2761)
Post, Buckley, Schuh & Jernigan Inc.
1999 Ed. (2031)
1998 Ed. (1444)
1996 Ed. (1661)
Post Danmark
2006 Ed. (1676)
Post Group
1999 Ed. (2053)
Post Honey Bunches of Oats
2004 Ed. (2634)
2002 Ed. (954)
Post III; G. F.
2005 Ed. (2506)
Post Isuzu; Buz
1996 Ed. (274)
Post/KGF
1995 Ed. (913)
Post/Nabisco
1997 Ed. (919)
Post Natural Raisin Bran
1992 Ed. (4232)
Post-Och Kreditbanken Group
1990 Ed. (596)
Post Office
2008 Ed. (101)
2007 Ed. (705)
2004 Ed. (1873)
2002 Ed. (1787)
2001 Ed. (1695)
1996 Ed. (2944)
1995 Ed. (1533)
1993 Ed. (1301, 3254)
1992 Ed. (3942)
1991 Ed. (3107, 3111)
1990 Ed. (2788, 3263, 3266)
Post Office Life Insurance Bureau/ Kampo
1993 Ed. (2346)
Post Office Savings Bank
1992 Ed. (2155)
1991 Ed. (449, 451, 659)
1990 Ed. (1790)
Post Office Savings Bank of Singapore
1997 Ed. (2401)
Post Office Savings System
1990 Ed. (297)
Post Pontiac-GMC-Isuzu; Buz
1995 Ed. (268, 272)
1994 Ed. (257)
1993 Ed. (272)
1992 Ed. (386)
Post Properties
2003 Ed. (4059)
2002 Ed. (3927, 3928)
2000 Ed. (1194)
1999 Ed. (1312)
Post Publishing
2000 Ed. (4190)
1999 Ed. (4549)
1995 Ed. (3552)
Post Raisin Bran
1991 Ed. (3322)
Post und Telekom Austria AG
2003 Ed. (1622)
2001 Ed. (1636)
Post und Telekombeteiligungsverwaltunggesellschaft
2001 Ed. (2727)
Post Waffle Crisp cereal
1998 Ed. (1726, 2668)
Postabank & Takarekpenztar
1999 Ed. (537)
Postabank & Takarekpenztar (Post & Savings)
1996 Ed. (530)
Postabank es Takarekpenzlar Rt.
1997 Ed. (489)
Postabank es Takarekpenztar
2006 Ed. (449)
2005 Ed. (518)
2003 Ed. (502)
2002 Ed. (567)
Postabank es Takarekpenztar (Post & Savings)
1994 Ed. (502, 503)
Postabank es Takarekpenztar Rt.
1997 Ed. (490)
1996 Ed. (531)
1995 Ed. (486)
1993 Ed. (499)
Postaer & Associates; Rubin
1996 Ed. (112, 152)
1995 Ed. (96, 138)
Postage stamps
1993 Ed. (2364)
Postal Annex+
2008 Ed. (4017)
2007 Ed. (3998)
2006 Ed. (3940)
2005 Ed. (3880)
2004 Ed. (3930)
2003 Ed. (3917)
2002 Ed. (3732)
Postal Community Credit Union
2004 Ed. (1935)
Postal Connections of America
2008 Ed. (4017)
2007 Ed. (3998)
2006 Ed. (3940)
2005 Ed. (3880)
2004 Ed. (3930)
Postal Employees Credit Union
2008 Ed. (2240)
2007 Ed. (2125)
2006 Ed. (2204)
2005 Ed. (2109)
2004 Ed. (1967)
Postal life insurance and postal annuity
1992 Ed. (2640)
Postal Savings Fund
2007 Ed. (3796)
2004 Ed. (3791)
Postal Service--Colorado/Wyoming District; U.S.
2005 Ed. (2391)
Postal Service; U. S.
2008 Ed. (1850)
2007 Ed. (1811)
2006 Ed. (1775, 1804)
2005 Ed. (1817)
Postal Service; U.S.
2008 Ed. (1444, 1448, 1524, 2494, 2830, 3691, 4044, 4045, 4329, 4331)
2007 Ed. (1540, 1801, 2377, 2701, 3528, 4017, 4018, 4235, 4374, 4376)
2006 Ed. (1511, 1794, 1797, 2432, 2706, 2809, 3493, 3978, 3979, 4308, 4309)
2005 Ed. (1624, 2745, 3905, 3906, 4365)
1996 Ed. (1235)
1992 Ed. (29)
1991 Ed. (257, 1056)
Postal services
2001 Ed. (1855)
Postbank
2001 Ed. (1958)
1993 Ed. (43)
1992 Ed. (65, 67, 1483)
1991 Ed. (37, 619, 620)
1990 Ed. (40, 645)
1989 Ed. (633)
Postbank NV
1989 Ed. (43)

Postbanken
2000 Ed. (637)
1999 Ed. (616)
Postbanker
1997 Ed. (585)
Poste
2000 Ed. (1413)
1999 Ed. (1608, 1611)
1997 Ed. (1389)
Poste Italiane SpA
2008 Ed. (1841, 1862, 1863, 1864, 4329, 4331)
2004 Ed. (1764)
2002 Ed. (1700)
2001 Ed. (1695)
Poste (La)
1995 Ed. (1376)
Poste(La)
2000 Ed. (4006)
Postgraduate Medicine
1996 Ed. (2602)
1995 Ed. (2538)
1994 Ed. (2470)
1992 Ed. (3012)
1991 Ed. (2410)
1990 Ed. (2538)
Posthom Global
1990 Ed. (902)
Posthorn Global
1993 Ed. (2306)
Posthorn Global Asset Management
1989 Ed. (1803, 2139)
Posti-Ja Telelaitos
1995 Ed. (1385)
Posting requirements
1993 Ed. (2737)
Postipankki
2000 Ed. (525)
1999 Ed. (515)
1996 Ed. (498)
1995 Ed. (466)
1994 Ed. (476)
1993 Ed. (474)
1992 Ed. (662, 2007)
1991 Ed. (506)
1990 Ed. (544)
Postlehwaite & Netterville
1998 Ed. (19)
Postler & Jaeckle Corp.
2004 Ed. (1338)
Postlethwaite & Netterville
2008 Ed. (10)
2007 Ed. (12)
2006 Ed. (16)
2005 Ed. (11)
2004 Ed. (15)
2003 Ed. (9)
2002 Ed. (24)
2000 Ed. (20)
PostNet Postal & Business Services
2008 Ed. (4017)
2007 Ed. (3998)
2006 Ed. (3940)
2005 Ed. (3880)
2004 Ed. (3930)
2003 Ed. (3917)
2002 Ed. (3732)
1998 Ed. (1763)
Postobon
2008 Ed. (33)
2007 Ed. (28)
2006 Ed. (37)
2005 Ed. (30)
2004 Ed. (37)
2001 Ed. (25)
1989 Ed. (28)
Postobon SA
2002 Ed. (4326)
Postova Banka
2001 Ed. (649)
1999 Ed. (636)
1997 Ed. (610, 611)
1996 Ed. (674)
Postpankki
1997 Ed. (461)
1989 Ed. (528, 529)
Postsparebanken
1996 Ed. (646)
1995 Ed. (576)
1994 Ed. (606)
1993 Ed. (603)
Postsparkasse
1990 Ed. (506)
1989 Ed. (483)
Postverket
2004 Ed. (1862)
2002 Ed. (1774)
1996 Ed. (1431)
Pot Noodle
2008 Ed. (669, 670, 671)
2007 Ed. (700)
Pot snacks
1992 Ed. (4007)
Potamkin-Cadillac
1989 Ed. (283)
Potamkin Chevrolet Corp.
1989 Ed. (932)
Potamkin Chrysler-Plymouth
1996 Ed. (269)
Potamkin Chrysler-Plymouth-Dodge Inc.
1992 Ed. (421)
Potamkin Cos.
1999 Ed. (317)
1998 Ed. (205)
1990 Ed. (1031)
Potamkin Hyundai
1996 Ed. (273)
Potamkin Mitsubishi
1996 Ed. (280)
1990 Ed. (310, 310)
Potamkin North Dade
1990 Ed. (385)
Potamkin of Broward
1990 Ed. (320)
Potamkin Toyota
1990 Ed. (347)
Potamkin Toyota Corp./Potamkin Volkswagen Inc.
1992 Ed. (421)
Potanin; Vladimir
2008 Ed. (4894)
2006 Ed. (4929)
Potash Corp.
2007 Ed. (1445)
Potash Corporation of Saskatchewan
2001 Ed. (1208)
Potash Corporation of Saskatchewan (PCS)
2001 Ed. (372)
Potash Corp. of Saskatchewan Inc.
2008 Ed. (915, 920, 1657)
2007 Ed. (936, 943, 3517)
2006 Ed. (857, 1630, 3485)
2003 Ed. (1634, 2892, 4575)
2002 Ed. (992, 2786)
2000 Ed. (1914)
1998 Ed. (1553)
1997 Ed. (960, 1844)
1996 Ed. (931, 2650)
1994 Ed. (1753, 2527)
1993 Ed. (1762)
1992 Ed. (3086)
1991 Ed. (2467)
Potash Corp. Saskatchewan
2000 Ed. (1027)
1999 Ed. (1091)
Potassium
1994 Ed. (3637)
Potato
1997 Ed. (3832)
1992 Ed. (4384)
Potato chips
2006 Ed. (4395)
2005 Ed. (2757, 2760)
2003 Ed. (4460, 4461)
2002 Ed. (2421, 2422, 4298)
2001 Ed. (4405)
2000 Ed. (4066)
1997 Ed. (3531)
1996 Ed. (2899)
1995 Ed. (3403, 3406)
1994 Ed. (2899, 2900, 3333, 3334, 3346, 3347, 3348)
1993 Ed. (3338)
1992 Ed. (3997, 4005)
1991 Ed. (3149)
1990 Ed. (3306, 3307, 3308)
Potato chips, barbecue
1994 Ed. (2900)
Potato chips, cajun
1994 Ed. (2900)
Potato chips, cheese
1994 Ed. (2900)
Potato chips, dill
1994 Ed. (2900)
Potato chips, fabricated
1994 Ed. (2899)
Potato chips, hot and spicy
1994 Ed. (2900)
Potato chips, jalapeno
1994 Ed. (2900)
Potato chips, kettle-style
1994 Ed. (2899)
Potato chips, onion
1994 Ed. (2900)
Potato chips, ranch
1994 Ed. (2900)
Potato chips, ridged
1994 Ed. (2899)
Potato chips, salt and vinegar
1994 Ed. (2900)
Potato chips, sour cream and onion
1994 Ed. (2900)
Potato products
2002 Ed. (3491)
Potato products, frozen
1994 Ed. (3460)
1993 Ed. (3485)
Potato sticks
1994 Ed. (2901)
Potatoes
2007 Ed. (4873)
2006 Ed. (4877)
2004 Ed. (2003)
2003 Ed. (2573, 3967, 3968)
2001 Ed. (2555, 4669)
1999 Ed. (4702)
1998 Ed. (1768, 3658)
1996 Ed. (3774)
1993 Ed. (1749)
1992 Ed. (2110, 2111, 2198)
1991 Ed. (1867)
1990 Ed. (1962)
Potatoes, baked
1998 Ed. (2497)
Potatoes, mashed
2003 Ed. (3924, 3925)
Potatoes, mashed dry
2002 Ed. (3745)
Potatoes/onion rings
2000 Ed. (4146, 4164)
Potatoes, specialty
2003 Ed. (3924, 3925)
Potatoes, specialty dry
2002 Ed. (3745)
Potatos
1999 Ed. (1807)
Potbelly Sandwich Works
2008 Ed. (2733)
2007 Ed. (4135, 4136, 4137)
2005 Ed. (3276)
Potential Industries Inc.
2003 Ed. (2427, 2542, 3724)
1998 Ed. (3030)
1997 Ed. (3277)
Potholders/mitts
2001 Ed. (3039)
Potlatch Corp.
2008 Ed. (2139, 2141, 2764, 2765, 4122)
2007 Ed. (2635, 2639, 2640, 3773, 3774)
2006 Ed. (2073, 2076, 2080, 2081, 2086, 2655, 3773, 3776, 3777, 3778, 3779)
2005 Ed. (2668, 2669, 2670, 3675, 3680, 3681, 3682)
2004 Ed. (2676, 2677, 2678, 3760, 3765, 3766)
2003 Ed. (2541, 2542, 3712, 3722, 3726)
2002 Ed. (3575)
2001 Ed. (1044, 3641)
2000 Ed. (2256, 3407)
1999 Ed. (1553, 2491, 3689)
1998 Ed. (1752, 2424, 2738, 2740)
1997 Ed. (2068, 2991, 2993)
1996 Ed. (2902, 2906)
1995 Ed. (2828, 2832)
1994 Ed. (2723, 2725, 2726, 2732)
1993 Ed. (2764, 2765)
1992 Ed. (1237, 3329)
1991 Ed. (2667, 2668)
1990 Ed. (2500, 2760, 2761, 2766)
1989 Ed. (1915, 2112)
Potlatch Credit Union
2004 Ed. (1947)
2003 Ed. (1907)
2002 Ed. (1848)
Potlatch No. 1 Credit Union
2008 Ed. (2229)
2007 Ed. (2114)
2006 Ed. (2193)
2005 Ed. (2098)
2004 Ed. (1956)
2003 Ed. (1916)
2002 Ed. (1862)
Potomac
1990 Ed. (2062)
Potomac Electric
2001 Ed. (3868)
1998 Ed. (1388)
1996 Ed. (1616, 1617)
1995 Ed. (1639, 1640, 3325)
1993 Ed. (1502, 1558, 3251, 3463)
1990 Ed. (1602, 1603)
1989 Ed. (1298, 1299)
Potomac Electric Power Co.
2008 Ed. (2168)
2005 Ed. (2003)
2004 Ed. (1886)
2003 Ed. (1851)
2001 Ed. (1687, 3869)
1997 Ed. (1696)
1994 Ed. (1312, 1597, 1598, 3245)
1992 Ed. (1900, 1901, 4422)
1991 Ed. (1499, 1500, 1444, 1489, 3472)
1990 Ed. (3683)
Potomac Electric Power Company
1989 Ed. (2902)
Potomac Graphic Industries
1996 Ed. (3482)
Potomac Management Group Inc.
2003 Ed. (2743, 2747, 2748)
Potomac OTC
2000 Ed. (3225)
Potomac OTC Plus
2004 Ed. (3603, 3604)
2000 Ed. (3274)
Potomac OTC Plus Fund
2000 Ed. (3268, 3273)
Potomac OTC Short
2004 Ed. (3552)
2000 Ed. (3294)
Potomac US Plus
2006 Ed. (3624)
Potomac US Short
2004 Ed. (3552, 3554)
Pots and pans
1993 Ed. (2109)
Potter Anderson & Caroon
2001 Ed. (784)
Potter Anderson & Corroon
2000 Ed. (3199)
1999 Ed. (2843)
Potter Distillers
1991 Ed. (2325)
1990 Ed. (2459)
Potter Dodge Inc,; Luke
1991 Ed. (269, 274, 276, 277)
Potter Dodge Inc.; Luke
1993 Ed. (268)
1992 Ed. (378, 379, 382, 415, 417, 418, 377)
1990 Ed. (305, 306, 308)
Potter; Harry
2006 Ed. (649)
Potter; Michael
2005 Ed. (4874)
Potter; Myrtle
2007 Ed. (2506)
2006 Ed. (2526)
Potter Warburg
1997 Ed. (745, 746, 748)
1995 Ed. (765, 766, 767, 768, 769)
1993 Ed. (1638, 2358)
Potter's Home Center
1997 Ed. (834)
Pottery Barn
2008 Ed. (3001)
2007 Ed. (2881)
2006 Ed. (2888)
PotteryBarnKids.com
2006 Ed. (2381)

Pottruck; David
1997 Ed. (1797)
Potugal
1996 Ed. (1963)
Poudre Valley Health Care Inc.
2007 Ed. (1668)
2006 Ed. (1660)
Poudre Valley Hospital
2008 Ed. (3062)
2006 Ed. (2921)
Poughkeepsie, NY
2007 Ed. (2996)
Poughkeepsie Savings Bank
1994 Ed. (3530)
Poulan/Weed Eater
1998 Ed. (2343, 2344)
Poulos Bros.
2002 Ed. (3770)
Poultry
2008 Ed. (2732)
2007 Ed. (2515)
2003 Ed. (2565)
2002 Ed. (2216)
2000 Ed. (4140, 4146, 4164)
1998 Ed. (1709, 1768)
1996 Ed. (2899)
1990 Ed. (1961)
1989 Ed. (1663)
Poultry, cured/cooked
2003 Ed. (3344)
Poultry farming
2002 Ed. (2223)
Poultry, frozen
1996 Ed. (3617)
1994 Ed. (3647)
Poultry, frozen unprepared
1999 Ed. (4507, 4508)
1998 Ed. (3433)
Poultry processing
2004 Ed. (2292)
Poultry products
2002 Ed. (3492)
Poultry, skinless/boneless
2003 Ed. (3344)
Poultry slaughtering & processing
1995 Ed. (2502)
Pounce
2002 Ed. (3649)
1999 Ed. (3782)
1997 Ed. (3078)
1996 Ed. (2999)
1994 Ed. (2837)
1993 Ed. (2823)
1992 Ed. (3416)
1990 Ed. (2817)
1989 Ed. (2201)
pound; British
2008 Ed. (2275)
pound; Egyptian
2008 Ed. (2274)
pound; U.K.
2008 Ed. (2273)
Pouw & Associates
2008 Ed. (3698)
POV
2001 Ed. (3197)
2000 Ed. (3479)
Povazska cementaren a.s.
2002 Ed. (4470)
Povazske strojarne
2000 Ed. (809)
1999 Ed. (805, 806)
Poverty
1990 Ed. (276)
Povey Chevrolet
1991 Ed. (306)
Pow, Kasa Oszczednosci BP
2002 Ed. (553)
Powder, baby
2002 Ed. (422)
Powder River Coal Co.
2006 Ed. (1047)
2001 Ed. (1902, 1903)
Powdered drinks
2002 Ed. (697, 698)
2001 Ed. (687, 688)
2000 Ed. (711, 712)
1989 Ed. (731)
Powderject Pharmaceuticals
2000 Ed. (4131)
PowderJect Pharmaceuticals plc
2005 Ed. (4675)
2003 Ed. (683)
Powell, Adams & Rinehart of Ogilvy Public Relations Group
1992 Ed. (3581)
Powell Capital Markets Inc.
2006 Ed. (192)
1999 Ed. (732)
1998 Ed. (471)
1993 Ed. (3191)
Powell Cooper & Drew
1999 Ed. (3940)
Powell; Dennis
2008 Ed. (969)
2007 Ed. (1053)
2006 Ed. (957)
2005 Ed. (993)
Powell Duffryn plc
2002 Ed. (4673)
2001 Ed. (4624)
1999 Ed. (1645)
Powell Electronics Inc.
2008 Ed. (2468)
2005 Ed. (2350)
2004 Ed. (2250)
2002 Ed. (2090)
2001 Ed. (2207)
2000 Ed. (1766)
1999 Ed. (1985)
1998 Ed. (1411)
1996 Ed. (1636)
Powell, Goldstein, Frazer & Murphy
2005 Ed. (1437)
2001 Ed. (565)
1993 Ed. (2391)
1992 Ed. (2828)
1991 Ed. (2279)
1990 Ed. (2413)
Powell Goldstein Frazer & Murphy LLP
2007 Ed. (3307)
Powell Goldstein LLP
2008 Ed. (3025)
Powell Hospital District
2008 Ed. (2178)
Powell Tate
2000 Ed. (3630, 3670)
1999 Ed. (3914, 3956)
1998 Ed. (2939, 2961)
1997 Ed. (3182, 3212)
1996 Ed. (3103, 3105, 3135)
1995 Ed. (3007, 3032)
1994 Ed. (2946, 2972)
Powells.com
2007 Ed. (2322)
Power
2008 Ed. (760, 761)
2007 Ed. (2853)
1998 Ed. (2750)
1996 Ed. (1918)
1993 Ed. (1533)
1992 Ed. (1877, 1878)
Power & Motoryacht
1992 Ed. (3372)
Power & Motoyacht
2008 Ed. (151)
Power Bar
2002 Ed. (1976)
2000 Ed. (2383, 4065)
The Power Broker: Robert Moses & the Fall of New York
2006 Ed. (584)
Power City Electric Inc.
2006 Ed. (4384)
Power Company Industrial Development Corp.
2001 Ed. (804)
Power Construction Co.
2008 Ed. (1295, 1329)
2007 Ed. (1386)
2006 Ed. (1308, 1337)
2001 Ed. (1398)
1998 Ed. (891)
Power Construction Co. LLC
2002 Ed. (1182, 1230)
Power Contracting & Engineering Co.
2000 Ed. (1200)
1999 Ed. (1321, 1326, 1383)
1995 Ed. (1136, 1175)
1994 Ed. (1156)
1993 Ed. (1098, 1149)
1992 Ed. (1371, 1434)
Power Corporation of Canada
2008 Ed. (1623, 1626)
2007 Ed. (1617, 1626)
2006 Ed. (1598)
2001 Ed. (1660)
Power Credit Union
2002 Ed. (1837)
Power districts
2001 Ed. (2153)
Power Electronics of Minebea Co., Ltd.
2004 Ed. (1871)
2002 Ed. (1783)
POWER Engineers Inc.
2004 Ed. (1285, 2365, 2368, 2380)
Power E*Trade
2006 Ed. (662)
Power Financial Corp.
2008 Ed. (1626, 1647, 1649, 1652, 1653, 4531)
2007 Ed. (1626, 1627, 1639, 1640, 1641, 1644, 1645, 1646, 1647, 2574, 4573, 4575)
2006 Ed. (1614, 1616, 1621, 1622, 1626, 1627, 1628)
2005 Ed. (1712, 1722, 1723)
2003 Ed. (1639, 2482)
2002 Ed. (2268)
1999 Ed. (2437)
1997 Ed. (2009)
1996 Ed. (1918, 1919)
1995 Ed. (1875)
1992 Ed. (2153)
Power Flux System
1992 Ed. (3551)
Power-generation Equipment
2000 Ed. (1895)
Power Holdings LLC
2007 Ed. (931, 3381)
Power House Gym
2000 Ed. (2424)
Power Integrations
2001 Ed. (2190)
Power Lift
2000 Ed. (1098, 4043)
1998 Ed. (754)
Power Line Constructors Inc.
1999 Ed. (4810)
Power Makers Credit Union
2004 Ed. (1929)
Power New Zealand
1999 Ed. (3622)
Power Corp. of Canada
2008 Ed. (1635, 1646, 1647, 1653)
2007 Ed. (1630, 1639, 1645, 1646, 1647)
2006 Ed. (1614, 1616, 1626, 1627)
2005 Ed. (1483, 1708)
2003 Ed. (1639, 2089)
2002 Ed. (1995)
1999 Ed. (1888)
1997 Ed. (1641)
1996 Ed. (1564)
The Power of Now: A Guide to Spiritual Enlightenment
2005 Ed. (726)
The Power of 1
2006 Ed. (3543)
Power-One Inc.
2006 Ed. (4070, 4469)
2004 Ed. (4491)
2002 Ed. (2479, 2808, 4502)
Power 1 Credit Union
2006 Ed. (2174)
Power/PowerPC
2001 Ed. (3302)
Power Presses
2000 Ed. (4323)
Power producers
2008 Ed. (1638)
Power Rangers
2001 Ed. (4606)
2000 Ed. (4274, 4278, 4279)
1998 Ed. (3599)
1997 Ed. (3776)
1996 Ed. (3723)
Power Set
1990 Ed. (3620)
Power Strip, 6-Outlet, 6-ft. Cord
1990 Ed. (3040)
1989 Ed. (2323)
Power Technology Solutions
2007 Ed. (2022)
Power Toyota Cerritos
2008 Ed. (284)
Power Wheels Extreme Machine
2000 Ed. (4276)
Powerade
2008 Ed. (4488, 4489, 4490, 4491, 4492, 4493)
2007 Ed. (4509, 4511, 4513)
2006 Ed. (4453, 4454, 4455)
2005 Ed. (4448)
2004 Ed. (4481)
2003 Ed. (4517, 4518, 4519, 4520)
2000 Ed. (4091)
1996 Ed. (3497)
1995 Ed. (3432)
Powerball
2008 Ed. (3526)
Powerball.com
2007 Ed. (3230)
PowerBar
2008 Ed. (4444)
2003 Ed. (4456, 4459)
PowerBurst
1994 Ed. (687)
Powerchip
2008 Ed. (4310)
Powerchip Semi
2006 Ed. (3037)
Powerco Credit Union
2008 Ed. (2226)
2007 Ed. (2111)
2006 Ed. (2190)
2005 Ed. (2095)
2004 Ed. (1953)
2003 Ed. (1913)
Powercor
2004 Ed. (1630)
2002 Ed. (4708)
Powerex
2006 Ed. (2023)
2005 Ed. (1965)
Powerfin
1997 Ed. (1367)
PowerGen
2003 Ed. (1434)
1999 Ed. (1639)
Powergen U.K. plc
2001 Ed. (3949)
Powerhouse
2005 Ed. (2811)
2001 Ed. (2220)
Powerhouse Gym
2006 Ed. (2787)
Powerhouse Technologies Inc.
2001 Ed. (1801)
Powerlan
2002 Ed. (1584, 1589, 1592)
PowerLight
2006 Ed. (2433)
2005 Ed. (2392)
PowerPact LLC
2006 Ed. (3414)
2005 Ed. (3405, 3408)
PowerPC
2001 Ed. (3303)
PowerPlus
2008 Ed. (2483)
PowerPoint
1996 Ed. (1075)
PowerPoint in Office Windows
1996 Ed. (1075)
PowerQuest Corp.
2000 Ed. (2399)
PowerQuest Corporation
2000 Ed. (2450)
PowerRider
1997 Ed. (2390)
Powers
1994 Ed. (754)
1990 Ed. (2464)
Powers & Sons Construction Co., Inc.
2007 Ed. (3553, 4411)
2006 Ed. (3512, 4351)
2005 Ed. (173)
Powers Gold Label
1998 Ed. (2375)
1997 Ed. (2645)
Powers; Larry
2007 Ed. (2512)
2006 Ed. (2531)
Powers; Lillian Rooney
1994 Ed. (896, 1057)

Powers Supermarket Ltd.
1990 Ed. (1387)
PowerSki International
2005 Ed. (3385)
Powersoft Corp.
1996 Ed. (1212)
1995 Ed. (3207)
PowerSports Network
2008 Ed. (3620)
Powerstation
2000 Ed. (3496)
Powertek
1999 Ed. (1570)
PowerVision Corp.
2007 Ed. (1211)
Powervision-Digital Ultrasound
2001 Ed. (3270)
Powerwave Technologies Inc.
2007 Ed. (4532)
1998 Ed. (1880)
Powerwave Technology Inc.
2001 Ed. (2867)
2000 Ed. (3387)
Powerway
2004 Ed. (2204)
Powszechna Bank Kredytowy SA w Warszawie
2002 Ed. (538, 636)
Powszechna Kasa Oszczednosci
1997 Ed. (596, 597)
1996 Ed. (470)
1995 Ed. (441, 459, 589, 590)
Powszechna Kasa Oszczednosci-Bank Panstowy
1996 Ed. (658, 659)
1994 Ed. (619, 620)
Powszechna Kasa Oszczednosci BP
2002 Ed. (538)
2000 Ed. (649)
Powszechna Kasa Oszczednosci BP-State Savings
2002 Ed. (636)
Powszechna Kasa Oszczedosci
2000 Ed. (484)
Powszechny Bank Godspodarczy
1997 Ed. (596)
Powszechny Bank Gospodarczy
1996 Ed. (658)
1994 Ed. (619)
Powszechny Bank Gospodarczy SA w Lodzi
1997 Ed. (597)
1996 Ed. (659)
1995 Ed. (590)
Powszechny Bank Kreditowy
1994 Ed. (619)
Powszechny Bank Kredytowy
2003 Ed. (492)
2000 Ed. (649)
1997 Ed. (596)
Powszechny Bank Kredytowy SA
1999 Ed. (624)
1997 Ed. (597)
Powszechny Bank Kredytowy SA w Warszawie
1996 Ed. (658, 659)
1995 Ed. (590)
Powter's Stop the Madness; Susan
1997 Ed. (2389)
Poyner & Spruill
2001 Ed. (881)
PP & L, Inc.
2001 Ed. (2145)
PP & L Resources
1998 Ed. (1388)
1997 Ed. (1695, 1696)
PP&L Resources
2000 Ed. (3674)
PPB Group Berhad
2008 Ed. (3570)
PPC
2006 Ed. (4999)
PPC Industries
1989 Ed. (337)
PPG
1990 Ed. (2758)
PPG Canada
2008 Ed. (915)
2007 Ed. (936)
2001 Ed. (1223)
2000 Ed. (1027)
1997 Ed. (960)
1996 Ed. (932)
1994 Ed. (924)
1992 Ed. (1114)
PPG Industries Inc.
2008 Ed. (908, 929, 1017, 1466, 2041, 2042, 2046, 2047, 2048, 2049, 3011, 3843, 3844)
2007 Ed. (924, 925, 926, 927, 928, 933, 949, 954, 1137, 1472, 1952, 1955, 1956, 2889, 3763, 3764)
2006 Ed. (840, 843, 844, 845, 846, 851, 861, 865, 1048, 1983, 1987, 1989, 1990, 1991, 3422, 3766, 3767)
2005 Ed. (931, 937, 940, 941, 942, 943, 947, 955, 958, 1039, 1614, 1946, 1948, 1949, 1950, 1951, 1952)
2004 Ed. (941, 946, 947, 950, 951, 954, 964, 1032, 1843, 4097)
2003 Ed. (773, 779, 936, 937, 940, 1810, 1811, 2287, 2874, 4071)
2002 Ed. (987, 988, 989, 990, 991, 995, 1012, 1752, 3592, 3968)
2001 Ed. (1048, 1049, 1176, 1183, 1221, 2815)
2000 Ed. (1018, 1019, 1023, 1024, 1201, 1534, 2590, 3056, 3423, 3517)
1999 Ed. (1081, 1083, 1084, 1086, 1097, 1322, 1723, 2816, 3295, 3713)
1998 Ed. (694, 695, 700, 701, 702, 705, 886, 2060)
1997 Ed. (952, 954, 955, 957, 958, 1497, 2982, 2983, 3025)
1996 Ed. (349, 351, 922, 923, 925, 926, 1023, 1241, 2915, 2937)
1995 Ed. (325, 951, 953, 954, 956, 1473, 2864)
1994 Ed. (326, 328, 791, 792, 799, 915, 918, 1439, 2767)
1993 Ed. (341, 771, 772, 774, 783, 902, 919, 1385, 2773)
1992 Ed. (466, 468, 980, 981, 1110, 1111, 1122, 1238, 2162, 3324, 3325, 3326, 3346)
1991 Ed. (335, 337, 800, 901, 904, 907, 2383, 2681)
1990 Ed. (386, 387, 837, 844, 932, 943, 961, 1158, 2780)
1989 Ed. (334, 823, 883, 886, 1516)
PPG Scandinavia
2005 Ed. (1753)
PPG Scandinavia SA
2007 Ed. (1679)
PPGH
2003 Ed. (126)
2002 Ed. (155)
2001 Ed. (184)
PPGH Groep
1989 Ed. (138)
PPGH/JWF Groep
1993 Ed. (120)
PPGH (JWT)
2000 Ed. (147)
PPGH/JWT Groep
1999 Ed. (129)
1997 Ed. (122)
1996 Ed. (118)
1995 Ed. (102)
1994 Ed. (103)
1992 Ed. (183)
PPGH/JWT Group
1991 Ed. (129)
1990 Ed. (130)
PPi Technologies
2003 Ed. (2715)
2002 Ed. (2490)
PPL Corp.
2008 Ed. (2426)
2007 Ed. (2294)
2006 Ed. (2353, 2356, 2359, 2360, 2443)
2005 Ed. (2293, 2309, 2310, 2401)
2004 Ed. (2194, 2196, 2197, 2321)
2003 Ed. (1714)
2001 Ed. (3948)
PPL Energy Services
2003 Ed. (1235)
PPL Energy Services Group
2008 Ed. (1239, 1245, 1246, 1249)
PPL Energy Services Holdings
2003 Ed. (1236, 1307, 1314, 1338)
PPL Energy Services Holdings LLC
2008 Ed. (1243, 1332, 4002)
2007 Ed. (1351, 1388, 3977, 3979)
2006 Ed. (1257, 1258, 1259, 1261, 1340)
2005 Ed. (1287, 1288, 1289, 1291, 1343)
PPL Montana LLC
2008 Ed. (1959)
2007 Ed. (1895)
2006 Ed. (1913)
2005 Ed. (1891)
2004 Ed. (1808)
2003 Ed. (1771)
PPM America Inc.
2000 Ed. (2845)
PPO Alliance
1998 Ed. (2912)
1990 Ed. (2894, 2897)
PPO Alliance/OneSource Health Network
1999 Ed. (3883)
PPOM (Preferred Provider Organization of Michigan)
1991 Ed. (2760)
1990 Ed. (2896)
PpoNEXT
2005 Ed. (3883)
PPR
2007 Ed. (4193, 4952)
2001 Ed. (4512)
PPR SA
2008 Ed. (4236)
2007 Ed. (4202)
PPS Group
2002 Ed. (3853, 3868, 3870)
PR!
2005 Ed. (719)
PR Associates
1999 Ed. (3931)
The PR Connection
1997 Ed. (3203)
PR Exchange
1995 Ed. (3003)
PR Organisation International
1995 Ed. (720)
PR Partners
2003 Ed. (4011)
PR Response
1998 Ed. (3482)
P.R. Telephone Co.
1992 Ed. (73)
PR Week
1995 Ed. (2894)
PRA International
2007 Ed. (2786)
2006 Ed. (2785)
Prab Robots
1991 Ed. (2902)
Praco Ltd.
2008 Ed. (121, 4993)
2007 Ed. (110, 111, 4990)
2006 Ed. (4993)
2005 Ed. (4994)
2004 Ed. (113, 4988)
Praco Public Relations & Advertising Co.
2005 Ed. (112)
Practical
1997 Ed. (314)
1996 Ed. (333)
Practical Homeowner
1992 Ed. (3389)
Practical Rent-A-Car
1989 Ed. (1487)
The Practice
2003 Ed. (4716)
Practice Builders
1997 Ed. (1587)
The Practice of Management
2005 Ed. (718)
Prad Alliance
1992 Ed. (183)
1991 Ed. (129)
1990 Ed. (130)
1989 Ed. (138)
Prada
2008 Ed. (659)
2007 Ed. (693)
Prada Industrial SpA
2004 Ed. (3249)
Prada; Miuccia
2007 Ed. (1102, 4977)
Pradeep Sindhu
2002 Ed. (3346, 3358)
Praecis Pharmaceuticals, Inc.
2003 Ed. (2742)
Praegitzer Industries
1995 Ed. (2097)
Prager
1991 Ed. (2981)
Prager, McCarthy & Lewis
1993 Ed. (2263, 3135, 3167, 3171)
Prager, McCarthy & Sealy
1997 Ed. (2482, 2483)
1996 Ed. (2349)
1995 Ed. (2332)
Pragma
2000 Ed. (59)
1994 Ed. (1068, 1070)
1992 Ed. (2743, 1289)
Pragma/DMB & B
2001 Ed. (196)
2000 Ed. (158)
1999 Ed. (141)
Pragma/FCB
1989 Ed. (82)
Pragma FCB Publicadad
1995 Ed. (45)
Pragma/FCB Publicidad
1999 Ed. (56)
1997 Ed. (58)
1994 Ed. (69)
1993 Ed. (79)
Pragma/FCB Publicidade
1992 Ed. (119)
1991 Ed. (73)
1990 Ed. (76)
Pragobanka AS
1999 Ed. (500)
1997 Ed. (447, 448)
Praha Enbra
2001 Ed. (289)
Praico
1996 Ed. (1227)
Prairie Credit Union
2008 Ed. (2251)
2007 Ed. (2136)
2006 Ed. (2215)
2005 Ed. (2120)
2004 Ed. (1978)
2003 Ed. (1938)
2002 Ed. (1884)
Prairie Dairy Farms
2001 Ed. (2476)
Prairie Farms
2008 Ed. (3670)
2003 Ed. (3411)
2001 Ed. (1168, 2833, 3309, 3310, 3312)
2000 Ed. (1015, 2597, 3133, 3134, 4150)
Prairie Farms Dairy Inc.
2008 Ed. (2781, 3124, 3669)
2000 Ed. (1635)
1999 Ed. (197, 1813)
1998 Ed. (1240)
1997 Ed. (177)
Prairie Island
1990 Ed. (2721)
Prairie Island-2
1990 Ed. (2722)
Prairie Material Sales Inc.
2008 Ed. (4063)
2007 Ed. (4035)
2006 Ed. (4000)
Prairie Municipal Bond A
1996 Ed. (614)
The Prairie Provinces, Canada
1993 Ed. (1446)
Prairie Star Associates LLC
2007 Ed. (1981)
Prairie View A & M University
2007 Ed. (2276)
Prairieland Credit Union
2006 Ed. (2168)
Prakit & FCB
1993 Ed. (141)
1992 Ed. (214)
1991 Ed. (156)
1990 Ed. (156)

Prakit & FCB Public Co.
1999 Ed. (162)
1997 Ed. (152)
1996 Ed. (146)
1994 Ed. (122)
Prakit /FCB
2003 Ed. (157)
1989 Ed. (168)
Prakit Publicis
2002 Ed. (197)
2001 Ed. (224)
2000 Ed. (180)
PRandox Labs
2006 Ed. (2066)
Pratama Advertising
1995 Ed. (84)
1994 Ed. (95)
1993 Ed. (108)
Pratama Bozell
2000 Ed. (105)
Pratt
2002 Ed. (4986)
1996 Ed. (1576)
1995 Ed. (2529)
Pratt & Lambert
1995 Ed. (2825)
1994 Ed. (2719)
1993 Ed. (2761)
1991 Ed. (2666)
1990 Ed. (2757)
Pratt & Whitney
2001 Ed. (271, 2268)
Pratt & Whitney Canada
2008 Ed. (2932)
2007 Ed. (2819)
2005 Ed. (2830)
2004 Ed. (2825)
1997 Ed. (3301)
1996 Ed. (2107)
1994 Ed. (2048)
1992 Ed. (1879)
Pratt; Edmund T.
1990 Ed. (975)
Pratt Hospital; Sheppard & Enoch
2008 Ed. (4084)
Pratt Hotel
1995 Ed. (203, 206)
1993 Ed. (2079)
1992 Ed. (2466)
1991 Ed. (1937)
1990 Ed. (1165)
Pratt/Pfizer
1995 Ed. (1589)
Pratt Properties
2000 Ed. (4430)
1999 Ed. (4811)
1998 Ed. (3761)
Pratt; Richard
2008 Ed. (4842)
Pravachol
2006 Ed. (2312)
2001 Ed. (2110)
1994 Ed. (1560, 2462)
Pravda
1989 Ed. (2062)
Praveen Napate
1997 Ed. (1973)
Pravin Shah
1997 Ed. (1973)
Praxair Inc.
2008 Ed. (905, 919, 920, 924, 1697, 1698, 1699, 3011, 3603)
2007 Ed. (921, 924, 928, 930, 932, 933, 942, 943, 958, 1673, 1674)
2006 Ed. (840, 843, 845, 846, 850, 851, 855, 857, 1666, 1668, 3422, 4077)
2005 Ed. (931, 938, 939, 941, 942, 943, 945, 947, 1505, 3409)
2004 Ed. (940, 941, 948, 949, 950, 951, 952, 954, 964, 1489, 1689, 1691, 2897, 3398)
2003 Ed. (932, 933, 938, 940, 941, 1459, 1661, 1662, 2786)
2002 Ed. (987, 989, 1439, 1629, 2392)
2001 Ed. (1176, 1177, 1178, 1181, 1209, 2585, 2587)
2000 Ed. (1017, 1020, 1022, 1023, 1033, 2319)
1999 Ed. (1078, 1081, 1085, 1086, 2855, 2857)
1998 Ed. (693, 697, 699, 703, 1804, 2429)
1997 Ed. (951, 974, 3725)
1995 Ed. (1368)
1994 Ed. (1206)
Praxair Canada
1997 Ed. (960)
Praxair Distribution Inc.
2004 Ed. (1760)
2003 Ed. (1723)
Praxair Inc
1998 Ed. (709)
Praxair Technology
2003 Ed. (936)
Pray Audi Corp.
1996 Ed. (264)
1995 Ed. (260)
1994 Ed. (261)
1993 Ed. (292)
1991 Ed. (302)
1990 Ed. (335)
Pray Audi Corporation
1992 Ed. (407)
Pray Porsche
1995 Ed. (284)
1994 Ed. (281)
1993 Ed. (282)
Pray Saab
1996 Ed. (287)
1995 Ed. (289)
1994 Ed. (283)
1993 Ed. (285)
The Prayer of Jabez
2003 Ed. (717, 719)
Prayer of Jabez Devotional
2003 Ed. (717)
The Prayer of Jabez for Kids
2003 Ed. (712)
The Prayer of Jabez for Little Ones
2003 Ed. (712)
Prayer of Jabez for Women
2004 Ed. (740)
Prazska Teplaren
1999 Ed. (3870)
PRC Environmental Management Inc.
1996 Ed. (1662)
PRCA Rodeo
1994 Ed. (1100)
Pre
1993 Ed. (3326)
1992 Ed. (3982)
PRE Holding Inc.
2003 Ed. (2258)
Pre-menstrual remedies
2002 Ed. (321)
Pre-Paid Legal Services
2000 Ed. (279, 4042)
1999 Ed. (259)
1997 Ed. (226)
1993 Ed. (2911)
1989 Ed. (2669)
Pre-press services
1999 Ed. (3893)
Pre-priced shippers
1990 Ed. (1185)
Pre-recorded music/video
2001 Ed. (3918)
Pre-shave products
2002 Ed. (4633)
Pre-Sun
1997 Ed. (3658)
1996 Ed. (3605)
Preach Life, AZ
1997 Ed. (2440)
Preach Life, NJ
1997 Ed. (2440)
Preakness Hospital
1990 Ed. (1739)
PreCash
2007 Ed. (2565)
Precedent
2001 Ed. (1444)
Precept
2000 Ed. (906, 907, 908, 909, 910)
1995 Ed. (855)
1994 Ed. (804)
1993 Ed. (787)
Precept Business Products
1999 Ed. (961)
Precidia Technologies Inc.
2005 Ed. (2777)
Precimed SA
2008 Ed. (574, 2097, 2908)
Precious
2001 Ed. (1169)
Precious Homes
2005 Ed. (1214)
2004 Ed. (1188)
2003 Ed. (1182)
Precious metals
2004 Ed. (2449)
2003 Ed. (3500)
1992 Ed. (3205)
Precious metals/minerals
2006 Ed. (3011)
2005 Ed. (3014, 3016)
Precious Natural Cheese
2003 Ed. (924)
Precious Shipping
2008 Ed. (2117)
Precious Shipping Lines
1997 Ed. (3511)
Precious stones & jewelry
1999 Ed. (2110)
Precision Aerotech Inc.
1997 Ed. (1257)
Precision Castparts Corp.
2008 Ed. (157, 160, 161, 2028, 2029, 2142, 3651, 3666)
2007 Ed. (173, 176, 177, 178, 1946, 1947, 3477, 3478, 3496)
2006 Ed. (174, 175, 176, 1975, 1976, 3454, 3472)
2005 Ed. (160, 3445, 3459, 3460, 3464)
2004 Ed. (162, 3430, 3445, 3446)
2003 Ed. (197, 198, 200, 208, 1807, 3364, 3375)
2002 Ed. (240, 1772)
2001 Ed. (265, 266)
2000 Ed. (3323)
1999 Ed. (185)
1994 Ed. (140)
1993 Ed. (155, 156, 158, 1384, 2536)
1992 Ed. (252, 3028)
1991 Ed. (182)
1990 Ed. (190)
1989 Ed. (2636)
Precision Chrysler-Plymouth-Dodge Inc.
1992 Ed. (382, 412)
1991 Ed. (277, 307)
Precision Computer Services Inc.
2007 Ed. (3542, 3543, 4404)
2006 Ed. (3505, 4344)
Precision Concrete Construction
2008 Ed. (1293)
2006 Ed. (1279, 1307)
Precision Concrete Cutting
2008 Ed. (754)
Precision Dodge
1990 Ed. (341)
Precision Door Service
2008 Ed. (2391)
2005 Ed. (2263)
Precision Drilling
2007 Ed. (3865)
2000 Ed. (1399)
1997 Ed. (2962)
1994 Ed. (2694)
Precision Drilling Trust
2008 Ed. (1554, 1621, 3917)
Precision Electronics
1992 Ed. (1683)
Precision Environmental Co., Inc.
2008 Ed. (1254)
2007 Ed. (1356)
2006 Ed. (1265)
2005 Ed. (1296)
2004 Ed. (1245, 1251)
2003 Ed. (1242, 1248)
2002 Ed. (1231, 1235)
2001 Ed. (1471)
Precision Hardboard Components Inc.
2008 Ed. (4994)
Precision Marketing
1995 Ed. (2894)
Precision of New Hampton
2006 Ed. (4352)
Precision production occupations
1989 Ed. (2082)
Precision production workers
1998 Ed. (1326, 2694)
Precision Q-I-D
2002 Ed. (1972)
Precision Qid
2003 Ed. (2050)
Precision Response Corp.
2005 Ed. (4645, 4648)
2001 Ed. (4463)
2000 Ed. (4195)
1999 Ed. (2450, 4557, 4558)
1998 Ed. (3481)
Precision Software, Inc.
1991 Ed. (3282)
Precision Trading Corp.
2008 Ed. (2645)
2003 Ed. (2421)
2002 Ed. (2545, 2564)
2001 Ed. (2716)
2000 Ed. (2467, 4386)
1999 Ed. (2683, 4756)
1998 Ed. (1940, 3711)
1997 Ed. (2218, 3872)
1996 Ed. (2112, 3823)
1995 Ed. (2103, 2104, 2501)
1993 Ed. (2040)
1992 Ed. (2402, 2403, 2404, 2405)
1991 Ed. (1909, 1910)
1990 Ed. (2010, 2011, 2012)
Precision Tune
1992 Ed. (2226)
Precision Tune Auto Care
2008 Ed. (317)
2007 Ed. (330)
2006 Ed. (345)
2004 Ed. (328)
Precision 2000 Inc.
2006 Ed. (2830)
Precision Walls Inc.
2008 Ed. (1268)
2007 Ed. (1372, 3585, 3586)
2006 Ed. (1297, 1333, 4370)
2005 Ed. (1324)
2004 Ed. (1319)
2003 Ed. (1319)
Precisionaire
1995 Ed. (2097)
Preco Inc.
2001 Ed. (1728)
Precoat Metals
2007 Ed. (3497)
Precor
2001 Ed. (2349)
1993 Ed. (1707)
1992 Ed. (2065)
1991 Ed. (1634)
Precose Tablets
1999 Ed. (1910)
Precursor Group
2007 Ed. (3275)
2006 Ed. (3206, 3207)
Pred Forte
1995 Ed. (2810)
Predator
2008 Ed. (553)
Predica
2002 Ed. (2937)
1999 Ed. (2919)
1997 Ed. (2422)
1994 Ed. (2235)
1992 Ed. (2709)
Predica/Pacifica
1999 Ed. (2917)
Prednisone
1996 Ed. (2014)
1994 Ed. (1966)
1993 Ed. (1939)
Preemptive Solutions
2008 Ed. (1153)
Prefabricated building manufacturing
2002 Ed. (2781, 2782)
Prefac Enterprises
1990 Ed. (922)
Preference
2001 Ed. (2654, 2655)
PREFERENCE PLUS Account
2000 Ed. (4338)
1999 Ed. (4699)
1998 Ed. (3655)
1997 Ed. (3817)
Preferred Asset Allocation
2000 Ed. (3242, 3243, 3247)

Preferred Bank
2004 Ed. (4719)
Preferred Benefits Inc.
2008 Ed. (3239)
Preferred Care
2008 Ed. (2919, 3647)
2000 Ed. (3598, 3603)
Preferred Care Network
1993 Ed. (2906, 2907)
1990 Ed. (2895)
Preferred Cos., Inc.
2007 Ed. (3599, 3600)
Preferred Enterprises
1997 Ed. (3914)
Preferred Fixed Income Fund
1999 Ed. (3550)
Preferred Fixtures
2005 Ed. (4528)
Preferred Freezer Services
2008 Ed. (4815)
2007 Ed. (4880)
The Preferred Group
2006 Ed. (4888)
Preferred Health Inc.
2004 Ed. (3083)
Preferred Health Care Ltd.
1993 Ed. (2908)
Preferred Health Network
1999 Ed. (3883)
1998 Ed. (2912)
1997 Ed. (2273, 3159)
1996 Ed. (2157, 3079)
1993 Ed. (2907, 2908)
1990 Ed. (2894, 2897)
Preferred Health Network Midwest
1999 Ed. (3881)
Preferred Hotels
1999 Ed. (2778)
Preferred International
1999 Ed. (3568)
Preferred International Value
2006 Ed. (3670)
2005 Ed. (3573, 4490)
2004 Ed. (3638)
Preferred Management Corp.
1998 Ed. (2549)
1994 Ed. (2577)
Preferred Marketing Inc.
2008 Ed. (3709, 4394)
2007 Ed. (3555, 4420)
Preferred Material Handling Inc.
2007 Ed. (3591)
Preferred Mutual Insurance Co.
2004 Ed. (3093)
Preferred Patient Care Inc.
2002 Ed. (3743)
1998 Ed. (2911)
Preferred Plan Inc.
2002 Ed. (3741)
2001 Ed. (3873)
1999 Ed. (3881)
1998 Ed. (2910)
1990 Ed. (2895)
Preferred Plus of Kansas
1999 Ed. (2646, 2647)
1998 Ed. (1910)
1997 Ed. (2187)
Preferred provider organizations
2003 Ed. (2263, 2837)
1999 Ed. (3291)
Preferred Risk Life Insurance Co.
1991 Ed. (1165)
Preferred Risk Mutual Insurance Co.
1991 Ed. (1165)
Preferred Savings Bank
1998 Ed. (344)
Preferred Staffing Inc.
1998 Ed. (3505)
Preferred Stock
2002 Ed. (2355)
2001 Ed. (3702)
2000 Ed. (3455)
1999 Ed. (3736)
1998 Ed. (2778)
1997 Ed. (3033)
1996 Ed. (2952)
Preferred Stock Dividend Capture
2003 Ed. (3115)
Preferred Systems Solutions Inc.
2006 Ed. (1353, 2094, 2829, 3031)
2005 Ed. (1346, 1994, 3023)
Preferred Trade
2007 Ed. (762)
2006 Ed. (663)
Preferred Value
1999 Ed. (3558)
1998 Ed. (2610)
Preferred Works Inc.
1995 Ed. (992)
PreferredTrade
2005 Ed. (757)
Preglejka A.S.
2001 Ed. (3180)
2000 Ed. (3017)
Pregnancy
2000 Ed. (3496)
Pregnancy complications
1995 Ed. (3798, 3799)
Pregnancy kits
1994 Ed. (1528)
Pregnancy/normal
1995 Ed. (3798, 3799)
Pregnancy tests
2002 Ed. (3641)
Prego
2002 Ed. (4332)
2001 Ed. (4321)
2000 Ed. (2215)
1999 Ed. (2457)
Preiser; Douglas
1995 Ed. (1853)
Prell
1992 Ed. (3946, 4236)
1991 Ed. (3114)
Prell Norm/Dry
1990 Ed. (3269)
Prell Norm/Oily
1990 Ed. (3269)
Prelude
2001 Ed. (492)
2000 Ed. (3309)
Prelude Systems Inc.
2008 Ed. (1134)
Prem Grp.
1991 Ed. (1344)
1990 Ed. (1417)
Prem Lachman
1999 Ed. (2253)
1998 Ed. (1663)
1997 Ed. (1864)
1996 Ed. (1789)
Premarin
2005 Ed. (2252, 2256)
2004 Ed. (2154, 2156)
2003 Ed. (2113, 2115, 2116)
2002 Ed. (3749)
2000 Ed. (1699)
1999 Ed. (1892, 1893, 1898, 3884, 3885, 3886)
1998 Ed. (1341)
1997 Ed. (1647, 1648, 1654, 3161, 3162, 3163)
1996 Ed. (1569, 1570, 1571, 3082, 3083, 3084)
1995 Ed. (1582, 1583, 1587, 1590, 2982, 2983, 2984)
1994 Ed. (1560, 2927, 2928, 2929)
1993 Ed. (2912, 2913, 2914)
1992 Ed. (3524, 3525, 3526)
1991 Ed. (2761, 2763)
1990 Ed. (2898, 2900)
1989 Ed. (2254, 2256)
Premarin Tabs
2001 Ed. (2097)
2000 Ed. (3604, 3605, 3606)
1998 Ed. (2913, 2914, 2915, 2916)
Premark International Inc.
2005 Ed. (1527)
2004 Ed. (4222)
2003 Ed. (4196)
2001 Ed. (4131, 4132)
1999 Ed. (4115)
1998 Ed. (3103, 3104)
1997 Ed. (2239, 2240, 3361, 3362)
1996 Ed. (2129, 2130, 3262, 3263)
1995 Ed. (1272, 2122, 3167, 3168)
1994 Ed. (2073, 2074, 3117, 3118)
1993 Ed. (2054, 3054, 3055, 3576)
1992 Ed. (2432, 2433, 3745, 3746, 4297)
1991 Ed. (1925, 1926, 2903, 2904)
1990 Ed. (1325, 2036, 3065, 3066)
1989 Ed. (1600, 2349)
Premcor Inc.
2007 Ed. (931, 1782)
2006 Ed. (1529, 1666, 1667, 1668, 2724, 3824, 3830, 3861)
2005 Ed. (946, 1467, 1640, 1747, 1748, 1749, 2768, 3729, 3738, 3795)
2004 Ed. (1615, 1689, 1691, 3866, 4338)
2003 Ed. (939, 1553, 1769, 3851)
2002 Ed. (1069, 1568, 1732)
The Premcor Refining Group Inc.
2007 Ed. (1672)
2006 Ed. (1421, 1666)
2005 Ed. (1876)
Premcor USA Inc.
2005 Ed. (1876)
Premdor Inc.
1997 Ed. (1141)
1996 Ed. (1054)
1990 Ed. (1669)
Premeire Credit of North America
2006 Ed. (2594)
Premiair
2001 Ed. (319, 331)
Premier
2003 Ed. (2110)
1999 Ed. (2637, 2754)
Premier Ambulatory Systems
1997 Ed. (1010, 3526)
Premier America Federal Credit Union
1998 Ed. (1233)
Premier Bancorp
1995 Ed. (3312, 3346)
1994 Ed. (583, 583, 3265)
1990 Ed. (686, 687)
1989 Ed. (676, 677)
Premier Bancshares
2000 Ed. (279)
Premier Bandag Inc.
2001 Ed. (4546)
Premier Bank
2002 Ed. (1121)
Premier Bank NA
1997 Ed. (544)
1996 Ed. (588)
1995 Ed. (531)
1994 Ed. (557)
1993 Ed. (555)
1992 Ed. (762)
Premier Bank NA (Baton Rouge)
1991 Ed. (595)
Premier Brands Ltd.
1991 Ed. (961)
1990 Ed. (1032)
Premier Building Systems Inc.
2005 Ed. (1175)
Premier Business Investments
1995 Ed. (853)
Premier Cadillac Inc.
1991 Ed. (305)
1990 Ed. (338)
Premier CDN Enterprises
1997 Ed. (2795)
Premier Chemical Co., Ltd.
1992 Ed. (1119)
1990 Ed. (958)
Premier Circuit Assembly Inc.
2002 Ed. (710)
Premier Communities
2008 Ed. (1195)
Premier Credit Union
2006 Ed. (2173)
Premier Cruise Lines
1999 Ed. (1808)
1998 Ed. (1236)
Premier Cruises
2000 Ed. (1633)
Premier-Curzons Fitness Clubs
2007 Ed. (2787)
Premier disque
1994 Ed. (2720)
Premier Dodge Chrysler Jeep Inc.
2005 Ed. (2020)
2004 Ed. (1894)
2003 Ed. (1858)
Premier Enterprises Inc.
1998 Ed. (2513)
Premier Environmental Services
2008 Ed. (2596)
2007 Ed. (2466)
2006 Ed. (2501)
Premier EuroCase Inc.
2006 Ed. (4994)
Premier Farnell
2000 Ed. (4132)
1999 Ed. (1938, 1987, 1991, 2847)
1998 Ed. (1403, 1406, 1412, 2086)
Premier Farnell plc
2004 Ed. (2244, 4402)
2003 Ed. (2188, 2206, 2245)
2002 Ed. (1993, 2077)
2001 Ed. (2182, 2183, 2203, 2204, 2207, 2208, 2211)
2000 Ed. (1761, 1762, 1771, 2622)
Premier Food
2007 Ed. (2626)
2006 Ed. (2646)
Premier Foods
2008 Ed. (2752)
Premier GNMA
1993 Ed. (2656)
1992 Ed. (3165, 3186)
Premier Group
1995 Ed. (1484)
Premier Health Plan
1991 Ed. (1896)
Premier Industrial Corp.
2005 Ed. (1539)
1997 Ed. (1235, 1684, 1685, 1708, 2365)
1996 Ed. (1607)
1995 Ed. (1624, 1625)
1994 Ed. (1582, 1584, 2177)
1993 Ed. (1543, 1576, 1580, 2162)
1992 Ed. (1308, 1882, 1923, 1924, 2591)
1991 Ed. (1021, 1027, 1531, 2017)
1990 Ed. (1528, 1622, 1625, 3234)
1989 Ed. (1313)
Premier Industries
1989 Ed. (1335)
Premier Maldonado & Associates
2001 Ed. (201)
1999 Ed. (146)
1998 Ed. (64)
1997 Ed. (135)
1996 Ed. (131)
1994 Ed. (112)
Premier Maldonado & Associates (Bozell)
2000 Ed. (163)
Premier Members Credit Union
2006 Ed. (2186)
2005 Ed. (2091)
2004 Ed. (1949)
2003 Ed. (1909)
2002 Ed. (1852)
Premier Members Federal Credit Union
2002 Ed. (1855)
Premier Mortgage Group LLC
2005 Ed. (3913)
Premier Municipal Bond
1994 Ed. (2611)
1993 Ed. (2678, 2698)
1992 Ed. (3167)
Premier Municipal Bond A
1995 Ed. (2689, 2701)
Premier National Bancorp Inc.
2002 Ed. (432, 434, 436)
Premier Oil
2006 Ed. (3856)
1997 Ed. (1417)
Premier Parks Inc.
2000 Ed. (3963)
Premier Parks, Inc./Six Flags
2001 Ed. (378)
Premier Pharmacy
1997 Ed. (2252)
1996 Ed. (2149)
Premier Pools & Spas Inc.
2008 Ed. (4580)
2007 Ed. (4646, 4648, 4649)
2006 Ed. (4649)
Premier Power
2007 Ed. (2039)
2006 Ed. (2067)
2005 Ed. (1988)
Premier Purchasing Partners
2008 Ed. (2892, 2893)
2006 Ed. (2771, 2772, 2773)
2005 Ed. (2918)
2004 Ed. (2928)

Premier Restaurant Equipment
1997 Ed. (2061)
1995 Ed. (1920)
Premier Services Ambulance Inc.
2008 Ed. (3454)
Premier Staffing Inc.
2006 Ed. (3497)
Premier State Municipal Bond MD
1992 Ed. (3146)
Premier System & Peripherals Ltd.
2006 Ed. (3536)
Premier Tax-Exempt Bond
1990 Ed. (2377)
Premier Technology Group Inc.
2005 Ed. (1368)
2003 Ed. (1347)
Premier/Titan Industries
1997 Ed. (1168)
Premier Value Equity Management
2003 Ed. (3128)
Premier Vending Inc.
2006 Ed. (4381)
Premier Video
2001 Ed. (16)
Premiere
2008 Ed. (2871)
2007 Ed. (167)
2003 Ed. (2656)
2001 Ed. (248)
1992 Ed. (3376)
1991 Ed. (2703, 2708)
Premiere Forms
2000 Ed. (908)
Premiere Page
1996 Ed. (3150)
Premiere Partners III
1998 Ed. (1775)
Premiere People
2007 Ed. (1219)
Premiere Video
1997 Ed. (3841)
1996 Ed. (3786)
PremierGarage
2008 Ed. (3334, 4207)
2007 Ed. (3192, 4167)
2006 Ed. (3158)
PremierGarage Systems LLC
2008 Ed. (4994)
PremierPharmacy Management Corp.
1995 Ed. (2137)
Premio
2008 Ed. (4277)
1997 Ed. (698)
Premio Computer Inc.
2007 Ed. (3535, 3536)
2006 Ed. (3498, 4342)
2003 Ed. (3427)
2002 Ed. (3376)
Premise Development Corp.
2007 Ed. (2824)
Premisys Communications
1997 Ed. (3409)
Premisys Real Estate Services Inc.
1999 Ed. (4015)
1998 Ed. (3023)
Premium
2003 Ed. (1368)
Premium beer
2001 Ed. (675)
Premium cable
2001 Ed. (2781)
Premium Channels
1990 Ed. (884)
Premium incentives
2001 Ed. (3921)
1990 Ed. (2737)
Premium life
1995 Ed. (2395)
Premium life Investement Management
1993 Ed. (2356)
Premium offers
1990 Ed. (1185)
Premium Pork
2006 Ed. (3939)
2005 Ed. (2656, 3876)
2004 Ed. (3928)
2003 Ed. (3900)
Premium Port Wines
2005 Ed. (4975)
2004 Ed. (4974)
Premium Property Protective Services
1999 Ed. (4175)
Premium Saltines
2007 Ed. (1424)
2006 Ed. (1387)
2005 Ed. (1400)
2004 Ed. (1380)
2003 Ed. (1370)
2002 Ed. (1340)
2001 Ed. (1495)
Premium Sodas
2000 Ed. (716)
Premium Standard Farms Inc.
2008 Ed. (3452, 3453, 3614)
2007 Ed. (3355, 3356, 3996)
2006 Ed. (3938)
2005 Ed. (3296, 3297, 3875)
2004 Ed. (3288, 3289, 3927)
2003 Ed. (3233, 3338, 3339, 3899)
2002 Ed. (3727)
2001 Ed. (3152)
Premiums
2000 Ed. (941)
Premji; Azim
2008 Ed. (4841, 4879)
2007 Ed. (4909, 4914)
2006 Ed. (690, 4926)
2005 Ed. (4861)
Prempro
2007 Ed. (3910)
2002 Ed. (2019)
2001 Ed. (2097)
2000 Ed. (3606)
Prent Corp.
2008 Ed. (4673)
Prentiss Properties Ltd. Inc.
2000 Ed. (3732)
1995 Ed. (2377)
1992 Ed. (3619)
Prepackaged software
2002 Ed. (1407)
Prepaid phone cards
2001 Ed. (2733)
PrepaidLegl
1989 Ed. (2664)
Preparation
2002 Ed. (997)
Preparation for sales calls
1990 Ed. (3089)
Preparation H
2003 Ed. (4429)
1996 Ed. (2101)
1993 Ed. (2031)
Preparation H/Whitehall
1992 Ed. (2397)
Prepare hot beverages
1989 Ed. (1983)
Prepared cocktails
2002 Ed. (3143)
Prepared entrees, cooked
1992 Ed. (3815)
Prepared entrees, uncooked
1992 Ed. (3815)
Prepared Fish Entrees
2000 Ed. (4140)
Prepared foods
2003 Ed. (3941, 3942, 4643)
2000 Ed. (947, 4141)
1996 Ed. (1169)
Prepared foods/entrees
1997 Ed. (3680)
1995 Ed. (3537)
Prepared foods, frozen
1995 Ed. (3721)
Prepared meals
2003 Ed. (3344)
2002 Ed. (3491)
Presbyterian
1999 Ed. (2752)
Presbyterian Church
2001 Ed. (3668)
2000 Ed. (3433)
1999 Ed. (3722)
1997 Ed. (3014)
1996 Ed. (2928)
1995 Ed. (2858)
1994 Ed. (2755)
Presbyterian Church USA
2000 Ed. (3754)
1998 Ed. (2763)
Presbyterian College
1995 Ed. (1057)
1994 Ed. (1049)
1993 Ed. (1022)
1992 Ed. (1274)
Presbyterian Health Plan Inc.
2005 Ed. (1905)
2004 Ed. (1821)
Presbyterian Health Services
2003 Ed. (1787)
1999 Ed. (2988)
Presbyterian Healthcare Services
2008 Ed. (1980)
2007 Ed. (1917)
2006 Ed. (1933)
2005 Ed. (1906)
2004 Ed. (1822)
2003 Ed. (1788)
2001 Ed. (1815)
Presbyterian Homes
1991 Ed. (2623)
1990 Ed. (2724)
Presbyterian Hospital
1991 Ed. (893, 1767)
Presbyterian Hospital at Columbia, NY
1992 Ed. (1093, 1095)
Presbyterian Hospital in New York City
1997 Ed. (2273)
1993 Ed. (2076)
1992 Ed. (2462)
Presbyterian Hospital in the City of New York
1999 Ed. (2751)
1998 Ed. (1995)
1996 Ed. (2157)
1995 Ed. (2146)
1991 Ed. (1935)
1990 Ed. (2058)
1989 Ed. (1609)
Presbyterian Ministers
1989 Ed. (1702, 1704)
Presbyterian/St. Luke's Medical Center
2002 Ed. (2617)
Preschool
2005 Ed. (4728)
Preschool teachers
2007 Ed. (3725)
Prescott, AZ
2008 Ed. (2490, 3456, 3461)
2007 Ed. (2370, 2375)
2005 Ed. (3467)
1990 Ed. (998)
Prescott, Ball & Turben Inc.
1991 Ed. (2990, 3060)
Prescription anti-obesity drugs
2001 Ed. (2011)
Prescription drug plan
1994 Ed. (2806)
Prescription drugs
2006 Ed. (4712)
2001 Ed. (3271)
1992 Ed. (2349, 2353)
1990 Ed. (3035)
1989 Ed. (2329)
Prescription medications
2005 Ed. (132, 4653)
2004 Ed. (141, 4049, 4678)
2001 Ed. (1093, 4485)
2000 Ed. (952)
Prescription Solutions
2007 Ed. (2363)
2006 Ed. (2415, 2416)
Prescriptions
2005 Ed. (3708)
1994 Ed. (1995)
Prescriptives
2001 Ed. (1915, 1916)
The Present
2006 Ed. (635)
1994 Ed. (872)
1991 Ed. (866, 867)
The Present Co
1992 Ed. (1065)
Presentation Folder Inc.
2005 Ed. (3891, 3897)
Presentation Sisters Inc.
2001 Ed. (1849)
Preserves
2003 Ed. (3160, 3161)
2002 Ed. (3036)
Presidency of Argentina
2007 Ed. (17)
Presidency of Peru
2008 Ed. (71)
2007 Ed. (66)
President
2006 Ed. (4747, 4748)
2005 Ed. (85)
2004 Ed. (90)
1992 Ed. (82)
1990 Ed. (51)
President Baking Co.
1998 Ed. (256)
President Clinton
2000 Ed. (2743)
President Enterprise Corp.
1997 Ed. (1521)
1994 Ed. (1458, 2439)
1992 Ed. (1699, 2975)
1990 Ed. (1427, 2519)
President Enterprises Corp.
2001 Ed. (83, 1864)
2000 Ed. (1564, 1567, 1569, 1570)
1999 Ed. (1744)
1996 Ed. (1454, 3627)
1995 Ed. (1346, 1498)
1989 Ed. (54)
President; Executive Office of the
2006 Ed. (3293)
President Food Co.
1994 Ed. (46)
1993 Ed. (54)
1991 Ed. (51)
President River-Boat Casinos
1995 Ed. (2069)
President Securities
1997 Ed. (3489)
Presidente
2004 Ed. (771)
2002 Ed. (283)
2001 Ed. (1016)
2000 Ed. (806, 807)
1999 Ed. (800, 802)
1998 Ed. (493, 2394)
Presidente Brandy
2000 Ed. (2976)
Presidente de la Republica Mexicana
2006 Ed. (68)
2005 Ed. (61)
Presidente of the Republic of Mexico
2008 Ed. (61)
Presidential
2005 Ed. (4960)
2004 Ed. (4968)
Presidential Home Mortgage
1997 Ed. (2811)
"Presidential Inaugural Gala"
1995 Ed. (3583)
Presidential Life
1998 Ed. (3417, 3418)
1993 Ed. (2380)
1992 Ed. (2675)
1991 Ed. (2113)
Presidential Limo
1992 Ed. (3114)
Presidential Limousine
1995 Ed. (2617)
1993 Ed. (2601)
Presidential Pools & Spas
2008 Ed. (4580)
2007 Ed. (4646, 4649)
President's Choice
2008 Ed. (644)
Presidio Corp.
2004 Ed. (4655, 4985)
1996 Ed. (2643)
Presidio County, TX
2002 Ed. (1806)
Presidio Homes
2008 Ed. (1164)
Presidio National Park
1996 Ed. (2643)
Presidio Oil Co.
1990 Ed. (3555)
Presley Cos.
2002 Ed. (3924)
Presley; Elvis
2007 Ed. (891)
2006 Ed. (802)
Presnell Engineers Inc.
2007 Ed. (3558)
Presque Isle, ME
2001 Ed. (3206)
Press
2002 Ed. (1983)
Press Democrat
2006 Ed. (4020)

Press of Ohio
2001 Ed. (3890)
Press-Telegram
2002 Ed. (3512)
2000 Ed. (3338)
1999 Ed. (3620)
1998 Ed. (2682)
Pressed4Time Inc.
2008 Ed. (2383)
2007 Ed. (2248)
2006 Ed. (2317)
2005 Ed. (2257)
2004 Ed. (2157)
2003 Ed. (2117)
2002 Ed. (4260)
Pressler; P. S.
2005 Ed. (2481)
Pressler; Paul
2006 Ed. (929)
Pressler; Paul S.
2007 Ed. (2505)
Presstek Inc.
1997 Ed. (3638, 3639, 3640)
Prestage Farms
2008 Ed. (4013)
2007 Ed. (3996)
2006 Ed. (3938)
2005 Ed. (3875)
2004 Ed. (3927)
2003 Ed. (3899)
2002 Ed. (3727)
2001 Ed. (2725, 3851, 3852)
Prestamos
2000 Ed. (514, 517)
Prestige
1999 Ed. (3191)
Prestige Automotive
2008 Ed. (166)
2006 Ed. (183, 184)
2005 Ed. (169, 170, 177)
2004 Ed. (168)
2003 Ed. (212)
2002 Ed. (708, 709)
Prestige Automotive Group
2007 Ed. (300)
2006 Ed. (190, 3520, 4359)
2001 Ed. (712)
Prestige Automotive Management
2008 Ed. (167)
2007 Ed. (190)
Prestige Brands Holdings
2008 Ed. (2854)
2007 Ed. (2724)
Prestige Brands International Inc.
2005 Ed. (1462)
Prestige Builders Partners
2006 Ed. (2840)
Prestige Builders Partners LLC
2008 Ed. (2956, 2961)
2007 Ed. (2834, 2837)
Prestige Communications
2003 Ed. (132)
2002 Ed. (164)
2001 Ed. (193)
1999 Ed. (138)
1997 Ed. (128)
1996 Ed. (124)
1995 Ed. (109)
1993 Ed. (125)
1992 Ed. (193)
1991 Ed. (138)
1990 Ed. (138)
1989 Ed. (147)
Prestige Ford
2006 Ed. (298, 299, 300)
2005 Ed. (276, 277, 278)
2004 Ed. (272, 273, 275, 4803, 4804)
2002 Ed. (354, 355, 356, 358, 359)
Prestige Fragrance & Cosmetics
1991 Ed. (2649)
Prestige Imports
1995 Ed. (260)
1994 Ed. (261)
Prestige Leather Creations
1993 Ed. (3736)
1992 Ed. (4486)
Prestige Lexus
1996 Ed. (294)
1995 Ed. (273)
Prestige Manufacturing Inc.
2008 Ed. (4981)
Prestige Mercedes
1994 Ed. (276)
Prestige Motors
2004 Ed. (4922)
2003 Ed. (3960)
2002 Ed. (3785)
1995 Ed. (278)
1993 Ed. (283)
1992 Ed. (398)
1991 Ed. (286, 293)
1990 Ed. (316, 333)
Prestige Property Services
2002 Ed. (3771)
Prestige State Bank
1999 Ed. (4340)
Presto
2002 Ed. (1093, 2697, 3047)
2001 Ed. (584, 3826)
2000 Ed. (1131, 2578)
1999 Ed. (1217, 2802, 3134)
1998 Ed. (787, 2043, 2321)
1997 Ed. (1042, 2311, 2590)
1995 Ed. (1045, 1910, 2177)
1994 Ed. (1036, 1883, 2043, 2126)
Presto Products
1996 Ed. (3051)
Preston
1997 Ed. (3807)
1994 Ed. (3267, 3589)
1991 Ed. (3428)
1990 Ed. (3656)
Preston Board & Packaging
1999 Ed. (1348, 3683)
Preston Gates & Ellis
2007 Ed. (1511)
2005 Ed. (3525)
2001 Ed. (744, 768, 897, 941, 949)
2000 Ed. (3200, 3202, 3204)
1999 Ed. (1942, 3476, 3485)
1998 Ed. (1376)
Preston; James
1997 Ed. (1800)
1996 Ed. (1713)
Preston; Lewis T.
1991 Ed. (402)
1990 Ed. (458, 459)
1989 Ed. (417)
Preston; Michele
1994 Ed. (1788)
1993 Ed. (1804)
Preston R. Tisch
2007 Ed. (4893)
2006 Ed. (4898)
2004 Ed. (4871)
2002 Ed. (3345)
Preston Robert Tisch Family
1992 Ed. (1093, 1280)
Preston Thorgrimson Shidler Gates
1995 Ed. (1629, 3188)
Preston Thorgrimson Shidler Gates & Ellis
1996 Ed. (2724)
Preston, Thorgrimson, Shidler, Gates, Ellis
1993 Ed. (1549)
Preston Tisch
2000 Ed. (1883)
Preston Trucking Co.
1999 Ed. (4677)
1996 Ed. (3757)
1995 Ed. (3679, 3682)
1994 Ed. (3600, 3605)
1993 Ed. (3277, 3630, 3640, 3645)
1992 Ed. (4359)
1991 Ed. (3434)
Prestone
2001 Ed. (389, 2588)
1999 Ed. (347, 348)
1997 Ed. (317)
1996 Ed. (341)
1995 Ed. (326)
1994 Ed. (330)
1993 Ed. (342, 343)
1992 Ed. (470)
1991 Ed. (338)
1990 Ed. (388)
1989 Ed. (338, 339)
Prestone Antifreeze
1990 Ed. (3036, 3040)
1989 Ed. (2323, 2325)
Prestone Extended Life
2001 Ed. (389)
Prestone Low Tox
2001 Ed. (389)
PreSun
1993 Ed. (3482)
1992 Ed. (4161)
1990 Ed. (3486)
Pret A Manger
2007 Ed. (2530)
2003 Ed. (1668)
Pretend You Don't See Her
1999 Ed. (692)
Pretty Polly
1995 Ed. (2131)
Pretty Woman
1994 Ed. (3630)
1992 Ed. (3112)
Pretzel Time
2004 Ed. (354)
The Pretzel Twister
2005 Ed. (354)
2004 Ed. (354)
2003 Ed. (374)
2002 Ed. (429)
Pretzelmaker Inc.
2004 Ed. (354)
1999 Ed. (2516)
Pretzels
2006 Ed. (4395)
2003 Ed. (4460, 4461)
2002 Ed. (4298)
2000 Ed. (4066)
1997 Ed. (3531)
1995 Ed. (3403, 3406, 3529)
1994 Ed. (3333, 3334, 3346, 3348, 3462)
1993 Ed. (3338)
1992 Ed. (3997, 4005)
1991 Ed. (3149)
1990 Ed. (3307, 3308)
Preussag
2001 Ed. (4589)
1995 Ed. (2545, 2546)
1992 Ed. (1649)
1989 Ed. (2017)
Preussag AG
2002 Ed. (3310, 4259)
2001 Ed. (3284)
2000 Ed. (4387)
1999 Ed. (4760)
1997 Ed. (2750, 2751)
1996 Ed. (2606, 2607)
Preussag Aktiengesellschaft
1994 Ed. (2477, 2478)
1993 Ed. (3695)
Preussag Aktiengesellschaft (Konzern)
1992 Ed. (2954)
Preussag Energie GmbH
2005 Ed. (1474)
Preussag Noell GmbH
1999 Ed. (1394, 1399)
Preussag North America Inc.
2000 Ed. (3089)
Preussag Stahl AG
1999 Ed. (3345)
Preussenelektra AG
2002 Ed. (4259)
Prevacid
2008 Ed. (2378, 2381, 2382)
2007 Ed. (2242, 2243, 2246, 2247)
2006 Ed. (2313, 2314, 2315, 3881)
2005 Ed. (2248, 2251, 2252, 2253, 2254, 2256, 3813, 3815)
2004 Ed. (2154, 2155, 2156)
2003 Ed. (2111, 2112)
2002 Ed. (2022, 2047, 3748, 3750, 3755)
2001 Ed. (2066, 2098)
2000 Ed. (1704, 3063)
Prevail
2003 Ed. (14)
Prevention
2007 Ed. (142)
2006 Ed. (150, 3346)
2001 Ed. (3191)
1998 Ed. (1278)
1997 Ed. (3036)
1992 Ed. (3373)
Prevention Magazine
1999 Ed. (1853)
Previ
2008 Ed. (3871)
2007 Ed. (3797)
2003 Ed. (3765)
2002 Ed. (3631)
1997 Ed. (3026)
Preview Travel
2001 Ed. (2991)
Previsora
2000 Ed. (514, 517)
Prevnar
2002 Ed. (3754)
Prevoyance Dialogue du Credit Agricole
1997 Ed. (2232)
Preway
1994 Ed. (674)
1992 Ed. (875)
1990 Ed. (720)
Preway/Arkla
1998 Ed. (437)
1997 Ed. (649)
1993 Ed. (673)
Prey
2004 Ed. (739)
Prezioso Group
2002 Ed. (1316)
2000 Ed. (1282)
1999 Ed. (1393)
PRG-Schultz International Inc.
2007 Ed. (4591)
2005 Ed. (2574, 2575)
2004 Ed. (2597)
PRI Automation
1998 Ed. (1887)
Pri Milo Food Stores
1992 Ed. (84)
Prian
2005 Ed. (35)
Price Co., Inc.
2005 Ed. (1539)
1998 Ed. (2618)
1997 Ed. (1261)
1996 Ed. (1206)
1995 Ed. (3425)
1994 Ed. (3098, 3227, 3364, 3365)
1993 Ed. (3227, 3684)
1992 Ed. (4417)
1991 Ed. (1246, 1247, 3468)
1990 Ed. (3030, 3043, 3262, 3679)
1989 Ed. (2321, 2328, 2901)
Price; A. L.
1991 Ed. (1461)
Price Associates; T. Rowe
1995 Ed. (2071, 2383)
1991 Ed. (2208)
Price Chopper
2004 Ed. (4623)
2001 Ed. (4696)
Price Club
1995 Ed. (229, 1574, 2119, 2186, 3722)
1994 Ed. (229, 1545, 2141, 2148, 3645, 3646)
1993 Ed. (1498, 2111, 3048, 3364, 3649)
1992 Ed. (348, 1819, 1820, 1823, 1824, 2534, 2539, 4419)
1991 Ed. (248, 1431, 1432, 1433, 1436, 1437, 3469, 3470)
1990 Ed. (1512, 1513, 1516, 1517, 1526, 2023, 2117)
1989 Ed. (1249, 1250, 1251, 1254, 1258)
Price Club Canada
1995 Ed. (3153)
Price Club/Costco
1999 Ed. (4094)
1996 Ed. (3237)
Price Club/Costco Canada
1999 Ed. (4109)
Price clubs
1997 Ed. (694)
Price Com.
1990 Ed. (3680)
Price Communications Corp.
2005 Ed. (4620)
2004 Ed. (1590)
2002 Ed. (1551)
2000 Ed. (278)
1992 Ed. (319)
1990 Ed. (2938)
price/Costco
2000 Ed. (3812, 4282)

1998 Ed. (667, 1295, 1300, 1302, 1303, 1304, 1305, 1307, 1311, 1314, 2054, 3079, 3082, 3089, 3097, 3340, 3695, 3696)
1997 Ed. (258, 924, 1435, 1529, 1622, 1628, 1629, 1631, 1632, 1636, 1637, 1639, 2049, 2241, 2325, 2332, 3341, 3343, 3347, 3355, 3548, 3549, 3862)
1996 Ed. (1090, 1239, 1460, 1950, 3239, 3246, 3412, 3484, 3485, 3510, 3815, 3816)
1995 Ed. (3424, 3720)
Price/Costco Canada
1997 Ed. (1595)
1996 Ed. (1536, 3243)
Price/Costco Club
1996 Ed. (2203)
Price/Costen
1996 Ed. (3240)
Price Daniel Communications Inc.
2003 Ed. (3963)
2002 Ed. (1072)
Price Direct
2002 Ed. (4572)
Price Entities
2004 Ed. (3920)
Price European Stock
2000 Ed. (3278)
Price Forbes North America
1998 Ed. (2144)
1997 Ed. (2429)
1996 Ed. (2294)
1995 Ed. (2289)
1994 Ed. (2241)
1993 Ed. (2192)
1992 Ed. (2649)
Price GNMA; T. Rowe
1995 Ed. (2744)
Price Growth & Income; T. Rowe
1995 Ed. (2735)
Price Growth Income
1994 Ed. (2601)
Price High Yield
1995 Ed. (2710)
Price High Yield; T. Rowe
1995 Ed. (2694, 2715)
Price International Asia; T. Rowe
1995 Ed. (2728)
Price International Bond; T. Rowe
1995 Ed. (2742)
1989 Ed. (1853)
Price International Disc.; T. Rowe
1995 Ed. (2717)
Price International Stock
1993 Ed. (2652)
Price International Stock; T. Rowe
1989 Ed. (1850)
Price International; T. Rowe
1995 Ed. (2693, 2714)
Price; Joel
1995 Ed. (1812, 1843)
1994 Ed. (1771, 1805, 1834)
1993 Ed. (1788, 1822)
1992 Ed. (2135)
Price; Katie
2008 Ed. (4898)
Price Landfill
1991 Ed. (1889)
Price-Less
1999 Ed. (1929)
Price-Less Drug Stores
2000 Ed. (1716)
Price McNabb
2005 Ed. (3976)
2003 Ed. (3976, 3978, 4019)
2002 Ed. (3852)
2000 Ed. (3669)
1999 Ed. (3955)
1998 Ed. (1961, 2960)
1992 Ed. (3579)
Price/McNabb Advertising
1989 Ed. (158)
Price Mid-Cap Growth
1995 Ed. (2705)
Price New America Growth; T. Rowe
1995 Ed. (2713, 2734)
Price New Asia
1995 Ed. (2699, 2706)
1994 Ed. (2616)
The Price of Loyalty: George W. Bush, the White House, & the Education of Paul O'Neill
2006 Ed. (583)
Price (Perry); A. L.
1991 Ed. (1458)
Price; Robert E.
1993 Ed. (1699)
1992 Ed. (2054)
1991 Ed. (1622, 1624)
1990 Ed. (1715)
1989 Ed. (1380)
Price; Robert M.
1991 Ed. (1621)
Price Savers
1992 Ed. (4416, 4419)
1991 Ed. (1438, 3469, 3470)
1990 Ed. (3679, 3680)
1989 Ed. (2901)
Price Savers Wholesale Club
1991 Ed. (3468)
Price Small Capital Value; T. Rowe
1995 Ed. (2676)
Price/Stern/Sloan
1989 Ed. (2272, 2274)
Price Surge Trigger Point
1993 Ed. (2923)
Price; T. Rowe
1997 Ed. (2510, 2514, 2516, 2520, 2524, 2532)
1993 Ed. (2668)
1990 Ed. (2331)
1989 Ed. (2125, 2128)
Price T. Rowe Latin American
1999 Ed. (3564)
Price T. Rowe Summit Muni Inc
1999 Ed. (3573)
Price Tax-Free High Yield; T. Rowe
1995 Ed. (2689)
Price Tax-Free Income; T. Rowe
1995 Ed. (2746)
Price U.S. Treasury Long-Term; T. Rowe
1995 Ed. (2745)
Price/value problem
1990 Ed. (2678)
Price Waterhouse
2000 Ed. (1, 3, 6, 7, 9, 901)
1999 Ed. (1, 2, 3, 4, 5, 6, 7, 8, 8, 8, 9, 10, 11, 14, 15, 18, 19, 21, 22, 26, 26, 960, 1289, 1438)
1998 Ed. (3, 4, 6, 7, 8, 9, 10, 11, 14, 15, 17, 545, 546, 922, 1423)
1997 Ed. (4, 5, 6, 7, 8, 9, 11, 12, 13, 17, 18, 20, 21, 22, 23, 25, 26, 27, 847, 1230, 1716, 2486)
1995 Ed. (4, 5, 6, 7, 8, 9, 10, 11, 12, 13, 854, 1142)
1994 Ed. (1, 2, 3, 4, 5, 6, 7)
1993 Ed. (1, 2, 3, 4, 5, 6, 11, 12, 13, 15, 1104, 1590, 3728)
1992 Ed. (2, 3, 4, 5, 7, 8, 9, 10, 11, 12, 13, 16, 19, 21, 22, 995, 996, 1377)
1991 Ed. (2, 3, 4, 5, 6, 7, 812, 2166)
1990 Ed. (1, 2, 3, 4, 5, 6, 7, 9, 10, 11, 12, 851, 854, 855, 3703)
1989 Ed. (5, 6, 7, 8, 9, 10, 11, 12, 1007)
Price Waterhouse & Co.
2000 Ed. (2763)
Price Waterhouse Coopers
1999 Ed. (1, 10)
Price Waterhouse LLP
2000 Ed. (1776)
1996 Ed. (4, 5, 6, 7, 8, 9, 10, 11, 12, 13, 18, 20, 21, 23, 835, 836, 1114)
PriceCostco
1998 Ed. (1310)
Priceless Rent-A-Car
2006 Ed. (325)
2004 Ed. (309)
2003 Ed. (334, 893)
Priceline Inc.
2003 Ed. (834)
Priceline.com Inc.
2008 Ed. (1695, 4208, 4760)
2005 Ed. (2834)
2004 Ed. (4565)
2002 Ed. (3890)
2001 Ed. (2993)
Price's List of Lists
2002 Ed. (4845)
PriceSmart Inc.
2008 Ed. (885)
2005 Ed. (4521)
2004 Ed. (4547)
Pricewaterhouse Coopers
2000 Ed. (3826)
PricewaterhouseCoopers
2008 Ed. (2577)
2007 Ed. (1710, 1920, 2448, 4019)
2006 Ed. (1715, 2482, 3980)
2002 Ed. (2807)
2001 Ed. (1069, 1246, 1535)
2000 Ed. (2, 4, 5, 8, 10, 11, 12, 15, 16, 18, 902, 904, 1100, 1779)
PricewaterhouseCoopers BPO
2003 Ed. (2156)
PricewaterhouseCoopers Canada
2001 Ed. (1442, 1443)
PricewaterhouseCoopers, Global HR Solutions
2002 Ed. (2111, 2113)
2001 Ed. (2221, 2222)
2000 Ed. (1774, 1777)
PricewaterhouseCoopers Human Resource Services
2008 Ed. (2484)
2006 Ed. (2418)
2005 Ed. (2367, 2369)
2004 Ed. (2267, 2268)
PricewaterhouseCoopers International Ltd.
2007 Ed. (2894)
PricewaterhouseCoopers Kwasha HR Solutions
2000 Ed. (1778)
PricewaterhouseCoopers LLP
2008 Ed. (1, 4, 13, 14, 15, 276, 277, 1042, 1044, 1053, 1054, 2035, 2578, 2921, 3016, 3169, 3176, 3178, 4038, 4044, 4734)
2007 Ed. (1, 3, 5, 6, 1160, 1161, 1197, 2448, 2449, 4012, 4017, 4364, 4979, 4980)
2006 Ed. (1, 2, 5, 6, 9, 10, 19, 1068, 1069, 1934, 2482, 2483, 3973, 3978, 4204, 4297, 4869, 4981, 4982)
2005 Ed. (1, 3, 5, 1060, 1061, 1769, 2441, 2442, 3901, 3905, 3907)
2004 Ed. (2, 5, 7, 8, 9, 1557, 1654, 1712, 1716, 1824, 2406, 2407, 3946, 3947, 3961, 3965)
2003 Ed. (1, 3, 1120, 1548, 1565, 2324, 2325, 3951, 3952, 3955)
2002 Ed. (1, 3, 5, 7, 9, 10, 11, 17, 25, 865, 866, 1066, 1216, 2112, 3535, 3771, 3784, 3795, 3796, 3800, 4064, 4881)
2001 Ed. (3, 4, 1449, 1450, 1519, 1532, 4123)
PricewaterhouseCoopers (U.K.)
2001 Ed. (1537, 4179)
PriceWeber Marketing Communications
1990 Ed. (3078, 3083)
Pricing data
1997 Ed. (1076)
Pride Electric Co.
2007 Ed. (4987)
2006 Ed. (4991)
PRIDE Industries
2008 Ed. (4362, 4371)
2007 Ed. (4402)
2006 Ed. (4342)
2003 Ed. (233)
2001 Ed. (279)
Pride International Inc.
2008 Ed. (1534, 2498, 3893, 4747)
2007 Ed. (2382, 3831, 3836)
2006 Ed. (3820, 3821)
2005 Ed. (2397, 3730, 3731)
2004 Ed. (3821, 3822, 3823)
2003 Ed. (3810)
Pride Transport
1991 Ed. (3429)
PrideMark Homes
1999 Ed. (1329)
Prieb Homes
2004 Ed. (1183)
2003 Ed. (1176)
Priebe Electronics
2000 Ed. (1768)
Priemyselna banka
2002 Ed. (645)
2001 Ed. (649)
1999 Ed. (636)
1997 Ed. (610, 611)
1996 Ed. (674)
Prigo d.o.o. Brezovica
2008 Ed. (2071)
Prilosec
2008 Ed. (256, 2380)
2007 Ed. (279)
2006 Ed. (274)
2005 Ed. (255)
2004 Ed. (2155, 2156)
2003 Ed. (2111, 2112, 2113)
2002 Ed. (2019, 2047, 3748, 3749, 3750, 3755)
2001 Ed. (2068, 2097, 2098, 2109, 2110)
2000 Ed. (1699, 1704, 1708, 3604, 3606)
1999 Ed. (1891, 1892, 1893, 1898, 1908, 3884, 3886)
1998 Ed. (2916)
1997 Ed. (1648, 1656, 2741)
1996 Ed. (1569)
1992 Ed. (1868, 3002)
Prima
2005 Ed. (17)
1996 Ed. (2975)
1991 Ed. (2236)
1990 Ed. (2336)
Prima Banka
2004 Ed. (580)
Prima Energy Corp.
2002 Ed. (2123, 3662, 3677)
Prima Garnet Communications
2000 Ed. (153)
Primagaz
1999 Ed. (947)
1997 Ed. (825, 826)
Primark
2000 Ed. (1341)
1992 Ed. (1364)
1990 Ed. (3450)
Primary Access Corp.
1997 Ed. (1234, 2206)
Primary aluminum
1991 Ed. (2626)
Primary Color Printing
2000 Ed. (3607)
Primary Contact
2001 Ed. (234)
Primary Energy Inc.
2005 Ed. (1462)
Primary Energy Recycling Corp.
2008 Ed. (1620)
Primary Federal
2006 Ed. (2179)
Primary metal industries
2001 Ed. (1637, 1639, 1677, 1720, 1726, 1781, 1804, 1825, 1837)
1999 Ed. (1941, 2846, 2866)
1990 Ed. (1658)
Primary metal processing
1998 Ed. (1040)
1994 Ed. (1228, 1229, 1240)
1992 Ed. (1488)
1991 Ed. (1191)
1990 Ed. (1273)
Primary metals
1992 Ed. (3476)
Primary Saatchi & Saatchi
2002 Ed. (82)
Primary Steel
1997 Ed. (3628)
Primasia Golden Harvest Ltd.
1996 Ed. (1060)
Primat; Didier
2008 Ed. (4866)
Primatene
1996 Ed. (245)
Primatene Mist
2003 Ed. (3627)
2002 Ed. (2998)
1993 Ed. (252)
Primatine Mist
2004 Ed. (1055)
Primavera
2003 Ed. (2164)

Primavera Business Software Solutions SA
2008 Ed. (2055)
Primavera Software SA
2007 Ed. (1962)
2006 Ed. (1998)
Primavera Systems Inc.
2006 Ed. (4375)
1998 Ed. (2930)
Primaxin
1995 Ed. (225)
PRIMCO
1992 Ed. (2734)
1990 Ed. (2333)
1989 Ed. (2130)
PRIMCO Capital
1991 Ed. (2212, 2226)
Primco Capital Management
2000 Ed. (2776)
1999 Ed. (3044)
1998 Ed. (2300)
1995 Ed. (2071, 2381)
1994 Ed. (2323)
1992 Ed. (2780)
Primco High Yield
1996 Ed. (2795)
Primco Short Term
1996 Ed. (2793)
Prime Inc.
2008 Ed. (4133)
2007 Ed. (4110)
2006 Ed. (4061, 4808, 4832, 4849, 4851)
2005 Ed. (4033, 4034, 4761)
2004 Ed. (4773, 4789, 4790, 4791)
2003 Ed. (4789, 4802)
2002 Ed. (3944, 4690, 4691)
2000 Ed. (3734, 4312, 4315)
1999 Ed. (4019, 4684, 4685)
1998 Ed. (3031, 3640)
1996 Ed. (3000)
1995 Ed. (3081, 3671, 3672, 3673)
1994 Ed. (3029, 3591, 3592, 3593)
1993 Ed. (2987, 3633)
1992 Ed. (3648)
1990 Ed. (2206)
Prime Access
2006 Ed. (112)
2005 Ed. (103)
2004 Ed. (171)
Prime Advisors
1996 Ed. (2097)
Prime Bancorp Inc.
2000 Ed. (647)
Prime Bancshares Inc.
1994 Ed. (1225)
Prime Bank Ltd.
2006 Ed. (2259)
1999 Ed. (475, 4601)
Prime Bond 2.1 Adhesive System
1999 Ed. (1826)
Prime Building Products Group
2003 Ed. (4441)
Prime Cable-Alaska
1998 Ed. (602)
Prime Capital
1998 Ed. (2256)
Prime Care Properties
2005 Ed. (265)
Prime Choice Foods Inc.
2008 Ed. (2954)
Prime Computer
1991 Ed. (2072, 1214, 1227, 2463, 2464, 2851, 1166)
1990 Ed. (1138, 1633, 2200, 2582, 2583, 2991)
1989 Ed. (977, 1990, 2306)
Prime Dog Food
1994 Ed. (2838)
Prime East Capital
1996 Ed. (3393)
Prime Energy Corp.
2003 Ed. (3837)
Prime Equipment
2000 Ed. (2916)
1999 Ed. (3171)
1998 Ed. (2345)
1997 Ed. (2615)
1996 Ed. (2467)
1995 Ed. (2431)
1994 Ed. (2361)
1993 Ed. (2409)
1992 Ed. (2852)
Prime F. Osborn III Convention Center
2002 Ed. (1334)
1999 Ed. (1417)
Prime Hospital
1995 Ed. (2767)
Prime Hospitality Corp.
2008 Ed. (1976)
2007 Ed. (1913)
2006 Ed. (4010)
2005 Ed. (2921, 2925, 2926)
2004 Ed. (2934, 2935)
2003 Ed. (1521)
2002 Ed. (2626)
2001 Ed. (2776, 2777)
2000 Ed. (2534, 2535, 2563)
1999 Ed. (2755, 2756)
1998 Ed. (1998, 1999, 2000, 2001)
1997 Ed. (2274, 2275, 2276, 2277)
1996 Ed. (2158, 2159)
1995 Ed. (2147, 2148, 2149, 2150)
1994 Ed. (2092, 2093, 2094)
Prime: Income Fund
1991 Ed. (2570)
Prime Lipper Europe Equity Retail
1999 Ed. (3567)
Prime Management
1993 Ed. (2077, 2078, 2079, 2080, 2081)
1992 Ed. (2464, 2465, 2470)
Prime Medical Services
1997 Ed. (2714, 3648)
Prime Motor
1993 Ed. (2715)
Prime Motor Inns
1992 Ed. (1460, 2471, 3227)
1991 Ed. (1939)
1990 Ed. (2070, 2081)
1989 Ed. (1614, 1615)
Prime Motor Inns/Prime Management Co.
1991 Ed. (1937)
Prime One Twelve
2008 Ed. (4147)
Prime/Puppy Choice
1996 Ed. (2995)
1993 Ed. (2816)
1992 Ed. (3409)
1990 Ed. (2819)
1989 Ed. (2194)
Prime Resources
1998 Ed. (3305)
Prime Restaurant Group Inc.
2004 Ed. (4149)
Prime Restaurants of Canada Inc.
2005 Ed. (4089)
Prime Retail
1999 Ed. (3663, 3664)
Prime Retail LP
2000 Ed. (4022)
Prime Source Staffing
2008 Ed. (4992)
2007 Ed. (4988)
Prime Steakhouse
2008 Ed. (4147)
2007 Ed. (4129)
Prime Success International Group
2008 Ed. (1787)
Prime Television
2005 Ed. (4509)
2002 Ed. (1587)
Prime Ticket
1992 Ed. (1034)
Prime Value/Cash Investment Fund
1994 Ed. (2539)
Prime West Development Inc.
2002 Ed. (3921)
Prime Wheat
2002 Ed. (3787)
PRIMECAP Management
2001 Ed. (3001, 3004)
Primedia Inc.
2008 Ed. (3531)
2007 Ed. (3401)
2006 Ed. (3180, 3183, 3345, 3437)
2005 Ed. (3357, 3426, 3982)
2004 Ed. (3332, 4043)
2003 Ed. (3272, 3345, 4024)
2002 Ed. (3282, 3883)
2001 Ed. (3248, 3709, 3953)
2000 Ed. (3463, 3684)
1999 Ed. (3742)
Primedica Home Health Centers
1992 Ed. (2435)
1991 Ed. (1927)
Primedica Hospital Services
1993 Ed. (2068)
1992 Ed. (2446, 2452)
PrimeEast Capital (Asia)
1997 Ed. (3488)
PrimeEnergy Corp.
2008 Ed. (3898, 3905, 3907, 4374)
2007 Ed. (3854)
2006 Ed. (3837)
2005 Ed. (3755)
2004 Ed. (3844)
Primer Banco de Ahorros
2000 Ed. (3400, 3401)
1999 Ed. (3684, 3685)
1997 Ed. (2984)
Primer Banco de Ahorros S.A.
2001 Ed. (645)
Primer Banco del Istmo
2008 Ed. (393, 490)
2007 Ed. (415, 536, 537)
2006 Ed. (511)
2005 Ed. (474, 594)
2004 Ed. (462, 574)
2003 Ed. (558, 559)
Primer Banco del Istmo SA
2006 Ed. (3772)
Primer Grupo Nacional SA
2002 Ed. (3574)
Primerica Corp.
1995 Ed. (1220, 1229, 1878)
1994 Ed. (1224, 1755, 1843, 1850, 2020, 2426)
1993 Ed. (1854, 2489)
1992 Ed. (2146, 2159, 2957, 2959)
1991 Ed. (1201, 1714, 172, 3084)
1990 Ed. (172, 175, 2224, 2713, 3267)
1989 Ed. (1044, 1046, 1425, 2478)
Primerica (Fingerhut)
1991 Ed. (2373)
Primerica Group
2008 Ed. (3291, 3292, 3293)
Primerica Life
1996 Ed. (2313, 2315)
Primerica Life Insurance Co.
2003 Ed. (2999)
2002 Ed. (2913, 2914, 2924)
2001 Ed. (2941)
2000 Ed. (2690, 2691, 2692, 2703, 2704)
1999 Ed. (2952, 2953)
1998 Ed. (2157, 2163, 2164, 2170, 2182, 2183, 2194)
1997 Ed. (2443, 2444, 2445, 2446)
1995 Ed. (2302, 2303)
Primero Services Inc.
2007 Ed. (3560)
PrimeSource
1994 Ed. (798)
1993 Ed. (782)
1992 Ed. (987)
PrimeSource FoodService Equipment
2008 Ed. (2729, 3734, 4430, 4984)
2007 Ed. (2016)
2006 Ed. (2046, 2619)
2005 Ed. (1977, 2623)
PrimeSource FSE
2008 Ed. (3734, 4430, 4984)
PrimeSource Staffing LLC
2008 Ed. (3700)
2007 Ed. (3541)
PrimeStar
2001 Ed. (2019)
1999 Ed. (1847)
Primestar Partners LP
1999 Ed. (3308)
PrimeStreet
2002 Ed. (4818)
Primetime Electric Inc.
2001 Ed. (4284)
Primewest Energy Trust
2005 Ed. (1709)
Primewood Inc.
2003 Ed. (1796)
2001 Ed. (1823)
Primex Ghana
2008 Ed. (43)
Primex Plastics Corp.
2001 Ed. (3818)
Primo
1994 Ed. (2777)
Primo International
1999 Ed. (2551)
Primrose School Franchising Co.
2007 Ed. (1096)
2006 Ed. (1005)
2005 Ed. (995)
2004 Ed. (977)
2003 Ed. (962)
Primrose Schools
2000 Ed. (2268)
Primus
2004 Ed. (1088)
2002 Ed. (1125, 1584)
1994 Ed. (1099)
Primus Telecommunications Group Inc.
2006 Ed. (4704)
2005 Ed. (4641)
2002 Ed. (2528, 2535, 2537)
2001 Ed. (1355, 4475)
Prince
2008 Ed. (3858)
2006 Ed. (583, 1157)
2005 Ed. (717)
2003 Ed. (3740)
2002 Ed. (1161)
1999 Ed. (782, 3712)
1995 Ed. (1714)
1993 Ed. (3376)
Prince Abakaliki of Nigeria
2008 Ed. (640)
Prince Albert II
2007 Ed. (2703)
Prince Alwaleed
2005 Ed. (4882)
Prince Alwaleed Bin Talal Alsaud
2008 Ed. (4891, 4892)
2007 Ed. (4916, 4921)
2006 Ed. (690, 4927, 4928)
2005 Ed. (4883, 4886)
2004 Ed. (4881, 4882, 4883)
2003 Ed. (4895)
2002 Ed. (706)
Prince Alwaleed Bin Talal Bin Abdulaziz Alsaud
2001 Ed. (705)
2000 Ed. (735)
1999 Ed. (727)
Prince Automatic Detergent
2005 Ed. (84)
Prince Automatic Detergents
2004 Ed. (89)
Prince Automotive
2005 Ed. (1536)
Prince; Charles
2008 Ed. (949)
2007 Ed. (1027)
2005 Ed. (2474, 2490)
Prince; Charles O.
2007 Ed. (384)
Prince; Chuck
2006 Ed. (689)
2005 Ed. (979)
Prince Edward Island
2007 Ed. (4688)
2006 Ed. (1750, 3238, 3786, 4668)
2001 Ed. (4110)
Prince Edward Island; University of
2008 Ed. (1072, 1084)
2007 Ed. (1168)
Prince George's County, MD
2008 Ed. (4732)
1994 Ed. (716, 1478)
1992 Ed. (1720)
Prince Georges Co. Industrial Development Authority, MD
1991 Ed. (2526)
Prince George's, MD
1991 Ed. (1370)
Prince Hans-Adam II von und zu Liechtenstein
2007 Ed. (2703)
Prince Harry
2007 Ed. (4925)
Prince Holding Corp.
2005 Ed. (1536)
Prince Hotels, Inc.
2001 Ed. (2788)
1990 Ed. (2091, 2092)
Prince Housing & Development Corp.
1994 Ed. (3008)

Prince Housing Development Corp.
1992 Ed. (3625)
1990 Ed. (2963)
The Prince of Egypt
2001 Ed. (3373)
The Prince of Tides
1993 Ed. (2599)
Prince Perelson & Associates Inc.
2006 Ed. (2429)
Prince Resorts Hawaii Inc.
2006 Ed. (1749)
Prince Suzuki
1990 Ed. (321)
Prince; Thomas E.
2007 Ed. (385)
Prince William
2007 Ed. (4925)
Prince William County Department of Economic Development
2004 Ed. (3302)
Prince William County, VA
2008 Ed. (4732)
1995 Ed. (1509)
1993 Ed. (1431)
1992 Ed. (1719)
Prince William, VA
1992 Ed. (1722, 1723, 1726)
1991 Ed. (1372, 1373, 1378)
Prince Williams County, VA
1994 Ed. (2061)
Princes
1996 Ed. (876)
1994 Ed. (858)
Princes Corned Beef
2002 Ed. (939)
1992 Ed. (1047)
Princes Salmon
1992 Ed. (1047)
Princes Tuna
2002 Ed. (939)
1992 Ed. (1047)
Princess
1992 Ed. (1758)
1990 Ed. (2774)
1989 Ed. (2097)
Princess Cruise Line Ltd.
2007 Ed. (4886, 4887)
2006 Ed. (4894, 4895)
2005 Ed. (4841, 4842)
2004 Ed. (4857, 4858)
Princess Cruises Inc.
2003 Ed. (4876)
2001 Ed. (4626, 4627)
2000 Ed. (1633)
1999 Ed. (1808)
1998 Ed. (1236)
Princess Diana
1990 Ed. (2504)
The Princess Diaries
2003 Ed. (713)
Princess in the Spotlight
2004 Ed. (738)
Princeton Bank & Trust
1993 Ed. (576, 577, 2299)
Princeton Forrestal Center
2002 Ed. (3925)
1992 Ed. (2597)
Princeton Forrestal Center, Plainsboro
1990 Ed. (1178)
Princeton Forrestal Village
1996 Ed. (2878)
Princeton Homes
2005 Ed. (1198)
Princeton Insurance Cos.
1996 Ed. (2329)
Princeton Mining
1992 Ed. (3086)
Princeton National Bancorp
2003 Ed. (506)
Princeton, NJ
1992 Ed. (2553)
Princeton Packaging
1992 Ed. (1387)
Princeton Portfolios
1992 Ed. (2801)
The Princeton Review Inc.
2003 Ed. (4321)
Princeton Theological Seminary
1992 Ed. (1099)
Princeton University
2008 Ed. (1059, 1064, 2972, 3864)
2007 Ed. (1164, 1165, 2848)
2004 Ed. (928)
2001 Ed. (1317, 1319, 1329, 2248, 2250, 2252)
2000 Ed. (1137, 1143, 1826, 1828, 1830)
1999 Ed. (1228, 2035, 2037)
1998 Ed. (799)
1997 Ed. (1051, 1062, 1064, 1066)
1996 Ed. (1035, 2941)
1995 Ed. (1049, 1050, 1063, 1064, 1065, 1067, 1070, 1928)
1994 Ed. (1042, 1713, 2771)
1993 Ed. (888, 1015, 1028, 2782)
1992 Ed. (1094, 1267, 1971)
1991 Ed. (888, 1001, 2688)
1990 Ed. (1088, 1092, 2785)
1989 Ed. (954, 957, 2164)
Princeton Video Image Inc.
2004 Ed. (3508, 3509)
Princeton, WV
1996 Ed. (2537)
Princeville Corp.
2006 Ed. (1747)
Principal
2008 Ed. (3255)
2007 Ed. (3110)
2005 Ed. (705)
1990 Ed. (2324, 2329, 2333)
1989 Ed. (2137)
Principal Bank FSB
2001 Ed. (631)
Principal Capital
2003 Ed. (3086, 3441, 3442)
2002 Ed. (729, 3390, 3931, 3936, 3937, 3940)
2000 Ed. (2836)
Principal Capital Management LLC
2002 Ed. (3920)
Principal Capital Real Estate
2004 Ed. (4086)
Principal Capital Real Estate Investors LLC
2004 Ed. (4083)
2003 Ed. (4057)
Principal Development Associates Inc.
2003 Ed. (1722)
The Principal/Epplet, Guerin & Turner
1993 Ed. (2262)
Principal Equity Income
2007 Ed. (3670)
Principal Financial
1993 Ed. (2199, 2281, 2284, 2286, 2287, 2301, 2922)
1992 Ed. (2370, 2732, 2734, 2736, 2769, 2774)
1991 Ed. (2207)
Principal Financial Group Inc.
2008 Ed. (3170, 3184, 3202, 3247, 3252)
2007 Ed. (1489, 1820, 2550, 2569, 2642, 2903, 3100, 3141)
2006 Ed. (1810, 1813, 2595, 2597, 2600, 3083, 3118, 3121, 3123, 3949)
2005 Ed. (180, 358, 1611, 1828, 2593, 2596, 2601, 3048, 3049, 3083, 3105, 3116, 3118)
2004 Ed. (1631, 1644, 1761, 2605, 2682, 3076, 3113, 4577)
2003 Ed. (1722, 1724, 2975, 2991, 2995, 4318)
2002 Ed. (1694, 2933)
2001 Ed. (1752)
2000 Ed. (1483, 2264, 2265, 2667, 2694, 2696, 2843, 3882, 3885, 3900)
1999 Ed. (1683, 2943, 2946, 3047, 3058, 3086, 3095, 4007, 4171, 4172, 4173, 4308)
1998 Ed. (1170, 2172, 2255, 2258, 2268, 2286, 3015, 3100)
1997 Ed. (2509, 2515, 2517, 3412)
1996 Ed. (2070, 2376, 2382, 2383, 2385, 2387, 2416, 2921)
1995 Ed. (2387, 3070)
1994 Ed. (2298, 2303, 2306, 2318, 3160)
1991 Ed. (2214, 2210, 2212, 2233, 2246)
1990 Ed. (2354)
1989 Ed. (1806, 2142)
Principal Financial Group Foundation
2002 Ed. (977)
Principal Financial Group SA-A
1994 Ed. (2313)
Principal Financial Services Inc.
2001 Ed. (1752)
Principal Health Care of Florida
1998 Ed. (1917)
Principal Health Care of Illinois
2000 Ed. (2433)
Principal Hospital Co.
1998 Ed. (2548, 2549)
Principal International
2006 Ed. (3673)
Principal Life Insurance Co.
2008 Ed. (1855, 3272, 3275, 3276, 3296, 3302)
2007 Ed. (1818, 3122, 3125, 3146, 3152)
2006 Ed. (1811, 3122)
2005 Ed. (1826, 3051)
2004 Ed. (1759)
2003 Ed. (1722, 1722, 2972, 2992, 2996, 2998)
2002 Ed. (1915, 2869, 2887, 2888, 2893, 2912, 2920, 2926, 2927, 2928, 2929, 3742)
2001 Ed. (1752, 2914, 2915, 2937, 2944)
Principal Management
2006 Ed. (3592)
2004 Ed. (3563)
2003 Ed. (688)
Principal Mutual
1989 Ed. (1703)
Principal Mutual Holding Co.
2003 Ed. (1722)
2001 Ed. (1752)
Principal Mutual Life
1999 Ed. (2928, 2929, 2947, 2948, 2950, 2956, 2958, 3041, 3066)
1998 Ed. (171, 2108, 2133, 2140, 2147, 2148, 2155, 2158, 2174, 2177, 2178, 2180, 2181, 2186, 2189, 2193, 2293, 2296, 3011)
1997 Ed. (1456, 2421, 2430, 2447, 2448, 2453, 2456, 3270)
1995 Ed. (223, 2290, 2292, 2294, 2301, 2305, 2306, 2307, 2314)
1994 Ed. (224, 2249, 2255, 2261, 2262, 3262)
1993 Ed. (1993, 2194, 2195, 2200, 2205, 2208, 2209, 2210, 2212, 2213, 2258, 2592, 3273, 3653, 3654)
1992 Ed. (338, 2653, 2659, 2661, 2664, 3549, 4381, 4382)
1991 Ed. (243, 244, 246, 2091, 2109)
1990 Ed. (2218, 2226, 2240)
Principal Mutual Life Insurance Co.
2001 Ed. (2946)
2000 Ed. (2649, 2675, 2677, 2679, 2682, 2697, 2699, 2707, 2709)
1996 Ed. (1400, 2265, 2283, 2296, 2297, 2305, 2306, 2307, 2312, 2314, 2317, 2320, 2323, 2324, 2328, 2398, 2410)
Principal Preserv. Government
1992 Ed. (3199)
Principal Residential Mortgage
1999 Ed. (2608, 3437)
1998 Ed. (1861, 2525, 2527)
1996 Ed. (2681)
Principal Tanner Capitales
2005 Ed. (3578)
Principal VA Aggressive Growth
2000 Ed. (4335)
Principal Variable Annuity
1997 Ed. (3829)
Principato
1990 Ed. (3698)
Principessa
1989 Ed. (2942)
Principia College
2008 Ed. (1069)
2001 Ed. (1320)
1999 Ed. (1223)
1998 Ed. (794)
Principle Business Enterprises Inc.
2007 Ed. (3589)
Principle Capital
2000 Ed. (2781, 2793)
Principle Financial Groups
2000 Ed. (2773)
Principle Pharmacy Group
2005 Ed. (3808)
The Principles of Scientific Management
2005 Ed. (718)
Princor Emerging Growth
1999 Ed. (3530)
1994 Ed. (2633)
Princor Government Income A
1997 Ed. (690)
Princor Government Securities Income
1993 Ed. (2665, 2696)
Princor Government Securities Income A
1999 Ed. (3554)
Princor Growth
1994 Ed. (2634)
Princor Tax-Exempt Bond A
1997 Ed. (2904)
Princor World
1995 Ed. (2738)
Princor World Fund A
1998 Ed. (2635)
Pringle Dixon Pringle
1997 Ed. (59)
Pringles
2008 Ed. (721, 4019, 4021, 4448)
2007 Ed. (4000, 4462)
2006 Ed. (3942)
2004 Ed. (3932, 4437, 4439)
2003 Ed. (4453, 4455)
2002 Ed. (4299, 4300, 4301)
2001 Ed. (4290)
2000 Ed. (971, 3577, 4064)
1999 Ed. (3862, 4344, 4346, 4347)
1997 Ed. (3137, 3138)
1996 Ed. (772, 853, 3057, 3468)
1994 Ed. (2902, 3349)
1993 Ed. (3345)
Pringles Cheezums
1999 Ed. (4346)
Pringles Right Crisps
2003 Ed. (4453)
2002 Ed. (4300)
1999 Ed. (4346)
Prinivil
2001 Ed. (2109)
PRINT
2002 Ed. (4644)
1990 Ed. (54)
Print ads
1996 Ed. (2466)
Print Mailers Inc.
1997 Ed. (3166)
Print Master Gold
1997 Ed. (1092)
Print media
2002 Ed. (3882)
Print Music
1992 Ed. (3145)
Print NW/Six Sigma
1995 Ed. (2985)
Print Partners LLC
2006 Ed. (3514)
Print publications
2003 Ed. (2758)
2002 Ed. (2569)
Print Shop Deluxe
1997 Ed. (1092, 1095)
1996 Ed. (1085)
Print Shop Deluxe CD Ensemble
1997 Ed. (1092, 1095)
1996 Ed. (887, 1076)
Print Shop Deluxe CD Ensemble III
1998 Ed. (847, 853)
Print Shop Deluxe Ensemble
1998 Ed. (852)
Print Shop Deluxe for Windows
1996 Ed. (1076)
1995 Ed. (1099)
Print Solutions Inc.
2006 Ed. (4377)
Print-Tech
2005 Ed. (3377)
Print Technologies & Services
2000 Ed. (906)
Print Three
1990 Ed. (1854)

1989 Ed. (1487)
PrintCafe
2001 Ed. (4762)
Printcafe Software Inc.
2004 Ed. (4340)
Printco, Inc.
1992 Ed. (3539)
Printed music
1994 Ed. (2591)
Printegra Corp.
2008 Ed. (4027, 4031)
2007 Ed. (4007)
2006 Ed. (3966, 3967)
2005 Ed. (3886, 3887, 3888, 3890)
Printemps Group
1995 Ed. (3155)
Printers Unlimited Inc.
1999 Ed. (3888)
Printgraphics
2008 Ed. (4034)
2000 Ed. (913)
Printing
2007 Ed. (3716)
2006 Ed. (834)
2005 Ed. (1480, 1481)
1999 Ed. (3301)
1994 Ed. (2434)
Printing & Advertising
1990 Ed. (2187)
Printing & Communication Media Inc.
2007 Ed. (1532, 1609, 1710, 4019, 4049)
Printing and publishing
2004 Ed. (1469)
2003 Ed. (1439)
2002 Ed. (1399, 1413, 1420, 1480, 1488, 1491, 1999)
2001 Ed. (2021)
1999 Ed. (1466, 1467, 1473, 1506, 1508, 1509, 1510, 1941, 2846)
1998 Ed. (1034, 1035, 1154, 1155)
1997 Ed. (1263, 1717, 2630)
1996 Ed. (1215, 1216, 1225, 2488)
1995 Ed. (1250, 1251)
1994 Ed. (1211, 1228, 1229, 1232)
1993 Ed. (1200, 1205, 1213, 3729)
1992 Ed. (1501, 1466, 1491, 1492)
1991 Ed. (241, 1150, 1152, 1175, 1176, 1190)
1990 Ed. (1225, 1234, 1255, 1257, 1258, 1261, 1262, 1268, 1269, 1272)
Printing, book
1999 Ed. (3893)
Printing, business forms
1999 Ed. (3893)
Printing, commercial
1994 Ed. (2435)
Printing franchises
1992 Ed. (2218)
Printing, general commercial
1999 Ed. (3893)
The Printing House Ltd.
2006 Ed. (3970)
Printing inks
2001 Ed. (3797)
Printing, other specialty
1999 Ed. (3893)
Printing, package
1999 Ed. (3893)
Printing, publishing, and allied industries
2001 Ed. (1681, 1781)
Printing/publishing/broadcasting
1996 Ed. (2115, 2116, 2117, 2118)
Printing, quick
1999 Ed. (3893)
Printing trade services
1996 Ed. (3085)
PrintingForLess.com
2003 Ed. (3928)
PrintingForLess.com, Inc. (PFL)
2002 Ed. (3763)
Printmaster Gold Publishing Suite
1998 Ed. (853)
Printpack
2008 Ed. (3837, 3996)
2007 Ed. (3972)
2006 Ed. (3918)
2005 Ed. (3853)
2004 Ed. (3907)
2003 Ed. (3890)
2001 Ed. (3817)
1999 Ed. (1348, 3683, 4808)
1998 Ed. (2873)
1992 Ed. (1387)
Printronix
1996 Ed. (2886)
1990 Ed. (2580)
Prints
1999 Ed. (1222)
1997 Ed. (1049)
PRINTSouth Corp.
2008 Ed. (4024, 4029, 4033, 4034)
2006 Ed. (3967, 3971)
2005 Ed. (3887, 3890, 3895)
PrintXcel
2008 Ed. (4027, 4031, 4033)
2005 Ed. (3886, 3887, 3888, 3891)
PrintXcelSM
2007 Ed. (4007)
Prior Norge BA
2006 Ed. (1951)
Priorbank
2004 Ed. (454)
2000 Ed. (468)
1999 Ed. (476)
1997 Ed. (416)
1994 Ed. (456)
Priority America
2008 Ed. (4418)
Priority Bank
2007 Ed. (465)
2005 Ed. (524)
2004 Ed. (4719)
Priority E*Trade
2006 Ed. (662)
Priority Health
2008 Ed. (3632)
1998 Ed. (1910, 1912)
1997 Ed. (2185, 2186, 2187, 2193)
1995 Ed. (2087, 2089)
1994 Ed. (2038)
Priority Healthcare Corp.
2006 Ed. (4949, 4950)
2005 Ed. (4917, 4918)
2004 Ed. (4936)
Priority Services
1996 Ed. (3125)
Priority Services LLC
2007 Ed. (3544, 4405)
PriorityPlus of California Inc.
2000 Ed. (2432)
Priory; R. B.
2005 Ed. (2509)
Priory; Richard B.
2005 Ed. (1104)
Prisa
2001 Ed. (80)
Prisaland Inc.
2007 Ed. (1285)
2006 Ed. (1178)
Prism
1991 Ed. (836)
Prism Health Group
1998 Ed. (1985)
Prism Management
1999 Ed. (4008, 4010)
Prism Management Services
1998 Ed. (3018)
Prism Marketing Inc.
1997 Ed. (3701)
Prisma Ap.H
1992 Ed. (1779)
Prisma Dispersed Phase Alloy
1995 Ed. (1548)
Prisma Graphic Corp.
2006 Ed. (3496)
Prisma Presse
1994 Ed. (2781)
1992 Ed. (3369)
1990 Ed. (2797)
PrismTech Ltd.
2002 Ed. (2495)
Prison Realty Trust Inc.
2003 Ed. (2761)
Pristop
1999 Ed. (152)
1997 Ed. (143)
1996 Ed. (137)
Pristop & Grey
2003 Ed. (147)
2002 Ed. (180)
2001 Ed. (208)
Pristop (Grey)
2000 Ed. (170)
Priszm Inc.
2008 Ed. (4201)
priszm brandz inc.
2005 Ed. (4089)
2004 Ed. (4149)
2003 Ed. (4141)
Priszm Canadian Income Fund
2008 Ed. (3077, 4200)
2007 Ed. (2952, 4158)
Priszm Income Fund
2008 Ed. (4201)
Pritchard Capital Partners
2006 Ed. (3201)
Pritchard Paint & Glass Co.
1995 Ed. (2002)
1994 Ed. (1976)
1993 Ed. (1954)
Pritchett Trucking
2005 Ed. (2690)
Pritzker; Jay Arthur
1989 Ed. (1986)
Pritzker; Robert
2005 Ed. (4854)
Pritzker; Robert Alan
1989 Ed. (1986)
Pritzker, Robert Alan Pritzker, Jay Arthur
1991 Ed. (2461)
Pritzker; Thomas
2005 Ed. (4854)
Privado
2001 Ed. (2631)
PrivatBank
2008 Ed. (518)
2007 Ed. (565)
2006 Ed. (534)
2005 Ed. (621)
2004 Ed. (470, 633)
2003 Ed. (624)
Privatbanken
1999 Ed. (676)
1992 Ed. (650)
1991 Ed. (497, 1105, 1106, 3231)
1990 Ed. (538, 1688, 3457)
1989 Ed. (518)
Private Business Inc.
2004 Ed. (1538)
Private Capital Management LP
2004 Ed. (1535)
Private Cellars
1999 Ed. (1062)
Private College & University Authority
2001 Ed. (797)
Private company
2005 Ed. (1473)
Private Group-Donald Trump
1991 Ed. (1156)
Private Group-Labor Mgt. Group
1991 Ed. (1156)
Private Group (led by Tele-Comm, Inc.)
1991 Ed. (1161)
Private Group-Marvin Davis
1991 Ed. (1156, 1156)
Private health insurance
1992 Ed. (2652)
Private Healthcare Systems
2005 Ed. (3883)
2001 Ed. (3873)
2000 Ed. (3598, 3599, 3601)
1999 Ed. (3292, 3881)
1998 Ed. (2910, 2912, 3650)
1997 Ed. (3159)
1996 Ed. (3079, 3767)
1995 Ed. (3683)
1994 Ed. (3608)
1993 Ed. (2906, 3647)
Private households employing staff
2002 Ed. (2782)
Private insurance premiums
2001 Ed. (3271)
Private investigators
2001 Ed. (4203)
1992 Ed. (3830)
Private investor(s)
1990 Ed. (1227, 1251)
Private Jet Expeditions Inc.
1996 Ed. (2064, 2065, 2067, 2068)
Private Jet Expenditions Inc.
1995 Ed. (3652)
Private Label
2000 Ed. (368, 369, 370, 371, 968, 1014, 1015, 1016, 1096, 2247, 2248, 4073, 4091, 4254)
1991 Ed. (3453)
Private label diapers
1991 Ed. (1416)
Private label Generic
1991 Ed. (993, 994, 995, 996, 997, 1366, 1367, 3136, 3137, 3386, 3387, 3388)
Private loans
1996 Ed. (3456)
Private Medical-Care Inc.
1999 Ed. (1832)
Private medical insurance
2001 Ed. (2223)
Private Mini Storage Inc.
1998 Ed. (3274)
1996 Ed. (3395)
Private passenger auto
2002 Ed. (2954)
Private-passenger auto liability
2002 Ed. (2964)
Private-passenger auto physical damage
2002 Ed. (2964)
Private placement
2001 Ed. (707)
1989 Ed. (1486)
Private Power
2005 Ed. (1462)
Private security patrols
1990 Ed. (845)
Private truck
2001 Ed. (4234)
Private trust
1999 Ed. (2061)
Private Wealth Advisors Inc.
2008 Ed. (2037)
Privatebancorp Inc.
2008 Ed. (1662)
Privatebank & Trust Co.
2008 Ed. (394)
2007 Ed. (416)
Privateer
1995 Ed. (1083)
Privately Placed Subordinated Debt
2003 Ed. (3119, 3122)
Privatus Asmenys
2005 Ed. (58)
Priviet
2001 Ed. (4707)
1999 Ed. (4736)
1997 Ed. (3857, 3858)
1996 Ed. (3805, 3806, 3807)
1995 Ed. (3716)
1993 Ed. (3679)
1992 Ed. (4407, 4409, 4410)
Privileged Assets Select Annuity Janus Worldwide Growth
2000 Ed. (4333)
Privredna Banka
2001 Ed. (619)
1999 Ed. (498)
1992 Ed. (871)
1991 Ed. (697)
Privredna Banka Novi Sad
1997 Ed. (607)
Privredna Banka Sarajevo
1993 Ed. (669)
1990 Ed. (719)
1989 Ed. (717)
Privredna Banka Zagreb
2008 Ed. (401)
2007 Ed. (427)
2006 Ed. (429)
2005 Ed. (483)
2004 Ed. (475)
2003 Ed. (480)
2002 Ed. (546, 547)
2000 Ed. (506)
1994 Ed. (669)
1993 Ed. (669)
Privredna Banka Zagreb dd
1997 Ed. (434, 444, 445)
1996 Ed. (470, 480, 481)
1995 Ed. (508)
Prize Energy Corp.
2004 Ed. (2774)
The Prize: The Epic Quest for Oil, Money, & Power
2006 Ed. (579)

Prizm
2001 Ed. (490)
PRO Advertising
1994 Ed. (82)
Pro America Managed Care
2000 Ed. (3598)
Pro Auto Dealers Inc.
2006 Ed. (2830)
Pro-Courier
1999 Ed. (3343)
1998 Ed. (2465)
Pro-Cuts Franchise Corp.
2008 Ed. (2876)
2007 Ed. (2759)
2006 Ed. (2752)
2005 Ed. (2780)
2004 Ed. (2789)
2003 Ed. (2675)
2002 Ed. (2432)
PRO Direct Response Corp.
1998 Ed. (3478)
Pro-Fab Inc.
2007 Ed. (3590, 4441)
2006 Ed. (3534)
PRO-FAC Cooperative Inc.
2005 Ed. (1402)
2004 Ed. (1381, 2639)
2003 Ed. (2508)
Pro Foot Triad
2004 Ed. (2671, 2672)
"Pro Football Game"
2001 Ed. (1100)
Pro Form
1994 Ed. (1724)
Pro Form Crosswalk
1997 Ed. (2389)
Pro Golf America Inc.
2001 Ed. (2534)
2000 Ed. (2273)
Pro Golf Discount
2007 Ed. (2700)
2006 Ed. (2705)
2003 Ed. (2628)
2002 Ed. (4338)
Pro Golf International Inc.
2008 Ed. (2828)
Pro Golf of America
1999 Ed. (1056, 2524)
1998 Ed. (669, 1766)
The Pro Image
1991 Ed. (1771)
Pro Image Franchise LC
2008 Ed. (4487)
2007 Ed. (4508)
2006 Ed. (4452)
2005 Ed. (4436)
Pro Kapital
2002 Ed. (4412)
Pro Liability Insurance
1995 Ed. (2800)
Pro-Line Corp.
2003 Ed. (2665)
2001 Ed. (2634, 2635)
1999 Ed. (2062, 2630)
1998 Ed. (1894)
Pro Logis Trust
2000 Ed. (3719)
Pro Look Sports
2006 Ed. (3358)
Pro Nurse PC
1994 Ed. (3669)
1993 Ed. (3734)
1992 Ed. (4484)
1991 Ed. (3513)
Pro Player
2001 Ed. (4348)
Pro Reklame/Marketing
1989 Ed. (97)
Pro Set
1995 Ed. (3648)
Pro Sound & Stage Lighting
2000 Ed. (3220)
Pro Sound & Stage/Music to the Max
1999 Ed. (3502)
Pro Staff
2002 Ed. (4598)
Pro-Tech Polishing Services
1994 Ed. (1917)
1993 Ed. (1901)
Pro Therapy of America
1993 Ed. (2068, 2070)
1992 Ed. (2452, 2455)
ProAct Technologies Corp.
2006 Ed. (2412)
ProAn
2002 Ed. (3728)
Proan (Proteins Animal)
2003 Ed. (3901)
ProAssurance Corp.
2007 Ed. (3168)
2006 Ed. (3133)
2005 Ed. (3123)
ProAssurance Group
2004 Ed. (3119)
Probanka
2006 Ed. (522)
1999 Ed. (637, 3253)
1997 Ed. (612, 2675, 2676)
Probe
1994 Ed. (1851)
1993 Ed. (1862)
1992 Ed. (2163)
1991 Ed. (1727)
Problems with people
1992 Ed. (1939)
Probucol/Lorelco
1991 Ed. (931)
Procall System
1990 Ed. (2365)
ProCard Inc.
2007 Ed. (2563)
2006 Ed. (2596)
Procardia
1999 Ed. (1891)
1997 Ed. (1653)
1996 Ed. (1569, 1570, 1578, 3082, 3084)
1995 Ed. (1582, 1583, 1587, 2982, 2984)
1994 Ed. (2926, 2927, 2929)
1993 Ed. (2912, 2914, 2915)
1992 Ed. (1876, 3526)
1991 Ed. (2400)
1990 Ed. (2530)
Procardia caps 10 mg
1990 Ed. (1573, 1574)
Procardia XL
1999 Ed. (3886)
1998 Ed. (2913, 2915, 2916)
1997 Ed. (1647, 1648, 2741, 3161, 3163)
1996 Ed. (2598)
1995 Ed. (1590, 2530)
1994 Ed. (2462)
1992 Ed. (3002, 3278)
Procardia's Kabi Pharmacia
1995 Ed. (1243)
ProCare Automotive Service Centers
2007 Ed. (4759)
2006 Ed. (4753)
2005 Ed. (4697)
ProCare Vision Centers
1993 Ed. (1900)
ProCentury Corp.
2008 Ed. (2858)
2007 Ed. (2728)
Procept
1996 Ed. (3304, 3778)
Procesadora Campofresco Inc.
2006 Ed. (201)
2005 Ed. (189)
2004 Ed. (183)
Procesadora de Materias Prima Industiales
1996 Ed. (1733)
Process Automation
1995 Ed. (2127)
Process Equipment Inc.
2007 Ed. (4398)
2006 Ed. (4338)
Process Facilities Inc.
2004 Ed. (2363)
Process/operations management
1998 Ed. (544)
Process Safety & Reliability Group Inc.
2005 Ed. (3615)
Processed meat/seafood
2002 Ed. (3494)
PROCOM
2006 Ed. (2820)
Procom Consultants Group Ltd.
2008 Ed. (2947)
2007 Ed. (2822)
PROCOM Professional Computer Consultants Group Ltd.
2003 Ed. (2929)
Procom Technology
1999 Ed. (2614, 4322)
ProComm Plus
1997 Ed. (1099)
Procompra 2002
2001 Ed. (91)
Proconsul Div. of Jayme Org.
1992 Ed. (3575)
Proconsul Div. of Jayme Organization
1996 Ed. (3132)
1995 Ed. (3029)
Proconsul Division of Jayme Organization
1994 Ed. (2969)
Procordia
1995 Ed. (1492, 1493)
1994 Ed. (1392, 1451, 1452, 3439)
1993 Ed. (1403, 1404, 3460)
1992 Ed. (1483)
Procordia AB
1996 Ed. (1450)
Procourier
2000 Ed. (3080)
Procrit
2008 Ed. (2382)
2007 Ed. (2242, 2247)
2006 Ed. (2315)
2005 Ed. (2248, 2253, 2254, 3813)
2004 Ed. (2155)
2003 Ed. (2112)
2002 Ed. (3748, 3750)
2000 Ed. (1707)
1999 Ed. (1910)
Procter & Gamble Co.
2008 Ed. (19, 20, 21, 22, 23, 26, 27, 29, 30, 31, 32, 33, 34, 35, 36, 37, 39, 40, 42, 44, 45, 46, 47, 49, 50, 51, 52, 56, 57, 58, 59, 60, 61, 62, 63, 65, 66, 68, 71, 72, 73, 74, 75, 77, 78, 80, 81, 82, 83, 86, 88, 89, 91, 93, 95, 97, 99, 102, 104, 106, 107, 131, 140, 141, 154, 186, 763, 830, 1053, 1213, 1434, 1438, 1439, 1440, 1487, 1538, 1826, 1827, 1828, 1829, 1830, 1831, 1832, 1851, 1852, 1854, 1922, 2004, 2005, 2006, 2120, 2364, 2366, 2969, 2970, 3099, 3100, 3101, 3107, 3108, 3540, 3682, 3688, 3841, 3849, 3850, 3872, 3873, 3874, 3875, 3880, 3882, 3883, 4319, 4481, 4651, 4653, 4656, 4658)
2007 Ed. (15, 16, 17, 18, 21, 22, 24, 25, 26, 27, 28, 29, 30, 31, 32, 35, 36, 37, 38, 39, 40, 41, 42, 43, 45, 46, 47, 48, 49, 51, 54, 55, 56, 57, 58, 59, 60, 61, 62, 66, 67, 68, 69, 70, 72, 74, 76, 77, 78, 80, 81, 82, 84, 86, 88, 90, 92, 96, 97, 126, 133, 136, 137, 155, 199, 787, 1160, 1326, 1443, 1448, 1452, 1453, 1493, 1545, 1557, 1561, 1790, 1791, 1792, 1793, 1794, 1795, 1796, 1807, 1812, 1813, 1815, 1816, 1923, 1936, 1937, 1938, 2224, 2226, 2842, 2844, 2846, 2909, 2973, 2974, 2976, 2977, 2979, 2980, 2982, 2987, 2988, 2989, 3211, 3524, 3698, 3769, 3770, 3801, 3803, 3804, 3806, 3808, 3810, 3816, 3817, 3818, 3820, 4363, 4586, 4645, 4735)
2006 Ed. (20, 21, 22, 23, 26, 28, 29, 30, 32, 33, 34, 36, 38, 40, 41, 44, 45, 47, 48, 49, 50, 51, 52, 53, 54, 55, 57, 60, 63, 64, 65, 66, 67, 68, 69, 75, 76, 77, 78, 79, 81, 82, 84, 86, 87, 90, 91, 92, 94, 96, 98, 99, 101, 103, 105, 132, 135, 143, 144, 164, 168, 193, 694, 772, 782, 841, 842, 1068, 1455, 1457, 1470, 1483, 1501, 1602, 1783, 1784, 1785, 1786, 1787, 1788, 1789, 1790, 1805, 1850, 1952, 1953, 1954, 1955, 2281, 2287, 2847, 2849, 2851, 2852, 2958, 2960, 2962, 2963, 2965, 2966, 3357, 3490, 3491, 3798, 3799, 3804, 3806, 3807, 4026, 4076, 4600, 4647, 4708, 4710, 4714)
2005 Ed. (14, 15, 16, 17, 20, 22, 23, 24, 26, 27, 28, 29, 31, 32, 33, 34, 36, 37, 40, 41, 42, 43, 44, 45, 46, 47, 50, 53, 56, 57, 58, 59, 60, 61, 62, 65, 67, 68, 69, 70, 72, 73, 74, 75, 77, 78, 81, 82, 83, 84, 85, 87, 89, 90, 92, 94, 129, 133, 135, 152, 740, 850, 851, 932, 933, 1060, 1535, 1552, 1574, 1575, 1577, 1579, 1581, 1583, 1584, 1586, 1597, 1803, 1804, 1805, 1806, 1807, 1808, 1809, 1810, 1818, 1919, 1920, 1921, 2219, 2846, 2847, 2848, 2849, 2963, 2965, 2966, 2968, 2970, 3182, 3371, 3596, 3694, 3710, 3711, 3715, 3717, 3718, 3987, 3990, 4388, 4389, 4451, 4501, 4656, 4658, 4659, 4675)
2004 Ed. (20, 21, 22, 23, 24, 27, 29, 30, 31, 33, 34, 35, 36, 38, 39, 40, 42, 43, 46, 47, 48, 49, 50, 51, 52, 53, 54, 58, 61, 62, 63, 64, 65, 66, 67, 71, 72, 73, 74, 75, 77, 78, 80, 82, 83, 86, 87, 88, 89, 90, 92, 94, 96, 97, 98, 99, 138, 142, 154, 871, 942, 943, 965, 1519, 1552, 1560, 1566, 1569, 1833, 1834, 1835, 2114, 2271, 2272, 2561, 2838, 2840, 2958, 2960, 2961, 2963, 3679, 3775, 3801, 3806, 3807, 3809, 4048, 4052, 4098, 4440, 4441, 4576, 4680, 4682, 4742)
2003 Ed. (16, 19, 188, 189, 194, 284, 648, 650, 651, 652, 680, 833, 844, 914, 934, 935, 991, 995, 1043, 1053, 1489, 1534, 1548, 1800, 1801, 1802, 1866, 1867, 1868, 1997, 1998, 2004, 2046, 2047, 2048, 2049, 2057, 2058, 2080, 2081, 2082, 2083, 2109, 2259, 2427, 2430, 2465, 2502, 2517, 2550, 2579, 2637, 2638, 2662, 2663, 2666, 2667, 2668, 2757, 2872, 2924, 3159, 3169, 3216, 3462, 3626, 3687, 3688, 3690, 3720, 3736, 3750, 3766, 3767, 3768, 3771, 3772, 3784, 3785, 3787, 3793, 3795, 4071, 4399, 4434, 4438, 4457, 4458, 4710, 4711, 4742, 4761, 4765, 4769)
2002 Ed. (38, 44, 49, 50, 55, 60, 218, 219, 222, 223, 224, 237, 925, 989, 990, 1016, 1468, 1499, 1560, 1749, 1967, 1968, 2002, 2568, 2705, 3592, 3639, 3643, 3890, 3968, 4093, 4302, 4305, 4306, 4587, 4589, 4591)
2001 Ed. (12, 13, 15, 16, 17, 19, 21, 22, 24, 25, 26, 27, 28, 29, 30, 31, 33, 35, 37, 38, 39, 40, 41, 42, 43, 44, 45, 46, 49, 53, 54, 55, 56, 57, 58, 59, 60, 61, 63, 64, 65, 66, 67, 68, 69, 70, 71, 72, 73, 74, 75, 77, 78, 81, 83, 84, 85, 86, 88, 89, 90, 91, 92, 93, 1092, 1179, 1180, 1199, 1236, 1453, 1557, 1558, 1594, 1827, 1828, 1925, 1932, 1989, 1991, 1999, 2069, 2070, 2071, 2461, 2718, 2719, 3228, 3648, 3649, 3665, 3711, 3720, 3721, 3722)
2000 Ed. (23, 31, 34, 195, 202, 208, 798, 945, 946, 1242, 1243, 1531, 1591, 1592, 1706, 2212, 3131, 3430, 3448, 3458, 3691, 3822, 4068, 4071, 4072, 4075, 4208, 4209, 4211, 4427)
1999 Ed. (28, 29, 177, 1000, 1001, 1344, 1345, 1538, 1546, 1720, 1761, 1762, 1830, 1838, 2115, 2460, 3191, 3605, 3637, 3702, 3721, 3768, 3776, 3777, 3974, 3976, 4108, 4350, 4352, 4355, 4391, 4488, 4498, 4566, 4567, 4568)

1998 Ed. (22, 28, 68, 71, 253, 486, 595, 596, 687, 926, 1081, 1085, 1099, 1100, 1111, 1183, 1198, 1202, 1721, 2052, 2501, 2675, 2760, 2786, 2807, 2978, 2979, 3325, 3327, 3328, 3329, 3332, 3362, 3435, 3490, 3491, 3499)
1997 Ed. (29, 31, 32, 162, 166, 706, 875, 1141, 1294, 1321, 1323, 1335, 1341, 1343, 1347, 1494, 1535, 1536, 1586, 1598, 1599, 2037, 2328, 2937, 3012, 3018, 3052, 3056, 3232, 3533, 3534, 3535, 3536, 3538, 3713, 3714, 3715)
1996 Ed. (28, 30, 31, 155, 158, 769, 862, 1054, 1248, 1266, 1276, 1282, 1283, 1288, 1432, 1462, 1467, 1523, 1540, 1939, 1941, 1974, 1979, 2200, 2487, 2839, 2842, 2924, 2974, 3147, 3469, 3470, 3498, 3656, 3657, 3659, 3660, 3661)
1995 Ed. (18, 22, 23, 141, 146, 148, 691, 879, 994, 1273, 1292, 1305, 1306, 1310, 1325, 1327, 1336, 1422, 1470, 1547, 1567, 1894, 1898, 2073, 2772, 2824, 2857, 2889, 2901, 3048, 3151, 3409, 3410, 3411, 3413, 3433, 3570, 3571, 3572, 3573, 3574, 3575)
1994 Ed. (9, 14, 15, 16, 18, 19, 21, 22, 23, 26, 28, 31, 33, 34, 37, 38, 39, 40, 41, 44, 46, 47, 48, 127, 129, 742, 833, 834, 1066, 1248, 1249, 1255, 1260, 1268, 1284, 1286, 1290, 1309, 1436, 1519, 1532, 1558, 1869, 1875, 1920, 2668, 2717, 2749, 2753, 2809, 2810, 2816, 2901, 2986, 3243, 3350, 3351, 3352, 3500, 3501, 3502)
1993 Ed. (19, 20, 21, 24, 26, 27, 29, 30, 31, 35, 37, 42, 46, 47, 48, 55, 56, 147, 149, 736, 823, 825, 952, 1223, 1229, 1244, 1247, 1252, 1253, 1382, 1421, 1423, 1904, 2572, 2716, 2720, 2760, 2809, 2810, 2814, 3346, 3347, 3348, 3526, 3527, 3528, 3529)
1992 Ed. (97)
1991 Ed. (25, 943, 989, 1236, 1364, 1409, 1417, 1546, 1976, 2581, 2661, 2662, 2665, 2711, 2714, 3150, 3151, 3301, 3303, 3305, 3307, 3309, 9, 10, 11, 16, 17, 18, 20, 22, 23, 26, 28, 30, 36, 37, 41, 42, 43, 45, 53, 55, 166, 167, 842, 843, 1913, 2791, 2792, 2793, 3311, 3312, 3313, 3314, 3315, 2712, 44)
1990 Ed. (14, 16, 17, 23, 25, 26, 27, 28, 29, 34, 39, 40, 43, 45, 168, 170, 728, 878, 879, 882, 1434, 1832, 2018, 2937)
1989 Ed. (14, 16, 17, 20, 1629, 1632, 2188, 2277, 2508, 2509, 2657, 2781)

Procter & Gamble AG
2001 Ed. (1860, 4613)
Procter & Gamble E.S.C.
2003 Ed. (1624)
Procter & Gamble European Supply Co., NV
2004 Ed. (4930)
Procter & Gamble Fund
2002 Ed. (978)
2001 Ed. (2516)
Procter & Gamble GmbH & Co. Manufacturing
2002 Ed. (3577)
Procter & Gamble Manufacturing GmbH
2004 Ed. (3768)
Procter & Gamble Pharmaceuticals
2007 Ed. (3909)
Procter & Gamble/Scope
1991 Ed. (2495)
Procter & Procter
1994 Ed. (3487)
Procter & Procter Direct
1996 Ed. (3645)
Procter & Procter Group
1993 Ed. (3513)
Procter-Silex
2005 Ed. (2955)
2003 Ed. (2867)
1998 Ed. (2050, 2051)
Proctor & Gamble
1999 Ed. (1539, 1540, 1545, 3606)
Proctor & Stevenson
2002 Ed. (1954)
Proctor Cos.
1996 Ed. (1956)
Proctor Homer Warren Inc.
2000 Ed. (2666)
1999 Ed. (2912)
1998 Ed. (2127)
Proctor-Silex
2008 Ed. (1036)
2000 Ed. (2587)
1999 Ed. (2807, 2808)
1997 Ed. (2330, 2331, 3060)
1996 Ed. (2202)
1995 Ed. (2185, 2902)
1993 Ed. (1005, 1006, 2110, 2813)
1992 Ed. (1242, 1243, 2523)
Proctor-Silex Toaster, 2-Slice
1990 Ed. (2105, 2106)
ProctorSilex
1991 Ed. (1485, 1492, 1961)
Procurement Technical Assistance Center
2002 Ed. (4291)
Procuritas
1992 Ed. (2964)
Prod. Research & Chem.
1990 Ed. (963, 964, 965)
Prodemge
2004 Ed. (3026)
Prodiana
2008 Ed. (3804)
2007 Ed. (3712)
Prodigy
1999 Ed. (2999)
1998 Ed. (2713, 3775)
Prodigy Communications L.P.
2002 Ed. (4883)
Prodigy Service Co., IBM/Sean
1991 Ed. (3450)
Prodigy Services Inc.
1998 Ed. (2429)
1997 Ed. (2963)
1992 Ed. (4216)
1991 Ed. (3293)
ProDocumentSolutions
2006 Ed. (3965)
2005 Ed. (3891)
Produbanco
2007 Ed. (433)
2004 Ed. (481)
2003 Ed. (484)
2002 Ed. (4406, 4409)
2000 Ed. (513, 514, 515, 516, 517)
1999 Ed. (505)
Produbanco; Banco de la Producion—
2006 Ed. (4497, 4498)
Produce
2004 Ed. (3666)
2000 Ed. (4144)
1999 Ed. (4507)
1998 Ed. (3433)
1996 Ed. (1735)
1995 Ed. (3530)
1994 Ed. (3463)
Produce Buying Co.
2006 Ed. (4505)
Produce, fresh
1997 Ed. (1208)
ProduceOnline.com
2001 Ed. (4755)
The Producers
2004 Ed. (4717)
Producers Lloyds
1998 Ed. (2202)
Product & event promotion
1991 Ed. (2610)
Product counterfeiting
1992 Ed. (4430)
Product Design & Development
2007 Ed. (4792)
Product design engineering
2007 Ed. (157)
2000 Ed. (3466)
Product development
1997 Ed. (1076)
Product doesn't deliver
1990 Ed. (2678)
Product marketing engineer
2004 Ed. (2274)
Product marts
2000 Ed. (3478)
Product planning
1999 Ed. (964)
Product Research & Chemical
1989 Ed. (896, 897, 898)
Product variety
1992 Ed. (4385)
Producta/TBWA
1997 Ed. (93)
Production
2007 Ed. (3736)
2005 Ed. (3633, 3634)
1990 Ed. (3080, 3081)
Production operators
2007 Ed. (3737)
Productive Data System
1998 Ed. (2513)
Productive Data Systems
2000 Ed. (3146)
1999 Ed. (2675)
Productive Data Systems LLC
2002 Ed. (3374)
Productive Transportation Services
1992 Ed. (4354)
Productivity improvement
1991 Ed. (2026)
Productos Mus ASA
2005 Ed. (1963)
Products, auxiliary services, and capital expenditures
1992 Ed. (2379)
Produtos Alimenticios Vigor
2001 Ed. (1972)
Produvalores
2008 Ed. (736)
2007 Ed. (757)
Proesa
1992 Ed. (47)
Proeza SA de CV
1995 Ed. (327)
ProfCare
1990 Ed. (248)
Professional
2007 Ed. (3736)
2005 Ed. (3633, 3634)
2002 Ed. (748)
1997 Ed. (1644, 2378)
1992 Ed. (2418)
Professional Advantage
2002 Ed. (1581)
Professional Alternatives
2003 Ed. (3963)
Professional & business services
2007 Ed. (3732, 3733, 3734, 3735)
Professional and scientific instruments
1991 Ed. (1904)
Professional Assistance & Consulting Inc.
1998 Ed. (1936)
Professional Bank Services
1993 Ed. (1165)
Professional Bank Services Group
1998 Ed. (340)
Professional basketball
1989 Ed. (2523)
Professional books
2001 Ed. (976)
Professional Builder
2008 Ed. (4708)
2007 Ed. (4791)
Professional Building Systems
2007 Ed. (3625)
Professional Care, Inc.
1990 Ed. (254)
Professional Carpet Systems
2008 Ed. (862)
Professional Casualty Insurance
2007 Ed. (2835)
Professional Community Management
2006 Ed. (4191)
2000 Ed. (1723)
1999 Ed. (1935)
Professional Construction Services Inc.
2007 Ed. (4423)
2006 Ed. (4355)
Professional Consultants Insurance Co.
1998 Ed. (641)
Professional Control
1998 Ed. (606)
Professional Data Dimensions
2008 Ed. (3708, 4385)
2007 Ed. (3553, 4411)
2006 Ed. (3512, 4351)
Professional Data Resources Inc.
2008 Ed. (4977)
Professional Dental Tech.
1995 Ed. (202)
Professional Display Systems BV (PDS)
2003 Ed. (2722)
Professional Employee Management Inc.
1998 Ed. (1429, 3763)
Professional Employer Plans Inc.
2008 Ed. (1732)
2007 Ed. (1703)
2006 Ed. (1708)
2005 Ed. (1762)
Professional Employer Services Inc.
2003 Ed. (1748)
Professional equipment
1996 Ed. (3827)
Professional Food Systems
2000 Ed. (2389)
1998 Ed. (1874)
1996 Ed. (2047)
Professional Foot Care
2003 Ed. (2536)
1998 Ed. (1748)
Professional football
1989 Ed. (2523)
Professional FSB
1993 Ed. (3071)
Professional Golfers Association
1998 Ed. (2460)
Professional hair care
2001 Ed. (3712)
Professional Insurance Corp.
1999 Ed. (2925)
Professional Land Surveyors P. S. C.
2008 Ed. (3730)
Professional Land Surveyors PSC
2006 Ed. (3537)
Professional Medical Services
1992 Ed. (2452)
Professional Mortgage Alliance
2005 Ed. (3914)
Professional Nurse
1997 Ed. (2953)
Professional Paint Inc.
2008 Ed. (3844, 4052)
2007 Ed. (4025)
2006 Ed. (3986)
2005 Ed. (3912)
2004 Ed. (3968)
Professional Placement Resources
2006 Ed. (4329)
Professional Placements Resources LLC
2008 Ed. (4346)
Professional Polish Inc.
1993 Ed. (1900)
Professional Printers Ltd.
1995 Ed. (2985)
Professional Products & Service
1991 Ed. (241)
Professional Project Partners Inc.
2008 Ed. (3709, 4394)
Professional Secretaries International
1998 Ed. (193)
Professional Service Industries Inc.
2004 Ed. (2328, 2338, 2350, 2372)
2001 Ed. (2240)
2000 Ed. (1800, 1843)
1999 Ed. (2020, 2022, 2057)
1993 Ed. (1602)
Professional services
2008 Ed. (4216)
2006 Ed. (2768, 2954)
2005 Ed. (2797)
2003 Ed. (2801, 4445, 4446, 4447)
2002 Ed. (2596)
2001 Ed. (2021, 2177, 2810, 3050, 3918)
2000 Ed. (2500)
1999 Ed. (2719)
1998 Ed. (1979)

1997 Ed. (2253)
1996 Ed. (2148)
1995 Ed. (3791)
1994 Ed. (2083, 2085)
1993 Ed. (2063)
1992 Ed. (2447, 2229)
Professional Solutions
1999 Ed. (3778)
Professional staff
2001 Ed. (2994)
Professional-Style Hair Dryer, 1,500 Watt
1990 Ed. (2803, 2804)
Professional Tape Reader
1992 Ed. (2803)
Professional Technical Development
1999 Ed. (4810)
Professional Travel
1990 Ed. (3650)
Professional Underwriters Liability Insurance Co.
2008 Ed. (3264)
Professional Veterinary Products Ltd.
2008 Ed. (4345)
Professional wrestling
1989 Ed. (2523)
Professional Write
1995 Ed. (1107)
1992 Ed. (4490)
Professionals
1994 Ed. (2587)
Professionals Qc Balanced
2006 Ed. (3662)
Professionals Quebec Bond
2004 Ed. (725, 726)
Professor
1990 Ed. (3701)
Proffit's
1998 Ed. (1259, 1261)
Proffitt's
2004 Ed. (1453)
1999 Ed. (1562, 1834)
1997 Ed. (1591)
Proficient Business Systems Inc.
2008 Ed. (4960)
2007 Ed. (3552)
Proficient Networks
2003 Ed. (1093)
Profil M
1993 Ed. (106)
Profit
2002 Ed. (2711)
Profit Enterprises Planning Ltd.
1990 Ed. (1036)
Profit-sharing
2005 Ed. (2371)
2000 Ed. (1781, 1783, 1784)
1996 Ed. (3811)
1992 Ed. (2234, 2235)
Profit-Tell International
2007 Ed. (123)
2006 Ed. (130)
The Profit Zone
2000 Ed. (780)
ProfitTaker
1990 Ed. (1869)
Proflowers
2006 Ed. (4164)
2005 Ed. (3903, 4092)
ProFlowers.com
2006 Ed. (2380)
ProFOOT
1999 Ed. (2487)
Profoot Care
2002 Ed. (2318)
2001 Ed. (2493)
2000 Ed. (2250, 2251)
Proforce USA
1999 Ed. (2510, 2513, 2518)
ProForma
2008 Ed. (807)
2007 Ed. (840)
2006 Ed. (746)
2005 Ed. (820)
2004 Ed. (846)
2003 Ed. (806)
2002 Ed. (912, 2576)
2000 Ed. (910)
1999 Ed. (961)
1995 Ed. (855)
1994 Ed. (804)
1993 Ed. (787)
ProFund Bear Investment
2004 Ed. (3552, 3554)
ProFund UltraBear Investment
2004 Ed. (3552, 3554)
ProFund UltraBear Investor
2004 Ed. (3595)
ProFund UltraBull Investment
2006 Ed. (3624)
2004 Ed. (3604)
ProFund UltraDow 30 Investment
2006 Ed. (3629)
ProFund UltraMid Cap Investment
2007 Ed. (3671)
2006 Ed. (3644)
ProFund UltraOTC Investment
2006 Ed. (3629)
2004 Ed. (3603, 3604)
ProFund UltraShort OTC Investment
2004 Ed. (3552)
ProFund UltraSmall Investment
2006 Ed. (3644)
ProFund Utilities UltraSector Investment
2007 Ed. (3677)
ProFund Wireless UltraSector Investment
2006 Ed. (3639)
ProFunds Biotechnology Investment
2008 Ed. (3774)
ProFunds-Energy-Investment
2006 Ed. (3597)
ProFunds Energy Ultrasector Investment
2006 Ed. (2508)
ProFunds Investment Ultra Bull Investment
2008 Ed. (598)
ProFunds Investment Ultra Mid Cap
2006 Ed. (4570)
ProFunds Investment Ultra Small Cap
2008 Ed. (598, 4515)
2006 Ed. (4570)
ProFunds Investment U.S. Government
2007 Ed. (645)
ProFunds Pharmaceuticals Ultrasector Investment
2006 Ed. (2511)
ProFunds Precious Metals Ultrasector Investment
2006 Ed. (2511)
ProFunds Real Estate Investment
2008 Ed. (3766)
ProFunds Real Estate Ultrasector Investment
2006 Ed. (2508)
ProFunds Semiconductor Investment
2008 Ed. (3774)
ProFunds Semiconductor Ultrasector Investment
2006 Ed. (2511)
ProFunds-Ultra Bull Fund Investor
2000 Ed. (3244)
ProFunds Ultra OTC Fund Investor
2000 Ed. (3244)
ProFunds Ultra OTC Investor
2005 Ed. (3560)
ProFunds Ultra Small-Cap Investor
2005 Ed. (3560)
ProFunds—UltraJapan Investment
2007 Ed. (4541)
ProFunds UltraOTC Inv
2000 Ed. (3274)
Profunds UltraOTC Profund Investment
2003 Ed. (2360)
ProFunds UltraShort OTC
2007 Ed. (3679)
ProFunds UltraShort OTC Investment
2006 Ed. (2511)
Profunds Ultrashort OTC Investments
2000 Ed. (3294)
ProFunds UltraShort Small-Cap
2007 Ed. (3679)
ProFunds Wireless Ultrasector Investment
2006 Ed. (2508)
Profurn
2002 Ed. (4449)
Progas Ltd.
1997 Ed. (2132)
1996 Ed. (2012)
Progen Holdings
1999 Ed. (4166)
Program Resources Inc.
1990 Ed. (1037)
Programator
1992 Ed. (1335)
Programme Solaire
2001 Ed. (4394, 4395)
Programmer's Paradise Inc.
2008 Ed. (4347, 4359, 4363, 4414)
2007 Ed. (2732, 2735)
Programmes
1994 Ed. (3487)
1993 Ed. (3513)
Programmes Group
1991 Ed. (3283)
Programmes UK
1995 Ed. (3557)
Progreso
2000 Ed. (514, 515, 517)
Progress
1997 Ed. (3294)
Progress Energy Inc.
2008 Ed. (1991, 1992, 1993, 2421, 2427)
2007 Ed. (1925, 1926, 1927, 4524)
2006 Ed. (1941, 1943, 1944, 2362, 2364, 2694, 2696)
2005 Ed. (1912, 1914, 1915, 2290, 2293, 2311, 2312, 2394, 2401)
2004 Ed. (1829, 1830, 2194, 2198)
2003 Ed. (1794, 1795, 2138, 2141, 4535)
Progress Financial Corp.
2005 Ed. (364)
2000 Ed. (3857, 4251)
Progress Fuels Corp.
2008 Ed. (1015)
2007 Ed. (1135, 1136)
2006 Ed. (1046, 1047)
2005 Ed. (1037, 1038)
2004 Ed. (1030, 1031)
Progress-Garant
2003 Ed. (2978)
Progress Investment
1998 Ed. (2266)
1996 Ed. (2392, 2396, 2404)
Progress Investment Management
1992 Ed. (2759, 2763, 2767)
Progress Rail Services Corp.
2005 Ed. (4760)
Progress Software Corp.
2007 Ed. (1252)
2006 Ed. (1135, 1138)
1994 Ed. (2706)
1991 Ed. (1878)
Progressive Corp.
2008 Ed. (1490, 2004, 2006, 2125, 2127, 2128, 2132, 2133, 2134, 3318, 3322, 3324, 4265)
2007 Ed. (1496, 1526, 1936, 1938, 3086, 3088, 3089, 3090, 3091, 3092, 3093, 3102, 3105, 3107, 3171, 3173, 3175, 3176, 3178, 4233)
2006 Ed. (1953, 1955, 3051, 3057, 3060, 3061, 3062, 3063, 3064, 3065, 3088, 3091, 3138, 3140, 3141, 3144, 4217)
2005 Ed. (128, 1919, 1921, 2225, 3050, 3052, 3058, 3059, 3060, 3061, 3062, 3063, 3083, 3084, 3085, 3086, 3126, 3127, 3128, 3134, 3137, 3181, 3250, 4163, 4460, 4471, 4503)
2004 Ed. (1833, 3040, 3050, 3051, 3052, 3053, 3054, 3076, 3077, 3078, 3122, 3123, 3128, 4498, 4545)
2003 Ed. (1800, 3166)
2001 Ed. (1672, 2898, 2902, 2903, 2904, 2906)
2000 Ed. (1623, 1624, 1626, 2199, 2731)
1999 Ed. (2442, 2901, 2902, 2903, 2966)
1998 Ed. (3417)
1997 Ed. (1642)
1996 Ed. (1565)
1995 Ed. (2268, 2318, 2321)
1993 Ed. (2239)
1992 Ed. (1836, 2681, 2683)
1991 Ed. (2127, 2128)
1990 Ed. (2253, 2254)
1989 Ed. (1732, 1733)
Progressive Affiliated Lumbermen Co-op Inc.
2007 Ed. (1431)
2006 Ed. (1398, 1399)
2005 Ed. (1412, 1413)
2004 Ed. (1391, 1392)
2003 Ed. (1380)
Progressive Agg. Growth
1994 Ed. (2627)
Progressive Casualty
1999 Ed. (2900, 2904)
1998 Ed. (2114, 2118)
1997 Ed. (2410)
1996 Ed. (2270)
1994 Ed. (2216, 2220, 2276, 2279)
1993 Ed. (2184)
Progressive Casualty Group
2006 Ed. (3142)
Progressive Casualty Insurance Co.
2008 Ed. (3321)
2005 Ed. (3132)
2004 Ed. (3306)
2002 Ed. (2963)
2000 Ed. (2650, 2653)
Progressive Computer
2001 Ed. (1881, 1882)
Progressive Consumers Insurance Co.
2000 Ed. (2733)
Progressive Credit Union
2008 Ed. (2208)
2006 Ed. (2156, 2166, 2169, 2172, 2178)
2005 Ed. (2063, 2072, 2075, 2078, 2084)
2004 Ed. (1932, 1935, 1938)
2003 Ed. (1888, 1895, 1898)
2002 Ed. (1827, 1834, 1837)
1998 Ed. (1216, 1217, 1219)
1996 Ed. (1505, 1506)
Progressive Enterprises
2008 Ed. (64)
Progressive Environmental Fund
1995 Ed. (2730)
Progressive Express Insurance Co.
2002 Ed. (2965)
2000 Ed. (2733)
Progressive Farmer
2001 Ed. (1053)
2000 Ed. (3467)
1999 Ed. (3748, 3757)
Progressive Group
2004 Ed. (3033, 3036, 3127)
2003 Ed. (1557, 1598, 2958, 2965, 2966, 2967, 2968, 2969, 3008, 4534)
2002 Ed. (2839, 2840, 2841, 2842)
2000 Ed. (2655, 2656, 2657)
1998 Ed. (2115, 2117, 2199)
1997 Ed. (2406, 2408, 2459, 2460)
1995 Ed. (2266)
1991 Ed. (2082)
Progressive Insurance
2006 Ed. (3955)
2002 Ed. (2949)
Progressive Insurance Group
2008 Ed. (3229, 3230, 3231, 3232, 3233, 3234, 3326)
2005 Ed. (3056, 3057, 3135)
2003 Ed. (3007)
Progressive/Lee Lighting
2008 Ed. (3446)
2007 Ed. (3350)
Progressive Life
1989 Ed. (1690)
Progressive Lighting
2006 Ed. (3282)
Progressive Corp. (Ohio)
1993 Ed. (1506)
1991 Ed. (1446)
Progressive Printing Ink
1999 Ed. (3899)
Progressive Return Fund Inc.
2004 Ed. (3175)
Progressive Solutions Inc.
2006 Ed. (1596)
Progressive Specialty Insurance Co.
2002 Ed. (2872)
Progressive Tools & Industries
2002 Ed. (1418)
Progressive Value
1994 Ed. (2627)

Progresso
2008 Ed. (844)
2007 Ed. (2612)
2006 Ed. (2713)
2004 Ed. (2634, 2642, 4455)
2003 Ed. (4483)
1998 Ed. (636)
1995 Ed. (2809)
Progresso Healthy Classics
1995 Ed. (2761)
ProGroup
1990 Ed. (1064)
Prohance
1999 Ed. (3338)
Prohance gadoteridol injection
1997 Ed. (2746)
ProHealth Care
2006 Ed. (289)
2003 Ed. (292)
2002 Ed. (339)
ProHosting Corp.
2006 Ed. (3186)
Proinco
2002 Ed. (4409)
Project Administration
2000 Ed. (905)
Project Assistants
2005 Ed. (1251)
Project Co-ordination
2003 Ed. (3954)
Project Development Construction
1989 Ed. (265)
Project Development Group Inc.
1991 Ed. (1090)
Project Financing Bank
2005 Ed. (493, 502)
Project for Windows
1996 Ed. (1086)
Project Homestead
2003 Ed. (1168)
2002 Ed. (2686)
Project HOPE
2000 Ed. (3347)
1993 Ed. (895)
1991 Ed. (898, 2615)
Project I-Star Inc.
1993 Ed. (895)
Project Telecom plc
2003 Ed. (2738)
2002 Ed. (2499)
ProjectDesign Consultants
2004 Ed. (2357)
Projections Unlimited Inc.
2002 Ed. (2085, 2092)
2001 Ed. (2209)
Prokhorov; Mikhail
2008 Ed. (4894)
2006 Ed. (4929)
Prokompra 2002
2007 Ed. (96)
2005 Ed. (94)
2004 Ed. (99)
Prolam
2000 Ed. (78)
1997 Ed. (71)
1995 Ed. (57)
1994 Ed. (77)
1992 Ed. (134)
Prolam/Young & Rubicam Inc.
2003 Ed. (58)
2002 Ed. (91)
2001 Ed. (120)
1999 Ed. (72)
Prolease Pacific Inc.
2008 Ed. (1597)
2006 Ed. (1585)
2005 Ed. (1680)
Proliance Energy LLC
2008 Ed. (1807)
Prolific Technology
1997 Ed. (2909, 2910)
Proline
2003 Ed. (2652)
Proline Soft & Beautiful
2008 Ed. (2871)
2003 Ed. (2652, 2656)
Prolliance Energy LLC
2007 Ed. (1776)
ProLogic Inc.
2008 Ed. (3740, 4438)
2007 Ed. (3614, 4454)
ProLogis
2008 Ed. (1676, 1683, 1684, 1689, 3139, 4115, 4123)
2007 Ed. (1663, 1664, 3021, 4084, 4085, 4102, 4103, 4104, 4517)
2006 Ed. (1647, 1648, 1654, 1655, 2990, 4046, 4052, 4458)
2005 Ed. (1736, 1737, 4013, 4021, 4455)
2002 Ed. (3920)
Prologis Trust
2006 Ed. (4053)
2005 Ed. (2995, 4023)
2004 Ed. (1678, 1679, 2997, 4089)
2003 Ed. (1648, 1649, 2888, 4060, 4063)
2002 Ed. (1622, 1625, 3930)
2001 Ed. (4001, 4016)
Prolong
2001 Ed. (2588)
Prolong International Corp.
2004 Ed. (4553)
Promarisco
2006 Ed. (2545)
ProMark One Marketing Service
1998 Ed. (3478)
ProMark One Marketing Services
1998 Ed. (3483)
1996 Ed. (3642)
1995 Ed. (3556)
ProMark One Marketing Services nc.
1997 Ed. (3697)
Promatory Communications Inc.
2003 Ed. (1502)
Promeco
1993 Ed. (1518)
ProMedica Health System
2005 Ed. (3155)
2000 Ed. (3747)
Promens North America
2008 Ed. (3998)
Promet
1996 Ed. (2448)
1991 Ed. (2275, 3130)
Promet Petroleum Ltd.
1997 Ed. (2594)
1993 Ed. (1276)
1992 Ed. (1571, 3979)
Promet Tutun Lottery
2005 Ed. (59)
2004 Ed. (64)
Prometey Bank
2004 Ed. (467)
Promethean Ltd.
2002 Ed. (2495)
Prometheus Laboratories
2005 Ed. (2787)
2004 Ed. (3944)
Prometheus Senior Quarters
2000 Ed. (1724)
Promex
2000 Ed. (607, 609, 613)
Promigas
2002 Ed. (4394, 4395)
PROMINA Health System
2002 Ed. (3917)
2000 Ed. (3186)
1999 Ed. (2993, 3467)
1998 Ed. (2553)
Promina Northwest Health System
1997 Ed. (2830)
1996 Ed. (2706)
Prominvestbank
2008 Ed. (518)
2007 Ed. (565)
2006 Ed. (534)
2005 Ed. (621)
Prominvestbank of Ukraine
2004 Ed. (470, 633)
2003 Ed. (624)
2000 Ed. (686)
1999 Ed. (676)
Promise Co.
2006 Ed. (50)
1995 Ed. (2507)
1994 Ed. (2441)
Promise Keepers
2000 Ed. (3350)
Promoaction DDB
2001 Ed. (205)
2000 Ed. (166)
1999 Ed. (149)
Promoaction Mihmaz Advertising
1995 Ed. (120)
Promod Haque
2006 Ed. (4879)
2005 Ed. (4817)
2004 Ed. (4828)
Promodes
2000 Ed. (4171)
1999 Ed. (1632, 4524)
1998 Ed. (668)
1997 Ed. (1409)
1995 Ed. (3155, 3157, 3650, 3731)
1994 Ed. (1373, 3661)
1993 Ed. (3696)
1992 Ed. (4177, 4433)
1991 Ed. (3480)
1990 Ed. (1368, 3053)
Promodes/Continent
2001 Ed. (4512)
Promodes Group
2001 Ed. (4116)
Promodes SA
2006 Ed. (4946)
2001 Ed. (2826, 2827, 4114)
1996 Ed. (3730)
Promopeddler
2008 Ed. (110)
Promoplan & Asociados
1996 Ed. (70)
ProMOS
2008 Ed. (4310)
Promoserve
1996 Ed. (122)
1995 Ed. (107)
Promoseven-Bahrain
2003 Ed. (45)
2002 Ed. (79)
2001 Ed. (106)
2000 Ed. (62)
Promoseven-Bahrain (McCann)
1999 Ed. (59)
Promoseven Holdings
1997 Ed. (62)
1996 Ed. (64)
1995 Ed. (48)
Promoseven WLL-Cairo
2003 Ed. (69)
Promoseven WLL-Cairo (McCann)
2000 Ed. (90)
1999 Ed. (84)
Promot Inc.
1990 Ed. (3079)
Promote It International Inc.
2007 Ed. (111)
Promotion DDB
2003 Ed. (144)
Promotion fulfillment
2001 Ed. (3921)
Promotion Group
1992 Ed. (3760)
1990 Ed. (3077, 3082, 3083, 3086, 3087)
1989 Ed. (2352)
Promotion Group Central Inc.
2006 Ed. (3413)
proMotion Makers
1992 Ed. (3757)
Promotion research
2001 Ed. (3921)
Promotional
1998 Ed. (3486)
Promotional Campaigns
1996 Ed. (3277)
1994 Ed. (3128)
1993 Ed. (3065)
1992 Ed. (3760, 3761)
1990 Ed. (3088)
Promotional Innovations
1992 Ed. (3757)
Promotional licensing
2001 Ed. (3921)
Promotional merchandise
2001 Ed. (2812)
Promotional servers
2007 Ed. (3218)
Promotions
1990 Ed. (54)
Promotions and Incentives
1995 Ed. (2894)
Promotions, hospital
2002 Ed. (2020)
Promotions, office
2002 Ed. (2020)
Promotions, product and event
1992 Ed. (3249)
Promotions/Sweepstakes
1992 Ed. (3251)
Promotora Bursatil de Colombia
2007 Ed. (756)
Promotores e Inversiones Investa
2008 Ed. (740)
PromoWorks
2008 Ed. (3594, 3598)
2007 Ed. (3431)
2006 Ed. (3413)
2005 Ed. (3404)
Promstroibank
1995 Ed. (595)
Promstroybank of Russia
1995 Ed. (595)
Promsvyazbank
2005 Ed. (493, 502)
Promus
2000 Ed. (2542, 2572)
1998 Ed. (2009, 2010, 2033)
1994 Ed. (2096, 2098, 2099, 2100, 2119)
1991 Ed. (1939)
Promus Cos.
1999 Ed. (2764, 2765, 2766, 2781)
1998 Ed. (575)
1997 Ed. (2279, 2280, 2297)
1996 Ed. (2161, 2162, 2163, 2164, 2167, 2182, 2184, 3509)
1995 Ed. (1432, 2151, 2154, 2167, 2168, 3446)
1993 Ed. (2082, 2088, 2097, 2098, 2099)
1992 Ed. (2474, 2478, 2499, 2500)
Promus Hotel Corp.
2002 Ed. (2640)
2001 Ed. (2782, 2792)
2000 Ed. (2560, 2561, 2563)
1999 Ed. (2762, 2783)
ProMutual Group
2000 Ed. (2718)
Pronamide
1990 Ed. (2813)
Pronet
1997 Ed. (1240)
1996 Ed. (3150)
Pronto
2003 Ed. (3212)
2001 Ed. (3089)
Propaganda Sancho
1997 Ed. (73)
1995 Ed. (59)
1994 Ed. (79)
1993 Ed. (89)
1992 Ed. (136)
1991 Ed. (88)
1990 Ed. (90)
Propaganda Sancho SSAW
1996 Ed. (73)
Propecia
2001 Ed. (2068)
Propel
2008 Ed. (630, 631, 632)
2007 Ed. (671, 672)
2006 Ed. (646)
2005 Ed. (736)
The Proper Care & Feeding of Husbands
2006 Ed. (637)
Proper Mold & Engineering Inc.
2008 Ed. (3746)
2006 Ed. (3922)
Properties Trust America
1995 Ed. (3069)
Property & casualty insurance
1999 Ed. (2529)
Property Capital Associates
1991 Ed. (2238)
Property Company of America
1990 Ed. (1170, 1172)
Property crime
1992 Ed. (4430)
Property damage
2002 Ed. (2833)
Property Damage Appraisers
2008 Ed. (2708)
2007 Ed. (2571)
2006 Ed. (2601)

2005 Ed. (2603)
2004 Ed. (4410)
2002 Ed. (327)
Property Direct
2005 Ed. (1655)
Property Management Systems Inc.
1990 Ed. (2972)
Property managers
2007 Ed. (3726)
Property risk financing
2002 Ed. (3530)
Property tax
1999 Ed. (4538)
Property tax on owner-occupied homes
1992 Ed. (2587)
Properu
2003 Ed. (135)
Properu Publicidad
2002 Ed. (167)
2001 Ed. (196)
1999 Ed. (141)
1997 Ed. (131)
Properu Publicidad Ammirati Puris Lintas
2000 Ed. (158)
Prophecies of Nostradamus
1998 Ed. (479, 2358)
Prophecy
1997 Ed. (1039)
Prophet
2002 Ed. (4836)
Prophet 21
2001 Ed. (4424)
Propofol
2002 Ed. (2049)
Proponent Credit Union
2008 Ed. (2247)
2007 Ed. (2132)
2006 Ed. (2211)
Proposal preparation
1995 Ed. (2567)
Proposals
1997 Ed. (1076)
Propoxyphene-N/APAP
2005 Ed. (2250)
2004 Ed. (2152)
2003 Ed. (2107)
2002 Ed. (2048)
2001 Ed. (2101, 2102)
2000 Ed. (2324, 2325)
1999 Ed. (2585)
1998 Ed. (1825, 2917)
Propoxyphene NAP w/APAP
1996 Ed. (2014)
Propoxyphene Nap with APAP
1994 Ed. (1966)
Proprietary drugs
1989 Ed. (2329)
Proprietary Energy Industries Inc.
2001 Ed. (1655)
Proprietary medicines
1992 Ed. (32)
Proprietary remedies
2005 Ed. (852)
Proprietary security
2001 Ed. (4203)
1992 Ed. (3830)
Proprietorship
2003 Ed. (4442, 4443, 4444)
Propulsid
1996 Ed. (1571, 1578)
Propylene
1997 Ed. (956)
1996 Ed. (924, 953)
1994 Ed. (913)
1993 Ed. (899, 904)
1992 Ed. (1104)
1991 Ed. (906)
1990 Ed. (944)
Pros Strategic Solutions
2000 Ed. (1753, 4340)
Prosalud
1993 Ed. (1518)
Proscar
1998 Ed. (1341)
Proserpi; Mr. and Mrs. Sergio
1995 Ed. (935)
ProServe Corp.
1994 Ed. (2052, 2056)
ProSet
1993 Ed. (3608)
ProSight
2006 Ed. (1118)
Proskauer Rose
2000 Ed. (2901)
Proskauer, Rose, Goetz & Medelsohn
1994 Ed. (2355)
Proskauer Rose Goetz & Mendelsohn
1999 Ed. (3156)
1998 Ed. (2332)
1997 Ed. (2600)
1996 Ed. (2455)
1993 Ed. (2402)
1992 Ed. (2844)
Proskauer Rose Goetz & Mendlesohn
1991 Ed. (2290)
Proskauer Rose LLP
2003 Ed. (3188)
2001 Ed. (3057, 3058)
Prosksuer Rose Goetz & Medelsohn
1995 Ed. (2420)
Prosobee
2002 Ed. (2802)
2001 Ed. (2846, 2847)
1994 Ed. (2197)
ProSoft Technologies Corp.
2008 Ed. (3736, 4432)
ProSource
1999 Ed. (1618, 2451, 2481, 4758)
1998 Ed. (1719, 1740)
ProSource Wholesale Floorcoverings
2000 Ed. (2202)
1998 Ed. (1699)
Prospect
1993 Ed. (3474)
Prospect Group Inc.
1990 Ed. (3555)
Prospect Hill Plantation Inn, Trevilians, CA
1992 Ed. (877)
Prospect Homes
2005 Ed. (1236)
2004 Ed. (1212)
2003 Ed. (1205)
Prospect Motors
1996 Ed. (298)
1995 Ed. (296)
1994 Ed. (254, 255, 263, 264, 265, 279, 280, 289, 291, 292)
1993 Ed. (280, 281, 294, 295, 296, 299, 299, 300, 301, 301)
1992 Ed. (377, 378, 379, 394, 396, 409, 410, 411, 415, 415, 417, 418, 418)
1991 Ed. (274, 291, 305, 269, 276, 289, 304, 306)
1990 Ed. (306, 308, 314, 337, 338, 339)
Prospect Motors Inc.-Chevrolet
1995 Ed. (293, 295)
Prospect Motors Inc, (Pontiac)
1992 Ed. (377, 379)
Prospect Motors Inc.-Oldsmobile
1995 Ed. (293, 295)
Prospect Motors Inc.-Pontiac
1995 Ed. (293)
Prospect Park Financial
1992 Ed. (3309, 3311)
Prospect Steel Co.
2008 Ed. (1272)
Prospective Group
1990 Ed. (1373)
Prospector
1990 Ed. (2373)
Prospera Credit Union
2008 Ed. (2221)
2007 Ed. (2106)
2006 Ed. (2185, 2588)
Prosperity
2004 Ed. (6)
2000 Ed. (780, 2342)
Prosperity Bancshares Inc.
2005 Ed. (839, 840)
2004 Ed. (864)
Prosperity Emerging Markets
1996 Ed. (2815)
Prost; Alain
1995 Ed. (251)
ProStaff
2000 Ed. (4228)
Prostate cancer
1995 Ed. (887)
Prostep
1994 Ed. (1560)
Prosthodontist
2008 Ed. (3809)
ProSys Information Systems
2008 Ed. (3704, 4958, 4986)
2007 Ed. (3546, 3547, 4984)
2006 Ed. (3508, 4347, 4987)
Protea
1995 Ed. (2284)
1993 Ed. (2259)
1991 Ed. (2157)
1990 Ed. (2283)
Protea Assurance Co.
2000 Ed. (2673)
Protea Hotels
1990 Ed. (2091)
Protech Solutions Inc.
2008 Ed. (3695, 4369)
2006 Ed. (3497, 4341)
Protech Systems Inc.
2000 Ed. (1109, 2408)
Protect America Inc.
2008 Ed. (4299, 4300)
2006 Ed. (4269, 4273)
2005 Ed. (4293)
2000 Ed. (3920)
1999 Ed. (4202)
Protecta SA
2006 Ed. (1740)
Protected Insurance Program for Schools
2008 Ed. (4250)
2006 Ed. (4201)
Protection Mutual Insurance
1999 Ed. (2927)
1998 Ed. (2146)
1996 Ed. (2295)
1994 Ed. (2242)
Protection One
2008 Ed. (4298, 4301)
2007 Ed. (4294, 4296)
2006 Ed. (1421, 4268, 4272)
2005 Ed. (4290, 4292, 4521)
2003 Ed. (4327, 4328)
2001 Ed. (4202)
2000 Ed. (3918, 3919, 3920, 3921)
1999 Ed. (4200, 4201, 4202, 4203)
1998 Ed. (3201, 3202, 3203, 3204)
1997 Ed. (3414, 3415, 3416)
Protection One Alarm Monitoring Inc.
2002 Ed. (4204)
2001 Ed. (4201)
Protective Dental Care
2000 Ed. (1657)
Protective Helmets
2000 Ed. (4322)
Protective Industrial Insurance Co.
2005 Ed. (3087)
2004 Ed. (3079)
2003 Ed. (2976)
2002 Ed. (714)
2000 Ed. (2669, 2689)
1999 Ed. (2916)
1998 Ed. (2132)
Protective Industrial Insurance of Alabama
1998 Ed. (2165)
1997 Ed. (2419, 2451)
1996 Ed. (2286)
1995 Ed. (2280, 2308)
1994 Ed. (2233)
1993 Ed. (2223, 2253)
1990 Ed. (2275)
Protective Industrial of Alabama
2002 Ed. (2911)
1992 Ed. (2707)
1991 Ed. (2144)
Protective Life Corp.
2008 Ed. (3286, 3287, 3291, 3293, 3295)
2007 Ed. (3133, 3134, 3137, 3140, 3143, 3145)
2006 Ed. (3119)
2005 Ed. (3093, 3094, 3103, 3104, 3109, 3111, 4507)
2004 Ed. (3085, 3086, 3100, 3101)
2003 Ed. (3442)
2002 Ed. (2870)
1999 Ed. (2944)
1998 Ed. (2175, 2176)
1997 Ed. (2435, 2442)
1995 Ed. (2293, 2300, 3515)
1994 Ed. (2250, 2254)
Protective Life Insurance Co.
2002 Ed. (2907)
2000 Ed. (2685)
1996 Ed. (2319, 2321, 2322)
Protective Security Systems Inc.
2007 Ed. (3596)
Protective Systems
2000 Ed. (4322)
Protege
2002 Ed. (387)
2001 Ed. (490)
Protege; Mazda
2006 Ed. (315)
Protein Design Labs Inc.
2006 Ed. (594)
Protein Power
2000 Ed. (709)
Protein supplements
2002 Ed. (4758)
Protein Technologies International
1999 Ed. (1088)
Proten
1995 Ed. (1455)
Proteon
1996 Ed. (1763, 3259)
1991 Ed. (2340)
Proteus Corp.
1994 Ed. (2056)
Protherm Services Group LLC
2008 Ed. (1262)
2007 Ed. (1365)
2006 Ed. (1288)
2005 Ed. (1318)
2004 Ed. (1312)
2003 Ed. (1309)
2001 Ed. (1479)
2000 Ed. (1265, 1271)
Prothro; Gerald D.
1989 Ed. (736)
Protinal
1996 Ed. (884)
Protocall Business and healthcare Staffing
2000 Ed. (4229)
Protocall Communications
2004 Ed. (3943)
Protocare
1992 Ed. (2436)
Protocol Communications
2001 Ed. (4468)
Protocol Integrated Direct Marketing
2008 Ed. (2339)
Protocol LLC
2006 Ed. (4299)
2003 Ed. (892)
2002 Ed. (957)
Protocol Marketing Services
2003 Ed. (2067)
Protomold
2008 Ed. (3541)
2007 Ed. (3412)
Proton
1999 Ed. (3137)
1997 Ed. (1475)
1996 Ed. (1415, 2446)
1995 Ed. (1452, 1454)
1994 Ed. (2348)
Proton Car Range
1993 Ed. (321)
Proton pump inhibitors
2002 Ed. (2013, 3751)
Protonix
2002 Ed. (2023, 3754)
Protravel International
2001 Ed. (4925)
Protropin
1993 Ed. (1529)
Protus IP Solutions Inc.
2004 Ed. (2780)
Proudfoot; Alexander
1992 Ed. (995)
Prouvost SA
1992 Ed. (4280)
1991 Ed. (3356)
Prouvost SA (VEV)
1993 Ed. (3557)
Prov Inv Counsel Pinnacle Balanced
2000 Ed. (3248)
Provalor
2008 Ed. (740)

2007 Ed. (764)
Provdent L & A
1993 Ed. (2196)
Proveedora Ecuatoriana
1989 Ed. (1105)
Proven Direct
2005 Ed. (96)
Provena Foods Inc.
2008 Ed. (249)
Provena Health
2003 Ed. (292)
Provence Alpes Corse
1996 Ed. (513)
1994 Ed. (488)
Provender Capital Group LLC
2008 Ed. (178)
2007 Ed. (195)
2006 Ed. (189)
2005 Ed. (176)
2004 Ed. (174)
2003 Ed. (218)
Proventil
1997 Ed. (1647, 1653, 3161, 3163)
1996 Ed. (3084)
Provia
2006 Ed. (4646)
Provid/BBDO
2003 Ed. (162)
2002 Ed. (202)
2001 Ed. (229)
2000 Ed. (185)
Provida
2008 Ed. (3871)
2007 Ed. (3797)
2003 Ed. (3765)
2002 Ed. (3631)
Provide Commerce Inc.
2006 Ed. (4675)
Provide Physician & Management Services
1995 Ed. (2139)
Providence
2008 Ed. (4293)
2007 Ed. (1894)
2006 Ed. (1912)
Providence Alaska Medical Center
2003 Ed. (1603, 2272, 2274, 2693)
Providence & Worcester Railroad Co.
2005 Ed. (1860, 3993, 3994)
2004 Ed. (4055, 4056)
Providence Civic Center
1989 Ed. (988)
Providence College
2008 Ed. (1086)
2001 Ed. (1325)
2000 Ed. (1139)
1999 Ed. (1230)
1998 Ed. (801)
1997 Ed. (1053)
1993 Ed. (1017)
1992 Ed. (1269)
Providence Development
2004 Ed. (1178)
Providence Equity Partners Inc.
2008 Ed. (3399, 4079)
2006 Ed. (1418, 3276, 4010)
2005 Ed. (3284)
Providence-Fall River-Warwick, RI
2005 Ed. (2383)
Providence-Fall River-Warwick, RI-MA
2008 Ed. (4351)
2003 Ed. (2345)
Providence Good Health Plan
1997 Ed. (2185, 2186, 2187, 2193)
Providence Health Care
2005 Ed. (1666)
Providence Health Plans
1998 Ed. (1910, 1911, 1912, 1913)
Providence Health System
2006 Ed. (289)
2005 Ed. (3155)
2004 Ed. (4661)
2003 Ed. (292)
1999 Ed. (2646, 2649, 2650)
Providence Health System Credit Union
2004 Ed. (1929)
2002 Ed. (1829, 1830)
Providence Health Systems
2002 Ed. (339)
Providence Hospital
1993 Ed. (960, 2072)
1992 Ed. (2457)
1991 Ed. (219, 1933)
1990 Ed. (2055)
Providence Hospital and Medical Centers
2001 Ed. (2772)
2000 Ed. (2526)
1998 Ed. (1988)
1997 Ed. (2269)
1996 Ed. (2154)
1995 Ed. (2142)
Providence Journal Co.
1995 Ed. (2443)
Providence Journal Bulletin
1990 Ed. (2711)
1989 Ed. (2065)
Providence-New Bedford-Fall River, RI-MA
2007 Ed. (3387)
Providence-New Bedford, RI
2008 Ed. (829)
2007 Ed. (868)
2006 Ed. (771)
2005 Ed. (748, 846)
2004 Ed. (872)
Providence/Pawtucket/Fall River, RI-MA
2000 Ed. (4288)
Providence Redevelopment Agency
2001 Ed. (910)
Providence, RI
2003 Ed. (4189)
2002 Ed. (1053)
2001 Ed. (2802)
2000 Ed. (4093)
1998 Ed. (246)
1996 Ed. (302, 3631)
1995 Ed. (2665, 2808, 3544)
1993 Ed. (808)
1989 Ed. (226, 343, 827, 843, 844, 847)
Providence, RI/Fall River-Warwick, MA
1997 Ed. (2265)
Providence Services
2007 Ed. (2055)
Providencia
2001 Ed. (2924)
Provident
1996 Ed. (2291)
Provident American L/H
2000 Ed. (2689)
Provident Bancorp Inc.
1998 Ed. (276, 324, 3035)
1997 Ed. (344, 3280)
1996 Ed. (372, 3177)
1994 Ed. (3032)
Provident Bank
1998 Ed. (421)
1997 Ed. (586)
1996 Ed. (647)
1995 Ed. (577)
1994 Ed. (607)
1993 Ed. (563, 604)
Provident Bank of Maryland
1998 Ed. (393)
1997 Ed. (553)
1996 Ed. (600, 2678)
1995 Ed. (541)
1994 Ed. (565)
1992 Ed. (773)
Provident Bank of Maryland (Baltimore)
1991 Ed. (604)
Provident Bankshares Corp.
2008 Ed. (2701)
2006 Ed. (2593)
2005 Ed. (2590)
2000 Ed. (2486)
1999 Ed. (395)
Provident Capital Management
1999 Ed. (3071)
Provident Capitol Hong Kong
1994 Ed. (2648)
Provident Capitol Worldwide Bond
1994 Ed. (726)
Provident Central Credit Union
2003 Ed. (1899)
1995 Ed. (1536)
1994 Ed. (1504)
1993 Ed. (1450)
Provident Companies
2000 Ed. (1571)
Provident Cos.
1999 Ed. (1745)
1998 Ed. (2131, 2175)
1997 Ed. (1523)
Provident Energy Trust
2008 Ed. (4783)
2007 Ed. (1623, 4860)
2004 Ed. (3173)
Provident Financial
2003 Ed. (454)
1996 Ed. (1358)
Provident Financial Group Inc.
2005 Ed. (357, 361, 628)
2004 Ed. (639)
2003 Ed. (453)
1999 Ed. (438)
Provident Financial plc
2007 Ed. (2579)
2006 Ed. (2605)
2005 Ed. (2589)
2003 Ed. (452, 2642)
Provident Financial Services Inc.
2005 Ed. (355)
Provident Institution Funds: FedFund
1996 Ed. (2671)
Provident Institution Funds: Muni Cash
1996 Ed. (2668)
Provident Institution Funds: T-Fund
1996 Ed. (2671)
Provident Institution Funds: TempCash
1996 Ed. (2666, 2669, 2670)
Provident Institution Funds: TempFund
1996 Ed. (2671)
Provident Inv. Counsel Pinnacle Balanced
2000 Ed. (3227)
Provident Investment
2004 Ed. (3195)
1993 Ed. (2313, 2317, 2321)
Provident Investment Counsel Inc.
2000 Ed. (2859)
1999 Ed. (3108)
1998 Ed. (2309)
1997 Ed. (2553)
1996 Ed. (2406, 2429)
1995 Ed. (2358, 2366, 2392)
1994 Ed. (2328)
1992 Ed. (2753, 2761)
Provident Life
1991 Ed. (2086)
Provident Life & Accident
1999 Ed. (2931, 2932)
1998 Ed. (2143, 2149, 2150, 2173)
1997 Ed. (2427, 2517)
1995 Ed. (223, 3362)
1994 Ed. (2254, 2294, 3283)
1993 Ed. (2197, 2219, 2281, 3291)
1992 Ed. (2665, 2668)
1991 Ed. (2098, 2100)
1990 Ed. (2232)
Provident Life & Accident Insurance Co.
2008 Ed. (3274, 3275)
2007 Ed. (3124, 3125)
2002 Ed. (2890, 2891, 2908, 2909, 2923)
2001 Ed. (2930, 2945)
2000 Ed. (2674, 2678)
1996 Ed. (1455, 2070, 2298, 2299, 2387)
Provident Mutual
1999 Ed. (3048)
1992 Ed. (2679)
1990 Ed. (2281)
Provident Mutual Life
2002 Ed. (2917)
1990 Ed. (2335)
Provident Mutual Life Insurance Co.
2004 Ed. (1535)
Provident Mutual-Options (VL)
1991 Ed. (2155)
Provident National
1991 Ed. (2207)
1990 Ed. (2324, 2333)
1989 Ed. (2130, 2137)
Provident National Assurance
1993 Ed. (2011, 3291)
1992 Ed. (2757)
1991 Ed. (2096)
1989 Ed. (2142)
Provident National Bank
1994 Ed. (615, 1039)
1993 Ed. (576, 578, 612, 2299)
1992 Ed. (818, 2370, 2729, 3175)
1991 Ed. (646, 2302)
1990 Ed. (667)
1989 Ed. (653)
Provident National Life
1991 Ed. (243, 246)
Provident National, Pa.
1989 Ed. (2149)
Provident Savings Bank
2002 Ed. (627)
2000 Ed. (3856)
1998 Ed. (3556)
Provident Title Co.
1990 Ed. (2265)
Providentia
1994 Ed. (1200, 1227)
Provider Networks of America Inc.
2002 Ed. (3742)
Providian Corp.
2005 Ed. (2048)
2004 Ed. (858)
2003 Ed. (2187)
2000 Ed. (1039)
1999 Ed. (1115, 1795)
1998 Ed. (717, 1028, 1172, 2255, 2712)
1997 Ed. (1466, 2517)
1996 Ed. (1410, 2387)
Providian Bancorp Service Inc.
2005 Ed. (1680)
Providian Direct
1997 Ed. (2457)
Providian Financial Corp.
2006 Ed. (1212, 2580, 2581, 2583, 4465, 4471)
2005 Ed. (1253, 1671, 2578, 2579, 2581, 2595, 4466)
2004 Ed. (1224, 1608, 2611, 4486)
2003 Ed. (633, 634, 1215, 1541, 4544, 4547, 4560)
2002 Ed. (503, 1219, 1818, 2261, 4358)
2001 Ed. (594, 657, 658, 1452, 1595)
1999 Ed. (1793)
Providian Life Marquee A
1997 Ed. (3819, 3819, 3822)
Providian Life Marquee A-Units OCC Managed
2000 Ed. (4328)
Providian Life Marquee B
1997 Ed. (3819)
Providian National Bank
2006 Ed. (371)
2005 Ed. (368, 383)
2004 Ed. (357, 364, 427, 1557)
2003 Ed. (377, 378, 379, 385, 433)
2002 Ed. (440, 442, 479, 481)
2000 Ed. (400)
1998 Ed. (415)
Providus
2008 Ed. (804)
Provigo
1997 Ed. (2041)
1994 Ed. (1878, 3107, 3258)
1993 Ed. (3270)
1992 Ed. (1593, 2195, 4172)
1991 Ed. (1263, 2790, 1264)
1990 Ed. (1338, 1833)
1989 Ed. (1154)
Provimi Inc.
1993 Ed. (2517, 2895)
Provimi Veal Corp.
1994 Ed. (2454, 2455, 2910, 2911)
Province Healthcare Co.
2004 Ed. (2927)
2003 Ed. (2825, 3464)
2002 Ed. (3291)
2001 Ed. (2667)
2000 Ed. (3179, 3180)
1999 Ed. (3461, 3462)
Province of Alberta Treasury Branches
1999 Ed. (487)
1997 Ed. (431)
1996 Ed. (468)
Province of Ontario
1994 Ed. (1699, 1705)
1993 Ed. (1678)

Province of Quebec, Canada
1993 Ed. (1446)
Province Siciliane
1993 Ed. (538)
Provincetown/Chatham, MA
1992 Ed. (2164)
Provincia Bursatil
2008 Ed. (732)
Provincia de Tierra del Fuego
2000 Ed. (460)
Provincia Lombarde
1993 Ed. (538)
Provincia Seguros
2008 Ed. (3253)
2007 Ed. (3108)
Provincial
2001 Ed. (654, 655, 656)
2000 Ed. (689, 692, 694)
1990 Ed. (712)
Provincial Papers
1994 Ed. (2732)
Provincie Lombarde-CARIPLO
1992 Ed. (739)
Provincie Siciliane
1992 Ed. (739)
Provinsbanken
1992 Ed. (650)
1991 Ed. (497)
1990 Ed. (538)
1989 Ed. (518)
ProVision Group
2001 Ed. (3591, 3592)
Provo-Orem, UT
2008 Ed. (3459, 4039)
2007 Ed. (3361)
2005 Ed. (2387, 2977, 2989)
1999 Ed. (1173, 3370)
1997 Ed. (2336, 2763)
1996 Ed. (2621)
1994 Ed. (2498)
1993 Ed. (2549, 2555)
1989 Ed. (225)
Provo, UT
2008 Ed. (3460)
2007 Ed. (4013)
2006 Ed. (3974)
2005 Ed. (3310)
2004 Ed. (3297)
1999 Ed. (1170, 2815)
Provost & Pritchard Engineering Group Inc.
2008 Ed. (1593)
Provost/Ronalds-Reynolds
1992 Ed. (202)
Proxicom, Inc.
2001 Ed. (4190)
Proxim Inc.
2005 Ed. (1553)
1996 Ed. (2535)
Proxima
1996 Ed. (2886)
ProxyMed Inc.
2006 Ed. (2757)
2005 Ed. (2788)
ProxyMed.com
2001 Ed. (4768)
Prozac
2003 Ed. (2111)
2002 Ed. (2047, 3748, 3750, 3755)
2001 Ed. (2066, 2097, 2098, 2110)
2000 Ed. (1699, 1704, 1708, 3063, 3604, 3606)
1999 Ed. (1891, 1892, 1893, 1898, 1899, 1908, 3884, 3886)
1998 Ed. (2913, 2915, 2916)
1997 Ed. (1647, 1648, 3161, 3163)
1996 Ed. (1569, 1571, 1579, 3082, 3084)
1995 Ed. (1583)
1994 Ed. (2926)
1993 Ed. (2915)
1992 Ed. (1876)
PRS Assets
2005 Ed. (2143)
PR21
2005 Ed. (3955, 3961, 3964, 3970, 3972)
2004 Ed. (4005, 4011)
2003 Ed. (3990, 3996, 4004, 4006)
2002 Ed. (3827, 3840)
Pru-Bache Income Vertible
1992 Ed. (3196)
Pru-Bache Muni High Yield
1990 Ed. (2388)
Pru-Bache Utility
1990 Ed. (2385)
Pru-Net
1990 Ed. (2897)
PruCare
1992 Ed. (2391, 2392, 2393)
1990 Ed. (1994, 1998)
1989 Ed. (1586)
PruCare of California
1999 Ed. (2656)
1998 Ed. (1918)
1997 Ed. (2194, 2197)
1996 Ed. (2095)
PruCare of Illinois
1990 Ed. (1995)
1989 Ed. (1585)
Prucare of New Jersey
1997 Ed. (2199)
1994 Ed. (2041)
PruCare of New York
1991 Ed. (1895)
PruCare of New York/New Jersey
1990 Ed. (1999)
PruCare of NY & NJ
1993 Ed. (2024)
PruCare of Philadelphia
1993 Ed. (2025)
Pruco Life
2001 Ed. (4667)
1989 Ed. (1685, 1708, 1709)
Pruco Life, Arizona
1990 Ed. (2236, 2247, 2248, 2249)
1989 Ed. (1707)
Pruco Life (AZ)
1991 Ed. (2115, 2116, 2117)
Pruco Life Discovery Plus Global Equity
1994 Ed. (3613)
Pruco Life Discovery Plus High Dividend Stock
1994 Ed. (3612)
Pruco Life Insurance Co.
2002 Ed. (2921, 2934)
2001 Ed. (2938)
1998 Ed. (3654)
Pruco Life Insurance Co.(Arizona)
1998 Ed. (2167)
1995 Ed. (2298)
Pruco Life Insurance Co., New Jersey
1995 Ed. (2298)
Pruco Life Life Insurance Co.
1999 Ed. (2940)
Pruco Life, New Jersey
1990 Ed. (2248)
Pruco Life NJ Discover Select OCC Managed
2000 Ed. (4328)
Pruco Life-Variable Life
1991 Ed. (2149, 2155, 2155, 2155)
Prudent Bear
2007 Ed. (2484)
2006 Ed. (3622, 3623)
2004 Ed. (3552, 3554, 3594, 3595)
Prudent Global Income
2007 Ed. (4543)
Prudential
2008 Ed. (2303, 2319)
2007 Ed. (2187, 4089)
2005 Ed. (2602, 3053)
2001 Ed. (2925)
2000 Ed. (836, 1444, 2714)
1999 Ed. (827, 1643, 2962, 3062)
1998 Ed. (2136, 2425, 3100)
1997 Ed. (1276, 1421, 2188, 2420, 2457)
1996 Ed. (1236, 1368, 2070, 2327, 2387, 2472, 2943, 3351)
1995 Ed. (232, 755, 1263, 1407, 1433, 2090, 2281, 2312, 2314, 2871, 3266)
1994 Ed. (1242, 1381, 2265, 3229)
1993 Ed. (759, 2011, 2230, 2254, 2255, 2256, 2258, 2922, 2960, 3164, 3655)
1992 Ed. (2710)
1991 Ed. (243, 245, 246, 1193, 1724, 2085, 2147, 2248, 2250, 2251, 2252, 2253)
1990 Ed. (1040, 1277, 1795, 1799, 2218, 2226, 2236, 2237, 2238, 2239, 2240, 2243, 2277, 2329, 2356, 2357, 2358, 2360, 2361)
1989 Ed. (1681, 1683, 1684, 1686, 1687, 1688, 1689, 1692, 1693, 1694, 1695, 1808, 1809, 1810, 1811, 1812, 1813, 2134)
Prudential Americana Group, Realtors
2007 Ed. (4071)
Prudential Asia
1993 Ed. (2307, 2359)
1992 Ed. (2747)
Prudential Asia Capital
1994 Ed. (3185)
Prudential Asset
1994 Ed. (2294, 2297, 2303, 2318)
1993 Ed. (2281, 2284, 2286, 2292)
1992 Ed. (2729, 2732, 2734, 2735, 2739)
1990 Ed. (2323, 2324, 2325, 2326, 2332, 2333)
1989 Ed. (2129, 2130, 2131, 2132, 2133, 2137)
Prudential Asset Management
1991 Ed. (2217, 2242, 2246)
1990 Ed. (2349, 2351)
1989 Ed. (1802, 2138)
Prudential Asset Management Group
1996 Ed. (2347, 2375, 2382, 2385, 2416)
1990 Ed. (2354)
1989 Ed. (1806)
Prudential Asset Mgmt.
1997 Ed. (3267, 3268, 3270)
The Prudential Assurance Co., Ltd.
2004 Ed. (2607)
2001 Ed. (3922)
Prudential-Bache
1997 Ed. (747)
1995 Ed. (765, 766, 768, 769)
1993 Ed. (3163)
1992 Ed. (956, 1050, 1051, 2132, 2133, 2158, 3846, 3850, 3853, 3854, 3855, 3856, 3857, 3862, 3863, 3870, 3872, 3873, 3881, 3883, 3885, 3888, 3889, 3890, 3892, 3894, 3902, 3903, 3905)
1991 Ed. (1668, 1669, 1670, 1680, 1681, 1685, 1688, 1696, 1698, 1700, 1702, 1705, 1708, 1709, 2176, 2182, 2183, 2185, 2186, 2187, 2188, 2195, 2199, 2201, 2203, 2204, 2482, 2513, 2515, 2516, 2517, 2518, 2522, 2831, 2832, 2945, 2946, 2947, 2948, 2951, 2952, 2953, 2954, 2955, 2960, 2961, 2962, 2963, 2966, 2967, 2968, 2969, 2970, 2971, 2972, 2975, 2976, 2977, 2978, 2981, 2982, 2986, 2987, 2990, 2991, 2993, 2994, 2995, 2996, 2997, 2999, 3024, 3025, 3026, 3027, 3079)
1990 Ed. (790, 791, 792, 793, 804, 1764, 1765, 1770, 1798, 2291, 2297, 2304, 2309, 2312, 2641, 2643, 2645, 2981, 2982, 3138, 3140, 3142, 3144, 3146, 3147, 3151, 3152, 3153, 3154, 3155, 3158, 3159, 3162, 3163, 3170, 3173, 3174, 3175, 3176, 3187, 3188, 3190, 3192, 3193, 3194, 3195, 3197, 3198, 3200, 3201, 3202, 3203, 3204, 3205, 3206, 3226, 3228)
1989 Ed. (800, 803, 804, 805, 806, 807, 808, 1415, 1754, 1758, 1760, 1762, 1777, 2293, 2374, 2378, 2379, 2387, 2388, 2389, 2393, 2394, 2396, 2398, 2399, 2403, 2405, 2408, 2410, 2413, 2414, 2418, 2419, 2421, 2422, 2423, 2425, 2444, 2454)
Prudential-Bache Capital Funding
1992 Ed. (2725, 2726, 2727, 3845, 3852, 3864, 3865, 3866, 3867, 3868, 3869)
1991 Ed. (3015, 999, 2822, 3029, 3000, 3001, 3002, 3003, 3004, 3005, 3006, 3007, 3010, 3011, 3012, 3014, 3016, 3019, 3022, 3074, 3076)
1990 Ed. (1221)
Prudential-Bache Municipals-High Yield
1990 Ed. (2378)
Prudential-Bache Research
1990 Ed. (1797)
Prudential-Bache Securities
1992 Ed. (2134)
1991 Ed. (3045, 770, 771, 773, 783, 1704, 3048, 3037, 1012, 3030, 3031, 3032, 3033, 3036, 3043, 3044, 3046, 3047, 3050, 3054, 3055, 3056, 3057, 3058, 3060, 3061, 3062, 3063, 3064)
1990 Ed. (783, 784, 785, 786, 787, 788, 789, 819)
1989 Ed. (820, 821, 1414, 2436, 2437, 2440, 2441, 2445)
Prudential-Bache Securities Canada
1992 Ed. (958, 964)
Prudential Bank & Trust Co.
2005 Ed. (380)
1991 Ed. (2813)
Prudential Bond High-Yield A
1997 Ed. (2893)
Prudential Business Campus
1997 Ed. (2377)
1992 Ed. (2598)
1991 Ed. (2024)
1990 Ed. (2181)
Prudential California/Americana/John Aaroe Realtors
2002 Ed. (3913)
Prudential California Realty
2007 Ed. (4076)
2006 Ed. (4036)
2004 Ed. (4069, 4071)
1995 Ed. (3059, 3061)
1994 Ed. (2999)
Prudential Capital & Investment Services Inc.
2007 Ed. (2852)
2006 Ed. (2863)
2005 Ed. (2856)
2004 Ed. (2848)
2003 Ed. (2761)
2001 Ed. (2726)
Prudential Capital Group
1998 Ed. (3009)
Prudential Chamberlain-Stiehl Realtors
2001 Ed. (3995)
2000 Ed. (3708)
Prudential Connecticut Realty
2008 Ed. (4105)
Prudential Corp Plc
1995 Ed. (2282)
Prudential Defined Contribution Services
1995 Ed. (2387)
Prudential Dental Maintenance Organization
1990 Ed. (2896)
Prudential Disc Select Group Q OCC Managed
2000 Ed. (4328)
Prudential Discover Select OCC Managed
2000 Ed. (4328)
Prudential Discovery Plus/Equity Income
1999 Ed. (4697)
Prudential Discovery Plus Global Equity
1994 Ed. (3613)
Prudential Discovery Plus High Dividend Stock
1994 Ed. (3612)
Prudential Distressed Secs A
1999 Ed. (3534)
Prudential Diversified
1996 Ed. (2379)
1993 Ed. (2291)
1992 Ed. (2741)
Prudential Douglas Elliman Real Estate
2008 Ed. (4109)
2007 Ed. (4071, 4076)
2006 Ed. (4036)
Prudential Equity Group
2006 Ed. (3198, 3199, 3200, 3201, 3202, 3203, 3205, 3206)

2005 Ed. (545, 2639, 3466, 3590, 3748, 3811, 4112, 4423, 4715, 4982)
Prudential Equity Income A
1999 Ed. (3510, 3511, 3545, 3546)
1996 Ed. (2777, 2802)
1995 Ed. (2720, 2736)
Prudential Equity Income B
1999 Ed. (3546)
1996 Ed. (2802)
1995 Ed. (2720, 2736)
Prudential Equity Income C
1999 Ed. (3546)
Prudential Equity Income Z
1999 Ed. (3546)
Prudential Equity Investors
1998 Ed. (3663)
1994 Ed. (3622)
Prudential Financial Inc.
2008 Ed. (1483, 1976, 2707, 3024, 3036, 3251, 3285, 3310, 3311, 3314, 3379)
2007 Ed. (1480, 1913, 2903, 2914, 3102, 3104, 3107, 3129, 3131, 3132, 3161, 3162, 3253, 4233, 4282, 4980)
2006 Ed. (395, 1929, 2892, 3051, 3057, 3087, 3091, 3118, 3123, 3125, 3126, 3195, 4217, 4463, 4982)
2005 Ed. (363, 375, 1462, 1486, 1902, 3082, 3103, 3104, 3105, 3118, 3120, 3210, 4989)
2004 Ed. (1570, 1818, 3075, 3101, 3102, 3116)
Prudential Financial Group
2008 Ed. (896, 1978, 3681)
2007 Ed. (1915, 3141)
2006 Ed. (1931, 3121)
2005 Ed. (1904, 3116)
2004 Ed. (1820, 2036, 3113, 3193, 4984)
2003 Ed. (1786, 2991, 2995, 3068, 3073, 3075, 3076, 3079, 3084, 3086, 3087, 3442, 4318, 4981, 4982)
Prudential Fixed Income
1996 Ed. (2386)
1994 Ed. (2293)
1993 Ed. (2280, 2282, 2324)
1992 Ed. (2728, 2730)
Prudential Fixed Income Advisors
1992 Ed. (2756, 2764)
Prudential Fixed Income Management
1991 Ed. (2206, 2234)
Prudential Florida Realty
1998 Ed. (2997)
1997 Ed. (3255)
1995 Ed. (3059)
Prudential Florida Realty-Commercial Division
1998 Ed. (3002)
Prudential Florida WCI Realty
2004 Ed. (4066)
Prudential Foundation
2002 Ed. (976)
2001 Ed. (2515)
1989 Ed. (1472)
Prudential Fox & Roach, Realtors
2008 Ed. (4109, 4110)
2007 Ed. (4076, 4077)
2006 Ed. (4036, 4037)
2005 Ed. (4001, 4002)
2004 Ed. (4069, 4071)
Prudential Global
1996 Ed. (2388)
Prudential Global A
1996 Ed. (2805)
Prudential Global B
1997 Ed. (2876)
1996 Ed. (2805)
Prudential Global Genesis A
1996 Ed. (2805)
Prudential Global Genesis B
1997 Ed. (2876)
1996 Ed. (2805)
1995 Ed. (2732)
Prudential Global Natuarl Resources B
1995 Ed. (2723)
Prudential Global Natural Resources A
1995 Ed. (2723)
Prudential Global Total Return A
2000 Ed. (760)
Prudential Global Utility A
1997 Ed. (2878)
1995 Ed. (2712)
1994 Ed. (2607)
Prudential Great Lakes Realty
1999 Ed. (3992)
1998 Ed. (2996)
Prudential Group Legal Services
1993 Ed. (2911)
Prudential Health Care of New York and Prucare of New Jersey
1994 Ed. (2042)
Prudential Health Care Plan Inc.
2000 Ed. (1657, 2426, 2427, 2435, 2436, 2440)
1999 Ed. (2655, 2657)
1998 Ed. (1915, 1919, 1920)
1996 Ed. (2088)
1995 Ed. (2094)
Prudential Health Care Plan of New York Inc.
2001 Ed. (2688)
Prudential Health Care Plan Inc. Southeast Division
1999 Ed. (1831)
Prudential Health Care Plans Inc.
1993 Ed. (2020, 2908)
1992 Ed. (2386)
Prudential Health Sciences
2003 Ed. (3523)
2002 Ed. (4504)
Prudential Healthcare
2002 Ed. (2462)
Prudential HealthCare of New York Inc.
2000 Ed. (2438)
Prudential Healthcare Plans Inc.
1997 Ed. (191, 2700)
Prudential HealthCare, Roseland, NJ
2000 Ed. (2429)
Prudential HealthCare System of Central Florida
1998 Ed. (1917)
Prudential HealthCare System of South Florida
1998 Ed. (1917)
Prudential Hi Yield/A
1999 Ed. (3547, 3548)
Prudential High-Yield A
1998 Ed. (2625)
Prudential Home Mortgage Co.
1997 Ed. (2808, 2810, 2813, 2814)
1996 Ed. (2036, 2675, 2677, 2678, 2679, 2680, 2681, 2682, 2683, 2684, 2686)
1995 Ed. (2042, 2597, 2598, 2599, 2600, 2601, 2602, 2603, 2606, 2609, 2610)
1994 Ed. (1984, 2548, 2549, 2554, 2557, 2558)
1993 Ed. (2591, 2593, 2595)
Prudential Home Mortgage Section
1991 Ed. (2481)
Prudential Home Mortgage Securities Co. Inc.
1992 Ed. (3105)
1991 Ed. (2482)
Prudential Home MSCI & Affiliates
1996 Ed. (2685)
1995 Ed. (2607)
1994 Ed. (2555)
Prudential Insurance
2002 Ed. (729, 3007, 3008, 3010, 3018, 3019, 3024, 3390, 3908, 4733)
2001 Ed. (2431)
2000 Ed. (2193, 2698, 2767, 2772, 2775, 2777, 2781, 2782, 2783, 2784, 2786, 2787, 2789, 2790, 2792, 2793, 2794, 2795, 2798, 2833, 2836, 2838, 2851, 2856, 3318, 3448, 4327)
1998 Ed. (2771)
1992 Ed. (1181, 1203, 1479, 2159, 2636, 2647, 2653, 2658, 2659, 2660, 2661, 2669, 2670, 2674, 2675, 2676, 2711, 2736, 2740, 2776, 2778, 2779, 2781, 2782, 4380, 3217)
1990 Ed. (2235)
1989 Ed. (1436)
Prudential Insurance Co. Amer
1990 Ed. (1022)
Prudential Insurance Company of America
2008 Ed. (3296, 3297, 3298, 3300, 3301, 3302, 3303, 3304, 3305)
2007 Ed. (1913, 3146, 3147, 3148, 3150, 3151, 3152, 3153, 3154, 3155)
2006 Ed. (1929, 3122, 3124, 3127)
2005 Ed. (1902, 3082, 3106, 3107, 3112, 3113, 3119, 3121)
2004 Ed. (1818, 3075, 3084, 3103, 3104, 3109, 3110, 3111, 3114, 3116, 3117)
2003 Ed. (917, 1421, 1548, 1783, 1785, 2477, 2974, 2992, 2993, 2998, 3001, 3001, 3002, 3065)
2002 Ed. (1739, 1740, 2835, 2869, 2893, 2905, 2908, 2909, 2910, 2912, 2913, 2914, 2915, 2916, 2920, 2922, 2923, 2924, 2925, 2926, 2928, 2929, 2930, 2931, 2932, 2935, 2938, 2941, 3609, 3619)
2001 Ed. (2929, 2931, 2933, 2934, 2937, 2939, 2940, 2941, 2942, 2943, 2944, 2946, 2947, 3084, 3674, 3683)
1999 Ed. (2947)
Prudential Insurance Co. of America
2005 Ed. (3051)
2001 Ed. (2916)
2000 Ed. (1379, 2649, 2675, 2677, 2679, 2682, 2686, 2687, 2688, 2690, 2691, 2692, 2693, 2694, 2697, 2699, 2701, 2702, 2703, 2704, 2705, 2706, 2707, 2708, 2709, 2711, 2843, 3153, 3882, 3885, 4023)
1999 Ed. (370, 1472, 1713, 1864, 2922, 2928, 2929, 2934, 2941, 2943, 2946, 2948, 2950, 2951, 2952, 2953, 2954, 2955, 2956, 2957, 2958, 2961, 3039, 3040, 3043, 3045, 3047, 3048, 3049, 3050, 3051, 3052, 3055, 3056, 3057, 3058, 3059, 3060, 3067, 3094, 3106, 3429, 3587, 3596, 3731, 4171, 4172, 4700)
1998 Ed. (171, 1042, 1110, 1180, 1289, 2108, 2133, 2134, 2135, 2147, 2148, 2155, 2156, 2157, 2158, 2160, 2161, 2162, 2163, 2164, 2168, 2170, 2171, 2174, 2177, 2178, 2179, 2180, 2181, 2182, 2183, 2184, 2185, 2186, 2187, 2189, 2190, 2193, 2194, 2254, 2255, 2263, 2264, 2265, 2295, 2296, 2298, 2301, 2303, 2520, 2667)
1997 Ed. (1295, 1488, 2421, 2423, 2427, 2430, 2436, 2437, 2443, 2444, 2445, 2446, 2447, 2448, 2449, 2450, 2452, 2453, 2507, 2508, 2509, 2512, 2514, 2515, 2517, 2550, 2928, 3018, 3263, 3265, 3412)
1996 Ed. (224, 1249, 1260, 1427, 2265, 2283, 2287, 2296, 2297, 2305, 2306, 2307, 2310, 2311, 2312, 2313, 2314, 2315, 2316, 2317, 2320, 2321, 2323, 2324, 2327, 2328, 2376, 2824)
1995 Ed. (222, 223, 1878, 2285, 2290, 2292, 2294, 2295, 2301, 2302, 2303, 2304, 2305, 2306, 2309, 2312, 2378, 2380, 2382, 2384, 2385, 2386, 2388, 2757, 2758, 2860, 3308, 3354, 3589)
1994 Ed. (10, 223, 224, 1004, 2210, 2236, 2246, 2249, 2251, 2252, 2253, 2255, 2256, 2257, 2258, 2261, 2262, 2265, 2266, 2267, 2298, 2320, 2321, 2322, 2656, 2759, 3184, 3258, 3273)
1992 Ed. (37)
1991 Ed. (2214, 244, 948, 968, 2091, 2094, 2101, 2102, 2103, 2104, 2105, 2107, 2109, 2112, 2113, 2578)
1990 Ed. (18, 1039, 2213, 2676, 2791)
1989 Ed. (2039)
Prudential Insurance Co. of America Group
1998 Ed. (2152)
Prudential Insurance Co. of America-San Antonio
1999 Ed. (2648)
Prudential Insurance Pridex
1994 Ed. (2313)
Prudential Insurance Prisa
1994 Ed. (2313, 2315)
Prudential Insurance Privest
1994 Ed. (2313, 2315)
Prudential International Global Income A
2000 Ed. (760)
Prudential Intimed Global Income A
1997 Ed. (691)
Prudential Investment
1991 Ed. (2207, 2210, 2212, 2213)
Prudential Investments
2000 Ed. (2265, 2667, 2773)
1999 Ed. (3109)
1998 Ed. (2225, 2268)
Prudential Jack White/Vista Real Estate
2004 Ed. (4066)
Prudential Japanese
1996 Ed. (2814)
Prudential Jenn. Growth
2000 Ed. (3260)
Prudential Jennison Equity Opportunity Fund
2003 Ed. (3499, 3538)
Prudential Jennison International Growth
2004 Ed. (3650)
Prudential LI Commercial Realty
2000 Ed. (3710)
Prudential (London)
1991 Ed. (2159)
Prudential Long Island Realty
2000 Ed. (3711, 4434)
1992 Ed. (3613)
Prudential M & G
2006 Ed. (3217)
2003 Ed. (3100, 3102)
Prudential Magazine
2008 Ed. (3534)
Prudential Managed
1997 Ed. (2914, 2915, 2916)
Prudential MLBKaye International Realty
1999 Ed. (3994)
Prudential Mortgage Capital Co.
2006 Ed. (4051)
2005 Ed. (4015)
2004 Ed. (4082)
2003 Ed. (4055)
Prudential Natural Resources
2001 Ed. (3430)
Prudential of America
2008 Ed. (3307)
2007 Ed. (3157)
1997 Ed. (2408, 2424, 2431, 2456)
1993 Ed. (2194, 2195, 2199, 2200, 2201, 2204, 2205, 2206, 2207, 2208, 2209, 2210, 2211, 2212, 2213, 2214, 2215, 2216, 2217, 2218, 2220, 2221, 2222, 2225, 2226, 2227, 2230, 2287, 2301, 2303, 2380, 2706, 3216, 3229, 3242, 3283, 3652, 3653, 3654)
1992 Ed. (2663, 2666)
1990 Ed. (2231, 2233)
1989 Ed. (1679)
Prudential of America Group
2008 Ed. (3288, 3289, 3290, 3291, 3293, 3294, 3295, 3306)
2007 Ed. (3135, 3136, 3139, 3140, 3143, 3144, 3145, 3156)
2005 Ed. (3114)
2000 Ed. (1524, 2696)
1996 Ed. (2301)
1992 Ed. (2656)
1991 Ed. (2092)
Prudential plc
2008 Ed. (2122, 3310, 3312)
2007 Ed. (2026, 2027, 3113, 3159, 3161, 3162, 3164)

2006 Ed. (2058, 2064, 3126, 3128, 3129)
2005 Ed. (3089, 3092, 3120)
2004 Ed. (1533)
2003 Ed. (2977)
2002 Ed. (1786, 2939, 2941, 2942)
2001 Ed. (1884)
1994 Ed. (2234)
1992 Ed. (1630)
1991 Ed. (1298, 2145)
1990 Ed. (2276, 2278, 2280, 2284)
1989 Ed. (1746)
Prudential Portfolio Managers
2001 Ed. (3011, 3015, 3016)
2000 Ed. (2848)
1997 Ed. (2391, 2399)
1996 Ed. (2422, 2921, 2945)
1995 Ed. (2390, 2870)
1994 Ed. (2326, 2774)
1992 Ed. (3350)
1990 Ed. (2321)
Prudential Preferred Properties Inc.
2000 Ed. (3716)
The Prudential Preferred Properties, Mid-Atlantic
1995 Ed. (3059)
Prudential Private Asset
1999 Ed. (3095, 3096, 3097)
1998 Ed. (3013, 3015)
Prudential Private Asset Management Group-Real Estate
1998 Ed. (2294)
Prudential Private Asset-Real Estate
1998 Ed. (3016)
Prudential Private Placement Group
1994 Ed. (3160)
Prudential Prop. Services
1991 Ed. (1726)
Prudential Property Co.
1992 Ed. (3621, 3619, 3622)
1991 Ed. (2809, 2810)
1990 Ed. (1163, 2962)
Prudential Property & Casualty
1999 Ed. (2900)
1998 Ed. (2114)
1997 Ed. (2410, 2432)
1996 Ed. (2269, 2270, 2302)
1994 Ed. (2215, 2216, 3002, 3006)
1993 Ed. (2184, 3312)
The Prudential Property Company, Inc.
1990 Ed. (2959, 2960)
Prudential Real Estate
2004 Ed. (4086)
2002 Ed. (3931, 3940, 3941)
1996 Ed. (2384, 2417, 2920, 2921, 3165, 3166, 3168)
1995 Ed. (3071, 3072, 3074)
1993 Ed. (2331, 2974, 2975)
1992 Ed. (2749, 3634, 3635)
1991 Ed. (2817, 2819, 2820)
Prudential Real Estate Investors
2002 Ed. (3625)
2001 Ed. (4014)
2000 Ed. (2837, 2839)
Prudential Realty
1993 Ed. (2285, 2309, 2972, 2973)
1992 Ed. (2733)
1991 Ed. (2211)
1990 Ed. (2970)
The Prudential Realty Group
1995 Ed. (3064, 3070)
1994 Ed. (2305, 2319, 3014, 3015, 3016, 3018, 3296, 3303)
1990 Ed. (2968)
Prudential Reinsurance
1996 Ed. (3186)
1995 Ed. (3087)
1994 Ed. (3040)
1993 Ed. (2992)
1992 Ed. (3658)
1991 Ed. (2829)
1990 Ed. (2261)
Prudential Reinsurance Holding Inc.
1997 Ed. (3405)
Prudential Retirement
2007 Ed. (2642)
Prudential Sec. Agg. Growth
1995 Ed. (1081)
Prudential Securities Inc.
2004 Ed. (3191, 4328, 4329, 4330, 4331, 4332, 4342)
2003 Ed. (2599)
2002 Ed. (822, 838, 4500)
2001 Ed. (737, 746, 747, 748, 752, 754, 755, 758, 771, 855, 856, 879, 912, 932, 2424, 3513)
2000 Ed. (779, 826, 828, 830, 831, 832, 885, 2451, 3194, 3312, 3933, 3934, 3940, 3941, 3943, 3950, 3951, 3954, 3964, 3965, 3966, 3970, 3976, 3983)
1999 Ed. (826, 829, 830, 834, 836, 837, 838, 904, 920, 3020, 3021, 3477, 3478, 3479, 3480, 4208, 4214, 4220, 4221, 4232, 4233, 4235, 4236, 4237, 4246, 4247, 4248, 4251)
1998 Ed. (322, 517, 519, 520, 521, 523, 526, 529, 530, 814, 1493, 1559, 1560, 1562, 2229, 2236, 2566, 2567, 2568, 2569, 2570, 2578, 3206, 3220, 3232, 3233, 3236, 3237, 3238, 3239, 3240, 3241, 3250, 3251, 3255, 3256, 3257, 3258, 3259, 3261, 3266, 3414)
1997 Ed. (738, 739, 740, 741, 782, 1848, 1849, 1850, 2481, 2483, 2832, 2833, 2834, 2835, 2836, 2837, 2838, 3420, 3421, 3436, 3437, 3438, 3448, 3454, 3455, 3456, 3457, 3458, 3460, 3463, 3464, 3465, 3466, 3467)
1996 Ed. (802, 803, 804, 805, 810, 1768, 1769, 1774, 2359, 2712, 2713, 2714, 2715, 2716, 2717, 2719, 2720, 2721, 3334, 3335, 3336, 3342, 3344, 3353, 3354, 3355, 3356, 3358, 3359, 3364, 3365, 3367, 3373, 3374)
1995 Ed. (722, 723, 725, 726, 727, 729, 731, 733, 738, 743, 749, 750, 751, 753, 754, 757, 759, 760, 761, 762, 816, 1048, 1719, 1794, 1799, 2633, 2634, 2635, 2637, 2638, 2639, 2641, 2642, 3076, 3217, 3230, 3231, 3248, 3250, 3255, 3256, 3258, 3259, 3262, 3265)
1994 Ed. (727, 728, 764, 765, 766, 767, 768, 771, 772, 774, 775, 776, 777, 784, 1040, 1757, 1829, 1830, 1835, 2580, 2581, 2582, 2583, 3024, 3159, 3162, 3163, 3166, 3167, 3168, 3170, 3171, 3176, 3177, 3178, 3179, 3180, 3181, 3182, 3183, 3189, 3190)
1993 Ed. (755, 756, 758, 761, 763, 764, 765, 766, 768, 839, 840, 842, 1014, 1169, 1768, 1769, 1770, 2981, 3116, 3119, 3120, 3121, 3128, 3131, 3132, 3133, 3134, 3136, 3137, 3140, 3141, 3143, 3144, 3146, 3148, 3151, 3152, 3155, 3158, 3160, 3161, 3165, 3166, 3168, 3169, 3170, 3171, 3174, 3176, 3179, 3183, 3184, 3185, 3186, 3187, 3190, 3191, 3192, 3194, 3195, 3196, 3197, 3207)
1992 Ed. (951, 954, 3836, 3841)
Prudential Securities Group Inc.
2006 Ed. (2863)
2005 Ed. (2856)
2004 Ed. (2848)
2003 Ed. (4326)
Prudential Series Fund High Yield Bond
1992 Ed. (4375)
Prudential Series Fund Stock Index
1992 Ed. (4377)
Prudential Service Bureau Inc.
1993 Ed. (2244)
Prudential Small Co. A
1999 Ed. (3506)
Prudential Small Co. Val/A
1999 Ed. (3541)
Prudential Speculator Leveraged
1992 Ed. (3171, 3174)
Prudential Strategic Incm. Fd.
1990 Ed. (1359)
Prudential Strategic Income
1990 Ed. (3135)
Prudential Structured Mat. A
1997 Ed. (2886)
Prudential Structured Maturity
1992 Ed. (3164)
Prudential Utah Real Estate
2008 Ed. (4104, 4105)
2007 Ed. (4071)
Prudential Utility
2004 Ed. (3569)
1991 Ed. (2560)
Prudential Utility A
1999 Ed. (3511)
1995 Ed. (2729)
Prudential Utility-B
1993 Ed. (2654)
Prudential (VCA-9), N.J.
1989 Ed. (2145, 2153)
Prudential Venture Capital Management Inc.
1991 Ed. (3443)
1990 Ed. (3668)
Prudential VIP Global Equity
1994 Ed. (3613)
Prudential VIP High Dividend Stock
1994 Ed. (3612)
Prudential VM
1995 Ed. (2500)
Prudential World International Z
1998 Ed. (2634)
Prufrock
1993 Ed. (3014)
Pruitt; Peter T.
1990 Ed. (2271)
1989 Ed. (1741)
Prumysl Mlecne Vyziva AS
2001 Ed. (1697)
Prune/fig juice
2001 Ed. (2558)
Prunes
2008 Ed. (2792)
2007 Ed. (2652, 2653)
2006 Ed. (2669, 2670)
2005 Ed. (2694, 2695)
2004 Ed. (2695)
2003 Ed. (2575)
2002 Ed. (2372)
2001 Ed. (2549)
1993 Ed. (1748)
Prva Komunalna Banka
2002 Ed. (645)
Prva Komunalna Banka AS
2001 Ed. (649)
1999 Ed. (636)
1997 Ed. (610, 611)
Prva Stavebna Sporitelna
2008 Ed. (502)
2007 Ed. (550)
2006 Ed. (521)
Prvni americko-ceska pojistovna
2001 Ed. (2922)
PRx
2005 Ed. (3960)
2004 Ed. (4003)
1992 Ed. (3562)
PRx, San Jose
1998 Ed. (2944)
Pryca
1999 Ed. (1733)
1997 Ed. (1511)
1996 Ed. (1446)
1995 Ed. (1489)
1994 Ed. (1449)
Pryce
1995 Ed. (818, 819, 820, 821)
Pryor, Govan, Counts
1990 Ed. (3161)
1989 Ed. (2383)
Pryor, Govan, Counts & Co.
1991 Ed. (2509)
Pryor, McClendon, Counts
1992 Ed. (3859)
Pryor, McClendon, Counts & Co. Inc.
2000 Ed. (745)
1998 Ed. (471)
1997 Ed. (2481, 3453)
1996 Ed. (2655, 2657, 2658, 2711, 3352, 3356, 3362, 3368)
1993 Ed. (708, 3187, 3195, 3197)
Pryority Motors Inc.
1994 Ed. (267)
1993 Ed. (297)
1992 Ed. (382, 412)
1990 Ed. (341)
Prystup Packaging Products Inc.
2008 Ed. (3692, 4365)
2007 Ed. (3529, 4398)
Przedsiebiorstwo Polskie Koleje Panstwowe Dyrekcja Generalna
2002 Ed. (3902)
Przedsiebiorstwo Produkcyjne Uslugowo-Handlowe
2008 Ed. (2052)
Przedsiebiorstwo Wielobranzowe Eltar Sp. ZOO
2008 Ed. (2052)
Przemyslowo-Handlowy; Bank
2005 Ed. (598)
Przemyslowo-Handlowy PBK; Bank
2007 Ed. (542)
2006 Ed. (440, 514)
PS Energy Group Inc.
2008 Ed. (1356, 2959, 2966, 3704, 4958)
2007 Ed. (2840, 3546)
2006 Ed. (3508, 4347)
2002 Ed. (2564)
PS Group
1994 Ed. (2667)
1992 Ed. (272, 274)
1991 Ed. (2722)
1990 Ed. (210)
1989 Ed. (2462)
PS/Net Stadium
2001 Ed. (4355)
PSA
1996 Ed. (326)
1992 Ed. (1617)
1990 Ed. (1367)
PSA Peugeot Citroen
2000 Ed. (3029)
1997 Ed. (1408)
1995 Ed. (307, 309, 3659)
PSA Peugeot Citroen SA
2008 Ed. (21, 41, 86, 89, 133, 301, 1760, 3558)
2007 Ed. (37, 80, 312, 314, 316, 1731, 1732, 1787, 3423, 3646, 4716)
2006 Ed. (25, 46, 87, 90, 320, 3581, 3582, 4818)
2005 Ed. (39, 41, 50, 78, 81, 83, 92, 298, 300, 301, 871, 3522)
2004 Ed. (45, 47, 83, 86, 98, 305)
2002 Ed. (388, 390, 391, 392, 393, 398, 1656, 3243, 3402, 3403)
2001 Ed. (33, 34, 36, 43, 63, 69, 80, 1709, 3228)
PSA-Peugeot SA
2005 Ed. (1777, 3020)
PSB Lending Corp.
2001 Ed. (3349)
PSC
2007 Ed. (1220)
2006 Ed. (1115)
2001 Ed. (659)
PSC Engineers & Consultants Inc.
1992 Ed. (1969)
1991 Ed. (1564)
PSC-Industrial Services
2006 Ed. (4890)
2005 Ed. (4836)
PSC Metals Inc.
2006 Ed. (3468)
2005 Ed. (4031)
PSCU Financial Services
2006 Ed. (2179)
PSD Associates
1999 Ed. (2842)
PSE Credit Union
2001 Ed. (1962)
PSE Tech 100 Index
2001 Ed. (3448)
PSEG
2003 Ed. (1238)
PSEG Energy Technologies
2005 Ed. (3861)
2003 Ed. (1231, 1232, 1235, 1338)
Pseka S.A.
2001 Ed. (4381)
PSF Group Holdings Inc.
2006 Ed. (3288, 3289)
2005 Ed. (3296, 3297)
2004 Ed. (3288, 3289)
2003 Ed. (3233)
2001 Ed. (3152)

PSFS
1989 Ed. (2832)
PSI
1998 Ed. (1475)
PSI Armored Inc.
2006 Ed. (4353)
PSI Energy Inc.
2004 Ed. (1735)
2003 Ed. (1698)
2001 Ed. (1737)
1995 Ed. (1633)
PSI Group
2000 Ed. (907)
PSI Holdings
1991 Ed. (1498)
1990 Ed. (1601)
PSI Institutional
1993 Ed. (2979)
PSI Institutional Realty
1996 Ed. (2920)
1992 Ed. (2750, 3639)
1990 Ed. (2340)
PSI Institutional Realty Advisors
1991 Ed. (2238)
PSI Resources Inc.
1996 Ed. (1382)
1995 Ed. (1232, 1638)
1994 Ed. (1213, 1219, 1596)
1993 Ed. (1557)
1992 Ed. (1899)
Psicor
1997 Ed. (2249)
1995 Ed. (2132)
1993 Ed. (2061, 2062)
1992 Ed. (2446)
1990 Ed. (2050)
PSINet Inc.
2004 Ed. (1559)
2003 Ed. (4526)
2002 Ed. (1381, 1400)
2001 Ed. (2967)
2000 Ed. (2744)
Psion
2007 Ed. (2832)
2006 Ed. (1114)
Psion-Teklogix
2008 Ed. (1123, 2476)
2007 Ed. (1220)
2006 Ed. (1115)
PSK Banking Group
2002 Ed. (525)
2000 Ed. (465)
1999 Ed. (472)
1997 Ed. (413)
1996 Ed. (449)
1995 Ed. (424)
1994 Ed. (429)
1993 Ed. (429)
1992 Ed. (610)
1991 Ed. (454)
PSM Insurance Cos.
2000 Ed. (2718)
PSNH
1990 Ed. (2683)
Psomas
2006 Ed. (2481)
Psomas & Associates
1992 Ed. (358)
PSS World Medical Inc.
2008 Ed. (2899, 4927)
2007 Ed. (4957)
2006 Ed. (4949, 4950)
2005 Ed. (4917, 4918)
2004 Ed. (4935, 4936)
2003 Ed. (2889, 2890, 4931)
2002 Ed. (4902)
2001 Ed. (2841)
PST Vans
1998 Ed. (3643)
1997 Ed. (3410)
PS2
2008 Ed. (2981, 4707)
2007 Ed. (2862)
Psychemedics Corp.
2008 Ed. (1920)
2006 Ed. (1870)
Psychiatric
2006 Ed. (2897)
2005 Ed. (2890, 2891)
Psychiatric Institutes of America
1993 Ed. (2065)
1992 Ed. (2449)
Psychiatric services
1998 Ed. (1981)
Psychiatric Solutions Inc.
2008 Ed. (2853)
2007 Ed. (2723)
2006 Ed. (2732, 2733, 3444)
Psychiatrist
2008 Ed. (3809)
1989 Ed. (2084)
Psychiatry
2008 Ed. (3985)
2006 Ed. (3907)
2004 Ed. (3900)
2002 Ed. (2599)
Psychic Friends Network
1997 Ed. (2390)
Psychic Readers Network
1998 Ed. (3496)
Psychologist
2007 Ed. (3731)
Psychologists
2007 Ed. (3727)
2005 Ed. (3626)
Psychology & social sciences
2002 Ed. (3976, 3977)
PT Adriwara Krida
1997 Ed. (100)
PT Aneka Tambang
2004 Ed. (3692)
PT Astek
1997 Ed. (2395)
PT Astra International
2004 Ed. (1737)
2002 Ed. (1671)
1991 Ed. (1285)
PT Asuransi Jiwasraya
1997 Ed. (2395)
PT Bank Bumi Daya
2000 Ed. (555)
PT Bank Bumi Daya (Persero)
1999 Ed. (544)
1997 Ed. (510)
1996 Ed. (551)
PT Bank Bumi Days (Persero)
1995 Ed. (499, 500)
PT Bank Central Asia
2000 Ed. (555)
PT Bank Dagang Nasional Indonesia
2000 Ed. (555)
PT Bank Dagang Negara
2000 Ed. (555)
PT Bank Dagang Negara (Persero)
1999 Ed. (544)
1997 Ed. (510)
1996 Ed. (551)
PT Bank Dagang Negars (Persero)
1995 Ed. (500)
PT Bank Danamon Indonesia
2000 Ed. (555)
PT Bank Ekspor Impor Indonesia
2000 Ed. (555)
PT Bank Ekspor Impor Indonesia (Persero)
1999 Ed. (544)
1997 Ed. (510)
1996 Ed. (551)
1995 Ed. (500)
PT Bank Internasional Indonesia
2000 Ed. (555)
PT Bank Internasional Indonesia Tbk
1999 Ed. (544)
PT Bank Negara Indonesia
2000 Ed. (555)
PT Bank Negara Indonesia (Persero)
1999 Ed. (544)
1997 Ed. (510)
1996 Ed. (551)
1995 Ed. (499, 500)
PT Bank Pembangunan Indonesia (Persero)
1997 Ed. (510)
1996 Ed. (551)
PT Bank Rakyat Indonesia
2000 Ed. (555)
PT Bank Rakyat Indonesia (Persero)
1999 Ed. (544)
1995 Ed. (499)
PT Bank Tabungan Negara
2000 Ed. (555)
PT Bank Tabungan Negara (Persero)
1997 Ed. (510)
PT Barito Pacific Timber
2004 Ed. (1737)
2002 Ed. (1671)
PT Bates Mulia
2000 Ed. (105)
1993 Ed. (108)
1990 Ed. (111)
PT Bates Mulia Indonesia
1992 Ed. (160)
PT Bumi Resources Tbk
2007 Ed. (1134, 2396)
P.T. Citra:Lintas Indonesia
1989 Ed. (117)
PT Comunicacoes SA
2007 Ed. (1958)
2006 Ed. (1995)
PT Cruiser; Chrysler
2005 Ed. (4426)
PT Danareksa
1997 Ed. (2395)
PT Fortune Compset
1990 Ed. (111)
PT Fortune Indonesia DDB
2000 Ed. (105)
P.T. Forum Cahaya Buana
1993 Ed. (108)
1992 Ed. (160)
PT Freeport Indonesia Co.
2008 Ed. (1890, 3653, 3654)
2007 Ed. (1858, 3479, 3480)
2006 Ed. (3456, 3457)
2005 Ed. (1849, 3448)
2004 Ed. (3433)
2003 Ed. (1748, 3367)
2001 Ed. (3322)
PT Indo-Ad
2001 Ed. (145)
1999 Ed. (101)
1997 Ed. (100)
1994 Ed. (95)
1992 Ed. (160)
PT Indo-Ad (O & M)
2000 Ed. (105)
1996 Ed. (98)
P.T. Indo Advertising
1995 Ed. (84)
1993 Ed. (108)
P.T. Inter Admark
1993 Ed. (108)
1992 Ed. (160)
PT Jamsostek (Persero)--Astek
2002 Ed. (2822)
PT Jardine Fleming
1995 Ed. (3268)
PT Leo Burnett Kreasindo
2000 Ed. (105)
PT Leo Burnett Kreasindo Indonesia
2001 Ed. (145)
P.T. Mega Dasa Pariwara Alliance
1993 Ed. (108)
P.T. Metro Perdana
1996 Ed. (98)
PT Multimedia
2002 Ed. (3185)
Pt. Pembangunan Jaya Ancol Terbuka
2008 Ed. (1809)
PT Perusahaan Listrik Negara
2004 Ed. (1737)
2002 Ed. (1671)
PT Perusahaan Rokok Tjap Guda NG
2003 Ed. (3302)
PT Perusahaan Rokok Tjap Gudang Garam
2004 Ed. (1737)
2002 Ed. (1671)
PT Regnis Indonesia
1992 Ed. (1570)
1991 Ed. (1252)
PT Tanjung Enim Lestari Pulp & Paper
1996 Ed. (1744)
PT Taspen
1997 Ed. (2395)
PT Taxable Bond Fund
1996 Ed. (626, 627)
1994 Ed. (581, 582)
PT Telcom Pension Fund
1997 Ed. (2395)
PT Telekomunikasi Indonesia
1999 Ed. (1665)
1998 Ed. (1161)
Ptarmigan Consultants
2002 Ed. (3856)
1997 Ed. (3203)
PTC
2007 Ed. (3055)
2000 Ed. (2879)
PTC Industries Ltd.
2002 Ed. (4425)
PTC Vouchers
1997 Ed. (2588)
P3, the Social Inclusion Charity
2006 Ed. (2052)
P3I Inc.
2008 Ed. (3714)
PTM Thompson
1990 Ed. (126)
PTM Thompson Advertising
1991 Ed. (125)
1989 Ed. (133)
PTR
2001 Ed. (2926)
PTT
2000 Ed. (1562)
1999 Ed. (1741)
1992 Ed. (65)
1991 Ed. (37)
1990 Ed. (40, 1424)
1989 Ed. (1164)
PTT Exploration & Production
2002 Ed. (4487)
2000 Ed. (3875, 3876)
1999 Ed. (4161)
PTT Exploration & Production Public Co., Ltd.
2008 Ed. (3914)
2007 Ed. (3861)
2006 Ed. (3844, 4541)
2005 Ed. (2410, 3762, 3776)
2004 Ed. (3851)
1997 Ed. (3399)
PTT PCL
2008 Ed. (2501)
PTT-Postes et Telecommunications
1990 Ed. (1108)
1989 Ed. (966)
PTT Public Co., Ltd.
2008 Ed. (2118)
2007 Ed. (1583, 2019, 2386)
2006 Ed. (2048, 2049, 4541)
PTT Schweizerische
1993 Ed. (1408, 3254)
PTT-Scweizerisce Post-Telefon-Und Telegra.
1990 Ed. (3263)
PTT Telecom
1998 Ed. (2217)
1994 Ed. (34)
PTT Telecom Netherlands
2001 Ed. (1551)
P2P Health Systems Inc.
2008 Ed. (1658)
P2S Seco
2008 Ed. (1311)
Pub-Mosby
1992 Ed. (3278)
Pub Storage
1999 Ed. (4003)
Pubali Bank Ltd.
1999 Ed. (475)
1995 Ed. (427)
1994 Ed. (432)
1993 Ed. (432)
1992 Ed. (615)
1991 Ed. (458)
Pubblitalia '80
1995 Ed. (73)
1994 Ed. (86)
1990 Ed. (99, 100)
1989 Ed. (104)
The Pubboy Group
2007 Ed. (1590)
PubItalia 80 Concessionaria Pubblicita Spa
1999 Ed. (87)
Publemark (Lintas)
1997 Ed. (74)
Publi Graphic
1997 Ed. (109)
Publi-Graphics Group
2000 Ed. (62, 90, 117, 121, 123, 166, 186, 269)
Publiart/BBDO
1989 Ed. (93)

Public Inc.
2006 Ed. (2846)
2002 Ed. (2563)
2001 Ed. (2715)
2000 Ed. (4291)
1999 Ed. (4651)
1998 Ed. (3613)
Public administration
2003 Ed. (2269)
1995 Ed. (1, 2670)
1992 Ed. (2039)
Public Advisers Consultants
2001 Ed. (734, 939)
Public Affairs Associates Inc.
2001 Ed. (3156)
2000 Ed. (2991)
Public Bank
2008 Ed. (473, 1899)
2007 Ed. (516, 1865)
2006 Ed. (497, 1860)
2005 Ed. (575)
2004 Ed. (589)
2003 Ed. (582)
2002 Ed. (617)
2000 Ed. (463, 603, 1295, 1298)
1999 Ed. (587, 1701)
1997 Ed. (551, 1475)
1996 Ed. (597)
1995 Ed. (539)
1994 Ed. (563)
1993 Ed. (561)
1992 Ed. (769, 770)
1991 Ed. (601, 2275)
1989 Ed. (613)
Public Bank Berhad
2002 Ed. (515, 518)
Public Bank Bhd
2006 Ed. (4518)
Public bathrooms
1992 Ed. (89, 90)
Public benefit
1993 Ed. (886)
Public Broadcasting Service
2008 Ed. (3792)
2007 Ed. (3706, 3707)
2006 Ed. (3715)
2005 Ed. (3605)
1997 Ed. (944)
1992 Ed. (3266)
Public Communications
2005 Ed. (3954, 3957, 3961)
2004 Ed. (3988, 3995, 4005)
2003 Ed. (3989, 3992)
2002 Ed. (3819)
2000 Ed. (3648)
1999 Ed. (3932)
1995 Ed. (3011)
1994 Ed. (2953)
1993 Ed. (2930)
1992 Ed. (3565, 3579)
Public Communications-Tampa
1998 Ed. (2948)
Public company
2005 Ed. (1473)
Public Debt Parkersburg Credit Union
2003 Ed. (1955)
2002 Ed. (1900)
Public drunkeness/disorderly intoxication
1990 Ed. (1463)
Public Education Network
2004 Ed. (930)
Public Employees Benefit Service Corp., Montgomery, AL
1990 Ed. (1484)
Public Employees Credit Union
2005 Ed. (308)
2002 Ed. (1826)
Public Employees Federation
1996 Ed. (2534)
Public Employees of Ohio
1993 Ed. (2777)
Public Entity Risk Management Administration Inc.
2006 Ed. (4200)
Public-FCB Communications
1994 Ed. (121)
Public Finance Associates
2001 Ed. (732)
Public Financial Management
2007 Ed. (3656)
2005 Ed. (3532)
2001 Ed. (732, 733, 734, 735, 736, 737, 739, 740, 741, 742, 770, 778, 782, 786, 790, 794, 818, 826, 835, 839, 851, 867, 875, 891, 895, 903, 911, 915, 923, 927, 939, 951)
2000 Ed. (2756, 2757, 2758, 2759, 2761, 2762, 2763, 2764, 2765, 2766)
1999 Ed. (3010, 3011, 3012, 3013, 3014, 3015, 3017, 3018, 3019, 3020)
1998 Ed. (2226, 2227, 2228, 2229, 2230, 2232, 2233, 2234, 2235, 2236)
1997 Ed. (2478, 2479, 2480, 2481, 2482, 2484, 2485, 2486, 2529)
1996 Ed. (2348, 2349, 2350, 2351, 2352, 2353, 2355, 2356, 2357, 2358, 2359)
1995 Ed. (2330, 2331, 2332, 2333, 2334, 2336, 2337, 2338, 2339, 2340)
1993 Ed. (2261, 2262, 2263, 2264, 2265, 2267, 2268, 2269, 2270, 2271)
1991 Ed. (2164, 2165, 2166, 2167, 2171, 2172, 2174, 2175)
Public/government relations
1996 Ed. (3873)
Public Health
1992 Ed. (3278)
Public health programs
1994 Ed. (2028, 2029)
Public International
1995 Ed. (2126)
Public libraries
1999 Ed. (3007)
Public opinion pollsters
1997 Ed. (3177)
Public place distribution
2000 Ed. (3504)
Public Power
2008 Ed. (1772)
2007 Ed. (1745)
2006 Ed. (290, 1737, 1738)
Public Power Corp. SA
2008 Ed. (1773)
2007 Ed. (1747)
2006 Ed. (1739)
Public Radio International Inc.
2006 Ed. (3718)
Public relations
2007 Ed. (790)
2000 Ed. (941)
1998 Ed. (3772)
1997 Ed. (848, 868, 2713)
The Public Relations Business
1995 Ed. (3022)
Public relations/marketing
1993 Ed. (3370)
Public relations practitioners
1991 Ed. (813, 2628)
Public relations specialists
2006 Ed. (3736)
Public Resources Advisory Group
2007 Ed. (3656)
2005 Ed. (3532)
2001 Ed. (733, 734, 735, 736, 738, 740, 741, 742, 778, 790, 794, 798, 835, 871, 879, 891, 923, 939, 951)
2000 Ed. (2756, 2757, 2760, 2761, 2762, 2764, 2766)
1999 Ed. (3010, 3012, 3014, 3016, 3017, 3018)
1998 Ed. (2226, 2228, 2229, 2231, 2233, 2234, 2235, 2236)
1997 Ed. (2478, 2479, 2480, 2482, 2483, 2484, 2485)
1996 Ed. (2349, 2350, 2351, 2356, 2357, 2358, 2359)
1995 Ed. (2330, 2331, 2332, 2336, 2337, 2338, 2339)
1993 Ed. (2261, 2262, 2266, 2267, 2269, 2270, 2271)
1991 Ed. (2164, 2169, 2175)
Public Savings Life Insurance Co.
1993 Ed. (2223)
1991 Ed. (2108)
Public School Retirement System of Missouri
1991 Ed. (691, 2693, 2695)
Public school system
1993 Ed. (2949)
1992 Ed. (2910)
Public School Teachers
1997 Ed. (3028)
1996 Ed. (2947)
Public School Teachers Fund
1999 Ed. (3735)
Public School Teachers (Japan)
1993 Ed. (2786)
Public School Teachers Mutual Aid Association
1995 Ed. (2873)
Public School Teachers' Pension & Retirement Fund of Chicago
1997 Ed. (3027)
1996 Ed. (2946)
1990 Ed. (2789)
Public sector
1993 Ed. (3729)
Public Sector Advisor Group
1995 Ed. (2337)
Public Sector Advisory Group
1999 Ed. (3017)
1997 Ed. (2478, 2480)
Public Sector Group
2001 Ed. (739, 809)
Public Service
1996 Ed. (1382)
Public service announcements
2005 Ed. (4653)
Public Service Colorado
1997 Ed. (1701, 1702)
1996 Ed. (1622, 1623)
1995 Ed. (1076, 1645, 1646)
1992 Ed. (1286, 1906, 1907)
1990 Ed. (1608, 1609)
1989 Ed. (1305)
Public Service Company of Colorado
2001 Ed. (3866)
1990 Ed. (1099)
Public Service Company of New Hampshire
2001 Ed. (1811)
1992 Ed. (904)
Public Service Company of New Hampshire, 17 1/2s' 04
1990 Ed. (740)
Public Service Company of New Mexico
2001 Ed. (1815)
Public Service Company of Oklahoma
2001 Ed. (3866)
Public Service Credit Union
2002 Ed. (1855)
Public Service Electric & Gas Co.
2005 Ed. (2716, 2717, 2718, 2719, 2720, 2721, 2723, 2724, 2725)
2002 Ed. (4711)
2001 Ed. (2154)
2000 Ed. (3678)
1999 Ed. (2577, 2578, 2579, 2580, 2581, 3963)
1998 Ed. (1817, 1818, 1819, 1820, 1821)
1997 Ed. (2127, 2128, 2129, 2131, 3214)
1996 Ed. (2007, 2008, 2009, 2010, 2011)
1995 Ed. (1984, 1985, 1986, 1987, 1988)
1994 Ed. (1959, 1960, 1961, 1962, 1963)
1993 Ed. (1933, 1934, 1935, 1936, 1937)
1992 Ed. (2271, 2272, 2273, 2274, 2275, 3467)
1991 Ed. (1802, 1803, 1804, 1805, 1806)
1990 Ed. (1886, 1887)
Public Service Employees Credit Union
2008 Ed. (2222)
2007 Ed. (2107)
2006 Ed. (2159, 2186)
2005 Ed. (2066, 2091)
2004 Ed. (1927, 1949)
2003 Ed. (1889, 1909)
2002 Ed. (1852)
Public Service Enterprise
1995 Ed. (1639, 1640)
1990 Ed. (1602)
1989 Ed. (1298)
Public Service Enterprise Group
2008 Ed. (1403, 1479, 1977, 1978, 2419, 2425, 2809, 2811, 2815)
2007 Ed. (1279, 1914, 1915, 2291, 2295, 2301, 2385, 2680, 2686)
2006 Ed. (1173, 1422, 1930, 1931, 2354, 2355, 2357, 2365, 2690)
2005 Ed. (1904, 2292, 2309, 2310, 2399, 2401, 2715)
2004 Ed. (2191, 2193, 2194, 2196, 2197, 2725)
2003 Ed. (1786, 2140, 2607)
2001 Ed. (3944)
2000 Ed. (3318)
1999 Ed. (1947, 1950, 3596)
1998 Ed. (1384, 1388, 1389, 2667, 2963)
1997 Ed. (1488, 1691, 1695, 1696, 2928, 3213, 3214)
1995 Ed. (2757, 2758, 3354)
1994 Ed. (1590, 1597, 1598, 2656, 3273)
1993 Ed. (1268, 1553, 1558, 2706, 2707, 3283)
1992 Ed. (1892, 1900, 1901, 3217)
1991 Ed. (1499, 1500, 1493, 2578)
1990 Ed. (1598, 2676)
1989 Ed. (1291, 2039)
Public Service Ind.
1989 Ed. (1296, 1297)
Public Service New Hampshire
1989 Ed. (2648)
Public Service New Mexico
1999 Ed. (1953)
1997 Ed. (1702)
1996 Ed. (1623)
1995 Ed. (1646)
1993 Ed. (1561)
1991 Ed. (1505)
1990 Ed. (1609)
1989 Ed. (1304, 1305)
Public Service NM
1998 Ed. (1395)
1994 Ed. (1604)
Public Service Co. of Colorado
2005 Ed. (2716, 2718, 2723)
2004 Ed. (1682, 1685)
2003 Ed. (1656)
1998 Ed. (813, 1394, 1395, 1808, 1814)
1994 Ed. (1064, 1603, 1604)
1993 Ed. (1033, 1561, 1934)
1991 Ed. (1009, 1806, 1505, 1506)
Public Service Co. of New Hampshire
2008 Ed. (1972)
2007 Ed. (1912)
2006 Ed. (1927)
2005 Ed. (1901)
2004 Ed. (1817)
2003 Ed. (1782)
1994 Ed. (1205)
1991 Ed. (3113)
Public Service Co. of New Mexico
2008 Ed. (1980)
2007 Ed. (1917)
2006 Ed. (1933)
2005 Ed. (1906)
2004 Ed. (1451)
2003 Ed. (1788)
2002 Ed. (2571, 3371)
Public Service of North Carolina
1995 Ed. (2795)
Public Services & Gas Co.
2007 Ed. (2296, 2683)
Public Services Enterprise Group
1996 Ed. (1609)
Public Services Enterprises Group
1996 Ed. (1289, 1608, 1616, 1617, 2824, 3136)
Public/Society Benefit
2000 Ed. (1012)
Public Special Commodities LLC
2008 Ed. (2967)
Public Storage Inc.
2007 Ed. (4084, 4517)
2005 Ed. (4017)
2004 Ed. (4084)
2003 Ed. (4060)
2000 Ed. (3727, 3989)
1999 Ed. (4002)
1998 Ed. (3274)
1992 Ed. (3909)

Public Storage Management Inc.
1999 Ed. (4266)
1996 Ed. (3395)
Public Storage Properties Ltd.
2004 Ed. (4587)
2002 Ed. (3562)
Public transportation
2003 Ed. (190)
2002 Ed. (220)
2000 Ed. (209)
Public utilities
1997 Ed. (1717)
1995 Ed. (1670)
Public Utility Dist. No. 1, Snohomish Co. (WA)
1992 Ed. (4029)
1991 Ed. (3158)
Public Utility District No. 1 of Chelan County
1994 Ed. (1593)
1993 Ed. (1555)
Public Works
2008 Ed. (4712)
2007 Ed. (4795)
Publicadad Comercial de Centroamerica
1995 Ed. (60)
Publication Printers Corp.
2002 Ed. (3761)
Publications
1996 Ed. (2473)
1994 Ed. (1190)
1990 Ed. (3629)
Publications de la Vie Catholique
1990 Ed. (2797)
Publications Filipacchi
1994 Ed. (2781)
1992 Ed. (3369)
1990 Ed. (2797)
Publicentro
2003 Ed. (79)
2002 Ed. (114)
2001 Ed. (141)
1999 Ed. (96)
1997 Ed. (94)
Publicentro (APL)
2000 Ed. (101)
Publicentro/DMB & B
1997 Ed. (74)
Publicentro: Lintas
1996 Ed. (93)
Publicic
2000 Ed. (155)
Publicidad Artefilme
1989 Ed. (94)
Publicidad Augusto Elias
1991 Ed. (126)
Publicidad Comercial
2003 Ed. (70, 82)
2002 Ed. (105, 115)
2001 Ed. (133, 142)
1992 Ed. (137)
1990 Ed. (91)
Publicidad Comercial Ammirati Puris Lintas
2000 Ed. (91, 102)
Publicidad Comercial de Centroamerica
1994 Ed. (80)
Publicidad Comercial/Leo Burnett
1993 Ed. (90)
Publicidad Comercial Lintas
1999 Ed. (85, 97)
1997 Ed. (84)
1996 Ed. (84)
Publicidad Commercial
1991 Ed. (89)
Publicidad Creativa
1989 Ed. (113)
Publicidad Cuadra Chamberlain
2003 Ed. (128)
2002 Ed. (160)
2001 Ed. (189)
1999 Ed. (134)
1997 Ed. (126)
Publicidad Cuadra Chamberlain (Burnett)
2000 Ed. (152)
Publicidad DDB El Salvador
2003 Ed. (70)
Publicidad Diaz
2002 Ed. (105)
2001 Ed. (133)
Publicidad Diaz (Burnett)
2000 Ed. (91)
1999 Ed. (85)
1997 Ed. (84)
Publicidad Ferre
1989 Ed. (134)
Publicidad Ferrer
1994 Ed. (101)
1991 Ed. (126)
1990 Ed. (127)
Publicidad Ferrer y Asociados
2003 Ed. (121)
2001 Ed. (179)
2000 Ed. (141)
1999 Ed. (123)
1997 Ed. (117)
1996 Ed. (114)
1995 Ed. (98)
1993 Ed. (119)
1992 Ed. (170)
Publicidad Interamericana
2003 Ed. (133)
2002 Ed. (165)
2001 Ed. (194)
2000 Ed. (156)
1999 Ed. (139)
1997 Ed. (129)
1996 Ed. (125)
Publicidad McCann-Erickson
1999 Ed. (96)
1997 Ed. (94)
1996 Ed. (93)
1995 Ed. (79)
1993 Ed. (104)
1992 Ed. (155)
1991 Ed. (104)
1990 Ed. (107)
Publicidad McCann-Erickson Centroamericana
2001 Ed. (141)
Publicidad Siboney
1991 Ed. (105)
Publicidad Toro
2001 Ed. (122)
2000 Ed. (80)
Publicidad Toro/D'Arcy
2002 Ed. (93)
Publicidad Toro/DMB & B
1999 Ed. (74)
Publicidade Oscar Leal
1991 Ed. (126)
Publicidas Comercial Lintas
1996 Ed. (94)
Publicis
2008 Ed. (123)
2007 Ed. (109, 114, 116)
2003 Ed. (62, 103)
2002 Ed. (204)
2000 Ed. (66, 82, 97, 109, 113, 147, 154, 162, 169, 171, 173, 174, 177)
1999 Ed. (58, 62, 76, 91, 129, 136, 145, 148, 153, 160, 4578)
1995 Ed. (77)
1992 Ed. (152, 153, 3943)
1991 Ed. (144)
Publicis & Hal Riney
2004 Ed. (105, 134)
2003 Ed. (176)
2002 Ed. (210, 211)
2000 Ed. (191)
Publicis Ariely
2000 Ed. (112)
1999 Ed. (107)
Publicis Asociados
2003 Ed. (135)
2002 Ed. (167)
2001 Ed. (196)
Publicis BCP
2000 Ed. (75, 76)
Publicis/Bloom
1999 Ed. (155, 3930)
1998 Ed. (66)
1997 Ed. (77, 146)
1996 Ed. (140)
1995 Ed. (126, 3012)
Publicis Canada Inc.
2000 Ed. (76)
Publicis Caribbean
2003 Ed. (158)
2002 Ed. (198)
Publicis Ciesa
1996 Ed. (130)
1995 Ed. (116)
1994 Ed. (111)
1993 Ed. (130)
1992 Ed. (200)
Publicis Communication
2001 Ed. (146)
2000 Ed. (93)
Publicis Communications
1999 Ed. (87)
Publicis Conseil
2000 Ed. (96)
1999 Ed. (90)
1997 Ed. (89)
1995 Ed. (75)
1994 Ed. (88)
1993 Ed. (99)
1992 Ed. (149)
1991 Ed. (99)
1990 Ed. (103)
1989 Ed. (107)
Publicis Conseil Groupe
1996 Ed. (88)
Publicis Dialog
2006 Ed. (3417)
2005 Ed. (3408)
2004 Ed. (4012)
2003 Ed. (4001, 4017, 4020)
2002 Ed. (3815, 3821, 3851)
2001 Ed. (3934, 3935)
2000 Ed. (3647, 3668, 3671)
Publicis Eureka
2000 Ed. (168)
Publicis FCB
1997 Ed. (90, 93, 106, 122, 127, 134, 150)
1996 Ed. (66, 87, 89, 92, 101, 104, 118, 123, 144)
1995 Ed. (76, 78, 89, 102, 108, 130)
1994 Ed. (72, 89, 97, 107, 110, 120)
1993 Ed. (83, 97, 100, 114, 124, 139)
1992 Ed. (146, 147, 168, 183, 192, 212, 125)
1990 Ed. (102, 114, 115)
Publicis-FCB/MAC
1990 Ed. (118)
Publicis FCB-Prad
1994 Ed. (103)
1993 Ed. (120)
Publicis Fergo
2003 Ed. (133)
2002 Ed. (165)
Publicis-Graphics
2003 Ed. (45, 69, 95, 98, 101, 140, 144, 163)
2002 Ed. (79, 104, 128, 132, 135, 173, 177, 203)
2001 Ed. (106, 132, 155, 159, 161, 205, 230)
Publicis Groupe
2005 Ed. (100, 119)
Publicis Groupe SA
2008 Ed. (124, 125, 1747)
2007 Ed. (112, 115, 117, 118, 1718)
2006 Ed. (108, 123, 124, 1690, 1717, 1718, 4300)
2005 Ed. (118, 121, 1546, 1550, 1772, 1773)
2004 Ed. (111, 118, 120)
2003 Ed. (86, 88, 109)
2002 Ed. (120, 121, 185)
Publicis Groupe Sanchez & Levitan
2003 Ed. (80)
Publicis Health Care Communications
2008 Ed. (114)
2007 Ed. (106)
Publicis Healthcare
2005 Ed. (107)
Publicis Healthcare Specialty Group
2006 Ed. (117)
Publicis in Mid America
2004 Ed. (132)
2003 Ed. (174)
Publicis in the West
2004 Ed. (133)
Publicis Knut
2003 Ed. (146)
2002 Ed. (179)
2001 Ed. (207)
Publicis Lisboa
1990 Ed. (144)
1989 Ed. (153)
Publicis Mojopartners
2003 Ed. (43, 127)
2002 Ed. (77, 159)
2001 Ed. (187)
2000 Ed. (60, 151)
1999 Ed. (133)
Publicis Philippines
2000 Ed. (160)
1999 Ed. (143)
Publicis Public Relations
1998 Ed. (2946)
1997 Ed. (3192)
1996 Ed. (3113)
Publicis SA
2004 Ed. (1449, 1534)
2003 Ed. (57, 64, 74, 76, 83, 90, 91, 122, 126, 132, 136, 138, 150, 153, 165)
2002 Ed. (83, 90, 97, 110, 111, 116, 123, 124, 143, 152, 155, 162, 164, 168, 169, 170, 178, 180, 181, 186, 189)
2001 Ed. (110, 119, 124, 126, 137, 138, 143, 147, 150, 151, 170, 180, 184, 191, 193, 197, 198, 199, 206, 208, 209, 210, 217, 232)
1997 Ed. (87)
1996 Ed. (86)
1995 Ed. (73)
1994 Ed. (86, 90)
1990 Ed. (99, 100)
1989 Ed. (104)
Publicis Sanchez & Levitan
2004 Ed. (109)
2003 Ed. (33)
Publicis Sanchez & Levitan LLC
2005 Ed. (114)
2004 Ed. (115)
Publicis Torma
2003 Ed. (73)
2002 Ed. (107)
2001 Ed. (135)
2000 Ed. (94)
1999 Ed. (88)
Publicis Virgo
2000 Ed. (170)
1999 Ed. (152)
Publicis Welcomm
2003 Ed. (149)
2002 Ed. (131)
2001 Ed. (158)
Publicis Wet Desert
2003 Ed. (106)
2002 Ed. (140)
2001 Ed. (168)
2000 Ed. (128)
Publicis Worldwide
2006 Ed. (120, 122)
2005 Ed. (110, 116, 117)
2004 Ed. (117)
2003 Ed. (38, 40, 87)
2002 Ed. (72, 119)
2001 Ed. (97)
2000 Ed. (44)
Publicis.FCB
1991 Ed. (78)
Publicis.FCB Holland
1991 Ed. (129)
Publicis.FCB/Mac
1991 Ed. (116)
Publicistas Asociados
1990 Ed. (141)
1989 Ed. (150)
Publicistas Venezolanos
1991 Ed. (160)
Publicita
2003 Ed. (123)
Publicitaria Cumbre (Saatchi)
1997 Ed. (80)
1996 Ed. (80)
Publicitaria Inter-America
2003 Ed. (67)
2002 Ed. (100)
2001 Ed. (130)
1996 Ed. (80)
Publicitaria Inter-Americana
1997 Ed. (80)
Publicitaria Nasta
2003 Ed. (134)
2002 Ed. (166)
Publicitas
1995 Ed. (69)

1992 Ed. (143)
1991 Ed. (95)
Publicitas Gruppe
1990 Ed. (100)
1989 Ed. (104)
Publicitas-Gruppe SA
1996 Ed. (86)
1995 Ed. (73)
1994 Ed. (86)
Publicitas Holding AG
1990 Ed. (99)
Publicitas Holding SA
1997 Ed. (87)
Publicitas SA
1996 Ed. (86)
1995 Ed. (73)
1990 Ed. (99)
Publicitas Saatchi & Saatchi
2003 Ed. (68)
2002 Ed. (103)
2001 Ed. (131)
2000 Ed. (89)
Publicitas/Saatchi & Saatchi Advertising
1999 Ed. (83)
1997 Ed. (82)
1993 Ed. (95)
Publicitas SSAW
1996 Ed. (82)
Publicite Martin
1993 Ed. (132)
1992 Ed. (202)
The Publicity Bureau
2001 Ed. (236)
Publicker Industries
1998 Ed. (695)
1997 Ed. (952)
1990 Ed. (939)
1989 Ed. (880)
Publicmerc
1996 Ed. (121)
Publico McCann
2003 Ed. (107)
2002 Ed. (141)
2001 Ed. (169)
PubliGroupe
2000 Ed. (134)
Publigroupe SA
1999 Ed. (87)
Publimark SA
1999 Ed. (75)
Publimerc
1995 Ed. (106)
Publimerc-DDB Nicaragua
2003 Ed. (128)
2002 Ed. (160)
2001 Ed. (189)
Publimerc SA
1997 Ed. (126)
Publimerca
1991 Ed. (104)
1990 Ed. (107)
1989 Ed. (112)
Publinac DDB
2003 Ed. (79)
2002 Ed. (114)
2000 Ed. (101)
Publinac DDB/Guatemala
2001 Ed. (141)
Publinac/DDB Needham
1999 Ed. (96)
1997 Ed. (94)
Publisher Printing Co. (HQ)
2000 Ed. (2880)
Publishers
1992 Ed. (2569)
Publishers Choice
1998 Ed. (88)
Publishers Clearing House
1991 Ed. (3247)
Publishers, etc.
1992 Ed. (2567, 2571)
1991 Ed. (1995, 1997, 1999)
1990 Ed. (2149, 2150, 2153)
Publisher's Gateway
1999 Ed. (1858)
Publishers, printers, broadcasters
1995 Ed. (2209, 2210, 2211, 2980)
1994 Ed. (2925)
1993 Ed. (2132, 2134, 2137)
1992 Ed. (2572)
Publishing
2006 Ed. (834, 3014)
2005 Ed. (1480, 1481, 3017, 3019)
1994 Ed. (2560)
1992 Ed. (2627, 2628, 2858, 2859, 2860)
1991 Ed. (2052, 2053, 2056, 2058, 2059, 3225)
1990 Ed. (2187, 3090)
Publishing & Broadcasting
2004 Ed. (1645)
2002 Ed. (3078)
Publishing & media
2000 Ed. (210, 3460)
1997 Ed. (3233)
1995 Ed. (147, 151)
1992 Ed. (238)
1990 Ed. (178)
1989 Ed. (192)
Publishing and printing
2008 Ed. (3151, 3155)
2007 Ed. (3043)
2006 Ed. (3004)
2005 Ed. (3007, 3008, 3009, 3012)
2004 Ed. (1744, 3007, 3009, 3010, 3011, 3012, 3013, 3014)
2003 Ed. (2903, 2904)
2002 Ed. (2769, 2773, 2788)
2000 Ed. (1326, 1327, 1352, 1353, 1354, 1670)
Publishing/Broadcasting
1992 Ed. (99)
Publishing/Media
1991 Ed. (174)
Publishing, printing
1997 Ed. (1303, 1304, 1305, 1443, 1444)
1996 Ed. (1257, 1258)
1995 Ed. (1295, 1296, 1297, 1301, 1302, 1303)
1994 Ed. (1273, 1279, 1280, 1281)
1993 Ed. (1233, 1237, 1240, 1241)
1992 Ed. (2599, 2604, 2605, 2607, 2609, 2610, 2613, 2615, 2620)
1991 Ed. (2028, 2030, 2032, 2035, 2036, 2040, 2043, 2050)
Publishing/TV
1989 Ed. (1659, 1660)
Publitalia 80 Concessionaria Pub.
2007 Ed. (112)
Publitalia 80 Concessionaria Pubblicita Spa
2000 Ed. (93)
1997 Ed. (87)
Publitres/FCB
2003 Ed. (133)
2002 Ed. (165)
2001 Ed. (194)
2000 Ed. (156)
1999 Ed. (139)
1997 Ed. (129)
1993 Ed. (126)
Publix
2008 Ed. (4566)
2007 Ed. (4619)
2006 Ed. (4633)
2005 Ed. (4554)
2004 Ed. (4625)
2003 Ed. (4649)
2000 Ed. (2489, 4163, 4167)
1992 Ed. (4171)
1991 Ed. (3256, 3257)
1990 Ed. (3498)
Publix Super Markets Inc.
2008 Ed. (1733, 1734, 3612, 4038, 4044, 4055, 4560, 4561, 4562, 4567, 4568, 4569, 4570, 4571, 4572)
2007 Ed. (1704, 1705, 2234, 4012, 4017, 4028, 4197, 4611, 4612, 4613, 4616, 4620, 4623, 4624, 4625, 4626, 4628)
2006 Ed. (1456, 1706, 1709, 1710, 3973, 3978, 3990, 4626, 4627, 4628, 4631, 4634, 4635, 4636, 4637, 4638, 4639, 4640)
2005 Ed. (1763, 1764, 3901, 3905, 3917, 4547, 4548, 4549, 4552, 4555, 4556, 4557, 4562, 4563, 4565)
2004 Ed. (1705, 1706, 2134, 2964, 3946, 4584, 4589, 4614, 4615, 4620, 4622, 4623, 4626, 4627, 4629, 4634, 4635, 4637, 4638, 4647)
2003 Ed. (1565, 1676, 1677, 2268, 3951, 4629, 4631, 4632, 4634, 4635, 4640, 4648, 4651, 4653, 4655, 4656, 4657, 4658, 4659, 4660, 4661, 4662, 4664)
2002 Ed. (1066, 1069, 1075, 1648, 2115, 3560, 3564, 4524, 4526, 4529, 4530, 4531)
2001 Ed. (436, 1246, 1250, 1703, 2224, 4404, 4417, 4418, 4420, 4421, 4422)
2000 Ed. (1100, 1423, 1714, 1785, 2205, 2219, 4166, 4169)
1999 Ed. (368, 1185, 1414, 1618, 1921, 2462, 4518, 4520, 4521, 4522, 4523)
1998 Ed. (264, 749, 753, 1137, 1296, 1703, 1711, 3449, 3450, 3454, 3455, 3456, 3457)
1997 Ed. (329, 1009, 1398, 2026, 3670, 3671, 3672, 3676, 3677, 3678)
1996 Ed. (985, 990, 991, 994, 1336, 1556, 1929, 3612, 3614, 3619, 3620, 3621, 3622)
1994 Ed. (984, 2939, 3249, 3464, 3465)
1993 Ed. (958, 1869, 1870, 3255, 3267, 3493, 3494, 3495, 3496, 3497)
1992 Ed. (4168, 4170)
1991 Ed. (1729, 1730, 3258)
1990 Ed. (3496)
1989 Ed. (356)
Publix Supermarkets Inc.
2000 Ed. (372, 1104, 4170)
1995 Ed. (343, 1003, 1664, 1767, 3328, 3531, 3532, 3534)
Puccino
2001 Ed. (3108)
Puck; Wolfgang
2008 Ed. (904)
Pucobre
2004 Ed. (1775)
Pudding
2003 Ed. (1962)
Pudding, diet
2002 Ed. (1959)
Pudding mix
2003 Ed. (2039)
Pudding, sweetened
2002 Ed. (1959)
Puddings
1990 Ed. (1954)
Puddings/Desserts
2000 Ed. (4140)
Puder-Siegel Homes
2002 Ed. (1170, 2654)
Pudgie's Chicken
1998 Ed. (3412)
Pudgie's Famous Chicken
2000 Ed. (1910)
1995 Ed. (1782)
1994 Ed. (1749, 3087)
Puebla, Mexico
1993 Ed. (2557)
Pueblo Bancorp
2005 Ed. (378)
Pueblo Bancorporation
2004 Ed. (543)
Pueblo Bank & Trust Co.
2005 Ed. (521)
2000 Ed. (550)
Pueblo Broadcasting Corp.
1992 Ed. (2407)
1991 Ed. (1911, 1912)
Pueblo Chieftain
1991 Ed. (2598, 2602)
1990 Ed. (2698, 2702)
1989 Ed. (2052)
Pueblo Chieftain, Star Journal
1992 Ed. (3240, 3244)
1991 Ed. (2597, 2607)
1990 Ed. (2691, 2694, 2696)
Pueblo, CO
2008 Ed. (4728)
2004 Ed. (4762)
2002 Ed. (3330)
Pueblo Holdings Corp.
2001 Ed. (2704, 2711)
Pueblo International Inc.
2001 Ed. (70)
1996 Ed. (2487)
Puenta Hills Toyota/Isuzu
1998 Ed. (209)
Puente Construction Enterprises Inc.
2008 Ed. (2954)
Puente Hills Mall
2000 Ed. (4030)
1999 Ed. (4310)
1995 Ed. (3377)
1994 Ed. (3300)
Puente Hills Mazda
1998 Ed. (209)
1996 Ed. (278, 298, 299, 301)
1995 Ed. (275)
1994 Ed. (275)
1993 Ed. (276)
1991 Ed. (285)
1990 Ed. (332)
Puente Hills Mitsubishi
1990 Ed. (310)
Puente Hills Toyota/Isuzu
1999 Ed. (320)
1996 Ed. (301)
Puente; Tito
1995 Ed. (1715)
Puerto Cabello, Venezuela
2003 Ed. (3916)
Puerto Cortes
1992 Ed. (1392)
Puerto Limon-Moin, Costa Rica
2003 Ed. (3916)
Puerto Rican Cement Co., Inc.
2004 Ed. (898, 899)
2003 Ed. (4602)
Puerto Rican Family Institute Inc.
2008 Ed. (2964)
2006 Ed. (2843)
2005 Ed. (2845)
2004 Ed. (2837)
2003 Ed. (2755)
2002 Ed. (2559)
Puerto Rican Rums
2004 Ed. (4235)
2003 Ed. (4212)
2002 Ed. (3156, 3164, 4076, 4078, 4079)
2001 Ed. (3132, 3135, 4146, 4147)
2000 Ed. (3836, 3837)
1999 Ed. (3229, 3233, 4126, 4127, 4129)
1998 Ed. (2388, 3110, 3111)
1997 Ed. (2661, 3368, 3370)
1996 Ed. (3269, 3272)
1995 Ed. (3175)
1994 Ed. (3124)
1993 Ed. (2449)
1992 Ed. (3753)
1991 Ed. (2326, 2907)
1990 Ed. (2454, 3072)
Puerto Ricans
1998 Ed. (547)
Puerto Rico
2005 Ed. (3402)
2001 Ed. (1140, 4585, 4586, 4719)
2000 Ed. (2473, 3188)
1998 Ed. (1977, 2561, 2562)
1997 Ed. (3768)
1996 Ed. (35, 2723, 3714)
1995 Ed. (363, 2644, 3578)
1994 Ed. (1508)
1993 Ed. (2045, 2613)
1992 Ed. (230, 2361, 3600, 4239, 4240)
1991 Ed. (2511, 2523, 2532)
1990 Ed. (1263, 2664, 3075, 3505, 3648)
1989 Ed. (1514, 2028, 2899)
Puerto Rico Aqueduct
1990 Ed. (2642)
Puerto Rico Aqueduct & Sewer Authority
1998 Ed. (2969)
Puerto Rico Community Foundation
2008 Ed. (2056, 3730)
1994 Ed. (1907)
Puerto Rico Electric
1990 Ed. (2640)

Puerto Rico Electric Power Authority
2000 Ed. (1727)
1999 Ed. (3472)
1998 Ed. (1377, 1381, 1382, 1383)
1996 Ed. (1610, 1611, 1612)
1995 Ed. (1634, 1635, 1636)
1994 Ed. (1591, 1592, 1593)
1993 Ed. (1554, 1555, 1556)
1992 Ed. (1893, 1894, 1895)
1991 Ed. (1486, 1494, 1495, 1496, 2510, 2532, 2533)
1990 Ed. (1595, 1596, 1597)
Puerto Rico Finance Agency
2001 Ed. (907)
Puerto Rico, Gos
1999 Ed. (3473)
1997 Ed. (2845)
1996 Ed. (2722)
Puerto Rico Highway & Transportation Authority
1999 Ed. (4658)
1996 Ed. (2722, 3739)
1995 Ed. (3663)
Puerto Rico Housing Bank & Finance Agency
1996 Ed. (2211)
Puerto Rico IME PC Facilities Financial Authority
1993 Ed. (2159)
Puerto Rico Industrial Development Co.
2000 Ed. (2621)
1993 Ed. (2159)
1990 Ed. (2648)
Puerto Rico Industrial Development Authority
2001 Ed. (907)
Puerto Rico Industrial Medical, Environmental & PC Facilities
1991 Ed. (2016)
Puerto Rico Industrial Tourist Ed. Med. Env. Authority
1997 Ed. (2363)
Puerto Rico Industrial, Tourist, Education, & Medical Agency
2001 Ed. (907)
Puerto Rico Infrastructure
1990 Ed. (2642)
Puerto Rico Infrastructure Finance Authority
2000 Ed. (3189)
Puerto Rico Public Buildings Authority
2000 Ed. (3203)
1998 Ed. (2563)
1996 Ed. (2729)
Puerto Rico Public Finance Corp.
2001 Ed. (907)
Puerto Rico School District
1991 Ed. (2927)
Puerto Rico Sugar Corp.
1993 Ed. (1544)
Puerto Rico Supplies Co.
2007 Ed. (4946)
2006 Ed. (4939)
2005 Ed. (4907)
2004 Ed. (4924)
Puerto Rico Telephone
1994 Ed. (39)
1993 Ed. (47)
Puerto Rico Telephone Authority
1990 Ed. (2648)
Puerto Rico Urban Renewal & Housing Corp.
1991 Ed. (2519, 1986)
Puerto Vallaria
1989 Ed. (2808)
Puerto Vallarta
2005 Ed. (4676)
1995 Ed. (3595)
1994 Ed. (3510)
1993 Ed. (3551)
1992 Ed. (4266, 4268)
1991 Ed. (3340)
1990 Ed. (3559, 3560)
Puerto Vallarta Lic
2001 Ed. (350)
Puffed cheese
2002 Ed. (4298)
Puffs
2008 Ed. (4684, 4685)
2007 Ed. (4761)
2006 Ed. (4755)
2005 Ed. (4700)
2003 Ed. (4740, 4741)
2002 Ed. (4626)
2001 Ed. (4547)
2000 Ed. (4254)
1999 Ed. (4603)
1998 Ed. (3573)
1997 Ed. (3754)
1996 Ed. (3694, 3695)
1995 Ed. (3617)
1994 Ed. (3539)
1993 Ed. (3579)
1992 Ed. (4300)
Puffs Posh
1996 Ed. (3695)
Puget Energy Inc.
2008 Ed. (2137, 2500)
2006 Ed. (2076, 2084)
2005 Ed. (1999, 2313, 2314)
2004 Ed. (1883)
2003 Ed. (1849)
2002 Ed. (1796)
Puget Safety Equipment Co.
2002 Ed. (1994)
Puget Sound Bancorp
1994 Ed. (340, 349, 1226)
1993 Ed. (578, 666, 3295)
1992 Ed. (525)
1990 Ed. (716)
1989 Ed. (712)
Puget Sound Energy, Inc.
2001 Ed. (2145, 3866)
1999 Ed. (1953)
1998 Ed. (1394)
Puget Sound Equipment Co.
1999 Ed. (2845)
Puget Sound National Bank
1994 Ed. (664)
1993 Ed. (664)
1992 Ed. (864)
1991 Ed. (689)
Puget Sound National, Wash.
1989 Ed. (2152)
Puget Sound P & L
1995 Ed. (1645, 1646)
1994 Ed. (1603, 1604)
Puget Sound Power & Light
1998 Ed. (1395)
1997 Ed. (1701, 1702)
1996 Ed. (1622, 1623)
1993 Ed. (1561)
1992 Ed. (1888, 1906, 1907)
1991 Ed. (1505, 1506, 1489)
1990 Ed. (1608)
1989 Ed. (1304, 1305)
Puget Sound; University of
1995 Ed. (1055)
1994 Ed. (1047)
1993 Ed. (1020)
1992 Ed. (1272)
Puget Sound, WA
2001 Ed. (1090)
1999 Ed. (2007, 3372)
1998 Ed. (585)
1996 Ed. (857)
1994 Ed. (831)
1992 Ed. (1020)
1990 Ed. (871, 873)
Puget Sound, WA (Viacom)
1991 Ed. (835)
Pugh Jones & Johnson
2005 Ed. (3525)
Puglia
1993 Ed. (538)
Pulanna
2007 Ed. (20)
Pulaski
1997 Ed. (2099, 2100)
1995 Ed. (1952)
Pulaski Financial Corp.
2008 Ed. (1953)
2006 Ed. (1900)
2005 Ed. (1882)
Pulaski Investment Corp.
2005 Ed. (522)
Pulaski Savings Bank
2005 Ed. (372)
Pulicis Communications
2000 Ed. (108)
Pulitzer Inc.
2005 Ed. (3598, 3599)
2004 Ed. (3683, 3684)
2001 Ed. (1543)
Pulitzer Publishing Co.
2001 Ed. (1545, 1546)
1996 Ed. (3142)
1995 Ed. (3042)
1994 Ed. (2982)
1993 Ed. (2944)
1992 Ed. (3589, 4241)
1991 Ed. (2392, 3327)
Pull-Ups
1996 Ed. (1546)
1995 Ed. (1562)
Pull Ups Goodnites; Huggies
2008 Ed. (2335)
Pull Ups; Huggies
2008 Ed. (2335)
Pulliam Charitable Trust
2001 Ed. (1543)
Pulliam; Mrs. Eugene C.
1994 Ed. (894)
The Pullman Co.
1996 Ed. (385, 386)
Pullman B & TC
2007 Ed. (417)
Pullman Comley
2001 Ed. (780)
Pullman Power Products
1990 Ed. (1201)
Pullman, WA
2002 Ed. (1057)
Pulmicort Inhalation Powder
1999 Ed. (1910)
Pulp & Paper
2000 Ed. (2934)
1998 Ed. (2064)
Pulp, paper & allied products
1992 Ed. (3610)
Pulp Substitutes
1995 Ed. (3724)
Pulpmills
2001 Ed. (4389)
Pulpwood
2008 Ed. (2651)
Pulsar
2002 Ed. (384)
Pulsar Data Systems Inc.
1999 Ed. (731)
1998 Ed. (470)
1997 Ed. (677)
1996 Ed. (745)
Pulse
2001 Ed. (584)
1996 Ed. (259)
1995 Ed. (352)
1992 Ed. (1910, 1912, 1913)
1991 Ed. (1509, 1510, 1511)
1990 Ed. (292, 293)
1989 Ed. (281)
Pulse EFT Association
2001 Ed. (2185, 2186, 2188, 2189, 3826)
2000 Ed. (1732)
1999 Ed. (1954)
1998 Ed. (1396)
1997 Ed. (1704)
1996 Ed. (1624)
1995 Ed. (1648)
1994 Ed. (1606)
Pulte Corp.
2005 Ed. (1756)
2003 Ed. (1138, 1139, 1200)
2002 Ed. (1171, 1174, 1178, 1180, 1181, 1183, 1186, 1187, 1188, 1189, 1192, 1193, 1196, 1200, 1201, 1203, 1204, 1205, 2656, 2657, 2660, 2661, 2665, 2666, 2667, 2668, 2669, 2670, 2671, 2672, 2678, 2679, 2680, 2681, 2683, 2684, 2686, 2687, 2688, 2690, 2693)
2001 Ed. (1391, 1392, 1393, 1394, 1395, 1401, 1402, 1405, 1406, 2803, 2815)
2000 Ed. (1196, 1197, 1198, 1199, 1201, 1805, 2590)
1999 Ed. (1308, 1309, 1311, 1313, 1316, 1317, 1318, 1319, 1320, 1322, 1325, 1327, 1328, 1329, 1330, 1333, 1334, 1335, 1337, 1840, 2028, 2816)
1997 Ed. (1127, 1128, 1732)
1996 Ed. (1096, 1097, 1098, 1101, 1102, 1103, 1106, 1107, 1132, 1654)
Pulte Corp
2000 Ed. (3718)
Pulte Diversified Companies Inc.
2001 Ed. (1402)
Pulte Home Corp.
2001 Ed. (1402)
2000 Ed. (1190, 1191, 1192, 1193, 1205, 1206, 1207, 1210, 1212, 1218, 1223, 1224, 1229)
1998 Ed. (876, 877, 878, 879, 881, 882, 885, 886, 887, 888, 889, 890, 893, 894, 895, 896, 897, 899, 901, 902, 905, 908, 911, 914, 915, 919, 1435, 2060)
1997 Ed. (1119, 1120, 1123, 1125)
1995 Ed. (1122, 1123, 1126)
1991 Ed. (1106, 1112)
1993 Ed. (1083, 1096)
1992 Ed. (1353)
1991 Ed. (1047, 1054)
1990 Ed. (1171)
1989 Ed. (1001)
Pulte Homes Inc.
2008 Ed. (1163, 1166, 1167, 1190, 1198, 1200, 1201, 1202, 1509, 1929, 1930, 3087, 3187)
2007 Ed. (1270, 1273, 1274, 1300, 1301, 1303, 1304, 1307, 1308, 1309, 1310, 1311, 1324, 1881, 2963, 2977)
2006 Ed. (1158, 1161, 1162, 1164, 1191, 1193, 1194, 1195, 1196, 1197, 1199, 1200, 1202, 1203, 1217, 2947, 2957, 2959, 4190)
2005 Ed. (1165, 1166, 1168, 1179, 1180, 1181, 1182, 1185, 1186, 1188, 1191, 1192, 1193, 1194, 1197, 1199, 1200, 1201, 1202, 1206, 1207, 1209, 1210, 1215, 1216, 1219, 1221, 1222, 1223, 1225, 1228, 1229, 1230, 1231, 1232, 1233, 1234, 1235, 1237, 1238, 1244, 1246, 1256, 1257, 1868, 2948, 2962, 2964, 4462, 4503)
2004 Ed. (1142, 1143, 1145, 1151, 1152, 1155, 1157, 1158, 1160, 1163, 1164, 1165, 1166, 1170, 1171, 1172, 1173, 1174, 1175, 1177, 1179, 1181, 1183, 1184, 1189, 1190, 1193, 1195, 1196, 1197, 1199, 1203, 1204, 1205, 1206, 1207, 1209, 1210, 1211, 1213, 1214, 1221, 1226, 2946, 2957, 2959, 4490)
2003 Ed. (1141, 1145, 1147, 1149, 1150, 1151, 1152, 1153, 1155, 1157, 1158, 1160, 1162, 1163, 1164, 1165, 1167, 1169, 1171, 1172, 1173, 1176, 1177, 1183, 1185, 1188, 1190, 1191, 1194, 1198, 1199, 1202, 1203, 1204, 1206, 1207, 1210, 1213, 1214, 2874)
Pulte Mortgage
2006 Ed. (3561)
2005 Ed. (3304)
Pulte; William
2007 Ed. (4902)
Pulvirent; Stuart
1994 Ed. (1770)
1993 Ed. (1787)
Puma
2008 Ed. (273, 648, 996, 4479, 4480)
2007 Ed. (295, 1117, 4502, 4503)
2006 Ed. (293, 4445, 4446)
2005 Ed. (4429, 4430, 4431, 4432)
1993 Ed. (260)
1992 Ed. (367, 368)
1991 Ed. (264)
1990 Ed. (290)
Puma AG
2007 Ed. (4579)
Puma AG Rudolf Dassler Sport
2008 Ed. (994, 1771, 4332, 4672)
2007 Ed. (1744)
2004 Ed. (1010)

Pump It Up
2008 Ed. (878)
2007 Ed. (903)
2006 Ed. (815)
Pumped storage
2001 Ed. (2155)
Pumpkin
2003 Ed. (2576)
2002 Ed. (2371)
Pumps
1995 Ed. (3629)
Puna Plantation Hawaii Ltd.
2008 Ed. (1783)
2007 Ed. (1755)
2006 Ed. (1746)
Punch Retail Ltd.
2001 Ed. (4087)
Punch Taverns
2007 Ed. (1466, 4160)
2006 Ed. (3275)
Punjab National Bank
2008 Ed. (432)
2007 Ed. (466)
2006 Ed. (455)
2005 Ed. (525)
2004 Ed. (544)
2003 Ed. (528)
2002 Ed. (519, 569, 570)
2000 Ed. (553, 554)
1999 Ed. (542, 543)
1997 Ed. (506, 507)
1996 Ed. (547, 548)
1995 Ed. (495, 496)
1994 Ed. (513, 514)
1993 Ed. (514)
1992 Ed. (704, 705)
1991 Ed. (545)
1989 Ed. (558)
P.U.N.K.S.
2001 Ed. (4698)
Punta Gorda, FL
2006 Ed. (2427)
2005 Ed. (2032, 2380, 2387, 2992, 3473)
2004 Ed. (2289)
2002 Ed. (1054, 3726)
2000 Ed. (3108)
1999 Ed. (3367)
1998 Ed. (2472)
1997 Ed. (2772)
Punta Gorda Island
1991 Ed. (225)
Punto-FA SL
2004 Ed. (1010)
Punto Publicidad
2001 Ed. (237)
1999 Ed. (167)
1997 Ed. (156)
1993 Ed. (144)
Punto Publicidad (O & M)
2000 Ed. (187)
1996 Ed. (150)
Puntoaparte D'Arcy
2003 Ed. (133)
2002 Ed. (165)
2001 Ed. (194)
Pup-peroni
2002 Ed. (3650)
1999 Ed. (3783)
1997 Ed. (3073)
1996 Ed. (2994)
1994 Ed. (2832)
1993 Ed. (2817)
1992 Ed. (3410)
1990 Ed. (2820)
Puppi; Anthony
2006 Ed. (959)
Puppies Kibbles 'N Bits
2002 Ed. (3655)
Puppy Chow
2003 Ed. (3802)
2002 Ed. (3652)
1999 Ed. (3785)
1997 Ed. (3070)
1996 Ed. (2991)
1994 Ed. (2829)
1993 Ed. (2815)
1992 Ed. (3408)
1990 Ed. (2818)
1989 Ed. (2193)
Puppy Kibbles 'N Bits
1996 Ed. (2993)
1989 Ed. (2197)
Puppy Kibbles 'N Bits 'N Bits
1999 Ed. (3789)
1997 Ed. (3072)
1994 Ed. (2831)
Puppy KibbLes n' Bits n' Bits n' Bits
1993 Ed. (2819)
1990 Ed. (2821)
Puppy Kilibles n' Bits n' Bits n'
1992 Ed. (3412)
Pur
2005 Ed. (2952)
2003 Ed. (235)
The Puratone Corp.
2008 Ed. (1900, 4014)
2007 Ed. (3997)
2006 Ed. (3939)
2005 Ed. (3876)
2004 Ed. (3928)
2003 Ed. (3900)
Purcell; John
1996 Ed. (1893)
Purcell; P. J.
2005 Ed. (2490)
Purcell; Philip J.
2005 Ed. (2474)
Purcell Systems
2007 Ed. (4727)
Purcell Tire & Rubber Co.
2008 Ed. (4682, 4683)
2007 Ed. (4755, 4760)
2006 Ed. (4746, 4753, 4754)
2005 Ed. (4696, 4697, 4699)
2001 Ed. (4546)
Purchase Connection
1999 Ed. (2637)
Purchasepoint
1997 Ed. (3374)
1996 Ed. (3277)
1994 Ed. (3128)
1992 Ed. (3761)
Purchasepoint WLK
1993 Ed. (3065)
PurchasePro.com Inc.
2005 Ed. (1560)
2001 Ed. (4184, 4186, 4756, 4759)
Purchasing
1999 Ed. (964)
1997 Ed. (3044)
1993 Ed. (2800)
Purchasing executive
2004 Ed. (2283)
Purchasing manager
2004 Ed. (2283)
PurchasingCenter.com
2001 Ed. (4759)
Purdel Co-operative Agro-Aliment
2006 Ed. (1401)
Purdel Co-operative Agro-Alimentaire
2007 Ed. (1434)
Purdential Securities
1995 Ed. (1793)
Purdue Employees Credit Union
2008 Ed. (2231)
2007 Ed. (2116)
2006 Ed. (2195)
2005 Ed. (2080, 2100)
2004 Ed. (1958)
2003 Ed. (1918)
2002 Ed. (1864)
Purdue-Frederick Co.
2003 Ed. (284)
Purdue University
2008 Ed. (768, 2574, 2575)
2007 Ed. (793)
2006 Ed. (700, 738)
2004 Ed. (830, 2669)
2002 Ed. (896, 901, 1031, 1033, 1034)
2001 Ed. (1330, 2488)
2000 Ed. (926, 927, 1826, 1829, 1831, 1832, 1834, 1835, 1836)
1999 Ed. (979, 1106, 1107, 1109, 1238, 1239)
1998 Ed. (557)
1997 Ed. (856, 862)
1995 Ed. (1701, 1709, 1711, 1713, 3189)
1994 Ed. (1654, 1662)
1993 Ed. (924, 1031, 1621, 1622, 1627, 1630, 1631)
1992 Ed. (1004, 1124, 1283, 1970, 1976, 1980, 1981, 3803)
1991 Ed. (1566, 1571, 1574, 1575)
1990 Ed. (2053)
Purdue University at West Lafayette
1999 Ed. (2035, 2038, 2041, 2043, 2045, 2046)
1998 Ed. (1459, 1462, 1465, 1466)
1997 Ed. (1764, 1766, 1769, 1773)
1996 Ed. (1683, 1687, 1691, 1693, 1695)
Purdue University, Krannert
1996 Ed. (843)
1995 Ed. (868)
1994 Ed. (812)
1993 Ed. (803)
Purdue University, Krannert School of Business
2007 Ed. (824, 826)
2006 Ed. (740)
Purdue University-West Lafayette
2007 Ed. (2447)
2005 Ed. (2440)
2004 Ed. (2405)
2002 Ed. (883, 884)
2001 Ed. (1064, 1065, 2247, 2248, 2251, 2253, 2255, 2257, 2258)
Purdue University-West Lafayette, Krannert School of Business
2008 Ed. (797, 798)
Purdum State Bank
2005 Ed. (3307)
Pure American
2003 Ed. (733, 736)
Pure Brand Communications
2007 Ed. (1684)
Pure Foods Corp.
2000 Ed. (1537, 1541)
1999 Ed. (1725)
1997 Ed. (1499)
1995 Ed. (1474, 1475, 1476)
1994 Ed. (38, 1440)
1993 Ed. (1386)
1992 Ed. (1683, 1684)
1989 Ed. (1152)
Pure Health Solutions Inc.
2006 Ed. (4349)
Pure Life
2007 Ed. (675)
Pure Resources Inc.
2004 Ed. (3828, 3829)
2003 Ed. (3828)
Pure Tech Plastics Inc.
2001 Ed. (3819)
Purefoods
1996 Ed. (1436)
Pureland Industrial Complex
2000 Ed. (2626)
1992 Ed. (2597)
Purell
2008 Ed. (4452)
2003 Ed. (647, 4464)
Purepac
1997 Ed. (2134)
Puretec
2001 Ed. (4778)
1999 Ed. (2625)
Puretek Breath Relief
2000 Ed. (811)
Purex
2008 Ed. (2329, 2330)
2007 Ed. (2196)
2006 Ed. (2256, 2257)
2005 Ed. (2196)
2004 Ed. (2092)
2003 Ed. (685, 2040, 2041, 2044, 2045)
2002 Ed. (1961)
2001 Ed. (1241, 2000, 2001)
2000 Ed. (1095)
1999 Ed. (1179, 1181, 1837)
1998 Ed. (745, 746)
1997 Ed. (1005)
1996 Ed. (982)
1995 Ed. (994)
1994 Ed. (980)
1993 Ed. (952)
1992 Ed. (1174)
1990 Ed. (1013)
Purex Laundry Soap, All-Temperature, 147-Oz.
1990 Ed. (2129)
Purified Water To Go
2007 Ed. (2613)
2006 Ed. (2637)
2005 Ed. (2640)
2004 Ed. (911)
2003 Ed. (892)
2002 Ed. (957)
Purina
2008 Ed. (3890)
1990 Ed. (100, 2814)
Purina Beggin' Strips
1994 Ed. (2824)
Purina Benji's Moist 'N Chunky
1994 Ed. (2823)
Purina Biscuits
1999 Ed. (3783)
1997 Ed. (3073)
1996 Ed. (2994)
1994 Ed. (2824, 2832)
1993 Ed. (2817)
1992 Ed. (3410)
Purina Bonz
1994 Ed. (2824)
Purina Cat Chow
2004 Ed. (3814)
1994 Ed. (2826)
1993 Ed. (2821)
Purina Cat Chow Mature
1995 Ed. (2905)
Purina Deli Cat
2004 Ed. (3814)
1994 Ed. (2826)
Purina Dog Chow
2004 Ed. (3815)
1994 Ed. (2822)
Purina Dog Chow Little Bites
2004 Ed. (3815)
Purina Fit & Trim
1994 Ed. (2822)
Purina Kibbles & Chunks
1994 Ed. (2822)
Purina Kit N Ka Boodle
2004 Ed. (3814)
Purina Kitten Chow
1993 Ed. (2821)
Purina Mills
2002 Ed. (3727)
2001 Ed. (3851)
1996 Ed. (2487)
Purina Moist & Meaty Butcher's Burger
1994 Ed. (2823)
Purina ONE
2008 Ed. (3890)
2004 Ed. (3814, 3815)
1994 Ed. (2822)
Purina 100
1989 Ed. (2198)
Purina O.N.E. Life
1995 Ed. (2904)
Purina Premium
1999 Ed. (3780)
1997 Ed. (3075)
1996 Ed. (2996)
1994 Ed. (2825, 2834)
1993 Ed. (2820)
1992 Ed. (3413)
Purina Puppy Chow
2004 Ed. (3815)
1994 Ed. (2822)
Purisima Pure Foreign
2006 Ed. (3675, 3676)
Purisima Total Return
2004 Ed. (3645)
2003 Ed. (2364, 3614)
2000 Ed. (3243, 3247)
1999 Ed. (3531)
Purisma Pure Foreign
2004 Ed. (3643)
Puritan Buick Pontiac GMC Truck Inc.
2006 Ed. (1867)
Puritan's Pride
2008 Ed. (2337)
2003 Ed. (4860)
Purity Wholesale Grocers Inc.
2006 Ed. (3990)
2005 Ed. (3917)
2002 Ed. (1075)
2000 Ed. (1104)
Purnam Asset AllocBal A
1999 Ed. (3570)

Purneftegaz
1997 Ed. (1502)
Purnell Old Folks
2002 Ed. (4098)
Purnell Sausage
1999 Ed. (4139)
Purofirst International Inc.
2004 Ed. (2165)
2002 Ed. (2885)
Purolator
2008 Ed. (4072)
Purolator Courier
2007 Ed. (4365)
2005 Ed. (3489, 3490)
1991 Ed. (3417)
PuroSystems Inc.
2008 Ed. (2389)
2006 Ed. (2321)
2003 Ed. (2264)
Purple
1996 Ed. (3031)
Purple brown
1992 Ed. (426)
Purple Everclear Passion
2004 Ed. (4945)
2002 Ed. (4908)
2001 Ed. (4835)
2000 Ed. (4390)
Purple Passion
1993 Ed. (3702)
1992 Ed. (4439, 4440)
Purple Rain, Prince
1990 Ed. (2862)
Purple Rhino Imports Inc.
2008 Ed. (1557)
2007 Ed. (1574)
Purpose
2001 Ed. (3165)
1994 Ed. (3353)
The Purpose-Driven Life
2007 Ed. (663)
2006 Ed. (637)
2005 Ed. (726)
The Purpose-Driven Life: What on Earth Am I Here For?
2005 Ed. (724)
Pursuit Canadian Bond
2002 Ed. (3456, 3457)
2001 Ed. (3482)
Pursuit Growth
2002 Ed. (3438)
The Pursuit of Happyness
2008 Ed. (615)
Purus
1997 Ed. (2975)
Purvis; Kimberly
1997 Ed. (1869)
PURVIS Systems Inc.
2008 Ed. (2060)
Pusan
1998 Ed. (2887)
1997 Ed. (3135)
Pusan Bank
2008 Ed. (505)
2006 Ed. (524)
2002 Ed. (601)
1996 Ed. (560)
Pusan, South Korea
2004 Ed. (3929)
Push Pops
1995 Ed. (893, 898)
1994 Ed. (853)
Pushing Hands
1998 Ed. (3676)
Puskar Gibbon Chapin
1989 Ed. (160)
Puskar Gibbon Chappin
1997 Ed. (77)
Puss 'n Boots
1996 Ed. (2996)
1992 Ed. (3413)
1990 Ed. (2814)
1989 Ed. (2198)
Puss 'N Boots Pounce
1994 Ed. (2824, 2827)
Putera Sampoerna
2006 Ed. (4916)
Putman Publishing Co.
1994 Ed. (3668)
1993 Ed. (3733)
1991 Ed. (3514)
Putnam
2008 Ed. (625, 3775)
2007 Ed. (666)
2006 Ed. (641)
2005 Ed. (729)
2004 Ed. (748)
2003 Ed. (726, 3517, 3621)
1999 Ed. (3523, 3524)
1996 Ed. (2425, 2426)
1995 Ed. (557, 2702)
1994 Ed. (2330)
1993 Ed. (2305, 2328, 2348, 2992)
1992 Ed. (2745)
Putnam & Grosset
1999 Ed. (3970)
Putnam Asia Pacific Growth A
1999 Ed. (3566)
1997 Ed. (2875)
Putnam Asset Alloc: Growth A
1999 Ed. (3570)
Putnam Berkley
1995 Ed. (3043)
Putnam Cap Appreciation
2000 Ed. (3246)
Putnam Capital Appreciation
1998 Ed. (2613)
Putnam Capital Appreciation A
1999 Ed. (3520, 3529)
Putnam Capital Manager
1999 Ed. (4699)
1998 Ed. (3655)
1997 Ed. (3817)
Putnam Capital Mgr./PCM High Yield
1992 Ed. (4373)
Putnam Convertible Income
1990 Ed. (2385)
Putnam Convertible Income Growth
1994 Ed. (2617)
Putnam Convertible Income Growth A
1999 Ed. (3563)
Putnam Corporate Asset
1995 Ed. (2732)
Putnam Cos.
1991 Ed. (2253)
1990 Ed. (2358)
1989 Ed. (1801, 2125, 2140)
The Putnam County Foundation
1994 Ed. (1907)
Putnam County National Bank
1991 Ed. (544)
1989 Ed. (557)
Putnam County, NY
1995 Ed. (337, 1513)
1994 Ed. (1479, 2168)
Putnam Defined Contribution Plans
1995 Ed. (2387)
Putnam Diversified
1995 Ed. (2692, 2694)
1994 Ed. (2607)
Putnam Diversified Inc./A
1996 Ed. (2765)
Putnam Diversified Equity A
1997 Ed. (2898)
Putnam Emerging Health Sciences
1993 Ed. (2657)
Putnam Emerging Information Science
1993 Ed. (2657)
Putnam Emerging Markets A
1998 Ed. (2630)
Putnam Energy Resources
1992 Ed. (3176)
1991 Ed. (2567)
Putnam Europe Growth
2004 Ed. (3648)
Putnam Europe Growth A
1999 Ed. (3512, 3566)
1998 Ed. (2612)
1997 Ed. (2875)
Putnam Fiduciary
1995 Ed. (367)
Putnam Fund for Growth & Income
2005 Ed. (3553)
2003 Ed. (3518)
Putnam Funds
2001 Ed. (3453)
1994 Ed. (2612)
Putnam; Gerald
2007 Ed. (3223)
Putnam Global Bond
1995 Ed. (2742)
Putnam Global Government Income
1992 Ed. (3153, 3163, 3180, 3185, 3186)
Putnam Global Growth
2000 Ed. (3232, 3276, 3277, 3291)
1994 Ed. (2605)
Putnam Global Growth/A
1999 Ed. (3565)
1994 Ed. (2646)
Putnam Global Natural Resources
2003 Ed. (3544)
Putnam Growth & Income
2002 Ed. (2159)
1995 Ed. (2690)
1992 Ed. (3160)
1990 Ed. (2392)
Putnam Hartford Capital Manager
2000 Ed. (4338)
Putnam Health Sciences
2001 Ed. (3569)
1992 Ed. (3148, 3158, 3176)
Putnam Health Sciences A
1995 Ed. (2722)
Putnam Health Sciences Trust
2006 Ed. (3635)
Putnam High Income Government Trust
1993 Ed. (716)
Putnam High Yield
1995 Ed. (2692, 2694, 2715, 2716)
1990 Ed. (2388)
Putnam High Yield Trust
1994 Ed. (2610)
1993 Ed. (2666)
1991 Ed. (2563)
Putnam High Yield Trust A
1995 Ed. (2688, 2700)
Putnam High Yield Trust II
1993 Ed. (2666)
Putnam Income
2000 Ed. (3267)
1998 Ed. (2616)
Putnam Income/A
1999 Ed. (3549)
1997 Ed. (2888)
Putnam Intermediate Government
1990 Ed. (3135)
Putnam Intermediate Govt. Incm. Tr.
1990 Ed. (1359)
Putnam International Equities
1991 Ed. (2558)
1989 Ed. (1850)
Putnam International Equity
2006 Ed. (3607, 3674)
Putnam International Growth
2004 Ed. (3642)
2000 Ed. (3276)
Putnam International Growth A
1999 Ed. (3517, 3568)
Putnam International Voyager
2004 Ed. (3640)
2000 Ed. (3237)
Putnam International Voyager A
2003 Ed. (3610)
Putnam Investment Inc.
2004 Ed. (1791)
2003 Ed. (1754)
Putnam Investments
2006 Ed. (3192)
2005 Ed. (3207)
2004 Ed. (2037, 2038, 2042, 2043, 2045, 2046, 3193, 3196, 3210)
2003 Ed. (1988, 3064, 3069, 3082, 3109, 3622)
2002 Ed. (3004, 3007, 3008, 3010, 3419, 3623, 3626, 3628, 3629, 4816)
2001 Ed. (3687, 3689)
2000 Ed. (2264, 2767, 2774, 2780, 2782, 2787, 2788, 2800, 2801, 2802, 2809, 2810, 2811, 2812, 2850, 2851, 2855, 3280)
1999 Ed. (3042, 3043, 3052, 3054, 3082, 3083, 3084, 3094, 3105, 3109)
1998 Ed. (2225, 2260, 2262, 2281, 2282, 2283, 2298, 2301, 2308, 2628, 2629, 2645, 2647)
1997 Ed. (565, 2894)
1996 Ed. (2347, 2374, 2394, 2402, 2424, 2786)
1995 Ed. (2354, 2358, 2362, 2370, 2384, 2385, 2386)
Putnam Investments LLC
2008 Ed. (3377)
2007 Ed. (2642, 3251)
Putnam Investor/A
1999 Ed. (3541)
Putnam Investors
2000 Ed. (3259, 3263)
Putnam, Lovell & Thornton
2001 Ed. (1518)
Putnam Managed Muni Income Trust
1991 Ed. (2940, 1275)
Putnam Master Income Trust
1989 Ed. (1113)
Putnam Master Trust
1989 Ed. (2369)
Putnam Memorial Health Corp.
2001 Ed. (1892)
Putnam Money Market
2000 Ed. (3282)
Putnam Municipal Income
1994 Ed. (2622)
Putnam New Century Growth
2004 Ed. (3597)
Putnam New Opportunities
1997 Ed. (2865)
1994 Ed. (2615)
1993 Ed. (2679)
Putnam New Opportunities A
1999 Ed. (3528, 3530, 3542)
1998 Ed. (2624)
1997 Ed. (2864, 2872)
1996 Ed. (2800)
Putnam New Opportunity
2002 Ed. (2160)
Putnam New Opportunity A
1995 Ed. (2705, 2726, 2734)
Putnam OTC & Emerging Growth
2003 Ed. (3513)
Putnam OTC Emerging Growth
2004 Ed. (3606)
1997 Ed. (2880)
1995 Ed. (2693, 2713, 2714)
Putnam OTC Emerging Growth A
1997 Ed. (2872)
1996 Ed. (2766, 2803)
1995 Ed. (2696, 2703, 2724)
Putnam Premier Income Trust
1990 Ed. (1359, 3135, 3186)
Putnam Publishing Co.
1997 Ed. (3224)
1992 Ed. (4483)
1989 Ed. (743)
Putnam Tax-Exempt Income
1992 Ed. (3156)
1991 Ed. (2564)
1990 Ed. (2389)
1989 Ed. (1855)
Putnam Tax-Free High Yield
1994 Ed. (2622)
1992 Ed. (3147)
Putnam Trust Co.
1996 Ed. (543)
1990 Ed. (647)
1989 Ed. (636)
Putnam U.S. Government Inc.
1996 Ed. (2769)
Putnam Vista
2006 Ed. (3645)
2004 Ed. (3560)
2002 Ed. (2155, 2156)
Putnam Voyager
2006 Ed. (3625)
1995 Ed. (2691, 2713)
1993 Ed. (2687)
1992 Ed. (3189)
1991 Ed. (2555)
Putnam Voyager/A
1999 Ed. (3544)
1998 Ed. (2640)
1997 Ed. (2864, 2865, 2880)
1996 Ed. (2766, 2798)
Putnam Voyager Fund
2006 Ed. (3607)
2004 Ed. (3579)
Putnam Voyager II A
1999 Ed. (3528)
Putra Surya Multidana
1999 Ed. (4167)
Putra Surya Multidana Tbk
2000 Ed. (2872)

Putt-Putt Golf & Games
2002 Ed. (3943)
Puttner & BSB; Dr.
1993 Ed. (82)
Puttner & Ted Bates; Dr.
1991 Ed. (75)
Puxue Oral Solution
2006 Ed. (36)
The Puyallup (WA) Fair
1994 Ed. (1725)
Puzzles
2005 Ed. (4728)
2001 Ed. (4605)
PV Imports Inc.
2004 Ed. (267)
PVA Inc.
2008 Ed. (4976)
PVA/BBDO
1992 Ed. (219)
PVC
2001 Ed. (2628)
1997 Ed. (3738)
PVF Capital Corp.
2003 Ed. (504, 505)
PW Eagle Inc.
2008 Ed. (2144, 2145, 2147, 3990)
2007 Ed. (2045, 3964, 4552)
2006 Ed. (3914)
2005 Ed. (3843)
PW Pipe
1993 Ed. (2866)
P+W Software
2007 Ed. (2362)
P.W. Stephens Contractors Inc.
1992 Ed. (3480)
PWA Corp.
1997 Ed. (3789)
1996 Ed. (3732, 3733)
1995 Ed. (3655)
1994 Ed. (3571)
1993 Ed. (3614)
1992 Ed. (1589, 1594, 4338)
1990 Ed. (3642)
PWA Futures
1996 Ed. (1056)
PWA Papierwerke
1999 Ed. (3694)
Pwa Papierwerke Waldhof-Aschaffenburg AG
2000 Ed. (3409)
1997 Ed. (2074, 2996)
1996 Ed. (2905)
PwCC Ltd.
2004 Ed. (1131)
PWR LLC
2002 Ed. (4290)
PXRE Group Ltd.
2006 Ed. (3153)
2003 Ed. (4573)
PXRE Reinsurance Co.
2005 Ed. (3145, 3146)
PXRE Reinsurance Group
1999 Ed. (2967)
PYA/Monarch Inc.
2005 Ed. (1960)
2004 Ed. (1857)
2001 Ed. (1848)
2000 Ed. (2242)
1993 Ed. (1887, 1888)
1992 Ed. (2206)
1991 Ed. (1757, 1758)
1990 Ed. (1837, 1839)
PYA/Monarch LLC
2007 Ed. (1978)
2006 Ed. (2012)
Pyle Inc.; A. Due
2007 Ed. (1523)
Pyott; D. E.
2005 Ed. (2501)
Pyott; David
2008 Ed. (937)
2007 Ed. (1011)
2006 Ed. (921)
2005 Ed. (969)
PYR Energy Corp.
2008 Ed. (1674)
2003 Ed. (1653)
Pyramid
1995 Ed. (2253)
Pyramid Advisors LLC
2008 Ed. (3065)
Pyramid Breweries Inc.
2005 Ed. (744, 745)
2004 Ed. (772, 773)
1999 Ed. (714, 719, 3402, 3403)
Pyramid Brewing Co.
2000 Ed. (722, 3128)
1998 Ed. (2488)
Pyramid Consulting Inc.
2008 Ed. (3722, 4415)
The Pyramid Cos.
1994 Ed. (3297)
1992 Ed. (3969)
Pyramid Credit Union
2005 Ed. (2073)
Pyramid Hefeweizen Ale
2007 Ed. (595)
2006 Ed. (555)
1998 Ed. (495, 3436)
Pyramid Masonry Contractors Inc.
2008 Ed. (1260)
2007 Ed. (1363)
2005 Ed. (1316)
2004 Ed. (1309)
2003 Ed. (1306)
2002 Ed. (1293)
2001 Ed. (1477)
2000 Ed. (1263)
1999 Ed. (1371)
1998 Ed. (950)
1997 Ed. (1166)
1996 Ed. (1147)
1995 Ed. (1162)
1994 Ed. (1144)
Pyramid Precision Machine Inc.
1999 Ed. (4810)
Pyramid Stratified Aggregate Restoration
2001 Ed. (1988)
Pyramid Technology
1993 Ed. (1054)
1991 Ed. (1018, 1022)
Pyramis DDB
2003 Ed. (63)
2002 Ed. (96)
2001 Ed. (125)
2000 Ed. (83)
1999 Ed. (77)
Pyrat
2003 Ed. (4212)
2002 Ed. (4076, 4078)
Pyrethroid
1994 Ed. (2209)
Pyrex
2007 Ed. (1425)
2005 Ed. (1401, 2967)
2003 Ed. (1374)
2000 Ed. (4172)
1999 Ed. (780, 2598, 2599, 2701)
1998 Ed. (3458, 3459)
1996 Ed. (2026, 3625)
1995 Ed. (2001)
1994 Ed. (2147)
Pyro Mining Co., Pyro No. 9 mine
1990 Ed. (1072)
Pyxis
1996 Ed. (1277, 2061, 2062, 3451)
1995 Ed. (1307)
1994 Ed. (1289)
PZ Cussons
2008 Ed. (65)
2007 Ed. (3822)
2006 Ed. (3809)
Pzena Investment Mgmt.
2000 Ed. (2815, 2818)
Pzena Value Service
2003 Ed. (3124, 3127)
PZU
2001 Ed. (2926)

Q

Q
2000 Ed. (3500)
Q & D Construction Inc.
2008 Ed. (1315)
2007 Ed. (1380, 1391)
2006 Ed. (1327, 1346)
Q & G Publicidad (McCann)
1997 Ed. (66)
Q & O Paper
1990 Ed. (1845)
Q. B. Quimico
2001 Ed. (2509)
Q-Cells
2007 Ed. (2742)
2006 Ed. (4416)
Q-Cells AG
2008 Ed. (1771, 2429, 2504, 2814, 2951, 2952, 3679)
2007 Ed. (1695, 1744)
Q Consulting Services LLC
2007 Ed. (3582)
Q. E. P. Co., Inc.
2005 Ed. (2782, 2783)
2004 Ed. (2790)
Q-8/Pace
1992 Ed. (3445)
Q-go
2002 Ed. (2518)
Q-Tel
2008 Ed. (76)
2007 Ed. (71)
2006 Ed. (80)
2005 Ed. (71)
2004 Ed. (76)
Q-Test
1996 Ed. (2897)
1993 Ed. (2758)
1992 Ed. (3320)
1991 Ed. (1929)
Q-Tip
1996 Ed. (3683)
1993 Ed. (3561)
Q-Tips
2003 Ed. (1872)
2001 Ed. (1937)
1990 Ed. (300, 1542)
Q-tips 300
1991 Ed. (1451)
QA Systems Inc.
2001 Ed. (2702)
QAD Inc.
2000 Ed. (1178, 1749, 3877)
QAF
1997 Ed. (3520)
1996 Ed. (3439)
1994 Ed. (3311)
1993 Ed. (3323)
Qantas
2008 Ed. (689)
2006 Ed. (651)
2004 Ed. (1655)
2000 Ed. (251)
1999 Ed. (233, 239, 1582, 1584)
1995 Ed. (184, 186, 189, 190, 1353)
1994 Ed. (179)
1993 Ed. (174)
Qantas Airways Ltd.
2008 Ed. (215, 223, 224)
2007 Ed. (235, 244, 245)
2006 Ed. (231, 232, 242, 243)
2005 Ed. (217, 226, 227, 230)
2004 Ed. (218, 219)
2003 Ed. (253)
2002 Ed. (4674)
2001 Ed. (301, 304, 305, 1632)
2000 Ed. (231, 255, 1388)
1997 Ed. (1360)
1996 Ed. (3412)
1990 Ed. (234)
1989 Ed. (241)
Qantas Staff Credit Union Ltd.
2002 Ed. (1849)
QAS
2002 Ed. (3260)
Qatar
2008 Ed. (2206, 2401)
2007 Ed. (2096, 2265)
2006 Ed. (2152, 2329, 2334, 4591)
2005 Ed. (2058)
2004 Ed. (1923)
2002 Ed. (329, 1821)
2001 Ed. (1952, 2586)
2000 Ed. (1615)
1999 Ed. (1786)
1998 Ed. (2363)
1997 Ed. (1547, 3924)
1996 Ed. (1482, 3025)
1995 Ed. (1523)
1994 Ed. (1491)
1993 Ed. (1921)
1992 Ed. (350, 1740)
1991 Ed. (1385, 1791)
1990 Ed. (1447, 1878)
Qatar Air
2006 Ed. (230)
Qatar Airways
2008 Ed. (76)
2007 Ed. (71)
2006 Ed. (80)
Qatar Call
2008 Ed. (76)
Qatar General Petroleum Corp.
2005 Ed. (3799)
2004 Ed. (3871)
2003 Ed. (3844)
Qatar; Government of
2008 Ed. (76)
Qatar International Islamic Bank
2007 Ed. (544, 544)
2006 Ed. (516)
Qatar Islamic Bank
2008 Ed. (495)
2007 Ed. (544)
2006 Ed. (516)
2004 Ed. (610)
2000 Ed. (452, 651)
1999 Ed. (461, 626)
1997 Ed. (404)
1996 Ed. (439)
1995 Ed. (412)
1994 Ed. (419)
1992 Ed. (593)
1991 Ed. (568)
1990 Ed. (613)
Qatar National Bank
2008 Ed. (76, 495)
2007 Ed. (71, 544)
2006 Ed. (516)
2005 Ed. (457, 582, 600)
2004 Ed. (446, 610)
2003 Ed. (459, 530, 602)
2002 Ed. (513, 633, 638)
2001 Ed. (599)
2000 Ed. (452, 651)
1999 Ed. (461, 626)
1997 Ed. (404)
1996 Ed. (439)
1995 Ed. (412)
1994 Ed. (419)
1992 Ed. (593, 825)
1991 Ed. (425, 437, 653)
1990 Ed. (474, 488)
1989 Ed. (465)
Qatar National Bank S.A.O.
1989 Ed. (659)
Qatar Petroleum Corp.
2008 Ed. (3929, 3939)
2007 Ed. (3880, 3896)
2006 Ed. (3854)
2005 Ed. (3788)
2004 Ed. (3861)
Qatar Securities Co.
2007 Ed. (71)
Qatar Summer Wonders
2006 Ed. (80)
QBE
2004 Ed. (3080)
QBE Insurance
2004 Ed. (3081)
2001 Ed. (2960)
QBE Insurance Group Ltd.
2008 Ed. (1566)
2007 Ed. (1586)
2002 Ed. (2871)
QBO-The Quentin Bell Organisation
1999 Ed. (3941)
Qbranch AB
2008 Ed. (2092)
2007 Ed. (1999)
2006 Ed. (2029)
QC Printing
1997 Ed. (3166)
QCBC
1994 Ed. (3195)
QCI Asset
2000 Ed. (2794)
Qdoba
2008 Ed. (2662, 2663, 2667, 2686)
2006 Ed. (4112)
Qdoba Mexican Grill
2008 Ed. (2680, 2682)
2007 Ed. (2541, 4139)
2006 Ed. (2570)
2005 Ed. (2565)

Qdoba Restaurant Corp.
2008 Ed. (882)
2007 Ed. (907)
QEMM
1997 Ed. (1099)
1996 Ed. (1081)
1995 Ed. (1103)
QEMM Update
1996 Ed. (1081)
Qfactor
2002 Ed. (146)
QFB Partners
1991 Ed. (1185)
QGPC
1998 Ed. (1802)
QGX Ltd.
2006 Ed. (4492)
Qiagen NV
2003 Ed. (683, 1499)
2001 Ed. (4380)
Qianjian Brewery
1995 Ed. (708)
QIC Investment Trust
2003 Ed. (1616)
2002 Ed. (1593, 2269)
2001 Ed. (1630)
Qihua; Xie
2008 Ed. (4949)
2007 Ed. (4982)
2006 Ed. (4975, 4985)
Qimonda
2008 Ed. (4310)
Qinetiq
2007 Ed. (188)
QinetiQ Group plc
2008 Ed. (1453)
Qingdao
2001 Ed. (3854, 3855)
Qingdao Soda
2000 Ed. (4076)
Qinhuangdao
2001 Ed. (3854)
Qintex Entertainment Inc.
1992 Ed. (1986)
QIT-FER et Titane
1996 Ed. (2650)
Q.I.V. Systems Inc.
1997 Ed. (2215)
QLM Associates
1992 Ed. (3760)
1989 Ed. (2351)
QLM Associates (FKB)
1990 Ed. (3085)
QLM Marketing Inc.
2000 Ed. (149)
1999 Ed. (131)
1998 Ed. (1287)
QLogic Corp.
2007 Ed. (4563)
2006 Ed. (4080)
2005 Ed. (1159, 2330)
2004 Ed. (1136)
2003 Ed. (2197)
2002 Ed. (1548, 4288, 4357, 4363)
2001 Ed. (1651, 4380)
2000 Ed. (2400, 4044)
QLT Inc.
2008 Ed. (3951)
2007 Ed. (3915)
2006 Ed. (1576, 1615)
2005 Ed. (1670, 1717)
QLT PhotoTherapeutics Inc.
2001 Ed. (2863)
QMC 3 Inc.
1998 Ed. (3650)
QMF Metal & Electronic Solutions Inc.
2008 Ed. (4976)
QMP D'Arcy
2003 Ed. (89)
2002 Ed. (122)
QMS, Inc.
2001 Ed. (1358)
1993 Ed. (1052)
1992 Ed. (1315)
1991 Ed. (1024, 1029)
1990 Ed. (1118)
1989 Ed. (970, 971)
QMS/Imagen
1992 Ed. (1325)
QNI
2002 Ed. (3306)
Q9 Networks Inc.
2008 Ed. (2941)
2003 Ed. (4849)
QNX Software Systems
2008 Ed. (1148)
2005 Ed. (1148)
Qpass Inc.
2007 Ed. (3062)
QPL International
1995 Ed. (2129)
1992 Ed. (2441)
Qpoint Home Mortgage Loans
2001 Ed. (3353)
QSA Canadian Equity
2003 Ed. (3567, 3568, 3569)
QSS Group Inc.
2007 Ed. (1409)
2006 Ed. (1359)
2005 Ed. (1350, 1365, 1382, 2159)
2004 Ed. (1349, 3945)
2003 Ed. (1347, 1348, 2720)
2002 Ed. (2513)
QST Inc.
2007 Ed. (196, 3563)
1998 Ed. (1475)
QST Environmental Inc.
2000 Ed. (1843)
1999 Ed. (2057)
QSuper
2002 Ed. (2871)
Q10 Capital LLC
2008 Ed. (4121)
Qtera Corp.
2002 Ed. (1384, 1385, 1418)
Q3 Industries Inc.
2007 Ed. (192)
2006 Ed. (186)
Quad Cities
1990 Ed. (2721)
Quad/Graphics Inc.
2008 Ed. (4026, 4028, 4035)
2007 Ed. (4008, 4009)
2006 Ed. (3434, 3968, 3969)
2005 Ed. (3423, 3898, 3899)
2004 Ed. (3410, 3942)
2003 Ed. (3345, 3933, 3934, 3935)
2001 Ed. (3901, 3902)
2000 Ed. (3613)
1999 Ed. (1045, 3889, 3891)
1998 Ed. (2920, 2923)
1997 Ed. (3167, 3170)
1996 Ed. (3087, 3089)
1995 Ed. (2988)
1993 Ed. (2918)
1992 Ed. (3536)
1990 Ed. (2212)
QUAD Level Trend
1992 Ed. (3551)
QuadGraphics
1992 Ed. (3530)
QuadGraphics/Pewaukee
1992 Ed. (3531)
Quadra Chemicals Ltd.
2008 Ed. (2058)
Quadra Mining
2007 Ed. (1624)
QuadraMed Corp.
2006 Ed. (3042)
1998 Ed. (3177)
The Quadrangle
1991 Ed. (2898)
Quadrangle Group
2008 Ed. (4079)
2006 Ed. (3276)
2004 Ed. (1411, 1414)
Quadrangle Group LLC
2006 Ed. (1421)
Quadrant
2002 Ed. (1211)
Quadrant Amroq Beverages
2008 Ed. (77)
Quadrant Homes
2005 Ed. (1243)
2004 Ed. (1219)
2003 Ed. (1212)
Quadrant International
2000 Ed. (1742)
Quadrax
1989 Ed. (2367)
Quadrex Securities (Holdings) Ltd.
1995 Ed. (3327)
1994 Ed. (3248)
1993 Ed. (3254)
1991 Ed. (3111)
Quadriga Superfund LP
2005 Ed. (1085)
Quadrix Solutions
2003 Ed. (2723)
Quadrus LLIM Income Plus
2004 Ed. (3610)
Quaestor Research & Marketing Strategists
2002 Ed. (3256)
Quail Construction Inc.
1998 Ed. (916)
Quail Lodge Resort
2007 Ed. (4118)
Quain; Mitchell
1996 Ed. (1809)
1995 Ed. (1831)
1994 Ed. (1793)
1993 Ed. (1810)
Quaker
2003 Ed. (874)
1996 Ed. (890, 3682)
1995 Ed. (913)
1994 Ed. (880, 881)
1993 Ed. (861)
1992 Ed. (3344, 3405)
Quaker Aggressive Growth
2006 Ed. (3616)
2004 Ed. (2447, 3534, 3537)
2003 Ed. (3490, 3508)
2001 Ed. (3425)
2000 Ed. (3245)
Quaker Bridge Mall
1989 Ed. (2492)
Quaker Chemical
1989 Ed. (899)
Quaker Chewy
2008 Ed. (4444)
2000 Ed. (2383)
Quaker City Bancorp
2002 Ed. (485)
Quaker City Bank
2004 Ed. (4246)
Quaker Core Equity
2000 Ed. (3271)
Quaker Fabric Corp.
2006 Ed. (3391)
2005 Ed. (3394)
1995 Ed. (3607)
Quaker Fabrics
1995 Ed. (1954)
The Quaker Group
2003 Ed. (1191)
2002 Ed. (1204)
2000 Ed. (1228, 1229, 4244)
Quaker Mid-Cap Value
2006 Ed. (3654)
Quaker Oatmeal
1992 Ed. (4232)
1991 Ed. (3322)
1990 Ed. (3540)
Quaker Oats Co.
2008 Ed. (869)
2006 Ed. (805)
2005 Ed. (1498, 1513)
2004 Ed. (1482)
2003 Ed. (371, 865, 875, 1422, 1452, 1513, 2501, 2636, 3325, 4459, 4472, 4521)
2002 Ed. (1432, 1566, 2297, 2302, 3249, 3535, 4352, 4589)
2001 Ed. (699, 1148, 1602, 1743, 2462, 2473)
2000 Ed. (728, 956, 1002, 1336)
1999 Ed. (708, 714, 716, 720, 721, 724, 1482, 1486, 1556, 1557, 2116, 2459, 2460, 3637)
1998 Ed. (456, 457, 458, 459, 461, 660, 662, 1718, 1720, 1721)
1997 Ed. (162, 664, 665, 666, 919, 1261, 1272, 1290, 1453, 2028, 2030)
1996 Ed. (1244, 1931, 1933, 1974, 2831, 2912)
1995 Ed. (1415, 1885, 1890, 1904)
1994 Ed. (690, 882, 1386, 1864, 1920, 2828)
1993 Ed. (679, 688, 1331, 1875, 1877, 1904)
1992 Ed. (1073, 2189, 2191, 2236, 3221)
1991 Ed. (1735, 1736, 1745, 3303, 3305)
1990 Ed. (1812, 1816, 1820, 1822, 1827, 2824, 2825, 3533)
1989 Ed. (1447, 1448)
Quaker Oats Beverages
1998 Ed. (453)
Quaker Oats (Golden Grain)
1991 Ed. (2679)
Quaker Oats of Canada
1992 Ed. (2194)
Quaker Oats Scandinavia
2001 Ed. (1680)
Quaker Oats So Simple
2008 Ed. (718)
Quaker Oats/Stokely-Van Camp
1991 Ed. (1145)
Quaker Snack-a-Jacks
2008 Ed. (712)
Quaker State
2001 Ed. (2588, 3392)
2000 Ed. (355, 3015)
1999 Ed. (347, 348, 3277)
1998 Ed. (239, 242)
1997 Ed. (317, 318)
1996 Ed. (340, 341)
1995 Ed. (326)
1994 Ed. (329, 330)
1993 Ed. (342, 343)
1992 Ed. (469, 470)
1991 Ed. (338)
1990 Ed. (388)
1989 Ed. (338, 339)
Quaker State Motor Oil
1990 Ed. (3037)
1989 Ed. (2326)
Quaker State Oil
1989 Ed. (2209)
Quaker State 10W-40 Motor Oil
1989 Ed. (2324)
Quaker Toasted Oatmeal
1995 Ed. (2761)
Quakerbridge Mall
1990 Ed. (3291)
Qual Med
1995 Ed. (2069)
1994 Ed. (2019)
Quala
2007 Ed. (28)
2006 Ed. (37)
QualChoice Health Plan
2000 Ed. (2716)
QUALCOMM Inc.
2008 Ed. (1097, 1098, 1156, 1158, 1404, 1468, 1503, 1514, 1525, 1533, 2013, 2015, 2019, 2485, 3167, 3171, 3782, 4523, 4605, 4636)
2007 Ed. (1189, 1190, 1191, 1257, 1474, 1521, 1530, 1541, 1551, 2799, 3691, 4517, 4531, 4560, 4704, 4969)
2006 Ed. (1083, 1084, 1085, 1086, 1087, 1151, 1491, 1498, 1513, 1523, 2421, 3019, 3108, 3688, 3696, 4290, 4458, 4603, 4685, 4687)
2005 Ed. (1091, 1092, 1093, 1094, 1095, 1159, 1614, 1631, 1634, 3034, 3593, 3698, 4460, 4503, 4620)
2004 Ed. (1082, 1083, 1085, 1136, 1607, 1609, 3020, 3678, 3779, 4567, 4568, 4569, 4662)
2003 Ed. (1069, 1549, 1644, 2192, 2195, 3631, 3754, 4540)
2002 Ed. (1122, 1524, 1562, 1626, 1770, 2078, 2098, 3484, 3485, 4357, 4362, 4563)
2001 Ed. (1600, 1651, 2192, 2195, 2197, 3331, 4209, 4916)
2000 Ed. (998, 1735, 1747, 2394, 2395)
1999 Ed. (1961, 1971, 2615, 2666, 4544)
1998 Ed. (1878, 1890, 1925)
1994 Ed. (1609)
1993 Ed. (2033)
Qualis Health
2008 Ed. (3269)
Qualitat
2003 Ed. (68)

2002 Ed. (103)
2001 Ed. (131)
Qualitat (Lintas)
1997 Ed. (82)
Qualitat SA
1999 Ed. (83)
Qualitat SA (Ammirati)
2000 Ed. (89)
The Qualitative Consultancy
2002 Ed. (3257)
Qualitest
1997 Ed. (2134)
Quality
1993 Ed. (1595)
Quality Associates Inc.
2008 Ed. (3726, 4421, 4977)
Quality Biotech Inc.
1996 Ed. (742)
Quality Cable TV
1997 Ed. (872)
Quality Capital Management
2008 Ed. (1095)
Quality Carriers
2005 Ed. (4592)
2004 Ed. (4775)
2003 Ed. (4790)
2002 Ed. (4547)
Quality Chekd Dairies Inc.
2008 Ed. (822)
Quality Chekd Dry Products
2003 Ed. (823)
Quality Custom Cabinetry Inc.
2008 Ed. (2033)
Quality Dining Inc.
2008 Ed. (1806)
2007 Ed. (1775)
1997 Ed. (3330, 3522, 3650)
Quality Dino Enter.
1999 Ed. (3675)
Quality Distribution
2008 Ed. (4588)
2007 Ed. (4677, 4849)
2006 Ed. (4657)
2005 Ed. (4591)
2001 Ed. (4441, 4645)
Quality Drive Away Inc.
2008 Ed. (4770)
2007 Ed. (4845)
Quality Farm & Country
2003 Ed. (2790)
Quality Food Centers
1999 Ed. (4515)
1998 Ed. (3443)
1997 Ed. (3667)
1996 Ed. (3613)
1995 Ed. (3527)
Quality Foods Cooperative
1998 Ed. (977)
Quality Ford of Mt. Vernon
2007 Ed. (2833)
Quality Healthcare
1999 Ed. (2723)
1998 Ed. (1984)
1997 Ed. (2255)
Quality improvement teams
1993 Ed. (2948)
Quality Industrial Safety
2008 Ed. (2056, 3730)
2007 Ed. (3596)
2006 Ed. (3537)
Quality Inn
1996 Ed. (2173)
1990 Ed. (2076)
Quality Inn-Airport
1991 Ed. (217)
Quality Inn Brandywine Hotel & Resort
1990 Ed. (2099)
Quality Inn East
1992 Ed. (2484)
Quality Inn Sports Complex
1990 Ed. (2066)
Quality Inns
1999 Ed. (2779)
1992 Ed. (2475, 2493, 2498, 2503, 2506, 2507, 2508)
1991 Ed. (1955)
Quality Inns International
1990 Ed. (2087, 2095)
Quality Inns/Suites
1998 Ed. (2025)
Quality International
1992 Ed. (2502)
1991 Ed. (1953)
1990 Ed. (2067, 2068, 2069)
Quality King Distributors
2000 Ed. (1105)
Quality of air
1993 Ed. (3737, 3738)
Quality Packaging Specialists Inc.
2008 Ed. (3722, 4415)
2007 Ed. (3580, 4435)
2006 Ed. (3528)
Quality Park
2006 Ed. (3966, 3967)
Quality Products Inc.
2004 Ed. (4548)
Quality-related training
1993 Ed. (2948)
Quality Roofing Co. Inc.
1993 Ed. (1130)
1992 Ed. (1417)
1990 Ed. (2593)
Quality Service Tank Lines
2006 Ed. (4809)
Quality Stores Inc.
2003 Ed. (2788, 2789)
Quality Street
2008 Ed. (714)
2001 Ed. (1121)
1999 Ed. (785, 1026)
1996 Ed. (873)
1994 Ed. (856)
1992 Ed. (1045)
Quality Suites
1992 Ed. (2477, 2496)
1991 Ed. (1944, 1952)
1990 Ed. (2078)
Quality Support Services Inc.
2008 Ed. (3720)
2007 Ed. (4433)
Quality Systems Inc.
2008 Ed. (4364, 4370)
2007 Ed. (2718, 3461)
2005 Ed. (4610)
1997 Ed. (2974)
Quality Value Convenience Network (QVC)
1989 Ed. (848)
qualityclick.com
2001 Ed. (2978)
QualityMetric Inc.
2008 Ed. (2060)
Qualivest Small Co. Value A
1998 Ed. (400)
Qualivest Small Co. Value C
1998 Ed. (401)
Qualivest Small Co. Value Y
1998 Ed. (400, 401)
Qualix Group
1999 Ed. (4165)
Quallaby Corp.
2001 Ed. (2856)
Qualmark Corp.
2003 Ed. (1652)
QualMed
1995 Ed. (2083)
QualMed Plans for Health
2000 Ed. (2440)
1999 Ed. (2657)
QualServ Corp.
2008 Ed. (2729)
2007 Ed. (2595)
2006 Ed. (2619)
2005 Ed. (2623)
Qualstar Credit Union
2006 Ed. (2154)
QualSure Insurance Corp.
2004 Ed. (3093)
Qualys Inc.
2005 Ed. (4613)
QuaMed Inc.
1996 Ed. (2084)
The Quandel Group
2008 Ed. (2003)
Quandra Mining Ltd.
2008 Ed. (1621)
Quandt; Johanna
2008 Ed. (4864, 4867)
2007 Ed. (4911)
2005 Ed. (4878, 4882)
1992 Ed. (888)
Quandt; Stefan
2008 Ed. (4867)
Quanex Corp.
2008 Ed. (3141, 3666)
2007 Ed. (3022, 3485)
2006 Ed. (3463, 3472)
2005 Ed. (3452, 4476, 4477)
2004 Ed. (3437, 4534, 4535)
2003 Ed. (3368, 3371)
2000 Ed. (3097)
1995 Ed. (3510)
1994 Ed. (3433)
1993 Ed. (3451)
1992 Ed. (4136)
1991 Ed. (3218)
Quango Design & Marketing
2008 Ed. (2022, 2026)
Quant Foreign Value
2007 Ed. (2483)
Quant Foreign Value Ord
2003 Ed. (3146)
Quant Foreign Value Ordinary
2006 Ed. (3675, 3676, 3677)
2004 Ed. (3641)
Quant Growth & Income Ord.
2001 Ed. (3437)
Quant Small Cap
2004 Ed. (3580)
Quanta Computer Inc.
2008 Ed. (1117, 2099, 2100, 3584)
2006 Ed. (1236, 3404)
2005 Ed. (3033, 3038)
2003 Ed. (2201, 2947, 2950)
2002 Ed. (4543)
2001 Ed. (1618, 1865)
2000 Ed. (2644)
1994 Ed. (1459)
Quanta Life Elisa
1997 Ed. (2744)
Quanta Services Inc.
2008 Ed. (1178, 1250, 1251, 1257, 1265, 1267)
2007 Ed. (1277, 1353, 1354, 1360, 1369, 1371, 2399)
2006 Ed. (1165, 1167, 1262, 1263, 1281, 1293, 1296)
2005 Ed. (1169, 1171, 1292, 1293, 1321, 1323, 2282, 2417)
2004 Ed. (1148, 1242, 1243, 1304, 1315, 2180, 2181, 2325)
2003 Ed. (1240, 1315, 1318, 1512, 2289, 4689)
2002 Ed. (1298, 1300, 1400)
2001 Ed. (1469, 1474, 1483)
2000 Ed. (1260, 1270)
Quantas
1992 Ed. (292)
Quantas Airways
1996 Ed. (176, 189, 1293)
1991 Ed. (191)
Quantech Services
2006 Ed. (1210)
Quantel, Inc.
2002 Ed. (4594)
Quanterra Inc.
2001 Ed. (2294)
Quantilogic Asset
1996 Ed. (2380)
QuantiLogic Asset Mgmt.
1990 Ed. (2342)
Quantitative Financial Strategies
1999 Ed. (1251, 3079)
1998 Ed. (2279)
Quantitative Foreign Value Ordinary
2008 Ed. (2613)
Quantitative Growth & Income Ord
1999 Ed. (3556)
Quantitative International Equity Ord.
1996 Ed. (2790)
Quantum Corp.
2005 Ed. (1678, 1679, 4508)
2004 Ed. (1120)
2003 Ed. (1102, 1103, 1104, 1645)
2002 Ed. (1143, 1144, 1145)
2001 Ed. (1343)
1999 Ed. (1268, 1269, 1276, 2880)
1998 Ed. (822)
1997 Ed. (1287)
1996 Ed. (1066)
1995 Ed. (1091, 2260)
1994 Ed. (1079, 1083, 1267, 1548, 1615)
1993 Ed. (828, 1049, 1052, 1075, 1222, 1575, 1576, 1577, 2657, 3003)
1992 Ed. (1314, 1832, 1833, 3672, 4216)
1991 Ed. (1020, 1024, 1029, 1442, 2840, 3293)
1990 Ed. (1118, 1127, 3330, 3334, 3341)
1989 Ed. (970, 971, 1325)
Quantum Chemical Corp.
1995 Ed. (1220)
1994 Ed. (917)
1993 Ed. (2869)
1992 Ed. (1106, 1109, 1112, 1115, 4072)
1991 Ed. (900, 903, 908, 913, 1274)
1990 Ed. (930, 933, 934, 942, 957, 2835, 3445)
1989 Ed. (884, 885, 886)
Quantum Clothing Group Ltd.
2004 Ed. (4716)
Quantum Computer Services; Quantumlink PC-Link,
1991 Ed. (3450)
Quantum Digital & Storage Systems
2003 Ed. (1090)
Quantum Dot
2003 Ed. (4683)
Quantum Emerging
1994 Ed. (2598)
Quantum Emerging Growth
1996 Ed. (2098)
Quantum Foods, Inc.
2002 Ed. (3276)
1999 Ed. (3322, 3866)
Quantum Foods LLC
2008 Ed. (3615, 3616)
Quantum Foundation Inc.
2000 Ed. (2262)
1999 Ed. (2502)
1998 Ed. (1756)
Quantum Fund
1996 Ed. (2098)
1994 Ed. (2598)
Quantum Fund N.V.
1993 Ed. (2684)
Quantum Health Research
1997 Ed. (2977)
Quantum Health Resources
1997 Ed. (2242)
1995 Ed. (2124)
1994 Ed. (2010, 2075, 3318)
1993 Ed. (2002, 3332)
Quantum Property Trust
2006 Ed. (4482)
Quantum Research International Inc.
2008 Ed. (1365)
Quantum Spirit Products Inc.
2008 Ed. (3718, 4409, 4969)
Quantum Technology Services Inc.
2001 Ed. (1357)
2000 Ed. (1165, 1169, 1741, 2462)
Quantum 2000 System
1994 Ed. (2467)
Quantumlink PC-Link, Quantum Computer Services
1991 Ed. (3450)
QuantumShift
2003 Ed. (1074)
Quark Inc.
2002 Ed. (1152)
Quark Xpress
1997 Ed. (1096)
Quarles & Brady
2004 Ed. (3231)
2001 Ed. (562, 845, 953)
2000 Ed. (3196)
Quarles & Brady LLP
2007 Ed. (1512)
Quarterdeck
1999 Ed. (1287)
1997 Ed. (2208, 2974, 3646)
Quarterdeck Office Systems
1994 Ed. (2706)
Quartet PLC
1994 Ed. (998)
Quasar
1993 Ed. (2569)
1992 Ed. (1285)
Quasar Associates
1990 Ed. (2369, 2390)

Quasar International
1996 Ed. (2098)
1994 Ed. (2598)
Quatalite ACA
1999 Ed. (3336)
Quatela Group Inc.
2008 Ed. (742, 743, 861, 862, 4788)
Quateman & Zidell
1999 Ed. (3484)
Quaternary Resource Investigations LLC
2008 Ed. (3712, 4964)
2007 Ed. (3561)
Quattro Pro
1995 Ed. (1103)
Quattro Pro for Windows
1995 Ed. (1104)
Quavers
2000 Ed. (721)
2002 Ed. (4301)
1999 Ed. (4347)
1996 Ed. (3468)
1994 Ed. (3349)
1992 Ed. (4006)
Quay West Communications
2002 Ed. (3868)
QuayOne
2002 Ed. (2519)
QUB
1994 Ed. (3195)
Qudos
2002 Ed. (1955)
Quebec
2007 Ed. (3783, 4688)
2006 Ed. (1750, 3238, 3786, 4668)
2001 Ed. (4110)
Quebec & Ontario
1992 Ed. (3247)
Quebec & Ontario Paper Co.
1994 Ed. (2729)
1990 Ed. (2714)
Quebec, Canada
1998 Ed. (725)
Quebec City
2000 Ed. (2549)
Quebec City, PQ
2001 Ed. (4109)
Quebec City, Quebec
2008 Ed. (3487, 3489, 3490)
2006 Ed. (3317)
2005 Ed. (3476)
Quebec Government
1992 Ed. (74)
Quebec; Government of
1993 Ed. (48)
Quebec Professionals Canadian Equity
2002 Ed. (3440, 3441, 3442)
Quebec, Quebec
1993 Ed. (2556)
Quebec-Telephone
1992 Ed. (4211)
1990 Ed. (3519)
Quebecor Inc.
2006 Ed. (1599, 1610, 3375)
2005 Ed. (1568, 1708, 2832, 2833)
2004 Ed. (1663)
2003 Ed. (1078, 1641, 2933)
2002 Ed. (2502, 2506, 3269)
2000 Ed. (287, 291)
1999 Ed. (3311, 3889)
1998 Ed. (157, 159, 163, 2920, 2923)
1997 Ed. (235, 2724)
1996 Ed. (1316, 2579, 3144)
1995 Ed. (2512)
1994 Ed. (2983)
1993 Ed. (2506, 2918, 2919, 2920)
1992 Ed. (1295, 3536, 3537, 3538, 3540, 3591)
1991 Ed. (2766)
1990 Ed. (1107, 2903, 2904)
1989 Ed. (965)
Quebecor Media
2008 Ed. (729)
2007 Ed. (750)
Quebecor Inc.-Montreal
1999 Ed. (1045)
Quebecor Printing Inc.
2001 Ed. (3901, 3902, 3956)
2000 Ed. (1397, 3613, 3615)
1999 Ed. (1736, 3891, 3898)
1997 Ed. (3167, 3170)
1996 Ed. (1316, 3087, 3089, 3144)
1995 Ed. (2986, 2988)
1994 Ed. (2932, 2983)
1991 Ed. (2767)
Quebecor Printing Holding Co.
2007 Ed. (4049, 4050)
2006 Ed. (4019, 4020)
2005 Ed. (3979, 3980)
2004 Ed. (4040, 4041)
Quebecor World Inc.
2008 Ed. (4026, 4028, 4035, 4085, 4088)
2007 Ed. (4008, 4009, 4049, 4050, 4055)
2006 Ed. (3968, 3969)
2005 Ed. (1725, 3898, 3899, 4508)
2004 Ed. (3942)
2003 Ed. (3934, 3935)
Quebecor World (USA) Inc.
2006 Ed. (4019, 4020)
2005 Ed. (3979, 3980)
2004 Ed. (4040, 4041)
2003 Ed. (4022)
2001 Ed. (3886)
Queen Anne, Denver, CO
1992 Ed. (877)
Queen Beatrix
1989 Ed. (732)
Queen Beatrix Wilhelmina Armgard
2007 Ed. (2703)
2005 Ed. (4880)
2004 Ed. (4878)
Queen Carpet
1992 Ed. (1063)
Queen City Bank
1995 Ed. (3394)
1994 Ed. (3332)
Queen City Metro
1991 Ed. (1885)
Queen Courier
2002 Ed. (3500)
Queen Elizabeth II
2007 Ed. (2703)
2005 Ed. (4880)
2004 Ed. (4878)
1994 Ed. (708)
1993 Ed. (699)
1992 Ed. (890)
1991 Ed. (710, 3477)
1990 Ed. (731, 3688)
1989 Ed. (732)
Queen Liliuokalani Trust
2008 Ed. (4128)
The Queen Mary Hotel
2002 Ed. (1168)
2000 Ed. (1185)
Queen of Peace Hospital
2001 Ed. (1849)
Queen Productions Ltd.
1995 Ed. (1007)
Queens County Bancorp
2002 Ed. (486)
2000 Ed. (423)
Queens County, NY
2008 Ed. (4732)
2004 Ed. (2982)
2002 Ed. (1807)
1999 Ed. (1768, 1776, 1778, 2830, 4630)
1997 Ed. (1537, 1538, 2352)
1996 Ed. (1468, 1469, 2226)
1995 Ed. (1510, 1511, 2217)
1994 Ed. (1475, 1476, 2166)
1993 Ed. (1426, 1427, 1432, 2141)
1992 Ed. (1714, 1715, 1716, 2579)
Queens County Tribune
2002 Ed. (3502)
Queens Health Center Inc.
2003 Ed. (1689)
Queens Health Systems
2008 Ed. (1781, 4128)
2007 Ed. (1753)
2006 Ed. (1744)
2005 Ed. (1784)
2001 Ed. (1722)
1997 Ed. (2177)
Queens Inner Unity Cable System
1999 Ed. (1007)
1998 Ed. (603)
Queens Inner Unity Cable Systems
2000 Ed. (959)
Queens-Long Island Medical Group
2000 Ed. (2393)
Queens Moat Houses
1996 Ed. (1358)
Queens Moat Houses Plc
1999 Ed. (2790)
1995 Ed. (2171)
1992 Ed. (2471)
1990 Ed. (2089)
Queens Most Houses PLC
1994 Ed. (2120)
Queens, NY
2000 Ed. (1596, 1607, 2437, 2611)
1999 Ed. (3302)
1991 Ed. (2005)
1990 Ed. (1440, 2156)
1989 Ed. (1175)
Queens Co. (NY) Queen Courier
2003 Ed. (3642)
Queens Co. (NY) Tribune
2003 Ed. (3644)
Queens Surface Corp.
2006 Ed. (686)
2002 Ed. (863)
1996 Ed. (831)
1995 Ed. (851)
Queen's University
2008 Ed. (801, 1070, 1073, 1074, 1075, 1076, 1077, 1078, 3636, 3641, 4279)
2007 Ed. (828, 1166, 1169, 1170, 1171, 1172, 3469, 3472, 3473)
2006 Ed. (726)
2005 Ed. (802)
2004 Ed. (833, 834, 836, 839)
2003 Ed. (790, 791, 792)
2002 Ed. (903, 904, 905, 906, 907)
1995 Ed. (871)
1994 Ed. (819)
Queensboro Volkswagen, Inc.
1991 Ed. (298)
Queensland Alumina
2004 Ed. (3439)
Queensland Cotton
2004 Ed. (1637)
2002 Ed. (247)
Queensland Health
2004 Ed. (1640, 1649)
2003 Ed. (1620)
2002 Ed. (1586)
Queensland Investment Corp.
2002 Ed. (2818)
2001 Ed. (2880)
1997 Ed. (2391, 2399)
Queensland Nickel Pty. Ltd.
2004 Ed. (3689)
Queensland Power
2002 Ed. (1587)
Queensland Press
2004 Ed. (3938, 3939)
2003 Ed. (3956)
2002 Ed. (3783, 4617)
Queensland Rail
2004 Ed. (1655)
2002 Ed. (4674)
Queensland Sugar
2005 Ed. (3909)
2004 Ed. (3964, 3966, 4918, 4921)
2002 Ed. (4895)
Queensland Teachers' Credit Union Ltd.
2002 Ed. (1849)
Queensland Treasury Corp.
2004 Ed. (1647)
Queensland University of Technology
2002 Ed. (1103)
Quek Leng Chan
2008 Ed. (4847)
2006 Ed. (4917, 4919)
1997 Ed. (849)
Quelle
2001 Ed. (3208)
2000 Ed. (3024)
1999 Ed. (3290)
1998 Ed. (2427)
1997 Ed. (2699)
1994 Ed. (2427)
1991 Ed. (3261)
Quelle Group
1997 Ed. (3355)
Quellos Capital Management LP
2007 Ed. (2793)
2006 Ed. (2799)
2005 Ed. (2819)
2004 Ed. (2819)
Quellos Group
2004 Ed. (2818)
The Quentin Bell Organisation
1997 Ed. (3196)
1996 Ed. (3115, 3119, 3122)
1994 Ed. (2958)
The Quentin Bell Organization
1995 Ed. (3018)
Quentin Quarterman
1999 Ed. (2291)
Quest
1999 Ed. (2444)
1998 Ed. (1698)
1996 Ed. (773, 1934)
1995 Ed. (686)
Quest Business Agency
1997 Ed. (97)
Quest Capital
2007 Ed. (2853)
2006 Ed. (1611)
Quest Communications International Inc.
2002 Ed. (4084)
2000 Ed. (1402)
Quest Diagnostics Inc.
2008 Ed. (1670, 1671, 1796, 2034, 2889, 2901, 3021, 3194)
2007 Ed. (2770, 2776, 2899, 3906)
2006 Ed. (2759, 2760, 2763, 2767, 2775, 2776, 3875)
2005 Ed. (1608, 1631, 1754, 2793, 2796, 2801, 2803, 4353, 4354)
2004 Ed. (1607, 2800, 2804, 2810, 3420, 3421, 4490, 4569)
2003 Ed. (1581, 2682, 2683, 2686, 2692, 4548, 4558)
2002 Ed. (1563, 4501)
2001 Ed. (2678, 2679)
Quest Diagnostics Holdings Inc.
2003 Ed. (1809)
Quest for Camelot
2001 Ed. (3391)
Quest for Value Opp.
1994 Ed. (2606, 2617)
Quest for Value Opportunity
1996 Ed. (2776)
Quest for Value Opportunity A
1996 Ed. (2755, 2791)
Quest International
1997 Ed. (2013)
Quest Investment Management
1999 Ed. (3076)
1998 Ed. (2276)
Quest Logistics
2008 Ed. (4772)
Quest Management Services Ltd.
2008 Ed. (852, 857)
2007 Ed. (879)
2006 Ed. (786, 3053)
Quest Medical Inc.
1991 Ed. (3333)
Quest Resources Inc.
2005 Ed. (3733, 3755)
Quest (SAC) Ltd.
2008 Ed. (3225)
Quest Software Inc.
2006 Ed. (1140)
2005 Ed. (1151)
2001 Ed. (2190)
Quest Trading Inc.
1994 Ed. (1068)
Questa Oil & Gas Co.
2002 Ed. (3662)
Questar Corp.
2008 Ed. (2149, 2419, 2431, 2497, 2809, 2817, 4496)
2007 Ed. (2218, 2286, 2678, 2679, 2681, 2682, 2687, 3684)
2006 Ed. (2090, 2441, 2691)
2005 Ed. (2225, 2399, 2403, 2405, 3585, 3586)
2004 Ed. (3667)
2001 Ed. (3946)
1998 Ed. (2665)
1997 Ed. (2927)
1996 Ed. (2823)
1995 Ed. (2756)
1994 Ed. (2654)
1993 Ed. (2703)

1992 Ed. (3215)
1991 Ed. (2576)
1990 Ed. (2672, 3447)
1989 Ed. (2037)
Questar Gas Co.
2007 Ed. (2378)
2005 Ed. (2721)
Question of Sport
1991 Ed. (1784)
Questium Inc.
2004 Ed. (2407)
QuestLink
2001 Ed. (4751)
Questor
1999 Ed. (1187, 3594)
Questor Management Co.
2004 Ed. (3972)
2001 Ed. (1256)
2000 Ed. (1103)
Questor Management Co., LLC
2005 Ed. (3916)
Questran powder packets
1990 Ed. (1573)
Questrom; A.
2006 Ed. (941)
Questrom; Allen
2007 Ed. (2503, 2505)
2006 Ed. (877)
Questus
2001 Ed. (1882)
Quetzal/J. P. Morgan Partners LLC
2007 Ed. (195)
2006 Ed. (189)
2005 Ed. (176)
2004 Ed. (174)
2003 Ed. (218)
Quibell
1994 Ed. (688)
Quick & Easy Federal Jobs Kit
1997 Ed. (1102)
Quick & Reilly
2005 Ed. (2206)
2000 Ed. (1682)
Quick & Reilly Group Inc.
2001 Ed. (2973)
1999 Ed. (862, 1867, 3002, 4476)
1998 Ed. (515)
1997 Ed. (733)
1996 Ed. (2069)
Quick Books
1996 Ed. (1082)
Quick credit approval
1992 Ed. (571)
Quick Tech Graphics
2006 Ed. (3971)
QuickBooks
1995 Ed. (1103, 1104)
QuickBooks/QuickPay
1995 Ed. (1103)
Quickel; Kenneth
1993 Ed. (1701)
Quicken
2004 Ed. (3155)
2000 Ed. (1170)
1999 Ed. (1277)
1998 Ed. (840, 847, 852, 853, 854)
1997 Ed. (1092, 1095)
1996 Ed. (1085)
Quicken Bill Manager
2003 Ed. (3033)
Quicken CD-ROM Deluxe for Windows
1996 Ed. (1076, 1076)
Quicken Companion
1995 Ed. (1099)
Quicken Deluxe
1998 Ed. (847, 852, 853)
1997 Ed. (1092)
Quicken Deluxe for Windows
1996 Ed. (1076)
Quicken Deluxe Windows Version 4.0
1997 Ed. (1102)
Quicken Family Lawyer
1997 Ed. (1092)
Quicken Financial Planner
1997 Ed. (1092)
Quicken for Windows
1996 Ed. (1076)
1995 Ed. (1099)
Quicken 401k Advisor
2002 Ed. (4846)
Quicken Loans Inc.
2008 Ed. (1503, 3167, 3170, 3176, 3179, 3181)
2007 Ed. (1521, 3052)
2006 Ed. (1492, 1879, 2602, 3019)
2005 Ed. (3373)
2003 Ed. (3041)
2002 Ed. (4822)
Quicken 6.0 (MS-DOS)
1996 Ed. (1076)
1995 Ed. (1099)
Quicken, Turbo Tax
1999 Ed. (1279)
Quicken.com
2002 Ed. (4793, 4800, 4835, 4843)
Quicken.com Stock Screener
2002 Ed. (4852)
Quickie
2003 Ed. (976)
QuickLogic
2001 Ed. (3910, 3911)
2000 Ed. (4001)
1999 Ed. (4278)
1998 Ed. (3283)
Quicks Inc.
2006 Ed. (365)
Quicksilver
1990 Ed. (3332)
Quicksilver Express Courier
1991 Ed. (3429)
1990 Ed. (3657)
Quicksilver Resources Inc.
2007 Ed. (3846, 4561)
2006 Ed. (3823)
2005 Ed. (3734, 3735, 4378, 4384)
2004 Ed. (1583, 2769, 3826, 3827, 4432)
2003 Ed. (4440)
Quicksilver Trading Inc.
1999 Ed. (1245)
1992 Ed. (2742)
QuickSnap
2001 Ed. (1105)
Quickturn
1996 Ed. (2885)
Quickturn Design Systems
1998 Ed. (1457)
QUICS Cable Systems
1997 Ed. (879)
1996 Ed. (866)
Quidditch Through the Ages
2003 Ed. (713)
Quidel
1996 Ed. (2884)
Quiettouch Inc.
2008 Ed. (2946)
2007 Ed. (2821)
Quigley Corp.
2003 Ed. (1053)
Quigley III; Michael J.
1992 Ed. (533, 1140)
Quik-Comm
1992 Ed. (1934)
Quik Internet
2004 Ed. (3151)
2002 Ed. (2360, 2992)
Quik Print
1996 Ed. (3086)
Quik X Transportation Inc.
2005 Ed. (1724)
QuikDrop
2008 Ed. (4792)
2007 Ed. (2313)
Quiksilver Inc.
2008 Ed. (989, 992, 3872)
2007 Ed. (1107, 1114)
2006 Ed. (1018, 1024, 4729, 4730)
2005 Ed. (1007, 1008, 1013, 4683, 4684)
2004 Ed. (986, 987)
2001 Ed. (1264, 1265)
1994 Ed. (1029, 1030)
1993 Ed. (997, 998, 3372)
1992 Ed. (1226, 1227, 3307, 3994)
1991 Ed. (3147)
1990 Ed. (1294, 3305)
QuikTrip Corp.
2008 Ed. (1503)
2007 Ed. (297, 1521, 1940)
2006 Ed. (1491, 1956, 1958)
2005 Ed. (274, 1923)
2003 Ed. (1804)
2001 Ed. (497, 1830)
Quill Corp.
1999 Ed. (3640)
Quilmes
2003 Ed. (753)
Quilmes Cerveceria y Malt
2001 Ed. (12)
Quilmes Industrial
2006 Ed. (3340)
1999 Ed. (3280, 3281)
1997 Ed. (2693, 2694)
1996 Ed. (2556, 2557)
1994 Ed. (2417, 2418)
Quilmes Industrial--Quinsa
2002 Ed. (3219)
Quilmes Industrial (Quinsa), SA
2003 Ed. (4570)
Quilmes Industrial SA
2005 Ed. (1564)
Quilted Giraffe
1992 Ed. (3706)
Quilted Northern
2008 Ed. (4697, 4698)
2007 Ed. (4781)
2006 Ed. (4773)
2005 Ed. (4720)
2003 Ed. (3430, 4760)
Quimica de Portugal EP-Quimigal
1990 Ed. (1410)
1989 Ed. (1153)
Quimica del Pacifico
2002 Ed. (1715)
Quimidroga
2002 Ed. (1004)
1999 Ed. (1092, 1093)
1996 Ed. (933)
Quincy, IL
1990 Ed. (1004, 1149)
Quincy Telephone Co.
1998 Ed. (3485)
Quincy's
1990 Ed. (3023)
Quincy's Family Steakhouse
1997 Ed. (3318, 3333)
Quincy's Family Steakhouses
2000 Ed. (3792)
1999 Ed. (4079)
1998 Ed. (3066)
1996 Ed. (3230)
1995 Ed. (3122, 3138)
1994 Ed. (3077, 3088)
1993 Ed. (3021, 3035)
1992 Ed. (3713, 3718)
Quincy's Restaurants
1991 Ed. (2883)
Quinenco
2008 Ed. (31)
2007 Ed. (26)
Quingdao
2001 Ed. (1096)
Quinlan
1996 Ed. (3463)
1994 Ed. (3344)
Quinlan; Michael R.
1997 Ed. (1803)
1996 Ed. (958)
1993 Ed. (938)
Quinn & Wilson Inc.
2000 Ed. (3716)
QUINN-Direct Insurance Ltd.
2007 Ed. (1824)
Quinn; Donal & Zoe
2007 Ed. (4920)
Quinn; Donald & Zoe
2005 Ed. (4885)
Quinn Group
2008 Ed. (2123)
2007 Ed. (1822, 2034, 2035, 2039, 2040)
2006 Ed. (2067, 2068)
2002 Ed. (6)
Quinn; Jeffry N.
2007 Ed. (959)
2006 Ed. (869)
Quinn Jr.; Sean
2008 Ed. (4884)
Quinn McDonnell Pattison
2000 Ed. (111)
1999 Ed. (106)
1993 Ed. (112)
Quinn McDonnell Pattison/DMB & B
2001 Ed. (149)
Quinn; Sean
2008 Ed. (4885, 4906)
2007 Ed. (4918, 4930)
2005 Ed. (4893)
Quinnipiac College
2001 Ed. (1325)
2000 Ed. (1139)
Quinnsworth
1992 Ed. (1651)
1990 Ed. (1386)
Quinolones
1997 Ed. (2742)
1996 Ed. (2599)
1995 Ed. (2531)
1994 Ed. (228)
Quinolones, systemic
2001 Ed. (2065)
2000 Ed. (3062)
1999 Ed. (3324)
QUINSA
2005 Ed. (1564)
2000 Ed. (3018, 3019)
Quintain Estates
2007 Ed. (4047)
Quintain Estates & Development
2007 Ed. (4092)
2006 Ed. (4048)
Quintain Estates & Development plc
2008 Ed. (1453, 4083)
Quintana
2003 Ed. (939)
Quintel Corp.
2000 Ed. (958)
Quintel Entertainment
1998 Ed. (2724)
Quintessence
1994 Ed. (2816)
Quintessential
2004 Ed. (2736)
2003 Ed. (2610)
Quintessential Gin
2002 Ed. (2398, 2405, 2407)
Quintessential Player
2005 Ed. (3188)
Quintiles Transnational Corp.
2007 Ed. (3757)
2006 Ed. (3761)
2005 Ed. (3284, 3936, 4673)
2004 Ed. (1610)
2002 Ed. (4365)
2001 Ed. (1461, 4222)
1996 Ed. (3307, 3780)
Quinton; Adam
1997 Ed. (1964)
Quinton Cardiology Systems Inc.
2006 Ed. (2080, 2081)
Quipp Inc.
2005 Ed. (3678)
2004 Ed. (3763)
1997 Ed. (2022)
Quirch Foods Co.
2008 Ed. (2645, 2968)
2007 Ed. (2517)
2005 Ed. (2529)
2004 Ed. (2540, 2835)
2003 Ed. (2421)
2002 Ed. (2561)
Quisenberry; Dan
1989 Ed. (719)
Quito, Ecuador
1992 Ed. (2281)
Quix Food Stores
2002 Ed. (383)
Quixote Corp.
2008 Ed. (2368, 2369)
1993 Ed. (933)
Quixtar Inc.
2008 Ed. (3189)
2002 Ed. (2990)
The Quizno's Corp.
2006 Ed. (820, 2555, 2556, 4112, 4222)
2005 Ed. (905)
2004 Ed. (914, 4122, 4123)
2003 Ed. (895, 4131, 4133, 4135, 4218, 4223, 4226)
2002 Ed. (2357, 2358, 2363, 4091)
2001 Ed. (4060)
Quizno's Classic Subs
2008 Ed. (2664, 2671)
2007 Ed. (2532, 2533, 4138)

2005 Ed. (2547, 2548, 2549, 2568, 4050, 4051)
2004 Ed. (2590, 4242)
2002 Ed. (2252, 4017)
2001 Ed. (2410)
The Quizno's Franchise Co.
2007 Ed. (895, 898, 4241)
2006 Ed. (808, 811, 4226)
2005 Ed. (893, 895, 4176)
2004 Ed. (903, 905, 4243)
2003 Ed. (885, 4227)
The Quiznos Master LLC
2008 Ed. (4172)
2007 Ed. (907)
Quiznos Sub
2008 Ed. (4271, 4274, 4275)
2007 Ed. (4240)
2006 Ed. (4126, 4127, 4129, 4225)
2005 Ed. (4081, 4082, 4084, 4171, 4172, 4173)
Quizno's Subs
2003 Ed. (4094)
Quizon's Classic Subs
2005 Ed. (4168)
Qumas
2008 Ed. (1859)
2007 Ed. (1824)
2006 Ed. (1817)
Qume
1993 Ed. (1052)
Quno Corp.
1995 Ed. (2829)
Quorn
2008 Ed. (716)
Quorum Health Group
2002 Ed. (3291)
2001 Ed. (1043, 2667, 2678, 2679)
2000 Ed. (3179, 3180)
1999 Ed. (2640, 3461, 3462)
1998 Ed. (2548, 2549)
1997 Ed. (2825, 2829)
1996 Ed. (2709)
1995 Ed. (2632)
1994 Ed. (2577)
1992 Ed. (2458, 3122, 3125, 3128, 3130, 3131)
Quorum Health Group of Vicksburg Inc.
2003 Ed. (1766)
Quorum Health Resources
2008 Ed. (2890)
1999 Ed. (1381)
1997 Ed. (2270)
1996 Ed. (2155)
1995 Ed. (2144)
Quorum Information Systems Inc.
2002 Ed. (2484)
Quorum Information Technology Inc.
2005 Ed. (1688)
Quota
1994 Ed. (2598)
Quota Fund NV
1997 Ed. (2201)
Quote.com
2002 Ed. (4823, 4836, 4838)
quotes.galt.com
1999 Ed. (4751)
Quotesmith.com Inc.
2002 Ed. (2862, 4825)
Quotient
1990 Ed. (1373)
Quotron Systems
1993 Ed. (2743)
1989 Ed. (981)
Quovadx
2008 Ed. (1151)
2003 Ed. (1653)
Quynh Pham
2006 Ed. (2578, 2579)
QVC
2008 Ed. (688, 2991, 3193)
2007 Ed. (700, 719, 4739)
2006 Ed. (2377)
2005 Ed. (1468, 4100, 4663)
2004 Ed. (4163, 4691)
2003 Ed. (2873, 4149, 4714)
2002 Ed. (2706)
2001 Ed. (4496)
2000 Ed. (1039)
1998 Ed. (717)
QVC Deutschland GmbH
2007 Ed. (1744)
QVC Network Inc.
1999 Ed. (1115, 4563)
1998 Ed. (3488)
1997 Ed. (3709)
1996 Ed. (32, 1193, 1202, 2578, 3432, 3652)
1995 Ed. (1228, 1229, 1432, 3561, 3580, 3589)
1994 Ed. (1253, 3099, 3503)
1993 Ed. (822, 2010, 2489, 3335, 3533)
1992 Ed. (1027, 4214)
1991 Ed. (3290, 837, 3289)
QVC Studio Park
1999 Ed. (1336)
Qwest Corp.
2008 Ed. (1691, 4639)
2007 Ed. (1669, 4043, 4712)
2006 Ed. (1658, 1661, 4009, 4695)
2005 Ed. (1740, 1743, 4629)
2004 Ed. (1682, 1685, 4671)
2003 Ed. (1656, 4694)
2002 Ed. (4565)
Qwest Center of Omaha
2005 Ed. (4440, 4441)
Qwest Communications
2007 Ed. (4033)
2003 Ed. (1554, 1704, 1980, 2709, 3632, 3633, 4691)
2002 Ed. (1527, 1620, 1623, 1624, 1628, 2470, 4562, 4566, 4580, 4883)
2001 Ed. (4449, 4473, 4475)
2000 Ed. (1337, 2640, 2641)
Qwest Communications International Inc.
2008 Ed. (1350, 1359, 1469, 1675, 1677, 1681, 1683, 1685, 1686, 1687, 1688, 1689, 1691, 1692, 2493, 3033, 4060, 4061, 4061, 4078, 4261, 4637, 4640, 4803)
2007 Ed. (859, 1403, 1416, 1475, 1663, 1665, 1666, 1667, 1669, 1670, 1682, 2376, 2716, 2910, 4524, 4526, 4565, 4706, 4708, 4709, 4710)
2006 Ed. (1092, 1378, 1647, 1648, 1649, 1650, 1651, 1652, 1654, 1656, 1658, 1659, 1661, 1663, 2431, 2726, 2730, 3330, 4467, 4585, 4588, 4688, 4690, 4691, 4692, 4693)
2005 Ed. (1097, 1388, 1503, 1529, 1542, 1571, 1576, 1609, 1736, 1738, 1739, 1740, 1741, 1743, 1745, 1797, 2390, 2770, 2771, 3284, 3923, 3935, 4465, 4470, 4621, 4623, 4626, 4979)
2004 Ed. (1487, 1555, 1557, 1578, 1584, 1678, 1680, 1681, 1682, 1683, 1685, 1687, 2229, 2306, 2489, 3680, 4491, 4492, 4571, 4665, 4667, 4669, 4677)
2003 Ed. (21, 1076, 1457, 1576, 1584, 1593, 1643, 1648, 1650, 1651, 1654, 1656, 1657, 1658, 2275, 4542, 4692, 4696, 4706, 4707, 4708)
2002 Ed. (1388, 1393, 1485, 1622, 2487, 3630, 4568)
2001 Ed. (4456, 4457)
Qwest Services Corp.
2008 Ed. (1691)
QwestDex
2007 Ed. (1441)
2005 Ed. (1571, 3284)
QwestDex Publishing
2005 Ed. (1529, 1542)

R

R. A. DeMattia Co.
1996 Ed. (1150)
1995 Ed. (1176)
1994 Ed. (1157)
1993 Ed. (1150)
1992 Ed. (1435)
1991 Ed. (1099)
R. A. Eckert
2004 Ed. (2495)
R. A. Enrico
2003 Ed. (2382)
2002 Ed. (2186)
2001 Ed. (2321)
R. A. Goldstein
2005 Ed. (2487)
2004 Ed. (2503)
2003 Ed. (2384)
R. A. Iger
2002 Ed. (2205)
R. A. McGinn
2001 Ed. (2343)
R. A. Nelson & Associates Inc.
2008 Ed. (1672, 1673)
2005 Ed. (1325)
R. A. Pesci
2003 Ed. (2385)
R. A. S. Builders Inc.
2005 Ed. (3915)
2004 Ed. (3971)
2003 Ed. (1286, 1311, 3961)
2002 Ed. (1074)
R. A. Schoellhorn
1991 Ed. (1628)
R. A. Wilson
2003 Ed. (2395)
R & A Bailey Ltd.
2006 Ed. (1816)
2003 Ed. (1725)
R & B Falcon Corp.
2005 Ed. (1511)
1999 Ed. (1502)
R & B Realty Group
1994 Ed. (3023)
1993 Ed. (239, 2980)
R & C
1996 Ed. (2919)
1993 Ed. (2776)
R & C/Reed & Carnrick
1992 Ed. (3349)
R & G Federal Mortgage Trust
1996 Ed. (1034, 3170)
R & G Financial Corp.
2008 Ed. (75)
2007 Ed. (70)
2004 Ed. (420, 421, 1671, 2606)
R & G Potato Co., Inc.
2007 Ed. (1765)
2006 Ed. (1757)
2005 Ed. (1786)
R & H Asociados
2008 Ed. (736)
2007 Ed. (757)
R & I Bank of Western Australia
1996 Ed. (447)
1995 Ed. (423)
1994 Ed. (427)
R & K Tool Inc.
1999 Ed. (4336)
R & L Construction
2007 Ed. (1272)
R & L Transfer
1999 Ed. (4685, 4687)
R & O Construction
2008 Ed. (1341, 1344)
R & R Partners
2006 Ed. (128)
R & R Technologies LLC
2001 Ed. (4125)
R & V Versicherungen
1999 Ed. (4034)
R-Anell Housing Group
2007 Ed. (3625)
2006 Ed. (3555)
R. Annunziata
2001 Ed. (2343)
R. B. Farquhar Ltd.
1994 Ed. (997)
R. B. Gill
1992 Ed. (2056)
1991 Ed. (1626)
R. B. Haave Associates
1993 Ed. (2297)
R. B. Kelson
2003 Ed. (2392)
R. B. Priory
2005 Ed. (2509)
2003 Ed. (2407)
2002 Ed. (2211)
2001 Ed. (2344)
R. B. Rushing & Co.
1995 Ed. (2332)
R. B. Shapiro
2001 Ed. (2323)
R. Bird & Co.
2007 Ed. (3211)
R. Brandon Fradd
1996 Ed. (1782)
R-Breaker
1997 Ed. (3178)
1996 Ed. (3099)
R. Budi Hartono
2008 Ed. (4845)
2006 Ed. (4916, 4919)
R. C. Adkerson
2005 Ed. (2495)
2003 Ed. (2392)
R. C. Bigelow Inc.
2003 Ed. (680, 4678)
R. C. Gozon
2003 Ed. (2396)
2002 Ed. (2203)
2001 Ed. (2338)
R. C. Lannert
2003 Ed. (2381)
R. C. Notebaert
2001 Ed. (2343)
R. C. Olin
1998 Ed. (916)
R. C. Owen
1998 Ed. (3575)
1989 Ed. (2504)
R. C. S. Editori SpA
2004 Ed. (3941)
R. C. S. Libri SpA
1999 Ed. (3896)
R. C. Willey
1996 Ed. (1983)
R. Chad Dreier
2008 Ed. (947)
R. Christopher Errico
2008 Ed. (3376)
R. Clayton McWhorter
1997 Ed. (1797)
R. Crosby Kemper Jr.
1993 Ed. (891)
R. D. Campbell
2002 Ed. (2202)
2001 Ed. (2337)
R. D. Glynn Jr.
2005 Ed. (2509)
2004 Ed. (2526)
2003 Ed. (2407)
2001 Ed. (2344)
R. D. Hoover
2005 Ed. (2488)
R. D. Krebs
2002 Ed. (2206)
2001 Ed. (2341)
R D Management Corp.
2000 Ed. (4018)
1998 Ed. (3297, 3301)
1990 Ed. (3285)
R. D. Parsons
2005 Ed. (2479)
2004 Ed. (2495)
R. D. Sugar
2004 Ed. (2498)
2003 Ed. (2378)
R. D. Thomas
2003 Ed. (2388)
R. D. Walter
2005 Ed. (2481)
2004 Ed. (2497)
2002 Ed. (2199)
2001 Ed. (2335)
R. D. Yost
2005 Ed. (2481)
R. Daivd Yost
2006 Ed. (893)
R. Dalton Coffee Co.
2007 Ed. (2840, 3603, 4448)
R. David Hoover
2008 Ed. (934)
2007 Ed. (1001)
2006 Ed. (911, 1097, 1098)
2005 Ed. (1103)
2004 Ed. (1099)
R. Derek Finlay
1994 Ed. (1715)
R. E. D. Technologies LLC
2008 Ed. (3701, 4375, 4956)
R. E. Dailey & Co.
1994 Ed. (1157)

1993 Ed. (1150)
1992 Ed. (1435)
1991 Ed. (1099)
R. E. Gadomski
2003 Ed. (2384)
R. E. Northam
1996 Ed. (967)
R. E. Rubin
2003 Ed. (2387)
2002 Ed. (2200)
R. E. Sadler Jr.
2003 Ed. (2372)
R. E. Turner
2003 Ed. (2410)
2001 Ed. (2340)
R. E. Weissman
2001 Ed. (2342)
R. Essner
2004 Ed. (2517)
R. F. Friel
2002 Ed. (2195)
R. F. Hake
2004 Ed. (2499)
R. G. Ackerman
2001 Ed. (2332)
R. G. Anderson Co., Inc.
2007 Ed. (1385)
R. G. Associates
2007 Ed. (3272)
R. G. Barry
1994 Ed. (3294)
R-G Crown Bank
2007 Ed. (4244)
2006 Ed. (4230)
R-G Financial Corp.
2007 Ed. (1963, 1964, 2557)
2006 Ed. (1999, 2000, 2589)
2005 Ed. (1731, 1954, 2586)
R. G. Vanderweil Engineers
2008 Ed. (2515, 2539)
2007 Ed. (2444)
2006 Ed. (2478)
R. G. Wilmers
2005 Ed. (2477)
2003 Ed. (2372)
R/GA
2005 Ed. (115)
2004 Ed. (116)
R. Gordon McGovern
1991 Ed. (1621, 1632)
R. Gribbs & Co., Ltd.
2004 Ed. (3249)
R. Griggs & Co. Ltd.
2002 Ed. (4264)
2001 Ed. (3077)
1999 Ed. (3172)
R. Griggs Group Ltd.
2002 Ed. (4264)
2001 Ed. (3077)
2000 Ed. (2917)
R. H. Baldwin
2003 Ed. (2374)
R. H. Benmosche
2004 Ed. (2506)
R. H. Brown
2002 Ed. (2201)
R. H. Diehl
1991 Ed. (1618)
R. H. Donnelley Corp.
2004 Ed. (101)
R. H. Hubbard
2002 Ed. (1465)
R. H. Lenny
2004 Ed. (2508)
2003 Ed. (2389)
R. H. Macy
1997 Ed. (354, 1253, 2151, 2629)
1995 Ed. (149, 150, 1017, 2003, 2444)
1994 Ed. (10, 131, 132, 133, 359, 360, 361, 984, 1005, 1009, 1522, 1977, 2210, 3093, 3215)
1992 Ed. (236)
1990 Ed. (910, 1019, 1904, 2676, 3031)
1989 Ed. (920, 1239, 2039)
R. H. Macy & Co. Inc.
2002 Ed. (3790)
1999 Ed. (390, 2603)
1998 Ed. (1844)
1996 Ed. (162, 383, 1200, 1207, 1533, 1535, 2031, 2486)
1995 Ed. (1554, 3147, 3297)
1993 Ed. (150, 151, 366, 676, 957, 958, 979, 1476, 1477, 1477, 1955, 2381, 3038)
1992 Ed. (235, 1183, 1204, 1789, 1791, 1792, 2298)
1991 Ed. (170, 949, 969, 1822, 2309, 2578)
1990 Ed. (1041, 1238, 2440)
R. H. Macy & Co. East
1998 Ed. (3460)
R. H. Macy/Bullock's
1994 Ed. (2138, 2146)
R. H. Macy California
1994 Ed. (2146)
R. H. Macy Northeast
1994 Ed. (2138, 2146)
R. H. Swanson Jr.
2004 Ed. (2505)
2002 Ed. (2191)
R. H. Verheij
2002 Ed. (2210)
R. H. White6 Construction Co., Inc.
2006 Ed. (4358)
R. H. Wills
2004 Ed. (2510)
R. J. Allison Jr.
2005 Ed. (2496)
2003 Ed. (2393)
2002 Ed. (2198)
2001 Ed. (2333)
R. J. C. & Associates Inc.
1991 Ed. (1080)
R. J. Dale Advertising & Public Relations Inc.
2008 Ed. (3707, 4384)
2007 Ed. (3551)
2003 Ed. (215)
2002 Ed. (711)
2000 Ed. (68)
1999 Ed. (64)
R. J. Flamson, III
1991 Ed. (402)
R. J. Gordon & Co.
1997 Ed. (1014, 2168)
R. J. Griffin & Co.
2008 Ed. (1292, 1326)
2006 Ed. (1306, 1341)
2001 Ed. (2671)
2000 Ed. (2417)
1999 Ed. (1380)
1998 Ed. (959)
1997 Ed. (1160)
1995 Ed. (1146)
R. J. Gross & Associates, Inc.
2002 Ed. (1994)
R. J. Keegan
2004 Ed. (2524)
2003 Ed. (2404)
R. J. Kiln & Co. Ltd.
1993 Ed. (2453, 2455)
1992 Ed. (2895, 2897)
R. J. Klin & Co. Ltd.; 510,
1991 Ed. (2338)
R. J. Klin & Co. Ltd.; Non-marine 510,
1991 Ed. (2336)
R. J. Kogan
2002 Ed. (2190)
2001 Ed. (2325)
R. J. Lane
2001 Ed. (2336)
R. J. Meelia
2003 Ed. (2373)
2001 Ed. (2331)
R. J. Moreau Cos.
2004 Ed. (1140)
2003 Ed. (1137)
R. J. Palmer
2005 Ed. (121)
R. J. R. Nabisco
1990 Ed. (3601)
R. J. Reynolds
1999 Ed. (1134)
1997 Ed. (986)
1996 Ed. (2644, 3701, 3702)
1995 Ed. (984)
1993 Ed. (942)
1992 Ed. (64, 1148, 1149, 4306)
1989 Ed. (909, 2504)
R. J. Reynolds Tobacco Co.
2003 Ed. (968, 1793, 1794, 4745, 4747, 4754)
2001 Ed. (1821, 1822, 4561, 4562)
1998 Ed. (2501)
1990 Ed. (2720)
R. J. Reynolds Tobacco Holdings Inc.
2008 Ed. (4688, 4689)
2007 Ed. (223, 4764, 4765)
2006 Ed. (1943, 4758, 4760)
2005 Ed. (1912, 1915, 4464, 4465, 4468, 4704, 4705, 4706, 4707, 4708, 4709, 4710, 4711, 4714)
2004 Ed. (1829, 1830, 4727, 4728, 4729, 4730, 4731, 4732, 4733, 4734)
2003 Ed. (1714, 1794, 1795, 4557, 4745, 4746, 4747, 4748, 4749, 4752)
2002 Ed. (58, 1531, 1563, 1747, 4628, 4630, 4632)
2001 Ed. (4560, 4561, 4563)
R. J. Reynolds Tobacco U.S.A.
1989 Ed. (908, 2781)
R. J. Roberts
2004 Ed. (2518)
R. J. Schnieders
2005 Ed. (2492)
R. J. Stevens
2003 Ed. (2378)
2002 Ed. (2184)
R. J. Taff Jr.
1996 Ed. (1713)
R. J. Wertenberger
1992 Ed. (534)
R. J. Zane
2003 Ed. (2403)
R. Jackson Blackstock
1999 Ed. (2242)
1998 Ed. (1653)
1997 Ed. (1909)
1996 Ed. (1836)
1995 Ed. (1859)
R. K. Burgess
2003 Ed. (2377)
R. K. Chevrolet Geo Inc.
1991 Ed. (271)
R. K. Davidson
2005 Ed. (2503)
2004 Ed. (2519)
2003 Ed. (2400)
2002 Ed. (2206)
2001 Ed. (2341)
R. K. Deromedi
2005 Ed. (2492)
R. K. Mechanical Inc.
2005 Ed. (1280)
R. K. Swamy Advertising Associates
1989 Ed. (116)
R. K. Swamy/BBDO
1999 Ed. (100)
1997 Ed. (99)
1995 Ed. (83)
1994 Ed. (94)
1993 Ed. (107)
1992 Ed. (159)
R. K. Swamy/BBDO Advertising
1996 Ed. (97)
1991 Ed. (108)
R. K. Templeton
2007 Ed. (1036)
2006 Ed. (941)
2005 Ed. (2476)
R. Kerry Clark
2008 Ed. (948)
R. L. C. Industries Co.
2003 Ed. (1806, 3265)
R. L. Chaides Construction Co. Inc.
1995 Ed. (1147)
R. L. Crain
1990 Ed. (2765)
R. L Growney
2001 Ed. (2326)
R. L. Gupta
2005 Ed. (2487)
2004 Ed. (2503)
2002 Ed. (2188)
2001 Ed. (2323)
R. L. Long
2005 Ed. (2498)
2004 Ed. (2514)
R. L. Manetta
2006 Ed. (2519)
R. L. Montgomery
2005 Ed. (2481)
R. L. Nardelli
2003 Ed. (2376)
R. L. Peterson
2003 Ed. (2389)
R. L. Polk & Co.
1989 Ed. (928)
R. L. Sharp
2001 Ed. (2318)
R. L. Sweet Lumber
1996 Ed. (816)
R. L. Tillman
2001 Ed. (2335)
R. L. Wambold
2005 Ed. (2488)
R. L. Zarrella
2004 Ed. (2517)
R. Lawrence Montgomery
2007 Ed. (968, 1023)
R. Lee Taylor II
1990 Ed. (1715)
R-Levels
1997 Ed. (3178)
1995 Ed. (2999)
R-Lintas
2003 Ed. (132)
2002 Ed. (164)
2001 Ed. (193)
2000 Ed. (155)
1999 Ed. (138)
1995 Ed. (109)
1993 Ed. (125)
1992 Ed. (193)
1991 Ed. (138)
1990 Ed. (138)
1989 Ed. (147)
R. Lockwood Construction
2005 Ed. (1194)
R. M. Jansen Kraemer, Jr.
2002 Ed. (2190)
R. M. Kovacevich
2004 Ed. (2492)
2003 Ed. (2372)
2002 Ed. (2185)
2001 Ed. (2320)
R. M. Levy
2005 Ed. (2489)
R. M. P. Properties
1998 Ed. (916)
R. M. Palmer
2005 Ed. (997)
1993 Ed. (830)
R. M. Schulze
2003 Ed. (2380)
2001 Ed. (2318)
R. M. Shoemaker Co.
2001 Ed. (2671)
1999 Ed. (1410)
1997 Ed. (1198)
1996 Ed. (1168)
1995 Ed. (1194)
1994 Ed. (1175)
1993 Ed. (1085, 1153)
1992 Ed. (1357)
1991 Ed. (1100)
1990 Ed. (1212)
R. M. Shoemaker Holdings Inc.
1998 Ed. (974)
R. Mark
2004 Ed. (2516)
2003 Ed. (2397)
2002 Ed. (2204)
2001 Ed. (2339)
R. Martin
1991 Ed. (1618)
R. Martin Chavez
2008 Ed. (2628)
R. Milton Johnson
2007 Ed. (1061)
R. N. Wilson
2002 Ed. (2190)
2001 Ed. (2325)
R. O. Baukol
2001 Ed. (2332)
R. P. Richards Inc.
1995 Ed. (1160)
1994 Ed. (1141)
1993 Ed. (1125)
R P S Group plc
2006 Ed. (2069)
R. Perri & Sons
1999 Ed. (4140)

R. R. Bennett
2002 Ed. (2199)
R. R. Donnelley
1992 Ed. (3530)
1990 Ed. (2903, 2930)
R. R. Donnelley & Sons Co.
2008 Ed. (3031, 3200, 3623, 3630, 4026, 4028, 4085, 4086)
2007 Ed. (2908, 3445, 4008, 4009, 4049, 4050, 4053, 4054, 4358)
2006 Ed. (747, 1080, 1446, 3434, 3959, 3968, 3969, 4019, 4020, 4022, 4023, 4460)
2005 Ed. (98, 821, 1082, 1083, 3892, 3893, 3894, 3898, 3899, 3979, 3980, 3984)
2004 Ed. (1078, 2115, 3410, 3934, 3935, 3936, 3942, 4040, 4041, 4046)
2003 Ed. (2336, 3345, 3929, 3930, 3931, 3934, 3935, 4022, 4023, 4027)
2002 Ed. (3764, 3884, 3885, 4879)
2001 Ed. (3884, 3885, 3886, 3887, 3901, 3902, 3952, 3956, 4222, 4478)
2000 Ed. (3613)
1999 Ed. (1045, 1504, 3889, 3891, 3968, 3971)
1998 Ed. (2320, 2708, 2920, 2923, 2972, 2973)
1997 Ed. (3167, 3170, 3219, 3221)
1996 Ed. (3087, 3089, 3139, 3141)
1995 Ed. (2986, 2988, 3039, 3040, 3042)
1994 Ed. (2930, 2932, 2977, 2978, 2981, 2982)
1993 Ed. (2916, 2918, 2919, 2920, 2941, 2943)
1992 Ed. (3527, 3533, 3536, 3537, 3585, 3586, 3588, 3533, 3538, 3541)
1991 Ed. (2765, 2766, 2767, 2784, 2786, 2787)
1990 Ed. (2212, 2904, 2905, 2929, 2931)
R. R. Donnelley/Chicago
1992 Ed. (3531)
R. R. Donnelley Logistics
2005 Ed. (3340)
R. R. Donnelley/Mattoon
1992 Ed. (3531)
R. R. Donnelley/Warsaw
1992 Ed. (3531, 3539)
R. R. Gable Inc.
1994 Ed. (2999)
R. R. Goodmanson
2002 Ed. (2188)
R. R. Holley
2005 Ed. (2499)
R. R. Irani
2004 Ed. (2512)
2002 Ed. (2198)
2001 Ed. (2333)
R. R. Roscitt
2004 Ed. (2522)
R. Rodriguez
2003 Ed. (2399)
R. Rollo Associates
1999 Ed. (2073)
1998 Ed. (1506)
1997 Ed. (1795)
R. Rose Investments
1993 Ed. (1038)
R. S. Hill
2005 Ed. (2493)
2004 Ed. (2509)
R. S. Larsen
2003 Ed. (2398)
2002 Ed. (2190)
2001 Ed. (2325)
R. Scot Sellers
2007 Ed. (2509)
2005 Ed. (1103)
2004 Ed. (1099)
R Small Cap Canadian Equity
2004 Ed. (3616, 3617)
2003 Ed. (3570, 3571, 3572)
R. Smith
2002 Ed. (2191)
R-Squared Electronics
2003 Ed. (1835)
R. Stephen Lynch & Co.
1996 Ed. (2357)
R T Corp.
2007 Ed. (4456)
2006 Ed. (4388)
R T & W Kwok
2008 Ed. (4841)
2007 Ed. (4909)
R. T. Jones Jr.
2008 Ed. (2827)
R. T. Lewis
2005 Ed. (2502)
2004 Ed. (2518)
2003 Ed. (2399)
2002 Ed. (2205)
R-Tek
1994 Ed. (2704)
R. Twining & Co. Ltd.
2003 Ed. (4678)
R. U. Corp.
2003 Ed. (1847)
2001 Ed. (1896)
R. U. I. One Corp.
2008 Ed. (2164)
2007 Ed. (2055)
2006 Ed. (2099)
2005 Ed. (1998)
2004 Ed. (1882)
2003 Ed. (1847)
R. V. Gilmartin
2004 Ed. (2517)
2002 Ed. (2190)
2001 Ed. (2325)
R. V. Kuhns & Associates
2008 Ed. (2020, 2710, 2711)
R. V. Norene & Associates Inc.
1993 Ed. (2267)
R. W. Carson
2003 Ed. (2381)
R. W. Dollens
2005 Ed. (2501)
2003 Ed. (2398)
R. W. Graybill
1998 Ed. (2288)
R. W. Lane
2005 Ed. (2493)
2004 Ed. (2509)
R. W. LeBoeuf
2007 Ed. (2498)
2006 Ed. (2520)
2005 Ed. (2486)
2004 Ed. (2502)
2003 Ed. (2383)
2002 Ed. (2187)
2001 Ed. (2322)
R. W. Sidley Inc.
2006 Ed. (4372)
R. W. Sturge & Co.; Marine 206,
1991 Ed. (2336)
R. W. Sturge & Co.; 960,
1991 Ed. (2335)
R. W. Sturge & Co.; Non-marine 210,
1991 Ed. (2336)
R. W. Sturge & Co.; 206,
1991 Ed. (2337)
R. W. Sturge & Co.; 210,
1991 Ed. (2338)
R. Wayne Atwell
2000 Ed. (2027)
1999 Ed. (2245)
1998 Ed. (1655)
1997 Ed. (1885)
1996 Ed. (1811)
1995 Ed. (1795, 1833, 1847)
1994 Ed. (1795, 1809)
1990 Ed. (1766)
R. Wayne Watts
1995 Ed. (2485)
R.A. DeMattia Co.
1990 Ed. (1211)
RA Restaurant Services
1995 Ed. (3116)
R.A. Schoellhorn
1990 Ed. (973)
Raab Karcher AG
2000 Ed. (4388)
Raab Karcher Electronics
1998 Ed. (1403, 1404, 1405, 1406, 1407)
Raadgevend Bureau Chaessens B.V.
1993 Ed. (2747)
Raba Rt
2000 Ed. (893)
Rabak
1992 Ed. (2812)
Rabanco Recycling
2006 Ed. (4060)
Rabar Market Research
1996 Ed. (1055)
1995 Ed. (1078)
1993 Ed. (1038)
1992 Ed. (2743)
Raben Tire Co.
2007 Ed. (4755)
2006 Ed. (4746)
Rabin; Stanley A.
2007 Ed. (1024)
Rabin; William
1997 Ed. (1872)
Rabobank
2006 Ed. (1420, 1690)
2000 Ed. (523)
1991 Ed. (619)
1990 Ed. (562, 645)
1989 Ed. (633)
Rabobank-America Holdings Inc.
2005 Ed. (2671)
Rabobank Curacao NV
1999 Ed. (607)
1997 Ed. (573)
1996 Ed. (632)
Rabobank Curacao NV (Curacao)
2000 Ed. (630)
Rabobank Group
2008 Ed. (411, 481, 1964)
2007 Ed. (440, 447, 526, 1900, 1905, 3990)
2006 Ed. (438, 504, 1919)
Rabobank Holding
2004 Ed. (67)
Rabobank International
2004 Ed. (502)
Rabobank International Holdings Inc.
2004 Ed. (2679)
Rabobank NA
2008 Ed. (196)
2007 Ed. (209)
Rabobank Nederland
2005 Ed. (364, 585)
2004 Ed. (596)
2003 Ed. (591)
2002 Ed. (625)
2000 Ed. (522)
1999 Ed. (606)
1997 Ed. (572, 1485)
1996 Ed. (631, 2484, 2485)
1995 Ed. (464, 562)
1994 Ed. (593, 1691)
1993 Ed. (528, 586)
1992 Ed. (727, 795)
1991 Ed. (560, 620)
1990 Ed. (646)
RAC
2008 Ed. (136)
RAC Holdings Corp.
2004 Ed. (1823)
2003 Ed. (1789)
RAC of WA
2002 Ed. (3781)
Racal
1993 Ed. (1350, 2612)
1991 Ed. (2067)
Racal Electronics
1995 Ed. (1404)
1994 Ed. (1379)
1992 Ed. (1641, 1642)
1990 Ed. (2198, 2199)
1989 Ed. (200)
Racal Electronics Plc.
1990 Ed. (2191)
Racal-Milgo
1991 Ed. (2478)
1990 Ed. (2595, 2596)
Racal-Redac
1994 Ed. (843, 1073, 2200)
Racal Telecom
1991 Ed. (2586)
Racal-Vadic
1990 Ed. (2596)
Racanelli Associates; N.
1991 Ed. (963, 965)
Racanelli Industrial Park
1991 Ed. (2023)
1990 Ed. (2179)
Race car driver (Indy Class)
1989 Ed. (2084, 2092, 2096)
Race tracks
1999 Ed. (2566)
Racetrac Petroleum
1993 Ed. (1159)
Rachael Ray
2008 Ed. (904)
Rachael Ray Express Lane Meals
2008 Ed. (555)
Rachel Lomax
2006 Ed. (4978)
Rachel McAdams
2008 Ed. (2590)
Rachlin Cohen & Holtz
2000 Ed. (19)
1999 Ed. (23)
1998 Ed. (2, 5, 18)
Rachlin Cohen & Holtz LLP
2008 Ed. (9)
2007 Ed. (11)
2006 Ed. (15)
2005 Ed. (10)
2004 Ed. (14)
2003 Ed. (8)
2002 Ed. (22, 23)
Rachman Halim
2008 Ed. (4845)
2006 Ed. (4916, 4919)
Racine Schools
2008 Ed. (4280)
Racine, WI
1990 Ed. (291)
Racing
1990 Ed. (3328)
Rackable Systems Inc.
2008 Ed. (1587, 1606)
2007 Ed. (4279)
RackSpace
2003 Ed. (1074)
Rackspace Managed Hosting
2008 Ed. (2125, 2133)
2007 Ed. (2022)
2005 Ed. (4613)
Raclin; Ernestine M.
1994 Ed. (3666)
RACO Industries LLC
2008 Ed. (2003)
RACQ
2002 Ed. (3781)
RACQ-GIO Insurance
2002 Ed. (3777)
Racquet
2005 Ed. (4428)
Racquetball
1999 Ed. (4382)
RACV
2003 Ed. (3953, 3959)
2002 Ed. (3781)
Rad Oil
1993 Ed. (1152)
Radbobank Nederland
1990 Ed. (600)
Radcliffe Colleges; Harvard and
1990 Ed. (1087)
Radenska
2000 Ed. (2986)
Rader, Lawrence
1991 Ed. (1694)
Radex-Heraklit
1991 Ed. (3451)
Radex-Heraklith
1994 Ed. (3631)
1992 Ed. (4400)
Radfork Development Inc.
2005 Ed. (1037)
Radiall SA
2008 Ed. (3658)
Radian Group Inc.
2007 Ed. (1525, 2556)
2006 Ed. (2587, 4734, 4735)
2005 Ed. (3048, 4689, 4690)
2004 Ed. (3034)
Radian International
1999 Ed. (1359, 2057)
1998 Ed. (1475, 1481, 1484)
Radian International LLC
2000 Ed. (1852)
Radiance Medspa
2008 Ed. (3888)

Radiance Technologies
2007 Ed. (2173)
2006 Ed. (2249)
Radiant Systems Inc.
2008 Ed. (4415)
1999 Ed. (4163)
Radiation from VDTs
1993 Ed. (3737, 3738)
Radiation Systems Inc.
1993 Ed. (1566, 1567)
Radical Entertainment
2007 Ed. (1606)
2006 Ed. (1596, 1605, 1625)
Radio
2007 Ed. (157)
2005 Ed. (1470, 1481)
2003 Ed. (2758, 4515)
2002 Ed. (1398, 1414, 1491, 1983, 3882)
2001 Ed. (95, 2022, 2024, 2781, 3246, 4876)
2000 Ed. (939)
1997 Ed. (35, 868, 2256)
1996 Ed. (2466)
1995 Ed. (143, 144)
1993 Ed. (1941)
1992 Ed. (89, 90)
Radio advertising
1992 Ed. (3731)
1990 Ed. (2737)
Radio & television
1995 Ed. (2446)
Radio & TV
1990 Ed. (165, 166)
Radio and TV communication equipment
1992 Ed. (2969)
1991 Ed. (2382)
1990 Ed. (2515)
1989 Ed. (1929)
Radio & TV stations
2004 Ed. (1455)
Radio/cassettes
1990 Ed. (721)
Radio Centro, SA de CV; Grupo
2005 Ed. (3429)
Radio City
1990 Ed. (3464)
Radio City Christmas Spectacular
2002 Ed. (1165)
2001 Ed. (1383, 1383, 1383, 1383, 1383)
Radio City Music Hall
2006 Ed. (1154)
2003 Ed. (4528)
2002 Ed. (4344)
2001 Ed. (4352)
1999 Ed. (1296)
1994 Ed. (2942)
Radio City Music Hall Productions
1995 Ed. (3000)
Radio communication
1992 Ed. (3828)
Radio communication and detection equipment
1994 Ed. (2435)
Radio Free Europe-Radio Liberty
1992 Ed. (3266)
Radio Frequency Systems Inc.
2002 Ed. (2083)
Radio Ink
2007 Ed. (4793)
Radio IP Software
2008 Ed. (2946)
Radio, local
2006 Ed. (2853)
2005 Ed. (2850)
2004 Ed. (2841)
2002 Ed. (2569)
Radio, national
2006 Ed. (2853)
2005 Ed. (2850)
2004 Ed. (2841)
2002 Ed. (2569)
Radio, national spot
2006 Ed. (762)
2005 Ed. (835)
2004 Ed. (861)
2003 Ed. (25, 26, 817)
2002 Ed. (918)
Radio, network
2002 Ed. (4954)
1998 Ed. (26)
Radio One Inc.
2008 Ed. (3628)
2007 Ed. (191, 3451, 3453, 4062)
2006 Ed. (185, 188, 3439, 3440, 4028)
2005 Ed. (175, 749, 2012, 3991)
2004 Ed. (173, 4054)
2003 Ed. (4033, 4034)
2002 Ed. (3285, 3894)
2001 Ed. (3974, 3975)
Radio Partnership
1999 Ed. (3982)
Radio receivers
1992 Ed. (2084)
Radio Shack
2001 Ed. (3331)
2000 Ed. (2481, 2483, 2488, 3804, 3806, 4202)
1998 Ed. (861)
1995 Ed. (2119, 2123)
1994 Ed. (1911)
1993 Ed. (3365)
1992 Ed. (1937, 2423, 2425, 4038)
1991 Ed. (1542, 1920, 1921)
1990 Ed. (1647, 2030, 2032, 2033)
Radio Shack Computer Centers
1989 Ed. (984)
Radio Shack (Fort Worth, TX)
1991 Ed. (1037)
Radio Shack/Tandy
1992 Ed. (1317)
Radio, spot
2002 Ed. (4954)
Radio Times
2002 Ed. (3635)
2000 Ed. (3494, 3497)
Radiolinja
2004 Ed. (44)
2001 Ed. (35)
Radiologic technologists
1992 Ed. (3282)
Radiology, diagnostic
2008 Ed. (3985)
2006 Ed. (3907)
Radiomobil
2006 Ed. (40)
2005 Ed. (33)
Radiomovil Dipsa
2005 Ed. (61)
Radion
2002 Ed. (2227)
1999 Ed. (1839)
1996 Ed. (1541)
1994 Ed. (1525)
1992 Ed. (1799, 4237)
Radion Automatic
1997 Ed. (165)
Radios
1998 Ed. (2439)
RadioShack Corp.
2008 Ed. (2982, 2993, 2994, 4229)
2007 Ed. (2354, 2863, 2873, 2874, 4499, 4528)
2006 Ed. (2403, 2871, 2879, 2880, 4026, 4169, 4439)
2005 Ed. (2357, 2864, 2873, 2874, 3330, 3990, 4120, 4121, 4415, 4987)
2004 Ed. (2857, 2883, 2884, 4052, 4978)
2003 Ed. (2767, 2776, 2777, 4502, 4979)
2002 Ed. (2110, 2358)
2001 Ed. (2217, 2531)
Radiotechnique
1989 Ed. (1626)
Radison Inn
1999 Ed. (2763)
Radission Hotels International
1991 Ed. (1952)
Radisson
2008 Ed. (3070)
2007 Ed. (2945)
2006 Ed. (2934)
2003 Ed. (2853, 2854, 2857, 2858, 2859, 2860)
2001 Ed. (2789, 2791)
1999 Ed. (2785)
Radisson Airport Hotel
2005 Ed. (2930)
Radisson Airport Hotel Providence
1997 Ed. (221, 2287)
Radisson Ambassador Plaza Hotel
1995 Ed. (2157)
Radisson Centre/Radisson Mart Plaza Hotel Complex
2000 Ed. (2538)
Radisson-Cherry Hill
1990 Ed. (1219)
Radisson Colorado Springs Airport
1997 Ed. (221, 2287)
Radisson Hospitality Worldwide
2004 Ed. (2944)
Radisson Hotel
2007 Ed. (2944)
2006 Ed. (2863)
2005 Ed. (2856)
2004 Ed. (2848)
2003 Ed. (2761)
2001 Ed. (2726)
1992 Ed. (2498, 2508)
Radisson Hotel & Conference Center
2007 Ed. (2944)
Radisson Hotel & Suites
2005 Ed. (2930)
Radisson Hotel at Star Plaza
1996 Ed. (2172)
Radisson Hotels
2000 Ed. (2550, 2559, 2569)
1999 Ed. (2792)
1998 Ed. (2024, 2031)
1997 Ed. (2296, 2306)
1996 Ed. (2181, 2187)
1995 Ed. (2166, 2172)
1994 Ed. (2118, 2121)
1993 Ed. (2098, 2101)
Radisson Hotels & Resorts
2005 Ed. (2931, 2941, 2942, 2943, 2944)
2004 Ed. (2938)
2003 Ed. (2847)
2002 Ed. (2637)
Radisson Hotels International
1992 Ed. (2496, 2502)
Radisson Inn
1998 Ed. (2008)
Radisson Inn Green Bay
1996 Ed. (2173)
Radisson Lexington
2005 Ed. (2936)
Radisson Mart Plaza Hotel
2000 Ed. (2574)
1999 Ed. (2795)
1998 Ed. (2035)
1995 Ed. (198)
1994 Ed. (193)
Radisson Mart Plaza Hotel & Convention Center
2002 Ed. (2650)
Radisson Plaza Hotel
1991 Ed. (217)
Radisson Plaza Hotel & Golf Course
1994 Ed. (193)
Radisson SAS
2000 Ed. (2565)
Radisson Suites
1996 Ed. (2175, 2179)
1993 Ed. (2086)
1992 Ed. (2477)
1991 Ed. (1944)
RadiSys
2006 Ed. (2073)
Radius Advertising
1999 Ed. (115, 166)
1997 Ed. (155)
1995 Ed. (48)
1992 Ed. (123)
1991 Ed. (76)
1990 Ed. (79)
1989 Ed. (85)
Radius Advertising (Leo Burnett)
1996 Ed. (149)
Radius Communications
1998 Ed. (587, 601)
Radius Engineering Inc.
2006 Ed. (2087)
Radius/Leo Burnett
2000 Ed. (186)
Radius Leo Burnett Advertising
2003 Ed. (163)
2002 Ed. (203)
2001 Ed. (230)
Radlaw Industries, Inc.
1991 Ed. (344)
Radley Acura
1994 Ed. (259)
1993 Ed. (290)
1992 Ed. (405)
1991 Ed. (300)
Radley Yeldar
2002 Ed. (1954)
Radnor Homes
1998 Ed. (912)
Rado
1989 Ed. (21)
Rado Uhren AG
1996 Ed. (2264)
1994 Ed. (2214)
Radobank Skopje
2002 Ed. (4442)
Radon
1992 Ed. (3593)
Radox
2001 Ed. (3726)
RAE Systems
2008 Ed. (2853)
2007 Ed. (2723)
RAEPANK Ltd.
1997 Ed. (457)
RAESA
2007 Ed. (2627)
Rafael Bello
1999 Ed. (2403)
1996 Ed. (1897, 1901)
Rafael del Pino
2008 Ed. (4874)
Rafael Villagran
1995 Ed. (1812)
Rafaela Herrera
2007 Ed. (2496)
Raffi Amit
2004 Ed. (819)
Raffinerie Tirlemont
1993 Ed. (1879)
Raffles
2000 Ed. (2546, 2570)
1999 Ed. (2771)
1998 Ed. (2032)
1996 Ed. (2174)
Raffles Insurance Ltd.
2008 Ed. (3224)
2007 Ed. (3084)
2006 Ed. (3054)
Raffoul; Isaac Saba
2008 Ed. (4886)
Rafidain Bank
1994 Ed. (535)
1993 Ed. (417, 421)
1992 Ed. (580, 586, 734)
1991 Ed. (422, 423, 424, 425, 431, 551, 552, 554, 566)
1990 Ed. (470, 471, 472, 473, 474, 480, 597, 611)
1989 Ed. (444, 445, 446, 447, 448, 449, 451, 452, 458, 572, 577, 584)
Rafik Al Hariri
2005 Ed. (4886)
2004 Ed. (4883)
2003 Ed. (4895)
Rag
1999 Ed. (3416, 3417, 3807)
RAG AG
2008 Ed. (200, 1185, 3678, 3680, 3924, 3927)
2007 Ed. (3875)
2006 Ed. (3849, 3850)
2005 Ed. (3783)
2004 Ed. (1459, 3858)
2003 Ed. (3829)
2002 Ed. (1076, 3370, 3682)
2000 Ed. (3139, 3140, 3535)
Rag Shops Inc.
2006 Ed. (2141)
2001 Ed. (1943)
1999 Ed. (1054, 1878)
Ragan Outdoor Advertising
2001 Ed. (1544)
Raging Bull
2002 Ed. (4830, 4886)
Raging Water
1995 Ed. (3725)
Raging Waters
2007 Ed. (4884)
2006 Ed. (4893)

2005 Ed. (4840)
2004 Ed. (4856)
2003 Ed. (4875)
2002 Ed. (4786)
2001 Ed. (4736)
1999 Ed. (4745)
1998 Ed. (3701)
1997 Ed. (3868)
1996 Ed. (3819)
1994 Ed. (3654)
1993 Ed. (3688)
1992 Ed. (4425)
Raging Waters, CA
2000 Ed. (4374)
Raging Waters, San Dimas, CA
1991 Ed. (3476)
Ragold
2000 Ed. (975)
Ragu
2002 Ed. (4332)
2001 Ed. (4321)
1998 Ed. (1717)
1996 Ed. (1948)
1994 Ed. (1881)
Ragu Express
2008 Ed. (2730)
Ragu Pasta Sauce
1999 Ed. (2474)
1992 Ed. (2172)
Ragu Pasta Sauces
2002 Ed. (2312)
Ragutis
2002 Ed. (4441)
Rahmi Koc
2008 Ed. (4876)
2006 Ed. (4928)
Rahway Valley Sewerage Authority
2000 Ed. (3678)
Raichle
1992 Ed. (3981)
1991 Ed. (3132)
Raid
2003 Ed. (2952)
Raiders of the Lost Ark
1991 Ed. (2489)
1990 Ed. (2611)
Raifeisen Verband
1990 Ed. (22)
Raiffeisen Bank
2008 Ed. (424, 496)
2007 Ed. (460, 545)
2006 Ed. (449, 517)
2005 Ed. (518)
2004 Ed. (539)
1994 Ed. (14)
1993 Ed. (24)
Raiffeisen Bank Croatia
2004 Ed. (485, 487, 489)
2003 Ed. (480)
Raiffeisen Bank Polska
2004 Ed. (486)
Raiffeisen Group
2007 Ed. (1594)
Raiffeisen Informatik GmbH
2008 Ed. (1574)
2007 Ed. (1596)
Raiffeisen International Bank
2008 Ed. (1572)
2007 Ed. (1593)
Raiffeisen Landesbank Niederosterreich-Wien
1994 Ed. (429)
Raiffeisen-Landesbank Steiermark AG
2008 Ed. (382)
Raiffeisen Malta Bank
2007 Ed. (517)
Raiffeisen. Nied-Wien
1991 Ed. (454)
Raiffeisen Unicbank
1999 Ed. (537)
Raiffeisen Zentralbank Oesterreich
2001 Ed. (606, 607, 608)
Raiffeisen Zentralbank Osterreich
2008 Ed. (382)
2007 Ed. (400)
2006 Ed. (415)
2005 Ed. (462)
2004 Ed. (450, 493, 496)
2003 Ed. (464)
2002 Ed. (525)
2000 Ed. (465)
1999 Ed. (472)
1996 Ed. (449)
1995 Ed. (424)
1994 Ed. (429)
1993 Ed. (429)
1992 Ed. (610)
Raiffeisen Zentralbank Osterreich AG
1997 Ed. (413)
Raiffeisenbank
2006 Ed. (431)
2004 Ed. (487)
2003 Ed. (482)
Raiffeisenbank Austria d.d. Zagreb
2006 Ed. (429)
Raiffeisenbank (Bulgaria)
2008 Ed. (389)
Raiffeisenland Niederosterreich-Wein
1999 Ed. (472)
Raiffeisenland Niederosterreich-Wien
1997 Ed. (413)
1996 Ed. (449)
1995 Ed. (424)
Raiffeisenlandesbank Niederosterreich-Wien
2008 Ed. (382)
2007 Ed. (400)
2006 Ed. (415)
2005 Ed. (462)
2004 Ed. (450)
2003 Ed. (464)
2002 Ed. (525)
2000 Ed. (465)
1993 Ed. (429)
1992 Ed. (610)
Raiffeisenlandesbank Oberosterreich
2008 Ed. (382)
2007 Ed. (400)
2006 Ed. (415)
2005 Ed. (462)
2004 Ed. (450)
2003 Ed. (464)
2002 Ed. (525)
2000 Ed. (465)
1996 Ed. (559)
Raiffeisenverband
1991 Ed. (16)
Raiji & Co.; N. M.
1997 Ed. (10)
Raikes; Jeffrey S.
2006 Ed. (2524)
Rail
2001 Ed. (4234)
Rail Access Corp.
2002 Ed. (4674)
Rail Delivery Services Inc.
1999 Ed. (4810)
Rail India Technical & Economic Services Ltd.
1991 Ed. (1560)
Rail Services
2002 Ed. (1179)
RailAmerica Inc.
2005 Ed. (3993, 3994)
2004 Ed. (4055, 4056)
Railroad brake, signal, & switch operators
2004 Ed. (2290)
Railroad brake, signal, switch operators
1989 Ed. (2078)
Railroad conductor
1989 Ed. (2086)
Railroad conductors, yardmasters
1989 Ed. (2078)
Railroad Construction Family of Cos.
2008 Ed. (1318, 1333)
Railroad Employees
1992 Ed. (3261)
Railroad Industries Inc.
2008 Ed. (3720)
2007 Ed. (3577, 4433)
2006 Ed. (3526)
Railroads
2008 Ed. (3155, 3157)
2007 Ed. (3040, 3043, 3046)
2006 Ed. (3007)
2005 Ed. (3008)
2004 Ed. (3010)
2003 Ed. (2904, 2907)
2000 Ed. (1354)
1999 Ed. (1510)
1998 Ed. (1071, 1075, 1151)
1997 Ed. (1303, 1445)
1996 Ed. (1256, 1257)
1991 Ed. (2055)
1990 Ed. (2184, 2188)
Railtrack Group
1999 Ed. (1658)
Railtrack Group plc
2002 Ed. (3902)
2001 Ed. (3986)
Railtrack plc
2004 Ed. (4796)
2002 Ed. (4671)
2001 Ed. (3986)
Railway cars, refrigerated
1999 Ed. (2530)
Railway Employees Credit Union
2004 Ed. (1925)
2003 Ed. (1886)
Railways
2001 Ed. (2160)
Railways Pension Fund
1996 Ed. (2944)
RailWorks Corp.
2008 Ed. (1322, 1333, 1334)
2007 Ed. (1364)
2005 Ed. (1310)
Railworks Track Systems Inc.
2004 Ed. (1874)
Raiman; Lawrence
1997 Ed. (1877)
Rain
2005 Ed. (885)
Rain Man
1991 Ed. (2488)
Rainbo Break Cake
1998 Ed. (260, 261)
1996 Ed. (358)
Rainbow Babies & Children's Hospital
2008 Ed. (3049)
2007 Ed. (2926)
2006 Ed. (2907)
2005 Ed. (2900)
Rainbow Chevrolet
1992 Ed. (411)
Rainbow Credit Union
2006 Ed. (2200)
2005 Ed. (2105)
2004 Ed. (1963)
2003 Ed. (1923)
2002 Ed. (1869)
Rainbow Evaporated Milk
1991 Ed. (44)
Rainbow Guitars
1999 Ed. (3501)
Rainbow Hall
2001 Ed. (4352)
Rainbow International
1990 Ed. (1850)
Rainbow International Carpet Care & Restoration
2004 Ed. (904)
2003 Ed. (883)
2002 Ed. (2007)
Rainbow International Cleaning & Restoration
2006 Ed. (2321)
Rainbow International Restoration & Cleaning
2008 Ed. (2389)
2007 Ed. (2252)
2005 Ed. (2264)
Rainbow Polybag Co.
1999 Ed. (4338)
Rainbow Porsche
1991 Ed. (292)
Rainbow Productions
2002 Ed. (3265)
Rainbow Rentals
2000 Ed. (2293)
1999 Ed. (2550)
1998 Ed. (1790)
Rainbow Room
1999 Ed. (4056)
1998 Ed. (3049)
1997 Ed. (3302)
1996 Ed. (3195)
1995 Ed. (3101)
1994 Ed. (3055)
1993 Ed. (3010)
1992 Ed. (3689, 3687)
1991 Ed. (2858, 2860)
Rainbow Six
2001 Ed. (986)
2000 Ed. (707)
Rainbow Technologies Inc.
1992 Ed. (3994)
1990 Ed. (1966, 3296)
Rainbow Technology
2007 Ed. (3529, 3530, 4398)
2006 Ed. (3494)
Raindance
2006 Ed. (4375)
Raindance Communications
2003 Ed. (1653)
Rainer Investment
1996 Ed. (2407)
Raines; Franklin
2006 Ed. (906, 1201, 2517)
2005 Ed. (964)
Rainey, Kelly, Campbell, Roalfe
2001 Ed. (231)
Rainey, Kelly, Campbell, Roalfe/Young & Rubican UK
2001 Ed. (232)
Rainforest Cafe
2008 Ed. (4157)
2003 Ed. (4097)
2002 Ed. (4007, 4032)
2001 Ed. (4060, 4061, 4066, 4067, 4071, 4073, 4076, 4084)
2000 Ed. (2395, 3762, 3763, 3773, 3774, 3794, 3798)
Rainier Balanced
1999 Ed. (3508)
Rainier Bancorp
1989 Ed. (364)
Rainier National Bank
1990 Ed. (715, 2438)
1989 Ed. (203, 205, 708)
Rainier Pacific, A Community Credit Union
2002 Ed. (1899)
Rainier Small/Mid Cap Equity
2006 Ed. (3641)
1999 Ed. (3505)
Rainier Technology, Inc.
2002 Ed. (2516)
Rainin Instrument Co., Inc.
2004 Ed. (1530)
Rainmaker Income Fund
2006 Ed. (1576)
2005 Ed. (1664, 1670)
Raintree Inns
1991 Ed. (1942)
Rainwater Construction Co., Inc.
2008 Ed. (4252)
Rainwater; Richard
1990 Ed. (1773)
Raisin Bran
2003 Ed. (876, 879)
2002 Ed. (955)
2001 Ed. (1147)
2000 Ed. (1001, 1002, 1003)
1993 Ed. (860)
1992 Ed. (1072, 1074)
1991 Ed. (877, 878)
1990 Ed. (924)
Raising Cane's Chicken Fingers
2008 Ed. (4165)
Raisins
2003 Ed. (2577)
2002 Ed. (2372)
1993 Ed. (1748)
Raisio Yhtyma Oyj
2002 Ed. (2469)
2000 Ed. (2443, 2444)
Raision Tehtaat Oy Ab
1999 Ed. (2662)
Raithel Investment
2008 Ed. (1096)
Raitt; Bonnie
1993 Ed. (1078)
Raj & Neera Singh
2008 Ed. (4911)
Raj Chatha
2007 Ed. (2465)
Raj; Deepak
1997 Ed. (1870)
1996 Ed. (1787, 1797)
1995 Ed. (1813, 1824)
1994 Ed. (1772, 1785)
1993 Ed. (1789, 1802)
1991 Ed. (1701)
Raj L. Gupta
2008 Ed. (2633)

Raj Seth
2000 Ed. (2050)
Raja Garuda Mas.
1992 Ed. (2103)
Rajawali Citra Televisi
2008 Ed. (48)
2007 Ed. (44)
Rajeev Malik
1999 Ed. (2281)
Rajhi; Sulaiman Bin Abdul Al
2008 Ed. (4892)
2007 Ed. (4921)
2006 Ed. (4928)
2005 Ed. (4886)
Rajiv Chaudhri
1998 Ed. (1671)
Rajiv Dutta
2007 Ed. (1066)
2006 Ed. (970)
2005 Ed. (992)
Rajiv Gupta
2007 Ed. (972)
2006 Ed. (881)
Rajiv Sobti
1999 Ed. (2196, 2197, 2199, 2200, 2202)
1998 Ed. (1613)
1997 Ed. (1953)
1993 Ed. (1843)
Rajshahi Krishi Unnayan Bank
1995 Ed. (427)
1994 Ed. (432)
Rajudin Ramli
1997 Ed. (849)
Rakowich; Walter
2006 Ed. (1001)
Raks Electronik
1997 Ed. (2577)
Rakuten
2007 Ed. (4204)
2006 Ed. (4511)
Rakvere Lihakombinaat
2006 Ed. (4501)
Rakyat
1994 Ed. (3193)
Rakyat First Merchant Bankers
1989 Ed. (1781)
Rakyat Indonesia; Bank
2008 Ed. (433, 1810)
2007 Ed. (468, 1779)
2006 Ed. (456, 1770)
RAL Merchant Bank
1991 Ed. (701)
Ral Merchant Bank Limited
1989 Ed. (718)
Ralcorp
1998 Ed. (660, 1725)
1997 Ed. (919)
1996 Ed. (890)
Ralcorp Frozen Bakery Products
2008 Ed. (2780)
Ralcorp Holdings Inc.
2008 Ed. (1952, 1955, 2731, 2740)
2006 Ed. (1900, 1902, 1909, 2631)
2005 Ed. (1889, 2634, 2652)
2004 Ed. (2658, 4697)
1996 Ed. (3440)
Ralee Engineering Co.
2000 Ed. (4435)
Raleigh
1997 Ed. (994)
1989 Ed. (1998)
Raleigh Bhd.
1991 Ed. (2275)
Raleigh-Cary, NC
2008 Ed. (1055, 3457, 3458, 3510, 4090, 4091)
2007 Ed. (3366)
Raleigh-Durham-Chapel Hill, NC
2008 Ed. (3474, 4348, 4354, 4357)
2006 Ed. (3315)
2005 Ed. (3322)
2004 Ed. (2423, 2426, 2429)
2003 Ed. (2345, 2349, 2352, 3246)
2002 Ed. (1053, 2731, 2763)
2001 Ed. (2280, 2284)
1998 Ed. (2057, 2485)
1997 Ed. (1821, 2765, 3305, 3308)
1996 Ed. (2621, 3201, 3205)
1995 Ed. (3106, 3110)
Raleigh-Durham, NC
2008 Ed. (977)
2006 Ed. (3298, 3741, 3742)
2005 Ed. (2376, 2385, 3310, 3644)
2004 Ed. (1162, 3297, 3735, 4081)
2003 Ed. (3678)
2002 Ed. (2117, 4287)
2001 Ed. (2783, 2795)
2000 Ed. (1088, 3104, 3687)
1999 Ed. (254)
1997 Ed. (2334, 3524)
1995 Ed. (990, 2191, 2559)
1994 Ed. (973, 2409, 3060, 3064)
1991 Ed. (2347)
1990 Ed. (2485)
1989 Ed. (1903)
Raleigh, NC
2008 Ed. (3460, 3517, 4039)
2007 Ed. (3362)
2006 Ed. (3067, 4189)
2005 Ed. (4143)
2003 Ed. (1136)
2002 Ed. (2744)
1996 Ed. (303)
1995 Ed. (2807)
1994 Ed. (823, 966, 3326, 3511)
1992 Ed. (1163)
Rales; Mitchell
2008 Ed. (4828)
2007 Ed. (4901)
2006 Ed. (4905)
2005 Ed. (4850)
Rales; Steven
2008 Ed. (4828)
2007 Ed. (4901)
2006 Ed. (4905)
2005 Ed. (4850)
Rales; Steven & Mitchell
1990 Ed. (3556)
Raley Field
2005 Ed. (4442, 4443)
Raley's Corp.
2004 Ed. (4163, 4646)
2003 Ed. (4149)
2002 Ed. (4984)
2000 Ed. (4429)
1999 Ed. (4809)
1992 Ed. (490)
1991 Ed. (951)
1990 Ed. (1023)
Raley's Supermarkets
2004 Ed. (4623, 4647)
2002 Ed. (4536)
Rall; Gary
2007 Ed. (4161)
Rally Energy Corp.
2008 Ed. (1622, 1660)
Rally Software Development
2008 Ed. (1672, 1673)
Rallye Group
2007 Ed. (95)
2006 Ed. (102)
Rallye Motors
1996 Ed. (279, 286)
1995 Ed. (279, 288)
1993 Ed. (277)
1991 Ed. (286, 310, 282)
1990 Ed. (329, 333)
Rallye SA
2007 Ed. (4952)
2006 Ed. (4945)
Rally's
2007 Ed. (2531, 2532)
2006 Ed. (2566)
2002 Ed. (2235)
2001 Ed. (2403)
1999 Ed. (2138, 2632)
1997 Ed. (1836, 2172, 2173)
1995 Ed. (1776, 1777, 2074, 2075, 2076, 3115, 3116, 3132, 3133)
1994 Ed. (1743, 2010, 2022, 2023, 3081, 3318, 3328)
1992 Ed. (2116, 2221, 2372)
1991 Ed. (1876, 3145)
Rally's Hamburgers
2008 Ed. (2675, 2676)
2007 Ed. (2537)
2002 Ed. (2239)
1998 Ed. (1898)
1996 Ed. (1754, 2072, 2073)
1993 Ed. (3014, 3015, 3036)
1991 Ed. (1771)
Ralmondo Construction
2003 Ed. (1286)
Ralph
1998 Ed. (264, 755)
Ralph Acampora
2000 Ed. (1978)
1999 Ed. (2207)
1998 Ed. (1622)
1997 Ed. (1915)
Ralph Alvarez
2008 Ed. (1428)
2006 Ed. (2516)
Ralph and Erma Ekvall
1994 Ed. (897)
Ralph Buick
1996 Ed. (266)
1995 Ed. (265)
Ralph Cryder
1992 Ed. (3139)
Ralph E. Ablon
1990 Ed. (975)
Ralph Feigin
2004 Ed. (974)
Ralph Freitag
1992 Ed. (2056)
Ralph G. Mann
1992 Ed. (534)
Ralph J. Roberts
2005 Ed. (2512)
2003 Ed. (2410)
1996 Ed. (960)
Ralph L. MacDonald, Jr.
1989 Ed. (417)
Ralph L. Rossi
1993 Ed. (1696)
Ralph Lauren
2008 Ed. (996, 4826)
2007 Ed. (1102, 1117, 4747, 4897)
2006 Ed. (1016, 2951, 4902)
2005 Ed. (4686, 4846)
2004 Ed. (2527, 4860)
2003 Ed. (2869)
2002 Ed. (3348)
2001 Ed. (1915)
Ralph Lauren Polo Blue
2008 Ed. (2769)
2006 Ed. (2662)
Ralph Lauren Polo Sport
2006 Ed. (2662)
Ralph M. Hall
1999 Ed. (3843, 3959)
Ralph M. Parsons Co.
1990 Ed. (1664)
Ralph M. Parsons Foundation
1999 Ed. (2503)
1990 Ed. (1848)
Ralph Reichmann
1993 Ed. (699)
1992 Ed. (890)
1990 Ed. (731)
1989 Ed. (732)
Ralph Rubio
2004 Ed. (2533)
Ralph S. Inouye Co.
2008 Ed. (1779)
Ralph S. Larsen
1992 Ed. (2063)
Ralph Schomp Automotive Inc.
2008 Ed. (2653, 4992, 4993)
2007 Ed. (2525, 4987, 4988, 4990)
2006 Ed. (2549, 3986, 4991, 4992, 4993)
2005 Ed. (2541, 3912, 4993, 4994)
2004 Ed. (3968, 4988, 4989)
2003 Ed. (4990)
2002 Ed. (4986, 4987)
2000 Ed. (4430)
1999 Ed. (4811)
1998 Ed. (3761)
Ralph Schomp Oldsmobile, Honda, BMW & Hundai
1996 Ed. (3879)
Ralph Schomp Oldsmobile Honda, BMW & Hyundai
1995 Ed. (3794)
Ralph Waldo Beeson
1994 Ed. (895)
1993 Ed. (888, 1028)
1992 Ed. (1099)
Ralphs
2008 Ed. (4566)
2007 Ed. (4619)
2006 Ed. (4633)
2005 Ed. (4554)
2004 Ed. (4642)
1999 Ed. (368, 4518, 4520)
1998 Ed. (3455, 3456, 3457)
1997 Ed. (2790, 3670, 3671, 3677)
1996 Ed. (1560)
1995 Ed. (3534)
Ralph's Food Warehouse Inc.
2007 Ed. (4189)
2006 Ed. (4168)
2005 Ed. (4117)
Ralphs Grocery Co.
2007 Ed. (4638, 4640, 4641)
2003 Ed. (1745)
Ralston Chex Mix
1999 Ed. (4346)
Ralston Purina Co.
2003 Ed. (1216, 2512, 3803, 3804)
2002 Ed. (2302, 3656, 4352, 4364)
2001 Ed. (2462, 2473)
2000 Ed. (1334, 1336, 1519, 3513)
1999 Ed. (1504, 1551, 1561, 1708, 2455, 2459, 2464, 3786)
1998 Ed. (1178, 1202, 1718, 1724, 1725, 2813)
1997 Ed. (1290, 1482, 2029, 2036, 2038, 3069)
1996 Ed. (1244, 1422, 1928, 1932, 1933)
1995 Ed. (913, 1460, 1886, 1888)
1994 Ed. (880, 881, 882, 1264, 1423, 1862, 1864, 1865, 1866, 2828)
1993 Ed. (861, 1226, 1350, 1370, 1873, 1875, 1876, 1877, 2709, 3379)
1992 Ed. (1073, 1525, 2175, 2177, 2179, 2181, 2184, 2185, 3405)
1991 Ed. (1742, 1733, 1735, 1736, 1738, 1741)
1990 Ed. (1812, 1815, 1816, 1817, 1820, 1822, 2824, 2825)
1989 Ed. (20, 1050, 1444, 1448, 1450, 1452, 1453)
Ram
2002 Ed. (386)
2000 Ed. (3141)
1992 Ed. (2337, 2338)
1991 Ed. (1854, 1855)
Ram Computers
2001 Ed. (1882)
Ram; Dodge
2008 Ed. (299, 304, 4765, 4781)
2007 Ed. (4858)
2006 Ed. (323, 4829, 4856)
2005 Ed. (304, 4777, 4785, 4786)
Ram Doubler
1998 Ed. (845)
1997 Ed. (1091, 1096)
1996 Ed. (1077)
Ram Golf Co.
1993 Ed. (1990, 1991)
Ram Herrara
1997 Ed. (1113)
RAM Management Group
2007 Ed. (1188)
Ram Motor Coach Inc.
1992 Ed. (4367, 4369)
Ram 1500
2001 Ed. (468, 470, 473, 474, 3394, 4638)
Ram Pickup
2002 Ed. (4684, 4699, 4700)
2001 Ed. (480, 3329)
Ram Shriram
2007 Ed. (4874)
2006 Ed. (4879)
RAM Systems GmbH
2005 Ed. (2156)
Ram Tool & Supply Co., Inc.
2007 Ed. (3529, 3530, 4397, 4398)
2006 Ed. (3494, 4338)
Ram Van
2001 Ed. (482)
Rama & Grey
2001 Ed. (145)
1999 Ed. (101)
1997 Ed. (100)
1996 Ed. (98)
1995 Ed. (84)
Rama Perwira
2003 Ed. (85)
2002 Ed. (118)

Rama Perwira; P. T.
1991 Ed. (109)
Ramada
2004 Ed. (2938)
2003 Ed. (2847)
2002 Ed. (2637)
2001 Ed. (2791)
2000 Ed. (2550, 2559, 2562, 2569)
1999 Ed. (2784, 2785)
1998 Ed. (2023, 2024, 2025, 2031)
1997 Ed. (2295)
1995 Ed. (2166)
1992 Ed. (2502, 2503, 2506, 2507)
1991 Ed. (1945)
1990 Ed. (1165, 2087)
Ramada Congress Hotel
1999 Ed. (2787)
1997 Ed. (2301)
Ramada Franchise Systems Inc.
2006 Ed. (2942)
2005 Ed. (2935, 2939)
2004 Ed. (2942, 2944)
2003 Ed. (2852)
2002 Ed. (2640)
1994 Ed. (1912)
Ramada Hotel Group
1991 Ed. (1953)
1990 Ed. (2067, 2068, 2069)
Ramada Hotels
1991 Ed. (1955)
Ramada Inn
2005 Ed. (2941, 2942, 2943, 2944)
2003 Ed. (2853, 2854, 2857, 2858, 2859, 2860, 4133)
Ramada Inns
1999 Ed. (2779, 2792)
1997 Ed. (2291, 2296)
1996 Ed. (2177, 2181)
1994 Ed. (2114, 2118, 2121)
1993 Ed. (2084)
1992 Ed. (1460, 2475, 2488)
1991 Ed. (1942)
1990 Ed. (2076, 2095)
1989 Ed. (1616)
Ramada Inns, Hotels & Resorts
1997 Ed. (2306)
Ramada International Hotels & Resorts
1996 Ed. (2187)
Ramada Limited
2000 Ed. (2553)
1999 Ed. (2776, 2782)
1998 Ed. (2016)
Ramada Plaza Hotel
1994 Ed. (2106)
1992 Ed. (2484)
Ramada Plaza Hotels
1997 Ed. (2291)
Ramada Plaza Hotels & Resorts
1998 Ed. (2019)
Ramada Worldwide
2008 Ed. (3078)
2007 Ed. (2953)
Ramallo Group
2006 Ed. (4298)
2005 Ed. (4357)
Ramani Ayer
2007 Ed. (990)
2006 Ed. (900)
Ramapo College of New Jersey
2008 Ed. (1060)
Ramar Steel Erectors Inc.
2008 Ed. (1192)
Ramayana Lestari Sentosa Terbuka
2007 Ed. (1778)
Rambo III
1991 Ed. (2490)
Ramboll
2006 Ed. (2465, 2466)
Ramboll Gruppen A/S
2008 Ed. (1308, 2557, 2562)
2007 Ed. (2430)
Rambus Inc.
2006 Ed. (4285, 4578)
2004 Ed. (4660)
2002 Ed. (1502)
2001 Ed. (4216)
1999 Ed. (4163, 4168)
Ramco-Gershenson Inc.
1996 Ed. (3427, 3431)
1995 Ed. (3373, 3378)
1994 Ed. (3302, 3304)
1993 Ed. (3313, 3314)
1992 Ed. (3960, 3967)
1991 Ed. (3119, 3125)
1990 Ed. (3284, 3286, 3289)
Ramco-Gershenson Properties
2002 Ed. (1728)
Ramco-Gershenson Properties Trust
2001 Ed. (4004, 4015)
Ramcor Services Group Inc.
2007 Ed. (3532, 4400)
Ramesh & Pratibha Sachdev
2008 Ed. (4897)
2005 Ed. (4889)
Ramesh Chandra
2008 Ed. (4879)
Ramey Motors
2006 Ed. (4867, 4868)
2005 Ed. (4805, 4806)
2004 Ed. (4822)
2002 Ed. (361, 362)
Ramirez & Co.; Samuel A.
1996 Ed. (2657, 2658, 3352)
Ramirez; Manny
2006 Ed. (291)
Ramirez; Roberto Hernandez
2008 Ed. (4886)
Ramli; Rajudin
1997 Ed. (849)
Ramo; Jim
2005 Ed. (2321)
Ramon Areces
1990 Ed. (730)
The Ramona
1990 Ed. (981)
Ramos Oil Co., Inc.
2006 Ed. (2836, 3498, 4342)
2002 Ed. (2541, 2564)
2000 Ed. (4386)
1999 Ed. (4756)
1998 Ed. (3711)
1997 Ed. (3872)
1996 Ed. (2565)
1995 Ed. (3727)
1992 Ed. (2402)
Ramos; Roy
1997 Ed. (1961)
Ramp Corp.
2006 Ed. (4606)
Ramp Ford (Ramp Motors)
1992 Ed. (420)
Rampart Investment Management Co.
2003 Ed. (3089)
2000 Ed. (2778)
1991 Ed. (2235, 2243)
Rampart Investment Mgmt.
1990 Ed. (2343, 2346)
Ram's Horn Restaurants
1999 Ed. (4087)
1998 Ed. (3076)
RAMS Mortgage
2004 Ed. (3952)
2002 Ed. (3774)
Ramsay Health Care
1998 Ed. (2933)
Ramsay-HMO Inc.
1996 Ed. (2084)
Ramsay Youth Services, Inc.
2004 Ed. (2836)
Ramses
1998 Ed. (869)
1992 Ed. (1400)
Ramses Extra
1998 Ed. (932)
1997 Ed. (1115, 1116)
Ramses Ultra
1999 Ed. (1303)
Ramsey Auto Group
1992 Ed. (421)
Ramsey Canyon Health Services
1990 Ed. (2050)
Ramsey, Krug, Farrell & Lensing Inc.
2005 Ed. (359)
Ramsey Mitsubishi
1996 Ed. (280)
1990 Ed. (310)
Ramsey Saab
1996 Ed. (287)
1995 Ed. (289)
1994 Ed. (283)
1993 Ed. (285)
1992 Ed. (400)
1991 Ed. (295)
1990 Ed. (318)
Ramsons Inc.
2008 Ed. (1271)
2007 Ed. (1374)
Ranbaxy Laboratories
2002 Ed. (4426)
2001 Ed. (2103)
2000 Ed. (1455, 1459)
Ranch Market
2004 Ed. (4642)
Ranchers
2007 Ed. (2461, 3719)
2005 Ed. (3620, 3632)
Ranchers Banks
2001 Ed. (2702)
Ranchester State Bank
1997 Ed. (505)
Rancho Cucamonga, CA
1992 Ed. (1154, 1156)
Rancho Los Amigos Medical Center
2003 Ed. (2811)
Rancho Los Amigos National Medical Center
2004 Ed. (2915)
Rancho Los Amigos National Rehabilitation Center
2006 Ed. (2908)
Rancho Santa Fe, CA
2007 Ed. (3000)
2006 Ed. (2972)
2001 Ed. (2817)
2000 Ed. (1068, 4376)
1999 Ed. (1155, 4747)
1998 Ed. (737, 3704)
Rancho Santa Fe National
1997 Ed. (505)
1993 Ed. (513)
Rancho Santa Fe National Bank
1998 Ed. (375)
Rancho Santa Fe Savings & Loan Association
1998 Ed. (369)
Rancho Santa Margarita
1996 Ed. (3050)
Rancho Valencia Resort
2000 Ed. (2543)
1997 Ed. (2285)
Rancocas Hospital
1999 Ed. (955)
RAND Corp.
1993 Ed. (892)
Rand; A. Barry
1989 Ed. (736)
Rand A Technology
2007 Ed. (2814)
Rand McNally
1992 Ed. (3529, 3533)
Rand Merchant Bank
2001 Ed. (1534)
2000 Ed. (664)
1999 Ed. (638)
1997 Ed. (614)
1994 Ed. (404, 631)
1993 Ed. (626, 2532, 2533)
1992 Ed. (833)
1991 Ed. (2416, 2417)
Rand Min
1995 Ed. (2585)
Rand Mines
1996 Ed. (2034)
1993 Ed. (2577)
1991 Ed. (2468)
1990 Ed. (2590)
Rand Mutual
1991 Ed. (2157)
1990 Ed. (2283)
rand; South African
2008 Ed. (2273)
Rand Technologies
1998 Ed. (606)
Rand Technology Inc.
2005 Ed. (2346)
2004 Ed. (2246)
2002 Ed. (2094)
Rand V. Araskog
1999 Ed. (2079)
1998 Ed. (1513)
1997 Ed. (982)
1993 Ed. (1698)
1992 Ed. (1141, 1145)
Randal J. Kirk
2008 Ed. (4911)
The Randall Group
1998 Ed. (874)
Randall Mays
2008 Ed. (967)
2007 Ed. (1079)
2006 Ed. (986)
2005 Ed. (991)
Randall Oliphant
2006 Ed. (2528)
Randall Park Mall
2001 Ed. (4251)
Randall Realty
1997 Ed. (1122)
Randall Co.; Robert
1992 Ed. (1364)
Randall Stephenson
2005 Ed. (993)
Randall Stores Inc.
2001 Ed. (1850)
Randall Weisenburger
2008 Ed. (967)
2007 Ed. (1078)
2006 Ed. (985)
Randall; William T.
1991 Ed. (3212)
Randalls
2004 Ed. (4640)
Randall's Food Market
1992 Ed. (4174)
Randall's Food Markets Inc.
2000 Ed. (4170)
1999 Ed. (1817, 4523)
Randall's International Inc.
2001 Ed. (1850)
Randall's/Tom Thumb
2004 Ed. (2142, 2143)
Randcoal
1995 Ed. (1040)
Randell
1990 Ed. (2977)
Randell Moore
1991 Ed. (2160)
Randfontein
1995 Ed. (2041)
1993 Ed. (1989)
1991 Ed. (1852)
1990 Ed. (1938)
Randgold
2000 Ed. (2380)
Randgold Resources Ltd.
2007 Ed. (3521)
2006 Ed. (3489)
2004 Ed. (4570)
R&L Transfer
2000 Ed. (4313)
Randol; William
1997 Ed. (1888)
1996 Ed. (1813)
1995 Ed. (1836)
1994 Ed. (1798)
1993 Ed. (1815)
1989 Ed. (1418)
Randolph AFB
1996 Ed. (2645)
Randolph-Brooke Federal Credit Union
1993 Ed. (1448)
Randolph-Brooks Credit Union
2008 Ed. (2261)
2007 Ed. (2146)
2006 Ed. (2162, 2225)
2005 Ed. (2130)
2004 Ed. (1988)
2003 Ed. (1903, 1948)
2002 Ed. (1894)
Randolph C. Blazer
2003 Ed. (805)
Randolph D. Lerner
2005 Ed. (4855)
Randolph Holdings Ltd.
1995 Ed. (1011)
Randolph-Macon College
1991 Ed. (888)
Randolph-Macon Woman's College
1995 Ed. (1065)
1994 Ed. (1058, 1900)
Randolph Partnership
1999 Ed. (3926)
Random Inc.
1995 Ed. (3043)
Random Group
1999 Ed. (2842)

Random House
2008 Ed. (625, 626, 628, 629)
2007 Ed. (666, 667, 669, 670)
2006 Ed. (633, 641, 642, 644, 645)
2005 Ed. (729, 730, 732)
2004 Ed. (748, 749, 751, 4044)
2003 Ed. (726, 727, 729)
2001 Ed. (3955)
1999 Ed. (3970)
1997 Ed. (3224)
1992 Ed. (3590)
1991 Ed. (2788)
1989 Ed. (743)
Random police foot patrols
1990 Ed. (845)
Random Walk Computing Inc.
2003 Ed. (2724)
2002 Ed. (1155, 1156)
A Random Walk Down Wall Street
2005 Ed. (716)
Randox Labs
2007 Ed. (2038)
Randstad Canada
2008 Ed. (3496)
Randstad Holding NV
2007 Ed. (4367)
2006 Ed. (1685)
2003 Ed. (1669, 1776)
2002 Ed. (1643, 4349)
Randy Furr
2008 Ed. (968)
Randy Johnson
2005 Ed. (267)
2003 Ed. (295)
Randy Mayer
1998 Ed. (918)
Randy McCoy
2004 Ed. (976)
Randy Straussberg
1990 Ed. (2290)
Randy Travis
1992 Ed. (1351, 1351)
1990 Ed. (1143, 1143)
Randy Travis, K.T. Oslin
1991 Ed. (1040)
Randy Travis/The Judds/Tammy Wynette
1990 Ed. (1143)
Rangaire
2002 Ed. (4517)
2000 Ed. (4138)
1999 Ed. (4504)
1998 Ed. (3430)
1997 Ed. (3654)
1995 Ed. (3521)
1994 Ed. (3453)
1993 Ed. (3479)
1992 Ed. (4157)
1990 Ed. (3480)
Range Resources Corp.
2008 Ed. (3911)
2007 Ed. (3839, 3846)
2005 Ed. (3736, 3737)
2004 Ed. (3828, 3829)
Range Rover Land
1996 Ed. (285)
1995 Ed. (278)
1993 Ed. (283)
1992 Ed. (398)
1991 Ed. (293)
1990 Ed. (316)
Range Rover of Darien
1996 Ed. (285)
1995 Ed. (278)
1993 Ed. (283)
1992 Ed. (398)
1991 Ed. (293)
Range Wise Inc.
2006 Ed. (1081)
1994 Ed. (1070)
1993 Ed. (1037)
Ranger
2002 Ed. (4684, 4699, 4700)
2001 Ed. (466, 468, 469, 470, 471, 472, 473, 474, 477, 3329, 3394, 4638)
2000 Ed. (3141)
Ranger American
2008 Ed. (4943)
2007 Ed. (4294, 4973)
2006 Ed. (4268, 4269)
2005 Ed. (4290, 4293)
1998 Ed. (3203)
Ranger American of Puerto Rico Inc.
2005 Ed. (1731)
Ranger; Ford
2008 Ed. (304)
2006 Ed. (323, 4829)
2005 Ed. (295, 304, 4777, 4785, 4786)
Ranger Oil
1992 Ed. (3436)
Ranger SpA
2008 Ed. (300, 1865)
Ranger Transportation
1996 Ed. (3758)
1995 Ed. (3675)
1994 Ed. (3596)
1993 Ed. (3636, 3641)
1992 Ed. (4355)
1991 Ed. (3430)
Rangerplast SpA
2007 Ed. (1831)
2006 Ed. (1824)
Rangers Football Club Plc.
1990 Ed. (1413)
Rangers; New York
2006 Ed. (2862)
Ranges & Ovens
2000 Ed. (2583)
Rangpur Foundry Ltd.
2002 Ed. (1971)
Ranier Special Dry
1993 Ed. (745)
Ranitidine
2002 Ed. (2049)
1992 Ed. (1870)
Ranitidine HCI
2005 Ed. (2249)
2001 Ed. (2102)
1999 Ed. (1910)
Ranitidine HCl
2003 Ed. (2107)
2002 Ed. (2048)
Ranjan Pal
1997 Ed. (1958)
Ranjit & Baljinder Singh
2008 Ed. (2595)
Rank
2006 Ed. (3275)
Rank & Son Buick GMC
1991 Ed. (271)
Rank Group
2001 Ed. (1132)
1999 Ed. (1644)
The Rank Group plc
2006 Ed. (1220)
2005 Ed. (2945, 3283)
Rank Hotels
1992 Ed. (2466)
Rank Organisation
1999 Ed. (2790)
1990 Ed. (2433)
The Rank Organisation plc
2001 Ed. (4087)
2000 Ed. (2566)
Rank Xerox Ltd.
1999 Ed. (2897)
1997 Ed. (2405)
1996 Ed. (2264)
1995 Ed. (2264)
1994 Ed. (2214)
1992 Ed. (1449)
Ranks Hovis MacDougall
1990 Ed. (1829)
Ranks Hovis McDougall
1994 Ed. (1206, 1227)
1991 Ed. (1747)
Rans-Philippine Investment Corp.
1989 Ed. (1782)
Ransburg Corp.
1991 Ed. (3333)
Ransmeier & Spellman
1999 Ed. (3154)
Ransom
1999 Ed. (3448, 4716, 4719)
1998 Ed. (2535)
Ranson Municipal Consultants
1998 Ed. (2228)
Rao Gazprom
2000 Ed. (1477, 1482)
1999 Ed. (1670, 1675)
Rao Group
1998 Ed. (669)
RAO UES of Russia
2006 Ed. (4532, 4533)
RAO Unified Energy Systems
2002 Ed. (4461, 4462, 4463, 4464)
Raoul Felder
2002 Ed. (3069)
1997 Ed. (2611)
Raoul Lionel Felder
1991 Ed. (2297)
Rap
2001 Ed. (3405)
Rapeseed oil
1992 Ed. (3299)
Rapid Advertising
1992 Ed. (139)
Rapid City Regional Hospital Inc.
2008 Ed. (2077, 2078)
2007 Ed. (1979, 1980)
2006 Ed. (2013, 2014)
2005 Ed. (1961, 1962)
2004 Ed. (1858)
2003 Ed. (1822)
2001 Ed. (1849, 1850)
Rapid City, SD
2008 Ed. (3462, 3468, 4092)
2007 Ed. (3364)
2006 Ed. (3300, 3306)
2005 Ed. (3065, 3311, 3317, 4797)
2004 Ed. (4151)
2000 Ed. (1909)
1999 Ed. (2127)
1998 Ed. (245, 1548)
1997 Ed. (3349)
1996 Ed. (3248)
1995 Ed. (3148)
1994 Ed. (3103)
1993 Ed. (3044)
Rapid City Telco Credit Union
2008 Ed. (2259)
2007 Ed. (2144)
2006 Ed. (2223)
2005 Ed. (2128)
2004 Ed. (1986)
2003 Ed. (1946)
2002 Ed. (1892)
Rapid Industrial Plastics Co.
2008 Ed. (4132)
2007 Ed. (4109)
2005 Ed. (3859)
2004 Ed. (3914)
Rapidforms Inc.
2000 Ed. (2345)
1999 Ed. (2602)
1998 Ed. (1843)
Rapier
2002 Ed. (1979)
Rapier Stead & Bowden
1996 Ed. (1551)
1995 Ed. (1563)
1994 Ed. (1534)
Rapp & Collins USA
1989 Ed. (56)
Rapp & Collins Worldwide
1999 Ed. (1860, 1861, 1862)
Rapp Collins
2003 Ed. (2067)
2002 Ed. (1985)
1997 Ed. (77)
Rapp Collins Estonia
2002 Ed. (106)
2001 Ed. (134)
Rapp Collins Group
1995 Ed. (1564)
Rapp Collins Latvia
2002 Ed. (134)
2001 Ed. (160)
Rapp Collins Marcoa
1995 Ed. (1565, 1566)
1993 Ed. (1488, 1489)
1992 Ed. (1805, 1807, 1808)
1991 Ed. (1420)
1990 Ed. (1503, 1504, 1505, 1506)
The Rapp Collins Partnership
1994 Ed. (1534)
1993 Ed. (1487)
Rapp Collins Worldwide
2008 Ed. (2339, 3599, 3601)
2007 Ed. (2202, 3432)
2006 Ed. (2266, 3418)
2003 Ed. (2065, 2066)
2000 Ed. (1671, 1672, 1673, 1674, 1680)
1998 Ed. (1284, 1285, 1288)
1997 Ed. (1614, 1616, 1617, 1619)
1996 Ed. (1550, 1552, 1554)
Rapp; Leon
1996 Ed. (1886)
Rapport
1992 Ed. (3366)
Raquel Lizzarega
1999 Ed. (2420)
Rare Hospitality Inc.
2000 Ed. (3797)
Rare Medium-Detroit
2001 Ed. (4747)
Rare Method Capital Corp.
2008 Ed. (1549)
2007 Ed. (1570)
Rare Telephony Inc.
2003 Ed. (1514)
Raritan River
1993 Ed. (3449)
Raritan Valley Community College
2002 Ed. (1108)
2000 Ed. (1145)
1999 Ed. (1236)
1998 Ed. (808)
RAS
2006 Ed. (1821, 3230)
1997 Ed. (1460)
1996 Ed. (2641)
1995 Ed. (1439)
1994 Ed. (1407)
1993 Ed. (1354)
1992 Ed. (1654, 3073)
1991 Ed. (1313, 2458, 2459)
1990 Ed. (1389, 3472)
RAS Builders Inc.
2005 Ed. (1325, 3912)
2004 Ed. (3968)
2000 Ed. (4026)
RAS Enterprises/e-Payment Systems
2007 Ed. (3571)
Ras Laffan Liquified Natural Gas Co.
2008 Ed. (849)
Ras ord
1996 Ed. (2642)
1994 Ed. (2519, 2520)
Ras Riunione Adriatica Di Sicurta
2005 Ed. (1530)
RAS Securities Corp.
1995 Ed. (3222, 3223)
Rascal House
2001 Ed. (4051)
1994 Ed. (3053)
Rashes
2000 Ed. (2446)
Rashid Hussain
2008 Ed. (1899)
2007 Ed. (1865)
2006 Ed. (1860)
2000 Ed. (1297)
1999 Ed. (905, 906, 907, 908, 909, 1701)
1997 Ed. (783, 784, 787, 849, 1475, 2398)
1995 Ed. (801, 802, 803, 804, 805)
Rashid Hussain Asset Management
2001 Ed. (2887)
Rashid Hussain Bhd
2002 Ed. (839, 840, 841)
1996 Ed. (1415)
Rashid Hussein
1993 Ed. (1643)
Rashid; Karim
2008 Ed. (2990)
Rasna
1997 Ed. (1234, 2206)
1996 Ed. (3455)
Raspberries
1992 Ed. (2111)
Raspberry
2000 Ed. (720)
Raspit Inc. (Bd.) Ltd.
2002 Ed. (1970, 1971)
Rassini SA de CV
1995 Ed. (327)
Rassman; Joel
2008 Ed. (964)
2007 Ed. (1062)
2006 Ed. (966)
RasterOps
1996 Ed. (2884)
1992 Ed. (3821)

Rastriya Banijya Bank
1994 Ed. (591)
Rasul; Shaf
2007 Ed. (2465)
Rat SpA
1995 Ed. (2117)
Ratan S Mama & Co.
1997 Ed. (10)
The Ratchet Depot Co.
2007 Ed. (4445)
Ratcliff Construction Co.
2007 Ed. (1377)
Ratcliffe; James
2007 Ed. (2462)
Ratcliffe; Jim
2008 Ed. (4901)
RateXchange
2003 Ed. (2182)
2001 Ed. (4766)
Ratheon
1992 Ed. (3072)
Ratin
2002 Ed. (1343)
2000 Ed. (1407)
Rational Software Corp.
2005 Ed. (1465, 2343)
2004 Ed. (1453)
1998 Ed. (3408, 3409)
Ratiopharm
1995 Ed. (1591)
Ratliffe; Lisa
2008 Ed. (4898)
Ratner Cos.
2008 Ed. (3886)
Ratner; Evan
1997 Ed. (1938)
Ratners Group PLC
1995 Ed. (1246)
Ratnesh Kumar
2000 Ed. (2141)
1999 Ed. (2355)
Ratones Paranoicas
1997 Ed. (1112)
RATP
1992 Ed. (2343)
1990 Ed. (1945)
Rattie; Keith
2008 Ed. (936)
2007 Ed. (997)
2006 Ed. (907)
Rattlesnake Holding
1998 Ed. (3412)
Ratto
2000 Ed. (59)
Ratto/BBDO
2001 Ed. (103)
1997 Ed. (58)
1996 Ed. (61)
Ratto/BBDO; David
1994 Ed. (69)
1993 Ed. (79)
1992 Ed. (119)
1989 Ed. (82)
Rauch Weaver Millsaps & Co.
1990 Ed. (2953)
Raul Alarcon Jr.
2008 Ed. (2638)
2004 Ed. (2843)
Raul Alarcon Sr.
1998 Ed. (1944, 2504, 3705)
Raul Amon
2001 Ed. (75)
Raul Gardini
1992 Ed. (888)
Raul Gonzalez Blanco
2007 Ed. (4464)
Rauma Oy
2000 Ed. (2444)
Rauma-Repola Corp.
1992 Ed. (2395)
1991 Ed. (1276, 1285, 1900, 1901)
Rauma-Repola Oy
1993 Ed. (1309, 2029)
1990 Ed. (1360)
1989 Ed. (1114)
Rauscher Pierce Refsnes Inc.
1999 Ed. (3010, 3012, 3016, 3018, 3019, 4237, 4247)
1998 Ed. (2226, 2227, 2231, 2234, 2236, 3258)
1997 Ed. (2476, 2479, 2480, 2482, 2483, 2484, 2485)
1996 Ed. (2349, 2351, 2354, 2358, 3357)
1995 Ed. (2332, 2333, 2334, 2335, 2338, 2340)
1993 Ed. (2261, 2263, 2266, 2270, 3137, 3169, 3170, 3198, 3199)
1991 Ed. (2165, 2172, 3034, 3062)
1990 Ed. (3189)
1989 Ed. (821, 2378)
Rausing; Birgit
2008 Ed. (4873)
2005 Ed. (4877, 4878)
Rausing; Gad
1994 Ed. (708)
Rausing; Hans
2008 Ed. (4873)
2007 Ed. (4923)
2005 Ed. (926, 4897)
1997 Ed. (673)
1994 Ed. (708)
1992 Ed. (888)
Rausing; Hans and Gad
1993 Ed. (698)
1991 Ed. (709)
Rausing; Kirsten
2007 Ed. (4924)
Rausing; Kirsten & Jorn
2005 Ed. (4888, 4897)
Rautaruukki
2008 Ed. (1724, 3557)
2007 Ed. (1697, 3486)
2006 Ed. (1701)
1999 Ed. (3349)
1997 Ed. (2203)
Rautaruukki Oyj
2007 Ed. (1698)
2006 Ed. (3379)
2004 Ed. (3441)
2001 Ed. (3283)
Ravda Corp.
1990 Ed. (2597)
Rave
2008 Ed. (2870)
2003 Ed. (2653, 2659)
2002 Ed. (2436)
1991 Ed. (1881)
Raven
1993 Ed. (1863)
Raven Industries Inc.
2008 Ed. (2356, 2358, 2359, 2362, 2367)
2007 Ed. (2215, 2216, 2219, 2222)
2006 Ed. (2286, 2290, 2291, 2294, 2295)
2005 Ed. (2226, 2229, 2230)
2004 Ed. (2125)
Raven Transport
2005 Ed. (2690)
Ravenflow
2008 Ed. (1149)
Ravenna
1992 Ed. (1398)
Ravens; Baltimore
2008 Ed. (2761)
2006 Ed. (2653)
2005 Ed. (2667)
Ravenswood Aluminum Inc.
1995 Ed. (2847, 2869)
1994 Ed. (2750)
Ravenwood Marketing Inc.
2008 Ed. (4053)
Ravi Arimilli
2006 Ed. (1003)
Ravi Bulchandani
1998 Ed. (1688)
Ravi Mattu
2000 Ed. (1961)
1999 Ed. (2197, 2200, 2202)
1998 Ed. (1613)
1997 Ed. (1953)
Ravi Suria
2000 Ed. (1965)
RAVI (Video International Advertising)
2003 Ed. (143)
2002 Ed. (176)
2001 Ed. (204)
Ravioli
2003 Ed. (3926, 3927)
2002 Ed. (3746)
Ravioli, canned
1997 Ed. (2032)
RAVISENT Technologies, Inc.
2002 Ed. (2533)
Ravitz; Leslie
1996 Ed. (1785)
1991 Ed. (1700)
Raw materials
2001 Ed. (2376)
Rawhide bones & chews
2002 Ed. (3661)
Rawhide, WY
2000 Ed. (1126)
Rawlings
2006 Ed. (4446)
2005 Ed. (4430, 4432)
2000 Ed. (4088)
1999 Ed. (4378, 4379)
1998 Ed. (3350)
1997 Ed. (3556, 3557)
1996 Ed. (3492, 3493)
1995 Ed. (3428)
1994 Ed. (3370, 3371)
1993 Ed. (3375)
1992 Ed. (4042, 4044)
1991 Ed. (3166, 3170, 3174)
Rax
1996 Ed. (3278)
1991 Ed. (2868)
1990 Ed. (1754, 1756)
Rax Restaurants
1997 Ed. (3375)
1995 Ed. (1778, 3121, 3179, 3180)
1994 Ed. (3076, 3130)
1993 Ed. (1755, 3016, 3067)
1992 Ed. (2122, 3708, 3764)
1991 Ed. (2910)
Ray & Berndison
2001 Ed. (2310)
Ray & Berndtson
2002 Ed. (2172)
2001 Ed. (2313)
2000 Ed. (1863, 1864)
1999 Ed. (2071)
Ray & Carre Orban International; Paul
1994 Ed. (1711)
Ray & Co. Inc.; Paul R.
1994 Ed. (1710)
Ray & Steve's Car Washes
2006 Ed. (363, 365)
Ray B. Mundt
1993 Ed. (1706)
1991 Ed. (1633)
1990 Ed. (1725)
Ray-Ban
2001 Ed. (2117)
Ray Bandt Nissan
1995 Ed. (281)
Ray Bell Construction Co., Inc.
2007 Ed. (1385)
2006 Ed. (1341)
2004 Ed. (1257)
2003 Ed. (1255)
2002 Ed. (1242)
Ray Brandt Nissan
1996 Ed. (281)
Ray Burnett Volkswagen Inc.
1992 Ed. (403)
Ray Burnette Volkswagen
1990 Ed. (323)
Ray Cammack Shows
2005 Ed. (2523)
2000 Ed. (987)
1999 Ed. (1039)
1998 Ed. (646)
1997 Ed. (907)
Ray Catena Imports
1992 Ed. (391, 397)
Ray Catena Infiniti
1996 Ed. (295)
Ray Catena Lexus of Monmouth
2008 Ed. (286)
2002 Ed. (357)
Ray Catena Mercedes
2005 Ed. (278)
Ray Catena Mercedes Benz/Motor Cars
2006 Ed. (300)
Ray Catena Motor Car Corp.
2008 Ed. (288)
2004 Ed. (274, 275)
2002 Ed. (352, 356, 357)
1995 Ed. (279)
1994 Ed. (276)
1993 Ed. (277)
1991 Ed. (286)
1990 Ed. (333)
Ray Catena Motorcars
1996 Ed. (279)
Ray Dolby
2008 Ed. (4828)
2007 Ed. (4891)
Ray E. Mabus
1992 Ed. (2344)
Ray Ellison
1998 Ed. (792, 3024)
Ray Ellison Mortgage
1995 Ed. (1048, 3076)
Ray Irani
2006 Ed. (897)
2005 Ed. (979)
2000 Ed. (1870)
1999 Ed. (1121, 2074, 2078)
Ray Kennedy
1993 Ed. (1079)
Ray L. Hunt
2004 Ed. (4059)
Ray Lee Hunt
2008 Ed. (4824)
2007 Ed. (4895)
2006 Ed. (4900)
2005 Ed. (4845)
Ray Martin
1992 Ed. (533)
Ray Mundt
1992 Ed. (2064)
Ray O Vac
2002 Ed. (672)
1989 Ed. (721)
Ray O Vac Loud N Clear
2002 Ed. (672)
Ray Oldsmobile-Isuzu
1992 Ed. (394)
Ray; Paul
1993 Ed. (1691)
Ray; Paul R.
1990 Ed. (1710)
Ray Quinney & Nebeker
2006 Ed. (3252)
Ray R. Irani
2008 Ed. (945, 953, 957)
2007 Ed. (1031, 1035)
2006 Ed. (937, 938, 939)
2005 Ed. (2496)
2003 Ed. (955, 2393)
Ray; Rachael
2008 Ed. (904)
Ray Romano
2008 Ed. (2581)
Ray Skillman Oldsmobile
1995 Ed. (282)
Ray Stata
2002 Ed. (1043)
Ray Tanguay
2008 Ed. (2629)
Ray Wilkinson Buick-Cadillac
2003 Ed. (212)
2002 Ed. (708, 709)
2001 Ed. (712)
Ray Wilson Co.
1999 Ed. (1409)
1998 Ed. (973)
1996 Ed. (1167)
1995 Ed. (1193)
1994 Ed. (1174)
Raychem Corp.
2000 Ed. (3032)
1999 Ed. (1263, 1484, 1960, 1970)
1998 Ed. (830, 1049, 1401, 3104)
1997 Ed. (3361, 3362)
1996 Ed. (3262)
1995 Ed. (2504)
1994 Ed. (1078, 1583)
1993 Ed. (1546, 3055)
1992 Ed. (1883, 3745, 3746)
1991 Ed. (1482, 1483, 2903)
1990 Ed. (1585, 1586, 1587)
1989 Ed. (1287, 1288, 1928)
Raycom
2000 Ed. (4215)
Raycom Media Inc.
2008 Ed. (1400)
2007 Ed. (4738)
Raycraft; Richard L.
1995 Ed. (2485)
Raye; Collin
1995 Ed. (1120)

Raygal Inc.
1995 Ed. (1920)
Raygar International
2001 Ed. (1875)
Rayl; Richard L.
1991 Ed. (3209)
Raylee Homes
2005 Ed. (1179)
Raymarine Inc.
2008 Ed. (2725)
2007 Ed. (2350, 2588)
2006 Ed. (2402, 2612)
2005 Ed. (2614)
2004 Ed. (2624, 2625)
Raymond A. Mason
2007 Ed. (1020)
Raymond Adams
1993 Ed. (1458)
Raymond Chambers
1989 Ed. (1422)
Raymond DeVoe Jr.
2004 Ed. (3168)
Raymond E. Cartledge
1992 Ed. (2063)
1991 Ed. (1632)
Raymond Falci
2000 Ed. (2014)
Raymond Gilmartin
2006 Ed. (2517)
The Raymond Group
2008 Ed. (1268)
Raymond J. Noorda
1996 Ed. (961)
1995 Ed. (1729)
1994 Ed. (1716, 1718)
Raymond James
1996 Ed. (797, 799)
1995 Ed. (755)
1992 Ed. (956)
Raymond James & Associates
2005 Ed. (755)
2001 Ed. (767, 795, 924)
2000 Ed. (3964, 3983)
1999 Ed. (3014)
1998 Ed. (526, 2231)
1997 Ed. (734, 1642)
1995 Ed. (2330)
1993 Ed. (759, 2262, 2266)
Raymond James Argentina
2008 Ed. (732)
2007 Ed. (753)
Raymond James Argentina Sociedad de Bolsa
2007 Ed. (3289)
Raymond James Financial Inc.
2008 Ed. (2693, 2695, 2848)
2007 Ed. (2552, 4276, 4316)
2006 Ed. (1493, 2582, 3210)
2005 Ed. (215)
2004 Ed. (4334)
2002 Ed. (502, 503)
2001 Ed. (571)
2000 Ed. (863)
1999 Ed. (833)
1998 Ed. (516)
1990 Ed. (784)
Raymond James Financial Services Inc.
2003 Ed. (4315, 4316)
2002 Ed. (788, 797, 798, 799, 800, 801, 2003, 2261, 4217)
2000 Ed. (840, 843, 845, 846, 847, 848)
Raymond James Latin America
2008 Ed. (3405)
Raymond James Realty
1999 Ed. (3057, 3080)
Raymond; Joan
1990 Ed. (2658)
Raymond Karrenbauer
2005 Ed. (994)
Raymond Katz
2000 Ed. (1987)
1999 Ed. (2219, 2226)
1998 Ed. (1601)
1997 Ed. (1878)
Raymond Kennedy
2001 Ed. (2346)
1998 Ed. (1517)
Raymond L. Flynn
1993 Ed. (2513)
1992 Ed. (2987)
1991 Ed. (2395)
Raymond; L. R.
2007 Ed. (1036)
2006 Ed. (941)
Raymond Lane
2002 Ed. (1043)
Raymond LeBoeuf
2006 Ed. (936)
Raymond; Lee
2007 Ed. (987)
2005 Ed. (788, 968)
Raymond; Lee R.
2006 Ed. (897, 934)
Raymond Mason
2007 Ed. (969)
Raymond Moran
1991 Ed. (1703, 1707, 1708)
1990 Ed. (1768)
1989 Ed. (1416, 1418, 1419)
Raymond Nasher
1999 Ed. (1072)
Raymond Organisation Ltd.; Paul
1995 Ed. (1006)
1994 Ed. (993)
1993 Ed. (967)
Raymond Organization Ltd.; Paul
1992 Ed. (1193)
Raymond S. Troubh
1998 Ed. (1135)
Raymond Seabrook
2006 Ed. (983)
Raymond Smith
1992 Ed. (2064)
Raymond Stotlemeyer
1997 Ed. (1941, 1943)
Raymond T. Holland
1990 Ed. (2659)
Raymond, Thomas & Walter Kwok
2008 Ed. (4844)
Raymond V. Gilmartin
1992 Ed. (2063)
Raymond W. Smith
1999 Ed. (2085)
1993 Ed. (1706)
Raymond Wong
2004 Ed. (3237)
2003 Ed. (3187)
Raymour & Flanigan
1999 Ed. (2557, 2558)
1996 Ed. (1983)
Raymund; Steven A.
2008 Ed. (2638)
Raynal
2004 Ed. (770, 771)
2003 Ed. (760)
2002 Ed. (775, 777)
2001 Ed. (1016)
1998 Ed. (493)
1996 Ed. (778)
Raynolds, Jr.; Harold
1991 Ed. (3212)
Rayonier Inc.
2006 Ed. (3459, 4041, 4043)
2005 Ed. (2668, 2669, 3450, 4008)
2004 Ed. (2675, 2676, 2677, 3435, 3760, 3766)
2003 Ed. (2539, 2540, 2542, 3369)
2001 Ed. (2498, 2499, 2501)
1998 Ed. (2737)
1997 Ed. (2988)
Rayonier Timberlands
1998 Ed. (2677)
1991 Ed. (1873, 1874, 3140, 3141)
Rayovac Corp.
2006 Ed. (2958, 2960)
2005 Ed. (2963, 2965)
2004 Ed. (661, 2184)
2003 Ed. (653)
2002 Ed. (673)
1992 Ed. (876)
Rayovac AA Alkaline, Smart Pack
1989 Ed. (722, 723)
Rayovac Loud n Clear
2002 Ed. (673)
Rayovac Maximum
2003 Ed. (653)
2002 Ed. (673)
Rayovac Renewal
2003 Ed. (653)
Raytech Corp.
1991 Ed. (344)
Raytheon Co.
2008 Ed. (157, 159, 160, 162, 163, 164, 1352, 1359, 1361, 1362, 1368, 1372, 1373, 1462, 1908, 1912, 1914, 1917, 1919, 1921, 1923, 2282, 2283, 2284, 2285, 2286, 2287, 2487, 3006, 3168, 3191, 3220, 3221, 3688)
2007 Ed. (176, 177, 179, 182, 183, 184, 185, 1405, 1411, 1415, 1417, 1468, 1871, 1872, 1873, 1874, 2167, 2168, 2169, 2170, 2171, 2172, 2884, 3079, 3080)
2006 Ed. (171, 172, 173, 174, 175, 176, 177, 178, 179, 180, 1359, 1368, 1373, 1377, 1379, 1868, 1869, 1871, 1872, 1873, 2243, 2244, 2245, 2246, 2247, 2248, 2392, 2826, 3047, 3048, 3255, 3932, 4463)
2005 Ed. (155, 158, 159, 161, 163, 165, 166, 167, 1353, 1354, 1364, 1365, 1368, 1381, 1387, 1389, 1391, 1518, 1857, 1858, 1861, 1862, 1863, 2148, 2149, 2150, 2151, 2152, 2153, 2154, 2155, 2156, 2157, 2158, 2330, 2331, 2337, 2835, 3042, 3043)
2004 Ed. (158, 161, 162, 163, 164, 165, 166, 1345, 1346, 1349, 1352, 1364, 1366, 1367, 1368, 1370, 1502, 1792, 1793, 2009, 2010, 2011, 2012, 2014, 2015, 2016, 2017, 2018, 2019, 2231, 2236, 2243, 3028, 3342, 4484)
2003 Ed. (198, 199, 200, 201, 202, 206, 210, 1342, 1345, 1349, 1350, 1351, 1352, 1359, 1362, 1363, 1472, 1755, 1756, 1964, 1966, 1967, 1968, 1969, 1970, 1971, 1975, 2193, 2955, 2956)
2002 Ed. (239, 241, 243, 1452, 1626, 1723, 1911)
2001 Ed. (263, 264, 265, 266, 267, 269, 542, 1789, 1981, 2848, 2895, 2896, 4462)
2000 Ed. (216, 217, 942, 1513, 1646, 1648, 1651, 1744, 1745, 1746)
1999 Ed. (185, 187, 192, 246, 1471, 1497, 1704, 1821, 1822, 1968, 1969, 1975, 2505)
1998 Ed. (94, 95, 106, 107, 759, 1175, 1244, 1250, 1251, 1398, 1400, 1779, 1922, 2496, 2502, 3032, 3428, 3429, 3697)
1997 Ed. (171, 173, 184, 185, 1017, 1018, 1477, 1705, 1706, 2095, 2473, 2789, 2791, 3278, 3655, 3656, 3865)
1996 Ed. (166, 168, 1418, 1518, 1520, 1521, 1522, 1626, 1627)
1995 Ed. (157, 160, 161, 162, 1019, 1020, 1456, 1542, 1546, 1651, 1652, 1949, 2121, 2577, 3082, 3723)
1994 Ed. (136, 140, 141, 142, 144, 149, 1007, 1008, 1420, 1513, 1517, 1608, 1609, 1610, 1611, 1925, 2072, 2518, 3030, 3454, 3455, 3649)
1993 Ed. (158, 159, 160, 165, 981, 982, 1367, 1374, 1460, 1462, 1565, 1569, 1570, 1571, 1579, 1583, 2053, 2569, 2988, 3478, 3480, 3686)
1992 Ed. (248, 252, 261, 1770, 1916, 1917, 1918, 1929, 3077, 3650, 4361)
1991 Ed. (178, 182, 184, 1403, 1404, 1407, 1516, 1519, 1523, 1524, 1525, 1328, 1329, 2460)
1990 Ed. (192, 1477, 1529, 1617, 1623, 1624, 1632, 1637)
1989 Ed. (1145, 1226)
Raytheon Aircraft Co.
2007 Ed. (1842)
2006 Ed. (1837)
2005 Ed. (1832)
2004 Ed. (1766)
2003 Ed. (1729)
2001 Ed. (342, 346, 347)
Raytheon Aircraft Holdings Inc.
2005 Ed. (273)
2004 Ed. (266)
Raytheon (Amana)
1992 Ed. (2431)
1991 Ed. (1924)
Raytheon Caloric
1992 Ed. (4156, 4158)
Raytheon Constructors International Inc.
2003 Ed. (1754)
Raytheon E-Systems Inc.
2008 Ed. (2110)
Raytheon Engineers & Construction International Inc.
2001 Ed. (1464, 2239, 2242, 2298)
Raytheon Engineers & Constructors
2000 Ed. (1248, 1250, 1252, 1253, 1794)
1999 Ed. (1341, 1342, 1355, 1356, 1359, 1360, 1361, 1362, 1364, 1402, 2018, 2019, 2023, 2024, 2031, 2034)
1997 Ed. (1136, 1138, 1150, 1153, 1154, 1156, 1157, 1733, 1737, 1738, 1741, 1747, 1748, 1759, 1763)
1996 Ed. (1111, 1121, 1124, 1126, 1128, 1148, 1655, 1659, 1660, 1663, 1676)
1995 Ed. (1138, 1153, 1156, 1173, 1672, 1676, 1677, 1679, 1680, 1700)
Raytheon Engineers & Constructors International Inc.
2002 Ed. (1250, 1252, 1261, 1268, 1269, 1273, 1281, 1319)
2000 Ed. (1289, 1799, 1801, 1812, 1819)
1998 Ed. (934, 935, 937, 939, 940, 942, 969, 1436, 1439, 1440, 1444, 1447, 1450, 1451, 1452, 1456)
1996 Ed. (1682)
Raytheon Engineers & Contractors
2000 Ed. (1239)
Raytheon-Hughes
2001 Ed. (270)
Raytheon Missile Systems Co.
2008 Ed. (1557)
2007 Ed. (1574)
2006 Ed. (1544)
2005 Ed. (1649)
2001 Ed. (1610)
Raytheon (Speed Queen)
1992 Ed. (1206, 1207)
1991 Ed. (972, 973)
Raytheon Systems Co.
2004 Ed. (1623)
2003 Ed. (1607)
Raz Kafri
2000 Ed. (1949)
1999 Ed. (2178)
1998 Ed. (1580, 1586, 1590)
1997 Ed. (1936, 1937)
Razor
2002 Ed. (2702)
Razor & Tie Music
2003 Ed. (842)
Razor blades
2003 Ed. (3792)
2002 Ed. (4262)
1993 Ed. (2811)
1990 Ed. (3032, 3033)
Razor blades, refill
2004 Ed. (3805)
Razor Competitive Edge
2007 Ed. (896)
Razor handles, replaceable
1992 Ed. (3398)
Razor racks
1996 Ed. (2976, 2978)
Razorback Acq. Corp.
1990 Ed. (3555)
Razorfish
2008 Ed. (3204)
2007 Ed. (861, 3067)
2002 Ed. (2524, 2528)
2001 Ed. (148, 4190)
Razors
2004 Ed. (3804, 3805)
1997 Ed. (3065)
1995 Ed. (2896)

Razors and blades
2001 Ed. (3712)
1994 Ed. (2808)
Razors/blades
1995 Ed. (2903)
Razors, disposable
2004 Ed. (3805)
2003 Ed. (3792)
2002 Ed. (4262)
Razors, nondisposable
2002 Ed. (4262)
Razors/trimmers
2003 Ed. (2868)
Razors, women's disposable
1992 Ed. (3398)
RB Restaurant Business
1998 Ed. (2788, 2791)
RBB Public Relations
2005 Ed. (3963)
RBB Tax-Free
1996 Ed. (614)
RBC Capital Market
2006 Ed. (1886)
2005 Ed. (1869)
RBC Capital Markets
2008 Ed. (1933, 3401)
2007 Ed. (1882, 3650, 3652, 3653, 3654, 3655, 3656, 4316, 4660, 4661)
2005 Ed. (1442, 1443, 3465, 4313, 4578, 4579)
2004 Ed. (1421, 1425, 1426, 2090)
RBC Dain Rauscher Corp.
2007 Ed. (4273)
2006 Ed. (1720)
2005 Ed. (3526, 3528, 3529, 3530, 3531)
2004 Ed. (3527, 3528, 3529, 3530, 3531, 3532, 4335)
2003 Ed. (3476)
RBC Dexia Fund Services
2008 Ed. (3403)
RBC Dominion
2003 Ed. (4352)
RBC Dominion Securities
2007 Ed. (3282)
2005 Ed. (754)
2001 Ed. (1530)
2000 Ed. (879)
1998 Ed. (2355)
1997 Ed. (749)
1996 Ed. (807)
1994 Ed. (782, 785)
1992 Ed. (958, 964)
1991 Ed. (2965)
1990 Ed. (811)
RBC Financial Group
2008 Ed. (645)
RBC Insurance Holding Inc.
2007 Ed. (1675)
RBC Insurance Holding (USA) Inc.
2005 Ed. (1750)
RBC Life Insurance Co.
2008 Ed. (3308)
2007 Ed. (3158)
RBC Monthly Income
2006 Ed. (3662, 3664)
RBC/Orion
1989 Ed. (1355, 1357)
RBC O'Shaughnessy US Growth
2006 Ed. (2513)
RBC O'Shaughnessy US Value
2006 Ed. (2513)
RBM of Atlanta
1996 Ed. (279)
1995 Ed. (279)
1994 Ed. (276)
1993 Ed. (277)
RBOS
2004 Ed. (529)
RBS Greenwich Capital
2007 Ed. (4277)
RBS Retail Banking
2007 Ed. (2021)
RBT/Strum
1999 Ed. (131, 142, 3950)
1998 Ed. (63, 3766)
1997 Ed. (3919)
RBTT Financial Holdings
2008 Ed. (514)
2007 Ed. (562)
2006 Ed. (531, 3232, 4828)
2005 Ed. (618)
2004 Ed. (461, 462, 630)
2003 Ed. (474, 621)
2002 Ed. (4678, 4679, 4680)
RBW of Atlanta
1992 Ed. (391)
1991 Ed. (286)
1990 Ed. (333)
RC
2000 Ed. (715)
1999 Ed. (703, 704)
1998 Ed. (450, 451)
1993 Ed. (3354)
1992 Ed. (4016)
RC Cola
2003 Ed. (4471)
1992 Ed. (4230)
1990 Ed. (3543)
RC Cola/Diet RC
1991 Ed. (3320)
RC Services LLC
2006 Ed. (667, 668)
RCA
2008 Ed. (274, 275, 1129, 2979, 2981, 4649, 4807)
2007 Ed. (2862, 3952)
2006 Ed. (2869)
2005 Ed. (1490, 1516, 2863)
2002 Ed. (673, 4389, 4755)
2000 Ed. (964, 2478)
1999 Ed. (736, 1788, 2690, 2691, 2695)
1998 Ed. (475, 1949, 1950, 1954)
1997 Ed. (2234, 2235, 2236)
1996 Ed. (2125, 2126, 2127, 3783)
1995 Ed. (2118)
1994 Ed. (2069, 2070)
1993 Ed. (2049, 2050)
1992 Ed. (1285, 2420, 2421, 2429)
1991 Ed. (1917)
1990 Ed. (1235, 1244)
1989 Ed. (1023, 2123, 2228)
RCA/Aerospace & Defense Division
1989 Ed. (1932)
RCA; General Electric/
1991 Ed. (1145)
RCA/MCI
1992 Ed. (4365)
RCA/Pro Scan
2000 Ed. (4223)
RCA, ProScan, GE
2000 Ed. (2480)
RCA (Taiwan) Ltd.
1990 Ed. (1643, 1737)
RCB Corp.
2002 Ed. (3549)
RCB Bank
1993 Ed. (512)
RCB International
1996 Ed. (2399, 2407)
1992 Ed. (2741, 2780)
RCF Marketing Group
1991 Ed. (1419)
RCG International Inc.
1996 Ed. (114)
1995 Ed. (1142)
1993 Ed. (1104)
1992 Ed. (1377)
RCH Trust Co.
1993 Ed. (2333, 2335, 2340)
RCI Construction Group
2006 Ed. (1348, 1351)
2005 Ed. (1320, 1323)
2004 Ed. (1318)
2003 Ed. (1318)
2002 Ed. (1300)
2001 Ed. (1483)
2000 Ed. (1270)
1999 Ed. (1378)
1998 Ed. (957)
1997 Ed. (1171)
1996 Ed. (1142)
RCM Capital
1996 Ed. (2382)
1993 Ed. (2288)
1991 Ed. (2215, 2233)
1989 Ed. (2128, 2135)
RCM Capital Management
1994 Ed. (2324)
1992 Ed. (2739, 2769)
RCM Capital Management, LLC
2000 Ed. (2830)
RCM DDB Needham
1999 Ed. (85)
1997 Ed. (84)
RCM DDB Needham Worldwide
2000 Ed. (91)
RCM DDB Worldwide
2002 Ed. (105)
RCM DDB Worldwide/El Salvador
2001 Ed. (133)
RCN Corp.
2008 Ed. (4645)
2007 Ed. (4725)
2006 Ed. (382, 3180, 3554)
2005 Ed. (4628)
2002 Ed. (1124, 1530)
2000 Ed. (959)
1999 Ed. (1007)
RCN Products Inc.
2003 Ed. (2080)
RCP Management Co.
1999 Ed. (4009, 4012)
RCP-Saatchi & Saatchi
1991 Ed. (151)
1990 Ed. (151)
RCS
1991 Ed. (2394)
RCS Editori
2007 Ed. (3454)
RCS Emerging Growth
1992 Ed. (3182)
RCS Services
2008 Ed. (4249)
2006 Ed. (4199)
RCSA
2000 Ed. (2502)
1999 Ed. (2724)
RCT International Inc.
1993 Ed. (2582)
RCTI--PP
2001 Ed. (42)
Rc2 Corp.
2005 Ed. (243)
RD Hunter & Co.
2000 Ed. (15)
RD Management Corp.
2003 Ed. (4409)
2000 Ed. (4020)
1996 Ed. (3427, 3431)
1995 Ed. (3373, 3378)
1994 Ed. (3304)
1993 Ed. (3313, 3315)
1992 Ed. (3961, 3966, 3969, 3971)
RDEX Research
2006 Ed. (3190)
RDGChicago
2006 Ed. (4106)
RDM Corp.
2008 Ed. (2942)
RDM Sports Group Inc.
2000 Ed. (389)
RDO Equipment Co.
2008 Ed. (1995)
2007 Ed. (1929)
2006 Ed. (1946)
2004 Ed. (181, 182, 1832)
2003 Ed. (1797)
2001 Ed. (1824)
RDO Holdings Co.
2008 Ed. (1995)
RDSi
2002 Ed. (3261)
RDW Group
2004 Ed. (127, 128)
2003 Ed. (170)
2002 Ed. (157)
2000 Ed. (148)
Re-Bath Corp.
2003 Ed. (2123)
2002 Ed. (2288)
Re-Bath LLC
2008 Ed. (2393)
2007 Ed. (2256)
2006 Ed. (2325)
2005 Ed. (2267)
2004 Ed. (2169)
Re Capital
1992 Ed. (2369)
RE Carroll Construction
2003 Ed. (1168)
2002 Ed. (2686)
R.E. Dailey & Co.
1990 Ed. (1211)
Re-exports
1992 Ed. (2074)
RE/MAX
2008 Ed. (4117)
2007 Ed. (4089)
1997 Ed. (3255)
1993 Ed. (2960)
1990 Ed. (2957)
RE/MAX Achievers
2008 Ed. (4104)
2007 Ed. (4072)
RE/MAX Action Associates
2000 Ed. (3716)
RE/MAX Alliance
2008 Ed. (4105)
2004 Ed. (4068, 4070)
2002 Ed. (3910)
RE/MAX Beach Cities
2004 Ed. (4068)
2003 Ed. (4991)
2002 Ed. (4990)
RE/MAX Beach Cities Realty
1995 Ed. (3061)
Re/Max Beach Cities/Westside Properties
2002 Ed. (3913)
2000 Ed. (3713)
RE/MAX Beach Cities/Westside Properties/Lake Arrowhead
2008 Ed. (4106)
Re/Max Eastern Inc.
1991 Ed. (2807)
RE/MAX Equity Group Inc.
2004 Ed. (4066)
Re/Max Gold Inc.
2007 Ed. (4071, 4072)
RE/MAX International
2008 Ed. (168, 872, 877, 882, 1707, 4111)
2007 Ed. (898, 902, 907, 1682, 4078)
2006 Ed. (811, 814, 820, 1679, 4038)
2005 Ed. (899, 905, 4003)
2004 Ed. (908, 914, 4072)
2003 Ed. (895, 4050)
2002 Ed. (2363, 3926)
1998 Ed. (1758)
1990 Ed. (1026)
1989 Ed. (2286)
Re/Max Masters Inc.
2002 Ed. (3910)
Re/Max Metro Properties
2002 Ed. (3910)
Re/Max of Boulder Inc.
2002 Ed. (3910)
Re/Max of Valencia
2002 Ed. (3913)
2000 Ed. (3713)
Re/Max on the Boulevard
2002 Ed. (3913)
Re/Max Palos Verdes
2002 Ed. (3913)
RE/MAX Palos Verdes Realty
2000 Ed. (3713)
1995 Ed. (3061)
Re/Max Partners
1998 Ed. (2997)
Re/Max Professional Inc.
2002 Ed. (3910)
RE/MAX Reach Cities Realty
1994 Ed. (2999)
RE/MAX Real Estate Consultants
2008 Ed. (4106)
2007 Ed. (4071, 4073)
RE/MAX Real Estate Services
2008 Ed. (4106)
RE/MAX Results
2008 Ed. (4106, 4107)
2007 Ed. (4073, 4074)
2004 Ed. (4068, 4070)
Re/Max Southeast Inc.
2002 Ed. (3910)
RE/MAX Suburban
2004 Ed. (4068, 4070)
RE/MAX United
2008 Ed. (4107)
Re-sterilization
2001 Ed. (3604)
Re-Tech BV
1999 Ed. (3299)

Rea Brothers (Isle of Man) Ltd.
1996 Ed. (567)
1995 Ed. (514)
1994 Ed. (538)
1993 Ed. (536)
1992 Ed. (737)
1991 Ed. (569)
Rea Brothers (Isle of Man) Limited
1989 Ed. (586)
REA Graham
1990 Ed. (2372)
Reach
2003 Ed. (1989, 1990, 1994, 4763, 4766)
2001 Ed. (4572)
1999 Ed. (1827, 4616)
1998 Ed. (3582)
1996 Ed. (3708)
1995 Ed. (3628)
Reach Advanced Design
2003 Ed. (4764)
Reach Dentotape
2003 Ed. (1990)
Reach Easy Slide
2003 Ed. (1990)
Reach Gentle Gum Care
2003 Ed. (1990)
1999 Ed. (1827)
Reach Out & Read
2004 Ed. (930)
Reach Plaque Sweeper
2003 Ed. (4764)
Reaction injection moldings
2001 Ed. (3845)
Reactive additives
1996 Ed. (3052)
Reactrix Systems
2006 Ed. (2489)
Read
1992 Ed. (878)
Read-Rite
2000 Ed. (1736, 1759)
1999 Ed. (1960, 1972, 1981)
1997 Ed. (1083)
1994 Ed. (1614, 3200)
1993 Ed. (1568, 2033)
Read-to-eat popcorn
1991 Ed. (3149)
The Reader
2001 Ed. (988)
Reader Rabbit Deluxe
1996 Ed. (1079)
Reader Rabbit 1
1997 Ed. (1101)
1995 Ed. (1101)
Reader Rabbit 2
1995 Ed. (1101)
Readerman; David
1996 Ed. (1801)
1995 Ed. (1828)
Reader's Digest
2008 Ed. (3533)
2007 Ed. (142, 144, 3403, 3404)
2006 Ed. (150, 152, 153, 3347)
2005 Ed. (3361, 3362)
2004 Ed. (3336)
2003 Ed. (3274)
2002 Ed. (3226, 3635)
2001 Ed. (3192, 3194, 3196)
2000 Ed. (3462, 3472, 3475, 3476, 3494, 3497)
1999 Ed. (1853, 1858, 3752, 3753, 3771)
1998 Ed. (1343, 2783, 2784, 2801)
1997 Ed. (3035, 3038, 3040, 3048, 3050)
1996 Ed. (2957, 2958, 2962, 2972)
1995 Ed. (2882, 2885, 2887, 3040)
1994 Ed. (2426, 2782, 2783, 2787, 2788, 2793, 2978, 2981)
1993 Ed. (2789, 2790, 2794, 2795)
1992 Ed. (3370, 3371, 3380, 3381)
1991 Ed. (2701, 2702, 2704)
1990 Ed. (2507)
1989 Ed. (2180, 2181, 2182)
Readers Digest Assn. CI A
1999 Ed. (4492)
Reader's Digest Association Inc.
2008 Ed. (3177, 3179, 3531)
2007 Ed. (3401, 3449, 4053)
2006 Ed. (3345, 4022)
2005 Ed. (3357, 3422, 3981, 3982, 3983, 3984)
2004 Ed. (3332, 3409, 4042, 4043, 4045, 4046)
2003 Ed. (3272, 4023, 4024, 4025, 4026, 4027)
2002 Ed. (2146, 3282, 3883, 3884)
2001 Ed. (3247, 3248, 3709, 3952, 3953)
2000 Ed. (3463, 3681, 3682)
1999 Ed. (1863, 3743, 3968, 3969, 3971)
1998 Ed. (1286, 2780, 2972, 2973, 2974)
1997 Ed. (3219, 3220, 3221, 3222)
1996 Ed. (3139, 3140, 3141, 3142)
1995 Ed. (3038, 3039, 3042, 3323)
1994 Ed. (2427, 2445, 2977, 2979, 2982, 3243)
1993 Ed. (2489, 2490, 2941, 2942, 2943, 2944, 3249)
1992 Ed. (3368, 3585, 3587, 3833)
1991 Ed. (2783, 2785)
1990 Ed. (2796)
Reader's Digest Association Canada
1996 Ed. (3144)
Reader's Digest, Hispanic Ed.
1990 Ed. (3326)
Reader's Digest Selecciones
2006 Ed. (3348)
2005 Ed. (131)
2004 Ed. (140)
Readers' Digest Selecoes
2000 Ed. (4086)
Reader's Digest Sub Six Inc.
2003 Ed. (4080)
Reader's Digest (U.S.)
1991 Ed. (723)
Reading Co.
2002 Ed. (1471)
2000 Ed. (1048)
Reading & Bates Corp.
1998 Ed. (3424)
Reading Anthracite Co.
2005 Ed. (946, 3331)
Reading Entertainment
2001 Ed. (3365)
Reading Genius Home Study
2000 Ed. (3691)
1999 Ed. (3976)
Reading Lolita in Tehran
2007 Ed. (665)
2006 Ed. (640)
Reading, PA
1989 Ed. (1904)
Reading Recovery Council
2004 Ed. (930)
Reading State Bank
1998 Ed. (369)
Ready Fixtures
2000 Ed. (4135)
1999 Ed. (4501)
The Ready Group
2002 Ed. (1581)
Ready Metal Manufacturing Co.
1998 Ed. (3427)
1997 Ed. (3653)
Ready Metal Manufacutring Co.
1996 Ed. (3600)
Ready Mix USA Inc.
2008 Ed. (4063)
Ready Pac
1996 Ed. (773, 1934)
Ready Pac Produce Inc.
2008 Ed. (2782)
Ready State Bank
1999 Ed. (2441)
1998 Ed. (1695)
1997 Ed. (2011)
1996 Ed. (1921)
1995 Ed. (1877)
Ready to Drink Coffee
2000 Ed. (716)
Ready-to-drink tea
2001 Ed. (686, 690, 691, 692, 693, 694, 700)
Ready to Drink Teas
2000 Ed. (716, 717)
Ready-to-eat cereal
1998 Ed. (1709)
Ready-to-Eat Popcorn
2000 Ed. (4066)
1992 Ed. (3997)
1990 Ed. (3307, 3308)
Ready-to-eat sandwiches
1998 Ed. (1709)
Ready-to-wear
2007 Ed. (131)
2006 Ed. (138)
2005 Ed. (134)
2003 Ed. (190)
2002 Ed. (220)
Readycall
1996 Ed. (3646)
ReadyTalk
2008 Ed. (1709)
Reagan Chair in Public Policy; Ronald
1992 Ed. (1097)
Real
2005 Ed. (3176)
2001 Ed. (604, 605)
2000 Ed. (590)
1990 Ed. (511)
Real Africa Durolink
2001 Ed. (1535)
real; Brazilian
2008 Ed. (2274, 2275)
Real Data Matrix Sdn. Bhd.
2008 Ed. (2928)
Real de Colombia
2000 Ed. (499)
Real estate
2008 Ed. (760, 761, 1407, 1408, 1416, 1417, 1420, 1423, 1426, 1432)
2007 Ed. (2323)
2006 Ed. (2509)
2005 Ed. (1470, 1471, 1481, 1485, 1572)
2004 Ed. (1455, 1456, 1464, 1465, 1469, 1546, 1558, 2449)
2003 Ed. (1426, 1439, 1520, 3500)
2002 Ed. (545, 1399, 1420, 1491, 3426, 4884)
2001 Ed. (1708, 1855, 3055)
1997 Ed. (1579, 1613, 2018, 3165)
1996 Ed. (3452)
1994 Ed. (338, 2066)
1993 Ed. (2257)
1992 Ed. (4482, 2627, 2629, 2667)
1991 Ed. (2055)
1990 Ed. (2183)
1989 Ed. (1863, 1866)
Real estate agents & managers
1995 Ed. (3314)
1994 Ed. (3235)
1989 Ed. (2475)
Real estate and housing
1989 Ed. (1659)
Real estate appraiser
2007 Ed. (3731)
Real estate brokerage
1992 Ed. (1753)
Real Estate Development & Investment Co.
2001 Ed. (4015)
2000 Ed. (3731)
Real estate firms
2006 Ed. (1425, 1426, 1436, 1437, 1440, 1447, 1454)
Real estate funds
1995 Ed. (3160)
1992 Ed. (2805)
Real Estate/Hotel
2000 Ed. (1310)
Real estate investment
1992 Ed. (2624)
Real estate investment trusts
1997 Ed. (3264)
Real estate lending
1992 Ed. (1753)
Real Estate Loopholes
2006 Ed. (638)
Real estate managers
2007 Ed. (3726)
Real Estate One Inc.
2001 Ed. (3995)
2000 Ed. (3708)
1999 Ed. (3992)
1998 Ed. (2996)
Real estate sales agents
2007 Ed. (2461)
Real Estate Today
1992 Ed. (3374)
1989 Ed. (277)
Real Estate United Inc.
2004 Ed. (4070)
Real Foundations
2006 Ed. (4039)
Real Fruit
1998 Ed. (2074, 2075)
1997 Ed. (2345)
Real Ghostbusters-Kenner
1991 Ed. (3409)
Real Grandeza, Fundacao de Previdencia e Assistencia Social
2006 Ed. (3792)
Real (Grupo)
2000 Ed. (473, 476, 478)
Real Living Inc.
2008 Ed. (4110)
2007 Ed. (4077)
2006 Ed. (4036, 4037)
2005 Ed. (4001, 4002)
Real Madrid
2008 Ed. (4454)
2007 Ed. (4465)
2006 Ed. (4398)
2005 Ed. (4391)
2003 Ed. (747)
2002 Ed. (4307)
2001 Ed. (4301)
Real Media Inc.
2001 Ed. (4196)
The Real Mother Goose
1990 Ed. (978)
Real Plourde
2006 Ed. (2518)
Real SA
2008 Ed. (2052, 2747)
Real Seguros
2007 Ed. (3109)
Real Simple
2008 Ed. (3532)
2007 Ed. (127, 169, 4994)
2006 Ed. (133, 145, 3346, 3348)
2005 Ed. (130, 147, 148, 3358)
2004 Ed. (139, 3333)
Real Soft Inc.
2008 Ed. (3722, 4415)
Real World
1998 Ed. (1415)
Real World, The Technology Trading Co.
2001 Ed. (2200, 2201)
2000 Ed. (1770)
1999 Ed. (1990)
RealCafes.com Inc.
2004 Ed. (2781, 2782)
Realen Homes
2004 Ed. (1196)
2003 Ed. (1191)
2000 Ed. (1229)
1998 Ed. (914)
Realise Ltd.
2002 Ed. (2497)
Realistic
1998 Ed. (1894)
Reallionaire: Nine Steps to Becoming Rich from the Inside Out
2007 Ed. (656)
Really Useful Holdings Ltd.
1995 Ed. (1004, 1006, 1007, 1012)
1994 Ed. (999)
RealNames
2001 Ed. (4672)
RealNetworks
2007 Ed. (2045)
2003 Ed. (3349)
2002 Ed. (2537, 4882)
2001 Ed. (1745)
RealNetworks.com
2002 Ed. (4878)
Realogy Corp.
2008 Ed. (4114, 4124, 4667)
Realtor.com
2002 Ed. (4822)
Realtors
1991 Ed. (813, 2628)
Realtors PAC
1990 Ed. (2874)
Realtors Political Action Committee
1993 Ed. (2873)
1990 Ed. (2873)
1989 Ed. (2236, 2237)

Realty Development Corp. Ltd.
1999 Ed. (1570)
1995 Ed. (1351)
Realty Executives Inc.
2007 Ed. (4077)
2005 Ed. (4001, 4002)
2004 Ed. (4070, 4071)
Realty Executives Associates
2007 Ed. (4074)
Realty Executives Associates, Realtors
2004 Ed. (4070)
Realty Executives International Inc.
2007 Ed. (4078)
2006 Ed. (4038)
2005 Ed. (4003)
2004 Ed. (4072)
2003 Ed. (4050)
2002 Ed. (3926)
Realty Executives of Nevada
2007 Ed. (4071)
Realty Executives of Phoenix
1995 Ed. (3059)
Realty Executives Phoenix
2008 Ed. (4109)
Realty Executives Santa Clarita
2002 Ed. (3913)
2000 Ed. (3713)
Realty Income Corp.
2008 Ed. (2363)
Realty One
1995 Ed. (3059)
Realty South Invst.
1990 Ed. (2964)
Realty World
1993 Ed. (2960)
1990 Ed. (2952, 2957)
Realty World Canada
1990 Ed. (2951)
RealtyIQ.com
2001 Ed. (4763)
RealtyTrac
2008 Ed. (4113)
Reams Asset Management Co.
2006 Ed. (3192)
1999 Ed. (3072)
Ream's 8 Star
1992 Ed. (2870)
Reaseguradora de Colombia
2002 Ed. (4397)
Reassurance Assurances
1994 Ed. (3681)
Reassurances
1996 Ed. (3888)
Reaud, Morgan & Quinn
2002 Ed. (3721)
Reaud; Wayne
1997 Ed. (2612)
Reba McEntire
2002 Ed. (1159)
2001 Ed. (2354)
1999 Ed. (1294)
1998 Ed. (866, 868)
1997 Ed. (1113, 1114)
1996 Ed. (1095)
1994 Ed. (1100)
1993 Ed. (1079)
Reba McEntire/Brooks & Dunn
2000 Ed. (1184)
Reback Design Assoc. Inc.
1990 Ed. (2287)
Rebecca Barfield
1995 Ed. (1851)
1994 Ed. (1813, 1831)
1993 Ed. (1771, 1773, 1830)
1992 Ed. (2137)
1991 Ed. (1709)
Rebecca MacDonald
2008 Ed. (4991)
2007 Ed. (4985)
2006 Ed. (4988)
2005 Ed. (4992)
Rebecca Runkle
2000 Ed. (2035)
Rebecca Winnington-Ingram
2000 Ed. (2086, 2092)
Rebel & Associates Inc.; Albert
1997 Ed. (3787)
1996 Ed. (3731)
1995 Ed. (2103, 3652)
Rebetron
2001 Ed. (2099)
Rebetron Combo Therapy and Intron A
2001 Ed. (2067)
Rebsamen Insurance Inc.
2005 Ed. (3069)
RECCHI Costruzioni Generali SpA
1999 Ed. (1406)
Receptionist
1989 Ed. (2087)
Receptionists
2007 Ed. (3729)
2005 Ed. (3628)
1989 Ed. (2081, 2081)
Recipe
1992 Ed. (3411)
1990 Ed. (2822)
1989 Ed. (2196)
Reciprocal of America
2004 Ed. (3135)
Reckitt & Colman Ltd.
2001 Ed. (41, 65, 3719)
1992 Ed. (69, 87, 1486)
Reckitt & Colman Hellas SA
2002 Ed. (1011)
2001 Ed. (1189)
Reckitt & Colman plc
2005 Ed. (1516)
2004 Ed. (1500)
2003 Ed. (1470)
2002 Ed. (1450)
1993 Ed. (23)
1991 Ed. (21)
1989 Ed. (22)
Reckitt & Colman Products Ltd.
2002 Ed. (44, 50)
Reckitt Benckiser plc
2008 Ed. (27, 34, 39, 46, 47, 54, 56, 58, 63, 74, 82, 83, 95, 99, 979, 1723, 3105, 3109, 3978, 4658)
2007 Ed. (22, 29, 31, 35, 42, 43, 52, 54, 56, 60, 69, 76, 77, 88, 90, 155, 2985, 2986, 2987, 2993, 2994, 3815, 3816, 3947, 4735)
2006 Ed. (28, 30, 38, 44, 51, 52, 61, 63, 65, 77, 78, 87, 98, 105, 164, 212, 1013, 2968, 3805, 3809, 3896)
2005 Ed. (22, 24, 31, 44, 54, 69, 78, 1000, 2971, 3831)
2004 Ed. (31, 38, 50, 59, 73, 80, 83, 94, 982, 3810)
2003 Ed. (238, 975, 988, 989, 990, 991, 992, 993, 995, 996, 2047, 2048, 2049, 2080, 2081, 2082, 2430, 2674, 3169, 3794)
2002 Ed. (1063, 1793)
2001 Ed. (1999)
Reckson Associates Reality
2000 Ed. (3000)
Reckson Associates Realty Corp.
2001 Ed. (4008, 4009)
1997 Ed. (3405)
Reckson Morris Industrial
2000 Ed. (3722)
Reclaiming the Fire: How Successful People Overcome Burnout
2006 Ed. (590)
Recognition awards/trophies/emblematic jewelry/clocks & watches
1998 Ed. (3117)
Recognition awards/trophies/jewelry/clocks & watches
1999 Ed. (4132)
Recognition Equipment
1993 Ed. (1053, 1578)
1991 Ed. (1023, 1030)
1990 Ed. (1123, 1126)
1989 Ed. (969, 972, 978)
The Recom Group, Inc.
2000 Ed. (2746)
Recombinant Capital
2003 Ed. (3029)
Recommend Magazine
2007 Ed. (4797)
Recommind Inc.
2007 Ed. (3054)
2006 Ed. (3021)
RECON LLC
2002 Ed. (4065)
2001 Ed. (4124)
Recope
1989 Ed. (1103)
The Record
2001 Ed. (3543)
2000 Ed. (3339)
1999 Ed. (3621)
1998 Ed. (2683)
1997 Ed. (2945)
Record albums, vinyl
1995 Ed. (1082)
The Record Commercial Printing
2002 Ed. (3767)
Record/music stores
1995 Ed. (3707)
Record stores
2003 Ed. (3480)
Record/tape clubs
2003 Ed. (3480)
Record Treasury Management
2000 Ed. (2854)
1999 Ed. (3046, 3061)
1998 Ed. (2260, 2302)
1997 Ed. (2521, 2551)
Recorded media manufacturing & publishing
2002 Ed. (2781)
Recorded music
2001 Ed. (3245, 3246)
Recording for the Blind
1994 Ed. (908)
Records
2008 Ed. (2647)
Records, tapes, and disks
1998 Ed. (927)
Recoton Corp.
2004 Ed. (2852, 2853)
2000 Ed. (2482)
Recovered Capital
2005 Ed. (816)
Recovery
1992 Ed. (3654)
Recovery Centers of America
1990 Ed. (2050)
Recovery Technologies Group Inc.
2005 Ed. (4695)
Recreation
2008 Ed. (4722)
2007 Ed. (1322)
2006 Ed. (4786)
2005 Ed. (4735)
1999 Ed. (1180)
Recreational Equipment Inc.
2008 Ed. (3008)
2007 Ed. (1432, 1519, 1521)
2006 Ed. (2098, 3108)
Recreational Equipment Retail Buyers
1999 Ed. (1856)
Recruiting Support Services Inc.
2008 Ed. (3732)
Recruitmax Software Inc.
2008 Ed. (1137, 1139)
Recruitment
1995 Ed. (2799)
1992 Ed. (3003, 3007)
1991 Ed. (2622)
1990 Ed. (2533, 2534, 2723)
Recruitment, nursing
1992 Ed. (3277)
Recruitment specialists
2007 Ed. (3726)
Recyc RPM Inc.
2008 Ed. (4132)
2007 Ed. (4109)
Recycle America Alliance
2006 Ed. (4060)
Recycle America Alliance LLC
2008 Ed. (1798)
2007 Ed. (1768)
2005 Ed. (4032)
Recycle bottles or cans
1992 Ed. (1988)
Recycle paper
1992 Ed. (1988)
Recycled Fibers International
2003 Ed. (3724)
Recycled Paper Products
1999 Ed. (2610)
1997 Ed. (2159)
1995 Ed. (2045, 2046)
1994 Ed. (1989)
Recycling & Reclamation Inc.
1993 Ed. (1458)
RED
2008 Ed. (4977)
2002 Ed. (4937)
1991 Ed. (351)
Red Advertising
2003 Ed. (169)
Red & Blue Inc.
2003 Ed. (2747)
Red Apple Group Inc.
2005 Ed. (4100)
Red Baron
2008 Ed. (2787, 2788)
2007 Ed. (2650)
2006 Ed. (2667)
2005 Ed. (2692)
2004 Ed. (2692)
2003 Ed. (2559, 2566)
2002 Ed. (4331)
2001 Ed. (2546)
1995 Ed. (1945, 2951)
1994 Ed. (2886)
Red Bull
2008 Ed. (4490, 4491, 4492, 4493)
2007 Ed. (1594, 4510, 4511, 4512)
2006 Ed. (650, 4453, 4454)
2005 Ed. (4447)
2004 Ed. (674)
2003 Ed. (746, 4517, 4518, 4519)
2000 Ed. (4091)
1996 Ed. (780)
Red Bull North America
2003 Ed. (4521)
Red by Giorgio
1996 Ed. (2950)
Red by Giorgio Beverly Hills
1994 Ed. (2778)
1993 Ed. (2788)
Red Cafe
2001 Ed. (4086)
Red Carpet
1996 Ed. (2178)
1993 Ed. (2085)
1990 Ed. (2077, 2952)
Red Carpet Inn
1998 Ed. (2021)
Red Carpet Real Estate Services Inc.
1991 Ed. (1943, 1771)
1990 Ed. (1851)
Red Chamber Co.
2008 Ed. (4284)
2007 Ed. (4265)
1998 Ed. (1734)
1997 Ed. (2049)
1994 Ed. (3307)
Red Chamber (Group) Co.
2006 Ed. (4250)
Red Clay Consolidated School District
2002 Ed. (2062)
Red Cliff Development
2007 Ed. (1289)
Red Coats Inc.
1990 Ed. (1037)
Red-cockaded woodpecker
1996 Ed. (1643)
The Red Consultancy
2002 Ed. (3853, 3867)
Red Crimson
2002 Ed. (4967)
2001 Ed. (4871)
Red Cross Toothache Kit
1993 Ed. (1473)
RED Development LLC
2007 Ed. (1839)
2006 Ed. (1830)
Red Devil
1996 Ed. (2074)
1990 Ed. (1984)
Red Door
2004 Ed. (2683)
Red F
2006 Ed. (106)
Red Fish
2000 Ed. (1679)
Red Giraffe Video
1993 Ed. (3665)
1992 Ed. (4392)
Red Globe/Rose-Ito
2002 Ed. (4967, 4968)
2001 Ed. (4870, 4871)
Red Hat Inc.
2008 Ed. (1127, 1145, 1404)
2007 Ed. (1232, 4558, 4697)
2006 Ed. (4585)
2003 Ed. (2725)

2002 Ed. (2530)
2001 Ed. (1597, 4184)
Red Hawk Industries
2007 Ed. (4291)
2006 Ed. (4263)
2005 Ed. (3913)
Red Hawk Industries LLC
2007 Ed. (4297)
2006 Ed. (3987, 4274)
2005 Ed. (4294)
Red Head
1990 Ed. (3335)
The Red Herring
2001 Ed. (254, 255)
Red Holman Pontiac
1996 Ed. (283)
1995 Ed. (283)
1994 Ed. (257)
Red Hook Realty
2000 Ed. (4057)
Red Hot & Blue
2004 Ed. (4140)
2003 Ed. (4103)
2002 Ed. (4009)
Red Hot Blues
1995 Ed. (1893)
Red Hot Chili Peppers
1996 Ed. (1093)
Red Lion Hotel
1995 Ed. (198)
1993 Ed. (207)
1992 Ed. (312, 2484)
1991 Ed. (217)
Red Lion Hotel-Orange County Airport
1997 Ed. (221, 2287)
1993 Ed. (207)
Red Lion Hotels
2000 Ed. (2555)
1999 Ed. (2779)
Red Lion Inn
1998 Ed. (2008)
1989 Ed. (253)
Red Lion Inns
1990 Ed. (2075)
Red Lobster
2008 Ed. (4163, 4181, 4182, 4195, 4196)
2007 Ed. (4148, 4155)
2006 Ed. (4104, 4130, 4135)
2005 Ed. (4052, 4053, 4062, 4063, 4064, 4085)
2004 Ed. (4128, 4137, 4146)
2003 Ed. (4078, 4101, 4104, 4106, 4107, 4109, 4110, 4121, 4136)
2002 Ed. (4005, 4028)
2001 Ed. (4066, 4067, 4069, 4070, 4071, 4073, 4074, 4077)
2000 Ed. (3791, 3873, 3874)
1999 Ed. (778, 4158, 4159, 4564)
1998 Ed. (3174)
1997 Ed. (3396, 3397)
1996 Ed. (3299, 3301)
1995 Ed. (3129, 3200)
1994 Ed. (3154, 3156)
1993 Ed. (3025, 3037, 3112)
1992 Ed. (3720, 3814, 3817)
1991 Ed. (2866, 2867, 2886, 2937, 2939, 13, 738)
1990 Ed. (3006, 3008)
Red Lobster U.S.A.
1990 Ed. (3116)
Red Man
1999 Ed. (4608)
1998 Ed. (3579)
1996 Ed. (3700)
1995 Ed. (3620, 3624)
1994 Ed. (3546)
Red Man Golden Blend
1999 Ed. (4608)
1996 Ed. (3700)
1995 Ed. (3620)
Red Man Pipe & Supply Co.
2008 Ed. (3690, 3727, 3778)
2007 Ed. (3526, 3590, 3683)
2006 Ed. (3492, 3534, 3689, 4373)
Red McCombs Mazda
1991 Ed. (285)
Red meats, alternatives
1998 Ed. (1859)
Red Meats, Case-Ready
2001 Ed. (3603)
Red Mountain
1996 Ed. (725)
1992 Ed. (887)
Red Nacional de los Ferrocarriles
2004 Ed. (4061)
Red Nacional de los Ferrocarriles Espanoles Sa
1993 Ed. (1307)
1990 Ed. (1352)
Red Oak
1994 Ed. (1070)
Red Oak Communication Advisors
2005 Ed. (1088)
Red Oval Farms
1995 Ed. (1206)
Red Peacock International
2008 Ed. (1110)
2007 Ed. (1203)
2006 Ed. (1100)
2005 Ed. (1254)
Red pepper
1998 Ed. (3348)
Red Rabbit
2004 Ed. (739)
Red Robin
2006 Ed. (4110)
2004 Ed. (4127)
2003 Ed. (4097)
2002 Ed. (4001, 4013, 4019, 4032)
2001 Ed. (4063, 4071)
2000 Ed. (3782)
1999 Ed. (4065)
1998 Ed. (3063)
1996 Ed. (3231)
1994 Ed. (3089)
1991 Ed. (2882)
Red Robin Burger & Spirits Emporium
1997 Ed. (3317, 3334)
1995 Ed. (3132, 3139)
Red Robin Burgers & Spirits Emporium
2006 Ed. (4126, 4127, 4129)
2005 Ed. (4060, 4061, 4082)
2003 Ed. (4108, 4109, 4111, 4131)
Red Robin Gourmet Burgers Inc.
2008 Ed. (1681, 1685, 4156, 4169, 4170)
2007 Ed. (1665, 4142)
2006 Ed. (820, 1649, 2650, 4115)
2005 Ed. (1738)
2004 Ed. (3971)
2003 Ed. (895)
Red Robin International
2003 Ed. (3964)
2002 Ed. (2363)
1993 Ed. (3034)
Red Roof
2004 Ed. (2938)
2003 Ed. (2847)
2002 Ed. (2637)
2001 Ed. (2791)
Red Roof Inns
2002 Ed. (2644)
2001 Ed. (2790)
2000 Ed. (2553, 2559)
1999 Ed. (2776, 2782)
1998 Ed. (2016)
1997 Ed. (2292)
1996 Ed. (2178, 2183)
1995 Ed. (2163, 2164)
1994 Ed. (2111, 2115)
1993 Ed. (2085, 2095)
1992 Ed. (2476, 2489, 2495)
1991 Ed. (1943, 1951)
1990 Ed. (2077, 2088)
Red Rose
2008 Ed. (4599)
1995 Ed. (3547)
1994 Ed. (3478)
Red Rose Pizzeria
2007 Ed. (3965)
Red Seal Tours Ltd.
2005 Ed. (2776)
Red Seedless
2002 Ed. (4968)
2001 Ed. (4870)
Red Simpson Inc.
2006 Ed. (1326)
Red Skelton
1992 Ed. (1349)
1989 Ed. (990)
Red Sox; Boston
2008 Ed. (529)
2007 Ed. (578)
2006 Ed. (547)
2005 Ed. (645)
Red Spot Paint & Varnish Co. Inc.
1996 Ed. (351)
Red Storm Entertainment Inc.
2002 Ed. (2529)
The Red Tent
2003 Ed. (723, 725)
Red Vine
1999 Ed. (1017)
Red Vine Belly Buster
1999 Ed. (1017)
Red Vines
2008 Ed. (837)
Red Wing Products
2000 Ed. (1433)
Red Wing Shoe Co. Inc.
2003 Ed. (4405)
Red Wings; Detroit
2006 Ed. (2862)
Redapt Systems Inc.
2008 Ed. (3738, 4435)
Redback Networks
2008 Ed. (4578)
2007 Ed. (4711)
2005 Ed. (1487, 1504, 4521)
2004 Ed. (1471, 1488)
2003 Ed. (1441, 1458)
2002 Ed. (1385, 1530, 2471)
2001 Ed. (4182, 4184, 4451)
Redbook
2007 Ed. (149, 4994)
2006 Ed. (157)
1999 Ed. (1857)
1996 Ed. (2963)
1995 Ed. (2884)
Redbreast Irish Whiskey
2004 Ed. (4891)
RedChip
2002 Ed. (4869)
Redcross Toothache
1996 Ed. (1528)
Reddi Brake
1998 Ed. (2726)
Redding, CA
2008 Ed. (3467)
2007 Ed. (3369)
2006 Ed. (2427)
2005 Ed. (2032, 2380, 2992)
2004 Ed. (4221)
1998 Ed. (245)
1997 Ed. (2337, 2764)
1993 Ed. (2547)
Redding; Jheri
1992 Ed. (3402)
Redding Record Searchlight
1991 Ed. (2599, 2608)
Rede Electrica Nacional SA
2008 Ed. (2053)
2007 Ed. (1958)
2003 Ed. (1812)
2001 Ed. (1839)
2000 Ed. (1544)
1999 Ed. (1726)
Rede Ferroviaria Federal SA
1999 Ed. (1698)
Reden & Anders Ltd.
2008 Ed. (15)
Redevelopment Authority
2001 Ed. (905)
Redevelopment Authority Finance Corp.
2001 Ed. (905)
Redeye Grill
2002 Ed. (3994)
2001 Ed. (4053, 4054)
Redhook
2008 Ed. (541)
2007 Ed. (596)
Redhook Ale Brewery Inc.
2005 Ed. (744, 745)
2004 Ed. (772, 773)
2000 Ed. (3128)
1999 Ed. (719, 722, 3402, 3403)
1998 Ed. (455, 458, 459, 462, 2488)
1991 Ed. (2452)
1990 Ed. (748)
Redhook Brewery
1989 Ed. (758)
Redhook ESB
2007 Ed. (595)
2006 Ed. (555)
Redhook ESB Ale
1998 Ed. (495, 3436)
1997 Ed. (719)
Redi-Carpet
1997 Ed. (2016)
1995 Ed. (1880)
1994 Ed. (1852)
1993 Ed. (1867)
Redibook
2005 Ed. (3594)
Redico
1999 Ed. (4014)
Redico Management Inc.
2000 Ed. (3717)
1998 Ed. (3022)
Rediffusion
1993 Ed. (819)
Rediffusion Advertising
1999 Ed. (100)
1997 Ed. (99)
1995 Ed. (83)
Rediffusion Communications
1996 Ed. (97)
Rediffusion/DY & R
2003 Ed. (84)
2002 Ed. (117)
2001 Ed. (144)
2000 Ed. (104)
Redington
1999 Ed. (3470)
Rediplus
2006 Ed. (4480)
Redken Laboratories Inc.
1994 Ed. (3671)
1993 Ed. (3736)
1992 Ed. (4486)
Redknee Inc.
2008 Ed. (1133)
2007 Ed. (1235)
2006 Ed. (2821)
2004 Ed. (2781, 2782)
Redland
1999 Ed. (3300)
1992 Ed. (1625)
1991 Ed. (1286)
1989 Ed. (826)
Redland Aggregates North America
2000 Ed. (3847)
1998 Ed. (3123)
Redland Insurance Group
1994 Ed. (2281)
1993 Ed. (2241)
1992 Ed. (2685)
Redland plc
2002 Ed. (4512)
2001 Ed. (4381)
2000 Ed. (3037)
1997 Ed. (2707)
1996 Ed. (2567)
1995 Ed. (1246, 1425, 2505)
1994 Ed. (2437)
1993 Ed. (2499)
1992 Ed. (2972)
Redlands Federal Savings & Loan
1990 Ed. (2434)
Redlands; University of
2008 Ed. (1088)
1997 Ed. (1056)
1996 Ed. (1040)
1993 Ed. (1020)
Redlaw Industries, Inc.
1992 Ed. (477)
1990 Ed. (392)
Redlee/SCS USA Ltd.
2007 Ed. (3585, 4438)
2006 Ed. (3531)
Redline Communications
2008 Ed. (2931)
Redline Performance Products Inc.
2005 Ed. (4254)
Redman Enterprises
1995 Ed. (2973)
Redman Homes
1995 Ed. (1131)
1994 Ed. (1115, 1120, 2914, 2915, 2916, 2917, 2918, 2919)
1993 Ed. (1091, 2899, 2902, 2903, 2904, 2905)

1992 Ed. (3519, 3520, 1368, 3515, 3518, 3521, 3522)
1991 Ed. (1060, 1062, 2757)
1990 Ed. (2594, 2892, 2893)
1989 Ed. (1999)
Redman Industries Inc.
2005 Ed. (3341, 3342)
2004 Ed. (3318)
1997 Ed. (1125, 3149, 3150, 3151, 3152, 3153, 3154, 3155, 3156, 3157, 3158)
1996 Ed. (1104, 3068, 3069, 3070, 3071, 3072, 3073, 3074, 3075, 3076, 3077, 3078)
1995 Ed. (2970, 2971, 2972, 2974, 2975, 2976, 2977, 2978, 2979)
1990 Ed. (1173)
Redman; James
1990 Ed. (976, 1720)
RedMeteor.com
2001 Ed. (4753)
Redmond Minerals Inc.
2006 Ed. (2087)
Redmond Products
1995 Ed. (2073)
Redondo Beach, CA
1995 Ed. (2216)
1994 Ed. (2165)
1993 Ed. (2143)
1992 Ed. (2578)
Redpoint Ventures
2002 Ed. (4736)
RedPrairie Corp.
2008 Ed. (4576, 4577)
2006 Ed. (4646)
Redrow
2007 Ed. (2994)
Redskins; Washington
2008 Ed. (2761)
2007 Ed. (2632)
2006 Ed. (2653)
2005 Ed. (2667, 4437, 4449)
Redstone
1996 Ed. (1503)
Redstone Advisors, Fixed Income—Municipals
2003 Ed. (3132, 3139)
Redstone Credit Union
2008 Ed. (2216)
2007 Ed. (2101)
2006 Ed. (2180)
2005 Ed. (2085)
2004 Ed. (1944)
2003 Ed. (1904)
2002 Ed. (1845)
Redstone; Shari
2007 Ed. (4976)
2006 Ed. (4976)
Redstone; Sumner
2008 Ed. (4825)
2007 Ed. (977, 4896)
2006 Ed. (887, 4901)
2005 Ed. (970, 4851)
Redstone; Sumner Murray
1991 Ed. (2461)
RedtagBiz
2003 Ed. (2158)
Redtagbiz.com
2001 Ed. (4772)
Reduced, light & low-fat ice cream
2000 Ed. (2596)
Reducing preparations
1992 Ed. (2354)
Redur SA
2008 Ed. (4757)
Redur SA (Group)
2008 Ed. (2087)
2007 Ed. (1992)
2006 Ed. (2022)
REDW Business & Financial Resources
2008 Ed. (10)
REDW Business & Financial Resources LLC
2004 Ed. (15)
2002 Ed. (24)
REDW The Rogoff Firm
2005 Ed. (11)
Redwood
1995 Ed. (3623)
1994 Ed. (3545)
Redwood City, CA
1996 Ed. (1604)
Redwood Creek
2005 Ed. (4951, 4952, 4957, 4958)
Redwood Empire Bancorp
2006 Ed. (452)
2003 Ed. (519)
1996 Ed. (211)
1995 Ed. (214)
Redwood International Ltd.
1993 Ed. (969)
Redwood National Park
1999 Ed. (3705)
Redwood Painting Co. Inc.
1996 Ed. (1144)
1995 Ed. (1168)
1993 Ed. (1135)
Redwood Trust Inc.
2006 Ed. (1580)
2004 Ed. (1588)
Ree-Construction
2008 Ed. (743)
Reebok
2008 Ed. (273, 983, 4479, 4480)
2007 Ed. (295, 1101, 4502, 4503)
2006 Ed. (293, 4445, 4446)
2005 Ed. (270, 1601, 4429, 4430, 4431, 4432)
2004 Ed. (261)
2003 Ed. (300, 301)
2002 Ed. (4275)
2001 Ed. (425, 4245)
2000 Ed. (323, 324, 1112)
1999 Ed. (309, 792, 4377, 4380)
1998 Ed. (200, 3349)
1997 Ed. (279, 280, 1021, 3557, 3558)
1996 Ed. (33, 251, 772, 853, 1001, 3426, 3491, 3493)
1995 Ed. (252)
1994 Ed. (244, 246, 337, 3499)
1993 Ed. (256, 258, 259, 260, 983, 991, 993, 3218, 3225, 3226, 3300, 3471)
1992 Ed. (66, 366, 367, 368, 1208, 1219, 1221, 1223, 3929, 3944, 3954, 3955, 3956, 4043)
1991 Ed. (262, 264, 3165)
1990 Ed. (289, 290)
1989 Ed. (279)
Reebok/Avia
1997 Ed. (281)
Reebok International Ltd.
2008 Ed. (1400, 1424, 3008, 3435)
2007 Ed. (1115, 2886, 4377)
2006 Ed. (1022, 1025, 1026, 1219, 1494, 1871, 3263, 3264, 4310, 4729, 4730)
2005 Ed. (269, 1016, 1018, 1019, 1257, 1260, 1861, 3272, 3273, 4366, 4367, 4433, 4683, 4684)
2004 Ed. (1002, 1005, 1226, 3247, 3248, 4416, 4417, 4488, 4490, 4711, 4712)
2003 Ed. (1002, 1006, 1007, 1009, 3201, 3202, 4404)
2002 Ed. (1081, 1083, 4351, 4354)
2001 Ed. (423, 1275, 1280, 1281, 3080, 3081, 4350)
2000 Ed. (1121, 1124)
1999 Ed. (1201, 1202, 1205, 4303)
1998 Ed. (777, 779, 780)
1997 Ed. (1036, 1038)
1996 Ed. (1017, 1018)
1995 Ed. (1030, 1033, 3304)
1994 Ed. (1021, 1023, 1025, 3294, 3295)
1991 Ed. (980, 982, 984, 3115, 3112, 38)
1990 Ed. (1058, 1065, 1327, 1328, 1976, 3272, 3273)
1989 Ed. (2366)
Reebok U.K. Ltd.
2002 Ed. (36)
Reece; T. L.
2005 Ed. (2493)
Reed & Stambaugh Inc.
1990 Ed. (2955)
1989 Ed. (2285)
Reed; Austin
1997 Ed. (1039)
Reed (Britain)
1991 Ed. (723)
Reed Buick-GMC; Barrie
1990 Ed. (325)
Reed College
2007 Ed. (4597)
Reed Elsevier Inc.
2008 Ed. (4086)
2007 Ed. (4049, 4050)
2006 Ed. (1868, 4019, 4020)
2005 Ed. (3979, 3980)
2004 Ed. (3938, 4040, 4041)
2003 Ed. (4023)
1998 Ed. (2440, 2780)
Reed Elsevier NV
2008 Ed. (1744, 1752, 1756)
2006 Ed. (1418, 1682)
Reed Elsevier plc
2008 Ed. (1743, 1744, 1752, 3531, 3631)
2007 Ed. (852, 3401, 3455, 3456, 3457, 3458)
2006 Ed. (3345, 3441, 3442)
2005 Ed. (1367, 1529, 3357, 3431)
2004 Ed. (1351, 1513, 3332, 3413)
2003 Ed. (1483, 1506, 3272)
2002 Ed. (1487, 3282, 3762, 4617)
2001 Ed. (247, 3709, 3900, 3953)
2000 Ed. (3463, 3610)
1999 Ed. (1609, 3308, 3312, 3743, 3896)
1997 Ed. (2725, 3168)
1996 Ed. (3088)
Reed Elsevier U.S. Holdings Inc.
2008 Ed. (1702, 4085)
2007 Ed. (1676, 4049)
2006 Ed. (1672, 4019, 4020)
2005 Ed. (1751, 3979, 3980)
2004 Ed. (1695, 4040, 4041)
2003 Ed. (4023)
2001 Ed. (1679)
Reed Executive
2007 Ed. (1219)
Reed Exhibition Companies
2008 Ed. (4723)
2006 Ed. (4787)
2005 Ed. (4736)
2004 Ed. (4754)
2003 Ed. (4777)
2002 Ed. (4645)
2001 Ed. (4612)
Reed Family
2005 Ed. (4022)
Reed International
2004 Ed. (4039)
2000 Ed. (4133)
1992 Ed. (1641, 1642, 3592)
1991 Ed. (2394, 2700)
1990 Ed. (1372, 2795, 3056)
1989 Ed. (1467)
Reed International Operations
1994 Ed. (1227)
Reed International plc
2002 Ed. (3762)
1997 Ed. (2726)
1995 Ed. (1246, 2987)
1994 Ed. (1206, 2445, 2933)
1990 Ed. (2934)
Reed; John
2005 Ed. (3204)
1990 Ed. (971)
Reed; John S.
1996 Ed. (381, 964)
1991 Ed. (402)
1990 Ed. (458, 459)
Reed Regional Newspapers
1997 Ed. (2704)
Reed; Sally
1990 Ed. (2479)
Reed; Sally R.
1993 Ed. (2462)
1992 Ed. (2904)
1991 Ed. (2343)
Reed Smith
2008 Ed. (3415, 3429)
2007 Ed. (3324)
2005 Ed. (3920)
2004 Ed. (3230)
Reed Smith Hazel & Thomas
2003 Ed. (3192)
Reed Smith LLP
2007 Ed. (1509)
Reed St. James
1997 Ed. (1023)
1994 Ed. (1013)
Reed; William
1997 Ed. (1924)
Reedman Chevrolet
1996 Ed. (268)
1995 Ed. (261)
Reedman Chrysler-Plymouth
1996 Ed. (269)
1995 Ed. (262)
1994 Ed. (266)
Reedman Dodge
1996 Ed. (270)
1995 Ed. (263)
Reedman Lincoln-Mercury
1990 Ed. (331)
Reeds
1993 Ed. (835)
Reeds Jewelers Inc.
2005 Ed. (3245, 3246)
2004 Ed. (3217, 3218)
1990 Ed. (3058)
Reeds Rolls
1994 Ed. (852)
Reedville, VA
2000 Ed. (3573)
Reedy Creek Improvement District
1993 Ed. (2939)
Reedy Creek Improvement District, FL
1997 Ed. (3217)
Reef Buick Inc.
1996 Ed. (299)
1995 Ed. (265)
1994 Ed. (263)
1992 Ed. (409)
1990 Ed. (337, 385)
Reel/Grobman & Assoc.
1990 Ed. (2287)
Reelplay.com
2001 Ed. (4771)
Reemay
1996 Ed. (2854)
1995 Ed. (2788, 2790)
1994 Ed. (2682)
1993 Ed. (2733, 2734)
1992 Ed. (3271, 3273)
1991 Ed. (2620)
Reemtsma Cigarettenfabriken Gesellschaft Mit Beschraenkter
2002 Ed. (4631)
Reemtsma Cigarettenfabriken GMBH
2001 Ed. (18)
2000 Ed. (4259, 4261)
1999 Ed. (4612)
1997 Ed. (3759)
1996 Ed. (3703)
Reemtsma GmbH & Co.; H. F. & PH. F.
1995 Ed. (3625)
Reemtsma GmbH & Co.; H.F. & PH. F.
1997 Ed. (3759)
Rees Associates
1990 Ed. (277)
Rees Jones
1999 Ed. (2607)
Reese
1999 Ed. (1016)
1995 Ed. (889)
Reese Brothers Inc.
1994 Ed. (3486)
Reese Health Plan Inc.; Michael
1990 Ed. (1995)
1989 Ed. (1585)
Reese Hospital & Medical Center; Michael
1995 Ed. (2141)
1991 Ed. (1932)
1990 Ed. (2054)
Reese Peanut Butter Cup
1997 Ed. (895)
Reese Peanut Butter Cups
1999 Ed. (1132)
Reese Pure Horseradish
1992 Ed. (3769)
Reese Witherspoon
2004 Ed. (2409)
2003 Ed. (2329)
Reese's
2008 Ed. (835, 973)
2007 Ed. (871)

2006 Ed. (774, 1006)
2005 Ed. (858)
2004 Ed. (978)
2003 Ed. (963, 1131, 3157, 3776)
2002 Ed. (933, 934, 1047, 1048, 1049)
2001 Ed. (1111, 1113, 1114)
2000 Ed. (971, 1055, 1057, 1058)
1999 Ed. (1021, 1025, 1130)
1998 Ed. (615, 616, 617, 618, 619, 620, 622, 623, 624, 625, 626, 627, 628, 629, 630, 631)
1997 Ed. (890, 891, 892, 983)
1994 Ed. (846, 848, 849, 850, 2748)
1993 Ed. (832, 833, 836, 838)
Reese's Bites
2001 Ed. (1111)
Reeses Fast Break
2004 Ed. (978)
Reese's Nutrageous
2000 Ed. (1056)
1999 Ed. (1016, 1131)
1997 Ed. (890, 895, 983)
Reese's Peanut Butter Cup
1999 Ed. (1131)
1998 Ed. (985, 2067)
1995 Ed. (890, 894, 895)
1992 Ed. (1042, 1043)
Reese's Peanut Butter Cup King
1995 Ed. (890)
Reese's Peanut Butter Cups
2005 Ed. (996)
2000 Ed. (1054, 1056)
1991 Ed. (847)
1990 Ed. (892, 895, 896)
1989 Ed. (857)
Reese's Peanut Butter Cups, 14-Oz. Bag
1990 Ed. (893)
Reese's Peanut Butter Cups, 2-Pak
1990 Ed. (894)
Reese's Peanut Butter Ice Cream Cups
1997 Ed. (2349, 2931)
Reese's Pieces
2008 Ed. (838)
2000 Ed. (968, 969)
1997 Ed. (887, 888, 894)
1995 Ed. (891)
Reeve Aleutian Airways
2003 Ed. (241)
Reeves Communication
1991 Ed. (2390)
Reeves Honda; Norm
1996 Ed. (272, 301)
1995 Ed. (269, 294)
1991 Ed. (279)
Reeves Honda Superstore; Norm
1993 Ed. (270, 298)
1992 Ed. (376, 384, 416)
Reeves Honda Superstore; Norman
1994 Ed. (269, 290)
Reeves; Keanu
2008 Ed. (2590)
Reeves-Williams
2005 Ed. (1212)
2004 Ed. (1186)
2003 Ed. (1180)
Reeyes Williams
2002 Ed. (1198)
Refah; Bank
2006 Ed. (471)
Refco Inc.
2008 Ed. (352)
2007 Ed. (364, 365, 4281, 4287)
2003 Ed. (2599)
2002 Ed. (4500)
2000 Ed. (826)
1999 Ed. (829)
1998 Ed. (814)
1993 Ed. (39)
1992 Ed. (1290)
1991 Ed. (1012)
Refco Group
2006 Ed. (3276)
Refco LLC
2007 Ed. (2672)
2006 Ed. (2682)
2005 Ed. (2707)
2004 Ed. (2714)
Refdesk.com
2002 Ed. (4845)
Refer
1997 Ed. (3026)
Reference checks
2001 Ed. (3037)
Reference Library
1994 Ed. (874)
Reference Press Inc.
1997 Ed. (3223)
Reference, subscription
2002 Ed. (748)
Referral Institute LLC
2008 Ed. (757)
Refesa Rede Ferroviaria Federal SA
1996 Ed. (1304, 1305)
1994 Ed. (1332, 1334)
1992 Ed. (1582, 1584)
1990 Ed. (1334, 1335)
Refilcoton SA
2002 Ed. (1087)
2001 Ed. (1282)
Refinancing
1989 Ed. (1486)
Refined oil products
1994 Ed. (1732)
Refineras de Maiz
1993 Ed. (22)
Refineria la Pampilla
2006 Ed. (2546)
Refiners Transport & Terminal Corp.
1993 Ed. (3503)
Refinery
2005 Ed. (3023)
2003 Ed. (2728)
Refining industry
1999 Ed. (1046)
Refresh
1995 Ed. (1599, 1600, 1757, 1758)
Refresh Plus
2003 Ed. (3780)
Refreshment Products
2006 Ed. (42)
2005 Ed. (35)
Refreshment Products Services
2007 Ed. (33)
Refreshment wine
1991 Ed. (3504, 3505, 3509, 3510, 3511)
1989 Ed. (2966, 2967, 2968)
Refricenter of Miami Inc.
2007 Ed. (2517)
2005 Ed. (2529)
2004 Ed. (2540)
2001 Ed. (2716)
2000 Ed. (4386)
1999 Ed. (2683, 4756)
1998 Ed. (1940)
1997 Ed. (2218)
1996 Ed. (2112, 3823)
Refried beans
2003 Ed. (3926, 3927)
2002 Ed. (3746)
Refrigerated
2002 Ed. (4727)
2001 Ed. (4641, 4644)
Refrigerated Cookies & Brownies
2000 Ed. (4155)
Refrigerated Dinner Rolls
2000 Ed. (4155)
Refrigerated entrees
1997 Ed. (2059)
1993 Ed. (3499, 3685)
Refrigerated Food and Livestock Production Group
2000 Ed. (2232)
Refrigerated fruit juices and drinks
1991 Ed. (1866)
Refrigerated juice/beverages
2000 Ed. (3619)
Refrigerated orange juice
1991 Ed. (1866)
1989 Ed. (1461)
Refrigerated Products
2000 Ed. (1897)
Refrigerated Pudding
1990 Ed. (1959)
Refrigerated puddings
1992 Ed. (2353)
Refrigeration
2006 Ed. (1285)
2005 Ed. (1315)
2004 Ed. (1308)
2003 Ed. (1305)
2001 Ed. (2779)
2000 Ed. (2583)
Refrigeration equipment
2002 Ed. (2216)
Refrigerator car
1997 Ed. (3240, 3241)
Refrigerators
2004 Ed. (2864)
1999 Ed. (2759)
Reg. Electric Co.
1992 Ed. (100)
Reg Electric Co. Share Offer
1992 Ed. (52)
REG Vardy plc
2002 Ed. (232, 3892)
Regal
2001 Ed. (1233)
1999 Ed. (2476)
1998 Ed. (786, 787, 1735, 2321)
1997 Ed. (991, 1041, 1042, 2050, 2590)
1995 Ed. (1044, 1045, 1910, 2410)
1994 Ed. (1035, 1036, 1883)
1993 Ed. (1005, 1006)
1992 Ed. (1242, 1243)
1991 Ed. (861, 862)
1990 Ed. (1080, 1081)
Regal-Aircoa Co.
1991 Ed. (1937)
Regal Alaskan Hotel
2000 Ed. (2541)
1999 Ed. (2763)
1997 Ed. (221, 2287)
1996 Ed. (2173)
1995 Ed. (198)
Regal Beloit Corp.
2008 Ed. (845, 2418)
2005 Ed. (3347, 3348)
2004 Ed. (3322, 3323)
Regal Biltmore Hotel
2000 Ed. (1185, 2573)
1999 Ed. (2794, 2796)
1998 Ed. (2034)
Regal Car Wash
2005 Ed. (350)
Regal Cinemas Inc.
2003 Ed. (3449)
2001 Ed. (3388)
1999 Ed. (3451)
Regal Communications Corp.
1995 Ed. (2250)
1994 Ed. (2016, 3324)
Regal Constellation Hotel
2005 Ed. (2521)
2003 Ed. (2415)
Regal Cruises
1999 Ed. (1808)
Regal 8 Inn
1990 Ed. (2077)
Regal Entertainment Group
2008 Ed. (3750, 3751)
2007 Ed. (2456, 3449, 3637, 3638)
2006 Ed. (1645, 1649, 1652, 2298, 2490, 2494, 3437, 3572, 3573)
2005 Ed. (1737, 1738, 1739, 2445, 2446, 3513, 3514, 3515)
2004 Ed. (2421, 3510)
Regal Homes
2002 Ed. (2685)
Regal Hotels
1996 Ed. (2135, 3596)
Regal Hotels International
1996 Ed. (1375)
Regal Industries Inc.
2004 Ed. (3908)
Regal International
1991 Ed. (155)
1989 Ed. (166)
Regal International Advertising
1993 Ed. (140)
Regal King Size
1996 Ed. (972)
Regal Petroleum
2006 Ed. (3856)
Regal Plastics Co.
2000 Ed. (742)
1999 Ed. (3421)
1998 Ed. (468)
Regal Rugs Inc.
2003 Ed. (1698, 4728)
Regal Suzuki
1995 Ed. (286)
Regal Ware
2002 Ed. (348, 1093, 2313)
2000 Ed. (1130, 1131, 2233)
1999 Ed. (1216, 1217, 2692)
1998 Ed. (1951)
Regan Books
2008 Ed. (629)
Regan Communications
2000 Ed. (3644)
Regan; Edward V.
1991 Ed. (3210)
Regan International LLC
2007 Ed. (1912)
Regence BlueCross BlueShield of Oregon
2006 Ed. (1974)
2005 Ed. (1939)
2004 Ed. (1839)
2003 Ed. (1806)
2001 Ed. (1831)
Regence BlueCross BlueShield of Utah
2006 Ed. (2087, 3111)
The Regence Group
2007 Ed. (1946)
2006 Ed. (1975, 2483)
2005 Ed. (1940)
2004 Ed. (1840)
2003 Ed. (1807)
The Regency
2002 Ed. (2631)
Regency Bancshares Inc.
1995 Ed. (1242)
Regency Caribbean Enterprises Inc.
2006 Ed. (4298)
2005 Ed. (4357)
Regency Centers
2007 Ed. (4378)
Regency Development Associates
2003 Ed. (286)
Regency Health Services Inc.
2008 Ed. (1980)
2007 Ed. (1917)
2006 Ed. (1933)
2003 Ed. (1788)
Regency Homes
1999 Ed. (1330)
1998 Ed. (894, 902)
Regency Industrial Park
2002 Ed. (2765)
2000 Ed. (2625)
Regency Insurance Co.
2004 Ed. (3093)
Regency Palace
1991 Ed. (32)
Regency Realty Corp.
2000 Ed. (4018, 4020)
Regency Savings Bank, FSB
2007 Ed. (4260, 4750)
2006 Ed. (4246, 4736)
2002 Ed. (4620)
2001 Ed. (4526, 4527)
2000 Ed. (4248)
1999 Ed. (4598)
1998 Ed. (3128, 3528, 3543)
1997 Ed. (3742)
1990 Ed. (3587)
Regency Square Mall
2000 Ed. (4029)
1999 Ed. (4309)
1998 Ed. (3299)
Regent
2000 Ed. (2546, 2570)
1999 Ed. (2771, 2793)
1997 Ed. (2289)
1996 Ed. (2174, 2174, 2188, 2188)
1994 Ed. (2108, 2122)
1993 Ed. (2087, 2102, 2102)
1991 Ed. (1956)
1990 Ed. (2096)
Regent Bancorp
2008 Ed. (429)
Regent-Bangkok
1995 Ed. (2175)
The Regent Beverly Wilshire
2002 Ed. (2631)
1996 Ed. (2189)
Regent Futures
1993 Ed. (1041)
Regent Homes
2004 Ed. (1219)
Regent-Hong Kong
1995 Ed. (2174, 2175)

Regent Hotels
2008 Ed. (3070)
2007 Ed. (2945)
2006 Ed. (2934)
2005 Ed. (2931)
Regent International
1994 Ed. (2117)
Regent International Hotels
1996 Ed. (2180)
1992 Ed. (2472, 2509, 2510)
Regents of the University of Colorado
1995 Ed. (2787)
Regie Autonome des Transports Parisiens
2004 Ed. (4796)
2002 Ed. (4671)
2001 Ed. (4621)
Regie Nationale des Usines Renault
1993 Ed. (1307, 1317)
1990 Ed. (1352, 1366)
1989 Ed. (1118, 1867)
Regie Nationale des Usines Renault SA
2005 Ed. (1777)
1995 Ed. (1398)
1994 Ed. (1371)
Regina
1998 Ed. (3651)
1997 Ed. (3812)
1995 Ed. (1881, 3684)
1994 Ed. (1853, 3609)
1993 Ed. (1868, 3648)
1992 Ed. (2167, 4363)
1991 Ed. (3437)
1990 Ed. (1803, 1804, 3661)
Regina 5000 Upright Vacuum
1990 Ed. (2105, 2106)
Regina Steamer With Spot Release
1990 Ed. (2105)
Regina; University of
2008 Ed. (1071, 1081, 1082)
2007 Ed. (1167)
Reginald Lewis
1989 Ed. (2341)
Regional Bank of Rifle NA
1993 Ed. (507)
Regional banks
1992 Ed. (2640)
Regional chippers
1994 Ed. (2901)
Regional Container Lines
2008 Ed. (2117)
2007 Ed. (2018)
1997 Ed. (3511)
Regional Electricity Company Share Offer
1992 Ed. (926, 2160, 4237)
Regional Financial Advisors Inc.
2001 Ed. (899, 951)
1999 Ed. (3011)
Regional Financial Enterprises
1990 Ed. (3667)
Regional interest
2005 Ed. (3359)
2004 Ed. (3334, 3335)
Regional Medical Center Bayonet Point
2005 Ed. (2893)
Regional Performing Arts Center
2000 Ed. (1227)
Regional Port Authority
2001 Ed. (905)
Regional Reporting Inc.
2008 Ed. (3808)
2007 Ed. (3715, 4292)
2006 Ed. (3732, 4264)
2005 Ed. (3615, 4287, 4288)
2004 Ed. (4347, 4348, 4349)
Regional Sports Networks
1992 Ed. (1032)
Regional Transit Authority
1991 Ed. (1885)
Regional Transit District
1991 Ed. (1886)
Regional Transportation Authority
2006 Ed. (4018)
2000 Ed. (2994)
1998 Ed. (537, 2403)
1997 Ed. (3794)
1994 Ed. (802, 2408)
Regional Transportation Authority, Chicago
1992 Ed. (4031)
Regional Transportation District
2008 Ed. (1103)
Regions Bank
2008 Ed. (196, 197, 346, 347, 350, 357, 365, 1090, 2987, 3138)
2007 Ed. (209, 210, 358, 359, 362, 377, 467, 3020)
2006 Ed. (202, 375, 2989)
2005 Ed. (190, 381, 2994)
2004 Ed. (184, 362)
2003 Ed. (229, 383)
2002 Ed. (248, 478)
2001 Ed. (641)
2000 Ed. (398, 402)
1998 Ed. (336, 360)
Regions Bank of Louisiana
1998 Ed. (391)
1997 Ed. (544)
1996 Ed. (588)
Regions Financial Corp.
2008 Ed. (345, 355)
2007 Ed. (1565)
2006 Ed. (397, 401, 405, 1536)
2005 Ed. (357, 437, 439, 631, 632, 1645, 3306)
2004 Ed. (433, 642, 643, 1619)
2003 Ed. (631, 632, 1602)
2002 Ed. (1574)
2001 Ed. (650, 651)
2000 Ed. (619, 1383)
1999 Ed. (653, 4026, 4028)
1998 Ed. (3034)
1997 Ed. (3284, 3285, 3286)
1996 Ed. (3181, 3183)
Regions Growth Fund
2000 Ed. (3234, 3235)
Regions M. Keegan Select Cap Growth
2004 Ed. (3598)
Regions Mg Keegan Select Aggressive Growth
2004 Ed. (3559)
Regions Morgan Keegan
2007 Ed. (645)
2006 Ed. (628)
Regions Morgan Keegan Select
2008 Ed. (594)
Regions Morgan Keegan Select High Income
2008 Ed. (599)
2007 Ed. (642, 643)
2006 Ed. (624, 625)
2005 Ed. (700)
2004 Ed. (720)
Regions Morgan Keegan Select Intermediate
2008 Ed. (597)
Regis Corp.
2008 Ed. (1403, 1936, 4211, 4316)
2007 Ed. (3826, 3827, 4359)
2006 Ed. (3810, 3811, 4295)
2005 Ed. (2021, 2022, 3720, 3721)
2004 Ed. (1897, 1898, 3811, 3812)
2003 Ed. (3798, 3799)
2001 Ed. (3728, 3729)
Regis College
2001 Ed. (1321)
1999 Ed. (1224)
1998 Ed. (795)
1997 Ed. (1057)
Regis Homes
1999 Ed. (4372)
1992 Ed. (1367)
Regis ICM Small Co.
1996 Ed. (2751)
Regis International
2001 Ed. (2661)
Regis McKenna
1990 Ed. (2918)
Regis Philbin
2008 Ed. (2585)
2004 Ed. (2415)
2003 Ed. (2335)
2002 Ed. (4546)
Regis University
2002 Ed. (1104)
Register.com Inc.
2005 Ed. (4674)
2003 Ed. (2724)
2002 Ed. (2524, 4800)
Registered nurse
2006 Ed. (1070)
Registered nurses
2001 Ed. (3563)
1993 Ed. (2738, 3727)
1989 Ed. (2077, 2081)
Registered Rep.
2008 Ed. (4710)
The Registry Hotel Corp.
1991 Ed. (2865)
Registry Hotels
1993 Ed. (2083)
1990 Ed. (2075)
Regnery
2006 Ed. (642)
2004 Ed. (749)
Rego Realty
2004 Ed. (3943)
2002 Ed. (2815)
Regular
2000 Ed. (4062)
1990 Ed. (2878, 2879, 2886, 2887)
Regular Coffee
1990 Ed. (1962)
Regular domestic
1991 Ed. (744)
Regularity of sales calls
1990 Ed. (3089)
Regulations/red tape
1996 Ed. (3453)
Regulatory Compliance Services Corp.
2008 Ed. (2056, 3730)
2007 Ed. (3596)
R.E.H. Trucking Inc.
1996 Ed. (3731)
Rehab. Care Systems of America
1993 Ed. (2068, 2070)
Rehab Management Services
1993 Ed. (2068)
Rehab Option Inc.
2000 Ed. (3151)
ReHabCare Corp.
1999 Ed. (2724)
1997 Ed. (2254)
1996 Ed. (2146)
1995 Ed. (2136)
1994 Ed. (2084)
1993 Ed. (2068)
RehabCare Corp
1990 Ed. (2050)
RehabCare Group Inc.
2008 Ed. (1951)
2006 Ed. (2778, 4456)
2005 Ed. (3665)
2003 Ed. (2798, 2799)
2002 Ed. (1549, 2592, 2593)
2001 Ed. (2763)
2000 Ed. (2502)
1998 Ed. (1985)
Rehabcare Group Service Ad
2001 Ed. (2768)
RehabClinics Inc.
1995 Ed. (1241)
Rehabilitation
2002 Ed. (2599, 3525)
2001 Ed. (2766)
1996 Ed. (2080)
Rehabilitation Achievement Centers Inc.
1995 Ed. (3793)
Rehabilitation center
2001 Ed. (3598)
Rehabilitation centers
2003 Ed. (2691)
Rehabilitation counselors
2005 Ed. (3626)
Rehabilitation Institute of Chicago
2008 Ed. (3050)
2007 Ed. (2927)
2006 Ed. (2908)
2005 Ed. (2901)
2004 Ed. (2915)
2003 Ed. (2811)
2002 Ed. (2607)
2000 Ed. (2521)
1999 Ed. (2742)
1995 Ed. (1926)
Rehabilitation/physical therapy
2000 Ed. (2503)
1998 Ed. (1981)
Rehabilitative Care Systems of America
1992 Ed. (2452, 2455)
Rehability Corp.
1997 Ed. (2249, 2254)
RehabVisions
1998 Ed. (1985)
Reheat leftovers
1989 Ed. (1983)
The Rehmann Group
2008 Ed. (7)
2007 Ed. (9)
2006 Ed. (13)
2005 Ed. (8)
2004 Ed. (12)
2003 Ed. (6)
Rehmann Robson, PC
2002 Ed. (12, 19)
Rehrig-Pacific
1992 Ed. (3474)
REI
2006 Ed. (4451)
2001 Ed. (4338)
1993 Ed. (3369)
1992 Ed. (4046)
1991 Ed. (3167)
Reich & Tang Capital Management, Value Equity Mid Cap
2003 Ed. (3128, 3131)
Reich; Gary
1997 Ed. (1851)
1993 Ed. (1776)
1991 Ed. (1671)
The Reich Group
1992 Ed. (197)
1991 Ed. (142)
1990 Ed. (142)
1989 Ed. (151)
Reichardt; Carl
1996 Ed. (959, 1709)
1989 Ed. (2340)
Reichardt; Carl E.
1996 Ed. (381)
1991 Ed. (402)
1990 Ed. (1711)
1989 Ed. (417)
Reichert; Jack F.
1991 Ed. (1628)
Reichhart Logistik Gruppe
2008 Ed. (4757)
Reichhold
1990 Ed. (1978)
Reichhold Chemicals Inc.
2001 Ed. (11)
Reichl und Partner
2003 Ed. (44)
Reichmann; Albert
1993 Ed. (699)
1992 Ed. (890)
1990 Ed. (731)
1989 Ed. (732)
Reichmann; Albert Reichmann, Paul Reichmann, Ralph
1991 Ed. (710, 1617, 3477)
Reichmann family
2005 Ed. (4871)
Reichmann; Paul
1993 Ed. (699)
1992 Ed. (890)
1990 Ed. (731)
1989 Ed. (732)
Reichmann; Paul, Albert, and Ralph
1993 Ed. (698)
1991 Ed. (709)
1990 Ed. (730)
Reichmann, Paul Reichmann, Ralph Reichmann; Albert
1991 Ed. (710, 3477)
Reichmann; Ralph
1993 Ed. (699)
1992 Ed. (890)
1990 Ed. (731)
1989 Ed. (732)
Reichmann, Ralph Reichmann; Albert Reichmann, Paul
1991 Ed. (710, 3477)
Reicin; Glenn
1997 Ed. (1921)
REI.com
2006 Ed. (2384)
2001 Ed. (2982)
Reid & Associates Inc.
2008 Ed. (1319)
2007 Ed. (1382)
2006 Ed. (1329)

Reid Automotive Group
2005 Ed. (169)
2002 Ed. (708)
Reid Dennis
2003 Ed. (4846)
Reid Homes
2003 Ed. (1180)
2002 Ed. (1198)
1998 Ed. (910)
Reid; Jeff
2006 Ed. (703)
Reid Plastics
1999 Ed. (3840)
Reid; Senator Harry
2007 Ed. (2706)
Reidy; John
1997 Ed. (1859)
1995 Ed. (1808)
1994 Ed. (1767)
1993 Ed. (1783)
1991 Ed. (1689, 1699)
Reif; Jessica
1997 Ed. (1859, 1878, 1881)
1996 Ed. (1770, 1783, 1805, 1807)
1995 Ed. (1808)
Reigncom
2006 Ed. (4537)
Reilley; D. H.
2005 Ed. (2487)
Reilley; Dennis
2008 Ed. (933)
2007 Ed. (1009)
2006 Ed. (919)
2005 Ed. (965)
Reilley; Dennis H.
2008 Ed. (946, 2632, 2633)
2007 Ed. (1024, 2499, 2501)
2006 Ed. (2522)
Reiman Charitable Foundation
2002 Ed. (2341)
Reiman Publications
2001 Ed. (1541)
Reimbursement, dependent-care
1994 Ed. (2806)
Reimer Group
1992 Ed. (4338)
Reina International
1995 Ed. (259)
Reindeer Capital
1998 Ed. (1923)
Reinemund; S. S.
2005 Ed. (2485)
Reinemund; Steven
2008 Ed. (935)
2007 Ed. (966)
2006 Ed. (875, 2515, 2627)
2005 Ed. (967)
Reinertsan Motors
1996 Ed. (287)
Reinertsen Motors Inc.
1995 Ed. (289)
1994 Ed. (283)
1993 Ed. (285)
1992 Ed. (400)
Reinforcing bars
2001 Ed. (4366)
Reingold; Daniel
1997 Ed. (1900)
1996 Ed. (1826)
1995 Ed. (1848)
1994 Ed. (1810, 1832)
Reinhard; J. P.
2008 Ed. (2631)
2007 Ed. (2501)
2006 Ed. (954, 2519, 2522)
Reinhard; J. Pedro
2007 Ed. (1050)
2005 Ed. (986)
Reinhard Mohn
2004 Ed. (4875)
Reinhart, Boerner, Van Deuren, Norris & Rieselbach
2001 Ed. (563)
Reinhart Boerner Van Deuren SC
2007 Ed. (1512)
Reinhart FoodService
2005 Ed. (2622)
Reinhart Institutional Foods
2000 Ed. (2244)
Reinhold Industries Inc.
2002 Ed. (3558)
Reinhold/Vidosh Landscape Services, Inc.
1992 Ed. (4485)
Reinhold Wurth
2008 Ed. (4867)
Reino Aventura
2001 Ed. (380)
2000 Ed. (299)
1999 Ed. (271)
1995 Ed. (219)
Reino Aventuro
1997 Ed. (250)
1996 Ed. (218)
Reinoso & Co.
1999 Ed. (4231, 4242)
1998 Ed. (3252)
1997 Ed. (3469)
1996 Ed. (2655, 2658, 2711, 3352)
1993 Ed. (3185, 3191)
Reinoso Asset
1993 Ed. (2323)
Reinsurance Agency Inc./Cole, Booth, Potter Inc.
1990 Ed. (2262)
Reinsurance Australia Corp.
2003 Ed. (1613, 1616)
Reinsurance Group America
1997 Ed. (2442)
Reinsurance Group of America Inc.
2008 Ed. (1948, 1949, 1952, 1955)
2007 Ed. (1891, 3185)
2006 Ed. (1899, 3148)
2005 Ed. (1878, 1880, 1882, 1887, 3085)
2002 Ed. (3952)
1999 Ed. (2944)
1998 Ed. (2176, 3039)
Reinz Dichtungs GmbH & Co. KG
2004 Ed. (1701)
Reiser & Reiser/GrupoUno International
2002 Ed. (3818)
Reiser-Builder/Russell
1993 Ed. (2355)
The Reiser Group
2008 Ed. (4113)
Reisman; Heather
2005 Ed. (4863)
Reiss Media
1996 Ed. (867)
Reissman; M. L.
1991 Ed. (1618)
Reissman; Maurice L.
1992 Ed. (1140)
Reisterstown Federal Savings Bank
1998 Ed. (3138)
Reitano; Stephen V.
1995 Ed. (2486)
Reiter Affilated Cos.
1998 Ed. (1772)
Reithoffer Shows
2005 Ed. (2523)
2000 Ed. (987)
1999 Ed. (1039)
1998 Ed. (646)
1997 Ed. (907)
1995 Ed. (910)
Reitman Personnel Service Inc.
2007 Ed. (3543)
Reitmans
1992 Ed. (1218)
Reitmans (Canada) Ltd.
2006 Ed. (1632)
1996 Ed. (1013, 3243)
1990 Ed. (1056, 1057)
Reitmeier Mechanical
2008 Ed. (2026)
2007 Ed. (1944)
2006 Ed. (1973)
REITs
2000 Ed. (2646)
Reitzer; Robert
1995 Ed. (1795, 1810)
Reiwag Facility Services GmbH
2008 Ed. (1574)
Rejoice
2006 Ed. (35)
1992 Ed. (83)
Rekapac
2000 Ed. (2885)
Reklamens Hus McCann
1996 Ed. (123)
1995 Ed. (108)
1994 Ed. (107)
1993 Ed. (124)
1991 Ed. (137)
1990 Ed. (137)
Reklamevi
1991 Ed. (158)
Reklamevi Reklamcilik
1990 Ed. (159)
Reko International Group Inc.
2006 Ed. (3922)
2004 Ed. (3913)
REL Field Marketing
2002 Ed. (3265)
Relafen
1998 Ed. (1341)
Relais & Chateaux
1999 Ed. (2778)
1992 Ed. (2505)
Related Co. Inc.
1999 Ed. (1312)
1991 Ed. (247)
Related Capital Co.
2005 Ed. (258)
2004 Ed. (256)
2003 Ed. (288, 289)
2002 Ed. (323)
2000 Ed. (306)
1998 Ed. (178, 3011)
Related Companies LP
2008 Ed. (4114)
Related Cos. Inc.
1993 Ed. (238)
Related Cos. of Florida
1990 Ed. (2007)
The Related Group of Florida
2008 Ed. (2956, 2961)
2007 Ed. (1305, 2834, 2837, 4028)
2006 Ed. (1198, 2832, 2840, 3990)
2005 Ed. (2838, 2844)
2004 Ed. (2830)
2003 Ed. (2749)
2002 Ed. (1191, 1199, 2544, 2555)
2001 Ed. (2704, 2709)
2000 Ed. (1272, 2466)
Related Services
1992 Ed. (3070)
Relational Technologies Inc.
2001 Ed. (4747)
Relationship account management
1998 Ed. (1947)
Relationship Rescue
2003 Ed. (707)
Relax The Back Corp.
2008 Ed. (2900)
2007 Ed. (899)
2006 Ed. (816)
Relay
1992 Ed. (1913)
1991 Ed. (1511)
Relay Sponsorship & Event Management
2006 Ed. (3413)
2005 Ed. (3404)
Reliability Corp.
1996 Ed. (2144)
1995 Ed. (2132, 2136)
Reliable Corp. Business
1999 Ed. (1849)
1998 Ed. (1274)
Reliable Cartage
1992 Ed. (4354)
Reliable Chevrolet
1996 Ed. (268)
1995 Ed. (261)
Reliable Life Insurance Co.
2004 Ed. (3079)
2003 Ed. (2976)
2002 Ed. (714)
2000 Ed. (2669)
1999 Ed. (2916)
1998 Ed. (2132)
1997 Ed. (2419)
1995 Ed. (2310)
Reliable Life Insurance Co. of Missouri
1995 Ed. (2310)
Reliable Nesco
1992 Ed. (1386)
Reliable Office Supply
1996 Ed. (2860)
1995 Ed. (2804)
Reliable Stores Inc.
1990 Ed. (1037)
Reliance
1997 Ed. (3628)
1994 Ed. (25)
1992 Ed. (1636)
1990 Ed. (1379)
Reliance Acceptance
1999 Ed. (3675)
Reliance Bank
2006 Ed. (374)
Reliance Electric Co.
1996 Ed. (1202, 3666)
1995 Ed. (2498)
1994 Ed. (1583, 1614, 2429)
1993 Ed. (1575, 2492)
1992 Ed. (1525, 1532, 1923, 2962)
1991 Ed. (1215, 1224, 1530, 2376)
1989 Ed. (1057)
Reliance Group
2000 Ed. (2731)
1994 Ed. (2229)
1990 Ed. (2273)
1989 Ed. (1743)
Reliance Group Holding
1990 Ed. (3550)
Reliance Group Holdings Inc.
2003 Ed. (3635)
2000 Ed. (2672)
1999 Ed. (2923)
1998 Ed. (2137)
1997 Ed. (2426)
1996 Ed. (2288)
1992 Ed. (3921)
1989 Ed. (2470)
Reliance Homes
2005 Ed. (1240)
2004 Ed. (1216)
2003 Ed. (1209)
2002 Ed. (1209)
Reliance Industries Ltd.
2008 Ed. (913, 914, 1802, 1803, 2501, 3562, 3934)
2007 Ed. (934, 935, 1772, 1773, 1774, 3874, 3891, 4672)
2006 Ed. (1753, 1765, 1766, 2577, 3384, 3844, 4507)
2005 Ed. (3778, 3780)
2002 Ed. (1001, 1003, 1019, 4424, 4426)
2001 Ed. (1732, 1733, 1734, 1735)
2000 Ed. (755, 1455, 1457, 1459, 1460)
1999 Ed. (741, 742, 1654)
1997 Ed. (685, 686, 1429)
1996 Ed. (753, 754, 755, 1378)
1995 Ed. (1416, 1417)
1994 Ed. (724, 725)
1993 Ed. (714, 715)
1992 Ed. (902, 903)
1991 Ed. (721)
Reliance Infocomm Ltd.
2007 Ed. (1193)
Reliance Insurance Co.
2002 Ed. (3957)
2001 Ed. (2900, 2905, 4031, 4034)
1995 Ed. (2319)
1990 Ed. (2281)
Reliance Insurance Co. & subs.
1992 Ed. (2682)
Reliance Insurance Cos.
1991 Ed. (2134, 2135)
1990 Ed. (2263, 2264)
Reliance Insurance Group
2002 Ed. (2901, 2945, 2976, 4991)
2000 Ed. (2729, 2736, 2737)
1999 Ed. (2937, 2977, 2983, 2984)
1998 Ed. (2154, 2212, 2213)
1997 Ed. (2434, 2471, 2472)
1996 Ed. (2304)
1995 Ed. (2267, 2291, 2328, 2329)
1993 Ed. (2245, 2246, 2250)
Reliance Insurance Co. of Illinois
2002 Ed. (2876)
2001 Ed. (2927)
1998 Ed. (2145)
1997 Ed. (2428)
1996 Ed. (2293)
1995 Ed. (2288)
1994 Ed. (2240, 2277)
Reliance Petroleum Ltd.
2003 Ed. (3856)

2002 Ed. (3694, 4424)
Reliance Savings & Loan Association
1990 Ed. (3588)
Reliance Standard Life Insurance Co.
1995 Ed. (2307)
Reliance Steel & Aluminum Co.
2008 Ed. (1513, 3141, 3664, 3665, 4920)
2007 Ed. (3485, 3493, 3494)
2006 Ed. (3469, 3470, 4936, 4938)
2005 Ed. (3459, 3460, 3462, 3463, 4905, 4906)
2004 Ed. (3429, 3445, 3446, 3448, 4917)
2003 Ed. (3363, 3381, 3382)
2002 Ed. (3303, 3312, 3315, 3319, 3323, 3324)
2000 Ed. (3089, 3099, 3100)
1999 Ed. (3333, 3334)
Reliance Surety
2004 Ed. (1470)
Reliant Astrodome
2003 Ed. (4531)
Reliant Credit Union
2008 Ed. (2270)
2007 Ed. (2155)
2006 Ed. (2234)
2005 Ed. (2139)
Reliant Energy Inc.
2008 Ed. (2426, 2507)
2007 Ed. (2383, 2391)
2006 Ed. (2365, 2437, 2440, 2441)
2004 Ed. (2200, 2201, 2313, 2322)
2003 Ed. (1556, 1837, 2136, 2184, 2280, 2282, 2286, 4526, 4535)
2002 Ed. (1782, 2126, 2805, 3875)
2001 Ed. (2148, 3944, 3945, 3948, 4663)
Reliant Energy Entex
2005 Ed. (2716, 2717, 2718, 2722, 2723, 2725)
Reliant Energy HL&P
2001 Ed. (427, 3553, 3870)
Reliant Industries Inc.
2000 Ed. (3144)
Reliant Park
2003 Ed. (2412)
Reliant Resources Inc.
2005 Ed. (2312, 2395, 2398, 2399, 2406)
2004 Ed. (1586, 1869, 2190, 2192, 2195, 2198, 2199, 2319)
2003 Ed. (2138, 2141, 4318, 4322)
Reliant Stadium
2005 Ed. (4438, 4439)
ReliaQuote.com
2002 Ed. (4825)
ReliaStar Financial Corp.
2004 Ed. (1470)
2002 Ed. (1483)
2001 Ed. (571)
1999 Ed. (2944)
1997 Ed. (2435)
Reliastar Life
1999 Ed. (2950, 2951)
Reliastar Life Insurance Co.
2008 Ed. (3297, 3298)
2007 Ed. (3147, 3148)
2002 Ed. (2908, 2909, 2916, 2922, 2923)
2001 Ed. (2939, 2940)
2000 Ed. (2686, 2687, 2701, 2702)
ReliaStar Select Annuity II OCC Managed
2000 Ed. (4328)
The Relic
1999 Ed. (4720)
Religion
2000 Ed. (1012)
1997 Ed. (2157, 2158)
Religious
2002 Ed. (748)
1999 Ed. (1180)
Religious books
2001 Ed. (976)
Religious, charitable
1997 Ed. (3684)
Religious diversity
1993 Ed. (2949)
1992 Ed. (2910)
Religious Institutions as Partners in Community Based Development
1992 Ed. (1099)
Relishes
2003 Ed. (3875)
2002 Ed. (3709)
Reliv International Inc.
2008 Ed. (1947, 4408)
2006 Ed. (1907)
2005 Ed. (1881, 1883, 1886, 1887, 1889, 2772)
1995 Ed. (2067)
RELM Wireless Corp.
2008 Ed. (1729, 4634)
Relocated Employees
2000 Ed. (1788)
Reltmans
1997 Ed. (1033)
Reltmans (Canada)
1994 Ed. (1020)
R.E.M
1997 Ed. (1114)
ReMax
1990 Ed. (2952)
Rembolt Ludtke
2001 Ed. (861)
Rembrandt
2003 Ed. (4767, 4770)
2001 Ed. (79, 4575)
2000 Ed. (4264)
1999 Ed. (1829, 4617)
1995 Ed. (3630)
1994 Ed. (3552)
Rembrandt Acciones Argentinas
2005 Ed. (3576)
Rembrandt Age Defying
2003 Ed. (3460)
Rembrandt Ahorro Pesos
2003 Ed. (3615)
Rembrandt Asian Tiger Tr.
1998 Ed. (2646)
Rembrandt Dazzling White
2004 Ed. (4744)
Rembrandt Group Ltd.
2007 Ed. (1976)
2002 Ed. (3039)
2001 Ed. (1846)
2000 Ed. (2876)
1999 Ed. (3130, 3131)
1997 Ed. (2585)
1996 Ed. (2442)
1994 Ed. (2342)
1993 Ed. (2375)
1991 Ed. (2270)
Rembrandt Latin America Equity Common
1999 Ed. (3518)
Rembrandt Latin America Equity Tr.
1999 Ed. (3564)
Rembrandt Latin America Equity Trust
1999 Ed. (600)
Rembrandt Plus
2004 Ed. (4744)
Rembrandt Toothpaste
1997 Ed. (3764)
REMEC Inc.
2005 Ed. (2861)
Remediation and Training Institute
1992 Ed. (1097)
Remedies
2005 Ed. (2233)
Remedy
2006 Ed. (145)
2003 Ed. (2199)
1999 Ed. (4577)
1998 Ed. (1885, 3408)
Remedy Intelligent Staffing
2000 Ed. (4230)
1998 Ed. (3506)
Remedy tablets, miscellaneous
1997 Ed. (3175)
RemedyTemp Inc.
2007 Ed. (837)
2006 Ed. (743)
2005 Ed. (817)
2004 Ed. (843)
2003 Ed. (4532)
2002 Ed. (4597)
2000 Ed. (2405, 4049)
Remember Every Name Every Time
2006 Ed. (582)
Remember Me Promotional Specialists
2008 Ed. (4957)
Remgro
2008 Ed. (2072)
2007 Ed. (1975)
2006 Ed. (2009)
1995 Ed. (1485)
1993 Ed. (1393, 1394)
1991 Ed. (1344)
1990 Ed. (1417)
Remifemin
2004 Ed. (2100)
Remington
2007 Ed. (3807)
2005 Ed. (3707)
2003 Ed. (3790)
2000 Ed. (1728, 1729, 2411, 2412, 3507, 4088)
1999 Ed. (1944, 1945, 2631, 3774, 3775, 4378, 4379)
1998 Ed. (1378, 1379, 2805, 2806, 3350, 3351)
1997 Ed. (1688, 1689, 3060, 3062, 3556, 3557)
1996 Ed. (2984, 2986, 3492, 3493)
1995 Ed. (1630, 2902, 3428)
1994 Ed. (1588, 2813, 2815, 3370, 3371)
1993 Ed. (1550, 1551, 2813)
1992 Ed. (1889, 1890, 3401, 3402, 4042)
1991 Ed. (1490, 1491, 2713)
1990 Ed. (1592, 1593, 2809)
Remington Fuzz Away
1990 Ed. (2803, 2804)
Remington Hotel Corp.
2001 Ed. (2776)
2000 Ed. (2534)
1998 Ed. (1998, 2000, 2001)
1997 Ed. (2274, 2276, 2277)
1996 Ed. (2158)
Remington Oil & Gas Corp.
2007 Ed. (2753, 4395)
2005 Ed. (3733)
2003 Ed. (3835, 3836)
2002 Ed. (1549)
Remington on Post Oak Park
1990 Ed. (2101)
Remington on Post Oak Park, Houston
1990 Ed. (2079)
Remington Products Co. LLC
2002 Ed. (2071, 2072, 2440, 2441)
Remington Rechargeable Electric Shaver
1990 Ed. (2803)
Reminiscences of a Stock Operator
2006 Ed. (589)
Remline Corp.
2006 Ed. (3506, 4345)
Remnant
2004 Ed. (739)
Remo Drug
2001 Ed. (2062)
Remodeling
2008 Ed. (4708)
Remondi; John
2006 Ed. (991)
Remondi; John F.
2006 Ed. (2532)
Remote controls, TV
1999 Ed. (2759)
Remote shopping
1999 Ed. (1008)
Remove It
1997 Ed. (1093)
Remploy Ltd.
1993 Ed. (1304)
Rempola
1990 Ed. (3458)
REMS Equity REIT Portfolio
2003 Ed. (3117)
REMS Leveraged REIT Portfolio
2003 Ed. (3117)
Remy
2002 Ed. (3174)
Remy Amerique Inc.
2005 Ed. (922)
2004 Ed. (927, 3283, 3286)
2003 Ed. (907, 3229)
2002 Ed. (775, 779, 3152)
2001 Ed. (3126, 3128, 3129)
2000 Ed. (806, 807)
Remy & Associates
2001 Ed. (360)
Remy-Cointreau
2001 Ed. (2118, 2119, 2120)
Remy Martin
2004 Ed. (770, 1053)
2003 Ed. (760)
2002 Ed. (293, 775, 776, 777, 778, 779)
2001 Ed. (1016, 1017, 1018, 3140)
2000 Ed. (805, 806, 807)
1999 Ed. (800, 801, 802, 3247)
1991 Ed. (741)
1990 Ed. (2462)
1989 Ed. (756)
Remy Red
2004 Ed. (3271)
Ren-Rede Electrica Nacional SA
2006 Ed. (1995)
REN Corp.-USA
1993 Ed. (1103)
Rena Rowan
1996 Ed. (3875)
1995 Ed. (3786)
Renaissance
2003 Ed. (1207)
2001 Ed. (2789)
1997 Ed. (3095)
Renaissance Canadian Core Value
2004 Ed. (3615)
Renaissance Capital Alliance LLC
2008 Ed. (3715, 4404)
2007 Ed. (4427)
Renaissance Capital Growth
2004 Ed. (3175)
Renaissance Creative Imaging
2006 Ed. (3538)
Renaissance Denver Hotel
2002 Ed. (2645)
Renaissance Executive Forums Inc.
2006 Ed. (688)
Renaissance Global Value
2004 Ed. (2480)
Renaissance Group
2006 Ed. (4010)
Renaissance Home Health Care Inc.
2000 Ed. (2491)
1999 Ed. (2707)
Renaissance Homes
2005 Ed. (1223, 1238)
Renaissance Hotel Group NV
2001 Ed. (2786)
Renaissance Hotels & Resorts
2000 Ed. (2558)
1999 Ed. (2780)
1997 Ed. (2290)
1996 Ed. (2176)
Renaissance Housing Corp.
2004 Ed. (1141)
2002 Ed. (2664)
Renaissance Meadowlands
2007 Ed. (2951)
Renaissance Orlando Resort
2002 Ed. (2650)
2000 Ed. (2574)
1999 Ed. (2795)
1998 Ed. (2035)
RenaissanceRe
2001 Ed. (2960)
RenaissanceRe Holdings Ltd.
2008 Ed. (1745)
2007 Ed. (1721, 3185)
2006 Ed. (3148, 3153)
2005 Ed. (3150, 3151)
2003 Ed. (4573)
Renaissant Development Corp.
1998 Ed. (1937)
Renal Care Group Inc.
2008 Ed. (1424, 4668)
2004 Ed. (2925)
1999 Ed. (4331)
Renal Treatment Centers
1999 Ed. (3603)
Renar Development Co.
2005 Ed. (1198)
Renassance Holding
2002 Ed. (4451, 4452)
Renault
2008 Ed. (684)
2007 Ed. (315, 714)
2002 Ed. (766)
2001 Ed. (455)

2000 Ed. (34, 1435, 1436, 3692, 4295)
1999 Ed. (335, 336, 351, 1632, 1633, 1659, 4656)
1998 Ed. (231, 233, 243, 1538)
1997 Ed. (306, 309, 1408)
1996 Ed. (319, 326, 327, 328)
1995 Ed. (309)
1994 Ed. (310)
1993 Ed. (29, 35, 51, 332, 334, 335, 741, 1314, 2607)
1992 Ed. (49, 59, 448, 458, 460, 461, 1461, 1482, 1482, 1482, 1482, 1617, 1618, 1618, 1618, 1619, 3117, 4349)
1991 Ed. (327, 328, 332, 785, 2494)
1990 Ed. (363, 373, 1367, 1944, 2624, 2627, 3654)
1989 Ed. (30, 36, 38, 47, 51, 326)
Renault Argentina
2003 Ed. (1743, 1744)
1994 Ed. (787)
1991 Ed. (784)
Renault Clio
2005 Ed. (295)
2004 Ed. (302)
1999 Ed. (175, 784)
1996 Ed. (320)
1995 Ed. (313)
1994 Ed. (314)
Renault Clio Range
1993 Ed. (321)
Renault Gest-Sociedade de Comercio de Automobeis
1996 Ed. (1437)
Renault Group
1997 Ed. (1410)
1996 Ed. (996, 1337)
1994 Ed. (1364)
1992 Ed. (1190)
1991 Ed. (957)
1990 Ed. (368)
Renault Kangoo
2005 Ed. (295)
2004 Ed. (301)
Renault 19
1993 Ed. (321, 323)
1991 Ed. (323)
Renault Oesterreich Automobilvertriebs AG
2000 Ed. (1389)
Renault Portuguesa
1999 Ed. (1726)
1992 Ed. (72)
Renault Portuguesa-Soc. Inc. e Commercial SA
1995 Ed. (1477)
Renault Portuguesa-Soc. Ind. e Comercial SA
2001 Ed. (1690)
2000 Ed. (1414)
1997 Ed. (1500)
1993 Ed. (1387)
Renault Portuguesa-Soc. Ind. e Comercial SAR
1990 Ed. (1410)
Renault Portuguesa-Soc. Ind. E Comercial Sarl
1989 Ed. (1153)
Renault Portuguesa-Soc. Ind. e Commercial SA
1996 Ed. (1437)
Renault Portuguesa-Sociedade Industria e Comercial SA
1994 Ed. (1441)
Renault (Regie Nationale des Usines)
1992 Ed. (1607)
1991 Ed. (1269)
Renault R5
1990 Ed. (374, 380)
Renault R9/R11
1990 Ed. (369)
Renault RS
1990 Ed. (369)
Renault R21
1990 Ed. (369)
Renault SA
2008 Ed. (21, 41, 133, 1760, 3558, 3758)
2007 Ed. (37, 80, 312, 1327, 1730, 1731, 1732, 1733, 3423, 3646, 4830)
2006 Ed. (25, 46, 87, 90, 320, 1721, 1724, 1725, 3380, 3581, 3582, 3583)
2005 Ed. (39, 50, 81, 300, 301, 3390, 3522, 3523, 4282)
2004 Ed. (45, 55, 86, 305, 3359, 4795)
2003 Ed. (332, 1682, 3298, 3458)
2002 Ed. (55, 388, 390, 391, 392, 393, 398, 1656, 3243, 3402, 4669, 4791)
2001 Ed. (33, 34, 36, 54, 515, 1555, 1707, 1709, 4619)
1997 Ed. (3791)
1995 Ed. (307, 314, 316, 317, 1387, 3659)
1994 Ed. (21, 26, 28, 44, 308, 315, 990, 1372, 3575, 3584)
1991 Ed. (14, 22, 28, 30, 48)
1990 Ed. (20, 27, 35, 44, 48)
Renault SA (Regie Nationale Des Usines)
1996 Ed. (3735)
Renault Trafic
2004 Ed. (301)
Renault 25
1990 Ed. (1110)
Renault 21
1993 Ed. (323)
1990 Ed. (1110)
1989 Ed. (321)
Renault U.K. Ltd.
2002 Ed. (48, 49, 223, 230, 237, 3892, 4591)
Renault Vehicules Industriels
1992 Ed. (1482)
Renault Vehiculos Industriales SA
1993 Ed. (1401)
1990 Ed. (1419)
Renault-Volvo
1995 Ed. (315)
Renco Group
2007 Ed. (2168)
2006 Ed. (3454)
2000 Ed. (1108)
Renco Holdings
1999 Ed. (328)
1998 Ed. (2670)
1993 Ed. (176, 2874)
Renda Broadcasting
2001 Ed. (3977, 3978)
Renda; Larree M.
2006 Ed. (2525)
Renda Marine Inc.
2001 Ed. (1407)
Rendering/by-products
2003 Ed. (3344)
Rendina Cos.
2008 Ed. (2916)
2006 Ed. (2794, 2797)
2005 Ed. (2814)
Rene Junot
2005 Ed. (4966)
1990 Ed. (3696)
Rene Kleyweg
1999 Ed. (2410)
Renee Unger
2008 Ed. (4991)
2007 Ed. (4985)
2006 Ed. (4988)
Renesas Technology Corp.
2008 Ed. (4313)
2007 Ed. (4354)
2006 Ed. (4287, 4288)
2005 Ed. (4350)
Renewable Energy
2008 Ed. (912)
Renewable energy sources
1992 Ed. (1944, 1945)
Renewal 5X; Clairol
2008 Ed. (2869)
Rengo
2007 Ed. (1838)
2000 Ed. (3408)
1999 Ed. (3690)
1997 Ed. (2994)
1995 Ed. (2833)
1994 Ed. (2728)
1993 Ed. (2766)
1992 Ed. (3334)
1991 Ed. (2671)
1990 Ed. (2764)
Renishaw
2007 Ed. (2350)
2006 Ed. (2402)
Renmin Ribao
1997 Ed. (2944)
1989 Ed. (2062)
renminbi yuan; Chinese
2008 Ed. (2274)
Rennie
2002 Ed. (2053)
2001 Ed. (2108)
1994 Ed. (1577)
1992 Ed. (1875)
Rennie McArthur Miller
2000 Ed. (2096, 2104)
Rennie Miller
1999 Ed. (2316)
Rennies Bank
2008 Ed. (504)
2007 Ed. (552)
Reno Air
1999 Ed. (244)
1998 Ed. (125, 818)
Reno Hilton
2005 Ed. (2519)
2004 Ed. (2945)
2003 Ed. (2413)
2001 Ed. (2351)
2000 Ed. (2538)
Reno, NV
2006 Ed. (2970, 3299, 4099)
2005 Ed. (3324, 3468)
2002 Ed. (4289)
2000 Ed. (1069, 4268)
1999 Ed. (2089, 3369)
1998 Ed. (743, 2484)
1997 Ed. (3525)
1996 Ed. (976)
1995 Ed. (3111, 3112, 3778)
1994 Ed. (3066, 3067)
1992 Ed. (3692, 3697)
1990 Ed. (3648)
1989 Ed. (1611)
Reno-Sparks, NV
2008 Ed. (3459)
2007 Ed. (3361, 4057)
Renong
2000 Ed. (2885)
1999 Ed. (3137, 3138)
1997 Ed. (2594)
1996 Ed. (2448)
1994 Ed. (2349)
1993 Ed. (2386)
Renong Bhd
2002 Ed. (3052)
Renouf
1990 Ed. (3470)
Renown Inc.
1994 Ed. (1322)
1989 Ed. (2820)
Rensselaer Polytechnic Institute
2008 Ed. (768, 2409)
2007 Ed. (793)
2006 Ed. (700, 704, 705)
2002 Ed. (899)
Rensselaer; Stephen Van
2008 Ed. (4837)
2006 Ed. (4914)
Rent-A-Center
2008 Ed. (4473)
2006 Ed. (4164, 4295)
2005 Ed. (3270, 3271, 4674)
2004 Ed. (3245, 3246)
1996 Ed. (1995)
Rent-A-PC
2000 Ed. (1167)
Rent-A-Wreck
2008 Ed. (305)
2006 Ed. (325)
2004 Ed. (309)
2003 Ed. (334)
1994 Ed. (322)
1993 Ed. (1900)
1991 Ed. (333)
1990 Ed. (384)
Rent America
1996 Ed. (1995)
Rent-n-Roll
2008 Ed. (295)
Rent Rite
2005 Ed. (3903, 4092)
Rent-Way
2000 Ed. (2293, 2396)
1999 Ed. (2550)
1998 Ed. (1790)
Rental Guide
2002 Ed. (215)
Rental Service Corp.
2000 Ed. (2916)
1999 Ed. (3171)
1998 Ed. (2345)
1997 Ed. (2615)
Rental services: equipment & retail
1995 Ed. (1935)
Rental Tools & Equipment
1990 Ed. (2431)
1989 Ed. (1890)
Rentals.com
2007 Ed. (3215)
Rentavision
2000 Ed. (2293)
Rentcash Inc.
2008 Ed. (1548, 2866)
2007 Ed. (1569, 2739)
2006 Ed. (1539, 1604, 1633)
2005 Ed. (125, 1690, 1691, 1692, 1695)
Rentenbach Constructors Inc.
2008 Ed. (1327)
2007 Ed. (1385)
1994 Ed. (1138)
1993 Ed. (1122)
1992 Ed. (1409)
1991 Ed. (3121)
Renters Choice
2000 Ed. (2293)
1999 Ed. (2550)
1998 Ed. (1790)
1997 Ed. (3409)
1996 Ed. (1995)
Rentokil
1997 Ed. (1453)
1996 Ed. (1357, 1359, 1362, 1363, 1364, 1365, 1366, 1367, 1397)
1993 Ed. (3473)
Rentokil Group
1995 Ed. (1433)
1994 Ed. (1403)
Rentokil Initial
2007 Ed. (4367, 4370)
2006 Ed. (4303)
2005 Ed. (4361)
Rentokil Initial PLC
2001 Ed. (1743, 1889)
2000 Ed. (1214, 4129)
1999 Ed. (1331)
Rentrak Corp.
2006 Ed. (2085)
2005 Ed. (4903, 4904)
2004 Ed. (864, 865)
Rentrop, Hubbert & Wagner Fahrzeugausstattungen GmbH & Co. KG; P. A.
1997 Ed. (2106)
1996 Ed. (1991)
Renu
1996 Ed. (2874)
1993 Ed. (1108)
Renu Multi Disinfectant Solution
1997 Ed. (1143)
Renu Multi Purpose
1999 Ed. (3658)
Renu Multi Purpose Solution
1997 Ed. (2969)
Renuity
1993 Ed. (233)
Renuzit
2008 Ed. (206)
2005 Ed. (198)
2003 Ed. (237)
Renwick; Glenn
2007 Ed. (998)
2006 Ed. (908)
Renyi; T. A.
2005 Ed. (2477)
Renyi; Thomas A.
2006 Ed. (934)
ReoPro
2000 Ed. (1707)
Reorganization or restructuring
1993 Ed. (1597)
REP
1992 Ed. (1436)

Rep. Don Young
2007 Ed. (2706)
Rep. Henry Bonilla
2007 Ed. (2706)
Rep. Michael Oxley
2007 Ed. (2706)
Rep. Roy Blunt
2007 Ed. (2706)
REP SA
2001 Ed. (2875, 4130)
Rep. Tom Reynolds
2007 Ed. (2706)
Rep. Ton Delay
2007 Ed. (2706)
Repacorp Inc.
2008 Ed. (4032)
Repacorp Label Products
2008 Ed. (4034)
2005 Ed. (3251)
Repair
2007 Ed. (3736)
2005 Ed. (3622, 3633, 3634)
Repair services
1997 Ed. (1644, 2378)
Repap
1998 Ed. (2747)
Repap Enterprises Inc.
2002 Ed. (3580)
1999 Ed. (2492, 3675, 3699)
1998 Ed. (2728)
1997 Ed. (2070, 2987)
1996 Ed. (1960, 2906)
1994 Ed. (1894, 2727, 2732)
1992 Ed. (1236, 1237, 2213, 4149)
1991 Ed. (1764)
1990 Ed. (1845)
REPAP Technologies
1993 Ed. (704)
Repetitive motion
2004 Ed. (1)
Repipe Specialists
2007 Ed. (1272)
Replacement Parts Inc.
2007 Ed. (320)
2006 Ed. (329)
2005 Ed. (311)
Replacements Ltd.
2008 Ed. (3032)
2007 Ed. (2909)
2004 Ed. (2903)
Replica
1990 Ed. (3326)
Replicon Inc.
2008 Ed. (1134)
2006 Ed. (1540)
2005 Ed. (125, 1688, 1692)
Replidyne Inc.
2008 Ed. (4291)
Reply SpA
2007 Ed. (1831)
Repola Corp.
2006 Ed. (1703)
2003 Ed. (1674)
2001 Ed. (1698)
2000 Ed. (1419)
1999 Ed. (1615)
1997 Ed. (1396, 1397, 2203, 2204)
1996 Ed. (1334, 1335, 2100)
1994 Ed. (1360, 1361, 1895, 2045)
1993 Ed. (1308, 1893)
Repola Oy
1999 Ed. (2662)
1995 Ed. (1384, 1385, 2834)
Repola S
1994 Ed. (2046)
Report Covers, assorted colors
1989 Ed. (2324, 2633)
Repos, mergers, private placements, others
1993 Ed. (3683)
Reprint Management Services
2008 Ed. (2036)
Reprographic Systems Inc.
1997 Ed. (3164)
1996 Ed. (3086)
Reprosil
1992 Ed. (1779)
Repso
1991 Ed. (1346)
Repsol
2005 Ed. (743)
2000 Ed. (752, 753, 1555, 1557, 3533, 3534)
1999 Ed. (739, 740, 1733, 1734, 1735, 4761)
1996 Ed. (751, 752, 1445, 1446)
1994 Ed. (722, 723, 1448, 1449, 1450)
1993 Ed. (712, 713, 1399, 1400, 1401)
1992 Ed. (78, 900, 901, 1690, 1691)
1991 Ed. (1348)
1990 Ed. (1944)
Repsol Burtano
1993 Ed. (1197)
Repsol Comercial de Productos Petroliferos SA
2005 Ed. (1963)
2003 Ed. (1825)
2000 Ed. (1556, 4388)
Repsol Peroleo
1999 Ed. (1734)
Repsol Petroleo SA
2004 Ed. (3867)
2003 Ed. (1825)
2002 Ed. (3678)
2001 Ed. (1851)
2000 Ed. (1556, 3538)
1997 Ed. (3879)
1995 Ed. (1490, 2928)
1994 Ed. (1450, 2865)
1990 Ed. (1419)
Repsol SA
2003 Ed. (1825)
2002 Ed. (721, 722, 2122, 4471, 4472, 4473, 4474, 4475)
2001 Ed. (1851, 1852, 1853, 1854, 2583)
2000 Ed. (1556)
1999 Ed. (1734)
1997 Ed. (683, 684, 1509, 1510, 1511)
1996 Ed. (1447)
1995 Ed. (1488, 1489, 1490)
1991 Ed. (1347)
Repsol YPF
2004 Ed. (1776, 1777, 1778)
Repsol YPF, SA
2008 Ed. (200, 1185, 2083, 2084, 2085, 2086, 2503, 3581, 3678, 3918)
2007 Ed. (214, 1286, 1850, 1987, 1988, 1989, 1990, 1991, 3519, 3867, 3868)
2006 Ed. (1849, 2018, 2019, 2020, 2021, 2541, 3401, 3846, 3853, 4538)
2005 Ed. (1843, 1844, 2412, 3764, 3787)
2004 Ed. (3853, 3868)
2003 Ed. (1826, 3824, 3853, 3855, 4606)
2002 Ed. (1007, 1015, 1766, 1768, 3692, 3693, 3701)
Repsol Ypf Trading y Transporte SA
2005 Ed. (1963)
Repsol's Gas Madrid
1993 Ed. (1197)
The Reptile Room
2004 Ed. (735)
2003 Ed. (710)
Reptiles
2001 Ed. (3777)
Reptron Electronics Inc.
2004 Ed. (2248)
2002 Ed. (2086, 2091, 2092, 2093)
2001 Ed. (2202, 2203, 2205, 2208, 2211, 2212, 2215)
2000 Ed. (1764, 1767, 1769)
1999 Ed. (1983, 1986)
1998 Ed. (1408, 1409)
1996 Ed. (1635)
Reptron Manufacturing Services
2006 Ed. (1234)
2005 Ed. (1275)
2004 Ed. (3419)
Repub Gld
1996 Ed. (208)
Republic
2002 Ed. (3856)
Republic Airways Holdings
2007 Ed. (232)
Republic Bancorp Inc.
2007 Ed. (1522)
2006 Ed. (1489, 1492, 1844, 1879, 4869)
2005 Ed. (1606)
2003 Ed. (425)
2002 Ed. (1729, 4294)
2001 Ed. (588, 4280)
2000 Ed. (384, 510, 4303)
1999 Ed. (384)
1998 Ed. (286)
1997 Ed. (349)
1996 Ed. (378, 2889)
1995 Ed. (373, 2822)
1993 Ed. (358)
1992 Ed. (526)
Republic Bancshares Inc.
1999 Ed. (1445)
Republic Bank
2008 Ed. (514)
2007 Ed. (562)
2006 Ed. (531, 4828)
2005 Ed. (618)
2004 Ed. (461, 462, 630)
2003 Ed. (474, 621)
2002 Ed. (4678, 4679, 4680)
2001 Ed. (620)
2000 Ed. (675)
1999 Ed. (502, 650, 4668, 4669)
1998 Ed. (347)
1997 Ed. (3797, 3798)
1996 Ed. (696, 3745, 3746)
1995 Ed. (3067)
1994 Ed. (649, 3580, 3581)
1993 Ed. (503, 647)
1992 Ed. (851)
1991 Ed. (679)
Republic Bank for Savings
1997 Ed. (3749)
1996 Ed. (3691)
Republic Bank Norman, OK
1992 Ed. (703)
Republic Cabinet Group
2007 Ed. (3297)
Republic-Crossland
1997 Ed. (581)
Republic Engineered Steels
1997 Ed. (3359, 3410)
Republic Factors
1993 Ed. (1742)
Republic Federal
1990 Ed. (2477)
Republic Financial Corp.
2008 Ed. (4052, 4053, 4054)
Republic Fixed Income Fund Adv.
2001 Ed. (725)
1999 Ed. (599)
Republic Funds--International Equity
2002 Ed. (2163)
Republic Health Corp.
1990 Ed. (2633)
Republic Industries Inc.
2001 Ed. (497, 1703)
2000 Ed. (332, 1300, 1423, 1476, 2204, 2207, 2208, 2394, 2395, 4085)
1999 Ed. (317, 1440, 1497, 1500, 1515, 1618, 4106, 4485)
1998 Ed. (1058, 1146, 3286, 3409)
1997 Ed. (2974, 3638)
Republic International Equity Adv.
2001 Ed. (2307)
Republic Mortgage Insurance
1989 Ed. (1711)
Republic Mortgage Services
1994 Ed. (2547)
Republic National Bank
1993 Ed. (388, 2590)
1991 Ed. (628)
1990 Ed. (466, 653)
Republic National Bank of Miami
1990 Ed. (2007, 2008, 2016)
Republic National Bank of New York
2000 Ed. (407, 485, 610, 611, 633)
1999 Ed. (407, 410, 492, 1836, 3432, 3433, 3434)
1998 Ed. (305, 418, 2524)
1997 Ed. (376, 579)
1996 Ed. (409, 420, 640)
1995 Ed. (371, 372, 386, 570, 1540, 2604, 2605)
1994 Ed. (347, 348, 365, 366, 374, 375, 376, 378, 520, 523, 581, 600, 2552)
1992 Ed. (673, 802, 3223)
Republic New York Corp.
2001 Ed. (592)
2000 Ed. (394, 421, 2486, 2921, 3156)
1999 Ed. (426, 436, 549, 610, 1492, 4030)
1998 Ed. (276, 279, 285, 329, 380, 419, 1264, 2357)
1997 Ed. (344, 362, 511, 512, 580, 3283)
1996 Ed. (372, 375, 376, 377, 552, 554, 641, 1539, 2841, 3180)
1995 Ed. (354, 356, 501, 504, 571, 2769)
1993 Ed. (378, 524, 595, 597)
1992 Ed. (517, 518, 521, 540, 804, 3656, 3921)
1991 Ed. (393)
1990 Ed. (1703)
1989 Ed. (635)
Republic of Austria
1990 Ed. (1673)
Republic of Chile
2005 Ed. (3240)
Republic of Finland
2004 Ed. (2006)
1993 Ed. (1678)
Republic of Italy
1993 Ed. (1678)
1992 Ed. (2022)
1990 Ed. (1673)
Republic of Korea
2003 Ed. (266, 873, 1385, 1876, 2149, 3333, 4425, 4554, 4672, 4897)
2001 Ed. (1143, 1935, 2163, 2454, 2693, 2695, 2697, 3241, 4373, 4427, 4440)
1994 Ed. (156)
1993 Ed. (171)
1992 Ed. (3957, 4139)
1990 Ed. (741, 3276)
Republic of Venezuela
2005 Ed. (3240)
Republic Pictures Corp.
1993 Ed. (1636)
1992 Ed. (4245)
1991 Ed. (2390, 3328)
Republic Savings, FS&LA
1990 Ed. (3586)
Republic Security Financial Corp.
2000 Ed. (394, 420)
Republic Security Services Inc.
1998 Ed. (3204)
Republic Services Inc.
2008 Ed. (846, 4076, 4816)
2007 Ed. (835, 1186, 2467, 4041, 4881, 4882, 4883)
2006 Ed. (1079, 1080, 4007, 4890, 4891, 4892)
2005 Ed. (3869, 3870, 3933, 4836, 4837)
2004 Ed. (3921, 3922, 4853)
2003 Ed. (1140, 1146, 4874)
2002 Ed. (4782, 4783)
2001 Ed. (3832, 3833, 4733)
2000 Ed. (3963)
Republic Steel
1997 Ed. (3009)
Republic Steel; LTV/
1991 Ed. (1146)
Republic Technologies International LLC
2001 Ed. (1254, 2231)
Republic Tobacco Co.
2003 Ed. (4753)
Republic US Government MMF
1996 Ed. (2667)
Republic Waste Industries Inc.
1992 Ed. (1462)
RepublicBank Dallas
1989 Ed. (694, 695)
RepublicBank Houston
1989 Ed. (695)
Republicbank/Interfirst
1991 Ed. (1146)
Reputation Managers
1997 Ed. (3196)

ReQuest
2007 Ed. (1203)
ReQuest Multimedia
2006 Ed. (1214)
Requisite Technology, Inc.
2002 Ed. (2487)
RERO Distribution Cos. Inc.
2003 Ed. (2203)
Res-Care Inc.
2008 Ed. (1883)
2007 Ed. (1847, 1849)
2006 Ed. (1842)
2005 Ed. (1374)
2004 Ed. (1358)
Resco Holdings Inc.
2005 Ed. (1901)
2004 Ed. (1817)
Resco Print Graphics Inc.
1995 Ed. (2985)
The Rescue
2003 Ed. (706)
Rescue Rooter
2007 Ed. (1351, 3977, 3980, 4888)
2006 Ed. (1252, 1257, 1259, 1264, 1344, 3924)
2005 Ed. (1282, 1287, 1289, 1344, 3861)
Rescuecom
2008 Ed. (880)
2007 Ed. (906)
2005 Ed. (903)
2004 Ed. (912)
2003 Ed. (894)
Research
2007 Ed. (2311)
1994 Ed. (2028, 2029)
1991 Ed. (3250)
Research & development
1999 Ed. (2009)
1996 Ed. (3873)
1994 Ed. (2659)
Research associate
2004 Ed. (2279)
Research, basic
1997 Ed. (1076)
The Research Business Group
1996 Ed. (2570)
The Research Business Group Research Services
1991 Ed. (2387)
The Research Business International
2000 Ed. (3043, 3044, 3046, 3047, 3048)
Research Foundation, CUNY
1992 Ed. (3265)
Research Foundation, SUNY
1992 Ed. (3265)
Research in Motion Ltd.
2008 Ed. (1133, 1135, 1639, 1657, 2930, 2932, 2935, 2940, 4539)
2007 Ed. (1235, 1618, 2804, 2805, 2813, 2819, 3062)
2006 Ed. (2813, 2815, 2816, 2817, 2821, 3029, 3037, 3693, 3694, 4604)
2005 Ed. (1568, 1704, 1727)
2004 Ed. (4559)
2003 Ed. (1116, 1341, 1633)
2001 Ed. (2190, 2863)
Rcsearch International
2002 Ed. (3258, 3259, 3260, 3261, 3262)
2000 Ed. (3043, 3044, 3046, 3047, 3048, 3049, 3755)
1999 Ed. (4041)
1998 Ed. (3041)
1997 Ed. (3296)
1995 Ed. (3090)
1993 Ed. (2996)
1990 Ed. (2980, 3000, 3001)
Research International Group
1996 Ed. (2570, 3191)
Research International UK
1991 Ed. (2387)
Research Management Consultants Inc.
1997 Ed. (2225)
1995 Ed. (2107)
Research Corp. of the University of Hawaii
2003 Ed. (1688)
2001 Ed. (1721)
Research Park of North Carolina
1992 Ed. (2596)
Research Pharmaceutical Services
2005 Ed. (2787)
Research Planning Inc.
2003 Ed. (1354)
2002 Ed. (2542)
Research Products
1994 Ed. (2151)
1993 Ed. (2118)
1992 Ed. (2556)
1991 Ed. (1989)
1990 Ed. (2140)
Research Corp. Technologies
2006 Ed. (3784)
Research Triangle Institute
2008 Ed. (1369)
2005 Ed. (1372)
2004 Ed. (1356)
Research Triangle Park
1997 Ed. (2376)
1996 Ed. (2248, 2250)
1994 Ed. (2187, 2188)
1991 Ed. (2022)
Reseau Ferre de France
2001 Ed. (1692)
Resero SAFAC
1992 Ed. (39)
Reser's
2001 Ed. (1997, 1998)
1999 Ed. (4620)
1998 Ed. (3585)
1996 Ed. (3713)
Reser's Fine Foods
2008 Ed. (2785)
2001 Ed. (2480)
Reserva D Dueno
2002 Ed. (300)
Reserve Bank of Australia
2004 Ed. (495, 1633, 1638, 1639, 1647)
2003 Ed. (1613, 1619)
2002 Ed. (1585, 2269)
2001 Ed. (1628, 1631)
Reserve Cellars
1994 Ed. (3663)
1993 Ed. (3704)
1992 Ed. (4447)
Reserve Generale de Belgique
1992 Ed. (913)
1991 Ed. (730)
Reserve Group
2001 Ed. (1254)
Reserve Informed Investors Growth
2001 Ed. (3438)
Reserve Petroleum Co.
2008 Ed. (3905)
2007 Ed. (3852)
Reserve Priv:Emer Growth
1997 Ed. (2905)
Reserve Small Cap
2001 Ed. (3447)
Reserved parking
1994 Ed. (2807)
Residence Inn
2008 Ed. (3075)
2007 Ed. (2950)
2006 Ed. (2938)
2005 Ed. (2934)
2004 Ed. (2941)
2003 Ed. (2849)
2001 Ed. (2780, 2789)
2000 Ed. (2554)
1998 Ed. (2017, 2022)
1996 Ed. (2175, 2179)
1994 Ed. (2116)
1993 Ed. (2086)
1991 Ed. (1944)
Residence Inn by Marriott Inc.
2008 Ed. (2167)
2007 Ed. (2058)
2006 Ed. (2103)
2005 Ed. (2002)
2002 Ed. (2643)
1991 Ed. (1952)
1990 Ed. (2078)
Residence Inn Pentagon City
2005 Ed. (2930)
Residence Inns
1999 Ed. (2777)
1992 Ed. (2477, 2494, 2496)
Residence Inns by Marriott
2006 Ed. (2941)
Resident Evil 2
2000 Ed. (4345)
Resident manager
2004 Ed. (2280)
Residental property
1992 Ed. (3631)
Residential
2006 Ed. (2370)
2005 Ed. (2315)
2001 Ed. (2160, 3528)
1999 Ed. (1180)
Residential Capital Corp.
2007 Ed. (2161)
Residential care
1995 Ed. (3387)
Residential-care facilities
1994 Ed. (3327, 3329)
Residential Funding Corp.
1999 Ed. (3438)
1998 Ed. (3266)
1997 Ed. (2810)
1996 Ed. (2679, 2683, 2685)
1995 Ed. (2607)
1994 Ed. (2555)
1993 Ed. (2591)
1992 Ed. (3105)
1991 Ed. (2482)
Residential mental health and substance abuse facilities
2007 Ed. (3718)
Residential mental retardation facilities
2007 Ed. (3718)
Residential Mortgage Inv.
1990 Ed. (2965, 3561)
Residential Res.
1991 Ed. (225)
Residential Series
1992 Ed. (2418)
Residential Services Group
2008 Ed. (1239, 1243, 1246, 1330, 4003)
2007 Ed. (1351, 1387, 3980)
2006 Ed. (1240, 1257, 1259, 1261, 1338)
2005 Ed. (1282, 1289, 1342)
Resilien
2005 Ed. (2346)
2004 Ed. (2246)
The Resilient Enterprise: Overcoming Vulnerability for Competitive Advantage
2007 Ed. (658)
Resin/Chemical
2000 Ed. (1897)
Resinas y Materiales
1996 Ed. (1733)
Resins
2001 Ed. (4314)
Resins, unsaturated polyester
1999 Ed. (4826)
Resistance Machine Usage
1998 Ed. (3354)
ResMed Inc.
2007 Ed. (3465)
ResMed Holdings
2004 Ed. (1641)
Resnick Fedder & Silverman
2000 Ed. (17)
Resnick; Lynda
1997 Ed. (3916)
1996 Ed. (3876)
1995 Ed. (3788)
Reso
1995 Ed. (2283)
Reso-Garantia
2003 Ed. (2978)
Resolute Growth
2006 Ed. (2512, 3666)
2005 Ed. (3568)
2004 Ed. (3616, 3617, 3618)
2003 Ed. (3570, 3571, 3572, 3583)
2002 Ed. (3427, 3446, 3447, 3448)
Resolution
2008 Ed. (3312)
2007 Ed. (3164)
1999 Ed. (2626)
Resolution Group
1999 Ed. (3293)
Resolution Trust Corp.
1994 Ed. (2555)
1993 Ed. (2591)
Resolve
2005 Ed. (198)
2003 Ed. (978)
Resolve Business Outsourcing
2008 Ed. (2944)
Resona Bank
2005 Ed. (1562)
Resona Group
2005 Ed. (529, 530, 532, 533, 553, 3227)
2004 Ed. (549, 550, 567)
Resona Holdings
2008 Ed. (454)
2007 Ed. (489, 490, 1788)
2006 Ed. (460, 461, 462, 475)
2005 Ed. (1483)
Resonate Inc.
2001 Ed. (2859)
Resort
1994 Ed. (2348)
The Resort at Longboat Key
1998 Ed. (2014)
Resort at Longboat Key Club
2000 Ed. (2543)
1999 Ed. (2768)
1997 Ed. (2285)
1996 Ed. (2171)
1995 Ed. (2158)
1994 Ed. (2104)
Resort Golf Group
2005 Ed. (3276)
Resort Income Investors
1997 Ed. (227)
Resort World
1992 Ed. (2823)
ResortQuest Hawaii LLC
2007 Ed. (1749)
Resorts
2005 Ed. (852, 3018)
2000 Ed. (2884)
1999 Ed. (3137)
1997 Ed. (2593)
1996 Ed. (2447)
1993 Ed. (855, 2386)
1991 Ed. (864)
Resorts At Kiamesha
2002 Ed. (1493)
Resorts Atlantic City
2002 Ed. (2651)
Resorts Casino & Hotel
1999 Ed. (1042)
Resorts Casino Hotel
2000 Ed. (2575)
1999 Ed. (2797)
Resorts International Inc.
1996 Ed. (384, 385, 386, 2167)
1995 Ed. (2154)
1994 Ed. (871, 2100, 3071)
1992 Ed. (2511)
1990 Ed. (2097)
1989 Ed. (1616)
Resorts World
2001 Ed. (1785)
1999 Ed. (1702)
1996 Ed. (1416)
1995 Ed. (1455, 2161, 2162)
1994 Ed. (2349)
1993 Ed. (2385)
Resorts World Bhd
2002 Ed. (3051)
2000 Ed. (2547)
1997 Ed. (2288)
Resouce Bancshares Mortgage Corp.
1996 Ed. (2677, 2678)
Resound Corp.
1996 Ed. (1722)
Resource
2008 Ed. (2123)
Resource America
2003 Ed. (505)
Resource Bancshares Mortgage Corp.
2001 Ed. (3347)
1999 Ed. (2608, 3437)
1998 Ed. (1861, 2523, 2525, 2527)
1997 Ed. (2808, 2810)
1996 Ed. (2036, 2681, 2684)
Resource Bankshares Corp.
2003 Ed. (521)
Resource G. Fiber Factory Co. Ltd.
1994 Ed. (3524)
1992 Ed. (4283)

Resource Information Systems Inc.
2005 Ed. (1688, 1694, 1695)
Resource International Inc.
2008 Ed. (4977)
Resource Investments
1996 Ed. (2412)
1995 Ed. (2376)
1994 Ed. (3020)
1993 Ed. (2310)
1992 Ed. (2751)
Resource Management
2006 Ed. (4012, 4060)
Resource Management Concepts Inc.
1998 Ed. (1936)
Resource Reality Inc.
1999 Ed. (3993)
Resource Realty Inc.
2000 Ed. (3712)
Resource Realty of NJ, Inc.
2002 Ed. (3914)
Resource Systems Group
2008 Ed. (2152)
Resource Technical Services
2008 Ed. (4972)
2006 Ed. (3527)
Resource Technology Associates Inc.
2006 Ed. (3511, 4350)
Resource Variable Account B
1997 Ed. (3829)
ResourceNet International
1998 Ed. (1740)
Resources
2008 Ed. (3352)
2007 Ed. (3218)
Resources for Senior Living
2006 Ed. (3976)
Resources Information Technology Program Office
2007 Ed. (2564)
Respiratory devices
1996 Ed. (2080)
Respiratory disorders
1995 Ed. (3799)
Respironics Inc.
2008 Ed. (2883)
2007 Ed. (3465)
2006 Ed. (3446)
2005 Ed. (1942, 1947)
1990 Ed. (3305)
Respond.com
2002 Ed. (4824)
Response Advertising Media
2002 Ed. (1984)
2000 Ed. (1677)
Response Analysis & Mailing
2000 Ed. (4198)
Response Handling
2002 Ed. (4572)
Responsive Marketing Communications
1990 Ed. (3079)
Responsys
2008 Ed. (2477)
2007 Ed. (2353)
REST
2005 Ed. (3909)
2004 Ed. (3082)
Rest of Europe
2000 Ed. (4040)
RESTAT LLC
2007 Ed. (2364, 2365)
2006 Ed. (2415, 2416, 2417)
Restaura
2000 Ed. (2235)
1998 Ed. (1738, 1879, 3059)
1992 Ed. (2202)
Restaura Dining Services
1997 Ed. (2057)
1996 Ed. (1954)
1994 Ed. (1890)
Restaurant & Store Equipment
1995 Ed. (1920)
Restaurant Associates Corp.
2008 Ed. (4150, 4151)
2007 Ed. (4132)
2006 Ed. (4106)
2000 Ed. (2235)
1992 Ed. (1460)
Restaurant Brands
2004 Ed. (1636)
Restaurant Business
2008 Ed. (4711)
2007 Ed. (4794)
Restaurant Depot
2006 Ed. (2618)
2005 Ed. (2622)
Restaurant Development Corp.
1992 Ed. (2225)
Restaurant Enterprise Group Inc.
1991 Ed. (951)
Restaurant Enterprises Group
1997 Ed. (2628)
1995 Ed. (3137)
1992 Ed. (1439)
Restaurant Entps. Group Inc.
1990 Ed. (1023)
Restaurant franchises
1992 Ed. (2218)
Restaurant general manager
2008 Ed. (3817)
The Restaurant Group
2006 Ed. (1935)
Restaurant Hospitality
2008 Ed. (4711)
2007 Ed. (4794)
Restaurant Lafayette
1992 Ed. (3706)
Restaurant Partners
2005 Ed. (3276)
Restaurant Seibu Ltd.
1995 Ed. (2162)
1994 Ed. (2109)
1993 Ed. (2093)
1992 Ed. (2486)
1991 Ed. (1950)
1990 Ed. (2082)
Restaurant Services Inc.
2008 Ed. (1383)
Restaurant Startup & Growth
2007 Ed. (4794)
Restaurant Technologies
2007 Ed. (2598)
Restaurantpro.com
2001 Ed. (4764)
Restaurants
2006 Ed. (4611)
2005 Ed. (153, 852, 3988, 4653)
2004 Ed. (100, 155, 4678)
2003 Ed. (22, 24, 4835)
2002 Ed. (59, 234, 926, 3887, 4584, 4585, 4586)
2001 Ed. (1093, 1205, 4484, 4485)
2000 Ed. (30, 40, 196, 209, 797, 947)
1999 Ed. (30, 176, 1002, 2485, 4565)
1998 Ed. (561, 1317, 1744, 3336)
1997 Ed. (1118)
1996 Ed. (3, 770)
1995 Ed. (692, 1935, 3707)
1994 Ed. (743)
1993 Ed. (735, 2157)
1992 Ed. (89, 90, 917, 2229, 3535)
1991 Ed. (734)
1989 Ed. (1636)
Restaurants & bars
1999 Ed. (2010)
Restaurants & drive-ins
1991 Ed. (3302)
Restaurants and fast food
2000 Ed. (2629)
1998 Ed. (23, 487)
Restaurants & food service
2000 Ed. (3466)
1990 Ed. (165)
Restaurants & Institutions
2008 Ed. (4711)
2007 Ed. (4794)
2000 Ed. (3482)
1998 Ed. (2790)
1990 Ed. (3625)
Restaurants At Work
2008 Ed. (3442, 4203)
Restaurants/bars/casinos
1994 Ed. (2366)
Restaurants, catering services, nightclubs
1997 Ed. (164)
Restaurants, clubs, bars
2002 Ed. (4723)
Restaurants/drive-ins
1997 Ed. (3712)
1996 Ed. (860)
1991 Ed. (3308)
1990 Ed. (3532)
Restaurants/fast food
1997 Ed. (707, 2065, 3716)
Restaurants/foodservice/bars
2001 Ed. (3918)
Restaurants, full-service
2007 Ed. (3717)
Restaurants, hotel dining & night clubs
1997 Ed. (36)
1991 Ed. (739)
Restaurants, limited-service
2007 Ed. (3717)
Restaurants/nightclubs
1999 Ed. (1180)
Restaurants, quick service
2006 Ed. (4712)
Restaurants Unlimited Inc.
2008 Ed. (4150, 4151)
2007 Ed. (4132)
2006 Ed. (4106)
Restless Heart
1994 Ed. (1100)
1993 Ed. (1079)
Restonic
2005 Ed. (3410)
2003 Ed. (3321)
1997 Ed. (652)
The Restoration Corp.
2006 Ed. (670, 671)
Restoration Auto LLC
2002 Ed. (421)
Restoration Hardware Inc.
2008 Ed. (3002, 3098)
2007 Ed. (2882)
2006 Ed. (2889)
2004 Ed. (2894)
2002 Ed. (2582, 2585)
2000 Ed. (2297)
1999 Ed. (2555, 2556, 2557, 2558)
Restorative Services
1995 Ed. (2136)
1994 Ed. (2084)
1993 Ed. (2068, 2070)
1992 Ed. (2452, 2455)
Restore
2001 Ed. (2588)
Restore Medical Inc.
2008 Ed. (4291)
Restore Pro Inc.
2006 Ed. (669)
Result Communications & Marketing
1997 Ed. (122)
1996 Ed. (118)
Result DDB
2000 Ed. (147)
1999 Ed. (129)
Result DDB/Netherlands
2003 Ed. (126)
2002 Ed. (155)
2001 Ed. (184)
Results Telemarketing Inc.
1996 Ed. (3642)
Results! Travel
2008 Ed. (4762)
2007 Ed. (4841)
2006 Ed. (819, 4827)
2005 Ed. (904, 4775)
2004 Ed. (913, 4801)
2003 Ed. (4814)
Resume databases
2007 Ed. (2323)
Resumes On-Line Inc.
2007 Ed. (4026)
Resurgence Financial
2008 Ed. (2704)
Resurrection Medical Center
2001 Ed. (2769)
Resverlogix Corp.
2006 Ed. (1604, 1633)
Reswinkel; Darrel
1995 Ed. (3505)
Retail
2008 Ed. (109, 2451, 2957, 3352)
2007 Ed. (98, 131, 790, 2325, 2523, 3218, 3732, 3733, 3734, 3735, 4284)
2006 Ed. (104, 138, 834, 2833, 3258)
2005 Ed. (95, 134, 852, 2839, 2841)
2004 Ed. (100, 150, 155, 1465, 1542, 1572, 4049, 4678)
2003 Ed. (22, 24, 190, 1501, 2753, 2754, 4835)
2002 Ed. (56, 59, 216, 217, 220, 225, 226, 234, 926, 1399, 1482, 1488, 1997, 1998, 1999, 2543, 2547, 2551, 2553, 2554, 3254, 3887, 3888, 4011, 4584, 4585, 4586, 4619)
2001 Ed. (2021, 2703, 2706, 2707)
2000 Ed. (30, 38, 40, 196, 201, 209, 210, 797, 947, 1307, 1310, 1312, 1313, 1670, 2464, 3422)
1999 Ed. (176, 1180, 1447, 1454, 1466, 2010, 2679, 2864, 2865, 2933, 3008, 3767, 4341, 4554, 4821)
1998 Ed. (23, 487, 586, 598, 1014, 1019, 1020, 1034, 1035, 1039, 1933, 2800, 3486, 3760)
1997 Ed. (707, 1242, 1243, 1244, 1262, 1263, 2220, 3233)
1996 Ed. (770, 1196, 1197, 1198, 1231)
1994 Ed. (743, 803, 1209, 1210, 1211, 1229, 1239, 1495, 2366, 3327)
1992 Ed. (99, 238, 1464, 1465, 1466, 1487, 1491, 1492, 1501, 3631, 4482)
1991 Ed. (174, 1000, 1150, 1151, 1152, 1179, 1180, 1190)
1990 Ed. (178, 1233, 1234, 1258, 1261, 1262, 1272)
1989 Ed. (192)
Retail ads
2008 Ed. (155)
2007 Ed. (171)
2006 Ed. (167)
2005 Ed. (151)
2004 Ed. (153)
Retail & distribution
2001 Ed. (1964, 2176)
Retail & wholesale trade
1995 Ed. (2203)
Retail bakeries
2000 Ed. (2211)
Retail, department stores
2002 Ed. (2988)
Retail, food
1997 Ed. (2631)
1992 Ed. (2229)
Retail, general merchandise
2001 Ed. (2021)
Retail, general merchandise & apparel
1997 Ed. (2631)
Retail Group
1991 Ed. (3514)
Retail, home improvement
2006 Ed. (3009)
Retail industry
1998 Ed. (89)
Retail locations
2002 Ed. (4723)
Retail, miscellaneous
1997 Ed. (2630)
Retail (miscellaneous) franchises
1992 Ed. (2218)
Retail, non-food
1992 Ed. (917, 2229)
1991 Ed. (734)
Retail parts stores
1994 Ed. (2179)
Retail Planning Associates
2002 Ed. (2986)
1998 Ed. (184)
Retail Planning Associates L.P.
1999 Ed. (287)
1997 Ed. (262)
1996 Ed. (231)
Retail sales managers and department heads
1990 Ed. (2729)
Retail sales workers
2007 Ed. (2461, 3730)
Retail salespeople
1989 Ed. (2077)
Retail salespersons
2007 Ed. (3723, 3728, 3729)
2006 Ed. (3735)
2005 Ed. (3628, 3629)
2001 Ed. (3563)
1993 Ed. (2738)
Retail shops
2000 Ed. (3554)

Retail stores
1999 Ed. (696, 1809)
1997 Ed. (33, 36, 3716)
1996 Ed. (3452)
1995 Ed. (151)
1993 Ed. (58)
Retail Systems International Inc.
1999 Ed. (2676)
Retail trade
2003 Ed. (2269, 4445, 4446, 4447)
2001 Ed. (3559, 3560, 3561)
2000 Ed. (2627)
1997 Ed. (1118, 1644, 2018, 2378)
Retail trade-food stores
1996 Ed. (2489)
Retail Ventures Inc.
2008 Ed. (4217)
2006 Ed. (4161)
2005 Ed. (1022, 2166)
Retail West Properties
2007 Ed. (1289)
Retail/wholesale
1996 Ed. (3603)
Retail, Wholesale Union, Local 1199
2000 Ed. (3451)
1998 Ed. (2774, 3609)
Retail, Wholesale Union, Local 1199, New York, NY
2000 Ed. (4283)
Retailers
1996 Ed. (2254, 2255, 2256, 2257)
1995 Ed. (2210, 2244, 2245, 2246, 2247, 2980, 3290, 3291, 3292, 3293, 3294, 3295, 3296, 3310, 3311)
1994 Ed. (2925)
1992 Ed. (1750)
1991 Ed. (2054)
Retailers, home & building
1999 Ed. (30)
Retailers National Bank
1998 Ed. (368)
Retailers, specialty
2008 Ed. (1822, 3159)
2007 Ed. (3044, 3047)
2006 Ed. (3003)
2005 Ed. (3007)
2004 Ed. (1747, 3007, 3008, 3009)
2002 Ed. (2774, 2778)
1999 Ed. (1507, 1511, 1512)
1998 Ed. (1072, 1077)
1996 Ed. (1251, 1253)
RetailExchange
2004 Ed. (2209)
2003 Ed. (2158)
RetailExchange.com
2001 Ed. (4772)
Retailing
1997 Ed. (164)
1996 Ed. (1215, 1216, 1225, 2115, 2116, 2117, 2118, 2119, 2252, 2663, 2908, 3458, 3874)
1995 Ed. (1, 692, 1225, 12261, 1670, 2670, 2888, 2891, 3785, 3789, 3791)
1994 Ed. (2191, 2193, 2194, 2195, 2196, 3206, 3207, 3208, 3209, 3210, 3211, 3212, 3213, 3214)
1993 Ed. (735, 1185, 1186, 1187, 1213, 1864, 2168, 2169, 2170, 2171, 2172, 2173, 2174, 2377, 3231, 3232, 3233, 3234, 3235, 3236, 3237, 3238, 3239)
1991 Ed. (1138, 1139, 1186, 1187)
1990 Ed. (1224, 1225, 1268, 1269, 2185)
1989 Ed. (1636, 1657)
Retailing, miscellaneous
1995 Ed. (2446)
Retained earnings
1996 Ed. (3456)
Retavase
1999 Ed. (1890)
Retek
2003 Ed. (2180)
Retention Bonuses
2000 Ed. (1784)
Retire Young, Retire Rich
2004 Ed. (747)
Retirees
1993 Ed. (1107)
Retirement
2002 Ed. (1220)
2000 Ed. (2591)
Retirement Care Associates
1996 Ed. (2054, 2057, 2058, 3444, 3447, 3448)
Retirement communities, continuing-care
2003 Ed. (3472)
Retirement/pension funds/benefits
1991 Ed. (2025)
Retirement Plan Funds of America Global Value
1994 Ed. (2625)
Retirement Plan Funds of America Global VI
1994 Ed. (2616)
Retirement Residences REIT
2008 Ed. (4321)
2007 Ed. (4365, 4860)
2006 Ed. (4857)
Retis Technologies Inc.
2007 Ed. (3581)
Retracement System
1992 Ed. (3551)
Retraining/education of work-force/ preparation for new technology
1991 Ed. (2026)
Retravision
2004 Ed. (3966, 4920, 4923)
2003 Ed. (3953, 3955)
2002 Ed. (3772, 3788, 4897)
RetroBox
2005 Ed. (3023)
Retrospettiva
1999 Ed. (2619, 4326)
Retrotech Inc.
2007 Ed. (1918)
Return of the Jedi
1999 Ed. (3446)
1991 Ed. (2489)
1990 Ed. (2611)
Return of the Jedi Special Edition
1999 Ed. (4718)
The Return of the King
2004 Ed. (745)
Return Path
2008 Ed. (110)
Return to Paradise
2001 Ed. (4701)
Return to Zork
1995 Ed. (1106)
Reuben; David & Simon
2008 Ed. (4910)
2007 Ed. (4923)
2005 Ed. (4897)
Reuben H. Donnelley
2000 Ed. (4205)
Reuben Mark
2008 Ed. (947)
2007 Ed. (974)
2006 Ed. (883)
2005 Ed. (967, 980, 981, 983, 2500)
2001 Ed. (1218)
2000 Ed. (1046)
1999 Ed. (1126)
1997 Ed. (982, 1799)
1996 Ed. (959, 960, 964, 966, 1709)
1994 Ed. (950)
Reunion
2001 Ed. (508)
Reuter Laboratories
1989 Ed. (2656)
Reuters
2008 Ed. (724)
2007 Ed. (747)
1999 Ed. (277, 3312, 3676, 3896)
1997 Ed. (2725, 2726)
1996 Ed. (1357, 1360, 1366)
1990 Ed. (1372)
Reuters America Holdings Inc.
2008 Ed. (3018)
2007 Ed. (2896)
Reuters Group
2000 Ed. (1471)
Reuters Group plc
2008 Ed. (3631)
2007 Ed. (2460, 3455, 3458)
2006 Ed. (1782, 3442)
2005 Ed. (1546)
2004 Ed. (3413, 4563)
2002 Ed. (3885)
2001 Ed. (1743)
Reuters Holdings Ltd.
2001 Ed. (3900)
1991 Ed. (3232)
1990 Ed. (3468)
1989 Ed. (2644, 2645)
Reuters Holdings LTD
2000 Ed. (3610)
Reuters Holdings PLC
1998 Ed. (2727, 2728)
1996 Ed. (1362, 2895, 2896)
1994 Ed. (2445, 2709, 2710)
1993 Ed. (2743, 2752, 2753, 2756, 2757)
1992 Ed. (1608, 3312, 3314, 3315, 3318, 3313)
1991 Ed. (2388, 2657, 2658)
1990 Ed. (2522)
1989 Ed. (1933)
Reutgers AG
2002 Ed. (4068)
Reuveni Pridan Advertising
1999 Ed. (107)
Reuveni Pridan Advertising (Burnett)
2000 Ed. (112)
Reuveni Pridan Leo Burnett
2002 Ed. (123)
2001 Ed. (150)
Rev-Eyes
1994 Ed. (2697)
Reval
1994 Ed. (959)
Reval Hotelligrupp
2002 Ed. (4412, 4413)
Revco
1994 Ed. (1543, 1569, 1570, 1571)
1993 Ed. (1527, 1528)
1992 Ed. (1852, 1853, 1854, 1855, 1856, 1857, 1859, 1860)
1991 Ed. (1459, 1460, 1462)
1990 Ed. (1555)
1989 Ed. (1268)
Revco D. S.
1989 Ed. (1266, 1267)
Revco Drug Stores
1999 Ed. (1931)
1998 Ed. (1297, 1359, 1361, 1362, 1363, 1364, 1365, 1366)
1997 Ed. (1665, 1670, 1671, 1672, 1673, 1676, 1677, 1678)
1996 Ed. (1245, 1278, 1584, 1585, 1589, 1590, 1591, 1592)
1995 Ed. (1573, 1596, 1611, 1612, 1613, 1614, 1616)
1991 Ed. (1463)
Revco DS Inc.
2005 Ed. (1539)
Reveal; Elizabeth C.
1991 Ed. (2547)
Revelwood Inc.
2001 Ed. (2854, 2855)
Revenue Properties Co. Ltd.
2002 Ed. (3919)
Revere
2007 Ed. (1425)
2005 Ed. (1401)
2003 Ed. (1374)
1999 Ed. (2808)
1998 Ed. (2050)
1997 Ed. (2330)
1996 Ed. (2026, 2201)
1994 Ed. (2145)
Revere Healthcare
1993 Ed. (2063)
Revere Life; Paul
1996 Ed. (2298)
1993 Ed. (2196)
Revere; Paul
1996 Ed. (2291)
Revere Protective Life; Paul
1996 Ed. (2298)
Revere Protective; Paul
1993 Ed. (2196)
Revitalique
2001 Ed. (2654, 2655, 2657)
Reviving Ophelia
1999 Ed. (695)
Reviving Semi-Permanent
2001 Ed. (2657)
Reviv'n
2001 Ed. (2656)
Revlon
2008 Ed. (2180, 2182, 2183, 2184, 2187, 3449, 3450, 3777)
2007 Ed. (2073, 2074, 2075, 3353, 3807)
2006 Ed. (2125, 2126, 2127, 3802)
2005 Ed. (1535, 2022, 2023, 3707)
2004 Ed. (1898, 1899, 1900, 3260, 3660, 4065)
2003 Ed. (1859, 1860, 1861, 1864, 1866, 1867, 1868, 2004, 2661, 2663, 2664, 2665, 3215, 3216, 3280, 3623, 3624, 3625, 3626, 3771, 3784, 3786, 3790)
2002 Ed. (1800, 3639, 3643, 4302)
2001 Ed. (1566, 1908, 1909, 1910, 1913, 1931, 2384, 2631, 3514, 3515, 3516, 3517, 3711, 3720)
2000 Ed. (1586, 1587, 1589, 1590, 1903, 1904, 2410, 2936, 3313, 3506, 4068, 4071)
1999 Ed. (1754, 1755, 1758, 1759, 1760, 2062, 2111, 2112, 2113, 2114, 2630, 3189, 3190, 3775, 3778, 4350, 4352)
1998 Ed. (1194, 1196, 1197, 2803, 3183, 3291, 3309, 3327)
1997 Ed. (1531, 1532, 1533, 1534, 2635, 2923, 3061)
1996 Ed. (33, 767, 1462, 1463, 1464, 1465, 1583, 2983)
1995 Ed. (1507, 1508, 2899)
1994 Ed. (49, 1471, 1472, 1473)
1993 Ed. (18, 1418, 1419, 1420, 1421, 1423)
1992 Ed. (30, 1708, 1709, 1710, 1711, 3396, 3400, 4010)
1991 Ed. (1363, 1364, 2581)
1990 Ed. (56, 1430, 1431, 1433, 1435, 1436, 1437, 1740, 1741, 1981, 2808)
Revlon Age Defying
2008 Ed. (2185)
2003 Ed. (1863, 1865)
2002 Ed. (1799)
1998 Ed. (1195, 1356)
Revlon Color Stay
2006 Ed. (3286)
Revlon Colorsilk
2004 Ed. (2788)
Revlon Colorstay
2008 Ed. (2185)
2004 Ed. (1901)
2003 Ed. (1862, 1863, 1865, 3217)
2002 Ed. (1799)
1998 Ed. (1195, 1355, 1356, 2361, 2362)
Revlon Fragrances
1990 Ed. (2794)
Revlon Group
1991 Ed. (1362, 3150)
1990 Ed. (3311, 3312)
1989 Ed. (2508, 2509)
Revlon High Dimension
2004 Ed. (2783)
Revlon Illuminance
2004 Ed. (1896)
Revlon Lipglide
2004 Ed. (1896)
Revlon Moon Drops
1998 Ed. (1355, 2361)
Revlon Moondrops
2003 Ed. (3217)
Revlon Naturally Glamorous
1998 Ed. (1195)
Revlon Naturally Glamorous Blush-on
1998 Ed. (1356)
Revlon New Complexion
2003 Ed. (1863, 1865)
2002 Ed. (1799)
1998 Ed. (1195, 1356)
Revlon Super Lustrious
2005 Ed. (3292)
Revlon Super Lustrous
2006 Ed. (3286)
2004 Ed. (1901)
2003 Ed. (3217)
1998 Ed. (1355, 2361, 2362)
Revlon Super Top Speed
2003 Ed. (3624)
Revlon TimeLiner
1998 Ed. (1355, 2361)

Revlon's ColorStyle
1994 Ed. (1470)
Revolution
1999 Ed. (2840)
Revonet Inc.
2006 Ed. (2822)
Revver
2007 Ed. (3446)
Reward Wool Industry Corp.
1994 Ed. (3473, 3524)
1992 Ed. (4283)
1990 Ed. (3572)
Rewe
1999 Ed. (1635, 1638, 4524, 4644)
1996 Ed. (3244)
1994 Ed. (3110)
1993 Ed. (3648)
Rewe AG
1998 Ed. (3095)
Rewe AG & Co. OHG
1997 Ed. (3879)
Rewe AG & Co. Ohg (Konzern)
1994 Ed. (3109)
1993 Ed. (3049)
Rewe & Co. OHG
1996 Ed. (3252)
1994 Ed. (3109)
REWE Austria AG
2008 Ed. (1573)
Rewe Deutscher Supermarkt KgaA
2002 Ed. (4900)
Rewe Group
2006 Ed. (4187)
2001 Ed. (1714, 4613)
2000 Ed. (1438, 3815, 4284)
1997 Ed. (3679)
Rewe Gruppe
2001 Ed. (4103, 4114)
Rewe Handelsgesellschaft Leibbrand Ohg
1991 Ed. (2897)
Rewe Handelsgesellschaft Leibrand OHG (Konzern)
1992 Ed. (3740)
Rewe Handelsgruppe
2007 Ed. (4206)
2001 Ed. (4102, 4589)
1995 Ed. (3156)
1994 Ed. (3112)
Rewe-Leibbrand
1993 Ed. (3498)
REWE-Zentral AG
2006 Ed. (4179, 4643)
2005 Ed. (4567)
2004 Ed. (2764)
2003 Ed. (1687)
REWE-Zentral Organisation
1990 Ed. (1220)
Rewe Zentrale
2000 Ed. (4171)
1998 Ed. (668)
Rex
1994 Ed. (2071)
REX/AV Affiliates
1999 Ed. (2696)
1998 Ed. (1955)
1997 Ed. (2237)
1996 Ed. (2128)
1995 Ed. (2120)
Rex-Clean Inc.
2005 Ed. (764)
Rex Corner Holdings
2006 Ed. (4010)
Rex D. Adams
1997 Ed. (3068)
1996 Ed. (2989)
1995 Ed. (1726)
1994 Ed. (1712)
Rex Moore Electrical Contractors & Engineers
2007 Ed. (1283)
Rex-Rosenlew
1996 Ed. (3051)
Rex Stores Corp.
2008 Ed. (885, 2478)
2007 Ed. (2355)
2006 Ed. (2404)
2005 Ed. (2860, 2861)
2004 Ed. (2852, 2853)
2003 Ed. (2783)
2001 Ed. (2217)
2000 Ed. (2481)
Rex Three Inc.
2004 Ed. (3937)
2003 Ed. (3933)
Rex Tillerson
2008 Ed. (936)
Rex W. Tillerson
2008 Ed. (959)
Rexaire
2002 Ed. (4713)
2000 Ed. (4326)
1999 Ed. (4696)
1998 Ed. (3651)
1997 Ed. (3812)
1995 Ed. (3684)
1994 Ed. (3609)
1993 Ed. (3648)
Rexaire (Rainbow)
1992 Ed. (4363)
1991 Ed. (3437)
Rexall Sundown
2003 Ed. (2108, 4860, 4861)
2001 Ed. (2015)
Rexam
2007 Ed. (1694, 2032)
2006 Ed. (4303)
2005 Ed. (4361)
Rexam Closures & Containers
2004 Ed. (3908)
Rexam plc
2008 Ed. (3667, 4325)
2002 Ed. (3577)
2001 Ed. (3628)
2000 Ed. (3610)
1999 Ed. (3896)
1997 Ed. (2071, 3168)
Rexart Enterprises Inc.
2006 Ed. (3537)
Rexcel
2001 Ed. (2509)
Rexel Inc.
2008 Ed. (2463)
2005 Ed. (2211, 2996)
2003 Ed. (2204, 2205)
1999 Ed. (1939)
Rexel Group
2006 Ed. (1691)
Rexel Saint-Laurent
2004 Ed. (2998)
Rexel Southern Electric Supply Co.
2003 Ed. (1766)
Rexene Corp.
1999 Ed. (3850)
1996 Ed. (2835)
1994 Ed. (1215, 3444)
1991 Ed. (1219, 2588)
1990 Ed. (948, 967, 1297)
Rexhall Industries Inc.
2005 Ed. (3496, 3497)
2004 Ed. (3496, 3497)
1992 Ed. (3307, 3643, 3994)
1991 Ed. (1869, 1871, 1875, 3138, 3142, 3144)
Rexnord Corp.
2008 Ed. (2175)
2007 Ed. (2067)
Rexon
1991 Ed. (1022, 1029)
1990 Ed. (1619)
Rexon Industrial Corp. Ltd.
1994 Ed. (2425)
1992 Ed. (2956)
1990 Ed. (2503)
Rey Banano del Pacifico
2006 Ed. (2545)
Reyco Construction Co. Inc.
1996 Ed. (2109)
Reyes Construction Inc.
2006 Ed. (2831)
Reyes Family
2008 Ed. (538)
2007 Ed. (593)
2006 Ed. (553)
2005 Ed. (653)
2004 Ed. (666)
2003 Ed. (659)
2001 Ed. (680)
Reyes Holdings LLC
2008 Ed. (4051)
2007 Ed. (4024)
2006 Ed. (3985)
2002 Ed. (1071)
Reynen & Bardis Communities
2007 Ed. (1298)
Reynen & Bardis Development
2005 Ed. (1227)
Reynolds
2007 Ed. (3679)
2006 Ed. (1269, 1275)
2005 Ed. (1306, 1308)
2004 Ed. (1290, 1298, 1301)
2003 Ed. (1287, 1295)
2001 Ed. (369)
1990 Ed. (994)
1989 Ed. (906)
Reynolds; A. W.
1992 Ed. (2058)
Reynolds Aluminum Supply Co.
1999 Ed. (3353)
Reynolds American Inc.
2008 Ed. (1991, 1992, 1993, 2308, 4688, 4689, 4692)
2007 Ed. (1925, 1926, 1927, 2911, 4764, 4765, 4766, 4767, 4768, 4769, 4772, 4773)
2006 Ed. (1944, 2297, 2635, 4580, 4758, 4760, 4761, 4763, 4766, 4767)
Reynolds & Reynolds Co.
2008 Ed. (1400, 3183)
2007 Ed. (1232)
2005 Ed. (1132, 3638, 3639)
2004 Ed. (1125, 3728)
2002 Ed. (3764)
2001 Ed. (3565, 3566, 3902)
1999 Ed. (3642)
1998 Ed. (2701)
1997 Ed. (2957)
1996 Ed. (2862)
1995 Ed. (2806)
1994 Ed. (2692, 2693)
1993 Ed. (2741)
1992 Ed. (3286, 3528)
Reynolds & Reynolds (Business Forms Div.)
1993 Ed. (789)
Reynolds & Reynolds Business Forms Division
1992 Ed. (992)
Reynolds Australia Alumina Ltd. LLC
2005 Ed. (1528)
Reynolds Blue Chip Growth
2004 Ed. (3589)
2000 Ed. (3234, 3235, 3256)
Reynolds Canada
1991 Ed. (2383)
Reynolds Carolina Credit Union
2002 Ed. (1883)
Reynolds Farm Equipment
2006 Ed. (4351)
Reynolds Flexible Packaging
1998 Ed. (2874)
Reynolds Foundation; Z. Smith
1995 Ed. (1933)
Reynolds Fund
2006 Ed. (3628, 3629)
Reynolds; Glen
1993 Ed. (1841)
Reynolds Group LLC
2007 Ed. (3558, 4422)
Reynolds Metals Co.
2008 Ed. (3662)
2007 Ed. (3491)
2006 Ed. (3466)
2005 Ed. (1528)
2004 Ed. (3443)
2003 Ed. (3378)
2002 Ed. (3309, 3313, 4877)
2001 Ed. (365, 366, 669, 1895, 3276, 3277, 3278, 3279, 3285, 3289)
2000 Ed. (1581, 3081, 3091, 3092, 3100, 3101, 3138, 3340)
1999 Ed. (1749, 3344, 3356, 3363)
1998 Ed. (149, 1191, 2466, 2470, 2685)
1997 Ed. (1528, 2749, 2756, 2946, 2947)
1996 Ed. (1459, 2605, 2614, 2850, 2851)
1995 Ed. (1504, 2543, 2551, 2774, 2775, 2776)
1994 Ed. (197, 198, 1467, 2475, 2485, 2672, 2673, 2674)
1993 Ed. (211, 1413, 2534, 2538, 2726, 2727)
1992 Ed. (315, 1048, 1384, 1387, 3026, 3031, 3252, 3253, 3254)
1991 Ed. (220, 2418, 2422, 2611, 2612)
1990 Ed. (247, 2539, 2544, 2715, 2716)
1989 Ed. (1043, 1054, 1944, 1948, 2068, 2069)
Reynolds Opportunity
2006 Ed. (3629)
2000 Ed. (3241)
Reynolds; R. J.
1997 Ed. (986)
1996 Ed. (2644, 3701, 3702)
1995 Ed. (984)
1993 Ed. (942)
1992 Ed. (64, 1148, 1149, 4306)
1989 Ed. (909, 2504)
Reynolds; Rep. Tom
2007 Ed. (2706)
Reynolds; Russell
1993 Ed. (1691, 1692)
1990 Ed. (1710)
Reynolds Smith & Hills
2008 Ed. (2516, 2528)
2006 Ed. (2452)
2002 Ed. (333, 2129)
2000 Ed. (314, 1807)
1999 Ed. (289, 2031)
1998 Ed. (1444)
1997 Ed. (2021)
1990 Ed. (279, 1665)
Reynolds Tobacco Holdings Inc.; R. J.
2008 Ed. (4688, 4689)
2007 Ed. (223, 4764, 4765)
2006 Ed. (1943, 4758, 4760)
2005 Ed. (1912, 1915, 4464, 4465, 4468, 4704, 4705, 4706, 4707, 4708, 4709, 4710, 4711, 4714)
Reynolds Tobacco Co.; R. J.
1990 Ed. (2720)
Reynolds Tobacco U.S.A.; R. J.
1989 Ed. (908, 2781)
Reynolds Wrap Foil
1989 Ed. (2326)
Reynolds Wrap Foil, 25-Ft. Roll
1990 Ed. (2130, 3041)
1989 Ed. (1631, 2324)
Reynolds Wrap 25 sq. ft.
1992 Ed. (1848)
Reynoso Brothers Holdings
1996 Ed. (2660)
Reynoso-Rio Bravo, Mexico
1993 Ed. (2500)
Reza; Ahmed
1997 Ed. (1999)
1996 Ed. (1908)
Reza Brothers Construction, Inc.
1991 Ed. (1910)
Rezcity.com
2005 Ed. (127)
Rezcity.com Plus
2006 Ed. (130)
Rezeknes PKK
2002 Ed. (4439)
Reznick Fedder & Silverman
2003 Ed. (7)
1999 Ed. (20)
1998 Ed. (16)
Reznick Fedder & Silverman, CPAs, PC
2006 Ed. (14)
2005 Ed. (9)
2004 Ed. (13)
2002 Ed. (20, 21)
Reznick Group
2008 Ed. (8)
2007 Ed. (10)
Rezulin
1999 Ed. (1890, 1910)
RF-JAMA Warrant
1999 Ed. (4317)
RF Micro Devices Inc.
2004 Ed. (1080)
2003 Ed. (2725)
2002 Ed. (2427, 2530)
2000 Ed. (1742)
RF network
1996 Ed. (3872)

RFC Intermediaries Inc.
1991 Ed. (2830)
1990 Ed. (2262)
R.F.G. Financial Services
2000 Ed. (2198)
RFG Frankfurters
1998 Ed. (1767)
RFI Communications & Security Systems
2004 Ed. (4351)
2003 Ed. (4330)
2002 Ed. (4541)
2000 Ed. (3922)
1999 Ed. (4204)
RFI Security Inc.
1998 Ed. (1421)
RFM Corp.
2000 Ed. (1537, 1540)
1999 Ed. (1724)
1997 Ed. (1499)
1996 Ed. (1436)
1995 Ed. (1474, 1475)
1994 Ed. (1440)
1993 Ed. (1386)
1992 Ed. (1683, 1684)
1991 Ed. (1336)
1990 Ed. (1409)
1989 Ed. (1152)
RFM Preferred Seating
2006 Ed. (4374)
R4Labs
2008 Ed. (4369)
RG & G Concrete Inc.
2003 Ed. (2747)
R.G. Barry
1990 Ed. (3273)
RGA Life Reinsurance Co. of Canada
2000 Ed. (1399)
RGA Reins
1999 Ed. (2952)
RGA Reinsurance Co.
2008 Ed. (3300, 3305, 3332)
2007 Ed. (3150, 3155)
2002 Ed. (2913, 2915, 2924, 2930)
2001 Ed. (2941, 2947)
1998 Ed. (2162, 2164, 2182, 3038)
RGA Reinsurance Company
2000 Ed. (2684, 2688, 2690, 2703)
RGB Mechanical Contractors Inc.
2008 Ed. (1272)
R.G.B. Transportation Co. Inc.
1995 Ed. (3652)
RGC Construction Inc.
2003 Ed. (2748)
2002 Ed. (2539, 2541)
@rgentum U.S. Market Neutral Portfolio
2005 Ed. (3569)
@rgentum U.S. Master Portfolio
2005 Ed. (3569)
RGIS Inventory Specialists
2005 Ed. (3916)
RGL
2004 Ed. (16)
2003 Ed. (10)
RGL—Forensic Accountants & Consultants
2008 Ed. (11)
2007 Ed. (13)
2006 Ed. (17)
2005 Ed. (12)
RGL Gallagher
2002 Ed. (26, 27)
2000 Ed. (21)
RGO Office Products
2008 Ed. (1547)
R.H. Macy & Co. Inc.
2000 Ed. (390, 2346)
1998 Ed. (87)
R.H. Macy & Co. East
1998 Ed. (1262, 3093)
R.H. Macy & Co. West
1998 Ed. (1262, 3093, 3460)
RHB Bank Berhad
2008 Ed. (473)
2007 Ed. (516)
2006 Ed. (497)
2005 Ed. (575)
2004 Ed. (589)
2003 Ed. (582)
2002 Ed. (516, 517, 518, 617)
2000 Ed. (603)
RHC/Spacemaster Corp.
2002 Ed. (4514)
2000 Ed. (4134)
1999 Ed. (4499, 4500, 4501)
1998 Ed. (3427)
Rhea & Kaiser Marketing Communications
2008 Ed. (190, 191, 192, 195)
2007 Ed. (203, 204, 205, 207, 208)
2006 Ed. (195, 196, 200)
2005 Ed. (183, 188)
1999 Ed. (42)
1998 Ed. (37)
Rhea Kaiser Marketing Communications
2004 Ed. (125)
Rhee Bros. Inc.
2003 Ed. (3745)
Rhee; Namuh
1997 Ed. (1996)
Rheem
2001 Ed. (286)
2000 Ed. (226, 2286, 2442, 4373)
1999 Ed. (203, 2539, 2540, 2659, 4744)
1998 Ed. (106, 1779, 1780, 1922, 3700)
1997 Ed. (184, 2095, 2096, 3867)
1995 Ed. (167, 1949, 1950)
1994 Ed. (148, 1925, 1926, 2429, 3653)
1993 Ed. (164, 1908, 1909, 2492, 3687)
1992 Ed. (259, 260, 1885, 2242, 2243, 4424)
1991 Ed. (3475)
1990 Ed. (3684)
Rheem Air Conditioning
1991 Ed. (258)
Rheem Manufacturing
2002 Ed. (252, 2376, 2377, 2465, 2701, 4784, 4785)
Rheem Manufacturing,World Color Press Inc.
1995 Ed. (2498)
Rheem/Ruud
1991 Ed. (1484, 1777, 1778)
1990 Ed. (195, 196, 1589, 1861, 1862)
Rheim/Main Airport
1998 Ed. (146)
Rhein Biotech NV
2003 Ed. (2722)
Rhein-Main
2001 Ed. (353)
Rhein/Main Airport
1999 Ed. (252)
Rhein Medical
1999 Ed. (3656)
1997 Ed. (2965)
1996 Ed. (2870)
Rhein Westf Elektrizitatswerke
1992 Ed. (2231)
Rhein-Westfaelisches Elektrizitaetswerk AG
1991 Ed. (1775)
Rheingold; Howard
2005 Ed. (2322)
Rheinhyp
2000 Ed. (1862)
Rheinisch WE
1996 Ed. (1214)
Rheinisch Westf. Elektrizitatswerke
1994 Ed. (1918)
1993 Ed. (1902)
Rheinisch-Westfaelisches Elektrizitaetswerk AG
1991 Ed. (3106)
Rheinisch-Westfalisches Elektritaetswerk AG
1989 Ed. (1119)
Rheinisch-Westfalisches Elektrizitatswerk
1990 Ed. (2928)
Rheinishe-Westfaelische Elektrik
1990 Ed. (1249)
Rheinmentall Stamm
1989 Ed. (200)
Rhenus
1999 Ed. (963)
Rhett Akins
1997 Ed. (1113)
Rhine Re
2001 Ed. (2956)
Rhines; Walden
2006 Ed. (2523)
Rhinocourt Aqua
2002 Ed. (3754)
RHM
2007 Ed. (2626)
Rho Industries Inc.
1999 Ed. (2678)
Rhode; B. C.
2005 Ed. (2492)
Rhode Homes
2000 Ed. (1187)
Rhode Island
2008 Ed. (2832, 2906, 3118, 3279, 3800, 3984, 4010, 4603)
2007 Ed. (2163, 2281, 2702, 3709, 3954, 3993, 4694)
2006 Ed. (2345, 2707, 3480, 3726, 3904, 3905, 3935, 4673)
2005 Ed. (370, 371, 388, 389, 390, 392, 393, 395, 396, 399, 401, 404, 407, 418, 441, 443, 1070, 1071, 1072, 1074, 1075, 2277, 2525, 2528, 2919, 3298, 3299, 3611, 3837, 3838, 3872, 3945, 4189, 4225, 4229, 4231, 4597, 4598, 4599, 4600, 4608, 4722, 4929, 4942, 4943, 4944)
2004 Ed. (360, 369, 370, 373, 374, 379, 382, 383, 384, 387, 394, 398, 435, 776, 980, 1026, 1066, 1068, 1072, 1073, 1903, 2022, 2176, 2186, 2294, 2308, 2537, 2565, 2574, 2929, 2987, 3264, 3291, 3426, 3480, 3672, 3673, 3674, 3700, 3898, 3899, 3924, 4256, 4274, 4276, 4292, 4293, 4296, 4298, 4516, 4517, 4518, 4519, 4528, 4529, 4658, 4818, 4959, 4979, 4994)
2003 Ed. (380, 388, 389, 390, 391, 393, 394, 395, 397, 399, 402, 405, 407, 408, 410, 419, 441, 969, 1058, 1059, 1063, 2128, 2606, 2687, 2838, 3222, 3235, 3237, 3652, 3874, 3896, 4237, 4284, 4285, 4288, 4290, 4294, 4299, 4412, 4413, 4680, 4956, 4957)
2002 Ed. (447, 448, 449, 451, 452, 459, 461, 464, 466, 473, 492, 493, 496, 497, 1113, 1116, 2068, 2121, 2351, 2624, 2848, 3088, 3090, 3113, 3125, 3197, 3198, 3524, 3708, 3805, 4102, 4103, 4104, 4105, 4142, 4157, 4158, 4168, 4367, 4554, 4914, 4915, 4919, 4920, 4921)
2001 Ed. (721, 1126, 1127, 1232, 2392, 2393, 2691, 3032, 3033, 3104, 3662, 3663, 4254, 4271, 4272, 4406, 4410, 4411, 4413, 4414, 4448, 4516, 4862, 4864, 4865, 4867, 4869, 4919, 4937)
2000 Ed. (1792, 2940, 4100, 4404, 4405, 4406)
1999 Ed. (1996, 3197, 4408, 4411, 4421, 4440, 4451, 4453, 4463, 4465, 4468, 4727, 4780, 4781, 4783)
1998 Ed. (1322, 2367, 2419, 2420, 2438, 3390, 3393, 3394, 3465, 3684, 3734)
1997 Ed. (996, 2638, 3577, 3581, 3589, 3594, 3599, 3851, 3896)
1996 Ed. (35, 2090, 2496, 3515, 3519, 3521, 3523, 3537, 3541, 3547, 3549, 3554, 3559, 3582, 3799, 3854)
1995 Ed. (363, 2450, 3457, 3461, 3466, 3468, 3473, 3478, 3713, 3755)
1994 Ed. (2371, 3385, 3389, 3395, 3397, 3402, 3407, 3639)
1993 Ed. (364, 2427, 2526, 3405, 3407, 3412, 3417, 3436, 3437, 3661, 3677, 3718, 3719)
1992 Ed. (2857, 2863, 2916, 2917, 2920, 2924, 2927, 2934, 3089, 3106, 4079, 4080, 4083, 4088, 4097, 4099, 4104, 4127, 4129, 4130, 4405)
1991 Ed. (789, 1651, 2084, 2161, 2321, 2485, 2900, 3182, 3186, 3459)
1990 Ed. (365, 402, 2867, 3347, 3352, 3357, 3361, 3375, 3382, 3386, 3390, 3412, 3417, 3418, 3420, 3677)
1989 Ed. (201, 1736, 2535, 2546, 2548, 2553, 2560, 2612, 2931, 2935)
Rhode Island Convention Center Authority
1996 Ed. (2729)
1993 Ed. (2622)
Rhode Island Credit Union
2008 Ed. (2257)
2007 Ed. (2142)
2006 Ed. (2221)
2005 Ed. (2126)
Rhode Island Deposit Economic Protocol Corp.
1995 Ed. (1621, 2230)
Rhode Island Employees
2007 Ed. (2175)
2002 Ed. (3604)
2001 Ed. (3680)
Rhode Island Health & Education Building Agency
2001 Ed. (910)
Rhode Island Hospital Inc.
2008 Ed. (2061)
2007 Ed. (1966)
2006 Ed. (2001)
2005 Ed. (1955)
2004 Ed. (1847)
2003 Ed. (1813)
2001 Ed. (1840)
Rhode Island Hospital Trust National Bank
1997 Ed. (600)
1996 Ed. (662)
1995 Ed. (593)
1994 Ed. (623)
1993 Ed. (619)
1992 Ed. (826)
1991 Ed. (654)
Rhode Island Housing & Marketing Finance Corp.
1990 Ed. (2139)
Rhode Island Housing & Mortgage Finance Agency
2001 Ed. (910)
Rhode Island Housing & Mortgage Financial Corp.
1995 Ed. (2192)
Rhode Island Monthly
1992 Ed. (3382)
Rhode Island Public Building Authority
1991 Ed. (2526)
Rhode Island School of Design
1997 Ed. (1061)
1996 Ed. (1045)
1995 Ed. (1060)
1994 Ed. (1052)
1993 Ed. (1025)
1992 Ed. (1277)
Rhode Island State Employees Credit Union
2004 Ed. (1984)
2003 Ed. (1944)
2002 Ed. (1890)
Rhode Island Student Loan Authority
2001 Ed. (910)
Rhode Island Sweet Lumber
1996 Ed. (823, 825)
Rhodes Inc.
1997 Ed. (2097, 2109)
1996 Ed. (1992)
1995 Ed. (1963, 1965, 2447)
1994 Ed. (1934, 1938)
1992 Ed. (2253)
1991 Ed. (3240)
1990 Ed. (1866)
Rhodes Associates
2002 Ed. (2175)
Rhodes College
2007 Ed. (4597)
Rhodes; E. J.
1994 Ed. (1711)

Rhodes Furniture
2008 Ed. (2999)
Rhodes Holdings
2005 Ed. (1198)
Rhodes Homes
1999 Ed. (1334)
1998 Ed. (908)
Rhodes Printing Co.
2000 Ed. (3608)
Rhodes Printing Group
1999 Ed. (3887)
Rhodia
2001 Ed. (1211)
2000 Ed. (1038, 3566)
1993 Ed. (909)
Rhodia SA
2004 Ed. (957)
2002 Ed. (1009)
Rhonda Zygecki
2008 Ed. (2629)
Rhone Alpes Lyon
1996 Ed. (513)
1994 Ed. (488)
Rhone-Alpes, Switzerland
2005 Ed. (3329)
Rhone-Poulec Agricultural Co.
1989 Ed. (177)
Rhone-Poulenc
2001 Ed. (275)
2000 Ed. (790, 791, 1030, 1434, 2421, 3512, 4344)
1999 Ed. (196, 277, 774, 1084, 1095, 1096, 1100, 1101, 1103, 2538)
1998 Ed. (101, 702, 706, 1346, 2104, 2812, 3333)
1997 Ed. (176, 961, 964, 1407, 1408, 3869)
1996 Ed. (766, 926, 939, 943)
1995 Ed. (957, 964, 965, 966, 2495)
1994 Ed. (935, 1372)
1993 Ed. (161, 907, 912, 913, 918, 921, 1314, 1729, 2488, 2852, 3317, 3318, 3319, 3351)
1992 Ed. (2955, 1117, 1118, 1121, 1458, 1459, 1461, 1486, 1617, 1618, 1619, 1839)
1991 Ed. (912)
1990 Ed. (169, 952, 953, 956, 1367, 1944)
1989 Ed. (893, 2192)
Rhone-Poulenc Ag Co.
1990 Ed. (15)
Rhone-Poulenc Animal Nutrition
1999 Ed. (4711)
Rhone-Poulenc Canada
1996 Ed. (931)
Rhone-Poulenc Group
1991 Ed. (1290, 1291)
1990 Ed. (954)
1989 Ed. (891)
Rhone-Poulenc Roren
1996 Ed. (1574)
Rhone-Poulenc Rorer Inc.
2000 Ed. (740, 1712, 3153)
1999 Ed. (1901, 1911, 3303, 3429)
1998 Ed. (1349, 2520, 2845)
1997 Ed. (1646, 1651, 1652)
1995 Ed. (1584, 2529)
1994 Ed. (921, 929, 930, 1439, 1551, 1553, 1554, 1555, 2423, 2820)
1993 Ed. (1509)
1992 Ed. (328, 1514, 1516, 1522, 1529, 1866, 1874)
Rhone-Poulenc SA
2002 Ed. (761)
2001 Ed. (1187)
2000 Ed. (1417)
Rhone Poulene Cert
1989 Ed. (892)
RHP Mechanical Systems
2006 Ed. (1328)
Rhumbline Advisers
2008 Ed. (180)
2007 Ed. (197)
2006 Ed. (191)
2004 Ed. (172)
2003 Ed. (216)
2002 Ed. (712)
1997 Ed. (2525)
1995 Ed. (2356, 2360)
1993 Ed. (2307, 2319)
RHV Inc.
2004 Ed. (2624)
2001 Ed. (2445)
Rhythm and blues
2001 Ed. (3405)
Rhythm City
1999 Ed. (3501, 3502)
1997 Ed. (2862, 2863)
1996 Ed. (2747, 2748)
1995 Ed. (2674, 2675)
1994 Ed. (2593, 2594, 2596)
1993 Ed. (2641, 2642, 2643)
Rhythms Netconnections Inc.
2002 Ed. (1619)
2001 Ed. (4183, 4452)
RIA Credit Union
2004 Ed. (1959)
RIA Mid Cap
2003 Ed. (3130)
Rialto Advertising
1990 Ed. (133)
1989 Ed. (143)
Rialto Group PLC
1992 Ed. (1200)
Riata Energy Inc.
2008 Ed. (1400)
Ribapharm Inc.
2003 Ed. (2726)
Ribena
2008 Ed. (722)
2002 Ed. (4327)
2001 Ed. (4310)
1999 Ed. (4366)
Riber
1994 Ed. (2700)
Ribier
2002 Ed. (4968)
2001 Ed. (4870)
Ribocon Holdings Ltd.
1992 Ed. (1197)
Ribozyme Pharmaceuticals Inc.
2003 Ed. (1652)
Ribs, barbecued
1995 Ed. (3536)
1992 Ed. (1777)
Ribs, BBQ
1997 Ed. (2059, 3669)
Ric Edelmann
2006 Ed. (658)
Ric Fulop
2001 Ed. (2279)
Rican Ford Inc.
1996 Ed. (271, 297, 299)
1993 Ed. (269, 298)
Ricard
1999 Ed. (3249)
Ricardo Barcelona
1999 Ed. (2320)
Ricardo de Luca
1994 Ed. (69)
1990 Ed. (76)
Ricardo de Luca Publicidad
1989 Ed. (82)
Ricardo Penfold
1999 Ed. (2433)
Ricardo Peon
1999 Ed. (2417)
1996 Ed. (1904)
Ricardo Salinas Pliego
2008 Ed. (4886)
Ricart Automotive Inc.
2002 Ed. (353, 354, 355, 356, 358, 359, 360, 362)
Ricart Automotive Group
2001 Ed. (440)
Ricart Ford
2005 Ed. (276, 277, 278, 319, 4805, 4806)
2004 Ed. (271, 272, 273, 275, 4803, 4804, 4822, 4823)
1995 Ed. (267, 294, 296)
1994 Ed. (290, 291)
1992 Ed. (383, 375, 376, 380, 416)
1991 Ed. (268, 270, 271, 274, 278)
1990 Ed. (304, 342)
Ricart Jeep-Eagle Inc.
1995 Ed. (277)
1994 Ed. (273)
1993 Ed. (274)
Ricart Jeep-Engle
1996 Ed. (276)
Ricca Associates; Thomas
1992 Ed. (2207)
1991 Ed. (1759)
1990 Ed. (1840)
Riccardo; Joseph
1997 Ed. (1864)
Ricciardi; Lawrence R.
1996 Ed. (1228)
Riccitiello; John
2005 Ed. (2476)
Rice
2008 Ed. (2732)
2003 Ed. (4829)
2002 Ed. (3491, 3745, 4716)
1999 Ed. (2110)
1997 Ed. (2032)
1996 Ed. (1516)
Rice-a-Roni
2008 Ed. (2730)
2003 Ed. (3323)
Rice and grain cakes
1991 Ed. (1864)
Rice & Co.; H. G.
1992 Ed. (2207)
1991 Ed. (1759)
1990 Ed. (1840)
Rice & Holman Ford
1996 Ed. (271, 299)
1994 Ed. (268)
1993 Ed. (269)
1992 Ed. (383)
1991 Ed. (278)
1990 Ed. (342)
Rice C. Leach
1995 Ed. (3503)
Rice cakes
2003 Ed. (3927)
1997 Ed. (2032)
1996 Ed. (3617)
1992 Ed. (3218)
Rice; Charles E.
1992 Ed. (1138, 2060)
1991 Ed. (1629)
1990 Ed. (1721)
1989 Ed. (1382)
Rice; Condoleezza
2008 Ed. (4950)
2007 Ed. (4983)
2006 Ed. (4986)
Rice dinners
2002 Ed. (3745)
Rice Dream
2008 Ed. (3672)
Rice-Eccles Stadium
2002 Ed. (4348)
Rice; Estate of Daniel and Ada
1991 Ed. (888, 894, 894, 894)
Rice Financial Products Co.
2008 Ed. (185)
2007 Ed. (198)
2006 Ed. (192)
2005 Ed. (178)
2004 Ed. (177)
2003 Ed. (219)
2002 Ed. (718)
Rice Foundation; Daniel F. and Ada L.
1995 Ed. (1926)
1993 Ed. (891)
Rice/grain cakes
1990 Ed. (1952)
Rice; Jim
1989 Ed. (719)
Rice; Jon
1995 Ed. (3503)
Rice Krispie Treats
1998 Ed. (992, 993, 3660)
Rice Krispies
2002 Ed. (955)
2001 Ed. (1147)
2000 Ed. (1001, 1002, 1003)
1998 Ed. (659, 661)
1996 Ed. (891, 892)
1995 Ed. (914)
1994 Ed. (883, 884)
1993 Ed. (860, 862)
1992 Ed. (1072, 1074, 1075)
1991 Ed. (877, 878, 3322)
1990 Ed. (924)
Rice Krispies; Kellogg's
2008 Ed. (718, 4444)
Rice Krispies Treats
2007 Ed. (893)
2006 Ed. (806)
2005 Ed. (891)
2004 Ed. (901)
2003 Ed. (878)
1997 Ed. (1214)
1995 Ed. (915, 2761)
Rice mixes
2003 Ed. (3924, 3925)
Rice; Norman
1992 Ed. (2987)
Rice; Norman B.
1993 Ed. (2513)
Rice; Paul
2006 Ed. (2527)
Rice; Peter
1996 Ed. (1864)
Rice/popcorn cakes
1996 Ed. (2041)
1995 Ed. (2992, 2993, 2995, 2996)
Rice/rice combinations
1990 Ed. (1953)
Rice squares
2008 Ed. (2836)
Rice Stadium
1999 Ed. (1299)
Rice University
2008 Ed. (768, 1064)
2007 Ed. (793, 800)
2006 Ed. (700, 713, 2858)
2005 Ed. (2852)
2004 Ed. (831, 2844)
2001 Ed. (1317, 1329)
1997 Ed. (1066)
1991 Ed. (1001)
1990 Ed. (1088)
Rice University, George R. Brown School of Engineering
2007 Ed. (2446)
Rice University, Jesse Jones School
1989 Ed. (840)
Ricegrowers' Co-op
2004 Ed. (2652)
2002 Ed. (3775)
Riceland Foods
2003 Ed. (4190)
1998 Ed. (1725)
1995 Ed. (1339)
1994 Ed. (1318)
1993 Ed. (1273)
1992 Ed. (361)
1991 Ed. (1858)
1990 Ed. (1947)
1989 Ed. (273)
Rich & Co. AG; Marc
1995 Ed. (3730)
1994 Ed. (3661)
1993 Ed. (3695)
1992 Ed. (4432)
Rich & Rare
2004 Ed. (4893)
2003 Ed. (4903)
2002 Ed. (283)
1992 Ed. (2871)
Rich Barton
2004 Ed. (2486)
Rich Bilotti
2002 Ed. (2258)
Rich Dad, Poor Dad
2007 Ed. (665)
2006 Ed. (640)
2005 Ed. (728)
2004 Ed. (747)
2003 Ed. (725)
Rich Investment
1991 Ed. (2228, 2232)
Rich; J. A.
2005 Ed. (2497)
Rich; Jeffrey
2006 Ed. (882, 3931)
Rich Products Corp.
2008 Ed. (2780, 2785)
2001 Ed. (2475)
1998 Ed. (1725)
Rich; Richie
2008 Ed. (640)
2007 Ed. (682)
Rich-Sepak Corp.
1998 Ed. (1734)
Rich Sespak Corp.
1996 Ed. (1950)
Rich Sr.; Robert
2007 Ed. (4891)

Rich Sr.; Robert E.
2006 Ed. (4903)
2005 Ed. (4848)
Rich Worldwide Travel
1992 Ed. (4345)
Richard A. Aurelio
2007 Ed. (2502)
Richard A. Clarke
1990 Ed. (1718)
Richard A. Eisner & Co.
1999 Ed. (20)
1998 Ed. (15, 16)
1997 Ed. (22)
1996 Ed. (20)
1995 Ed. (12)
1994 Ed. (6)
1993 Ed. (12)
1992 Ed. (21)
1991 Ed. (6)
Richard A. Eisner & Co. LLP
2003 Ed. (7)
Richard A. Fink
1996 Ed. (1228)
Richard A. Gephardt
1994 Ed. (845)
Richard A. Gilleland
1990 Ed. (976, 1726)
Richard A. Goldstein
2006 Ed. (2520, 2521)
Richard A. Gonzalez
2007 Ed. (2496)
Richard A. Manoogian
2008 Ed. (944)
2005 Ed. (975)
1997 Ed. (981)
Richard A. Swift Inc.
2008 Ed. (16)
Richard & Associates Inc.; F. A.
2008 Ed. (3808)
2007 Ed. (3715, 4112)
2006 Ed. (3732, 4066, 4264)
2005 Ed. (3615)
The Richard & David Jacobs Group
1995 Ed. (3372)
1994 Ed. (3021, 3296, 3301)
1993 Ed. (3303, 3310, 3316)
Richard & Helen DeVos Foundation
2002 Ed. (2330)
Richard & Jane Manoogian Foundation
2002 Ed. (2354)
2001 Ed. (2519)
2000 Ed. (2261)
Richard & Son; P. C.
1991 Ed. (248, 964, 966)
Richard & Son; P.C.
1990 Ed. (1035)
Richard B. Dixon
1993 Ed. (2461)
1992 Ed. (2903)
1991 Ed. (2342)
1990 Ed. (2478)
Richard B. Fisher
1998 Ed. (724)
1997 Ed. (982)
1993 Ed. (940)
Richard B Handler
2000 Ed. (1886)
Richard B. Priory
2005 Ed. (1104)
Richard B. Standiford
1991 Ed. (3209)
Richard Barrie Fragrances Inc.
1994 Ed. (2714)
Richard Barton
2003 Ed. (4685)
Richard Baum
2000 Ed. (2043)
Richard Beaurepaire
2000 Ed. (2070)
1997 Ed. (1965)
1996 Ed. (1854)
Richard Beaurepiaire
1999 Ed. (2289)
Richard Bernstein
2004 Ed. (3168)
2000 Ed. (1976)
1999 Ed. (2205)
1998 Ed. (1606, 1616)
1997 Ed. (1911)
1996 Ed. (1838, 1841)
1995 Ed. (1861)
1994 Ed. (1819)
1993 Ed. (1839)
Richard Billy
1994 Ed. (1778)
1993 Ed. (1795)
Richard Bilotte
1997 Ed. (1878)
Richard Bilotti
2000 Ed. (1987)
1999 Ed. (2219)
1998 Ed. (1601)
Richard Blum
1994 Ed. (890)
Richard Branson
2008 Ed. (4910)
2003 Ed. (787)
1996 Ed. (1717)
Richard Branson; Sir
2005 Ed. (4888, 4897)
Richard Bressler
2006 Ed. (960)
2005 Ed. (991)
Richard Byrne
2000 Ed. (1949)
1999 Ed. (2178)
1998 Ed. (1588, 1590)
1997 Ed. (1937, 1946)
Richard C. Adkerson
2007 Ed. (1024)
Richard C. Hackett
1991 Ed. (2395)
Richard C. Notebaert
2006 Ed. (1098)
2005 Ed. (1103)
2002 Ed. (2213)
Richard C. Shelby
1999 Ed. (3844, 3960)
Richard Caring
2008 Ed. (4007, 4903)
2007 Ed. (4927)
2005 Ed. (4890)
Richard Carlson
2002 Ed. (4253)
Richard Chandler
2008 Ed. (4848)
Richard Childress Racing
2007 Ed. (327)
Richard Chu
2004 Ed. (3165)
Richard Church
2000 Ed. (2041)
1999 Ed. (2216)
Richard Ciccarone
1997 Ed. (1947)
Richard Coleman
2000 Ed. (2116)
1999 Ed. (2331)
Richard Crehan
1999 Ed. (2329)
Richard Curran
2003 Ed. (224, 228)
Richard Currie
2005 Ed. (4866)
2001 Ed. (1219)
1999 Ed. (1123)
1997 Ed. (980)
Richard D. Fairbank
2008 Ed. (945)
2007 Ed. (1035)
2006 Ed. (920, 935, 938)
2005 Ed. (983, 2475)
2003 Ed. (957, 958, 2387)
Richard D. Kinder
2007 Ed. (1021)
Richard D. Parsons
2008 Ed. (183)
2007 Ed. (1026)
2003 Ed. (2410)
Richard Dale
2000 Ed. (2128)
1999 Ed. (2341)
Richard Dauch
2005 Ed. (984)
2004 Ed. (975)
Richard Davidson
2000 Ed. (2075, 2115)
1999 Ed. (2298)
Richard Deihl
1990 Ed. (1723)
Richard Dennis
1989 Ed. (1422)
Richard DeVos
2008 Ed. (4832)
2007 Ed. (4903)
2006 Ed. (4908)
2005 Ed. (4854)
Richard Digre
1992 Ed. (3137)
1991 Ed. (2547)
Richard Dugas Jr.
2007 Ed. (984)
Richard E. Dauch
2007 Ed. (1030)
2006 Ed. (936)
Richard E. Grey
1994 Ed. (1723)
1992 Ed. (2061, 2062, 2064)
1990 Ed. (1724, 1725)
The Richard E. Jacobs Group
2003 Ed. (4065)
2002 Ed. (4278, 4279)
2001 Ed. (4250)
2000 Ed. (4019, 4031)
1999 Ed. (4307, 4311)
1998 Ed. (3298, 3300)
1997 Ed. (3514, 3517)
1996 Ed. (3430)
Richard E. Rainwater
2004 Ed. (4861)
Richard E. Rivera
1996 Ed. (958)
Richard E. Sherman & Associates Inc.
2008 Ed. (17)
Richard Egan
2002 Ed. (3350)
Richard Ellis, Inc.
1990 Ed. (2355, 3287)
1989 Ed. (2129)
Richard Emanuel
2008 Ed. (4908)
2007 Ed. (4934)
Richard Evans
1990 Ed. (2659)
Richard F. Keevey
1995 Ed. (3504)
Richard Fairbank
2008 Ed. (941)
2007 Ed. (1010)
2002 Ed. (1041)
2000 Ed. (1871, 1872)
Richard Fearon
2007 Ed. (1068)
Richard Federico
2007 Ed. (1005)
Richard Fontaine Associates
1994 Ed. (2309)
1992 Ed. (2763)
Richard French & Associates
2003 Ed. (4019)
2002 Ed. (3852)
Richard Fuld Jr.
2008 Ed. (941)
2007 Ed. (969)
2006 Ed. (878)
2005 Ed. (964)
2003 Ed. (958, 959)
Richard Fuller Homes
1998 Ed. (892)
Richard G. Capen
1994 Ed. (1722)
Richard G. Cline
1989 Ed. (1380)
Richard Galanti
2006 Ed. (951)
Richard Gelfond
2001 Ed. (1219)
Richard Goettle Inc.
2001 Ed. (1484)
1999 Ed. (1369)
Richard Goldman
2002 Ed. (3348)
Richard Graham
2002 Ed. (2477)
Richard Grasso
2003 Ed. (3058)
Richard Green
1990 Ed. (2658)
Richard H. Brown
2003 Ed. (805, 959, 2394)
Richard H. Deihl
1994 Ed. (1720)
Richard H. Diehl
1990 Ed. (1712)
Richard H. Dionne
1992 Ed. (533)
Richard H. Jenrette
1998 Ed. (1514, 2139)
1997 Ed. (1802)
1996 Ed. (966)
1995 Ed. (982)
Richard H. Lehman
1992 Ed. (1039)
Richard Hannah
2000 Ed. (2098, 2137)
1999 Ed. (2350)
Richard Hayne
2007 Ed. (1019, 4897)
Richard Hill
2007 Ed. (1006)
2006 Ed. (916)
2005 Ed. (971)
Richard Hokenson
1996 Ed. (1833)
Richard Holder
1996 Ed. (1714)
Richard J. Evans
1991 Ed. (2549)
Richard J. Franke
1994 Ed. (1721)
Richard J. Harrington
2000 Ed. (1879)
Richard J. Jacob
1989 Ed. (1377)
Richard J. Mahoney
1993 Ed. (936)
Richard J. Phelan
1995 Ed. (2484)
Richard J. Schnieders
2007 Ed. (1026)
Richard J. Toman
1992 Ed. (1139)
Richard Jay Kogan
2004 Ed. (970)
Richard Johnson
2008 Ed. (370)
Richard Jones
2000 Ed. (2179)
1999 Ed. (2416)
1997 Ed. (1997)
1996 Ed. (1896)
Richard K. Davidson
2007 Ed. (1029)
Richard K. Davis
2008 Ed. (369)
Richard K. Eamer
1993 Ed. (937, 1695)
1991 Ed. (924)
1990 Ed. (972)
Richard K. Herzer
2004 Ed. (2491)
Richard K. King
1993 Ed. (2462)
Richard K. Templeton
2008 Ed. (954, 959)
2007 Ed. (1032)
Richard Katcher
2002 Ed. (3068)
Richard Keevey
1993 Ed. (3444)
Richard Kelson
2006 Ed. (977)
2005 Ed. (986)
Richard Kersley
1999 Ed. (2329)
Richard Kinder
2007 Ed. (997, 4895)
2006 Ed. (907, 940)
2005 Ed. (982)
1998 Ed. (1515)
Richard King Mellon Foundation
1993 Ed. (1897)
Richard Klugman
2000 Ed. (2056)
Richard Knight
1991 Ed. (2546)
Richard Knight Jr.
1992 Ed. (3136)
Richard Koo
2000 Ed. (2146)
1999 Ed. (2364)
1997 Ed. (1994)
1996 Ed. (1889)
Richard Kovacevich
2008 Ed. (369, 941)
2007 Ed. (384, 1016)
2006 Ed. (926)
2005 Ed. (964)

2004 Ed. (411, 2486)
Richard Kramer
2000 Ed. (2105)
1999 Ed. (2317)
Richard L. Carrion
2007 Ed. (1444)
2005 Ed. (978)
Richard L. Gelb
1993 Ed. (937, 1695)
1991 Ed. (924)
1990 Ed. (975, 1713)
Richard L. George
2007 Ed. (2507)
Richard L. Raycraft
1995 Ed. (2485)
Richard L. Rayl
1991 Ed. (3209)
Richard L. Schaffer
1992 Ed. (2138)
Richard L. Scott
1996 Ed. (961)
Richard L. Thomas
1997 Ed. (1803)
1996 Ed. (1715)
Richard L. Wambold
2005 Ed. (3857)
2004 Ed. (3911)
Richard Lenny
2008 Ed. (935)
2007 Ed. (979)
2006 Ed. (889, 2627)
Richard Li
2005 Ed. (4870)
Richard M. Daley
1993 Ed. (2513)
Richard M. Frank
2004 Ed. (2531)
Richard M. Furlaud
1991 Ed. (1630)
1990 Ed. (1724)
1989 Ed. (1376, 1383)
Richard M. Genius Jr.
1995 Ed. (938)
Richard M. Kovacevich
2007 Ed. (1027)
2005 Ed. (980, 981, 2474, 2477)
1998 Ed. (289)
1996 Ed. (381)
Richard M. Miller
1990 Ed. (2271)
Richard M. Morrow
1992 Ed. (1143, 2059)
1991 Ed. (926, 1628)
1990 Ed. (973)
Richard M. Rompala
2007 Ed. (2499)
2006 Ed. (919, 2522)
Richard M. Rosenberg
1998 Ed. (289)
1996 Ed. (381)
1994 Ed. (357)
1992 Ed. (2054)
Richard M. Scrushy
2003 Ed. (955, 2377)
1996 Ed. (962)
Richard Mahoney
1990 Ed. (1711)
Richard Manoogian
2005 Ed. (984)
2001 Ed. (1220, 2346)
2000 Ed. (1045)
1999 Ed. (1125)
1996 Ed. (965)
1995 Ed. (981)
1994 Ed. (948)
1993 Ed. (939)
1992 Ed. (1144)
1991 Ed. (927)
1990 Ed. (974)
Richard Manooglan
2004 Ed. (975)
Richard McCabe
2000 Ed. (1978)
1999 Ed. (2207)
1998 Ed. (1622)
1997 Ed. (1915)
1996 Ed. (1842)
Richard Merrill
1992 Ed. (2056)
1991 Ed. (1626)
Richard Miller
2005 Ed. (990)
2000 Ed. (1951)
1999 Ed. (2180)
1998 Ed. (1591)
Richard Mithoff
1997 Ed. (2612)
Richard Mosteller
2000 Ed. (1885)
Richard Nanula
2007 Ed. (1045)
2006 Ed. (950)
2005 Ed. (990)
Richard Navarre
2006 Ed. (977)
Richard Nelson
1996 Ed. (1840)
Richard Ng-Yow
1996 Ed. (1840)
Richard Nixon Library
1992 Ed. (4318)
Richard Northcott
2007 Ed. (4931)
Richard Notebaert
2006 Ed. (3931)
Richard Palm
1995 Ed. (1838)
1994 Ed. (1800)
1993 Ed. (1817)
Richard Parsons
2007 Ed. (977)
2006 Ed. (887)
2004 Ed. (176)
Richard; P.C.
1989 Ed. (264)
Richard Peery
2004 Ed. (4867)
2003 Ed. (4883)
Richard Perry
2002 Ed. (3360)
Richard Petty
1994 Ed. (1100)
Richard Pieris & Co. Ltd.
1999 Ed. (1241)
1996 Ed. (1052)
Richard Pratt
2008 Ed. (4842)
2002 Ed. (871)
2001 Ed. (3317)
Richard R. Chrysler
1994 Ed. (845)
Richard Rainwater
1990 Ed. (1773)
Richard Riordan
1995 Ed. (2518)
Richard Rippe
1996 Ed. (1771, 1833)
Richard Roberts
1999 Ed. (2390)
Richard Robinson
1995 Ed. (982)
Richard Rodgers
2006 Ed. (802)
Richard Rosenstein
2000 Ed. (1988)
Richard Russell 5-8
1994 Ed. (1587)
Richard S. Friedland
1997 Ed. (1803)
Richard S. Fuld Jr.
2008 Ed. (943, 949)
2007 Ed. (1022, 1027, 1035)
2006 Ed. (932)
2005 Ed. (980, 981, 983, 2474, 2475, 2490)
2004 Ed. (973)
2003 Ed. (957, 2371, 2387)
Richard Samuelson
2000 Ed. (2178)
1999 Ed. (2395)
1997 Ed. (1996)
1996 Ed. (1890)
Richard Sands
2007 Ed. (966)
2006 Ed. (930)
Richard Saperstein
2008 Ed. (3376)
2007 Ed. (3248, 3249)
2006 Ed. (658, 3189)
Richard Schneider
2000 Ed. (2032)
1999 Ed. (2250)
1998 Ed. (1660)
1997 Ed. (1891)
1996 Ed. (1817)
1995 Ed. (1839)
1994 Ed. (1801)
1993 Ed. (1818)
1991 Ed. (1706, 1709)
Richard Schulze
2008 Ed. (4831)
2007 Ed. (4903)
2006 Ed. (4907)
2005 Ed. (4853)
2004 Ed. (2528, 2529, 4868)
2003 Ed. (4884)
2002 Ed. (3362)
2000 Ed. (1876)
Richard Schutte
2000 Ed. (2033)
1999 Ed. (2251)
Richard Schwartz
1999 Ed. (1120)
Richard Scruggs
2002 Ed. (3072)
Richard Scrushy
1999 Ed. (1121, 2074, 2078)
Richard Sherlund
2000 Ed. (2034, 2047)
1999 Ed. (2252, 2264)
1998 Ed. (1634, 1662)
1997 Ed. (1872, 1874, 1879)
1996 Ed. (1772, 1799, 1801)
1995 Ed. (1797, 1828)
1994 Ed. (1789)
1993 Ed. (1806)
1991 Ed. (1677)
Richard Shue
1997 Ed. (2002)
Richard Simmons
1989 Ed. (2340)
Richard Simmons: Sweatin' to the Oldies
1994 Ed. (3630)
Richard Simon
2000 Ed. (2008)
1999 Ed. (2226)
1998 Ed. (1639)
1997 Ed. (1881)
1996 Ed. (1807)
1995 Ed. (1797, 1830)
1994 Ed. (1791)
1993 Ed. (1808)
1991 Ed. (1695, 1696, 1707)
Richard Smith
2000 Ed. (2138)
Richard Snell
1999 Ed. (1125)
Richard Strauss
2000 Ed. (1989)
1999 Ed. (2217)
Richard Sweetnam Jr.
1994 Ed. (1779)
1993 Ed. (1773, 1796)
Richard Syron
2007 Ed. (996)
Richard T. Farmer
2007 Ed. (4897)
2006 Ed. (4902)
2005 Ed. (4846)
2004 Ed. (4860)
2002 Ed. (3348)
Richard Taggart
2008 Ed. (962)
2007 Ed. (1077)
2006 Ed. (984)
2005 Ed. (986)
Richard Templeton
2008 Ed. (939)
2007 Ed. (1007)
Richard Thalheimer
1992 Ed. (2056)
1991 Ed. (1626)
1990 Ed. (1719)
Richard Thomson
1999 Ed. (1123)
Richard Tyner Inc.
2007 Ed. (3570)
Richard Urwick
2000 Ed. (2091)
Richard Ussery
1998 Ed. (1509)
Richard Vague
2000 Ed. (1880)
Richard Vaughan
2006 Ed. (972)
Richard Verheij
2003 Ed. (1546)
Richard Victor
2000 Ed. (2017)
Richard Vietor
1998 Ed. (1663)
1996 Ed. (1789)
1995 Ed. (1857)
1994 Ed. (1774)
1993 Ed. (1791)
1991 Ed. (1703)
Richard W. Ohman
1990 Ed. (1719)
Richard Wambold
2007 Ed. (1001)
2006 Ed. (911)
2005 Ed. (966)
Richard Warren Mitholf
1991 Ed. (2296)
Richard Werner
1997 Ed. (1991)
Richard Whittington
1998 Ed. (1671)
Richard Wittenberg
1991 Ed. (2342)
Richard Workman
1999 Ed. (2338)
Richard Zinman
2008 Ed. (3376)
2007 Ed. (3248, 3249)
Richards
2006 Ed. (1038)
Richards; Amy
1997 Ed. (1933)
Richards; Ann W.
1991 Ed. (3210)
Richards Group
2008 Ed. (116)
2007 Ed. (108)
2006 Ed. (119)
2005 Ed. (109)
2004 Ed. (131, 132)
2003 Ed. (174)
2002 Ed. (184, 185)
2000 Ed. (173)
1999 Ed. (44, 155)
1998 Ed. (66)
1997 Ed. (77, 146)
1996 Ed. (54, 140)
1995 Ed. (37, 126)
1994 Ed. (65, 117)
1993 Ed. (77)
1992 Ed. (207)
1991 Ed. (150)
1990 Ed. (150)
1989 Ed. (161, 167)
Richards Group, Dallas
2000 Ed. (3474)
Richards, Layton & Finger
2000 Ed. (2892, 2893)
1999 Ed. (1431, 3143, 3144, 3145)
1998 Ed. (2325, 2326)
Richards Inc.; R. P.
1995 Ed. (1160)
1994 Ed. (1141)
1993 Ed. (1125)
Richards, Watson & Gershon
1995 Ed. (2231)
Richards, Watson, Dreyfuss & Gershon
1996 Ed. (2238)
Richard's Wild Irish Rose
2006 Ed. (4960)
2005 Ed. (4930)
2004 Ed. (4950)
2003 Ed. (4946)
2002 Ed. (4922, 4940)
2001 Ed. (4842, 4875)
1998 Ed. (3741)
1996 Ed. (3836)
1995 Ed. (3738)
1994 Ed. (3663)
1993 Ed. (3704)
1992 Ed. (4447, 4459, 4467)
1990 Ed. (3693)
1989 Ed. (2944, 2948)
Richards Wild Irish Rose Wine
1991 Ed. (3494, 3497)
Richardson
2000 Ed. (973)
Richardson & Sons Ltd.; James
1997 Ed. (1641)
1996 Ed. (1564, 3828)

1995 Ed. (1578)
1994 Ed. (3659)
1992 Ed. (1185, 4431)
Richardson; Aubrey E.
1995 Ed. (932, 1068)
Richardson Carpenter
2001 Ed. (234)
Richardson Electronics Ltd.
2005 Ed. (2348, 2349)
2004 Ed. (2248, 2249)
2002 Ed. (2087, 2091)
2001 Ed. (2204, 2215)
2000 Ed. (1765)
1999 Ed. (1984)
1998 Ed. (1405, 1410)
1997 Ed. (1712)
1996 Ed. (1631, 1634)
1992 Ed. (1915)
1991 Ed. (3081)
1990 Ed. (3229)
Richardson family
2005 Ed. (4873)
Richardson Foundation; Sid W.
1994 Ed. (1905)
Richardson; George
1991 Ed. (1617)
Richardson Greenshields
1994 Ed. (782)
1992 Ed. (958, 964)
1990 Ed. (3157)
Richardson Greenshields of Canada Ltd.
1990 Ed. (811)
1989 Ed. (812)
Richardson, Myers & Donofrio
1996 Ed. (56)
1995 Ed. (35, 125)
1994 Ed. (116)
Richardson; Nathan
2006 Ed. (3185)
2005 Ed. (3183)
Richardson, TX
1995 Ed. (2216)
1994 Ed. (2165)
1993 Ed. (2143)
1990 Ed. (2159)
Richardson Vicks
1990 Ed. (3294)
Richcourt Futures
2004 Ed. (2820)
Richemont SA; Compagnie Financiere
2008 Ed. (3583)
2007 Ed. (2987, 3814, 3816)
2006 Ed. (4540)
Richemont Securities
2006 Ed. (4536)
2002 Ed. (3038, 3039)
1993 Ed. (2375, 2376)
1991 Ed. (2269)
Richemont Securities AG
1999 Ed. (3130, 3131)
1997 Ed. (2585, 2586)
1996 Ed. (2442, 2443)
1994 Ed. (2342, 2343)
Richemont Securities Dr
2000 Ed. (2876, 2877)
Richemonts Securities
1992 Ed. (2815, 2816)
Riches; Lucinda
2006 Ed. (4984)
Richey Electronics, Inc.
2000 Ed. (1766)
1999 Ed. (1938, 1985)
1998 Ed. (1408, 1411)
Richey; Ronald
1996 Ed. (1712)
Richey; Ronald K.
1994 Ed. (947, 1714)
1991 Ed. (1619)
RicheyCypress Electronics
1997 Ed. (1711)
Richfield Hospitality Services
1999 Ed. (2755, 2756)
1998 Ed. (1998, 1999, 2000, 2001)
1997 Ed. (2274, 2275, 2276, 2277)
1996 Ed. (2158, 2159)
Richfield Hotel Management
1995 Ed. (2147, 2148, 2149, 2150)
1994 Ed. (2092, 2093, 2094)
1993 Ed. (2077, 2078, 2079, 2080, 2081)
Richfield International Holdings
1995 Ed. (2126)
Richfood
2000 Ed. (2385, 2389, 2390, 2391)
1999 Ed. (4755)
1996 Ed. (2048, 2049, 2053)
1995 Ed. (2053, 2057)
1994 Ed. (2000)
1993 Ed. (3488)
Richfood Holdings
1999 Ed. (4758)
1998 Ed. (1082, 1719, 1869, 1875, 3710, 3713)
1997 Ed. (2027, 3875, 3877)
1996 Ed. (3826)
Richie; Nicole
2008 Ed. (2584)
Richie Rich
2008 Ed. (640)
2007 Ed. (682)
Richland Development
2003 Ed. (1188)
Richland Investments Inc.
2008 Ed. (4984)
Richland-Kennewick-Pasco, WA
2004 Ed. (2289)
1997 Ed. (2767)
Richland/Kennewick, WA
1994 Ed. (2150, 2487)
Richland School District
2008 Ed. (4280)
Richloom
2000 Ed. (4239)
1996 Ed. (3675)
1995 Ed. (3596)
The Richman Affordable Housing Corp.
2007 Ed. (284)
The Richman Group Affordable Housing Corp.
2008 Ed. (259)
2006 Ed. (279)
Richman; John M.
1991 Ed. (1621)
Richmond American
2002 Ed. (1187, 1189, 1196, 1197, 1205, 2670, 2671, 2673)
1999 Ed. (1330, 1337)
1998 Ed. (900, 902, 915)
Richmond American Homes
2005 Ed. (1182, 1193, 1210, 1211, 1219, 1223, 1240, 1244, 1246)
2004 Ed. (1151, 1165, 1184, 1185, 1193, 1197, 1213, 1221)
2003 Ed. (1159, 1177, 1178, 1188, 1192, 1213, 1214)
2000 Ed. (1211, 1213, 3721)
1999 Ed. (1329)
Richmond American Homes of Colorado Inc.
2002 Ed. (2676)
Richmond, British Columbia
2008 Ed. (3490)
Richmond County Bank Ballpark
2005 Ed. (4442, 4443)
Richmond County Financial Corp.
2003 Ed. (1499)
2001 Ed. (4529)
Richmond County, NY
2008 Ed. (4732)
Richmond Development Co.
1994 Ed. (232)
1992 Ed. (352)
1991 Ed. (250)
Richmond Group
2007 Ed. (1976)
1997 Ed. (1159)
Richmond, IN
2005 Ed. (3334)
Richmond Insurance Co., Ltd.
2006 Ed. (3055)
Richmond International
1996 Ed. (2235)
Richmond-Master Distributors Inc.
2003 Ed. (4937)
Richmond, NY
2000 Ed. (1607, 2437)
Richmond-Petersburg, VA
2008 Ed. (3474)
2006 Ed. (3313, 3315)
2005 Ed. (2946, 3322)
Richmond PR
2000 Ed. (3668)
Richmond Public Relations
2005 Ed. (3957, 3973)
2004 Ed. (4029)
2003 Ed. (3988, 3993)
2002 Ed. (3851)
1999 Ed. (3954)
Richmond Savings
2002 Ed. (1851)
Richmond Savings Credit Union
2001 Ed. (1498)
1999 Ed. (1804)
1997 Ed. (1571)
1996 Ed. (1513)
1995 Ed. (1537)
1993 Ed. (1451)
1992 Ed. (1755)
Richmond Towers
2002 Ed. (3865, 3869)
1997 Ed. (3196, 3203)
1996 Ed. (3116, 3119)
1995 Ed. (3018)
1994 Ed. (2958)
Richmond Town Square
2001 Ed. (4251)
Richmond; University of
1997 Ed. (1054)
1996 Ed. (1038)
1995 Ed. (1053)
1994 Ed. (1045)
1993 Ed. (1018)
1992 Ed. (1093, 1270)
Richmond, VA
2008 Ed. (3115, 4089)
2007 Ed. (2997, 3004, 3365)
2005 Ed. (3310, 4834, 4835)
2003 Ed. (1136)
2001 Ed. (2795)
2000 Ed. (1065, 2993)
1997 Ed. (1284, 2338)
1996 Ed. (976)
1995 Ed. (989, 2667)
1994 Ed. (1259)
1993 Ed. (1221)
1990 Ed. (1004, 1149, 1156)
Richmond,VA
1994 Ed. (1103)
Rich's
1998 Ed. (1262, 1786, 3093, 3460)
1995 Ed. (1552)
1990 Ed. (1521)
Rich's Ever Fresh
1995 Ed. (340)
Rich's/Goldsmith's
1997 Ed. (1593, 2104)
1996 Ed. (1534, 1990)
Rich's Lazarus Goldsmith's
2000 Ed. (1660)
Rich's Lazarus Goldsmith's
2000 Ed. (2290)
Richter
2006 Ed. (664)
2002 Ed. (854)
2001 Ed. (4424)
2000 Ed. (893)
Richter, Brian H.
1992 Ed. (2904)
Richter Gedeon
1999 Ed. (947)
1997 Ed. (825, 826)
Richter 7
2006 Ed. (128)
Richter Usher & Vineberg
1999 Ed. (4)
1996 Ed. (8, 9)
1995 Ed. (7, 8)
Richter's Bakery Inc.
1989 Ed. (360)
Richtman's Inc.
2007 Ed. (3587, 4439)
2006 Ed. (3532, 4371)
Richton International
2001 Ed. (4278)
Richwhite; Fay
1993 Ed. (1665)
Rick Case Acura
1995 Ed. (258)
Rick Case Honda
2008 Ed. (284)
Rick Case Hyundai
1996 Ed. (273)
1995 Ed. (270)
Rick Deutsch
2000 Ed. (2076)
Rick Faulk
2006 Ed. (2514)
Rick Holley
2007 Ed. (1002)
Rick Miller
1997 Ed. (1943)
Rick Rogan
2006 Ed. (4352)
Rick Santorum
2003 Ed. (3894)
Rick Trevino
1997 Ed. (1113)
Rick Warren
2008 Ed. (280)
Rickard; David
2007 Ed. (1090)
2006 Ed. (998)
Rickel/Channel
1997 Ed. (831)
1996 Ed. (818, 827)
Rickel Home Centers
1999 Ed. (387)
Rickenbacker International Airport
1996 Ed. (2248)
Ricketson, Jr.; Estate of Frank H.
1991 Ed. (888)
Ricketts; J. Joseph
2007 Ed. (4903)
Ricketts; T. R.
1991 Ed. (1618)
Ricketts; Thomas
19939 Ed. (939)
Ricketts; Thomas R.
1997 Ed. (981)
1994 Ed. (1720)
"Ricki Lake"
2001 Ed. (4486)
Rick's
2003 Ed. (261)
Rick's Spiked Lemonade
2003 Ed. (4942)
Ricky Martin
2002 Ed. (1160, 1163)
2001 Ed. (3407, 3408)
Ricky Van Shelton
1994 Ed. (1100)
Ricochet Fuel Distributors Inc.
2008 Ed. (4984)
Ricoh Corp.
2008 Ed. (1117)
2007 Ed. (841, 1213, 2346, 2828)
2006 Ed. (1111)
2005 Ed. (1125, 1390, 3695)
2004 Ed. (1118, 1347, 2261)
2003 Ed. (1098, 1099, 1364, 1522, 2248)
2002 Ed. (1141, 2108, 3534)
2000 Ed. (1166, 1204, 3370)
1999 Ed. (1271, 1272, 1273, 3646, 3647, 3648)
1998 Ed. (837, 2705)
1997 Ed. (1085, 2958)
1995 Ed. (1656)
1994 Ed. (1073, 1612, 2199)
1993 Ed. (1359, 1733, 2176)
1992 Ed. (1448, 2096, 3289)
1991 Ed. (1107, 1108, 1643)
1990 Ed. (2739)
1989 Ed. (1306)
Ricoh/Olympus
1993 Ed. (1059)
Ricola Inc.
2003 Ed. (1053, 1878)
2002 Ed. (1803)
2001 Ed. (1939)
2000 Ed. (974, 1133)
1999 Ed. (1020, 1219)
Ricotta cheese
2002 Ed. (984)
Rid
2003 Ed. (3212)
2001 Ed. (3089)
1996 Ed. (2919)
1993 Ed. (2776)
Rid/Leeming
1992 Ed. (3349)
Riddell
1992 Ed. (4044)
1991 Ed. (3166)

Riddell; Clay
2005 Ed. (4864)
Riddell Sports Inc.
1994 Ed. (2159)
Ridder; P. A.
2005 Ed. (2502)
Ridderikhoff Groep BV
2008 Ed. (1967)
Riddick Bowe
1997 Ed. (278)
Riddick Rowe
1995 Ed. (251)
Rideau Lyons & Co.
2000 Ed. (2758)
1998 Ed. (471)
Rider Resources
2005 Ed. (1711)
Ridgaway Philips Co.
1999 Ed. (4015)
1998 Ed. (3766)
1997 Ed. (3919)
Ridgaway Phillips Co.
1995 Ed. (3797)
Ridge Contracting Inc.
2007 Ed. (4399)
Ridge Lumber
1995 Ed. (849)
Ridge Motors Inc.
1994 Ed. (280)
Ridge Motors Pontiac
1990 Ed. (314)
Ridge Tahoe
1991 Ed. (3389)
Ridgeaway Philips Co.
1994 Ed. (3672)
Ridged
1990 Ed. (2886)
Ridgeway Petroleum
2007 Ed. (4578)
Ridgewood Savings Bank
2005 Ed. (3303)
Ridgway; Rozanne
1995 Ed. (1256)
The Ridings Housing Association
2005 Ed. (1979)
Ridley Inc.
2008 Ed. (199)
2007 Ed. (213)
Ridley & Tony Scott; Sir
2005 Ed. (4891)
Ridley Scott
2002 Ed. (3398)
Rie Murayama
2000 Ed. (2170)
1999 Ed. (2382, 2387)
1997 Ed. (1979, 1987)
1996 Ed. (1871, 1881)
Riegle Jr.; Donald W.
1992 Ed. (1038)
Rieper, Alan
1991 Ed. (1678)
1989 Ed. (1418)
Riese Organization
1991 Ed. (2884)
Riester Robb
2006 Ed. (128)
Rieth-Riley Construction Co. Inc.
2003 Ed. (2745)
Rietumu Banka
2005 Ed. (498)
Rietzl Corp.
1990 Ed. (335)
RIF
2002 Ed. (3736, 3737)
2000 Ed. (3586)
Rifco Inc.
2007 Ed. (1570, 2739)
1991 Ed. (32)
Rig Tenders
1993 Ed. (2156)
Rig Tenders Indonesia
2007 Ed. (1778)
Riga-Bank JS
1997 Ed. (538)
Rigas KB
2006 Ed. (4515)
2002 Ed. (4439)
Rigas Komercbanka
2000 Ed. (591)
1997 Ed. (537, 538)
Rigas TF
2002 Ed. (4438, 4439)
Rigatoni
1996 Ed. (2913)
Rigby; Peter
1996 Ed. (1717)
Riggs Bank
2006 Ed. (543, 1449)
2005 Ed. (640)
Riggs Contracting
2007 Ed. (1336)
Riggs National Corp.
2006 Ed. (2593)
2005 Ed. (626, 2590)
2004 Ed. (637)
2003 Ed. (451, 452, 453)
2000 Ed. (678)
1999 Ed. (425, 438)
1998 Ed. (276, 320, 331)
1996 Ed. (376)
1995 Ed. (456, 3325)
1994 Ed. (3245)
1993 Ed. (3251)
1991 Ed. (399)
1990 Ed. (3250)
1989 Ed. (370, 382, 2464)
Riggs National Bank
2007 Ed. (472, 473)
1998 Ed. (433)
1997 Ed. (451, 3280)
1996 Ed. (488)
1994 Ed. (665)
1993 Ed. (383, 385, 663)
1992 Ed. (863, 4422)
1991 Ed. (3472)
1990 Ed. (539, 714, 3683)
1989 Ed. (2902)
Riggs National Bank (Washington, DC)
1991 Ed. (688)
Right Associates
1996 Ed. (2879)
1993 Ed. (2747)
1991 Ed. (2650)
Right at Home Inc.
2008 Ed. (187)
2007 Ed. (200)
2006 Ed. (194)
2005 Ed. (179)
Right Coast Marketing Inc.
2007 Ed. (3597, 3598, 4444)
Right Course
1993 Ed. (1906)
Right Guard
2008 Ed. (2326, 3876)
2005 Ed. (2164)
2003 Ed. (2001, 2003)
2001 Ed. (3726)
2000 Ed. (1658, 1659)
1998 Ed. (1256, 1257, 2804)
1997 Ed. (1589)
1996 Ed. (1530)
1995 Ed. (1549)
1994 Ed. (1518, 2812)
1990 Ed. (2808, 3546)
Right Guard Sport
2003 Ed. (2002)
2001 Ed. (1990)
Right Guard Spot
2004 Ed. (3803)
Right Hand Man
1994 Ed. (1621)
Right Management Consultants Inc.
2004 Ed. (4433)
2003 Ed. (4568)
Right On
2008 Ed. (1564)
Right-On Curl Activator-Bottle, 8 oz.
1990 Ed. (1979, 1980)
Right-On Curl Activator-Bottle, 16 oz.
1990 Ed. (1979)
Right-On Instant Moisturizer, 8 oz.
1990 Ed. (1980)
The Right One
2006 Ed. (3812)
2005 Ed. (3722)
2004 Ed. (4410)
Rightime Blue Chip
2000 Ed. (3247)
Rightime Blue Chip Fund
1992 Ed. (3176, 3191)
Rightime Fund
1992 Ed. (3176)
Rightime Government Sec.
1994 Ed. (2620)
Rightime Midcap
2000 Ed. (3235, 3247)
Rightime Midcap Fund
2000 Ed. (3281)
RightNow Technologies Inc.
2007 Ed. (1239)
2006 Ed. (4254, 4259)
RightPoint Corp.
2001 Ed. (1872, 2852)
Rights & Issues Inc.
2000 Ed. (3303)
The RightThing Inc.
2008 Ed. (4346)
Rigident
2003 Ed. (1991)
RigNet
2008 Ed. (2495)
Rigoletto
2001 Ed. (3586)
2000 Ed. (2339)
Rihga Royal Hotel
2000 Ed. (2539)
1999 Ed. (2761)
1997 Ed. (2284)
1996 Ed. (2170)
Rihga Royal Hotel New York
2002 Ed. (2631)
Rijecka Banka
2003 Ed. (480)
2002 Ed. (547)
2001 Ed. (619)
Rijecka Banka DD
1999 Ed. (498)
1997 Ed. (444, 445)
1996 Ed. (481)
Rijecka banka dd, Rijenka JC
1995 Ed. (451)
Rijkman Groenink
2003 Ed. (3061)
Rijksvoorlichtings
1991 Ed. (37)
1990 Ed. (40)
Rijksvoorlichtingsdienst
1994 Ed. (34)
1989 Ed. (43)
Riker, Danzig, Scheer, Hyland & Perretti
1993 Ed. (2401)
1992 Ed. (2843)
Riker, Danzig, Scherer & Hyland
1991 Ed. (2289)
Riker, Danzig, Scherer, Hyland & Perretti
1999 Ed. (3155)
1998 Ed. (2331)
1997 Ed. (2599)
1995 Ed. (2419)
1994 Ed. (2354)
1990 Ed. (2423)
1989 Ed. (1884)
Riker, Danzig, Scherer, Hyland & Perretti, LLP
2002 Ed. (3060)
2001 Ed. (873)
2000 Ed. (2900, 3204)
Riketson, Jr.; Frank H.
1992 Ed. (1096, 1098)
Riklis Family Corp.
2005 Ed. (1535)
1991 Ed. (1185)
1990 Ed. (1022, 1226, 1230)
Riley & Associates; John S.
1989 Ed. (1889)
Riley Bechtel
2008 Ed. (4832)
2007 Ed. (4903)
2006 Ed. (4908)
2005 Ed. (4854)
2004 Ed. (4869)
2003 Ed. (4885)
2002 Ed. (3360)
Riley/Peariman/Mitchell
1997 Ed. (3260)
Riley/Pearlman Co.
1993 Ed. (3314)
RIM
2007 Ed. (1250)
Rimac International
2008 Ed. (3260)
2007 Ed. (3116)
Rimage Corp.
2008 Ed. (4405)
Rimco Monument Small Cap
1999 Ed. (598)
RIMCo Monument Small Cap Equity
1999 Ed. (3576)
RIMCO Monument Stock
1997 Ed. (2874)
Rimco Monument Stock Fund
1998 Ed. (401)
Rimmel
2008 Ed. (672)
2007 Ed. (701)
2001 Ed. (1926, 1927, 1929, 1931)
Rinaldo Piaggio
1994 Ed. (188)
Rinat Akhmetov
2008 Ed. (4877)
Rincker, William H.
1992 Ed. (534)
Rinehart; Charles R.
1994 Ed. (1720)
Riney & Partners; Hal
1997 Ed. (139)
1996 Ed. (152)
1995 Ed. (138)
1994 Ed. (126)
1992 Ed. (104, 112, 220)
1991 Ed. (161)
1990 Ed. (73)
1989 Ed. (57)
The Ring
2005 Ed. (4832)
2002 Ed. (2519)
2001 Ed. (1278)
Ring Can
1992 Ed. (1386)
Ring Pops
1995 Ed. (893, 898)
1994 Ed. (853)
Ring sports
2001 Ed. (1099)
ringgit; Malaysian
2008 Ed. (2274)
Ringier America
1995 Ed. (2988)
1993 Ed. (2918, 2919)
1992 Ed. (3530, 3537)
Ringier/Blick
1991 Ed. (50)
Ringkjobing Landbobank
2008 Ed. (404)
2006 Ed. (432)
Ringler; James M.
1997 Ed. (1804)
Ringnes
2006 Ed. (71)
Ringo Starr
1995 Ed. (1118, 1120)
Rings, bridal
1998 Ed. (2316)
Rings, non-bridal
1998 Ed. (2316)
Ring2/Shikoku
2001 Ed. (3376)
Rinke Pontiac
1996 Ed. (283)
Rinke Pontiac-GMC
1995 Ed. (283)
Rinker Group Ltd.
2008 Ed. (3547)
2007 Ed. (1719)
2006 Ed. (3370)
Rinker; Marshal E.
1990 Ed. (2577)
Rinker Materials Corp.
2008 Ed. (4544, 4545)
2007 Ed. (4592, 4593, 4594)
2006 Ed. (4000, 4608, 4610)
2005 Ed. (3926, 4167, 4525, 4526, 4527)
2004 Ed. (4591, 4592, 4594)
1990 Ed. (1227)
Rinker Materials of Florida
2008 Ed. (4063)
Rinnai
2007 Ed. (2991)
Rio
2008 Ed. (275)
1995 Ed. (2398)
Rio Algom Ltd.
2002 Ed. (3369)
1999 Ed. (3415)
1997 Ed. (2795)

1996 Ed. (2650)
1994 Ed. (2527)
1992 Ed. (1596, 3086)
1991 Ed. (2467, 1165)
1990 Ed. (1738, 2586, 3660)
Rio Algom Metals Distribution
2002 Ed. (3319)
Rio Algom Metals Distribution Group
2003 Ed. (3382)
Rio Alto Exploration
1997 Ed. (1376)
Rio Bravo Cantina
2000 Ed. (3123, 3762, 3773, 3774)
1999 Ed. (4059)
Rio Coffee
2008 Ed. (59)
Rio de Janeiro
1990 Ed. (862)
Rio de Janeiro, Brazil
1996 Ed. (2865)
Rio de Janerio, Brazil
1991 Ed. (940)
Rio de la Plata
2001 Ed. (600, 601, 602)
2000 Ed. (456, 461)
1990 Ed. (498)
Rio Ferdinand
2005 Ed. (268, 4895)
Rio Grande
2004 Ed. (4699)
2003 Ed. (4721)
2000 Ed. (4233)
1999 Ed. (4579)
1998 Ed. (3508, 3509)
1997 Ed. (3729)
1996 Ed. (3670)
1995 Ed. (3590, 3594)
1994 Ed. (3505)
Rio Grande de Loiza
1993 Ed. (3690)
Rio Grande Margarita
2004 Ed. (1034)
2002 Ed. (3104)
Rio Grande Tequila
2002 Ed. (292, 4604)
2001 Ed. (4503)
Rio Grande Valley
2002 Ed. (2570)
Rio Haina, Dominican Republic
2003 Ed. (3916)
Rio Hotel & Casino Inc.
2004 Ed. (1813)
2003 Ed. (1778)
2001 Ed. (1808)
Rio Narcea Gold Mines Ltd.
2006 Ed. (3486)
Rio Rancho, NM
1990 Ed. (998)
Rio Santander
2007 Ed. (504)
Rio Tinto Ltd.
2008 Ed. (1723, 3587, 3924, 3930)
2007 Ed. (1460, 1587, 1696, 3487, 3520, 3521, 3881)
2006 Ed. (294, 1554, 2059, 3489, 3849, 3850, 4092)
2005 Ed. (1656, 1657, 1661, 3783, 3790)
2004 Ed. (1632, 1638, 1639, 1640, 1642, 1643, 3490, 4100)
2003 Ed. (1613, 1615, 1617, 1619, 1620, 3423, 4075)
2002 Ed. (345, 346, 1588, 1590, 1591, 1593, 1650, 3368, 3964)
2001 Ed. (1503, 1628, 1629, 1630, 1632, 1633)
2000 Ed. (325, 326, 1388)
1999 Ed. (1582, 1583, 1584, 3416, 3625)
1997 Ed. (3929)
Rio Tinto America Inc.
2004 Ed. (3432)
Rio Tinto America Holdings Inc.
2004 Ed. (3432, 3433)
2003 Ed. (3366, 3367)
2001 Ed. (3322, 3323)
Rio Tinto-Comalco
2001 Ed. (669)
Rio Tinto Energy America
2008 Ed. (2179)
Rio Tinto Group
2008 Ed. (1815, 1816, 3680, 3927)
Rio Tinto plc
2002 Ed. (3370)
2001 Ed. (3326, 4270)
Rio Tinto Zinc
2004 Ed. (3697)
RioCan Real Estate Investment Trust
2003 Ed. (4053)
2001 Ed. (1654)
RioCan REIT
2008 Ed. (1656, 4116)
2007 Ed. (4088)
Riocell
2005 Ed. (1563)
Rioja
1999 Ed. (4789)
1998 Ed. (3743, 3749)
1997 Ed. (3904)
Rioja Spain wine producers
1991 Ed. (3493)
Riopan
1996 Ed. (226)
1993 Ed. (237)
1992 Ed. (340, 343)
Riopan Plus
1996 Ed. (226)
Riordan Industries PLC
1993 Ed. (973)
Riordan; Richard
1995 Ed. (2518)
Riostar Corp.
1998 Ed. (1937, 3081)
1997 Ed. (2217, 3339)
1996 Ed. (2111, 3234)
1995 Ed. (2102, 3142)
1993 Ed. (2038)
Rip It
2007 Ed. (4510, 4512)
Ripley's Believe It or Not
2003 Ed. (712)
Rippe; Richard
1996 Ed. (1771, 1833)
Ripped Fuel
2001 Ed. (2009)
Ripplewood Holdings
2005 Ed. (1552, 3284)
Ripplewood Holdings LLC
2002 Ed. (3080)
Riptech Inc.
2002 Ed. (4205)
Ris Paper
1991 Ed. (964, 966)
1990 Ed. (1035)
RISC/MPU
2001 Ed. (4220)
Riscomp Industries Inc.
2004 Ed. (1799)
RISCORP Inc.
1998 Ed. (2107, 3179)
Riscorp Inc. Group
2000 Ed. (2718)
Riscorp Inc. Insurance Group
1999 Ed. (2964)
Risdall Linnihan Advertising
2001 Ed. (211)
Risdon Mfg.
1992 Ed. (3474)
Rise in Non-Store Retail
1992 Ed. (993)
Rise Technology
1989 Ed. (2368)
Riser Foods
1996 Ed. (3613)
1995 Ed. (3527)
1994 Ed. (3461)
1993 Ed. (3486)
Riser-Shows Hyundai-Isuzu
1992 Ed. (385)
Rising health-care costs/cost-containment
1991 Ed. (2025)
Rising health-care costs/costs containment
1991 Ed. (2026)
Rising Medical Solutions Inc.
2007 Ed. (4112)
Rising Resources
1997 Ed. (1374)
Rising Sun
1995 Ed. (3708)
Risk & Insurance
2008 Ed. (4715)
Risk Capital Re
2001 Ed. (2957)
1997 Ed. (3405)
Risk Capital Reinsurance
2001 Ed. (2958, 4034)
2000 Ed. (2716)
Risk Capital Resinsurance
2000 Ed. (2680)
Risk Consultants Inc.
2008 Ed. (3808)
2007 Ed. (3715)
2006 Ed. (3732)
2005 Ed. (3615)
1992 Ed. (1060)
1991 Ed. (855)
1990 Ed. (905)
Risk International Services Inc.
2008 Ed. (4249)
Risk Logic Inc.
2007 Ed. (4293)
2006 Ed. (4265)
2005 Ed. (4288)
2004 Ed. (4349)
Risk Management Alternatives Inc.
2005 Ed. (1055, 2144)
2001 Ed. (1312, 1313, 1314)
Risk Management Services
2006 Ed. (3086)
Risk Placement Services Inc.
2008 Ed. (3244, 3245)
2004 Ed. (3065)
Risk Sciences Group Inc.
2007 Ed. (4213)
2006 Ed. (4202)
Risk Services (Hawaii) Ltd.
2001 Ed. (2923)
RiskCap
2006 Ed. (4200)
1998 Ed. (638)
1997 Ed. (900)
1996 Ed. (879)
1995 Ed. (905)
1994 Ed. (863)
1993 Ed. (850)
Riskclick Inc.
2006 Ed. (4202)
RiskGrades
2003 Ed. (3026)
RiskMetrics Group
2006 Ed. (4878)
Risley; John
2005 Ed. (4866)
Risperdal
2008 Ed. (2379)
2007 Ed. (2243)
2001 Ed. (2057)
1997 Ed. (1656)
1996 Ed. (1578, 1579)
Rissman Weisberg Barrett Hurt Donohue & Miclaine PA
2003 Ed. (3205)
Rita Sharma
2007 Ed. (2463)
Rita Tsang
2006 Ed. (4988)
2005 Ed. (4992)
2004 Ed. (4986, 4987)
2003 Ed. (4989)
Ritabell
2001 Ed. (31)
Ritalin
1999 Ed. (1899)
Rita's
2006 Ed. (2979)
2005 Ed. (2982)
Rita's Franchise Co. LLC
2008 Ed. (3128)
2007 Ed. (3007)
Rita's Water Ice
2004 Ed. (2970)
2003 Ed. (2883)
2002 Ed. (2724)
Ritchie Bros. Auctioneers
2006 Ed. (1576)
2005 Ed. (1670)
Ritchie; Guy
2008 Ed. (4905)
2007 Ed. (4929, 4932)
2005 Ed. (4889, 4891, 4894)
The Ritchie Organization
2008 Ed. (2527)
Rite
2001 Ed. (2018)
2000 Ed. (1637, 4159)
Rite Aid Corp.
2008 Ed. (886, 1512, 1815, 2041, 2049, 2374, 2375, 2376, 2377, 4211, 4212, 4563)
2007 Ed. (1542, 1550, 1560, 1952, 1956, 2233, 2234, 2235, 2236, 2237, 2239, 4170, 4171, 4567, 4616)
2006 Ed. (1514, 1530, 1982, 1991, 2299, 2300, 2301, 2302, 2303, 2304, 2305, 2306, 2307, 4147, 4148, 4586, 4587, 4625, 4628, 4629, 4631)
2005 Ed. (1945, 1952, 2235, 2236, 2237, 2239, 2240, 2241, 2243, 4095, 4096, 4546, 4549, 4551, 4552)
2004 Ed. (1616, 1842, 1843, 2130, 2131, 2132, 2136, 2137, 2138, 2140, 2144, 2145, 2146, 2147, 4159, 4160, 4197, 4613, 4620, 4622)
2003 Ed. (898, 1810, 1811, 2095, 2096, 2097, 2098, 2099, 2100, 2101, 2104, 2105, 4147, 4148, 4640, 4648)
2002 Ed. (1752, 2030, 2031, 2032, 2033, 2034, 2036, 2037, 2041, 2042, 3567, 4043, 4524, 4526)
2001 Ed. (1565, 1566, 1834, 2086, 2087, 2090, 2091, 2092, 2093, 4404, 4722)
2000 Ed. (1534, 1687, 1690, 1717, 1718, 1719, 1720, 1721, 1722, 2219, 3547, 3809)
1999 Ed. (1414, 1481, 1500, 1723, 1870, 1903, 1921, 1924, 1925, 1926, 1927, 1928, 1930, 1931, 2462, 2642)
1998 Ed. (663, 1297, 1359, 1361, 1362, 1363, 1364, 1365, 1366, 1711)
1997 Ed. (923, 1287, 1626, 1665, 1670, 1671, 1672, 1673, 1676, 1677, 1678)
1996 Ed. (1585, 1589, 1590, 1591, 1592)
1995 Ed. (1596, 1606, 1611, 1613, 1614, 1616)
1994 Ed. (1543, 1564, 1565, 1567, 1569, 1570, 1571)
1993 Ed. (1496, 1519, 1520, 1527, 1528)
1992 Ed. (1815, 1844, 1845, 1852, 1853, 1854, 1855, 1856, 1857, 1859, 1860)
1991 Ed. (1426, 1450, 1459, 1460, 1462, 1467, 1463)
1990 Ed. (1549, 1550, 1552, 1554, 1555, 1556, 1557, 1563, 3029)
1989 Ed. (1263, 1264, 1266, 1267, 1268, 2461)
Rite Price/Rite Palace
1996 Ed. (1588)
Rite-Style Optical
2007 Ed. (3751)
2006 Ed. (3752)
2001 Ed. (3591)
Rite Tribe of the Two Sheiks
2001 Ed. (2017, 2018)
2000 Ed. (1637, 4159)
RITEK
2002 Ed. (4544)
RiteMade Paper Converters Inc.
2006 Ed. (3967, 3971)
Rithie Co. Inc.
1993 Ed. (1728)
Ritmeester Livarde
2001 Ed. (2113)
Ritmeester Livarde Light
2001 Ed. (2113)
Ritmeester Pikeur
2001 Ed. (2116)
Ritrievi; Kimberly
1997 Ed. (1892)
Rittal Electromate Enclosure
2005 Ed. (3461)
Rittenhouse Financial
1995 Ed. (2368)

The Rittenhouse Hotel
2008 Ed. (3076)
2007 Ed. (2942)
2006 Ed. (2931)
2005 Ed. (2928)
2002 Ed. (2631)
2000 Ed. (2539)
1999 Ed. (2761)
1998 Ed. (2013)
1997 Ed. (2284)
1996 Ed. (2170)
1994 Ed. (2103)
Rittenhouse Trust Co.
1997 Ed. (498)
Ritter's Frozen Custard
2005 Ed. (2981)
Ritz
2008 Ed. (1381)
2007 Ed. (1424)
2006 Ed. (1387)
2005 Ed. (1400)
2004 Ed. (1380)
2003 Ed. (1368, 1370)
2002 Ed. (1340)
2001 Ed. (1495)
2000 Ed. (1293, 2564, 2570)
1999 Ed. (779, 1421)
1998 Ed. (2032)
1997 Ed. (2305, 2307)
1996 Ed. (1174, 2185, 2188)
1995 Ed. (2174, 2175)
1994 Ed. (2108)
1992 Ed. (2509, 2510)
1991 Ed. (1956)
1990 Ed. (2096)
Ritz Bits
1996 Ed. (1174)
Ritz Camera Centers Inc.
2007 Ed. (4031)
2006 Ed. (3996)
2005 Ed. (3922)
Ritz-Carlton
2000 Ed. (2545, 2552)
1999 Ed. (2769, 2775, 2778, 2789)
1998 Ed. (577, 2002, 2013, 2018, 2037, 2037)
1997 Ed. (2294, 2309)
1996 Ed. (2170, 2180, 2189)
1995 Ed. (2155, 2155, 2156)
1994 Ed. (2102, 2103, 2117)
1993 Ed. (2087)
1992 Ed. (2472, 2479, 2512, 2512, 2512)
1990 Ed. (2071, 2075)
Ritz-Carlton Atlanta
1990 Ed. (2073, 2101)
Ritz-Carlton/Atlanta, Atlanta
1990 Ed. (2079)
Ritz-Carlton Buckhead
1997 Ed. (2309)
1990 Ed. (2073)
Ritz-Carlton Buckhead, Atlanta
1990 Ed. (2079)
Ritz-Carlton/Four Seasons
1998 Ed. (2013)
The Ritz-Carlton Hotel Co.
2008 Ed. (4734)
2007 Ed. (4805)
2006 Ed. (4792)
2005 Ed. (4742)
1992 Ed. (2481)
1991 Ed. (1946)
1990 Ed. (2063)
Ritz-Carlton Houston
1998 Ed. (2012)
1997 Ed. (2286)
1993 Ed. (2091)
1990 Ed. (2073)
Ritz Carlton-Huntington
1996 Ed. (2166)
Ritz-Carlton Inter-Court
1992 Ed. (2512)
Ritz-Carlton Laguna Niguel
1992 Ed. (3686)
1990 Ed. (2073)
Ritz-Carlton Laguna Niguel, Laguna Niguel, CA
1990 Ed. (2079)
Ritz-Carlton Marina Del Rey
2002 Ed. (2641)
Ritz-Carlton Millenia
2000 Ed. (2546)
1999 Ed. (2771)
Ritz-Carlton Naples
1992 Ed. (3686)
1990 Ed. (2101)
Ritz-Carlton New York
1997 Ed. (2284)
1995 Ed. (2157)
Ritz-Carlton Philadelphia
1995 Ed. (2157)
Ritz-Carlton St. Louis
1998 Ed. (2012)
Ritz-Carlton Tysons Corner
2005 Ed. (2938)
Ritz-Craft Corp.
2007 Ed. (3625)
2006 Ed. (3555)
2004 Ed. (1202)
2003 Ed. (1197)
1995 Ed. (1132)
1993 Ed. (1092, 2900, 2901)
1992 Ed. (1369, 3516, 3517)
1991 Ed. (2758, 2759, 1061)
Ritz-Craft Corp. of PA
2000 Ed. (3592, 3593)
1996 Ed. (3075, 3076)
1995 Ed. (2974, 2977)
Ritz-Craft Corp. of Pennsylvania Inc.
1997 Ed. (3154, 3155)
1994 Ed. (1116, 2920, 2921)
RitzCamera.com
2006 Ed. (2384)
Riunione Adriatica Di Sicurta SpA
2007 Ed. (1828)
2006 Ed. (1822, 3094)
Riunite
2006 Ed. (4966)
2005 Ed. (4963, 4968)
2004 Ed. (4971)
2003 Ed. (4948, 4965)
2002 Ed. (4925, 4941, 4942, 4943)
2001 Ed. (4845, 4879, 4880)
2000 Ed. (4413, 4419, 4422)
1999 Ed. (4789, 4793, 4795, 4797)
1998 Ed. (3747, 3754)
1997 Ed. (3901, 3902, 3905)
1996 Ed. (3856, 3860, 3868, 3869)
1995 Ed. (3772)
1993 Ed. (3720)
1992 Ed. (4458, 4462, 4463, 4464, 4465)
1990 Ed. (3698)
1989 Ed. (2942, 2945, 2946)
Riunite Spumante
1992 Ed. (1085)
1991 Ed. (885)
1989 Ed. (872)
Riunite Wines
1991 Ed. (3501, 3494, 3496, 3500)
Riva
2004 Ed. (4539)
1999 Ed. (4474)
1998 Ed. (3405)
1995 Ed. (3511)
Riva Group plc
2001 Ed. (4376)
Riva (Italy)
2000 Ed. (4119)
Riva SpA
2001 Ed. (4375)
The Rival Co.
2002 Ed. (251)
2001 Ed. (2811)
2000 Ed. (225, 1131, 1730, 2441, 2578, 2579, 2594)
1999 Ed. (202, 1217, 1946, 2658, 2802, 2803, 2819)
1998 Ed. (105, 787, 1380, 1921, 2043, 2044, 2063)
1997 Ed. (1690, 2200, 2311, 2312)
1995 Ed. (2177, 2178)
1994 Ed. (2043, 2126, 2127)
1993 Ed. (2026)
1992 Ed. (2394, 2517, 2518)
1991 Ed. (1961, 1962)
1990 Ed. (2107, 2109)
Rivals.com
2003 Ed. (3053)
RivaSal International
1995 Ed. (2104)
1992 Ed. (2403, 2405)
1991 Ed. (1910)
River Bank America
1994 Ed. (3530)
River City Bank
1996 Ed. (538)
1995 Ed. (490)
River City Construction LLC
2003 Ed. (1255)
River City Helicopters Inc.
2005 Ed. (1366)
River City Parts Inc.
2003 Ed. (308, 1768)
River City Security Services Inc.
2002 Ed. (4989)
2000 Ed. (4433)
River City Travel
2008 Ed. (2021, 2022, 2023, 2024, 2025, 2026)
River; Dan
1997 Ed. (2316, 2317)
River Forest Bancorp
1993 Ed. (379)
River Forest State Bank & Trust Co.
1998 Ed. (333, 344)
River Group
1995 Ed. (3648)
River; James
1997 Ed. (2069, 2986, 2989, 2990, 2993)
River Management; Charles
1992 Ed. (2767)
River Oaks
1997 Ed. (2099, 2100)
River Oaks Chrysler-Plymouth
1995 Ed. (262)
River Park
1990 Ed. (2730)
River Queen
1996 Ed. (2859)
River Ranch Fresh Foods Inc.
2003 Ed. (234)
River Valley Credit Union
2008 Ed. (2263)
2007 Ed. (2148)
2006 Ed. (2227)
2005 Ed. (2132)
2004 Ed. (1990)
2003 Ed. (1950)
2002 Ed. (1896)
River Works Credit Union
2005 Ed. (2073)
Rivera & Rivera Comunicacion Creative
2003 Ed. (70)
Rivera; Geraldo
1995 Ed. (1715)
1994 Ed. (1668)
1993 Ed. (1634)
Rivera; Luis Munoz
1992 Ed. (308)
Rivera; Richard E.
1996 Ed. (958)
Riverbed Technologies
2001 Ed. (1869, 2849)
Riverbed Technology Inc.
2008 Ed. (4287)
Riverboat casinos
1999 Ed. (2566)
1993 Ed. (3594)
Riverbridge Partners LLC, Equity Small-Cap Growth
2003 Ed. (3136)
Riverdeep Group plc
2003 Ed. (2712, 2716, 2740)
Riverfront Balanced Inv
2000 Ed. (3251)
Riverfront Equity Income A
1998 Ed. (2611)
Riverfront Income Equity
1996 Ed. (2792)
Riverhead
2007 Ed. (670)
2004 Ed. (752)
Riverhead, NY
1992 Ed. (1167, 1168)
Riveria Marine
2004 Ed. (3956)
Rivermark Community Credit Union
2008 Ed. (2254)
2007 Ed. (2139)
Riveroll; Pablo
1996 Ed. (1905)
Riverport Amphitheatre
1999 Ed. (1291)
Rivers Edge Community Credit Union
2004 Ed. (1943)
Riverside Co.
2008 Ed. (1406)
2005 Ed. (1555, 3936)
Riverside Banking Co.
2007 Ed. (388)
Riverside, CA
2008 Ed. (3517, 4731)
2007 Ed. (3386)
2006 Ed. (2424, 3303)
2005 Ed. (2378, 2385)
2000 Ed. (1069, 1092, 2995, 4268)
1997 Ed. (2337, 2764)
1993 Ed. (947)
1992 Ed. (1081, 1158, 2546, 3036, 3134)
1990 Ed. (291, 1656, 2160, 2550)
1989 Ed. (827, 1611)
Riverside Capital MMF
1994 Ed. (2539)
Riverside Chevrolet Inc.
1991 Ed. (270)
1990 Ed. (305)
Riverside County, CA
2005 Ed. (2203)
2004 Ed. (2966)
2003 Ed. (3436, 3439)
1995 Ed. (1512)
1993 Ed. (1431)
1992 Ed. (1719, 1721)
Riverside County's Credit Union
2005 Ed. (2067, 2068)
Riverside Ford Sales Inc.
1990 Ed. (737)
Riverside Forest Products
2005 Ed. (1709)
Riverside Gulf Coast Banking Co.
2006 Ed. (451)
Riverside Health System
1995 Ed. (2802)
Riverside Healthcare Assn.
1991 Ed. (2624)
Riverside Homes
1999 Ed. (1338)
1998 Ed. (916)
Riverside Methodist Hospitals Corp.
2005 Ed. (1919)
Riverside-San Bernadino, CA
2001 Ed. (4922)
2000 Ed. (359)
Riverside-San Bernardino
2000 Ed. (2472, 2474)
Riverside-San Bernardino, CA
2008 Ed. (3116)
2007 Ed. (3002, 4230)
2006 Ed. (2970, 3299, 3327)
2005 Ed. (910, 911, 2383, 2462, 3323, 3338, 4825, 4933, 4934, 4935, 4936, 4937, 4938, 4972)
2004 Ed. (189, 190, 269, 919, 920, 2172, 2763, 3449, 3457, 3733, 4175, 4700, 4834, 4953, 4954, 4955, 4956)
2003 Ed. (231, 232, 309, 901, 902, 1148, 2124, 2640, 2698, 3254, 3383, 4952, 4953)
2002 Ed. (408, 964, 965, 1062, 2458, 2573, 3238, 4608, 4743, 4928, 4929, 4930, 4934, 4935)
2001 Ed. (1153, 1154, 2722, 4504, 4678, 4849, 4850, 4854, 4855, 4856)
2000 Ed. (1006, 2953, 4397, 4403)
1999 Ed. (797, 1059, 2684, 2686, 2687, 3214, 3391, 3393, 3394, 4580, 4647, 4774, 4779)
1998 Ed. (672, 2479, 3513, 3726, 3733)
1997 Ed. (928, 1821, 2230, 2766, 2768, 2769, 2771, 3657, 3728, 3890, 3893)
1996 Ed. (897, 907, 2120, 2121, 2620, 2623, 2624, 3604, 3669, 3768, 3834, 3842, 3845, 3846, 3852)
1995 Ed. (920, 2080, 2113, 2115, 2116, 2464, 2553, 2558, 2560, 2562, 2563, 3522, 3593, 3735, 3742, 3745, 3747, 3753)

1994 Ed. (717, 2027, 2062, 2063, 2383, 2488, 2494, 2495, 2499, 2501, 2502, 3456, 3508)
1993 Ed. (872, 1737, 2043, 2044, 2540, 2546, 2547, 2551, 2552, 2553, 3481, 3549, 3700, 3708, 3710)
1992 Ed. (370, 2415, 2416, 3051, 3052, 3058, 3623, 4159, 4265, 4403, 4437, 4446, 4449, 4450, 4456, 2542, 3035)
1991 Ed. (1915, 1916, 1980, 1982, 1983, 1984, 2428, 3248, 3288)
1990 Ed. (1156, 2022, 2133, 2552, 2607)
Riverside-San Bernardino-Ontario, CA
2008 Ed. (3457)
2007 Ed. (2374, 4164)
1990 Ed. (286)
Riversource Diversified Equity Income
2008 Ed. (2616)
2007 Ed. (2486)
RiverSource Investment
2008 Ed. (3765)
Riverstone
2008 Ed. (4293)
Riverview
2000 Ed. (1623)
Riverview Credit Union
2002 Ed. (1827)
1998 Ed. (1216)
1996 Ed. (1504)
Riverview Rubber Estates Bhd
1991 Ed. (1252)
Riverwood
2000 Ed. (3403, 3404)
Riverwood International Corp.
2003 Ed. (2542)
1999 Ed. (3686)
1994 Ed. (2721)
Riverwood International (UK)
2001 Ed. (3611)
Rives Carlberg
1997 Ed. (97)
Riviana Foods Inc.
2005 Ed. (2653)
2004 Ed. (2660, 2661)
2003 Ed. (2094, 4190)
1997 Ed. (3359)
Riviera Cabinets Inc.
1992 Ed. (2819)
Rivkin, Radler & Kremer
2000 Ed. (2898)
1999 Ed. (3152)
Riyad Bank
2008 Ed. (377, 477, 498, 2067)
2007 Ed. (394, 522, 547, 1971)
2006 Ed. (410, 518)
2005 Ed. (457, 580, 582, 603)
2004 Ed. (446, 613)
2003 Ed. (458, 459, 587, 605)
2002 Ed. (512, 513, 622, 633, 641, 1730)
2001 Ed. (599, 1793)
2000 Ed. (442, 453, 656)
1999 Ed. (449, 450, 462, 630)
1997 Ed. (393, 405, 605)
1996 Ed. (427, 428, 440, 668, 669)
1995 Ed. (401, 413, 599)
1994 Ed. (408, 420, 627, 3138)
1993 Ed. (417, 622)
1992 Ed. (580, 594, 829)
1991 Ed. (422, 423, 424, 438, 656)
1990 Ed. (489, 606, 675)
1989 Ed. (444, 466, 569, 665)
Riyadh Bank
2006 Ed. (4534)
2002 Ed. (4465, 4466, 4467)
1995 Ed. (598)
1990 Ed. (471)
Riyadh, Saudi Arabia
1992 Ed. (2281)
Riyadha Alshaba
1994 Ed. (48)
Rizai Commercial Banking Corp.
2001 Ed. (2888)
Rizal Commercial Banking Corp.
2004 Ed. (607)
2003 Ed. (599)
2000 Ed. (648)
1999 Ed. (623, 2892)
1997 Ed. (2400)
1990 Ed. (670)
Rizla (U.K.) Ltd.
2002 Ed. (53)
Rizwan Ali
1996 Ed. (1904)
Rizza Auto Group; Joe
1991 Ed. (308)
Rizza Chevrolet
2002 Ed. (361)
1992 Ed. (380)
Rizzoli Bookstores
1994 Ed. (733)
Rizzuto; Anthony
1997 Ed. (1885)
RJ Dale Advertising & PR
2005 Ed. (103)
2004 Ed. (107)
2003 Ed. (31)
R.J Flamson 3d
1990 Ed. (458, 459)
RJ Promotions
2005 Ed. (4736)
RJ Reynolds
2000 Ed. (4261)
R.J. Reynold's Camels
1990 Ed. (56)
The RJA Group Inc.
2004 Ed. (4347)
R.J.C. & Associates Inc.
1995 Ed. (1169)
1994 Ed. (1143)
RJM Acquisitions LLC
2005 Ed. (2143)
RJO Enterprises Inc.
1996 Ed. (2106, 2113)
1995 Ed. (2098, 2105, 3287)
1994 Ed. (2047, 2054)
1993 Ed. (2034, 2041)
1992 Ed. (2404)
1991 Ed. (1912, 1902, 1908, 1909, 1911)
1990 Ed. (2003, 2010, 2011, 2012, 2013, 2014)
1989 Ed. (1590)
RJP Electronics
1992 Ed. (2441)
RJR Inc.
1992 Ed. (43)
1991 Ed. (933)
RJR Holdings Corp.
1992 Ed. (904)
1991 Ed. (1144)
RJR Holdings Capital
1992 Ed. (904)
1991 Ed. (1274)
RJR Holdings Group
1992 Ed. (904)
RJR-Macdonald Inc.
1995 Ed. (999)
1992 Ed. (1288)
RJR Nabisco
2008 Ed. (4293)
2007 Ed. (1441)
2005 Ed. (1490, 1513, 2736, 2737)
2004 Ed. (2738)
2003 Ed. (2621)
2002 Ed. (3790)
2001 Ed. (1817, 4562)
2000 Ed. (211, 774, 2227, 2346, 3458)
1999 Ed. (181, 711, 1551, 2469, 2603, 4607)
1998 Ed. (90, 1029, 1722, 1729, 1844, 3577, 3578)
1997 Ed. (169, 1245, 1248, 1250, 1251, 2034, 2037, 2151, 2629, 3756, 3758)
1996 Ed. (756, 757, 970, 1199, 1204, 1205, 1208, 1209, 1937, 2031, 2486, 2829, 3696, 3698)
1995 Ed. (152, 681, 1221, 1222, 1228, 1233, 1234, 1237, 1238, 1895, 1900, 1904, 2003, 2004, 2444, 2760, 2765, 3618, 3622)
1994 Ed. (32, 134, 954, 1212, 1217, 1218, 1221, 1222, 1867, 1870, 1872, 1873, 1874, 1977, 2658, 2717, 2739, 3540, 3544)
1993 Ed. (32, 41, 149, 152, 831, 1178, 1181, 1182, 1188, 1196, 1264, 1883, 1955, 1956, 2709, 2760, 3583)
1992 Ed. (1041, 232, 233, 239, 240, 1028, 1044, 1183, 1204, 1457, 1467, 1470, 1474, 1475, 1480, 2182, 2189, 2191, 2197, 2200, 2298, 3322, 3362, 4049)
1991 Ed. (11, 20, 27, 35, 39, 167, 175, 235, 843, 889, 890, 949, 1143, 1144, 1158, 1159, 1163, 1235, 1733, 1736, 1740, 1742, 1823, 2309, 2592, 2593, 2661, 2663, 2665, 3314, 10, 166, 173, 842, 1136, 1147, 1153, 1162, 1474, 1739, 1749, 1822, 2377, 2696, 3331)
1990 Ed. (17, 25, 32, 37, 38, 42, 170, 175, 177, 879, 891, 969, 1236, 1238, 1239, 1240, 1244, 1346, 1815, 1820, 1823, 1893, 1905, 2440, 2680, 2685, 2687, 2756, 3475, 3533, 3538, 3600, 3602)
1989 Ed. (14, 16, 17, 20, 26, 33, 41, 46, 186, 191, 1447, 1453, 2525, 2837, 2839, 2842, 2843)
RJR Nabisco Capital
1993 Ed. (718)
RJR Nabisco European Food Units
1992 Ed. (1503)
RJR Nabisco Holdings Corp.
2005 Ed. (1493)
2001 Ed. (4562)
2000 Ed. (1243, 2212, 2214, 2216)
1999 Ed. (2455, 2456, 2461, 2470)
1998 Ed. (258, 1710, 1715, 1731)
1997 Ed. (2025, 2938, 3757, 3760)
1996 Ed. (164, 1285, 2829, 2837, 2838, 2843, 3312, 3697, 3699, 3704)
1995 Ed. (1320, 1466, 1894, 2763, 2771, 3619, 3621, 3627)
1994 Ed. (1430, 1869, 2661, 2664, 2713, 3541, 3542, 3543, 3548)
1993 Ed. (718, 1377, 2909, 3117, 3580, 3581, 3582, 3584)
1992 Ed. (2179, 4302, 4303)
1991 Ed. (1227)
RJR PAC
1992 Ed. (3475)
RJV Australia
2004 Ed. (1651)
RK Mechanical Inc.
2008 Ed. (1225, 1248, 2653, 4001)
2007 Ed. (2525, 3978)
2006 Ed. (2549)
2005 Ed. (2541)
R.K. Swamy
2000 Ed. (104)
R.K. Swamy Advertising
1990 Ed. (110)
RK Swamy BBDO Advertising
2003 Ed. (84)
2002 Ed. (117)
2001 Ed. (144)
RKA Petroleum Cos.
2008 Ed. (3715, 4967)
RKO-Warner Theatres
1990 Ed. (3671)
RKO Warner Theatres Video
1990 Ed. (3672)
RKO Warner Video
1998 Ed. (3669, 3671)
1997 Ed. (3840, 3842, 3843)
1996 Ed. (3787, 3788, 3789)
1995 Ed. (3699, 3700, 3701)
1994 Ed. (3625, 3627, 3628)
1993 Ed. (3664, 3666)
1992 Ed. (4391, 4393, 4394)
1991 Ed. (3446)
RKR Motors
2005 Ed. (334)
R.L. Crain
1992 Ed. (3335)
RLC
1990 Ed. (3656)
1989 Ed. (2880)
RLC Industries Co.
2008 Ed. (3528)
2006 Ed. (3333)
2001 Ed. (1831, 2500)
RLG International
2008 Ed. (1584)
RLI Group
2002 Ed. (2952)
RLJ Development LLC
2008 Ed. (175, 177)
2007 Ed. (192)
2005 Ed. (173)
2004 Ed. (170)
RLLW Inc.
2004 Ed. (169)
2003 Ed. (213)
2002 Ed. (715)
RLM Global Services
2002 Ed. (2151)
2001 Ed. (2304)
RLR Advertising & Marketing
2008 Ed. (4954)
RM
2000 Ed. (4131)
RM Capital Partners
1993 Ed. (1194)
RM Mechanical Inc.
2006 Ed. (1350)
RM Props
1995 Ed. (2584)
1993 Ed. (2578)
RMA Land Construction
2008 Ed. (1165)
RMB Holdings
1996 Ed. (421, 679)
1995 Ed. (397, 606, 2541, 2542)
RMB Securities Trading
2001 Ed. (1536)
RMC Consultants
2004 Ed. (3493)
Rmc Group
1989 Ed. (826)
RMC Group plc
2006 Ed. (3407)
2002 Ed. (4512)
2001 Ed. (4381)
2000 Ed. (3037)
1999 Ed. (3300)
1997 Ed. (1132, 2707)
1996 Ed. (829, 2567)
1995 Ed. (850, 2505)
1994 Ed. (799, 2437)
1993 Ed. (783, 2499)
1992 Ed. (2972)
RMC Industries Corp.
2004 Ed. (4239)
2003 Ed. (4217)
RMC Lonestar
1998 Ed. (3123)
RMC Pacific Materials
2002 Ed. (4088)
RMC (U.K.) Ltd.
2004 Ed. (4593)
RMC USA Inc.
2006 Ed. (4609)
RMCI Inc.
2008 Ed. (1267, 1319)
2007 Ed. (1371, 1382)
2006 Ed. (1296, 1329)
2005 Ed. (1323)
RME Associates Inc.
2007 Ed. (4991)
RMF Investment Group
2004 Ed. (2818)
RMF Printing Technologies Inc.
2008 Ed. (4033, 4034)
RMG Connect
2007 Ed. (3434)
The RMH Group Inc.
2005 Ed. (2439)
RMH Teleservices
2005 Ed. (4647, 4650, 4651)
2001 Ed. (4465)
RMI Capital
1997 Ed. (2543)
RMI Consulting Inc.
2008 Ed. (4249)
2006 Ed. (4199, 4204)
2002 Ed. (4065)
2001 Ed. (4124)
RMI Titanium
2000 Ed. (2397)
1998 Ed. (2674)
RMI.NET Inc.
2003 Ed. (1510)
2002 Ed. (2487, 2991)
RMIT University
2004 Ed. (1060)

2002 Ed. (1103)
RMP
1991 Ed. (800)
RMP Properties
2003 Ed. (1193)
1999 Ed. (1338)
RMS Technologies Inc.
1996 Ed. (745, 746, 2662)
1995 Ed. (671, 672, 2592)
1994 Ed. (714, 715, 2533)
1993 Ed. (706)
RMSCO Inc.
2006 Ed. (3081)
RMT Inc.
2004 Ed. (2354)
2003 Ed. (2298)
1998 Ed. (1491)
RMW Architecture & Interiors
2007 Ed. (3206)
RN
1991 Ed. (2703)
RN Magazine
1990 Ed. (3626)
RNF Media Corp.
1998 Ed. (754)
RNI Communications Corp.
2006 Ed. (1130, 1131)
R19
2002 Ed. (382)
RNK Zenica
1991 Ed. (1361)
RNL Design Inc.
2008 Ed. (265)
2007 Ed. (289)
2002 Ed. (332)
Roach Barothers
1989 Ed. (2286)
Roach; Kevin
1997 Ed. (1926)
Roach; Stephen
1997 Ed. (1906)
Roachford
1993 Ed. (1078)
@Road Inc.
2007 Ed. (4696)
2006 Ed. (2722, 4677)
Road & Track
2007 Ed. (140)
2006 Ed. (148)
2003 Ed. (4525)
1996 Ed. (2966)
1992 Ed. (3386)
Road Runner
1992 Ed. (1064)
Road Runner Sports
2006 Ed. (799)
Road Salt & Ice Pellets
1990 Ed. (1960)
Road to Galveston
1998 Ed. (3677)
Road transportation
2002 Ed. (2781, 2782)
Road vehicles, including cars
1990 Ed. (1733)
Roadhouse Grill Inc.
2002 Ed. (4599)
1999 Ed. (4049, 4058, 4059)
RoadLink USA
2008 Ed. (4745)
2007 Ed. (4818)
2006 Ed. (4801)
2005 Ed. (4746)
2004 Ed. (4770)
Roadmaster
1998 Ed. (3351)
1993 Ed. (1707)
1992 Ed. (2065)
Roads
1993 Ed. (2473)
Roads & Bridges
2008 Ed. (4712)
Roads & Traffic Authority NSW
2004 Ed. (1153, 1633, 1638, 1643)
Roadshow Services
1991 Ed. (3429)
Roadway Corp.
2005 Ed. (3373, 4750)
2004 Ed. (2687, 2688, 4774, 4777, 4785, 4807, 4808)
2003 Ed. (4791)
Roadway Express Inc.
2008 Ed. (2772, 4769, 4774, 4775)
2007 Ed. (2645, 4847, 4851, 4852, 4853, 4854)
2006 Ed. (2664, 4836, 4837, 4838, 4842, 4843, 4844, 4850)
2005 Ed. (2685, 4780, 4784)
2004 Ed. (2687, 4763, 4769, 4781, 4809, 4810)
2003 Ed. (2554, 2555, 4781, 4796, 4816, 4817, 4818, 4819)
2002 Ed. (4665, 4683, 4685, 4686, 4696, 4697)
2001 Ed. (1130, 2535, 2536, 4236, 4237, 4640)
2000 Ed. (4306, 4308, 4309, 4314, 4316, 4317, 4321)
1999 Ed. (4672, 4675, 4678, 4680, 4683, 4686, 4690)
1998 Ed. (3627, 3628, 3628, 3629, 3630, 3638, 3642, 3644)
1997 Ed. (3801, 3802, 3805, 3806)
1996 Ed. (3755, 3756)
1995 Ed. (3678, 3682)
1994 Ed. (3590, 3595, 3599, 3604, 3605)
1993 Ed. (3635, 3639, 3644, 3645)
1992 Ed. (4357, 4358, 4359)
1991 Ed. (3434)
Roadway LLC
2008 Ed. (2772)
2007 Ed. (2645)
2006 Ed. (2664)
2005 Ed. (2685)
Roadway Package Service
2000 Ed. (4316)
Roadway Package System
1999 Ed. (4686)
1997 Ed. (3805)
1995 Ed. (2823, 3672)
1994 Ed. (2716, 3595)
1993 Ed. (2759, 3633)
Roadway Services
1997 Ed. (3803, 3804)
1996 Ed. (3751, 3752, 3753, 3754)
1995 Ed. (3656, 3668, 3669, 3670)
1994 Ed. (3572, 3587, 3588, 3589)
1993 Ed. (3629, 3630)
1992 Ed. (4352, 4353)
1991 Ed. (3426, 3427, 3428)
1990 Ed. (3655, 3656, 3658)
1989 Ed. (2878, 2879, 2880)
Roanoke Bible College
1990 Ed. (1085)
Roanoke College
2001 Ed. (1322)
1999 Ed. (1225)
1998 Ed. (796)
1997 Ed. (1058)
1996 Ed. (1042)
Roanoke Times & World-News
1989 Ed. (2054)
Roanoke Times-World News
1992 Ed. (3239)
1991 Ed. (2600)
1990 Ed. (2691, 2700)
Roanoke, VA
2008 Ed. (4242)
2006 Ed. (3067)
2003 Ed. (4189)
2001 Ed. (2359, 2834)
Roast beef
1990 Ed. (3095)
Rob Blake
2003 Ed. (298)
Rob Glaser
2003 Ed. (4888)
Rob Procter
2000 Ed. (2091)
Rob Procter & team Morgan Stanley Dean Witter
2000 Ed. (2084)
Rob Rose
2006 Ed. (2518)
Rob Washam Homes
2005 Ed. (1209)
Rob Yates
2000 Ed. (2091)
Robb & Stucky
2000 Ed. (2305)
Robb & Stucky Patio
2003 Ed. (2594)
2002 Ed. (2385)
Robbery
2000 Ed. (1632)
Robbie Fowler
2005 Ed. (4895)
Robbie Keane
2005 Ed. (4885)
Robbie Robertson
1999 Ed. (2352)
Robbins
1997 Ed. (2839)
Robbins; James
2006 Ed. (880)
Robbins Manufacturing
1996 Ed. (995)
Robbins; Tony
1997 Ed. (2389)
Robec Inc.
1992 Ed. (3307)
Robeco
2002 Ed. (4490)
1999 Ed. (266)
1997 Ed. (243)
1996 Ed. (214)
1994 Ed. (216)
1993 Ed. (226, 227)
1992 Ed. (329)
1991 Ed. (237, 238, 2367)
1990 Ed. (3473)
Robeco Boston Partners Long/Short Equity-Investment
2008 Ed. (3768)
Robeco Group
2003 Ed. (3104)
Robeco Institutional
2000 Ed. (3452, 3453)
Robeco Investment Management
2008 Ed. (3377)
Robeez Footwear Ltd.
2006 Ed. (2746)
Robeks
2006 Ed. (3233)
Robeks Fruit Smoothies & Healthy Eats
2008 Ed. (3408)
2007 Ed. (905, 3293)
Roberds
1998 Ed. (1784)
1997 Ed. (2097)
Robern Skiwear
1993 Ed. (3374)
Robert A. Becker EWDB
1991 Ed. (68)
Robert A. Bowman
1991 Ed. (3210)
Robert A. Iger
2008 Ed. (948)
2003 Ed. (2410)
Robert A. Kirland
2006 Ed. (348)
Robert A. McClements, Jr.
1991 Ed. (1633)
Robert A. Niblock
2008 Ed. (1108)
Robert A. Schoellhorn
1991 Ed. (926)
1990 Ed. (1720)
Robert A. Swanson
1989 Ed. (1378, 1381)
Robert A. Welch Foundation
2002 Ed. (2331)
1989 Ed. (1476)
Robert Alan Feldman
2000 Ed. (2146)
1999 Ed. (2364)
1997 Ed. (1994)
1996 Ed. (1889)
Robert Alan Pritzker
1989 Ed. (1986)
Robert Albertson
2000 Ed. (1984)
1999 Ed. (432, 2147, 2212)
1998 Ed. (1628)
1997 Ed. (1853)
1996 Ed. (1778)
1995 Ed. (1804)
1993 Ed. (1779)
1991 Ed. (1673)
Robert & Ellen Thompson
2002 Ed. (979)
Robert Anderson
1989 Ed. (1379)
Robert Atkins
2002 Ed. (4253)
Robert B. Foreman
2008 Ed. (2635, 3120)
2007 Ed. (2504)
2006 Ed. (2525)
2005 Ed. (2511)
Robert B. McGehee
2007 Ed. (1202)
Robert B. Willumstad
2005 Ed. (2512)
Robert Barbera
1995 Ed. (1855)
1994 Ed. (1815, 1837)
1993 Ed. (1834)
Robert Bass
1997 Ed. (2004)
1995 Ed. (664)
1990 Ed. (1773)
Robert Beall
1993 Ed. (1701)
Robert Beamish
2005 Ed. (4869)
Robert Bender & Associates
1993 Ed. (2333)
Robert Bishop
1993 Ed. (1817)
Robert Bode
1999 Ed. (2419)
1997 Ed. (1998)
1996 Ed. (1907)
Robert Booker
1995 Ed. (2486)
Robert Bosch Corp.
2008 Ed. (314)
2007 Ed. (326)
2006 Ed. (340, 342)
2005 Ed. (326, 328, 1776)
2004 Ed. (325, 1718, 4794)
2003 Ed. (340, 341, 344)
2002 Ed. (43, 399, 405, 2734)
2001 Ed. (529, 537, 1706)
2000 Ed. (357)
1999 Ed. (350, 353, 361, 1627, 4656)
1998 Ed. (224, 244, 1138, 1141)
1997 Ed. (704)
1996 Ed. (3640)
1993 Ed. (889)
1992 Ed. (1622, 1928)
1991 Ed. (1535)
1990 Ed. (1638)
1989 Ed. (1338)
Robert Bosch Corp.-Automotive
2000 Ed. (1432)
Robert Bosch Corp., Automotive Group
1999 Ed. (1628)
1998 Ed. (1139)
Robert Bosch GBMH
2001 Ed. (3649)
Robert Bosch GmbH
2008 Ed. (312, 1770, 2395)
2007 Ed. (316, 324, 325, 4716)
2006 Ed. (335, 336, 3225, 3378, 3991)
2005 Ed. (322, 3328, 3692)
2004 Ed. (305, 1459, 3773, 4795)
2003 Ed. (332, 3280, 3748)
2002 Ed. (1076, 2096, 4669)
2001 Ed. (528, 2236, 3648, 4619)
2000 Ed. (4295)
1997 Ed. (3791)
1996 Ed. (1353, 3735)
1995 Ed. (1402, 3659)
1994 Ed. (1377, 3575)
1993 Ed. (1319, 1321, 1581, 2488)
1991 Ed. (2372)
Robert Bosch GMBH (Konzern)
1992 Ed. (2955)
Robert Bosch Group
1990 Ed. (368)
Robert Buchanan
2004 Ed. (3165)
1991 Ed. (3211)
Robert Buckland
1999 Ed. (2329)
Robert Burgess
2004 Ed. (975)
2001 Ed. (1220)
2000 Ed. (1045)
1998 Ed. (723)

Robert C. Bobb
1995 Ed. (2668)
1993 Ed. (2638)
1992 Ed. (3136)
1991 Ed. (2546)
1990 Ed. (2657)
Robert C. Gates
1990 Ed. (2482)
Robert Carter & Associates
1992 Ed. (3575)
Robert Cavalli Man Eau de Toilette
2008 Ed. (2768)
Robert Chandross
1990 Ed. (2285)
Robert Coleman
2006 Ed. (658, 3189)
Robert Collins
1997 Ed. (2003)
Robert Cornell
2000 Ed. (2002)
1999 Ed. (2223)
1998 Ed. (1636)
1997 Ed. (1865)
1996 Ed. (1790, 1791)
1995 Ed. (1815, 1816)
1994 Ed. (1775, 1776)
1993 Ed. (1793)
Robert Corti
2007 Ed. (1052)
2006 Ed. (956)
Robert Cos.; J. E.
1993 Ed. (3009)
Robert Craig
2006 Ed. (2578)
Robert Cray Band
1997 Ed. (1112)
Robert Crowley
2000 Ed. (1938)
Robert D. Hunsucker
1990 Ed. (1718)
Robert D. Kilpatrick
1991 Ed. (1633)
1990 Ed. (1725, 2282)
Robert D. Kilpatrick (CIGNA Corp.)
1991 Ed. (2156)
Robert D. Krebs
1996 Ed. (1715)
1993 Ed. (938)
Robert D. Lynn Associates
1997 Ed. (269)
1996 Ed. (237)
1995 Ed. (241)
1994 Ed. (238)
Robert D. McLane Jr.
2006 Ed. (4909)
2004 Ed. (4868)
Robert D. Walter
2007 Ed. (1020)
Robert Darretta Jr.
2007 Ed. (1071)
2006 Ed. (976)
Robert De Niro
2004 Ed. (2408)
2003 Ed. (2328)
2001 Ed. (6)
Robert Dedman Sr.
2002 Ed. (3347)
Robert Dellinger
2006 Ed. (995)
Robert DiRomualdo
2001 Ed. (2346)
1999 Ed. (1125)
1998 Ed. (723)
Robert Dockson
1990 Ed. (1723)
Robert Donald
2000 Ed. (2119)
1999 Ed. (2333)
Robert Drayton McLane Jr.
2002 Ed. (3347)
Robert E. Allen
1993 Ed. (936)
Robert E. Bayley Construction Inc.
1993 Ed. (3307, 3308)
Robert E. Boni
1992 Ed. (2063)
1991 Ed. (1632)
Robert E. Cawthorn
1993 Ed. (1706)
Robert E. Gallagher
1990 Ed. (2271)
1989 Ed. (1741)
Robert E. Lamalie
1991 Ed. (1614)
Robert E. McKee
1992 Ed. (1409)
Robert E. Mullane
1991 Ed. (926, 1628)
1990 Ed. (972, 973, 1720)
Robert E. Price
1993 Ed. (1699)
1992 Ed. (2054)
1991 Ed. (1622, 1624)
1990 Ed. (1715)
1989 Ed. (1380)
Robert E. Rich Sr.
2006 Ed. (4903)
2005 Ed. (4848)
2004 Ed. (4862)
Robert E. Rossiter
2007 Ed. (959)
Robert E. Rubin
2004 Ed. (2490)
Robert E. (Ted) Turner
2005 Ed. (4022)
Robert E. Turner
2003 Ed. (4882)
2002 Ed. (3352)
2001 Ed. (3779)
Robert E. Wheaton
2004 Ed. (2533)
Robert Earl Holding
2008 Ed. (4824)
Robert Eaton
2000 Ed. (1045)
1999 Ed. (1125)
1998 Ed. (723)
Robert Eckert
2007 Ed. (989)
2006 Ed. (899)
2003 Ed. (2371)
Robert Edmiston
2008 Ed. (4006)
2007 Ed. (917)
2006 Ed. (836)
2005 Ed. (926)
1996 Ed. (1717)
Robert Essner
2008 Ed. (950)
2007 Ed. (1028)
Robert F. Bennett
2003 Ed. (3894)
Robert F. Corroon
1989 Ed. (1741)
Robert F. Daniell
1993 Ed. (1700)
Robert F. Greenhill
1995 Ed. (1728)
1993 Ed. (1696)
1991 Ed. (1620)
Robert F. Kennedy Memorial Stadium
2003 Ed. (4531)
2001 Ed. (4356, 4358)
Robert Falls & Co.
1999 Ed. (3949)
1998 Ed. (2955)
Robert Farah
1999 Ed. (1122)
Robert Farley
1999 Ed. (2055)
Robert Farnham
2006 Ed. (964)
2005 Ed. (990)
Robert Farrell
1995 Ed. (1858)
1994 Ed. (1816)
1993 Ed. (1836)
Robert Fisher
2008 Ed. (4831)
2007 Ed. (4897)
2006 Ed. (4902)
2003 Ed. (4884)
2002 Ed. (3348)
Robert Fleming
2000 Ed. (879)
1999 Ed. (2396)
1998 Ed. (1498)
1997 Ed. (1233)
1993 Ed. (1646)
1992 Ed. (2012)
Robert Fleming Asset Management
1992 Ed. (2140, 3350)
1990 Ed. (2321)
Robert Fleming Holdings Ltd.
2005 Ed. (1482, 1500)
2001 Ed. (4204)
Robert Fleming/Jardine Fleming
1997 Ed. (1783, 1784)
1996 Ed. (1700)
1994 Ed. (1686, 1703, 2474, 3187)
Robert Fomon
1989 Ed. (1377)
Robert Ford
1999 Ed. (2413)
1996 Ed. (1903)
Robert Frank
1998 Ed. (1617)
1997 Ed. (1877)
1996 Ed. (1804)
Robert Friedland
2005 Ed. (4864)
Robert G. Nehls
1990 Ed. (2662)
Robert G. Pope
1996 Ed. (967)
Robert G. Scott
2000 Ed. (1050)
Robert G. Stover
1992 Ed. (1140)
Robert G. Weeks
1996 Ed. (967)
Robert Galvin
1998 Ed. (686)
Robert Gay
1997 Ed. (1911)
1996 Ed. (1838)
1995 Ed. (1861)
1994 Ed. (1819)
1993 Ed. (1839)
1992 Ed. (2136)
Robert Genetski
1990 Ed. (2285)
Robert Glaser
2002 Ed. (3355, 4787)
Robert Glynn
2005 Ed. (2470)
Robert Goldman
1997 Ed. (1921)
1996 Ed. (1849)
Robert Gratton
2006 Ed. (2528)
2005 Ed. (4865)
Robert Greenhill
1997 Ed. (1797)
1996 Ed. (1710)
Robert Gross, The Professional Investor
1990 Ed. (2366)
Robert; Groupe
2008 Ed. (4779)
2007 Ed. (4856)
Robert H. Benmosche
2002 Ed. (2873)
Robert H. Campbell
2000 Ed. (1887)
Robert H. Hilb
1990 Ed. (2271)
1989 Ed. (1741)
Robert H McCaffrey
1991 Ed. (1631)
Robert H. Meyer & Associates
1990 Ed. (3084)
Robert Haas
1989 Ed. (2339)
Robert Hageman
1998 Ed. (1655)
1997 Ed. (1885)
1996 Ed. (1811)
1995 Ed. (1833, 1847)
1994 Ed. (1795, 1809, 1831)
1993 Ed. (1812, 1826)
Robert Half International Inc.
2008 Ed. (805, 808, 4663)
2007 Ed. (837, 839, 1186, 4521, 4742, 4743)
2006 Ed. (743, 747, 1080, 1962, 1963, 1964, 1966, 4294, 4459, 4720, 4721)
2005 Ed. (817, 821, 1084, 4668, 4669)
2004 Ed. (843, 4693, 4694)
2003 Ed. (802, 4393, 4394, 4717, 4718)
2002 Ed. (911, 4349, 4595, 4596)
2001 Ed. (4501, 4502)
2000 Ed. (4225, 4226, 4227)
1999 Ed. (4486, 4573, 4575)
1998 Ed. (3505)
1990 Ed. (889)
Robert Halliday
2008 Ed. (968)
2007 Ed. (1081)
2006 Ed. (988)
Robert Hanliman
1999 Ed. (2265)
Robert Hardiman
1995 Ed. (1811)
1994 Ed. (1770)
1993 Ed. (1787)
Robert Harrell
1998 Ed. (2288)
Robert Harris Homes
2006 Ed. (1158)
Robert Herbold
2003 Ed. (2394, 2409)
2002 Ed. (1043)
Robert Hottensen, Jr.
2000 Ed. (2048)
1999 Ed. (2184)
Robert Hughes Associates Inc.
2008 Ed. (4249)
2006 Ed. (4199)
2002 Ed. (4065)
2001 Ed. (4124)
Robert Hull Jr.
2006 Ed. (963)
Robert I. Lipp
1999 Ed. (2080)
Robert I. Toll
2008 Ed. (945, 947)
2007 Ed. (1025)
1999 Ed. (2085)
1991 Ed. (1633)
Robert Iger
2008 Ed. (938)
The Robert Irsay Co.
1994 Ed. (1149)
1993 Ed. (1127)
1992 Ed. (1414)
1991 Ed. (1081)
Robert J. Cosgrove
1994 Ed. (896, 1057)
Robert J. Eaton
1997 Ed. (981)
1996 Ed. (965)
Robert J. Higgins
2001 Ed. (2314)
Robert J. Martin
2004 Ed. (1099)
Robert J. Stevens
2008 Ed. (951)
2007 Ed. (1029)
Robert J. Ulrich
2007 Ed. (2503, 2505)
Robert (Jay) Pelosky
1996 Ed. (1906)
Robert (Jay) Pelosky Jr.
1999 Ed. (2402)
Robert Jones
1991 Ed. (2160)
Robert Jones Investments Ltd.
1993 Ed. (2721, 2722)
1992 Ed. (3233, 3234)
1991 Ed. (2594, 2595)
Robert Julien
2005 Ed. (4871)
Robert K. Burgess
1997 Ed. (981)
1996 Ed. (965)
Robert K. Cole
2007 Ed. (1021)
2006 Ed. (930)
Robert K. Dornan
1994 Ed. (845)
Robert Kagle
2003 Ed. (4847)
2002 Ed. (4730)
Robert Kaimowitz
2000 Ed. (2044)
Robert Kamerschen
1992 Ed. (2056)
Robert Kania
1999 Ed. (2154)
Robert Kauffman
2008 Ed. (4902)
Robert Keegan
2008 Ed. (952)

2007 Ed. (1030)
Robert Kelleher
2000 Ed. (2143)
1999 Ed. (2360)
Robert Kelly
2007 Ed. (385, 1091)
2006 Ed. (999)
2005 Ed. (985)
Robert Kendal
1995 Ed. (2485)
Robert Koort
2000 Ed. (1992)
Robert Kulason
2000 Ed. (1961, 1969, 1973)
1999 Ed. (2197, 2200)
Robert Kuok
2008 Ed. (4847)
2006 Ed. (4917, 4919)
2003 Ed. (4890)
2000 Ed. (735)
1999 Ed. (727)
1997 Ed. (849)
Robert Kurtter
1993 Ed. (2464)
Robert L. Bagby
2003 Ed. (3061)
Robert L. Citron
1992 Ed. (2906)
1991 Ed. (2345)
Robert L. Crandall
1994 Ed. (1719)
1990 Ed. (972, 1711)
Robert L. Johnson
2008 Ed. (183)
Robert L. Mandeville
1991 Ed. (3209)
Robert L. Nardelli
2007 Ed. (2503)
Robert L. Parkinson Jr.
2008 Ed. (950)
Robert L. Tillman
2007 Ed. (1202)
2006 Ed. (1099)
2005 Ed. (1104)
Robert L. Toll
1999 Ed. (1411)
Robert L. Wehling
2002 Ed. (3263)
Robert Lane
2007 Ed. (991)
Robert Lanier
1995 Ed. (2518)
Robert LaPenta
2006 Ed. (944)
Robert Lemle
2003 Ed. (1546)
Robert Levine
1995 Ed. (1717)
Robert Lindner
2008 Ed. (969)
Robert Luciano
2000 Ed. (1880)
Robert Lutz
2000 Ed. (1885)
1999 Ed. (2084)
1998 Ed. (1517)
Robert M. Agate
1997 Ed. (979)
Robert M. and Anne T. Bass
1994 Ed. (889, 1056)
Robert M. Bass Group and Aoki Corp.
1990 Ed. (1226, 1267)
Robert M. Beavers
1989 Ed. (735)
Robert M. Devlin
2002 Ed. (2873)
Robert M. Hicks
2000 Ed. (1206)
Robert M. Jelenic
2000 Ed. (1879)
Robert M. Kossick
1992 Ed. (2062)
Robert M. Kovacevich
2006 Ed. (937)
Robert M. Price
1991 Ed. (1621)
Robert MacDonnell
1999 Ed. (2434)
1994 Ed. (1840)
Robert Madge
1996 Ed. (1717)
Robert Maire
2000 Ed. (2005)
Robert Mapplethorpe Foundation
1995 Ed. (1930)
Robert Marston and Assocs.
1990 Ed. (2918)
Robert Mauney
1991 Ed. (2342)
Robert Maxwell
1993 Ed. (1693)
Robert McAdoo
1995 Ed. (1802)
Robert McCarthy
2006 Ed. (2578)
Robert McClements, Jr.
1993 Ed. (1706)
1992 Ed. (2064)
Robert McCullough
2000 Ed. (1052)
Robert McEwen
2006 Ed. (2528)
Robert McNair
2005 Ed. (4843)
2002 Ed. (3347)
Robert Merritt
2006 Ed. (987)
Robert Miller
2008 Ed. (4856)
2005 Ed. (4873)
Robert Miller-Bakewell
2000 Ed. (2138)
1999 Ed. (2351)
Robert Millington
1999 Ed. (2348)
Robert Mondavi Corp.
2005 Ed. (3293, 3294)
2004 Ed. (3276, 3277)
2003 Ed. (4965)
2002 Ed. (4913)
2001 Ed. (4840, 4841)
2000 Ed. (725, 727, 4396, 4408, 4415, 4419, 4423)
1999 Ed. (718, 719, 725, 4784, 4789, 4795, 4797)
1998 Ed. (458, 459, 3738, 3743, 3749, 3751)
1997 Ed. (3897)
1996 Ed. (730, 731, 3849)
Robert Mondavi Family
1999 Ed. (4772)
Robert Mondavi Winery
2006 Ed. (4963)
2005 Ed. (4946, 4947)
2004 Ed. (4962, 4963)
2003 Ed. (4959, 4961)
1998 Ed. (3722)
Robert Montgomery
2008 Ed. (2634)
Robert Morris III
1996 Ed. (1772, 1826)
1995 Ed. (1797, 1848)
1994 Ed. (1810)
1993 Ed. (1774, 1827)
1991 Ed. (1684, 1707)
1990 Ed. (1769)
1989 Ed. (1416, 1418, 1419)
Robert Morris University
2006 Ed. (1072)
Robert Motherwell
1994 Ed. (898)
Robert Muller
1998 Ed. (1564, 1596)
1997 Ed. (1947)
Robert Muse Bass
2008 Ed. (4824)
2007 Ed. (4895)
2006 Ed. (4900)
2005 Ed. (4845)
2004 Ed. (4859)
2003 Ed. (4878)
2002 Ed. (3359)
1990 Ed. (2576)
Robert Mylod
1995 Ed. (981)
1992 Ed. (1144)
1991 Ed. (927)
Robert Nardelli
2007 Ed. (981)
2006 Ed. (891, 2515)
2004 Ed. (2528)
2003 Ed. (2408)
Robert O. Anderson School of Management; University of New Mexico
2007 Ed. (808)
Robert O. Kramer
1997 Ed. (3068)
Robert Ogilvie
2006 Ed. (2518)
Robert O'Henstein
1995 Ed. (1811)
Robert Ottenstein
2000 Ed. (1994)
1999 Ed. (2265)
1998 Ed. (1673)
1996 Ed. (1786)
Robert Overstreet
1992 Ed. (3139)
Robert P. Casey
1993 Ed. (1994)
Robert P. Kelly
2008 Ed. (369)
Robert P. Luciano
1996 Ed. (962)
1994 Ed. (1723)
1993 Ed. (1705)
1991 Ed. (1630)
1990 Ed. (1724)
1989 Ed. (1383)
Robert P. Rotella
1996 Ed. (1055)
Robert Palmer
1998 Ed. (1511)
Robert Petersdorf, M.D.
1991 Ed. (2406)
Robert Pittman
2003 Ed. (2409)
Robert Plan
2000 Ed. (1105)
Robert Plant
1997 Ed. (1114)
Robert Polet
2007 Ed. (1102)
Robert Pritzker
2005 Ed. (4854)
2004 Ed. (4869)
2003 Ed. (4885)
Robert R. Alvarez Sr.
1994 Ed. (2059, 2521, 3655)
Robert R. Dockson
1990 Ed. (1712)
Robert R. Ferguson, Jr.
1991 Ed. (1632)
Robert R. McCormick Charitable Trust
1992 Ed. (1280, 2216)
Robert R. McCormick Tribune Foundation
2002 Ed. (2327)
Robert Rachman Inc.
1995 Ed. (259)
Robert Randall Co.
1992 Ed. (1364)
Robert Reitzer
1995 Ed. (1795, 1810)
Robert Rich Sr.
2007 Ed. (4891)
Robert Rose
1993 Ed. (1701)
Robert Rossiter
2006 Ed. (936)
2005 Ed. (984)
2004 Ed. (975)
2000 Ed. (1885)
1999 Ed. (2084)
Robert Rowling
2008 Ed. (4824)
2007 Ed. (4895)
2006 Ed. (4900)
2005 Ed. (4845)
2004 Ed. (4869)
2003 Ed. (4885)
2002 Ed. (3360)
Robert Ruehman Inc.
1994 Ed. (260)
1992 Ed. (406)
1991 Ed. (301)
Robert Ruehman BMW-Pontiac
1990 Ed. (334)
Robert Ryan
2006 Ed. (976)
2005 Ed. (990)
Robert S. Jepson, Jr.
1992 Ed. (1093)
1990 Ed. (1720)
Robert S. Morrison
2000 Ed. (1884)
Robert S. Noe, Jr.
1991 Ed. (2343)
Robert S. Taubman
1995 Ed. (981)
Robert S. Woodruff
2000 Ed. (1051)
Robert Saracco
2007 Ed. (2549)
Robert Schiffman
2000 Ed. (1935)
1999 Ed. (2165)
Robert Schiffner
2007 Ed. (1058)
Robert-Scott Enterprises
2003 Ed. (1137)
Robert Semple
2000 Ed. (2115)
1999 Ed. (2329)
Robert Shapard
2006 Ed. (997)
Robert Shapiro
1999 Ed. (1121, 2078)
Robert Shiller
2004 Ed. (3166)
Robert Silberman
2006 Ed. (879)
Robert Simpson
2007 Ed. (999)
2006 Ed. (909)
Robert Singleton
1994 Ed. (1722)
Robert Smalley
1999 Ed. (2163)
1998 Ed. (1575)
Robert Smoler
2000 Ed. (1878, 2425)
Robert Soni
2004 Ed. (4828)
Robert Spaulding
1992 Ed. (3138)
1991 Ed. (2548)
Robert Stempel
1994 Ed. (948)
1993 Ed. (939)
Robert Stephen Holdings Ltd.
1995 Ed. (1004, 1005, 1012)
1994 Ed. (992, 998, 1000)
1993 Ed. (965, 966, 972, 976)
1992 Ed. (1191, 1192, 1200)
1991 Ed. (958, 961)
1990 Ed. (1032, 1033)
Robert Stigwood
2008 Ed. (4905)
2007 Ed. (4929, 4932)
2005 Ed. (4891, 4894)
Robert Stiller
2008 Ed. (2634)
Robert Swanson
2006 Ed. (917)
Robert Swanson Jr.
1996 Ed. (1711)
Robert T. Fraley
2007 Ed. (2498)
Robert T. Jones II
1999 Ed. (2607)
Robert T. Marto
1996 Ed. (967)
Robert Teo Kuan
1997 Ed. (20)
Robert Thomas Securities
1999 Ed. (843, 844, 845, 847)
Robert Tillman
2007 Ed. (2503)
2006 Ed. (891)
2004 Ed. (2528, 2529)
2003 Ed. (2408)
Robert Toll
2007 Ed. (984)
2006 Ed. (894, 939)
2000 Ed. (1887)
Robert Treat Savings & Loan Association
1990 Ed. (3588)
Robert Ulrich
2007 Ed. (968)
2004 Ed. (2528, 2529)
2003 Ed. (2408)
2000 Ed. (1876)

Robert W. Ackley
2006 Ed. (2519)
Robert W. Baird
2007 Ed. (3656)
2005 Ed. (3532)
1999 Ed. (3011)
1997 Ed. (3468)
1993 Ed. (2314)
1990 Ed. (2336, 2339)
Robert W. Baird & Co., Inc.
2006 Ed. (1492, 2118)
2002 Ed. (2999)
2001 Ed. (732, 741, 759, 761, 843, 847, 955, 956)
2000 Ed. (2762, 2769)
1998 Ed. (2236)
1991 Ed. (3035)
Robert W. Galvin
2004 Ed. (4866)
2002 Ed. (3357)
Robert W. Lane
2008 Ed. (951)
Robert W. Van Deventer
1994 Ed. (1068)
Robert W. Woodruff Arts Center Inc.
2005 Ed. (3605)
Robert W. Woodruff Foundation
2002 Ed. (2325, 2333, 2335, 2340)
2001 Ed. (2517)
2000 Ed. (2259)
1999 Ed. (2500)
1995 Ed. (1926, 1932)
1994 Ed. (1897, 1902, 1905)
Robert Waldman
2000 Ed. (1935, 1944)
1999 Ed. (2165, 2173)
1998 Ed. (1577)
1997 Ed. (1933)
Robert Walter
2007 Ed. (983)
2006 Ed. (893)
2005 Ed. (969)
2003 Ed. (959)
Robert Wayman
2006 Ed. (968)
Robert Willens
2000 Ed. (1963)
1999 Ed. (2186)
1998 Ed. (1600)
1997 Ed. (1905)
1996 Ed. (1832)
1995 Ed. (1854)
1994 Ed. (1836)
Robert Williams
1996 Ed. (1714)
Robert Willumstad
2005 Ed. (2510)
Robert Wood
2007 Ed. (1009)
Robert Wood Johnson Foundation
2008 Ed. (2766)
2005 Ed. (2677, 2678)
2004 Ed. (2681)
2002 Ed. (2326, 2327, 2335, 2337, 2340, 2342)
2001 Ed. (2517, 2518, 3780)
2000 Ed. (2259, 2260)
1999 Ed. (2499, 2500)
1995 Ed. (1926, 1929, 1930)
1994 Ed. (1897, 1898, 1901, 1902, 2772)
1993 Ed. (895, 1895, 1896, 2783)
1992 Ed. (1095, 1100, 1100, 2214, 2215, 2216, 3358)
1991 Ed. (894, 1765, 2689)
1990 Ed. (1847, 2786)
1989 Ed. (1470, 1471, 2165)
Robert Wood Johnson Health System
2001 Ed. (2773)
Robert Yam & Co./B. L. Ong & Co.
1997 Ed. (24)
Robert Yates
1999 Ed. (2308, 2339)
Robert Yates Racing
2007 Ed. (327)
Robert Young Associates Inc.
1998 Ed. (184)
Robert Zielinski
1999 Ed. (2280)
1997 Ed. (1961)
Roberta Walter
2000 Ed. (2015)
1999 Ed. (2234)
1998 Ed. (1643)
1996 Ed. (1796)
Roberto C. Goizueta
1998 Ed. (1944, 2504, 3705)
1996 Ed. (960)
1995 Ed. (978, 1727, 1730, 2112, 2579, 3726)
1994 Ed. (1717, 2059, 2521, 3655)
1993 Ed. (936)
1991 Ed. (924, 1619)
1990 Ed. (972)
Roberto Carrillo
1996 Ed. (1899, 1901)
Roberto Condulmari
2000 Ed. (2144)
1999 Ed. (2362)
Roberto Eliaschev y Asociados
2000 Ed. (189)
Roberto Eliaschev y Asociados Publicidad
2001 Ed. (239)
Roberto G. Mendoza
1991 Ed. (402)
Roberto Goizueta
1999 Ed. (1121, 2074, 2078)
Roberto Guevara
1999 Ed. (2277)
Roberto Hernandez Ramirez
2008 Ed. (4886)
Roberto Serwaczak
1996 Ed. (1855)
Roberts
2001 Ed. (3310)
Robert's Alertline; Ken
1990 Ed. (2365)
Roberts & Hiscox Ltd.
1993 Ed. (2455)
1992 Ed. (2897)
Roberts & Hiscox Ltd.; 33,
1991 Ed. (2338)
Roberts BMW; John
1996 Ed. (265)
1994 Ed. (262)
1993 Ed. (293)
Roberts; Brian
2008 Ed. (938)
2007 Ed. (971)
2006 Ed. (880)
2005 Ed. (970)
Roberts; Brian L.
2008 Ed. (948)
2007 Ed. (1026)
2005 Ed. (2502)
Roberts Chrysler-Plymouth Inc.
1994 Ed. (266)
Roberts; Curry A.
1991 Ed. (3211)
Roberts; David M.
1990 Ed. (850)
Roberts; Douglas
1993 Ed. (3443)
Roberts; Douglas B.
1995 Ed. (3505)
Roberts Express
1995 Ed. (3671, 3673)
1994 Ed. (3591, 3592)
1993 Ed. (3631, 3632)
Roberts; George
2007 Ed. (4894)
1994 Ed. (1840)
1990 Ed. (1773)
1989 Ed. (1422)
Roberts Hawaii Inc.
2002 Ed. (863)
1994 Ed. (800)
1992 Ed. (988)
1991 Ed. (807)
1990 Ed. (846)
Roberts Hawaii Tours
2007 Ed. (783)
2006 Ed. (686)
Roberts-McNutt Inc.
2008 Ed. (1272)
Roberts; Nora
2006 Ed. (2485)
Roberts, 1951; Robin
1991 Ed. (702)
Roberts Pharmaceutical
1996 Ed. (2061, 3451)
1995 Ed. (2067)
1993 Ed. (2748)
Roberts; Ralph J.
2005 Ed. (2512)
1996 Ed. (960)
Roberts Stadium
2001 Ed. (4354)
1999 Ed. (1297)
Roberts; Terry E.
1991 Ed. (2549)
Roberts Walter
1995 Ed. (1823)
Robertson
1995 Ed. (2002)
Robertson; Amy
1995 Ed. (937)
Robertson Bros. Co.
2000 Ed. (3718)
Robertson Brothers Co.
2005 Ed. (1194)
2004 Ed. (1166)
2003 Ed. (1160)
2002 Ed. (1188)
Robertson-Ceco
1994 Ed. (1112, 2667)
1993 Ed. (1088)
Robertson Colman Stephens
1989 Ed. (1761)
Robertson; H. H.
1996 Ed. (1143)
Robertson Homes
1994 Ed. (1114)
1991 Ed. (1054, 1059)
1990 Ed. (1164, 1172)
Robertson Honda
1994 Ed. (269)
1993 Ed. (270)
1991 Ed. (279)
1990 Ed. (326)
Robertson Jr.; Julian
2005 Ed. (4857)
1995 Ed. (1870)
Robertson; Julian
1996 Ed. (1914)
1994 Ed. (1840)
Robertson; Nick
2007 Ed. (2465)
Robertson Optical
2007 Ed. (3750, 3751)
Robertson Spoerien & Wengert
1991 Ed. (1615)
Robertson Step. Emerging Growth
1993 Ed. (2691)
Robertson Stephens, Inc.
2004 Ed. (4335)
2003 Ed. (2362, 4325)
2002 Ed. (4235)
2001 Ed. (4194)
1993 Ed. (1164)
Robertson Stephens & Co.
1998 Ed. (2622)
1997 Ed. (3418, 3419, 3424, 3443, 3445, 3481)
1992 Ed. (3880)
Robertson Stephens Developing Country
1998 Ed. (2630)
Robertson Stephens Emerging Growth
2000 Ed. (3224)
1994 Ed. (2637)
1992 Ed. (3148, 3158)
Robertson Stephens Emerging Growth A
1999 Ed. (3576)
Robertson Stephens Emg Gr
2000 Ed. (3288)
Robertson Stephens Global Low
1998 Ed. (2596)
Robertson Stephens Info Age A
2000 Ed. (622)
Robertson Stephens Value & Growth
1997 Ed. (2872)
Robertson Stephens Value Growth
1996 Ed. (2797)
Robertson Stephens Value Growth A
1999 Ed. (3561)
Robertson Stephens Value Plus
1996 Ed. (2787)
Robeson
1995 Ed. (1045, 2177, 2178)
1994 Ed. (1036, 2126, 2127)
1993 Ed. (1006)
1992 Ed. (1243, 2517, 2518)
1991 Ed. (1961, 1962)
1990 Ed. (1081, 2107, 2109)
RobiComb
2001 Ed. (3089)
Robin Adams
2008 Ed. (964)
2007 Ed. (1043)
Robin Burns
1993 Ed. (3730)
1992 Ed. (4496)
Robin Hayes
2001 Ed. (3318)
Robin Hood Multifoods
1991 Ed. (1745)
Robin Horne
1999 Ed. (2290)
Robin International
1990 Ed. (3569)
Robin; James
2006 Ed. (904)
Robin Lee
1993 Ed. (1079)
Robin Mitra
1999 Ed. (2308)
Robin Mitra & team Merrill Lynch
2000 Ed. (2084)
Robin Roberts, 1951
1991 Ed. (702)
Robin Todd
2008 Ed. (4991)
2007 Ed. (4985)
2006 Ed. (4988)
Robin White
1999 Ed. (2330)
Robin Williams
2001 Ed. (6)
2000 Ed. (996)
Robin Willliams
2002 Ed. (2141)
Robinette Demolition Inc.
2006 Ed. (1280)
Robino Associates Inc.; Frank
1991 Ed. (1066)
Robins Corp.
1993 Ed. (1122)
1992 Ed. (1409)
1989 Ed. (1000)
Robins; A. H.
1989 Ed. (1054, 2645, 2665)
Robins; A.H.
1990 Ed. (1992)
Robins & Marton
2008 Ed. (1238)
The Robins & Morton Group
2008 Ed. (1269)
2007 Ed. (1373)
2006 Ed. (1335, 1342, 2796)
2004 Ed. (1267)
2002 Ed. (1230)
2001 Ed. (2671)
2000 Ed. (2417)
1999 Ed. (1380)
1998 Ed. (959)
1997 Ed. (1160)
1996 Ed. (1131)
1995 Ed. (1146)
1994 Ed. (1138)
Robins Cinemas
2001 Ed. (3390)
Robins Credit Union
2008 Ed. (2226)
2007 Ed. (2111)
2006 Ed. (2190)
2005 Ed. (2095)
2004 Ed. (1953)
2003 Ed. (1913)
2002 Ed. (1859)
Robin's Donuts
1990 Ed. (1854)
1989 Ed. (1487)
Robins, Kaplan, Miller & Ciresi
2003 Ed. (3175, 3176, 3177)
1993 Ed. (2400)
1992 Ed. (2842)
1991 Ed. (2288)
Robins, Zelle, Larson & Kaplan
1990 Ed. (2422)
Robinson
1991 Ed. (1899)
Robinson & Cole
1993 Ed. (3625)
1991 Ed. (2524, 3423)

Robinson & Cole LLP
2008 Ed. (1693)
Robinson & Pearman
2000 Ed. (2620, 3679)
1997 Ed. (2849)
1996 Ed. (3740)
1995 Ed. (3037)
1993 Ed. (2940)
Robinson; Andrea
1992 Ed. (4496)
Robinson; Ann
1997 Ed. (1923)
Robinson Co., Ltd.; B. A.
2006 Ed. (1597)
Robinson Bradshaw
2001 Ed. (881)
Robinson Bradshaw & Hinson PA
2007 Ed. (1505)
Robinson Co.; C. H.
2008 Ed. (4747)
2007 Ed. (4820)
Robinson-Humphrey Co.
2002 Ed. (1405)
1993 Ed. (1166)
1991 Ed. (3013)
1990 Ed. (3196)
Robinson III; James D.
1990 Ed. (1716)
Robinson Lake Lerer
1990 Ed. (2913)
Robinson, Lake, Lerer & Montgomery
1995 Ed. (3027)
1994 Ed. (2953, 2967, 2968)
1992 Ed. (3558, 3574)
1990 Ed. (2916)
Robinson, Lake, Lerer & Montgomery (including Bozell PR)
1993 Ed. (2930, 2931, 2933)
1992 Ed. (3565, 3581)
Robinson Lake/Sawyer Miller/Bozell
1996 Ed. (3107, 3110, 3112, 3131, 3135)
1995 Ed. (3002, 3006, 3008, 3010, 3011, 3028, 3032)
Robinson Lerer/Sawyer Miller/Bozell
1997 Ed. (3183, 3184, 3189, 3191, 3207, 3208, 3212)
Robinson Nugent
1996 Ed. (1606)
Robinson Property Group LP
2008 Ed. (1941)
2007 Ed. (1886)
2006 Ed. (1893)
2005 Ed. (1873)
2004 Ed. (1802)
2003 Ed. (1765)
2001 Ed. (1796)
Robinson; Richard
1995 Ed. (982)
Robinson, Robinson & Cole
1993 Ed. (3622)
Robinson Run No. 95
1989 Ed. (1996)
Robinson School of Business; Georgia State University
2008 Ed. (792)
Robinson; William A.
1990 Ed. (3084, 3085)
Robinson Worldwide Inc.; C. H.
2008 Ed. (205, 3147, 3525, 4736, 4747, 4758)
2007 Ed. (219, 2647, 3029, 4560, 4808, 4820, 4821, 4822, 4825)
2006 Ed. (209, 210, 211, 2994, 4804, 4810, 4814)
2005 Ed. (195, 196, 197, 4752, 4755, 4757)
Robinsons
2008 Ed. (722)
2003 Ed. (4165)
2002 Ed. (4040, 4327)
2001 Ed. (1011, 4310)
1999 Ed. (789, 4366)
Robinsons Baby Foods
1992 Ed. (2630)
Robinson's Delivery Service Inc.
2008 Ed. (3710, 4395)
2007 Ed. (3556)
Robinson's Land Corp.
1993 Ed. (2494)
Robinson's/May
2000 Ed. (4175)
1998 Ed. (1262, 1786, 3093, 3460)
1997 Ed. (2322, 3340, 3681)
1996 Ed. (3626)
Robison Construction Inc.
1995 Ed. (1167)
1994 Ed. (1153)
1993 Ed. (1132)
Robison-Prezioso Inc.
2007 Ed. (1365)
2006 Ed. (1288)
2005 Ed. (1318)
2004 Ed. (1312)
2003 Ed. (1309)
2002 Ed. (1295)
2001 Ed. (1479)
2000 Ed. (1265, 1271)
1999 Ed. (1373)
1998 Ed. (952)
1997 Ed. (1172)
1996 Ed. (1144)
1995 Ed. (1168)
1994 Ed. (1142)
1993 Ed. (1135)
1992 Ed. (1422)
1991 Ed. (1089)
Robitussin
2008 Ed. (637, 1038)
2004 Ed. (1055)
2003 Ed. (1050, 1051, 1052, 1878, 2108)
2002 Ed. (1095, 1098, 1803)
2001 Ed. (1310, 1939)
2000 Ed. (277, 1132, 1133, 1135)
1999 Ed. (1218, 1219)
1998 Ed. (788, 789)
1996 Ed. (767, 1024, 1027, 1028, 1032, 1033, 1583)
1995 Ed. (1046, 1618)
1994 Ed. (1037, 1573, 1575)
1993 Ed. (1007, 1010, 1011, 1521, 1531)
1992 Ed. (1246, 1247, 1250, 1251, 1258, 1259, 1265, 1873)
1991 Ed. (991, 995, 996, 1366, 1367)
Robitussin A-C
1992 Ed. (1259)
Robitussin CF
2003 Ed. (1052)
2002 Ed. (1095)
1992 Ed. (1258, 1259)
1991 Ed. (991, 992)
Robitussin DM
2004 Ed. (1057)
2003 Ed. (1051)
2002 Ed. (1095)
1996 Ed. (1027, 1028)
1995 Ed. (1607)
1992 Ed. (1846, 1847, 1258, 1259)
1991 Ed. (1366, 1367)
Robitussin DM cough syrup 4 oz.
1990 Ed. (1082, 1541)
Robitussin DM 8 oz.
1990 Ed. (1540)
Robitussin DM 4 oz.
1990 Ed. (1540)
Robitussin Honey
2003 Ed. (1051, 1878)
Robitussin Honey Cough
2002 Ed. (1095, 1803)
Robitussin PE
2002 Ed. (1095)
Robitussin Pediatric
2003 Ed. (1051)
1996 Ed. (1028)
Robobank Nederland
2000 Ed. (629)
RoboCop
1992 Ed. (4249)
Robot-Coupe
1990 Ed. (1834)
Robotic Technology Systems plc
2003 Ed. (2739)
Robotron-Elotherm Corp.
2001 Ed. (2698)
Robshaw & Cheskin
1993 Ed. (2315)
Robson Communities
2006 Ed. (4190)
2005 Ed. (1244)
2003 Ed. (1213)
2002 Ed. (2670)
Robson Rhodes
2001 Ed. (1537)
Robson Walton
2005 Ed. (4882)
Robyn Coombes
1999 Ed. (2334)
Robyn Coombs
2000 Ed. (2120)
Roc Actif Pur
2004 Ed. (4430)
2003 Ed. (4431)
2002 Ed. (1951)
ROC Communities
1998 Ed. (2518, 3001)
1997 Ed. (2803)
1996 Ed. (2664)
1995 Ed. (2593)
ROC Properties
1994 Ed. (2534)
1991 Ed. (2477)
Rocaton
2008 Ed. (2290, 2314)
Rocco Inc.
1993 Ed. (2523, 2891)
Rocco Enterprises
1998 Ed. (2895, 2896)
1995 Ed. (2520, 2521, 2960, 2961, 2962)
1994 Ed. (2908)
Rocco Forte; Sir
2005 Ed. (4893)
Rocco J. Fabiano
2002 Ed. (2214)
Rocephin
1995 Ed. (225)
Roces
2001 Ed. (4329)
Roche
2006 Ed. (1928)
1999 Ed. (1741, 1742, 1914, 1916, 4711, 4831, 4832)
1998 Ed. (1345)
1997 Ed. (1657, 1659, 1660, 1662, 1663)
1996 Ed. (1580, 1582)
1995 Ed. (1594, 1595, 2934)
1994 Ed. (935, 1562, 1563, 2871, 3681, 3682)
1992 Ed. (1839, 1840)
1991 Ed. (1352, 2399)
1990 Ed. (2529)
1989 Ed. (1164)
Roche; Alvaro
2006 Ed. (4140)
Roche; Ann
2008 Ed. (4899)
2007 Ed. (4919)
Roche Bobois USA
1999 Ed. (2563)
Roche Chemische Unternehmungen AG
2004 Ed. (1863)
2002 Ed. (1777)
Roche; Conor, Michelle, & Joanne
2005 Ed. (4885)
Roche Constructors Inc.
2005 Ed. (1325)
Roche Consumer Health
2006 Ed. (2781)
Roche Consumer Healthcare
2002 Ed. (50)
Roche Diag & Boehringer Mannheim Now One
2000 Ed. (3075)
Roche Diagnostic Systems
2002 Ed. (3298)
2001 Ed. (3267)
2000 Ed. (3076)
1999 Ed. (3337)
1995 Ed. (2532)
Roche Diagnostics Corp.
2008 Ed. (3185, 3840)
2005 Ed. (946)
1992 Ed. (3007)
1991 Ed. (2405)
1990 Ed. (2533)
Roche (Dividend-right certificate)
1996 Ed. (3889)
Roche; Gerard R.
1991 Ed. (1614)
Roche Group
2008 Ed. (2094, 2095, 2096, 3944, 3954, 3955, 3957, 3958, 3959, 3960)
2007 Ed. (1457, 1693, 2001, 2002, 2003, 2004, 3916, 3918, 3920, 3923, 3924, 3926, 3943, 3946, 4645)
2006 Ed. (2031, 2032, 3888, 3890, 3891, 3895, 4540, 4540)
2005 Ed. (3823, 3824, 3826, 3829, 3830)
2004 Ed. (3884, 3886)
2003 Ed. (1707, 1830, 3869, 3870, 3872)
2002 Ed. (1007, 1015, 1690, 1776, 1778, 2024, 2025, 4486)
2000 Ed. (1563)
Roche GS
2000 Ed. (4447, 4448)
Roche Holding Ltd.
2008 Ed. (3583, 3842)
2004 Ed. (3885)
2001 Ed. (92, 1187, 1861, 1862, 1863, 2069, 2074, 2075)
2000 Ed. (1561, 1710)
1999 Ed. (1613, 1673, 1740, 1915, 1917, 1918, 2688)
1998 Ed. (1150, 1344, 1347)
1996 Ed. (1200, 2084)
1995 Ed. (1373, 1495)
1994 Ed. (1348, 1455)
1993 Ed. (1406, 1407, 3008, 3742, 3743)
Roche Holding AG
2008 Ed. (2093)
2007 Ed. (2000)
2006 Ed. (2028, 2030, 3403)
2005 Ed. (1474, 1967, 3693)
2001 Ed. (1860)
1997 Ed. (1385, 1438, 1518, 2232, 3931, 3932)
1996 Ed. (1191, 1192, 1193, 1326, 1452, 3888)
Roche Holdings Inc.
2008 Ed. (1702)
2007 Ed. (1676)
2006 Ed. (1672)
2005 Ed. (1751)
2004 Ed. (1695)
2003 Ed. (1664)
2001 Ed. (4044)
1992 Ed. (1459, 1696, 4497)
Roche; Joanne
2007 Ed. (4920)
Roche; Joanne & John
2008 Ed. (4884)
Roche Laboratories
2001 Ed. (2063)
Roche; Michelle
2007 Ed. (4920)
Roche/Sapac
1992 Ed. (1694)
Roche/Sapac Group
1991 Ed. (1353)
Roche/Syntex Group
1997 Ed. (1661)
1995 Ed. (1592)
Rochelle Coal Co.
1993 Ed. (1003)
Rochelle, WY
2000 Ed. (1126)
Rochester Area HMO
1999 Ed. (2651)
Rochester Armored Car Co., Inc.
2006 Ed. (4364)
Rochester Bond Fund for Growth
1996 Ed. (2776)
Rochester Bond Growth
1995 Ed. (2680, 2707)
Rochester Community Savings Bank
1998 Ed. (3557)
Rochester Convertible
1994 Ed. (2625)
Rochester Gas & Electric
2001 Ed. (427)
Rochester Institute of Technology
2008 Ed. (1086)
2001 Ed. (1325)
2000 Ed. (1139)
1999 Ed. (1230)
1998 Ed. (801)

1997 Ed. (1053)
1992 Ed. (1098)
Rochester Medical Corp.
2008 Ed. (1932, 3646)
Rochester Methodist Hospital
2004 Ed. (1799)
Rochester MicroSystems
2006 Ed. (1100)
2005 Ed. (2333)
Rochester, MN
2007 Ed. (842, 3364)
2006 Ed. (3300, 3311)
2005 Ed. (2030, 2380, 3311)
2004 Ed. (4169)
2003 Ed. (3056, 4154)
2002 Ed. (31, 1054)
1999 Ed. (3367)
1998 Ed. (2472)
1997 Ed. (2765)
1996 Ed. (2621)
1995 Ed. (2559, 3778)
1992 Ed. (3697)
1990 Ed. (2646)
Rochester Municipals
1992 Ed. (3200)
1989 Ed. (1854)
Rochester, NY
2008 Ed. (3111, 3119, 4089, 4351)
2007 Ed. (2996)
2005 Ed. (748, 2974, 3326, 3474)
2003 Ed. (2699, 3056)
2002 Ed. (236, 927, 2459, 3589, 3590)
2001 Ed. (3646)
1999 Ed. (2813)
1996 Ed. (2089)
1994 Ed. (2039)
1992 Ed. (2551)
1990 Ed. (3516)
Rochester (NY) AdNet Community News
2003 Ed. (3644)
Rochester Post Bulletin
1992 Ed. (3245)
1991 Ed. (2608)
1990 Ed. (2695)
Rochester, Simon School of Business; University of
2008 Ed. (777)
2006 Ed. (722)
Rochester Tax Managed
1990 Ed. (2371)
Rochester Telephone
1996 Ed. (3639)
1993 Ed. (3463)
1992 Ed. (1462)
1991 Ed. (3277, 1137, 1148)
1990 Ed. (3510)
Rochester; University of
2008 Ed. (768)
2007 Ed. (793, 809)
2006 Ed. (700)
2005 Ed. (794, 811)
1991 Ed. (892)
Rochford Construction Co.
2005 Ed. (1216)
Rochlin Baran & Balbona Inc.
1998 Ed. (187)
1997 Ed. (267)
1996 Ed. (229, 235)
1994 Ed. (236)
Rochlin Baran & Balbons Inc.
1995 Ed. (239)
Rock
2001 Ed. (3405)
1999 Ed. (3448)
1998 Ed. (2535)
Rock, album
2001 Ed. (3962)
Rock & Dirt
2007 Ed. (4791)
Rock Bottom Restaurants
1999 Ed. (4049)
1996 Ed. (2059, 3443, 3449)
Rock, classic
2001 Ed. (3962)
Rock; D. L.
2005 Ed. (2498)
Rock; Doug
2008 Ed. (953)
Rock; Douglas
2007 Ed. (1000)
2006 Ed. (910)
Rock, modern
2001 Ed. (3962)
Rock salt
1990 Ed. (1955)
Rock Springs, WY
1990 Ed. (997)
Rock-Tenn Co.
2008 Ed. (1219, 3838, 4005)
2007 Ed. (3985)
2006 Ed. (3369)
2005 Ed. (1263, 1264, 3678, 3679)
2004 Ed. (1229, 2675, 3763, 3764)
2003 Ed. (2538, 3713)
2001 Ed. (3612, 3613)
2000 Ed. (3402)
1999 Ed. (1346, 3686)
1998 Ed. (929, 2748)
1997 Ed. (1145)
1992 Ed. (3328)
Rock-Tenn Recycling
2005 Ed. (4032)
The Rock Wood Fired Pizza & Spirits
2008 Ed. (3992)
Rockall Ltd.
1993 Ed. (970)
Rockaway Bedding Inc.
2008 Ed. (3604)
2007 Ed. (3437)
2006 Ed. (3423)
2005 Ed. (3411)
2000 Ed. (2297)
1999 Ed. (2555)
1998 Ed. (1781)
1995 Ed. (2517)
1994 Ed. (677, 3097)
Rockaway Townsquare
1990 Ed. (3291)
1989 Ed. (2492)
Rockbottom
1996 Ed. (1588)
1995 Ed. (1610, 1615)
1994 Ed. (1568, 1572)
1993 Ed. (1526)
1992 Ed. (1851, 1858)
1991 Ed. (1458, 1461)
1990 Ed. (1554)
Rockefeller Center Properties
1993 Ed. (2961)
1992 Ed. (3616, 3628)
1991 Ed. (2808, 2816)
1990 Ed. (2956)
1989 Ed. (2287)
Rockefeller; David
1994 Ed. (889)
Rockefeller family
2006 Ed. (4897)
2002 Ed. (3363)
Rockefeller Foundation
2002 Ed. (2326, 2328, 2332, 2342)
2001 Ed. (3780)
2000 Ed. (2259, 2260)
1999 Ed. (2499, 2500, 2501)
1994 Ed. (1897, 1898, 2772)
1993 Ed. (1895, 1896, 2783)
1992 Ed. (1097, 2214, 2215, 3358)
1991 Ed. (1765, 2689)
1990 Ed. (1847, 2786)
1989 Ed. (1469, 1470, 1471, 2165)
The Rockefeller Group Inc.
2008 Ed. (4114)
2007 Ed. (4082)
2006 Ed. (4040)
1992 Ed. (1497)
Rockefeller Group International Inc.
2008 Ed. (4114)
2007 Ed. (4082)
2006 Ed. (4040)
2005 Ed. (4005)
2004 Ed. (4073)
Rockefeller; John D.
2008 Ed. (4837)
2006 Ed. (4914)
Rockefeller, Laurance S.
1993 Ed. (888, 1028)
Rockefeller Sr.; David
2007 Ed. (4895)
2006 Ed. (4900)
2005 Ed. (4845)
Rockefeller University
1994 Ed. (889, 1056)
1989 Ed. (957)
Rockel; Douglas
1997 Ed. (1903)
1996 Ed. (1830)
1995 Ed. (1852)
1994 Ed. (1814)
1993 Ed. (1831)
Rocket Printing & Mailing Inc.
1995 Ed. (2985)
Rockets; Houston
2008 Ed. (530)
2007 Ed. (579)
2006 Ed. (548)
The Rockey Co.
2002 Ed. (3851)
1999 Ed. (3954)
1998 Ed. (2962)
The Rockey Company
2000 Ed. (3668)
Rockford Blacktop Construction
2006 Ed. (1309, 1339)
Rockford Health Plans Inc.
2002 Ed. (2460)
2001 Ed. (2687)
2000 Ed. (2433)
1998 Ed. (1916)
Rockford Homes
2005 Ed. (1189)
2004 Ed. (1161)
2003 Ed. (1156)
2002 Ed. (2689)
Rockford, IL
2005 Ed. (2379)
1992 Ed. (2101)
Rockford Managed Care
1997 Ed. (2198)
Rockford Memorial Foundation
1994 Ed. (897)
Rockhaven Asset Mgmt.
2000 Ed. (2821, 2823)
Rockhaven Premier Dividend
2000 Ed. (3262)
Rockhurst College
1995 Ed. (932, 1068)
Rocking Horse Child Care Center of America Inc.
1991 Ed. (929)
Rocking Horse Child Care Centers of America Inc.
1990 Ed. (977)
Rockingham County, NH
1995 Ed. (2483)
Rockingham Heritage Bank
2003 Ed. (1514)
Rockingham, NH
1994 Ed. (2407)
Rockland Coaches, Inc.
1991 Ed. (807)
1989 Ed. (829)
Rockland County, NY
2005 Ed. (3325)
1995 Ed. (337)
1994 Ed. (239, 1474, 1479, 1480, 1481, 2061, 2168)
Rockland Credit Union
2008 Ed. (2238)
2007 Ed. (2123)
2006 Ed. (2202)
2005 Ed. (2107)
2004 Ed. (1965)
2003 Ed. (1925)
Rockland, ME
1992 Ed. (2164)
Rockland Mitsubishi
1991 Ed. (287)
Rockland, NY
1991 Ed. (1368)
Rockland Standard Gear Inc.
2000 Ed. (4057)
Rockland/Westchester, NY
1996 Ed. (2864)
Rocklea Spinning Mills
2004 Ed. (4714)
2002 Ed. (3786)
Rockler.com
2006 Ed. (2384)
Rockport Co.
2007 Ed. (3336)
2005 Ed. (271)
2001 Ed. (424, 3081, 4244)
1995 Ed. (3370)
1993 Ed. (258)
Rockport National Bancorp Inc.
2004 Ed. (407)
Rockstar
2008 Ed. (4490, 4493)
2007 Ed. (4510, 4512)
2006 Ed. (4453)
2005 Ed. (4447)
Rockville Bank
2007 Ed. (424)
2006 Ed. (428)
2005 Ed. (481)
2004 Ed. (473)
Rockville, MD
1999 Ed. (1152, 2829)
1996 Ed. (2225)
Rockville Merchandiser
2002 Ed. (3505)
Rockville Mitsubishi
1993 Ed. (278)
Rockwell
1998 Ed. (1373)
1992 Ed. (3077)
1990 Ed. (1637)
1989 Ed. (1227, 1331, 1332)
Rockwell Automation Inc.
2008 Ed. (2176, 2177, 4080)
2007 Ed. (874, 1546, 2068, 2069, 2211, 2285, 2339, 2715, 4044)
2006 Ed. (777, 2120, 2121, 2279, 2347, 2348, 2350, 2397, 2725, 3395, 4011, 4461)
2005 Ed. (156, 157, 2017, 2018, 2280, 2285, 2286, 2341, 2769, 3691, 3937)
2004 Ed. (159, 160, 1368, 1891, 1892, 2012, 2179, 2184, 2237, 2242, 3772)
2003 Ed. (1349, 1363, 1856, 2196, 4546)
2001 Ed. (3215)
Rockwell Automotive
1998 Ed. (100)
Rockwell Collins Inc.
2008 Ed. (157, 160, 161, 1359, 1855, 1856, 2285, 3006)
2007 Ed. (173, 175, 176, 178, 1818, 1819, 2170, 2884)
2006 Ed. (171, 174, 176, 1811, 1812, 2246, 4070)
2005 Ed. (155, 159, 160, 1089, 1090, 1826, 1827, 3691)
2004 Ed. (157, 158, 161, 162, 1759, 1760, 3772)
2003 Ed. (198, 200, 201, 202, 208, 1722, 1723, 3747)
2001 Ed. (1752, 1753)
Rockwell Construction
1993 Ed. (959, 3336)
Rockwell Federal Credit Union
1998 Ed. (1233)
Rockwell Financial Group LLC
2008 Ed. (3699, 4373, 4955)
2007 Ed. (3540, 4403, 4989)
2006 Ed. (3503, 4343)
Rockwell Group
2008 Ed. (3338, 3340, 3344, 3347)
2007 Ed. (3196, 3203)
Rockwell International Corp.
2003 Ed. (1855, 2130, 2132, 2194, 2729, 3747, 4562)
2002 Ed. (1797, 2079, 2081, 2082, 2102)
2001 Ed. (542, 1040, 1597, 1646, 2140, 2141, 2191, 2895, 2896)
2000 Ed. (216, 960, 1692, 1744, 1745, 3993)
1999 Ed. (1550, 1561, 1939, 1968, 1969, 1973, 1974, 4269)
1998 Ed. (1128, 1319, 1372, 1398, 1400, 1532, 2429)
1997 Ed. (1369, 1684, 1685, 1705, 1706)
1996 Ed. (166, 168, 1307, 1626, 1627, 3666)
1995 Ed. (157, 160, 161, 1232, 1236, 1363, 1542, 1651, 1652, 2847, 2869)
1994 Ed. (141, 142, 1220, 1337, 550, 1608, 1610)
1993 Ed. (158, 159, 826, 1180, 1211, 1286, 1462, 1503, 1565, 1569, 1571, 3212)

1992 Ed. (248, 251, 252, 487, 1473, 1834, 1916, 2941, 3076)
1991 Ed. (1404, 178, 179, 181, 182, 184, 324, 1445, 1528, 3435, 176, 183, 845, 1161, 2460)
1990 Ed. (186, 187, 189, 190, 192, 1530, 2491)
1989 Ed. (193, 194, 196, 197, 1260)
Rockwell International Corporation Trust
1989 Ed. (1472)
Rockwell International of Canada
1992 Ed. (1879)
1991 Ed. (2383)
Rockwell; Steven
1997 Ed. (1882)
1996 Ed. (1772, 1808)
1995 Ed. (1792)
Rockwood Co.
2001 Ed. (2910)
1994 Ed. (2923)
Rockwood Growth
1994 Ed. (2625)
1992 Ed. (3171)
Rockwood Holdings Inc.
2008 Ed. (911)
Rockwood Specialties Group Inc.
2006 Ed. (1417, 1446, 3276)
Rocky
2005 Ed. (272)
Rocky Mount, NC
2008 Ed. (2491, 3468)
2005 Ed. (2992)
Rocky Mount Undergarment
1991 Ed. (3360)
1990 Ed. (1067)
Rocky Mountain
1990 Ed. (2169)
Rocky Mountain Bank
2002 Ed. (3548)
1996 Ed. (678, 2640)
Rocky Mountain Bank Card
1992 Ed. (503)
1991 Ed. (360)
Rocky Mountain Bank Card Systems
1991 Ed. (265, 371)
Rocky Mountain Capital Partners LLP
2007 Ed. (4875)
2004 Ed. (4832)
2002 Ed. (4737)
Rocky Mountain Chocolate Factory
2008 Ed. (842, 882, 4372)
2007 Ed. (872, 907, 1662)
2006 Ed. (775, 820)
2005 Ed. (855, 856, 857, 905)
2004 Ed. (878, 879, 880, 914)
2003 Ed. (858, 895)
2002 Ed. (937, 2363)
1996 Ed. (1966)
Rocky Mountain College
2008 Ed. (1066)
Rocky Mountain Credit Union
2008 Ed. (2243)
2007 Ed. (2128)
2006 Ed. (2207)
2005 Ed. (2112)
2004 Ed. (1970)
2003 Ed. (1930)
2002 Ed. (1876)
Rocky Mountain Elk Foundation Inc.
2006 Ed. (2612)
2005 Ed. (2613, 2614)
2004 Ed. (2624, 2625)
2003 Ed. (2491, 2492)
2001 Ed. (2445)
Rocky Mountain Employee Benefits
2006 Ed. (3110)
Rocky Mountain Health Care Corp.
1998 Ed. (751)
1996 Ed. (988)
1995 Ed. (1001)
1994 Ed. (988)
1992 Ed. (1188)
Rocky Mountain Health Plans
2007 Ed. (4025)
Rocky Mountain HMO Inc.
2008 Ed. (2920)
2003 Ed. (2700)
2002 Ed. (2461)
Rocky Mountain Hospital & Medical
2008 Ed. (2920)
2002 Ed. (2872)
Rocky Mountain Hospital & Medicine
2003 Ed. (3010)
Rocky Mountain Investors
1993 Ed. (2311)
Rocky Mountain Ram LLC
2008 Ed. (4955)
2007 Ed. (4989)
Rocky Mountain Soap Co., Inc.
2008 Ed. (1549)
2005 Ed. (1690, 1691, 1692)
Rocky Point Park
1995 Ed. (216)
Rocky Road
1990 Ed. (2144)
Rocky's Italian Grill
2007 Ed. (3965)
R.O.C.M.
1995 Ed. (2999)
1994 Ed. (2941)
Rocor International
2004 Ed. (4773)
2000 Ed. (3734, 4313)
1999 Ed. (4019)
1998 Ed. (3031)
1995 Ed. (3081)
1994 Ed. (3029)
Rocor Transportation Cos.
1993 Ed. (2987)
Roctest
2007 Ed. (2814)
Rod Calvao
1992 Ed. (2905)
1991 Ed. (2344)
1990 Ed. (2481)
Rod Canion
1990 Ed. (976, 1726)
Rod Dammeyer
1996 Ed. (1715)
Rod Dirodon
1991 Ed. (2346)
Rod Gunn & Associates Inc.
1998 Ed. (2232)
1996 Ed. (2348, 2355)
Rod Maclean
2000 Ed. (2130)
1999 Ed. (2342)
Rod Stewart
2008 Ed. (2583)
2007 Ed. (1267, 3658)
1998 Ed. (866)
1995 Ed. (1117)
1993 Ed. (1076, 1077)
1991 Ed. (1041)
Rod Whitehead
1999 Ed. (2346)
Rodale
2007 Ed. (667, 669)
2006 Ed. (642, 644)
2005 Ed. (730)
Rodamco
1994 Ed. (1227)
1993 Ed. (226, 227)
1992 Ed. (329)
1991 Ed. (237, 238)
1990 Ed. (3473)
Rodamco Europe
2007 Ed. (4079)
Rodamco North America NV
2005 Ed. (1558)
2004 Ed. (1557)
2002 Ed. (4603)
RODAMCO NV
1989 Ed. (1109)
Rodange-Athus
1992 Ed. (2948, 2949)
Roddy Stafford
2007 Ed. (4920)
Rodee Automobile SA
1997 Ed. (1825)
Rodemco
1992 Ed. (330)
Rodenstock USA Inc. Medical Division
1997 Ed. (2968)
Rodenticides
2002 Ed. (2816)
Rodeo
2002 Ed. (384)
2001 Ed. (478)
Rodeo-Chediski Complex, AZ
2005 Ed. (2203)
Roderick; David M.
1990 Ed. (972)
Rodeway Inns
1998 Ed. (2015, 2021)
1997 Ed. (2295)
1996 Ed. (2178)
1994 Ed. (2115)
1993 Ed. (2085)
1992 Ed. (2476, 2493)
1991 Ed. (1943)
1990 Ed. (2077)
Rodeway Inns International
1991 Ed. (1954)
1990 Ed. (2086)
Rodger Meier Cadillac
1994 Ed. (264)
1993 Ed. (295)
1990 Ed. (319, 338)
Rodgers Builders
2008 Ed. (1323)
2006 Ed. (1332, 2796)
2001 Ed. (2671)
2000 Ed. (2417)
1999 Ed. (1380)
1997 Ed. (1160)
Rodgers Chevrolet
2005 Ed. (4995)
2004 Ed. (4990)
Rodgers; Richard
2006 Ed. (802)
Rodl & Partner
2008 Ed. (2690, 2715)
Rodman & Renshaw Inc.
1992 Ed. (959)
Rodman; Dennis
1997 Ed. (1725)
Rodney Fitch & Co.
2001 Ed. (1444, 1446, 1447, 1448)
Rodney Jacobs
2001 Ed. (2314)
Rodney Sq. Multi Managers Growth
1993 Ed. (580)
Rodney Square International
1995 Ed. (556)
Rodney Square International Equity
1996 Ed. (616)
Rodney Square M/M Growth
1996 Ed. (612)
Rodney Strong
2002 Ed. (4942)
2001 Ed. (4880)
Rodrigo Fiaes
1999 Ed. (2292)
Rodrigo Quintanilla
1999 Ed. (2403)
Rodriguez; Alex
2008 Ed. (272)
2006 Ed. (291, 292)
2005 Ed. (267)
Rodriguez & Del Valle Inc.
2007 Ed. (1285)
2006 Ed. (1178)
2005 Ed. (1184)
2004 Ed. (1156)
Rodriguez & Villallobos
1995 Ed. (2651)
Rodriguez Industrial Supplies
1990 Ed. (2013)
Rodriquez Industrial Supplies
1989 Ed. (1590)
Roduland County, NY
1995 Ed. (1513)
Roebbelen Contracting Inc.
2007 Ed. (1348)
Roebling Investment Co.
1996 Ed. (3427, 3431)
1995 Ed. (3373)
1991 Ed. (3120, 3126)
Roebling Investment Co./Management Co.
1993 Ed. (3315)
Roebling Management Co., Inc.
1990 Ed. (3290)
Roederer Estate
1995 Ed. (926)
Roederer Estate Champagne
1996 Ed. (903)
Roederer; Louis
1993 Ed. (876)
Roegelein Co.
1992 Ed. (2991, 3485)
Roehl Transport Inc.
2006 Ed. (4835)
Roel Construction Co.
2002 Ed. (1247)
Roel Gooskens
2000 Ed. (2180)
1999 Ed. (2418)
Roel Pieper
2001 Ed. (2316)
Roela
2000 Ed. (459)
Roelandts; Willem P.
2007 Ed. (2502)
2006 Ed. (2524)
Roelandus Brenninkmeyer
1992 Ed. (888)
Roell; Stephen
2006 Ed. (948)
Roemer; Charles Buddy
1992 Ed. (2344)
Roemer Weather
1994 Ed. (1070)
1993 Ed. (1036)
Roerig
1996 Ed. (2597)
1995 Ed. (2529)
1994 Ed. (1559, 2461)
1992 Ed. (1867, 3001)
1990 Ed. (2529)
Roersma & Wurn
2004 Ed. (1175)
2003 Ed. (1167)
2002 Ed. (2683)
Roessler; E. C.
2005 Ed. (2477)
Roferon-A
1996 Ed. (1581)
Roffe
1993 Ed. (3374)
1992 Ed. (4054)
1991 Ed. (3173)
1990 Ed. (3337)
Rofin-Sinar Technologies
2008 Ed. (1927, 3645)
2004 Ed. (2180, 2181, 4660)
Rogaine
2003 Ed. (2651, 4429)
2000 Ed. (1703)
1999 Ed. (1905)
1998 Ed. (1341)
Rogaine Top Solution
1990 Ed. (1566, 2530)
Rogaine Topical Solution
1991 Ed. (2400, 1473)
Rogan Inc.
2006 Ed. (4352)
Rogan; Peter
2008 Ed. (2771)
Rogaska
1999 Ed. (3253)
Rogaska (preferred)
1997 Ed. (2675)
Rogel; S. R.
2005 Ed. (2499)
Rogel; Steven
2008 Ed. (933)
2007 Ed. (1002)
2006 Ed. (912)
2005 Ed. (965)
Rogelio Diaz Publicidad
1991 Ed. (139)
Roger A. Enrico
2004 Ed. (2490)
1994 Ed. (1715)
Roger Aaron
2002 Ed. (3068)
Roger & Peter De Haan
2005 Ed. (4888)
Roger & Sons Construction Inc.
2001 Ed. (2702)
Roger Beasley Mazda
1996 Ed. (278)
1995 Ed. (275)
1994 Ed. (275)
1993 Ed. (276)
1992 Ed. (390)
1991 Ed. (285)
Roger Clemens
2005 Ed. (267)
Roger Communications Inc.
1999 Ed. (3311)
Roger David
2004 Ed. (3959)

Roger Engemann
1993 Ed. (2318, 2322)
Roger Engemann & Associates
1992 Ed. (2762)
Roger Enrico
1997 Ed. (1797)
Roger F. Greaves
1996 Ed. (962)
Roger Farah
2004 Ed. (2527)
1999 Ed. (4302)
Roger Ferris & Partners
2007 Ed. (3204)
2006 Ed. (3170)
2005 Ed. (3168)
Roger Gabb
2008 Ed. (4006, 4909)
Roger Gordon
1999 Ed. (2169)
1998 Ed. (1582)
Roger Hirst
2000 Ed. (2113)
1999 Ed. (2327)
Roger King
1997 Ed. (1941)
1993 Ed. (1705)
1992 Ed. (2061, 2062)
1991 Ed. (1631)
Roger L. Plummer
1989 Ed. (736)
Roger L. Wesson
1992 Ed. (531)
Roger Maler Inc.
1990 Ed. (3086)
Roger Meier Cadillac Co.
1991 Ed. (305)
Roger Miller
1993 Ed. (1079)
Roger Milliken
2005 Ed. (4850)
2004 Ed. (4864)
Roger Moore
2000 Ed. (2132)
1999 Ed. (2330)
Roger Penske
2008 Ed. (952)
Roger Penske Cadillac
1992 Ed. (410)
1990 Ed. (338)
Roger Plank
2007 Ed. (1075)
2006 Ed. (981)
Roger S. Markfield
2007 Ed. (2505)
Roger S. Penske
2006 Ed. (4905)
1991 Ed. (2462)
Roger Smith
1992 Ed. (1144)
1991 Ed. (927)
1990 Ed. (974)
Roger Staton Associates
1999 Ed. (3940)
1996 Ed. (3124)
1995 Ed. (3021)
1994 Ed. (2963)
Roger W. Stone
1992 Ed. (1143, 2059)
Roger Wadsworth & Co. (Holdings) Ltd.
1993 Ed. (969)
Roger Williams Hospital
2001 Ed. (1840)
Roger Williams Medical Center
2008 Ed. (2061)
2007 Ed. (1966)
2005 Ed. (1955)
2004 Ed. (1847)
2003 Ed. (1813)
2001 Ed. (1840)
Roger Williams University
2008 Ed. (1060)
Rogers
2008 Ed. (1695, 3645)
Rogers & Co.
2006 Ed. (4520)
2002 Ed. (4443, 4444)
Rogers & Associates
2005 Ed. (3964, 3966)
2004 Ed. (3983, 4011, 4015)
2003 Ed. (4008)
2002 Ed. (3837, 3838)
2001 Ed. (3939)
1999 Ed. (3912, 3943)
1998 Ed. (2951)
Rogers & Assocs.
2000 Ed. (3658)
Rogers & Cowan
1996 Ed. (3129)
1995 Ed. (3024, 3025)
Rogers & Cowan of Shandwick
1999 Ed. (3917, 3943)
1998 Ed. (2943, 2951)
1997 Ed. (3190, 3205)
1996 Ed. (3111)
1994 Ed. (2952, 2966)
1992 Ed. (3570)
Rogers & Webster
1998 Ed. (88)
Rogers & Wells
2001 Ed. (745, 4206)
1998 Ed. (2332, 2577)
1997 Ed. (2600)
Rogers AT & T Wireless
2003 Ed. (4697)
Rogers; C. Jeffrey
1996 Ed. (958)
Rogers Cable Inc.
2008 Ed. (729)
2007 Ed. (750)
2005 Ed. (842)
2003 Ed. (3034)
Rogers Cablesystems Ltd.
2004 Ed. (866)
2003 Ed. (828)
2001 Ed. (1083)
Rogers Cantel Mobile Communications Inc.
2002 Ed. (4709)
2001 Ed. (2865)
2000 Ed. (1397)
1999 Ed. (2667)
Rogers College of Law; University of Arizona, James E.
2008 Ed. (3430)
2007 Ed. (3329)
Rogers Communications Inc.
2008 Ed. (30, 1622, 1657, 2938, 2948)
2007 Ed. (25, 1197, 2810, 2823, 4364, 4729)
2006 Ed. (33, 1606, 1630)
2005 Ed. (2832, 2833, 4510)
2004 Ed. (3021)
2003 Ed. (1078, 2933, 2939)
2002 Ed. (2502, 3269)
2001 Ed. (22, 2865)
2000 Ed. (1397, 2458)
1997 Ed. (729, 2724)
1996 Ed. (791, 2579)
1995 Ed. (2512)
1994 Ed. (761)
1993 Ed. (2506)
1992 Ed. (946, 1295)
1991 Ed. (1016, 1185)
Rogers/Dolly Parton; Kenny
1991 Ed. (1040)
Rogers; Edward S.
1997 Ed. (980)
Rogers; Edward (Ted)
1991 Ed. (1617)
Rogers Electric
2008 Ed. (1293)
2006 Ed. (1307)
Rogers; Elliot
1993 Ed. (1790)
Rogers; Elliott
1997 Ed. (1863)
1996 Ed. (1788)
1995 Ed. (1814)
1994 Ed. (1773)
1991 Ed. (1702)
Rogers Group Inc.
2008 Ed. (3675)
2007 Ed. (3512)
2006 Ed. (3482)
2005 Ed. (3480, 3481, 4525)
2004 Ed. (3484, 4592)
2003 Ed. (4614, 4615)
2002 Ed. (4510, 4511)
Rogers Insurance Ltd.
2008 Ed. (2713)
Rogers; J. E.
2005 Ed. (2509)
Rogers Jr.; Edward
2008 Ed. (4855, 4856)
2005 Ed. (4870)
Rogers; Kenny
1997 Ed. (1113)
1996 Ed. (1094)
1995 Ed. (1120)
1994 Ed. (1100)
1993 Ed. (1079)
1992 Ed. (1351, 1351, 1351, 1351)
1990 Ed. (1143, 1143)
1989 Ed. (991, 991)
Rogers, Lorrie Morgan; Kenny
1991 Ed. (1040)
Rogers Lovelock & Fritz Inc.
1998 Ed. (186)
Rogers; Mark
1997 Ed. (1891)
Rogers Media
2008 Ed. (729)
2007 Ed. (750)
Rogers Merchandising
1989 Ed. (2351)
Rogers PLC; Jeffrey
1992 Ed. (1198)
Rogers Poultry Inc.; B.C.
1992 Ed. (2989, 3506)
Rogers Roasters; Kenny
1997 Ed. (3311, 3312)
1996 Ed. (1760)
Rogers; Roy
1997 Ed. (3375)
1996 Ed. (3278)
1995 Ed. (3121, 3180)
1994 Ed. (3086, 3130)
1993 Ed. (3067)
1992 Ed. (1460, 3708, 4229)
Rogers Sr.; Edward
2007 Ed. (4910)
2006 Ed. (4923)
Rogers Sugar Income Fund
2008 Ed. (2745)
Rogers; Ted
1997 Ed. (3871)
Rogers Telecom
2008 Ed. (4648)
Rogers, The Forester Sisters; Kenny & Christmas: Kenny
1991 Ed. (1040, 1040)
Rogers Video
2004 Ed. (4842)
2002 Ed. (4753)
Rogers Wireless
2008 Ed. (646)
Rogers Wireless Communications Inc.
2008 Ed. (2930, 2932, 2948)
2007 Ed. (2804, 2819, 2823)
2006 Ed. (2812, 2814)
2005 Ed. (2830)
2004 Ed. (2825)
2003 Ed. (2142)
Rogers@Home
2000 Ed. (2744)
Rogerson; Dewe
1997 Ed. (3195, 3197)
1995 Ed. (3018, 3019, 3022)
Roget; J.
1997 Ed. (3886)
Rogge Global
1995 Ed. (2372)
Rogge Global Partners
2001 Ed. (3003)
1998 Ed. (2273)
1997 Ed. (2521, 2537)
1993 Ed. (2306)
Rogin Mitra
2000 Ed. (2091)
Rogue Ales
1996 Ed. (2630)
Rogue Credit Union
2008 Ed. (2254)
2007 Ed. (2139)
2006 Ed. (2218)
2005 Ed. (2123)
2004 Ed. (1981)
2003 Ed. (1941)
2002 Ed. (1887)
Rogue Valley Medical Center Inc.
2005 Ed. (1939)
2004 Ed. (1839)
2003 Ed. (1806)
2001 Ed. (1831)
Rohatyn Associates
2005 Ed. (1430, 1431, 1456)
2004 Ed. (1415)
Rohde Construction Co.
1999 Ed. (1307)
Rohm
2007 Ed. (2828)
2004 Ed. (2258)
2003 Ed. (2249)
Rohm & Haas Co.
2008 Ed. (929, 1466, 3011)
2007 Ed. (924, 927, 928, 933, 954, 1472, 2889)
2006 Ed. (840, 845, 846, 851, 865)
2005 Ed. (931, 936, 937, 942, 943, 945, 947, 958, 1512)
2004 Ed. (19, 941, 947, 951, 952, 954, 963, 964, 1496, 4097)
2003 Ed. (932, 933, 937, 940, 941, 944, 1466, 3280, 4070)
2002 Ed. (987, 988, 990, 993, 995, 1019, 1446, 3591, 3965)
2001 Ed. (1177, 1178, 1181, 1198, 1209, 1214, 1550, 2181)
2000 Ed. (894, 1018, 1020, 1022, 1033, 1038, 3056, 3423, 3517, 3555)
1999 Ed. (948, 1084, 1085, 1105, 2538, 3295, 3303, 3713)
1998 Ed. (531, 693, 697, 698, 699, 701, 702, 703, 709, 2751, 3702)
1997 Ed. (951, 955, 958, 967, 2709, 3005)
1995 Ed. (950, 953, 957, 961, 968, 2921)
1994 Ed. (914, 917, 919, 921, 926, 936, 2854)
1993 Ed. (900, 905, 907, 925)
1992 Ed. (1106, 1108, 1112, 1115, 1125, 1109, 1122)
1991 Ed. (900, 903, 905, 908, 914)
1990 Ed. (930, 942, 946, 961)
1989 Ed. (875, 879, 884, 885, 889)
Rohm & Hans
1996 Ed. (923, 926, 945)
Rohm/IBM
1990 Ed. (3520)
Rohr Inc.
1993 Ed. (155, 156)
Rohr Industries
1992 Ed. (244)
1990 Ed. (182, 183, 3092)
1989 Ed. (195, 197)
Rohs; John
1997 Ed. (1882, 1919)
1996 Ed. (1808, 1847)
1995 Ed. (1792, 1866)
1994 Ed. (1792, 1825)
1993 Ed. (1809)
1991 Ed. (1696)
Roins Holding Ltd.
1996 Ed. (986)
1995 Ed. (999)
1993 Ed. (961)
Roisin Carroll
2008 Ed. (4899)
2007 Ed. (4919)
Rojacks Foodstore
2004 Ed. (4645)
Rok; Natan R.
1994 Ed. (2059, 2521, 3655)
Rokeach Foods
1994 Ed. (2347)
Rokiskio Suris
2006 Ed. (4516)
2002 Ed. (4441)
Rokke; Kjell Inge
2008 Ed. (4871)
Rokko-sha
1995 Ed. (1245)
Rolaids
2003 Ed. (283)
2001 Ed. (387)
1998 Ed. (173, 1350)
1995 Ed. (224)
1994 Ed. (225, 226)
1993 Ed. (236)
1992 Ed. (341, 342, 346, 1846)
Roland Corp.
2001 Ed. (3409, 3411)
2000 Ed. (3176, 3221)

Roland Arnall
2008 Ed. (4832)
2007 Ed. (4903)
Roland Capital
1995 Ed. (2369)
Roland Corp. U.S.
1994 Ed. (2588)
1992 Ed. (3142)
Roland Corp. USA
1998 Ed. (2589)
1996 Ed. (2749)
1995 Ed. (2671)
Rold Gold
2008 Ed. (4442, 4448)
2007 Ed. (4459)
2006 Ed. (4392)
2003 Ed. (4455)
2000 Ed. (4063)
1998 Ed. (3319)
1997 Ed. (3530, 3664)
1996 Ed. (3463)
1994 Ed. (3344)
Rold Gold Crispy
2000 Ed. (4063)
Role-playing
1993 Ed. (1594)
Rolex
2008 Ed. (657, 658, 666, 3529)
2007 Ed. (698, 3398)
2001 Ed. (1243)
2000 Ed. (1427)
1999 Ed. (1621)
1997 Ed. (1401)
1996 Ed. (1341)
1995 Ed. (1390)
1993 Ed. (743)
1991 Ed. (3474)
Rolex Watch Co.
2001 Ed. (3229)
1994 Ed. (42)
Rolex Watch Co. SA
2007 Ed. (129)
2006 Ed. (136)
Rolf-E. Breuer
2003 Ed. (3061)
Rolinco
1993 Ed. (226)
1992 Ed. (329)
1991 Ed. (237)
1990 Ed. (3473)
Roling; Daniel
1995 Ed. (1796, 1812)
1994 Ed. (1771, 1832)
1993 Ed. (1788)
1989 Ed. (1416)
Roll & Ross Asset Management Corp.
1992 Ed. (2770)
Roll Coater
2008 Ed. (3667)
Roll Forming Corp.
2003 Ed. (3372)
Roll International Corp.
2007 Ed. (153)
2006 Ed. (161)
2005 Ed. (152)
2004 Ed. (154, 2879)
2003 Ed. (194)
2002 Ed. (222)
2000 Ed. (199, 208, 1107)
1999 Ed. (4808, 4814)
1998 Ed. (73)
1997 Ed. (3052)
1996 Ed. (159, 997, 2974)
1995 Ed. (145, 2889)
Roll of Thunder, Hear My Cry
1990 Ed. (982)
Roll Rich
2003 Ed. (982, 4750)
Rolland; Ian M.
1992 Ed. (2713)
Roller Derby
2001 Ed. (4329)
1992 Ed. (3744)
Roller hockey
1999 Ed. (4385)
Roller/in-line skates
1994 Ed. (3369)
Roller pens
1993 Ed. (3741)
1992 Ed. (4494)
1990 Ed. (3712)
Rollerblade, Inc.
2001 Ed. (4329)
1992 Ed. (3744)
Rollers
2007 Ed. (4238)
Rollerskating
1999 Ed. (4383)
Rollerskating (in-line)
1999 Ed. (4816)
Rollerz
2008 Ed. (2662)
Rollin M. Dick
2000 Ed. (1051)
1999 Ed. (1127)
1997 Ed. (979)
1996 Ed. (967)
1995 Ed. (983)
Rolling Acres Mall
2001 Ed. (4251)
Rolling; Daniel
1996 Ed. (1811)
Rolling Hills, CA
2002 Ed. (2712)
2001 Ed. (2817)
2000 Ed. (1068, 4376)
1999 Ed. (1155, 4747)
1998 Ed. (737, 3704)
Rolling Rock
2007 Ed. (596)
1989 Ed. (779)
Rolling Stone
2001 Ed. (248, 1231, 3197)
1994 Ed. (2793)
1992 Ed. (3375, 3377, 3379, 3386)
1991 Ed. (3246)
1990 Ed. (2800)
1989 Ed. (178, 180, 181, 183, 2173, 2175, 2176, 2178)
Rolling Stones
2008 Ed. (2580, 2583, 2586)
2007 Ed. (3658, 4922)
2006 Ed. (2486, 2488)
2005 Ed. (1161, 2443, 2444, 4887)
2001 Ed. (1138, 1380, 1381, 1381, 1381, 1382, 1384, 3404)
2000 Ed. (996, 1182, 1183, 1183, 1183)
1999 Ed. (1292, 1293)
1998 Ed. (1470)
1997 Ed. (1112, 1114, 1777)
1996 Ed. (1093, 1095)
1994 Ed. (1667)
1993 Ed. (1633)
1992 Ed. (1350, 1350, 1350, 1348, 1350, 1982)
1991 Ed. (844, 1041, 1578)
The Rolling Stones/Dave Matthews Band
2000 Ed. (1183)
The Rolling Stones/Fiona Apple
2000 Ed. (1183)
The Rolling Stones, Guns N' Roses, Living Colour
1991 Ed. (1039)
The Rolling Stones, Living Colour
1991 Ed. (1039, 1039, 1039, 1039, 1039)
The Rolling Stones Living Colour, Dou n' Dlaye Rose & Troupe
1991 Ed. (1039)
The Rolling Stones, Living Colour, Mar Magette
1991 Ed. (1039)
The Rolling Stones/Pearl Jam
2000 Ed. (1183)
Rollins
1994 Ed. (3233)
1993 Ed. (3240)
1992 Ed. (3937)
1991 Ed. (1246, 3102, 3104)
1990 Ed. (3259, 3261)
1989 Ed. (2477, 2479)
Rollins Burdick Hunter
1992 Ed. (20)
1990 Ed. (2270)
Rollins Burdick Hunter (Bermuda) Ltd.
1993 Ed. (846)
1992 Ed. (1058)
1991 Ed. (853)
1990 Ed. (903)
Rollins Burdick Hunter Group Inc.
1994 Ed. (2224, 2225, 2227)
1993 Ed. (2247, 2248, 2249)
1991 Ed. (2138, 2137)
1990 Ed. (2266)
Rollins College
2008 Ed. (758, 1087)
2006 Ed. (716)
2002 Ed. (867, 1106)
2001 Ed. (1326)
1999 Ed. (1231, 1233)
1998 Ed. (802, 805)
1997 Ed. (1054)
1996 Ed. (1038)
1995 Ed. (937, 1053, 1069)
1994 Ed. (1045)
1993 Ed. (1018)
1992 Ed. (1270)
Rollins Environmental
1989 Ed. (2476)
Rollins Environmental Services
1998 Ed. (1134, 1477)
1997 Ed. (3132, 3642, 3643, 3644, 3645)
1996 Ed. (3510)
1993 Ed. (2875)
1992 Ed. (3478, 3479)
1991 Ed. (2752)
1990 Ed. (2875)
Rollins Hudig Hall
1997 Ed. (2414)
1995 Ed. (2270, 2271, 2272, 2273)
Rollins Hudig Hall (Bermuda) Ltd.
1995 Ed. (902)
1994 Ed. (859)
Rollins Hudig Hall (Cayman) Ltd.
1994 Ed. (862)
Rollins Hudig Hall Group Inc.
1998 Ed. (2123)
1996 Ed. (2273, 2274, 2275, 2276)
Rollins Hudig Hall Management Inc.
1995 Ed. (905)
1994 Ed. (863, 867, 2226)
Rollins Hudig Hall of New York Inc.
1995 Ed. (2274)
Rollins International
1999 Ed. (1601)
Rollins; Kevin B.
2006 Ed. (2524)
Rollins Protective Services Inc.
1998 Ed. (3201, 3202, 3203, 3204)
1997 Ed. (3414, 3416)
1996 Ed. (3309)
1995 Ed. (3212)
1993 Ed. (3115)
1992 Ed. (3827)
Rollo Associates; R.
1997 Ed. (1795)
Rolls
2003 Ed. (367, 369, 375)
2002 Ed. (425, 430, 2006)
Rolls-Bentley
1998 Ed. (225)
Rolls Music
2000 Ed. (3219)
1999 Ed. (3501)
1997 Ed. (2862)
1996 Ed. (2747)
1993 Ed. (2641)
Rolls-Royce Corp.
2008 Ed. (1806)
2007 Ed. (1775)
2006 Ed. (1767)
2005 Ed. (1794)
2004 Ed. (1734)
2003 Ed. (1697)
1999 Ed. (334, 794, 1621)
1997 Ed. (174)
1996 Ed. (169, 1341, 1361)
1995 Ed. (161, 163, 1747)
1994 Ed. (141, 143)
1992 Ed. (1625)
1991 Ed. (1639)
1990 Ed. (3631)
1989 Ed. (200)
Rolls-Royce Allison
2000 Ed. (2619)
Rolls-Royce Bentley Continental
1992 Ed. (483)
Rolls-Royce Bentley Eight and Mulsane
1992 Ed. (483)
Rolls-Royce Corniche III
1992 Ed. (483)
1991 Ed. (354)
Rolls-Royce Motor
1997 Ed. (1401)
Rolls-Royce Motor Cars
2000 Ed. (1427)
Rolls-Royce of Beverly Hills
1995 Ed. (288)
1994 Ed. (282)
1993 Ed. (284)
1992 Ed. (399)
Rolls-Royce of Newport Beach
1995 Ed. (288)
Rolls-Royce plc
2008 Ed. (161, 164, 165, 1457, 1461, 2124)
2007 Ed. (180, 181, 182, 185, 186, 187, 188)
2006 Ed. (179, 181, 182, 1473)
2005 Ed. (163, 166, 168)
2004 Ed. (164, 2013, 4795)
2003 Ed. (206, 1972)
2002 Ed. (242, 4420)
2001 Ed. (271, 2267, 2268)
1992 Ed. (1773)
1989 Ed. (199)
Rolls-Royce Silver Spirit II and Silver Spur
1992 Ed. (483)
Rolls-Royce Silver Spirit/Spur
1991 Ed. (354)
Rolls, sweet
1997 Ed. (327)
Rolm
1995 Ed. (2991)
1994 Ed. (2936)
1992 Ed. (3544, 4414, 4415)
1991 Ed. (1169)
1990 Ed. (3513)
Rolm Systems/Rolm
1992 Ed. (1925)
Rolo Banca
2000 Ed. (571)
1999 Ed. (560)
Rolo Banca 1473
1998 Ed. (378)
Roly Poly Franchise Systems LLC
2004 Ed. (4240)
2003 Ed. (893, 4219)
Rolzmann AG; Philipp
1995 Ed. (1693)
ROM
2001 Ed. (1356)
2000 Ed. (3702)
Rom-KU Advertising
1996 Ed. (132)
Roma
1992 Ed. (739)
Roma Savings & Loan Association
1990 Ed. (428)
Roman Abramovich
2008 Ed. (4864, 4865, 4880, 4894, 4901, 4904)
2007 Ed. (4911, 4912, 4923, 4928)
2006 Ed. (4924, 4929)
2005 Ed. (4877, 4878, 4892, 4897)
Roman Catholic Church
2000 Ed. (3754)
Roman Karkosik
2008 Ed. (4872)
Roman Meal Co.
2003 Ed. (761)
1996 Ed. (779)
Romana Sambuca
2001 Ed. (3107, 3108, 3109)
2000 Ed. (2942, 2968)
1999 Ed. (3202)
1998 Ed. (2372)
1997 Ed. (2641, 2643, 2644)
Romana Sambuca Black/Caffe
2004 Ed. (3267, 3269)
2003 Ed. (3219)
Romance
2008 Ed. (2769)
2003 Ed. (2545, 2552)
2001 Ed. (2528, 3705)
Romance for Men
2006 Ed. (2662)
Romance Men
2003 Ed. (2551)
Romania
2008 Ed. (1389, 1415, 3163, 3501, 4258, 4558)

2007 Ed. (2826, 3049, 4229, 4610)
2006 Ed. (2823, 3015, 4623)
2005 Ed. (2044, 2534, 2535, 3021, 4542, 4997)
2004 Ed. (1401, 1911, 3287, 4608)
2003 Ed. (2212, 2213, 3232, 3257, 4628, 4970, 4971, 4972)
2002 Ed. (3183)
2001 Ed. (513, 514, 1021, 1097, 1140, 1509, 1983, 2135, 2139, 2752, 3044, 3151, 3529, 3575, 3863, 4112, 4339, 4402, 4941)
2000 Ed. (824, 1611)
1999 Ed. (1139, 1782, 2067)
1997 Ed. (1543, 2117)
1996 Ed. (1478, 3871)
1995 Ed. (1519, 2031, 3774)
1994 Ed. (1487)
1993 Ed. (1932, 3725)
1992 Ed. (1734, 1735, 2078, 2297, 2357, 2359, 4474)
1991 Ed. (1382, 3507)
1990 Ed. (1476, 1732, 3699)
1989 Ed. (2964)
Romanian Bank for Development
2006 Ed. (517)
2005 Ed. (601)
2004 Ed. (489)
2003 Ed. (603)
2002 Ed. (639)
2000 Ed. (652)
1999 Ed. (627)
1996 Ed. (664)
1995 Ed. (594)
Romanian Bank for Foreign Trade
1994 Ed. (624)
1993 Ed. (620)
1992 Ed. (827)
1989 Ed. (662)
Romanian Commercial Bank
1997 Ed. (601)
1996 Ed. (663)
1995 Ed. (459)
1994 Ed. (624)
Romanian leu
2008 Ed. (2274)
2007 Ed. (2159)
Romanian Savings Bank
2008 Ed. (496)
2006 Ed. (517)
2004 Ed. (611)
2003 Ed. (603)
1999 Ed. (627)
1997 Ed. (601)
Romano/Gatland
1992 Ed. (2207)
1991 Ed. (759)
Romano; Ray
2008 Ed. (2581)
Romanoff
1992 Ed. (4407)
1991 Ed. (3461)
1989 Ed. (2897)
Romanoff; Andrew
2007 Ed. (2497)
Romano's Macaroni Grill
2008 Ed. (4161, 4183, 4184, 4191)
2007 Ed. (4149)
2006 Ed. (4104, 4122, 4126)
2005 Ed. (4052, 4063, 4064, 4085)
2004 Ed. (4120, 4138)
2003 Ed. (4099, 4106, 4109, 4110, 4111, 4133, 4136)
2002 Ed. (4001, 4022)
2001 Ed. (4063, 4066, 4067, 4069, 4070, 4071, 4072, 4073)
2000 Ed. (3781, 3787, 3795)
1999 Ed. (4068)
1997 Ed. (3337)
Romanov Group
2008 Ed. (4985)
Roman's Macaroni Grill
1998 Ed. (3065)
Romans Sambuca
1995 Ed. (2448, 2452)
Roma's-A Place for Ribs; Tony
1992 Ed. (3718)
Roma's; Tony
1996 Ed. (3217, 3230)
1995 Ed. (3120, 3138)
1994 Ed. (3075, 3088)
1993 Ed. (3017, 3035)
1991 Ed. (2883)
Romcif Fieni
2002 Ed. (4460)
Rome
1992 Ed. (1166, 2717)
Rome, Italy
2008 Ed. (766)
2007 Ed. (257, 258)
1990 Ed. (865)
Rome Kraft Employees Credit Union
1996 Ed. (1509)
Rome, Inc.: The Rise & Fall of the First Multinational Corporation
2008 Ed. (618)
Romeo & Juliet
1999 Ed. (3447, 3448)
Romeo Observer Inc.
2004 Ed. (3687)
Romero & Associates; J.
1992 Ed. (198)
Romero; Irene M.
1994 Ed. (3666)
Romesh Wadhwani
2002 Ed. (3346)
Romm; Martin
1995 Ed. (1806)
1994 Ed. (1764)
1993 Ed. (1781)
1991 Ed. (1675)
Rompala; Richard M.
2007 Ed. (2499)
2006 Ed. (919, 2522)
Rompetrol SA
2006 Ed. (4531)
Romtec
2000 Ed. (3043)
Ron Bacardi Gold Reserve
1990 Ed. (3072, 3073)
Ron Barcardi Gold Reserve
1991 Ed. (2907)
Ron Calvao
1993 Ed. (2463)
Ron Caney
1992 Ed. (47)
Ron Carlos Rum
2004 Ed. (4230)
Ron Carter Autoland
2006 Ed. (3541, 4380)
Ron Carter Automotive Center
2006 Ed. (298, 299, 300, 4868)
Ron Castillo
1991 Ed. (2906)
1990 Ed. (3067)
Ron Delsener Enterprises
1994 Ed. (2942)
1993 Ed. (2924)
1992 Ed. (3553)
1991 Ed. (2771)
1990 Ed. (2908)
Ron Doss
1990 Ed. (850)
Ron Herman
2008 Ed. (1001)
2006 Ed. (1038)
Ron Howard
2002 Ed. (3398)
2001 Ed. (2026)
Ron Huston
2006 Ed. (2514)
Ron James
1989 Ed. (736)
Ron Joyce
2005 Ed. (4866)
Ron L. Tillet
1995 Ed. (3505)
Ron Mannix
2005 Ed. (4863)
Ron Matusalem
2000 Ed. (3834)
1999 Ed. (4124)
1998 Ed. (3108)
1997 Ed. (3366)
1996 Ed. (3267)
1995 Ed. (3170)
1993 Ed. (3057)
Ron Popeil
2002 Ed. (4253)
Ron Rico
2005 Ed. (4158)
Ron Rio Rum
2002 Ed. (292)
Ron Salcer
2003 Ed. (224, 228)
Ron Schneider
1992 Ed. (2742)
Ron Slivka Buick
1995 Ed. (265)
Ron Slivka Buick-GMC
1996 Ed. (266)
Ron Smith Buick
1994 Ed. (263)
Ron Smith Buick-Jeep-Eagle
1993 Ed. (294)
1992 Ed. (409)
1991 Ed. (304)
Ron Tonkin Dealerships
2005 Ed. (1925)
Ron Weber & Associates
2000 Ed. (4193)
Rona Inc.
2008 Ed. (4226)
2007 Ed. (4188)
Ronald A. LaBorde
2004 Ed. (2533)
Ronald A. McDougall
2004 Ed. (2491, 2507, 2530, 2531, 2532)
2002 Ed. (1040)
1995 Ed. (1728)
Ronald A. Williams
2008 Ed. (945, 950)
Ronald Allen
1996 Ed. (1714)
Ronald Barone
2000 Ed. (2026)
1999 Ed. (2243, 2244)
1998 Ed. (1654)
1997 Ed. (1884)
1996 Ed. (1810)
1993 Ed. (1811)
Ronald Burkle
2006 Ed. (4899)
2003 Ed. (4880)
2000 Ed. (4377)
1999 Ed. (4748)
Ronald Cassinari
1989 Ed. (1417)
Ronald Cohen; Sir
2005 Ed. (3868)
Ronald Compton
2000 Ed. (1878, 2425)
Ronald D. Krist
1991 Ed. (2296)
Ronald D. Mayhew Inc.
1994 Ed. (1142)
1992 Ed. (1422)
1991 Ed. (1089)
Ronald Dollens
1999 Ed. (2075)
Ronald Dykes
2007 Ed. (1088)
2006 Ed. (996)
Ronald E. Blaylock
2008 Ed. (184)
Ronald E. Compton
1999 Ed. (2080)
1998 Ed. (720, 1514, 2138, 2139)
Ronald E. Ferguson
1994 Ed. (2237)
1992 Ed. (2713)
Ronald E. Ferguson (General Re Corp.)
1991 Ed. (2156)
Ronald E. Goldsberry
1989 Ed. (735)
Ronald Frank
2000 Ed. (2028)
1999 Ed. (2246)
1996 Ed. (1806)
1995 Ed. (1867)
Ronald Glantz
1991 Ed. (1672)
Ronald H. Levine
1995 Ed. (3503)
Ronald Hewitt
1992 Ed. (3138)
Ronald J. Doerfler
1996 Ed. (967)
Ronald J. Naples
2007 Ed. (2500)
Ronald K. Richey
1994 Ed. (947, 1714)
1991 Ed. (1619)
Ronald L. Paul
2004 Ed. (2490)
Ronald L. Skates
2001 Ed. (2316)
Ronald Lauder
2008 Ed. (4826)
2007 Ed. (4897)
2006 Ed. (4902)
2005 Ed. (4857)
2004 Ed. (4860)
2003 Ed. (4881)
2002 Ed. (3348)
Ronald Lemay
2002 Ed. (1043)
Ronald Leven
2000 Ed. (2064)
Ronald M. Shaich
2004 Ed. (2488)
Ronald Mandle
2000 Ed. (1984)
1999 Ed. (2212)
1998 Ed. (1628)
1997 Ed. (1853)
1996 Ed. (1778)
1995 Ed. (1804)
1991 Ed. (1673)
1989 Ed. (1418, 1419)
Ronald McAulay
2008 Ed. (4844)
Ronald McDonald Children's Charities
1995 Ed. (934)
Ronald Mittelstaedt
2007 Ed. (978)
2006 Ed. (888)
Ronald Motley
2002 Ed. (3072)
1997 Ed. (2612)
Ronald Nordmann
1994 Ed. (1774)
1993 Ed. (1791)
Ronald Normann
1991 Ed. (1703)
Ronald O. Perelman
2004 Ed. (4871)
2002 Ed. (3345)
Ronald Owen Perelman
1999 Ed. (726)
1991 Ed. (2461)
Ronald Perelman
2008 Ed. (4823)
2007 Ed. (4893)
2006 Ed. (4898)
2005 Ed. (4847)
1999 Ed. (4746)
Ronald Reagan Chair in Public Policy
1992 Ed. (1097)
Ronald Reagan International
2001 Ed. (351)
Ronald Richey
1996 Ed. (1712)
Ronald Sargent
2007 Ed. (981)
2006 Ed. (891)
Ronald Schmidt & Associates
2002 Ed. (335)
Ronald Southern
2005 Ed. (4873)
Ronald Stryker
2007 Ed. (4892)
Ronald Talley
1990 Ed. (2285)
Ronald W. Allen
1995 Ed. (1732)
1994 Ed. (1719)
Ronaldinho
2008 Ed. (4453)
2007 Ed. (4464)
2006 Ed. (4397)
Ronaldo
2008 Ed. (4453)
2007 Ed. (4464)
2006 Ed. (4397)
Ronan Keating
2005 Ed. (4885)
Roncador
2001 Ed. (3776)
Roncelli Inc.
2002 Ed. (1303)
2001 Ed. (1485)
2000 Ed. (1274)
1999 Ed. (1385)
1998 Ed. (961)

1997 Ed. (1179)
Ronco Communications Inc.
2006 Ed. (4369)
Ronda E. Stryker
2006 Ed. (4904)
2005 Ed. (4849)
Ronda Stryker
2008 Ed. (4829)
Rondo Building
2002 Ed. (3779)
Roney
1992 Ed. (3887)
Rong Zhijian; Larry
2008 Ed. (4843)
2007 Ed. (2508)
2006 Ed. (2529)
2005 Ed. (2515)
Rongman; Yu
2006 Ed. (2529)
2005 Ed. (2515)
Rongmao; Xu
2008 Ed. (4843)
2007 Ed. (2508)
Ronrico
2004 Ed. (4230, 4235)
2003 Ed. (4207)
2002 Ed. (291, 4070, 4076, 4078)
2001 Ed. (4142, 4146, 4147)
2000 Ed. (3834, 3836, 3839)
1999 Ed. (4124)
1998 Ed. (3108)
1997 Ed. (3366, 3368, 3370)
1996 Ed. (3267, 3270, 3272)
1995 Ed. (3170, 3174)
1994 Ed. (3122)
1993 Ed. (3057)
1992 Ed. (3749)
1991 Ed. (2906, 2907)
1990 Ed. (3067, 3071)
Ronson
1991 Ed. (1490, 1491)
1990 Ed. (1592, 1593)
Ronstadt; James F.
1992 Ed. (3139)
Ronstadt; Linda
1994 Ed. (1668)
1993 Ed. (1634)
Ronzoni
2008 Ed. (3858)
2003 Ed. (3740)
1999 Ed. (782, 3712)
Roofers
2005 Ed. (3616)
Roofing & guttering services
1999 Ed. (697, 698, 1810, 1811, 1812, 2712)
Roofing Constructors Inc.
1996 Ed. (1138)
Rooftop Inc.
2008 Ed. (1933)
2007 Ed. (1882)
2006 Ed. (1886)
2005 Ed. (1869)
2004 Ed. (1799)
Room & Board Inc.
2008 Ed. (2997)
2005 Ed. (2879)
2000 Ed. (2305)
1998 Ed. (1788)
Rooms To Go
2008 Ed. (2800, 3604, 4055)
2007 Ed. (2669, 3437)
2006 Ed. (2680, 2850, 3423)
2005 Ed. (2704, 3411)
2004 Ed. (2712, 2881)
2003 Ed. (2597)
2002 Ed. (2386)
2001 Ed. (2743)
2000 Ed. (706, 2291, 2296, 2299, 2300, 2301, 2303, 2304, 2305)
1999 Ed. (2555, 2557, 2558, 2560, 2561, 2562)
1998 Ed. (1781, 1784, 1788, 1789, 1796)
1997 Ed. (2097, 2109)
1996 Ed. (1982, 1983, 1984)
1995 Ed. (2447)
1994 Ed. (1937)
The RoomStore
2000 Ed. (2305)
1999 Ed. (2562)
Rooney Mo-Cap Session
2008 Ed. (4809)
Rooney, Pace
1990 Ed. (2294)
Rooney; Phillip B.
1994 Ed. (1721)
1989 Ed. (1376)
Rooney Volley
2008 Ed. (4809)
Rooney; Wayne
2008 Ed. (4453)
Roosevelt & Cross
2005 Ed. (3527)
2002 Ed. (3408)
2001 Ed. (759, 760, 761, 783)
1997 Ed. (2479)
1996 Ed. (2657)
Roosevelt Bank
1998 Ed. (3131, 3142, 3524, 3553)
Roosevelt Barnes
2003 Ed. (227)
Roosevelt County Credit Union
2003 Ed. (1891)
Roosevelt Field Mall
2003 Ed. (4407)
Roosevelt Financial Group
1998 Ed. (269, 3153)
1995 Ed. (3084, 3352)
Rooster.com
2003 Ed. (2154)
2001 Ed. (4749)
Root Beer
2000 Ed. (720)
Root Learning Inc.
2007 Ed. (4393)
Rooter-Man
2008 Ed. (4004)
2007 Ed. (3981)
2006 Ed. (3925)
2005 Ed. (3862)
2004 Ed. (3916)
"Roots"
1993 Ed. (3542)
1992 Ed. (4246)
Roots, Part Eight
1989 Ed. (2804)
"Roots Pt. VIII"
1995 Ed. (3581)
Roper
2008 Ed. (2348)
2001 Ed. (4027, 4731)
1992 Ed. (4156, 4158, 4420)
1991 Ed. (3243)
1990 Ed. (3481, 3482)
1989 Ed. (1622)
Roper Hospital Inc.
2005 Ed. (1959)
2004 Ed. (1856)
2003 Ed. (1820)
2001 Ed. (1847)
Roper Industries Inc.
2008 Ed. (845, 1729, 2418, 3645)
2007 Ed. (2330, 4263)
2006 Ed. (2386)
2005 Ed. (2222, 3352)
2004 Ed. (3327)
1997 Ed. (3522)
1996 Ed. (2055, 3445)
1995 Ed. (2060, 2061, 3381, 3383, 3391)
Ropes & Gray
2008 Ed. (3415)
2007 Ed. (3308)
2001 Ed. (837, 869, 889, 909)
1993 Ed. (2393)
1992 Ed. (2830)
1991 Ed. (2281)
1990 Ed. (2415)
Roquette Inc.
2005 Ed. (2656)
Roquette America
2004 Ed. (2663)
Rorento
2006 Ed. (3341)
1996 Ed. (214)
1994 Ed. (216)
1993 Ed. (226)
1992 Ed. (329)
1991 Ed. (237, 238)
1990 Ed. (3473)
Rorer Asset
1995 Ed. (2369)
Rorer Asset Management
1999 Ed. (3076)
1997 Ed. (2526, 2534)
Rorer Asset Mgmt.
2000 Ed. (2804)
Rorer Group
1992 Ed. (1458, 1459, 1461, 1486, 1872)
1991 Ed. (1471)
1990 Ed. (1562)
1989 Ed. (1277)
Rorez s.r.o.
2008 Ed. (1700)
Rosabel Advertising
2003 Ed. (129)
2002 Ed. (161)
2001 Ed. (190)
2000 Ed. (153)
1991 Ed. (134)
Rosalia Mera
2008 Ed. (4874, 4883)
Rosanlo, Ballets & Talamo Inc.
1995 Ed. (113)
Rosario Valores
2008 Ed. (732)
2007 Ed. (753)
Rosas Computer Co. Inc.
1993 Ed. (2039)
1991 Ed. (1912, 1911)
Rosbank
2008 Ed. (497)
2004 Ed. (612)
2003 Ed. (604)
Rosch Recruiting
2001 Ed. (1252)
Roscheisen; Martin
2005 Ed. (2453)
Roscoe; Bruce
1997 Ed. (1989, 1993)
1996 Ed. (1883, 1887)
Rose
2002 Ed. (4937)
Rose & Sons; Edward
1989 Ed. (926)
Rose Ann Tortora
1995 Ed. (1802)
Rose Are Red
2003 Ed. (706)
Rose Art
2000 Ed. (3426)
Rose Associates Inc.
1999 Ed. (4009, 4012)
Rose Bowl
2008 Ed. (4660)
1990 Ed. (1841)
Rose Building Enterprise; Edward
1996 Ed. (1100)
1994 Ed. (3023)
Rose Building Enterprises; W. E.
1997 Ed. (1122)
Rose; Charles
1991 Ed. (1706)
Rose City Mortgage Specialists
2008 Ed. (2023, 2025)
Rose Community Foundation
2002 Ed. (981)
The Rose Cos.
2006 Ed. (4205)
Rose Foundation; Frederick P. & Sandra P.
1993 Ed. (891, 1897)
Rose Furniture
1999 Ed. (2556)
Rose-Hulman Institute
1993 Ed. (1027)
1992 Ed. (1279)
Rose-Hulman Institute of Technology
2008 Ed. (2573)
1996 Ed. (1047)
1995 Ed. (1062)
1994 Ed. (1054)
Rose Integrated Services
2008 Ed. (1328)
Rose International
2008 Ed. (1356, 3718, 4409, 4969)
2007 Ed. (3572, 3573, 4430)
2006 Ed. (3523, 4362)
2003 Ed. (2730)
2002 Ed. (2517)
Rose Investments; R.
1993 Ed. (1038)
Rose Knitting
1990 Ed. (2047)
Rose; M. K.
2005 Ed. (2503)
Rose Marie Bravo
2006 Ed. (4975, 4978)
2005 Ed. (2469)
Rose; Matthew K.
2008 Ed. (942, 959)
2006 Ed. (941)
Rose Medical Center
2002 Ed. (2617)
Rose; Michael D.
1996 Ed. (961)
1995 Ed. (1729)
Rose Packaging Co. Inc.
2000 Ed. (3060, 3582)
Rose Packing Co. Inc.
1996 Ed. (2586, 3066)
Rose Partners L.P.
1991 Ed. (3332)
Rose; Peter
2006 Ed. (871)
Rose; Philippa
2007 Ed. (2463)
Rose; Rob
2006 Ed. (2518)
Rose; Robert
1993 Ed. (1701)
Rose; Stephen
1996 Ed. (1855)
Roseanne
2001 Ed. (4439, 4491)
1997 Ed. (3722)
1995 Ed. (3582)
1993 Ed. (3525, 3534)
1992 Ed. (4247)
1991 Ed. (3245)
Roseburg Forest Products Co.
2006 Ed. (1974)
2005 Ed. (1939)
2004 Ed. (1839)
2003 Ed. (1806)
2001 Ed. (1831)
Rosecliff & Pensler Capital
1995 Ed. (1232)
Rosedin Electric Inc.
1999 Ed. (1382)
Rosegarden Lebfraumilch
1990 Ed. (3697)
Rosehaugh Stanhope Developments PLC
1992 Ed. (1191)
Rosehill Japan Fund Ltd.
2003 Ed. (3142)
Roseland Properties
2003 Ed. (1184)
Roseland Property Co.
2002 Ed. (3925)
Rosemarie B. Greco
1994 Ed. (3666)
Rosemarie Greco
1999 Ed. (4805)
Rosemary Jordano
2005 Ed. (2468)
Rosemont College
2008 Ed. (1069)
1999 Ed. (1224)
1998 Ed. (795)
1997 Ed. (1057)
1995 Ed. (1056)
1994 Ed. (1048)
1993 Ed. (1021)
1992 Ed. (1273)
Rosemont Convention Center
1996 Ed. (1173)
Rosemont Horizon
1999 Ed. (1298)
The Rosemont Suites
2002 Ed. (2636)
Rosemont Theatre
2003 Ed. (4529)
2002 Ed. (4345)
2001 Ed. (4353)
1999 Ed. (1295)
Rosemount
2002 Ed. (765, 4975)
2001 Ed. (4911)
Rosemount Estate
2006 Ed. (4966)
2005 Ed. (4954, 4963, 4964)
2004 Ed. (4971)

2003 Ed. (4948)
2002 Ed. (4925, 4944)
2001 Ed. (4845, 4882)
Rosen Associates
1993 Ed. (2310)
1992 Ed. (3971)
Rosen Associates Management Corp.
1995 Ed. (3373, 3378)
Rosen Centre Hotel
2002 Ed. (2650)
Rosen Imports; Don
1996 Ed. (264)
1995 Ed. (260)
Rosenberg Institutional Equity
1999 Ed. (3071)
1992 Ed. (2761)
Rosenberg Institutional Equity Management
1989 Ed. (1803, 2139)
Rosenberg Institutional Equity Mgmt.
1990 Ed. (2344)
Rosenberg; Richard M.
1996 Ed. (381)
1994 Ed. (357)
1992 Ed. (2054)
Rosenberger Hochfrequenztechnik GmbH & Co.
2007 Ed. (1744)
Rosenberger Schwarts & Co.
2008 Ed. (279)
Rosenbluth
1994 Ed. (3579)
1993 Ed. (3626)
1990 Ed. (3651, 3652)
Rosenbluth International Inc.
2004 Ed. (4779)
2003 Ed. (4794)
2000 Ed. (4300, 4301, 4302)
1999 Ed. (4665, 4666, 4667)
1998 Ed. (3621, 3622, 3624)
1997 Ed. (3796)
1996 Ed. (3742, 3744)
Rosendin Electric Inc.
2008 Ed. (1183, 1257, 1320)
2007 Ed. (1283, 1360)
2006 Ed. (1177, 1281, 1330, 1334, 1349)
2005 Ed. (1311)
2004 Ed. (1304)
2001 Ed. (1474)
2000 Ed. (1260, 1272)
1999 Ed. (1368)
1998 Ed. (946, 960)
1997 Ed. (1149, 1162, 2217)
1996 Ed. (1120)
1995 Ed. (1147, 1159)
1993 Ed. (1124)
1992 Ed. (1411)
Rosendin Electrical Inc.
2003 Ed. (1301)
2002 Ed. (1289)
Rosenfeld Inc.
1992 Ed. (3615)
1991 Ed. (2806)
1990 Ed. (2955)
1989 Ed. (2285)
Rosenfeld; Irene
2008 Ed. (4948)
Rosenhaugh Stanhope Developments PLC
1992 Ed. (1199)
Rosenman & Colin
1992 Ed. (2901)
Rosenshein Associates
1992 Ed. (3960)
Rosenthal Acura
1992 Ed. (405)
1991 Ed. (300)
Rosenthal & Associates; Curtis
1996 Ed. (228)
Rosenthal & Rosenthal Inc.
2000 Ed. (1108)
Rosenthal Automotive Organization
2002 Ed. (350)
Rosenthal Autos
1989 Ed. (285)
Rosenthal Honda
1995 Ed. (269)
1994 Ed. (269)
1993 Ed. (270)
1992 Ed. (384)
1991 Ed. (279)
1990 Ed. (326)
Rosenthal Infiniti
1995 Ed. (271)
Rosenthal Jaguar
1993 Ed. (273)
1991 Ed. (282)
1990 Ed. (329)
Rosenthal; Lothar and Anne
1994 Ed. (899)
Rosenthal Mazda
1996 Ed. (278)
1995 Ed. (275)
1990 Ed. (332)
Rosenthal Nissan
1992 Ed. (393)
1991 Ed. (288)
1990 Ed. (311)
Rosenthal Nissan Honda Mazda
1990 Ed. (309)
Rosenthal; Norman
1997 Ed. (1880)
1996 Ed. (1806)
1995 Ed. (1829)
1994 Ed. (1790)
1993 Ed. (1807)
1991 Ed. (1708)
Roser Ventures LLC
2002 Ed. (4737)
Roses
2002 Ed. (1167)
2000 Ed. (1685)
1999 Ed. (785, 1026, 1869)
1998 Ed. (1293)
1996 Ed. (1558)
1995 Ed. (1570, 1571)
1994 Ed. (1540, 1541, 2137)
1993 Ed. (1493, 1494, 1871)
1992 Ed. (1812, 1813, 1818, 1844, 1045)
1990 Ed. (1510, 1522, 1523, 2120, 2121)
1989 Ed. (1244)
Roses Candy
1994 Ed. (856)
Rose's Furniture
2003 Ed. (2783)
Roses Southwest Papers Inc.
1998 Ed. (1939)
Rose's Stores
1991 Ed. (1423, 1424, 1430, 1450, 1919, 2621)
1990 Ed. (1508, 1509, 2719, 3058)
1989 Ed. (1248)
Rose's Stores B
1995 Ed. (2820)
Rosetta Stone
2008 Ed. (2404)
Roseville, CA
1993 Ed. (1544)
Roseville Chrysler-Plymouth
1996 Ed. (269)
1995 Ed. (262)
Roseville Communications Co.
2002 Ed. (3560)
Roseville Toyota
2008 Ed. (310, 4790, 4791)
2006 Ed. (4867, 4868)
2004 Ed. (4822, 4823)
2002 Ed. (360, 361, 362)
Rosewood Industries Inc.
2008 Ed. (4994)
Rosgosstrakh
1995 Ed. (2283)
Rosh Hashanah
2001 Ed. (2627)
Rosie O'Donnell
2004 Ed. (2415)
2003 Ed. (2335)
2002 Ed. (4546)
2001 Ed. (4439)
Roska Direct
1999 Ed. (142)
Roskin; William A.
2007 Ed. (2504)
2006 Ed. (2525)
Roskinsr; William A.
2005 Ed. (2511)
Roslyn Bancorp
2005 Ed. (355, 356)
2004 Ed. (640)
2003 Ed. (423)
2001 Ed. (574, 4530)
1999 Ed. (4170, 4600)
Roslyn Bancorp Inc./Roslyn Savings Bank
2000 Ed. (4250)
Roslyn North Industrial Park
1991 Ed. (2023)
1990 Ed. (2179)
Roslyn Savings Bank
1998 Ed. (3528, 3557)
1993 Ed. (3568)
Roslyn Volvo
1994 Ed. (288)
1993 Ed. (289)
Rosneft
2008 Ed. (664)
Rosneft; OAO
2008 Ed. (3918)
Rosneft Oil Co.; OAO
2008 Ed. (1812, 1813, 2064, 2066, 4537)
Rosno
2003 Ed. (2978)
ROSNO Insurance Co.
1999 Ed. (2924)
ROSNO-MS
1999 Ed. (2924)
Ross Asset Management
1993 Ed. (2338, 2352, 2358)
Ross Barney & Jankowski Inc.
2001 Ed. (408)
Ross Buick-Mercedes-GMC Inc.; Bob
1990 Ed. (734)
Ross, CA
2007 Ed. (3000)
2006 Ed. (2972)
Ross; David
2008 Ed. (4908)
2007 Ed. (4934)
Ross Dress for Less
1994 Ed. (3094)
1993 Ed. (3039)
1992 Ed. (3727)
Ross; Jonathan
1997 Ed. (2002)
Ross; Liberty
2008 Ed. (4898)
Ross Perot Jr.
2006 Ed. (3931)
Ross Roy Inc.
1993 Ed. (65, 75, 93, 3063)
1990 Ed. (128)
1989 Ed. (98)
Ross Roy Advertising
1997 Ed. (118)
1996 Ed. (115)
1994 Ed. (56, 65)
Ross Roy Communications
2001 Ed. (128, 129)
2000 Ed. (86)
1999 Ed. (80)
1998 Ed. (53, 60)
1997 Ed. (79, 1618)
1996 Ed. (46, 79, 1553, 3276)
1995 Ed. (31, 37, 65)
Ross Roy Group
1994 Ed. (83, 3127)
1992 Ed. (108, 112, 141, 1806)
1991 Ed. (127, 66, 92)
1990 Ed. (65, 71, 3079)
1989 Ed. (61)
Ross School of Business; University of Michigan
2008 Ed. (770, 773)
2007 Ed. (795, 796, 797, 808, 814, 815, 816, 817, 823, 824)
2006 Ed. (702, 707, 709, 710, 711, 727, 728)
Ross-Simons
2001 Ed. (2749)
2000 Ed. (4175)
1998 Ed. (3093, 3460)
1997 Ed. (3340, 3681)
1996 Ed. (3626)
1994 Ed. (2146)
Ross Sinclaire
2001 Ed. (822)
Ross; Stephen
2008 Ed. (4830)
Ross; Steven J.
1993 Ed. (940)
1992 Ed. (1141, 1145)
1991 Ed. (925, 928, 1619)
1990 Ed. (975)
Ross Stores Inc.
2008 Ed. (998, 999, 1000, 1002, 1004, 1007, 1009)
2007 Ed. (1118, 1119, 1120, 1121, 1122, 1123, 1125, 1127)
2006 Ed. (1031, 1032, 1033, 1034, 1035, 1036, 1039, 1523)
2005 Ed. (1024, 1025, 1026, 1028, 1634, 2207, 2208)
2004 Ed. (1014, 1019, 1020, 1021, 2103, 2104, 3308)
2003 Ed. (1018, 1019, 1020, 1021)
2001 Ed. (1270, 4323, 4324)
2000 Ed. (1119)
1999 Ed. (1197, 1198, 1199, 1874)
1998 Ed. (767, 768, 770, 771)
1997 Ed. (1029, 1030)
1996 Ed. (1007, 1010)
1995 Ed. (1025, 1028)
1994 Ed. (1016, 1018, 1019, 1537)
1993 Ed. (988)
1992 Ed. (1216, 1845)
1991 Ed. (979, 1437)
1990 Ed. (1053)
1989 Ed. (936)
Ross Technologies Inc.
2007 Ed. (3564)
Ross W. Manire
2000 Ed. (1882)
Ross Young's
1990 Ed. (1249)
Rosser Reeves
2000 Ed. (37)
Rossetti Assoc./Architects Planners
1989 Ed. (267)
Rossetti Associates
1993 Ed. (247)
Rossetti Associates Architects
2001 Ed. (409)
1998 Ed. (185)
1997 Ed. (266)
1995 Ed. (238)
Rossi; Carlo
1990 Ed. (3693)
Rossi; Ralph L.
1993 Ed. (1696)
Rossi Residencial
2006 Ed. (1848)
Rossi Residencial SA
2005 Ed. (3241)
Rossi; Valentino
2007 Ed. (294)
Rossignol
1993 Ed. (3326, 3327)
1992 Ed. (3981, 3982, 3983)
1991 Ed. (3133, 3134)
Rossin Greenberg Seronick & Hill
1989 Ed. (139)
Rossini
1999 Ed. (3450)
Rossisky Kredit Bank
1997 Ed. (603)
Rossiter; Robert
2006 Ed. (936)
2005 Ed. (984)
Rossiter; Robert E.
2007 Ed. (959)
Rossiyskiy Kredit Bank
2008 Ed. (434, 445)
2000 Ed. (653)
1999 Ed. (629)
1996 Ed. (665)
Rossville Cos.
1995 Ed. (1954)
Rostant Advertising
2003 Ed. (158)
2002 Ed. (198)
Rostelcom Long Distance
2008 Ed. (4529)
Rostelecom
1997 Ed. (1502)
Rostelekom
2002 Ed. (4461, 4462, 4463, 4464)
Roswell Infiniti
1996 Ed. (295)
Roswell Infiniti of North Atlanta
1995 Ed. (271)
Roswell Jeep-Eagle
1996 Ed. (276)
1995 Ed. (277)
1994 Ed. (273)

1993 Ed. (274)
1992 Ed. (388)
1990 Ed. (330)
Roswell Mazda
1996 Ed. (278)
Roswell Park Cancer Institute
2002 Ed. (2600)
Rosy Blue NV
2002 Ed. (3234)
2001 Ed. (3216)
1999 Ed. (3299)
1997 Ed. (2708)
Rota Advertising
1989 Ed. (170)
Rotan Mosle
1990 Ed. (2294)
1989 Ed. (821)
Rotando Lerch & Iafeliece
1994 Ed. (104)
Rotando Partners
1996 Ed. (119)
Rotando Partners Advertising
1995 Ed. (103)
Rotary Foundation
1995 Ed. (936, 942, 2781)
1991 Ed. (2614, 2619)
Rotary International
1998 Ed. (194)
Rotech Healthcare Inc.
2008 Ed. (4541)
Rotech Medical Corp.
1998 Ed. (1965, 1966, 3419)
1994 Ed. (2017)
Rotella; Robert P.
1996 Ed. (1055)
Rotella—Standard Program Composite
2003 Ed. (3112)
Rotelle
1996 Ed. (2913)
Roth & Sons; Emery
1995 Ed. (240)
1994 Ed. (237)
1993 Ed. (248)
1992 Ed. (359)
1989 Ed. (268)
Roth & Sons P.C.; Emery
1991 Ed. (253)
Roth; Steven
2008 Ed. (945)
2007 Ed. (1018)
Rothchild Cos. Inc.
1994 Ed. (1857)
Rothchild; M.
1990 Ed. (2313)
Rothe-Johnson Assoc.
1990 Ed. (283)
Rothe-Johnson-Fantacone
2002 Ed. (335)
Rothgerber Johnson & Lyons LLP
2008 Ed. (1708, 3422)
2007 Ed. (1683, 3313)
2006 Ed. (1680, 3250)
2005 Ed. (3262, 3263)
2004 Ed. (3233)
2002 Ed. (3057)
Rothman Institute of Entrepreneurial Studies
2008 Ed. (774)
Rothmans Inc.
2008 Ed. (1215, 1620, 1628, 1648, 1651, 1652, 1655)
2007 Ed. (1628, 1629, 1631, 1640, 1642, 1643, 1644, 1646, 1647)
2006 Ed. (1608, 1613)
2005 Ed. (1706, 1711)
1996 Ed. (1054)
1994 Ed. (958, 1066)
1992 Ed. (64, 1288, 1483, 2823)
Rothmans, Benson & Hedges Inc.
2006 Ed. (1591)
2005 Ed. (1698, 1716, 1718, 2372, 2373, 2472)
Rothmans Bhd
1996 Ed. (2447)
Rothmans International Ltd.
2000 Ed. (2884, 4259)
1996 Ed. (3704)
1995 Ed. (3625, 3627)
1994 Ed. (15, 31, 32, 37, 40, 1396)
1993 Ed. (21, 41, 50, 2385, 3584)
1991 Ed. (17, 34, 35, 41, 44)
1990 Ed. (38)
1989 Ed. (21, 41)
Rothmans International 'B'
1993 Ed. (3473)
Rothmans International PLC
1994 Ed. (3547, 3548)
Rothmans King Size
1999 Ed. (1136)
Rothmans KS
1992 Ed. (63)
Rothmans Malaysia
2000 Ed. (1511)
Rothmans of Pall Mall
1999 Ed. (1702)
Rothmans of Pall Mall (M) Bhd.
1991 Ed. (1323)
Rothmans of Pall Mall plc
2002 Ed. (4499)
Rothmans Royals
2001 Ed. (1233)
1997 Ed. (991)
1996 Ed. (972)
Rothmans Tobacco
1992 Ed. (1483)
Rothmans (U.K.) Ltd.
2002 Ed. (53)
Rothschild
1997 Ed. (2519)
Rothschild & Sons
2001 Ed. (1519, 1529)
Rothschild & Sons (Channel Islands) Ltd.; N. M.
1994 Ed. (450)
Rothschild & Sons (C.I.) Ltd.; N. M.
1995 Ed. (442)
1993 Ed. (449)
1991 Ed. (477)
Rothschild & Sons (C.I.) Ltd.; N.M.
1996 Ed. (471)
Rothschild & Sons Ltd.; N M
2008 Ed. (4666)
2006 Ed. (1416, 4724)
2005 Ed. (1446, 1447, 1448, 1453, 1460, 4672)
1996 Ed. (3393)
1994 Ed. (1203)
Rothschild Asset
1993 Ed. (2294)
Rothschild Asset Management
1999 Ed. (3074)
Rothschild Group
1999 Ed. (1435, 1437, 1438, 3036, 3059)
1998 Ed. (995, 999, 2302)
1997 Ed. (1230, 1231)
1995 Ed. (1219)
Rothschild Holdings
1990 Ed. (2682)
Rothschild Holdings; J.
1992 Ed. (711, 729)
Rothschild; Howard D.
1994 Ed. (896, 1057)
Rothschild International
1997 Ed. (2551)
1996 Ed. (2403, 2428)
1994 Ed. (2296)
1993 Ed. (2350)
Rothschild International Asset Management; N. M.
1992 Ed. (2780)
1991 Ed. (2243)
Rothschild International Asset Mgmt.
2000 Ed. (2794, 2854)
Rothschild; L. F.
1991 Ed. (2957)
1989 Ed. (1046, 1859, 2370, 2382, 2383)
Rothschild; Lady de
2007 Ed. (4924)
Rothschild; L.F.
1990 Ed. (3154)
Rothschild; N. M.
1997 Ed. (1232, 3488)
1994 Ed. (2474)
1993 Ed. (1198)
1992 Ed. (2140, 1456, 1484)
1991 Ed. (1126, 2676)
1990 Ed. (902)
Rothschild; Nat
2008 Ed. (4902)
Rothschild North America
2004 Ed. (529)
Rothschild Select GS Canadian Equity
2001 Ed. (3492, 3493)
Rothschild; Sir Evelyn & Lady de
2008 Ed. (4897)
Rothstein Kass
2008 Ed. (1973)
Rothstein Kass & Co.
2008 Ed. (2921)
2000 Ed. (15)
1998 Ed. (14)
Rothstein, Kass & Co. PC
2008 Ed. (8)
2007 Ed. (10)
2006 Ed. (14)
2005 Ed. (9)
2004 Ed. (13)
2003 Ed. (7)
2002 Ed. (17, 18, 21)
1999 Ed. (18)
1997 Ed. (21)
1994 Ed. (5)
1993 Ed. (11)
Rotini
1996 Ed. (2913)
Rotisserie-prepared meats
1998 Ed. (1859)
Roto/circular advertising
1992 Ed. (3731)
Roto Lincoln-Mercury & Subaru Inc.
1994 Ed. (274)
1993 Ed. (275)
Roto Lincoln-Mercury-Subaru
1992 Ed. (389)
Roto-Rooter
2008 Ed. (1243, 1246, 1330, 4000, 4003)
2007 Ed. (1387, 3977, 3980)
2006 Ed. (1259, 1338, 3924)
2005 Ed. (1289, 1342, 3861)
2004 Ed. (1239, 1337)
2003 Ed. (1236, 1337)
Rotonics Manufacturing Inc.
2008 Ed. (3998)
2007 Ed. (3975)
2006 Ed. (3921)
2005 Ed. (3858)
2004 Ed. (3912)
2003 Ed. (3891)
2001 Ed. (4125, 4126, 4127)
Rotork
2007 Ed. (2402, 2403)
2006 Ed. (1477, 2451)
Rotork plc
2008 Ed. (1460, 2510)
Rotterdam
2002 Ed. (910)
1997 Ed. (1146, 3135)
1992 Ed. (1395, 1397)
Rotterdam, Netherlands
2008 Ed. (1220, 1221)
2004 Ed. (3929)
2003 Ed. (3914, 3915)
2002 Ed. (3730, 3731)
1998 Ed. (2887)
Rotterdam School of Management
1997 Ed. (865)
Rotterdam University
2004 Ed. (839)
The Rottlund Co.
2005 Ed. (1228)
2004 Ed. (1203)
2002 Ed. (1200, 2660, 2666)
2001 Ed. (1388, 1389, 1393)
2000 Ed. (1186, 1187, 1192, 1223)
1999 Ed. (1310)
1998 Ed. (878, 911)
1995 Ed. (1133)
Rottlund Homes
2005 Ed. (1201, 1215)
2004 Ed. (1173, 1189)
2003 Ed. (1183)
Rouche Group
1996 Ed. (943)
Rouge
2002 Ed. (4968)
2001 Ed. (4870)
Rouge Employees Credit Union
1996 Ed. (1505)
Rouge Industries Inc.
2004 Ed. (4532, 4533)
2001 Ed. (2230)
1999 Ed. (4471)
Rouge Steel Co.
2000 Ed. (3095, 3098)
1999 Ed. (3359, 3361, 3362)
1998 Ed. (3403)
1997 Ed. (3630)
1996 Ed. (3585)
1995 Ed. (1002)
Rouge Virtuale
2001 Ed. (1906)
Rough Notes
2008 Ed. (4715)
Roularta Media Group
2004 Ed. (30)
Roularta Media Group NV
2002 Ed. (3234)
Roularta Media Group NV/SA
2008 Ed. (1579, 3629)
Round Hill
1995 Ed. (3756)
Round Table Franchise Corp.
2005 Ed. (3846)
1990 Ed. (2872)
Round Table Franchising Corp.
1991 Ed. (2751)
Round Table Group
2006 Ed. (742)
Round Table Pizza
2008 Ed. (3991, 3994, 3995, 4188, 4189)
2007 Ed. (3968, 3969, 4153)
2006 Ed. (3916, 3917, 4125)
2005 Ed. (3847, 3848, 3849, 3850, 3851)
2004 Ed. (2587)
2003 Ed. (3883, 3884, 3885, 3886, 3887, 3888)
2002 Ed. (3714, 4026)
2000 Ed. (3551, 3553)
1999 Ed. (3836, 3839)
1998 Ed. (2867, 2868)
1997 Ed. (3128, 3129)
1996 Ed. (3047, 3048)
1995 Ed. (2952, 2953)
1994 Ed. (2887, 2888)
1993 Ed. (2862, 2863, 2864)
1992 Ed. (3470, 3471, 3472)
1991 Ed. (2750)
1990 Ed. (2871)
1989 Ed. (2235)
Round Table Pizza Restaurant
2005 Ed. (3845)
Round the Clock
1992 Ed. (2445)
Round Up
1998 Ed. (2341)
Roundhouse
2000 Ed. (1099, 2398)
Roundup
1999 Ed. (3167)
Roundy's Inc.
2007 Ed. (4196)
2006 Ed. (2120, 2121, 4947, 4948)
2005 Ed. (2017, 2018, 4915, 4916)
2004 Ed. (1384, 1389, 1390, 1891, 1892, 4933, 4934)
2003 Ed. (1376, 1379, 1856, 4929, 4930)
2002 Ed. (4901)
2001 Ed. (1901)
2000 Ed. (2385, 2386, 2390, 2391)
1999 Ed. (4755)
1998 Ed. (1193, 1869, 1871, 1875, 3710)
1997 Ed. (1530, 3876)
1996 Ed. (1177, 1178, 1461, 2046, 2052, 2053, 3822)
1995 Ed. (1210, 2050, 2053, 2056, 2057, 3367)
1994 Ed. (1991, 1997, 1999, 2000, 3288, 3658)
1993 Ed. (1741, 1998, 3296, 3488, 3491, 3492)
1992 Ed. (2351, 3264, 4165)
1991 Ed. (3251, 1862, 3253, 3255)
1990 Ed. (1957, 3495)
1989 Ed. (2467)
Roundy's Acquisition Corp.
2008 Ed. (4931)
Roundys Supermarkets Inc.
2008 Ed. (2176)
2007 Ed. (2068)

Rountree Cadillac-Oldsmobile Co. Inc.
1994 Ed. (713)
Rountree Isuzu
1990 Ed. (328)
Rountree Mitsubishi
1993 Ed. (278)
Rountree Oldsmobile-Isuzu
1990 Ed. (325)
The Rouse Co.
2006 Ed. (1422, 1423, 4055)
2005 Ed. (4006, 4007, 4009, 4025)
2004 Ed. (4074, 4075, 4079)
2002 Ed. (4278)
2000 Ed. (4023)
1999 Ed. (4004, 4307, 4311)
1998 Ed. (3298, 3300)
1997 Ed. (3514, 3517)
1996 Ed. (3430)
1995 Ed. (3372)
1994 Ed. (3000, 3021, 3296, 3301)
1993 Ed. (2961, 3303, 3310, 3312)
1992 Ed. (3965, 3966, 3971, 3968)
1991 Ed. (3117, 3124)
1990 Ed. (1154, 2956)
1989 Ed. (2287)
Rouse & Associates
1992 Ed. (3619, 3621)
1991 Ed. (2810)
1990 Ed. (1163, 2959, 2960)
Rouse, Jr.; William L.
1992 Ed. (1138)
Roush Racing
2007 Ed. (327)
Roussanne
1996 Ed. (3837)
Roussety & Co.
2004 Ed. (7)
2002 Ed. (6)
Roustabout
1989 Ed. (2096)
Route 66
1999 Ed. (1192)
RouteScience Technology
2003 Ed. (1093)
Routh Packing Co.; J. H.
1995 Ed. (2522, 2968)
Routson Motors
1993 Ed. (295)
Routt, CO
1994 Ed. (339)
Roux Associates
2000 Ed. (1860)
Roux Seguela Cayzac & Goudard
1994 Ed. (88)
1993 Ed. (99)
Roux Seguela Cayzac et Goudard
1990 Ed. (102)
Roux Seguela Cayzac et Goudard SA
1990 Ed. (99, 100)
1989 Ed. (104)
Rovenskii Z
1997 Ed. (1826)
Rover
1996 Ed. (324)
1993 Ed. (332)
1991 Ed. (332)
1990 Ed. (2624)
Rover Group Ltd.
2002 Ed. (48)
2001 Ed. (4619)
1991 Ed. (25, 327)
Rover Group Holdings
1996 Ed. (1214)
Rover Metro
1994 Ed. (314)
1992 Ed. (446, 459)
1990 Ed. (371)
Rover 200 series
1994 Ed. (314)
1992 Ed. (459)
1991 Ed. (323)
Row Valley Industries
1992 Ed. (3436)
Rowan
2000 Ed. (3406)
1994 Ed. (2840)
1991 Ed. (2719)
1990 Ed. (2832)
1989 Ed. (2206)
Rowan Automotive Group
2005 Ed. (177)
Rowan College of New Jersey
1994 Ed. (1055)
Rowan Cos., Inc.
2007 Ed. (4516, 4518, 4519)
2005 Ed. (3728)
1999 Ed. (3797, 4387)
1998 Ed. (1878)
1992 Ed. (3423, 4071)
Rowan Dartington & Co.
2001 Ed. (1036)
Rowan; Henry M. and Betty
1995 Ed. (932, 1068)
Rowan; Henry M. and Betty L.
1994 Ed. (1055)
Rowan; Rena
1996 Ed. (3875)
1995 Ed. (3786)
Rowan University
2000 Ed. (1145)
Rowe & Co. Cornwall (Holdings) Ltd.
1993 Ed. (971)
1992 Ed. (1198, 1202)
Rowe Furniture Inc.
2004 Ed. (2868)
1995 Ed. (203, 206)
1994 Ed. (205, 1928)
Rowe; J. W.
2005 Ed. (2504, 2509)
Rowe; Jack
2006 Ed. (2515)
Rowe; John
2007 Ed. (993, 1014)
2006 Ed. (903, 924)
Rowe; John W.
2008 Ed. (956)
2007 Ed. (1028, 1034)
Rowe Price Equity Income; T.
1996 Ed. (2802)
1995 Ed. (2736)
1992 Ed. (3192)
Rowe Price-Fleming
2000 Ed. (2292, 2850, 2853)
1999 Ed. (3105)
1998 Ed. (2308)
1997 Ed. (2548, 2550, 2552)
1996 Ed. (2391, 2403, 2424, 2427)
1995 Ed. (2355, 2371)
1994 Ed. (2329, 2331)
1993 Ed. (2293, 2347, 2349, 2351)
1991 Ed. (2218, 2256)
1989 Ed. (2144)
Rowe Price-Fleming International
1997 Ed. (2536)
1995 Ed. (2395)
1992 Ed. (2745, 2786, 2788, 2789, 2791, 2792, 2794, 2795, 3351)
Rowe Price Guaranteed Asset; T.
1990 Ed. (2342)
Rowe Price International Bond; T.
1992 Ed. (3163, 3201)
Rowe Price International Discovery; T.
1992 Ed. (3182)
Rowe Price International Stock
1994 Ed. (2638)
Rowe Price International Stock; T.
1992 Ed. (3184, 3194)
Rowe Price New Income; T.
1992 Ed. (3164)
Rowe Price Science & Technology; T.
1992 Ed. (3182)
Rowe Price; T.
1992 Ed. (2730, 3181)
RoweFurn
1996 Ed. (2833)
Rowen; Howard
2008 Ed. (3376)
2007 Ed. (3248, 3249)
2006 Ed. (3189)
Rowenta
2002 Ed. (2070, 2074)
2000 Ed. (1725)
1999 Ed. (1940)
1998 Ed. (1375)
1997 Ed. (1686)
1995 Ed. (1627)
1994 Ed. (1586)
1993 Ed. (1547)
1992 Ed. (1886)
1991 Ed. (1485)
The Rowland Co.
1997 Ed. (3198, 3201, 3206)
1996 Ed. (3107, 3116, 3117, 3121, 3123, 3127, 3130)
1995 Ed. (3002, 3008, 3014, 3015, 3016, 3020, 3021, 3026, 3028)
1993 Ed. (2928, 2931, 2932)
Rowland Coffee Roasters Inc.
2008 Ed. (2963)
2002 Ed. (2541, 2558)
Rowland Communications
2004 Ed. (4024)
1994 Ed. (2963)
Rowland Communications Worldwide
2004 Ed. (3991)
2002 Ed. (3821, 3842, 3843, 3844)
2001 Ed. (3928, 3940)
Rowland Company; The
1990 Ed. (2916)
Rowland Express
2006 Ed. (4794)
Rowland; Jonathan
2007 Ed. (4925)
Rowland; Marcus
2007 Ed. (1075)
Rowland Saatchi Group
1989 Ed. (2259)
Rowland Schaefer
1992 Ed. (2060)
1991 Ed. (1629)
1990 Ed. (1721, 1722)
1989 Ed. (1382)
Rowland Worldwide
2000 Ed. (3631, 3632, 3640)
1999 Ed. (3910, 3915, 3916, 3917, 3922, 3924, 3946, 3948)
1997 Ed. (3183)
1995 Ed. (719)
1994 Ed. (2945, 2956, 2957, 2960, 2962, 2964, 2968)
1992 Ed. (3569)
1990 Ed. (2917, 2919)
Rowlands
2004 Ed. (7)
2002 Ed. (6)
Rowling; J. K.
2008 Ed. (280, 4883)
2007 Ed. (2450)
2006 Ed. (2485, 2488)
2005 Ed. (2443)
Rowling; Joanne K.
2008 Ed. (4900, 4905)
2007 Ed. (4924, 4926, 4929)
2005 Ed. (4891)
Rowling; Robert
2008 Ed. (4824)
2007 Ed. (4895)
2006 Ed. (4900)
2005 Ed. (4845)
Rowntree
1993 Ed. (1879)
1990 Ed. (983, 1249)
Rowntree Mackintosh
1989 Ed. (37)
Rowntree Sun-Pat Ltd.
1995 Ed. (1380)
1994 Ed. (1356)
1993 Ed. (1304)
Roxane Laboratories Inc.
2001 Ed. (2064)
2000 Ed. (1706, 2321, 2323)
Roxbury Bank
2008 Ed. (430)
Roxbury Capital Management
1993 Ed. (2342)
Roxbury Technology Corp.
2008 Ed. (4966)
Roxtec AB
2008 Ed. (918)
2006 Ed. (2029)
Roxy
1993 Ed. (2386)
Roy Anderson Corp.
2008 Ed. (1312, 1335)
2007 Ed. (1379)
2003 Ed. (1260)
2002 Ed. (1244)
Roy Ashburn
1995 Ed. (2484)
Roy Burry
1998 Ed. (1675)
1997 Ed. (1902)
1996 Ed. (1780, 1829)
1995 Ed. (1806)
1994 Ed. (1764, 1813)
1993 Ed. (1781)
1991 Ed. (1675)
1989 Ed. (1417)
Roy F. Weston Inc.
2004 Ed. (1253, 1266, 1271, 1354, 2328, 2331, 2333, 2342, 2347, 2359)
2003 Ed. (1251, 1268, 2296)
2002 Ed. (1239, 1258, 2131)
2001 Ed. (2289, 3834)
2000 Ed. (1844)
1999 Ed. (2021, 2025, 2034)
1998 Ed. (1438, 1441, 1449, 1453, 1456, 1476, 1477)
1997 Ed. (1734, 1735, 1763)
1996 Ed. (1656, 1657, 1682)
1995 Ed. (1673, 1674, 1700)
1994 Ed. (1634, 1635)
1993 Ed. (1603, 1604)
1992 Ed. (1949, 1958, 1969)
1991 Ed. (1564)
1989 Ed. (269)
Roy Fielding
2008 Ed. (1151)
Roy Keane
2005 Ed. (268)
Roy Ramos
2000 Ed. (2060)
1999 Ed. (2280)
1997 Ed. (1961)
Roy Rogers
1999 Ed. (4134)
1998 Ed. (3124)
1997 Ed. (3375)
1996 Ed. (3278)
1995 Ed. (3121, 3180)
1994 Ed. (3086, 3130)
1993 Ed. (3067)
1992 Ed. (1460, 2121, 3708, 3764, 4229)
1991 Ed. (2868, 2910, 3319)
1990 Ed. (3015)
Roy Rogers Franchise Co. LLC
2008 Ed. (2684)
Roy Speer
1989 Ed. (1984)
Roy T. Young
2006 Ed. (334)
Roy Vagelos
1990 Ed. (971)
1989 Ed. (1383, 2339)
Roy Vallee
2003 Ed. (3295)
Roy Vincent
2006 Ed. (2518)
Royal
2008 Ed. (4796)
2000 Ed. (2547, 4326)
1999 Ed. (2772, 4696)
1998 Ed. (3651)
1997 Ed. (3812)
1995 Ed. (1959, 3684)
1994 Ed. (2109)
1993 Ed. (2093)
1992 Ed. (2486)
1991 Ed. (1887, 2146)
1990 Ed. (1984)
Royal Ahold
1999 Ed. (3116, 4515)
1998 Ed. (3443)
Royal Ahold NV
2003 Ed. (1493, 2497)
2002 Ed. (1640, 1641, 1735, 1736, 2575, 4060, 4490, 4491, 4532, 4533, 4534)
2001 Ed. (1642, 1806, 1807, 3021, 4114, 4116, 4421, 4422)
2000 Ed. (2864)
Royal Air Maroc
2001 Ed. (303)
Royal Air Maroc SA
2007 Ed. (234)
2006 Ed. (229, 230)
Royal Alliance Associates
2000 Ed. (840, 843, 844, 845, 846, 848)
1999 Ed. (843, 844, 845, 846, 847, 848, 850, 904)
1998 Ed. (529)
1997 Ed. (782)

Royal American Shows
1995 Ed. (910)
Royal & Sun Alliance
2004 Ed. (3080)
Royal & Sun Alliance Australia
2004 Ed. (3081)
Royal & Sun Alliance Insurance Co.
2006 Ed. (1686, 1689, 3066)
2002 Ed. (1654)
Royal & Sun Alliance Insurance Group
1999 Ed. (278, 2918, 2919, 2921, 3102)
1998 Ed. (2128)
Royal & Sun Alliance Insurance Group plc
2007 Ed. (3117)
2006 Ed. (3096, 3147)
2005 Ed. (3089, 3139, 4519)
2004 Ed. (3130, 3131)
2003 Ed. (2977)
2002 Ed. (2945, 2968, 2969, 4991)
Royal & Sun Alliance Insurance Group USA
1999 Ed. (2977)
Royal & Sun Alliance Insurance plc
2004 Ed. (2607)
2003 Ed. (2977)
2000 Ed. (2670, 2718)
Royal & SunAlliance
2005 Ed. (3096, 3125)
2003 Ed. (3004, 4994)
Royal & SunAlliance Equity
2001 Ed. (3469, 3471)
Royal & SunAlliance Insurance Co.
2003 Ed. (1680)
Royal & SunAlliance Insurance Group plc
2003 Ed. (3012)
Royal & SunAlliance U.S. Equity
2001 Ed. (3477)
Royal & SunAlliance USA
2006 Ed. (3102)
2005 Ed. (3136, 4998)
2004 Ed. (4997)
Royal & SunAllilance Equity
2001 Ed. (3470)
Royal Appliance
1993 Ed. (2104, 3648)
Royal Appliance Manufacturing Co.
2004 Ed. (2868, 2949, 2950)
2002 Ed. (2698, 4712, 4713)
1998 Ed. (2674)
Royal Ballet School, UK
1992 Ed. (1094)
Royal Bam Groep
2006 Ed. (1302, 1312, 1319, 1321)
Royal Bam Groep NV
2008 Ed. (1285, 1298, 1305)
Royal Bancshares of Pennsylvania
1999 Ed. (424)
Royal Bank
2000 Ed. (4303)
1999 Ed. (4668, 4669)
1992 Ed. (4313)
Royal Bank Action Direct
2002 Ed. (813, 814, 815, 816, 817, 818)
Royal Bank & Trust Co.
1991 Ed. (520)
Royal Bank Capital
1992 Ed. (4389)
1990 Ed. (3666)
Royal Bank Financial Group
2003 Ed. (1700, 1708)
Royal Bank Mortgage
2008 Ed. (4782)
Royal Bank of Canada
2008 Ed. (391, 392, 486, 1615, 1624, 1627, 1634, 1635, 1639, 1641, 1642, 1645, 1646, 1647, 1649, 1653, 1657, 1748, 1751, 1756, 2699)
2007 Ed. (412, 414, 1445, 1617, 1618, 1625, 1627, 1629, 1630, 1631, 1633, 1634, 1639, 1641, 1645, 1712, 1713, 1720, 1721, 1723, 2563)
2006 Ed. (423, 1451, 1598, 1599, 1600, 1612, 1618, 1619, 1620, 1621, 1629, 4491)
2005 Ed. (357, 358, 362, 473, 1486, 1567, 1701, 1710, 1719, 1720, 1722, 1723)
2004 Ed. (460, 499, 1662, 1663, 1666, 1668, 1670)
2003 Ed. (473, 594, 1629, 1631, 1635, 1636, 2482)
2002 Ed. (535, 629, 1605, 1606, 1607, 2268)
2001 Ed. (1658, 1660, 1663, 1664, 1665, 2958, 2959, 2960)
2000 Ed. (328, 482, 485, 569, 1398, 1400, 1401, 3154, 3155, 3418, 4265)
1999 Ed. (316, 487, 488, 489, 558, 1592, 1593, 2437, 3430, 3431, 4619)
1997 Ed. (429, 430, 431, 1370, 1371, 1372, 1373, 2009, 2805, 2806, 3766)
1996 Ed. (466, 467, 468, 1309, 1310, 1311, 1312, 1317, 1318, 1653, 1919, 2673, 2674, 3712)
1995 Ed. (439, 440, 1364, 1365, 1875, 3632)
1994 Ed. (447, 448, 529, 1338, 1339, 1340, 1341, 2545, 2546, 3556)
1993 Ed. (447, 1289, 1858, 2588, 2589, 3593)
1992 Ed. (630, 631, 632, 1591, 1593, 1595, 1598, 1599, 1600, 2152, 3102, 4148)
1991 Ed. (474, 511, 1264, 1265, 2479, 2732, 3403)
1990 Ed. (517, 518, 551, 552, 553, 555, 557, 561, 1340, 1780)
1989 Ed. (532, 1098, 1783)
Royal Bank of Canada (Channel Islands) Ltd.
1999 Ed. (492)
1997 Ed. (435)
1996 Ed. (471)
1995 Ed. (442)
1993 Ed. (449)
Royal Bank of Canada Isle of Man Ltd.
1997 Ed. (524)
1996 Ed. (567)
1992 Ed. (737)
1991 Ed. (569)
Royal Bank of Pennsylvania
1999 Ed. (4340)
1998 Ed. (3318)
Royal Bank of Scot Income
2000 Ed. (3297)
Royal Bank of Scotland
2000 Ed. (540)
1999 Ed. (492, 531)
1997 Ed. (480, 516)
1995 Ed. (471, 477, 566)
1994 Ed. (495)
1993 Ed. (493, 2414, 2512)
1992 Ed. (687)
1990 Ed. (583)
1989 Ed. (545)
Royal Bank of Scotland Group
2001 Ed. (578, 579, 1549)
1996 Ed. (521, 1355)
The Royal Bank of Scotland Group plc
2008 Ed. (409, 411, 441, 443, 444, 448, 520, 521, 1736, 1746, 1844, 2122, 2124, 2135, 2281, 4303)
2007 Ed. (440, 441, 447, 475, 476, 478, 479, 482, 483, 567, 568, 569, 1461, 1707, 1717, 2027, 2031, 2041, 2042, 3630, 3631, 3632, 3633, 3634, 4300, 4319, 4320, 4331, 4334, 4655, 4657, 4662, 4663, 4664, 4665, 4666, 4667)
2006 Ed. (437, 438, 463, 465, 466, 469, 470, 536, 537, 538, 1419, 1423, 1427, 1445, 1478, 1712, 1717, 1718, 1799, 2054, 2058, 2060, 2070, 3328, 4546, 4598)
2005 Ed. (495, 496, 508, 537, 538, 541, 542, 623, 624, 1591, 1758, 2194, 3503, 3504, 3505, 3506, 3507, 3939, 3940, 3941, 3943, 4274, 4275, 4280, 4281, 4297, 4298, 4317, 4318, 4329, 4580, 4581)
2004 Ed. (98, 488, 529, 555, 560, 635, 2088, 4369, 4391)
2003 Ed. (491, 494, 539, 543, 626, 1704, 1839, 4349, 4356, 4372)
2002 Ed. (659, 1788, 2259, 3188, 3189, 3209, 4230)
Royal Bank of Scotland International Ltd.
2000 Ed. (485)
Royal Bank of Scotland (I.O M.) Ltd.
1995 Ed. (514)
Royal Bank of Scotland (Isle of Man) Ltd.
1994 Ed. (538)
Royal Bank of Scotland PLC
1991 Ed. (532)
1990 Ed. (584)
Royal Bank of Trinidad & Tobago Ltd.
2000 Ed. (527, 675)
1999 Ed. (650)
1997 Ed. (631, 3797)
1996 Ed. (696, 3745, 3746)
1995 Ed. (622)
1994 Ed. (649, 3580, 3581)
1993 Ed. (647)
1992 Ed. (851)
1991 Ed. (679)
Royal Bank of Trinidad & Tobago Financial Holdings
2006 Ed. (4485)
Royal; Billy Joe
1992 Ed. (1351)
Royal Brock Hotel
1993 Ed. (2094)
Royal Business
2003 Ed. (3797)
Royal Business Forms & Printing
2008 Ed. (4031)
Royal Canadian
2004 Ed. (4890)
2003 Ed. (4900)
2002 Ed. (284, 3180)
2001 Ed. (3148)
Royal Canadian Mint
1997 Ed. (2155)
1996 Ed. (2037, 2611)
1994 Ed. (1985, 2482)
1992 Ed. (2341)
Royal Canadian Mounted Police
2007 Ed. (1615)
Royal Caribbean
1999 Ed. (2760)
1997 Ed. (2283)
1992 Ed. (1758)
1990 Ed. (2774)
1989 Ed. (2097)
Royal Caribbean Cruise Line Inc.
2001 Ed. (1702)
1997 Ed. (2054)
1994 Ed. (1887)
Royal Caribbean Cruise Lines
1998 Ed. (1236, 2007)
1995 Ed. (1003, 1916)
Royal Caribbean Cruises Ltd.
2008 Ed. (1731, 3034, 4818, 4819)
2007 Ed. (2937, 3052, 3339, 3340, 4108, 4119, 4886, 4887)
2006 Ed. (266, 2898, 3268, 3269, 3758, 4057, 4894, 4895)
2005 Ed. (247, 2892, 3277, 3278, 4841, 4842)
2004 Ed. (2004, 2906, 3252, 3253, 4857, 4858)
2003 Ed. (2804, 3207, 3208, 4561, 4876, 4877)
2002 Ed. (3543)
2001 Ed. (4626, 4627)
2000 Ed. (2238)
1996 Ed. (1925)
Royal Caribbean International
2000 Ed. (1633)
1999 Ed. (1808)
Royal Ceramic Lanka
1997 Ed. (1071)
Royal Coach Lines Inc.
2004 Ed. (3296)
Royal Coachman Ltd.
1996 Ed. (2693)
Royal Credit Union
2008 Ed. (2269)
2007 Ed. (2154)
2006 Ed. (2178, 2233)
2005 Ed. (2084, 2138)
2004 Ed. (1996)
2003 Ed. (1956)
2002 Ed. (1901)
Royal Crown Co.
2003 Ed. (4477)
2002 Ed. (4321)
2001 Ed. (4303)
2000 Ed. (4080)
1995 Ed. (3416)
1992 Ed. (4017)
1991 Ed. (3153)
1990 Ed. (3317)
Royal Crown Cola Co.
2003 Ed. (867)
1996 Ed. (3475)
Royal Distribution Inc.
2008 Ed. (4373)
Royal DSM NV
2008 Ed. (919)
2007 Ed. (940, 1905)
2006 Ed. (855)
Royal Dutch
2002 Ed. (3220)
1991 Ed. (237, 238, 2367, 2368, 2586)
1990 Ed. (1342)
Royal Dutch Petroleum Co.
2006 Ed. (1448, 1921, 3329, 4546)
2005 Ed. (239)
2004 Ed. (4564)
2003 Ed. (1670, 1671, 1672, 1776, 1777, 2583, 3636, 3637, 4538, 4581)
2002 Ed. (1645, 1736, 2124, 3216, 4490)
2001 Ed. (1807)
2000 Ed. (295, 1411, 1412, 1415, 1521, 1522, 4092)
1999 Ed. (266, 267, 1605, 1607, 1610, 1710, 1711, 3805, 4389, 4391, 4488)
1998 Ed. (1162, 2435, 2824, 2833, 3361, 3362)
1997 Ed. (243, 244, 1487, 3099)
1996 Ed. (1425, 3017, 3498)
1995 Ed. (1463, 2923, 3433)
1994 Ed. (216, 217, 1237)
1993 Ed. (226, 227, 1372, 3377)
1992 Ed. (329, 330, 1609, 1612, 1672, 4057)
1991 Ed. (221, 1325, 1327, 3230)
1990 Ed. (1341, 1401, 3459)
1989 Ed. (1344)
Royal Dutch Petroleum Co. (Shell)
2001 Ed. (1691, 1805, 2845)
Royal Dutch/Shell
2004 Ed. (3857)
2001 Ed. (3749)
1999 Ed. (1088, 1470, 1604, 1613, 1619, 1620, 1622, 1643, 1660, 1661, 1662, 1663, 1666, 1671, 1674, 1675, 1681, 1682, 1712, 2883, 3116, 3808, 3812, 3814, 3817, 4496)
1994 Ed. (12, 19, 36, 738, 902, 1235, 1348, 1350, 1363, 1365, 1388, 1389, 1390, 1391, 1393, 1394, 1399, 1400, 1401, 1425, 1426, 2578, 2851, 2857, 2865, 2866, 2869, 3449)
1993 Ed. (41, 45, 1199, 1207, 1296, 1298, 1311, 1333, 1334, 1335, 1336, 1337, 1346, 1347, 1349, 2825, 3475)
1992 Ed. (1603, 1494, 1604, 1606, 1614, 1638, 1640, 1647, 1650, 1671, 2809, 3447, 3448, 4151)
1991 Ed. (35, 1270, 1272, 1273, 1280, 1281, 1282, 1305, 1306, 1307, 1326, 1360, 2717, 2735, 3232, 3235)
1990 Ed. (26, 38, 1355, 1383, 1384, 3473)
1989 Ed. (1023)
Royal Dutch Shell/China National Offshore Oil
1993 Ed. (1739)
Royal Dutch/Shell Comb
1990 Ed. (1342)

Royal Dutch/Shell Group
2008 Ed. (200, 1185, 1717, 1718, 1736, 1737, 1963, 3678)
2007 Ed. (214, 939, 946, 950, 952, 1286, 1687, 1688, 1691, 1693, 1707, 1708, 1783, 1788, 1789, 1807, 1808, 1809, 1810, 1814, 1817, 1899, 1901, 1902, 1904, 1905, 2028, 2029, 2031, 2387, 2388, 2392, 2394, 2395, 2397, 3416, 3519, 3867, 3868, 3870, 3873, 3876, 3877, 3881, 3882, 3888, 3890, 3892, 3893)
2006 Ed. (204, 853, 860, 862, 863, 1181, 1482, 1691, 1692, 1695, 1698, 1712, 1713, 1774, 1800, 1801, 1802, 1803, 1806, 1807, 1808, 1809, 1917, 1918, 2056, 3341, 3385, 3393, 3487, 3846, 3847, 3853, 3860, 3862, 3863)
2005 Ed. (192, 872, 956, 1195, 1758, 1759, 1766, 1767, 1800, 1813, 1815, 1816, 1820, 1821, 1822, 1825, 1895, 2407, 2409, 2411, 2412, 3392, 3396, 3486, 3764, 3765, 3778, 3779, 3780, 3781, 3782, 3784, 3785, 3787, 3796)
2004 Ed. (962, 1458, 1467, 1533, 1534, 1702, 1708, 1709, 1710, 1714, 1741, 1750, 1752, 1753, 1754, 1755, 1757, 1758, 3212, 3361, 3364, 3853, 3854, 3856, 3859, 3868)
2003 Ed. (947, 1522, 1523, 1678, 1679, 1705, 1711, 1712, 1713, 1715, 1716, 1717, 1718, 1720, 1721, 2287, 2288, 3148, 3300, 3307, 3818, 3819, 3824, 3825, 3827, 3830, 3849, 3852, 3853, 3855, 3857)
2002 Ed. (304, 1008, 1016, 1638, 1640, 1684, 1686, 1688, 1692, 1735, 1786, 1791, 2125, 2390, 3246, 3679, 3683, 3684, 3685, 3686, 3687, 3688, 3691, 3692, 3693, 3695, 3696, 3697, 3700, 3701)
2001 Ed. (65, 1199, 1642, 1696, 1704, 1705, 1741, 1744, 1748, 1751, 1806, 1884, 2173, 2561, 2583, 3021, 3217, 3772)
2000 Ed. (1424, 1426, 1428, 1444, 1469, 1470, 1473, 1478, 1481, 1482, 1523, 2864, 3038, 3531, 3533, 3534, 3536)
1998 Ed. (704, 1038, 1149, 1157, 1158, 1159, 1164, 1165, 1166, 1168, 2557, 2834, 2838, 3425)
1997 Ed. (963, 965, 1269, 1385, 1387, 1390, 1391, 1394, 1399, 1403, 1404, 1406, 1421, 1433, 1434, 1436, 1446, 1448, 1450, 1451, 1454, 1484, 1486, 2388, 3102, 3111, 3652)
1996 Ed. (214, 215, 1214, 1223, 1326, 1328, 1331, 1333, 1338, 1339, 1343, 1344, 1383, 1384, 1385, 1386, 1389, 1395, 1398, 1424, 1426, 2710, 3021, 3027, 3597)
1995 Ed. (1254, 1373, 1375, 1388, 1389, 1392, 1421, 1422, 1423, 1424, 1431, 1434, 1435, 1462, 2919, 2928, 2929, 2932)
1991 Ed. (1182, 1287, 1288, 1304, 1309, 2264)
1990 Ed. (1249, 1250, 1265, 1363, 1364, 1382, 2404, 2849)
1989 Ed. (1111, 1867)
Royal Dutch/Shell Group of Cos.
1990 Ed. (1356)
Royal Dutch/Shell (Netherlands)
1992 Ed. (3421)
Royal Dutch Shell plc
2008 Ed. (917, 923, 927, 928, 1721, 1814, 1845, 1846, 1848, 1849, 1853, 1964, 1965, 1966, 2502, 2508, 3564, 3572, 3918, 3919, 3922, 3930, 3933, 3935, 3936)
Royal Energy Inc.
2006 Ed. (3837)
Royal Fork Buffet
1999 Ed. (4062)
Royal Fork Buffet Restaurants
1993 Ed. (3032)
1992 Ed. (3716)
Royal Friesland Foods
2008 Ed. (107)
2007 Ed. (97)
Royal Gold Inc.
2006 Ed. (1645, 4330, 4333)
2005 Ed. (2739, 2740, 4378, 4380, 4384)
2004 Ed. (2742, 2743, 3663, 4555)
2003 Ed. (1652)
2002 Ed. (1619)
Royal Group Inc.
2008 Ed. (3990)
1994 Ed. (2277)
Royal Group Technologies
2008 Ed. (3142)
2007 Ed. (3024, 3964)
2006 Ed. (3914)
2005 Ed. (1568, 3843)
Royal Highway Tours
2003 Ed. (2273)
Royal Hong Kong Jockey Club
1997 Ed. (2393)
Royal Host REIT
2007 Ed. (1622)
Royal Indemnity Co.
2005 Ed. (3140, 3142, 3144)
2004 Ed. (3132, 3134, 3136)
Royal Information Electronics
1992 Ed. (1700)
Royal Insurance Co.
1997 Ed. (2469)
1993 Ed. (1861, 2255)
1990 Ed. (2277)
Royal Insurance-Canada
1990 Ed. (2256, 2257)
Royal Insurance Group
1993 Ed. (2240)
1992 Ed. (2684, 2708)
1991 Ed. (2129)
1989 Ed. (1734)
Royal Insurance Holdings
1993 Ed. (1324, 2254)
1990 Ed. (2242)
Royal Insurance Holdings Plc
1998 Ed. (2210)
1991 Ed. (2145)
1990 Ed. (2280)
Royal Insurance Co. of Canada
1999 Ed. (2980)
1997 Ed. (2468)
1996 Ed. (2342, 2343)
1995 Ed. (2325)
1994 Ed. (2282)
1993 Ed. (2242)
1992 Ed. (2692, 2693, 2694)
Royal Insurance Plc
1995 Ed. (1383)
1994 Ed. (2234)
1990 Ed. (2284)
Royal International
1991 Ed. (2644)
Royal Isuzu
1993 Ed. (272)
1992 Ed. (386)
1991 Ed. (281)
Royal Jeep-Eagle
1992 Ed. (388)
1991 Ed. (283)
1990 Ed. (330)
Royal Jordanian
1993 Ed. (39)
Royal Jordanian A/I
2001 Ed. (314)
Royal Jordanian Air
1991 Ed. (32)
Royal Jordanian Airlines
2008 Ed. (214)
2007 Ed. (234)
2006 Ed. (229)
2005 Ed. (216)
Royal Kia
1996 Ed. (293)
Royal Kona
2007 Ed. (1146, 1148)
Royal KPN
2000 Ed. (1523)
Royal KPN NV
2006 Ed. (1776, 1919)
Royal LePage Ltd.
1997 Ed. (3258)
1996 Ed. (3162)
1994 Ed. (3005)
1990 Ed. (2949, 2951)
Royal Life Estates
1991 Ed. (1726)
Royal Life Managed
1997 Ed. (2916)
Royal Life Science & Technology
2002 Ed. (3443)
Royal, Linda Davis; George Strait, Billy Joe
1991 Ed. (1040)
Royal London European Growth
2000 Ed. (3307)
Royal Maccabees
1999 Ed. (2960)
1995 Ed. (2299)
Royal Maccabees Life Insurance Co.
2000 Ed. (2710)
1998 Ed. (2191)
Royal Mail
2002 Ed. (35, 237)
Royal Mail Group
2006 Ed. (2068)
2005 Ed. (1989, 4365)
Royal Mail Holdings plc
2008 Ed. (2123, 4329, 4331)
2007 Ed. (1781, 1801, 2040, 4374, 4376)
2006 Ed. (4300, 4309)
Royal Mistic
1998 Ed. (3470)
1995 Ed. (686)
Royal Monthly Income
2004 Ed. (3610, 3611)
Royal Motors Corp.
2006 Ed. (316)
2005 Ed. (297)
Royal National Lifeboat Institute
1995 Ed. (945)
Royal National Lifeboat Institution
1997 Ed. (946)
1996 Ed. (919)
1994 Ed. (911, 2680)
1992 Ed. (3270)
Royal Neighbors of America
1996 Ed. (1972)
Royal Numico NV
2007 Ed. (2617)
Royal Oak Mines, Inc.
2000 Ed. (283, 288, 290)
1999 Ed. (261)
1998 Ed. (154, 160, 162)
1997 Ed. (231, 232, 237, 1374, 2152)
1996 Ed. (213, 2033)
1995 Ed. (205)
Royal Oak Schools Credit Union
2004 Ed. (1943)
Royal of Scotland
1991 Ed. (533)
Royal Olympic Cruises
2000 Ed. (1633)
Royal Pakhoed
1999 Ed. (1092, 1093)
Royal Palms Resort & Spa
2008 Ed. (3076)
Royal Philips Electronics
2000 Ed. (1773, 3029)
Royal Plastics
2004 Ed. (3908)
Royal Precious Metals
2004 Ed. (3620, 3622)
Royal PTT Nederland
1997 Ed. (1485, 1486)
Royal PTT Nederland NV
2003 Ed. (4581)
Royal Society
1995 Ed. (1934)
Royal Society for the Prevention of Cruelty to Animals
2008 Ed. (673, 694)
2007 Ed. (723)
Royal Sovereign
2000 Ed. (1652)
1999 Ed. (1823)
1998 Ed. (1252)
1997 Ed. (183)
Royal Swaziland Sugar Corp.
2006 Ed. (4539)
2002 Ed. (4482, 4483)
Royal Tire Inc.
2005 Ed. (4698)
Royal Trust Co.
2008 Ed. (4782)
2007 Ed. (4859)
Royal Trust Bank (Isle of Man) Ltd.
1995 Ed. (514)
1994 Ed. (538)
1993 Ed. (536)
Royal Trust Bank (Jersey) Ltd.
1995 Ed. (442)
1994 Ed. (450)
1993 Ed. (449)
1992 Ed. (635)
1991 Ed. (477)
Royal Trust Corp. of Canada
2008 Ed. (4782)
2007 Ed. (4859)
2000 Ed. (2344)
1999 Ed. (3317)
1998 Ed. (1842, 2445)
1997 Ed. (2150)
Royal Trust PPT US
1992 Ed. (3207)
Royal Trustco
1994 Ed. (447, 1341, 3606)
1992 Ed. (4360)
1991 Ed. (474)
1990 Ed. (3659)
Royal Vans of Texas
1992 Ed. (4371)
Royal Viking
1990 Ed. (2774)
Royal Vopak NV
2003 Ed. (948)
2002 Ed. (1004, 1005)
Royal Willamette
2001 Ed. (2550)
Royalblue
2002 Ed. (1792)
Royale
1994 Ed. (958)
Royale Belge
2000 Ed. (1392)
1999 Ed. (1588)
1996 Ed. (763)
1994 Ed. (737, 1329)
1993 Ed. (729, 1283)
1992 Ed. (913, 1579)
1991 Ed. (1260)
1990 Ed. (1333, 3456)
Royale Belge SA
2003 Ed. (1624)
Royale Belge-Vie
1991 Ed. (729)
Royale Coach by Monaco Inc.
2008 Ed. (1806)
2007 Ed. (1775)
2006 Ed. (1767)
Royale Energy Inc.
2008 Ed. (4363)
2004 Ed. (3844)
Royalpar Industries Inc.
1991 Ed. (1164)
The Royalton
2000 Ed. (2539)
Royalton Hotel
1997 Ed. (2284)
1992 Ed. (2481)
Royce
1998 Ed. (905)
Royce Equity-Income
1996 Ed. (2802)
Royce Fund Equity Income
1994 Ed. (2618)
Royce GiftShares Investment
2004 Ed. (3572)
Royce Heritage Fund Service
2008 Ed. (4507)
Royce Holland
2003 Ed. (2347)
Royce Homes
2005 Ed. (1206)
2004 Ed. (1179)
2000 Ed. (1216)
1999 Ed. (1307, 1333)
Royce Low-Priced Stock
2006 Ed. (3651, 3652)
2004 Ed. (2458, 3571, 3572, 3657)

2002 Ed. (3425)
Royce Low-Priced Stock Fund
2003 Ed. (3509, 3510, 3542)
Royce Micro-Cap
2005 Ed. (4482)
2004 Ed. (3574)
1996 Ed. (2772)
Royce Micro-Cap Fund
2003 Ed. (3542)
Royce Micro-Cap Investment
2006 Ed. (3652)
Royce Mid Cap
2008 Ed. (598)
Royce Opportunity
2004 Ed. (2458, 3592)
2003 Ed. (3509)
Royce Opportunity Fund
2003 Ed. (3542)
Royce Opportunity Investment
2006 Ed. (3652, 3654)
2003 Ed. (3510)
Royce OTC
1994 Ed. (2625)
Royce Pennsylvania
2004 Ed. (3576)
Royce Pennsylvania Mutual Investment
2006 Ed. (3650)
Royce Premier
1996 Ed. (2773)
Royce Premier Fund
2003 Ed. (3540)
Royce Special Equity
2006 Ed. (3653)
2004 Ed. (3573, 4541)
Royce Total Return
2006 Ed. (4560)
2005 Ed. (4485)
2000 Ed. (3224)
Royce Total Return Investment
2008 Ed. (4512)
2004 Ed. (3571)
Royce Trust & GiftShares
2003 Ed. (3509)
Royce Trust & GiftShares Fund
2003 Ed. (3542)
Royce Trust & Giftshares Investment
2004 Ed. (2458)
2003 Ed. (3510)
2002 Ed. (3425)
Royce Value Plus Investment
2006 Ed. (3654)
Royce Value Plus Service
2008 Ed. (2622)
Roye; Paul
2005 Ed. (3204)
Royer; Charles
1991 Ed. (2395)
Royex Gold Mining
1990 Ed. (1936)
Roy's
2008 Ed. (4166, 4178)
2007 Ed. (4140)
Roy's Restaurants
2004 Ed. (4131)
Royster-Clark Inc.
2005 Ed. (3930)
Royster-Clark Nitrogen Corp.
2007 Ed. (931)
Royster; Scott
2007 Ed. (1079)
2006 Ed. (986)
Rozanne Ridgway
1995 Ed. (1256)
RP Financial
2005 Ed. (1432)
2004 Ed. (1419, 1422)
2002 Ed. (1406)
R.P. Klein Associates
1990 Ed. (3078, 3084)
RPA
2008 Ed. (116)
2007 Ed. (108)
2006 Ed. (110, 119)
2005 Ed. (102, 109, 3159, 3169)
RPC
2007 Ed. (2032)
RPI Coating Inc.
2008 Ed. (1262)
RPM Inc.
2008 Ed. (1017)
2007 Ed. (1137, 3764)
2006 Ed. (1048, 3767)
2005 Ed. (1039)
2004 Ed. (1032, 2120, 2125, 3754, 3755)
2003 Ed. (773, 779)
2002 Ed. (3265, 3266)
2001 Ed. (1049, 3608)
2000 Ed. (3398)
1999 Ed. (1080, 3708)
1998 Ed. (2734, 3415)
1997 Ed. (3637)
1995 Ed. (2825, 3516, 3519)
1994 Ed. (791, 2719)
1993 Ed. (772, 2761)
1992 Ed. (981, 1238, 3324)
1991 Ed. (2666)
1990 Ed. (2757)
RPM Copies & Printing
2003 Ed. (3928)
2002 Ed. (3763)
RPM International Inc.
2008 Ed. (3843, 3844)
2007 Ed. (957)
2006 Ed. (868, 2298, 3369)
2005 Ed. (3669, 3670)
2004 Ed. (952)
RPM Pizza
1993 Ed. (1899)
RPM/Radar
1992 Ed. (217)
1991 Ed. (158)
RPPR
2002 Ed. (3854)
RPS Inc.
2001 Ed. (1130, 1833)
2000 Ed. (3395, 4308, 4314, 4315)
1999 Ed. (1038, 3680, 4678, 4683)
1998 Ed. (2730, 3642)
RPS Group plc
2008 Ed. (1209, 2126)
R.R. Donnelley & Sons
2000 Ed. (3681, 3682)
1989 Ed. (2264, 2265, 2267)
RREEF
2008 Ed. (4123, 4125)
2007 Ed. (4104)
2006 Ed. (4052, 4053)
2005 Ed. (1546, 4023)
2004 Ed. (2036, 4086, 4089, 4090)
2003 Ed. (3087, 4058, 4063)
2002 Ed. (3625, 3908, 3929, 3931, 3933, 3937, 3941, 3942)
1993 Ed. (2285, 2309, 2975, 2978, 2979)
1992 Ed. (2749)
1990 Ed. (2968, 2970)
1989 Ed. (2129)
The RREEF Funds
2001 Ed. (3992, 4014, 4016)
2000 Ed. (2829, 2837, 2838, 2839, 2840, 2841)
1999 Ed. (3057, 3074, 3096, 3097, 3098)
1998 Ed. (2274, 2294, 3012, 3013, 3016)
1997 Ed. (2541, 3265, 3267, 3268, 3271)
1996 Ed. (2382, 2384, 2411, 2417, 2920, 3165, 3166, 3169)
1995 Ed. (2375, 3071, 3072)
1994 Ed. (2319, 3015, 3016, 3019)
1992 Ed. (2733, 3634, 3635, 3639, 2775)
1991 Ed. (2211, 2247, 2817, 2819)
1990 Ed. (2355)
1989 Ed. (1807)
RRZ Public Markets Inc.
1993 Ed. (3140, 3192)
RS Aggressive Growth
2004 Ed. (3597)
RS Components
1997 Ed. (1713)
RS Consulting
2002 Ed. (3256)
RS Contrarian
2003 Ed. (3612)
RS Contrarian Value
2006 Ed. (3672, 4552)
2005 Ed. (3575)
RS Diversified Growth
2003 Ed. (3508)
RS Electronics
2008 Ed. (2467)
2004 Ed. (2249)
1996 Ed. (1632)
RS Emerging Growth
2002 Ed. (4503)
RS Funds Partners
2006 Ed. (4570)
2004 Ed. (4541)
RS Global Natural Resources
2007 Ed. (3674, 3675, 3676)
2006 Ed. (3595)
RS Industries
2000 Ed. (3148)
RS Information Age
2004 Ed. (3596)
RS Information Systems Inc.
2008 Ed. (1365, 1370)
2007 Ed. (191, 1409, 1410, 1412)
2006 Ed. (185, 1371, 1372, 1374)
2005 Ed. (173, 1350, 1382)
2004 Ed. (170, 1348)
2003 Ed. (214, 1347, 1348)
2002 Ed. (710)
2001 Ed. (1355)
RS Internet Age
2004 Ed. (3596)
2003 Ed. (3552)
RS Partners
2008 Ed. (2622)
2007 Ed. (2492, 3673, 3674)
2006 Ed. (3652, 3653, 3654, 3655)
RS Promotion Co.
2004 Ed. (92)
RS The Information Age
2005 Ed. (3560)
RS Value
2008 Ed. (2619)
2007 Ed. (2489, 3671)
RS Value Fund
2007 Ed. (4543)
RSA Equity
2002 Ed. (3440, 3441, 3442)
RSA Security Inc.
2005 Ed. (4610)
2004 Ed. (2776)
2003 Ed. (2161)
RSCG Conran Design
1992 Ed. (2588, 2589)
RSCG Direct
1993 Ed. (1486)
RSCG France
1992 Ed. (149)
1991 Ed. (99)
1990 Ed. (103)
1989 Ed. (107)
RSCG Group
1992 Ed. (146)
RSCG Havasi & Varga
1993 Ed. (106)
1992 Ed. (158)
RSCI
2008 Ed. (1294)
RSE Projektmanagement AG
2005 Ed. (192, 1195, 1759, 1781, 3486)
RSI
2008 Ed. (1974)
RSI Data Processing Solutions
2000 Ed. (4436)
RSI Home Products
2007 Ed. (3297)
1998 Ed. (1534)
1997 Ed. (1824)
RSI Systems, Inc.
2002 Ed. (2516)
RSKCo
2001 Ed. (2914)
2000 Ed. (1093)
RSKCo Case Management Services Inc.
2004 Ed. (4095)
RSL
1996 Ed. (2570)
RSL Com USA Inc.
2001 Ed. (4474, 4475)
RSM
2008 Ed. (2921)
2000 Ed. (5)
RSM Erasmus University
2007 Ed. (812)
RSM International
1999 Ed. (11)
1998 Ed. (10)
RSM McGladrey
2008 Ed. (1, 13)
2007 Ed. (1)
2006 Ed. (1, 2)
2005 Ed. (1)
2004 Ed. (2)
2003 Ed. (1)
2002 Ed. (2, 3, 7)
RSM Robson Rhodes
2006 Ed. (7)
RSPCA
1995 Ed. (945)
RSS
2007 Ed. (1256)
RSUI Indemnity Co.
2008 Ed. (3263)
RSVP Publications
2008 Ed. (137)
2007 Ed. (122)
2006 Ed. (129)
RT Capital Management Inc.
2000 Ed. (2844)
1996 Ed. (2419, 2420)
RT Industries Inc.
1998 Ed. (1704)
RTA New South Wales
2002 Ed. (1179)
RTA NSW
2003 Ed. (1619)
2002 Ed. (1585, 1588, 1593)
2001 Ed. (1628, 1630, 1631)
RTA Specialty Stores
1997 Ed. (2102)
RTB BOR
1991 Ed. (1361)
RTC Industries
2006 Ed. (3930)
2005 Ed. (3866)
RTD
2008 Ed. (1687)
RTD tea
1999 Ed. (707)
RTI Insurance Services of Florida
2005 Ed. (3081)
RTKL
2008 Ed. (3084)
RTKL Associates Inc.
2008 Ed. (261, 263)
2007 Ed. (287, 2410, 3208)
2006 Ed. (284, 2791, 3160, 3169)
2005 Ed. (261, 3161, 3167)
2004 Ed. (2341, 2345, 2346, 2348, 2350, 2357, 2943)
2003 Ed. (2295, 2855)
2002 Ed. (330, 2130, 2646)
2001 Ed. (2238, 2798)
2000 Ed. (309, 315, 1797, 1815, 2567)
1999 Ed. (282, 290, 2016, 2788)
1998 Ed. (187)
1997 Ed. (260, 264, 1742)
1996 Ed. (233, 1664)
1995 Ed. (236, 1681)
1994 Ed. (234, 1642)
1993 Ed. (243, 245, 1609)
1992 Ed. (354, 1954, 1957, 2716)
1991 Ed. (1551)
1990 Ed. (279, 1665, 2286)
RTKL/FDS International
2001 Ed. (403)
RTL Group
2008 Ed. (1892, 1893)
2006 Ed. (3340)
RTL Group SA
2006 Ed. (1856)
RTM Inc.
2000 Ed. (3796)
1998 Ed. (1882, 3061)
1997 Ed. (2165)
1993 Ed. (1899)
RTM Restaurant Group
2003 Ed. (4139)
RTO/Rentronics
1996 Ed. (1995)
RTT
1996 Ed. (1301)
1995 Ed. (1361)
RTVE
1993 Ed. (820)
RTW Inc.
2006 Ed. (1890)

The R2 Solution Inc.
2008 Ed. (3732)
RTX Telecom A/S
2006 Ed. (1678)
RTZ Corp.
1998 Ed. (2684)
1997 Ed. (2948)
1996 Ed. (2034, 2652)
1994 Ed. (198)
1992 Ed. (1618, 1629)
1990 Ed. (2589)
1989 Ed. (2070)
RTZ Corporation Plc
1990 Ed. (2717)
1989 Ed. (2071)
RTZ-CRA
2000 Ed. (2380)
1998 Ed. (1855)
Ruan Securities
2001 Ed. (819)
Ruan Transport Corp.
2008 Ed. (4588, 4772)
2007 Ed. (4849)
2006 Ed. (4795)
Rubber
1999 Ed. (2110, 2866)
1998 Ed. (2318)
1992 Ed. (3646)
Rubber & miscellaneous plastics product manufacturers
2001 Ed. (1757)
Rubber and plastic products
2001 Ed. (2844)
1995 Ed. (1295, 1296, 1297, 1298, 1299, 1301, 1302, 1303)
1994 Ed. (1271, 1273, 1276, 1277, 1279, 1280)
1993 Ed. (1232, 1234, 1236, 1237, 1238, 1241)
Rubber and plastics
1991 Ed. (1636)
Rubber and plastics products
1992 Ed. (2601, 2604, 2605, 2607, 2609, 2610)
1991 Ed. (2029, 2030, 2033, 2035, 2037, 2039, 2040, 2042)
Rubber Belt
1994 Ed. (3289, 3290)
Rubber, leather & plastics
1997 Ed. (1717)
Rubber, plastics
1996 Ed. (2253)
Rubber product manufacturing
2007 Ed. (3716)
Rubber products
1996 Ed. (930)
Rubber Workers Local 307 Credit Union
2004 Ed. (1960)
2003 Ed. (1920)
2002 Ed. (1866)
Rubbermaid
2007 Ed. (2975, 3970, 3971, 4216)
2005 Ed. (1265, 1267, 1527, 2967, 4151)
2004 Ed. (4223)
2003 Ed. (744, 976, 1229, 1230, 4197)
2001 Ed. (4132)
2000 Ed. (2587, 3827, 3828, 4172)
1999 Ed. (780, 2598, 2599, 2634, 2701, 2806, 2807, 2808, 3776, 4115, 4116, 4379)
1998 Ed. (1899, 1962, 1963, 2050, 2051, 3103, 3104, 3372, 3458)
1997 Ed. (1339, 1341, 1345, 2174, 2175, 2239, 2240, 2330, 2331, 3361, 3362)
1996 Ed. (1283, 2026, 2075, 2129, 2130, 2201, 2202, 3262, 3263, 3625)
1995 Ed. (2001, 2079, 2185)
1994 Ed. (1290, 1292, 1293, 1299, 1301, 1305, 1309, 2026, 2073, 2074, 2145, 2147, 2433, 3117, 3118)
1993 Ed. (1249, 1251, 1252, 1253, 1254, 1266, 2014, 2054, 2110, 2495, 2868, 2869, 3054, 3055, 3367, 3576)
1992 Ed. (1544, 1545, 1547, 1548, 1549, 1550, 2432, 2433, 2538, 2967, 3745, 3746, 4132, 4297)
1991 Ed. (1236, 1239, 1245, 1887, 1925, 1926, 2381, 2903, 2904)
1990 Ed. (1278, 1308, 1310, 1319, 1321, 1323, 2036, 2037, 2509, 2516, 3065, 3066)
1989 Ed. (1600, 1601, 1928, 2349)
Rubbish Boys Disposal Service Inc.
2006 Ed. (2746)
Rubel; Matthew E.
2008 Ed. (958)
Rubens Ometto Silveira Mello
2008 Ed. (4854)
Rubenstein Assoc. Inc.; Howard J.
1990 Ed. (2922)
Rubenstein Associates Inc.; Howard J.
1997 Ed. (3207)
1995 Ed. (3027)
1994 Ed. (2967)
1992 Ed. (2901, 3573)
1991 Ed. (2775)
Rubi
2006 Ed. (2856)
Rubicon Petroleum Inc.
1995 Ed. (2429)
Rubik's Cube
2004 Ed. (3163)
Rubin Associates; Bruce
1992 Ed. (3579)
Rubin Barney & Birger
1998 Ed. (2948, 2949)
Rubin Bros. Inc.
1996 Ed. (1922)
Rubin Brothers Inc.
1995 Ed. (1879)
Rubin, Brown, Gornstein & Co.
2000 Ed. (13)
1999 Ed. (16)
1998 Ed. (12)
Rubin, Brown, Gornstein & Co. LLP
2006 Ed. (11)
2005 Ed. (6)
2004 Ed. (10)
2003 Ed. (4)
2002 Ed. (13, 14)
The Rubin Organization Inc.
1999 Ed. (4013)
1998 Ed. (3020)
Rubin Osten
1999 Ed. (1124)
Rubin Postaer & Associates
2004 Ed. (134)
2003 Ed. (30, 175, 176)
2002 Ed. (64, 137, 210, 211)
2000 Ed. (125, 191)
1999 Ed. (42, 119, 170)
1998 Ed. (37, 59, 67)
1997 Ed. (115, 159)
1996 Ed. (112, 152)
1995 Ed. (96, 138)
Rubin; Stanley
1996 Ed. (1771, 1791)
1995 Ed. (1816)
1994 Ed. (1776, 1832, 1833)
1993 Ed. (1772, 1773, 1793)
1991 Ed. (1707, 1709)
RubinBrown
2008 Ed. (5)
2007 Ed. (7)
Rubinos & Mesia Engineers Inc.
1996 Ed. (2064)
Rubinstein; Jonathan
2006 Ed. (2524)
Rubio's Baja Grill
2004 Ed. (4118)
2003 Ed. (4094)
2002 Ed. (4017)
Rubio's Fresh Mexican Grill
2005 Ed. (2553)
Rubio's Restaurants Inc.
1998 Ed. (3081)
1997 Ed. (3339)
Rubired
2003 Ed. (4966, 4967)
2002 Ed. (4965, 4966)
2001 Ed. (4860, 4861)
Ruby Cabernet
2003 Ed. (4966, 4967)
2002 Ed. (4965, 4966)
2001 Ed. (4860, 4861)
Ruby on Rails
2007 Ed. (1251)
Ruby Seedless/King Ruby
2002 Ed. (4967, 4968)
2001 Ed. (4870, 4871)
Ruby Tuesday Inc.
2008 Ed. (3066, 3439, 4142, 4169, 4170, 4181, 4182)
2007 Ed. (4142, 4148, 4163, 4942)
2006 Ed. (2491, 4104, 4115)
2005 Ed. (4045, 4052, 4060, 4061, 4062, 4064, 4081)
2004 Ed. (4107, 4127)
2003 Ed. (3280, 4097, 4106, 4107, 4108, 4110, 4111, 4131)
2002 Ed. (4001, 4013)
2001 Ed. (4063)
1999 Ed. (4064, 4065)
1998 Ed. (3063)
1997 Ed. (3317, 3328, 3334)
1996 Ed. (3216, 3231)
1995 Ed. (3120, 3132, 3139)
1994 Ed. (3075, 3086, 3089)
1993 Ed. (3015, 3034, 3036)
1992 Ed. (3717)
1991 Ed. (2882)
Ruby Tuesday's
2000 Ed. (3781, 3782, 3797)
1990 Ed. (3019, 3020)
Ruby Valley National Bank
2004 Ed. (542)
Rucci; Anthony J.
1997 Ed. (3068)
Ruch University Medical Center
2008 Ed. (3063)
Ruchi Madan
2000 Ed. (1985)
Ruchlamer, Stacy
1993 Ed. (1823, 1824)
1991 Ed. (1690, 1691, 1707, 1709)
Rucker; Christian
2007 Ed. (2465)
Ruckus Wireless
2007 Ed. (4968)
Ruckversicheru
1997 Ed. (3932)
Rudd; John
2008 Ed. (4909)
Ruddick Corp.
2008 Ed. (2838)
2007 Ed. (2709)
2006 Ed. (1942, 4630)
2005 Ed. (1913, 4558, 4559)
2004 Ed. (4630, 4631)
2003 Ed. (4633, 4645)
2001 Ed. (1822, 4416, 4419)
1995 Ed. (2792)
1991 Ed. (2621)
1990 Ed. (2719)
Ruddock; Paul
2008 Ed. (4902)
Rude Awakening: The Rise, Fall, and Struggle for Recovery of General Motors
1991 Ed. (708)
Rudebeck & Co. Ltd.; H.
1995 Ed. (1011)
1994 Ed. (998, 1003)
1993 Ed. (975)
1992 Ed. (1202)
Ruden, McCloskey, Smith, Schuster & Russell
1999 Ed. (3150)
1998 Ed. (2329)
Ruden McClosky
2008 Ed. (3424)
Ruden, McClosky, Smith, Schuster & Russell
2002 Ed. (3058)
Ruden McClosky Smith Schuster & Russell PA
2000 Ed. (2896)
Ruder Finn Inc.
2005 Ed. (3950, 3951, 3952, 3954, 3955, 3958, 3961, 3964, 3967, 3970, 3972, 3978)
2004 Ed. (3977, 3981, 3982, 3983, 3984, 3985, 3988, 3989, 3997, 4001, 4005, 4011, 4020, 4021, 4027, 4033, 4034, 4038)
2003 Ed. (3985, 3986, 3987, 3989, 3990, 3993, 4004, 4006, 4010)
2002 Ed. (3823, 3828, 3829, 3831, 3835, 3836, 3843, 3844)
2001 Ed. (3925, 3927, 3940)
2000 Ed. (3630, 3633, 3634, 3637, 3640, 3662, 3669)
1999 Ed. (3909, 3914, 3917, 3920, 3923, 3924, 3948, 3955)
1998 Ed. (1472, 1474, 1902, 2935, 2938, 2939, 2954, 2960, 3353)
1997 Ed. (3182, 3184, 3186, 3207, 3208)
1996 Ed. (3103, 3112, 3131)
1995 Ed. (3007, 3010, 3011, 3027, 3028)
1994 Ed. (2946, 2951, 2967, 2968)
1993 Ed. (2927, 2931)
1992 Ed. (3556, 3557, 3559, 3560, 3573, 3574)
1991 Ed. (2775)
1990 Ed. (2921)
Ruder Finn & Rotman
1989 Ed. (2259)
Ruder Finn Shandwick International
2001 Ed. (3939)
Rudin Management Co.
1997 Ed. (3273)
Rudnick & Wolfe
2001 Ed. (3054)
2000 Ed. (2894)
1999 Ed. (3148)
1990 Ed. (2417)
Rudolf Nothenberg
1995 Ed. (2668)
Rudolph & Sletten Inc.
2008 Ed. (1182)
2007 Ed. (1282, 1350)
2006 Ed. (1176, 2796)
2004 Ed. (1254, 1256, 1259, 1288)
2003 Ed. (1254)
Rudolph J. Frank
1989 Ed. (735)
Rudolph, Palitz
1999 Ed. (21)
1998 Ed. (17)
Rudolph Technologies
2008 Ed. (2458)
Rudolph's Ever Fresh
1995 Ed. (340)
Rudolphsen; William
2007 Ed. (1090)
Rudy G. Perpich
1991 Ed. (1857)
Rudy Giuliani
2004 Ed. (2414)
2003 Ed. (2334)
Rudy Luther's Pontiac
1994 Ed. (280)
1993 Ed. (281)
Rudy Luther's Pontiac-GMC Truck
1992 Ed. (396)
Rudy Nothenberg
1993 Ed. (2638)
1991 Ed. (2546)
Rudy Perpich
1992 Ed. (2345)
Rudy Treichel
2005 Ed. (796)
Rudy's Farm
2003 Ed. (3322)
2002 Ed. (1329, 4098)
Rudy's Limousine Service
1996 Ed. (2693)
Rudy's Music Stop
2000 Ed. (3219)
1999 Ed. (3501)
Rue Mosnier with Street Pavers, by Manet
1989 Ed. (2110)
Rue Neuve
1992 Ed. (1166)
Rueckv N
2000 Ed. (4447, 4448)
1999 Ed. (4831, 4832)
Ruehman BMW-Pontiac; Robert
1990 Ed. (334)
Ruehman Inc.; Robert
1995 Ed. (259)
1994 Ed. (260)
1992 Ed. (406)
1991 Ed. (301)

Ruentex Construction & Development Co. Ltd.
1994 Ed. (3008)
Ruentex Industries Ltd.
1994 Ed. (3523)
1992 Ed. (4282)
1990 Ed. (3571)
Ruentex Industry
1992 Ed. (4188)
Ruetgers AG
2000 Ed. (3829)
1999 Ed. (4117)
Ruey Tay Fiber Industry Co., Ltd.
1992 Ed. (4284)
Ruff Ryders/Cash Money Tour: DMX
2002 Ed. (1161)
Ruff Times
1992 Ed. (2803)
Ruffin; Phillip
2007 Ed. (4899)
2005 Ed. (4844)
Ruffino
2001 Ed. (4880)
1992 Ed. (4460, 4465)
1990 Ed. (3698)
1989 Ed. (2942)
Ruffino Orivetto
1989 Ed. (2945)
Ruffino Wines
1991 Ed. (3499)
Ruffles
2008 Ed. (4019, 4021)
2007 Ed. (4000)
2006 Ed. (3942)
2005 Ed. (4387)
2004 Ed. (3932, 4438)
2003 Ed. (3919, 4454, 4455)
2002 Ed. (3733, 4299)
2001 Ed. (3860, 3861, 4290)
2000 Ed. (3577, 3578, 4064)
1999 Ed. (3862, 3863, 4344, 4345, 4703)
1997 Ed. (3137, 3138)
1996 Ed. (3057)
1994 Ed. (2902)
1993 Ed. (1878, 3345)
1992 Ed. (921, 2190)
Ruffles Choice
1999 Ed. (3863)
Ruffles Flavor Rush
2002 Ed. (3733)
Ruffles Light
2008 Ed. (4021)
1996 Ed. (3057)
Ruffles The Works
2001 Ed. (3860, 3861)
2000 Ed. (3578)
Ruffles Wow
2004 Ed. (3932)
2003 Ed. (3919)
2002 Ed. (3733)
2001 Ed. (3860, 3861)
2000 Ed. (3578)
Rufus Crosby Kemper
1990 Ed. (3686)
Rufus Leonard
2002 Ed. (1956)
Rufus W. Lumry
1991 Ed. (1620)
Rug & room deodorizers
2002 Ed. (254)
Rug cleaners
2002 Ed. (1065)
Rug Doctor
2005 Ed. (198)
2003 Ed. (978, 988, 2049)
Rug Doctor Pro
1992 Ed. (2223)
Rug specialty stores
1999 Ed. (4120)
Rug/upholstery cleaners
2001 Ed. (3908)
Rugby
2005 Ed. (4446)
2003 Ed. (281, 3776)
1992 Ed. (23, 334, 2558)
The Rugby Group plc
2002 Ed. (4512)
2001 Ed. (3180)
2000 Ed. (3017)
1999 Ed. (3278)
1997 Ed. (2692)
1996 Ed. (2555)
1995 Ed. (2492)
1994 Ed. (2415)
Rugby Labs Inc.
1997 Ed. (2134)
Rugg (Asburton) Ltd.; Lewis
1991 Ed. (960)
RuggedCom Inc.
2008 Ed. (2931)
Ruggiero; Steven
1997 Ed. (1937, 1945)
Rugs
2005 Ed. (2870)
Ruhr Advertising; Chuck
1997 Ed. (119)
Ruhrgas AG
2005 Ed. (1475)
2002 Ed. (4259)
Ruhrkohle
1998 Ed. (2510, 2835)
1992 Ed. (1622)
1991 Ed. (1283)
1990 Ed. (2587)
Ruhrkohle AG
1997 Ed. (1437, 2796, 2797, 3103)
1996 Ed. (2651)
1995 Ed. (2583)
Ruhrkohle Aktiengesellschaft
1994 Ed. (2528)
Ruia; Shashi & Ravi
2008 Ed. (4841)
Ruifino
2002 Ed. (4942)
Ruimin; Zhang
2006 Ed. (690)
Ruinite
1996 Ed. (3855)
Ruiz Construction Co. & Associates Inc.; A.
1995 Ed. (2100)
Ruiz Food Inc.
2008 Ed. (2963)
Ruiz Food Products Inc.
2007 Ed. (2514)
2006 Ed. (2842)
2003 Ed. (2420)
2002 Ed. (2542, 2558)
2001 Ed. (2712)
2000 Ed. (3033)
1999 Ed. (3296)
1998 Ed. (2432)
1997 Ed. (2706)
1996 Ed. (2111, 2565)
1995 Ed. (2102, 2501)
1994 Ed. (2051)
1993 Ed. (2038)
1991 Ed. (1909)
1990 Ed. (2010, 2011, 2012)
Ruiz Foods Inc.
2008 Ed. (2776, 2783)
Ruiz; Hector
2007 Ed. (3617)
2006 Ed. (2515)
Ruiz; Hector de J.
2008 Ed. (954)
2007 Ed. (1032)
Ruiz Nicoli
1997 Ed. (147)
1996 Ed. (141)
The Rule of Four
2006 Ed. (636)
Rum
2008 Ed. (3451)
2002 Ed. (282, 3132, 3133, 3142, 3143, 3167, 3168, 3169, 3170)
2001 Ed. (3124, 3125, 3150)
1997 Ed. (2671)
Rum & Coke
1990 Ed. (1074)
Rumania
1990 Ed. (1449)
Rumanian
1990 Ed. (3295)
Rumba Games Inc.
2006 Ed. (2747)
2005 Ed. (2777)
Rumford Paper Co.
2008 Ed. (1896)
rumjungle
2006 Ed. (4105)
Rumours, Fleetwood Mac
1990 Ed. (2862)
Rumple Minze
2004 Ed. (3269, 3272)
2002 Ed. (299, 3086)
2001 Ed. (3110)
1996 Ed. (2494, 2503)
1993 Ed. (2431, 2432)
Rumrill-Hoyt Inc.
1996 Ed. (47, 55, 56, 2246)
1995 Ed. (24, 35, 36)
1994 Ed. (63)
1993 Ed. (73)
1989 Ed. (81)
Runaway Bride
2002 Ed. (3399)
2001 Ed. (3363, 3364, 3374, 3382)
The Runaway Bunny
1990 Ed. (979)
The Runaway Jury
1999 Ed. (694)
Runners
2001 Ed. (3039)
Runner's World
2006 Ed. (134, 162)
2005 Ed. (131)
2003 Ed. (4525)
1998 Ed. (72, 2796)
1993 Ed. (2805)
Running/Jogging
2000 Ed. (4089)
1999 Ed. (4386)
1998 Ed. (3354)
Running or jogging
1992 Ed. (4048)
Running shoes
2001 Ed. (426)
1994 Ed. (245)
Runyon; Linda
1997 Ed. (1871)
1996 Ed. (1798)
1995 Ed. (1796)
1994 Ed. (1786, 1832)
Rupali Bank Ltd.
1997 Ed. (1602)
1993 Ed. (432)
1992 Ed. (615)
1991 Ed. (458)
1990 Ed. (508)
1989 Ed. (487)
Rupan Oil Industries Ltd.
2002 Ed. (1971)
Rupert; Johann
2008 Ed. (4895)
Rupert Johnson
2007 Ed. (4894)
2006 Ed. (4899)
Rupert Johnson Jr.
2002 Ed. (3356)
Rupert Murdoch
2008 Ed. (4825)
2007 Ed. (4896)
2006 Ed. (689, 4901)
2005 Ed. (788, 4851)
2004 Ed. (4865, 4881)
2003 Ed. (4882)
2002 Ed. (3352)
2000 Ed. (735)
1998 Ed. (3707)
1993 Ed. (1693)
1989 Ed. (2751, 2905)
Ruppert Nurseries
2008 Ed. (804)
Ruppman Bational Yellow Pages
1996 Ed. (55)
Ruppman Marketing Technologies Inc.
1996 Ed. (3641)
1994 Ed. (64)
1993 Ed. (74)
Ruppman National Yellow Pages
2000 Ed. (54)
1999 Ed. (52)
1997 Ed. (52)
1995 Ed. (24, 36)
Ruppman National Yellow Pages Services
1998 Ed. (47)
Rural Alaska Community Action Program
2003 Ed. (4395)
Rural & Industries Bank
1991 Ed. (453)
Rural & Industries Bank of Western Australia
1993 Ed. (427)
1992 Ed. (608)
Rural areas
2000 Ed. (2616)
Rural Banking & Finance
1992 Ed. (805)
1990 Ed. (655)
1989 Ed. (642)
Rural Cellular Corp.
2005 Ed. (4979)
Rural Development Bank of Papua New Guinea
1997 Ed. (591)
Rural/Metro Corp.
2006 Ed. (3297)
2005 Ed. (3309)
2004 Ed. (3295, 3296)
2003 Ed. (3239)
2001 Ed. (3159)
Rural/Metro Texas Holdings Inc.
2004 Ed. (3295)
Rural Press
2004 Ed. (3938)
2002 Ed. (4617)
Ruralco
2002 Ed. (3788)
Rurban Financial Corp.
2005 Ed. (357)
Ruschmeier; Peter
2006 Ed. (2578)
Rush Access HMO
1994 Ed. (2037)
Rush Anchor HMO
1994 Ed. (2036, 2038)
Rush-Anchor/Rush-Access HMO
1993 Ed. (2022)
Rush Communications Inc.
2004 Ed. (170)
2003 Ed. (214)
1997 Ed. (2802)
1995 Ed. (2591)
1994 Ed. (2532)
Rush Communications of New York City Inc.
2005 Ed. (175)
Rush Contract Care
1990 Ed. (2895)
Rush Enterprises Inc.
2008 Ed. (3097, 4726)
2007 Ed. (299)
2004 Ed. (4550)
2001 Ed. (450)
Rush Health Plans
1994 Ed. (2040)
Rush Hour
2001 Ed. (4699, 4700)
Rush Hour 2
2003 Ed. (3453)
Rush Limbaugh
2008 Ed. (2585)
2007 Ed. (4061)
2006 Ed. (2487)
2004 Ed. (2415)
2003 Ed. (2335)
2002 Ed. (4546)
2001 Ed. (3959)
A Rush of Blood to the Head
2005 Ed. (3536)
Rush Pontiac-GMC Truck
1994 Ed. (257)
Rush Pontiac-GMC Truck Center
1995 Ed. (268)
Rush-Presbyterian-St. Luke's Medical Center
2006 Ed. (2906)
2005 Ed. (1790)
2004 Ed. (1730)
2003 Ed. (1694)
2002 Ed. (2618)
2001 Ed. (1730, 2770, 2771)
2000 Ed. (2525)
1999 Ed. (2746)
1998 Ed. (1987)
1997 Ed. (2268)
1996 Ed. (2153)
1995 Ed. (2140, 2141)
1994 Ed. (2088, 2573)
1992 Ed. (2456)
1991 Ed. (1932)
1990 Ed. (2054, 2632)

Rush Prudential Health Plans
2001 Ed. (2687)
2000 Ed. (2433)
Rush Prudential HMO Inc.
1999 Ed. (2653)
1998 Ed. (1916)
1997 Ed. (2195, 2198)
1995 Ed. (2093)
Rush Prudential HMO Inc.-Affiliates Plan
1996 Ed. (2096)
Rush Prudential HMO Inc.-Anchor Plan
1996 Ed. (2096)
Rush System for Health
2000 Ed. (3182, 3186)
1999 Ed. (2989, 3467)
1998 Ed. (2553)
1997 Ed. (2830)
1996 Ed. (2705)
1995 Ed. (2628)
Rush Trucking Corp.
2005 Ed. (3584)
2004 Ed. (3665)
2001 Ed. (3519)
Rush University Medical Center
2008 Ed. (2917, 3048)
2007 Ed. (2925)
Rushaid Group; Abdullah Al
1994 Ed. (3140)
Rushing & Co.; R. B.
1995 Ed. (2332)
Rushmore Precious Metal Index
1993 Ed. (2681)
Rushmore U.S. Government Bond
1999 Ed. (3552)
Rushmore U.S. Government Inter.-Term
1994 Ed. (2643)
Rushmore U.S. Government Intermediary
1993 Ed. (2697)
Rushmore U.S. Government Intermediate-Term
1995 Ed. (2745)
Rushmore U.S. Government Long-Term
1997 Ed. (689)
1995 Ed. (2745)
1993 Ed. (2697)
Rushmore U.S. Govertment Long Term
1991 Ed. (2562)
RushTrade
2006 Ed. (663)
2005 Ed. (757)
Rusk Institute
2008 Ed. (3050)
2007 Ed. (2927)
2006 Ed. (2908)
2005 Ed. (2901)
Ruskin, Moscou, Evans & Faltischek
2000 Ed. (2898)
Rusnak/Pasadena
1993 Ed. (282, 284)
1992 Ed. (397, 399)
1991 Ed. (294)
1990 Ed. (317)
Rusplat
1995 Ed. (2586)
Rusplats
1991 Ed. (2469)
Russ Berrie
1989 Ed. (1891, 2295)
Russ Berrie & Co., Inc.
2005 Ed. (243)
2004 Ed. (240)
1995 Ed. (3423, 3638)
Russ Darrow Chrysler-Plymouth
1991 Ed. (307)
Russ Darrow Group
2001 Ed. (441, 442)
Russ Darrow Waukesha Inc.
1994 Ed. (266)
1992 Ed. (412)
1990 Ed. (340)
Russel Metals Inc.
2008 Ed. (1429, 1620, 3664, 3665, 4921)
2007 Ed. (3493, 3494, 4945)
2006 Ed. (1608, 1609, 3469, 3470)
2005 Ed. (3462, 3463)
2004 Ed. (3448)
2003 Ed. (3382)
2002 Ed. (3315, 3319)
1999 Ed. (3353, 3354)
Russel Reynolds Associates
2001 Ed. (2310)
Russell
2008 Ed. (609, 1764, 2290, 2314, 4669)
2007 Ed. (1736, 4746)
2006 Ed. (1729, 4728)
2005 Ed. (1014, 1015, 1019, 1778, 4433, 4682)
2004 Ed. (1000, 1617, 4710)
2003 Ed. (1002, 1006, 1007, 1600, 4727)
2002 Ed. (1083)
2001 Ed. (1606, 4350)
2000 Ed. (1121)
1999 Ed. (1201, 1202, 1203, 1205, 4303, 4377)
1998 Ed. (774, 775, 776, 777, 778, 780, 3349, 3372)
1997 Ed. (1034, 1035, 1037, 1039, 3558)
1996 Ed. (1016, 3491)
1995 Ed. (1031, 1032, 1033, 1034, 1337)
1994 Ed. (1021, 1022, 1023, 1024, 1025, 1028, 1030)
1993 Ed. (990, 991, 998, 1271, 3372, 3375)
1992 Ed. (1224, 1225, 4052)
1991 Ed. (980, 981, 982, 984, 1223, 3165, 3174, 985, 2374, 3171)
1990 Ed. (1063, 1064)
1989 Ed. (943, 1056)
Russell & DuMoulin
1992 Ed. (2846)
1991 Ed. (2282)
Russell & Co.; H & J
1996 Ed. (746)
Russell & Co.; H. J.
2008 Ed. (174)
2007 Ed. (191)
2006 Ed. (185, 1306)
1997 Ed. (677)
1996 Ed. (745)
1995 Ed. (671)
1994 Ed. (714, 715)
1993 Ed. (706)
1992 Ed. (895)
1991 Ed. (713)
Russell & Co.; H.J.
1990 Ed. (735)
Russell Artzt
2001 Ed. (2345)
Russell Athletic
1994 Ed. (1027)
Russell Boyle
1992 Ed. (2060)
Russell County Economic Development
1996 Ed. (2240)
Russell de Leon
2008 Ed. (4897, 4907)
2007 Ed. (4933)
Russell; Frank
1996 Ed. (2379)
1995 Ed. (2381)
1994 Ed. (2323)
1993 Ed. (2291)
1992 Ed. (2780)
Russell Goldsmith
2003 Ed. (954)
Russell; H.J.
1989 Ed. (734)
Russell Inn
1998 Ed. (2008)
Russell Investment Group
2008 Ed. (1504, 2485, 2710, 2711)
2006 Ed. (4328)
Russell Investment Management; Frank
1997 Ed. (2512)
Russell Investments Canada Ltd.
2008 Ed. (2713)
Russell Kettell
2007 Ed. (1072)
2006 Ed. (978)
Russell Leavitt
1999 Ed. (2223)
1998 Ed. (1636)
1997 Ed. (1865)
1996 Ed. (1790, 1791)
1995 Ed. (1815)
1994 Ed. (1775, 1831)
1993 Ed. (1792)
Russell Metals Inc.
2000 Ed. (3089, 3099)
Russell Napier
1999 Ed. (2282)
1997 Ed. (1959)
The Russell Organisation
2002 Ed. (3265)
The Russell Organization
2000 Ed. (3845)
Russell P. LeFrois Builder Inc.
2007 Ed. (4215)
Russell Real Estate Securities
2004 Ed. (3564)
Russell Reynolds
1993 Ed. (1691, 1692)
1990 Ed. (1710)
Russell Reynolds Associates
2008 Ed. (4131)
2006 Ed. (4058)
2005 Ed. (4030)
2002 Ed. (2176)
2001 Ed. (2313)
2000 Ed. (1863, 1867)
1999 Ed. (2071)
1998 Ed. (1507)
1997 Ed. (1793)
1996 Ed. (1707)
1995 Ed. (1724)
1994 Ed. (1711)
1991 Ed. (1615, 1616)
Russell Sage College
2008 Ed. (1060)
Russell Sage Foundation
1989 Ed. (1476)
Russell-Stanley
1992 Ed. (1386)
Russell-Stanley Holdings Inc.
2001 Ed. (717)
Russell Stover
2008 Ed. (836)
2006 Ed. (1006)
2005 Ed. (858)
2004 Ed. (876)
2003 Ed. (963, 1131)
2002 Ed. (933, 934, 1048)
2001 Ed. (1113, 1114)
2000 Ed. (1058)
1999 Ed. (1016, 1130, 1131)
1998 Ed. (617, 618, 619, 620)
1997 Ed. (890, 893, 983)
1995 Ed. (894)
Russell Stover Candies Inc.
2006 Ed. (1007)
2005 Ed. (997)
2003 Ed. (964, 1133)
Russell Stover Chocolate Bars
2000 Ed. (1056)
Russell Tax Managed Global Equity
2008 Ed. (2615)
Russell; Thomas
1991 Ed. (927)
1990 Ed. (974)
Russell Trust; Frank
1992 Ed. (2741)
Russell 2000
2005 Ed. (4518)
Russia
2008 Ed. (248, 251, 257, 412, 528, 533, 823, 867, 868, 903, 1013, 1018, 1386, 2203, 2332, 2333, 2334, 2417, 2438, 2626, 2689, 2826, 2840, 2924, 3038, 3160, 3163, 3406, 3535, 3619, 3650, 3671, 3747, 3780, 3781, 3785, 3807, 3845, 3920, 3999, 4018, 4103, 4256, 4258, 4327, 4341, 4468, 4499, 4549, 4550, 4552, 4582, 4587, 4676, 4677, 4784, 4785, 4786, 4804, 4917, 4918, 4995)
2007 Ed. (265, 266, 267, 281, 442, 577, 583, 862, 890, 892, 920, 1133, 1138, 1143, 1435, 2080, 2093, 2198, 2199, 2200, 2282, 2310, 2547, 2592, 2699, 2711, 2794, 2798, 2917, 3049, 3292, 3379, 3393, 3397, 3405, 3441, 3444, 3510, 3626, 3686, 3687, 3700, 3702, 3765, 3777, 3871, 3956, 3976, 3982, 3984, 3999, 4198, 4222, 4227, 4228, 4229, 4372, 4390, 4486, 4536, 4600, 4601, 4603, 4605, 4651, 4676, 4753, 4754, 4863, 4864, 4865, 4872, 4940, 4941, 4996)
2006 Ed. (258, 259, 260, 439, 545, 549, 763, 801, 804, 1011, 1045, 1049, 1403, 2132, 2140, 2149, 2260, 2261, 2262, 2346, 2372, 2576, 2617, 2704, 2721, 2802, 2806, 2895, 3015, 3228, 3335, 3339, 3349, 3426, 3429, 3479, 3556, 3691, 3692, 3705, 3708, 3768, 3780, 3848, 3909, 3923, 3927, 3929, 3941, 4212, 4214, 4306, 4422, 4478, 4613, 4616, 4618, 4651, 4656, 4739, 4740, 4860, 4873, 4934, 4935, 4995)
2005 Ed. (237, 238, 240, 256, 497, 501, 644, 647, 837, 861, 862, 864, 886, 890, 1036, 1040, 1418, 1479, 2036, 2198, 2199, 2200, 2278, 2317, 2534, 2535, 2571, 2621, 2742, 2765, 2766, 2821, 2824, 2883, 3021, 3031, 3032, 3243, 3346, 3363, 3416, 3419, 3478, 3499, 3591, 3592, 3603, 3604, 3659, 3660, 3661, 3671, 3766, 3840, 3860, 3863, 3865, 3881, 4156, 4160, 4363, 4478, 4497, 4532, 4535, 4537, 4570, 4590, 4691, 4692, 4789, 4901, 4902, 4997)
2004 Ed. (231, 232, 233, 237, 253, 655, 663, 863, 874, 897, 900, 1029, 1033, 1395, 1396, 1911, 2094, 2095, 2096, 2178, 2202, 2593, 2741, 2745, 2821, 2823, 2905, 3215, 3321, 3339, 3403, 3406, 3479, 3499, 3676, 3677, 3694, 3756, 3855, 3902, 3915, 3917, 3919, 3931, 4229, 4237, 4413, 4538, 4598, 4601, 4603, 4650, 4652, 4720, 4721, 4750, 4815, 4888, 4909, 4991)
2003 Ed. (267, 268, 285, 488, 641, 654, 824, 871, 1026, 1029, 1382, 2051, 2052, 2053, 2129, 2149, 2212, 2213, 2467, 2627, 2702, 3155, 3276, 3333, 3336, 3415, 3431, 3629, 3630, 3650, 3710, 3826, 3877, 3892, 3918, 4202, 4214, 4401, 4554, 4618, 4667, 4672, 4735, 4736, 4825, 4897, 4898, 4920, 4970)
2002 Ed. (302, 303, 681, 1345, 1346, 1816, 2415, 2753, 2754, 3229, 3302, 3519, 3520, 3521, 3724, 4379, 4427, 4624, 4705, 4773)
2001 Ed. (358, 367, 373, 392, 513, 514, 668, 697, 989, 1019, 1021, 1081, 1082, 1097, 1125, 1137, 1182, 1283, 1285, 1286, 1297, 1341, 1502, 1982, 1983, 1984, 1985, 2003, 2004, 2005, 2134, 2139, 2163, 2419, 2454, 2469, 2543, 2602, 2614, 2694, 2696, 2724, 2752, 2814, 2825, 3022, 3025, 3036, 3181, 3199, 3241, 3244, 3316, 3343, 3369, 3529, 3530, 3548, 3552, 3575, 3609, 3629, 3644, 3760, 3761, 3763, 3764, 3821, 3823, 3824, 3859, 4112, 4113, 4137, 4151, 4156, 4229, 4246, 4249, 4369, 4372, 4373, 4383, 4387, 4390, 4440, 4494, 4495, 4534, 4535, 4601, 4650, 4785, 4936)
2000 Ed. (1032, 1649, 2379, 3357, 3571, 4237)
1999 Ed. (1212, 1213, 1214, 1842, 2067, 2606, 3449, 3654, 3698, 4473, 4477, 4804)
1998 Ed. (856, 2745, 2830, 2898)
1997 Ed. (1604, 1605, 1815, 2565, 2567, 2998, 3249, 3509)
1996 Ed. (1545, 3762)
1995 Ed. (1735, 1739)
1994 Ed. (956, 1487)

Russia & Commonwealth of Independent States
1995 Ed. (345)
The Russia Fund Ltd.
1998 Ed. (1923)
The Russia Investment Fund LP
2003 Ed. (3143, 3145, 3152)
The Russia Value Fund
1998 Ed. (1923)
Russian
2000 Ed. (2890)
1990 Ed. (3295)
Russian credit bank
1995 Ed. (595)
Russian Federation
2008 Ed. (1414)
1999 Ed. (212)
1998 Ed. (123)
1996 Ed. (26)
1995 Ed. (170, 191)
1994 Ed. (156, 184)
Russian Investment Co.
2003 Ed. (3856)
2002 Ed. (3694)
Russian National Commercial Bank
1995 Ed. (596)
Russian Prosperity Fund
2003 Ed. (3143, 3145, 3152)
Russian Republic
1991 Ed. (3157)
Russian Standard Bank
2008 Ed. (446)
2007 Ed. (480, 481)
Russian State
1999 Ed. (3813)
The Russian Tea Room
2002 Ed. (3994)
Russian Trading System Index
2008 Ed. (4502)
Russo; P. F.
2005 Ed. (2506)
Russo; Pat
2005 Ed. (2513)
Russo; Patricia
2008 Ed. (2636, 4949)
2007 Ed. (2506)
2006 Ed. (4975)
Russo; Patricia F.
2007 Ed. (1032)
Rust Environment & Infrastructure
1999 Ed. (2025)
1998 Ed. (1443)
Rust Environmental & Infrastructure
2000 Ed. (1855)
Rust International Inc.
1998 Ed. (1447, 1453, 1479, 1481, 1483, 1484, 1486, 1487, 1488, 1489, 1490)
1997 Ed. (1156, 1733, 1735)
1996 Ed. (1112, 1123, 1126, 1128, 1165, 1655, 1657, 1661)
1995 Ed. (1150, 1151, 1153, 1155, 1192, 1674)
1994 Ed. (1130, 1132, 1133, 1134, 1135, 1137)
1993 Ed. (1101, 1117, 1118, 1119, 1605)
1992 Ed. (1404, 1405, 1406)
1991 Ed. (1068, 1073, 1074, 1076)
1990 Ed. (1181, 1195, 1196, 1198)
Rust-Oleum
1992 Ed. (1238)
Rustenberg Platinum Mines Ltd.
2004 Ed. (3696)
Rustenburg Platinum Holdings
1993 Ed. (2376, 2579)
1992 Ed. (2815, 2816)
1991 Ed. (2269)
1990 Ed. (2588)
Rustler
1999 Ed. (1193, 1194)
1998 Ed. (763, 764)
1997 Ed. (1023)
1996 Ed. (1002, 1005, 2439)
1995 Ed. (1022, 1023)
1994 Ed. (1012, 1013)
1993 Ed. (986)
Rustlers
1998 Ed. (760, 761, 3324)
Rusty Pelican
2000 Ed. (3873)
1998 Ed. (3174)
1997 Ed. (3397)
1996 Ed. (3301)
1995 Ed. (3200)
1994 Ed. (3156)
1991 Ed. (2939)
1990 Ed. (3116)
Rusty Pelican Restaurants
1993 Ed. (3112)
1992 Ed. (3817)
Rutabaga
1992 Ed. (2111)
Rutenberg Homes
2002 Ed. (2680)
Rutenberg Homes; Arthur
1996 Ed. (993)
Rutgers
2000 Ed. (1145)
1992 Ed. (1269)
Rutgers Community Health Plan
1990 Ed. (1998)
1989 Ed. (1586)
Rutgers State University
1993 Ed. (1017)
Rutgers State University at Camden
1994 Ed. (1044)
Rutgers State University at New Brunswick
1997 Ed. (2632)
Rutgers, the State University of New Jersey
2007 Ed. (830, 833)
2004 Ed. (2669)
1999 Ed. (1236)
Rutgers, The State University of NJ
2002 Ed. (1108)
Rutgers University
2002 Ed. (902)
2001 Ed. (2488)
1998 Ed. (808, 3161)
1995 Ed. (3189)
1991 Ed. (2928)
Ruth Bader Ginsburg
2006 Ed. (4986)
Ruth Davis
1995 Ed. (1256)
The Ruth Group
2005 Ed. (3952)
2004 Ed. (3985)
2003 Ed. (3987)
Ruth Lilly
2005 Ed. (3832)
Ruth M. Davis
1998 Ed. (1135)
Ruth Norman Halls
1995 Ed. (937, 1069)
1994 Ed. (896, 1057)
Ruth Parasol
2008 Ed. (4897, 4907)
2007 Ed. (4899, 4924, 4933)
Ruth State Bank
1989 Ed. (211)
Rutherford; Alan
2008 Ed. (963)
Ruth's Chris Steak House
2008 Ed. (4197, 4198)
2007 Ed. (4156)
2006 Ed. (4109, 4136)
2004 Ed. (4147)
2002 Ed. (4006, 4029)
1995 Ed. (3797)
Ruth's Chris Steakhouse
2002 Ed. (4021)
Rutil SRL
2001 Ed. (2875)
Rutland Hospital Inc.
2008 Ed. (2153)
2007 Ed. (2049)
2006 Ed. (2091)
2005 Ed. (1992)
2004 Ed. (1877)
2003 Ed. (1842)
2001 Ed. (1892)
Rutland Regional Health Services Inc.
2008 Ed. (2153)
2007 Ed. (2049)
2006 Ed. (2091)
2005 Ed. (1992)
2004 Ed. (1877)
Rutledge Recruitment
2007 Ed. (1219)
Rutter Inc.
2008 Ed. (2866, 2931)
2007 Ed. (2738)
Ruttle, Shaw & Wetherill Inc.
1998 Ed. (2517)
Ruttner; Melissa
1996 Ed. (1850)
RV
2008 Ed. (2386)
2001 Ed. (2959)
RV Insurance Group
1999 Ed. (2920)
R.V. Norene & Associates Inc.
2000 Ed. (2758)
RVD Holding
2006 Ed. (69)
2005 Ed. (62)
2004 Ed. (67)
RVD Holding Den Haag
2001 Ed. (61)
RVM Industries Inc.
2002 Ed. (3558)
RW Electronics Inc.
1997 Ed. (1709)
1996 Ed. (1633)
RW Moore Equipment Co.
2006 Ed. (3531, 4370)
Rwanda
2008 Ed. (4784)
2007 Ed. (4863)
2006 Ed. (2330)
RWE
1997 Ed. (1415, 3215)
1992 Ed. (1624)
1991 Ed. (1293, 1295)
1990 Ed. (1371)
RWE AG
2008 Ed. (1767, 2506, 2507, 2815, 3559)
2007 Ed. (1739, 2299, 2301, 2303, 2391, 2392, 2685, 2686, 2688, 3987)
2006 Ed. (1723, 1732, 1733, 1734, 1735, 1790, 2366, 2445, 2446, 3381, 4416)
2005 Ed. (1465, 1468, 1549, 1570, 1781, 2402, 2403, 2404, 2406, 2407, 2411, 2413, 3391, 3784, 4359)
2004 Ed. (1458, 1467, 2322, 3360)
2003 Ed. (1687, 2286, 3299)
2002 Ed. (1415, 1644, 1661, 2127, 2128, 3244, 4415)
2001 Ed. (1697, 1714)
2000 Ed. (1438, 2274)
1999 Ed. (1635, 1637, 1638, 3811, 3811, 3966)
1997 Ed. (1394, 1413, 3107)
1996 Ed. (1227, 1352, 1353, 1970, 3023)
1995 Ed. (1400, 1401, 3342)
1993 Ed. (1321, 3252)
RWE Aktiengesellschaft
1995 Ed. (1402)
1992 Ed. (3941)
RWE Aktiengessellschaft
1994 Ed. (1377, 1919, 3246)
RWE Dea AG
2007 Ed. (3867)
2006 Ed. (3846)
2005 Ed. (2408, 2410, 3779, 3780, 3781)
RWE-DEA AG Fuer Mineraloel U. Chemie
1997 Ed. (3107)
1996 Ed. (3023)
RWE-DEA AG Fuer Mineraloel U.Chemie
2000 Ed. (3538)
RWE-DEA AG Fuer Mineraloel und Chemie
2004 Ed. (3867)
2001 Ed. (3759)
RWE-DEA AG fur Mineraloel und Chemie
2002 Ed. (1007, 1010, 1015, 3678)
RWE-DEA AG—Schaft Fur Mineraloel Und Chemie
2003 Ed. (1670)
RWE Energie AG
2002 Ed. (4259)
2001 Ed. (3949)
RWE Entsorgung
1997 Ed. (1781)
1994 Ed. (3650)
RWE Gas AG
2004 Ed. (1458)
RWE Group
2003 Ed. (4779)
2000 Ed. (1440, 3676, 3677)
1998 Ed. (2967)
1997 Ed. (1414, 3102)
1996 Ed. (1351, 3407)
1994 Ed. (1375, 1376)
1993 Ed. (1199, 1320, 3262, 3264)
1992 Ed. (1623)
1991 Ed. (1294)
1990 Ed. (2927)
RWE-Rheinisch-Westfalisches Elektritaetswerk AG
1990 Ed. (1370)
Rwe Stamm
1989 Ed. (2263)
Rx Place
1996 Ed. (1588)
1995 Ed. (1610, 1615)
1994 Ed. (1568, 1572)
1993 Ed. (1526)
1992 Ed. (1851)
1991 Ed. (1461)
RxAmerica LLC
2007 Ed. (2363, 2365)
2006 Ed. (2416, 2417)
RXR Inc.
1999 Ed. (3087, 3090)
RXR Capital
1995 Ed. (2356)
1991 Ed. (2224, 2232)
RXR Capital Management
1992 Ed. (2754)
RxUSA Inc.
2007 Ed. (4016)
2006 Ed. (3977)
RYA Design Consultancy
2007 Ed. (3194, 3205)
Ryan Inc.
2008 Ed. (1258)
2000 Ed. (377, 1261)
1999 Ed. (1369)
1997 Ed. (1165)
1990 Ed. (1204)
Ryan; Arthur
2008 Ed. (941)
2007 Ed. (990)
2006 Ed. (900)
Ryan Associates; Charles
1992 Ed. (3579)
Ryan, Beck
1999 Ed. (4254)
1995 Ed. (1215)
Ryan Beck & Co.
2005 Ed. (1432, 1433)
2002 Ed. (1406)
Ryan Building Group
2007 Ed. (1297)
Ryan Inc. Central
2006 Ed. (1282, 4387)
2005 Ed. (1312)
2004 Ed. (1305)
2003 Ed. (1302)
2002 Ed. (1290)
2001 Ed. (1475)
1998 Ed. (947)
1996 Ed. (1139)
1995 Ed. (1172)
Ryan Companies U.S. Inc.
2007 Ed. (2412)
Ryan Cos.
2005 Ed. (2418)
Ryan Cos. US Inc.
2004 Ed. (1256)
Ryan Inc. Eastern
2004 Ed. (1305, 1318)
2003 Ed. (1318)
1996 Ed. (1139)
1995 Ed. (1172)
1993 Ed. (1128)
1992 Ed. (1415)
1991 Ed. (1082)
Ryan; Ed
1993 Ed. (2639)
Ryan Family Steak Houses
1991 Ed. (2859)
Ryan Gibson Bauer Kornblath
1990 Ed. (283)

Ryan Giggs
2005 Ed. (4895)
Ryan Group Ltd.
1995 Ed. (1015)
1994 Ed. (1002)
Ryan Homes
2005 Ed. (1182, 1185, 1187, 1188, 1204, 1222, 1236, 1246)
2004 Ed. (1155, 1157, 1159, 1160, 1177, 1196, 1212, 1221)
2003 Ed. (1151, 1152, 1154, 1155, 1169, 1184, 1191, 1205, 1214)
2002 Ed. (1180, 1184, 1189, 1204, 1207, 2688, 2690)
1999 Ed. (1330)
1998 Ed. (894, 896, 902, 914, 917)
1989 Ed. (1003)
Ryan Homes/NVR
2000 Ed. (1205, 1207, 1213, 1228, 1232)
Ryan John Gabriel Corp.
2007 Ed. (2056)
2006 Ed. (2100)
Ryan Labs Inc.
2003 Ed. (3075)
2002 Ed. (2350)
2000 Ed. (2785)
1999 Ed. (3050)
1998 Ed. (2256)
1996 Ed. (2380)
1991 Ed. (2227, 2235)
Ryan-McGinn
1998 Ed. (2937)
Ryan Miller & Associates
2002 Ed. (2174)
2000 Ed. (1865)
1999 Ed. (2072)
1998 Ed. (1505)
1997 Ed. (1794)
Ryan Partnership
2008 Ed. (3594, 3598)
2006 Ed. (3416)
2005 Ed. (3407)
1998 Ed. (1287)
1997 Ed. (1618)
1996 Ed. (1553, 3276)
1993 Ed. (3063)
1992 Ed. (3758)
Ryan; Patrick G.
1990 Ed. (2271)
1989 Ed. (1741)
Ryan; Robert
2006 Ed. (976)
2005 Ed. (990)
Ryan Seacrest
2008 Ed. (2584)
Ryan; T. M.
2005 Ed. (2481)
Ryan; Thomas
2007 Ed. (1015)
Ryan; Thomas M.
2007 Ed. (1026)
Ryan; Tony
2007 Ed. (4918)
Ryan; William
2008 Ed. (2637)
Ryanair
2008 Ed. (668)
2007 Ed. (699, 745)
2006 Ed. (238)
Ryanair Holdings plc
2008 Ed. (228, 229, 230, 231, 232, 233, 234, 1857, 1859, 4757, 4758)
2007 Ed. (244, 249, 250, 251, 252, 253, 254, 255, 1821, 1822, 1824, 2042, 3346)
2006 Ed. (242, 243, 1814, 3226)
2005 Ed. (226, 227)
2004 Ed. (218, 219)
2002 Ed. (3028, 3029)
Ryan's
2003 Ed. (4098)
2001 Ed. (4068, 4070, 4072, 4073, 4075)
1990 Ed. (3019, 3020)
Ryan's Family Steak House
2005 Ed. (4074, 4075, 4076, 4077, 4078)
2003 Ed. (4122, 4123, 4124, 4125, 4126, 4127)
1998 Ed. (3360)
Ryan's Family Steak Houses
2002 Ed. (4029)
2000 Ed. (3792)
1999 Ed. (4073, 4079, 4080, 4388, 4399)
1998 Ed. (3066, 3371)
1997 Ed. (3318, 3323, 3326, 3333)
1996 Ed. (3217, 3222, 3230)
1993 Ed. (3011, 3021, 3035)
1992 Ed. (3713, 3718)
1991 Ed. (2878, 2883)
1990 Ed. (3023)
Ryan's Family Steakhouse
2002 Ed. (4006)
2000 Ed. (3793)
Ryan's Family Steakhouses
1994 Ed. (1743, 1744, 3077, 3080, 3081, 3086, 3088)
Ryan's Grill, Buffet & Bakery
2008 Ed. (4155, 4167, 4168)
2007 Ed. (4141)
2006 Ed. (4114)
2004 Ed. (4126)
Ryan's Steakhouse
1999 Ed. (4077)
Ryan's Steakhouses
2002 Ed. (4018)
1995 Ed. (3122, 3126, 3138)
Rybarczyk; Mark J.
2007 Ed. (2504)
2005 Ed. (2511)
RyCarDen
2006 Ed. (364, 365)
Rydal Park of Philadelphia
1990 Ed. (3061)
Rydell Co.
2007 Ed. (1929)
2006 Ed. (1946)
2005 Ed. (1917)
2004 Ed. (1832)
2003 Ed. (1797)
2001 Ed. (1824)
Ryder
1990 Ed. (2618)
Ryder & Schild Inc.
1989 Ed. (106)
Ryder-ATE
2000 Ed. (989)
1999 Ed. (957)
1998 Ed. (539)
1997 Ed. (841)
Ryder Dedicated Contract Carriage
2005 Ed. (4744)
2004 Ed. (4767)
Ryder Dedicated Logistics
1998 Ed. (3633, 3634, 3643)
1997 Ed. (3808)
1996 Ed. (3758)
1995 Ed. (3674)
Ryder Distribution Resources
1994 Ed. (3593, 3594, 3601)
1993 Ed. (3634, 3641)
Ryder Homes
2002 Ed. (2671)
1993 Ed. (1094)
Ryder Integrated Logistics Inc.
2008 Ed. (4773)
2007 Ed. (4850)
2006 Ed. (4803, 4834, 4851)
2005 Ed. (4751)
2004 Ed. (4778)
2003 Ed. (4792, 4794)
2002 Ed. (4687)
2001 Ed. (1130, 3161)
2000 Ed. (4308, 4311, 4314, 4316, 4318)
1999 Ed. (1351, 4674, 4678, 4683, 4686, 4687, 4688)
Ryder Intergrated Logistics Inc.
2001 Ed. (4629)
Ryder Memorial Hospital Inc.
2007 Ed. (2780)
2006 Ed. (2782)
2005 Ed. (2808)
2004 Ed. (2812)
Ryder Public Transportation Services Inc.
2001 Ed. (501)
Ryder Supply Chain Solutions
2007 Ed. (4812)
2006 Ed. (4795)
2005 Ed. (3340)
Ryder System Inc.
2008 Ed. (315, 316, 1731, 3034, 3198, 4739, 4743, 4750, 4766)
2007 Ed. (219, 328, 329, 1335, 2648, 2912, 3389, 4816, 4825, 4844, 4879)
2006 Ed. (209, 210, 211, 343, 344, 4799, 4805, 4812, 4814, 4830, 4831, 4887)
2005 Ed. (195, 196, 197, 329, 330, 417, 1761, 1764, 3270, 3271, 4750, 4754, 4759, 4780, 4782)
2004 Ed. (194, 195, 326, 327, 1706, 3245, 3246, 4777, 4781, 4788, 4809, 4810)
2003 Ed. (345, 346, 1677, 4791, 4793, 4799, 4801, 4817, 4819)
2002 Ed. (371, 500, 1225, 1648, 1649, 4683, 4791)
2001 Ed. (500, 501, 539, 1703, 4616, 4628, 4631)
2000 Ed. (1423, 2204, 2207, 4292, 4306)
1999 Ed. (1618, 2449, 2451, 4652, 4671, 4672, 4673)
1998 Ed. (569, 1137, 1708, 3614, 3626, 3629, 3630, 3631)
1997 Ed. (1398, 2019, 3800, 3802, 3803, 3804)
1996 Ed. (1336, 1924, 3750, 3752, 3753)
1995 Ed. (1882, 2620, 3328, 3337, 3668)
1994 Ed. (1854, 1856, 3221, 3249, 3568)
1993 Ed. (1869, 1870, 3255, 3611)
1992 Ed. (4335)
1991 Ed. (3103, 3414, 3426, 3428, 1729, 1730)
1990 Ed. (3241, 3258, 3640, 3655, 3656)
1989 Ed. (2474, 2878, 2880)
Ryder Truck Rental Inc.
2007 Ed. (328, 329)
2006 Ed. (343, 344)
2005 Ed. (329, 330)
2004 Ed. (326, 327)
2003 Ed. (345, 346)
2001 Ed. (500, 501)
Rydex Arktos
2004 Ed. (3552)
Rydex Arktos Investments
2000 Ed. (3294)
Rydex Arktos Investor
2004 Ed. (3595)
Rydex Commodities
2008 Ed. (4518)
Rydex Dynamic S & P 500
2008 Ed. (598)
Rydex Dynamic Strengthening Dollar
2008 Ed. (4518)
Rydex Dynamic Tempest 500
2004 Ed. (3552)
Rydex Dynamic Titan 500
2006 Ed. (3624)
Rydex Dynamic Velocity 100
2006 Ed. (3629)
Rydex Dynamic Venture 100
2006 Ed. (2511)
2004 Ed. (3552)
Rydex Electronics Investment
2006 Ed. (2511, 3660)
Rydex Government Long Bond Advantage
2008 Ed. (607)
Rydex Inverse Dynamic OTC
2008 Ed. (4518)
Rydex Inverse Dynamics S & P 500
2008 Ed. (4518)
Rydex Inverse Mid-Cap
2007 Ed. (3679)
Rydex Inverse Russell 2000
2008 Ed. (4518)
Rydex Investor U.S. Government Bond
2004 Ed. (721)
Rydex Mid-Cap Advantage
2008 Ed. (2618)
Rydex Nova
2000 Ed. (3223)
1999 Ed. (3528)
Rydex Nova Investment
2006 Ed. (3624)
Rydex OTC
2001 Ed. (3425)
2000 Ed. (3223, 3225)
1998 Ed. (2593)
Rydex OTC Inv
2000 Ed. (3274)
Rydex OTC Investment
2006 Ed. (3626)
2002 Ed. (3417, 4503)
Rydex Precious Metals-Investment
2006 Ed. (3660)
2005 Ed. (3565)
Rydex Series-OTC Fund
2000 Ed. (3244, 3246)
Rydex Ursa
2004 Ed. (3552, 3554)
Rydex Ursa Fund
2003 Ed. (3532)
Rydex Ursa Investment
2004 Ed. (3585)
Rydex U.S. Government Bond
2000 Ed. (762)
1999 Ed. (3552)
1997 Ed. (2902)
Rydex Velocity 100
2005 Ed. (3560)
Rydex Venture 100
2004 Ed. (3594)
Ryerson Inc.
2008 Ed. (3664, 3665, 4522)
2007 Ed. (1529, 3493, 4944)
Ryerson; Joseph T.
1995 Ed. (2232)
Ryerson Tull Inc.
2007 Ed. (2714, 3485, 3494, 4555)
2006 Ed. (2724, 3458, 3469, 3470, 4936, 4938)
2005 Ed. (2768, 3454, 3462, 3463, 4474, 4475, 4905, 4906)
2004 Ed. (3434, 3448, 4532, 4533, 4916, 4917)
2003 Ed. (3381, 3382, 4552, 4553, 4923, 4924)
2002 Ed. (3313, 3319, 4894)
2001 Ed. (1215, 3276, 3285, 4367, 4368, 4816)
2000 Ed. (1334, 1336, 1348, 3081, 3089, 3099, 3100, 4118)
1999 Ed. (3354)
Ryerson University
2008 Ed. (1083)
2007 Ed. (1176, 1177, 1178)
Rykoff
1990 Ed. (1838)
Rykoff-Sexton Inc.
1999 Ed. (2482, 4758)
1998 Ed. (1719, 3713)
1997 Ed. (2060, 3875)
1996 Ed. (1955, 3826)
1995 Ed. (1919)
1993 Ed. (1887, 1888)
1992 Ed. (2180, 2206)
1991 Ed. (1737, 1757, 1758)
1990 Ed. (1837, 1839)
Ryland Acceptance Corp.
1991 Ed. (999, 2822)
Ryland Acceptance Corporation Four
1990 Ed. (1357)
The Ryland Group Inc.
2008 Ed. (1198, 1200, 1202, 1514, 1533)
2007 Ed. (1269, 1301, 1303, 1308, 1311, 1324, 1548, 1551, 2963, 2964)
2006 Ed. (1191, 1194, 1195, 1196, 1199, 1200, 1202, 1203, 1498, 1520, 2947, 4581)
2005 Ed. (772, 773, 1183, 1185, 1228, 1229, 1230, 1233, 1234, 1235, 1256, 1631, 2948)
2004 Ed. (786, 787, 1157, 1203, 1204, 1205, 1209, 1210, 1211, 2946)
2003 Ed. (1141, 1198, 1200, 1202, 1203, 1204)
2002 Ed. (2656, 2657, 2660, 2661, 2665, 2666, 2667, 2668, 2669)
2001 Ed. (1391, 1392, 1393, 1394, 1406, 2803)
2000 Ed. (1190, 1191, 1193, 1197, 1198, 1199, 1205, 1207, 1216, 1217)

1999 Ed. (1308, 1309, 1311, 1317, 1318, 1319, 1320, 1330, 1335)
1998 Ed. (876, 877, 878, 879, 887, 888, 889, 890, 902, 905)
1997 Ed. (1119, 1120, 1123, 1124, 1127, 1732)
1996 Ed. (1097, 1101, 1102, 1103, 1107, 1654)
1995 Ed. (1122, 1125, 1126, 1129, 1134)
1994 Ed. (1105, 1107, 1111, 1113, 1119, 1120, 3267)
1993 Ed. (1083, 1086, 1089, 1092, 1095, 3277)
1992 Ed. (1353, 1354, 1358, 1362, 1363, 1366, 1369, 2555)
1991 Ed. (1049, 1061, 1062, 1988, 3088, 1047, 1058, 1063)
1990 Ed. (1139, 1171)
1989 Ed. (1001)

Ryland Homes
2005 Ed. (1180, 1181, 1182, 1186, 1187, 1191, 1193, 1201, 1203, 1204, 1206, 1207, 1215, 1221, 1241, 1246)
2004 Ed. (1151, 1152, 1155, 1158, 1159, 1163, 1165, 1173, 1176, 1177, 1179, 1180, 1189, 1193, 1195, 1217, 1221)
2003 Ed. (1149, 1150, 1151, 1152, 1153, 1154, 1157, 1159, 1164, 1165, 1169, 1171, 1172, 1183, 1190, 1210, 1214)
2002 Ed. (1178, 1180, 1181, 1183, 1184, 1186, 1187, 1189, 1192, 1193, 1200, 1203, 2671, 2676, 2680, 2690, 2691, 2693)
1999 Ed. (1325, 1333, 1338)
1998 Ed. (893, 894, 896, 906)

Ryland Modular Homes
1990 Ed. (2597)

Ryland Mortgage
1993 Ed. (1014, 2981)

Ryland Mortgage Acceptance
1996 Ed. (1034, 3170)

Ryland Mortgage Securities
1993 Ed. (2591)
1992 Ed. (1266, 3640)

Ryland/Saxon Mortgage Securities
1996 Ed. (2685)
1995 Ed. (2607)
1994 Ed. (1040, 2555, 3024)

Rymac Mortgage Investment
1995 Ed. (204)
1993 Ed. (2971)

Rymer Co.
1991 Ed. (1993)
1990 Ed. (2145)

Rymer Foods Inc.
1998 Ed. (2447, 2448, 2893, 2894)
1996 Ed. (2586, 2587, 3065, 3066)
1995 Ed. (1897, 1899)
1994 Ed. (2667)
1992 Ed. (2991, 2992, 3485, 3486)

Ryobi
2002 Ed. (3061)
2000 Ed. (2915)
1999 Ed. (3170)
1998 Ed. (1141, 2343, 2344)
1997 Ed. (3812)
1995 Ed. (3684)
1994 Ed. (3609)
1993 Ed. (3648)
1990 Ed. (3661)

Ryobi (Singer)
1991 Ed. (3437)

Ryobi (Singer, Kenmore)
1992 Ed. (4363)

Ryoden Development Ltd.
1997 Ed. (1358)

Ryohin Keikaku
2002 Ed. (1710)

Ryoji Musha
2000 Ed. (2147)

Ryoyo Electro
2003 Ed. (2246)

Rytan Database Marketing Inc.
2007 Ed. (3557)

Rytu Skirstomieji Tinklai
2006 Ed. (4516)

Ryusuke Ohori
1997 Ed. (1979)
1996 Ed. (1871)

Ryvita Crispbread
2008 Ed. (712)

RZ Ladna Valavnica Skopje
2002 Ed. (4442)

S

S A Brewerie Ltd Ord
2000 Ed. (2877)

S. A. Burd
2002 Ed. (2193)

S. A. C. I. Falabella
2007 Ed. (4196)
2002 Ed. (4094)

S. A. Comunale Co., Inc.
2008 Ed. (1227, 1275, 1318, 1330, 1334, 2719, 4000)
2007 Ed. (1387, 2580)
2006 Ed. (1242, 1338)
2005 Ed. (1281)
2004 Ed. (1235, 1337)
2003 Ed. (1232)

S. A. Miller
2005 Ed. (2504)
2004 Ed. (2520)

S. A. Miro Inc.
2005 Ed. (2439)

S. A. Robotics
2008 Ed. (2596)
2007 Ed. (2466)

S. A. Seneker
1996 Ed. (967)

S. Abraham & Sons
2003 Ed. (4938)
1998 Ed. (976, 978, 982, 983)
1997 Ed. (1200, 1202, 1203, 1204)
1995 Ed. (1195, 1197, 1200, 1204)
1994 Ed. (1177)
1993 Ed. (1154, 1156, 1157)

S. Algemene S.voor Ned-Gravenzande
1992 Ed. (794)

S & A Restaurant Corp.
1991 Ed. (2375)

S & B Engineers & Constructors Ltd.
2004 Ed. (2362, 2369, 2370)
1994 Ed. (1639)

S & B Holdings Ltd. & Affiliates
2008 Ed. (2544)

S & B Industrial Minerals SA
2008 Ed. (1774, 2429, 2504, 2814, 3679)
2007 Ed. (1748)

S & C Ford Inc.
1993 Ed. (269)
1992 Ed. (383)
1991 Ed. (278)

S & C Holdco 3 Inc.
2008 Ed. (1539, 1541, 1691, 1692)
2007 Ed. (1669)
2006 Ed. (1661)
2005 Ed. (1743)

S & C Holdco 2 Inc.
2005 Ed. (1743)

S & C Motors Inc.
1994 Ed. (268)

S & F Concrete Construction
2007 Ed. (1366)
2006 Ed. (1238, 1289)

S & F Concrete Contractors Inc.
2007 Ed. (1357)
2006 Ed. (1266)
2005 Ed. (1297)
2004 Ed. (1246)
2002 Ed. (1232)
2001 Ed. (1472)
1993 Ed. (1131)
1992 Ed. (1418)

S & J Enterprises
2001 Ed. (712)
2000 Ed. (741)
1999 Ed. (729)
1998 Ed. (467)
1997 Ed. (675)
1996 Ed. (743)
1995 Ed. (669)
1994 Ed. (713)
1993 Ed. (705)
1992 Ed. (894)
1991 Ed. (712)

S & K
2006 Ed. (1039)
2005 Ed. (1026)
2004 Ed. (1021)
2003 Ed. (1019)

S & K Famous Brands Inc.
2005 Ed. (1007)

S & K Technologies Inc.
2008 Ed. (1364)
2007 Ed. (1408)
2006 Ed. (1370)
2005 Ed. (1356)

S & L Products Corp.
1994 Ed. (1152)

S & M Moving Systems
2002 Ed. (3406)

S & M Sakamoto Inc.
2006 Ed. (1742)

S & N
1994 Ed. (756)

S & O Corp.
2007 Ed. (3602)

S & P Co.
2001 Ed. (674, 679)

S & P/ASX 200
2006 Ed. (4592)

S & P Daytrade
1994 Ed. (2941)

S & P 500
2008 Ed. (4501)
2006 Ed. (4479)

S & P 500 Index
2006 Ed. (2681)
2005 Ed. (2705)
2004 Ed. (2715)
2003 Ed. (2601)
1996 Ed. (2872)
1995 Ed. (2813)
1994 Ed. (680, 1939, 2699)
1993 Ed. (1914, 1916)

S & P 500 Index, CME
1996 Ed. (1996)

S & P 500 Index; E Mini
2008 Ed. (2802)
2007 Ed. (2671)
2006 Ed. (2681)
2005 Ed. (2705)

S & P 500 SPDR
2005 Ed. (2466)

S & P 400 MidCap SPDR
2005 Ed. (2466)

S & P Index
2001 Ed. (1332)

S & P Industries
2003 Ed. (658)
2002 Ed. (678)

S & P International Bond
1994 Ed. (726)

S & P MidCap 400 Index
1994 Ed. (212, 2698)

S & P 100 Index
1996 Ed. (2872)
1995 Ed. (2813)

S & P Pattern Daytrade
1995 Ed. (2999)

S & P Personal Wealth
2002 Ed. (4861)

S & P Scotyields
1995 Ed. (2751)

S & P South East Asia Growth
1994 Ed. (2648)

S & P/TSX
2006 Ed. (4479)

S & P/TSX Venture
2006 Ed. (4479)

S & P's Depositary Receipt
2005 Ed. (2465)
2004 Ed. (2464)

S & R Engineering SE
2006 Ed. (1634)

S & S Cafeterias
1991 Ed. (2880)
1990 Ed. (3017)

S & S Construction
2002 Ed. (3924)
2000 Ed. (1220)
1998 Ed. (909)

S & S Construction Shapell Industries Inc.
2000 Ed. (3721)

S & S Electric
2007 Ed. (2864)

S & S Engineers Inc.
2008 Ed. (3740)
2007 Ed. (3614, 4454)
2006 Ed. (3548, 4386)

S & S Public Relations
1995 Ed. (3011)
1994 Ed. (2949, 2953)
1993 Ed. (2930)

S & S/Touchstone
2004 Ed. (752)

S & T Bancorp
2000 Ed. (423)

S & T Bank
2008 Ed. (2034)

S & T System Integration & Technology Distribution
2006 Ed. (1561)

S & W
1995 Ed. (3400)

S & W Berisford Plc.
1990 Ed. (1102)
1989 Ed. (961)

S. B. Ackerman Associates Inc.
1995 Ed. (3163)
1994 Ed. (3115)
1993 Ed. (3052)
1992 Ed. (3743)
1991 Ed. (2899)

S B & T Captive Management Co.
1998 Ed. (642)

S. B. Ballard Construction Co.
2007 Ed. (1357)
2006 Ed. (1266, 1289, 1295)

S. B. Beemster
1992 Ed. (794)

S. B. Billimoria & Co.
1997 Ed. (11)

S-Bahn Munchen GmbH
2007 Ed. (4832)

S C B Computer Technology Inc.
2000 Ed. (3387)

S. C. Johnson
1995 Ed. (1245)

S. C. Johnson & Son Inc.
2008 Ed. (22, 27, 31, 34, 105, 979, 1496, 1501, 1503, 2129, 3032, 3099, 3189, 3873)
2007 Ed. (17, 29, 95, 1519, 1521, 2024, 2909, 2974, 3804, 4980)
2006 Ed. (30, 38, 105, 143, 212, 1013, 1489, 1491, 2118, 2420, 2421, 2423, 3798, 4982)
2005 Ed. (31, 1000, 1255, 1462, 3710, 4989)
2004 Ed. (982, 1225)
2003 Ed. (238, 975, 989, 990, 991, 992, 993, 995, 996, 1216, 2049, 2638, 2674, 2953, 3169, 3767, 3786, 3787, 4399)
2001 Ed. (49)
1991 Ed. (14, 943)
1989 Ed. (15, 47)

S. C. Johnson & Sons
1994 Ed. (1205, 2817)
1989 Ed. (720)

S. C. Johnson Wax
2001 Ed. (3720)

S. C. Tobias
2003 Ed. (2400)
2001 Ed. (2341)

S Corporation
2003 Ed. (4442, 4443, 4444)

S. Curtis Johnson
2007 Ed. (4901)
2006 Ed. (4905)

S. D. Deacon Corp.
2004 Ed. (1289)
2003 Ed. (1310)
1996 Ed. (3428, 3429)
1995 Ed. (3375)

S. D. Sullivan
2002 Ed. (2208)

S. D. Warren
1996 Ed. (2906)

S. Daniel Abraham
2008 Ed. (4827)
2007 Ed. (4898)
2006 Ed. (4903)
2005 Ed. (4848)
2004 Ed. (4862)
2003 Ed. (4880)
2002 Ed. (3353)

S. Darby
1997 Ed. (2593)
1996 Ed. (2447)
S. E. Bank Group
1991 Ed. (550, 554)
S-E Banken
1999 Ed. (4482, 4483)
1990 Ed. (690)
1989 Ed. (685)
S. E. Beall III
2004 Ed. (2491, 2530, 2531, 2532)
1998 Ed. (721)
S. E. Homes
2006 Ed. (3356)
S. E. International Inc.
2008 Ed. (4983)
S. E. Nichols
1991 Ed. (3224)
1990 Ed. (1303)
S. F. Phosphates (LLC)
2001 Ed. (1903)
S. G. Gibara
2004 Ed. (2524)
2003 Ed. (2404)
S. G. McNealy
2002 Ed. (2201)
2001 Ed. (2336)
S. G. Warburg
1995 Ed. (477, 752, 764, 771, 775, 776, 777, 778, 779, 790, 793, 795, 796, 799, 801, 804, 822, 825, 826, 832, 833, 834, 835, 836, 837, 838, 839, 841, 1219, 1719, 3274, 3275, 3276)
1994 Ed. (495, 1201, 1202, 1203)
1993 Ed. (493, 1173, 1174, 1198, 1639, 1641, 1642, 1643, 1645, 1646, 1658, 1660, 1667, 1668, 1669, 1670, 1674, 1675, 1846, 1847, 1849, 1850, 1851, 3201, 3202, 3205)
1992 Ed. (1484, 2139, 2140, 2141, 2785, 3897)
1991 Ed. (777, 778, 782, 850, 852, 1111, 1112, 1113, 1115, 1120, 1121, 1122, 1123, 1125, 1126, 1127, 1128, 1130, 1131, 1132, 1133, 1587, 1592, 1594, 1599, 1612, 1613, 3076)
1990 Ed. (899, 1683, 1699, 1700, 1704, 2313, 2771, 3225)
S. G. Warburg & Co.
1990 Ed. (1797, 1798)
S. G. Warburg Group
1997 Ed. (480)
1991 Ed. (533)
S. G. Warburg Group PLC
1996 Ed. (1189, 1190, 1202, 1359, 1364, 1860, 1861, 1862, 1863, 3379, 3386, 3387, 3413)
1994 Ed. (781, 1679, 1691, 1693, 1694, 1695, 1698, 1703, 1838, 1839, 2290, 2474, 3187, 3188)
S. G. Warburg Securities
1996 Ed. (1851, 1859)
1992 Ed. (1055, 1990, 2027, 2040, 3900)
1991 Ed. (1712)
1990 Ed. (1771)
S. G. Warburg Securities (Japan)
1996 Ed. (1868)
S. G. Warburg Soditic
1991 Ed. (1597)
S Group
1990 Ed. (1220)
S. I. Holdings Inc.
2003 Ed. (1239)
S. I. Weill
2003 Ed. (2387)
2002 Ed. (2200)
2001 Ed. (2334)
S. J. Amoroso Construction Co. Inc.
2003 Ed. (1258)
2002 Ed. (1245, 1274)
S. J. Berwin
1999 Ed. (3151)
S. J. Berwin & Co.
2001 Ed. (4180)
S. J. Hemsley
2002 Ed. (2207)
S. J. Heyer
2003 Ed. (2382)
S. J. Kropf
2003 Ed. (2397)
S. J. Morcott
2001 Ed. (2319)
S. J. Palmisano
2005 Ed. (2497)
2004 Ed. (2513)
S. J. Phillips Ltd.
1995 Ed. (1016)
S. Jay Stewart
1996 Ed. (1716)
S. K. H. Management Co.
1998 Ed. (3339)
S-K-I Ltd.
1996 Ed. (3440)
S. K. Johnston, Jr.
2001 Ed. (2321)
S. K. Reed
2003 Ed. (2389)
2002 Ed. (2192)
S. Kumar
2002 Ed. (2201)
2001 Ed. (2336)
S/L/A/M Collaborative
2008 Ed. (2515)
S. L. Baum
2004 Ed. (2526)
2002 Ed. (2211)
S. L. Green Realty Corp.
1999 Ed. (4170)
S-LCD Corp.
2008 Ed. (1116, 2471)
S. Lichtenberg
2007 Ed. (4964)
S. M. Bennett
2005 Ed. (2497)
2004 Ed. (2513)
S. M. Case
2003 Ed. (2394)
S. M. Stoller
2007 Ed. (2466)
S. M. Wilson & Co.
2008 Ed. (1314)
S-MOS
1999 Ed. (4272)
S-MOS/Seiko
2000 Ed. (3996)
S. N. Dhawan & Co.
1997 Ed. (10, 11)
S. N. I.
2002 Ed. (944, 945)
S. Odland
2004 Ed. (2497)
S-Oil Corp.
2008 Ed. (3580)
2007 Ed. (1583)
2006 Ed. (3400)
2005 Ed. (3779, 3780, 3781)
2003 Ed. (3856)
2002 Ed. (3694)
S. P. I. Dynamics
2008 Ed. (4295)
S. P. Jobs
2004 Ed. (2513)
S. P. Lance
2004 Ed. (2517)
S. Parker Gilbert
1991 Ed. (924)
1990 Ed. (972)
S. R. Appleton
2002 Ed. (2191)
2001 Ed. (2326)
S. R. Batliboi & Co.
1997 Ed. (11)
S. R. Erikson
2002 Ed. (2202)
S. R. Hardis
2001 Ed. (2326)
1997 Ed. (979)
S. R. Jacobson Development Corp.
2005 Ed. (1194)
2004 Ed. (1166)
2003 Ed. (1160)
2002 Ed. (1188)
S-R Kentucky Inc.
2007 Ed. (1845)
2006 Ed. (1840)
S-R of Kentucky Inc.
2008 Ed. (1881)
S. R. One Ltd.
1991 Ed. (3444)
S. R. Rogel
2005 Ed. (2499)
2004 Ed. (2515)
2003 Ed. (2396)
2002 Ed. (2203)
2001 Ed. (2338)
S. R. Weiner & Associates
2006 Ed. (4315)
S. Robson Walton
2008 Ed. (4835, 4839)
2007 Ed. (4906, 4908, 4915)
2006 Ed. (4911, 4915, 4927)
2005 Ed. (4858, 4860, 4883)
2004 Ed. (4872, 4874, 4881, 4882)
2003 Ed. (4887, 4889, 4894)
2002 Ed. (706, 3361, 3362)
2001 Ed. (705, 4745)
2000 Ed. (734)
1994 Ed. (708)
S. S. Kemp & Co.
1996 Ed. (1956)
S. S. Reinemund
2005 Ed. (2485)
2004 Ed. (2501)
2003 Ed. (2382)
2002 Ed. (2186)
2001 Ed. (2321)
S-Series
2002 Ed. (410, 416)
2000 Ed. (3141)
S T C PLC
1991 Ed. (3479)
S. T. Ford
2005 Ed. (2506)
2004 Ed. (2522)
S. Taurel
2005 Ed. (2501)
2002 Ed. (2190)
2001 Ed. (2325)
S Team Bates Saatchi & Saatchi
2003 Ed. (52, 182)
2001 Ed. (116)
2000 Ed. (72, 82, 126, 170, 192)
S Team Bates Saatchi & Saatchi Bulgaria
2003 Ed. (55)
S Team Bates Saatchi & Saatchi Croatia
2003 Ed. (62)
S Team Bates Saatchi & Saatchi Macedonia
2003 Ed. (103)
S Team Bates Saatchi & Saatchi Slovenia
2003 Ed. (147)
S Team Saatchi & Saatchi
2002 Ed. (85, 88, 95, 138, 180, 212)
2001 Ed. (113, 124, 163, 208, 242)
S-10 Pickup
2001 Ed. (4638)
2000 Ed. (3141)
S. W. Cole Engineering Inc.
2008 Ed. (4399)
S. W. Sanger
2005 Ed. (2492)
2003 Ed. (2389)
2001 Ed. (2328)
S. Woods Enterprises Inc.
2008 Ed. (167)
2007 Ed. (189, 190)
2006 Ed. (184)
2005 Ed. (170)
2004 Ed. (168)
S. Y. Bancorp
2003 Ed. (516, 517, 518)
SA Breweries
1994 Ed. (43)
1993 Ed. (50, 1392, 1393, 1394, 1395)
1992 Ed. (77)
1991 Ed. (47)
1990 Ed. (47)
1989 Ed. (50)
SA Breweris Ord
2000 Ed. (2876)
SA Brewing
1994 Ed. (754)
SA Brews
1995 Ed. (1484, 1485)
1991 Ed. (1344, 1345)
1990 Ed. (1417, 1418)
SA Co-op Bulk Handling
2002 Ed. (3787)
SA des Eaux Minerales
2008 Ed. (561, 1892, 2746, 4693)
Sa des Galeries Lafayette Haussmann-GLH
1995 Ed. (2171)
SA Eagle
1993 Ed. (2259)
1991 Ed. (2157)
1990 Ed. (2283)
SA Engle
1995 Ed. (2284)
SA Inds. Votorantim
1996 Ed. (1302)
1992 Ed. (1583)
Sa Nostra-Caixa de Baleares
2005 Ed. (507)
SA Reserve Bank
1993 Ed. (1396)
S.A. Upjohn Denmark Branch
1996 Ed. (1324)
Saab
2008 Ed. (330)
2003 Ed. (358)
2002 Ed. (417)
2001 Ed. (1010)
1999 Ed. (338)
1998 Ed. (212, 225)
1997 Ed. (292)
1992 Ed. (457)
1990 Ed. (3477)
Saab AB
2007 Ed. (1998)
2003 Ed. (204)
2001 Ed. (346)
Saab Cars USA Inc.
2004 Ed. (279)
Saab 900
1993 Ed. (349)
1990 Ed. (1110)
Saab 900 Turbo
1992 Ed. (452)
Saab 9000
1992 Ed. (484)
Saab of Westport
1995 Ed. (289)
1994 Ed. (283)
1993 Ed. (285)
1992 Ed. (400)
1991 Ed. (295)
Saab-Scania
1994 Ed. (1392)
1993 Ed. (1197, 1403, 1404, 3461)
1992 Ed. (1692, 1693, 4142, 4143)
1991 Ed. (1349, 1350)
1989 Ed. (1163)
Saab-Scania A Fria
1989 Ed. (1918)
Saab-Scania AB
1994 Ed. (45)
1992 Ed. (2104)
Saab-Scania-Gruppen
1994 Ed. (1453)
1993 Ed. (1405)
1990 Ed. (1421)
Saab 340
1999 Ed. (246)
1996 Ed. (192)
Saad Hariri
2008 Ed. (4891)
Saambou Bank
2003 Ed. (610, 614)
2002 Ed. (509)
2000 Ed. (664)
1999 Ed. (638)
Saarberg Group
1990 Ed. (2587)
Saaremaa Toit AS
1997 Ed. (1384)
Saastopankit SKOP
1989 Ed. (29)
Saatch & Saatchi Advertising
1989 Ed. (66)
Saatchi & Saatchi
2008 Ed. (119)
2007 Ed. (109, 114)
2006 Ed. (109)
2005 Ed. (101)
2004 Ed. (123, 133, 134)
2003 Ed. (28, 176)
2002 Ed. (101, 116, 204, 211)

2000 Ed. (43, 48, 49, 51, 52, 54, 61, 79, 88, 90, 93, 103, 111, 113, 150, 151, 168, 180, 190, 191)
1994 Ed. (199, 3247)
1990 Ed. (854)
1989 Ed. (78, 110, 121, 2482)
Saatchi & Saatchi Advertising
1999 Ed. (39, 41, 42, 45, 47, 48, 49, 52, 58, 62, 73, 82, 84, 93, 106, 108, 132, 133, 144, 150, 153, 162, 164, 166, 169, 170)
1998 Ed. (31, 34, 36, 37, 40, 42, 43, 44, 48, 49, 54, 62, 2670, 3493, 3494)
1997 Ed. (37, 38, 39, 42, 44, 46, 47, 48, 50, 54, 61, 64, 72, 78, 81, 83, 89, 92, 102, 104, 106, 109, 114, 116, 124, 125, 141, 151, 154, 155, 158)
1996 Ed. (40, 41, 42, 43, 45, 47, 49, 50, 51, 53, 56, 57, 58, 59, 60, 63, 71, 81, 88, 91, 96, 100, 102, 104, 113, 120, 129, 135, 145, 146, 148)
1995 Ed. (25, 26, 27, 29, 30, 32, 34, 35, 38, 39, 40, 41, 44, 47, 58, 67, 70, 75, 77, 85, 86, 87, 89, 95, 104, 105, 119, 120, 121, 131, 132, 135, 2509)
1994 Ed. (50, 51, 52, 53, 54, 55, 59, 60, 61, 62, 63, 68, 70, 71, 78, 82, 84, 86, 90, 96, 97, 105, 106, 114, 121, 2443)
1993 Ed. (78, 81, 82, 96, 97, 101, 102, 106, 110, 111, 112, 114, 122, 123, 134, 135, 140, 2504, 3253)
1992 Ed. (113, 116, 121, 122, 135, 144, 146, 147, 150, 151, 152, 153, 158, 162, 166, 168, 175, 186, 187, 191, 203, 204, 213, 1628)
1991 Ed. (102, 1013, 58, 68, 74, 75, 99, 100, 101, 113, 114, 116, 129, 132, 133, 135, 136, 146, 147, 156, 840)
1990 Ed. (13, 58, 59, 60, 62, 64, 68, 69, 77, 103, 104, 105, 114, 116, 118, 130, 132, 133, 134, 136, 147, 881)
1989 Ed. (63, 64, 69, 71, 72, 108, 114, 124, 138, 143, 156)
Saatchi & Saatchi Advertising BD & A
1999 Ed. (117)
1996 Ed. (83, 111)
Saatchi & Saatchi Advertising (Dubai)
1996 Ed. (149)
Saatchi & Saatchi Advertising Pacific
1999 Ed. (119)
Saatchi & Saatchi Advertising Worldwide
2001 Ed. (1816)
1993 Ed. (59, 60, 61, 63, 64, 68, 69, 70, 71, 72, 76, 109)
1992 Ed. (101, 102, 103, 104, 105, 106, 107, 109, 111, 114, 115, 165, 3598)
1991 Ed. (59, 60, 61, 63, 64, 65, 66, 67, 70, 111)
1990 Ed. (61, 102, 112)
1989 Ed. (74, 118)
Saatchi & Saatchi Bates Hungary
2001 Ed. (143)
Saatchi & Saatchi Business Communications
1997 Ed. (51)
Saatchi & Saatchi Co PLC
1990 Ed. (99, 100, 115, 3266)
Saatchi & Saatchi Compton Hayhurst
1990 Ed. (157)
Saatchi & Saatchi/Cordiant
2000 Ed. (139)
Saatchi & Saatchi DFS
1989 Ed. (80, 173, 174)
Saatchi & Saatchi DFS Advertising
1991 Ed. (72)
1990 Ed. (75)
1989 Ed. (57, 58)
Saatchi & Saatchi DFS Advertising Worldwide
1989 Ed. (119)
Saatchi & Saatchi DFS Compton
1989 Ed. (79, 142, 144, 145)
Saatchi & Saatchi DFS/Pacific
1998 Ed. (59)
1997 Ed. (115, 159)
1996 Ed. (112, 152)
1995 Ed. (96, 138)
1992 Ed. (220)
1991 Ed. (161)
1990 Ed. (162)
Saatchi & Saatchi Gaynor
1991 Ed. (155)
1990 Ed. (155)
1989 Ed. (166)
Saatchi & Saatchi Group
2003 Ed. (59)
2002 Ed. (92)
2001 Ed. (233)
Saatchi & Saatchi Klerck & Barrett
1997 Ed. (144)
1996 Ed. (138)
1995 Ed. (124)
1994 Ed. (115)
Saatchi & Saatchi Laurent
1990 Ed. (153)
Saatchi & Saatchi Los Angeles
2002 Ed. (137)
Saatchi & Saatchi/Pacific
2000 Ed. (125)
1998 Ed. (67)
1994 Ed. (126)
Saatchi & Saatchi plc
2007 Ed. (112)
2005 Ed. (117)
2004 Ed. (112)
2003 Ed. (44, 69, 72, 95, 127, 145, 148, 155, 180)
2002 Ed. (78, 104, 124, 128, 159, 178, 181, 191, 209)
2001 Ed. (32, 105, 121, 132, 151, 164, 170, 186, 187, 198, 202, 206, 209, 218, 220, 221, 222, 232, 240, 241)
1996 Ed. (86, 101)
1992 Ed. (161, 163, 164, 2961, 3942)
1991 Ed. (110, 1170)
1990 Ed. (113, 1231, 2934)
1989 Ed. (104, 120)
Saatchi & Saatchi Telephone Directory Advertising
2003 Ed. (181)
Saatchi & Saatchi U.K.
1989 Ed. (109)
Sab
1995 Ed. (712)
SAB Miller
2006 Ed. (88, 95)
2005 Ed. (79)
2004 Ed. (84, 95)
Saba Pete
2000 Ed. (292)
Saba Petroleum
1998 Ed. (151, 158)
Sabado Gigante
2007 Ed. (2847)
2006 Ed. (2856)
1993 Ed. (3531)
Sabah Development Bank
1992 Ed. (770)
Sabah; Sheikh Jaber Al
1989 Ed. (732)
Sabah Yayincilik
2001 Ed. (86)
Sabal Park
2002 Ed. (3533)
Saban; Haim
2008 Ed. (4887)
Sabanci Bank
2006 Ed. (457)
2004 Ed. (546)
2003 Ed. (530)
Sabanci; Erol
2008 Ed. (4876)
Sabanci Group
2008 Ed. (2119)
2007 Ed. (2020)
2006 Ed. (2050)
Sabanci Holding
2007 Ed. (2576)
2006 Ed. (3229)
2002 Ed. (3030)
2000 Ed. (2868, 2869)
Sabanci; Sakip
2005 Ed. (4886)
Sabanci; Sevket
2008 Ed. (4876)
Sabatini; Nelson J.
1995 Ed. (3503)
SABC
2007 Ed. (78)
Sabena
2001 Ed. (307)
1995 Ed. (181)
1993 Ed. (192)
1990 Ed. (220)
Sabena Group
2001 Ed. (306)
Sabena SA
2004 Ed. (209)
2002 Ed. (256)
Sabesp
2000 Ed. (3851)
Sabesp. Cia. Saneam. Basico Est. Sao Paulo
1996 Ed. (1304, 1305)
Sabesp Cia. Saneam. Basico Est. SP
1994 Ed. (1331, 1332, 1333, 1334)
1992 Ed. (1584)
Sabic
2008 Ed. (917, 920, 922, 925, 928, 1836, 1837, 1839, 1841, 1842, 2067)
2007 Ed. (939, 943, 945, 946, 947, 948, 1801, 1971)
2006 Ed. (853, 855, 856, 4534)
2002 Ed. (1015, 1730, 4465, 4466, 4467)
2001 Ed. (1793)
1992 Ed. (1642, 1645)
Sabic Luxembourg SARL
2007 Ed. (1860)
Sabic Marketing Co. Ltd.
1994 Ed. (3137, 3138)
Sabine River Authority, TX
1999 Ed. (3471)
Sabinsa
2001 Ed. (994)
Sable
2001 Ed. (487, 534)
Sable Developing
2004 Ed. (1175)
2003 Ed. (1167)
SABMiller
2007 Ed. (1976)
SABMiller plc
2008 Ed. (33, 37, 71, 84, 96, 244, 556, 562, 565, 1747, 1837, 1841, 2755, 4204)
2007 Ed. (28, 31, 33, 78, 85, 610, 612, 614, 617, 1328, 1464, 1514, 1718)
2006 Ed. (256, 566, 567, 568, 571, 1220, 1718, 4536)
2005 Ed. (154, 236, 665, 668, 669, 2848, 3295, 4091)
2004 Ed. (156, 230, 4683)
Sabratek Corp.
2001 Ed. (1666)
1999 Ed. (1118, 2622)
Sabre Inc.
2007 Ed. (859)
2006 Ed. (761)
2001 Ed. (4756)
1992 Ed. (1326)
1990 Ed. (239)
1989 Ed. (2315)
Sabre Fund Management Ltd.
1992 Ed. (1289)
The Sabre Group Holdings Inc.
1998 Ed. (1929, 3180)
SABRE Holdings Corp.
2008 Ed. (2926, 3195, 4751)
2007 Ed. (2314, 2800, 3217, 4839)
2006 Ed. (2808, 3035, 4825)
2005 Ed. (834, 2892)
2004 Ed. (1104, 2824)
2003 Ed. (1091)
2002 Ed. (911, 2811)
Sabre Systems Inc.
2005 Ed. (1350)
Sabre Travel Information Network
2001 Ed. (4636)
Sabrina-Teenage Witch
2000 Ed. (4217)
Sabritas
1996 Ed. (1947)
Sabrositas
2001 Ed. (4289)
Sabuni Detergent
2008 Ed. (92)
2005 Ed. (86)
SAC Credit Union
2005 Ed. (2113)
2004 Ed. (1971)
2003 Ed. (1931)
2002 Ed. (1877)
SAC Federal Credit Union
2008 Ed. (2244)
2007 Ed. (2129)
2006 Ed. (2208)
Sachdev; Ramesh & Pratibha
2008 Ed. (4897)
2005 Ed. (4889)
Sached Trust
1994 Ed. (1906)
Sacher; Paul
1997 Ed. (673)
Sachs; David
1990 Ed. (1723)
Sachs; David A.
1990 Ed. (1712)
Sachs Electric Co.
1999 Ed. (1368)
1997 Ed. (1162)
1992 Ed. (1411)
Sachsenmilch AG
2004 Ed. (191)
Sacia Italian Sauces & Pasta
2002 Ed. (2312)
Sacit
1992 Ed. (59)
The Sack of Rome
2008 Ed. (610)
Sack'N'Save
1993 Ed. (1526)
Sacla Sauces
1999 Ed. (2474)
Sacramento Bee
1998 Ed. (81)
Sacramento, CA
2007 Ed. (4230)
2006 Ed. (2970)
2005 Ed. (338, 2378, 2385, 2462, 4834)
2004 Ed. (2172, 2228, 3735)
2003 Ed. (2124, 2699, 2875)
2002 Ed. (2459, 2633, 2764)
2001 Ed. (2795, 4922)
1999 Ed. (2684, 3394)
1997 Ed. (2337, 2764)
1996 Ed. (238, 3768)
1995 Ed. (245, 1623, 2214, 2556)
1994 Ed. (970, 2584)
1993 Ed. (947, 2140, 2541)
1992 Ed. (344, 369, 1158, 1162, 2542, 2543, 2547, 2548, 2576, 2913, 3035, 3042, 3047, 3054, 3055, 3134, 3617)
1991 Ed. (1375, 1979, 1980, 1983, 2001, 2002, 2426, 3288)
1990 Ed. (1156, 1656, 2160, 2486, 2487, 2550)
1989 Ed. (226)
Sacramento, CA, Municipal Utility District
1991 Ed. (1494, 1496, 3158)
Sacramento, Calif. Municipal Utility District
1990 Ed. (1595, 1597)
Sacramento (Calif.) Util. Dist.
1990 Ed. (2640)
Sacramento Cogeneration Authority
1998 Ed. (1377)
Sacramento County, CA
2008 Ed. (3473)
1998 Ed. (2564)
1995 Ed. (2218)
1992 Ed. (1719)
Sacramento/Fresno, CA
1994 Ed. (1104)
Sacramento Kings
2006 Ed. (548)
2004 Ed. (657)
2003 Ed. (4508)
Sacramento Municipal Utility District
2001 Ed. (3867)
1998 Ed. (1382, 1383)
1996 Ed. (1610, 1611, 2725)

1995 Ed. (1628, 1634, 1636)
1994 Ed. (1591, 1592)
1993 Ed. (1554, 1556, 3359)
Sacramento Municipal Utility District, CA
2000 Ed. (1727)
1992 Ed. (1893, 1895, 4029)
Sacramento Municipal Utility District, Sacramento, CA
1990 Ed. (1484)
Sacramento Power Authority
1998 Ed. (1377)
Sacramento Savings Bank
1993 Ed. (3087, 3088)
1992 Ed. (3788)
Sacramento Sport Association, CA
1991 Ed. (2527)
Sacramento-Stockton, CA
2004 Ed. (187, 188, 2750)
1994 Ed. (2039)
Sacramento-Stockton-Modesto, CA
2006 Ed. (4100)
1998 Ed. (69, 1943)
Sacramento-Yolo, CA
2008 Ed. (3474)
2003 Ed. (2827)
Sacramento,CA
1999 Ed. (2757)
Sacred Heart Health Services
2008 Ed. (2077)
2005 Ed. (1961)
2004 Ed. (1858)
2003 Ed. (1822)
2001 Ed. (1849)
Sacred Heart Medical Center
2008 Ed. (2164)
2007 Ed. (2055)
2006 Ed. (2099)
2005 Ed. (1998)
2004 Ed. (1882)
2003 Ed. (1847)
2001 Ed. (1896)
Sacred Hearts Academy
2007 Ed. (1750)
SACYR SA
2002 Ed. (1327)
Sad-Compagnie Generale de Travaux d'Hydraulique
1999 Ed. (1393)
Saddam Hussein
2004 Ed. (4878)
Saddle Ridge at Beaver Creek
1995 Ed. (2158)
Saddle River, NJ
1989 Ed. (1634, 2773)
Saddleback BMW
1992 Ed. (408)
1991 Ed. (303)
1990 Ed. (336)
SADE-CGTH
2006 Ed. (1317)
Sade-Compagnie Generale de Travaux D'Hydraulique
2000 Ed. (1282)
Sadepan Chimica
2001 Ed. (2507)
Saderat; Bank
2005 Ed. (507)
Saderat Iran; Bank
2008 Ed. (449)
2007 Ed. (484)
2006 Ed. (471)
2005 Ed. (547)
Sadia
2006 Ed. (2542, 4599)
2000 Ed. (2228, 2229)
1999 Ed. (2471)
1997 Ed. (2047)
1996 Ed. (1947)
Sadia SA
2008 Ed. (3551)
2006 Ed. (3374)
Sadiel SA
2006 Ed. (2022)
Sadler, David G.
1992 Ed. (2057)
SAE/Carlson
1993 Ed. (1093)
S.A.E. Pinkerton & Laws
1994 Ed. (3298)
1993 Ed. (3306, 3308)
SAE Sadelmi SpA
1991 Ed. (1091)
SAE (Societe Auxiliaire d'Enterprises)
1994 Ed. (1164)
SAE-Societe Auxiliaire d'Entreprises
1991 Ed. (1097)
1990 Ed. (1209)
SAE Spaw-Glass
1994 Ed. (1138)
Saedong Accounting Corp.
1997 Ed. (16)
Saehan Bancorp
2002 Ed. (3554)
Saeil Heavy Industries
1996 Ed. (2445)
Saenz
2000 Ed. (459)
Saeshe Advertising
2005 Ed. (104)
2004 Ed. (108)
2003 Ed. (32)
Saf-T-Pops
1995 Ed. (893, 898)
1994 Ed. (853)
Safari
2001 Ed. (488)
Safari for Men
1997 Ed. (3031)
Safari Products Inc.
1992 Ed. (4367, 4369)
Safari Tech Books Online
2004 Ed. (3163)
Safari World
2000 Ed. (3876)
Safaricom
2006 Ed. (61)
2005 Ed. (54)
2004 Ed. (59)
SAFE
2006 Ed. (4273)
Safe Credit Union
2008 Ed. (2258)
2007 Ed. (2143)
2006 Ed. (2222)
2005 Ed. (2127)
2004 Ed. (1985)
2003 Ed. (1945)
2002 Ed. (1891)
S.A.F.E. Federal Credit Union
1998 Ed. (1218, 1226)
Safe Home Security Inc.
2006 Ed. (4269)
2005 Ed. (4293)
Safe Ride Services Inc.
2007 Ed. (1575, 3357, 3358)
2006 Ed. (1545, 3296, 3297)
2005 Ed. (1650, 3308, 3309)
Safe-T-Bak
1990 Ed. (3335)
Safeco Corp.
2008 Ed. (1490, 2137, 2138, 2146, 2166)
2007 Ed. (1496, 2057, 2903, 3105)
2006 Ed. (2072, 2078, 2082, 2101)
2005 Ed. (2000, 3053)
2004 Ed. (1884, 3035)
2002 Ed. (1796, 2962)
2000 Ed. (303, 1582, 2720, 2731, 3932)
1999 Ed. (2914)
1998 Ed. (2129, 2130, 2208)
1996 Ed. (1460, 2284, 2285)
1995 Ed. (2268, 2276, 2278, 2287, 2319, 2328, 3366, 3366)
1994 Ed. (2229, 2230, 2231, 2277, 3287)
1993 Ed. (2246, 2250, 3295)
1992 Ed. (2703, 2705)
1991 Ed. (2140, 2142)
1990 Ed. (2272, 2273)
1989 Ed. (1742)
Safeco Asset
2005 Ed. (3574)
2003 Ed. (3485, 3503)
Safeco Asset Management
2004 Ed. (710, 3600)
Safeco Core Equity Investment
2006 Ed. (3620)
Safeco Equity
2000 Ed. (3236)
1998 Ed. (2610)
1997 Ed. (2873)
1996 Ed. (2753, 2774, 2789, 2801)
1995 Ed. (2678, 2698, 2704, 2735)
Safeco Equity Fund
2003 Ed. (3514)
SAFECO Equity No Ld
1999 Ed. (3574)
Safeco GNMA
1999 Ed. (3554)
1996 Ed. (2810)
Safeco GNMA Fund
2003 Ed. (1847)
Safeco Growth
2000 Ed. (3224)
1999 Ed. (3506, 3507, 3559)
Safeco Growth No Load
1999 Ed. (3560, 3561)
Safeco Growth Opportunities
2003 Ed. (3516)
Safeco Growth Opportunity Investment
2004 Ed. (3576)
Safeco High-Yield Bond
2000 Ed. (766)
Safeco Income
1998 Ed. (2595, 2611)
1991 Ed. (2560)
1990 Ed. (2385)
Safeco Insurance Companies
1990 Ed. (2264)
Safeco Insurance Cos.
2006 Ed. (3090, 3113, 3114)
2005 Ed. (3098, 3099)
2004 Ed. (3095)
2003 Ed. (1552, 1849, 2958, 2981, 2986)
2002 Ed. (2867, 2894, 2976)
2000 Ed. (2737)
1999 Ed. (1750, 2934, 2984)
1998 Ed. (1192, 2152, 2213)
1997 Ed. (1529, 2416, 2417, 2431, 2471)
1996 Ed. (2301)
1991 Ed. (2135)
Safeco Insured Muni Bond
1999 Ed. (3571)
Safeco, Interm.-T U.S. Treasury
1996 Ed. (2811)
Safeco Interm-Term U.S.
2000 Ed. (3269)
Safeco Life
2002 Ed. (2904)
1999 Ed. (4697)
Safeco Life Insurance
1999 Ed. (2938, 2939, 2941, 2942)
1994 Ed. (3287)
1993 Ed. (3295)
Safeco Life MainSail Growth
2000 Ed. (4335)
Safeco Life MainSail Wanger US Small Cap Advisor
2000 Ed. (4335)
Safeco Life Resource B Growth Q
2000 Ed. (4335)
Safeco Life Spinnaker Q Growth
2000 Ed. (4335)
Safeco Minicipal Bond-Investment
2006 Ed. (602)
Safeco Muni Bond
2000 Ed. (771)
Safeco Municipal Bond
1997 Ed. (2904)
1995 Ed. (2746)
1994 Ed. (2611, 2644)
1993 Ed. (2667, 2678)
1990 Ed. (2389)
Safeco Municipal Bond Investment
2004 Ed. (704)
Safeco Municipal Bond No Load
1999 Ed. (3571, 3572)
Safeco U.S. Government Securities
1995 Ed. (2744)
Safecorp Group
2002 Ed. (3781)
Safeguard
2008 Ed. (4451)
2003 Ed. (643, 4463)
2002 Ed. (4304)
2001 Ed. (4297)
2000 Ed. (4069)
1999 Ed. (4351)
1998 Ed. (3330)
Safeguard Health Plans Inc.
1999 Ed. (1832)
Safeguard Scientifics Inc.
2008 Ed. (2848, 2849)
2007 Ed. (2715)
2005 Ed. (1362)
2003 Ed. (2477)
1997 Ed. (2934)
Safeguard Security & Communications Inc.
2008 Ed. (4297)
2006 Ed. (4271)
SafeHome Security
2005 Ed. (4284)
SafeNet Inc.
2008 Ed. (1137, 2846)
2007 Ed. (2712)
2006 Ed. (3042, 3694)
SafeRent Inc.
2004 Ed. (3970)
2003 Ed. (2179)
Safes
1992 Ed. (3831)
Safeskin
1999 Ed. (4331)
1998 Ed. (2724, 3313)
1996 Ed. (2054, 3444)
Safety
1993 Ed. (1595)
Safety & Security Services Inc.
2008 Ed. (3727, 4422)
Safety audits
2005 Ed. (3618)
Safety First
1997 Ed. (2977)
1996 Ed. (3454)
Safety Godown
1990 Ed. (2046)
Safety-Kleen Corp.
2003 Ed. (1821)
2002 Ed. (4782)
2001 Ed. (3832, 3833, 3834, 4733)
2000 Ed. (1859, 4372)
1999 Ed. (4283, 4285)
1998 Ed. (1477, 3287)
1997 Ed. (3132, 3498, 3536)
1996 Ed. (1286, 3469, 3470)
1995 Ed. (3410, 3411)
1994 Ed. (3233, 3351, 3352)
1993 Ed. (3240, 3347, 3390)
1992 Ed. (3935, 3937, 3939)
1991 Ed. (2017, 3100)
1990 Ed. (1528)
1989 Ed. (2476, 2654)
Safety-Kleen Services Inc.
2003 Ed. (1820)
Safety-Kleen Systems Inc.
2008 Ed. (4816)
Safety Management Group of Indiana Inc.
2008 Ed. (3808)
Safety 1st
1995 Ed. (3201)
Safety program assistance
2005 Ed. (3618)
Safety Resources LLC
2008 Ed. (3808)
2007 Ed. (3715)
2006 Ed. (3732)
2005 Ed. (3615)
Safeware Inc.
2007 Ed. (4425)
2006 Ed. (4357)
Safeway Inc.
2008 Ed. (892, 894, 1519, 1591, 1598, 1610, 1828, 2493, 3612, 4093, 4094, 4223, 4224, 4560, 4561, 4562, 4563, 4564, 4566, 4567, 4568, 4569, 4570, 4571, 4572, 4573, 4575)
2007 Ed. (911, 915, 1513, 1535, 1608, 1610, 1612, 1793, 2232, 2234, 2238, 2376, 2710, 4187, 4611, 4612, 4613, 4614, 4615, 4616, 4617, 4619, 4620, 4621, 4623, 4624, 4625, 4626, 4627, 4628, 4633, 4634, 4635, 4642)
2006 Ed. (821, 826, 1583, 1586, 1588, 1590, 2431, 2714, 4003, 4025, 4152, 4166, 4167, 4626, 4627, 4628, 4631, 4632, 4633, 4634, 4635, 4636, 4637, 4638, 4639, 4640, 4641, 4642)

2005 Ed. (908, 1566, 1576, 1677, 1681, 1683, 1687, 2008, 2243, 2390, 3487, 3929, 3989, 4099, 4114, 4115, 4124, 4547, 4548, 4549, 4552, 4553, 4554, 4555, 4556, 4557, 4558, 4559, 4562, 4563, 4565, 4566)
2004 Ed. (917, 1659, 1660, 2140, 2147, 2306, 2964, 4194, 4195, 4613, 4614, 4615, 4620, 4621, 4622, 4624, 4625, 4626, 4627, 4629, 4630, 4631, 4634, 4635, 4637, 4638, 4641, 4646, 4647)
2003 Ed. (897, 898, 1559, 1603, 1627, 1628, 1658, 2272, 2275, 2510, 4168, 4169, 4170, 4171, 4183, 4184, 4186, 4563, 4629, 4631, 4632, 4633, 4634, 4635, 4640, 4645, 4648, 4649, 4650, 4651, 4653, 4655, 4656, 4657, 4658, 4659, 4660, 4661, 4662, 4663, 4664, 4665)
2002 Ed. (1602, 1623, 2294, 4041, 4042, 4043, 4524, 4525, 4526, 4529, 4530, 4531, 4532, 4533, 4534, 4535, 4536)
2001 Ed. (262, 1649, 1653, 2462, 2476, 4090, 4093, 4097, 4098, 4404, 4416, 4417, 4418, 4419, 4420, 4421, 4422, 4423, 4696)
2000 Ed. (372, 960, 961, 1396, 1686, 1714, 2219, 2221, 2266, 2346, 2489, 3810, 3812, 4163, 4166, 4167, 4168, 4169, 4170)
1999 Ed. (174, 175, 368, 783, 784, 1244, 1414, 1505, 1591, 1921, 2462, 2603, 2703, 4091, 4092, 4094, 4100, 4216, 4515, 4518, 4519, 4520, 4521, 4522, 4523, 4694)
1998 Ed. (264, 667, 1128, 1296, 1711, 3079, 3082, 3089, 3443, 3444, 3449, 3450, 3451, 3452, 3453, 3454, 3455, 3456, 3457)
1997 Ed. (329, 924, 1369, 1625, 1626, 2026, 2151, 2629, 2790, 3176, 3341, 3343, 3660, 3667, 3668, 3670, 3671, 3672, 3673, 3674, 3675, 3676, 3677, 3678)
1996 Ed. (1307, 1556, 1559, 1560, 1929, 3238, 3613, 3614, 3619, 3620, 3621, 3622, 3623)
1995 Ed. (343, 916, 1077, 1569, 1572, 1573, 2003, 2004, 2444, 3143, 3146, 3178, 3524, 3531, 3532, 3533, 3535, 3538)
1994 Ed. (886, 1065, 1539, 1542, 1977, 1990, 2939, 3095, 3096, 3101, 3102, 3129, 3464, 3465, 3466, 3467, 3468)
1993 Ed. (826, 863, 864, 866, 960, 1034, 1492, 1495, 1955, 1956, 1997, 3040, 3041, 3042, 3050, 3066, 3493, 3494, 3495, 3496, 3497, 3498)
1992 Ed. (1814)
1990 Ed. (1507, 3028, 3498)
1989 Ed. (867, 2813, 2902)
Safeway Canada
1992 Ed. (4172)
Safeway District Office
2007 Ed. (1567)
Safeway Food & Drug
2008 Ed. (1739, 2028, 4046, 4211, 4212)
2007 Ed. (1710, 1946, 4019, 4170, 4171)
Safeway Insurance Group
2004 Ed. (3040)
Safeway Magazine
2002 Ed. (3635)
2000 Ed. (3497, 3498)
Safeway New Canada Inc.
2004 Ed. (1658)
2003 Ed. (1626)
2001 Ed. (1652)
Safeway Northwest Central Credit Union
2006 Ed. (2218)
2005 Ed. (2123)
2004 Ed. (1981)
2003 Ed. (1941)
2002 Ed. (1887)
Safeway plc
2006 Ed. (1431, 1438)
2001 Ed. (4818)
Safeway Stores
2005 Ed. (1987, 2736, 2737)
2004 Ed. (2738)
2003 Ed. (2621)
2002 Ed. (3790)
1998 Ed. (1844)
1996 Ed. (2031, 2486, 3240, 3241, 3612)
1992 Ed. (4170, 4171)
1991 Ed. (879, 1422, 1425, 2309, 2888, 2895, 3241, 3256, 3257, 3259, 3260, 1010, 949, 2887, 219, 951, 1822, 1823, 2646, 3258, 3472)
1990 Ed. (1019, 2440, 3027, 3042, 3249, 3496)
1989 Ed. (361, 920, 1024, 2320, 2327)
Safeway Stores, Bakery Div.
1989 Ed. (360)
Safeway Stores plc
2004 Ed. (4929)
Saffer Advertising Inc.
1994 Ed. (123)
1993 Ed. (85)
1992 Ed. (130, 132, 215)
1991 Ed. (83, 84)
1990 Ed. (85)
Saffloa
2008 Ed. (3589)
2003 Ed. (3311)
Safilo
1992 Ed. (3303)
Safilo Group
2001 Ed. (3593)
1997 Ed. (2968)
1996 Ed. (2873)
1995 Ed. (2814)
Saflink Corp.
2007 Ed. (1240)
2006 Ed. (2074)
Safmarine
2004 Ed. (2538, 2539)
2003 Ed. (2418, 2419)
Safmarine Container Lines NV
2002 Ed. (4673)
2001 Ed. (4624)
Safra
2008 Ed. (733)
2007 Ed. (754)
2001 Ed. (604)
Safra Catz
2008 Ed. (2636)
2007 Ed. (4974)
2006 Ed. (4974)
Safra; Joseph
2008 Ed. (4854, 4878)
Safra; Joseph & Moise
2007 Ed. (4913)
2006 Ed. (4925)
2005 Ed. (4881)
Safra; Lily
2007 Ed. (4924)
Safra; Moise
2008 Ed. (4854)
Safra National Bank of New York
2001 Ed. (642)
Safra Republic Holdings
2002 Ed. (3219, 3221)
2000 Ed. (473, 478, 3018)
1999 Ed. (3280)
1997 Ed. (2693)
1996 Ed. (2556)
1994 Ed. (2417)
Safran
2007 Ed. (180)
Safren
1995 Ed. (1485)
1993 Ed. (1393, 1394)
1991 Ed. (1344)
1990 Ed. (1417)
SAG AG
2001 Ed. (1363)
Sag Harbor
1997 Ed. (1039)
Saga
2007 Ed. (713)
2000 Ed. (35, 3396)
1994 Ed. (2700, 2701)
1990 Ed. (3474)
Saga; Bank of
2007 Ed. (473)
Saga Communications Inc.
2004 Ed. (777)
2001 Ed. (3972)
Saga Magazine
2008 Ed. (3534)
Saga Petroleum
2001 Ed. (1553)
2000 Ed. (3382)
1999 Ed. (3661, 3662)
1997 Ed. (2970)
1996 Ed. (2876, 2877)
1993 Ed. (2745, 2746, 2746)
1992 Ed. (3305, 3306)
1991 Ed. (2647, 2648)
Sagami Railway
2007 Ed. (1838)
Saganoseki
2001 Ed. (1500, 1501)
Sagaponack, NY
2007 Ed. (3000)
Sage
2006 Ed. (1146)
2000 Ed. (4131)
Sage Advisory Services
2000 Ed. (2817)
Sage Development Resources
1993 Ed. (2080, 2081)
Sage Enterprise Solutions
2003 Ed. (1113)
Sage Foundation; Russell
1989 Ed. (1476)
Sage Group
2005 Ed. (1157)
The Sage Group plc
2008 Ed. (1121)
2007 Ed. (1236, 1262)
2006 Ed. (4094)
2001 Ed. (1886)
1995 Ed. (1006)
1994 Ed. (993)
Sage Holding Co.
1998 Ed. (754)
Sage Home Entertainment; Dennis
2008 Ed. (2986)
Sage Hospitality Resources
2007 Ed. (2936)
2005 Ed. (2921)
Sage Life
1995 Ed. (2315)
1993 Ed. (2231)
Sage Products Inc.
2008 Ed. (4345)
2007 Ed. (4392)
Sage Software Healthcare Inc.
2008 Ed. (2885, 2903)
Sage Technologies Inc.
1996 Ed. (1194)
1995 Ed. (2819)
Sage Telecom, Inc.
2003 Ed. (2706)
Sage Worldwide
1992 Ed. (3760)
Sage Worldwide Promotions
1990 Ed. (3077, 3082, 3083)
1989 Ed. (2351)
Sagebrush Corp.
2006 Ed. (3277, 3278)
2005 Ed. (3285, 3288)
2004 Ed. (3257)
2003 Ed. (2721)
2002 Ed. (2516)
2001 Ed. (4060, 4061)
Sagebrush Cantina
2002 Ed. (4035)
2000 Ed. (3801)
Sagem
1997 Ed. (174)
Sagem SA
2004 Ed. (2185)
2001 Ed. (528)
Sager Electronics
2002 Ed. (2090, 2091)
2001 Ed. (2207, 2208, 2212)
2000 Ed. (1766, 1767)
1999 Ed. (1985, 1986, 1988)
1998 Ed. (1408, 1411, 1416)
1997 Ed. (1711)
1996 Ed. (1636)
Sagicor Financial Corp.
2006 Ed. (4485)
Saginaw-Bay City-Midland, MI
2003 Ed. (3903)
1999 Ed. (4054)
1993 Ed. (2115)
1992 Ed. (2541, 3034)
Saginaw, MI
2007 Ed. (2369)
2005 Ed. (2026)
1997 Ed. (3525)
1996 Ed. (2204)
1993 Ed. (2542)
Sagit
1989 Ed. (38)
Sagit SpA
1990 Ed. (35)
Saguenay, Quebec
2008 Ed. (3487, 3491, 3493)
2007 Ed. (3377)
2006 Ed. (3317)
Saha Pathanapibul
2000 Ed. (1576)
1994 Ed. (47)
1991 Ed. (52)
1989 Ed. (1167)
Saha Union
2000 Ed. (230, 4013)
1999 Ed. (207, 4301)
1995 Ed. (1501, 1502, 1503)
1994 Ed. (1466)
1993 Ed. (1412)
1992 Ed. (1706, 1707, 3824)
1991 Ed. (2942, 1359, 1358)
1990 Ed. (1429)
1989 Ed. (1168)
Sahara Inc.
2008 Ed. (1344)
1993 Ed. (3373)
1992 Ed. (4050, 4053)
1991 Ed. (3169, 3172)
Sahara Bank
2006 Ed. (492)
2005 Ed. (571)
2004 Ed. (582)
2003 Ed. (574)
2002 Ed. (609)
2000 Ed. (449, 595)
1999 Ed. (458, 577)
1997 Ed. (401, 540)
1996 Ed. (436, 584)
1995 Ed. (409)
1994 Ed. (416, 554)
1993 Ed. (552)
1992 Ed. (589, 760)
1991 Ed. (434, 591)
1989 Ed. (451, 461)
Sahara Casino Ptnrs.
1990 Ed. (2966)
Sahara Petroleum Exploration Corp.
2007 Ed. (877)
Sahaviriya Group
1995 Ed. (1503)
Sahenk; Ferit
2006 Ed. (4928)
Sahlen & Associates
1989 Ed. (2501)
Sahlman Holding Co., Inc.
2004 Ed. (2625)
2001 Ed. (2446)
Sahlman Seafoods Inc.
2005 Ed. (2614)
2004 Ed. (2625)
2001 Ed. (2446)
SAI
1992 Ed. (1618)
SAI Automotive AG
2002 Ed. (1087)
2000 Ed. (1125)
1999 Ed. (1206)
Saia Motor Express
1993 Ed. (3632)
Saia Motor Freight Line
2004 Ed. (4791)
1999 Ed. (4687)
1998 Ed. (3643)
1995 Ed. (3671)
1994 Ed. (3592)
SAIC
2008 Ed. (163, 1348, 1349, 1352, 1354, 1355, 1358, 1361, 1362, 1368, 1371, 1372, 1373, 1519,

2286, 2287, 2577, 2885, 2903, 3203, 4289, 4802)
2007 Ed. (184, 1395, 1396, 1398, 1400, 1402, 1404, 1405, 1406, 1410, 1414, 1415, 1417, 1535, 2171, 2172, 2449, 3066, 3068)
2006 Ed. (1355, 1356, 1363, 1366, 1368, 1372, 1376, 2247, 2482, 2483, 3932, 4872)
2001 Ed. (2870)
SAIC Fairfax
2006 Ed. (3318)
Saicon Consulting Inc.
2008 Ed. (1870)
Said School of Business; Oxford University
2005 Ed. (802)
Saikyo Bank
2004 Ed. (558)
SAIL
2001 Ed. (1733)
1999 Ed. (4474)
1998 Ed. (3405)
Sailing/yachting
2005 Ed. (4446)
Saim Current
1994 Ed. (3157)
Sain Bosworth
1996 Ed. (3333)
Sainsbury
1996 Ed. (1368, 3623)
1995 Ed. (1406, 3339)
Sainsbury; David
1993 Ed. (698)
Sainsbury (includes Homebase; excludes Savacentre)
1990 Ed. (3055)
Sainsbury; J.
1997 Ed. (1419, 1420, 1421, 3353, 3679, 3783)
1993 Ed. (742, 3049, 3498, 3609)
1992 Ed. (4178)
1990 Ed. (1372, 3053, 3499, 3500)
Sainsbury; Lord
2008 Ed. (897, 4007)
2007 Ed. (917)
2006 Ed. (836)
2005 Ed. (926, 3868)
Sainsbury plc; J
2008 Ed. (101, 2124, 4240, 4575)
2007 Ed. (2240, 2241, 4631, 4632, 4635, 4643, 4644)
2006 Ed. (2057, 2059, 4641, 4642, 4645, 4945)
2005 Ed. (1981, 1986, 4122, 4566, 4568, 4912)
1996 Ed. (1361, 1367, 1370, 3244, 3252, 3730)
1994 Ed. (3109, 3111, 3565)
1992 Ed. (1625, 3740)
1991 Ed. (1296, 2897, 3110)
1990 Ed. (3635)
Sainsbury's
2008 Ed. (687, 708, 720)
2007 Ed. (739)
2002 Ed. (766)
1999 Ed. (175, 784)
1993 Ed. (3046)
Sainsbury's Fresh Ideas
2008 Ed. (3534)
Sainsburys Homebase Ltd.
2002 Ed. (52)
Sainsbury's Supermarkets Ltd.
2004 Ed. (4929)
2002 Ed. (52, 4899)
2001 Ed. (2836, 4818)
2000 Ed. (1443)
Sainsbury's to You
2007 Ed. (711)
Sainsburys Tops
2001 Ed. (3402)
Saint Barnabas Health Care System
1999 Ed. (2645, 2750)
1998 Ed. (1909)
Saint Barnabas Medical Center
2002 Ed. (2457)
1998 Ed. (1992)
Saint-Etienne
1993 Ed. (486)
1992 Ed. (675)
Saint Faith Hospital Inc.
2003 Ed. (1803)
Saint Francis Hospital Inc.
2006 Ed. (1957)
2005 Ed. (1922)
2004 Ed. (1836)
2003 Ed. (1803)
2001 Ed. (1829)
Saint Francis Hospital & Medical Center
2004 Ed. (2907)
Saint-Gobain Corp.
2006 Ed. (4608, 4609)
2004 Ed. (324, 4590, 4591)
2000 Ed. (899)
1999 Ed. (773, 954, 3300)
1998 Ed. (535, 907)
1997 Ed. (703, 838, 1132, 2707, 3029)
1996 Ed. (2949)
1995 Ed. (850, 2506)
1994 Ed. (740, 799, 2438)
1993 Ed. (732, 783, 1314)
1992 Ed. (915, 916, 1486, 1619)
1991 Ed. (731, 732, 1284, 1290)
1990 Ed. (1367, 2176, 3460)
1989 Ed. (825, 959)
Saint-Gobain Abrasives Inc.
2006 Ed. (4608, 4609)
2005 Ed. (4523, 4524)
2004 Ed. (4590, 4591)
Saint-Gobain Advanced Materials Corp.
2007 Ed. (1845, 1845)
2006 Ed. (1840)
2005 Ed. (1835)
2004 Ed. (1769)
2003 Ed. (1732)
2001 Ed. (1772)
Saint-Gobain Ceramics & Plastics Inc.
2008 Ed. (1881)
Saint Gobain-Container LLC
2003 Ed. (4612)
Saint-Gobain Delaware Corp.
2006 Ed. (4608)
Saint Gobain Emballage
2004 Ed. (4593)
Saint Gobain SA; Cie. de
2008 Ed. (752, 1760, 3556, 3558)
2007 Ed. (780, 1288, 1290, 1732, 3423)
2006 Ed. (1721, 3380)
2005 Ed. (3390)
Saint-Gobain Zweigniederlassung Deutschland; Cie. de
2005 Ed. (2587)
Saint-Gobian
1997 Ed. (702)
Saint John Health System Inc.
2006 Ed. (1957)
2005 Ed. (1922)
2004 Ed. (1836)
2003 Ed. (1803)
Saint Joseph County, IN
1998 Ed. (2081, 2082, 2083)
Saint Joseph Medical Center
1998 Ed. (1993)
1996 Ed. (2156)
1993 Ed. (2074)
1992 Ed. (2460)
Saint Joseph's Hospital & Medical Center
2002 Ed. (2457)
Saint Joseph's Hospitals
1999 Ed. (2748)
1998 Ed. (1990)
Saint Joseph's University
2000 Ed. (931)
Saint Laurent; Yves
1995 Ed. (1243)
Saint Leo College
2000 Ed. (1142)
1998 Ed. (805)
Saint Louis
1995 Ed. (1425, 1925)
Saint Louis Bread Co./Panera Bread
2004 Ed. (352)
2003 Ed. (373)
2002 Ed. (427)
Saint Louis University
1992 Ed. (1008)
Saint Luke's Health System
2008 Ed. (3194)
2005 Ed. (1875)
2004 Ed. (1804)
Saint Luke's Hospital of Kansas City
2005 Ed. (1875)
Saint Luke's-Shawnee Mission Health System Inc.
2003 Ed. (1767)
2000 Ed. (3183)
Saint Mary Medical Center
2000 Ed. (894)
Saint Mary's College of Maryland
1990 Ed. (1086)
Saint Mary's Hospital of Huntington Inc.
2003 Ed. (1852)
2001 Ed. (1898)
Saint Mary's Medical Center Inc.
2006 Ed. (2116)
2005 Ed. (2014)
Saint Mary's University
2008 Ed. (1072, 1074, 1080, 1083)
2007 Ed. (1168, 1180)
Saint Paul Fire & Mar
1992 Ed. (2686, 2688)
Saint Thomas University
2000 Ed. (929)
Saint Vincent Healthcare
2006 Ed. (1912, 1913)
2005 Ed. (1890, 1891)
2004 Ed. (1807, 1808)
2003 Ed. (1770, 1771)
Saint Vincent Hospital & Health Center
2001 Ed. (1800)
Saint Vincents Hospital and Medical Center
2000 Ed. (2532)
Saiontz & Kirk
1989 Ed. (1889)
Saipa
2006 Ed. (4509)
2002 Ed. (4428, 4429)
Saipem SpA
2008 Ed. (3567)
2007 Ed. (3869)
2006 Ed. (3388)
Saipo
1994 Ed. (28)
1991 Ed. (30)
SairGroup AG
2000 Ed. (1562, 4296)
Saitama Bank
1993 Ed. (1176)
Saiwa
1993 Ed. (1879)
Saji; Nobutada
2008 Ed. (4846)
2005 Ed. (4861)
SAJO
2007 Ed. (4595)
SAK Construction
2007 Ed. (1336)
Sakata
1992 Ed. (3908)
Sakata Ink
2006 Ed. (3046)
Sakata Inx
2008 Ed. (3219)
2007 Ed. (3078)
2001 Ed. (2877)
Sakip Sabanci
2005 Ed. (4886)
2004 Ed. (4883)
2003 Ed. (4895)
Saks Inc.
2008 Ed. (884, 885, 1535, 1544, 4217)
2007 Ed. (153, 1123, 1564, 1565, 4182, 4183)
2006 Ed. (1534, 1536, 2252, 2255, 4152)
2005 Ed. (1644, 1645, 2167, 4100, 4105)
2004 Ed. (1618, 1619, 2054, 2055, 4163, 4179)
2003 Ed. (1601, 1602, 2008, 2009, 2010, 2011, 4146, 4163, 4164)
2002 Ed. (1574, 1918, 1919, 4045, 4051)
2001 Ed. (1607, 4105)
2000 Ed. (1383, 3818)
Saks Fifth Avenue
1995 Ed. (1029)
1993 Ed. (1477)
1992 Ed. (1784, 1788, 1790)
1991 Ed. (1414)
1990 Ed. (1490)
Saks Hair & Beauty
2001 Ed. (2661)
Saks Holdings
1999 Ed. (1499)
1998 Ed. (3183)
Saks Oldsmobile; Bob
1996 Ed. (282)
Saks Suzuki; Bob
1993 Ed. (302)
Saks.com
2006 Ed. (2382)
Saku Olletehas
2006 Ed. (4501)
2002 Ed. (4412, 4413)
Saku Olletehas UE
1997 Ed. (1384)
Sakura Bank
2003 Ed. (538, 553)
2002 Ed. (587, 595, 597, 4434)
2001 Ed. (603)
2000 Ed. (462, 532, 574, 575, 576)
1999 Ed. (466, 516, 518, 521, 552, 563, 564, 565, 1667)
1998 Ed. (353, 382, 383, 1163)
1997 Ed. (471, 515, 529)
1996 Ed. (507, 557, 558, 561, 562, 573, 574, 1408, 3706)
1995 Ed. (505, 506, 509, 510, 519, 520, 1444, 2434)
1994 Ed. (480, 484, 485, 518, 525, 526, 530, 531, 544, 545, 1365, 1409, 3550)
1993 Ed. (483, 484, 517, 518, 542)
Sakura Holding
1994 Ed. (2417)
Sakura Holdings
1997 Ed. (2693)
1996 Ed. (2556)
Sal Oppenheim
1991 Ed. (777)
1989 Ed. (814)
Sal. Oppenheim Jr. & Cie
1992 Ed. (725)
Sal. Oppenheim Jr. & Cle
1996 Ed. (560)
Salad & cooking oil
1992 Ed. (3298)
Salad & potato toppings
2002 Ed. (4083)
Salad bar
1997 Ed. (2063, 2064)
Salad bar items
1998 Ed. (1743, 1745)
Salad dressing, liquid
2002 Ed. (4083)
Salad dressing, mix
2002 Ed. (4083)
Salad dressing, reduced/low calorie
2002 Ed. (4083)
Salad dressings
2001 Ed. (1385)
Salad dressings, liquid
2003 Ed. (4215)
Salad dressings, reduced/low calorie
2003 Ed. (4215)
Salad/lettuce, packaged
2003 Ed. (3967, 3968)
Salad, shelf-stable
1999 Ed. (4509)
Salad toppings
2003 Ed. (4215)
Salada
2008 Ed. (4599)
2005 Ed. (4605)
1995 Ed. (3547)
1994 Ed. (3478)
Salads
2008 Ed. (2839)
2000 Ed. (4142)
1995 Ed. (3536, 3537)
1993 Ed. (3499)
1992 Ed. (4173, 4175)
Salads, main dish
1997 Ed. (2059, 3669)
Salads of the Sea
2008 Ed. (2338)

Salads, prepared
1992 Ed. (1777)
Salads, refridgerated
1998 Ed. (3434)
Salads, Refrigerated
2000 Ed. (4140)
Saladworks
2008 Ed. (2663, 2684)
2007 Ed. (2543)
2006 Ed. (2572)
Salalah Autumn Festival
2007 Ed. (63)
2006 Ed. (72)
2004 Ed. (70)
Salalah Container Terminal
2001 Ed. (3858)
Salamander AG
2002 Ed. (4264)
2001 Ed. (3077)
2000 Ed. (2917)
1999 Ed. (3172)
1997 Ed. (2616)
1996 Ed. (2469)
1995 Ed. (2432)
Salamander Aktiengesellschaft
1994 Ed. (2362)
Salant Corp.
2005 Ed. (1020)
2004 Ed. (4585)
1997 Ed. (1022)
1994 Ed. (2666)
1990 Ed. (3454)
Salant Corp
1990 Ed. (2681, 2683)
Salary
2000 Ed. (1782)
1993 Ed. (1593)
Salary investment plan
1992 Ed. (2234, 2235)
Salary.com
2007 Ed. (2357)
Salas Concessions Inc.
1992 Ed. (2407)
Salazar; Ken
2007 Ed. (2497)
Salceda; Jose (Joey)
1997 Ed. (2000)
1996 Ed. (1910)
Salcon Consultants Inc.
2008 Ed. (3710, 4395, 4962)
2007 Ed. (3556, 3557, 4421)
Saldana & Associates Inc.
2004 Ed. (3083)
Saleh Al Rajhi
2008 Ed. (4891)
Saleh Bin Abdul Aziz Al Rajhi
2008 Ed. (4892)
2007 Ed. (4921)
2006 Ed. (4928)
Saleh Carpet Mills Ltd.
2002 Ed. (1971)
Saleh Kamel
2008 Ed. (4891)
2007 Ed. (4921)
Saleh; Paul
2008 Ed. (969)
2007 Ed. (1087)
2006 Ed. (995)
2005 Ed. (993)
Salem
2008 Ed. (976, 4691)
2007 Ed. (4771)
2006 Ed. (4765)
2005 Ed. (4713)
2003 Ed. (970, 971, 4751, 4756)
2002 Ed. (4629)
2001 Ed. (1230)
2000 Ed. (1061)
1999 Ed. (1135)
1998 Ed. (727, 728, 729, 730)
1997 Ed. (985)
1996 Ed. (971)
1995 Ed. (986)
1994 Ed. (953, 955)
1993 Ed. (941)
1992 Ed. (1147, 1151)
1991 Ed. (932)
1990 Ed. (992, 993)
1989 Ed. (907)
Salem Abraham
1992 Ed. (2742)
Salem Carpet Mills
1993 Ed. (3555)
1992 Ed. (1063, 4274, 4281)
1991 Ed. (3354)
Salem Communications Corp.
2001 Ed. (3978)
Salem County Pollution Control Finance Authority
1997 Ed. (2839)
Salem County Pollution Control Financial Authority
1996 Ed. (2730)
Salem; David
2005 Ed. (3201)
Salem Funds - Fixed Income Trust
1994 Ed. (587)
Salem; George
1993 Ed. (1779)
The Salem Glass Co.
1996 Ed. (2027)
The Salem Group
2008 Ed. (4960)
Salem Hospital Inc.
2001 Ed. (1831)
Salem, KS
2000 Ed. (1090)
Salem Lights
1995 Ed. (985)
Salem, MA
1992 Ed. (3043, 3044, 3045)
Salem; Maurice & Gaby
2008 Ed. (4902)
Salem Menthol
1989 Ed. (904, 905)
Salem Menthol, Carton
1990 Ed. (990, 991)
Salem, NH
1997 Ed. (2765)
Salem, OR
2005 Ed. (3315)
1997 Ed. (2334)
Salem Screen Printers
1992 Ed. (4051)
1991 Ed. (3170)
Salem Screenprinters
1993 Ed. (3371)
Salem Treasury MMP/Trust Shares
1994 Ed. (2537)
Salem, VA
1997 Ed. (999)
Salemma
2008 Ed. (70)
Salerno
1995 Ed. (1208)
Salerno Duane Pontiac-Har
1991 Ed. (283)
Sales
2007 Ed. (3736)
2006 Ed. (1070)
2005 Ed. (1062, 3633, 3634, 3662)
1999 Ed. (2009)
1996 Ed. (3873)
Sales Aides International
1990 Ed. (3077)
1989 Ed. (2352)
Sales and excise tax
1999 Ed. (4538)
Sales & Marketing
2000 Ed. (1787)
1997 Ed. (844)
Sales & marketing vice president
2004 Ed. (2284)
Sales assistant
2008 Ed. (3820)
Sales clerk
2004 Ed. (2285)
Sales clerks & cashiers
1998 Ed. (1326, 2694)
Sales commissions
2002 Ed. (2711)
Sales data
1997 Ed. (1076)
Sales engineer
2008 Ed. (3820)
Sales Force Management
2000 Ed. (941)
Sales forecasting
1999 Ed. (964)
Sales forecasts
1995 Ed. (2567)
Sales House
1992 Ed. (88)
Sales, independent
1994 Ed. (2066)
Sales Law Group
1996 Ed. (2238, 2726)
The Sales Machine Euro RSCG
2003 Ed. (2065, 2066)
Sales Management Solutions 6.0
1993 Ed. (1068)
Sales manager
2006 Ed. (3737)
2004 Ed. (2284, 2285)
Sales managers
2007 Ed. (3720)
2005 Ed. (3625)
Sales/marketing services
1999 Ed. (3665, 4330)
Sales Partnerships Inc.
2006 Ed. (3988)
2005 Ed. (3914)
Sales presentations
1995 Ed. (2567)
Sales-promotion executive
1989 Ed. (2972)
Sales Promotions
2000 Ed. (941)
1997 Ed. (848)
1993 Ed. (3370)
Sales representative
2001 Ed. (2994)
Sales representatives
2007 Ed. (3737)
2005 Ed. (3622)
Sales representatives, wholesale & manufacturing
2007 Ed. (3722)
The Sales Solutions Group LLC
2006 Ed. (3506)
Sales; Wayne
2006 Ed. (2518)
Sales worker
1993 Ed. (3727)
Sales.com
2002 Ed. (4847)
Salesforce.com Inc.
2008 Ed. (1135, 1155, 4609)
2007 Ed. (1238, 1256, 1447, 3215)
2006 Ed. (4296)
2005 Ed. (1139)
2003 Ed. (1110)
2002 Ed. (4800, 4847)
Salespeople, retail
2005 Ed. (3631)
Salesperson
2008 Ed. (4243)
Salgado & Associates Inc.; Victor J.
2005 Ed. (3088)
Salhaney; Lucie
1995 Ed. (3786)
Salhany; Lucie
1996 Ed. (3875)
1993 Ed. (3730)
Salida, CO
2008 Ed. (4245)
Salina Interparochial Credit Union
2004 Ed. (1925)
Salina KS
2000 Ed. (3817)
Salinas, CA
2008 Ed. (3116)
2007 Ed. (3002)
2006 Ed. (2128, 2974)
2005 Ed. (2025, 2027, 2029, 2973, 2975, 2978)
2004 Ed. (190)
2003 Ed. (232, 1870)
Salinas; Grupo
2008 Ed. (61)
2007 Ed. (59)
2006 Ed. (68)
Salinas-Monterey, CA
2002 Ed. (2632)
1994 Ed. (2924, 3065)
1992 Ed. (3699, 3701)
Salinas-Seaside-Monterey, CA
1994 Ed. (975, 2497, 3064)
1993 Ed. (2114)
1992 Ed. (2540, 3033, 3698)
Salinas y Rocha
1994 Ed. (3114)
Saline Sensitive Solution
1997 Ed. (1143)
Salini Costruttori SpA
2008 Ed. (1306)
2006 Ed. (1320)
Salisbury Bank & Trust Co.
1993 Ed. (510)
Salisbury, CT
1996 Ed. (3202, 3204, 3206)
1995 Ed. (3107, 3109)
1992 Ed. (3699, 3700, 3701)
Salisbury Homes
2005 Ed. (1240)
2004 Ed. (1216)
2003 Ed. (1209)
2002 Ed. (1209)
Salisbury, NC
1994 Ed. (3061, 3063, 3065)
Salisbury University
2008 Ed. (2409)
Salish Lodge & Spa
2002 Ed. (3990)
2000 Ed. (2543)
Salix Pharmaceuticals Ltd.
2004 Ed. (2769)
Sall; John
2006 Ed. (4910)
Salle Mae
1991 Ed. (3244)
Saller; Syl
2006 Ed. (4984)
Salles
2000 Ed. (71)
Salles D'Arcy Publicidade
2003 Ed. (54)
2002 Ed. (87)
Salles/DMB & B de Publicidade
2001 Ed. (115)
Salles/DMB & B Publicidade
1999 Ed. (67)
1997 Ed. (67)
1996 Ed. (68)
Salles/Inter-Americana
1992 Ed. (128)
1991 Ed. (80)
1990 Ed. (83)
1989 Ed. (89)
Salles/Inter-Americana de Publicadade
1995 Ed. (52)
Salles/Inter-Americana de Publicidade
1993 Ed. (84)
Salles/Interamericana de Publicidade
1994 Ed. (73)
Sallie Krawcheck
2008 Ed. (370, 4944, 4945, 4948, 4950)
2007 Ed. (1091, 4974, 4981, 4983)
2006 Ed. (2526, 4983)
2005 Ed. (785)
2000 Ed. (1989)
1999 Ed. (2217)
Sallie Mae
2008 Ed. (2170, 2702)
2006 Ed. (2110, 2111)
2005 Ed. (2007, 2010, 2591, 2606)
2000 Ed. (4427)
1998 Ed. (1692)
1997 Ed. (2006)
1996 Ed. (1916)
1995 Ed. (1872)
1994 Ed. (1842)
SallieM
1996 Ed. (2833)
Sallus Capital Mgmt.
2000 Ed. (2818)
Sally Beauty Co.
2007 Ed. (1038)
2006 Ed. (943, 4169, 4185)
2005 Ed. (1975)
Sally Beauty Supply
2008 Ed. (1403)
Sally Dessloch
2000 Ed. (1939, 1945)
1999 Ed. (2168, 2174)
1998 Ed. (1580, 1588)
1997 Ed. (1946)
Sally Hansen
2008 Ed. (2875, 3777)
2004 Ed. (4430)
2003 Ed. (2672, 2673, 3623, 3624, 3625)
2001 Ed. (1910, 3514, 3515, 3517)
2000 Ed. (1590, 3313)
1999 Ed. (1760, 3778)

1998 Ed. (1196)
1997 Ed. (1532, 1533, 2635, 2923)
1996 Ed. (1465)
1995 Ed. (1507, 2899)
1994 Ed. (1472)
1993 Ed. (1418)
1992 Ed. (1709, 1710)
1990 Ed. (1433)
Sally Hansen Chrome
2003 Ed. (3624)
Sally Hansen Hard as Nails
2004 Ed. (3659, 3660)
2003 Ed. (3624)
Sally Hansen Maximum Growth
2004 Ed. (3659, 3660)
Sally Hansen Nailcare Professional
1999 Ed. (1910)
Sally Hansen Teflon Tuff
2003 Ed. (3624)
Sally Hershberger
2007 Ed. (2758)
Sally McClain
1997 Ed. (3916)
Sally R. Reed
1993 Ed. (2462)
1992 Ed. (2904)
1991 Ed. (2343)
Sally Reed
1990 Ed. (2479)
Salmon
2003 Ed. (2490, 4314)
2002 Ed. (4186)
2001 Ed. (2439, 2440)
1998 Ed. (3175)
1996 Ed. (3300)
1995 Ed. (3198, 3199)
1994 Ed. (3155)
1993 Ed. (3111)
1992 Ed. (349, 3816)
1991 Ed. (2938)
Salmon Arm Savings & Credit Union
2008 Ed. (1583)
Salmon, Atlantic
2007 Ed. (2581, 2582)
2006 Ed. (2606, 2607)
2005 Ed. (2607, 2608)
2004 Ed. (2618, 2619)
Salmon, canned
2007 Ed. (2581, 2582)
2006 Ed. (2606, 2607)
2005 Ed. (2607, 2608)
2004 Ed. (2618, 2619)
2001 Ed. (2447)
Salmon DDB
2003 Ed. (48)
2002 Ed. (82)
2001 Ed. (109)
Salmon, fresh
2001 Ed. (2447)
Salmon, frozen
2001 Ed. (2447)
Salmon, Pacific
2008 Ed. (2722)
2007 Ed. (2581, 2582, 2585)
2006 Ed. (2606, 2607, 2610)
2005 Ed. (2607, 2608, 2611)
2004 Ed. (2618, 2619, 2622)
Salmonella
1995 Ed. (1908)
Saloman SA
2000 Ed. (3036)
Saloman Smith Barney Inc.
2000 Ed. (377)
Salome
2005 Ed. (4687)
Salomon Inc.
2005 Ed. (1500)
2001 Ed. (4329)
1998 Ed. (518, 525)
1997 Ed. (736, 739)
1996 Ed. (796, 800, 803, 806)
1995 Ed. (750, 751, 1556)
1993 Ed. (3326, 3327)
1992 Ed. (950, 957, 961, 1540, 2144, 2146, 2147, 3980, 3981, 3983)
1990 Ed. (782, 1289, 1306, 1776, 1777)
1989 Ed. (809, 1044, 1049, 1425)
Salomon Bros. Inc.
1992 Ed. (3224)
1990 Ed. (1772, 1797, 1798)
Salomon Bros. International Ltd.
2001 Ed. (1692)
Salomon Brothers
1999 Ed. (832, 835, 864, 880, 893, 894, 895, 896, 897, 898, 912, 2143, 2150, 2151, 2152, 2440, 3037, 3073, 3299, 3438, 4178, 4180, 4181, 4182, 4184, 4185, 4186, 4187, 4190, 4195, 4196, 4197)
1998 Ed. (342, 514, 515, 516, 522, 527, 528, 995, 999, 1000, 1001, 1002, 1003, 1004, 1005, 1052, 1495, 1496, 1497, 1499, 1559, 1560, 1561, 1562, 2238, 2239, 2240, 2241, 2242, 2243, 2244, 2245, 2246, 2247, 2248, 2250, 2251, 2253, 3181, 3189, 3190, 3192, 3193, 3194, 3195, 3197, 3198, 3199, 3200, 3207, 3208, 3209, 3211, 3212, 3213, 3214, 3215, 3216, 3217, 3218, 3219, 3220, 3221, 3222, 3223, 3224, 3225, 3226, 3227, 3228, 3229, 3230, 3231, 3242, 3243, 3244, 3245, 3246, 3247, 3262, 3263, 3264, 3265, 3266, 3267, 3268, 3269, 3270, 3271, 3272, 3273)
1997 Ed. (732, 733, 734, 742, 770, 774, 776, 1220, 1221, 1222, 1223, 1224, 1225, 1226, 1228, 1229, 1295, 1308, 1338, 1342, 1783, 1784, 1848, 1849, 1850, 1922, 2489, 2490, 2491, 2493, 2495, 2496, 2497, 2498, 2499, 2500, 2501, 2502, 2503, 2504, 2506, 3417, 3420, 3421, 3423, 3425, 3426, 3427, 3428, 3429, 3430, 3431, 3432, 3433, 3434, 3436, 3437, 3438, 3439, 3440, 3441, 3442, 3443, 3444, 3445, 3446, 3448, 3471, 3474, 3475, 3476, 3477, 3478, 3480, 3481)
1996 Ed. (396, 794, 795, 797, 798, 808, 1181, 1183, 1184, 1185, 1186, 1187, 1188, 1189, 1249, 1263, 1269, 1275, 1281, 1538, 1705, 1768, 1769, 1774, 1892, 1917, 1920, 2360, 2361, 2362, 2363, 2364, 2365, 2366, 2367, 2368, 2369, 2370, 2371, 2372, 2373, 3100, 3311, 3313, 3316, 3317, 3318, 3319, 3320, 3321, 3322, 3323, 3324, 3325, 3326, 3327, 3328, 3329, 3330, 3331, 3332, 3333, 3334, 3335, 3336, 3337, 3338, 3339, 3340, 3343, 3346, 3347, 3348, 3349, 3350, 3351, 3375, 3378, 3379, 3380, 3381, 3382, 3385, 3386)
1995 Ed. (421, 462, 503, 574, 721, 722, 723, 724, 725, 726, 727, 729, 730, 731, 733, 734, 735, 736, 737, 739, 740, 741, 742, 743, 744, 745, 746, 747, 748, 749, 752, 753, 755, 756, 757, 760, 763, 790, 791, 792, 793, 794, 1213, 1214, 1216, 1217, 1218, 1312, 1720, 1721, 1722, 1793, 1871, 1873, 1876, 2341, 2342, 2343, 2344, 2345, 2346, 2347, 2348, 2350, 2351, 2352, 2353, 3204, 3209, 3213, 3215, 3216, 3218, 3219, 3220, 3221, 3222, 3223, 3224, 3225, 3226, 3227, 3228, 3229, 3230, 3231, 3232, 3233, 3234, 3235, 3236, 3237, 3238, 3239, 3240, 3241, 3242, 3243, 3244, 3245, 3246, 3247, 3249, 3250, 3251, 3252, 3253, 3254, 3266, 3269, 3270, 3271, 3273, 3274, 3275, 3277, 3308, 3355, 3516)
1994 Ed. (727, 728, 763, 764, 765, 766, 767, 768, 770, 771, 772, 774, 776, 777, 778, 779, 780, 783, 1040, 1197, 1198, 1199, 1244, 1287, 1307, 1673, 1674, 1675, 1676, 1679, 1687, 1688, 1689, 1700, 1706, 1707, 1756, 1757, 1758, 1841, 1843, 1844, 1845, 1848, 2286, 2287, 2291, 2292, 3024, 3163, 3164, 3165, 3166, 3167, 3168, 3172, 3173, 3174, 3175, 3176, 3184, 3189, 3190, 3229, 3274)
1993 Ed. (760, 761, 767, 839, 840, 841, 842, 1014, 1164, 1165, 1166, 1167, 1168, 1169, 1170, 1171, 1172, 1174, 1259, 1265, 1641, 1649, 1650, 1653, 1654, 1657, 1658, 1667, 1669, 1670, 1769, 1851, 1853, 1855, 1856, 1860, 1865, 1889, 2273, 2274, 2275, 2276, 2277, 2279, 2981, 3116, 3118, 3121, 3123, 3124, 3125, 3126, 3127, 3128, 3129, 3130, 3131, 3132, 3133, 3145, 3147, 3148, 3149, 3150, 3151, 3152, 3153, 3154, 3155, 3156, 3157, 3158, 3159, 3160, 3161, 3162, 3163, 3164, 3201, 3202, 3205, 3207, 3208, 3284)
1992 Ed. (1290)
1991 Ed. (769, 780, 1196, 1228, 1231, 1713, 1714, 3131, 3132, 3134, 1012, 494, 752, 753, 754, 756, 757, 759, 762, 763, 764, 766, 767, 768, 774, 999, 1110, 1111, 1122, 1584, 1585, 1587, 1589, 1590, 1592, 1594, 1595, 1598, 1600, 1608, 1668, 1669, 1671, 1673, 1697, 1700, 1704, 1705, 1760, 2176, 2177, 2178, 2179, 2180, 2181, 2185, 2188, 2190, 2191, 2192, 2193, 2194, 2195, 2196, 2197, 2198, 2199, 2200, 2201, 2202, 2203, 2204, 2481, 2822, 2831, 2832, 2945, 2946, 2949, 2950, 2951, 2952, 2953, 2954, 2955, 2956, 2957, 2958, 2959, 2961, 2962, 2963, 2964, 2965, 2966, 2967, 2968, 2969, 2970, 2971, 2994, 2995, 2996, 2997, 2998, 2999, 3006, 3007, 3009, 3010, 3011, 3012, 3013, 3016, 3017, 3018, 3019, 3020, 3021, 3022, 3023, 3024, 3025, 3027, 3028, 3029, 3069, 3071, 3074, 3075, 3079, 2583)
1990 Ed. (790, 791, 792, 795, 796, 797, 798, 799, 800, 801, 803, 804, 805, 806, 807, 808, 809, 817, 1222, 1679, 1683, 1692, 1764, 1765, 1774, 2295, 2296, 2297, 2298, 2300, 2301, 2302, 2303, 2308, 2310, 2311, 2312, 2981, 2982, 3138, 3139, 3140, 3141, 3142, 3143, 3144, 3145, 3146, 3152, 3154, 3155, 3156, 3157, 3170, 3171, 3172, 3173, 3174, 3185, 3191, 3192, 3193, 3194, 3195, 3197, 3198, 3199, 3200, 3201, 3202, 3203, 3204, 3205, 3206, 3224, 3225, 3226, 3228)
1989 Ed. (791, 792, 793, 794, 795, 796, 798, 799, 800, 801, 802, 803, 804, 805, 806, 807, 808, 817, 1013, 1349, 1350, 1353, 1354, 1356, 1361, 1365, 1370, 1413, 1414, 1415, 1423, 1426, 1757, 1759, 1760, 1761, 1762, 1763, 1764, 1765, 1769, 1770, 1771, 1775, 1872, 2370, 2371, 2372, 2373, 2374, 2375, 2376, 2377, 2378, 2379, 2380, 2382, 2384, 2385, 2386, 2387, 2388, 2389, 2390, 2391, 2392, 2393, 2394, 2395, 2396, 2397, 2398, 2399, 2400, 2401, 2402, 2403, 2404, 2406, 2407, 2408, 2409, 2410, 2411, 2412, 2413, 2414, 2415, 2416, 2417, 2418, 2419, 2420, 2421, 2422, 2423, 2429, 2436, 2437, 2438, 2439, 2440, 2442, 2443, 2444, 2445, 2447, 2448, 2449, 2451, 2452, 2453, 2454)
Salomon Brothers and Goldman Sachs
1990 Ed. (2440)
Salomon Brothers (Asia)
1999 Ed. (2363)
1997 Ed. (1975)
1996 Ed. (1868)
Salomon Brothers Asset
1995 Ed. (2365)
Salomon Brothers Asset Management
2004 Ed. (710, 3539, 3561)
1998 Ed. (2272)
Salomon Brothers Capital
2006 Ed. (3614, 3615)
2004 Ed. (3536, 3538)
2000 Ed. (3240, 3311)
1998 Ed. (2601)
Salomon Brothers Capital A
1998 Ed. (2619)
Salomon Brothers Emerging Markets
2007 Ed. (645)
2006 Ed. (628)
Salomon Brothers High Yield A
1998 Ed. (2599)
Salomon Brothers Holding Co.
1992 Ed. (951, 952, 953, 954)
1991 Ed. (770, 771, 772, 773)
1990 Ed. (783, 787, 788, 789)
Salomon Brothers Hong Kong
1997 Ed. (1957)
Salomon Brothers International
1993 Ed. (1689)
1990 Ed. (1702)
1989 Ed. (1373)
Salomon Brothers International Equity
2004 Ed. (3650)
Salomon Brothers Investors O
1998 Ed. (2598, 2610, 2632)
Salomon Brothers National Tax-Free Bond
2004 Ed. (703)
Salomon Brothers New York Municipal Money Market Fund Inc.
1994 Ed. (2538)
Salomon Levis
2005 Ed. (973)
2004 Ed. (968)
Salomon SA
2004 Ed. (3358)
2002 Ed. (3234)
1997 Ed. (2708)
1996 Ed. (2568)
1995 Ed. (2506)
1993 Ed. (2498)
1992 Ed. (2971)
1991 Ed. (2385)
Salomon Smith Barney Inc.
2005 Ed. (1456, 1458, 4165, 4256)
2004 Ed. (1441, 1644, 2714, 3171, 3527, 3528, 3529, 3530, 3531, 3532, 4342, 4344)
2003 Ed. (1406, 1414, 2362, 2599, 3060, 3066, 3090, 3091, 3093, 3094, 3095, 3473, 3474, 3475, 3476, 3477, 3478, 3621, 4325, 4326)
2002 Ed. (338, 727, 730, 732, 733, 734, 735, 736, 809, 810, 811, 812, 822, 838, 841, 1348, 1349, 1350, 1351, 1352, 1353, 1354, 1358, 1362, 1363, 1364, 1365, 1366, 1367, 1368, 1369, 1370, 1371, 1372, 1375, 1377, 1404, 1405, 1406, 1421, 2157, 2162, 2165, 2166, 2168, 2817, 2999, 3001, 3002, 3003, 3011, 3012, 3015, 3016, 3042, 3043, 3189, 3191, 3192, 3193, 3194, 3195, 3196, 3203, 3204, 3205, 3206, 3207, 3208, 3407, 3408, 3409, 3410, 3411, 3412, 3793, 3794, 3795, 3796, 4197, 4198, 4201, 4202, 4206, 4208, 4209, 4210, 4211, 4212, 4213, 4214, 4215, 4218, 4219, 4220, 4221, 4222, 4223, 4224, 4225, 4226, 4227, 4228, 4229, 4230, 4231, 4232, 4233, 4234, 4235, 4236, 4237, 4238, 4239, 4240, 4241, 4242, 4243, 4244, 4245, 4246, 4247, 4248, 4249, 4250, 4251, 4252, 4500, 4556, 4557, 4601, 4602, 4647, 4648, 4649, 4650, 4652, 4653, 4654, 4655, 4656, 4657, 4658, 4659, 4660, 4661, 4663)
2001 Ed. (552, 553, 554, 559, 746, 747, 748, 749, 750, 751, 752, 753, 754, 755, 756, 757, 758, 759, 760, 761, 767, 779, 783, 791, 795, 799,

802, 810, 811, 815, 823, 827, 831, 832, 836, 840, 844, 848, 868, 872, 876, 880, 883, 884, 888, 892, 900, 904, 908, 912, 924, 928, 936, 944, 948, 952, 961, 964, 966, 967, 968, 969, 970, 971, 972, 973, 974, 975, 1195, 1196, 1510, 1511, 1512, 1515, 1516, 1517, 1518, 1522, 1524, 1525, 1526, 1528, 1531, 1532, 2423, 2424, 2425, 2426, 2427, 2428, 2429, 2430, 3008, 3009, 3038, 3211, 3453, 4178, 4193, 4197, 4207, 4208, 4382)
2000 Ed. (826, 836, 869, 885, 1025, 1919, 1920, 1921, 1922, 2058, 2451, 2456, 2457, 2768, 2769, 3190, 3191, 3192, 3193, 3194, 3195, 3413, 3414, 3415, 3878, 3883, 3884, 3886, 3887, 3888, 3889, 3890, 3891, 3892, 3893, 3894, 3895, 3896, 3897, 3898, 3899, 3901, 3902, 3903, 3904, 3909, 3910, 3911, 3912, 3913, 3914, 3916, 3917, 3923, 3925, 3929, 3930, 3931)
1999 Ed. (828, 829, 830, 1089, 1425, 1426, 1427, 1428, 1429, 1430, 1432, 1437, 1439, 2064, 2065, 2066, 2278, 2396, 3021, 3022, 3023, 3024, 3025, 3026, 3027, 3028, 3029, 3030, 3031, 3032, 3033, 3035, 3477, 3478, 3479, 3480, 3481, 3482, 4205, 4206, 4207, 4208, 4209, 4210, 4211, 4212, 4213, 4214, 4215, 4217, 4218, 4219, 4220, 4221, 4222, 4223, 4224, 4225, 4226, 4227, 4228, 4239, 4252, 4253, 4254, 4255, 4256, 4258, 4259, 4260, 4261, 4262, 4263, 4264, 4265)

Salomon Smith Barney Holdings Inc.
2004 Ed. (1423, 4327, 4328, 4329, 4330, 4331, 4332, 4333, 4344)
2003 Ed. (4326)
2001 Ed. (4197)
2000 Ed. (828, 829, 830, 831, 832, 864, 2761, 3933, 3934, 3935, 3936, 3937, 3938, 3939, 3940, 3941, 3942, 3943, 3944, 3945, 3946, 3947, 3948, 3949, 3950, 3951, 3952, 3953, 3954, 3955, 3956, 3957, 3958, 3959, 3960, 3961, 3962, 3965, 3966, 3967, 3968, 3969, 3970, 3971, 3972, 3973, 3975, 3976, 3977, 3978, 3979, 3980, 3981, 3982, 3983, 3984, 3985, 3986, 3987, 3988)

Salomon Smith Barney International
2002 Ed. (1920)
2000 Ed. (3880)

Salomon Smith Barney Young Investors Network
2002 Ed. (4829)

Salomon Smith Citigroup
2005 Ed. (3219)

Salomon/U.S. Convertibles
2003 Ed. (3116)

Salon
2002 Ed. (4858)

Salon des Vehicules Recreatifs de Montreal
2008 Ed. (4724)

Salon du Meuble de Paris
2004 Ed. (4758)

Salon Finish
2001 Ed. (3514)

Salon Le Mensil
1995 Ed. (926)
1993 Ed. (875)

Salon Selective
1998 Ed. (1895, 3291)

Salon Selectives
2003 Ed. (2648, 2649, 2653, 2654, 2657, 2659)
2002 Ed. (2434, 2435, 2436)
2001 Ed. (2632, 2633)
2000 Ed. (4009)
1999 Ed. (2628, 2629, 4290, 4291, 4292)
1997 Ed. (3059)
1996 Ed. (2071, 2985)
1991 Ed. (1879, 1880, 1881, 3114)

Salon.com
2003 Ed. (3050)

Salono Suna Sake
1989 Ed. (2950)

Salonpas
2003 Ed. (280)
2002 Ed. (315, 316)

Salov North America Corp.
2003 Ed. (3688, 3696)

Salsarita's Fresh Cantina
2008 Ed. (2682)
2007 Ed. (2541)

Salt
2003 Ed. (4507)
2002 Ed. (4337)

Salt and vinegar
1990 Ed. (2887)

Salt Lake City Deseret News
1998 Ed. (82)

Salt Lake City Municipal Building Agency
2001 Ed. (930)

Salt Lake City-Odgen, UT
1999 Ed. (1148)

Salt Lake City-Ogden, UT
2005 Ed. (2457, 2459, 2977, 4381)
2004 Ed. (2428)
2003 Ed. (2084, 2351)
2002 Ed. (2758, 2761)
2001 Ed. (2276, 2277, 2280, 2282)
2000 Ed. (2886, 3107)
1999 Ed. (3257)
1998 Ed. (176, 733)
1996 Ed. (2621)
1993 Ed. (2555)
1990 Ed. (2607)

Salt Lake City-Provo, UT
2002 Ed. (4287)

Salt Lake City, UT
2008 Ed. (825, 3113, 3119, 3457, 3518, 4039)
2007 Ed. (864, 2998, 4013)
2006 Ed. (766, 3743, 3974, 4050, 4884, 4885)
2005 Ed. (838, 3643, 3645, 4835)
2004 Ed. (3481, 4852)
2003 Ed. (3677, 4054)
2002 Ed. (920, 1053)
2001 Ed. (2795, 2834)
1999 Ed. (1024, 1153, 1170, 2815, 4514)
1998 Ed. (736, 2003)
1997 Ed. (2333, 2336, 2763)
1996 Ed. (2206, 2207, 2209)
1995 Ed. (988, 2187, 2666)
1994 Ed. (952, 2149)
1993 Ed. (948, 1598)
1992 Ed. (1162, 2480, 2545, 2913, 3039)
1991 Ed. (3116)
1990 Ed. (1157)

Salt Lake Tribune
1998 Ed. (82)

Salt River Project
1998 Ed. (1381, 1382, 1383)
1996 Ed. (1610, 1611, 1612)
1995 Ed. (1628, 1634, 1635, 1636)
1994 Ed. (1591, 1592, 1593, 3363)
1993 Ed. (1554, 1555, 1556, 3359)
1990 Ed. (2640)

Salt River Project Agricultural Improvement & Power District
2004 Ed. (1624)

Salt River Project, AZ
2000 Ed. (1727)

Salt River Project Credit Union
2005 Ed. (2079)
2003 Ed. (1894, 1906)

Salt River Project, Phoenix
1992 Ed. (1893, 1894, 1895, 4029)
1991 Ed. (3158, 1494, 1495, 1496)

Salt River Project, Phoenix, Ariz.
1990 Ed. (1595, 1596, 1597)

Salt substitutes
2002 Ed. (4337)

Salt-water softeners
2002 Ed. (2707)

Salthouse Torre Norton
1994 Ed. (58)

Saltmarsh, Cleaveland & Gund
2000 Ed. (9)
1999 Ed. (6)
1998 Ed. (9)

Saltmarsh Cleaveland & Gund PA
2002 Ed. (11)

Saltmine
2002 Ed. (2537)

Salton Inc.
2005 Ed. (2949, 2950)
2004 Ed. (1538, 2868, 2949, 2950)
2002 Ed. (1501, 1550, 2427)
2001 Ed. (1577, 2736)
2000 Ed. (4050)

Salton/Maxim
1993 Ed. (933, 3113)

Salton/Maxim Housewares
2002 Ed. (348, 720, 2073, 2074, 2699, 3047)
2000 Ed. (2396)

Salty snacks
2001 Ed. (3908)
1994 Ed. (1190)

Saltzman Hamma Nelson Massaro LLP
2005 Ed. (4)

Salus
1997 Ed. (2675, 2676)

Salus Capital
2003 Ed. (3081)
2002 Ed. (3013)

Salutos Pizza & Pasta
2007 Ed. (3965)

Salvador Caetano
1991 Ed. (2333)

Salvador's Margarita
2004 Ed. (1035)
2003 Ed. (1030)
2002 Ed. (3106)
2001 Ed. (3116)

Salvaneschi; Luigi
1993 Ed. (1703)

The Salvation Army
2008 Ed. (673, 3787, 3788, 3793, 3795, 3796, 3797, 3798)
2007 Ed. (702, 3703)
2006 Ed. (3709, 3710, 3711, 3712, 3716)
2005 Ed. (3607, 3608)
2004 Ed. (3698)
2003 Ed. (3651)
2001 Ed. (1819)
2000 Ed. (3346, 3348)
1998 Ed. (689)
1997 Ed. (944, 2949)
1996 Ed. (911, 912, 919)
1995 Ed. (249, 941, 945, 2778, 2780, 2784)
1994 Ed. (904, 909, 910, 911, 2677, 2678, 2680)
1993 Ed. (251, 2728, 2730)
1992 Ed. (3267, 3270)
1991 Ed. (2613)
1990 Ed. (2718)
1989 Ed. (2074)

Salvation Army--Alaska
2003 Ed. (4395)

The Salvation Army, Eastern Michigan Division
2002 Ed. (3522)
2001 Ed. (3550)
1998 Ed. (2686)

Salvatore Ferragamo Italia SpA
2004 Ed. (3249)
2002 Ed. (4264)
1999 Ed. (3172)

Salvatorplatz-Grundstucks GmbH
2005 Ed. (2587)

Salvesen Logistics
1999 Ed. (963)

Salzburger
1992 Ed. (609)

Salzburger Aluminium AG
2006 Ed. (1561)

Salzburger Sparkasse
1996 Ed. (448)
1994 Ed. (428)
1993 Ed. (428)

Salzgitter
2007 Ed. (3486)

Salzgitter AG
2004 Ed. (3441)
2002 Ed. (3308)
2001 Ed. (3283)

Salzgitter AG Stahl & Technologie
2000 Ed. (3082)

Salzgitter Consult GmbH
1991 Ed. (1559)

Salzman; Jack
1996 Ed. (1787, 1797)
1995 Ed. (1813, 1824)
1994 Ed. (1772, 1785)
1993 Ed. (1789, 1802)
1991 Ed. (1683, 1701, 1707)

Sam & Alisa Moussaieff
2007 Ed. (4931)

Sam Ash Music Corp.
2001 Ed. (3415)
2000 Ed. (3218)
1999 Ed. (3500)
1997 Ed. (2861, 2863)
1996 Ed. (2746, 2748)
1995 Ed. (2673, 2675)
1994 Ed. (2592, 2594, 2596)
1993 Ed. (2640, 2643)

Sam Boyd Stadium
2003 Ed. (4531)

Sam Brownlee
1992 Ed. (2903)
1991 Ed. (2342)

Sam DeRosa-Farag
2000 Ed. (1960)
1999 Ed. (2194)
1998 Ed. (1644)
1997 Ed. (1952)

Sam Fox
1999 Ed. (2434)
1997 Ed. (2004)

Sam Galloway Ford
1996 Ed. (271)
1995 Ed. (267)

Sam Kane Beef Processing Inc.
1996 Ed. (2585, 3060)

Sam Kane Beef Processors
2008 Ed. (3609)
2002 Ed. (3276)
1995 Ed. (2522, 2523, 2963, 2968)
1993 Ed. (2520)

Sam Lee Corp.
1991 Ed. (985, 1210, 1733, 1735, 1736, 2580, 2665, 37, 922, 1474, 1749)

Sam Leno
2007 Ed. (1071)

Sam Moore Walton
1993 Ed. (699)
1992 Ed. (890)
1991 Ed. (710, 3477)
1990 Ed. (731, 2576)

Sam Packs Five Star Ford Ltd.
2008 Ed. (311)

Sam Palmisano
2005 Ed. (2318)

Sam Shin Trading
1992 Ed. (82)
1991 Ed. (51)

Sam Sung Electronics Co.
1991 Ed. (1320)

SAM Value Trust
1995 Ed. (2677)

Sam Walton
2005 Ed. (974)
1989 Ed. (732, 1986, 2751)

Sam Walton & Family
1990 Ed. (3687)

Sam Walton family
1989 Ed. (2905)

Sam Walton: Made in America
2006 Ed. (588)

Sam White Isuzu
1996 Ed. (274)
1995 Ed. (272)
1994 Ed. (271)
1993 Ed. (272)
1992 Ed. (381, 386)
1991 Ed. (281)
1990 Ed. (328)

Sam White Motor City
1992 Ed. (380, 394)

Sam White Oldsmobile
1994 Ed. (279)
1993 Ed. (280)
1991 Ed. (289)
1990 Ed. (312)

Sam Wyly
1999 Ed. (2083)
1998 Ed. (1515)
1990 Ed. (976, 1726)
Sam Yang Co.
1995 Ed. (3603)
Samaha Investments
1992 Ed. (2440)
Samancor
1995 Ed. (2586)
1993 Ed. (2579)
1991 Ed. (2469)
Samantha Fennell
1999 Ed. (2333)
Samaritan Inc.
2007 Ed. (1945)
2006 Ed. (1974)
Samaritan Foundation
1992 Ed. (3127, 3279)
1991 Ed. (2624)
1990 Ed. (2725)
Samaritan Health Services Inc.
2008 Ed. (2027)
Samaritan Health System
1994 Ed. (2573)
Samart
1997 Ed. (3696)
SAMBA
2007 Ed. (394, 522, 547)
2006 Ed. (410, 518)
2001 Ed. (82)
Samba Financial Group
2008 Ed. (79, 377, 477, 498)
2007 Ed. (73)
Sambuca
2002 Ed. (3098)
2001 Ed. (3111)
Sambuca Molinari
1999 Ed. (3201)
1992 Ed. (2881)
Sambuca Romana
1992 Ed. (2861)
1990 Ed. (2444)
Samco Capital Markets
2004 Ed. (1422)
2001 Ed. (558)
Samduk Accounting Corp.
1997 Ed. (16)
Samford University
2008 Ed. (1087)
2001 Ed. (1326, 3067)
1999 Ed. (1231)
1998 Ed. (802)
1997 Ed. (1054)
1996 Ed. (1038)
1995 Ed. (1053)
1994 Ed. (1045)
1993 Ed. (888, 1018, 1028)
Samford University, Cumberland School of Law
1999 Ed. (3166)
Samhallsinformations Kommun/ Landsting
1989 Ed. (52)
Samhee Advertising
1989 Ed. (129)
Samherji hf.
2006 Ed. (4506)
SAMI/Berke
1990 Ed. (3001)
Samick Corp.
2001 Ed. (3411)
2000 Ed. (3176)
1992 Ed. (1571)
Samih Sawiris
2008 Ed. (4859)
Samil Accounting Corp.
1997 Ed. (16)
SAMIR
2002 Ed. (944, 945)
2000 Ed. (990, 991)
1999 Ed. (1040, 1041)
Samjin Pharmaceutical
2008 Ed. (2079)
Sammi Steel
1996 Ed. (2445)
Sammis Real Estate
1992 Ed. (3613)
Sammons
1991 Ed. (725)
Sammons Communications
1996 Ed. (855)
Sammons Enterprises Inc.
2008 Ed. (4057)
2007 Ed. (4030)
2006 Ed. (3995)
2005 Ed. (1486, 3921)
1994 Ed. (691)
1993 Ed. (688, 726)
1990 Ed. (1045)
Sammons, M.D.; James
1991 Ed. (2406)
Sammy Ofer
2008 Ed. (4887)
Sammy Sosa
2005 Ed. (267)
2003 Ed. (295)
Samna Corp.
1992 Ed. (3310)
Samopomoc
2001 Ed. (2926)
Samorita Hospital Ltd.
2002 Ed. (1970)
Sampath Bank
2002 Ed. (4477, 4478)
2000 Ed. (666, 1149, 1150)
1999 Ed. (640, 1240, 1241)
1997 Ed. (618, 1071)
1996 Ed. (684, 1052, 1053)
1995 Ed. (610)
1994 Ed. (637, 1061, 1062)
1993 Ed. (634)
1992 Ed. (79, 838)
1991 Ed. (665)
Sample; Cynthia B.
1994 Ed. (3666)
Sample Surveys
2000 Ed. (3047)
Sampler's Plus
2007 Ed. (1894)
2006 Ed. (1912)
2005 Ed. (1890)
2004 Ed. (1807)
2003 Ed. (1770)
2001 Ed. (1800)
Samples
2002 Ed. (2020)
Sampling established products
1990 Ed. (1185)
Sampling new products
1990 Ed. (1185)
Sampo
2006 Ed. (2801)
1994 Ed. (1620)
1992 Ed. (82, 1698, 1933)
1991 Ed. (1356)
1990 Ed. (1425, 1643)
Sampo Electric
1991 Ed. (51)
Sampo Group
2008 Ed. (415)
2007 Ed. (448)
2006 Ed. (442)
2005 Ed. (509)
2004 Ed. (492)
Sampo Insurance Co. Ltd.
1993 Ed. (2029)
Sampo Insurance Co. Ltd., A Free
1992 Ed. (2396)
Sampo Oyj
2008 Ed. (1724)
2007 Ed. (1697)
2006 Ed. (1430, 1701, 1702)
Sampo Securities
1997 Ed. (3489)
Sampoerna
2000 Ed. (1466)
1993 Ed. (34)
1992 Ed. (57)
Sampoerna; Putera
2006 Ed. (4916)
Sampson Tyrell
1996 Ed. (2234, 2236)
Sampson Tyrrell
1995 Ed. (2225, 2227)
1994 Ed. (2175)
1993 Ed. (2158)
Sam's
1990 Ed. (1512, 1513, 1516)
1989 Ed. (1254, 1255, 2901)
Sam's Club
2008 Ed. (2342, 2343, 3090, 3649, 4797)
2007 Ed. (2205, 2206, 2354, 2863, 2880, 2967, 3475, 4870)
2006 Ed. (825, 2270, 2271, 2403, 2871, 2887, 2949, 3451, 3452, 4171, 4870)
2005 Ed. (907, 2357, 2864, 2954, 3442, 4138, 4556, 4807)
2004 Ed. (916, 2105, 2162, 2885, 2894, 2954, 3427, 4626, 4636, 4824, 4843)
2003 Ed. (2071, 2866, 4650, 4656, 4824)
2002 Ed. (2055, 4714, 4747, 4750)
2001 Ed. (2124, 2741)
2000 Ed. (1684, 2242, 3807, 4367, 4368)
1999 Ed. (1876, 4737, 4738)
1998 Ed. (440, 1295, 1302, 1964, 2054, 3084, 3695, 3696)
1997 Ed. (1622, 1631, 2325, 2332, 3862)
1996 Ed. (2203, 3815, 3816)
1995 Ed. (1574, 1957, 2123, 2186, 3720, 3722)
1994 Ed. (1545, 2148, 3645, 3646)
Sam's/Sam's Choice
1999 Ed. (704)
1998 Ed. (451)
Sam's Town Hotel & Gambling Hall
1995 Ed. (2158)
1994 Ed. (2104)
1993 Ed. (2090)
1992 Ed. (2482)
Sam's Warehouse Club
2001 Ed. (3273)
Sam's Wholesale
1990 Ed. (912, 2117)
Sam's Wholesale Club
1997 Ed. (258)
1993 Ed. (1498, 2111, 3684)
1992 Ed. (1819, 1820, 1823, 1824, 2539, 4416, 4417, 4418, 4419)
1991 Ed. (1431, 1432, 1436, 3469, 3470, 1969, 3468)
1990 Ed. (1524, 2122, 3679, 3680)
Samsara
1999 Ed. (3741)
Samskip HF
2001 Ed. (4624)
Samson and Delilah, by Rubens
1989 Ed. (2110)
Samsonite Corp.
2008 Ed. (1690, 3435, 3436)
2007 Ed. (1668, 3335, 3336)
2006 Ed. (1660, 3263, 3264)
2005 Ed. (1742, 3272, 3273)
2004 Ed. (1684, 3247, 3248)
2003 Ed. (3201, 3202)
2001 Ed. (3080, 3081)
1996 Ed. (988)
1995 Ed. (1001)
1992 Ed. (1188)
Samsonite Europe NV
2004 Ed. (3249)
2001 Ed. (3077)
Samsonite Co. Stores
2003 Ed. (3203)
2002 Ed. (3076)
Samsung
2008 Ed. (642, 643, 665, 702, 832, 1737, 2385, 2394, 2980, 3668, 3744, 4313, 4727, 4807)
2007 Ed. (154, 684, 690, 697, 729, 745, 877, 1584, 1708, 1983, 2261, 2859, 2861, 3623, 3624, 4351, 4354, 4803)
2006 Ed. (653, 4287, 4288)
2005 Ed. (887, 1766, 3696, 4350, 4667)
2004 Ed. (757, 760, 2856)
2003 Ed. (745, 749, 2766, 3428)
2002 Ed. (253, 836, 837, 1109, 1320, 1325, 1713, 1921, 2577, 3049, 3050, 3340, 4664)
2001 Ed. (51, 1774, 1775, 2731, 3304, 3331)
2000 Ed. (227, 964, 1151, 1203, 1505, 1506, 1507, 1508, 1694, 3130, 3703, 3704, 3705, 3707, 3994, 3995, 3996, 4000, 4002, 4003, 4347)
1999 Ed. (204, 1242, 1567, 1571, 1572, 1695, 1696, 1697, 1887, 1889, 2693, 3407, 4271, 4272, 4273, 4277, 4279, 4280, 4281, 4645, 4714)
1998 Ed. (107, 812, 1147, 1952, 2496, 2559, 3277, 3278, 3282, 3284, 3285, 3672)
1997 Ed. (1131, 1467)
1996 Ed. (1411, 1412, 1637, 1745, 2608, 3396, 3398, 3399)
1995 Ed. (1135, 1340, 1343, 1344, 1346, 1347, 1348, 1447, 1447, 1448, 1449, 1577, 1659, 2313, 2577, 3286)
1994 Ed. (2518)
1993 Ed. (40, 166, 977, 1032, 1097, 1269, 1362, 1505, 1586, 2383, 2569, 3667)
1992 Ed. (1285, 1572, 1661, 1664, 1678, 3071, 3072, 3912)
1991 Ed. (1064, 1319)
1990 Ed. (1534, 2574)
1989 Ed. (2806)
Samsung America Inc.
1994 Ed. (2995, 3199, 3202)
Samsung Display Device
1999 Ed. (3135, 3136)
Samsung Display Devices
2001 Ed. (2199)
2000 Ed. (1502)
Samsung E-M
2008 Ed. (4022)
Samsung Electro-Mech
2005 Ed. (3884)
Samsung Electro-Mechanics
2006 Ed. (3947)
2002 Ed. (3048)
2001 Ed. (2199)
Samsung Electronics Co., Ltd.
2008 Ed. (1563, 2080, 2081, 2082, 2461, 2472, 2474, 2475, 3580, 3861)
2007 Ed. (1580, 1583, 1585, 1983, 1984, 1985, 1986, 2343, 2345, 2346, 2347, 3216, 3782, 4353, 4356)
2006 Ed. (1551, 1552, 2015, 2016, 2017, 2398, 2399, 3039, 3041, 3237, 3351, 3400)
2005 Ed. (871, 873, 2354, 2355, 3036, 3398, 3697, 3699)
2004 Ed. (1860, 2255, 3022, 3024, 3777, 3780, 4404, 4761)
2003 Ed. (1824, 2200, 2201, 2202, 2236, 2244, 2948, 2949, 2950, 3752, 3756, 4384, 4386, 4387, 4388, 4780)
2002 Ed. (1580, 1683, 1713, 1714, 3048, 3049, 4258, 4581)
2001 Ed. (1627, 1774, 1775, 1776, 2133, 2199, 3114, 3645, 3650, 4045, 4217)
2000 Ed. (1502, 1505, 1506, 1508, 2882, 2883)
1999 Ed. (761, 1578, 1695, 1696, 1697, 3135, 3136)
1998 Ed. (1147, 1167, 1532)
1997 Ed. (1455, 1467, 1468, 1469, 1470, 2591, 2592)
1996 Ed. (1411, 1412, 2444)
1995 Ed. (1447, 1448, 1449)
1994 Ed. (1414, 2345)
1992 Ed. (62, 1662, 1663, 1665, 2821)
1991 Ed. (33)
1990 Ed. (37)
1989 Ed. (1133)
Samsung Electronics America
2003 Ed. (2232)
Samsung Electronics & Jeil Sugar
1989 Ed. (40)
Samsung Elto.Mech.
2001 Ed. (1776)
Samsung Engineering Co. Ltd.
2000 Ed. (1286, 1818)
1998 Ed. (966, 1450)
Samsung Engineering & Construction
1999 Ed. (1408)
1995 Ed. (1351)
Samsung Fire & Marine Insurance
2000 Ed. (1503, 1506)

1999 Ed. (3136)
Samsung General Chemical Co.
1993 Ed. (1739)
Samsung Group
2008 Ed. (85, 90, 97)
2007 Ed. (20, 43, 75, 79, 83, 97)
2006 Ed. (27, 64, 89, 99, 100)
2005 Ed. (71, 80, 84, 88, 90, 91, 1767, 3498)
2004 Ed. (81, 85, 96, 97, 2878, 4373)
2001 Ed. (55, 88, 4218)
1998 Ed. (2558)
1996 Ed. (996, 1337)
1995 Ed. (1387)
1994 Ed. (990, 1364, 1618)
1992 Ed. (1190)
1991 Ed. (957)
1990 Ed. (1537)
Samsung Heavy Industries
2002 Ed. (3050)
2001 Ed. (1777)
Samsung Investment Trust & Securities Co.
2002 Ed. (2824)
Samsung Life Insurance Co.
2008 Ed. (2080)
2007 Ed. (1983)
2006 Ed. (2015)
2005 Ed. (3231)
2004 Ed. (1860, 3116)
2003 Ed. (3001)
2002 Ed. (1714, 2824)
2001 Ed. (2886)
2000 Ed. (1506)
1999 Ed. (1696, 2890, 2962)
1998 Ed. (2136)
1997 Ed. (1468, 2397)
1996 Ed. (1411)
Samsung (Pusan, South Korea)
1996 Ed. (1744)
Samsung SDI
2006 Ed. (3237, 3400)
2003 Ed. (2201)
2001 Ed. (4045)
Samsung Securities Co. Ltd.
2001 Ed. (1034, 1035)
1997 Ed. (3484)
Samsung Telecommunications America LP
2007 Ed. (1037)
Samsung (Wynyard, England)
1996 Ed. (1744)
Samual, Son & Co.
1999 Ed. (3354)
Samuel
1997 Ed. (3628)
Samuel A. Ramirez & Co.
2001 Ed. (741, 879)
2000 Ed. (2757, 2762, 2764, 3964, 3969)
1996 Ed. (2657, 2658, 3352)
Samuel Adams
2008 Ed. (541)
2007 Ed. (596)
Samuel Adams Boston Ale
1998 Ed. (495, 3436)
1997 Ed. (719)
Samuel Adams Boston Lager
2007 Ed. (595)
2006 Ed. (555)
Samuel Adams Light
2007 Ed. (595)
2006 Ed. (555)
Samuel Adams Seasonal
2007 Ed. (595)
2006 Ed. (555)
Samuel Bronfman Foundation
1995 Ed. (1929)
Samuel Butler
1991 Ed. (2297)
Samuel Buttrick
1999 Ed. (2209)
1998 Ed. (1625)
1997 Ed. (1856)
1996 Ed. (1781)
1995 Ed. (1802)
1994 Ed. (1765)
Samuel C. Johnson
2005 Ed. (4850)
2004 Ed. (4864)
2003 Ed. (4881)
2002 Ed. (3357)
Samuel Crane
1995 Ed. (3505)
Samuel D. Scruggs
2008 Ed. (2630)
Samuel D. Yockey
1992 Ed. (3137)
1991 Ed. (2547)
Samuel E. Spital, Attorney
1989 Ed. (1889)
Samuel; Elizabeth
2005 Ed. (4869)
Samuel; Frank
1991 Ed. (2406)
Samuel Geisberg
1996 Ed. (1710)
Samuel Hill Investment Advisors
1992 Ed. (2794)
Samuel I. Newhouse Foundation
1991 Ed. (1903)
Samuel I. Newhouse, Jr.
1994 Ed. (708)
1993 Ed. (699)
1992 Ed. (890)
1991 Ed. (710)
1990 Ed. (731, 3688)
1989 Ed. (732)
Samuel I Newhouse, Jr., Donald E Newhouse
1991 Ed. (3477)
Samuel Irving & Donald Edward Newhouse
1990 Ed. (2576)
Samuel Irving, Jr.
1989 Ed. (1986)
Samuel Irving Newhouse Jr.
2008 Ed. (4825)
2007 Ed. (4896)
2006 Ed. (4901)
2005 Ed. (4851)
2004 Ed. (4865)
1995 Ed. (664)
Samuel Irving Newhouse, Jr., Donald Edward Newhouse
1991 Ed. (2461)
Samuel J. Heyman
2005 Ed. (3936)
Samuel J. Palmisano
2008 Ed. (954)
2007 Ed. (1032, 2502)
Samuel Jayson LeFrak
1990 Ed. (2576)
Samuel L. Jackson
2004 Ed. (2408)
2003 Ed. (2328)
2001 Ed. (6)
Samuel LeFrak
2004 Ed. (4867)
2003 Ed. (4883)
2002 Ed. (3360)
Samuel Liss
1999 Ed. (2184)
1998 Ed. (1598)
Samuel Mancino's Italian Eatery
2006 Ed. (4121)
2005 Ed. (4073)
Samuel Manu-Tech
2008 Ed. (3657)
2007 Ed. (4535)
1996 Ed. (2611)
1992 Ed. (3030)
Samuel Molinaro Jr.
2007 Ed. (1047)
Samuel Montagu
1997 Ed. (1233)
1994 Ed. (1201, 1202, 1203)
1993 Ed. (1672)
1992 Ed. (2016, 2140)
1991 Ed. (1112, 1126, 1130, 1587)
1990 Ed. (2313)
Samuel Montagu/J. Capel/HSBC
1997 Ed. (3427)
1995 Ed. (3277)
Samuel Palmisano
2006 Ed. (689, 896)
Samuel Son & Co., Ltd.
2008 Ed. (3664, 3665)
2007 Ed. (3493, 3494)
2006 Ed. (3469, 3470)
2005 Ed. (3462, 3463)
2004 Ed. (3448)
2003 Ed. (3381, 3382)
2002 Ed. (3319)
2000 Ed. (3089)
Samuel "Sy" Birnbaum
1994 Ed. (890)
Samuel Zell
2008 Ed. (4830)
2007 Ed. (4902)
2006 Ed. (4906)
2005 Ed. (4852)
2004 Ed. (4867)
2003 Ed. (4883)
2002 Ed. (3360)
Samueli; Henry
2006 Ed. (4910)
Samueli School of Engineering; University of California-Irvine, Henry
2008 Ed. (2575)
2007 Ed. (2446)
Samuelson; Richard
1997 Ed. (1996)
1996 Ed. (1890)
Samur Co.
2006 Ed. (26)
Samurai Sam's
2008 Ed. (2662)
Samurai Sam's Teriyaki Grill
2008 Ed. (2674)
2007 Ed. (2536)
2004 Ed. (2576)
2003 Ed. (2441)
2002 Ed. (2242)
Samyang Foods
1989 Ed. (40)
San Angelo, CA
1991 Ed. (830)
San Angelo, TX
2008 Ed. (4728)
2005 Ed. (2976)
1993 Ed. (815)
1992 Ed. (1016)
1990 Ed. (874)
San Antonio
2000 Ed. (2470, 2472, 2474)
1998 Ed. (3745)
1992 Ed. (98)
San Antonio Airport Area, TX
1996 Ed. (1604)
San Antonio, CA
2002 Ed. (1084, 4047)
2000 Ed. (1075, 1077)
San Antonio, Chile
2003 Ed. (3916)
San Antonio City Public Service
1996 Ed. (1610, 1611, 1612)
1995 Ed. (1634, 1635, 1636)
1994 Ed. (1591, 1592, 1593)
1993 Ed. (1554, 1555)
San Antonio City Public Service Board
1998 Ed. (1381, 1382, 1383)
San Antonio-Corpus Christi, TX
2004 Ed. (3476)
1995 Ed. (1623)
San Antonio Credit Union
2008 Ed. (2261)
2007 Ed. (2098, 2146)
2006 Ed. (2158, 2169, 2177, 2225)
2005 Ed. (2065, 2075, 2083, 2130)
2004 Ed. (1935, 1988)
2003 Ed. (1887, 1948)
2002 Ed. (1843, 1894)
San Antonio Economic Development Foundation
2005 Ed. (3320)
San Antonio Express-News
1998 Ed. (77)
San Antonio FCU
1999 Ed. (1801, 1802)
San Antonio Federal Credit Union
2001 Ed. (1961)
1998 Ed. (1222, 1226, 1228)
1997 Ed. (1559, 1563, 1567)
1996 Ed. (1498)
1994 Ed. (1504)
1993 Ed. (1449)
San Antonio Federal Savings Bank
1990 Ed. (3580)
San Antonio Livestock Exposition & Rodeo
2001 Ed. (2355)
San Antonio Public Service
1993 Ed. (1556)
San Antonio Public Service Board
2005 Ed. (2720)
San Antonio Savings
1989 Ed. (2359)
San Antonio Savings Assn.
1990 Ed. (3578)
San Antonio Savings Association
1991 Ed. (3385)
San Antonio Spurs
2008 Ed. (530)
2005 Ed. (646)
1998 Ed. (439)
San Antonio Stock Show & Rodeo
2007 Ed. (2513)
2006 Ed. (2534)
San Antonio, Texas, City Public Service
1990 Ed. (1595, 1596, 1597)
San Antonio, TX
2008 Ed. (3112, 3119, 3518, 4119, 4348, 4357)
2007 Ed. (2010, 2007, 3003, 3004, 3374)
2006 Ed. (2848, 4059)
2005 Ed. (2461, 3321, 3323, 4803, 4834)
2004 Ed. (2430, 2431, 2649, 2720, 2839, 3222, 3488, 3523, 3734, 3735, 3736, 3737, 4081, 4852)
2003 Ed. (2756, 3678)
2002 Ed. (373, 1056, 1169, 2296, 2393, 2565, 2566, 2567, 2570, 2573, 2748, 3991, 4046)
2001 Ed. (2717, 2722, 4022, 4024)
2000 Ed. (1067, 1069, 1071, 1074, 1078, 1081, 1084, 1628, 2886, 3107, 3680, 4268)
1999 Ed. (1151, 1154, 1156, 1157, 1160, 1161, 1163, 1164, 1169, 2686, 3474, 3852, 4791, 4798)
1998 Ed. (69, 738, 1943, 2028, 2693)
1997 Ed. (163, 2228, 2230, 2303, 2333, 3524)
1996 Ed. (156, 857, 973, 2114, 2120, 2121, 2206, 2207)
1995 Ed. (142, 989, 1628, 2115, 2116, 2187, 2667, 3036)
1994 Ed. (128, 831, 967, 969, 2058, 2062, 2063, 2149, 2913)
1993 Ed. (57, 1455, 1548, 2042, 2043, 2044, 2112)
1992 Ed. (1020, 1164, 2412, 2415, 2416, 2480, 4242)
1991 Ed. (56, 1103, 1486, 1914, 1915, 1916, 1985, 2533, 2631)
1990 Ed. (871, 873, 1005, 1157, 1950, 2019, 2022, 2072, 2486, 2487, 3648)
1989 Ed. (828, 1951, 2336)
San Antonio, TX, City Public Service
1992 Ed. (1893, 1894, 1895)
1991 Ed. (1494, 1495)
San Antonio, TX (KBLCOM)
1991 Ed. (835)
San Antonio, TX, Light, Gas & Water Division
1991 Ed. (1496)
San Benito Bank & Trust Co.
1991 Ed. (544)
San Bernandino, CA
1998 Ed. (245)
San Bernardino, CA
2000 Ed. (1601)
1992 Ed. (1081, 3036)
San Bernardino Community Hospital
1997 Ed. (2260)
San Bernardino County, CA
2005 Ed. (2203, 2203)
2003 Ed. (3436)
2002 Ed. (2394)
1999 Ed. (1773)
1997 Ed. (2842)
1993 Ed. (1431, 2618)
1992 Ed. (1719)
1991 Ed. (2774)
San Bernardino Credit Union
2003 Ed. (1893)
San Bernardino Joint Powers Fin. Authority (CA)
1998 Ed. (2085)

San Bernardino-Riverside, CA
2007 Ed. (3360)
San Bruno Ford Sales Inc.
1998 Ed. (204)
San-Ching Engineering Co. Ltd.
1994 Ed. (1176)
1992 Ed. (1438)
1990 Ed. (1213)
San Clemente (CA) Preview
2003 Ed. (3644)
San Cristobal
2008 Ed. (3253)
2007 Ed. (3108)
San Diego
2000 Ed. (2470, 2472, 2474)
1992 Ed. (98)
San Diego, AZ
1990 Ed. (1656)
San Diego, CA
2008 Ed. (767, 829, 3514, 4259, 4358, 4721)
2007 Ed. (868, 2843, 2860, 3002, 3367, 4014, 4230)
2006 Ed. (748, 771, 2848, 2970, 2974, 3303, 3327, 4059, 4785)
2005 Ed. (748, 846, 910, 911, 2462, 2973, 2989, 3314, 3338, 4734, 4804, 4816, 4825, 4933, 4934, 4935, 4936, 4937, 4938, 4972)
2004 Ed. (189, 797, 872, 919, 920, 1007, 1054, 2172, 2266, 2649, 2720, 2751, 2811, 2839, 2861, 2965, 2985, 3523, 4192, 4193, 4700, 4753, 4834, 4953, 4954, 4955, 4956)
2003 Ed. (231, 845, 901, 902, 2084, 2124, 2354, 2632, 2698, 2756, 2826, 2875, 3241, 3260, 4722, 4775, 4843, 4952, 4953, 4985)
2002 Ed. (229, 336, 408, 922, 927, 964, 965, 1052, 1056, 1059, 1084, 1094, 1169, 2043, 2296, 2379, 2393, 2442, 2458, 2565, 2566, 2567, 2573, 2764, 2996, 3138, 3268, 3991, 4047, 4590, 4608, 4734, 4743, 4928, 4929, 4930, 4934, 4935)
2001 Ed. (416, 1090, 1153, 1154, 2285, 2358, 2717, 2722, 2793, 2794, 2796, 2797, 2818, 4024, 4504, 4678, 4849, 4850, 4854, 4855, 4856)
2000 Ed. (318, 1006, 1067, 1071, 1073, 1074, 1075, 1077, 1079, 1080, 1081, 1083, 1594, 1595, 1596, 1597, 1598, 1599, 1600, 1601, 1602, 1604, 1605, 1606, 2416, 2580, 2609, 2611, 2613, 2953, 4234, 4397, 4403)
1999 Ed. (355, 797, 1059, 1151, 1154, 1156, 1157, 1158, 1159, 1160, 1161, 1163, 1164, 1165, 1166, 1168, 2684, 2686, 2687, 2758, 2828, 3214, 3393, 3394, 3852, 4580, 4647, 4774, 4779)
1998 Ed. (69, 191, 585, 591, 672, 734, 1857, 1943, 1948, 2475, 2480, 3296, 3513, 3586, 3587, 3726, 3733)
1997 Ed. (163, 270, 928, 1000, 1117, 2230, 2265, 2339, 2354, 3728, 3890, 3893)
1996 Ed. (156, 238, 239, 857, 897, 907, 1061, 2114, 2120, 2121, 2210, 2224, 2237, 3669, 3842, 3845)
1995 Ed. (142, 245, 246, 920, 989, 1623, 1668, 2113, 2115, 2116, 2189, 2205, 2213, 2215, 2554, 2667, 3593, 3742, 3745, 3780, 3781, 3782, 3783, 3784)
1994 Ed. (128, 717, 821, 831, 2039, 2058, 2062, 2063, 2164, 3065, 3067, 3508)
1993 Ed. (57, 370, 872, 946, 947, 950, 1913, 2042, 2043, 2044, 2114, 2142, 2154, 2527, 3549, 3700, 3708, 3710, 3717)
1992 Ed. (237, 369, 370, 1020, 1081, 1157, 1158, 1164, 1723, 2255, 2412, 2415, 2416, 2514, 2545, 2553, 2554, 2577, 3039, 3045, 3046, 3054, 3134, 3617, 3618, 3623, 3630, 3641, 3692, 3694, 3699, 3700, 4265, 4437, 4446, 4449, 4456)
1991 Ed. (56, 830, 883, 936, 937, 1369, 1370, 1375, 1376, 1377, 1914, 1915, 1916, 1940, 1983, 2001, 2003, 2005, 2426, 2435, 2438, 2441, 2442, 3339, 3489)
1990 Ed. (291, 404, 871, 873, 1005, 1006, 1440, 1441, 2019, 2022, 2133, 2135, 2156, 2158, 2160, 2486, 2546, 2550, 2562, 2563, 2564, 2565, 2607, 3648)
1989 Ed. (226, 1175, 1176, 1903, 2912, 2933)
San Diego, CA (Cox Cable)
1991 Ed. (835)
San Diego-Carlsbad-San Marcos, CA
2008 Ed. (4749)
2007 Ed. (2858)
2006 Ed. (2868)
San Diego Chargers
2002 Ed. (4340)
San Diego Community College District
1990 Ed. (3092)
San Diego County
2007 Ed. (2175, 2182, 2186)
San Diego County, CA
2005 Ed. (2203, 2203)
2004 Ed. (794, 1004, 2643, 2704, 2718, 2807, 2858, 2966, 2982, 3521, 4182, 4183)
2003 Ed. (3438, 3439, 3440)
2002 Ed. (374, 1085, 1804, 1807, 2044, 2298, 2380, 2394, 2443, 3992, 4048, 4049)
1999 Ed. (1766, 1767, 1768, 1769, 1770, 1771, 1772, 1773, 1774, 1775, 1776, 1777, 1778, 2830, 4630)
1997 Ed. (1537, 1538, 1539, 2352, 2848)
1996 Ed. (1468, 1469, 1470, 1471, 2226)
1995 Ed. (1510, 1511, 1514, 2217)
1994 Ed. (1475, 1476, 1477, 2166)
1993 Ed. (1426, 1427, 1428, 1432, 2141)
1992 Ed. (1714, 1715, 1716, 1717, 1718, 1719, 1720, 2579)
San Diego County Credit Union
2008 Ed. (2220)
2007 Ed. (2105)
2006 Ed. (2171, 2184)
2005 Ed. (2089)
2004 Ed. (1948)
2003 Ed. (1908)
2002 Ed. (1850)
1998 Ed. (1226)
1997 Ed. (1566)
San Diego County Fair
2007 Ed. (2513)
2005 Ed. (2524)
San Diego County Water Authority
1993 Ed. (2938, 3360)
1992 Ed. (4030)
1991 Ed. (3159)
San Diego Fair
2006 Ed. (2534)
San Diego Firefighters Credit Union
2006 Ed. (2159)
2005 Ed. (2066)
2004 Ed. (1927)
2002 Ed. (1839)
San Diego Foundation
2002 Ed. (1128)
San Diego Gas & Electric
1997 Ed. (1702)
1996 Ed. (1622, 1623)
1995 Ed. (1645, 1646)
1994 Ed. (1603, 1604)
1993 Ed. (1561)
1992 Ed. (1906, 1907)
1991 Ed. (1505, 1506, 1806)
1990 Ed. (1608, 1609)
1989 Ed. (1304, 1305)
San Diego Gas & Light Co.
1995 Ed. (1632)
San Diego/La Jolla, CA
1992 Ed. (3291)
San Diego Naval Station
1993 Ed. (2884)
San Diego Public Facilities Finance Authority
1998 Ed. (2969)
San Diego Sports Arena
2006 Ed. (1156)
2003 Ed. (4530)
2002 Ed. (4346)
2001 Ed. (4354)
San Diego State University
2007 Ed. (2446)
2004 Ed. (824, 826)
2002 Ed. (899)
San Diego, TX
1997 Ed. (2228)
San Diego Union-Tribune
1998 Ed. (76, 84)
San Diego; University of
1995 Ed. (1055)
1994 Ed. (1047)
1993 Ed. (1020)
1992 Ed. (1272)
San Diego Volvo
1993 Ed. (289)
1992 Ed. (404)
1991 Ed. (299)
1990 Ed. (324)
San Fernando, CA
2005 Ed. (2268)
2002 Ed. (2061)
1990 Ed. (1005)
San Fernando Valley, CA
1995 Ed. (1620)
1991 Ed. (936, 937, 2003)
San Francisco
2007 Ed. (4014)
2000 Ed. (235, 272, 274, 275, 1085, 1086, 2470, 2536, 2537)
1992 Ed. (1012)
1989 Ed. (2, 1633, 1905)
San Francisco Airport
2001 Ed. (2374)
San Francisco Airport Commission, CA
1999 Ed. (4658)
San Francisco Auto Center
1996 Ed. (263)
1994 Ed. (260)
San Francisco Bay
1992 Ed. (347, 2545, 3039)
1990 Ed. (2133)
San Francisco Bay Area, CA
1991 Ed. (1980)
San Francisco Bay Area Rapid Transit District
1991 Ed. (3160)
San Francisco Bay, CA
2005 Ed. (2268)
2002 Ed. (2061)
1999 Ed. (2007, 3372)
San Francisco Bay Times
1995 Ed. (2879)
San Francisco, CA
2008 Ed. (767, 1039, 2188, 2489, 3407, 3465, 4040, 4731)
2007 Ed. (1156, 2076, 2270, 2368, 4013)
2006 Ed. (748, 2128, 2425, 3327, 3741, 3953, 3974, 3975, 4059, 4970)
2005 Ed. (911, 1056, 2025, 2027, 2029, 2050, 2202, 2379, 2978, 2990, 3326, 3338, 3642, 3643, 4734, 4983)
2004 Ed. (187, 188, 226, 264, 265, 332, 333, 731, 803, 848, 920, 981, 984, 985, 990, 991, 996, 1007, 1011, 1012, 1016, 1018, 1101, 1138, 1139, 2228, 2263, 2418, 2598, 2599, 2627, 2696, 2707, 2749, 2750, 2760, 2761, 2795, 2811, 2850, 2851, 2865, 2866, 2880, 2898, 2899, 2947, 2948, 2965, 2984, 2985, 2986, 3216, 3298, 3347, 3348, 3368, 3369, 3370, 3371, 3372, 3373, 3374, 3375, 3376, 3377, 3378, 3379, 3380, 3381, 3382, 3383, 3384, 3385, 3456, 3460, 3461, 3465, 3471, 3704, 3705, 3706, 3707, 3708, 3709, 3710, 3711, 3712, 3713, 3714, 3733, 3734, 3795, 3796, 4050, 4087, 4102, 4103, 4104, 4114, 4150, 4151, 4152, 4153, 4155, 4156, 4177, 4199, 4200, 4208, 4209, 4406, 4407, 4415, 4418, 4478, 4611, 4612, 4753, 4765, 4766, 4910, 4911)
2003 Ed. (27, 257, 902, 973, 1015, 1870, 2354, 2699, 2875, 3242, 3260, 3388, 3390, 3394, 3395, 3400, 3405, 3408, 3418, 4088, 4161, 4775)
2002 Ed. (75, 229, 236, 255, 336, 927, 965, 1052, 1055, 1059, 1084, 2043, 2117, 2218, 2219, 2220, 2221, 2379, 2459, 2628, 2632, 2633, 2635, 2710, 2733, 3268, 3329, 3332, 3589, 3891, 3893, 3991, 3995, 4590, 4646)
2001 Ed. (416, 1154, 1234, 2721, 2793, 2794, 2796, 2797, 2818, 2819, 3727, 4023, 4024, 4048, 4611)
2000 Ed. (318, 1070, 1072, 1077, 1079, 1080, 1081, 1082, 1083, 1091, 1330, 1790, 2609, 2615, 2637, 2996, 3103, 3118, 3765, 3768, 4270, 4364)
1999 Ed. (526, 1156, 1163, 1165, 1166, 1167, 1168, 1171, 1172, 1487, 2684, 2687, 2689, 2810, 2828, 2833, 3376, 3377, 3389, 3393, 3394, 3853, 4040, 4053, 4057)
1998 Ed. (359, 580, 735, 736, 741, 742, 1055, 1521, 2003, 2004, 2359, 2405, 2477, 2481, 2538, 2983, 3052, 3053, 3057, 3058, 3586, 3706)
1997 Ed. (270, 473, 998, 1000, 1001, 1002, 1117, 1284, 2265, 2335, 2339, 2354, 2355, 2684, 2761, 2770, 3309)
1996 Ed. (37, 238, 239, 302, 509, 974, 975, 1238, 2205, 2210, 2223, 2224, 2539, 2543, 2618, 2625, 3199, 3201, 3203, 3631)
1995 Ed. (142, 242, 243, 245, 246, 872, 874, 987, 1113, 1619, 1619, 1620, 1869, 2189, 2215, 2539, 3104, 3106, 3108, 3110, 3300, 3633, 3651, 3780, 3781, 3782, 3783, 3784)
1994 Ed. (128, 482, 820, 821, 822, 824, 826, 827, 963, 964, 968, 971, 972, 973, 975, 1103, 2039, 2058, 2164, 2409, 2472, 2497, 2498, 2503, 2585, 3056, 3058, 3060, 3062, 3064, 3068, 3218)
1993 Ed. (57, 480, 808, 944, 945, 949, 950, 1424, 1852, 2042, 2114, 2142, 2527, 2710, 2953, 3012, 3223, 3606)
1992 Ed. (309, 310, 344, 668, 1014, 1025, 1026, 1153, 1155, 1159, 1160, 1161, 1810, 2387, 2514, 2540, 2552, 2553, 2576, 2577, 2907, 3033, 3042, 3043, 3044, 3054, 3055, 3135, 3236, 3617, 3618, 3630, 3690, 3691, 3694, 3698, 4190, 4191, 4217, 4242)
1991 Ed. (515, 826, 827, 828, 935, 937, 938, 1644, 1940, 2003, 2004, 2434, 2443, 2444, 2445, 2446, 2447, 2857, 2862, 2863, 2901, 3116, 3272, 3288)
1990 Ed. (245, 295, 1000, 1002, 1003, 1006, 1007, 1008, 1054, 1150, 1438, 1466, 2136, 2158, 2159, 2442, 2558, 2559, 2560, 2561, 2568, 2656, 3003, 3524, 3526, 3527, 3528, 3529, 3530, 3535, 3536, 3608, 3609, 3614, 3702)
1989 Ed. (276, 727, 827, 845, 846, 910, 911, 913, 917, 993, 1611, 1627, 1952, 1960, 1961, 1962, 1963, 1964, 1965, 1966, 1967, 2051, 2317, 2906)
San Francisco (CA) Independent
2003 Ed. (3644)

San Francisco Chronicle
1993 Ed. (2724)
1991 Ed. (2603, 2604, 2606)
1990 Ed. (2693)
San Francisco Chronicle-Examiner
1992 Ed. (3242)
1991 Ed. (2609)
1990 Ed. (2692, 2697, 2703, 2704, 2706)
San Francisco City & County
2008 Ed. (2295, 2300, 2305)
2007 Ed. (2186)
2002 Ed. (3604, 3608)
2001 Ed. (3669, 3673)
2000 Ed. (3441)
1990 Ed. (2642)
San Francisco City and County Redevelopment Agency
1991 Ed. (2774)
San Francisco County, CA
2003 Ed. (3437)
1999 Ed. (1779, 2997)
San Francisco Earthquake & Fire
2002 Ed. (2880)
San Francisco Fire Credit Union
2002 Ed. (1844)
San Francisco 49ers
1998 Ed. (1749, 3356)
The San Francisco Foundation
2005 Ed. (2673, 2674)
2002 Ed. (1127, 1129)
2001 Ed. (2513, 2514)
2000 Ed. (3341)
1993 Ed. (895)
1989 Ed. (1469, 1474)
San Francisco General Hospital
2008 Ed. (2917)
San Francisco General Hospital Medical Center
2008 Ed. (2917)
1999 Ed. (2728)
San Francisco Giants
2008 Ed. (529)
2006 Ed. (547)
2005 Ed. (645)
2004 Ed. (656)
1998 Ed. (3358)
1995 Ed. (642)
San Francisco Independent
2002 Ed. (3502)
San Francisco International
2000 Ed. (271)
1995 Ed. (169, 194, 195, 199)
1994 Ed. (152, 191, 194)
1993 Ed. (168, 206)
San Francisco International Airport
1998 Ed. (146)
1997 Ed. (222)
1996 Ed. (172, 193, 196, 199)
1992 Ed. (306, 307, 308, 313)
1991 Ed. (214, 215, 216, 218)
San Francisco Muni
1993 Ed. (785)
San Francisco Municipal Railway
2008 Ed. (1103)
2005 Ed. (3992)
2000 Ed. (2994, 3102)
1998 Ed. (537, 2403)
1994 Ed. (802, 2408)
1991 Ed. (1886)
San Francisco Museum of Modern Art
2000 Ed. (317, 3217)
San Francisco-Oakiand-San Jose, CA
1990 Ed. (3112)
San Francisco-Oakland, CA
2005 Ed. (2376)
2004 Ed. (3476)
2002 Ed. (4317)
1999 Ed. (4646, 4647)
1998 Ed. (3612)
1992 Ed. (1017, 3048)
1991 Ed. (831, 832, 2437, 2440)
1990 Ed. (875, 876)
San Francisco-Oakland-Fremont, CA
2008 Ed. (1055, 3464, 3477, 3524)
2007 Ed. (268, 1105, 2597, 2858, 3366, 3376, 3388, 3498, 3499, 3500, 3501, 3503, 3802, 4120)
2006 Ed. (261, 1019, 2620, 2868, 3473, 3474, 3475, 3476, 3478, 3796, 4098)
San Francisco-Oakland-San Jose
1990 Ed. (1895, 3070)
San Francisco-Oakland-San Jose, CA
2008 Ed. (4650)
2007 Ed. (271, 775, 1109, 2601, 2664, 2693, 2843, 2860, 3504, 3505, 3506, 3507, 3508, 3509, 3644, 3805, 4125, 4174, 4176, 4731)
2006 Ed. (767, 2848, 4707)
2005 Ed. (748, 841, 4654)
2004 Ed. (334, 790, 870, 1015, 2264, 2710, 2839, 3386, 3387, 3388, 3389, 3390, 3391, 3392, 3518, 4109, 4164, 4166, 4167, 4616, 4679)
2003 Ed. (351, 776, 832, 872, 1013, 2255, 2595, 2756, 3313, 3314, 3315, 3316, 3317, 3318, 3319, 3455, 4031, 4081, 4150, 4152, 4153, 4636, 4709)
2002 Ed. (921, 2565, 2566, 2567, 2570, 4593)
2001 Ed. (2717)
2000 Ed. (2607, 3051, 3052, 3053, 3054, 3055)
1998 Ed. (69, 592, 1943, 3489)
1997 Ed. (163, 2228, 2712, 2720, 2721, 2722, 2723)
1996 Ed. (2571, 2572, 2573, 2574, 2575, 3198, 3200)
1995 Ed. (3103, 3105, 3107, 3109, 3562, 3563, 3564, 3565, 3566)
1994 Ed. (2536, 3057, 3059, 3061, 3063, 3065, 3494, 3495, 3496, 3497, 3498)
1993 Ed. (816, 818, 2154, 3518, 3519, 3520, 3521, 3522, 3523)
1992 Ed. (2554, 3693, 3695, 3699, 3700, 3701, 4218, 4219, 4220, 4221, 4222)
1991 Ed. (3339, 883, 1813, 2933, 3296, 3297, 3298, 3299, 3300, 3457, 3483, 3489)
1989 Ed. (1510, 2894, 2912, 2932, 2933, 2936)
San Francisco-Oakland-San Jose-Sacramento, CA
1996 Ed. (2089)
1992 Ed. (2389, 2388)
San Francisco Press-Weekly
1990 Ed. (2705)
San Francisco Redevelopment Agency
1997 Ed. (2363)
San Francisco/San Jose
1992 Ed. (98)
San Francisco-San Jose, CA
1996 Ed. (156, 2114)
1992 Ed. (2412)
1991 Ed. (56, 1914)
1990 Ed. (2019)
San Francisco-San Mateo, CA
2008 Ed. (3113)
2007 Ed. (2998)
The San Francisco Sentinel
1995 Ed. (2879)
San Francisco Soap
2002 Ed. (671)
2001 Ed. (3700, 3701)
San Francisco State Office Building Authority
1999 Ed. (3474)
San Francisco State University
2008 Ed. (778)
2007 Ed. (799, 3215)
San Francisco Unified School District
2008 Ed. (4280)
San Francisco; University of
2007 Ed. (799)
2006 Ed. (714)
San Francisco; University of California,
1991 Ed. (2402)
San Francisco vs. Cincinnati
1992 Ed. (4162)
San Franciso, CA
1989 Ed. (350)
San Franicisco-Oakland, CA
1995 Ed. (1623, 2205)
San Fu Chemical Co. Ltd.
1994 Ed. (933)
1992 Ed. (1119)
1990 Ed. (958)
San Gabriel Valley Tribune
2002 Ed. (3512)
2000 Ed. (3338)
1999 Ed. (3620)
San Giorgio
2008 Ed. (3858)
2003 Ed. (3740)
1999 Ed. (782, 3712)
San Gold Resources Corp.
2002 Ed. (4393)
San-in Godo Bank
2002 Ed. (596)
San Jacinto SA
1992 Ed. (3771, 3778, 3780, 3781, 3789)
San Jacinto Savings
1989 Ed. (2359)
San Jacinto Savings Association
1991 Ed. (3371, 3385)
San Joaquin, CA
1991 Ed. (1371, 1378)
San Joaquin County, CA
1992 Ed. (1721)
1991 Ed. (2526)
San Joaquin Hills, CA Transportation Corridor
2000 Ed. (3188, 3189)
San Joaquin Hills Transportation Corridor
1996 Ed. (2722, 3739)
San Joaquin Hills Transportation Corridor, CA
2000 Ed. (4297)
San Joaquin Partnership
2006 Ed. (3308)
San Joaquin Power Employees' Credit Union
1998 Ed. (1217)
San Jose, CA
2008 Ed. (2188, 2489, 3113, 3116, 3465, 3514, 3515)
2007 Ed. (2076, 2368, 3010, 3013)
2006 Ed. (2128, 2425, 2448, 4059)
2005 Ed. (1056, 2025, 2027, 2029, 2050, 2376, 2379, 2388, 2978, 2990, 3326, 3470, 4803, 4804)
2004 Ed. (920, 1007, 1109, 2266, 2649, 2707, 2711, 2811, 2855, 2860, 2861, 2874, 2965, 2984, 2985, 3353, 3456, 3458, 3459, 3460, 3461, 3465, 3471, 3523, 3733, 3735, 4169, 4192, 4193)
2003 Ed. (902, 973, 1088, 1870, 2257, 2354, 2875, 2928, 3385, 3390, 3392, 3393, 3394, 3395, 3400, 3405)
2002 Ed. (336, 965, 1052, 1056, 1059, 2117, 2627, 2628, 2629, 2632, 2633, 2635, 2710, 2733, 2764, 2996, 3332, 3589, 3590)
2001 Ed. (416, 1154, 2285, 2363, 2794, 2795, 2797, 3219, 3646, 4024)
2000 Ed. (318, 1070, 1074, 1079, 1089, 2605, 2609, 2615, 3103, 3118, 3686, 3765, 4364)
1999 Ed. (1160, 1165, 2099, 2684, 2687, 2689, 2828, 2833, 3367, 3376, 3378, 3389, 3393, 3394, 4057)
1998 Ed. (740, 1235, 1521, 2477, 2482)
1997 Ed. (270, 2339, 2354, 2355, 2359, 2761, 2784)
1996 Ed. (238, 239, 2120, 2205, 2223, 2224, 2230, 2618, 2621, 2634)
1995 Ed. (242, 243, 245, 246, 990, 1113, 2115, 2189, 2214, 2215, 2221, 2556, 2571)
1994 Ed. (967, 2062, 2163, 2164, 2171, 2173, 2491)
1993 Ed. (946, 950, 951, 2043, 2114, 2140, 2142, 2147, 2150, 2527, 2541)
1992 Ed. (1157, 1161, 2415, 2553, 2577, 2582, 2585, 3641, 3661)
1991 Ed. (937, 1915, 2001, 2003, 2008, 2011, 2347, 2426, 3272, 3288)
1990 Ed. (286, 1006, 1485, 1656, 2155, 2158, 2160, 2161, 2164, 2167)
1989 Ed. (1588, 1611, 1643, 2098)
San Jose del Cabo
2001 Ed. (350)
The San Jose Group
2008 Ed. (122)
2007 Ed. (113)
San Jose Mercury-News
1998 Ed. (76, 77, 78, 80, 82, 84, 85)
San Jose Redevelopment Agency
1996 Ed. (2237)
San Jose Redevelopment Agency, CA
1993 Ed. (1544)
San Jose Sharks
1998 Ed. (1946, 3357)
San Jose-Sunnyvale-Santa Clara, CA
2008 Ed. (3464, 3476, 4089)
2007 Ed. (2858, 3366, 3375, 3500)
2006 Ed. (2868, 3475)
San Juan Basin Royalty Trust
2004 Ed. (2776, 2777)
San Juan County, NM
1996 Ed. (1473)
San Juan Credit Union
2008 Ed. (2256)
2007 Ed. (2141)
San Juan, PR
1996 Ed. (346, 1061, 3056)
San Juan, Puerto Rico
2002 Ed. (2760)
1995 Ed. (1924)
1992 Ed. (1392, 3015)
San Juan (Puerto Rico) Credit Union
2006 Ed. (2220)
2005 Ed. (2125)
2004 Ed. (1983)
2003 Ed. (1943)
2002 Ed. (1889)
San Juan Regional Medical Center Inc.
2008 Ed. (1979)
2007 Ed. (1916)
2006 Ed. (1932)
2005 Ed. (1905)
2004 Ed. (1821)
2001 Ed. (1814)
San Leandro Hospital
1997 Ed. (2264)
San Luis, AZ
2005 Ed. (3878)
San Luis Corporacion, SA de CV
2005 Ed. (2218)
San Luis Obispo-Atascadero, CA
1990 Ed. (998)
San Luis Obispo-Atascadero-Paso Robles, CA
2005 Ed. (2032, 2975, 3468)
1995 Ed. (2214, 2556)
San Luis Obispo, CA
2006 Ed. (3305)
2005 Ed. (2380, 3316)
2003 Ed. (3241)
San Luis Obispo County, CA
1993 Ed. (1429, 2144)
San Luis Potosi, Mexico
1993 Ed. (2557)
San Luis Trust Bank, FSB
2008 Ed. (429)
San Mar Properties Inc.
2008 Ed. (1593)
San Marco
1999 Ed. (2533)
San Martin Bridals
1993 Ed. (3736)
1992 Ed. (4486)
San Mateo, CA
1998 Ed. (2058)
1992 Ed. (1722)
1991 Ed. (2002)
San Mateo County, CA
2003 Ed. (3437)
1999 Ed. (1779, 2997)
1996 Ed. (2227)
San Mateo Times
1998 Ed. (80)
San Miguel Corp.
2008 Ed. (72, 3575)
2007 Ed. (67)
2006 Ed. (76, 1992, 3899)
2005 Ed. (68, 743)
2002 Ed. (3702, 3703)

2001 Ed. (1835, 1836)
2000 Ed. (1536, 1537, 1539, 1540, 1541, 1542, 3541, 3542, 3822)
1999 Ed. (1724, 1725, 3820, 3821, 4108)
1997 Ed. (1498, 1498, 1499, 3113, 3114)
1996 Ed. (1436, 2563, 2564, 3030)
1995 Ed. (1340, 1343, 1344, 1345, 1347, 13481, 1475, 1476, 3151)
1994 Ed. (38, 1440, 2431, 2432)
1993 Ed. (46, 1386, 2494)
1992 Ed. (71, 942, 1683, 1684, 2965, 2966)
1991 Ed. (42, 1336)
1990 Ed. (43, 1409)
1989 Ed. (46, 1151, 1152)
San Miguel Corp.-A
1996 Ed. (3029)
1993 Ed. (2493)
1991 Ed. (2378, 2379)
San Miguel Corp.-B
1996 Ed. (3029)
1993 Ed. (2493)
1991 Ed. (2378, 2379)
San Miguel de Allende, Mexico
2003 Ed. (4189)
San Paolo Bank Holding
1997 Ed. (526)
1996 Ed. (570)
San Paolo-IMI SpA
2004 Ed. (1459, 1467)
2003 Ed. (1726)
San Paolo To
1994 Ed. (2519)
San Paolo Torino
2000 Ed. (2870)
1999 Ed. (3122)
San Pedro
2005 Ed. (4965)
1994 Ed. (3132)
San Pedro Sula
2001 Ed. (350)
San Pellegrino
2005 Ed. (737)
San Pietro
1995 Ed. (2173)
1994 Ed. (3052)
San Rafael, CA
1997 Ed. (2353)
1996 Ed. (1604, 2225)
1995 Ed. (2216)
1994 Ed. (2165)
1993 Ed. (2143)
San Raffaele
2003 Ed. (1668)
San Salvador International
2001 Ed. (350)
San Shing Spinning Co., Ltd.
1990 Ed. (3573)
San Tai Electrical
1993 Ed. (2056)
San Yang Industry Co. Ltd.
1994 Ed. (1458, 2439)
1992 Ed. (1699, 2975)
1990 Ed. (1427)
SanAm Communications
1996 Ed. (109)
Sanara
2001 Ed. (2648, 2649)
Sanati Daryayee Iran
2006 Ed. (4509)
Sanatogen
1999 Ed. (1932)
1996 Ed. (1594)
1994 Ed. (1577)
1992 Ed. (1875)
Sanatogen Gold A-Z
2001 Ed. (3725)
Sanborn
1995 Ed. (2820)
Sanborn, Head & Associates Inc.
2008 Ed. (4413)
Sanborn Hermanos
1994 Ed. (3114)
Sanborn Map Inc.
2007 Ed. (4430)
Sanborns, SA de CV; Grupo
2005 Ed. (4137)
Sancela
2006 Ed. (42)
Sanchez & Daniels
2001 Ed. (807)
Sanchez Asociados; J.
1991 Ed. (88)
Sanchez Jr. & family; Antonio R.
1995 Ed. (2112, 2579, 3726)
Sanchez-O'Brien Oil & Gas Corp.
1999 Ed. (4756)
1998 Ed. (3711)
Sanchez SA de CV
2008 Ed. (3218)
Sanchine
2007 Ed. (27)
Sancho/BBDO
2003 Ed. (60)
2002 Ed. (93)
2001 Ed. (122)
Sancho NAZCA Saatchi & Saatchi
2000 Ed. (80)
1999 Ed. (74)
Sancor Coop
1991 Ed. (14)
Sancor Cooperativa de Seguros
2008 Ed. (3253)
SanCor Cooperativas Unidas Ltda.
2001 Ed. (1972)
Sanctuary Camelback Mountain
2008 Ed. (3076)
Sanctum Inc.
2005 Ed. (1151)
Sand Aire Investments plc
2001 Ed. (1690)
Sand & Sable
1999 Ed. (3738)
Sand; Halim
1997 Ed. (849)
Sand Technology Inc.
2006 Ed. (2813)
Sandata
2000 Ed. (1167, 1179)
Sandata Acquisition Corp.
2005 Ed. (1544)
Sandata Technologies Inc.
2005 Ed. (1544)
Sandaz de Mexico
1996 Ed. (1732)
Sandbox.com
2003 Ed. (3053)
Sandella's Cafe
2007 Ed. (4136, 4139)
Sandeman
2006 Ed. (4965)
2005 Ed. (4961, 4962)
2004 Ed. (4969, 4970)
2002 Ed. (4924)
2001 Ed. (4844)
2000 Ed. (4411)
1999 Ed. (4786, 4787)
1998 Ed. (3739, 3741)
Sandeman Character Sherry
1991 Ed. (3497)
1989 Ed. (2947)
Sandeman Founders Reserve
1994 Ed. (3662)
Sandeman Founders Reserve Port
1996 Ed. (3861, 3863)
1995 Ed. (3761, 3762, 3763)
1992 Ed. (4459, 4466)
1991 Ed. (3497)
1989 Ed. (2947)
Sandeman Sherry
1997 Ed. (3887, 3908, 3909)
Sander A. Kessler & Associates Inc.
2002 Ed. (2864)
2000 Ed. (2665)
1999 Ed. (2910)
Sander Woodworking
1997 Ed. (2098, 2100)
Sanders Associates Inc.
1990 Ed. (2675)
Sanders Bros.
2007 Ed. (1390)
1998 Ed. (954)
Sanders; Daniel
1996 Ed. (2989)
Sanders; Deion
1997 Ed. (278, 1725)
Sanders-Langsam
1995 Ed. (1204)
1993 Ed. (1155)
Sanders Morris Harris Group Inc.
2007 Ed. (2753)
2006 Ed. (2727)
Sanders Wingo Advertising Inc.
2008 Ed. (176)
2007 Ed. (193)
Sanderson Farms Inc.
2008 Ed. (1942, 3452, 3453, 3610)
2007 Ed. (1887, 3355, 3356)
2006 Ed. (1894, 2647, 3288, 3289, 3318)
2005 Ed. (3296, 3297, 4913, 4914)
2004 Ed. (3288, 3289, 4931, 4932)
2003 Ed. (3233, 3234)
2001 Ed. (3152, 3153)
1998 Ed. (2896)
1997 Ed. (2035, 2738, 3139)
1996 Ed. (1938, 1940, 2585, 3060)
Sanderson Ford Inc.
2008 Ed. (311)
2004 Ed. (319)
1990 Ed. (303, 305)
Sanderson Ford Inc.; Don
1991 Ed. (270, 272)
Sandi Sweeney
1989 Ed. (1417, 1418)
Sandia Corp.
2008 Ed. (1979, 1980)
2007 Ed. (1916, 1917)
2006 Ed. (1932, 1933)
2005 Ed. (1905, 1906)
2004 Ed. (1821, 1822)
2003 Ed. (1787, 1788)
2001 Ed. (1814, 1815)
1991 Ed. (45)
Sandia Area Credit Union
2008 Ed. (2248)
2007 Ed. (2133)
2006 Ed. (2212)
2005 Ed. (2117)
2004 Ed. (1975)
2003 Ed. (1935)
2002 Ed. (1881)
Sandia Casino
2003 Ed. (1787)
Sandia Federal S & L Assn.
1990 Ed. (3578)
Sandia FSA
1992 Ed. (3771, 3781)
Sandia Indian Bingo Inc.
2001 Ed. (1814)
Sandia Laboratory Credit Union
2008 Ed. (2248)
2007 Ed. (2133)
2006 Ed. (2212)
2005 Ed. (2117)
2004 Ed. (1975)
2003 Ed. (1935)
2002 Ed. (1881)
Sandie Tillotson
1994 Ed. (3667)
Sandies
1999 Ed. (1420)
Sandimmun
1996 Ed. (1581)
Sandimmune
1992 Ed. (1870)
SanDisk Corp.
2008 Ed. (849, 1116, 1595, 2471, 2851, 4310, 4605)
2007 Ed. (1209, 2719, 2721, 2737, 2859, 3072, 4349, 4351, 4532, 4558, 4562, 4695, 4697)
2006 Ed. (781, 1105, 2396, 4285)
2005 Ed. (1115, 1672, 1686, 3033)
2004 Ed. (3019, 3023)
Sandler
1995 Ed. (2789)
1992 Ed. (3272)
Sandler, H. M.
1991 Ed. (1618)
Sandler; Herbert
2007 Ed. (996)
Sandler; Herbert & Marion
2008 Ed. (895, 3979)
Sandler; Herbert M.
2005 Ed. (2475)
1994 Ed. (1720)
Sandler; Marion
2007 Ed. (996, 4907, 4975, 4978)
1996 Ed. (3875)
1995 Ed. (3786)
Sandler; Marion & Herbert
2007 Ed. (384)
Sandler; Marion O.
2008 Ed. (4944, 4945)
2007 Ed. (1020)
2005 Ed. (2475)
1994 Ed. (1720)
1993 Ed. (3730)
Sandler O. Neill & Partners L.P.
2001 Ed. (552, 554, 555, 556, 557)
Sandler O'Neill
1998 Ed. (997)
1997 Ed. (1222)
1995 Ed. (1215)
1994 Ed. (1200)
1992 Ed. (1452)
Sandler O'Neill & Partners
2008 Ed. (339)
1993 Ed. (1169)
Sandler O'neill & Partners L. P.
2000 Ed. (376, 377, 378)
Sandler O'Neill & Partners, LP
2005 Ed. (1432, 1433)
2004 Ed. (1418, 1419, 1420, 1423)
2002 Ed. (1404, 1405, 1406)
Sandler Sales Institute
2008 Ed. (4735)
2007 Ed. (4807)
2006 Ed. (3352)
2005 Ed. (3374)
2004 Ed. (3343)
2003 Ed. (3281)
2002 Ed. (3232)
The Sandom Group
2002 Ed. (1957)
The Sandom Partnership
1999 Ed. (2841)
Sandord I. Weill
2000 Ed. (1046, 1875)
Sandostatin LAR Depot
2001 Ed. (2099)
Sandoval Dodge
2000 Ed. (2462)
1998 Ed. (1939)
Sandoz Ltd.
2003 Ed. (2915)
1999 Ed. (4832)
1998 Ed. (1340, 1344, 1347, 1348)
1997 Ed. (176, 1385, 1517, 1518, 1519, 1657, 1663, 3931, 3932)
1995 Ed. (962, 1494, 1495, 1496, 1594, 1595, 2934)
1994 Ed. (935, 1196, 1454, 1455, 1456, 1562, 1563, 2820, 3681, 3682)
1993 Ed. (911, 918, 1406, 1407, 1408, 1516, 3742, 3743)
1992 Ed. (1616)
1991 Ed. (1352, 1354, 1355, 3518)
1990 Ed. (952, 1423, 1424, 1568, 1569, 1570, 3478)
1989 Ed. (1164)
Sandoz AG
1997 Ed. (1516, 2232)
1992 Ed. (4498)
1990 Ed. (3714)
Sandoz Group
1996 Ed. (934, 943, 1192, 1200, 1451, 1452, 1576, 1580, 1582, 2597, 3888)
1992 Ed. (1695)
1991 Ed. (1353)
1990 Ed. (954)
1989 Ed. (891)
Sandoz Holding AG
1992 Ed. (1116)
1991 Ed. (911)
Sandoz Inhaber
1989 Ed. (1583)
Sandoz (Participation certificate)
1996 Ed. (3889)
Sandoz (Registered)
1996 Ed. (3889)
S&P American Income & Growth
1992 Ed. (3207)
S&P Midcap
2002 Ed. (2170)
Sandpiper Networks Inc.
2001 Ed. (2859)
Sandpoint, ID
2008 Ed. (4245)
Sandra A. Kessler & Associates Inc.
1997 Ed. (2415)

Sandra Bullock
2004 Ed. (2409)
2003 Ed. (2329)
2002 Ed. (2142)
2001 Ed. (7)
Sandra Davis
1992 Ed. (2906)
1991 Ed. (2345)
Sandra Day O'Connor
2006 Ed. (4986)
Sandra Flannigan
2000 Ed. (1985)
1999 Ed. (2258)
1998 Ed. (1618)
1997 Ed. (1854)
Sandra Kurtzig
1995 Ed. (3786)
Sandra M. Davis
1993 Ed. (2464)
Sandra R. Tracey
1990 Ed. (2480)
Sandrine Naslin
2000 Ed. (2080)
1999 Ed. (2304)
Sands
1991 Ed. (864)
Sands Chevrolet
2004 Ed. (338)
Sands Expo & Convention Center
2005 Ed. (2518)
2003 Ed. (2412)
2001 Ed. (2350)
1999 Ed. (1418)
Sands Hotel & Casino
1999 Ed. (1042, 2797)
1998 Ed. (2036)
1997 Ed. (912, 2308)
1994 Ed. (871, 2123)
1993 Ed. (855, 2090)
S&S Public Relations Inc.
1990 Ed. (2921)
The Sands Regent
2008 Ed. (4411)
2007 Ed. (4394)
Sands; Richard
2007 Ed. (966)
2006 Ed. (930)
Sandvik
2006 Ed. (2027)
1999 Ed. (1737, 4482)
1997 Ed. (1515, 3635)
1996 Ed. (1449, 3589)
1995 Ed. (1492)
1994 Ed. (1452, 3439)
1991 Ed. (3221)
1990 Ed. (2177, 3477)
Sandvik AB
2008 Ed. (2091, 3582)
2007 Ed. (1994, 1997, 2400)
2006 Ed. (3402, 4575)
2000 Ed. (4123)
Sandvine Corp.
2008 Ed. (2937, 3494)
Sandwell Inc.
1998 Ed. (1445)
1997 Ed. (1752)
1996 Ed. (1672)
1995 Ed. (1690)
1994 Ed. (1651)
1991 Ed. (1554)
Sandwell Community Caring Trust
2007 Ed. (2023)
2006 Ed. (2053)
Sandwell International Inc.
2000 Ed. (1814)
Sandwell Swan Wooster
1991 Ed. (1561)
1990 Ed. (1669)
Sandwich
2006 Ed. (4101)
Sandwich bags
2002 Ed. (3719)
Sandwich packs
2003 Ed. (4460, 4461)
Sandwich spreads
2002 Ed. (4083)
Sandwiches
2008 Ed. (2732)
2002 Ed. (4011)
1997 Ed. (2059, 3669, 3680)
1995 Ed. (3536, 3537)
1993 Ed. (3499)
1992 Ed. (1777, 4173, 4175)
1990 Ed. (1953)
Sandwiches, beef
1998 Ed. (3125)
Sandwiches, bologna
1998 Ed. (2463, 3125)
Sandwiches, cheese
1998 Ed. (3125)
Sandwiches, chicken
1998 Ed. (3125)
Sandwiches, deli-style
1999 Ed. (1413)
Sandwiches, freshly prepared deli type
1999 Ed. (2125)
Sandwiches, ham
1998 Ed. (2463, 3125)
Sandwiches, heroes/subs
1992 Ed. (3017)
Sandwiches, peanut butter & jelly
1998 Ed. (2463, 3125)
Sandwiches, prepackaged
1999 Ed. (1413, 2125)
Sandwiches, tuna salad
1998 Ed. (3125)
Sandwiches, turkey
1998 Ed. (2463)
Sandy Alexander, Inc.
2002 Ed. (3767)
2000 Ed. (3614)
1999 Ed. (3895)
1998 Ed. (2924)
Sandy Flannigan
1991 Ed. (1674)
Sandy Morris
1999 Ed. (2337)
Sandy Spring Bancorp Inc.
2008 Ed. (2701)
2006 Ed. (2593)
2005 Ed. (2590)
Sandy Spring Bank
2006 Ed. (543)
2005 Ed. (640)
Sandy Sutton's Interior Spaces LLC
2008 Ed. (3695, 4369, 4953)
Sandy Valley Fasteners
2008 Ed. (3711, 4396, 4963)
2007 Ed. (3559)
Sandy Weill
2005 Ed. (788)
2003 Ed. (3058)
Sandy Winthrop Chen
1999 Ed. (2295)
Sandy's Ltd.
1995 Ed. (1450)
Sanetta, Gebr. Ammann
2001 Ed. (1261)
Sanfilippo & Son
1998 Ed. (3325)
Sanfilippo & Son Inc.; John B.
2005 Ed. (2751, 2752)
Sanford
2004 Ed. (1637)
2002 Ed. (247)
2000 Ed. (3426)
1992 Ed. (1134)
1991 Ed. (1873, 3140)
Sanford Burns
1999 Ed. (2181)
Sanford C. Bernstein Inc.
2003 Ed. (1507)
1999 Ed. (2150, 2151, 2152, 3083, 3084)
1998 Ed. (1559, 1560, 1562, 2283)
1997 Ed. (1848, 1849, 1850, 2549)
1996 Ed. (1774, 2426)
1995 Ed. (723, 731, 1799)
1994 Ed. (769, 775, 1835)
1991 Ed. (1673, 1680, 1692, 1708, 1708, 2215)
1990 Ed. (2327, 2334, 2341)
Sanford C. Bernstein & Co.
2008 Ed. (3390, 3391, 3392, 3393, 3395, 3396, 3397, 3398)
2007 Ed. (3267, 3268, 3269, 3270, 3271, 3274, 3276)
2006 Ed. (3198, 3199, 3200, 3201, 3202, 3203, 3205, 3206, 3207, 3209, 3223)
2005 Ed. (754, 756, 949, 1137, 2577, 2643, 3029, 3055, 3238, 3811, 4112, 4347, 4615)
2000 Ed. (1920, 1922, 2796, 2830, 2852)
Sanford C. Sigoloff
1990 Ed. (1714)
Sanford Cohen
1996 Ed. (1831)
Sanford Health
2008 Ed. (2077, 2078)
Sanford Homes of Colorado LLLP
2002 Ed. (2676)
Sanford I. Weill
2005 Ed. (980, 2474, 2475, 2490, 2510)
2002 Ed. (1042, 2182, 2183, 2873, 3026)
2001 Ed. (1218, 2315)
2000 Ed. (796, 1044, 1047, 1870, 1873)
1998 Ed. (720, 722, 724, 1508, 1512, 1514, 2138, 2139)
1997 Ed. (982, 1796, 1799, 1802)
1996 Ed. (959, 960, 964, 966, 1709, 1712)
1995 Ed. (978, 980, 982, 1727, 1730)
1994 Ed. (947, 950, 1714, 1717)
1993 Ed. (937, 1695)
Sanford, Jr.; Charles S.
1994 Ed. (357)
1991 Ed. (402, 1625)
1990 Ed. (458, 459)
1989 Ed. (417)
Sanford Jr.; Charles Steadman
1995 Ed. (982)
Sanford, NC
2003 Ed. (3247)
2002 Ed. (2745)
Sanford Rose Associates
2005 Ed. (2467)
2004 Ed. (2485)
2003 Ed. (2370)
Sanford Rose Associates International Inc.
1999 Ed. (2518)
1992 Ed. (2225)
Sanford Shapero
1993 Ed. (1701)
Sanford Weill
2004 Ed. (2490)
2002 Ed. (2178, 3354)
1999 Ed. (1121, 1126, 2074, 2078, 2080)
Sangad Satapatpattana
1997 Ed. (2003)
1996 Ed. (1913)
SangAm Communications
2001 Ed. (158)
1999 Ed. (114)
1997 Ed. (111)
SangAm Communications (Grey)
2000 Ed. (120)
Sangamon
1999 Ed. (2609, 2610)
1998 Ed. (1863, 1864)
1997 Ed. (2159, 2160)
1995 Ed. (2045, 2046, 3507)
1994 Ed. (1988, 1989, 3428)
1993 Ed. (1995, 1996)
Sanger; Arvind
1997 Ed. (1889)
Sanger Australia
2004 Ed. (4923)
Sanger; S. W.
2005 Ed. (2492)
Sanger; Stephen
2006 Ed. (2627)
Sangers
2006 Ed. (2062)
Sangiovese
1996 Ed. (3838)
Sangria wine
1992 Ed. (4469, 4471, 4476, 4477, 4478)
1991 Ed. (3504, 3505, 3509, 3510, 3511)
1989 Ed. (2966, 2967, 2968)
Sani Dairy
1996 Ed. (3632)
Sanifill
1994 Ed. (2669)
Saniflush
2003 Ed. (987)
Sanilac County Bank
1989 Ed. (211)
Sanipak
2001 Ed. (86)
Sanitarium
1994 Ed. (35)
Sanitary napkins
2004 Ed. (3804)
2003 Ed. (2466)
2002 Ed. (2257)
1998 Ed. (2809, 2810)
1997 Ed. (3064, 3065)
1996 Ed. (2976, 2978, 3609)
1994 Ed. (2808)
Sanitary napkins/tampons
1997 Ed. (3053, 3054)
Sanitary protection
1995 Ed. (2895, 2896)
Sanitary protection products
2003 Ed. (3945, 3946)
1996 Ed. (1484)
Sanitary Wares Manufacturing Co.
1993 Ed. (2494)
Sanitas
2000 Ed. (4267)
Sanitation Districts of Los Angeles County
1992 Ed. (4030)
Sanjay Gupta
2007 Ed. (3223)
2006 Ed. (3185)
2005 Ed. (3183)
Sanjay Kumar
2001 Ed. (2345)
Sanjay Mehrotra
2007 Ed. (2502)
Sanjay Sarma
2005 Ed. (2320)
Sanjay Vadera
2007 Ed. (2465)
Sanjing Pharmaceutical
2004 Ed. (36)
Sanjing Pharmaceuticals
2006 Ed. (35)
Sanjiv Sidhu
2002 Ed. (2806, 3351)
Sanka
1993 Ed. (1004)
1992 Ed. (1239, 1240, 4233)
1991 Ed. (990, 3323)
1990 Ed. (3545)
Sankei Shimbun
1997 Ed. (2944)
1996 Ed. (2848)
Sankey; Martin
1997 Ed. (1865)
1996 Ed. (1791)
1995 Ed. (1816)
1994 Ed. (1775, 1776)
1993 Ed. (1792, 1793)
Sanko Steamship Co. Ltd.
1992 Ed. (1571)
1990 Ed. (3641)
Sankyo Co., Ltd.
2007 Ed. (3919, 4836)
2002 Ed. (1710)
1997 Ed. (1664)
1993 Ed. (1517)
1991 Ed. (1475)
1990 Ed. (1571)
1989 Ed. (1280, 1583)
Sankyo Aluminum
1992 Ed. (1613)
Sankyu
2007 Ed. (4835)
Sanlam
2008 Ed. (2072)
2007 Ed. (1975)
2006 Ed. (2009, 4523)
2002 Ed. (1734, 3040)
2001 Ed. (1845)
1996 Ed. (3414)
1995 Ed. (1486, 2315)
1993 Ed. (1396, 2231)
The Sanlam Group
2002 Ed. (4447, 4448, 4449)
Sanlam Health
2000 Ed. (2673)
Sanli
1999 Ed. (1006)
Sanluis Corporacion
2003 Ed. (2090)

Sanmark-Stardust
1992 Ed. (1226)
Sanmina Corp.
2004 Ed. (2257, 2259)
2003 Ed. (2240, 2247, 4376)
2002 Ed. (1226, 1493, 1527, 1562, 2078, 2098, 2470, 3250, 4256)
2001 Ed. (1459, 1460, 2136)
2000 Ed. (1306, 2397)
1995 Ed. (3162, 3201)
Sanmina-SCI Corp.
2008 Ed. (1585, 1594, 1600, 1835, 1838, 2460, 2473, 4314)
2007 Ed. (1611, 1798, 2334, 2344, 2348, 2716, 4346, 4348, 4355, 4525, 4526, 4527, 4528, 4565, 4566, 4569)
2006 Ed. (1228, 1229, 1230, 1231, 1232, 1233, 1234, 1235, 1495, 1579, 1583, 1587, 1588, 1792, 2389, 2390, 2391, 2401, 4280, 4283, 4291, 4292, 4464, 4469, 4605)
2005 Ed. (1271, 1272, 1273, 1274, 1275, 1276, 1278, 1609, 1673, 1682, 1683, 2331, 2334, 2335, 2336, 2340, 2356, 3047, 4340, 4344, 4351, 4458, 4461)
2004 Ed. (1084, 1112, 1580, 1591, 2231, 2233, 2234, 2235, 2238, 2240, 2241, 2260, 3003, 3419, 4398, 4401, 4485, 4492)
2003 Ed. (4378, 4380)
Sann Aung Imaging
2003 Ed. (124)
2001 Ed. (182)
1999 Ed. (127)
1997 Ed. (121)
Sann Aung Imaging (McCann)
2000 Ed. (145)
Sano Group
2007 Ed. (47)
Sanofi
2001 Ed. (3719)
1998 Ed. (1349)
1997 Ed. (1535, 1657, 1660)
1993 Ed. (1175, 1423, 1514)
1992 Ed. (1874)
Sanofi-Aventis
2006 Ed. (1682, 1698, 3380, 3883, 3884, 3885, 3889)
Sanofi-Aventis SA
2008 Ed. (1735, 1746, 1747, 1759, 1762, 1813, 3558, 3842, 3943, 3945, 3950, 3953, 3954, 3956, 3957, 3958, 3959, 3960, 3961, 3963, 3965, 3966, 3973, 3974, 3977, 4140)
2007 Ed. (133, 1693, 1706, 1717, 1718, 1730, 1780, 1782, 3913, 3914, 3916, 3918, 3920, 3921, 3922, 3923, 3926, 3927, 3929, 3938, 3940, 3943, 3945, 3946, 4585)
Sanofi Pharma SA
1994 Ed. (3661)
Sanofi Research
2000 Ed. (740, 1712)
Sanofi Synthelabo
2003 Ed. (1681)
2001 Ed. (1710)
Sanofi-Synthelabo SA
2006 Ed. (1431, 1438, 1448, 1722, 2781)
2005 Ed. (3825)
2004 Ed. (957)
Sanofi Winthrop
1994 Ed. (2466, 2871)
Sanofi Winthrop Pharmaceutical
1995 Ed. (2534)
SanomaWSOY
2006 Ed. (2801)
Sanpaolo Bank Group
2000 Ed. (1488)
1999 Ed. (1688)
Sanpaolo Fondi
2000 Ed. (2847)
Sanpaolo Group
1997 Ed. (1459)
1996 Ed. (1402)
1995 Ed. (1438)
SanPaolo IMI
2005 Ed. (550)
2004 Ed. (564)
2003 Ed. (550, 4592)
SanPaolo IMI Bank
2004 Ed. (510)
SanPaolo IMI SpA
2008 Ed. (452, 1427, 1863)
2007 Ed. (487, 1826, 1829)
2006 Ed. (474, 1820, 1821, 1823, 3230)
2002 Ed. (592, 1699, 1701)
2001 Ed. (1760, 1761, 1762)
Sanrad Inc.
2007 Ed. (1211)
sanRemo
2006 Ed. (1030)
Sanrio Co.
2007 Ed. (3417)
1995 Ed. (1352)
Sanshin Electronics
2003 Ed. (2246)
Sansom Common
2000 Ed. (1227)
Sansui Electric Co. Ltd.
1994 Ed. (1322)
1993 Ed. (1276)
Santa Ana, CA
2008 Ed. (2188)
2007 Ed. (2076, 2269)
2006 Ed. (2857)
1998 Ed. (740, 1235)
1992 Ed. (1081, 1161)
Santa Ana Community Redevelopment Agency, CA
1991 Ed. (1478)
Santa Ana-Costa Mesa, CA
1991 Ed. (939)
1990 Ed. (999, 1001)
Santa Ana/Garden Grove/Orange
1990 Ed. (3063)
Santa Ana Isuzu
1993 Ed. (272)
Santa Ana/Laguna Beach, CA
1992 Ed. (3291)
Santa Ana/Santa Monica/Pomona/ Hollywood
1990 Ed. (3063)
Santa Anita Fashion Park
2000 Ed. (4030)
1999 Ed. (4310)
1994 Ed. (3300)
Santa Anita Realty
1992 Ed. (3628)
Santa Anita Realty Enterprises Inc.
1998 Ed. (3006)
1991 Ed. (2816)
"Santa Barbara "
1993 Ed. (3541)
1992 Ed. (4255)
Santa Barbara Bender Growth
2006 Ed. (3627)
Santa Barbara, CA
2008 Ed. (3116)
2007 Ed. (3000, 3002)
2006 Ed. (2972)
2005 Ed. (2203)
2002 Ed. (2632, 2635)
2001 Ed. (2721)
2000 Ed. (1065, 2993)
1998 Ed. (245, 1857, 2475)
1996 Ed. (2205)
1994 Ed. (822, 2924)
1992 Ed. (344, 1010, 1163, 2576, 3042)
1990 Ed. (874)
Santa Barbara County, CA
2005 Ed. (2203)
1995 Ed. (2218)
1994 Ed. (2167)
1993 Ed. (1429, 2144)
Santa Barbara-Lompoc-Santa Maria, CA
1990 Ed. (286)
Santa Barbara Restaurant
2001 Ed. (1645)
Santa Barbara Restaurant Group
2000 Ed. (3798)
Santa Barbara-Santa Maria, CA
2006 Ed. (2974)
2005 Ed. (2973)
1992 Ed. (1016)
1991 Ed. (830)
Santa Barbara-Santa Maria-Lompoc, CA
2005 Ed. (2027, 2029, 2032, 2975, 2978, 2989, 3468, 3471)
1995 Ed. (2214, 2556)
1994 Ed. (2163, 2491, 3062)
1993 Ed. (2140, 2541)
1991 Ed. (2001, 2426, 2862, 2863)
Santa Barbara-Santa Maria-San Luis Obispo, CA
2002 Ed. (922)
1998 Ed. (591)
1995 Ed. (3109)
1994 Ed. (3061, 3063)
1993 Ed. (815)
1992 Ed. (3700, 3701)
Santa Barbara Teachers Credit Union
2006 Ed. (2163)
2005 Ed. (2069)
Santa Casa da Miseracordia
1990 Ed. (44)
Santa Casa Da Misericordia
1992 Ed. (72)
1989 Ed. (47)
Santa Casa de Misericordia de Lisboa
2007 Ed. (69)
Santa Clara, CA
2000 Ed. (1600)
1998 Ed. (2058)
1991 Ed. (1375, 1376, 2002, 2005)
1990 Ed. (1441, 2156)
1989 Ed. (1176, 1926)
Santa Clara County, CA
2004 Ed. (2643, 2858)
2003 Ed. (3437, 3438, 3440)
2002 Ed. (2380)
1999 Ed. (1764, 1772, 1779, 2008, 2997)
1995 Ed. (1511, 1514, 2217)
1994 Ed. (1476, 1482, 2166)
1993 Ed. (1427, 1435, 2141)
1992 Ed. (1716, 1718, 2579)
Santa Clara County Traffic Authority
1993 Ed. (3621)
Santa Clara County Transit District
1991 Ed. (1886)
Santa Clara/San Jose
1989 Ed. (1633)
Santa Clara University
2008 Ed. (1088)
2001 Ed. (1327, 3064)
2000 Ed. (2907)
1999 Ed. (1232, 3163)
1998 Ed. (803)
1997 Ed. (1056)
1996 Ed. (1040)
1995 Ed. (1055)
1994 Ed. (1047, 1058, 1900)
1993 Ed. (1020)
1992 Ed. (1272)
Santa Clara Valley Transportation Authority
2008 Ed. (1103)
2005 Ed. (3992)
Santa Clara Valley Water District, CA
1997 Ed. (3217)
Santa Clara Valley Water District, San Jose, CA
1990 Ed. (1484)
Santa Clarita, CA
1999 Ed. (1176)
1994 Ed. (970, 2584)
1992 Ed. (1156)
Santa Claus
2007 Ed. (682)
1991 Ed. (2490)
The Santa Clause
1996 Ed. (2687)
Santa Cruz Beach Boardwalk
1999 Ed. (268)
Santa Cruz, CA
2008 Ed. (2188)
2007 Ed. (2076)
2006 Ed. (3305)
2005 Ed. (3316)
1997 Ed. (2337, 2764)
1994 Ed. (975, 2163, 2491, 2497)
1993 Ed. (2140, 2541)
1992 Ed. (1394, 2576, 3042)
1991 Ed. (2001, 2426)
Santa Cruz (CA) Beach Boardwalk
1993 Ed. (228)
Santa Cruz County, CA
2003 Ed. (3437)
1993 Ed. (1429, 2144)
Santa Cruz, NM
2003 Ed. (1870)
Santa Cruz Operation
1995 Ed. (3205, 3206, 3693, 3694)
1990 Ed. (2581)
Santa Cruz Seaside Co.
1997 Ed. (246)
Santa Cruz-Watsonville, CA
2005 Ed. (2027, 2029, 2978)
2004 Ed. (3460, 3461, 3471)
2003 Ed. (3394, 3395, 3405)
1999 Ed. (2088, 2689, 3368, 3376)
1998 Ed. (176, 733)
1995 Ed. (2214, 2556)
Santa Fe
1999 Ed. (4164, 4216)
Santa Fe; College of
1997 Ed. (1060)
1996 Ed. (1044)
Santa Fe Energy Co.
1989 Ed. (2214)
Santa Fe Energy Resources Inc.
1998 Ed. (2829, 3360)
Santa Fe Hotel Joint Venture
2007 Ed. (2939)
2006 Ed. (2928)
Santa Fe Industries Inc.
2005 Ed. (1537)
2004 Ed. (1521)
2003 Ed. (1491)
2002 Ed. (1470)
1996 Ed. (1206)
1994 Ed. (1219)
1993 Ed. (1179)
1992 Ed. (1472)
1991 Ed. (1160)
1990 Ed. (1241)
Santa Fe International Corp.
2003 Ed. (4576)
2000 Ed. (3323)
Santa Fe Management Group
1992 Ed. (2468)
Santa Fe Natural Tobacco Co., Inc.
2004 Ed. (1530)
2003 Ed. (4753)
Santa Fe, NM
2008 Ed. (1051)
2007 Ed. (1158, 1162)
2006 Ed. (1066)
2005 Ed. (1058, 2377, 2387, 3468)
2004 Ed. (2289, 4114, 4115)
2003 Ed. (4088, 4089)
2002 Ed. (3995, 3996)
2001 Ed. (4048, 4055)
2000 Ed. (3767, 3768)
1999 Ed. (4052, 4053, 4054)
1998 Ed. (3052, 3053, 3054)
1997 Ed. (3305, 3308, 3309)
1996 Ed. (3201, 3205)
1995 Ed. (874, 1667, 3057, 3106, 3110)
1994 Ed. (3064)
1992 Ed. (3698)
Santa Fe Pacific Corp.
2005 Ed. (1537)
1997 Ed. (1452, 3244)
1996 Ed. (1200, 3155, 3156, 3157, 3158, 3666)
1995 Ed. (3054, 3055, 3056)
1994 Ed. (2990, 2991, 2992)
1993 Ed. (2956, 2957)
1992 Ed. (1519, 3608, 3609, 3611)
1991 Ed. (2798, 2799, 2800, 3085, 3415)
Santa Fe Pacific Gold Corp.
2005 Ed. (1521)
2004 Ed. (1505)
Santa Fe Pacific Pipeline Partners LP
1992 Ed. (3466, 3468)
1991 Ed. (2746, 2747)
Santa Fe Pacific Pipelines Inc.
1999 Ed. (3831, 3835)
1998 Ed. (2860, 2865)
1997 Ed. (3121, 3123, 3125)
1996 Ed. (3041, 3042, 3043)
1995 Ed. (2945, 2947)
1994 Ed. (2880, 2881)

1993 Ed. (2858, 2860)
Santa Fe Southern
1990 Ed. (1285, 1288, 1290, 2944, 2945)
1989 Ed. (2281, 2283)
Santa Fe Southern Pacific Corp.
1996 Ed. (1208)
1995 Ed. (1237)
1994 Ed. (1221)
1992 Ed. (1474, 1474, 4153)
1991 Ed. (3418, 1162, 1162, 2377, 2377)
1990 Ed. (1229, 2946, 3637, 3638)
1989 Ed. (2282, 2459, 2752, 2867, 2868)
Santa Fe Southern Pacific, 16s 03
1990 Ed. (740)
Santa Fe Vans
1995 Ed. (3688)
1992 Ed. (4368)
Santa Lucia Bank
2003 Ed. (507, 508, 509)
Santa Magherita
1995 Ed. (3757, 3758, 3760, 3766)
1992 Ed. (4465)
Santa Margarita Center
1996 Ed. (2248)
Santa Margarita/Dana Point Authority, CA
1997 Ed. (3217)
Santa Margherita
2005 Ed. (4951, 4952, 4953, 4956, 4957)
2004 Ed. (4966)
2002 Ed. (4946, 4960)
2001 Ed. (4885, 4893)
2000 Ed. (4413, 4417, 4419)
1999 Ed. (4789, 4793, 4795, 4797)
1998 Ed. (3743, 3747, 3749, 3751)
1997 Ed. (3902, 3904)
1996 Ed. (3856, 3858, 3860, 3865)
Santa Maria
2008 Ed. (3871)
2007 Ed. (3797)
2003 Ed. (3765)
2002 Ed. (3631)
1997 Ed. (698)
Santa Monica Bank
1995 Ed. (3067)
1993 Ed. (554)
Santa Monica, CA
2007 Ed. (3000)
2000 Ed. (1065, 2993)
1998 Ed. (1948)
Santa Monica College
2000 Ed. (1144)
1999 Ed. (1235)
Santa Monica Ford
1995 Ed. (293, 295)
1994 Ed. (254, 255, 268, 289, 291, 292)
1993 Ed. (269, 299, 300, 301)
1992 Ed. (378, 383, 417)
1991 Ed. (278)
1990 Ed. (342)
Santa Monica/Harbor
1990 Ed. (3063)
Santa Monica Mountains National Recreation Area
1999 Ed. (3705)
Santa Monica/San Diego
1990 Ed. (3063)
Santa Rita
2005 Ed. (4965)
Santa Rosa, CA
2008 Ed. (2188)
2006 Ed. (2974)
2005 Ed. (2973, 2975, 2978)
2003 Ed. (1870, 3241)
2002 Ed. (1052, 2710)
1999 Ed. (2689, 3376)
1998 Ed. (176, 733)
1995 Ed. (2214, 2556)
1989 Ed. (1611)
Santa Rosa Memorial Hospital
1997 Ed. (2266)
Santa Rosa-Petaluma, CA
1994 Ed. (975, 2163, 2491, 2497)
1993 Ed. (2114, 2140, 2541)
1992 Ed. (2576, 3042)
Santa Rose, CA
2005 Ed. (2027, 2029)
Santa Ross-Petaluma, CA
1991 Ed. (1547)
Santam Ltd.
2006 Ed. (4523)
2000 Ed. (2673)
1995 Ed. (2284)
1993 Ed. (2259)
1991 Ed. (2157)
1990 Ed. (2283)
Santambank
1990 Ed. (679, 680, 681)
1989 Ed. (671, 672)
Santana
2002 Ed. (1160)
Santana; George
1996 Ed. (1899)
Santander
2008 Ed. (732)
2007 Ed. (753, 765)
2004 Ed. (3204)
2002 Ed. (4094)
2001 Ed. (616, 617, 618, 646, 647, 648)
2000 Ed. (490, 491, 492, 497, 500, 502, 640, 643, 646, 752, 753)
Santander Acciones Chilenas
2005 Ed. (3578)
Santander BanCorp
2005 Ed. (363)
2004 Ed. (420, 421, 4436)
Santander Banespa
2008 Ed. (463, 464, 466)
2007 Ed. (502, 504)
Santander Banespa; Grupo
2005 Ed. (470, 500)
Santander/BCH
2000 Ed. (524)
Santander Central Hispano
2008 Ed. (368)
2007 Ed. (440, 479)
2003 Ed. (1417)
Santander Central Hispano Investimento
2003 Ed. (4375)
Santander Central Hispano Investment
2001 Ed. (2430)
Santander Central Hispano Investments
2005 Ed. (4584, 4585)
2004 Ed. (1445)
Santander Central Hispano SA
2008 Ed. (1404, 2084)
2007 Ed. (1988)
2006 Ed. (102, 525, 1448, 2019)
2005 Ed. (611, 1964)
Santander Central Hispano SA; Banco
2008 Ed. (2086)
2007 Ed. (1990)
2006 Ed. (1430, 1438, 2020)
Santander Chile
2007 Ed. (502, 503, 506, 507)
Santander Direkt Bank
2001 Ed. (1958)
Santander Federal Savings Bank
1991 Ed. (3384)
Santander Global Advisors
2000 Ed. (2815, 2819)
Santander; Grupo
2007 Ed. (1991)
Santander Investment
2008 Ed. (734)
2007 Ed. (755)
1999 Ed. (2396, 4135)
Santander Investment Securities
2008 Ed. (3400, 3405)
2007 Ed. (3280, 3281, 3289)
2006 Ed. (3212, 3224)
Santander Mexicano
2001 Ed. (634, 635)
2000 Ed. (607, 609, 613)
Santander Multinacional
2002 Ed. (3480)
Santander Prevision Social
2003 Ed. (3620)
Santander Santiago
2008 Ed. (462, 463, 464, 465, 466, 467)
Santander Securities Corp.
2005 Ed. (363)
Santander Serfin
2008 Ed. (464, 739)
2007 Ed. (763)
Santander Super Plan Dolar
2004 Ed. (3654)
Sante
2008 Ed. (4711)
2007 Ed. (4794)
Sante Fe Industries Inc.
1995 Ed. (1235)
Santens of America
2007 Ed. (581)
Santerre; Gary L.
1991 Ed. (2549)
Santex Gruppe Europa
2001 Ed. (1261)
Santi Pinot Grigio
1999 Ed. (4791, 4798)
Santiago
2002 Ed. (4094)
2000 Ed. (490, 491, 492, 493, 494, 3849)
Santiago, Chile
2002 Ed. (2760)
Santierul Naval Damen Galati
2002 Ed. (4460)
Santini Asti
2003 Ed. (900)
Santista
1999 Ed. (2471)
Santitas
2008 Ed. (4701, 4703)
2007 Ed. (4783)
2006 Ed. (4776)
2002 Ed. (4640)
2001 Ed. (4579)
1998 Ed. (3320)
1997 Ed. (3532)
1996 Ed. (3466)
1995 Ed. (3396)
1994 Ed. (3341)
Santo Domingo Group
1995 Ed. (712)
Santo Tomas de Castilla
1992 Ed. (1392)
Santos Ltd.
2008 Ed. (3914)
2007 Ed. (3861)
2006 Ed. (3844)
2005 Ed. (3762, 3776)
2004 Ed. (3490, 3851)
2003 Ed. (3821)
2002 Ed. (3368)
1993 Ed. (262)
1992 Ed. (1392, 4182)
Santos, Brazil
2003 Ed. (3916)
Santraboer
1993 Ed. (2259)
Sants Pharmaceutical Distributors Ltd.
2003 Ed. (2738)
Sanus Health Plan of Greater New York
1990 Ed. (1999)
Sanus Health Plan of Greater New York/New Jersey
1997 Ed. (2199)
1995 Ed. (2094)
1994 Ed. (2041, 2042)
Sanus Health Plan of NY/NJ
1993 Ed. (2024)
1992 Ed. (2392)
1991 Ed. (1895)
Sanus Corp. Health Systems
1993 Ed. (2020)
Sanus of Health Plan/NJ
1992 Ed. (2391)
Sanwa
1992 Ed. (2017)
1990 Ed. (1783, 1784)
1989 Ed. (530)
Sanwa Bank
2003 Ed. (535, 553, 1437)
2002 Ed. (595, 597)
2001 Ed. (569, 603)
2000 Ed. (462, 528, 533, 560, 574, 575, 576, 1493, 1497, 2485, 4262)
1999 Ed. (466, 516, 518, 520, 522, 523, 524, 550, 552, 554, 563, 564, 565, 953, 1667, 1691, 3183, 4614)
1998 Ed. (351, 355, 356, 357, 381, 382, 383, 384, 1163, 1503, 3008)
1997 Ed. (514, 519, 1447, 1464, 3001, 3761)
1996 Ed. (501, 502, 503, 505, 511, 557, 558, 561, 562, 573, 574, 1338, 1408, 2474, 2476, 2480, 3706)
1995 Ed. (468, 469, 505, 506, 509, 510, 519, 520, 1388, 1434, 1444, 2434, 2439)
1994 Ed. (479, 480, 483, 518, 525, 526, 530, 531, 544, 545, 1365, 1409, 3013, 3550)
1993 Ed. (402, 424, 445, 477, 484, 485, 517, 518, 527, 529, 532, 542, 543, 544, 1358, 1656, 1859, 2414, 2420, 2969, 3587)
1992 Ed. (603, 604, 665, 666, 667, 672, 674, 709, 710, 716, 717, 721, 726, 728, 743, 744, 1660, 2154, 3626, 4310)
1991 Ed. (1718, 448, 450, 472, 508, 548, 549, 551, 553, 557, 558, 559, 563, 575, 576, 577, 1114, 1134, 1135, 1318, 1720, 2675, 2678, 3400)
1990 Ed. (501, 502, 547, 594, 595, 603, 604, 607, 609, 617, 1390, 1392, 1681, 1789, 2773)
1989 Ed. (561)
Sanwa Bank California
2002 Ed. (248)
1998 Ed. (103, 296, 310, 341, 358, 390)
1997 Ed. (179, 370, 377, 427, 543)
1995 Ed. (362, 387, 437, 471)
1994 Ed. (145, 392, 445, 652)
1992 Ed. (255, 562, 628)
1991 Ed. (517)
1990 Ed. (513)
1989 Ed. (203, 205, 500, 562)
Sanwa Bank California (San Francisco)
1991 Ed. (471)
Sanwa Bank Ltd. (Japan)
2000 Ed. (562)
Sanwa Bank of California
2000 Ed. (220, 398)
1999 Ed. (198, 399, 525, 581, 654)
1996 Ed. (410, 464)
1991 Ed. (185)
Sanwa International
1994 Ed. (3185)
Sanwa International Finance
1989 Ed. (1779)
Sanwa Shutter Corp.
2005 Ed. (1501)
2004 Ed. (1485)
2003 Ed. (1455)
2002 Ed. (1435)
Sanwa Singapore
1994 Ed. (3195)
Sanyo
2008 Ed. (2385, 2981, 3668, 4649, 4807)
2007 Ed. (4869)
2006 Ed. (2869)
2001 Ed. (3304)
1999 Ed. (2691)
1998 Ed. (1950)
1997 Ed. (2234, 2789)
1996 Ed. (2127)
1995 Ed. (1075, 2118, 2453, 3702)
1994 Ed. (1063, 2070)
1993 Ed. (166, 1032, 2050, 3667)
1992 Ed. (1036, 1285, 2420, 2421, 2865, 3072, 4022)
1991 Ed. (1008)
1990 Ed. (1109, 1641, 2574, 3674)
1989 Ed. (2806)
Sanyo Electric Co., Ltd.
2008 Ed. (1811, 3744)
2007 Ed. (2342, 2346, 2992, 3623)
2006 Ed. (4416, 4605)
2005 Ed. (2353)
2004 Ed. (2254)
2003 Ed. (2250)
2002 Ed. (1109, 1131)
2001 Ed. (2181)
1998 Ed. (1539, 2046)
1996 Ed. (2193)
1990 Ed. (1668, 2034)
1989 Ed. (54, 1599)
Sanyo Fisher
2002 Ed. (2579, 3340, 4754)

2000 Ed. (1151, 1652, 2479, 2487, 3130, 4347)
1999 Ed. (1242, 1823, 2692, 2693, 2699, 3407, 4714)
1998 Ed. (812, 1252, 1951, 1952, 1959, 2496, 3672)
1997 Ed. (1072, 3844)
1994 Ed. (2518)
1993 Ed. (2569)
Sanyo Foods Corp. of America
2003 Ed. (3744)
Sanyo International Ltd.
1991 Ed. (3111)
Sanyo-Kokusaku Pulp Co. Ltd.
1995 Ed. (2833)
1994 Ed. (2728)
1993 Ed. (2766)
1992 Ed. (3334)
1991 Ed. (2671)
1990 Ed. (2764)
Sanyo Securities
1997 Ed. (1359)
1995 Ed. (1352)
Sanyo Shokai Ltd.
1999 Ed. (4592)
1997 Ed. (3736)
1994 Ed. (3519)
1991 Ed. (3355)
1990 Ed. (3568)
Sanyu Industries Ltd.
2001 Ed. (2875)
Sanywa Bank
2000 Ed. (1474)
Sao Paulo
2000 Ed. (107)
1997 Ed. (1004)
1990 Ed. (1011)
Sao Paulo Alpargatas
1991 Ed. (19)
Sao Paulo, Brazil
2003 Ed. (187)
2002 Ed. (109, 2760)
2001 Ed. (136)
1999 Ed. (1177)
1996 Ed. (979)
1995 Ed. (2564, 2956)
1994 Ed. (2895)
1991 Ed. (940)
1989 Ed. (2245)
Sao Paulo (Brazil); University of
1995 Ed. (1933)
Sao Paulo Guaralhos Airport
2001 Ed. (2121)
SAP
2008 Ed. (650, 652, 1130, 4632)
2007 Ed. (688, 1231)
2006 Ed. (1125)
2005 Ed. (1135)
2004 Ed. (1128)
2003 Ed. (1112)
2001 Ed. (2164)
2000 Ed. (1178, 1439)
1999 Ed. (1099, 1285, 2048, 2877)
1998 Ed. (855)
1997 Ed. (1108, 1452)
1996 Ed. (1089, 1396)
SAP AG
2008 Ed. (1119, 1143, 1158, 1723, 1742, 1743, 1744, 1752, 1770, 4576, 4577)
2007 Ed. (1215, 1226, 1236, 1241, 1243, 1244, 1258, 1260, 1740)
2006 Ed. (1364, 1375, 1723, 4094, 4300, 4504, 4646)
2005 Ed. (1141, 1143, 1155, 1156)
2004 Ed. (1130, 1132, 1133, 2207, 2208, 2214, 2253, 3317)
2003 Ed. (1111, 1117, 1118, 1121, 1122, 1686, 2157, 2165, 2181, 2943, 4585)
2002 Ed. (1663, 1992, 2364)
2001 Ed. (1369, 1716, 1717, 1750, 2214)
1997 Ed. (1107)
1995 Ed. (1114)
SAP America Inc.
2008 Ed. (3015)
2007 Ed. (1413, 2892)
2006 Ed. (1129, 1132, 1145)
2003 Ed. (1113)
SAP Vorzuge AG
2002 Ed. (4414, 4415, 4416, 4417)
Saper, Lawrence
1995 Ed. (982)
1991 Ed. (1631)
Saperstein; Guy
1997 Ed. (2612)
Saperstein; Richard
2008 Ed. (3376)
2007 Ed. (3248, 3249)
2006 Ed. (658, 3189)
SAPH
2002 Ed. (4402, 4403)
Sapiens International
1996 Ed. (2887)
Sapient
2008 Ed. (1713, 1911, 3599, 3601, 4800)
2007 Ed. (3435)
2006 Ed. (4301)
2001 Ed. (148, 245)
2000 Ed. (1742)
1999 Ed. (2618, 4325)
1998 Ed. (1880)
Sapin
2000 Ed. (2360)
Saponia
2005 Ed. (24)
Saponia Osijek
2008 Ed. (27)
2007 Ed. (22)
2006 Ed. (30)
2004 Ed. (31)
Sapphire Technologies
2002 Ed. (4349)
Sappi Ltd.
2008 Ed. (3579)
2006 Ed. (3399)
2003 Ed. (4605)
2002 Ed. (3578)
2001 Ed. (3630, 3631)
1999 Ed. (2495)
1995 Ed. (1485)
1993 Ed. (1393, 1394)
Sappi Fine Paper
2002 Ed. (3580)
Sappi Fine Paper North America
2007 Ed. (3411)
Sappi Fine Papers North America
2003 Ed. (3727)
Sapporo
2007 Ed. (615)
1992 Ed. (941)
Sapporo Breweries Ltd.
2005 Ed. (3295)
2000 Ed. (2223, 2224)
1999 Ed. (2465, 2466)
1997 Ed. (2040)
1995 Ed. (714, 1901)
1994 Ed. (1876)
1993 Ed. (1880)
1992 Ed. (2193)
1991 Ed. (1744)
1990 Ed. (1826)
1989 Ed. (729, 2845)
Sapporo Draft
1995 Ed. (701)
Sapporo Dry
1993 Ed. (745)
Saputo Inc.
2008 Ed. (1644, 1651, 2279, 2745)
2007 Ed. (1635, 1643, 2160, 2615)
2006 Ed. (2240)
2005 Ed. (2142)
2004 Ed. (2005)
Saputo Cheese Inc.
2003 Ed. (926)
Saputo Cheese USA Inc.
2008 Ed. (901)
Saputo Family
2007 Ed. (4910)
2006 Ed. (4923)
2005 Ed. (4866)
Saputo Group
2001 Ed. (1973)
2000 Ed. (1635)
Saq Telecom
2004 Ed. (46)
Sara Carter
2000 Ed. (2133)
Sara George
1992 Ed. (1098)
Sara Lee
2008 Ed. (725, 1487, 2734, 2735, 2748, 2751, 2780, 3617)
2007 Ed. (60, 129, 1112, 1493, 1550, 2599, 2600, 2605, 2607, 2610, 2618, 2621, 2628, 2897)
2006 Ed. (1023, 2292, 2622, 2623, 2624, 2625, 2628, 2630, 2633, 2638, 2641, 2648)
2005 Ed. (62, 1017, 1732, 2227, 2626, 2627, 2628, 2629, 2631, 2633, 2635, 2641, 2644, 2646, 2647, 2651, 2652, 4433)
2004 Ed. (1003, 1008, 1742, 2116, 2121, 2122, 2635, 2636, 2637, 2638, 2640, 2644, 2650, 2654, 2658, 2659, 4563)
2003 Ed. (680, 761, 852, 853, 1008, 1043, 1578, 1696, 2503, 2504, 2505, 2507, 2509, 2510, 2511, 2512, 2513, 2514, 2519, 2521, 2556, 2570, 3303, 3330, 3767, 4537)
2002 Ed. (1390, 1559, 1566, 1613, 1667, 2291, 2295, 2297, 2299, 2302, 2308, 2309, 2311)
2001 Ed. (545, 546, 1042, 1602, 1731, 2458, 2464, 2465, 2473, 2474, 3720, 4391, 4513)
2000 Ed. (1454, 2214, 2216, 2220, 2221, 2227, 2231)
1999 Ed. (369, 711, 781, 1551, 1557, 1653, 2455, 2456, 2461, 2469, 2470, 2473, 3188, 3598)
1998 Ed. (258, 718, 1144, 1539, 1710, 1715, 1722, 1724, 1729, 1730, 1731, 1976, 3325)
1997 Ed. (328, 330, 977, 1034, 1428, 2025, 2029, 2034, 2046, 2734, 2930)
1996 Ed. (956, 1014, 1015, 1020, 1271, 1377, 1928, 1932, 1935, 1937, 1946, 2583, 3058)
1995 Ed. (342, 1895)
1994 Ed. (34, 944, 1028, 1386, 1561, 1862, 1864, 1865, 1870, 1880, 1882, 2451, 2458, 2459, 2903, 2907, 2909)
1993 Ed. (43, 931, 935, 996, 1191, 1331, 1873, 1875, 1876, 1882, 2514, 2516, 2521, 2522, 2879, 2887, 2888, 2890, 2892, 2894)
1992 Ed. (493, 497, 1129, 1133, 1224, 1225, 2175, 2177, 2179, 2197, 2988, 2993, 2996, 2997, 3221, 3322, 3505, 3508, 3510, 3512)
1990 Ed. (40, 970, 1066, 1567)
1989 Ed. (1444, 1448, 1450, 1453)
Sara Lee Australia
2004 Ed. (4715)
2002 Ed. (3586)
Sara Lee Bakery
2000 Ed. (373)
1998 Ed. (256)
Sara Lee Bakery Group
2008 Ed. (726)
Sara Lee Branded Apparel
2000 Ed. (1123)
Sara Lee Casualwear
2001 Ed. (4722)
Sara Lee Coffee & Tea
2003 Ed. (2524)
Sara Lee Flavor
2001 Ed. (546)
Sara Lee Foods Corp.
2003 Ed. (3337)
Sara Lee Frozen Desserts
2002 Ed. (2368)
Sara Lee Meat Group
1996 Ed. (1949)
1995 Ed. (1909)
1993 Ed. (1884, 2525, 2898)
1991 Ed. (1750)
Sara Lee Meat Groups
1997 Ed. (2048)
Sara Lee Meats
2006 Ed. (3431)
2005 Ed. (3420)
1999 Ed. (2475)
1998 Ed. (1733, 2455)
1992 Ed. (2199)
Sara Lee Packaged Meats
2004 Ed. (3407, 3408)
2003 Ed. (3342)
2002 Ed. (3274, 3277)
2000 Ed. (2232, 3061, 3580)
1999 Ed. (3323, 3864)
1998 Ed. (2451, 2454, 2889)
1997 Ed. (2732, 3134, 3144, 3145)
1996 Ed. (2584, 2590, 2591, 3059, 3062, 3064)
Sara Lee Personal Products
1999 Ed. (1204)
1998 Ed. (775)
Sara Lee U.S. Foods
2001 Ed. (2475, 2479)
Sara Travel & Hotel Group AB
1996 Ed. (2186)
1995 Ed. (2171)
Saracco; Robert
2007 Ed. (2549)
Sarah Bush Lincoln Health Center
2008 Ed. (3061)
Sarah Ferguson
1990 Ed. (2504)
Sarah King
2005 Ed. (4884)
Sarah Lawrence College
2008 Ed. (1069)
2007 Ed. (4597)
1990 Ed. (1087)
Sarah Lee
1990 Ed. (1824)
Sarah Michaels
2008 Ed. (531)
2003 Ed. (644, 2547)
2002 Ed. (669, 671, 2356)
2001 Ed. (665, 3700, 3701)
2000 Ed. (705, 3456)
1999 Ed. (686)
Sarasota-Bradenton, FL
2007 Ed. (3361)
2006 Ed. (2973)
2005 Ed. (2387)
2004 Ed. (981)
2002 Ed. (1801)
2000 Ed. (3108)
1998 Ed. (2481, 3706)
1997 Ed. (2265, 2339, 2772)
1996 Ed. (2210)
Sarasota Bradenton International Airport
2002 Ed. (275)
2000 Ed. (273)
1999 Ed. (248)
1998 Ed. (145)
Sarasota-Bradenton-Venice, FL
2008 Ed. (3459)
2007 Ed. (4057)
2006 Ed. (4024)
Sarasota Coastal Credit Union
2003 Ed. (1894)
Sarasota County, FL
1998 Ed. (1201, 1701)
Sarasota, FL
2008 Ed. (2488, 3456)
2006 Ed. (2970, 4864)
2005 Ed. (2378, 3324, 4793)
2003 Ed. (4189)
2002 Ed. (1053)
1997 Ed. (3524)
1996 Ed. (3768)
1995 Ed. (3107, 3109, 3779)
1994 Ed. (3061, 3063)
1993 Ed. (2554)
1992 Ed. (1011, 3690, 3691)
1991 Ed. (2863)
Sarasota Herald Tribune
2000 Ed. (3337)
1999 Ed. (3618)
1998 Ed. (2681)
1992 Ed. (3240)
1991 Ed. (2597, 2602)
1990 Ed. (2696, 2702)
Sarasota Memorial Health Care System
2002 Ed. (2621)
Sarasota Memorial Hospital
2008 Ed. (3041)
2005 Ed. (2893)
2000 Ed. (2528)
1998 Ed. (1990)
Sarasota Memorial Hospsital
1999 Ed. (2748)

Saratoga Beverage
2000 Ed. (724, 725, 727, 729)
Saratoga, CA
1994 Ed. (2165)
Saratoga Health & Biotech
2008 Ed. (3773)
Saratoga Large Cap Growth
2008 Ed. (3774, 4517)
Saratoga Processing Co.
1994 Ed. (1955)
Saratoga Savings
1990 Ed. (2474)
Saratoga Splash
2000 Ed. (782)
Sarbanes; Paul
2005 Ed. (1153)
SARCOM Inc.
2000 Ed. (1181)
Sardan Holding Ag
1992 Ed. (2971)
Sardines
2002 Ed. (4186)
Sare Holding, SA de CV
2005 Ed. (1213, 3241)
Sares Regis Group
1999 Ed. (1306, 1307)
1998 Ed. (872)
Sargent & Lundy
2001 Ed. (2242)
1999 Ed. (2024, 2029)
1997 Ed. (1738, 1740)
1996 Ed. (1660, 1676)
1995 Ed. (1677, 1694)
1994 Ed. (1638, 1647)
1993 Ed. (1606, 1615)
1992 Ed. (1951)
1991 Ed. (1556)
Sargent & Lundy LLC
2008 Ed. (2546)
2007 Ed. (2419)
2005 Ed. (2431)
2004 Ed. (2367, 2388)
2003 Ed. (2299, 2306)
2002 Ed. (2134, 2140)
2000 Ed. (1801, 1806, 1819)
1998 Ed. (1440, 1452)
Sargent & Potratz
1996 Ed. (56)
Sargent; Michael
1997 Ed. (1862)
1996 Ed. (1786)
Sargent; Ronald
2007 Ed. (981)
2006 Ed. (891)
Sargento
2008 Ed. (899, 900)
2003 Ed. (922)
2001 Ed. (1167, 1170)
2000 Ed. (1016, 4157)
1998 Ed. (691)
1997 Ed. (949)
1996 Ed. (921)
1995 Ed. (946)
Sargento Bistro Blends
2008 Ed. (899)
Sargento Cheese Co.
1990 Ed. (929)
Sargento Chefstyle
2003 Ed. (925)
Sargento Deli Style
2008 Ed. (900)
Sargento Double Cheese
2001 Ed. (1170)
2000 Ed. (1016, 4157)
1996 Ed. (921)
Sargento Fancy
2003 Ed. (925)
Sargento Foods Inc.
2003 Ed. (926, 1960)
Sargento Light
2003 Ed. (925)
Sargento Natural
2003 Ed. (924, 925)
Sargento Preferred
2000 Ed. (4157)
Sargento Preferred Light
2001 Ed. (1170)
1996 Ed. (921)
1995 Ed. (946)
Sari Baldauf
2002 Ed. (4983)
Sari Mayer
1999 Ed. (2415)
Sarik Tara
2008 Ed. (4876)
Sarin; Arun
2006 Ed. (691)
Sarkuysan
1993 Ed. (2370)
1992 Ed. (2811, 2812)
Sarma; Sanjay
2005 Ed. (2320)
Sarmayegozari Bank Melli
2002 Ed. (4428, 4429, 4430)
Sarmayegozari Bank Melli Iran
2006 Ed. (4509)
Sarmayegozari Ghadir
2006 Ed. (4509)
2002 Ed. (4428)
Sarmayegozari Melli Iran
2002 Ed. (4428, 4430)
Sarmayegozari Sakhteman Iran
2002 Ed. (4430)
Sarmayegozari Towse'e Sana'ti
2002 Ed. (4430)
Sarmiento; Luis Carlos
2008 Ed. (4858)
Sarofim; Fayez
2006 Ed. (4899)
Sarofim Fayez & Co., Inc.
2002 Ed. (3007)
Sarofim Realty
1996 Ed. (2412, 3167)
Saros
1998 Ed. (839, 1323)
Sarret's
2008 Ed. (3720, 4412, 4971)
2007 Ed. (3577, 4433)
SAS
2003 Ed. (1667)
2000 Ed. (257, 1408, 1530)
1999 Ed. (230, 234, 239, 240, 4657)
1997 Ed. (207, 211, 212, 3792, 3793)
1996 Ed. (187, 3737)
1995 Ed. (180, 181, 3661)
1994 Ed. (170, 171, 176)
1992 Ed. (68, 290, 292)
1991 Ed. (202, 209, 213)
1990 Ed. (219, 220, 232)
SAS AB
2008 Ed. (218, 1158, 2885, 2903)
2007 Ed. (1260, 1994, 4832)
SAS Group
2007 Ed. (242)
2006 Ed. (237)
2005 Ed. (221)
1993 Ed. (192, 195, 197, 198, 3618)
SAS Institute Inc.
2008 Ed. (1711, 1716, 1990, 2485, 3167, 3172, 3176)
2007 Ed. (3052)
2006 Ed. (692, 1491, 1939, 2423, 3108, 3993, 4869)
2005 Ed. (793, 1156, 1606, 1911)
2003 Ed. (1549, 2951)
2002 Ed. (1503, 2083)
2001 Ed. (2870)
1999 Ed. (1475, 2119)
1998 Ed. (139, 757, 855)
1997 Ed. (1016)
1995 Ed. (1018)
1994 Ed. (1006)
1993 Ed. (980)
SAS Leisure Group
1994 Ed. (3577)
SAS Norge ASA
2003 Ed. (1798)
2001 Ed. (1826)
SAS Service Partner A/S Danmark
1996 Ed. (2186)
1993 Ed. (2100)
SAS Service Partner A/s Denmark
1994 Ed. (2120)
SAS Trading
1997 Ed. (1680)
SAS Trustee Corp.
2002 Ed. (2818)
2001 Ed. (2880)
SAS Trustee - Pooled Fund
2002 Ed. (1593, 2871)
2001 Ed. (1630)
Sasakawa Foundation
1995 Ed. (1933)
Sasaki Associates
2008 Ed. (2539, 3336, 3341)
2007 Ed. (2411)
Sasaki-Smith; Mineko
1997 Ed. (1994)
Sasco Capital
1992 Ed. (2762)
1991 Ed. (2230)
Sasco Electric Inc.
2001 Ed. (1409)
1994 Ed. (1140, 1155)
SASCO Group
2001 Ed. (1474)
2000 Ed. (1260, 1268)
1999 Ed. (1368, 1376)
1998 Ed. (946, 955)
1997 Ed. (1161, 1162, 1178)
1996 Ed. (1133, 1134, 1149)
1995 Ed. (1158, 1159)
1993 Ed. (1124)
1992 Ed. (1411)
1991 Ed. (1078)
1990 Ed. (1202)
Sasel Ltd.
2005 Ed. (3776)
Sasfin Bank
2008 Ed. (504)
2007 Ed. (552)
Sasini
2000 Ed. (3315)
Saskatchewan
2007 Ed. (3783, 4688)
2006 Ed. (1750, 3238, 3786, 4668)
2001 Ed. (4110)
Saskatchewan Power Corp.
2008 Ed. (2834)
2007 Ed. (2705)
2006 Ed. (2710)
2005 Ed. (2749)
2004 Ed. (2754)
2001 Ed. (1662)
1997 Ed. (1692, 2156)
1996 Ed. (1613, 2038)
1994 Ed. (1594)
1992 Ed. (1897, 2342)
1990 Ed. (1599)
Saskatchewan Telecommunications
2005 Ed. (2749)
1997 Ed. (3707)
1996 Ed. (3648)
1994 Ed. (3491)
1992 Ed. (4211)
1990 Ed. (3519)
Saskatchewan Transportation Co.
2005 Ed. (3489)
Saskatchewan; University of
2008 Ed. (1073, 3636, 3641)
2007 Ed. (1169, 3469, 3473)
Saskatchewan Wheat Pool
2008 Ed. (199)
2007 Ed. (213)
2003 Ed. (1218, 1381, 3900)
2002 Ed. (1224)
1991 Ed. (1858)
1990 Ed. (1947)
Saskatoon, Saskatchewan
2007 Ed. (3377)
SaskCentral
2008 Ed. (3495, 3496, 3498)
SaskTel
2008 Ed. (2948)
2007 Ed. (2823)
2006 Ed. (1623)
SaskTel Mobility
2003 Ed. (4697)
Sasol Ltd.
2008 Ed. (1749, 1751, 1755, 2072, 3579, 3913, 3921)
2007 Ed. (942, 1721, 1723, 1727, 1975, 1976, 3872)
2006 Ed. (2009, 2010, 3399, 3843, 4536)
2005 Ed. (872, 2410, 3761, 3775, 3777)
2004 Ed. (3850)
2003 Ed. (944, 3820)
2001 Ed. (1846)
2000 Ed. (2876, 2877)
1999 Ed. (3130, 3131)
1997 Ed. (2585, 2586)
1995 Ed. (1484, 1485)
1994 Ed. (1396, 2342, 2343)
1993 Ed. (1339, 1393, 1394, 2375)
1991 Ed. (1344, 2270)
1990 Ed. (1417)
Sasoon
1997 Ed. (805, 806)
Sassaby Cosmetics
1999 Ed. (3191)
Sasser
2006 Ed. (1147)
Sasson
1995 Ed. (1035)
Sassoon; J. M.
1993 Ed. (1645)
Sassoon; Vidal
1994 Ed. (2813)
Sassy
1994 Ed. (2786)
1993 Ed. (2798, 2801)
Satair A/S
2003 Ed. (209)
Satakunta
1994 Ed. (475)
Satapatpattana; Sangad
1997 Ed. (2003)
1996 Ed. (1913)
SATCA
1996 Ed. (863)
Sate Harbor Water Power Corp.
2001 Ed. (3867)
Satelites Mexicanos, SA de CV
2008 Ed. (353)
Satellite-based networks
1996 Ed. (3872)
Satellite Direct
1999 Ed. (3765)
Satellite Dish
2001 Ed. (2720)
Satellite Industries Inc.
2008 Ed. (4406)
Satellite Music Network
1991 Ed. (2795)
1990 Ed. (1247)
Satellite Orbit
1996 Ed. (2970)
1994 Ed. (2799)
Satellite Technology Management
1994 Ed. (3644)
Satellite TV Week
1996 Ed. (2966, 2967)
Satellites
1994 Ed. (135)
Sather
2001 Ed. (1115, 1115)
Sathers
2003 Ed. (1132)
2000 Ed. (973)
1997 Ed. (887, 889)
1996 Ed. (870)
1995 Ed. (896)
1994 Ed. (847, 851)
1989 Ed. (2505, 2506)
Sathers Gummi
2000 Ed. (969)
Satin Care
2003 Ed. (2672)
2001 Ed. (4227)
Satin Care; Gillette
2008 Ed. (2875)
Satisfaction: How Every Great Company Listens to the Voice of the Customer
2008 Ed. (621)
Satish Mansukhani
2000 Ed. (1968)
1999 Ed. (2196)
Sato Corp.
2008 Ed. (1123)
2007 Ed. (1220)
2006 Ed. (1115)
Sato; Akira
1997 Ed. (1989, 1993)
1996 Ed. (1883, 1887)
Sato Distributing
1995 Ed. (1198, 1199, 1201, 1204)
1993 Ed. (1155, 1157)
Sato Travel
2000 Ed. (4300, 4301)
1999 Ed. (4665, 4666)
1997 Ed. (3796)

Satoru Iwata
2008 Ed. (943)
SatoTravel
1998 Ed. (3621)
Sattel
1997 Ed. (3696)
Satuit Capital Management Micro Cap
2008 Ed. (2620)
2007 Ed. (2490)
Satuit Micro Cap
2006 Ed. (3643, 3644)
Saturday Night Fever Soundtrack
1990 Ed. (2862)
"Saturday Night Live"
2001 Ed. (1094)
Saturday Night Live 15th Anniversary Special
1992 Ed. (4248)
Saturn
2006 Ed. (362, 4818)
2005 Ed. (4451)
2004 Ed. (1686, 2171, 3307, 4794)
2003 Ed. (15, 357)
2002 Ed. (380, 1494, 4670)
2001 Ed. (438, 490, 1009)
2000 Ed. (337, 346, 347)
1999 Ed. (327, 330, 354, 2116)
1998 Ed. (211, 212, 219, 220, 221, 1070, 3119, 3492, 3607)
1997 Ed. (290, 292, 296, 303, 304)
1996 Ed. (307, 313, 314, 317, 2268)
1995 Ed. (301, 305)
1994 Ed. (300, 306, 319, 320)
1993 Ed. (265, 266, 304)
Saturn Business Systems
2006 Ed. (3530, 4369)
Saturn Dealer Association
1998 Ed. (206)
Saturn Electro-Handels GmbH
2007 Ed. (4952)
Saturn Electronics
2004 Ed. (322)
Saturn Electronics & Engineering Inc.
2006 Ed. (288, 338, 339, 3520, 4359)
2004 Ed. (2859)
2003 Ed. (341)
Saturn of Albany
1995 Ed. (290)
Saturn of Cerritos
1996 Ed. (296)
Saturn of Clearwater
1996 Ed. (296)
Saturn of Grand Rapids
1995 Ed. (290)
Saturn of Indianapolis
1996 Ed. (296)
Saturn of Irving/Piano
1996 Ed. (296)
Saturn of Knoxville
1995 Ed. (290)
Saturn of Memphis
1995 Ed. (290)
Saturn of Olathe
1995 Ed. (290)
Saturn of Orlando
1995 Ed. (290)
Saturn of Schaumburg
1996 Ed. (296)
Saturn of Sterling
1995 Ed. (290)
Saturn of Tampa
1995 Ed. (290)
Saturn of the Valley
1996 Ed. (296)
1995 Ed. (290)
Saturn of Tinley Park
1996 Ed. (296)
Saturn of Waukesha
1996 Ed. (296)
Saturn of West Palm Beach
1995 Ed. (290)
Saturn of West Sahara
1996 Ed. (296)
Saturn of Wexford
1996 Ed. (296)
Saturn S
2004 Ed. (350)
2002 Ed. (412)
2001 Ed. (494)
Saturn S Series
2003 Ed. (363)
Saturn SC
1996 Ed. (347)
Saturn SL
1998 Ed. (213, 223, 234)
1996 Ed. (2268)
1995 Ed. (2111)
Saturn SL/SC/SW
1997 Ed. (297)
Saturn SL, SW
1996 Ed. (347)
Saturn System
1997 Ed. (3773)
Saturna Capital
2001 Ed. (3424)
Satya Pradhuman
2000 Ed. (1977)
1999 Ed. (2183)
1998 Ed. (1597)
Satyam Computer
2002 Ed. (4292)
Satyam Computer Services Ltd.
2008 Ed. (1142)
Satyam Computers
2002 Ed. (4426)
Satyam Computers Services
2000 Ed. (1177)
Satyam Infoway Ltd.
2001 Ed. (4189)
Sauces
2008 Ed. (2732)
2002 Ed. (3491)
2001 Ed. (1385)
1994 Ed. (2938)
1992 Ed. (3545)
Sauces & dressings
2000 Ed. (4141)
Sauces & ketchups
1995 Ed. (2998)
Sauces, pickles and spreads
1996 Ed. (1485)
Saucony
2006 Ed. (1219)
2005 Ed. (1260)
Saud Abdul Aziz Algosaibi
2005 Ed. (4886)
Saud; King Fahd Bin Abdul Aziz Al
1990 Ed. (3688)
Sauder
2007 Ed. (2666)
2005 Ed. (2702)
2003 Ed. (2591)
2000 Ed. (2287)
1998 Ed. (1783, 1787)
1992 Ed. (2246)
Sauder School of Business; University of British Columbia
2007 Ed. (812)
Sauder Woodworking
2007 Ed. (2663)
2005 Ed. (2881)
2004 Ed. (2867)
1999 Ed. (2544)
1996 Ed. (1987)
1995 Ed. (1951, 1952, 1959)
1994 Ed. (1933)
1992 Ed. (2244, 2245)
Saudi Airlines
2001 Ed. (74)
1994 Ed. (41)
Saudi American Bank
2006 Ed. (83)
2005 Ed. (457, 580, 582, 603)
2004 Ed. (446, 613)
2003 Ed. (458, 459, 587, 605, 1817)
2002 Ed. (512, 513, 622, 633, 641, 1730, 4465)
2001 Ed. (599, 1793)
2000 Ed. (442, 656)
1999 Ed. (449, 450, 462, 630)
1997 Ed. (393, 405, 605)
1996 Ed. (428, 440, 668, 669)
1995 Ed. (401, 413, 598, 599)
1994 Ed. (408, 420, 627, 3138)
1993 Ed. (622)
1992 Ed. (594, 829)
1991 Ed. (438, 656)
1990 Ed. (489, 675)
1989 Ed. (466, 665)
Saudi Arabia
2008 Ed. (478, 2206, 2401, 3781, 3920, 4247, 4390, 4393, 4552)
2007 Ed. (521, 1438, 2096, 2265, 2830, 3687, 3871, 4209, 4211, 4416, 4605)
2006 Ed. (501, 1029, 1406, 2152, 2334, 2827, 3692, 3848, 4193, 4195, 4591, 4618)
2005 Ed. (863, 864, 1421, 2043, 2058, 3592, 3766, 4145, 4147, 4537)
2004 Ed. (1400, 1923, 3677, 3855, 4217, 4219, 4603)
2003 Ed. (1385, 3630, 3826, 4191, 4193, 4618)
2002 Ed. (328, 329, 1821)
2001 Ed. (521, 522, 1128, 1952, 2369, 2373, 2586, 3531, 3761, 3763, 3765, 4120, 4390)
2000 Ed. (1615, 1650, 1891, 2351, 2354, 2365, 2370, 2371, 2376)
1999 Ed. (1786, 2554, 3630)
1998 Ed. (1792, 1803, 1848, 2830, 2898)
1997 Ed. (1547, 2108, 2568, 3104, 3105, 3739)
1996 Ed. (426, 929, 941, 1482, 3019, 3020, 3025)
1995 Ed. (310, 1523, 1545, 1961, 2008, 2015, 2022, 2027, 2034, 2038, 2925, 2926)
1994 Ed. (709, 956, 1230, 1231, 1491, 1932, 1958, 2859, 2860)
1993 Ed. (345, 700, 1464, 1465, 1921, 1932, 1960, 1965, 1972, 1979, 1985, 2848, 3302, 3357)
1992 Ed. (350, 499, 891, 1731, 1740, 1775, 2083, 2252, 3449, 3450, 3452, 3453)
1991 Ed. (1385, 1406, 1791)
1990 Ed. (1447, 1709, 1734, 1878, 2829)
1989 Ed. (363, 1518)
Saudi Arabia & Yemen
1992 Ed. (2303, 2308, 2315, 2325, 2331)
1991 Ed. (1827, 1832, 1839, 1848)
1990 Ed. (1909, 1916, 1923, 1928)
Saudi Arabia; Government of
2008 Ed. (79)
Saudi Arabian Air
2006 Ed. (230)
Saudi Arabian Airlines Corp.
2004 Ed. (1852)
2002 Ed. (1760, 1760)
2001 Ed. (303, 314)
1994 Ed. (3137, 3139)
Saudi Arabian Marketing & Refining Co.
1994 Ed. (3137, 3139)
Saudi Arabian Oil Co.
2008 Ed. (2395, 3919, 3929, 3939)
2007 Ed. (877, 931, 2261, 3870, 3880, 3896)
2006 Ed. (3847, 3854, 3866)
2005 Ed. (3765, 3788, 3799)
2002 Ed. (3679, 3680)
2000 Ed. (3531, 3532)
1999 Ed. (3817, 3818)
1998 Ed. (2838, 2839)
1997 Ed. (3110, 3111)
1996 Ed. (3027, 3028)
1995 Ed. (2929, 2932, 2933)
1994 Ed. (2869, 2870, 3137, 3140)
1993 Ed. (2825, 2826)
1992 Ed. (3420, 3421)
Saudi Arabian Oil Co. (Aramco)
2004 Ed. (3854, 3861, 3871)
2003 Ed. (3825, 3844, 3857, 3858)
Saudi Aramco
2002 Ed. (3696)
2001 Ed. (3772)
1999 Ed. (3814)
1998 Ed. (1802)
1991 Ed. (2735)
Saudi Basic Industries Corp.
2008 Ed. (917, 920, 922, 925, 928, 1836, 1837, 1839, 1841, 1842, 2067)
2007 Ed. (73, 939, 943, 945, 946, 947, 948, 1801, 1971)
2006 Ed. (853, 855, 4534)
2003 Ed. (1817)
1999 Ed. (3366)
1994 Ed. (3137, 3138)
Saudi British Bank
2008 Ed. (377, 477, 498)
2007 Ed. (394, 547)
2006 Ed. (518, 4534)
2005 Ed. (603)
2004 Ed. (613)
2003 Ed. (605)
2002 Ed. (641, 1730, 4465)
2001 Ed. (1793)
2000 Ed. (453, 453, 656)
1999 Ed. (449, 462, 630)
1997 Ed. (405, 605)
1996 Ed. (428, 440, 668, 669)
1995 Ed. (413, 598, 599)
1994 Ed. (420, 627)
1993 Ed. (622)
1992 Ed. (594, 829)
1991 Ed. (438, 656)
1990 Ed. (489, 570)
1989 Ed. (466)
Saudi Cairo Bank
1999 Ed. (462, 630)
1997 Ed. (405, 605)
1996 Ed. (440, 668, 669)
1995 Ed. (413, 598, 599)
1994 Ed. (420, 627)
1993 Ed. (622)
1992 Ed. (829)
1991 Ed. (438, 656)
1990 Ed. (489)
Saudi Consolidated Electric Co.
1994 Ed. (3138, 3140)
Saudi Distribution
2005 Ed. (74)
2004 Ed. (79)
Saudi Electric Co.
2006 Ed. (4534)
Saudi Electricity
2008 Ed. (2067, 4535)
2007 Ed. (1971)
Saudi European Bank
1991 Ed. (429)
1990 Ed. (478)
1989 Ed. (456)
Saudi Group
2006 Ed. (4534)
Saudi Hollandi ank
2003 Ed. (605)
Saudi Hollandi Bank
2008 Ed. (498)
2007 Ed. (547)
2006 Ed. (518, 4534)
2005 Ed. (603)
2004 Ed. (613)
2002 Ed. (641)
2000 Ed. (453, 656)
1999 Ed. (462, 630)
1997 Ed. (405, 605)
1996 Ed. (440, 668)
1995 Ed. (413, 598, 599)
1994 Ed. (420)
Saudi International
1991 Ed. (430)
Saudi International Bank
1999 Ed. (455)
1997 Ed. (398)
1996 Ed. (433)
1995 Ed. (406)
1994 Ed. (413)
1993 Ed. (420)
1992 Ed. (585)
1990 Ed. (479, 582)
1989 Ed. (457)
Saudi Investment Bank
2008 Ed. (498)
2007 Ed. (547)
2006 Ed. (518)
2005 Ed. (603)
2004 Ed. (613)
2003 Ed. (605)
2002 Ed. (641)
2000 Ed. (453, 656)
1999 Ed. (462, 630)
1997 Ed. (405)
1996 Ed. (440, 669)
1995 Ed. (413, 598)
1991 Ed. (438)
1990 Ed. (489)
1989 Ed. (466)
Saudi Iron & Steel Co.
1994 Ed. (3140)

Saudi Petrochemical Co.
1994 Ed. (3140)
Saudi Sudanese Bank
2000 Ed. (667)
Saudi Telecom
2008 Ed. (79)
2007 Ed. (73, 1971)
2006 Ed. (83, 4534)
2005 Ed. (74)
2004 Ed. (79, 1852)
2002 Ed. (1760)
Saudi Telecommunications
2008 Ed. (2067)
Saudia
1989 Ed. (244)
Saudia Arabia & Yemen
1990 Ed. (1933)
Sauer Inc.
2008 Ed. (1246, 1261, 1332, 4003)
2007 Ed. (1364, 1388)
2006 Ed. (1287, 1340)
2005 Ed. (1343)
2004 Ed. (1239, 1338)
2003 Ed. (1231, 1338)
1995 Ed. (1160)
1994 Ed. (1141, 1155)
Sauer-Danfoss Inc.
2008 Ed. (3097)
2007 Ed. (323)
Sauer-Danfross Inc.
2005 Ed. (3353)
Sauer Drilling Co.
2006 Ed. (2122)
Sauer Industries
1993 Ed. (1125, 1139)
1992 Ed. (1412)
1991 Ed. (1079)
1990 Ed. (1208)
Sauerkraut
2003 Ed. (4827)
2002 Ed. (4715)
Saugatuck
1992 Ed. (3760)
Saugatuck Group
1992 Ed. (1807)
Saugatuck Group (FKB)
1990 Ed. (3085, 3086)
Sauget, IL
1995 Ed. (2482)
Saugus River Basin
1993 Ed. (3690)
Saugus Union School District
2008 Ed. (2408)
Saul Centers
2006 Ed. (2115)
Saul Cooperman
1991 Ed. (3212)
Saul, Ewing, Remick & Saul
2001 Ed. (784)
2000 Ed. (4298)
1991 Ed. (2291)
1990 Ed. (2425)
1989 Ed. (1885)
Saul Feldberg
2005 Ed. (4869)
Saul Ludwig
1995 Ed. (1850)
1994 Ed. (1812)
1993 Ed. (1774, 1829)
Saul P. Steinberg
1998 Ed. (720, 2138)
1997 Ed. (1802)
1994 Ed. (2237)
1993 Ed. (940)
1992 Ed. (1093, 1145, 1280, 2713)
1990 Ed. (2282)
Saul P. Steinberg (Reliance Group Holdings Inc.)
1991 Ed. (2156)
Saul Real Estate Investment Trust; B. F.
2008 Ed. (4059)
2006 Ed. (4049)
Saules Banka
2000 Ed. (591)
Saules Banka AS
1997 Ed. (538)
Sauna Warehouse
2007 Ed. (4167)
2006 Ed. (4144)
Saunalahti Group
2008 Ed. (40)
2007 Ed. (36)
Saunders Construction Inc.
2008 Ed. (1273)
2007 Ed. (1375)
2006 Ed. (3989)
2005 Ed. (3915)
2003 Ed. (3961, 3964)
2002 Ed. (2396)
Saunders; Daniel S.
1997 Ed. (3068)
Saunders; Joseph
2006 Ed. (920)
Saurer AG
2007 Ed. (2004)
Saurer-Allma GmbH
2001 Ed. (4130)
Saurer-Gruppe Hldg. Namen
1990 Ed. (3470)
Sausage
2005 Ed. (3417)
2004 Ed. (3404)
2003 Ed. (3334)
2001 Ed. (3242, 3243, 3603)
2000 Ed. (4140)
Sausage & other prepared meat products
1998 Ed. (29)
Sausage, cooked
2003 Ed. (3344)
Sausage, fresh
2003 Ed. (3344)
Sausage, mixed meat
2005 Ed. (3418)
2004 Ed. (3405)
2003 Ed. (3335)
Sausage, pork
2005 Ed. (3418)
2004 Ed. (3405)
2003 Ed. (3335)
Sausage, traditional
2003 Ed. (3344)
Sausage, uncooked
1994 Ed. (1996)
Sausages
1996 Ed. (2899)
Sauvignon Blanc
2003 Ed. (4968, 4969)
2002 Ed. (4969, 4970)
2001 Ed. (4872, 4873)
1996 Ed. (3837)
Sauza
2005 Ed. (4676)
2004 Ed. (4699, 4704)
2003 Ed. (4721, 4726)
2002 Ed. (283, 3176, 3179, 4604, 4609, 4610, 4612, 4614)
2001 Ed. (3134, 3142, 3146, 4503)
2000 Ed. (2969, 4233)
1999 Ed. (3231, 4579, 4585, 4587, 4588)
1998 Ed. (2390, 3508, 3509, 3514, 3515, 3516)
1997 Ed. (3729, 3731, 3732, 3733)
1996 Ed. (3670, 3672, 3673, 3674)
1995 Ed. (3590, 3594, 3595)
1994 Ed. (3505, 3510)
1993 Ed. (3546)
1992 Ed. (4262, 4266, 4267)
1991 Ed. (3340)
1990 Ed. (3558)
1989 Ed. (2809)
Sauza Ready to Drink Margaritas
2004 Ed. (1035)
Sav-Mor
2006 Ed. (2308)
Sav-Mor Drug Stores
2000 Ed. (2273)
1999 Ed. (1056)
Sav-Mor Franchising Inc.
2001 Ed. (2534)
1999 Ed. (2524)
Sav-On
1996 Ed. (3238)
Sava
2006 Ed. (3290)
Sava Senior Care
2008 Ed. (3801)
2007 Ed. (3710)
Savage; Frank
1989 Ed. (737)
Savage Garden
2001 Ed. (2270)
Savage Group
1990 Ed. (1373)
Savage Hyundai
1991 Ed. (280)
1990 Ed. (327)
Savage Industries
1999 Ed. (4533)
Savage; Michael
2007 Ed. (4061)
The Savage Nation: Saving America from the Liberal Assault on Our Borders, Languages & Culture
2005 Ed. (726)
Savage Smyth & Co. Ltd.
2003 Ed. (1725)
Saval BV
1997 Ed. (2754)
Savana/G
2001 Ed. (482)
Savane
2001 Ed. (3714)
Savanna Energy Services Corp.
2008 Ed. (2866)
2007 Ed. (1569)
2006 Ed. (1539)
Savannah
2000 Ed. (2339)
Savannah Bank of Nigeria Ltd.
1991 Ed. (633)
Savannah Foods
1997 Ed. (2036, 2038)
1996 Ed. (1941)
1994 Ed. (1875)
1992 Ed. (2185, 2187, 2188)
1990 Ed. (1819)
1989 Ed. (1452)
Savannah Foods & Industries
1998 Ed. (621)
1995 Ed. (1399)
1994 Ed. (1374)
1993 Ed. (1318)
1991 Ed. (1218, 1220)
1990 Ed. (1893)
Savannah, GA
2008 Ed. (3459, 4015, 4016)
2004 Ed. (4215)
2003 Ed. (3260, 3902, 3912)
2002 Ed. (2218)
1999 Ed. (1149, 1150, 2493, 2494)
1997 Ed. (2072, 2073)
1995 Ed. (1924, 2957)
1994 Ed. (2897)
1992 Ed. (1389)
1990 Ed. (2882)
Savannah River Plant Credit Union
2008 Ed. (2258)
2007 Ed. (2143)
2006 Ed. (2222)
2005 Ed. (2127)
2004 Ed. (1985)
2003 Ed. (1945)
2002 Ed. (1891)
Save & Prosper Asian Smaller Cos.
1996 Ed. (2815)
Save & Prosper China Dragon
1996 Ed. (2815)
Save & Prosper Gold & Expedition
1995 Ed. (2747)
Save & Prosper Japan Growth
1996 Ed. (2814)
Save & Prosper Japan Small Companies
1997 Ed. (2912)
Save & Prosper Masterfund
1997 Ed. (2915, 2916)
Save & Prosper South East Asia
1997 Ed. (2921)
Save & Prosper Southern Africa
2000 Ed. (3310)
Save It Now!
2008 Ed. (807)
2007 Ed. (840)
2006 Ed. (746)
Save Mart Center
2005 Ed. (4444)
Save Mart Supermarkets Inc.
2007 Ed. (4642)
Save the Children
2000 Ed. (3349)
1996 Ed. (913, 919)
1995 Ed. (943, 945, 2782)
Save the Children Federation
1993 Ed. (251, 1701, 2728)
Save the Children Fund
1997 Ed. (946)
1994 Ed. (911, 2680)
1992 Ed. (3270)
Save the Last Dance
2003 Ed. (3454)
Savemart
2004 Ed. (4646)
1992 Ed. (1937, 2425)
1991 Ed. (1542)
1990 Ed. (1647, 2030)
Saveur
2007 Ed. (167)
2001 Ed. (4887)
2000 Ed. (3473)
1999 Ed. (3754, 3763, 3765)
1998 Ed. (2785)
Savi Technology
2003 Ed. (1110)
Savia
2003 Ed. (2518)
Savia, SA de CV
2005 Ed. (2218)
2004 Ed. (2657)
Saville; Paul C.
2006 Ed. (2532)
2005 Ed. (2517)
Savin
1993 Ed. (1578, 3467)
1992 Ed. (1447, 4146)
1991 Ed. (1107, 1108, 3228)
1990 Ed. (1303, 2683, 2993)
Saving Private Ryan
2001 Ed. (4699, 4700)
Saving Social Security
1990 Ed. (287)
Savings
1993 Ed. (3051)
Savings and loan
1991 Ed. (2261)
1990 Ed. (2187)
1989 Ed. (1659, 1660, 2647)
Savings & Loan Data Corp.
1992 Ed. (1762)
1991 Ed. (3378, 3379)
Savings & loan industry
1998 Ed. (3363)
Savings & loans
1992 Ed. (2624, 2627)
Savings & Loans Credit Union (SA) Ltd.
2002 Ed. (1849)
Savings & Social Development Bank
2005 Ed. (613)
Savings associations
2000 Ed. (2646)
Savings Bank (CEC)
1996 Ed. (663)
Savings Bank of Manchester
2005 Ed. (481)
2004 Ed. (473)
2003 Ed. (478)
1998 Ed. (3539)
Savings Bank of the Russian Federation
1996 Ed. (667)
Savings Bank of the Russian Federation; Sberbank—
2008 Ed. (497, 2066, 4532)
2007 Ed. (443, 445, 546, 1961, 1970, 4579)
2006 Ed. (436, 2006)
2005 Ed. (494, 499, 503, 602)
Savings Bank Trust Co.
1991 Ed. (3378, 3379)
Savings Banks Trust Co.
1990 Ed. (528)
Savings/DDA
1990 Ed. (531, 532)
Savings institutions
1998 Ed. (1078)
1996 Ed. (2255, 2257)
1995 Ed. (2244, 2246, 3290, 3293, 3294, 3310, 3311)
1994 Ed. (2193, 2195, 3206, 3207, 3208, 3211, 3212)
1993 Ed. (2170, 2171, 2174, 3232, 3233, 3234, 3236, 3237)
1992 Ed. (1750)

Savings institutions, except federal
1989 Ed. (2475)
Savisz Sandorfalvi Vegyesipari Szovetkezet
2004 Ed. (3358)
2002 Ed. (3234)
Savoie - Les Residences Soleil; Groupe
2008 Ed. (2058)
Savoir Technology Group
2000 Ed. (1762)
Savory & James
2006 Ed. (4965)
2005 Ed. (4961, 4962)
2004 Ed. (4969, 4970)
2002 Ed. (4924)
2001 Ed. (4844)
1994 Ed. (3662)
1992 Ed. (4459, 4466)
1989 Ed. (2963)
Savory & James Sherry
1989 Ed. (2949)
Savory & James Wines
1991 Ed. (3497)
Savory snacks
1992 Ed. (4007)
Savoy
1997 Ed. (2816)
Savoy Hotel PLC
1997 Ed. (1417)
Savoy Pictures
1998 Ed. (2532)
Savvis Inc.
2008 Ed. (1952, 1955, 3201)
2006 Ed. (1903)
Savvis Communications Corp.
2006 Ed. (3693, 3694)
2005 Ed. (1883)
Savvy
1989 Ed. (179, 2174)
Savvy Woman
1990 Ed. (2799)
SAW-Citroen
1995 Ed. (308)
Saw palmetta
1998 Ed. (1924)
Saw palmetto
2001 Ed. (2012)
2000 Ed. (2445, 2447)
Sawgrass International Corporate Park
2002 Ed. (3533)
Sawgrass Mills
2000 Ed. (4029)
1999 Ed. (4309)
1998 Ed. (3299)
Sawgrass Mills & the Oasis
2003 Ed. (4407)
Sawiris; Naguib
2008 Ed. (4859, 4892)
Sawiris; Nassef
2008 Ed. (4859)
Sawiris; Onsi
2008 Ed. (4859, 4892)
2007 Ed. (4921)
2006 Ed. (4928)
Sawiris; Samih
2008 Ed. (4859)
SAWIS Communications Corp.
2003 Ed. (2704)
Sawmill
1989 Ed. (1931)
Sawmills
1991 Ed. (2626)
Sawt Al Kuwait
1994 Ed. (31)
Sawt at Shabab
2005 Ed. (84)
Sawtek Inc.
2004 Ed. (1545)
2003 Ed. (2199)
The Sawtooth Group
2002 Ed. (158)
2000 Ed. (149)
1999 Ed. (131)
Sawyer Brown
1997 Ed. (1113)
1993 Ed. (1079)
Sawyer; Diane
2008 Ed. (2585)
Sawyer; James
2008 Ed. (962)
2007 Ed. (1084)
2005 Ed. (986)
Sawyer Miller Group
1994 Ed. (2946, 2948, 2968)
Sawyer Riley Compton
1997 Ed. (59)
1995 Ed. (31, 35)
Sax, Macy, Fromm & Co.
1997 Ed. (21)
Saxby's
2008 Ed. (713)
Saxon Balanced
2004 Ed. (3610, 3611)
2003 Ed. (3558, 3559)
Saxon Capital Inc.
2005 Ed. (2574)
The Saxon Hawk Group PLC
1993 Ed. (971)
1992 Ed. (1198)
Saxon Investment Corp.
2005 Ed. (1087)
Saxon Investment Corp. (Diversified)
1996 Ed. (1056)
Saxon Small Cap
2001 Ed. (3476)
Saxon Stock
2004 Ed. (2469, 2470)
2003 Ed. (3564, 3565)
Saxon World Growth
2006 Ed. (2513)
Saxophone, alto
1999 Ed. (3504)
Saxophone, tenor
1999 Ed. (3504)
Saybr Contractors Inc.
2008 Ed. (3738, 4435, 4989)
Sayers Computer Source
2000 Ed. (3144)
1996 Ed. (2659)
Sayers 40 Inc.
2007 Ed. (3537)
2006 Ed. (3499, 3500)
Sayers Group
2003 Ed. (217)
Sayers Group LLC
2002 Ed. (716)
Sayers40 Inc.
2007 Ed. (3551, 4410)
2006 Ed. (190, 3511, 4350)
Sayidati
1992 Ed. (75)
Sayles Lidji & Werbner
2004 Ed. (3227)
Saytek LLC
2008 Ed. (3698)
2002 Ed. (1142)
Sayville Ford
1992 Ed. (420)
Sazerac Inc.
2003 Ed. (4917)
2001 Ed. (3130)
1996 Ed. (3801)
1993 Ed. (3676)
Sazka
2004 Ed. (40)
S.B. Ackerman Associates
1990 Ed. (3062)
SB Aggressive Growth
2005 Ed. (3557)
2004 Ed. (3585)
SB Aktia
1994 Ed. (475)
SB & T Captive Management Co.
2008 Ed. (859)
2006 Ed. (791)
2000 Ed. (984)
1999 Ed. (1034)
1997 Ed. (903)
1996 Ed. (882)
SB Architects
2008 Ed. (3080)
SB International Fund
2006 Ed. (3608)
S.B. Schiedam Vlaardingen
1992 Ed. (794)
S.B. Widden
1992 Ed. (794)
SBA Communications Corp.
2008 Ed. (1401)
2005 Ed. (4984)
2004 Ed. (4580)
Sbarro
2008 Ed. (2670, 3993, 3994, 4155, 4183, 4184)
2007 Ed. (3967, 3968, 4149)
2006 Ed. (2564, 3916, 3917, 4122)
2005 Ed. (2547, 2548, 2557, 3845, 3846)
2004 Ed. (4120, 4138)
2001 Ed. (3806)
2000 Ed. (3552, 3553, 3787, 3789)
1999 Ed. (3838, 3839, 4068)
1998 Ed. (2867, 3065)
1997 Ed. (3127, 3128, 3337)
1996 Ed. (3046, 3047)
1995 Ed. (214, 2950, 2952, 2953)
1994 Ed. (2885, 2887, 2888)
1993 Ed. (2862, 2863, 2864, 3011)
1992 Ed. (3471, 3472, 3688)
1991 Ed. (2878)
1990 Ed. (2872)
Sbarro The Italian Eatery
2004 Ed. (2584)
2003 Ed. (2455, 3883, 3884, 3885, 3886, 3887, 3888, 4099)
2002 Ed. (2250, 3714, 4004, 4020, 4022)
SBC
2006 Ed. (4695)
2005 Ed. (378, 4629)
2004 Ed. (4671)
2003 Ed. (4694)
2002 Ed. (4565)
1999 Ed. (4559)
1998 Ed. (287)
1997 Ed. (458)
1992 Ed. (2027, 2029, 2032, 2036, 2044, 3342)
1990 Ed. (555)
SBC CableCommunications
1996 Ed. (864)
SBC Communications Inc.
2008 Ed. (816)
2007 Ed. (16, 70, 154, 851, 854, 856, 857, 858, 860, 1475, 1653, 2910, 3522, 3792, 3986, 4032, 4033, 4043, 4711, 4718, 4728, 4730)
2006 Ed. (20, 21, 22, 166, 758, 759, 1088, 1089, 1091, 1471, 1518, 1638, 1898, 2044, 2045, 2047, 2241, 2283, 2288, 2297, 2850, 3695, 3997, 3998, 4009, 4025, 4686, 4688, 4689, 4690, 4691, 4692, 4693, 4696, 4697, 4698, 4706, 4708, 4709)
2005 Ed. (150, 831, 832, 925, 1096, 1097, 1463, 1488, 1503, 1542, 1547, 1627, 1877, 1973, 1976, 1978, 2221, 2224, 2232, 3487, 3488, 3923, 3924, 3935, 3989, 4515, 4619, 4620, 4621, 4622, 4623, 4624, 4625, 4626, 4627, 4633, 4634, 4639, 4652, 4657)
2004 Ed. (152, 857, 859, 1086, 1087, 1448, 1472, 1487, 1531, 1598, 1606, 1804, 1869, 1870, 2027, 2033, 2041, 2119, 2845, 3022, 3492, 3785, 4051, 4662, 4663, 4664, 4665, 4666, 4667, 4668, 4669, 4670, 4673, 4674, 4676, 4677, 4688)
2003 Ed. (193, 815, 1072, 1073, 1075, 1420, 1442, 1457, 1503, 1551, 1568, 1571, 1573, 1579, 1580, 1836, 1837, 1979, 1984, 1985, 1987, 2948, 3424, 3760, 4029, 4030, 4032, 4562, 4689, 4690, 4691, 4692, 4693, 4696, 4702, 4704, 4706, 4707, 4708)
2002 Ed. (980, 1379, 1383, 1386, 1437, 1540, 1543, 1557, 1560, 1564, 1572, 1688, 1782, 3371, 3372, 3602, 3608, 3612, 3613, 3615, 3620, 3886, 3889, 3916, 4562, 4563, 4566, 4567, 4569, 4570, 4580, 4600, 4603, 4977)
2001 Ed. (1075, 1076, 1165, 1335, 1336, 1558, 1581, 1588, 1596, 1878, 2868, 3535, 3665, 3667, 3673, 3678, 3680, 3684, 4454, 4455, 4472, 4473, 4476, 4477, 4478)
2000 Ed. (999, 1302, 1303, 1304, 1476, 1572, 2642, 3004, 3427, 3428, 3442, 3690, 4186, 4188, 4189, 4192, 4203, 4205)
1999 Ed. (1443, 1503, 1746, 2506, 3977, 4392, 4542, 4546, 4551, 4552, 4562)
1998 Ed. (1007, 1009, 1010, 1016, 1017, 1189, 2413, 3364, 3471, 3473, 3474, 3475, 3476, 3487)
1997 Ed. (1306, 1524, 3020, 3687, 3688, 3689, 3690)
1996 Ed. (888, 1214, 1456, 2547, 3636, 3638)
SBC Foundation
2005 Ed. (2675, 2676)
2002 Ed. (977, 978)
2001 Ed. (2516)
SBC Portfolio Management
1991 Ed. (1601, 2219)
SBC Tanzania
2008 Ed. (92)
SBC Teleholdings Inc.
2008 Ed. (1100)
SBC Warburg
1999 Ed. (835, 866, 867, 868, 869, 870, 871, 872, 873, 874, 877, 878, 879, 880, 881, 882, 883, 884, 885, 894, 895, 897, 899, 900, 901, 902, 903, 907, 910, 911, 912, 913, 914, 921, 923, 924, 925, 936, 937, 938, 939, 940, 941, 942, 943, 944, 945, 1087, 3036)
1998 Ed. (1006, 1265, 1493, 1494, 1495, 1496, 1498, 1501, 3248, 3249, 3267, 3268, 3271)
1997 Ed. (743, 744, 750, 751, 754, 755, 756, 757, 758, 759, 777, 778, 781, 783, 784, 786, 787, 799, 802, 804, 806, 813, 814, 815, 816, 917, 818, 819, 820, 822, 1230, 1231, 1232, 1597, 1783, 1784, 1787, 1788, 1789, 1790, 1957, 1967, 1968, 1969, 1970, 1971, 2491, 2495, 2498, 2501, 3474, 3475, 3477, 3479, 3482, 3483)
SBC Warburg Dillon Read, Inc.
2000 Ed. (829, 863)
1999 Ed. (1089, 1427, 1428, 1432, 1435, 1436, 1438, 1439, 2063, 2064, 2065, 2066, 2278, 2296, 2321, 2322, 2323, 2324, 2325, 3022, 3028, 4258, 4260, 4263, 4265)
SBC Warburg Japan
1999 Ed. (2363)
SBC Wireless Inc.
2001 Ed. (1139)
SBCI
1995 Ed. (770, 771, 772, 773, 774, 775, 776, 777, 778, 779, 838)
1991 Ed. (779)
1990 Ed. (816, 899, 901, 1694, 1695, 1698, 1700, 1704, 1706, 1707, 2772)
1989 Ed. (816)
Sberbank
2000 Ed. (653)
1999 Ed. (628)
1997 Ed. (604)
1996 Ed. (665, 666)
Sberbank of Russia
2006 Ed. (1697, 2005)
2002 Ed. (1758)
1999 Ed. (629)
1995 Ed. (595)
Sberbank of Russian Federation
2006 Ed. (4533)
Sberbank RF
2002 Ed. (4462)
Sberbank—Savings Bank of the Russian Federation
2008 Ed. (497, 2066, 4532)
2007 Ed. (443, 445, 546, 1961, 1970, 4579)
2006 Ed. (436, 2006)
2005 Ed. (494, 499, 503, 602)
2004 Ed. (612)
2003 Ed. (489, 541, 604)
2002 Ed. (553, 586, 640)
SBG I
1999 Ed. (4831, 4832)

SBG Variflex Inc/Gr Q
1990 Ed. (273)
SBG Variflex Income/GR Q
1989 Ed. (259)
Sbgcb
2006 Ed. (97)
SBI & Co.
2005 Ed. (1554)
2004 Ed. (116)
SBI Funds Management
2001 Ed. (2883)
1999 Ed. (2887)
SBI Technologies Corp.
2008 Ed. (1346)
SBIC
1995 Ed. (1486)
1993 Ed. (1396)
SBI.Razorfish
2003 Ed. (115)
SBK-Brooks Investment Corp.
2008 Ed. (185)
2007 Ed. (198)
2006 Ed. (192)
2005 Ed. (178)
2004 Ed. (177)
2002 Ed. (718)
2000 Ed. (745)
1999 Ed. (732)
1998 Ed. (471)
SBK Entertainment World Inc.
1991 Ed. (1142)
1990 Ed. (2663)
SBM Group
2007 Ed. (291, 3525, 3535)
SBM Industries Inc.
1997 Ed. (233)
Sbn Bank/Sparekassen Nordjylland
1994 Ed. (467)
1993 Ed. (462)
SBN Bank/Sparekassen Nordyland
1995 Ed. (455)
SB1 Credit Union
2008 Ed. (2255)
2007 Ed. (2140)
2006 Ed. (2219)
SBR Inc.
2006 Ed. (4956)
SBS
1996 Ed. (3888)
1994 Ed. (3681)
SBS-AGRO
1999 Ed. (629)
SBS-Agro (Stolichny Bank of Savings)
2000 Ed. (653)
SBS (Bearer)
1996 Ed. (3889)
SBS (Registered)
1996 Ed. (3889)
SBS Technologies Inc.
2005 Ed. (2281, 2282)
2004 Ed. (2180, 2181)
1999 Ed. (3667)
SBSF Convertible Securities
1996 Ed. (2807)
1995 Ed. (2680, 2740)
1994 Ed. (2640)
SBSF Growth
1992 Ed. (3191)
1991 Ed. (2559)
SBV
1999 Ed. (4831, 4832)
1997 Ed. (3932)
SBV N
2000 Ed. (4447, 4448)
SBWE, Inc.
2002 Ed. (3914)
2000 Ed. (3712)
1999 Ed. (3993)
1998 Ed. (2999)
SC Airport Concession
1990 Ed. (3325)
1989 Ed. (2518)
SC & A Inc.
2005 Ed. (2837)
SC & G Consulting LC
1999 Ed. (1998)
SC Bodner Co., Inc.
2008 Ed. (1195)
SC International
2001 Ed. (4)
SC Johnson & Son Inc.
2007 Ed. (3065)
2002 Ed. (1063, 1450)
1990 Ed. (44)
SC Johnson Wax Ltd.
2002 Ed. (44)
SC State Credit Union
2008 Ed. (2073)
SCA
2008 Ed. (2090, 2091, 3108, 3582, 3883)
2007 Ed. (1514, 1803, 1804, 1805, 1994, 1995, 1996, 2988, 2989, 3814, 3817, 3818)
2006 Ed. (1794, 1797, 2024, 2026, 2027, 3402, 3806, 3807)
2005 Ed. (1966, 3718)
2004 Ed. (3308)
1998 Ed. (2746)
1996 Ed. (3589)
1993 Ed. (3460)
1992 Ed. (4142)
1991 Ed. (3221)
SCA Forest & Timber AB
2002 Ed. (3218)
SCA Hygeine Products AG
2002 Ed. (3577)
SCA Hygiene Products U.K. Ltd.
2002 Ed. (44)
SCA/Reedpack
1992 Ed. (3336)
SCA SV Cellulosa
1990 Ed. (1846)
Sca Sv Cellulosa B
1989 Ed. (1467)
SCA-Svenska Cellulosa
2000 Ed. (1560)
1999 Ed. (1739)
1997 Ed. (1514, 2071, 3635)
1996 Ed. (1448)
1995 Ed. (1426, 1427, 1428, 1925)
1994 Ed. (1451, 3439)
Scacchetti; David & Luisa
2007 Ed. (2464)
Scaduto; John V.
1993 Ed. (2464)
1992 Ed. (2906)
1991 Ed. (2345)
1990 Ed. (2480)
Scaffolding
2000 Ed. (4323, 4324)
1993 Ed. (2737)
Scala
2002 Ed. (175)
Scala/J. Walter Thompson Co.
2003 Ed. (142)
2001 Ed. (203)
2000 Ed. (164)
Scale Eight Inc.
2003 Ed. (1963)
Scales
2004 Ed. (2864)
Scali, McCabe, Sloves de Mexico
1990 Ed. (127)
Scallop Petro.
1990 Ed. (1860)
Scallops
2008 Ed. (2723)
2007 Ed. (2586)
2006 Ed. (2611)
2005 Ed. (2612)
2004 Ed. (2623)
2001 Ed. (2441)
1998 Ed. (3175)
1996 Ed. (3300)
1995 Ed. (3198, 3199)
1994 Ed. (3155)
1993 Ed. (3111)
1992 Ed. (3815, 3816)
1991 Ed. (2938)
SCAN-AD
2000 Ed. (85)
SCAN-AD Gruppen
1999 Ed. (79)
1997 Ed. (78)
1996 Ed. (78)
1995 Ed. (64)
Scan-Ad Reklamebureau
1993 Ed. (92)
1991 Ed. (91)
1990 Ed. (93)
1989 Ed. (97)
Scan-Vino Inc.
2005 Ed. (4781)
Scana Corp.
2008 Ed. (2076)
2007 Ed. (1978)
2006 Ed. (2012)
2005 Ed. (1960)
2004 Ed. (1857, 2198)
2003 Ed. (1821)
2001 Ed. (1848)
1999 Ed. (1951)
1998 Ed. (1390, 1391)
1997 Ed. (1697, 1698)
1996 Ed. (1618, 1619)
1995 Ed. (1641, 1642)
1994 Ed. (1599, 1600)
1993 Ed. (1559)
1992 Ed. (1902, 1903)
1991 Ed. (1501, 1502)
1990 Ed. (1604, 1605, 2671)
1989 Ed. (1300, 1301)
Scana Energy Trading LLC
2003 Ed. (1821)
SCANA Security
2000 Ed. (3920)
ScanAd & Marketing
1995 Ed. (93)
Scanad East Africa
2002 Ed. (130)
Scanad Marketing
2001 Ed. (157)
1999 Ed. (113)
1997 Ed. (110)
Scanad Marketing (APL)
2000 Ed. (119)
SCANAD Reklamebureau
2002 Ed. (98)
2001 Ed. (127)
Scanad Udviklingsbureau
2003 Ed. (65)
ScanBuy
2007 Ed. (4968)
Scancom Ghana
2008 Ed. (43)
Scandia American Bank
1993 Ed. (506)
Scandic Hotel AB
1990 Ed. (2093)
Scandinavia
1990 Ed. (3235)
Scandinavian Air
2006 Ed. (238)
Scandinavian Airline System
1990 Ed. (1421)
Scandinavian Airline System (SAS)
2002 Ed. (1774)
Scandinavian Airlines
2007 Ed. (239)
Scandinavian Airlines System
2004 Ed. (1862)
2003 Ed. (1667)
2001 Ed. (63, 306, 307, 308, 311, 321, 327, 1680)
2000 Ed. (1406)
1999 Ed. (1599)
1989 Ed. (1163)
Scandinavian Airlines Systems
1991 Ed. (1141)
Scandinavian Bank
1990 Ed. (572)
Scandinavian Bank Group
1990 Ed. (582)
Scandinavian Ferry Lines
1993 Ed. (1539)
Scandinavian Reinsurance Co. Ltd.
1994 Ed. (860)
1993 Ed. (848)
Scandinavian Reinsurance Co. Ltd
1995 Ed. (901)
Scandinavian Seaways
2001 Ed. (2414)
Scandlines
2001 Ed. (2414)
Scandlines Catering A/S
2006 Ed. (1676)
Scaneco-Young & Rubicam
1993 Ed. (124)
1992 Ed. (192)
1991 Ed. (137)
1990 Ed. (137)
1989 Ed. (146)
Scanfil Oyj
2008 Ed. (1728, 3207)
2007 Ed. (1701)
2006 Ed. (1705)
Scania
2006 Ed. (2026)
1999 Ed. (4483)
1994 Ed. (3584)
1992 Ed. (4347)
1990 Ed. (3654)
Scania AB
2008 Ed. (3582)
2007 Ed. (1994, 2400, 3037)
2006 Ed. (3402)
2003 Ed. (4607)
2002 Ed. (4484, 4485)
Scanniello; N.
2006 Ed. (348)
ScanPartner Norge
1993 Ed. (124)
1992 Ed. (192)
1991 Ed. (137)
1989 Ed. (146)
ScanPartner Sverige
1989 Ed. (164)
ScanSoft Inc.
2005 Ed. (1138)
Scansource Inc.
2008 Ed. (2076, 3222, 4605)
2007 Ed. (1978, 3081, 4695, 4950)
2002 Ed. (2811)
Scansped Group Oy
1999 Ed. (1629)
The Scanticon
1996 Ed. (2172)
1995 Ed. (2159)
The Scanticon Princeton
1997 Ed. (2286)
1996 Ed. (2172)
1994 Ed. (2105)
Scanticon Princeton Conference Center
1991 Ed. (1948)
Scanticon-Princeton Conference Center Hotel
1993 Ed. (2091)
Scanticon Princeton Hotel & Conference Center
1992 Ed. (2483)
Scantronic Holdings
1990 Ed. (1373)
1989 Ed. (1120)
Scapa
2000 Ed. (4132)
Scarborough Town Centre
1995 Ed. (3379)
Scardino; Marjorie
2008 Ed. (4949)
2007 Ed. (4975, 4982)
2006 Ed. (4978, 4985)
2005 Ed. (4991)
Scaripto
1989 Ed. (2634)
Scarpa; Michael
2007 Ed. (1042)
Scary Movie
2002 Ed. (3397)
Scattergories
1992 Ed. (2257)
Scattergories Junior
1992 Ed. (2257)
SCB
2002 Ed. (4488, 4489)
SCB Asset Management Co.
2001 Ed. (2891)
1999 Ed. (2895)
1997 Ed. (2403)
SCC Holding Co.
2007 Ed. (4216)
SCECO
2002 Ed. (4465)
SCEcorp
1997 Ed. (1349, 1691, 1702, 2688)
1996 Ed. (1289, 1608, 1609, 1622, 1623, 2548, 2837, 3136)
1995 Ed. (1277, 1645, 1646, 2488, 3034, 3320)
1994 Ed. (1312, 1590, 1603, 1604, 2413, 3240)
1993 Ed. (1553, 1561)
1992 Ed. (1892, 1906, 1907, 2941)
1991 Ed. (1493, 1505, 1506)
1990 Ed. (1598, 1608, 1609)
Scenic New England
1990 Ed. (886)

Scent holders
2002 Ed. (2445)
Sceptre Bond
2001 Ed. (3461, 3462)
Sceptre Equity Growth
2006 Ed. (2512)
2005 Ed. (3568)
Sceptre Global Equity
2002 Ed. (3462, 3463)
Sceptre International
2001 Ed. (3488)
Sceptre Investment
1994 Ed. (2325)
1993 Ed. (2344, 2345)
1990 Ed. (2362)
1989 Ed. (2143)
Sceptre Investment Council Ltd.
1992 Ed. (2783)
Sceptre Investment Counsel, Ltd.
2000 Ed. (2844)
1996 Ed. (2419, 2420)
1992 Ed. (2784)
1991 Ed. (2254, 2255)
1989 Ed. (1786)
Sceptre U.S. Equity
2003 Ed. (3608)
Sceta
1992 Ed. (3943)
1990 Ed. (3264)
SCG Realty Services Inc.
1998 Ed. (177)
SCH Healthcare System
1992 Ed. (3124)
Schaefer
1989 Ed. (776, 779)
Schaefer Brewing
1989 Ed. (48)
Schaefer/Eaton
1999 Ed. (4469)
Schaefer Holding International GmbH
2008 Ed. (3602)
2007 Ed. (3436)
2006 Ed. (3421)
2004 Ed. (3397)
2003 Ed. (3320)
Schaefer Jr.; G. A.
2005 Ed. (2477)
Schaefer Jr.; George
2006 Ed. (926)
Schaefer; Rowland
1992 Ed. (2060)
1991 Ed. (1629)
1990 Ed. (1721, 1722)
1989 Ed. (1382)
Schaefer, William D.
1993 Ed. (1994)
Schaefer, William Donald
1995 Ed. (2043)
1992 Ed. (2344)
Schaeffer; Glenn
2006 Ed. (962)
Schaeffer; Leonard
2006 Ed. (903)
SchaeffersResearch.com
2002 Ed. (4842)
Schaeffler; Maria-Elisabeth & Georg
2008 Ed. (4867)
Schaenen Wood
1993 Ed. (2314)
Schaenen Wood & Associates
1992 Ed. (2754)
1991 Ed. (2231)
1990 Ed. (2345)
Schaerf AG
1996 Ed. (1991)
Schafer Associates Inc.
1997 Ed. (262)
1996 Ed. (231)
Schafer Development Group
2005 Ed. (2815)
Schafer Group
2006 Ed. (2793)
Schaffer Corp.
2004 Ed. (4715)
Schaffer/Eaton
1994 Ed. (3428)
Schaffer; Richard L.
1992 Ed. (3138)
Schaffner & Marx
1997 Ed. (1039)
Schakolad Chocolate Factory
2008 Ed. (842)
2007 Ed. (872)
2006 Ed. (775)
2005 Ed. (855)
2004 Ed. (878)
Schal Associates Inc.
1994 Ed. (1156)
1993 Ed. (1098, 1149)
1992 Ed. (1371, 1434)
1991 Ed. (1094)
1990 Ed. (1176, 1182, 1210)
Schal Bovis Inc.
1999 Ed. (1326, 1383)
1996 Ed. (1113)
1995 Ed. (1136, 1175)
Schalke 04
2008 Ed. (4454)
Schaller Anderson Inc.
2008 Ed. (4043)
2007 Ed. (4016)
2004 Ed. (3943)
Schaney; Dennis
1997 Ed. (1930)
Schar; Dwight C.
2006 Ed. (935, 2532)
2005 Ed. (981, 2517)
Schauma
2001 Ed. (2648, 2650)
Schauman Wood Oy
2004 Ed. (3320)
2002 Ed. (3218)
2001 Ed. (3180)
2000 Ed. (3017)
1999 Ed. (3278)
Schaumburg Audi
1996 Ed. (264)
1995 Ed. (260)
1994 Ed. (261)
1993 Ed. (292)
1992 Ed. (407)
Schaumburg Honda Automobiles
1990 Ed. (326)
Schaumburg Isuzu
1996 Ed. (274)
Schaumburg Toyota Inc.
1993 Ed. (287)
1992 Ed. (402)
Schawk Inc.
2008 Ed. (1662, 4035)
2005 Ed. (3892)
2004 Ed. (3934, 3937)
1996 Ed. (3482)
1995 Ed. (3422)
1993 Ed. (3363)
1991 Ed. (3163)
Schawk Companies
1992 Ed. (4033)
Scheader, Harrison, Segal & Lewis
1996 Ed. (2456)
Scheaffer/Eaton
1992 Ed. (4131)
Scheck Industries
2008 Ed. (4002)
2007 Ed. (3979)
Scheel's All Sports
2006 Ed. (4450, 4451)
Scheer Advertising Agency
1993 Ed. (121)
1992 Ed. (185)
1991 Ed. (131)
1989 Ed. (141)
Scheetz Smith
2001 Ed. (750, 904)
Scheid Vineyards Inc.
2004 Ed. (3276, 3277)
Scheie Eye Institute
1995 Ed. (1926)
Schein Inc.; Henry
2008 Ed. (866, 2885, 2899, 2903, 4927)
2007 Ed. (889, 3466, 4956, 4957)
2006 Ed. (800, 2763, 3447, 4949, 4950)
2005 Ed. (880, 3434, 4917, 4918)
1997 Ed. (3406)
1995 Ed. (1547)
Schein Pharmaceutical Inc.
2001 Ed. (2103)
1997 Ed. (2134, 2135)
1995 Ed. (1589)
Schein Pharmaceuticals
2000 Ed. (2321, 2323)
Schelke; Charles
1997 Ed. (1900)
1991 Ed. (1684)
Schema
2003 Ed. (4973)
Schemaventotto
2004 Ed. (1547)
Schenck & Associates SC
2002 Ed. (12, 19)
Schenck Business Solutions
2008 Ed. (7)
2007 Ed. (9)
2006 Ed. (13)
2005 Ed. (8)
2004 Ed. (12)
2003 Ed. (6)
Schenck Pagasus Corp.
1998 Ed. (1931)
Schenck Pegasus Corp.
2002 Ed. (2514)
2001 Ed. (2698)
Schenkein Inc.
2005 Ed. (112, 3977)
2004 Ed. (4036)
2003 Ed. (3993)
2002 Ed. (3816, 3874)
Schenkein/Sherman
1999 Ed. (3957)
1998 Ed. (2962)
Schenkel & Schultz
1997 Ed. (263)
SchenkelShultz
2008 Ed. (2535)
Schenker
2007 Ed. (1334, 2648)
Schenker AG
2000 Ed. (4296)
Schenker & Co. GmbH
1992 Ed. (4343)
Schenker/BAX
2008 Ed. (3525)
Schenker-BTL AG
2001 Ed. (4622)
Schenker International AG
1999 Ed. (963)
1997 Ed. (2077)
Schenker Logistics
2008 Ed. (4814)
Schenker-Rhenus AG
1999 Ed. (4657)
1995 Ed. (3661)
1994 Ed. (3577)
Schenker-Rherus AG
1996 Ed. (3737)
Schenley
1993 Ed. (1944, 3676)
1992 Ed. (2284, 4404)
1991 Ed. (1809, 2905, 3458, 2323, 2325)
Schenley OFC
2003 Ed. (4900)
2002 Ed. (3180)
2001 Ed. (3148)
Schenley Reserve
1992 Ed. (2870)
Scheramex
1993 Ed. (1518)
Scherer Healthcare
1997 Ed. (2975)
Scherer Petites
1995 Ed. (2899)
Schering Corp.
2000 Ed. (1706, 3064)
1991 Ed. (2581)
1989 Ed. (1583)
Schering AG
2008 Ed. (1411, 1418)
2007 Ed. (3916)
2006 Ed. (1980)
2004 Ed. (956)
2001 Ed. (2073)
Schering Overseas Ltd.
2005 Ed. (4921)
Schering-Plough Corp.
2008 Ed. (1488, 1512, 2771, 3030, 3943, 3948, 3962, 3963, 3966, 3972, 3976, 4267, 4268)
2007 Ed. (929, 1514, 2907, 3902, 3905, 3908, 3913, 3925, 3927, 3930, 3937, 3944, 4234, 4980)
2006 Ed. (847, 1794, 2780, 3869, 3871, 3874, 3878, 4218, 4467)
2005 Ed. (264, 944, 1576, 1801, 1903, 2244, 2245, 3802, 3804, 3806, 4164, 4466, 4515, 4519)
2004 Ed. (966, 1552, 1820, 2121, 2270, 2271, 2272, 3874, 3876, 3877, 3878, 3881, 3887)
2003 Ed. (935, 942, 1053, 1577, 1784, 1786, 3863, 3865, 3866, 3867, 3868, 3871, 4072)
2002 Ed. (994, 1558, 1740, 2012, 2014, 2015, 2016, 2017, 2018, 2021, 2024, 2027, 2318, 2449, 3248, 3593, 3753, 3971)
2001 Ed. (1038, 1601, 2054, 2058, 2059, 2060, 2064, 2072, 2077, 2493, 2674, 4391, 4685)
2000 Ed. (1334, 1335, 1695, 1697, 1698, 1700, 1701, 1702, 1709, 1711, 2249, 2250, 2251, 2420, 4344)
1999 Ed. (1483, 1490, 1496, 1536, 1897, 1900, 1901, 1902, 1903, 1906, 1912, 1919, 2642, 4711)
1998 Ed. (1048, 1063, 1064, 1065, 1160, 1328, 1329, 1330, 1333, 1334, 1335, 1338, 1342, 1348, 1906, 2677)
1997 Ed. (1289, 1290, 1649, 1650, 1651, 1652, 1658, 2066)
1996 Ed. (1242, 1243, 1244, 1567, 1568, 1573, 1574, 2831)
1995 Ed. (1288, 1427, 1428, 1579, 1580, 1581, 1585, 1591)
1994 Ed. (1262, 1264, 1397, 1398, 1552, 1554, 1555, 1556, 1558, 1561, 2715, 2820)
1993 Ed. (161, 1224, 1226, 1376, 1509, 1510, 1511, 1512, 1515)
1992 Ed. (1527, 1861, 1862, 1863, 1865, 1866, 1869, 3396)
1991 Ed. (1464, 1465, 1466, 1468, 1469, 1474)
1990 Ed. (1559, 1560, 1564, 2807)
1989 Ed. (1273, 2188)
Schering-Plough Healthcare Products
2003 Ed. (2923, 4436, 4624, 4625, 4626, 4627)
Schering Plough Indonesia
2000 Ed. (2873)
Schering (Puerto Rico) Credit Union
2008 Ed. (2256)
2007 Ed. (2141)
2006 Ed. (2220)
2005 Ed. (2125)
2004 Ed. (1983)
2003 Ed. (1943)
2002 Ed. (1889)
Scherling
1994 Ed. (1563)
Scheu & Wirth Praha
2001 Ed. (289)
Schibsted
2006 Ed. (3757)
1999 Ed. (3661)
1996 Ed. (2876)
1994 Ed. (2700)
Schibsted ASA
2002 Ed. (3544)
Schick
1999 Ed. (3990, 3991)
1998 Ed. (2805)
1997 Ed. (1688, 1689, 3062)
1994 Ed. (2997)
1992 Ed. (3401)
1991 Ed. (2801, 2802, 2803)
1990 Ed. (2947)
Schick FX Diamond
2003 Ed. (4047)
2002 Ed. (3907)
Schick Intuition
2008 Ed. (2875)
Schick Protector
2003 Ed. (4045)
2001 Ed. (3989)
Schick Silk Effects
2003 Ed. (2672)
2001 Ed. (3989, 3990)
Schick Silk Effects Plus
2008 Ed. (2875)
2003 Ed. (4046, 4047)
2002 Ed. (3907)

Schick Slim Twin
2004 Ed. (4064)
2003 Ed. (3777, 4044, 4045)
2001 Ed. (3988)
Schick Technologies Inc.
2008 Ed. (4364, 4417)
Schick Tracer
1997 Ed. (3254)
Schick Tracer FX
2003 Ed. (4045, 4046)
2001 Ed. (3989, 3990)
Schick Xtreme III
2008 Ed. (3876)
2003 Ed. (4044)
Schick Xtreme 3
2004 Ed. (3797, 4064)
Schickedanz Holding-Stiftung & Co. KG
2000 Ed. (2177)
Schickedomz Holding-Siftung & Co. KG
1997 Ed. (2232)
Schiedermayer; Clare
1997 Ed. (1944)
Schieffelin
1993 Ed. (1944)
1992 Ed. (2284)
Schieffelin & Somerset Co.
2006 Ed. (828, 830)
2005 Ed. (914, 922)
2004 Ed. (769, 923, 927, 2734, 3283, 3286, 4320, 4963)
2003 Ed. (759, 906, 907, 2614, 3227, 3229, 3231, 4310, 4961)
2002 Ed. (3109, 3152, 4913, 4959, 4962, 4964)
2001 Ed. (3119, 3126, 3127, 3128, 3129, 3130, 4840, 4892)
2000 Ed. (2331, 4408)
1999 Ed. (2591, 3210, 4784)
1998 Ed. (1833, 3738)
1997 Ed. (2141, 3897)
1996 Ed. (3849)
1995 Ed. (3750)
1993 Ed. (3714)
1992 Ed. (2884, 4453)
1991 Ed. (2325, 1809, 3493)
Schieffelin Cordials
1999 Ed. (3202)
Schierl Inc.
2008 Ed. (4439)
Schiesser Holding AG
1993 Ed. (999)
1992 Ed. (1229)
1991 Ed. (986)
Schiff
2003 Ed. (4857, 4859, 4860)
2002 Ed. (1974)
2000 Ed. (1669)
1998 Ed. (1273, 1357)
Schiff Hardin & Waite
2002 Ed. (3056)
2001 Ed. (562, 3054)
2000 Ed. (2894)
1997 Ed. (2597)
1996 Ed. (2238)
Schiff Hardin LLP
2008 Ed. (3420)
2006 Ed. (3249)
Schiff Move Free
2003 Ed. (4855)
Schiff Pain Free
2003 Ed. (4855, 4859)
2002 Ed. (1974)
Schiffer Mason Contractors Inc.
2005 Ed. (1284)
1994 Ed. (1144)
1993 Ed. (1137)
Schiffner; Robert
2007 Ed. (1058)
Schilit; Howard
2005 Ed. (3205)
Schilitterbahn Water Park, New Braunfels, TX
1991 Ed. (3476)
Schilling & Co. Inc.; A. Gary
1995 Ed. (1078)
Schilling Boathouse
1991 Ed. (718)
Schilling Distributing Cordials
2002 Ed. (3097)
2001 Ed. (3109)
1999 Ed. (3202)
1998 Ed. (2372)
Schimizu Corp.
1995 Ed. (1186)
Schimmelpennick Florina
2001 Ed. (2116)
Schindler
2007 Ed. (2400)
1992 Ed. (1938)
Schindler; A. J.
2005 Ed. (2508)
Schindler; Andrew J.
2006 Ed. (1099)
2005 Ed. (1104)
Schindler Holding Ltd.
2008 Ed. (3583)
2006 Ed. (3403)
1996 Ed. (3736)
1995 Ed. (3660)
1994 Ed. (3676)
1993 Ed. (3617)
Schindler Holdings
1997 Ed. (1516)
Schini; Thomas W.
1992 Ed. (533, 1140)
The Schinnerer Group
2008 Ed. (3227, 3228)
2006 Ed. (3077)
2005 Ed. (3076)
2004 Ed. (3065)
2002 Ed. (2855)
1998 Ed. (2144)
1997 Ed. (2429)
1996 Ed. (2294)
1995 Ed. (2289)
1994 Ed. (2241)
1993 Ed. (2192)
1992 Ed. (2649)
1991 Ed. (2088)
Schiphol Airport
2002 Ed. (274)
1999 Ed. (249, 250)
1998 Ed. (147)
1997 Ed. (224, 225)
1996 Ed. (197, 198, 200, 202, 1597, 1598, 1599)
1993 Ed. (205, 208, 209, 1536, 1538, 1539)
1990 Ed. (1580)
Schiphol Group
2001 Ed. (352)
Schirf Brewing Co.
2000 Ed. (3126)
1999 Ed. (3400, 3401)
1997 Ed. (714)
Schirmer Engineering Corp.
2007 Ed. (4292, 4293)
2006 Ed. (4264, 4265)
2005 Ed. (4287, 4288)
2004 Ed. (4347, 4348, 4349)
Schitag Schwabische Treuhand
1990 Ed. (8)
Schjaerven/J. Walter Thompson A/S
1990 Ed. (137)
Schlesinger; Paul
1997 Ed. (1903)
1996 Ed. (1830)
1995 Ed. (1852)
1994 Ed. (1814)
1993 Ed. (1831)
Schlessinger; Dr. Laura
2007 Ed. (4061)
Schlitterbahn
2007 Ed. (4884)
2006 Ed. (4893)
2005 Ed. (4840)
2004 Ed. (4856)
2003 Ed. (4875)
2002 Ed. (4786)
2001 Ed. (4736)
1999 Ed. (4745)
1998 Ed. (3701)
1996 Ed. (3819)
Schlitterbahn, TX
2000 Ed. (4374)
Schlitterbahn Water Park
1997 Ed. (3868)
1994 Ed. (3654)
1993 Ed. (3688)
1992 Ed. (4425)
1990 Ed. (3685)
1989 Ed. (2904)
Schlitz
1998 Ed. (498, 3440)
1996 Ed. (780)
1992 Ed. (4231)
1989 Ed. (762, 763)
Schlitz Light
1992 Ed. (932)
Schlitz Malt
1989 Ed. (776)
Schloss & Co.
2008 Ed. (2767)
Schloss & Co.; Marcus
1994 Ed. (2309)
Schlosshotel Kronberg
1999 Ed. (2789)
1996 Ed. (2185, 2188)
Schlotman; J. Michael
2007 Ed. (1090)
2006 Ed. (998)
Schlott
1990 Ed. (1010)
Schlotzsky's
2005 Ed. (4169)
1997 Ed. (3128, 3375)
1996 Ed. (1966, 3047)
1993 Ed. (3067)
1992 Ed. (2122, 3764)
Schlotzsky's Deli
2008 Ed. (4271, 4274, 4275)
2007 Ed. (4240)
2006 Ed. (4225)
2005 Ed. (2568, 4168)
2004 Ed. (2590, 4240, 4242)
2003 Ed. (2459, 4218, 4219)
2002 Ed. (2241)
2001 Ed. (2405, 2410)
2000 Ed. (3790, 3795, 3848)
1999 Ed. (2515, 4078, 4134)
1998 Ed. (2867, 3124)
Schlotzsky's Deli Restaurants
1999 Ed. (2513)
Schlotzsky's Sandwhich Restaurant
1991 Ed. (2910)
Schlumber Offshore Services
2004 Ed. (3491)
Schlumberger Ltd.
2008 Ed. (1054, 1966, 2497, 2498, 3893, 3895, 3925)
2007 Ed. (1161, 1550, 1904, 1919, 2382, 3211, 3831, 3832, 3833, 3834, 3835, 3877, 4531)
2006 Ed. (1069, 1920, 2434, 2438, 2439, 4073)
2005 Ed. (1061, 1506, 1511, 1522, 2393, 2396, 2397, 3730, 3785)
2004 Ed. (1490, 1506, 2312, 2315, 3818, 3819, 3822, 3824, 3856, 3859)
2003 Ed. (1460, 1509, 2287, 2288, 3636, 3637, 3808, 3809, 3812, 3815, 3827, 3830)
2002 Ed. (1440, 2125)
2001 Ed. (1806, 3753, 3754, 3757, 3758)
2000 Ed. (1752, 3406)
1999 Ed. (3794, 3797, 4269)
1998 Ed. (2816, 2824)
1997 Ed. (3082)
1996 Ed. (1424, 2603)
1995 Ed. (2907, 2919, 3285, 3341)
1994 Ed. (1425, 2473, 2840, 2841, 2851, 3259, 3260)
1993 Ed. (2828, 2829)
1992 Ed. (372, 1671, 3423, 3424)
1991 Ed. (266, 2586, 2719, 2720, 3232, 1326)
1990 Ed. (1396, 1533, 2831, 2832, 3475)
1989 Ed. (2206, 2208)
Schlumberger ATE
1990 Ed. (298)
Schlumberger Employees Credit Union
2008 Ed. (2211)
Schlumberger Inland Services
2004 Ed. (3491)
Schlumberger Offshore Services
2007 Ed. (1679)
2005 Ed. (1753)
2003 Ed. (1667)
2001 Ed. (1680)
Schlumberger Ltd. (STE)
1996 Ed. (2651)
Schlumberger Technologies
2003 Ed. (3422)
Schlumberger Technology Corp.
2007 Ed. (3831)
2006 Ed. (3818)
2005 Ed. (3726)
2001 Ed. (3753)
SchlumbergerSema Inc.
2005 Ed. (818)
2004 Ed. (844)
Schmalbach-Lubeca
1999 Ed. (3840)
Schmalbach-Lubeca AG
2004 Ed. (3447)
2002 Ed. (3307)
2001 Ed. (3282)
1999 Ed. (3349)
1997 Ed. (2754)
1996 Ed. (2612)
1995 Ed. (2549)
Schmalbach-Lubeca Aktiengesellschaft
1994 Ed. (2108)
Schmalbach-Lubeca Plastic Containers U.S.A. Inc.
2003 Ed. (687)
2001 Ed. (718)
Schmale; Neal
2007 Ed. (1073)
2006 Ed. (979)
Schmeider - Nelson
1990 Ed. (315)
Schmidheiny; Stephan
2008 Ed. (4875)
Schmidheiny; Thomas
2008 Ed. (4875)
1992 Ed. (888)
Schmidt
1989 Ed. (766, 778, 779)
Schmidt Associates
2008 Ed. (1805)
Schmidt Baking Co.
1989 Ed. (356)
Schmidt Builders
2002 Ed. (1184)
Schmidt Inc.; C. G.
2008 Ed. (1345)
Schmidt-Cannon International
1996 Ed. (1553)
Schmidt; CG
2006 Ed. (1352)
Schmidt; Eric
2008 Ed. (4834)
2007 Ed. (988, 4905)
2006 Ed. (4910)
2005 Ed. (2319)
Schmidt Laboratories
2001 Ed. (3591, 3592)
Schmidt; Mike
1989 Ed. (719)
Schmidt Reuter Partner
1995 Ed. (1692)
Schmitt; Edward A.
2007 Ed. (2499, 2500)
Schmitt Industries Inc.
2006 Ed. (2075)
2004 Ed. (3322, 3323)
Schmitt Music Co.
2001 Ed. (3415)
1999 Ed. (3500)
1997 Ed. (2861)
1996 Ed. (2746)
1995 Ed. (2673)
1994 Ed. (2592, 2595)
1993 Ed. (2640, 2644, 2645)
Schmitt Music Company
2000 Ed. (3218)
Schmitt Soehne
2005 Ed. (4967)
Schnader, Harrison, Segal & Lewis
2001 Ed. (945)
1997 Ed. (2601)
1995 Ed. (2421)
1994 Ed. (2356)
1993 Ed. (2403)
1991 Ed. (2291)
1990 Ed. (2425)
1989 Ed. (1885)
Schnapps Liqueur
1992 Ed. (2887)
Schneider Corp.
2002 Ed. (1224)
1998 Ed. (3634)

1997 Ed. (1375, 2739, 3146)
1996 Ed. (1942, 2592, 3067)
1995 Ed. (2528, 2969)
1994 Ed. (1877, 2460, 2912)
1993 Ed. (1175, 2524, 2897)
1992 Ed. (2194)
1989 Ed. (1918)
Schneider & Associates
2005 Ed. (3967)
2004 Ed. (4016)
2003 Ed. (3988)
1992 Ed. (3564)
Schneider Associates; Monroe
1990 Ed. (1802)
Schneider Brokerage Services
2007 Ed. (2647)
Schneider Capital Management
1998 Ed. (2269, 2271)
Schneider Capital Management, U.S. Large Cap Value
2003 Ed. (3124, 3127)
Schneider Commercial Real Estate
1992 Ed. (3614)
Schneider Dedicated
2002 Ed. (1225)
Schneider, Downs & Co.
2002 Ed. (20)
Schneider Electric
2008 Ed. (3563)
2000 Ed. (3020)
Schneider Electric Industries SA
2001 Ed. (2213)
Schneider Electric SA
2008 Ed. (4080)
2007 Ed. (875, 2341, 3422, 4044)
2006 Ed. (4011)
2005 Ed. (1558, 3937)
2003 Ed. (1429)
Schneider; Eric
2005 Ed. (2473)
Schneider Ernie
1993 Ed. (2461)
1992 Ed. (2903)
Schneider; Gene W.
2005 Ed. (1103)
Schneider Group of Companies.
1990 Ed. (1201, 1208)
Schneider Group of Cos.
1991 Ed. (1077, 1079)
Schneider; Ivy
1997 Ed. (1860)
Schneider; James
2008 Ed. (968)
2007 Ed. (1064)
2006 Ed. (968)
2005 Ed. (992)
Schneider; James M.
2006 Ed. (2524)
Schneider Logistics
2007 Ed. (1335, 3389)
2005 Ed. (3340)
2001 Ed. (3161)
1999 Ed. (1351)
Schneider Management
1994 Ed. (1070)
1993 Ed. (1036)
Schneider National Inc.
2008 Ed. (2773, 4739, 4743, 4744, 4764)
2007 Ed. (2646, 4812, 4816, 4817)
2006 Ed. (4799, 4800, 4806, 4850)
2005 Ed. (4750, 4753)
2004 Ed. (2687, 4777, 4780, 4781)
2003 Ed. (1855, 2554, 2555, 4791, 4796)
2002 Ed. (4685, 4693)
2001 Ed. (1901, 2536)
2000 Ed. (4308, 4311, 4314, 4316, 4319)
1999 Ed. (4678, 4683, 4687, 4688, 4689)
1994 Ed. (3590, 3595, 3596, 3597, 3601, 3604)
Schneider National Bulk Carriers
2008 Ed. (4588)
2007 Ed. (4677)
Schneider National Carriers Inc.
2008 Ed. (4746, 4747, 4773, 4774, 4775, 4776, 4777)
2007 Ed. (4850, 4851, 4852, 4853, 4854)
2001 Ed. (1130)
1999 Ed. (4686)
1998 Ed. (3628, 3642)
1996 Ed. (3755, 3758)
1995 Ed. (3678)
1992 Ed. (4355)
1991 Ed. (3430)
Schneider National Transportation
1998 Ed. (3635, 3643)
Schneider National Van Carriers
1997 Ed. (3805, 3808)
1993 Ed. (3635, 3636, 3641)
Schneider/Nelson Porsche
1993 Ed. (282)
Schneider; Richard
1997 Ed. (1891)
1996 Ed. (1817)
1995 Ed. (1839)
1994 Ed. (1801)
1993 Ed. (1818)
1991 Ed. (1706, 1709)
Schneider; Ron
1992 Ed. (2742)
Schneider SA
1999 Ed. (2688)
Schneider Small Cap Value
2008 Ed. (2622)
2007 Ed. (2492)
2003 Ed. (3509)
Schneider Specialized Carriers
1993 Ed. (3637)
1992 Ed. (4356)
Schneider Transport
1992 Ed. (4355)
1991 Ed. (3430)
Schneier; Craig E.
2008 Ed. (2635)
Schneier; Craig Eric
2008 Ed. (3120)
Schnieder National Transportation
1995 Ed. (3675)
Schnieders; R. J.
2005 Ed. (2492)
Schnieders; Richard J.
2007 Ed. (1026)
Schnitzer Steel Industries Inc.
2008 Ed. (2029, 2140, 2144, 3141)
2007 Ed. (2717)
2006 Ed. (1976, 2080, 2081, 2086)
2005 Ed. (1789, 1941, 2001, 4474, 4475, 4505)
2004 Ed. (4532)
Schnitzer Steel Products Co.
2005 Ed. (4031)
Schnuck Markets Inc.
2008 Ed. (1945, 4056)
2007 Ed. (1890, 4029)
2006 Ed. (1898, 3992)
2005 Ed. (1877, 3918)
2004 Ed. (4623)
2002 Ed. (4536)
1992 Ed. (4174)
Schnucks
2001 Ed. (4696)
Schoeller Industries GmbH
2008 Ed. (918, 1967)
Schoellhorn; R.A.
1990 Ed. (973)
Schoellhorn; Robert A.
1991 Ed. (1628, 926)
1990 Ed. (1720)
Schoemehl, Jr.; Vincent C.
1991 Ed. (2395)
Schoenen Torfs
2008 Ed. (1711)
Schoennauer; Gary J.
1992 Ed. (3138)
Scholarship America
2006 Ed. (3719)
Scholastic Corp.
2008 Ed. (2850, 3031)
2007 Ed. (2908, 4053)
2006 Ed. (4021, 4022)
2005 Ed. (3422, 3981, 3982, 3984)
2004 Ed. (4042, 4043, 4045, 4046, 4984)
2003 Ed. (4024, 4981, 4982)
2002 Ed. (1550, 4978)
2001 Ed. (3955)
2000 Ed. (4427)
1999 Ed. (3970)
1998 Ed. (2974)
1997 Ed. (3222, 3224)
1996 Ed. (3142)
1995 Ed. (2818, 3042)
1990 Ed. (1583)
Scholastic Children's Dictionary
2004 Ed. (737)
2001 Ed. (980)
Scholl
1997 Ed. (1418)
1996 Ed. (1957)
1995 Ed. (1245)
Scholl Japan
1995 Ed. (1245)
Scholosshotel Kronberg
1997 Ed. (2305)
Scholtzsky's Deli
2002 Ed. (2252)
Scholz & Friends
1997 Ed. (90)
1993 Ed. (100)
Scholz & Friends Group
2003 Ed. (76)
2002 Ed. (111)
Schomac Corp.
1989 Ed. (270)
Schomp Oldsmobile, Honda, BMW & Hundai; Ralph
1996 Ed. (3879)
Schomp Oldsmobile Honda, BMW & Hyundai; Ralph
1995 Ed. (3794)
School
2001 Ed. (95)
School Board of Broward County
1995 Ed. (3190)
School Board of Hillsborough County
1991 Ed. (2927)
1990 Ed. (3107)
School buses
1994 Ed. (3329)
School/camp advisory services
1992 Ed. (2233)
School District
2001 Ed. (905)
School District 50 Credit Union
2003 Ed. (1890, 1891)
School District of Philadelphia
1995 Ed. (3190)
1992 Ed. (3802)
1991 Ed. (2927, 2929)
1990 Ed. (3106, 3107)
School District of Philadelphia Comprehensive Day Care
1991 Ed. (929)
1990 Ed. (977)
School districts
1991 Ed. (2773)
School Employees Credit Union of Washington
2008 Ed. (2266)
2007 Ed. (2151)
2006 Ed. (2230)
2005 Ed. (2135)
2004 Ed. (1993)
School Employees of Lorain County Credit Union
2008 Ed. (2211)
School photos
2001 Ed. (3794)
School Specialty Inc.
2005 Ed. (877, 878)
2004 Ed. (891, 892, 2225, 2226)
School supplies
2005 Ed. (4473)
2001 Ed. (2987, 3569)
SchoolDude.com
2008 Ed. (2404)
Schooley Cadillac
1996 Ed. (267)
Schooley Mitchell Telecom Consultants
2005 Ed. (783)
2004 Ed. (802)
2003 Ed. (783, 893)
Schoollink
2005 Ed. (2271)
SchoolNet
2008 Ed. (2404)
Schools
2007 Ed. (3717)
2003 Ed. (4835)
1992 Ed. (89, 90)
Schools, colleges, universities
2002 Ed. (4723)
Schools Excess Liability Fund
2006 Ed. (4201)
Schools Federal Credit Union
1995 Ed. (1536)
Schools, institution, restaurants, and other food service outlets
1992 Ed. (4003)
Schoor DePalma
2008 Ed. (2511, 2521)
2004 Ed. (2357)
2002 Ed. (2153)
Schor; Joseph
1997 Ed. (1797)
Schostak Bros. & Co. Inc.
2001 Ed. (4015)
2000 Ed. (3731)
1999 Ed. (4014)
1998 Ed. (3022)
Schott Glas
2001 Ed. (4381)
Schott Glass
2000 Ed. (3037)
Schott Glaswerke
1999 Ed. (3300)
1995 Ed. (2505)
1994 Ed. (2437)
Schrader-Bridgeport International
2005 Ed. (3461)
Schrage; Morris
2006 Ed. (333)
Schramm; Carl
1991 Ed. (2406)
Schramm Medical Clinic PC
2008 Ed. (2078)
Schranks Schnapps
1992 Ed. (2887)
Schreiber Corp.
2002 Ed. (1296)
2000 Ed. (1266)
1999 Ed. (1374)
1998 Ed. (953)
1997 Ed. (1168)
1996 Ed. (1138)
1995 Ed. (1164)
1994 Ed. (1148)
1993 Ed. (1130)
1992 Ed. (1417)
1991 Ed. (1084)
Schreiber & Associates PC
2001 Ed. (1315)
Schreiber Foods Inc.
2008 Ed. (2278, 2279, 2781)
2007 Ed. (2160)
2006 Ed. (2240)
2005 Ed. (2142)
2004 Ed. (2005)
2003 Ed. (1961)
2002 Ed. (1910)
2001 Ed. (1973, 2476)
2000 Ed. (1635, 1641)
1999 Ed. (1813, 1814)
1997 Ed. (1575)
Schreiber Roofing Corp.
2007 Ed. (1367)
2006 Ed. (1291)
2002 Ed. (1296)
2001 Ed. (1480)
Schreiner College
2001 Ed. (1323)
1996 Ed. (1044)
Schreiner Legge & Co.
2008 Ed. (2)
2006 Ed. (4)
Schrelber Corp.
1990 Ed. (1205)
Schrempp; Jurgen
2005 Ed. (789, 2470)
Schreyer; William
1993 Ed. (936, 937, 940, 1695)
Schroder
2002 Ed. (3623)
1995 Ed. (2871)
Schroder & Co.
2001 Ed. (1511)
Schroder & Co.; J. Henry
1997 Ed. (1231)
Schroder Capital
1997 Ed. (2536, 2548, 2550, 2552)
1996 Ed. (2402, 2424, 2425, 2427)
1994 Ed. (2329, 2331)
1993 Ed. (2305, 2317, 2347, 2349, 2351)

1992 Ed. (2786, 2788, 2789, 3351)
1991 Ed. (2218, 2256)
Schroder Capital Management International
1999 Ed. (3107)
1998 Ed. (2285)
1995 Ed. (2371, 2383)
1993 Ed. (2328)
1992 Ed. (2745)
1989 Ed. (1800, 2141)
Schroder Capital Mgmt. International
2000 Ed. (2812)
Schroder Capital Ultra Investment
2004 Ed. (2456)
2003 Ed. (2359)
Schroder Far Eastern Growth Fund; NM
1990 Ed. (2397)
Schroder, Gerhard
2005 Ed. (4879)
Schroder Group
2000 Ed. (1920, 3893)
1999 Ed. (1436, 1438, 2150, 3034, 3036, 4208)
1998 Ed. (2250)
1991 Ed. (1111, 1112, 1121, 1122, 1123, 1124, 1127, 1128, 1129, 1130, 1131, 1132, 1133)
Schroder Institutional US Smaller Companies
1992 Ed. (3209)
Schroder International Merchant Bankers
1996 Ed. (3393)
Schroder International Merchant Bankers BHD
1992 Ed. (3025)
Schroder International Selection Fund-U.S. Smaller Companies
1993 Ed. (2683)
Schroder International Smaller Company Investment
2004 Ed. (3640)
Schroder Investment
2000 Ed. (3453)
1990 Ed. (902)
Schroder Investment Management
2005 Ed. (3228)
2004 Ed. (2038)
2003 Ed. (3070, 3102, 3109)
2002 Ed. (3027)
2001 Ed. (2879, 3005, 3011, 3013, 3015)
1999 Ed. (3099, 3588)
1997 Ed. (2544)
1996 Ed. (2945)
1995 Ed. (2870)
1994 Ed. (2774)
1992 Ed. (3350)
1990 Ed. (2321)
Schroder Japan Small Cos. Inst. Acc.
1996 Ed. (2814)
Schroder Korea Fund
1999 Ed. (3585)
Schroder Managed Bal. Account Inst.
1997 Ed. (2914, 2915, 2916)
Schroder Micro Cap Inv
2000 Ed. (3288)
Schroder Mortgage
1997 Ed. (2523)
Schroder Mortgage Associates
1999 Ed. (3078)
1998 Ed. (2292)
1997 Ed. (2543)
Schroder, Munchmeyer, Hengst
1991 Ed. (777)
Schroder Pacific Growth Income
1995 Ed. (2747)
Schroder Properties Ltd.
2001 Ed. (3922)
Schroder Real Estate
1999 Ed. (3074)
1997 Ed. (2542)
1996 Ed. (2412)
1995 Ed. (2376)
1994 Ed. (3019)
1993 Ed. (2310, 2978)
1992 Ed. (2750, 3638)
1991 Ed. (2239)
Schroder Salomon Smith Barney
2004 Ed. (1439)
2002 Ed. (439, 1355, 1360, 2167)
Schroder Securities
1999 Ed. (2322)
Schroder Split Fund Cap
2000 Ed. (3306)
1999 Ed. (3584)
Schroder Ultra
2004 Ed. (3573)
2003 Ed. (3506)
Schroder U.S. Opportunities Investment
2008 Ed. (4507)
Schroder US Opportunity Investment
2006 Ed. (3646)
Schroder U.S. Smaller Companies
2003 Ed. (3541)
Schroder U.S. Smaller Companies Account
1997 Ed. (2910)
Schroder Ventures
1995 Ed. (2499, 2500)
1994 Ed. (2130, 2622)
1993 Ed. (2319)
1992 Ed. (2964)
1991 Ed. (3441, 3443)
Schroder Ventures Canada
1990 Ed. (3670)
Schroder Wagg
1992 Ed. (2140, 2141)
1989 Ed. (1349)
Schroder Wagg; J. Henry
1992 Ed. (2011)
Schroder Wertheim
2000 Ed. (879)
1998 Ed. (1559, 2270)
1997 Ed. (1222, 1850)
Schroders
2000 Ed. (2850, 2853, 2855, 4133)
1999 Ed. (9, 531, 874, 876, 1087, 3084, 3105)
1998 Ed. (406, 1006, 2308)
1997 Ed. (1230, 1232, 1233)
1996 Ed. (1359, 1362, 1366, 1652, 2943)
1995 Ed. (780, 783, 784, 795, 796, 797, 799, 2838, 2841, 3267)
1994 Ed. (1203, 2474, 2734, 2735)
1993 Ed. (1642)
1992 Ed. (1456)
1990 Ed. (2319)
Schroders Asia
1991 Ed. (2411)
1990 Ed. (2314)
Schroders Asia Hong Kong Fund
1990 Ed. (2399)
Schroders International
1994 Ed. (3195)
Schroders Japan
1999 Ed. (2363)
Schroders plc
2008 Ed. (442, 2700)
2007 Ed. (477, 480, 2560, 2579)
2006 Ed. (464, 2592, 2605)
2005 Ed. (536)
2004 Ed. (553)
2003 Ed. (537, 540, 626)
2001 Ed. (1520, 1526, 1528, 1529, 1538)
Schroeder; Horst W.
1991 Ed. (1621)
Schroeder; K. L.
2005 Ed. (2494)
Schroeder; Kenneth
2007 Ed. (1006)
2006 Ed. (916)
Schroeder Securities
2001 Ed. (2427)
2000 Ed. (2073)
Schroeder's/Keyboard City
1994 Ed. (2595)
Schroeders Piano & Organ
1993 Ed. (2644)
Schudder Funds
1991 Ed. (2565)
Schudder Kemper Investments
2000 Ed. (2852)
Schuering Zimmerman
2001 Ed. (724)
Schuessler; J. T.
2005 Ed. (2491)
Schuff International Inc.
2008 Ed. (1266)
2007 Ed. (1370)
2006 Ed. (1294)
2005 Ed. (1322, 4474, 4475)
2004 Ed. (4532)
2003 Ed. (1317)
Schuff Steel Co.
2008 Ed. (1316, 1343)
2007 Ed. (1281, 1393)
2004 Ed. (1317)
2002 Ed. (1299)
2001 Ed. (1482)
2000 Ed. (1269)
1999 Ed. (1377, 2620, 4327)
1998 Ed. (956)
1997 Ed. (1164)
1996 Ed. (1140)
1995 Ed. (1161)
1994 Ed. (1146)
1993 Ed. (1129)
1992 Ed. (1416)
1991 Ed. (1083)
1990 Ed. (1207)
Schuler, Andrew M.
1995 Ed. (937, 1069)
Schuler Group
1993 Ed. (2484)
Schuler Homes
2005 Ed. (1223)
2003 Ed. (1193, 1195, 1196)
2002 Ed. (1206, 1501, 2671)
2001 Ed. (1388, 1389)
1999 Ed. (1307)
1996 Ed. (1132)
Schuler Homes LLC
2006 Ed. (1742)
Schulich School of Business; York University
2007 Ed. (795, 812)
2005 Ed. (802)
Schulich; Seymour
2005 Ed. (4864)
Schuller
1998 Ed. (532, 533, 534, 883, 1840)
1997 Ed. (2148)
Schulman; A
1990 Ed. (935, 936, 940, 946)
1989 Ed. (1052)
Schulman Inc.; A.
2005 Ed. (3855, 3856)
1997 Ed. (958, 3361)
1996 Ed. (926, 3263)
1995 Ed. (957, 3167, 3168)
1994 Ed. (921, 3117, 3118)
1993 Ed. (907, 3054, 3055)
1992 Ed. (1112, 3745, 3746)
1991 Ed. (908, 2903)
1989 Ed. (877, 881)
Schulmberger
1996 Ed. (3003)
Schult Homes Corp.
1999 Ed. (3871, 3872, 3874, 3876, 3878)
1998 Ed. (2899, 2900, 2903, 2904, 2907)
1997 Ed. (3151, 3153, 3154, 3155, 3158)
1996 Ed. (205, 1104, 3068, 3070, 3073, 3074, 3075, 3076)
1995 Ed. (202, 1131, 2970, 2971, 2973, 2974, 2975, 2976)
1994 Ed. (1115, 2914, 2915, 2917, 2918, 2919, 2920, 2921)
1993 Ed. (1091, 2899, 2901, 2903, 2904, 2905)
1992 Ed. (318, 321, 1368, 3516, 3517, 3518, 3520, 3521, 3522)
1991 Ed. (1060, 2757, 2758, 2759)
1990 Ed. (1173, 2594, 2892)
Schulte Chevrolet Geo; Terry
1991 Ed. (270)
Schulte Roth & Zabel LLP
2008 Ed. (3416)
Schultz; Charles M.
1989 Ed. (1347)
Schultz Foundation
1995 Ed. (1070, 1928)
Schultz; Paul
2008 Ed. (1880)
Schultz Sav-O Stores
2000 Ed. (2386, 2387)
1998 Ed. (1871, 1872)
1996 Ed. (2053)
1995 Ed. (2051, 2054, 2055, 2057)
1994 Ed. (2002, 2003)
1993 Ed. (3487)
1992 Ed. (4164)
1990 Ed. (3494)
Schulz
2005 Ed. (1841)
Schulz; Charles
2007 Ed. (891)
2006 Ed. (802)
1995 Ed. (1714)
1994 Ed. (1667)
Schulz; Charles M.
1993 Ed. (1633)
1992 Ed. (1982)
1991 Ed. (1578)
1990 Ed. (1672)
Schulze; John B.
2008 Ed. (3997)
Schulze; Richard
2008 Ed. (4831)
2007 Ed. (4903)
2006 Ed. (4907)
2005 Ed. (4833)
Schumacher & Co.; F.
1996 Ed. (3676)
Schumacher Buick-Oldsmobile
1996 Ed. (266)
1995 Ed. (265, 282)
Schumacher Group
2002 Ed. (2594)
2001 Ed. (2765)
Schumacher Group of Delaware
2006 Ed. (2405)
2005 Ed. (2359, 2885)
2003 Ed. (2797)
Schumacher; Michael
2008 Ed. (272)
2007 Ed. (294, 2450)
2006 Ed. (292, 2485)
2005 Ed. (2443)
1997 Ed. (278)
Schumacher Oldsmobile
1996 Ed. (282)
Schuman; A. L.
2005 Ed. (2500)
Schuman; Allan L.
2007 Ed. (2499, 2500)
2006 Ed. (919, 2520, 2522)
Schuman; Steven
2008 Ed. (2691)
Schupak; Donald
1991 Ed. (1626)
Schurgin Development Companies
1990 Ed. (3284, 3286)
Schuylkill Capital Management
1998 Ed. (2288, 2289)
Schwab
1998 Ed. (491, 1694)
Schwab Active Trader
2007 Ed. (761)
2006 Ed. (662)
Schwab & Co. Inc.; Charles
1996 Ed. (809)
1993 Ed. (760, 762, 763, 827, 3218)
Schwab; Charles
2008 Ed. (4832)
2007 Ed. (4903)
2006 Ed. (4908)
2005 Ed. (4854)
1997 Ed. (732, 733, 734, 737, 738, 740, 741, 2166)
1996 Ed. (794, 795, 798)
1995 Ed. (232, 721, 756, 758, 759, 761, 762)
1994 Ed. (763, 778, 779)
1992 Ed. (950, 957)
1991 Ed. (769, 774, 3090)
Schwab; Charles R.
2005 Ed. (2475)
Schwab CyberTrader
2005 Ed. (757, 759)
Schwab Institutional Trading-Operations
1995 Ed. (754)
Schwab Investment Advantage Invesco High Yield
2000 Ed. (4331)
Schwab Investment Yield Plus Select
2008 Ed. (604, 606)
Schwab; Keith
2005 Ed. (786)
Schwab Long-Term Tax-Free Bond
1999 Ed. (3572)

Schwab Short/Intermediate Tax-Free
2004 Ed. (707)
Schwab Total Bond Market
2007 Ed. (640)
Schwab Variable Annuity Invesco High Yield
2000 Ed. (4331)
Schwab Variable Annuity Janus Worldwide Growth
2000 Ed. (4333)
Schwabe Williamson & Wyatt
2007 Ed. (1508)
2005 Ed. (1931)
The Schwan Food Co.
2008 Ed. (2776, 2780, 2783, 3177)
2006 Ed. (4793)
2005 Ed. (2655)
Schwann-Stabilo Schwanhaeusser GMBH & Co.
2000 Ed. (3036)
Schwans Home Service
2008 Ed. (4069, 4071)
Schwan's Sales Enterprises Inc.
2003 Ed. (2520, 2560, 2562)
2001 Ed. (2478)
Schwans.com
2006 Ed. (2378)
Schwartz; Alan
2005 Ed. (2510)
Schwartz; Alan D.
2005 Ed. (2512)
Schwartz Ave Maria Catholic Values
2006 Ed. (3617, 3618)
Schwartz; Bernard
1996 Ed. (963)
1995 Ed. (979)
Schwartz; Bernard L.
1995 Ed. (982)
1994 Ed. (950)
1993 Ed. (1702)
1992 Ed. (1145, 2057, 2058)
Schwartz Communications
2005 Ed. (3955, 3964, 3967, 3972)
2004 Ed. (3989, 4011, 4016, 4027)
2003 Ed. (3990, 3997, 4004, 4006)
2002 Ed. (3810, 3823)
2000 Ed. (3628, 3630, 3644)
1999 Ed. (3911, 3927)
Schwartz; Gerald
2005 Ed. (4863)
1997 Ed. (980)
Schwartz Levitsky & Feldman
1993 Ed. (3)
Schwartz Mazda
1994 Ed. (275)
Schwartz; Stanley S.
1991 Ed. (2296)
Schwartz Value Fund
2004 Ed. (3580)
Schwartzer; Michael
2006 Ed. (4140)
Schwarz Group
2006 Ed. (3991)
Schwarz Pharma
2005 Ed. (3821)
Schwarz Stiftung & Co. KG; Lidl &
2006 Ed. (4643)
Schwarz Unternehmens Treuhand KG
2008 Ed. (4235)
Schwarzenbach; Urs
2005 Ed. (4893)
Schwarzenegger; Arnold
1992 Ed. (1982)
1990 Ed. (1672)
Schwarzkopf: How the War was Won
1992 Ed. (4396)
Schwarzman; Stephen A.
2007 Ed. (4894)
Schweiger Construction Co.
2008 Ed. (3718, 4409, 4969)
2007 Ed. (3572, 3573, 4430)
2006 Ed. (3523)
Schweigert
2002 Ed. (3271)
Schweitzer-Mauduit International Inc.
2005 Ed. (3673, 3674)
2004 Ed. (3758, 3759)
Schweiz, Bankgesellschaft
1991 Ed. (3517, 3518)
Schweiz, Bankverein
1991 Ed. (3517, 3518)
Schweiz, Kreditanstalt
1991 Ed. (3517, 3518)
Schweiz Ruck.
1997 Ed. (3931)
1996 Ed. (1452)
1995 Ed. (1495)
1991 Ed. (1354)
1990 Ed. (1423)
Schweiz, Ruckvers.-Ges.
1991 Ed. (3517, 3518)
Schweiz Ruckversicherungs-Gesellschaft
1992 Ed. (4497)
1990 Ed. (3714)
Schweiz Vers.
1994 Ed. (2239)
Schweizer, Bankgesellschaft
1991 Ed. (691)
Schweizer Ruck (Zurich)
1991 Ed. (2159)
Schweizer Ruckversich-Ges.
1990 Ed. (2284)
Schweizer Verband der Raiffeisenbanken
2008 Ed. (510)
2007 Ed. (558)
2006 Ed. (528)
2005 Ed. (615)
2004 Ed. (626)
2003 Ed. (617)
2002 Ed. (653)
2000 Ed. (670)
1999 Ed. (645)
Schweizerhall, Inc.
2001 Ed. (994)
1999 Ed. (1092, 1093)
Schweizerische Bankgesellscahft
1997 Ed. (3931)
Schweizerische Bankgesellschaft
1995 Ed. (464, 1381)
1993 Ed. (470, 3742, 3743)
1992 Ed. (4497, 4498)
1990 Ed. (3714)
1989 Ed. (710)
Schweizerische Bankverein
1997 Ed. (3931)
Schweizerische Bundesbahnen
1996 Ed. (3737)
Schweizerische Kreditanstalt
1990 Ed. (3714)
Schweizerische Post-Telefon & Telegraphenbetr.
1995 Ed. (1496, 3327)
Schweizerische Post Telefon und Telegraphenbetr.
1994 Ed. (1456, 3248)
Schweizerische Post-Telefon und Telegraphenbetrie
1996 Ed. (1453, 3405)
Schweizerische PTT
1990 Ed. (1108)
1989 Ed. (966)
Schweizerische Ruckversicherungs Gesellschaft
1994 Ed. (1455)
1993 Ed. (1407, 2254, 3743)
1992 Ed. (1696, 4498)
Schweizerische Rueckversicherungs Gesellschaft
1990 Ed. (2276)
Schweizerischer Bankverein
1993 Ed. (3742, 3743)
1992 Ed. (4497, 4498)
1990 Ed. (3714)
Schwendener Inc.; Paul H.
1997 Ed. (1160)
1996 Ed. (1131)
1995 Ed. (1136, 1146, 1175)
1994 Ed. (1138)
Schwendiman-Equity
1996 Ed. (2097)
Schwendiman-Global High Performance
1996 Ed. (2097)
Schwendiman-International
1996 Ed. (2097)
Schweppes
2008 Ed. (722)
2002 Ed. (754, 4327)
2001 Ed. (999, 4310)
1999 Ed. (767)
1998 Ed. (482)
1996 Ed. (3478)
Schweppes Mixers
1999 Ed. (4366)
1996 Ed. (3480)
1994 Ed. (3360)
1992 Ed. (4020)
Schwerman Trucking Co.
2007 Ed. (4849)
1993 Ed. (3642)
Schwetje; Ann
1997 Ed. (1866)
1996 Ed. (1792)
1995 Ed. (1818)
Schwimmer; Lance
2006 Ed. (4140)
Schwimmer; Steve
2006 Ed. (4140)
Schwinn Exerciser
1994 Ed. (1724)
Schwinn/GT Corp.
2001 Ed. (2349)
Schwitzer Inc.
1994 Ed. (3049)
Sci & technology
1989 Ed. (1845)
SCI Companies
2002 Ed. (2114)
SCI Credit Union
2004 Ed. (1925)
SCI Entertainment
2007 Ed. (1262)
SCi Entertainment Group
2008 Ed. (1121)
Sci-Fi Channel
1992 Ed. (1032)
SCI Financial Services
2002 Ed. (2918)
SCI Holdings Inc.
1996 Ed. (1207)
1995 Ed. (1236)
1994 Ed. (1220)
1993 Ed. (811, 1180, 2381)
1992 Ed. (1473)
1991 Ed. (1161)
1990 Ed. (1029, 1030, 1031, 1230, 1242)
SCI Missouri Funeral Services Inc.
2005 Ed. (3720)
2004 Ed. (3811)
SCI Power Systems Inc.
2007 Ed. (1564)
SCI/Steelcon Inc.
1991 Ed. (1083)
1990 Ed. (1207)
SCI Systems Inc.
2006 Ed. (1534)
2005 Ed. (1644)
2004 Ed. (1618, 2259)
2003 Ed. (1601, 1602, 2199, 2247, 4376, 4380)
2002 Ed. (1226, 1227, 1528, 1574, 4256)
2001 Ed. (1458, 1459, 1460, 1607, 2191, 4214, 4215)
2000 Ed. (1245, 1383, 1745)
1999 Ed. (1263, 1352, 1562, 1969)
1998 Ed. (821, 830, 832, 933, 1125)
1997 Ed. (1352)
1996 Ed. (1119)
1995 Ed. (1145, 1283, 1285, 1337, 1654)
1994 Ed. (1265, 1315)
1993 Ed. (1112, 1271)
1992 Ed. (1303, 1920)
1991 Ed. (1527)
1990 Ed. (1122)
1989 Ed. (973, 1981)
SCI Technology Inc.
2007 Ed. (1564)
2006 Ed. (1534)
SCICI
1997 Ed. (686)
Science
2007 Ed. (159)
2005 Ed. (137)
2004 Ed. (143, 144)
2001 Ed. (250, 252, 1053, 3585)
1997 Ed. (271)
1996 Ed. (240)
1995 Ed. (247)
Science & Applied Technology
2005 Ed. (2156)
Science & technology
1997 Ed. (2157, 2158)
1995 Ed. (2695)
Science Applications International Corp.
2008 Ed. (163, 1348, 1349, 1352, 1354, 1355, 1358, 1361, 1362, 1368, 1371, 1372, 1373, 1519, 2286, 2287, 2885, 2903, 3203, 4289, 4802)
2007 Ed. (184, 1395, 1396, 1398, 1400, 1402, 1404, 1405, 1406, 1410, 1414, 1415, 1417, 1535, 2171, 2172, 2449, 3066, 3068)
2006 Ed. (178, 1107, 1355, 1356, 1357, 1359, 1361, 1363, 1366, 1368, 1372, 1376, 1377, 1379, 2105, 2247, 2248, 2482, 2483, 2807, 3932, 4872)
2005 Ed. (1117, 1349, 1353, 1354, 1359, 1364, 1365, 1370, 1371, 1372, 1379, 1381, 1386, 1387, 1391, 2008, 2152, 2154, 2157, 2158, 2825, 3039)
2004 Ed. (1113, 1343, 1345, 1346, 1349, 1352, 1354, 1355, 1356, 1361, 1363, 1364, 1367, 1370, 2009, 2011, 2014, 2016, 2018, 2019, 2824)
2003 Ed. (1091, 1343, 1345, 1350, 1351, 1352, 1355, 1357, 1359, 1362, 1964, 1965, 1966, 1967, 1968, 2268, 2705, 2951)
2002 Ed. (1069, 1132, 1148, 1565, 1566, 2115, 2813)
2001 Ed. (1247, 1866, 2184, 2224, 2297, 2299)
2000 Ed. (1648, 1785, 1845, 1847, 1851, 1854)
1998 Ed. (1486)
1995 Ed. (1664)
1992 Ed. (1337)
Science-Based Industrial Park
1992 Ed. (2596)
Science Diet; Hill's
2008 Ed. (3890)
Science Museum of Minnesota
2006 Ed. (3718)
Science, research & development
2000 Ed. (3466)
ScienceDirect
2003 Ed. (3035)
SCIENS Worldwide PR
2000 Ed. (3628)
SCIENS Worldwide Public Relations
1998 Ed. (2938)
Scient Corp.
2003 Ed. (2706)
Scientech Inc.
1992 Ed. (2406, 2407)
1991 Ed. (1907)
Scientific American
2007 Ed. (167, 169)
1993 Ed. (2792, 2805)
1989 Ed. (184, 2179)
Scientific & Engineering Solutions Inc.
2006 Ed. (3518)
Scientific & photographic equipment
1993 Ed. (1218, 1232, 1234, 1236, 1240, 1241, 1242)
1992 Ed. (2599, 2601, 2605, 2607, 2608, 2611, 2613, 2615, 2616, 2617, 2618, 2619, 2620, 2621)
1991 Ed. (2039, 2041, 2043, 2045, 2046, 2048, 2049, 2050, 2051)
Scientific-Atlanta Inc.
2007 Ed. (865, 1190, 1442, 3691, 4704)
2006 Ed. (1083, 1084, 1085, 1086, 3696, 4685)
2005 Ed. (1089, 1090, 1091, 1092, 1093, 1094, 3593, 4622)
2004 Ed. (1080, 1081, 1082, 1083, 1085, 3678, 4662, 4666)
2003 Ed. (1069, 4688, 4689, 4690, 4693)
2002 Ed. (1122, 2812, 2814, 4357, 4563)
2001 Ed. (4455, 4456)
2000 Ed. (1736)
1999 Ed. (1479, 4544)
1995 Ed. (1291, 1650, 3446)

1994 Ed. (1607, 3644)
1993 Ed. (1045, 1564)
1992 Ed. (1293, 1294, 3675)
1991 Ed. (1015, 2844)
1990 Ed. (1106, 3511)
1989 Ed. (963, 2309)
Scientific Calculations (Harris)
1990 Ed. (1111, 1112)
Scientific Components Corp.
2006 Ed. (1134)
Scientific Games Corp.
2007 Ed. (2675)
2006 Ed. (2685)
Scientific instruments
2008 Ed. (2649)
Scientific Leasing Inc.
1990 Ed. (1246)
Scientific management director
2004 Ed. (2279)
Scientific, photo, control equipment
2002 Ed. (2771, 2772, 2773)
1997 Ed. (1304, 1441, 1444)
1996 Ed. (1261)
Scientific, photographic, & control equipment
1998 Ed. (1073, 1074, 1075, 1154, 1155)
1995 Ed. (1278, 1304)
Scientific, photographic, control equipment
1994 Ed. (1272, 1279, 1280, 1281, 1282)
Scientific Research Corp.
2007 Ed. (1401)
Scientific Sales Inc.
2006 Ed. (3540)
Scientific Services & Systems
1996 Ed. (2562)
Scientist
2004 Ed. (2279)
Scientists, mathematical & computer
1993 Ed. (2739)
Scientists, natural
1993 Ed. (2739)
Scimed Life System
1992 Ed. (2367)
SciMed Life Systems
1994 Ed. (2017)
1992 Ed. (2366, 2368, 3986, 3987, 3991)
1990 Ed. (3454)
Scimitar Japanese Equity Fund
1990 Ed. (2400)
Scimitar Pacific Basin Equity Fund
1990 Ed. (2397)
Scimtar North American
1992 Ed. (2755, 2763)
Scion Steel Inc.
2001 Ed. (2709)
2000 Ed. (2469)
1999 Ed. (2685)
1998 Ed. (1942)
1992 Ed. (2405)
Scios
1998 Ed. (465)
1997 Ed. (674)
SciQuest.com
2002 Ed. (2529)
2001 Ed. (2180, 4186, 4750)
Scissors, 8.5 in.
1989 Ed. (2632)
Scitex Corp. Ltd.
1996 Ed. (2895, 2896)
1994 Ed. (2709, 2710)
1993 Ed. (2752, 2753)
1992 Ed. (3314, 3315)
SCM Allied Paper
1994 Ed. (805)
1993 Ed. (788)
1992 Ed. (991, 992, 3528)
1991 Ed. (809)
1990 Ed. (849)
1989 Ed. (832)
SCM Microsystems, Inc.
2001 Ed. (1644)
SCN Communications Group
2001 Ed. (3542)
2000 Ed. (3336)
1999 Ed. (3617)
1998 Ed. (2680)
The SCO Group Inc.
2005 Ed. (1153)
Scolr Pharma
2008 Ed. (2140)
2006 Ed. (2075)
Scoma's Restaurant
2002 Ed. (3994)
1999 Ed. (4056)
1998 Ed. (3049)
1997 Ed. (3302)
1996 Ed. (3195)
Scooby-Doo
2004 Ed. (2161, 3517)
Scooby-Doo's Greatest Mysteries
2001 Ed. (4689)
Scoop
2006 Ed. (1038)
1999 Ed. (4169)
Scoop shops
2002 Ed. (2719)
Scoot.com plc
2002 Ed. (4509)
Scooter
1999 Ed. (3904)
1997 Ed. (3178)
1996 Ed. (3099)
The Scooter Store
2006 Ed. (3977)
2005 Ed. (2787, 3904)
Scooter's Coffeehouse
2008 Ed. (1030)
Scope
2008 Ed. (3761)
2004 Ed. (4743)
2003 Ed. (1994, 3460, 3461)
2002 Ed. (3404, 3405)
1999 Ed. (1828, 3458)
1997 Ed. (3059)
1996 Ed. (2703)
1995 Ed. (2625, 3526)
1994 Ed. (2570, 2957)
1993 Ed. (1470, 2814)
1992 Ed. (1782, 3403)
1991 Ed. (2714)
1990 Ed. (2808)
Scope Communications
1999 Ed. (3934)
1997 Ed. (3195, 3203)
1996 Ed. (3116, 3118)
1995 Ed. (3015)
Scope 40 oz
1990 Ed. (2628)
Scope Peppermint 40 oz
1990 Ed. (2628)
Scope Peppermint 24 oz
1990 Ed. (2628)
Scope Services Inc.
2007 Ed. (3568)
Scope 24 oz
1990 Ed. (2628)
SCOR
2002 Ed. (2973, 2974)
2001 Ed. (2907, 4038)
1998 Ed. (2107, 3039, 3179)
Scor Group
2002 Ed. (2972)
1999 Ed. (4035, 4036, 4037)
1998 Ed. (3040)
Scor Reinsurance Co., Inc.
2007 Ed. (3189)
2006 Ed. (3150, 3151, 3152, 3154)
2005 Ed. (3145, 3153, 3154)
2004 Ed. (3137, 3138, 3142, 3143, 3144)
2003 Ed. (3014)
2002 Ed. (3948, 3949, 3950, 3958)
2000 Ed. (2660, 3749, 3752)
1999 Ed. (2905)
Scor Reinsurnace Group
1992 Ed. (3660)
SCOR SA
1997 Ed. (3293)
1996 Ed. (3188)
1995 Ed. (3088)
1994 Ed. (3042)
Scor/UAP Reinsurance
1991 Ed. (2132)
SCOR U.S. Group
1999 Ed. (2964)
Score
2005 Ed. (52)
1998 Ed. (3025)
1993 Ed. (3608)
1990 Ed. (3634)
Score Board
1994 Ed. (2016, 3324)
1993 Ed. (2007, 3334)
1992 Ed. (2362, 2363, 2367, 3988, 3989, 3991)
Scoresby
2004 Ed. (4316)
2003 Ed. (4306)
2002 Ed. (4173)
2001 Ed. (4163)
1998 Ed. (2394, 3163, 3164)
1997 Ed. (2662, 3387, 3392, 3393, 3395)
1996 Ed. (3290, 3295, 3297, 3298)
1995 Ed. (3193, 3197)
1994 Ed. (3148, 3153)
1993 Ed. (3104, 3109)
1992 Ed. (3808)
1991 Ed. (2932)
1990 Ed. (3111)
Scot Life European
1992 Ed. (3203)
Scot; Mark
1991 Ed. (3172)
1990 Ed. (3330, 3341, 3342)
Scotch
2005 Ed. (2753)
2002 Ed. (3132, 3133, 3142, 3167, 3168, 3169, 3170)
2001 Ed. (3124, 3125, 3150)
2000 Ed. (749)
1992 Ed. (3460, 3461)
1989 Ed. (2634)
Scotch & soda
1990 Ed. (1074)
Scotch Brite
1995 Ed. (993)
Scotch Magic Tape 1/2 x 450
1990 Ed. (1544)
Scotch T-120 3 pack
1992 Ed. (1849)
Scotch T-120 VHS Blank Video Cassette
1990 Ed. (1545)
Scotch/3M
1999 Ed. (735, 736, 3824, 3825, 4469, 4470)
1998 Ed. (475, 476, 841, 2848, 2849, 3399, 3400)
1997 Ed. (680, 681, 3115, 3116, 3625)
1996 Ed. (749, 750, 3034, 3583, 3584)
1995 Ed. (679, 3507)
1994 Ed. (3428, 3429)
1993 Ed. (2853, 3446, 3447)
1992 Ed. (4131)
Scotch - UD USA
2000 Ed. (3871)
Scotch - UDV USA
2002 Ed. (4185)
2001 Ed. (4167, 4170)
Scotch VHS tape T-120EG
1992 Ed. (1848)
Scotch whiskey
2002 Ed. (3143)
1999 Ed. (1933, 1934)
1990 Ed. (1578)
Scotes, Kindsvatter & Associates
2001 Ed. (3156)
2000 Ed. (2991)
Scotia
2003 Ed. (3620)
Scotia Bank
2007 Ed. (432)
Scotia Canadian Dividend
2006 Ed. (3662)
Scotia Canadian Income
2001 Ed. (3460)
Scotia Capital
2008 Ed. (3401)
2007 Ed. (3282, 4660, 4661)
Scotia Discount Brokerage
2002 Ed. (813, 814, 815, 817, 818)
Scotia Inverlat
2008 Ed. (739)
2007 Ed. (763)
Scotia Mcleod Inc.
1990 Ed. (811)
Scotia Mortgage Corp.
2008 Ed. (4782)
2007 Ed. (4859)
Scotiabank
2008 Ed. (645)
2000 Ed. (482, 3413, 3415)
1999 Ed. (488, 3706, 3707)
1997 Ed. (429)
1996 Ed. (467)
1995 Ed. (439)
1994 Ed. (447)
Scotiabank—Bank of Nova Scotia
2008 Ed. (391, 392, 486, 1615, 1624, 1627, 1641, 1642, 1645, 1647, 1649, 1652, 1655, 1741, 1748, 1749, 4531)
2007 Ed. (412, 414, 532, 1445, 1617, 1618, 1625, 1627, 1633, 1634, 1639, 1641, 1644, 1645, 1647, 1712, 1720, 1727, 4575)
2006 Ed. (423, 1451, 1598, 1600, 1612, 1618, 1619, 1620, 1621, 1626, 1628, 3232, 4491)
2005 Ed. (473, 1436, 1443, 1719, 1720, 1723, 3491, 3943, 4578, 4579)
2004 Ed. (460, 499, 1425, 1668, 1670)
2003 Ed. (473, 594, 1392)
Scotiabank (Belize)
2008 Ed. (386)
2007 Ed. (404)
Scotiabank de Costa Rica
2008 Ed. (400)
2007 Ed. (425, 426)
2005 Ed. (482)
Scotiabank El Salvador
2008 Ed. (406)
2007 Ed. (435, 436)
2004 Ed. (483)
Scotiabank Inverlat
2008 Ed. (465)
2006 Ed. (500)
2004 Ed. (3025, 3026)
Scotiabank Inverlat; GF
2008 Ed. (476)
2007 Ed. (520)
Scotiabank Jamaica Trust & Merchant Bank Ltd.
1996 Ed. (572)
1994 Ed. (543)
1993 Ed. (541)
Scotiabank Sud Americano
2007 Ed. (418)
Scotiabank Trinidad & Tobago Ltd.
2002 Ed. (4678, 4679)
2000 Ed. (675)
ScotiaMcLeod
1995 Ed. (3273)
1994 Ed. (1681)
1993 Ed. (1659)
1991 Ed. (1588)
Scotland
2000 Ed. (1321)
1996 Ed. (1218)
1995 Ed. (1249)
Scotland Electronics (International) Ltd.
2002 Ed. (2497)
Scotmedia
1995 Ed. (2894)
Scotsburn Co-operative Services
2008 Ed. (1385)
2007 Ed. (1434)
2006 Ed. (1401)
Scotsman
2002 Ed. (233)
Scotsman Ice Systems
2008 Ed. (3563)
Scott
2008 Ed. (3857, 4697, 4698)
2007 Ed. (4781)
2006 Ed. (4773)
2005 Ed. (4720)
2003 Ed. (3719, 3735, 4668, 4759, 4760)
1999 Ed. (1372, 1375, 3772)
1997 Ed. (3754)
Scott & Sons Maintenance Inc.
1996 Ed. (2662)
1995 Ed. (2592)
1994 Ed. (2533)
Scott & Stringfellow Inc.
1993 Ed. (3178)

Scott & White Health Plan
1999 Ed. (2650)
Scott & White Hospital
1990 Ed. (2051)
Scott & White Memorial Hospital & Clinic
1999 Ed. (2988)
Scott Blum
2005 Ed. (2453)
Scott Boras
2003 Ed. (221, 225)
Scott Buick
1996 Ed. (266)
Scott Christensen
2000 Ed. (2191)
1999 Ed. (2431)
Scott Company of California
2001 Ed. (1481)
Scott Cook
2003 Ed. (805)
The Scott Cos. Inc.
2004 Ed. (1310)
2002 Ed. (1297)
1994 Ed. (1636)
Scott D. Sullivan
2000 Ed. (1051)
Scott Doepke
2007 Ed. (4161)
Scott Edmonds
2007 Ed. (1019)
2006 Ed. (929)
Scott F. Hartman
2006 Ed. (2530)
2005 Ed. (2516)
Scott Falder Homes
1995 Ed. (1133)
Scott Financial
1996 Ed. (2352)
Scott Flower
2000 Ed. (2037)
1999 Ed. (2256)
1998 Ed. (1666)
1997 Ed. (1895)
Scott Ford
2008 Ed. (940)
2007 Ed. (1012)
Scott, Foreman
1989 Ed. (2275)
Scott G. McNealy
2007 Ed. (1023)
2005 Ed. (983, 2497)
2001 Ed. (2316)
2000 Ed. (1882)
1995 Ed. (1717)
Scott; H. B.
1994 Ed. (3546)
Scott Hedrick Construction
2008 Ed. (1294)
Scott Housing Systems, Inc.
1989 Ed. (1999)
Scott; Jack
1989 Ed. (2944)
Scott Jr.; H. Lee
2008 Ed. (944)
2007 Ed. (2503, 2505)
2006 Ed. (877, 2627)
Scott Keys
2007 Ed. (385)
Scott Kriens
2007 Ed. (975)
2006 Ed. (884)
2003 Ed. (4695)
2002 Ed. (3358)
Scott; Lee
2006 Ed. (689)
2005 Ed. (788)
Scott Lithgow Ltd.
1991 Ed. (1338)
Scott Livengood
2006 Ed. (2517)
Scott MacDonald
2000 Ed. (1928)
1999 Ed. (2154)
1998 Ed. (1571)
1997 Ed. (1932)
Scott McKee
1999 Ed. (2398)
1996 Ed. (1891)
Scott McNealy
2003 Ed. (961)
2002 Ed. (1041, 3350)
Scott Merlis
1997 Ed. (1857)
1996 Ed. (1828)
1995 Ed. (1850)
1993 Ed. (1778)
Scott Nonwovens
1993 Ed. (2733)
1992 Ed. (3271, 3273)
1991 Ed. (2620)
Scott Co. of California
2004 Ed. (1241, 1244, 1340)
2003 Ed. (1235, 1238, 1241, 1340)
2000 Ed. (1264)
1998 Ed. (954)
1997 Ed. (1163)
1996 Ed. (1135)
1993 Ed. (1140)
Scott 1000
1998 Ed. (2669)
Scott Oswald
1993 Ed. (13)
Scott Paper Co.
2005 Ed. (1526)
2004 Ed. (1510)
2003 Ed. (1480)
1997 Ed. (1236, 1237, 1238, 1239, 1246, 2019, 2069, 2990)
1996 Ed. (1245, 1269, 1286, 1958, 1959, 2200, 2904, 2949)
1995 Ed. (1473, 1922, 1923, 2826, 2835, 2874)
1994 Ed. (1439, 1891, 1893, 2722, 2724, 2725, 2729, 2732)
1993 Ed. (1385, 1738, 1890, 1892, 2763, 2764, 2851)
1992 Ed. (1237, 2209, 2211, 3330, 3331, 3335, 3363, 3457, 3397)
1991 Ed. (1761, 1763, 1976, 2669, 2672, 2738)
1990 Ed. (1842, 1843, 2128, 2763, 2765)
1989 Ed. (1465, 1466, 1629, 2113, 2882)
Scott; Phil
2008 Ed. (3376)
2007 Ed. (3248, 3249)
Scott Pinkus
1993 Ed. (1843)
Scott Printing
1998 Ed. (2924)
Scott Printing Corporation
2000 Ed. (3614)
Scott R. Douglass
1993 Ed. (3444)
Scott Real Estate; John L.
2007 Ed. (4076)
2006 Ed. (4036, 4037)
2005 Ed. (4001, 4002)
Scott; Richard L.
1996 Ed. (961)
Scott Royster
2007 Ed. (1079)
2006 Ed. (986)
Scott Sign Systems Inc.
1999 Ed. (4813)
Scott Simon
1997 Ed. (1953)
Scott; Sir Ridley & Tony
2005 Ed. (4891)
Scott Smith
1995 Ed. (1795, 1828)
1994 Ed. (1789, 1831)
1993 Ed. (1806)
1991 Ed. (1677)
Scott Stern
1999 Ed. (2838)
Scott Sullivan
2000 Ed. (1050)
Scott T. Ford
2007 Ed. (1033)
Scott Technologies, Inc.
2001 Ed. (268)
Scott; Tom
2008 Ed. (4006)
Scott; Vivian
1997 Ed. (2705)
Scott Wilkins
1996 Ed. (1900)
Scott Wilson
2003 Ed. (2314)
2000 Ed. (1820)
Scott Wilson Kirkpatrick
1992 Ed. (1961)
Scottie Pippen
2003 Ed. (296)
Scotties
2008 Ed. (4684, 4685)
2007 Ed. (4761)
2006 Ed. (4755)
2005 Ed. (4700)
2003 Ed. (4740, 4741)
2002 Ed. (4626)
2001 Ed. (4547)
2000 Ed. (4254)
1999 Ed. (4603)
1998 Ed. (3573)
1996 Ed. (3694, 3695)
1995 Ed. (3617)
1994 Ed. (3539)
1993 Ed. (3579)
1992 Ed. (4300)
Scottish Amicable
1992 Ed. (2679)
Scottish & Newcastle
1999 Ed. (1728)
1997 Ed. (2670)
1995 Ed. (641)
1993 Ed. (750, 1389)
1990 Ed. (1412)
Scottish & Newcastle Breweries PLC
1991 Ed. (1337)
Scottish & Newcastle plc
2008 Ed. (4204)
2007 Ed. (610, 617, 1328)
2006 Ed. (45, 571, 1220)
2005 Ed. (38, 1552, 1571, 3295)
2004 Ed. (44, 2653)
2002 Ed. (2305)
2001 Ed. (1027, 2468, 2490)
Scottish & Southern Energy
2006 Ed. (2368, 2369)
2005 Ed. (2308)
Scottish & Southern Energy plc
2008 Ed. (2430, 2431, 2433, 2817)
2007 Ed. (2300, 2302, 2307)
2006 Ed. (1682)
2005 Ed. (2305)
Scottish and Universal Investments Ltd.
1991 Ed. (1337)
1990 Ed. (1412)
Scottish Courage Ltd.
2002 Ed. (34)
Scottish Eastern
1995 Ed. (2748)
1994 Ed. (2647)
1993 Ed. (2700)
1992 Ed. (3204)
1991 Ed. (2259)
Scottish Equitable
1997 Ed. (2539)
Scottish Equitable Far East
1994 Ed. (2648)
Scottish Equitable Life Assurance Society
1990 Ed. (2280)
Scottish Equitable plc
2004 Ed. (2607)
Scottish Exhibition & Conference Centre
2006 Ed. (1154)
2002 Ed. (4344)
Scottish Ice Rink
1990 Ed. (3464)
Scottish Inns
1998 Ed. (2015, 2021)
1992 Ed. (2493)
Scottish Investment
1997 Ed. (2920)
1995 Ed. (2748)
1994 Ed. (2647)
1993 Ed. (2700)
1992 Ed. (3204)
1991 Ed. (2259)
1990 Ed. (2398)
Scottish Mortgage
1997 Ed. (2920)
1996 Ed. (2816)
1995 Ed. (2748)
1994 Ed. (2647)
1993 Ed. (2700)
1992 Ed. (3204)
1991 Ed. (2259)
1990 Ed. (2398)
Scottish Mutual North American
1992 Ed. (3208)
Scottish National Cap
2000 Ed. (3306)
1999 Ed. (3584)
Scottish Office
2002 Ed. (42)
Scottish Power
2006 Ed. (2368, 2369)
1999 Ed. (1639)
1995 Ed. (3208)
1993 Ed. (1389, 1861)
Scottish Power plc
2008 Ed. (1431)
2007 Ed. (2300, 2307)
2003 Ed. (4610)
2001 Ed. (2220)
Scottish Power PLC-UK
2000 Ed. (1329)
Scottish Power U.K. plc
2001 Ed. (3949)
Scottish Provincial Press Group
2002 Ed. (3517)
Scottish Radio
1999 Ed. (3982)
Scottish Re
2008 Ed. (3290, 3292)
Scottish Re Group Ltd.
2008 Ed. (4535)
Scottish Telecom
2000 Ed. (4196, 4199, 4200, 4201)
Scottish Television PLC
1991 Ed. (1338)
1990 Ed. (1413)
Scottish TV
1997 Ed. (1418)
Scottish Widows
2000 Ed. (2803, 2807)
1995 Ed. (2395, 2397)
1992 Ed. (2679)
Scottish Widows Fund & Life Assurance Society
2002 Ed. (40)
1990 Ed. (2242, 2280)
Scottish Widows Investment Partnership
2005 Ed. (3213)
Scottissue
1996 Ed. (3705)
1994 Ed. (3549)
1993 Ed. (3585)
1992 Ed. (4308)
Scotto; Daniel
1997 Ed. (1926)
1993 Ed. (1841)
Scottowels
1996 Ed. (2907)
1994 Ed. (2733)
1992 Ed. (3337)
Scottrade
2008 Ed. (731, 737, 2340)
2007 Ed. (758, 759, 761, 2203)
2006 Ed. (661, 2267)
2005 Ed. (755, 758, 2205)
2001 Ed. (4200)
Scottrade Elite
2007 Ed. (762)
The Scotts Co.
2006 Ed. (868)
2005 Ed. (945)
2001 Ed. (1208)
2000 Ed. (1914, 2913)
1999 Ed. (3167, 3168)
1998 Ed. (1553, 2341, 2342)
1997 Ed. (1844)
1996 Ed. (819)
1995 Ed. (1784)
1994 Ed. (1753)
Scott's Hospitality Inc.
1993 Ed. (1504)
1992 Ed. (2487)
1990 Ed. (2083, 2084)
Scotts Lawn Service
2008 Ed. (3432, 3433)
2007 Ed. (3331, 3332)
2006 Ed. (3253, 3254)
2005 Ed. (3267, 3268)
2004 Ed. (3242)
2003 Ed. (3196)
2002 Ed. (3065)
Scott's Liquid Gold
2008 Ed. (980)

2003 Ed. (980, 990, 993)
The Scotts Miracle-Gro Co.
2008 Ed. (3872)
2007 Ed. (921, 930, 957)
Scott's Restaurants Inc.
2001 Ed. (4085)
Scott's Seafood
2001 Ed. (4052)
Scott's Transport
2003 Ed. (3957)
2002 Ed. (3787)
Scottsbluff National Bank & Trust Co.
1989 Ed. (214)
Scottsdale, AZ
1999 Ed. (1174, 3851)
1995 Ed. (874)
Scottsdale Healthcare Corp.
2008 Ed. (1557)
2007 Ed. (1574)
Scottsdale Healthcare, Shea
2006 Ed. (2917)
Scottsdale Insurance Co.
2008 Ed. (3262)
2006 Ed. (3099)
2005 Ed. (3095)
2004 Ed. (3089)
2002 Ed. (2876)
2001 Ed. (2927, 2928)
1999 Ed. (2926)
1998 Ed. (2145)
1997 Ed. (2428)
1996 Ed. (2293)
1995 Ed. (2288)
1994 Ed. (2240)
1993 Ed. (2191)
1992 Ed. (2648)
1991 Ed. (2087)
Scottsdale Jaguar
1990 Ed. (316)
Scottsdale/Mesa/Phoenix, AZ
1992 Ed. (3291)
Scottsdale/Sun City, AZ
1991 Ed. (939)
1990 Ed. (999, 1001, 2484)
Scotty's Inc.
2001 Ed. (2728, 2729)
1998 Ed. (1973)
1995 Ed. (848)
1994 Ed. (796)
1993 Ed. (778)
1991 Ed. (804)
1990 Ed. (841, 2024, 2025)
Scoular Grain Co.
1991 Ed. (1858)
1990 Ed. (1947)
Scouring pads
2002 Ed. (2707)
Scouring pads/brillo pads
1994 Ed. (978)
Scout Worldwide
2000 Ed. (3311)
1999 Ed. (3517)
Scout Worldwide Fund
1998 Ed. (409)
Scovanner; Douglas
2007 Ed. (1046)
2006 Ed. (951)
SCP Distributors LLC
2007 Ed. (1858)
SCP Pool Corp.
2007 Ed. (1858, 4108, 4162, 4563)
2005 Ed. (4028, 4029)
2004 Ed. (4093, 4094)
SCP Private Equity Partners
1998 Ed. (3667)
SCP Private Equity Partners LP
2000 Ed. (1535)
1999 Ed. (4708)
Scrabble
1991 Ed. (1784)
Scramble system
2002 Ed. (4724)
Scranton-Lackawanna Industrial Building Co.
2002 Ed. (1493)
Scranton; University of
2008 Ed. (1086)
1997 Ed. (1053)
1992 Ed. (1269)
Scream
1999 Ed. (4719, 4720)
The Screen Machine
2005 Ed. (4923)
2003 Ed. (4941)
2002 Ed. (4906)
Screen printing
2001 Ed. (3905)
The Screenmobile
2008 Ed. (2391)
2007 Ed. (2254)
2006 Ed. (2323)
2005 Ed. (4923)
2004 Ed. (4944)
2003 Ed. (4941)
2002 Ed. (4906)
Screens Entertainment
1997 Ed. (3841)
Screg SA
1995 Ed. (1137)
1993 Ed. (1099)
1992 Ed. (1372)
Screwdriver
1990 Ed. (1074)
Scribner
2008 Ed. (625)
Scrip Plus
1999 Ed. (1184, 4321)
ScripNet
2006 Ed. (3086)
2004 Ed. (3943)
Scripps Clinic and Research Foundation
1993 Ed. (890)
Scripps; E. W.
1997 Ed. (2716, 3220)
1996 Ed. (2846, 3140, 3142)
1995 Ed. (3038)
1994 Ed. (2977)
1993 Ed. (1292)
1992 Ed. (2980)
1991 Ed. (2783)
Scripps family
2006 Ed. (4897)
2002 Ed. (3363)
Scripps Foundation for Medicine & Science
2004 Ed. (1658)
2003 Ed. (1626)
Scripps Green Hospital
2008 Ed. (3062)
2006 Ed. (2919, 2922)
2004 Ed. (2907)
Scripps Health
2007 Ed. (201)
Scripps Howard
1997 Ed. (871)
1995 Ed. (715)
1994 Ed. (757)
1993 Ed. (752)
1990 Ed. (2689)
Scripps Howard Broadcasting
2008 Ed. (4662)
2007 Ed. (4741)
1989 Ed. (782)
Scripps Institutions of Medicine & Science
2001 Ed. (1652)
Scripps; James George
1995 Ed. (938)
Scripps Memorial Hospital Foundation
1995 Ed. (933, 938)
Scripps Mercy Hospital
2006 Ed. (2923)
Scripps Research Institute
2005 Ed. (2270)
1994 Ed. (1901)
ScrippsHealth
1999 Ed. (2993)
ScriptLogic
2007 Ed. (1224)
Scripto
1997 Ed. (3625)
1994 Ed. (3428)
1993 Ed. (3446)
1992 Ed. (4132)
Scrivner Inc.
1995 Ed. (2050, 2056)
1994 Ed. (1991, 1997, 1999, 2000, 2939, 3658)
1993 Ed. (1998, 3488, 3490)
1992 Ed. (4165, 2351)
1991 Ed. (1862, 3253, 3255)
1990 Ed. (1957, 3495)
Scrod
1995 Ed. (3198)
Scrooge McDuck
2008 Ed. (640)
2007 Ed. (682)
Scrub Free
2001 Ed. (1238)
Scrubbers/massagers
2004 Ed. (660)
Scrubbers/strippers
2001 Ed. (3831)
Scrubs
2005 Ed. (4665)
2004 Ed. (4692)
Scruggs; Samuel D.
2008 Ed. (2630)
Scrumpy Jack
2002 Ed. (1050)
Scrushy; Richard M.
1996 Ed. (962)
SCS Engineers
2003 Ed. (1268)
2002 Ed. (1258)
2001 Ed. (2300)
2000 Ed. (1855)
SCS Environmental Group LLC
2008 Ed. (3717)
SCS Group L.C.
1999 Ed. (1367)
SCS Holding A
1992 Ed. (1445)
SCS Transportation
2008 Ed. (4763, 4780)
2007 Ed. (4857)
2006 Ed. (4854)
2005 Ed. (4778, 4779)
SCTV--PP
2001 Ed. (42)
Scudder
1999 Ed. (3524, 3527)
Scudder Capital Growth
1991 Ed. (2556)
1990 Ed. (2370)
Scudder Development
2004 Ed. (3597, 3598)
1997 Ed. (2864)
Scudder Dreman High Return
2006 Ed. (3631)
Scudder-Dreman High Return Equity
2006 Ed. (4556)
2005 Ed. (4480)
2004 Ed. (3578)
Scudder Emerging Markets
2008 Ed. (583)
Scudder Emerging Markets Income
1999 Ed. (3581)
Scudder Equity 500 Index-Investment
2007 Ed. (3666)
Scudder Funds
1995 Ed. (2702)
1994 Ed. (2612)
1992 Ed. (3157, 3181)
Scudder Funds High Income
2006 Ed. (628)
Scudder Funds High Income Opportunity
2006 Ed. (628)
Scudder Global
2002 Ed. (3438)
1996 Ed. (2805)
1995 Ed. (2743)
1994 Ed. (2646)
1993 Ed. (2661, 2692)
Scudder Global Bond
2000 Ed. (3292)
Scudder Global Discovery
1999 Ed. (3551)
Scudder Global International Bond
1992 Ed. (3170, 3194, 3173)
Scudder Global Small Co.
1996 Ed. (2805)
Scudder GNMA
1996 Ed. (2810)
1995 Ed. (2744)
1994 Ed. (2642)
Scudder Gold
1993 Ed. (2681)
Scudder Gold & Precious Metals
2006 Ed. (3637, 3638, 3639, 3657)
2005 Ed. (3559, 3560, 3561)
2004 Ed. (3594)
Scudder Greater Europe Growth
2004 Ed. (3646)
2000 Ed. (3278)
1999 Ed. (3512, 3567)
Scudder Growth & Income
2002 Ed. (2159)
Scudder Health Care
2002 Ed. (4504)
Scudder High Income
2006 Ed. (625)
Scudder High-Yield Tax Free
2000 Ed. (769)
1999 Ed. (3571, 3572)
1996 Ed. (2812)
1995 Ed. (2746, 3542)
1994 Ed. (2611, 2622, 2644)
1990 Ed. (2377)
Scudder Horizon Plan-2
1997 Ed. (3816)
Scudder Income
1994 Ed. (2600)
Scudder Institution Tax-Free Port
1996 Ed. (2672)
Scudder Institutional Cash Portfolio
1994 Ed. (2541)
Scudder Institutional T-F Portfolio
1994 Ed. (2540, 2544)
1992 Ed. (3097)
Scudder International
2006 Ed. (3673)
2004 Ed. (3644)
1991 Ed. (2558)
1990 Ed. (2393)
1989 Ed. (1850)
Scudder International Bond
2000 Ed. (3292)
1996 Ed. (2809)
1995 Ed. (2681)
1994 Ed. (2607, 2645)
1992 Ed. (3151, 3163, 3180, 3184, 3185, 3194)
Scudder International Fund
2002 Ed. (2163)
Scudder Int'l Bond
1996 Ed. (2765)
Scudder Kemper
2000 Ed. (2850)
1999 Ed. (3054, 3105, 3109)
Scudder Kemper Investments
2001 Ed. (3453)
2000 Ed. (2775, 2845, 2851, 2853, 2855)
Scudder Latin America
2007 Ed. (3663, 3672)
2003 Ed. (3619)
1998 Ed. (2636)
Scudder Latin America Fund
1999 Ed. (3564)
Scudder Managed Municipal Bonds
1999 Ed. (758)
Scudder Massachusetts Tax-Free
2004 Ed. (709)
Scudder Medium-Term Tax-Free
1996 Ed. (2812)
Scudder Municipal High-Yield Tax Free
1999 Ed. (755)
Scudder Short-Term Bond
1995 Ed. (2682)
1992 Ed. (3154, 3164)
Scudder, Stevens & Clark
1999 Ed. (3107, 3588)
1998 Ed. (2308)
1997 Ed. (1353, 2548, 2549, 2550, 2552)
1996 Ed. (2377, 2402, 2424, 2425, 2426)
1995 Ed. (2358, 2370, 2383, 2384, 2385)
1993 Ed. (2304)
1992 Ed. (2745)
1990 Ed. (2327, 2358)
1989 Ed. (2128, 2135, 2144)
Scudder Target 2010
2004 Ed. (2448)
Scudder Tax-Free Target 1990
1989 Ed. (1854)
Scudder Technology
2004 Ed. (3569)
Scudder U.S. Bond Index Premier
2004 Ed. (692)

Scudder VL Investment: Mgd. International
1992 Ed. (4378)
Scudder Zero Coupon 2000
1994 Ed. (2609)
1993 Ed. (2676)
1991 Ed. (2562)
Sculley; John
1993 Ed. (1702)
1992 Ed. (1142, 2050, 2057)
1991 Ed. (1627)
Sculpture kits/supplies
1999 Ed. (4634)
Scunci
2004 Ed. (2784)
2001 Ed. (2631)
Scunci Style
2004 Ed. (2783)
Scurlock Permian Pipe Line Corp.
1999 Ed. (3834)
Scurry-Rainbow Oil
1992 Ed. (3436)
S.D. Deacon Corp.
2000 Ed. (4026, 4027)
SD-Scicon
1992 Ed. (1335)
1991 Ed. (2067)
1990 Ed. (1139, 2198)
SDA Bocconi
2005 Ed. (802)
SDA Bocconi School of Management
2007 Ed. (811)
SDC
1997 Ed. (246)
Sderbank Russia
1997 Ed. (603)
SDF Properties
2005 Ed. (1220)
SDI/HTI
1996 Ed. (231)
SDL Inc.
2005 Ed. (1510, 1532)
2004 Ed. (1516)
2003 Ed. (1422, 1486, 1513)
2002 Ed. (1395)
SDL plc
2002 Ed. (1548)
SDM
2000 Ed. (1721, 1722)
1999 Ed. (1926, 1927)
1989 Ed. (1266, 1267)
SDR Technologies Inc.
2003 Ed. (1514)
SDS Bank
1992 Ed. (650)
SDS/Infinet
1995 Ed. (2139)
SDS, Sparkassen
1992 Ed. (2964)
SE-Banken
1997 Ed. (3636)
1996 Ed. (3589, 3590)
1992 Ed. (4142, 2004)
1991 Ed. (669, 3221)
1990 Ed. (555, 3477)
SE Banking
1993 Ed. (2715)
SE Solutions Inc.
2008 Ed. (2157)
SEA Inc.
2005 Ed. (1382)
2001 Ed. (4625)
Sea Air Credit Union
2006 Ed. (2163)
2005 Ed. (2069)
Sea & Ski
1990 Ed. (3487)
Sea-Bond
2008 Ed. (2324)
2003 Ed. (1991, 1992)
Sea Breeze
2001 Ed. (4293)
2000 Ed. (4036)
1998 Ed. (3307, 3309)
1996 Ed. (3441)
Sea Breeze Park
1995 Ed. (216)
Sea Containers Ltd.
2008 Ed. (353)
2003 Ed. (3635, 4573)
1991 Ed. (2587)
Sea Containers U.K. Ltd.
2001 Ed. (3180)
Sea Galley Stores Inc.
1992 Ed. (3817)
1991 Ed. (2939)
1990 Ed. (3116)
Sea Island Employees Credit Union
2002 Ed. (1834)
Sea Island, GA
2003 Ed. (974)
2002 Ed. (2712)
Sea-Land
1992 Ed. (3949, 3950, 3947, 3948, 3951)
Sea-Land (Denmark) Transport
2003 Ed. (1667, 4811)
2001 Ed. (1680, 4620)
Sea-Land Freight Service
2003 Ed. (2273)
Sea-Land Service Inc.
2001 Ed. (1822, 4627)
1999 Ed. (1351, 4299)
1998 Ed. (931, 3293)
1997 Ed. (1147)
1993 Ed. (3298)
Sea Lions on Pier 39
1993 Ed. (3594)
Sea World
2000 Ed. (296, 296)
1997 Ed. (248)
1996 Ed. (3001)
1992 Ed. (332, 333)
1990 Ed. (265, 266)
Sea World Holiday Bowl
1990 Ed. (1841)
Sea World of California
1999 Ed. (268, 272)
1998 Ed. (167)
1997 Ed. (245, 251)
1996 Ed. (219)
1995 Ed. (215)
1994 Ed. (218, 219, 3361)
1993 Ed. (228)
1992 Ed. (331)
1991 Ed. (239, 3156)
1990 Ed. (264)
Sea World of Florida
1999 Ed. (272, 4622)
1998 Ed. (167)
1997 Ed. (245, 251)
1996 Ed. (219)
1995 Ed. (215)
1994 Ed. (218, 219, 3361)
1993 Ed. (228)
1992 Ed. (331)
1991 Ed. (239, 3156)
1990 Ed. (264, 3325)
Seabiscuit
2005 Ed. (727)
Seabiscuit: An American Legend
2005 Ed. (724, 728)
2004 Ed. (747)
2003 Ed. (719)
Seaboard Corp.
2008 Ed. (1873, 1874, 1875, 1877, 2731, 3452, 3453)
2007 Ed. (1840, 1841, 1843, 1844, 2596, 2611, 3355, 3356)
2006 Ed. (1831, 1832, 1834, 1835, 2626, 2634)
2005 Ed. (2630, 2636, 2751, 2752)
2004 Ed. (2639, 2645, 2756, 2757, 4584, 4589)
2003 Ed. (2508)
2002 Ed. (2292, 2300, 3564)
2001 Ed. (2725, 3851, 3852)
2000 Ed. (3059, 3060, 3581, 3582)
1998 Ed. (2895)
1997 Ed. (2036, 2037, 2735, 2736, 3141, 3142, 3143)
1996 Ed. (1941, 2588, 2591, 3061, 3063, 3064)
1995 Ed. (1445, 1896, 2520, 2521, 2526, 2960, 2961, 2962, 2967)
1994 Ed. (1873, 1875, 2452, 2453, 2459, 2904, 2905, 2908, 2909)
1993 Ed. (2515, 2522, 2523, 2891, 2892, 2893)
Seaboard Farms
2007 Ed. (3996)
2006 Ed. (3938)
2005 Ed. (3875)
2004 Ed. (2663, 3306, 3927)
2003 Ed. (3899)
2002 Ed. (3727)
Seaboard Flour Corp.
2008 Ed. (4746)
2007 Ed. (4819)
Seaboard Foods
2008 Ed. (3614, 4013)
Seaboard Investment
1993 Ed. (2314, 2326)
1991 Ed. (2224, 2228, 2236)
Seaboard Investment Advisers
1992 Ed. (2754, 2766)
Seaboard Marine
2003 Ed. (1225, 1226, 1227)
Seabridge Gold Inc.
2008 Ed. (249, 1619)
2005 Ed. (1702)
2004 Ed. (1665)
SeaBright Insurance
2008 Ed. (2859)
2007 Ed. (2729)
SeaBright Insurance Holdings
2008 Ed. (2137, 2143)
Seabrook Nuclear Generating Station
2005 Ed. (1550)
Seabrook; Raymond
2006 Ed. (983)
SeaChange International
2008 Ed. (1913)
2006 Ed. (4701)
2005 Ed. (4637)
2003 Ed. (827)
1998 Ed. (1884, 1888)
Seacor Holdings Inc.
2008 Ed. (4818, 4819)
2007 Ed. (4886)
Seacor Smit Inc.
2005 Ed. (4841)
Seacrest; Ryan
2008 Ed. (2584)
SeaFirst Bank, Wash.
1989 Ed. (2159)
Seafirst Ret-Asset Allocation
1998 Ed. (410)
Seafirst Return-Asset Allocation
1996 Ed. (623)
Seafood
2004 Ed. (2648)
2003 Ed. (3343, 4643)
2000 Ed. (4146, 4164)
1998 Ed. (1768)
Seafood Broiler
1990 Ed. (3116)
Seafood, fresh
1994 Ed. (1995)
Seafood products
2002 Ed. (3492)
Seafood spreads
2002 Ed. (1977)
Seafood, Surimi-based
1992 Ed. (3218)
SeaFrance
2001 Ed. (2414)
Seagate
1999 Ed. (1256, 4490)
1989 Ed. (1330, 1331, 1333, 2308)
Seagate Homes
2005 Ed. (1196)
2004 Ed. (1168)
Seagate Tech
1990 Ed. (2751)
Seagate Technology Inc.
2008 Ed. (1113, 1124, 1661, 2395, 3553)
2007 Ed. (1209, 1221, 1550, 1651, 2893, 4695)
2006 Ed. (1101, 1105, 1635, 2061, 3040)
2005 Ed. (1106, 1113, 1115, 1116, 1523, 2736, 2737, 4249)
2004 Ed. (1507, 2738)
2003 Ed. (1477, 1513, 1963, 2621, 2894, 2951)
2002 Ed. (1143, 1144, 1145, 2728, 2813)
2001 Ed. (1343, 1349, 1350, 1357, 1649, 1879, 3186)
2000 Ed. (282, 960, 1156, 1157, 1165, 1169, 1577, 1760, 3381)
1999 Ed. (1259, 1268, 1269, 1276, 1502, 1558, 2880, 3470, 3643)
1998 Ed. (153, 822, 827, 1050, 2700, 2714)
1997 Ed. (1079, 1291, 1293)
1996 Ed. (1063)
1995 Ed. (1087, 2260)
1994 Ed. (1080, 1548, 2205, 2707, 3445, 3446)
1993 Ed. (1047, 1049, 1052, 1057, 1228, 1740, 2750, 2757, 3004, 3468)
1992 Ed. (1304, 1312, 1314, 1522, 1523, 1832, 1833, 3312, 3319, 3682)
1991 Ed. (1442, 2077, 2651, 1024, 1223, 2660, 2853, 2655)
1990 Ed. (1113, 1118, 1122, 1125, 1299, 1626, 1631, 2202, 2211, 2754, 2997)
1989 Ed. (970, 971, 974, 977, 1319, 2670)
Seagate Technology Holdings
2004 Ed. (4338)
Seagate Technology (Thailand) Ltd.
2004 Ed. (1871)
2002 Ed. (1783)
1999 Ed. (1747)
1997 Ed. (1525)
1995 Ed. (1502)
1994 Ed. (1466)
1993 Ed. (1412)
1992 Ed. (1707)
1991 Ed. (1358)
Seagate Travel
1992 Ed. (4345)
Seagold Vineyards Holding
1991 Ed. (1225, 705)
The Seagram Co. Ltd.
2004 Ed. (676, 4234)
2003 Ed. (259, 671, 673, 1452, 2344, 3636, 3637)
2002 Ed. (235, 1432, 1606, 1607, 1609, 2148, 2149, 2290, 3149, 3184, 3241)
2001 Ed. (36, 360, 698, 699, 1663, 1664, 1665, 2118, 2119, 2120, 2271)
2000 Ed. (211, 718, 721, 723, 724, 725, 726, 728, 730, 732, 1400, 1401, 3154, 4266)
1999 Ed. (181, 702, 708, 712, 713, 715, 720, 721, 724, 1592, 1593, 1888, 2484, 3309, 3430, 3444, 4784)
1998 Ed. (90, 448, 453, 454, 457, 458, 459, 460, 461, 462, 509, 1150, 1167, 2398, 2533, 3738)
1997 Ed. (169, 246, 661, 662, 664, 665, 666, 667, 668, 669, 670, 671, 672, 1237, 1372, 2805, 2806, 3765)
1996 Ed. (759, 3616)
1995 Ed. (152, 645, 646, 647, 650, 651, 652, 656, 657, 660, 1255, 1305, 1365, 3750)
1994 Ed. (681, 683, 685, 686, 690, 694, 695, 696, 697, 699, 700, 701, 702, 703, 704, 1236, 1339, 1340, 2064, 2545, 2717, 3123)
1993 Ed. (152, 678, 682, 684, 686, 697, 1208, 1215, 1288, 1289, 1944, 2428, 2589, 2760, 3056, 3714)
1992 Ed. (885)
1991 Ed. (175, 173, 1192, 2264, 1183)
1990 Ed. (1340, 1411, 2449)
1989 Ed. (191, 1867)
Seagram Americas
2004 Ed. (3283, 3286)
2003 Ed. (1034, 2614, 3227, 3229, 3231, 4211, 4310, 4869, 4915, 4916)
2002 Ed. (3109, 3151, 3152, 3154, 3155)
2001 Ed. (3119, 3126, 3127, 3128, 3129, 3130)
2000 Ed. (2331, 3833, 4358)
1999 Ed. (2591, 3209, 3210, 4123, 4729)
1998 Ed. (1833, 3107, 3686)
Seagram & Sons; Joseph E.
1991 Ed. (707, 2664, 2665)

1990 Ed. (726, 1325)
1989 Ed. (726, 1058)
The Seagram Beverage Co.
2003 Ed. (867, 4951)
Seagram Chateau & Estates
2003 Ed. (907)
Seagram Coolers
2007 Ed. (263)
Seagram/Diageo Chateau & Estates
2004 Ed. (4974)
Seagram; J. E.
1997 Ed. (656)
1992 Ed. (882, 884, 1533)
Seagram; Joseph E.
1990 Ed. (725)
Seagram TV Assets
1999 Ed. (1441)
Seagram USA
1992 Ed. (3022)
Seagram VO
1990 Ed. (2456, 2458, 2460, 2461, 2463)
Seagram Wine Co.
1989 Ed. (2929)
Seagram Wine Coolers
1991 Ed. (3485, 3498, 3501)
Seagrams
2005 Ed. (2732)
1999 Ed. (2592, 2594, 2595)
1998 Ed. (1834, 1836, 1837)
1997 Ed. (2139, 2142, 2143, 2144, 2145, 2666)
1996 Ed. (2017, 2019, 2021, 2022, 2023)
1995 Ed. (1992, 1997, 1998)
1994 Ed. (3641)
1993 Ed. (1942, 1947, 1948, 1949, 1950, 3702)
1992 Ed. (2288, 2289, 2290, 2291, 4440, 4441)
1990 Ed. (3691)
1989 Ed. (1895)
Seagram's Cooler
1993 Ed. (3701)
Seagram's Coolers
2008 Ed. (239, 240)
2007 Ed. (261)
2006 Ed. (253, 4957)
2005 Ed. (234, 4924, 4926, 4957)
2004 Ed. (4946)
2003 Ed. (262, 4942, 4949)
2002 Ed. (4908)
2001 Ed. (4835)
2000 Ed. (4390, 4394, 4395)
1999 Ed. (4763)
1998 Ed. (3715, 3719, 3720, 3721, 3753)
1997 Ed. (3884, 3910)
1996 Ed. (3833)
1995 Ed. (3734, 3736, 3769)
1989 Ed. (2910)
Seagram's Cordials
1991 Ed. (2322)
Seagram's Extra Dry
1992 Ed. (2285)
1991 Ed. (1810, 1814, 1815, 1816, 1817, 2320)
1990 Ed. (1896, 1897, 1898, 1899, 2451)
1989 Ed. (1509, 1511, 1512, 1513)
Seagram's Extra Dry Gin
2004 Ed. (229)
2003 Ed. (263)
2002 Ed. (3134)
2001 Ed. (355)
Seagram's General Promotion
1991 Ed. (2328, 2329, 2331, 2332)
Seagram's Gin
2008 Ed. (241, 242)
2007 Ed. (262)
2006 Ed. (252, 254, 255)
2005 Ed. (235)
2004 Ed. (2730, 2735, 3279)
2003 Ed. (2609, 2615, 3225, 3226)
2002 Ed. (278, 279, 296, 2399, 2405, 2406, 2407, 2408, 3130, 3131, 3166, 3173, 3176, 3177)
2001 Ed. (2595, 2599, 2600, 2601, 3115, 3131, 3139, 3142, 3143, 3144, 3147)
2000 Ed. (2329, 2332, 2333, 2334, 2946, 2969)
1999 Ed. (2586, 2589, 3206, 3228, 3231, 3243)
1998 Ed. (1829, 2377, 2387, 2390)
1997 Ed. (2646, 2658, 2659, 2661, 2663)
1996 Ed. (2505, 2519, 2520, 2524)
1995 Ed. (1996, 2454, 2455, 2456, 2470, 2471)
1994 Ed. (1970, 1972, 2374, 2375, 2389)
1993 Ed. (2436)
1992 Ed. (2868, 2872, 2874)
1991 Ed. (2313, 2316)
1990 Ed. (2445)
Seagram's Gin & Juice
2004 Ed. (1035)
2003 Ed. (1030)
2002 Ed. (3106)
2001 Ed. (3116, 3136)
2000 Ed. (2947, 2971)
1999 Ed. (3234)
1998 Ed. (2391)
1996 Ed. (2523)
1994 Ed. (2392)
Seagram's Golden
1989 Ed. (2911)
Seagrams Imported
1989 Ed. (2897)
Seagram's Imported Vodka
1999 Ed. (4733)
1998 Ed. (3690)
1997 Ed. (3857, 3858)
Seagram's Lime Twist
2000 Ed. (2329)
Seagram's Lime Twisted Gin
2004 Ed. (2730)
2003 Ed. (2609)
2002 Ed. (2399)
2001 Ed. (2595)
Seagram's Mixers
2003 Ed. (4477)
2001 Ed. (4303)
2000 Ed. (4080)
Seagram's 100 Piper Scotch Whiskey
1998 Ed. (3172)
Seagram's 100 Piper Scotch Whisky
1998 Ed. (3173)
Seagram's Premium
1989 Ed. (2911)
Seagram's 7
1990 Ed. (2451)
Seagram's 7 Crown
2006 Ed. (254)
2002 Ed. (278, 279, 3150, 3171, 3172, 3173, 3176, 3179)
2001 Ed. (3137, 3139, 3144, 3146, 3147)
2000 Ed. (2972, 2973, 2974, 2975, 2976, 2978, 2979)
1999 Ed. (3204, 3206, 3232, 3239, 3240, 3241, 3242, 3243, 3246)
1998 Ed. (2373, 2377, 2387, 2392, 2393, 2394, 2397)
1997 Ed. (2646, 2653, 2658, 2659, 2664, 2665, 2666, 2668)
1996 Ed. (2505, 2514, 2519, 2520)
1995 Ed. (2454, 2455, 2456, 2465, 2470, 2471)
1994 Ed. (2374, 2375, 2384, 2389)
1993 Ed. (2434, 2436, 2445)
1992 Ed. (2868, 2872, 2874)
1991 Ed. (2313, 2316, 2318, 2320, 2322, 2328, 2329, 2331, 2332)
1990 Ed. (2445, 2452)
1989 Ed. (1895)
Seagram's Smooth
2006 Ed. (4957)
Seagram's Spritzer
1995 Ed. (3734)
Seagram's V. O.
2004 Ed. (4890, 4907)
2003 Ed. (4900, 4918)
Seagram's V.O.
2002 Ed. (279, 296, 3144, 3145, 3146, 3147, 3148, 3163, 3180)
2001 Ed. (3131, 3144, 3147, 3148, 4801, 4802)
1999 Ed. (3239, 3240)
1998 Ed. (2374, 2392, 2393)
1997 Ed. (2654, 2664, 2665, 2666, 2668)
1996 Ed. (2515)
1995 Ed. (2466)
1994 Ed. (2385)
1993 Ed. (2433, 2435, 2447)
1992 Ed. (2867, 2868, 2871, 2872, 2874)
1991 Ed. (2313, 2315, 2316, 2319)
1990 Ed. (2453)
Seagram's Wine Coolers
1992 Ed. (4438, 4461, 4462)
Seagraves & Hein Capital Advisors
2000 Ed. (2756, 2761)
1999 Ed. (3013)
1998 Ed. (2228)
Seal
1996 Ed. (1093)
Seal-It Inc.
2008 Ed. (3724, 4418, 4975)
2007 Ed. (3584)
2006 Ed. (3530)
Seal Public Relations
1996 Ed. (3116)
Sealants
2001 Ed. (3845)
Sealaska Timber Corp.
2006 Ed. (2657)
2005 Ed. (2672)
2004 Ed. (2680)
Seald-Sweet Growers Inc.
1991 Ed. (956)
Sealed Air Corp.
2008 Ed. (1218, 1219, 3837, 3853)
2007 Ed. (1329, 1331, 1332, 1333, 3769, 3775)
2006 Ed. (1221, 1222, 1223, 1225, 1226, 3774, 3775, 3779)
2005 Ed. (1261, 1262, 1263, 1264, 1266, 1527, 1608, 3683, 3856, 4150, 4151)
2004 Ed. (1227, 1228, 1230, 1511, 2675, 3909, 3910, 4222, 4223)
2003 Ed. (1223, 1224, 1481, 2538, 3712, 3713, 3722, 4197)
2002 Ed. (1460, 2320, 4066, 4067)
2001 Ed. (1454, 3612, 3613, 4129, 4139)
2000 Ed. (3828)
1999 Ed. (1088, 1346, 1471)
1998 Ed. (929)
1995 Ed. (1144)
1994 Ed. (1129)
1993 Ed. (1110, 3576)
SealedMedia Inc.
2007 Ed. (3059)
2006 Ed. (3026)
Sealink Stena Ferry Line
1993 Ed. (1537, 1539)
Sealmaster
2002 Ed. (3599)
1999 Ed. (2517)
1998 Ed. (1763)
Sealord
2002 Ed. (2370)
Seals; Dan
1996 Ed. (1094)
Sealtest
2000 Ed. (3133)
1996 Ed. (2215)
1995 Ed. (1946)
1993 Ed. (1907, 2121, 2122)
1990 Ed. (1857)
Sealy Corp.
2007 Ed. (2667)
2006 Ed. (2677)
2005 Ed. (2700, 2701, 2967, 3410)
2004 Ed. (2703, 2705)
2003 Ed. (744, 2589, 3321)
1997 Ed. (652)
1996 Ed. (1989)
1995 Ed. (1953, 1955)
Sealy Canada
1999 Ed. (2551)
1997 Ed. (2105)
Sealy Holdings
1994 Ed. (1929, 1930)
1993 Ed. (1910, 1911)
1992 Ed. (2247, 2248)
Seaman Furniture
1994 Ed. (1934)
1992 Ed. (2253)
1989 Ed. (2503)
Seaman's
1997 Ed. (2097)
1995 Ed. (1965, 2447)
1991 Ed. (3240)
Seamark Asset Management Ltd.
2006 Ed. (1608, 1613)
2005 Ed. (1706)
SeaMaster Cruises
2008 Ed. (4761)
Seamen's
1991 Ed. (1207)
1990 Ed. (257)
1989 Ed. (2825)
Seamens A
1991 Ed. (225)
Seamen's Bank for Savings
1991 Ed. (3382)
1990 Ed. (3105, 3589)
1989 Ed. (2361)
Seamico Securities
2007 Ed. (2018)
Seamlesss Web
2006 Ed. (741)
SeamlessWeb
2007 Ed. (836)
2006 Ed. (3972)
SeamlessWeb Professional Solutions Inc.
2006 Ed. (809)
Sean Byrne & Sons Ltd.
2003 Ed. (1725)
Sean Combs
2006 Ed. (2499)
Sean Daly
2008 Ed. (370)
Sean (Diddy) Combs
2008 Ed. (2584)
Sean Hannity
2007 Ed. (4061)
Sean Maloney
2005 Ed. (2318)
Sean McMahon
2008 Ed. (4884)
2007 Ed. (4920)
Sean "P. Diddy" Combs
2005 Ed. (2453)
Sean Quinn
2008 Ed. (4885, 4906)
2007 Ed. (4918, 4930)
2005 Ed. (4893)
Sean Quinn Jr.
2008 Ed. (4884)
Seapak
2002 Ed. (2370)
Seapine
2008 Ed. (1144)
2007 Ed. (1253, 1254)
Seapine Software Inc.
2006 Ed. (1133)
2005 Ed. (1144)
Seaport Securities
1993 Ed. (1491)
The Sear Brown Group Inc.
2004 Ed. (2343)
Search Associates Inc.
2000 Ed. (1865)
1997 Ed. (1794)
Search engines
2008 Ed. (2454)
2007 Ed. (2329)
The Search: How Google & Its Rivals Rewrote the Rules of Business & Transformed Our Culture
2007 Ed. (661)
Search Institute
2006 Ed. (3717)
Search West Inc.
2002 Ed. (2173)
2000 Ed. (1865)
1999 Ed. (2072)
1998 Ed. (1505)
1997 Ed. (1794)
SEARCH.COM
1998 Ed. (3780)
Searchstorage.com
2005 Ed. (827)
Searcy Denney Scarola Barnhart & Shipley
2004 Ed. (3227)
Searcy Hospital
2003 Ed. (2824)
Searle
1995 Ed. (2529)
1994 Ed. (2461)

1992 Ed. (3001)
1991 Ed. (1472, 2399)
1990 Ed. (2529)
Searle; G. D.
1990 Ed. (1192)
Searle Pharmaceuticals
2001 Ed. (2063, 2064)
1999 Ed. (3326)
1996 Ed. (1576, 2597)
Sears
2008 Ed. (4220)
2007 Ed. (2968, 4185)
2006 Ed. (2854, 2951, 4162, 4744)
2005 Ed. (741, 2851, 4106)
2004 Ed. (756, 4187)
2003 Ed. (743, 4165)
2002 Ed. (4040)
2001 Ed. (4090)
2000 Ed. (26, 32, 800, 964, 1113, 1690, 2300, 2483, 2488, 2492, 2581, 3803, 3804, 3806, 3807, 3808, 3812, 3815, 4219, 4282, 4348)
1998 Ed. (24, 488, 599, 3090, 3495, 3496, 3497)
1997 Ed. (28, 705, 1631, 1632, 1635, 1637, 1639, 2241, 2318, 2320, 2332, 3341, 3342)
1994 Ed. (8, 131, 741, 746)
1992 Ed. (38, 922, 1287, 1498, 1504, 1749, 1794, 1795, 1796, 1837, 1838, 2527, 2529, 2539, 3725, 3726, 3733, 4298, 4364)
1990 Ed. (910, 911, 2023, 2029, 2032, 2033, 2116, 2120, 2121, 2122, 2132, 3031, 3044, 3045, 3499, 3630)
1989 Ed. (1183)
Sears Bankruptcy Recovery Management Services
2001 Ed. (1556)
Sears Brand Central
1992 Ed. (2422, 2423)
Sears Canada
2008 Ed. (4226)
2007 Ed. (4188)
2006 Ed. (1599)
2004 Ed. (1663)
2003 Ed. (2009, 2010, 3361)
2002 Ed. (1919, 3301)
1999 Ed. (1626, 4109)
1997 Ed. (32, 1595)
1996 Ed. (30, 1536, 3243)
1995 Ed. (1395, 3153)
1994 Ed. (1523, 3107)
1992 Ed. (74, 1793)
1991 Ed. (2894)
1990 Ed. (1339, 1365, 1496, 3051, 3052, 3060)
Sears Carpet & Upholstery Care Inc.
2008 Ed. (873)
2003 Ed. (883, 893)
2002 Ed. (2007, 2360)
Sears Credit Corp.
2005 Ed. (1790)
Sears Department Stores
2003 Ed. (2009, 2010)
2002 Ed. (1918, 1919)
Sears Discover
1994 Ed. (1498, 1499)
1992 Ed. (1745, 1746)
1990 Ed. (418)
Sears Financial Services
1992 Ed. (2161)
Sears Group (incl. Freemans, Lewis's)
1990 Ed. (3055)
Sears Hardware
2003 Ed. (2788, 2789, 2790)
1999 Ed. (2711)
Sears Holdings Corp.
2008 Ed. (75, 154, 325, 894, 987, 1008, 1491, 1516, 1520, 1536, 1663, 1799, 1800, 1813, 2486, 2728, 2877, 2969, 2970, 2991, 2995, 3000, 3032, 3090, 3093, 3102, 3103, 3446, 4209, 4210, 4213, 4214, 4215, 4217, 4223, 4224, 4225, 4235, 4236, 4578, 4706, 4797, 4813)
2007 Ed. (70, 1497, 1529, 1532, 1536, 1555, 1654, 1770, 2366, 2844, 2846, 2875, 4168, 4169, 4173, 4180, 4182, 4183, 4202, 4206, 4504, 4519)
2006 Ed. (166, 1639, 2849, 2850, 2852, 4151, 4179)
Sears HomeLife
2000 Ed. (706, 2291, 2301)
1999 Ed. (2560, 2561)
1998 Ed. (1796, 1964)
Sears, J. C. Penney, Wards & Spiegel
1992 Ed. (1743, 1744, 4183)
Sears Logistics Services Inc.
2008 Ed. (4746)
2007 Ed. (4819)
2006 Ed. (4803)
2005 Ed. (4751)
2004 Ed. (4778)
2003 Ed. (4792)
2001 Ed. (4629)
Sears Merchandise Group
2001 Ed. (1994)
2000 Ed. (1011, 1180, 1684)
1999 Ed. (1071, 1876)
1998 Ed. (685, 859, 1302)
1997 Ed. (258, 943)
1996 Ed. (910, 1090, 3237, 3239, 3241, 3251)
1995 Ed. (931, 2119)
1992 Ed. (3730)
Sears Merchantile Group
1994 Ed. (3096, 3098)
Sears Mortgage
1995 Ed. (2042, 2600, 2603, 2606)
1994 Ed. (1984, 2554, 2555, 2557)
1993 Ed. (1993, 2591, 2592, 2593)
1991 Ed. (1660)
1990 Ed. (2601)
Sears Mortgage and affiliates
1991 Ed. (2486)
Sears Mortgage Securities Corp.
1992 Ed. (3105)
Sears Payment Systems
1993 Ed. (1442)
1992 Ed. (1090)
1991 Ed. (887)
Sears, Penney, Ward
1991 Ed. (880, 2061)
Sears Roebuck
2000 Ed. (1381, 1454, 1477, 1621, 3816, 3818, 3823)
1999 Ed. (28, 179, 180, 1505, 1541, 1653, 1670, 1833, 1834, 1864, 1873, 1879, 1882, 2702, 2703, 3729, 3731, 3976, 4091, 4092, 4093, 4094, 4098, 4103, 4105, 4112, 4694)
1998 Ed. (2769, 2771)
1995 Ed. (17, 18, 22, 23, 149, 150, 229, 350, 690, 691, 879, 911, 916, 976, 1021, 1257, 1263, 1265, 1266, 1269, 1309, 1311, 1313, 1314, 1319, 1550, 1551, 1574, 1957, 1967, 2123, 2186, 2517, 2758, 2857, 2860, 2861, 3048, 3143, 3144, 3146, 3147, 3156, 3214, 3302, 3309, 3332, 3340, 3644)
1994 Ed. (1246)
1990 Ed. (1282, 1286, 1304, 1491, 1492, 1494, 1495, 2489, 2507, 2609, 2811, 3027, 3042, 3049, 3056, 3057, 3475)
1989 Ed. (17, 20, 1041, 1235, 1237, 1436, 2166, 2277, 2322, 2327, 2803, 2813)
Sears Roebuck Acceptance Corp.
2000 Ed. (1917, 1918)
1995 Ed. (1787, 1788, 1791)
1994 Ed. (1754, 2739)
1993 Ed. (1763, 1764, 1765, 1766)
1992 Ed. (2130, 2131)
1991 Ed. (1663, 1664, 1665, 1666)
1990 Ed. (1759, 1760, 1761, 1762)
Sears, Roebuck & Co.
2008 Ed. (4209, 4210)
2007 Ed. (136, 339, 913, 1126, 1769, 2591, 2760, 2842, 2880, 2909, 2967, 2969, 2981, 2983, 3350, 4168, 4169, 4172, 4187, 4201, 4870)
2006 Ed. (79, 143, 821, 826, 1422, 1522, 1762, 1763, 1777, 2253, 2374, 2615, 2847, 2851, 2881, 2882, 2887, 2890, 2949, 2952, 2964, 3282, 4145, 4146, 4149, 4153, 4155, 4159, 4160, 4161, 4166, 4170, 4180, 4181, 4448, 4468, 4870)
2005 Ed. (27, 70, 152, 358, 907, 908, 1467, 1468, 1569, 1571, 1576, 1732, 1791, 1792, 2165, 2166, 2168, 2375, 2619, 2846, 2847, 2848, 2849, 2875, 2880, 2954, 2957, 2969, 3244, 3290, 4093, 4094, 4097, 4099, 4100, 4101, 4102, 4104, 4105, 4107, 4108, 4114, 4116, 4132, 4133, 4134, 4140, 4522, 4807)
2004 Ed. (21, 34, 75, 154, 916, 917, 1592, 1594, 1611, 1731, 1732, 2050, 2051, 2055, 2056, 2631, 2838, 2840, 2857, 2869, 2877, 2878, 2885, 2886, 2888, 2893, 2894, 2895, 2954, 2955, 2962, 3154, 3258, 3920, 4052, 4157, 4158, 4161, 4163, 4179, 4180, 4184, 4194, 4204, 4205, 4206, 4213, 4698, 4824)
2003 Ed. (785, 1012, 1016, 1567, 1585, 1695, 1696, 2011, 2495, 2757, 2767, 2784, 2866, 2870, 2873, 4032, 4145, 4146, 4149, 4163, 4164, 4166, 4168, 4169, 4171, 4177, 4178, 4183, 4186, 4187, 4188, 4824)
2002 Ed. (57, 60, 228, 1533, 1538, 1552, 1613, 1621, 1667, 2286, 2568, 2583, 2696, 2704, 2706, 3890, 4041, 4045, 4051, 4059, 4060, 4061, 4589, 4714)
2001 Ed. (22, 70, 1260, 1374, 1589, 1594, 1598, 1604, 1731, 2718, 2719, 2741, 2742, 2745, 2746, 2747, 2748, 4091, 4092, 4093, 4094, 4095, 4097, 4098, 4103, 4104, 4105, 4107, 4108, 4116)
2000 Ed. (31, 195, 206, 207, 798, 3691, 3810)
1999 Ed. (4095)
1998 Ed. (22, 68, 74, 86, 87, 440, 652, 663, 664, 665, 667, 668, 718, 772, 1112, 1144, 1258, 1260, 1261, 1289, 1298, 1300, 1301, 1305, 1314, 1703, 2054, 2979, 3078, 3079, 3082, 3083, 3084, 3089, 3095, 3096)
1997 Ed. (31, 162, 167, 350, 710, 921, 924, 977, 978, 1296, 1351, 1428, 1449, 1590, 1591, 1592, 2928, 3018, 3020, 3027, 3231, 3232, 3343, 3348, 3354)
1996 Ed. (27, 28, 33, 155, 160, 161, 162, 768, 769, 775, 862, 886, 893, 956, 1000, 1235, 1250, 1265, 1279, 1287, 1377, 1395, 1531, 1532, 1533, 2203, 2824, 2930, 2946, 3146, 3147, 3235, 3236, 3238, 3240, 3245, 3247, 3253, 3410, 3415, 3659, 3725)
1994 Ed. (9, 18, 132, 133, 229, 677, 742, 833, 873, 885, 886, 888, 944, 945, 1009, 1242, 1245, 1247, 1285, 1302, 1314, 1520, 1521, 1544, 1545, 1927, 2132, 2136, 2148, 2426, 2427, 2656, 2753, 2759, 2761, 2775, 2985, 2986, 3093, 3095, 3097, 3101, 3102, 3108, 3112, 3215, 3230, 3253, 3261)
1993 Ed. (19, 20, 26, 47, 48, 150, 151, 232, 354, 676, 736, 738, 781, 823, 825, 863, 866, 931, 935, 1243, 1245, 1262, 1442, 1444, 1475, 1497, 1741, 2013, 2111, 2424, 2489, 2490, 2706, 2952, 3038, 3040, 3041, 3042, 3048, 3050, 3224, 3229, 3230, 3242, 3259, 3368, 3527, 3529, 3649)
1992 Ed. (1091, 1557, 1792, 2740, 31, 33, 34, 35, 37, 96, 97, 235, 236, 348, 507, 918, 1028, 1076, 1089, 1129, 1133, 1135, 1508, 1538, 1540, 1785, 1786, 1816, 2411, 2528, 2636, 2959, 3217, 3361, 3594, 3595, 3596, 3597, 3729, 3732, 3739, 3741, 4224)
1991 Ed. (8, 54, 1193, 1919, 1994, 3305, 3307, 1198, 1200, 1228, 1411, 1412, 9, 10, 11, 43, 55, 170, 171, 248, 361, 735, 842, 869, 879, 886, 922, 923, 1052, 1195, 1329, 1427, 1429, 1913, 1920, 1921, 1970, 1971, 2078, 2373, 2375, 2578, 2791, 2792, 2793, 2887, 2888, 2889, 2895, 2896, 3113, 3240, 3241, 3311, 737)
1990 Ed. (14, 16, 17, 18, 45, 173, 419, 970, 1162, 1277, 1279, 1280, 1281, 1346, 1404, 1800, 1809, 2018, 2213, 2508, 2676, 2686, 2789, 2936, 2937)
1989 Ed. (14, 48, 264, 902, 1145, 2007, 2039, 2320)
Sears, Roebuck & Co., Mid-Atlantic Group
1990 Ed. (1487)
Sears, Roebuck Group
1991 Ed. (2250, 2253)
1990 Ed. (2358, 2359)
1989 Ed. (1808, 1811, 1812)
Sears Roebuck Merchandise Group
1992 Ed. (1784, 2778)
Sears Savings Bank
1993 Ed. (3073, 3095)
1992 Ed. (3773)
1990 Ed. (515, 516, 3126)
Sears Specialty
1999 Ed. (4374)
1998 Ed. (3344)
Sears stores
1992 Ed. (920)
Sears Tower
1997 Ed. (839)
Sears.com
2006 Ed. (2383)
2003 Ed. (3049)
2001 Ed. (2982)
Searson Lehman Hutton
1990 Ed. (2308)
SearsTire Group
2001 Ed. (532)
Seascape: Folkestone, by Turner
1989 Ed. (2110)
Seasonal candy
2001 Ed. (1112)
Seasonal Concepts
2003 Ed. (2594)
2002 Ed. (2385)
2000 Ed. (2298)
1999 Ed. (2559)
1998 Ed. (1793)
Seasonal Greeting Cards
1990 Ed. (3037, 3041)
Seasonal Labor Shortage
1992 Ed. (993)
Seasongood & Mayer
2001 Ed. (735, 738, 847, 895, 896)
2000 Ed. (2757, 2760)
1999 Ed. (3016)
1998 Ed. (2229)
1997 Ed. (2479)
1996 Ed. (2354)
1995 Ed. (2335, 2340)
1993 Ed. (2266)
Seasoning
2003 Ed. (4507)
Seasonings
2008 Ed. (2732)
2002 Ed. (3491, 4337)
Seaspan International Ltd.
2006 Ed. (1623)
Seat
2007 Ed. (1991)
2001 Ed. (515)
1997 Ed. (1395, 1508)
Seat Ibiza
1990 Ed. (374, 380)
Seat Ibiza/Cordoba
1996 Ed. (320)
Seat Pagine Gialle
2005 Ed. (1475)
Seat Pagine Gialle SpA
2007 Ed. (3454)
2006 Ed. (1682, 1688)

2002 Ed. (1416, 1701)
Seat SA
2005 Ed. (1963)
2001 Ed. (1851)
2000 Ed. (1556)
Seat-Sociedad Esp. de Automoviles de Turismo S A
1990 Ed. (1419)
SEAT-Sociedad Esp de Automoviles de Turismo SA
1996 Ed. (1447)
1995 Ed. (1490)
Seating revenue, premium
2003 Ed. (4510)
Seatle, Wash, City Light
1990 Ed. (1595)
Seatrend
1989 Ed. (2909)
Seattle
2000 Ed. (275, 3572)
1992 Ed. (2877)
Seattle Art Museum
1993 Ed. (3594)
Seattle-Bellevue-Everett, WA
2006 Ed. (3310, 3312, 3327)
2005 Ed. (338, 3338, 4935)
2004 Ed. (989, 995, 1109, 3454, 3456, 3460, 3461, 3465, 3471, 3474, 4111, 4113, 4168, 4175, 4176, 4177, 4895, 4896, 4955)
2003 Ed. (998, 1000, 1088, 2354, 3385, 3390, 3394, 3395, 3400, 3405, 4159, 4160, 4161, 4905, 4906)
2002 Ed. (407, 2764, 3136, 3138, 4930)
2001 Ed. (2285, 2358, 2363, 4791, 4792, 4854)
2000 Ed. (2605, 2951, 3765, 4403)
1999 Ed. (1148, 2099, 3212, 3257, 3371, 3378, 4057, 4646, 4647, 4806)
1998 Ed. (1521, 2378, 2477, 3057)
1997 Ed. (2657, 2784, 3890)
1996 Ed. (238, 2518, 2634)
1995 Ed. (245, 2571, 3104)
Seattle-Bellevue, WA
2008 Ed. (3113)
2007 Ed. (2998)
Seattle Biomedical Research Institute
2004 Ed. (1882)
Seattle City Light
1998 Ed. (1382)
1996 Ed. (1610)
1995 Ed. (1634)
1994 Ed. (1591)
1993 Ed. (1554)
1992 Ed. (1893)
1991 Ed. (1494)
Seattle-Everett, WA
1992 Ed. (2542, 3035)
1990 Ed. (2161, 2550)
Seattle Filmworks
1992 Ed. (3307, 3993)
Seattle-First National Bank
1999 Ed. (198)
1998 Ed. (103, 296)
1997 Ed. (179, 370, 377, 379, 644)
1996 Ed. (403, 410, 411, 412, 709, 3163)
1995 Ed. (366, 380, 387, 389, 633)
1994 Ed. (145, 385, 392, 393, 394, 664, 3009, 3012)
1993 Ed. (390, 402, 664)
1992 Ed. (255, 555, 562, 864)
1991 Ed. (412, 185, 689)
1990 Ed. (715)
1989 Ed. (203, 205, 708)
Seattle Justice Information System
2007 Ed. (2801)
Seattle Lighting & Fixture Co.
1990 Ed. (2441)
Seattle Mariners
2007 Ed. (578)
2006 Ed. (547)
2005 Ed. (645)
2004 Ed. (656)
2001 Ed. (664)
Seattle Metro
1997 Ed. (840)
1996 Ed. (832)
1995 Ed. (852)
1994 Ed. (801)
1993 Ed. (785, 786)
1992 Ed. (989)
1991 Ed. (808)
Seattle-Northwest
1990 Ed. (2641)
Seattle Northwest Securities Corp.
2007 Ed. (4316)
2004 Ed. (4372)
2001 Ed. (734, 736, 805, 806, 899, 900, 943, 944, 951)
2000 Ed. (2756, 2758, 2765, 3966)
1999 Ed. (3013)
1998 Ed. (2228, 3259)
1997 Ed. (2483, 3464)
1996 Ed. (2350)
1995 Ed. (2333, 2338, 3258)
1993 Ed. (2264)
1991 Ed. (2174)
Seattle Pacific University
2008 Ed. (769)
2007 Ed. (794)
2006 Ed. (701)
1996 Ed. (1040)
Seattle; Port of
1993 Ed. (2880, 3362)
Seattle Savings Bank
2008 Ed. (427)
Seattle Seahawks
2002 Ed. (4340)
2001 Ed. (4346)
2000 Ed. (2252)
Seattle-Tacoma Airport
2001 Ed. (1339)
1997 Ed. (220)
1996 Ed. (195)
Seattle-Tacoma-Bellevue, WA
2008 Ed. (3458, 3464)
2007 Ed. (4164, 4165)
2006 Ed. (4141, 4142)
2005 Ed. (3336)
Seattle-Tacoma International Airport
2008 Ed. (236)
Seattle-Tacoma, WA
2007 Ed. (4174, 4175)
2006 Ed. (4100)
2004 Ed. (187, 188, 731, 870, 985, 991, 2749, 3369, 3370, 3372, 3377, 3378, 3382, 3383, 3388, 3391, 4103, 4109, 4150, 4164, 4165, 4166)
2003 Ed. (3315, 3318, 4081, 4150, 4151, 4152)
2002 Ed. (921, 927)
2001 Ed. (2834)
2000 Ed. (2607)
1998 Ed. (592, 2473, 3472)
1997 Ed. (1075, 2335)
1996 Ed. (38, 3200)
1995 Ed. (3105)
1994 Ed. (2536, 2924, 3057, 3059, 3061, 3063)
1993 Ed. (2154)
1992 Ed. (2545, 2548, 3039, 3693, 3701, 2100, 2101, 2547, 3047)
1991 Ed. (1980, 3339)
1990 Ed. (875)
1989 Ed. (2912)
Seattle Telco Credit Union
1996 Ed. (1509)
Seattle Times Post-Intellengence
1990 Ed. (2705)
Seattle Times/Post-Intelligence
1998 Ed. (79)
1992 Ed. (3242)
Seattle Times Post-Intelligencer
1991 Ed. (2605)
Seattle University
2008 Ed. (1088)
1997 Ed. (1056)
1995 Ed. (1055)
1994 Ed. (1047)
1993 Ed. (1020)
Seattle, WA
2008 Ed. (767, 3518, 4015, 4016)
2007 Ed. (2270)
2006 Ed. (4059, 4884)
2005 Ed. (2376, 4803)
2003 Ed. (832, 3902, 3912)
2002 Ed. (408, 2218, 2219, 2220, 2221)
2001 Ed. (2783, 2797, 2818, 2819, 4023, 4024)
2000 Ed. (1091, 1790, 2637, 2996, 3573, 3574)
1999 Ed. (526, 1024, 1149, 1150, 1153, 1167, 1349, 2095, 2096, 2493, 2494, 2757, 3858, 3859, 3860, 4514)
1998 Ed. (143, 359, 580, 734, 736, 741, 2003, 2472, 3058, 3587)
1997 Ed. (473, 1001, 1002, 2072, 2073, 2233, 2765)
1996 Ed. (1061, 1061, 2278, 2279, 2280, 2281, 2621, 3056)
1995 Ed. (242, 872, 874, 990, 1113, 1668, 1924, 2467, 2957, 3543, 3651)
1994 Ed. (482, 822, 963, 965, 967, 968, 973, 2386, 2409, 2897, 3058, 3060, 3325)
1993 Ed. (400, 773, 944, 946, 947, 1598, 2439, 2465, 2883)
1992 Ed. (347, 668, 1153, 1157, 1158, 1159, 1161, 1389, 1396, 1810, 2480, 2552, 3054, 3055, 3134, 3496, 3497, 3498, 3500, 3502, 3617, 3618, 3623, 3630, 3641)
1991 Ed. (515, 828, 1103, 1984, 2447)
1990 Ed. (295, 1002, 1009, 1148, 1156, 1485, 2072, 2133, 2487, 2661, 2882, 2884, 2910, 3609, 3614, 3702)
1989 Ed. (350, 1588)
Seattle's Best
2005 Ed. (4050)
Seattle's Best Coffee
2004 Ed. (1048)
Seaview Square
1990 Ed. (3291)
Seaward Taichung Co. Ltd.
1994 Ed. (3524)
Seaward Taichung Wool Textile Co., Ltd.
1992 Ed. (4283)
1990 Ed. (3572)
Seaway Food Town
1992 Ed. (4164)
1990 Ed. (3059)
Seaway National Bank
2006 Ed. (407)
2005 Ed. (454)
2004 Ed. (442)
2002 Ed. (713)
1993 Ed. (437, 438, 571, 3098)
1992 Ed. (621, 782)
1990 Ed. (643)
Seaway National Bank of Chicago
2008 Ed. (373)
2007 Ed. (391)
2003 Ed. (455)
2000 Ed. (471)
1999 Ed. (479)
1998 Ed. (339)
1997 Ed. (419)
1996 Ed. (457)
1995 Ed. (430, 431, 548)
1994 Ed. (437, 573)
1991 Ed. (463)
1990 Ed. (510)
SeaWorld California
2000 Ed. (300)
Seaworld Florida
2007 Ed. (277)
2006 Ed. (272)
2005 Ed. (253)
2004 Ed. (244)
2003 Ed. (277)
2002 Ed. (312)
2001 Ed. (381)
2000 Ed. (300)
SEB Asset Mgmt. America
2000 Ed. (2821, 2824)
SEB Eesti Uhispank
2008 Ed. (407)
SEB/Enskilda Securities
1989 Ed. (1373)
Sebastian
1991 Ed. (1879)
Sebastian Enterprises Inc.
2008 Ed. (1593)
Sebastian Pinera
2008 Ed. (4857)
Sebastian River Medical Center
2008 Ed. (3060)
Sebastiani
2002 Ed. (4945, 4958)
2001 Ed. (4883, 4891)
2000 Ed. (4416)
1999 Ed. (4792, 4794)
1998 Ed. (3745, 3748, 3749, 3753)
1997 Ed. (3906, 3910)
1994 Ed. (3663)
1993 Ed. (3721)
1990 Ed. (3695)
1989 Ed. (2929)
Sebastiani Vineyard
2000 Ed. (4408)
Sebeco
2007 Ed. (2742)
Sebeco NV
2007 Ed. (1601, 1695)
Sebring
2001 Ed. (492, 492)
Sebulsky; Alan
1995 Ed. (1857)
1994 Ed. (1774)
SEC Ben. "4": Series A4
1992 Ed. (4376)
SEC Ben. "4": Series B4
1992 Ed. (4377)
SEC Ben. "4": Series E4
1992 Ed. (4374)
SEC Ben "4":SRS B4-In GR
1994 Ed. (3619)
SEC Ben. "3": Series A3
1992 Ed. (4376)
SEC Ben. "3": Series B3
1992 Ed. (4377)
SEC Ben. "3": Series E3
1992 Ed. (4374)
SEC Ben "3":SRS B3-In GR
1994 Ed. (3619)
SEC Ben "Varfix":In/Gr-B
1994 Ed. (3619)
SEC Benefit SRS B4 Q
1990 Ed. (273)
1989 Ed. (259)
SEC Benefit SRS B3 NQ
1990 Ed. (273)
1989 Ed. (259)
SEC Benefit SRS C4 Q
1990 Ed. (3662)
1989 Ed. (262, 263)
SEC Benefit SRS C3 NQ
1990 Ed. (3662)
SEC Cap Indl.
1999 Ed. (4003)
SEC FIRST "A":SERIES G
1994 Ed. (3619)
Sec Pac Business Credit
1993 Ed. (1172)
Sechaba Brewery Holdings Ltd.
2006 Ed. (4488)
2002 Ed. (4387, 4388)
Secom Co., Ltd.
2007 Ed. (841, 4368)
The Second Cup Ltd.
1991 Ed. (1773)
1990 Ed. (1854)
Second Federal (Chicago, IL)
1991 Ed. (2918)
Second Harvest
2000 Ed. (3347)
1997 Ed. (944)
1996 Ed. (911)
1995 Ed. (2784)
1994 Ed. (903, 904, 909, 678)
Second Harvest Heartland
2006 Ed. (3721)
Second Income System
1993 Ed. (2923)
Second National Bank, FSB
1993 Ed. (3088)
Second National Bank/Ohio
1994 Ed. (581, 582)
1993 Ed. (2300)
Second National FSB
1992 Ed. (3789)
Second Source
1997 Ed. (1709)
Second St. David's Capital
2000 Ed. (3305)

Second Wind Network
2005 Ed. (120)
Secondary public offerings
2001 Ed. (707)
Secor Bank
1994 Ed. (3236)
SECOR International Inc.
2004 Ed. (1255, 2333)
2003 Ed. (1290)
SecPac
1994 Ed. (1204)
Secret
2008 Ed. (2326)
2003 Ed. (2001, 2002, 2003)
2001 Ed. (1990)
2000 Ed. (1658, 1659, 3506)
1999 Ed. (3772)
1998 Ed. (1256, 1257)
1997 Ed. (1589, 3055, 3666)
1996 Ed. (1530, 3608)
1995 Ed. (1549, 3526)
1994 Ed. (1518)
1993 Ed. (1474)
1992 Ed. (1783)
1990 Ed. (3546)
Secret Communications
1998 Ed. (1042)
The Secret Life of Bees
2007 Ed. (665)
2006 Ed. (640)
2005 Ed. (728)
Secret Platinum
2004 Ed. (3797)
2003 Ed. (2002)
Secret Service
1992 Ed. (2635)
Secret Sheer Dry
2003 Ed. (2002)
2001 Ed. (1990)
Secret Treasures
2006 Ed. (3284)
Secretan & Co. Ltd.; 367, F. L. P.
1991 Ed. (2337)
Secretaries
2007 Ed. (3719)
2005 Ed. (3620, 3622)
Secretaries, executive
2007 Ed. (3722)
Secretaries, stenographers, and typists
1989 Ed. (2081, 2081)
Secretary
1993 Ed. (3727)
Secretary of Treasury; Office of the
1992 Ed. (27)
Secrets
1998 Ed. (3025)
Secrets; Charmin
2008 Ed. (4697)
The Secrets of Paradise
2004 Ed. (2683)
Secrets of the Vine
2003 Ed. (717, 719)
Secuity Pacific Bank Oregon
1992 Ed. (813)
Secura Group
1992 Ed. (1452)
Securcash Products LLC
2008 Ed. (3711, 4963)
Secure Computing Corp.
2006 Ed. (1420)
1997 Ed. (3409)
Secured Capital Corp.
2008 Ed. (4121)
2005 Ed. (4016)
Secured Hospital Revenue Bonds
1989 Ed. (740)
SecureInfo Corp.
2006 Ed. (1353, 4263)
2005 Ed. (4284)
SecureUSA
2007 Ed. (4291)
2006 Ed. (4263)
SecureWorks
2008 Ed. (4295)
2007 Ed. (4291)
2006 Ed. (4678)
Securian Financial Group Inc.
2008 Ed. (3170, 3175, 3180, 3286, 3287, 3288)
Securicor
2000 Ed. (4129)
Securicor plc
2006 Ed. (1430)
2001 Ed. (4622)
Securify, Inc.
2002 Ed. (4205)
Securitas
2002 Ed. (1775)
Securitas AB
2007 Ed. (1994, 4367)
2006 Ed. (2024)
2005 Ed. (1773)
2004 Ed. (1715, 1716)
Securitas Holdings Inc.
2005 Ed. (817, 1769, 3907)
Securitas Oy
1999 Ed. (1629)
Securitas Security Services USA Inc.
2006 Ed. (743, 1715, 3980)
2005 Ed. (817, 1769, 3907)
Securitas Security Systems USA Inc.
2008 Ed. (4302)
2006 Ed. (4274)
Securitefrance
2008 Ed. (1763, 4323)
2007 Ed. (1735)
2006 Ed. (1727)
Securities
2008 Ed. (1820, 1823, 1824, 1825, 3151, 3152, 3153, 3155, 3158, 3159)
2007 Ed. (3041, 3043, 3046, 3047)
2006 Ed. (3004, 3008, 3294)
2005 Ed. (3005, 3008, 3010, 3011, 3012)
2004 Ed. (1746, 1748, 1749, 3010, 3012, 3014)
2003 Ed. (2904, 2906, 2908)
2002 Ed. (2266, 2766, 2768, 2769, 2776, 2777, 2787, 2791, 2793, 2794, 2796, 4619)
2000 Ed. (1351, 1355, 1356, 2631)
1999 Ed. (1506, 1507, 1511, 1513, 1514)
1998 Ed. (1071, 1072, 1076, 1078, 1079)
Securities America
2002 Ed. (789, 797, 798, 799, 800, 801)
2000 Ed. (840, 841, 843, 845, 846, 847, 848)
1999 Ed. (844, 845, 848, 849, 850)
Securities & Exchange Commission
2002 Ed. (4844)
1989 Ed. (1202)
Securities and financial-services representatives
1992 Ed. (3282)
Securities and financial services sales
1991 Ed. (2630)
Securities Industry Association
2001 Ed. (3829)
Securities Investor Protection Corp.
1995 Ed. (2786)
Securities One
1997 Ed. (3490)
1996 Ed. (3394)
1994 Ed. (3197)
Securitized Asset Sales
1996 Ed. (2685)
Securitized Asset Sales (Prudential)
1995 Ed. (2607)
Security
2006 Ed. (2897)
2003 Ed. (814)
2001 Ed. (339, 2686, 2766)
2000 Ed. (489, 493, 494, 736)
1996 Ed. (2881)
1995 Ed. (2816)
Security Acciones
2005 Ed. (3578)
Security & commodity brokers
2002 Ed. (2265)
Security Associates International Inc.
2002 Ed. (1611)
2001 Ed. (1666)
Security Banc Corp.
2002 Ed. (432, 433)
Security Bancorp.
2002 Ed. (434, 3549)
1993 Ed. (358)
1992 Ed. (526)
1991 Ed. (377)
1990 Ed. (444)
Security Bank
1999 Ed. (623)
1998 Ed. (3571)
1994 Ed. (512, 3532)
1993 Ed. (507, 3568)
Security Bank & Trust Co.
1996 Ed. (387, 540)
1994 Ed. (570)
1993 Ed. (568)
1992 Ed. (779)
1990 Ed. (467)
Security Bank & Trust Co. (Southgate)
1991 Ed. (608)
Security Bank of Arlington
1997 Ed. (499)
Security Bank of Southwest
1995 Ed. (490)
Security Bank of Southwest Missouri
2000 Ed. (435)
1999 Ed. (442)
1998 Ed. (335)
1996 Ed. (540)
1994 Ed. (512)
1993 Ed. (507)
Security Benefit Group
2006 Ed. (398)
Security Benefit Life Insurance
1993 Ed. (2303, 3652)
1992 Ed. (4380)
Security Brokers and Dealers
1990 Ed. (1658)
1989 Ed. (2475)
Security Builders
2003 Ed. (1180)
2002 Ed. (1198)
Security Capital
2002 Ed. (3942)
1999 Ed. (4216)
1998 Ed. (3526)
1990 Ed. (251)
Security Capital Bancorp
1995 Ed. (373)
Security Capital Europen Real Estate
2004 Ed. (3566)
Security Capital Group Inc.
2005 Ed. (1530)
2004 Ed. (1514, 1545)
2003 Ed. (1484)
2001 Ed. (1815)
Security Capital Industrial
1999 Ed. (4002)
Security Capital Industrial Trust
1998 Ed. (3004)
Security Capital Management
1989 Ed. (1803, 2139)
Security Capital Markets Group
1996 Ed. (2365)
Security Capital Mgmt.
1990 Ed. (2335, 2342)
Security Capital Pacific Trust
1999 Ed. (3998)
Security Capital Research
2003 Ed. (4058)
Security Capital Research & Management Inc.
2005 Ed. (360)
Security Capital US Real Estate
2005 Ed. (3549)
2003 Ed. (3504)
2001 Ed. (3446)
Security Capital US Realty
2004 Ed. (1514)
2003 Ed. (4595)
Security consultants/engineers
2001 Ed. (4203)
Security Consultants Group Inc.
2006 Ed. (3540, 4379)
Security Data Group
1992 Ed. (3827)
Security Denver
1999 Ed. (2940)
Security/encryption
1996 Ed. (2914)
Security Equipment Inc.
2006 Ed. (4271)
2005 Ed. (4291)
Security Equity Global
2001 Ed. (3435)
Security features
2000 Ed. (3554)
Security Federal Savings
2006 Ed. (454)
2005 Ed. (524)
Security fencing
1992 Ed. (3831)
Security Finance Associates Inc.
2003 Ed. (3965)
2002 Ed. (1077)
Security First Life
1998 Ed. (2173)
Security First Life Insurance Co.
2001 Ed. (2941)
Security First National Bank
2008 Ed. (427)
Security Global
2003 Ed. (3612)
Security Growth & Income A
1998 Ed. (2620)
Security guards
2005 Ed. (3628)
2004 Ed. (2291)
Security hardware
2005 Ed. (2781)
Security Industrial
1989 Ed. (1690)
Security Industrial Insurance Co. Inc.
2002 Ed. (2910, 2911)
2000 Ed. (2688, 2689)
1998 Ed. (2165)
1997 Ed. (2451)
1995 Ed. (2308)
1993 Ed. (2224)
1991 Ed. (2106, 2108)
Security Insurance Co. of Hartford
2003 Ed. (4993)
2002 Ed. (3957)
Security Investment
1993 Ed. (2690)
Security Investment Group
1994 Ed. (2704)
Security Life
1999 Ed. (1186)
1994 Ed. (988)
Security Life Denver
1996 Ed. (988)
Security Life of Denver
2000 Ed. (1102)
1998 Ed. (751, 2167, 2169, 2188, 3038, 3653)
1997 Ed. (2440)
1995 Ed. (1001, 2297, 2298, 2299)
1992 Ed. (1188)
1991 Ed. (2097)
1990 Ed. (1026)
Security Life of Denver Insurance Co.
2008 Ed. (3300, 3305)
2007 Ed. (3150, 3155)
2002 Ed. (1074, 2934)
2001 Ed. (1255, 2935, 2936)
Security lighting
1992 Ed. (3828, 3831)
Security Link from Ameritech
1997 Ed. (3414)
Security Management System Inc.
2008 Ed. (2104)
2007 Ed. (2009)
Security Mid Cap Value
2004 Ed. (2454, 3556, 3559)
2003 Ed. (3497)
Security Mutual, NY
1989 Ed. (1701, 1703)
Security National Bank
1989 Ed. (219)
Security National Bank of Quanah
1996 Ed. (387)
Security National Bank of Quanah (TX)
2000 Ed. (551)
Security National Insurance Co.
2008 Ed. (3235)
2007 Ed. (3094)
2006 Ed. (3066)
Security of America Life Insurance
1992 Ed. (2647)
Security Omni
1989 Ed. (1851)
Security Pacific Corp.
1999 Ed. (374)
1997 Ed. (1261)
1996 Ed. (359)
1995 Ed. (366)
1994 Ed. (341, 402)

1993 Ed. (264, 356, 357, 372, 373, 411, 519, 523, 650, 1189, 1192, 2603, 3221, 3246, 3662)
1992 Ed. (867)
1991 Ed. (372, 373, 374, 376, 403, 404, 407, 495, 594, 845, 1149)
1990 Ed. (888)
1989 Ed. (374, 375, 376, 377, 420, 421, 422, 426, 713, 714)
Security Pacific Asian Bank Ltd.
1993 Ed. (498)
1992 Ed. (696)
Security Pacific Bancorp
2005 Ed. (361)
Security Pacific Bank
1991 Ed. (360, 1512)
Security Pacific Bank Arizona
1993 Ed. (423)
1992 Ed. (602)
Security Pacific Bank Arizona (Phoenix)
1991 Ed. (447)
Security Pacific Bank NA
1993 Ed. (384)
Security Pacific Bank of Washington
1991 Ed. (185, 689)
Security Pacific Bank of Washington N.A.
1994 Ed. (145)
1992 Ed. (255)
Security Pacific Bank Oregon
1993 Ed. (607)
Security Pacific Bank-Washington NA
1993 Ed. (395, 402, 664, 2416)
1992 Ed. (562, 864)
Security Pacific Capital Corp./First SBIC of California
1991 Ed. (3441)
Security Pacific Credit
1992 Ed. (3020, 3021)
Security Pacific (E), Calif.
1989 Ed. (2147)
Security Pacific Financial Services, Inc.
1992 Ed. (2130, 2131)
Security Pacific Financial Services System
1993 Ed. (1763, 1767)
Security Pacific Group
1991 Ed. (1121, 1123, 1126, 1127, 1128, 1131)
Security Pacific Hoare Govett
1991 Ed. (1712)
1990 Ed. (1771)
Security Pacific Investment Group
1991 Ed. (2250)
Security Pacific National Bank
1994 Ed. (145, 401)
1993 Ed. (351, 355, 359, 360, 361, 362, 374, 375, 380, 381, 386, 387, 389, 391, 392, 393, 395, 396, 397, 398, 399, 400, 401, 402, 403, 404, 405, 406, 408, 410, 445, 576, 577, 579, 666, 1265, 1444, 2299, 2418, 2508, 2509, 2510, 2965, 2968, 2970)
1992 Ed. (255, 509, 527, 528, 541, 542, 545, 549, 550, 551, 552, 553, 555, 556, 557, 558, 559, 560, 561, 562, 563, 564, 565, 566, 568, 570, 628, 2430, 3627)
1991 Ed. (412, 185, 265, 364, 371, 401, 405, 409, 410, 486, 488, 489, 1922, 1923, 2304, 2308, 2484, 2811)
1990 Ed. (421, 461, 462, 465, 513, 515, 516, 526, 527, 528, 2437)
1989 Ed. (203, 205, 425, 436, 511, 2783)
Security Pacific National Bank Aggressive Equity
1994 Ed. (2311)
Security Pacific National Bank Common Trust G
1994 Ed. (2311)
Security Pacific National Bank (Los Angeles)
1991 Ed. (471)
Security Pacific National Bank Special Fixed Income V
1994 Ed. (2312)
Security Pacific Plaza
1990 Ed. (2732)
Security Pacific Securities Inc.
1993 Ed. (2264)
1992 Ed. (3858)
1991 Ed. (2167, 2171, 2175)
Security Pacific-Sequor
1993 Ed. (2511)
Security product manufacturers/ distributors
2001 Ed. (4203)
Security S & LA
1992 Ed. (3771)
Security Savings
1990 Ed. (2471)
Security Savings & Loan Association
1991 Ed. (3370)
Security Savings Assn., FSA
1990 Ed. (3578)
Security Savings Bank
1994 Ed. (3531)
Security Savings Bank, SLA
1993 Ed. (3081, 3082)
Security Service
2000 Ed. (1628)
Security Service Credit Union
2008 Ed. (2215, 2261)
2007 Ed. (2099, 2100, 2146)
2006 Ed. (2176, 2177, 2225)
2005 Ed. (2082, 2083, 2130)
2004 Ed. (1942, 1988)
2003 Ed. (1887, 1902, 1948)
2002 Ed. (1843, 1894)
Security Service FCU
1999 Ed. (1801, 1802)
Security Service Federal Credit Union
2005 Ed. (2060)
2002 Ed. (1842)
2001 Ed. (1961)
1998 Ed. (1215, 1222, 1224, 1226, 1228, 1229)
1997 Ed. (1559, 1566, 1567, 1568)
1996 Ed. (1502, 1503)
1993 Ed. (1449)
Security Social Awareness
2006 Ed. (4404)
Security State Bank
2007 Ed. (462)
2004 Ed. (541)
1998 Ed. (333, 367)
1997 Ed. (500)
1996 Ed. (541)
1994 Ed. (509)
1993 Ed. (507)
1989 Ed. (210, 216)
Security systems, home
2003 Ed. (4331)
Security systems, integrated
2003 Ed. (4331)
Security Tag Systems Inc.
1994 Ed. (1225)
Security Technologies Group Inc.
2003 Ed. (4330)
2002 Ed. (4541)
2000 Ed. (3922)
Security Total Return
2004 Ed. (3601, 3602)
Security Trust
1992 Ed. (2748, 2752, 2756, 2764)
Security Ultra
1989 Ed. (1851)
Security Ultra Fund
2003 Ed. (3537)
Security Vault Works Inc.
2008 Ed. (3713, 4401, 4965)
2006 Ed. (3518)
Security Windows & Doors Manufacturing
2006 Ed. (3537)
SecurityLink
1999 Ed. (4201, 4203)
1998 Ed. (3204)
1992 Ed. (3826)
SecurityLink from Ameritech
2002 Ed. (4204)
2001 Ed. (4201, 4202)
2000 Ed. (3919, 3921)
SEDA Construction
2005 Ed. (1199)
2004 Ed. (1171)
2003 Ed. (1163)
2002 Ed. (2678)
Seda International Packaging Group
2006 Ed. (3919)
Sedano's Supermarkets
2006 Ed. (2844)
2005 Ed. (2844)
2004 Ed. (2834, 2835)
2002 Ed. (2560, 3375)
2001 Ed. (2704, 2713)
2000 Ed. (2466, 3805)
1999 Ed. (2682, 3422, 4090)
1998 Ed. (1934, 1937, 2514, 3081)
1997 Ed. (2216, 2217, 3339)
1996 Ed. (2110, 2111, 3234)
1995 Ed. (2101, 2102, 2106, 3142)
1994 Ed. (2050, 2051, 2053)
1993 Ed. (2037, 2038)
1992 Ed. (2400, 2401)
1991 Ed. (1905, 1906)
1990 Ed. (2007, 2008, 2016)
Sedano's Supermarkets & Pharmacies
2008 Ed. (2965)
Sedco Forex Offshore
2005 Ed. (1511)
Seddon Atkinson
1992 Ed. (4347)
Sedgwick Claims Management
2000 Ed. (1093)
Sedgwick Claims Management Services Inc.
2008 Ed. (3247)
2007 Ed. (3100)
2006 Ed. (3081, 3083)
2001 Ed. (2914)
Sedgwick Group
1992 Ed. (2700, 2701)
1990 Ed. (2270)
Sedgwick Group PLC
2000 Ed. (2661, 2662, 2663, 2664)
1999 Ed. (2906, 2907, 2909)
1998 Ed. (2120, 2121, 2124, 2125)
1997 Ed. (2414, 2415)
1996 Ed. (2273, 2274, 2275, 2276, 2277)
1995 Ed. (1246, 2270, 2271, 2272, 2273)
1994 Ed. (2224, 2226, 2227)
1993 Ed. (2249, 2457)
1992 Ed. (2699, 2899)
1991 Ed. (2138, 2339)
1990 Ed. (2465)
Sedgwick Group PLC (U.S.)
1994 Ed. (2225)
Sedgwick James Inc.
1996 Ed. (980)
Sedgwick James (Bermuda) Ltd.
1993 Ed. (846)
1992 Ed. (1058)
1991 Ed. (853)
1990 Ed. (903)
Sedgwick James Inc. Claims Management Services
1995 Ed. (992)
Sedgwick James Inc. Claims Management Services Division
1991 Ed. (941)
Sedgwick James Management Co. Inc.
1994 Ed. (863, 865)
1993 Ed. (850)
Sedgwick James Management Services (U.S) Ltd.
1995 Ed. (907)
Sedgwick James North America
1993 Ed. (2247, 2248)
1991 Ed. (2137)
Sedgwick James of Illinois Inc.
1998 Ed. (2123)
Sedgwick James of Michigan Inc.
1998 Ed. (2127)
Sedgwick James of New York Inc.
1995 Ed. (2274)
1992 Ed. (2702)
Sedgwick Management Co. Inc.
1995 Ed. (905)
Sedgwick Management Services
1999 Ed. (1031)
Sedgwick Management Services (Bermuda) Ltd.
1999 Ed. (1029)
1997 Ed. (898)
1996 Ed. (877)
1995 Ed. (902)
1994 Ed. (859)
Sedgwick Management Services (US) Ltd.
1999 Ed. (1034)
1996 Ed. (880)
Sedgwick Management Services (USA) Ltd.
1998 Ed. (640)
Sedgwick ManagementServices US Ltd.
2000 Ed. (984)
Sedgwick Managment Services (U.S.) Ltd.
1997 Ed. (901)
Sedgwick Noble Lowndes
2000 Ed. (1775)
1999 Ed. (1997, 1998, 1999, 2001, 3063)
1998 Ed. (1424, 1425, 1427)
1996 Ed. (1638, 1639)
1995 Ed. (1661, 1662)
Sedgwick of Illinois Inc.
1999 Ed. (2908)
Sedgwick of Michigan
2000 Ed. (2666)
1999 Ed. (2912)
Sedgwick Payne Co.
1995 Ed. (3086)
Sedgwick Payne Co./Crump Reinsurance
1996 Ed. (3187)
Sedgwick Rd
2004 Ed. (133)
Sedgwick Re
1997 Ed. (3291)
Sedgwick Reinsurance
1998 Ed. (3036)
Sedgwick Tomenson Associates
1990 Ed. (1649)
Sedona Staffing Services
2006 Ed. (2409)
SeeBeyond Technology Inc.
2004 Ed. (1341)
Seec Inc.
2005 Ed. (1942, 1947, 1951)
Seed
2001 Ed. (1508)
Seedorf Masonry Inc.
2001 Ed. (1477)
Seedorff Masonry Inc.
2008 Ed. (1260)
2007 Ed. (1363)
2006 Ed. (1286)
2005 Ed. (1283, 1286, 1316)
2004 Ed. (1309)
2003 Ed. (1306)
2002 Ed. (1293)
2000 Ed. (1263)
1999 Ed. (1371)
1998 Ed. (950)
1997 Ed. (1166)
1996 Ed. (1147)
1995 Ed. (1162)
1994 Ed. (1144)
1993 Ed. (1137)
Seeds
2006 Ed. (4395)
Seek Communications
2004 Ed. (1635)
Seeley Co.
1998 Ed. (2998)
1997 Ed. (3256)
1995 Ed. (3060)
1994 Ed. (2998)
1992 Ed. (3614)
The Seeley Company
1990 Ed. (2954)
Seem
2007 Ed. (87)
Seem Plus
2001 Ed. (82)
Seeno Construction Co.; Albert D.
2005 Ed. (1219)
Seeno Homes
2002 Ed. (2671)
Seer Technologies
1997 Ed. (3359)
See's Candies Inc.
2003 Ed. (964)
SEF Credit Union
2007 Ed. (2134)
2006 Ed. (2213)

Sefalana Holdings Ltd.
2002 Ed. (4388)
SEFCU
2008 Ed. (2249)
SEG Partners LP
2003 Ed. (3120, 3135)
Sega Corp.
2003 Ed. (2603, 4773)
2002 Ed. (4642)
2001 Ed. (4604)
2000 Ed. (1492, 4275)
1999 Ed. (4627, 4632)
1998 Ed. (825, 840, 841, 1949, 3595, 3603)
1997 Ed. (3777, 3779, 3836, 3837, 3838)
1996 Ed. (2126, 3724, 3726)
1995 Ed. (3638, 3640, 3642)
1994 Ed. (3561, 3562)
Sega Dreamcast
2002 Ed. (4746)
Sega Enterprises Ltd.
2002 Ed. (2102, 2103, 2104)
2001 Ed. (4688)
1996 Ed. (3707)
1994 Ed. (3551)
Sega Game Gear
1994 Ed. (3562)
Sega Genesis
2000 Ed. (1170)
1999 Ed. (1277)
Sega Sammy
2007 Ed. (2992)
The Segal Co.
2008 Ed. (2484)
2006 Ed. (2418)
2005 Ed. (2367, 2369)
2002 Ed. (1218, 2111)
2000 Ed. (1774, 1778)
1999 Ed. (1997, 2000)
1998 Ed. (1426)
1994 Ed. (1622, 1624)
Segal Associates Inc.
1991 Ed. (1066)
Segal; Gordon
2008 Ed. (2990)
Segal Co.; Martin E.
1993 Ed. (1589, 1592)
1992 Ed. (1940)
1991 Ed. (1545, 1543, 1544)
1990 Ed. (1651)
SEGBA - Servicios Electricos del Buenos Aires
1989 Ed. (1089)
Segel; Joseph M.
1992 Ed. (2056)
Seger; Bob
1989 Ed. (989)
Seger; Martha
1995 Ed. (1256)
Segue
2007 Ed. (1254)
Segue Electronics
2008 Ed. (1110)
Segue Software Inc.
2005 Ed. (1151)
2001 Ed. (2856)
Segura Viudas
2006 Ed. (829)
2005 Ed. (918, 919)
2004 Ed. (925)
Seguros Banamex
2007 Ed. (3115)
Seguros Banorte Generali
2008 Ed. (3259)
Seguros BBVA Bancomer
2008 Ed. (3259)
2007 Ed. (3115)
Seguros Carabobo
1996 Ed. (2290)
Seguros Caracas
1996 Ed. (2290)
Seguros Comercial America
2008 Ed. (3259)
2007 Ed. (3115)
2003 Ed. (1517)
Seguros Comerciales Bolivar
2008 Ed. (3256)
2007 Ed. (3111)
Seguros del Estado
2008 Ed. (3256)
2007 Ed. (3111)
Seguros e Inversiones SA
2006 Ed. (4500)
Seguros Inbursa
2008 Ed. (3259)
2007 Ed. (3115)
Seguros La Metropolitana
1996 Ed. (2290)
Seguros La Seguridad
1996 Ed. (2290)
Seguros Mercantil
2008 Ed. (3261)
Seguros Monterrey New York Life
2008 Ed. (3259)
2007 Ed. (3115)
2004 Ed. (3025)
Seguros Nuevo Mondo
1996 Ed. (2290)
Seguros Orinoco
1996 Ed. (2290)
Seguros Panamerican
2002 Ed. (942)
Seguros Progreso
1996 Ed. (2290)
Seguros Venezuela
1996 Ed. (2290)
SEI Corp.
1998 Ed. (2310)
1996 Ed. (2379)
SEI Cash-Plus Trust/Money Market Portfolio
1992 Ed. (3099)
SEI Cash Plus Trust/Prime Oblig. Class A
1994 Ed. (2542)
SEI Cash-Plus Trust/Prime Obligation Portfolio
1992 Ed. (3098)
SEI Daily Income Corporate A
1996 Ed. (2793)
SEI Daily Income Short Government A
2000 Ed. (765)
SEI Daily Income Tr/MMP/Class A
1996 Ed. (2669, 2671)
SEI Engineering Inc.
2006 Ed. (2473)
SEI Group
2008 Ed. (3765)
2007 Ed. (647)
2006 Ed. (1160)
2005 Ed. (2837)
SEI Index Bond Index Fund
2003 Ed. (3535)
SEI Information Technology
1994 Ed. (1126)
SEI Institutional International: Emerging Debt
2003 Ed. (3618)
SEI Institutional Managed Core Fixed Income Fund
2003 Ed. (3535)
SEI Institutional Managed Equity Income
1997 Ed. (2885, 2900)
SEI Instl Managed Tr-Lg Cap Gr A
1999 Ed. (3569)
SEI Instl Managed Tr-Lg Cap Val A
1999 Ed. (3569)
SEI International Fixed Income
1996 Ed. (2792)
SEI Investments Co.
2008 Ed. (2359, 2360, 2367)
2007 Ed. (2219, 2220, 2227)
2006 Ed. (1978, 2291, 2292, 3210)
2005 Ed. (2222, 2226, 2227)
2004 Ed. (2117, 2121, 2122, 2124, 3192)
2003 Ed. (3088)
2002 Ed. (1547, 3005, 3006, 3017)
2001 Ed. (3455)
2000 Ed. (2776, 2832, 2860)
1999 Ed. (3068, 3110)
SEI Liq Asset Tr/Prime Oblig
1996 Ed. (2671)
SEI Liquid Asset Trust/Prime Oblig. Portfolio
1994 Ed. (2543)
SEI T-E Tr/Bainbridge T-E Port
1996 Ed. (2668)
SEI T-E Tr/Institution T-F Class A
1996 Ed. (2668, 2672)
SEI T-E Trust/Institutional Tax-Free Portfolio
1992 Ed. (3097)
SEI Tax-Exempt Tr./CA T-E Portfolio
1994 Ed. (2540)
SEI Tax-Exempt Trust/Instit. T-F Portfolio Class A
1994 Ed. (2540)
Seibels Bruce Group
2002 Ed. (3486)
Seibu
2000 Ed. (3824)
Seibu Railway Co. Ltd.
1997 Ed. (3788)
1995 Ed. (3654)
1993 Ed. (3613)
1992 Ed. (4337)
1991 Ed. (3416)
Seibu Saison
1992 Ed. (1497)
Seibu/Saison Group of Japan
1990 Ed. (1226, 1256, 1267)
Seiden; Carl
1996 Ed. (1771, 1773, 1789)
Seidenberg; I. G.
2005 Ed. (2506)
Seidenberg; Ivan
2007 Ed. (1013)
2006 Ed. (923)
2005 Ed. (972)
Seidenbert; Ivan
2005 Ed. (2318)
Seidle Mitsubishi; Bill
1995 Ed. (280)
1994 Ed. (277)
Seidle Nissan; Bill
1990 Ed. (385)
Seidle Suzuki; Bill
1996 Ed. (289)
1995 Ed. (286)
1994 Ed. (285)
1993 Ed. (302)
Seidler-Fitzgerald Public Finance
1999 Ed. (3014)
1998 Ed. (2230, 2234)
1997 Ed. (2486)
1996 Ed. (2348, 2355)
1993 Ed. (2262, 2265)
Seidler, Lee
1991 Ed. (1687)
1989 Ed. (1418)
Seidman & Seidman/BDO
1989 Ed. (10)
Seifer; David
1996 Ed. (1806)
1995 Ed. (1829, 1867)
1994 Ed. (1790, 1826)
1993 Ed. (1807)
Seiger; Bruce
1995 Ed. (3503)
S8
2004 Ed. (1635)
Seigman High-Yield Bond A
1996 Ed. (2781)
Seiichi Yamada
1996 Ed. (1870)
Seiichiro Iwasawa
1997 Ed. (1976)
1996 Ed. (1869)
Seiji Sugiura
2000 Ed. (2154)
1999 Ed. (2374)
Seiko Corp.
2003 Ed. (2238)
2001 Ed. (1243)
1993 Ed. (1343, 1359)
1991 Ed. (3474)
1990 Ed. (3632)
Seiko Epson Corp.
2007 Ed. (1212, 1213, 1215, 2828)
2006 Ed. (1111)
2005 Ed. (1125, 3695)
2004 Ed. (3776)
2003 Ed. (2249)
1996 Ed. (2639)
1995 Ed. (2453)
1994 Ed. (2517)
1993 Ed. (2566, 2567, 2568)
1992 Ed. (2865)
1990 Ed. (2203)
Seiko Instruments & Electronics Ltd.
1992 Ed. (2865)
Seiko Optical Products
1999 Ed. (3659)
Seiko U.K. Ltd.
2002 Ed. (36)
Seikoh Giken
2002 Ed. (1710)
Seiler Corp.
1994 Ed. (1890, 2079, 2082, 2083)
1992 Ed. (2202, 2447, 2448)
1991 Ed. (1752, 1755)
Seiler & Co., LLP
2005 Ed. (13)
Seiler DDB
2003 Ed. (153)
2002 Ed. (189)
2000 Ed. (177)
1997 Ed. (150)
Seiler DDB/Switzerland
2001 Ed. (217)
Seiler's/FDI
1995 Ed. (1912, 2133)
"Seinfeld"
2001 Ed. (4486, 4491, 4499)
2000 Ed. (4222)
1997 Ed. (3722)
Seinfeld; Jerry
2008 Ed. (2581, 2586)
1997 Ed. (1726)
Seino
2007 Ed. (4835)
Seiple Jr.; John W.
2007 Ed. (2509)
Seisint Inc.
2006 Ed. (1418, 1427)
Seismicom
2006 Ed. (3414)
2005 Ed. (3405)
Seita
2003 Ed. (968)
Seitel Inc.
2004 Ed. (3682, 4580)
1991 Ed. (227)
Seix Investment Advisors
2003 Ed. (3080)
2001 Ed. (3690)
2000 Ed. (2803, 2806)
1999 Ed. (3072)
1998 Ed. (2275, 2278)
1997 Ed. (2530)
1996 Ed. (2393, 2401)
Seix Investment Advisors, High Yield Bond Management
2003 Ed. (3122)
Seiyo Ginza
1996 Ed. (2174)
Seiyu
2000 Ed. (3824)
1995 Ed. (3158)
1994 Ed. (3113)
1990 Ed. (3050, 3054)
1989 Ed. (2333)
Seize the Day
2005 Ed. (721)
Seizure control
2002 Ed. (2013)
Seizure disorders
2002 Ed. (3751)
2000 Ed. (1696, 2322)
SEK Advertising
1989 Ed. (105)
Sek & Grey Oy
1991 Ed. (98)
1990 Ed. (101)
Sekap
1999 Ed. (1137)
1997 Ed. (992)
Sekisui Chemical
2007 Ed. (2991)
2000 Ed. (1026)
1999 Ed. (1090, 2032)
1998 Ed. (1148, 1446)
1997 Ed. (959, 1753)
1995 Ed. (959)
1994 Ed. (931)
1993 Ed. (914)
1989 Ed. (826)
Sekisui House Ltd.
2007 Ed. (1292, 1800, 2991)
2006 Ed. (1184, 1185, 1793)
2005 Ed. (1208)
2004 Ed. (1182)
2003 Ed. (1174)

2002 Ed. (1195)
2000 Ed. (1203, 1824)
1999 Ed. (1323, 2032, 2033)
1998 Ed. (535, 907, 1446)
1997 Ed. (1131, 1753)
1996 Ed. (3409)
1995 Ed. (1135)
1994 Ed. (1121)
1993 Ed. (1097)
1992 Ed. (1370)
1991 Ed. (1064)
1990 Ed. (1846)
1989 Ed. (1005)
Seksun
2007 Ed. (1972)
Corp. Selco
2007 Ed. (96, 96)
Selco Community Credit Union
2008 Ed. (2254)
2007 Ed. (2139)
2006 Ed. (2218)
Selco Credit Union
2005 Ed. (2123)
2004 Ed. (1981)
2003 Ed. (1941)
2002 Ed. (1887)
Seldane
1998 Ed. (1341)
1995 Ed. (226)
1994 Ed. (2926, 2928)
1993 Ed. (2912, 2913)
1992 Ed. (3524, 3525)
1991 Ed. (2761, 2762)
1990 Ed. (2899)
Seldane-D
1995 Ed. (226)
Seldane tab 60 mg
1990 Ed. (1572)
Seldenberg; Ivan G.
2008 Ed. (955)
2007 Ed. (1033)
Selecciones
2005 Ed. (3360)
Selecciones; Reader's Digest
2005 Ed. (131)
Select
2000 Ed. (3500)
Select Annuity II
1991 Ed. (3438)
Select Appointments (Holdings) Plc
1990 Ed. (1034)
Select Asset Management
2008 Ed. (1571)
Select Business Solutions Inc.
2006 Ed. (1139)
Select Comfort Corp.
2008 Ed. (2989, 2998, 2999, 3604)
2007 Ed. (132, 2868, 3437)
2006 Ed. (1888, 1889, 2884, 3423)
2005 Ed. (2697, 3410, 3411)
2004 Ed. (3663)
2001 Ed. (2740)
2000 Ed. (2296, 2297, 2302)
1998 Ed. (440, 748, 3084, 3310)
Select Copy Systems
1998 Ed. (2699)
Select/Denron Plumbing & HVAC Inc.
2005 Ed. (1280, 1343)
2004 Ed. (1240, 1338)
2003 Ed. (1338)
Select Equity Group, U.S. Small Cap Portfolio
2003 Ed. (3135)
Select Exec - 1
1997 Ed. (3813)
Select Life
1991 Ed. (2119)
Select Medical Corp.
2005 Ed. (2800)
Select Milk Producers Inc.
2008 Ed. (1980)
2007 Ed. (1917)
2006 Ed. (1933)
2005 Ed. (1906)
2004 Ed. (1822)
Select Phone
1997 Ed. (1098)
Select Providers Inc.
2002 Ed. (3744)
2001 Ed. (3874)
2000 Ed. (2439)
Select Sector SPDR Fund, Financial
2004 Ed. (234)
Select Service Inc.
2008 Ed. (4980)
Select Staffing
2002 Ed. (4349)
SelectBuild
2008 Ed. (1223)
Selectbuild Construction Inc.
2008 Ed. (1166)
SelectCare Inc.
2001 Ed. (2680)
2000 Ed. (2423, 2434)
1999 Ed. (2644)
1992 Ed. (2390)
SelectCare HMO
1999 Ed. (2654)
1998 Ed. (1913)
1994 Ed. (2036, 2038)
SelectCare MedExtend Inc.
1991 Ed. (1894)
1990 Ed. (1996)
SelectCare VersaMed Inc.
1991 Ed. (2760)
1990 Ed. (2896)
Selected American
2005 Ed. (4489)
Selected American Shares
2006 Ed. (3630, 3631, 4564)
2002 Ed. (3418)
1999 Ed. (3515, 3557)
1998 Ed. (2598, 2632)
1993 Ed. (2651, 2660, 2671)
Selected Special Shares
2004 Ed. (3538)
Selectica Inc.
2002 Ed. (4192)
The Selective Group
2003 Ed. (1160)
2002 Ed. (1188)
Selective Insurance
1993 Ed. (2239)
1992 Ed. (2683)
1991 Ed. (2128)
1990 Ed. (2254)
Selective Insurance Group Inc.
2007 Ed. (3102)
2006 Ed. (3090)
2004 Ed. (3093)
Selector (1382285 Ontario Ltd.)
2007 Ed. (2738)
SelecTV
1991 Ed. (836)
Selegiline
1999 Ed. (1910)
Self-assessment/self-testing
1993 Ed. (1594)
Self-development
1993 Ed. (1595)
Self-Help
2000 Ed. (1626)
Self-Help Credit Union
2008 Ed. (2212, 2250)
2005 Ed. (2063)
2003 Ed. (1900)
2002 Ed. (1833, 1840)
1998 Ed. (1219)
Self-Insurance Specialists Inc.
1995 Ed. (905)
1994 Ed. (863)
1993 Ed. (850)
Self Matters
2004 Ed. (740, 742)
Self Reliance
2000 Ed. (1625)
Self Reliance Credit Union
2006 Ed. (2170)
Self Reliance New York Credit Union
1998 Ed. (1219)
Self Reliance (NJ) Credit Union
2005 Ed. (2076)
2004 Ed. (1936)
2003 Ed. (1896)
2002 Ed. (1836)
Self Reliance NY
2000 Ed. (1625, 1626)
Self Reliance NY Credit Union
2006 Ed. (2170)
2005 Ed. (2076)
2004 Ed. (1936)
2003 Ed. (1896)
2002 Ed. (1836, 1840)
1997 Ed. (1563)
1996 Ed. (1506)
Selfcare
2003 Ed. (3922)
Selfreliance Ukrainian
1990 Ed. (1460)
1989 Ed. (1191)
SelfReliance Ukrainian American Credit Union
2008 Ed. (2230)
2007 Ed. (2115)
2006 Ed. (2194)
2005 Ed. (2099)
2004 Ed. (1957)
SelfReliance Ukrainian Credit Union
2003 Ed. (1917)
2002 Ed. (1863)
Selfreliance Ukrainian Federal Credit Union
1994 Ed. (1505)
1993 Ed. (1452)
Selfreliance Ukranian
1995 Ed. (1538)
Selfridges
2005 Ed. (1031)
Seligman
2008 Ed. (608, 2608)
2007 Ed. (648, 3678, 3682)
Seligman Capital
2006 Ed. (3645)
2004 Ed. (3560)
1994 Ed. (2633)
1993 Ed. (2687)
Seligman Communications & Info. A
1997 Ed. (2877)
1996 Ed. (2787)
Seligman Communications & Information
2006 Ed. (3635)
2005 Ed. (4495)
2003 Ed. (3552)
Seligman Frontier
1996 Ed. (2772)
1995 Ed. (2676)
Seligman Frontier A
1996 Ed. (2803)
Seligman Funds
2005 Ed. (3548)
Seligman Henderson
1999 Ed. (3079)
1998 Ed. (2275, 2279)
1995 Ed. (2396)
Seligman Henderson GLB Smaller Co. A
1999 Ed. (3551)
Seligman Henderson Global Smaller Cos.
1996 Ed. (2790)
Seligman Henderson Global Smaller Cos. A
1997 Ed. (2876, 2883)
Seligman Henderson Global Tech. A
1997 Ed. (2898)
Seligman High-Income High Yield
1996 Ed. (2761)
Seligman High Yield A
1998 Ed. (2633)
Seligman High-Yield Bond
1992 Ed. (3155)
Seligman High-Yield Bond A
1999 Ed. (3539)
1997 Ed. (688, 2892, 2903)
1996 Ed. (2795)
Seligman Income
1994 Ed. (2617)
Seligman International Growth
2007 Ed. (4550)
2004 Ed. (3651)
Seligman J & W
2003 Ed. (704)
1993 Ed. (2313, 2321)
Seligman Mutual Benefit: Capital
1992 Ed. (4376)
Seligman Mutual Benefit: Common Stock
1992 Ed. (4377)
Seligman Mutual Benefit: F1 SEC
1992 Ed. (4374)
Seligman New Jersey Tax-Exempt
1992 Ed. (3146)
Seligman Tax-Exempt-National
1990 Ed. (2377)
Sella; George J.
1991 Ed. (1632)
1990 Ed. (1724)
1989 Ed. (1383)
Selland Arena
2002 Ed. (4346)
1999 Ed. (1297)
Sellen Construction Co. Inc.
2002 Ed. (1276)
Seller DDB
1999 Ed. (160)
Sellers Brothers
2004 Ed. (4640)
Seller's/FDI
1995 Ed. (2134)
Sellers Pontiac; Bob
1996 Ed. (283)
Sellers Pontiac-GMC Truck Inc.; Bob
1995 Ed. (283)
1991 Ed. (309)
1990 Ed. (346)
Sellers; R. Scot
2007 Ed. (2509)
2005 Ed. (1103)
Sellgman/Canada Life Trillium Communication & Information
1997 Ed. (3827)
Sellgren; Miriam W.
1995 Ed. (933)
Selling Power
2002 Ed. (4847)
Selling the Invisible
1999 Ed. (690)
Sells Inc.
2008 Ed. (4971)
Sells; Chas. H.
1991 Ed. (1563)
Sellyn; Laurence
2006 Ed. (2518)
SELM
1991 Ed. (1311)
Selma, MA
1992 Ed. (3046)
Selma University
1990 Ed. (1085)
Selmer Co.
1996 Ed. (2749, 2750)
1995 Ed. (2671, 2672)
1994 Ed. (2588, 2589, 2590)
1991 Ed. (2551, 2552, 2553, 2554)
Selmer Company, L.P.
1992 Ed. (3142, 3143, 3144)
Selmer-Sande A/S
1990 Ed. (1406)
1989 Ed. (1147)
Selsun Blue
1992 Ed. (4236)
Selva Magica
2007 Ed. (276)
2006 Ed. (271)
2005 Ed. (252)
2003 Ed. (276)
2002 Ed. (311)
2001 Ed. (380)
2000 Ed. (299)
1999 Ed. (271)
1997 Ed. (250)
1996 Ed. (218)
1995 Ed. (219)
Selveira; Ashley
1997 Ed. (1974)
Selz, Seabolt & Associates
1999 Ed. (3929)
1998 Ed. (1961, 2945)
1997 Ed. (3187, 3191)
1996 Ed. (3112)
1994 Ed. (2953)
SEM Group LP
2008 Ed. (2010)
2007 Ed. (1940)
2006 Ed. (1958)
Sema
2000 Ed. (3386)
1990 Ed. (2200)
Sema Group
1997 Ed. (2973)
1992 Ed. (1335)
1991 Ed. (2067)
1990 Ed. (1139, 2198)
SEMA News
2007 Ed. (4790)

Sema plc
2005 Ed. (1522)
SEMA Show
2008 Ed. (4720)
2005 Ed. (4733)
Semahat Arsel
2008 Ed. (4876)
Semantic Studios LLC
2006 Ed. (3018)
Semaphore
1996 Ed. (867)
1995 Ed. (881)
Sematech
2005 Ed. (3331)
Sembawang Corp. Ltd.
2000 Ed. (1550)
SembCorp Industries Ltd.
2008 Ed. (2070)
2007 Ed. (1581, 1974)
2006 Ed. (2007)
The Sembler Co.
2007 Ed. (4379)
SEMC
2005 Ed. (887)
Semcan Inc.
2008 Ed. (1658)
SEMCO
2007 Ed. (4004)
2005 Ed. (1292, 1293)
SEMCO Energy Inc.
2004 Ed. (2126)
2002 Ed. (1728, 2154)
Semcon AB
2008 Ed. (2092)
Semegran; Theodore
1996 Ed. (1846)
1995 Ed. (1810, 1865)
1994 Ed. (1824)
1993 Ed. (1786)
1991 Ed. (1700)
Semel; Terry
2005 Ed. (2319)
Semel; Terry S.
2008 Ed. (939, 945, 957)
2007 Ed. (988, 1035)
2006 Ed. (898, 935, 938)
Semen Cibinong
1993 Ed. (2156)
1992 Ed. (1637)
1991 Ed. (1303, 2012)
1990 Ed. (1381)
1989 Ed. (1127)
Semen Cibinong PT
1997 Ed. (1431)
Semen Gresik
2000 Ed. (2873)
1999 Ed. (3124)
Semen Gresik (PERSERO)
2001 Ed. (1739)
Semersky Enterprises
1992 Ed. (397, 407)
1990 Ed. (315, 335)
SemGroup LLP
2008 Ed. (4038)
2007 Ed. (4012)
Semgroup LP
2008 Ed. (3894)
2007 Ed. (3832)
Semi-moist dog food
1992 Ed. (2354)
Semi-skilled Workers
2000 Ed. (1787)
Semi-Tech
1997 Ed. (1141, 1373)
Semi-Tech (Global)
1995 Ed. (2129)
Semi-tech Mircroelectronics
1990 Ed. (2049)
Semiconducting materials
2001 Ed. (1206)
Semiconductor Components Industries LLC
2003 Ed. (1607)
Semiconductor/electronics
2001 Ed. (4674)
Semiconductor Energy Laboratory
2005 Ed. (3697)
2004 Ed. (3778)
2003 Ed. (3753)
Semiconductor industry
1993 Ed. (1210)
Semiconductor manufacturing
2007 Ed. (3716)
Semiconductor Manufacturing International Corp.
2008 Ed. (1116, 2471)
2007 Ed. (4351)
2006 Ed. (4258, 4260, 4680)
Semiconductors
2008 Ed. (1633, 3152)
2007 Ed. (2518, 2519, 2521)
2006 Ed. (2535, 2536, 3002, 3008)
2005 Ed. (3006, 3011, 3012, 3014)
2004 Ed. (3014)
2003 Ed. (2906, 2908)
2002 Ed. (2766, 2767, 2768, 2769, 2771, 2772, 2777)
2000 Ed. (1892)
1996 Ed. (1728)
1995 Ed. (1738)
1994 Ed. (2192, 2434)
1993 Ed. (1573, 1711, 1725)
1992 Ed. (2628)
1991 Ed. (1515, 1636, 1637)
1990 Ed. (1613, 2184)
Semiconductors & related devices
1995 Ed. (2502)
1993 Ed. (2496)
1992 Ed. (2969)
1991 Ed. (2382)
1990 Ed. (2515)
1989 Ed. (1929)
Semifinished goods
2001 Ed. (2376)
Semillon
2003 Ed. (4968)
2002 Ed. (4970)
2001 Ed. (4872)
1996 Ed. (3837)
Seminario y Cia.
2008 Ed. (740)
2007 Ed. (764)
SemIndia
2007 Ed. (877, 2261)
Seminole
1990 Ed. (1805, 1806)
Seminole Electric Cooperative
2007 Ed. (1428)
2006 Ed. (1393)
2005 Ed. (1406, 1407)
2004 Ed. (1385, 1386)
2003 Ed. (1377)
Seminole Pipeline Co.
1996 Ed. (3042)
Semitool Inc.
2008 Ed. (1959)
2007 Ed. (1895)
2004 Ed. (1807)
2003 Ed. (1770, 1771)
2001 Ed. (1800, 1801)
1997 Ed. (3522)
Semmes, Bowen & Semmes
1993 Ed. (2392)
1992 Ed. (2829)
1991 Ed. (2280)
1990 Ed. (2414)
Semotus Solutions Inc.
2008 Ed. (250)
Sempra Energy
2008 Ed. (1479, 2423, 2500, 2815, 3035, 3681, 3687)
2007 Ed. (1484, 2286, 2293, 2295, 2301, 2385, 2678, 2679, 2680, 2686, 2913)
2006 Ed. (849, 2359, 2441, 2443, 3319)
2005 Ed. (264, 2401, 2726, 2727, 2728, 2729, 2731, 3492, 3587, 3588, 3768, 3769, 3770, 3772)
2004 Ed. (3492, 3669, 3670)
2003 Ed. (3424, 3811, 3814)
2002 Ed. (1388, 3371, 3372, 4599)
2001 Ed. (3946, 3947, 3948)
2000 Ed. (1358)
Semrod; T. Joseph
1991 Ed. (1632)
Sems Group
1995 Ed. (1114, 1116)
Semtech Corp.
2002 Ed. (4288)
1997 Ed. (2974)
1996 Ed. (207)
Semtex/Semitronics
1999 Ed. (2623, 2670)
Sen & Low Holdings Ltd.
1992 Ed. (1201)
Senagat Bank
2004 Ed. (472)
Senate of the Republic of Mexico
2007 Ed. (59)
Senate; U.S.
2006 Ed. (3293)
Senator Bill Frist
2007 Ed. (2706)
Senator Harry Reid
2007 Ed. (2706)
Senator Joe Lieberman
2007 Ed. (2706)
Senator Lines
2003 Ed. (2423)
Senator Lines GmbH
2004 Ed. (4858)
Senator Trent Lott
2007 Ed. (2706)
Senbank
1993 Ed. (2532)
1991 Ed. (2416, 2417)
Sencommunications Inc.
2007 Ed. (4991)
Sencor Inc.
1993 Ed. (2842)
SenDEC Corp.
2008 Ed. (1981, 1983, 2953)
Seneca
1996 Ed. (227)
Seneca Foods Corp.
2005 Ed. (2654, 2656)
2004 Ed. (2661)
2001 Ed. (2477)
1996 Ed. (1939)
Seneca Insurance Group
2002 Ed. (2952)
Senegal
2008 Ed. (2200, 2402, 3863)
2007 Ed. (2090, 2267, 3789)
2006 Ed. (2146, 2336, 2576, 3791)
2005 Ed. (2571, 3702)
2004 Ed. (1918, 2593, 3784)
2003 Ed. (2467, 3759)
Seneker; S. A.
1996 Ed. (967)
Senetek PLC
1996 Ed. (2895)
Seng Heng Bank
2004 Ed. (585)
1996 Ed. (591)
1995 Ed. (533)
1994 Ed. (559)
Seng; Yeoh Keat
1997 Ed. (1997)
1996 Ed. (1896)
Senie Kerschner
1992 Ed. (1564, 2817)
Senior Care Industries Inc.
2004 Ed. (1528, 4696)
Senior citizen programs
1993 Ed. (2473)
Senior Engineering Group
1999 Ed. (1644)
Senior Health
2003 Ed. (2803)
Senior Housing Properties Trust
2006 Ed. (4192)
Senior Lifestyle Corp.
2000 Ed. (1723, 1724)
1999 Ed. (1935)
Senior Living Properties LLC
2001 Ed. (3998)
Senior Savings Bank FSB
1990 Ed. (3134)
Senior Systems Technology Inc.
2005 Ed. (1270, 1276, 1277)
SeniorHealth
2005 Ed. (2889, 3948)
Senk; Glen
2008 Ed. (2990)
Senna; Ayrton
1995 Ed. (251)
Senoca
2001 Ed. (4329)
Senokot
2003 Ed. (3197, 3198)
2001 Ed. (3073)
Senokot S
2004 Ed. (249)
2003 Ed. (3198)
Sensational Foods
2002 Ed. (1582)
Sense/Net
2003 Ed. (2713)
Sensex
2008 Ed. (4501)
Sensible Car Rental Inc.
2003 Ed. (334)
2002 Ed. (363)
Sensient Technologies Corp.
2006 Ed. (3045, 3364)
2005 Ed. (2653, 2654)
2004 Ed. (2660, 2661)
Sensititre System
1992 Ed. (3008)
Sensitive Saline Plus Solution
1997 Ed. (1143)
Sensitive Saline Solution
1997 Ed. (1143)
Sensodyne
2008 Ed. (4699, 4700)
2007 Ed. (4782)
2006 Ed. (4775)
2005 Ed. (4721)
2004 Ed. (4743, 4745)
2003 Ed. (4767, 4768, 4770)
2002 Ed. (3644, 4638)
2001 Ed. (3402, 4574, 4575, 4578)
2000 Ed. (4264)
1999 Ed. (1829, 4617)
1997 Ed. (3763, 3764)
1995 Ed. (3630)
1994 Ed. (3552)
1993 Ed. (3589)
1991 Ed. (1410)
1990 Ed. (1489)
Sensodyne Baking Soda Paste
1997 Ed. (3763)
Sensor
2001 Ed. (3989, 3990)
1999 Ed. (3779)
Sensor Excel for Women; Gillette
2008 Ed. (2875)
Sensor Excel; Gillette
2008 Ed. (3876)
Sensor for Women
2003 Ed. (2672)
2001 Ed. (3989, 3990)
Sensor; Gillette
2008 Ed. (3876)
SensorExcel
2001 Ed. (3989, 3990)
SensorExcel for Women
2001 Ed. (3989, 3990)
Sensormatic Electron
1995 Ed. (2805, 2806)
Sensormatic Electronics Corp.
2003 Ed. (2199)
2001 Ed. (2195, 2197)
1999 Ed. (2454, 4491)
1997 Ed. (2209, 3642, 3647)
1996 Ed. (1745, 1927, 2861, 2862)
1994 Ed. (1225, 1609)
1993 Ed. (1053, 1570)
1992 Ed. (1315, 1917)
1991 Ed. (1524)
Sensory impairments
1994 Ed. (3674)
Sensytech
2005 Ed. (2013)
Sentara Health Management
1999 Ed. (2646, 2647, 2649, 2650)
Sentara Health Plans
1994 Ed. (2037)
Sentara Health System
1999 Ed. (2988, 2993)
1998 Ed. (1910, 1911, 1912, 1913)
Sentara Healthcare
2007 Ed. (2767)
2005 Ed. (3155)
2002 Ed. (339)
Sentara Home Care
2004 Ed. (2896)
2003 Ed. (2785)
Sentara Home Care Services
2002 Ed. (2588)
Sentec Ltd.
2003 Ed. (2737)

Sentinel
2007 Ed. (3682)
2003 Ed. (1872)
2001 Ed. (1937)
Sentinel Advisors
2006 Ed. (631, 3599, 3600)
2005 Ed. (704, 3546, 3572)
2004 Ed. (3541, 3563)
1998 Ed. (2658)
Sentinel Bond
2003 Ed. (3528)
Sentinel Capital Partners
2000 Ed. (1526)
Sentinel Common Stock
1995 Ed. (2731)
1992 Ed. (3150)
1991 Ed. (2557)
Sentinel Consumer Products Inc.
2003 Ed. (1873)
Sentinel Credit Union
2008 Ed. (2259)
2007 Ed. (2144)
2006 Ed. (2223)
2005 Ed. (2128)
2004 Ed. (1986)
2003 Ed. (1946)
2002 Ed. (1892)
Sentinel Government Securities
2008 Ed. (605)
2003 Ed. (3527)
Sentinel Real Estate Corp.
2006 Ed. (278)
2005 Ed. (257, 258)
2004 Ed. (255, 2036)
2003 Ed. (287)
2002 Ed. (325)
2000 Ed. (305, 2808, 2838)
1999 Ed. (3074)
1998 Ed. (177)
1997 Ed. (2541)
1996 Ed. (2411)
1994 Ed. (3023)
Sentinel Small Company
2006 Ed. (3641, 3642)
Sentra
2001 Ed. (476)
1998 Ed. (221)
Sentra; Nissan
2008 Ed. (303, 328)
2006 Ed. (322)
2005 Ed. (303)
Sentra Securities
2000 Ed. (841)
Sentry
1992 Ed. (3159)
Sentry Detection
2000 Ed. (3906)
Sentry Fund
2004 Ed. (3598)
Sentry Insurance
2000 Ed. (2651, 2719, 2729)
1999 Ed. (2898, 2968, 2974)
1998 Ed. (2110, 2197)
1997 Ed. (2411)
1996 Ed. (2271, 2339)
1994 Ed. (2217, 2273, 2277)
Sentry Insurance, A Mutual Co.
2007 Ed. (3172)
2006 Ed. (3139)
2005 Ed. (3131)
2004 Ed. (3125)
2003 Ed. (3006)
1993 Ed. (2185, 2235)
Sentry Insurance Group
2002 Ed. (2955)
Sentry Insurance (Mutual) Co.
1992 Ed. (2689, 2682)
1991 Ed. (2125)
Sentry LF "2" Patrt: Bond
1994 Ed. (3615)
Sentry Life - Variable Annuity
1991 Ed. (2153)
Sentry Life - Variable Universal Life
1991 Ed. (2153)
Sentry Management Inc.
1994 Ed. (3023)
1993 Ed. (2980)
Sentry NY "I" Patrt: Bond
1994 Ed. (3615)
Sentry Patriot Gr Port
1990 Ed. (3664)
Sentry Protective Systems
1999 Ed. (4202)
Sentry Select Canadian Energy Growth
2004 Ed. (3619)
2003 Ed. (3583)
Sentry Trust Co.
2005 Ed. (365)
Senvest Capital
2007 Ed. (2853)
Senwa Bank
1989 Ed. (566)
Seoul
1997 Ed. (193, 1004)
1992 Ed. (750)
Seoul Advertising
1991 Ed. (121)
1990 Ed. (123)
Seoul Airport
1997 Ed. (223)
1996 Ed. (195)
Seoul Bank
2000 Ed. (581)
Seoul D'Arcy
2002 Ed. (131)
Seoul D'Arcy Madius Benton & Bowles
1999 Ed. (114)
Seoul D'Arcy Masius Benton & Bowles
1997 Ed. (111)
1996 Ed. (109)
1995 Ed. (94)
Seoul DMB & B
2001 Ed. (158)
2000 Ed. (120)
1994 Ed. (99)
1992 Ed. (174)
Seoul, Korea
1999 Ed. (1177)
1991 Ed. (940)
Seoul Land
2005 Ed. (248)
2003 Ed. (272)
2002 Ed. (313)
2001 Ed. (382)
2000 Ed. (301)
1999 Ed. (273)
1997 Ed. (252)
1996 Ed. (220)
1995 Ed. (220)
Seoul Securities Co.
2001 Ed. (1035)
Seoul Semiconductor
2008 Ed. (2079)
Seoul, South Korea
2008 Ed. (1819)
2006 Ed. (249, 4182)
2005 Ed. (2033)
2003 Ed. (256)
2002 Ed. (276, 277)
2001 Ed. (348)
1995 Ed. (991, 2564, 2956)
1994 Ed. (2895)
1991 Ed. (3249)
Seoul System
2002 Ed. (4435)
Seoul - Tokyo
1996 Ed. (179)
Seoulbank
2003 Ed. (533, 534, 611)
2002 Ed. (517, 575, 576, 577, 603)
1999 Ed. (569)
1997 Ed. (534)
Sepah; Bank
2008 Ed. (449)
2007 Ed. (484)
2005 Ed. (547)
Separate Acct 2-3
1997 Ed. (3815)
Sepawand BV
1999 Ed. (2552)
1997 Ed. (2106)
Sepec
2002 Ed. (4263)
Sephia
2001 Ed. (476)
Sephora.com
2007 Ed. (2316)
Sepi
2000 Ed. (258, 1480)
SEPP L.P.
1994 Ed. (2877)
Seppal Homes
1999 Ed. (1338)
Seppala Homes
2005 Ed. (1204)
2004 Ed. (1177)
2003 Ed. (1169)
2002 Ed. (2690)
Sepracor Inc.
2007 Ed. (3903, 3914, 4556)
2006 Ed. (3876, 4084)
2004 Ed. (4561)
1996 Ed. (2884)
Septagon Industries
2005 Ed. (4149)
September
2002 Ed. (415, 4704)
2001 Ed. (1156, 4681, 4857, 4858, 4859)
September 11, 1986
1991 Ed. (3237)
1989 Ed. (2747)
September 5, 1939
1999 Ed. (4394)
September 13, 1996
1999 Ed. (4397)
September 24, 1931
1991 Ed. (3238)
September 21, 1976-February 28, 1978
1989 Ed. (2749)
September 21, 1932
1999 Ed. (4394)
1989 Ed. (2750)
September 26, 1996
1999 Ed. (3668)
September 22, 1987
1989 Ed. (2746)
Sequa Corp.
2005 Ed. (156, 157, 2156)
2004 Ed. (159, 160)
2003 Ed. (197, 199)
2002 Ed. (239, 241)
2001 Ed. (263, 1183)
2000 Ed. (1019)
1999 Ed. (183)
1998 Ed. (695)
1997 Ed. (170)
1995 Ed. (951)
1993 Ed. (2537, 2705)
1992 Ed. (250, 3027, 3216)
1991 Ed. (180, 182, 901, 1209, 2577)
1990 Ed. (186, 190, 2217)
1989 Ed. (901, 1316)
Sequel Venture Partners
2008 Ed. (4806)
2007 Ed. (4875)
2002 Ed. (4737)
Sequent
1995 Ed. (2254)
Sequent Computer
1992 Ed. (1301, 1914)
1991 Ed. (1018)
Sequent Computer Systems
1999 Ed. (2119)
1993 Ed. (1054, 3004)
1990 Ed. (1974, 1975, 3303)
Sequester
1998 Ed. (1271, 1351)
Sequester Fat Reducer
1997 Ed. (1608, 1609, 1666, 1667)
Sequia Corp.
1997 Ed. (952)
Sequoia
2008 Ed. (4148)
2007 Ed. (4123, 4124)
2004 Ed. (2452)
2003 Ed. (3493)
2001 Ed. (4051, 4052)
1991 Ed. (2566)
Sequoia Capital
2003 Ed. (4848)
2002 Ed. (4735, 4738)
1997 Ed. (3833)
Sequoia Fund
2006 Ed. (3609, 3630, 3631, 3633)
2004 Ed. (3553, 3555, 3658)
2000 Ed. (3256)
1999 Ed. (3519, 3521)
1997 Ed. (2881)
Sequoia Group
2001 Ed. (3519)
Sequoia Grove Wine
1991 Ed. (3498)
Sequoia National Park
1999 Ed. (3705)
1990 Ed. (2665)
Sequoia Supply
1991 Ed. (806)
1990 Ed. (843)
Sequoia Systems
1994 Ed. (2704)
1992 Ed. (3822)
SER, Jobs for Progress National Inc.
2007 Ed. (2841)
2006 Ed. (2843)
Ser Metro Detroit
2005 Ed. (2845)
2004 Ed. (2837)
Ser Padres
2005 Ed. (3360)
Sera Tec Biologicals Inc.
1996 Ed. (2562)
Serbia
2008 Ed. (3160)
2007 Ed. (3765, 3976)
2006 Ed. (2140, 3768, 3923)
2005 Ed. (3671, 3860)
2004 Ed. (3756, 3915)
2003 Ed. (3710, 3892)
2001 Ed. (1985, 3609, 3821)
Serco
2007 Ed. (4370)
2006 Ed. (4303)
2002 Ed. (4574, 4577, 4578)
Serco Group
2007 Ed. (1462, 1466)
2002 Ed. (1652)
Serco Group plc
2008 Ed. (1454, 1456, 4325)
2007 Ed. (1467, 4369)
2006 Ed. (1474, 1481, 4302)
Serco On Line Services
2000 Ed. (4199)
Serco Services Inc.
2008 Ed. (1360, 1365)
2007 Ed. (1404, 1409)
2006 Ed. (1371)
Serdrup Corp.
1999 Ed. (1339)
Seremet; Dennis M.
2005 Ed. (2517)
Serena
2008 Ed. (1144)
2007 Ed. (1253)
Serena Software Inc.
2008 Ed. (1135, 1139)
2007 Ed. (2332)
2006 Ed. (1133, 1580)
2005 Ed. (1144)
2002 Ed. (4288)
2001 Ed. (1579)
Serena Williams
2007 Ed. (293)
2005 Ed. (266)
2004 Ed. (259)
2003 Ed. (293)
2002 Ed. (343)
2001 Ed. (418)
Serene Dyestuff Industries
1996 Ed. (1600)
Serenic Corp.
2008 Ed. (1549)
Serenity
2003 Ed. (14, 3775)
1999 Ed. (27)
1993 Ed. (1482)
Serenity Guard
1998 Ed. (1269)
Seretide
2008 Ed. (2379)
2007 Ed. (2243)
Seretta Construction
2006 Ed. (1295)
Serevent
1997 Ed. (2741)
1996 Ed. (1578)
Serfin
2001 Ed. (634, 635)
2000 Ed. (590, 607, 609, 613)
1993 Ed. (2560)
1990 Ed. (634)
Serfinco
2008 Ed. (735)

2007 Ed. (756)
Serge Crasnianski
2001 Ed. (3319)
Serge Dassault
2008 Ed. (4866)
Serge Normant
2007 Ed. (2758)
Sergey Brin
2008 Ed. (4834, 4839)
2007 Ed. (4905)
2006 Ed. (4896, 4912)
2005 Ed. (787, 4859)
Sergie Federov
2000 Ed. (322)
Sergio Mantegazza
2008 Ed. (4875)
Sergio Tacchini
1993 Ed. (3376)
1990 Ed. (3338)
Serhiy Taruta
2008 Ed. (4877)
Sericol
2007 Ed. (3077)
Series; Gillette
2008 Ed. (3876)
Series of Unfortunate Events; Lemony Snicket's A
2007 Ed. (3641)
A Series of Unfortunate Events: The Beatrice Letters
2008 Ed. (549)
A Series of Unfortunate Events: The End
2008 Ed. (549)
A Series of Unfortunate Events: The Penultimate Peril
2008 Ed. (548)
Serm Suk
2000 Ed. (1576)
1995 Ed. (1501, 1502)
1994 Ed. (1466)
1991 Ed. (1358)
1990 Ed. (1429)
1989 Ed. (1167)
Serody Crane Associates
1995 Ed. (113)
Seroguel
2008 Ed. (2378)
Serologicals Corp.
2007 Ed. (3418)
Serono
2002 Ed. (1778)
Serono SA
2008 Ed. (571, 572, 2097, 2771)
2007 Ed. (624, 2004, 3916, 3917)
2006 Ed. (3886, 3887, 3894, 4084, 4088)
2005 Ed. (681, 3817, 3818, 3821, 3828)
2004 Ed. (686)
2003 Ed. (684, 4608)
Seroquel
2008 Ed. (2381)
2001 Ed. (2057)
Seroxat
1996 Ed. (1579)
SERP
2000 Ed. (3505)
Serpro
1990 Ed. (3657)
Serra Automotive Inc.
2008 Ed. (288)
Serra Chevrolet; Al
1996 Ed. (268)
1995 Ed. (261)
Serra Investments
2002 Ed. (350)
2001 Ed. (439)
Serra; Lore
1996 Ed. (1900)
Serramonte Mitsubishi
1991 Ed. (287)
Serrana
2003 Ed. (1735)
Serrano
1992 Ed. (1166)
Serratta Rebull Serig
2006 Ed. (1160)
Serta Inc.
2005 Ed. (2881, 3410)
2003 Ed. (3321)
1997 Ed. (652)
1990 Ed. (2524)
Sertraline
2001 Ed. (3778)
Serv. Rapidos del Paraguay
2005 Ed. (66)
Serv-Tech Inc.
1998 Ed. (951, 955)
1997 Ed. (1161, 1163)
1991 Ed. (1870, 3143)
Servair
1996 Ed. (188)
Servam Corp./Service America
1994 Ed. (359, 361)
Servatron Inc.
2004 Ed. (4434)
2003 Ed. (4441)
2002 Ed. (4290)
Servco Pacific Inc.
2008 Ed. (1775, 1776, 1781)
2007 Ed. (1749, 1753)
2006 Ed. (1744)
2005 Ed. (1784)
2004 Ed. (1726)
2003 Ed. (1689)
ServerWare Corp.
2008 Ed. (1981, 1984, 2953)
2007 Ed. (1918)
ServerWorks Corp.
2004 Ed. (1535)
2003 Ed. (2199)
Serveware
2001 Ed. (2608)
Servi Systems
1994 Ed. (2046)
Service
2008 Ed. (2957)
2007 Ed. (2523, 3736)
2006 Ed. (2833)
2005 Ed. (2839, 2841, 3633, 3634)
2003 Ed. (2754)
2002 Ed. (2543, 2547, 2551, 2553, 2554)
2001 Ed. (2703, 2706, 2707)
2000 Ed. (2464, 2617)
1997 Ed. (2220)
1996 Ed. (2115, 2116, 2118, 2119)
1995 Ed. (1)
1992 Ed. (4364)
Service America
2005 Ed. (1289, 1342)
1998 Ed. (1738)
1997 Ed. (2057)
1996 Ed. (1954)
1995 Ed. (1912)
1994 Ed. (1890)
1992 Ed. (2202)
1991 Ed. (1755)
1990 Ed. (1038, 2051, 2052)
Service & Style: How the American Department Store Fashioned the Middle Class
2008 Ed. (616)
Service Annuity Fund of Paco Energy Co.
1996 Ed. (2949)
Service Bureau 2000 (Audio-Cast)
1992 Ed. (3248)
Service bureaus
1991 Ed. (3250)
Service Card System
1990 Ed. (292)
Service Center Metals LLC
2007 Ed. (896)
Service Corp International
1996 Ed. (2200)
Service Credit Union
2008 Ed. (2246)
2007 Ed. (2131)
2006 Ed. (2210)
2005 Ed. (2115)
2004 Ed. (1973)
2003 Ed. (1933)
2002 Ed. (1879)
Service Deli
2000 Ed. (4165)
1992 Ed. (2349)
1991 Ed. (1866)
1990 Ed. (1961)
Service Employees International Local 47
2001 Ed. (3040)
Service Employees International Local 79
2001 Ed. (3041)
2000 Ed. (2888)
1999 Ed. (3139)
1998 Ed. (2323)
Service Employees International Union
1996 Ed. (3603)
1991 Ed. (3411)
Service Enterprises Inc.
2008 Ed. (1250)
2007 Ed. (1353)
2006 Ed. (1262, 1263)
Service/errors
1989 Ed. (440)
Service Experts
2008 Ed. (1239, 1243, 1337)
2006 Ed. (1252, 1257, 1344)
2001 Ed. (1409)
Service First Credit Union
2008 Ed. (2259)
2007 Ed. (2144)
2006 Ed. (2223)
2005 Ed. (2128)
2004 Ed. (1986)
2003 Ed. (1946)
2002 Ed. (1892)
Service Force USA
2006 Ed. (669, 670)
Service Freshetta
1999 Ed. (3597)
Service industries
2002 Ed. (3969, 3970)
Service industry
1997 Ed. (2018)
Service Corp. International
2008 Ed. (3886, 3887, 4316)
2007 Ed. (1553, 3826, 3827, 4359, 4361, 4567)
2006 Ed. (1524, 2145, 2770, 4587)
2005 Ed. (1635, 2052)
2004 Ed. (1610, 1917, 4565)
2003 Ed. (1885)
2001 Ed. (1959)
2000 Ed. (1346, 4004)
1999 Ed. (4285)
1998 Ed. (2052, 3290)
1997 Ed. (2328)
1994 Ed. (3233)
1993 Ed. (3240, 3390)
1992 Ed. (1836, 2537, 3937)
1991 Ed. (1446, 3102)
1990 Ed. (3261)
1989 Ed. (1629, 2477)
Service/ISH Services
2000 Ed. (2505)
Service Lloyds
1999 Ed. (2970)
1998 Ed. (2202)
1997 Ed. (2467)
1996 Ed. (2341)
1994 Ed. (2275)
Service Lloyds Insurance Co.
2000 Ed. (2722)
Service Master
1998 Ed. (1759)
1990 Ed. (3246)
Service Master Healthcare Managements Services
2000 Ed. (2497)
Service Master Residential/Commercial Services, LP
2001 Ed. (2530)
Service Merchandise Co., Inc.
2002 Ed. (4542)
2001 Ed. (1876, 2741, 2749)
2000 Ed. (774, 1571, 3807, 3813, 4175, 4282)
1999 Ed. (760, 1055, 1745, 4096, 4097, 4313, 4636)
1998 Ed. (652, 1188, 2054, 3093, 3094, 3303, 3460, 3602, 3606)
1997 Ed. (1523, 1628, 1632, 2241, 2332, 3340, 3344, 3518, 3681, 3780)
1996 Ed. (1090, 1455, 1555, 2203, 3236, 3237, 3239, 3432, 3485, 3626, 3725)
1995 Ed. (1957, 2119, 2123, 2186, 3144, 3362, 3425, 3644)
1994 Ed. (872, 2146, 2148, 3224, 3283)
1993 Ed. (2111, 3048, 3226, 3291, 3649)
1992 Ed. (1065, 1792, 1819, 1820, 1822, 2423, 2539, 3923, 3931)
1991 Ed. (865, 866, 867, 1431, 1432, 1433, 1435, 1436, 1437, 1920, 1921)
1990 Ed. (913, 914, 915, 1512, 1513, 1515, 1519, 1521, 1522, 1523, 1524, 2032, 2033, 2132, 2681, 2683, 3030, 3253)
1989 Ed. (859, 860, 1249, 1250, 1258)
Service One Janitorial
2000 Ed. (2272)
Service Painting Corp.
2008 Ed. (1262)
Service Resources
1989 Ed. (2666)
Service Specialists Ltd.
2007 Ed. (3571, 4429)
Service staff
2001 Ed. (2994)
Service stations & individual repair shops
1994 Ed. (2179)
Service Supply
1989 Ed. (1206)
Service Team of Professionals Inc.
2008 Ed. (2389)
2004 Ed. (2165)
Service Tire Truck Centers
2007 Ed. (4755)
2006 Ed. (4746)
2005 Ed. (4696)
Service Web Offset Corp.
1995 Ed. (3793)
1994 Ed. (3669)
1993 Ed. (3734)
ServiceBench
2008 Ed. (1134)
ServiceMagic
2006 Ed. (106)
The ServiceMaster Co.
2008 Ed. (201, 202, 4060, 4061, 4066, 4067, 4077, 4316)
2007 Ed. (215, 216, 2220, 3756, 3757, 4032, 4033, 4042, 4359, 4361)
2006 Ed. (205, 206, 668, 1080, 2298, 3759, 3761, 3997, 4008)
2005 Ed. (193, 194, 763, 3663, 3664, 3923, 3924, 3934)
2004 Ed. (192, 193, 3748, 3749)
2003 Ed. (21, 834, 1595, 2324, 2796, 2798, 2800, 2801, 2802, 3704, 3705, 4390)
2002 Ed. (57, 856, 2576, 2591, 2592, 2595, 2596, 2597, 3545, 3546, 4879)
2001 Ed. (2483, 2484, 2762, 2764, 2810, 3050, 3599)
2000 Ed. (2235, 2269, 3384)
1999 Ed. (2508, 2509, 2510, 2514, 2520)
1997 Ed. (2057)
1994 Ed. (3224)
1992 Ed. (2202, 3923)
1991 Ed. (3088, 3096)
1990 Ed. (1850, 1853, 3242)
1989 Ed. (2467, 2470)
ServiceMaster Clean
2008 Ed. (744, 876)
2007 Ed. (768, 901, 902)
2006 Ed. (672, 813, 814)
2005 Ed. (765, 898, 899)
2004 Ed. (779)
2003 Ed. (769)
ServiceMaster Disaster Services
2007 Ed. (766, 767)
ServiceMaster Diversified Health Services
2000 Ed. (3361, 3825)
1999 Ed. (2724)
ServiceMaster Food Management Services
1997 Ed. (2079)
1995 Ed. (1912, 3132)
ServiceMaster Healthcare Management Services
2000 Ed. (2495, 2499, 2500, 2501, 2502)

1999 Ed. (2717, 2718, 2719, 2720)
1998 Ed. (1980)
1997 Ed. (2249)
1995 Ed. (2138)
ServiceMaster L.P.
1991 Ed. (1446)
ServiceMaster Management Services Inc.
2003 Ed. (1694)
1996 Ed. (1964, 2144, 2152)
1995 Ed. (2132, 2133, 2134, 2139, 3312)
1994 Ed. (1890, 2079, 2082, 2083, 2085)
1993 Ed. (2061, 2062, 2063, 2064, 2067, 3226)
1992 Ed. (2446, 2447, 2448, 2451)
ServiceMaster of Charleston
2008 Ed. (742, 743)
ServiceMaster of Seattle
2007 Ed. (766, 767)
ServiceMaster of Waterbury
2008 Ed. (742)
Services
2003 Ed. (2269, 2753)
1999 Ed. (2679, 3008, 4821)
1998 Ed. (1933, 3760)
1997 Ed. (2572)
1996 Ed. (2663, 2908, 3458, 3874)
1995 Ed. (2670, 3785)
1994 Ed. (803, 1625)
1993 Ed. (2501)
1992 Ed. (1943, 4482)
Services & support
1998 Ed. (3772)
Services, diverse/commercial
2006 Ed. (3011)
Services Enterprises Inc.
2006 Ed. (2043)
Services, miscellaneous
2005 Ed. (1557)
2004 Ed. (1542)
2003 Ed. (1501)
2002 Ed. (1997, 1998, 1999)
1999 Ed. (696, 698, 1447, 1468, 1809, 1811)
Services Telematiques
2007 Ed. (87)
Servicios de Salud Episcopales Inc.
2007 Ed. (2780)
2006 Ed. (2782)
2005 Ed. (1731, 2808)
2004 Ed. (1672, 2812)
Servicios Fin Quad
1995 Ed. (200)
Servicios Financieros Quadrum
1995 Ed. (3201)
Servico
2000 Ed. (2535)
1998 Ed. (1999, 2000, 2001)
1992 Ed. (2471)
1991 Ed. (1937)
1990 Ed. (2061)
Servico Hotels & Resorts
1997 Ed. (2276)
Servis
1996 Ed. (1563)
ServiStar
1994 Ed. (1911)
1992 Ed. (2374)
1990 Ed. (1985)
Servisteel SA
2002 Ed. (3308)
2001 Ed. (3283)
Servpro
2008 Ed. (876, 2389)
2007 Ed. (901, 2252)
2006 Ed. (813, 2321)
2005 Ed. (898, 2264)
2004 Ed. (904)
2003 Ed. (883)
2002 Ed. (2007, 2576)
Servpro Industries Inc.
1999 Ed. (2520)
1996 Ed. (1966)
Servus Credit Union
2008 Ed. (1547)
Serwaczak; Roberto
1996 Ed. (1855)
SES Global
2008 Ed. (1893)
2007 Ed. (1861, 3455)
2006 Ed. (1857, 3340)
SES Global SA
2008 Ed. (1892)
2006 Ed. (1856)
2003 Ed. (1506)
SES Timace
2002 Ed. (783)
Sesame seed
1998 Ed. (3348)
Sesame Street
2003 Ed. (642, 2916)
2001 Ed. (665, 4606, 4607)
2000 Ed. (705)
1999 Ed. (686, 4639)
Sesame Street Elmo's Radio Controlled Railroad
1999 Ed. (4640)
Sesame Street Magazine
1994 Ed. (2799)
Sesame Street Sing & Snore Ernie
1999 Ed. (4640)
Sesame Street Tickle Me Elmo
1998 Ed. (3600)
Sesco Inc.
1999 Ed. (4204)
A Sesores Publicatarios
1995 Ed. (60)
A Sesores Publicitarios
1994 Ed. (80)
Sesores Publicitarios; A.
1996 Ed. (74)
Sestus Data
2007 Ed. (1211)
SET Enterprises Inc.
2008 Ed. (179, 3715)
2006 Ed. (190, 3520, 4359)
SETCO Inc.
2006 Ed. (4373)
Seth Levinson
2003 Ed. (221, 225)
Seth Merrin
2006 Ed. (3185)
Seth Neiman
2005 Ed. (4817)
2002 Ed. (4730)
Setlers
1992 Ed. (1875)
Seton Co.
2008 Ed. (3435, 3436)
2007 Ed. (3335, 3336)
2003 Ed. (3201, 3202)
2001 Ed. (3081)
Seton Acquisition Inc.
2006 Ed. (3263, 3264)
2005 Ed. (3272, 3273)
2004 Ed. (3247, 3248)
Seton Hall University
2001 Ed. (3063)
2000 Ed. (1145, 2906)
1999 Ed. (3162)
1998 Ed. (808)
1997 Ed. (2605)
Setpoint Systems Corp.
2007 Ed. (3541)
Setting lotions
2001 Ed. (2651, 2652)
Setz, Jr.; Carl F.
1993 Ed. (890)
Seuss; Dr.
2007 Ed. (891)
Seuss Geisel; Theodor
2006 Ed. (802)
Sevana Lottery
1992 Ed. (79)
Sevel Arg.
1992 Ed. (39)
Sevel Argentina
1997 Ed. (828)
1996 Ed. (811)
1994 Ed. (787)
1989 Ed. (1089)
Sevel Argentina SA
1990 Ed. (20)
Seven
1998 Ed. (3675)
1997 Ed. (2817)
Seven & I Holding
2007 Ed. (4636)
Seven & I Holdings Co.
2007 Ed. (49, 4634)
7 & 7
1990 Ed. (1074)
7 Crown
2004 Ed. (4889)
2003 Ed. (3225, 3226, 4899)
2002 Ed. (296, 3102, 3130, 3131)
2001 Ed. (355, 3115, 3118, 4786)
2000 Ed. (2944, 2946, 2949)
1999 Ed. (3228)
1992 Ed. (2870)
7-Eleven Inc.
2008 Ed. (874, 960, 1375, 1376, 1378, 4561, 4570)
2007 Ed. (898, 908, 1037, 1419, 1420, 1421, 1523, 4163, 4612, 4625, 4626, 4942)
2006 Ed. (811, 1381, 1382, 1383, 1384, 2041, 2299, 4134, 4154, 4169, 4625, 4627, 4630, 4636, 4638, 4937)
2005 Ed. (893, 895, 899, 1393, 1394, 1971, 2237, 2238, 4083, 4087, 4109, 4546, 4550, 4551, 4560, 4561)
2004 Ed. (903, 908, 1372, 1373, 1374, 1375, 1376, 2832, 4143, 4615, 4632, 4633)
2003 Ed. (881, 885, 1365, 1366, 1367, 4134, 4633, 4645, 4658)
2002 Ed. (1331, 1332, 1333, 2357, 4027)
2001 Ed. (1488, 1490, 4416, 4419)
1999 Ed. (2519)
1998 Ed. (1757, 1762, 3050)
1997 Ed. (2053, 2058, 2078, 2080, 3310)
1995 Ed. (1915)
1994 Ed. (1886, 1911, 1914)
7-Eleven Convenience Stores
2001 Ed. (2529, 2531)
2000 Ed. (2234, 2267)
1999 Ed. (2511)
1996 Ed. (1964, 1965)
1990 Ed. (1850, 1853)
Seven-Eleven Hawaii Inc.
2008 Ed. (1786)
2007 Ed. (1759)
2006 Ed. (1749)
7-Eleven Japan Co. Ltd.
2003 Ed. (1728)
2002 Ed. (1705, 1706, 4635, 4636)
2001 Ed. (1616, 1768, 1769)
2000 Ed. (1493, 1497, 4262)
1990 Ed. (3050)
7-Eleven Stores
2004 Ed. (1648, 3954)
2002 Ed. (2304, 3785)
1992 Ed. (2228)
Seven Gables Inn
1997 Ed. (2284)
The Seven Habits of Highly Effective People
1999 Ed. (691)
The 7 Hidden Reasons Employees Leave
2007 Ed. (657)
799
1990 Ed. (2467)
724 Solutions
2007 Ed. (2806, 2816)
2006 Ed. (1631)
2005 Ed. (2828)
2003 Ed. (1116, 1638, 2934, 2937, 2938, 2939, 2941)
2002 Ed. (2505, 2507, 2508)
The 7 Irrefutable Rules of Small Business Growth
2007 Ed. (660)
Seven Network
2004 Ed. (1645)
2002 Ed. (3078)
2001 Ed. (1623)
Seven Networks
2003 Ed. (4973)
Seven Oaks General Hospital
2007 Ed. (1615)
2006 Ed. (1624)
Seven Rosen Funds
2005 Ed. (4818)
Seven Seas
1996 Ed. (1594)
1994 Ed. (1577)
Seven Seas Cod Liver Oil
2001 Ed. (3725)
Seven Seas Fish Oils
1999 Ed. (1932)
Seven Seas Petroleum Inc.
2004 Ed. (236)
Seven Seas Series MMF
1994 Ed. (2541)
Seven Seas Yield Plus Fund
1996 Ed. (611, 621, 2793)
Seven Seventeen Credit Union
2008 Ed. (2252)
2007 Ed. (2137)
2006 Ed. (2216)
2005 Ed. (2121)
2004 Ed. (1979)
2003 Ed. (1939)
2002 Ed. (1885)
Seven Sisters Wild Horse Cider
2001 Ed. (3117)
Seven Stars
2000 Ed. (1062)
1999 Ed. (1141)
1997 Ed. (993)
Seven Stories Press
2001 Ed. (3951)
7800 Video Game System
1990 Ed. (3620)
7-Up
2008 Ed. (567, 4462)
2007 Ed. (4478)
2006 Ed. (793)
2005 Ed. (674, 874, 4397)
2004 Ed. (681)
2003 Ed. (678, 866, 4469, 4471, 4475, 4476)
2002 Ed. (4311, 4312, 4313, 4314, 4315, 4316, 4320, 4325)
2001 Ed. (4302, 4307, 4308)
2000 Ed. (715, 4079, 4081)
1999 Ed. (703, 704, 4356, 4361, 4362, 4365)
1998 Ed. (450, 451, 3334, 3337)
1997 Ed. (3541, 3544)
1996 Ed. (3473, 3477)
1995 Ed. (3415, 3417)
1994 Ed. (746, 3357, 3360)
1993 Ed. (3352, 3354, 3355, 3356)
1992 Ed. (4013, 4017, 4016, 4020, 4230)
1991 Ed. (3320)
1990 Ed. (3317)
1989 Ed. (2511, 2515, 2517)
Seven-Up Holding Co.
1990 Ed. (1227)
7C
2002 Ed. (4571, 4573, 4575, 4576, 4577)
2001 Ed. (4470)
2000 Ed. (4196, 4197, 4201)
7Search.com
2008 Ed. (2955)
Sevenson Environmental Services Inc.
2008 Ed. (1232)
2007 Ed. (1345)
2006 Ed. (1247, 1270)
2005 Ed. (1334)
2004 Ed. (1266, 2445)
2003 Ed. (1251, 1263)
2002 Ed. (1239, 1252)
1999 Ed. (1359)
1997 Ed. (1156)
Seventeen
2001 Ed. (248, 2631)
1999 Ed. (1857)
1992 Ed. (3387)
1717 Capital Management
1999 Ed. (839, 841, 842, 851, 852, 861, 865)
1784 Funds-RI Tax-Exempt Income A
1998 Ed. (411)
1784 Tax-Exempt Medium-Term Income
1998 Ed. (2643)
Seventh Guest
1997 Ed. (1102)
1996 Ed. (887, 1080, 1083)
1995 Ed. (1083, 1102, 1106)
Seventh Level
1997 Ed. (2714, 3648)
7thOnline
2001 Ed. (4769)
70 Million Households Phone Book
1997 Ed. (1098, 1099)

1996 Ed. (1081)
The 77 Bank
2002 Ed. (594, 596)
76
2007 Ed. (2657)
76ers; Philadelphia
2006 Ed. (548)
2005 Ed. (646)
7UP
2002 Ed. (4319)
SeverCorr
2007 Ed. (2260, 3381)
Severin & Associates; Bent
1992 Ed. (2716)
Severn Bancorp
2008 Ed. (429, 2701, 2855)
2007 Ed. (2725)
2006 Ed. (452, 2735)
Severn Savings Bank
2004 Ed. (4719)
Severn Trent
2007 Ed. (2306)
2006 Ed. (2368)
Severn Trent Water
2006 Ed. (2051)
Severn Trust
2007 Ed. (2691)
2006 Ed. (2697)
2005 Ed. (2308)
Severnaya SK
1995 Ed. (2283)
Severoceske Doly
2006 Ed. (3946)
Severomor Energetika
2006 Ed. (3946)
Severstal
2008 Ed. (664)
2007 Ed. (3486)
2006 Ed. (2005, 4533)
Severstal; JSC
2007 Ed. (1970, 4581)
Sevillana
1999 Ed. (740)
Sevillana de Electricidad
1991 Ed. (1346)
Seville
2001 Ed. (486, 505)
Sevin Rosen Funds
2005 Ed. (4864)
2005 Ed. (4819)
2003 Ed. (4848)
Sevket Sabanci
2008 Ed. (4876)
Sevo Miller Inc.
2002 Ed. (3935)
Seward & Monde
2008 Ed. (278)
Sewell (Constar)
1993 Ed. (2865)
1992 Ed. (3473)
Sewell Lexus
1996 Ed. (294)
1995 Ed. (273)
1994 Ed. (258)
Sewell Plastics
1992 Ed. (3321)
Sewell Suzuki
1992 Ed. (413)
Sewell Village Cadillac
1995 Ed. (266)
Sewing
1996 Ed. (2122)
Sewing goods
2005 Ed. (2870)
Sewing machine operators
2007 Ed. (3719)
2005 Ed. (3620)
Sewing-machine operators, clothing
1989 Ed. (2079)
Sex
2005 Ed. (3359)
Sex & the City
2005 Ed. (2260)
Sextant Avionique
1994 Ed. (1514)
1993 Ed. (3008)
Sextant Growth
2004 Ed. (2451)
Sextant Growth Fund
2003 Ed. (3533)
Sextant International
2007 Ed. (3669)
Sexton; Brendan
1991 Ed. (2549)
Sexton; Mark S.
2007 Ed. (2509)
Seychelles
2002 Ed. (1811, 1815)
2001 Ed. (1946)
2000 Ed. (1609)
Seychelles International Mercantile Banking Corp. Ltd.
1999 Ed. (633)
1996 Ed. (671)
1995 Ed. (601)
Seychelles International Mercantile Banking Corp. Ltd. (Victoria)
2000 Ed. (659)
Seyfarth, Shaw, Fairweather, & Geraldson
1996 Ed. (2452)
Seyfarth Shaw LLP
2008 Ed. (3420)
2006 Ed. (3249)
Seyforth Roofing Co. Inc.
2001 Ed. (1480)
2000 Ed. (1266)
1999 Ed. (1374)
1998 Ed. (953)
Seylan Bank Ltd.
2000 Ed. (666)
1999 Ed. (640)
1997 Ed. (1071)
1995 Ed. (610)
1994 Ed. (637, 1061, 1062)
Seylan Trust Bank
1992 Ed. (607)
Seyland Bank Ltd.
1996 Ed. (684, 1053)
Seymar Construction LLC
2006 Ed. (1933)
Seymour; John
1994 Ed. (2890)
Seymour Johnson Credit Union
2006 Ed. (2174)
2002 Ed. (1829)
Seymour Milstein
1992 Ed. (1093, 1095)
Seymour Schulich
2005 Ed. (4864)
1999 Ed. (1124)
Sezai Turkes Feyzi Akkaya Construction Co.
1991 Ed. (1091)
SF Broadcasting
2001 Ed. (1546)
S.F. Cookies 'n Cream
1993 Ed. (2431)
SF-4000
1989 Ed. (2042)
SF Holdings Group Inc.
2006 Ed. (1417)
SF Phosphates LLC
2004 Ed. (1894)
SFA Design
2007 Ed. (3208)
SFB Bancorp Inc.
2004 Ed. (403, 406)
2002 Ed. (3550, 3553)
SFBC International Inc.
2008 Ed. (2853)
2007 Ed. (2722, 2723, 2743)
2006 Ed. (2744, 3444)
2005 Ed. (2774, 4379)
SFBT
2007 Ed. (87)
2006 Ed. (97, 4542)
2002 Ed. (4492, 4494)
SFC
2000 Ed. (992)
Sffed Corp.
1993 Ed. (3216)
1991 Ed. (1207)
SFG LP
2008 Ed. (1979)
2006 Ed. (1932)
SFI
2000 Ed. (906, 907, 908, 909, 910)
1999 Ed. (961)
SFM Corp.
1996 Ed. (209)
SFM Media
2000 Ed. (131, 132, 136, 137, 138)
SFM Media/MPG
2002 Ed. (147, 148, 174, 193, 194, 196)
2001 Ed. (173, 177)
SFNB
2001 Ed. (631)
S4
2008 Ed. (2288)
SFPP LP
2001 Ed. (3803)
2000 Ed. (2315)
SFT Odd Lot
1990 Ed. (2370, 2379)
SFT U.S. Government
1992 Ed. (3198)
SFT-U.S. Government Series
1990 Ed. (2375)
SFW
1989 Ed. (50)
SFX
1998 Ed. (2982)
SFX Broadcasting
2001 Ed. (1545)
1999 Ed. (1441, 3978)
1998 Ed. (2981)
SFX Entertainment, Inc.
2002 Ed. (3798)
2001 Ed. (3917, 3919)
SG Asset Management
2003 Ed. (3101)
SG Australia
2004 Ed. (1644)
SG Cowen & Co.
2005 Ed. (3811)
SG Expressbank
2006 Ed. (422)
2004 Ed. (459, 487)
2003 Ed. (472)
2002 Ed. (533)
SG Frankel Pollak
2001 Ed. (1536)
The SG Group
2008 Ed. (2120, 2125, 2127, 2128, 2131, 2132, 2133, 2134)
SG Pacific Assset
2000 Ed. (2819)
SG Securities
2002 Ed. (807, 808, 809, 819, 829, 841)
2000 Ed. (868, 871, 872)
1999 Ed. (2396)
SG-SSB Bank
2008 Ed. (419)
2007 Ed. (453)
SG Warburg
1992 Ed. (1993, 1999, 2011, 2013, 2014, 2018, 2019, 2044)
1990 Ed. (1675, 1679, 1695)
1989 Ed. (1351, 1352, 1353, 1356, 1357, 1358, 1368, 1372, 2447, 2448, 2450, 2455)
SG Warburg & Co.
1989 Ed. (1373, 1375)
S.G. Warburg Group
1997 Ed. (1233)
1996 Ed. (521)
1992 Ed. (687)
S.G. Warburg Securities
1996 Ed. (3376)
S.G. Warburg Soditic
1990 Ed. (1690)
1989 Ed. (1360)
SGB Publicidade
1989 Ed. (89)
SGBCI
2006 Ed. (4495)
2002 Ed. (4402, 4403)
SGBT
2002 Ed. (4493)
SGC
1992 Ed. (1814, 1828, 4166)
1991 Ed. (1422, 3256)
1990 Ed. (1507)
SGD Glass
1999 Ed. (2116)
SGE
2000 Ed. (1275, 1278, 1282, 1283, 1284, 1285, 1291, 1292)
1998 Ed. (963, 964, 965, 969, 971, 972)
SGE Group
1999 Ed. (1389, 1393, 1396, 1397, 1404, 1405)
1996 Ed. (1154)
1994 Ed. (1158, 1161, 1165, 1166, 1169, 1171)
1992 Ed. (1426, 1427)
1991 Ed. (1094, 1095)
SGF du Quebec
2008 Ed. (2834, 2975)
2007 Ed. (2705)
2006 Ed. (2710)
SGHC
1993 Ed. (1492, 3493)
SGI
2000 Ed. (4441)
1998 Ed. (3770)
1997 Ed. (3923)
1994 Ed. (3676)
SGI/MIPS
2000 Ed. (3997)
SGL Carbon AG
2001 Ed. (1556)
SGM Mapelli SpA
2001 Ed. (2875)
SGS Communities
2005 Ed. (1222)
2003 Ed. (1184)
SGS International
2008 Ed. (4035)
SGS North America Inc.
2004 Ed. (3059)
2003 Ed. (2972)
2001 Ed. (2915)
SGS Surveillance
2007 Ed. (4367)
SGS-Thomson
1999 Ed. (1631, 4272, 4274, 4279, 4280, 4282)
1998 Ed. (3277, 3282, 3285)
1997 Ed. (2211, 3252, 3411, 3494)
1996 Ed. (3398)
1994 Ed. (3198, 3202, 3248)
SGS-Thomson Microelectronics
1992 Ed. (2714, 2715, 3910, 3916, 3917)
1990 Ed. (3236)
SGS-Thomson Microelectronics NV
2001 Ed. (2214, 4218)
SGST Holdings Ltd.
1995 Ed. (3327)
1993 Ed. (3254)
SGT, Inc.
2002 Ed. (2513)
SGX Pharmaceuticals Inc.
2008 Ed. (4291)
SH Performance Partners
1999 Ed. (1250)
Sh Zhenhua Port
2000 Ed. (4011)
Sha; Du
2006 Ed. (2529)
Shab Wang
1995 Ed. (1826)
Shabab El-Yom
1994 Ed. (40)
Shack Findlay Honda
2006 Ed. (183)
Shack-Woods & Associates
1998 Ed. (467)
1997 Ed. (675)
1996 Ed. (743, 2660)
1995 Ed. (669, 2590)
1994 Ed. (713)
1993 Ed. (705)
1992 Ed. (894)
1991 Ed. (712)
1990 Ed. (734)
Shackleton's Way
2005 Ed. (717)
Shackouls; B. S.
2005 Ed. (2496)
Shackouls; Bobby S.
2007 Ed. (2507)
Shade
1998 Ed. (1358, 3432)
1997 Ed. (711, 3658, 3659)
1996 Ed. (3605)
1994 Ed. (3457)
1993 Ed. (3482)
1992 Ed. (4161)

Shade/Allied
 1995 Ed. (856)
Shade by Plough
 1990 Ed. (3486)
Shade Computer Forms
 1994 Ed. (805)
 1993 Ed. (788)
 1990 Ed. (849)
Shade Information Systems
 1992 Ed. (991)
Shade Informations Systems
 1991 Ed. (809)
Shades
 2005 Ed. (2870)
Shades of You
 1999 Ed. (1756)
Shadow Stock Fund
 2004 Ed. (3571)
Shadrock Petroleum Products Inc.
 1997 Ed. (2226, 2227)
 1996 Ed. (2066)
 1995 Ed. (2104, 2107, 2108, 2109)
Shaf Rasul
 2007 Ed. (2465)
Shaffer Lombardo
 2001 Ed. (857)
Shaffer Trucking
 2007 Ed. (4110)
 2006 Ed. (4061, 4063, 4064, 4809)
 2005 Ed. (4034)
 2003 Ed. (4789, 4802)
Shafiroff; Martin
 2006 Ed. (658, 3189)
Shah Associates
 2000 Ed. (1825, 3148)
 1994 Ed. (1653)
Shah; Bharat
 2007 Ed. (2464)
Shah; Pravin
 1997 Ed. (1973)
Shai Dazhong Taxi
 2000 Ed. (4011)
Shaid Co.; Charles
 1991 Ed. (1089)
Shaid of Pennsylvania Inc.; Charles
 1995 Ed. (1168)
 1993 Ed. (1135)
Shair & Partners
 2008 Ed. (2552, 2554, 2558, 2565, 2566)
 2007 Ed. (2425, 2427, 2431, 2438, 2439)
 2006 Ed. (2460, 2462, 2466, 2473, 2474)
Shairp; David
 1996 Ed. (1852, 1853)
Shakes
 2003 Ed. (3414)
Shake's Frozen Custard
 2006 Ed. (2978)
 2005 Ed. (2981)
 2004 Ed. (2969)
Shakes the World: A Titan's Rise & Troubled Future—and the Challenge for America
 2008 Ed. (617)
Shakespeare
 1999 Ed. (4378, 4379)
 1998 Ed. (3350, 3351)
 1997 Ed. (3556, 3557)
Shakespeare in Love
 2001 Ed. (3375, 3381)
Shakey's
 1998 Ed. (2868)
 1997 Ed. (3129)
 1996 Ed. (3048)
 1994 Ed. (2888)
 1993 Ed. (2862, 2863, 2864)
 1992 Ed. (3471, 3723, 3472)
 1990 Ed. (2870)
 1989 Ed. (2235)
Shakey's Pizza Restaurant
 1999 Ed. (3839)
 1995 Ed. (2952)
Shakey's Pizza Restaurants, Inc.
 1991 Ed. (2749, 2750, 2751)
Shaklee
 1993 Ed. (2035)
 1990 Ed. (2807)
 1989 Ed. (2188)
Shakou Port Service
 1999 Ed. (4298)
Shalimar
 1990 Ed. (2793)
Shambaugh & Son Inc.
 2000 Ed. (1254)
 1999 Ed. (1363)
 1996 Ed. (1142)
 1995 Ed. (1167, 1174)
 1993 Ed. (1140)
Shamil Bank of Bahrain
 2008 Ed. (383)
 2007 Ed. (401)
 2006 Ed. (416)
 2005 Ed. (463)
 2004 Ed. (451)
Shampoo
 2004 Ed. (2787, 3804)
 2003 Ed. (2670)
 2002 Ed. (2439)
 2001 Ed. (2636, 2637, 2638, 3724, 4485)
 2000 Ed. (3510, 3511, 4149)
 1998 Ed. (2809, 2810)
 1997 Ed. (3053, 3054, 3064, 3065)
 1995 Ed. (2895, 2896)
 1993 Ed. (2811)
 1992 Ed. (91, 92)
 1991 Ed. (1456)
Shampoo & conditioner combination
 2004 Ed. (2787)
Shampoo combinations
 2002 Ed. (2439)
Shampooer
 2008 Ed. (3810)
Shampoos
 2001 Ed. (3712)
 1996 Ed. (2976, 2977, 2978, 3609)
 1994 Ed. (2808)
Shampoos, Conditioners & Rinses
 2000 Ed. (4212)
Shampoos, moisture-replenishing
 1992 Ed. (3398)
Shampoos, one-step
 1992 Ed. (3398)
Shamrock
 1995 Ed. (3049)
Shamrock Beef Processors
 2002 Ed. (3276)
Shamrock Construction
 2005 Ed. (1163)
Shamrock Farms
 2008 Ed. (3672)
Shamrock Foods
 2006 Ed. (2618)
 2005 Ed. (2622)
 2000 Ed. (2244)
 1990 Ed. (1837)
Shamrock Holdings Inc.
 1991 Ed. (1140)
 1990 Ed. (3554)
 1989 Ed. (922)
Shamrock Investments
 1993 Ed. (1177)
Shamrock Meats Inc.
 1999 Ed. (3319, 3320, 3867, 3868)
Shamsir Jasani
 1997 Ed. (19, 20)
Shanahan; William
 1996 Ed. (1710)
Shand Morahan Co.
 2008 Ed. (3227)
Shanda Interactive Entertainment Ltd.
 2006 Ed. (4254, 4255, 4259, 4680)
Shandell; Thomas
 1997 Ed. (1937)
Shandong
 2001 Ed. (2262)
Shandong Binhua Group
 2007 Ed. (937)
Shandong Chenming
 2001 Ed. (1670)
 2000 Ed. (4012)
Shandong Foodstuffs
 1994 Ed. (3306)
Shandong Haihua Group
 2007 Ed. (937)
Shandong Huaneng ADR
 1996 Ed. (2837)
Shandong Huaneng Power Development Co. Ltd.
 2003 Ed. (4578)
Shandong International Power
 2001 Ed. (1671)
Shandong Marine (Weifeng)
 2000 Ed. (4076)
Shands at the University of Florida
 2006 Ed. (2922)
 2005 Ed. (2911)
Shands Hospital at the University of Florida
 2003 Ed. (2831)
Shands Jacksonville
 2006 Ed. (2922)
 2002 Ed. (2621)
Shands Jacksonville Medical Center
 2004 Ed. (2907)
Shands Teaching Hospital & Clinic Inc.
 2001 Ed. (1702)
Shands Teaching Hospital & Clinics Inc.
 2005 Ed. (1762)
Shandwick
 2000 Ed. (3625, 3631, 3632, 3633, 3634, 3635, 3636, 3637, 3638, 3639, 3640, 3641, 3658, 3659, 3660, 3666, 3668, 3669)
 1999 Ed. (3908, 3909, 3914, 3915, 3916, 3918, 3919, 3920, 3921, 3922, 3923, 3924, 3925, 3946, 3952, 3954, 3955)
 1998 Ed. (104, 444, 1472, 1474, 1545, 1712, 1902, 1926, 1961, 2313, 2935, 2936, 2939, 2940, 2952, 2960, 3353, 3618)
 1997 Ed. (3181, 3182, 3184, 3206)
 1996 Ed. (3103, 3107, 3115, 3117, 3118, 3119, 3120, 3121, 3122, 3123, 3124, 3125, 3126, 3127)
 1995 Ed. (3002, 3003, 3007, 3008, 3014, 3015, 3016, 3018, 3019, 3020, 3022)
 1993 Ed. (2927, 2928)
 1992 Ed. (3556, 3557, 3559, 3560, 3569)
 1990 Ed. (2917, 2918, 2920)
Shandwick Europe
 1995 Ed. (719)
Shandwick International
 2002 Ed. (3806, 3820, 3824, 3825, 3826, 3827, 3828, 3829, 3830, 3831, 3832, 3833, 3834, 3835, 3836, 3837, 3840, 3849, 3851, 3852)
 2001 Ed. (3924, 3925, 3926, 3927, 3928, 3929, 3930, 3931, 3932, 3933, 3936, 3937, 3938)
 2000 Ed. (3626, 3642, 3649, 3650, 3651, 3652, 3653, 3654, 3655, 3656)
Shandwick Public Affairs
 2002 Ed. (3817)
 2000 Ed. (3670)
Shandwick Public Relations
 1990 Ed. (2912, 2913, 2914, 2915, 2916)
Shandwick UK
 1999 Ed. (3933, 3934, 3935, 3936, 3937, 3938, 3939, 3941)
 1997 Ed. (3194, 3195, 3196, 3197, 3198, 3199, 3200, 3201, 3202)
 1994 Ed. (2945, 2946, 2956, 2957, 2958, 2959, 2960, 2961)
Shandwick USA
 1998 Ed. (2958)
Shandwick Worldwide
 1996 Ed. (3104)
Shane Bannan
 1997 Ed. (1965)
Shane Bourbonnais
 2005 Ed. (2473)
Shane Filan
 2008 Ed. (4884)
 2005 Ed. (4885)
Shang Shing Steel Industrial
 1994 Ed. (1463)
Shanghai
 2001 Ed. (1096, 2262, 3854, 3855)
 1999 Ed. (1797)
 1997 Ed. (205, 2960, 2961)
 1990 Ed. (1011)
Shanghai Advertising Co.
 1996 Ed. (72)
Shanghai Advertising & Decoration Co.
 1996 Ed. (72)
Shanghai Automotive
 2008 Ed. (4533)
 2006 Ed. (4304)
 2001 Ed. (1669)
Shanghai Automotive Industry Corp.
 1997 Ed. (1825)
Shanghai; Bank of
 2005 Ed. (477)
Shanghai Baosteel
 2004 Ed. (4539)
 2001 Ed. (4376)
Shanghai Baosteel Group Corp.
 2008 Ed. (1668, 3660)
 2007 Ed. (1659, 1660, 3488)
 2006 Ed. (1551, 3464)
Shanghai, China
 2008 Ed. (766, 1221)
 2007 Ed. (1098)
 2006 Ed. (1012)
 2004 Ed. (3929)
 2003 Ed. (3914, 3915)
 2002 Ed. (3730, 3731)
 1995 Ed. (991, 2564, 2956)
 1991 Ed. (940)
 1989 Ed. (2245)
Shanghai China International Travel
 1997 Ed. (3505)
Shanghai Chlor-Alkali
 1999 Ed. (4293, 4294)
 1997 Ed. (3504, 3505)
 1996 Ed. (3418)
Shanghai Comm Bank
 1991 Ed. (539)
Shanghai Commercial & Savings Bank
 2000 Ed. (527)
Shanghai Commercial Bank
 2008 Ed. (423)
 2007 Ed. (459)
 2006 Ed. (448)
 2005 Ed. (517)
 2004 Ed. (505, 538)
 2003 Ed. (501)
 2002 Ed. (566)
 2000 Ed. (547, 548)
 1999 Ed. (535, 536)
 1997 Ed. (487, 489)
 1996 Ed. (528, 529)
 1995 Ed. (484, 485)
 1994 Ed. (500, 501)
 1993 Ed. (498)
 1992 Ed. (695, 696)
 1989 Ed. (553)
Shanghai Construction (Group) General Co.
 2002 Ed. (1302)
Shanghai Daijang
 1996 Ed. (3418, 3419)
Shanghai Dajiang
 1997 Ed. (3504)
Shanghai Dazhong Taxi
 2000 Ed. (4010)
 1999 Ed. (1570, 4293)
 1996 Ed. (3418)
Shanghai Diesel Engine
 1999 Ed. (4293, 4294)
 1997 Ed. (3504)
 1996 Ed. (3417, 3418, 3419)
Shanghai Electric Group Co., Ltd.
 2008 Ed. (3554)
Shanghai Erfangi
 1997 Ed. (3505)
Shanghai Erfangji
 1996 Ed. (3418)
Shanghai Forever Bicycle
 1996 Ed. (3419)
Shanghai Haixin
 1997 Ed. (3504)
 1996 Ed. (3419)
Shanghai Hero
 1996 Ed. (3419)
Shanghai Huayi Group
 2007 Ed. (937)
Shanghai Huili Materials
 1999 Ed. (4294)
Shanghai Industrial Investment
 1999 Ed. (1594, 4495)
Shanghai Industrial Sewing Machine
 1996 Ed. (3417)
Shanghai International Securities Co.
 1997 Ed. (2392)

Shanghai International Shanghai Growth Investment Ltd.
1997 Ed. (1357, 2008)
Shanghai International Trust & Investment Co.
1999 Ed. (2885)
Shanghai Jin Jiang Tower
1996 Ed. (3418, 3419)
Shanghai Jinqiao
2000 Ed. (4010)
1999 Ed. (4293)
Shanghai Jinqiao Export
1996 Ed. (3417)
Shanghai Jinqiao Export Processing Zone
1997 Ed. (3504, 3505)
1996 Ed. (3418, 3419)
Shanghai Konka Electric
2000 Ed. (4012)
Shanghai Lintas
1999 Ed. (73)
Shanghai Lujiazui Development
2000 Ed. (4010, 4011)
1999 Ed. (4293, 4294)
Shanghai Lujiazui Fin & Trade Zone Development
1997 Ed. (3504, 3505)
Shanghai Material Trade Centre
1997 Ed. (3505)
Shanghai Narcissus Electric Appliances
1997 Ed. (3505)
Shanghai New Asia
1997 Ed. (3505)
Shanghai No. 2 Textile Machinery
1996 Ed. (3417)
Shanghai Outer Gaoqiao
2000 Ed. (4010)
1999 Ed. (4293)
1996 Ed. (3417)
Shanghai Outer Gaoqiao Free Trade Zone
1997 Ed. (3504, 3505)
1996 Ed. (3418)
Shanghai, People's Republic of China
1994 Ed. (2895)
Shanghai Petrochemical Co., Ltd.
2008 Ed. (3554)
2007 Ed. (942, 943)
2002 Ed. (1003)
2001 Ed. (1671)
Shanghai Petrochemical General
1995 Ed. (200, 960, 960)
Shanghai Petrochemical-H Shares
1996 Ed. (2142)
Shanghai Phoenix Bicycle
1996 Ed. (3417, 3419)
Shanghai Posts & Telecom Equipment
1997 Ed. (3505)
Shanghai Pudong Development Bank
2008 Ed. (397)
2007 Ed. (420)
2006 Ed. (426, 4275, 4304)
2005 Ed. (477)
2004 Ed. (465)
2003 Ed. (475)
2002 Ed. (517)
Shanghai Refrigerator
1999 Ed. (4293, 4294)
Shanghai Sanmao Textile
1996 Ed. (3419)
Shanghai Securities Exchange
1995 Ed. (3512)
Shanghai Shangling Electric
1997 Ed. (3504)
1996 Ed. (3417)
Shanghai Shenzhen 300 Index
2008 Ed. (4502)
Shanghai Shi Mao
2007 Ed. (1589)
Shanghai Steel Tube
1996 Ed. (3417)
Shanghai SVA NEC Liquid Crystal Display Co., Ltd.
2005 Ed. (871)
Shanghai Tyre & Rubber
1999 Ed. (4293)
1997 Ed. (3504)
1996 Ed. (3417, 3418)
Shanghai Vacuum
1994 Ed. (3289, 3290)
Shanghai Vacuum and Electron Device
1996 Ed. (3417)
Shanghai VW
1995 Ed. (308)
Shanghai Worldbest
1999 Ed. (4294)
Shanghai World's Best
2000 Ed. (4011)
Shanghai Yaohua Pilkington Glass
1997 Ed. (3504)
1996 Ed. (3418, 3419)
Shanghai Zhenhua Port
2000 Ed. (4010)
Shanghai Zhenhua Port Machinery
2007 Ed. (1589)
Shanghvi; Dilip
2006 Ed. (4926)
Shangri-La
2000 Ed. (2546)
1999 Ed. (2771, 2771)
1997 Ed. (2289)
1996 Ed. (2174)
1994 Ed. (2122)
1993 Ed. (2102)
1992 Ed. (2509, 2510)
1991 Ed. (1956)
1990 Ed. (2096)
Shangri-La Asia
2000 Ed. (1446)
Shangri-La Hotel
1997 Ed. (1504)
Shangri-La Hotels
2000 Ed. (1547, 1549, 1551, 1552, 2548)
1999 Ed. (1730, 2773)
1995 Ed. (1340, 1343, 2161)
Shangri-La Hotels & Resorts
2001 Ed. (2788)
2000 Ed. (2552)
Shania Twain
2006 Ed. (1157)
2002 Ed. (1159)
2001 Ed. (1384, 3404)
2000 Ed. (1182, 1184)
Shanks, Jr.; Eugene B.
1994 Ed. (357)
1989 Ed. (417)
Shanley & Fisher
1998 Ed. (2331)
1995 Ed. (2419)
1993 Ed. (2401)
1992 Ed. (2843)
1991 Ed. (2289)
1990 Ed. (2423)
1989 Ed. (1884)
Shanley & Fisher P.C.
2000 Ed. (2900)
1999 Ed. (3155)
1997 Ed. (2599)
1994 Ed. (2354)
Shannon
1993 Ed. (868)
Shannon & Wilson Inc.
2006 Ed. (2457)
Shannon Bowen-Smed
2007 Ed. (4985)
2004 Ed. (4986)
Shannon County, SD
2002 Ed. (1806)
Shanxi Xishan Coal & Electricity Power
2008 Ed. (1564)
Shaoxing, China
2006 Ed. (1012)
Shaoxing Yuandong
2007 Ed. (4672)
Shapard; Robert
2006 Ed. (997)
Shape
2006 Ed. (133, 3346)
2005 Ed. (130)
2004 Ed. (139)
2003 Ed. (4809)
Shape West
1991 Ed. (256)
1989 Ed. (270, 272)
Shaped Wire Inc.
2005 Ed. (3457)
Shapell
2003 Ed. (1188)
Shapell Industries
2005 Ed. (1211)
2004 Ed. (1185)
1998 Ed. (874)
1993 Ed. (1089)
1992 Ed. (1366)
1990 Ed. (1170, 1171)
Shapero; Sanford
1993 Ed. (1701)
Shapes
1995 Ed. (3401)
Shapiro & Olander
1991 Ed. (2528)
Shapiro; George
1997 Ed. (1851)
1996 Ed. (1776)
1995 Ed. (1801)
1994 Ed. (1760, 1831)
1993 Ed. (1776)
1991 Ed. (1671)
Shapiro; Steven
2006 Ed. (981)
2005 Ed. (989)
Shaquille O'Neal
2008 Ed. (272)
2007 Ed. (294, 2451)
2006 Ed. (291, 292)
2004 Ed. (260)
2003 Ed. (294, 296)
2002 Ed. (344)
2001 Ed. (420)
1999 Ed. (306)
1998 Ed. (197, 199)
1997 Ed. (278, 1724, 1725)
1996 Ed. (250)
1995 Ed. (250, 251, 1671)
Sharapova; Maria
2007 Ed. (293)
Sharda Inc.
2001 Ed. (4283)
Share Health Plan of Illinois, Inc.
1997 Ed. (2198)
1996 Ed. (2096)
1995 Ed. (2093)
1994 Ed. (2040)
1993 Ed. (2022)
1990 Ed. (1995)
1989 Ed. (1585)
Shared Medical
1990 Ed. (2199)
Shared Medical Systems Corp.
2000 Ed. (1039)
1999 Ed. (728, 1115)
1998 Ed. (717)
1991 Ed. (1446)
1989 Ed. (1141, 2102)
Shared Services Healthcare
2006 Ed. (2771)
Shared Technologies Cellular
1997 Ed. (3410)
Shareholders
1995 Ed. (1220, 1220)
Shareholders Innovation Bank
1996 Ed. (586)
Sharelink Financial Services Ltd.
2002 Ed. (4404)
Sharer; K. W.
2005 Ed. (2501)
Sharer; Keven W.
2008 Ed. (950)
2007 Ed. (1028)
Sharer; Kevin
2007 Ed. (967)
2006 Ed. (876)
2005 Ed. (969)
Sharer; Kevin W.
2008 Ed. (944)
Shares of stock
1991 Ed. (2260)
ShareVest Capital Management
1993 Ed. (2333, 2335)
ShareVest Partners LP
2003 Ed. (3121, 3136)
SHAREWARE.COM
1998 Ed. (3776)
Sharewave
2000 Ed. (1753)
Shari
2001 Ed. (1117)
Shari Arison
2008 Ed. (4887)
2007 Ed. (4921)
2006 Ed. (4928)
2005 Ed. (4886)
2004 Ed. (4883)
Shari Arison Dorsman
2003 Ed. (4895)
Shari Redstone
2007 Ed. (4976)
2006 Ed. (4976)
Shari's
2002 Ed. (4019)
Shari's Family Restaurants
1992 Ed. (3703)
Shark & White Shark
1993 Ed. (55)
Shark Attack!
1992 Ed. (2257)
Shark Tale
2007 Ed. (3641)
2006 Ed. (3576)
"Sharks"; National Geographic,
1991 Ed. (2772)
Sharma; Rita
2007 Ed. (2463)
Sharon Allen
2006 Ed. (4974)
Sharon McCollam
2007 Ed. (1060)
2006 Ed. (963)
Sharon McMahon
2008 Ed. (4899)
2007 Ed. (4919)
Sharon Pearson
2000 Ed. (2043)
1999 Ed. (2260)
1998 Ed. (1620)
Sharon State Bank
1996 Ed. (539)
Sharon Steel Corp.
1997 Ed. (3009)
1994 Ed. (2750)
1992 Ed. (3352)
1991 Ed. (2684)
1990 Ed. (1810)
Sharon Stone
2001 Ed. (7)
Sharonview Credit Union
2008 Ed. (2250)
2007 Ed. (2135)
2006 Ed. (2214)
2005 Ed. (2119)
2004 Ed. (1977)
2003 Ed. (1937)
2002 Ed. (1883)
Sharp
2008 Ed. (832, 2474, 2980, 3668, 4649)
2007 Ed. (2342, 2345, 2346, 2965, 2992)
2006 Ed. (2398, 2399, 4087, 4416, 4510)
2005 Ed. (872, 2354, 2863, 4667)
2004 Ed. (884, 2871)
2003 Ed. (4823)
2002 Ed. (253, 1109, 1131, 2108, 3340, 4754)
2001 Ed. (287, 288, 3304)
2000 Ed. (227, 963, 964, 1151, 1492, 2479, 3130, 3995, 4223, 4347)
1999 Ed. (204, 1009, 1242, 1995, 2691, 2693, 3407, 4279, 4714)
1998 Ed. (107, 608, 812, 1952, 2496, 3282, 3672)
1997 Ed. (185, 880, 1072, 1462, 2234, 2235, 2789, 3252)
1996 Ed. (1405, 1746, 2127, 3783)
1995 Ed. (885, 1075, 1212, 1656, 1761, 2118, 2453, 2577, 3702)
1994 Ed. (24)
1993 Ed. (32, 829, 1032, 1163, 1359, 1587, 1733, 2049, 2050, 2569, 2882, 3667)
1992 Ed. (55, 1036, 1285, 1447, 1448, 1449, 1932, 1935, 2096, 2097, 2429, 2865, 3071, 3072, 3289, 3488, 3490, 4395)
1991 Ed. (1008, 1107, 1108, 1538, 1643, 1917, 2457, 2914, 3447)
1990 Ed. (890, 1098, 1109, 1641, 1742, 2027, 2040, 2041, 2042, 2043, 2044, 2574, 2746, 3674)
1989 Ed. (1340, 1341, 1626, 2806)
Sharp & Tannan
1997 Ed. (10, 11)

Sharp; David
1997 Ed. (1959)
Sharp Decisions Inc.
2008 Ed. (4975)
Sharp Desktop Calculator
1990 Ed. (2803, 2804)
Sharp Electronic Corp.
1999 Ed. (2116)
1994 Ed. (1612, 1616)
Sharp Electronics Corp.
2005 Ed. (1384, 2353)
2004 Ed. (1347, 2254, 2261)
2003 Ed. (2232, 2235, 2248)
2001 Ed. (1103, 2159, 3114)
Sharp HealthCare
2008 Ed. (3166, 3171, 3176, 3179, 3181)
2005 Ed. (3155)
Sharp; Isadore
2005 Ed. (4873)
Sharp KK
2001 Ed. (3651)
Sharper Image Corp.
2007 Ed. (2356)
2004 Ed. (4555)
1991 Ed. (865)
1990 Ed. (928, 3479)
SharperImage.com
2006 Ed. (2384)
SharpReader
2005 Ed. (3185)
Sharp's
2001 Ed. (684)
1997 Ed. (653)
1996 Ed. (717)
1995 Ed. (643, 707)
1994 Ed. (679)
1993 Ed. (677)
1992 Ed. (879, 880)
Sharps Bedrooms
2002 Ed. (45)
Sharp's Non-Alcohol
2006 Ed. (559)
2005 Ed. (656)
2004 Ed. (669)
2002 Ed. (685)
Sharps Pixley Ltd.
1995 Ed. (1378, 1409, 3650)
1994 Ed. (1354, 1383, 3565)
1993 Ed. (1327, 3609)
1992 Ed. (4434)
1991 Ed. (3110)
Sharps Pixley Ltd
1990 Ed. (1348, 1374, 3265, 3635)
Sharwood's
1996 Ed. (1948, 1948)
1994 Ed. (1881, 1881)
Sharwoods Chinese Food
1992 Ed. (2172)
Sharwood's Indian Food
1999 Ed. (2474)
1992 Ed. (2172)
Sharwoods Indian Foods
2002 Ed. (2312)
Sharwood's Noodles
1999 Ed. (2474)
Sharwoods Oriental Foods
2002 Ed. (2312)
Sharyl Van Winkle
2000 Ed. (1952)
1999 Ed. (2170, 2181)
1998 Ed. (1583, 1592)
1997 Ed. (1939, 1943)
Shashi & Ravi Ruia
2008 Ed. (4841)
Shasper Industries
1990 Ed. (3569)
Shasta
1993 Ed. (3354)
1992 Ed. (4016)
Shasta Industries
2008 Ed. (4580)
2007 Ed. (4648, 4649)
2006 Ed. (1279, 4649)
Shastar
2000 Ed. (2293)
Shastovits
2001 Ed. (45)
Shatner; William
2008 Ed. (2590)
Shattuck Hammond Partners, Inc.
2001 Ed. (737, 791)
1999 Ed. (3015, 4249)
1998 Ed. (2230)
1997 Ed. (2486)
1996 Ed. (2353)
Shau Kee; Lee
1997 Ed. (673)
Shave needs
2005 Ed. (3708)
Shaving accessories
2002 Ed. (4262)
Shaving cream
2004 Ed. (3805)
2003 Ed. (3792, 3792)
2002 Ed. (3768, 4262)
2001 Ed. (3908)
Shaving lotion
2004 Ed. (2685)
Shaving needs
1999 Ed. (1789)
Shaving preparations
2001 Ed. (3724)
1996 Ed. (2977)
1994 Ed. (2818)
Shaving products
2003 Ed. (3945, 3946)
2001 Ed. (3715)
Shaw
2003 Ed. (4732)
Shaw; Alan
1997 Ed. (1915)
1996 Ed. (1842)
1995 Ed. (1858)
1994 Ed. (1816)
1993 Ed. (1836)
1991 Ed. (1708, 1709)
Shaw & Associates Inc.
1990 Ed. (281)
Shaw-Barton
1992 Ed. (3532)
Shaw Cablesystems
1992 Ed. (946)
Shaw Communications Inc.
2008 Ed. (729, 1657, 2930, 2938, 2948, 3630)
2007 Ed. (750, 2804, 2810, 2823)
2006 Ed. (2812)
2005 Ed. (842, 2833)
2004 Ed. (866)
2003 Ed. (828, 1078, 2933, 3034)
2002 Ed. (2506, 3269)
2001 Ed. (1083)
2000 Ed. (1397)
1999 Ed. (3311)
1997 Ed. (729)
1996 Ed. (791)
Shaw Constructors Inc.
2007 Ed. (1857)
Shaw Environmental & Infrastructure Inc.
2004 Ed. (1782)
The Shaw Group Inc.
2008 Ed. (1178, 1226, 1230, 1231, 1232, 1234, 1299, 1310, 1335, 1357, 1358, 1360, 1424, 1535, 1890, 1891, 2518, 2526, 2544, 2546, 2549, 2600, 2606, 2848, 2880)
2007 Ed. (1277, 1278, 1345, 1347, 1376, 1377, 1384, 1389, 1554, 1858, 2399, 2419, 2429, 2471, 2472, 2474, 2475, 2477, 2764)
2006 Ed. (1163, 1165, 1166, 1167, 1241, 1247, 1249, 1267, 1269, 1270, 1272, 1273, 1324, 1325, 1331, 1855, 1980, 2450, 2464, 2471, 2502, 2503, 2505, 2506)
2005 Ed. (774, 775, 1167, 1169, 1170, 1171, 1298, 1303, 1304, 1849, 1850, 2417, 2419, 2424, 2431, 3458)
2004 Ed. (788, 789, 1144, 1149, 1253, 1265, 1275, 1283, 1287, 1580, 1591, 1783, 1784, 2325, 2344, 2358, 2359, 2367, 2432, 2433, 2434, 2436, 2437, 2438, 2439, 2440, 2441, 2442, 2444, 3444)
2003 Ed. (1263, 1267, 1280, 2299, 3287, 3292)
2002 Ed. (1549)
Shaw Group; D. E.
2006 Ed. (2800)
Shaw Industries Inc.
2008 Ed. (1250, 1251, 2992)
2007 Ed. (1353, 1354, 2872, 2901)
2006 Ed. (2664, 2878, 2893)
2005 Ed. (1533, 4908)
2004 Ed. (4925)
2003 Ed. (3289, 4727, 4728)
2002 Ed. (3586, 4599, 4615)
2001 Ed. (1580, 4506, 4507, 4508, 4509, 4510, 4513)
2000 Ed. (4240, 4241)
1999 Ed. (2116, 2700, 4589, 4591)
1998 Ed. (1142, 1962, 1963, 3518, 3519)
1997 Ed. (837, 2240, 3734, 3735)
1996 Ed. (1246, 1275, 1290, 3677, 3678, 3679)
1995 Ed. (1290, 1399, 3597, 3598, 3599, 3600, 3601)
1994 Ed. (1266, 1267, 1374, 3512, 3513, 3514, 3515, 3516, 3517)
1993 Ed. (1227, 1318, 3552, 3553, 3554, 3555)
1992 Ed. (1063, 1219, 4270, 4271, 4272, 4273, 4274, 4275, 4276, 4277)
1991 Ed. (1220, 2587, 2589, 3227, 3348, 3349, 3350, 3351, 3352, 3353, 3354, 1808)
1990 Ed. (2037, 3564, 3565, 3567)
1989 Ed. (1601, 2814, 2816)
Shaw Industries Group Inc.
2008 Ed. (4669, 4670)
2007 Ed. (4745, 4746)
2006 Ed. (4941)
2005 Ed. (2685)
Shaw Infrastructure Inc.
2004 Ed. (1142)
Shaw; J. R.
2005 Ed. (4870)
Shaw; Jane
1995 Ed. (3786)
Shaw; Jim
2007 Ed. (2507)
Shaw Jr.; L. Edward
1996 Ed. (1228)
Shaw; Les
2005 Ed. (4864)
Shaw Living
2007 Ed. (4224, 4225)
Shaw-Lundquist Associates Inc.
2008 Ed. (270, 3716, 4406)
2007 Ed. (3569, 4428)
2006 Ed. (3521, 4360)
Shaw Pittman
2004 Ed. (3240)
2003 Ed. (3192, 3193, 3195)
Shaw, Pittman, Potts & Trowbridge
1993 Ed. (2406)
1992 Ed. (2847)
1991 Ed. (2294)
1990 Ed. (2428)
Shaw Ross Importers
2005 Ed. (922, 4976)
2004 Ed. (927, 4975)
Shaw Ross Imports
2003 Ed. (4960)
Shaw-Ross International
2001 Ed. (3127)
Shaw Ross International Importers
2006 Ed. (830, 4967)
Shaw Rugs
2007 Ed. (4223)
2005 Ed. (4157)
2003 Ed. (4206)
Shaw Venture Partners
1999 Ed. (1967, 4704)
ShawCor Ltd.
2008 Ed. (3917)
2007 Ed. (3865)
2006 Ed. (1452)
Shaw@Home
2000 Ed. (2744)
Shawmut Corp.
1990 Ed. (415, 452, 648)
1989 Ed. (364, 393, 399)
Shawmut Bank-Boston NA
1995 Ed. (391)
Shawmut Bank Connecticut NA
1997 Ed. (383, 384, 442)
1996 Ed. (478)
1995 Ed. (449)
1994 Ed. (459)
Shawmut Bank NA
1997 Ed. (554)
1996 Ed. (601)
1995 Ed. (542)
1994 Ed. (378, 566, 2552)
1993 Ed. (383, 388, 564, 2590)
1992 Ed. (512, 774)
1991 Ed. (368, 1922)
1990 Ed. (427)
Shawmut Bank NA (Boston)
1991 Ed. (605)
Shawmut Bank of Boston
1989 Ed. (617)
Shawmut Bank of Boston NA
1990 Ed. (633)
Shawmut Bank of New England
1995 Ed. (566)
Shawmut Design & Construction
2008 Ed. (1247, 2060)
2004 Ed. (1288)
Shawmut National Corp.
1997 Ed. (332, 334)
1996 Ed. (359, 372, 635)
1995 Ed. (3322)
1994 Ed. (3242)
1993 Ed. (2261, 3278, 3391)
1991 Ed. (1206, 1722, 495, 623, 1721)
1990 Ed. (294)
1989 Ed. (635)
Shawn D. Baldwin
2008 Ed. (184)
Shawn Nelson
2007 Ed. (4161)
Shawnee Mission Medical Center Inc.
2008 Ed. (1876, 3058)
2007 Ed. (1842)
2006 Ed. (1837)
2005 Ed. (1832)
2001 Ed. (1770)
Shaw's
2006 Ed. (1453)
1995 Ed. (3534)
Shaws Holdings Inc.
2008 Ed. (1908, 4560, 4561)
2007 Ed. (1871, 4611, 4612)
Shaw's Supermarkets Inc.
2004 Ed. (4628, 4639, 4643, 4645)
1992 Ed. (490)
1991 Ed. (3113)
The Shawshank Redemption
1997 Ed. (3845)
Shay Bilchik
2008 Ed. (3789)
2007 Ed. (3704)
Shayne McGuire
1996 Ed. (1902)
Shazam
1989 Ed. (281)
Shcult Homes Corp.
1992 Ed. (3515)
She
2000 Ed. (3502)
Shea; Dennis
1997 Ed. (1854)
1996 Ed. (1779)
1995 Ed. (1805)
1994 Ed. (1763)
Shea Homes
2008 Ed. (1198)
2007 Ed. (1306)
2006 Ed. (1158, 4190)
2005 Ed. (1193, 1223, 1228, 1242)
2004 Ed. (1165, 1185, 1193, 1194, 1197, 1218)
2003 Ed. (1159, 1178, 1188, 1189, 1192, 1211)
2002 Ed. (1181, 1187, 1197, 1205, 1210, 2671, 2672, 3924)
2001 Ed. (1390, 1392)
2000 Ed. (1188, 1189, 1191, 1197, 1199, 1220, 1230, 1235, 3721)
1999 Ed. (1309, 1337, 3997)
1998 Ed. (915, 920, 3007)
1997 Ed. (3259)
1996 Ed. (1099)
1990 Ed. (1170)
Shea; John
1991 Ed. (1626)
Shea; John J.
1990 Ed. (1719)

Sheang Sheng Enterprises Co., Ltd.
1992 Ed. (4283)
1990 Ed. (3572)
Shearer; Howard Lincoln
2008 Ed. (2629)
Shearman & Sterling
2006 Ed. (1412, 3246)
2005 Ed. (1427, 1428, 1449, 1450, 1454, 1455, 1461, 3256, 3259, 3260, 3274)
2004 Ed. (1408, 1409, 1417, 1432, 1433, 1437, 1438, 1440, 1446, 3224, 3226, 3228, 3235, 3236, 3239, 3250)
2003 Ed. (1393, 1394, 1400, 1407, 1408, 1412, 1413, 3170, 3175, 3178, 3184, 3186, 3188, 3191, 3204, 3205)
2002 Ed. (1356, 1361, 3797)
2001 Ed. (1539, 3051, 3058, 3085, 3086)
2000 Ed. (2892, 2893, 2901)
1999 Ed. (1431, 3143, 3144, 3145, 3146, 3156, 4257)
1998 Ed. (2325, 2326, 2332)
1997 Ed. (2600)
1996 Ed. (2455)
1995 Ed. (2414, 2420)
1994 Ed. (2351, 2355)
1993 Ed. (2388, 2390, 2402)
1992 Ed. (2825, 2826, 2827, 2839, 2844)
1991 Ed. (2277, 2278, 2290)
1990 Ed. (2412, 2424)
Shearman & Sterling LLP
2008 Ed. (1394, 3419)
2007 Ed. (3303, 3337)
2006 Ed. (3265)
Shearson
1992 Ed. (956, 3550)
1990 Ed. (2291)
Shearson Aggressive Growth
1993 Ed. (2687)
Shearson Appreciation
1992 Ed. (3149)
1990 Ed. (2391)
Shearson Asset Management
1991 Ed. (2222)
Shearson Currency: DMark
1992 Ed. (3173, 3169)
Shearson Currency: Pound
1992 Ed. (3169, 3173)
Shearson European Port
1992 Ed. (3161)
Shearson Investment Grade
1993 Ed. (2675)
Shearson Investments: Pacific
1992 Ed. (3174)
Shearson Investments: Precious Metal
1993 Ed. (2682)
Shearson Lehman
2005 Ed. (1565)
2002 Ed. (1387)
2000 Ed. (1301, 1309)
1999 Ed. (1442, 1450)
1998 Ed. (1008)
1996 Ed. (1208)
1991 Ed. (774, 1162, 1601, 1668, 1706, 1707, 1707, 1708, 1709, 1709, 1709, 2377, 2513, 2515, 2516, 2517, 2518, 2520, 2522, 2831, 2993, 2994, 2995, 2996, 2997, 2998, 2999, 3023, 3024, 3025, 3026, 3079)
1990 Ed. (809, 1695, 1707, 2297, 2641, 2643, 2645, 2647, 3182, 3201, 3202, 3204, 3205, 3206, 3554)
1989 Ed. (1136, 1367, 1370, 1767, 1772, 1902, 2293, 2408, 2418, 2419, 2420, 2421, 2422, 2423)
Shearson Lehman & Beazer plc
2005 Ed. (1505)
2004 Ed. (1489)
2003 Ed. (1459)
2002 Ed. (1439)
Shearson Lehman Bros.
1990 Ed. (1797, 1798)
Shearson Lehman Brothers
1997 Ed. (1248)
1995 Ed. (232, 757, 759, 760, 761, 762, 763, 1237)
1994 Ed. (764, 765, 766, 767, 768, 769, 770, 771, 772, 774, 775, 776, 777, 779, 783, 1221, 1311, 1845, 2060, 2307, 2623, 3159)
1993 Ed. (755, 756, 757, 758, 759, 761, 763, 764, 765, 766, 767, 768, 1181, 1856)
1992 Ed. (951, 952, 953, 954, 955, 962, 1474, 2029, 2132, 2133, 2134, 2158)
1989 Ed. (791, 792, 793, 796, 798, 803, 804, 805, 806, 807, 808, 809, 819, 821, 1013, 1425, 1762, 1765, 1770, 1771, 1773, 1774, 1776, 1859, 2371, 2372, 2373, 2374, 2375, 2376, 2378, 2379, 2383, 2384, 2385, 2386, 2387, 2389, 2390, 2391, 2392, 2393, 2394, 2395, 2396, 2397, 2398, 2399, 2400, 2401, 2402, 2403, 2404, 2405, 2406, 2407, 2409, 2410, 2411, 2412, 2413, 2414, 2415, 2417, 2436, 2437, 2438, 2439, 2440, 2441, 2442, 2443, 2444, 2445, 2447, 2448, 2453, 2454)
Shearson Lehman Brothers Holdings
1989 Ed. (2369)
Shearson Lehman Brothers International
1990 Ed. (1704)
1989 Ed. (1373, 1375)
Shearson Lehman Future 1,000 Fund
1989 Ed. (962)
Shearson Lehman Hutton
1992 Ed. (959, 960, 961, 2148, 3889)
1991 Ed. (757, 760, 761, 765, 770, 771, 772, 773, 778, 780, 1110, 1111, 1112, 1115, 1116, 1117, 1118, 1120, 1121, 1122, 1123, 1126, 1127, 1128, 1130, 1131, 1132, 1133, 1669, 1670, 1671, 1674, 1675, 1686, 1690, 1691, 1693, 1695, 1698, 1700, 1704, 1705, 1711, 2176, 2177, 2178, 2179, 2180, 2181, 2182, 2183, 2184, 2185, 2186, 2187, 2188, 2189, 2190, 2191, 2193, 2194, 2195, 2196, 2197, 2198, 2199, 2202, 2203, 2204, 2832, 2944, 2945, 2946, 2947, 2949, 2950, 2951, 2952, 2953, 2954, 2955, 2956, 2957, 2958, 2959, 2960, 2961, 2962, 2963, 2964, 2965, 2966, 2967, 2968, 2969, 2970, 2971, 2972, 2973, 2974, 2975, 2976, 2977, 2978, 2979, 2980, 2981, 2982, 2983, 2984, 2985, 2986, 2987, 2988, 2989, 2991, 2992, 3000, 3001, 3002, 3003, 3004, 3005, 3006, 3007, 3008, 3009, 3010, 3011, 3012, 3014, 3015, 3016, 3017, 3018, 3019, 3020, 3021, 3022, 3027, 3028, 3029, 3070, 3071, 3074, 3075, 3076, 783, 1012, 2164, 2169, 2173, 2175, 2585, 3030, 3031, 3032, 3033, 3034, 3035, 3036, 3037, 3038, 3039, 3042, 3043, 3044, 3045, 3048, 3049, 3050, 3052, 3053, 3054, 3055, 3056, 3057, 3058, 3059, 3060, 3061, 3063, 3064, 3065)
1990 Ed. (812, 819, 2137, 2138, 3165, 3166, 3167, 3168, 3169, 3207, 3208, 3209, 3210, 3211, 3212, 3213, 3214, 3215, 3216, 3217)
1989 Ed. (1754, 1757, 1759, 1760)
Shearson Lehman Hutton International
1990 Ed. (1702)
Shearson Lehman Mortgage
1994 Ed. (2548)
1991 Ed. (1661)
1990 Ed. (2604, 2605)
Shearson Managed Municipal
1993 Ed. (2667, 2678)
Shearson New Jersey Municipals
1992 Ed. (3146)
Shearson Option Income
1993 Ed. (2663)
Shearson Premium Total Return
1994 Ed. (2604, 2636)
Shearson Principal Return
1993 Ed. (2676)
Shearson/Provident: Municipal Cash
1992 Ed. (3097, 3101)
Shearson/Provident Municipal Fund
1992 Ed. (3097, 3101)
Shearson/Provident TempCash
1992 Ed. (3098, 3099)
Shearson/Provident TempFund
1992 Ed. (3099, 3100)
Shearson Small Cap.
1990 Ed. (2379)
Shearson Special Global Bond
1989 Ed. (1853)
Sheba
1999 Ed. (3780)
1997 Ed. (3075)
1996 Ed. (2996)
1994 Ed. (2825, 2834)
1993 Ed. (2820)
1992 Ed. (3413)
1990 Ed. (2814)
Sheboygan Paint Co.
2006 Ed. (4387)
Sheboygan Press
1990 Ed. (2695)
Sheboygan, WI
2005 Ed. (3469)
2003 Ed. (4189)
1998 Ed. (2484)
1997 Ed. (3304)
1995 Ed. (2559)
1992 Ed. (370)
1990 Ed. (291)
Shedd Aquarium (Chicago)
1994 Ed. (1905)
Shedd Aquarium; John G.
1991 Ed. (894)
Shedd Food Products
1990 Ed. (1828)
Shedd's
1995 Ed. (2507)
Shedd's Country Crock
2003 Ed. (3684, 3685)
2001 Ed. (3222)
2000 Ed. (3039, 3040, 4156)
1994 Ed. (2441)
Shedd's Country Crock Light
2003 Ed. (3685)
Shedlarz; David
2006 Ed. (974)
2005 Ed. (990)
Sheehan Family
2008 Ed. (538)
2007 Ed. (593)
2006 Ed. (553)
2005 Ed. (653)
2004 Ed. (666)
2003 Ed. (659)
2001 Ed. (680)
Sheehan, Phinney, Bass & Green
1999 Ed. (3154)
Sheehan Pipe Line Construction Co.
2004 Ed. (1280)
2003 Ed. (1278)
2002 Ed. (1267)
Sheen; Charlie
1995 Ed. (1715)
1994 Ed. (1668)
1993 Ed. (1634)
Sheet
2000 Ed. (3570)
Sheet and strip galvanized
2001 Ed. (4366)
Sheet lead
2003 Ed. (3199)
2001 Ed. (3074)
Sheet Metal Workers
2001 Ed. (3686)
2000 Ed. (3450)
1999 Ed. (3733)
1998 Ed. (2773)
Sheet Metal Workers, International
1994 Ed. (2769, 3564)
1989 Ed. (2163, 2862)
Sheet Metal Workers Local 33
2001 Ed. (3040)
Sheet Metal Workers National Pension
2000 Ed. (3451)
Sheet Metal Workers National Pension, Alexandria, VA
2000 Ed. (4283)
Sheets, Comforters, Bedspreads
1992 Ed. (1817)
1991 Ed. (1428)
1989 Ed. (1236)
Sheetz
2008 Ed. (1375, 1376, 2002)
2007 Ed. (1419)
2006 Ed. (1381)
2004 Ed. (1372)
2002 Ed. (1331)
2000 Ed. (2245)
Sheffield Cellars
2006 Ed. (4960)
2005 Ed. (4930)
2004 Ed. (4950)
2003 Ed. (4946)
2002 Ed. (4922)
2001 Ed. (4842)
Sheffield Forgemasters Ltd.
1993 Ed. (972)
Sheffield Industries
1994 Ed. (2704)
Sheffield Pharmaceuticals Inc.
2004 Ed. (236)
Sheffield Total Return
1993 Ed. (2673)
Sheftel; Marilyn
2008 Ed. (4991)
2007 Ed. (4985)
2006 Ed. (4988)
2005 Ed. (4992)
Shehadi & Sons; B.
1997 Ed. (2016)
1996 Ed. (1923)
1995 Ed. (1880)
1994 Ed. (1852)
1993 Ed. (1867)
1990 Ed. (1802)
Sheik
1999 Ed. (1303)
1998 Ed. (869, 932)
1992 Ed. (1400)
Sheik Classic
1998 Ed. (870, 871)
Sheik Elite
1997 Ed. (1115, 1116)
Sheik Super
1998 Ed. (870, 871)
Sheik Super Thin
1999 Ed. (1303)
1997 Ed. (1115, 1116)
Sheikh Hamdan Awards
2007 Ed. (89)
Sheikh Jaber Al Sabah
1989 Ed. (732)
Sheikh Khalifa Bin Zayed al Nahyan
2007 Ed. (2703)
Sheikh Mohammed Bin Rashid al Maktoum
2007 Ed. (2703)
2005 Ed. (4880)
Sheikh of Abu Dhabi
2005 Ed. (4882)
Sheikh Zayed Bin Sultan Al Nahyan
2005 Ed. (4880)
Sheila Crump Johnson
2008 Ed. (4911)
Sheinberg; Sidney J.
1991 Ed. (1620)
Shekou Zhao Shang Harbour Service
1996 Ed. (3422, 3423)
Shelbina Mercantile Bank
1989 Ed. (213)
Shelbourne Properties I, Inc.
2004 Ed. (235)
Shelbourne Properties II, Inc.
2004 Ed. (235)
Shelbourne Properties III, Inc.
2004 Ed. (235)
Shelburne Plastics
1999 Ed. (3840)
Shelby County, AL
1995 Ed. (1509)
Shelby County State Bank
1997 Ed. (181)
Shelby County, TN
1993 Ed. (2616)
Shelby Cullom Davis & Co.
1994 Ed. (767)

1993 Ed. (757)
1991 Ed. (772)
Shelby Fleck
2000 Ed. (2003, 2004)
1999 Ed. (2224)
Shelby Fund P/T
1994 Ed. (579)
Shelby Lynne
1996 Ed. (1094)
1992 Ed. (1351)
Shelby Memorial Hospital
2008 Ed. (3061)
Shelby P. Solomon
1991 Ed. (3209)
Shelby-Panola Savings (Carthage, TX)
1991 Ed. (2918)
Shelby, TN
1992 Ed. (1724)
Shelco Inc.
2008 Ed. (1323)
2006 Ed. (1332)
Sheldahl
1991 Ed. (2764)
Sheldon Adelson
2008 Ed. (4835, 4839, 4881, 4882)
2007 Ed. (4899, 4908)
2006 Ed. (4908)
2005 Ed. (4844, 4854)
Sheldon Erikson
2002 Ed. (2181)
Sheldon L. Pollack Corp.
1994 Ed. (3671)
1993 Ed. (3736)
1992 Ed. (4486)
Shelf-stable juice/functional drinks
2000 Ed. (2222)
Shell
2008 Ed. (724, 2794, 3900)
2007 Ed. (2657, 3847)
2006 Ed. (3831)
2005 Ed. (1774, 3747)
2003 Ed. (3816)
2002 Ed. (3665)
2000 Ed. (1029, 1031)
1992 Ed. (1101, 1102, 1117, 1625, 2277, 2278, 3297, 3428, 3439, 3440, 3445)
1990 Ed. (956, 1341, 1396, 1456, 1659, 1660, 1892, 2673, 2674, 2836, 2837, 2842, 2853, 2856, 2857)
1989 Ed. (1096, 1135, 2207)
Shell & Dea Oil GmbH
2005 Ed. (663, 2642, 4716)
Shell Australia
2006 Ed. (1719)
2004 Ed. (1653)
2003 Ed. (1613, 1615, 1619)
2002 Ed. (1653, 3760)
Shell Austria AG
2000 Ed. (1389)
1997 Ed. (1363)
Shell Autocare
2001 Ed. (532)
Shell Brasil SA
1996 Ed. (1306)
Shell Brasil S.A. Petroleo
1994 Ed. (1335)
1992 Ed. (1585)
1990 Ed. (1336)
Shell Canada Ltd.
2008 Ed. (1552, 1553, 1554, 1555, 1624, 1641, 1645, 3552, 3915, 3916)
2007 Ed. (1572, 1625, 1633, 1637, 3862, 3863)
2006 Ed. (781, 849, 1542, 1601, 1602, 1606, 1623, 3375, 3845)
2005 Ed. (1567, 1648, 3763)
2004 Ed. (3852)
2003 Ed. (3822, 3823)
2002 Ed. (3675)
1999 Ed. (1091, 1626)
1997 Ed. (3095, 3097)
1996 Ed. (3015)
1993 Ed. (1930, 2704, 2841, 2842, 2843)
1992 Ed. (1595, 1596, 3437, 4160)
1991 Ed. (1265, 2729)
1990 Ed. (1365, 1661, 2844)
1989 Ed. (2038)
Shell Canada Chemicals
1996 Ed. (931)
Shell Canada Products Ltd.
2003 Ed. (1365)
2002 Ed. (1332)
Shell Chemical
1999 Ed. (1097)
1994 Ed. (929)
1993 Ed. (2869)
Shell Chemical LP
2005 Ed. (946)
2003 Ed. (939)
Shell Chemicals Ltd.
2008 Ed. (922)
2007 Ed. (945)
2006 Ed. (859)
2004 Ed. (960)
2003 Ed. (2369)
2001 Ed. (1184, 2309)
Shell Chemicals Canada Ltd.
2004 Ed. (883)
Shell Community Credit Union
2006 Ed. (2174)
Shell Companies Foundation
1989 Ed. (1473)
Shell Company of Thailand
2001 Ed. (1879)
Shell Deutschland Oil GmbH
2006 Ed. (565, 2639, 4768)
Shell do Brasil
1990 Ed. (1395)
Shell Energy Holdings
2006 Ed. (1719)
Shell Energy Resources Inc.
2005 Ed. (1751)
Shell Group
1990 Ed. (1347)
Shell Group of Cos.; Royal Dutch/
1990 Ed. (1356)
Shell Group; Royal Dutch/
1990 Ed. (1363, 1364, 1382)
Shell International Chemical
1993 Ed. (2477)
Shell International Petroleum Co. Ltd.
2002 Ed. (4900)
2001 Ed. (4819)
2000 Ed. (1441, 4284)
1999 Ed. (1640, 4644, 4761)
1997 Ed. (1419, 3783, 3879)
1996 Ed. (1370, 3730, 3830)
1995 Ed. (1409, 3650, 3731)
1994 Ed. (1383, 3565, 3661)
1993 Ed. (1327, 3609)
1991 Ed. (3110)
Shell macaroni
1996 Ed. (2913)
Shell (Mauritius) Ltd.
2006 Ed. (4520)
Shell Mining
1992 Ed. (1233)
Shell Nederland BV
1997 Ed. (2796)
1994 Ed. (2528)
Shell Oil Co.
2008 Ed. (281, 1486, 2819, 2820, 3029)
2007 Ed. (297, 337, 877, 1492, 1711, 2014, 2694, 2695, 2906, 4020)
2006 Ed. (353, 854, 1716, 2044, 2699, 2700, 3818, 3819, 3981)
2005 Ed. (950, 1770, 1973, 3726, 3727, 3794, 3908)
2004 Ed. (884, 1374, 1376, 1552, 3818, 3819, 3865)
2003 Ed. (2604, 2605, 3808, 3809, 3831, 3832, 3834, 3835, 3836, 3837, 3838, 3839, 3840, 3841, 3842, 3850, 3859, 3860, 3861, 3862)
2002 Ed. (1021, 2389, 2391, 3537, 3620, 3663, 3667, 3668, 3669, 3670, 3671, 3672, 3673, 3674, 3681, 3698, 3699)
2001 Ed. (569, 1185, 1878, 2578, 2579, 2582, 2584, 3532, 3684, 3739, 3741, 3742, 3743, 3744, 3745, 3746, 3753, 3754, 3762, 3774, 3775, 3842)
2000 Ed. (1018, 2308, 2316, 2317, 2320, 3056, 3446, 3517, 3518, 3519, 3520, 3521, 3522, 3523, 3524, 3525, 3526, 3528, 3529, 3530)
1999 Ed. (1035, 1035, 1098, 1102, 1412, 1448, 1641, 2505, 2519, 2568, 2569, 2575, 2576, 2584, 3729, 3795, 3798, 3799, 3800, 3801, 3802, 3803, 3804, 3806, 3815, 3816)
1998 Ed. (707, 975, 1015, 1801, 1806, 1815, 1816, 1823, 1824, 2817, 2818, 2819, 2820, 2823, 2825, 2826, 2827, 2828, 2829, 2831, 2837, 2840)
1997 Ed. (1210, 1253, 1269, 2116, 2118, 2125, 2126, 2133, 3020, 3083, 3084, 3086, 3087, 3088, 3089, 3090, 3091, 3092, 3094, 3101, 3108, 3109)
1996 Ed. (938, 1171, 1207, 1223, 1997, 2005, 2006, 2013, 2930, 2944, 3004, 3006, 3007, 3008, 3009, 3011, 3012, 3013, 3018, 3024, 3026)
1995 Ed. (2860)
1994 Ed. (1182, 1184, 1185, 1186, 1220, 1235, 1465, 1942, 1943, 1956, 1957, 1965, 2842, 2843, 2844, 2846, 2847, 2848, 2849, 2850, 2852, 2858, 2862, 2863, 2864, 2867, 2868)
1993 Ed. (912, 1180, 1207, 1265, 1411, 1738, 1898, 1919, 1920, 1929, 1931, 2701, 2770, 2824, 2827, 2830, 2831, 2832, 2834, 2835, 2836, 2837, 2838, 2839, 2840, 2847, 2849, 2850)
1992 Ed. (1118, 1473, 1494, 1809, 2260, 2261, 2269, 2270, 2282, 3418, 3419, 3425, 3426, 3429, 3430, 3431, 3432, 3433, 3434, 3451, 3456)
1991 Ed. (347, 349, 912, 2728, 2721, 2737, 1161, 1182, 1787, 1789, 1800, 1801, 1807, 2715, 2716, 2723, 2724, 2725, 2726, 2727, 2730, 2731, 2736)
1990 Ed. (1242, 1250, 1265, 1875, 1877, 1884, 1885, 2827, 2828, 2838, 2839, 2840, 2841, 2845, 2846, 2847, 2852)
1989 Ed. (1023, 2225)
Shell Oil Products U.S.
2008 Ed. (321)
2007 Ed. (334)
2006 Ed. (349)
Shell Pak
2000 Ed. (2879)
Shell Petroleum Inc.
2008 Ed. (3931, 3932)
2007 Ed. (3886, 3887)
2006 Ed. (3858)
2005 Ed. (1758, 3792)
2004 Ed. (3863)
2003 Ed. (3847)
2001 Ed. (3755)
1992 Ed. (3438)
Shell Pipe Line Corp.
2003 Ed. (3878)
2001 Ed. (3802, 3803)
2000 Ed. (2311, 2313, 2315)
1999 Ed. (3828, 3829, 3830, 3834, 3835)
1998 Ed. (2857, 2858, 2862, 2863, 2866)
1997 Ed. (3120, 3122, 3125)
1996 Ed. (3040, 3043, 3044)
1995 Ed. (2941, 2943, 2944, 2945, 2946, 2948, 2949)
1994 Ed. (2875, 2876, 2877, 2878, 2879, 2880, 2882, 2883)
1993 Ed. (2854, 2855, 2856, 2857, 2858, 2861)
1992 Ed. (3462, 3463, 3464, 3465, 3466, 3469)
1991 Ed. (2742, 2743, 2744, 2745, 2748)
1989 Ed. (2232, 2233)
Shell Pipeline Line Corp.
1990 Ed. (2869)
Shell Portuguesa SA
2003 Ed. (1812)
2001 Ed. (1839)
2000 Ed. (1544)
1999 Ed. (1726)
1997 Ed. (1500)
1996 Ed. (1437)
1995 Ed. (1477)
1994 Ed. (1441)
1993 Ed. (1387)
1990 Ed. (1410)
1989 Ed. (1153)
Shell Rapid Lube
2008 Ed. (322)
2007 Ed. (335)
2006 Ed. (350)
2003 Ed. (364)
Shell Refining
1995 Ed. (1452)
Shell Refining Co. Berhad
2008 Ed. (3570)
Shell Refining Co. Bhd
1993 Ed. (1365)
Shell Refining Co. (FOM) Bhd.
1994 Ed. (1417)
1992 Ed. (1668, 1669)
1991 Ed. (1323)
1990 Ed. (1398)
Shell Solar
2006 Ed. (4416)
Shell Transport
1990 Ed. (3462)
Shell Transport & Trading Co.
2006 Ed. (2060, 3328, 3856)
2003 Ed. (1839, 4610)
2000 Ed. (1442, 2998, 2999, 4006)
1999 Ed. (1605, 1607, 1640, 1642, 1646, 3262, 3263, 4287)
1997 Ed. (1416, 1420, 1422, 2685, 2686)
1996 Ed. (1354, 1357, 1359, 1360, 1362, 1363, 1369, 2544, 2545, 2546)
1995 Ed. (1403, 1408)
1994 Ed. (1378, 1382, 2410, 2411)
1993 Ed. (1322, 1326, 2469)
1992 Ed. (1609, 1626, 1631, 2935)
1991 Ed. (1296, 1297, 1299, 2355, 3230)
1990 Ed. (1375)
1989 Ed. (1344)
The Shell Transport & Trading Co Plc
2000 Ed. (1412, 1441)
Shell Transport & Trading Co. plc
2007 Ed. (2387, 2394, 2395, 2397, 3873)
2006 Ed. (1448, 1700, 2054, 3855)
2005 Ed. (1590, 1596, 3790)
2004 Ed. (4556, 4564)
2002 Ed. (1038, 1645, 1785, 1788, 1790, 3215, 3217)
2001 Ed. (1693, 1718, 1719, 1885, 1887)
2000 Ed. (1411)
1997 Ed. (1391, 1419, 3501)
Shell Transport Trading Co.
1990 Ed. (1662)
Shell UK Ltd.
2006 Ed. (204, 1181, 3487)
2004 Ed. (3867)
2002 Ed. (3370)
2001 Ed. (1718, 3326)
2000 Ed. (3139)
1999 Ed. (3416)
1997 Ed. (2796)
1996 Ed. (2651)
1994 Ed. (2528)
1991 Ed. (1639)
1989 Ed. (1107)
Shell UK Ltd
1990 Ed. (1349)
Shell (United Kingdom Ltd.)
1995 Ed. (1747, 2583)
Shell Uruguay
1989 Ed. (1169)
Shell Vacations
2008 Ed. (3040)
Shell/Winners' Circle Resorts
1991 Ed. (3389)
Shelled peanuts, crushed
2001 Ed. (3655)
Shelley Ben-Nathan
2000 Ed. (1942)
1999 Ed. (2171)

Shellfish
2007 Ed. (2519)
Shells
2002 Ed. (3745)
1999 Ed. (4158)
Shells Seafood Restaurants
2002 Ed. (4028)
2000 Ed. (3873)
1998 Ed. (3174)
Shelly BMW
1994 Ed. (262)
1993 Ed. (293)
Shelly Krasnow
1994 Ed. (896, 1057)
Shelly Lazarus
2002 Ed. (4981)
Shelter Components Corp.
1994 Ed. (202, 205)
Shelter Island, NY
1992 Ed. (1168)
The Shelters of Stone
2004 Ed. (739)
Shelton Fleming Associates
2002 Ed. (1955)
Shelton; James
2007 Ed. (982)
2006 Ed. (892)
Shelves usually kept well stocked
1990 Ed. (1951)
Shely Pharmaceutical
2005 Ed. (86)
Shems Lintas
2003 Ed. (122)
2002 Ed. (152)
Shenandoah
1992 Ed. (1351)
Shenandoah National Park
1990 Ed. (2665)
Shenango China Employees Credit Union
2002 Ed. (1829)
1996 Ed. (1507)
Shenboa
1994 Ed. (3291, 3292)
Shenshu Bank
2002 Ed. (573, 577)
Shenyang Brewery
1995 Ed. (708)
Shenyin & Wanguo Securities Co.
1999 Ed. (2885)
Shenzhen
2001 Ed. (1096, 3854, 3855)
Shenzhen, China
2008 Ed. (1221)
2007 Ed. (1098)
2006 Ed. (1012)
2004 Ed. (3929)
Shenzhen China Bicycles
1997 Ed. (3506, 3507)
1996 Ed. (3421, 3422, 3423)
Shenzhen Commercial Bank
2008 Ed. (435)
Shenzhen Development Bank
2008 Ed. (435)
2006 Ed. (4307)
2002 Ed. (4263)
Shenzhen Fandga
2000 Ed. (4012)
Shenzhen Gintian Industry
1997 Ed. (3507)
1996 Ed. (3421, 3422, 3423)
Shenzhen Great Ocent
1999 Ed. (4298)
Shenzhen Huafa Electronics
1996 Ed. (3421, 3422)
Shenzhen International Holdings
2008 Ed. (1787)
2002 Ed. (4423)
Shenzhen Kaifa Technology
2002 Ed. (4263)
Shenzhen Konka Electronics
1997 Ed. (3506)
1996 Ed. (3421, 3422)
Shenzhen Lionda
1996 Ed. (3423)
Shenzhen Nanshan Power Station
1997 Ed. (3506, 3507)
Shenzhen Petrochemical
1996 Ed. (3421)
Shenzhen Properties
1997 Ed. (3507)
1994 Ed. (3291, 3292)
Shenzhen Properties Development
1996 Ed. (3422)
Shenzhen Real Estate
1999 Ed. (4298)
Shenzhen Seg Co.
2001 Ed. (1670)
Shenzhen SEZ Real Estate
1997 Ed. (3506, 3507)
Shenzhen Shenbao Industrial
1996 Ed. (3421)
ShenZhen Taitai Pharmaceutical Industry Co.
2005 Ed. (29)
Shenzhen Tellus Machinery
1996 Ed. (3421, 3423)
Shenzhen Trust & Investment Co.
2006 Ed. (4275)
Shenzhen Vanke
1996 Ed. (3421, 3422, 3423)
Shenzhen Yili Mineral Water
1996 Ed. (3423)
Shepard; Keven
1995 Ed. (2669)
Shepard-Patterson & Associates Inc.
2000 Ed. (3151)
Shepherd Building Group Ltd.
1994 Ed. (991)
1993 Ed. (966)
1992 Ed. (1192)
Shepherd; Cybill
1997 Ed. (1726)
Shepley Bulfinch Richardson & Abbott
2005 Ed. (3163)
1997 Ed. (263)
Sheppard & Enoch Pratt Hospital
2008 Ed. (4084)
2004 Ed. (3974)
2003 Ed. (3972)
2000 Ed. (2519)
1999 Ed. (2740)
Sheppard, Mulin, Richter & Hampton LLP
2000 Ed. (2899)
Sheppard, Mullin, Richter & Hampton
2007 Ed. (3309)
2006 Ed. (3248)
2005 Ed. (3261)
1999 Ed. (3153)
1998 Ed. (2330)
1997 Ed. (2598)
1996 Ed. (2454)
1995 Ed. (2418)
1993 Ed. (2399)
1992 Ed. (2840, 2841)
1990 Ed. (2421)
Sheppard Mullin Richter & Hampton LLP
2002 Ed. (3059)
Sheppard Pratt Health System
2003 Ed. (2803)
Shepston Racecourse
1990 Ed. (3464)
Sheraton Corp.
2008 Ed. (3067, 3068, 3075)
2007 Ed. (2938, 2939, 2945, 2950)
2006 Ed. (2927, 2928, 2934, 2938)
2005 Ed. (2922, 2923, 2931, 2934)
2004 Ed. (2931, 2932, 2938, 2941)
2003 Ed. (2847)
2002 Ed. (2637)
2001 Ed. (2791)
2000 Ed. (2541, 2550, 2565, 2573)
1999 Ed. (2784)
1998 Ed. (2022)
1993 Ed. (2101)
1992 Ed. (2498, 2506, 2507, 2508)
1991 Ed. (1055, 1953, 1955, 2866)
1990 Ed. (2067, 2068, 2069, 2085)
Sheraton at Bradley International Airport
1993 Ed. (207)
Sheraton at Woodbridge Place
2006 Ed. (2940)
1999 Ed. (2763)
1998 Ed. (2008)
1992 Ed. (2484)
1991 Ed. (1949)
Sheraton Bal Harbour Beach Resort
1999 Ed. (2795)
1998 Ed. (2035)
Sheraton Bradley Hotel
2007 Ed. (2944)
Sheraton Centre Toronto Hotel
2005 Ed. (2521)
2003 Ed. (2415)
Sheraton Chicago Hotel & Towers
1999 Ed. (2787)
1997 Ed. (2301)
Sheraton Fairfield Hotel
1990 Ed. (2066)
Sheraton Gateway Hotel LAX
2002 Ed. (2649)
Sheraton Gateway Hotel Los Angeles Airport
1999 Ed. (2794)
Sheraton Grand on Harbor Island
1992 Ed. (312)
Sheraton Hotel at Bradley Airport
1994 Ed. (193)
Sheraton Hotel at Bradley International
1992 Ed. (312)
Sheraton Hotels
2006 Ed. (4130)
2005 Ed. (2941, 2942, 2943, 2944, 4083, 4085)
2003 Ed. (2849, 2853, 2854, 2857, 2858, 2859, 2860, 4131, 4136)
1995 Ed. (2161, 2172)
1994 Ed. (2118, 2121)
1992 Ed. (2488, 2493, 2503)
Sheraton Hotels & Resorts
2004 Ed. (2944)
1999 Ed. (2773, 2780)
1998 Ed. (2020, 2023)
1996 Ed. (2160, 2162, 2165, 2176, 2187)
1994 Ed. (2113)
1991 Ed. (1941)
Sheraton Inn
1989 Ed. (253)
Sheraton Inn Airport
1990 Ed. (244)
Sheraton Inner Harbor Hotel
1992 Ed. (2479)
Sheraton Inns
1999 Ed. (2779)
1997 Ed. (2291)
1996 Ed. (2177)
1994 Ed. (2114)
1993 Ed. (2084)
1992 Ed. (2475)
1991 Ed. (1942)
Sheraton La Guardia East
2007 Ed. (2944)
2006 Ed. (2933)
Sheraton Laguardia East
2005 Ed. (2930)
Sheraton Los Angeles Airport
1998 Ed. (2034)
Sheraton Luxury Collection
1999 Ed. (2775)
1998 Ed. (2018)
Sheraton Meadowlands
1991 Ed. (1949)
Sheraton Meadowlands Hotel
1990 Ed. (2066)
Sheraton Music City Hotel
1994 Ed. (193)
Sheraton New York Hotel
1999 Ed. (2798)
Sheraton on Harbor Island
1989 Ed. (253)
Sheraton Park Place, Minneapolis
1990 Ed. (2080)
Sheraton Plaza La Reina
1991 Ed. (217)
Sheraton River House
1990 Ed. (244)
Sheraton Riverhouse
1989 Ed. (253)
Sheraton Smithtown
1992 Ed. (2483)
1991 Ed. (1948)
1990 Ed. (2065)
Sheraton Society Hill
1998 Ed. (2038)
1992 Ed. (2513)
1991 Ed. (1957)
1990 Ed. (2099)
Sheraton Suites
1996 Ed. (2175, 2179)
1994 Ed. (2116)
1993 Ed. (2086)
The Sheraton Suites Fairplex
2002 Ed. (1168)
Sheraton University City
1998 Ed. (2038)
1992 Ed. (2513)
1991 Ed. (1957)
1990 Ed. (2099)
Sheraton University City Hotel
2000 Ed. (2576)
Sheraton Valley Forge
1994 Ed. (2105)
1990 Ed. (2065)
Sheraton Valley Forge Hotel
1992 Ed. (2483)
1991 Ed. (1948)
Sheraton Valley Forge Hotel and Convention Center
2000 Ed. (2576)
Sheraton-Valley Forge Hotel Convention Center
1991 Ed. (1957)
1990 Ed. (2099)
Sheraton, Westin
2000 Ed. (2559)
Sherbet
2002 Ed. (2715, 2720)
2000 Ed. (2596)
1999 Ed. (2821)
1993 Ed. (1479)
Sherbet/sorbet/ices
2001 Ed. (1996)
Sherbrooke, Quebec
2008 Ed. (3487, 3491, 3492)
2007 Ed. (3377)
2006 Ed. (3317)
2005 Ed. (3327)
Sherbrooke; Universite de
1994 Ed. (819)
Sherbrooke University
2004 Ed. (837)
Sherbrooke; University of
2008 Ed. (1070, 1073, 1075, 1076, 1078, 1079, 3641, 4279)
2007 Ed. (1166, 1169, 1170, 1171, 1179, 3469)
Sherdian Broadcasting
2001 Ed. (3978)
Sherex
1990 Ed. (1978)
Sheridan Community Credit Union
2006 Ed. (2155)
Sheridan Consulting Group
2000 Ed. (903)
Sheridan Healthcare
1997 Ed. (2183, 3402)
Sheriff patrol officers
2005 Ed. (3622, 3627)
Sheriff's patrol officers
2007 Ed. (3730)
Sherikon Inc.
2002 Ed. (2546)
2000 Ed. (2449, 2468)
1999 Ed. (4284)
1997 Ed. (2225)
Sherin; Keith
2007 Ed. (1054)
Sheritan Hotels & Resorts
1997 Ed. (2290)
Sherlock Holmes, Consulting Detective
1994 Ed. (874)
Sherlund; Richard
1997 Ed. (1872, 1874, 1879)
1996 Ed. (1772, 1799, 1801)
1995 Ed. (1797, 1828)
1994 Ed. (1789)
1993 Ed. (1806)
1991 Ed. (1677)
Shermag Inc.
1999 Ed. (2551)
1997 Ed. (2105)
1990 Ed. (2039)
Sherman & Howard
2001 Ed. (803, 865, 949, 957)
2000 Ed. (3204, 3858)
1999 Ed. (2817, 4143)
1997 Ed. (3218, 3795)
1993 Ed. (2117)
Sherman & Howard LLC
2008 Ed. (3421, 3422)
2007 Ed. (3311, 3313, 3314)
2006 Ed. (3250)
2005 Ed. (3263)

2004 Ed. (3233)
2003 Ed. (3182)
2002 Ed. (3057)
Sherman; Bernard
2008 Ed. (4855, 4856)
2007 Ed. (4910)
2006 Ed. (4923)
2005 Ed. (4868, 4875, 4876)
Sherman Chao
2000 Ed. (2032)
Sherman Clay & Co.
1999 Ed. (3500, 3501)
1997 Ed. (2861)
1996 Ed. (2746)
1995 Ed. (2673)
1994 Ed. (2592, 2597)
1993 Ed. (2640, 2644)
Sherman County, TX
2002 Ed. (1808)
1999 Ed. (2831)
1997 Ed. (1540)
1996 Ed. (2227)
Sherman; David
1994 Ed. (3509)
1993 Ed. (3550)
Sherman Dean
1989 Ed. (1852)
Sherman, Dean Fund
1992 Ed. (3171, 3174)
1991 Ed. (2569)
Sherman-Denison, TX
1999 Ed. (2088, 2089, 3368, 3369)
Sherman-Dennison, TX
2003 Ed. (4195)
Sherman Financial Group LLC
2005 Ed. (2143, 2144)
Sherman Homes
1999 Ed. (1338)
Sherman House
1990 Ed. (2100)
Sherman Publications Inc.
2005 Ed. (3602)
Sherman, TX
2000 Ed. (1603, 2612)
Sherrard & Roe PLC
2007 Ed. (1510)
Sherrill
2000 Ed. (2292)
1999 Ed. (2548, 2549)
Sherritt Inc.
2004 Ed. (3691)
Sherritt International
2008 Ed. (3677)
2007 Ed. (3518)
2006 Ed. (1593)
2003 Ed. (1640, 3376)
2002 Ed. (3369)
Sherrod Vans Inc.
1995 Ed. (3686)
1992 Ed. (4367, 4369, 4371)
Sherron Watkins
2004 Ed. (1551)
Sherry Designs
1995 Ed. (3687)
Sherry Fitzgerald
2007 Ed. (46)
2006 Ed. (55)
Sherry Fitzgerald Group
2008 Ed. (49)
Sherry Institute of Spain
2001 Ed. (360)
Sherry Lansing
1996 Ed. (3875)
1995 Ed. (3786)
Sherry Windfield
2000 Ed. (3160, 4428)
Sherway Gardens
1995 Ed. (3379)
The Sherwin-Williams Co.
2008 Ed. (1017, 3843, 3844)
2007 Ed. (933, 1137, 1276, 1526, 3763, 3764)
2006 Ed. (681, 851, 1048, 1952, 2659, 3766, 3767, 4163, 4432)
2005 Ed. (942, 947, 1039, 3669, 3670, 4460)
2004 Ed. (784, 785, 954, 1032, 3754, 3755, 4471)
2003 Ed. (774, 775, 940, 1557, 1598, 2495, 2788, 2789, 4534)
2002 Ed. (58, 987, 988, 995, 2286)
2001 Ed. (1048, 1049, 1176, 1672, 2742, 2754, 2755, 2815, 3608)
2000 Ed. (1023, 1024, 1201, 2415, 2590, 3398)
1999 Ed. (1086, 1113, 1322, 2635, 2816)
1998 Ed. (715, 886, 1968, 2060, 2734)
1997 Ed. (925, 2175, 2981, 2983)
1996 Ed. (894, 1023, 2074, 2132)
1995 Ed. (961, 973, 2125, 2825, 2921)
1994 Ed. (2025)
1993 Ed. (772, 781, 867, 1382, 2014, 2761)
1992 Ed. (981, 1077, 1238, 2162, 3324, 3325, 3326, 3728)
1991 Ed. (800, 2666, 910, 1446)
1990 Ed. (844, 968, 2757, 2758, 3030)
1989 Ed. (2321)
Sherwood
1994 Ed. (2122)
Sherwood Brands Inc.
2005 Ed. (856, 857)
2004 Ed. (879, 880)
Sherwood Hotels
1997 Ed. (2289)
Sherwood Insurance Services
2002 Ed. (2854)
1998 Ed. (2144)
1997 Ed. (2429)
1996 Ed. (2294)
Sherwood Lumber Corp.
1990 Ed. (1035)
Sherwood Magie, 1910
1991 Ed. (702)
Sherwood Medical
1997 Ed. (2953)
She's Come Undone
2000 Ed. (709)
1999 Ed. (695)
Sheshunoff; Alex
1995 Ed. (1214)
1992 Ed. (1450, 1451)
Sheshunoff & Co.; Alex
1993 Ed. (1165)
Shewas
2008 Ed. (1110)
SHG Inc.
1999 Ed. (288)
SHI
2003 Ed. (2951)
2002 Ed. (2813)
Shi Zhengrong
2008 Ed. (4843)
Shiang Construction; Pao
1992 Ed. (3625)
Shibanuma; Shuichi
1997 Ed. (1984)
1996 Ed. (1877)
Shideido
2005 Ed. (3717)
Shiel Sexton Co.
2008 Ed. (1296)
2006 Ed. (1310)
Shield Security Inc.
2000 Ed. (3907)
1999 Ed. (4175)
1998 Ed. (3185)
1994 Ed. (3161)
1993 Ed. (3114)
1992 Ed. (3825)
Shields Asset
1993 Ed. (2313)
Shields Environmental Inc.
2006 Ed. (4346)
Shields; Gordon
2005 Ed. (2463)
Shier; Suzy
1996 Ed. (1013)
Shifa Management
1996 Ed. (2065)
Shifa Services Inc.
1994 Ed. (2049)
Shiffman Stone Partners
1993 Ed. (121)
Shifrin; Eduard
2008 Ed. (4880)
2007 Ed. (4930)
Shigella
1995 Ed. (1908)
Shigeru Mishima
2000 Ed. (2169)
1999 Ed. (2386)
1997 Ed. (1986)
Shigeru Myojin
1998 Ed. (1515)
Shih; Ann
1997 Ed. (1966)
Shihlin Electric & Engineering Corp.
1994 Ed. (2424)
Shikoku Electric Power
2007 Ed. (2305)
Shilo Inns
1996 Ed. (2178)
1994 Ed. (2115)
Shiloh
1999 Ed. (4718)
Shiloh Industries Inc.
2005 Ed. (4474, 4475)
2004 Ed. (4532, 4533)
Shiloh 2: Shiloh Season
2001 Ed. (4689)
Shimamura
2007 Ed. (4197, 4204)
Shimeno
1993 Ed. (3367)
Shimer von Cantz Inc.
1989 Ed. (151)
Shimer vonCantz Inc.
1990 Ed. (142)
Shimizu Corp.
2008 Ed. (1191, 1281, 1301, 1869)
2007 Ed. (1291, 1293, 1294)
2006 Ed. (1184, 1185, 1300, 1311, 1315)
2005 Ed. (1208, 1336)
2004 Ed. (1182, 1321, 1327, 1331)
2003 Ed. (1174, 1327, 1332)
2002 Ed. (1194, 1195, 1313, 1318, 1324)
2001 Ed. (1486, 1625)
2000 Ed. (1203, 1824)
1999 Ed. (1323, 1387, 1398, 1401, 1407, 2032, 2033)
1998 Ed. (535, 907, 965, 968, 1446)
1994 Ed. (1159, 1167)
1993 Ed. (1142)
1992 Ed. (1613)
Shimizu Construction Co. Ltd.
1997 Ed. (1131, 1135, 1181, 1188, 1189, 1196, 1753)
1995 Ed. (1135)
1994 Ed. (1121)
1993 Ed. (1097)
1992 Ed. (1370, 1374, 1375)
1991 Ed. (1064)
1990 Ed. (1175, 1177)
1989 Ed. (1006)
Shimmer
2001 Ed. (2656)
Shimoni-Finkelstein FCB
2000 Ed. (112)
Shin Corp.
2006 Ed. (4541)
Shin Corporations
2002 Ed. (4487)
Shin Dong-Bin
2008 Ed. (4851)
Shin Dong-Joo
2008 Ed. (4851)
Shin-Etsu
1993 Ed. (3317, 3318, 3319)
Shin-Etsu Chemical Co., Ltd.
2008 Ed. (912, 913, 914, 919)
2007 Ed. (934, 935, 942, 947, 953, 1834)
2006 Ed. (852, 856)
2005 Ed. (3694)
2004 Ed. (3775)
2003 Ed. (3750)
2002 Ed. (1001, 1002, 1003, 4432)
1995 Ed. (958)
Shin Han Bank
1992 Ed. (1665, 2821)
1991 Ed. (584)
Shin Horie
1997 Ed. (1985)
1996 Ed. (1878)
Shin Kong Department Store & Recreation Co., Ltd.
1990 Ed. (1498)
Shin Kong Life Insurance Co.
2001 Ed. (2890)
2000 Ed. (4176)
1999 Ed. (2894, 4530)
1997 Ed. (3682)
1992 Ed. (2677, 3945)
1990 Ed. (2246, 3268)
Shin Kong Life Insurance Co Ltd.
1994 Ed. (2268, 3282)
Shin Kong Synthetic Fiber
1999 Ed. (4531)
1997 Ed. (3683)
Shin Kuang Securities Co., Ltd.
1990 Ed. (821)
Shin Kyuk-ho
1993 Ed. (698)
1991 Ed. (709)
Shin Kyuk-ko
1990 Ed. (730)
Shin Maeda
2000 Ed. (2149)
1999 Ed. (2370)
1997 Ed. (1983)
Shinawatra Computer
1995 Ed. (1346, 2503)
Shinawatra Group
2000 Ed. (1573, 1578, 1579)
1999 Ed. (1748)
1997 Ed. (1526, 3696)
1996 Ed. (1457, 3302)
1995 Ed. (1503)
Shinawatra; Thaksin
2006 Ed. (4920)
2005 Ed. (4880)
Shine Chi Woolen Mill Co., Ltd.
1992 Ed. (4283)
1990 Ed. (3572)
Shine Communications
2002 Ed. (3854)
Shine Free
2001 Ed. (1905)
Shine Pukur Hotels
1999 Ed. (1841)
Shinepukur
2000 Ed. (1665)
Shinepukur Holdings Ltd.
2002 Ed. (1969)
Shiner Bock
2008 Ed. (541)
2007 Ed. (595)
2006 Ed. (555)
Shiner; Niall
1997 Ed. (1973, 1999)
Shing Kong Life Insurance Co. Ltd
1996 Ed. (3628)
Shing Kong Synthetic Fiber
1996 Ed. (3629)
Shingles
2007 Ed. (2519)
Shingobee Builders Inc.
2008 Ed. (3716, 3778, 4406)
2007 Ed. (3569, 4428)
Shinhan Accounting Corp.
1997 Ed. (16)
Shinhan Bank
2003 Ed. (611)
2002 Ed. (518, 522, 600, 601, 602, 603, 1921)
2000 Ed. (463, 581, 1503)
1999 Ed. (468, 470, 569, 3135)
1997 Ed. (534, 2591)
1996 Ed. (578)
1995 Ed. (420, 523, 1341, 1345)
1994 Ed. (548, 2345)
1993 Ed. (548, 2383)
1992 Ed. (724, 750, 751)
1991 Ed. (451)
Shinhan Financial Group Co., Ltd.
2008 Ed. (505, 2082)
2007 Ed. (553, 1583, 1985)
2006 Ed. (524, 2016, 2732, 3237)
2005 Ed. (610)
2004 Ed. (620)
Shining Path, Peru
2000 Ed. (4238)
Shiningbank Energy Income Fund
2004 Ed. (3173)
Shinji Kakiuchi
2000 Ed. (2155)
1999 Ed. (2375)
Shinkin Central Bank
2008 Ed. (454)

2007 Ed. (489)
2006 Ed. (475)
2005 Ed. (553)
2004 Ed. (567)
2002 Ed. (594, 596)
Shinko Electric
2005 Ed. (3884)
Shinko Electric Industry
2008 Ed. (4022)
2007 Ed. (4004)
2006 Ed. (3947)
Shinko Securities Co., Ltd.
2007 Ed. (4341)
2005 Ed. (4339)
2003 Ed. (4374)
Shinko Shoji
2003 Ed. (2246)
Shinkon Synthetic Fibre
1992 Ed. (4188)
Shinkong Synthetic Fibers Corp.
1994 Ed. (3525)
Shinnecock Hills Golf Course
2000 Ed. (2381)
Shinsegae
2005 Ed. (4128, 4129)
Shinsei Bank
2008 Ed. (454)
2007 Ed. (490)
2006 Ed. (475)
2005 Ed. (553)
2004 Ed. (567)
Shinsuke Iwasa
2000 Ed. (2159)
Shintech Inc.
2007 Ed. (2260)
2001 Ed. (3848)
1998 Ed. (2875)
1991 Ed. (2753)
1990 Ed. (2877)
Shintech Louisiana
2007 Ed. (931, 3973)
Shintech Louisiana LLC
2007 Ed. (3381)
Shintom
1991 Ed. (870)
Shinwa Bank
2008 Ed. (437, 438, 439)
2007 Ed. (470, 472, 473, 474)
2006 Ed. (458, 460, 461)
Shinwha Engineering & Construction Co. Ltd.
1999 Ed. (1408)
Shiny Chemical Industrial Co. Ltd.
1994 Ed. (933)
1992 Ed. (1119)
1990 Ed. (958)
Shiomarin
1992 Ed. (1841)
Shiomoto; Junichi
1997 Ed. (1987)
Shionogi
2007 Ed. (3942)
1993 Ed. (1517)
1991 Ed. (1475)
1990 Ed. (1571)
1989 Ed. (1280)
Shionogi & Co.
1997 Ed. (1664)
1995 Ed. (3099)
Shipbuilding
1991 Ed. (2626)
Shipley; Walter V.
1996 Ed. (381)
1994 Ed. (357)
1991 Ed. (1625)
1990 Ed. (458, 459)
1989 Ed. (1381)
ShipLogix.com
2001 Ed. (4758)
Shipman & Goodwin
2001 Ed. (780)
Shipping
2008 Ed. (1416, 1417, 1420)
2006 Ed. (93, 1436, 1440)
2005 Ed. (1470, 1480, 1481, 1485)
Shipping and warehousing
2001 Ed. (2178)
Shipping/logistics
2002 Ed. (917)
Shipping/receiving clerk
1989 Ed. (2087)
Shipyard Brewing Co.
1998 Ed. (2488)
Shira Cornwall
1999 Ed. (2299)
Shiraishi; Herbert
2007 Ed. (2549)
Shiraz/Syrah
1996 Ed. (3838)
Shire Hall Communications
1995 Ed. (3017)
1994 Ed. (2962)
The Shire Hall Group
2002 Ed. (3863)
2000 Ed. (3651, 3653, 3655)
1999 Ed. (3934, 3936)
Shire Pharmaceuticals
2007 Ed. (3916, 3948)
2006 Ed. (3897)
Shire Pharmaceuticals Group
2000 Ed. (3879)
Shire Pharmaceuticals Group plc
2004 Ed. (1457)
2003 Ed. (2736)
Shire US Inc.
2007 Ed. (133)
2006 Ed. (140)
Shires Income
2000 Ed. (3301)
Shiri
2001 Ed. (3379)
Shirlaws
2004 Ed. (1635)
Shirley; John A.
1992 Ed. (2051)
Shirmax Fashions
1990 Ed. (1056, 1057)
Shirokiya
1999 Ed. (4701)
1998 Ed. (3657)
1997 Ed. (3831)
1996 Ed. (3773)
Shirt Shed
1993 Ed. (997)
1992 Ed. (1226)
Shiseido
2008 Ed. (2652, 3105)
2007 Ed. (2986, 3815, 3821)
2006 Ed. (3805)
2005 Ed. (3181)
2004 Ed. (3810)
2003 Ed. (3794)
2002 Ed. (4305)
2001 Ed. (47, 1925, 1926, 1928, 3719)
2000 Ed. (1591, 4041)
1997 Ed. (1535)
1996 Ed. (940, 1467)
1994 Ed. (29)
1993 Ed. (1423)
1991 Ed. (1364)
1990 Ed. (948, 1437)
1989 Ed. (1583)
Shiv Nadar
2006 Ed. (4926)
Shiva
1996 Ed. (3305, 3777)
1993 Ed. (1050)
Shivee ovoo
2006 Ed. (4522)
Shivery; Charles W.
2008 Ed. (956)
Shizuoka Bank Ltd.
1999 Ed. (519)
1998 Ed. (350)
1997 Ed. (466)
1995 Ed. (470)
1994 Ed. (481)
1993 Ed. (478)
SHK Properties
1996 Ed. (2135, 2138, 3596)
SHK Securities
1995 Ed. (817, 818)
SHL Systemhouse Inc.
1999 Ed. (2668)
1997 Ed. (846, 847, 1140, 2214)
1996 Ed. (836, 1315)
1995 Ed. (854, 2099)
1994 Ed. (1077)
1992 Ed. (1338, 1340, 1341, 1343, 1597, 2399)
1991 Ed. (2062, 2657, 2658)
1989 Ed. (1589)
Shmerinh Newspaper; H
2007 Ed. (30)
Shock n Y'All
2005 Ed. (3536)
Shock Records Music Group
2004 Ed. (3939)
Shocks, Levelers, Struts
1990 Ed. (397)
1989 Ed. (328)
shockwave.com
2001 Ed. (4776)
Shoe Box
2008 Ed. (2837)
2007 Ed. (2708)
2006 Ed. (2712)
1999 Ed. (2609)
1998 Ed. (1863)
1997 Ed. (2160)
1993 Ed. (1995)
Shoe Carnival Inc.
2008 Ed. (4333)
2003 Ed. (4406)
Shoe inserts, specialty
1995 Ed. (1921)
Shoe insoles
1995 Ed. (1921)
Shoe Pavilion Inc.
2008 Ed. (4333)
Shoe-sewing-machine operators, tenders
1989 Ed. (2078)
Shoe Show Inc.
2003 Ed. (4405, 4406)
2002 Ed. (4273)
Shoe stores
1998 Ed. (3295)
1991 Ed. (880)
ShoeBox Greetings
1994 Ed. (1988, 1989)
Shoemaker
1989 Ed. (1996)
Shoemaker Co.; R. M.
1997 Ed. (1198)
1996 Ed. (1168)
1995 Ed. (1194)
1994 Ed. (1175)
1993 Ed. (1085, 1153)
1992 Ed. (1357)
1991 Ed. (1100)
1990 Ed. (1212)
Shoemart
2000 Ed. (1536, 1539, 1541, 1542, 3822)
1999 Ed. (1725)
1997 Ed. (1499)
1996 Ed. (1436)
1995 Ed. (1476)
Shoes
2000 Ed. (1120)
1990 Ed. (2506)
1989 Ed. (862, 1921)
Shoichiro Toyoda
2005 Ed. (789)
Shoko Chukin Bank
2007 Ed. (489)
2006 Ed. (475)
2005 Ed. (553)
2004 Ed. (567)
2003 Ed. (531)
2000 Ed. (557)
1998 Ed. (377)
1992 Ed. (719)
Shoma Homes
2005 Ed. (1214)
2004 Ed. (1188)
2003 Ed. (1182)
2002 Ed. (1199, 2677)
2000 Ed. (1222)
Shoney Inns
1998 Ed. (2016)
1997 Ed. (2292)
1994 Ed. (2115)
1993 Ed. (2085)
1991 Ed. (1943)
Shoney's
2008 Ed. (4155, 4167, 4168)
2007 Ed. (4141)
2006 Ed. (4117)
2005 Ed. (4065, 4066, 4067, 4068, 4069)
2004 Ed. (4126)
2003 Ed. (4112, 4113, 4114, 4115, 4116, 4117)
2002 Ed. (4002, 4014)
2001 Ed. (4065)
2000 Ed. (1361, 1363, 1364, 1366, 1367, 2240, 3784, 3785)
1999 Ed. (2478, 2480, 2481, 4066, 4067, 4069, 4082, 4388, 4399)
1998 Ed. (1736, 1737, 3056, 3064, 3067, 3371)
1997 Ed. (2051, 3314, 3327, 3335, 3643)
1996 Ed. (1951, 3213, 3228, 3232)
1995 Ed. (1911, 3117, 3140)
1994 Ed. (1884, 3054, 3072, 3090)
1993 Ed. (3011, 3018, 3026, 3030, 3031, 3033)
1992 Ed. (3688, 3710, 3715)
1991 Ed. (2859, 2870, 2874, 2881)
1990 Ed. (3005, 3007, 3008, 3009, 3018, 3022)
Shoney's Inns
1992 Ed. (2476)
Shoney's Restaurants
2007 Ed. (4145)
1992 Ed. (3719)
Shook, Hardy & Bacon
2006 Ed. (3247)
Shook National Corp.
2002 Ed. (1258)
Shoot
2006 Ed. (59)
2005 Ed. (52)
2004 Ed. (57)
Shoot to Kill
1993 Ed. (3536)
Shooters
1994 Ed. (3053)
Shooter's Waterfront Cafe
1993 Ed. (3010)
Shop At Home
2003 Ed. (827)
Shop 'N Save
2004 Ed. (4628, 4643)
Shop 'N Save-Mass Inc.
2006 Ed. (1858)
Shop 9000 Sales Inc.
2003 Ed. (2707, 2935)
2002 Ed. (2485)
Shop Rite
2004 Ed. (4639, 4644)
Shop Television Network (STN)
1989 Ed. (848)
Shop Vac
1998 Ed. (1899)
1997 Ed. (2174)
1996 Ed. (2075)
1994 Ed. (2026)
1992 Ed. (2375, 2376)
Shop-Vac Indoor/Outdoor Vacuum, 5-Gal.
1990 Ed. (2105, 2106)
Shopco Laurel Centre
1990 Ed. (2966)
Shopcreator plc
2003 Ed. (2739, 2740, 2741)
Shopko
2000 Ed. (1583, 1661, 1683, 1685, 1688)
1999 Ed. (1835, 1868, 1869, 1871)
1998 Ed. (1263, 1293, 1294, 1306, 1307, 1308, 1309, 1312, 2314, 2315)
1997 Ed. (1594, 1623, 1624)
1995 Ed. (1570, 1571, 1606)
1994 Ed. (1538, 1540, 1541, 1546, 1565, 2134)
1993 Ed. (1493, 1494)
1992 Ed. (1811, 1812, 1813, 1829, 2526)
1991 Ed. (1424)
1990 Ed. (1520)
ShopKo Properties Inc.
2008 Ed. (2175)
2005 Ed. (2016)
2004 Ed. (1890)
2003 Ed. (1854)
ShopKo Stores Inc.
2007 Ed. (2067, 2207, 2208, 4183)
2006 Ed. (824, 2119, 2269, 2272, 4170)

2005 Ed. (906, 2017, 2165, 2166, 2209, 4119, 4138)
2004 Ed. (915, 1891, 2050, 2051, 2106, 4198)
2003 Ed. (1855, 1856, 2071, 2072, 2074, 2075, 4172)
2002 Ed. (1797, 1987, 1988, 2584, 2585, 4037, 4747)
2001 Ed. (1901, 2028, 2033)
1996 Ed. (1557, 1558, 1586)
Shoplifting
1999 Ed. (4104)
ShopNBC.com
2006 Ed. (2383)
Shoppers Drug Mart
2008 Ed. (644, 645, 4226)
2007 Ed. (4188)
2005 Ed. (3372)
2003 Ed. (2103, 2104, 2105)
2002 Ed. (2040)
2001 Ed. (2092, 2093)
1999 Ed. (1736, 4109)
1998 Ed. (1361, 1362)
1997 Ed. (1672, 1673, 1827)
1996 Ed. (1591, 1592)
1995 Ed. (1613, 1614)
1993 Ed. (1527, 1528)
1992 Ed. (1855, 1856)
Shoppers Drug Mart/Pharmaprix
1995 Ed. (1617)
Shoppers Drug Mart (SDM)
2002 Ed. (2041, 2042)
Shoppers Food Warehouse Corp.
2000 Ed. (3026)
Shopping
2001 Ed. (2969)
Shopping Center Network
1989 Ed. (2352)
Shopping.com Ltd.
2006 Ed. (4680)
2001 Ed. (2977, 2993)
Shoprite/Checkers
2001 Ed. (79)
Shoprite Holdings
2008 Ed. (84)
2007 Ed. (78)
2006 Ed. (88, 4548)
2005 Ed. (79)
2004 Ed. (84)
Shoprite Supermarkets
1989 Ed. (2039)
Shore; Andrew
1997 Ed. (1870)
1996 Ed. (1787, 1797)
1995 Ed. (1813, 1824)
1994 Ed. (1772, 1785)
Shore Bancshares Inc.
2005 Ed. (446)
Shore Communications Inc.
2007 Ed. (3051)
2006 Ed. (3018)
Shore Community Bank
2004 Ed. (406)
Shore Gold Inc.
2006 Ed. (1607)
Shore Lobster & Shrimp Corp.
1993 Ed. (1728)
ShoreBank
2002 Ed. (4293)
Shoreline Inc.
2003 Ed. (1187)
Shoreline Amphitheatre
1999 Ed. (1291)
Shore.Net
2000 Ed. (1099, 2398)
Shorenstein Co., LLP
2005 Ed. (4024)
2004 Ed. (4090)
Shorenstein Co. LP
2003 Ed. (4064)
Shorewood Packaging
1995 Ed. (2818)
1991 Ed. (1872, 3139, 3147)
Shorewood Realtors Inc.
2002 Ed. (3913)
2000 Ed. (3713)
1995 Ed. (3061)
1994 Ed. (2999)
Shorline
1989 Ed. (829)
Shorris; Anthony E.
1992 Ed. (3137)
Short grain
2001 Ed. (4118)
A Short Guide to a Happy Life
2003 Ed. (719)
Short; John R.
1992 Ed. (3138)
1991 Ed. (2548)
Short Term Asset Reserve (STAR)
2003 Ed. (3115)
Short wait for checkout
1990 Ed. (1951)
Shortell; John C.
1992 Ed. (534)
Shortening
2003 Ed. (3691, 3692)
2002 Ed. (3538)
2001 Ed. (4314)
1992 Ed. (3298)
Shortline Automobile Inc.
1994 Ed. (284, 285)
Shortline Automotive
1996 Ed. (288)
1995 Ed. (285)
Shortline Companies
1994 Ed. (800)
1992 Ed. (988)
1991 Ed. (807)
1990 Ed. (846)
Shortline Cos.
1995 Ed. (851)
Shortline Subaru Inc.
1993 Ed. (286)
1992 Ed. (401)
1991 Ed. (296)
1990 Ed. (320)
Shorts 360
1996 Ed. (192)
Shortt; Denys
2005 Ed. (2463)
Shortway Northstar
1990 Ed. (846)
1989 Ed. (829)
Shoshone First National Bank
1993 Ed. (513)
Shotz, Miller & Glusman
1991 Ed. (7)
Shougang Corp.
2001 Ed. (1669)
Shougang Concord Grand
1996 Ed. (2139)
Shouse
2005 Ed. (1204)
2004 Ed. (1177)
2003 Ed. (1169)
Shout
2003 Ed. (3168)
2000 Ed. (3501)
Showa Denko
1996 Ed. (940, 1406)
1993 Ed. (914, 915)
1992 Ed. (1680, 1682)
1989 Ed. (894)
Showa Denko K. K.
2002 Ed. (1002, 1017, 4433)
Showa Ota
1996 Ed. (16, 17)
Showa Ota & Co.
1999 Ed. (14)
1997 Ed. (13, 14, 15)
1993 Ed. (9, 10)
Showa Shell Sekiyu
2007 Ed. (3878)
2003 Ed. (1703)
1997 Ed. (959)
1993 Ed. (908, 1341, 1343)
1992 Ed. (1113, 1644, 1682)
1991 Ed. (1284)
Showa Shell Sekiyu KK
2000 Ed. (1026)
1999 Ed. (1090)
1995 Ed. (959)
1991 Ed. (909)
ShowBiz
1989 Ed. (2235)
ShowBiz Pizza
1998 Ed. (3072, 3420)
1995 Ed. (2952, 3133)
1994 Ed. (2887)
Showbiz Pizza/Chuck E. Cheese
1991 Ed. (2750)
ShowBiz Pizza Time
1993 Ed. (2863)
1992 Ed. (3471, 3472)
1990 Ed. (2872)
Showboat
1993 Ed. (855)
1992 Ed. (2511)
1991 Ed. (864)
1990 Ed. (2097)
Showboat Casino Hotel
2002 Ed. (2651)
Showboat Hotel & Casino
1999 Ed. (1042)
1997 Ed. (912)
1994 Ed. (871, 2123)
Showcase Homes
2005 Ed. (1214)
2004 Ed. (1188)
2003 Ed. (1182)
Showcase Honda
2004 Ed. (271)
2002 Ed. (353)
1991 Ed. (279)
1990 Ed. (326)
Showcase Isuzu
1996 Ed. (274)
1995 Ed. (272)
1994 Ed. (271)
Shower gels
1995 Ed. (1605)
Shower products
2001 Ed. (3715, 3724)
Shower to Shower
2008 Ed. (4586)
2003 Ed. (2549, 3430)
2001 Ed. (3698, 3699, 3704)
Showerings
2004 Ed. (53)
2001 Ed. (44)
Showers
2001 Ed. (4743)
Shown Denko
1994 Ed. (931)
Shown Shell Oil
1994 Ed. (1367)
Shown Shell Sekiyu KK
1994 Ed. (923, 2861)
Shows Shell Sekiyu
1996 Ed. (1540)
Showtime
1998 Ed. (604)
1992 Ed. (1022)
1991 Ed. (836)
Showtime USA Video
1998 Ed. (3669)
Showtime Video
1997 Ed. (3840, 3841)
1995 Ed. (3698)
SHPS
2006 Ed. (2411)
Shrader & Martinez Construction Inc.
2000 Ed. (4026)
Shred First
2005 Ed. (1164)
Shred First LLC
2008 Ed. (2074)
Shredded cheese
2002 Ed. (983)
Shredded/crumbled
2001 Ed. (1172)
Shredded Wheat
1996 Ed. (891, 892)
1994 Ed. (884)
1992 Ed. (1072, 1074)
1991 Ed. (877, 878)
1990 Ed. (924)
Shredded Wheat; Nestle
2008 Ed. (718)
Shreddies; Nestle
2008 Ed. (718)
Shrek
2003 Ed. (3453, 3454)
Shrek 2
2007 Ed. (3641)
2006 Ed. (3576)
Shreve Land Construction
2007 Ed. (1377)
Shreveport-Bossier City, LA
2004 Ed. (3488)
Shreveport, LA
2008 Ed. (3117)
2004 Ed. (3482)
2003 Ed. (3419)
1998 Ed. (246)
1993 Ed. (336)
1992 Ed. (2543)
Shrewsbury Bancorp
2002 Ed. (3550, 3555)
Shrimp
2008 Ed. (2723)
2007 Ed. (2581, 2582, 2586)
2006 Ed. (2606, 2607, 2611)
2005 Ed. (2607, 2608, 2612)
2004 Ed. (2618, 2619, 2623)
2003 Ed. (2490, 2565)
2001 Ed. (2439, 2441)
1998 Ed. (3175)
1996 Ed. (3300)
1995 Ed. (3198, 3199)
1994 Ed. (3155)
1993 Ed. (3111)
1992 Ed. (3815, 3816)
1991 Ed. (2938)
Shrimp, fresh and frozen
1999 Ed. (2110)
Shrimp, frozen
2001 Ed. (2447)
Shrimp, prepared
2007 Ed. (2581, 2582)
2006 Ed. (2606, 2607)
2005 Ed. (2607, 2608)
2004 Ed. (2618, 2619)
2001 Ed. (2447)
Shrine Auditorium & Expo Center
2000 Ed. (1185)
Shriners Hospital for Crippled Children
1996 Ed. (917)
1995 Ed. (2140)
Shriners Hospitals
1993 Ed. (1701)
Shriners Hospitals for Children
2008 Ed. (3787, 3797, 3798)
2007 Ed. (3703)
2006 Ed. (3709, 3711, 3712)
2005 Ed. (3606)
2001 Ed. (1819)
2000 Ed. (3345, 3348)
Shriners Hospitals for Crippled Children
1997 Ed. (2949)
1994 Ed. (2772)
1993 Ed. (2783)
1992 Ed. (3132, 3255, 3267, 3358)
1991 Ed. (2615, 2619, 899, 2507, 2613, 2689)
1990 Ed. (2786)
1989 Ed. (2165)
Shriram; Ram
2007 Ed. (4874)
2006 Ed. (4879)
SHRM Group
1998 Ed. (1738)
Shroder Ultra
2004 Ed. (3575)
SHS
2005 Ed. (1983)
SHS Group
2007 Ed. (2037, 2039)
2006 Ed. (2067)
2005 Ed. (1988)
SHUAA Capital
2006 Ed. (4545)
Shuck's Auto
1989 Ed. (351, 1252)
Shue; Richard
1997 Ed. (2002)
Shuffle Master Inc.
2008 Ed. (4411)
2006 Ed. (2495, 4331)
2005 Ed. (4379)
2004 Ed. (2779)
Shugart Enterprises
2005 Ed. (1203)
2004 Ed. (1176)
2003 Ed. (1168)
2002 Ed. (2686)
Shuichi Nishimura
2000 Ed. (2160)
1999 Ed. (2380)
Shuichi Shibanuma
2000 Ed. (2167)
1999 Ed. (2384)
1997 Ed. (1984)
1996 Ed. (1877)
Shuichi Tamai
1997 Ed. (1990)

Shuler Homes
1999 Ed. (1306)
Shulklapper & Vacek
1996 Ed. (2533)
Shulman, Rogers, Gandal, Pordy & Ecker
2007 Ed. (3319)
2003 Ed. (3185)
Shumway; Forrest N.
1989 Ed. (1383)
Shumway; Norman D.
1992 Ed. (1039)
Shun Ho Property
1993 Ed. (2056)
Shunji Katayama
2000 Ed. (2169)
1999 Ed. (2386)
1997 Ed. (1986)
Shure Brothers
2001 Ed. (3409)
2000 Ed. (3221)
1998 Ed. (2589)
1996 Ed. (2749, 2750)
1995 Ed. (2671, 2672)
Shurfine International Inc.
2000 Ed. (1101)
Shurgard
1996 Ed. (3395)
Shurgard Self Storage
1999 Ed. (4266)
1992 Ed. (3909)
Shurgard Storage Centers Inc.
2007 Ed. (2228)
2006 Ed. (2076, 2085)
1998 Ed. (3274)
Shurguard Storage Centers Inc.
2000 Ed. (3989)
Shutterfly
2008 Ed. (3620)
2007 Ed. (1323)
2003 Ed. (3050)
Shutts & Bowen
2008 Ed. (3424)
SHV Holdings NV
2008 Ed. (1963, 1964, 4727)
2007 Ed. (1900, 4803)
2002 Ed. (4900)
2001 Ed. (1805)
1999 Ed. (1711, 4761)
1997 Ed. (1484, 3783, 3879)
1996 Ed. (1426, 3830)
1995 Ed. (1464, 3731)
1994 Ed. (1427)
1993 Ed. (1373, 3696)
1992 Ed. (4433)
1990 Ed. (1400)
SHV Investments NV
2001 Ed. (1805)
SHV Makro NV
1999 Ed. (4761)
1997 Ed. (2232)
Shvets; Viktor
1997 Ed. (1960)
Shvetsov; Vadim
2007 Ed. (785)
Shvidler; Eugene
2008 Ed. (4880)
2006 Ed. (4896)
SHW Group Inc.
2004 Ed. (2339)
Si & Si Co.
2006 Ed. (84)
2005 Ed. (75)
2004 Ed. (80)
SI & SI, Subotica
2001 Ed. (75)
SI Bank & Trust
2003 Ed. (4270)
SI Banking & Trust
2005 Ed. (4222)
2004 Ed. (4285, 4289)
SI International Inc.
2007 Ed. (1404)
2006 Ed. (1366, 1367, 2250)
2005 Ed. (2012)
Si Newhouse Jr.
2003 Ed. (4882)
2002 Ed. (3352)
SIA
2002 Ed. (4468)
2000 Ed. (4034)
1996 Ed. (176)
SIA Elvi
2008 Ed. (1887, 4230)
SIA Group
2008 Ed. (215, 223, 224)
2007 Ed. (235, 244, 245)
2006 Ed. (231, 242, 243)
2005 Ed. (217, 226, 227)
SIA Lafayette
1992 Ed. (4351)
SIAC
1989 Ed. (1136, 1902)
Siac Butlers Steel Ltd.
2008 Ed. (1859)
Siam Cement
2001 Ed. (1879)
2000 Ed. (1574, 1578, 1579, 3875, 3876)
1999 Ed. (1567, 1571, 1577, 1748, 4161)
1997 Ed. (1526, 3399)
1996 Ed. (1457, 3302)
1995 Ed. (1340, 1344, 1345, 1347, 1348, 1501)
1992 Ed. (1572, 1706, 3824)
1991 Ed. (2941, 2942, 1359)
1990 Ed. (1428)
1989 Ed. (1168)
Siam Cement FB
2001 Ed. (1880)
The Siam Cement Public Co., Ltd.
2008 Ed. (2118, 3585)
2007 Ed. (2019)
2006 Ed. (1780, 1781, 2048, 2049, 3405, 4541)
2002 Ed. (4487)
Siam City Bank
2008 Ed. (513)
2007 Ed. (561)
2006 Ed. (530)
2000 Ed. (673)
1999 Ed. (647)
1997 Ed. (628, 3400)
1996 Ed. (693, 3303)
1995 Ed. (619)
1994 Ed. (647, 3158)
1993 Ed. (645)
1992 Ed. (849)
1991 Ed. (678)
1990 Ed. (699)
1989 Ed. (696)
Siam City Cement Co. Ltd.
1999 Ed. (1747)
1994 Ed. (1466)
1993 Ed. (1412)
1992 Ed. (1706, 1707)
1991 Ed. (2941, 1359, 1358)
1990 Ed. (1428)
1989 Ed. (1167)
Siam City Credit & Finance
1997 Ed. (3490)
1994 Ed. (3197)
Siam CityCement
1995 Ed. (1501)
Siam Civil Engineering
1991 Ed. (1067)
Siam Commercial Bank
2008 Ed. (513, 2118)
2007 Ed. (561, 2019)
2006 Ed. (530, 2048)
2005 Ed. (617)
2004 Ed. (628)
2003 Ed. (619)
2002 Ed. (515, 517, 575, 576, 655)
2001 Ed. (1880)
2000 Ed. (673, 3876)
1999 Ed. (647, 1748, 4161, 4162)
1997 Ed. (628, 1526, 2403, 3399)
1996 Ed. (693, 1457, 3302)
1995 Ed. (619, 1503)
1994 Ed. (647, 3157)
1993 Ed. (645, 1412)
1992 Ed. (849)
1991 Ed. (678, 2941)
1990 Ed. (699)
1989 Ed. (696)
Siam Commerical Bank
1995 Ed. (1502)
Siam Fund
2003 Ed. (3142)
Siam Makro Pcl
2000 Ed. (1577)
Siam Makro PLC.
1999 Ed. (1747)
1997 Ed. (1525)
Siam Motors Co.
1991 Ed. (1359)
1990 Ed. (1428)
1989 Ed. (1168)
Siam Nissan Automobile Co. Ltd.
2000 Ed. (1577)
1999 Ed. (1747)
1997 Ed. (1525)
The Siam Public Co. Ltd.
2001 Ed. (4025)
Siam Pulp & Paper
1991 Ed. (2941)
Siam Sanwa Industrial Credit
1994 Ed. (3197)
Siam Selective Growth
1999 Ed. (3585)
Siam Steel International
2008 Ed. (2117)
SIAME
2002 Ed. (4493, 4494)
Siaou-Sze; Lien
2005 Ed. (4991)
Siara Systems Inc.
2005 Ed. (1487, 1504)
2002 Ed. (1384)
2001 Ed. (1547)
Siauliu Bankas
2002 Ed. (4441)
Siben & Siben
2000 Ed. (2898)
1999 Ed. (3152)
SiberCore Technologies Inc.
2004 Ed. (2781, 2782)
Siberian Bank
1995 Ed. (596)
Siberian Oil Co.
2006 Ed. (3397, 3851)
Siberian Oil Co.; OAO
2006 Ed. (4532, 4533)
Sibir Energy
2007 Ed. (3882)
Sibirskaya Neftyanaya Co.
2005 Ed. (1475, 1483)
Sibirskaya Neftyyana
2000 Ed. (1320, 1320)
Sibneft
2006 Ed. (2005, 2006, 4532, 4533)
2005 Ed. (1562, 1958, 3789)
2002 Ed. (4461, 4462, 4464)
1999 Ed. (3813)
Siboney Corp.
2004 Ed. (4548)
Siboney USA
2000 Ed. (55)
SiByte Inc.
2003 Ed. (1507)
Sicartsa
2001 Ed. (4377)
Sichuan Ribao
2002 Ed. (3511)
1999 Ed. (3619)
Sicilcassa
1996 Ed. (569)
1994 Ed. (540, 3145)
SICK AG
2008 Ed. (300)
2006 Ed. (1736)
Sick-child facility/home-based care
1992 Ed. (2233)
Sick leave
1995 Ed. (3389)
Sickness/accident insurance
1995 Ed. (3390)
Sicli
1992 Ed. (2963)
Sico Inc.
2008 Ed. (915, 1629, 1648, 1650)
2007 Ed. (1643)
SicolaMartin
2008 Ed. (2107)
2002 Ed. (184, 185)
Sicomed Bucharest
2002 Ed. (4458, 4459)
Sicomed Bucuresti
2006 Ed. (4530)
SICOR Inc.
2006 Ed. (1445)
2005 Ed. (2246)
2004 Ed. (2150)
SICPA
2008 Ed. (3219)
2007 Ed. (3078)
2006 Ed. (3044, 3045, 3046)
2005 Ed. (3041)
2001 Ed. (2877)
1999 Ed. (3899)
SICPA Industries
2001 Ed. (2876)
Sicupira; Carlos Alberto
2008 Ed. (4854)
Sid Bass
2008 Ed. (4824)
2003 Ed. (4878)
2002 Ed. (3359)
1995 Ed. (664)
Sid, Lee, Robert & Edward Bass
1990 Ed. (3687)
Sid. Nacional On
1997 Ed. (3379)
1996 Ed. (3282)
Sid R. Bass
1993 Ed. (888)
Sid Richardson
1998 Ed. (643)
Sid Richardson Energy Services Co.
2008 Ed. (1401)
Sid Tool
1990 Ed. (1036)
Sid W. Richardson Foundation
1994 Ed. (1905)
Sidanco
1999 Ed. (3813)
Sidbec-Dosco
1996 Ed. (3587)
1994 Ed. (3434)
1992 Ed. (4137)
1990 Ed. (3437)
Siddall, Matus & Coughter
2005 Ed. (3976)
2004 Ed. (4034)
1989 Ed. (158)
Siddharth N. Mehta
2002 Ed. (2214)
Side dishes
1997 Ed. (2929, 3669)
1994 Ed. (2657)
1993 Ed. (2708)
Sidekick
2001 Ed. (491)
Siderbras
1989 Ed. (1553)
Siderbras Siderurgicas Bra. S.A.
1990 Ed. (1335)
Siderca
2005 Ed. (1843)
2004 Ed. (1774)
2002 Ed. (855)
2000 Ed. (895, 896)
1999 Ed. (949, 950)
1997 Ed. (827, 828)
1996 Ed. (812)
1994 Ed. (787)
1993 Ed. (769, 770)
1992 Ed. (965, 966, 1566)
1991 Ed. (784, 785)
Siderugica Venezolana
1999 Ed. (1036)
1997 Ed. (906)
Siderurgica Nacional; Companhia
2008 Ed. (1581)
2007 Ed. (1603)
Sidley & Austin
2002 Ed. (3056)
2001 Ed. (3051, 3052, 3054)
2000 Ed. (2891, 2894)
1999 Ed. (3141, 3148, 3488)
1998 Ed. (2324, 2327)
1997 Ed. (2595, 2597)
1996 Ed. (2450, 2452)
1995 Ed. (2412, 2414, 2416)
1994 Ed. (2351)
1993 Ed. (2390, 2395)
1992 Ed. (2825, 2832, 2838)
1991 Ed. (2277, 2283)
1990 Ed. (2412, 2417)
Sidley Austin Brown & Wood
2007 Ed. (3649, 3657)
2005 Ed. (1444, 1445, 3525, 3533)
2004 Ed. (1427, 1428, 3224, 3226, 3236, 3238)

2003 Ed. (3170, 3174, 3186, 3190, 3194)
Sidley Austin Brown & Wood LLP
2008 Ed. (3420, 3428)
2007 Ed. (3301, 3305, 3310, 3317, 3325)
2006 Ed. (3243, 3246, 3249, 3251, 3265)
2005 Ed. (3254, 3256, 3274)
2004 Ed. (3250)
Sidley Austin Brown & Wood National
2005 Ed. (3265)
2004 Ed. (3235)
Sidley Austin LLP
2008 Ed. (3417)
2007 Ed. (3338)
Sidmar NV
1997 Ed. (1365)
Sidney B. Bowne & Son
2000 Ed. (1825)
1994 Ed. (1653)
1991 Ed. (1563)
Sidney Frank
2007 Ed. (4900)
Sidney Harman
2005 Ed. (2476)
Sidney Heller
1994 Ed. (1817)
1993 Ed. (1837)
1991 Ed. (1693)
Sidney J. Sheinberg
1991 Ed. (1620)
Sidney Swartz
1999 Ed. (1122, 4302)
Sidney Taurel
2008 Ed. (937, 944, 950)
2007 Ed. (992, 1028)
2006 Ed. (902)
2005 Ed. (975)
Sidor
1999 Ed. (4475)
Siebe
1996 Ed. (1359, 1361, 1365)
1994 Ed. (1402)
1991 Ed. (1286)
Siebe plc
2005 Ed. (1538)
2004 Ed. (1522)
2003 Ed. (1492)
2002 Ed. (1471)
2000 Ed. (3020, 4133)
Siebel
2002 Ed. (1149)
Siebel Capital Management
1992 Ed. (2771)
Siebel; Carl A.
2007 Ed. (3974)
Siebel/Mohr
1992 Ed. (3758)
Siebel Systems Inc.
2007 Ed. (1230, 1442, 4565)
2006 Ed. (1120, 1123, 4472)
2005 Ed. (1131, 1133, 1136, 1141, 1671)
2004 Ed. (1105, 1123, 1124, 1126, 1585, 2207, 2257)
2003 Ed. (1105, 1107, 1108, 1109, 1111, 1113, 1121, 1561, 2165, 2240, 3673)
2002 Ed. (1150, 2427, 3250, 4353)
2001 Ed. (1366, 1577, 1597, 1650, 2867, 2871)
SieberNet
2005 Ed. (758, 759)
Siebert & Co.; Muriel
1996 Ed. (2658, 3352)
Siebert Brandford Shank & Co. LLC
2008 Ed. (185)
2007 Ed. (198)
2006 Ed. (192)
2005 Ed. (178)
2004 Ed. (177)
2003 Ed. (219)
2002 Ed. (718)
2000 Ed. (745)
1999 Ed. (732)
Siebert Head
1999 Ed. (2841)
Siebert Lutheran Foundation Inc.
1995 Ed. (1930)
SiebertNet
2003 Ed. (768)
Siecor Operations LLC
2004 Ed. (1828)
2003 Ed. (1793)
2001 Ed. (1821)
Siegel & Gale
1992 Ed. (2589)
Siegel & Gale (Saatchi)
1990 Ed. (1276, 1670, 2170)
Siegel Display Products
2008 Ed. (865)
Siegel; Herbert J.
1992 Ed. (1145)
Siegel-Robert Automotive
2008 Ed. (3563)
SiegelGale
2002 Ed. (1953)
Sieger; Marc J.
2007 Ed. (4161)
Siegfried & Roy
2002 Ed. (2143)
The Siegfried Group
2007 Ed. (10)
Siegfried Wolf
2008 Ed. (3997)
2007 Ed. (3974)
2006 Ed. (2528, 3920)
2005 Ed. (3857)
Siegrist Publicidad
1993 Ed. (126)
Siegwerk
2008 Ed. (3218)
2007 Ed. (3077)
2001 Ed. (2876, 2878)
1999 Ed. (3899)
Siegwerk Druckfarben AG
2008 Ed. (3219)
2007 Ed. (3078)
2006 Ed. (3046)
Siegwerk Druckfarben GmbH
2001 Ed. (2877)
Siemens
2008 Ed. (652, 681, 702, 1357, 1476, 2319, 2461, 3165, 4080)
2007 Ed. (688, 708, 729, 1401, 1481, 2176, 2335)
2006 Ed. (2393)
2005 Ed. (2338)
2004 Ed. (2237)
2000 Ed. (997, 1439, 1477, 1744, 1773, 3035, 3703, 3704, 3705, 3994, 4002, 4130, 4206, 4363)
1998 Ed. (1169, 1400, 1417, 1420, 1537, 1537, 1557, 3281)
1997 Ed. (916, 1386, 1387, 1415, 1449, 1706, 1714, 1825, 1826, 2388, 3494, 3708)
1995 Ed. (1373, 1374, 1375, 1376, 1377, 1378, 1381, 1382, 1400, 1401, 1402, 1420, 1626, 1659, 2241, 2495, 2503, 2938, 3097, 3553)
1994 Ed. (20, 252, 1074, 1348, 1350, 1351, 1375, 1376, 1395, 1585, 1617, 1618, 1918, 1919, 2161, 2423, 2466, 3198, 3199, 3202)
1993 Ed. (1060, 1296, 1297, 1298, 1300, 1301, 1302, 1305, 1306, 1319, 1320, 1321, 1338, 1581, 1584, 1586, 1902, 1903, 2488, 2530, 2772, 3007, 3509)
1992 Ed. (1931)
1991 Ed. (1032, 1270, 1271, 1272, 1273, 1287, 1293, 1295, 1360, 1535, 1775, 1776, 2063, 2064, 2066, 2068, 2856, 3232, 3280, 3286, 1169, 1536, 2372)
1990 Ed. (919, 1130, 1347, 1354, 1363, 1371, 1590, 1638, 1639, 2195, 2197, 2201, 2537, 2777, 2906, 2907, 3236, 3461, 3512, 3513, 3520)
1989 Ed. (31, 36, 1111, 1338, 1340, 2123, 2794)
Siemens AG
2008 Ed. (1347, 1360, 1718, 1719, 1767, 1768, 1769, 1770, 1850, 2472, 2474, 2475, 3556, 3559, 4140)
2007 Ed. (1594, 1688, 1689, 1691, 1739, 1740, 1741, 1742, 1811, 1816, 2213, 2341, 2343, 2345, 2346, 2347, 3023, 3422)
2006 Ed. (1364, 1468, 1692, 1693, 1695, 1714, 1723, 1732, 1733, 1734, 1735, 1804, 2398, 2399, 2400, 3378, 3381, 4504)
2005 Ed. (1358, 1360, 1362, 1517, 1573, 1759, 1768, 1781, 1817, 2353, 2354, 2355, 3020, 3328, 3391, 3498, 3696, 4038, 4040, 4516, 4630)
2004 Ed. (1362, 1501, 1701, 1702, 1703, 1708, 1711, 1724, 1751, 2253, 2254, 2255, 2256, 3360, 3777, 4099)
2003 Ed. (1429, 1437, 1471, 1523, 1669, 1672, 1686, 1687, 1709, 2194, 2207, 2208, 2209, 2235, 2236, 2237, 2239, 3299, 3752, 4076)
2002 Ed. (1123, 1451, 1639, 1640, 1643, 1644, 1645, 1661, 1662, 1663, 1687, 2079, 2096, 2097, 2105, 2106, 2107, 2364, 3244, 4415, 4416)
2001 Ed. (528, 1578, 1689, 1691, 1695, 1714, 1715, 1716, 1717, 2181, 2191, 2214, 2236, 2845, 3229, 3648, 3649, 4044, 4213)
2000 Ed. (1411, 1413, 1415, 1416, 1418, 1438, 1772, 2274, 3760)
1999 Ed. (1585, 1604, 1605, 1606, 1608, 1610, 1611, 1614, 1635, 1636, 1638, 1670, 1968, 1992, 1993, 1994, 2526, 2883, 3285, 3298, 3406, 4047, 4271, 4691, 4692)
1998 Ed. (1246)
1997 Ed. (1388, 1389, 1390, 1393, 1394, 1413, 1584, 2086, 2087, 2696)
1996 Ed. (1327, 1328, 1329, 1330, 1331, 1333, 1351, 1352, 1353, 1387, 1393, 1637, 1970, 1971, 2559, 3398, 3640)
1990 Ed. (1103, 1128, 1348, 1351, 1353, 1356, 1370, 2778)
1989 Ed. (1106, 1110, 1119, 1144)
Siemens AG, Medical Solutions Computed Tomography
2003 Ed. (3297)
Siemens AG Oesterreich
2008 Ed. (1573)
2000 Ed. (1389)
1997 Ed. (1363)
1996 Ed. (1298)
1994 Ed. (1327)
1990 Ed. (1332)
Siemens AG Osterreich
2001 Ed. (1636, 2213)
Siemens Aktiengesellschaft (Konzern)
1994 Ed. (1352, 1353, 2423)
1992 Ed. (1607, 2955)
Siemens Automobilova Technika Stribro
2003 Ed. (1700)
Siemens Automotive
2001 Ed. (1706)
2000 Ed. (1432)
1999 Ed. (1628)
Siemens Automotive AG
2003 Ed. (1671)
Siemens Automotive L.P.
1996 Ed. (1346)
1994 Ed. (1366)
1993 Ed. (1312)
Siemens Beteiligungen AG
1993 Ed. (2488)
Siemens Building Technologies
2008 Ed. (1265, 4302)
2007 Ed. (1369, 4297)
2006 Ed. (4274)
2005 Ed. (4294)
Siemens Building Technologies (Schweiz) AG
2004 Ed. (1703)
Siemens Building Technology Inc.
2004 Ed. (4351)
Siemens Business Communications Inc.
1999 Ed. (4561)
Siemens Business Services Inc.
2008 Ed. (3188)
2006 Ed. (4872)
Siemens Canada
2007 Ed. (2819)
2006 Ed. (2814)
2005 Ed. (2830)
Siemens Dematic
2004 Ed. (3330, 3397)
2003 Ed. (3320)
Siemens Electrical Drives Ltd.
2007 Ed. (878)
Siemens Energy & Automation
2007 Ed. (4044)
2006 Ed. (4011)
2005 Ed. (3937)
2003 Ed. (1113)
Siemens Group
2000 Ed. (1440)
1999 Ed. (1637)
1997 Ed. (1414)
1992 Ed. (1623)
1991 Ed. (1294)
1990 Ed. (1588)
1989 Ed. (1289)
Siemens IT Solutions & Services
2008 Ed. (4800)
Siemens Logistics & Assembly Systems
2007 Ed. (3436)
Siemens Matsushita Components OHG
2000 Ed. (1389)
Siemens Med
1990 Ed. (2534)
Siemens Medical
1992 Ed. (3009)
1991 Ed. (2407)
Siemens Medical Engineering
2002 Ed. (1498)
Siemens Medical Solutions
2008 Ed. (2479)
2007 Ed. (4871)
2006 Ed. (4872)
2005 Ed. (4809)
Siemens Medical Solutions Health Services
2004 Ed. (3306)
Siemens Medical Solutions USA Inc.
2007 Ed. (4040)
2006 Ed. (4006)
2005 Ed. (3932)
Siemens Medical Systems Inc.
2001 Ed. (3269)
2000 Ed. (3078)
1999 Ed. (3339)
1997 Ed. (2258, 2745)
1996 Ed. (2595)
1995 Ed. (2534)
Siemens Nixdorf
1999 Ed. (2876)
1995 Ed. (1084, 1111, 1116, 2494, 2574)
1994 Ed. (1096, 2200, 2201, 2202, 2203, 2204, 2207, 2422, 3678)
1993 Ed. (1064, 2177, 2178, 2179, 3646)
Siemens Power Development Hanfeng GmbH
2003 Ed. (1671, 1672, 1687)
Siemens Rolm
1997 Ed. (3861)
1995 Ed. (2990)
1991 Ed. (2770)
Siemens Rolm Communications Inc.
1998 Ed. (609)
Siemens Schwiez AG
2004 Ed. (1703)
Siemens Sematic
2006 Ed. (3421)
Siemens Stamm
1989 Ed. (1307)
Siemens TelPlus Corp.
1994 Ed. (2936)
Siemens USA
2006 Ed. (1720)
Siemens USA Holdings Inc.
2008 Ed. (2459)
2007 Ed. (2333)
Siemens VDO Automotive Corp.
2006 Ed. (340, 341)
2005 Ed. (1776)
2004 Ed. (1718)

Siemes AG
1999 Ed. (2525)
"Siempre Domingo"
1993 Ed. (3531)
Siena
2002 Ed. (382)
The Siena Hotel
2002 Ed. (2641)
Sienna
2001 Ed. (488)
Sienna Imaging Inc.
2000 Ed. (2450)
Sienna; Toyota
2008 Ed. (4781)
Siennax International
2002 Ed. (2518)
Sieracki; Eric
2008 Ed. (970)
2007 Ed. (1072)
Sierra
2002 Ed. (386)
1999 Ed. (1278)
1994 Ed. (2791)
Sierra Advantage Corporate Income Fund
1997 Ed. (3820)
Sierra Bancorp
2008 Ed. (428)
2007 Ed. (463)
Sierra Circuits Inc.
1999 Ed. (3420)
The Sierra Club
1993 Ed. (1637)
1992 Ed. (1987)
1991 Ed. (1580)
Sierra Club Stock
2006 Ed. (4403)
Sierra Club Stock-Fund
2007 Ed. (4468)
Sierra Club Wilderness
1990 Ed. (886)
Sierra Corporate Income A
1999 Ed. (743)
1997 Ed. (2901)
Sierra Design Group
2005 Ed. (3276)
Sierra Federal
1990 Ed. (2475, 3123)
Sierra; GMC
2008 Ed. (299, 4765, 4781)
2007 Ed. (4858)
2006 Ed. (4829, 4856)
Sierra Health Foundation
2002 Ed. (2343)
Sierra Health Services Inc.
2008 Ed. (3021)
2007 Ed. (2777, 4561)
2006 Ed. (2770)
2005 Ed. (2800)
1995 Ed. (202)
1994 Ed. (201, 3442)
1991 Ed. (227)
Sierra Insurance Group
2002 Ed. (2951)
Sierra Leone
2008 Ed. (2332, 2333)
2007 Ed. (2199)
2006 Ed. (2260, 2261)
2005 Ed. (2198, 2199)
2004 Ed. (2094, 2095)
2003 Ed. (1881)
1993 Ed. (2951)
1992 Ed. (1802)
Sierra Leone Commercial Bank Ltd.
1999 Ed. (634)
1997 Ed. (608)
1996 Ed. (672)
1995 Ed. (602)
1994 Ed. (629)
1993 Ed. (624)
1992 Ed. (831)
1991 Ed. (658)
Sierra Leone Commercial Bank Ltd. (Freetown)
2000 Ed. (660)
Sierra Manufacturing Group LLC
2008 Ed. (4422)
Sierra Mist
2007 Ed. (620, 4475)
2006 Ed. (574, 4413)
2005 Ed. (674, 4393, 4397)
2003 Ed. (4473)
Sierra Nevada
2008 Ed. (541)
2007 Ed. (596)
2001 Ed. (1026)
Sierra Nevada Brewing Co.
2003 Ed. (764)
2001 Ed. (1023)
2000 Ed. (3128)
1999 Ed. (3402, 3403)
1998 Ed. (2488)
1989 Ed. (758)
Sierra Nevada Memorial Hospital
2006 Ed. (2919)
Sierra Nevada Memorial-Miners Hospital Inc.
2007 Ed. (2770)
2006 Ed. (2760)
Sierra Nevada Pale Ale
2007 Ed. (595)
2006 Ed. (555)
1998 Ed. (495, 3436)
1997 Ed. (719)
Sierra On-Line
1998 Ed. (1930)
Sierra Pacific
1998 Ed. (2424)
Sierra Pacific Industries
1999 Ed. (2497)
1998 Ed. (1754)
1997 Ed. (2076)
1996 Ed. (1962)
1994 Ed. (1896)
1993 Ed. (1894, 2478)
1992 Ed. (2212)
1991 Ed. (2366)
Sierra Pacific Power Co.
2005 Ed. (2720)
2004 Ed. (1814)
Sierra Pacific Resources
2008 Ed. (1969, 2426)
2007 Ed. (1908, 2294)
2006 Ed. (1924, 2441)
2005 Ed. (1897, 2314)
2004 Ed. (1587, 1814, 1815, 2201)
2003 Ed. (1780)
Sierra Pickup; GMC
2005 Ed. (4786)
Sierra Schools Credit Union
2007 Ed. (2130)
2006 Ed. (2209)
2005 Ed. (2114)
2004 Ed. (1972)
2003 Ed. (1932)
2002 Ed. (1878)
Sierra Springs
1992 Ed. (910)
Sierra Systems Group
2008 Ed. (1208, 1637, 2947)
2007 Ed. (1319, 2815, 2822)
2006 Ed. (2820)
Sierra Trading Post Inc.
2008 Ed. (2178)
2007 Ed. (2070, 2071)
2006 Ed. (2122)
2005 Ed. (2019)
2004 Ed. (1893)
Sierra Trust CA Municipal Bond
1994 Ed. (584)
Sierra Trust CA Municipal Bond A
1999 Ed. (602)
Sierra Trust Corporate Income A
1999 Ed. (603)
1998 Ed. (402, 403)
Sierra Trust Corp. Income
1995 Ed. (2708)
Sierra Trust International Growth
1995 Ed. (556)
Sierra Trust National Municipal
1995 Ed. (2711, 2746)
Sierra Trust Short-Term Global Government A
1999 Ed. (599)
1998 Ed. (408)
Sierra Trust U.S. Government Fund
1994 Ed. (584)
Sierra Tucson Cos.
1993 Ed. (3337)
Sierra West Bank
1998 Ed. (375)
Sierra Western Mortgage
1997 Ed. (2809)
Sierra Wireless Inc.
2008 Ed. (1133, 2937)
2007 Ed. (1235, 2805, 2809)
2006 Ed. (1615, 2815, 2821, 3694)
2005 Ed. (1669, 1704, 1729, 2831)
2003 Ed. (4697)
2002 Ed. (2507)
2001 Ed. (1655)
Sievert; Jean
1997 Ed. (1928)
Siewert Cabinet & Fixture Manufacturing
2005 Ed. (4996)
Sieyu
2007 Ed. (4636)
SIF Banat-Crisana Arad
2002 Ed. (4458)
SIF Muntenia Bucharest
2002 Ed. (4458)
SIF Oltenia Cralova
2002 Ed. (4458, 4459)
SIF Transilvania Brasov
2002 Ed. (4458, 4459)
SIFE Trust
1994 Ed. (2613)
SIG plc
2008 Ed. (753)
Sigaba Corp.
2003 Ed. (1341)
Sigel Division of Jacobs Engineering Group Inc.
1995 Ed. (1700)
The Sigel Group
1992 Ed. (1969)
1991 Ed. (254)
1990 Ed. (285)
Sigem Inc.
2002 Ed. (2505, 2507, 2508)
Siggi Wilzig
1992 Ed. (2062)
Siggins Co., Inc.
2007 Ed. (3572, 3573, 4430)
Sight & Sound Software
2002 Ed. (2531)
Sigler, Andrew C.
1992 Ed. (1141)
Sigma
2004 Ed. (4920)
2002 Ed. (3760)
1997 Ed. (2112)
1992 Ed. (3984)
Sigma-Aldrich Corp.
2008 Ed. (905, 920, 924, 1947, 1954)
2007 Ed. (921, 930, 943, 957)
2006 Ed. (846, 857, 868, 1901, 1906, 1907)
2005 Ed. (936, 937, 941, 1880, 1881, 1885, 1886, 1887, 3409)
2004 Ed. (946, 947, 3398)
2003 Ed. (936)
2002 Ed. (988, 993)
1999 Ed. (1113)
1998 Ed. (715, 716, 3290)
1996 Ed. (950, 951)
1995 Ed. (973, 974)
1994 Ed. (941, 942)
1993 Ed. (928)
1992 Ed. (1128)
1990 Ed. (963, 964, 1992)
1989 Ed. (896, 897, 900)
Sigma Alimentos
2001 Ed. (1972)
Sigma Batara
1996 Ed. (3377)
Sigma Designs Inc.
1991 Ed. (2571, 3148)
1990 Ed. (1976)
1989 Ed. (1566, 2500)
Sigma Diagnostics
2002 Ed. (3298)
2001 Ed. (3267)
2000 Ed. (3076)
1999 Ed. (3337)
1997 Ed. (2743)
1996 Ed. (2593)
1995 Ed. (2532)
1992 Ed. (3007)
Sigma Grupo
2000 Ed. (2228)
Sigma (Petrofina)
1997 Ed. (2982)
Sigma Plastics
1998 Ed. (2874)
Sigma Plastics Group
2008 Ed. (3996)
2007 Ed. (3972)
2006 Ed. (3918)
2005 Ed. (3853)
2004 Ed. (3907)
2003 Ed. (3890)
2001 Ed. (3817)
Sigma Stretch
1996 Ed. (3051)
Sigma Tau Delta International English Honor Society
1999 Ed. (297)
SigmaKalon
2006 Ed. (1048)
2005 Ed. (1039)
2004 Ed. (1032)
SigmaKalon Group BV
2008 Ed. (1017, 3843)
2007 Ed. (1137, 3763)
2006 Ed. (3766)
2005 Ed. (3284)
Sigman-Aldrich
1991 Ed. (1891)
Sigmar Recruitment
2008 Ed. (1713)
SigmaTel Inc.
2008 Ed. (4530)
2006 Ed. (2722)
2005 Ed. (4250, 4253)
2003 Ed. (2733)
Sigmund Sternberg; Sir
2005 Ed. (3868)
The Sign
1996 Ed. (3031)
Sign-A-Rama Inc.
2008 Ed. (4337)
2007 Ed. (4381)
2006 Ed. (4316)
2005 Ed. (4368)
2004 Ed. (4420)
2003 Ed. (4420)
2002 Ed. (4281)
Sign Design Inc.
2006 Ed. (3519)
Signacon Controls Inc.
1998 Ed. (1421)
Signal Corp.
2005 Ed. (1376)
2001 Ed. (2924)
1999 Ed. (3458, 3620)
1998 Ed. (2682)
1994 Ed. (2570)
Signal Apparel
1992 Ed. (3226)
Allied Signal Automotive
1999 Ed. (195)
Signal Cos.
2005 Ed. (1510)
Signal Delivery Service
1995 Ed. (3674)
1994 Ed. (3594)
1993 Ed. (3634)
Signal Graphics Business Center
2008 Ed. (4023)
2006 Ed. (3963)
Signal Technology Corp.
2003 Ed. (205)
SignalSoft Corp.
2004 Ed. (2774)
2003 Ed. (2709)
2002 Ed. (1619)
Signator Financial Networks
2002 Ed. (790, 791, 792, 793, 794)
Signature
2008 Ed. (3084)
1993 Ed. (259)
Signature Brands USA
2000 Ed. (1130)
1999 Ed. (1216)
Signature (Butler)
1995 Ed. (193)
Signature Dental Plan
2000 Ed. (1657)
Signature Dental Plan & More
2002 Ed. (1915)
Signature Dental Plan of Florida Inc.
1998 Ed. (1255)
Signature Ford-Lincoln-Mercury
1994 Ed. (274)

Signature Fruit Co., LLC
2005 Ed. (1366)
The Signature Group
1998 Ed. (3478)
1993 Ed. (2911)
Signature Group Telemarketing
2000 Ed. (4193, 4194)
1999 Ed. (4555, 4556)
Signature Homes
2002 Ed. (1196)
1993 Ed. (1094)
Signature Inns
2000 Ed. (2556)
1998 Ed. (2021)
1997 Ed. (2292)
1996 Ed. (2177)
1994 Ed. (2114)
1993 Ed. (2084)
1992 Ed. (2475)
1991 Ed. (1942)
Signature Lincoln-Mercury
1995 Ed. (293, 295)
Signature Professional
2006 Ed. (671)
Signature Properties
2005 Ed. (1219)
Signature Wines
2008 Ed. (2733)
2007 Ed. (2598)
SignatureDental Plan of Florida Inc.
1999 Ed. (1831)
The Signery
1993 Ed. (1900)
Signet
2008 Ed. (627)
2007 Ed. (668, 4205)
2006 Ed. (643, 4186)
2004 Ed. (750)
2003 Ed. (728)
Signet Asset Management
1991 Ed. (2223)
Signet Bank Corp.
1999 Ed. (371, 372, 670)
1998 Ed. (298, 433, 2592)
Signet Bank/Maryland
1996 Ed. (600)
1995 Ed. (541)
1994 Ed. (565)
1993 Ed. (563)
1992 Ed. (773)
Signet Bank/Maryland (Baltimore)
1991 Ed. (604)
Signet Bank/Maryland (D)
1989 Ed. (2152, 2156)
Signet Bank/Virgima
1992 Ed. (546, 862, 3104)
Signet Bank Virginia
1997 Ed. (643)
1996 Ed. (708, 1736, 1742)
1995 Ed. (632)
1994 Ed. (663)
1993 Ed. (662)
1991 Ed. (687)
1990 Ed. (713)
1989 Ed. (707)
Signet Banking Corp.
1996 Ed. (1227, 3181, 3183)
1995 Ed. (3365)
1994 Ed. (634, 3036, 3037, 3286)
1993 Ed. (630, 3294)
1992 Ed. (648, 3657)
1991 Ed. (663, 398, 495)
1990 Ed. (637, 638, 685)
1989 Ed. (622, 674)
Signet Group
1995 Ed. (200)
Signet Group plc
2007 Ed. (1724)
2004 Ed. (4051)
Signet Offshore Fund Ltd.
1999 Ed. (1250)
1996 Ed. (1059)
Signet Partners
1996 Ed. (1059)
Signet Strategic Capital Corp.
1994 Ed. (1067)
Signet Trust
1993 Ed. (2300)
Signet U.S. Holding Inc.
2007 Ed. (1676)
2006 Ed. (1672)
2005 Ed. (1751)
2004 Ed. (1695)
Significant Other
2001 Ed. (3407, 3408)
Signova
2005 Ed. (3971)
2004 Ed. (4023)
2003 Ed. (3979, 4012)
Signs
2005 Ed. (2259, 4832)
2004 Ed. (3517)
Signs By Tomorrow
2008 Ed. (4337)
2007 Ed. (4381)
2006 Ed. (4316)
2005 Ed. (4368)
2003 Ed. (4420)
2002 Ed. (4281)
Signs First
2003 Ed. (4420)
2002 Ed. (4281)
Signs Now Corp.
2008 Ed. (4337)
2007 Ed. (4381)
2006 Ed. (4316)
2005 Ed. (4368)
2004 Ed. (4420)
2003 Ed. (4420)
2002 Ed. (2361, 4281)
1993 Ed. (1900)
1992 Ed. (2223, 2225)
Signum LLC
2004 Ed. (1856)
Sigoloff; Sanford C.
1990 Ed. (1714)
SII
2008 Ed. (1209)
SII Investments Inc.
2002 Ed. (789, 799, 801)
2000 Ed. (841, 844)
SIIX Corp.
2006 Ed. (1227, 1232)
Sikand Engineering Associates
1992 Ed. (358)
Sikarin
2008 Ed. (2117)
Sikorsky
1999 Ed. (2660, 4114)
1994 Ed. (2044)
1991 Ed. (1897, 1898, 1899)
Sikorsky Aircraft Corp.
2008 Ed. (1696)
2007 Ed. (1671)
2006 Ed. (1665)
2005 Ed. (1746)
2004 Ed. (1688)
2003 Ed. (1659)
2001 Ed. (1675)
1990 Ed. (1743)
Sikorsky Credit Union
2002 Ed. (1853)
Sikorsky Export Corp.
2005 Ed. (1746)
Sikorsky Financial Credit Union
2008 Ed. (2223)
2007 Ed. (2108)
2006 Ed. (2187)
2005 Ed. (2092)
2004 Ed. (1950)
2003 Ed. (1910)
Silberman; Robert
2006 Ed. (879)
Silbert; Theodore H.
1992 Ed. (531)
Silchester International
2000 Ed. (2807)
Silchester International Investors
1999 Ed. (3073)
1998 Ed. (2273)
Silcorp Ltd.
1994 Ed. (1189)
1992 Ed. (2195)
1991 Ed. (1101)
1990 Ed. (3060)
The Silence of the Lambs
1993 Ed. (3668)
The Silencers
1998 Ed. (3676, 3677)
Silentnight Holdings plc
2001 Ed. (2571)
Siletto; Cristina
2006 Ed. (4984)
Silgan Corp.
1992 Ed. (3321)
Silgan Containers
1992 Ed. (1048)
Silgan Holdings Inc.
2008 Ed. (1219)
2007 Ed. (1329, 1331)
2006 Ed. (1222, 1224, 1226)
2005 Ed. (1262, 1263, 1264, 1266, 3459, 3460)
2004 Ed. (1227, 1228, 1229, 1230, 3445, 3446)
2003 Ed. (1221, 1222, 1223)
2001 Ed. (1455, 1456)
1999 Ed. (1346)
Silgan Plastics Corp.
2008 Ed. (578)
2007 Ed. (630)
2006 Ed. (601)
2005 Ed. (686)
2004 Ed. (690)
2003 Ed. (687)
2001 Ed. (718)
1999 Ed. (3840)
Silgan Plastics-a
1993 Ed. (2865)
Silgos
1991 Ed. (2065)
Silhouette
2008 Ed. (3121)
2006 Ed. (645)
2005 Ed. (732)
2004 Ed. (751)
2003 Ed. (729)
2001 Ed. (488)
Silia Ferry Line
1993 Ed. (1537)
Silicon Energy Corp.
2003 Ed. (2166)
Silicon Graphics Inc.
2008 Ed. (353, 1602, 1608, 1609, 2849)
2007 Ed. (2715, 2893)
2005 Ed. (1112, 1671)
2000 Ed. (1157, 1161)
1999 Ed. (1263, 1265, 1560, 2876, 4269, 4490, 4491)
1998 Ed. (832, 3372, 3771)
1997 Ed. (1080, 1084)
1996 Ed. (1065, 1070, 3886)
1995 Ed. (1085, 2259)
1994 Ed. (1081, 1253, 3677, 3678)
1993 Ed. (1055, 3739)
1992 Ed. (1561, 1914, 3068, 4491, 4492, 4493)
1991 Ed. (1022, 1520)
1990 Ed. (3710)
Silicon Graphics, Inc. (SGI)
2004 Ed. (1108, 1111)
2003 Ed. (1358)
2002 Ed. (707, 3372, 4994)
Silicon Image Inc.
2008 Ed. (1604)
Silicon Integrated Systems
1992 Ed. (1700)
Silicon Investor
2002 Ed. (4792, 4830, 4886)
Silicon Laboratories Inc.
2007 Ed. (2719, 2753, 4349)
2005 Ed. (1089, 4611)
Silicon Mountain Memory
2007 Ed. (4026)
Silicon Space, Inc.
2002 Ed. (2480)
Silicon Storage Technology Inc.
2005 Ed. (1672, 1676)
1997 Ed. (2164, 3521)
Silicon Systems Inc.
1994 Ed. (2285)
1993 Ed. (2035, 3212)
1990 Ed. (3229)
Silicon Valley
2005 Ed. (4816)
2003 Ed. (4843)
Silicon Valley A2Z
2003 Ed. (2748)
Silicon Valley Bancshares
2005 Ed. (635, 636)
2004 Ed. (646, 647)
2002 Ed. (499, 500, 501)
1993 Ed. (379)
1990 Ed. (456)
Silicon Valley, CA
2002 Ed. (4734)
Silicon Valley Group
1995 Ed. (3285)
1993 Ed. (3004, 3210)
1992 Ed. (3913, 3914)
1991 Ed. (1517, 1521)
Silicon Valley Research Inc.
2000 Ed. (1305)
Silicon Valley Staffing Group
2008 Ed. (4368)
Silicon Valley Systech Inc.
2007 Ed. (4402)
Silicones
2001 Ed. (2628)
Siliconix
1989 Ed. (1327)
SILIKO d.o.o.
2008 Ed. (918, 2071)
Silikons Advertising
2001 Ed. (162)
Silikons Advertising Estonia
2002 Ed. (106)
2001 Ed. (134)
Silikons Advertising Latvia
2003 Ed. (100)
2002 Ed. (134)
2001 Ed. (160)
Silikons Advertising Lithuania
2003 Ed. (102)
2002 Ed. (136)
Silja Group
2001 Ed. (2414)
Silja Line
1999 Ed. (247)
Silja Nordic Ferries
1996 Ed. (1596)
Silk
2008 Ed. (569)
2007 Ed. (619)
2006 Ed. (573)
2004 Ed. (680)
2003 Ed. (677)
Silk Cut
2001 Ed. (1233)
1997 Ed. (991)
Silk Cuts King Size
1996 Ed. (972)
Silk Effects Plus; Schick
2008 Ed. (2875)
Silk Greenhouse
1992 Ed. (3309, 3311)
1990 Ed. (1966, 3296)
Silk; White Wave
2005 Ed. (673)
Silknet Software, Inc.
2001 Ed. (4187)
Silkona Textil GmbH
2001 Ed. (1282)
Sills, Cummis, Radin, Tischman, Epstein & Gross
2002 Ed. (3060)
Sills Cummis Zuckerman Radin Tischman
1989 Ed. (1884)
Sills, Cummis, Zuckerman, Radin, Tischman, Epstein & Gross
2000 Ed. (2900)
1999 Ed. (3155)
1997 Ed. (2599)
1995 Ed. (2419)
1993 Ed. (2401)
1992 Ed. (2843)
1991 Ed. (2289)
1990 Ed. (2423)
Sills, Cummis, Zuckerman, Radin, Tischman, Epstein & Gross P.A.
1994 Ed. (2354)
Sills, Cummis, Zuckerman, Radin, Tishman, Epstein & Gross
1998 Ed. (2331)
Silo
1995 Ed. (229, 2120)
1994 Ed. (229, 2071)
1993 Ed. (867)
1992 Ed. (348, 1077, 1936, 2423, 2426, 2428)
1991 Ed. (248, 1920, 1921, 3164, 1541)
1990 Ed. (2026, 2033)
1989 Ed. (264)

Silor
1992 Ed. (3302)
Silor Division of Essilor America
1996 Ed. (2873)
Silor/Essilor America
1995 Ed. (2814)
SiloSmashers
2007 Ed. (1318, 3609)
Silouette
2003 Ed. (2876)
Siltanen/Keehn
2003 Ed. (175)
Silver
2008 Ed. (1093)
2007 Ed. (3038)
2001 Ed. (536)
1992 Ed. (426, 427)
1990 Ed. (2402)
Silver & Ziskind Architects Planners, Interior Designers
1995 Ed. (240)
1994 Ed. (237)
Silver Associates Inc.; L. A.
1992 Ed. (2048)
Silver Associates; M.
1992 Ed. (3562)
Silver Burdett
1989 Ed. (2275)
Silver; Carl D.
2008 Ed. (4911)
Silver Creek
1999 Ed. (4609)
1995 Ed. (3623)
1994 Ed. (3545)
Silver Cross
2007 Ed. (899)
Silver Cross Hospital
2008 Ed. (3058)
2006 Ed. (2917)
Silver Dollar City, Inc.
2001 Ed. (378)
Silver Eagle
2003 Ed. (659)
Silver Eagle Distributors
2008 Ed. (538)
2007 Ed. (593)
2006 Ed. (553)
2005 Ed. (653)
2004 Ed. (666)
2001 Ed. (680)
Silver Eagle Transport
1992 Ed. (4354)
Silver Falls Bank
2004 Ed. (400, 403)
Silver, Freedman & Taff LLP
2001 Ed. (562)
Silver King Broadcasting
1990 Ed. (3550)
Silver King Communications
1997 Ed. (3721)
1995 Ed. (3576)
Silver Lake Partners
2008 Ed. (1425, 3445)
2007 Ed. (1442)
2006 Ed. (3276)
2002 Ed. (3080)
Silver Lakes
1997 Ed. (3130)
1996 Ed. (3050)
Silver Lakes Partnership
1998 Ed. (3005)
Silver Line Building Products Corp.
2007 Ed. (4965)
2006 Ed. (4956)
Silver SpA
2005 Ed. (1475)
Silver Spoon White
1994 Ed. (2004)
Silver Spoon White Sugar
1992 Ed. (2356)
Silver Spring
1990 Ed. (745)
Silver Springs/CA
1989 Ed. (747)
Silver Stadium
1989 Ed. (987, 987)
Silver Standard Resources Inc.
2006 Ed. (4492)
Silver State Bancorp
2008 Ed. (428)
Silver State Helicopters
2008 Ed. (4738)
Silver State Schools Credit Union
2003 Ed. (1932)
2002 Ed. (1878)
Silver State Schools Family Credit Union
2008 Ed. (2245)
2007 Ed. (2130)
2006 Ed. (2209)
2005 Ed. (2114)
2004 Ed. (1972)
Silver Wheaton
2007 Ed. (1622, 1624, 1649)
Silverado
2002 Ed. (386, 4684)
2001 Ed. (480, 3394, 4638)
Silverado C.C. & Resort
2000 Ed. (2543)
Silverado; Chevrolet
2008 Ed. (299, 304, 4765, 4781)
2007 Ed. (4858)
2006 Ed. (323, 4829, 4856)
2005 Ed. (304, 4777, 4785, 4786)
Silverado Pickup
2002 Ed. (4699)
Silvercorp Metals Inc.
2008 Ed. (1617)
2007 Ed. (1619, 1620, 1650)
Silverite Construction
1993 Ed. (1152)
Silverlakes, FL
1998 Ed. (2871)
Silverline Industries Ltd.
2002 Ed. (4426)
1997 Ed. (1106)
Silverline Technologies
2003 Ed. (4588)
Silverman & Co.; William
1997 Ed. (3209)
1996 Ed. (3132)
1995 Ed. (3029)
1994 Ed. (2969)
Silverman Construction Co.
2000 Ed. (1274)
1998 Ed. (901, 961)
Silverman Cos.
2000 Ed. (1212, 3718)
Silverman; Henry R.
2007 Ed. (1026, 1035)
2005 Ed. (980, 981, 2504)
Silverman; Jeffrey S.
1996 Ed. (966)
Silverplate
2007 Ed. (4385)
2006 Ed. (4320)
2005 Ed. (4372)
2004 Ed. (4424)
2001 Ed. (4433)
Silverpop
2008 Ed. (2477)
2007 Ed. (2353)
Silverstone
1992 Ed. (2538)
SilverStone Group Inc.
2006 Ed. (2419)
2005 Ed. (2370)
2004 Ed. (2269)
2002 Ed. (2858)
Silverstream Software
2002 Ed. (2520)
Silvester & Tafuro
2006 Ed. (3173)
Silvikrin
2001 Ed. (2653)
Silvio Berlusconi
2008 Ed. (4869)
2007 Ed. (4912)
2006 Ed. (4924)
2005 Ed. (789, 4877, 4878, 4879)
2004 Ed. (4881)
2003 Ed. (4892)
Silvio Denz
2008 Ed. (4909)
Silvio Santos; Grupo
2008 Ed. (28)
2007 Ed. (23)
2006 Ed. (31)
Sim Fryson Motor Co.
2003 Ed. (211)
SIM Technology Group
2008 Ed. (1787)
Sim Wong Hoo
2006 Ed. (4918)
Siman Fars va Khouzestan
2006 Ed. (4509)
2002 Ed. (4428)
Siman Paper
2006 Ed. (2836, 3507, 4346)
Siman Sepahan
2006 Ed. (4509)
2002 Ed. (4429)
Siman Tehran
2006 Ed. (4509)
SimCity
1995 Ed. (1100)
SimCity 2000
1997 Ed. (1089)
1996 Ed. (1078, 1080)
1995 Ed. (1100, 1102)
Simclar Group Ltd.
2006 Ed. (1227, 1235)
Simdex Co., Inc.
1992 Ed. (2406, 2407)
Sime Bank Berhad
2000 Ed. (603)
1999 Ed. (587)
Sime Darby
2008 Ed. (1899)
2007 Ed. (1865)
2006 Ed. (1860)
2001 Ed. (1784, 1785)
2000 Ed. (1294, 1295, 1299, 1511, 2884, 2885)
1999 Ed. (200, 1700, 1701, 1702, 3137, 3138)
1997 Ed. (1475)
1996 Ed. (1415, 1416, 2446)
1995 Ed. (164, 1452, 1453, 1454, 1455, 1577)
1994 Ed. (146, 1417, 1418, 2348)
1992 Ed. (64, 256, 1572, 1667, 1668, 1669, 1687, 2823, 3978)
Sime Darby Bhd
2006 Ed. (4518)
2002 Ed. (3051)
2000 Ed. (223, 1510)
1997 Ed. (182, 1474)
1993 Ed. (162, 1365, 2385)
1991 Ed. (1339, 1341, 3129, 3130, 1323, 1324, 2274, 2275)
1990 Ed. (1397, 1398)
1989 Ed. (1139)
Sime Darby (Malaysia)
1990 Ed. (1415)
Sime Darby Sdn. Bhd.
2004 Ed. (1787)
2002 Ed. (1721)
Simec, SA de CV; Grupo
2008 Ed. (4538)
2005 Ed. (3395)
Simeus Foods Inc.
2008 Ed. (2113)
Simeus Foods International Inc.
2008 Ed. (3615)
2006 Ed. (2046)
Simi Valley, CA
1999 Ed. (1176)
Similac
2008 Ed. (3161)
2003 Ed. (2914)
2002 Ed. (2800, 2802)
2001 Ed. (2846, 2847)
1998 Ed. (1714)
1997 Ed. (2031)
1996 Ed. (1936)
1994 Ed. (2197)
1989 Ed. (2326)
Similac with Iron, R-T-U
1990 Ed. (3038, 3039)
Simkins Industries
2000 Ed. (3402)
1999 Ed. (3686)
Simmonds
1993 Ed. (242)
1992 Ed. (352)
1991 Ed. (250)
1989 Ed. (265)
Simmonds Healthcare
1999 Ed. (286)
1996 Ed. (230)
1995 Ed. (234)
1994 Ed. (232)
Simmonds Healthcare Facilities
2000 Ed. (312)
Simmonds Precision Products Inc.
2008 Ed. (2153)
2007 Ed. (2049)
2003 Ed. (1842)
2001 Ed. (1892)
Simmons Co.
2006 Ed. (2874)
2005 Ed. (1514, 3284, 3410)
2003 Ed. (3321)
1997 Ed. (652)
1990 Ed. (1863, 2524)
Simmons Airlines
1999 Ed. (1252)
1998 Ed. (817)
1990 Ed. (2145)
Simmons & Co. International
2008 Ed. (3384)
2007 Ed. (3260)
Simmons & Simmons
1992 Ed. (14, 2835, 2836)
1991 Ed. (2286)
Simmons Bedding Co.
2006 Ed. (1728)
Simmons Canada
1999 Ed. (2551)
Simmons College
2007 Ed. (809)
1998 Ed. (801)
1997 Ed. (1053)
Simmons First National
2003 Ed. (545)
Simmons First National Bank
1994 Ed. (3011)
Simmons Foods Inc.
1997 Ed. (2738, 3139)
Simmons; H.
1992 Ed. (4260)
Simmons; Harold
2008 Ed. (4823)
2007 Ed. (4893)
Simmons; Harold C.
2007 Ed. (2498)
1992 Ed. (1093, 1280)
Simmons Industries Inc.
1993 Ed. (2515, 2893)
Simmons Investigative & Security Agency
2006 Ed. (1862)
2005 Ed. (1853)
2004 Ed. (1788)
2003 Ed. (1751)
2001 Ed. (1786)
Simmons Outdoor Corp.
1997 Ed. (2023)
Simmons Prepared Foods Inc.
2008 Ed. (3610, 3615, 3618)
Simmons; Richard
1989 Ed. (2340)
Simmons Upholstered Furniture Inc.
1994 Ed. (1928)
Simms Capital
2003 Ed. (3080)
Simms Capital Management
1999 Ed. (3075, 3079)
1997 Ed. (2539)
1993 Ed. (2338, 2352, 2353, 2354, 2355)
Simon & Associates Inc.; Melvin
1995 Ed. (3063, 3372)
1994 Ed. (3003, 3004, 3021, 3296, 3297, 3301, 3302, 3304)
1993 Ed. (2964, 3303, 3304, 3305, 3310, 3311, 3313, 3314, 3316)
1992 Ed. (3958, 3959, 3960, 3966, 3967, 3622, 3965, 3620)
1991 Ed. (2810, 3117, 3118, 3119, 3124, 3125, 1052)
1990 Ed. (1162, 3284, 3288, 3289)
1989 Ed. (2490, 2491)
Simon & Garfunkel
2006 Ed. (1157, 2486)
2005 Ed. (1160)
1995 Ed. (1119)
Simon & Schuster
2008 Ed. (625, 626, 628)
2007 Ed. (666, 667, 669)
2006 Ed. (633, 641, 642, 644)
2005 Ed. (729, 730, 732, 1529)
2004 Ed. (748, 749, 751, 4044)
2003 Ed. (726, 727, 729)
2001 Ed. (3955)
1999 Ed. (3970)

1997 Ed. (3224)
1992 Ed. (3590)
1991 Ed. (2788)
1989 Ed. (743)
Simon & Schuster Educational Publishers
1990 Ed. (1583)
Simon Art Foundation; Norton
1989 Ed. (1476)
Simon Birch
2001 Ed. (4698)
Simon Cowell
2008 Ed. (2584)
Simon DeBartolo Group Inc.
2002 Ed. (1378)
2000 Ed. (1308, 4018, 4020, 4022)
1999 Ed. (4003, 4004, 4307, 4311)
1998 Ed. (3298, 3300)
Simon Flannery
2000 Ed. (2056)
1999 Ed. (2415)
Simon Foundation; Norton
1989 Ed. (1476)
Simon Fraser University
2008 Ed. (1071, 1075, 1081, 1082)
2007 Ed. (1167, 1170, 1173, 1174, 1175)
2004 Ed. (838)
2003 Ed. (790, 791, 792)
2002 Ed. (903, 904)
1995 Ed. (871)
Simon Fuller
2008 Ed. (4905)
2007 Ed. (4929, 4932)
2006 Ed. (2500)
2005 Ed. (4891, 4894)
Simon Godfrey Associates
2000 Ed. (3044, 3049)
Simon Halabi
2008 Ed. (4910)
Simon Johnson
2000 Ed. (2127)
Simon Keswick
2008 Ed. (4904)
Simon; Melvin
2008 Ed. (4833)
2007 Ed. (4904)
2006 Ed. (4906)
Simon Nixon
2008 Ed. (2595, 4907)
2007 Ed. (2462, 4933)
2006 Ed. (2500)
Simon Ogus
2000 Ed. (2061, 2064)
1999 Ed. (2281, 2284)
Simon; Paul
1995 Ed. (1119)
1994 Ed. (1100)
1993 Ed. (1077)
Simon; Peter
2008 Ed. (4903)
2007 Ed. (4927)
2005 Ed. (4890)
Simon Property Group Inc.
2008 Ed. (4115, 4122, 4123, 4127, 4335)
2007 Ed. (4083, 4084, 4085, 4086, 4087, 4103, 4106, 4379)
2006 Ed. (4042, 4044, 4046, 4052, 4055, 4312, 4313, 4314)
2005 Ed. (1466, 4008, 4009, 4010, 4011, 4012, 4013, 4017, 4018, 4021, 4025, 4673)
2004 Ed. (4076, 4077, 4078, 4079, 4080, 4085, 4091)
2003 Ed. (4052, 4060, 4062, 4065, 4410, 4411)
2002 Ed. (3918, 3920, 3930, 3932, 4278, 4279)
2001 Ed. (3998, 4007, 4009, 4013, 4250, 4255)
2000 Ed. (3727, 4019, 4031)
1998 Ed. (3001)
1997 Ed. (1235, 3514, 3517)
1996 Ed. (3427, 3430)
1995 Ed. (3203)
Simon; Richard
1997 Ed. (1881)
1996 Ed. (1807)
1995 Ed. (1797, 1830)
1994 Ed. (1791)
1993 Ed. (1808)
1991 Ed. (1695, 1696, 1707)
Simon Rogers
2000 Ed. (2139)
1999 Ed. (2426)
Simon School of Business; University of Rochester
2008 Ed. (777)
2006 Ed. (722)
Simon; Scott
1997 Ed. (1953)
Simon Smithson
1997 Ed. (1961)
Simon Trimble
1994 Ed. (1798)
Simon; William
1989 Ed. (1422)
Simon; William Edward
1992 Ed. (3079)
1991 Ed. (2462)
1990 Ed. (2578, 2578)
Simon Williams
2000 Ed. (2122)
1999 Ed. (2335)
SimonDelivers.com
2007 Ed. (2316)
2006 Ed. (2378)
Simone Contracting
2007 Ed. (1358)
2006 Ed. (1279)
Simone; LJ
1989 Ed. (2368)
Simons Capital
1997 Ed. (1073)
Simons-Eastern Consultants Inc.
1993 Ed. (1611)
1992 Ed. (1956)
Simons Engineering Inc.
2000 Ed. (1794)
Simons Ltd.; H. A.
1992 Ed. (1965, 1967)
Simons International Corp.
2000 Ed. (1814)
1999 Ed. (2018)
1998 Ed. (1445)
1997 Ed. (1752, 1756)
1996 Ed. (1675)
1994 Ed. (1651)
1993 Ed. (1617, 1619)
1991 Ed. (1561, 1562)
Simons; James
2007 Ed. (4894)
2006 Ed. (2798, 4899)
Simon's Rock College Bard
1993 Ed. (1021)
Simon's Rock College of Bard
2008 Ed. (1060)
1994 Ed. (1048)
Simon's Rock of Bard College
1992 Ed. (1273)
1990 Ed. (1091)
Simons Trucking Inc.
2008 Ed. (201, 202)
2007 Ed. (215, 216)
2006 Ed. (205, 206)
2005 Ed. (193, 194)
2004 Ed. (192, 1759)
Simonton Windows
2006 Ed. (4956)
Simple Abundance
2000 Ed. (708)
1999 Ed. (693)
Simple Green
2001 Ed. (1237)
Simple Pleasures
1993 Ed. (2122)
Simple Simon's Pizza
1998 Ed. (1760, 1761, 3070, 3071)
Simple Technologies/Worldwide
2008 Ed. (2464, 2467)
SimpleTech
2008 Ed. (4538)
Simplex Solutions Inc.
2003 Ed. (4319)
Simplex Time Recorder Co.
2003 Ed. (1502)
2002 Ed. (2083)
SimplexGrinnell
2005 Ed. (4294)
2004 Ed. (4351)
SimplexGrinnell LP
2008 Ed. (1250, 1251)
2007 Ed. (1353, 1354, 4297)
2006 Ed. (1262, 1263, 4274)
Simplicity
2002 Ed. (3062)
1992 Ed. (3404)
Simplified Business Solutions Inc.
2007 Ed. (1574)
2006 Ed. (1544)
2005 Ed. (1649)
2004 Ed. (1623)
2003 Ed. (1607)
Simplified Employment Services
2002 Ed. (1493)
2001 Ed. (3909)
Simplot A Grade; J. R.
1994 Ed. (1923)
Simplot Employees Credit Union
2002 Ed. (1826)
Simplot Food Group
2008 Ed. (2785)
2001 Ed. (2477)
Simplot Co.; J. R.
2006 Ed. (1758)
2005 Ed. (1787)
1997 Ed. (2039)
Simplot; John Richard
2008 Ed. (4827)
2007 Ed. (4898)
2006 Ed. (4903)
2005 Ed. (4848)
Simply Audiobooks Inc.
2008 Ed. (2867)
Simply Computers Ltd.
2002 Ed. (223)
Simply Jif
1994 Ed. (2748)
Simply Kudos
1995 Ed. (3399)
Simply Lite
2006 Ed. (1007)
Simply Lite Foods Corp.
2002 Ed. (4297)
2001 Ed. (4285)
Simply Orange
2005 Ed. (3657)
Simply Orange Orange Juice
2007 Ed. (2656)
2006 Ed. (2672)
Simply Perfect Impression Material
1999 Ed. (1826)
Simply Potatoes
1994 Ed. (1923)
SimplyAudioBooks.com
2008 Ed. (2442)
Simportex Ltd.
1993 Ed. (971)
Simpson; Bob R.
2008 Ed. (959)
2007 Ed. (1036)
2006 Ed. (941)
Simpson; Col. C. P. and Anna Crouchet
1993 Ed. (893, 1028)
Simpson College
2008 Ed. (1058)
2001 Ed. (1320)
1997 Ed. (1059)
1995 Ed. (937)
Simpson Cos.
1995 Ed. (1130)
1994 Ed. (1114)
Simpson Electric
1990 Ed. (2002)
Simpson Farm Co.
1998 Ed. (1773, 1774)
Simpson Housing
2000 Ed. (1194)
Simpson Housing Limited Partnership LLLP
2008 Ed. (4054)
2007 Ed. (4027)
Simpson Housing LLLP
2008 Ed. (1670)
Simpson Housing LP
2008 Ed. (1671)
2004 Ed. (254)
2003 Ed. (286)
2002 Ed. (2655, 2662, 3921)
Simpson Industries, Inc.
1992 Ed. (476, 477)
1991 Ed. (340)
Simpson Investment
1993 Ed. (3689)
Simpson; Jessica
2008 Ed. (2584)
Simpson; Kevin
1997 Ed. (1889)
1996 Ed. (1815)
1994 Ed. (1799)
Simpson Manufacturing Co., Inc.
2005 Ed. (2697)
2004 Ed. (2698)
Simpson; Mark
1997 Ed. (1972)
Simpson; O. J.
1997 Ed. (1725)
Simpson of Tri-Cities Inc.
1995 Ed. (286)
Simpson Paper
1996 Ed. (2906)
1994 Ed. (2732)
1992 Ed. (1237)
Simpson; Robert
2007 Ed. (999)
2006 Ed. (909)
Simpson Suzuki
1996 Ed. (289)
Simpson Thacher & Bartlett
2006 Ed. (1412, 1413)
2005 Ed. (1427, 1428, 1438, 1439, 1440, 1454, 1455, 1457, 1461)
2004 Ed. (1408, 1417, 1438, 1440, 3236, 3239)
2003 Ed. (1393, 1394, 1400, 1401, 1412, 1413, 1415, 3175, 3176, 3177, 3186, 3188, 3189, 3191)
2002 Ed. (1356, 1357, 1359, 1373, 1374, 3797)
2001 Ed. (3058)
2000 Ed. (2892, 2893, 2901)
1999 Ed. (1431, 3142, 3143, 3144, 3145, 3146, 3156, 4257)
1998 Ed. (2325, 2326, 2332)
1997 Ed. (2600)
1996 Ed. (2455)
1993 Ed. (2389, 2402)
1992 Ed. (2844)
1991 Ed. (2290)
1990 Ed. (2424)
Simpson Thacher & Bartlett LLP
2008 Ed. (1394, 1395, 3416, 3419, 3425, 3426, 3427)
2007 Ed. (3299, 3302, 3304, 3306, 3321)
Simpson Thatcher & Bartlett
1995 Ed. (2420)
1994 Ed. (2355)
Simpson; Wendy L.
1993 Ed. (3730)
Simpson Xavier
1996 Ed. (14, 15)
1993 Ed. (7, 8)
1992 Ed. (17, 18)
Simpsons
2006 Ed. (2855)
2005 Ed. (2260, 4664)
2004 Ed. (1009, 4450)
2002 Ed. (4583)
2000 Ed. (4217, 4222)
1996 Ed. (2490)
Simpsons Special
2005 Ed. (4664)
The Sims
2005 Ed. (4831)
Sims & Co.; Herbert J.
1993 Ed. (3177, 3178)
Sims Freeman O'Brien
1992 Ed. (3758)
1990 Ed. (3082)
Sims; John L.
1989 Ed. (737)
Sims Lockwood
2004 Ed. (4)
The Sims 2: University Expansion Pack
2008 Ed. (4810)
Simsmetal
2004 Ed. (3439)
2002 Ed. (3306)
Simsmetal America
2006 Ed. (3468)
Simula
1997 Ed. (233)
1996 Ed. (209)
Simulnet
1990 Ed. (883)

Simvastatin
2001 Ed. (3778)
Simvastatin/Zocor
1991 Ed. (931)
Sin Hau Trust & Savings
1991 Ed. (481)
Sin Hua Bank
2002 Ed. (566)
2000 Ed. (547, 548)
1999 Ed. (535, 536)
1997 Ed. (487)
1996 Ed. (528)
1995 Ed. (484)
1994 Ed. (500)
Sin Hua Trust & Savings
1991 Ed. (480)
Sin Hua Trust Savings & Comm.
1989 Ed. (505)
Sin Hua Trust Savings & Commercial
1990 Ed. (522)
Sin Hua Trust Savings and Commercial Bank
1990 Ed. (503)
Sina
2008 Ed. (4208)
Sinai; Allen
1990 Ed. (2285)
1989 Ed. (1753)
Sinai Hospital
1993 Ed. (2072)
1992 Ed. (1800, 2457)
1991 Ed. (1933)
Sinai Hospital of Baltimore Inc.
2001 Ed. (1786)
Sinai Hospital of Detroit
1991 Ed. (1415)
1990 Ed. (1500, 2055)
Sinai Hospital of Greater Detroit
1997 Ed. (2269)
1996 Ed. (2154)
1995 Ed. (2142)
Sinar Mas Eka Graha
1994 Ed. (3186)
Sinar Mas Multiartha
2000 Ed. (1465)
1999 Ed. (1656)
Sinatra's
1995 Ed. (1889)
Sincere Watch
2007 Ed. (1972)
Sinclair
1997 Ed. (3719)
Sinclair Broadcast Group Inc.
2008 Ed. (2169, 4662)
2007 Ed. (4741)
2006 Ed. (1092, 2107, 3440, 4716, 4718)
2005 Ed. (750, 4660, 4662)
2004 Ed. (778, 4689)
2003 Ed. (4712, 4713)
2002 Ed. (3286, 3288, 4582)
2001 Ed. (3960, 4490)
Sinclair Broadcasting Group
2000 Ed. (3693, 4213, 4215)
Sinclair Communications
1999 Ed. (823, 3980)
Sinclair Companies
2008 Ed. (3932)
Sinclair Cos.
2008 Ed. (2149)
2007 Ed. (2047)
Sinclair Knight Merz
2002 Ed. (3784)
Sinclair; Malcolm
1997 Ed. (1965)
1996 Ed. (1854)
Sinclair Mason
1997 Ed. (3202)
Sinclair National Bank
2003 Ed. (382)
Sinclair Oil Co.
2008 Ed. (321)
2007 Ed. (334, 1765)
2006 Ed. (349, 2089)
2005 Ed. (1991)
2004 Ed. (1374, 1875)
2001 Ed. (1891)
Sinclair Paint
1996 Ed. (2132)
Sinclair Wilson
2004 Ed. (6)
Sincoral
2001 Ed. (69)
Sindo Systems Co., Ltd.
2005 Ed. (1390)
2004 Ed. (1369)
Sindy
1996 Ed. (3726)
1994 Ed. (3562)
Sine Cos. Inc.
1998 Ed. (1411)
1996 Ed. (1633)
Sinegal; James D.
1993 Ed. (1697)
1992 Ed. (2052)
Sinex
2001 Ed. (3518)
2000 Ed. (1134)
Sinfonika
2008 Ed. (2071)
Sing Sing Correctional Facility
1999 Ed. (3902)
Sing Tao Daily
2002 Ed. (3512)
Sing Tao Holdings
1995 Ed. (2126)
Singapore
2008 Ed. (379, 766, 1109, 1221, 2201, 2396, 2398, 2823, 2840, 2844, 3485, 3486, 3591, 3846, 4386, 4388, 4389, 4390, 4391, 4393, 4618, 4619, 4627)
2007 Ed. (397, 1143, 2091, 2262, 2263, 2524, 2802, 3427, 3766, 3799, 3800, 4386, 4413, 4414, 4415, 4416, 4417)
2006 Ed. (249, 412, 656, 1010, 2124, 2147, 2327, 2332, 2540, 2702, 2721, 2810, 3325, 3410, 3426, 3553, 3769, 3794, 3795, 4321, 4592)
2005 Ed. (459, 747, 863, 2054, 2269, 2530, 2531, 2532, 2533, 2538, 2735, 2766, 3337, 3401, 3416, 3705, 3706, 4373, 4799)
2004 Ed. (733, 1100, 1919, 2737, 3164, 3315, 3394, 3403, 3793, 3794, 3929)
2003 Ed. (256, 461, 1084, 1085, 1096, 1097, 2151, 2210, 2211, 2219, 2220, 2221, 2222, 2223, 2224, 2226, 2228, 2229, 2483, 2616, 2617, 2619, 2620, 3258, 3259, 3333, 3914, 3915, 4556)
2002 Ed. (276, 277, 737, 738, 739, 741, 742, 743, 744, 745, 747, 1812, 1816, 2423, 2424, 2426, 2509, 2747, 2997, 3101, 3723, 3725, 3730, 3731, 4378, 4427)
2001 Ed. (1088, 1128, 1342, 1947, 2126, 2232, 2364, 2366, 2367, 2968, 3368, 3694, 3696, 4371, 4494, 4914)
2000 Ed. (823, 1154, 1155, 1585, 1610, 1889, 1891, 1899, 2357, 2358, 2363, 2375)
1999 Ed. (182, 803, 1254, 1753, 1781, 2005, 2092, 2098, 2101, 2443, 2583)
1998 Ed. (819, 1131, 1418, 1419, 1522, 1524, 1525, 1526, 1846, 2223, 2659, 2744, 2887, 3591)
1997 Ed. (193, 204, 211, 212, 214, 693, 915, 1542, 1545, 1556, 1809, 1812, 2555, 2557, 2558, 2559, 2560, 2561, 2562, 2563, 2564, 2565, 2569, 2570, 2573, 2684, 2786, 2922, 2960, 2961, 3000, 3135)
1996 Ed. (157, 864, 929, 941, 1477, 1480, 1719, 1726, 2543, 2865, 3716)
1995 Ed. (3, 170, 186, 191, 997, 1244, 1516, 1518, 1544, 1657, 1658, 1734, 1745, 1746, 2010, 2017, 2019, 2029, 2036)
1994 Ed. (156, 176, 179, 180, 184, 730, 731, 957, 1486, 2005, 2008, 2344, 2359)
1993 Ed. (171, 194, 198, 201, 721, 722, 956, 1535, 1540, 1582, 1957, 1967, 1974, 1981, 1987, 3053, 3559, 3682)
1992 Ed. (286, 290, 292, 300, 906, 907, 1068, 1390, 1391, 1395, 1732, 1733, 1880, 2070, 2072, 2075, 2170, 2250, 2300, 2310, 2317, 2320, 2327, 2333, 2360, 2717, 2807, 2808, 3454, 3514, 4324)
1991 Ed. (164, 1381, 1479, 1821, 1824, 1827, 1834, 1841, 1850)
1990 Ed. (741, 864, 867, 1448, 1577, 1582, 1911, 1918, 1925, 1928, 1931, 1935, 3624)
1989 Ed. (1181, 1194, 1284, 2121)
Singapore Airlines Ltd.
2008 Ed. (220, 222, 642, 2069, 2070)
2007 Ed. (241, 243, 744, 1973, 1974)
2006 Ed. (232, 239, 241, 1551, 2007, 2008, 4326)
2005 Ed. (223, 225, 1771)
2004 Ed. (217, 218, 219, 757, 1714, 1853)
2003 Ed. (745, 1679, 1818, 4812)
2002 Ed. (266, 268, 270, 1578, 1679, 1761, 1762, 1763)
2001 Ed. (301, 304, 305, 311, 313, 321, 326, 327, 332, 1842, 1843, 1844)
2000 Ed. (228, 231, 232, 234, 251, 255, 256, 257, 260, 261, 264, 1546, 1547, 1548, 1549, 1550, 1551, 1552, 1553)
1999 Ed. (208, 209, 210, 211, 227, 233, 234, 235, 238, 239, 240, 241, 1566, 1572, 1573, 1576, 1577, 1729, 1730, 1731, 4316)
1998 Ed. (113, 118, 119, 120, 121, 139)
1997 Ed. (192, 217, 1503, 1504, 1505, 3519)
1996 Ed. (177, 178, 1439, 1440, 3437, 3438)
1995 Ed. (177, 190, 1340, 1343, 1344, 1345, 1479, 1480, 1481)
1994 Ed. (42, 157, 159, 160, 190, 1443, 1444, 3310)
1993 Ed. (49, 172, 174, 175, 1390, 1391, 3322)
1992 Ed. (264, 265, 282, 1572, 1685, 1686, 1687, 3978)
1991 Ed. (46, 209, 1339, 1341, 3129, 1340)
1990 Ed. (1414)
1989 Ed. (1156)
Singapore Airport
1998 Ed. (147)
1997 Ed. (223)
Singapore Aromatics Co.
1995 Ed. (1765)
Singapore Cable Vision
2001 Ed. (76)
Singapore Changi
1997 Ed. (1679)
Singapore Changi Airport
2001 Ed. (2121)
Singapore Economic Development Board
2008 Ed. (3520)
Singapore equities
1996 Ed. (2430)
Singapore; Government of
2008 Ed. (81)
2006 Ed. (85)
2005 Ed. (76)
Singapore Hong Kong Properties
2002 Ed. (4423)
1992 Ed. (2440)
Singapore International Airlines
1989 Ed. (49)
Singapore Investment Corp.; Government of
2005 Ed. (3230)
Singapore Land Ltd.
1993 Ed. (3322)
1992 Ed. (1686)
1990 Ed. (2958)
1989 Ed. (1156)
Singapore/Malaysia
1993 Ed. (843)
1989 Ed. (2641)
Singapore/Malaysia Equity Funds
1990 Ed. (2396)
Singapore MRT
2000 Ed. (1547, 1549, 1551, 1552)
1999 Ed. (1730)
1996 Ed. (1439)
1995 Ed. (1480)
Singapore News & Publication
1992 Ed. (1613)
Singapore-Nomura Merchant Banking
1989 Ed. (1783)
Singapore Petroleum Co.
2008 Ed. (3578)
2000 Ed. (1550)
1999 Ed. (1729)
1997 Ed. (1503)
1996 Ed. (3437)
Singapore Pools
2001 Ed. (1618, 1619)
Singapore Power Pte. Ltd.
2006 Ed. (1438)
Singapore Press Holdings
2006 Ed. (85, 4326)
2005 Ed. (76)
2004 Ed. (81)
2002 Ed. (1763, 4468)
2001 Ed. (1843)
2000 Ed. (1551)
1999 Ed. (1731, 4316)
1997 Ed. (1504, 1505, 3519)
1996 Ed. (1439, 1440, 3438)
1995 Ed. (1480)
1993 Ed. (3322)
1992 Ed. (3978)
1991 Ed. (3129, 1340)
1990 Ed. (1414)
1989 Ed. (1156)
Singapore, Singapore
2001 Ed. (348)
Singapore Technologies Aerospace
2001 Ed. (268)
Singapore Telecom
2001 Ed. (1615, 1842, 1844)
2000 Ed. (1546, 1548, 1549, 1551, 1552, 4034, 4035, 4190)
1999 Ed. (1570, 1579, 1729, 1730, 1731, 4316, 4317, 4494, 4549)
1996 Ed. (1439, 1440, 3437, 3438)
1994 Ed. (42)
1993 Ed. (49)
Singapore Telecommunications Ltd.
2008 Ed. (23, 81, 2070)
2007 Ed. (1974)
2006 Ed. (85, 2007, 2008, 4326)
2005 Ed. (76)
2003 Ed. (1075, 1818)
2002 Ed. (1580, 1763, 4468)
2001 Ed. (1627, 1843)
2000 Ed. (1550, 1553)
1997 Ed. (1504, 1505, 3519, 3694, 3695)
1995 Ed. (1340, 1343, 1344, 1345, 1346, 1347, 1348, 1480, 3552)
Singapore Telecommunications (SingTel) Mobile
2001 Ed. (76)
Singaporean dollar
2008 Ed. (2275)
Singer
1995 Ed. (680)
1994 Ed. (721)
1992 Ed. (1771)
1990 Ed. (1628, 2995)
1989 Ed. (1314, 1320)
Singer & Friedlander
1994 Ed. (2474)
Singer & Friedlander Group
2003 Ed. (541)
1996 Ed. (1355, 1863)
1991 Ed. (552)
Singer & Friedlander (Isle of Man) Ltd.
2000 Ed. (569)
1999 Ed. (558)
1997 Ed. (524)
1996 Ed. (567)
1995 Ed. (514)
1994 Ed. (538)
1993 Ed. (536)
1992 Ed. (737)
1991 Ed. (569)
Singer Bangladesh Ltd.
2006 Ed. (4484)

2002 Ed. (1969)
2000 Ed. (1665)
1999 Ed. (1841)
1997 Ed. (1602)
Singer; David V.
2008 Ed. (1108)
Singer Co.-Electronics Systems Division
1995 Ed. (1246)
Singer Equipment Co.
2008 Ed. (2729)
2007 Ed. (2593, 2595)
2005 Ed. (2623)
Singer Floor Covering; Paul
1994 Ed. (1852)
Singer Floor Coverings; Paul
1990 Ed. (1802)
Singer Industries (Taiwan) Ltd.
1994 Ed. (2425)
1992 Ed. (2956)
1990 Ed. (2503)
Singer Kearcroft
1989 Ed. (1932)
Singer, Lewak, Greenbaum & Goldstein
2000 Ed. (21)
1999 Ed. (25)
Singer Lewak Greenbaum & Goldstein LLP
2008 Ed. (12)
2007 Ed. (14)
2006 Ed. (18)
2005 Ed. (13)
2004 Ed. (17)
2003 Ed. (11)
2002 Ed. (26, 27)
Singer NV
2004 Ed. (4585, 4586)
Singer; Paul
1993 Ed. (1867)
Singer Thailand Ltd.
1992 Ed. (1706)
1989 Ed. (1168)
Singh; Jagdeep
2005 Ed. (2453)
Singh; Jasminder
2005 Ed. (4893)
Singh; Kushal Pal
2008 Ed. (4841, 4879)
2007 Ed. (4914)
Singh; Malvinder & Shivinder Mohan
2006 Ed. (4926)
Singh; Raj & Neera
2008 Ed. (4911)
Singh; Ranjit & Baljinder
2008 Ed. (2595)
Singh; Tom
2008 Ed. (4896, 4903)
2007 Ed. (4927)
2005 Ed. (4890)
Singhania; J. K.
1990 Ed. (1379)
Singing Hill Country Club & Lodge
1991 Ed. (1947)
Singing Machine
2003 Ed. (2644, 2645, 2646)
Singing River Credit Union
2008 Ed. (2241)
2007 Ed. (2126)
2006 Ed. (2205)
2005 Ed. (2110)
2004 Ed. (1968)
2003 Ed. (1928)
2002 Ed. (1874)
Single Barrel Institute Bourbon
2002 Ed. (3160)
1999 Ed. (3236)
Single cup
2002 Ed. (4728)
Single Life Single Premium
1991 Ed. (3439)
Single Parent
2000 Ed. (1788)
Single Premium Variable Annuity
1991 Ed. (3439)
Single Premium Variable Life
1991 Ed. (2120)
Single-Serve Bottled Juices
2000 Ed. (713)
Single Serve (1.8 ounces or less)
1990 Ed. (2888)
Single Serve Fruit Beverages
2000 Ed. (716)
Single-Subject Theme Book, 8-In. x 10.5-In
1990 Ed. (3430)
1989 Ed. (2633)
Single Variable Reflex
1999 Ed. (3904)
Single Vision high index lenses
1997 Ed. (2969)
Singles
2002 Ed. (985)
1995 Ed. (1082)
Singles, middle-aged
1999 Ed. (2543)
Singles, young
1999 Ed. (2543)
Singlesnet.com
2008 Ed. (3368)
Singlestitich
1992 Ed. (3301)
Singleterry Mortgage Fund LLC
2003 Ed. (3113, 3119)
Singleton
2002 Ed. (2370)
Singleton Ad Agency
2003 Ed. (43)
2002 Ed. (77)
2001 Ed. (104)
2000 Ed. (60)
Singleton Family
2005 Ed. (4022)
Singleton; Robert
1994 Ed. (1722)
Singleton Suzuki; Mark
1990 Ed. (321)
Singleton; William Dean
2007 Ed. (2497)
SingleTree Woodworking
2005 Ed. (4996)
Singley & Associates
2001 Ed. (901)
1996 Ed. (3138)
SingTel Mobile
2001 Ed. (3335)
Singtel Optus
2006 Ed. (1719)
2005 Ed. (1774)
2004 Ed. (1088, 1631)
Singulair
2008 Ed. (2378, 2381)
2007 Ed. (2246, 3911)
2006 Ed. (3882)
2005 Ed. (3813, 3815)
2001 Ed. (2099)
2000 Ed. (3063)
Sinkler & Boyd
2001 Ed. (913)
Sino-Forest Corp.
2008 Ed. (1659)
2006 Ed. (1609)
2005 Ed. (1707)
2003 Ed. (1640)
Sino Land
1993 Ed. (2059)
1992 Ed. (2443)
1990 Ed. (2049)
Sino Realty
1992 Ed. (2443)
1990 Ed. (2049)
Sino Thai Construction
1991 Ed. (1067)
Sinobangla Industries
2002 Ed. (1970, 1971)
Sinochem
2008 Ed. (4727)
2007 Ed. (937, 1659, 4803)
2006 Ed. (1644)
2001 Ed. (1669)
1997 Ed. (1377)
1996 Ed. (3408)
Sinochem Hebei Import & Export Co.
2001 Ed. (2496)
Sinochem Liaoning Import & Export Co.
2001 Ed. (2496, 2497)
Sinohydro Corp.
2008 Ed. (1306)
Sinopec
2008 Ed. (849, 913, 914, 922, 923, 928, 1563, 1665, 1666, 1667, 1668, 1850, 2501, 3554, 3935, 4524, 4539)
2007 Ed. (934, 935, 937, 946, 952, 1580, 1656, 1658, 1659, 1660, 1811, 2261, 2386, 2395, 3892, 4672)
2006 Ed. (852, 1641, 1642, 1643, 1644, 1804, 2577, 4304)
2005 Ed. (1733, 1817)
2001 Ed. (2309, 3836)
1999 Ed. (1384, 3814)
1995 Ed. (2929)
1994 Ed. (2866)
Sinopec Engineering Inc.
2005 Ed. (2433)
2004 Ed. (2401)
2000 Ed. (1273)
Sinopec Shanghai Petrochemical
2005 Ed. (4505)
2003 Ed. (4578)
Sinopec Zhenhai Refining & Chemical Co., Ltd.
2006 Ed. (3383)
Sinopec Zhenhai Refining & Chemicals Co.
2005 Ed. (3781)
Sinotrans Container Line
2003 Ed. (2418, 2419)
Sinter Metals NC
1997 Ed. (3359)
Sintra Ltd.
2002 Ed. (3919)
1992 Ed. (1960)
Sinus/allergies
1996 Ed. (221)
Sinus remedies
2003 Ed. (1054)
2002 Ed. (1096)
1994 Ed. (1038)
Sinutab
1995 Ed. (228)
Siomil
2008 Ed. (3161)
Sioux City Art Center
1995 Ed. (935)
Sioux City, IA
2006 Ed. (2426)
2005 Ed. (2381)
1998 Ed. (3648)
Sioux City, IA-NE
2005 Ed. (2977, 3065)
2002 Ed. (2713)
Sioux City Journal
1991 Ed. (2598)
1990 Ed. (2698)
1989 Ed. (2052)
Sioux City, SD
2008 Ed. (3511)
Sioux Empire Credit Union
2008 Ed. (2259)
2007 Ed. (2144)
2006 Ed. (2223)
2005 Ed. (2128)
2004 Ed. (1986)
2003 Ed. (1946)
Sioux Empire Development Park
1997 Ed. (2373)
Sioux Falls Bell Credit Union
2002 Ed. (1892)
Sioux Falls Credit Union
2008 Ed. (2259)
2007 Ed. (2144)
2006 Ed. (2223)
2005 Ed. (2128)
2004 Ed. (1986)
2003 Ed. (1946)
2002 Ed. (1892)
Sioux Falls-Mitchell, SD
1998 Ed. (3648)
Sioux Falls, SD
2008 Ed. (3462, 3468, 3481, 4092)
2007 Ed. (3003, 3364, 3370, 4057)
2006 Ed. (3300, 3306, 3311, 3312, 4024)
2005 Ed. (3065, 3311, 3317, 3325, 4797)
2004 Ed. (4151, 4165, 4762)
2003 Ed. (4151)
2002 Ed. (395, 1054, 1801, 4289)
2000 Ed. (1909)
1999 Ed. (1129, 1147, 2127)
1998 Ed. (1548)
1997 Ed. (3349)
1996 Ed. (303, 976, 2621, 3248)
1995 Ed. (2559, 3778)
1994 Ed. (2498, 3103)
1993 Ed. (2542)
Sioux Honey Association
2003 Ed. (2792, 3159)
Sioux-Preme Packing Co.
1997 Ed. (2736, 3141)
Sioux Valley Hospitals & Health System
2001 Ed. (1850)
2000 Ed. (3180)
1999 Ed. (3462)
Sioux Valley Hospitals & Health Systems
2007 Ed. (1979, 1980)
2006 Ed. (2013, 2014)
2005 Ed. (1961, 1962)
2004 Ed. (1858, 1859)
2003 Ed. (1822, 1823)
2001 Ed. (1849)
Siouxland Credit Union
2008 Ed. (2244)
2007 Ed. (2129)
2006 Ed. (2208)
2005 Ed. (2113)
2004 Ed. (1971)
2003 Ed. (1931)
2002 Ed. (1877)
SIP
1997 Ed. (1458, 3501)
1995 Ed. (1439, 3326, 3554)
1993 Ed. (3252)
1992 Ed. (1654, 3941)
1991 Ed. (1311, 1313)
1990 Ed. (1389, 3515)
1989 Ed. (2793)
SIP Societa Italian per l'Esercizio delle Telecommunicazioni SpA
1994 Ed. (1407, 2519)
Sip Societa Italiana per L'Esercizio della Telecomunicazioni SpA
1991 Ed. (3106)
SIP Societa Italiana per l'Esercizio delle Telecommunicazioni SpA
1994 Ed. (2520, 3246, 3248)
SIP Societe Italiana per l'Esercizio delle Telecomunicazioni SpA
1994 Ed. (1408)
SIP SpA
1996 Ed. (1396, 1403, 1404, 2641, 2642, 3403, 3405, 3649, 3650)
SIP-STA Ital per l'Esercizo delle Telecomunicomun
1995 Ed. (1440, 3327)
SIPAD
1991 Ed. (1361)
Sipco, Inc.
1991 Ed. (1474)
Sipex
1990 Ed. (2002)
Sipra Societa Italiana Pubblicita
1990 Ed. (100)
SIPRA Societa Italiana Pubblicita SpA
1997 Ed. (87)
1994 Ed. (86)
Sipra Societa'italiana Pubblicita
1989 Ed. (104)
SIR Corp.
2008 Ed. (4201)
2005 Ed. (4089)
2004 Ed. (4149)
2003 Ed. (4141)
2001 Ed. (4085)
Sir Alan Sugar
2008 Ed. (4904)
2007 Ed. (4928)
Sir Alexander Gibb
1994 Ed. (1636, 1648)
Sir Alexander Gibb & Partners Ltd./ Law Cos. International Group
1993 Ed. (1613)
Sir Anthony Bamford
2005 Ed. (3868)
Sir Anwar Pervez
2008 Ed. (4896)
Sir Arnold Clark
2007 Ed. (4926)
Sir Cameron Mackintosh
2007 Ed. (4932)

2005 Ed. (4894)
Sir Chris Evans
2008 Ed. (4007)
2005 Ed. (4896)
Sir Christopher Ondaatje
2005 Ed. (3868)
Sir David Alliance
2005 Ed. (4890)
Sir David & Sir Frederick Barclay
2005 Ed. (4893)
Sir David Barclay
2008 Ed. (4906)
2007 Ed. (4930)
Sir David Garrard
2008 Ed. (4007)
2005 Ed. (3868)
Sir David Murray
2008 Ed. (4900, 4904)
Sir Elton John
2008 Ed. (897)
2007 Ed. (917, 3658, 4932)
2006 Ed. (836)
2005 Ed. (926, 927, 4894)
Sir Evelyn & Lady de Rothschild
2008 Ed. (4897)
Sir Fred Goodwin
2006 Ed. (2533)
Sir Frederick Barclay
2008 Ed. (4906)
2007 Ed. (4930)
Sir Ian Wood
2008 Ed. (4900)
2007 Ed. (4926)
Sir John Browen
2006 Ed. (2533)
Sir Malcolm Scotch
1998 Ed. (3171, 3173)
Sir Mick Jagger
2007 Ed. (4932)
2005 Ed. (4894)
Sir Paul & Lady Smith
2005 Ed. (4889)
Sir Paul McCartney
2007 Ed. (3658, 4932)
2005 Ed. (4894)
Sir Peter Michael
2008 Ed. (4909)
Sir Peter Vardy
2005 Ed. (927)
Sir Philip & Lady Green
2008 Ed. (4897, 4901, 4903)
Sir Richard Branson
2008 Ed. (4908)
2007 Ed. (4923, 4934)
2005 Ed. (4888, 4897)
Sir Ridley & Tony Scott
2005 Ed. (4891)
Sir Rocco Forte
2005 Ed. (4893)
Sir Ronald Cohen
2005 Ed. (3868)
Sir Ronnie Cohen
2008 Ed. (4006)
Sir Sigmund Sternberg
2005 Ed. (3868)
Sir Speedy Inc.
2008 Ed. (4023)
2007 Ed. (4005)
2004 Ed. (3940)
2003 Ed. (3932)
2002 Ed. (3765)
1998 Ed. (1758)
Sir Speedy/Copies Now
1995 Ed. (1936)
Sir Speedy Printing Center
1993 Ed. (1900)
Sir Stelios Haji-Ioannou
2008 Ed. (4906)
Sir Terry Leahy
2006 Ed. (2533)
Sir Terry Matthews
2008 Ed. (4908)
2007 Ed. (4930, 4934, 4935)
2005 Ed. (4888, 4893, 4896)
Sir Tom Cowie
2005 Ed. (3868)
Sir Tom Hunter
2008 Ed. (4900)
2007 Ed. (917, 4926)
Sir Tom Jones
2007 Ed. (4932, 4935)
Sir Tony O'Reilly
2007 Ed. (4918)
Sir Walter Raleigh
2003 Ed. (982, 4750)
Sirach Capital
1996 Ed. (2395)
1993 Ed. (2313, 2317, 2330)
Sirach/Flinn, Elvins Capital
1991 Ed. (2223)
Siren Management
1998 Ed. (3018)
Sirenza Microdevices
2008 Ed. (2846)
2007 Ed. (2712)
Sirf Technology
2005 Ed. (2332)
SiRF Technology Holdings Inc.
2007 Ed. (2332)
2006 Ed. (4680)
Sirina Fire Protection
2008 Ed. (1322)
2006 Ed. (3530)
2000 Ed. (3148)
Sirit Inc.
2008 Ed. (1133)
2007 Ed. (1235, 2812)
2006 Ed. (2813)
Sirius Satellite Radio Inc.
2008 Ed. (4540)
2007 Ed. (4060, 4556, 4564, 4736)
2006 Ed. (1779, 4084)
2002 Ed. (1124)
Sirius Solutions
2008 Ed. (1207)
2007 Ed. (2379)
Sirivadhanabhakdi; Charoen
2008 Ed. (4853)
Sirloin Stockade
2002 Ed. (4032)
SIRM
1996 Ed. (1214)
Sirna Therapeutics Inc.
2008 Ed. (4520, 4538)
Sirocco Systems Inc.
2003 Ed. (1507)
Sirois; Charles
2005 Ed. (4870)
Sirona Dental Systems
2008 Ed. (1985)
Sirrine Credit Union
2005 Ed. (2071, 2073, 2074)
Sirsi Corp.
2006 Ed. (3279)
2005 Ed. (3287)
2004 Ed. (3256)
1994 Ed. (2522)
1991 Ed. (2310, 2311)
Sirtex Medical
2005 Ed. (1655)
SIRVA Inc.
2008 Ed. (291, 2773, 4737, 4740, 4768, 4774)
2007 Ed. (2646, 3029, 4813)
2006 Ed. (2665, 2994, 4796, 4810)
2005 Ed. (4251, 4757)
2003 Ed. (21)
Sirva Worldwide Inc.
2008 Ed. (2773)
2007 Ed. (2646)
Sisal Sport Italia
2000 Ed. (3014)
Sisler Baal Realtors
1990 Ed. (2953)
Sisna
2006 Ed. (3186)
Sistel
2003 Ed. (3765)
2002 Ed. (3631)
1997 Ed. (3026)
Sistema
1991 Ed. (144)
1989 Ed. (153)
Sistema JSFC
2008 Ed. (2066)
2007 Ed. (1694, 1970)
Sistema Universitario Ana G. Mendez Inc.
2006 Ed. (4298)
2005 Ed. (1731, 4357)
Sisteme Financeiro America do Sul
1989 Ed. (604)
Sistems
1990 Ed. (144)
Sister Act
1995 Ed. (2614)
Sister of Sorrowful Mother Ministry Corp.
1991 Ed. (2507)
The Sisterhood of the Traveling Pants
2008 Ed. (550)
Sisters Chicken & Biscuits
1993 Ed. (1758)
1991 Ed. (1656)
Sisters for the Sorrowful Mother Ministry Corp.
1999 Ed. (3465)
Sisters Morales
1995 Ed. (1120)
Sisters of Charity Health
2003 Ed. (3952)
2002 Ed. (1130, 3771, 3776)
Sisters of Charity Health Care Systems
1997 Ed. (2826)
1996 Ed. (2707)
1994 Ed. (2574)
1992 Ed. (3123, 3124)
1991 Ed. (2499, 2624)
1990 Ed. (2629)
Sisters of Charity Health Care Systems, Cincinnati
1995 Ed. (2629)
Sisters of Charity Health Service
2004 Ed. (1649, 3955, 3965)
Sisters of Charity Health System Inc.
2008 Ed. (1896)
Sisters of Charity of the Incarnate Word
1997 Ed. (2179, 2826)
1995 Ed. (2629)
1994 Ed. (2574)
Sisters of Charity of the Incarnate Word Health Care System
1996 Ed. (2707)
Sisters of Charity of the Incarnate Word, Shreveport Louisiana
2003 Ed. (1747)
Sisters of Charity of the Incarnate World
2001 Ed. (1779)
Sisters of Mary of the Pres.
1990 Ed. (2050)
Sisters of Mercy Health Corp.
1995 Ed. (2787)
1992 Ed. (3258)
Sisters of Mercy Health System
2007 Ed. (2779)
2002 Ed. (3290)
2000 Ed. (3178)
1999 Ed. (3460)
1997 Ed. (2163, 2257)
1994 Ed. (2574)
1992 Ed. (3124, 3258)
Sisters of Mercy Health System of St. Louis
1997 Ed. (2179, 2826)
1996 Ed. (2707)
1995 Ed. (2629, 2787)
Sisters of Mercy Health System-St. Louis
2001 Ed. (2666)
1998 Ed. (1908, 2547)
Sisters of Mercy Health Systems
2003 Ed. (2683, 3463)
2000 Ed. (3181)
1991 Ed. (2499)
Sisters of Mercy Health Systems - St. Louis
1990 Ed. (2629)
Sisters of Providence
1991 Ed. (2498, 2499)
Sisters of Providence Health System
1998 Ed. (2216)
Sisters of Providence Health System/ Washington
1995 Ed. (2627)
Sisters of Sorrowful Mother Ministry Corp.
1999 Ed. (3460)
1992 Ed. (3132)
Sisters of St. Joseph Health System
2000 Ed. (3182)
1998 Ed. (1988)
1997 Ed. (2269)
1996 Ed. (2154)
1995 Ed. (2142)
1993 Ed. (2072)
1992 Ed. (2457)
1991 Ed. (1933)
Sisters of the Sorrowful Mother Ministry Corp.
1997 Ed. (2826, 2829)
Sisters of the Sorrowful Mother-U.S. Health System
1998 Ed. (2547)
Sisterson & Co.
2008 Ed. (2035)
Sistersville Bancorp Inc.
2002 Ed. (3550, 3553)
Sit International Growth
2004 Ed. (3650, 3651)
SIT Investment
2005 Ed. (704, 705)
2004 Ed. (723, 3599, 3600, 3639)
2003 Ed. (689, 3554, 3555, 3556)
1996 Ed. (2418, 2656, 3877)
SIT Investment Associates
2005 Ed. (3583)
Sit/Kim International
2000 Ed. (2819)
1996 Ed. (2404)
Sit/Kim International Investment
1992 Ed. (2796)
SIT Large Cap Growth
1999 Ed. (3556)
Sit Mid Cap Growth
2004 Ed. (3560)
SIT New Beginning Growth
1994 Ed. (2632)
1993 Ed. (2691)
SIT New Beginning Income & Growth
1993 Ed. (2662)
SIT New Beginning Taxfree
1992 Ed. (3167)
SIT New Beginning U.S. Government
1992 Ed. (3165)
SIT "New Beginning" U.S. Government Securities
1990 Ed. (2375)
Sit Small Cap Growth Fund
2003 Ed. (3537)
SIT Tax-Free Income
1999 Ed. (758, 3572)
1998 Ed. (2602, 2639)
1996 Ed. (2785, 2812)
Sit Tax-Free Income Fund
2000 Ed. (770)
1998 Ed. (2644)
SIT U.S. Government Securities
1999 Ed. (3553)
1996 Ed. (2780, 2794)
SITA
1994 Ed. (3650)
Sitar Co.
1999 Ed. (3993)
1998 Ed. (2999)
Sitara Networks
2002 Ed. (4564)
Sitcoms
1996 Ed. (865)
Site cleanup
1992 Ed. (2379)
Site59
2004 Ed. (3161)
SITEL Corp.
2005 Ed. (4645, 4646, 4647, 4648, 4649, 4650, 4651)
2002 Ed. (4573, 4574, 4575, 4576, 4577, 4578, 4579)
2001 Ed. (4463, 4465, 4466, 4469)
2000 Ed. (4193, 4194, 4195)
1999 Ed. (4555, 4556, 4558)
1998 Ed. (3478, 3483)
1997 Ed. (3697)
1996 Ed. (3641, 3642)
1995 Ed. (3556)
1994 Ed. (3485, 3486)
1993 Ed. (3512)
1992 Ed. (4205, 4206)
Sitel Corporation
2000 Ed. (4196, 4197, 4198, 4199, 4200, 4201)
Sitel Worldwide Corp.
2008 Ed. (4922)
Sites Jr.; John C.
1995 Ed. (1728)

Sithe Energies, Inc.
2002 Ed. (2228)
Sitmar
1990 Ed. (2774)
1989 Ed. (2097)
Sitting Bull College
2007 Ed. (809)
Sivage Thomas Homes
2005 Ed. (1179, 1223)
2004 Ed. (1150)
2000 Ed. (1202)
1998 Ed. (892)
Sivakumar; V. V.
1997 Ed. (1973)
Sivalls Inc.
2001 Ed. (3278)
Sivensa
2000 Ed. (985, 986)
1999 Ed. (1037)
1996 Ed. (883)
1994 Ed. (868, 869)
1993 Ed. (854)
1992 Ed. (1062)
1991 Ed. (858)
Siwel Consulting Inc.
2007 Ed. (3583, 3584, 4437)
Six Apart
2008 Ed. (3357)
2007 Ed. (3053)
2006 Ed. (3020)
Six Apart Sites
2007 Ed. (3227)
Six Continents Hotels Inc.
2005 Ed. (2924)
2004 Ed. (2931, 2933, 2939)
2003 Ed. (2848)
Six Continents plc
2007 Ed. (2956, 4159)
2006 Ed. (165, 2944, 4138)
2005 Ed. (2940, 3282, 4090)
Six Flags Inc.
2008 Ed. (253)
2007 Ed. (270, 274)
2006 Ed. (263, 270)
2005 Ed. (242, 244, 251)
2004 Ed. (239, 241)
2003 Ed. (271, 274)
2002 Ed. (309)
2000 Ed. (296)
1997 Ed. (2054)
1995 Ed. (1916)
1994 Ed. (1887)
Six Flags Atlantis
1990 Ed. (3685)
1989 Ed. (2904)
Six Flags Entertainment Corp.
2001 Ed. (376)
Six Flags Great Adventure
2001 Ed. (381)
1999 Ed. (272)
1998 Ed. (167)
1997 Ed. (251)
Six Flags Great America
1994 Ed. (218)
Six Flags Holdings Inc.
2006 Ed. (263)
2005 Ed. (242)
2004 Ed. (239)
Six Flags Hurricane Harbor
2007 Ed. (4884)
2006 Ed. (4893)
2005 Ed. (4840)
2004 Ed. (4856)
2003 Ed. (4875)
2002 Ed. (4786)
2001 Ed. (4736)
2000 Ed. (4374)
1999 Ed. (4745)
Six Flags Magic Mountain
1999 Ed. (268)
1995 Ed. (3164)
1994 Ed. (218)
1993 Ed. (228)
1992 Ed. (331)
1991 Ed. (239)
1990 Ed. (264)
Six Flags Mexico
2007 Ed. (276)
2006 Ed. (271)
2005 Ed. (252)
2003 Ed. (276)
2002 Ed. (311)
Six Flags Wet 'n Wild
1998 Ed. (3701)
Six Flags White Water
2002 Ed. (4786)
Sixer.com
2002 Ed. (4853)
6FigureJobs
2002 Ed. (4811)
1600 Market St.
1998 Ed. (2697)
Sixth Avenue Credit Union
2004 Ed. (1938)
Sixth Grade Can Really Kill You
1990 Ed. (981)
The Sixth Sense
2002 Ed. (3399)
2001 Ed. (3363, 3364, 3376, 3379)
68k/Coldfire
2001 Ed. (3303)
65, H. G. Chester & Co. Ltd.
1991 Ed. (2337)
"65th Academy Awards"
1995 Ed. (3583)
60 Minutes
2005 Ed. (4666)
2004 Ed. (3883)
2001 Ed. (4491)
1995 Ed. (3582)
1993 Ed. (3525, 3534)
1992 Ed. (4247)
1990 Ed. (3551)
66 Credit Union
2008 Ed. (2253)
2007 Ed. (2138)
2006 Ed. (2217)
2005 Ed. (2122)
2004 Ed. (1980)
2003 Ed. (1940)
2002 Ed. (1886)
Sizeler Cos.
1992 Ed. (3961, 3968)
1991 Ed. (3120, 3126)
Sizeler Thompson Brown Architects
2008 Ed. (2518)
Sizes Unlimited
1989 Ed. (936)
Sizing
2002 Ed. (997)
Sizzler
2006 Ed. (4114)
2004 Ed. (4126)
2003 Ed. (4102, 4122, 4123, 4124, 4125, 4126, 4127)
2002 Ed. (4029, 4032)
2001 Ed. (4075)
2000 Ed. (3792, 3793)
1998 Ed. (3066)
1997 Ed. (3318, 3333)
1996 Ed. (3217, 3230)
1995 Ed. (3122, 3131, 3138)
1994 Ed. (3077, 3085, 3088)
1991 Ed. (2873)
1990 Ed. (3012, 3023)
Sizzler International
1999 Ed. (387, 4079, 4080)
1997 Ed. (3329, 3651)
1996 Ed. (3228)
1991 Ed. (2883)
Sizzler Restaurants
1993 Ed. (3021, 3031, 3035)
Sizzler Restaurants International
1992 Ed. (3713, 3718)
Sizzling Wok
2002 Ed. (4008)
2000 Ed. (3776)
1999 Ed. (4060)
SJI Inc.
1992 Ed. (3757)
Sjovinnubankin P/F
1995 Ed. (465)
1994 Ed. (474)
1993 Ed. (471)
1992 Ed. (659)
1989 Ed. (526)
SJW Corp.
2008 Ed. (1590)
2005 Ed. (4838, 4839)
2004 Ed. (4854, 4855)
2002 Ed. (2004)
SK Corp.
2008 Ed. (2080, 2082, 2501, 3580, 3934)
2007 Ed. (1983, 1984, 1985, 2386, 2393, 3874, 3891)
2006 Ed. (2015, 2016, 2017, 3400)
2005 Ed. (3398, 3778, 3782)
2003 Ed. (3852, 3856)
2002 Ed. (1684, 3694, 3695)
2001 Ed. (1774, 1775)
2000 Ed. (1026, 1505, 1508, 3536)
1999 Ed. (1889)
SK Energy Asia
2001 Ed. (1619, 1842)
SK Engineering & Construction Co.
2008 Ed. (2565)
2003 Ed. (1324, 2316)
2002 Ed. (1308, 1325)
SK Group
2002 Ed. (1578)
SK Networks
2006 Ed. (2017)
SK Networks Australia Pty. Ltd.
2008 Ed. (4727)
2007 Ed. (4803)
SK Telecom Co., Ltd.
2008 Ed. (85)
2007 Ed. (79, 4721)
2006 Ed. (89, 2017, 3237)
2005 Ed. (80, 3035)
2004 Ed. (85)
2003 Ed. (1824, 2950, 4594)
2002 Ed. (1683, 3048)
2001 Ed. (51, 1776)
2000 Ed. (1506, 2882, 2883)
1999 Ed. (1696)
Skadden, Arps, Slate, Meagher & Flom
2001 Ed. (1539, 3051, 3058, 3086)
2000 Ed. (2891, 2892, 2893, 2897, 2899, 2901)
1999 Ed. (1431, 3141, 3142, 3143, 3144, 3145, 3146, 3156, 4257)
1998 Ed. (2324, 2325, 2326, 2332, 2711)
1997 Ed. (2595, 2600)
1996 Ed. (2450, 2455)
1995 Ed. (2412, 2414, 2420, 2653)
1994 Ed. (2351, 2355)
1993 Ed. (2388, 2389, 2390, 2402)
1992 Ed. (2825, 2826, 2827, 2844)
1991 Ed. (2277, 2278, 2290)
1990 Ed. (2412, 2424)
Skadden, Arps, Slate, Meagher & Flom LLP
2008 Ed. (1394, 1395, 3414, 3417, 3418, 3419, 3426, 3427, 3428)
2007 Ed. (3301, 3303, 3304, 3305, 3317, 3321, 3325, 3327, 3328, 3337)
2006 Ed. (1412, 1413, 3243, 3245, 3246, 3251, 3265)
2005 Ed. (1427, 1428, 1438, 1439, 1440, 1449, 1450, 1454, 1455, 1457, 1461, 3254, 3255, 3256, 3265, 3274, 3275)
2004 Ed. (1408, 1409, 1416, 1417, 1437, 1438, 1440, 1446, 3224, 3226, 3235, 3236, 3239, 3250)
2003 Ed. (1393, 1394, 1400, 1401, 1412, 1413, 1415, 3170, 3171, 3172, 3173, 3174, 3175, 3176, 3177, 3178, 3183, 3184, 3186, 3188, 3189, 3191, 3194, 3204, 3205)
2002 Ed. (1356, 1357, 1359, 1373, 1374, 3059)
2001 Ed. (561, 564, 3085)
Skaggs Alpha Beta
1991 Ed. (3259, 3260)
Skagit County, WA
1996 Ed. (1474)
Skagway-Yakutat-Angoon, AK
2000 Ed. (1603, 2612)
Skagway-Yakutat-Angoon County, AK
2002 Ed. (1808)
Skala-Coop T
1997 Ed. (825)
Skand Enskilda Bank
2006 Ed. (2026)
1991 Ed. (1350)
Skand. Enskilda Banken
1996 Ed. (1396)
Skandia
2003 Ed. (1668)
1999 Ed. (4483)
1996 Ed. (3590)
1992 Ed. (4143)
Skandia America Group
1992 Ed. (3658)
Skandia America Reinsurance
1995 Ed. (3087)
Skandia "B" LV: AA Growth
1992 Ed. (4376)
Skandia "B" LV: AA Income & Growth
1992 Ed. (4377)
Skandia "B" LV: AMT LTMAT
1994 Ed. (3615)
Skandia "B" LV.: High Global
1992 Ed. (4379)
Skandia Forsakring
2006 Ed. (1684)
2002 Ed. (1775)
2001 Ed. (1548, 1820, 1858)
Skandia Forsakringsab
2002 Ed. (4484, 4485)
Skandia Gr. Insurance (Skr5)
1996 Ed. (1179)
Skandia Group Ltd.
1993 Ed. (1161, 2994)
Skandia Group Insurance Co.
1999 Ed. (1423, 1739)
1994 Ed. (1215, 3042)
Skandia Insurance Co.
2005 Ed. (1486)
2002 Ed. (1773, 2941)
2001 Ed. (1857)
2000 Ed. (1560)
Skandia International
1991 Ed. (2132)
Skandia International Holding
1991 Ed. (3222)
Skandia International Insurance Corp.
1991 Ed. (2133)
Skandia International Risk Management Ltd.
2001 Ed. (2920)
2000 Ed. (979, 984)
1999 Ed. (1029)
1997 Ed. (898)
1996 Ed. (877)
1995 Ed. (902)
1994 Ed. (859)
1993 Ed. (846)
1992 Ed. (1058)
1991 Ed. (853)
1990 Ed. (903)
Skandia International Risk Management (Vermont) Inc.
1999 Ed. (1034)
1998 Ed. (642)
1997 Ed. (903)
1996 Ed. (882)
1995 Ed. (909)
1994 Ed. (867)
1993 Ed. (853)
1991 Ed. (856)
1990 Ed. (907)
Skandinavisk Holding A/s
1994 Ed. (1346)
1990 Ed. (1344)
Skandinavisk Industries A/S
1995 Ed. (1380, 1960)
Skandinavisk Industries A/S (Koncern)
1996 Ed. (1991)
Skandinaviska Banken Group
1992 Ed. (3900)
Skandinaviska Enskilda Banken
2008 Ed. (509, 2091)
2007 Ed. (557, 1997)
2006 Ed. (527, 2027, 4575)
2005 Ed. (614)
2004 Ed. (524, 625)
2003 Ed. (616)
2000 Ed. (669, 1558, 4123, 4124)
1999 Ed. (644, 1739)
1997 Ed. (622, 1514)
1996 Ed. (688, 1448, 1449)
1995 Ed. (614, 1491)
1994 Ed. (642, 1451, 3257, 3258)
1993 Ed. (528, 639)
1992 Ed. (727, 842, 1693)
1991 Ed. (383, 560, 1351, 2415)
1990 Ed. (572, 600)
1989 Ed. (579, 580, 684, 1783)
Skandinaviska Enskilda Banken AB
2005 Ed. (3239)

2001 Ed. (1857, 1858)
Skandinaviska Enskilda Banken AB--SEB
2002 Ed. (652, 1775, 4484, 4485)
Skanek Ek For
2002 Ed. (250)
Skanska Inc.
2006 Ed. (1239, 2458)
2005 Ed. (1279, 1294)
2004 Ed. (774, 1247, 1248, 1250, 1256, 1261, 1263, 1267, 1268, 1270, 1273, 1274, 1281, 1288, 1289, 1290, 1291, 1299, 1302, 1306, 1316, 2748, 2828)
2003 Ed. (1244, 1245, 1250, 1252, 1254, 1258, 1264, 1265, 1270, 1271, 1278, 1282, 1285, 1286, 1287, 1289, 1293, 1294, 1295, 1296, 1297, 1303, 2290, 2292, 2745)
2000 Ed. (1238, 1560)
1999 Ed. (1392, 1629, 1738, 1739, 4482)
1998 Ed. (962, 963, 966)
1997 Ed. (1132, 1137, 1151, 1514)
1996 Ed. (1449)
1993 Ed. (1099, 1404, 1405, 3460, 3461)
1991 Ed. (1349, 1351, 3221)
1990 Ed. (1422, 3477)
Skanska AB
2008 Ed. (1186, 1189, 1191, 1285, 1290, 1297, 1298, 1299, 1301, 1303, 1304, 1305, 1306, 1307, 2088, 2089, 2090)
2007 Ed. (1287, 1291, 1293, 1994, 1995, 1996)
2006 Ed. (204, 1181, 1184, 1185, 1302, 1303, 1305, 1311, 1312, 1313, 1316, 1317, 1318, 1319, 1320, 1321, 1322, 1323, 1683, 2024, 2025, 3487)
2005 Ed. (1208, 1329, 1330, 1332, 1333, 1336, 1337, 1338, 1339, 1340, 1341, 1966)
2004 Ed. (1182, 1321, 1323, 1324, 1326, 1327, 1328, 1330, 1331, 1332, 1333, 1334, 1335, 1336)
2003 Ed. (1174, 1175, 1323, 1324, 1326, 1327, 1328, 1329, 1334, 1335, 1827)
2002 Ed. (1175, 1194, 1212, 1307, 1308, 1310, 1314, 1315, 1318, 1320, 1321, 1773)
2001 Ed. (1487, 1856, 1857)
2000 Ed. (1278, 1281, 1283, 1285, 1290, 1292, 1559)
1997 Ed. (1186, 1190, 1195, 1512)
1994 Ed. (1173, 1451)
1991 Ed. (1350)
Skanska Banken
1992 Ed. (842, 1693, 4142)
1991 Ed. (669)
Skanska International Civil Engineering AB
1996 Ed. (1157)
1995 Ed. (1183)
Skanska (USA) Inc.
2008 Ed. (1166, 1226, 1228, 1230, 1231, 1235, 1236, 1274, 1276, 1292, 1317, 1321, 1323, 1331, 1336)
2007 Ed. (1273, 1274, 1316, 1339, 1340, 1341, 1343, 1344, 1346, 1349, 1355, 1384, 2476)
2006 Ed. (1161, 1162, 1168, 1186, 1241, 1243, 1245, 1246, 1248, 1250, 1251, 1267, 1268, 1269, 1276, 1283, 1298, 1331)
2005 Ed. (1165, 1166, 1172, 1298, 1299, 1301, 1307, 1313)
2004 Ed. (1142, 1143)
2002 Ed. (1228, 1229, 1237, 1241, 1245, 1251, 1253, 1260, 1261, 1266, 1267, 1270, 1274, 1276, 1279, 1280, 1284, 1285, 1291)
2001 Ed. (1462, 1463, 1467, 1468)
2000 Ed. (1246, 1247, 1249, 1251, 1255)
1999 Ed. (1340, 1354, 1355, 1357)
1998 Ed. (936)
Skanska USA Building
2008 Ed. (1168, 1170, 1171, 1172, 1173, 1174, 1176, 1206, 1224, 1238, 1240, 1241, 1242, 1247, 1252, 2915, 3187)
2006 Ed. (1164, 1182, 1306, 1332, 1335, 1343, 2792)
2005 Ed. (1168)
2003 Ed. (1139, 1310)
Skateboarding
2002 Ed. (3227)
2001 Ed. (4340)
SKB Bank
2000 Ed. (2986, 2987)
1997 Ed. (2675)
SKB banka
2006 Ed. (522)
2001 Ed. (606)
SKB banka d.d.
2003 Ed. (609)
2002 Ed. (646)
2000 Ed. (663)
1999 Ed. (637, 3252, 3253)
1997 Ed. (612, 613, 2676)
1996 Ed. (676, 677)
SKB Banks dd
1995 Ed. (605)
SKB Business Services Inc.
2002 Ed. (865)
SKC Ltd.
1999 Ed. (2115)
SKC Communication Products Inc.
2008 Ed. (4395)
2007 Ed. (4421)
SKEC
2004 Ed. (1324)
Skechers
2008 Ed. (273)
2007 Ed. (295)
2001 Ed. (423)
Skechers USA Inc.
2005 Ed. (271, 4366, 4367)
2004 Ed. (2778, 4416, 4417)
2003 Ed. (300, 2646, 4404)
2002 Ed. (1549, 2431)
2001 Ed. (1579)
Skeena Cellulose
2000 Ed. (3411)
Skekisui Chemical
1989 Ed. (894)
Skelgas Inc.
1997 Ed. (3180)
1996 Ed. (3102)
1995 Ed. (3001)
1994 Ed. (2943)
1993 Ed. (2925)
1992 Ed. (3554)
Skelton; Red
1992 Ed. (1349)
1989 Ed. (990)
Skelton Travel
2004 Ed. (1635)
SKF
1997 Ed. (1514, 1745)
1995 Ed. (2550)
1993 Ed. (1403, 3461)
1992 Ed. (1692, 1693, 4143)
1991 Ed. (1349, 1351, 3222)
SKF AB
2008 Ed. (3582)
2007 Ed. (2400)
2006 Ed. (3402)
1994 Ed. (2422, 3440)
Skf B Fria
1989 Ed. (1655)
SKF Group
1999 Ed. (1739)
1989 Ed. (1656)
SKF Sverige AB
1993 Ed. (2487)
Ski
2006 Ed. (162)
2002 Ed. (1960)
1992 Ed. (3386)
Skid Row
1993 Ed. (1078)
Skidmore Inc.
2005 Ed. (3913)
Skidmore, Owing & Merrill
2006 Ed. (3174)
Skidmore, Owings & Merrill
2007 Ed. (287)
2006 Ed. (284)
2005 Ed. (261, 3160, 3161, 3164, 3168)
1999 Ed. (282, 2016)
1998 Ed. (188, 1437)
1997 Ed. (264, 268, 1736, 1742, 1755)
1996 Ed. (233, 236, 1658, 1664, 1674)
1995 Ed. (240, 1675)
1994 Ed. (237, 1636)
1993 Ed. (248, 1602, 1616)
1992 Ed. (356, 354, 359, 1954, 1957, 1964)
1991 Ed. (253, 1551)
1990 Ed. (279, 281, 284, 1665)
Skidmore, Owings & Merrill LLP
2008 Ed. (263, 2523, 2530, 2540, 2542, 3339, 3344, 3345, 3346, 3348, 3349)
2007 Ed. (2408, 2413, 2415, 3195, 3197, 3200, 3207, 3208)
2006 Ed. (3161, 3162, 3163, 3164, 3166, 3170, 3173)
2004 Ed. (2334, 2345, 2371, 2394)
2003 Ed. (2295)
2002 Ed. (2130)
2001 Ed. (405, 407)
Skiing
2001 Ed. (4334)
Skiing, Alpine
1999 Ed. (4382)
Skil
2000 Ed. (2415)
1999 Ed. (2634, 2635)
1998 Ed. (1899)
1997 Ed. (2174, 2175)
1996 Ed. (2074, 2075)
1995 Ed. (2079)
1994 Ed. (2025, 2026)
1993 Ed. (2014)
1992 Ed. (2375, 2376)
1991 Ed. (1887)
Skilled-nursing facilities
1996 Ed. (2082)
Skilled Nursing Home Care Inc.
1994 Ed. (3672)
Skillman Foundation
2002 Ed. (2354)
2001 Ed. (2519)
2000 Ed. (2261)
1995 Ed. (1930)
Skillman Oldsmobile; Ray
1995 Ed. (282)
Skilstaf Inc.
2008 Ed. (1543)
2007 Ed. (1563)
2006 Ed. (1533)
2005 Ed. (1643)
2004 Ed. (1617)
2003 Ed. (1600)
Skimmer, Owing & Merrill LLP
2000 Ed. (1815)
Skin bleaching/toning products
2002 Ed. (4285)
Skin Bracer After Shave
1990 Ed. (3604)
Skin care
2004 Ed. (3804)
2002 Ed. (2029, 2039, 3636, 3638, 4634)
2001 Ed. (1911, 2107)
2000 Ed. (4149)
Skin care preparations
2003 Ed. (3945, 3946)
Skin care products
2001 Ed. (1920)
1999 Ed. (1789)
1996 Ed. (2977)
1994 Ed. (2818)
1992 Ed. (91, 92)
Skin cream
2002 Ed. (4285)
Skin diseases/disorders
2005 Ed. (3619)
Skin Diving & Scuba
2001 Ed. (4334)
Skin fade/age/bleach cream
2004 Ed. (4431)
Skin-So-Soft
2008 Ed. (531, 4586)
2003 Ed. (644, 3783)
Skin treatment
2001 Ed. (2105)
SkinMedia
2007 Ed. (1323)
Skinner
2008 Ed. (3858)
2003 Ed. (3740)
1999 Ed. (782, 3712)
Skinner Fawcett
2001 Ed. (803)
Skintimate
2008 Ed. (2875)
2004 Ed. (3803)
2003 Ed. (2672, 4398)
2002 Ed. (4261)
2001 Ed. (4227)
1999 Ed. (4295, 4296)
1997 Ed. (3063)
Skipper Bud's
1991 Ed. (718)
Skipper Inn & Marina
1991 Ed. (1948)
Skipper's
1999 Ed. (4158)
1998 Ed. (3174)
1997 Ed. (3397)
1996 Ed. (3301)
1995 Ed. (3200)
1994 Ed. (3156)
1993 Ed. (3112)
1992 Ed. (3814, 3817)
1991 Ed. (2937, 2939)
1990 Ed. (1755, 3016)
Skipping Christmas
2004 Ed. (739, 741)
2003 Ed. (716)
Skippy
2003 Ed. (3157)
1994 Ed. (2748)
Skippy, Premium
1999 Ed. (3781)
1997 Ed. (3071)
1996 Ed. (2992)
1994 Ed. (2821, 2830)
1993 Ed. (2818)
1992 Ed. (3411)
1990 Ed. (2822)
1989 Ed. (2196)
Skips
2002 Ed. (4301)
1999 Ed. (4347)
1996 Ed. (3468)
1994 Ed. (3349)
1992 Ed. (4006)
Skipton
2000 Ed. (3855)
Skirball Foundation
1995 Ed. (1927)
Skirts
2005 Ed. (1005, 1009)
Skittles
2008 Ed. (838)
2007 Ed. (871)
2005 Ed. (859)
2003 Ed. (1132)
2000 Ed. (969)
1999 Ed. (1018)
1997 Ed. (887, 888, 889, 894)
1995 Ed. (891, 896)
1994 Ed. (847, 851)
1993 Ed. (834)
Skittles Berries
1997 Ed. (894)
Skittles Bite Size Candies
2000 Ed. (968)
Skittles Tropical
1997 Ed. (894)
Sklar-Peppler
1997 Ed. (2105)
Sklenka; Marguerite
1995 Ed. (938)
The Sklover Group Inc.
2005 Ed. (3077)
2004 Ed. (3067)
2002 Ed. (2857)
Skoal
1999 Ed. (4609)
1998 Ed. (3580)
1996 Ed. (3700)
1995 Ed. (3620, 3623)
1994 Ed. (3545)

Skoal Bandits
1999 Ed. (4609)
1998 Ed. (3580)
1995 Ed. (3623)
1994 Ed. (3545)
Skoal Bandits Wintergreen
2003 Ed. (4449)
Skoal Bandits Wintergreet
2000 Ed. (4258)
Skoal Fine Cut Wintergreen
2003 Ed. (4449)
2000 Ed. (4258)
Skoal Long Cut
1995 Ed. (3620)
Skoal Long Cut Cherry
2003 Ed. (4449)
2000 Ed. (4258)
Skoal Long Cut Classic
2000 Ed. (4258)
Skoal Long Cut Mint
2003 Ed. (4449)
2000 Ed. (4258)
Skoal Long Cut Straight
2003 Ed. (4449)
2000 Ed. (4258)
Skoal Long Cut Wintergreen
2003 Ed. (4449)
2000 Ed. (4258)
SKOBANK Group
1992 Ed. (48)
Skoda
2008 Ed. (684)
1999 Ed. (3869, 3870)
Skoda Auto AS
2008 Ed. (1720)
Skoda Automobilova AS
2006 Ed. (1694)
Skoda Holding A.S.
2002 Ed. (388, 390, 391, 392, 393)
Skoda, Minotti & Co.
2006 Ed. (1210)
Skoda Plzen
2000 Ed. (3586)
Skol
2008 Ed. (545)
2007 Ed. (601)
2005 Ed. (4833)
2000 Ed. (4353)
1999 Ed. (820)
1997 Ed. (3852)
1996 Ed. (787, 3800)
1995 Ed. (3711, 3714)
1994 Ed. (3640)
1993 Ed. (3674)
1992 Ed. (4402)
1991 Ed. (747, 3455, 3456)
1990 Ed. (3676)
Skol Lager
1994 Ed. (755)
Skol Vodka
2004 Ed. (4845)
2003 Ed. (4864)
2002 Ed. (287, 4760)
2001 Ed. (4706)
2000 Ed. (4354)
1999 Ed. (4724)
Skoll; Jeff
2007 Ed. (4910)
2006 Ed. (4912, 4923)
2005 Ed. (4859, 4874, 4875)
Skoll; Jeffrey
2008 Ed. (4855, 4856)
2007 Ed. (4913)
2006 Ed. (4925)
2005 Ed. (4876, 4881)
Skolniks Inc.
1995 Ed. (3134)
SKOP Bank
1991 Ed. (1900)
SKOP; Saastopankit
1989 Ed. (29)
Skopbank
1996 Ed. (498, 560)
1995 Ed. (466, 508)
1994 Ed. (476)
1993 Ed. (28, 474, 519, 523, 3574)
1992 Ed. (662)
1991 Ed. (506)
1990 Ed. (544)
1989 Ed. (528, 529)
Skopbank Group
1997 Ed. (461)
Skopje Brewery
2001 Ed. (57)
Skopko
1999 Ed. (1880)
Skudutis; Tommy
2006 Ed. (3920)
Skutski & Associates
1992 Ed. (3577)
Skutski & Oltmanns
2002 Ed. (3848)
2000 Ed. (3665)
1999 Ed. (3951)
Skuttle
1994 Ed. (2151)
1993 Ed. (2118)
1992 Ed. (2556)
1991 Ed. (1989)
1990 Ed. (2140)
SKW Stickstoffwerke Piesteritz GmbH
2001 Ed. (1188)
Sky
1991 Ed. (24)
Sky/Box International
1995 Ed. (3648)
Sky Chefs Inc.
1991 Ed. (1752, 1755)
Sky City
1990 Ed. (1522)
Sky City Entertainment Group
2007 Ed. (1922)
2006 Ed. (3703)
Sky Credit Union
2008 Ed. (2243)
2007 Ed. (2128)
Sky Dancer with Launch
1997 Ed. (3773)
Sky Federal Credit Union
2006 Ed. (2207)
Sky Financial Inc.
2007 Ed. (2215)
Sky Financial Group Inc.
2008 Ed. (2355)
2005 Ed. (359)
2003 Ed. (427)
2002 Ed. (503)
2001 Ed. (570)
2000 Ed. (394)
Sky Insurance Inc.
2005 Ed. (2370)
Sky Investments
2002 Ed. (803, 805, 806)
2000 Ed. (852, 853, 855, 859, 860, 861)
Sky Magazine
2000 Ed. (3499)
Sky Marketing Communications
2003 Ed. (122)
Sky Media Manufacturing
2006 Ed. (780)
Sky Network Television Ltd.
2006 Ed. (3703)
2002 Ed. (3497)
Sky One
2008 Ed. (709)
2007 Ed. (740)
Sky Research Inc.
2008 Ed. (3728, 4423, 4979)
2007 Ed. (3592, 3593, 4442)
Sky Service
2006 Ed. (234)
Sky Sports
2008 Ed. (688, 709)
2007 Ed. (719)
Sky Television
1991 Ed. (740)
Sky the Magazine
2008 Ed. (3534)
Sky TV Guide
2000 Ed. (3497)
SkyBox Basketball
1995 Ed. (3649)
Skybox International
1995 Ed. (2795, 2797)
Skybridge Group
2002 Ed. (1984)
Skychefs
2003 Ed. (4093)
SkyDesk
2002 Ed. (916)
Skydome
2002 Ed. (4347)
2001 Ed. (4356)
1999 Ed. (1300)
1994 Ed. (3373)
Skye Bank
2008 Ed. (484)
Skye Short Selling
2003 Ed. (3118)
SkyePharma
2007 Ed. (3948)
2006 Ed. (3897)
Skyhigh Information Technologies
2000 Ed. (4383)
Skylark Co. Ltd.
2000 Ed. (2547)
1999 Ed. (2772)
1995 Ed. (3584)
1994 Ed. (2109)
1993 Ed. (2093)
1992 Ed. (2486)
1991 Ed. (1950)
1990 Ed. (2082)
Skyline Corp.
2008 Ed. (3538)
2007 Ed. (3409)
2006 Ed. (3355, 3356)
2005 Ed. (3496, 3497)
2004 Ed. (3346, 3496, 3497)
2003 Ed. (3283)
2002 Ed. (3739, 3740)
2000 Ed. (1195, 3588, 3589, 3590, 3591, 3594, 3595, 3596, 3597)
1999 Ed. (1316, 3872, 3873, 3874, 3875, 3876, 3877, 3878, 3879, 3880)
1998 Ed. (885, 2900, 2902, 2903, 2904, 2905, 2906, 2907, 2908, 2909, 3029)
1997 Ed. (1125, 1128, 3149, 3150, 3151, 3152, 3153, 3154, 3156, 3157, 3158)
1996 Ed. (1104, 1107, 3068, 3069, 3070, 3071, 3072, 3073, 3074, 3075, 3077, 3078, 3172, 3499)
1995 Ed. (1126, 1131, 2970, 2971, 2972, 2973, 2975, 2976, 2977, 2978, 2979)
1994 Ed. (1111, 1115, 1117, 1120, 2914, 2915, 2916, 2917, 2918, 2919, 2923)
1993 Ed. (1086, 1091, 2899, 2902, 2903, 2904, 2905, 2986)
1992 Ed. (1358, 1368, 3515, 3518, 3519, 3520, 3521, 3522, 3644)
1991 Ed. (1060, 1062, 2757)
1990 Ed. (1159, 2976)
1989 Ed. (1001, 2298)
Skyline Asset Management
1999 Ed. (3077)
1998 Ed. (2277)
Skyline Connections Inc.
2003 Ed. (3949)
Skyline Cosmetics USA
2001 Ed. (49)
Skyline Electric Co.
2006 Ed. (4381)
Skyline Monthly Income
1992 Ed. (3166)
Skyline Special Equities
1994 Ed. (2602, 2613, 2624, 2637)
1992 Ed. (3193)
Skyline-Special Equities-I
1998 Ed. (2619)
Skyline Special Equity
1995 Ed. (2696)
SkyNetGlobal
2006 Ed. (1555)
Skype
2008 Ed. (648, 654)
Skyr
1993 Ed. (3374)
1992 Ed. (4054)
1991 Ed. (3173)
Skyreach Centre
2005 Ed. (4438)
Skytop Lodge Corp.
2004 Ed. (4585, 4586)
Skyview
2002 Ed. (3635)
Skyway
2005 Ed. (214)
SkyWest Inc.
2008 Ed. (212, 217, 221, 2148, 2149, 4736)
2007 Ed. (230, 238, 2046)
2006 Ed. (217, 225, 228, 248, 2090)
2005 Ed. (204, 205, 214, 220)
2004 Ed. (201, 202, 208, 218)
2002 Ed. (269)
2000 Ed. (267)
1994 Ed. (163)
1991 Ed. (1017)
Skywest Airlines
2003 Ed. (1080)
1999 Ed. (1252)
1998 Ed. (817)
Skyworks Solutions Inc.
2008 Ed. (1913)
2006 Ed. (4701)
2005 Ed. (4637)
Skyy
2005 Ed. (4833)
2004 Ed. (4845, 4850)
2003 Ed. (4864, 4870)
2002 Ed. (298, 4760, 4768, 4770, 4771, 4772)
2001 Ed. (4706, 4711, 4712, 4714)
2000 Ed. (4353, 4359)
1999 Ed. (4724, 4730, 4731)
1998 Ed. (3687, 3688, 3689, 3690)
Skyy Blue
2008 Ed. (239)
2007 Ed. (263)
2006 Ed. (4957)
2005 Ed. (3364, 4924, 4926)
2004 Ed. (228)
Skyy Spirits
2001 Ed. (3126, 3127, 3128, 3130)
Skyy Spirits LLC
2005 Ed. (4830)
2004 Ed. (4839)
2003 Ed. (3231, 4854)
Skyy Vodka
2008 Ed. (243)
SL Green Realty Corp.
2001 Ed. (4009)
Sl. invest. poist. VP
2002 Ed. (785)
Slagteriselskabet Danish Crown AmbA
2004 Ed. (3407)
1996 Ed. (1324)
1995 Ed. (1371)
Slaight; Allan
2005 Ed. (4870)
Slalom
1991 Ed. (3173)
Slammer
2006 Ed. (1147)
Slant Haptics
1994 Ed. (2697)
Slash CD-Software
1997 Ed. (1103)
Slash Software
1997 Ed. (1103)
SlashDot
2005 Ed. (3195)
2002 Ed. (4858)
SlashSupport
2006 Ed. (780)
Slate
2004 Ed. (3158)
2003 Ed. (3050)
Slater Hanft Martin
1991 Ed. (69, 71, 135)
Slater Industries
1996 Ed. (3587)
1994 Ed. (3434)
1992 Ed. (4137)
Slates
2005 Ed. (1017)
Slattery Assoc. Inc.
1990 Ed. (1197)
Slattery Associates
1993 Ed. (1152)
Slattery Skanska Inc.
2003 Ed. (1187)
Slaughter & May
2008 Ed. (3425, 3426, 3427)
2005 Ed. (1444, 1445, 1449)
2004 Ed. (1432, 1433)
2003 Ed. (1407, 1408)
2002 Ed. (1361)
2001 Ed. (1539)
1999 Ed. (3151)
1992 Ed. (14, 15, 2835, 2836, 2034, 2043)

1991 Ed. (1607, 1611, 2286)
1990 Ed. (1701, 1708)
1989 Ed. (1369)
Slavice Ecclestone
2007 Ed. (4924)
Slavneft
2008 Ed. (664)
Slavneft-Megionneftegaz
2005 Ed. (3789)
Slavonska Banka dd
1996 Ed. (481)
Slavonska Banka dd Osijek
1997 Ed. (445)
1995 Ed. (451)
Slay Transportation Co., Inc.
2008 Ed. (4772)
2007 Ed. (4849)
2005 Ed. (4592)
Slayden Construction Inc.
2002 Ed. (1285)
Slazenger
1997 Ed. (2153)
1993 Ed. (1990)
1992 Ed. (2337)
SLB Aggressive Growth
1992 Ed. (3189)
SLB European Portfolio
1992 Ed. (3178)
SLC Recycling LLC
2006 Ed. (3468)
Sleeman Breweries
2008 Ed. (560)
2007 Ed. (608)
Sleep Comfort Systems
2007 Ed. (3958)
Sleep Country Canada
2006 Ed. (3668)
Sleep-Eze
1991 Ed. (3137)
Sleep Fair
1994 Ed. (677, 3097)
Sleep Grand Traverse L.L.C.
2001 Ed. (4283)
Sleep Inn
1998 Ed. (2027)
Sleep Innovations Inc.
2007 Ed. (3958)
2006 Ed. (2950)
Sleep Inns
1997 Ed. (2302)
1994 Ed. (2112)
1992 Ed. (2476)
The Sleep Train Inc.
2008 Ed. (3604)
2007 Ed. (3437)
2006 Ed. (2884, 2886, 3423)
2000 Ed. (2297)
Sleepeck Printing Co.
1992 Ed. (3529, 3541)
Sleepettes
1991 Ed. (3137)
Sleeping aid tablets
2002 Ed. (2051)
Sleeping Bear Press
2001 Ed. (3951)
Sleeping Beauty Limited Edition
1999 Ed. (4717)
Sleeping with the Enemy
1993 Ed. (3668)
Sleepinol
1991 Ed. (3137)
Sleepless in Seattle
2001 Ed. (3412)
1995 Ed. (2612, 3703, 3708)
Sleeplessness
1996 Ed. (221)
Sleepy Hollow
2001 Ed. (3364)
Sleepycat Software Inc.
2007 Ed. (1249)
2006 Ed. (1135)
2005 Ed. (1146)
Sleepy's Inc.
2008 Ed. (3604)
2007 Ed. (3437)
2006 Ed. (3423)
2005 Ed. (3411)
2001 Ed. (2740)
2000 Ed. (2297, 2302)
1999 Ed. (2555, 2556, 2557, 2558, 2564)
1998 Ed. (1781)
1995 Ed. (2517)
1994 Ed. (677, 3097)
1993 Ed. (676, 3038)
Sleepy's/Kleinsleep
2000 Ed. (706, 2291)
Sleiman Enterprises
1998 Ed. (3004)
Slemons Imports; Jim
1992 Ed. (391)
1991 Ed. (272, 273, 286)
1990 Ed. (303)
Slenna Imaging Inc.
2000 Ed. (2399)
Slepe AG Consulting Partners
2003 Ed. (2317)
Sletten Inc.
2008 Ed. (1959)
2006 Ed. (1913)
2005 Ed. (1891)
2003 Ed. (1771)
Sletten Construction Co.
2003 Ed. (1771)
Sletten Cos.
2008 Ed. (1315)
2006 Ed. (1327)
2002 Ed. (1242)
SLH Principal Return-Zeros 1996
1992 Ed. (3185)
SLH Telecom
1991 Ed. (2556)
SLH Transport
2008 Ed. (4779)
2007 Ed. (4856)
2006 Ed. (4853)
SLI
2000 Ed. (2395)
Slice
1993 Ed. (3354, 3355, 3356)
1992 Ed. (4016, 4017, 4230)
1991 Ed. (3153)
1990 Ed. (3543)
1989 Ed. (2515)
Slice/Diet Slice
1991 Ed. (3320)
Sliced meats
1993 Ed. (3499)
Sliced turkey
1990 Ed. (3095)
Slices
2001 Ed. (1172)
Slick 50
2001 Ed. (2588)
SlickEdit Inc.
2006 Ed. (1141)
2005 Ed. (1152)
Slides
1993 Ed. (1594)
Slifer Designs
2008 Ed. (3346)
2007 Ed. (3204)
2006 Ed. (3170)
2005 Ed. (3168)
Sligo Inc.
1996 Ed. (3602)
Sligos
1994 Ed. (2473)
1992 Ed. (1335)
1990 Ed. (1139)
Sligro Food Group NV
2006 Ed. (1922)
Slim & Tone
2006 Ed. (2787)
Slim Fast
2008 Ed. (4913)
2004 Ed. (901)
2003 Ed. (878, 2060, 2061)
2002 Ed. (1976)
2001 Ed. (3725)
2000 Ed. (1668, 1668)
1999 Ed. (1844)
1998 Ed. (1272, 1352)
1996 Ed. (1548, 1549)
1993 Ed. (1484)
Slim-Fast Foods Co.
2003 Ed. (1502, 1507, 2062)
Slim Fast Jump Start
2000 Ed. (1668)
1999 Ed. (1844)
Slim Fast Meal Options
2004 Ed. (2097, 2098, 2128, 2153)
Slim-Fast Optima
2007 Ed. (3695)
Slim Fast Snack Options
2004 Ed. (2097)
Slim Jim
2008 Ed. (4447)
2002 Ed. (2009, 2010)
2001 Ed. (3234)
1998 Ed. (3324)
1996 Ed. (3465)
1995 Ed. (889)
Slimming World
2006 Ed. (2052)
2005 Ed. (1979)
Sling Blade
1999 Ed. (4720)
Sling Media
2007 Ed. (3446)
Slinky
1995 Ed. (3647)
Slippery Rock University
2006 Ed. (1072)
Slit film fibers
2001 Ed. (3839)
Slivka Buick-GMC; Ron
1996 Ed. (266)
Slivka Buick; Ron
1995 Ed. (265)
SLM Corp.
2008 Ed. (2162, 2360, 2696)
2007 Ed. (2216, 2220, 2553, 2554, 2555, 2562)
2006 Ed. (380, 1212, 1513, 1523, 2110, 2111, 2292, 2294, 2580, 2581, 2583, 2584, 2585, 2586, 4458, 4462)
2005 Ed. (417, 1253, 1625, 2007, 2010, 2227, 2229, 2578, 2579, 2581, 2582, 2583, 2591, 2594, 2595, 2606, 4282, 4455)
2004 Ed. (1224, 1603, 2605, 2610, 2611, 4490, 4577)
SLM Holding Corp.
2002 Ed. (1559)
2001 Ed. (1452, 1595)
1999 Ed. (1491, 1501, 2435)
SLM Holdings
2000 Ed. (1241, 2192)
SLM International Inc.
1996 Ed. (2069)
SLM Waste & Recycling Services Inc.
2007 Ed. (3595)
SLMsoft.com Inc.
2001 Ed. (2863)
SLO Brewing Co.
1998 Ed. (2487)
Sloan & Co.
2008 Ed. (1318)
Sloan Foundation; Alfred P.
1995 Ed. (1930)
1994 Ed. (1058, 1900)
Sloan Kettering Cancer Center
1995 Ed. (2140)
Sloan Kettering Institute for Cancer Research
2006 Ed. (3784)
Sloan; Massachusetts Institute of Technology,
1991 Ed. (814)
Sloan School of Business; Massachusetts Institute of Technology
2008 Ed. (182, 770, 772, 773, 780, 788, 790, 791, 796, 797, 798, 799)
2007 Ed. (797, 810, 813, 819, 821, 824)
2006 Ed. (702, 710, 712, 727, 728)
Sloane & Co.
2005 Ed. (3952)
2004 Ed. (3985)
2003 Ed. (3987)
Sloans Lake Managed Care
2003 Ed. (3921)
Sloate, Weisman, Murray
1997 Ed. (2526, 2538)
1996 Ed. (2396, 2408)
1995 Ed. (2361)
Slocan Forest Products
2006 Ed. (1429)
2003 Ed. (3723)
2002 Ed. (3576)
2001 Ed. (3627)
1999 Ed. (2497)
1998 Ed. (1754)
1997 Ed. (2076)
1996 Ed. (1746, 1962)
Slocomb Co.; J. T.
1994 Ed. (2047, 2054)
1993 Ed. (2034)
1991 Ed. (1902, 1908)
1990 Ed. (2003, 2014)
Slogan DDB
2003 Ed. (177)
2002 Ed. (206)
2000 Ed. (187)
1999 Ed. (167)
Slogan DDB/Uruguay
2001 Ed. (237)
Slomin's Inc.
2000 Ed. (3906, 3919, 3920, 3921)
Slomin's Security
2008 Ed. (4297, 4298, 4299, 4300, 4301)
2007 Ed. (4294, 4295, 4296)
2006 Ed. (4268, 4269, 4271, 4272, 4273)
2005 Ed. (4290, 4291, 4292, 4293)
2003 Ed. (4327, 4328)
2002 Ed. (4204)
2001 Ed. (4201)
1999 Ed. (4202, 4203)
1998 Ed. (3203)
1997 Ed. (3415)
Slot machines
1992 Ed. (2256)
1990 Ed. (1872, 1873)
Slough Estates
2007 Ed. (4079, 4092)
2006 Ed. (4048)
1989 Ed. (2288)
Slovak Republic
2004 Ed. (4750)
2002 Ed. (3523)
Slovakia
2008 Ed. (2203, 2949, 3500, 4390, 4795)
2007 Ed. (2093, 2826, 3049, 3379, 4198, 4868)
2006 Ed. (2149, 2823, 3015, 4502, 4866)
2005 Ed. (2055, 2535, 3021, 4801)
2004 Ed. (1920)
2003 Ed. (2212, 2213)
2002 Ed. (1813, 3302)
2001 Ed. (513, 1021, 1081, 1125, 1944, 1948, 2036, 2135, 2543, 2658, 3575, 3602, 3850, 3863, 3864, 4028, 4601, 4670, 4671, 4732, 4941)
2000 Ed. (1611)
1999 Ed. (1139, 1782, 4478, 4480)
1997 Ed. (1543)
1996 Ed. (1478)
1995 Ed. (1519)
1994 Ed. (1487)
Slovakian kroner
2008 Ed. (2273)
2007 Ed. (2159)
2006 Ed. (2239)
Slovakofarma
2002 Ed. (782, 783)
2000 Ed. (809, 810)
1999 Ed. (805)
Slovenia
2008 Ed. (412, 2203, 3499, 3501, 4620, 4621, 4795)
2007 Ed. (442, 2093, 2826, 4198)
2006 Ed. (439, 2149, 2330, 2823, 3273)
2005 Ed. (497, 501, 2055, 2535)
2004 Ed. (1920, 4750)
2003 Ed. (488, 2212, 2213)
2002 Ed. (1813, 3523)
2001 Ed. (513, 514, 1948)
2000 Ed. (1611)
1999 Ed. (1782, 2067)
1997 Ed. (1543)
1996 Ed. (1478, 3881)
1995 Ed. (1519)
1994 Ed. (1487)
Slovenska Armaturka Akciova Spolecnost
2004 Ed. (1693)
2002 Ed. (1631)
Slovenska Iodenice
1999 Ed. (806)

Slovenska Kreditna Banka
1999 Ed. (636)
1997 Ed. (610, 611)
1996 Ed. (674)
Slovenska poistovna
2002 Ed. (784)
2000 Ed. (809, 810)
1999 Ed. (805)
Slovenska Pol nohospodarska Banka
1996 Ed. (674, 675)
Slovenska Pol'nohospodarska Banka
1997 Ed. (610, 611)
1994 Ed. (462)
Slovenska sporitel'na
2008 Ed. (502)
2007 Ed. (550)
2006 Ed. (86, 521)
2005 Ed. (607)
2004 Ed. (617)
2003 Ed. (420, 608)
2002 Ed. (584, 645, 4469)
2001 Ed. (649)
2000 Ed. (662)
1999 Ed. (491, 636)
1996 Ed. (674)
Slovenska Statna Sporiteina
1995 Ed. (604)
Slovenska Statna Sporitelna
1997 Ed. (610, 611)
1996 Ed. (675)
1994 Ed. (462, 463)
1993 Ed. (458, 469)
Slovenska Zadruzna Kmetijska Banka
1999 Ed. (637)
1997 Ed. (612)
Slovenske elektrarne a.s.
2002 Ed. (4469)
Slovenske Energeticke Strojarne Akciova Spolecnost
2004 Ed. (1693)
2002 Ed. (1631)
Slovenske Telekomunikacle
2006 Ed. (86)
2005 Ed. (77)
2004 Ed. (82)
Slovnaft
2006 Ed. (655)
2000 Ed. (809, 810)
1999 Ed. (805, 806)
Slovnaft Akciova Spolocnost
2006 Ed. (1694)
Slovnaft AS
2007 Ed. (1690)
2002 Ed. (782, 783, 4469)
Slovnah AS
2005 Ed. (3779)
Slow Fe
2003 Ed. (2063)
Slow-K tabs 600 mg
1990 Ed. (1574)
SLP Ventures LP
2000 Ed. (3920)
1999 Ed. (4202)
SLR Contracting & Service
2008 Ed. (1165)
SLR Contracting & Services
2004 Ed. (3943)
SLS International Inc.
2008 Ed. (250)
Slumberland, Inc.
2001 Ed. (2740)
2000 Ed. (2302)
1999 Ed. (2564)
1998 Ed. (1781, 1789)
1993 Ed. (676, 3038)
Slumberland Furniture
2003 Ed. (2783)
Slyvania
2008 Ed. (2979, 4649, 4807)
Sm Barney Spec Eqty:A
1997 Ed. (2905)
SM Consulting
2008 Ed. (2288)
2007 Ed. (2173)
SM del Banco de Chile
2006 Ed. (1640)
SM Prime Holdings Inc.
2006 Ed. (3899)
2002 Ed. (3702)
2001 Ed. (1836)
2000 Ed. (3541, 3542)
1999 Ed. (3820)
1997 Ed. (3114)
SM Satellite Radio Holdings
2005 Ed. (2013)
SMA
2001 Ed. (543, 543, 543)
1996 Ed. (2258)
1994 Ed. (2197, 2198)
SMA Baby Milk
2002 Ed. (2803)
SMA Life Assurance
1991 Ed. (2117)
1989 Ed. (1708, 1709)
SMA Life Growth
1994 Ed. (3611)
SMA Milk
1999 Ed. (2872)
SMA: Sequential Multiple Analyzer, a blood test
1990 Ed. (1501)
Small & Medium Industry Bank
1989 Ed. (596)
Small appliances
2001 Ed. (2812)
1990 Ed. (2505)
Small Business Administration
2008 Ed. (3691)
2007 Ed. (3528)
2006 Ed. (3493)
2002 Ed. (4810)
1995 Ed. (1666)
1992 Ed. (26)
1989 Ed. (1486)
Small Business Administration loans
1989 Ed. (1220)
Small Business Development Center at Florida A & M University
2002 Ed. (4291)
Small Business Development Center at Florida Atlantic University
2002 Ed. (4291)
Small Business Development Center at Florida Gulf Coast University
2002 Ed. (4291)
Small Business Development Center at University of Central Florida
2002 Ed. (4291)
Small Business Development Center at University of North Florida
2002 Ed. (4291)
Small Business Development Center at University of South Florida
2002 Ed. (4291)
Small Business Development Center at University of West Florida
2002 Ed. (4291)
Small-business management and sales
1995 Ed. (2981)
Small businesses
2000 Ed. (2211)
Small-cap blend
2006 Ed. (2509)
2003 Ed. (3500)
Small Cap Digest
2002 Ed. (4869)
Small Cap Equity
1996 Ed. (624)
Small-cap value
2006 Ed. (2509)
2004 Ed. (2449)
2003 Ed. (3500)
Small Company Growth
1994 Ed. (580)
Small electric appliances
1991 Ed. (1977)
Small electrics
2005 Ed. (2961)
Small electronics
2001 Ed. (2988)
Small Co. Equity
1994 Ed. (579)
Small Giants: Companies That Choose to be Great Instead of Big
2008 Ed. (616)
Small Co. Growth
1996 Ed. (624, 625)
Small ICBM
1992 Ed. (4427)
Small items for investment
1991 Ed. (1845)
Small kitchen appliances
1989 Ed. (861, 1920)
Small Luxury Hotels of the World
1999 Ed. (2778)
Small pickup
2001 Ed. (502)
Small plant
2000 Ed. (2211)
Small Sacrifices
1992 Ed. (4251)
Small Soldiers Asst.
2000 Ed. (4276)
Small sport utility vehicle
2001 Ed. (502)
Small sporty car
2001 Ed. (502)
The SmallCap Investor
2002 Ed. (4869)
Smallcap World
1999 Ed. (3551)
1995 Ed. (2743)
1994 Ed. (2616)
1993 Ed. (2672)
SmallCapCenter.com
2002 Ed. (4869)
Smallwood, Reynolds, Stewart, Stewart & Associates
2008 Ed. (2517, 3336, 3340, 3346)
2007 Ed. (3194)
2004 Ed. (2350)
2000 Ed. (310)
1999 Ed. (284)
1997 Ed. (263)
Smart
2008 Ed. (684)
Smart & Associates LLP
2007 Ed. (10)
2006 Ed. (14)
2005 Ed. (9)
Smart & Final Inc.
2008 Ed. (2838, 4563)
2007 Ed. (2709)
2005 Ed. (4100, 4560, 4561)
2004 Ed. (4163, 4632, 4633)
2003 Ed. (4149)
2001 Ed. (3273)
2000 Ed. (4368)
1999 Ed. (1873, 1877, 1878, 4372, 4738)
1998 Ed. (1300, 1303, 1304, 3341)
1997 Ed. (1633, 1636, 1637)
1995 Ed. (3722)
1993 Ed. (3364)
Smart Business Advisory & Consulting
2008 Ed. (8)
Smart Cabling Solutions
2008 Ed. (1870)
2007 Ed. (1839)
Smart Choice Automotive Group
2000 Ed. (332)
Smart Communications
2004 Ed. (72)
2000 Ed. (1539, 1541)
Smart Couples Finish Rich
2006 Ed. (638)
Smart Food
2008 Ed. (4008)
2007 Ed. (3991)
2006 Ed. (3933)
Smart Fuel Cell
2003 Ed. (2283)
Smart Mobs
2005 Ed. (712)
Smart Modular
1999 Ed. (1956, 1963, 1964)
Smart Modular Technologies
2000 Ed. (1735)
Smart Money
2000 Ed. (3465)
1998 Ed. (2782)
1997 Ed. (3036)
1996 Ed. (2960)
Smart Move
2008 Ed. (1679)
Smart Ones
2008 Ed. (2774)
2007 Ed. (2649)
2006 Ed. (2666)
2005 Ed. (2691)
2004 Ed. (2691)
2003 Ed. (2558)
2002 Ed. (2366)
Smart Publicidad
2003 Ed. (51)
Smart Shirts
1995 Ed. (1034)
1994 Ed. (1027)
1993 Ed. (995)
1992 Ed. (1228)
Smart Solutions Inc.
2008 Ed. (3726, 4421)
2006 Ed. (3533)
Smart Systems Technologies Inc.
2008 Ed. (2983, 2986, 4943)
2007 Ed. (2864, 4973)
Smart Women Finish Rich
2006 Ed. (638)
SmartAge.com
2001 Ed. (4765)
SmarTalk TeleServices
1999 Ed. (2624, 3265)
SmartBargains.com
2008 Ed. (2447)
2006 Ed. (2383)
SmartBrief; National Restaurant Association
2008 Ed. (4711)
2007 Ed. (4794)
Smarter Living
2008 Ed. (3620)
2003 Ed. (3055)
The Smartest Guys in the Room
2006 Ed. (578)
2005 Ed. (722)
The Smartest Investment Book You'll Ever Read: The Simple, Stress-Free Way to Reach Your Wealth Goals
2008 Ed. (620)
Smartfood
1996 Ed. (3054)
Smarthaven
2002 Ed. (2518)
Smarties
2001 Ed. (1120)
1999 Ed. (1132)
1997 Ed. (886)
1996 Ed. (870)
SmartMoney
1996 Ed. (2966, 2967)
SmartMoney.com
2004 Ed. (3155)
2003 Ed. (3038)
2002 Ed. (4792, 4797, 4812, 4814, 4817, 4836)
SmarTone Mobile Communications Ltd.
2001 Ed. (3333)
SmartPak Equine
2007 Ed. (1323)
Smartronix Inc.
2007 Ed. (3563, 4425)
SmartShip
2002 Ed. (4806)
SmartStop Inc.
2002 Ed. (2531)
SmartSuite
1996 Ed. (1086)
Smash
1996 Ed. (3031)
Smash Hits
2000 Ed. (3501)
Smashing Pumpkins
1996 Ed. (1095)
Smathers; George A.
1994 Ed. (889, 1056)
Smathers Jr. and Mary Belle; Frank
1992 Ed. (1280)
Smathers, Jr.; Frank
1992 Ed. (1093)
SMB
2002 Ed. (4402, 4403)
1995 Ed. (2541, 2542)
SmBarney Natural Resources
2001 Ed. (3430)
SMC
2007 Ed. (2401)
SMC Capital
1999 Ed. (3089)
1998 Ed. (2289, 3028)
SMC Manufacturing
1995 Ed. (2097)
SMC (Sonitrol Management Corp.)
2000 Ed. (3918)
SMD Inc.
2008 Ed. (2464)

SME
1994 Ed. (1406)
1993 Ed. (1353)
1992 Ed. (1653)
1991 Ed. (1311, 1312, 2459)
SME Industries Inc.
2008 Ed. (1316)
2007 Ed. (1381, 1393)
Smeal School of Business; Pennsylvania State University
2008 Ed. (182, 799)
2007 Ed. (827)
2006 Ed. (727)
Smedvig asa
2003 Ed. (4598)
Smeg
2008 Ed. (678)
2007 Ed. (706)
SMEG U.K. Ltd.
2002 Ed. (43)
SMF Systems Corp.
2004 Ed. (1348, 4985)
2003 Ed. (1347)
SMG
2007 Ed. (4082)
2006 Ed. (4040)
2005 Ed. (4005)
2004 Ed. (4073)
2003 Ed. (4051)
2001 Ed. (3998)
1997 Ed. (2735, 2736, 3141, 3142)
SMG Acquisition Corp.
1989 Ed. (1022)
SMH
1994 Ed. (1455)
SMH Group
2001 Ed. (48)
SMH Societe Suisse de Micro-electronique et d'Horlogerie
1999 Ed. (2897)
1997 Ed. (2405)
1996 Ed. (2264)
1995 Ed. (2264)
SMI Construction
1992 Ed. (3963)
SMI-Owen Steel Co.
2003 Ed. (1317)
SMIC
2006 Ed. (4289)
Smidth & Co. A/S - Koncern; F.L.
1990 Ed. (1344)
Smile
2007 Ed. (743)
Smile Saver Dental Plan
1999 Ed. (1832)
Smilee/Smiles
1991 Ed. (1418)
Smiley Promotion
1990 Ed. (3078, 3087)
SMIM Latin America
2002 Ed. (3478)
Smint
2002 Ed. (786)
2001 Ed. (1122)
2000 Ed. (974, 976)
Smirnoff
2008 Ed. (241, 242, 724)
2007 Ed. (262, 747)
2006 Ed. (252, 254, 255)
2005 Ed. (235, 4833)
2004 Ed. (229, 3279, 3284, 4845, 4850)
2003 Ed. (263, 3225, 3226, 3230, 4864, 4870)
2002 Ed. (278, 279, 299, 3130, 3131, 3134, 3150, 3156, 3164, 3165, 3166, 3171, 3172, 3173, 3174, 3175, 3176, 3177, 3178, 3179, 4760, 4767, 4768, 4769, 4770, 4771, 4772)
2001 Ed. (355, 3115, 3118, 3132, 3133, 3135, 3137, 3138, 3139, 3140, 3141, 3142, 3143, 3144, 3145, 3146, 3147, 4706, 4711, 4712, 4713, 4714)
2000 Ed. (2946, 2949, 2967, 2969, 2970, 2972, 2973, 2974, 2975, 2976, 2977, 2978, 2979, 2980, 4353, 4354, 4359)
1999 Ed. (3206, 3228, 3229, 3231, 3233, 3239, 3240, 3241, 3242, 3243, 3244, 3245, 3246, 3249, 4724, 4730, 4731, 4732, 4733)
1998 Ed. (2377, 2387, 2388, 2392, 2393, 2394, 2395, 2396, 2397, 3682, 3687, 3688, 3689, 3690)
1997 Ed. (2646, 2658, 2659, 2661, 2664, 2665, 2666, 2667, 2668, 3852, 3855, 3857, 3858)
1996 Ed. (2505, 2519, 2520, 2524, 3800, 3803, 3804, 3805, 3806)
1995 Ed. (648, 697, 2454, 2455, 2456, 2470, 2471, 3711, 3714, 3716)
1994 Ed. (2374, 2375, 2389, 2390, 2393, 3640, 3641)
1993 Ed. (2433, 2436, 2445, 2449, 2450, 3674, 3679)
1992 Ed. (2867, 2868, 2872, 2874, 2881, 2885, 2891, 4402, 4407, 4408, 4409, 4410)
1991 Ed. (2313, 2315, 2316, 2320, 2328, 3455, 3456, 3461, 3462, 3463, 3464)
1990 Ed. (2445, 2451, 2454, 3676)
1989 Ed. (1895, 2892, 2896, 2897, 2898)
Smirnoff Ice
2008 Ed. (239, 240)
2007 Ed. (261, 263)
2006 Ed. (253, 4957)
2005 Ed. (234, 3364, 4924, 4926)
2004 Ed. (228, 4946)
2003 Ed. (261, 262)
Smirnoff Ice Triple Black
2008 Ed. (239)
2006 Ed. (4957)
Smirnoff Music Centre
2002 Ed. (4342)
Smirnoff Red
1994 Ed. (2394)
1992 Ed. (2892)
Smirnoff Red Label
2002 Ed. (3182)
2001 Ed. (359, 3113)
1999 Ed. (3248)
1996 Ed. (2526)
Smirnoff Red Vodka
2008 Ed. (246)
Smirnoff Twisted V
2008 Ed. (239)
Smirnoff Vodka
2008 Ed. (243)
Smith
2000 Ed. (1554)
1998 Ed. (2040)
Smith; A. J. C.
1997 Ed. (1802)
Smith; A. O.
1997 Ed. (3867)
1995 Ed. (1506)
1994 Ed. (1469)
1993 Ed. (1416, 3687)
1992 Ed. (474, 4424)
1991 Ed. (341, 342, 3475)
1989 Ed. (332, 333)
Smith Advertising; J. Richard
1996 Ed. (46)
1994 Ed. (56)
1993 Ed. (65)
1992 Ed. (108)
Smith Affiliated
1990 Ed. (2335)
Smith Affiliated Capital Corp., Enhanced Fixed
2003 Ed. (3114, 3138)
Smith Alarm Systems
2000 Ed. (3920)
1999 Ed. (4200, 4202)
1998 Ed. (3201)
Smith; Allan D.
1995 Ed. (938)
Smith; Allerton
1997 Ed. (1923)
Smith & Associates
2007 Ed. (2331)
2006 Ed. (2387)
2005 Ed. (2346, 4349)
2004 Ed. (2246)
2002 Ed. (2094)
2001 Ed. (2200, 2201)
2000 Ed. (1770)
1999 Ed. (1990)
1998 Ed. (1415)
1997 Ed. (1709, 1710, 2167, 2212)
Smith & Brown
1989 Ed. (45)
Smith & Co.; Donald
1990 Ed. (2318)
Smith & Harang
2004 Ed. (3227)
Smith & Harroff
2005 Ed. (3978)
2004 Ed. (4038)
1996 Ed. (3106, 3108)
1994 Ed. (2949)
Smith & Nephew
2007 Ed. (2993, 3947)
2006 Ed. (2784, 2968, 3896)
2005 Ed. (2971, 3831)
1997 Ed. (962)
1990 Ed. (3294)
Smith & Nephew plc
2008 Ed. (1743, 1752, 3109, 3978)
2007 Ed. (2781, 2785)
2002 Ed. (2832)
Smith & Oxley Advertising
1990 Ed. (80)
Smith & Partners Inc.; Harwood K.
1990 Ed. (279, 1665)
1989 Ed. (266)
Smith & Wesson
1993 Ed. (1863)
Smith & Wesson Holding Corp.
2008 Ed. (1905, 1910, 1915, 1920, 1924)
Smith & Williamson Ltd.
2008 Ed. (4)
2007 Ed. (6)
2006 Ed. (8, 9, 10)
Smith & Wollensky
2002 Ed. (4016)
2000 Ed. (3772)
1999 Ed. (4056)
1998 Ed. (3049)
1997 Ed. (3302)
1996 Ed. (3195)
1995 Ed. (3101)
1994 Ed. (3055)
1993 Ed. (3010)
1992 Ed. (3687, 3689)
1991 Ed. (2858, 2860)
1990 Ed. (3002)
The Smith & Wollensky Restaurant Group
2008 Ed. (4150, 4151)
2007 Ed. (4132)
2003 Ed. (4322)
The Smith & Woolensky Restaurant Group Inc.
2003 Ed. (4321)
Smith A.O.
1999 Ed. (259)
1990 Ed. (3684)
Smith Asset Mgmt.
2000 Ed. (2818)
Smith Barney
2008 Ed. (730)
2007 Ed. (751)
2006 Ed. (659)
2005 Ed. (753, 755)
1999 Ed. (826, 827, 834, 836, 837, 838, 864, 904, 2143, 2150, 2151, 2152, 3037, 4179, 4180, 4181, 4229, 4230, 4231, 4232, 4233, 4234, 4235, 4236, 4237, 4238, 4240, 4241, 4242, 4243, 4244, 4245, 4246, 4247, 4248, 4249, 4250, 4251)
1998 Ed. (322, 340, 342, 517, 519, 520, 521, 523, 525, 526, 529, 814, 1004, 1493, 1560, 1561, 1562, 2231, 2237, 2238, 2243, 2253, 2566, 2567, 2568, 2569, 2570, 2571, 2578, 2645, 3176, 3181, 3191, 3192, 3198, 3207, 3208, 3209, 3211, 3212, 3215, 3217, 3218, 3219, 3222, 3223, 3226, 3227, 3228, 3229, 3231, 3233, 3234, 3235, 3236, 3237, 3238, 3239, 3240, 3241, 3242, 3244, 3246, 3247, 3251, 3252, 3253, 3254, 3255, 3256, 3257, 3258, 3259, 3260, 3261, 3264, 3265, 3269, 3273, 3414)
1997 Ed. (736, 738, 739, 740, 741, 782, 1220, 1221, 1222, 1223, 1225, 1227, 1848, 1849, 1922, 2476, 2494, 2499, 2500, 2502, 2503, 2504, 2506, 2832, 2833, 2834, 2835, 2836, 2937, 2838, 3417, 3418, 3419, 3422, 3424, 3425, 3426, 3428, 3429, 3430, 3431, 3432, 3435, 3439, 3440, 3441, 3442, 3443, 3444, 3445, 3446, 3447, 3449, 3450, 3451, 3452, 3453, 3454, 3455, 3456, 3457, 3458, 3459, 3460, 3461, 3462, 3463, 3464, 3465, 3466, 3467, 3470, 3478, 3481)
1996 Ed. (796, 797, 799, 800, 802, 803, 804, 805, 809, 1181, 1182, 1183, 1184, 1185, 1187, 1188, 1189, 1768, 1769, 1892, 2365, 2399, 2403, 2407, 2712, 2713, 2714, 2715, 2716, 2717, 2718, 2719, 2720, 2721, 3311, 3313, 3314, 3315, 3316, 3317, 3318, 3319, 3321, 3322, 3327, 3328, 3330, 3331, 3332, 3333, 3337, 3338, 3339, 3340, 3341, 3342, 3343, 3344, 3345, 3346, 3347)
1993 Ed. (759, 1768, 1769)
1992 Ed. (956, 1266, 2132, 2133, 3640, 3832, 3835, 3836, 3837, 3838, 3839, 3848, 3849, 3851, 3853, 3854, 3855, 3858, 3859, 3860, 3861, 3862, 3884, 3886, 3887, 3888, 3891, 3892)
1990 Ed. (1222, 1770, 1797, 1798, 2291, 2641, 2643, 2647, 3139, 3143, 3145, 3147, 3148, 3149, 3150, 3151, 3153, 3155, 3158, 3160, 3161, 3162, 3175, 3179, 3187, 3188, 3189, 3190, 3191, 3193, 3195, 3203, 3205)
1989 Ed. (1413, 1415, 1754, 1767, 2404, 2406, 2409, 2412, 2418, 2419, 2420, 2421, 2422, 2428, 2430)
Smith Barney AAA Energy
2005 Ed. (1086)
Smith Barney Adjustable-Rate Government A
1996 Ed. (2794)
Smith Barney Advisers
1992 Ed. (3157)
Smith Barney Advisors Inc.
2001 Ed. (3513)
2000 Ed. (3312)
Smith Barney Aggressive Growth
2006 Ed. (3614, 3615, 4556)
2005 Ed. (4480)
2004 Ed. (2451, 3551, 3553)
2003 Ed. (3490, 3491, 3525, 3533, 3549)
2002 Ed. (3417)
Smith Barney Aggressive Growth A
1999 Ed. (3530)
Smith Barney Appreciation
2006 Ed. (4559)
2005 Ed. (4483)
Smith Barney Birtcher Realty
1991 Ed. (2240)
Smith Barney CA Municipals A
1998 Ed. (2644)
Smith Barney Capital
1993 Ed. (2313, 2317, 2321)
Smith Barney Capital Management
1999 Ed. (3054)
1992 Ed. (2753, 2757, 2761)
Smith Barney Citigroup
2006 Ed. (3208, 3209, 3223, 3224)
2005 Ed. (111, 162, 164, 545, 546, 664, 849, 867, 949, 952, 1119, 1142, 1178, 2287, 2301, 2342, 2450, 2451, 2464, 2643, 2983, 3029, 3055, 3102, 3117, 3175, 3223, 3233, 3236, 3237, 3238, 3356, 3369, 3430, 3685, 3687, 3714, 3716, 3812, 3986, 4020, 4048, 4112, 4131, 4341, 4348, 4564, 4615, 4617, 4715, 4719, 4772, 4982)

Smith Barney Citigroup Global Markets
2006 Ed. (4219)
Smith Barney Conbertible B
1996 Ed. (2807)
Smith Barney Conc Alc Sos
2000 Ed. (3247)
Smith Barney Concert Social Awareness
2000 Ed. (3242)
Smith Barney Inc., Convertible
2003 Ed. (3116)
Smith Barney Convertible B
1999 Ed. (3563)
Smith Barney Fundamental Value
2003 Ed. (3492)
Smith Barney Government Securities A
1999 Ed. (749)
Smith Barney Harris Upham
1992 Ed. (959, 952, 954, 955, 962, 1053, 2134, 2725, 2726, 3852, 3864, 3865, 3866, 3868, 3869, 3870, 3875, 3876, 3877)
1991 Ed. (1110, 1672, 1675, 1678, 1684, 1688, 1690, 1692, 1695, 1696, 1705, 1706, 1708, 1709, 2513, 2515, 2516, 2517, 2520, 2522, 2994, 3026, 2180, 2182, 2183, 2185, 2186, 2187, 2188, 2192, 2193, 2194, 2195, 2944, 2945, 2946, 2947, 2948, 2959, 2961, 2970, 2971, 2972, 2974, 2975, 2976, 2978, 2981, 2982, 2983, 2985, 2986, 2987, 2988, 2989, 2990, 2991, 2992, 3000, 3001, 3002, 3004, 3008, 3015, 3016, 3017, 3022, 773, 783, 2166, 2173, 3031, 3033, 3034, 3035, 3036, 3037, 3038, 3040, 3041, 3042, 3043, 3044, 3045, 3048, 3049, 3050, 3051, 3052, 3053, 3056, 3057, 3058, 3059, 3060, 3061, 3062, 3064)
1990 Ed. (791, 793, 796, 797, 800, 803, 804, 808, 3171, 3172)
1989 Ed. (1414, 1762, 2370, 2371, 2372, 2373, 2374, 2375, 2376, 2377, 2379, 2380, 2382, 2384, 2385, 2386)
Smith Barney, Harris Upham & Co.
1995 Ed. (3255, 3257, 3258, 3259, 3261, 3262, 3263, 3264, 3265)
1994 Ed. (766, 768, 769, 771, 772, 774, 775, 776, 777, 779, 784, 1757, 1758, 1829, 1830, 1835, 2580, 2581, 2582, 2583, 3159, 3162, 3169, 3170, 3171, 3172, 3175, 3177, 3178, 3179, 3180, 3181, 3182, 3183)
1993 Ed. (756, 758, 764, 765, 766, 1172, 1770, 2265, 3121, 3124, 3126, 3127, 3130, 3133, 3134, 3135, 3136, 3139, 3141, 3143, 3145, 3154, 3155, 3157, 3162, 3165, 3166, 3167, 3168, 3169, 3170, 3173, 3174, 3177, 3178, 3184, 3185, 3186, 3187, 3188, 3189, 3190, 3191, 3192, 3193, 3194, 3196, 3197, 3198, 3199)
1990 Ed. (786, 812, 819, 2137, 2138, 3164, 3207, 3208, 3209, 3210, 3211, 3212, 3213, 3214, 3215, 3216, 3217)
1989 Ed. (820)
Smith Barney High-Income B
1999 Ed. (3539)
1996 Ed. (2808)
Smith Barney International Aggressive Growth
2004 Ed. (3650)
Smith Barney International All Cap Growth
2004 Ed. (3651)
Smith Barney International Balanced
2000 Ed. (3284)
Smith Barney International Equity
1995 Ed. (2679, 2699)
1994 Ed. (2638)
1993 Ed. (2652, 2661, 2672)
Smith Barney Investment Grade A
1997 Ed. (2901)
Smith Barney Investment Grade Bond
2003 Ed. (3528)
Smith Barney Investment Grade Bond A
1999 Ed. (743, 745, 3536, 3550)
Smith Barney Investment Grade Bond B
1999 Ed. (3537, 3550)
1997 Ed. (687)
Smith Barney Investment Grade Bond Y
1999 Ed. (3550)
Smith Barney Managed Government A
1996 Ed. (2810)
Smith Barney Managed Governments A
1999 Ed. (3554)
1996 Ed. (2780)
Smith Barney Managed Municipal A
1998 Ed. (2602, 2639, 2644)
Smith Barney Managed Municipals A
1999 Ed. (757, 3571, 3572)
1997 Ed. (692, 2893, 2904)
Smith Barney Managed Municipals Y
1999 Ed. (3573)
Smith Barney Managed Munis A
1999 Ed. (3573)
Smith Barney Ltd. Maturity Munis.
1996 Ed. (2785)
Smith Barney Monthly Government
1993 Ed. (2665, 2696)
1992 Ed. (3198)
Smith Barney Monthly Payment A
1996 Ed. (2780)
Smith Barney Muni. Ltd. Term A
1996 Ed. (2785)
Smith Barney Municipal National A
1995 Ed. (2689)
Smith Barney National Municipals A
1999 Ed. (757)
Smith Barney Prem. Total Ret. B
1996 Ed. (2777)
Smith Barney Inc., Premium Total Return
2003 Ed. (3141)
Smith Barney Premium Total Return A
1996 Ed. (2792)
Smith Barney Security & Growth
2004 Ed. (3545, 3548)
2003 Ed. (3483, 3486)
Smith Barney Shearson Inc.
1996 Ed. (810, 2353, 2354, 3353, 3355, 3356, 3357, 3358, 3359, 3360, 3362, 3365, 3366, 3367, 3368, 3369, 3370, 3371, 3372, 3373, 3374)
1995 Ed. (232, 722, 723, 724, 725, 726, 729, 730, 731, 732, 733, 734, 735, 736, 743, 746, 747, 748, 749, 750, 751, 753, 755, 760, 761, 762, 800, 816, 1217, 1793, 1794, 1799, 2346, 2355, 2363, 2633, 2634, 2635, 2636, 2637, 2638, 2639, 2640, 2641, 2642, 3204, 3213, 3216, 3217, 3218, 3219, 3221, 3223, 3232, 3233, 3234, 3242, 3243, 3244, 3245, 3246, 3248, 3249, 3253, 3274)
Smith Barney Shearson Global Bond B
1995 Ed. (2742)
Smith Barney Shearson Investment Guide Bond B
1995 Ed. (2708)
Smith Barney Shearson Managed Municipal A
1995 Ed. (2711)
Smith Barney Shearson Managed Munis. A
1996 Ed. (2762)
Smith Barney Shearson Municipals
1995 Ed. (3542)
Smith Barney Shearson Prudential Total Return B
1995 Ed. (2736)
Smith Barney Shearson Special Equity A
1995 Ed. (2703, 2724)
Smith Barney/Shearson Special Equity B
1995 Ed. (2724)
Smith Barney Social Awareness
2006 Ed. (4403)
Smith Barney Social Awareness Fund
2007 Ed. (4466)
Smith Barney Special Equities A
1997 Ed. (2895)
Smith Barney Special Equities B
1997 Ed. (2872)
1996 Ed. (2803)
Smith Barney Telecomm Income
1999 Ed. (3578)
Smith Barney Tidewater Futures Fund
2005 Ed. (1085)
Smith Barney U.S. Government Securities
1993 Ed. (2665)
Smith Barney U.S. Government Securities A
1998 Ed. (2638)
Smith Barney U.S. Governments A
1996 Ed. (2780)
Smith Barney World Funds International Equity A
1995 Ed. (2738)
Smith; Bob
1993 Ed. (2462)
Smith Breeden
2003 Ed. (3441)
2000 Ed. (2835)
1999 Ed. (3069, 3072)
1996 Ed. (2399)
1995 Ed. (2364)
Smith Breeden Interm -Dur. U.S. Gov.
1999 Ed. (3554)
Smith Breeden Intermediate-Duration Government
1998 Ed. (2642)
Smith Breeden Short-Duration Government
1996 Ed. (2794)
Smith Breeden Short-Duration Government Securities
1998 Ed. (2597)
Smith Breeden Short-Duration U.S. Government
1998 Ed. (2642)
Smith Buick-Jeep-Eagle; Ron
1993 Ed. (294)
1992 Ed. (409)
1991 Ed. (304)
Smith Buick; Ron
1994 Ed. (263)
Smith; C. G.
1997 Ed. (1506)
1995 Ed. (1484, 1485)
1993 Ed. (1392, 1393, 1394, 1395)
1991 Ed. (1344, 1345)
1990 Ed. (1417, 1418)
Smith C.G.
1999 Ed. (1732)
Smith Charitable Trust; W. W.
1992 Ed. (2217)
1991 Ed. (1768)
Smith Charitable Trust; W.W.
1990 Ed. (1849)
Smith; Charles W.
1992 Ed. (533)
Smith Chevrolet-Oldsmobile Inc.; Al
1997 Ed. (675)
1996 Ed. (743)
Smith College
1997 Ed. (1052)
1995 Ed. (1051)
1994 Ed. (1043)
1993 Ed. (1016)
1992 Ed. (1268)
1991 Ed. (1002)
1990 Ed. (1089, 1093)
Smith Construction; C. D.
2008 Ed. (1345)
2006 Ed. (1352)
Smith Corona
1997 Ed. (2935)
1993 Ed. (1575)
1992 Ed. (1923, 1924, 3288)
Smith Crisps
1993 Ed. (1879)
Smith; Dan
2008 Ed. (2631, 2633)
2007 Ed. (2501)
Smith; Dan F.
2008 Ed. (946)
2006 Ed. (2520)
Smith; Darwin
2005 Ed. (974)
1989 Ed. (2340)
Smith; Darwin E.
1990 Ed. (976, 1726)
Smith; David
2006 Ed. (2517)
1995 Ed. (3503)
1990 Ed. (3341)
Smith, Donald & Co.
1993 Ed. (2297)
Smith; DS
2007 Ed. (2032)
Smith; E. Follin
2007 Ed. (1089)
2006 Ed. (997)
Smith; E. G.
1993 Ed. (1133)
Smith Edwards Dunlap Co.
2000 Ed. (3615)
1999 Ed. (3898)
Smith; Elden L.
2007 Ed. (959)
Smith-Emery Co.
1995 Ed. (1718)
1994 Ed. (2892)
1992 Ed. (3480)
Smith; Emmitt
1997 Ed. (1724)
Smith Environmental Technical Corp.
1996 Ed. (1128)
Smith Environmental Technologies Corp.
1998 Ed. (1476, 1488)
1997 Ed. (1763)
1996 Ed. (1682)
Smith (Estates Charities); Henry
1995 Ed. (1934)
Smith Everett Group Ltd.
2006 Ed. (3263)
2005 Ed. (3272, 3273)
2004 Ed. (3247)
2003 Ed. (3201)
2001 Ed. (3080, 3081)
Smith Family
2008 Ed. (4911)
2006 Ed. (4897)
2002 Ed. (3363)
Smith; Flour City Architectural Metals/E. G.
1990 Ed. (1206)
Smith Food King
1995 Ed. (1767)
Smith Foundation; Kevin and Eleanor
1994 Ed. (1058, 1900)
Smith; Fred
2005 Ed. (787)
Smith; Frederick
2008 Ed. (934)
2007 Ed. (962)
2006 Ed. (871)
Smith; Frederick W.
2008 Ed. (951)
2007 Ed. (1029)
1991 Ed. (925)
1989 Ed. (1984)
Smith, Gambrell & Russell
1993 Ed. (2391)
1992 Ed. (2828)
1991 Ed. (2279)
1990 Ed. (2413)
Smith Graham
1997 Ed. (2529)
1996 Ed. (2399)
1995 Ed. (2363)
1993 Ed. (2327)
Smith Graham & Co.
2002 Ed. (712)
Smith Graham & Co. Investment Advisors LP
2008 Ed. (180)
2007 Ed. (197)
2006 Ed. (191)
2004 Ed. (172)
2003 Ed. (216)
Smith; Greg
1997 Ed. (1910)
1996 Ed. (1837)
1995 Ed. (1860)
1994 Ed. (1818)
1993 Ed. (1838)

The Smith Group
1999 Ed. (282, 2016)
1997 Ed. (264, 1742)
1996 Ed. (233, 1664)
1995 Ed. (236, 1681)
1994 Ed. (234, 1642)
1993 Ed. (245, 1609)
1992 Ed. (354, 1954)
1991 Ed. (1557)
1990 Ed. (1665)
Smith Group Inc.; Stewart
1995 Ed. (2289)
Smith; Herbert
2005 Ed. (1444, 1445, 1450)
1992 Ed. (14, 2835, 2836)
Smith, Hinchman & Grylis Associates Inc.
1998 Ed. (185)
1997 Ed. (266)
Smith, Hinchman & Grylls Assoc. Inc.
1990 Ed. (282)
1989 Ed. (267)
Smith, Hinchman & Grylls Associates Inc.
1995 Ed. (238)
1993 Ed. (247)
1992 Ed. (357)
1991 Ed. (252)
Smith Hosiery
2003 Ed. (1001)
Smith; Howard
2006 Ed. (980)
Smith Industries Plc
1998 Ed. (1022)
Smith International Inc.
2008 Ed. (2498, 3895)
2007 Ed. (2382, 3833, 3836, 3837)
2006 Ed. (2434, 2438, 2439, 3820, 3821, 3822)
2005 Ed. (2393, 2396, 2397, 3728, 3729, 3730, 3731)
2004 Ed. (2312, 2315, 3820, 3821, 3822, 3823)
2003 Ed. (3810, 3812, 3815)
2002 Ed. (2124)
2001 Ed. (3757, 3758)
1999 Ed. (3794)
1998 Ed. (2816)
1997 Ed. (2370)
1993 Ed. (2829)
1992 Ed. (3424)
1991 Ed. (2720)
1990 Ed. (2831)
1989 Ed. (2208)
Smith International (North Sea) Ltd.
1991 Ed. (1338)
Smith; Jaclyn
1997 Ed. (1026, 1027, 1726)
1993 Ed. (987, 994)
1989 Ed. (945)
Smith; John F.
1997 Ed. (981)
Smith Jr; John F.
1996 Ed. (965)
Smith; Kenneth C.
1997 Ed. (138)
Smith Laboratories Inc.
1992 Ed. (1477, 1478)
Smith; Lawrence
2008 Ed. (967)
2007 Ed. (1049)
2005 Ed. (991)
Smith; Mark
2006 Ed. (884)
Smith Masonry Co.; John J.
1997 Ed. (1166)
1996 Ed. (1147)
1995 Ed. (1162)
Smith Mesa Nissan
1993 Ed. (279)
Smith; Michael
2006 Ed. (975)
1997 Ed. (1880)
Smith Micro Software Inc.
2007 Ed. (3688)
1997 Ed. (3410)
Smith, Moore & Co.
1997 Ed. (2476)
1995 Ed. (2335)
1991 Ed. (2169)
Smith New Court
1997 Ed. (743, 752, 753, 754, 755, 756, 760, 762, 764, 767, 768, 779, 785, 787, 788, 789, 790, 792, 793, 795, 796, 797, 799, 800, 801, 802, 803, 804, 805, 806, 807, 808, 809, 810, 811, 812, 815, 817, 818, 819, 820, 821, 822)
1996 Ed. (1859, 1860, 1863, 1892, 3393)
1995 Ed. (728, 764, 770, 771, 772, 773, 774, 776, 777, 778, 779, 780, 781, 782, 783, 784, 801, 802, 803, 804, 805, 811, 812, 813, 814, 815, 822, 823, 824, 825, 826, 827, 828, 829, 830, 831, 839, 840)
1994 Ed. (773, 1838, 1839)
1993 Ed. (1639, 1846, 1847)
1989 Ed. (816)
Smith New Court, Carl Marks Inc.
1995 Ed. (752)
Smith New Court Far East
1996 Ed. (1851)
Smith New Court Securities
1992 Ed. (2139, 2785)
1991 Ed. (778, 1712)
Smith New Court Securities (Japan)
1996 Ed. (1868)
Smith Nissan; Dick
1992 Ed. (393)
Smith; Orin
2006 Ed. (915)
2005 Ed. (967)
Smith; Orin R.
1994 Ed. (1723)
Smith Oxley Jordan & Edghill
1992 Ed. (124)
Smith Oxley Jordan & Edghill Advertising
1995 Ed. (49)
Smith; Ozzie
1989 Ed. (719)
Smith; Paul
2005 Ed. (4884)
1997 Ed. (1993)
Smith; Perry D.
1991 Ed. (2549)
Smith; Philip L.
1990 Ed. (1714)
Smith Point Investments
2006 Ed. (1082)
Smith; Raymond
1992 Ed. (2064)
Smith; Raymond W.
1993 Ed. (1706)
Smith Retail; W. H.
1995 Ed. (3420)
Smith; Roger
1992 Ed. (1144)
1991 Ed. (927)
1990 Ed. (974)
Smith s Food & Drug Centers
1996 Ed. (3606)
Smith School of Business; University of Maryland
2007 Ed. (796)
2006 Ed. (722, 740)
Smith; Scott
1995 Ed. (1795, 1828)
1994 Ed. (1789, 1831)
1993 Ed. (1806)
1991 Ed. (1677)
Smith Seckman Reid
2008 Ed. (2571)
2005 Ed. (2438)
Smith; Sir Paul & Lady
2005 Ed. (4889)
Smith, Somerville & Case
1993 Ed. (2392)
1992 Ed. (2829)
1991 Ed. (2280)
1990 Ed. (2414)
Smith St. John Co.
1995 Ed. (1920)
Smith; Stephen
1997 Ed. (1876)
1996 Ed. (1803)
1995 Ed. (1825)
Smith Technology Corp.
1998 Ed. (937, 1456)
Smith; Terry
2008 Ed. (2595)
2007 Ed. (2462)
Smith Trust & Savings Bank
1989 Ed. (208)
Smith; W. H.
1992 Ed. (3737)
Smith; W. Roy
1993 Ed. (2464)
1992 Ed. (2906)
1991 Ed. (2345)
Smith; Wayne
2008 Ed. (937)
2007 Ed. (982)
2006 Ed. (892)
Smith Whiley & Co.
2008 Ed. (178)
2007 Ed. (195)
2006 Ed. (189)
2005 Ed. (176)
2004 Ed. (174)
2003 Ed. (218)
Smith; Will
2008 Ed. (183)
2005 Ed. (2443)
Smith; William
1994 Ed. (1806)
1993 Ed. (1823)
1991 Ed. (1690)
Smith Woodhouse
2005 Ed. (4960)
2004 Ed. (4968)
Smithard Associates
1999 Ed. (3940)
SmithBarney Concert Social Awareness
2000 Ed. (3243)
SmithBarney Investment Grade Bond A
2000 Ed. (758)
SmithBarney Municipal National A
2000 Ed. (771)
SmithBarney Telecom-Income
2000 Ed. (3289)
SmithBarney World Global Government A
2000 Ed. (760)
SmithBucklin
2008 Ed. (4723)
Smithburg; William D.
1996 Ed. (1715)
1993 Ed. (938)
Smithco Engineering Inc.
2008 Ed. (3727, 4422, 4978)
2007 Ed. (3590, 3591, 4441)
2006 Ed. (3534, 4373)
Smithers-FCB Holdings; Lindsay
1994 Ed. (115)
Smithfield
2008 Ed. (335)
2002 Ed. (423)
Smithfield Beef Group Inc.
2008 Ed. (2755, 3505)
Smithfield Design Group
1995 Ed. (2226)
Smithfield Foods Inc.
2008 Ed. (1451, 2159, 2161, 2162, 2171, 2734, 2737, 2753, 2754, 2756, 2784, 3609, 3613, 3614, 3615, 3617, 4013)
2007 Ed. (2053, 2054, 2062, 2599, 2603, 2608, 2609, 2611, 2628, 3996)
2006 Ed. (1215, 1496, 1942, 2096, 2097, 2109, 2622, 2624, 2625, 2631, 2632, 2633, 3408, 3430, 3431, 3938)
2005 Ed. (1996, 1997, 2006, 2626, 2628, 2629, 2634, 2635, 2645, 3413, 3414, 3420, 3875)
2004 Ed. (1881, 2635, 2637, 2638, 2644, 2662, 3400, 3401, 3407, 3408, 3927)
2003 Ed. (1555, 2505, 2507, 2509, 2519, 2521, 3330, 3337, 3338, 3339, 3340, 3341, 3342, 3899, 3901)
2002 Ed. (2290, 2297, 3274, 3277, 3727)
2001 Ed. (2479, 2725, 3852, 3853)
2000 Ed. (2232, 3059, 3060, 3061, 3580, 3581, 3582)
1999 Ed. (2475, 3321, 3322, 3323, 3864, 3865, 3866)
1998 Ed. (1067, 1733, 2454, 2455)
1997 Ed. (2035, 2037, 2734, 2737, 2738, 3134, 3139, 3140)
1996 Ed. (2588, 2590, 3061, 3062)
1995 Ed. (1290, 1504, 1890, 2524, 2527, 2965, 2966)
1994 Ed. (1266, 1267, 1467, 1866, 1871, 1873, 1874, 2452, 2453, 2456, 2458, 2904, 2905, 2906, 2907)
1993 Ed. (1228, 1413, 1877, 2519, 2521, 2879, 2889, 2890)
1992 Ed. (2189)
1991 Ed. (1738)
1990 Ed. (2527)
1989 Ed. (1057, 1937)
Smithfield Foods/Murphy
2001 Ed. (3851)
Smithfield Packing Co.
2008 Ed. (2158)
2007 Ed. (2052)
2006 Ed. (2095, 2647)
2005 Ed. (1995)
2004 Ed. (1879)
2003 Ed. (1844)
2001 Ed. (1894)
SmithGroup
2008 Ed. (261, 263, 2532, 2534, 2537, 2539, 3340, 3341, 3343)
2007 Ed. (287, 2411, 3195, 3198, 3199)
2006 Ed. (284, 3164, 3165)
2005 Ed. (261, 3161, 3162, 3163, 3165, 3170)
2004 Ed. (2341, 2346, 2371)
2002 Ed. (330, 2130)
2001 Ed. (409)
2000 Ed. (309, 313)
SmithKline
1991 Ed. (1168)
SmithKline & French
1992 Ed. (1867)
1991 Ed. (1472)
1990 Ed. (1565)
SmithKline Beckman Corp.
2005 Ed. (1507, 1551)
1997 Ed. (1245, 1252, 1660)
1995 Ed. (1222, 1228, 1235)
1994 Ed. (1212, 1219)
1991 Ed. (2682, 913, 1143, 1144, 1147, 1469, 1136, 1153, 1154, 1160, 1169)
1990 Ed. (1293, 1326, 1558, 1560, 1561, 1562, 1564, 1568, 1631, 2779, 3447)
1989 Ed. (1271, 1272, 1273, 1276, 1277, 1323, 1942)
SmithKline Beecham
2000 Ed. (740, 957, 1028, 1442, 1701, 1710, 1712, 2998, 2999, 3153)
1999 Ed. (1095, 1642, 1646, 1664, 1672, 1830, 1911, 1912, 1914, 1915, 1916, 1917, 1918, 3262, 3303, 3429)
1998 Ed. (1148, 1160, 1329, 1344, 1345, 1349, 2520)
1997 Ed. (1416, 1422, 1453, 1657, 1658, 1659, 1661, 1662, 1663, 2066, 2685, 2709, 2740)
1996 Ed. (1199, 1206, 1357, 1359, 1361, 1362, 1363, 1365, 1366, 1397, 1576, 1580, 1582, 2597)
1995 Ed. (1408, 1428, 1433, 1592, 1594, 1595, 2529, 3098)
1994 Ed. (199, 1378, 1382, 1403, 1562, 2410, 2745, 2871)
1993 Ed. (232, 911, 1179, 1188, 1322, 1325, 1326, 1339, 1340, 1350, 1516, 2469, 2774)
1992 Ed. (1457, 1467, 1472, 1480, 1631, 1780, 1839, 1840, 1842, 1874, 2385, 3347)
1991 Ed. (47, 1144, 1474, 2586, 3232)
1990 Ed. (1570)
SmithKline Beecham Consumer Brands Ltd.
2005 Ed. (1829)
SmithKline Beecham Consumer Healthcare
2003 Ed. (282, 284, 1998, 2109, 3788, 4769)

2002 Ed. (38, 50)
SmithKline Beecham Foundation
1999 Ed. (2504)
1992 Ed. (2217)
SmithKline Beecham (Ireland) Ltd.
2001 Ed. (1755)
SmithKline Beecham Marion
1994 Ed. (1558)
SmithKline Beecham Pharmaceutical
2001 Ed. (2064)
1996 Ed. (1577)
Smithkline Beecham plc
2004 Ed. (956)
2002 Ed. (1011, 1416, 1785, 2018, 2024, 2025, 3215, 3217)
2001 Ed. (31, 56, 73, 78, 1189, 1719, 1885, 1932, 2058, 2072, 2589, 2590)
1996 Ed. (934, 1331, 2084)
SmithKline Beecham Retirement Plan for Employees
1995 Ed. (2874)
SmithKline Employees Federal Credit Union
1994 Ed. (1507)
Smiths
2002 Ed. (4301)
Smiths City
1993 Ed. (44)
1992 Ed. (67)
Smiths City Group
1990 Ed. (42)
Smith's Food & Drug
2007 Ed. (4637)
1997 Ed. (1527, 3176, 3668, 3678)
1995 Ed. (1569, 3364, 3524, 3527, 3534, 3535, 3538)
1994 Ed. (1288, 1539, 3459, 3461, 3467, 3468)
1993 Ed. (1997, 3486)
1991 Ed. (3252)
Smith's Food & Drug Centers Inc.
2006 Ed. (2089)
2005 Ed. (1991)
2004 Ed. (1875)
2003 Ed. (1841, 4635)
2001 Ed. (1891)
1998 Ed. (1190)
1996 Ed. (1458, 1556, 3622)
1992 Ed. (2105, 4163, 4164)
Smiths Group
2006 Ed. (181)
2005 Ed. (168)
Smiths Group plc
2008 Ed. (165)
2007 Ed. (180, 188)
2006 Ed. (182)
2003 Ed. (207)
Smith's Home Furnishings
1996 Ed. (1984)
Smiths Industries plc
2002 Ed. (2100)
2001 Ed. (268)
Smith's (Kensington Estate); Henry
1997 Ed. (945)
Smith's Management Corp.
1992 Ed. (490)
1991 Ed. (3259, 3260)
Smithson; Simon
1997 Ed. (1961)
Smithsonian
2007 Ed. (150)
1994 Ed. (2792, 2794)
Smithsonian Institution
2006 Ed. (3714)
2005 Ed. (3605)
2004 Ed. (1886)
2002 Ed. (3988)
2000 Ed. (3343)
1995 Ed. (939)
1992 Ed. (3266)
Smithtown Bancorp
2008 Ed. (428)
2007 Ed. (463)
2006 Ed. (452)
2004 Ed. (541)
2003 Ed. (523)
Smithtown Nissan
1992 Ed. (420)
Smithtown, NY
1992 Ed. (1167, 1168)
Smithway Motor Xpress
2000 Ed. (4313)
Smits-Neuchatel BV
1997 Ed. (1133)
Smitty's
2000 Ed. (2595)
1999 Ed. (2820)
1998 Ed. (2065)
1997 Ed. (2343)
1996 Ed. (2214)
1995 Ed. (2196)
SMK Speedy International Inc.
2000 Ed. (1397)
SML
1991 Ed. (1419)
SML Capital
1997 Ed. (2527)
SMN Diversified Futures Fund
2005 Ed. (1085)
Smoke alarm
1991 Ed. (1964)
Smoke-Craft
1996 Ed. (3465)
Smoke Detectors
1990 Ed. (721)
Smokecraft
1998 Ed. (3324)
Smoked
2000 Ed. (4062)
Smokeless tobacco
2001 Ed. (4555, 4556, 4557, 4558)
Smokemart
2004 Ed. (1648, 3954)
2003 Ed. (3957)
2002 Ed. (2304)
Smoker Friendly/Gasamat
2007 Ed. (2525)
Smoker Friendly International
2005 Ed. (4139)
Smokers Polident
2003 Ed. (1993)
Smokes For Less
2005 Ed. (4139)
Smokeshops
1992 Ed. (1146)
1990 Ed. (987)
Smokey Bones
2006 Ed. (4111, 4112)
Smokey Bones Barbeque & Grill
2008 Ed. (4197, 4198)
2007 Ed. (4137)
Smokey Bones BBQ
2007 Ed. (4136, 4139)
Smoking accessories
2002 Ed. (1051)
Smoking cessation products
2002 Ed. (2050, 3768)
Smoking deterrents, over-the-counter
1998 Ed. (1327)
Smoking tobacco
2001 Ed. (4554)
Smoky Mountain Pizza & Pasta
2008 Ed. (3992)
2007 Ed. (3966)
2006 Ed. (3915)
2005 Ed. (3844)
Smooth Corp.
2007 Ed. (4167)
2006 Ed. (4144)
Smoothie King
2008 Ed. (3408)
2007 Ed. (3293)
2006 Ed. (3233)
2005 Ed. (3247)
2004 Ed. (3220)
2003 Ed. (3164)
2002 Ed. (3041)
1998 Ed. (1760, 1761, 3070, 3071)
Smoothies
2008 Ed. (2793)
Smorgasburger
2002 Ed. (3654)
1999 Ed. (3788)
1997 Ed. (3074)
1996 Ed. (2995)
1994 Ed. (2833)
1993 Ed. (2816)
1992 Ed. (3409)
1990 Ed. (2819)
1989 Ed. (2194)
Smorgon Family
2002 Ed. (871)
2001 Ed. (3317)
Smorgon Steel
2004 Ed. (3439)
2001 Ed. (1623)
Smorgon Steel Group
2003 Ed. (1614)
2002 Ed. (3306)
SMRC Childwise
2002 Ed. (3257)
SMS Inc.
1990 Ed. (3707)
SMS Acquisition Inc.
2006 Ed. (2037)
SMS/Bates/SSA
1997 Ed. (68, 75, 143)
1996 Ed. (137)
SMS/BSB/SSA
1995 Ed. (123)
SMS de Mexico
1993 Ed. (119)
SMS Management & Technology
2003 Ed. (1614)
SMS of Pipestone, LLC
2003 Ed. (3899)
SMT Corp.
2008 Ed. (4956)
2007 Ed. (3543)
SMT Fund
2004 Ed. (3601, 3602)
SMTC Corp.
2008 Ed. (2939)
2006 Ed. (1228, 1233)
2005 Ed. (1274, 1277)
2004 Ed. (1112, 3003)
SMTC Manufacturing
2008 Ed. (2935)
Smucker
1992 Ed. (3221)
Smucker Foods of Canada
2007 Ed. (2615)
Smucker Co.; The J. M.
2008 Ed. (2731)
2007 Ed. (1519, 1521, 2609)
2006 Ed. (1489, 1491, 1952, 2421, 2632)
2005 Ed. (1606, 2653, 2654)
Smucker's
2003 Ed. (3156, 3157)
1997 Ed. (2584)
1994 Ed. (2748)
Smucker's Simply Fruit
1997 Ed. (2584)
Smurfit
2000 Ed. (2865, 2866)
1999 Ed. (3117, 3118)
1997 Ed. (2574, 2575)
1993 Ed. (1417)
1992 Ed. (3336)
Smurfit Carton y Papel de Mexico
1996 Ed. (1732)
Smurfit/CCA
1992 Ed. (1385, 3328)
Smurfit Group
1994 Ed. (1579)
Smurfit Jefferson
1997 Ed. (2071)
Smurfit (Jefferson) Group
1996 Ed. (2431, 2432)
Smurfit Kappa Group Ltd.
2008 Ed. (1858)
Smurfit Newsprint Corp.
2000 Ed. (3410)
1995 Ed. (2829)
Smurfit-Stone Container Corp.
2008 Ed. (1946, 1948, 3849, 3850, 3853)
2007 Ed. (1333, 1891, 3411, 3769, 3770, 3775)
2006 Ed. (1221, 1222, 1224, 1225, 1226, 1899, 1900, 3774, 3775, 3779)
2005 Ed. (1261, 1262, 1264, 1266, 1878, 1879, 1885, 3673, 3674, 3676, 3677, 3683, 3689)
2004 Ed. (1227, 1228, 1229, 1230, 1577, 3758, 3759, 3761, 3762)
2003 Ed. (1223, 1549, 3712, 3713, 3714, 3716, 3717, 3722, 3724, 3726, 3729, 3730, 3731)
2002 Ed. (2319, 2321, 3575, 3578, 3579, 3581, 3582, 3583)
2001 Ed. (1044, 3612, 3613, 3614, 3624, 3625, 3630, 3631, 3634, 4933)
2000 Ed. (2241)
Smurfit-Stone Container Enterprises Inc.
2008 Ed. (3849, 3850)
2007 Ed. (3769, 3770)
Smurfit-Stone Recycling
2005 Ed. (4032)
Smyth; Anne-Marie
2007 Ed. (4919)
Smythe Buick-Pontiac-GMC Inc.
1993 Ed. (294)
Smythe Dorward Lambert
1994 Ed. (2964)
Smythe European
2008 Ed. (320)
2005 Ed. (277, 334)
2004 Ed. (273, 275, 338, 4823)
2002 Ed. (352, 359)
1992 Ed. (391)
1991 Ed. (286)
1990 Ed. (333)
Smythe GMC Inc.
1994 Ed. (257)
SMZ-TMP
1996 Ed. (2014)
1994 Ed. (1966)
SN-Supermarket News
1998 Ed. (2790)
Snack & sandwich packs
2002 Ed. (4298)
Snack bars
2004 Ed. (2099)
2002 Ed. (1975)
Snack cakes/pies
1998 Ed. (257)
1994 Ed. (3347)
1990 Ed. (3306)
Snack cheese
2002 Ed. (983)
Snack Dash
2008 Ed. (4812)
Snack food
1992 Ed. (91)
Snack nut meats
1990 Ed. (3306)
Snack Nuts
2000 Ed. (4066)
1997 Ed. (3531)
1996 Ed. (3096)
1994 Ed. (3333, 3334, 3346, 3347, 3348)
1993 Ed. (3338)
1992 Ed. (3997)
1991 Ed. (3149)
1990 Ed. (3307, 3308)
Snack peanuts
2007 Ed. (3785, 3786, 3787)
2006 Ed. (3787, 3788, 3789)
2001 Ed. (3656, 3657, 3658)
Snack, salty
2006 Ed. (1385)
Snack size
2008 Ed. (974)
Snacks
2008 Ed. (2732, 2732)
2005 Ed. (1395, 1396, 2624)
2003 Ed. (1962, 3757, 3937, 3938, 3939, 3940)
2002 Ed. (3493, 3494)
2001 Ed. (3655, 4288)
2000 Ed. (3514, 3515, 4141)
1995 Ed. (2049, 3721)
Snacks, extruded
1995 Ed. (3406)
1994 Ed. (3333, 3334, 3347)
Snacks, flavored
1999 Ed. (1422)
Snacks, packaged sweet
2006 Ed. (1385)
Snacks, salted
1996 Ed. (1169)
Snacks, salty
2007 Ed. (1422)
2005 Ed. (1395, 1396)
2004 Ed. (2133)
2002 Ed. (1222, 4038, 4527)
1998 Ed. (2499)
SnackWell's
2003 Ed. (4456)

2001 Ed. (1493, 1494)
2000 Ed. (1293, 4065)
1999 Ed. (779, 1420, 1421)
1998 Ed. (263)
SnackWell's Creme
1998 Ed. (992, 3660)
1997 Ed. (1214)
Snackwells; Nabisco
2005 Ed. (1397)
SnackWell's Vanilla Sandwich Creme
1998 Ed. (993)
Snaige
2006 Ed. (4516)
Snak-Ens Deluxe
1999 Ed. (4345, 4703)
Snak-Stop
2000 Ed. (969)
Snake Eyes
2001 Ed. (4700)
Snake River Sugar Co.
2006 Ed. (1388)
Snam
1999 Ed. (1686)
1997 Ed. (1458)
1995 Ed. (3337)
1994 Ed. (3258, 3578)
1993 Ed. (3620)
Snam Rete Gas
2007 Ed. (2685)
Snam Rete Gas SpA
2008 Ed. (2816)
2007 Ed. (2687)
2005 Ed. (2727, 2729, 3768, 3770)
Snam SpA
2003 Ed. (1727)
2002 Ed. (4259)
2001 Ed. (1759)
2000 Ed. (1486)
1990 Ed. (1388)
1989 Ed. (1130)
Snamprogetti
2005 Ed. (1335)
Snamprogetti SpA
2008 Ed. (1288, 1300)
2006 Ed. (1299, 1304, 1314)
2005 Ed. (1331)
2004 Ed. (1325)
2003 Ed. (1325)
2002 Ed. (1308, 1309, 1317, 1323)
2000 Ed. (1275)
1999 Ed. (1406)
1997 Ed. (1751, 1759)
1996 Ed. (1678)
1995 Ed. (1177)
1994 Ed. (1158, 1163, 1170)
Snap, Crackle & Pop
2007 Ed. (677)
Snap Fitness Inc.
2008 Ed. (2914)
Snap-on Inc.
2008 Ed. (748, 1214)
2007 Ed. (773, 1324, 2978, 4040)
2006 Ed. (678, 2961)
2005 Ed. (2782, 2783, 3382)
2004 Ed. (2790, 2791, 3352)
2003 Ed. (2927, 3267, 3268, 3289, 3378)
2001 Ed. (2848, 3183, 3184)
1996 Ed. (339)
Snap-on Tools
2008 Ed. (2879)
2007 Ed. (901, 2762)
2006 Ed. (813, 2753, 4006)
2005 Ed. (898, 2784, 3932)
2004 Ed. (2792)
2003 Ed. (2677)
2002 Ed. (2446, 2576)
2001 Ed. (2531)
1999 Ed. (2520)
1998 Ed. (1757, 1762)
1997 Ed. (2080)
1995 Ed. (324, 325, 1506)
1994 Ed. (328, 1469, 2419)
1993 Ed. (341, 1416, 2485)
1992 Ed. (2952, 466, 468, 471)
1991 Ed. (335, 337, 2369)
1990 Ed. (386, 387, 2501)
1989 Ed. (334, 337, 1916)
Snap.com
2001 Ed. (2971)
Snapper Inc.
2002 Ed. (3062, 3064, 3066, 3067)
1998 Ed. (2545, 2546)
Snapple
2008 Ed. (4491, 4598, 4600, 4913)
2007 Ed. (4511, 4690, 4691)
2006 Ed. (4454, 4670)
2005 Ed. (1601, 4448, 4604)
2004 Ed. (4481)
2003 Ed. (2578, 4520, 4675)
2002 Ed. (702)
2001 Ed. (1000)
2000 Ed. (2282, 4148, 4181)
1999 Ed. (704)
1998 Ed. (451, 1777, 3441, 3469, 3470)
1996 Ed. (3632)
1995 Ed. (3546)
1994 Ed. (688, 3477)
1993 Ed. (685)
Snapple Beverage Corp.
2005 Ed. (1498)
1997 Ed. (1261)
1996 Ed. (722, 730, 731, 734, 735, 736, 739, 1938, 1940, 2069)
1995 Ed. (653, 657, 658, 661, 2070, 2443, 3162, 3414)
Snapple Elements
2005 Ed. (4447)
2003 Ed. (4518)
Snapple Refresher
2000 Ed. (4091)
Snappy
1999 Ed. (346)
1990 Ed. (384, 2622)
Snappy Auctions
2008 Ed. (4792)
Snappy Car Rental
1992 Ed. (464)
1991 Ed. (333)
Snaps
2008 Ed. (837)
Snausages
1999 Ed. (3783)
1997 Ed. (3073)
1996 Ed. (2994)
1994 Ed. (2832)
1993 Ed. (2817)
1990 Ed. (2820)
1989 Ed. (2195)
Snavely Development Corp.
2003 Ed. (1155)
SNC Group
1992 Ed. (1960)
1991 Ed. (1561, 1903)
1990 Ed. (1671)
SNC-Lavalin Constructors Inc.
2007 Ed. (2055)
2006 Ed. (2099)
2005 Ed. (1998)
2004 Ed. (1882)
SNC-Lavalin Group Inc.
2008 Ed. (1184, 1429, 1628, 1629, 1644, 1648, 1654)
2007 Ed. (1284, 1445)
2006 Ed. (1451)
SNC-Lavalin International Inc.
2008 Ed. (2552, 2553, 2554, 2557, 2558, 2560, 2561, 2562, 2563, 2565, 2567, 2568)
2007 Ed. (2425, 2426, 2427, 2428, 2430, 2431, 2433, 2434, 2435, 2436, 2438, 2440, 2441)
2006 Ed. (2460, 2461, 2462, 2463, 2468, 2469, 2470, 2471, 2473, 2475, 2476)
2005 Ed. (2421, 2422, 2423, 2429, 2430, 2431, 2433, 2435, 2436)
2004 Ed. (2389, 2390, 2391, 2394, 2397, 2398, 2399, 2401, 2403, 2404)
2003 Ed. (2305, 2308, 2309, 2317, 2318, 2322, 2323)
2001 Ed. (2237, 2246)
2000 Ed. (1808, 1809, 1812, 1813, 1816, 1817, 1818, 1821, 1822, 1823)
1998 Ed. (1447, 1451)
1997 Ed. (1746, 1747, 1750, 1751, 1754, 1758, 1759, 1762)
1996 Ed. (1666, 1670, 1673, 1674, 1677, 1681)
1995 Ed. (1684, 1688, 1695)
1994 Ed. (1644, 1649, 1650)
SNCF
2008 Ed. (4102)
2007 Ed. (1781, 4069)
2000 Ed. (3701)
1999 Ed. (1612, 1659, 3988)
1998 Ed. (2995)
1997 Ed. (1395, 3250, 3502, 3793)
1996 Ed. (3737)
1995 Ed. (3340, 3661, 3662)
1993 Ed. (3620)
1992 Ed. (2343)
1990 Ed. (1945, 3645)
SNCF-Ste National des Chemins de Fers Francais
2000 Ed. (1417, 4296)
SNCF-Ste. Nationale des Chemins de Fers Francais
1994 Ed. (3577, 3578)
SND Electronics Inc.
2004 Ed. (2246)
Sneakers
2000 Ed. (38)
Snecma
2007 Ed. (186)
1994 Ed. (1514)
Snell & Wilmer
2006 Ed. (3252)
2001 Ed. (772)
1999 Ed. (3476)
1998 Ed. (2565)
Snell & Wilmer LLP
2007 Ed. (1501)
Snell; Audrey
2008 Ed. (2692)
Snelling Personnel-Denver
2006 Ed. (3504)
Snelling Personnel Services
2006 Ed. (3502, 4457)
2005 Ed. (3494)
2004 Ed. (3494, 3495, 4482)
2003 Ed. (3425)
2002 Ed. (4597)
2000 Ed. (4229)
1999 Ed. (2508, 2518)
Snelling Staffing LLC
2008 Ed. (2113)
Snelling Staffing Services LLC
2008 Ed. (3734, 4984, 4986)
Snelson Cos.
2008 Ed. (1267)
2007 Ed. (1371)
2006 Ed. (1296)
2003 Ed. (1278)
SNET
1990 Ed. (3516)
Snethkamp Automotive Group
2002 Ed. (369)
2001 Ed. (454)
2000 Ed. (333)
1999 Ed. (319)
SNI
2006 Ed. (796)
2000 Ed. (990, 991)
1999 Ed. (1040, 1041, 4815)
1998 Ed. (3766)
1997 Ed. (908, 909, 3919)
1996 Ed. (1071)
SNI Home Care Inc.
1999 Ed. (2708)
1995 Ed. (3797)
Snickers
2008 Ed. (674, 835, 973)
2007 Ed. (871)
2006 Ed. (774, 4389)
2005 Ed. (996)
2004 Ed. (978)
2003 Ed. (963, 1131)
2002 Ed. (933, 934, 1047, 1048, 1049, 1167)
2001 Ed. (1113, 1114, 1121)
2000 Ed. (972, 1055, 1056, 1057, 1058)
1999 Ed. (785, 1016, 1021, 1022, 1025, 1026, 1130, 1131)
1998 Ed. (615, 616, 617, 618, 619, 620, 622, 623, 624, 625, 626, 627, 628, 629, 630, 631, 985, 2067)
1997 Ed. (890, 891, 892, 895, 983, 1199, 2348)
1996 Ed. (873, 1976)
1995 Ed. (889, 890, 894, 895)
1994 Ed. (846, 848, 849, 850, 856)
1993 Ed. (832, 832, 833, 838)
1992 Ed. (921, 1042, 1043, 1045, 2190)
1990 Ed. (895)
1989 Ed. (2505, 2506)
Snickers Bar
1991 Ed. (847)
1990 Ed. (892)
1989 Ed. (857)
Snickers King
1995 Ed. (890)
Snickers Original
2000 Ed. (1054)
Snickers, Single Bars
1990 Ed. (894)
Snickers, 16-Oz. Bag
1990 Ed. (893, 894)
Snickers Snackers
1997 Ed. (891)
Snider; Arnold
1989 Ed. (1416, 1417)
Snider Tire Inc.
2008 Ed. (4683)
2007 Ed. (4755, 4760)
2006 Ed. (4746)
2005 Ed. (4696)
SNIP
2002 Ed. (2994)
1996 Ed. (2032)
Snip N' Clip Inc.
2003 Ed. (2675)
2002 Ed. (2432)
SNL Securities
2002 Ed. (4796)
"SNL's Presidential Bash"
1995 Ed. (3583)
Sno Bol
2003 Ed. (987)
Snohomish County, WA
1995 Ed. (1512)
Snow Brand Milk
1989 Ed. (1459)
Snow Brand Milk Products Co., Ltd.
2006 Ed. (2641)
2005 Ed. (2646)
2003 Ed. (2514)
2002 Ed. (2306, 2307, 2309)
2000 Ed. (2223, 2224, 2227)
1999 Ed. (2465, 2466, 2470)
1998 Ed. (1731)
1997 Ed. (1577, 2040, 2046)
1996 Ed. (1946)
1995 Ed. (1901)
1994 Ed. (1876)
1993 Ed. (1880)
1992 Ed. (2193)
1991 Ed. (1744)
1990 Ed. (1826, 1831)
Snow, Christensen & Martineau
2006 Ed. (3252)
Snow Country
1996 Ed. (2960)
1995 Ed. (2881)
Snow Crash
2005 Ed. (712)
Snow Down Merchandise Corp.
1994 Ed. (1033)
1992 Ed. (1230)
Snow Shack Inc.
2001 Ed. (1890)
Snow White
1998 Ed. (2536)
Snow White and the Seven Dwarfs
1999 Ed. (3446)
Snowbird Ski & Summer Resort
2008 Ed. (4431)
Snowboarding
1999 Ed. (4382, 4385)
1997 Ed. (3561)
Snowden; Edward H.
2005 Ed. (977)
Snowling; Matthew
2006 Ed. (2578)
Snowmass
2008 Ed. (4342)
2007 Ed. (4391)
2006 Ed. (4327)
2005 Ed. (4377)
2004 Ed. (4428)
Snowmass, CO
1999 Ed. (1155, 4747)
1990 Ed. (3293)

Snowmass Ski Area
2002 Ed. (4284)
Snowmass Village, CO
2002 Ed. (2712)
2001 Ed. (2817)
2000 Ed. (1068, 4376)
1998 Ed. (737, 3704)
SnowRunner
1996 Ed. (3304, 3778)
Snow's
1998 Ed. (636)
Snowshoe Mountain Inc.
2008 Ed. (2173)
SNP Petrom
2006 Ed. (4530)
SNPE
1994 Ed. (1514)
SNS Bank
1999 Ed. (606)
1997 Ed. (572)
1996 Ed. (631)
1995 Ed. (562)
1994 Ed. (592, 593)
1993 Ed. (585)
1992 Ed. (794)
SNS Bank Nederland
2008 Ed. (481)
2007 Ed. (526)
2006 Ed. (504)
2005 Ed. (585)
2004 Ed. (596)
2003 Ed. (591)
2002 Ed. (625)
2000 Ed. (629)
SNS Bank N.V.'s-Hertogenbosch
1996 Ed. (630)
SNS-Sociedade Nacional de Saboes
1996 Ed. (1332)
Snuff
2001 Ed. (4554)
Snuff, dry
1999 Ed. (4611)
Snuff, moist
1999 Ed. (4611)
Snuggems
2003 Ed. (2055)
2000 Ed. (1666)
Snuggle
2007 Ed. (677)
2003 Ed. (2045, 2429)
Snuggle Fabric Softener, 64 oz.
1989 Ed. (1630, 1631)
Snyder Capital
1999 Ed. (3077)
1995 Ed. (2357, 2361)
1991 Ed. (2232)
Snyder; Dan
2006 Ed. (4912)
2005 Ed. (4859)
Snyder; David
1997 Ed. (1883)
1996 Ed. (1809)
Snyder Drug Stores
2006 Ed. (2305)
2005 Ed. (2239)
Snyder General
1991 Ed. (1777)
Snyder Industries Inc.
2008 Ed. (3998)
2007 Ed. (3975)
2006 Ed. (3921)
2005 Ed. (3858)
2004 Ed. (3912)
2003 Ed. (3891)
2001 Ed. (4126, 4127)
Snyder Co.; J. H.
1995 Ed. (3064)
Snyder Co.; J.H.
1990 Ed. (2962)
Snyder Langston
2004 Ed. (1262)
Snyder Oil Corp.
1997 Ed. (3093)
1996 Ed. (3010)
Snyder Roofing
2006 Ed. (1334)
Snyder; William B.
1991 Ed. (1626)
1990 Ed. (1719)
SnyderGeneral
1994 Ed. (148)
1993 Ed. (164)
1992 Ed. (260, 2242)
1990 Ed. (195, 196, 1861)
Snyder's
2006 Ed. (2308)
Snyder's Drug Stores
2005 Ed. (2240)
2004 Ed. (2137)
2002 Ed. (2030)
Snyder's Honey Mustard
1995 Ed. (3691)
Snyders of Hanover
2008 Ed. (4442)
2007 Ed. (4459)
2006 Ed. (4392)
2003 Ed. (4458)
2000 Ed. (4063)
1998 Ed. (3319)
1997 Ed. (3530, 3533, 3664)
1996 Ed. (3463)
1995 Ed. (3405, 3691)
1994 Ed. (3342, 3344)
So-Cal Telco Inc.
1999 Ed. (4561)
So-Dri
2008 Ed. (3857)
So New Eng Telecom
1999 Ed. (4543)
So Pac Fd Corp.
2000 Ed. (3330)
So Simple; Quaker Oats
2008 Ed. (718)
Soap
2004 Ed. (3804)
2002 Ed. (670)
2000 Ed. (4149)
Soap & bath products
1999 Ed. (1789)
Soap, bar
2004 Ed. (660)
Soap/bubble bath for kids
1990 Ed. (1955)
Soap, detergent, & toilet preparations
1998 Ed. (29)
Soap flakes, chips, powders
1994 Ed. (1994)
Soap, liquid
2004 Ed. (660)
1998 Ed. (3434)
Soap Opera Digest
2001 Ed. (3195, 3198)
1999 Ed. (3751)
1998 Ed. (2796)
1996 Ed. (2959)
1994 Ed. (2786)
1993 Ed. (2791, 2793)
1992 Ed. (3387)
1990 Ed. (2799)
Soap Opera Update
1997 Ed. (3042, 3046)
Soap Opera Weekly
1994 Ed. (2789)
Soap products, personal
1995 Ed. (2992, 2993, 3528)
Soaps
2005 Ed. (2961)
2002 Ed. (2771, 2773)
2001 Ed. (94)
2000 Ed. (39, 2628)
Soaps & cosmetics
2000 Ed. (1352, 1353, 1354, 1355, 1357)
1999 Ed. (1508, 1509, 1510, 1511, 1512)
1998 Ed. (1071, 1073, 1074, 1076, 1077, 1079)
Soaps & detergents
2001 Ed. (1186)
1996 Ed. (930)
1995 Ed. (2998)
Soaps & perfumes
2001 Ed. (1194)
Soaps, cleansers & polishes
1992 Ed. (32)
Soaps, cosmetics
2002 Ed. (2769)
1997 Ed. (1299, 1302, 1304, 1305, 1441, 1444)
1996 Ed. (1253, 1254, 1255, 1256, 1258, 1259, 1262)
1995 Ed. (1278, 1295, 1298, 1300, 1301, 1302, 1303)
1993 Ed. (1232, 1237, 1239, 1240, 1241, 1242)
1992 Ed. (2599, 2601, 2603, 2606, 2608, 2610, 2612, 2622, 2622)
1991 Ed. (2030, 2032, 2034, 2036, 2038, 2040, 2042, 2044)
Soaps, hand
1992 Ed. (1170)
Sobani Warner
1999 Ed. (2407)
1996 Ed. (1899)
SoBe
2008 Ed. (4491, 4598, 4600)
2007 Ed. (4690, 4691)
2006 Ed. (4670)
2005 Ed. (4604)
2003 Ed. (4517, 4518, 4519)
2002 Ed. (702)
2000 Ed. (4091)
SoBe Adrenaline Rush
2008 Ed. (4490, 4493)
2007 Ed. (4510, 4512)
2006 Ed. (4453)
2005 Ed. (4447)
SoBe Lean
2008 Ed. (4490, 4493)
2007 Ed. (4512)
SoBe No Fear
2008 Ed. (4490, 4493)
2007 Ed. (4510, 4512)
2006 Ed. (4453)
Sobeco Group
1990 Ed. (852, 1649)
Sobey family
2005 Ed. (4866)
Sobeys Inc.
2007 Ed. (1636, 2614)
1992 Ed. (4172)
SoBig
2006 Ed. (1147)
Sobinbank
2004 Ed. (553)
2003 Ed. (537, 540, 604)
2002 Ed. (582, 585, 640)
SOBOCE SA
2006 Ed. (4487)
Sobol; Thomas
1991 Ed. (3212)
Sobrato; John A.
2008 Ed. (4830)
2007 Ed. (4902)
2006 Ed. (4906)
2005 Ed. (4852)
Sobti; Rajiv
1997 Ed. (1953)
1993 Ed. (1843)
Soc. Comercial del Plata
2006 Ed. (665)
Soc. Construcoes Soares da Costa
1994 Ed. (2396)
SOC Credit Union
1996 Ed. (1509)
Soc. Gen. Belgique
1996 Ed. (763)
Soc-Gen Crosby
1999 Ed. (872)
Soc. Gen. de Banques en Cote d'Ivoire
1993 Ed. (414)
Soc Generale de Belgique
1997 Ed. (1366)
Soc. Inmobiliaria Club de Campo
2007 Ed. (1856)
Soc. Italiana Per L'Esercizo Dele Telecomm.
1990 Ed. (1388, 3263)
Soc. Nat. de Credit a l'Industrie
1989 Ed. (488)
Soc. National des Chemins de Fer Francais
2001 Ed. (3986)
Soc. Nationale
1991 Ed. (459)
Soc. Nestle
1992 Ed. (39)
Soc Puig y Esquivel Ltda.
1996 Ed. (1413)
Soc. Textile de L. Ostrevant
2001 Ed. (2571)
Socanav Inc.
1994 Ed. (1878)
1993 Ed. (3614)
1992 Ed. (1835)
Socapi
2002 Ed. (2937)
Soccer
2005 Ed. (4446)
2001 Ed. (4341, 4342)
1999 Ed. (4382, 4385, 4816)
1990 Ed. (3328)
Soccer shoes
2001 Ed. (426)
Socfinal
1997 Ed. (2694)
Socfinasia
2000 Ed. (3019)
1997 Ed. (2694)
SocGen-Crosby
1999 Ed. (874, 875, 880, 881, 887, 889, 890, 891, 906, 908, 909, 915, 916, 917, 918, 919, 921, 922, 923, 924, 926, 927, 928, 929, 930, 931, 933, 934, 935, 941, 942, 944)
Social and human service assistants
2001 Ed. (3564)
Social & recreation clubs
1997 Ed. (3684)
Social assistance
2007 Ed. (3732, 3733, 3734, 3735)
Social caterers
2001 Ed. (4078)
Social de Cordoba
2000 Ed. (460)
Social/human service assistants
2005 Ed. (3630)
Social insurance tax
1999 Ed. (4534, 4538)
Social insurance taxes
1998 Ed. (3463)
Social Investment Forum
2002 Ed. (4796)
Social Science
2005 Ed. (3635, 3636)
1997 Ed. (2157, 2158)
Social Science Research Council
1994 Ed. (1904)
Social scientists and urban planners
1991 Ed. (2629)
Social security
2001 Ed. (2622)
1993 Ed. (3051)
Social Security Administration
2005 Ed. (1061, 2746)
1991 Ed. (2769)
Social Security Bank
2000 Ed. (539)
1999 Ed. (530)
1997 Ed. (479)
1996 Ed. (518)
1995 Ed. (476)
1994 Ed. (494)
1993 Ed. (492)
Social Security Office of Thailand
2002 Ed. (2829)
2001 Ed. (2891)
Social Security Organisation
1999 Ed. (2891)
Social Security Organization
1997 Ed. (2398)
Social Security System
1997 Ed. (2400)
Social Security System of the Philippines
2002 Ed. (2826)
2001 Ed. (2888)
Social service
2005 Ed. (3635, 3636)
Social services
1999 Ed. (2010)
1997 Ed. (1645)
1995 Ed. (3387)
Social services, community based
1997 Ed. (1722)
Social services workers
1997 Ed. (1721)
Social welfare
1997 Ed. (3684)
Social workers
2007 Ed. (3727)
2005 Ed. (3626)
1989 Ed. (2083)
Socialtext Inc.
2007 Ed. (3054)
2006 Ed. (3021)

Sociedad Agricola Industrial San Carlos
2002 Ed. (4407, 4408)
Sociedad Esp. de Automoviles de Turismo SA
1994 Ed. (1450)
1993 Ed. (1401)
Sociedad Espanola de Automoviles de Turismo SA (SEAT)
2002 Ed. (388, 391, 392)
Sociedad Espanola de Carbon Exterior SA
1997 Ed. (1508)
1996 Ed. (1447)
1995 Ed. (1490)
Sociedad Financiera de Venezuela
1993 Ed. (854)
Sociedad Indust. Dominicana
1992 Ed. (46)
Sociedad Portuguesa de Celulose
1991 Ed. (2333)
Sociedad Productora de Alimentos Manhuacu
1995 Ed. (1906)
Sociedad Productora de Leche
1991 Ed. (21)
Sociedad Punta del Cobre
2006 Ed. (3488)
Sociedad Quimica y Minera de Chile, SA (SQM)
2003 Ed. (4577)
Sociedade Portuguesa de Locacao Financeira
1991 Ed. (2334)
Societa Cattolica di Assicurazione
2008 Ed. (1865, 2690, 2715)
Societa Esecuizione Lavori Idraulici SpA
2006 Ed. (1824)
Societa Europea Autocaravan
2007 Ed. (1831)
2006 Ed. (1824)
Societa Italians per l'Esercizio delle Telecommunicazione
1996 Ed. (1214)
Societa Servizi Socio Culturali Coopertaiva Sociale ARL
2006 Ed. (1824)
Societafinanziaria Telefonica Per Azioni
2006 Ed. (1093)
Societe Air France
2006 Ed. (237, 238, 240, 241, 244, 245, 246, 4821)
2005 Ed. (221, 223, 224, 225, 228, 229, 230)
2004 Ed. (209, 211, 212, 213, 214, 215, 217, 218, 219, 220, 222)
2003 Ed. (250, 251, 252, 253)
2002 Ed. (256, 267, 268)
2001 Ed. (297, 298, 306, 307, 308, 309, 313, 322, 324, 325, 326, 328, 329, 330, 332)
Societe Arabe Internationale de Banque
2008 Ed. (405)
Societe Auxiliaire d'Entreprises
1992 Ed. (1432)
Societe BIC
2004 Ed. (3358, 4065)
Societe Brasseries du Maroc
2000 Ed. (990)
Societe Centrale du Groupe des Assurances Nationales
1997 Ed. (3500)
Societe Commerciale de Reassurance
1993 Ed. (2994)
Societe de Banque et de Credit SA
1989 Ed. (629)
Societe de Banque et d'Investissements
1992 Ed. (785)
1991 Ed. (613)
Societe de Banque Suisse (Monaco)
2000 Ed. (614)
1999 Ed. (592)
1997 Ed. (563)
1996 Ed. (609)
Societe de Credit
1989 Ed. (689)
Societe de l'assur auto du Quebec
2008 Ed. (2834)
Societe de l'assurance automobile
2006 Ed. (2710)
2005 Ed. (2749)
2004 Ed. (2754)
Societe de l'assurance automobile du Quebec
2001 Ed. (1662)
Societe des Alcools du Quebec
1999 Ed. (4109)
Societe des Autoroutes Paris Rhin Rhone
2004 Ed. (4797)
2002 Ed. (4672)
2001 Ed. (4622)
Societe des Autoroutes sud de France
2004 Ed. (4797)
2002 Ed. (4672)
2001 Ed. (4622)
Societe Des Ciments Francais
1990 Ed. (1903)
Societe des Petroles Shell
2001 Ed. (3759)
Societe d'inv. Desjardins
1992 Ed. (4389)
Societe d'investissement Desjardins
1990 Ed. (3666)
Societe du Louvre
1990 Ed. (2089, 2090)
Societe Europeenne de Communication
2002 Ed. (3219)
Societe Europeenne des Satellites
2002 Ed. (1596)
2001 Ed. (1641)
Societe Europeenne Satellites
2002 Ed. (3219, 3221)
Societe Financ Euro
1991 Ed. (596)
Societe Financiere Europeene
1990 Ed. (630)
Societe Francaise de Radiotelephone
2001 Ed. (1337)
Societe General (Canada)
2007 Ed. (413)
Societe General de Banques au Senegal
2008 Ed. (499)
2007 Ed. (548)
Societe General Libano-Europeene de Banque SAL
1993 Ed. (551)
Societe Generale
2005 Ed. (495)
2004 Ed. (493, 503, 531, 4375, 4379)
2003 Ed. (490, 496, 4324, 4358, 4362, 4363)
2002 Ed. (560, 562, 727, 762, 1656, 3188, 3189, 3190, 3191, 3192, 3195, 3196, 3203, 3205, 3793, 3794, 4210)
2001 Ed. (624, 629, 962, 1709, 1957)
2000 Ed. (530, 531, 532, 533, 534, 535, 560, 564, 791, 3416, 3418, 3419)
1999 Ed. (511, 512, 520, 522, 524, 527, 774, 953, 1438, 2066, 3709)
1998 Ed. (351, 353, 354, 356, 357, 381, 2348, 2350, 2352, 2353, 2356)
1997 Ed. (459, 463, 465, 468, 470, 471, 475, 513, 703, 3004)
1996 Ed. (496, 502, 503, 505, 506, 507, 512, 553, 765, 766, 1348, 2909)
1995 Ed. (469, 472, 502, 574, 1397, 1540, 2435, 2437, 2440, 3208)
1994 Ed. (480, 484, 485, 489, 739, 740, 1680, 1692, 1695, 1697)
1993 Ed. (470, 487, 1315, 1660, 1673, 2417, 2418, 2422)
1992 Ed. (658, 676, 1620, 1621, 2000, 2001, 2011, 2012, 2017)
1991 Ed. (503, 521, 691, 731, 732, 776, 1291, 1588, 1596, 1760, 2302)
1990 Ed. (542, 543, 556, 564, 577, 578, 1369, 1679, 1686, 1687, 1689, 2196, 3223)
Societe Generale Bank & Trust
2008 Ed. (472)
2007 Ed. (515)
2006 Ed. (495)
Societe Generale Banques au Cameroon
2000 Ed. (481)
1999 Ed. (486)
1995 Ed. (438)
Societe Generale Banques au Senegal
1995 Ed. (600)
Societe Generale Banques en Cote d'Ivoire
1999 Ed. (561)
1995 Ed. (517)
Societe Generale Caledonienne de Banque
1997 Ed. (575)
1996 Ed. (634)
1995 Ed. (565)
1994 Ed. (596)
1992 Ed. (798)
Societe Generale Caledonienne de Banque (Noumea)
2000 Ed. (631)
Societe Generale (Canada)
1996 Ed. (500)
Societe Generale de Banque
1995 Ed. (1360)
Societe Generale de Banque au Liban
2008 Ed. (469)
2007 Ed. (512)
2006 Ed. (491)
Societe Generale de Banque SA
1997 Ed. (2620, 2624, 2625)
1996 Ed. (2479, 2484, 2485)
Societe Generale de Banques au Cameroon
2008 Ed. (390)
2007 Ed. (411)
1996 Ed. (465)
1994 Ed. (446)
1993 Ed. (446)
1992 Ed. (629)
Societe Generale de Banques au Senegal
2005 Ed. (604)
2004 Ed. (614)
2003 Ed. (606)
2002 Ed. (642)
1999 Ed. (631)
1997 Ed. (606)
1996 Ed. (670)
1993 Ed. (623)
1992 Ed. (830)
Societe Generale de Banques au Senegal S.A.
1989 Ed. (666)
Societe Generale de Banques au Senegsal
2000 Ed. (657)
Societe Generale de Banques en Cote d'Ivoire
2008 Ed. (453)
2005 Ed. (551)
2004 Ed. (565)
2003 Ed. (551)
2002 Ed. (593)
2000 Ed. (572)
1996 Ed. (571)
1994 Ed. (542)
1993 Ed. (540)
1992 Ed. (574, 741)
1991 Ed. (416, 573)
Societe Generale de Banques en Cote D'Ivoire S.A.
1989 Ed. (590)
Societe Generale de Banques en Guinee
2000 Ed. (544)
1999 Ed. (533)
1997 Ed. (484)
1996 Ed. (525)
1995 Ed. (481)
Societe Generale de Barques en Cote d'Ivoire
1997 Ed. (527)
Societe Generale de Belgique
2007 Ed. (1599)
2006 Ed. (1564)
2000 Ed. (1392)
1999 Ed. (771, 1588)
1997 Ed. (700, 701, 1367)
1996 Ed. (1300)
1994 Ed. (737, 1329, 1330)
1993 Ed. (1283, 1284)
Societe Generale de Surveillance Holdings
1990 Ed. (3468)
Societe Generale D'Enterprises
1996 Ed. (1110)
1995 Ed. (1137)
Societe Generale d'Entreprises
2001 Ed. (1486)
Societe Generale d'Entreprises (SGE)
2001 Ed. (1487)
Societe Generale Group
2000 Ed. (1436)
1999 Ed. (1633)
1995 Ed. (1396)
1994 Ed. (1369)
1990 Ed. (548)
Societe Generale Libano-Europeene de Banque SAL
1997 Ed. (539)
1996 Ed. (583)
1995 Ed. (527)
1994 Ed. (553)
Societe Generale Libano Europeenne
2000 Ed. (592)
Societe Generale Libano-Europeenne de Banque SAL
1999 Ed. (575)
Societe Generale Marocaine de Banques
2008 Ed. (479)
2007 Ed. (523)
Societe Generale Marocaine de Banques SA
1989 Ed. (629)
Societe Generale SA
2008 Ed. (409, 416, 448, 1759, 1761, 1813, 2923, 3403)
2007 Ed. (439, 441, 450, 1730, 2793, 4663, 4664, 4665)
2006 Ed. (437, 444, 1721, 1722)
2005 Ed. (510, 2145, 2187, 2193, 3940, 3941, 3942, 4580, 4581)
2001 Ed. (579, 626, 627, 628, 645, 1529)
1995 Ed. (2840)
Societe Generate
1989 Ed. (535, 710, 1359, 1361)
Societe Immobiliere du Quebec
2002 Ed. (2420)
Societe Intercommunale Belge De Et D'Electricite
1989 Ed. (1095)
Societe Intercommunale Belge de Gaz et d'Electricitie
1995 Ed. (1361)
Societe Internationale Pirelli Sa
1993 Ed. (1408)
Societe Italiana per l'Esercizo dele Telecomunicazione
1989 Ed. (1130)
Societe Ivoirienne de Banque
2007 Ed. (488)
2005 Ed. (551)
2004 Ed. (565)
2003 Ed. (551)
2002 Ed. (593)
2000 Ed. (572)
1999 Ed. (561)
1997 Ed. (527)
1996 Ed. (571)
1994 Ed. (542)
1993 Ed. (540)
1992 Ed. (741)
1989 Ed. (590)
Societe Ivoirienne de Banque (S/B)
1995 Ed. (517)
Societe Marseillaise de Credit
1995 Ed. (508)
Societe Mauritanienne de Banque SA
1989 Ed. (618)
Societe Monegasque de Banque Privee
2000 Ed. (614)
1999 Ed. (592)
Societe Nat. de Credit a l'Industrie
1996 Ed. (455)
Societe National des Chemins
2006 Ed. (4821)
Societe National des Chemins de Fer Francais
2007 Ed. (4832)
2004 Ed. (4061)

Societe National des Chemins de Fer Francais SNCF
2005 Ed. (4769)
Societe Nationale de Credit
1990 Ed. (509)
Societe Nationale de Credit a l'Industrie
1995 Ed. (428)
1994 Ed. (435)
1993 Ed. (435)
1992 Ed. (617)
Societe Nationale des Chemins de Fer
1992 Ed. (3612)
Societe Nationale des Chemins de Fer Belges
2000 Ed. (1393)
1997 Ed. (1365)
Societe Nationale des Chemins de Fer Belges SA
2001 Ed. (3986)
Societe Nationale des Chemins de Fer Francais
2008 Ed. (4102)
2007 Ed. (1781, 4069)
Societe Nationale des Chemins de fer Francais (SNCF)
2004 Ed. (4062)
2003 Ed. (4042)
2002 Ed. (1657, 3902, 3903)
Societe Nationale des Chemins de Fers Francais
1999 Ed. (4657)
Societe Nationale d'Etude et de Construction de Moteurs d'Avion (SNECMA)
2001 Ed. (2267)
Societe Nationale Elf Aquitaine
2005 Ed. (1521)
2004 Ed. (1505, 3856)
2003 Ed. (1475)
2002 Ed. (762, 1455, 3693, 3701)
1994 Ed. (1371)
1991 Ed. (1169, 2732)
1990 Ed. (1250)
Societe Nationale Elf Aquitaine's Elf Sanofi
1995 Ed. (1243)
Societe Pugy Esquivel Ltda.
1995 Ed. (1450)
Societe Television Francaise 1
2007 Ed. (1735)
Societe Textile de L'Ostrevant
2004 Ed. (2708)
Societe Tunisienne de Banque
2008 Ed. (515)
2007 Ed. (563)
2006 Ed. (381, 406, 532)
2005 Ed. (419, 619)
2004 Ed. (399, 631)
2000 Ed. (454, 683)
1999 Ed. (463, 672)
1997 Ed. (406, 632)
1995 Ed. (415, 623)
1994 Ed. (422, 655)
1992 Ed. (598, 854)
1990 Ed. (493)
1989 Ed. (470)
Societe Tunisienne de Banque SA
1996 Ed. (441, 699)
1993 Ed. (655)
Societie Generale de Banques au Senegal
1994 Ed. (628)
Society Corp.
1997 Ed. (1252)
1996 Ed. (359, 1191, 1206)
1995 Ed. (1229, 1235, 3357)
1994 Ed. (578, 1205, 3033, 3034, 3276)
1993 Ed. (1189, 3286)
1992 Ed. (780)
1991 Ed. (395)
1989 Ed. (623, 624, 625)
Society Bancorp
1993 Ed. (358)
1992 Ed. (526)
Society Bancorp of Michigan Inc.
1998 Ed. (286)
1997 Ed. (349)
1996 Ed. (378)
1995 Ed. (359, 2389)
Society Bank
1994 Ed. (571, 582)
1990 Ed. (640)
Society Bank & Trust
1992 Ed. (810)
1991 Ed. (637)
Society Bank, Indiana
1994 Ed. (369, 372, 515)
Society Bank, Michigan
1996 Ed. (2421)
1994 Ed. (3011)
1991 Ed. (2205)
Society Bank NA
1992 Ed. (810)
Society First
1998 Ed. (3156)
Society for Savings
1994 Ed. (3225, 3530)
1991 Ed. (3366)
1990 Ed. (420, 3579)
Society Hill Towers
1993 Ed. (1081)
1992 Ed. (1352)
1991 Ed. (1046)
1990 Ed. (1147)
Society National Bank
1997 Ed. (381, 586)
1996 Ed. (414, 549, 647)
1995 Ed. (391, 507, 577)
1994 Ed. (369, 372, 396, 607)
1993 Ed. (604)
1992 Ed. (514, 810)
1991 Ed. (637)
1990 Ed. (661)
1989 Ed. (646)
Society National Bank, Indiana
1997 Ed. (508)
1995 Ed. (497)
Society National (Rel. value), Ohio
1989 Ed. (2146, 2150)
Society of New York Hospital
1999 Ed. (2751)
1998 Ed. (1995)
Society of the New York Hospital-Cornell Medical Center
1989 Ed. (1609)
Society of Worldwide Interbank Financial Telecommunication
2007 Ed. (2563)
Society Pt. Growth Equity
1996 Ed. (625)
Society Special Fixed Income Fund
1995 Ed. (2072)
Socket
2003 Ed. (2717)
Socket Communications
2008 Ed. (2846)
2007 Ed. (2712)
Socks Galore & More
1993 Ed. (865)
Soco Chemical
1999 Ed. (1094)
Soco International
2007 Ed. (3882)
Soco Rocks Rts Cocktails
2000 Ed. (2971)
1999 Ed. (3234)
Socorro Remero Sanchez
2002 Ed. (3728)
Socrates Media LLC
2007 Ed. (3450)
Soda
1996 Ed. (721, 3611)
Soda ash
1996 Ed. (953)
Soda bottles, plastic
1994 Ed. (3027)
Soda crackers
2003 Ed. (1373)
Soda-Licious
1995 Ed. (3401)
Sodas, flavored
1999 Ed. (1422)
Soderberg
2006 Ed. (3751, 3752)
2001 Ed. (3591, 3592)
Sodexho Inc.
2008 Ed. (1903, 2577, 2759, 3019, 4143)
2007 Ed. (1710, 2036, 3522, 4019, 4121)
2006 Ed. (1715, 3980, 4102)
2005 Ed. (1769, 1854, 2441, 2659, 3907)
2004 Ed. (2666, 2906)
2003 Ed. (2169, 2532, 2798, 2799, 2800, 2801, 2802)
1999 Ed. (2718, 2719, 2720, 2790)
1998 Ed. (1738, 1978, 1979, 1980)
1997 Ed. (2057, 2304)
1996 Ed. (1954, 2186)
1995 Ed. (2171)
1994 Ed. (2120)
1993 Ed. (2100)
Sodexho Alliance
2003 Ed. (2535, 2856)
2002 Ed. (1639, 1642, 2315)
2001 Ed. (1578, 4087)
2000 Ed. (2566)
Sodexho Alliance SA
2008 Ed. (1719, 1738, 2758, 2760, 3834)
2007 Ed. (1689, 1709, 2631, 2956, 3346, 3758, 4159)
2006 Ed. (1693, 1714, 2651, 2944, 4138)
2005 Ed. (1768, 2661)
2004 Ed. (2670)
Sodexho Campus Services
2006 Ed. (4127)
2005 Ed. (2662, 2663, 2664, 2665)
Sodexho Corporate Services
2005 Ed. (2664, 2665)
2003 Ed. (2527, 2528, 2529, 2530)
Sodexho Education Services
2003 Ed. (2526, 2527, 2528, 2529, 2530)
Sodexho Health Care Services
2008 Ed. (2905, 2909, 3095, 3412)
2006 Ed. (2768, 2778, 2783, 2954, 3240, 3449)
Sodexho Healthcare Services
2003 Ed. (2527, 2528, 2529, 2530)
Sodexho Management Inc.
2007 Ed. (2448)
2006 Ed. (2482)
2005 Ed. (2441)
2004 Ed. (2406)
Sodexho Marriott Services Inc.
2003 Ed. (1752, 2324, 2533)
2002 Ed. (1722, 3545, 3546)
2001 Ed. (1069, 1686, 1687, 3599, 4056, 4057, 4081)
2000 Ed. (1512, 2235, 2496, 2497, 2499, 2500, 3384)
Sodexho Marriott Services Healthcare
2001 Ed. (2483, 2484, 2763, 2764, 2810, 3050)
Sodexho Marriott Services, Healthcare Division
2002 Ed. (2592, 2593, 2595, 2596, 2597)
Sodexho MS Canada
2008 Ed. (3077, 4200)
2007 Ed. (2952, 4158)
Sodexho School Services
2005 Ed. (2663, 2664, 4084)
2003 Ed. (2526, 2528, 2529)
Sodexho USA
2005 Ed. (2797, 2809, 2886, 2887, 2888, 2958, 3253, 3665)
2004 Ed. (2665)
1996 Ed. (2145)
Sodiaal
2001 Ed. (1971)
2000 Ed. (1639, 1640)
1999 Ed. (1815)
1997 Ed. (1576)
Sodiaal Industrie
2001 Ed. (1970)
Sodimac
2005 Ed. (1563)
Sodisco
1990 Ed. (3690)
Sodisco-Howden Group
1997 Ed. (3547)
Sodium chlorate
2001 Ed. (3957)
Sodium hydroxide
1997 Ed. (956)
1996 Ed. (924)
1995 Ed. (955)
1994 Ed. (913)
1993 Ed. (899, 904)
1992 Ed. (1104)
1991 Ed. (906)
1990 Ed. (944)
Sodra Cell AB
1994 Ed. (2415)
Sodra Skogsagarna AB
1999 Ed. (3278)
Sodra Skogsagarna Ekonomisk Foren
2002 Ed. (250)
Soe Tunisienne de Banque
1991 Ed. (442)
Soekarno-Halta Airport
1996 Ed. (194)
Sof Comfort
2000 Ed. (2248)
1999 Ed. (2487)
Sofac Credit
1997 Ed. (909)
Sofamor/Danek Group
1996 Ed. (2841)
1995 Ed. (2822)
Sofia, Bulgaria
1991 Ed. (1365)
Sofiabank Ltd.
1997 Ed. (423)
1996 Ed. (460, 461)
Sofina
1991 Ed. (3231)
Sofinioc - Sociedade Financeira Locacao
1992 Ed. (2894)
Sofinloc
1993 Ed. (2452)
Sofitasa
2000 Ed. (693)
Sofitel
2000 Ed. (2565)
Sofitel Hotels
1993 Ed. (2083)
SOFRES Group SA
1999 Ed. (3305)
SOFRETU - SOFRERAIL
1996 Ed. (1679)
1995 Ed. (1697)
Sofsel Computer Products Inc.
1990 Ed. (1973)
Soft & Beautiful
2008 Ed. (2871)
2001 Ed. (2634, 2635)
Soft & Beautiful Just for Me
2003 Ed. (2656)
Soft & Beautiful; Proline
2008 Ed. (2871)
Soft & Beautiful, Relaxer, Regular
2000 Ed. (2410)
1990 Ed. (1979)
Soft & Dri
1998 Ed. (1256, 1257)
1990 Ed. (3546)
Soft & Gentle
2001 Ed. (3726)
Soft Drink Industry
1990 Ed. (3318)
Soft drinks
2008 Ed. (557, 2839)
2006 Ed. (3012)
2005 Ed. (1599, 1600, 2756)
2002 Ed. (687, 688, 689, 690, 692, 693, 694, 695, 697, 698, 3488, 4309)
2001 Ed. (686, 687, 688, 690, 691, 692, 693, 694, 701, 4288)
2000 Ed. (38, 711, 712, 717)
1999 Ed. (699, 700, 705, 706, 707)
1998 Ed. (445)
1997 Ed. (1208)
1996 Ed. (719, 1485)
1995 Ed. (644)
1994 Ed. (682, 1190, 3463)
1993 Ed. (680, 681, 3389, 3484)
1992 Ed. (95)
1991 Ed. (3302)
1990 Ed. (3035, 3532)
1989 Ed. (731, 2329)
Soft drinks and coffee
1996 Ed. (1169)
Soft drinks, carbonated
1999 Ed. (4565)
1995 Ed. (3530)
Soft drinks, diet
2001 Ed. (2011)

Soft drinks, powdered
2003 Ed. (4480)
Soft drinks, regular
1999 Ed. (4507)
Soft Effects
2001 Ed. (2383)
Soft ice cream/yogurt
1999 Ed. (1413)
Soft-lens chemical disinfect
1992 Ed. (4176)
Soft 'n' Dri
2000 Ed. (1658, 1659)
1997 Ed. (1589)
Soft N Gentle
2008 Ed. (4697)
2003 Ed. (4741, 4759)
1996 Ed. (3695, 3705)
1995 Ed. (3617)
Soft News/Human Interest
2000 Ed. (4218)
Soft red winter
2001 Ed. (4783, 4784)
Soft Scrub
1999 Ed. (1182)
Soft Sense
1997 Ed. (3063)
Soft Shave
1999 Ed. (4295, 4296)
1997 Ed. (3063)
Soft Sheen
2001 Ed. (2634, 2635)
1998 Ed. (1894)
1989 Ed. (734)
Soft Sheen Optimum Care
2003 Ed. (2652)
Soft Sheen Products
2003 Ed. (2665)
1999 Ed. (2062, 2630)
1996 Ed. (2659)
1995 Ed. (671, 2589)
1994 Ed. (714, 2531)
1993 Ed. (706, 2582)
1992 Ed. (895, 3091)
1991 Ed. (713, 2473)
1990 Ed. (735, 2592, 3705)
The SoftAd Group LLC
2008 Ed. (4967)
Softball
2001 Ed. (4342)
1999 Ed. (4382)
Softbank Corp.
2008 Ed. (1418, 3210)
2007 Ed. (1243, 3072, 3073, 4204)
2005 Ed. (1155, 3037)
2002 Ed. (1706, 2001, 4635, 4636)
2001 Ed. (1616, 1617, 1769)
2000 Ed. (3408)
SOFTBANK Services Group
1998 Ed. (3481)
Softbank Technology
2001 Ed. (1763, 1765)
SOFTBANK Technology Ventures VI
2002 Ed. (4731)
Softbank Venture Capital
2002 Ed. (4735)
Softchoice Corp.
2008 Ed. (1637, 2942)
2007 Ed. (1636, 1638, 3378)
2006 Ed. (1353)
SofTec Solutions Inc.
2002 Ed. (1152)
Softique
2003 Ed. (4741)
1999 Ed. (4603)
1998 Ed. (3573)
1997 Ed. (3754)
1996 Ed. (3694)
Softkey International Inc.
1997 Ed. (1256)
Softlink America Inc.
2006 Ed. (3277, 3278, 3280)
2005 Ed. (3286, 3288)
2004 Ed. (3257)
Softmart Inc.
2008 Ed. (1370, 1374)
1990 Ed. (1020, 3304)
Softmart Government Services Inc.
2007 Ed. (1410, 1412, 1418)
2005 Ed. (1392)
Softnet Solutions Inc.
2007 Ed. (3599, 4445)
Softnet Systems
2000 Ed. (278)
SoftQuest Corp.
2003 Ed. (2710)
SoftRAM
1997 Ed. (1090, 1093, 1100)
Softscape
2005 Ed. (2366)
Softsoap
2008 Ed. (532, 4452)
2003 Ed. (645, 646, 647, 4464, 4465)
2001 Ed. (4298, 4299, 4300)
2000 Ed. (4073, 4074)
1999 Ed. (687, 4349)
1998 Ed. (3331)
Softsoap Aquarium Series
2004 Ed. (658)
2003 Ed. (4464)
Softsoap Fruit Essentials
2008 Ed. (532)
2003 Ed. (4464, 4465)
Softsoap 2 in 1
2003 Ed. (4464)
Softsoap Winter Series
2003 Ed. (4464)
Software
2008 Ed. (1822, 2439, 2451)
2007 Ed. (1321, 2325)
2006 Ed. (138)
2005 Ed. (134, 852)
2003 Ed. (2911, 2912, 4845)
1993 Ed. (1573)
1992 Ed. (2625)
1991 Ed. (1515)
1990 Ed. (1613)
Software AG
1992 Ed. (1330)
Software AG of North Ameica Inc.
1993 Ed. (1074)
Software and information
2000 Ed. (2630, 4339)
Software and services
1992 Ed. (4387)
1989 Ed. (2646)
Software, application
2005 Ed. (3015)
Software application engineers
2004 Ed. (2291)
Software Associates International, Inc.
2002 Ed. (2523)
Software, business applications
2005 Ed. (4815)
Software design & development
2006 Ed. (1070)
Software developer
2004 Ed. (2286)
Software development, custom
2005 Ed. (3666)
Software Dynamics Inc.
1999 Ed. (1287)
Software engineer
2007 Ed. (3731)
2005 Ed. (2384)
Software Etc.
1999 Ed. (1288)
1998 Ed. (860)
1997 Ed. (1110)
Software FX Inc.
2008 Ed. (1146)
2007 Ed. (1248)
2006 Ed. (1134)
2005 Ed. (1145)
Software, general manufacturer
2002 Ed. (2988)
Software House International Inc.
2008 Ed. (269, 270, 3690, 3722)
2007 Ed. (290, 291, 3526, 3580)
2006 Ed. (288, 3492, 3528, 4367)
Software houses
1993 Ed. (3651)
Software, learning aids
1999 Ed. (4634)
Software LLC
2005 Ed. (1154)
Software maintenance
2005 Ed. (3666)
Software Performance Systems Inc.
2005 Ed. (1350)
Software, personal computer
1998 Ed. (1953)
Software Plus
2006 Ed. (4362)
Software, prepackaged
2002 Ed. (2948)
1995 Ed. (2445)
Software publishers
2007 Ed. (3718)
Software Publishers Association
2000 Ed. (1163)
Software publishing
2008 Ed. (4216)
1993 Ed. (2998, 2999)
1991 Ed. (3140)
1990 Ed. (3136)
Software Pursuits Inc.
1993 Ed. (1075)
Software reengineering
2005 Ed. (3666)
Software Resources, Inc.
2003 Ed. (2714)
2002 Ed. (2489)
Software Spectrum Inc.
2007 Ed. (1038)
2006 Ed. (943)
2005 Ed. (1975)
2004 Ed. (3016)
2003 Ed. (1115, 2949)
1998 Ed. (858)
1993 Ed. (2004, 3328)
Software Supermarket
1998 Ed. (862)
Software Systems Inc.
2000 Ed. (1749, 3877)
Software systems engineers
2004 Ed. (2291)
Software Technologies Inc.
1999 Ed. (1287)
Software Toolworks Inc.
1996 Ed. (1212)
1991 Ed. (1869, 3142)
1990 Ed. (1966, 3296)
Software Warehouse plc
2002 Ed. (223)
Software.com
2001 Ed. (4181)
Softwood imports
2001 Ed. (3176)
Sogaz
2003 Ed. (2978)
Sogecap
2002 Ed. (2937)
SOGELERG
1991 Ed. (1555)
Sogelerg-Sogreah
1993 Ed. (1613)
Sogelergg-Sogreah
1992 Ed. (1961)
SoGen International
1997 Ed. (2883)
1996 Ed. (2754, 2775)
1995 Ed. (2679)
1994 Ed. (2605, 2616)
1991 Ed. (2566)
SoGen International Fund
1992 Ed. (3178)
SoGen Overseas
1996 Ed. (2790)
SoGen Overseas Fund
1996 Ed. (620)
Sogenal
1992 Ed. (2003)
Sogepaq
2001 Ed. (3380)
Sogo
1990 Ed. (1497)
Soh Wong & Partners
1997 Ed. (24, 25)
1996 Ed. (22)
Sohar
1994 Ed. (37)
Sohio
1990 Ed. (1456)
Sohio Alaska Pipeline Co.
1991 Ed. (2743)
1989 Ed. (2233)
Sohio/Kennecott
1991 Ed. (1146)
S.O.I. Industrial
1997 Ed. (227)
Soil & Materials Engineers Inc.
1999 Ed. (2059)
1998 Ed. (1491)
1997 Ed. (1780)
Soil washing
1992 Ed. (2378)
Soitec
2008 Ed. (1763, 3207)
2006 Ed. (1727)
SOJE/Londsdale Advertising
2002 Ed. (81)
SOJE/Londsdale/Young & Rubicam
2003 Ed. (47)
SOJE/Lonsdale Advertising SSAW
1997 Ed. (63)
1996 Ed. (65)
SOJE/SSA
1995 Ed. (49)
Sojitz Corp.
2007 Ed. (1787, 4368, 4802)
So;John
1997 Ed. (1962)
Soju
1999 Ed. (4733)
Sokol; Elsie
1994 Ed. (3666)
Sol
2001 Ed. (683)
Sol Campbell
2005 Ed. (268, 4895)
Sol Hotels
1990 Ed. (2089, 2090)
Sol Melia SA
2006 Ed. (2944, 4138)
Sola/Barnes-Hind
1992 Ed. (3302)
1990 Ed. (1186)
Sola International Inc.
2005 Ed. (3653, 3654)
2004 Ed. (3745)
Sola; Jure
2007 Ed. (959)
2006 Ed. (886)
2005 Ed. (982)
Sola Optic
1992 Ed. (3302)
1991 Ed. (2645)
1990 Ed. (2743)
SOLA Optical
2006 Ed. (3753, 3754)
Sola Optical USA
2001 Ed. (3593)
1999 Ed. (3659)
1997 Ed. (2968)
1996 Ed. (2873)
1995 Ed. (2814)
Solai Holdings Ltd.
1994 Ed. (1002)
Solaic
1996 Ed. (2603)
Solar Cosmetics Labs Inc.
2003 Ed. (4624, 4626, 4627)
Solar Financial Services Inc.
1993 Ed. (1194)
Solar Plastics Inc.
2001 Ed. (4125)
Solar-Power Credit Card Calculator
1990 Ed. (2804)
Solarcaine
2003 Ed. (2486, 4619)
2002 Ed. (2279, 2280)
1993 Ed. (231)
1992 Ed. (336)
Solarex
1992 Ed. (4022)
Solari; Vivien
2008 Ed. (4898)
Solaris Group
2003 Ed. (2953)
Solaris Health System
2006 Ed. (1929)
2005 Ed. (1902)
2003 Ed. (1783)
Solaris Health Systems
2000 Ed. (2531)
Solaris Market Neutral Fund LP
2008 Ed. (1096)
2006 Ed. (1082)
SolarMetric
2006 Ed. (1135)
Solarz; Stephen J.
1994 Ed. (845)
Solbanco
2002 Ed. (4406)

Solbar
1997 Ed. (3658)
SOLCORP
2003 Ed. (1114)
Solder
2007 Ed. (280, 3333, 4751)
2006 Ed. (275, 3260, 4737)
2003 Ed. (3199)
2001 Ed. (391, 3074, 4533)
Solder and solder pastes
2001 Ed. (1207)
Solder fluxes
2001 Ed. (1207)
Soldier
2001 Ed. (4701)
Soldier Field
2003 Ed. (4531)
2002 Ed. (4347)
1999 Ed. (1300)
Solebury International
2008 Ed. (2733)
Solectron Corp.
2008 Ed. (1594, 1597, 1600, 1603, 1605, 1835, 1838, 1839, 2459, 2473, 4314, 4613)
2007 Ed. (1609, 1611, 2333, 2334, 2336, 2344, 2348, 3424, 4346, 4348, 4352, 4355, 4527, 4565, 4569)
2006 Ed. (1228, 1229, 1230, 1231, 1232, 1233, 1578, 1583, 1585, 1587, 1588, 1771, 2389, 2390, 2391, 2401, 3050, 4280, 4283, 4291, 4292, 4585)
2005 Ed. (1271, 1272, 1278, 1615, 1671, 1677, 1680, 1682, 1683, 1684, 2331, 2334, 2335, 2336, 2356, 3047, 4340, 4344, 4351, 4464, 4465, 4468, 4470)
2004 Ed. (1084, 1112, 1582, 1658, 2231, 2233, 2234, 2235, 2241, 2259, 2260, 4398, 4401, 4403, 4492)
2003 Ed. (1509, 1626, 1848, 2190, 2191, 2247, 3634, 4376, 4378, 4380, 4385, 4566, 4569)
2002 Ed. (1226, 1227, 1570, 2079, 4207, 4256)
2001 Ed. (1458, 1459, 1460, 1603, 2192, 2193, 2860, 4214, 4215)
2000 Ed. (1245, 1746, 2643, 3028, 3028)
1999 Ed. (1352)
1998 Ed. (933)
1997 Ed. (3640)
1996 Ed. (1069, 1119, 1290)
1995 Ed. (1091, 1145, 1283, 1654)
1994 Ed. (1083)
1993 Ed. (1112)
Solectron Australia
2002 Ed. (1589)
Solectron Global Services Canada Inc.
2005 Ed. (4512)
2004 Ed. (2825)
Soleil Securities
2008 Ed. (3390)
2007 Ed. (3274)
Solem & Associates
2005 Ed. (3951)
2004 Ed. (3983)
2003 Ed. (3986)
Solem Associates
1996 Ed. (3134)
1995 Ed. (3031)
1994 Ed. (2971)
1993 Ed. (2932)
1992 Ed. (3578)
Soleo; Louis M.
1995 Ed. (2485)
SOLETANCHE
1999 Ed. (1393, 1405)
1998 Ed. (972)
Soletanche Bachy
2006 Ed. (1313)
2003 Ed. (1330)
2002 Ed. (1316)
2000 Ed. (1282, 1292)
Solid and hazardous waste
2000 Ed. (3565)
Solid Earth
2006 Ed. (4039)
Solid state products
2003 Ed. (2230, 2231)
Solid waste
2001 Ed. (2303)
Solid waste management
1992 Ed. (3477)
Solidarity Fund
1990 Ed. (3666)
Solidbank Corp.
1991 Ed. (649)
Solidbank Corporation
1992 Ed. (821)
Solidification/stabilization
1992 Ed. (2378)
Solidium's Oy Tampella's Tampella Forest & Tambox Europe
1995 Ed. (1243)
Solidworks
2005 Ed. (4810)
Soligorsk "Belarusalkaliy" Production Association
1993 Ed. (910)
Solis Advertising & Public Relations
2003 Ed. (3425)
2002 Ed. (3373)
Solitron Devices Inc.
1996 Ed. (1926)
Solium Capital Inc.
2008 Ed. (2866)
Sollac
2004 Ed. (3441)
2002 Ed. (3308)
2001 Ed. (3283)
2000 Ed. (3082)
1999 Ed. (3345)
1996 Ed. (2606)
Solloway; James
1991 Ed. (2160)
1990 Ed. (2285)
Solo Cup Co.
2008 Ed. (4254, 4673)
2007 Ed. (2979, 3810, 4024, 4216, 4217, 4749)
2006 Ed. (1417, 3985, 4733)
2005 Ed. (4688)
2004 Ed. (4718)
2003 Ed. (4734)
2001 Ed. (4520)
Solo Para Ti
1999 Ed. (1757)
Solo Serve Corp.
1997 Ed. (1637)
1996 Ed. (384)
Soloflex
1997 Ed. (2389)
1993 Ed. (1707)
1992 Ed. (2065)
1991 Ed. (1634)
Soloflex Exerciser
1994 Ed. (1724)
Soloman; Howard
2005 Ed. (980)
Solomon, Inc.
1992 Ed. (3443)
Solomon Brothers
1989 Ed. (2405)
Solomon Cordwell Buenz & Associates
2007 Ed. (2410)
2001 Ed. (407)
Solomon Distribution
2004 Ed. (1635)
Solomon Hare
2006 Ed. (7)
Solomon Health Services LLC
2002 Ed. (1072, 1073)
Solomon; Howard
2007 Ed. (1020)
2006 Ed. (921, 935, 938)
2005 Ed. (981)
1997 Ed. (1796)
1995 Ed. (982)
Solomon-Page Group
2006 Ed. (4058)
2000 Ed. (1867)
Solomon R. Guggenheim Museum
2000 Ed. (317, 3217)
1995 Ed. (1930)
1993 Ed. (891)
Solomon; Shelby P.
1991 Ed. (3209)
Solomons Ltd.
1990 Ed. (1034)
Solorz-Zak; Zygmunt
2008 Ed. (4872)
Solotar; Joan
1997 Ed. (1908)
Solow Building Co.
1991 Ed. (2640)
Soloway; Gerald
2006 Ed. (2518)
Solowow; Michal
2008 Ed. (4872)
Solpadeine
2001 Ed. (2108)
1996 Ed. (1594)
1994 Ed. (1577)
1992 Ed. (1875)
Solphadeine Analgesics
1999 Ed. (1932)
Solso; T. M.
2007 Ed. (1030)
2006 Ed. (936)
Solso; Tim
2008 Ed. (952)
Soluble Flavored Coffee
2000 Ed. (4155)
Solutech, Inc.
2002 Ed. (2517)
Solutia Inc.
2005 Ed. (421)
2004 Ed. (945)
2003 Ed. (933)
2002 Ed. (993, 1019)
2001 Ed. (1178, 1209, 2504)
2000 Ed. (1033, 3563)
1999 Ed. (1084, 1088)
Solutia/Dow
2000 Ed. (3566)
Solution Beacon LLC
2007 Ed. (3611)
Solutions Staffing
2007 Ed. (3589, 4440)
2006 Ed. (3533)
Solvay
2001 Ed. (3836)
2000 Ed. (788, 789)
1999 Ed. (771, 772, 1096, 1588, 1589)
1998 Ed. (1346)
1997 Ed. (700, 701, 961, 1367, 2804)
1995 Ed. (1359, 1360, 1361)
1994 Ed. (737, 1328, 1329, 1330)
1992 Ed. (913, 914, 1116, 1578, 1579)
1991 Ed. (729, 730, 1258, 1260)
1990 Ed. (1333, 3456)
Solvay & Cie SA
1997 Ed. (1365)
1993 Ed. (729, 730, 911, 1283, 1284, 3351)
1991 Ed. (911)
1989 Ed. (1095)
Solvay Automotive
2001 Ed. (717, 718)
Solvay Group
2000 Ed. (1394)
1999 Ed. (1587)
1997 Ed. (1366)
1996 Ed. (763, 764, 1299, 1300)
1991 Ed. (1259)
Solvay Indupa
2006 Ed. (665)
Solvay Pharmaceuticals Inc.
2008 Ed. (3949)
Solvay SA
2008 Ed. (926, 1575, 1576, 1578, 3549)
2007 Ed. (940, 941, 951, 1597, 1598, 1599, 3919)
2006 Ed. (861, 1562, 1563, 1564, 3372)
2005 Ed. (955)
2003 Ed. (944, 1624)
2002 Ed. (759, 760, 1596, 1597, 1650)
2001 Ed. (1188, 1222, 1224, 1225, 1228, 1640, 1641)
2000 Ed. (1393)
1996 Ed. (1301)
Solvents
2001 Ed. (3290)
1996 Ed. (25)
Solvents & Chemicals Inc.
1999 Ed. (2678)
Solvents & Chemicals/Packaging Service Co.
2003 Ed. (2420)
Solvey-sodi AD
2002 Ed. (4390, 4391)
Solving International
2001 Ed. (1449)
Solymar
2004 Ed. (2539, 2541)
2003 Ed. (1225)
Somalia
2007 Ed. (2259)
1994 Ed. (2007)
1991 Ed. (2826)
Somanetics Corp.
2008 Ed. (2858, 2860)
2007 Ed. (2728, 2730)
SOMAR Inc.
1997 Ed. (3697, 3699)
Somatex Inc.
2006 Ed. (4356)
Some Container
1990 Ed. (2760)
Somec Corp.
2004 Ed. (3330)
Somera
2001 Ed. (2190)
Somera Communications
2001 Ed. (1579)
2000 Ed. (1753, 4340)
Somerfield
2006 Ed. (4645)
2000 Ed. (4131)
1999 Ed. (4100)
1996 Ed. (3623)
The Somerfield Magazine
2002 Ed. (3635)
2000 Ed. (3497)
Somerfield plc
2001 Ed. (262)
Somers
1997 Ed. (2144, 2145)
1996 Ed. (2022, 2023)
1995 Ed. (1998, 2473)
Somers; Suzanne
2006 Ed. (2499)
Somerset Area School District
2006 Ed. (2339)
Somerset Bankshares
1991 Ed. (1723)
Somerset Capital Group Ltd.
2008 Ed. (2959, 2962, 3701)
2007 Ed. (2840, 3542)
2006 Ed. (2831, 2836, 2841, 3505, 4344)
2004 Ed. (2830)
2002 Ed. (2557)
2001 Ed. (2702, 2711)
Somerset Collection
2002 Ed. (4280)
2001 Ed. (4252)
2000 Ed. (4028)
Somerset County, CA
1994 Ed. (2167)
Somerset County, NJ
1999 Ed. (2831)
1998 Ed. (1200, 2080)
1997 Ed. (1540)
1996 Ed. (2227)
1995 Ed. (337, 1513)
1994 Ed. (239, 716, 1474, 1478, 1479, 1480, 1481, 2061, 2168)
1993 Ed. (1430)
Somerset Entertainment Income Fund
2008 Ed. (2591)
Somerset Hills Bancorp
2005 Ed. (2869)
Somerset Hills Hilton
2000 Ed. (2545)
Somerset Hills Hotel
1997 Ed. (2286)
Somerset Investment Services Ltd.
1997 Ed. (2226)
Somerset, NJ
2001 Ed. (1940)
2000 Ed. (1603, 2612)
1998 Ed. (2058)
1991 Ed. (1368)
1990 Ed. (2157)

Somerset Pontiac
1996 Ed. (283)
Somerset Pontiac-GMC
1995 Ed. (283)
Somerset Technologies
1990 Ed. (2002)
Somerset Tire Service Inc.
2008 Ed. (4682)
2007 Ed. (4759)
2006 Ed. (4753)
Somerset Tire Services Inc.
2005 Ed. (4697)
The Somersworth Bank
1993 Ed. (590)
Somet
2000 Ed. (3001, 3002, 3031)
Something Happened
2006 Ed. (583)
Sominex-2
1991 Ed. (3136, 3137)
SOMISA
1989 Ed. (1089)
Sommer Adler & Co.
1999 Ed. (281)
1998 Ed. (181)
1997 Ed. (259)
1996 Ed. (228)
Sommer-Allibert Industrie AG
1997 Ed. (1040)
1996 Ed. (1021)
Sommer Barnard PC
2008 Ed. (1805)
Sommer Broid Commercial Brokerage Co.
1992 Ed. (3614)
Sommers, Schwartz, Silver & Schwartz
1996 Ed. (2453)
1994 Ed. (2353)
Sommers, Schwartz, Silver & Schwartz P.C.
2001 Ed. (3056)
2000 Ed. (2895)
Sompo Japan Insurance
2007 Ed. (3114)
Son; Masayoshi
2008 Ed. (4846)
Sona MedSpa
2008 Ed. (172)
Sonac - Industria e Investimentos
1992 Ed. (2894)
Sonac Investimentos - S.G.P.S.
1992 Ed. (2894)
Sonacom IT Partners
2002 Ed. (2517)
Sonae
2006 Ed. (78)
1999 Ed. (3251)
1993 Ed. (2451, 2452)
Sonae Investimentos
2000 Ed. (2984, 2985)
Sonae Investimentos SGPS
1999 Ed. (3250)
1997 Ed. (2673, 2674)
1996 Ed. (2527, 2528)
1994 Ed. (2396)
Sonae SGPS
2008 Ed. (74, 2054)
2007 Ed. (69, 1959, 1960)
2006 Ed. (1996)
Sonae SGPS SA
2008 Ed. (2053)
2007 Ed. (1958)
2006 Ed. (1995)
2005 Ed. (1953)
2002 Ed. (3185)
Sonag Co. Inc.
1999 Ed. (2676, 2677)
1998 Ed. (1932, 1936)
Sonag Ready Mix LLC
2004 Ed. (2829)
Sonali Bank
2006 Ed. (417)
2004 Ed. (452)
2003 Ed. (466)
2002 Ed. (528)
2000 Ed. (467)
1997 Ed. (415)
1996 Ed. (453)
1994 Ed. (432)
1993 Ed. (432)
1992 Ed. (615)
1991 Ed. (458)
1990 Ed. (508)
1989 Ed. (487)
SonaMed Corp.
2002 Ed. (2520)
Sonance
2005 Ed. (3281)
Sonangol
2008 Ed. (3913)
2007 Ed. (3860)
2006 Ed. (3843)
2005 Ed. (3761)
2004 Ed. (3850)
2003 Ed. (3820)
Sonasid
2000 Ed. (991)
1999 Ed. (1041)
Sonat Inc.
2001 Ed. (1553, 1607, 3767)
2000 Ed. (1383, 3527, 3549, 3550)
1999 Ed. (1502, 1562, 2570, 3832, 3833)
1998 Ed. (1047, 1125, 1809, 2663, 2856, 2861, 2964)
1997 Ed. (2119, 2925, 3118, 3119)
1996 Ed. (1999, 2819, 3037)
1995 Ed. (1972, 2752, 2906)
1994 Ed. (1941, 1945, 2651)
1993 Ed. (719, 1918, 1922)
1992 Ed. (2259, 2262, 3212)
1991 Ed. (1786, 2573)
1990 Ed. (1876, 1883, 2670)
1989 Ed. (1494, 1500, 2035)
Sonat Pipeline Co.
1999 Ed. (3829)
Sonata
2001 Ed. (2067)
Sonatel
2006 Ed. (4495)
2002 Ed. (4402, 4403)
Sonatrach
2008 Ed. (3913)
2007 Ed. (3860)
2006 Ed. (3843)
2005 Ed. (3761)
2004 Ed. (3850)
2003 Ed. (3820)
1998 Ed. (1802)
1992 Ed. (3447)
Sonatrach (Algeria)
1991 Ed. (2717)
Sondoz
1991 Ed. (3517)
S1
2003 Ed. (2168)
Sonepar
2008 Ed. (2463)
Sonepar Distribution
1997 Ed. (1713)
Sonepar USA
2003 Ed. (2204, 2205)
Sonera Corp.
2004 Ed. (27, 44)
2002 Ed. (1647, 2468, 2469)
Sonera Group plc
2001 Ed. (35, 1701, 1820)
Sonera Oyj
2005 Ed. (1760)
Sonesta
2000 Ed. (2341)
1991 Ed. (1941)
Sonesta Hotels & Resorts
1998 Ed. (2020)
Sonesta International Hotels Corp.
2007 Ed. (4552)
2006 Ed. (1874, 4184)
2005 Ed. (4136)
Songae Investimentos-SGPS
1992 Ed. (2893)
Sonia Gandhi
2006 Ed. (4986)
Sonic Corp.
2004 Ed. (2581)
2000 Ed. (1655)
1996 Ed. (1755, 1966, 2072)
1995 Ed. (1777, 2074)
1993 Ed. (1753, 1756)
Sonic Automotive Inc.
2008 Ed. (282, 289, 290, 1991, 1993, 4260)
2007 Ed. (297, 299, 301, 1925, 1927, 4231)
2006 Ed. (296, 297, 301, 302, 303, 1941, 1944, 4173, 4175, 4215)
2005 Ed. (274, 275, 280, 281, 282, 339, 340, 1912, 1915, 4161)
2004 Ed. (267, 270, 276, 277, 340, 341, 1454, 1578, 1829, 1830, 1833)
2003 Ed. (308, 310, 311, 1582, 1795)
2002 Ed. (351, 364, 371, 372, 1501, 1747)
2001 Ed. (439, 440, 443, 444, 445, 446, 447, 448, 449, 450, 451, 452, 539, 1582)
2000 Ed. (329, 332, 3322)
1999 Ed. (317)
Sonic Drive-In
2008 Ed. (2665, 2675, 2676, 4156)
2007 Ed. (2537)
2006 Ed. (2557, 2566)
2005 Ed. (2550, 2562, 4171, 4172, 4173, 4174, 4175)
2004 Ed. (2582)
2003 Ed. (2439, 2452, 4221, 4222, 4223, 4224, 4225, 4226)
2000 Ed. (2413, 2414, 3778)
Sonic Drive In Restaurants
2008 Ed. (874, 2678)
2007 Ed. (2540)
2006 Ed. (811, 2569, 4107)
2005 Ed. (2563)
2004 Ed. (905, 2583)
2002 Ed. (2238, 2248, 2358)
2001 Ed. (2402, 2403, 2531, 4068)
Sonic Drive-Ins
2003 Ed. (2438)
2002 Ed. (2239, 2243)
1999 Ed. (2514, 2515, 2632)
1998 Ed. (1898)
1997 Ed. (1840, 2172, 2173)
1996 Ed. (2073)
1995 Ed. (1938, 2075, 2076)
1994 Ed. (1747, 2022, 2023, 3084)
1992 Ed. (2121, 2372)
1991 Ed. (1883)
1990 Ed. (1982)
Sonic Foundry Inc.
2008 Ed. (4520)
Sonic Healthcare
2004 Ed. (1649)
2002 Ed. (1584, 1592)
Sonic Industries
1993 Ed. (2012)
1992 Ed. (2373)
1991 Ed. (1884)
Sonic Innovations Inc.
2006 Ed. (2722)
Sonic Restaurants
1990 Ed. (1983)
Sonic Software Corp.
2005 Ed. (1149)
Sonic Solutions
2008 Ed. (1137, 4360, 4370, 4609)
2007 Ed. (1239, 2332, 2717, 2737, 4394)
2006 Ed. (2388)
1997 Ed. (2209, 3647)
Sonic Spinball
1995 Ed. (3636)
Sonic The Hedgehog II
1994 Ed. (3557)
Sonicare
2004 Ed. (4743)
Sonicare Plus Tooth System
1999 Ed. (1826)
Sonicare/Sonic Plaque Removal Instr.
1997 Ed. (1587)
SonicBlue Inc.
2003 Ed. (2768)
SonicWALL Inc.
2004 Ed. (2769, 2773)
Sonitrol Corp.
2008 Ed. (4296, 4298, 4301)
2007 Ed. (4294, 4295, 4296)
2006 Ed. (4267, 4270)
2005 Ed. (4289)
2004 Ed. (4350)
2003 Ed. (4329)
2002 Ed. (4203)
Sonitrol Management Corp.
2005 Ed. (4290, 4291, 4292)
2003 Ed. (4327, 4328)
Sonitrol Mid-South Holdings
1999 Ed. (4200, 4201)
Sonnenberg Murphy Leo Burnett
2000 Ed. (171)
1996 Ed. (138)
Sonnenberg Murphy Leo Burnett Holdings
2002 Ed. (181)
2001 Ed. (209)
Sonnenblick-Goldman Co.
2005 Ed. (4016)
2003 Ed. (447)
2002 Ed. (3911, 4277)
2000 Ed. (3709, 3724, 4017)
1999 Ed. (4006, 4306)
1995 Ed. (3068)
Sonnenblick-Goldman LLC
2008 Ed. (4121)
Sonnenschein
2004 Ed. (3230)
Sonnenschein Nath & Rosenthal
2005 Ed. (1461)
Sonny Mehta
2007 Ed. (3617)
Sonny's Bar-B-Q
2004 Ed. (4147)
Sonny's Real Pit Bar-B-Q
2008 Ed. (4164, 4197, 4198)
2007 Ed. (4156)
2006 Ed. (4136)
2000 Ed. (2272)
1991 Ed. (955)
Sonoco Corp.
2002 Ed. (4880)
Sonoco Graham
1992 Ed. (3321, 3473)
Sonoco Products Co.
2008 Ed. (1218, 1219, 2076, 3837, 3849, 3853)
2007 Ed. (1331, 1332, 1333, 1978, 3775)
2006 Ed. (1221, 1222, 1223, 1224, 1225, 1226, 2012, 3779)
2005 Ed. (1261, 1262, 1263, 1266, 1960, 3678, 3679, 3683, 3689, 4032)
2004 Ed. (1227, 1228, 1229, 1230, 1857, 2675, 3761, 3763, 3764)
2003 Ed. (1223, 1821, 3712, 3713, 3714)
2002 Ed. (2320, 3575)
2001 Ed. (1044, 1848, 3612, 3613)
2000 Ed. (1341)
1999 Ed. (1346)
1998 Ed. (928, 929, 2748)
1997 Ed. (1144, 1145, 1507)
1996 Ed. (1117, 1118, 1444)
1995 Ed. (1143, 1144, 1487)
1994 Ed. (1127, 1129, 1447, 2436, 2721)
1993 Ed. (1110, 1398, 2762)
1992 Ed. (1381, 1383, 3327)
1991 Ed. (1070, 1071, 1209, 2667)
1990 Ed. (1188, 1189, 2760)
1989 Ed. (1008, 1009, 2111)
Sonofon
2001 Ed. (29)
Sonografica
1992 Ed. (86)
Sonoma
2001 Ed. (477)
Sonoma Coast State Park
1999 Ed. (3704)
Sonoma County, CA
1995 Ed. (2218)
1993 Ed. (1429, 2144)
Sonoma County Wine Growers
1989 Ed. (2940)
Sonoma-Loeb
2000 Ed. (4415)
Sonoma Mission Inn & Spa
1997 Ed. (2285)
Sonoma Valley Bancorp
2003 Ed. (511)
Sonopress Ireland Ltd.
2007 Ed. (1823)
Sonora
2001 Ed. (2839)
Sonorodven
1992 Ed. (86)
Sonorx Abdominal Ultrasound
2001 Ed. (3270)

SonoSite
2006 Ed. (2080)
Sonoya Subaru
1989 Ed. (285)
Sonsini; Lawrence
2007 Ed. (4874)
2006 Ed. (4879)
2005 Ed. (4817)
Sonsteby; Charles
2005 Ed. (988)
Sonus Networks
2008 Ed. (1913)
2006 Ed. (4701)
Sonus Pharmaceuticals
2008 Ed. (2140)
Sony Corp.
2008 Ed. (30, 60, 81, 93, 156, 274, 275, 642, 643, 660, 830, 832, 833, 834, 1049, 1050, 1129, 1852, 1868, 2385, 2472, 2474, 2589, 2979, 2980, 2981, 3568, 3753, 3755, 3861, 3982, 4140, 4310, 4649, 4707, 4807)
2007 Ed. (25, 41, 86, 679, 684, 689, 694, 741, 852, 870, 877, 1214, 1229, 1833, 1835, 2335, 2342, 2343, 2345, 2346, 2347, 2861, 2862, 2975, 2992, 3782, 3952, 3988, 4351, 4354)
2006 Ed. (67, 96, 132, 1121, 1550, 1825, 1827, 1828, 1850, 2393, 2398, 2399, 2400, 2493, 2869, 2870, 3389, 3575, 3900, 3902, 4510, 4782)
2005 Ed. (15, 27, 38, 48, 63, 87, 129, 739, 850, 851, 1126, 1771, 1798, 2353, 2354, 2355, 2862, 2863, 2865, 3177, 3393, 3428, 3696, 3699, 4515, 4519, 4656, 4667)
2004 Ed. (41, 81, 92, 151, 1134, 1629, 1714, 2254, 2255, 2256, 2261, 2856, 3362, 3414, 3416, 3514, 3777, 3780, 4560)
2003 Ed. (745, 751, 1219, 1524, 1525, 1526, 1545, 1679, 1728, 2235, 2236, 2239, 2248, 2250, 2603, 2766, 2768, 3305, 3347, 3352, 3450, 3479, 3752, 3756, 3796, 3797, 4076, 4593)
2002 Ed. (218, 925, 929, 1109, 1131, 1579, 1681, 1705, 1706, 1707, 1708, 1709, 2105, 2106, 2107, 2108, 2577, 3251, 3267, 3287, 3335, 3336, 3339, 4431, 4635, 4636, 4754, 4755, 4897)
2001 Ed. (13, 47, 76, 1032, 1071, 1103, 1104, 1354, 1614, 1616, 1621, 1764, 1766, 1768, 1769, 2731, 3021, 3331, 3358, 3645, 3650, 3651, 4604, 4688)
2000 Ed. (199, 208, 749, 948, 955, 963, 966, 998, 1151, 1156, 1170, 1489, 1490, 1491, 1492, 1493, 1495, 1496, 1497, 1772, 1773, 1795, 2478, 2479, 2480, 2864, 3035, 3078, 3132, 3165, 3458, 3707, 4000, 4121, 4202, 4223, 4262, 4263, 4275, 4347)
1999 Ed. (735, 736, 776, 787, 795, 1009, 1242, 1256, 1257, 1277, 1278, 1566, 1568, 1569, 1571, 1572, 1573, 1576, 1577, 1580, 1690, 1691, 1992, 1993, 1994, 1995, 2030, 2690, 2691, 2693, 2695, 3116, 3298, 3309, 3310, 3445, 3714, 3716, 3768, 3825, 4047, 4277, 4615, 4627, 4632, 4714)
1998 Ed. (73, 74, 475, 476, 608, 611, 812, 824, 825, 840, 841, 1402, 1420, 1949, 1950, 1952, 1954, 2046, 2534, 2752, 3284, 3672, 3777)
1997 Ed. (680, 681, 880, 1072, 1462, 1714, 2234, 2235, 2236, 2719, 2816, 3115, 3116, 3253, 3762, 3836, 3837, 3838, 3844)
1996 Ed. (159, 749, 750, 1405, 1637, 2125, 2126, 2127, 2193, 2578, 2744, 2974, 3032, 3707, 3783)
1995 Ed. (679, 885, 1075, 2118, 2180, 2937, 3702)
1994 Ed. (844, 1063, 2069, 2070, 3629, 3679)
1993 Ed. (55, 148, 829, 1032, 1059, 1274, 1357, 1359, 1564, 1584, 1587, 1612, 1740, 2049, 2050, 2105, 2507, 2853, 3586, 3667)
1992 Ed. (923, 1036, 1285, 2420, 2421, 4395, 4491)
1991 Ed. (1008, 1013, 1143, 1538, 1917, 3447, 3516, 45, 172, 1136, 1147, 1169, 1251, 3331)
1990 Ed. (890, 1098, 1104, 1109, 1641, 2027, 3632, 3674, 3675)
1989 Ed. (39, 1599)
Sony Broadband Entertainment Corp.
2008 Ed. (2460)
2007 Ed. (2334)
2006 Ed. (2390)
2005 Ed. (2335)
2004 Ed. (2234)
Sony CCD-TR5 Handycam
1991 Ed. (2579)
Sony/Columbia
1996 Ed. (2577)
Sony Computer Entertainment
2002 Ed. (37)
Sony Electronics Inc.
1998 Ed. (1890)
Sony Electronics Broadcast & Professional Co.
2002 Ed. (4594)
Sony Ericsson
2008 Ed. (702)
2007 Ed. (729, 3624)
2004 Ed. (757)
Sony Ericsson Mobile Communications
2005 Ed. (3498)
Sony Ericsson Mobile Communications AB
2006 Ed. (1218, 1469)
Sony Hawaii Co.
2006 Ed. (1749)
Sony Life
2007 Ed. (878)
SONY Medical Imaging Products
2000 Ed. (3077)
Sony Music Inc.
2000 Ed. (2345)
1999 Ed. (2602)
1998 Ed. (1843)
Sony Music Entertainment (U.K.) Ltd.
2002 Ed. (46)
Sony Corp. of America
2008 Ed. (3750, 3751)
2007 Ed. (3637, 3638)
2006 Ed. (3572, 3573)
2005 Ed. (3515, 3516)
2004 Ed. (3510, 3511)
2003 Ed. (3449)
2001 Ed. (1251, 1817, 3361, 3362)
Sony of Canada
2007 Ed. (4945)
Sony Pictures
2008 Ed. (3752)
2007 Ed. (3639)
2006 Ed. (3574)
2005 Ed. (3517)
2004 Ed. (3512, 4141)
2003 Ed. (3450, 3451, 3452)
2002 Ed. (3394)
1999 Ed. (3442)
1993 Ed. (2597)
Sony Pictures Entertainment
2008 Ed. (1477)
2007 Ed. (1482, 3638, 3640)
2002 Ed. (3395, 3396)
2001 Ed. (3359)
1998 Ed. (2532)
Sony Pictures Releasing
2002 Ed. (3393)
2000 Ed. (3164)
Sony PlayStation
2008 Ed. (4704)
2007 Ed. (4785)
2006 Ed. (4779)
2005 Ed. (4725)
2004 Ed. (4748)
2003 Ed. (4773)
2002 Ed. (4642, 4746)
Sony PlayStation 2
2002 Ed. (4746)
Sony Software Corp.
2001 Ed. (2194)
Sony (U.K.) Ltd.
2002 Ed. (46)
Sony United Kingdom Ltd.
2000 Ed. (3020)
sony.com
1999 Ed. (4754)
SonyStyle.com
2007 Ed. (2317)
2006 Ed. (2374)
Sonz Partners L.P.
1995 Ed. (2096)
Soo Bong Min
2008 Ed. (369)
Soo Line
1998 Ed. (2991)
1997 Ed. (3248)
1996 Ed. (3160)
1995 Ed. (2044, 3058)
1994 Ed. (2994)
1993 Ed. (2959)
1991 Ed. (2471, 2800)
1990 Ed. (2945)
1989 Ed. (2283)
Soo Line Railroad Co.
2008 Ed. (4099)
Sooch; Navdeep S.
2005 Ed. (976)
Soomskaya Horlika Prehodko
1999 Ed. (4725)
Soomskaya Riabinovaya
1999 Ed. (4725)
Soon-Shiong; Patrick
2008 Ed. (4829)
2007 Ed. (4892)
Sooner
1998 Ed. (3401)
Soong Tuck In
1997 Ed. (2001)
Sopad
1993 Ed. (29)
Sopaf/Finnova
1992 Ed. (2964)
Sopexa
1996 Ed. (3866)
Sopexa UK
2001 Ed. (4902)
Sopharma AD-Sofia
2006 Ed. (4490)
Sophia SA
2006 Ed. (1446, 4726)
Sophonpanich; Chatri
2006 Ed. (4920)
Sophos
2008 Ed. (2126, 3208)
Sophus Berendsen
1991 Ed. (1106, 1266)
1990 Ed. (3457)
Sophus Berendsen A/S
1999 Ed. (1424, 1598)
1996 Ed. (1180, 1332)
Sophus Berendsen B
1997 Ed. (1219)
1996 Ed. (1180)
1994 Ed. (1194, 1195)
Soporcel
1993 Ed. (2451)
Soporcel-Socieda de Portuguesa de Celulosa
1997 Ed. (2673, 2674)
Soporcel-Sociedade Portuguesa de Celulosa
1994 Ed. (2395, 2396)
Soporcol-Sociedade Portuguese de Celulose
1992 Ed. (2893)
Sopra
1992 Ed. (54)
The Sopranos
2008 Ed. (2579, 2580)
Sopraval
2006 Ed. (1848, 1852)
Soprole
1993 Ed. (27)
Soprole Milk
1994 Ed. (19)
Soproni Sorgyar
1997 Ed. (826)
Soquimich
2002 Ed. (4095)
1997 Ed. (3377)
1992 Ed. (3765, 3766)
1991 Ed. (2911, 2912)
Soquimich B
2000 Ed. (3850)
1999 Ed. (4136)
1996 Ed. (3280)
Sorbet
2000 Ed. (2596)
1999 Ed. (2821)
Sordoni Construction Co,
1990 Ed. (1179)
Sordoni Skanska Construction Co.
2002 Ed. (1202)
2000 Ed. (1225, 1256)
Sore throat
1996 Ed. (221)
Soreen
2008 Ed. (710)
Sorema Asset Management
1999 Ed. (3088, 3089)
Soren Blanking
1991 Ed. (153)
Sorensen; Eric
1997 Ed. (1914)
1996 Ed. (1841)
Sorenson; Arne
2007 Ed. (1059)
Sorenson; James
2008 Ed. (4829)
2007 Ed. (4892)
Sorenson; James L.
2006 Ed. (4904)
2005 Ed. (4849)
Sorenson; James LeVoy
1992 Ed. (1093)
Sorenstam; Annika
2007 Ed. (293)
2005 Ed. (266)
Sorfin International Ltd.
1991 Ed. (963, 965)
Sorg
1991 Ed. (3162)
Sorghum
1992 Ed. (2089)
Sorghum silage
2001 Ed. (2665)
Soria & Grey
2003 Ed. (146)
2002 Ed. (179)
2001 Ed. (207)
2000 Ed. (169)
1999 Ed. (151)
1997 Ed. (142)
1996 Ed. (136)
1995 Ed. (122)
Soriana SA de CV; Organizacion
2006 Ed. (4175)
Soriano Corp.; A.
1997 Ed. (1499)
1996 Ed. (1436)
1995 Ed. (1476)
Soriano; Amigo
1994 Ed. (2059, 2521, 3655)
Soriano; Amigo & Max D.
1995 Ed. (2112, 2579)
Soriano & Max D.; Amigo
1995 Ed. (3726)
A Soriano Corporation
1992 Ed. (2966)
Soriano; Max D.
1994 Ed. (2059, 2521, 3655)
Sormarkmad AB; B&W
1990 Ed. (49)
Soroptimist International of the Americas
1998 Ed. (193)
Soros Fund
2005 Ed. (3867)
Soros Fund Management
2005 Ed. (2820)
1996 Ed. (2099)
Soros; George
2008 Ed. (3979, 4823)
2007 Ed. (3949, 4894)
2006 Ed. (2798, 3898, 4899)
2005 Ed. (3832, 4847)
1997 Ed. (2004)
1996 Ed. (1914)
1995 Ed. (1870)

1994 Ed. (1840)
1992 Ed. (2143)
1991 Ed. (2265)
1989 Ed. (1422)
Soros Humanitarian Foundation
1999 Ed. (2501)
Sorrell Trope
2002 Ed. (3069)
Sorrento
2001 Ed. (1170)
2000 Ed. (1016, 4157)
1998 Ed. (690, 691)
1997 Ed. (947, 949)
1996 Ed. (921)
1995 Ed. (946)
Sorrento Hotel
1993 Ed. (2089)
Sorted diamonds
1992 Ed. (2076)
S.O.S.
1995 Ed. (993)
SOS Metals Inc.
1996 Ed. (3176)
SOS Staffing Services
2006 Ed. (2429, 2430)
SOS Tele Data
1998 Ed. (3761)
1996 Ed. (3879)
Sosa & Associates
1991 Ed. (105, 150)
Sosa & Associates; Apodaca
1995 Ed. (2480)
Sosa, Bromley, Aguilar & Associate
1995 Ed. (126)
Sosa, Bromley, Aguilar & Associates
1997 Ed. (146)
1996 Ed. (140)
1994 Ed. (117)
1992 Ed. (207)
Sosa; Sammy
2005 Ed. (267)
SOSH Architects
2004 Ed. (2943)
Sosnick Cos.
1995 Ed. (1195, 1196)
1993 Ed. (1155)
Sotec
2001 Ed. (1354)
Soter; Arthur
1997 Ed. (1853)
1994 Ed. (1762)
1993 Ed. (1779)
SOTETEL
2002 Ed. (4493)
Sotheby's Holdings
1995 Ed. (3423)
1994 Ed. (3233, 3365)
1993 Ed. (3240, 3364)
1992 Ed. (1561, 3937, 4034, 4035)
1991 Ed. (3102)
1990 Ed. (3261)
Sotheby's International Realty
2002 Ed. (3915)
Sotherby Homes
2004 Ed. (1140)
Sotubi
2008 Ed. (94)
2007 Ed. (87)
2006 Ed. (97)
2005 Ed. (88)
2004 Ed. (93)
Sotuchoc
2008 Ed. (94)
2006 Ed. (97)
2005 Ed. (88)
2004 Ed. (93)
SOTUMAG
2002 Ed. (4493, 4494)
Soudal NV
2008 Ed. (918)
Souder, Miller & Associates
2007 Ed. (2406)
Soul Asylum
1995 Ed. (1119)
Soul Harvest
2001 Ed. (988)
The Soul of a New Machine
2005 Ed. (709)
Soulfest Tour: Maze
2002 Ed. (1161)
Soumrk
1990 Ed. (2684, 2684)
Sound Advice Inc.
1998 Ed. (861)
1992 Ed. (1937, 2425)
Sound Components
2007 Ed. (2865)
Sound Deals Inc.
2000 Ed. (3219)
1999 Ed. (3501)
Sound Electric Corp.
1995 Ed. (1147)
Sound Finance Group
1995 Ed. (2340)
The Sound of Music
1999 Ed. (3446)
1998 Ed. (2536)
Sound Post
1993 Ed. (2641)
Sound reinforcers
1994 Ed. (2591)
Sound Shore
2006 Ed. (4564)
1998 Ed. (2601)
1994 Ed. (2615)
Sound Shore Fund
2004 Ed. (3536)
1999 Ed. (3520)
1998 Ed. (2632)
Sound Shore Management
2005 Ed. (3595)
Sound Subaru
1994 Ed. (284)
1993 Ed. (286)
Sound Transit
2008 Ed. (1103)
2005 Ed. (3992)
Soundbuilt Homes
2004 Ed. (1219)
2003 Ed. (1212)
2002 Ed. (1211)
Soundesign
2000 Ed. (4121)
1995 Ed. (2118)
1994 Ed. (2070)
1992 Ed. (2421)
1991 Ed. (1917)
1990 Ed. (2027)
Sounds Easy Video Stores
1995 Ed. (3698)
Soundtracks
2001 Ed. (3405)
Soundview Property Mgmt.
2000 Ed. (3710)
SoundView Technology Group Inc.
2005 Ed. (363, 2807)
Soup
2008 Ed. (2732)
2005 Ed. (2757, 2760)
2004 Ed. (2648)
2003 Ed. (4833)
2002 Ed. (3491, 4527, 4720)
1998 Ed. (2499)
Soup at Hand
2008 Ed. (844)
Soup, canned
2003 Ed. (4491)
2002 Ed. (4329)
Soup, Frozen
2000 Ed. (4142)
Soup mixes
2005 Ed. (2756)
2003 Ed. (4491)
2002 Ed. (4329)
1994 Ed. (3462)
Souper Salad
2002 Ed. (4010)
Souplantation
2008 Ed. (4167, 4168)
2007 Ed. (4141)
2006 Ed. (4114)
2004 Ed. (4118, 4126)
2003 Ed. (4120)
Souplantation/Sweet Tomatoes
2002 Ed. (4010)
1993 Ed. (3036)
Soups
1992 Ed. (3815)
1990 Ed. (897)
Soups, canned
1995 Ed. (3530)
Soups, cosmetics
1994 Ed. (1271, 1272, 1276, 1278, 1279, 1280, 1281)
Soups, Ramen
1992 Ed. (3218)
Sour cream
2003 Ed. (4492)
2002 Ed. (984)
1998 Ed. (1237)
1994 Ed. (3460)
Sour Cream & Onion
1990 Ed. (2879, 2887)
Sour Patch Kids
2008 Ed. (838)
The Source
2008 Ed. (3706, 4382)
2007 Ed. (3549, 4409)
2006 Ed. (3510, 4349)
2002 Ed. (3227)
2000 Ed. (3479, 3490, 3492)
1999 Ed. (3754, 3763, 3765)
1989 Ed. (1212)
Source Capital Inc.
2005 Ed. (3214)
2004 Ed. (3175)
Source Club
1995 Ed. (3722)
Source Consulting
2000 Ed. (904)
1998 Ed. (546)
Source Diversified Inc.
1998 Ed. (1932)
Source EDP
1997 Ed. (1794)
Source Informatics
1998 Ed. (3041)
The Source Information Management Co.
2002 Ed. (2427)
Source Interlink Cos., Inc.
2008 Ed. (2349)
Source One (Fireman's Fund)
1995 Ed. (2602)
Source One Management Inc.
2008 Ed. (3699, 4373)
2007 Ed. (4403)
2006 Ed. (3503)
Source One Mortgage Services
1999 Ed. (2608, 3437)
1996 Ed. (2036, 2677, 2684)
1995 Ed. (2042, 2601, 2606)
1994 Ed. (1984, 2549, 2554, 2558)
1993 Ed. (2595)
Source Perrier SA
1994 Ed. (1206, 1227)
Source Services
1999 Ed. (2072)
1998 Ed. (1505)
Source Services/Romac International
2000 Ed. (1865)
Source Technologies LLC
2008 Ed. (4419)
2007 Ed. (4438)
2006 Ed. (4370)
Source Telecomputing Corp.
1990 Ed. (1645)
Sourcebooks
2001 Ed. (3951)
SourceClub
1994 Ed. (3645)
SourceLine
1991 Ed. (3294)
SourceOne Staffing
2008 Ed. (3697)
Sourcing Partnerships Ltd.
2003 Ed. (2712, 2735, 2740, 2741)
Sousaphone
1999 Ed. (3504)
Souter; Brian
2008 Ed. (4900)
2007 Ed. (4926)
1996 Ed. (1717)
South
1994 Ed. (2586)
South Africa
2008 Ed. (257, 260, 975, 1931, 2200, 2332, 2333, 2334, 2402, 2438, 2626, 2720, 2721, 2826, 3212, 3213, 3406, 3537, 3785, 3832, 3845, 3999, 4327, 4625, 4626, 4687, 4789, 4804, 4995)
2007 Ed. (281, 285, 1097, 1439, 2090, 2198, 2199, 2200, 2267, 2584, 2699, 2830, 3292, 3407, 3408, 3702, 3755, 3765, 3976, 4372, 4419, 4480, 4551, 4599, 4763, 4868, 4996)
2006 Ed. (276, 282, 1008, 1407, 2146, 2260, 2261, 2262, 2336, 2609, 2704, 2827, 2967, 3228, 3353, 3354, 3708, 3756, 3768, 3923, 4193, 4306, 4418, 4574, 4612, 4623, 4757, 4866, 4995)
2005 Ed. (256, 998, 1422, 2053, 2198, 2199, 2200, 2317, 2610, 2742, 2765, 3031, 3032, 3243, 3375, 3376, 3604, 3658, 3659, 3660, 3661, 3671, 3860, 4145, 4363, 4401, 4531, 4542, 4702, 4798, 4801, 4997)
2004 Ed. (233, 253, 979, 1401, 1918, 2094, 2095, 2741, 2745, 2814, 3215, 3344, 3694, 3747, 3756, 3915, 4217, 4413, 4454, 4542, 4543, 4597, 4608, 4726, 4821, 4991)
2003 Ed. (285, 965, 1386, 1880, 2051, 2052, 2627, 3155, 3282, 3650, 3703, 3710, 3892, 4191, 4401, 4628, 4743, 4744, 4822, 4825, 4972)
2002 Ed. (302, 303, 682, 738, 739, 741, 1811, 1816, 2413, 2415, 3074, 3520, 3521, 4508, 4707, 4972, 4973)
2001 Ed. (392, 395, 507, 508, 1229, 1341, 1946, 2003, 2004, 2005, 2163, 2614, 2615, 3025, 3212, 3369, 3548, 3596, 3609, 3659, 3821, 4120, 4229, 4402, 4550, 4656, 4909, 4936)
2000 Ed. (1609, 1896, 2352, 2353, 2359, 2377, 2378, 2379)
1999 Ed. (1212, 1214, 1462, 1780, 1842, 2109, 2597, 2606, 4662)
1998 Ed. (1033, 1839, 1849, 1850, 2192, 2311)
1997 Ed. (725, 1541, 1604, 1605, 2146)
1996 Ed. (26, 325, 1218, 1476, 1545, 3435, 3871)
1995 Ed. (1517, 2011, 2018, 2030, 2040, 3774)
1994 Ed. (1485, 1530, 1979, 1980, 1987)
1993 Ed. (212, 213, 1961, 1968, 1975, 1988, 3725)
1992 Ed. (316, 1446, 1490, 1729, 1730, 1802, 2170, 2304, 2311, 2328, 2329, 2336, 3543, 4187, 4474)
1991 Ed. (222, 1177, 1380, 1828, 1835, 1842, 1851, 3270, 3507)
1990 Ed. (1446, 1912, 1919, 1926, 1927, 1937, 3699)
1989 Ed. (1517, 2964)
South Africa; Government of
2006 Ed. (88)
2005 Ed. (79)
South African
1994 Ed. (176)
South African Airways
2008 Ed. (214)
2007 Ed. (234)
2001 Ed. (302, 303)
South African Airways (Pty.) Ltd.
2005 Ed. (216)
South African Breweries
2007 Ed. (1976)
2002 Ed. (3038, 3039)
2000 Ed. (1554)
1999 Ed. (1732, 3130, 3131)
1998 Ed. (509)
1997 Ed. (1506, 2585, 2586)
1996 Ed. (727, 1441, 2442, 2443)
1994 Ed. (1445, 2342, 2343)
1993 Ed. (2375)
1992 Ed. (1688)
1991 Ed. (1342)
South African Breweries plc
2005 Ed. (1498)
2004 Ed. (1450, 1534)
2002 Ed. (704)
2001 Ed. (79)
South African Broadcasting Corp.
2008 Ed. (84)

2005 Ed. (79)
2004 Ed. (84)
1993 Ed. (50)
South African Committee for Higher Education
1994 Ed. (1906)
South African Eagle
2000 Ed. (2673)
South African rand
2008 Ed. (2273)
2007 Ed. (2159)
2006 Ed. (2239)
South African Transportation Service
1993 Ed. (3271)
South Alabama; University of
1997 Ed. (1065)
1991 Ed. (888)
South America
2008 Ed. (1497, 3375)
2007 Ed. (1515, 3247)
2006 Ed. (1485, 3178)
2005 Ed. (791, 792, 1598, 3199)
2004 Ed. (806, 807)
2003 Ed. (3854)
2001 Ed. (3157, 4374)
2000 Ed. (350)
1999 Ed. (2101, 2856, 4827)
1998 Ed. (251, 1805. 2815, 3773)
1997 Ed. (2748)
1996 Ed. (1175, 3633)
1994 Ed. (189)
1993 Ed. (2027, 2045)
1992 Ed. (1235)
1990 Ed. (2759)
South Asia
1999 Ed. (1820)
1998 Ed. (2735)
South Atlantic
1990 Ed. (2654)
1989 Ed. (2032)
South Atlantic U.S.
2008 Ed. (3483)
South Auckland Health
2002 Ed. (1587)
South Bank Television Holdings Ltd.
1992 Ed. (1195, 1200)
South Bay Chrysler-Plymouth
1990 Ed. (340)
South Bay Chrysler-Plymouth Jeep-Eagle
1991 Ed. (283, 307)
South Beach
2008 Ed. (870)
South Beach Beverage Co.
2003 Ed. (4521)
The South Beach Diet
2007 Ed. (665)
2006 Ed. (637)
2005 Ed. (724, 726)
The South Beach Diet Cookbook
2006 Ed. (637)
The South Beach Diet Good Fats/Good Carbs Guide
2006 Ed. (640)
South Beloit Water, Gas & Electric
2001 Ed. (3866)
South Bend Chocolate Co.
2003 Ed. (858)
South Bend, IN
2007 Ed. (2077)
2005 Ed. (3644, 3645)
2003 Ed. (1871)
1999 Ed. (2088, 2089, 3368, 3369)
1997 Ed. (1075)
1996 Ed. (1061)
1995 Ed. (988, 2666)
South Bend/Mishawaka, IN
1993 Ed. (2542)
1992 Ed. (2548)
South Bend Tribune
1992 Ed. (3245)
1991 Ed. (2608)
1990 Ed. (2695, 2699)
1989 Ed. (2053)
South BMW
1995 Ed. (264)
South Boston Savings Bank
1997 Ed. (3743)
South Breweries
1995 Ed. (1482)
South Brooklyn/Staten Island Network
2002 Ed. (1744)
South Broward Hospital District
2007 Ed. (1703)
2006 Ed. (1708)
1997 Ed. (2828)
1995 Ed. (2631)
South California UFCW
1997 Ed. (3016)
South Car PS Authority
2001 Ed. (427)
South Carolina
2008 Ed. (2436, 2897, 3136, 3469, 3470, 3482, 3862, 4356, 4594, 4596, 4690, 4733, 4787)
2007 Ed. (2373, 3017, 3788, 4684, 4687, 4770, 4804, 4866)
2006 Ed. (2984, 2986, 3104, 3109, 3131, 3790, 4213, 4477, 4664, 4666, 4764, 4791, 4996)
2005 Ed. (370, 401, 402, 442, 1078, 2917, 2987, 3701, 4159, 4185, 4191, 4195, 4205, 4712, 4723, 4795, 4929)
2004 Ed. (372, 386, 387, 389, 1067, 2297, 2733, 3037, 3088, 3092, 3278, 3300, 3783, 4236, 4252, 4264, 4501, 4512, 4735, 4899, 4903, 4949, 4979)
2003 Ed. (410, 440, 2146, 2582, 2613, 3244, 3248, 3250, 3255, 3256, 3758, 4213, 4243, 4252, 4293, 4416, 4417, 4755, 4912, 4945)
2002 Ed. (467, 470, 472, 475, 948, 1118, 1119, 1904, 1905, 1906, 2069, 2119, 2400, 2402, 2403, 2736, 2737, 2738, 2739, 2742, 2746, 2882, 2883, 2892, 2983, 3111, 3122, 3128, 3600, 4114, 4537, 4551, 4627, 4765, 4911)
2001 Ed. (362, 719, 1028, 1029, 1126, 1127, 2050, 2132, 2234, 2260, 2360, 2385, 2386, 2387, 2388, 2389, 2390, 2391, 2392, 2393, 2394, 2398, 2421, 2598, 2618, 2806, 3029, 3174, 3295, 3306, 3338, 3339, 3616, 3636, 3637, 3639, 3654, 3786, 3809, 3903, 3999, 4150, 4258, 4259, 4409, 4412, 4515, 4516, 4517, 4518, 4536, 4552, 4570, 4710, 4735, 4797, 4839, 4927, 4937, 4938)
2000 Ed. (751, 1906, 2328, 2658, 2659, 2959, 3434, 3558, 3587, 3689, 4104, 4105, 4113, 4290, 4356)
1999 Ed. (2588, 2681, 2812, 3220, 3595, 3724, 4418, 4424, 4425, 4430, 4444, 4448, 4449, 4537, 4765)
1998 Ed. (1831, 1935, 2041, 2112, 2113, 2382, 2437, 2901, 2926, 2971, 3375, 3386, 3387, 3395, 3398, 3466, 3755)
1997 Ed. (1819, 2138, 2219, 2656, 3148, 3228, 3567, 3569, 3596, 3597, 3603, 3851)
1996 Ed. (1737, 1738, 2016, 2091, 2509, 2517, 3174, 3254, 3255, 3512, 3556, 3557, 3559, 3578)
1995 Ed. (675, 1762, 1764, 1994, 2269, 2461, 2469, 3475, 3476, 3713)
1994 Ed. (1969, 2380, 2388, 2535, 3404, 3405, 3639)
1993 Ed. (363, 1735, 1945, 2438, 2442, 2443, 2585, 3394, 3396, 3414, 3415, 3677, 3699)
1992 Ed. (2334, 2339, 2340, 2876, 2880, 2914, 2915, 2923, 2925, 2926, 2927, 2929, 2968, 4074, 4106, 4107, 4405)
1991 Ed. (1812, 1853, 2161, 2350, 2351, 2475, 3176, 3187, 3459)
1990 Ed. (825, 830, 1482, 2410, 2430, 3366, 3368, 3384, 3385, 3389, 3410, 3677)
1989 Ed. (1508, 2543, 2547, 2553, 2893)
South Carolina at Columbia; University of
1997 Ed. (854)
South Carolina Bank & Trust Financial Corp.
2008 Ed. (2073)
South Carolina-Columbia, Moore School of Business; University of
2008 Ed. (793)
South Carolina Computer Crime Center
2006 Ed. (3241)
South Carolina Credit Union
2008 Ed. (2258)
2007 Ed. (2143)
2006 Ed. (2222)
2005 Ed. (2127)
2004 Ed. (1985)
2003 Ed. (1945)
2002 Ed. (1891)
South Carolina, Darla Moore School of Business; University of
2008 Ed. (777)
South Carolina Education Lottery
2008 Ed. (2074)
South Carolina Electic & Gas Co.
2001 Ed. (3868)
South Carolina Electric & Gas Co.
2008 Ed. (2076)
2007 Ed. (1978)
2006 Ed. (2012)
2005 Ed. (1960)
2004 Ed. (1857)
2001 Ed. (427, 1848, 3553, 3869)
South Carolina Jobs & Economic Development Agency
2001 Ed. (914)
South Carolina National
1989 Ed. (673)
South Carolina National Bank
1995 Ed. (607)
1994 Ed. (632, 2550)
1993 Ed. (628)
1992 Ed. (834)
1991 Ed. (661)
1990 Ed. (684, 2338)
South Carolina Pipe Line Co.
2005 Ed. (2722)
South Carolina Power Team
2008 Ed. (2427)
South Carolina Public Service
1990 Ed. (2640)
South Carolina Public Service Authority
1998 Ed. (1377, 1381, 1383)
1996 Ed. (1611, 1612)
1995 Ed. (1635, 1636)
1994 Ed. (1592, 1593)
1993 Ed. (1548, 1555)
1992 Ed. (1894, 1895)
1991 Ed. (1495, 1496)
1990 Ed. (1596, 1597)
South Carolina Public Services Authority
2001 Ed. (914)
South Carolina Retirement
2002 Ed. (3607)
2001 Ed. (3672)
1997 Ed. (3024)
South Carolina State Credit Union
2008 Ed. (2258)
2007 Ed. (2143)
2006 Ed. (2222)
2005 Ed. (2127)
2004 Ed. (1985)
2003 Ed. (1945)
2002 Ed. (1891)
South Carolina Student Loan Corp.
2000 Ed. (3205)
1999 Ed. (3475)
South Carolina Transportation Infra. Board
2001 Ed. (914)
South Carolina; University of
1996 Ed. (841)
1994 Ed. (809)
1993 Ed. (800)
1992 Ed. (1001, 1008)
1991 Ed. (819)
South Central
1990 Ed. (2654)
1989 Ed. (2032)
South/Central America
1996 Ed. (26)
South Central Communications
2006 Ed. (3330)
South Chautauqua Credit Union
2006 Ed. (2165)
South Coast Community Credit Union
2005 Ed. (2068)
2004 Ed. (1928, 1929)
South Coast Construction Services Inc.
1996 Ed. (1120)
1995 Ed. (1147, 2100)
South Coast Plaza
2006 Ed. (4311)
2003 Ed. (4407)
South Cone Inc.
2000 Ed. (2463)
South Congress Industrial Center
1990 Ed. (2178)
South Connecticut Newspapers
1990 Ed. (2701)
1989 Ed. (2055)
South County Motors
1995 Ed. (291)
1992 Ed. (403)
1991 Ed. (298)
1990 Ed. (323)
South County Volkswagen
1993 Ed. (288)
South Dade News Leader
1990 Ed. (2708)
South Dakota
2008 Ed. (343, 1388, 2436, 2437, 2642, 2726, 3037, 3136, 3137, 3800, 3806, 4257, 4326, 4355, 4463, 4581, 4595, 4914, 4915, 4996)
2007 Ed. (1437, 2589, 2763, 2916, 3017, 3018, 3709, 3713, 4226, 4371, 4396, 4479, 4650, 4685, 4686, 4937, 4938, 4997)
2006 Ed. (1405, 2613, 2754, 2756, 2894, 2980, 2986, 2987, 3726, 3730, 4213, 4305, 4332, 4417, 4474, 4650, 4665, 4667, 4931, 4932, 4996)
2005 Ed. (388, 389, 390, 392, 393, 395, 403, 404, 406, 407, 408, 416, 442, 443, 444, 445, 782, 1071, 1076, 1420, 2528, 2615, 2785, 2882, 2916, 3298, 3300, 3611, 3613, 4159, 4188, 4190, 4196, 4233, 4239, 4362, 4400, 4569, 4601, 4899)
2004 Ed. (367, 368, 369, 370, 371, 373, 374, 383, 384, 385, 387, 397, 413, 436, 437, 438, 439, 895, 1067, 1072, 1074, 1398, 1399, 2001, 2002, 2022, 2537, 2566, 2568, 2569, 2726, 2744, 2793, 2904, 2972, 3039, 3291, 3292, 3702, 3897, 4236, 4251, 4252, 4254, 4255, 4257, 4265, 4306, 4412, 4453, 4456, 4513, 4649, 4884, 4886, 4903, 4980, 4993)
2003 Ed. (388, 389, 390, 391, 392, 395, 397, 405, 406, 408, 409, 418, 440, 442, 443, 444, 1058, 1065, 1384, 2625, 2678, 2793, 2794, 3235, 3249, 3250, 3255, 3256, 3657, 4040, 4213, 4231, 4234, 4236, 4237, 4238, 4246, 4296, 4298, 4400, 4666, 4912)
2002 Ed. (447, 448, 449, 452, 455, 456, 457, 458, 459, 464, 477, 492, 493, 952, 1114, 1115, 1118, 1347, 1907, 2230, 2231, 2285, 2447, 2574, 3111, 3122, 3197, 3198, 3199, 3213, 3528, 3805, 4082, 4104, 4105, 4110, 4146, 4330, 4522, 4523, 4551, 4892)
2001 Ed. (277, 354, 1507, 2609, 2612, 2613, 2664, 2723, 3557, 4150, 4228, 4797, 4830)
2000 Ed. (2959, 3007, 4180)
1999 Ed. (1848, 1996, 3220, 4402, 4449, 4451, 4453, 4537)
1998 Ed. (2382, 2419, 2420, 2883, 3379, 3395, 3466)
1997 Ed. (2647, 2656, 3564)
1996 Ed. (36, 2517, 3513, 3520)
1995 Ed. (2469)
1994 Ed. (678, 870, 2388, 2414, 3374, 3402, 3475)
1993 Ed. (413, 2438, 3395, 3412, 3505, 3691)

1992 Ed. (1066, 2334, 2573, 2876, 2914, 2915, 2916, 2921, 2922, 2923, 2925, 2926, 2927, 2929, 3106, 4023, 4078, 4104, 4128, 4130, 4180, 4428, 4429)
1991 Ed. (1399, 2162, 2350, 2351, 2353, 2485, 3205, 3213, 3344)
1990 Ed. (366, 2410, 2430, 2868, 3368, 3382, 3394, 3410, 3412, 3414, 3418, 3424, 3507)
1989 Ed. (201, 1642, 1669, 1737, 1888, 1898, 1899, 2536, 2540, 2613)
South Dakota Building Authority
2001 Ed. (918)
South Dakota Health & Education Facilities Agency
2001 Ed. (918)
South Dakota Housing Development Authority
2001 Ed. (918)
2000 Ed. (2592)
South Dakota Student Loan Corp.
1997 Ed. (2848, 3383)
1991 Ed. (2521, 2924)
South Dakota Wheat Growers Association
2008 Ed. (2078)
2007 Ed. (1980)
2005 Ed. (1962)
2004 Ed. (1859)
2001 Ed. (1850)
South East Asian Bank
2002 Ed. (620)
1999 Ed. (590)
South East Personnel Leasing
2002 Ed. (2114)
South-East Regional Health Authority
2006 Ed. (1623, 1624)
South East Soda Manufacturing Co. Ltd.
1994 Ed. (933)
South East Soda Mfg. Co., Ltd.
1992 Ed. (1119)
1990 Ed. (958)
South Eastern Sydney Health
2004 Ed. (1649)
2002 Ed. (1130)
South Financial Group
2006 Ed. (398)
2003 Ed. (425)
South Florida
1990 Ed. (1950)
South Florida Credit Union
2003 Ed. (1894)
South Florida; University of
2008 Ed. (758)
South Honda
1995 Ed. (269)
1994 Ed. (269)
South Jersey Expo Center
2002 Ed. (1335)
1999 Ed. (1419)
South Jersey Gas
2002 Ed. (4711)
2000 Ed. (3678)
South Jersey Industries Inc.
2005 Ed. (2713)
1989 Ed. (1143)
South Korea
2008 Ed. (379, 868, 2201, 2396, 2438, 3484, 4339, 4392, 4467, 4499, 4549, 4584, 4591, 4619)
2007 Ed. (265, 397, 748, 892, 1438, 2083, 2091, 2262, 2310, 2592, 2795, 2796, 2797, 2802, 3441, 3700, 4228, 4383, 4386, 4485, 4536, 4551, 4600, 4671, 4676, 4680, 4862)
2006 Ed. (258, 412, 656, 804, 1028, 1406, 1442, 2135, 2137, 2147, 2327, 2372, 2617, 2721, 2803, 2804, 2805, 2810, 3116, 3188, 3426, 3705, 4318, 4325, 4478, 4613, 4653, 4656, 4660, 4859)
2005 Ed. (237, 459, 747, 890, 1421, 2039, 2041, 2054, 2317, 2530, 2531, 2532, 2533, 2621, 2766, 2822, 2823, 3101, 3198, 3416, 3603, 3610, 4370, 4376, 4478, 4532, 4587, 4590, 4595, 4788, 4799)
2004 Ed. (231, 733, 874, 900, 1400, 1907, 1919, 2202, 2822, 3243, 3394, 3403, 3688, 4422, 4427, 4538, 4542, 4543, 4598, 4652, 4814, 4820)
2003 Ed. (461, 950, 1096, 1097, 1973, 2210, 2211, 2216, 2218, 2219, 2220, 2222, 2223, 2225, 2226, 2227, 2228, 2229, 3755, 4698, 4699)
2002 Ed. (683, 740, 742, 743, 744, 1344, 1345, 1476, 1479, 1812, 2423, 2509, 2900, 3073, 3519, 3523, 3596, 3723, 4379, 4380, 4427, 4508, 4623, 4998, 4999)
2001 Ed. (509, 510, 671, 1088, 1947, 1969, 2127, 2362, 2365, 2371, 2372, 2455, 2489, 2699, 2700, 2968, 3368, 3369, 3967, 4263, 4265, 4369, 4370, 4494, 4648, 4690)
2000 Ed. (1323, 1324, 1610, 1650, 1889, 1899, 2349, 2354, 2357, 2358, 2363, 2374, 2375, 2376, 2378, 3357)
1999 Ed. (182, 212, 821, 1104, 1139, 1207, 1213, 1781, 2090, 2091, 2092, 2098, 2101, 2103, 2554, 2884, 2936, 3113, 3342, 3654, 4473, 4594)
1998 Ed. (230, 708, 856, 1367, 1418, 1419, 1524, 1525, 1530, 1792, 1846, 1847, 1848, 1850, 2192, 2742, 2743)
1997 Ed. (693, 823, 824, 917, 1542, 1809, 1912, 1815, 2108, 2557, 2560, 2563, 2567, 2568, 2569, 2571, 2573, 2922, 2997, 2999, 3509, 3513)
1996 Ed. (157, 170, 929, 941, 1477, 1645, 3435, 3692, 3714)
1995 Ed. (3, 929, 1038, 1249, 1518, 1544, 1657, 1658, 1734, 1737, 1745, 1746, 1751, 1753, 1785, 2010, 2017, 2019, 2020, 2021, 2022, 2029, 2036, 3616)
1994 Ed. (786, 956, 1231, 1486, 2005, 2264, 2344, 2363, 2684, 3522)
1993 Ed. (240, 345, 722, 943, 1269, 1345, 1582, 1743, 1957, 1958, 1959, 1960, 1967, 1974, 1981, 1987, 2229, 2366, 2411, 3357, 3455, 3558, 3559, 3682)
1992 Ed. (305, 362, 499, 907, 1068, 1390, 1639, 1732, 1733, 1880, 2070, 2072, 2075, 2079, 2080, 2081, 2083, 2250, 2300, 2301, 2302, 2303, 2310, 2317, 2327, 2333, 2360, 2807, 2853, 4324)
1991 Ed. (164, 259, 329, 1381, 1650, 1824, 1825, 1826, 1827, 1834, 1841, 1850, 2111, 2493, 3279, 3287, 3357)
1990 Ed. (414, 1264, 1448, 1709, 1729, 1734, 1911, 1918, 1925, 1927, 1929, 1930, 1931, 1935, 2148, 3615, 3617, 3624)
1989 Ed. (1389, 1390, 2121)
South Korea Agriculture Pension Fund
2001 Ed. (2886)
South Korea First Bank
2008 Ed. (505)
South Korean Type 88
1992 Ed. (3078)
South Korean won
2008 Ed. (2275)
South Lakeland Caravans Ltd.
2008 Ed. (3442, 4203)
South London Guardian Group
2002 Ed. (3513)
South Louisiana
2000 Ed. (3575)
1999 Ed. (3859)
South Lyon Total Mart Inc.
2001 Ed. (4284)
South Metro Credit Union
2006 Ed. (2160)
2005 Ed. (2067)
2003 Ed. (1890)
2002 Ed. (1832)
South Motor Co.
1992 Ed. (403, 408)
South Motor Co. of Dade County
1996 Ed. (265, 272)
1993 Ed. (270)
1992 Ed. (380, 384)
South Motors Infiniti
1996 Ed. (295)
South Motors of Dade County
1990 Ed. (336)
South Oaks Hospital
2003 Ed. (3972)
South of the Border
1992 Ed. (4026)
1991 Ed. (3156)
1990 Ed. (3325)
1989 Ed. (2518)
South of the Border Shops
1997 Ed. (3546)
1994 Ed. (3361)
1993 Ed. (3358)
South Orange County Public Finance Authority (CA)
1997 Ed. (2363)
South Pacific
1999 Ed. (4623)
South Pacific soundtrack
1990 Ed. (2862)
South Pacific Tyres
2004 Ed. (1653)
South Park
2005 Ed. (2260)
South Park Vol. 8
2001 Ed. (4689)
South Park Vol. 9
2001 Ed. (4689)
South Park Vol. 7
2001 Ed. (4689)
South Point Ethanol
1994 Ed. (195)
South Point/IBC
2002 Ed. (3533)
South Seas Natural Resources Inc.
2002 Ed. (3704)
South Seas Plantation & Resort
1999 Ed. (2791)
South Shore Bank
2001 Ed. (4282)
1995 Ed. (542, 3067)
1994 Ed. (566)
1991 Ed. (2812)
South Shore-Rockaways IPA Inc.
2000 Ed. (2618)
South Suzuki
1995 Ed. (286)
South Texas College of Law
2001 Ed. (3067)
2000 Ed. (2910, 2912)
1998 Ed. (2340)
1997 Ed. (2609)
1996 Ed. (2464)
South Texas, Medical Center Area, TX
1996 Ed. (1604)
South Texas National Bank of Laredo
1990 Ed. (587)
South Trust
1999 Ed. (394)
1997 Ed. (3290)
1991 Ed. (375)
1989 Ed. (379)
South Trust Bank
2007 Ed. (1563)
South United States
2002 Ed. (680, 756, 2373, 3141, 4318, 4341, 4553, 4936)
South; University of the
1995 Ed. (1065)
South-Western Publishing
1989 Ed. (2275)
South Western Sydney Health
2004 Ed. (1649)
2002 Ed. (1130)
Southam Inc.
1999 Ed. (3311)
1997 Ed. (2724)
1996 Ed. (1314, 2579, 3144)
1995 Ed. (2512)
1994 Ed. (2983)
1993 Ed. (2506)
1992 Ed. (1295, 3540, 3591)
1991 Ed. (2393, 1016)
1990 Ed. (1107)
1989 Ed. (965)
Southam Graphics
1993 Ed. (2918)
Southampton
1992 Ed. (1397)
Southampton Estates
1991 Ed. (2898)
1990 Ed. (3061)
Southard Communications
2002 Ed. (3827)
Southard Financial
2001 Ed. (555)
Southbend Escan
1990 Ed. (2744, 2745, 3484)
Southcentral Foundation
2003 Ed. (1604, 2274, 2693)
Southcoast Health System Inc.
2005 Ed. (1856)
Southcorp Ltd.
2005 Ed. (1658, 1659, 1660)
2004 Ed. (2651)
2002 Ed. (3760)
Southcorp Wines
2001 Ed. (4902)
Southcorp Wines U.S.A.
2006 Ed. (4967)
2005 Ed. (4947, 4976)
2004 Ed. (4975)
2003 Ed. (4960)
Southdown Inc.
2005 Ed. (1532)
2003 Ed. (4613)
2002 Ed. (859, 1465, 4510, 4511)
2001 Ed. (1047, 1048, 2463)
2000 Ed. (898, 2337)
1999 Ed. (1048, 1049)
1998 Ed. (658, 1840)
1997 Ed. (918, 2148)
1996 Ed. (889)
1995 Ed. (912, 949)
1994 Ed. (879, 1975)
1993 Ed. (774, 859, 1953)
1992 Ed. (980, 1070, 2294)
1991 Ed. (800, 876)
1990 Ed. (1902)
Southdown Housing Association
2007 Ed. (2023)
Southeast
2000 Ed. (4161)
1990 Ed. (2169)
Southeast Alaska Regional Health Consortium
2003 Ed. (1604, 2274, 2693)
Southeast Asia
2001 Ed. (3857)
1999 Ed. (2087)
1998 Ed. (2735)
Southeast Asia Compatible
1989 Ed. (1982)
Southeast Bank
2006 Ed. (2259)
1995 Ed. (353)
Southeast Bank for Savings
1992 Ed. (799)
Southeast Bank NA
1992 Ed. (511, 529, 663)
1991 Ed. (366)
1990 Ed. (423, 528, 546)
Southeast Bank NA (Miami)
1991 Ed. (507)
Southeast Banking Corp.
1993 Ed. (523)
1992 Ed. (712, 2168)
1991 Ed. (378)
1990 Ed. (685, 3446, 3447)
1989 Ed. (674)
Southeast Financial Center
1990 Ed. (2731)
Southeast Financial Credit Union
2008 Ed. (2260)
Southeast Fuels Inc.
2006 Ed. (186)
Southeast Michigan Cable Association
1992 Ed. (1023)
Southeast Paper Mfg. Co.
2000 Ed. (3410)
Southeast Pennsylvania Transportation Authority
1989 Ed. (830)
Southeast Personnel Leasing
2008 Ed. (4055)

Southeast states
1996 Ed. (365)
Southeast Switch Inc.
1998 Ed. (1397)
1997 Ed. (1703)
1993 Ed. (263)
SouthEast Telephone
2008 Ed. (1879)
Southeast Travel Service Co., Ltd.
2004 Ed. (1864)
2002 Ed. (1780)
Southeast United States
2002 Ed. (2550, 4734)
Southeast U.S.
1997 Ed. (2207)
Southeast Venture Corp.
1996 Ed. (1130)
Southeastern Asset Management
2005 Ed. (3595)
2002 Ed. (1382)
1991 Ed. (1170, 2243)
1990 Ed. (2318)
Southeastern Asset Value
1994 Ed. (2615)
Southeastern Baptist College, Mississippi
1990 Ed. (1085)
Southeastern Container Inc.
2007 Ed. (630)
2005 Ed. (686)
2001 Ed. (718)
Southeastern Freight Lines
2003 Ed. (4785)
2002 Ed. (4690, 4698)
2000 Ed. (4312)
1998 Ed. (3640)
1995 Ed. (3673)
1994 Ed. (3591)
1993 Ed. (3631)
1992 Ed. (1205)
1991 Ed. (971)
1990 Ed. (1044)
Southeastern Healthcare System Inc.
2008 Ed. (2061)
2007 Ed. (1966)
2006 Ed. (2001)
Southeastern Metals Manufacturing Co., Inc.
2005 Ed. (1292, 1293)
Southeastern Pennsylania Transportation Authority
1997 Ed. (840)
Southeastern Pennsylvania Transit Authority
1993 Ed. (786, 3361)
1992 Ed. (989, 4031)
Southeastern Pennsylvania Transportation Authority
2008 Ed. (756)
2006 Ed. (687)
2005 Ed. (3992)
2004 Ed. (3296)
2003 Ed. (3239, 3240)
2002 Ed. (3904, 3905)
2001 Ed. (3158, 3159)
2000 Ed. (900, 2994)
1999 Ed. (956)
1998 Ed. (537, 538, 2403)
1996 Ed. (832)
1995 Ed. (852)
1994 Ed. (801, 802, 1076, 2408)
1991 Ed. (808, 3160)
1990 Ed. (847)
Southeastern Public Service Co.
1994 Ed. (2714)
Southeastern Public Service Authority, VA
1991 Ed. (2529)
Southeastern: Small-Capital
1992 Ed. (3172)
Southeastern Staffing Inc.
2003 Ed. (1675)
2001 Ed. (1702)
Southeastern U.S.
2005 Ed. (4816)
Souther Horizon
2005 Ed. (521)
Southern Co.
2008 Ed. (1766, 2319, 2354, 2420, 2421, 2422, 2423, 2425, 2430, 2810, 2811, 3192)
2007 Ed. (1279, 1737, 1738, 2214, 2286, 2287, 2289, 2290, 2291, 2293, 2294, 2295, 2378, 2678, 2680, 3987)
2006 Ed. (1731, 2351, 2353, 2355, 2356, 2359, 2365, 2435, 2690)
2005 Ed. (1780, 2288, 2290, 2292, 2293, 2300, 2304, 2311, 2312, 2401, 2715)
2004 Ed. (1723, 2189, 2191, 2193, 2194, 2198, 2199, 2321, 2725, 4566)
2003 Ed. (1685, 1704, 2135, 2138, 2139, 2140, 2141, 2143, 2607)
2002 Ed. (1185, 1492, 1660, 3875, 3876, 3877)
2001 Ed. (1041, 1046, 1713, 4661, 4662, 4663)
2000 Ed. (1437, 1731, 3672)
1999 Ed. (276, 1634, 1947, 1948, 1951, 3846, 3961, 3963, 3964)
1997 Ed. (1349, 1697, 1698, 2479)
1996 Ed. (1350, 1609, 3136)
1995 Ed. (3033, 3329)
1994 Ed. (1590, 1599, 1600, 2973, 2974, 2975, 3250)
1993 Ed. (1553, 1559, 2934, 2935, 3256)
1992 Ed. (1562, 1902, 1903)
1991 Ed. (1501, 1502, 2593)
1990 Ed. (1604, 1605, 2680, 2686, 2687)
1989 Ed. (1291, 2260, 2261)
Southern Accents
2004 Ed. (3338)
1989 Ed. (179, 182, 2174, 2177)
Southern African Breweries Ltd.
2005 Ed. (746)
Southern AG Carriers
2005 Ed. (2690)
Southern Arizona Bank
1996 Ed. (545)
Southern Australia Lotteries
2003 Ed. (1621)
Southern Auto Auction
1990 Ed. (299)
Southern Bank
1992 Ed. (769, 770)
1991 Ed. (601)
1989 Ed. (613)
Southern Bank Berhad
2008 Ed. (473)
2007 Ed. (516)
2006 Ed. (497)
2005 Ed. (575)
2004 Ed. (589)
2003 Ed. (582)
2002 Ed. (516, 518, 617)
2000 Ed. (603)
Southern banks
1992 Ed. (2624)
Southern Baptist
2004 Ed. (2040, 3787)
2003 Ed. (1986, 3761)
2002 Ed. (3618)
2001 Ed. (3668)
2000 Ed. (3433)
1998 Ed. (2763)
Southern Baptist Convention
2008 Ed. (2321)
2007 Ed. (3791)
2001 Ed. (3682)
2000 Ed. (3447, 3754)
1999 Ed. (3730)
1997 Ed. (3014, 3025)
1996 Ed. (2928, 2937)
1995 Ed. (2858)
1994 Ed. (2755)
1993 Ed. (1898)
Southern Baptists
1999 Ed. (3722)
Southern Bell Telephone & Telegraph Co.
1998 Ed. (1703)
1990 Ed. (1809)
Southern Cal Phys Ex
1990 Ed. (2250)
Southern California
1997 Ed. (2207)
Southern California Auto Auction
1992 Ed. (373)
1991 Ed. (267)
1990 Ed. (299)
Southern California Cable Marketing Council
1992 Ed. (1023)
Southern California Edison Co.
2008 Ed. (3035, 3171, 3178, 3681)
2007 Ed. (2913)
2005 Ed. (3487, 3488, 3492)
2004 Ed. (3492)
2003 Ed. (3424)
2002 Ed. (2571, 3372, 3487, 4873)
2001 Ed. (427, 2145, 2154, 4195)
1998 Ed. (2413)
1995 Ed. (1632)
1990 Ed. (2686, 2686, 3262)
1989 Ed. (1291, 1304, 1305)
Southern California Gas Co.
2005 Ed. (2716, 2717, 2718, 2721, 2723, 2724, 2725)
1999 Ed. (2577, 2578, 2579, 2580, 2581)
1998 Ed. (1813, 1814, 1817, 1818, 1819, 1820, 1821)
1997 Ed. (2122, 2123, 2127, 2128, 2129, 2130, 2131)
1996 Ed. (2000, 2001, 2007, 2008, 2009, 2010, 2011)
1995 Ed. (1984, 1985, 1986, 1987, 1988)
1994 Ed. (1959, 1960, 1961, 1962, 1963)
1993 Ed. (1933, 1934, 1935, 1936, 1937)
1992 Ed. (2271, 2272, 2273, 2274, 2275, 3467)
1991 Ed. (1802, 1803, 1804, 1805)
1990 Ed. (1886, 1887)
Southern California, Gould School of Law; University of
2007 Ed. (3329)
Southern California, Marshall School of Business; University of
2008 Ed. (772, 789, 790)
2007 Ed. (814, 831, 834)
2006 Ed. (724)
2005 Ed. (800)
Southern California Messengers
2000 Ed. (3080)
1999 Ed. (3343)
Southern California Metro Water District
1993 Ed. (2938)
Southern California Metropolitan Water Distributor
1991 Ed. (2780)
Southern California Metropolitan Water District
2000 Ed. (3680)
1995 Ed. (3036)
1991 Ed. (2514)
Southern California Permanente Medical Group
2006 Ed. (3903)
2005 Ed. (3835)
Southern California Phys
1991 Ed. (2126)
Southern California Phys Exchange
1992 Ed. (2678)
Southern California Physicians Exchange
1989 Ed. (1710)
Southern California Public Power Authority
2000 Ed. (1727, 3205)
1999 Ed. (1943)
1995 Ed. (1628)
1993 Ed. (1548)
1991 Ed. (1486, 2532, 2533)
1990 Ed. (3505)
Southern California Rapid Transit District
1994 Ed. (801, 802, 2408)
1993 Ed. (786, 3361)
1992 Ed. (989, 4031)
1991 Ed. (808, 1886)
1990 Ed. (847)
1989 Ed. (830)
Southern California Rapid Transit District, Los Angeles
1990 Ed. (1484)
Southern California Savings & Loan
1998 Ed. (3157)
1997 Ed. (3382)
1996 Ed. (3285)
1995 Ed. (3186)
1994 Ed. (3144)
Southern California Title Co.
1990 Ed. (2265)
Southern California UFCW
1995 Ed. (2851)
1994 Ed. (2757)
Southern California UFCW Union
1996 Ed. (2927)
Southern California; University of
2008 Ed. (2576)
2007 Ed. (2447)
2006 Ed. (717)
2005 Ed. (798, 2440)
1997 Ed. (1063, 2605)
1995 Ed. (1070, 1928)
1993 Ed. (889, 893, 2616)
1992 Ed. (3803)
1991 Ed. (1565)
Southern Chautauqua Credit Union
2006 Ed. (2167)
Southern Cherokee Credit Union
2006 Ed. (2155)
2005 Ed. (2062)
Southern Comfort
2004 Ed. (3261, 3266)
2003 Ed. (3218, 3224)
2002 Ed. (286, 3085, 3093, 3094, 3095, 3096, 3097)
2001 Ed. (3100, 3105, 3106, 3107, 3109)
2000 Ed. (2937, 2942)
1999 Ed. (3194, 3199, 3200, 3202)
1998 Ed. (2364, 2369, 2370, 2372)
1997 Ed. (2636, 2641, 2643, 2644)
1996 Ed. (2494, 2499, 2501, 2502, 2522)
1995 Ed. (2448, 2452)
1994 Ed. (2369, 2373)
1993 Ed. (2425, 2429, 2431, 2432, 2448)
1992 Ed. (2861)
1991 Ed. (2312)
1990 Ed. (2443)
Southern Comfort Cocktails
2001 Ed. (3136)
2000 Ed. (2971)
1999 Ed. (3234)
1998 Ed. (2391)
1996 Ed. (2523)
Southern Community Financial Corp.
2005 Ed. (364)
Southern Company
1989 Ed. (1300, 1301)
Southern Company Services Inc.
1998 Ed. (2229)
1996 Ed. (2357)
1990 Ed. (2926)
Southern Connecticut Newspaper
1991 Ed. (2601)
Southern Copper Corp.
2008 Ed. (1532, 1558, 2852, 3653, 3654, 3656)
2007 Ed. (3479, 3480, 3485, 3495, 3516)
Southern Cos.
1998 Ed. (1142, 1384, 1385, 1390, 1391, 2963)
The Southern Credit Union
2008 Ed. (2226)
2005 Ed. (2078)
2003 Ed. (1894)
Southern Cross
2001 Ed. (986)
Southern Cross Computing
2001 Ed. (1252)
Southern Electric
2001 Ed. (1554)
2000 Ed. (2878)
Southern Electronics
1995 Ed. (2818, 3391)
1994 Ed. (2702)
1993 Ed. (2003, 2004, 3328, 3333)
1992 Ed. (2364, 3990)
Southern Energy, Inc.
2001 Ed. (2148, 3944, 3945)
Southern Energy Homes Inc.
2008 Ed. (3538)
2006 Ed. (3355)
2004 Ed. (3346)

2003 Ed. (3283)
2002 Ed. (3739)
2000 Ed. (1195, 3590, 3591)
1999 Ed. (3873, 3876, 3877)
1998 Ed. (2902, 2903, 2904, 2905, 2906, 2907, 3313)
1997 Ed. (3151, 3152)
1996 Ed. (3071, 3072, 3074)
1995 Ed. (2972, 2975, 2976)
1994 Ed. (2916, 2917)
1990 Ed. (2597)
Southern Family Markets LLC
2008 Ed. (1971)
Southern Farm Bureau Casualty Insurance Co.
2000 Ed. (2653)
Southern Farm Bureau Life
1991 Ed. (2097)
Southern Federal
1990 Ed. (2474)
1989 Ed. (2360)
Southern Federal Bank for Savings
1990 Ed. (2474)
Southern Film Extruders Inc.
2007 Ed. (3585, 4438)
Southern Financial Bancorp Inc.
2005 Ed. (2590)
2003 Ed. (506)
Southern Flooring Distributors
1993 Ed. (1866)
Southern Foods Group LP
2002 Ed. (1910)
Southern Health Care
2002 Ed. (1587)
Southern Homes
2003 Ed. (1161)
Southern Homes of Polk County
2004 Ed. (1169)
Southern Homes of the Upstate
2005 Ed. (1204, 4004)
Southern Horizon Bank
2005 Ed. (520)
Southern Industrial Constructors
2008 Ed. (1324, 1325, 4419)
2007 Ed. (4438)
2006 Ed. (1333, 1336)
Southern (L)
1997 Ed. (2633, 2634)
Southern Life
1995 Ed. (2315)
1993 Ed. (2231)
Southern Life and Health
1989 Ed. (1689)
Southern Life & Health Insurance Co.
1991 Ed. (2107)
Southern Living
2007 Ed. (150)
2006 Ed. (158)
1999 Ed. (1853)
Southern Maid Donut Flour Co.
2003 Ed. (2092)
2002 Ed. (2005)
Southern Methodist University
2007 Ed. (805, 831, 832)
2006 Ed. (705, 720)
2005 Ed. (798)
2004 Ed. (831)
Southern Methodist University, Cox School of Business
2007 Ed. (796)
Southern Mississippi Electric Power
1992 Ed. (3263)
Southern Missouri Bancorp Inc.
2008 Ed. (1871)
Southern Municipal Advisors Inc.
2001 Ed. (798)
1999 Ed. (3014)
Southern National Corp.
1998 Ed. (268, 270)
1997 Ed. (3286)
1996 Ed. (360)
1995 Ed. (1242, 3356)
1994 Ed. (347, 3275)
Southern National Bank
1992 Ed. (807)
1991 Ed. (634)
Southern National Bank of NC
1993 Ed. (600)
Southern National Bank of North Carolina
1996 Ed. (644, 2855)
1995 Ed. (575)
1994 Ed. (603)
Southern National Bank of South Carolina
1996 Ed. (680)
Southern Natural Gas Co.
2003 Ed. (3880)
2000 Ed. (2310, 2312)
1996 Ed. (2002, 2003)
1995 Ed. (1975, 1979, 1980)
1994 Ed. (1948, 1951, 1953)
1993 Ed. (1925)
1992 Ed. (2263, 2264, 2265)
1991 Ed. (1793, 1795, 1796, 1798)
1990 Ed. (1881)
1989 Ed. (1498)
Southern Nevada Paving
2007 Ed. (1380)
Southern New England Credit Union
2004 Ed. (1950)
2003 Ed. (1910)
2002 Ed. (1853)
Southern New England Telecom
1992 Ed. (4199)
1991 Ed. (3276, 3277)
1990 Ed. (3267, 3510)
Southern New England Telephone Co.
2008 Ed. (1696)
2007 Ed. (1671)
2006 Ed. (1665)
2005 Ed. (1746)
2004 Ed. (1688)
2003 Ed. (1659)
2001 Ed. (1675)
1992 Ed. (3944)
1991 Ed. (3112)
Southern New Hampshire Medical Center
2007 Ed. (1911)
2006 Ed. (1926)
2005 Ed. (1900)
2004 Ed. (1816)
2003 Ed. (1781)
2001 Ed. (1810)
Southern Ohio Coal Co.
1993 Ed. (1002)
Southern Ohio Coal Company
1989 Ed. (952)
Southern Ohio Medical Center
2008 Ed. (2002)
Southern Pacific Co.
2005 Ed. (1537)
1996 Ed. (1206)
1995 Ed. (1235, 2044, 3054, 3056, 3057)
1994 Ed. (1219)
1993 Ed. (1179)
1992 Ed. (1472)
1991 Ed. (257, 1160)
1990 Ed. (1241)
Southern Pacific Bank
2005 Ed. (372)
Southern Pacific Hotel Corp.
1990 Ed. (2091, 2092)
Southern Pacific Lines
1998 Ed. (2990)
1996 Ed. (3159)
1994 Ed. (2993)
1993 Ed. (2958)
Southern Pacific Pipe Line L.P.
1991 Ed. (2743)
Southern Pacific PipeLine L.P.
1992 Ed. (3463)
Southern Pacific Rail Corp.
2005 Ed. (1537)
2003 Ed. (1773, 4036)
2001 Ed. (1803, 3983)
1998 Ed. (813, 1095, 2992)
1997 Ed. (1340, 3242, 3243, 3244, 3245, 3246, 3247)
1996 Ed. (1284, 3155, 3156, 3157, 3158)
Southern Pacific Thrift & Loan
1996 Ed. (587)
Southern Pacific Thrift & Loan Association
1999 Ed. (581)
1998 Ed. (390)
1997 Ed. (543)
Southern Pacific Transportation
1995 Ed. (1326, 1328, 1330, 3055)
1994 Ed. (3221)
1990 Ed. (1226)
Southern Pan Services Co.
2008 Ed. (1324)
Southern Peru Ltd.
2004 Ed. (1844)
2002 Ed. (1753)
Southern Peru Cooper Corp.
1999 Ed. (3187)
Southern Peru Copper Corp.
2007 Ed. (2736)
2006 Ed. (2546, 3456, 3457)
2005 Ed. (3447, 3448, 3482, 3483, 4500, 4505)
2004 Ed. (3432, 3433, 3485, 3486)
2003 Ed. (3366)
2001 Ed. (3323)
1999 Ed. (3187)
1989 Ed. (1149)
Southern Peru Holdings Corp.
2004 Ed. (3432)
2003 Ed. (3366)
Southern pine
2007 Ed. (3392, 3395)
2006 Ed. (3334, 3337)
2005 Ed. (3343, 3344)
2001 Ed. (3176, 3177, 3178)
Southern; Ronald
2005 Ed. (4873)
Southern Safety Supply LLC
2008 Ed. (4983)
Southern Securities Co.
1999 Ed. (2885)
Southern Co. Services Inc.
1995 Ed. (2338)
Southern Star Group
2005 Ed. (4509)
Southern Starr Broadcasting
1991 Ed. (2795)
Southern State Cooperative
2008 Ed. (4058)
Southern States Cooperative
2008 Ed. (4081)
2007 Ed. (4045)
2006 Ed. (1389)
2005 Ed. (1403, 3944)
2004 Ed. (1382, 4916)
2003 Ed. (1375)
Southern Sun Hotel Holdings
1990 Ed. (2091)
Southern Systems
2000 Ed. (906, 908)
Southern Tennessee Medical Center LLC
2008 Ed. (2104)
2007 Ed. (2009)
Southern Tier Hide
1996 Ed. (3602)
Southern Tire Mart
2008 Ed. (4683)
2007 Ed. (4755)
Southern Union Co.
2008 Ed. (1401, 2812)
2007 Ed. (2679, 2681, 2682)
2006 Ed. (2692)
2005 Ed. (2713, 2714, 2726, 3586)
2004 Ed. (2723, 2724, 3668)
2002 Ed. (1390)
Southern United Life Insurance Co.
1991 Ed. (2108)
Southern Webbing Mills Inc.
2004 Ed. (4585, 4586)
Southern Wine & Spirits
1995 Ed. (651)
Southern Wine & Spirits of America Inc.
2008 Ed. (566, 4055)
2007 Ed. (616, 4028)
2006 Ed. (570, 3990)
2005 Ed. (666, 672, 3917)
2004 Ed. (677, 679)
2002 Ed. (1075)
2001 Ed. (698)
2000 Ed. (730, 1104)
1999 Ed. (721)
1998 Ed. (461, 753)
1997 Ed. (661)
1996 Ed. (990)
SouthernEra Resources Ltd.
2005 Ed. (4510)
Southex Exhibitions
2001 Ed. (4612)
Southfield Beef Packing Inc.
1993 Ed. (2515, 2893)
Southfield Chrysler-Plymouth
1996 Ed. (269)
Southfield Jeep-Eagle
1996 Ed. (276)
1995 Ed. (277)
Southfield, MI
1989 Ed. (343)
Southgate Automotive Group
2000 Ed. (741)
1999 Ed. (729)
Southgate Heritage Sunday
2002 Ed. (3500)
Southgate (MI) Heritage Sunday
2003 Ed. (3642)
Southgate (MI) News-Herald
2003 Ed. (3642)
Southgate News-Herald
2002 Ed. (3500)
Southgo
1995 Ed. (2584)
Southhampton, NY
1992 Ed. (1167, 1168)
Southlake Subaru
1990 Ed. (320)
Southland Corp.
2005 Ed. (2736)
2004 Ed. (2738)
2003 Ed. (2621)
2002 Ed. (3790)
2001 Ed. (1489)
2000 Ed. (2245, 2346)
1999 Ed. (1412, 2603, 2604, 4515)
1998 Ed. (975, 984, 1844, 3443, 3444)
1997 Ed. (1209, 1210, 2085, 2151, 2629, 3660)
1996 Ed. (1171, 1172, 1969, 2031, 2486, 3606)
1995 Ed. (1203, 1939, 2003, 2004, 2444, 3047, 3289)
1994 Ed. (1177, 1189, 1917, 1977, 1990, 2985)
1993 Ed. (1159, 1160, 1901, 1955, 1956, 2381)
1992 Ed. (535, 1183, 1441, 2224, 2230, 2298, 2299, 3596)
1991 Ed. (949, 2309, 3099, 1101, 1754, 1822, 1823, 2793)
1990 Ed. (1019)
1989 Ed. (1020, 1112, 2327, 2462)
Southland Canada, Inc.
2001 Ed. (1253)
Southland Distribution Centers
1993 Ed. (1154, 1157)
Southland Industries
2008 Ed. (1261, 1342)
2007 Ed. (1364, 1381, 1392, 3979)
2006 Ed. (1257, 1258, 1261, 1287, 1328, 1347, 3924)
2005 Ed. (1281, 1288, 1291, 1294, 1317, 1345)
2004 Ed. (1234, 1239, 1241, 1310, 1340)
2003 Ed. (1307, 1340)
2002 Ed. (1294)
2000 Ed. (1264)
1999 Ed. (1372)
1998 Ed. (951)
Southland Life
1995 Ed. (2296)
Southland Life Insurance Co.
2002 Ed. (2911)
1998 Ed. (2169, 2188)
1997 Ed. (2438)
1991 Ed. (1141)
Southland Life Insurane
1999 Ed. (2942)
The Southland Corp. (7-Eleven)
1991 Ed. (1774)
Southland Title Corp.
2000 Ed. (2739)
1999 Ed. (2986)
Southlife Holding Co.
1991 Ed. (1167)
Southmark Corp.
2000 Ed. (391)
1999 Ed. (391)
1997 Ed. (353)
1996 Ed. (382)
1994 Ed. (358)
1993 Ed. (365)
1992 Ed. (535, 904, 3633)

1991 Ed. (247, 3091, 3099)
1990 Ed. (1303, 1758, 2234, 3248, 3254)
1989 Ed. (1427, 2461, 2472)
Southmark Commercial Management
1990 Ed. (3290)
Southmark Pacific Corp.
1990 Ed. (2962)
Southmark Corp., 13 1/4s '94
1990 Ed. (740)
Southmoreland on the Plaza, Kansas City, MO
1992 Ed. (877)
Southold, NY
1992 Ed. (1168)
Southpark Area, NC
1996 Ed. (1604)
SouthPark Center
2001 Ed. (4251)
Southpoint Magazine
1992 Ed. (3384)
Southside Bancshares
2003 Ed. (513, 515)
2002 Ed. (486)
Southside Food Truck Sales Inc.
1991 Ed. (2473)
Southside Ford Truck Sales Inc.
1996 Ed. (2659)
1995 Ed. (2589)
1994 Ed. (2531)
1993 Ed. (2582)
1992 Ed. (3091)
1990 Ed. (734, 2592)
Southstate Bake
1989 Ed. (2367)
Southtowne Hyundai
1996 Ed. (273)
SouthTrust Corp.
2006 Ed. (397, 1422, 1423)
2005 Ed. (439, 631, 632, 3306)
2004 Ed. (433, 642, 643, 1619)
2003 Ed. (439, 449, 631, 632, 1602)
2002 Ed. (1390, 1574)
2001 Ed. (581, 650, 651, 3350)
2000 Ed. (1383, 2486)
1999 Ed. (4390)
1998 Ed. (3034)
1997 Ed. (333, 3285)
1995 Ed. (3316)
1994 Ed. (634, 1225, 3036, 3037, 3038, 3236)
1993 Ed. (630, 3243)
1992 Ed. (524)
1990 Ed. (683, 684)
1989 Ed. (673)
SouthTrust Bancorporation
2000 Ed. (526)
Southtrust Bank
2006 Ed. (375)
2005 Ed. (381)
2004 Ed. (362, 1064)
2003 Ed. (383, 1055)
2002 Ed. (442, 478, 1120)
2001 Ed. (4002)
2000 Ed. (401, 402)
1999 Ed. (403, 404)
SouthTrust Bank of Alabama
1996 Ed. (422)
SouthTrust Bank of Alabama NA
1999 Ed. (3180)
1998 Ed. (300, 336, 2352)
1997 Ed. (379, 389, 2622)
1995 Ed. (398)
1994 Ed. (405)
1993 Ed. (415)
1992 Ed. (575)
SouthTrust Bank of Alabama NA (Birmingham)
1991 Ed. (417)
SouthTrust Bank of Atlanta
1994 Ed. (491)
SouthTrust Bank of Georgia NA
1998 Ed. (360)
1997 Ed. (477)
1996 Ed. (515)
1995 Ed. (474)
SouthTrust Bank of West Florida
1997 Ed. (462)
SouthTrust of Alabama Inc.
2002 Ed. (445)
Southward Energy Ltd.
2003 Ed. (1632, 1633)
Southway Crane & Rigging-Columbia LLC
2007 Ed. (3599, 4445)
2006 Ed. (3539)
Southwell; David
2007 Ed. (1085)
Southwest
2001 Ed. (295)
2000 Ed. (4161)
1999 Ed. (220, 222, 226, 228, 229, 244)
1997 Ed. (194, 195, 196, 197, 203, 213, 215)
1996 Ed. (184)
1993 Ed. (2710)
1992 Ed. (280)
1990 Ed. (207, 2169)
Southwest Airlimes
1996 Ed. (355)
Southwest Airlines Co.
2008 Ed. (209, 210, 211, 212, 213, 217, 221, 223, 224, 226, 228, 230, 231, 232, 233, 234, 235, 1213, 1434, 2116, 3007, 3373)
2007 Ed. (222, 224, 225, 226, 227, 228, 229, 230, 231, 242, 245, 247, 248, 249, 251, 252, 253, 254, 255, 857, 1448, 1562, 2885, 3214, 3244, 3342)
2006 Ed. (215, 216, 217, 218, 219, 220, 221, 222, 223, 224, 240, 242, 243, 245, 246, 248, 1457, 4812)
2005 Ed. (201, 202, 203, 206, 207, 208, 209, 210, 211, 212, 224, 226, 227, 229, 1578, 2374, 3370, 3371, 4450, 4759)
2004 Ed. (198, 199, 200, 203, 204, 205, 206, 207, 211, 212, 213, 216, 218, 219, 221, 1569, 2845, 4763, 4788)
2003 Ed. (18, 242, 243, 244, 245, 246, 247, 248, 250, 754, 1544, 1559, 4781, 4801)
2002 Ed. (257, 258, 259, 260, 261, 262, 263, 264, 265, 266, 269, 1503, 1546, 2076, 4665)
2001 Ed. (294, 296, 299, 300, 311, 315, 318, 321, 323, 325, 327, 328, 329, 337, 338, 1574, 4616)
2000 Ed. (236, 237, 238, 239, 240, 241, 242, 243, 244, 245, 249, 250, 252, 253, 259, 263, 264, 267, 1377, 4292, 4381)
1999 Ed. (214, 215, 216, 218, 219, 221, 231, 243, 363, 1475, 1526, 4652)
1998 Ed. (124, 125, 126, 127, 128, 129, 130, 131, 132, 133, 134, 135, 136, 140, 563, 925, 3614)
1997 Ed. (199, 200, 201, 202, 206)
1996 Ed. (180, 181, 182, 183, 185, 186, 1115, 1275)
1995 Ed. (171, 172, 173, 174, 175, 176, 178, 179, 182, 186, 190)
1994 Ed. (162, 163, 164, 165, 166, 167, 168, 169, 176, 179, 3448, 3572)
1993 Ed. (177, 183, 185, 186, 187, 190, 191, 193, 1106)
1992 Ed. (266, 270, 271, 272, 273, 277, 279, 281, 283, 290, 302, 303)
1991 Ed. (199, 201)
1990 Ed. (214, 217, 1184)
1989 Ed. (232, 233, 237, 238)
Southwest Airlines Credit Union
2003 Ed. (1897)
2002 Ed. (1834)
Southwest Airlines Employees
2000 Ed. (1624)
Southwest Airlines Spirit
2008 Ed. (150)
Southwest Alfa
1992 Ed. (406)
1991 Ed. (301)
Southwest Bancorp Inc.
2008 Ed. (2369)
2007 Ed. (2229)
2002 Ed. (485)
Southwest Bancorporation of Texas
2005 Ed. (633, 634)
2004 Ed. (644, 645)
Southwest Bank
1996 Ed. (387)
Southwest Bank of Texas
2006 Ed. (398)
Southwest Detroit Hospital
1991 Ed. (714)
1990 Ed. (737)
Southwest Florida International Airport
2002 Ed. (275)
2000 Ed. (273)
1999 Ed. (248)
1998 Ed. (145)
Southwest Florida Regional Medical Center
2008 Ed. (3058)
2002 Ed. (2620)
2000 Ed. (2527)
Southwest FSA
1992 Ed. (3772, 3783)
Southwest Gas Corp.
2008 Ed. (1969, 2812)
2007 Ed. (1908, 2682)
2006 Ed. (2692)
2005 Ed. (2719, 2720, 2726)
2004 Ed. (1814)
1999 Ed. (2578, 2581, 3593)
1998 Ed. (1818, 1821, 2664)
1997 Ed. (2127, 2926)
1996 Ed. (2007)
1995 Ed. (1984, 1987)
1994 Ed. (1959, 2650)
1993 Ed. (2702)
1992 Ed. (2272, 3211, 3214, 3467)
1991 Ed. (2572, 2575, 1803)
1990 Ed. (2668)
1989 Ed. (2033)
Southwest Harvard Group
1998 Ed. (1936)
Southwest Health Alliances
1999 Ed. (2646, 2647)
Southwest Hummer
2005 Ed. (169)
Southwest Life & Health Insurance Co.
2000 Ed. (2702, 2704)
Southwest Minnesota Initiative Fund
1995 Ed. (1931)
Southwest Montana Community Credit Union
2007 Ed. (2128)
2006 Ed. (2207)
2005 Ed. (2112)
Southwest National
1990 Ed. (666)
Southwest National Bank/PA
1993 Ed. (2300)
Southwest Office Systems Inc.
1996 Ed. (3234)
Southwest Pontiac-GMC
2005 Ed. (169)
Southwest Sanitary Co.
2008 Ed. (2113)
2007 Ed. (2016)
2006 Ed. (2046)
2005 Ed. (1977)
Southwest Savings
1990 Ed. (3119, 3128)
Southwest Savings & Loan Association
1990 Ed. (3592)
Southwest Savings Assn.
1991 Ed. (3385)
Southwest Seal & Supply, Inc.
2002 Ed. (1994)
1999 Ed. (2845)
Southwest Securities
2008 Ed. (427)
2001 Ed. (733)
2000 Ed. (1097)
Southwest Securities Group
2002 Ed. (499, 500, 501)
Southwest State Bank
1996 Ed. (541)
1993 Ed. (509)
Southwest United States
2002 Ed. (680, 756, 2373, 2550, 3141, 4318, 4341, 4553, 4936)
Southwest U.S.
1997 Ed. (2207)
Southwest Washington Hospital Inc.
2008 Ed. (2164)
Southwest Water Co.
2008 Ed. (2369)
2005 Ed. (4838, 4839)
2004 Ed. (4854, 4855)
Southwestern
1995 Ed. (2989)
Southwestern Bell
2000 Ed. (4202)
1999 Ed. (1817, 3717)
1998 Ed. (3484)
1997 Ed. (3706)
1996 Ed. (3501, 3637, 3639, 3647)
1995 Ed. (3033, 3034, 3297, 3307, 3338, 3363, 3439, 3548, 3549, 3558, 3559)
1994 Ed. (680, 2973, 2974, 3220, 3228, 3284, 3481, 3488, 3489, 3490)
1993 Ed. (821, 2934, 2935, 2936, 3228, 3281, 3383, 3463, 3514, 3515, 3516)
1992 Ed. (1067, 1339, 3582, 3583, 3584, 4063, 4198, 4208, 4209, 4210)
1991 Ed. (871, 872, 1109, 2776, 2777, 3276, 3284, 2691, 2779)
1990 Ed. (2192, 2193, 2926)
1989 Ed. (1087, 1099, 2166, 2260, 2261, 2789, 2796, 2813)
Southwestern Bell Foundation
1989 Ed. (1472)
Southwestern Bell Mobile
1989 Ed. (863)
Southwestern Bell Mobile Systems
1994 Ed. (877)
Southwestern Bell Telephone Co.
2003 Ed. (1767, 1768)
2001 Ed. (1798, 1799)
1990 Ed. (3517)
Southwestern Bell Telephone LP
2007 Ed. (1889)
2006 Ed. (1897)
2005 Ed. (1876)
Southwestern Bell's Metromedia
1992 Ed. (3603)
Southwestern Capital Markets Inc.
1993 Ed. (2264)
1991 Ed. (2167)
Southwestern Electric Power Co.
2004 Ed. (1783)
Southwestern Energy Co.
2008 Ed. (3898)
2007 Ed. (3846, 4532, 4559, 4561, 4562, 4564)
2006 Ed. (3823, 3829)
Southwestern General Life
1989 Ed. (1691)
Southwestern Illinois RC & D Inc.
2003 Ed. (939)
Southwestern Life
1997 Ed. (236, 355, 356)
1996 Ed. (2322)
Southwestern Life Insurance Co.
1991 Ed. (2094)
Southwestern Medical Center at Dallas; University of Texas
2008 Ed. (3637)
Southwestern Ohio Steel Inc.
1999 Ed. (3353)
Southwestern Public Service
1998 Ed. (1393)
1997 Ed. (1699, 1700)
1996 Ed. (1621)
1995 Ed. (1643, 1644)
1994 Ed. (1601, 1602)
1992 Ed. (1904, 1905)
1991 Ed. (1503, 1504)
1990 Ed. (1606, 1607)
1989 Ed. (1302, 1303)
Southwestern Public Services
1993 Ed. (1560)
Southwestern Resources Corp.
2004 Ed. (1665)
Southwestern States Bankcard Association
1992 Ed. (1751)
1991 Ed. (1393)
Southwestern University
2008 Ed. (3430)
2007 Ed. (3329)
1995 Ed. (1059)
1994 Ed. (1051)
1993 Ed. (1024)
1992 Ed. (1276)
1990 Ed. (1091)

Southwestern Vermont Health Care Corp.
2008 Ed. (2153)
2007 Ed. (2049)
2006 Ed. (2091)
2005 Ed. (1992)
2004 Ed. (1877)
2003 Ed. (1842)
Southwestern Vermont Medical Center Inc.
2008 Ed. (2153)
2007 Ed. (2049)
2001 Ed. (1892)
Southwind Partners
1996 Ed. (2097)
Southwire Co.
2008 Ed. (3199)
2005 Ed. (3382)
Soutter; Thomas D.
1996 Ed. (1228)
Souza Cruz
2003 Ed. (1742)
2002 Ed. (1718)
1995 Ed. (3182)
1994 Ed. (3134)
1992 Ed. (1580, 3767)
1991 Ed. (1322, 2913)
1990 Ed. (1395)
1989 Ed. (1135)
Souza Cruz Ind e Com
1989 Ed. (1096)
Souza Cruz SA
1998 Ed. (2558)
1996 Ed. (1306, 3281)
Sovac
1989 Ed. (573)
Sovereign
2001 Ed. (1233)
1998 Ed. (899)
Sovereign Advisers
1996 Ed. (2401, 2409)
Sovereign Asset Management, Dividend Performers—Equity
2003 Ed. (3141)
Sovereign Bancorp Inc.
2008 Ed. (2697)
2007 Ed. (383, 2556, 4262)
2006 Ed. (2587, 3557, 4248, 4734, 4735)
2005 Ed. (2584, 3500, 4223, 4224, 4243, 4689, 4690)
2004 Ed. (3501, 4290, 4291, 4310)
2003 Ed. (425, 453, 3432, 4282, 4283, 4301)
2002 Ed. (627, 1523, 2003, 4171)
2001 Ed. (437, 568, 4521, 4523)
2000 Ed. (4246, 4247)
1998 Ed. (3526)
1997 Ed. (3745)
1996 Ed. (3687)
Sovereign Bank
2007 Ed. (1182, 1183, 2866, 3019, 3629, 3635, 3636, 4243, 4244, 4246, 4247, 4248, 4249, 4250, 4251, 4252, 4254, 4255, 4256, 4257, 4258, 4259, 4260, 4261)
2006 Ed. (1074, 1075, 2872, 2988, 3569, 3570, 3571, 4229, 4232, 4233, 4234, 4235, 4236, 4237, 4238, 4240, 4241, 4242, 4243, 4244, 4245, 4246, 4247)
2005 Ed. (1066, 1067, 2867, 2993, 3502, 3510, 3511, 4177, 4181, 4182, 4183, 4211, 4213, 4214, 4215, 4216, 4217, 4218, 4219, 4220, 4221, 4222)
2004 Ed. (1062, 1063, 2862, 2995, 3502, 3506, 3507, 4244, 4245, 4247, 4248, 4249, 4250, 4278, 4280, 4281, 4282, 4283, 4284, 4285, 4286, 4287, 4288, 4289)
2003 Ed. (4229, 4230, 4258, 4260, 4261, 4262, 4263, 4264, 4265, 4266, 4267, 4268, 4269, 4271, 4273, 4274, 4275, 4276, 4277, 4278, 4279, 4280, 4281)
2002 Ed. (4099, 4116, 4117, 4118, 4119, 4120, 4121, 4122, 4123, 4125, 4127, 4129, 4130, 4131, 4132, 4133, 4134, 4135, 4136, 4138, 4139)
2000 Ed. (3857, 4251)
1999 Ed. (4601)
1998 Ed. (3130, 3134, 3145, 3533)
1994 Ed. (3529)
Sovereign Bank Arena
2003 Ed. (4530)
2002 Ed. (4346)
Sovereign Bank FSB
1998 Ed. (3564)
Sovereign Business Forms Inc.
2008 Ed. (4031, 4033)
2006 Ed. (3967)
2005 Ed. (3887, 3889)
2000 Ed. (912)
Sovereign Chemical Co.
2001 Ed. (11)
Sovereign Financial Services
1998 Ed. (2287)
Sovereign Food Group Ltd.
2000 Ed. (224)
Sovereign Futures
1993 Ed. (1041)
Sovereign Homes
1999 Ed. (1328)
Sovereign Income
1995 Ed. (2751)
Sovereign Investors
1992 Ed. (3150, 3160)
Sovereign Jaguar
1994 Ed. (272)
1993 Ed. (273)
1992 Ed. (387)
1990 Ed. (329)
Sovereign Management
1990 Ed. (2062)
Sovereign System
2001 Ed. (3588)
Sovereigns/supranationals/public authorities
2001 Ed. (730)
Soviet Union
1997 Ed. (3104, 3105)
1993 Ed. (1466, 1467, 1716, 1988, 2229, 2848, 3510)
1992 Ed. (362, 1776, 2336, 2357, 2359, 2566, 3543, 4413)
1991 Ed. (259, 352, 934, 1382, 1408, 1650, 1791, 2111, 2754, 3287, 3358, 3466, 3507)
1990 Ed. (413, 1709, 1728, 1732, 1734, 2829)
1989 Ed. (1869)
Sovran Co.
1996 Ed. (3395)
Sovran Bank
1991 Ed. (2307)
1989 Ed. (707)
Sovran Bank/Central
1992 Ed. (847)
Sovran Bank/Central South
1991 Ed. (675)
Sovran Bank/DC National
1993 Ed. (2966)
Sovran Bank (Inst.) Va.
1989 Ed. (2146, 2150, 2153, 2157)
Sovran Bank/Maryland
1993 Ed. (563)
1992 Ed. (773)
Sovran Bank/Maryland (Betheseda)
1991 Ed. (604)
Sovran Bank NA
1993 Ed. (662)
1992 Ed. (564, 862)
1991 Ed. (687)
1990 Ed. (713)
Sovran Bank/Tennessee
1993 Ed. (643)
Sovran Capital
1999 Ed. (3072)
1997 Ed. (2529)
Sovran Financial
1996 Ed. (359)
1994 Ed. (1219)
1993 Ed. (1179)
1992 Ed. (502, 524, 1472)
1991 Ed. (663, 398, 495, 1154, 1160)
1990 Ed. (638, 685)
1989 Ed. (364, 373, 408, 412, 427, 428, 429)
Sovran Self Storage Inc.
2000 Ed. (3989)
1999 Ed. (4266)
1998 Ed. (3274)
Sovreign Jaguar Inc.
1995 Ed. (276)
Sowanick; Thomas
1993 Ed. (1845)
Sowanik; Thomas
1997 Ed. (1951)
Sowles Co.
2008 Ed. (1266)
2007 Ed. (1370)
2006 Ed. (1294)
2005 Ed. (1322)
2004 Ed. (1317)
2003 Ed. (1317)
2002 Ed. (1299)
2001 Ed. (1482)
2000 Ed. (1269)
Sowles Co.; L. H.
1990 Ed. (1207)
Soybean
2001 Ed. (708)
Soybean oil
1992 Ed. (3299)
Soybeans
2008 Ed. (2646)
2003 Ed. (2601)
2001 Ed. (1332)
1999 Ed. (1807, 2565)
1995 Ed. (2813)
1994 Ed. (1939, 2699)
1993 Ed. (1711, 1914, 2744)
1992 Ed. (2071, 2089)
1990 Ed. (1871, 2742)
Soybeans, CBOT
1996 Ed. (1996)
Soyland Power
1992 Ed. (3263)
Soyuz Ltd.
2001 Ed. (16)
Soza & Co., Ltd.
2004 Ed. (1352, 1369)
2002 Ed. (2538)
2001 Ed. (2714)
SP/Dunlop
1997 Ed. (3750)
S.P. International
1994 Ed. (2598)
SP neurotrans
2001 Ed. (2095)
SP Newsprint Co.
2003 Ed. (3732)
2002 Ed. (3518)
SP Setia
2007 Ed. (1864)
SP Setia Bhd
2008 Ed. (1898)
SP 10-2
1993 Ed. (235)
SPA
1993 Ed. (1354, 2570, 3252)
Spa Advertising
1993 Ed. (141)
1992 Ed. (214)
1991 Ed. (156)
1990 Ed. (156)
Spaarbank AN-HYP
1994 Ed. (434)
Spaarbank CVB
1995 Ed. (562)
1994 Ed. (593)
Spaarkrediet
1996 Ed. (454)
1993 Ed. (434)
1992 Ed. (616)
Spaarkredit
1994 Ed. (434)
Space
2008 Ed. (3340)
2007 Ed. (3198)
2006 Ed. (3164)
2005 Ed. (3170)
Space & Communications Co.
1996 Ed. (1519)
Space Coast Credit Union
2008 Ed. (2225)
2007 Ed. (2110)
2006 Ed. (2189)
2005 Ed. (2094)
2004 Ed. (1952)
2003 Ed. (1912)
2002 Ed. (1858)
2000 Ed. (1631)
1998 Ed. (1232)
1997 Ed. (1559, 1561)
1995 Ed. (1535)
1994 Ed. (1503)
Space Coast CU
1999 Ed. (1805)
Space Coast, FL
1995 Ed. (2191)
Space Gateway Support
2007 Ed. (1398)
Space heating
2001 Ed. (2779)
Space Industries International
1997 Ed. (2702)
Space Jam
2001 Ed. (3412)
1999 Ed. (4717)
Space Mark Inc.
2000 Ed. (3146)
Space organizers
1997 Ed. (2329)
Space planning
1996 Ed. (2881)
1995 Ed. (2816)
Space Station
1992 Ed. (4027)
Spacehab
1998 Ed. (1883, 1886)
Spaceport USA
1997 Ed. (248)
1992 Ed. (332, 333)
1990 Ed. (265, 266)
Spaces
2005 Ed. (3913)
1992 Ed. (4037)
Spackenkill Trading Corp.
1994 Ed. (1069)
1993 Ed. (1036)
Spagetti, canned
1997 Ed. (2032)
Spaghetti
2003 Ed. (3746, 3926, 3927)
2002 Ed. (3588, 3746)
Spaghetti sauce
2003 Ed. (1129)
The Spaghetti Shop Inc.
1992 Ed. (2223)
Spaghetti Warehouse
1999 Ed. (4068)
1997 Ed. (3337)
1995 Ed. (3116, 3133)
Spain
2008 Ed. (260, 868, 1283, 1284, 1287, 1291, 1412, 1413, 1414, 1415, 1419, 1421, 2626, 3164, 3411, 3434, 3590, 3592, 3650, 3825, 3826, 3828, 3832, 4018, 4327, 4392, 4519, 4555, 4556, 4557, 4558, 4795, 5000)
2007 Ed. (285, 577, 674, 892, 2796, 2797, 3050, 3298, 3334, 3379, 3394, 3397, 3426, 3428, 3476, 3743, 3744, 3745, 3747, 3755, 3777, 3984, 3999, 4372, 4418, 4480, 4482, 4607, 4608, 4609, 4610, 4689, 5000)
2006 Ed. (282, 545, 804, 1433, 1434, 1435, 1439, 1442, 2719, 2720, 2804, 2805, 3017, 3116, 3239, 3336, 3339, 3409, 3412, 3453, 3744, 3745, 3746, 3748, 3756, 3780, 3929, 3941, 4214, 4306, 4418, 4422, 4620, 4621, 4622, 4623, 4651, 4669, 4777, 5000)
2005 Ed. (259, 505, 644, 890, 920, 1476, 1478, 1479, 1484, 1541, 2536, 2764, 2823, 3022, 3101, 3252, 3346, 3400, 3403, 3444, 3646, 3647, 3648, 3650, 3658, 3686, 3865, 3881, 4160, 4363, 4401, 4499, 4539, 4540, 4541, 4542, 4570, 4969, 4970, 4971, 4977, 5000)
2004 Ed. (210, 257, 655, 1462, 1463, 1468, 1524, 2170, 2768, 3223, 3287, 3321, 3393, 3396, 3428, 3738, 3739, 3740, 3742, 3747, 3769, 3919, 3931, 4237, 4413, 4454, 4460, 4605, 4606, 4607, 4608, 4650, 4999)

2003 Ed. (249, 290, 493, 641, 873, 1431, 1432, 1433, 1438, 2233, 2616, 3167, 3232, 3362, 3694, 3695, 3697, 3699, 3703, 3755, 3918, 4214, 4401, 4628, 4667, 4970, 4971, 4972, 5000)
2002 Ed. (681, 742, 743, 744, 745, 747, 780, 975, 1410, 1411, 1412, 1419, 2412, 2425, 2751, 2752, 2753, 2754, 2755, 2756, 2757, 2936, 3073, 3183, 3302, 4380, 4971, 4972, 4973, 4974, 4999)
2001 Ed. (291, 358, 390, 395, 525, 526, 625, 662, 697, 979, 1002, 1019, 1021, 1088, 1097, 1140, 1143, 1152, 1242, 1283, 1285, 1311, 1338, 1414, 1496, 1688, 1918, 1919, 1982, 1984, 1992, 2036, 2046, 2128, 2147, 2379, 2395, 2443, 2444, 2469, 2481, 2489, 2552, 2553, 2562, 2602, 2681, 2693, 2695, 2697, 2724, 2734, 2800, 2814, 2821, 2825, 2835, 2970, 3020, 3044, 3045, 3149, 3151, 3160, 3181, 3209, 3227, 3275, 3315, 3367, 3370, 3502, 3552, 3575, 3578, 3580, 3581, 3596, 3602, 3691, 3706, 3760, 3823, 3847, 3859, 3864, 4112, 4113, 4119, 4229, 4246, 4312, 4315, 4370, 4372, 4378, 4399, 4400, 4401, 4402, 4483, 4494, 4565, 4590, 4598, 4632, 4732, 4831, 4905, 4909, 4910, 4920, 4943)
2000 Ed. (1032, 1064, 2335, 2355, 2356, 3011, 4237, 4271, 4272, 4425)
1999 Ed. (332, 1069, 1213, 1796, 2015, 2443, 2596, 2936, 3111, 3193, 3273, 3449, 4478, 4624, 4625, 4803, 4804)
1998 Ed. (115, 230, 633, 656, 683, 1369, 1838, 2209, 2421, 2461, 2814, 3589, 3590, 3591, 3592)
1997 Ed. (287, 321, 725, 939, 941, 1578, 2147, 2691, 2999, 3079, 308, 3513, 3767, 3768, 3770, 3912)
1996 Ed. (363, 908, 942, 1221, 1222, 1226, 1495, 1729, 1963, 2025, 2344, 2551, 2647, 2948, 3435, 3714, 3716, 3717, 3762, 3763, 3870, 3871)
1995 Ed. (344, 683, 713, 876, 929, 1593, 1735, 1743, 1744, 2000, 2005, 2012, 2023, 2024, 3418, 3520, 3773, 3774, 3775)
1994 Ed. (311, 335, 731, 841, 857, 927, 934, 949, 1234, 1349, 1488, 1516, 1533, 1581, 1699, 1983, 1987, 2130, 2684, 3436)
1993 Ed. (146, 212, 722, 885, 917, 943, 956, 1035, 1202, 1203, 1299, 1422, 1464, 1535, 1717, 1723, 1962, 1969, 1976, 1992, 2000, 2167, 2367, 2476, 2482, 3053, 3301, 3302, 3722, 3724, 3725, 3726)
1992 Ed. (225, 228, 230, 316, 498, 669, 723, 907, 1087, 1088, 1120, 1234, 1373, 2046, 2082, 2171, 2293, 2305, 2312, 2322, 3599, 3600, 3685, 3957, 4238, 4239, 4320, 4474, 4475, 4495)
1991 Ed. (165, 329, 352, 516, 1650, 1819, 1826, 1828, 1829, 1836, 1868, 2493, 3108, 3287, 3506, 3507, 3508)
1990 Ed. (1260, 1901, 1906, 1913, 1920, 2497, 3276, 3694, 3699, 3700)
1989 Ed. (282, 349, 2641, 2956, 2964, 2965)
Spain Fund
1991 Ed. (2589)
Spain; Government of
2006 Ed. (90)
Spain's Gifts
1998 Ed. (3339)
1997 Ed. (3546)
1996 Ed. (3481)
Spakling
1997 Ed. (3558)
Spalding
2008 Ed. (4479, 4480)
2007 Ed. (4502, 4503)
2006 Ed. (4445, 4446)
2005 Ed. (4429, 4430, 4431, 4432)
2002 Ed. (2416)
2000 Ed. (4088)
1999 Ed. (4377, 4378, 4379)
1998 Ed. (25, 1856, 3349, 3350, 3351)
1997 Ed. (2153, 2154, 3556, 3557)
1996 Ed. (29, 2035, 3491, 3492, 3493)
1995 Ed. (3428)
1994 Ed. (3370, 3371)
1993 Ed. (1990, 1991, 3367)
1992 Ed. (2337, 2338, 4042, 4043, 4044, 4045)
1991 Ed. (1854, 1855, 3165, 3166)
Spalding/Evenflo Cos.
1996 Ed. (3490)
Span Construction & Engineering Inc.
2006 Ed. (1171, 1172)
2005 Ed. (1175)
Spanas Construction Inc.; A. G.
1992 Ed. (1364)
Spancrete Northeast Group
1993 Ed. (1131)
Spangler Dum Dum
2008 Ed. (839)
Spangler Jr.; Clemmie Dixon
2006 Ed. (4898)
Spanish
2001 Ed. (3962)
2000 Ed. (2889, 2890, 4380)
Spanish Broadcasting System
2008 Ed. (2966)
2006 Ed. (2845)
2000 Ed. (4005)
1998 Ed. (2982)
1992 Ed. (2404, 3092)
1991 Ed. (2794)
1990 Ed. (2939)
Spanish Broadcasting Systems Inc.
1997 Ed. (3495)
1996 Ed. (2661, 3400)
1994 Ed. (2532)
1993 Ed. (2584)
Spanish Economy Ministry
1993 Ed. (51)
Spanish Ministry of Economy
1991 Ed. (48)
1990 Ed. (48)
Spanish Peaks
1999 Ed. (3402)
Spanish Peaks Apple Cider
2002 Ed. (3108)
2001 Ed. (3117)
Spanish Peaks Brewing Co.
1998 Ed. (2487)
Spanish Pesetas
1992 Ed. (2047)
Spanish-Speaking Unity Council
2002 Ed. (2559)
Spanos; A. G.
1993 Ed. (1090)
Spanos Inc.; A.G.
1990 Ed. (1172)
Spanos Construction; A. G.
1996 Ed. (1096, 1132)
1995 Ed. (1130)
1992 Ed. (1367)
1991 Ed. (1054, 1059)
1990 Ed. (1164)
Spanos Cos.; A. G.
1997 Ed. (1124)
Spansion Inc.
2008 Ed. (2462, 4309)
2007 Ed. (1553)
Spar
2008 Ed. (687)
2007 Ed. (718)
Spar Aerospace Ltd.
2001 Ed. (1654)
1997 Ed. (2214)
1996 Ed. (2108)
1995 Ed. (2099)
1993 Ed. (2036)
1990 Ed. (2005)
Spar AG
1994 Ed. (14)
1993 Ed. (24)
Spar Fond & Spar Liv
2002 Ed. (2937)
Spar Group
2000 Ed. (1675)
SPAR Gruppe
2005 Ed. (19)
2004 Ed. (26)
Spar Handels AG
2001 Ed. (15, 4102, 4819)
2000 Ed. (4388)
Spar International
1998 Ed. (987)
Spar Nord Bank
2008 Ed. (404)
2007 Ed. (430)
2006 Ed. (432)
2005 Ed. (486)
2004 Ed. (479)
2003 Ed. (483)
2002 Ed. (550)
2000 Ed. (509)
Spar Nord Holding
1999 Ed. (501)
1997 Ed. (450)
1996 Ed. (487)
SPAR Oesterreichische Warenhandels AG
2008 Ed. (1573)
1996 Ed. (1298)
Spar Osterreichische Warenhandels
2007 Ed. (19)
Spar Osterreichische Warenhandels AG
2005 Ed. (1662)
2003 Ed. (1622)
Spar Osterreichische Warenhandels-Aktiengesell-S
2001 Ed. (1636)
Spar und Leikasse in Berne
1993 Ed. (1664)
Spar Warenhandels AG
1991 Ed. (16)
Sparbank Vest
2006 Ed. (432)
1993 Ed. (461)
Sparbankemas Bank
1989 Ed. (684)
Sparbankemas Intecknings Ab
1989 Ed. (1163)
Sparbanken Alfa
1995 Ed. (614)
1994 Ed. (641, 642)
1993 Ed. (638)
Sparbanken Dalarna
1994 Ed. (641)
1993 Ed. (638)
Sparbanken Finn
2008 Ed. (509)
2007 Ed. (557)
2006 Ed. (527)
Sparbanken Kronan
1994 Ed. (641, 642)
Sparbanken Norrland
1995 Ed. (614)
1994 Ed. (641)
Sparbanken Skane
1994 Ed. (641, 642)
1993 Ed. (639)
1992 Ed. (842)
1991 Ed. (669)
Sparbanken Sverige (Swedbank)
1999 Ed. (644)
Sparbanken Uppland
1994 Ed. (641)
Sparbanken Vast
1994 Ed. (641)
1993 Ed. (638)
Sparbankernas
1994 Ed. (45)
1993 Ed. (52)
Sparc
2001 Ed. (3302, 3303)
1989 Ed. (2042)
Sparck International
2008 Ed. (4971)
Spare Rogaland
1991 Ed. (636)
Spare, Tengler, Kaplan & Bischel
1992 Ed. (2762)
1991 Ed. (2224, 2228, 2232)
SpareBank 1 Alliance (Sparebanken Rogaland)
2002 Ed. (630)
Sparebank 1 Midt-Norge
2008 Ed. (487)
2007 Ed. (533)
2006 Ed. (508)
Sparebank 1 Nord Norge
2008 Ed. (487)
2007 Ed. (533)
2006 Ed. (508)
SpareBank 1 SR-Bank
2008 Ed. (487)
2007 Ed. (533)
2006 Ed. (508)
2005 Ed. (591)
2004 Ed. (602)
2003 Ed. (595)
Sparebanken Hedmark
2008 Ed. (487)
2007 Ed. (533)
2006 Ed. (508)
2005 Ed. (591)
2004 Ed. (602)
2003 Ed. (595)
2002 Ed. (630)
2000 Ed. (637)
1999 Ed. (616)
1997 Ed. (585)
1996 Ed. (645)
1994 Ed. (605)
1993 Ed. (602)
Sparebanken Kronan
1993 Ed. (638)
Sparebanken Midt-Norge
2005 Ed. (591)
2004 Ed. (602)
2003 Ed. (595)
2002 Ed. (630)
2000 Ed. (637)
1999 Ed. (616)
1997 Ed. (585)
1996 Ed. (645)
1994 Ed. (605)
1993 Ed. (602)
Sparebanken More
2008 Ed. (487)
2006 Ed. (508)
2005 Ed. (591)
2004 Ed. (602)
2003 Ed. (595)
2002 Ed. (630)
1996 Ed. (645)
1994 Ed. (605)
1993 Ed. (602)
Sparebanken Nord Norge
2005 Ed. (591)
2004 Ed. (602)
2003 Ed. (595)
2002 Ed. (630)
2000 Ed. (637)
1999 Ed. (616)
1996 Ed. (645, 646)
1995 Ed. (576)
1994 Ed. (605)
1993 Ed. (602)
Sparebanken Nordland
1994 Ed. (605)
1993 Ed. (602, 638)
Sparebanken Pluss
1996 Ed. (645)
1994 Ed. (605)
1993 Ed. (602)
Sparebanken Rogaland
2000 Ed. (637)
1999 Ed. (616)
1996 Ed. (645)
1994 Ed. (605)
1993 Ed. (602, 603)
1992 Ed. (809)
Sparebanken Skane
1993 Ed. (638)
Sparebanken Sogn Og F Jordane
1996 Ed. (645)
Sparebanken Sor
1996 Ed. (645)
1994 Ed. (605)
1993 Ed. (602)
Sparebanken Vest
2008 Ed. (487)
2007 Ed. (533)
2006 Ed. (508)

2005 Ed. (591)
2004 Ed. (602)
2003 Ed. (595)
2002 Ed. (630)
1996 Ed. (645)
1994 Ed. (605)
1993 Ed. (602)
Sparebankern Rogaland
1997 Ed. (585)
Sparekasen Nordvestsjelland
1994 Ed. (466)
Sparekassen
1989 Ed. (518)
Sparekassen Bikuben
1997 Ed. (450)
1996 Ed. (486, 487)
1995 Ed. (455)
1994 Ed. (467)
1993 Ed. (461, 462)
Sparekassen Faaborg
1996 Ed. (486)
1994 Ed. (466)
1993 Ed. (461)
Sparekassen Himmerland
1996 Ed. (486)
Sparekassen Kronjylland
1996 Ed. (486)
1994 Ed. (466)
Sparekassen Lolland
1996 Ed. (486)
1994 Ed. (466)
1993 Ed. (461)
Sparekassen, Nord.
1991 Ed. (497)
Sparekassen Nordjylland
1996 Ed. (486)
1994 Ed. (466)
1993 Ed. (461)
1992 Ed. (650)
Sparekassen SDS.
1991 Ed. (497)
1990 Ed. (538, 1688)
Sparekassen Sydjylland
1993 Ed. (461)
Sparekassen Thy
1994 Ed. (466)
Sparekassen Vestsjaelland
1996 Ed. (486)
Spark Networks
2008 Ed. (3368)
2007 Ed. (3239)
Spark Plugs
1990 Ed. (397)
Spark plugs and wires
1995 Ed. (334)
Spark Response
2000 Ed. (4198)
Sparkasse Aachen
1996 Ed. (516)
Sparkasse Baden
1996 Ed. (448)
1994 Ed. (428)
Sparkasse der Stadt Berlin West
1993 Ed. (490)
1992 Ed. (682)
Sparkasse in Bremen
1996 Ed. (516)
1992 Ed. (722)
Sparkasse Innsbruck-Hall
1994 Ed. (428)
1993 Ed. (428)
Sparkasse Innsbruck-Hall-Tiroler Sparkasse
1992 Ed. (610)
Sparkasse Mainfranken Wurzburg
2004 Ed. (551)
Sparkasse St. Pollen
1993 Ed. (428)
Sparkasse St. Polten
1996 Ed. (448)
1994 Ed. (428)
Sparkasse Wels
1993 Ed. (428)
Sparkasse Wiesbaden
1994 Ed. (492)
Sparkassen & Landesbanken
2001 Ed. (1958)
Sparke Helmore
2003 Ed. (3180)
Sparkle
2008 Ed. (3857)
2003 Ed. (3735, 4668)
2001 Ed. (1239)
1996 Ed. (2907)
Sparkle Wash
2007 Ed. (769)
2006 Ed. (673)
2005 Ed. (766)
2004 Ed. (780)
2003 Ed. (770)
2002 Ed. (2058)
Sparkletts
2007 Ed. (673)
2003 Ed. (731, 733, 736)
2002 Ed. (752, 755)
2001 Ed. (995, 1001)
2000 Ed. (783, 784)
1999 Ed. (764, 765, 766, 768, 4510)
1998 Ed. (480, 483)
1997 Ed. (695, 696, 3661)
1996 Ed. (760)
1995 Ed. (685, 687)
1994 Ed. (734)
1993 Ed. (725)
1992 Ed. (910)
1990 Ed. (745)
1989 Ed. (747)
Sparkling Spring
2000 Ed. (785)
Sparkling Water
2000 Ed. (716)
1999 Ed. (4364)
Sparkling wine
2002 Ed. (282)
2001 Ed. (4847)
1991 Ed. (3504, 3505, 3509, 3510, 3511)
1989 Ed. (2966, 2967, 2968)
Sparks
2008 Ed. (240)
Sparks Regional Medical Center
2008 Ed. (1560)
2007 Ed. (1577)
2006 Ed. (1547)
2005 Ed. (1652)
2004 Ed. (1626)
2003 Ed. (1610)
2001 Ed. (1612)
Sparks Steak House
2007 Ed. (4131)
2006 Ed. (4105)
2002 Ed. (3994)
Sparks Steakhouse
2005 Ed. (4047)
2003 Ed. (4087)
2001 Ed. (4053)
2000 Ed. (3772)
1999 Ed. (4056)
1998 Ed. (3049)
1997 Ed. (3302)
1996 Ed. (3195)
1995 Ed. (3101)
1994 Ed. (3055)
1992 Ed. (3689)
1991 Ed. (2860)
Sparletta
1996 Ed. (3478)
Sparta Inc.
2005 Ed. (2149)
2004 Ed. (2011)
2003 Ed. (1965)
Sparta Systems Inc.
2008 Ed. (1136)
Spartan Food Systems
1993 Ed. (1899)
1991 Ed. (2884, 3155)
Spartan Food Systems, Division of TW Services, Inc.
1990 Ed. (3324)
Spartan Motors
1995 Ed. (2058)
Spartan Mtr.
1993 Ed. (2748)
Spartan Premier Staffing
1999 Ed. (4576)
Spartan Stadium, San Jose State University
1989 Ed. (987)
Spartan Stores Inc.
2008 Ed. (4563)
2007 Ed. (4615, 4954)
2006 Ed. (3953, 3954, 3958, 4947, 4948)
2005 Ed. (1632, 1639, 1641, 4561, 4915, 4916)
2004 Ed. (1614, 4632, 4633, 4637, 4933, 4934)
2003 Ed. (2498, 2499, 4929, 4930, 4937, 4938)
2002 Ed. (4901)
2000 Ed. (2385, 2389, 2391)
1999 Ed. (4755)
1998 Ed. (1869, 1871, 1872, 1873, 1874, 3710)
1997 Ed. (3876)
1996 Ed. (1177, 1178, 2046, 2047, 2048, 2049, 2052, 2053, 3822)
1995 Ed. (1210, 2050, 2053, 2056, 2057)
1994 Ed. (1997, 1999, 2001, 3658)
1993 Ed. (3489, 3490, 3491)
1992 Ed. (4165)
1991 Ed. (3251, 3255)
Spartanburg County Health Services District Inc.
2005 Ed. (1959)
2004 Ed. (1856)
2003 Ed. (1820)
2001 Ed. (1847)
1997 Ed. (2828)
Spartanburg Hospital System
1996 Ed. (2706)
1992 Ed. (3126)
Spartanburg Meat Processing Co.
2008 Ed. (3732, 4427, 4982)
Spartanburg Regional Health Services District Inc.
2008 Ed. (2075)
2007 Ed. (1977)
2006 Ed. (2011)
Spartanburg, SC
2006 Ed. (1180, 3315)
2005 Ed. (1190, 3322)
Spartech Corp.
2008 Ed. (1950)
2007 Ed. (4217)
2006 Ed. (1900, 1905)
2005 Ed. (1884)
2004 Ed. (3909, 3910)
Spartech Plastics
2008 Ed. (3996)
2007 Ed. (3972)
2006 Ed. (3918)
2004 Ed. (3907)
2001 Ed. (3818)
Spartech Polycom Corp.
2007 Ed. (1888)
2006 Ed. (1896)
Sparton Corp.
2006 Ed. (1235)
2005 Ed. (1276)
2004 Ed. (2240)
1990 Ed. (1617)
SPARX Japan
2008 Ed. (4518)
Spasskiye-Vorota
2003 Ed. (2978)
Spaulding & Slye Co.
1994 Ed. (3001)
1993 Ed. (2963)
1990 Ed. (1163)
Spaulding & Slye Colliers
2006 Ed. (3738)
2005 Ed. (3637)
Spaulding Rehabilitation Hospital
2008 Ed. (3050)
2007 Ed. (2927)
2006 Ed. (2908)
2005 Ed. (2901)
2003 Ed. (4067)
Spaulding; Robert
1992 Ed. (3138)
1991 Ed. (2548)
Spawn Collector's Edition
1999 Ed. (4718)
SPC Concrete
1991 Ed. (1085)
SPDA-II
1993 Ed. (233, 235)
SPDA NBO
1993 Ed. (235)
SPDA-1
1993 Ed. (234, 234, 234, 235)
SPDR Technology
2002 Ed. (2170)
SPDR Trust
2004 Ed. (234, 3172)
2002 Ed. (2170)
SPDRs
2006 Ed. (3606)
2005 Ed. (3556)
Speaker-Hines & Thomas Inc.
1994 Ed. (3670)
1993 Ed. (3735)
Speakerboxx-Love
2005 Ed. (3536)
Speakers
2001 Ed. (2730)
The Spear Group
2002 Ed. (2681)
Spear Leeds & Kellogg
2005 Ed. (3597)
Spear Leeds & Kellogg LP
2005 Ed. (1487, 3582)
2003 Ed. (1507)
Spear Report
2002 Ed. (4834)
Spearhead Marketing
2000 Ed. (3845)
Spearmint
1995 Ed. (975)
1994 Ed. (943)
1993 Ed. (930)
Spearmint Gum Plen-T-Pak
1990 Ed. (893, 894, 3041)
1989 Ed. (856, 857)
Spec T
1996 Ed. (1029)
1993 Ed. (1012)
1992 Ed. (1248, 1262, 1263)
1991 Ed. (3387, 3388)
Special Dinners
1992 Ed. (3414)
1990 Ed. (2815)
1989 Ed. (2199)
Special-education teachers
1997 Ed. (1721)
A Special Equity
1996 Ed. (624)
1994 Ed. (580)
Special Equity Group
1994 Ed. (580)
Special events
2002 Ed. (4724)
1990 Ed. (2737)
Special-events marketer
1990 Ed. (3701)
1989 Ed. (2972)
Special events promotions
2000 Ed. (3504)
Special K
2000 Ed. (1003)
1996 Ed. (892)
1994 Ed. (884)
1992 Ed. (1075)
1991 Ed. (3322)
1990 Ed. (3540)
Special K; Kellogg's
2008 Ed. (718, 870)
2007 Ed. (893)
Special machinery
1989 Ed. (1658, 1660, 2646)
Special Obligation Bonds
1989 Ed. (740)
Special Olympics
1995 Ed. (942, 2781)
Special Portfolios Cash
1996 Ed. (2793)
Special Surgery; Hospital for
2008 Ed. (3048, 3051)
2007 Ed. (2925, 2928)
2006 Ed. (2906, 2909)
2005 Ed. (2899, 2902)
Special training
1993 Ed. (2131)
Specialcare Hospital Management Corp.
2005 Ed. (2889, 3948)
2003 Ed. (2803)
2002 Ed. (3803)
Specialist Retailers
1997 Ed. (1302, 1444)
Specialists
1999 Ed. (831)
Speciality Foods Corp.
1996 Ed. (2487)

Speciality Foods Group Income Fund
2008 Ed. (1636)
Speciality Lloyds
1996 Ed. (2341)
Specialized Container
2002 Ed. (3787)
Specialized Industrial Machinery
2000 Ed. (1892)
The Specialized Packaging Group Inc.
2008 Ed. (179, 3701)
2007 Ed. (3542)
2006 Ed. (190, 3505, 4344)
Specially for Children
2007 Ed. (2779)
Specialry Risk Services LLC
2006 Ed. (3083)
Specialty Bottle
2008 Ed. (3541)
2006 Ed. (3358)
Specialty Brands
1998 Ed. (253)
Specialty chains
1991 Ed. (2061)
Specialty chemicals
2002 Ed. (3242)
Specialty Coatings International
1994 Ed. (1467)
Specialty Disease Management Services Inc.
2008 Ed. (3269)
Specialty Equipment
2000 Ed. (2403, 2405, 4047, 4049)
Specialty Food Group Corp.
1991 Ed. (1878)
Specialty Foods Corp.
2003 Ed. (1371)
1999 Ed. (2472)
1998 Ed. (750, 1713)
1997 Ed. (330, 2039)
Specialty foods franchises
1992 Ed. (2218)
Specialty Healthcare Management
1998 Ed. (1984)
Specialty Healthcare Management Hospital Management
1997 Ed. (2255)
Specialty/imported cheese
2002 Ed. (983)
Specialty Laboratories Inc.
2006 Ed. (2776)
Specialty Lloyds
1997 Ed. (2467)
1994 Ed. (2275)
Specialty/misc.
1991 Ed. (2568)
Specialty Packaging
1992 Ed. (1388)
Specialty Paperboard
1995 Ed. (3161)
Specialty papers
1992 Ed. (3287)
Specialty polymers
2001 Ed. (1210)
Specialty Printing
2008 Ed. (4036)
2007 Ed. (4006, 4010)
2001 Ed. (3905, 3921)
Specialty Restaurants Corp.
2006 Ed. (4106)
1993 Ed. (3034)
1992 Ed. (3717)
1991 Ed. (2882)
1990 Ed. (3021)
Specialty retail
2008 Ed. (1498)
2007 Ed. (1516)
2006 Ed. (1486)
Specialty Retail Div.
1996 Ed. (2562)
Specialty Retailers
2002 Ed. (2787, 2788, 2790)
2000 Ed. (1350, 1351, 1357)
1997 Ed. (1579)
Specialty Risk Services LLC
2008 Ed. (3247)
2007 Ed. (3100)
Specialty shops
1990 Ed. (1454)
Specialty Silicone Fabricators Inc.
1995 Ed. (2497)
Specialty stores
2001 Ed. (716, 1331, 2813, 3030, 3031, 3232, 3798, 4434, 4435, 4436, 4437, 4438)
1998 Ed. (2053, 2360)
1997 Ed. (2319)
1993 Ed. (1436, 1437, 1507, 1508, 3500)
1992 Ed. (1743, 1744, 1837, 1838, 2524, 4183)
1991 Ed. (859, 860, 1387, 1388, 1447, 1448, 1967, 3266)
1990 Ed. (908, 909, 1453, 1537, 1538, 2119)
Specialty Systems Inc.
2006 Ed. (1265)
2005 Ed. (1296)
2004 Ed. (1245)
2003 Ed. (1242)
2002 Ed. (1231)
2001 Ed. (1471)
1993 Ed. (1136)
1992 Ed. (1423)
1991 Ed. (1090)
Specialty Systems Inc. & Affiliates
2000 Ed. (1257)
1999 Ed. (1365)
1998 Ed. (943)
1997 Ed. (1174)
1996 Ed. (1145)
1995 Ed. (1170)
1994 Ed. (1150)
Specialty Tools and Fasteners Distributors Association
1999 Ed. (301)
Specialty trade construction contractors
2001 Ed. (1681, 1727)
Specialty Transportation Services
2002 Ed. (4692)
Specialty wireless store
1999 Ed. (1047)
Specific neurotransmitter modulators
1999 Ed. (1907, 1909)
Specific service segments
1992 Ed. (2379)
Speck Products
2008 Ed. (1212)
Speckles
1995 Ed. (1897)
SpecPro Inc.
2006 Ed. (3494, 4338)
Spec's Music Inc.
1997 Ed. (1280)
Specsavers
1999 Ed. (175, 784)
SpecTal
2007 Ed. (2051)
SpecTal LLC
2008 Ed. (1399)
Spectathlete
1993 Ed. (3358)
1992 Ed. (4026)
Spectator sports
1996 Ed. (2473)
1995 Ed. (3077)
1993 Ed. (2949)
1992 Ed. (2910)
Specter; Arlen
1994 Ed. (2890)
Spector Group
2006 Ed. (3164)
Spector; Warren
2005 Ed. (2510)
Spector; Warren J.
1995 Ed. (1728)
Spector; William J.
2005 Ed. (2512)
Spectra
2001 Ed. (3426, 3793)
1998 Ed. (2640)
Spectra Energy Capital LLC
2008 Ed. (1991)
Spectra Film, 2-Pack
1990 Ed. (2865)
Spectra Fund
2006 Ed. (3625)
2004 Ed. (3553, 3555)
2000 Ed. (3223)
The Spectra Group of Great Restaurants Inc.
2005 Ed. (4089)
2004 Ed. (4149)
Spectra International
1995 Ed. (3695)
1994 Ed. (3621)
Spectra International Management Group
1993 Ed. (3662)
Spectra Merchandising International Inc.
2007 Ed. (3551, 3552, 4410)
1995 Ed. (3792)
1994 Ed. (3668)
1993 Ed. (3733)
1992 Ed. (4483)
Spectra-Physics Inc.
2007 Ed. (3421)
1989 Ed. (1326)
Spectra Premium Industries
2008 Ed. (297)
2007 Ed. (310)
Spectra Securities Software Inc.
2003 Ed. (1086, 1116)
Spectra Services
1993 Ed. (2064)
SpectraCare
2004 Ed. (2896)
2003 Ed. (2785)
2002 Ed. (2588)
Spectracide
2003 Ed. (2952)
Spectradyne
1990 Ed. (883)
Spectragraphic Inc.
2004 Ed. (3937)
SpectraLink Corp.
2007 Ed. (1682)
Spectramed
1989 Ed. (2368)
The Spectranetics Corp.
2008 Ed. (4372)
SpectraSite Inc.
2005 Ed. (4984)
SpectraVision
1997 Ed. (356, 357)
1996 Ed. (210)
Spectrian
1996 Ed. (2885)
Spectris plc
2007 Ed. (2350)
2006 Ed. (2402, 4011)
Spectrum American Growth
2002 Ed. (3449, 3451)
Spectrum Asset Management
1992 Ed. (2747)
Spectrum Brands Inc.
2008 Ed. (3101)
2007 Ed. (2980)
Spectrum Chemicals & Laboratory Products
2007 Ed. (3536)
Spectrum Clubs
2007 Ed. (2787)
2005 Ed. (2810)
2000 Ed. (2424)
Spectrum Communications Inc.
2006 Ed. (2094)
2005 Ed. (1994)
1992 Ed. (3571)
Spectrum Communications Cabling Services
2004 Ed. (3945)
2001 Ed. (2702)
Spectrum Construction Group
1998 Ed. (938, 941)
1997 Ed. (1152, 1155)
1996 Ed. (1123, 1127)
1995 Ed. (1154)
Spectrum Emergency Care
1995 Ed. (2138)
1993 Ed. (2061, 2062)
1992 Ed. (2446, 2453)
Spectrum Engineers
2006 Ed. (2481)
Spectrum Equity Investors
2006 Ed. (3276)
1996 Ed. (3781)
Spectrum Equity Investors IV, LP
2002 Ed. (4731)
Spectrum, Freeport
1997 Ed. (3653)
Spectrum Global Growth
2003 Ed. (3573, 3574)
2002 Ed. (3437, 3438, 3439)
Spectrum Global Telecom
2002 Ed. (3443)
Spectrum Global Telecommunications
2003 Ed. (3603, 3604)
Spectrum Health, Butterworth Campus
2005 Ed. (2912)
Spectrum Health Hospitals
2008 Ed. (1928, 3064)
2007 Ed. (1879)
2006 Ed. (1880)
Spectrum Healthcare Services
1998 Ed. (1982)
Spectrum Holobyte
1997 Ed. (2715, 3649)
Spectrum Human Services Cos.
1998 Ed. (2686)
Spectrum Information Technologies Inc.
1996 Ed. (2891, 2893, 3594)
Spectrum Laboratories Inc.
2004 Ed. (4583)
Spectrum Laboratory Products Inc.
2007 Ed. (3536)
Spectrum Long-Term Bond
2003 Ed. (3587)
2002 Ed. (3431)
Spectrum Magazine
2007 Ed. (4792)
Spectrum Pharmaceuticals Inc.
2004 Ed. (4580)
Spectrum Science
2005 Ed. (3978)
2004 Ed. (4038)
2003 Ed. (3989)
Spectrum Science Public Relations
2005 Ed. (3954)
2004 Ed. (3988)
Spectrum Services Inc.
2004 Ed. (3493)
Spectrum Signal Processing
2007 Ed. (2813)
Spectrum Skanska Inc.
2002 Ed. (2664)
Spectrum United American Growth
2001 Ed. (3478)
Spectrum United Canadian Stock
2001 Ed. (3470)
Spectrum United Global Growth
2001 Ed. (3468)
Spectrum United Global Telecom
2001 Ed. (3472, 3473)
Speculation Ltd.
1992 Ed. (2742)
Spee Dee Delivery Service Inc.
2008 Ed. (4771)
2007 Ed. (4848)
2003 Ed. (4788)
Speece Lewis & Thorson
1999 Ed. (3087, 3088, 3089)
Speech recognition/synthesis
1996 Ed. (2914)
Speech/speech pathology
2001 Ed. (2761)
SpeechWorks International, Inc.
2002 Ed. (2521)
Speed
1996 Ed. (2687, 3790)
Speed Doubler
1998 Ed. (845)
1997 Ed. (1096)
Speed Queen
1992 Ed. (4420, 4421)
1991 Ed. (3471)
1990 Ed. (1046, 1047, 3681)
Speed Stick
2008 Ed. (2326, 3876)
1997 Ed. (1589)
SPEEDCOM Wireless International Corp.
2003 Ed. (1515)
SpeeDee Oil
2002 Ed. (418)
2001 Ed. (531)
Speeding
1990 Ed. (1463)
Speedline
2002 Ed. (4724)
Speedo
2008 Ed. (4479)
2007 Ed. (4502)
2006 Ed. (4445)
2005 Ed. (4429, 4432)

Speedway
2000 Ed. (2234)
Speedway Motorsports Inc.
2005 Ed. (4028, 4029)
2004 Ed. (4093, 4094)
Speedway SuperAmerica
2007 Ed. (1419)
2006 Ed. (1381)
Speedway SuperAmerica LLC
2008 Ed. (1377, 2820)
2007 Ed. (1420, 2695)
2006 Ed. (1382, 1383, 2700)
2005 Ed. (273, 1393)
2004 Ed. (266, 1372, 1373, 1374, 1376)
2003 Ed. (307, 1365, 1366)
2002 Ed. (1332)
2001 Ed. (496, 1488, 1489, 1490)
Speedy Auto Service
1999 Ed. (2512, 2517)
Speedy Fold
1994 Ed. (3306)
Speedy Muffler King
1997 Ed. (3547)
1996 Ed. (3483)
Speedy Sign-A-Rama, USA
1992 Ed. (2221)
Speedy Snacks
2008 Ed. (713)
Speedy Transmission Centers
2003 Ed. (349)
Speer II; L. Donald
2005 Ed. (1544)
Speer; Roy
1989 Ed. (1984)
Speigel
1996 Ed. (885)
Speizman Industries
1995 Ed. (2819)
Spektra Systems Ltd.
2003 Ed. (2735)
Spelling
1995 Ed. (3580)
Spelling Entertainment
1994 Ed. (3503)
1993 Ed. (1636)
1992 Ed. (1986, 4245)
1991 Ed. (1579, 3328)
Spelman & Co.
2000 Ed. (851, 854, 855, 856, 857, 858, 859, 860, 861)
1999 Ed. (853, 854, 855, 856, 857, 858, 859, 860)
1991 Ed. (3050)
Spelman College
2008 Ed. (181)
2000 Ed. (744)
1995 Ed. (1057, 1070, 1928)
1994 Ed. (1049)
1993 Ed. (1022)
1992 Ed. (1274)
1991 Ed. (891, 1003)
1990 Ed. (1091)
Spelzman Industries
1995 Ed. (2058)
Spenard Builders Supply
2003 Ed. (4171)
Spence & Co. Ltd.; Aitken
1994 Ed. (1061)
Spence; James
1997 Ed. (1974)
1996 Ed. (1866)
Spencer Brickwork
2006 Ed. (1255)
2005 Ed. (1285)
Spencer Foundation
2002 Ed. (2332)
Spencer Gifts Inc.
1998 Ed. (3339)
1997 Ed. (3546)
1996 Ed. (3481)
1995 Ed. (3420)
1994 Ed. (3361)
1993 Ed. (3358)
1992 Ed. (4026)
1990 Ed. (916)
Spencer Jakab
2000 Ed. (2140)
1999 Ed. (2354)
Spencer; James
1996 Ed. (1786)
1995 Ed. (1811)
1994 Ed. (1770)
1993 Ed. (1787)
Spencer; Michael
2008 Ed. (4006)
Spencer; Nicholas
1997 Ed. (1861)
1996 Ed. (1771, 1773, 1785)
Spencer Press Inc.
1999 Ed. (1045, 3889)
Spencer Reed Group
2002 Ed. (1068)
Spencer Savings Bank
2000 Ed. (3856)
Spencer Stuart
2008 Ed. (4131)
2006 Ed. (4058)
2005 Ed. (4030)
2002 Ed. (2172, 2174, 2176)
2001 Ed. (2310, 2311, 2312, 2313)
1999 Ed. (2071)
1998 Ed. (1504, 1507)
1997 Ed. (1792, 1793)
1996 Ed. (1707, 1708)
1990 Ed. (1710)
SpencerStuart
2000 Ed. (1863, 1864, 1866, 1868)
1993 Ed. (1691, 1692)
SpencerStuart Executive Search Consultants
1995 Ed. (1724)
1994 Ed. (1711)
1991 Ed. (1615, 1616)
Spenco
1992 Ed. (2208)
Spenco Medical Corp.
2002 Ed. (2318)
2001 Ed. (2493)
2000 Ed. (2250)
Spenger's Fish Grotto
1997 Ed. (3302)
1994 Ed. (3053, 3055)
1993 Ed. (3010)
1992 Ed. (3687)
1991 Ed. (2858)
Spenser/BBDO
1992 Ed. (204)
Spenser/BBDO Advertising
1994 Ed. (114)
1993 Ed. (135)
Sperling; John
2007 Ed. (4891)
Sperling; Peter
2007 Ed. (4891)
Sperry Aerospace; Honeywell/
1991 Ed. (1146)
Spes Bona Investment Co.
1997 Ed. (2907)
Spescom Ltd.
2003 Ed. (1510)
Speyburn
1999 Ed. (4153)
SPF Energy Inc.
2008 Ed. (1995)
2007 Ed. (1929)
SP400 SPDR Trust
2004 Ed. (234)
SPH
2000 Ed. (4034)
Sphere Drake Underwriting Management (Bermuda) Ltd.
1995 Ed. (903)
1994 Ed. (861)
1993 Ed. (847)
Spherion Corp.
2008 Ed. (805, 3726, 4421, 4495, 4977)
2007 Ed. (837, 1186, 3589, 4515, 4743)
2006 Ed. (743, 4720, 4721)
2005 Ed. (819, 4668, 4669)
2004 Ed. (845, 4482, 4693, 4694)
2003 Ed. (802, 1563, 1567, 4390, 4393, 4532, 4560, 4717, 4718)
2002 Ed. (1216, 1648, 1649, 4349, 4595, 4596, 4597, 4598)
Spherion Personnel
2006 Ed. (2430)
Spheris
2008 Ed. (2887)
2007 Ed. (2768)
2006 Ed. (2757)
2005 Ed. (2788)
Sphinx
2005 Ed. (4157)
2003 Ed. (4206)
Sphinx Consulting
2006 Ed. (1082)
Sphinx Mining
1990 Ed. (3455)
Sphinx Pharmaceuticals Corp.
1996 Ed. (1210)
1995 Ed. (2796)
SPI Dynamics
2008 Ed. (1150)
SPI Pharmaceuticals
1995 Ed. (202)
1994 Ed. (201)
1993 Ed. (214, 217, 827)
SPI Powernet
2003 Ed. (1614)
SPIC/ACCOR
2000 Ed. (992)
Spic & Span
2003 Ed. (977)
2002 Ed. (1064)
2001 Ed. (1237, 1240)
2000 Ed. (1096)
1999 Ed. (1182)
1998 Ed. (747)
1994 Ed. (982)
1993 Ed. (954)
1992 Ed. (1176)
Spice Girls
2000 Ed. (996)
Spiced lunch meat
2002 Ed. (3746)
Spicer & Oppenheim
1992 Ed. (11, 12, 13)
1991 Ed. (6)
Spicers Paper
2002 Ed. (4897)
Spices/seasoning/extracts
2001 Ed. (2084)
Spices/seasonings
2004 Ed. (2648)
Spider-Man
2006 Ed. (649)
2004 Ed. (2160, 2161, 3513, 3516, 3517)
Spider-Man 2
2007 Ed. (3641)
2006 Ed. (3576)
Spie Batignolles
1997 Ed. (1186, 1190)
1995 Ed. (1179, 1188)
1994 Ed. (1158, 1168, 1172)
1993 Ed. (1099, 1141, 1145)
1992 Ed. (1428, 1430)
1991 Ed. (1065, 1091, 1095)
Spiegel Inc.
2004 Ed. (1019)
2003 Ed. (1018)
2001 Ed. (1135)
2000 Ed. (995)
1999 Ed. (1044, 1852, 4313)
1998 Ed. (648, 651, 652, 653, 1277, 2054, 2426, 3303)
1997 Ed. (913, 914, 2318, 2324, 2332, 2698, 3518)
1996 Ed. (886, 1743, 2203, 3432)
1995 Ed. (911, 2186)
1994 Ed. (873, 1927, 2132, 2135, 2140, 2148)
1993 Ed. (2489)
1992 Ed. (1089, 1091, 1837, 1838, 2525, 2528, 2533, 4034, 4035)
1991 Ed. (868, 869, 3240)
1990 Ed. (910, 911, 912, 913, 916, 2114, 2120, 3030)
1989 Ed. (859)
Spiegel; Abraham
1990 Ed. (1723)
Spiegel Holdings Inc.
2003 Ed. (1664)
2001 Ed. (1679)
Spiegel Mail Order
2004 Ed. (893)
Spiegel; T.
1991 Ed. (1618)
Spiegel; Thomas
1990 Ed. (1712, 1723)
Spiegel.com
2008 Ed. (2446)
2001 Ed. (2975, 2980, 2983)
Spieker Properties Inc.
2002 Ed. (3930)
2000 Ed. (3727)
1999 Ed. (4005, 4216)
1995 Ed. (3203)
Spielberg; Steven
2008 Ed. (2580, 2582, 2586)
2007 Ed. (2450, 2451)
2006 Ed. (2485, 2488, 2515)
2005 Ed. (2443, 2444)
1997 Ed. (1777)
1995 Ed. (1714)
1994 Ed. (1667)
1993 Ed. (1633)
1992 Ed. (1982)
1991 Ed. (1578)
1990 Ed. (1672)
1989 Ed. (1347)
SPIF Cesky
2000 Ed. (3585)
Spike
2008 Ed. (4655)
1994 Ed. (687)
Spike DDB
2006 Ed. (187)
2005 Ed. (174)
2004 Ed. (171)
2003 Ed. (215)
2002 Ed. (711)
1999 Ed. (64)
Spillane Co.; P. J.
2006 Ed. (1254)
2005 Ed. (1284)
Spillis Candela & Partners Inc.
2000 Ed. (314, 3147)
1999 Ed. (289)
1998 Ed. (186)
Spillis Candela DMJM
2002 Ed. (333)
Spin
2001 Ed. (3197)
1994 Ed. (2786)
1993 Ed. (2793)
1992 Ed. (3372, 3378)
Spin Master Toys
2001 Ed. (1655)
Spinach
2008 Ed. (2791)
Spindle, Stairs & Railings
2006 Ed. (1540)
2005 Ed. (1690, 1691)
Spindletop Oil & Gas Co.
2006 Ed. (2042, 3835)
2003 Ed. (3835)
Spine Solutions Inc.
2005 Ed. (1467)
SpineCore Inc.
2006 Ed. (1421)
Spinelli; Stephen
2006 Ed. (703)
2005 Ed. (796)
Spinnaker Direct
2008 Ed. (129)
Spinnaker Exploration Co.
2006 Ed. (3836)
2005 Ed. (1613, 4380, 4383)
2004 Ed. (2778)
2002 Ed. (2123)
Spinnerei & Weberei Diefurt AG
1996 Ed. (3680)
Spinnerei & Weberei Dietfurt AG
1994 Ed. (3520)
Spinnerei Kunz AG
1996 Ed. (3680)
Spira Societa Italiana Pubblicita
1990 Ed. (99)
Spiral Inc.
2002 Ed. (716)
2001 Ed. (714)
Spirax-Sarco
2007 Ed. (2403)
Spirax Sarco Engineering
2008 Ed. (2510)
2006 Ed. (2480)
Spire Corp.
1999 Ed. (3674)
Spire Mountain
2005 Ed. (999)
2002 Ed. (3108)
2001 Ed. (3117)
SpireMedia Inc.
2008 Ed. (1709)

2007 Ed. (1684)
2006 Ed. (1681)
2005 Ed. (1754)
Spirent
2007 Ed. (2832)
2006 Ed. (1114)
Spirent plc
2006 Ed. (1687, 1689, 4095)
Spires-Douglas Yugo
1992 Ed. (414)
Spirit
1996 Ed. (329)
Spirit AeroSystems Holdings Inc.
2008 Ed. (4289)
Spirit Airlines Inc.
2008 Ed. (229)
2007 Ed. (250)
2001 Ed. (318)
Spirit Amber Bidco Ltd.
2005 Ed. (1552)
Spirit Bank NA
1998 Ed. (374)
Spirit Mountain Gaming Inc.
2001 Ed. (1831)
Spirit Truck Lines
2006 Ed. (2846)
Spirits
2004 Ed. (888)
2002 Ed. (692, 693, 694, 695)
2001 Ed. (686, 690, 691, 692, 693, 694)
2000 Ed. (717)
1996 Ed. (719)
1994 Ed. (682)
1992 Ed. (2951)
Spirits, white
2008 Ed. (3451)
SpiritSoft Ltd.
2005 Ed. (1149)
Spirt Bal Buram
2006 Ed. (4522)
Spital, Attorney; Samuel E.
1989 Ed. (1889)
Spitzer; Eliot
2005 Ed. (3204)
Spitzer Management Inc.
2001 Ed. (1254)
Spivak; Helayne
1993 Ed. (3730)
SPL Integrated Solutions
2005 Ed. (2333)
Splash N Dash
2006 Ed. (363)
Splash 'n Go
2003 Ed. (3430)
Splinter; M. R.
2005 Ed. (2493)
Splinter; Michael
2007 Ed. (1006)
2006 Ed. (916)
Splitska Banka
2004 Ed. (487)
2003 Ed. (480)
2002 Ed. (547)
2001 Ed. (619)
Splosna Banka Koper dd Koper
1997 Ed. (612, 613)
SPNB Aggress Equity
1994 Ed. (580)
Spoetzl Brewery, Inc.
1990 Ed. (752)
1989 Ed. (757)
Spoetzl Brewing Co.
2000 Ed. (3127)
1998 Ed. (2491)
1997 Ed. (713)
Spojnia Credit Union
2005 Ed. (2074)
1996 Ed. (1507)
Spokane Arena
2001 Ed. (4354)
1999 Ed. (1297)
Spokane Teachers Credit Union
2008 Ed. (2266)
2007 Ed. (2151, 4392)
2006 Ed. (2230)
2005 Ed. (2135)
2004 Ed. (1993)
2003 Ed. (1953)
2002 Ed. (1899)
Spokane, WA
2001 Ed. (2834)
1999 Ed. (1024, 1153, 2813, 4514)
1997 Ed. (1075, 2334)
1996 Ed. (976, 1061)
1994 Ed. (1104, 2150, 2487)
1993 Ed. (2542)
1992 Ed. (1163)
1991 Ed. (2529)
1990 Ed. (1004, 1149)
Spolana Works
1999 Ed. (3870)
1994 Ed. (925)
Spolchemie Works
1994 Ed. (925)
Spoldzielcza Grupa Bankowa
2005 Ed. (498)
Spoldzielnia Mleczarska Ostroleka
2008 Ed. (2052)
Sponbond
2000 Ed. (3353)
SpongeBob SquarePants
2006 Ed. (649)
Sponges
2003 Ed. (3791)
2002 Ed. (2707)
1990 Ed. (1194)
Sponges, personal
2002 Ed. (3642)
Sponges/scouring sponges
1994 Ed. (978)
Sponsor S 1
1993 Ed. (2030)
Sponsorships
2001 Ed. (2972, 3921)
1993 Ed. (3370)
Spontaneous Healing
1999 Ed. (695)
Spooner; John P.
2006 Ed. (2520)
Sporanox
2001 Ed. (2495)
1998 Ed. (88)
Sporl & Co.
1999 Ed. (3087, 3090)
1998 Ed. (2287, 2290)
Sport
2001 Ed. (258, 491)
The Sport & Health Co.
2006 Ed. (2786)
2005 Ed. (2810)
Sport & Health Clubs
2007 Ed. (2787)
Sport; Banana Boat
2008 Ed. (4553)
Sport Beverages
2000 Ed. (716)
Sport Chalet Inc.
2008 Ed. (4482)
2001 Ed. (4337)
Sport Clips
2008 Ed. (2876)
2007 Ed. (2759)
2006 Ed. (2752)
2005 Ed. (2780)
2004 Ed. (2789)
2003 Ed. (2675)
2002 Ed. (2432)
Sport; Coppertone
2008 Ed. (4553)
Sport Drinks
2000 Ed. (717)
Sport-Haley
2008 Ed. (1679)
2002 Ed. (1627)
Sport Hyundai
1996 Ed. (273)
Sport It
1994 Ed. (1915)
1992 Ed. (2222)
Sport Obermeyer
1993 Ed. (3374)
1992 Ed. (4054)
1991 Ed. (3173)
1990 Ed. (3337)
Sport-S
2001 Ed. (4635)
Sport Truck
1994 Ed. (2789)
Sportalm
2003 Ed. (1700)
Sportarena GmbH
2007 Ed. (1741, 4952)
Sportbike
1998 Ed. (2542)
SporThomson
1992 Ed. (4053)
1991 Ed. (3172)
Sporting equipment
1998 Ed. (927)
Sporting goods
2008 Ed. (2439, 2647, 4722)
2006 Ed. (4786)
2005 Ed. (4728, 4735)
2003 Ed. (4776)
2001 Ed. (2088)
1992 Ed. (2858, 2860, 4390)
Sporting goods & recreation
2002 Ed. (4643)
Sporting goods & toys
1996 Ed. (3655)
Sporting goods/leisure products
1998 Ed. (3117)
1996 Ed. (2221)
Sporting goods stores
1998 Ed. (773, 1858, 3295)
1995 Ed. (3523)
Sporting goods, toys & games
1998 Ed. (586)
Sporting News
2006 Ed. (134, 162)
2005 Ed. (131)
2003 Ed. (4525)
2000 Ed. (3479)
1997 Ed. (3040)
SportingNews.com
2003 Ed. (3054)
Sportique Motors Ltd.
1991 Ed. (282)
Sportman--Premium
2001 Ed. (50)
Sportmart
2006 Ed. (4450)
1999 Ed. (1878, 4381)
1998 Ed. (3352)
1997 Ed. (3560)
1996 Ed. (3494)
1995 Ed. (3429)
1994 Ed. (3372)
1993 Ed. (3369)
1992 Ed. (4046, 4047)
1991 Ed. (3167, 3168)
1989 Ed. (2522)
Sportna Loterija
2001 Ed. (78)
Sports
2008 Ed. (1499, 1959, 2454)
2007 Ed. (166, 1517, 1895, 2311, 2329)
2006 Ed. (1487, 1913)
2005 Ed. (1604, 1891, 3635, 3636)
2004 Ed. (1573, 1808)
2001 Ed. (3585, 3794)
2000 Ed. (3471, 4218)
1996 Ed. (865)
1992 Ed. (2859, 3235, 3250)
Sports Afield
2003 Ed. (4524)
Sports and Recreation
1998 Ed. (3352)
1997 Ed. (3560)
1996 Ed. (3494)
1995 Ed. (3429)
Sports apparel
2005 Ed. (1599, 1600)
Sports apparel & footwear
2005 Ed. (4428)
The Sports Authority Inc.
2008 Ed. (4483, 4484, 4485, 4486)
2007 Ed. (1665, 4196, 4504, 4505, 4506, 4507)
2006 Ed. (1652, 4447, 4448, 4449)
2005 Ed. (1734, 4028, 4029, 4435)
2004 Ed. (4094)
2001 Ed. (4337, 4338)
1999 Ed. (307, 308, 4304, 4305, 4381)
1998 Ed. (3352)
1997 Ed. (3560)
1996 Ed. (3494)
1995 Ed. (3429)
1994 Ed. (3372)
1992 Ed. (4047)
1991 Ed. (3168)
Sports beverages
1999 Ed. (4364)
Sports books, legal
2003 Ed. (2602)
Sports Chalet
2007 Ed. (4505)
2006 Ed. (4449)
1997 Ed. (3560)
1996 Ed. (3494)
1995 Ed. (3429)
Sports Channel America
1992 Ed. (1032)
The Sports Club Co.
2006 Ed. (2786)
2005 Ed. (2810)
1999 Ed. (258)
The Sports Club L.A.
2000 Ed. (2424)
Sports Division
2001 Ed. (1882)
Sports drinks
2008 Ed. (557)
2007 Ed. (3694)
2002 Ed. (692, 693, 694, 695)
2001 Ed. (686, 690, 691, 692, 693, 694)
1996 Ed. (719)
1995 Ed. (644)
Sports equipment
2005 Ed. (1600)
1990 Ed. (2505)
1989 Ed. (861, 1920)
Sports events
1995 Ed. (3577)
Sports eyewear
1997 Ed. (3555)
Sports, hobbies, and collecting
1995 Ed. (2981)
Sports Illustrated
2008 Ed. (153, 3533)
2007 Ed. (138, 139, 140, 143, 144, 146, 148, 151, 170, 3403)
2006 Ed. (146, 147, 148, 151, 152, 154, 156, 159, 162, 3347)
2005 Ed. (136, 146, 3361)
2004 Ed. (148, 3336)
2003 Ed. (191, 4525)
2002 Ed. (221)
2001 Ed. (248, 257, 1231, 3192, 3194, 3196, 3710)
2000 Ed. (3461, 3472, 3475, 3476, 3481, 3493)
1999 Ed. (1855, 3752, 3753, 3764, 3766, 3769, 3770)
1998 Ed. (70, 72, 600, 1282, 2783, 2784, 2787, 2797, 2798)
1997 Ed. (3035, 3038, 3045, 3048, 3049)
1996 Ed. (2957, 2958, 2960, 2965, 2971)
1995 Ed. (2882, 2886)
1994 Ed. (2782, 2783, 2798, 2801, 2803, 2804, 2805)
1993 Ed. (824, 2789, 2790, 2797, 2802, 2804, 2807)
1992 Ed. (3370, 3371, 3388)
1991 Ed. (2701, 2702, 2707, 2710, 3246)
1990 Ed. (56, 2798, 2800, 2801)
1989 Ed. (180, 181, 185, 2172, 2175, 2176, 2180)
Sports Illustrated for Kids
2003 Ed. (4525)
1998 Ed. (2796)
1996 Ed. (2966)
Sports Illustrated Swimsuit
1990 Ed. (886)
Sports Illustrated Swimsuit 25th Anniversary
1992 Ed. (4396)
Sports/Inside Sports
2001 Ed. (3192)
Sports nutrition products
2001 Ed. (2014)
Sports nutritionist
1990 Ed. (3701)
Sports sandals
2001 Ed. (426)
The Sports Section
2007 Ed. (3951)
2006 Ed. (3901)
2005 Ed. (3834)

2004 Ed. (3894)
2003 Ed. (3873)
2002 Ed. (3706)
Sports Specialties
1993 Ed. (3371)
1992 Ed. (4051)
1991 Ed. (3170)
Sports, spectator
2003 Ed. (2341, 2342)
Sports teams
2003 Ed. (2267)
Sports/Toto
2000 Ed. (3013)
Sports Town
1997 Ed. (3560)
1994 Ed. (3372)
1992 Ed. (4047)
1991 Ed. (3168)
Sports Unlimited
1994 Ed. (3372)
1992 Ed. (4047)
Sports videos
1993 Ed. (3669, 3670)
Sportsbooks
1990 Ed. (1872)
Sportscards
1990 Ed. (1872)
Sportscards, illegal
1992 Ed. (2256)
Sportscene Inc.; Groupe
2008 Ed. (2058)
Sportscene Restaurants
1994 Ed. (2110)
"SportsCenter"
2001 Ed. (1094, 1100)
SportsChannel
1992 Ed. (1034, 1034, 1034, 1034)
Sportscoats
2005 Ed. (1004, 1006)
Sports.com
2003 Ed. (3053)
Sportscreme
2003 Ed. (280)
2002 Ed. (316)
2001 Ed. (384)
1999 Ed. (275)
Sportservice Corp.
2008 Ed. (2759)
2005 Ed. (2659)
2000 Ed. (2238)
1997 Ed. (2054)
Sportsline USA
2001 Ed. (4774)
Sportsline.com
2003 Ed. (3054)
The Sportsman's Guide
2008 Ed. (4482)
2006 Ed. (1889)
2005 Ed. (877, 878)
2004 Ed. (891, 892)
1998 Ed. (1282)
SportSouth
1992 Ed. (1034)
SportsTown
1996 Ed. (3494)
1995 Ed. (3429)
SportSupply
1996 Ed. (2833)
SportsYA!
2003 Ed. (3053)
Sportwear
2003 Ed. (4511)
Spot advertising, local
2006 Ed. (4027)
Spot advertising, national
2006 Ed. (4027)
Spot & stain removers
2002 Ed. (3054)
Spot Forex Management
2008 Ed. (1095)
Spot, local
2008 Ed. (4095)
2007 Ed. (4058)
Spot, national
2008 Ed. (4095)
2007 Ed. (4058)
Spot-Not Car Washes
2002 Ed. (419)
Spot Radio
2002 Ed. (61)
2000 Ed. (939)
1994 Ed. (744)
1990 Ed. (54)
Spot radio, national
1999 Ed. (992)
Spot television
2001 Ed. (1078)
1997 Ed. (35)
1994 Ed. (744)
Spot Thompson
2003 Ed. (55, 78)
2002 Ed. (88, 113)
2001 Ed. (116, 140)
Spot/Thompson Advertising
1997 Ed. (93)
1993 Ed. (103)
1992 Ed. (154)
1991 Ed. (103)
1990 Ed. (106)
1989 Ed. (111)
Spot Thompson Athens
2000 Ed. (100)
1999 Ed. (94)
Spot Thompson Group
1996 Ed. (92)
1995 Ed. (78)
1994 Ed. (91)
Spot TV
2002 Ed. (61)
2000 Ed. (24, 794, 939)
1999 Ed. (992)
1997 Ed. (708)
1996 Ed. (771)
1995 Ed. (693)
1993 Ed. (737)
1992 Ed. (919)
1991 Ed. (736)
1990 Ed. (54)
Spot welding
1989 Ed. (2346)
Spotezl Brewing, Inc.
2001 Ed. (1023)
Spotfire
2005 Ed. (1129)
Spotless Group
2004 Ed. (1654)
2002 Ed. (3800)
Spotlight Stores
2004 Ed. (1652, 3959, 3965)
2002 Ed. (2708, 3785)
SPP Hambro Securities Inc.
1993 Ed. (3190)
SPR Inc.
1998 Ed. (543)
Sprague
1989 Ed. (1285)
Sprague & Associates
2002 Ed. (2173)
1999 Ed. (2072)
1998 Ed. (1505)
Sprague Energy Corp.
2003 Ed. (1782)
2001 Ed. (1811)
Sprague Technologies
1993 Ed. (1563)
1992 Ed. (1908, 1909)
1991 Ed. (1507, 1508, 2845)
1990 Ed. (1611, 2988)
Sprains, stains, tears
2002 Ed. (3529)
Spratt; Stephen M.
1995 Ed. (2485)
Spray
2004 Ed. (2787)
Spray 'n' Wash
2003 Ed. (3168)
Spray Network
2002 Ed. (2519)
Spray Systems Environmental Inc.
2001 Ed. (1471)
2000 Ed. (1257)
1999 Ed. (1365)
1996 Ed. (1145)
Spray U Thin
1996 Ed. (1547)
Sprayette
2006 Ed. (23)
2005 Ed. (17)
2004 Ed. (24)
Sprays
1992 Ed. (2371)
Spread Scope
1991 Ed. (2257)
Spread/snack
2001 Ed. (1172)
Spreads
2002 Ed. (3494)
Spreadsheet
1990 Ed. (533)
Spreadsheets
1995 Ed. (2567)
Spreadshirt
2008 Ed. (1722)
Spreadshirt AG
2008 Ed. (1771, 2868, 4230)
Sprecher Brewing Co.
2000 Ed. (3126)
1999 Ed. (3400, 3401)
1998 Ed. (2489, 2490)
1997 Ed. (714)
1996 Ed. (2631)
Spreckles Industries
1995 Ed. (1899)
Spreckley Pittham
1994 Ed. (2963)
Spree
1996 Ed. (870)
1995 Ed. (891)
1993 Ed. (834)
Sprenger's Fish Grotto
1996 Ed. (3195)
Spring
2007 Ed. (680)
Spring Air Co.
2005 Ed. (2881, 3410)
2004 Ed. (2867)
2003 Ed. (3321)
1997 Ed. (652)
1990 Ed. (2524)
Spring Bank
2008 Ed. (484)
Spring Branch Honda
1995 Ed. (269)
1993 Ed. (270)
1992 Ed. (384)
Spring Creek Builders Inc.
2008 Ed. (4412)
2006 Ed. (4365)
Spring Gate Corp.
1994 Ed. (899)
Spring-Green Lawn Care
2008 Ed. (3433)
2007 Ed. (3332)
2006 Ed. (3254)
2004 Ed. (3242)
2003 Ed. (3196)
2002 Ed. (3065)
Spring Hill College
1993 Ed. (1022)
Spring House Estates
1991 Ed. (2898)
1990 Ed. (3061)
Spring Industries
1994 Ed. (2073)
1992 Ed. (4025)
Spring International Home Furnishings Market
2004 Ed. (4755)
Spring Maid
1996 Ed. (2196)
Spring, O'Brien
2004 Ed. (3997)
2003 Ed. (3993)
2002 Ed. (3836)
Spring Sites USA
2005 Ed. (4984)
Spring Tree Corp.
1999 Ed. (2626)
Spring Valley
1997 Ed. (3130)
Spring Valley Bank
2005 Ed. (520)
Spring Valley, FL
1998 Ed. (2871)
Springer & Jacoby
2003 Ed. (76)
2002 Ed. (111)
2001 Ed. (138)
2000 Ed. (97)
1999 Ed. (91)
1997 Ed. (90)
1996 Ed. (89)
1995 Ed. (76)
Springer Verlag AG; Axel
2008 Ed. (42)
2007 Ed. (39)
2006 Ed. (48)
2005 Ed. (41)
Springett Asociates
1995 Ed. (2228)
Springett Associates
1999 Ed. (2841)
1996 Ed. (2233)
Springfield Acura
1996 Ed. (262)
Springfield-Holyoke, IL
2002 Ed. (922)
Springfield-Holyoke, MA
2008 Ed. (829)
2007 Ed. (868)
2006 Ed. (771)
2005 Ed. (846)
2004 Ed. (872)
2003 Ed. (845)
1998 Ed. (591)
1993 Ed. (815)
1992 Ed. (1016)
Springfield, IL
2003 Ed. (1871)
1999 Ed. (4054)
1994 Ed. (966, 3326)
Springfield Institution for Savings
1998 Ed. (3550)
Springfield/Lincoln Journal
1991 Ed. (2598)
Springfield/Lincoln Journal Courier
1990 Ed. (2698)
1989 Ed. (2052)
Springfield, MA
2008 Ed. (3111)
2007 Ed. (2996, 3001)
2001 Ed. (2802)
2000 Ed. (1065, 2993)
1996 Ed. (344)
1994 Ed. (2039)
1992 Ed. (2549)
Springfield, MO
2008 Ed. (825, 3466, 4091)
2007 Ed. (864)
2006 Ed. (766, 3312, 3314)
2005 Ed. (838, 2977)
2004 Ed. (869, 3222)
2003 Ed. (831)
2002 Ed. (920)
1997 Ed. (3349)
1996 Ed. (976)
1994 Ed. (1104)
Springfield, OH
2008 Ed. (2491)
2007 Ed. (2369)
Springfield Products Industries LLC
2008 Ed. (3998)
2007 Ed. (3975)
2006 Ed. (3921)
Springfield Tires
1992 Ed. (4298)
Springfield Union-News
1991 Ed. (2601)
1990 Ed. (2711)
1989 Ed. (2065)
SpringHill Suites
2001 Ed. (2780)
Springmaid
2005 Ed. (4686)
2003 Ed. (2869)
1999 Ed. (2805)
1998 Ed. (2048)
1997 Ed. (2317)
Springs Global US Inc.
2008 Ed. (989, 2076, 2992)
2007 Ed. (2659)
Springs Industries Inc.
2007 Ed. (580, 581, 582, 584, 585, 588, 2872, 3438, 3959, 4223, 4224, 4964)
2006 Ed. (2012, 2878, 2950, 4727, 4728)
2005 Ed. (1960, 2881, 4681, 4682)
2004 Ed. (2871, 2878, 4709, 4710)
2003 Ed. (1821, 4727, 4728, 4730)
2002 Ed. (4615, 4616)
2001 Ed. (1848, 4506, 4507, 4508, 4509, 4510, 4513)
2000 Ed. (2585, 4240, 4241)
1999 Ed. (2700, 4589, 4591)
1998 Ed. (1555, 1963, 3518, 3519, 3521)

1997 Ed. (837, 3734)
1996 Ed. (2129, 2130, 3676, 3677, 3678)
1995 Ed. (1487, 2122, 3597, 3598, 3601)
1994 Ed. (1447, 3512, 3513, 3514, 3516)
1993 Ed. (1398, 2054, 3552, 3553, 3554)
1992 Ed. (2432, 2433, 4271, 4272, 4273, 4275)
1991 Ed. (1389, 1390, 1391, 1925, 3348, 3351, 3352, 3353, 3354, 3155)
1990 Ed. (2036, 3270, 3564, 3565, 3566, 3567)
1989 Ed. (941, 1601, 2814, 2815, 2816, 2817)
Springs Industries "A"
1995 Ed. (3438)
Springs/Spring Mills
1998 Ed. (2049)
1997 Ed. (2316)
1996 Ed. (2197)
1995 Ed. (2182)
1994 Ed. (2131)
Springs/Springs Mills
1999 Ed. (2806)
Springsted Inc.
2001 Ed. (739, 818, 847, 851, 887, 955, 3210)
2000 Ed. (2759, 2760)
1999 Ed. (3011, 3012, 3018)
1998 Ed. (2226, 2227, 2231, 2232, 2233)
1997 Ed. (2477, 2484)
1995 Ed. (2331, 2332)
1993 Ed. (2263)
1991 Ed. (2165)
Springsteen & The E Street Band; Bruce
1990 Ed. (1142, 1144)
Springsteen; Bruce
2008 Ed. (2583)
2006 Ed. (2485, 2486, 2488)
2005 Ed. (1160, 1161)
1994 Ed. (1099, 1101)
1990 Ed. (1672)
1989 Ed. (1347)
Springview Hospital
2007 Ed. (1845)
Springwall
1997 Ed. (652)
Sprinkler systems
1994 Ed. (2107)
Sprinsted Inc.
1996 Ed. (2351)
Sprint
2008 Ed. (139, 636, 638, 639, 816)
2007 Ed. (851, 854, 857, 860, 1475, 2910, 4711)
2006 Ed. (166, 758, 759, 803, 1088, 1089, 1364, 1366, 1378, 1422, 1448, 1832, 1833, 1835, 1836, 1838, 1839, 4467, 4686, 4687, 4688, 4689, 4690, 4692, 4693, 4695, 4696, 4697, 4792)
2005 Ed. (150, 741, 831, 832, 1096, 1097, 1361, 1388, 1548, 1571, 1833, 4508, 4620, 4621, 4623, 4626, 4629, 4639, 4652, 4742)
2004 Ed. (151, 152, 756, 857, 859, 1086, 1087, 1767, 1768, 4666, 4667, 4669, 4671, 4676, 4688)
2003 Ed. (192, 193, 743, 815, 843, 1072, 1073, 1645, 1730, 1731, 2927, 3632, 4690, 4691, 4692, 4694, 4696)
2002 Ed. (915, 925, 1392, 1711, 2805, 3916, 4562, 4565, 4566, 4567, 4580, 4711, 4883)
2001 Ed. (1073, 1075, 1076, 1335, 1336, 1558, 1771, 2848, 3163, 4454, 4462, 4472, 4473, 4478)
2000 Ed. (26, 29, 197, 198, 934, 935, 936, 937, 958, 1337, 1499, 2744, 4186, 4187, 4188, 4191, 4203, 4205, 4219)
1999 Ed. (777, 778, 988, 989, 990, 991, 1000, 1005, 1474, 1693, 4542, 4543, 4545, 4546, 4559, 4562, 4564)
1998 Ed. (566, 567, 568, 569, 571, 596, 599, 600, 1171, 2409, 2410, 3471, 3473, 3475, 3476, 3484, 3485)
1997 Ed. (168, 875, 1437, 1465, 2372, 3687, 3689, 3690, 3706)
1996 Ed. (772, 853, 888, 1409, 3636, 3638, 3647)
1995 Ed. (1220, 2487, 3298, 3344, 3549, 3559)
1994 Ed. (2412, 3216, 3234, 3271, 3482, 3490, 3492)
1993 Ed. (2470, 3220, 3281, 3516, 3517, 3588)
1992 Ed. (2938)
1990 Ed. (2488)
Sprint Canada
1997 Ed. (2687)
Sprint Capital
2004 Ed. (2006)
2000 Ed. (773)
Sprint Communications Co.
2008 Ed. (1877)
2007 Ed. (1843)
Sprint Communications Co. LP
2001 Ed. (1798, 1799)
Sprint FON Group
2006 Ed. (4691)
2005 Ed. (4619, 4624, 4625, 4627)
2004 Ed. (4663, 4668, 4670, 4677)
2003 Ed. (4687, 4688, 4708)
2001 Ed. (4455, 4456, 4457)
2000 Ed. (4189)
Sprint International Inc.
2001 Ed. (4474)
Sprint ISS
1992 Ed. (1934)
Sprint Long Distance
2006 Ed. (1471)
Sprint Long Distance Residential
2000 Ed. (792)
Sprint Nextel Corp.
2008 Ed. (20, 154, 818, 830, 1100, 1101, 1350, 1360, 1469, 1500, 1872, 1873, 1874, 1875, 1878, 2159, 2161, 2162, 2170, 3033, 3036, 3201, 4261, 4523, 4639, 4640, 4641, 4645, 4646, 4939, 4942)
2007 Ed. (1194, 1195, 1402, 1404, 1840, 1841, 1844, 2053, 2054, 2061, 3071, 3618, 3620, 3690, 4705, 4707, 4710, 4712, 4719, 4720, 4725, 4726, 4970, 4971)
Sprint PCS
2008 Ed. (636)
2007 Ed. (678)
2003 Ed. (742, 4980)
Sprint PCS Digital Service
2001 Ed. (1008)
Sprint PCS Group
2007 Ed. (3620)
2005 Ed. (4468, 4627, 4978, 4980, 4981, 4985)
2004 Ed. (4489, 4558, 4559, 4670, 4976, 4977)
2003 Ed. (4539, 4545, 4687, 4693, 4975, 4976, 4977)
2002 Ed. (4356, 4359, 4360, 4361, 4977)
2001 Ed. (1039, 1041, 4457)
Sprint Press
2008 Ed. (4036)
Sprint Publishing & Advertising
2005 Ed. (1571)
Sprint Solutions Center
2006 Ed. (1964)
Sprint Spectrum LP
2007 Ed. (2053)
2006 Ed. (1838)
2005 Ed. (1833)
Sprint Staffing
1998 Ed. (3506)
Sprint TELECENTERS Inc.
1998 Ed. (3479)
Sprint Telemedia
1992 Ed. (3248)
Sprint/United Management Co.
2008 Ed. (2577)
2007 Ed. (2448)
2006 Ed. (2482)
2003 Ed. (1729)
2001 Ed. (1770)
Sprint/United Telecenter
1997 Ed. (3700)
Sprinter; Mercedes-Benz
2005 Ed. (295)
Sprintmail (Telenet)
1992 Ed. (1934)
SprintNet
1992 Ed. (4366)
Sprite
2008 Ed. (568, 570, 860, 4458, 4459, 4462)
2007 Ed. (620, 882, 4475, 4478)
2006 Ed. (572, 574, 793, 4413)
2005 Ed. (674, 874, 4397)
2004 Ed. (681, 886, 887)
2003 Ed. (678, 866, 4469, 4470, 4475, 4476)
2002 Ed. (4311, 4312, 4313, 4314, 4315, 4316, 4319, 4320, 4325)
2001 Ed. (4302, 4307, 4308)
2000 Ed. (715, 4079, 4081)
1999 Ed. (703, 704, 4356, 4361, 4362, 4365)
1998 Ed. (450, 3334, 3337)
1997 Ed. (3541, 3544)
1996 Ed. (3473, 3477, 3478)
1995 Ed. (3415, 3417)
1994 Ed. (3357, 3359)
1993 Ed. (3352, 3354, 3355, 3356)
1992 Ed. (4013, 4016, 4017, 4020, 4230)
1991 Ed. (3152, 3153)
1990 Ed. (3543)
1989 Ed. (2515, 2517)
Sprite/Diet Sprite
1991 Ed. (3320)
Sprite Remix
2005 Ed. (4393)
Spritz
1992 Ed. (2371)
Sprott Bull/Bear RSP
2006 Ed. (3667)
Sprott Canadian Equity
2006 Ed. (2512, 3666)
2005 Ed. (3568)
2004 Ed. (2469, 2470, 2471)
2003 Ed. (3570, 3571, 3572, 3576, 3583)
Sprott Gold & Precious Minerals
2005 Ed. (3567)
2004 Ed. (3622)
Sprott Hedge Fund LP
2006 Ed. (3667)
2004 Ed. (3622)
2003 Ed. (3576)
Sprott Hedge LP
2006 Ed. (3667)
Sprouse
1995 Ed. (3690)
1992 Ed. (4383)
Sprouse-Reitz
1995 Ed. (2820)
1994 Ed. (3620)
Sprouse Stores
1996 Ed. (3773)
Sprout Capital
1997 Ed. (3833)
Sprout Group
2001 Ed. (4675)
2000 Ed. (1526)
1999 Ed. (4707)
1998 Ed. (3663, 3664, 3665)
1994 Ed. (3622)
1991 Ed. (3443)
1990 Ed. (3668)
Spruce
2007 Ed. (3396)
2006 Ed. (3338)
2005 Ed. (3345)
2001 Ed. (3179)
Spruce Goos Cleaning & Supply Co.
2005 Ed. (760)
Sprucegrove Investments
2000 Ed. (2807)
Spruell Alfa Inc.; Paul
1995 Ed. (259)
1994 Ed. (260)
1992 Ed. (406)
1991 Ed. (301)
Spruell Alfa Romeo; Paul
1996 Ed. (263)
Spruit; Joseph
1989 Ed. (2341)
SPS
1996 Ed. (3053)
SPS Payment Systems
2000 Ed. (1011)
1999 Ed. (4557)
1998 Ed. (1204, 3481)
1997 Ed. (943)
1996 Ed. (910)
1995 Ed. (931)
1994 Ed. (888)
SPS Spinco Inc.
2005 Ed. (1972)
SPS Technologies
1990 Ed. (1327)
SPS Transaction Services
2000 Ed. (1621)
1999 Ed. (1071)
1998 Ed. (685)
1994 Ed. (2159, 3233)
SPSS Inc.
2002 Ed. (1153)
SPT Telecom
2002 Ed. (3736, 3737)
2000 Ed. (3585, 3586)
1999 Ed. (3869, 3870)
Spuetz AG
2001 Ed. (2432)
Spunbonded
2001 Ed. (3839)
Spurgeon Walker Klopper
1994 Ed. (2958)
Spurs; San Antonio
2008 Ed. (530)
2005 Ed. (646)
SPX Corp.
2008 Ed. (3530, 3663)
2007 Ed. (2339, 3400)
2006 Ed. (339, 2349, 2393, 2397)
2005 Ed. (314, 315, 1469, 2338, 2341, 3382)
2004 Ed. (315, 316, 1830, 2237, 2242)
2003 Ed. (2196)
2002 Ed. (2082)
2001 Ed. (2140, 2141)
1996 Ed. (3499)
1992 Ed. (472, 473, 476)
1991 Ed. (331, 335, 336, 339, 340, 343, 1188)
1990 Ed. (399)
1989 Ed. (330, 331)
SPX Corp
1990 Ed. (378, 389, 390, 391)
Spy
1994 Ed. (2786)
Spycatcher
1989 Ed. (745)
Spyder Active Sports Inc.
2006 Ed. (3987)
Spyglass Inc.
1998 Ed. (1889, 2076)
1997 Ed. (3409)
Spyglass Capital Trading Composite
2003 Ed. (3113, 3119)
Spyonit.com
2002 Ed. (4804)
SQA Services Inc.
2003 Ed. (3965)
2002 Ed. (1077)
Squar, Milner, Peterson, Miranda & Williamson
2008 Ed. (12)
Square Co. Ltd.
2001 Ed. (4688)
Square D
1997 Ed. (1106)
1993 Ed. (1175, 1189, 1199)
1992 Ed. (1882, 1883, 1884)
1991 Ed. (1481, 1482, 1483)
1990 Ed. (1585, 1586, 1587)
1989 Ed. (1287, 1288)
Square D/Groupe Schneider
1999 Ed. (1627)
Square Enix
2007 Ed. (1261)
Square Mile Communications
1996 Ed. (3120)
1995 Ed. (3019)
Square One
2004 Ed. (131)

2003 Ed. (173)
2002 Ed. (184)
Square Pharma
2000 Ed. (1665)
Square Pharmaceuticals
2006 Ed. (2259, 4484)
2002 Ed. (1969)
1999 Ed. (1841)
Square Textiles Ltd.
2006 Ed. (2259, 4484)
Squash
2001 Ed. (2555)
Squaw Valley, CA
1993 Ed. (3324)
1990 Ed. (3293)
Squawk Box
2005 Ed. (823)
2004 Ed. (850)
Squeeze
1995 Ed. (3629)
Squeeze It Fruit Drink
1996 Ed. (1981)
Squeeze Pop
1995 Ed. (893, 898)
Squeezit
2000 Ed. (2282)
1995 Ed. (1947)
Squibb Corp.
1997 Ed. (1245, 1660)
1996 Ed. (1199, 1204, 1205, 1209, 1576)
1995 Ed. (1222, 1228, 1233, 1234, 1238)
1994 Ed. (1212, 1217, 1218, 1222)
1993 Ed. (1178, 1182, 1188, 1196, 2771, 2774)
1992 Ed. (1457, 1467, 1470, 1471, 1475, 1480, 3347)
1991 Ed. (1143, 1144, 2682, 1136, 1147, 1153, 1154, 1158, 1159, 1163)
1990 Ed. (1993)
1989 Ed. (720, 1271, 1273)
Squibb Diagnostics
1995 Ed. (2534)
1992 Ed. (3009)
1990 Ed. (2534)
Squire & Co.
2006 Ed. (19)
Squire, Sanders & Dempsey
2001 Ed. (744, 745, 772, 788, 792, 845, 889, 893, 906, 921, 4206)
2000 Ed. (3196, 3198, 3199, 3200, 3202, 3858)
1999 Ed. (3485, 3486, 3487, 3488, 3967, 4143)
1998 Ed. (1376, 2573, 2574, 2575, 2577, 3158)
1997 Ed. (2840, 2847, 3384)
1996 Ed. (2724, 2728, 3138, 3287)
1995 Ed. (2645, 2649, 2651, 2652, 3188, 3664)
1993 Ed. (2620, 3101)
1991 Ed. (1487, 2531, 2534, 2536, 2925, 3423)
1990 Ed. (2292)
Squire Sanders & Dempsey LLP
2007 Ed. (1501, 1506, 1507, 3649, 3657)
2005 Ed. (3525, 3533)
The Squires Group Inc.
2008 Ed. (4965)
Squires Homes
1998 Ed. (896)
Squires Homes/Beazer Homes USA
2000 Ed. (1207)
Squirt/Diet Squirt
1994 Ed. (3356)
SR Batliboi & Co
1997 Ed. (10)
SR Investment Inc.
2005 Ed. (1550)
S.R. One Ltd.
1993 Ed. (3663)
1992 Ed. (4388)
1990 Ed. (3669)
SR Pan-European
2000 Ed. (3302)
SR Telecom Inc.
2008 Ed. (1133, 2948)
2007 Ed. (1235, 2809)
2003 Ed. (4697)
1997 Ed. (1375)
SR. Teleperformance
2005 Ed. (4647, 4648, 4650, 4651)
SR Teleperformance Group
2001 Ed. (4465, 4469)
SRA International Inc.
2008 Ed. (1125, 1354, 1355, 1371, 2289, 3013)
2007 Ed. (1402, 1404, 1414, 2174, 2891)
2006 Ed. (1355, 1366, 1367, 2093, 2250)
2005 Ed. (1370)
SRAM
2001 Ed. (1356)
2000 Ed. (3702)
SRI
1996 Ed. (1387, 1393)
Sri & Gopi Hinduja
2008 Ed. (4896)
2007 Ed. (4923)
S.R.I. antidepressants
1996 Ed. (1575)
SRI Credit Union
2006 Ed. (2167)
Sri Har
1999 Ed. (3138)
SRI International
2008 Ed. (1369)
2004 Ed. (1366)
1998 Ed. (3041, 3042)
1997 Ed. (3295, 3296)
1992 Ed. (3256)
Sri Lanka
2008 Ed. (1387, 2202, 4255, 4601, 4602, 4624)
2007 Ed. (1436, 2092, 3798, 3799, 4218, 4221, 4692, 4693)
2006 Ed. (1404, 2148, 3793, 3794, 4208, 4211, 4592, 4671, 4672)
2005 Ed. (883, 1419, 3704, 3705, 4152, 4155, 4606, 4607)
2004 Ed. (1397, 3792, 3793, 4225, 4228, 4656, 4657)
2003 Ed. (1383, 3258, 4198, 4201, 4743, 4744)
2001 Ed. (1506, 3696, 3697, 4128, 4135, 4446, 4447, 4549, 4550)
2000 Ed. (2350, 2364, 2366, 2367, 4237)
1996 Ed. (3633)
1995 Ed. (2009, 2016, 2028, 2035, 2039)
1993 Ed. (1966, 1973, 1980, 1986, 2367)
1992 Ed. (2309, 2316, 2326, 2332, 4185)
1991 Ed. (1833, 1840, 1849, 3268, 3273)
1990 Ed. (1910, 1917, 1924, 1934)
Sri Lanka Insurance Corp.
2008 Ed. (87)
Sri Lanka Telecom
2008 Ed. (87)
2006 Ed. (1073)
Srinivas Koushik
2005 Ed. (994)
Srithai Superware
2000 Ed. (1574)
SRS Labs, Inc.
2002 Ed. (2481)
SS & C Technologies
2006 Ed. (4337)
2005 Ed. (4611)
SS & G Financial Services
2008 Ed. (7, 2002)
SS Grandcamp
2005 Ed. (2204)
SS Research Aurora C
1998 Ed. (2603)
SS Research Global Research A
1998 Ed. (2603)
SS Sultana steamship
2005 Ed. (2204)
SSA
1999 Ed. (1099, 1285)
SSA Bates
2000 Ed. (80)
1999 Ed. (74)
SSA/BSB
1994 Ed. (93)
SSA Global
2006 Ed. (4646)
SSA Global Technologies Inc.
2008 Ed. (1400, 4576)
2007 Ed. (1238)
2002 Ed. (1153)
SSA Holdings II LLC
2006 Ed. (1940)
SSA International Inc.
2008 Ed. (4818)
2007 Ed. (4886)
SSA Marine Inc.
2008 Ed. (4818)
2007 Ed. (4886)
SSAB
2007 Ed. (3486)
Ssang Yong Corp.
1992 Ed. (4278)
1991 Ed. (3355)
1990 Ed. (3568)
Ssang Yong Cement
1989 Ed. (1134)
Ssangyong Corp.
2000 Ed. (4242)
1999 Ed. (340, 899, 900, 901, 902, 903, 1574, 1889)
1998 Ed. (1538)
1997 Ed. (777, 778, 780, 781, 1469, 3736)
1995 Ed. (798, 1449, 3603)
1994 Ed. (3519)
1993 Ed. (977, 1362, 1363, 1642, 3556)
1992 Ed. (1572, 1661, 1664, 1666)
1990 Ed. (1534)
Ssangyong Engineering & Construction Co. Ltd.
2002 Ed. (1325)
1999 Ed. (1408)
Ssangyong Group
1996 Ed. (1412)
1994 Ed. (1396, 1415)
Ssangyong Heavy Industries Co.
2001 Ed. (1777)
SsangYong Motor Co.
2006 Ed. (318)
2001 Ed. (4045)
Ssangyong Oil Refining Co.
1999 Ed. (3813)
Ssangyong Securities
1996 Ed. (3390)
1994 Ed. (3192)
SSAU
2002 Ed. (3777)
SSB Bank Ltd.
2006 Ed. (4505)
2005 Ed. (513)
2004 Ed. (534)
2003 Ed. (499)
2002 Ed. (564, 4418)
SSB Citi Asset Management Group
2001 Ed. (2879, 3010)
SSB Technologies Inc.
2003 Ed. (1341)
SSBA
1992 Ed. (1747)
SSBA America
1994 Ed. (1497)
SSBCiti
2000 Ed. (2833, 2834)
SSBCiti Asset Management
2001 Ed. (3005)
SSBiti
2000 Ed. (2788)
SSC, Inc.
2002 Ed. (1994)
SSC & B: Lintas Malaysia
1989 Ed. (133)
SSC & B: Lintas Manila
1989 Ed. (152)
SSC & B: Lintas SEA Singapore
1989 Ed. (156)
SSC Holdings
1990 Ed. (3246)
SSC Service Solutions
2006 Ed. (4379)
SSC&B: Lintas
1989 Ed. (124)
SSC&B: Lintas Brasil
1989 Ed. (89)
SSC&B: Lintas Thailand
1989 Ed. (168)
SSD & W
1999 Ed. (131)
SSD Systems/Kern Security Systems
2000 Ed. (3918)
SSD-2000 ultrasound scanner
1997 Ed. (2746)
SS8 Networks Inc.
2003 Ed. (4849)
SSgA Aggressive Equity
2006 Ed. (3616)
2004 Ed. (3559)
SSgA Emerging Markets
2007 Ed. (4546)
2003 Ed. (3521)
2000 Ed. (3257)
SSGA Growth & Income
2003 Ed. (3488)
2000 Ed. (3234, 3235, 3272)
1999 Ed. (598, 3515, 3556, 3557)
SSgA Intermediate
1999 Ed. (752)
SSgA Intermediate Fund
2000 Ed. (765)
SSgA International Growth Opportunities
2004 Ed. (4573)
SsgA Money Market
2000 Ed. (3283)
SSgA S & P 500 Index
2004 Ed. (3550)
SSgA S&P 500 Index
2006 Ed. (3610)
SSgA Tuckerman Active REIT
2008 Ed. (3766)
2004 Ed. (3568)
SSgA Yield Plus Fund
2001 Ed. (727)
1998 Ed. (412)
SSI Blended Market Neutral
2003 Ed. (3125)
SSI Business Solutions
2008 Ed. (4988)
2007 Ed. (3609)
SSI Hedged Convertible Market Neutral
2003 Ed. (3129)
SSI Holding Corp.
1999 Ed. (2604)
SSI Holdings Corp.
2005 Ed. (2737)
2004 Ed. (2739)
2003 Ed. (2622)
2002 Ed. (3791)
2000 Ed. (2347)
1998 Ed. (1845)
1995 Ed. (2004)
1993 Ed. (1956)
1992 Ed. (2299)
1991 Ed. (1823)
1990 Ed. (1905)
SSI Investment Mgmt.
2000 Ed. (2816)
SSI Long/Short Equity Market-Neutral
2003 Ed. (3125)
SSI Shredding Systems Inc.
2006 Ed. (4374)
Ssips
2000 Ed. (4148, 4181)
1998 Ed. (3441, 3469, 3470)
1996 Ed. (3632)
1994 Ed. (3477)
SSKI
1997 Ed. (760, 761, 763, 764)
SSL Inc.
2001 Ed. (4216)
2000 Ed. (4198, 4199, 4200, 4201)
1997 Ed. (3703)
SSL International
2007 Ed. (3822)
2006 Ed. (3809)
SSM Health Care
2008 Ed. (1945)
2007 Ed. (1890)
2006 Ed. (1898, 3585)
2005 Ed. (1877)
2001 Ed. (2666)
2000 Ed. (3178)
SSM Health Care, St. Louis
2005 Ed. (180)
SSM Health Care System
1999 Ed. (3460)
1998 Ed. (2547, 2548)

1997 Ed. (2829)
1996 Ed. (2707, 2709)
1990 Ed. (2629)
SSMC
2006 Ed. (4289)
1991 Ed. (1963)
1990 Ed. (1299)
SSN-688
1992 Ed. (4427)
SSOE Inc.
2008 Ed. (2526, 2527, 2533)
2005 Ed. (2437)
2004 Ed. (2329)
2000 Ed. (1793)
1999 Ed. (283, 288, 2017)
1998 Ed. (185)
1997 Ed. (265, 266, 1743)
1996 Ed. (234, 1665)
1995 Ed. (237, 238, 1682)
1993 Ed. (246, 247, 1610)
SSOE Inc. Architects & Engineers
2001 Ed. (409)
2000 Ed. (313)
SSQ, Financial Group
2008 Ed. (3308)
2007 Ed. (3158)
SSQ-Obligations Canadiennes
2001 Ed. (3460, 3461, 3462)
SSR Ellers Inc.
2008 Ed. (2527)
SSRIs
2002 Ed. (3751, 3752)
SSRIs/SNRIs (antidepressants)
2002 Ed. (2013)
SST
2000 Ed. (3995)
SST & Intercon Security
2006 Ed. (4274)
St. Albans Co-operative Creamery Inc.
2008 Ed. (2154)
2007 Ed. (2050)
St. Albans Cooperative
1997 Ed. (2170, 3835)
1994 Ed. (3623)
St. Alexius Medical Center
2008 Ed. (1994)
2007 Ed. (1928)
2006 Ed. (1945)
2005 Ed. (1916)
2004 Ed. (1831)
2003 Ed. (1796)
2001 Ed. (1823)
St. Alexius Memorial Hospital Inc.
2005 Ed. (1916)
St. Alphonsus Regional Medical Center Inc.
2008 Ed. (1793)
2007 Ed. (1765)
2006 Ed. (1757)
2005 Ed. (1786, 2912, 3177)
2004 Ed. (1727)
2003 Ed. (1691)
2001 Ed. (1728)
St. Andrews Electric Corp.
2008 Ed. (3700)
2007 Ed. (3541)
2006 Ed. (3501)
St. Andrews Episcopal Presbyterian Foundation
1990 Ed. (2724)
St. Anne's Hospital Corp.
2005 Ed. (1618, 1770, 1857, 2790, 3908)
St. Anne's of Fall River Credit Union
2008 Ed. (2238)
2007 Ed. (2123)
2006 Ed. (2202)
2005 Ed. (2107)
2004 Ed. (1965)
2003 Ed. (1925)
2002 Ed. (1871)
St. Ann's Hospice
2007 Ed. (2023)
2006 Ed. (2053)
2005 Ed. (1980)
St. Anselm College
2001 Ed. (1321)
1999 Ed. (1224)
1998 Ed. (795)
1997 Ed. (1057)
1996 Ed. (1041)
1995 Ed. (1056)
1994 Ed. (1048)
1993 Ed. (1021)
1992 Ed. (1273)
St. Anthony Central Hospital
2008 Ed. (3064)
2002 Ed. (2617)
St. Anthony Health Care Corp.
2001 Ed. (1829)
St. Anthony Hospital Systems
1990 Ed. (1026)
ST Assembly Test Services Ltd.
2006 Ed. (1445)
St. Barnabas Health Care System
2008 Ed. (2771)
2006 Ed. (3591)
2005 Ed. (3835)
2001 Ed. (2773)
2000 Ed. (2531)
St. Barnabas Medical Center
1994 Ed. (2091)
1993 Ed. (2075)
1992 Ed. (2461)
1990 Ed. (2057)
St. Brendan's
2004 Ed. (3270)
2002 Ed. (289)
St. Catharines-Niagara Falls-Welland, Ontario
2007 Ed. (3377)
St. Charles Borromeo's Credit Union
2006 Ed. (2165)
The St. Charles Cos.
1992 Ed. (2819)
St. Charles Gaming Co. Inc.
2001 Ed. (1779)
St. Charles Medical Center & Hospital
2004 Ed. (1839)
St. Charles Parish, LA
1993 Ed. (2625)
St. Charles Town Co.
2008 Ed. (4053)
St. Clair Health Care Corp.
2006 Ed. (3724)
St. Cloud Hospital
2008 Ed. (3062)
St. Cloud, MN
2004 Ed. (4169)
2003 Ed. (4154)
1997 Ed. (3349)
1996 Ed. (3248)
1995 Ed. (3148)
1994 Ed. (3103)
1993 Ed. (3044)
1992 Ed. (3735)
1991 Ed. (2891)
1990 Ed. (3046)
St. Davids 2nd Residual
2000 Ed. (3306)
St. Denis Theatre
2006 Ed. (1155)
St. Elizabeth Hospital
1997 Ed. (2263)
St. Elizabeth Medical Center Inc.
2005 Ed. (1835)
2004 Ed. (1769)
ST Engineering
2006 Ed. (4326)
St. Francis
1999 Ed. (2752)
St. Francis Bank FSB
1998 Ed. (3571)
St. Francis Capital Corp.
2005 Ed. (356)
St. Francis, FSB
2002 Ed. (4116, 4131)
St. Francis Hospital Inc.
2008 Ed. (2009)
2007 Ed. (1939)
St. Francis Hospital & Health Centers
2006 Ed. (2921)
St. Francis Hospital & Medical Center
2006 Ed. (2918, 2922)
St. Francis Medical Center
2007 Ed. (1752)
2006 Ed. (1743)
2005 Ed. (1783, 1784)
2004 Ed. (1725)
2003 Ed. (1688)
2001 Ed. (1721)
St. Francis Medical Center West
2008 Ed. (1780)
2007 Ed. (1752)
2006 Ed. (1743)
2005 Ed. (1783)
2004 Ed. (1725)
St. Francis Xavier University
2008 Ed. (1072, 1073, 1080, 1084)
2007 Ed. (1168, 1169, 1176, 1177, 1178, 1180)
St. Gallische Kant'bank
1991 Ed. (670)
St. Gallische Kantonalbank
1990 Ed. (691)
1989 Ed. (686)
St. Geme Partners
1997 Ed. (2201)
St. Genevieve
2000 Ed. (2935)
St. George
2006 Ed. (651)
St. George Bank
2008 Ed. (381, 440)
2007 Ed. (399, 1586)
2006 Ed. (294, 414, 1553, 1554)
2005 Ed. (461)
2004 Ed. (449, 1647)
2003 Ed. (463)
2002 Ed. (523, 524, 1585, 2269)
2001 Ed. (1631, 1956)
2000 Ed. (464)
1999 Ed. (471)
St. George, UT
2008 Ed. (2490, 3456, 3461)
2007 Ed. (2370, 2375, 3359, 3363, 3364)
2004 Ed. (4215)
St. George-Zion, UT
1989 Ed. (2336)
St. Gobain Corp.
2008 Ed. (4543, 4544)
2007 Ed. (4592, 4593)
St.-Gobain Abrasives Inc.
2008 Ed. (4543)
2007 Ed. (4592)
St.-Gobain Delaware Corp.
2008 Ed. (4543)
2007 Ed. (4592)
St. Helen & St. Katharine
1999 Ed. (4145)
St. Henry Bank
1996 Ed. (537)
1993 Ed. (504)
St. Hilliers
2004 Ed. (1154)
2002 Ed. (3773)
St. Hubert
1995 Ed. (196)
St. Hubert Bar. B. Q.
1992 Ed. (2227)
St. Ides
1998 Ed. (498, 3440)
1996 Ed. (780)
St. Ivel
1994 Ed. (3680)
St. Ivel Cadbury's
2002 Ed. (1960)
St. Ivel Gold
1992 Ed. (1761)
St. Ivel Gold Spread
1994 Ed. (1511)
St. Ivel Shape
2002 Ed. (1960)
St. Ivel Utterly Butterly
2002 Ed. (1909)
St. Ives
2006 Ed. (3331)
2000 Ed. (4036)
1999 Ed. (3894)
1998 Ed. (1354, 3306, 3307, 3308, 3309)
1996 Ed. (2550)
St. Ives Swiss
2001 Ed. (4292, 4293)
St. Ives Swiss Formula
2004 Ed. (658, 659)
2003 Ed. (2431, 3264, 4426, 4465)
St. James Hospital & Medical Centers
2006 Ed. (2923)
St. James Hotel
1995 Ed. (2159)
St. James Securities Holdings Ltd.
1995 Ed. (1010)
St. James's Club
1991 Ed. (1946)
St. James's Club & Hotel
1994 Ed. (2103)
St. James's Palace
1996 Ed. (1364)
St. James's Place Capital
2007 Ed. (3163, 3164)
2006 Ed. (3129)
1997 Ed. (1418)
1994 Ed. (1379)
The St. Joe Co.
2006 Ed. (4043)
2005 Ed. (2668, 2669, 4010)
2004 Ed. (2676, 2677, 4076, 4078, 4595, 4596)
St. Joe Mineral Corp.
2005 Ed. (1521)
St. Joe Minerals; Fluor/
1991 Ed. (1146)
St. Joe Paper Co.
1998 Ed. (3001)
1996 Ed. (1117, 1118)
1995 Ed. (1144)
1994 Ed. (1129, 1362, 2721)
1993 Ed. (1110, 1310, 1869, 2762)
1992 Ed. (1383, 1533, 2168, 3327)
1991 Ed. (1225, 1729)
1990 Ed. (1807, 1808)
St. Joe Railroad
1998 Ed. (2994)
St. Joe Towns & Resorts
2006 Ed. (1189)
St. John & Partners Advertising & Public Relations
2002 Ed. (108)
2000 Ed. (95)
St. John Health
2005 Ed. (1755)
1994 Ed. (1526)
1990 Ed. (2055)
St. John Health System Inc.
2008 Ed. (2009)
2007 Ed. (1939)
2002 Ed. (2619)
2001 Ed. (2225, 2227, 2772)
2000 Ed. (1663, 2526)
1995 Ed. (1559)
St. John Health System Home Services
2002 Ed. (2589)
2001 Ed. (2753)
St. John Home Health Care
2000 Ed. (2491)
1999 Ed. (2707)
St. John Hospital & Medical Center
2008 Ed. (3059)
2003 Ed. (1759)
2001 Ed. (1791)
1993 Ed. (1480)
St. John Knits
1996 Ed. (2055, 3445)
St. John Knits International, Inc.
2002 Ed. (3563)
St. John Medical Center Inc.
2006 Ed. (1957)
2005 Ed. (1922)
2004 Ed. (1836)
2003 Ed. (1803)
2001 Ed. (1829)
St. John, New Brunswick
2008 Ed. (3487, 3492)
2005 Ed. (3327)
St. John of God Health Care
2004 Ed. (3955)
2003 Ed. (3952, 3960)
2002 Ed. (3776)
St. John-Quispamsis, New Brunswick
2007 Ed. (3377)
2006 Ed. (3316)
St. Johns
1990 Ed. (1806)
St. John's College
2004 Ed. (2844)
St. John's Health System Inc.
2008 Ed. (1943)
2007 Ed. (1888)
2006 Ed. (1896)
2005 Ed. (1875)
2004 Ed. (1804)
2003 Ed. (1767)
St. John's Hospital
2006 Ed. (2923)
St. John's Hospital and Health Center
1992 Ed. (1095)

St. John's Mercy Health Care
2008 Ed. (1945)
2007 Ed. (1890)
2006 Ed. (1898)
2005 Ed. (1877)
St. John's Mercy Home Health Care
2008 Ed. (1943)
St. John's Mercy Medical Center Inc.
2007 Ed. (1888)
2006 Ed. (1896)
2005 Ed. (1875)
2004 Ed. (1804)
2003 Ed. (1767)
2001 Ed. (1798)
St. John's, Newfoundland
2008 Ed. (3487, 3491, 3492)
2007 Ed. (3377)
2006 Ed. (3316)
2005 Ed. (3327)
St. John's Regional Health Center
2008 Ed. (1943)
2007 Ed. (1888)
2006 Ed. (1896)
2005 Ed. (1875)
2004 Ed. (1804)
2003 Ed. (1767)
2001 Ed. (1798)
St. John's University
2006 Ed. (3719, 4198)
St. John's Wort
2001 Ed. (2012)
2000 Ed. (2445, 2447)
St. Johnsbury Trucking Co.
1994 Ed. (3605)
1993 Ed. (3645)
St. Joseph
2004 Ed. (245)
2000 Ed. (3607, 3608)
1999 Ed. (3887)
St. Joseph College
1995 Ed. (1056)
1994 Ed. (1048)
1993 Ed. (1021)
St. Joseph Communications
2008 Ed. (4088)
St. Joseph Digital Solutions
2006 Ed. (3970)
St. Joseph East
2008 Ed. (3060)
St. Joseph Health System
2008 Ed. (3194)
2007 Ed. (2767)
2005 Ed. (2793)
2004 Ed. (1658)
2003 Ed. (1626)
2000 Ed. (3180)
1998 Ed. (2216)
St. Joseph Hospital
2007 Ed. (1911)
1997 Ed. (2263, 2272)
St Joseph Hospital Foundation
1995 Ed. (933)
St. Joseph Hospital of Nashua NH
2006 Ed. (1926)
2005 Ed. (1900)
2004 Ed. (1816)
2003 Ed. (1781)
2001 Ed. (1810)
St. Joseph Medical Center
1997 Ed. (2271, 2272)
1995 Ed. (2145)
1994 Ed. (2090)
St. Joseph Mercy Health System
2001 Ed. (2226, 2229)
St. Joseph Mercy Hospital
2008 Ed. (3064)
1997 Ed. (2267)
St. Joseph Mercy Oakland Foundation
2008 Ed. (1928)
St. Joseph, MO
2008 Ed. (3481)
1999 Ed. (2088, 3368)
1992 Ed. (345)
St. Joseph News-Press, Gazette
1992 Ed. (3239)
1991 Ed. (2597, 2598, 2600, 2607)
1990 Ed. (2691, 2694, 2696, 2698, 2700)
1989 Ed. (2052)
St. Joseph Press News/Gazette
1989 Ed. (2054)
St. Joseph Print Group Inc.
2006 Ed. (3964, 3966)
St. Joseph Telephone & Telegraph Co.
1998 Ed. (3485)
St. Joseph's Credit Union
2006 Ed. (2200)
2005 Ed. (2105)
St. Joseph's Hospital
2002 Ed. (2621)
2001 Ed. (1823)
2000 Ed. (2205)
St. Joseph's Hospital & Medical Center
2008 Ed. (3046)
2007 Ed. (2923)
2006 Ed. (2904, 2918, 2923)
2005 Ed. (2898, 2912)
2000 Ed. (2531)
1999 Ed. (2750, 2752)
1998 Ed. (1994)
1994 Ed. (2091)
1993 Ed. (2075)
1992 Ed. (2461)
1990 Ed. (2057)
St. Joseph's Hospital of Atlanta
2008 Ed. (3058)
2005 Ed. (2893)
St. Joseph's Hospitals
2000 Ed. (2528)
St. Joseph's University
2008 Ed. (1086)
St. Jospeh
2008 Ed. (4036)
St. Jude Children's Research Hospital Inc.
2008 Ed. (3194)
St. Jude Children's Research Hosptial
2006 Ed. (3711)
St. Jude Medical Inc.
2008 Ed. (1937, 3638)
2007 Ed. (2774, 3463, 3464, 3465, 3467)
2006 Ed. (1890, 2761, 2766, 2769, 2779, 3445, 3446, 3448)
2005 Ed. (2791, 2795, 2799, 2803, 3433, 3435)
2004 Ed. (2803, 2810, 4488, 4490, 4498)
2003 Ed. (3358, 3359, 4540)
2000 Ed. (739)
1999 Ed. (3340)
1998 Ed. (1051, 2457, 2458)
1997 Ed. (2747, 3641)
1996 Ed. (2600)
1995 Ed. (2536)
1994 Ed. (2032, 2468)
1993 Ed. (2016, 3471)
1992 Ed. (2382, 3010, 4071)
1991 Ed. (1891, 2408)
1990 Ed. (1968, 1969, 3298, 3299)
1989 Ed. (1568, 1572, 2495, 2499)
St. Julian Var Wine
2002 Ed. (4962, 4964)
St. Kitts & Nevis
2004 Ed. (2765)
St. Kitts-Nevis
1992 Ed. (2361)
St. Laurent
2002 Ed. (3581)
St. Laurent Forest Products Corp.
2001 Ed. (3627)
St. Laurent Paperboard US-1 Inc.
2005 Ed. (3676, 3677)
St. Lawrence Cement
1996 Ed. (1595)
1994 Ed. (1580)
1992 Ed. (1071)
1990 Ed. (922, 1669)
St. Lawrence Cement Group
2008 Ed. (3142)
2007 Ed. (3024)
The St. Lawrence Seaway Corp.
2004 Ed. (4588)
St. Lawrence Seaway Management Corp.
2005 Ed. (3489)
2001 Ed. (1661)
St. Lawrence Valley Renewal House for Victims of Family Violence Inc.
2003 Ed. (802, 1789)
St. Leo University
2002 Ed. (867, 1106)
St. Louis Airport
1996 Ed. (195)
St. Louis Blues
2000 Ed. (2476)
1998 Ed. (1946)
St. Louis Bread Co.
2007 Ed. (4138)
2005 Ed. (2547, 2548, 2549, 2553, 4168)
1998 Ed. (1760, 1761, 3060, 3062, 3070, 3071)
St. Louis, CA
1995 Ed. (3747)
St. Louis Cardinals
2008 Ed. (529)
2007 Ed. (578)
2006 Ed. (547)
2005 Ed. (645)
St. Louis County, MO
1999 Ed. (1779, 2997)
1994 Ed. (2061)
St. Louis Group
1997 Ed. (2042)
St. Louis, KY
2005 Ed. (2972)
St. Louis, MO
2008 Ed. (3407, 3463, 3524, 4097, 4100, 4749)
2007 Ed. (2995, 3215, 3365, 3388, 4063, 4095)
2006 Ed. (3302, 3310, 3741)
2005 Ed. (921, 3312)
2004 Ed. (1036, 3314, 4787, 4894, 4895, 4897)
2003 Ed. (1031, 2827, 3242, 3903, 3904, 4904, 4907)
2002 Ed. (75, 1055, 3135, 3139, 3140, 4927)
2001 Ed. (3121, 4793, 4848)
2000 Ed. (1069, 1091, 1330, 1790, 2637, 2954, 2955, 2996, 4268)
1999 Ed. (1148, 1175, 1487, 3215, 3216, 3257)
1998 Ed. (739, 1055, 1234, 1316, 1547, 2056, 2380, 3058)
1997 Ed. (678, 1003, 1284, 2338, 2652, 3523)
1996 Ed. (38, 343, 344, 1238, 1961, 2209, 2278, 2279, 2513, 2725, 3846)
1995 Ed. (328, 928, 1282, 2188, 2464)
1994 Ed. (332, 1259, 2383)
1993 Ed. (347, 710, 773, 1221, 3711)
1992 Ed. (482, 1161, 2544, 3038, 4040, 4159, 4450)
1991 Ed. (348, 1103, 1397, 2550, 3248)
1990 Ed. (296, 1464, 2134)
1989 Ed. (276, 350, 910, 2774, 2936)
St. Louis, MO-IL
2007 Ed. (3387)
1994 Ed. (718)
St. Louis Music
1991 Ed. (2554)
St. Louis Post-Dispatch
2002 Ed. (3509)
St. Louis Postal Credit Union
2007 Ed. (2127)
2006 Ed. (2206)
2005 Ed. (2111)
2004 Ed. (1969)
2003 Ed. (1929)
2002 Ed. (1875)
St. Louis Rams
2000 Ed. (2252)
1998 Ed. (1749)
St. Louis Regional Chamber & Growth Association
2008 Ed. (3472)
St. Louis Southwestern
1993 Ed. (2959)
St. Louis Telephone Employees Credit Union
2004 Ed. (1969)
2003 Ed. (1929)
2002 Ed. (1875)
St. Louis Union Station
1998 Ed. (3594)
St. Louis University
2008 Ed. (1945)
2007 Ed. (1890)
2006 Ed. (1898)
2005 Ed. (1877)
2004 Ed. (826)
2001 Ed. (3063)
2000 Ed. (2906)
1999 Ed. (3162)
1997 Ed. (2605)
1996 Ed. (2460)
1995 Ed. (2425)
1993 Ed. (893)
St. Louis University Hospital
2007 Ed. (2920)
2006 Ed. (2901)
2005 Ed. (2895)
2004 Ed. (2909)
2003 Ed. (2806)
2002 Ed. (2602)
2000 Ed. (2512)
St. Lucia
2001 Ed. (4586)
St. Lucie
1990 Ed. (2721)
St. Lucie West
1998 Ed. (3005)
1997 Ed. (3130)
St. Lucie West, FL
1998 Ed. (2871)
St. Luke's
2006 Ed. (2040)
St. Luke's Association
1992 Ed. (1095)
St. Luke's Communications
2007 Ed. (2022)
2005 Ed. (1979)
St. Luke's Episcopal Hospital; Texas Heart Institute—
2008 Ed. (3045)
2007 Ed. (2922)
2006 Ed. (2903)
2005 Ed. (2897)
St. Luke's Hospital
2008 Ed. (3062)
2006 Ed. (2917)
St. Luke's Hospital & Health Network
2008 Ed. (2040)
2007 Ed. (1951)
2006 Ed. (1981)
St. Luke's Hospital Foundation-St. Luke's Hospital
1992 Ed. (1095)
St. Luke's Hospital of Kansas City
2008 Ed. (1943)
St. Luke's Medical Center
2004 Ed. (2813)
2001 Ed. (1900)
St. Lukes Regional Medical Center Ltd.
2008 Ed. (1793)
2007 Ed. (1765)
2006 Ed. (1757, 2921)
2005 Ed. (1786, 2912)
2004 Ed. (1727)
2003 Ed. (1691)
2001 Ed. (1728)
St. Luke's - Roosevelt Hospital
1989 Ed. (1609)
St. Luke's-Roosevelt Hospital Center
2002 Ed. (2623)
2001 Ed. (2775)
2000 Ed. (2532)
1999 Ed. (2751)
1998 Ed. (1986, 1995)
1997 Ed. (2273)
1996 Ed. (2157)
1995 Ed. (2146)
1993 Ed. (2076)
1992 Ed. (2462)
1991 Ed. (1935)
1990 Ed. (2058)
St. Maarten
2000 Ed. (4252)
1994 Ed. (1508)
St. Margaret Mercy Healthcare Center
2005 Ed. (1794)
St. Marie's River Railroad Co.
2004 Ed. (1727, 4057)
St. Mark; C. F.
1995 Ed. (3786)
St. Mark's Hospital
1997 Ed. (2267)

St. Martin
2001 Ed. (4586)
St. Martin's
2008 Ed. (625, 627)
2007 Ed. (668)
2006 Ed. (643)
2005 Ed. (729, 731)
2004 Ed. (748)
1995 Ed. (3043)
St. Martin's/Griffin
2005 Ed. (733)
St. Mary Hospital
1998 Ed. (1988)
St. Mary Land & Exploration Co.
2007 Ed. (1662, 2740, 3866)
2006 Ed. (1645, 2734, 4331)
2005 Ed. (1607, 4380, 4382)
2004 Ed. (1583, 1676, 2773)
2003 Ed. (1646)
2002 Ed. (3677)
St. Mary Medical Center
2002 Ed. (2622)
1999 Ed. (948, 2749)
St. Mary's
2000 Ed. (2584)
1999 Ed. (2805)
1997 Ed. (2316, 2317)
1996 Ed. (2196, 2197)
1995 Ed. (2182)
1994 Ed. (2131)
St. Mary's Bank Credit Union
2008 Ed. (2246)
2007 Ed. (2131)
2006 Ed. (2210)
2005 Ed. (2115)
2004 Ed. (1973)
2003 Ed. (1933)
2002 Ed. (1879)
St. Mary's College
2008 Ed. (1058)
2001 Ed. (1320)
1999 Ed. (1223)
1998 Ed. (794)
1997 Ed. (1059)
1996 Ed. (1043)
1995 Ed. (1054)
1994 Ed. (1046)
1993 Ed. (1019)
1992 Ed. (1271, 1273)
1990 Ed. (1090)
1989 Ed. (956)
St. Mary's College of California
2008 Ed. (1088)
2001 Ed. (1327)
1999 Ed. (1232)
1998 Ed. (803)
1997 Ed. (1056)
1996 Ed. (1040)
1995 Ed. (1055)
1994 Ed. (1047)
1993 Ed. (1020)
St. Mary's College of Maryland
2008 Ed. (1061)
1994 Ed. (1048)
1993 Ed. (1021)
St. Mary's College of Medicine
1995 Ed. (1056)
St. Mary's/Duluth Clinic Health System
2006 Ed. (3720, 3722)
St. Mary's Duluth Clinic Health System Hospice & Palliative Care
2008 Ed. (1933)
St. Mary's Duluth Clinic Health Systems
2007 Ed. (1882)
2006 Ed. (1886)
St. Marys, GA
1997 Ed. (999)
St. Mary's Hospital
1997 Ed. (2263)
St. Mary's Hospital & Medical Center
1997 Ed. (2266)
St. Mary's Medical Center Inc.
2008 Ed. (2173)
2007 Ed. (2065)
St. Marys Paper Ltd.
2007 Ed. (3762, 3776)
1995 Ed. (2831)
1994 Ed. (2729)
St. Mary's University
2002 Ed. (905)
1993 Ed. (795)
St. Mary's University, Frank H. Sobey School of Business
2004 Ed. (835)
St. Mary's University of San Antonio
2002 Ed. (900)
2001 Ed. (3068)
St. Mary's University, Sobey School of Business
2003 Ed. (791, 792)
St. Michael's College
2001 Ed. (1325)
2000 Ed. (1139)
1999 Ed. (1230)
1996 Ed. (1037)
1993 Ed. (1017)
1990 Ed. (1090)
ST Microelec.
2000 Ed. (4003)
St. Monica/St. Martin Federal Credit Union
2001 Ed. (1962)
St. Norbert College
2008 Ed. (1058)
2001 Ed. (1320)
1999 Ed. (1223)
1998 Ed. (794)
1997 Ed. (1059)
1996 Ed. (1043)
1995 Ed. (1054)
1994 Ed. (1046)
1993 Ed. (1019)
1992 Ed. (1271)
St. Olaf College
2006 Ed. (3719)
St. Patrick Hospital Corp.
2008 Ed. (1958, 1959)
2007 Ed. (1894)
2006 Ed. (1912)
2005 Ed. (1890)
2004 Ed. (1807)
2003 Ed. (1770)
2001 Ed. (1800)
St. Patrick Hospital Health Sciences Center
2007 Ed. (1894)
St. Patrick's Day
2001 Ed. (2627)
1990 Ed. (1948)
St. Patrick's Hospital Inc.
2005 Ed. (1890)
2004 Ed. (1807)
2003 Ed. (1770)
St. Paul
2000 Ed. (2717, 2731)
1995 Ed. (3351)
1994 Ed. (3270)
St. Paul Bancorp
2001 Ed. (437)
1996 Ed. (3687)
1995 Ed. (3609)
1994 Ed. (3533)
1992 Ed. (4291)
1990 Ed. (3579)
St. Paul Companies Inc.
2006 Ed. (1419, 1423, 3064, 3102, 3134, 3135, 4997)
2005 Ed. (1562, 1574, 1575, 1608, 1871, 1872, 3049, 3050, 3052, 3056, 3062, 3079, 3096, 3125, 4998)
2004 Ed. (1560, 1801, 3033, 3035, 3053, 3073, 3119, 3124, 4997)
2003 Ed. (909, 910, 916, 918, 920, 1764, 2958, 2968, 2981, 2983, 2989, 3004, 3005, 3008)
2002 Ed. (1499, 1731, 2838, 2866, 2878, 2898, 2918, 2943, 2945, 2950, 2959, 2962, 2976, 4874)
1990 Ed. (2224, 2465)
St. Paul Cos.
2006 Ed. (1441)
2001 Ed. (1580, 2905, 2917, 2951)
2000 Ed. (1517, 2656, 2683, 2715, 2720, 2725, 2736, 2737, 3750)
1999 Ed. (276, 1707, 2902, 2927, 2935, 2937, 2963, 2969, 2977, 2983, 2984)
1998 Ed. (1177, 2198, 3037)
1997 Ed. (1278, 1282, 1481, 2459)
1996 Ed. (1421, 2330, 3186)
1995 Ed. (1663, 2319, 2384, 2385)
1993 Ed. (2239, 2251, 2457, 2756, 2992, 3280)
1992 Ed. (2681, 2683, 2704, 3313, 3658)
1991 Ed. (2141, 2127, 2471, 2659, 2656)
1990 Ed. (2253)
1989 Ed. (1732, 1733)
St. Paul Croatian Credit Union
2008 Ed. (2209)
2006 Ed. (2168)
St. Paul Downtown, MN
1996 Ed. (1603)
St. Paul Federal Bank for Savings
2001 Ed. (4524, 4525, 4526, 4527)
2000 Ed. (4248)
1999 Ed. (4598)
1998 Ed. (3154, 3543)
1997 Ed. (3381)
1996 Ed. (3284)
1995 Ed. (3184)
1994 Ed. (3142)
1992 Ed. (3799)
1991 Ed. (2920)
1990 Ed. (3101)
1989 Ed. (2356)
St. Paul Fire & Mar
1991 Ed. (2124)
St. Paul Fire & Marine
1999 Ed. (2973, 2976)
1998 Ed. (2204, 2207)
1997 Ed. (2462, 2464)
1996 Ed. (2336, 2338)
1993 Ed. (2233, 2234)
St. Paul Fire & Marine Insurance Co.
2008 Ed. (1933)
2007 Ed. (1882)
2006 Ed. (1886)
2005 Ed. (1869, 3143)
2004 Ed. (1799, 3055, 3135)
2003 Ed. (1762, 2970, 2985)
2002 Ed. (2963, 3954, 3955, 3956)
2001 Ed. (1794, 2900)
2000 Ed. (2724, 2728)
1995 Ed. (2429)
1994 Ed. (2270, 2272)
St. Paul Foundation
2002 Ed. (1127)
2001 Ed. (2513)
1994 Ed. (901, 1901)
1989 Ed. (1474, 1475)
St. Paul Group
1998 Ed. (2146, 2154, 2196, 2212, 2213)
1997 Ed. (2434, 2471, 2472)
1996 Ed. (2295, 2304, 2329, 2334)
1995 Ed. (2291, 2317, 2328, 2329)
1994 Ed. (2242, 2248, 2269, 2279, 2281)
1993 Ed. (2193, 2232, 2241, 2245, 2246)
1992 Ed. (2650, 2678, 2685, 2698)
1991 Ed. (2090, 2121, 2130, 2134, 2135)
1990 Ed. (2225, 2250, 2263, 2264)
1989 Ed. (1675, 1710, 1735)
St. Paul Health Care & Assisted Living Center
2002 Ed. (3526)
The St. Paul Hotel
2007 Ed. (2942)
2006 Ed. (2931)
St. Paul Housing & Redevelopment Corp.
1989 Ed. (739)
St. Paul Medical Services
2000 Ed. (2505)
St. Paul, MN
1992 Ed. (1162)
St. Paul Port Authority
1993 Ed. (2159)
St. Paul Port Authority, MN
1991 Ed. (2016)
St. Paul Postal Employees Credit Union
2003 Ed. (1927)
2002 Ed. (1832, 1873)
St. Paul Reinsurance
2001 Ed. (2961, 4030)
2000 Ed. (3748)
1999 Ed. (4033)
St. Paul Surplus Lines Insurance Co.
2001 Ed. (2928)
1999 Ed. (2926)
1998 Ed. (2145)
1997 Ed. (2428)
1996 Ed. (2293)
1995 Ed. (2288)
1994 Ed. (2240)
1993 Ed. (2191)
1992 Ed. (2648)
1991 Ed. (2087)
The St. Paul Travelers Cos., Inc.
2008 Ed. (1490, 1495, 1696, 3229, 3230, 3231, 3232, 3233, 3248, 3265, 3283, 3316, 3317, 3318, 3325, 3326, 3329, 3330)
2007 Ed. (1496, 1500, 1671, 1782, 1884, 1885, 2230, 2903, 3086, 3088, 3089, 3090, 3091, 3092, 3101, 3119, 3127, 3128, 3169, 3170, 3175, 3176, 3177, 3178, 3181, 3182, 3183, 4213, 4998)
2006 Ed. (1455, 1497, 1885, 1891, 1892, 3051, 3138, 3141, 3144, 4197)
St. Paul Travelers Group
2008 Ed. (3282, 3320, 3322, 3324)
St. Paul Venture Capital VI
2002 Ed. (4731)
St. Pauli Girl
1992 Ed. (937)
1991 Ed. (746)
St. Pauli Girl Non-Alcohol
2006 Ed. (559)
2005 Ed. (656)
2004 Ed. (669)
St. Paul's Girls School
1999 Ed. (4145)
St. Paul's School
1999 Ed. (4145)
St. Peter's Community Hospital
2001 Ed. (1800)
St. Peters Hospital
2008 Ed. (1958)
2007 Ed. (1894)
2005 Ed. (1890)
St. Peter's Medical Center
2000 Ed. (2531)
1990 Ed. (2057)
St. Petersburg Area Chamber
2000 Ed. (1004)
1999 Ed. (1057)
St. Petersburg Area Chamber of Commerce
2002 Ed. (958)
1998 Ed. (670)
St. Petersburg-Clearwarer, FL
1997 Ed. (3356)
St. Petersburg-Clearwater International Airport
1999 Ed. (248)
1998 Ed. (145)
St. Petersburg, FL
2000 Ed. (1087, 4287)
1997 Ed. (2961)
1992 Ed. (3045, 3046)
St. Petersburg Junior College
2002 Ed. (1105)
1991 Ed. (892)
St. Petersburg Technical Rubber Production Works
1993 Ed. (910)
St. Petersburg Times
1999 Ed. (3618)
1998 Ed. (2681)
ST PLC
1992 Ed. (4432)
St. Poelten
1992 Ed. (609)
St. Raphael; Hospital of
2006 Ed. (2922)
2005 Ed. (2911)
St. Regis
2006 Ed. (2931)
2005 Ed. (1534)
1999 Ed. (2761)
1996 Ed. (2170)
1995 Ed. (2156)
1990 Ed. (2766)
St. Regis Hotel
1999 Ed. (2798)

St. Regis N/A Wine
1998 Ed. (3743)
St. Regis NonAlcohol
1991 Ed. (3498)
St. Remy
2004 Ed. (771)
St. Rose, LA
1992 Ed. (3494)
St. Scholastics; College of
1995 Ed. (1058)
St. Tammany, LA
1993 Ed. (2982)
St. Thomas Credit Union
2008 Ed. (2264)
2007 Ed. (2149)
2006 Ed. (2166, 2228)
2005 Ed. (2072, 2078, 2133)
2004 Ed. (1932, 1938, 1991)
2003 Ed. (1898, 1951)
2002 Ed. (1897)
St. Thomas Industrial Park
1994 Ed. (2188)
St. Thomas University
2008 Ed. (1072, 1084)
2007 Ed. (1168)
2001 Ed. (3068)
2000 Ed. (2912)
St. Thomas; University of
2006 Ed. (3719)
1997 Ed. (863)
St. Thomas, VI
1996 Ed. (1061)
St. Vincent & The Grenadines
2004 Ed. (2765)
St. Vincent Catholic Medical Center
2002 Ed. (1743)
St. Vincent Catholic Medical Centers
2002 Ed. (1744)
St. Vincent Catholic Medical Centers-Brooklyn & Queens
2002 Ed. (2623)
St. Vincent College
2006 Ed. (1072)
1998 Ed. (795)
1997 Ed. (1057)
1995 Ed. (1056)
1993 Ed. (1021)
St. Vincent Health Services Inc.
2008 Ed. (1560)
St. Vincent Health System
2008 Ed. (1560)
2007 Ed. (1577)
2006 Ed. (1547)
2005 Ed. (1652)
2004 Ed. (1626)
2003 Ed. (1610)
2001 Ed. (1612)
St. Vincent Healthcare
2008 Ed. (1958)
2007 Ed. (1894)
St. Vincent High Income
1995 Ed. (2751)
St. Vincent Hospital
2008 Ed. (1979)
2006 Ed. (1932)
2005 Ed. (1905)
2004 Ed. (1821)
2003 Ed. (1787)
2001 Ed. (1814)
St. Vincent Hospital & Health Care Center Inc.
2008 Ed. (1806)
2007 Ed. (1775)
2006 Ed. (1767)
2005 Ed. (1794)
2004 Ed. (1734)
2001 Ed. (1736)
St. Vincent Hospital & Health Center
2003 Ed. (2834)
St. Vincent Medical Center
2000 Ed. (2529)
1999 Ed. (2479, 2638)
St. Vincent Medical Center Foundation (Ohio)
1995 Ed. (933)
St. Vincent US Growth
1992 Ed. (3210)
St. Vincents Hospital and Medical Center
2001 Ed. (2774)
St. Vincent's Hospital & Medical Center of New York
1995 Ed. (2146)
St. Vincent's Medical Center
1998 Ed. (1986, 1991)
Sta Hematosis System/Coag Analyzer
1999 Ed. (3336)
Sta-Home Health Agency
1999 Ed. (2706)
Sta Isabel
2000 Ed. (3850)
Staal Bank
2002 Ed. (625)
Staar Surgical Co. Inc.
1999 Ed. (3266)
Staatsbank Berlin
1994 Ed. (1705)
1993 Ed. (1678)
Stable Port Group
1997 Ed. (569)
Stable Return
1997 Ed. (569)
Stable Value Fund
1997 Ed. (569)
Stacey's Buffet
1999 Ed. (4062)
1997 Ed. (3336)
Stacker
1996 Ed. (1081)
1995 Ed. (1103)
Stacker 2
2004 Ed. (2097, 2098)
2003 Ed. (2059)
StackTeck Systems Inc.
2008 Ed. (3746)
2006 Ed. (3922)
2004 Ed. (3913)
Stacy & Witbeck Inc.
2004 Ed. (1274)
2003 Ed. (1271)
2002 Ed. (1261)
Stacy Jamar
2000 Ed. (2038)
1998 Ed. (1667)
Stacy Ruchlamer
1993 Ed. (1823, 1824)
1991 Ed. (1690, 1691, 1707, 1709)
Stadium Australia
2001 Ed. (4358)
Stadium Auto Group
1996 Ed. (260)
Stadium Lincoln-Mercury
1992 Ed. (2408)
Stadium Motors
1990 Ed. (313)
Stadling, Yocca, Carlson & Rauth
1996 Ed. (3740)
Stadt Corp.
1990 Ed. (3502)
Stadt. Dusseldorf
1992 Ed. (682)
Stadt. Koln
1992 Ed. (682)
Stadt. Munchen
1992 Ed. (682)
Stadtmauer & Bailkin
1992 Ed. (2901)
Stadtsparkasse Dusseldorf
1996 Ed. (516)
1994 Ed. (492)
1993 Ed. (490)
Stadtsparkasse Hannover
1996 Ed. (516)
1994 Ed. (492)
Stadtsparkasse Koln
1996 Ed. (516)
1994 Ed. (492)
1993 Ed. (490)
Stadtsparkasse Munchen
1994 Ed. (492)
1993 Ed. (490)
Stadtsparkassee Munchen
1996 Ed. (516)
Staff Builders
2000 Ed. (2490)
1999 Ed. (2704)
1998 Ed. (1965, 1966, 3419)
1997 Ed. (2242)
1996 Ed. (2131)
Staff Commonwealth Schools
1996 Ed. (917)
Staff Finders Technical of Oregon
2008 Ed. (2021, 2024, 2026)
2007 Ed. (1944)
2006 Ed. (1967, 1969, 1970, 1971, 1972, 1973)
Staff Leasing Inc.
2003 Ed. (802, 1588, 1590, 3705)
2002 Ed. (2114, 3545, 3546)
2001 Ed. (1067, 3599)
2000 Ed. (3384)
1998 Ed. (753, 1429, 1703)
1996 Ed. (991)
Staff Mid-America
2003 Ed. (1774)
Staff-Model HMOs
1995 Ed. (1588)
Staff systems engineer
2004 Ed. (2274)
Staffan-Mitchell Funeral Home
2001 Ed. (1683)
Staffing Alternatives
2008 Ed. (1974)
Staffing Associates Inc.
2006 Ed. (3539, 4377)
Staffing Concepts Inc.
2004 Ed. (1721)
2003 Ed. (1683)
2001 Ed. (1702)
Staffing Concepts International Inc.
2004 Ed. (1721)
Staffing Network LLC
2002 Ed. (4349)
Staffing Solutions
2006 Ed. (2430)
Staffing Solutions LLC
2008 Ed. (3728, 4423, 4979)
Staffmark
2002 Ed. (4598)
Thc Stafford
1995 Ed. (2174)
Stafford; Barry
2008 Ed. (4884)
2007 Ed. (4920)
Stafford Capital Mgmt.
2000 Ed. (2823)
Stafford; Christine
2008 Ed. (4884)
2007 Ed. (4920)
Stafford; David
2008 Ed. (4884)
2007 Ed. (4920)
Stafford Group
2004 Ed. (1530)
Stafford Holdings
2004 Ed. (4714)
Stafford Homes
2005 Ed. (1243)
2004 Ed. (1219)
2003 Ed. (1212)
2002 Ed. (1211)
2000 Ed. (1236)
Stafford; Katherine
2008 Ed. (4884)
2007 Ed. (4920)
Stafford; Laura
2008 Ed. (4884)
2007 Ed. (4920)
Stafford; Roddy
2007 Ed. (4920)
Staffware plc
2002 Ed. (1793)
Stag VL-1
1997 Ed. (3814)
Stage Bank of Rogers
1998 Ed. (370)
Stage Stores Inc.
2008 Ed. (1002, 1003, 1005)
2007 Ed. (1124)
2006 Ed. (1037)
2005 Ed. (2165)
2004 Ed. (2050)
1999 Ed. (1198)
Stagecoach
2006 Ed. (4823)
Stagecoach Asset Allocation
2000 Ed. (3242)
Stagecoach Asset Allocation A
1996 Ed. (611)
Stagecoach Asset Allocation B
2000 Ed. (624)
Stagecoach Balanced Fund A
1998 Ed. (410)
Stagecoach Balanced Fund I
1998 Ed. (410)
Stagecoach CA Tax Free Bond A
2000 Ed. (625)
Stagecoach CA Tax Free Bond 1
2000 Ed. (625)
Stagecoach CA Tax Free Income
1996 Ed. (622)
Stagecoach Diversified Income A
1998 Ed. (2595)
Stagecoach Group plc
2008 Ed. (4759)
Stagecoach Holdings plc
2002 Ed. (4671)
2001 Ed. (4621)
Stagecoach Index Allocation
2000 Ed. (3242, 3247)
Stagecoach Index Allocation A
2000 Ed. (624, 624)
1999 Ed. (3526, 3531)
Stagecoach Index Allocation C
2000 Ed. (624)
Stagecoach LifePath Opportunity A
2000 Ed. (756)
Stagecoach LifePath 2040 A
2000 Ed. (624)
1999 Ed. (601, 3531)
Stagecoach LifePath 2040 B
2000 Ed. (624)
Stagecoach LifePath 2030 A
1999 Ed. (601, 3531)
Stagecoach Theatre Arts plc
2008 Ed. (2413)
Stagecoach U.S. Gov. Allocation A
1999 Ed. (3555)
Stagecoach U.S. Government Allocation
1996 Ed. (2811)
1995 Ed. (2709)
Stagecoach U.S. Government Long-Term
1995 Ed. (2745)
Staggs; Thomas
2008 Ed. (967)
2007 Ed. (1056)
2006 Ed. (960)
Stahl; Stanley
1992 Ed. (4258)
Stain & soil removers
2002 Ed. (3054)
Stained Glass Overlay
2007 Ed. (2253)
2006 Ed. (2322)
2004 Ed. (2166)
2003 Ed. (4941)
2002 Ed. (2984)
Stainless
2001 Ed. (4365)
2000 Ed. (2243)
1999 Ed. (2482)
1997 Ed. (2060, 2061)
1995 Ed. (1919)
1992 Ed. (2206)
1991 Ed. (1757)
Stainless and heat resistant sheets
2001 Ed. (3547)
Stainless and heat resisting
2001 Ed. (1296)
Stainless and heat resisting materials
2001 Ed. (4665)
Stainless steel
2007 Ed. (3701)
2006 Ed. (3707)
2001 Ed. (4433)
1999 Ed. (3427)
1996 Ed. (2665)
Stainmaster Carpet
1989 Ed. (2042)
Stair-climbing exercise
1997 Ed. (3561)
Stairclimber Usage
1998 Ed. (3354)
StairMaster Sports/Medical Products, Inc.
2001 Ed. (2349)
Stake Center Locating
2005 Ed. (4004)
Stake Technology Ltd.
2001 Ed. (1655)
Staker Parson Cos.
2008 Ed. (1341, 1344)

Stakis
2001 Ed. (1132)
1994 Ed. (1380)
Staktek Holdings Inc.
2006 Ed. (4260, 4679)
Stalexport
1999 Ed. (4740)
Staley; A. E.
1996 Ed. (3602)
Staley Continental
1989 Ed. (1445, 1449, 1452)
Staley; Delbert C.
1991 Ed. (928)
Staley Manufacturing; A. E.
1994 Ed. (195)
Staley; Warren
2006 Ed. (2627)
Stalkup's RV Superstore Inc.
2004 Ed. (1893)
Stallone; Sylvester
1997 Ed. (1777)
1992 Ed. (1982)
1990 Ed. (1672)
1989 Ed. (1347)
Staluppi Auto Group
2008 Ed. (289)
2007 Ed. (301)
2006 Ed. (302)
2005 Ed. (281)
STAMCO
1998 Ed. (2278)
Stamford Bank Corp.
2004 Ed. (403, 406)
2002 Ed. (3550)
Stamford Capital
1990 Ed. (1793)
Stamford, CT
2002 Ed. (2710)
1997 Ed. (1284)
1996 Ed. (1238)
1995 Ed. (987, 1282)
1994 Ed. (823, 1259)
1993 Ed. (808, 1221)
1992 Ed. (370)
1991 Ed. (2631)
1989 Ed. (843, 844, 847)
Stamford Executive Park
1990 Ed. (2730)
Stamford Hospital
1994 Ed. (890)
Stamford-Norwalk, CT
2005 Ed. (2027, 2029, 2050, 2389, 2978, 2990)
1996 Ed. (2621)
Stamford University
1995 Ed. (1050)
1992 Ed. (1270)
Stamford Volvo
1995 Ed. (292)
Stampede Park
2005 Ed. (2520)
2003 Ed. (2414)
Stampin' Up
2006 Ed. (3542)
Stamps
2007 Ed. (2515)
1992 Ed. (2804)
Stamps.com
2001 Ed. (4765)
Stan James
2007 Ed. (710)
Stan Mandel
2006 Ed. (703)
2005 Ed. (796)
Stan Stephens
1992 Ed. (2344)
Stanadyne
1989 Ed. (1654)
Stanard; James
2006 Ed. (908)
Stanbank
2008 Ed. (504, 507, 2072)
2007 Ed. (552, 555, 1975)
2006 Ed. (88, 523)
2005 Ed. (609, 612)
Stanbic
2003 Ed. (610, 614)
2002 Ed. (509, 647, 650)
2000 Ed. (439, 664)
1999 Ed. (446, 638)
1997 Ed. (388, 614)
1996 Ed. (421, 679)
1995 Ed. (397, 606)
1994 Ed. (404, 631)
1993 Ed. (414, 626, 627)
1992 Ed. (574, 833)
1991 Ed. (415, 660)
Stanbic Bank Botswana Ltd.
2000 Ed. (472)
Stanbic Bank Congo sarl
2000 Ed. (503)
Stanbic Bank of Lesotho Ltd.
1999 Ed. (576)
Stanbic Bank of Zambia
2000 Ed. (699)
Stanbic Bank Swaziland Ltd.
1997 Ed. (621)
1996 Ed. (687)
Stanbic Bank Tanzania Ltd.
2000 Ed. (672)
Stancic Bank Uganda Ltd.
2000 Ed. (685)
StanCorp Financial Group Inc.
2008 Ed. (2029)
2007 Ed. (1947, 3102, 3137)
2006 Ed. (1976, 2076, 2083, 3090, 3140)
2004 Ed. (3104)
Stancorp Mortgage Investors LLC
2007 Ed. (1945)
2006 Ed. (1974)
Standa
1993 Ed. (37)
1992 Ed. (59)
Standale Lumber
1997 Ed. (834)
Standard
1989 Ed. (671, 672)
Standard & Chartered
2000 Ed. (499)
Standard Corp. & Merchant Bank
2001 Ed. (1534)
Standard & Poor's
2008 Ed. (4501)
2002 Ed. (1039)
1999 Ed. (3649)
Standard & Poor's Depositary Receipts
2006 Ed. (2510)
Standard & Poor's Depository Receipts
2008 Ed. (2610)
2000 Ed. (283)
Standard & Poors 500
1990 Ed. (1871)
Standard & Poor's 500 Index
1993 Ed. (2744)
Standard & Poor's 500 Stock Index
2005 Ed. (4518)
Standard Automotive Corp.
2004 Ed. (1232, 1233)
Standard Bank
2006 Ed. (4523)
2002 Ed. (4447, 4448)
2001 Ed. (1534)
1990 Ed. (679, 680, 681)
Standard Bank Group
2008 Ed. (504, 507, 2072)
2007 Ed. (552, 555, 1975)
2006 Ed. (88, 523, 2009, 4536)
2005 Ed. (609, 612)
Standard Bank Group—Stanbank
2004 Ed. (619, 623)
Standard Bank Investment
2006 Ed. (2010)
2002 Ed. (1734, 3038, 3039, 3040)
2001 Ed. (1845, 1846)
2000 Ed. (1554)
1999 Ed. (3130)
1996 Ed. (2442)
Standard Bank Investment Corp. Isle of Man Ltd.
1997 Ed. (524)
1996 Ed. (567)
Standard Bank Isle (Isle of Man) Ltd.
2000 Ed. (569)
Standard Bank Isle of Man Ltd.
1999 Ed. (558)
Standard Bank Lesotho Ltd.
2000 Ed. (594)
Standard Bank Mutual Fund
1993 Ed. (2684)
Standard Bank Namibia Ltd.
1999 Ed. (604)
1997 Ed. (570)
1996 Ed. (628)
1995 Ed. (558)
1994 Ed. (588)
1993 Ed. (581)
1992 Ed. (790)
Standard Bank of South Africa
2007 Ed. (1976)
2004 Ed. (84)
1999 Ed. (641)
1990 Ed. (571)
Standard Bank of South Africa—Stanbank
2004 Ed. (522)
Standard Bnk Invcorp Ord
2000 Ed. (2877)
Standard Brand Paint Co.
1992 Ed. (4150)
Standard Brands
1993 Ed. (781)
1992 Ed. (3728)
Standard Brands Paint
1997 Ed. (2935, 2981)
1996 Ed. (2836)
1995 Ed. (2825)
1994 Ed. (2719)
1993 Ed. (2761)
1991 Ed. (2666)
1990 Ed. (2757)
Standard Broadcasting Corp.
1997 Ed. (729)
1996 Ed. (791)
1994 Ed. (761)
1992 Ed. (946)
Standard Business Furniture
2006 Ed. (3547, 4385)
Standard cell
1994 Ed. (230)
Standard Chartered
2000 Ed. (463, 540, 561)
1999 Ed. (277, 470, 531, 551, 1622, 1798)
1997 Ed. (480, 751, 754, 1404, 3488)
1996 Ed. (521, 553, 1344)
1995 Ed. (477, 502, 772, 773)
1994 Ed. (495, 521)
1993 Ed. (493, 524)
1992 Ed. (87, 687, 1628)
1990 Ed. (565, 569, 571, 573, 582, 583)
1989 Ed. (545)
Standard Chartered Asia
1996 Ed. (3376)
1995 Ed. (420, 3267)
1994 Ed. (3185, 3195)
Standard Chartered Bank Ltd.
2006 Ed. (3685, 4524)
2000 Ed. (3314)
1999 Ed. (3590)
1995 Ed. (2841)
1994 Ed. (2735)
1991 Ed. (510, 533, 700, 1112, 1130, 532)
1990 Ed. (584)
Standard Chartered Bank Botswana
2008 Ed. (387)
2007 Ed. (407)
1999 Ed. (480)
1997 Ed. (420)
1996 Ed. (458)
1995 Ed. (432)
1994 Ed. (439)
1993 Ed. (440)
1992 Ed. (623)
Standard Chartered Bank Botswana Limited
1991 Ed. (465)
1989 Ed. (493)
Standard Chartered Bank Cameroon
2008 Ed. (390)
2007 Ed. (411)
Standard Chartered Bank Channel Islands Ltd.
1994 Ed. (450)
Standard Chartered Bank (CI) Ltd.
2000 Ed. (485)
1999 Ed. (492)
1997 Ed. (435)
1996 Ed. (471)
1995 Ed. (442)
1993 Ed. (449)
1992 Ed. (635)
1991 Ed. (477)
Standard Chartered Bank Gambia Ltd.
1992 Ed. (680)
1991 Ed. (525)
1989 Ed. (539)
Standard Chartered Bank Ghana
2008 Ed. (419)
2007 Ed. (453)
2006 Ed. (4505)
2004 Ed. (534)
2003 Ed. (499)
2002 Ed. (564)
1991 Ed. (530)
Standard chartered Bank Ghana Limited
1989 Ed. (543)
Standard Chartered Bank (Hong Kong) Ltd.
2008 Ed. (423)
Standard Chartered Bank (Isle of Man) Ltd.
1996 Ed. (567)
Standard Chartered Bank (Isle of Man) Ltd
1995 Ed. (514)
Standard Chartered Bank (K) Ltd.
2002 Ed. (3482, 3483)
Standard Chartered Bank (Kenya)
2008 Ed. (457)
2007 Ed. (493)
1991 Ed. (582)
Standard Chartered Bank of Botswana Ltd.
2006 Ed. (4488)
2002 Ed. (4387)
Standard Chartered Bank plc
2008 Ed. (521)
2007 Ed. (568, 4658, 4659)
2006 Ed. (536, 537, 4548)
2005 Ed. (71, 624, 3942, 4577)
2004 Ed. (76, 529, 635)
2003 Ed. (626)
2002 Ed. (578, 659, 4499)
Standard Chartered Bank Sierra Leone Ltd.
1999 Ed. (634)
1997 Ed. (608)
1996 Ed. (672)
1995 Ed. (602)
1994 Ed. (629)
1993 Ed. (624)
1992 Ed. (831)
1991 Ed. (658)
Standard Chartered Bank Sierra Leone Ltd. (Freetown)
2000 Ed. (660)
Standard Chartered Bank Sierra Leone Limited
1989 Ed. (667)
Standard Chartered Bank Swaziland Ltd.
1997 Ed. (621)
1996 Ed. (687)
1995 Ed. (613)
1994 Ed. (640)
1993 Ed. (637)
1992 Ed. (841)
1991 Ed. (668)
1989 Ed. (683)
Standard Chartered Bank Tanzania
2008 Ed. (512)
2007 Ed. (560)
Standard Chartered Bank Uganda
2008 Ed. (517)
2000 Ed. (685)
1999 Ed. (675)
1997 Ed. (635)
1996 Ed. (702)
1995 Ed. (626)
1994 Ed. (658)
1993 Ed. (657)
1992 Ed. (857)
1991 Ed. (682)
Standard Chartered Bank Uganda Limited
1989 Ed. (702)
Standard Chartered Bank Zambia
2008 Ed. (525)
2007 Ed. (574)
2005 Ed. (641)
2004 Ed. (653)
2003 Ed. (639)
2002 Ed. (665)

2000 Ed. (699)
1999 Ed. (683)
1991 Ed. (699)
Standard Chartered Bank Zimbabwe
2008 Ed. (526)
2007 Ed. (575)
Standard Chartered Botswana
2001 Ed. (1605)
Standard Chartered/CWB
1994 Ed. (1204)
Standard Chartered Group
1991 Ed. (3231)
Standard Chartered Merchant Bank
1996 Ed. (3393)
Standard Chartered Merchant Bank Zimbabwe Ltd.
1991 Ed. (701)
Standard Chartered Merchant Bank Zimbabwe Limited
1989 Ed. (718)
Standard Chartered Nakornthon Bank
2006 Ed. (530)
Standard Chartered Nokornthon Bank
2004 Ed. (628)
Standard Chartered plc
2007 Ed. (569)
2006 Ed. (538, 2896)
1991 Ed. (384)
Standard Commercial Corp.
2006 Ed. (3364)
2005 Ed. (4705, 4706)
2004 Ed. (4728, 4729, 4730, 4733)
2003 Ed. (4746, 4749)
2001 Ed. (4551, 4560, 4563)
2000 Ed. (4256, 4257)
1999 Ed. (1519, 1522, 4606, 4607, 4610)
1998 Ed. (1089, 1090, 1091, 1092, 1096, 1097, 3574, 3576, 3577)
1997 Ed. (1334, 1342, 3755, 3757, 3758)
1996 Ed. (1285, 3696, 3697, 3699)
1995 Ed. (1468, 3621, 3622)
1994 Ed. (1433, 3541, 3543, 3544)
1993 Ed. (1379, 3580, 3582, 3583)
1992 Ed. (4302, 4304, 4305)
1991 Ed. (2621, 3394, 3396, 3397)
1990 Ed. (1101, 2719, 3599, 3601)
Standard Commercial Services Inc.
2004 Ed. (4731)
Standard Commercial Tobacco
1989 Ed. (2843)
Standard Credit Corp.
1989 Ed. (671)
Standard Credit Card Trust
1992 Ed. (3833)
Standard Credit Card Trust 1990
1992 Ed. (2022)
Standard Credit Card Trust 1990-5
1994 Ed. (1705)
Standard Credit Card Trust 1990-95
1993 Ed. (1678)
Standard Drywall Inc.
2008 Ed. (1268)
2007 Ed. (1372)
2006 Ed. (1297)
2005 Ed. (1324)
2004 Ed. (1319)
2003 Ed. (1319)
Standard Electric Co.
2008 Ed. (1328)
Standard Elektrik Lorenz
1993 Ed. (3008)
Standard Federal Bancorp
1999 Ed. (4141)
1998 Ed. (266, 269, 3155, 3523, 3525, 3526)
Standard Federal Bank
2002 Ed. (1408, 4099, 4116, 4117, 4118, 4121, 4122, 4123, 4124, 4127, 4129, 4133, 4134, 4136, 4138, 4139, 4621)
2001 Ed. (3347, 4528)
2000 Ed. (3854)
1999 Ed. (4595, 4598)
1998 Ed. (2528, 3127, 3129, 3130, 3131, 3132, 3134, 3135, 3136, 3137, 3140, 3142, 3151, 3154, 3530, 3532, 3533, 3534, 3535, 3536, 3543, 3551)
1997 Ed. (3381, 3744, 3745, 3746)
1996 Ed. (3684, 3685, 3686, 3687, 3688, 3689)
1995 Ed. (1240, 1242, 3184, 3350, 3608, 3609, 3610, 3611)
1994 Ed. (3141, 3269, 3526, 3528, 3533, 3534, 3535)
1993 Ed. (3009, 3070, 3085, 3096, 3279, 3562, 3573)
1992 Ed. (3785, 3800, 4288, 4290)
1991 Ed. (2921, 3366, 3374)
1990 Ed. (636, 3102, 3579)
1989 Ed. (621, 2825)
Standard Federal Bank for Savings
1996 Ed. (3284)
1994 Ed. (3142)
1992 Ed. (3799)
Standard Federal Bank NA
2006 Ed. (379)
2005 Ed. (385)
2004 Ed. (366)
2003 Ed. (387)
Standard Federal Savings & Loan Assn.
1990 Ed. (2604)
Standard Federal Savings & Loan Association
1991 Ed. (2920)
Standard Federal Savings Bank
1994 Ed. (2551, 3531)
1991 Ed. (1661)
1990 Ed. (2470, 2606)
Standard Fire
1997 Ed. (2432)
1993 Ed. (2183, 2184)
Standard Fire-Connecticut
1996 Ed. (2302)
1993 Ed. (2234)
Standard Fire Insurance
1994 Ed. (2216)
Standard Forms
1995 Ed. (855)
1994 Ed. (804)
1993 Ed. (787)
1992 Ed. (990)
1991 Ed. (810)
1990 Ed. (848)
1989 Ed. (831)
Standard FSB
1992 Ed. (3797)
Standard Insurance Co.
2008 Ed. (3289, 3297)
2007 Ed. (3135, 3136, 3147)
1997 Ed. (2427)
1995 Ed. (2307)
1991 Ed. (2105)
Standard Insurance Group
2005 Ed. (3106, 3107)
Standard Insurance, OR
1989 Ed. (1701)
Standard Life
1994 Ed. (3019, 3020)
Standard Life Assurance
2008 Ed. (3309)
2004 Ed. (2607, 3115)
2003 Ed. (3000)
2002 Ed. (2940)
2001 Ed. (3922)
1997 Ed. (1436, 1438, 1446, 2454)
1996 Ed. (2325, 2326)
1995 Ed. (2282, 2311)
1993 Ed. (2228, 2356)
1992 Ed. (2155, 2673, 2679)
1991 Ed. (2145)
1990 Ed. (2242)
Standard Life European
2007 Ed. (3290)
Standard Life Investments
2003 Ed. (3104)
Standard Life plc
2008 Ed. (4537)
Standard Management
2002 Ed. (2918)
1998 Ed. (3418)
Standard Merchant
1990 Ed. (681)
Standard Merchant Bank
1993 Ed. (2532, 2533)
1991 Ed. (2416, 2417)
Standard Microsystems
2000 Ed. (3000)
1997 Ed. (2209, 3647)
1996 Ed. (2069)
1995 Ed. (2070)
Standard Motor Products
1995 Ed. (335)
1992 Ed. (471, 472)
1991 Ed. (339, 343)
1990 Ed. (389, 390, 391)
1989 Ed. (330, 331)
Standard motorcycle
1998 Ed. (2542)
Standard O & M
2003 Ed. (54)
2002 Ed. (87)
2001 Ed. (115)
2000 Ed. (71)
1999 Ed. (67)
Standard Office Supply
2006 Ed. (3547, 4385)
Standard, Ogilvy & Mather
1997 Ed. (67)
1996 Ed. (68)
1995 Ed. (52)
1994 Ed. (73)
1993 Ed. (84)
1992 Ed. (128)
1991 Ed. (80)
1990 Ed. (83)
1989 Ed. (89)
Standard Oil Co.
2008 Ed. (3931)
2007 Ed. (3886)
2005 Ed. (1528)
2001 Ed. (1251, 1828, 3756)
1997 Ed. (1260, 1269, 2115, 3100)
1996 Ed. (1223)
1995 Ed. (1222, 1254)
1994 Ed. (1212, 1235)
1993 Ed. (1188, 1207)
1992 Ed. (1457, 1467, 1480, 1494)
1991 Ed. (1153, 1182)
1990 Ed. (1978, 2846, 2847)
1989 Ed. (1020, 1023)
Standard Oil of California
1995 Ed. (1221, 1222)
Standard Pacific Corp.
2008 Ed. (1200, 4522)
2007 Ed. (1300, 1301, 1303, 1324)
2006 Ed. (1158, 1193, 1196, 1203)
2005 Ed. (774, 775, 1200, 1201, 1202, 1211, 1214, 1219, 1223, 1225, 1229, 1237, 1256)
2004 Ed. (788, 789, 1140, 1194, 1197, 1200, 1204, 1213)
2003 Ed. (1142)
2002 Ed. (1210, 2672, 2675)
2001 Ed. (1388, 1389)
2000 Ed. (1235)
1990 Ed. (2966)
Standard Pacific Home Corp.
2002 Ed. (2671)
Standard Pacific Homes
2005 Ed. (1183, 1242)
2004 Ed. (1218)
2003 Ed. (1189, 1192, 1211)
Standard Printing Co.
2005 Ed. (3891)
Standard Products Co.
1999 Ed. (4115, 4116)
1998 Ed. (3103)
1997 Ed. (3361, 3362)
1996 Ed. (3262, 3263)
1995 Ed. (3167, 3168)
1994 Ed. (3117, 3118)
1993 Ed. (3054, 3055)
1992 Ed. (468, 472, 473, 476, 477, 3745, 3746)
1991 Ed. (337, 2903, 2904, 339, 340, 343, 344)
1990 Ed. (389, 390, 391, 392)
1989 Ed. (330, 331)
The Standard Register Co.
2008 Ed. (3199)
2005 Ed. (3382, 3638, 3639, 3894, 3898, 3899)
2004 Ed. (3352, 3729, 3936, 3942)
2003 Ed. (3930, 3934, 3935)
2002 Ed. (3764)
2001 Ed. (3901)
2000 Ed. (3613)
1999 Ed. (3891)
1998 Ed. (2920, 2923)
1996 Ed. (3087)
1995 Ed. (2986)
1994 Ed. (2932)
1993 Ed. (789, 2740, 2920)
1992 Ed. (992, 3285, 3528, 3538)
1991 Ed. (2636)
1990 Ed. (2736)
1989 Ed. (2102, 2480)
Standard Register/Communicolor
1992 Ed. (3534)
Standard Sand & Silica Co.
1990 Ed. (3094)
Standard Savings
1990 Ed. (463)
Standard Security Life of N.Y.
1989 Ed. (1689, 1691)
Standard Services Crane & Hoist Co.
2007 Ed. (4423)
Standard Shares Inc.
1991 Ed. (1963, 1164)
1990 Ed. (1307)
1989 Ed. (1009)
Standard Textile Co. Inc.
1996 Ed. (3676)
Standard Trust Bank
2007 Ed. (530)
Standard Trustco
1992 Ed. (4360)
1990 Ed. (3659)
Standby Reserve Fund
1994 Ed. (2539)
Standex International Corp.
2007 Ed. (1912)
2006 Ed. (1926)
1999 Ed. (3642)
1998 Ed. (2701)
1997 Ed. (2957)
1996 Ed. (2862)
Standiford Airport
1999 Ed. (252)
Standiford Field Airport, Louisville
1991 Ed. (216)
Standiford; Richard B.
1991 Ed. (3209)
The Standing Partnership
2005 Ed. (3949, 3969)
2004 Ed. (3975, 4019)
2003 Ed. (3983, 4015)
2002 Ed. (3849)
1999 Ed. (3915, 3952)
1998 Ed. (2958)
Standish, Ayer & Wood
2003 Ed. (3089)
2002 Ed. (3020, 3387)
2001 Ed. (3002)
2000 Ed. (2778, 2779, 2797, 2802, 2810, 2811, 2812, 2813, 2835, 2854)
1999 Ed. (3046, 3061, 3084, 3085)
1998 Ed. (2260, 2302)
1997 Ed. (2519)
1996 Ed. (2383, 2389, 2390, 2398)
1995 Ed. (2354, 2362, 2381)
1993 Ed. (2290, 2294, 2317, 2325)
1992 Ed. (2765)
1989 Ed. (2127)
Standish Fund-International Fixed
2003 Ed. (3147)
Standish Intermediate Tax-Exempt Bond
1998 Ed. (2643)
Standish International Equity
2004 Ed. (3638)
Standish International Fixed Income
1995 Ed. (2681)
Standish Mellon
2008 Ed. (2316)
Standish Mellon Asset Management
2003 Ed. (3070)
Standish Mellon Asset Management Co. LLC, Fixed Income—Short Term
2003 Ed. (3133)
Standish Mellon Asset Management Co. LLC, Long/Short Equity Composite
2003 Ed. (3125)
Standish Opportunistic Emerging Markets Debt
2004 Ed. (3655)
Standish Securitized
1996 Ed. (2779)
Standish Small Capital Equity
1995 Ed. (2676)

Stanford
1995 Ed. (1067)
1992 Ed. (1009)
1990 Ed. (859)
Stanford Bookstore
1989 Ed. (2518)
Stanford Court
1992 Ed. (2512)
1990 Ed. (2100)
Stanford Group
2008 Ed. (736)
2007 Ed. (757)
Stanford Hospital & Clinics
2008 Ed. (4084)
2007 Ed. (2934, 4048)
2006 Ed. (2903, 4016)
2005 Ed. (1680, 2897, 3947)
2004 Ed. (1658)
Stanford; John H.
1993 Ed. (2461)
Stanford Linear Accelerator Center
1996 Ed. (1049, 3193)
1995 Ed. (1074, 3096)
1994 Ed. (1059, 3047)
1993 Ed. (3001)
1992 Ed. (1284, 3670)
1991 Ed. (915, 1005, 2834)
1990 Ed. (1097, 2998)
Stanford Research Park
1997 Ed. (2376)
1996 Ed. (2250)
1994 Ed. (2187)
1992 Ed. (2596)
1991 Ed. (2022)
Stanford Telecom
1992 Ed. (1303)
Stanford Telecommunications
1998 Ed. (98, 1249)
1991 Ed. (1014)
Stanford University
2008 Ed. (181, 770, 776, 780, 781, 783, 785, 786, 788, 1059, 1089, 2574, 2575, 2576, 2972, 3430, 3431, 3637, 3640, 3864)
2007 Ed. (795, 798, 800, 801, 803, 804, 806, 807, 810, 815, 817, 819, 821, 825, 827, 828, 1165, 1181, 2447, 2848, 3329, 3330, 3462, 3468)
2006 Ed. (693, 702, 708, 711, 712, 715, 717, 719, 721, 723, 727, 728, 730, 731, 733, 735, 739, 2858, 3784, 3785)
2005 Ed. (795, 801, 803, 809, 1063, 2440, 2852, 3266, 3440)
2004 Ed. (808, 810, 814, 816, 817, 818, 822, 828, 831, 928, 1061, 2405, 2844, 3241, 3424)
2003 Ed. (788, 789, 793, 4074)
2002 Ed. (873, 874, 875, 877, 878, 880, 881, 882, 883, 884, 900, 902, 1029, 1030, 1031, 1032, 1033, 1034, 3980, 3983, 3984, 3985)
2001 Ed. (1054, 1055, 1056, 1057, 1058, 1059, 1060, 1061, 1062, 1064, 1065, 1066, 1317, 1319, 1329, 1330, 2247, 2248, 2250, 2251, 2252, 2253, 2254, 2255, 2256, 2257, 2259, 3059, 3061, 3062, 3066, 3252)
2000 Ed. (744, 916, 917, 918, 919, 920, 921, 922, 923, 924, 926, 928, 1035, 1036, 1037, 1137, 1143, 1147, 1148, 1826, 1828, 1829, 1830, 1831, 1832, 1833, 1834, 1835, 1837, 2907, 2909, 2911, 3065, 3070, 3074, 3431)
1999 Ed. (969, 970, 971, 972, 973, 975, 976, 977, 978, 979, 980, 984, 1107, 1108, 1109, 1228, 1238, 1239, 2035, 2037, 2038, 2039, 2040, 2041, 2042, 2043, 2044, 2045, 2047, 3158, 3163, 3165, 3327, 3328, 3329)
1998 Ed. (548, 549, 550, 551, 552, 555, 556, 557, 558, 560, 711, 713, 799, 809, 810, 1458, 1463, 1464, 1465, 1467, 1468, 2334, 2337, 2339, 2761, 3046)
1997 Ed. (850, 851, 852, 855, 856, 857, 858, 859, 860, 864, 865, 969, 1051, 1062, 1063, 1064, 1069, 1764, 1765, 1770, 1771, 1772, 1774, 1775, 2602, 2606, 2608)
1996 Ed. (837, 838, 839, 842, 843, 844, 845, 846, 848, 849, 946, 947, 1035, 1048, 1050, 1051, 1683, 1684, 1686, 1688, 1689, 1690, 1692, 1693, 2457, 2462, 2463, 2941, 3192)
1995 Ed. (858, 859, 860, 861, 862, 864, 866, 867, 868, 869, 870, 1049, 1063, 1064, 1066, 1073, 1701, 1702, 1704, 1705, 1706, 1707, 1708, 1710, 1711, 2422, 2426, 3091, 3095)
1994 Ed. (806, 807, 808, 810, 811, 812, 814, 815, 818, 889, 937, 938, 1042, 1056, 1058, 1060, 1654, 1655, 1657, 1658, 1659, 1660, 1661, 1662, 1663, 1664, 1666, 1900, 2358, 2743, 2771, 3046)
1993 Ed. (794, 796, 797, 798, 801, 802, 803, 805, 806, 923, 924, 1015, 1029, 1030, 1031, 1621, 1622, 1623, 1624, 1626, 1627, 1628, 1630, 1631, 2407, 2782, 3000)
1992 Ed. (997, 998, 999, 1002, 1003, 1004, 1006, 1007, 1123, 1124, 1267, 1281, 1282, 1283, 1970, 1971, 1972, 1973, 1975, 1976, 1977, 1979, 1980, 2848, 3257, 3357, 3669)
1991 Ed. (814, 815, 816, 817, 820, 821, 822, 823, 916, 917, 918, 1001, 1004, 1006, 1007, 1565, 1566, 1567, 1568, 1570, 1571, 1573, 1574, 1575, 1576, 2295, 2680, 2688, 2695, 2833)
1990 Ed. (856, 1088, 1092, 1094, 1095, 1096, 2785, 2999)
1989 Ed. (842, 954, 2164)
Stanford University, Graduate School of Business
2008 Ed. (787)
2007 Ed. (808)
2006 Ed. (724)
2005 Ed. (800)
Stanford University Hospital
2004 Ed. (2911)
2003 Ed. (2805, 2819, 2820, 2821, 2822, 2830)
2002 Ed. (2601, 2608, 2615, 2616)
2000 Ed. (2508, 2509, 2523, 2524)
1999 Ed. (2729, 2730, 2744, 2745)
Stanford University Medical Center
2007 Ed. (3953)
Stanhome
1998 Ed. (2807, 3328)
1997 Ed. (3534)
1996 Ed. (2980, 3470)
1995 Ed. (2897, 3409, 3410, 3411)
1994 Ed. (130, 2809, 2810, 3350, 3351, 3352)
1993 Ed. (2810, 3346, 3347, 3348)
1992 Ed. (3395, 3397, 4008, 4010)
1991 Ed. (2712)
1990 Ed. (2807, 3310)
Stanhope Hotel
1998 Ed. (2013)
Staniforth Communications
2002 Ed. (3872)
Stanislaus Brewing Co.
1997 Ed. (714)
1996 Ed. (2630)
Stanky, 1951; Ed
1991 Ed. (702)
Stanley Inc.
2008 Ed. (1360, 1365)
2000 Ed. (2292, 2415)
1999 Ed. (2634, 2635)
1998 Ed. (1787, 1899)
1997 Ed. (2174, 2175)
1996 Ed. (2074, 2075)
1995 Ed. (2079)
1994 Ed. (2025, 2026)
1993 Ed. (2014)
1992 Ed. (2245, 2246, 2375, 2376)
1990 Ed. (1984)
Stanley A. Rabin
2007 Ed. (1024)
Stanley & Peter Thomas
2005 Ed. (4896)
Stanley Asset Management; M.
1995 Ed. (2395, 2396)
Stanley Associates Inc.
2008 Ed. (1399)
2007 Ed. (1409)
2006 Ed. (1371)
2005 Ed. (1382)
Stanley C. Gault
1993 Ed. (936)
Stanley Computer Systems Inc.
1998 Ed. (3765)
Stanley Consultants Inc.
2008 Ed. (2513, 2529)
2007 Ed. (201, 2404, 2407, 2413)
2006 Ed. (2456)
Stanley Consulting Inc.
2006 Ed. (2456)
Stanley Druckenmiller
2006 Ed. (4899)
2002 Ed. (3356)
1999 Ed. (2434)
1998 Ed. (1689)
1996 Ed. (1914)
1995 Ed. (1870)
Stanley E. Grayson
1990 Ed. (2660)
Stanley Electric
2002 Ed. (1702)
Stanley Fink
2007 Ed. (917)
2006 Ed. (836)
Stanley; G. Brent
2006 Ed. (2525)
Stanley Gault
1997 Ed. (1796)
Stanley Goldstein
1999 Ed. (2077)
1997 Ed. (1801)
Stanley H. Hoch
1992 Ed. (2063)
Stanley Ho
2008 Ed. (4844)
2007 Ed. (4909)
Stanley Horowitz
1993 Ed. (1701)
Stanley Hubbard
2002 Ed. (3349)
Stanley Jones Corp.
2006 Ed. (1344)
2004 Ed. (1339)
Stanley Korshak
2008 Ed. (1001)
2006 Ed. (1038)
Stanley Leisure
2001 Ed. (1132)
Stanley; Morgan
1993 Ed. (1167, 1168, 1169, 1170, 1172, 1198, 2272, 3120, 3121, 3128, 3130, 3132, 3146, 3147, 3148, 3164)
1992 Ed. (1290)
Stanley O'Neal
2006 Ed. (878)
2005 Ed. (3201)
2004 Ed. (176)
2003 Ed. (3058)
Stanley Pace
1992 Ed. (2058)
Stanley Perron
2008 Ed. (4842)
Stanley Rubin
1996 Ed. (1771, 1791)
1995 Ed. (1816)
1994 Ed. (1776, 1832, 1833)
1993 Ed. (1772, 1773, 1793)
1991 Ed. (1707, 1709)
Stanley S. Hubbard
2007 Ed. (4891)
Stanley S. Schwartz
1991 Ed. (2296)
Stanley Security Solutions
2008 Ed. (4302)
2007 Ed. (4297)
2006 Ed. (4274)
Stanley Smith Security
1998 Ed. (3185)
1997 Ed. (3413)
Stanley Smith Security Services
1991 Ed. (2943)
Stanley Stahl
1992 Ed. (4258)
Stanley Steemer Carpet Cleaner
2008 Ed. (873)
2007 Ed. (897)
2006 Ed. (794, 810)
2005 Ed. (894)
2004 Ed. (904)
2003 Ed. (883)
2002 Ed. (2007)
2000 Ed. (2269)
Stanley Steemer International
2002 Ed. (2361)
Stanley Steemer of Palm Beach
2006 Ed. (794, 795)
Stanley Thomas
2007 Ed. (4935)
The Stanley Works
2008 Ed. (1214, 1447, 3662, 3663)
2007 Ed. (2978, 2979, 3492, 3810)
2006 Ed. (2289, 2290, 2961, 2962, 3799)
2005 Ed. (1383, 2782, 2783, 2966, 3711)
2004 Ed. (2790, 2791, 2961, 3801)
2003 Ed. (2872, 3267, 3268, 3296, 3378, 3380)
2002 Ed. (3316, 3317)
2001 Ed. (3183, 3184, 3278, 3279, 3286)
2000 Ed. (3084, 3085)
1999 Ed. (3347, 3348)
1998 Ed. (2091, 2468, 2469)
1997 Ed. (2368, 2752, 2753)
1996 Ed. (2243, 2609, 2610)
1995 Ed. (1245, 2235, 2547, 2548)
1994 Ed. (1343, 2181, 2419, 2479, 2481)
1993 Ed. (1291, 2485, 2535, 2537)
1992 Ed. (2592, 2595, 2952, 3027, 3029)
1991 Ed. (1887, 2018, 2021, 2369, 2419, 2421)
1990 Ed. (2110, 2171, 2174, 2501, 2541, 2542)
1989 Ed. (1651, 1654, 1916, 1945, 1947)
Stannic
1990 Ed. (679, 680, 681)
Stanpro
1995 Ed. (3062)
1993 Ed. (2962)
Stansted Airport
1995 Ed. (197)
Stant Corp.
1995 Ed. (3161)
Stantec Inc.
2008 Ed. (1208, 2530, 2552, 2567, 2570)
2007 Ed. (1319, 2404, 2405, 2407, 2410, 2413, 2425, 2443)
2006 Ed. (1617, 2460, 2472)
2005 Ed. (2421)
2004 Ed. (2387)
2003 Ed. (2305)
Stantec Consulting Inc.
2008 Ed. (2513, 2520, 2529)
2004 Ed. (2336)
Stanton
1994 Ed. (1928)
Stanton Chase International
2002 Ed. (2174)
1999 Ed. (2073)
1998 Ed. (1506)
1997 Ed. (1795)
Stanton Crenshaw
2004 Ed. (3986)
2003 Ed. (3987, 3988, 3989, 4000)
Stanton Crenshaw Communications
2004 Ed. (4021)
2002 Ed. (3814)
Stanton; John
2006 Ed. (922)
Staph
1995 Ed. (1908)
Staphos; George
1997 Ed. (1890)
1996 Ed. (1816)
1995 Ed. (1838)
Staplcotn Inc.
2007 Ed. (1426)
2005 Ed. (1403)

Staple
2001 Ed. (3839)
Staple Cotton Cooperative Association
2008 Ed. (1942)
2005 Ed. (1874)
Staple Holdings Ltd.
1991 Ed. (959)
Staples Inc.
2008 Ed. (866, 1908, 1909, 1914, 1917, 1919, 1921, 1923, 1924, 2342, 2343, 2344, 2982, 2991, 3193, 3822, 3823, 4211, 4212, 4220, 4224, 4471, 4472, 4477, 4478, 4813)
2007 Ed. (889, 1871, 1872, 1873, 1874, 1875, 2205, 2206, 2207, 2354, 2863, 2875, 2880, 2909, 3740, 3741, 4179, 4180, 4185, 4357, 4491, 4493, 4496, 4500, 4501, 4960, 4961)
2006 Ed. (800, 1868, 1869, 1871, 1872, 1873, 2269, 2270, 2271, 2374, 2403, 2871, 2882, 2887, 4154, 4163, 4184, 4431, 4433, 4434, 4435, 4438, 4442, 4443, 4444, 4937, 4953, 4954)
2005 Ed. (880, 1857, 1858, 1861, 1862, 1863, 2357, 2704, 2864, 3638, 3639, 3640, 4108, 4136, 4414, 4417, 4418, 4419, 4420, 4422, 4424, 4425, 4920, 4921)
2004 Ed. (894, 1581, 1739, 1792, 1793, 2213, 2712, 2857, 3728, 3729, 4466, 4469, 4470, 4471, 4472, 4473, 4474, 4484, 4940, 4941)
2003 Ed. (870, 1755, 1756, 2068, 2069, 2070, 2767, 4499, 4500, 4501, 4505, 4526, 4534, 4563, 4935)
2002 Ed. (946, 1723, 2386, 2583, 2804, 4334, 4335, 4336, 4888)
2001 Ed. (1374, 1789, 2027, 2030, 2031, 2032, 3572, 4326, 4828)
2000 Ed. (1118, 1180, 1513, 1689, 2483, 3366, 3804)
1999 Ed. (1704, 1856, 1877, 3640)
1998 Ed. (665, 1303, 1307, 1310, 1311, 2698, 2699, 2704, 3086, 3341, 3342)
1997 Ed. (925, 1627, 1628, 1629, 2955, 3548)
1996 Ed. (2860, 3484)
1995 Ed. (2804)
1994 Ed. (2177, 2690)
1993 Ed. (2162)
1992 Ed. (1825, 3283)
1991 Ed. (1438, 2633, 2638)
Staples Center
2005 Ed. (4439)
2003 Ed. (4527)
2002 Ed. (4343)
2001 Ed. (4355)
Staples International Inc.
2008 Ed. (4211)
2007 Ed. (4170)
2006 Ed. (4147)
2005 Ed. (4095)
Staples Printers Ltd.
1992 Ed. (1200)
Staples.com
2007 Ed. (2321)
2005 Ed. (2326)
2003 Ed. (2159, 3049)
2001 Ed. (4765)
Stapleton
1995 Ed. (195)
Stapleton, Denver
1991 Ed. (214, 215, 218)
1990 Ed. (245)
Stapleton International
1994 Ed. (194)
1993 Ed. (206)
1992 Ed. (306, 307, 313)
1989 Ed. (245)
Stapleton International Airport
1997 Ed. (220)
1996 Ed. (193, 196, 199)
The Star
2007 Ed. (700)
2004 Ed. (3337)
2003 Ed. (3275)
2001 Ed. (584, 2550, 3198)
2000 Ed. (3481)
1998 Ed. (72)
1996 Ed. (259, 2869, 2959)
1995 Ed. (1096, 2809)
1994 Ed. (2790)
1993 Ed. (2791, 2796)
1992 Ed. (3383)
1991 Ed. (1510)
1990 Ed. (292, 293)
Star Banc Corp.
2004 Ed. (1457)
1999 Ed. (393, 427, 437, 667, 4027, 4028, 4029)
1995 Ed. (3518)
1994 Ed. (1215)
1992 Ed. (519, 520, 522)
Star Banc Corporation
1991 Ed. (395)
Star Bancorp
1998 Ed. (324)
Star Bank NA
1998 Ed. (421)
1997 Ed. (586)
1996 Ed. (647)
1995 Ed. (577)
1994 Ed. (607, 3011)
1993 Ed. (604)
1991 Ed. (637)
Star Block
1992 Ed. (3824)
Star Chinese
1999 Ed. (1006)
Star Comics
1992 Ed. (3382)
Star Enterprise
1994 Ed. (2864)
1991 Ed. (947)
Star Equipment
2007 Ed. (4423)
Star Ford
2002 Ed. (361)
Star Forms
1995 Ed. (856)
1994 Ed. (805)
1993 Ed. (788)
1992 Ed. (991, 3528)
1991 Ed. (809)
1990 Ed. (849)
1989 Ed. (832)
Star Fox
1995 Ed. (3696)
Star Fox 64
1999 Ed. (4712)
Star Gas
2000 Ed. (1316, 3622)
1999 Ed. (3906)
1998 Ed. (2932)
1996 Ed. (3102)
1995 Ed. (3001)
1994 Ed. (2943)
1993 Ed. (2925)
1992 Ed. (3554)
1990 Ed. (2909)
Star Gas Partners, LP
2000 Ed. (3623)
Star Gas Propane LP
2005 Ed. (3944)
2004 Ed. (3973)
2003 Ed. (3970)
2002 Ed. (3799)
The Star Group
2002 Ed. (158)
2000 Ed. (159)
Star Growth Equity Fund
2000 Ed. (3246)
Star Human Resources Group Inc.
2001 Ed. (2711)
1997 Ed. (2227)
Star Industries
2001 Ed. (3129)
Star-Kist
1995 Ed. (1892)
Star-Kist Seafood
1996 Ed. (875)
The Star-Ledger
2001 Ed. (3543)
2000 Ed. (3339)
1999 Ed. (3621)
1998 Ed. (2683)
1997 Ed. (2945)
Star Magazine
2008 Ed. (150, 152)
2001 Ed. (3195)
1999 Ed. (3751)
1997 Ed. (3048)
1996 Ed. (2958)
1994 Ed. (2784)
1992 Ed. (3371)
1991 Ed. (2702)
Star Market
2006 Ed. (1453)
1997 Ed. (2628)
Star-Med Recruitment
2000 Ed. (3359)
Star Media Group
2001 Ed. (1515)
Star/NCL Group
2004 Ed. (2004)
Star-News
1999 Ed. (3620)
Star One
2000 Ed. (1626)
Star One Credit Union
2008 Ed. (2209, 2220)
2007 Ed. (2105)
2006 Ed. (2157, 2184)
2005 Ed. (2064, 2089)
2004 Ed. (1940, 1948)
2003 Ed. (1899, 1900, 1908)
2002 Ed. (1840, 1850)
Star One Federal Credit Union
1998 Ed. (1219, 1221, 1223)
1997 Ed. (1562, 1564)
Star Optic
1995 Ed. (1602, 1760)
Star Paving Co.
2008 Ed. (1320)
2006 Ed. (1330)
Star Pizza
2007 Ed. (3965)
Star Plaza Theatre
1999 Ed. (1295)
Star Prime
1999 Ed. (1006)
Star/Rosen Public Relations
2000 Ed. (3661)
Star Scientific Inc.
2002 Ed. (3559, 3563)
Star Search
1992 Ed. (4244)
Star (Star System Inc.)
1991 Ed. (1509, 1511)
Star Strategic Income Fund
1999 Ed. (599)
Star Struck
2002 Ed. (673)
Star System
2000 Ed. (1732)
1999 Ed. (1954)
1998 Ed. (1396)
1997 Ed. (1704)
1996 Ed. (1624)
1995 Ed. (1648)
1994 Ed. (1606)
1993 Ed. (263)
1992 Ed. (1910, 1912, 1913)
Star Systems
2001 Ed. (2185, 2186, 2188, 2189, 3826)
Star Telecommunications Inc.
2001 Ed. (4474, 4475)
1999 Ed. (4163, 4168)
Star (Texaco)
1992 Ed. (3439, 3440)
Star Track Express
2004 Ed. (3962)
Star Transportation Inc.
2007 Ed. (3601, 3602, 4447)
2006 Ed. (3540, 4379)
"Star Trek: Deep Space 9"
1995 Ed. (3579)
Star Trek IV
1991 Ed. (3449)
"Star Trek: The Next Generation"
1995 Ed. (3579)
1993 Ed. (3532)
1992 Ed. (4244)
Star Trek Training Technical Manual
1996 Ed. (1083)
Star Trek VI
1993 Ed. (2599)
Star USA Credit Union
2008 Ed. (2268)
2007 Ed. (2153)
2006 Ed. (2232)
2005 Ed. (2137)
2004 Ed. (1995)
2003 Ed. (1955)
2002 Ed. (1900)
Star Venture
1999 Ed. (4705)
Star Wars
2004 Ed. (3516)
2001 Ed. (4606, 4607)
2000 Ed. (4274, 4278, 4279)
1999 Ed. (3446, 4639)
1998 Ed. (2536, 3607)
1996 Ed. (2490)
1990 Ed. (2611)
Star Wars: Empire at War
2008 Ed. (4810)
Star Wars: Episode I - The Phantom Menace
2004 Ed. (3513, 3516)
2001 Ed. (984, 3363, 3373, 3374, 3375, 3378, 3381)
Star Wars: Episode II - Attack of the Clones
2004 Ed. (2160, 2161, 3517)
Star Wars: Episode III - Revenge of the Sith
2007 Ed. (3642)
Star Wars: Episode IV - A New Hope
2004 Ed. (3513)
Star Wars: Episode 1--The Phantom Menace
2002 Ed. (3399)
2001 Ed. (3376)
Star Wars figures
1998 Ed. (3600, 3601)
Star Wars Galactic Figures
1999 Ed. (4641)
Star Wars I--The Phantom Menace
2001 Ed. (3379)
Star Wars Rebel Assault
1997 Ed. (1094)
1996 Ed. (887, 1078)
1995 Ed. (1083, 1102, 1106)
Star Wars: Shadows of the Empire
1999 Ed. (4712)
Star Wars: Special Edition
1999 Ed. (3447, 4718)
Star West Inc.
2004 Ed. (1808)
Starbuck, Tisdale
2000 Ed. (2816)
Starbuck, Tisdale & Associates
1993 Ed. (2315, 2334, 2342)
1992 Ed. (2755)
Starbucks
2008 Ed. (649, 654, 658, 763, 1026, 1028, 1029, 1031, 1434, 1502, 2136, 2138, 2142, 2146, 2165, 2166, 2276, 2657, 2658, 2664, 2668, 2673, 2681, 2757, 2758, 3066, 3082, 3439, 3443, 4142, 4143, 4144, 4171, 4172, 4185, 4192, 4193, 4194, 4202)
2007 Ed. (1146, 1148, 1150, 1448, 1520, 1562, 1813, 1923, 2043, 2044, 2056, 2057, 2529, 2530, 2531, 2532, 2533, 2535, 2629, 2630, 2937, 3339, 3342, 4119, 4121, 4122, 4133, 4138, 4150, 4154)
2006 Ed. (266, 650, 1061, 1457, 1490, 1498, 1500, 2071, 2077, 2078, 2098, 2100, 2101, 2553, 2554, 2555, 2556, 2561, 2565, 2649, 2650, 2651, 2652, 3268, 3269, 3271, 4102, 4103, 4107, 4174, 4604)
2005 Ed. (247, 1048, 1578, 1581, 1789, 1941, 1999, 2000, 2001, 2542, 2546, 2548, 2549, 2554, 2559, 2564, 2658, 2660, 2661, 2666, 3277, 3280, 4043, 4044, 4054, 4080, 4129)
2004 Ed. (760, 761, 764, 1049, 1569, 1581, 2575, 2664, 2667, 3252, 3253, 3254, 4106, 4123, 4129, 4142, 4145, 4467)

2003 Ed. (676, 749, 751, 754, 1041, 1043, 2091, 2510, 2525, 2531, 2532, 2534, 4080, 4105, 4131, 4133, 4135, 4142)
2002 Ed. (426, 1090, 2253, 2314, 3993, 4012)
2001 Ed. (4064)
2000 Ed. (1913, 3412, 3783, 3795)
1999 Ed. (2130, 2131, 2136, 2137, 4049, 4081)
1998 Ed. (3420)
1997 Ed. (1837, 1838, 1839, 2165, 3319, 3328, 3331)
1995 Ed. (3136, 3137)
Starbucks Corp. (Canada)
2007 Ed. (1631)
Starbucks Coffee Co.
2008 Ed. (1433, 2120, 4191)
2006 Ed. (4126, 4127, 4128, 4129, 4133, 4134)
2005 Ed. (4081, 4082, 4084, 4086, 4087)
1998 Ed. (1550, 1879, 1882, 3047, 3048, 3059, 3061, 3072)
1997 Ed. (1842, 3311, 3312)
1996 Ed. (1761)
Starbucks Coffee Canada Inc.
2008 Ed. (1639)
The Starbucks Experience: 5 Principles for Turning Ordinary into Extraordinary
2008 Ed. (618)
Starbucks Ground
2008 Ed. (1027)
2007 Ed. (1147)
2006 Ed. (1059)
2005 Ed. (1049)
2004 Ed. (1047)
Starburadze
2002 Ed. (4438, 4439)
Starburst
2008 Ed. (838)
2005 Ed. (859)
2003 Ed. (1131, 1132)
2002 Ed. (935)
2001 Ed. (1119, 1121)
2000 Ed. (969)
1999 Ed. (1018)
1998 Ed. (615, 616, 624, 625)
1997 Ed. (887, 888, 889, 894)
1995 Ed. (891, 896)
1994 Ed. (847, 851)
1993 Ed. (834)
Starburst Fruit Chews
2000 Ed. (968)
Starburst Fruit Twists
2000 Ed. (968)
1999 Ed. (1017)
Starburst Summer Blends
1997 Ed. (2349, 2931)
Starburst Tropical
1993 Ed. (834)
Starch
2002 Ed. (3054)
2001 Ed. (1508)
Starcom
2008 Ed. (130)
2006 Ed. (126, 3432)
2005 Ed. (123)
2003 Ed. (110, 112, 113, 114, 115, 117, 118, 119, 120)
2000 Ed. (140)
Starcom Hispanic
2003 Ed. (80)
Starcom/Leo Burnett Co.
2000 Ed. (130)
Starcom MediaVest Group
2008 Ed. (3005)
2007 Ed. (113, 2883)
2006 Ed. (121)
2003 Ed. (111)
2002 Ed. (3278)
Starcom MediaVest Worldwide
2008 Ed. (126, 128)
2007 Ed. (119, 121)
2006 Ed. (125, 127)
2005 Ed. (122, 124)
2004 Ed. (119, 121, 122)
2003 Ed. (108)
2002 Ed. (142, 145)
Starcom USA
2008 Ed. (127)
2007 Ed. (120)
Starcom Worldwide
2002 Ed. (144, 146, 147, 148, 193, 194, 195, 196)
2001 Ed. (165, 166, 171, 172, 173, 174, 175, 177, 178, 3249)
2000 Ed. (131, 132, 133, 134, 136, 137, 138)
Starcon International
2008 Ed. (1249, 1261, 1330)
Starcraft
1998 Ed. (3029)
1996 Ed. (3172)
1992 Ed. (3644, 4368, 4370, 4371, 4372)
Starcraft Automotive Corp.
1995 Ed. (3685, 3686, 3687, 3688)
Starcraft RV
1994 Ed. (2923)
1993 Ed. (2986)
Starega; Kasia
1997 Ed. (1973)
Stargate
2003 Ed. (3949)
1997 Ed. (3845)
Stargate Systems Inc.
2001 Ed. (1730)
StarHub
2008 Ed. (81)
2007 Ed. (75)
2006 Ed. (85)
2005 Ed. (76)
Starizon
2007 Ed. (1318)
Stark; Anthony
2008 Ed. (640)
Stark Draper Laboratory; Charles
1992 Ed. (3256)
Stark Excavating Inc.
2006 Ed. (1309)
Starkey; Jerry L.
2008 Ed. (2638, 2639)
Starkey Mortgage; WR
2008 Ed. (1673)
Starkist
2004 Ed. (2642)
2000 Ed. (2215)
1999 Ed. (2457, 2458)
1994 Ed. (3607)
Starkist Samoa
2002 Ed. (1496)
StarKist Seafood Co.
2008 Ed. (4284)
2007 Ed. (4265)
2006 Ed. (4250)
Starlight Foundation
1991 Ed. (1766)
Starline Collect
1992 Ed. (3303)
Starline Opt
1992 Ed. (3302)
1991 Ed. (2645)
Starline Tours
1991 Ed. (807)
Starmann, Starshak & Welnhofer
1998 Ed. (2234)
Starmark International
2008 Ed. (3703, 4378, 4957)
2007 Ed. (3545, 4406, 4991)
2006 Ed. (106, 3507)
2005 Ed. (96)
Starmed MA Recruitment
2001 Ed. (3555)
Starmedia
2000 Ed. (1753, 4340)
StarMine
2007 Ed. (2565)
Starnet Commercial Flooring Inc.
2008 Ed. (1383)
Starpak International
1993 Ed. (1050)
Starpoint Solutions
2002 Ed. (1156, 1157)
Starpointe Savings Bank
1992 Ed. (1477)
Starr; Beth
1997 Ed. (1950)
Starr; Brenda K.
1993 Ed. (1078)
Starr County, TX
2002 Ed. (1806)
The Starr Foundation
2005 Ed. (2678)
2004 Ed. (2681)
2002 Ed. (2324, 2325, 2328, 2332)
1994 Ed. (1901)
1993 Ed. (890, 1897)
The Starr Group
2000 Ed. (149)
Starr; Ringo
1995 Ed. (1118, 1120)
Starrett Co.; L. S.
2006 Ed. (1219)
2005 Ed. (1260, 2783)
Stars; Dallas
2006 Ed. (2862)
Starship Troopers
2001 Ed. (4695)
Startec
2001 Ed. (4475)
Startek Inc.
2006 Ed. (1645)
2005 Ed. (4647)
Starter
2001 Ed. (4348)
1993 Ed. (3371, 3372)
1992 Ed. (4051)
1991 Ed. (3170)
Starter Batteries
1990 Ed. (397)
1989 Ed. (328)
Starters/alternators/generators
1995 Ed. (334)
Starting, Generating, Electrical
1989 Ed. (329)
Starting, Generating, Electrical (all)
1990 Ed. (398)
Starting Lineup
2000 Ed. (4274, 4278, 4279)
Starwood
2000 Ed. (2542, 2571, 2572)
Starwood Capital
2003 Ed. (3442)
2002 Ed. (3939)
Starwood Capital Group
2000 Ed. (2803, 2806, 2808, 2836)
1999 Ed. (3074)
Starwood Financial Trust
2000 Ed. (280)
Starwood Hotels & Resorts
2000 Ed. (1331, 1335, 1358, 1359, 2236, 2535, 2540, 2560, 2561)
Starwood Hotels & Resorts Hawaii
2007 Ed. (1751)
2006 Ed. (1742)
Starwood Hotels & Resorts REIT
2001 Ed. (2726)
Starwood Hotels & Resorts Worldwide Inc.
2008 Ed. (1739, 3023, 3067, 3068, 3072, 3073, 3081, 3082, 3443, 4046, 4202)
2007 Ed. (885, 2716, 2902, 2938, 2939, 2941, 2943, 2946, 2947, 2948, 2949, 2957, 2958, 3342, 3343, 3345, 3347, 4127)
2006 Ed. (165, 266, 2927, 2928, 2929, 2930, 2932, 2935, 2936, 3268, 3269, 3271)
2005 Ed. (247, 1754, 2892, 2921, 2922, 2923, 2924, 2927, 2929, 2932, 3277, 3278, 3280)
2004 Ed. (2931, 2932, 2933, 2936, 2937, 2939, 3252, 3253)
2003 Ed. (1565, 2840, 2841, 2842, 2843, 2844, 2845, 2846, 2848)
2002 Ed. (1573, 2630, 2638, 2639, 2640, 2642)
2001 Ed. (1250, 2778, 2782, 2786, 2788, 2792)
Starwood Lodging Trust Corp.
2005 Ed. (1520)
2004 Ed. (1453, 1504)
2003 Ed. (1474)
2002 Ed. (1454)
1999 Ed. (1444, 2770, 4001, 4003, 4486)
1998 Ed. (3001)
Starz!
1998 Ed. (604)
Stash
2008 Ed. (4599)
2005 Ed. (4605)
Stastny; J. Shelby
1995 Ed. (3504)
State
2000 Ed. (4373)
1999 Ed. (4744)
1998 Ed. (3700)
1997 Ed. (3867)
State & County Mutual Fire
2002 Ed. (3954)
2001 Ed. (2908)
State & County Mutual Fire Insurance Co.
2005 Ed. (3066)
2004 Ed. (3055)
2003 Ed. (2970)
State & local governments
2002 Ed. (3973, 3978)
1993 Ed. (2926)
State and local income, personal property taxes
1992 Ed. (2587)
State Auto Financial Corp.
2007 Ed. (2231, 3102)
2005 Ed. (2225)
State Bancshares Inc.
1995 Ed. (1239)
State Bank
2000 Ed. (755)
1996 Ed. (421, 603)
1995 Ed. (544)
1989 Ed. (217)
State Bank & Trust
2005 Ed. (380, 1065)
State Bank Countryside
2007 Ed. (417)
2002 Ed. (540)
State Bank for Foreign Economic Affairs
2004 Ed. (472)
State Bank International
1997 Ed. (556)
1996 Ed. (603)
State Bank of Bartley
2007 Ed. (464)
State Bank of Countryside
2008 Ed. (395)
2000 Ed. (487)
1999 Ed. (494)
State Bank of Delano (MN)
2000 Ed. (551)
State Bank of Du Bois
1994 Ed. (512)
State Bank of Illinois
2000 Ed. (487)
State Bank of India
2008 Ed. (432, 1803)
2007 Ed. (449, 466)
2006 Ed. (443, 455, 1753, 4507)
2005 Ed. (525)
2004 Ed. (506, 544)
2003 Ed. (528)
2002 Ed. (519, 569, 570, 1921, 4426)
2000 Ed. (553, 554, 754)
1999 Ed. (469, 542, 543, 741, 742)
1997 Ed. (506, 507, 685, 2394)
1996 Ed. (547, 548, 754)
1995 Ed. (495, 496)
1994 Ed. (513, 514, 724)
1993 Ed. (514)
1992 Ed. (704, 705, 718)
1991 Ed. (545)
1990 Ed. (504, 592)
1989 Ed. (480, 481, 558)
State Bank of India Group
2008 Ed. (1802)
2007 Ed. (1772)
2006 Ed. (1765)
2005 Ed. (3226)
2002 Ed. (1668)
State Bank of Long Island
2001 Ed. (642)
State Bank of Mauritius
2008 Ed. (475)
2007 Ed. (518)
2006 Ed. (499, 4520)
2005 Ed. (576)
2004 Ed. (591, 623)
2003 Ed. (584, 614)
2002 Ed. (509, 620, 4443, 4444)
2001 Ed. (1605)
2000 Ed. (606)

1999 Ed. (590)
1997 Ed. (556)
State Bank of New South Wales
1999 Ed. (471)
1997 Ed. (412)
1996 Ed. (447)
1995 Ed. (423)
1994 Ed. (427)
1993 Ed. (427)
1992 Ed. (608)
1991 Ed. (453)
1990 Ed. (505)
1989 Ed. (482)
State Bank of Patiala
2004 Ed. (558)
State Bank of Riverside, NB
1992 Ed. (703)
State Bank of S. Australia
1991 Ed. (453)
State Bank of South Australia
1996 Ed. (447, 560)
1995 Ed. (423)
1994 Ed. (427)
1993 Ed. (427)
1992 Ed. (608)
State Bank of Southern Utah
2006 Ed. (539)
State Bank of Southwest Missouri
2004 Ed. (543)
State Bank of Springfield
1989 Ed. (212)
State Bank of the Mongolian People's Republic
1989 Ed. (628)
State Bank of Victoria
1993 Ed. (427)
1992 Ed. (608)
1989 Ed. (482)
State Bank of Wiley
1998 Ed. (367)
1997 Ed. (498)
1996 Ed. (539)
State Bank of Worthington
1996 Ed. (542)
State Bank Victoria
1991 Ed. (453)
1990 Ed. (505)
State Bond Common Stock
1995 Ed. (2731)
State Capitol Credit Union
2002 Ed. (1901)
State Central Credit Union
2005 Ed. (2079)
State College
1995 Ed. (3110)
State College, PA
2008 Ed. (1051, 3481)
2007 Ed. (1158)
2006 Ed. (3300)
2005 Ed. (3311)
2002 Ed. (31, 1057, 1903)
1993 Ed. (2555)
State Commercial Bank
1994 Ed. (568)
1993 Ed. (566)
1992 Ed. (776)
1991 Ed. (606)
1989 Ed. (619)
State Comp Insurance Fund Cal.
2002 Ed. (4991)
State Comp. Insurance Fund of California
2005 Ed. (3079)
State Compensation Fund of California
2007 Ed. (4998)
2006 Ed. (4997)
2005 Ed. (4998)
2004 Ed. (4997)
2003 Ed. (4994)
State Compensation Insurance Fund
2000 Ed. (4440)
1997 Ed. (3921)
State Compensation Insurance Fund of California
2005 Ed. (3144)
2002 Ed. (2970)
State Courier Service
2000 Ed. (3080)
1999 Ed. (3343)
1998 Ed. (2465)
State Department Credit Union
2008 Ed. (2265)
2007 Ed. (2150)
2006 Ed. (2229)
2005 Ed. (2134)
2004 Ed. (1992)
2003 Ed. (1952)
2002 Ed. (1898)
State; Department of
1992 Ed. (29)
State Department Store
2006 Ed. (4522)
State Employees
2000 Ed. (1627, 1628)
1990 Ed. (1458)
State Employees' Credit Union
2008 Ed. (2210, 2214, 2215, 2248, 2250)
2007 Ed. (1429, 2098, 2099, 2100, 2124, 2133, 2135)
2006 Ed. (1394, 1395, 2158, 2162, 2171, 2175, 2176, 2178, 2203, 2212, 2214)
2005 Ed. (1408, 1409, 2060, 2061, 2065, 2077, 2081, 2082, 2084, 2108, 2117, 2118, 2119, 3304)
2004 Ed. (1383, 1387, 1926, 1941, 1942, 1966, 1975, 1976, 1977)
2003 Ed. (1887, 1901, 1902, 1926, 1936, 1937)
2002 Ed. (1841, 1842, 1843, 1872, 1882, 1883)
2001 Ed. (434, 1960, 1961)
1998 Ed. (1215, 1220, 1221, 1222, 1223, 1225, 1227, 1228, 1229, 1230)
1997 Ed. (1558, 1560, 1562, 1564, 1567, 1568, 1569)
1996 Ed. (1497, 1499, 1500, 1501, 1503, 1512)
1995 Ed. (1534)
1994 Ed. (1502)
1993 Ed. (1447, 1450)
1992 Ed. (1754)
1991 Ed. (1394)
State Employees Credit Union of Maryland
2008 Ed. (2237)
2007 Ed. (2122)
2006 Ed. (2201)
2005 Ed. (2106)
2004 Ed. (1964)
2003 Ed. (1924)
2002 Ed. (1870)
1997 Ed. (1563)
1995 Ed. (1536)
1993 Ed. (1449)
State Employees CU
1999 Ed. (1800, 1801, 1802, 1803)
State Fair
2008 Ed. (2786)
State Fair of Oklahoma
2002 Ed. (2215)
2000 Ed. (1888)
1999 Ed. (2086)
1998 Ed. (1518)
1997 Ed. (1805)
1995 Ed. (1733)
1994 Ed. (1725)
1993 Ed. (1709)
1992 Ed. (2066)
1990 Ed. (1727)
State Fair of Oklahoma, Oklahoma City
1991 Ed. (1635)
State Fair of Texas
2007 Ed. (2513)
2006 Ed. (2534)
2005 Ed. (2524)
2003 Ed. (2417)
1999 Ed. (2086)
1998 Ed. (1518)
1997 Ed. (1805)
1995 Ed. (1733)
1994 Ed. (1725)
1993 Ed. (1709)
1992 Ed. (2066)
1990 Ed. (1727)
State Fair of Texas, Dallas
1991 Ed. (1635)
State Farm
2008 Ed. (2609, 3765)
2007 Ed. (2494)
2006 Ed. (632)
2005 Ed. (705)
2000 Ed. (2717)
1995 Ed. (2287, 2326)
1991 Ed. (2146)
1990 Ed. (2252)
1989 Ed. (1436)
State Farm Balanced
1990 Ed. (2394)
State Farm Bank, FSB
2007 Ed. (3019, 3629, 4246, 4252, 4253, 4258)
2006 Ed. (3569, 4232, 4239)
2005 Ed. (4180, 4213, 4214)
2004 Ed. (4280, 4281)
State Farm Central Credit Union
2008 Ed. (2242)
2007 Ed. (2127)
2006 Ed. (2206)
State Farm Companies Foundation
2002 Ed. (977)
State Farm F&C
1990 Ed. (2251)
State Farm Financial Service
2003 Ed. (4263)
State Farm Fire & Casualty Co.
2008 Ed. (3321, 3323)
2007 Ed. (3174)
2005 Ed. (3129)
2003 Ed. (3010)
2002 Ed. (2872, 2958, 2963, 2965, 3955)
2000 Ed. (2681, 2724, 2728, 2733)
1999 Ed. (2973, 2976)
1998 Ed. (2133, 2204, 2207)
1997 Ed. (2421, 2432, 2462, 2464, 2470)
1996 Ed. (2302, 2336, 2338)
1995 Ed. (2327)
1994 Ed. (2223, 2270, 2272, 2283)
1993 Ed. (2233, 2234)
1992 Ed. (2686, 2688, 2696)
1991 Ed. (2122, 2124)
State Farm Florida Insurance Co.
2005 Ed. (3141)
2004 Ed. (3133)
2003 Ed. (2985)
2002 Ed. (2965)
State Farm Great Lakes Credit Union
2008 Ed. (2230)
State Farm Group
2008 Ed. (3282, 3320, 3322, 3324)
2003 Ed. (2965, 2966, 2967, 2968, 2969, 2981, 2983, 2986, 2987, 2989, 3007, 3009)
2002 Ed. (2838, 2839, 2840, 2841, 2842, 2866, 2867, 2878, 2894, 2898, 2957, 2959, 2960, 2970, 3486)
2000 Ed. (2655, 2656, 2657, 2723, 2725, 2732, 2735)
1999 Ed. (1864, 2901, 2902, 2903, 2934, 2935, 2971, 2972, 2978, 2979, 2980)
1998 Ed. (2115, 2116, 2117, 2152, 2153, 2200, 2203, 2211)
1997 Ed. (1428, 2406, 2407, 2408, 2424, 2431, 2433, 2436, 2461, 2465, 2468)
1996 Ed. (1236, 1377, 2283, 2301, 2303, 2331, 2333, 2334, 2335, 2337, 2343, 2472)
1995 Ed. (2266, 2267, 2320, 2322, 2324, 2325)
1994 Ed. (2219, 2220, 2221, 2246, 2247, 2271, 2278, 2280, 2281)
1993 Ed. (2188, 2189, 2190, 2201, 2202, 2238, 2240, 2241, 2242)
1991 Ed. (2081, 2082, 2083, 2092, 2093, 2129, 2130)
1990 Ed. (2220, 2221, 2227, 2228)
1989 Ed. (1672, 1674, 1676, 1677, 1734, 1735)
State Farm, IL
2000 Ed. (2721)
1991 Ed. (2123)
State Farm Illinois Credit Union
2007 Ed. (2115)
2006 Ed. (2194)
2005 Ed. (2099)
2004 Ed. (1957)
2003 Ed. (1917)
2002 Ed. (1863)
State Farm Indemnity Co.
2000 Ed. (2653)
State Farm Indiana Credit Union
2005 Ed. (2062)
2004 Ed. (1925)
2003 Ed. (1886)
State Farm Insurance
2008 Ed. (4265)
2000 Ed. (1454, 1482, 2719, 2734)
1999 Ed. (1653, 2965, 2968, 2981)
1996 Ed. (2928)
1992 Ed. (2105, 2643, 2655, 2687, 2693)
1990 Ed. (2256)
1989 Ed. (280, 1708, 1808)
State Farm Insurance Companies
2008 Ed. (1490, 1495, 1800, 3229, 3230, 3231, 3232, 3233, 3234, 3248, 3265, 3283, 3316, 3325, 3326, 3328, 3330)
2007 Ed. (134, 1496, 1500, 1770, 1800, 3088, 3089, 3090, 3091, 3092, 3093, 3101, 3127, 3128, 3140, 3143, 3169, 3171, 3172, 3175, 3177, 3178, 3180, 3182, 4018)
2006 Ed. (141, 1763, 3060, 3061, 3062, 3063, 3064, 3065, 3085, 3095, 3113, 3114, 3134, 3138, 3139, 3143, 3144, 3145, 3146, 3147, 3979)
2005 Ed. (1792, 3056, 3057, 3058, 3059, 3060, 3061, 3062, 3063, 3080, 3084, 3091, 3098, 3099, 3100, 3109, 3111, 3124, 3128, 3131, 3133, 3135, 3137, 3138, 3139, 3906)
2004 Ed. (1732, 3050, 3051, 3052, 3053, 3054, 3071, 3073, 3084, 3095, 3106, 3108, 3110, 3124, 3125, 3126, 3128, 3129, 3131)
2003 Ed. (1696, 3005, 3006, 3011)
2002 Ed. (1532, 1667, 2949, 2950, 2955, 2966, 2967, 2969)
2001 Ed. (2898, 2902, 2903, 2904, 2905, 2906, 2951, 3084, 3683)
State Farm Interim
2004 Ed. (695)
State Farm Investment
2005 Ed. (3540)
State Farm Investment Management Corp.
2004 Ed. (3541, 3563)
State Farm Life
1996 Ed. (2308, 2310, 2313, 2315, 2316, 2318)
1993 Ed. (2204, 2208, 2211, 2214, 2226, 2227, 3259)
1991 Ed. (2097, 2115, 2116, 2117)
1990 Ed. (2236, 2237, 2248, 2249)
1989 Ed. (1683, 1684, 1685, 1701, 1703, 1709)
State Farm Life Group
2008 Ed. (3291, 3293, 3295)
State Farm Life Insurance Co.
2008 Ed. (3300, 3301)
2007 Ed. (3150, 3151)
2003 Ed. (2999)
2002 Ed. (2913, 2914, 2915, 2916, 2924, 2925, 2930, 2938)
2001 Ed. (2941, 2947)
2000 Ed. (2690, 2691, 2692, 2693, 2703, 2704, 2705, 2711)
1999 Ed. (2952, 2953, 2954)
1998 Ed. (1144, 2157, 2163, 2164, 2170, 2182, 2183, 2184, 2190, 2194, 2197)
1997 Ed. (2437, 2443, 2444, 2445, 2446)
1995 Ed. (2277, 2295, 2302, 2303, 2304, 3332)
1994 Ed. (2257, 2260, 3253)
1992 Ed. (2658, 2664, 2669, 2670)
1991 Ed. (2101, 2102)
State Farm Lloyds
2000 Ed. (2722)
1999 Ed. (2970)
1998 Ed. (2202)
1997 Ed. (2467)
1996 Ed. (2341)
1994 Ed. (2275)

State Farm Mid-South Credit Union
2006 Ed. (2154)
State Farm Missouri Credit Union
2006 Ed. (2154)
State Farm Mutual Auto
1999 Ed. (2898, 2904, 2932, 2973, 2974)
1998 Ed. (2110, 2118, 2133, 2150, 2204, 2205)
1997 Ed. (2409, 2411, 2421, 2462, 2463, 2470)
1996 Ed. (2269, 2271, 2299, 2336, 2339)
1995 Ed. (2327)
1994 Ed. (2215, 2217, 2222, 2223, 2270, 2273, 2283)
1993 Ed. (2183, 2185, 2197, 2233, 2235)
1992 Ed. (2686, 2689, 2695, 2696)
1991 Ed. (2122, 2125)
1990 Ed. (2251, 2260)
State Farm Mutual Auto Insurance Co.
2008 Ed. (2712, 3321, 3323)
2007 Ed. (3174)
2000 Ed. (2650, 2651, 2724, 2726, 2730, 2733)
State Farm Mutual Automobile Insurance Co.
2008 Ed. (1798, 3235, 3251, 4045)
2007 Ed. (1768, 3094, 3104)
2006 Ed. (761, 1761, 3066, 3087)
2005 Ed. (128, 1790, 3082, 3129, 3132)
2004 Ed. (1730, 3075, 3077)
2003 Ed. (21, 1694, 2974, 3010)
2002 Ed. (2869, 2872, 2956, 2958, 2965)
2001 Ed. (1073, 1730, 2899, 2900, 2901, 2908, 2916)
State Farm Mutual Group
2006 Ed. (3142)
State Farm Northeastern Credit Union
2005 Ed. (2069)
State Farm Oklahoma-Kansas Credit Union
2005 Ed. (2062, 2078)
2004 Ed. (1925)
2003 Ed. (1886)
State Farm Pacific Northwest Credit Union
2003 Ed. (1886)
State Farm Pennsylvania Credit Union
2004 Ed. (1925)
State Farm Seaboard
1998 Ed. (1219)
State Farm Southern Credit Union
2007 Ed. (2111)
2006 Ed. (2190)
2005 Ed. (2095)
State Farm West Central Credit Union
2008 Ed. (2244)
2007 Ed. (2129)
2006 Ed. (2208)
2005 Ed. (2062, 2113)
2004 Ed. (1925, 1971)
2003 Ed. (1886, 1931)
2002 Ed. (1877)
State Federal
1989 Ed. (2360)
State Federal Savings & Loan Association
1990 Ed. (3592)
1989 Ed. (2823)
State Firm Group
1992 Ed. (2644, 2645, 2646, 2656, 2657, 2684, 2685, 2691, 2692)
State Forests, New South Wales
2004 Ed. (1637)
2002 Ed. (247)
State Global Advisors
2000 Ed. (2854)
State government
1993 Ed. (3543)
State Grid
2006 Ed. (1550, 1644)
State Grid Corp. of China
2008 Ed. (1563, 1667, 1850, 2432, 2818)
2007 Ed. (1580, 1659, 1811, 2304, 2689)
State Industries, Inc.
2002 Ed. (4784, 4785)
1994 Ed. (3653)
1993 Ed. (3687)
1992 Ed. (4424)
1991 Ed. (3475)
1990 Ed. (3684)
State Information Service
1991 Ed. (40)
State Insurance Fund
1997 Ed. (2470)
1995 Ed. (2327)
1994 Ed. (2223, 2283)
State Insurance Fund of New York
2007 Ed. (4998)
2006 Ed. (4997)
State insurance programs
1995 Ed. (2657)
State Investment House
1992 Ed. (3020, 3024)
1991 Ed. (2411, 2414)
1989 Ed. (1782)
State/local government
2007 Ed. (3732, 3733, 3734, 3735)
State Mutual
1993 Ed. (2280, 3278)
State Mutual of America
1995 Ed. (3349)
1994 Ed. (3268)
State National Bank
1996 Ed. (387)
1989 Ed. (219)
State National Bank of Garfield
1996 Ed. (387)
State National Life
1995 Ed. (2308)
1991 Ed. (2106)
State-O-Maine
1995 Ed. (1036)
1993 Ed. (998)
1992 Ed. (1227)
1990 Ed. (1063, 1064)
State of Colorado
2005 Ed. (2391)
2004 Ed. (2307)
2002 Ed. (2418)
State of Connecticut
1990 Ed. (1743)
State of Delaware
1990 Ed. (1487)
State of Denial: Bush at War, Part III
2008 Ed. (554)
State of Florida
1994 Ed. (11, 2211)
State of Franklin Savings Bank
2008 Ed. (2103)
State of Hawaii, Department of Education, School Food Services
1990 Ed. (3107)
State of Hawaii-Dept. of Health
1992 Ed. (3126)
1991 Ed. (2501)
1990 Ed. (2631)
State of Illinois
2006 Ed. (1638)
2002 Ed. (1612)
1998 Ed. (2709)
1997 Ed. (978)
1996 Ed. (957)
1994 Ed. (945)
State of Louisiana
2002 Ed. (2420)
State of Louisiana Printing
2006 Ed. (3948)
State of Michigan
2005 Ed. (1755)
2004 Ed. (1698)
1997 Ed. (1600)
1996 Ed. (1542)
1995 Ed. (1559, 2863)
1994 Ed. (2765)
State of Michigan Employee's Retirement Systems
1990 Ed. (2781)
State of Mississippi
2002 Ed. (2420)
State of Missouri
2002 Ed. (2420)
State of New Jersey
1995 Ed. (2758)
State of North Carolina
1989 Ed. (2284)
State of the Art
1993 Ed. (3337)
State of the Union
2008 Ed. (826)
State of Vermont Office of Child Support
2005 Ed. (2827)
State of Wisconsin Investment Board
1990 Ed. (2781)
State Oil Co. Suriname Ltd.
2008 Ed. (3928)
2007 Ed. (3879)
2006 Ed. (3852)
2005 Ed. (3786)
2004 Ed. (3860)
2003 Ed. (3843)
State Pension Fund
1995 Ed. (1486)
State police officer
1989 Ed. (2092, 2096)
State Power Corp.
2004 Ed. (1751)
2003 Ed. (1709, 2143)
2002 Ed. (1687, 3880)
State Rail New South Wales
2002 Ed. (4674)
State Rail NSW
2004 Ed. (1655)
State Route 2 Bridge
1997 Ed. (726)
State Route 287 Bridge
1997 Ed. (726)
State Savings Bank
1998 Ed. (3561)
1997 Ed. (423)
1996 Ed. (460)
1994 Ed. (441)
1993 Ed. (616)
State St. Boston Corp.
1995 Ed. (553, 3085, 3349)
State St. Research Government Income A
1996 Ed. (2780)
State Steet Research Aurora
2000 Ed. (3311)
State Street Corp.
2008 Ed. (367, 1475, 1914, 1917, 1919, 1921, 1923, 3184, 3403)
2007 Ed. (379, 1488, 1872, 1873, 1874, 2552, 3286)
2006 Ed. (397, 778, 779, 1869, 1871, 1872, 1873)
2005 Ed. (360, 437, 439, 869, 870, 1552, 1858, 1861, 1862, 2580, 2594, 2595)
2004 Ed. (431, 433, 2605, 2610, 2611)
2003 Ed. (437, 439, 627, 628, 1756, 3482, 4326)
2002 Ed. (1522, 1723, 2261)
2001 Ed. (3505, 3506, 3507, 3508, 3509, 3510)
2000 Ed. (420, 427, 428, 432, 621, 676, 677, 678, 679, 681, 2344, 3744, 3746)
1999 Ed. (394, 425, 436, 439, 597, 651, 652, 661, 4026, 4030, 4032)
1997 Ed. (362, 2511, 2727, 2729)
1996 Ed. (2580, 2581, 2582)
1995 Ed. (365, 566, 2513, 2514, 2515)
1993 Ed. (2508, 2510, 2512, 3392)
1992 Ed. (2738, 2981, 2983, 2984)
State Street Asia
1992 Ed. (3020)
State Street Aurora Fund
2000 Ed. (3287)
State Street Aurora Fund A
1999 Ed. (3575)
State Street Aurora Fund B
1999 Ed. (3575)
State Street Aurora Fund C
1999 Ed. (3575)
State Street Aurora Fund S
1999 Ed. (3575)
State Street Bank
2003 Ed. (3487)
1998 Ed. (1841, 2442, 2443, 2444, 2445, 2446)
1997 Ed. (2728, 2730, 2731)
1996 Ed. (2388)
1993 Ed. (2283, 2289, 2292, 2293, 2294, 2304, 2316, 2320, 2347, 2349, 2350, 2511)
1992 Ed. (504, 512, 558, 774, 2730, 2731, 2735, 2744, 2748, 2756, 2760, 2768, 2773, 2777, 2782, 2786, 2788, 2789, 2791, 2797, 2986, 3351, 4073)
1990 Ed. (703, 2326, 2328, 2330, 2331, 2333, 2341, 2344, 2363)
1989 Ed. (2125, 2126, 2130, 2133, 2136, 2144)
State Street Bank & Trust Co.
2008 Ed. (347, 360, 364, 1907)
2007 Ed. (359, 369, 372, 376, 1870)
2006 Ed. (372, 389, 1867)
2005 Ed. (369, 431, 1856)
2004 Ed. (358, 425, 1791)
2003 Ed. (379, 431, 435, 451, 569, 1754, 4564)
2002 Ed. (507, 508, 2411)
2001 Ed. (594, 595, 596, 621, 622, 641, 763, 764, 1788, 2848)
2000 Ed. (406, 2930)
1999 Ed. (409, 2601, 3313, 3314, 3315, 3316, 3317)
1998 Ed. (304, 394, 1842)
1997 Ed. (373, 554, 1353, 2150, 2617, 2618, 2623, 2626)
1996 Ed. (406, 556, 601, 635, 2028, 2029, 2030, 2374, 2375, 2378, 2381, 2385, 2389)
1995 Ed. (380, 383, 542, 2071, 2378, 2379, 2380, 2382, 2383, 2387, 2388, 2516)
1994 Ed. (385, 388, 566, 581, 2295, 2296, 2297, 2300, 2302, 2317, 2320, 2322, 2446, 2447, 2448, 2449)
1993 Ed. (398, 564, 2329)
1991 Ed. (2208, 2209, 2212, 2213, 2216, 2249, 2252, 2256, 2217, 2225, 2229, 2237, 368, 2241, 2242, 2245)
1990 Ed. (427, 633, 2347, 2353)
1989 Ed. (617, 1802, 1805, 2138)
State Street Bank & Trust Co. (Boston)
1991 Ed. (605)
State Street Banking Corp.
1997 Ed. (567)
State Street Boston Corp.
1998 Ed. (291, 320, 325, 326, 329, 3034)
1997 Ed. (3283, 3290)
1996 Ed. (391, 618, 697, 698, 3179, 3180, 3185)
1994 Ed. (366, 524, 650, 651, 3036, 3037, 3038, 3039, 3268)
1993 Ed. (376, 378, 601, 648, 649, 2991, 3219, 3278)
1992 Ed. (517, 518, 521, 538, 540, 852, 853, 3657, 3927)
1991 Ed. (388, 623, 3092)
1990 Ed. (658)
1989 Ed. (371, 393, 430, 431, 432, 699, 2465)
State Street Global
2000 Ed. (2264, 2779, 2784, 2785, 2789, 2790, 2791, 2795, 2797, 2798, 2800, 2801, 2802, 2809, 2810, 2811, 2812, 2813, 2814, 2827, 2833, 2835, 3452, 3453)
1999 Ed. (3038, 3039, 3040, 3041, 3042, 3045, 3046, 3049, 3050, 3053, 3055, 3056, 3060, 3061, 3062, 3067, 3081, 3082, 3083, 3084, 3085, 3086, 3093, 3094, 3106, 3107, 3109, 3587)
1998 Ed. (2225, 2256, 2257, 2261, 2263, 2265, 2267, 2281, 2282, 2283, 2284, 2285, 2286, 2293, 2295, 2296, 2297, 2299, 2301, 2302, 2303, 3100)
1997 Ed. (2507, 2508, 2512, 2513, 2514, 2515, 2518, 2519, 2520, 2524, 2528, 2532, 2536, 2548, 2550, 2551)
1996 Ed. (2390, 2394, 2402, 2406, 2425, 2427, 2428)
1995 Ed. (2354, 2358, 2362, 2370, 2374)
1994 Ed. (2329, 2331, 2332)

State Street Global Advisors Inc.
2008 Ed. (2291, 2292, 2293, 2294, 2315, 2316, 2317, 2318, 3378, 3379, 3380, 3404)
2007 Ed. (3252, 3253, 3254, 3287)
2006 Ed. (3193, 3194, 3196, 3197, 3215)
2005 Ed. (3209, 3211, 3212, 3228)
2004 Ed. (2034, 2037, 2038, 2042, 2043, 2044, 2045, 2046, 3174, 3178, 3208, 3209, 3210, 3786)
2003 Ed. (1988, 3062, 3063, 3064, 3067, 3072, 3074, 3075, 3079, 3082, 3083, 3084, 3089, 3102, 3110, 3111)
2002 Ed. (2350, 3004, 3008, 3010, 3018, 3019, 3020, 3023, 3024, 3025, 3027, 3387, 3621, 3623, 3624, 3626, 3627, 3628, 3629)
2001 Ed. (2879, 3010, 3019, 3687, 3688, 3689)
2000 Ed. (2767, 2770, 2771, 2772, 2773, 2774, 2777, 2778, 2782, 2831, 2851, 2853, 2855, 2856)
1996 Ed. (2347, 2414)
State Street Global Advisors Australia
2005 Ed. (3224)
State Street Global Advisors Yield Plus
1998 Ed. (2649)
State Street Global S & P 500 Index Strategy
2007 Ed. (752)
State Street Research
2001 Ed. (3002)
2000 Ed. (2781, 2783)
1999 Ed. (3048)
1996 Ed. (2386, 2394)
1995 Ed. (2362)
1994 Ed. (2293)
State Street Research & Management
1998 Ed. (2281, 2284, 2590, 2655)
1993 Ed. (2280, 2339)
State Street Research Aurora
2003 Ed. (3510)
2002 Ed. (3425)
State Street Research Capital C
1996 Ed. (2798)
State Street Research Equity Income A
1998 Ed. (2595, 2631)
State Street Research Equity Income C
1998 Ed. (2611)
State Street Research Global A
1998 Ed. (2593)
State Street Research Global Res.
2002 Ed. (4504)
State Street Research Global Research
2006 Ed. (3637)
2003 Ed. (3544)
State Street Research Global Research A
1998 Ed. (2651)
State Street Research Global Resources
2006 Ed. (2508, 3597, 3655, 3656, 3657)
2005 Ed. (3559)
2004 Ed. (3568, 3595)
State Street Research Government Income A
2000 Ed. (764)
1999 Ed. (3553)
State Street Research High-income A
1999 Ed. (3539)
1998 Ed. (2621)
State Street Research Managed Asset A
1998 Ed. (2620)
State Street Research Strategic Conserv. C
1998 Ed. (2594)
State Super Vic
2004 Ed. (1633)
State Superannuation Investment & Management Corp.
1997 Ed. (2391, 2399)
State taxes and fees
2000 Ed. (2654)
State Telephone Co.
1991 Ed. (49)
State treasury
1993 Ed. (2473)
State Universities Retirement System of Illinois
1997 Ed. (3027)
1996 Ed. (2946)
1994 Ed. (2775)
1992 Ed. (3361)
1990 Ed. (2789)
State University of New York
2002 Ed. (3917)
1994 Ed. (2743)
State University of New York-Geneseo
2008 Ed. (1065)
2007 Ed. (1163)
State; U.S. Department of
2008 Ed. (1047, 1049, 1050, 2487, 2835)
2007 Ed. (2707)
2006 Ed. (2711)
2005 Ed. (2750)
State Volunteer Mutual Insurance Co.
2005 Ed. (3143)
Stategic Investments
1991 Ed. (2569)
Statement rendering
1998 Ed. (290)
Staten Island
1999 Ed. (3302)
Staten Island Advance
2000 Ed. (3339)
1999 Ed. (3621)
1998 Ed. (2683)
1997 Ed. (2945)
Staten Island Bancorp Inc.
2005 Ed. (355, 630)
2003 Ed. (425)
2001 Ed. (4529, 4530)
1999 Ed. (4170)
Staten Island Cable
2000 Ed. (959)
1999 Ed. (1007)
1998 Ed. (603)
1997 Ed. (879)
1996 Ed. (866)
Staten Island University Hospital
2001 Ed. (2773)
1997 Ed. (2267)
Statens Informasjonstjeneste
1994 Ed. (36)
1993 Ed. (45)
Statens Jarnvagar
2004 Ed. (4061)
Stater Bros.
2005 Ed. (4563)
2004 Ed. (4635)
2003 Ed. (4659)
Stater Bros. Holdings Inc.
2008 Ed. (884, 4569, 4571)
2007 Ed. (4626, 4628, 4640)
2006 Ed. (4636, 4639)
Stater Bros. Markets
2006 Ed. (2326)
Stater Brothers Markets
2004 Ed. (4623, 4642)
Stater NV
2006 Ed. (1922)
Statera Inc.
2006 Ed. (3988)
States
1991 Ed. (2773)
States Employees
1992 Ed. (3262)
The Statesman
1995 Ed. (2773)
Statesman Group
1995 Ed. (2293)
1994 Ed. (2250)
1991 Ed. (3085, 3086)
1990 Ed. (3250)
Statesville-Mooresville, NC
2008 Ed. (3509)
2007 Ed. (3384)
2006 Ed. (3322)
Statesville, NC
2005 Ed. (3334)
2004 Ed. (3310)
2003 Ed. (3247)
2002 Ed. (2745)
Statewide Bancorp
1993 Ed. (2749)
Statewide Credit Union
2008 Ed. (2241)
2007 Ed. (2126)
2006 Ed. (2205)
2005 Ed. (2110)
2004 Ed. (1968)
2003 Ed. (1928)
Statewide Windows
2008 Ed. (3003)
Statice
1993 Ed. (1871)
Statim
1996 Ed. (1524)
Station Casino St. Charles
1998 Ed. (3594)
Station Casinos Inc.
2008 Ed. (1502, 2485)
2007 Ed. (885, 2675, 2941)
2006 Ed. (2423, 2495, 2685)
2005 Ed. (2709, 2710)
2004 Ed. (2716, 2717)
Stationary Cycling
2000 Ed. (4089)
1998 Ed. (3354)
Stationery
2001 Ed. (3569)
1997 Ed. (1675)
Stationery and envelopes
1995 Ed. (3079)
Statistician
1989 Ed. (2093, 2094, 2095)
Statni Banka Ceskoslovenska
1989 Ed. (517)
Statoil
1999 Ed. (3366, 3417, 3807)
1998 Ed. (2510, 2835)
1990 Ed. (1028)
Statoil AS
2005 Ed. (192, 1195, 1918, 3486)
Statoil ASA
2008 Ed. (1427, 1723, 1996, 1997, 1998, 1999, 2502, 2508, 3574, 3918, 3922, 3936)
2007 Ed. (214, 1286, 1687, 1696, 1930, 1931, 1932, 1933, 2387, 2397, 3519, 3867, 3868, 3873, 3893)
2006 Ed. (204, 1181, 1700, 1947, 1948, 1949, 1950, 3396, 3487, 3757, 3846, 3862, 3863)
2005 Ed. (2409, 2412, 3764, 3796)
2004 Ed. (3853)
2003 Ed. (3824)
Statoil Exploration (U.S.) Inc.
1999 Ed. (3652)
Statoil Norge
1997 Ed. (1493, 2797, 3103)
1994 Ed. (36)
Staton Associates; Roger
1996 Ed. (3124)
1995 Ed. (3021)
1994 Ed. (2963)
Stature Construction Co. Inc.
1997 Ed. (2226)
1996 Ed. (2064, 2066)
1995 Ed. (2104, 2109)
Status Confectionary
2008 Ed. (59)
StatusFactory
2003 Ed. (3033)
Staub; Martha G.
1994 Ed. (901)
The Staubach Co.
2007 Ed. (4075)
2006 Ed. (4035)
2005 Ed. (4000)
2004 Ed. (4067)
The Staubach Co., Front Range LLC
2002 Ed. (3909)
Stauder, Barch & Associates Inc.
2001 Ed. (733, 843, 847)
2000 Ed. (2759)
1999 Ed. (3012)
1998 Ed. (2227)
1996 Ed. (2351)
1995 Ed. (2332)
1993 Ed. (2263)
1991 Ed. (2165, 2174)
Stauder, Burch & Associates Inc.
1997 Ed. (2484)
Stauffer Chemical
1991 Ed. (2681)
1990 Ed. (2780)
Stauffer Communications
1992 Ed. (4241)
1991 Ed. (3327)
Stauffer Management Co.
2003 Ed. (1663)
2001 Ed. (1678)
Staveley Communications Ltd.
2003 Ed. (2739)
2002 Ed. (2495)
Staveley Industries
1996 Ed. (1356)
Stavropoulos; W. S.
2008 Ed. (2631)
2007 Ed. (2499, 2501)
2006 Ed. (2519, 2520, 2522)
Stavropoulos; William
2006 Ed. (881)
2005 Ed. (965)
Stayfree
2008 Ed. (2688)
2003 Ed. (2462, 2463)
2002 Ed. (2254)
2001 Ed. (2411)
1999 Ed. (27)
1994 Ed. (1751)
1993 Ed. (1760)
1992 Ed. (2126)
Stayfree Classic
2003 Ed. (2463)
Stayfree Maxi-Pads
1990 Ed. (3039)
STB
2006 Ed. (4542)
2003 Ed. (77)
2002 Ed. (112, 4492, 4493, 4494)
2001 Ed. (139)
STB & A
1999 Ed. (92)
1997 Ed. (91)
STB & A (McCann)
2000 Ed. (98)
STB McCann
2003 Ed. (129)
2002 Ed. (161)
2001 Ed. (190)
2000 Ed. (153)
1999 Ed. (135)
STC
1993 Ed. (1197)
1992 Ed. (1928, 2633, 2634)
1991 Ed. (2063, 2064, 2067)
1990 Ed. (2198)
STC Group Plc
1989 Ed. (966)
STC PLC
1993 Ed. (1176)
Std Message
2001 Ed. (87)
StdCommrcl
1996 Ed. (2833)
Ste. Intercommunicate Belge de Gaz et d'Electricitie
1994 Ed. (1330)
Ste. Lyonnaise des Eaux-Dumez
1996 Ed. (1349)
Ste. Michelle Wine Estates
2008 Ed. (4935)
2007 Ed. (4966)
2006 Ed. (828)
Ste. Michelle Wine Estates Wines
2006 Ed. (4959)
Ste Nat Exploit Industri Tabacs
2000 Ed. (4259)
Ste. Nationale des Chemins de Fers Francais
1993 Ed. (3618)
Ste. Nationale Elf-Aquitaine
1996 Ed. (1331, 1349)
1995 Ed. (1378, 1382, 1398)
1993 Ed. (1317)
1990 Ed. (1366)
1989 Ed. (1118)
Steadfast Insurance Co.
2008 Ed. (3262)
2006 Ed. (3099)
2005 Ed. (3095, 3142)
2004 Ed. (3089)
2002 Ed. (2876)
2001 Ed. (2927)
1998 Ed. (2145)
1997 Ed. (2428)
Steadman American Industrial
1992 Ed. (3171)
Steadman American Industry
1989 Ed. (1852)
Steadman & Associates Holdings Ltd.
1995 Ed. (1007)

Steadman Investment
1989 Ed. (1852)
Steadman Oceanographic
1995 Ed. (2719)
1992 Ed. (3171, 3174)
Steadman Oceanographic Tech.
1989 Ed. (1852)
Steadman Tech & Growth
1997 Ed. (2906)
Steadman Technology & Growth
1998 Ed. (2656)
Steak
1998 Ed. (2463)
1991 Ed. (2875, 2876)
Steak & Ale
2003 Ed. (4102)
2002 Ed. (4006)
2001 Ed. (4066, 4067, 4071, 4075)
2000 Ed. (3793)
1999 Ed. (4072, 4080)
1997 Ed. (3318)
1996 Ed. (3217)
1995 Ed. (3122, 3127, 3138)
1994 Ed. (1745, 3075, 3082, 3088)
1993 Ed. (3017, 3024, 3027, 3028, 3035)
1992 Ed. (3713, 3718)
1991 Ed. (2873, 2883)
1990 Ed. (3010, 3023)
The Steak Escape
2008 Ed. (4273)
2007 Ed. (4239)
2006 Ed. (4224)
2005 Ed. (4170)
2004 Ed. (4241)
2003 Ed. (4220)
2002 Ed. (4090)
Steak n Shake
2008 Ed. (2665, 4159, 4175, 4176, 4187)
2007 Ed. (4144, 4146)
2006 Ed. (2554, 4117, 4120)
2005 Ed. (4065, 4066, 4067, 4068, 4069)
2003 Ed. (2438, 2439, 4112, 4113, 4114, 4115, 4116, 4117)
2002 Ed. (2236, 2238, 2239)
2001 Ed. (2402, 2403)
2000 Ed. (2413, 3778)
Steak-Out Franchising Inc.
2008 Ed. (2684)
2007 Ed. (2543)
2006 Ed. (2572)
2005 Ed. (2566)
2004 Ed. (2586)
2003 Ed. (2457)
2002 Ed. (2251)
Steakley Chevrolet Inc.
1990 Ed. (302)
Steam America Inc.
2007 Ed. (766, 767)
The Steam Team Inc.
2006 Ed. (794)
Steamatic Inc.
2006 Ed. (2321)
2002 Ed. (2058)
Steamboat, CO
1993 Ed. (3324)
Steamboat Ski & Resort Corp.
2008 Ed. (4342)
2007 Ed. (4391)
2006 Ed. (4327)
2005 Ed. (4377)
2004 Ed. (4428)
2002 Ed. (4284)
Steamboat Springs, CO
1990 Ed. (3293)
Steamers
2002 Ed. (2702)
Steamfitters
2007 Ed. (3730)
Stearns & Foster
2005 Ed. (3410)
2003 Ed. (3321)
Stearns County National Bank
1997 Ed. (497)
Stearns Financial Services
2004 Ed. (541)
Stearns Weaver Miller Weissler Alhadeff & Sitterson PA
2007 Ed. (1503)
Steckel; Barbara
1993 Ed. (2639)
Stecko; Paul
2007 Ed. (1002)
2006 Ed. (912)
Steed Construction Inc.
2008 Ed. (1294)
Steel
2006 Ed. (3009, 3010)
2003 Ed. (2912, 2913)
1991 Ed. (2052, 2053, 3225)
1990 Ed. (2183, 2186, 2188)
1989 Ed. (1660, 2646)
Steel, alloy
2001 Ed. (4649)
Steel Authority of India
2008 Ed. (1802, 3562)
2007 Ed. (1772)
2006 Ed. (1765, 3384, 4507)
2001 Ed. (1732)
1999 Ed. (741)
1997 Ed. (685)
1993 Ed. (1342)
1992 Ed. (1646)
Steel Building Specialists Inc.
2006 Ed. (1172)
Steel cans
1994 Ed. (3027)
Steel City
2003 Ed. (1317)
Steel City Media
2001 Ed. (3978)
Steel Craft Corp.
2007 Ed. (4455)
Steel Dynamics Inc.
2008 Ed. (1807, 3141, 3656, 3659)
2007 Ed. (2717)
2006 Ed. (3364, 3461, 3462, 3471, 3484)
2005 Ed. (4476, 4477)
2004 Ed. (3437, 4535)
1996 Ed. (1741)
Steel Encounters Inc.
2006 Ed. (1350)
Steel, foundry
1996 Ed. (2665)
Steel, Hector & Davis
1999 Ed. (3150)
1998 Ed. (2329)
Steel Hector & Davis LLP
2007 Ed. (1503)
2002 Ed. (3058)
2000 Ed. (2896)
Steel, low alloy
1996 Ed. (2665)
Steel mill products
1994 Ed. (2434, 2435)
1992 Ed. (2969)
1991 Ed. (2382)
1990 Ed. (2515)
1989 Ed. (1929)
Steel mill products industry
1998 Ed. (2433)
Steel Phantom
1995 Ed. (3165)
Steel, stainless and heat assisting
2001 Ed. (4649)
Steel, structural
1999 Ed. (3427)
Steel, superalloy
1996 Ed. (2665)
Steel Technologies
2008 Ed. (1885)
2007 Ed. (3022)
2005 Ed. (4476, 4477)
2004 Ed. (4535)
Steel, tool & high-speed
1996 Ed. (2665)
Steel Works Community Credit Union
2008 Ed. (2268)
2007 Ed. (2153)
2006 Ed. (2232)
2005 Ed. (2137)
2004 Ed. (1995)
2003 Ed. (1955)
2002 Ed. (1900)
Steelcase Inc.
2008 Ed. (2795, 2796, 2797, 2798)
2007 Ed. (1186, 2659, 2660, 2661, 2662, 2667)
2006 Ed. (2674, 2675, 2676, 2677, 2678)
2005 Ed. (1383, 2696, 2698, 2699, 2700, 2701)
2004 Ed. (1365, 1796, 2697, 2698, 2699, 2700, 2701, 2703, 2705)
2003 Ed. (1360, 1759, 2586, 2588, 2589, 3378, 3379, 3671, 3672)
2002 Ed. (2378, 2381)
2001 Ed. (1791, 2487, 2565, 3279, 3565, 3566)
2000 Ed. (2239, 2255)
Steelcase Strafor
1992 Ed. (2249)
Steelcase Strafor Sa.
1991 Ed. (1781)
SteelCorr
2006 Ed. (3319)
SteelFab Inc.
2006 Ed. (1307, 1333, 1336, 1345)
Steelinter S.A.
1989 Ed. (1095)
Steelmaking materials
2007 Ed. (2515)
Steelscape
2007 Ed. (3497)
Steelworkers
1996 Ed. (3603)
Steeplejack Industrial Group
2007 Ed. (1319)
Steere Jr.; William C.
1996 Ed. (962)
Steers
1999 Ed. (2140)
Stef Wertheimer
2008 Ed. (4887, 4892)
Stefan & Liselott Persson
2008 Ed. (4864)
Stefan Persson
2008 Ed. (4865, 4873)
2007 Ed. (4912)
2006 Ed. (4924)
2004 Ed. (4877)
Stefan Quandt
2008 Ed. (4867)
Stefan S. Anderson
1992 Ed. (1137)
Stefano Alberti
2000 Ed. (2144)
1999 Ed. (2362)
Stefano Gabbana
2007 Ed. (1102)
Stefano Natella
1999 Ed. (2402)
Steffi Graf
1998 Ed. (198, 3757)
Stegeman & Kastner Inc.
1995 Ed. (1141)
Steiermarkische Bank und Sparkasse
1996 Ed. (448)
Steiermarkische Bank und Sparkassen
2005 Ed. (462)
1994 Ed. (429)
Steiermarkische Bank und Sparkassen AG
2001 Ed. (2432)
Steiermarkische Sparkasse
1993 Ed. (428)
Steigerwaldt; Donna
1994 Ed. (3667)
Steigerwaldt; Donna W.
1993 Ed. (3731)
Steigerwaldt; Donna Wolf
1996 Ed. (3876)
1995 Ed. (3788)
1991 Ed. (3512)
Steilmann GmbH & Co. Kommanditgesellschaft; Klaus
1996 Ed. (1021)
1995 Ed. (1037)
1994 Ed. (1031)
1993 Ed. (999)
1992 Ed. (1229)
1991 Ed. (986)
Stein Ericksen Lodge
2006 Ed. (4097)
Stein Erik Hagen
2008 Ed. (4871)
Stein Jr.; Sydney
1994 Ed. (893)
Stein Mart Inc.
2008 Ed. (1002, 1005, 2178)
2007 Ed. (1124, 2070)
2006 Ed. (1037, 2253, 4157, 4436)
2005 Ed. (1022, 1026, 2168)
2004 Ed. (1021, 2050, 2056)
2003 Ed. (1019)
2001 Ed. (1270)
2000 Ed. (1119)
1999 Ed. (1197, 1874)
1998 Ed. (768, 1299)
1997 Ed. (1634, 2323)
1996 Ed. (1007)
Stein Roe
1999 Ed. (3524)
Stein Roe & Farnham
2002 Ed. (3936)
2000 Ed. (2845)
1999 Ed. (3100, 3583)
1998 Ed. (2306, 2606, 2627)
Stein Roe Capital Opportunities
1999 Ed. (3530)
Stein Roe High Yield
1999 Ed. (3535)
Stein Roe Intermediate Bond Fund
2003 Ed. (3531)
Stein Roe Young Investor
1998 Ed. (2601)
Stein, Sperling, Bennett, De Jong, Driscoll & Greenfeig
2003 Ed. (3185)
Stein, Sperling, Bennett, DeJong, Driscoll & Greenfeig
2007 Ed. (3319)
Steinbach Credit Union
2008 Ed. (2221)
2006 Ed. (2185)
2005 Ed. (2090)
1999 Ed. (1804)
Steinbauer Associates Inc.
1990 Ed. (2953)
Steinberg
1992 Ed. (4172)
1991 Ed. (2790, 2894)
1990 Ed. (1411, 3051)
1989 Ed. (1154)
Steinberg; Lord
2008 Ed. (4006)
Steinberg (Reliance Group Holdings Inc.); Saul P.
1991 Ed. (2156)
Steinberg; Saul P.
1997 Ed. (1802)
1994 Ed. (2237)
1993 Ed. (940)
1992 Ed. (1093, 1145, 1280, 2713)
1990 Ed. (2282)
Steiner Corp.
2003 Ed. (1840, 3798)
2001 Ed. (1890, 3728)
Steiner; David
2007 Ed. (978)
Steinhardt
1996 Ed. (2098)
Steinhardt and wife; Michael E.
1991 Ed. (894)
Steinhardt; Michael
1996 Ed. (1914)
1995 Ed. (1870)
1994 Ed. (1840)
Steinhardt Partners
1996 Ed. (2099)
Steinhoff International Holdings Ltd.
2008 Ed. (3579)
L'steinische L'bank
1991 Ed. (592)
Steinmann, Grayson, Smylie
1990 Ed. (2287)
SteinMart
2001 Ed. (4324)
Steinmetz; Benny
2008 Ed. (4887)
SteinRoe Capital Opportunities
1996 Ed. (2799)
SteinRoe Capital Opportunity
1997 Ed. (2872, 2880)
1992 Ed. (3172)
SteinRoe High Yield Muni
1991 Ed. (2564)
Steinroe High Yield Municipal
1992 Ed. (3156, 3187, 3167)
SteinRoe High-Yield Municipals
1990 Ed. (2378)
SteinRoe Income
1999 Ed. (745)
1997 Ed. (2887)

Steinroe Intermed. Municipal
1992 Ed. (3167)
SteinRoe Intermediate Bond
2000 Ed. (3254)
SteinRoe International
2004 Ed. (3651)
SteinRoe Managed Muni
1991 Ed. (2564)
1990 Ed. (2384)
Steinroe Managed Municipal
1992 Ed. (3156, 3187)
1990 Ed. (2389)
1989 Ed. (1855)
SteinRoe Prime Equities
1994 Ed. (2635)
Steinroe Special
1995 Ed. (2697)
1992 Ed. (3190)
1991 Ed. (2556)
1990 Ed. (2391)
SteinRoe Stock
1994 Ed. (2634)
SteinRoe Total Return
1994 Ed. (2636)
1993 Ed. (2663, 2690)
1992 Ed. (3192)
Steins
1999 Ed. (1222)
1997 Ed. (1049)
Steinwall Inc.
2008 Ed. (4968)
2007 Ed. (3570)
Steinway & Sons
1996 Ed. (2750)
1995 Ed. (2672)
Steinway Gallery/Baldwin Piano Center
1999 Ed. (3501)
Steinway Hall
1999 Ed. (3501)
1997 Ed. (2862)
1996 Ed. (2747)
1995 Ed. (2674)
1993 Ed. (2642)
Steinway Hall of Dallas
2000 Ed. (3219)
Steinway Musical Instruments Inc.
2008 Ed. (1909)
2006 Ed. (1219)
2005 Ed. (244, 1260)
2004 Ed. (241)
2001 Ed. (3409, 3411)
2000 Ed. (3176, 3221)
1998 Ed. (2589)
Steinway Musical Properties
1994 Ed. (2588, 2589, 2590, 2593, 2594, 2597)
1992 Ed. (3143, 3144)
Steinway Piano Gallery
2000 Ed. (3219)
Steiny & Co. Inc.
1994 Ed. (1140)
1993 Ed. (1124)
1991 Ed. (1078)
Steirmaerkische
1992 Ed. (609)
Steirmarkische Elektriziotat
1991 Ed. (3452)
Stelco Inc.
2008 Ed. (4498)
2007 Ed. (4535, 4577)
2006 Ed. (1604, 1609, 1633)
2005 Ed. (3485)
2004 Ed. (4536)
2003 Ed. (2892)
2002 Ed. (2786)
1998 Ed. (3406)
1996 Ed. (3587)
1994 Ed. (3434)
1993 Ed. (3453)
1992 Ed. (4137)
1991 Ed. (3219)
1990 Ed. (1738, 2517, 3437)
Stelios Haji-Ioannou
2003 Ed. (2347)
2001 Ed. (3319)
Stella
2008 Ed. (899)
Stella Artois
2008 Ed. (245, 545, 723)
2007 Ed. (592, 601)
2002 Ed. (686, 767)
2001 Ed. (359, 685)
1999 Ed. (820)
1996 Ed. (787)
1994 Ed. (755)
1992 Ed. (940)
Stella Doro Foods
2003 Ed. (1371)
Stella Foods Inc.
1999 Ed. (1814)
1997 Ed. (1575)
Stella May Contracting Inc.
2008 Ed. (4965)
2007 Ed. (3564)
Stella McCartney
2008 Ed. (672)
2007 Ed. (701)
Stellar Dynamics Research Corp.
1991 Ed. (312)
Stellar Engineering Inc.
1992 Ed. (422)
1990 Ed. (348)
1989 Ed. (309)
Stellar Fund Trust
1998 Ed. (410)
The Stellar Group
2008 Ed. (1240)
2007 Ed. (2412)
2006 Ed. (1182, 1343, 2458)
2005 Ed. (1301, 2418)
2004 Ed. (1264, 1270, 2343)
2003 Ed. (1261, 1267, 1279)
2002 Ed. (1191, 1249, 1257)
1999 Ed. (1332)
Stellebosch Farmers Wineries
1993 Ed. (50)
Stellenbosch Farmers
1992 Ed. (77)
Stellenbosch Farmers Wineries
1994 Ed. (43)
Stemcor Holdings Ltd.
1993 Ed. (976)
Stemilt Management Inc.
1998 Ed. (1771)
Stempel; Ernest E.
2006 Ed. (4904)
2005 Ed. (4849)
Stempel; Robert
1994 Ed. (948)
1993 Ed. (939)
Stemware
2001 Ed. (4432)
S10 Pickup
2002 Ed. (4684)
Stena Ferries
1996 Ed. (1598)
Stena Ferry Line
1993 Ed. (1537, 1539)
Stena Line
2001 Ed. (2414)
Stena Line AB
2002 Ed. (4673)
Stena Line Group
1999 Ed. (247)
1997 Ed. (1680)
Stena Sealink
1996 Ed. (1598)
Stenhouse
1992 Ed. (2679)
Stenographer/court reporter
1989 Ed. (2090)
Stenographers
1989 Ed. (2079)
Stentor Inc.
2006 Ed. (2758, 3972)
2000 Ed. (4191)
1995 Ed. (3555)
1994 Ed. (3484)
Stentor/BBDO
1990 Ed. (155)
Steny H. Hoyer
1994 Ed. (845)
Step aerobics
1997 Ed. (3561)
Step by Step
1994 Ed. (2198)
Step; Eugene L.
1992 Ed. (2051)
Step 1, Inc.
2002 Ed. (2511)
Step Saver
2003 Ed. (979)
Step Saver Data Systems
1989 Ed. (2656)
Step Two Designs
2007 Ed. (3051)
2006 Ed. (3018)
Stepan Co.
2005 Ed. (934, 935)
2004 Ed. (944)
1992 Ed. (1130)
1990 Ed. (965)
1989 Ed. (898)
Stephan
1997 Ed. (229)
1996 Ed. (205, 211)
1994 Ed. (1857)
Stephan Girard
2008 Ed. (4837)
Stephan Hasjim
2000 Ed. (2142)
Stephan Schmidheiny
2008 Ed. (4875)
Stephanian; Ira
1996 Ed. (381)
Stephanie
2000 Ed. (2338, 2342)
Stephanie Davis
1996 Ed. (1094)
1995 Ed. (1118, 1119, 1120)
Stephanie Georges Comfort
2000 Ed. (2056)
Stephen A. Block
2006 Ed. (2521)
Stephen A. Schwarzman
2007 Ed. (4894)
Stephen A. Wynn
2000 Ed. (1877)
1999 Ed. (2079)
1998 Ed. (1513)
1994 Ed. (947, 1714)
Stephen Bachand
1999 Ed. (1123)
Stephen Bechtel Jr.
2008 Ed. (4832)
2007 Ed. (4903)
2006 Ed. (4908)
2005 Ed. (4854)
2004 Ed. (4869)
2003 Ed. (4885)
2002 Ed. (3360)
Stephen Bell
1998 Ed. (1681)
Stephen Bershad
2008 Ed. (2634)
Stephen-Bradford Search
2002 Ed. (2175)
Stephen C. Hilbert
1999 Ed. (2080)
1998 Ed. (1514, 2139)
1997 Ed. (1802)
Stephen Cadillac Inc.
1993 Ed. (295)
Stephen Case
2002 Ed. (1041)
2001 Ed. (1217, 1218)
2000 Ed. (1047, 1873, 1875)
1998 Ed. (1511)
Stephen Chazen
2008 Ed. (965)
2007 Ed. (1065)
2006 Ed. (969)
2005 Ed. (989)
Stephen Culp
2006 Ed. (4140)
Stephen Dias
2000 Ed. (2091)
1999 Ed. (2308)
Stephen Dobi
1994 Ed. (1768)
1993 Ed. (1784)
Stephen E. Almassy
2003 Ed. (805)
Stephen F. Angel
2006 Ed. (2519)
Stephen F. Bollenbach
2000 Ed. (1886)
1999 Ed. (2079)
Stephen F. Wiggins
1995 Ed. (1717)
Stephen Fagan
1999 Ed. (2084)
Stephen Fagen
2001 Ed. (2346)
Stephen Fisher
2006 Ed. (986)
Stephen Garofalo
2002 Ed. (3358)
Stephen Girard
2006 Ed. (4914)
Stephen Girsky
2000 Ed. (1982, 1983)
1999 Ed. (2210, 2211)
1998 Ed. (1626, 1627)
1997 Ed. (1852, 1957)
1996 Ed. (1777, 1828)
1995 Ed. (1795, 1803, 1850)
1994 Ed. (1761, 1812, 1831, 1832, 1833, 1834)
Stephen Graham
1999 Ed. (2401)
Stephen H. Clark
2006 Ed. (1099)
Stephen Hagger
1996 Ed. (1896)
Stephen Hammerman
1997 Ed. (2611)
Stephen Harrison
2007 Ed. (2465)
Stephen Hilbert
1998 Ed. (722, 1508, 1512)
Stephen Holdings Ltd.; Robert
1995 Ed. (1004, 1005, 1012)
1994 Ed. (992, 998, 1000)
1993 Ed. (965, 966, 972, 976)
1992 Ed. (1191, 1192, 1200)
1991 Ed. (958, 961)
1990 Ed. (1032, 1033)
Stephen Hudson
2000 Ed. (2181)
Stephen J. Phillips Insurance Agency
2002 Ed. (4297)
2001 Ed. (4285)
Stephen J. Solarz
1994 Ed. (845)
Stephen Jarislowsky
2005 Ed. (4865)
Stephen Jennings
2008 Ed. (4848)
Stephen Keating
2007 Ed. (4920)
Stephen King
2004 Ed. (262, 2410)
2003 Ed. (302, 2330)
2002 Ed. (347)
2001 Ed. (430, 2269)
2000 Ed. (2114)
1999 Ed. (2049)
"Stephen King's IT"
1993 Ed. (3537)
Stephen L. Baum
2007 Ed. (1034)
Stephen L. Neal
1992 Ed. (1039)
Stephen Leach
1999 Ed. (2404)
Stephen Lebow; Bennett
1990 Ed. (2578)
Stephen Leeb, Indicator Digest
1990 Ed. (2366)
Stephen M. Bennett
2007 Ed. (1032)
Stephen M. Case
2008 Ed. (4911)
2003 Ed. (2409, 3021)
Stephen M. Spratt
1995 Ed. (2485)
Stephen M. Wolf
1994 Ed. (1717)
1993 Ed. (936, 938, 1698)
1992 Ed. (1142, 2050)
Stephen Mandel, Jr.
1991 Ed. (1691)
Stephen Marks
2005 Ed. (4890)
Stephen Marvin
2000 Ed. (2178)
1999 Ed. (2395)
Stephen McClellan
2000 Ed. (1991, 1996)
1999 Ed. (2220)
1998 Ed. (1634)
1997 Ed. (1872, 1879)
1996 Ed. (1799)
1994 Ed. (1789)
1993 Ed. (1806)
1991 Ed. (1677)

Stephen McClellom
1995 Ed. (1828)
Stephen Miles, Lawyer
1989 Ed. (1889)
Stephen Newberry
2008 Ed. (939)
Stephen P. Tenore
1995 Ed. (2484)
Stephen Parks
2007 Ed. (1073)
Stephen Patrick
2007 Ed. (1052)
2006 Ed. (956)
Stephen Penwell
2000 Ed. (1925)
Stephen Pettyfer
2000 Ed. (2183)
1999 Ed. (2422)
Stephen Pontiac, Inc.
1991 Ed. (276)
Stephen Pontiac-Cadillac Inc.
1994 Ed. (264, 280, 289, 292)
1993 Ed. (281)
1992 Ed. (396)
1991 Ed. (291)
1990 Ed. (314)
Stephen R. Cohen
1996 Ed. (958)
Stephen Reitman
2000 Ed. (2077)
1999 Ed. (2301)
Stephen Roach
2000 Ed. (2061)
1999 Ed. (2190, 2192, 2195)
1998 Ed. (1604)
1997 Ed. (1906)
Stephen Roell
2006 Ed. (948)
Stephen Rose
1996 Ed. (1855)
Stephen Ross
2008 Ed. (4830)
Stephen S. Wise Temple Nursery School no. 2
1999 Ed. (1128)
Stephen Sanger
2006 Ed. (2627)
2000 Ed. (1872)
Stephen Scala
1999 Ed. (2253)
Stephen Shobin
2000 Ed. (1978)
1999 Ed. (2207)
1998 Ed. (1622)
Stephen Slifer
2000 Ed. (1966)
1999 Ed. (2192, 2195)
1998 Ed. (1611)
Stephen Smith
1998 Ed. (1672)
1997 Ed. (1876)
1996 Ed. (1803)
1995 Ed. (1825)
Stephen Spinelli
2006 Ed. (703)
2005 Ed. (796)
Stephen Sterrett
2008 Ed. (970)
Stephen Tindall
2008 Ed. (4848)
Stephen Tobolowsky
2001 Ed. (6)
Stephen V. Reitano
1995 Ed. (2486)
Stephen Van Rensselaer
2008 Ed. (4837)
2006 Ed. (4914)
Stephen Volkmann
1999 Ed. (2374)
Stephen W. Baird
2006 Ed. (2514)
Stephen Weber
1993 Ed. (1803)
1991 Ed. (1676)
Stephen Weller
2000 Ed. (2179)
Stephen Wiggins
2000 Ed. (1878, 2425)
Stephen Wolfe
1997 Ed. (1978)
1996 Ed. (1879)
Stephen Wynn
2008 Ed. (4832)
2007 Ed. (4899)
Stephens
2008 Ed. (3382)
2007 Ed. (3258)
2004 Ed. (1407, 1411, 1412)
2001 Ed. (558)
1999 Ed. (4243)
1998 Ed. (996, 998, 3255)
1991 Ed. (2180)
Stephens & Michaels
2008 Ed. (3721, 4413, 4972)
2007 Ed. (3578, 3579, 4434)
Stephens & Smith Construction
2006 Ed. (1290)
Stephens Automotive Group
2004 Ed. (167)
Stephens Bangs Associates, Inc.
1992 Ed. (2207)
1991 Ed. (1759)
1990 Ed. (1840)
Stephens Contractors Inc.; P. W.
1997 Ed. (1782)
Stephens Contractors Inc.; P.W.
1992 Ed. (3480)
Stephens McCarthy Kuenzel & Caldwell
2000 Ed. (2758)
Stephens; Stan
1992 Ed. (2344)
Stephenson; Randall
2005 Ed. (993)
Stepmom
2001 Ed. (4699)
Steppe Cement
2007 Ed. (1313)
Steppel; Leslie
1991 Ed. (1696)
Stepstone Balanced Institutional
1998 Ed. (410)
Stepstone Value Momentum Institutional
1997 Ed. (2897)
Steptoe & Johnson
2007 Ed. (3326, 3327)
2004 Ed. (3240)
2001 Ed. (945)
1993 Ed. (2406)
1992 Ed. (2847)
1991 Ed. (2294)
1990 Ed. (2428)
Step2 Co.
2008 Ed. (3998)
2007 Ed. (3975)
2006 Ed. (3921)
2005 Ed. (3858)
2004 Ed. (3912)
2003 Ed. (3891)
2001 Ed. (4126, 4127)
Ster-Kinekor
2001 Ed. (79)
Stereo Review
1992 Ed. (3386)
Stereos, car
2005 Ed. (309)
Stereotaxis Inc.
2008 Ed. (1951)
2006 Ed. (1903)
Stericycle Inc.
2008 Ed. (4816)
2007 Ed. (1652, 2467, 4881, 4883)
2006 Ed. (1636, 4890, 4892)
2005 Ed. (3869, 3870, 4836)
2004 Ed. (3921, 3922)
2003 Ed. (2708)
2002 Ed. (2427)
Sterilite
2007 Ed. (3970, 3971)
2005 Ed. (1265, 1267, 3854)
2003 Ed. (1229, 1230)
1999 Ed. (2808)
1998 Ed. (2051)
1997 Ed. (2330)
1995 Ed. (2185)
1994 Ed. (2147)
1993 Ed. (2110)
Sterilized milk/milk drinks
1990 Ed. (1952)
Steripads
1998 Ed. (1697)
Steris Corp.
2007 Ed. (3082)
1999 Ed. (2726, 3667)
1998 Ed. (1877)
1996 Ed. (2058, 3448)
Steris Management Services Division
1999 Ed. (2717)
Sterl Electronics
1990 Ed. (248)
Sterling
2000 Ed. (2742, 4304)
1996 Ed. (931)
Sterling Bancorp
2008 Ed. (2369)
1999 Ed. (4141)
1998 Ed. (3155)
Sterling Bancshares Inc.
2005 Ed. (362)
2003 Ed. (545)
Sterling Bank
2006 Ed. (2040)
Sterling Bank & Trust
2002 Ed. (4621)
1998 Ed. (3551)
Sterling Bank & Trust F.S.B.
2001 Ed. (4528)
2000 Ed. (3854)
Sterling Capital Ltd.
1999 Ed. (3072)
Sterling Capital Small Cap Value Fund Institutional
2003 Ed. (3540)
Sterling Centrecorp
2007 Ed. (4577)
Sterling Chemials
1995 Ed. (974)
Sterling Chemical
1996 Ed. (2835)
Sterling Chemicals
1997 Ed. (973, 974)
1994 Ed. (942)
1993 Ed. (928)
1992 Ed. (3225)
1991 Ed. (1216, 1215, 1217)
1990 Ed. (967, 1297, 3445, 3561)
Sterling Chemicals Holdings Inc.
2002 Ed. (3564)
Sterling Commerce
2008 Ed. (4576)
1999 Ed. (4331)
1998 Ed. (1929, 3180)
Sterling Communications
2005 Ed. (3960, 3973)
2004 Ed. (4003, 4029)
2003 Ed. (3998)
Sterling Communities
2007 Ed. (1271)
2003 Ed. (1137)
Sterling Construction Co., Inc.
2006 Ed. (2723)
Sterling Diagnostic Imaging
1999 Ed. (3338, 3339)
Sterling Drug
1997 Ed. (1660)
1990 Ed. (271, 948, 1228, 1229, 1230)
1989 Ed. (1137, 1632, 1901)
Sterling Drug-Europe
1997 Ed. (1660)
Sterling Electronics
1999 Ed. (1938, 1985, 1986)
1998 Ed. (1408, 1411, 1416)
1997 Ed. (1711)
1996 Ed. (1636)
1990 Ed. (250)
Sterling Financial Corp.
2005 Ed. (1545)
Sterling Financial Group
2005 Ed. (2592)
Sterling Financial Group of Companies
2006 Ed. (2084)
2005 Ed. (1789, 1941, 2001, 2837)
2004 Ed. (2829, 3944)
Sterling Group Inc.
1996 Ed. (2487)
Sterling Group of Houston
1990 Ed. (1245)
Sterling Hager
2004 Ed. (3989, 4011, 4016, 4027)
2003 Ed. (3990, 3997, 4004)
Sterling Healthcare
2006 Ed. (2405)
Sterling Healthcare Group
1998 Ed. (1705)
1994 Ed. (985, 3330)
Sterling Heights Dodge
1996 Ed. (270)
1995 Ed. (263)
Sterling Heights, MI
1999 Ed. (1129, 1147, 1176)
Sterling House Corp.
1999 Ed. (1552)
Sterling Jewelers Inc.
2003 Ed. (3163)
2002 Ed. (3037)
Sterling L. Williams
1999 Ed. (2083)
Sterling McCall Lexus
1995 Ed. (273)
1994 Ed. (258)
Sterling McCall Toyota
1996 Ed. (298, 299)
1994 Ed. (286)
1993 Ed. (287)
1992 Ed. (402)
1991 Ed. (297)
1990 Ed. (322)
Sterling Motors Ltd.
1992 Ed. (408)
1991 Ed. (303)
Sterling National
1990 Ed. (652)
Sterling Optical
1993 Ed. (2715)
1992 Ed. (2221)
1991 Ed. (2644)
Sterling Products
1994 Ed. (39)
1993 Ed. (47)
1992 Ed. (61)
Sterling-Rice Group
2008 Ed. (120, 121)
2007 Ed. (110, 111)
2005 Ed. (112)
2004 Ed. (113)
2003 Ed. (66)
2002 Ed. (99)
Sterling SA
1998 Ed. (3127, 3129)
Sterling Savings Association
1998 Ed. (3570)
Sterling Savings Bank
2006 Ed. (1074)
2005 Ed. (1066)
2004 Ed. (1062, 1063)
2003 Ed. (4275)
1992 Ed. (3800)
1990 Ed. (2475, 3123, 3132)
Sterling Savings Bank, FSB
2006 Ed. (4229)
2005 Ed. (4177)
2004 Ed. (4244)
Sterling silver
2001 Ed. (4433)
Sterling Software Inc.
2000 Ed. (967, 1755, 2453)
1997 Ed. (1107)
1993 Ed. (1074)
Sterling Sugars Inc.
2005 Ed. (4529, 4530)
2004 Ed. (4595, 4596)
Sterling Testing Systems Inc.
2008 Ed. (4317)
Sterling-Van Dyke Credit Union
2004 Ed. (1943)
Sterling ware
2007 Ed. (4385)
2006 Ed. (4320)
2005 Ed. (4372)
2004 Ed. (4424)
Sterling; Wayne L.
1993 Ed. (3445)
Sterling; Wayne Lee
1991 Ed. (3211)
Sterling Williams
1998 Ed. (722, 1512)
Stern
2000 Ed. (915)
Stern Brothers & Co.
2001 Ed. (735, 859)
1999 Ed. (3015)
1998 Ed. (2230)
1997 Ed. (2486)
1996 Ed. (2353)

1995 Ed. (2334)
Stern; Henry J.
1992 Ed. (3139)
Stern; Howard
2008 Ed. (2580, 2585, 2586)
2007 Ed. (4061)
2006 Ed. (2487)
1991 Ed. (1042)
Stern; Leonard
2008 Ed. (4830)
2007 Ed. (4902)
2006 Ed. (4906)
2005 Ed. (4852)
Stern; Leonard N.
1991 Ed. (891, 1003)
Stern; Paul G.
1990 Ed. (1725)
1989 Ed. (1377)
Stern School of Business; Leonard N.
1992 Ed. (1008)
Stern School of Business; New York University
2008 Ed. (772, 773, 791, 793, 795)
2007 Ed. (797)
2006 Ed. (708, 724)
Stern School of Business; New York University, Leonard N.
2008 Ed. (787, 788)
2007 Ed. (796, 820, 2849)
2005 Ed. (2853)
Sternberg; Sir Sigmund
2005 Ed. (3868)
Sternlicht; Barry
2006 Ed. (890)
Stern's
1994 Ed. (2138)
1991 Ed. (1968)
1990 Ed. (2118, 2120, 3057)
Sterrett; Stephen
2008 Ed. (970)
STET
1999 Ed. (278, 1687, 1688, 3122, 3123)
1997 Ed. (1459, 1460, 2579)
1996 Ed. (1402, 1403, 2641, 3137)
1995 Ed. (1438, 1439, 3035)
1993 Ed. (1353, 1354, 2570, 2571)
1992 Ed. (1653, 1654, 3073)
1991 Ed. (1311, 1312, 1313, 2458)
1990 Ed. (1389, 1943, 3472, 3514, 3515)
1989 Ed. (2793)
STET me
1996 Ed. (2642)
STET ord
1997 Ed. (2578)
1996 Ed. (2642)
STET Rsp
1999 Ed. (3123)
1997 Ed. (2579)
Stet Societa Finanziaria Telefonica SpA
1995 Ed. (2987)
1994 Ed. (1406, 1407, 2065, 2519, 2520, 2976)
STET SpA
2006 Ed. (1822)
Stetson
2007 Ed. (2643)
2006 Ed. (2660)
2003 Ed. (2546)
2002 Ed. (2355)
2001 Ed. (3702)
2000 Ed. (3455)
1999 Ed. (3736)
1998 Ed. (2778)
1997 Ed. (3033)
1996 Ed. (2952)
1995 Ed. (2877)
1993 Ed. (2787)
1990 Ed. (3604)
Stetson University
2008 Ed. (758, 782, 786, 1087)
2007 Ed. (802, 807)
2006 Ed. (701, 713, 716, 723)
2001 Ed. (1326, 3067)
2000 Ed. (1142, 2910)
1999 Ed. (1231, 1233, 3166)
1998 Ed. (802, 805, 2340)
1997 Ed. (1054, 2609)
1996 Ed. (1038, 2464)
1995 Ed. (1053)
1994 Ed. (1045)
1993 Ed. (1018)
1992 Ed. (1098, 1270)
Steubenville, OH
2006 Ed. (1067)
2005 Ed. (1059)
Steubenville-Weirton, OH
1993 Ed. (2548)
Steubenville-Weirton, OH-WV
2005 Ed. (2389, 2992)
1995 Ed. (3779)
1992 Ed. (3037)
Steve & Barry's LLC
2008 Ed. (890, 1002)
Steve Ballmer
2005 Ed. (982)
2004 Ed. (2486)
2000 Ed. (1881, 2448)
Steve Bell
2007 Ed. (4925)
Steve Buscemi
2001 Ed. (6)
Steve C. Szalay
1991 Ed. (2342)
Steve Farber
2007 Ed. (2497)
Steve Foley Cadillac Inc.
1995 Ed. (288)
1993 Ed. (284)
Steve Foley Cadillac-Rolls
1994 Ed. (282)
Steve Foley Cadillac-Rolls Royce Inc.
1992 Ed. (399)
Steve Foley Enterprises
1991 Ed. (308)
Steve Foley Rolls-Royce
1996 Ed. (286)
Steve Galbraith
2005 Ed. (3202)
2004 Ed. (3168)
Steve Haggerty
2000 Ed. (2077)
Steve Jurvetson
2005 Ed. (785)
Steve Kirsch
2002 Ed. (2150)
Steve Leuthold
2004 Ed. (3168)
Steve Lewis
1995 Ed. (2486)
Steve Moore Chevrolet
1996 Ed. (268)
Steve Morgan
2007 Ed. (4935)
1996 Ed. (1717)
Steve Nash
2005 Ed. (4895)
Steve Odland
2004 Ed. (969)
Steve Outtrim
2005 Ed. (4862)
Steve Plag
2000 Ed. (2131)
1999 Ed. (2343)
Steve Posner
1990 Ed. (1722)
Steve Scala
2000 Ed. (2017)
1998 Ed. (1663)
Steve Schwimmer
2006 Ed. (4140)
Steve W. Berman
2002 Ed. (3072)
Steve Wariner
1997 Ed. (1113)
1994 Ed. (1100)
1993 Ed. (1079)
1992 Ed. (1351)
Steve Weiss Music
2000 Ed. (3219)
1999 Ed. (3501)
Steve Young
1997 Ed. (1724)
Stevel Rales
2004 Ed. (4864)
Steven A. Ballmer
2005 Ed. (978)
2003 Ed. (2371)
2002 Ed. (3351)
Steven A. Raymund
2008 Ed. (2638)
Steven Abrahams
2000 Ed. (1971, 1972)
Steven & Michele Kirsch
2004 Ed. (3891)
Steven & Mitchell Rales
1990 Ed. (1238, 3556)
Steven Anthony Ballmer
2004 Ed. (4872, 4874)
2003 Ed. (4887, 4889)
2002 Ed. (2806, 3361)
2001 Ed. (705, 4745)
Steven Arrows Management
2005 Ed. (1088)
Steven B. Schaver
2002 Ed. (2177)
Steven Ballmer
2008 Ed. (4834)
2007 Ed. (1008, 4905)
2006 Ed. (918, 4910)
2005 Ed. (971, 4856)
2000 Ed. (734, 4375)
1999 Ed. (726, 2082, 2664, 4746)
Steven Bell
1999 Ed. (2297)
Steven Binder
2003 Ed. (3057)
2000 Ed. (1980)
1999 Ed. (2208)
1998 Ed. (1605, 1624)
1997 Ed. (1851)
Steven Bird
2000 Ed. (2126)
1999 Ed. (2339)
Steven C. Hutson Inc.
1997 Ed. (1074)
Steven C. Szalay
1993 Ed. (2461)
1992 Ed. (2903)
Steven Cohen
2007 Ed. (4894)
2006 Ed. (2798, 4899)
2005 Ed. (3202)
2000 Ed. (1947)
1999 Ed. (2176)
1998 Ed. (1589)
Steven Colbert
1995 Ed. (1831)
1993 Ed. (1810)
Steven Douglass
1999 Ed. (1122, 4302)
Steven E. Lewis
1992 Ed. (2905)
1991 Ed. (2344)
Steven Einhorn
1995 Ed. (1860)
1994 Ed. (1818)
1993 Ed. (1774, 1838)
1990 Ed. (1767)
1989 Ed. (1418)
Steven Eisenberg
1997 Ed. (1919)
1996 Ed. (1847)
1995 Ed. (1795, 1866)
1994 Ed. (1825)
Steven Eisman
2000 Ed. (2048)
1999 Ed. (429, 430, 2144, 2145, 2217)
1998 Ed. (1631)
1997 Ed. (1908)
Steven Elterich
2007 Ed. (3223)
2006 Ed. (3185)
2005 Ed. (3183)
2003 Ed. (2150)
Steven Engineering Inc.
2008 Ed. (2467)
2005 Ed. (2349)
2004 Ed. (2249)
1996 Ed. (1631)
Steven F. Bollenbach
2005 Ed. (975)
Steven Ferencz Udvar-Hazy
2000 Ed. (4377)
1999 Ed. (4748)
Steven Fleishman
2000 Ed. (2001)
1999 Ed. (2270)
1998 Ed. (1680)
Steven Galbraith
1999 Ed. (2228)
1998 Ed. (1640)
Steven Gerrard
2008 Ed. (4453)
Steven Halmos
1991 Ed. (1629)
Steven Halper
2000 Ed. (2014)
1999 Ed. (2231)
Steven Hash
2000 Ed. (1995, 2025, 2040)
1999 Ed. (2257)
1998 Ed. (1617)
Steven Heinz
2008 Ed. (4902)
Steven Imports
1992 Ed. (414)
1990 Ed. (325)
Steven J. Bresky
2008 Ed. (958)
Steven J. Douglass
2005 Ed. (2516)
Steven J. Halmos
1993 Ed. (1703)
Steven J. Hilton
2007 Ed. (1036)
Steven J. Margaretic & Co.
1993 Ed. (1037)
Steven J. Ross
1993 Ed. (940)
1992 Ed. (1141, 1145)
1991 Ed. (925, 928, 1619)
1990 Ed. (975)
Steven Jobs
2007 Ed. (986)
2003 Ed. (958, 959, 2394, 4684)
Steven Kent
2000 Ed. (2022)
Steven Krausz
2003 Ed. (4847)
Steven Levitt
2005 Ed. (786)
Steven Levy
2000 Ed. (2051)
Steven Li
1999 Ed. (2353)
1997 Ed. (1972)
1996 Ed. (1864)
Steven Lumpkin
2007 Ed. (1080)
Steven Madden Ltd.
2008 Ed. (3436)
Steven McCracken
2007 Ed. (1001)
Steven Milunovich
2006 Ed. (2579)
2000 Ed. (2046)
1999 Ed. (2263)
1998 Ed. (1672)
1997 Ed. (1876)
1996 Ed. (1803)
1995 Ed. (1825, 1826)
1994 Ed. (1787, 1823)
1993 Ed. (1803)
1992 Ed. (2136)
1991 Ed. (1676)
1989 Ed. (1419)
Steven Myers
1997 Ed. (1981)
Steven Myers & Associates
1999 Ed. (2614, 4322)
Steven P. Jobs
2007 Ed. (1022)
2005 Ed. (980, 983, 2497)
2002 Ed. (2182, 2201)
Steven P. LaBonte
1994 Ed. (1068)
Steven Parla
1999 Ed. (2243)
1997 Ed. (1884)
1996 Ed. (1810)
1995 Ed. (1796, 1832)
1993 Ed. (1811)
Steven Patricola
1998 Ed. (1590)
Steven Paul Jobs
2008 Ed. (957, 4834)
2007 Ed. (960, 4905)
2006 Ed. (887, 896, 940, 3262, 4910)
2005 Ed. (2320, 2469, 4856)
2004 Ed. (4870)
Steven Posner
1992 Ed. (2060)
Steven R. Appleton
2007 Ed. (1023)

2006 Ed. (934)
Steven R. Berrard
1994 Ed. (1722)
1993 Ed. (1696, 1703)
Steven Rales
2008 Ed. (4828)
2007 Ed. (4901)
2006 Ed. (4905)
2005 Ed. (4850)
Steven Reinemund
2008 Ed. (935)
2007 Ed. (966)
2006 Ed. (875, 2515, 2627)
2005 Ed. (967)
Steven Rockwell
1998 Ed. (1667)
1997 Ed. (1882)
1996 Ed. (1772, 1808)
1995 Ed. (1792)
Steven Rogel
2008 Ed. (933)
2007 Ed. (1002)
2006 Ed. (912)
2005 Ed. (965)
Steven Roth
2008 Ed. (945)
2007 Ed. (1018)
Steven Ruggiero
2000 Ed. (1939)
1999 Ed. (2178)
1998 Ed. (1590)
1997 Ed. (1937, 1945)
Steven S. Reinemund
2007 Ed. (1025)
Steven Schuman
2008 Ed. (2691)
Steven Shapiro
2006 Ed. (981)
2005 Ed. (989)
Steven Spielberg
2008 Ed. (2580, 2582, 2586)
2007 Ed. (2450, 2451)
2006 Ed. (2485, 2488, 2515)
2005 Ed. (2443, 2444)
2004 Ed. (2410, 2413, 2416)
2003 Ed. (2327, 2330, 2333)
2002 Ed. (2143, 3398)
2001 Ed. (1138, 2026, 2269)
2000 Ed. (996, 1838, 4377)
1999 Ed. (2049)
1998 Ed. (1470, 3707)
1997 Ed. (1777)
1995 Ed. (1714)
1994 Ed. (1667)
1993 Ed. (1633)
1992 Ed. (1982)
1991 Ed. (1578)
1990 Ed. (1672)
1989 Ed. (1347)
Steven Tighe
2000 Ed. (2017)
Steven Trager
2008 Ed. (2640)
Steven Udvar-Hazy
2008 Ed. (4832)
2006 Ed. (4908)
2005 Ed. (4854)
2004 Ed. (4869)
2002 Ed. (3345)
Steven Wynn
2005 Ed. (4844)
Steven Yanis
2000 Ed. (2055)
1999 Ed. (2272)
1998 Ed. (1678)
Stevens & Co., Inc.; J. P.
1990 Ed. (2720)
Stevens & Lee
2001 Ed. (901)
1997 Ed. (2364)
Stevens & Wilkinson
2008 Ed. (2525)
Steven's Creek Acura
1996 Ed. (262)
1993 Ed. (290)
1992 Ed. (405)
1991 Ed. (300)
Stevens; David & Heather
2008 Ed. (897)
Stevens Graphics
1999 Ed. (3895)
1991 Ed. (1872, 3139)
Stevens; Harry M.
1992 Ed. (2202)
Stevens; J. P.
1997 Ed. (2316, 2317)
1994 Ed. (2131)
1990 Ed. (3270)
1989 Ed. (1600, 2814, 2815, 2816, 2817)
Stevens; Jay
1995 Ed. (1825)
1994 Ed. (1787)
Stevens Painton Corp.
2003 Ed. (1291)
2002 Ed. (1281)
Stevens Point Brewery
1989 Ed. (757)
Stevens; Robert J.
2008 Ed. (951)
2007 Ed. (1029)
Stevens Transport
2008 Ed. (4133, 4134)
2007 Ed. (4110, 4111)
2006 Ed. (4061, 4062, 4063, 4065, 4808, 4849, 4851)
2005 Ed. (4033, 4034, 4761)
2004 Ed. (4773, 4789)
2003 Ed. (4789, 4803)
2002 Ed. (3944)
2000 Ed. (3734, 4312)
1999 Ed. (4019, 4684, 4685)
1998 Ed. (3031, 3640, 3641)
1995 Ed. (3081, 3673)
1994 Ed. (3029, 3591, 3592)
Stevens Travel
1990 Ed. (3650)
Stevens Travel Management
1992 Ed. (4345)
Stevens; Whitney
1990 Ed. (1714)
Stevenson Kellogg Ernst & Whinney
1991 Ed. (2650)
1990 Ed. (1649)
Steve's
1993 Ed. (2123)
Steve's Equipment Service Inc.
1999 Ed. (3420)
1992 Ed. (3091)
1991 Ed. (2473)
Steve's Pizza
2007 Ed. (3966)
Steve's Place Pizza & Pasta Grill
2006 Ed. (3915)
Steve's Place Pizza, Pasta & Grill
2005 Ed. (3844)
Stevyn Schutzman
2000 Ed. (1934, 1950)
1999 Ed. (2164)
1998 Ed. (1576)
Stew Leonard's
2006 Ed. (1664)
Steward & Stevenson Services
1991 Ed. (2017)
Stewart A. Bliss
1991 Ed. (3211)
Stewart Adkins
2000 Ed. (2095)
1999 Ed. (2313)
Stewart; Alexander T.
2008 Ed. (4837)
2006 Ed. (4914)
Stewart & Stevenson
1999 Ed. (2850)
1998 Ed. (2088)
1997 Ed. (2369)
1996 Ed. (2244)
1995 Ed. (1290, 1291, 2238)
1993 Ed. (2165, 2486, 3466)
1992 Ed. (1529, 2595, 4145)
Stewart & Stevenson Services
2008 Ed. (2283)
2004 Ed. (2010)
2003 Ed. (3270)
1994 Ed. (2184, 2420, 3443)
1992 Ed. (2953)
Stewart & Stevenson Svcs.
1992 Ed. (2369)
Stewart Blusson
2005 Ed. (4864)
Stewart Enterprises Inc.
2006 Ed. (3811)
2004 Ed. (3812)
2003 Ed. (3798, 3799)
2001 Ed. (3728, 3729)
1997 Ed. (1241)
1996 Ed. (1194, 1195)
1995 Ed. (1223, 1224)
1994 Ed. (1207)
Stewart Hall
1993 Ed. (3446)
Stewart Hall Executive Notepad
1989 Ed. (2632)
Stewart Information Services Corp.
2008 Ed. (3748)
2007 Ed. (3627)
2005 Ed. (2574, 2575, 3085, 4506)
2004 Ed. (2596, 2597)
2000 Ed. (2396)
Stewart Ivory Managed Cash Account
1997 Ed. (2912)
Stewart; J. W.
2005 Ed. (2498)
Stewart; John E.
1992 Ed. (533)
Stewart Management Group Inc.
2002 Ed. (369)
2001 Ed. (454)
2000 Ed. (333)
1999 Ed. (319)
1998 Ed. (208)
1996 Ed. (300)
1995 Ed. (297)
Stewart; Martha
2008 Ed. (2990)
1997 Ed. (2316)
Stewart McColl Associates
1991 Ed. (2014)
Stewart Mechanical Enterprises Inc.
2006 Ed. (1242)
Stewart Paterson
2000 Ed. (2062)
The Stewart/Perry Co. Inc.
1997 Ed. (3515, 3516)
Stewart; Rod
2008 Ed. (2583)
2007 Ed. (1267, 3658)
1995 Ed. (1117)
1993 Ed. (1077)
1991 Ed. (1041)
Stewart; S. Jay
1996 Ed. (1716)
Stewart Smith Group
2006 Ed. (3076)
2005 Ed. (3075)
2004 Ed. (3064)
2002 Ed. (2854)
1998 Ed. (2144)
1997 Ed. (2429)
1996 Ed. (2294)
1995 Ed. (2289)
1994 Ed. (2241)
Stewart Title Co.
2000 Ed. (2738, 2739)
1999 Ed. (2985, 2986)
1998 Ed. (2214, 2215)
Stewart Title Guaranty Co.
2002 Ed. (2982)
Stewart/Walker Corp.
1998 Ed. (2872)
Steyr-Daimler-Puch
1991 Ed. (1256)
Steyr-Daimler-Puch AG
1995 Ed. (1358)
STG Inc.
2007 Ed. (1409)
2006 Ed. (1371, 1374, 3545, 4383)
2005 Ed. (1350, 1382)
2004 Ed. (1359)
2003 Ed. (1348, 1354)
STG Enterprises Inc.
2008 Ed. (3720, 4412, 4971)
2007 Ed. (3577, 4433)
2006 Ed. (3526, 4365)
STG International
2008 Ed. (1207)
2007 Ed. (1318)
sth stretch the horizon
2000 Ed. (3844)
S3 Inc.
2001 Ed. (2872, 4209)
2000 Ed. (1735, 1752)
1999 Ed. (1956, 2615, 2666, 2674)
1997 Ed. (2164, 3300, 3521)
1996 Ed. (1290)
1995 Ed. (3094)
STI Capital
1999 Ed. (3052)
STI Classic
2003 Ed. (3482, 3485)
STI Classic Capital Growth Trust
1996 Ed. (611)
STI Classic Emerging Markets Tr
2000 Ed. (3257)
STI Classic Florida Tax-Exempt Bond
2004 Ed. (709)
STI Classic Funds
2008 Ed. (2624, 2625)
2004 Ed. (710)
2003 Ed. (3503)
STI Classic International Equity Index
2000 Ed. (3237)
STI Classic International Equity Index Trust
2000 Ed. (623)
STI Classic International Equity Trust
1998 Ed. (409)
STI Classic Inv Grade T/E Inv
2000 Ed. (625)
STI Classic Inv Grade T/E Tr
2000 Ed. (625)
STI Classic Investment Grade T/E Investment
1996 Ed. (622)
STI Classic Investment Grade Tax-Exempt
2000 Ed. (768, 770)
STI Classic Investment Grade Tax-Exempt Bond Flexible
2004 Ed. (703)
STI Classic Investment Grade Tax-Exempt Investment
1998 Ed. (411, 2643)
1997 Ed. (692)
STI Classic Investment Grade Tax Exempt Trust
1998 Ed. (411, 2641)
STI Classic Short-Term Treasury
2001 Ed. (3450)
STI Classic Val. Income Stock Trust
1996 Ed. (611)
STI Classic Value Income
1997 Ed. (2900)
STI Classic Value Income Trust
2001 Ed. (3432)
1998 Ed. (2611)
Stibbe
2005 Ed. (1444, 1445, 1450)
Stichting Bondsspaarbank Alphen den Rijn
1994 Ed. (592)
Stichting Bondsspaarbank Beemster
1993 Ed. (585)
Stichting Bondsspaarbank Middenbeemster
1994 Ed. (592)
Stichting Bondsspaarbank Woerden
1994 Ed. (592)
Stichting Pensioenfonds ABP
2001 Ed. (3695)
2000 Ed. (3454)
1998 Ed. (2776)
Stichting Pensioenfonds ABP Fund
1999 Ed. (3735)
Stichting Prioriteit ABN AMRO
2001 Ed. (628)
Stichting Spaarbank Westland
1994 Ed. (592)
Stick-Free
2000 Ed. (1041)
Sticky Fingers
2001 Ed. (4086)
Stiefel
2000 Ed. (22)
Stifel Financial Corp.
2008 Ed. (1951)
2005 Ed. (1881)
2003 Ed. (520)
Stifel Nicolaus
2008 Ed. (4665)
1999 Ed. (4209, 4213)
1998 Ed. (997, 3206)
1997 Ed. (3425, 3435)
1996 Ed. (1182)
1990 Ed. (3148)
Stifel, Nicolaus & Co.
2008 Ed. (3383)
2004 Ed. (1418, 1419, 1422)

2002 Ed. (1406)
2001 Ed. (555, 557)
1990 Ed. (2137)
Stiffel
2005 Ed. (3289)
Stigers; Curtis
1994 Ed. (1099)
Stigwood; Robert
2008 Ed. (4905)
2007 Ed. (4929, 4932)
2005 Ed. (4891, 4894)
Stihl Inc.
2004 Ed. (3330)
Stikeman Elliott
2005 Ed. (1444)
2004 Ed. (1428)
1999 Ed. (3147)
1997 Ed. (2596)
1996 Ed. (2451)
1995 Ed. (2415)
1993 Ed. (2394, 2405)
1992 Ed. (2831, 2846)
1991 Ed. (2282, 2293)
1990 Ed. (2416, 2427)
Stiles Corp.
2002 Ed. (3922)
2000 Ed. (3719)
1998 Ed. (3004)
Still Life With Curtain, Pitcher, & Fruit
2008 Ed. (268)
Still Water, bottles
2000 Ed. (4143)
Still waters
1999 Ed. (4364)
Stillbrooke Homes
2005 Ed. (1179)
2004 Ed. (1150)
2003 Ed. (1137)
2002 Ed. (1170, 2654)
Stiller; Robert
2008 Ed. (2634)
Stillman & Hoag Inc.
1990 Ed. (347)
Stillwater Mining Co.
2008 Ed. (1959, 3654)
2007 Ed. (1895)
2006 Ed. (1913)
2005 Ed. (1891, 3459)
2004 Ed. (1808, 3445)
2000 Ed. (278)
Stillwell Financial
2002 Ed. (2261)
Stilwell Financial Inc.
2002 Ed. (4352)
Stimac; Gary
1996 Ed. (1710)
Stimson Lane Vineyards
2005 Ed. (914)
2004 Ed. (923)
2003 Ed. (906)
Stine; Craig
1997 Ed. (1928)
Sting
2007 Ed. (4932)
2006 Ed. (1157)
2005 Ed. (4894)
2002 Ed. (1162)
1995 Ed. (1118)
1993 Ed. (1078)
Stinnes AG
2006 Ed. (1446)
2002 Ed. (4900)
2000 Ed. (4388)
1999 Ed. (4761)
1997 Ed. (3783, 3879)
1996 Ed. (3830)
1995 Ed. (3731)
Stinnes Aktiengesellschaft (Konzern)
1993 Ed. (3696)
1992 Ed. (4433)
Stinnes Vermoegensvervaltungs-AG
2000 Ed. (4388)
Stinnes Vermoegensverwaltungs-AG
2002 Ed. (4900)
2001 Ed. (4819)
Stinson; Alan
2007 Ed. (1074)
Stinson, Mag & Fizzell PC
2001 Ed. (563, 566)
Stiritz; William P.
1993 Ed. (937, 1695)
1991 Ed. (1623)
1990 Ed. (1713)
Stirling Ltd.
1999 Ed. (1395)
Stirling Properties Inc.
2008 Ed. (4336)
Stirrings
2008 Ed. (2733)
Stitchbond
2000 Ed. (3353)
Stites & Harbison
2008 Ed. (1879)
Stivers Temporary Personnel Inc.
1998 Ed. (3505)
STMicroelectronics Inc.
2008 Ed. (960)
2007 Ed. (1037)
2006 Ed. (942)
2000 Ed. (3995, 3996, 3999, 4002)
STMicroelectronics NV
2008 Ed. (3583, 4313)
2007 Ed. (2825, 3989, 4353, 4354, 4356)
2006 Ed. (1687, 2032, 3393, 4093, 4287, 4288, 4290)
2005 Ed. (1974, 4350, 4352)
2004 Ed. (2253, 3020, 4404, 4405)
2003 Ed. (1668, 2207, 2208, 3753, 4384, 4386, 4387, 4388, 4389, 4584)
2002 Ed. (761, 1658, 4257, 4258)
2001 Ed. (417, 1711, 2157, 2158, 2159, 2181, 2962, 3300, 4217)
Stock
2005 Ed. (4821, 4823)
2004 Ed. (4833)
2003 Ed. (4850)
2002 Ed. (4742)
2001 Ed. (4676)
1995 Ed. (3771)
1992 Ed. (4468)
Stock brokerage
1992 Ed. (1753)
Stock Building Supply Inc.
2008 Ed. (748, 4075)
2007 Ed. (773)
2006 Ed. (678, 679, 2274)
2005 Ed. (770, 771, 3932)
Stock Building Supply Holdings Inc.
2008 Ed. (748, 749)
2007 Ed. (773, 774)
2006 Ed. (678)
2005 Ed. (770)
Stock Building Supply West Inc.
2005 Ed. (1990)
Stock clerks
2007 Ed. (3719)
Stock Conversion
1989 Ed. (2288)
Stock, deferred
1997 Ed. (1271)
Stock Detective
2002 Ed. (4844, 4850)
Stock handlers & baggers
2002 Ed. (3531)
Stock Lumber
1996 Ed. (814)
Stock Market Miracles
1999 Ed. (690)
Stock Market Outlook
2003 Ed. (3025)
Stock Options
2000 Ed. (1781, 1784)
1997 Ed. (1271)
1993 Ed. (2131)
Stock quotes
2002 Ed. (545)
2001 Ed. (1142)
Stock, restricted
1997 Ed. (1271)
Stock, unrestricted
1997 Ed. (1271)
Stock Vermouth
1992 Ed. (4460)
1991 Ed. (3494, 3503)
1989 Ed. (2939)
Stockamp & Associates
2006 Ed. (2774)
Stockbroker
2004 Ed. (2278)
1991 Ed. (2261)
Stockbrokers
1999 Ed. (4698)
1991 Ed. (2059)
Stockcar Stocks Index
2007 Ed. (2484)
Stockford
2004 Ed. (4, 5)
Stockgrowers State Bank
1989 Ed. (210)
Stockholm
2000 Ed. (3373)
1990 Ed. (865)
Stockholm Re (Bermuda) Ltd.
1993 Ed. (847)
Stockholm Reinsurance (Bermuda) Ltd.
1994 Ed. (861)
Stockholm Stock Exchange
1997 Ed. (3631)
Stockholm, Sweden
2005 Ed. (3313, 3329)
2004 Ed. (3305)
2002 Ed. (2750)
1992 Ed. (1712, 2280)
1991 Ed. (1365)
1990 Ed. (1439)
StockHouse
2002 Ed. (4799)
Stockhus; Myrtle
1994 Ed. (897)
Stockman Bank of Montana
2004 Ed. (185)
Stockman Kast Ryan & Co.
2005 Ed. (4)
Stockmens National Bank
1997 Ed. (181)
Stockpot
2003 Ed. (4484)
Stocks
1994 Ed. (338)
1993 Ed. (2257, 2365)
1992 Ed. (2667, 2804)
1991 Ed. (2262)
1990 Ed. (2401)
1989 Ed. (1863)
Stocks Austin Sice
1996 Ed. (2232)
Stocks, common
1993 Ed. (2364)
StockSelector.com
2002 Ed. (4853)
Stocksigns
2008 Ed. (101)
Stockton, CA
2008 Ed. (3116)
2007 Ed. (3002)
2006 Ed. (2449)
2005 Ed. (2378)
1999 Ed. (1162, 2809)
1994 Ed. (975, 2497)
1993 Ed. (2114)
Stockton Cogen (I) Inc.
2003 Ed. (1809)
Stockton-Lodi, CA
2008 Ed. (3479)
2006 Ed. (2974)
2005 Ed. (338, 2973, 3475)
2003 Ed. (2699)
1997 Ed. (2337, 2764)
Stockton Re
2001 Ed. (2958, 2961)
Stoel Rives LLP
2007 Ed. (1508)
2006 Ed. (3252)
2001 Ed. (567, 897)
Stoeppelwerth; Walter
1996 Ed. (1850)
Stoffe Credit Union
1996 Ed. (1508)
Stohlman Saab
1991 Ed. (295)
Stohlman Subaru
1991 Ed. (296)
Stohlman Volkswagen
1996 Ed. (291)
1994 Ed. (287)
1993 Ed. (288)
1991 Ed. (298)
Stohlman VW and Subaru
1990 Ed. (323)
Stokely USA
1995 Ed. (1899)
Stokely-Van Camp; Quaker Oats/
1991 Ed. (1145)
Stokes & Bartholomew
2001 Ed. (925)
Stokes Bartholomew Evans & Petree PA
2007 Ed. (1510)
Stokes Kennedy Crowley
1992 Ed. (17, 18)
Stokes; Kerry
2008 Ed. (4842)
Stokes Mechanical Contractor Inc.
2007 Ed. (4991)
Stokes; P. T.
2005 Ed. (2485)
Stokes; Patrick
2006 Ed. (875)
Stolberg Equity Partners LLC
2008 Ed. (4806)
2004 Ed. (4832)
Stolen
2005 Ed. (2683)
Stolichnaya
2005 Ed. (4833)
2004 Ed. (4850, 4851)
2003 Ed. (4865, 4870)
2002 Ed. (299, 4761, 4768, 4770, 4772)
2001 Ed. (3132, 4707, 4711, 4712, 4713)
2000 Ed. (2967, 2968, 2970, 2980, 4359, 4362)
1999 Ed. (3229, 3233, 3244, 3245, 3247, 4730, 4731, 4733, 4736)
1998 Ed. (2388, 2389, 2395, 2396, 3682, 3687, 3688, 3689, 3690)
1997 Ed. (2662, 2667, 3855, 3856, 3857, 3858)
1996 Ed. (3803, 3804, 3805, 3806, 3807)
1995 Ed. (3714, 3716, 3717)
1994 Ed. (3640, 3641)
1993 Ed. (3674, 3679)
1992 Ed. (2881, 2883, 2889, 2891, 4402, 4407, 4408, 4409, 4410, 4411)
1991 Ed. (2322, 2324, 3455, 3456, 3461, 3462, 3463, 3464)
1990 Ed. (2456, 2460, 2462, 2463, 3676, 3678)
1989 Ed. (2896, 2897, 2898)
Stolichnaya Citrona
2005 Ed. (3364)
Stolichnaya Cristall
2002 Ed. (4772)
2001 Ed. (4712, 4713)
1996 Ed. (3807)
Stolichnaya Limonnaya Flavored
1989 Ed. (2897)
Stolichnaya Ohranj
1999 Ed. (4725)
Stolichnaya Persik
1999 Ed. (4725)
Stolichny Bank
1999 Ed. (628)
Stolichny Savings Bank
1997 Ed. (603)
The Stoller Group
2006 Ed. (1966)
2005 Ed. (1935, 1938)
Stoller; S. M.
2007 Ed. (2466)
Stolt Comex Seaway Ltd.
2000 Ed. (1305)
Stolt-Nielsen
2006 Ed. (3758)
2002 Ed. (3543)
2001 Ed. (4630)
Stolt-Nielsen SA
2008 Ed. (1892)
2007 Ed. (1671, 4886, 4887)
2006 Ed. (1856)
2001 Ed. (4626, 4627)
Stolt Nielsen Transportation Group Ltd.
2006 Ed. (4894)
2005 Ed. (4841)
2003 Ed. (4794)
Stolt Offshore SA
2006 Ed. (1856)
Stolt Tankers and Terminals
1991 Ed. (2657)

Stolte
1989 Ed. (1010)
Stomach remedies
2004 Ed. (252)
1997 Ed. (3064, 3065)
Stomana Industry
2008 Ed. (3667)
Stomel & Sons; Jos. H.
1997 Ed. (1200, 1201, 1204, 1206, 1207)
Stomil Olsztyn
1999 Ed. (4739)
Stomp Pork Farms
2008 Ed. (4014)
2007 Ed. (3997)
2006 Ed. (3939)
Stone
2005 Ed. (1480)
1993 Ed. (1417)
Stone & Webster, Inc.
2001 Ed. (1204, 1403, 1404, 2242, 2291)
2000 Ed. (1253, 1801, 1810, 1819)
1999 Ed. (1315, 1341, 1362, 2024)
1991 Ed. (1050)
1990 Ed. (1169)
Stone & Webster Construction Inc.
2004 Ed. (1782)
Stone & Webster Engineering Corp.
1998 Ed. (884, 940, 1440, 1447, 1451, 1452, 1456, 1484)
1997 Ed. (1129, 1154, 1733, 1737, 1738, 1748, 1751, 1763)
1996 Ed. (1152, 1153, 1161, 1659, 1660, 1668, 1682)
1995 Ed. (1148, 1150, 1151, 1152, 1153, 1154, 1155, 1178, 1179, 1190, 1672, 1677, 1686, 1700)
1994 Ed. (1130, 1132, 1133, 1135, 1136, 1137, 1159, 1160, 1170, 1633, 1638, 1647)
1993 Ed. (1034, 1116, 1117, 1119, 1121, 1146, 1152, 1601, 1606)
1992 Ed. (1355, 1401, 1403, 1406, 1948, 1951, 1963)
1990 Ed. (1198, 1664)
Stone & Webster Engineers & Constructors
2002 Ed. (1250, 1263, 1273, 1275)
Stone & Webster Management Consultants Inc.
1991 Ed. (2899)
Stone & Youngberg
2001 Ed. (750, 753, 779, 952)
2000 Ed. (2758, 3974)
1999 Ed. (4240)
1997 Ed. (3454, 3468, 3469)
1996 Ed. (3365, 3366)
1995 Ed. (3261)
1993 Ed. (3186)
1992 Ed. (3860)
1991 Ed. (3046, 3047, 3054)
1990 Ed. (3158, 3209)
Stone Brewing
2005 Ed. (2625)
Stone Buick-GMC
1996 Ed. (266)
Stone Buick; J. O.
1995 Ed. (265)
Stone, clay and glass
1996 Ed. (1232)
1995 Ed. (1259)
Stone, clay & glass products
1999 Ed. (1941, 2846)
1992 Ed. (3610, 1465, 1488)
Stone, clay, glass & concrete
1997 Ed. (2631)
1995 Ed. (2446)
Stone, clay, glass & concrete product manufacturers
2001 Ed. (1720, 1754, 1781, 1837)
Stone, clay, glass, & concrete products
2003 Ed. (1436)
Stone-Consolidated
1999 Ed. (2492, 3691)
1997 Ed. (2070, 2995)
1996 Ed. (1960)
1995 Ed. (999, 2831)
1994 Ed. (1894)
1992 Ed. (2213)
Stone Construction Equipment Inc.
2008 Ed. (1982, 3573)
Stone Container Corp.
2006 Ed. (3774, 3775)
2005 Ed. (3676, 3677)
2004 Ed. (3761, 3762)
2003 Ed. (3635, 3714, 3716)
2001 Ed. (3624)
2000 Ed. (774, 1584, 2254, 3411)
1999 Ed. (760, 760, 760, 1347, 1482, 1486, 1557, 1560, 1752, 2489, 2490, 3682, 3687, 3699, 3700, 4493)
1998 Ed. (928, 930, 1115, 1121, 1122, 1750, 1751, 2731, 2739, 2741, 2746, 2748)
1997 Ed. (1144, 1293, 1814, 1816, 2067, 2069, 2990, 2992)
1996 Ed. (756, 1117, 1245, 1958, 1959, 1961, 2903, 3312, 3510)
1995 Ed. (1143, 1144, 1320, 1328, 1415, 1922, 1923, 1925, 2826, 2829, 2830, 2835, 2836)
1994 Ed. (1127, 1129, 1386, 1891, 1893, 1895, 2721, 2724, 2727)
1993 Ed. (934, 1110, 1331, 1890, 1892, 1893, 2381, 2762, 2763, 2871)
1992 Ed. (1381, 1383, 1384, 1385, 2209, 2211, 3247, 3327, 3331, 3333, 3338, 3529)
1991 Ed. (1070, 1071, 1203, 1761, 1763, 2667, 1170, 3331)
1990 Ed. (1188, 1842, 1843)
1989 Ed. (1008, 1465, 2111)
Stone; David
1995 Ed. (1807)
Stone; Doug
1996 Ed. (1094)
1993 Ed. (1079)
Stone Energy Corp.
2008 Ed. (1403, 3905, 3906, 3907)
2005 Ed. (3734, 3735)
2004 Ed. (3826, 3827)
Stone Group Holdings
2008 Ed. (32)
Stone Hill
2002 Ed. (4958)
2001 Ed. (4891)
Stone; Jerome H.
1994 Ed. (892)
Stone Marraccini & Patterson
1992 Ed. (353)
1991 Ed. (251)
Stone Marraccini Patterson
1995 Ed. (235)
Stone River Homes
2006 Ed. (1159)
Stone; Roger W.
1992 Ed. (1143, 2059)
Stone, sand & gravel
1992 Ed. (3610)
Stone; William
2006 Ed. (2527)
Stonebridge Capital Large Cap Growth
2003 Ed. (3126)
Stonebridge Capital Partners, Tax Exempt Intermediate Term
2003 Ed. (3132, 3139)
Stonebridge Partners
1999 Ed. (4707)
Stonecipher; David A.
2006 Ed. (1099)
2005 Ed. (1104)
Stonecipher; H. C.
2005 Ed. (2482)
Stonecutter Mills Corp.
2002 Ed. (3561)
Stoned
1996 Ed. (1092)
Stonefield Josephson Inc.
2008 Ed. (12)
2007 Ed. (14)
2006 Ed. (18)
2005 Ed. (13)
2004 Ed. (17)
2003 Ed. (11)
2002 Ed. (27)
1999 Ed. (25)
1998 Ed. (2, 5, 20)
Stonefield Josphson
2000 Ed. (21)
Stonehedge Ltd.
2000 Ed. (1153)
Stonehedge Inn
1994 Ed. (2105)
Stonehill College
2008 Ed. (1060)
2001 Ed. (1321)
1999 Ed. (1224)
1998 Ed. (795)
1997 Ed. (1057)
1996 Ed. (1041)
Stonepath Group Inc.
2006 Ed. (2733, 2735)
Stoneridge Inc.
2005 Ed. (2283, 2284)
2000 Ed. (1749, 3877)
Stoneridge Resources Inc.
1994 Ed. (1224, 1225)
Stones from the River
1999 Ed. (695)
Stones River Electric
2007 Ed. (3602)
StoneTech Professional
2005 Ed. (960)
Stonewood Architectural Woodworking
2008 Ed. (1251)
Stoneybrooke Christian Schools
2008 Ed. (4282)
Stonington Capital
2007 Ed. (1621)
1997 Ed. (2627)
Stonington Partners
1998 Ed. (2105)
Stony Brook Medical Park
1991 Ed. (1043)
1990 Ed. (1145)
Stonyfield
1998 Ed. (3782)
Stonyfield Farm Inc.
2008 Ed. (4998, 4999)
2007 Ed. (4999)
2003 Ed. (4998, 4999)
2000 Ed. (4443)
Stoops Express
1991 Ed. (3430)
Stoorza Communications
2003 Ed. (3983, 3986, 4014)
Stoorza, Ziegaus & Metzger
2002 Ed. (3811, 3826, 3835, 3837)
2000 Ed. (3658)
1998 Ed. (2943, 2962)
1997 Ed. (3182, 3190)
1996 Ed. (3103, 3105)
1995 Ed. (3004, 3007)
1994 Ed. (2948, 2952)
1993 Ed. (2927)
1992 Ed. (3570, 3557, 3561)
Stoorza Ziegaus Metzger
1996 Ed. (3111)
1995 Ed. (3024)
Stop & Shop
2008 Ed. (4566, 4572)
2007 Ed. (4619)
2006 Ed. (4633)
2005 Ed. (4554, 4562)
2004 Ed. (3308, 4644)
1997 Ed. (1235, 1477, 3176, 3667, 3668, 3678)
1996 Ed. (1418, 3622)
1993 Ed. (3216)
1992 Ed. (3931)
1990 Ed. (743)
Stop & Shop Companies, Inc.
2001 Ed. (1789)
1990 Ed. (3497)
Stop & Shop Cos.
1995 Ed. (3524)
1991 Ed. (3096, 967, 1329)
1990 Ed. (1038, 1404, 3267)
1989 Ed. (1145)
Stop & Shop Supermarket Co.
2007 Ed. (4622)
2005 Ed. (3179)
2004 Ed. (2135, 4628, 4639, 4645)
2000 Ed. (4170)
1991 Ed. (3258)
Stop, Shop & Save
1994 Ed. (715)
1993 Ed. (706)
1992 Ed. (895)
Stopanska Banka AD
2000 Ed. (599, 599)
1999 Ed. (583, 583)
1997 Ed. (546, 547)
1995 Ed. (534)
Stopanska Banka a.d. Skopje
2006 Ed. (496)
2004 Ed. (586)
2003 Ed. (579)
2002 Ed. (614)
Stopanska Banks AD
1996 Ed. (592)
Stopforth Bright Anderson
1997 Ed. (3202)
Stopgap
2007 Ed. (2024)
2006 Ed. (2052)
2005 Ed. (1979)
STOPS
2007 Ed. (3103)
2006 Ed. (3086)
Stora
1999 Ed. (2495)
1998 Ed. (2746)
1997 Ed. (2071, 2074)
1996 Ed. (1961)
1995 Ed. (1925, 2835)
1992 Ed. (1483, 4142)
1991 Ed. (2672, 3221)
1990 Ed. (3477)
Stora Enso Corp.
2008 Ed. (3557)
2000 Ed. (3404)
Stora Enso AB
2008 Ed. (2088, 3556)
Stora Enso Fine Papers Oy
2004 Ed. (3768)
2001 Ed. (3628)
Stora Enso North America Corp.
2007 Ed. (2067)
2006 Ed. (2119)
2005 Ed. (2016)
2004 Ed. (1890, 3435)
2003 Ed. (1854, 3369, 3727)
Stora Enso Oyj
2008 Ed. (848, 912, 1724, 1725, 1726, 1727, 2763, 3855, 3856)
2007 Ed. (1697, 1698, 1699, 1700, 2637, 2638, 3778, 3779)
2006 Ed. (1701, 1702, 1703, 1704, 2801, 3379, 3781, 3782)
2005 Ed. (1760, 3328, 3688)
2004 Ed. (3768, 3770)
2003 Ed. (1673, 3725, 3728, 4583)
2002 Ed. (1646, 1647, 2322, 2468, 2469, 3577, 3578, 3579)
2001 Ed. (1700, 1701, 1820, 3628, 3630, 3631)
Stora Enso Publication Papers Oy Ltd.
2004 Ed. (3768)
2001 Ed. (3628)
Stora Enso Skog AB
2002 Ed. (250)
Stora Enso Timber Oy Ltd.
2004 Ed. (3320)
Stora Feldmuehle AG
1995 Ed. (2834)
Stora Feldmuehle Aktiengesellschaft (Konzern)
1994 Ed. (2730)
Stora/Feldmuhle
1992 Ed. (3336)
Stora Group
1999 Ed. (1739)
1997 Ed. (1514)
1996 Ed. (1448)
1994 Ed. (1451)
1991 Ed. (1350)
1990 Ed. (2767)
Stora Kopparberg F
1989 Ed. (1467)
Stora Kopparbergs
1991 Ed. (3222, 1349, 1351)
Stora Kopparbergs Berglags AB
2000 Ed. (1559)
Stora Kopparbergs Bergslags
1993 Ed. (911, 1403, 1404, 1405, 1893, 3460)
1992 Ed. (1692, 1693)
1990 Ed. (1422)
Stora Kopparbergs Bergslags AB
2003 Ed. (1827)
2001 Ed. (1856)
1999 Ed. (1738, 4483)
1997 Ed. (1512, 1515, 3635)
1996 Ed. (1449, 1450, 3589, 3590)

1995 Ed. (962, 1492, 1493)
1994 Ed. (928, 1452, 1453, 1895, 3439, 3440)
1990 Ed. (1421)
Stora Skog AB
1999 Ed. (201)
1994 Ed. (2415)
Storage
2003 Ed. (2676)
2000 Ed. (2289)
Storage & space management products
2002 Ed. (2445)
Storage battery grids, posts, etc.
2001 Ed. (3074)
Storage battery oxides
2001 Ed. (3074)
Storage Computer Corp.
2004 Ed. (236)
Storage furniture
2001 Ed. (2568)
Storage Inns, Inc.
2000 Ed. (3989)
1999 Ed. (4266)
1998 Ed. (3274)
1992 Ed. (3909)
Storage, plastic
2005 Ed. (2961)
2004 Ed. (2864)
Storage Technology Corp.
2008 Ed. (1690)
2007 Ed. (1442, 1664, 1668)
2006 Ed. (1105, 1106, 1116, 1117, 1149, 1655, 1657, 1660, 1662)
2005 Ed. (1109, 1115, 1127, 1128, 1734, 1736, 1737, 1742, 1744, 1754)
2004 Ed. (1111, 1120, 1121, 1681, 1684)
2003 Ed. (1090, 1102, 1103, 1104, 1651, 1654, 1655)
2002 Ed. (1143, 1144, 1620)
2001 Ed. (1357, 1673)
2000 Ed. (1165, 1169, 1402, 1752)
1999 Ed. (1268, 1269, 1276, 1975)
1998 Ed. (813, 822)
1995 Ed. (1076, 1367, 2068)
1994 Ed. (1064, 1342)
1993 Ed. (1033, 1048, 1052, 1222, 1290)
1992 Ed. (1286, 1312, 1314, 1529, 3682)
1991 Ed. (1029, 1221, 2853, 3228, 1009)
1990 Ed. (1099)
1989 Ed. (980, 2308)
Storage Technology (Bermuda) Ltd.
2007 Ed. (3424)
Storage Trust
1998 Ed. (3274)
Storage Trust Realty
2000 Ed. (3989)
1999 Ed. (4266)
Storage USA
2000 Ed. (3989)
1999 Ed. (4266)
1998 Ed. (3274)
1996 Ed. (3395)
Storage, wire
2004 Ed. (2864)
StorageNetworks Inc.
2002 Ed. (2471)
StorageTek
1999 Ed. (1243)
1991 Ed. (2076)
Storageware
2001 Ed. (2608)
2000 Ed. (2340)
Storare USA
1992 Ed. (3909)
Storck USA
2003 Ed. (1134)
Storck USA LP
1997 Ed. (893)
Store brand generic
1991 Ed. (1418)
Store brand/private label
1996 Ed. (1025, 1026, 1027, 1028, 1029, 1030, 1031)
Store Kraft Manufacturing Co.
1998 Ed. (3427)
Store manager
2008 Ed. (3819)
Store of Knowledge Inc.
2000 Ed. (1106, 2406)
Storebrand
2006 Ed. (1949, 3757)
2002 Ed. (3542, 3544)
2000 Ed. (3382)
1993 Ed. (2745)
Storebrand ASA
2008 Ed. (1999)
2007 Ed. (1930, 1933)
2003 Ed. (1798)
2001 Ed. (1826)
Storebrand Bank Group
2007 Ed. (533)
Storebrand Group
2007 Ed. (1930)
Storebrand Konsern
2003 Ed. (1798)
2001 Ed. (1826)
2000 Ed. (1528)
1999 Ed. (1717)
Storebrand Livsforsikring A/S
2001 Ed. (1826)
Storebrand Ord.
2000 Ed. (3383)
1999 Ed. (3661, 3662)
Storehouse
1998 Ed. (1788, 1789)
1994 Ed. (1379)
1991 Ed. (1279)
Storehouse Stores
2005 Ed. (2877, 2879)
2004 Ed. (2892)
Storer
1992 Ed. (1021)
1990 Ed. (868)
Storer Cable Communication
1994 Ed. (832)
Storer Cable Communications
1993 Ed. (814, 817)
1992 Ed. (1019)
1991 Ed. (834)
1990 Ed. (870, 872)
Stores
1992 Ed. (89)
Stores, apparel
1992 Ed. (3725)
Stores, hard lines
1992 Ed. (3725)
Stores, specialty
2006 Ed. (3009)
Stork Gears En Services BV
1999 Ed. (3349)
Stork Kwant BV
1999 Ed. (2897)
1997 Ed. (2405)
Stork Margarine
1992 Ed. (1761)
Stork News of America Inc.
2003 Ed. (890)
2002 Ed. (1046)
Stork-Veco BV
1999 Ed. (3349)
Stork-Vevo BV
1997 Ed. (2405)
Stork Wescon BV
1997 Ed. (2754)
1996 Ed. (2612)
Storm
2005 Ed. (884)
Storm Jeanett
2005 Ed. (885)
Stormedia
2000 Ed. (3392)
Stormont-Vail Healthcare Inc.
2008 Ed. (1876)
2007 Ed. (1842)
2006 Ed. (1837)
2005 Ed. (1832)
2004 Ed. (1766)
2001 Ed. (1770)
Stormont-Vail Regional Health Center
2001 Ed. (1770)
Storms
2005 Ed. (885)
Stormy Clime
1990 Ed. (3341)
Storno
1990 Ed. (919)
Storr; Hans G.
1997 Ed. (979)
Storyboarder
1993 Ed. (1068)
Storybook Heirlooms
1997 Ed. (3346)
Storz Intracular Lens
1995 Ed. (2811)
Storz Ophthalmics Inc.
2000 Ed. (3380)
1999 Ed. (3656)
1997 Ed. (2965)
1996 Ed. (2870)
1995 Ed. (2811)
1992 Ed. (3300)
1991 Ed. (2643)
Storz Ophthalmology
1994 Ed. (2696)
Storz Premiere
1992 Ed. (3301)
Storz Surgical
1992 Ed. (3300)
Stotlemeyer; Raymond
1997 Ed. (1941, 1943)
Stoudt Brewing Co.
1999 Ed. (3400, 3401)
1998 Ed. (2489, 2490)
Stouffer
1993 Ed. (1905)
Stouffer Chemical Co.
1989 Ed. (187)
Stouffer Hotels
1994 Ed. (2113)
Stouffer Hotels & Resorts
1992 Ed. (2479, 2485)
Stouffer Renaissance Atlanta Airport
1997 Ed. (221, 2287)
Stouffer Resorts and Hotels
1993 Ed. (2083)
Stouffer Resorts/Hotels
1990 Ed. (2075)
Stouffer Waverly, Atlanta
1990 Ed. (2080)
Stouffer Waverly Hotel
1992 Ed. (2483)
Stouffer's
2008 Ed. (2774)
2007 Ed. (2649)
2006 Ed. (2666)
2005 Ed. (2691)
2004 Ed. (2691)
2003 Ed. (2558, 2559)
2002 Ed. (2366, 2367)
2001 Ed. (2539, 2540)
2000 Ed. (2278, 2280)
1999 Ed. (2531)
1998 Ed. (1714, 1769, 3447)
1997 Ed. (2031, 2091)
1996 Ed. (1936, 1975)
1995 Ed. (1892, 1941, 1942, 1943, 1945, 2951)
1994 Ed. (1921, 1924, 2886)
1992 Ed. (2237, 2238)
1990 Ed. (1856)
Stouffer's Family Style
2007 Ed. (2649)
2006 Ed. (2666)
2005 Ed. (2691)
Stouffer's Family-Style Recipes
2008 Ed. (2775)
Stouffers Lean Cuisine
2002 Ed. (2367)
2001 Ed. (2540)
2000 Ed. (2280)
1994 Ed. (1924)
Stouffers Lean Cuisine Caf Classics
2002 Ed. (2367)
Stouffer's Lunch Express
1995 Ed. (1942, 2761)
Stouffer's Single-Serve
2008 Ed. (2775)
Stoughton
1999 Ed. (4649)
1994 Ed. (3566)
Stoughton Trailers
2005 Ed. (4741)
Stouse Inc.
2006 Ed. (3965)
Stover Homes
2006 Ed. (1159)
Stover; Robert G.
1992 Ed. (1140)
Stowe-Pharr Mills
1993 Ed. (980)
1991 Ed. (970)
1990 Ed. (1042)
Stowells of Chelsea
2008 Ed. (247)
2002 Ed. (4975)
2001 Ed. (4911)
Stowers; James
2006 Ed. (3898)
Stowers; James & Virginia
2007 Ed. (3949)
2005 Ed. (3832)
Stowers; Jim & Virginia
2008 Ed. (895)
Stowers; Virginia
2006 Ed. (3898)
Stoy Hayward
1996 Ed. (13)
1995 Ed. (10)
1994 Ed. (3)
1993 Ed. (5, 3728)
STP
2001 Ed. (2588)
1999 Ed. (348)
1998 Ed. (239)
1997 Ed. (317)
1996 Ed. (341)
1995 Ed. (326)
1994 Ed. (330)
1993 Ed. (343)
1992 Ed. (470)
1991 Ed. (338)
1990 Ed. (388)
1989 Ed. (338, 339)
STP Son of a Gun
2001 Ed. (4744)
STP Technology's Edge
2001 Ed. (2588)
St.Petersburg Times
2002 Ed. (3508)
2000 Ed. (3337)
STRABAG AG
2004 Ed. (1323)
2003 Ed. (1323)
2002 Ed. (1312)
2000 Ed. (1278)
1999 Ed. (1389, 1394, 1404)
Strabag Oester
1991 Ed. (3451)
Strabag Oesterr
1993 Ed. (3671)
Strabag Osterreich
1992 Ed. (4400)
Strabag Osterreich AG
1997 Ed. (1183, 1195)
1994 Ed. (3631, 3650)
Strabag SE
2008 Ed. (1285, 1298, 1303, 1305, 1307)
Strack & Van Til Supermarkets
2007 Ed. (4629)
Strada; Mike
2007 Ed. (2549)
Strading, Yocca, Carlson & Rauth
1996 Ed. (2238)
Stradling Yocca
2001 Ed. (949)
Stradling, Yocca, Carlson & Rauth
2001 Ed. (776)
2000 Ed. (4298)
1998 Ed. (2061, 3617)
1997 Ed. (2364, 3218)
1995 Ed. (2231)
1991 Ed. (2015)
Strafford National
1993 Ed. (592)
Strait, Billy Joe Royal, Linda Davis; George
1991 Ed. (1040)
Strait; George
1997 Ed. (1113)
1996 Ed. (1094)
1995 Ed. (1120)
1994 Ed. (1100)
1993 Ed. (1079)
1992 Ed. (1351, 1351)
1990 Ed. (1143)
1989 Ed. (991, 991)
Strait, Kathy Mitten, Baillie & The Boys; George
1991 Ed. (1040)
Straits Lion Asset Management
2005 Ed. (3230)

1999 Ed. (2893)
Straits Steamship Co.
1989 Ed. (1156)
Straits Steamship Land Ltd.
1992 Ed. (1686)
Straits Times
2006 Ed. (4592)
Straits Trading Co.
1989 Ed. (1156)
Stranahan; Marcus
1995 Ed. (938)
Strand Associates Inc.
2006 Ed. (2454)
Strapped: Why America's 20- and 30-Somethings Can't Get Ahead
2008 Ed. (614)
Strasbourg, France
1992 Ed. (1165)
Strasburger & Price
1993 Ed. (2396)
1992 Ed. (2833)
1991 Ed. (2284)
1990 Ed. (2418)
Straszheim; Donald
1997 Ed. (1956)
1991 Ed. (2160)
Strata-G LLC
2008 Ed. (4428)
Strata LLC
2004 Ed. (3349)
2003 Ed. (3285)
StrataCom Inc.
2006 Ed. (4371)
1997 Ed. (2167, 2211, 2212, 3411, 3639, 3688)
1996 Ed. (2886)
Stratasys Inc.
2008 Ed. (4405)
2007 Ed. (2718, 2747)
2006 Ed. (4337)
Strat@comm
2005 Ed. (3951, 3978)
2004 Ed. (3983, 4032, 4038)
Strateco Resources Inc.
2008 Ed. (1618, 1660)
Stratecom
2005 Ed. (112)
2004 Ed. (113)
2003 Ed. (66)
Strategia Corp.
2003 Ed. (1511)
2000 Ed. (292)
Strategic Alliance International
1997 Ed. (3200)
Strategic Alliance Realty Inc.
1998 Ed. (2999)
Strategic Business Systems Inc.
2008 Ed. (2157)
2007 Ed. (1394, 2051)
2006 Ed. (2094)
Strategic Capital
1997 Ed. (2531, 2539)
Strategic Capital Gains
1989 Ed. (1847)
Strategic Data Management
2004 Ed. (1635)
Strategic Diagnostics Inc.
2005 Ed. (934)
2004 Ed. (944)
Strategic Distribution Inc.
2004 Ed. (4552)
Strategic Energy
2005 Ed. (3920)
Strategic Energy LLC
2008 Ed. (1251)
Strategic Equipment & Supply Co.
2008 Ed. (2729)
2007 Ed. (2593, 2595)
2006 Ed. (2619)
2005 Ed. (2623)
Strategic Financial Partners
2008 Ed. (1709)
Strategic Fixed Income
2001 Ed. (3003)
1997 Ed. (2521, 2537, 2549)
1996 Ed. (2391, 2403)
Strategic Global Investments
1993 Ed. (2307)
Strategic Gold/Minerals
1993 Ed. (2681)
1991 Ed. (2570)
Strategic Interactive Group
1999 Ed. (102)
Strategic Investment
2008 Ed. (2290, 2314)
2002 Ed. (3005, 3006)
1996 Ed. (2379, 2418, 2656, 3877)
1993 Ed. (2291, 2305, 2309, 2350, 2682)
Strategic Investment Management
2000 Ed. (2776)
1999 Ed. (3044)
1998 Ed. (2266, 2300)
Strategic Investment Partners
1996 Ed. (2428)
1994 Ed. (2332)
Strategic Investment Solutions
2008 Ed. (2710, 2711)
Strategic Investments
2006 Ed. (1082)
1992 Ed. (2741, 3172, 3174)
Strategic Marketing, Innovations & Solutions Inc.
1998 Ed. (3480)
Strategic Marketing Research Technology Inc.
1998 Ed. (3480)
Strategic Minerals
1993 Ed. (3689)
Strategic planning/Decision support
1990 Ed. (533)
Strategic plans
1997 Ed. (1076)
Strategic Risk Solutions (Cayman) Ltd.
2008 Ed. (858)
Strategic Risk Solutions (Vermont) Ltd.
2008 Ed. (859)
2006 Ed. (791)
Strategic Safety Associates
2008 Ed. (3808)
2007 Ed. (3715)
2006 Ed. (3732)
2005 Ed. (3615)
Strategic services
2001 Ed. (2171)
Strategic Silver
1993 Ed. (2681)
1992 Ed. (3171, 3174)
Strategic Staffing Solutions
2008 Ed. (3715, 4967)
2007 Ed. (3554, 3567, 3568, 4427)
2006 Ed. (3536, 4375)
2005 Ed. (4995)
2004 Ed. (4990)
2001 Ed. (3909)
Strategic Technologies
1998 Ed. (606)
Strategic Telecommunications Inc.
1997 Ed. (3700)
Strategic Value Canadian Small Companies
2001 Ed. (3476)
Strategic Vista International Inc.
2005 Ed. (2829, 2831)
StrategicNova Canadian Balanced
2003 Ed. (3558)
StrategicNova Canadian Bond
2003 Ed. (3588)
StrategicNova Canadian Large Cap Value
2003 Ed. (3567, 3568)
StrategicNova Canadian Midcap Growth
2004 Ed. (2474)
2003 Ed. (3592)
StrategicNova Canadian Technology
2003 Ed. (3577, 3578, 3579)
2002 Ed. (3445)
StrategicNova World Balanced Value RSP
2002 Ed. (3429, 3430)
StrategicNova World Large Cap
2003 Ed. (3600)
StrategicNova World Precious Metals
2004 Ed. (3634)
Strategies
1997 Ed. (114)
Strategies Sal (BBDO)
1999 Ed. (117)
Strategist Quality Income
2001 Ed. (3427)
Strates Shows
2005 Ed. (2523)
2000 Ed. (987)
1999 Ed. (1039)
1998 Ed. (646)
1997 Ed. (907)
1995 Ed. (910)
Stratford
1999 Ed. (2545)
Stratford Book Services
2008 Ed. (732)
2007 Ed. (753)
Stratford Foundation
1989 Ed. (1478)
Stratford Internet Technologies Inc.
2002 Ed. (2484)
Strathclyde (Pharmaceuticals) Ltd.
1994 Ed. (994)
Strathearn House Group
1990 Ed. (2039)
Strathmore Court
1991 Ed. (1045)
Strathmore Printing Co.
2000 Ed. (3144)
Stratis Business Centers
2003 Ed. (806)
2002 Ed. (912)
Stratix Corp.
2008 Ed. (3704, 4380, 4958)
2007 Ed. (3546, 3547, 4407)
Stratland Homes Inc.
2008 Ed. (1195)
Stratmar Systems
1993 Ed. (3064)
Stratolounger
1993 Ed. (868)
Stratos Global Corp.
2008 Ed. (2938)
2007 Ed. (2810)
2005 Ed. (1388, 2831)
2003 Ed. (2704, 2707, 2930, 2934, 2935, 2936)
2002 Ed. (2485)
Stratosphere Corp.
2000 Ed. (388)
Strattec Security Corp.
2006 Ed. (3365)
Stratton Corp.
2006 Ed. (2091)
2005 Ed. (1992)
2004 Ed. (1877)
2003 Ed. (1842)
2001 Ed. (1892)
Stratton Growth
1999 Ed. (3515)
1996 Ed. (2789)
Stratton Growth Fund
2006 Ed. (3614, 3618)
2003 Ed. (3534)
Stratton Management, Value Equity Portfolio
2003 Ed. (3141)
Stratton Monthly Dividend
1993 Ed. (2674)
Stratton Monthly Dividend REIT
2005 Ed. (3549)
2004 Ed. (2455, 3564)
2003 Ed. (3545)
Stratton Monthly Dividend Shares
1994 Ed. (2636)
Stratton Monthly Divident Share
1995 Ed. (2736)
Stratton Small Cap Value
2007 Ed. (3673)
Stratton Small-Cap Value Fund
2007 Ed. (3665)
Stratton Small Cap Yield
1999 Ed. (3506)
Stratus
2007 Ed. (57)
2006 Ed. (66)
2001 Ed. (487, 3393)
1995 Ed. (2254)
1990 Ed. (3136)
Stratus Computer
2000 Ed. (1736)
1997 Ed. (1084)
1996 Ed. (1070)
1994 Ed. (1082)
1993 Ed. (2574)
1992 Ed. (3080, 3081, 3681)
1991 Ed. (1018, 1022, 2463, 2464, 2851)
1990 Ed. (1114, 1619, 2582, 2583)
1989 Ed. (968, 973)
Stratus; Dodge
2006 Ed. (322)
2005 Ed. (303)
Straumann Holding AG
2008 Ed. (574, 2097, 2908)
2007 Ed. (2005)
Straus; Jozef
2005 Ed. (983)
Strauss
2004 Ed. (54)
2001 Ed. (45)
Strauss & Co. Europe SA; Levi
1996 Ed. (1021)
Strauss & Co.; Levi
1996 Ed. (1014, 1015, 2644)
Strauss Associates; Levi
1997 Ed. (1035, 1037)
1996 Ed. (1016, 1020, 1022)
1995 Ed. (1031, 1032, 1039, 1363)
1994 Ed. (1022, 1024, 1028, 1032, 1264, 1290, 1309, 3243)
1993 Ed. (990, 992, 996, 1000, 1226, 1253, 1904)
Strauss Continental Sa; Levi
1993 Ed. (1304)
Strauss Dairy
2008 Ed. (50)
2007 Ed. (47)
Strauss Discount Auto
1998 Ed. (247)
Strauss et Co. Europe SA; Levi
1995 Ed. (1037)
Strauss Jr.; Burton
1994 Ed. (1814)
1993 Ed. (1822)
Strauss; Levi
1992 Ed. (1220, 1222, 1224, 1225)
Strauss Veal
1995 Ed. (2522, 2968)
Strauss Veal & Lamb International Inc.
2008 Ed. (3611)
Straussberg; Randy
1990 Ed. (2290)
Stravropoulos; W. S.
2005 Ed. (2487)
Strawberries
2008 Ed. (2792)
2007 Ed. (2652, 2653)
2006 Ed. (2669, 2670)
2005 Ed. (2694, 2695)
2004 Ed. (2694, 2695)
2003 Ed. (2575)
2001 Ed. (2548, 2549)
1999 Ed. (2534)
1996 Ed. (1978)
Strawberry
2001 Ed. (1216)
2000 Ed. (720)
1992 Ed. (2239)
1990 Ed. (2144)
Strawberry; Darryl
1997 Ed. (1725)
Strawberry Shortcake
1996 Ed. (2490)
Strawbridge
1997 Ed. (1591)
1996 Ed. (1532)
1995 Ed. (1551)
1994 Ed. (1521)
1993 Ed. (1475)
1992 Ed. (1786)
1991 Ed. (1412)
1990 Ed. (1492)
1989 Ed. (1237)
Strawbridge & Clothier
1995 Ed. (1552)
1990 Ed. (1494, 1495)
Straws, soda
2002 Ed. (4092)
Strayer Education Inc.
2006 Ed. (2741)
2005 Ed. (2007)
Stream International
2007 Ed. (2033)
2006 Ed. (2061, 2064)
1998 Ed. (858)
Street and highway lighting
2001 Ed. (2160)
Street Atlas USA
1998 Ed. (852)
1994 Ed. (874)

Street Atlas USA (CD-ROM)
1996 Ed. (1076)
Street Corner
2008 Ed. (3784)
2006 Ed. (3706)
Street Corner News
2002 Ed. (3499)
Street Fighter II
1995 Ed. (3636)
1994 Ed. (3557)
Street Fighter II Turbo Edition
1995 Ed. (3696)
Street Fighter Turbo
1995 Ed. (3637)
The Street Lawyer
2001 Ed. (986)
2000 Ed. (707)
Streeter; Penny
2007 Ed. (2465)
Streimer Sheet Metal Works Inc.
2006 Ed. (1334)
Streisand; Barbra
1997 Ed. (1777)
1996 Ed. (1093, 1095)
Strescon Industries Inc.
2000 Ed. (1258)
1996 Ed. (1141)
1995 Ed. (1163)
Streson Industries Inc.
1999 Ed. (1366)
Stress
1991 Ed. (2627)
Stress management
1992 Ed. (1939)
Stress/treadmill test
1990 Ed. (1501)
Stresscon Industries Inc.
1994 Ed. (1145)
Stresstabs
2003 Ed. (4857)
1994 Ed. (3633)
Stretch-N-Grow International Inc.
2008 Ed. (2913)
2007 Ed. (2788)
2006 Ed. (2788)
2005 Ed. (2812)
2004 Ed. (2816)
2003 Ed. (2696)
2002 Ed. (3707)
Stri-Dex
2001 Ed. (5)
Strick Corp.
2005 Ed. (4741)
1999 Ed. (4649)
1994 Ed. (3566)
Stride Inc.
2008 Ed. (3723, 4416, 4974)
2007 Ed. (3581, 3582, 4436)
Stride Guard
2003 Ed. (2536)
Stride Rite Corp.
2008 Ed. (1909)
2006 Ed. (1219)
2005 Ed. (1260, 4366, 4367)
2004 Ed. (4417)
1999 Ed. (4399)
1998 Ed. (3360, 3371, 3423)
1997 Ed. (1038, 3643)
1996 Ed. (1018, 3426, 3491)
1995 Ed. (1033)
1994 Ed. (1023, 1025, 3294, 3295)
1993 Ed. (991, 993, 3300)
1992 Ed. (1221, 1223, 3955, 3956, 4071)
1991 Ed. (982, 3115)
1990 Ed. (3273)
Stridex
2003 Ed. (12)
2002 Ed. (29)
2000 Ed. (22)
Strine Printing Co.
2008 Ed. (4425)
2007 Ed. (4443)
Strober Organization
1991 Ed. (804)
Stroehmann
1998 Ed. (494)
Stroehmann Bakeries Inc.
1997 Ed. (330)
1992 Ed. (494)
Stroehmann Bakeries LC
2008 Ed. (726)
Stroehmann Brothers Co.
1989 Ed. (358)
Stroehmann Line-Haul
2005 Ed. (4783)
Stroh
1991 Ed. (743)
1990 Ed. (750, 753, 754, 755, 769, 770, 771, 772, 773, 774, 775, 776, 777)
1989 Ed. (761, 764, 765, 766, 768, 773, 775, 777)
Stroh Brewery Co.
2001 Ed. (674, 679, 699, 1025)
2000 Ed. (814, 815, 816, 817, 818, 1103, 1900, 2230)
1999 Ed. (809, 810, 811, 812, 814, 816, 1187, 1923, 2107, 4513)
1998 Ed. (452, 499, 501, 502, 503, 752, 1529)
1997 Ed. (716, 717, 718, 722, 1013)
1996 Ed. (989)
1995 Ed. (705, 1002)
1994 Ed. (689, 695, 751, 989)
1993 Ed. (687, 748, 749, 963)
1992 Ed. (928, 934, 938, 1189)
1991 Ed. (742, 953, 1746)
1990 Ed. (756, 762, 1027, 1828)
1989 Ed. (760, 769, 925, 928)
Stroh Brewing
1996 Ed. (784)
1990 Ed. (757)
Stroh Light
1992 Ed. (932)
1990 Ed. (761)
Stroh products
1990 Ed. (765)
Strohm Ballweg LLP
2008 Ed. (277)
Strohm; David
2005 Ed. (4817)
Stroh's
1992 Ed. (4231)
1990 Ed. (764)
Stroh's/Light
1991 Ed. (3321)
1990 Ed. (3544)
Stroke
1995 Ed. (2594, 2595)
Stroll; Lawrence
2007 Ed. (4931)
2005 Ed. (4872, 4890)
StrollerFit Inc.
2008 Ed. (2913)
2007 Ed. (2788)
2006 Ed. (2788)
Stromberg, LLC
2003 Ed. (2714)
2002 Ed. (2489)
Strome; Mark
1996 Ed. (1914)
Strome Offshore
1995 Ed. (2095)
Strome Partners L.P.
1995 Ed. (2096)
Strome Susskind
1996 Ed. (2099)
Stronach; Belinda
2006 Ed. (3920)
2005 Ed. (2514, 3857, 4991)
Stronach; Frank
2008 Ed. (2637)
2007 Ed. (1030)
2006 Ed. (936, 2528, 3920)
2005 Ed. (2514, 3857, 4869)
1997 Ed. (980)
Strong
1999 Ed. (3527)
Strong Advantage
1998 Ed. (2649)
1997 Ed. (2886)
1996 Ed. (2763, 2782, 2793)
Strong Advantage Select
2006 Ed. (3624)
Strong Advisor Small Cap Value
2004 Ed. (2458)
2003 Ed. (3509)
Strong Advisors Mid Cap Growth
2004 Ed. (3605)
Strong American Utilities
1997 Ed. (2900)
Strong Asia Pacific Investment
2004 Ed. (3609)
Strong Blue Chip 100 Fund
2000 Ed. (3235, 3270)
Strong Corp. Bond
2002 Ed. (3414)
2000 Ed. (3265)
Strong Capital
1998 Ed. (2606)
Strong Capital Management
2006 Ed. (3192)
2004 Ed. (723)
Strong Capital Management Inc., Medium-Capitalization Equity Composite
2003 Ed. (3129)
Strong Common Stock
1998 Ed. (2624)
1997 Ed. (2880)
1996 Ed. (2772)
Strong/Corneliuson Capital
1995 Ed. (2359)
Strong Corporate Bond
2001 Ed. (3427)
2000 Ed. (758)
1999 Ed. (745, 3537, 3548)
1998 Ed. (2637)
1997 Ed. (687, 2888, 2901)
Strong Dividend Income
2003 Ed. (3512, 3553)
Strong Equity Income
2000 Ed. (3228, 3262)
1998 Ed. (2595)
Strong Financial Corp.
2005 Ed. (2206, 3218)
Strong Funds
1997 Ed. (2894)
Strong Government
1992 Ed. (3186)
Strong Government Sec.
1995 Ed. (2686)
1994 Ed. (2609, 2620)
Strong Government Securities
1999 Ed. (3553)
1997 Ed. (2890)
1996 Ed. (2779)
1990 Ed. (2375)
Strong Growth
2002 Ed. (2155, 2156)
1996 Ed. (2788)
Strong Growth & Income
1998 Ed. (2598)
Strong Growth & Income Investment
2002 Ed. (3416)
Strong Growth Investment
2004 Ed. (3598)
Strong High-Yield Bond
1999 Ed. (3538)
1998 Ed. (2599)
Strong High-Yield Municipal Bond
1999 Ed. (755, 3571)
Strong Income
1995 Ed. (2708)
Strong Institutional Bond
1999 Ed. (3550)
Strong Insured Municipal Bond
1994 Ed. (2622)
Strong International Bond
2000 Ed. (3292)
Strong Investment
1992 Ed. (3195)
1990 Ed. (2372)
Strong Large Company Growth Investment
2006 Ed. (3627)
Strong Memorial
1999 Ed. (2752)
Strong Municipal
1992 Ed. (3168)
Strong Municipal Advantage
2001 Ed. (3443)
Strong Municipal Bond
2000 Ed. (768)
1999 Ed. (755, 3571, 3573)
1996 Ed. (2812)
1994 Ed. (2622)
Strong Municipal MMF
1996 Ed. (2672)
1992 Ed. (3095)
Strong Municipal Money Market Fund
1994 Ed. (2538, 2544)
Strong Opportunity
1996 Ed. (2800)
Strong Short-Term Bond
2001 Ed. (3428)
1999 Ed. (746)
1997 Ed. (2886)
1995 Ed. (2682)
1990 Ed. (2376)
Strong Short-Term High-Yield Bond
2000 Ed. (767, 3255)
Strong Short-Term High-Yield Bond Investment
2004 Ed. (696)
Strong Short-Term HY Bond
2000 Ed. (3254)
Strong Small Company Value
2006 Ed. (3644)
Strong Total Return
2001 Ed. (3437)
1995 Ed. (2704)
1990 Ed. (2394)
Strong Total Returns
2000 Ed. (3271)
Strong U.S. Treasury Money Fund
1994 Ed. (2537)
Strongbow
2002 Ed. (1050)
Strongco Inc.
2006 Ed. (1631)
Stronghold Engineering Inc.
2007 Ed. (3535, 3536, 4402)
Strongsville Savings Bank
1998 Ed. (3138)
Stroock & Stroock & Lavan
1999 Ed. (3146, 4257)
Strottman Group
1993 Ed. (3064)
The Stroud Group
1999 Ed. (4810)
Strouds
1997 Ed. (2323)
1994 Ed. (2134, 2135, 2139)
1992 Ed. (2526, 2527, 2532)
1990 Ed. (2115)
Strough Acura; Val
1993 Ed. (290)
1992 Ed. (405)
1991 Ed. (300)
Strough Mazda; Val
1993 Ed. (276)
The Strouse, Adler Co.
1999 Ed. (781, 3188)
Strouse, Greenberg & Co. Inc.
1992 Ed. (3615)
1991 Ed. (2806)
1990 Ed. (2955)
1989 Ed. (2285)
Stroybank Ltd.
1994 Ed. (442)
Struck against object
2004 Ed. (1)
Struck by object
2004 Ed. (1)
Structural Dynamics Research Corp.
1991 Ed. (312)
1990 Ed. (348)
Structural Group
2008 Ed. (1223, 1255, 1275, 1318, 1334)
2007 Ed. (1338, 1357)
2006 Ed. (1238, 1266)
2005 Ed. (1297)
2004 Ed. (1246)
2003 Ed. (1243)
Structural metal product manufacturing
2002 Ed. (2223)
Structural metal workers
2005 Ed. (3616)
1990 Ed. (2728)
Structural Preservation System Inc.
1996 Ed. (1141)
1994 Ed. (1145)
Structural Preservation Systems Inc.
2002 Ed. (1232)
2001 Ed. (1472)
2000 Ed. (1258)
1999 Ed. (1366)
1998 Ed. (944)
1997 Ed. (1167)
1995 Ed. (1163)
1993 Ed. (1131)
1992 Ed. (1418)
Structural shapes
2001 Ed. (4366)

The Structure Group
2008 Ed. (2125, 2127, 2128, 2130, 2131, 2132, 2133, 2134)
The Structure of Scientific Revolutions
2005 Ed. (715)
Structure Tone Inc.
2008 Ed. (1228, 1274, 1304, 1317, 1321, 1331)
2007 Ed. (1341, 1348, 1384)
2006 Ed. (1168, 1186, 1243, 1250, 1274, 1283, 1298, 1331)
2005 Ed. (1172, 1305, 1313)
2004 Ed. (1295, 1306)
2003 Ed. (1294, 1303, 2290)
2002 Ed. (1241, 1255, 1291)
2001 Ed. (1468)
2000 Ed. (1238, 1249)
1999 Ed. (1340, 1357)
1998 Ed. (936)
1997 Ed. (1137, 1151)
Strutt & Parker
2002 Ed. (51)
Stryker Corp.
2008 Ed. (2898, 2910, 3638, 3840, 4526)
2007 Ed. (2228, 2773, 3464, 3465, 3467)
2006 Ed. (1421, 1494, 2761, 2766, 3445, 3446, 3448)
2005 Ed. (1608, 2229, 2230, 2791, 2795, 2803, 3433, 3434, 3435, 3437, 4503)
2004 Ed. (1607, 2798, 2803, 2810, 3420, 3421, 3422, 3423, 4488)
2003 Ed. (1498, 2690, 2957, 3356, 3358, 3359, 4538)
2002 Ed. (1573, 1729, 2830, 4172, 4351)
2001 Ed. (3266)
1999 Ed. (3340)
1998 Ed. (2458)
1997 Ed. (2747)
1996 Ed. (2600, 2601)
1995 Ed. (1245, 2537)
1993 Ed. (3465)
Stryker; Jon
2007 Ed. (4892)
Stryker; Jon L.
2006 Ed. (4904)
2005 Ed. (4849)
Stryker; Pat
2007 Ed. (2497, 4900)
2005 Ed. (4857)
Stryker; Ronald
2007 Ed. (4892)
Stryker; Ronda
2008 Ed. (4829)
Stryker; Ronda E.
2006 Ed. (4904)
2005 Ed. (4849)
STS Bank
1995 Ed. (466)
1994 Ed. (476)
1993 Ed. (474)
1992 Ed. (662)
1991 Ed. (506)
STS Consultants Ltd.
2006 Ed. (2454)
2003 Ed. (2355, 2356)
STS Systems Ltd.
2003 Ed. (1114)
STSN
2006 Ed. (4705)
ST20
2001 Ed. (3303)
Stu Evans Lincoln-Mercury
1996 Ed. (277)
1991 Ed. (284, 284, 309)
1990 Ed. (346)
Stuart A. Miller
2008 Ed. (2638, 2639)
2007 Ed. (1025)
Stuart Amor
1999 Ed. (2424)
Stuart Anderson
1991 Ed. (2883, 2873)
Stuart Anderson's
2006 Ed. (4136)
2002 Ed. (4006)
2001 Ed. (4066, 4067, 4069, 4073, 4075)
2000 Ed. (3793)
1999 Ed. (4070, 4072, 4074, 4079, 4080)
1997 Ed. (3318, 3320, 3333)
1996 Ed. (3217, 3219, 3220, 3223, 3224, 3225, 3226)
1995 Ed. (3122, 3128, 3138)
1993 Ed. (3017, 3024, 3035)
1992 Ed. (3709, 3718)
1990 Ed. (3006, 3007, 3008, 3010, 3023)
Stuart Anderson's Black Angus
2004 Ed. (4147)
2000 Ed. (3792)
Stuart Anderson's Black Angus & Cattle Co.
2007 Ed. (4156)
Stuart Anderson's Black Angus/Cattle Co.
1996 Ed. (3230)
Stuart Anderson's Restaurants
1998 Ed. (3066)
1994 Ed. (3070, 3075, 3088)
Stuart Berman
2006 Ed. (1003)
Stuart Chrysler-Dodge
1993 Ed. (268)
Stuart Epperson
2006 Ed. (2527)
Stuart Graham
2000 Ed. (2078)
Stuart Hall
1999 Ed. (4469, 4470)
1998 Ed. (3399)
1997 Ed. (3625, 3626)
1996 Ed. (3583, 3584)
1995 Ed. (3507)
1994 Ed. (1223)
1993 Ed. (3447)
1992 Ed. (4132)
1991 Ed. (3215)
1989 Ed. (2634)
Stuart Hall Executive Notepad
1990 Ed. (3431)
Stuart Krinsly
2003 Ed. (1546)
Stuart L. Melton
2007 Ed. (2500)
Stuart; Marty
1994 Ed. (1100)
Stuart Miller
2006 Ed. (894)
2005 Ed. (967)
Stuart Pulvirent
1994 Ed. (1770)
1993 Ed. (1787)
Stuart; Spencer
1990 Ed. (1710)
Stuart Vitamins
1994 Ed. (3633)
Stuart W. Connock
1991 Ed. (3209)
Stuart Weisbrod
1995 Ed. (1807)
1994 Ed. (1766)
1993 Ed. (1782)
1991 Ed. (1698)
Stuart Wheeler
2005 Ed. (3868)
Stuarts
1990 Ed. (1521)
The Stubbins Assoc. Inc.
1990 Ed. (278)
Stubbs Queensland
1996 Ed. (3270, 3272)
StubHub
2008 Ed. (4037, 4207)
Stuckey's Corp.
1991 Ed. (2865)
Stud Loan Marketing
1989 Ed. (2471)
Studebaker-Worthington Inc.
2005 Ed. (1538)
Student Advantage
2002 Ed. (2521)
Student Loan Corp.
2006 Ed. (380, 2580, 2581)
2005 Ed. (2572, 2573, 2578, 2579)
2004 Ed. (2594, 2595)
1992 Ed. (2145)
1991 Ed. (1246, 1247)
1990 Ed. (1758, 1775)
1989 Ed. (1424, 1427)
Student Loan Marketing Association
2000 Ed. (2923)
1999 Ed. (3176, 3475)
1998 Ed. (1136, 1690, 1691, 2347)
1997 Ed. (1291, 1383, 2005, 2618)
1996 Ed. (1325, 2474, 2476, 2477, 3413)
1995 Ed. (2434, 3312, 3325, 3338)
1994 Ed. (1843, 3224, 3227, 3245)
1993 Ed. (1854, 2755, 3226, 3227, 3251, 3266)
1992 Ed. (2146, 3317)
1991 Ed. (1714, 2301, 3094)
1990 Ed. (1357, 1777, 3244)
1989 Ed. (1425)
Student loans
1989 Ed. (1220)
Studeo
2006 Ed. (128)
Studio
2003 Ed. (2659)
Studio Line
2008 Ed. (2870)
2001 Ed. (2642, 2643, 2644, 2645)
Studio Lukas
1997 Ed. (76)
Studio Marketing
2002 Ed. (85, 95, 212)
2001 Ed. (113, 124, 242)
2000 Ed. (192)
Studio Marketing Alliance
1992 Ed. (221)
Studio Marketing International
2003 Ed. (147)
2002 Ed. (180)
2001 Ed. (208)
Studio Marketing (JWT)
2000 Ed. (170)
1999 Ed. (152)
Studio Marketing Macedonia
2002 Ed. (138)
2001 Ed. (163)
Studio Moderna
2007 Ed. (35, 54)
2006 Ed. (44)
Studio 33 (U.K.) Ltd.
2002 Ed. (2495)
Studio West Inc. Architects
2008 Ed. (2520)
StudioPLUS Deluxe Studios
2002 Ed. (2643)
STUDIOS Architecture
2008 Ed. (3342)
2007 Ed. (3200)
2006 Ed. (3166)
2005 Ed. (3165)
Studley Inc.
2002 Ed. (3912)
Studley Inc.; Julien J.
1995 Ed. (3060)
1994 Ed. (2998)
1992 Ed. (3614)
1990 Ed. (2954)
Studs-up Soccer
2008 Ed. (4812)
Study Island
2008 Ed. (2404)
Studyware ACT
1998 Ed. (848)
Stuff
2004 Ed. (149, 3333)
2001 Ed. (3197)
Stuff For Men
2003 Ed. (3275)
Stuff It Deluxe
1997 Ed. (1096)
Stuffed/plush toys
1998 Ed. (3605)
Stuffed toys
1999 Ed. (4633)
1993 Ed. (1715)
Stuffing
2002 Ed. (431)
Stuffing products
2003 Ed. (376)
Stulberg Equity Partners LLC
2002 Ed. (4737)
Stull, Stull & Brody
1995 Ed. (2411)
Stupid White Men...and Other Sorry Excuses for the State of the Nation
2004 Ed. (742)
Sturdivant
1993 Ed. (2323)
Sturge & Co.; 960, R. W.
1991 Ed. (2335)
Sturge & Co.; 206, R. W.
1991 Ed. (2337)
Sturge & Co.; 210, R. W.
1991 Ed. (2338)
Sturge Aviation Syndicate Management Ltd.
1993 Ed. (2456)
Sturge Holdings Plc
1992 Ed. (2900)
Sturge Marine Syndicate Management Ltd.
1993 Ed. (2453, 2454, 2458)
1992 Ed. (2895, 2896)
Sturge Non-marine Syndicate Management Ltd.
1993 Ed. (2453, 2455, 2458)
1992 Ed. (2897, 2895)
Sturgeon Electric Co.
2007 Ed. (1281)
2006 Ed. (1175, 1349)
1996 Ed. (1134)
1991 Ed. (1086)
Sturgill, Turner, Barker & Moloney PLLC
2008 Ed. (1880)
Sturgis Aviation Syndicate Management Ltd.
1992 Ed. (2898)
Sturgis Community Credit Union
2002 Ed. (1833)
Sturm Financial Group Inc.
2008 Ed. (344)
2007 Ed. (357)
2005 Ed. (379)
Sturm Holding GmbH
2008 Ed. (3658)
Sturm, Ruger
1993 Ed. (1863)
Sturm, Ruger & Co., Inc.
2005 Ed. (4476)
2004 Ed. (4534)
Sturza's Institutional Research
2006 Ed. (3203)
Stuttgart
1997 Ed. (3782)
Stuttgart, Germany
1992 Ed. (1165)
Stuttgart, West Germany
1991 Ed. (2632)
Stux; Ivan
1996 Ed. (1841)
Stuyvesant Capital
1991 Ed. (2224)
Stuyvesant Capital Mgmt.
2000 Ed. (2822)
Stuyvesant; Peter
1991 Ed. (35)
1990 Ed. (38)
STV Inc.
2008 Ed. (2511, 2523)
STV Architects
1994 Ed. (238)
STV Engineers Inc.
1991 Ed. (1564)
1989 Ed. (269)
STV Group
2008 Ed. (2531, 2533, 2535, 2538, 2539, 2570)
2004 Ed. (2335, 2356)
1998 Ed. (1456)
1997 Ed. (1763)
1996 Ed. (1682)
1995 Ed. (1700)
STV/Sanders & Thomas
1992 Ed. (1969)
1990 Ed. (285)
STW Fixed Income Advisors
1991 Ed. (2234)
STW Fixed Income Management Ltd., Fixed Income—Short Duration
2003 Ed. (3133)
Stx Kiss Apple
1993 Ed. (837, 837)
Stx Kiss Fire
1993 Ed. (837)
Stx Kiss Watermelon
1993 Ed. (837)

Stye
1995 Ed. (1599)
Stygienie
1995 Ed. (1599, 1757)
Styland Holdings
2002 Ed. (4423)
Style
1995 Ed. (1597, 1755, 1757)
1991 Ed. (1881)
Stylecraft Printing
2000 Ed. (913)
Styles on Video
1995 Ed. (3201)
Styling products
2001 Ed. (2636, 2637)
Stylo
1993 Ed. (259)
Styrenebutadiene
1994 Ed. (3116)
Styria Medien
2008 Ed. (34)
Styx Advertising Agency
2002 Ed. (129)
2001 Ed. (156)
2000 Ed. (118)
Styx & Leo Burnett
2003 Ed. (96)
Suarez & Clavera/D'Arcy
2003 Ed. (177)
2002 Ed. (206)
Suarez & Clavera Publicitarios
1999 Ed. (167)
1997 Ed. (156)
1996 Ed. (150)
Suarez Fire Systems Inc.
2006 Ed. (2836, 3507, 4346)
Suarez Housing Corp.
2005 Ed. (1201)
2004 Ed. (1173)
2002 Ed. (2680)
Suat Gunsel
2008 Ed. (4862)
Suave
2008 Ed. (532, 2869, 2870, 2872, 2873, 3877)
2007 Ed. (3811)
2006 Ed. (3800)
2004 Ed. (2785, 2786)
2003 Ed. (645, 646, 647, 2001, 2648, 2649, 2650, 2653, 2654, 2657, 2658, 2659, 2660, 2669, 3264, 4426, 4465)
2002 Ed. (2433, 2434, 2435, 2436, 2437, 2438)
2001 Ed. (1990, 2632, 2633, 3167, 3168, 4225, 4226, 4298, 4299, 4300)
2000 Ed. (4009, 4038, 4073, 4074)
1999 Ed. (687, 2628, 2629, 3772, 3773, 4290, 4291, 4292)
1998 Ed. (1354, 1893, 1895, 2803, 2804, 3291, 3306)
1997 Ed. (1589, 3059, 3061)
1996 Ed. (2071, 2550, 2983, 2985, 3416)
1995 Ed. (1549, 2901)
1994 Ed. (2812, 2814)
1993 Ed. (2814, 3297)
1992 Ed. (3400, 3403, 3946, 4236)
1991 Ed. (1879, 2714, 3114)
Suave Herbal Care
2003 Ed. (2654)
Suave Naturals
2008 Ed. (532)
2004 Ed. (658)
2003 Ed. (4465)
Suave Shoe Corp.
1990 Ed. (3273)
Suave Shoes Inc.
1990 Ed. (2016)
Suavitel
2003 Ed. (2429)
Sub 4
1990 Ed. (3339)
Sub-Saharan Africa
1999 Ed. (1820)
Subang Airport
1996 Ed. (194)
Subaru
2007 Ed. (313)
2006 Ed. (317)
2004 Ed. (289, 290, 292, 294, 295, 297)
2003 Ed. (304, 305, 306, 320, 321, 322, 323, 328, 329, 330)
2002 Ed. (349, 365)
2001 Ed. (453, 3835)
2000 Ed. (340)
1998 Ed. (227)
1997 Ed. (292, 307)
1996 Ed. (322)
1995 Ed. (312)
1994 Ed. (313, 319)
1993 Ed. (305, 330, 331)
1992 Ed. (438, 445, 455, 462)
1991 Ed. (326)
1990 Ed. (364, 367)
1989 Ed. (308, 319, 320, 345)
Subaru DL/GL, 4-WD
1989 Ed. (342, 1671)
Subaru Impreza
1997 Ed. (311)
Subaru Justy
1996 Ed. (2268)
1992 Ed. (436, 485)
Subaru Legacy
1993 Ed. (327)
1992 Ed. (452)
Subaru of America Inc.
2008 Ed. (3009)
2007 Ed. (2887)
2004 Ed. (279)
1991 Ed. (314, 316, 3094)
1990 Ed. (350, 352, 3244)
1989 Ed. (2471)
Subaru of Indiana Automotive
2008 Ed. (3546)
Subaru Sedan
1989 Ed. (348)
Subaru XT Coupe
1992 Ed. (485)
Subaru XT/XT6
1992 Ed. (450)
Subassemblies & components
1998 Ed. (2077)
Subcompact car
2001 Ed. (502)
Subic Bay Naval Station
1993 Ed. (2884)
Subkhanberdin; Nurzhan
2008 Ed. (4888)
Sublime
2003 Ed. (261)
Submarine
1990 Ed. (3095)
Suboticanka
2004 Ed. (80)
Subscription Reference
2001 Ed. (976)
Subsidization of child-care expenses
1992 Ed. (2233)
Subsidization of elder-care expenses
1992 Ed. (2233)
Substance abuse
1992 Ed. (1939, 4430)
Substance abuse testing
1992 Ed. (3829)
Suburban
2001 Ed. (481)
Suburban Auto Imports
1996 Ed. (263)
1995 Ed. (259)
1994 Ed. (260)
1993 Ed. (291)
1992 Ed. (406)
1991 Ed. (301)
1990 Ed. (334)
Suburban Automotive
1999 Ed. (319)
Suburban Cablevision
1995 Ed. (878, 882)
Suburban; Chevrolet
2006 Ed. (3577)
The Suburban Collection
2002 Ed. (369)
2001 Ed. (454)
2000 Ed. (333)
Suburban Communication Corp.
1998 Ed. (2680)
Suburban Home and Garden Show
1999 Ed. (4642)
1998 Ed. (3608)
Suburban Lodge
2002 Ed. (2643)
Suburban Ostomy Supply Co.
1998 Ed. (3178)
Suburban/Petrolane
1993 Ed. (2925)
1992 Ed. (3554)
Suburban Propane
2000 Ed. (1316, 3622)
1996 Ed. (3102)
1995 Ed. (3001)
1990 Ed. (2909)
Suburban Propane LP
2007 Ed. (4039)
2006 Ed. (4005)
Suburban Propane Partners
1999 Ed. (3906)
1998 Ed. (2932)
Suburban Propane Partners, L. P.
2002 Ed. (3799)
Suburban Propane Partners LP
2008 Ed. (4081)
2007 Ed. (4045)
2006 Ed. (4013)
2005 Ed. (3944)
2004 Ed. (3973)
2003 Ed. (3970)
2000 Ed. (3623)
Suburban Propane/Petrolane
1994 Ed. (2943)
Suburban Propane/Petroleum
1997 Ed. (3180)
Suburban Security & Investigation Agency
2000 Ed. (3905)
Suburban Subaru
1995 Ed. (285)
Suburban Transit Corp.
1998 Ed. (539)
1997 Ed. (841)
1996 Ed. (831)
1995 Ed. (851)
1994 Ed. (800)
1992 Ed. (988)
1991 Ed. (807)
1990 Ed. (846)
1989 Ed. (829)
Suburbs
2000 Ed. (2616)
Subversion
2008 Ed. (1144)
2007 Ed. (1253)
Subway
2008 Ed. (872, 874, 2657, 2658, 2668, 2671, 2681, 4152, 4153, 4185, 4192, 4193, 4194, 4271, 4274, 4275, 4276)
2007 Ed. (895, 898, 2529, 2530, 2535, 4150, 4154, 4240, 4241)
2006 Ed. (808, 811, 2553, 2556, 2561, 4131, 4132, 4133, 4134, 4222, 4225, 4226)
2005 Ed. (893, 895, 2546, 2548, 2549, 2554, 2564, 2568, 4080, 4081, 4086, 4087, 4168, 4171, 4172, 4173, 4175, 4176, 4655)
2004 Ed. (903, 905, 1377, 2575, 2589, 2590, 4121, 4142, 4143, 4144, 4145, 4242, 4243)
2003 Ed. (881, 885, 2437, 2458, 2459, 4130, 4132, 4134, 4135, 4137, 4138, 4142, 4143, 4218, 4221, 4222, 4223, 4225, 4226, 4227)
2002 Ed. (2237, 2357, 2358, 4091)
2001 Ed. (2405, 2407, 2410, 2529, 2531, 4080)
2000 Ed. (1911, 1912, 2246, 2267, 2270, 3790)
1999 Ed. (2129, 2134, 2139, 2477, 2507, 2511, 2522, 2523, 4050, 4078, 4083, 4084, 4085, 4134)
1998 Ed. (1551, 1757, 1762, 1764, 1765, 3050, 3073, 3074, 3124)
1997 Ed. (1832, 2052, 2058, 2078, 2080, 2081, 2082, 2083, 2084, 2085, 3310, 3375)
1996 Ed. (1964, 1965, 3227, 3229, 3278)
1995 Ed. (1939, 3121, 3132, 3179, 3180)
1994 Ed. (1909, 1910, 1913, 1914, 3076, 3086, 3130)
1993 Ed. (1901, 3014, 3015, 3016, 3036, 3067)
1992 Ed. (2122, 2219, 2220, 3704, 3708, 3764)
1990 Ed. (1850, 1853, 3015, 3019, 3020)
Subway Restaurants
2007 Ed. (3213)
Subway Sandwiches
2001 Ed. (4082, 4083)
2000 Ed. (3799, 3800)
1991 Ed. (1769, 1770, 2865, 2866, 2868, 2877, 2878, 2910, 1655, 1658, 1774)
Subway Sandwiches & Salads
2002 Ed. (2241, 2252, 2253, 4027, 4031, 4033, 4034)
2000 Ed. (3764, 3848)
1992 Ed. (2224, 2230)
1990 Ed. (1855)
1989 Ed. (1488)
Suby Von Haden & Associates
2002 Ed. (12)
1998 Ed. (5)
Suby, Von Haden & Associates, SC
2008 Ed. (7)
2007 Ed. (9)
2006 Ed. (13)
2005 Ed. (8)
2004 Ed. (12)
SubZero Constructors
2005 Ed. (1164)
Sucaco
1991 Ed. (2012, 2013)
Success Financial Network
2007 Ed. (4072)
Success Holdings
1995 Ed. (2126)
Success is a Choice
1999 Ed. (690)
Successful Farming
2001 Ed. (1053)
2000 Ed. (3467, 3483)
1999 Ed. (3748, 3758)
Successful Meetings
2008 Ed. (4713)
2007 Ed. (4797)
2005 Ed. (138)
2001 Ed. (249, 251)
2000 Ed. (3482, 3483)
1998 Ed. (2791)
SuccessLab Learning Centers
2003 Ed. (3949)
Successories of Hawaii Inc.
2006 Ed. (3509)
Suchard; Jacob
1992 Ed. (1046)
Suchard; Jacobs
1992 Ed. (1495)
1991 Ed. (1747)
Sucoma
2006 Ed. (4517)
Sucralfate
1992 Ed. (1870)
Sucres et Dendrees
1990 Ed. (1368)
Sucres et Denrees
1994 Ed. (1373)
Sucrets
2003 Ed. (1878)
2002 Ed. (1803)
2001 Ed. (1939)
2000 Ed. (1133)
1999 Ed. (1219)
1996 Ed. (1029, 1030)
1993 Ed. (1012)
1992 Ed. (1248, 1249, 1262, 1263)
1991 Ed. (3387, 3388)
Sucrets Spray/Gargle
1992 Ed. (1260)
1991 Ed. (3386)
Sud Americano
2001 Ed. (613, 614, 615)
2000 Ed. (490, 491, 492, 645)
1990 Ed. (521)
Sud-Chemie AG
2008 Ed. (918)
Sudafed
2008 Ed. (1038)
2004 Ed. (1056, 1057)

2003 Ed. (1048, 1049, 1050)
2002 Ed. (1097, 1099, 1100)
2001 Ed. (1309, 1310)
2000 Ed. (277, 1132, 1135)
1999 Ed. (255, 1218)
1998 Ed. (788, 789)
1996 Ed. (1024, 1025, 1033)
1995 Ed. (228, 1046, 2898)
1994 Ed. (1037, 1574, 1576)
1993 Ed. (1008)
1992 Ed. (1244, 1245, 1253, 1256, 1257)
1991 Ed. (993, 994, 997, 998)
Sudafed Plus
1991 Ed. (997, 998)
Sudafed SA
1991 Ed. (993)
Sudafed 30 mg Tablets 24s
1990 Ed. (1541)
Sudafed 30mg. tablets 24s
1990 Ed. (1082, 1540)
Sudamericano Bolsa
2007 Ed. (764)
Sudamex de Venezuela
1997 Ed. (906)
Sudamtex
2000 Ed. (986)
1994 Ed. (868)
Sudamtex-A
1996 Ed. (884)
Sudamtex-B
1996 Ed. (884)
Sudan
2008 Ed. (3863)
2007 Ed. (2259, 3789, 4480)
2006 Ed. (2134, 3184, 3791, 4418)
2005 Ed. (2038, 3702)
2004 Ed. (3784)
2003 Ed. (3759)
2001 Ed. (4312)
1991 Ed. (1642, 2826)
1989 Ed. (1219)
Sudan Commercial Bank
1989 Ed. (681)
Sudanese French Bank
2005 Ed. (613)
2004 Ed. (624)
2003 Ed. (615)
2002 Ed. (651)
Sudanese International Bank
1989 Ed. (681)
Sudarshan Chemical Industries
1996 Ed. (1600)
Sudbury Inc.
1994 Ed. (1237)
1993 Ed. (3467)
1992 Ed. (2595)
1990 Ed. (1307)
The Suddath Companies
2008 Ed. (4768)
Suddath Cos.
2008 Ed. (4740)
2007 Ed. (4813)
2006 Ed. (4796)
Suddath Van
1998 Ed. (3636)
Sudden Change
2002 Ed. (1951)
2000 Ed. (4037)
1998 Ed. (3308)
Sudfed SA
1991 Ed. (994)
Sudier & Hennessey
1992 Ed. (117)
Sudikoff; Jeffrey
1995 Ed. (1717)
Sudler & Hennessey
2002 Ed. (67)
2001 Ed. (212)
2000 Ed. (57)
1998 Ed. (38, 51)
1997 Ed. (57)
1996 Ed. (48)
1995 Ed. (33)
1994 Ed. (58)
1993 Ed. (67)
1992 Ed. (110)
1991 Ed. (2398)
1990 Ed. (57)
Sudler & Hennessy
1999 Ed. (43)
The Sudler Cos.
1997 Ed. (3261)
Sudler Management Co., LLC
2002 Ed. (3925)
Sudwestdeutsche Landesbank
1997 Ed. (516)
1991 Ed. (528)
Sudzucker
1995 Ed. (1903)
1994 Ed. (1392, 1396)
1993 Ed. (1879)
Sue Bee
2003 Ed. (2791, 3157)
Sue Bird
2005 Ed. (266)
Suedzucker
2007 Ed. (2617)
2006 Ed. (2647)
Suedzucker AG
2004 Ed. (2653)
2001 Ed. (2468)
Suehrstedt; Wendy
2008 Ed. (4945)
Suez
2008 Ed. (1186, 1427, 1759, 1760, 1761, 2503, 2506, 2815)
2007 Ed. (1457, 1730, 1732, 1733, 2299, 2301, 2303, 2391, 2685, 2686, 2688)
2006 Ed. (1724, 1725, 1726, 2366, 2445, 2446, 3341)
2005 Ed. (1777, 2402, 2406, 2407, 2411, 2413, 4359)
1996 Ed. (766)
1994 Ed. (740, 1369)
1993 Ed. (731, 732, 1315)
1992 Ed. (915, 916)
1991 Ed. (731, 732)
1990 Ed. (3460)
Suez Canal Bank
2007 Ed. (434)
2006 Ed. (433)
2005 Ed. (488)
2004 Ed. (482)
2003 Ed. (485)
2002 Ed. (554)
2000 Ed. (445)
1999 Ed. (453)
1997 Ed. (396)
1996 Ed. (431)
1995 Ed. (404)
1992 Ed. (583)
1991 Ed. (428)
1990 Ed. (477)
1989 Ed. (455)
Suez Environnement
2008 Ed. (1186)
Suez Group
1996 Ed. (1347)
1995 Ed. (1396)
1992 Ed. (1620)
Suez Lyonnais des Eaux SA
2005 Ed. (1502)
2004 Ed. (1486, 2322)
2003 Ed. (1456, 1682, 2286)
2002 Ed. (762)
Suez Lyonnaise des Eaux
2007 Ed. (3987)
2001 Ed. (1707)
2000 Ed. (1434, 1435)
Suez Lyonnaise des Eaux SA
2002 Ed. (1436, 1656, 2125, 2127, 2128, 3220)
2001 Ed. (1550, 1709, 1710)
Suez Lyonnaise Group
2000 Ed. (1436)
Suez SA
2005 Ed. (1571)
Suffield Financial
1990 Ed. (1793)
Sufflok Bancorp
2008 Ed. (428)
Suffolk Bancorp
2008 Ed. (372, 2369)
2003 Ed. (518)
Suffolk Capital
1995 Ed. (2356, 2360)
Suffolk Construction
2007 Ed. (1352)
2004 Ed. (1311)
2002 Ed. (1253, 1262)
Suffolk County Clerk's Office
2007 Ed. (2801)
Suffolk County, NY
2004 Ed. (794)
2002 Ed. (2443)
2000 Ed. (1092, 2995)
1999 Ed. (1775)
1994 Ed. (716, 1478, 2061)
1992 Ed. (1720, 1724)
1991 Ed. (2511, 1370)
Suffolk County Water
1990 Ed. (2642)
Suffolk Credit Union
2005 Ed. (2073)
Suffolk Life Newspapers
2002 Ed. (3502)
Suffolk-Nassau, NY
1996 Ed. (3768)
Suffolk, NY
2000 Ed. (1604)
1990 Ed. (1441)
Suffolk Co. (NY) Suffolk Life Newspapers
2003 Ed. (3644)
Suffolk University
2006 Ed. (700)
Sugamo Shinkin Bank
2003 Ed. (537)
Sugar
2008 Ed. (1094)
2003 Ed. (3939, 3940)
2001 Ed. (551)
2000 Ed. (2934, 3501, 3619)
1998 Ed. (2927, 3445)
1996 Ed. (3097, 3615)
1994 Ed. (2940)
1993 Ed. (2744, 2921)
1992 Ed. (2074)
1990 Ed. (1962, 2742)
Sugar & confectionery products
1998 Ed. (29)
Sugar Babies
1997 Ed. (888)
Sugar, brown
2003 Ed. (4616)
2002 Ed. (4519)
Sugar Busters!
2001 Ed. (985)
2000 Ed. (708)
Sugar Daddy
1995 Ed. (893, 898)
Sugar, granulated
2003 Ed. (4616)
2002 Ed. (4519)
Sugar Land, TX
2007 Ed. (2270, 3010)
Sugar No. 11
1990 Ed. (1871)
Sugar, powdered
2003 Ed. (4616)
2002 Ed. (4519)
Sugar Puffs
1992 Ed. (1075)
Sugar; Sir Alan
2008 Ed. (4904)
2007 Ed. (4928)
Sugar substitutes
2003 Ed. (4616)
2002 Ed. (4519)
1996 Ed. (3092, 3093)
Sugar Twin
1996 Ed. (3624)
1995 Ed. (3539)
1994 Ed. (3471)
Sugarman; Jay
2006 Ed. (928)
Sughrue Mion PLLC
2008 Ed. (3860, 4725)
Sugiyama; Katsuhiko
1996 Ed. (1872)
Sugraone
2002 Ed. (4967)
2001 Ed. (4871)
Suh Kyung-Bae
2008 Ed. (4851)
Suhdutsing Technologies LLC
2008 Ed. (3737, 4433)
Sui Northern Gas
1999 Ed. (3132)
1997 Ed. (2588)
Sui Northern Gas Co
2000 Ed. (2878)
Sui Northern Gas Pipelines Ltd.
2006 Ed. (4527)
2002 Ed. (3044, 3045, 4453)
Sui Northern Gas Pipelines Limited
2000 Ed. (2879)
Sui Southern Gas
2002 Ed. (4453)
1999 Ed. (3132, 3133)
1997 Ed. (2588, 2589)
Sui Southern Gas Company Limited
2000 Ed. (2879)
Suicide
2000 Ed. (1642, 1644, 1645)
Suicides
1992 Ed. (1765, 1766)
1990 Ed. (1470, 1474)
Suisan Group Inc.
2008 Ed. (1783)
2007 Ed. (1755)
2006 Ed. (1746)
Suissa Miller
2004 Ed. (106)
2002 Ed. (137)
Suissa Miller Advertising Inc.
2000 Ed. (125)
Suit
1989 Ed. (1921)
Suite Properties Inc.
2006 Ed. (3525)
Suitflow Ltd.
1995 Ed. (1010)
Suits
2005 Ed. (1004, 1006, 1009)
1990 Ed. (2506)
Suitt Construction Co. Inc.
1999 Ed. (1332)
1992 Ed. (1205)
1991 Ed. (971)
Suitt Construction Company
1990 Ed. (1044)
Suiza Foods Corp.
2004 Ed. (1457)
2003 Ed. (1883, 1960, 1961, 3412)
2002 Ed. (1910, 2290, 2292, 2300)
2001 Ed. (1973, 2476)
2000 Ed. (1635, 1641)
1999 Ed. (3602)
Suiza Reinsurance
1994 Ed. (2238)
Suize Brosr
1991 Ed. (1352)
Sukarnoputri; Megawati
2006 Ed. (4986)
Sukumvit Vechakit Co. Ltd.
1993 Ed. (1275)
Sul America
2008 Ed. (3257)
Sul America Proventum FIF
2003 Ed. (3616)
Sula
2004 Ed. (745)
Sulaiman Al Rajhi
2008 Ed. (4891)
Sulaiman Bin Abdul Al Rajhi
2008 Ed. (4892)
2007 Ed. (4921)
2006 Ed. (4928)
2005 Ed. (4886)
Sulam; Marc
1997 Ed. (1867, 1893)
1996 Ed. (1819)
1995 Ed. (1841)
1994 Ed. (1803)
1993 Ed. (1820)
1991 Ed. (1688)
Sulcus Computer Corp.
1994 Ed. (214)
Sulcus Cptr
1996 Ed. (207)
Suleiman Kerimov
2008 Ed. (4865, 4894)
Sulfuric acid
1997 Ed. (956)
1996 Ed. (924, 953)
1995 Ed. (955)
1994 Ed. (913)
1993 Ed. (899, 904)
1992 Ed. (1104)
1991 Ed. (906)
1990 Ed. (944)
Suliman Olayan
2004 Ed. (4883)

2003 Ed. (4895)
Sulisto/BBDO
1989 Ed. (117)
Sulliden Exploration Inc.
2005 Ed. (1728)
Sullivan
1995 Ed. (2429)
Sullivan & Co.
2000 Ed. (1867)
Sullivan & Cromwell
2006 Ed. (1412, 1413, 3245)
2005 Ed. (1427, 1428, 1437, 1438, 1439, 1440, 1444, 1450, 1454, 1455, 1457, 3255)
2004 Ed. (1408, 1409, 1416, 1417, 1437, 1438, 1440, 1446, 3225, 3236, 3239)
2003 Ed. (1393, 1394, 1400, 1401, 1407, 1408, 1412, 1413, 1415, 3176, 3177, 3178, 3186, 3188, 3189, 3191)
2002 Ed. (1356, 1357, 1359, 1361, 1373, 1374)
2001 Ed. (561, 564, 565, 567, 1539, 3051, 3058, 3086)
2000 Ed. (2892, 2893, 2901)
1999 Ed. (1431, 3142, 3143, 3144, 3145, 3146, 3156, 4257)
1998 Ed. (2325, 2326, 2332)
1997 Ed. (2600)
1995 Ed. (2414, 2420)
1994 Ed. (2355)
1993 Ed. (2388, 2389, 2402)
1992 Ed. (2827, 2844)
1991 Ed. (2278, 2290)
Sullivan & Cromwell LLP
2008 Ed. (1394, 1395, 3414, 3416, 3425, 3426, 3427)
2007 Ed. (3302, 3303, 3304, 3305, 3306, 3321)
Sullivan & Worcester
1991 Ed. (2281)
1990 Ed. (2415)
Sullivan Associates
2006 Ed. (4356)
1992 Ed. (360)
Sullivan; Barry F.
1991 Ed. (402, 926, 1628)
1990 Ed. (458, 459, 973)
Sullivan Broadcast Holdings
2001 Ed. (1546)
Sullivan; Dan
1997 Ed. (2705)
Sullivan; David
2008 Ed. (4904)
2007 Ed. (4928, 4935)
2005 Ed. (4892, 4896)
Sullivan Dental Products
1992 Ed. (3993)
Sullivan; G. C.
2005 Ed. (2500)
Sullivan Graphics
1993 Ed. (2919)
1992 Ed. (3536, 3537)
1991 Ed. (2766, 2767)
Sullivan Higdon & Sink
2003 Ed. (167)
Sullivan International Group Inc.
2008 Ed. (3689)
2006 Ed. (2501, 3972)
Sullivan; John L.
2006 Ed. (333)
Sullivan Payne Co.
1994 Ed. (3041)
1993 Ed. (2993)
1992 Ed. (3659)
1991 Ed. (2830)
1990 Ed. (2262)
Sullivan Services Inc.
1998 Ed. (3505)
Sullivan; Thomas C.
2006 Ed. (2521)
SullivanCurtisMonroe Insurance Brokers
2005 Ed. (3077)
2004 Ed. (3067)
SullivanHayes Brokerage Corp.
2002 Ed. (3909)
Sullivans Cleaning & Restoration Tech Inc.
2006 Ed. (670, 671)
Sulloway & Hollis
1999 Ed. (3154)
Sully County, SD
1999 Ed. (2831)
1997 Ed. (1540)
Sulpasteis-Comercio e Industria Produtos Alimentares Congelados, LDA
2008 Ed. (2055)
2007 Ed. (1962)
Sulphur Springs State Bank
1989 Ed. (218)
Sultan Haji Hassanal Bolkiah
2005 Ed. (4880)
2004 Ed. (4878)
Sultan Haji Hassanal Bolkiah Mu'Izzaddin Waddaulah
1993 Ed. (699)
Sultan Haji Hassanal Bolkiah Mu'Izzaddin Waddulah
1994 Ed. (708)
Sultan Haji Hassanal Bolkiah Mu'Izzadin Waddaulah
1992 Ed. (890)
Sultan Hassanal Bolkiah
1991 Ed. (710, 3477)
1990 Ed. (731, 3688)
1989 Ed. (732)
Sulzer
1997 Ed. (1745)
Sulzer Brothers
1997 Ed. (1516)
1993 Ed. (1406)
1992 Ed. (1694)
Sulzer Group
1989 Ed. (1656)
Sulzer Medica
2003 Ed. (4608)
Sulzer Medica Co. Ad
1999 Ed. (2727)
Sulzer Medizinaltechnik AG
1996 Ed. (2264)
Sulzer Rueti AG
1996 Ed. (2558)
Sulzer-Rueti Textilmaschinen AG
1994 Ed. (2422)
Sulzer Textil
2000 Ed. (3001, 3002, 3031)
Sulzer Weise GmbH
1996 Ed. (1332)
Sum Cheong International
1996 Ed. (2139)
Suma Yonkers
2000 Ed. (1625)
Suma Yonkers Credit Union
2008 Ed. (2208)
2006 Ed. (2156, 2170)
2005 Ed. (2063, 2076)
2004 Ed. (1936)
2003 Ed. (1896)
2002 Ed. (1836)
Sumco
2007 Ed. (2828)
Sumiferon
1996 Ed. (1581)
Sumikin Bussan
1996 Ed. (3412)
Sumimoto Bank Ltd.
1999 Ed. (466)
Sumitoma Bank
2000 Ed. (533)
1991 Ed. (561)
Sumitomo Corp.
2008 Ed. (4727)
2007 Ed. (4368, 4802, 4803)
2006 Ed. (4742)
2004 Ed. (1629, 4761)
2003 Ed. (4780)
2002 Ed. (1579, 1702, 1703, 4664)
2001 Ed. (1624, 1704, 1705, 1767, 2173, 3838)
2000 Ed. (230, 1424, 1481, 1494, 1498, 2713, 3821, 4285, 4286)
1999 Ed. (207, 280, 1581, 1619, 1659, 1662, 1674, 1689, 1692, 4107, 4301, 4602, 4645, 4760)
1998 Ed. (1157, 1165, 1557, 3572, 3610)
1997 Ed. (1356, 1450, 1461, 3352, 3878)
1996 Ed. (1394, 3730, 3829)
1995 Ed. (1349, 1429, 1430, 1441, 3152)
1994 Ed. (1363, 1400)
1993 Ed. (921, 1277, 1311, 1346, 1356, 3047, 3261, 3263, 3269, 3578)
1992 Ed. (2015, 2154)
1991 Ed. (1280, 1306, 1314, 1718, 3392)
1990 Ed. (1330, 1364, 1391, 1533, 3636)
1989 Ed. (530, 2908)
Sumitomo Bakelite Co., Ltd.
2006 Ed. (858)
2002 Ed. (1003)
Sumitomo Bank Ltd.
2003 Ed. (553, 1437)
2002 Ed. (581, 595, 597, 3193)
2001 Ed. (603, 630, 1768)
2000 Ed. (462, 528, 532, 534, 560, 562, 565, 574, 575, 576, 1474, 1493, 1497, 4262)
1999 Ed. (516, 518, 520, 522, 523, 524, 550, 552, 553, 555, 563, 564, 565, 1667, 1691, 4614)
1998 Ed. (292, 341, 351, 354, 355, 356, 357, 381, 382, 383, 1163, 2348, 2352, 3008)
1997 Ed. (514, 519, 1447, 1464, 2621, 2622, 2625, 3001, 3761)
1996 Ed. (501, 502, 503, 504, 505, 506, 511, 557, 558, 561, 562, 573, 574, 1339, 1398, 1407, 1408, 2474, 2476, 2477, 2479, 2480, 2481, 2484, 2909, 3406, 3408, 3409, 3597, 3693, 3706, 3707)
1995 Ed. (421, 462, 468, 469, 505, 506, 509, 510, 519, 520, 1434, 1444, 2433, 2434, 2437, 2438, 2439, 2442, 2838)
1994 Ed. (479, 480, 483, 484, 518, 525, 526, 530, 531, 544, 545, 1365, 1409, 1411, 3013, 3255, 3550)
1993 Ed. (377, 403, 424, 445, 476, 477, 484, 517, 518, 521, 527, 529, 532, 542, 543, 544, 1358, 1859, 2415, 2418, 2419, 2421, 2965, 3587)
1992 Ed. (563, 603, 604, 628, 665, 666, 667, 672, 709, 710, 716, 717, 719, 721, 726, 728, 743, 744, 803, 1638, 1650, 1660, 3340, 3656, 4151, 4310)
1991 Ed. (221, 448, 450, 508, 548, 549, 551, 553, 557, 558, 559, 563, 575, 576, 577, 1305, 1309, 1318, 1594, 1720, 2300, 2301, 2304, 2305, 2678, 3073, 3235, 3278, 3400, 382, 509, 512, 514, 519, 562)
1990 Ed. (297, 501, 502, 547, 594, 595, 597, 603, 604, 605, 609, 617, 1385, 1390, 1392, 1788, 1789, 2436, 2437, 2438, 2773, 3223)
1989 Ed. (561)
Sumitomo Bank California
1990 Ed. (716)
1989 Ed. (712)
Sumitomo Bank of California
1999 Ed. (395)
1996 Ed. (411, 464, 3163, 3164)
1995 Ed. (388, 437, 471, 3066, 3067)
1994 Ed. (393, 445, 3009)
1991 Ed. (472)
1990 Ed. (513)
1989 Ed. (500)
Sumitomo Bank of California (San Francisco)
1991 Ed. (471)
Sumitomo Canada
1994 Ed. (3659)
1991 Ed. (748)
1990 Ed. (1337)
Sumitomo Chemical Co., Ltd.
2008 Ed. (913, 914, 925, 926, 1842, 1843)
2007 Ed. (934, 935, 941, 942, 947, 949, 951, 953)
2006 Ed. (852)
2005 Ed. (951, 955)
2004 Ed. (958)
2003 Ed. (945)
2002 Ed. (246, 998, 1000, 1001, 1002, 1017)
1999 Ed. (1090)
1998 Ed. (1346)
1996 Ed. (940, 1406)
1995 Ed. (959)
1994 Ed. (923, 931)
1993 Ed. (908, 914, 915)
1992 Ed. (1113)
1991 Ed. (909)
1990 Ed. (955)
1989 Ed. (894)
Sumitomo/Dunlop
1995 Ed. (3615)
1990 Ed. (3597)
Sumitomo Electric
1989 Ed. (1655)
Sumitomo Electric Industries
2007 Ed. (2349)
2002 Ed. (3309, 3318)
2000 Ed. (3087, 3093)
1999 Ed. (3350, 3358)
1997 Ed. (2755)
1996 Ed. (1764, 2613)
1995 Ed. (1626, 2550, 2552)
1994 Ed. (1585, 2484, 2486)
1993 Ed. (2539)
1992 Ed. (3032)
1991 Ed. (2423)
1990 Ed. (2176)
1989 Ed. (1289)
Sumitomo Forest
2007 Ed. (2991)
Sumitomo Forestry Co. Ltd.
2000 Ed. (223)
1999 Ed. (200)
1997 Ed. (182)
1995 Ed. (164)
1994 Ed. (146)
1993 Ed. (162)
1992 Ed. (256)
Sumitomo Heavy Industries
2007 Ed. (2401)
1997 Ed. (1581)
Sumitomo Insurance Co.
1992 Ed. (2712)
Sumitomo Lie Insurance Co.
1990 Ed. (2278)
Sumitomo Life
1995 Ed. (1387, 2312)
1993 Ed. (2230, 2256, 2346)
1989 Ed. (1698)
Sumitomo Life Insurance
1999 Ed. (2889, 2922, 2961)
1998 Ed. (2134, 2135)
1997 Ed. (2396, 2423, 2424)
1996 Ed. (996, 1337, 2287, 2327)
1994 Ed. (990, 1364, 2236, 2265)
1992 Ed. (1190, 2710)
1991 Ed. (2147, 957)
1989 Ed. (1746)
Sumitomo Life Insurance Group
2008 Ed. (3309)
2007 Ed. (1801, 3160)
2006 Ed. (1772, 3127)
2005 Ed. (3121, 3227)
2004 Ed. (3115, 3117, 3211)
2003 Ed. (3000)
2002 Ed. (2823, 2940, 2942)
2001 Ed. (2885, 2925)
Sumitomo Marine
1990 Ed. (2259)
Sumitomo Marine & Fire
1996 Ed. (2292)
Sumitomo Marine & Fire Insurance Co. Ltd.
1999 Ed. (2915)
1998 Ed. (2128)
1997 Ed. (2418)
1995 Ed. (2279)
1994 Ed. (2232)
1993 Ed. (2252)
1992 Ed. (2706)
1991 Ed. (2143)
1990 Ed. (2274)
Sumitomo Metal
1990 Ed. (2589)
Sumitomo Metal Ind.
1989 Ed. (2639)

Sumitomo Metal Industries Ltd.
2007 Ed. (1581, 1582, 3490)
2006 Ed. (3464, 3465)
2005 Ed. (3456)
2004 Ed. (3442)
2003 Ed. (3377)
2002 Ed. (3311, 4432, 4433, 4434)
2001 Ed. (1505, 3076, 4944)
2000 Ed. (3083, 3093)
1999 Ed. (3346, 3351, 3358)
1998 Ed. (2467)
1997 Ed. (2751, 2757)
1996 Ed. (2607)
1995 Ed. (2544, 2546, 2552)
1994 Ed. (2476, 2478, 2486)
1993 Ed. (2539)
1992 Ed. (1681, 3032, 3032, 4309)
1991 Ed. (2423, 3401)
1990 Ed. (2545)
Sumitomo Metal Min.
1989 Ed. (2070)
Sumitomo Metal Mining
2007 Ed. (3490)
2004 Ed. (3693)
1999 Ed. (3358)
1997 Ed. (2757)
1996 Ed. (3707)
1995 Ed. (2552)
1990 Ed. (2545, 2717)
Sumitomo Mitsui Banking Corp.
2007 Ed. (4659)
2005 Ed. (3938, 3941, 4582)
2004 Ed. (550, 552, 554, 567, 1740)
Sumitomo Mitsui Construction Co., Ltd.
2008 Ed. (2562)
2007 Ed. (2435)
2006 Ed. (1315, 2470)
Sumitomo Mitsui Financial Group Inc.
2008 Ed. (443, 454, 1818, 1867, 4537)
2007 Ed. (474, 489, 490, 1786, 1837)
2006 Ed. (463, 465, 475, 1448, 1797, 1825, 1826, 1829)
2005 Ed. (533, 534, 535, 537, 553, 1811, 2588)
Sumitomo Mutual Life
1996 Ed. (2423)
1995 Ed. (2391)
1994 Ed. (2327)
Sumitomo Precision Products
2003 Ed. (205)
Sumitomo Real Estate & Development
2007 Ed. (4091)
Sumitomo Realty & Development
2001 Ed. (1622)
Sumitomo Rubber
2005 Ed. (3694)
1989 Ed. (2836)
Sumitomo Rubber Industries Ltd.
2008 Ed. (4678)
2007 Ed. (4756)
2006 Ed. (4749)
2002 Ed. (3720)
2001 Ed. (4540)
Sumitomo Trust
2000 Ed. (4128)
Sumitomo Trust & Banking
2008 Ed. (454)
2007 Ed. (489, 490)
2006 Ed. (475)
2005 Ed. (553)
2004 Ed. (567)
2002 Ed. (594)
2000 Ed. (2927)
1998 Ed. (2354)
1997 Ed. (2396)
1996 Ed. (2423)
1995 Ed. (2436)
1994 Ed. (485)
1993 Ed. (483, 485, 2414, 2418, 2422, 2969)
1991 Ed. (2304, 2305, 2308, 520)
1990 Ed. (602)
1989 Ed. (479, 578, 592)
Sumitomo Trust & Banking Group
2005 Ed. (3227)
2004 Ed. (3211)
2002 Ed. (2823)
2001 Ed. (2885)
Sumitomo Trust & Banking Co. USA
1991 Ed. (630)
1990 Ed. (654)
Sumitomo Corp. (UK) Ltd.
1991 Ed. (3479)
Sumitomo Corp. (UK) Pic
1995 Ed. (3650)
Sumitomo Corp. (UK) PLC
1997 Ed. (1419, 3783)
1994 Ed. (3565)
Sumitomo Warehouse
2007 Ed. (4835)
Sumltomo Bank of California
1997 Ed. (427)
Summa Bansander
2007 Ed. (3797)
2003 Ed. (3765)
2002 Ed. (3631)
Summa Health System
2008 Ed. (3059)
2006 Ed. (2918)
1995 Ed. (2631)
Summa Promet Energy
1992 Ed. (2443)
Summa Technologies Inc.
2008 Ed. (2037)
SummaCare
2008 Ed. (3647)
1999 Ed. (2646, 2647)
Summarecon Agung Terbuka
2008 Ed. (1809)
Summer Dallas Markets
2004 Ed. (4755)
Summer Sister
2001 Ed. (986)
Summer Sisters
2000 Ed. (707)
Summer Street Research Partners
2007 Ed. (3271)
Summer XS
1993 Ed. (1080)
Summerfield Suites
2000 Ed. (2554)
Summerfield Suites Hotels
1999 Ed. (2777)
1998 Ed. (2017)
1997 Ed. (2293)
1992 Ed. (2496)
Summerhays Music
2006 Ed. (3542)
SummerHill Homes
2002 Ed. (2664)
Summerhouse Communications
1996 Ed. (2232)
Summerlin
1996 Ed. (3050)
Summer's Eve
2003 Ed. (2461)
2002 Ed. (2255)
Summerville Senior Living
2003 Ed. (291)
Summey Building Systems
1990 Ed. (1174)
Summit
2002 Ed. (3396)
2001 Ed. (4424)
1997 Ed. (806)
1993 Ed. (6)
1992 Ed. (2156)
1991 Ed. (1724)
Summit Associates Inc.
1997 Ed. (3261)
Summit Bancorp
2002 Ed. (437)
2001 Ed. (621, 622)
2000 Ed. (428, 619, 647, 3744, 3745, 3746)
1999 Ed. (427, 436, 439, 622, 4030)
1997 Ed. (344)
1990 Ed. (637)
Summit Bancshares Inc.
2005 Ed. (633, 634)
2004 Ed. (644, 645)
1999 Ed. (444)
Summit Bank
2005 Ed. (1065)
2002 Ed. (626)
2000 Ed. (632)
1999 Ed. (609, 3432)
1998 Ed. (416, 424, 425)
1997 Ed. (577)
1996 Ed. (637, 638)
1994 Ed. (515)
1993 Ed. (515)
1992 Ed. (706)
Summit Bank (Fort Wayne)
1991 Ed. (546)
Summit Bank, NJ
1995 Ed. (568)
Summit Brewing Co.
1996 Ed. (2630)
Summit Builders
2007 Ed. (1280)
2006 Ed. (1174)
Summit Care Corp.
1999 Ed. (2643)
Summit, CO
1994 Ed. (339)
Summit Communications
1997 Ed. (871)
Summit Construction
2002 Ed. (2694)
Summit Contractors
2006 Ed. (1198)
2003 Ed. (1308)
2002 Ed. (1262)
2000 Ed. (1215)
Summit Credit Union
2008 Ed. (2269)
2007 Ed. (2154)
2006 Ed. (2154, 2233)
2005 Ed. (2138)
2004 Ed. (1996)
Summit Energy
2008 Ed. (2495)
2007 Ed. (2379)
2006 Ed. (2433)
Summit Financial Group Inc.
2004 Ed. (400, 402, 407)
2002 Ed. (3548)
Summit Grad Construction
1991 Ed. (1067)
Summit Group
2004 Ed. (1651)
The Summit Group Communications
2006 Ed. (128)
The Summit Group PLC
2001 Ed. (4425)
1995 Ed. (1005, 1011, 1013, 1016)
1994 Ed. (992, 1003)
Summit Health
1995 Ed. (2802)
1992 Ed. (3279)
1990 Ed. (2630, 2633, 2725)
Summit Healthcare Facilities
2002 Ed. (1173)
2001 Ed. (404)
2000 Ed. (312)
1999 Ed. (286)
Summit High Yield
1999 Ed. (754, 3538)
1998 Ed. (2599)
Summit High-Yield Return
1999 Ed. (3535)
Summit Homes
2005 Ed. (1186, 1188, 1212)
2004 Ed. (1186)
2003 Ed. (1180)
2002 Ed. (1198)
2000 Ed. (1221)
The Summit Hotel
1990 Ed. (2065)
Summit Hotel Management
1993 Ed. (2077)
1990 Ed. (2060)
Summit Insured Equity
1998 Ed. (3765)
Summit Mortgage
2008 Ed. (4113)
2007 Ed. (4081)
Summit, NJ
2000 Ed. (4369, 4369, 4369, 4369, 4369)
Summit Partners
1998 Ed. (3663, 3664, 3665)
1997 Ed. (3833)
1993 Ed. (3662)
1991 Ed. (3442)
1990 Ed. (3667)
Summit Place Mall
2002 Ed. (4280)
2001 Ed. (4252)
2000 Ed. (4028)
Summit Properties
1998 Ed. (874)
1997 Ed. (1122)
1996 Ed. (1100)
1993 Ed. (1090)
1992 Ed. (1360, 1361, 1364, 1367)
Summit REIT
2008 Ed. (4116)
2007 Ed. (4088)
Summit Security Services Inc.
2008 Ed. (4418)
Summit Services Inc.
2001 Ed. (1821)
Summit Services Group
2006 Ed. (2778, 2783, 3240)
2005 Ed. (2887, 2888, 2958, 3253, 3665)
Summit Timber
1998 Ed. (2424)
The Summit Tower
2007 Ed. (3381)
Summit Trust Co., N.J.
1989 Ed. (2147, 2155)
Summit Tx. Ex
1990 Ed. (2967)
Summitt Forests Inc.
2004 Ed. (2679)
The Summons
2005 Ed. (727)
2004 Ed. (739, 741, 743)
Sumner Group Inc.
2008 Ed. (4430)
Sumner Murray Redstone
1991 Ed. (2461)
Sumner Redstone
2008 Ed. (4825)
2007 Ed. (977, 4896)
2006 Ed. (887, 4901)
2005 Ed. (970, 4851)
2004 Ed. (4865)
2003 Ed. (4882)
2002 Ed. (3352)
Sumner Rider & Associates
1998 Ed. (1961)
Sumsung Investment Trust Management Co.
2005 Ed. (3231)
Sumter Electric Cooperative Inc.
2002 Ed. (3881)
Sumter, SC
2002 Ed. (2118)
SumTotal Systems
2007 Ed. (1239)
The Sun
2008 Ed. (671, 675, 696)
2007 Ed. (700, 703, 724)
2002 Ed. (231, 3511, 3514)
2001 Ed. (3544)
2000 Ed. (1653, 2320, 2638, 3378, 3997, 4441)
1999 Ed. (1723, 1824, 2584, 3470)
1998 Ed. (1069, 1122, 1186, 1253, 1823, 1824, 2845, 3770)
1997 Ed. (1318, 1497, 2133, 2709)
1996 Ed. (1435)
1995 Ed. (1473, 2251, 2570)
1994 Ed. (2208, 3676, 3677, 3678, 3679)
1993 Ed. (1208, 1215, 2851)
1992 Ed. (1495, 3363, 3457, 3438)
1991 Ed. (1204, 1183, 1192, 2697, 2731, 2738)
1990 Ed. (1860, 2837, 3136)
1989 Ed. (1142, 2210, 2211, 2212)
Sun Alliance
1993 Ed. (1324, 2255)
1992 Ed. (2708)
1990 Ed. (2277)
Sun Alliance and London Insurance
1990 Ed. (2242)
Sun Alliance & London Insurance PLC
1991 Ed. (2145)
1990 Ed. (2276, 2280)
Sun Alliance Portfolio
1997 Ed. (2914, 2916)
Sun Alliance Pygmallen Income
1997 Ed. (2917)
Sun America Securites
1997 Ed. (782)
Sun America Securities
1996 Ed. (809, 3770)
1995 Ed. (800)

Sun Bae Kim
2000 Ed. (2061)
Sun Bancorp Inc.
2005 Ed. (357, 365)
2002 Ed. (485)
1999 Ed. (540)
Sun Bank
1989 Ed. (2141)
Sun Bank Capital Management
1993 Ed. (2298)
Sun Bank Capital Management Suntrust Corp. Equity
1994 Ed. (2310)
Sun Bank Investment Management Group
1989 Ed. (1800)
Sun Bank/Miami NA
1994 Ed. (477)
1993 Ed. (475)
Sun Bank NA
1996 Ed. (499)
1995 Ed. (467)
1994 Ed. (477)
1993 Ed. (475, 2871)
1992 Ed. (511, 663)
1991 Ed. (366)
1990 Ed. (423)
Sun Bank NA (Orlando)
1991 Ed. (507)
Sun Bank/South Florida NA
1996 Ed. (499)
1995 Ed. (467)
Sun Capital Bank
1996 Ed. (538)
Sun Capital Partners Inc.
2008 Ed. (2974)
Sun care products
2001 Ed. (1920)
Sun Carriers
1989 Ed. (2470)
Sun Chemical Corp.
2008 Ed. (3218, 3219)
2007 Ed. (3077, 3078)
2006 Ed. (3044, 3045)
2005 Ed. (946, 3041)
2001 Ed. (2876, 2878)
1999 Ed. (3899)
1994 Ed. (2934)
1989 Ed. (1320, 1322)
Sun Chips
1999 Ed. (4346)
Sun City West
1996 Ed. (3050)
Sun Coal
1992 Ed. (1233)
Sun Coast Resources Inc.
2008 Ed. (3690, 3734, 4984, 4986)
2007 Ed. (3526, 3603, 3604, 4984)
2006 Ed. (3541, 4380, 4987)
Sun Communities Inc.
2008 Ed. (2363)
2007 Ed. (2223)
2004 Ed. (4074)
2002 Ed. (1728)
2001 Ed. (4004)
2000 Ed. (3152)
1999 Ed. (3426)
1998 Ed. (2518)
1997 Ed. (2803)
1996 Ed. (2664)
Sun Company Inc.
1999 Ed. (3303)
1989 Ed. (2205)
Sun Computers Inc.
1994 Ed. (1098)
1993 Ed. (2583)
1992 Ed. (1336)
Sun Construction
2008 Ed. (3697)
Sun Country
2007 Ed. (233)
2006 Ed. (227, 228)
2000 Ed. (4390)
1995 Ed. (3734)
1993 Ed. (3701)
1992 Ed. (4438, 4439, 4440, 4441)
1990 Ed. (3691)
1989 Ed. (2910, 2911)
Sun Country Classic Cooler
1991 Ed. (3484, 3485, 3500, 3501, 3502)
Sun Country Homes
2005 Ed. (1224)
1998 Ed. (916)
Sun Country Industries Inc.
2006 Ed. (3529, 4368)
Sun Credit Union
2008 Ed. (2252)
Sun-Diamond Growers of California
1998 Ed. (1725)
Sun Dishwasher Products
1994 Ed. (983)
Sun Dishwater Detergent
1992 Ed. (1177)
Sun Distributors
1998 Ed. (2086)
Sun Distributors L. P.
1997 Ed. (2365)
Sun Distributors L.P.
1995 Ed. (2233)
1994 Ed. (2176)
1993 Ed. (2161)
Sun Dome
1989 Ed. (988, 988)
Sun-Drop
2003 Ed. (4471)
Sun-Drop/Diet Sun-Drop
1994 Ed. (3356)
Sun Eagle Corp.
2006 Ed. (3496, 4340)
1995 Ed. (1147)
Sun Earth Ceramics Ltd.
2002 Ed. (4425)
Sun East Federal Credit Union
1996 Ed. (1515)
1994 Ed. (1507)
1993 Ed. (1454)
1991 Ed. (1396)
1990 Ed. (1462)
Sun Electric
1991 Ed. (1030)
1990 Ed. (1123, 1126)
1989 Ed. (978)
Sun Energy Partners
1998 Ed. (3424)
SUN "F" REGATTA: CAP APPR
1994 Ed. (3617)
Sun Gro Horticulture I.F.
2007 Ed. (213)
Sun Gro Horticulture Income Fund
2008 Ed. (199)
Sun Group
1991 Ed. (2795)
Sun Guangxin
2004 Ed. (2535)
2003 Ed. (2411)
Sun Hawk Products
1992 Ed. (4369)
Sun Health Corp.
2002 Ed. (4062)
1997 Ed. (2260)
Sun Health Boswell Memorial Hospital
2006 Ed. (2899)
Sun Healthcare Group
2008 Ed. (3801)
2007 Ed. (3710)
2006 Ed. (1933)
2005 Ed. (1906, 3612)
2004 Ed. (1822, 2800, 3701)
2003 Ed. (1788, 2680, 2683, 3653)
2002 Ed. (2451)
2001 Ed. (589, 1815, 2676)
2000 Ed. (3361, 3624, 3747)
1999 Ed. (1552, 2640, 3636)
1998 Ed. (1905, 2691)
Sun Hua Enterprise Co. Ltd.
1994 Ed. (1463)
1992 Ed. (1705)
Sun Hung Kai International
1997 Ed. (766, 767, 769)
1996 Ed. (3376)
Sun Hung Kai Properties Ltd.
2008 Ed. (45, 1788)
2007 Ed. (41, 1761)
2006 Ed. (1641, 1752, 2896)
2003 Ed. (1690)
2002 Ed. (1580, 1665, 4421, 4422)
2001 Ed. (1614, 1615, 1723, 1724, 1725)
2000 Ed. (1204, 1445, 1449, 1450, 1451, 2493, 2494)
1999 Ed. (1324, 1580, 1647, 1648, 1649, 2715, 2716)
1997 Ed. (1423, 1424, 1426, 2247, 2248)
1996 Ed. (1371, 1373, 1374, 2136, 2137, 2141, 2143)
1995 Ed. (1351, 1412, 1413, 2128, 2130)
1994 Ed. (1385, 2077, 2078)
1993 Ed. (1329, 1330, 1644, 2058, 2060)
1992 Ed. (1632, 1634, 1635, 2438, 2439, 2442, 2444)
1991 Ed. (1302, 1300)
1990 Ed. (1377, 2045, 2048, 2958)
1989 Ed. (1125)
Sun Hung Kal Properties
1991 Ed. (1930, 1931)
Sun Hydraulics Corp.
2008 Ed. (4377)
Sun Ice
1992 Ed. (4279)
SUN Interbrew
2005 Ed. (746)
2004 Ed. (1850)
Sun International Hotels Ltd.
2003 Ed. (4572)
Sun Kyong Securities
1995 Ed. (3278)
Sun Kyung Limited
1990 Ed. (1393)
1989 Ed. (1133)
Sun Land Beef Co.
1998 Ed. (2453)
1997 Ed. (2733)
1996 Ed. (2589)
1995 Ed. (2525)
1994 Ed. (2457)
1993 Ed. (2520)
Sun Leisure
2004 Ed. (4841)
2002 Ed. (4752)
Sun Life
1992 Ed. (2679)
Sun Life & Provincial
2001 Ed. (1548)
Sun life Assurance Co.
1993 Ed. (2208, 2209, 2213, 2215, 2216)
Sun Life Assurance Co. Canada
1992 Ed. (1186)
Sun Life Assurance Company of CN
2000 Ed. (2686, 2687, 2692, 2693)
Sun Life Assurance Co. of Canada
2008 Ed. (2713)
2007 Ed. (4023)
2006 Ed. (3984)
2005 Ed. (3911)
2004 Ed. (3967)
2002 Ed. (2904)
2001 Ed. (1253, 2935)
1999 Ed. (2959)
1998 Ed. (2156, 2160, 2163, 2170)
1997 Ed. (1011, 2443, 2444, 2445, 2446, 2447, 2448, 2454, 2455)
1996 Ed. (2325, 2326, 3770)
1995 Ed. (2302, 2305, 2306, 2311)
1994 Ed. (986, 2257, 2258, 2263)
1993 Ed. (2220, 2221, 2222, 2226, 2228, 3278, 3655)
1992 Ed. (2659, 2660, 2661, 2669, 2672, 2673)
1991 Ed. (2110, 2094, 2101, 2103, 2104, 2105)
1990 Ed. (2241)
1989 Ed. (923)
Sun Life Assurance of Canada USB
2002 Ed. (2934)
Sun Life Assurance Society
1990 Ed. (2242)
Sun Life Assurance Society PLC
1990 Ed. (2280)
Sun Life Canada
1994 Ed. (3268)
Sun Life Canada (U.S)
1995 Ed. (3349)
Sun Life CI Canadian Investment
2004 Ed. (3613, 3614)
Sun Life Discretionary Portfolio Account
1997 Ed. (2919)
Sun Life Financial Inc.
2008 Ed. (1615, 1623, 1626, 1627, 1646, 1647, 1649, 1653, 1745, 3308)
2007 Ed. (1617, 1626, 3158)
2006 Ed. (1598, 1614, 1619, 1620, 3899)
2005 Ed. (1712)
2002 Ed. (1607)
Sun Life Financial Group
2008 Ed. (3289)
Sun Life Financial Services
2008 Ed. (1635)
2007 Ed. (1630)
2005 Ed. (1486)
Sun Life Financial Services of Canada Inc.
2005 Ed. (1719, 1720, 1723)
2004 Ed. (1662, 1666)
2003 Ed. (1639, 2482)
Sun Life of Canada Investment Management Ltd.
1989 Ed. (1786)
Sun Life of Canada (U.S.)
1990 Ed. (2236, 2238, 2239)
1989 Ed. (1683, 1686, 1687, 1688, 1701)
Sun Life Securities
2002 Ed. (813, 814, 815, 816, 817, 818)
Sun-Maid
1995 Ed. (3400, 3401)
Sun Co. Inc. Master Retirement Trust
1996 Ed. (2949)
1995 Ed. (2874)
Sun Media
2008 Ed. (4088)
2007 Ed. (4055)
2001 Ed. (1544)
Sun Microsystems Inc.
2008 Ed. (1113, 1119, 1145, 1155, 1159, 1471, 1594, 1600, 1603, 3014, 3196, 3202)
2007 Ed. (1204, 1210, 1212, 1215, 1245, 1250, 1255, 1263, 1442, 1477, 1611, 2893, 4565, 4569)
2006 Ed. (692, 1101, 1103, 1106, 1108, 1111, 1136, 1137, 1141, 1142, 1148, 1578, 1587, 1771, 2992)
2005 Ed. (793, 1106, 1110, 1113, 1114, 1116, 1118, 1124, 1125, 1147, 1148, 1158, 1576, 1671, 1673, 1677, 1682, 1684, 2998, 3025, 3695, 4465)
2004 Ed. (1102, 1105, 1106, 1110, 1114, 1117, 1118, 1119, 1135, 2489, 3001, 3016, 3662, 3776, 4497)
2003 Ed. (1087, 1089, 1092, 1094, 1098, 1099, 1100, 1101, 1125, 2181, 2895, 2943, 3751, 4566)
2002 Ed. (337, 916, 1133, 1134, 1135, 1136, 1139, 1141, 1499, 1562, 3484, 3485, 4876, 4994)
2001 Ed. (1344, 1347, 1348, 1349, 1350, 1363, 1600, 1603, 1647, 1648, 2860, 3187, 3534, 4209)
2000 Ed. (1157, 1160, 1161, 1162, 1164, 1751, 2643, 3367, 3368, 3388, 3389, 3758)
1999 Ed. (1259, 1261, 1263, 1264, 1265, 1267, 1273, 1283, 1485, 3641, 3643, 3644, 3648, 3671, 3672, 3673)
1998 Ed. (821, 827, 830, 832, 833, 1050, 1533, 1533, 2700, 2703, 2719, 2720, 2721, 2722, 2723, 3359, 3413, 3416, 3771)
1997 Ed. (1079, 1080, 1084, 1282, 1291, 1452, 3923)
1996 Ed. (1063, 1065, 1070, 2261, 3886)
1995 Ed. (1085, 1087, 1767, 2254, 2259, 2261)
1994 Ed. (1078, 1080, 1081, 1082, 1311, 2060, 2707, 2715, 3445)
1993 Ed. (1047, 1048, 1055, 1057, 1567, 1583, 1712, 2750, 2757, 3468)

1992 Ed. (488, 1299, 1300, 1306, 1914, 3068, 3312, 3319, 4491, 4492)
1991 Ed. (1022, 1211, 1520, 2463, 2464, 2651, 2660, 2841, 2851, 3516, 358, 2655)
1990 Ed. (1120, 1122, 1287, 1327, 1618, 1619, 2200, 2211, 2582, 2583, 2751, 2991, 3710, 3711)
1989 Ed. (973, 974, 977, 1311, 1990, 2366, 2670)
Sun Microsystems of Canada Inc.
2006 Ed. (2818)
2003 Ed. (1115)
SUN NY "B" COMPSS2: CA
1994 Ed. (3617)
Sun Pharmaceuticals Inc.
2003 Ed. (2923, 4624, 4625, 4626, 4627)
Sun Pipe Line Co.
1999 Ed. (3834)
1998 Ed. (2862)
1997 Ed. (3122)
1996 Ed. (3042)
Sun Pipe Line Co. of Delaware
2003 Ed. (3878)
2001 Ed. (3802)
Sun Refining & Marketing Co.
1994 Ed. (2864)
1990 Ed. (1479)
Sun Resorts Ltd.
2006 Ed. (4520)
2002 Ed. (4443, 4444)
Sun Rise Department Store
1992 Ed. (1798)
1990 Ed. (1498)
Sun River Service Corp.
2008 Ed. (3725, 4419, 4976)
2007 Ed. (3585, 3586)
Sun Route Hotels
1990 Ed. (2091)
Sun-Sentinel
2002 Ed. (3508)
2000 Ed. (3337)
1999 Ed. (3618)
1998 Ed. (2681)
Sun Soy
2005 Ed. (673)
2004 Ed. (680)
2003 Ed. (677)
Sun State International Trucks LLC
2008 Ed. (175)
2005 Ed. (173)
Sun Television and Appliances
2001 Ed. (2217)
2000 Ed. (2481)
1999 Ed. (2694, 2696)
1998 Ed. (1955, 1957)
1997 Ed. (2237)
1996 Ed. (2128)
Sun Trust
1999 Ed. (394)
Sun Trust Bank
2000 Ed. (2925)
Sun Trust Banks, Inc.
1991 Ed. (374)
1990 Ed. (294)
1989 Ed. (373, 378, 386)
Sun Valley Masonry Inc.
2008 Ed. (1181, 1260)
2007 Ed. (1363)
2006 Ed. (1253, 1256, 1286)
2005 Ed. (1283, 1286, 1316)
2004 Ed. (1309)
2003 Ed. (1306)
2002 Ed. (1293)
2001 Ed. (1477)
2000 Ed. (1263)
1999 Ed. (1371)
1998 Ed. (950)
1997 Ed. (1166)
Sun Vet Business Park Condos
1991 Ed. (1044)
Sun White Rice
2004 Ed. (89)
Sun World
1998 Ed. (1773, 1774, 1776)
Sun Yad Plastic Co. Ltd.
1994 Ed. (1461)
SunAmerica Inc.
2005 Ed. (1519)
2004 Ed. (1503)
2003 Ed. (3554)
2001 Ed. (4667)
1999 Ed. (1478, 2442, 2944)
1998 Ed. (2131, 2175, 2176, 3418)
1997 Ed. (2435, 2442, 3641)
1996 Ed. (2319, 2322)
1995 Ed. (2293, 2300)
1994 Ed. (2250)
SunAmerica Affordable Housing Partners Inc.
2008 Ed. (259)
2007 Ed. (284)
2006 Ed. (279, 281)
2005 Ed. (258)
2004 Ed. (256)
2003 Ed. (288, 289)
2002 Ed. (323)
2000 Ed. (306)
Sunamerica Asset Management
2004 Ed. (711)
SunAmerica Federal Securities A
1998 Ed. (2638)
SunAmerica Financial Network
2002 Ed. (788, 797, 798, 800, 801, 838)
2000 Ed. (885)
SunAmerica GNMA
2003 Ed. (3527)
SunAmerica Growth & Income
2000 Ed. (3272)
SunAmerica Growth Opportunities
2001 Ed. (3442)
SunAmerica High Income A
1998 Ed. (2621)
SunAmerica High Yield
2007 Ed. (645)
2006 Ed. (628)
SunAmerica High Yield Bond
2008 Ed. (594)
Sunamerica Life Insurance Co.
2007 Ed. (3153)
SunAmerica Precious Metal
1993 Ed. (2681)
SunAmerica Securities
2002 Ed. (789)
2000 Ed. (843, 844, 845, 846, 847, 848)
1999 Ed. (844, 846, 847, 848, 849, 850, 904)
1998 Ed. (529)
SunAmerica Small Co Growth
2000 Ed. (3288)
SunAmerica Tax-Free STRIPES
1992 Ed. (4192)
SunBank Capital
1993 Ed. (2321)
Sunbank STI Invst. Grade
1996 Ed. (2769)
Sunbeam
2008 Ed. (1036)
2005 Ed. (2952, 2955)
2003 Ed. (235, 2867)
2002 Ed. (251, 348, 667, 720, 1092, 2070, 2073, 2074, 2697, 2699, 3047)
2000 Ed. (225, 702, 3507)
1999 Ed. (202, 685, 2454, 2804, 2808, 3168, 3774, 3775)
1998 Ed. (105, 437, 494, 1787, 2045, 2046, 2050, 2342, 2806)
1997 Ed. (649, 2313, 2331, 3062)
1996 Ed. (779, 2201, 2986)
1994 Ed. (2145, 2813)
1993 Ed. (673, 1547, 1552, 1885)
1992 Ed. (875, 1886, 1891, 2201, 2517, 2518, 2523, 2538, 3402)
1991 Ed. (1485, 1492, 1751, 1961, 1962)
1990 Ed. (720, 1591, 1594, 1834, 2107, 2109, 2809)
Sunbeam/Charmglow
1994 Ed. (674)
Sunbeam-Oster
2000 Ed. (750, 1725, 1730, 2233, 2579, 2881)
1999 Ed. (737, 1940, 1946, 2476, 2692, 2802, 2803, 3134)
1998 Ed. (477, 1375, 1380, 1735, 1951, 2043, 2044, 2321)
1997 Ed. (682, 1686, 1690, 2050, 2311, 2312, 2590)
1996 Ed. (2191, 2193)
1995 Ed. (680, 1386, 1627, 1631, 1910, 2176, 2177, 2178, 2179, 2180, 2410)
1994 Ed. (1442, 2125, 2128)
1993 Ed. (1388)
Sunbeam Products Inc.
2007 Ed. (584)
2005 Ed. (1255)
Sunbean-Oster
2000 Ed. (2578)
Sunbelt
2008 Ed. (757)
2003 Ed. (4456)
Sunbelt Automotive
2000 Ed. (332)
Sunbelt Business Advisors Network
2007 Ed. (840)
2006 Ed. (746)
2005 Ed. (820)
Sunbelt Business Brokers Network
2004 Ed. (801)
2002 Ed. (796)
Sunbelt Cos.
1996 Ed. (816, 824, 825)
Sunbelt Federal Savings FSB
1994 Ed. (528)
Sunbelt Federal Savings, FS8
1993 Ed. (3072, 3078, 3081, 3083, 3088, 3095)
Sunbelt Granola Bars
2000 Ed. (2383, 4065)
Sunbelt Granola Naturals
1995 Ed. (3399)
Sunbelt National Mortgage
1998 Ed. (2526)
Sunbelt Nrsry
1996 Ed. (207)
Sunbelt Nursery
1992 Ed. (318, 1477)
Sunbelt Rentals
1998 Ed. (2345)
Sunbelt Savings
1989 Ed. (2359)
Sunbelt Savings Association
1989 Ed. (2823)
Sunbelt Savings FSB
1992 Ed. (725, 3783, 3772)
1991 Ed. (3385)
The SunBlush Technologies Corp.
2001 Ed. (1655)
SunBridge Healthcare
2006 Ed. (3727)
2005 Ed. (1906, 2789)
2004 Ed. (1822, 2796)
2003 Ed. (1788, 2680)
Sunbridge Regency Rehab Hospitals Inc.
2008 Ed. (1980)
Sunburst Bank
1996 Ed. (607)
1995 Ed. (549)
1994 Ed. (574)
1993 Ed. (572)
1992 Ed. (783)
Sunburst Bank (Grenada)
1991 Ed. (611)
Sunburst Hospitality Corp.
2001 Ed. (1810)
Suncare Dealerships
1998 Ed. (208)
1996 Ed. (300)
1995 Ed. (297)
1994 Ed. (293)
1993 Ed. (303)
1992 Ed. (419)
1991 Ed. (309)
1990 Ed. (346)
Suncare Respiratory Services Inc.
2003 Ed. (1697)
Suncharm
1996 Ed. (3480)
1994 Ed. (3360)
Sunchips
2003 Ed. (4453)
2002 Ed. (4300)
Suncoast Motion Picture Co.
2004 Ed. (2162, 4844)
2002 Ed. (4751)
2000 Ed. (4346)
1999 Ed. (4713)
1998 Ed. (3669, 3670, 3671)
Suncoast Post-Tension
2008 Ed. (1223)
2007 Ed. (1338)
2006 Ed. (1238)
2003 Ed. (1243)
Suncoast Savings
1990 Ed. (3122, 3131)
Suncoast Schools
2000 Ed. (1627)
Suncoast Schools Credit Union
2008 Ed. (2210, 2214, 2215, 2225)
2007 Ed. (2098, 2099, 2100, 2110)
2006 Ed. (2158, 2175, 2176, 2189)
2005 Ed. (2065, 2081, 2082, 2094)
2004 Ed. (1926, 1941, 1942, 1952)
2003 Ed. (1887, 1901, 1902, 1912)
2002 Ed. (1841, 1858)
Suncoast Schools FCU
1999 Ed. (1800, 1801, 1805)
Suncoast Schools Federal Credit Union
2005 Ed. (2047, 2060, 2061)
2002 Ed. (1842)
2001 Ed. (1960)
2000 Ed. (1631)
1998 Ed. (1225, 1227, 1232)
1997 Ed. (1559, 1560, 1569)
1995 Ed. (1535, 1536)
1993 Ed. (1448)
SunConnect
1996 Ed. (1762)
Suncor Inc.
1999 Ed. (260)
1998 Ed. (156, 164)
1996 Ed. (1314, 3015)
1993 Ed. (2841)
1992 Ed. (1601, 3437, 4160)
1991 Ed. (2729)
1990 Ed. (2844)
Suncor Energy Inc.
2008 Ed. (1429, 1496, 1551, 1552, 1553, 1554, 1555, 1624, 1642, 1645, 3552, 3915, 3916, 3926)
2007 Ed. (1445, 1572, 1625, 1631, 1648, 3517, 3862, 3863, 4573)
2006 Ed. (1451, 1542, 3485, 3845)
2005 Ed. (1567, 1648, 3485, 3763)
2004 Ed. (3852)
2003 Ed. (1631, 3822, 3823)
2002 Ed. (3675)
Suncor Energy (USA) Inc.
2008 Ed. (1691, 3932)
SunCor Idaho LLC
2007 Ed. (1289)
Suncor Inc. Resources
1997 Ed. (3097)
Suncorp/GIO
2004 Ed. (3080)
Suncorp-Metway
2008 Ed. (381)
2007 Ed. (399)
2006 Ed. (414, 1553)
2005 Ed. (461, 1659)
2004 Ed. (449, 1647)
2003 Ed. (463)
2002 Ed. (519, 523, 2269)
SuncorpMetway
2001 Ed. (1956)
Sundance
1994 Ed. (688)
1993 Ed. (685)
Sundance Asset Management
1993 Ed. (2359)
Sundance Homes
2000 Ed. (1208)
1999 Ed. (1327)
1998 Ed. (897)
Sundance Products Inc.
2007 Ed. (4109)
Sundance Products Group LLC
2008 Ed. (4132)
Sundance State Bank
1998 Ed. (375)
Sunday Communications Ltd.
2001 Ed. (3333)
Sunday Express
2002 Ed. (3515)
Sunday magazine
1999 Ed. (992)
1996 Ed. (771)
1991 Ed. (736)
Sunday magazines
1997 Ed. (35, 708)

1995 Ed. (693)
Sunday Mail
2002 Ed. (3515)
Sunday Mail Scotland
2002 Ed. (233)
Sunday Mirror
2002 Ed. (3515)
Sunday-Network
2001 Ed. (39)
Sunday People
2002 Ed. (3515)
Sunday Telegraph
2002 Ed. (3515)
Sunday Times
2002 Ed. (231, 3515)
Sundor Group
1990 Ed. (723)
Sundown
2004 Ed. (2100)
2003 Ed. (2063, 4856, 4857, 4859)
2002 Ed. (1974)
2001 Ed. (2009, 2010)
2000 Ed. (1669)
1998 Ed. (1273, 1357)
1996 Ed. (3605)
1992 Ed. (4161)
1990 Ed. (3486)
Sundown Herbals
2003 Ed. (4856)
Sundown Herbals Xtra
2003 Ed. (4856)
Sundown Sunblock
1997 Ed. (3658)
1993 Ed. (3482)
Sundowner Inns
1998 Ed. (2021)
Sundstrand Corp.
2005 Ed. (1492)
2000 Ed. (213, 214, 217)
1999 Ed. (183, 184, 185, 1885)
1998 Ed. (92, 93, 95)
1997 Ed. (170, 171, 173)
1996 Ed. (168)
1995 Ed. (157, 1232)
1994 Ed. (136, 138, 3049)
1993 Ed. (156)
1992 Ed. (248, 250)
1991 Ed. (178, 180)
1990 Ed. (188)
1989 Ed. (1916)
Sundsvall Vodka
2002 Ed. (4768, 4770)
Sundt Corp.
1989 Ed. (271)
Sundt Construction Inc.
2008 Ed. (1180, 1340)
2007 Ed. (1280, 1391)
2006 Ed. (1174, 1346)
The Sundt Cos. Inc.
2004 Ed. (1297)
2003 Ed. (1293)
Sunfire
2002 Ed. (387, 416)
2001 Ed. (490)
Sunfire; Pontiac
2006 Ed. (315)
Sunflooring Inc.
1991 Ed. (1728)
Sunflower
1992 Ed. (3299)
Sunflower Carriers
2003 Ed. (4789, 4802)
2002 Ed. (3944)
Sunflower/pumpkin seeds
1997 Ed. (3531)
Sunflower seeds
1996 Ed. (2858)
Sunflower Travel
1994 Ed. (24)
1993 Ed. (32)
1992 Ed. (55)
1991 Ed. (27)
Sunflowers
2004 Ed. (2683)
1998 Ed. (1353, 2777)
Sunflowers, by Van Gogh
1989 Ed. (2110)
Sung Foo Kee Holdings
1995 Ed. (2127)
Sung Jin Machinery
1999 Ed. (4166)
SunGard
1999 Ed. (3065)
SunGard Data Systems Inc.
2007 Ed. (1441, 1442, 2570)
2006 Ed. (1107, 1150, 2807)
2005 Ed. (1107, 1108, 1117, 1134, 2825)
2004 Ed. (1103, 1113, 1127)
2003 Ed. (1091, 2705, 2945)
2002 Ed. (2811)
Sungard Date Systems
1995 Ed. (1308)
SunGard Shareholder Systems Inc.
2001 Ed. (3423, 3424)
Sunglass Hut
1997 Ed. (923, 2021, 3551)
Sunglass Hut International Inc.
2003 Ed. (3701)
2002 Ed. (3540)
Sunglass stores
1995 Ed. (3523)
Sunglasses
2001 Ed. (2088)
Sungmi Telecom Electronics Co.
2001 Ed. (4045)
Sunham Home Fashions
2007 Ed. (587)
SunHealth
1990 Ed. (2630)
SunHealth America
1990 Ed. (2632)
SunHealth Enterprises
1992 Ed. (3125, 3127)
1991 Ed. (2500, 2502)
Sunil Mittal
2008 Ed. (4841, 4879)
2007 Ed. (4914)
2006 Ed. (4926)
Sunjin
2007 Ed. (1982)
Sunkist
2008 Ed. (3802, 3803, 3805, 4456)
2007 Ed. (3711)
2006 Ed. (3728)
1996 Ed. (3480)
1994 Ed. (3360)
1992 Ed. (4020)
1991 Ed. (3453)
Sunkist Fiesta Bowl
1990 Ed. (1841)
Sunkist Growers Inc.
2002 Ed. (4326)
2000 Ed. (1107)
1998 Ed. (755, 2928)
1996 Ed. (997)
1993 Ed. (978)
1990 Ed. (1023)
Sunkist Orange
2003 Ed. (4471)
1990 Ed. (3314)
Sunkyong
1999 Ed. (3808)
1997 Ed. (1469)
1993 Ed. (977, 1362, 1505)
1992 Ed. (1661, 1664)
1991 Ed. (1319)
1990 Ed. (1534)
Sunkyong Securities
1997 Ed. (3484)
1994 Ed. (3192)
Sunland Credit Union
2002 Ed. (1832)
Sunley; John
2005 Ed. (927)
Sunlife Assurance Co. of Canada
2008 Ed. (3297)
Sunlight
2008 Ed. (2347)
2003 Ed. (2077, 2078, 2079)
2002 Ed. (1989)
2001 Ed. (2034)
Sunlight Credit Union
2003 Ed. (1957)
2002 Ed. (1902)
Sunlight Federal Credit Union
2008 Ed. (2270)
2007 Ed. (2155)
2006 Ed. (2234)
2005 Ed. (2139)
2004 Ed. (1997)
Sunlight Saunas
2008 Ed. (1212, 1870)
2007 Ed. (1839)
Sunlight Systems
2006 Ed. (3358)
SunLink Health Systems
2008 Ed. (4359, 4379)
2007 Ed. (2935)
2003 Ed. (3464)
Sunmark
1996 Ed. (3683)
Sunmark Pixy Stix
1996 Ed. (870)
Sunny Delight
2008 Ed. (669, 670, 671)
2007 Ed. (700)
2003 Ed. (2578)
2002 Ed. (4327)
2001 Ed. (1011, 4310)
2000 Ed. (2282)
1998 Ed. (1778)
1996 Ed. (1981)
1995 Ed. (1947, 1948)
Sunny Delight Fruit Drink
2007 Ed. (2656)
2006 Ed. (2672)
Sunny Jewelry Co.
1998 Ed. (2411, 2412, 2670)
Sunny Marketing Systems Inc.
2002 Ed. (4297)
2001 Ed. (4285)
Sunnyside Farms
2003 Ed. (3411)
2001 Ed. (3310)
Sunnyvale, CA
1999 Ed. (1176)
Sunoco Inc.
2008 Ed. (282, 321, 1486, 2041, 2049, 2819, 2820, 3896, 3934, 4496)
2007 Ed. (297, 334, 337, 1549, 1952, 1956, 2694, 2695, 3838, 3846, 3848, 3863, 3874, 3889, 3890, 3891)
2006 Ed. (349, 353, 1980, 1982, 1991, 2442, 2699, 2700, 3824, 3829, 3830, 3860, 3861)
2005 Ed. (1945, 1952, 2400, 3586, 3738, 3746, 3794, 3795)
2004 Ed. (1842, 1843, 3667, 3668, 3830, 3866)
2003 Ed. (1810, 1811, 2278, 2281, 2583, 3818, 3849, 3851)
2002 Ed. (1752, 2124, 3690, 3691)
2001 Ed. (1834, 3752, 3766, 3773)
2000 Ed. (1331, 3406, 3518, 3540)
1990 Ed. (1456)
Sunoco Canada
1999 Ed. (1035)
Sunoco Logistics Partners LP
2008 Ed. (3987, 3988)
2005 Ed. (3729, 3841, 3842)
2004 Ed. (3903, 3904)
SunOpta Inc.
2006 Ed. (3365)
SunPower Corp.
2008 Ed. (1587, 1595, 1606, 1607, 2458)
Sunrise
2007 Ed. (1864)
Sunrise Arkansas Inc.
2006 Ed. (3497, 4341)
Sunrise Assisted Living
2005 Ed. (265)
2004 Ed. (258)
2003 Ed. (291)
2001 Ed. (1043)
Sunrise Auto Partners L.P.
1992 Ed. (421)
Sunrise Builders
2003 Ed. (1176)
2002 Ed. (2684)
Sunrise Credit Services
1997 Ed. (1047)
Sunrise Gas System
2000 Ed. (2318)
Sunrise Healthcare Corp.
2001 Ed. (2676)
Sunrise Ice Tea
2001 Ed. (24)
Sunrise Medical Inc.
1995 Ed. (2085)
1994 Ed. (2669)
Sunrise Plywood Corp.
1992 Ed. (1705)
Sunrise Senior Living Inc.
2008 Ed. (2912)
2007 Ed. (2775, 2786)
2006 Ed. (2785, 4191, 4192)
Sunrise Technologies
1994 Ed. (2018)
1993 Ed. (2010, 3335)
SunRx
2008 Ed. (2887, 4037)
Suns; Phoenix
2008 Ed. (530)
2007 Ed. (579)
2006 Ed. (548)
2005 Ed. (646)
Sunscreen
2003 Ed. (4439)
Sunscreens & sunblocks
2002 Ed. (4285)
Sunset
2007 Ed. (150)
2001 Ed. (3191, 4887)
2000 Ed. (3464)
The Sunset Freeway Corridor Area, OR
1996 Ed. (1604)
Sunset Marquis Hotel & Villa
2002 Ed. (2641)
Sunset Marquis Hotel & Villas
1998 Ed. (2012)
Sunset Sports
1989 Ed. (2522)
Sunset West Homes
2005 Ed. (1179)
2004 Ed. (1150)
Sunshine
2000 Ed. (3513)
1994 Ed. (1191)
Sunshine Biscuits Inc.
1998 Ed. (265)
1992 Ed. (491)
1989 Ed. (357, 358, 361)
Sunshine Buscuits Inc.
1997 Ed. (1212, 1213)
Sunshine Cheez-It
2002 Ed. (1339, 1340, 4300)
2001 Ed. (1495)
1999 Ed. (4346)
1997 Ed. (1217)
1995 Ed. (1207)
Sunshine Cheez-It Hot & Spicy
1997 Ed. (1217)
Sunshine Cheez It Party Mixes
2001 Ed. (4291)
Sunshine Cheez It Snack Mixes
2001 Ed. (4291)
Sunshine Cheez-It White Cheddar
1997 Ed. (1217)
Sunshine Cos. Inc.
2002 Ed. (2114)
Sunshine Crackers
1997 Ed. (1217)
Sunshine Foundation
1991 Ed. (1766)
Sunshine Group Ltd.
2002 Ed. (3915)
Sunshine Jr. Stores
1996 Ed. (1172)
1994 Ed. (1183)
1991 Ed. (3512)
1990 Ed. (3704)
Sunshine Krispy
1995 Ed. (1207)
Sunshine Makers Inc.
2003 Ed. (995)
Sunshine Media Printing
1999 Ed. (3888)
Sunshine Mills Inc.
2003 Ed. (3804)
1999 Ed. (3786)
1998 Ed. (2813)
1997 Ed. (3069)
Sunshine Network
1992 Ed. (1034)
Sunshine Oyster
1995 Ed. (1208)
Sunshine Padrinos
1996 Ed. (3466)
Sunshine Polishing Systems Mobile Franchise
1990 Ed. (1851, 1852)

Sunshine State Credit Union
2006 Ed. (2168, 2174)
2005 Ed. (2080)
2004 Ed. (1939)
2002 Ed. (1839)
Sunshine State Industrial Park
2000 Ed. (2625)
Sunshine State International Park
2002 Ed. (2765)
Sunshine Terrace Foundation
2006 Ed. (2087)
Sunshine Wheat Wafers
1997 Ed. (1217)
Sunsilk
2001 Ed. (2644, 2647)
1992 Ed. (57)
Sunsource Health Products
1998 Ed. (2979)
1997 Ed. (3232)
1996 Ed. (3147)
Sunspun Food Service
1998 Ed. (1740)
Sunstar Inc.
1999 Ed. (1830)
Sunstar Homes
2005 Ed. (1225)
2003 Ed. (1194)
2002 Ed. (2687)
Sunstate
1989 Ed. (242)
Sunstate Finance
1990 Ed. (2047)
SunStone Behavioral Health
2005 Ed. (2889, 3948)
Sunstone Financial Group
2001 Ed. (3422)
Sunstone Hotel Investors Inc.
2008 Ed. (3073)
2004 Ed. (2940)
Sunstone Hotel Properties Inc.
2003 Ed. (4051)
Sunstrand
2000 Ed. (1692)
1994 Ed. (1731)
1990 Ed. (184)
Sunsuper
2004 Ed. (3082)
2003 Ed. (3956)
Suntan lotion/oil
1990 Ed. (1956)
Suntan preparations
2002 Ed. (4285)
Suntan products
2000 Ed. (4149)
Suntec Concrete
2008 Ed. (1181, 1343)
2007 Ed. (1281, 1393)
2006 Ed. (1295)
Suntel
2008 Ed. (87)
Sunterra Corp.
2008 Ed. (1968)
Suntori
1992 Ed. (941)
Suntory Ltd.
2008 Ed. (565, 1836, 1837, 1839, 1840, 1841, 1842, 1843)
2007 Ed. (49, 612, 614, 1514)
2006 Ed. (567)
2005 Ed. (668, 1462)
2004 Ed. (675)
2003 Ed. (670)
2002 Ed. (2307)
2001 Ed. (47)
2000 Ed. (2224)
1999 Ed. (713, 2460, 2466, 2484, 3637)
1998 Ed. (454, 2398)
1997 Ed. (660)
1996 Ed. (727)
1995 Ed. (650, 714)
1994 Ed. (29)
1993 Ed. (38)
1992 Ed. (60)
1991 Ed. (31, 3461, 3462, 3463)
1990 Ed. (729)
1989 Ed. (728)
Suntory International Corp.
2005 Ed. (665)
2004 Ed. (56, 676)
1993 Ed. (726)
1991 Ed. (725)
Suntory Water
2002 Ed. (753)
Suntory Water Group
2005 Ed. (735)
2003 Ed. (732, 737, 738, 739)
2001 Ed. (996)
Suntron Corp.
2006 Ed. (1235)
2004 Ed. (2240)
SunTrust
1989 Ed. (422)
Suntrust Bank
2008 Ed. (524)
2006 Ed. (543)
2005 Ed. (640)
1998 Ed. (360, 430, 430)
SunTrust Bank Central Florida
1998 Ed. (348)
1997 Ed. (462)
SunTrust Bank Florida
1998 Ed. (348)
SunTrust Bank Gulf Coast
1998 Ed. (348)
SunTrust Bank Miami
1998 Ed. (348)
SunTrust Bank Nashville NA
1997 Ed. (626)
SunTrust Bank South Florida
1998 Ed. (348)
SunTrust Bank South Florida NA
1997 Ed. (462)
SunTrust Bank Tampa Bay
1998 Ed. (348)
SunTrust Banks Inc.
2008 Ed. (341, 342, 346, 349, 350, 357, 361, 363, 364, 365, 371, 442, 445, 1091, 1766, 2365, 2987)
2007 Ed. (354, 355, 358, 362, 369, 373, 375, 376, 377, 382, 387, 1184, 1738, 2561, 2867, 2888, 4652)
2006 Ed. (375, 384, 386, 390, 392, 393, 394, 396, 399, 402, 1076, 1419, 2285)
2005 Ed. (377, 381, 423, 428, 434, 436, 438, 440, 631, 632, 790, 1003, 1064, 1068, 2868, 3306, 4571)
2004 Ed. (362, 418, 422, 426, 428, 429, 430, 432, 434, 642, 643, 1064, 1533, 2863)
2003 Ed. (383, 428, 429, 432, 434, 435, 436, 438, 446, 631, 632, 1055, 3446)
2002 Ed. (444, 478, 487, 488, 489, 498, 643, 1120, 1660, 2578, 3391, 3947, 4874)
2001 Ed. (585, 587, 595, 596, 650, 651, 763, 764, 4029, 4281)
2000 Ed. (382, 396, 425, 426, 428, 504, 618, 619, 1437, 3741, 3742, 3743)
1999 Ed. (436, 655, 3179, 4030, 4032)
1998 Ed. (1142)
1997 Ed. (477, 2618, 2620, 3281, 3283)
1996 Ed. (368, 371, 393, 619, 2479, 2481, 3178, 3185, 3599)
1995 Ed. (3085, 3329)
1994 Ed. (634, 3033, 3034, 3035, 3039, 3250)
1993 Ed. (412, 630, 2991, 3256)
1992 Ed. (3657, 836)
1991 Ed. (379)
1990 Ed. (683, 684, 685, 1894)
1989 Ed. (673, 674, 675)
SunTrust Banks of Florida Inc.
2008 Ed. (345)
2002 Ed. (445)
2000 Ed. (526)
SunTrust Center
2000 Ed. (3364)
1998 Ed. (2695)
Suntrust EB Equity Inc.
1994 Ed. (579)
SunTrust Mortgage
2006 Ed. (3565)
Sunwest Bank of Albuquerque NA
1998 Ed. (417)
1997 Ed. (578)
1996 Ed. (639)
1995 Ed. (569)
1994 Ed. (599)
1993 Ed. (594)
1992 Ed. (801)
1991 Ed. (627)
Sunwest Communications
2005 Ed. (3974)
2003 Ed. (4001)
Sunwest Credit Union
2006 Ed. (2182)
2005 Ed. (2087)
2004 Ed. (1946)
2002 Ed. (1847)
Sunwing
2005 Ed. (2776)
SUNY College at Geneseo
1992 Ed. (1269)
SUNY College of Arts & Sciences
2000 Ed. (1139)
1999 Ed. (1230)
SUNY College of Arts & Sciences-Genesco
1998 Ed. (801)
SUNY College of Arts & Sciences--Geneseo
2001 Ed. (1325)
Suomen Osuuskauppojen Keskuskunta
1997 Ed. (1396)
1993 Ed. (1309)
Suomen Osuuskauppojen Keskuskunta (Sok)
1990 Ed. (1360)
1989 Ed. (1114)
Suomen Tyovaen
1992 Ed. (661)
Suominen; J. W.
1995 Ed. (2789)
1992 Ed. (3272)
SUPA-Comp. Portugesa de Supermercados SA
1996 Ed. (1437)
Super A-Mart
2004 Ed. (3959)
Super Ahorro Pesos
2003 Ed. (3615)
Super alloys
2006 Ed. (3707)
Super al1oys
2007 Ed. (3701)
Super America Group
1998 Ed. (984)
Super Bowl XII
1989 Ed. (2804)
"Super Bowl XII Game"
1995 Ed. (3581)
1992 Ed. (4246)
"Super Bowl XIII Game"
1995 Ed. (3581)
1992 Ed. (4246)
Super Bowl XIV
1989 Ed. (2804)
Super Bowl XIX
1989 Ed. (2804)
Super Bowl XL
2008 Ed. (4660)
Super Bowl XVI
1989 Ed. (2804)
"Super Bowl XVI Game"
1995 Ed. (3581)
1992 Ed. (4246)
Super Bowl XVII
1989 Ed. (2804)
"Super Bowl XVII Game"
1995 Ed. (3581)
1992 Ed. (4246)
Super Bowl XVIII
1989 Ed. (2804)
Super Bowl XX
1989 Ed. (2804)
"Super Bowl XX Game"
1995 Ed. (3581)
1992 Ed. (4246)
Super Bowl XXI
1989 Ed. (2804)
Super Bowl XXIV Game
1992 Ed. (4252)
Super Bowl XXXIX
2007 Ed. (4740)
Super Bowl XXXVI
2004 Ed. (1009, 4685)
Super Bowl XXXVIII
2006 Ed. (4719)
Super Cheap Auto
2004 Ed. (4922)
Super Chief Credit Union
2002 Ed. (1866)
Super City
1992 Ed. (1825, 3283)
1991 Ed. (2633)
Super Corinex
1996 Ed. (1547)
Super Coups
2006 Ed. (129)
2005 Ed. (126)
2002 Ed. (1978)
Super Duper Video
1994 Ed. (3626)
Super 8
2000 Ed. (2562)
1999 Ed. (2784)
Super 8 Motels Inc.
2008 Ed. (2974, 3078, 3079)
2007 Ed. (2852, 2953, 2954)
2006 Ed. (2942, 2943)
2005 Ed. (2935, 2939)
2004 Ed. (905, 2942)
2003 Ed. (2852)
2002 Ed. (2644)
2001 Ed. (2790)
1999 Ed. (2776, 2782)
1998 Ed. (2015, 2023, 2027)
1997 Ed. (2295, 2298, 2299, 2302)
1996 Ed. (2183)
1995 Ed. (2163, 2164, 2165)
1994 Ed. (2096, 2111, 2112, 2119)
1993 Ed. (2095, 2096, 2097, 2098)
1992 Ed. (2476, 2489, 2494, 2499, 2500, 2501)
1991 Ed. (1954, 1951)
1990 Ed. (2069, 2086, 2088)
Super Excavators Inc.
2000 Ed. (1270)
1994 Ed. (1153)
1991 Ed. (1086)
Super Excavators Inc
1995 Ed. (1167)
Super Food Services
1998 Ed. (1868, 1875)
1997 Ed. (3875)
1996 Ed. (2052, 2053, 3826)
1995 Ed. (2050, 2056, 2057)
1994 Ed. (1997, 2001, 2002, 3658)
1993 Ed. (3488)
1992 Ed. (2173, 2180)
1991 Ed. (1731, 1737, 3255)
1990 Ed. (1814, 1818)
1989 Ed. (1445, 1451)
Super Kmart
2006 Ed. (4624)
2005 Ed. (4544)
2004 Ed. (4609)
Super Kmart Center
1999 Ed. (2820)
1997 Ed. (1627, 1629, 2343)
1995 Ed. (2196)
1994 Ed. (2154)
Super Kmart Centers
2001 Ed. (4403)
2000 Ed. (2595)
1998 Ed. (2065)
1996 Ed. (2214)
Super Lustrious; Revlon
2005 Ed. (3292)
Super Lustrous
2001 Ed. (1906, 1907)
Super Lustrous; Revlon
2006 Ed. (3286)
Super Mario All Stars
1995 Ed. (3637)
Super Mario Bros. II-Nintendo
1991 Ed. (3409)
Super Mario 64
2000 Ed. (4345)
1999 Ed. (4712)
Super Mario 3
1993 Ed. (3600)
Super Nintendo
1996 Ed. (3721)
1994 Ed. (3557)
1993 Ed. (3600)
Super Nintendo Donkey Kong Country
1997 Ed. (3773)
Super Nintendo Mortal Kombat III
1997 Ed. (3773)

Super Nintendo Set with Mario All Star
1997 Ed. (3773)
Super Nintendo System with Donkey Kong
1997 Ed. (3773)
Super Ordinex
1998 Ed. (1271, 1351)
Super Pharm
2006 Ed. (56)
2005 Ed. (49)
Super Poligrip
2003 Ed. (1991)
Super Premium & micro/specialty beer
2001 Ed. (675)
Super premium beers
1991 Ed. (744)
Super Rite Foods Inc.
1996 Ed. (2047, 2050, 2051)
1995 Ed. (2051, 2052, 2054, 2055)
1994 Ed. (1998, 2002, 2003)
1993 Ed. (3489)
1990 Ed. (1818, 3454)
1989 Ed. (1451, 2778)
Super Saver
1989 Ed. (1255, 2901)
The Super Show
2003 Ed. (4774)
2002 Ed. (4644)
1996 Ed. (3728)
Super Slim
2002 Ed. (2009, 2010)
Super Soaker 50
1994 Ed. (3557, 3558)
1993 Ed. (3599, 3600)
Super-Sol
2004 Ed. (54)
2003 Ed. (4591)
2000 Ed. (4185)
1991 Ed. (3274)
Super Sound Red Jeep
1997 Ed. (3773)
Super Store Industries
2000 Ed. (2387, 2388)
Super Suckers
1997 Ed. (1113)
Super Suppers
2008 Ed. (881, 3605)
Super Talk! Barbie Sun Jammer 4x4
1999 Ed. (4640)
Super Target
2006 Ed. (4624)
2005 Ed. (4138, 4544, 4545)
2004 Ed. (4609, 4610)
Super Teen
1994 Ed. (2792)
Super Trust of Australia
2004 Ed. (3082, 3963)
2003 Ed. (3956)
Super TV
1999 Ed. (1006)
Super Valu Stores
1994 Ed. (1223, 1860, 1863, 1991, 1997, 1999, 2000, 2003, 2939, 3234, 3270, 3466, 3658)
1993 Ed. (1874, 1998, 3220, 3241, 3488, 3490, 3491)
1992 Ed. (2173, 2176, 2180, 2351, 3547, 3933, 3938, 4165)
1991 Ed. (1731, 1734, 1737, 3098, 3103, 3253, 1862, 3255, 2471)
1990 Ed. (1957, 3495)
1989 Ed. (1445, 1449, 1451, 2474, 2478)
Super Video Stores
1997 Ed. (3842, 3843)
1996 Ed. (3788)
1995 Ed. (3701)
Super Vision International Inc.
2003 Ed. (2714)
2002 Ed. (2489)
Super Wal-Mart
2004 Ed. (4640)
Super Wash
2008 Ed. (295)
2007 Ed. (308, 905)
2006 Ed. (311, 819)
2005 Ed. (290, 904)
2004 Ed. (282)
Super Wash Car Wash
2006 Ed. (363)
Super Wernets
2003 Ed. (1991)
Superalloys
2001 Ed. (1296, 3547, 4649, 4665)
Superbanco
2005 Ed. (478)
"Superbowl"
1993 Ed. (3525)
"Superbowl XII"
1993 Ed. (3542)
"Superbowl XIII"
1993 Ed. (3542)
"Superbowl XVI"
1993 Ed. (3542)
"Superbowl XVII"
1993 Ed. (3542)
"Superbowl XX"
1993 Ed. (3542)
"Superbowl XXV"
1993 Ed. (3538)
"Superbowl XXV-Post Game 1"
1993 Ed. (3535)
Superbreak Mini-Holidays Ltd.
1993 Ed. (968)
Supercaic 4
1989 Ed. (2526)
Supercenters
2006 Ed. (4165)
Superchips
2005 Ed. (4743)
Superchurros
1995 Ed. (340)
Superclean
2006 Ed. (794, 795)
Superconductor
1989 Ed. (2343)
SuperCoups
2008 Ed. (137)
2007 Ed. (122)
Supercuts
2008 Ed. (2876, 3887)
2007 Ed. (2759, 3827)
2006 Ed. (2752)
2005 Ed. (2780)
2004 Ed. (2789)
2003 Ed. (2675)
Supercuts Holdings
2001 Ed. (2661)
Superdrug
2001 Ed. (4574)
SuperFondo Acciones
2005 Ed. (3576)
Superford Financial
1992 Ed. (2441)
Superfos
1991 Ed. (1266)
1990 Ed. (3457)
Superfos A/S - Koncern
1989 Ed. (1104)
Superfos AS
1995 Ed. (1371)
Superfos ord.
1991 Ed. (1106)
Superfund Preferred
1996 Ed. (1060)
SuperGlass Windshield Repair
2008 Ed. (319)
2007 Ed. (332)
2006 Ed. (347)
2005 Ed. (333)
2004 Ed. (331)
2003 Ed. (350)
2002 Ed. (403, 2359)
Supergo
2006 Ed. (799)
SuperH
2001 Ed. (3303)
Superia Radiatoren NV
2005 Ed. (1516)
Superior
2001 Ed. (683)
2000 Ed. (498, 501)
Superior Air Handling Corp.
2008 Ed. (1264)
2006 Ed. (1292, 1350)
2005 Ed. (1320)
Superior Bank
1994 Ed. (3142)
Superior Bank, FSB
2002 Ed. (4130, 4620)
2001 Ed. (4524, 4525, 4526, 4527)
2000 Ed. (4248)
1999 Ed. (4598)
1998 Ed. (3154, 3537, 3543)
1997 Ed. (3381)
1996 Ed. (3284)
1992 Ed. (3799)
1991 Ed. (2920)
Superior Brands
1994 Ed. (2832)
1993 Ed. (2817)
Superior Bulk Logistics
2008 Ed. (4588)
2007 Ed. (4677, 4849)
2006 Ed. (4657)
Superior Business Forms
1993 Ed. (787)
1992 Ed. (990)
1991 Ed. (810)
1990 Ed. (848)
1989 Ed. (831)
Superior Carpet Corp.
1997 Ed. (2016)
1996 Ed. (1923)
Superior Carriers
2006 Ed. (4809)
2005 Ed. (4591, 4592)
2003 Ed. (4790)
2001 Ed. (4441, 4645)
1999 Ed. (4533)
1998 Ed. (3639)
1997 Ed. (3809)
Superior Concrete Contractors
2006 Ed. (1237)
Superior Consultant Co.
2006 Ed. (2774)
Superior Design International Inc.
2008 Ed. (2959, 2966, 3724)
2007 Ed. (2840, 3583)
2006 Ed. (2836, 3530, 4369)
2003 Ed. (2746)
2002 Ed. (2538, 2561)
Superior Electrical Contractors Inc.
1999 Ed. (4813)
Superior Energy
1999 Ed. (2617, 4324)
Superior Essex Inc.
2008 Ed. (2418)
2007 Ed. (1190)
Superior Farms
2008 Ed. (3611)
1999 Ed. (3322, 3866)
Superior Federal Bank, FSB
2003 Ed. (4268, 4274)
Superior Forestry Service Inc.
2007 Ed. (2639)
Superior, FSB
2002 Ed. (4132)
Superior Graphite Co.
2003 Ed. (3308, 3309)
The Superior Group
2006 Ed. (3970)
2005 Ed. (3900)
Superior Industrial International Inc.
2008 Ed. (2370)
2007 Ed. (2230)
Superior Industries
1992 Ed. (471, 473, 476, 477)
1991 Ed. (343, 344)
1990 Ed. (391, 392)
Superior Industries International Inc.
2005 Ed. (312)
2004 Ed. (313)
1999 Ed. (3266)
1997 Ed. (2387)
1994 Ed. (327)
Superior Maintenance Co.
2006 Ed. (3515, 4354)
Superior Oil Co.
1990 Ed. (1235)
1989 Ed. (1023)
Superior Plus Income Fund
2008 Ed. (4783, 4921)
2007 Ed. (4365, 4860)
2006 Ed. (4857)
2004 Ed. (3173)
Superior Pontiac
1995 Ed. (283)
Superior Printing Ink Co., Inc.
2001 Ed. (2876, 2878)
1999 Ed. (3899)
1994 Ed. (2934)
Superior Products
1990 Ed. (1839)
Superior Products Manufacturing Co.
2000 Ed. (2243)
1997 Ed. (2060)
1996 Ed. (1955)
1995 Ed. (1919)
1993 Ed. (1887)
1992 Ed. (2206)
1991 Ed. (1757)
Superior Products Marketing
1997 Ed. (2061)
Superior Seedless
2002 Ed. (4968)
2001 Ed. (4870)
Superior Services Inc.
2000 Ed. (1300)
1997 Ed. (2222, 2227)
1996 Ed. (2064, 2065, 2068)
Superior Staffing Services Inc.
2006 Ed. (3530)
Superior Surgical
1994 Ed. (1029, 1030)
1993 Ed. (997, 998)
1992 Ed. (1227)
Superior Surgical Manufacturing
1995 Ed. (1036)
Superior Telecom Inc.
1999 Ed. (2625)
Superior TeleCommunications Inc.
2001 Ed. (1258, 4449)
Superior TeleTec
1995 Ed. (214)
1992 Ed. (2365, 3985)
1991 Ed. (1872, 3139)
Superior Tomato & Avocado Co. Inc.
1995 Ed. (2107)
Superior Video
2004 Ed. (4842)
2002 Ed. (4753)
Superior Warehouse
2004 Ed. (4642)
Superior Well Services Inc.
2008 Ed. (2038, 2042, 2043, 2044, 2050)
2007 Ed. (1954)
SuperK Supercenters
2005 Ed. (4543)
Superkings
2001 Ed. (1233)
Superlights
1991 Ed. (34)
Superman/Batman Group
1996 Ed. (2959)
Superman Returns
2008 Ed. (3756)
Supermarket
1990 Ed. (267, 1191, 2802)
Supermarket General
1990 Ed. (1040)
Supermarket News
2008 Ed. (815)
2007 Ed. (158, 160)
2006 Ed. (756)
2005 Ed. (830)
Supermarkets
2008 Ed. (1161, 1498, 4020, 4702)
2007 Ed. (1516)
2005 Ed. (1602)
2004 Ed. (3892, 3893)
2002 Ed. (2719)
2001 Ed. (681, 2813, 3522, 3784, 4436)
2000 Ed. (3546, 3579, 3802, 3861, 4061, 4067)
1999 Ed. (2485, 3710, 3823, 4089, 4360, 4506)
1998 Ed. (790, 791, 994, 1744, 1862, 1975, 2053, 2102, 3090, 3092, 3321, 3680)
1997 Ed. (2065, 3057, 3716, 3849)
1996 Ed. (2987, 3467, 3797)
1995 Ed. (678, 1533, 3402, 3506, 3545, 3710)
1992 Ed. (3725, 4003)
1991 Ed. (880, 1978)
1990 Ed. (722, 1193, 1432)
1989 Ed. (1242, 1243)
Supermarkets & grocery stores
2002 Ed. (2779, 2780)
Supermarkets General Corp.
1997 Ed. (3176, 3668)
1995 Ed. (2758)
1994 Ed. (1004, 1005, 2656, 3215)

1993 Ed. (958, 2706, 3496)
1992 Ed. (1183, 1203, 3217, 3547, 4168, 4169)
1991 Ed. (949, 3260, 947, 948, 968, 969, 2578, 3258)
1990 Ed. (1039, 2676, 3497)
1989 Ed. (920)
Supermarkets General Holdings Corp.
2008 Ed. (1976)
2007 Ed. (1913)
1997 Ed. (1287)
1996 Ed. (1427, 1929)
1993 Ed. (979, 3221, 3497)
1992 Ed. (4170, 4171)
1991 Ed. (947, 948)
Supermaterials
1996 Ed. (2104)
Supermercado Stock
2007 Ed. (65)
2006 Ed. (74)
Supermercados Amigo Inc.
2004 Ed. (1671, 1672, 4196)
Supermercados de Este
2005 Ed. (4117)
Supermercados Econo Inc.
2004 Ed. (1671, 1672, 4196)
Supermercados Grande/Catano
2007 Ed. (1964, 4189)
2006 Ed. (1999, 4168)
Supermercados La Favorita
2006 Ed. (4497, 4498)
2002 Ed. (4407, 4408)
1989 Ed. (1105)
Supermercados Mr. Special Inc.
2007 Ed. (1963, 4189)
2006 Ed. (2000, 4168)
2005 Ed. (4117)
2004 Ed. (4196)
Supermercados Rey
2007 Ed. (64)
2006 Ed. (73)
Supermercados Selectos Inc.
2004 Ed. (4196)
Supernatural
2001 Ed. (3407)
SuperPetz
2001 Ed. (3734)
1999 Ed. (3792)
Superpremium
2005 Ed. (4948)
Superseal
2007 Ed. (3970)
2005 Ed. (1265)
2003 Ed. (1229)
Supersol
2008 Ed. (50)
1994 Ed. (27)
1992 Ed. (58)
Supersonic SA
1996 Ed. (1413)
Supersorb Minerals
2002 Ed. (1582)
Superstar Investor
2002 Ed. (4832)
Superstay; Maybelline
2008 Ed. (3449)
Superstition Springs Auto Group
2008 Ed. (167)
Superstition Springs Chrysler Jeep
2007 Ed. (189)
Superstores
1995 Ed. (3506)
1993 Ed. (2563, 2742)
SuperTarget
2008 Ed. (4565)
2007 Ed. (4618)
2005 Ed. (4543)
2004 Ed. (4634)
2001 Ed. (4403)
2000 Ed. (2595)
1999 Ed. (2820)
1998 Ed. (2065)
SuperValu Inc.
2008 Ed. (1405, 1934, 1935, 1936, 1939, 1940, 3445, 3612, 4062, 4560, 4561, 4564, 4568, 4569, 4570, 4571, 4572)
2007 Ed. (909, 914, 1883, 1884, 1885, 2710, 4173, 4612, 4623, 4624, 4625, 4626, 4628, 4953, 4954, 4955)
2006 Ed. (1887, 1891, 1892, 2290, 2295, 2299, 2300, 2714, 4152, 4625, 4627, 4629, 4632, 4634, 4635, 4636, 4637, 4638, 4639, 4947, 4948)
2005 Ed. (1870, 1871, 1872, 1943, 2221, 2237, 2238, 4100, 4546, 4548, 4550, 4551, 4553, 4556, 4557, 4563, 4913, 4914, 4915, 4916)
2004 Ed. (1756, 1800, 1801, 2120, 4163, 4613, 4621, 4624, 4626, 4627, 4629, 4634, 4635, 4931, 4932, 4933, 4934, 4938, 4940, 4941)
2003 Ed. (1719, 1763, 1764, 2498, 2499, 4149, 4536, 4650, 4653, 4654, 4655, 4656, 4657, 4658, 4659, 4929, 4930, 4933, 4935, 4936)
2002 Ed. (1731, 2294, 4535, 4893, 4901, 4903)
2001 Ed. (1685, 1795, 2456, 2457, 2462, 4420, 4421, 4422, 4807, 4828, 4829)
2000 Ed. (372, 1517, 2391, 2489, 4163, 4166, 4384, 4385, 4389)
1999 Ed. (1707, 2464, 4519, 4755, 4757, 4758, 4759, 4762)
1998 Ed. (1177, 1719, 1869, 1875, 3450, 3452, 3453, 3709, 3710, 3712, 3713, 3714)
1997 Ed. (1481, 2027, 3672, 3674, 3675, 3873, 3874, 3875, 3876, 3877, 3880)
1996 Ed. (1421, 1930, 2046, 2048, 2052, 3621, 3822, 3824, 3825, 3826)
1995 Ed. (1884, 2050, 2052, 2056, 3298, 3533, 3728)
1994 Ed. (1244, 3216)
SuperValu Employees Credit Union
2004 Ed. (1935)
SuperValu Holdings Inc.
2007 Ed. (1883)
2001 Ed. (1795, 4829)
SuperValu Operations Inc.
2001 Ed. (1841)
SuperValu Retail
2003 Ed. (4651)
SuperValu Supermarkets
2008 Ed. (4567)
SuperValu Transportation Inc.
2007 Ed. (4111)
2006 Ed. (4064, 4851)
2005 Ed. (3929)
2004 Ed. (4764)
Supervalue
2000 Ed. (2385)
Supplemental life insurance
1989 Ed. (2183)
Supplemental medical benefits
1989 Ed. (2183)
Supplements
2004 Ed. (3666)
1998 Ed. (3681)
Supplier
2005 Ed. (2684)
SupplierMarket.com
2001 Ed. (4759)
Supply Chain Management Inc.
2003 Ed. (1708)
2002 Ed. (1991)
SupplyCore
2005 Ed. (4092)
SupplyOn
2003 Ed. (2155)
Support devices
2004 Ed. (2617)
Support Services of America
2005 Ed. (4036)
Support specialist
2005 Ed. (2384)
Support System
1992 Ed. (3277)
Support Systems
1991 Ed. (2622)
1990 Ed. (2723)
Support Systems International
1990 Ed. (2528)
Suppositories
1990 Ed. (1194)
Supranationals
1992 Ed. (2038, 2039)
Supre
2002 Ed. (3786)
Suprema Specialties Inc.
2004 Ed. (2770)
Supreme Corp.
1989 Ed. (1139)
Supreme Cable Manufacturing Co.
1992 Ed. (1637)
1991 Ed. (1303)
1990 Ed. (1381)
1989 Ed. (1127)
Supreme Corp
1990 Ed. (1397)
Supreme Gear Co.
2007 Ed. (3574, 4431)
2006 Ed. (3524, 4363)
Supreme International Inc.
2006 Ed. (2832)
2002 Ed. (2564)
2001 Ed. (2716)
2000 Ed. (3033)
1999 Ed. (2675, 4756)
1998 Ed. (1938, 3711)
1997 Ed. (2223, 2977, 3872)
1996 Ed. (2109, 2889, 3823)
1994 Ed. (2049)
Supreme Janitorial & Maintenance Co. Inc.
1999 Ed. (3425)
1998 Ed. (2517)
1995 Ed. (2592)
Supreme Janitorial Service
2000 Ed. (4433)
Supreme Life Insurance Company of America
1990 Ed. (2275)
Supreme Life Insurance Co. of America
1993 Ed. (2253)
1992 Ed. (2707)
1991 Ed. (2144)
Supreme Life of America
1989 Ed. (1690)
Supreme Management & Service Co. Inc.
1994 Ed. (2533)
Supremex Inc.
2007 Ed. (3762, 3776)
Sur La Table
2008 Ed. (865)
Sura Mahathip Co. Ltd.
1997 Ed. (1525)
1995 Ed. (1502)
1991 Ed. (1358)
Suram Trading Corp.
2001 Ed. (2716)
2000 Ed. (4386)
1999 Ed. (4756)
1997 Ed. (3872)
1996 Ed. (2066, 2067, 3823)
1995 Ed. (2104, 2108, 2109, 3727)
1994 Ed. (2055, 2057)
1993 Ed. (2040)
Suramericana
2008 Ed. (1669, 3256)
2007 Ed. (3111)
Suramericana de Inversiones
2002 Ed. (4394, 4395, 4398)
Suramericana Vida
2008 Ed. (3256)
2007 Ed. (3111)
Suraminv
2006 Ed. (4493)
Surat District Co-Operative Milk Producers' Union Ltd.
2007 Ed. (3411)
Sure
2008 Ed. (711)
2003 Ed. (2001, 2003)
2002 Ed. (3644)
2001 Ed. (1990)
2000 Ed. (1658, 1659, 3506)
1999 Ed. (3772, 3779)
1998 Ed. (1256, 1257)
1997 Ed. (1589)
1996 Ed. (1530, 2988)
1995 Ed. (1549)
1994 Ed. (1518, 2819)
1993 Ed. (1474)
1992 Ed. (1783, 3404)
1990 Ed. (3546)
Sure Care
2003 Ed. (14, 3775)
1999 Ed. (27)
Sure Care Slip On
2003 Ed. (14)
Sure Steel Inc.
2006 Ed. (1172)
Sure Step
2002 Ed. (1972)
SURE Tire
2006 Ed. (4745)
Sure 24 Hour Intensive Care
2001 Ed. (3726)
SureBeam Corp.
2003 Ed. (4321)
SureFire Commerce Inc.
2003 Ed. (2934, 2937)
2002 Ed. (1604)
SurePayroll
2008 Ed. (2480)
2007 Ed. (2357)
SurePoint Lending
2008 Ed. (1879)
Surepoint Services Inc.
2008 Ed. (1549)
Suretrade Inc.
2001 Ed. (2973, 4200)
suretrade.com
2001 Ed. (2974)
Surety Bank
1995 Ed. (494)
Surevue
1995 Ed. (2815)
SureWest Communications
2004 Ed. (4584)
Surf
2008 Ed. (717, 2331)
2007 Ed. (2197)
2006 Ed. (2258)
2005 Ed. (2197)
2004 Ed. (2093)
2003 Ed. (2040, 2043, 2044, 2045)
2002 Ed. (1961, 1963, 1965, 1966, 2227)
2001 Ed. (1241, 2000, 2001)
2000 Ed. (1095)
1999 Ed. (1181, 1837, 1839)
1998 Ed. (746)
1996 Ed. (1541)
1995 Ed. (995, 1558)
1994 Ed. (981, 1525)
1993 Ed. (953)
1992 Ed. (1175, 1799, 4234)
1991 Ed. (3324)
1990 Ed. (3548)
Surf City Squeeze
2008 Ed. (2663, 3408)
2007 Ed. (3293)
Surface Doctor
1999 Ed. (2521)
Surface Mount Distribution, Inc.
2002 Ed. (2092)
Surface Protection Industries Inc.
1999 Ed. (3423)
1998 Ed. (2515)
1997 Ed. (2801)
1996 Ed. (2660)
1995 Ed. (2590)
1993 Ed. (2583)
Surface Specialists Systems Inc.
2003 Ed. (2123)
2002 Ed. (2288)
Surface Transportation Program
1993 Ed. (3619)
Surface water
2000 Ed. (3564)
Surfaces
2004 Ed. (4755)
SurfControl
2004 Ed. (2215)
Surfing the Internet
2000 Ed. (1048)
Surge
1999 Ed. (3597)
Surgeon
2008 Ed. (3809)
1989 Ed. (2084, 2092, 2096)
Surgeon, oral & maxillofacial
2008 Ed. (3809)
Surgeons
2005 Ed. (3626)

Surgery center
2001 Ed. (3598)
Surgery centers
2003 Ed. (2691)
Surgery, general
2008 Ed. (3985)
2006 Ed. (3907)
2004 Ed. (3900)
Surgery, orthopedic
2008 Ed. (3985)
2004 Ed. (3900)
Surgery, urgent/primary care
2001 Ed. (2686)
Surgetneftegas
2001 Ed. (1694)
Surgical
2007 Ed. (157)
Surgical & medical instruments
1996 Ed. (2566)
Surgical appliances
1996 Ed. (2566)
Surgical Care Affiliates Inc.
1997 Ed. (1259, 2178, 3641)
1995 Ed. (1232, 2769)
1994 Ed. (2017, 2706)
1993 Ed. (2017, 3465)
1992 Ed. (2366, 3987)
Surgical Health Corp.
1997 Ed. (1234, 2206)
Surgical, medical, and dental instruments
2001 Ed. (3604)
Surgical technologists
1992 Ed. (3282)
Surgient Inc.
2008 Ed. (1134)
2006 Ed. (1130, 1131)
Surgutneftegas
2007 Ed. (3868)
2006 Ed. (2006)
2002 Ed. (1637, 4461, 4462, 4464)
Surgutneftegas Oao
2005 Ed. (3773, 3777)
Surgutneftegas Oil
2007 Ed. (1970)
2006 Ed. (2005)
Surgutneftegas; OJSC
2008 Ed. (1816, 1840, 2064, 2065, 2066, 3680, 3924, 3927)
2006 Ed. (1697, 4532, 4533)
Surgutneftegaz
2005 Ed. (1958, 3789)
2003 Ed. (1816, 3301, 3302)
1996 Ed. (3098)
Surgutneftegaz Holding
1997 Ed. (1502)
Surgutneftegaz; OAO
2008 Ed. (3577)
Suria
2000 Ed. (2885)
Surinaamsche Bank NV
1997 Ed. (620)
1995 Ed. (612)
1993 Ed. (636)
1991 Ed. (667)
1989 Ed. (682)
Surinaamsche Bank NV (De)
1996 Ed. (686)
1994 Ed. (639)
1992 Ed. (840)
Surinam
2006 Ed. (235)
Suriname
2008 Ed. (533)
2007 Ed. (583)
2006 Ed. (549)
2005 Ed. (647)
2004 Ed. (663)
2003 Ed. (654)
2001 Ed. (668)
1992 Ed. (2361)
Surma; John P.
2008 Ed. (946)
SurModics Inc.
2002 Ed. (1502)
Surnitomo Corp.
2000 Ed. (4013)
Surplus Direct
1999 Ed. (3006, 4752)
1998 Ed. (3776)
Surrey Advertiser All Papers Group
2002 Ed. (3517)
Surrey Bank & Trust
2004 Ed. (402)
2002 Ed. (3548, 3549)
Surrey Credit Union
1997 Ed. (1571)
1995 Ed. (1537)
1993 Ed. (1451)
1992 Ed. (1755)
1990 Ed. (1459)
Surrey Metro Savings
2002 Ed. (1851)
Surrey Metro Savings Credit Union
1999 Ed. (1804)
1996 Ed. (1513)
Surry
1990 Ed. (2721)
Surteco AG
2006 Ed. (1736)
Surveyor
1990 Ed. (2370)
Survivor
2006 Ed. (4719)
Survivor: Pearl Islands
2005 Ed. (4665, 4666)
Survivor: Thailand
2004 Ed. (1916, 4450, 4692)
Survivor 2
2003 Ed. (4716)
Survivors & Victims Empowered
2004 Ed. (935)
Surya Citra Televisi
2008 Ed. (48)
2007 Ed. (44)
Susa SA
1990 Ed. (24)
Susan Arnold
2008 Ed. (4948)
2007 Ed. (4974)
2006 Ed. (4974)
Susan Berresford
2008 Ed. (3789)
2007 Ed. (3704)
2004 Ed. (974)
Susan D. Desmond-Hellman
2002 Ed. (4980)
Susan Decker
2008 Ed. (968, 2636)
2007 Ed. (1066)
2006 Ed. (970)
2005 Ed. (2513)
2000 Ed. (1979)
1999 Ed. (2255)
1998 Ed. (1665)
1997 Ed. (1894)
1996 Ed. (1775, 1820)
1995 Ed. (1800, 1842)
1994 Ed. (1759, 1804)
1993 Ed. (1775, 1821)
Susan Dell
2006 Ed. (3898)
Susan Desmond-Hellmann
2008 Ed. (2636)
2007 Ed. (2506, 4974)
2006 Ed. (2526)
Susan Dushock
1999 Ed. (2182)
1998 Ed. (1593, 1594)
1997 Ed. (1948)
Susan E. George
1990 Ed. (2660)
Susan E. Loggans & Associates
1990 Ed. (3706)
Susan G. Wallace
1995 Ed. (933)
Susan Golding
1991 Ed. (2346)
Susan Graham
2000 Ed. (2087, 2093, 2130)
1999 Ed. (2311)
Susan Hirsch
1995 Ed. (1862)
1994 Ed. (1820)
1993 Ed. (1840)
Susan K. Lacey
1995 Ed. (2484)
Susan Leadem
2000 Ed. (2078, 2088)
1999 Ed. (2302)
Susan Niczowski
2008 Ed. (4991)
2007 Ed. (4985)
Susan Passoni
1998 Ed. (1678)
1997 Ed. (1871)
1996 Ed. (1798)
Susan Planchon
1992 Ed. (2906)
Susan Powter's Stop the Madness
1997 Ed. (2389)
Susan Roth
2000 Ed. (2048)
1999 Ed. (429, 2144, 2184)
1998 Ed. (1598)
Susan S. Planchon
1993 Ed. (2464)
1991 Ed. (2345)
Susan S. Wang
1995 Ed. (983)
Susan Suminski
2000 Ed. (3160, 4428)
Susan T. Buffett
2004 Ed. (4871)
Susan Thompson Buffett
2002 Ed. (3364)
Susana Ornelas
1996 Ed. (1897)
Susannah Gray
2000 Ed. (1941)
Susanne Klatten
2008 Ed. (4867)
Sushi House
2003 Ed. (3322, 3324)
Susie Peterson Case
1990 Ed. (1769)
Susie Tompkins
1994 Ed. (3667)
1993 Ed. (3731)
Susquehanna
1996 Ed. (3100)
1992 Ed. (3550)
Susquehanna Bancshares Inc.
2001 Ed. (577)
Susquehanna Financial Group
2007 Ed. (3259)
Susquehanna Media
2001 Ed. (3960)
Susquehanna Radio
2003 Ed. (4034)
2002 Ed. (3894)
2001 Ed. (3961)
Susquehanna-2
1990 Ed. (2722)
Susquehanna University
2001 Ed. (1321)
1999 Ed. (1224)
1998 Ed. (795)
1997 Ed. (1057)
1996 Ed. (1041)
1994 Ed. (1044)
Sussan Corp.
2004 Ed. (1652, 3959)
2002 Ed. (2708)
Susse Chalet
1998 Ed. (2015)
Sussex County Credit Union
2008 Ed. (2224)
2007 Ed. (2109)
2006 Ed. (2188)
2005 Ed. (2093)
2004 Ed. (1951)
2003 Ed. (1911)
2002 Ed. (1854)
Sussman & Associates
2007 Ed. (3607)
Sustacal
1999 Ed. (1844)
1996 Ed. (1548)
Sustained Delightful/Bleach
1997 Ed. (1587)
Sustiva
2001 Ed. (2099)
Susumu Kato
1996 Ed. (1889)
Suter & Suter Corp.
1995 Ed. (1692, 1693)
1991 Ed. (1558)
Sutherland
1996 Ed. (818, 827)
1990 Ed. (841)
Sutherland, Asbill & Brennan
2001 Ed. (796)
1993 Ed. (2391)
1992 Ed. (2828)
1991 Ed. (2279)
1990 Ed. (2413)
Sutherland Global Services
2008 Ed. (269, 271, 3724)
2007 Ed. (292, 3583)
Sutherland Group Ltd.
2001 Ed. (1036)
Sutherland; Kiefer
2008 Ed. (2590)
Sutherland Lumber
1998 Ed. (1969, 1974)
1996 Ed. (2134)
1993 Ed. (2047)
1992 Ed. (2419)
Sutherland Lumber Co., L.P.
2001 Ed. (2728, 2729)
Sutherland; Matthew
1997 Ed. (2000)
1996 Ed. (1910)
Sutherland Media Productions Inc.
2007 Ed. (3613)
Sutherlands
1995 Ed. (846, 848)
Sutherlin Mazda
1995 Ed. (275)
Sutherlin Nissan
1995 Ed. (281)
1994 Ed. (278)
1992 Ed. (393)
Sutherlin Nissan; George
1996 Ed. (281)
Sutherlin Nissan Inc.; Jake
1994 Ed. (278)
Sutro & Co.
2000 Ed. (2756)
1999 Ed. (3013)
1996 Ed. (833, 3365)
Sutter Basin Corp., Ltd.
2004 Ed. (4583)
2002 Ed. (3558, 3562, 3563)
Sutter Capital Management LLC
2004 Ed. (4696)
Sutter Health
2008 Ed. (2888, 2889, 2891, 3166, 3171)
2007 Ed. (2770, 2779)
2006 Ed. (2759, 2760, 2763, 3588, 3591)
2005 Ed. (2789, 2790, 2793, 3181)
2003 Ed. (2683, 3469, 3470)
2002 Ed. (3295)
2001 Ed. (2670)
2000 Ed. (3184, 3186)
1999 Ed. (2987, 2989, 2990, 2992, 3465, 3467)
1998 Ed. (2216, 2550)
1997 Ed. (2163, 2257, 2830)
1996 Ed. (2705)
1990 Ed. (2051)
Sutter Home
2008 Ed. (4936, 4937, 4938)
2007 Ed. (4967)
2006 Ed. (4961, 4962, 4964)
2005 Ed. (4931, 4932, 4949, 4953, 4956)
2004 Ed. (4951, 4952, 4964)
2003 Ed. (4947, 4950, 4963, 4965)
2002 Ed. (4923, 4926, 4938, 4946, 4947, 4948, 4955, 4960)
2001 Ed. (4843, 4846, 4874, 4877, 4878, 4885, 4886, 4888, 4893, 4902)
2000 Ed. (4408, 4409, 4412, 4418, 4421, 4424, 4426)
1999 Ed. (4772, 4784, 4785, 4788, 4793, 4794, 4796, 4799, 4800)
1998 Ed. (3439, 3723, 3730, 3738, 3742, 3748, 3750, 3752)
1997 Ed. (3885, 3897, 3901, 3902)
1996 Ed. (3836, 3849, 3855, 3856, 3858, 3860, 3864, 3865)
1995 Ed. (3738, 3750, 3757, 3758, 3760, 3766)
1994 Ed. (3663)
1993 Ed. (3704, 3714, 3721)
1992 Ed. (4447, 4453, 4458, 4464)
Sutter Home Winery
2000 Ed. (4396)
Sutter Home Wines
1991 Ed. (3494, 3496)
Sutter Insurance Services Corp.
2000 Ed. (982)

1999 Ed. (1032)
1998 Ed. (639)
1997 Ed. (902)
Sutter Securities
2003 Ed. (4352)
2000 Ed. (2758)
1997 Ed. (3457)
1996 Ed. (2348, 2355)
Suttle; Philip
1996 Ed. (1895)
Sutton & Edwards
2000 Ed. (3710)
1990 Ed. (1036)
Sutton; Cece
2006 Ed. (4979, 4980)
Sutton Food Inc.
2006 Ed. (3499)
Sutton Ford Inc.
2007 Ed. (3537)
Sutton Healthcare Group
1990 Ed. (3079)
Sutton Holdings Corp.
1993 Ed. (3545)
1991 Ed. (3332)
Sutton; Peter
1996 Ed. (1866)
Sutton Place Hotel Kempinski
1993 Ed. (2094)
Suttons Motors
2004 Ed. (1651, 3957)
2002 Ed. (383, 3785)
SUVA
1991 Ed. (2158)
1990 Ed. (2244)
Suwyn; Mark
2006 Ed. (2523)
Suzannah Farms
1992 Ed. (4487)
Suzanne Allford
1995 Ed. (1726)
Suzanne Cook
1993 Ed. (1816)
1989 Ed. (1417)
Suzanne Johnson
2007 Ed. (2506)
Suzanne Nora Johnson
2008 Ed. (2636)
Suzanne Somers
2006 Ed. (2499)
Suzanne's Diary for Nicholas
2004 Ed. (747)
Suzano
1992 Ed. (1580, 3767)
1991 Ed. (2914)
Suzano de Papel e Celulose
2007 Ed. (3417)
Suzhou, China
2007 Ed. (1098)
2006 Ed. (1012)
Suzhou Industrial Township
1996 Ed. (2262)
Suzi Wan
1994 Ed. (1881)
Suzlon Wind Energy Corp.
2007 Ed. (4962)
Suzuka Circuit
2007 Ed. (272)
2006 Ed. (267)
2005 Ed. (248)
2003 Ed. (272)
2002 Ed. (313)
2000 Ed. (301)
1999 Ed. (273)
Suzuken Co., Ltd.
2007 Ed. (4959)
2006 Ed. (4951)
Suzuki
2007 Ed. (313)
2006 Ed. (317)
2000 Ed. (3172, 3173, 3174)
1998 Ed. (2541)
1996 Ed. (2702)
1995 Ed. (2624)
1994 Ed. (2569)
1993 Ed. (2609)
1992 Ed. (57, 462, 463, 3119)
1990 Ed. (359)
1989 Ed. (308)
Suzuki Cars of Tulsa Inc.
1992 Ed. (413)
Suzuki; Hiroyuki
1996 Ed. (1879)
Suzuki; Ichiro
2005 Ed. (267)
Suzuki Motor Corp.
2008 Ed. (4755)
2007 Ed. (317)
2004 Ed. (293, 299)
2003 Ed. (322)
2002 Ed. (390)
2001 Ed. (3398, 3399)
1990 Ed. (1668)
1989 Ed. (35)
Suzuki Northeast
1990 Ed. (321)
Suzuki of Denville
1992 Ed. (413)
Suzuki Swift
2000 Ed. (335)
1994 Ed. (306)
Suzuki Swift (1-L I-3 engine)
1991 Ed. (353)
Suzuki Swift (1-L I-3 with A3 transmission)
1991 Ed. (353)
Suzuki Swift (1.3 L I-4 engine)
1991 Ed. (353)
Suzuki; Takayuki
1997 Ed. (1988)
1996 Ed. (1882)
Suzuki Wagon R
1999 Ed. (339)
Suzuki X-90
2001 Ed. (491)
Suzy & Shier
1997 Ed. (1033)
Suzy Bogguss
1995 Ed. (1120)
Suzy Shier
1996 Ed. (1013)
SV Handelsbanken
1996 Ed. (3589, 3590)
SV Holdings NV
2000 Ed. (1522)
Svendborg A/S; D/S
2005 Ed. (1475, 1483, 1562)
Svensk Exportkredit
1992 Ed. (1056, 1057)
1991 Ed. (849)
1990 Ed. (898)
Svenska Cellulosa
1999 Ed. (1738, 2495)
1993 Ed. (1403)
1992 Ed. (1692)
1990 Ed. (1422, 3477)
Svenska Cellulosa AB
2008 Ed. (2090, 2091, 3108, 3582, 3883)
2007 Ed. (1514, 1803, 1804, 1805, 1994, 1995, 1996, 2988, 2989, 3814, 3817, 3818)
2006 Ed. (1794, 1797, 2024, 2026, 2027, 3402, 3806, 3807)
2005 Ed. (1966)
1997 Ed. (1515, 2996)
1995 Ed. (1492, 2834)
1994 Ed. (1452, 2730)
Svenska Cellulosa AB (SCA)
2002 Ed. (1773, 3579)
2001 Ed. (1857, 3630, 3631)
1996 Ed. (1449, 2905)
Svenska Cellulosa Aktiebolaget
2005 Ed. (3718)
1992 Ed. (1693)
1991 Ed. (1351)
Svenska Cellulosa Aktiebolaget (SCA)
2004 Ed. (1528)
2003 Ed. (1827)
2001 Ed. (1856)
2000 Ed. (1559)
Svenska Cellulosa's Bakab Energi
1995 Ed. (1243)
Svenska Handelsbanken
2008 Ed. (509)
2007 Ed. (557)
2006 Ed. (527, 2026, 2027, 4575)
2005 Ed. (614)
2004 Ed. (524, 625)
2000 Ed. (558, 669, 1558, 1560, 4123)
1999 Ed. (644, 1737, 1739, 4482)
1997 Ed. (622, 1514, 3636)
1996 Ed. (688, 1448, 1449)
1995 Ed. (614)
1994 Ed. (642, 1451, 3257, 3258)
1993 Ed. (521, 522, 526, 639, 1404, 3460)
1992 Ed. (842, 2004)
1991 Ed. (669, 1350, 550, 554, 3221)
1990 Ed. (572, 596, 690)
1989 Ed. (579, 684, 685)
Svenska Handelsbanken AB
2008 Ed. (2091)
2007 Ed. (1997)
2003 Ed. (616, 1828)
2002 Ed. (652, 1773, 1775)
2001 Ed. (1857, 1858)
Svenska Spel
2008 Ed. (88)
2007 Ed. (81)
2006 Ed. (91)
2005 Ed. (82)
2004 Ed. (87)
2001 Ed. (81)
Svenska Statoil AB
1994 Ed. (3661)
Svenskt Stal AB
2008 Ed. (3582)
2006 Ed. (3402)
Sverdrup Corp.
2000 Ed. (314, 1237, 1793)
1999 Ed. (283, 1332, 2017, 2020, 2022, 2026, 2031)
1998 Ed. (1437, 1444, 1448, 1450)
1997 Ed. (265, 1139, 1736, 1743)
1996 Ed. (234, 1113, 1658, 1665)
1995 Ed. (237, 1140, 1675, 1678, 1682)
1994 Ed. (235, 1125, 1643)
1993 Ed. (246, 1102, 1607, 1610)
1992 Ed. (355, 1376, 1952, 1955)
1990 Ed. (280, 1168, 1666)
Sverdrup CRSS
2001 Ed. (1398)
SVG Capital
2007 Ed. (3290)
2006 Ed. (4881)
SVI Holdings, Inc.
2003 Ed. (2726)
2002 Ed. (2481)
Sviluppo Intermediazioni Commissionaria Di Borsa Spa-Sviluppo Intermediazioni Sp
1994 Ed. (2065)
Svizzera Italiana
1991 Ed. (670)
SVRN Medical Service
1997 Ed. (2554)
SVSZ a.s. Kosice
2002 Ed. (4470)
SVT Inc.
2003 Ed. (2724)
Svyturys
2002 Ed. (4440, 4441)
Svyturys Utenos Alas
2006 Ed. (65)
SW
2001 Ed. (534)
SW Providence Strategy Income
1997 Ed. (2917)
SW Steakhouse
2008 Ed. (4147)
Swagelok Co.
2005 Ed. (3461)
2001 Ed. (1254)
Swamy Advertising Associates; R. K.
1989 Ed. (116)
Swamy Advertising; R.K.
1990 Ed. (110)
Swamy/BBDO Advertising; R. K.
1996 Ed. (97)
1991 Ed. (108)
Swamy/BBDO; R. K.
1997 Ed. (99)
1994 Ed. (94)
1993 Ed. (107)
1992 Ed. (159)
Swan National
1999 Ed. (3455)
1997 Ed. (2821)
Swan Pools
2008 Ed. (4580)
2007 Ed. (4648, 4649)
2006 Ed. (4649)
The Swan Princess
2001 Ed. (3391)
Swan SA
2002 Ed. (3566)
Swank Frame
1992 Ed. (3303)
Swank Optic
1991 Ed. (2645)
1990 Ed. (2743)
Swanke Hayden Connell Ltd.
1995 Ed. (240)
1993 Ed. (244, 248)
Swanke Hayden Connell Architects
2005 Ed. (3164, 3168)
1996 Ed. (232, 236)
1994 Ed. (233)
1992 Ed. (353)
1991 Ed. (253)
1990 Ed. (278, 284)
1989 Ed. (268)
Swann; Kate
2006 Ed. (4985)
Swansea
2008 Ed. (4809)
Swanson
2004 Ed. (4455)
2003 Ed. (861, 2559, 4483)
2002 Ed. (2367)
2001 Ed. (2539, 2540)
2000 Ed. (2278, 2280)
1999 Ed. (2531)
1998 Ed. (636)
1997 Ed. (2091)
1995 Ed. (1892, 1941)
1994 Ed. (1921)
1993 Ed. (1905)
1990 Ed. (1856)
Swanson & Youngdale Inc.
2008 Ed. (1262)
2007 Ed. (1365)
2006 Ed. (1288)
2005 Ed. (1318)
2004 Ed. (1312)
2003 Ed. (1309)
2002 Ed. (1295)
2001 Ed. (1479)
2000 Ed. (1265, 1271)
1999 Ed. (1373)
1998 Ed. (952)
1997 Ed. (1172)
1991 Ed. (1089)
Swanson; David C.
2008 Ed. (1108)
2007 Ed. (1202)
Swanson Hungry-Man
2008 Ed. (2775)
2004 Ed. (2691)
2003 Ed. (2558)
Swanson Hungryman
2002 Ed. (2366)
2001 Ed. (2540)
Swanson Jr.; Robert
1996 Ed. (1711)
Swanson Natural Goodness
2004 Ed. (4455)
Swanson Rink Inc.
2005 Ed. (2439)
Swanson; Robert
2006 Ed. (917)
Swanson; Robert A.
1989 Ed. (1378, 1381)
Swanson Russell
2008 Ed. (194)
Swanson Russell Associates
1998 Ed. (37)
1997 Ed. (51)
Swanson; W. H.
2005 Ed. (2482)
Swanson; William H.
2007 Ed. (1029)
Swanty Chrysler-Plymouth-Dodge Inc.; Martin
1994 Ed. (267)
Swarovski
2007 Ed. (1594)
Swarthmore
2004 Ed. (2844)
Swarthmore College
2008 Ed. (1057, 1067, 1068, 2972)
2007 Ed. (4597)
2001 Ed. (1316, 1318, 1328)
2000 Ed. (1136)

1999 Ed. (1227)
1998 Ed. (798)
1997 Ed. (1052, 1066)
1996 Ed. (1036)
1995 Ed. (1051, 1065)
1994 Ed. (1043)
1993 Ed. (1016)
1992 Ed. (1268)
1991 Ed. (1002)
1990 Ed. (1089)
1989 Ed. (955)
The Swarthmore Group Inc.
2007 Ed. (197)
Swartout; Hank B.
2008 Ed. (2637)
2007 Ed. (2507)
Swartz; Jerome
1996 Ed. (966)
Swarup; Vishnu
1994 Ed. (1803)
1993 Ed. (1820)
1991 Ed. (1688)
Swarzedz
1994 Ed. (3648)
Swatch AG
1996 Ed. (2264)
Swatch Group
2007 Ed. (2004, 3814)
Swaziland
2008 Ed. (2200, 2402)
2007 Ed. (2090, 2267)
2006 Ed. (2146, 2336, 4612)
2005 Ed. (2053, 4531)
2004 Ed. (1918, 4597)
2002 Ed. (1811)
2001 Ed. (1946)
2000 Ed. (1609)
1999 Ed. (1780, 4662)
1997 Ed. (1541)
1996 Ed. (1476)
1995 Ed. (1517)
1992 Ed. (1730)
Swaziland Development & Savings Bank
1997 Ed. (621)
1996 Ed. (687)
1995 Ed. (613)
1994 Ed. (640)
1993 Ed. (637)
1992 Ed. (841)
1991 Ed. (668)
Swaziland Property Investments Ltd.
2006 Ed. (4539)
2002 Ed. (4482, 4483)
Swazispa Holdings Ltd.
2006 Ed. (4539)
2002 Ed. (4483)
SWCA Environmental Consultants
2004 Ed. (2357)
Swearingen Engineering & Technology
1993 Ed. (1740)
Sweat; Keith
1993 Ed. (1076, 1077)
Sweaters, pullovers, etc.
1993 Ed. (1715)
Sweats & warm-ups
2001 Ed. (1277)
Swedbank
2004 Ed. (524)
1997 Ed. (622)
1996 Ed. (688)
1992 Ed. (842)
1991 Ed. (669)
1990 Ed. (690)
1989 Ed. (575, 577, 685)
Swedbank AB
2008 Ed. (39, 88, 2091)
SwedBank-Sparbankernas Bank
1995 Ed. (614)
1994 Ed. (642, 3258)
1993 Ed. (639)
Sweden
2008 Ed. (414, 1109, 1284, 1287, 1291, 1412, 1413, 1414, 1415, 1419, 2194, 2204, 2334, 2823, 2949, 2950, 3209, 3406, 3502, 3504, 3592, 4386, 4387, 4389, 4391, 4392, 4519, 4627, 4630, 4631, 4794)
2007 Ed. (446, 2086, 2094, 2200, 2524, 2827, 3291, 3292, 3393, 3394, 3397, 3428, 3700, 3714, 3777, 4412, 4413, 4414, 4417, 4419, 4689, 4702)
2006 Ed. (441, 1432, 1433, 1434, 1435, 1442, 1443, 2124, 2150, 2262, 2335, 2540, 2702, 2717, 2824, 3188, 3227, 3228, 3273, 3335, 3336, 3339, 3412, 3552, 3705, 3731, 3780, 4083, 4574, 4681, 4682)
2005 Ed. (505, 747, 1122, 1476, 1477, 1478, 1479, 1541, 2056, 2200, 2536, 2537, 2538, 2763, 3030, 3198, 3242, 3243, 3346, 3403, 3603, 3614, 3686, 3864, 4498, 4499, 4602, 4603, 4717)
2004 Ed. (1100, 1460, 1461, 1462, 1463, 1525, 2096, 2170, 2737, 2767, 3164, 3214, 3215, 3315, 3321, 3396, 3688, 3703, 3769, 3918, 4203)
2003 Ed. (493, 1084, 1085, 1430, 1431, 1432, 1433, 1438, 1495, 1974, 2053, 2151, 2227, 2233, 2234, 2616, 2617, 2618, 2619, 2620, 2641, 3023, 3154, 3155, 3259, 3658, 4176, 4556, 4699, 4700)
2002 Ed. (559, 561, 1409, 1410, 1411, 1412, 1476, 1477, 1478, 1810, 2424, 2426, 2755, 2756, 2936, 2997, 3074, 3523, 4056, 4378, 4380, 4773)
2001 Ed. (358, 386, 525, 704, 979, 989, 1019, 1081, 1125, 1141, 1149, 1171, 1259, 1338, 1340, 1342, 1496, 1497, 1917, 1919, 1944, 1983, 1984, 2005, 2008, 2038, 2044, 2045, 2126, 2142, 2264, 2379, 2412, 2443, 2444, 2543, 2562, 2574, 2575, 2639, 2734, 2735, 2799, 2821, 2825, 2835, 3024, 3025, 3160, 3181, 3209, 3227, 3298, 3305, 3315, 3387, 3546, 3552, 3558, 3629, 3638, 3644, 3691, 3694, 3783, 3825, 3847, 3875, 3991, 4276, 4277, 4378, 4500, 4566, 4569, 4596, 4598, 4601, 4632, 4664, 4686, 4687, 4705, 4715, 4831, 4904, 4914, 4915, 4920, 4921, 4941)
2000 Ed. (1064, 1321, 1322, 1585, 1649, 2862, 2863, 3357, 4360)
1999 Ed. (332, 1253, 1463, 1465, 1753, 2596, 2825, 2826, 3004, 3111, 3113, 3115, 3289, 3653, 3696, 3698, 4734, 4801, 4802, 4804)
1998 Ed. (634, 635, 656, 1031, 1131, 1431, 1838, 2707, 2743, 2745, 3467, 3691)
1997 Ed. (896, 897, 1264, 1265, 1267, 1268, 2147, 2475, 2997, 2998, 3859, 3860, 3924)
1996 Ed. (874, 942, 1221, 1495, 1729, 1963, 2025, 2449, 3435, 3763, 3809)
1995 Ed. (345, 876, 899, 900, 1253, 1723, 1744, 2000, 3520, 3605, 3719)
1994 Ed. (836, 854, 855, 857, 934, 1230, 1234, 1349, 1533, 1699, 2006, 2367, 2684, 2731, 2898, 3476, 3643)
1993 Ed. (212, 917, 1035, 1046, 1269, 1299, 1345, 1463, 1466, 1540, 1542, 1596, 1724, 1743, 1952, 2103, 2167, 2368, 2387, 2482, 2950, 3053, 3455, 3476, 3559, 3680, 3681)
1992 Ed. (226, 227, 229, 316, 911, 1029, 1040, 1120, 1373, 1485, 1489, 1490, 1493, 1639, 1728, 1736, 2358, 2566, 3276, 3348, 3685, 3754, 4140, 4141, 4152, 4187, 4412, 4413, 4472, 4489, 4495)
1991 Ed. (329, 848, 849, 930, 1177, 1178, 1181, 1184, 1379, 1383, 1820, 1825, 2493, 3270, 3465, 3466)
1990 Ed. (960, 984, 1259, 1260, 1445, 1450, 1481, 1577)
1989 Ed. (282, 363, 1178, 1179, 1182, 1404, 2117, 2899, 2900)
Sweden; Kingdom of
1992 Ed. (1056, 1057)
Swedish
2000 Ed. (2889)
Swedish American Hospital
1994 Ed. (897)
Swedish Communications
1991 Ed. (153)
1990 Ed. (153)
Swedish Fish
2008 Ed. (838)
2005 Ed. (859)
Swedish Health Services
2008 Ed. (2164)
2007 Ed. (2055)
2006 Ed. (2099)
2005 Ed. (1998)
2004 Ed. (1882)
2003 Ed. (1847)
2001 Ed. (1896)
Swedish knona
2008 Ed. (2275)
Swedish Match
2007 Ed. (4775)
2002 Ed. (53)
Swedish Match North America Inc.
2003 Ed. (967, 4753)
Swedish Medical Center
2002 Ed. (2617)
Swedish Motors
1992 Ed. (3824)
Swedish Telecom Group
1989 Ed. (966)
Sweeney; Jack
2008 Ed. (369)
2007 Ed. (384)
Sweeney PR
1999 Ed. (3949)
1997 Ed. (3209)
Sweeney; Sandi
1989 Ed. (1417, 1418)
The Sweeper
1998 Ed. (3677)
Sweepstakes
1993 Ed. (2725)
1992 Ed. (3762)
1990 Ed. (1185, 3081)
Sweepstakes, games, contests
1990 Ed. (3080)
Sweet Beginnings
2008 Ed. (170)
Sweet Breath
2008 Ed. (727)
2003 Ed. (762)
2000 Ed. (811)
Sweet Breath Sorbet
2000 Ed. (811)
Sweet Briar College
2008 Ed. (1069)
Sweet corn
1999 Ed. (4702)
1996 Ed. (3774)
Sweet Escapes Candy bar
1998 Ed. (1726, 2668)
Sweet Home Alabama
2005 Ed. (2259, 4832)
Sweet Life Foods
1994 Ed. (1998)
1993 Ed. (3487, 3489)
Sweet Lumber; R. L.
1996 Ed. (816)
Sweet 'N Low
2008 Ed. (836)
2006 Ed. (1006)
2005 Ed. (858)
1997 Ed. (884, 885, 1606, 1607)
1996 Ed. (3624)
1995 Ed. (3539)
1994 Ed. (3471)
Sweet-N-Tasty
1995 Ed. (3400)
Sweet Oil
1993 Ed. (1541)
Sweet One
1995 Ed. (3539)
1994 Ed. (3471)
Sweet potatoes
2004 Ed. (2003)
Sweet rolls
2005 Ed. (2045)
2003 Ed. (2093)
2002 Ed. (425)
Sweet rolls, frozen
1996 Ed. (2646)
Sweet Success
2003 Ed. (2061)
1997 Ed. (1610)
Sweet Sue
1998 Ed. (636)
Sweet Tarts
2001 Ed. (1120)
1996 Ed. (870, 871)
Sweet 10
1994 Ed. (3471)
Sweet Tomatoes
2008 Ed. (4155, 4167, 4168)
2007 Ed. (4141)
2006 Ed. (4114)
Sweetarts
1995 Ed. (891, 896)
1994 Ed. (847, 851)
1993 Ed. (834)
Sweetgrass, MT
2005 Ed. (3877)
1995 Ed. (2958)
Sweetheart Cup Co.
2005 Ed. (4688)
2004 Ed. (4718)
2003 Ed. (4734)
2001 Ed. (4520)
1992 Ed. (3474)
Sweetheart Holdings Inc.
2007 Ed. (4217)
2006 Ed. (1862, 4207)
2005 Ed. (2670, 3680)
2004 Ed. (2678)
SweetMate
1996 Ed. (3624)
Sweetnam Jr.; Richard
1994 Ed. (1779)
1993 Ed. (1773, 1796)
SweetTarts
2002 Ed. (936)
Sweetwater Sound Inc.
2000 Ed. (3220)
1999 Ed. (3502)
1997 Ed. (2863)
1996 Ed. (2748)
Swensen's
1991 Ed. (2870)
1990 Ed. (3005)
Earl Swensson Associates
2000 Ed. (311)
1996 Ed. (229)
1995 Ed. (233)
1994 Ed. (231)
SwepDri Ltd.
2006 Ed. (4482)
Swerdlin & Co.
2004 Ed. (2682)
Swett & Crawford Group
2008 Ed. (3244, 3245)
2006 Ed. (3076)
2005 Ed. (3075)
2004 Ed. (3064)
2002 Ed. (2854)
1998 Ed. (2144)
1997 Ed. (2429)
1996 Ed. (2294)
1995 Ed. (2289)
1994 Ed. (2241)
1993 Ed. (2192)
1992 Ed. (2649)
1991 Ed. (2089)
SWG & M Advertising Inc.
2004 Ed. (171)
2003 Ed. (215)
SWIECIE
2006 Ed. (4889)
Swiffer
2003 Ed. (976, 986)
Swift Co.
2005 Ed. (1743)
2004 Ed. (1685)
2001 Ed. (476, 3853)
1997 Ed. (3808)
1993 Ed. (3641)

Swift & Co.
2008 Ed. (1687, 2756, 2784, 3609, 3611, 3613, 3614, 3617, 3618, 4052)
2007 Ed. (1751, 2645)
2006 Ed. (1658, 1661, 3430, 3431)
2005 Ed. (1740, 3420)
2004 Ed. (3407)
Swift Dodge
1994 Ed. (267)
1993 Ed. (268)
Swift Eckrich, Inc.
1992 Ed. (3512, 2992, 2996, 2997, 3486, 3510)
Swift Energy Co.
2003 Ed. (3828)
2002 Ed. (2123)
1992 Ed. (317)
Swift Foods Co.
2006 Ed. (1661)
2005 Ed. (1743)
Swift Inc.; Richard A.
2008 Ed. (16)
Swift Trade Inc.
2005 Ed. (2776)
Swift Transportation Co., Inc.
2008 Ed. (1557, 2772, 2773, 4736, 4743, 4744, 4750, 4764, 4773, 4774, 4775, 4776, 4777)
2007 Ed. (1574, 1575, 2645, 2646, 4816, 4817, 4823, 4844, 4850, 4851, 4852, 4853, 4854)
2006 Ed. (1544, 2664, 2665, 4799, 4800, 4802, 4807, 4830, 4831, 4850)
2005 Ed. (1649, 4749, 4753, 4756, 4778, 4779, 4780, 4782)
2004 Ed. (1623, 4763, 4780, 4791, 4807, 4808, 4809, 4810)
2003 Ed. (4795, 4816, 4818, 4819)
2002 Ed. (4665, 4691, 4693, 4694)
2001 Ed. (4236, 4237)
2000 Ed. (4313, 4319)
1999 Ed. (4685, 4687, 4688, 4689)
1998 Ed. (3634, 3635, 3641, 3643)
1996 Ed. (3758)
1995 Ed. (3515, 3672, 3675)
1994 Ed. (3593, 3596, 3601)
1993 Ed. (3633, 3636)
Swilynn International Holdings
1995 Ed. (2127)
Swim Ear
1996 Ed. (1601)
1993 Ed. (1541)
Swimming
2001 Ed. (4343)
2000 Ed. (4090)
1999 Ed. (4383)
1998 Ed. (3355)
1995 Ed. (3430)
1992 Ed. (4048)
Swimming (for fitness)
1998 Ed. (3354)
Swimming pool
2000 Ed. (3554)
Swimming pool chemicals
1999 Ed. (4527)
Swimming pool equipment
1999 Ed. (4527)
Swimming pool slides
1999 Ed. (4527)
Swimming pools, in-ground
1999 Ed. (4527)
Swimmming pools, above-ground
1999 Ed. (4527)
Swimwear
2001 Ed. (1277)
Swinerton Inc.
2008 Ed. (1182)
2007 Ed. (1282, 1337, 1339, 1341, 1350, 1352, 1355)
2006 Ed. (1176, 1239, 1243, 1268, 1283)
2005 Ed. (3910)
2004 Ed. (1261, 1267, 1272, 1291, 1311)
2003 Ed. (1250, 1254, 1286, 1308)
2002 Ed. (1246, 1276)
Swinerton & Walberg
2002 Ed. (1326)
1998 Ed. (973)
1996 Ed. (1167)
1995 Ed. (1193)
Swinerton & Walberg Builders
1999 Ed. (1409)
1997 Ed. (1197)
1993 Ed. (1151)
1992 Ed. (1437)
Swing Communication
2000 Ed. (72)
1999 Ed. (68)
Swing Communications
2001 Ed. (116)
Swing/Videolab
2001 Ed. (163)
Swingster
1993 Ed. (3375)
1992 Ed. (4055)
1991 Ed. (3174)
Swink Fiehler & Co.
2008 Ed. (279)
Swire & Sons Ltd.; John
1997 Ed. (3793)
1996 Ed. (3737)
1995 Ed. (1004, 1005, 1012, 1014)
1994 Ed. (991, 992, 995, 999, 1001)
1993 Ed. (965, 966, 967)
1992 Ed. (1191, 1192, 1193, 1195, 1199)
1991 Ed. (958)
1990 Ed. (1032, 1033)
Swire Group
1999 Ed. (2886)
Swire Pacific
2006 Ed. (1641, 1752)
2002 Ed. (1665)
2001 Ed. (1724)
2000 Ed. (1445, 1449, 1450, 1694, 2493)
1999 Ed. (1647, 1648, 1649, 1650, 1887, 2715, 2716, 4653)
1997 Ed. (1423, 1424, 1425, 1426, 2247, 2554, 3788)
1996 Ed. (1371, 1372, 1373, 1374, 2136, 2138, 2143)
1995 Ed. (186, 1410, 1411, 1412, 1413, 1577, 2130, 3654)
1994 Ed. (180, 1384, 1385, 2077, 2078, 3570)
1993 Ed. (194, 1328, 1329, 1330, 2060, 3613)
1992 Ed. (1632, 1633, 1634, 1635, 2438, 2439, 2442, 2444, 4337)
1991 Ed. (1300, 1302, 1930, 1301, 3416)
1990 Ed. (3641)
1989 Ed. (1125)
Swire Pacific 'A'
1997 Ed. (2248)
1996 Ed. (2137, 2141)
1995 Ed. (2128)
1993 Ed. (2058)
1991 Ed. (1931)
1990 Ed. (2048)
Swire Pacific Group Retirement Schemes
1997 Ed. (2393)
Swisher & Sons; Jon
1989 Ed. (2844)
Swisher Hygiene Franchise Corp.
2007 Ed. (771)
2006 Ed. (675)
2005 Ed. (768)
2004 Ed. (782)
2003 Ed. (772)
Swisher International Inc.
2007 Ed. (223)
1999 Ed. (1143, 1144, 4512)
1998 Ed. (3575)
Swisher International Group Inc.
2003 Ed. (967, 4754)
Swisher Sweet Cigarillo 20/5
1990 Ed. (985, 986)
Swisher Sweet Little Cigar 10/20
1990 Ed. (986)
Swisher Sweet Tip Cigarillo 20/5
1990 Ed. (985)
Swisher Sweets
2003 Ed. (966)
1995 Ed. (3620)
Swishers Sweets
1998 Ed. (731, 3438)
Swiss
2001 Ed. (1173)
1990 Ed. (3295)
Swiss Air
2000 Ed. (251, 257)
1995 Ed. (177)
1994 Ed. (170)
1991 Ed. (213)
Swiss Army
2008 Ed. (4480)
2007 Ed. (4503)
2006 Ed. (4446)
2005 Ed. (4430)
Swiss Bank Corp.
2000 Ed. (521, 561, 670, 1561, 1563, 2849, 2856)
1999 Ed. (520, 551, 645, 1251, 1622, 1659, 1740, 1742, 3103, 3104, 3106, 3178, 3184, 3587)
1998 Ed. (349, 351, 378, 2356)
1997 Ed. (460, 463, 465, 623, 1404, 1518, 1519, 2545, 2547, 2621, 2624)
1996 Ed. (495, 501, 502, 553, 689, 927, 1344, 1451, 1452, 1648, 1650, 1651, 1652, 1653, 1700, 1703, 1704, 1705, 1706, 2378, 2422, 2474, 2476, 2483, 3375, 3378, 3379, 3383, 3384)
1995 Ed. (421, 462, 463, 468, 469, 502, 503, 574, 615, 1494, 1495, 1540, 1541, 1721, 1722, 2390, 2442, 2839, 3272)
1994 Ed. (472, 478, 479, 480, 521, 529, 643, 729, 773, 1454, 1455, 1632, 1673, 1674, 1681, 1683, 1689, 1690, 1696, 1706, 1707, 1708, 1709, 2290, 2326, 2736, 3188)
1993 Ed. (468, 476, 477, 524, 528, 640, 720, 1407, 1649, 1650, 1652, 1653, 1654, 1655, 1659, 1664, 1668, 1669, 1672, 1674, 1676, 1677, 1680, 1681, 1682, 1686, 1688, 1689, 1690, 1865, 2346, 2419, 2421, 2423, 3203, 3204, 3209)
1992 Ed. (658, 664, 666, 843, 905, 1695, 1696, 1990, 1991, 2040, 2041, 2638, 3898)
1991 Ed. (722, 504, 512, 519, 560, 670, 1353, 1354, 1586, 1592, 1597, 1609, 2300, 2307, 2308, 3067, 3069, 3071, 3278, 1598)
1990 Ed. (691, 3227)
1989 Ed. (686, 1348, 1360, 1368, 2118, 2446, 2447, 2448, 2450, 2452, 2455)
Swiss Bank Corp.(Canada)
1996 Ed. (500)
Swiss Bank Corporation
1992 Ed. (1996, 2005, 2011, 2012, 2013, 2019)
Swiss Bank Group
1995 Ed. (728)
Swiss Bank Corp. International
1989 Ed. (1349, 1352, 1362, 1373, 1375)
Swiss Bank Corp. Investment Banking
1990 Ed. (1675, 1676, 1686, 1690, 1691, 1702)
Swiss cheese
2008 Ed. (902)
2007 Ed. (919)
2006 Ed. (838)
2005 Ed. (929)
2004 Ed. (937)
2003 Ed. (929)
1993 Ed. (897)
Swiss Colony
1992 Ed. (2957)
Swiss Creme
1998 Ed. (993)
1995 Ed. (3692)
Swiss franc
2008 Ed. (2273, 2275)
2007 Ed. (2159)
2006 Ed. (2239)
1990 Ed. (2742)
Swiss International Air Lines Ltd.
2008 Ed. (218)
2007 Ed. (239)
2006 Ed. (237, 238)
2005 Ed. (221)
Swiss International Hotels
1992 Ed. (2505)
Swiss Life and Pension
1991 Ed. (2114)
1990 Ed. (2245)
Swiss Life Group
1999 Ed. (2919)
Swiss Life Holding
2008 Ed. (2094)
2007 Ed. (2003, 3159)
Swiss Life Insurance & Pension
2007 Ed. (2001)
2006 Ed. (2031)
2002 Ed. (1776)
2001 Ed. (1861)
Swiss Life Insurance Group
2001 Ed. (3016)
Swiss Life Rentenanstalt
2005 Ed. (1967)
Swiss Medica Inc.
2008 Ed. (2867)
Swiss Metro
1996 Ed. (2262)
Swiss Miss
2003 Ed. (675, 2036)
2001 Ed. (1997, 1998)
1998 Ed. (442)
1995 Ed. (1041)
Swiss Miss Light
2003 Ed. (2036)
Swiss Miss Pie Lover's
2003 Ed. (2036)
2001 Ed. (1997, 1998)
Swiss Mobiliar
1991 Ed. (2158)
1990 Ed. (2244)
Swiss National
1991 Ed. (2158)
1990 Ed. (2244)
Swiss-O-Par
2001 Ed. (2649)
Swiss PTT
1995 Ed. (3555)
1994 Ed. (3484)
1992 Ed. (4204)
Swiss Re
2001 Ed. (2953)
2000 Ed. (1561)
Swiss Re America
2001 Ed. (4030, 4036)
2000 Ed. (3748)
Swiss Re Group
1993 Ed. (2994)
1991 Ed. (1353, 2133)
Swiss Re Life & Health America Inc.
2008 Ed. (3300, 3305)
2007 Ed. (3150, 3155)
Swiss Reinsurance Co.
2008 Ed. (1424, 1496, 2093, 2094, 2095, 2096, 3290, 3292, 3294, 3329, 3330, 3332)
2007 Ed. (2000, 2001, 2002, 2003, 3113, 3139, 3142, 3144, 3181, 3182, 3187, 3188, 3990)
2006 Ed. (2028, 2030, 2031, 2032, 3094, 3145, 3146, 3147, 3150, 3151, 3154, 4540)
2005 Ed. (1967, 3108, 3110, 3112, 3138, 3139, 3153, 3154)
2004 Ed. (3097, 3103, 3105, 3107, 3109, 3130, 3131, 3142, 3143, 3144)
2003 Ed. (1830, 2990, 3012)
2002 Ed. (1776, 1778, 2917, 2966, 2968, 2972, 2973, 2974, 3952, 4486)
2001 Ed. (1861, 1862, 1863, 4038, 4040)
1995 Ed. (2281, 3087, 3088)
1991 Ed. (2132, 2829)
1990 Ed. (3478)
Swiss Reinsurance America Corp.
2007 Ed. (3184)
2005 Ed. (3145, 3146, 3147, 3148, 3149)
2004 Ed. (3137, 3138, 3139, 3140, 3141)
2003 Ed. (3014, 3015, 3016, 3017, 4995)
2002 Ed. (3951, 3953, 3958, 3959)
1998 Ed. (3037, 3038)

Swiss Reinsurance Group
2003 Ed. (2979, 3013)
2000 Ed. (1563, 3749, 3750, 3752)
1999 Ed. (1740, 1742, 2918, 4033, 4035, 4036, 4037)
1998 Ed. (3039, 3040)
1997 Ed. (1517, 1518, 1519, 2546, 3293)
1996 Ed. (1451, 3188)
1995 Ed. (1494)
1994 Ed. (1454, 3042)
1992 Ed. (1695, 3660)
Swiss Telecom
1998 Ed. (2217)
Swiss Valley Farms Co.
1997 Ed. (177)
Swiss Volksbank
1995 Ed. (615, 1243)
1994 Ed. (643, 729, 1683)
1993 Ed. (640, 720, 1664)
1992 Ed. (843, 2005)
1991 Ed. (670)
1990 Ed. (691)
1989 Ed. (686)
Swiss Water Decaffeinated Coffee
2006 Ed. (1572, 1576)
Swissair
2001 Ed. (306, 307, 308, 324)
1999 Ed. (227, 230, 239)
1997 Ed. (207, 3792)
1996 Ed. (176, 187)
1995 Ed. (181, 186, 190)
1994 Ed. (171, 176, 180)
1993 Ed. (172, 192, 198)
1992 Ed. (282, 290, 292)
1991 Ed. (191, 193, 202, 1352)
1990 Ed. (201, 219, 232, 236)
Swissair Schweizerische Luftve Kehr AG
2003 Ed. (4811)
Swisscom
2000 Ed. (4191)
Swisscom AG
2008 Ed. (89)
2007 Ed. (82, 4714)
2006 Ed. (92, 1686, 2028, 2032, 4540)
2005 Ed. (83)
2004 Ed. (88)
2003 Ed. (1830, 4608)
2002 Ed. (1778, 4486)
2001 Ed. (1862, 1863)
Swisscom Mobile
2007 Ed. (4711)
Swisslog
2006 Ed. (1720)
2003 Ed. (3320)
Swisslog Holding AB
2008 Ed. (1758, 4576)
2007 Ed. (1729, 3436)
2006 Ed. (3421)
2004 Ed. (3397)
Swisslog Holding AG
2004 Ed. (3317)
Swisslog North America
2003 Ed. (1680)
Swisslog Software
2006 Ed. (4646)
2003 Ed. (1123)
Swissotels
1997 Ed. (2294)
1996 Ed. (2180)
1993 Ed. (2083)
1992 Ed. (2485)
1991 Ed. (1941)
Swissotels Worldwide
2000 Ed. (2557)
1998 Ed. (2020)
Swisspers
2003 Ed. (1872)
2001 Ed. (1937)
Switch Card
1996 Ed. (1496)
Switchboard, Inc.
2002 Ed. (2520)
"Switched at Birth"
1993 Ed. (3537)
Switching power supplies
1995 Ed. (1094)
Switzer Communications
2004 Ed. (4027)
Switzer Group
2007 Ed. (3194)
Switzerland
2008 Ed. (414, 1020, 1109, 1412, 1415, 1422, 2194, 2204, 2398, 2399, 2400, 2823, 2824, 4387, 4389, 4390, 4391, 4393, 4627, 4631)
2007 Ed. (674, 1140, 2086, 2094, 2266, 2524, 2697, 2827, 3393, 4209, 4386, 4413, 4418, 4419, 4702, 4776)
2006 Ed. (656, 1051, 1213, 1432, 1434, 1443, 2124, 2138, 2150, 2335, 2540, 2702, 2703, 2716, 2717, 2824, 2985, 3325, 3335, 3412, 4176, 4193, 4321, 4573, 4681, 4682, 4769)
2005 Ed. (505, 1042, 1476, 1477, 1478, 1479, 1541, 2042, 2056, 2269, 2536, 2537, 2735, 2738, 2761, 2762, 2763, 3030, 3198, 3337, 3403, 3610, 3864, 4130, 4145, 4717, 4799, 4800, 4977)
2004 Ed. (1041, 1460, 1461, 1462, 1525, 1909, 1921, 2170, 2737, 2740, 2767, 2814, 3315, 3396, 3918, 4203, 4217, 4738, 4751, 4820)
2003 Ed. (860, 950, 1085, 1430, 1432, 1433, 1495, 1879, 2217, 2227, 2233, 2234, 2483, 2616, 2617, 2619, 2620, 2623, 2624, 3023, 3259, 4176, 4191, 4556)
2002 Ed. (559, 561, 780, 1409, 1410, 1411, 1419, 1475, 1476, 1477, 1478, 1486, 1682, 1809, 1814, 1823, 2412, 2413, 2426, 2752, 2756, 2757, 3099, 3101, 3183, 3523, 3596, 4055, 4056, 4378, 4974)
2001 Ed. (291, 386, 390, 526, 625, 697, 704, 979, 1125, 1149, 1190, 1191, 1259, 1274, 1299, 1311, 1342, 1353, 1688, 1917, 1944, 1949, 1950, 2020, 2035, 2036, 2038, 2094, 2126, 2135, 2139, 2305, 2379, 2395, 2442, 2481, 2552, 2553, 2575, 2611, 2639, 2658, 2681, 2734, 2735, 2752, 2800, 2814, 2821, 2825, 3036, 3149, 3151, 3207, 3209, 3298, 3315, 3368, 3387, 3420, 3502, 3552, 3602, 3638, 3644, 3691, 3694, 3706, 3825, 3991, 4017, 4028, 4039, 4041, 4113, 4119, 4120, 4249, 4265, 4276, 4277, 4339, 4393, 4566, 4569, 4596, 4632, 4664, 4670, 4671, 4686, 4687, 4705, 4910, 4915, 4921, 4941)
2000 Ed. (1154, 1155, 1321, 1322, 1324, 1585, 1608, 1612, 1613, 2355, 2356, 2360, 2374, 2375, 2376, 2378, 2862, 2863, 3753, 4425)
1999 Ed. (332, 1104, 1146, 1253, 1254, 1463, 1465, 1783, 1784, 2443, 3004, 3114, 3115, 3289, 3653, 3697, 3790, 4478, 4479, 4481, 4625, 4695, 4801, 4802, 4804)
1998 Ed. (352, 634, 708, 819, 1030, 1031, 1131, 1431, 1526, 1846, 1847, 1848, 1850, 2192, 2461, 2744, 3589)
1997 Ed. (287, 321, 474, 518, 896, 939, 966, 1008, 1264, 1265, 1267, 1268, 1544, 1545, 2475, 2555, 2561, 2566, 2571, 2573, 3000, 3292, 3634, 3767, 3768, 3912, 3924)
1996 Ed. (510, 761, 872, 942, 944, 1217, 1218, 1479, 1480, 1495, 1729, 2344, 2948, 3189, 3716, 3870)
1995 Ed. (344, 663, 688, 876, 899, 967, 1244, 1252, 1516, 1520, 1521, 1743, 1744, 2005, 2012, 2019, 2020, 2021, 2024, 2872, 3520, 3605, 3773, 3776)
1994 Ed. (200, 311, 486, 709, 735, 836, 841, 855, 927, 934, 949, 957, 1230, 1349, 1484, 1488, 1489, 1530, 1533, 1979, 2006, 2008, 2367, 2684, 2747, 2898, 3450)
1993 Ed. (479, 481, 700, 843, 917, 1046, 1202, 1203, 1269, 1299, 1345, 1422, 1467, 1717, 1730, 1957, 1958, 1959, 1960, 1961, 1962, 1969, 1976, 2229, 2368, 2482, 2950, 3476, 3558, 3559, 3723, 3726)
1992 Ed. (226, 229, 230, 669, 723, 891, 1029, 1040, 1120, 1485, 1489, 1490, 1493, 1496, 1639, 1727, 1728, 1736, 2300, 2301, 2302, 2305, 2312, 2319, 2320, 2322, 2358, 2950, 3348, 3685, 4141, 4152, 4203, 4319, 4320, 4475)
1991 Ed. (516, 930, 1171, 1177, 1178, 1181, 1379, 1383, 1401, 1479, 1824, 1825, 1826, 1827, 1829, 1836, 1843, 1844, 2111, 2263, 3109, 3236, 3279, 3405, 3407, 3508)
1990 Ed. (405, 960, 984, 1259, 1260, 1445, 1450, 1582, 1747, 1906, 1913, 1920, 1927, 1928, 1929, 1930, 1931, 2403, 3471, 3615, 3616, 3619, 3700)
1989 Ed. (362, 565, 1178, 1179, 1182, 1279, 1284, 1400, 1402, 1865, 2957, 2965)
Switzerland General
1991 Ed. (2158)
1990 Ed. (2244)
Switzerland Life
1991 Ed. (2114)
1990 Ed. (2245)
Switzerland Stock Exchange
2001 Ed. (4379)
1997 Ed. (3631, 3632)
Switzer's
1999 Ed. (1017)
Swix
1993 Ed. (3327)
1992 Ed. (3983)
1991 Ed. (3134)
Swoboda Hospitality Specialists
2008 Ed. (3071)
Swope Design Group Inc.
2008 Ed. (4963)
Swope Group
2008 Ed. (288)
Sword & Shield Enterprise Security
2008 Ed. (4295, 4607)
Sword Group
2008 Ed. (1209, 1763)
2007 Ed. (1735)
Swordfish
2003 Ed. (3454)
2002 Ed. (4086)
SWS Group Inc.
2006 Ed. (2282, 2284)
2005 Ed. (427)
SXC Health Solutions Inc.
2006 Ed. (2415, 2417)
Sx3 Ltd.
2002 Ed. (2496)
Sy; Henry
2008 Ed. (4849)
2006 Ed. (4921)
Sybari Software Inc.
2003 Ed. (2718)
Sybase Inc.
2008 Ed. (1148)
2007 Ed. (4567)
2006 Ed. (1126, 1135, 1137, 1355, 4587)
2004 Ed. (2224)
2002 Ed. (4876)
2001 Ed. (1367, 1978)
2000 Ed. (1172, 1176)
1999 Ed. (1281, 1282, 4491, 4492)
1998 Ed. (842, 844, 855, 3421, 3422)
1997 Ed. (1087, 1107, 2211, 3294, 3411)
1996 Ed. (1073, 1212)
1995 Ed. (1097, 3517)
1993 Ed. (1568, 2008)
Sybil Mobley
1995 Ed. (1256)
Sybron
2001 Ed. (3265)
Sybron Dental Specialties Inc.
2008 Ed. (4668)
The Sycamore Group
2002 Ed. (2532)
Sycamore Networks
2008 Ed. (1913)
2002 Ed. (1385, 1530)
2001 Ed. (4185)
Sycamore Ventures/CitiGrowth Funds
2000 Ed. (4342)
Sycom
1995 Ed. (3062)
1993 Ed. (2962)
Sydbank
2008 Ed. (1703)
2006 Ed. (1674)
2003 Ed. (483)
2002 Ed. (550)
2000 Ed. (509)
1999 Ed. (501)
Sydbank Group
2008 Ed. (404)
2007 Ed. (430)
2006 Ed. (432)
2005 Ed. (486)
2004 Ed. (479)
Sydbank Soenderjyland
1995 Ed. (455)
Sydbank Soenderjylland
1997 Ed. (450)
1996 Ed. (487)
1994 Ed. (467)
1993 Ed. (462)
Sydkraft
1995 Ed. (1243)
1993 Ed. (3460)
Sydney
2000 Ed. (107, 3377)
1997 Ed. (1004)
1992 Ed. (1166, 1399)
Sydney Adventist Hospital
2004 Ed. (3955)
Sydney, Australia
2008 Ed. (766)
2006 Ed. (4182)
2002 Ed. (2747)
2001 Ed. (136, 348, 2816)
1999 Ed. (1177)
1996 Ed. (979)
1990 Ed. (1439)
Sydney Frank Importing
2004 Ed. (3265)
Sydney Futures Exchange
1993 Ed. (1915)
Sydney Harman
2005 Ed. (2512)
Sydney Mark Taper
1990 Ed. (457, 3686)
Sydney Smith Hicks
1991 Ed. (2160)
Sydney Stein Jr.
1994 Ed. (893)
Sydney Turf Club
2004 Ed. (3951)
Sydney Water
2004 Ed. (1643, 1646)
2002 Ed. (4708)
2001 Ed. (1630)
SydneyPLUS
2006 Ed. (3281)
Sydran Services
2003 Ed. (4139)
Syed Mokhtar Al-Bukhary
2008 Ed. (4847)
Syed Mokhtar Albukhary
2006 Ed. (4917)
Syed; Waqar
2008 Ed. (2691)
Syfrets Merchant Bank Ltd.
1991 Ed. (701)
Syfrets Merchant Bank Limited
1989 Ed. (718)
Sykes Communication
2000 Ed. (68)
Sykes Communications
1999 Ed. (64)
Sykes Enterprises, Inc.
2003 Ed. (2732)

2002 Ed. (2491)
Sykes; Paul
2008 Ed. (4907)
2007 Ed. (4933)
Syl Saller
2006 Ed. (4984)
SyllogisTeks
2007 Ed. (3573)
Sylvain Massot
2000 Ed. (2079, 2083, 2090)
1999 Ed. (2303, 2307)
Sylvan Inc.
2005 Ed. (2751, 2752)
2004 Ed. (2756, 2757)
Sylvan Lawrence Co.
1997 Ed. (3273)
Sylvan Learning Centers
2007 Ed. (2279)
2006 Ed. (2343)
2005 Ed. (2275)
2004 Ed. (2174)
2003 Ed. (2126)
2002 Ed. (2066, 2361)
2000 Ed. (2269)
Sylvan Learning Systems Inc.
2002 Ed. (4599)
1998 Ed. (1758)
Sylvania
1992 Ed. (1285)
Sylvanian Families
1995 Ed. (3645)
1992 Ed. (4329)
Sylvester St.
1991 Ed. (2023)
Sylvester Stallone
1997 Ed. (1777)
1992 Ed. (1982)
1990 Ed. (1672)
1989 Ed. (1347)
Sylvester Street
1990 Ed. (2179)
Sylvia & Ed Hagenlocker
2002 Ed. (979)
Sylvia Deutch
1991 Ed. (2548)
Sylvia Porter's Personal Finance
1989 Ed. (179, 182, 2174, 2177)
Symantec Corp.
2008 Ed. (1131, 1138, 1594, 1595, 1602, 1603, 1605, 2850)
2007 Ed. (154, 1227, 1228, 1230, 1232, 1233, 4590)
2006 Ed. (1119, 1120, 1122, 1123, 1124, 1126, 1127, 1129, 1422, 1427, 3693)
2005 Ed. (1130, 1132, 1133, 1134, 1136, 1686, 4462)
2004 Ed. (1122, 1123, 1125, 1341, 2215)
2003 Ed. (4548)
2002 Ed. (1158, 2075)
1999 Ed. (1961)
1998 Ed. (855)
1996 Ed. (1628)
1993 Ed. (827)
Symantec Antivirus (SAM)
1995 Ed. (1098)
Symantec SAM
1998 Ed. (845)
Symbian
2001 Ed. (1247, 1866)
Symbiont Inc.
2008 Ed. (3739, 4437)
Symbios Inc.
2000 Ed. (1102)
Symbol Technologies Inc.
2008 Ed. (1123, 3222)
2007 Ed. (1220, 1222, 2330, 4521, 4528, 4700)
2006 Ed. (1115, 1116, 1117, 4459)
2005 Ed. (1127, 1128)
2004 Ed. (1120, 1121, 2224)
2003 Ed. (1102, 1103, 1511, 2945, 4569)
2002 Ed. (913, 1144)
2001 Ed. (659)
2000 Ed. (2461)
1994 Ed. (2020)
1993 Ed. (1053)
1992 Ed. (1302, 1313, 1315, 1914)
1991 Ed. (1019, 1023)
1990 Ed. (1115, 1117, 1614, 1618, 1971, 3301)
Symbolics
1990 Ed. (1619)
1989 Ed. (973, 1311)
Symetrics Industries
1997 Ed. (2022, 2023)
Symmetricom Inc.
2004 Ed. (4547)
Symmetry Medical
2008 Ed. (2854)
2007 Ed. (2724)
2006 Ed. (2738)
Symons International Group
1999 Ed. (2964)
Sympathy
2004 Ed. (2758)
Sympatico
2000 Ed. (2744)
Symphonic
2002 Ed. (4754)
Symphony
1989 Ed. (2526)
Symphony conductor
1989 Ed. (2084)
Symphony Health Services LLC
2006 Ed. (1862)
Symphony Management Ltd.
2001 Ed. (2920)
2000 Ed. (979)
1999 Ed. (1029)
Symrise GmbH
2008 Ed. (921)
2007 Ed. (944)
2006 Ed. (858)
Syms
2008 Ed. (1007)
2007 Ed. (1125)
2006 Ed. (1039, 4157)
2005 Ed. (1026)
2004 Ed. (1021)
2003 Ed. (1019)
1999 Ed. (1875)
1992 Ed. (1216)
1991 Ed. (979)
1990 Ed. (1053)
1989 Ed. (936)
Symvionics Inc.
1999 Ed. (2674)
Symyx Technologies Inc.
2005 Ed. (3693)
2004 Ed. (3774)
Synapse Group Inc.
2006 Ed. (4328)
Synapse Technology, Inc.
2003 Ed. (2725)
2002 Ed. (2530)
Synaptics Inc.
2003 Ed. (2768)
Synaxis Group Inc.
2005 Ed. (3069)
Synaylia
2007 Ed. (30)
Synbiotics Corp.
1990 Ed. (889)
Sync Research
1997 Ed. (3408)
Syncera BV
2007 Ed. (1906)
SyncForce BV
2003 Ed. (2722)
Syncfusion
2007 Ed. (1248)
2005 Ed. (1145)
Synchrony Communications Inc.
2001 Ed. (1872, 2852)
Syncom
2008 Ed. (178)
2007 Ed. (195)
2006 Ed. (189)
2005 Ed. (176)
Syncon Homes
2004 Ed. (1141)
Syncor International Corp.
1995 Ed. (2085)
Syncrude
2006 Ed. (3485)
Syncrude Canada
2008 Ed. (3916, 4050)
2007 Ed. (3517, 3864)
SynderGeneral
1992 Ed. (259)
Syndicate Bank
2000 Ed. (553)
1999 Ed. (542)
1997 Ed. (506)
1992 Ed. (705)
1989 Ed. (558)
Syndicate Systems Inc.
2000 Ed. (4134)
1999 Ed. (4499)
Syndicated Communications
2008 Ed. (178)
2007 Ed. (195)
2006 Ed. (189)
2005 Ed. (176)
Syndicated Communications (Syncom)
2004 Ed. (174)
2003 Ed. (218)
Syndicated television
2001 Ed. (1078)
1997 Ed. (35)
Syndicated TV
2002 Ed. (61)
2000 Ed. (939)
1999 Ed. (992)
1997 Ed. (708)
1996 Ed. (771)
1995 Ed. (693)
1994 Ed. (744)
1993 Ed. (737)
1992 Ed. (919)
1991 Ed. (736)
Syndication
2000 Ed. (4216)
Syndication representative firms
2005 Ed. (3988)
Synergen Inc.
1996 Ed. (1211)
1993 Ed. (1246, 1940)
Synergetics USA Inc.
2008 Ed. (1950, 1951, 2847, 2858, 2859)
2007 Ed. (2713, 2728, 2729)
Synergic Resources Corp.
1995 Ed. (2592)
1994 Ed. (2533)
Synergie Communications
1990 Ed. (156)
Synergie Saatchi & Saatchi
2003 Ed. (75)
2001 Ed. (118)
2000 Ed. (74)
Synergistics Marketing Inc.
2007 Ed. (152)
Synergy
2002 Ed. (212)
1996 Ed. (3102)
1995 Ed. (3001)
1994 Ed. (2943)
Synergy Canadian Class
2006 Ed. (3663)
Synergy Canadian Growth
2002 Ed. (3436)
Synergy Canadian Momentum
2002 Ed. (3435, 3436)
Synergy Communications
2003 Ed. (104)
Synergy Gas
1992 Ed. (3554)
1990 Ed. (2909)
Synergy Global Style Management Class
2003 Ed. (3601)
Synergy Healthcare
2006 Ed. (2784)
Synergy Leo Burnett
2003 Ed. (182)
Syneron Medical
2008 Ed. (2951, 2952)
2006 Ed. (2732, 4254, 4255, 4256, 4259)
Synetic Inc.
2002 Ed. (1391)
1997 Ed. (2169)
Syngenta Ltd.
2004 Ed. (956)
2001 Ed. (276)
Syngenta AG
2008 Ed. (921, 3583)
2007 Ed. (940, 941, 944, 951)
2006 Ed. (858, 3403)
2005 Ed. (951)
2004 Ed. (958, 967)
2003 Ed. (945, 4608)
2002 Ed. (246)
Syngenta Crop Protection Canada Inc.
2008 Ed. (1612)
Syngergy
1993 Ed. (2925)
Synhrgy HR Technologies
2005 Ed. (2366, 2368)
2003 Ed. (2733)
Synn Resorts Ltd.
2008 Ed. (3081)
SYNNEX Corp.
2008 Ed. (1156, 1539, 1604, 3222)
2007 Ed. (1257, 4948)
2006 Ed. (1143, 2274, 2391, 2394, 3050)
2005 Ed. (4811)
2001 Ed. (2870)
Synnex Information Technologies Inc.
2005 Ed. (2337)
2003 Ed. (2193, 2951)
2002 Ed. (2813)
Synnex Technology International Corp.
2006 Ed. (3404)
2002 Ed. (1921)
2001 Ed. (2182)
Synopsis Inc.
2006 Ed. (1420)
Synopsys Inc.
2008 Ed. (1605)
2007 Ed. (1260)
2006 Ed. (1129, 4586, 4605)
2005 Ed. (1132, 1138, 1926, 1931)
2002 Ed. (2099)
2001 Ed. (4216)
1999 Ed. (1961)
1998 Ed. (1457)
1995 Ed. (3207)
1994 Ed. (843, 2012, 2016, 3322, 3324)
1993 Ed. (2033)
SynOptics
1996 Ed. (246)
SynOptics Communication
1992 Ed. (3308)
Synoptics Communications
1995 Ed. (1283, 1432, 2058, 2258, 2568)
1994 Ed. (1079, 1092, 1253, 2019, 2402, 2403)
1993 Ed. (828, 1568, 2008, 2459)
Synova Inc.
2006 Ed. (3520, 4359)
Synovate
2008 Ed. (4138, 4141)
2007 Ed. (4114, 4117)
2006 Ed. (4068, 4096)
2005 Ed. (4037)
2004 Ed. (4096)
Synovus Financial Corp.
2008 Ed. (355, 371, 4264)
2006 Ed. (1212, 1490, 1728)
2005 Ed. (448, 1253)
2004 Ed. (1575)
2003 Ed. (424, 427, 449, 632, 1549)
2002 Ed. (491, 1503)
2001 Ed. (577)
2000 Ed. (427, 430, 3738, 3739, 3740)
1999 Ed. (397, 425, 439, 655, 4026)
1998 Ed. (283, 320, 1320)
1997 Ed. (345, 1643)
1995 Ed. (3329)
1994 Ed. (3250)
1992 Ed. (1462)
Synta Pharmaceuticals
2006 Ed. (4878)
Syntel Inc.
2007 Ed. (290, 292, 3567)
2006 Ed. (3520, 4359)
2005 Ed. (4810)
2002 Ed. (1138)
2001 Ed. (1352)
2000 Ed. (4042)
1999 Ed. (1270, 2618, 2620, 4325, 4327)
1998 Ed. (836)
Syntellect
1992 Ed. (4039)
Syntellect Interactive Services
2001 Ed. (4468)

Syntex
1997 Ed. (1660)
1996 Ed. (1191, 1192, 1193, 1200, 2084, 2837)
1995 Ed. (1585, 2529, 3447)
1994 Ed. (1556, 1614, 2461)
1993 Ed. (827, 1350, 1506, 1510, 1512, 1518)
1992 Ed. (1836, 1863, 1866, 3001)
1991 Ed. (1468, 1471, 2399, 1446)
1990 Ed. (1192, 1564)
Synthelabo
1993 Ed. (3008)
Synthes Inc.
2007 Ed. (2781)
2006 Ed. (2028)
Synthes-Stratec Inc.
2005 Ed. (1467)
Synthesia Chemical Works
1994 Ed. (925)
Synthetic resins
2004 Ed. (2543, 2546, 2547, 2548)
Synthetic rubber and plastic
2001 Ed. (4389)
Synthetic vitamins
1991 Ed. (1456)
Synthite
2001 Ed. (2512)
Synthroid
2006 Ed. (2314, 2316)
2005 Ed. (2252, 2255, 2256)
2004 Ed. (2154, 2156)
2003 Ed. (2113, 2114, 2115, 2116)
2002 Ed. (3749)
2001 Ed. (2097)
2000 Ed. (1699, 3604, 3605, 3606)
1999 Ed. (1893, 1898, 3884, 3885, 3886)
1998 Ed. (2913, 2914, 2915)
1997 Ed. (1647, 1654, 3161, 3163)
1996 Ed. (1570, 3082, 3083, 3084)
1995 Ed. (1582, 1587, 2982, 2983, 2984)
1994 Ed. (2927, 2929)
1993 Ed. (2912, 2914)
1992 Ed. (3524, 3526)
1991 Ed. (2761, 2763)
1990 Ed. (2900)
1989 Ed. (2256)
Syntroleum Corp.
2008 Ed. (4530)
Synygy, Inc.
2003 Ed. (2728)
SYP
1989 Ed. (29)
Sypris Electronics LLC
2006 Ed. (1235)
2004 Ed. (2240)
Syracuse, NY
2008 Ed. (3111, 3119, 4091)
2007 Ed. (2996)
2006 Ed. (2975)
2005 Ed. (748, 2974)
1999 Ed. (2813)
1990 Ed. (1077)
Syracuse University
2008 Ed. (771, 774)
2007 Ed. (1164)
2006 Ed. (725)
2002 Ed. (2062)
1997 Ed. (2632)
Syrah
2003 Ed. (4966, 4967)
2001 Ed. (4861)
Syrah/French Syrah-Shiraz
2002 Ed. (4965, 4966)
2001 Ed. (4860)
Syria
2008 Ed. (2689, 3827, 3828)
2007 Ed. (2547, 3745, 3746, 3747, 4416)
2006 Ed. (2576, 3746, 3747, 3748)
2005 Ed. (2571, 3648, 3649, 3650)
2004 Ed. (2593, 3740, 3741, 3742)
2003 Ed. (2467, 3697, 3698, 3699)
2001 Ed. (522, 2419, 3578, 3579, 3761)
1995 Ed. (1545, 2008, 2015, 2022, 2027, 2034, 2038)
1993 Ed. (1465, 1960, 1965, 1972, 1979, 1985)
1992 Ed. (350, 1775, 2331)
1991 Ed. (1406, 1642, 1848)
1990 Ed. (1933)
Syria Airways
2007 Ed. (83)
Syrian
1990 Ed. (3295)
Syrian Airways
2008 Ed. (90)
SyriaTel
2008 Ed. (90)
2007 Ed. (83)
2006 Ed. (93)
2005 Ed. (84)
2004 Ed. (89)
Syron; Richard
2007 Ed. (996)
Syrup, berry/fruit
2002 Ed. (4540)
Syrup, chocolate
2003 Ed. (2039)
2002 Ed. (1959)
Syrup/molasses
1992 Ed. (3548)
Syrup, table
2002 Ed. (4540)
Syrups, soft drink
1999 Ed. (4509)
Sysco Corp.
2008 Ed. (2111, 2115, 2838, 3613, 3617, 4062, 4065, 4266, 4269, 4563, 4574, 4813, 4926, 4929, 4931, 4932)
2007 Ed. (2014, 2017, 2227, 2232, 2709, 2710, 4034, 4037, 4235, 4614, 4634, 4878, 4953, 4954, 4955, 4960, 4961)
2006 Ed. (2044, 2047, 2299, 2300, 2618, 2714, 3999, 4002, 4003, 4219, 4625, 4629, 4632, 4886, 4947, 4948, 4953, 4954)
2005 Ed. (1978, 2237, 2238, 2622, 3925, 3928, 3929, 4546, 4550, 4553, 4913, 4914, 4915, 4916, 4920, 4921)
2004 Ed. (1870, 2124, 4613, 4621, 4624, 4764, 4931, 4932, 4933, 4934, 4938, 4940, 4941)
2003 Ed. (2169, 2498, 2499, 2510, 3338, 3339, 4873, 4929, 4930, 4933, 4935, 4936)
2002 Ed. (2003, 2294, 4893, 4901, 4903)
2001 Ed. (2456, 2457, 2462, 4807, 4828, 4829)
2000 Ed. (2221, 2242, 2244, 4384, 4385, 4389)
1999 Ed. (1746, 2464, 2482, 4757, 4758, 4759, 4762)
1998 Ed. (1189, 1719, 1724, 1740, 3709, 3712, 3713, 3714)
1997 Ed. (1524, 1642, 2027, 2060, 3873, 3874, 3875, 3880)
1996 Ed. (1456, 1930, 1955, 3824, 3825, 3826)
1995 Ed. (1884, 1919, 3298, 3728)
1994 Ed. (1860, 1863, 3216)
1993 Ed. (1874, 1887, 1888)
1992 Ed. (2173, 2176, 2180, 2206, 3938)
1991 Ed. (1731, 1734, 1737, 3084, 3098, 1757, 1758, 3105)
1990 Ed. (1837, 1839)
1989 Ed. (1445, 1449, 1451)
Syscomm International Corp.
1990 Ed. (1036)
Syska & Hennessy
2000 Ed. (1794)
1999 Ed. (2018)
1997 Ed. (1741)
1996 Ed. (1663)
1995 Ed. (1680)
1994 Ed. (1641)
1993 Ed. (1611)
1992 Ed. (1956)
1990 Ed. (1667)
Syska Hennessy Group Inc.
2008 Ed. (2548, 2571)
2007 Ed. (2421, 2444)
2006 Ed. (2478)
2005 Ed. (2438)
2004 Ed. (2337, 2348)
SysKonnect
1996 Ed. (1762)
Sysmex
2007 Ed. (2784)
Sysml Partners
2008 Ed. (1149)
Systeam AB
2008 Ed. (2092)
2007 Ed. (1999)
2006 Ed. (2029)
Systech Retail Systems Inc.
2002 Ed. (2507)
System Analysts
2000 Ed. (3363)
System B8 Mobler A/S
2006 Ed. (1676)
System Energy Resources Inc.
2001 Ed. (1797)
System Management ARTS Inc.
2005 Ed. (1139)
2001 Ed. (2856)
System One
1992 Ed. (1326)
1990 Ed. (239)
System 7
1996 Ed. (1077)
System 7.x
1998 Ed. (845)
System Software Associates Inc.
1994 Ed. (2159, 3049)
1992 Ed. (2565)
1991 Ed. (1993)
1990 Ed. (2145)
System Studies & Simulation Inc.
2008 Ed. (3692, 4365, 4951)
System Technology Associates Inc.
1999 Ed. (2676, 2677)
Systematic Financial
1995 Ed. (2356, 2360, 2368)
Systematics
1996 Ed. (397, 2880, 2880)
1994 Ed. (464)
1993 Ed. (459)
1991 Ed. (1034, 3376, 3378)
1990 Ed. (534, 535, 1119, 1781)
Systemax Inc.
2005 Ed. (98, 99, 2211)
2004 Ed. (101, 102, 4550)
2003 Ed. (4499)
2002 Ed. (946)
Systeme
1992 Ed. (1310)
1991 Ed. (1717)
1990 Ed. (1782)
Systeme U
1997 Ed. (1409)
1994 Ed. (1373)
1990 Ed. (1368)
SysteMed
1995 Ed. (2496)
System4
2008 Ed. (744, 881)
Systemic anti-arthritis
2000 Ed. (2322)
Systemic antiarthritics
1999 Ed. (1909)
Systemic fungicides
1998 Ed. (1327)
SystemicAntiarthritics
1999 Ed. (1907)
Systemix
1995 Ed. (3787)
Systemone
1989 Ed. (2315)
Systems administrators
2004 Ed. (2291)
Systems analyst
2005 Ed. (2384)
2004 Ed. (2286)
Systems analysts
2001 Ed. (3563, 3564)
1997 Ed. (1721)
Systems Application & Technology Inc.
2008 Ed. (3713, 4401)
Systems Center Inc.
1993 Ed. (1074, 1075)
Systems Engineering Associates
1990 Ed. (1479)
Systems Engineering Technology Corp.
2002 Ed. (2542)
Systems Implementers Inc.
2007 Ed. (3533)
Systems integration director
2004 Ed. (2286)
Systems integrators
1994 Ed. (2509)
1993 Ed. (3651)
Systems management
2005 Ed. (3666)
1999 Ed. (3009)
Systems Management American Corp.
1990 Ed. (735)
1989 Ed. (734)
Systems Management/Planning Inc.
2007 Ed. (1918)
Systems Publicity
1997 Ed. (3202)
1996 Ed. (3126)
Systems Research Inc.
2002 Ed. (2172)
2001 Ed. (2311, 2312)
Systems Research & Development Inc.
2006 Ed. (4365)
Systems Software Associates Inc.
2000 Ed. (1178)
Systems software engineer
2005 Ed. (2384)
Systems Technology Group Inc.
2008 Ed. (3715, 4404)
2007 Ed. (4427)
Systems West
2006 Ed. (2429)
Systems Xcellence Inc.
2008 Ed. (2944)
2007 Ed. (1234, 4577)
2003 Ed. (1086)
2002 Ed. (2506)
Systemsatics
1990 Ed. (1136)
Systemtrend Ltd.
1999 Ed. (1250)
Systime PLC
1990 Ed. (1350)
SYSTRA
2008 Ed. (2566)
2007 Ed. (2439)
2006 Ed. (2474)
2005 Ed. (2434)
2004 Ed. (2402)
2003 Ed. (2321)
SYSTRA-SOFRETU-SOFRERAIL
1998 Ed. (1455)
1997 Ed. (1760)
Systrand Manufacturing Corp.
2005 Ed. (3584, 4995)
2004 Ed. (3665, 4990)
2002 Ed. (4988)
2001 Ed. (3519, 4924)
2000 Ed. (4432)
1999 Ed. (4812)
1998 Ed. (3762)
Sytel Inc.
2004 Ed. (4985)
2001 Ed. (1248)
Sytex Group Inc.
2005 Ed. (1382)
Syva
1992 Ed. (3007)
1991 Ed. (2405)
1990 Ed. (2533)
Syva/Dat
1996 Ed. (2594)
Syva/Dat/Syva Drugs of Abuse Testing
1997 Ed. (2744)
Syva-Div. of Syntex Corp.
1996 Ed. (2593)
Syva/F/Syva Lab Solutions
1997 Ed. (2744)
Syva/Syntex
1995 Ed. (2534)
Syva-30R System Plus Emit Assays/IDM/Dat Workstation
1997 Ed. (2744)
Szalay; Steve C.
1991 Ed. (2342)
Szalay; Steven C.
1993 Ed. (2461)
1992 Ed. (2903)
Szulik; Matthew J.
2008 Ed. (1108)
2006 Ed. (1099)

T

T. A. Cooper
1991 Ed. (1618)
T. A. Ferguson, Jr.
2002 Ed. (2197)
T. A. Renyi
2005 Ed. (2477)
2002 Ed. (2185)
T. A. S. Commercial Concrete
2006 Ed. (1289, 1295)
T. A. S. Commercial Concrete Construction
2007 Ed. (1366)
2004 Ed. (1246)
2003 Ed. (1243)
T. A. S. Construction Inc.
2002 Ed. (1232)
1998 Ed. (944)
T & C Credit Union
2008 Ed. (2239)
2007 Ed. (2124)
2006 Ed. (2203)
2005 Ed. (2108)
2003 Ed. (1926)
2002 Ed. (1872)
T & C Federal Credit Union
2002 Ed. (1856)
2001 Ed. (1963)
1998 Ed. (1231)
1997 Ed. (1572)
1996 Ed. (1514)
1995 Ed. (1539)
1994 Ed. (1506)
1993 Ed. (1453)
1992 Ed. (1756)
1991 Ed. (1395)
1990 Ed. (1461)
T & C Tower
1997 Ed. (839)
T & G Constructors
2007 Ed. (3545, 4406)
T & L Golf
2002 Ed. (3227)
T & M Associates
2008 Ed. (2521)
2002 Ed. (2153)
T & N Ltd.
2001 Ed. (4381)
1997 Ed. (1418)
T & N Industries
1999 Ed. (1628)
T & N PLC
1999 Ed. (1612, 3300)
1997 Ed. (2707)
1996 Ed. (2567)
1995 Ed. (2505)
1994 Ed. (2437)
1993 Ed. (2499)
T & S Corp.
1989 Ed. (127)
A T & T
1999 Ed. (1516, 1548)
T. Anne Cox
2000 Ed. (1965)
1999 Ed. (2188)
1998 Ed. (1602)
T-Bills
1991 Ed. (2260)
T-Bonds
2008 Ed. (2802)
2007 Ed. (2671)
2006 Ed. (2681)
2005 Ed. (2705)
2004 Ed. (2715)
2003 Ed. (2601)
2001 Ed. (1332)
1999 Ed. (2565)
1996 Ed. (2872)
1995 Ed. (2813)
1994 Ed. (1939, 2699)
1993 Ed. (1914, 2744)
1990 Ed. (1871, 2742)
T-Bonds, CBOT
1996 Ed. (1996)
T-Bonds Day Trade
1997 Ed. (3178)
T. Boone Pickens, Jr.
1991 Ed. (925)
T. C. Clipper
1999 Ed. (2845)
T. C. Ziraat Bankasi
1991 Ed. (681)
T-CAAN
2008 Ed. (117)
T. Costelloe & Co. Ltd.
1993 Ed. (969)
1992 Ed. (1196)
1991 Ed. (960)
T. D. Sanders & More
2008 Ed. (3719, 4970)
T. Demir Dokum
1991 Ed. (2267)
T. E. Capps
2005 Ed. (2509)
2004 Ed. (2526)
2002 Ed. (2211)
T. E. Clarke
2003 Ed. (2403)
T. E. Products Pipeline Co. LP
2006 Ed. (3910)
2005 Ed. (3841)
2004 Ed. (3903)
T. Engen
2002 Ed. (2194)
T-Fal
2007 Ed. (1425)
2005 Ed. (1401, 2955)
2003 Ed. (1374)
2000 Ed. (2587)
1999 Ed. (2807, 2808)
1997 Ed. (2331)
1996 Ed. (2201)
T. G. Bright & Co.
1994 Ed. (692)
T. G. I. Friday's
2008 Ed. (4157, 4169, 4170, 4181, 4182)
2007 Ed. (4142, 4148)
2006 Ed. (4104, 4115, 4130)
2005 Ed. (4052, 4062, 4063, 4064)
2004 Ed. (4127, 4137)
2003 Ed. (4078, 4097, 4106, 4107, 4109, 4110, 4121, 4136)
2002 Ed. (4013, 4032)
T. G. Lee
2001 Ed. (3309)
T. Garanti Bankasi
1999 Ed. (3120)
1997 Ed. (2576)
1996 Ed. (2433)
1994 Ed. (2335)
T. H. Bull & Sons Ltd.
1994 Ed. (994)
T. H. Callahan
2001 Ed. (2342)
T. H. Lee
1999 Ed. (1088)
T. H. Properties
2005 Ed. (1222)
2004 Ed. (1196)
2003 Ed. (1191)
2002 Ed. (1204)
T. Hasegawa
1997 Ed. (2013)
T. I. Group plc
2001 Ed. (3282)
1997 Ed. (2754)
T Is Bank
2000 Ed. (2868, 2869)
1997 Ed. (2577)
T. Is Bankasi
1999 Ed. (3120, 3121)
1996 Ed. (2433, 2434)
1991 Ed. (2266, 2267)
T. Isbank
1993 Ed. (2369)
T. J. Adams Group LLC
2001 Ed. (2910)
T. J. Cinnamons Ltd.
2004 Ed. (353)
1993 Ed. (1750)
1992 Ed. (2114)
1990 Ed. (1851)
T. J. Cinnamon's Bakeries
1991 Ed. (2865)
T. J. Engibous
2005 Ed. (2476, 2489)
2004 Ed. (2505)
2001 Ed. (2326)
T. J. Falk
2005 Ed. (2500)
2004 Ed. (2516)
2003 Ed. (2397)
2002 Ed. (2203)
2001 Ed. (2338)
T. J. Matthews
2005 Ed. (2479)
T. J. Max
2000 Ed. (1119)
T. J. Maxx
2004 Ed. (3308)
1999 Ed. (1197)
1998 Ed. (768)
1996 Ed. (1007)
1995 Ed. (1028)
1992 Ed. (1216)
1991 Ed. (979)
1989 Ed. (936)
T. J. Maxx/Marshalls
2001 Ed. (1270)
T. J. T. Inc.
2004 Ed. (4551)
T. J. Usher
2005 Ed. (2505)
2004 Ed. (2521)
2003 Ed. (2393)
2002 Ed. (2198)
2001 Ed. (2333)
T. Joseph Semrod
1991 Ed. (1632)
T. L. Harrison
2001 Ed. (2342)
T. L. James & Co. Inc.
1996 Ed. (1127)
1993 Ed. (1120)
T. L. Lay
2003 Ed. (2403)
2002 Ed. (2209)
T. L. Reece
2005 Ed. (2493)
2004 Ed. (2509)
2003 Ed. (2390)
2002 Ed. (2194)
2001 Ed. (2331)
T. L. White
2004 Ed. (2510)
2003 Ed. (2391)
2002 Ed. (2195)
2001 Ed. (2329)
T. M. Donahue
2004 Ed. (2522)
T. M. Ryan
2005 Ed. (2481)
2004 Ed. (2497)
2003 Ed. (2376)
2002 Ed. (2199)
2001 Ed. (2335)
T. M. Solso
2007 Ed. (1030)
2006 Ed. (936)
T. Marzetti
2008 Ed. (2338)
2001 Ed. (2017, 2018)
2000 Ed. (1637, 4159)
T-Mobile
2008 Ed. (636, 682, 703, 1894, 3743)
2007 Ed. (93, 678, 686, 709, 730, 3620, 3621)
2006 Ed. (648)
2005 Ed. (738, 1601)
T-Mobile Deutschland
2005 Ed. (4986)
T-Mobile USA
2008 Ed. (2102, 4942)
2007 Ed. (1943, 2056)
2006 Ed. (803)
2005 Ed. (1999, 4978)
2004 Ed. (1882)
T. Murray
2002 Ed. (2185)
2001 Ed. (2320)
T-Netix Inc.
2002 Ed. (4568)
T-Notes
2008 Ed. (2802)
2007 Ed. (2671)
2006 Ed. (2681)
2005 Ed. (2705)
2004 Ed. (2715)
2003 Ed. (2601)
2001 Ed. (1332)
1996 Ed. (2872)
1993 Ed. (1914)
T-notes (5-year)
1999 Ed. (2565)
T-Notes (5 year), CBOT
1996 Ed. (1996)
T-notes (10-year)
1999 Ed. (2565)
1995 Ed. (2813)
1994 Ed. (1939, 2699)
T-Notes (10 Year), CBOT
1996 Ed. (1996)
T-1 Screen
1992 Ed. (4161)
T-Online
2007 Ed. (1236)
2005 Ed. (3197)
2001 Ed. (4778)
T-Online International AG
2004 Ed. (1132)
T. R. Bates, Jr.
2001 Ed. (2337)
T R Financial
2000 Ed. (423)
T. R. French
2003 Ed. (2373)
T. R. Hughes
2005 Ed. (1239)
2004 Ed. (1215)
2003 Ed. (1208)
2002 Ed. (1208)
T R Industrial & General
1990 Ed. (2398)
T. R. Ricketts
1991 Ed. (1618)
T-Rex
1995 Ed. (2999)
T. Rowe Balanced
2000 Ed. (3249)
T. Rowe Blue Chip Growth
2002 Ed. (2158)
T. Rowe Hi Yield
1999 Ed. (3547)
T. Rowe International
1999 Ed. (3565)
T. Rowe International Stock
2000 Ed. (3277)
T. Rowe Mid-Cap Growth
2002 Ed. (2160)
T. Rowe Price
2008 Ed. (3763, 3764)
2007 Ed. (3660, 3661, 3662, 3681)
2006 Ed. (3599, 3600)
2005 Ed. (3546, 3547)
2003 Ed. (3485, 3501, 3517)
2002 Ed. (4816)
2000 Ed. (1682, 2264, 2783, 2785, 2794, 2830, 3280)
1999 Ed. (3048, 3049, 3050, 3054, 3059, 3062, 3527)
1998 Ed. (2254, 2264, 2281, 2647, 3100)
1997 Ed. (2510, 2514, 2516, 2520, 2524, 2532, 2894)
1996 Ed. (2786)
1995 Ed. (2702)
1993 Ed. (2282, 2668)
1992 Ed. (2730, 3181)
1990 Ed. (2331)
1989 Ed. (2125, 2128)
T. Rowe Price Associates Inc.
2008 Ed. (2315, 2317, 2318, 2693)
2007 Ed. (2060, 2550, 3277)
2006 Ed. (2268, 3601)
2005 Ed. (923, 2206)
2004 Ed. (2043, 2044, 2045, 2046, 3195, 3562)
2003 Ed. (3073, 3075, 4844)
2002 Ed. (1558, 2261, 3626, 3627, 3628, 3629, 4733)
2001 Ed. (2433, 3001, 3003, 3004, 3005, 3687, 3689)
1995 Ed. (2071, 2383)
1994 Ed. (2301, 2612)
1991 Ed. (2208)
T. Rowe Price Balance
1996 Ed. (2806)
T. Rowe Price Balanced
1999 Ed. (3562)
T. Rowe Price Blue Chip Growth
2006 Ed. (4564)
T. Rowe Price Capital Appreciation
2008 Ed. (2612, 4512)
2007 Ed. (2482, 4545)

2006 Ed. (3603, 4554)
2005 Ed. (3550)
2004 Ed. (2448, 3545, 3547, 3548, 3577)
2003 Ed. (2367, 3486, 3515, 3520)
T. Rowe Price Corporate Income
1999 Ed. (743, 3536)
T. Rowe Price Corporate Income Fund
2003 Ed. (3535)
T. Rowe Price Dividend Growth
2000 Ed. (3236)
1999 Ed. (3516)
1998 Ed. (2610)
T. Rowe Price Emerging Bond
2003 Ed. (3618)
T. Rowe Price Emerging Europe & Mediterranean
2007 Ed. (3663, 4541)
T. Rowe Price Emerging European & Mediterranean
2008 Ed. (3772)
T. Rowe Price Emerging Markets Bond
2008 Ed. (592, 594)
2004 Ed. (3655)
2002 Ed. (726)
1999 Ed. (3581)
T. Rowe Price Emerging Markets Stock
2008 Ed. (4514)
2006 Ed. (4569)
2005 Ed. (4494)
T. Rowe Price Equity-Income
2007 Ed. (3668, 4548)
2006 Ed. (3613, 3683, 4559)
2005 Ed. (4483)
1999 Ed. (3510)
1998 Ed. (2611)
1997 Ed. (2885)
1996 Ed. (2756, 2764, 2777, 2792, 2802)
1995 Ed. (2736)
1992 Ed. (3192)
T. Rowe Price Equity Index
1999 Ed. (3558)
T. Rowe Price European Stock
2004 Ed. (3636, 3648)
1999 Ed. (3566)
1998 Ed. (2635)
T. Rowe Price European Stock Fund
2000 Ed. (3231)
T. Rowe Price Financial Services
2006 Ed. (3596)
2004 Ed. (3587)
T. Rowe Price Global Technology
2006 Ed. (4571)
T. Rowe Price GNMA
1999 Ed. (3554)
1997 Ed. (690)
1996 Ed. (2810)
1995 Ed. (2744)
T. Rowe Price Group Inc.
2008 Ed. (2169, 2359, 2695)
2007 Ed. (134, 2219, 2642)
2006 Ed. (141, 398, 2107, 2290, 2586)
2005 Ed. (2583, 3218)
T. Rowe Price Group Inc., Best After-Tax Strategy
2003 Ed. (3139)
T. Rowe Price Group Inc., High Yield Fixed Income Strategy
2003 Ed. (3122)
T. Rowe Price Group Inc., Mid-Cap Growth Strategy
2003 Ed. (3130)
T. Rowe Price Group Inc., Municipal Short Intermediate
2003 Ed. (3132, 3139)
T. Rowe Price Growth & Income
1998 Ed. (2623, 2631)
1995 Ed. (2735)
T. Rowe Price Growth Stock
2006 Ed. (3625, 3683)
T. Rowe Price Guaranteed Asset
1990 Ed. (2342)
T. Rowe Price Health Sciences
2006 Ed. (4562)
2004 Ed. (3588)
2001 Ed. (3439)
T. Rowe Price High Yield
2005 Ed. (703, 3248)
2004 Ed. (3221)
1995 Ed. (2694, 2715)
T. Rowe Price High-Yield Fund
2003 Ed. (698, 3530)
T. Rowe Price International
1998 Ed. (2617)
1995 Ed. (2693, 2714)
T. Rowe Price International Asia
1995 Ed. (2728)
T. Rowe Price International Bond
2004 Ed. (719)
2000 Ed. (761)
1997 Ed. (691)
1996 Ed. (2756, 2770)
1995 Ed. (2742)
1994 Ed. (2645)
1992 Ed. (3163, 3201)
1989 Ed. (1853)
T. Rowe Price International Disc.
1995 Ed. (2717)
T. Rowe Price International Discovery
2006 Ed. (3670, 3678, 3679, 3681, 4569)
2005 Ed. (4488, 4494)
2004 Ed. (2477)
2003 Ed. (3613)
1992 Ed. (3182)
T. Rowe Price International Emerging Markets
1999 Ed. (747, 748)
T. Rowe Price International European
1998 Ed. (2612)
T. Rowe Price International Japan
1996 Ed. (2790)
T. Rowe Price International Stock
2006 Ed. (3673)
2004 Ed. (3644, 4573)
1997 Ed. (2870)
1992 Ed. (3184, 3194)
1989 Ed. (1850)
T. Rowe Price Japan
2004 Ed. (3609)
2000 Ed. (3279)
T. Rowe Price Latin America
2008 Ed. (3772)
2007 Ed. (3663, 3672, 4541)
2003 Ed. (3619)
T. Rowe Price Latin America Fund
2002 Ed. (3477)
T. Rowe Price Maryland Tax-Free Bond
2004 Ed. (708)
T. Rowe Price Media & Telecom
2005 Ed. (3539)
1999 Ed. (3578)
T. Rowe Price Mid-Cap Equity Growth
2003 Ed. (3130)
T. Rowe Price Mid-Cap Growth
2007 Ed. (2488)
2006 Ed. (3646)
2005 Ed. (3551)
2004 Ed. (3558)
T. Rowe Price Mid-Cap Growth Adv.
2003 Ed. (3130)
T. Rowe Price Mid-Cap Value
2006 Ed. (3603, 4554)
2004 Ed. (3557)
T. Rowe Price Mid-Cap Value Fund
2003 Ed. (3538)
T. Rowe Price New America
1997 Ed. (2865)
T. Rowe Price New America Growth
1995 Ed. (2713, 2734)
T. Rowe Price New American Growth
1997 Ed. (2864)
T Rowe Price New Asia
2008 Ed. (4509)
2006 Ed. (3661)
2005 Ed. (3566)
2004 Ed. (3609)
1996 Ed. (2804)
T. Rowe Price New Era
2006 Ed. (3595, 4567)
2005 Ed. (3542, 4492)
2004 Ed. (3542, 3569)
2003 Ed. (3544)
1996 Ed. (2764)
T. Rowe Price New Horizons
2006 Ed. (3645)
2004 Ed. (3576)
1998 Ed. (2624)
1997 Ed. (2864, 2865, 2972, 2880)
1996 Ed. (2766)
T. Rowe Price New Income
1998 Ed. (2616)
1997 Ed. (2869)
1992 Ed. (3164)
T. Rowe Price Real Estate
2008 Ed. (3766)
T. Rowe Price Science & Technology
2003 Ed. (3513)
1998 Ed. (2624)
1997 Ed. (2864, 2865, 2877)
1996 Ed. (2764, 2766)
1992 Ed. (3182)
T. Rowe Price Short-Term Bond
2003 Ed. (691)
T. Rowe Price Short-Term Bond Fund
2003 Ed. (3539, 3546)
T. Rowe Price Small Cap Stock
2006 Ed. (3640)
2004 Ed. (3576)
1999 Ed. (3506, 3577)
T. Rowe Price Small-Cap Value
2003 Ed. (3516)
1999 Ed. (3506)
1998 Ed. (2608)
T. Rowe Price Small Capital Value
1995 Ed. (2676)
T. Rowe Price Spectrum
2002 Ed. (3414)
T. Rowe Price Spectrum Income
2004 Ed. (698)
1999 Ed. (743, 745)
1998 Ed. (2594, 2641)
1997 Ed. (2887)
1996 Ed. (2757, 2783)
T. Rowe Price Stable Value
1996 Ed. (2769)
T. Rowe Price Stable Value Fund
1995 Ed. (2072)
T. Rowe Price Summit GNMA
2005 Ed. (693)
1999 Ed. (751)
T. Rowe Price Summit Municipal Income
2008 Ed. (579, 603)
2007 Ed. (631)
2000 Ed. (771)
1999 Ed. (755, 757, 3571)
T. Rowe Price Summit Municipal International
1998 Ed. (2643)
T. Rowe Price T-F High Yield
2006 Ed. (603)
T. Rowe Price T-F Income
2006 Ed. (603)
2005 Ed. (687)
T. Rowe Price T-F Short-Intermediate
2005 Ed. (690)
2003 Ed. (696)
T. Rowe Price Tax-Free High Yield
2008 Ed. (579)
2007 Ed. (631)
2000 Ed. (769)
1999 Ed. (756)
1997 Ed. (2893)
1995 Ed. (2689)
1990 Ed. (2378)
T. Rowe Price Tax-Free Income
2006 Ed. (602)
1996 Ed. (2812)
1995 Ed. (2746)
T. Rowe Price Tax-Free Short-Intermed.
1996 Ed. (2796)
T. Rowe Price Tax-Free Short-Intermediate
2007 Ed. (634)
T. Rowe Price Treasury Long-Term
1999 Ed. (749, 750)
1997 Ed. (689, 2891)
T. Rowe Price U.S. Treas Long-Term
1999 Ed. (3552)
T. Rowe Price U.S. Treasury
2000 Ed. (3269)
T. Rowe Price U.S. Treasury Interm.
1996 Ed. (2811)
T. Rowe Price U.S. Treasury Intermediate
2004 Ed. (694)
2000 Ed. (764)
1999 Ed. (3555)
T. Rowe Price U.S. Treasury Long
2000 Ed. (762)
T. Rowe Price U.S. Treasury Long-Term
2002 Ed. (724)
1999 Ed. (3555)
1996 Ed. (2811)
1995 Ed. (2745)
T. Rowe Price Value
1999 Ed. (3520)
T. Rowe Price Virginia Tax-Free Bond
2004 Ed. (708)
T. Rowe Science & Tech.
2000 Ed. (3259, 3260, 3263)
1999 Ed. (3542)
T. Rowe Science & Technology
2002 Ed. (2160)
T. Rowe Sm. Cap Val.
1999 Ed. (3543)
T. Rowe Spectrum Inc.
2000 Ed. (3267)
T. S. Expediting Services
2003 Ed. (4786)
2002 Ed. (4690)
T. S. Johnson
2004 Ed. (2506)
T. S. Lisenby
2003 Ed. (2401)
T. S. Nelson
2004 Ed. (2520)
2003 Ed. (2377)
T. S. Restaurants of Hawaii & California
2008 Ed. (1785)
2007 Ed. (1757)
2006 Ed. (1748)
T/SF Communications Corp.
1999 Ed. (3745)
T-shirts
1994 Ed. (732)
T-Shirts Plus
2002 Ed. (1080)
T. Sise Cam
1997 Ed. (2577)
1993 Ed. (2369)
1992 Ed. (2811)
T-Solutions Inc.
2008 Ed. (2157)
T. Spiegel
1991 Ed. (1618)
T. Stephen Johnson
1994 Ed. (1200)
T-Systems
2004 Ed. (883)
T-Systems North America
2005 Ed. (4809)
T. U. Parks Construction Co.
2000 Ed. (2417)
1999 Ed. (1380)
1998 Ed. (959)
1996 Ed. (1131)
T. V. D.
2002 Ed. (4457)
T. W. Frierson Contractor Inc.
2007 Ed. (1385)
2003 Ed. (1259)
TA Associates
1998 Ed. (3663, 3664, 3665)
1991 Ed. (3442)
1990 Ed. (3667)
TA Associates Realty
2000 Ed. (2808, 2838)
TA Holdings
2000 Ed. (4446)
1999 Ed. (4830)
TA IX, LP
2002 Ed. (4731)
TA Orange Co.
2005 Ed. (87)
Ta Tung Co. Ltd.
1992 Ed. (1697)
1991 Ed. (1357)
1990 Ed. (1426)
1989 Ed. (1166)
Ta Tung Electric
1991 Ed. (51)
TAA Distribution LLC
2007 Ed. (3597, 4444)
2006 Ed. (3538, 4376)
Taaka
2002 Ed. (294, 4772)
2001 Ed. (4711, 4714)
2000 Ed. (4359)
1999 Ed. (4730, 4733)

1998 Ed. (3687, 3688, 3690)
1997 Ed. (3857, 3858)
1996 Ed. (3805, 3806)
1995 Ed. (3716)
1991 Ed. (1814, 1817)
1989 Ed. (2898)
Taaka Vodka
2001 Ed. (3144)
TAAN
2008 Ed. (117)
2005 Ed. (120)
TAB
2005 Ed. (783)
2004 Ed. (1645)
2002 Ed. (3078)
1996 Ed. (3478)
1990 Ed. (3320)
1989 Ed. (2516)
Tab Energy
2008 Ed. (4490, 4493)
Tab Products
1991 Ed. (2638)
TAB WA
2002 Ed. (3078)
Tabacalera
1993 Ed. (1399, 1401, 3584)
1992 Ed. (1690)
1991 Ed. (1346, 1347)
1990 Ed. (48)
1989 Ed. (729, 2845)
Tabacalera Andina
1989 Ed. (1105)
Tabacalera Nacional
2002 Ed. (942)
Tabacalera SA
2003 Ed. (1825)
2001 Ed. (1851)
2000 Ed. (1556, 4259)
1999 Ed. (1734, 4612)
1997 Ed. (3759)
1996 Ed. (1447, 3703)
1995 Ed. (1488, 1490, 3625, 3627)
1994 Ed. (1450, 3547, 3548)
1990 Ed. (1419)
1989 Ed. (1162)
Tabacofina
1991 Ed. (18)
Tabacos del Paraguay
2006 Ed. (74)
2005 Ed. (66)
Tabak
2002 Ed. (3736)
2000 Ed. (3585)
1999 Ed. (3869)
Tabakprom
2000 Ed. (4261)
Tabaqueira-Em. Ind. de Tabacos Ep.
1996 Ed. (1437)
1995 Ed. (1477)
Tabaqueira-Em Ind. de Tabacos EP. SA
1999 Ed. (1726)
Tabaqueira-Em. Ind. e Tabacos Ep
1993 Ed. (1387)
Tabaqueira-Em Industria de Tabacos Ep
1994 Ed. (1441)
Tabaqueira - Empresa Industrial de Tabacos SA
2001 Ed. (1839)
2000 Ed. (1544)
1997 Ed. (1500)
Tabby
1989 Ed. (2198)
Tabcorp
2004 Ed. (1645)
Tabcorp Holdings Ltd.
2002 Ed. (1396, 1584, 3078)
Table games
1992 Ed. (2256)
1990 Ed. (1873)
Table linens
2005 Ed. (2870)
Table or mantel clocks
1990 Ed. (1018)
Table spreads
1998 Ed. (1239)
Table Talk
2000 Ed. (369)
1995 Ed. (2939)
Table wine
2001 Ed. (4847, 4895, 4896, 4897, 4898, 4899, 4900, 4901, 4903)
1991 Ed. (3504, 3505, 3509, 3510, 3511)
Tablecloths
2001 Ed. (3039)
Tablegames
1990 Ed. (1872)
Tables
2000 Ed. (2289)
Tables, cocktail/end/sofa/coffee
1999 Ed. (2541, 2542)
Tabletop items
2005 Ed. (2961)
Tabletop, serving products and accessories
1991 Ed. (1977)
TAC
2001 Ed. (3337)
TAC Automotive Group
2001 Ed. (4502)
2000 Ed. (4227)
1999 Ed. (4575)
TAC Staffing Services
2000 Ed. (4229)
TAC Transport LLC
2006 Ed. (3547, 4385)
Tacchini; Sergio
1993 Ed. (3376)
Tacit Knowledge Systems Inc.
2003 Ed. (1341)
Tacke; David R.
1990 Ed. (976, 1726)
Taco Bell
2008 Ed. (2657, 2658, 2660, 2661, 2662, 2668, 2669, 2680, 2681, 4152, 4153, 4162, 4185, 4186, 4192, 4193, 4194)
2007 Ed. (2529, 2530, 2535, 2541, 4121, 4150, 4151, 4154)
2006 Ed. (2553, 2561, 2562, 2570, 4102, 4123, 4128, 4131, 4132, 4133, 4134)
2005 Ed. (2546, 2547, 2554, 2555, 2564, 2565, 4043, 4080, 4083, 4086, 4087, 4172, 4173, 4175, 4655)
2004 Ed. (903, 905, 1377, 2575, 2585, 2589, 4105, 4139, 4142, 4143, 4144, 4145)
2003 Ed. (2437, 2456, 2458, 4079, 4100, 4130, 4134, 4137, 4138, 4221, 4222, 4225)
2002 Ed. (2237, 2357, 2358, 3333, 4003, 4023, 4027, 4031)
2001 Ed. (2407, 2529, 3293, 4058, 4059, 4072, 4080)
2000 Ed. (1911, 1912, 2246, 2267, 2270, 3122, 3123, 3764, 3788)
1999 Ed. (775, 778, 2129, 2134, 2477, 2507, 2511, 2522, 2523, 3395, 3396, 4050, 4083, 4564)
1998 Ed. (485, 1551, 1764, 1765, 2486, 3050, 3077, 3126, 3492)
1997 Ed. (1832, 1836, 1840, 2052, 2058, 2081, 2082, 2776, 2777, 3310)
1996 Ed. (1754, 1759, 2626, 2627, 3210, 3229, 3283)
1995 Ed. (1776, 1781, 1911, 1914, 2565, 2566, 3114, 3569)
1994 Ed. (1748, 1884, 1885, 1909, 1910, 2504, 2506, 3069)
1993 Ed. (1752, 1757, 1886, 2558, 3013, 3037, 3530)
1992 Ed. (2124, 3060, 3061, 3707, 3720, 3721, 3722, 4229)
1991 Ed. (1658, 1659, 2448, 2449, 2867, 2877, 2879, 2886, 3319)
1990 Ed. (3013, 3024, 3026, 3542)
Taco Bell Restaurant
2001 Ed. (1008)
2000 Ed. (792)
Taco Bueno
2008 Ed. (2680, 2682)
1991 Ed. (2449)
Taco Bueno Restaurants
1990 Ed. (2569)
Taco Cabana
2008 Ed. (2680, 4186)
2007 Ed. (2545, 4151)
2006 Ed. (2574, 4123)
2005 Ed. (2558)
2004 Ed. (4139)
2003 Ed. (4078)
2002 Ed. (4023)
2000 Ed. (3123)
1999 Ed. (3396)
1998 Ed. (2486)
1997 Ed. (2777)
1996 Ed. (2627, 3211, 3212)
1995 Ed. (2566, 3391)
1994 Ed. (3087)
Taco Del Mar
2006 Ed. (2570)
Taco Holdings Ltd.
1993 Ed. (970)
Taco John International
1991 Ed. (2449, 2448)
Taco John's
2008 Ed. (2659, 2660, 2661, 2680, 4186)
2007 Ed. (4151)
2006 Ed. (2562, 4123)
2005 Ed. (2555)
2004 Ed. (4139)
2002 Ed. (4023)
1999 Ed. (3396)
1998 Ed. (2486)
1997 Ed. (2777)
1996 Ed. (2627)
1995 Ed. (2566)
1994 Ed. (2506)
1993 Ed. (2558)
1992 Ed. (3060, 3061, 3707)
Taco John's International Inc.
2005 Ed. (2565)
2004 Ed. (2585)
2003 Ed. (2456)
2002 Ed. (3333)
1990 Ed. (2569)
Taco John's Restaurants
2000 Ed. (2269, 3123)
The Taco Maker
2007 Ed. (2541)
2006 Ed. (2570)
2005 Ed. (2565)
2004 Ed. (2585)
2003 Ed. (2456)
2002 Ed. (3333)
Taco sauce mix
2003 Ed. (1129)
Taco Time
2008 Ed. (2662, 2680, 2686)
2002 Ed. (4023)
1999 Ed. (3396)
1998 Ed. (2486)
1997 Ed. (2777)
1996 Ed. (2627)
1995 Ed. (2566)
1994 Ed. (2506)
1993 Ed. (2558)
1992 Ed. (3061, 3707)
1991 Ed. (2449)
Taco Time International Inc.
2004 Ed. (2585)
2002 Ed. (3333)
Taco Villa Inc.
1992 Ed. (3061)
1991 Ed. (2449)
1990 Ed. (2569)
Taco Viva Inc.
1990 Ed. (1245)
Tacoda
2007 Ed. (2324)
Tacoma
2001 Ed. (471, 473, 477)
2000 Ed. (3572)
Tacoma Subaru
1993 Ed. (286)
1992 Ed. (401)
Tacoma; Toyota
2008 Ed. (4781)
Tacoma, WA
2008 Ed. (3113, 4015, 4016)
2007 Ed. (2998)
2006 Ed. (3327)
2005 Ed. (338, 3338, 4802)
2004 Ed. (2289)
2002 Ed. (407, 2732)
2001 Ed. (2281)
2000 Ed. (3574)
1999 Ed. (1149, 1349, 2096, 2493, 3858, 3860)
1997 Ed. (2072, 3524)
1996 Ed. (3056)
1995 Ed. (2187, 2957)
1994 Ed. (2897)
1993 Ed. (2542)
1992 Ed. (1389, 1396, 3055, 3492, 3494, 3496, 3498, 3500, 3501)
1990 Ed. (2884)
TacoTime
2008 Ed. (2682)
2007 Ed. (2541)
Tactebel Engineering
2000 Ed. (1808)
Tactica Publicitaria
2003 Ed. (68)
2002 Ed. (103)
Tactical Commodity Fund
1999 Ed. (1249)
1995 Ed. (1080)
Tactical Duration
2003 Ed. (3115)
Tactical Futures Fund II
1999 Ed. (1249)
1995 Ed. (1080)
Tactical Highly Aggressive
1996 Ed. (1059)
Tactical Highly Aggressive Commodity Fund
1999 Ed. (1249)
Tactical Investment
1999 Ed. (1246)
1997 Ed. (1073)
Tactical Stop-Loss LLC
2007 Ed. (1839)
2006 Ed. (1830)
Tactician
1993 Ed. (233)
TAD Resources International Inc.
1999 Ed. (4577)
Tadamon Islamic Bank
2008 Ed. (508)
2007 Ed. (556)
2000 Ed. (667)
1991 Ed. (666)
Tadashi Ohta
2000 Ed. (2152)
1999 Ed. (2372)
Tadashi Yanai
2008 Ed. (4846)
Tadawul All Share Index
2008 Ed. (4503)
Tadian Homes
2006 Ed. (1159)
2005 Ed. (1194)
Tadiran Ltd.
2004 Ed. (3032)
1999 Ed. (4540)
Tadpole Technology
1995 Ed. (3098)
TAESA
2001 Ed. (316, 317)
Taff Housing Association
2008 Ed. (2131)
Taffy apple kits
2008 Ed. (841)
Taffy/candy apple kit
1999 Ed. (1019)
Tafneft
2008 Ed. (664)
TAG Electric Co.
1991 Ed. (1907)
Tag Heuer
2001 Ed. (1243)
TAG Holdings LLC
2007 Ed. (192)
2006 Ed. (186)
Tagamet
2001 Ed. (388)
1999 Ed. (279)
1995 Ed. (1583)
1994 Ed. (2926)
1993 Ed. (1530, 2915)
1992 Ed. (339, 1870, 1876)
1990 Ed. (2898, 2900)
1989 Ed. (2254, 2256)
Tagamet Family
1992 Ed. (1868)
1990 Ed. (2530)
Tagamet HB
2000 Ed. (1703)

1999 Ed. (1905)
1998 Ed. (173, 174, 175, 1350)
Tagamet HB/200
1998 Ed. (2669)
Tagamet HB200
2001 Ed. (387)
Tagamet tabs 300 mg
1990 Ed. (1572, 1573, 1574)
Taggart; Richard
2008 Ed. (962)
2007 Ed. (1077)
2006 Ed. (984)
2005 Ed. (986)
Tah Hsin Securities Co., Ltd.
1990 Ed. (821)
Tah Tong Textile Co. Ltd.
1994 Ed. (3523)
1992 Ed. (4282)
Taha Mikati
2008 Ed. (4890)
TAHAL Consulting Engineers Ltd.
2005 Ed. (2435)
2004 Ed. (2403)
Tahera Diamond Corp.
2006 Ed. (4593)
Tahoe
2001 Ed. (481)
Tahoe; Chevrolet
2007 Ed. (4858)
2006 Ed. (3577, 4829, 4856)
2005 Ed. (4427, 4777, 4786)
Tahoe Savings & Loan Association, FS&LA
1990 Ed. (3585)
Tai-Develop Textile Co. Ltd.
1994 Ed. (1033)
Tai Fung Bank
2003 Ed. (578)
2002 Ed. (613)
1996 Ed. (591)
1995 Ed. (533)
1994 Ed. (559)
1993 Ed. (557)
1992 Ed. (765)
1991 Ed. (597)
Tai-I Electric Wire & Cable Co.
1992 Ed. (1700)
Tai Ping
2000 Ed. (2885)
Tai Sang Bank
1992 Ed. (607)
Tai Shih Textile Industry Corp.
1990 Ed. (3573)
Tai Tai Oral Liquid
2004 Ed. (49)
Tai Tong Textile Co., Ltd.
1990 Ed. (3571)
Tai Yau Bank
1992 Ed. (607)
Tai Yuen Textile Co. Ltd.
1994 Ed. (3523)
1992 Ed. (4282)
1990 Ed. (3571)
TAIB Bank
2004 Ed. (451)
2003 Ed. (465)
1999 Ed. (452)
1997 Ed. (395)
1996 Ed. (430)
Taichung Machinery Works Co. Ltd.
1994 Ed. (2425)
1992 Ed. (2956)
1990 Ed. (2503)
Taicom Systems Ltd.
1994 Ed. (1462, 1620)
1992 Ed. (1700)
Taiga Forest Products
2007 Ed. (1636, 1638)
Taih Yung Enterprise Co. Ltd.
1994 Ed. (1033)
1992 Ed. (1230)
1990 Ed. (1068)
Taiheiyo Cement
2007 Ed. (1294)
Taikichiro Mori
1994 Ed. (707)
1993 Ed. (698, 699)
1992 Ed. (889)
1991 Ed. (709)
1990 Ed. (730)
Taikisha Ltd.
2008 Ed. (1301)
2006 Ed. (1315)
2005 Ed. (1336)
2004 Ed. (1331)
2003 Ed. (1332)
2002 Ed. (1318)
2000 Ed. (1288)
1999 Ed. (1401)
1998 Ed. (968)
1997 Ed. (1189)
1995 Ed. (1187)
1994 Ed. (1167)
Tail
1993 Ed. (3376)
1992 Ed. (4050)
1991 Ed. (3169)
1990 Ed. (3330, 3338, 3341)
Tailored clothing
2001 Ed. (1277)
Tainan Business Bank
2008 Ed. (351)
2007 Ed. (363)
Tainan Group
2008 Ed. (91)
2007 Ed. (84)
Tainan Spinning Co.
1994 Ed. (3523, 3525)
1992 Ed. (4282)
1990 Ed. (3571)
Taio Paper Manufacturing Co. Ltd.
1994 Ed. (2728)
1993 Ed. (2766)
1992 Ed. (3334)
1991 Ed. (2671)
Taio Paper Mfg. Co. Ltd.
1990 Ed. (2764)
Taipei
1997 Ed. (193)
1990 Ed. (861)
Taipei Airport
1997 Ed. (223)
Taipei Bank
2004 Ed. (526)
1996 Ed. (690)
1995 Ed. (616)
1994 Ed. (644, 1849)
1993 Ed. (425, 641, 3502)
Taipei Business Bank
1992 Ed. (4189)
Taipei Fund
1993 Ed. (2684)
Taipei International Airport
1993 Ed. (205, 1536, 1537, 1538)
Taipei, Taiwan
2001 Ed. (348)
1994 Ed. (976)
1991 Ed. (1365)
Taipeibank
2005 Ed. (616)
2002 Ed. (654)
2000 Ed. (671)
Taipower
1994 Ed. (3259)
1993 Ed. (3268, 3272)
Taisei Corp.
2008 Ed. (1189, 1191, 1281, 1297)
2007 Ed. (1291, 1294)
2006 Ed. (1184, 1185, 1304, 1311, 1320)
2005 Ed. (1208, 1338, 1339)
2004 Ed. (1182, 1327)
2003 Ed. (1174, 1327)
2002 Ed. (1195, 1313, 1322, 1324)
2001 Ed. (1486)
2000 Ed. (1203, 1284, 1824)
1999 Ed. (1323, 1398, 1407, 2032, 2033)
1998 Ed. (535, 907, 965, 969, 1446)
1997 Ed. (1753)
1995 Ed. (1135)
1994 Ed. (1121)
1993 Ed. (1097)
1992 Ed. (1370, 1374, 1375, 3665, 4309)
1991 Ed. (1064)
1990 Ed. (1175, 1177, 1846)
1989 Ed. (1005)
Taishin
1999 Ed. (1798)
Taishin Bank
2008 Ed. (437, 438, 439)
Taishin Financial Holding
2007 Ed. (84)
Taisho
1997 Ed. (1664)
1992 Ed. (2712)
1991 Ed. (2146)
1990 Ed. (1571)
1989 Ed. (1280)
Taisho Marine
1990 Ed. (2259)
Taisho Marine & Fire Insurance Co. Ltd.
1995 Ed. (2279)
1994 Ed. (2232)
1993 Ed. (2252)
1992 Ed. (2706)
1991 Ed. (2143)
1990 Ed. (2274)
Taisho Pharmaceutical
2007 Ed. (3942)
Tait & McLay
1996 Ed. (3127)
Tait Weller & Baker
2008 Ed. (278)
Taita Pharmaceutical
2004 Ed. (36)
Taitron Components Inc.
1998 Ed. (1414)
1996 Ed. (1631, 1632)
Taittinger
2006 Ed. (829)
2005 Ed. (916, 919)
2004 Ed. (924, 925)
2003 Ed. (900, 908)
2002 Ed. (963, 968, 974, 4956)
2001 Ed. (1151, 1160, 1162, 1163, 4889)
2000 Ed. (1009, 4422)
1999 Ed. (1062, 1067, 1068)
1998 Ed. (679, 681, 682)
1997 Ed. (932)
1996 Ed. (896, 905)
Taiwan
2008 Ed. (379, 2201, 2396, 3591, 4467, 4469, 4583, 4584)
2007 Ed. (397, 748, 1438, 2083, 2091, 2262, 2795, 2796, 2797, 2802, 3427, 4485, 4488, 4670, 4671, 4862)
2006 Ed. (412, 656, 1028, 1406, 2135, 2147, 2327, 2537, 2803, 2804, 2805, 2810, 3273, 3410, 3553, 4421, 4652, 4653, 4859)
2005 Ed. (459, 747, 1421, 2039, 2054, 2530, 2531, 2532, 2533, 2538, 2822, 2823, 3401, 4404, 4586, 4587, 4788)
2004 Ed. (733, 1100, 1400, 1907, 1919, 2822, 3394, 4459, 4814)
2003 Ed. (461, 950, 1084, 1097, 1385, 1876, 1973, 1974, 2210, 2211, 2218, 2219, 2220, 2222, 2223, 2225, 2226, 2228, 2229, 3023, 4496, 4698, 4699)
2002 Ed. (683, 737, 741, 1344, 1812, 3519, 3596, 4380, 4623, 4774, 4998)
2001 Ed. (509, 510, 671, 1140, 1935, 1947, 2126, 2127, 2128, 2362, 2364, 2365, 2366, 2367, 2371, 2372, 2693, 2695, 2697, 2699, 2700, 2968, 3367, 3410, 3967, 4318, 4372, 4426, 4427, 4598, 4648, 4716, 4904)
2000 Ed. (1610, 1650, 1889, 1899, 2295, 2349, 2354, 2357, 2358, 2363, 2375, 2861, 2862, 2981, 3175, 4273, 4361)
1999 Ed. (182, 821, 1104, 1213, 1781, 2091, 2092, 2098, 2553, 2583, 3113, 3193, 3586, 3630, 3697, 4478, 4481, 4594, 4626, 4801, 4802)
1998 Ed. (708, 819, 1324, 1418, 1419, 1522, 1524, 1525, 1526, 1554, 1791, 1846, 2660, 2707, 2744, 2814)
1997 Ed. (204, 693, 824, 915, 917, 966, 1542, 1556, 1808, 1809, 1812, 1815, 2107, 2559, 2560, 2564, 2565, 2571, 2573, 3000, 3513, 3634)
1996 Ed. (157, 929, 941, 1477, 1645, 1719, 2470, 2471, 3715, 3821)
1995 Ed. (310, 663, 997, 1038, 1518, 1657, 1658, 1734, 1736, 1737, 1742, 1745, 1746, 1749, 1785, 1962, 2010, 2017, 2019, 2029, 2036)
1994 Ed. (200, 709, 730, 786, 1486, 1979, 2005, 2333, 2344, 2684, 3308, 3522, 3656)
1993 Ed. (240, 844, 943, 1582, 1957, 1961, 1967, 1974, 1981, 1987, 2411, 2481, 2482, 3301, 3510, 3682, 3692)
1992 Ed. (499, 891, 1068, 1234, 1390, 1490, 1732, 1733, 1759, 1760, 1880, 2070, 2072, 2075, 2079, 2080, 2081, 2083, 2170, 2250, 2251, 2310, 2317, 2327, 2333, 2807, 2808, 2853, 3276, 3957, 3973, 4184, 4185, 4186, 4324)
1991 Ed. (164, 1381, 1400, 1401, 1402, 1479, 1650, 1834, 1841, 1844, 1850, 3267, 3268, 3269, 3357)
1990 Ed. (414, 1448, 1582, 1709, 1729, 1734, 1911, 1918, 1925, 1928, 1931, 1935, 3276, 3624, 3633)
1989 Ed. (1181, 1284, 1390)
Taiwan Advertising
1997 Ed. (151)
1996 Ed. (145)
1995 Ed. (131, 132)
Taiwan Aerospace
1993 Ed. (1199)
Taiwan; Bank of
2007 Ed. (559)
2006 Ed. (529)
2005 Ed. (616)
Taiwan Brother Industries Ltd.
1990 Ed. (2503)
Taiwan Business Bank
2008 Ed. (437, 438, 439)
2007 Ed. (474)
2003 Ed. (618)
2000 Ed. (671)
1999 Ed. (646)
Taiwan Cellular Corp.
2004 Ed. (90)
Taiwan Cellular (Pacific)
2001 Ed. (3336)
Taiwan Cement
2000 Ed. (1566)
1997 Ed. (1520)
1996 Ed. (1454)
1995 Ed. (1497, 1498)
1994 Ed. (1457, 1464, 3472)
1993 Ed. (1409)
1992 Ed. (1698, 4189)
1991 Ed. (1356)
1990 Ed. (1425)
1989 Ed. (1165)
Taiwan Cement Engineering Corporation
1992 Ed. (2956)
Taiwan Cooperative Bank
2008 Ed. (511)
2007 Ed. (559)
2006 Ed. (529)
2005 Ed. (616)
2004 Ed. (627)
2003 Ed. (618)
2002 Ed. (574, 654)
2000 Ed. (671)
1999 Ed. (646)
1993 Ed. (425)
Taiwan Electric Co. Ltd.
1994 Ed. (2424)
Taiwan First Investment & Trust
1999 Ed. (2894)
1995 Ed. (3283)
Taiwan Glass Ind. Corp.
1990 Ed. (2520)
Taiwan Glass Industries Corp.
1992 Ed. (2974)
Taiwan International
1997 Ed. (3489)
1994 Ed. (3196)

Taiwan International Securities
1995 Ed. (3283)
Taiwan International Standard
1994 Ed. (1461, 1462, 1620)
Taiwan Janome Sewing Machine Co. Ltd.
1994 Ed. (2425)
1992 Ed. (2956)
1990 Ed. (2503)
Taiwan Kao Co.
1992 Ed. (82)
1989 Ed. (54)
Taiwan Kolin Co.
1992 Ed. (82, 1933)
Taiwan Kumagai Co., Ltd.
1990 Ed. (1213)
Taiwan Life Insurance Corp.
2001 Ed. (2890)
1999 Ed. (4166)
Taiwan Machinery
1993 Ed. (3502)
1992 Ed. (4189)
Taiwan Nickel Refining
1994 Ed. (1463)
1992 Ed. (1705)
Taiwan Paper
1991 Ed. (3271)
Taiwan Power Co.
2004 Ed. (1864)
2002 Ed. (1780)
2001 Ed. (1614, 1864)
2000 Ed. (1566)
1997 Ed. (1438, 1522)
1995 Ed. (1498, 3338)
Taiwan Provincial Labor Insurance Bureau
1997 Ed. (2402)
Taiwan Pulp & Paper Corp.
1996 Ed. (3629)
Taiwan Ricoh Co. Ltd.
1992 Ed. (2974)
1990 Ed. (2520)
Taiwan Securities
1997 Ed. (3489)
1995 Ed. (3283)
1994 Ed. (3196)
Taiwan Semiconductor
1996 Ed. (1454)
Taiwan Semiconductor Manufacturing Co., Ltd.
2008 Ed. (2101, 3584, 4313)
2007 Ed. (1585, 2008, 4353, 4354)
2006 Ed. (1552, 2034, 2035, 3404, 4287, 4288, 4289, 4655)
2005 Ed. (239, 3697, 4350)
2004 Ed. (884, 3778)
2003 Ed. (1831, 2200, 2201, 2202, 2241, 2242, 2944, 3301, 3302, 3753, 4386, 4609)
2002 Ed. (305, 1038, 1580, 1683, 2101, 3247, 4543, 4544, 4545)
2001 Ed. (1627, 1746, 1865, 2871)
2000 Ed. (1564, 1565, 1569, 1570, 3035)
1999 Ed. (1566, 1568, 1569, 1571, 1576, 1577, 1743, 1744, 3298, 4530)
1998 Ed. (1532)
1997 Ed. (1520, 1521, 3682)
Taiwan Semiconductor Mfg.
2000 Ed. (1472, 1568)
Taiwan Stock Exchange
1997 Ed. (3632)
Taiwan Styrene Monomer Corp.
1992 Ed. (1704)
Taiwan Sugar Corp.
2000 Ed. (1566)
Taiwan Synthetic Rubber Corp.
2001 Ed. (4138)
1992 Ed. (1701, 1704)
1991 Ed. (3271)
Taiwan Tobacco & Wine
2001 Ed. (1615, 1617, 1618, 1626, 1864)
Taiwan Wacoal Co. Ltd.
1994 Ed. (1033)
1992 Ed. (1230)
Taiwan Zippers Co. Ltd.
1992 Ed. (2974)
1990 Ed. (2520)
Taiwanese American Credit Union
2005 Ed. (2074)
Taiyo
2000 Ed. (2224, 2713)
Taiyo Birdair Corp.
2006 Ed. (1291)
Taiyo Fishery
1999 Ed. (2466)
1995 Ed. (164)
1994 Ed. (146)
1993 Ed. (162, 1276, 1343)
1992 Ed. (256, 1643, 1644, 1681)
1990 Ed. (1831)
1989 Ed. (1459)
Taiyo Kobe
1990 Ed. (1783, 1784)
1989 Ed. (530)
Taiyo Kobe Bank
1998 Ed. (1029)
1992 Ed. (1461)
1991 Ed. (576)
1990 Ed. (297)
1989 Ed. (480)
Taiyo Mutual Life
1998 Ed. (2135)
Taiyo Yuden
1992 Ed. (4022)
Taizo Demura
2000 Ed. (2167)
Taj Group
1990 Ed. (2091)
Taj Mahal
1994 Ed. (871)
TAJ Technologies Inc.
2008 Ed. (3716, 4406)
Tajik Joint Stock Commercial Industrial & Construction Bank
1997 Ed. (625)
Tajikistan
2008 Ed. (2192, 3650)
2007 Ed. (3476)
2006 Ed. (2715, 3453)
2005 Ed. (3444)
2004 Ed. (3428)
2003 Ed. (3362)
2002 Ed. (3302)
2001 Ed. (3275)
1991 Ed. (3157)
Tak Lee Bank
1989 Ed. (668)
Takaki Nakanishi
2000 Ed. (2154)
1999 Ed. (2374, 2375)
Takao Kanai
2000 Ed. (2156)
1999 Ed. (2376)
1997 Ed. (1977)
1996 Ed. (1870)
Takara Sake
2006 Ed. (4960)
2005 Ed. (4930)
Takara Sochu
1992 Ed. (4407)
Takarazuka Family Land
1995 Ed. (220)
Takasago
1999 Ed. (2444)
Takasago International
1998 Ed. (1698)
Takashi Hashimoto
2000 Ed. (2170)
1999 Ed. (2382, 2387)
1997 Ed. (1979)
Takashi Ito
2000 Ed. (2151)
Takashimaya
2007 Ed. (4204)
2006 Ed. (1793)
2000 Ed. (3824)
1997 Ed. (3354)
1995 Ed. (3158)
1994 Ed. (3113)
Takata Inc.
2000 Ed. (1432)
1998 Ed. (1139)
Takato Watabe
2000 Ed. (2159, 2160)
1999 Ed. (2379, 2380)
Takatoshi Yamamoto
2000 Ed. (2163, 2164, 2165)
1999 Ed. (2365, 2366, 2383)
1997 Ed. (1980, 1981)
1996 Ed. (1872, 1873, 1874)
Takayuki Suzuki
2000 Ed. (2172)
1999 Ed. (2388, 2389)
1997 Ed. (1988)
1996 Ed. (1882)
Take a Break
2002 Ed. (3635)
2000 Ed. (3494, 3497, 3503)
Take Control
2003 Ed. (3685)
Take Five
1996 Ed. (2554)
Take on the Street
2004 Ed. (734)
Take-Two Interactive
2002 Ed. (2430)
Take-Two Interactive Software Inc.
2005 Ed. (4610)
TakeCare Inc.
1996 Ed. (2084)
1994 Ed. (3442)
TakeCare Health Plan
1996 Ed. (2095)
1995 Ed. (2083, 2091, 2093, 2443)
1993 Ed. (2021, 2023)
TakeCare Health Plan of Illinois Inc.
1996 Ed. (2096)
Takeda
1999 Ed. (3428)
1993 Ed. (914, 915, 921, 1517)
1990 Ed. (1569, 1570, 1571)
1989 Ed. (1280)
Takeda Chemical
1990 Ed. (955)
1989 Ed. (1583)
Takeda Chemical Industries
2006 Ed. (4774)
2003 Ed. (1728)
2002 Ed. (1705, 1706)
2001 Ed. (1198, 1616, 1768)
1997 Ed. (959, 1664)
1991 Ed. (1475, 909)
1990 Ed. (949)
1989 Ed. (894)
Takeda Pharmaceutical Co.
2008 Ed. (912, 3943)
2007 Ed. (3942)
2006 Ed. (1829)
Takefuji
2007 Ed. (2548)
Takehara
2001 Ed. (1500)
Takei; Hiroko
2008 Ed. (4846)
Takei; Hirotomo
1991 Ed. (709)
Takei; Yasuo
2007 Ed. (4909)
2005 Ed. (4861)
Takemitsu Takizaki
2008 Ed. (4846)
Taken for a Ride: How Daimler-Benz Drove Off with Chrysler
2006 Ed. (582)
Takenaka Corp.
2008 Ed. (1191, 1281, 1301, 1833, 1869)
2007 Ed. (1293)
2006 Ed. (1184, 1185, 1315)
2005 Ed. (1208, 1336)
2004 Ed. (1182, 1327, 1331)
2003 Ed. (1327)
2002 Ed. (1194, 1313, 1318, 1324)
2001 Ed. (1486)
2000 Ed. (1284, 1824)
1999 Ed. (1398, 1407, 2032, 2033)
1998 Ed. (965, 968, 1446)
1997 Ed. (1189, 1196, 1753)
1995 Ed. (1187)
1994 Ed. (1167)
1992 Ed. (1374, 1375, 3665)
1990 Ed. (1177)
1989 Ed. (1005)
Takenaka family
1993 Ed. (698)
Takenaka; Toichi
1994 Ed. (708)
Takenakeeurope GmbH
2008 Ed. (848)
Takeshi Kurosawa
2000 Ed. (2151)
1999 Ed. (2371)
Takhi Co.
2002 Ed. (4445)
Takii
1992 Ed. (3908)
Takizaki; Takemitsu
2008 Ed. (4846)
Takuyama Soda
2001 Ed. (1226)
T.A.L. Investment
1990 Ed. (2362)
1989 Ed. (2143)
T.A.L. Investment Counsel Ltd.
1996 Ed. (2419, 2420)
1994 Ed. (2325)
1992 Ed. (2784, 2784)
1991 Ed. (2255, 2255)
Tal Liani
1999 Ed. (2361)
Talal Abu-Ghazaleh International
1996 Ed. (19)
Talbots Inc.
2008 Ed. (1535, 1909)
2007 Ed. (1120, 1122)
2006 Ed. (1033, 1034, 4184)
2005 Ed. (1010, 1011, 1020, 4136)
2004 Ed. (992, 993, 1019)
2003 Ed. (1018)
1999 Ed. (1198, 1199)
1998 Ed. (767, 770)
1997 Ed. (1029)
1996 Ed. (1010)
Talbots.com
2008 Ed. (2446)
2007 Ed. (2320)
Talbott ARM
1995 Ed. (1770)
TALCO Plastics
1998 Ed. (3030)
1997 Ed. (3277)
1996 Ed. (3176)
1995 Ed. (3080)
Talegaen Insurance Groups
1996 Ed. (2304)
Talegen Holdings
1997 Ed. (1235)
Talegen Insurance Groups
1999 Ed. (2937)
1998 Ed. (2154)
1997 Ed. (2434)
Talent Comunicacao
2002 Ed. (87)
Talent Tree Staffing Services
1999 Ed. (4576)
1998 Ed. (3506)
Talento Grey
2000 Ed. (102)
Talento Grey Publicidad
2003 Ed. (82)
2002 Ed. (115)
2001 Ed. (142)
Talento Publicidad
1999 Ed. (97)
1997 Ed. (95)
1996 Ed. (94)
1995 Ed. (80)
Taleo Corp.
2008 Ed. (4317)
2006 Ed. (1625)
Tales of a Fourth Grade Nothing
2004 Ed. (736)
1990 Ed. (981)
Talisman
2008 Ed. (70)
2007 Ed. (65)
2006 Ed. (74)
Talisman Energy Inc.
2008 Ed. (1551, 1552, 1553, 1554, 1555, 3915, 3916, 3921)
2007 Ed. (1637, 3862, 3864)
2006 Ed. (1630, 3845)
2005 Ed. (3763, 3774)
2004 Ed. (3852)
2003 Ed. (1634, 3822, 3823)
2002 Ed. (3675, 3676)
1997 Ed. (3095)
Talk America Holdings Inc.
2006 Ed. (4704)
2005 Ed. (2007, 4641)
Talk City
2000 Ed. (1753, 4340)
Talk on the telephone
1992 Ed. (878)

Talk Radio U.K. AM
2002 Ed. (3896)
2001 Ed. (3980)
Talkh chikher
2002 Ed. (4446)
Talking Book World
2003 Ed. (892)
2002 Ed. (750)
Talking Dirty with the Queen of Clean
2003 Ed. (722)
Talking Teletubbies Asst.
2000 Ed. (4276)
Talking to Heaven
2000 Ed. (708)
Talking Whiz Kid Power Mouse
1999 Ed. (4641)
Talking Whiz Kid Power Mouse Deluxe
1999 Ed. (4640)
Tall; Harold R.
1991 Ed. (2547)
Talladega Nights: The Ballad of Ricky Bobby
2008 Ed. (3756)
Tallahassee, FL
2008 Ed. (3115)
2006 Ed. (3314)
2005 Ed. (2377)
1993 Ed. (2939)
1991 Ed. (2347)
Tallahassee Memorial HealthCare
2002 Ed. (2621)
2000 Ed. (2528)
Tallahassee Memorial Regional Medical Center
1999 Ed. (2748)
1998 Ed. (1990)
Tallan Inc.
2007 Ed. (4404)
Tallent Holdings PLC
1993 Ed. (974)
Talley Industries
1989 Ed. (1601)
Talley; Ronald
1990 Ed. (2285)
Tallinn Business Bank Ltd.
1999 Ed. (508)
Tallinna Bank
1997 Ed. (457)
Tallinna Kaubamaja
2006 Ed. (4501)
2002 Ed. (4412)
Tallinna Pank
2000 Ed. (519)
Tallow
1992 Ed. (3299)
Talman Home Federal Savings & Loan
1990 Ed. (3101)
1989 Ed. (2356)
Talman Home Federal Savings & Loan Association
1993 Ed. (3072, 3075, 3566, 3573)
1991 Ed. (3369, 2920, 3373)
Talman Home Federal Savings & Loans
1992 Ed. (4287)
Talman Home FS & LA
1992 Ed. (3772, 3799, 4288, 4290, 4292)
Talon Inc.
1996 Ed. (989)
1995 Ed. (1002)
Talon/LPE
2007 Ed. (4015)
Talon Trading System
1993 Ed. (2923)
Talplin, Canida & Habacht
2000 Ed. (2806)
Talton; Fred W.
1991 Ed. (3210)
Talus
2002 Ed. (4946)
2001 Ed. (4885)
2000 Ed. (4417, 4418)
1999 Ed. (4793, 4794, 4799, 4800)
Talvest Global Health Care
2006 Ed. (3663)
2004 Ed. (3621)
2002 Ed. (3427, 3444, 3445)
Talvest Global Science & Technology
2004 Ed. (3621)
2003 Ed. (3577, 3578, 3579)
2002 Ed. (3444, 3445)
2001 Ed. (3473, 3474)
Talvest Global Small Cap
2003 Ed. (3573, 3574, 3575)
Talvest Millennium Next Generation
2004 Ed. (3618)
2001 Ed. (3475)
TALX Corp.
2008 Ed. (4408)
2007 Ed. (2748)
2006 Ed. (1904, 1908, 1911, 2388, 4336)
2005 Ed. (1881, 1882, 4610)
Talyuan
1992 Ed. (4138)
TAM
2008 Ed. (216)
2004 Ed. (1780)
2001 Ed. (333)
TAM-BAY Realty
1999 Ed. (4813)
1998 Ed. (2997, 3763)
1997 Ed. (3255)
Tam Holdings
2001 Ed. (317)
TAM Linhas Aereas SA
2006 Ed. (235, 236)
2005 Ed. (219)
TAM Mercosur
2005 Ed. (219)
Tama Meat Packing Inc.
1992 Ed. (2992, 2995, 3486)
Tamagotchi Virtual Pet
1999 Ed. (4640, 4641)
Tamai; Shuichi
1997 Ed. (1990)
Taman Impian Jaya Ancol
1995 Ed. (220)
Tamano
2001 Ed. (1500, 1501)
Tamara Sload
1999 Ed. (2165)
Tamaroff Automotive Group
2001 Ed. (454)
2000 Ed. (333)
1999 Ed. (319)
1998 Ed. (208)
1993 Ed. (303)
Tamaroff Buick Inc.
1996 Ed. (300)
1991 Ed. (273)
1990 Ed. (302)
Tamaroff Group
1995 Ed. (297)
1994 Ed. (293)
1992 Ed. (419)
1991 Ed. (309)
1990 Ed. (346)
Tamas-U.S. Ed.
1990 Ed. (3326)
Tamaulipas
2001 Ed. (2839)
Tambone Real Estate Development Corp.
2000 Ed. (3719)
1998 Ed. (3004)
Tamboti
1995 Ed. (3062)
Tambrands Inc.
2005 Ed. (1535)
2004 Ed. (1519)
1998 Ed. (2677, 2807)
1997 Ed. (3056)
1996 Ed. (2831, 2980)
1995 Ed. (2766, 2897)
1994 Ed. (1262, 1263, 1264, 2809, 2810)
1993 Ed. (1225, 1704, 2472, 2809, 2810)
1992 Ed. (1517, 1523, 1526, 2125, 2537, 2940, 3395, 3397)
1991 Ed. (1976, 2711, 2712, 2359)
1990 Ed. (1295, 2128, 2807, 2810)
1989 Ed. (1629, 2188)
Tamedia
2007 Ed. (82)
2006 Ed. (92)
2005 Ed. (83)
2004 Ed. (88)
Tamera Blaylock
2000 Ed. (3160, 4428)
Tamerlin McClain
2000 Ed. (173)
Tamiami Automotive Group
1999 Ed. (318)
1998 Ed. (204)
1997 Ed. (289, 2223)
1996 Ed. (260, 2067)
1995 Ed. (255)
Tamiment Resort & Conference Center
1999 Ed. (4048)
Tamir Cohen
2003 Ed. (90)
2002 Ed. (123)
2001 Ed. (150)
1999 Ed. (107)
1992 Ed. (167)
Tamir, Cohen (Jacobsen)
1990 Ed. (117)
1989 Ed. (123)
Tamir Cohen (Jacobsohn)
1996 Ed. (103)
1995 Ed. (88)
1993 Ed. (113)
Tamir Cohen (JWT)
2000 Ed. (112)
Tamor
2003 Ed. (1230)
Tamoxifen
2003 Ed. (2107)
2002 Ed. (2048, 2049)
2001 Ed. (2102)
Tampa Armature Works Inc.
2006 Ed. (4346)
Tampa Bay Best B
1991 Ed. (2596)
Tampa Bay Buccaneers
2008 Ed. (2761)
2007 Ed. (2632)
2006 Ed. (2653)
2005 Ed. (2667)
2004 Ed. (2674)
2002 Ed. (4340)
2001 Ed. (4346)
2000 Ed. (2252)
Tampa Bay, FL
2008 Ed. (4242)
1998 Ed. (2056)
Tampa Bay Interconnect
1994 Ed. (830)
1992 Ed. (1018)
1991 Ed. (833, 841)
Tampa Bay Lightning
1998 Ed. (3357)
Tampa Bay NW NT
1990 Ed. (2688)
Tampa Bay 1
2003 Ed. (1554)
Tampa Bay Performing Arts Center
2006 Ed. (1155)
2003 Ed. (4529)
2002 Ed. (4345)
Tampa Bay Vending Inc.
2002 Ed. (4989)
Tampa Bay Water Agency
2001 Ed. (793)
Tampa Cargo
2008 Ed. (216)
Tampa City Center
2000 Ed. (3364)
1998 Ed. (2695)
Tampa Convention Center
2002 Ed. (1334)
1999 Ed. (1417)
Tampa Electric Co.
2002 Ed. (3881)
2000 Ed. (3675)
1999 Ed. (3965)
1998 Ed. (2965)
Tampa, FL
2008 Ed. (3407, 3517)
2007 Ed. (3001, 3386)
2005 Ed. (2385)
2003 Ed. (3911, 4851)
2002 Ed. (2221)
2001 Ed. (2721, 2793)
1999 Ed. (254, 2673, 3259)
1998 Ed. (246, 734, 739, 1234, 1857, 2475, 3587)
1996 Ed. (344, 2278, 2279, 2280)
1995 Ed. (331)
1994 Ed. (952, 3511)
1993 Ed. (2465, 2939)
1992 Ed. (3045, 3046)
1991 Ed. (2631, 2756)
1990 Ed. (1467, 1656, 1950, 2486)
Tampa (FL) Flyer
2003 Ed. (3646)
Tampa General Hospital
2002 Ed. (2621)
2000 Ed. (2205, 2528)
1999 Ed. (2748)
1998 Ed. (1990)
Tampa/Hillsborough, FL
1990 Ed. (2484)
Tampa International Airport
2002 Ed. (275)
2000 Ed. (273)
1999 Ed. (248)
1998 Ed. (145)
Tampa Piepline Corp.
2005 Ed. (3841)
Tampa Pipeline Corp.
2008 Ed. (3987, 3988)
2007 Ed. (3960, 3961)
2006 Ed. (3910, 3911)
2005 Ed. (3842)
Tampa/Sarasota, FL
1993 Ed. (2071)
Tampa-St. Petersburg-Clearwater
2000 Ed. (3835)
Tampa-St. Petersburg-Clearwater, FL
2007 Ed. (4165)
2006 Ed. (3310, 4142)
2005 Ed. (4826, 4827, 4973, 4974)
2004 Ed. (2731, 3303, 4231, 4317, 4835, 4836, 4846, 4973)
2003 Ed. (2611, 3262, 4208, 4307, 4866)
2002 Ed. (2404, 4075, 4180, 4766, 4932, 4933)
2001 Ed. (2596, 3718, 4143, 4164, 4679, 4680, 4708, 4851, 4853)
2000 Ed. (2330, 3108, 3508, 3865, 4207, 4288, 4396)
1999 Ed. (1070, 2590, 2672, 3260, 4125, 4150, 4773)
1998 Ed. (684, 1832, 3109, 3166, 3731)
1997 Ed. (940, 2315, 2772, 2775, 3365, 3390, 3900)
1996 Ed. (2018, 2510, 3266, 3293, 3852)
1995 Ed. (928, 1668, 1995, 2181, 2459, 3173, 3195, 3715, 3746, 3753)
1994 Ed. (717, 1971, 2129, 2536, 3121, 3151)
1993 Ed. (884, 1943, 2444, 2554, 3060, 3105, 3675, 3717)
1992 Ed. (1086, 2287, 3752, 3809, 4403)
1991 Ed. (1965, 2933)
1990 Ed. (2111, 2546, 2563, 2565, 3112)
Tampa-St. Petersburg, FL
2007 Ed. (3360, 4175)
2005 Ed. (2972)
2004 Ed. (188, 226, 1162, 2948, 3216, 3219, 3367, 3373, 3374, 3449)
2003 Ed. (1136, 2863, 3162, 3383)
2002 Ed. (4744, 4745)
2001 Ed. (2834)
1998 Ed. (585)
1996 Ed. (857, 3768)
1994 Ed. (831)
1992 Ed. (1025, 3048)
1991 Ed. (1983, 1980)
1989 Ed. (1951)
Tampa-St. Petersburg-Sarasota, FL
2006 Ed. (767)
2005 Ed. (841)
1993 Ed. (816)
1991 Ed. (831)
Tampa Tribune
2002 Ed. (3508)
2000 Ed. (3337)
1999 Ed. (3618)
1998 Ed. (2681)
Tampax
2008 Ed. (2688)
2003 Ed. (2462, 2464)
2002 Ed. (2254, 3644)
2001 Ed. (2413)

1999 Ed. (3779)
1996 Ed. (2988, 3608)
1994 Ed. (1752, 2819)
1993 Ed. (1761)
1992 Ed. (2127, 3404)
Tampax Compak
2003 Ed. (2464)
Tampax Flushable
1997 Ed. (3055, 3666)
Tampax Flushables
1995 Ed. (3526)
Tampax Satin
2003 Ed. (2464)
Tampax Tampons
1990 Ed. (3037)
Tampax Tampons, Super
1990 Ed. (3038, 3039)
Tampereen Alue.
1992 Ed. (661)
Tampereen Aluesaastopankki
1996 Ed. (498)
1995 Ed. (466)
Tamperen Aluesaastopankki
1994 Ed. (475, 476)
1993 Ed. (473)
Tampico
1998 Ed. (1778)
Tampico Fruit Drink
2007 Ed. (2656)
2006 Ed. (2672)
Tampons
2003 Ed. (2466)
2002 Ed. (2257)
1996 Ed. (2976, 3609)
1994 Ed. (2808)
1991 Ed. (1457)
Tamro Corp.
2005 Ed. (1760)
Tamrock Corp.
2006 Ed. (1703)
2005 Ed. (1760)
Tamsa
2001 Ed. (4377)
TAMSCO
1994 Ed. (2047, 2054)
1993 Ed. (2034, 2041)
tamu.edu
2001 Ed. (2965)
Tamzin Hobday
1996 Ed. (1894)
The Tan Co.
2008 Ed. (4589)
Tan Chong Motor Holdings
1992 Ed. (1668, 1669, 2824, 3979)
Tan Chong Motor Holdings Bhd.
1994 Ed. (1417)
1993 Ed. (1365)
1991 Ed. (3130, 1323)
Tan; Hock E.
2005 Ed. (976)
Tan; Lucio
2008 Ed. (4849)
2006 Ed. (4921)
Tan Sin Mui
2000 Ed. (2186)
1999 Ed. (2426)
Tan; Vincent
1997 Ed. (849)
Tan Yu
1998 Ed. (464)
Tana
2003 Ed. (984, 985)
Tanabe
1993 Ed. (1517)
1990 Ed. (1571)
Tanabe Seiyaku
1991 Ed. (1475)
Tanac
1996 Ed. (2103)
1993 Ed. (2032)
Tanac/Commerce
1992 Ed. (2398)
Tanahashi; Yoshinori
1996 Ed. (1874)
Tanaka X-Ray
1995 Ed. (1245)
Tanana Chiefs Conference
2003 Ed. (1604, 2274, 4395)
Tanayong
2002 Ed. (4489)
1994 Ed. (3157, 3158)
Tandberg
1994 Ed. (1512)
Tandberg ASA
2008 Ed. (2000)
2007 Ed. (1934)
Tandberg Television ASA
2008 Ed. (2000)
T&C Federal Credit Union
2000 Ed. (1630)
Tandem
1999 Ed. (2881)
1995 Ed. (2254, 2259, 2261)
1991 Ed. (2077)
1989 Ed. (1330, 1333)
Tandem Computers Inc.
2002 Ed. (1456)
1997 Ed. (1080)
1996 Ed. (1065)
1994 Ed. (1078, 2204)
1993 Ed. (1057, 2574)
1992 Ed. (1309, 1519, 3080, 3081, 3681)
1991 Ed. (1021, 1022, 1026, 2463, 2464, 2851)
1990 Ed. (1120, 1129, 1619, 2211, 2582, 2583, 2991)
1989 Ed. (968, 973, 974, 1052, 2306)
Tandem DDB
2000 Ed. (174)
Tandem DDB Needham
1999 Ed. (156)
1997 Ed. (147)
1995 Ed. (127)
1994 Ed. (118)
1993 Ed. (137)
1992 Ed. (209)
1990 Ed. (151)
1989 Ed. (162)
Tandem Diversified Program
2003 Ed. (3138)
Tandem Insurance Group
1992 Ed. (337)
1991 Ed. (245, 2096)
Tandem Staffing
2002 Ed. (4349)
Tandem, Staffing for Industry
2002 Ed. (4597)
Tanden Computers
1989 Ed. (1990)
T&N
1992 Ed. (480, 2972)
Tandon
1993 Ed. (1055, 1577)
1991 Ed. (1022, 2454, 2455, 2850)
1990 Ed. (1125, 2199, 2571, 2572, 2994)
1989 Ed. (980, 1324, 2308)
T&T Foot Soak
1992 Ed. (2208)
Tandy Corp.
2001 Ed. (1453, 2750, 2751, 4101)
2000 Ed. (3691)
1999 Ed. (1559, 2694, 4374)
1998 Ed. (1956, 1957, 1964, 2980, 3340, 3344, 3345, 3347)
1997 Ed. (925, 2241, 3232, 3347, 3549, 3552, 3553)
1996 Ed. (894, 1090, 3147, 3237, 3239, 3246, 3485, 3487)
1995 Ed. (1096)
1994 Ed. (1081, 1086, 2512, 2517, 3367)
1993 Ed. (867, 1048, 2051, 2561, 2562, 2882)
1992 Ed. (1077, 1306, 1936, 2426, 2427, 3065, 4034)
1991 Ed. (870, 1018, 1026, 1109, 2075, 2453, 2454, 2456)
1990 Ed. (1129, 1131, 1644, 2570, 2571, 2572, 3030, 3043)
1989 Ed. (976, 977, 1329, 1342, 1980, 1981, 2321, 2328, 2803)
Tandy Brands Accessories Inc.
2002 Ed. (3558)
Tandy Computer
1990 Ed. (2209)
Tandy/Grid
1993 Ed. (2881)
1992 Ed. (3488, 3489)
Tandy/Grid/Victo
1993 Ed. (2566, 2567)
Tandy Name Brand
1991 Ed. (1541)
1990 Ed. (1646, 2031)
1989 Ed. (264)
Tandy/Radio Shack
1994 Ed. (1084)
1990 Ed. (1140)
Tandycrafts
1994 Ed. (2666)
Tanenbaum-Harber Co., Inc.
2007 Ed. (3098)
Tanenbaum; Lawrence
2005 Ed. (4873)
Tang Chern Co.
1992 Ed. (82)
Tang Industries Inc.
1996 Ed. (2659)
1995 Ed. (2589)
1994 Ed. (2531)
1993 Ed. (2582)
Tang; Tommy
1997 Ed. (1977)
1996 Ed. (1870)
Tanganda
2006 Ed. (4999)
2002 Ed. (4996)
Tanganyika Oil Co.
2006 Ed. (4492)
2005 Ed. (1704, 1730)
Tangelos
2007 Ed. (2651)
2006 Ed. (2668)
2005 Ed. (2693)
Tanger Factory Outlet Centers Inc.
2008 Ed. (2368)
2006 Ed. (2296)
Tanger Factory Outlet Stores
1999 Ed. (3663, 3664)
Tangerines
2007 Ed. (2651, 2653)
2006 Ed. (2668, 2670)
2005 Ed. (2693)
2004 Ed. (2693, 2695)
Tangible Solutions
2006 Ed. (1555)
2005 Ed. (1655)
Tangipahoa County, LA
1996 Ed. (1473)
Tangle Ridge Canadian
2001 Ed. (4801)
Tango
2002 Ed. (4327)
2001 Ed. (4310)
1999 Ed. (4366)
1996 Ed. (3480)
1994 Ed. (3360)
1992 Ed. (4020)
Tango and Cash
1992 Ed. (4399)
Tangoe
2008 Ed. (4647)
Tangshan
1992 Ed. (4138)
Tangshan Soda
2000 Ed. (4076)
Tanguay; Ray
2008 Ed. (2629)
Tangueray
1995 Ed. (1996, 1997)
Tanimura & Antle Inc.
2007 Ed. (2156)
2006 Ed. (2235, 2236)
2005 Ed. (2140, 2141)
2004 Ed. (1999)
2003 Ed. (1958)
2001 Ed. (282)
Taniwaki; Yuko
1997 Ed. (1983)
1996 Ed. (1876)
Tank
2001 Ed. (4641, 4644)
Tank car
1997 Ed. (3240, 3241)
Tank cars
1999 Ed. (2530)
Tank- OG Ruteskibe I/S
2004 Ed. (4799)
Tanks, pipe
2001 Ed. (3844)
Tankstar USA Inc.
2008 Ed. (4588, 4772)
2007 Ed. (4677)
2001 Ed. (4441, 4645)
Tanllinna Pank
1999 Ed. (508)
Tanner
2008 Ed. (11)
2007 Ed. (13)
2002 Ed. (15)
Tanner Manufacturing; O. C.
2005 Ed. (1990)
Tanner Co.; O. C.
2007 Ed. (2046)
2006 Ed. (3366)
2005 Ed. (1990)
Tanner Recognition Co.; O. C.
2007 Ed. (2046)
2006 Ed. (2088)
Tanning products
1995 Ed. (1605)
1994 Ed. (2818)
1992 Ed. (3398)
Tanning Research Laboratories Inc.
2003 Ed. (2923, 4624, 4625, 4626, 4627)
2001 Ed. (4391)
Tanning Technology Corp.
2003 Ed. (1652)
Tanqueray
2005 Ed. (2732)
2004 Ed. (2735, 2736)
2003 Ed. (2610, 2615)
2002 Ed. (295, 2398, 2405, 2406, 2407, 2408)
2001 Ed. (2599, 2600, 2601)
2000 Ed. (2332, 2334)
1999 Ed. (2589, 2592, 2593, 2594, 2595, 3230, 3231, 3233)
1998 Ed. (1829, 1834, 1835, 1836, 1837, 2388, 2389, 2390)
1997 Ed. (2139, 2142, 2143, 2144, 2145, 2661, 2662, 2663)
1996 Ed. (2017, 2019, 2020, 2021, 2022, 2023)
1995 Ed. (1992, 1998)
1994 Ed. (1970, 1972)
1993 Ed. (1942, 1947, 1948, 1949, 1950)
1992 Ed. (2285, 2288, 2289, 2290, 2291, 2883, 2885)
1991 Ed. (1810, 1814, 1815, 1816, 1817, 2326, 2331)
1990 Ed. (1896, 1897, 1898, 1899, 2456, 2462)
1989 Ed. (1509)
Tanqueray Gin
2002 Ed. (3178)
2000 Ed. (2978)
1996 Ed. (2522, 2524)
Tanqueray London
1989 Ed. (1512, 1513)
Tanqueray Malacca
2004 Ed. (2735)
2003 Ed. (2610, 2615)
2002 Ed. (2398, 2405, 2406, 2407, 2408)
2001 Ed. (2599, 2600, 2601, 3131)
2000 Ed. (2332, 2333, 2334)
Tanqueray No Ten
2004 Ed. (2735)
Tanqueray Sterling
2004 Ed. (4851)
2003 Ed. (4865)
2002 Ed. (295, 4761)
2001 Ed. (4707)
2000 Ed. (4359, 4362)
1999 Ed. (4730, 4731, 4733, 4736)
1998 Ed. (3687, 3690)
1997 Ed. (3855, 3858)
1996 Ed. (3804, 3805, 3806, 3807)
1995 Ed. (3716, 3717)
1994 Ed. (3641)
1993 Ed. (2448, 2449, 2450, 3679)
1992 Ed. (2881, 2889, 2891, 4407, 4408, 4409, 4410, 4411)
Tanqueray Ten
2004 Ed. (2736)
Tanskrit
2000 Ed. (912, 914)
Tanti; Tulsi
2008 Ed. (4879)
2007 Ed. (4914)
Tanzania
2008 Ed. (863, 864)

2007 Ed. (886, 887)
2006 Ed. (797, 798)
2005 Ed. (875, 876)
2004 Ed. (889, 890)
2003 Ed. (868)
2002 Ed. (682)
2001 Ed. (1102, 1133)
2000 Ed. (823)
1994 Ed. (2007)
Tanzania Breweries
2008 Ed. (92)
2005 Ed. (86)
2004 Ed. (91)
Tanzania Cigarette Co.
2005 Ed. (86)
2004 Ed. (91)
Tanzania Investment Bank
2000 Ed. (672)
1993 Ed. (642)
Tanzanian Royalty Exploration Corp.
2007 Ed. (1620, 1650)
TAO Inc.
1996 Ed. (2561)
Tao Asian Bistro
2008 Ed. (4146, 4149)
2007 Ed. (4128, 4131)
2006 Ed. (4105)
2005 Ed. (4047)
Tao Las Vegas Restaurant & Nightclub
2008 Ed. (4146, 4148, 4149)
Tao Yuen Textile Co. Ltd.
1994 Ed. (3524)
Taos
1995 Ed. (3734, 3736, 3769)
Taos Wine Aperitif
1993 Ed. (3702)
TAP
1993 Ed. (890)
1990 Ed. (220)
TAP Air Portugal
1997 Ed. (207)
Tap Pharmaceuticals Inc.
2007 Ed. (133)
TAP-Transportes Aereos Portugueses
1996 Ed. (1437)
1995 Ed. (1477)
1994 Ed. (1441)
Tapal Tea
2001 Ed. (65)
Tape
2004 Ed. (2617)
2003 Ed. (3675)
2002 Ed. (3536)
Tape/mailing supplies
1999 Ed. (2713)
Tape Recorder
1990 Ed. (3620)
Tape Ruvicha
2002 Ed. (4457)
Tape Services Inc.
2008 Ed. (4413)
2007 Ed. (4434)
2006 Ed. (4366)
Taper; Sydney Mark
1990 Ed. (457, 3686)
Tapes
1995 Ed. (16)
Tapestry
2007 Ed. (113)
2006 Ed. (121)
Tapia; Eduardo
1996 Ed. (1850)
Tapistron International
1997 Ed. (2975)
Taplin Canida
2008 Ed. (2292)
Taplin Canida & Habacht
1997 Ed. (2530)
1996 Ed. (2392, 2400)
1993 Ed. (2319, 2323, 2327)
1992 Ed. (2763)
Tapoco, Inc.
2001 Ed. (3867)
Tappan
2001 Ed. (3601)
1992 Ed. (3071, 4154, 4155, 4156, 4158)
1991 Ed. (1441, 2457, 3242, 3243)
1990 Ed. (3481, 3482)
Tappan, Jr.; David S.
1990 Ed. (1717)
1989 Ed. (1381)
Tapsa Advertising
1997 Ed. (147)
TAPSA Ayer
1992 Ed. (209)
1991 Ed. (151)
Tapsa/N. W. Ayer
1996 Ed. (141)
1995 Ed. (127)
1994 Ed. (118)
1993 Ed. (137)
1991 Ed. (151)
1990 Ed. (151)
1989 Ed. (162)
Taqua Systems
2002 Ed. (4564)
Tara Ford Inc.
2002 Ed. (2562)
Tara Products
1997 Ed. (3156, 3157)
1996 Ed. (3069, 3077, 3078)
Tara Road
2001 Ed. (984)
Tara; Sarik
2008 Ed. (4876)
Tara Sinha McCann-Erickson
1999 Ed. (100)
Tarantula Responsive Communications
2002 Ed. (4086)
Tarasoff; Barry
1991 Ed. (1676)
Target
2008 Ed. (649, 890, 892, 894, 1054, 1516, 1520, 1524, 1536, 1922, 1934, 1935, 1936, 1937, 1938, 1939, 1940, 2319, 2321, 2342, 2343, 2344, 2345, 2486, 2728, 2982, 2995, 2996, 3000, 3093, 3102, 3103, 3369, 3446, 3507, 4209, 4210, 4213, 4214, 4215, 4219, 4220, 4221, 4223, 4224, 4225, 4228, 4234, 4235, 4236, 4238, 4483, 4585, 4706, 4797, 4813)
2007 Ed. (153, 909, 911, 913, 914, 916, 1555, 1815, 1883, 1884, 1885, 2205, 2206, 2207, 2208, 2354, 2376, 2591, 2863, 2875, 2876, 2880, 2909, 2969, 2981, 2983, 3241, 3350, 3382, 4168, 4169, 4172, 4173, 4177, 4178, 4180, 4181, 4182, 4183, 4184, 4185, 4187, 4191, 4199, 4200, 4201, 4202, 4203, 4504, 4675, 4788, 4870, 4878)
2006 Ed. (161, 821, 822, 824, 825, 826, 1453, 1511, 1525, 1793, 1887, 1889, 1891, 1892, 2269, 2270, 2271, 2272, 2293, 2403, 2431, 2615, 2871, 2881, 2882, 2883, 2887, 2890, 2952, 2964, 3282, 3320, 3948, 3954, 3958, 3962, 4145, 4146, 4149, 4151, 4153, 4155, 4159, 4160, 4161, 4162, 4166, 4167, 4170, 4177, 4178, 4180, 4181, 4187, 4447, 4448, 4654, 4870, 4886)
2005 Ed. (906, 907, 908, 1027, 1569, 1636, 1870, 1871, 1872, 2165, 2166, 2209, 2357, 2375, 2390, 2619, 2864, 2875, 2880, 2957, 2969, 3244, 3290, 3332, 4093, 4094, 4097, 4099, 4101, 4102, 4104, 4105, 4106, 4114, 4115, 4116, 4119, 4120, 4126, 4132, 4133, 4134, 4138, 4140, 4141, 4589, 4807)
2004 Ed. (152, 764, 915, 916, 917, 1611, 1800, 1801, 2029, 2050, 2051, 2105, 2106, 2162, 2562, 2631, 2668, 2857, 2869, 2877, 2885, 2886, 2888, 2893, 2895, 2955, 2962, 3258, 3308, 3920, 4157, 4158, 4161, 4179, 4180, 4184, 4187, 4188, 4194, 4195, 4198, 4204, 4205, 4206, 4213, 4214, 4651, 4824, 4843)
2003 Ed. (193, 754, 897, 1012, 1016, 1534, 1745, 1763, 1764, 2068, 2069, 2070, 2071, 2072, 2074, 2075, 2428, 2495, 2767, 2784, 2870, 2873, 4145, 4146, 4163, 4164, 4165, 4166, 4167, 4168, 4169, 4170, 4172, 4173, 4177, 4178, 4183, 4184, 4186, 4187, 4188, 4563, 4629, 4631, 4647, 4663, 4671, 4824)
2002 Ed. (228, 1520, 1538, 1679, 1680, 1731, 1987, 1988, 2581, 2583, 2586, 2704, 2706, 3889, 4037, 4040, 4041, 4042, 4045, 4051, 4054, 4059, 4061, 4542, 4714)
2001 Ed. (1260, 2027, 2028, 2030, 2031, 2032, 2033, 2741, 2745, 2746, 2747, 4090, 4091, 4098, 4107, 4108, 4722, 4723)
2000 Ed. (1113, 1661, 1683, 1684, 1685, 1686, 1688, 2488, 3547, 3803, 3806, 3807, 3809, 3812, 3813, 3814, 4219, 4282, 4348)
1999 Ed. (1244, 1835, 1868, 1869, 1871, 1876, 1880, 2703, 4091, 4096, 4097, 4099, 4636)
1998 Ed. (1263, 1293, 1294, 1295, 1296, 1302, 1306, 1307, 1308, 1309, 1310, 1311, 1312, 1964, 2054, 2314, 2315, 3090, 3094, 3602, 3606)
1997 Ed. (91, 1594, 1622, 1623, 1624, 1625, 1627, 1628, 1629, 1630, 1631, 1824, 2241, 2318, 2321, 2332, 3341, 3342, 3344, 3345, 3780)
1996 Ed. (893, 1000, 1090, 1555, 1557, 1558, 1559, 2203, 3235, 3236, 3237, 3238, 3239, 3725)
1995 Ed. (1021, 1077, 1570, 1571, 1572, 1574, 1575, 1957, 2119, 2123, 2186, 3144, 3145, 3644)
1993 Ed. (1493, 1494, 1495, 1498, 2111, 3368, 3649)
1992 Ed. (1811, 1812, 1813, 1818, 1819, 1820, 1822, 1823, 1824, 1826, 1827, 1829, 2422, 2423, 2527, 2528, 2530, 2539, 3733)
1990 Ed. (910, 911, 1510, 1511, 1512, 1513, 1515, 1516, 1517, 1519, 1520, 1524, 1525, 1526, 2029, 2116, 2122, 3031)
1989 Ed. (1244, 1249, 1250, 1251, 1253, 1254, 1258)
Target Center
2002 Ed. (4343)
2001 Ed. (4351)
Target DDB Needham
1999 Ed. (168)
1997 Ed. (157)
Target Discount Stores
2000 Ed. (26)
Target Intermediate-Term Bond
1998 Ed. (2641)
Target International Bond
2008 Ed. (607)
Target Investors
1996 Ed. (2396)
1995 Ed. (2356, 2360)
1993 Ed. (2296)
Target Mortgage-Backed Securities
1998 Ed. (2642)
Target (Saatchi)
1996 Ed. (90)
Target Saatchi & Saatchi
2003 Ed. (77)
2002 Ed. (112)
2001 Ed. (139)
2000 Ed. (98)
1999 Ed. (92)
Target shooting
1999 Ed. (4382, 4384)
Target Small Cap Value
2008 Ed. (4512)
2007 Ed. (4545)
2006 Ed. (3603, 4554)
2005 Ed. (3550)
2004 Ed. (3571)
Target Stores
2008 Ed. (2493)
2002 Ed. (2055, 4039, 4747, 4750)
1994 Ed. (1009, 1538, 1540, 1541, 1542, 1545, 1546, 2132, 2135, 2137, 2148, 3093, 3452)
1992 Ed. (1814)
1991 Ed. (1421, 1423, 1424, 1430, 1431, 1432, 1433, 1435, 1436, 1437, 1440, 1919, 1920, 1970, 1425, 1429, 1971)
1990 Ed. (2121, 2132, 3028)
1989 Ed. (867)
Target Stores, Mervyn's
1991 Ed. (1010)
Target Supercenters
2008 Ed. (4559)
Target; Team
2008 Ed. (2990)
Targetbase Marketing
2003 Ed. (2067)
2002 Ed. (1985)
2000 Ed. (1673)
1999 Ed. (1860)
Target.com
2005 Ed. (2326)
2003 Ed. (3049)
Targeted Genetics Corp.
2002 Ed. (2537)
Targetmatch.com
2003 Ed. (2712)
Targets Advertising
1999 Ed. (149)
1997 Ed. (140)
1996 Ed. (134)
1995 Ed. (120)
1993 Ed. (134)
1992 Ed. (203)
1991 Ed. (146)
1990 Ed. (146)
1989 Ed. (155)
Targets-Leo Burnett Co.
2003 Ed. (144)
2002 Ed. (177)
2001 Ed. (205)
Targets-Leo Burnett Advertising
2000 Ed. (166)
Targon
2008 Ed. (3761)
2003 Ed. (3460)
2002 Ed. (3404, 3405)
1999 Ed. (1828)
Targor
2001 Ed. (3836, 3837)
Tarivid
1992 Ed. (1841)
Tarkett
1999 Ed. (2552)
Tarkett AB
1997 Ed. (2692)
Tarkett Regulan GMBH & Co KG
2000 Ed. (4243)
Tarkett Sommer AB
2002 Ed. (3218)
Tarkett Sommer SA
2004 Ed. (4716)
Tarlow
1991 Ed. (71)
Tarlow Advertising
1991 Ed. (69)
1990 Ed. (65)
Tarlow Group
1991 Ed. (135)
Tarlton Corp.
2008 Ed. (1314)
Tarmac
1999 Ed. (1331, 1388, 1395, 1403)
1990 Ed. (1372)
1989 Ed. (826)
Tarmac Holdings plc
2001 Ed. (1412)
Tarmac PLC
2000 Ed. (1214)
1998 Ed. (970)
1997 Ed. (1133)
1996 Ed. (1110)
1994 Ed. (1122)
1993 Ed. (1099)
1992 Ed. (1372)
1991 Ed. (1065)
Tarmiso & Co.
1999 Ed. (1246)
Taro Industries
1994 Ed. (2694)
1990 Ed. (2740)
Taroko Textile Corp.
1992 Ed. (4284)
Tarpon Energy Services
2008 Ed. (1547, 1548)

Tarpon Industries Inc.
2007 Ed. (4287)
The Tarquini Organization
1990 Ed. (283)
Tarr Jr.; R. J.
1996 Ed. (1713)
Tarragon Corp.
2007 Ed. (1300, 1305)
Tarragon Oil and Gas
1997 Ed. (1375)
Tarrant Apparel Group
2000 Ed. (3003)
Tarrant County Health Facilities Development Corp.
2000 Ed. (3197)
Tarrant County (Texas) Health Facilities Development Corp.
1989 Ed. (739)
Tarrant County, TX
2003 Ed. (3436)
Tarrant Co. Water Control & Imp. District, TX
1995 Ed. (3036)
Tarrytown House Executive Conference Center
1995 Ed. (2159)
1993 Ed. (2091)
Tarrytown House Executive Conferene Center
1992 Ed. (2483)
Tarrytown, NY
2002 Ed. (1060)
Tartan
2000 Ed. (2339)
Tartan Development Corp.
1991 Ed. (250)
Tartan Seamist
2000 Ed. (2339)
Tartu Flora AS
1997 Ed. (1384)
Taruta; Serhiy
2008 Ed. (4877)
Tarzan
2002 Ed. (3399)
2001 Ed. (3363, 3364, 3378, 3379)
T.A.S. Construction Inc.
2001 Ed. (1472)
2000 Ed. (1258)
1999 Ed. (1366)
TASA Worldwide
2001 Ed. (2310)
Tasca Lincoln-Mercury
1995 Ed. (274)
1990 Ed. (331)
Tasco Chemical Corp.
1994 Ed. (933)
Tasco; Frank J.
1990 Ed. (2271)
1989 Ed. (1741)
Taseko Mines
2007 Ed. (4577)
1997 Ed. (1376)
Taser International Inc.
2008 Ed. (2856)
2007 Ed. (2726, 4394, 4572)
2006 Ed. (2732, 2738, 4578, 4582, 4584, 4590, 4601)
Taskasago International
1997 Ed. (2013)
Tasker; Peter
1997 Ed. (1995)
1996 Ed. (1867)
Tasmanian Seafoods
2003 Ed. (3958)
Taspen
2002 Ed. (2822)
2001 Ed. (2884)
Tasplan Super
2003 Ed. (3958)
Tassani Communications
1990 Ed. (3706)
Taste Berries for Teens
2003 Ed. (709)
Taste Maker
1998 Ed. (2048)
1997 Ed. (2317)
Taste of Home
1999 Ed. (1853)
1998 Ed. (1278)
TasteBreaks; Knorr
2008 Ed. (4464)
Tastee Freez
2002 Ed. (2723)
1999 Ed. (2136, 2524, 4087)
1997 Ed. (1842)
1995 Ed. (1783, 3123)
1994 Ed. (1750)
1993 Ed. (1759)
1992 Ed. (2113)
1991 Ed. (1657)
1990 Ed. (1750)
Tastee-Freez International Inc.
2001 Ed. (2534)
2000 Ed. (2273, 3775)
1998 Ed. (1766, 3076)
Tastee-Frez
1996 Ed. (1761)
Tastefully Simple
2006 Ed. (2621)
2005 Ed. (2625)
2004 Ed. (3944)
Tastemaker
1999 Ed. (1080, 3708)
1997 Ed. (2013)
Tasters Choice
2004 Ed. (2634, 2642)
2003 Ed. (676, 1041)
1996 Ed. (723, 3654)
1995 Ed. (19, 649, 694, 3569)
1994 Ed. (3499)
1993 Ed. (1004)
1992 Ed. (1239, 1240, 4233)
1991 Ed. (3323, 990)
1990 Ed. (3545)
Tasters Choice Original Blend Instant
2002 Ed. (1089)
Tasty Baking Co.
2003 Ed. (853)
1998 Ed. (259)
1992 Ed. (494)
1989 Ed. (358, 1143)
Tasty Bird Foods
1992 Ed. (3075)
Tasty Bits from the Technology Front
2002 Ed. (4858)
Tastykake
2008 Ed. (4445, 4449)
2003 Ed. (852)
2000 Ed. (369, 370, 371, 4059, 4060)
1999 Ed. (366)
1998 Ed. (260, 261, 263)
1996 Ed. (356, 358, 3464)
1995 Ed. (341, 2939)
Tat Lee Bank
2000 Ed. (661)
1999 Ed. (635)
1997 Ed. (609)
1996 Ed. (673)
1995 Ed. (603)
1994 Ed. (630)
1993 Ed. (625)
1992 Ed. (607, 832)
1991 Ed. (659)
1990 Ed. (676)
Tata
2006 Ed. (3760)
1991 Ed. (962)
1990 Ed. (1379, 1380)
Tata Chemicals
1997 Ed. (686)
1996 Ed. (754)
Tata Consultancy Services Ltd.
2008 Ed. (1802)
2007 Ed. (1772, 3070, 4806)
2006 Ed. (1765, 3038)
1997 Ed. (1106)
1994 Ed. (1095)
Tata Electric
1997 Ed. (1429)
Tata Engineering
1995 Ed. (1416, 1417)
Tata Engineering & Locamotive
1992 Ed. (1636)
Tata Engineering & Locomotive
2000 Ed. (755, 1455, 1459)
1999 Ed. (741, 742, 1654)
1997 Ed. (1429)
1996 Ed. (754, 1378)
1994 Ed. (724)
1993 Ed. (714, 715)
1992 Ed. (902, 903)
Tata Engineering & Locomotive Co. (A)
1996 Ed. (753)
Tata Group
2008 Ed. (47)
2007 Ed. (43, 1773)
2006 Ed. (52)
Tata IBM
2000 Ed. (1177)
Tata Infotech
2000 Ed. (1177)
The Tata Iron & Steel Co., Ltd.
2008 Ed. (1802)
2007 Ed. (1583, 1772)
2006 Ed. (3384)
2000 Ed. (755)
1999 Ed. (742, 1654)
1997 Ed. (685, 686, 1429)
1996 Ed. (753, 754, 755, 1378)
1995 Ed. (1416, 1417)
1994 Ed. (724, 725)
1993 Ed. (714, 715)
1992 Ed. (902, 1636)
Tata Motors Ltd.
2008 Ed. (847, 3562)
2006 Ed. (319, 3384)
Tata Oils Mills
1989 Ed. (34)
Tata Steel Ltd.
2008 Ed. (3562)
Tata Tea
2000 Ed. (755)
1992 Ed. (902)
1991 Ed. (721)
Tata Unisys
1997 Ed. (1106)
1994 Ed. (1095)
TataConsultancy Services
2000 Ed. (1177)
Tate & Lyle
2006 Ed. (2645)
2005 Ed. (2650)
1997 Ed. (659, 2042)
1995 Ed. (1903)
1993 Ed. (232)
1991 Ed. (1747)
Tate & Lyle Industries Ltd.
2004 Ed. (2653)
Tate & Lyle plc
2008 Ed. (2752)
2007 Ed. (2617, 2625, 2626)
2006 Ed. (1683, 2646)
2004 Ed. (3342)
2002 Ed. (2305, 4506)
2001 Ed. (2468)
2000 Ed. (2225)
1999 Ed. (2467)
1998 Ed. (621)
1992 Ed. (2196)
1990 Ed. (3554)
Tate & Lyle Reinsurance Ltd.
1995 Ed. (903)
1994 Ed. (861)
1993 Ed. (847)
Tate Chrysler-Plymouth
1991 Ed. (307)
Tate Dodge Inc.
1991 Ed. (277)
1990 Ed. (341)
Tate Hill Jacobs: Architects Inc.
2007 Ed. (3559)
Tate Hyundai
1990 Ed. (327)
Tate Snyder Kimsey Architects
2007 Ed. (2405)
Tatham Euro RSCG
1995 Ed. (56)
1994 Ed. (76)
Tatham-Laird & Kudner
1993 Ed. (3734)
1992 Ed. (4484)
1991 Ed. (85, 3513)
1990 Ed. (65, 87, 3704)
1989 Ed. (61, 65, 2973)
Tatham Offshore
1997 Ed. (2975)
Tatham/RSCG
1993 Ed. (86)
1992 Ed. (133)
Tatneft
2006 Ed. (2005)
2005 Ed. (3789)
2002 Ed. (4462, 4464)
Tatneft; OAO
2008 Ed. (2066, 3577)
2007 Ed. (1970, 4581)
2003 Ed. (3304)
Tatra Banka
2008 Ed. (502)
2007 Ed. (550)
2006 Ed. (521, 655)
2004 Ed. (489)
2002 Ed. (645, 782)
Tatra Banka AS
2001 Ed. (649)
1999 Ed. (636)
1997 Ed. (610, 611)
1996 Ed. (674, 675)
Tatra Banks a.s.
1995 Ed. (604)
Tatsuo Kurokawa
2000 Ed. (2153)
1999 Ed. (2373)
Tattar Cutler-DBC
2004 Ed. (4023)
Tattar Cutler—DBC Public Relations
2003 Ed. (3978, 4012)
2002 Ed. (3847)
Tattar Cutler-LD & B Public Relations
1999 Ed. (3950)
1997 Ed. (3210)
1996 Ed. (3133)
Tattar Cutler-LD&B PR, Horsham
2000 Ed. (3664)
Tattar Cutler-LD&B Public Relations
1998 Ed. (2956)
Tattar Richards-DBC
2005 Ed. (3971)
Tattered Cover Bookstore
1995 Ed. (3794)
Tattersall's Holdings
2001 Ed. (1629)
Tattersall's Holdings Pty. Ltd.
2005 Ed. (1656, 3909)
2004 Ed. (1642, 1645, 3951, 3964, 3966)
2003 Ed. (3953, 3959)
2002 Ed. (3078, 3772)
Tattersalls Sweep
2001 Ed. (1632)
Tattinger
1999 Ed. (1065)
Tatung Co.
2002 Ed. (4545)
2001 Ed. (1864)
1999 Ed. (1743)
1997 Ed. (1520)
1996 Ed. (3627)
1995 Ed. (1497)
1994 Ed. (2043)
1993 Ed. (1409)
1992 Ed. (1698, 1699, 1933, 2094, 2975, 4188)
1991 Ed. (3271, 1356)
1990 Ed. (51)
1989 Ed. (1165)
Tatung Otis Elevator Co. Ltd.
1994 Ed. (1461, 2424)
Taubman Co. Inc.
1998 Ed. (3022)
1993 Ed. (3311)
1992 Ed. (3959, 3970, 3958)
1991 Ed. (1051, 3118)
1990 Ed. (3283)
Taubman; A. Alfred
1991 Ed. (891, 1003, 2461)
Taubman Centers Inc.
2007 Ed. (4086)
2005 Ed. (1466, 4673)
2003 Ed. (4409)
2002 Ed. (1728)
2001 Ed. (4004, 4015)
2000 Ed. (3717, 3731)
1999 Ed. (4014)
1998 Ed. (1267)
Taubman Company Inc.
1989 Ed. (2490)
Taubman; Robert S.
1995 Ed. (981)
Taucher Y & R
1990 Ed. (101)
Taucher, Young & Rubicam
1993 Ed. (98)
1992 Ed. (148)

Taunus Corp.
2007 Ed. (2089)
2006 Ed. (2145)
2005 Ed. (2052)
2004 Ed. (1917)
Taupa Lithuanian Credit Union
2003 Ed. (1889)
Taurel; S.
2005 Ed. (2501)
Taurel; Sidney
2008 Ed. (937, 944, 950)
2007 Ed. (992, 1028)
2006 Ed. (902)
2005 Ed. (975)
Taurus
2002 Ed. (380, 387, 409, 412)
2001 Ed. (466, 467, 468, 469, 470, 471, 472, 473, 474, 479, 487, 533, 534, 3393)
1998 Ed. (219, 220)
1990 Ed. (355)
1989 Ed. (316)
Taurus Entertainment Cos., Inc.
2004 Ed. (4548, 4552, 4553)
Taurus; Ford
2008 Ed. (332)
2006 Ed. (358, 359)
2005 Ed. (344, 345, 348)
Tauruslizenz GmbH
2007 Ed. (3454)
Tauruslizenz GmbH & Co. Kg
2005 Ed. (2940, 3282, 4090)
Tausche Martin Lonsdorf
1997 Ed. (59)
Tautas Partija
2005 Ed. (56)
Tavelli Mix
2003 Ed. (3615)
Tavelli Plus
2005 Ed. (3576)
Tavern on the Green
2008 Ed. (4149)
2007 Ed. (4123, 4131)
2006 Ed. (4105)
2005 Ed. (4047)
2003 Ed. (4087)
2002 Ed. (3994)
2001 Ed. (4052, 4053)
2000 Ed. (3772)
1999 Ed. (4056)
1998 Ed. (3049)
1997 Ed. (3302)
1996 Ed. (3195)
1995 Ed. (3101)
1994 Ed. (3053, 3055)
1993 Ed. (3010)
1992 Ed. (3687, 3689)
1991 Ed. (2860)
1990 Ed. (3002)
Tavernello
1996 Ed. (3856)
Tavero AG
2003 Ed. (2856)
2001 Ed. (4087)
Tavist
1999 Ed. (255)
1998 Ed. (788, 789)
1996 Ed. (203)
1995 Ed. (227)
1994 Ed. (196)
Tavist D
1997 Ed. (1043)
1996 Ed. (203, 1024, 1025)
Tavist-1
1995 Ed. (228)
Tax abatements
1992 Ed. (2909)
Tax & Accounting Sites Directory
2002 Ed. (4856)
Tax Centers of America
2008 Ed. (4592)
Tax credits
1992 Ed. (2909)
Tax Cut for Windows
1995 Ed. (1099)
Tax-Exempt Bond Fund of America
1999 Ed. (758)
1998 Ed. (2639)
Tax-exempt bonds
1991 Ed. (2260)
Tax exemptions
2000 Ed. (2997)
1993 Ed. (2467)
Tax filing
1992 Ed. (1753)
Tax-free municipals
1992 Ed. (730)
Tax-Free Trust of AZ
1996 Ed. (614)
Tax preparation assistance
1989 Ed. (2183)
Taxable Bond CTF
1994 Ed. (581)
Taxable Short-Term
1997 Ed. (569)
Taxable Total Return
1996 Ed. (626, 627)
Taxation
1993 Ed. (3693)
Taxation law
1997 Ed. (2613)
TaxCut.com
2002 Ed. (4856)
Taxes
1996 Ed. (3453)
Taxes, IRS penalties
1989 Ed. (1220)
Taxi
2001 Ed. (3382)
Taxicab
2001 Ed. (3559)
1996 Ed. (3795)
1995 Ed. (1533)
TaxPlanet.com
2003 Ed. (3043)
2002 Ed. (4856)
The Taybum Group
1996 Ed. (2232)
The Tayburn Group
2001 Ed. (1444, 1446, 1447, 1448)
1999 Ed. (2836, 2838)
Taylor
2008 Ed. (4278)
1996 Ed. (3835)
1989 Ed. (2944)
Taylor, Ann
1994 Ed. (3099)
Taylor Bank; Cole
1994 Ed. (506)
Taylor Brown & Barnhill
1989 Ed. (160)
Taylor Building Corp. of America
2003 Ed. (1179)
2002 Ed. (2682)
Taylor California Cellars
1995 Ed. (3758)
1994 Ed. (3663)
1991 Ed. (3496, 3500)
1990 Ed. (3693)
1989 Ed. (2943, 2944)
Taylor Capital Group
2008 Ed. (372)
2005 Ed. (365)
Taylor; Charles E.
1989 Ed. (737)
Taylor Chrysler-Plymouth-Jeep
2002 Ed. (357)
Taylor Clark Ltd.
1991 Ed. (958)
Taylor Clark Architects Inc.
1995 Ed. (240)
1994 Ed. (237)
1993 Ed. (248)
1992 Ed. (359)
1991 Ed. (253)
Taylor Clark PLC
1992 Ed. (1193)
Taylor Dessert
2006 Ed. (4960)
2005 Ed. (4930)
2004 Ed. (4950)
2003 Ed. (4946)
2002 Ed. (4922)
2001 Ed. (4842)
Taylor Electric Inc.
2006 Ed. (1350)
Taylor; Elizabeth
1997 Ed. (1726)
Taylor Fladgate
2005 Ed. (4960)
2004 Ed. (4965, 4968)
2003 Ed. (4964)
2002 Ed. (4924, 4939, 4940)
2001 Ed. (4844, 4875)
2000 Ed. (4411)
1999 Ed. (4786, 4787)
Taylor Fresh Foods Inc.
2005 Ed. (194)
Taylor; George F.
1992 Ed. (531)
Taylor Gifts
1993 Ed. (3358)
Taylor; Glen
2008 Ed. (4833)
2007 Ed. (4904)
2006 Ed. (4909)
2005 Ed. (4855)
Taylor II; R. Lee
1990 Ed. (1715)
Taylor Industries
1991 Ed. (2766)
Taylor; Jack Crawford
2008 Ed. (4832)
2007 Ed. (4903)
2006 Ed. (4908)
2005 Ed. (4854)
Taylor Jeep-Eagle Inc.
1994 Ed. (273)
Taylor; Joseph
1997 Ed. (1932)
Taylor; Leo J.
2006 Ed. (2525)
Taylor Lumber
1996 Ed. (3602)
Taylor Made
2002 Ed. (2416)
1998 Ed. (25, 1856)
1997 Ed. (2153, 2154)
1996 Ed. (29, 2035)
1993 Ed. (1991)
1992 Ed. (2338)
1991 Ed. (1855)
Taylor Made Golf Co.
2001 Ed. (2616)
Taylor; Michael
1997 Ed. (1958)
Taylor Morley
1998 Ed. (918)
Taylor-Morley Homes
2005 Ed. (1239)
2004 Ed. (1215)
2003 Ed. (1208)
2002 Ed. (1208)
2000 Ed. (1233)
Taylor Nelson AGB PLC
1996 Ed. (2570)
Taylor Nelson/MAS Group
1991 Ed. (2387)
Taylor Nelson Sofres
2002 Ed. (3255, 3258, 3259, 3260, 3261, 3262)
2000 Ed. (3041, 3043, 3044, 3045, 3046, 3048, 3049)
Taylor Nelson Sofres plc
2008 Ed. (4141)
2007 Ed. (4117)
2006 Ed. (4096)
2005 Ed. (1467)
2004 Ed. (4101)
2003 Ed. (4077)
Taylor Nelson Sofres USA
2004 Ed. (4096)
2003 Ed. (4069)
Taylor New York
1989 Ed. (868)
Taylor Orchards
1998 Ed. (1776)
Taylor Packing Co. Inc.
2003 Ed. (3339)
1998 Ed. (2453)
1997 Ed. (2733)
Taylor; Phyllis M.
2008 Ed. (4836)
2007 Ed. (4907)
Taylor Publishing
2001 Ed. (3956)
Taylor-Rafferty Associates
1996 Ed. (3106, 3108)
1995 Ed. (3005)
Taylor Rental Corp.
1994 Ed. (2361)
1993 Ed. (2409)
1989 Ed. (1890)
Taylor Rental Corporation
1992 Ed. (2852)
1990 Ed. (2431)
Taylor Reserve Cream Sherry
2002 Ed. (4939, 4940)
2001 Ed. (4875)
Taylor Risk Consulting
2008 Ed. (4249)
2006 Ed. (4199)
Taylor Shellfish Farms Inc.
2003 Ed. (2491)
Taylor Sherry
1989 Ed. (2948)
Taylor-Smith Group
1997 Ed. (97)
Taylor United Inc.
2001 Ed. (2445)
Taylor University
2008 Ed. (1058)
2001 Ed. (1320)
1999 Ed. (1223)
1998 Ed. (794)
1997 Ed. (1059)
1996 Ed. (1043)
1994 Ed. (1050)
1993 Ed. (1023)
Taylor Whichard III
2007 Ed. (1076)
Taylor, Wilson H.
1994 Ed. (2237)
1993 Ed. (1706)
1992 Ed. (2064, 2713)
1991 Ed. (1633)
Taylor Wine
1991 Ed. (3496)
Taylor Woodrow Inc.
2007 Ed. (1299, 1312)
2006 Ed. (1192, 1205)
2004 Ed. (1181)
2003 Ed. (1173)
1999 Ed. (1395)
Taylor Woodrow Homes
2006 Ed. (1189)
2005 Ed. (1226)
2002 Ed. (2652, 2653)
2001 Ed. (1387)
Taylor Woodrow plc
2007 Ed. (2985, 2994)
1991 Ed. (1093)
Taylor's Inc.
1994 Ed. (733)
Taylors Pride
1999 Ed. (4608)
1998 Ed. (3579)
1996 Ed. (3700)
1995 Ed. (3624)
1994 Ed. (3546)
TB Wood's Corp.
2005 Ed. (2281, 2282)
2004 Ed. (2180)
TBA Global
2008 Ed. (3600)
TBA Global Events
2007 Ed. (2202)
TBC Corp.
2006 Ed. (4745, 4750, 4751)
2005 Ed. (315, 4698)
2004 Ed. (316)
1999 Ed. (349)
1998 Ed. (241)
1997 Ed. (316)
1996 Ed. (339)
1995 Ed. (325)
1994 Ed. (328)
1993 Ed. (341)
1992 Ed. (468)
1991 Ed. (337)
1990 Ed. (387)
TBC Bank
2004 Ed. (471)
TBI Corp.
1997 Ed. (1201)
TBI Construction LLC
2006 Ed. (1298)
Tbilcreditbank
2004 Ed. (471)
Tbiluniversalbank
2004 Ed. (471)
TBK AS
1991 Ed. (40)
TBNA
1989 Ed. (2338)
TBS
2008 Ed. (4654, 4655)
2007 Ed. (4732, 4733)

2006 Ed. (4711, 4713)
2001 Ed. (1089)
2000 Ed. (943)
1998 Ed. (583, 589, 605)
1997 Ed. (730, 870)
1996 Ed. (854)
1994 Ed. (829)
1993 Ed. (822)
1992 Ed. (1015)
1991 Ed. (838)
TBS Hotels
1997 Ed. (2012)
TBS SuperStation
1992 Ed. (1022)
TBWA
1992 Ed. (108, 112, 118, 168, 190)
1990 Ed. (135)
1989 Ed. (144)
TBWA Advertising
1996 Ed. (46, 118)
1995 Ed. (31)
1994 Ed. (56)
1993 Ed. (65)
1991 Ed. (66)
1990 Ed. (65)
1989 Ed. (61, 65)
TBWA/Alfa Centrs
2003 Ed. (100)
TBWA/Athens
2003 Ed. (78)
2002 Ed. (113)
TBWA/Bratislava
2002 Ed. (179)
TBWA Camara
2002 Ed. (206)
TBWA/Chiat/Day
2004 Ed. (105, 133, 134)
2003 Ed. (176)
2002 Ed. (70, 137, 211)
2001 Ed. (222)
2000 Ed. (125, 191)
1999 Ed. (48, 49, 119, 170)
1998 Ed. (44, 45, 67, 3494)
1997 Ed. (43, 46, 159)
TBWA/Costa Rica
2003 Ed. (61)
TBWA/El Salvador
2003 Ed. (70)
TBWA/EPG Publicidade
2003 Ed. (138)
2002 Ed. (170)
2001 Ed. (199)
2000 Ed. (162)
1999 Ed. (145)
TBWA Espana
1999 Ed. (156)
TBWA Fong Haque & Soh
1999 Ed. (150)
TBWA France
2003 Ed. (74)
2002 Ed. (110)
TBWA GGT Simons Palmer
2002 Ed. (204)
2001 Ed. (232)
TBWA Groep
1991 Ed. (129)
TBWA/Guvatrak
2003 Ed. (71)
TBWA/GV Group
2000 Ed. (66)
TBWA/GV Group Belgium
2003 Ed. (49)
2002 Ed. (83)
2001 Ed. (110)
TBWA/Hager
2000 Ed. (169)
1999 Ed. (151)
TBWA Hund Lascaris
1999 Ed. (153)
TBWA Hunt Lascaris
2002 Ed. (181)
2001 Ed. (209)
2000 Ed. (171)
TBWA/Hunt Lascaris Holdings
2003 Ed. (148)
TBWA/Istanbul
2003 Ed. (160)
TBWA/Jakarta
2003 Ed. (85)
TBWA/Korea
2003 Ed. (149)
2002 Ed. (131)
2001 Ed. (158)
2000 Ed. (120)
TBWA/Ljubljana
2003 Ed. (147)
TBWA Netherlands
2003 Ed. (126)
2002 Ed. (155)
2001 Ed. (184)
2000 Ed. (147)
1999 Ed. (129)
TBWA/Peru
2003 Ed. (135)
2002 Ed. (167)
TBWA/PHS
2003 Ed. (73)
TBWA Publicidad
2000 Ed. (81)
TBWA/RAAD/AFYOUNI
2003 Ed. (98)
TBWA/RAAD/DAJANI
2003 Ed. (95)
TBWA/RIZK
2003 Ed. (101)
TBWA/Russia
2003 Ed. (143)
TBWA Singapore
2003 Ed. (145)
2000 Ed. (168)
TBWA Sofia
2000 Ed. (72, 72)
1999 Ed. (68)
TBWA/Switzerland
2003 Ed. (153)
TBWA UK Group Ltd.
2003 Ed. (72)
2001 Ed. (32)
TBWA/Videvita
2003 Ed. (102)
TBWA/Viteri
2003 Ed. (68)
2002 Ed. (103)
TBWA Worldwide
2008 Ed. (123)
2007 Ed. (116)
2006 Ed. (122)
2005 Ed. (116)
2004 Ed. (117)
2003 Ed. (37, 38)
2002 Ed. (71, 72, 74)
2001 Ed. (100)
2000 Ed. (44, 52)
TBWA/Zagreb
2003 Ed. (62)
2000 Ed. (82)
1999 Ed. (76)
TBWAQ Chiat/Day
1999 Ed. (50)
TC International Marketing Inc.
1992 Ed. (994)
T.C. Maskinfabrik APS
1996 Ed. (2612)
T.C. Pharmaceutical Industrial Co.
1991 Ed. (52)
TC PipeLines LP
2008 Ed. (1918)
2005 Ed. (3736, 3737)
2004 Ed. (2770, 2771, 2776, 3828, 3829)
TC Squared Marketing & Advertising Inc.
2007 Ed. (3599, 3600)
TC Ziraat Bankasi
2008 Ed. (410, 446, 516)
2007 Ed. (481, 564)
2006 Ed. (467, 468, 533)
2005 Ed. (504, 506, 528, 620)
2004 Ed. (491, 528, 632)
2003 Ed. (623)
2002 Ed. (572, 657)
2000 Ed. (684)
1999 Ed. (673)
1997 Ed. (633)
1996 Ed. (700)
1995 Ed. (624)
1994 Ed. (656)
1993 Ed. (522)
1992 Ed. (855)
1990 Ed. (709)
1989 Ed. (701)
TCA
2007 Ed. (2787)
2006 Ed. (2786)
2005 Ed. (2810)
TCA Cable
1998 Ed. (2440)
1991 Ed. (837)
TCA Cable TV Inc.
2001 Ed. (1540, 1542)
1996 Ed. (1565)
1992 Ed. (1027, 2978)
1990 Ed. (3447)
TCB Oil Sheen Spray-25% Free, 16 oz.
1990 Ed. (1980)
TCBY
2008 Ed. (2372, 2373, 3126, 3127, 4160)
2003 Ed. (2877)
2002 Ed. (2721, 4012)
2000 Ed. (1913, 3786)
1999 Ed. (2136, 4081)
1997 Ed. (1842, 2093, 3319)
1996 Ed. (1751, 1752, 1756, 1757, 1761, 3218)
1995 Ed. (1774, 1777, 1779, 1783, 3123, 3132)
1994 Ed. (1750, 3078)
1993 Ed. (1755, 1759, 3022)
1992 Ed. (2113, 2117, 2118, 2119, 2564, 3714)
1991 Ed. (1657, 1770, 2865, 2877, 2878, 2885)
1990 Ed. (1752, 1753, 1754, 1756, 3019, 3020)
TCBY Enterprises Inc.
2003 Ed. (2880)
1991 Ed. (2859)
1990 Ed. (1302, 1750, 1968, 1969, 1976, 3004, 3298, 3299)
TCBY Systems LLC
2004 Ed. (2970)
TCBY Treats
2003 Ed. (2882)
2001 Ed. (2837)
2000 Ed. (2270)
1998 Ed. (1550)
TCBYs
1992 Ed. (3703)
TCC
1993 Ed. (2077, 2078, 2079)
1992 Ed. (2464, 2465, 2466)
TCC Beverages
1992 Ed. (2194)
TCE Television Taiwan, Ltd.
1992 Ed. (1933, 2094)
TCF Banc Savings Association
1991 Ed. (3372)
TCF Bank Illinois FSB
1999 Ed. (4598)
TCF Bank Minnesota
1998 Ed. (3134, 3145, 3532, 3552)
TCF Bank Savings FSB
1992 Ed. (3793)
TCF Financial Corp.
2008 Ed. (372, 426)
2007 Ed. (389, 390)
2006 Ed. (404, 1889, 1890)
2005 Ed. (2222, 4223, 4224)
2004 Ed. (4290, 4291)
2003 Ed. (424, 427, 630)
2000 Ed. (3739, 3740)
1996 Ed. (3689)
1995 Ed. (3351, 3611)
1994 Ed. (3270, 3535)
TCF National Bank Illinois
2002 Ed. (539)
2001 Ed. (612)
2000 Ed. (486)
TCF Savings Bank, FSB
1993 Ed. (3092)
TCG
2000 Ed. (1099, 2398)
TCG International
1996 Ed. (318)
1994 Ed. (309)
Tchibo Holding AG
2008 Ed. (24, 27, 63, 70, 80, 83)
2007 Ed. (19, 22, 60, 65, 68, 74, 77)
2006 Ed. (25, 30, 38, 51, 74, 81, 87, 1431, 1438)
2002 Ed. (2305)
2000 Ed. (2226)
1997 Ed. (2043)
1994 Ed. (3547)
TCI
2005 Ed. (1499, 1547)
1995 Ed. (877, 878, 882)
1993 Ed. (811, 2505)
1992 Ed. (1021, 1291)
1991 Ed. (1013, 2389)
1990 Ed. (868, 877)
TCI Cablevision
1994 Ed. (828, 838)
TCI Communications Inc.
2001 Ed. (1674)
1999 Ed. (1243, 1461)
TCI/Jones
1997 Ed. (871)
TCI/Liberty
1996 Ed. (2577)
TCI Marketing Inc.
1997 Ed. (3697, 3699)
TCI/Multimedia
1997 Ed. (871, 871, 876, 2719)
TCI West Inc.
2006 Ed. (2099)
2005 Ed. (1998)
2004 Ed. (1882)
TCIM Services
1998 Ed. (3479)
TCM
2008 Ed. (4778)
2007 Ed. (4855)
2006 Ed. (4852)
2004 Ed. (4802)
2003 Ed. (4815)
2002 Ed. (2323)
2001 Ed. (4639)
TCM Partners
2004 Ed. (6)
TCM Solutions Ltd.
2002 Ed. (2497)
TCN Worldwide
2006 Ed. (4035)
2005 Ed. (4000)
2004 Ed. (4067)
TCP/IP
1993 Ed. (1065)
TCT Logistics Inc.
2002 Ed. (4695)
TCW
2000 Ed. (2792, 2834, 2836)
1994 Ed. (2300, 2304, 2305, 2330)
TCW/DW Mid-Cap Equity
2000 Ed. (3288)
TCW/DW Mid-Cap Equity B
1999 Ed. (3576)
TCW/DW Mid-Cap Equity Trust
2000 Ed. (3281)
TCW/DW Small Capital Growth
1997 Ed. (2895)
TCW/DW Term Trust 2003
1995 Ed. (3214)
TCW Emerging Markets Fixed Income
2003 Ed. (3144, 3153)
TCW Galileo Aggressive Growth
2004 Ed. (3605, 3606)
TCW Galileo Convertible Securities
2004 Ed. (3601)
TCW Galileo Diversified Value
2006 Ed. (3634)
TCW Galileo Dividend Focused
2006 Ed. (3632, 3633, 3634)
TCW Galileo Emerging Market Income Fund
2003 Ed. (3144)
TCW Galileo High Yield
1998 Ed. (2633)
TCW Galileo Mortgage Backed
1998 Ed. (2597, 2642)
TCW Galileo Opportunity
2004 Ed. (3559)
TCW Galileo Select Equities
2006 Ed. (4556)
2005 Ed. (4480)
TCW Galileo Small Cap Growth
2004 Ed. (3607)
TCW Galileo Total Return Bond
2006 Ed. (3684)
2005 Ed. (3581)
2004 Ed. (694, 3657)
TCW Galileo Total Return Bond Fund
2003 Ed. (3531)
TCW Galileo Value Opportunities
2006 Ed. (4557)
2005 Ed. (4482)

2004 Ed. (2454)
2003 Ed. (3128, 3131, 3499, 3550)
TCW Galileo Value Opportunity
2004 Ed. (3559)
TCW Global
1993 Ed. (2348)
1992 Ed. (2787)
The TCW Group Inc.
2004 Ed. (1530, 1535, 2034, 2037, 3195, 3196)
2003 Ed. (3071, 3072, 3086, 3441)
2002 Ed. (729, 3009, 3387, 3621, 3622, 3624)
2000 Ed. (2859)
1999 Ed. (3108)
1998 Ed. (2259, 2296, 2309)
1997 Ed. (2553)
1996 Ed. (2383, 2429)
1995 Ed. (2392)
TCW Money Market Portfolio
1994 Ed. (2541)
TCW Realty
1993 Ed. (2975, 2977)
1992 Ed. (2733, 3635, 3637)
TCW Realty Advisors
1996 Ed. (2384, 3167)
1995 Ed. (3071, 3072, 3073)
1994 Ed. (2319, 3016)
1992 Ed. (2749)
1991 Ed. (2211, 2821)
1990 Ed. (2340, 2347, 2969)
1989 Ed. (2141)
TCW Select Equities
2008 Ed. (3774)
TCW Strategic Mortgage Backed Securities
2003 Ed. (3113, 3119)
TCW Total Return Bond
2008 Ed. (589, 600)
TCW Value Opportunities
2003 Ed. (3128, 3131)
TCW/Westmark
1997 Ed. (3268, 3269)
TCW Worldwide Opportunities Fund
2003 Ed. (3151)
TD Ameritrade Holding Corp.
2008 Ed. (737, 2341, 2449, 2452, 2693, 2716, 4540)
2007 Ed. (3069)
T.D. Bank
1996 Ed. (3712)
TD Bank Financial Group
2005 Ed. (3491)
2001 Ed. (1548)
TD Bank USA NA
2008 Ed. (3138)
TD Banknorth Inc.
2008 Ed. (371)
2007 Ed. (1525)
TD Banknorth Group Inc.
2008 Ed. (2370)
TD Canada Trust
2008 Ed. (644, 645)
TD Canadian Blue Chip Equity
2004 Ed. (3613, 3614)
TD Canadian Bond
2006 Ed. (3665)
2004 Ed. (725, 726, 727)
2003 Ed. (3561, 3562, 3563)
2002 Ed. (3431, 3432, 3433)
TD Capital Group
1990 Ed. (3670)
TD Energy
2004 Ed. (3619)
TD Entertainment & Communications
2003 Ed. (3577, 3578)
TD Health Sciences
2002 Ed. (3427)
TD Health Sciences GIF
2002 Ed. (3427)
TD Industries Inc.
1997 Ed. (1169)
1996 Ed. (1137)
1990 Ed. (1208)
TD Managed Max Equity Growth Port
2003 Ed. (3601)
TD Monthly Income
2006 Ed. (3664)
2004 Ed. (3610, 3611)
TD Mortgage Corp.
2008 Ed. (4782)
2007 Ed. (4859)
2004 Ed. (3967)
TD Precious Metals
2004 Ed. (3620, 3622)
TD Real Return Bond
2006 Ed. (3665)
2004 Ed. (725, 726)
2003 Ed. (3561, 3562)
2002 Ed. (3431, 3432, 3433)
TD Science & Technology
2003 Ed. (3603)
2002 Ed. (3443)
TD Securities
2008 Ed. (3401)
2007 Ed. (3282, 4660, 4661)
2006 Ed. (4723)
2005 Ed. (1442, 1443, 4578, 4579, 4671)
2004 Ed. (499, 1425, 1426)
2003 Ed. (4353)
2002 Ed. (3204)
TD U.S. RSP Index
2004 Ed. (2467)
TD Waterhouse Bank
2006 Ed. (2989)
2005 Ed. (2994)
2004 Ed. (2996)
TD Waterhouse Bank NA
2007 Ed. (3020)
2003 Ed. (2887)
TD Waterhouse Group Inc.
2007 Ed. (2204, 4273)
2006 Ed. (660, 661, 2267)
2005 Ed. (755, 2205)
2002 Ed. (813, 814, 815, 816, 817, 818, 4868)
2001 Ed. (4183, 4200)
TD Waterhouse Trade
2006 Ed. (662)
TD Waterhouse Trade Central
2007 Ed. (758, 761)
tdah! Digital Solutions
2001 Ed. (4747)
TDB American Express Bank
1992 Ed. (725)
TDB Communications
2008 Ed. (3710, 4395)
2007 Ed. (3525, 3556, 4421)
TDC
2006 Ed. (41)
2005 Ed. (34, 1753)
2004 Ed. (88)
TDC A/S
2008 Ed. (36, 1425, 1704, 3445, 4079, 4293)
2007 Ed. (32, 56, 1441, 1679)
2006 Ed. (1675)
TDC Group
2008 Ed. (1703)
2007 Ed. (1677)
2006 Ed. (1402, 1674)
TDGCold Storage
1999 Ed. (1220)
TDH
1993 Ed. (3663)
1992 Ed. (4388)
1991 Ed. (3444)
TDH III Ltd.
1990 Ed. (3669)
TDI Industries
1999 Ed. (1475)
TDIndustries Ltd.
2008 Ed. (1239, 1246, 1264, 1337, 4003)
2007 Ed. (1364, 1368, 1390, 3980)
2006 Ed. (1252, 1259, 1292, 1344, 2040)
2005 Ed. (1289, 1294, 1320, 1344, 1606)
2004 Ed. (1239, 1314, 1339, 1575)
2003 Ed. (1236, 1339, 1549)
2002 Ed. (1503)
2000 Ed. (212, 1254)
1999 Ed. (1375)
1998 Ed. (954)
1995 Ed. (1165)
1994 Ed. (1141)
1992 Ed. (1412)
1991 Ed. (1079)
TDK
2007 Ed. (2349)
2003 Ed. (2249)
2000 Ed. (749)
1999 Ed. (735, 736)
1998 Ed. (475, 476)
1997 Ed. (680, 681)
1996 Ed. (749, 750)
1995 Ed. (679)
1993 Ed. (1562, 2035, 3586)
TDK D
2002 Ed. (4755)
TDK H6 Ultimate
2002 Ed. (4755)
TDK Resource
2006 Ed. (2512)
TDK Revue
2002 Ed. (4755)
TDK Video Hi-Std T-120
1992 Ed. (1849)
TDL Group
2008 Ed. (3077, 4200)
2007 Ed. (2952, 4158)
2005 Ed. (4089)
2004 Ed. (4149)
2003 Ed. (4141)
2001 Ed. (4085)
TDOP Inc.
2001 Ed. (1673)
TDS
1990 Ed. (3516)
TDU Concrete
2007 Ed. (1336)
Te Fare (La Maison)
1994 Ed. (2720)
TE Products Pipeline Co.
1998 Ed. (2860, 2865, 2866)
TE Products Pipeline Co. LP
2004 Ed. (3904)
2001 Ed. (3801)
2000 Ed. (2313, 2315)
1999 Ed. (3831, 3834)
1997 Ed. (3121, 3123)
1995 Ed. (2947)
1994 Ed. (2881)
Tea
2008 Ed. (557)
2007 Ed. (3694)
2004 Ed. (2648)
2003 Ed. (4833)
2002 Ed. (687, 688, 689, 690, 692, 693, 694, 695, 697, 698, 699, 700, 700, 701, 4309, 4720)
2001 Ed. (687, 688, 2560)
2000 Ed. (711, 712)
1999 Ed. (699, 700)
1998 Ed. (446)
1996 Ed. (719, 721, 3611)
1995 Ed. (644)
1994 Ed. (3647)
1993 Ed. (680, 3685)
1990 Ed. (1962)
1989 Ed. (731)
Tea, apricot
1998 Ed. (3468)
Tea bags
2003 Ed. (4679)
2002 Ed. (4552)
Tea bags/instant tea
1998 Ed. (2498)
Tea, bergamot
1998 Ed. (3468)
Tea, cinnamon
1998 Ed. (3468)
Tea/coffee, ready-to-drink
2004 Ed. (888)
Tea, ginger
1998 Ed. (3468)
Tea, herbal bags
2002 Ed. (4552)
Tea, lemon
1998 Ed. (3468)
Tea, liquid
2003 Ed. (4679)
2002 Ed. (4552)
Tea, mango
1998 Ed. (3468)
Tea, mint
1998 Ed. (3468)
Tea, mix
2002 Ed. (4552)
Tea, passionfruit
1998 Ed. (3468)
Tea Plantations
2000 Ed. (3309)
Tea, raspberry
1998 Ed. (3468)
Tea, ready-to-drink
1999 Ed. (4364)
1997 Ed. (3171)
1996 Ed. (2041, 3617)
Tea, RTD
1999 Ed. (705, 706)
Tea, strawberry
1998 Ed. (3468)
Tea Twister/Lemon Twister Cooler
1991 Ed. (3485, 3494)
Teach For America
2008 Ed. (1054)
2006 Ed. (1069)
Teacher assistants
2001 Ed. (3563)
Teacher Credit Union
2008 Ed. (2240)
2007 Ed. (2125)
2006 Ed. (2204)
2005 Ed. (2109)
2004 Ed. (1967)
Teacher Insurance and Annuity Association
1999 Ed. (298)
Teacher Retirement of Texas
1993 Ed. (2777, 2781)
Teacher Retirement System of Texas
2000 Ed. (3432)
1998 Ed. (2762)
1996 Ed. (2940)
1994 Ed. (2770)
1992 Ed. (3356)
1991 Ed. (2687, 2692, 2694)
1990 Ed. (2781, 2784)
1989 Ed. (2162)
Teacher Training Agency
2002 Ed. (42)
Teacher's
2001 Ed. (3113)
1999 Ed. (3248)
1996 Ed. (2525)
Teacher's aide
1989 Ed. (2085, 2087)
Teachers (college and university)
1991 Ed. (2629, 2630)
Teachers College; Columbia University
2008 Ed. (1089)
2007 Ed. (1181)
2005 Ed. (1063)
2004 Ed. (1061)
Teachers Credit Union
2008 Ed. (2231, 2249)
2007 Ed. (2116, 2134)
2006 Ed. (2177, 2195, 2213)
2005 Ed. (2083, 2100, 2118)
2004 Ed. (1939, 1958, 1976)
2003 Ed. (1918, 1927, 1936)
2002 Ed. (1864, 1873, 1882)
1997 Ed. (1563)
1996 Ed. (1498)
Teachers, elementary
2007 Ed. (3721, 3726)
2006 Ed. (3734)
Teachers, elementary school
2005 Ed. (3621, 3624)
Teachers Federal Credit Union
1998 Ed. (1226)
1996 Ed. (1498)
1993 Ed. (1450)
Teachers HC
2002 Ed. (3182)
Teachers Highland Cream
1996 Ed. (2526)
1994 Ed. (2394)
1992 Ed. (2892)
Teachers Insurance
2000 Ed. (3882, 3885)
1992 Ed. (2671)
1991 Ed. (2640)
1990 Ed. (2235)
Teachers Insurance & Annuity
1997 Ed. (2436, 2440, 2456)
1992 Ed. (337, 2663, 2666, 2674, 2675, 2676, 2711, 4380, 4382)
1991 Ed. (245, 2095, 2099, 2112, 2113, 244)
1990 Ed. (2231, 2233, 2243)
1989 Ed. (1679, 1681)
Teachers Insurance & Annuity Assn.
1990 Ed. (2224)

Teachers Insurance & Annuity Assoc.
2000 Ed. (2699, 2700, 2706, 2707, 2708)
Teachers Insurance & Annuity Assoc. College Retirement Equities Fund
2000 Ed. (2843)
Teachers Insurance & Annuity Association
1999 Ed. (2947, 2948, 2949, 2955, 2956, 2957, 4171, 4172, 4173)
1998 Ed. (2158, 2167, 2171, 2174, 2178, 2179, 2185, 2186, 2187, 2193)
1996 Ed. (224, 242, 2283, 2288, 2305, 2307, 2308, 2309, 2311, 2320, 2323, 2328)
1995 Ed. (222, 2292, 2294, 2298, 2301, 2314)
1994 Ed. (223, 2249, 2251, 2256, 2259, 2265, 2266, 3160)
1993 Ed. (2206, 2207, 2208, 2209, 2217, 2218, 2258, 3652, 3654)
Teachers Insurance & Annuity Association-College Retirement Equities Fund
2008 Ed. (1475, 3306, 3309, 3379)
2007 Ed. (1559, 2563, 2715, 3130, 3138, 3156, 3160, 3253)
2006 Ed. (1529, 2725, 3118, 3120, 3123, 3124, 3125, 3196)
2005 Ed. (171, 1640, 3051, 3105, 3114, 3115, 3118, 3119, 3211, 3218, 3906)
1996 Ed. (2416)
1994 Ed. (2318)
Teachers Insurance and Annuity Association-College Retirement Equities Fund (TIAA-CREF)
2004 Ed. (1615, 2042, 2270, 2271, 3102, 3111, 3112, 3114, 3115, 3117, 3178, 3209, 4082, 4086)
2003 Ed. (448, 1988, 2259, 2991, 2994, 3000, 3068, 3069, 3071, 3073, 3076, 3077, 3078, 3079, 3081, 3086, 3087, 3109, 3111, 3441, 3442, 4055, 4058, 4844, 4981, 4982)
2002 Ed. (728, 729, 1569, 2835, 2905, 2931, 2932, 2935, 2939, 2940, 2942, 3007, 3009, 3010, 3018, 3019, 3024, 3387, 3390, 3908, 3929, 3931, 3936, 3940, 3941, 3942, 4276)
2001 Ed. (2933, 4003, 4014, 4088, 4666, 4667, 4668)
Teachers Insurance & Annuity Association-College Retirement Equity Fund
1992 Ed. (2774, 3362)
1991 Ed. (2246)
1990 Ed. (2354)
1989 Ed. (1806)
Teachers Insurance & Annuity Association of America
2008 Ed. (3296, 3299, 3302, 3303)
2007 Ed. (3146, 3149, 3152, 3153, 3157)
2001 Ed. (2934, 2937, 2938, 2943, 2944)
1999 Ed. (3045)
Teachers Insurance & Annuity Association of America (TIAA
2008 Ed. (3307)
2006 Ed. (3122)
2002 Ed. (2920, 2921, 2926, 2927, 2928)
Teachers Insurance Annuity Association
1997 Ed. (3412)
Teachers, middle school
2007 Ed. (3726)
2006 Ed. (3734)
Teachers, postsecondary
2007 Ed. (3721, 3723, 3727, 3728)
2006 Ed. (3734, 3735)
2005 Ed. (3621, 3626, 3629, 3631)
Teachers, preschool
2005 Ed. (3623)
Teachers, primary, secondary & special education
1993 Ed. (2739)
Teachers' Retirement System of Illinois
1997 Ed. (3027)
Teachers' Retirement System of the State of Illinois
1996 Ed. (2946)
1994 Ed. (2775)
1992 Ed. (3361)
1990 Ed. (2789)
Teacher's Scotch Whiskey
2008 Ed. (246)
Teachers, secondary
2007 Ed. (3721, 3726)
2006 Ed. (3734)
Teachers, secondary school
2005 Ed. (3621, 3624)
Teachers, self-enrichment education
2007 Ed. (3730)
2005 Ed. (3627)
Teachers, special education
2006 Ed. (3734)
2005 Ed. (3621, 3624)
Teaching
2006 Ed. (1070)
2005 Ed. (1062)
Teal Homes
1998 Ed. (917)
Teal Homes/Centex Corp.
2000 Ed. (1232)
Team
1989 Ed. (153)
Team Bancshares
1994 Ed. (340)
1993 Ed. (654)
1992 Ed. (517, 518, 3921)
Team Bank
1994 Ed. (1736, 1737, 1739)
1993 Ed. (644, 1744, 1745, 1747)
1992 Ed. (848)
Team Bank, NA
1992 Ed. (724)
1991 Ed. (676)
Team/BBDO
1999 Ed. (58)
1994 Ed. (82)
1993 Ed. (92, 100)
1992 Ed. (122, 140)
1989 Ed. (84)
Team/BBDO Group
1990 Ed. (104)
1989 Ed. (108)
Team/BBDO Group Denmark
1990 Ed. (93)
1989 Ed. (97)
Team/BBDO Group Germany
1992 Ed. (150)
Team/BBDO Werbeagenfur
1995 Ed. (47)
Team BBDO/Werbeagentur
2000 Ed. (61)
1997 Ed. (61)
1996 Ed. (63)
1994 Ed. (71)
Team Clean Inc.
1999 Ed. (3425)
1998 Ed. (2517, 3766)
1997 Ed. (3919)
1996 Ed. (2662)
1995 Ed. (2592, 3797)
Team Excel
2004 Ed. (3494, 3495)
2003 Ed. (3425, 3426, 4990)
2002 Ed. (3373, 4986, 4987)
Team Fishel
2008 Ed. (1267)
2007 Ed. (1371)
Team Health
2008 Ed. (2905)
2006 Ed. (2405, 2778)
2005 Ed. (2359, 2885, 3665)
2003 Ed. (2797, 2798)
2002 Ed. (2592, 2594)
2001 Ed. (2764, 2765, 2767)
2000 Ed. (2497, 2498, 2504)
1999 Ed. (2718, 2721, 2726, 2727)
1998 Ed. (1982)
Team Health Ad
2001 Ed. (2768)
2000 Ed. (2505)
Team Lending Concepts LLC
2005 Ed. (3913)
2004 Ed. (3970)
Team LGM
2002 Ed. (4085)
Team Naturale II
1995 Ed. (1600, 1758)
Team One
2005 Ed. (102)
2004 Ed. (134)
1992 Ed. (112)
Team One Advertising
2006 Ed. (110)
2003 Ed. (30, 175)
2002 Ed. (137)
2000 Ed. (125, 191)
1999 Ed. (119)
1998 Ed. (59)
1997 Ed. (115)
1996 Ed. (112)
1995 Ed. (96)
1993 Ed. (77)
Team-One Employment Specialists
2007 Ed. (2833)
Team-One Staffing Services Inc.
2003 Ed. (3965)
2002 Ed. (1077)
Team Results, Inc.
1997 Ed. (3701)
Team Services
1995 Ed. (881)
Team Specialty Products
2008 Ed. (3723, 4416)
2007 Ed. (3581, 4436)
Team sports
2001 Ed. (4334)
2000 Ed. (1048, 2919)
Team sports goods
2005 Ed. (4428)
Team Target
2008 Ed. (2990)
Team Tires Plus Ltd.
2002 Ed. (4625)
2001 Ed. (4541, 4543)
Team/Young & Rubicam
2003 Ed. (69, 98, 101, 144, 163)
2002 Ed. (104, 132, 135, 177, 203)
2001 Ed. (132, 159, 161, 205)
2000 Ed. (121, 123, 166, 186)
1993 Ed. (130)
1992 Ed. (200)
1991 Ed. (144)
1990 Ed. (144)
Team/Young & Rubicam, UAE
2001 Ed. (230)
TeamBank
1992 Ed. (2106, 2107)
TeamExcel
2006 Ed. (3503, 4343)
Teamor, Lichko & Brown
1999 Ed. (1942)
Teams
2005 Ed. (1603)
teamshare Inc.
2001 Ed. (2857)
Teamsters
1996 Ed. (3603)
Teamsters; Central States
2008 Ed. (2305, 3869)
2007 Ed. (3795)
2003 Ed. (3764)
2002 Ed. (3608)
2001 Ed. (3671, 3673, 3677, 3686)
2000 Ed. (3440, 3441, 3450)
1999 Ed. (3733)
1998 Ed. (2773)
1997 Ed. (3016)
1996 Ed. (2939)
Teamsters, Central States SE & SW Areas Pension Funds
1997 Ed. (3027)
1990 Ed. (2789)
Teamsters, Central States, Southeast & Southwest Areas Pension Fund
2004 Ed. (3790)
2000 Ed. (3451)
1998 Ed. (2774, 3609)
1996 Ed. (3729)
1994 Ed. (2769, 2775, 3564)
1993 Ed. (2780, 3607)
1992 Ed. (3355, 4333)
1991 Ed. (2686, 3412)
Teamsters, Central States, Southeast & Southwest Areas Pension Fund, Rosemont, IL
2000 Ed. (4283)
Teamsters Central States, Southeast & Southwest Areas Pension Funds
1992 Ed. (3361)
Teamsters IBT Southeast & Southwest Areas Pension Fund
1990 Ed. (2783, 3628)
1989 Ed. (2163, 2862)
Teamsters Joint Council No. 25
1991 Ed. (3411)
Teamsters Local 337
2000 Ed. (2888)
1999 Ed. (3139)
1998 Ed. (2323)
Teamsters Union
1999 Ed. (3845)
Teamsters; Western Conference
2008 Ed. (3869)
2007 Ed. (3795)
2000 Ed. (3451)
1998 Ed. (2774, 3609)
1996 Ed. (2939, 3729)
1994 Ed. (2769, 3564)
1993 Ed. (2780, 3607)
1992 Ed. (3355, 4333)
1991 Ed. (2686, 3412)
1990 Ed. (2783)
1989 Ed. (2862)
Teamsters, Western Conference, Seattle
1989 Ed. (2163)
Teamsters, Western Conference, Seattle, WA
2000 Ed. (4283)
Teardrop Golf Co.
2001 Ed. (1666, 1668, 2616)
Tears Naturale
2003 Ed. (3780)
1995 Ed. (1600, 1758)
Tears Naturale II
1997 Ed. (1817)
Teas
2004 Ed. (3666)
2000 Ed. (2222)
Teather & Greenwood
2001 Ed. (1036)
Teba Bank
2008 Ed. (504)
2007 Ed. (552)
Tebar & Conde Publicidad
1995 Ed. (79)
Tebodin BV, Consultants & Engineers
2006 Ed. (2470)
Tebodin Consultants & Engineering GmbH
2008 Ed. (2562)
TEC Inc.
1989 Ed. (271)
TEC Laboratories
2006 Ed. (1967, 1969, 1970, 1971, 1972, 1973)
TEC-LINK
2007 Ed. (3555)
2006 Ed. (3513)
Tecate
2008 Ed. (540, 543, 544)
2007 Ed. (592, 599, 600)
2006 Ed. (556, 557, 558)
2005 Ed. (654, 655)
2004 Ed. (668)
2002 Ed. (281)
2001 Ed. (682, 683, 1024)
2000 Ed. (812, 821, 822)
1999 Ed. (818, 819)
1998 Ed. (497, 507, 508)
1997 Ed. (721, 724)
1996 Ed. (783, 786)
1995 Ed. (704, 711)
1994 Ed. (753, 2440)
1993 Ed. (751)
1992 Ed. (937)
1991 Ed. (746)
1990 Ed. (766, 767)
1989 Ed. (780)
Tech/Aid
1999 Ed. (4577)
Tech. & Mgmt. Svcs. Corp.
2000 Ed. (2449, 2468)
Tech Center Employees Credit Union
2002 Ed. (1900)

Tech Coast Angels
2006 Ed. (4880)
Tech Data Corp.
2008 Ed. (1539, 1730, 1733, 1734, 3014, 3222, 4613, 4923, 4925)
2007 Ed. (1264, 1558, 1702, 1704, 1705, 2893, 4948, 4949, 4950, 4951)
2006 Ed. (1149, 1528, 1707, 1709, 1710, 2274, 2391, 2394, 3050, 4942, 4943, 4944)
2005 Ed. (1110, 1639, 1761, 1762, 1763, 1764, 2211, 2336, 4811, 4909, 4910, 4911)
2004 Ed. (1105, 1106, 1582, 1614, 1705, 1706, 2235, 2239, 2244, 4926, 4927, 4928, 4937)
2003 Ed. (1560, 1588, 1676, 1677, 2085, 2206, 2246, 3671, 3672, 4925, 4927, 4928, 4932)
2002 Ed. (1648, 1649, 2080, 2098, 2810, 4888, 4893, 4898, 4903)
2001 Ed. (1685, 1703, 2172, 2196, 2868, 3565, 3566, 4807, 4817)
2000 Ed. (1423, 1741, 1763, 2207, 3028, 4385)
1999 Ed. (1618, 1964, 1982, 2451)
1998 Ed. (1137, 1708)
1997 Ed. (1398)
1996 Ed. (1069, 1336)
1995 Ed. (1091, 3289, 3301, 3328)
1994 Ed. (1083, 1615)
1993 Ed. (1049)
1989 Ed. (1567, 2494)
Tech Data Germany AG
2004 Ed. (3331)
Tech Development
1993 Ed. (2749)
Tech Excel
2008 Ed. (1144)
Tech Mahindra Inc.
2008 Ed. (3834)
Tech-Marine Business Inc.
2007 Ed. (2051)
Tech/Ops Landauer
1992 Ed. (3993)
1991 Ed. (3147)
Tech/Ops Laundauer
1992 Ed. (1134)
Tech/Ops Sevcon
2006 Ed. (1866)
2005 Ed. (1860)
1996 Ed. (205)
1994 Ed. (201)
1992 Ed. (318, 321)
Tech Pacific
2004 Ed. (4919)
2002 Ed. (4896)
Tech. Solutions of WPRW
1999 Ed. (3928)
Tech Support Guy
2005 Ed. (3192)
Tech-Sym Corp.
1993 Ed. (1567)
1991 Ed. (358)
1990 Ed. (410)
Tech Target.com
2003 Ed. (811)
Tech Valley Communications
2006 Ed. (3976)
Tech Web
2002 Ed. (4862)
1992 Ed. (3534, 3541)
TechDemocracy
2008 Ed. (3182)
Techint
1992 Ed. (1430)
Techint Compagnia Tecnica Internazionale
2008 Ed. (1286)
2006 Ed. (1303, 1314, 1316)
2005 Ed. (1330, 1335)
2004 Ed. (1324, 1332)
Techint Compania Tecnica Internacional
2003 Ed. (1324, 1333)
TECHINT Group
1991 Ed. (1095)
Techint Group of Construction
2000 Ed. (1279)
1999 Ed. (1390, 1406)
1994 Ed. (1162, 1649)
1993 Ed. (1145)
Techint Tecpetrol
2008 Ed. (3928)
2007 Ed. (3879)
2006 Ed. (3852)
2005 Ed. (3786)
Techknits
1992 Ed. (1227)
Techlink Northwest
2008 Ed. (2480)
Technauts Inc.
2001 Ed. (2857)
Techne Corp.
2007 Ed. (622)
2006 Ed. (1888, 1890)
2005 Ed. (675)
2004 Ed. (682)
1994 Ed. (2017)
Techni-Glass
2005 Ed. (3377)
Technibilt/Cari-All
1999 Ed. (4499)
Technica Corp.
2006 Ed. (1370, 2831)
2005 Ed. (1357)
2003 Ed. (2748)
2002 Ed. (2539, 2540, 2541)
2001 Ed. (1355)
Technical Advertising
2001 Ed. (234)
Technical and how-to
1995 Ed. (2981)
Technical & Management Services Corp.
1998 Ed. (1927, 1941)
1997 Ed. (2213, 2221, 3495)
1996 Ed. (2106, 2113)
1995 Ed. (2098, 2105)
Technical Connections Inc.
2002 Ed. (2173)
2000 Ed. (1865)
1999 Ed. (2072)
1998 Ed. (1505)
1997 Ed. (1014, 2168)
Technical/copy writer
1989 Ed. (2093)
Technical education
1990 Ed. (3089)
Technical Equipment Sales Co.
1999 Ed. (2845)
Technical Olympic SA
2008 Ed. (1773)
2007 Ed. (1747)
2005 Ed. (1782)
Technical Olympic USA Inc.
2008 Ed. (1198, 1731, 2850, 4522)
2005 Ed. (1182, 1193, 1216, 1221, 1231, 1232)
Technical/professional services
1993 Ed. (2046)
Technical services
2001 Ed. (2171)
1989 Ed. (309)
Technical specialists
1993 Ed. (2739)
Technical staff
2001 Ed. (2994)
Technical support specialist
2008 Ed. (3814)
Technical Tape
1990 Ed. (250)
Technicians
2007 Ed. (3737)
2000 Ed. (1787)
1994 Ed. (2587)
Technicoil Corp.
2006 Ed. (1631)
Technicolor
1999 Ed. (2053)
Technicon
1992 Ed. (3007)
1990 Ed. (2533)
Technicon Instruments
1993 Ed. (1514)
Technics
2008 Ed. (274)
2000 Ed. (4121)
Technigraphics Inc.
2006 Ed. (4352)
Technimmu 1/Technicon Immuno 1 Immunoassay System
1997 Ed. (2744)
Technip
2008 Ed. (1278, 1288, 1290, 1300, 1307, 2554, 2560)
2007 Ed. (2427, 2433, 3869)
2006 Ed. (1299, 1301, 1304, 1305, 1314, 1321, 2462, 2468, 2469, 2473)
2000 Ed. (1275, 1280, 1282, 1287)
1999 Ed. (1390, 1391, 1393, 1400)
1998 Ed. (967)
1997 Ed. (1185, 1192)
1996 Ed. (1156, 1670)
1995 Ed. (1177, 1181, 1190, 1688)
1994 Ed. (1650)
1993 Ed. (1618)
Technip-Coflexip
2005 Ed. (1326, 1329, 1330, 1331, 1332, 1335, 1341, 2422, 2428, 2429, 2430, 2433, 2436)
2004 Ed. (1320, 1324, 1325, 1330, 1336, 2390, 2391, 2396, 2397, 2398, 2401, 2404)
TECHNIP France
2003 Ed. (1320, 1325, 1331)
2002 Ed. (1304, 1309, 1311, 1317, 1319)
Techno Coatings Inc.
2008 Ed. (1262)
2007 Ed. (1365)
2006 Ed. (1288)
2005 Ed. (1318)
2004 Ed. (1312)
2003 Ed. (1309)
2002 Ed. (1295)
2001 Ed. (1479)
2000 Ed. (1265, 1271)
1999 Ed. (1373)
Technobrands Inc.
2007 Ed. (132)
2006 Ed. (139)
Technogym
2006 Ed. (1690)
Technology
2008 Ed. (2454)
2007 Ed. (2329)
2006 Ed. (834, 3258)
2001 Ed. (246, 3585)
2000 Ed. (200, 905, 2617)
1999 Ed. (1008)
1998 Ed. (607)
1995 Ed. (3395)
1990 Ed. (534)
Technology & Management Associates Inc.
2005 Ed. (3903, 4743)
Technology Applications Inc.
2004 Ed. (4655)
Technology Center of Silicon Valley
1992 Ed. (4318)
Technology Concepts & Design Inc.
2005 Ed. (1350)
Technology Holdings Ltd.
1995 Ed. (1015)
1994 Ed. (994)
Technology in Medicine
2005 Ed. (2884, 3438)
Technology Integration Group
2008 Ed. (269, 270, 3696)
2007 Ed. (290, 291, 3535)
2006 Ed. (288, 3498, 4342)
Technology One
2002 Ed. (1581)
Technology Research Corp.
2008 Ed. (4377)
2006 Ed. (4335, 4337)
Technology Resources Industries
1996 Ed. (1396, 1416)
1994 Ed. (2349)
Technology services
2003 Ed. (2912, 2913)
Technology Solutions
1998 Ed. (1926, 2938, 2939, 2942, 2944)
1994 Ed. (1126)
1993 Ed. (1103, 2007, 3334)
Technology support
2006 Ed. (3762)
Technology Ventures Inc.
2007 Ed. (3525, 3568)
2006 Ed. (4794)
Technology Works
1994 Ed. (985, 3330)
1993 Ed. (959, 1050, 3336)
Technopolice Bank
1997 Ed. (531)
Technoquimicas
1989 Ed. (28)
Technorati Inc.
2007 Ed. (3053)
Technosoft Corp.
2007 Ed. (3568, 4427)
Techpack
1992 Ed. (2963)
TechRepublic.com
2002 Ed. (4878)
Techrp
2008 Ed. (3733, 4428, 4983)
2007 Ed. (3601, 3602)
TechTarget
2006 Ed. (753, 4878)
TechTarget.com
2007 Ed. (846)
2002 Ed. (914)
TechTarget's Searchstorage.com
2004 Ed. (853)
Techtrans International Inc.
1999 Ed. (4810)
Techtron Imaging Network
1992 Ed. (4033)
1991 Ed. (3163)
Techtronic Industries Co., Ltd.
2008 Ed. (3561)
2007 Ed. (1582, 2868)
TechWeb
2006 Ed. (753)
2005 Ed. (827)
2004 Ed. (853)
2003 Ed. (811)
Techwell
2008 Ed. (2458)
Teck Corp.
2003 Ed. (2626)
2002 Ed. (3738)
1997 Ed. (2152)
1996 Ed. (2033)
1994 Ed. (2527)
1992 Ed. (3086)
1991 Ed. (2467)
1990 Ed. (2586)
Teck Bee Hang Co. Ltd.
1991 Ed. (1358)
Teck Cominco Ltd.
2008 Ed. (1623, 3659, 3677)
2007 Ed. (1648, 3517, 3518)
2006 Ed. (1573, 1574, 1630)
2005 Ed. (1667, 1668, 3485)
Tecmo Super Bowl
1995 Ed. (3696)
Tecnica
1992 Ed. (3981)
1991 Ed. (3132)
Tecnico Corp.
1999 Ed. (2676)
Tecnimont SpA
2004 Ed. (1325)
2003 Ed. (1325)
2002 Ed. (1323)
1999 Ed. (1406)
Tecnologie Progetti Lavori SpA
1992 Ed. (1431)
Tecnoquimicas
2008 Ed. (33)
2007 Ed. (28)
2005 Ed. (30)
2004 Ed. (37)
Tecnost
2002 Ed. (1701)
2001 Ed. (1762)
Tecnost (Olivetti)
1991 Ed. (266)
1990 Ed. (298)
TECO
1999 Ed. (1951)
Teco Arena
2005 Ed. (4441)
Teco Electric & Machinery Co. Ltd.
1994 Ed. (2424)
TECO Energy Inc.
2007 Ed. (2385)
2006 Ed. (4466, 4470)
2005 Ed. (2219, 2221, 2300, 4507)
2000 Ed. (2205)
1998 Ed. (1390, 1391)
1997 Ed. (1697, 1698)

1996 Ed. (1618, 1619, 1925, 1927)
1995 Ed. (1641, 1642)
1994 Ed. (1599, 1600, 1855, 1856)
1993 Ed. (1559, 1869)
1992 Ed. (2169)
1991 Ed. (1501, 1502)
1990 Ed. (1604, 1605)
1989 Ed. (1300, 1301)
TECO Power Services Corp.
2002 Ed. (1494)
TECSEC Inc.
2001 Ed. (2857)
Tecstar Inc.
2000 Ed. (1106, 2406)
Tecstar Electro Systems Inc.
2005 Ed. (1554)
Tecsyn International
1992 Ed. (1588)
Tecta America Corp.
2008 Ed. (1263)
2007 Ed. (1367)
2006 Ed. (1291)
2005 Ed. (1319)
2004 Ed. (1313)
2003 Ed. (1313)
2002 Ed. (1296)
Tectura
2008 Ed. (4607)
2006 Ed. (4871)
Tecumseh Products Co.
2008 Ed. (3148)
2005 Ed. (3350, 3351)
2004 Ed. (3325, 3326)
2003 Ed. (779)
2001 Ed. (1049)
1998 Ed. (2090)
1996 Ed. (2243)
1995 Ed. (1308, 2239)
1994 Ed. (791)
1993 Ed. (772)
1992 Ed. (981)
1991 Ed. (800, 2021)
1990 Ed. (844, 2174)
1989 Ed. (1651, 1654)
TED
2003 Ed. (2485)
Ted and Lin Arison
1994 Ed. (892)
Ted Arison
1998 Ed. (686)
1991 Ed. (2461)
1990 Ed. (2576, 2577)
1989 Ed. (2751, 2905)
Ted Baker plc
2008 Ed. (4230)
Ted Bates Ltd.
1990 Ed. (109)
1989 Ed. (121, 133)
Ted Bates A/S
1990 Ed. (137)
1989 Ed. (146)
Ted Bates AB
1990 Ed. (153)
1989 Ed. (164)
Ted Bates Holding
1991 Ed. (91)
1990 Ed. (93, 104)
Ted Bates Malaysia
1990 Ed. (126)
Ted Bates New Zealand
1991 Ed. (133)
1990 Ed. (133)
1989 Ed. (143)
Ted Bates S.A.
1989 Ed. (87)
Ted Bates/Singapore
1990 Ed. (147)
Ted Bates Werbeagentur
1989 Ed. (108)
Ted Britt of Fairfax
1990 Ed. (332)
Ted Burnett
2005 Ed. (4871)
Ted Chapman
1992 Ed. (1098)
Ted Colangelo Associates
1989 Ed. (2352)
Ted Cunningham
2002 Ed. (3263)
Ted Lambert
2006 Ed. (3506, 4345)
Ted Moudis Associates
2005 Ed. (3164)
Ted Rogers
1999 Ed. (1123)
1997 Ed. (3871)
Ted Thomas Associates Inc.
1998 Ed. (63)
1993 Ed. (127)
Ted Turner
2008 Ed. (895)
2005 Ed. (3832)
2004 Ed. (3890)
1999 Ed. (1072)
1993 Ed. (1693)
Ted Waitt
2004 Ed. (4873)
2003 Ed. (4888)
2002 Ed. (4787)
2000 Ed. (1881, 2448)
1999 Ed. (2082, 2664)
1995 Ed. (1717)
Teddy Grahams
1992 Ed. (3219)
Teddy Grahams; Nabisco
2005 Ed. (1397)
Tedral
1993 Ed. (252)
Ted's Montana Grill
2007 Ed. (4136, 4139)
Tee-Comm Electronics
1997 Ed. (1376)
Tee Jays Manufacturing Co. Inc.
2001 Ed. (1606)
Teeco Pptys.
1990 Ed. (2967)
Teekay Shipping Corp.
2008 Ed. (3923)
2006 Ed. (1572)
2005 Ed. (1564, 1664)
2003 Ed. (4572)
Teekey Shipping
2006 Ed. (1574)
Teel; Adrian G.
1991 Ed. (2342)
Teel; Joyce Raley
2006 Ed. (4913)
1997 Ed. (3916)
1996 Ed. (3876)
1995 Ed. (3788)
1994 Ed. (3667)
Teemu Selanne
2003 Ed. (298)
Teen Beat
1994 Ed. (2792)
Teen Love: On Relationships
2003 Ed. (709)
Teen Machine
1994 Ed. (2792)
Teen People
2002 Ed. (3228)
2001 Ed. (258, 259)
Teen Vogue
2008 Ed. (150, 152)
2007 Ed. (127, 167, 169)
2006 Ed. (134)
Teena Lerner
1996 Ed. (1782)
1995 Ed. (1807)
1994 Ed. (1766)
1993 Ed. (1782)
1991 Ed. (1698)
Teenage Mutant Ninja Turtles
1996 Ed. (2490)
1994 Ed. (3558, 3561)
1993 Ed. (3599, 3600, 3602, 3603)
1992 Ed. (4397, 4398)
Teenage Mutant Ninja Turtles Mutations
1994 Ed. (3558)
Teenage Mutant Ninja Turtles: The Movie
1994 Ed. (3630)
Teenage Mutant Turtles-Ultra
1991 Ed. (3409)
Teenage Ninja Turtles-Playmates
1991 Ed. (3409)
Teenage/Turtles
1992 Ed. (3112)
Teennage Mutant Ninja Turtles
1992 Ed. (4329)
Tefal
2004 Ed. (3358)
2002 Ed. (3234)
2001 Ed. (3216)
2000 Ed. (3036)
Tefal SA
1999 Ed. (3299)
1997 Ed. (2708)
TEG/LVI Environmental Services Inc.
2002 Ed. (2152)
2000 Ed. (1861)
TEG--The Environmental Group
1999 Ed. (2060)
1998 Ed. (943, 1492)
1997 Ed. (1782)
1995 Ed. (1718)
1994 Ed. (2892)
Tegal Corp.
1997 Ed. (3406)
Tegener
2002 Ed. (4389)
Tegra Polycarbonate Lenses
2001 Ed. (3594)
Tegrin
1992 Ed. (4236)
Teh Hong Piow
2008 Ed. (4847)
2006 Ed. (4917)
1997 Ed. (849)
Teheran
1990 Ed. (1011)
Teheran, Iran
1991 Ed. (940)
Teichert Inc.
2007 Ed. (1282)
2006 Ed. (1176)
Teichert & Son Inc.; A.
2005 Ed. (4167)
Teijin
2007 Ed. (953)
2006 Ed. (852, 2577)
2001 Ed. (4513, 4514)
1998 Ed. (2876)
1996 Ed. (3681)
1995 Ed. (3606)
1994 Ed. (931, 3521)
1993 Ed. (914)
1989 Ed. (894)
Teijin Chemicals
2000 Ed. (3567)
Teijin Indonesia Fiber Corp.
1992 Ed. (1637)
1989 Ed. (1127)
Teijin Indonesia Fibre
1991 Ed. (1303)
1990 Ed. (1381)
Teijn
1993 Ed. (3560)
Teipn
1998 Ed. (2880)
The Teirney Group
2001 Ed. (3941)
Tejada; Celia
2008 Ed. (2990)
Tejarat; Bank
2008 Ed. (449)
2007 Ed. (484)
2006 Ed. (471)
2005 Ed. (547)
Tejas Gas Corp.
1999 Ed. (2570, 2571, 2572, 2573, 2574, 3832)
1998 Ed. (1809, 1810, 1812, 2856, 2861)
1997 Ed. (2119, 3118, 3119)
1996 Ed. (1999, 2001, 3037, 3038)
1995 Ed. (1972, 3289, 3301)
1994 Ed. (1945)
Tejon Ranch
1990 Ed. (1302)
Tek
1999 Ed. (4616)
Tekel
2000 Ed. (4261)
Tekel 2000
1997 Ed. (995)
Tekelec
2005 Ed. (1089)
2004 Ed. (2773)
1997 Ed. (1713)
1996 Ed. (2886)
1994 Ed. (3044)
1993 Ed. (3697)
Tekgraf, Inc.
2003 Ed. (2708)
2002 Ed. (1611)
Tekni-Plex Inc.
2008 Ed. (4673)
2007 Ed. (4749)
2006 Ed. (4733)
2005 Ed. (4688)
2004 Ed. (4718)
2003 Ed. (4734)
2001 Ed. (4520)
Teknion Corp.
2008 Ed. (3142)
2007 Ed. (2662)
Teknion Furniture Systems Ltd.
2003 Ed. (1708)
Teknowlegee Inc.
2008 Ed. (4963)
TEKSER Construction Industry & Trading Inc.
2004 Ed. (1333)
Teksid Aluminum
2005 Ed. (325)
TEKsystems Inc.
2006 Ed. (2429)
Tektronix Inc.
2008 Ed. (2029)
2007 Ed. (1947, 2330)
2006 Ed. (1976, 2073, 2386, 2394)
2005 Ed. (1939, 2339, 3044, 3045)
2004 Ed. (1839, 3029, 3030, 3031)
2003 Ed. (1806, 2241, 2244, 4302)
2002 Ed. (2830, 4364)
2001 Ed. (1358, 1831, 1832, 2892, 2893, 2894)
2000 Ed. (1750, 2647, 3862)
1999 Ed. (1974, 1975, 2896, 4146)
1998 Ed. (1401, 3162)
1995 Ed. (1093, 1472, 1650)
1994 Ed. (1085, 1438, 1607, 2212, 2213)
1993 Ed. (1384, 1564, 2181, 2182, 3103)
1992 Ed. (1524, 2641, 2642, 3804)
1991 Ed. (2080, 2079, 2842, 2843, 2930, 2646)
1990 Ed. (1622, 1630, 2216, 2217, 2901, 2986, 2989, 3108)
1989 Ed. (1313, 1316, 1326, 1332, 1333, 1667, 2304, 2312, 2362)
Tel America
2006 Ed. (3330)
Tel Aviv Ben Gurion Airport
2001 Ed. (2121)
Tel-Instrument Electronics Corp.
2004 Ed. (4587)
Tel-Save Holdings Inc.
1998 Ed. (3184)
Tel-Stock, Inc.
1990 Ed. (1214)
TELACU
2000 Ed. (3149)
1992 Ed. (2402)
TELACU Industries Inc.
2008 Ed. (2962)
2006 Ed. (2841)
2004 Ed. (2830)
2003 Ed. (3427)
2002 Ed. (2557, 3376)
2001 Ed. (2711)
2000 Ed. (2198)
1999 Ed. (2441, 3423)
1998 Ed. (2515, 3289)
1997 Ed. (2801, 3495)
1996 Ed. (2111, 3400)
1995 Ed. (2102, 3287)
Telaleasing Enterprises Inc.
1994 Ed. (3493)
1993 Ed. (2775)
1992 Ed. (4207)
Telamon Corp.
2008 Ed. (269, 270, 3708)
2007 Ed. (290, 291, 3553)
2006 Ed. (288, 3512, 4351)
Telatron Marketing Group Inc.
2000 Ed. (4193)
1999 Ed. (4555)
1998 Ed. (3478)
Telcel
2008 Ed. (661)
2005 Ed. (4986)

Telco
2008 Ed. (646)
2002 Ed. (1584, 1589)
1992 Ed. (84)
1991 Ed. (721)
Telco Credit Union
2008 Ed. (2213)
Telco Sales Inc.
2008 Ed. (4951)
Telco Service America
1993 Ed. (2775)
Telcobuy.com
2003 Ed. (217)
Telcoe Credit Union
2008 Ed. (2219)
2007 Ed. (2104)
2006 Ed. (2183)
2005 Ed. (2078, 2088)
2004 Ed. (1947)
2003 Ed. (1903, 1907)
2002 Ed. (1833, 1844, 1848)
Telcom Credit Union
2002 Ed. (1856)
2001 Ed. (1963)
2000 Ed. (1630)
1998 Ed. (1231)
1997 Ed. (1572)
1996 Ed. (1514)
1995 Ed. (1539)
1994 Ed. (1506)
1993 Ed. (1453)
1992 Ed. (1756)
1991 Ed. (1395)
1990 Ed. (1461)
TelCom Semiconductor
1997 Ed. (3358)
Telcommunications
1990 Ed. (2751)
TelCove Inc.
2008 Ed. (1401)
Tele-America Communications Corp.
1992 Ed. (4207)
Tele Business USA
1998 Ed. (3480)
Tele Centro Sul
2002 Ed. (4096)
Tele-Com-Liberty
1999 Ed. (822, 1499)
1998 Ed. (510, 511)
1997 Ed. (727, 728)
Tele-Com-TCI
1999 Ed. (822)
1998 Ed. (510, 511)
1997 Ed. (727, 728)
Tele-Com-TCI Ventures
1999 Ed. (822)
Tele-Comm
1999 Ed. (3312)
Tele-Communications Inc.
2005 Ed. (1499, 1547)
2000 Ed. (944, 1335, 1402, 1403, 3022, 3024, 3050, 3389, 3390, 4186, 4188)
1999 Ed. (998, 1243, 1486, 1595, 1863, 3287, 3290, 3307, 3309, 3310, 3671, 3672, 3673, 4546)
1998 Ed. (512, 588, 590, 593, 813, 1069, 1122, 1129, 1286, 2425, 2427, 2441, 2719, 2720, 2721, 2722, 2723, 2976, 3413, 3416)
1997 Ed. (873, 874, 1378, 2697, 2699, 2716, 2718, 2976, 2978)
1996 Ed. (789, 790, 855, 858, 1193, 1194, 1207, 1319, 2578, 2888, 2890, 2891, 2893, 2894, 3594, 3595)
1995 Ed. (716, 717, 1076, 1228, 1229, 1235, 2510, 2821, 3288, 3321)
1994 Ed. (759, 760, 832, 1064, 1220, 2426, 2427, 2428, 2444, 2705, 2707, 2708, 2712, 3226, 3241, 3445, 3446, 3447)
1993 Ed. (753, 813, 814, 817, 1033, 1180, 1189, 2490, 2750, 2751, 2755, 2756, 2757, 3219, 3247, 3468, 3469)
1992 Ed. (943, 944, 945, 1019, 1024, 1473, 3317, 3318, 3319, 1286)
1991 Ed. (749, 750, 751, 2373, 2654, 2659, 2660, 834, 1009, 1164, 2390)
1990 Ed. (262, 779, 780, 781, 2507, 2752, 3255)
1989 Ed. (781, 782, 1039, 1046, 2670)
Tele-Communications "A"
1995 Ed. (3437)
Tele-Communications and Liberty Media
1995 Ed. (1221)
Tele-Communications Inc. CI, A
1992 Ed. (3312, 3313)
Tele-Communications, Inc. Class A
1991 Ed. (2655, 2656, 2651)
Tele-Communications International
1997 Ed. (1322)
Tele-Communications, Inc. (TCI)
2004 Ed. (1531)
2003 Ed. (1503)
2002 Ed. (1386, 1433, 1438)
2001 Ed. (1540, 1542, 1674, 3203)
Tele Danmark
2000 Ed. (1406, 1407)
1999 Ed. (1423, 1424, 1598, 1599)
1997 Ed. (1219, 1382, 3691)
1996 Ed. (1323)
Tele Danmark A/S
2003 Ed. (4580)
2002 Ed. (1342, 1343, 1633, 1634)
2001 Ed. (29, 1682, 1820)
Tele Danmark B
1997 Ed. (1218)
Tele Disc
1990 Ed. (2937)
Tele-Media
1998 Ed. (602)
Tele-Metropole Inc.
1997 Ed. (729)
1996 Ed. (791)
1992 Ed. (946)
Tele-Mobile Co.
2005 Ed. (3491)
Tele Norte Leste
2006 Ed. (1568)
Tele Norte Leste Participacoes SA
2008 Ed. (1581)
2007 Ed. (1603)
2003 Ed. (4574)
Tele-Rep 800
1994 Ed. (3485)
Tele Sudeste Celular Participacoes SA
2003 Ed. (4574)
Tele 2000
2000 Ed. (2933)
1999 Ed. (3187)
TeleBackup Exchangeco Inc.
2006 Ed. (4492)
Telebank
2001 Ed. (631)
1998 Ed. (3529, 3569)
Telebit
1998 Ed. (2429, 2519)
1992 Ed. (3822)
Telebras
2002 Ed. (4097, 4389)
2000 Ed. (1395, 1472, 1480, 3851, 3852)
1999 Ed. (1590, 1665, 1669, 4137, 4138)
1998 Ed. (1161)
1997 Ed. (1455, 1472, 3378, 3379)
1994 Ed. (3133, 3134)
1989 Ed. (1553)
Telebras HOLDRs
2003 Ed. (3636, 4574)
Telebras on
1997 Ed. (3379)
Telebras PN
1996 Ed. (1399, 3281, 3282, 3413)
1995 Ed. (3181, 3182)
1994 Ed. (3135)
Telebras Telecom. Brasileiras SA
1996 Ed. (1302, 1303, 1304, 1306)
1994 Ed. (1331, 1332, 1333)
Telebras Telecoms. Brasileiras S.A.
1992 Ed. (1583, 1582)
1990 Ed. (1335)
Telecable de Centro
1997 Ed. (878)
Telecare Corp.
1998 Ed. (2933)
Telecast
1990 Ed. (883)
Telecel
2005 Ed. (66)
2004 Ed. (74)
2002 Ed. (3185, 3186)
2000 Ed. (2984, 2985)
1999 Ed. (3250)
Telecel Comunicacoes Pessoais S.A.
2001 Ed. (69)
Telecel Latin America SA Inc.
2003 Ed. (4441)
Telecential
1996 Ed. (864)
TeleChem International
2005 Ed. (960)
TeleCIS Wireless
2007 Ed. (4968)
Telecom
2006 Ed. (665)
2001 Ed. (25, 46, 1778, 2985)
2000 Ed. (896, 962)
1999 Ed. (950)
1997 Ed. (828)
1995 Ed. (200)
1992 Ed. (67, 76, 1459)
1989 Ed. (1102)
Telecom Americas
2004 Ed. (1548)
Telecom Arb. Stet
2002 Ed. (855)
Telecom Arg-Stet-France
2001 Ed. (12)
Telecom Arg Stet-France Telecom
1997 Ed. (827)
1996 Ed. (811, 812)
Telecom Argentina
2008 Ed. (22, 70)
2007 Ed. (17)
2006 Ed. (4599)
2005 Ed. (1845, 1846, 1847)
2000 Ed. (895, 896)
1999 Ed. (949)
Telecom Argentina Stet-France Telecom
1994 Ed. (787)
Telecom Argentina Stet-France Telecom, SA
2003 Ed. (4570)
Telecom Asia Corp.
1999 Ed. (4162)
Telecom Asia Corporation
2000 Ed. (1573, 3876)
Telecom Australia
1995 Ed. (1353)
1994 Ed. (13)
1993 Ed. (23)
1992 Ed. (40)
1990 Ed. (21)
1989 Ed. (22)
Telecom Austria
1998 Ed. (2217)
Telecom Brasil
2000 Ed. (3328)
Telecom Canada
1992 Ed. (4204)
Telecom Carso Global
2005 Ed. (1842, 1844)
2004 Ed. (1776, 1777, 1778, 1779)
2003 Ed. (1739, 1740, 1741)
Telecom/Cellular
2000 Ed. (1310)
Telecom Egypt
2008 Ed. (38, 1710)
2007 Ed. (34)
2006 Ed. (43, 4499)
Telecom Eireann
2001 Ed. (44)
1999 Ed. (1684)
1997 Ed. (1457)
1993 Ed. (1352)
1992 Ed. (1651, 1652)
1990 Ed. (1386)
Telecom equipment
1998 Ed. (1556)
Telecom Express
2002 Ed. (4571, 4574)
2000 Ed. (4196)
Telecom Italia
2000 Ed. (1487, 1488, 2870, 2871, 2871, 4191, 4192)
1999 Ed. (1686, 1687, 3122, 3123, 4287, 4289)
1998 Ed. (2217)
1997 Ed. (1460, 2578, 2579, 3499, 3691, 3692)
1996 Ed. (3651)
Telecom Italia Capital
2005 Ed. (2146)
Telecom Italia Mobile
2000 Ed. (2870, 2871)
1999 Ed. (3123)
1997 Ed. (3691)
Telecom Italia Mobile SpA
2007 Ed. (1828, 4713)
2006 Ed. (1448)
2005 Ed. (4986)
2004 Ed. (1089)
2003 Ed. (1726, 1727)
Telecom Italia Mobile SpA (TIM)
2002 Ed. (1126, 1701)
2001 Ed. (1551, 1761, 1762)
Telecom Italia Rsp
2000 Ed. (2871)
Telecom Italia SpA
2008 Ed. (51, 1861, 1862, 1863, 1864, 4641)
2007 Ed. (40, 48, 1826, 1828, 1829, 1830, 4713, 4714, 4718, 4719)
2006 Ed. (31, 57, 1093, 1448, 1820, 1821, 1822, 1823, 3230, 4700)
2005 Ed. (50, 1475, 1483, 1562, 1830)
2004 Ed. (71, 1089, 1764, 3022, 4674)
2003 Ed. (1429, 1670, 1726, 1727, 4592, 4704)
2002 Ed. (1126, 1700, 1701, 3216)
2001 Ed. (1759, 1760, 1761, 1762)
2000 Ed. (1486, 4006)
Telecom Jamaica
2000 Ed. (2874, 2875)
Telecom NZ
2004 Ed. (1088)
Telecom Corp. of New Zealand Ltd.
2008 Ed. (64)
2007 Ed. (61)
2006 Ed. (70, 3703)
2005 Ed. (63)
2004 Ed. (68, 1826)
2003 Ed. (1792, 4597)
2002 Ed. (1125, 1745, 3497, 3498)
2001 Ed. (62, 1818)
2000 Ed. (3331, 3332)
1999 Ed. (1715, 3622, 3623)
1997 Ed. (1490, 2939, 2940, 3695)
1996 Ed. (1429, 2844, 2845)
1995 Ed. (1467)
1994 Ed. (1432, 2670, 2671)
1992 Ed. (1458)
Telecom Plus
2008 Ed. (4644)
Telecom Potential
2000 Ed. (4197, 4199)
1996 Ed. (3644)
1995 Ed. (3557)
Telecom Potential Group
1994 Ed. (3487)
Telecom Potential/iSky
2002 Ed. (4571, 4574, 4576, 4578)
Telecom Service Centres
2002 Ed. (4571, 4577)
Telecom Services
1994 Ed. (35)
1993 Ed. (44)
Telecom USA
2005 Ed. (4655)
1990 Ed. (2488)
Telecom USA Direct
1991 Ed. (2357, 3282)
Telecomasia Corp.
2002 Ed. (4487)
1999 Ed. (4161)
1997 Ed. (1526, 3399, 3400, 3696)
1996 Ed. (1457, 3302)
Telecome Eireann
1990 Ed. (1387)
Telecommmunications
2000 Ed. (1351)

Telecommunication, data communication
2002 Ed. (2988)
Telecommunication engineering manager
2004 Ed. (2287)
Telecommunication engineering specialist
2004 Ed. (2287)
Telecommunication: long distance
1992 Ed. (4070)
Telecommunication services
2005 Ed. (3017)
2002 Ed. (2784)
Telecommunication Systems Inc.
2006 Ed. (186)
Telecommunications
2008 Ed. (109, 760, 1407, 1417, 1420, 1498, 2451, 3153, 3158)
2007 Ed. (98, 1516, 2325)
2006 Ed. (104, 834, 1425, 1436, 1437, 1440, 1444, 1486)
2005 Ed. (95, 852, 1480, 1481, 1485, 1599, 1600, 1602, 3005)
2004 Ed. (100, 1455, 1456, 1465, 1469, 1546, 1558, 1572, 4049)
2003 Ed. (22, 24, 1425, 1426, 1435, 1436, 1439, 1497, 1516, 1520, 1710, 2230, 2231, 2906, 2912)
2002 Ed. (59, 225, 226, 234, 917, 919, 926, 1398, 1399, 1407, 1413, 1414, 1420, 1481, 1491, 2212, 2766, 2767, 2772, 2778, 2788, 2789, 2790, 2791, 2792, 2793, 2795, 2797, 3254, 3887, 3888, 4193, 4584, 4585, 4586, 4619)
2001 Ed. (729, 1077, 1964, 2175, 2176, 2177, 3201)
2000 Ed. (40, 938, 947, 1353, 1354, 1357, 2544, 2629, 2631, 2632, 2633, 2634, 2635)
1999 Ed. (1008, 1480, 1482, 1514, 1557, 1676, 1677, 1678, 1679, 1680, 2867, 2868, 2869, 2870, 2871, 4341)
1998 Ed. (572, 1073, 1074, 1075, 1155, 1371, 2077, 2097, 2098, 2099, 2100, 2101, 2750)
1997 Ed. (1299, 1440, 1441, 1444, 2382, 2383, 2384, 2385, 2386)
1996 Ed. (1257)
1995 Ed. (1653)
1994 Ed. (2560)
1992 Ed. (4387)
1989 Ed. (1661)
Telecommunications & electrical machinery
1994 Ed. (1729)
Telecommunications & transport
1997 Ed. (2572)
Telecommunications Brasileiras S.A.
2000 Ed. (282)
Telecommunications equipment
2007 Ed. (2518, 2521, 2522)
2006 Ed. (2535, 2536)
2000 Ed. (1892)
1999 Ed. (2093, 2104, 2848)
1996 Ed. (1728, 1734, 2468)
1995 Ed. (1738, 1754)
1994 Ed. (1732, 1733)
1993 Ed. (1726, 1727)
1992 Ed. (2084, 2085)
1991 Ed. (1637)
1990 Ed. (1733)
1989 Ed. (2646)
Telecommunications equipment & services
1997 Ed. (3165)
Telecommunications industry
1997 Ed. (3527)
Telecommunications Marketing Inc. (TMI)
1989 Ed. (2795)
Telecommunications of Jamaica
1999 Ed. (3126, 3127)
1997 Ed. (2582, 2583)
1996 Ed. (2437, 2438)
1994 Ed. (2339, 2340)
Telecommunications service providers
2005 Ed. (4815)
Telecommunications services
2002 Ed. (2780, 2785)
1999 Ed. (2100, 2863, 4286)
1992 Ed. (2629)
1991 Ed. (2027, 2055)
1990 Ed. (2183, 2186)
Telecommunications technology
1990 Ed. (165, 166)
TELECOMplus plc
2003 Ed. (2734)
Telecomunicaciones Movilnet CA
2001 Ed. (91)
Telecomunicacoes Brasileiras SA
2000 Ed. (3381)
Telecomunicacoes de Sao Paulo
2000 Ed. (1472)
1999 Ed. (1665)
Telecomunicacoes de Sao Paulo SA
2003 Ed. (4574)
Telecomunicacoes Moveis Nacionals
2006 Ed. (78)
Telecomunikacja Polska
2002 Ed. (1637)
Teleconcepts Corp.
1990 Ed. (251)
Teleconnect-Data Base Marketing
1989 Ed. (2795)
Teleconomy
2002 Ed. (3257, 3260)
Teleconsult Inc.
1997 Ed. (2215)
Telecorp
2002 Ed. (4572)
1992 Ed. (4039)
TeleCorp PCS Inc.
2004 Ed. (2769)
Telecredit
1992 Ed. (1747)
TeleDanmark
1996 Ed. (3312)
TeleDanmark A/S
2005 Ed. (3239)
Teledata
1997 Ed. (3702, 3703, 3705)
1996 Ed. (3643, 3644, 3646)
1995 Ed. (3557)
1994 Ed. (3487)
1993 Ed. (3513)
Teledoce
2005 Ed. (93)
Teledynamics
2002 Ed. (4579)
2000 Ed. (4200)
1997 Ed. (3704)
1996 Ed. (3645, 3646)
Teledyne
2003 Ed. (235)
1998 Ed. (1930)
1997 Ed. (183, 953, 1684)
1995 Ed. (160, 952)
1994 Ed. (140, 1237)
1993 Ed. (158, 901)
1992 Ed. (252, 1105, 1519, 4059, 4062)
1991 Ed. (902, 1445)
1990 Ed. (190, 931, 1529, 1530, 2273)
1989 Ed. (197, 874, 875, 882, 1259, 1260, 1330, 1332, 1653, 1743)
Teledyne Continental Motors
1995 Ed. (2429)
Teledyne Technologies Inc.
2008 Ed. (157, 1357, 1359)
2007 Ed. (173)
2005 Ed. (2149, 2415, 2416)
2004 Ed. (2323, 2324)
2003 Ed. (1965)
Teledyne WaterPik
2003 Ed. (3790)
TELEFBC
2006 Ed. (3283)
Telefenos de Mexico
1996 Ed. (3413)
Teleflex Inc.
2008 Ed. (2352)
2007 Ed. (2212)
2006 Ed. (2279, 2280)
2005 Ed. (2217)
1995 Ed. (160)
1994 Ed. (140)
1993 Ed. (158)
1989 Ed. (1143)
Teleflex Automotive Group
2006 Ed. (339)
Telefon AB/L. M. Ericsson
1997 Ed. (2696)
1996 Ed. (2559)
1995 Ed. (2495)
Telefon AB L.M. Ericsson
1999 Ed. (2688)
Telefonaktiebolaget LM Ericsson
2008 Ed. (1099, 2088, 2089, 2091, 3582)
2007 Ed. (1192, 1214, 1216, 1994, 1995, 1996, 1997, 1998, 2825, 3074, 3422, 4717)
2006 Ed. (1109, 1112, 1696, 1785, 2024, 2025, 2026, 2027, 4603, 4699)
2005 Ed. (1120, 1966, 3034, 3698, 4517, 4630, 4632, 4635)
2004 Ed. (1090, 2253, 3779, 4099, 4672)
2003 Ed. (1827, 1828, 2207, 2208, 2209, 2236, 2237, 2944, 3754, 4701, 4978)
2002 Ed. (304, 1123, 1641, 1773, 1775, 2096, 2510, 2575, 3216, 3225, 3484, 3964, 4484, 4485, 4581)
2001 Ed. (1696, 1820, 1856, 1857, 1858, 2214, 2868, 3229, 3649, 4213, 4916)
2000 Ed. (1559)
1999 Ed. (1738)
1990 Ed. (1108)
1989 Ed. (966)
Telefonasa
1992 Ed. (3765, 3766)
Telefones de Lisboa e Porto SA
1997 Ed. (1500)
Telefonica
2008 Ed. (661)
2006 Ed. (665)
2005 Ed. (25)
2000 Ed. (752, 753, 1555, 1557)
1999 Ed. (739, 740, 1735)
1993 Ed. (712, 713, 1199, 1399, 1400, 1401, 2937, 3254, 3272)
1992 Ed. (900, 1690)
1991 Ed. (719, 1346, 1347)
1990 Ed. (1108, 3476)
1989 Ed. (966)
Telefonica CTC Chile
2007 Ed. (1850)
Telefonica de Argentina
2000 Ed. (895, 896)
1999 Ed. (949, 950)
1997 Ed. (827, 828)
1996 Ed. (811, 812)
1994 Ed. (787, 788)
Telefonica de Argentina SA
2005 Ed. (1845, 1846, 1847)
2004 Ed. (1622, 1779, 1781)
2003 Ed. (4570)
2002 Ed. (855, 1575, 1718)
Telefonica de El Salvador
2002 Ed. (4410, 4411)
Telefonica de Espana
1999 Ed. (278, 1734)
1997 Ed. (683, 684, 1509, 1510, 1511, 3691)
1994 Ed. (722, 723, 1448, 1449, 1450, 2976, 3248)
Telefonica de Espana SA
2003 Ed. (1825, 1826)
2002 Ed. (1126)
1996 Ed. (751, 752, 1227, 1445, 1447, 3405, 3650)
1995 Ed. (1488, 1490, 3327)
Telefonica del Peru
2004 Ed. (1781)
2000 Ed. (2932, 2933)
1999 Ed. (3186, 3186, 3187)
Telefonica del Peru SA
2004 Ed. (1844)
2003 Ed. (4600)
2002 Ed. (1753)
Telefonica d'Espana
2000 Ed. (4204)
Telefonica Moviles
2007 Ed. (3621)
2006 Ed. (2021, 3038, 4538)
2005 Ed. (3035, 3038)
Telefonica Moviles SA
2008 Ed. (2083, 3210)
2007 Ed. (685, 686, 1987, 3073, 4713)
2002 Ed. (2809, 2812, 2814)
Telefonica Naciona
1989 Ed. (2793)
Telefonica Nacional
1990 Ed. (3515)
Telefonica Nacional de Espana
1999 Ed. (1733)
1996 Ed. (1446)
1995 Ed. (1489)
1994 Ed. (199)
1992 Ed. (1691)
1991 Ed. (1348)
1990 Ed. (1420)
Telefonica Peru
2001 Ed. (66)
Telefonica SA
2008 Ed. (22, 33, 35, 37, 69, 71, 86, 106, 1410, 1418, 1717, 2083, 2084, 2085, 2086, 2280, 3210, 4641, 4643)
2007 Ed. (17, 26, 33, 65, 66, 80, 1443, 1987, 1988, 1989, 1990, 1991, 3071, 3073, 4713, 4714, 4718, 4719, 4720, 4721)
2006 Ed. (31, 34, 75, 90, 1093, 2018, 2019, 2021, 3039, 4538, 4697, 4698, 4700)
2005 Ed. (28, 67, 81, 1964, 3036, 4633, 4634, 4636)
2004 Ed. (24, 35, 71, 86, 4674)
2003 Ed. (4606, 4703)
2002 Ed. (721, 722, 1415, 1766, 1767, 1768, 2810, 3082, 3083, 3216, 4471, 4472, 4473, 4474, 4475, 4569)
2001 Ed. (80, 1851, 1852, 1853, 1854)
2000 Ed. (1556, 4006)
Telefonos
1997 Ed. (2633, 2634, 3376)
1996 Ed. (3279)
1993 Ed. (3068, 3069)
Telefonos A
1996 Ed. (3280)
1994 Ed. (3131, 3132)
1991 Ed. (2912)
Telefonos A & B
1997 Ed. (3377)
Telefonos de Chile
1989 Ed. (1100)
Telefonos de Mexico
2000 Ed. (1472, 1514, 1515)
1999 Ed. (1665, 1705)
1998 Ed. (1161, 2676)
1997 Ed. (240, 1438, 1439, 1455, 1471, 1472, 1478, 1479, 2967)
1996 Ed. (204, 1399, 1419, 2838, 2843, 2895, 3410, 3414)
1995 Ed. (1457, 2771, 3208, 3336, 3338, 3339)
1994 Ed. (199, 2664, 3257, 3259, 3260)
1993 Ed. (2559, 3117)
1992 Ed. (3063)
1991 Ed. (2450, 2451)
1989 Ed. (1140)
Telefonos de Mexico, SA de CV
2008 Ed. (1886)
2007 Ed. (1853, 1878)
2006 Ed. (1849, 1851, 1877, 1878)
2005 Ed. (1842, 1843, 1844, 1865, 4638)
2004 Ed. (1795, 4675)
2003 Ed. (1739, 1740, 1741, 1742, 1757, 1758, 3636, 3637, 4596, 4705)
2002 Ed. (304, 1690)
2001 Ed. (1746, 1778)
Telefonos de Mexico, SA de CV--Telmex
2005 Ed. (61)
2004 Ed. (1776, 1777, 1778)
2002 Ed. (1038, 1683, 1716, 1717, 1718, 1719, 1720, 1724, 1726, 2809)
Telefonos de Venezuela
2008 Ed. (2150)
1993 Ed. (1175)
Telefonos Puerto Rico
1996 Ed. (1227)

Telefsnica
2006 Ed. (2020)
Telefunken
1992 Ed. (3917)
Telefunos
1991 Ed. (2911)
Teleglobe Inc.
2005 Ed. (2830)
2004 Ed. (2825)
2001 Ed. (2864, 2865)
2000 Ed. (2458)
1999 Ed. (2667)
Teleglobe Canada
1993 Ed. (3511)
Teleglobe USA
2001 Ed. (4474)
The Telegraph
1995 Ed. (2773)
Telegroup Inc.
2001 Ed. (4475)
1997 Ed. (1010, 3526)
Teleindustria Ericsson
1996 Ed. (1732)
Telekom
2000 Ed. (2884)
1999 Ed. (1702, 3137)
1994 Ed. (2348)
1993 Ed. (2385, 2386)
Telekom Austria
2008 Ed. (24, 29, 34)
2007 Ed. (24)
2006 Ed. (4883)
Telekom Austria AG
2008 Ed. (83, 1572)
2007 Ed. (77, 1593, 1595, 4714)
2006 Ed. (38, 87, 1558, 1559, 1560)
2005 Ed. (19, 31, 78, 1662)
2004 Ed. (26, 38, 83)
2003 Ed. (1622)
2001 Ed. (1337, 1636)
Telekom Indonesia
2008 Ed. (1810)
2007 Ed. (1779)
2006 Ed. (1770)
Telekom Malaysia
2007 Ed. (58, 1865)
2006 Ed. (67, 1860, 1861)
2005 Ed. (60)
2004 Ed. (65)
2001 Ed. (1784, 1785)
2000 Ed. (1298, 1510, 1511, 4190)
1999 Ed. (1665, 1700, 4549)
1998 Ed. (1161)
1997 Ed. (1455, 1474, 2593, 3695)
1996 Ed. (1415, 1416, 2446, 2447)
1995 Ed. (1346, 1452, 1453, 1454, 1455, 3552)
Telekom Malaysia Berhad
2008 Ed. (60, 87, 1899)
Telekom Malaysia Berhad--Tm Touch
2001 Ed. (58)
Telekom Malaysia Bhd
2006 Ed. (4518)
2002 Ed. (3051)
Telekom Slovenije
2008 Ed. (83)
2007 Ed. (77)
Telekom Srbije
2007 Ed. (74)
Telekomunikacja Polska
2008 Ed. (73)
2007 Ed. (68)
2006 Ed. (77, 1697, 1994)
2005 Ed. (69)
2004 Ed. (73)
Telekomunikacja Polska SA
2008 Ed. (1720)
2007 Ed. (1690)
2006 Ed. (1694)
2004 Ed. (1846)
2002 Ed. (1755, 4780)
Telekomunikasi Indonesia
2002 Ed. (3031, 3032, 4479, 4480, 4481)
2001 Ed. (1739)
2000 Ed. (1465, 2872, 2873)
1999 Ed. (1579, 1656, 3124, 3125, 4494)
Telekomunikasi Indonesia Tbk
2006 Ed. (3231)
Telekomunikasi Indonesia Tbk.; Perusahaan Perseroan P.T.
2008 Ed. (4539)
Telelab
1993 Ed. (3513)
Teleline
1992 Ed. (3248)
Telelogic
2008 Ed. (1149)
Telelogic AB
2006 Ed. (1133, 1139)
2005 Ed. (1144, 1150)
Telemar
2006 Ed. (4489)
2005 Ed. (1839, 1845)
2004 Ed. (1776)
2003 Ed. (1736, 1739)
2002 Ed. (1716, 1717, 4096, 4097)
Telemar Norte Leste
2005 Ed. (1563, 1564)
2004 Ed. (1772, 1773, 1774)
TeleMark Inc.
1997 Ed. (3699)
Telemarketers
2007 Ed. (3719)
Telemarketing
2005 Ed. (32)
2004 Ed. (39)
Telemarketing Concepts Inc.
1998 Ed. (3482)
Telemarketing Link
1997 Ed. (3704)
1996 Ed. (3645, 3646)
Telematics
1993 Ed. (2612, 3006)
Telematics International
1992 Ed. (3667, 3668)
Telematiques Services
2005 Ed. (88)
2004 Ed. (93)
Telemecanique
1995 Ed. (2264)
1994 Ed. (2214)
Telemecanique Mexico
1996 Ed. (1732)
Telemedia Inc.
1996 Ed. (3144)
1994 Ed. (2983)
1992 Ed. (3591)
Telemedia International Network
2001 Ed. (229)
Telemedicine
2002 Ed. (2599)
Telemedx Corp.
1997 Ed. (2249)
1996 Ed. (2144)
1992 Ed. (2446)
Telemercado
2006 Ed. (75)
2005 Ed. (67)
2001 Ed. (66)
Telemetry Systems Networks
2002 Ed. (2490)
Telemig
2003 Ed. (1736)
Telemundo
2003 Ed. (753)
Telemundo Group
1998 Ed. (3501)
Telemundo Holdings Inc.
2004 Ed. (1557)
Telenet
1992 Ed. (4365)
Telenet Operaties
2007 Ed. (21)
Telenet/US Sprint
1990 Ed. (1645)
Telenex
1993 Ed. (3697)
Telenor
2006 Ed. (41, 99)
Telenor AS
2008 Ed. (1996)
2007 Ed. (42, 58, 62, 1930, 1933, 4715)
2006 Ed. (51, 71, 1947, 1949, 1950, 3757)
2005 Ed. (44, 60, 64)
2004 Ed. (41, 50, 65, 69)
Telenor ASA
2008 Ed. (36, 46, 60, 66, 68, 97, 1999, 4539, 4642)
2005 Ed. (1918)
2002 Ed. (4200)
Telenor Konsern
2000 Ed. (1528)
1999 Ed. (1717)
Telenoticias
1997 Ed. (3717)
Teleom Potential
2000 Ed. (4196)
Teleos plc
2003 Ed. (2738)
Teleperformance USA
2005 Ed. (4645, 4646)
1999 Ed. (4555)
1998 Ed. (3482)
1997 Ed. (3700)
Telephone
2007 Ed. (1322)
2002 Ed. (1983)
2001 Ed. (2216)
2000 Ed. (30, 38, 797)
1998 Ed. (23, 487)
1997 Ed. (707)
1995 Ed. (692)
1994 Ed. (743)
1992 Ed. (89, 90, 917)
Telephone & Data System Inc.
1995 Ed. (207, 212, 213)
Telephone & Data Systems Inc.
2007 Ed. (2228, 3618)
2006 Ed. (2282, 3550, 4968, 4969, 4971)
2005 Ed. (4980, 4981, 4985)
2004 Ed. (4976, 4977)
2003 Ed. (1694, 4569, 4687, 4688)
2002 Ed. (306, 2004)
2001 Ed. (1597, 4456, 4457)
2000 Ed. (280, 289, 291)
1998 Ed. (157, 161, 163)
1997 Ed. (230, 234, 239)
1996 Ed. (212, 1278)
1994 Ed. (3492)
1993 Ed. (3517)
1992 Ed. (1130, 4212)
1991 Ed. (3285)
1990 Ed. (3521)
Telephone & Data Systems American Paging
1992 Ed. (3603)
Telephone Answering Machine
1990 Ed. (2803, 2804)
Telephone Auction Shopping
1989 Ed. (848)
Telephone communications
2001 Ed. (94)
2000 Ed. (39)
1995 Ed. (3314)
Telephone communications, except radio
1989 Ed. (2475)
Telephone communications, except radio-telephone
2000 Ed. (2628)
Telephone companies
1999 Ed. (30, 696, 698, 1809, 1811)
1994 Ed. (1495)
1992 Ed. (2629)
1991 Ed. (734, 2769)
Telephone Concepts Unlimited
1997 Ed. (3701)
Telephone conversations
2004 Ed. (4992)
Telephone credit cards
1989 Ed. (2183)
Telephone Credit Union
2001 Ed. (1962)
Telephone Credit Union of New Hampshire
2006 Ed. (2210)
2005 Ed. (2115)
2004 Ed. (1973)
2003 Ed. (1933)
2002 Ed. (1879)
Telephone directory
1990 Ed. (2737)
Telephone Electronics Corp.
2006 Ed. (1894)
2005 Ed. (1874)
2004 Ed. (1803)
2003 Ed. (1766)
2001 Ed. (1797)
Telephone Employees' Credit Union
1997 Ed. (1565)
Telephone Information Services
1997 Ed. (3702, 3703)
1996 Ed. (3643, 3644)
1995 Ed. (3557)
1994 Ed. (3487)
Telephone installer/repairer
1989 Ed. (2086, 2090)
Telephone marketing
2001 Ed. (2022, 2024)
Telephone Marketing Programs
1989 Ed. (56, 68)
Telephone operator
1989 Ed. (2087)
Telephone operators
2005 Ed. (3620)
2004 Ed. (2290)
Telephone Organization
2001 Ed. (1879)
Telephone service
1996 Ed. (770)
Telephone service, long distance
1996 Ed. (860)
Telephone services
2005 Ed. (3988, 4653)
2004 Ed. (178)
2001 Ed. (4484)
Telephone-station installers, repairers
1989 Ed. (2078)
Telephone Switch Newsletter
1993 Ed. (2363)
Telephone systems
2005 Ed. (149)
Telephone usage
2004 Ed. (4992)
Telephone utilities
2006 Ed. (3294)
Telephone Workers' Credit Union
2008 Ed. (2238)
2007 Ed. (2123)
2006 Ed. (2202)
2005 Ed. (2107)
2004 Ed. (1965)
2003 Ed. (1899, 1925)
2002 Ed. (1838, 1871)
Telephones
2003 Ed. (2770)
2002 Ed. (3081)
2001 Ed. (2732, 2733)
1998 Ed. (2224)
1993 Ed. (735, 1715, 2048)
Telephones, wireless
2001 Ed. (2732)
Telephony
1999 Ed. (3757, 3758)
Telephony Online Update
2005 Ed. (824)
Telephonyonline.com
2004 Ed. (853)
Teleplan International
2002 Ed. (2519)
Teleplan International NV
2003 Ed. (2722)
Teleport Communications Group Inc.
1998 Ed. (3183, 3210)
TeleQuest Teleservices
1998 Ed. (3482)
Telerate
1993 Ed. (2743)
1991 Ed. (3332)
1989 Ed. (1425)
Telerj Cellular
2002 Ed. (4389)
Teles
2002 Ed. (4097)
Telesat Canada
1992 Ed. (2399)
Telescope UK
2002 Ed. (4572)
TeleService Resources
1998 Ed. (3481)
1996 Ed. (3641, 3642)
1995 Ed. (3556)
1994 Ed. (3485, 3486)
1993 Ed. (3512)
TeleServices Direct
1999 Ed. (4556)
1998 Ed. (3482)
Telesis Corp.
2008 Ed. (1346, 3713, 4401)
2007 Ed. (1394, 3064)

2006 Ed. (3031)
Telesis Community Credit Union
2006 Ed. (2178)
2005 Ed. (2084)
Telesis Management Inc.
1994 Ed. (1067)
Telesis Management Inc. (Leveraged)
1995 Ed. (1079)
Telesp
2006 Ed. (4489)
2005 Ed. (1845)
2004 Ed. (1777)
2003 Ed. (1739, 1740)
2002 Ed. (1718, 4096, 4097, 4389)
2000 Ed. (3851, 3852)
1999 Ed. (4137, 4138)
1997 Ed. (3378, 3379)
1994 Ed. (3133, 3134)
Telesp Cellular
2006 Ed. (1847)
Telesp Celular
2004 Ed. (1780)
Telesp Celular Part
2002 Ed. (4096)
Telesp Celular Participacoes SA
2003 Ed. (4574)
Telesp PN
1996 Ed. (3281, 3282)
1995 Ed. (3181, 3182)
1994 Ed. (3135)
Telesp. Telecom. Sao Paulo SA
1996 Ed. (1302, 1303, 1304, 1305)
Telesp Telecoms. S. Paulo S.A.
1990 Ed. (1334)
Telesp. Telecoms. Sao Paulo S.A.
1992 Ed. (1581, 1584)
Telespazio
1996 Ed. (1214)
TeleSpectrum Worldwide
2005 Ed. (4649, 4650)
2001 Ed. (4465, 4466)
2000 Ed. (4194, 4195)
1999 Ed. (4558)
1998 Ed. (3184, 3483)
Telesphere
1993 Ed. (215, 2470)
Telesphere Network
1994 Ed. (2412)
TeleStar Marketing Inc.
1997 Ed. (3701)
Telesystem International Wireless
2007 Ed. (2810)
2006 Ed. (40, 1452, 2814)
2005 Ed. (33, 72, 1729, 3037)
2004 Ed. (40, 77)
2003 Ed. (2142, 2930, 2931, 2939)
2002 Ed. (4709)
2000 Ed. (1399)
Telesystems SLW Inc.
1996 Ed. (2535)
Teletas
1991 Ed. (2266)
TeleTech Inc.
1998 Ed. (3481)
1996 Ed. (3641)
TeleTech Holdings Inc.
2008 Ed. (1681, 1685, 3188)
2007 Ed. (1665)
2006 Ed. (1649, 1652, 1657)
2005 Ed. (1738)
2004 Ed. (1680)
2003 Ed. (1649, 1650)
2001 Ed. (4463, 4465, 4468, 4469)
TeleTech International Holdings
1999 Ed. (4557)
1995 Ed. (2127)
Teletech Telecommunications
1992 Ed. (4206)
Teletubbies Plush Asst.
2000 Ed. (4276)
Tele2
2006 Ed. (44)
2004 Ed. (61, 63, 87)
Tele2 AB
2008 Ed. (39, 56, 58, 66)
2007 Ed. (35, 56, 62)
2006 Ed. (65)
2005 Ed. (56, 58, 64, 1823)
2004 Ed. (3023)
2003 Ed. (2942)
Televentas Shopping Network
2004 Ed. (2540)
1999 Ed. (4090)
Televerk/Direktorat
1994 Ed. (36)
Televerket
2004 Ed. (1862)
2002 Ed. (1774)
1996 Ed. (1431)
1995 Ed. (1469, 1493)
1994 Ed. (1435)
1993 Ed. (52, 819, 1381)
1990 Ed. (1406)
1989 Ed. (52, 1147)
Televeruet
1992 Ed. (80)
Televisa
2005 Ed. (61)
2000 Ed. (3124)
1999 Ed. (3397)
Televisa; Grupo
2007 Ed. (59, 1877, 1878)
2006 Ed. (68, 1876, 1877, 1878)
Televisa SA; Grupo
2008 Ed. (61, 1926, 3630)
2005 Ed. (3429)
Televisi Pendidkan Indonesia
2008 Ed. (48)
2007 Ed. (44)
Televisi Transformasi Indonesia
2007 Ed. (44)
Television
2008 Ed. (2454)
2007 Ed. (157, 2329)
2005 Ed. (3988)
2003 Ed. (2758, 3480)
2002 Ed. (3882)
2001 Ed. (2022, 2024, 3245, 3246, 4876)
1999 Ed. (30)
1997 Ed. (868, 2256)
1996 Ed. (2466)
1995 Ed. (143, 144)
1993 Ed. (1941)
1992 Ed. (89, 90)
Television, audio equipment
1989 Ed. (1663)
Television, cable
2006 Ed. (762)
2003 Ed. (25)
Television, cable & satellite
2005 Ed. (132, 3988)
Television cameras
1993 Ed. (1725)
Television, closed circuit
1996 Ed. (830)
Television Dirigida
2002 Ed. (4456)
Television equipment
2004 Ed. (2549)
Television, local
2008 Ed. (4657)
2007 Ed. (4734)
2006 Ed. (2853, 4715)
2005 Ed. (2850)
2004 Ed. (2841)
2002 Ed. (2569)
Television, national network
2003 Ed. (4515)
Television, national syndicated
2003 Ed. (4515)
Television, network
2008 Ed. (4657)
2007 Ed. (4734)
2006 Ed. (762, 4715)
2005 Ed. (835)
2004 Ed. (861)
2003 Ed. (25, 26, 817)
2002 Ed. (918, 4954)
Television, network/national
2006 Ed. (2853)
2005 Ed. (2850)
2004 Ed. (2841)
2002 Ed. (2569)
Television Production
1994 Ed. (3503)
Television receivers
1992 Ed. (2084)
Television, regional
2003 Ed. (4515)
Television South PLC
1995 Ed. (1246)
Television, spot
2006 Ed. (762)
2005 Ed. (835)
2004 Ed. (861)
2003 Ed. (25, 26, 817)
2002 Ed. (918, 4954)
Television stations
2008 Ed. (2454)
Television, syndicated
2008 Ed. (4657)
2007 Ed. (4734)
2006 Ed. (4715)
2003 Ed. (25, 26)
Television Week
2007 Ed. (4793)
Televisions
2008 Ed. (2646, 2650)
2007 Ed. (2522)
2006 Ed. (2536)
2005 Ed. (2858)
2001 Ed. (2730)
1998 Ed. (1953, 2224, 2439)
1994 Ed. (1733)
1993 Ed. (1727, 2048)
Televisions, DVD
2001 Ed. (2732)
Televisions, Satellite
2001 Ed. (2732)
Televisora Nacional
2007 Ed. (64)
TeleVox Software Inc.
2006 Ed. (2757)
Telewest
1997 Ed. (3691)
1996 Ed. (864)
Telewest Communications
2000 Ed. (4129)
Telewest Communications plc
2002 Ed. (4420)
Telewest Global Inc.
2008 Ed. (1411)
Telex
1992 Ed. (1310)
1991 Ed. (1717)
1990 Ed. (1226)
1989 Ed. (973, 977, 1990, 2306)
Telex Audio
2001 Ed. (3409, 3411)
2000 Ed. (3176, 3221)
TelExpress Inc.
2008 Ed. (3725, 4976)
2007 Ed. (3585, 3586)
Telezoo.com
2001 Ed. (4766)
Telfonica SA
2004 Ed. (1861)
Telhio Credit Union
2008 Ed. (2252)
2007 Ed. (2137)
2006 Ed. (2164, 2216)
2005 Ed. (2070, 2121)
2004 Ed. (1930, 1979)
2003 Ed. (1892, 1939)
2002 Ed. (1885)
Telia
2004 Ed. (87)
Telia AB
2004 Ed. (1458, 1467, 1547)
2003 Ed. (1828)
2002 Ed. (1126)
2001 Ed. (81)
2000 Ed. (1559)
1999 Ed. (1738)
1997 Ed. (1512)
1996 Ed. (3737)
Telia & Pavla/BBDO
2003 Ed. (63)
2002 Ed. (96)
2001 Ed. (125)
Telia Mobile
2007 Ed. (1679)
Telia Telecom
2001 Ed. (29)
TeliaSonera
2005 Ed. (38, 82)
TeliaSonera AB
2008 Ed. (36, 39, 40, 56, 58, 1725, 2091)
2007 Ed. (32, 35, 36, 38, 54, 56, 81, 1994, 1997, 4715, 4721)
2006 Ed. (26, 45, 47, 65, 91, 98, 2026, 2027, 2801, 4575)
Teligent Inc.
2004 Ed. (3342)
2001 Ed. (4452)
Telios Pharm
1996 Ed. (2887)
Telkom
2008 Ed. (2072)
2007 Ed. (1975)
2006 Ed. (2009, 2010)
Telkom Kenya
2008 Ed. (54)
2007 Ed. (52)
Telkom Pension Fund
2001 Ed. (2884)
1999 Ed. (2888)
Telkom SA
2005 Ed. (4250, 4251, 4253)
Tell Me Something
2001 Ed. (3379)
Tellabs Inc.
2008 Ed. (1098, 3782)
2007 Ed. (4520)
2005 Ed. (1093, 3593, 4466, 4469, 4470)
2004 Ed. (1082, 1083, 1085, 4493)
2003 Ed. (1593, 2244, 3631, 4547, 4688)
2002 Ed. (1122, 1528, 1570, 3248, 4561, 4563)
2001 Ed. (1667, 4449, 4453, 4455, 4456, 4457)
2000 Ed. (1737, 1738, 1739, 4189)
1999 Ed. (1476, 1542, 1961, 4387, 4486, 4544, 4545, 4548)
1998 Ed. (1050, 1881, 3410, 3411, 3476)
1997 Ed. (2977, 3639)
1996 Ed. (1274)
1995 Ed. (3516)
1994 Ed. (3048, 3049)
1993 Ed. (1045)
1992 Ed. (1293, 3675)
Tellep; Daniel
1996 Ed. (963)
1995 Ed. (979)
1992 Ed. (2058)
Tellepsen
2003 Ed. (1281, 1282)
Tellepsen Builders LP
2004 Ed. (1280)
Teller
2001 Ed. (593)
Teller/branch automation
1990 Ed. (531)
Telles; Marcel Herrmann
2008 Ed. (4854)
Tellier; Paul
2005 Ed. (2514)
Tellium Inc.
2003 Ed. (4319, 4322)
2002 Ed. (2522, 2527, 3539)
Tellurian Networks
2002 Ed. (2994)
Telluride Ski Resort
2008 Ed. (4342)
2007 Ed. (4391)
2006 Ed. (4327)
2005 Ed. (4377)
2004 Ed. (4428)
The Telmarc Group
2000 Ed. (4342)
Telmex
2008 Ed. (1886)
2007 Ed. (1853, 1878)
2006 Ed. (1849, 1851, 1877, 1878)
2005 Ed. (1842, 1843, 1844)
2000 Ed. (3124, 3125, 4204)
1999 Ed. (3397, 3398)
1997 Ed. (2778, 2779, 2938)
1996 Ed. (2628, 2629)
1994 Ed. (2507, 2508)
1993 Ed. (2559, 2560)
1992 Ed. (1670, 3062)
Telmex; Telefonos de Mexico, SA de CV--
2005 Ed. (61)
Telocity Inc.
2002 Ed. (2476)
2001 Ed. (4673)
Telos Corp.
2008 Ed. (1365)
2007 Ed. (1403, 1409)
2006 Ed. (1366, 1371)
2005 Ed. (1362, 1382)

TelShop
1989 Ed. (848)
Telsim
2005 Ed. (89)
2004 Ed. (94)
Telsoft Corp.
2003 Ed. (3963)
2002 Ed. (1072)
Telsp Cellular
2006 Ed. (1845)
TelStar Associates Inc.
2006 Ed. (3510, 4349)
Telstar Records
2001 Ed. (14)
Telstra Corp., Ltd.
2008 Ed. (23, 1566, 1569, 1752, 1753, 1756, 4537)
2007 Ed. (18, 1586, 1592, 4721)
2006 Ed. (24, 294, 651, 1552, 1553, 1554, 1557)
2005 Ed. (18, 1656, 1657, 1658, 1659, 1660, 1661)
2004 Ed. (25, 1088, 1633, 1639, 1640, 1642, 1643, 1743)
2003 Ed. (1613, 1615, 1617, 1619, 1620, 4571)
2002 Ed. (32, 345, 346, 1125, 1580, 1583, 1585, 1586, 1588, 1590, 1591, 1593)
2001 Ed. (1616, 1626, 1627, 1628, 1629, 1630, 1632, 1633, 1634, 1635, 1818)
2000 Ed. (325, 326, 1386, 1387, 3332)
1999 Ed. (4164)
1998 Ed. (2217)
1997 Ed. (1360, 3694, 3695)
Telstra Mobilenet
2001 Ed. (3332)
TelTech Communications LLC
2008 Ed. (3699, 4373, 4955)
2007 Ed. (3540, 4403, 4989)
2006 Ed. (3503)
Teltex
2005 Ed. (77)
2004 Ed. (82)
Teltonika UAB
2008 Ed. (1888)
Teltran International Group Ltd.
2002 Ed. (3559)
Teltronics Inc.
1998 Ed. (1704)
The Telular Corp.
1996 Ed. (1722)
Telus Corp.
2008 Ed. (30, 645, 1429, 1657, 2930, 2938, 2948, 4648)
2007 Ed. (1445, 1571, 2804, 2806, 2810, 2823, 4729)
2006 Ed. (1541, 1573, 1574, 1630, 2812, 3040, 4694, 4793)
2005 Ed. (1666, 1667, 1668, 1719, 2833)
2003 Ed. (2142, 2932, 2933)
2002 Ed. (2502, 4709)
2001 Ed. (2865)
1999 Ed. (2667)
1997 Ed. (3707)
1996 Ed. (3648)
1994 Ed. (3491)
TELUS Communications Inc.
2007 Ed. (4023)
2006 Ed. (2023)
2005 Ed. (1965)
Telus Field
2001 Ed. (4359)
TELUS Mobility
2006 Ed. (2023)
2005 Ed. (1965)
2003 Ed. (4697)
telus.net
2003 Ed. (3034)
Telvent Canada Ltd.
2006 Ed. (1605, 1606)
Telverket
1994 Ed. (45)
Telxon Corp.
1996 Ed. (2535)
1991 Ed. (1019, 1023)
1990 Ed. (2579, 3555)
Temasek Holdings
2001 Ed. (2889)
1999 Ed. (2893)
1997 Ed. (2401)
Tembec Inc.
2008 Ed. (2762)
2007 Ed. (2636)
2003 Ed. (1640, 3723)
2002 Ed. (3518, 3576)
2001 Ed. (3627)
2000 Ed. (3410)
Temecula Valley Bancorp
2008 Ed. (428)
2007 Ed. (390, 462)
2006 Ed. (451)
2005 Ed. (4386)
Temecula Valley Bank
2003 Ed. (507, 509)
Temerlin McClain
2004 Ed. (132)
2003 Ed. (174)
2002 Ed. (184, 185)
1999 Ed. (155)
1998 Ed. (66)
1997 Ed. (77, 146)
1996 Ed. (140)
1995 Ed. (126)
1994 Ed. (117)
Temp Control Mechanical Corp.
2006 Ed. (1334)
Temp Tee
2001 Ed. (1945)
Temperature Control Inc.
2008 Ed. (1328)
Tempest Technologies
1989 Ed. (1566, 2500)
Tempest Technology
2002 Ed. (2494)
Temple Bar
2000 Ed. (3298, 3304)
Temple Hoyne Buell Theatre
2006 Ed. (1155)
2003 Ed. (4529)
2002 Ed. (4345)
Temple-Inland Inc.
2008 Ed. (1218, 3853)
2007 Ed. (1331, 1332, 1333, 3770, 3772, 3775)
2006 Ed. (1221, 1222, 1223, 1225, 1226, 3774, 3775)
2005 Ed. (1261, 1262, 1263, 1264, 1266, 3673, 3674, 3677, 3683, 3689)
2004 Ed. (1227, 1228, 1229, 1230, 2675, 3758, 3759, 3762)
2003 Ed. (1223, 1224, 3712, 3713, 3716, 3717, 3722)
2002 Ed. (2319, 2320, 2321, 3575, 3581)
2001 Ed. (577, 1164, 1454, 3612, 3613, 3614)
2000 Ed. (1244, 3397)
1999 Ed. (1347, 3682, 3687, 3700, 3701)
1998 Ed. (928, 930, 2424, 2731, 2739, 2740)
1997 Ed. (1144, 1145, 2068, 2993)
1996 Ed. (1117, 1118)
1995 Ed. (1143, 1144, 2832)
1994 Ed. (1127, 1129, 2721)
1993 Ed. (1110, 2497, 2762)
1992 Ed. (1381, 1383, 1385, 3327, 3338)
1991 Ed. (1070, 2667, 2384)
1990 Ed. (1158, 1188, 2760)
1989 Ed. (1008, 2111)
Temple-Inland Forest Products Corp.
2003 Ed. (3265)
Temple; Joseph G.
1991 Ed. (1621)
Temple Physicians Inc.
2000 Ed. (3545)
Temple University
2008 Ed. (771, 774, 3178)
2007 Ed. (2268)
2006 Ed. (4198, 4203)
2001 Ed. (3067)
2000 Ed. (931, 2910)
1999 Ed. (3166)
1998 Ed. (2340)
1997 Ed. (2609)
1996 Ed. (2464)
Temple University, Fox School of Business
2008 Ed. (792)
Temple University Health System
2000 Ed. (2533)
1999 Ed. (2753)
1998 Ed. (1996)
Temple University Hospital
2003 Ed. (2831)
Temple University Medical Practice
2000 Ed. (3545)
Templeton
1992 Ed. (3181)
Templeton Americas Government Secs
1999 Ed. (3581)
Templeton Canadian Bond
2002 Ed. (3456, 3457)
2001 Ed. (3482, 3483, 3484)
Templeton Capital Accum.
1995 Ed. (2679)
Templeton Capital Accumulation
1998 Ed. (2609)
Templeton Capital Accumulator
1997 Ed. (2876)
1996 Ed. (2775)
Templeton Developing Markets
2000 Ed. (3257)
1996 Ed. (2770)
Templeton Developing Markets I
1999 Ed. (3566)
1998 Ed. (2622)
Templeton Developing Markets II
1998 Ed. (2622)
Templeton Development Markets
1995 Ed. (2717, 2727)
Templeton Emerging Markets
2006 Ed. (2513)
Templeton Emerging Markets Income
2005 Ed. (3215)
Templeton For. Equity Inst.
1999 Ed. (3565)
Templeton Foreign
2005 Ed. (4490)
2000 Ed. (3277)
1999 Ed. (3565)
1998 Ed. (2617)
1997 Ed. (2870)
1996 Ed. (2770, 2775)
1995 Ed. (2679, 2693, 2699, 2714)
1994 Ed. (2605, 2638)
1993 Ed. (2652, 2661, 2692)
1992 Ed. (3151, 3178, 3194)
1991 Ed. (2558)
1990 Ed. (2393)
Templeton/FT Institutional Global Equity
2007 Ed. (752)
Templeton Global Bond
2008 Ed. (583, 593, 602)
2006 Ed. (624, 625, 626)
2005 Ed. (700)
Templeton Global Income Fund
1990 Ed. (1359, 3135, 3186)
Templeton Global Opp.
1994 Ed. (2616)
Templeton Global Opportunity
1993 Ed. (2672)
Templeton Global Opportunity I
1998 Ed. (2596, 2635)
Templeton Global Small Companies
2001 Ed. (3490)
Templeton Global Small Cos.
2007 Ed. (2493)
Templeton Global Smaller Companies
2008 Ed. (2623)
2006 Ed. (2513)
2004 Ed. (2478, 2479)
Templeton Global Smaller Company Growth I
1998 Ed. (2635)
Templeton Growth
1998 Ed. (2609)
1997 Ed. (2870)
1996 Ed. (2770, 2775)
1995 Ed. (2679, 2693, 2699, 2714, 2743)
1994 Ed. (2605, 2646)
1993 Ed. (2661, 2672)
Templeton Growth Fund
2003 Ed. (3543)
Templeton Growth I
1999 Ed. (3551)
1997 Ed. (2876, 2883)
1996 Ed. (2754)
Templeton Inst-Emerging Markets
2000 Ed. (3257)
Templeton Institutional Foreign Equity
1998 Ed. (2634)
Templeton International
2000 Ed. (2830)
1993 Ed. (2338, 2348, 2352, 2353)
1992 Ed. (2787, 2797, 2798)
1991 Ed. (2256)
1989 Ed. (2144)
Templeton International Stock
2006 Ed. (3663)
Templeton Int'l
1990 Ed. (2363)
Templeton Investment Counsel
1999 Ed. (3588)
1995 Ed. (2394)
Templeton Investment Mgmt. Co.
2000 Ed. (2852)
Templeton Mutual Beacon
2004 Ed. (2460, 2461)
2003 Ed. (3580, 3581)
Templeton Mutual Funds
1991 Ed. (2565)
Templeton/Phoenix Templeton Investment Plus Stock
1994 Ed. (3613)
Templeton; R. K.
2007 Ed. (1036)
2006 Ed. (941)
2005 Ed. (2476)
Templeton; Richard
2008 Ed. (939)
2007 Ed. (1007)
Templeton; Richard K.
2008 Ed. (954, 959)
2007 Ed. (1032)
Templeton Smaller Co.
1993 Ed. (2672)
Templeton Smaller Cos.
1994 Ed. (2605)
Templeton T-F
1992 Ed. (3095, 3168)
Templeton Tax-Free Money Fund
1994 Ed. (2538)
Templeton Value
1993 Ed. (2672)
Templeton World
2000 Ed. (3276, 3277)
1997 Ed. (2883)
1996 Ed. (2770)
1995 Ed. (2693, 2714, 2743)
1993 Ed. (2672)
Templeton World Fund I
1998 Ed. (2635)
Templeton World I
1997 Ed. (2876)
Templeton World 1
1999 Ed. (3514)
Templeton Worldwide
2002 Ed. (3027)
2001 Ed. (3005)
1994 Ed. (2330)
Tempo
2001 Ed. (2220)
1998 Ed. (3509)
1992 Ed. (341)
1990 Ed. (355)
1989 Ed. (316)
Tempo Advertising
2003 Ed. (142)
2002 Ed. (175)
2001 Ed. (203)
2000 Ed. (164)
1999 Ed. (147)
Tempo Scan Pacific
2006 Ed. (53)
2004 Ed. (52)
Temporary Services Insurance Ltd.
2008 Ed. (3224)
2007 Ed. (3084)
2006 Ed. (3054)
Temporary Solutions Inc.
2008 Ed. (3737, 4433, 4988)
2007 Ed. (3608, 3609, 4451)
2006 Ed. (3545, 4383)
Tempra
2002 Ed. (318)
1992 Ed. (23)

TempStaff Inc.
2008 Ed. (3717, 4407)
2007 Ed. (3571, 4429)
2006 Ed. (3522, 4361)
Tempur-Pedic
2005 Ed. (3410)
Tempur-Pedic International
2008 Ed. (1885, 2989)
2006 Ed. (1844)
Tempus Group plc
2007 Ed. (112)
2002 Ed. (143)
2001 Ed. (32)
2000 Ed. (93)
Tempus Software
2000 Ed. (2504)
1999 Ed. (2726)
Ten Cate Nederland BV
1999 Ed. (4593)
1997 Ed. (3737)
The Ten Commandments
1999 Ed. (3446)
1998 Ed. (2536)
Ten Communications
2006 Ed. (113)
10-15-677
2001 Ed. (3162)
Ten High
2004 Ed. (4892)
2003 Ed. (4902)
2002 Ed. (279, 287, 3107)
2001 Ed. (3142, 3147, 4788)
2000 Ed. (2948)
1999 Ed. (3208)
1998 Ed. (2376)
1997 Ed. (2660)
1996 Ed. (2521)
1995 Ed. (2472)
1994 Ed. (2391)
1993 Ed. (2446)
1992 Ed. (2869)
1991 Ed. (727, 2317)
10 in 1 S & P Trader
1993 Ed. (2923)
10-K
1996 Ed. (3497)
1995 Ed. (3432)
1994 Ed. (687)
10-K Wizard Technology LLC
2007 Ed. (3060)
10-10-811
2001 Ed. (3162)
10-10-457
2001 Ed. (3162)
10-10-123
2005 Ed. (2851)
2004 Ed. (2842)
2001 Ed. (3162)
10-10-799
2001 Ed. (3162)
10-10-777
2001 Ed. (3162)
10-10-345
2004 Ed. (2842)
2001 Ed. (3162)
10-10-321
2001 Ed. (3162)
10-10-297
2001 Ed. (3162)
10-10-220
2004 Ed. (2842)
2001 Ed. (3162)
Ten Things I Wish I'd Known—Before I Went Out into the Real World
2003 Ed. (707)
Tenafly Foreign & Domestic Cars
1990 Ed. (313)
Tenafly Foreign Cars
1991 Ed. (290)
Tenaga Nasional
2008 Ed. (1899)
2007 Ed. (1865)
2006 Ed. (1860)
2001 Ed. (1784, 1785)
1999 Ed. (761, 1578, 1700, 1702)
1998 Ed. (1161)
1996 Ed. (1416)
1995 Ed. (1452, 1454, 1455)
1994 Ed. (2349)
Tenaga Nasional Berhad
2000 Ed. (1510)
1997 Ed. (1455, 1474)
Tenaga Nasional Bhd
2006 Ed. (4518)
Tenaga National
2006 Ed. (1861)
Tenaquip Ltd.
2008 Ed. (2058)
Tenaris
2008 Ed. (1893)
2007 Ed. (1861)
2006 Ed. (665, 1857)
Tenaris Confab
2007 Ed. (1850)
Tenaris SA
2008 Ed. (1892, 3569, 4539)
2007 Ed. (4589)
2006 Ed. (1856, 3390)
Tenaska Inc.
2008 Ed. (1400)
Tenaska Energy Inc.
2008 Ed. (1961)
Tenaska Marketing Ventures
2008 Ed. (1961)
2006 Ed. (1915)
2005 Ed. (1893)
2004 Ed. (1810)
Tench Coxe
2004 Ed. (4828)
2003 Ed. (4847)
Tencor Instruments
1999 Ed. (1960, 1974)
Tendaire Industries Inc.
2007 Ed. (4446)
2006 Ed. (4378)
Tendence
2004 Ed. (4756, 4758)
Tender Bird
2002 Ed. (2369)
Tender Chops
2002 Ed. (3655)
1999 Ed. (3789)
1997 Ed. (3072)
1996 Ed. (2993)
1994 Ed. (2831)
1993 Ed. (2819)
1992 Ed. (3412)
1990 Ed. (2821)
Tender Vittles
2002 Ed. (3653)
1999 Ed. (3787)
1997 Ed. (3077)
1996 Ed. (2998)
1994 Ed. (2827, 2836)
1993 Ed. (2822)
1992 Ed. (3415)
1990 Ed. (2816)
1989 Ed. (2200)
Tendon disorders
1996 Ed. (3883, 3884)
Tendonitis
2002 Ed. (3529)
Tenega Nasional
2000 Ed. (1511)
1996 Ed. (2446)
Tenega Nasional Bhd
2002 Ed. (3051)
Tenennenbaum & Co.
1998 Ed. (1021)
TENERA Inc.
2003 Ed. (2945)
Tenet Credit Union
2003 Ed. (1898)
Tenet Health System QA Inc.
2005 Ed. (2790)
2004 Ed. (2797)
Tenet Healthcare Corp.
2008 Ed. (1480, 1541, 2771, 2888, 2889, 2890, 2891, 2901)
2007 Ed. (1486, 2769, 2770, 2776, 2782, 2791, 2935, 4525, 4526, 4528, 4530, 4567, 4568, 4569)
2006 Ed. (2759, 2760, 2764, 2776, 2795, 2925, 4466, 4467, 4470, 4472, 4588, 4605)
2005 Ed. (2789, 2790, 2794, 2798, 2801, 2913, 2914, 2915, 4467)
2004 Ed. (2796, 2797, 2799, 2802, 2804, 2808, 2815, 2925, 2926, 2927, 3526)
2003 Ed. (2680, 2681, 2682, 2685, 2686, 2689, 2690, 2692, 2694, 2825, 3464, 3465, 3466)
2002 Ed. (2448, 2450, 2451, 2453, 3291, 3292, 3293, 4354, 4875)
2001 Ed. (1043, 1646, 1649, 2667, 2668, 2669, 2673, 2676, 2677, 2678, 2679)
2000 Ed. (960, 2263, 2419, 2422, 3004, 3179, 3181, 3360, 3624, 3747)
1999 Ed. (1477, 1552, 2639, 2641, 3461, 3463, 3907, 4216)
1998 Ed. (1053, 1340, 1901, 1903, 1908, 2549, 2550, 2933)
1997 Ed. (1317, 2180, 2181, 2182, 2824, 2825)
1996 Ed. (1269)
Tenet Healthsystem Hospitals Inc.
2003 Ed. (1676, 2680, 2681)
Tenet Southern California
1999 Ed. (2987, 2990, 2992)
Tenex
2003 Ed. (1230)
Teng Affiliated Cos.
2008 Ed. (2548)
2007 Ed. (1348)
Teng & Associates
2008 Ed. (2533)
2006 Ed. (2454)
2001 Ed. (405, 406, 407)
Tengelmann
1999 Ed. (4524, 4644)
1998 Ed. (668, 987, 3085, 3095)
1995 Ed. (1387, 3155, 3156, 3157)
1994 Ed. (990, 1364, 3110, 3112)
1993 Ed. (3050, 3498)
Tengelmann Group
2003 Ed. (1687, 4779)
2001 Ed. (4613)
2000 Ed. (4284)
1996 Ed. (996, 1337, 3244)
1992 Ed. (1190, 2809, 3741)
1991 Ed. (957, 2264, 3261)
1990 Ed. (2404)
1989 Ed. (1867)
Tengelmann Gruppe
2002 Ed. (1076)
2001 Ed. (4102, 4103, 4114)
Tengelmann Warenhandelsgesellschaft
2006 Ed. (4945)
Tengelmann Warenhandelsgesellschaft KG
2006 Ed. (3991)
Tenglemann
1997 Ed. (3679)
Tenix
2004 Ed. (3956, 3963)
2003 Ed. (3955)
2002 Ed. (3771, 3778)
10K
2000 Ed. (4091)
10K Wizard
2002 Ed. (4803)
Tenly Properties Corp.
1998 Ed. (916)
Tennant Co.
2004 Ed. (2115)
Tennant; James R.
2007 Ed. (3974)
Tennant's Lager
2001 Ed. (685)
Tenneco Inc.
2008 Ed. (309, 1530)
2007 Ed. (323, 1548, 1560)
2005 Ed. (1527)
2004 Ed. (1511)
2003 Ed. (1481)
2002 Ed. (1460)
2001 Ed. (1676, 3625)
2000 Ed. (1021, 1404, 1693, 3171, 3436)
1999 Ed. (1596, 1886, 3456, 3457)
1998 Ed. (224, 696, 928, 929, 1124, 1130, 1319, 1843, 2539, 2540, 2708)
1997 Ed. (953, 1379, 2367, 2369, 2371, 2822)
1996 Ed. (1456, 2241, 2242, 2244)
1995 Ed. (952, 1257, 1258, 1500, 2234, 2236, 2237, 2847, 2869)
1994 Ed. (916, 1283, 1465, 1550, 2180, 2182, 2183)
1993 Ed. (901, 1219, 1265, 1411, 1503, 2163, 2164, 2165, 3351)
1992 Ed. (1105, 1770, 1834, 2592, 2593, 2594, 3297)
1991 Ed. (324, 902, 1234, 1445, 2018, 2019, 2020, 2736)
1990 Ed. (931, 937, 1228, 1249, 1477, 1529, 1530, 1883, 2172, 2673, 2834, 2842, 2852, 3445, 3562, 3563)
1989 Ed. (878, 882, 1260, 1500, 2166, 2207, 2225)
Tenneco Automotive Inc.
2006 Ed. (328, 331, 332, 1521, 1530, 2725)
2005 Ed. (310, 313, 317, 1641, 2769)
2004 Ed. (312, 314, 1608, 4544)
2003 Ed. (337, 339, 1590)
2002 Ed. (397)
2001 Ed. (393, 1586, 2041)
Tenneco Oil Norway A/S
1990 Ed. (1251)
Tenneco Packaging
2001 Ed. (3817)
2000 Ed. (1584, 2345, 3402)
1999 Ed. (1752, 2602, 3686, 3700)
Tennent's
1992 Ed. (2888)
1991 Ed. (747)
1990 Ed. (768)
Tennent's Lager
2002 Ed. (686)
1994 Ed. (755)
Tennent's Super
1999 Ed. (820)
1996 Ed. (787)
1994 Ed. (755)
Tennessee
2008 Ed. (2407, 2656, 2896, 2918, 3137, 3469, 3470, 3633, 4082, 4595, 4690, 4733)
2007 Ed. (366, 2078, 2165, 2166, 2274, 2528, 3016, 3018, 3372, 3385, 3459, 4046, 4686, 4770, 4804)
2006 Ed. (383, 2130, 2552, 2756, 2790, 2983, 2987, 3097, 3098, 3109, 3130, 3132, 3443, 3906, 3982, 4014, 4665, 4764)
2005 Ed. (346, 391, 394, 396, 398, 422, 782, 2034, 2527, 2545, 2917, 3432, 4189, 4225, 4231, 4597, 4712)
2004 Ed. (348, 372, 375, 384, 386, 414, 415, 1072, 1904, 2294, 2295, 2570, 2571, 2987, 3038, 3087, 3088, 3090, 3294, 3311, 3312, 3313, 3418, 4292, 4293, 4302, 4303, 4510, 4515, 4735, 4901, 4905)
2003 Ed. (380, 388, 389, 393, 396, 399, 407, 440, 2148, 2435, 2688, 3261, 3263, 3355, 4040, 4237, 4284, 4299, 4416, 4417, 4755)
2002 Ed. (379, 450, 456, 459, 474, 773, 951, 1802, 1906, 2064, 2119, 2232, 2233, 2837, 2874, 2875, 2981, 3091, 3197, 3289, 3804, 4102, 4103, 4114, 4159, 4366, 4550, 4551, 4627, 4765)
2001 Ed. (273, 274, 284, 285, 362, 370, 371, 428, 429, 547, 666, 667, 721, 1124, 1126, 1127, 1245, 1262, 1263, 1266, 1267, 1289, 1290, 1427, 1439, 1491, 1942, 2055, 2131, 2219, 2357, 2380, 2385, 2386, 2387, 2388, 2389, 2392, 2399, 2521, 2522, 2566, 2567, 2604, 2662, 2689, 2805, 2806, 2807, 3027, 3028, 3069, 3070, 3092, 3093, 3094, 3095, 3169, 3175, 3213, 3214, 3307, 3321, 3338, 3339, 3385, 3400, 3414, 3576, 3577, 3617, 3620, 3639, 3653, 3660, 3661, 3662, 3663, 3781, 3782, 3804, 3880, 3888, 3904, 3916, 3963, 3964, 3965, 3966, 3969, 4018, 4239, 4241, 4242, 4258, 4259, 4286, 4360, 4515, 4516, 4517, 4531, 4532, 4536, 4552, 4726, 4727, 4741, 4799, 4832, 4932, 4934, 4937, 4938)

2000 Ed. (276, 1140, 2965, 3587, 3689, 4102, 4104, 4112, 4180, 4289)
1999 Ed. (392, 3226, 3227, 4431, 4432, 4444, 4448, 4449, 4452, 4459, 4464, 4466, 4537)
1998 Ed. (1321, 2059, 2385, 2404, 2437, 2971, 3375, 3383, 3385, 3387, 3395, 3466, 3611)
1997 Ed. (331, 1819, 2650, 2651, 3131, 3228, 3567, 3585, 3592, 3593, 3603, 3608)
1996 Ed. (1737, 1738, 2090, 2504, 2511, 3175, 3522, 3545, 3552, 3553, 3569, 3579)
1995 Ed. (675, 1764, 2462, 3471, 3472, 3488, 3502)
1994 Ed. (2381, 3374, 3393, 3400, 3401, 3417, 3475)
1993 Ed. (315, 2180, 2585, 2586, 3394, 3395, 3396, 3397, 3411, 3425, 3505)
1992 Ed. (973, 975, 978, 2098, 2099, 2919, 2922, 2925, 2968, 4074, 4076, 4077, 4083, 4117, 4128)
1991 Ed. (787, 793, 2349, 2351, 2475, 2476, 2900, 3178, 3186, 3189, 3201, 3202, 3213)
1990 Ed. (824, 2410, 2664, 3281, 3347, 3355, 3385, 3427, 3649)
1989 Ed. (1669, 1737, 1898, 2613, 2617)
Tennessee at Chattanooga; University of
2008 Ed. (779)
Tennessee Department of Economic & Community Development
2003 Ed. (3245)
Tennessee Eastman
1993 Ed. (922)
1990 Ed. (3557)
Tennessee Gas Pipeline Co.
2003 Ed. (3880, 3881)
2000 Ed. (2310, 2314)
1999 Ed. (2571, 2572, 2573, 2574)
1998 Ed. (1810, 1811, 1812, 1813, 1814)
1997 Ed. (2120, 2121, 2122, 2124)
1996 Ed. (2000, 2004)
1995 Ed. (1973, 1976, 1977, 1978, 1979, 1980, 1981)
1994 Ed. (1944, 1946, 1949, 1950, 1951, 1952, 1953, 1954)
1993 Ed. (1923, 1924, 1925, 1926, 1927)
1992 Ed. (2263, 2264, 2265, 2267)
1991 Ed. (1792, 1793, 1794, 1795, 1796, 1797)
1990 Ed. (1879, 1880)
Tennessee Health Care Network
2005 Ed. (2817)
Tennessee Housing Development Agency
2001 Ed. (926)
Tennessee Industrial Specialties Inc.
2008 Ed. (3733, 4983)
Tennessee Oilers
2000 Ed. (2252)
Tennessee Performing Arts Center
2001 Ed. (4353)
1999 Ed. (1295)
Tennessee Pride
2008 Ed. (4278)
2002 Ed. (1329, 4098)
Tennessee Primary Care
1997 Ed. (2197)
Tennessee Restaurant Equipment
1996 Ed. (1956)
Tennessee River Co.
1999 Ed. (2117)
1998 Ed. (3703)
1993 Ed. (3690)
Tennessee System; University of
2007 Ed. (1399)
1997 Ed. (970, 971)
1995 Ed. (971)
Tennessee; University of
1996 Ed. (948, 949)
Tennessee Valley Authority
2008 Ed. (2105, 2302)
2006 Ed. (2038)
2005 Ed. (2394)
2004 Ed. (2028, 2313)
2003 Ed. (1833, 2138, 3634)
2002 Ed. (3607)
2001 Ed. (1876, 3553, 3672, 3870)
2000 Ed. (773, 3440)
1999 Ed. (759, 1948, 3846)
1991 Ed. (1144, 1144, 1274, 1274)
Tennessee Valley Credit Union
2008 Ed. (2260)
2007 Ed. (2145)
2006 Ed. (2224)
2005 Ed. (2129)
2004 Ed. (1987)
2003 Ed. (1947)
2002 Ed. (1893)
Tennessee Valley Industrial Development Association
2002 Ed. (3878, 3879, 4710)
Tennessee Wholesale Drug Co.
1995 Ed. (1586, 3729)
Tennessee Wildlife Resources Agency
2008 Ed. (2724, 2725)
2007 Ed. (2587, 2588)
2006 Ed. (2612)
2005 Ed. (2613, 2614)
2004 Ed. (2624, 2625)
2003 Ed. (2491, 2492)
Tennille; Bob Hope, Toni
1991 Ed. (1042)
Tennis
2006 Ed. (162)
2003 Ed. (4525)
2000 Ed. (1048, 2919)
1999 Ed. (4816)
1998 Ed. (3354)
1994 Ed. (3369)
1989 Ed. (2523)
Tennis courts
2000 Ed. (3554)
Tennis (Open)
1990 Ed. (3328)
Tennis shoes
2001 Ed. (426)
1994 Ed. (245)
1993 Ed. (257)
Tenon Group plc
2008 Ed. (4)
2007 Ed. (6)
2006 Ed. (6, 8)
Tenon USA Inc.
2008 Ed. (2765)
2006 Ed. (2657)
Tenore; Stephen P.
1995 Ed. (2484)
Tenormin
1993 Ed. (1530, 2914)
1992 Ed. (3526)
1991 Ed. (2761, 2763)
1990 Ed. (2898, 2900)
1989 Ed. (2254, 2256)
Tenormin tabs 50 mg
1990 Ed. (1572, 1573)
Tenrox Corp.
2003 Ed. (1116)
Tensilica
2003 Ed. (4381)
Tent Camping
2000 Ed. (4089)
Teo Foong & Wong
1997 Ed. (24)
1996 Ed. (22)
TEOCO Corp.
2002 Ed. (2535)
Teodoro Obiang Nguema Mbasogo
2007 Ed. (2703)
Tepco
2007 Ed. (2305)
Tepeyac
2000 Ed. (2671)
Tepma
2006 Ed. (2544)
TEPPCO Crude Pipeline LLC
2003 Ed. (3882)
Teppco Partners
1992 Ed. (3833)
TEPPCO Partners LP
2008 Ed. (1540, 2363)
2007 Ed. (1559, 3884)
2006 Ed. (2296)
2005 Ed. (2231, 3779)
Tepper; David
2006 Ed. (2798)
Tepper School of Business; Carnegie Mellon University
2008 Ed. (182)
2007 Ed. (796, 813, 814, 815, 820, 821, 824)
2006 Ed. (710, 712, 728, 2859)
Teppo Crude Pipeline LP
2006 Ed. (3910)
Tequendama
2000 Ed. (690)
Tequi Loco Prepared Cocktail
2004 Ed. (1034)
Tequila
2008 Ed. (3451)
2002 Ed. (3132, 3133, 3142, 3143, 3167, 3168, 3169, 3170)
2001 Ed. (3124, 3125)
1997 Ed. (2671)
Tequila London
2002 Ed. (1981)
2000 Ed. (3843, 3844)
Tequila Manchester
2002 Ed. (1980)
Tequila Payne Stracey
2000 Ed. (1676)
Tequila Rose Liqueur
2004 Ed. (3270)
2002 Ed. (292, 3097)
2001 Ed. (3109)
Tequila UK
2002 Ed. (4087)
Tequita Wine Coolers
1991 Ed. (3485)
Tequiza
2005 Ed. (3364, 4924, 4926)
2004 Ed. (4946)
2003 Ed. (261)
Tera Capital Venture
2003 Ed. (3577, 3578, 3579)
2002 Ed. (3427, 3445)
Tera Global Technology
2003 Ed. (3577, 3578, 3605)
Terabeam Inc.
2007 Ed. (3688, 3689)
Teraco
2008 Ed. (4034)
Teradata
2006 Ed. (692)
1993 Ed. (1054, 1193, 3004)
1992 Ed. (1035)
1991 Ed. (1018, 1514)
1990 Ed. (1114, 1974, 1975, 3303)
Teradyne Inc.
2008 Ed. (1912)
2007 Ed. (3082, 4345, 4527, 4569)
2006 Ed. (2826, 4249)
2005 Ed. (2282, 2835, 4346)
2004 Ed. (2181, 2238)
2003 Ed. (2957, 4543)
2002 Ed. (2470, 2830, 4172)
2001 Ed. (2192, 2892, 2893, 2894, 4219)
2000 Ed. (1747, 3862)
1999 Ed. (1263, 1974)
1998 Ed. (832, 3275)
1997 Ed. (1080)
1996 Ed. (3397)
1995 Ed. (3285)
1993 Ed. (2181, 3210)
1992 Ed. (372, 3914)
1991 Ed. (266, 2843, 3083)
1990 Ed. (298, 1630, 2986, 2989, 3237)
1989 Ed. (1309, 2304, 2312)
Teradyne Inc.-Connection Systems
1990 Ed. (2675)
Teradyne Connection Systems Division
2005 Ed. (1272, 1277)
Teraforce Technology
2003 Ed. (2946)
Teralogic
2000 Ed. (1753, 4340)
Teran Publicidad
1995 Ed. (98)
Teran TBWA
2002 Ed. (149)
2001 Ed. (179)
1996 Ed. (114)
Teranet Inc.
2008 Ed. (2947)
2007 Ed. (2822)
2006 Ed. (2820)
Teranet Income Fund
2008 Ed. (2942)
Teranishi; Kiyotaka
1997 Ed. (1980)
1996 Ed. (1872)
Terapia Cluj-Napoca
2002 Ed. (4459)
Terasen Inc.
2007 Ed. (1629, 1647, 2298, 2684)
2006 Ed. (1616, 1628, 1629)
Terasen Gas
2006 Ed. (2023)
Terasen Pipelines
2007 Ed. (3885)
Terashima; Noboru
1997 Ed. (1990)
1996 Ed. (1884)
Terayon
2003 Ed. (827)
Terayon Communication Systems
2001 Ed. (1645)
Terazosin
2002 Ed. (2049)
Tercel
2001 Ed. (476)
Tercera; La
1989 Ed. (27)
Terconazole
1996 Ed. (1572)
Terdyne
2000 Ed. (1750)
Terence Matthews
2005 Ed. (4874)
1999 Ed. (1124)
Terence O'Neil
1998 Ed. (1688)
Terence O'Neill
1999 Ed. (2357)
Terence York
1991 Ed. (1679)
Terenee Inc.
1999 Ed. (4336)
Teresa Beck
2000 Ed. (1050)
Teresa Cascioli
2008 Ed. (4991)
2007 Ed. (4985)
2006 Ed. (4988)
2005 Ed. (4992)
Teresen
2006 Ed. (1574)
Terex Corp.
2008 Ed. (1510, 1530, 1531, 1697, 1698, 1699, 3530, 4525)
2007 Ed. (1674, 3031)
2006 Ed. (2995, 3344)
2005 Ed. (3353, 3355)
2004 Ed. (3328)
2002 Ed. (3249)
2001 Ed. (4153)
1999 Ed. (2850)
1998 Ed. (2088)
1994 Ed. (1469, 2184)
1993 Ed. (1416, 2165)
1992 Ed. (2595)
1991 Ed. (1211)
Teris LLC
2007 Ed. (1578, 1711, 2288, 4020)
Teriyaki
2000 Ed. (4062)
Teriyaki Stix
2004 Ed. (2576)
Term
1990 Ed. (2230)
Terme Catez
1999 Ed. (3252, 3253)
Terme Eate
2000 Ed. (2987)
Terme Eatez
1997 Ed. (2675)
Termerlin McClain
1998 Ed. (2946)
The Terminator
1994 Ed. (3630)
Terminator 3: Rise of the Machines
2005 Ed. (3519, 3520)
Terminator 2
2001 Ed. (2125)
1998 Ed. (2537)

Terminator 2: Jugement Day
1993 Ed. (3668)
Terminex Termite & Pest Control
2002 Ed. (3645)
Terminix International
1999 Ed. (2513, 2518)
Terminix Termite & Pest Control
1999 Ed. (2509)
Termirbank
2001 Ed. (632)
Ternium
2008 Ed. (1893)
2007 Ed. (1861)
Ternium SA
2008 Ed. (3569)
Teroson
1993 Ed. (16)
1992 Ed. (24)
Terpel
1989 Ed. (1102)
Terra Construction Group
2008 Ed. (1277)
Terra Encantada
2001 Ed. (380)
2000 Ed. (299)
Terra Engineering & Construction Corp.
2008 Ed. (4439)
2007 Ed. (4455)
Terra Haute, IN
2008 Ed. (3511)
Terra Industries Inc.
2008 Ed. (1856)
2006 Ed. (862)
2005 Ed. (2569, 2570, 4512)
2004 Ed. (2591, 2592, 4550)
2001 Ed. (372, 1208, 1753)
2000 Ed. (1914)
1999 Ed. (1113, 3366)
1998 Ed. (716, 1553)
1997 Ed. (973, 1844)
1995 Ed. (1784)
1994 Ed. (1753)
Terra Insurance Co.
1993 Ed. (852)
Terra International Inc.
2008 Ed. (1856)
2003 Ed. (1723)
2001 Ed. (1753)
Terra Lycos
2008 Ed. (2453)
2006 Ed. (3187)
2005 Ed. (3196)
2004 Ed. (3152)
2003 Ed. (2742)
Terra Networks, SA
2002 Ed. (721, 1483, 1768, 4471, 4472, 4474)
2001 Ed. (1854, 4189)
Terra Nitrogen
2001 Ed. (1208)
2000 Ed. (1914)
1998 Ed. (1553)
1997 Ed. (1844)
Terra Nitrogen Co., LP
2005 Ed. (2569, 2570)
2004 Ed. (2591, 2592)
Terra Nova
2005 Ed. (757, 759)
2003 Ed. (768)
2001 Ed. (2957, 2958)
2000 Ed. (2988)
Terra Nova (Bermuda) Holdings Ltd.
1998 Ed. (2107, 3179)
Terra Nova Financial
2008 Ed. (738)
Terra Nova Trading
2007 Ed. (762)
2006 Ed. (663)
Terracon
2004 Ed. (2338, 2372)
2003 Ed. (2356, 2357)
2000 Ed. (1843)
Terradigm Inc.
2006 Ed. (3529)
Terrafix
1992 Ed. (85)
Terrahealth Inc.
2008 Ed. (2954, 4042)
2006 Ed. (2830)
Terran Miller
2000 Ed. (1930)
1999 Ed. (2160)
1998 Ed. (1573)
1997 Ed. (1926)
Terran S. Peizer
1993 Ed. (1194)
Terrance Hansen
1990 Ed. (2482)
Terrance Smith
2004 Ed. (2533)
Terrano Corp.
1992 Ed. (3307)
Terranova Corp.
1998 Ed. (3002)
TerraVest Income Fund
2008 Ed. (2975)
Terre Aux Boeufs Land Co., Inc.
2004 Ed. (4586)
Terre Haute, IN
2004 Ed. (4169)
2003 Ed. (4154)
2002 Ed. (2713)
2001 Ed. (2359)
2000 Ed. (4369)
1999 Ed. (2088, 2089, 3368, 3369)
1997 Ed. (3349)
1996 Ed. (3248)
1995 Ed. (3148)
1994 Ed. (3103)
1992 Ed. (3735)
1991 Ed. (2429)
Terrell Crews
2008 Ed. (962)
Terrell K. Crews
2007 Ed. (2498)
Terrence A. Elkes
1989 Ed. (1377)
Terrence D. Daniels
1991 Ed. (1621)
Terrence Larsen
2000 Ed. (1880)
Terrence Murray
1998 Ed. (289)
Terreson; Douglas
1997 Ed. (1888)
Terrestris Development Co.
1995 Ed. (3793)
1994 Ed. (3669)
1993 Ed. (3734)
1992 Ed. (4484)
1991 Ed. (3513)
Terri A. Dial
2002 Ed. (4980)
Terri Caffery
2000 Ed. (3160, 4428)
Terrik; Jeanne Gallagher
1995 Ed. (1819)
Terrile; Jeanne Gallagher
1997 Ed. (1867)
1996 Ed. (1793)
1994 Ed. (1779)
1993 Ed. (1796)
1991 Ed. (1679)
Terri's Consign & Design Furnishings
2002 Ed. (2387)
Terrorism
1992 Ed. (4430)
Terrorist attacks
2005 Ed. (882, 884, 2202, 2204)
2003 Ed. (2980)
Terry
2002 Ed. (2694)
Terry Cos.
1996 Ed. (814, 824)
Terry E. Roberts
1991 Ed. (2549)
Terry Gou
2008 Ed. (4852)
Terry J. Lundgren
2007 Ed. (1102, 2503, 2505)
Terry; John
2008 Ed. (4453)
Terry K. Gilliam
1992 Ed. (532)
Terry Lisenby
2006 Ed. (977)
Terry Lundgren
2007 Ed. (968)
2006 Ed. (877)
Terry Matthews
2002 Ed. (4788)
1997 Ed. (3871)
Terry Matthews; Sir
2005 Ed. (4888, 4893, 4896)
Terry Milholland
2004 Ed. (976)
Terry-Peterson Residential
2005 Ed. (1205)
2004 Ed. (1178)
2003 Ed. (1170)
Terry S. Semel
2008 Ed. (939, 945, 957)
2007 Ed. (988, 1035)
2006 Ed. (898, 935, 938)
Terry School of Business; University of Georgia
2008 Ed. (792, 800)
Terry Schulte Chevrolet Geo
1991 Ed. (270)
Terry Semel
2005 Ed. (2319)
2003 Ed. (3021)
Terry Sinclair
2000 Ed. (2103)
1999 Ed. (2315)
Terry Smith
2008 Ed. (2595)
2007 Ed. (2462)
Terry York Motor Cars
1996 Ed. (285)
1995 Ed. (278)
1994 Ed. (282)
1993 Ed. (283, 284)
1992 Ed. (398, 399)
1991 Ed. (293, 294)
1990 Ed. (316, 317, 329)
Terry's All Gold
2000 Ed. (1060)
Terumo
2007 Ed. (2784)
Tervis AS
1997 Ed. (1384)
TES Litvinov
1996 Ed. (863)
tesa tape Inc.
2004 Ed. (19)
Tesco
2008 Ed. (650, 687, 690, 692, 708, 720, 4238)
2007 Ed. (685, 721, 739, 745, 746, 1446, 4203)
2001 Ed. (3402, 4574, 4577, 4578)
2000 Ed. (1444, 4284)
1999 Ed. (1641, 1643, 4100, 4110)
1997 Ed. (1420, 3353)
1995 Ed. (3339)
1994 Ed. (3109, 3111, 3260, 3565)
1993 Ed. (232, 742, 3046, 3049, 3609)
1992 Ed. (4178)
1990 Ed. (3053, 3055, 3499, 3500)
Tesco Distribution Ltd.
2004 Ed. (4797)
2002 Ed. (4672)
Tesco Healthy Living/Eating
2008 Ed. (720)
Tesco Ireland Ltd.
2003 Ed. (1725, 4779)
Tesco Magazine
2008 Ed. (3534)
Tesco plc
2008 Ed. (49, 99, 134, 1452, 1455, 1456, 1458, 1460, 1461, 1496, 1738, 1828, 2121, 2122, 2123, 2124, 2135, 4234, 4235, 4240, 4573, 4574, 4575)
2007 Ed. (46, 1458, 1459, 1462, 1464, 1465, 1466, 1467, 1513, 1689, 1709, 1790, 1792, 1793, 1794, 1795, 1796, 1797, 2026, 2027, 2035, 2037, 2040, 2041, 2042, 2240, 2241, 4199, 4200, 4206, 4631, 4632, 4633, 4634, 4635, 4643, 4644)
2006 Ed. (55, 1472, 1476, 1478, 1481, 1714, 1786, 1789, 2057, 2058, 2059, 2063, 2065, 2068, 4177, 4178, 4179, 4187, 4641, 4642, 4643, 4644, 4645, 4647, 4945)
2005 Ed. (1587, 1588, 1590, 1591, 1592, 1593, 1594, 1595, 1596, 1597, 1806, 1808, 1809, 1981, 1984, 1986, 1989, 4122, 4132, 4140, 4566, 4567, 4568, 4912)
2004 Ed. (1703, 1873, 2764, 4206, 4213, 4641)
2003 Ed. (1838, 4179, 4665, 4779)
2002 Ed. (52, 232, 1642, 1786, 1787, 1789, 1790, 1791, 1792, 4420, 4532, 4533, 4534, 4899)
2001 Ed. (262, 1718, 1884, 1887, 1889, 4114, 4613, 4703, 4818)
2000 Ed. (1441, 1443, 4171, 4387)
1997 Ed. (3783)
1996 Ed. (3252, 3623, 3730)
1991 Ed. (24, 740, 2893, 2897, 3110)
1990 Ed. (3265)
Tesco Stores Ltd.
2004 Ed. (4929)
2003 Ed. (1838)
2002 Ed. (4899)
2001 Ed. (1718, 4613, 4818)
2000 Ed. (1441, 1443, 4284, 4387)
1999 Ed. (1640, 4110)
1996 Ed. (3252, 3730)
1994 Ed. (3109)
1992 Ed. (51, 52, 100, 926, 1101, 1102, 1625, 3737, 3740, 4237)
1990 Ed. (3265)
Tesco.com
2008 Ed. (683, 704)
2007 Ed. (732)
Tese; Vincent S.
1993 Ed. (3445)
Tesoro Corp.
2008 Ed. (1515, 1540, 3737, 3894, 4433)
2007 Ed. (1531, 3608, 3832, 3838, 3846, 3848, 3889, 4451, 4564)
2006 Ed. (1499, 1521, 2831, 3819, 3830, 3861)
2005 Ed. (1164, 2837)
Tesoro Hawaii Corp.
2001 Ed. (1722)
Tesoro Petroleum Corp.
2006 Ed. (3459, 3824)
2005 Ed. (1609, 1632, 3450, 3738, 3742, 3746, 3795, 4500)
2004 Ed. (1578, 3830, 3833, 3834, 3866)
2003 Ed. (3818, 3851, 4560)
2001 Ed. (1582)
1999 Ed. (3796)
1998 Ed. (2822)
1991 Ed. (1212)
Tesoro Refining & Marketing Co.
2005 Ed. (1973, 3793)
Tespe; Vincent
1991 Ed. (3211)
Tess
2003 Ed. (1517)
Tessa Complete Health Care Inc.
2003 Ed. (1511)
Tessada & Associates Inc.
2006 Ed. (2831)
Tessco Technologies Inc.
2006 Ed. (2107, 4704)
2005 Ed. (4641)
Tessenderlo Chemie International SA
2001 Ed. (1222)
1999 Ed. (1082)
Tessenderlo Chemie SA
2008 Ed. (3549)
2006 Ed. (3372)
Tessera
2000 Ed. (4415, 4417, 4423)
Tessera Technologies Inc.
2008 Ed. (1587, 1604, 1606, 1607, 1609, 2458, 2860)
2007 Ed. (2332, 2730)
2006 Ed. (2388, 2743, 2745)
Test & measurement equipment/ services
1998 Ed. (2077)
Test & Measurement World
2008 Ed. (4709)
Testa Corp.
2007 Ed. (1359)
2006 Ed. (1280)
2005 Ed. (1310)
Testa Group; Armando
1997 Ed. (106)

1996 Ed. (104)
Testa Hurwitz
2004 Ed. (3229)
The Testament
2001 Ed. (984, 986)
Teteks Banka AD Skopje
1999 Ed. (583)
Teteks Tetovo
2002 Ed. (4442)
Tetley
2008 Ed. (4599)
2005 Ed. (4605)
2003 Ed. (4676, 4678)
2002 Ed. (703)
2000 Ed. (4182)
1999 Ed. (710)
1998 Ed. (3441, 3469)
1996 Ed. (723, 725)
1995 Ed. (3547)
1994 Ed. (693, 3477, 3478)
Tetley Tea Co.
1997 Ed. (2704)
Tetley Tea Bags
1992 Ed. (887, 2192)
Teton County Hospital District
2008 Ed. (2178)
2007 Ed. (2070)
2006 Ed. (2122)
2005 Ed. (2019)
2004 Ed. (1893)
2003 Ed. (1857)
Teton, WY
1994 Ed. (339)
Tetra Laval Holdings & Finance SA
2003 Ed. (2856)
Tetra Laval International SA
2007 Ed. (4922)
Tetra Laval SA
2005 Ed. (4887)
Tetra Pak
2007 Ed. (1998)
Tetra Pak AG
1994 Ed. (2730)
Tetra Pak Alfa-Laval
1994 Ed. (1895)
Tetra Pak Group
1993 Ed. (1197)
Tetra Pak Group AG
1996 Ed. (1453)
Tetra Tech Inc.
2008 Ed. (1235, 2543, 2545, 2549, 2551, 2598, 2599, 2600, 2601, 2604, 2607, 4822)
2007 Ed. (1401, 2415, 2416, 2418, 2421, 2422, 2424, 2469, 2470, 2471, 2472, 2475, 2478, 4890)
2006 Ed. (1170, 1250, 1274, 1362, 2502, 2503, 2506)
2005 Ed. (1174, 1305, 1358, 1370)
2004 Ed. (1295, 1296, 1297, 1354, 2326, 2329, 2333, 2342, 2347, 2358, 2359, 2378, 2379, 2383, 2385, 2433, 2438, 2439, 2440, 2443)
2003 Ed. (2296, 2301, 2303)
2002 Ed. (2131, 2136, 2138, 2152)
2001 Ed. (2243, 2297, 2298, 4733)
2000 Ed. (1798, 1806, 1852, 1859)
1999 Ed. (2021, 2029)
1998 Ed. (1438, 1443)
1996 Ed. (3454)
Tetra Technologies
2001 Ed. (3834)
Tetracycline NCI
1993 Ed. (1939)
Tetracyclines
1994 Ed. (228)
Tetsufumi Yamakawa
2000 Ed. (2146)
1999 Ed. (2364)
1997 Ed. (1994)
Teuber Jr.; William
2007 Ed. (1064)
2006 Ed. (968)
Teutberg Business Forms
2000 Ed. (909)
Teva
2006 Ed. (4684)
2000 Ed. (2323, 4184, 4185)
1999 Ed. (4539)
1997 Ed. (3685, 3686)
1996 Ed. (3634, 3635)
Teva Pharm USA
1999 Ed. (1906)
Teva Pharmaceutical
1999 Ed. (3676, 3677, 4540)
1996 Ed. (2896)
1994 Ed. (2709, 2710, 3479, 3480)
1993 Ed. (2752, 3506)
Teva Pharmaceutical Industries Ltd.
2008 Ed. (1424, 1744, 1745, 1860, 3566, 3952, 3953, 3955, 3956)
2007 Ed. (1714, 1716, 1721, 1727, 1825)
2006 Ed. (1445, 1818, 1819, 3387, 3889)
2005 Ed. (239, 272, 3821)
2002 Ed. (1730, 2017, 3753, 4558, 4559)
2001 Ed. (1793, 2061, 2103)
1998 Ed. (2727, 2728)
1992 Ed. (4196, 4197)
1991 Ed. (3274, 3275)
Teva Pharmaceuticals
2000 Ed. (2321)
1995 Ed. (3516)
Teva Pharmaceuticals USA
2000 Ed. (740, 1712)
1998 Ed. (1349)
Teva USA
1997 Ed. (2135)
Teves
1992 Ed. (480)
Tewksbury Municipal Employees Credit Union
2003 Ed. (1891)
Texaco Inc.
2008 Ed. (352, 2794)
2007 Ed. (364, 2657)
2005 Ed. (420, 1524, 3726)
2004 Ed. (3818)
2003 Ed. (1422, 1513, 1575, 1790, 2279, 2604, 2605, 3808, 3809, 3831, 3832, 3833, 3834, 3838, 3839, 3841, 3842, 3850, 3855, 3859, 3860, 3861, 3862)
2002 Ed. (1395, 1457, 1618, 1621, 1741, 2389, 2390, 2391, 3233, 3537, 3663, 3665, 3667, 3668, 3669, 3670, 3671, 3672, 3673, 3674, 3681, 3683, 3684, 3685, 3686, 3687, 3688, 3690, 3692, 3693, 3697, 3698, 3699, 3700, 3701)
2001 Ed. (389, 1817, 2578, 2579, 2582, 2584, 3403, 3739, 3740, 3741, 3742, 3743, 3744, 3745, 3746, 3749, 3751, 3752, 3753, 3754, 3762, 3766, 3774, 3775)
2000 Ed. (390, 391, 1347, 1525, 2308, 2309, 2316, 2317, 3187, 3321, 3518, 3519, 3520, 3521, 3522, 3523, 3524, 3525, 3526, 3527, 3528, 3529, 3530, 3533, 3534, 3536, 3537)
1999 Ed. (390, 391, 1412, 1714, 1864, 2568, 2569, 2575, 2576, 3468, 3601, 3795, 3797, 3798, 3799, 3800, 3801, 3802, 3803, 3804, 3805, 3806, 3808, 3810, 3812, 3815, 3816)
1998 Ed. (975, 1008, 1181, 1801, 1806, 1815, 1816, 1824, 2671, 2817, 2818, 2819, 2820, 2823, 2824, 2825, 2826, 2827, 2828, 2829, 2831, 2832, 2833, 2834, 2836, 2837, 2840)
1997 Ed. (353, 354, 1210, 1245, 1248, 1489, 2116, 2118, 2125, 2126, 2932, 3083, 3084, 3086, 3087, 3088, 3089, 3090, 3091, 3092, 3093, 3094, 3098, 3099, 3101, 3102, 3106, 3108, 3109)
1996 Ed. (382, 383, 1171, 1199, 1208, 1428, 1997, 1998, 2005, 2006, 2827, 3004, 3006, 3007, 3008, 3009, 3010, 3011, 3012, 3013, 3016, 3017, 3018, 3021, 3022, 3024, 3026)
1995 Ed. (1203, 1222, 1228, 1237, 1280, 1466, 1567, 1970, 1971, 1982, 1983, 2491, 2763, 2908, 2909, 2911, 2912, 2913, 2914, 2915, 2916, 2917, 2918, 2919, 2920, 2922, 2923, 2924, 2927, 2929, 2930, 2931)
1994 Ed. (358, 1179, 1180, 1181, 1182, 1184, 1185, 1186, 1187, 1189, 1212, 1221, 1257, 1430, 1629, 1942, 1943, 1956, 1957, 2579, 2661, 2842, 2843, 2844, 2845, 2846, 2847, 2848, 2849, 2850, 2851, 2852, 2855, 2856, 2857, 2858, 2862, 2863, 2867, 2868)
1993 Ed. (365, 366, 1160, 1181, 1188, 1217, 1377, 1459, 1490, 1600, 1919, 1920, 1929, 1931, 2611, 2701, 2711, 2718, 2770, 2824, 2827, 2830, 2831, 2832, 2834, 2835, 2836, 2837, 2838, 2839, 2840, 2846, 2847, 2849, 2850)
1992 Ed. (1441, 1467, 1474, 2260, 2261, 2269, 2270, 2282, 3222, 3230, 3230, 3231, 3362, 3418, 3419, 3430, 3431, 3432, 3433, 3434, 3451, 4061, 1565)
1991 Ed. (1185, 2725)
1990 Ed. (1286, 1296, 1298, 1304, 1456, 1653, 1659, 1660, 1662, 1891, 1892, 2639, 2673, 2674, 2680, 2834, 2836, 2837, 2842, 2843, 2850, 2851, 2853, 2855, 2856, 2857, 3445)
1989 Ed. (418, 1088, 1495, 1496, 1501, 1502, 2210, 2211, 2212, 2213, 2214, 2215, 2223, 2224)
Texaco (Britain)
1991 Ed. (1283)
Texaco Canada
1997 Ed. (1260, 1270, 2115, 3100)
1996 Ed. (1224)
1995 Ed. (1255)
1994 Ed. (1236)
1993 Ed. (1208, 2843)
1992 Ed. (1495)
1991 Ed. (1144, 1136, 1147, 1154, 1170, 1183, 3331)
1990 Ed. (1340, 1661, 2844)
1989 Ed. (2038)
Texaco Chemical
1993 Ed. (1738, 2477)
Texaco Credit Card Services
1998 Ed. (1823)
1997 Ed. (2133)
Texaco North Sea UK Co. Ltd.
1995 Ed. (3650)
Texaco Petroleum
1989 Ed. (1105)
Texaco Pipeline Inc.
2000 Ed. (2311)
1999 Ed. (3828, 3829, 3830, 3831)
1998 Ed. (2857, 2858, 2859, 2864)
1997 Ed. (3120, 3121, 3124, 3125)
1996 Ed. (3040, 3044)
1995 Ed. (2941, 2942, 2944, 2946, 2948, 2949)
1994 Ed. (2878, 2882, 2883)
1993 Ed. (2854, 2856, 2857, 2859, 2861)
1992 Ed. (3462, 3464, 3465, 3469)
1991 Ed. (2742, 2744, 2746, 2748)
Texaco Refining & Marketing Inc.
1996 Ed. (2013)
1995 Ed. (1991)
1994 Ed. (1965)
Texaco USA
1991 Ed. (2736)
Texaco Xpress Lube
2008 Ed. (322, 333)
2007 Ed. (335, 346)
2006 Ed. (350, 361)
2005 Ed. (349)
2002 Ed. (418)
2001 Ed. (531)
Texan Ford - Katy
2004 Ed. (4803, 4804)
Texans Credit Union
2008 Ed. (2261)
2007 Ed. (2146)
2006 Ed. (2177, 2225)
2005 Ed. (2130)
2004 Ed. (1988)
2003 Ed. (1948)
2002 Ed. (1894)
Texans; Houston
2008 Ed. (2761)
2007 Ed. (2632)
2006 Ed. (2653)
2005 Ed. (2667, 4437)
Texarkana, AR
2007 Ed. (4097)
2006 Ed. (1180)
Texarkana, TX
1999 Ed. (2089, 3369)
Texarkana, TX-AR
2005 Ed. (2028, 2031, 2976)
2003 Ed. (4195)
2001 Ed. (2359)
Texas
2008 Ed. (327, 354, 1012, 1105, 1757, 2405, 2406, 2407, 2434, 2435, 2492, 2642, 2648, 2654, 2655, 2656, 2918, 2958, 3129, 3130, 3135, 3136, 3137, 3266, 3280, 3281, 3469, 3470, 3471, 3512, 3545, 3633, 3648, 3759, 3760, 3779, 3806, 3829, 3859, 3862, 4009, 4011, 4012, 4048, 4326, 4355, 4361, 4455, 4463, 4497, 4595, 4661, 4733, 4838, 4940, 4996)
2007 Ed. (156, 333, 341, 356, 366, 1131, 1199, 2078, 2165, 2274, 2308, 2372, 2520, 2526, 2527, 2528, 2763, 2838, 3009, 3016, 3017, 3018, 3371, 3372, 3385, 3419, 3420, 3459, 3474, 3515, 3647, 3648, 3685, 3713, 3748, 3781, 3788, 3992, 3994, 3995, 4022, 4371, 4472, 4479, 4534, 4685, 4686, 4939)
2006 Ed. (165, 373, 383, 1043, 2130, 2428, 2550, 2551, 2552, 2754, 2755, 2790, 2834, 2983, 2984, 2986, 2987, 3059, 3069, 3070, 3080, 3084, 3097, 3103, 3104, 3112, 3115, 3117, 3130, 3132, 3136, 3137, 3155, 3156, 3301, 3307, 3323, 3367, 3368, 3443, 3450, 3483, 3584, 3690, 3730, 3749, 3783, 3790, 3934, 3936, 3937, 3983, 4158, 4213, 4305, 4334, 4410, 4417, 4475, 4477, 4665, 4667, 4865, 4933)
2005 Ed. (371, 391, 394, 396, 397, 398, 413, 422, 782, 912, 1034, 1073, 1074, 2034, 2276, 2382, 2526, 2527, 2543, 2544, 2545, 2785, 2840, 2937, 2988, 3122, 3319, 3335, 3383, 3384, 3432, 3441, 3484, 3524, 3589, 3613, 3651, 3690, 3701, 3836, 3871, 3873, 3874, 3945, 4159, 4190, 4191, 4193, 4194, 4195, 4196, 4210, 4228, 4230, 4232, 4236, 4237, 4239, 4242, 4362, 4392, 4400, 4472, 4597, 4795, 4816, 4828, 4900, 4928, 4939, 4940, 4941)
2004 Ed. (186, 360, 372, 375, 384, 385, 386, 388, 415, 767, 805, 895, 896, 921, 1027, 1028, 1037, 1067, 1069, 1070, 1071, 1098, 1904, 2000, 2001, 2002, 2023, 2177, 2188, 2294, 2298, 2299, 2300, 2301, 2302, 2303, 2304, 2305, 2309, 2310, 2316, 2318, 2536, 2563, 2564, 2567, 2569, 2570, 2571, 2573, 2727, 2728, 2732, 2793, 2971, 2973, 2980, 2981, 2987, 2989, 2990, 2991, 2992, 2993, 2994, 3037, 3039, 3041, 3042, 3043, 3044, 3045, 3046, 3047, 3048, 3049, 3057, 3058, 3069, 3070, 3087, 3090, 3091, 3092, 3094, 3096, 3098, 3099, 3118, 3120, 3121, 3145, 3146, 3263, 3278, 3281, 3290, 3301, 3313, 3355, 3356, 3418, 3425, 3478, 3489, 3525, 3671, 3675, 3702, 3783, 3837, 3897, 3923, 3925, 3926, 3933, 4232, 4236, 4257, 4258, 4260, 4261, 4262, 4277, 4295, 4297, 4299, 4304, 4306, 4309, 4318, 4412, 4419,

4446, 4453, 4499, 4501, 4502, 4503, 4505, 4506, 4507, 4508, 4510, 4511, 4512, 4520, 4521, 4522, 4523, 4524, 4525, 4526, 4527, 4531, 4701, 4702, 4837, 4847, 4884, 4887, 4898, 4899, 4900, 4901, 4948, 4957, 4958, 4981, 4993, 4995, 4996)
2003 Ed. (354, 381, 396, 397, 399, 410, 415, 445, 757, 786, 904, 1025, 1032, 1059, 1060, 1061, 2127, 2270, 2424, 2433, 2434, 2435, 2436, 2612, 2678, 2751, 2886, 2960, 2961, 2962, 2963, 2964, 2982, 2984, 2988, 3003, 3221, 3236, 3243, 3261, 3263, 3293, 3294, 3355, 3360, 3420, 3459, 3628, 3657, 3758, 3895, 3897, 3898, 4209, 4213, 4238, 4239, 4240, 4241, 4242, 4243, 4252, 4257, 4287, 4291, 4292, 4293, 4298, 4300, 4308, 4400, 4408, 4416, 4417, 4467, 4482, 4551, 4646, 4723, 4724, 4843, 4852, 4867, 4896, 4908, 4909, 4944, 4954, 4955, 4988, 4992)
2002 Ed. (273, 367, 368, 378, 453, 458, 474, 494, 771, 864, 869, 948, 950, 951, 952, 960, 1102, 1113, 1115, 1401, 1402, 1802, 1824, 1825, 1905, 1907, 2063, 2064, 2069, 2120, 2226, 2229, 2231, 2232, 2233, 2234, 2353, 2401, 2447, 2548, 2549, 2552, 2738, 2740, 2741, 2742, 2843, 2844, 2845, 2846, 2847, 2849, 2851, 2865, 2868, 2874, 2877, 2881, 2882, 2883, 2892, 2895, 2896, 2897, 2899, 2902, 2903, 2919, 2944, 2946, 2947, 2953, 2961, 2977, 2978, 2979, 2980, 2981, 2983, 3053, 3089, 3115, 3116, 3117, 3118, 3119, 3120, 3129, 3200, 3212, 3213, 3235, 3236, 3239, 3273, 3289, 3300, 3327, 3341, 3344, 3367, 3528, 3600, 4063, 4072, 4106, 4108, 4110, 4111, 4112, 4113, 4140, 4147, 4148, 4149, 4150, 4151, 4155, 4161, 4177, 4179, 4195, 4196, 4286, 4308, 4328, 4366, 4368, 4369, 4370, 4371, 4373, 4374, 4375, 4376, 4521, 4522, 4523, 4537, 4538, 4551, 4605, 4606, 4607, 4681, 4732, 4734, 4740, 4763, 4910, 4916, 4917, 4918, 4992)
2001 Ed. (1, 2, 9, 10, 273, 274, 277, 278, 284, 285, 340, 341, 361, 362, 371, 396, 397, 401, 402, 410, 411, 412, 413, 414, 415, 429, 547, 548, 549, 550, 660, 661, 666, 667, 720, 721, 722, 977, 978, 992, 993, 997, 998, 1006, 1007, 1014, 1028, 1029, 1030, 1031, 1050, 1051, 1084, 1085, 1086, 1087, 1106, 1107, 1109, 1110, 1123, 1124, 1158, 1201, 1202, 1262, 1263, 1266, 1267, 1268, 1269, 1284, 1287, 1293, 1294, 1295, 1304, 1305, 1345, 1346, 1361, 1372, 1373, 1375, 1376, 1377, 1378, 1396, 1397, 1400, 1411, 1415, 1416, 1418, 1419, 1421, 1423, 1424, 1425, 1426, 1427, 1428, 1429, 1430, 1431, 1432, 1433, 1434, 1435, 1436, 1437, 1438, 1439, 1440, 1441, 1492, 1934, 1941, 1942, 1967, 1968, 1975, 1976, 1979, 1980, 2048, 2049, 2050, 2051, 2053, 2055, 2056, 2111, 2112, 2131, 2143, 2144, 2149, 2150, 2151, 2152, 2218, 2219, 2234, 2235, 2260, 2261, 2266, 2286, 2287, 2356, 2357, 2360, 2361, 2368, 2380, 2381, 2385, 2390, 2396, 2397, 2398, 2399, 2415, 2417, 2420, 2421, 2436, 2437, 2452, 2453, 2459, 2460, 2466, 2467, 2472, 2520, 2521, 2523, 2537, 2538, 2542, 2544, 2545, 2557, 2563, 2564, 2567, 2572, 2573, 2576, 2577, 2580, 2581, 2591, 2592, 2593, 2594, 2597, 2604, 2617, 2618, 2619, 2620, 2623, 2624, 2629, 2630, 2659, 2660, 2663, 2664, 2682, 2683, 2684, 2685, 2689, 2690, 2705, 2738, 2739, 2758, 2804, 2805, 2806, 2807, 2828, 2829, 2963, 2964, 2997, 2998, 2999, 3000, 3026, 3027, 3028, 3029, 3032, 3033, 3034, 3035, 3042, 3043, 3046, 3047, 3048, 3049, 3071, 3072, 3078, 3079, 3082, 3083, 3090, 3091, 3092, 3093, 3094, 3096, 3097, 3098, 3099, 3103, 3122, 3169, 3170, 3172, 3173, 3204, 3205, 3213, 3214, 3223, 3224, 3225, 3226, 3235, 3236, 3262, 3263, 3307, 3308, 3327, 3328, 3330, 3338, 3339, 3354, 3355, 3356, 3357, 3383, 3384, 3386, 3396, 3397, 3400, 3401, 3414, 3416, 3417, 3418, 3419, 3523, 3524, 3525, 3526, 3527, 3536, 3537, 3538, 3539, 3545, 3557, 3567, 3568, 3570, 3571, 3573, 3574, 3576, 3577, 3582, 3583, 3584, 3606, 3607, 3615, 3618, 3637, 3639, 3640, 3652, 3653, 3654, 3661, 3707, 3708, 3716, 3717, 3730, 3731, 3732, 3733, 3735, 3736, 3737, 3738, 3747, 3748, 3768, 3769, 3770, 3771, 3781, 3782, 3785, 3786, 3787, 3788, 3789, 3790, 3791, 3792, 3795, 3796, 3804, 3805, 3807, 3808, 3809, 3810, 3816, 3827, 3828, 3840, 3841, 3849, 3871, 3872, 3878, 3879, 3880, 3881, 3883, 3889, 3892, 3893, 3894, 3895, 3896, 3897, 3898, 3899, 3903, 3904, 3907, 3913, 3914, 3915, 3916, 3963, 3964, 3965, 3966, 3968, 3969, 3993, 3994, 3999, 4000, 4005, 4006, 4011, 4012, 4018, 4019, 4140, 4141, 4144, 4150, 4157, 4158, 4165, 4171, 4175, 4176, 4198, 4199, 4211, 4212, 4224, 4228, 4230, 4231, 4232, 4238, 4239, 4240, 4241, 4242, 4243, 4247, 4248, 4258, 4259, 4286, 4287, 4294, 4295, 4304, 4305, 4311, 4327, 4328, 4331, 4332, 4335, 4336, 4360, 4361, 4362, 4363, 4406, 4407, 4408, 4414, 4415, 4430, 4442, 4443, 4444, 4445, 4459, 4460, 4479, 4480, 4481, 4482, 4488, 4489, 4505, 4531, 4532, 4536, 4580, 4581, 4583, 4584, 4594, 4595, 4599, 4600, 4614, 4615, 4633, 4634, 4637, 4642, 4643, 4646, 4653, 4654, 4657, 4658, 4659, 4660, 4683, 4709, 4719, 4721, 4726, 4727, 4728, 4729, 4737, 4738, 4739, 4740, 4741, 4742, 4782, 4794, 4796, 4798, 4799, 4808, 4809, 4810, 4811, 4812, 4813, 4814, 4815, 4820, 4821, 4822, 4823, 4824, 4825, 4826, 4827, 4830, 4832, 4833, 4838, 4863, 4866, 4868, 4912, 4913, 4917, 4918, 4927, 4928, 4929, 4930, 4931, 4932)
2000 Ed. (276, 751, 803, 1005, 1128, 1317, 1318, 1378, 1791, 1905, 1906, 2327, 2382, 2454, 2465, 2475, 2599, 2603, 2645, 2658, 2659, 2939, 2956, 2958, 2960, 2962, 2963, 2965, 3010, 3557, 3558, 3587, 3831, 3867, 4015, 4016, 4024, 4025, 4094, 4096, 4102, 4103, 4104, 4105, 4106, 4107, 4108, 4109, 4111, 4112, 4113, 4114, 4115, 4180, 4232, 4235, 4269, 4289, 4290, 4299, 4355, 4391, 4398, 4399, 4400, 4401)
1999 Ed. (392, 738, 798, 1058, 1145, 1209, 1211, 1457, 1458, 1535, 2587, 2681, 2911, 3196, 3217, 3219, 3221, 3223, 3224, 3226, 3258, 3271, 3272, 3892, 4121, 4152, 4401, 4413, 4414, 4415, 4416, 4417, 4419, 4422, 4423, 4425, 4426, 4427, 4428, 4429, 4431, 4432, 4434, 4435, 4436, 4437, 4438, 4439, 4442, 4443, 4446, 4452, 4455, 4456, 4457, 4458, 4459, 4460, 4462, 4464, 4467, 4581, 4582, 4664, 4726, 4764, 4775, 4776, 4777)
1998 Ed. (210, 466, 473, 481, 671, 732, 1024, 1025, 1109, 1535, 1536, 1702, 1799, 1830, 1928, 1935, 1945, 2069, 2112, 2113, 2366, 2381, 2384, 2385, 2401, 2404, 2415, 2420, 2452, 2459, 2901, 2926, 2971, 3105, 3168, 3373, 3374, 3375, 3378, 3382, 3386, 3389, 3391, 3392, 3396, 3397, 3398, 3511, 3512, 3517, 3620, 3683, 3716, 3717, 3727, 3728, 3729, 3732, 3759)
1997 Ed. (1, 331, 929, 1247, 1249, 1283, 1573, 1818, 1819, 2137, 2219, 2340, 2351, 2637, 2648, 2650, 2655, 2681, 2683, 2848, 3131, 3363, 3389, 3562, 3563, 3565, 3570, 3572, 3573, 3574, 3575, 3576, 3578, 3579, 3585, 3586, 3590, 3591, 3592, 3597, 3598, 3607, 3608, 3609, 3610, 3611, 3612, 3613, 3614, 3615, 36163, 3618, 3619, 3620, 3623, 3624, 3726, 3727, 3850, 3881, 3882, 3888, 3892, 3895, 3898, 3915)
1996 Ed. (365, 898, 1201, 1203, 1237, 1644, 1720, 1721, 1737, 1738, 2015, 2216, 2217, 2218, 2219, 2220, 2495, 2504, 2506, 2511, 2516, 2536, 2701, 2856, 3254, 3255, 3264, 3292, 3511, 3512, 3522, 3524, 3526, 3527, 3528, 3530, 3531, 3532, 3533, 3534, 3535, 3536, 3538, 3539, 3545, 3546, 3550, 3551, 3552, 3555, 3558, 3563, 3567, 3568, 3569, 3570, 3571, 3572, 3573, 3574, 3575, 3576, 3577, 3581, 3667, 3668, 3743, 3798, 3831, 3832, 3840, 3843, 3847, 3850)
1995 Ed. (918, 1230, 1231, 1281, 1762, 1764, 1993, 2114, 2199, 2200, 2201, 2202, 2204, 2269, 2449, 2458, 2462, 2468, 2479, 2481, 2623, 2799, 3171, 3192, 3299, 3448, 3449, 3451, 3452, 3453, 3454, 3455, 3456, 3458, 3459, 3465, 3469, 3470, 3471, 3474, 3477, 3482, 3486, 3487, 3488, 3489, 3490, 3491, 3492, 3493, 3494, 3495, 3496, 3498, 3501, 3502, 3591, 3592, 3665, 3712, 3732, 3733, 3741, 3743, 3748, 3751)
1994 Ed. (161, 678, 749, 1214, 1216, 1258, 1968, 2155, 2156, 2157, 2158, 2334, 2370, 2377, 2381, 2387, 2401, 2405, 2556, 2568, 3119, 3149, 3217, 3374, 3375, 3376, 3378, 3379, 3380, 3381, 3382, 3383, 3384, 3386, 3387, 3393, 3394, 3398, 3399, 3400, 3403, 3404, 3406, 3411, 3415, 3416, 3417, 3418, 3419, 3420, 3421, 3422, 3423, 3424, 3425, 3426, 3427, 3475, 3506, 3507, 3638)
1993 Ed. (724, 744, 870, 1190, 1195, 1220, 1501, 1734, 1735, 1946, 2125, 2126, 2127, 2128, 2151, 2153, 2426, 2437, 2440, 2460, 2608, 2710, 3058, 3108, 3222, 3353, 3398, 3400, 3401, 3402, 3408, 3409, 3410, 3413, 3416, 3417, 3424, 3425, 3426, 3427, 3428, 3429, 3430, 3431, 3432, 3433, 3434, 3435, 3439, 3440, 3441, 3505, 3547, 3548, 3661, 3678, 3691, 3698, 3699, 3703, 3706, 3709, 3712, 3715)
1992 Ed. (1, 439, 441, 908, 933, 967, 969, 970, 971, 972, 974, 975, 977, 978, 1066, 1079, 1468, 1481, 1757, 1942, 2098, 2099, 2279, 2286, 2339, 2414, 2559, 2560, 2561, 2562, 2573, 2651, 2810, 2862, 2866, 2875, 2878, 2932, 2933, 3084, 3118, 3359, 3484, 3542, 3632, 3750, 3812, 3819, 4014, 4075, 4076, 4086, 4087, 4089, 4091, 4092, 4093, 4094, 4100, 4101, 4102, 4105, 4108, 4109, 4116, 4117, 4118, 4119, 4120, 4121, 4122, 4123, 4124, 4125, 4126, 4128, 4263, 4264, 4314, 4316, 4317, 4344, 4386, 4406, 4428, 4435, 4436, 4442, 4444, 4448, 4451, 4454, 4481)
1991 Ed. (1, 186, 320, 322, 726, 786, 787, 791, 792, 793, 794, 795, 796, 797, 881, 1155, 1157, 1398, 1399, 1645, 1652, 1811, 1853, 2163, 2314, 2354, 2396, 2476, 2511, 2815, 2916, 3177, 3178, 3188, 3189, 3190, 3191, 3193, 3213, 3337, 3346, 3460, 3481, 3482, 3486, 3487)
1990 Ed. (354, 356, 402, 435, 744, 759, 823, 824, 826, 827, 828, 829, 831, 832, 833, 834, 1237, 1746, 1748, 2021, 2147, 2409, 2450, 2575, 3068, 3110, 3279, 3280, 3282, 3344, 3360, 3362, 3367, 3372, 3376, 3378, 3379, 3380, 3383, 3385, 3389, 3391, 3392, 3394, 3395, 3396, 3398, 3399, 3400, 3401, 3402, 3403, 3404, 3405, 3406, 3407, 3408, 3411, 3413, 3415, 3416, 3506, 3606, 3692)
1989 Ed. (3, 4, 206, 310, 318, 741, 746, 869, 1190, 1507, 1649, 1650, 1887, 2241, 2529, 2530, 2532, 2551, 2565, 2618, 2787, 2846, 2847, 2895, 2913, 2914, 2928, 2934)

Texas A & M
2002 Ed. (901)

Texas A & M International University
2008 Ed. (778)
2007 Ed. (799)

Texas A & M Univ.-Galveston
2001 Ed. (1323)

Texas A & M University
2008 Ed. (3637)
2006 Ed. (1071)
2004 Ed. (928)
2003 Ed. (2543)
2002 Ed. (1032, 3980, 3981, 3985)
2001 Ed. (2502, 2503)
2000 Ed. (1034, 1035, 1146, 1147, 1834, 1836, 1837, 3759)
1998 Ed. (710, 810, 3046)
1997 Ed. (970, 1062, 1067, 3297)
1996 Ed. (948, 1048, 3192)
1995 Ed. (932, 971, 1067, 1068, 1073, 3095, 3189)
1994 Ed. (939, 1055, 1060, 1662, 1666, 3046)
1993 Ed. (923, 926, 1024, 1029, 1030, 3000)
1992 Ed. (1123, 1281, 1282, 3663, 3669)
1991 Ed. (916, 1004, 1576, 1577, 2833, 2928)
1990 Ed. (2644)

Texas A & M University at College Station
1998 Ed. (1459)
1997 Ed. (1766)
1995 Ed. (1713)

Texas A & M University at Galveston
1998 Ed. (797)
1997 Ed. (1060)
1994 Ed. (1051)

Texas A & M University-College Station
2008 Ed. (768, 769, 782)

2007 Ed. (793, 794)
2001 Ed. (2251, 2255, 2258, 2259)
Texas A & M University Health Science Center
2007 Ed. (3462)
Texas A & M University System
1995 Ed. (1049, 1064)
1991 Ed. (2688, 2693)
1990 Ed. (2785)
1989 Ed. (2164)
Texas A & M University System & Foundations
2008 Ed. (3864)
Texas A&M Law Center
1999 Ed. (3166)
Texas A&M University
1999 Ed. (1106, 1237, 2043, 2046, 2047, 4046)
1992 Ed. (1981)
Texas Agricultural & Mechanical
2004 Ed. (830)
Texas Air
1992 Ed. (297)
1991 Ed. (198, 201, 223, 1237, 2683, 3085, 3099, 3413, 3415, 3418, 171, 226, 230, 232, 825, 236)
1990 Ed. (212, 214, 217, 249, 1309, 1314, 1318, 1324, 3252, 3562, 3563, 3637, 3638, 3647)
1989 Ed. (1923, 1924)
Texas Air Composites
2007 Ed. (4811)
Texas Air Corporation
1990 Ed. (256, 257, 260)
Texas American
1995 Ed. (353)
Texas American Bancshares
1990 Ed. (686, 687, 2682)
1989 Ed. (676, 677, 2460, 2466, 2666)
Texas American Bank Fort Worth
1991 Ed. (1646, 1647)
1990 Ed. (1745)
1989 Ed. (695, 1410)
Texas American Bankshares, Inc.
1989 Ed. (410)
Texas-Arlington; University of
2008 Ed. (3639)
Texas Association of Counties Health & Employee Benefits Pool
2008 Ed. (4250)
2006 Ed. (4201)
Texas Association of School Boards Risk Management Fund
2008 Ed. (4250)
2006 Ed. (4201)
Texas at Austin; University of
1997 Ed. (851, 853, 862, 968, 969, 970, 971, 1068, 1069, 1769, 1772, 2608, 2609, 2632)
1996 Ed. (838, 840, 946, 947, 948, 949, 1050, 1051, 1683, 1687, 1690, 2463, 2464)
1995 Ed. (969, 970, 971, 1071, 1072, 1701, 1705, 1708)
1994 Ed. (807, 817, 937, 939, 1654, 1658, 1666)
1992 Ed. (998, 1000, 1123, 1282, 1970, 1977, 1979)
Texas at Dallas; University of
1994 Ed. (1058, 1900)
Texas at El Paso; University of
1994 Ed. (1058, 1900)
Texas-Austin, McCombs School of Business; University of
2008 Ed. (772, 787, 789, 794, 795, 796)
2007 Ed. (797, 808, 818)
2006 Ed. (724)
Texas-Austin; University of
2008 Ed. (2575, 3430)
2007 Ed. (809, 2446, 3329)
1993 Ed. (797, 923, 1030, 1621, 1628)
1991 Ed. (815, 917, 918, 1006, 1007, 1565, 1573, 1576, 2688)
Texas Bank
1994 Ed. (510)
1993 Ed. (505)
Texas Bar Journal
2008 Ed. (4716)
Texas Cap Value & Growth
2006 Ed. (3616, 3617, 3618)
Texas Capital Bancshares Inc.
2005 Ed. (633, 634)
Texas Capital Value & Growth
2008 Ed. (2611)
2007 Ed. (2481)
1999 Ed. (3521, 3559, 3560)
Texas Children's Hospital
2008 Ed. (3049)
2007 Ed. (2926)
2006 Ed. (2907, 2924)
2005 Ed. (2900)
2004 Ed. (2914)
2003 Ed. (2810, 2824)
2002 Ed. (2606)
Texas Chiropractic College
1995 Ed. (1065)
Texas Christian University
2008 Ed. (782)
2007 Ed. (800, 802)
2006 Ed. (701, 716)
1995 Ed. (937, 1069)
Texas Christian University, Neeley School of Business
2006 Ed. (740)
Texas City, TX
2005 Ed. (2204)
2003 Ed. (3905, 3906, 3907, 3909, 3910)
2000 Ed. (3575)
1992 Ed. (3491, 3493)
Texas Commerce
1990 Ed. (703)
Texas Commerce Bank
1991 Ed. (412, 2812)
1989 Ed. (218, 694, 695)
Texas Commerce Bank Austin NA
1991 Ed. (2814)
Texas Commerce Bank Dallas NA
1991 Ed. (676)
Texas Commerce Bank NA
1999 Ed. (405, 3433)
1998 Ed. (431)
1997 Ed. (383, 627)
1996 Ed. (403, 407, 416, 559, 692)
1995 Ed. (365, 380, 384, 618)
1994 Ed. (378, 646, 646, 2552)
1993 Ed. (355, 644)
1992 Ed. (848, 848)
1991 Ed. (676)
1990 Ed. (698)
Texas Commerce Investment Management Co. Special Equity
1994 Ed. (2311)
Texas Commerce (Low vol.)
1989 Ed. (2154, 2157)
Texas County & District
2008 Ed. (2307, 2308)
2007 Ed. (2184)
2002 Ed. (3612)
2000 Ed. (3434)
Texas, Dallas; State Fair of
1991 Ed. (1635)
Texas Department of Criminal Justice
2001 Ed. (2486)
1997 Ed. (2056)
1996 Ed. (1953)
1995 Ed. (1917)
1994 Ed. (1889, 3070)
Texas Dept. of Criminal Justice
2000 Ed. (3617)
Texas Dow Employee Credit Union
1995 Ed. (1535)
Texas Dow Employees Credit Union
2008 Ed. (2261)
2007 Ed. (2146)
2006 Ed. (2225)
2005 Ed. (2130)
2004 Ed. (1988)
2003 Ed. (1948)
2002 Ed. (1894)
Texas Drug Warehouse
2000 Ed. (1716)
Texas Eastern Corp.
1991 Ed. (1140, 1156, 3331, 3333)
1990 Ed. (1876, 1883, 2670)
1989 Ed. (1048, 1494, 1500, 2035, 2463)
Texas Eastern Pipeline Co. of America
1989 Ed. (1498)
Texas Eastern Products Pipeline Co.
2003 Ed. (3878)
Texas Eastern Transmission Corp.
2003 Ed. (3880, 3881)
2000 Ed. (2310, 2312, 2314)
1999 Ed. (2571, 2572, 2574)
1998 Ed. (1810, 1811, 1812, 1813, 1814)
1997 Ed. (2120, 2121, 2122, 2123, 2124)
1996 Ed. (2001, 2002, 2003, 2004)
1995 Ed. (1975, 1976, 1977, 1978, 1979, 1980)
1994 Ed. (1944, 1947, 1949, 1950, 1952, 1953, 1954)
1993 Ed. (1923, 1924, 1925, 1926)
1992 Ed. (2263, 2264, 2265, 2267)
1991 Ed. (1793, 1794, 1795, 1796, 1797)
1990 Ed. (1881)
1989 Ed. (1497, 2233)
Texas-El Paso; University of
2008 Ed. (2575)
2007 Ed. (2446)
Texas Employees
2007 Ed. (2183)
2003 Ed. (1979)
2002 Ed. (3615)
2001 Ed. (3680)
2000 Ed. (3434)
1998 Ed. (2766)
Texas First National Bank
1995 Ed. (493)
Texas Fish & Game
1994 Ed. (2789)
Texas Gas Transmission Corp.
1997 Ed. (2120)
1992 Ed. (2264, 2266)
1991 Ed. (1797, 1798)
1990 Ed. (1881)
1989 Ed. (1499)
Texas Genco Holdings Inc.
2006 Ed. (4725)
Texas Genro Holdings Inc.
2008 Ed. (1401)
Texas Giant
1995 Ed. (3166)
Texas Health & Human Services
2006 Ed. (3950, 3952)
Texas Health Resources Inc.
2008 Ed. (2110, 2112)
2007 Ed. (2013, 2015)
2006 Ed. (2043, 2045, 3034, 3589)
2005 Ed. (1972, 1976, 2793)
2004 Ed. (1868, 2800)
2003 Ed. (1835, 2683)
2002 Ed. (3295, 4062)
2000 Ed. (3183)
1999 Ed. (3464)
Texas, Health Science Center at San Antonio; University of
2008 Ed. (3637)
Texas Health Science Center; University of North
2007 Ed. (3462)
Texas Heart Institute-St. Luke's Episcopal
1999 Ed. (2730)
Texas Heart Institute—St. Luke's Episcopal Hospital
2008 Ed. (3045)
2007 Ed. (2922)
2006 Ed. (2903)
2005 Ed. (2897)
2004 Ed. (2911)
2003 Ed. (2819, 2831)
2002 Ed. (2601)
2000 Ed. (2509)
Texas Home Care
1992 Ed. (52, 100, 3737)
Texas Homecare
1993 Ed. (742, 3046)
1991 Ed. (24, 2893)
Texas-Houston; University of
2008 Ed. (3637)
Texas Independent Bancshares
2005 Ed. (446, 453)
Texas Industries Inc.
2007 Ed. (779, 1315, 3496)
2006 Ed. (683, 1206, 1207, 3472)
2005 Ed. (776, 779, 1247, 1248, 1249, 3926, 4477)
2004 Ed. (792, 795, 1222, 1223, 4239, 4534, 4535)
2003 Ed. (778, 780, 2642, 4552, 4553)
2002 Ed. (860, 3303, 3305)
2001 Ed. (4367)
2000 Ed. (2337, 3323, 3847)
1999 Ed. (4471)
1998 Ed. (1840, 3123)
1997 Ed. (2148)
1995 Ed. (949)
1994 Ed. (1975)
1993 Ed. (1953)
1992 Ed. (2294)
1991 Ed. (3218)
1990 Ed. (921, 1902, 3435)
1989 Ed. (865, 2637)
Texas Instrument
1990 Ed. (3239)
Texas Instruments Inc.
2008 Ed. (1148, 1476, 1514, 1826, 1827, 1828, 1830, 1831, 1832, 2110, 2112, 2114, 2116, 2460, 4307, 4308, 4312, 4313, 4314, 4523, 4610)
2007 Ed. (1447, 1481, 1793, 1796, 2012, 2013, 2334, 2799, 4343, 4344, 4346, 4347, 4348, 4350, 4352, 4353, 4354, 4355, 4356)
2006 Ed. (1113, 1784, 1786, 1787, 1788, 1789, 2040, 2041, 2043, 2045, 2390, 2392, 2659, 3699, 4280, 4281, 4282, 4283, 4284, 4286, 4287, 4288, 4291, 4292)
2005 Ed. (1510, 1971, 1972, 1976, 2270, 2331, 2335, 3034, 3331, 3697, 4340, 4342, 4343, 4344, 4345, 4346, 4350, 4351, 4352)
2004 Ed. (1494, 1553, 1868, 2231, 2234, 3020, 3778, 4398, 4399, 4401, 4404, 4405)
2003 Ed. (1464, 1548, 1706, 1707, 1835, 2191, 2253, 2944, 3638, 3753, 4376, 4378, 4380, 4382, 4384, 4385, 4386, 4387, 4388, 4389, 4566, 4686)
2002 Ed. (1139, 1381, 4254, 4256, 4257, 4258)
2001 Ed. (1877, 2016, 2181, 2192, 2193, 2194, 2962, 3300, 3301, 4210, 4214, 4215, 4217, 4218)
2000 Ed. (307, 308, 1163, 1347, 1475, 1479, 1736, 1746, 1748, 1751, 2990, 3328, 3369, 3703, 3758, 3990, 3991, 3992, 3993, 3995, 3996, 3998, 3999, 4002, 4003)
1999 Ed. (1472, 1493, 1499, 1600, 1817, 1845, 1965, 3406, 3645, 4267, 4268, 4269, 4270, 4271, 4272, 4273, 4274, 4275, 4276, 4279, 4280, 4281, 4282)
1998 Ed. (1115, 1121, 1189, 1399, 1400, 1532, 2884, 3276, 3277, 3278, 3279, 3280, 3281, 3282, 3285)
1997 Ed. (1611)
1996 Ed. (1071, 1119, 1456, 1626, 1627, 1629, 2608, 3055, 3396, 3398, 3399)
1995 Ed. (1093, 1145, 1500, 1651, 1652, 1654, 1763, 1765, 2503, 3286)
1994 Ed. (1085, 1465, 1608, 1610, 1611, 1613, 1619, 2995, 3199, 3200, 3201, 3202, 3203, 3204, 3205)
1993 Ed. (1386, 1411, 1565, 1569, 1571, 1572, 1574, 1579, 1588, 3002, 3211, 3212, 3213, 3214)
1992 Ed. (487, 1297, 1916, 1918, 1919, 1920, 1921, 3671, 3678, 3683, 3910, 3911, 3912, 3915, 3916, 3918)
1991 Ed. (249, 1523, 1525, 1526, 1527, 1537, 1539, 2839, 2847, 2854, 3080, 3081, 3082)
1990 Ed. (408, 411, 1409)
1989 Ed. (1117, 1312, 1315, 1317, 1328, 2302, 2310, 2456, 2457, 2458)

Texas Instruments International Trade Corp. Danmark
2005 Ed. (1753)
Texas Instruments (Philippines)
2001 Ed. (1619, 1835)
1999 Ed. (1724)
1997 Ed. (1498)
1995 Ed. (1474)
1994 Ed. (1440)
1992 Ed. (1684)
1991 Ed. (1336)
Texas Lawyer
2008 Ed. (4716)
Texas Light
1995 Ed. (643)
1993 Ed. (677)
1992 Ed. (879, 880)
1991 Ed. (703)
Texas Lutheran College
1998 Ed. (797)
1997 Ed. (1060)
1996 Ed. (1044)
1995 Ed. (1059)
1993 Ed. (1024)
1992 Ed. (1276)
Texas Lutheran University
2008 Ed. (1066)
2001 Ed. (1323)
1999 Ed. (1226)
Texas, M. D. Anderson Cancer Center; University of
2008 Ed. (3042, 3044, 3055, 3056, 3194)
2007 Ed. (2919, 2921)
2006 Ed. (2900, 2902, 2914, 2915)
2005 Ed. (1972, 2894, 2896, 2907)
Texas, McCombs School of Business; University of
2005 Ed. (800, 810, 815)
Texas Medical Association PAC
1990 Ed. (2874)
1989 Ed. (2236, 2237)
Texas Monthly
1997 Ed. (3040)
Texas Municipal
2004 Ed. (2039)
2001 Ed. (3683)
2000 Ed. (3448)
1999 Ed. (3731)
1995 Ed. (2860)
1994 Ed. (2759, 2767)
Texas Municipal League Intergovernmental Risk Pool
2008 Ed. (4250)
2006 Ed. (4201)
Texas Municipal Retirement
2008 Ed. (2322, 2323)
2007 Ed. (2193)
2002 Ed. (3619)
Texas National Bank
1993 Ed. (512)
Texas Oil & Gas Corp.
2005 Ed. (1511)
1997 Ed. (1260, 2115, 3100)
1991 Ed. (1798)
Texas Pacific Group
2008 Ed. (3399, 4079, 4293)
2005 Ed. (2737, 3372)
2004 Ed. (3255, 3255, 3341, 4684)
2003 Ed. (3211, 3279)
2002 Ed. (1454, 3230)
Texas Pacific Land Trust
2000 Ed. (1907)
1999 Ed. (2123, 2124)
1998 Ed. (1543, 1544)
1997 Ed. (1828, 1831)
1996 Ed. (1747, 1750)
1995 Ed. (1769, 1770)
Texas Panhandle
1992 Ed. (4023, 4429)
Texas Permanent School Fund
2000 Ed. (3431)
1996 Ed. (2941)
1994 Ed. (2771)
1993 Ed. (2782)
1992 Ed. (3357)
1991 Ed. (2688)
1990 Ed. (2785)
1989 Ed. (2164)
Texas Petrochemicals Corp.
2001 Ed. (1185)
Texas Process Equipment
2002 Ed. (1994)
Texas Public Finance Authority
1997 Ed. (2844)
1993 Ed. (2616)
1991 Ed. (2526)
Texas Rangers
2004 Ed. (656)
2002 Ed. (4340)
2001 Ed. (664)
2000 Ed. (703)
1998 Ed. (438, 3356)
Texas Regents; University of
1993 Ed. (3100)
Texas Regional Bancshares Inc.
2005 Ed. (633, 634)
2004 Ed. (644, 645)
Texas Roadhouse
2008 Ed. (4164, 4197, 4198)
2007 Ed. (4156)
2006 Ed. (4109, 4127, 4128, 4129, 4130, 4136)
2005 Ed. (4060, 4061, 4063, 4081, 4082)
2004 Ed. (4147)
Texas Roadhouse LLC
2006 Ed. (2650)
2005 Ed. (2660)
Texas-San Antonio; University of
2008 Ed. (778)
2007 Ed. (799)
Texas Southern University
2000 Ed. (2912)
Texas, Southwestern Medical Center at Dallas; University of
2008 Ed. (3637)
Texas Southwestern Medical Center; University of
1994 Ed. (890, 1901)
1992 Ed. (1280)
1991 Ed. (1767)
Texas Southwestern Medical Center, University of Dallas; University of
1992 Ed. (1093)
Texas Stadium
2002 Ed. (4347)
2001 Ed. (4356)
Texas State Aquarium
1992 Ed. (4318)
Texas State Fair
1996 Ed. (1718)
Texas; State Fair of
1995 Ed. (1733)
1994 Ed. (1725)
1993 Ed. (1709)
1992 Ed. (2066)
Texas State Lottery
2000 Ed. (3014)
1997 Ed. (2689)
1996 Ed. (2552)
Texas Stock Tab
1992 Ed. (991)
1990 Ed. (849)
1989 Ed. (832)
Texas System; University of
2008 Ed. (3864)
1997 Ed. (1064, 1065)
1994 Ed. (2771)
1993 Ed. (2782, 3100)
1992 Ed. (3357)
Texas Teachers
2008 Ed. (2296, 2297, 2297, 2298, 2313, 3867, 3868)
2007 Ed. (2182, 2183, 2191, 2192, 3793, 3794)
2004 Ed. (2024, 2027, 2029, 2030, 3788, 3789, 3791)
2003 Ed. (1976, 1980, 1981, 3762, 3763)
2002 Ed. (3601, 3603, 3614, 3616, 3617)
2001 Ed. (3664, 3666, 3672, 3679, 3681, 3685)
2000 Ed. (3429, 3434, 3438, 3449)
1999 Ed. (3718, 3720, 3723, 3724, 3727, 3728, 3732)
1998 Ed. (2756, 2759, 2767, 2772)
1997 Ed. (3010, 3011, 3015, 3017, 3024)
1996 Ed. (2922, 2923, 2926, 2929, 2936)
1995 Ed. (2848, 2849, 2852, 2856, 2859)
1994 Ed. (2752, 2756, 2758, 2766)
Texas Tech University
2006 Ed. (1071)
2001 Ed. (2259)
2000 Ed. (1837)
Texas Turnpike Authority
1998 Ed. (3616)
1991 Ed. (3421)
Texas; University of
2006 Ed. (730, 732, 735)
1996 Ed. (2941)
1995 Ed. (1067)
1994 Ed. (2743)
1991 Ed. (2680, 2691)
Texas Utilities Co.
2005 Ed. (1482, 1508)
2004 Ed. (1466, 1492)
2003 Ed. (1440, 1462, 1505)
2002 Ed. (1422, 1442)
2001 Ed. (2148, 3944, 3945, 3948, 4663)
2000 Ed. (1328, 1731, 3672, 3674)
1999 Ed. (1555, 1947, 1948, 1952, 3846, 3961, 3963)
1998 Ed. (1374, 1384, 1392, 1393, 2963, 2964)
1997 Ed. (1349, 1691, 1699, 1700, 3213)
1996 Ed. (1289, 1608, 1609, 1620, 1621, 3136)
1995 Ed. (1335, 1643, 1644, 3338, 3363)
1994 Ed. (1590, 1601, 1602, 3284)
1993 Ed. (1268, 1553, 1560, 3221, 3268, 3292)
1992 Ed. (1562, 1892, 1904, 1905, 3924, 3932)
1991 Ed. (1493, 1503, 1504, 3089, 3097)
1990 Ed. (2926)
1989 Ed. (948, 949, 1291, 1302, 1303)
Texas Utilities Electric Co.
2001 Ed. (2154, 3868, 3870)
Texas Utilities Fuel Co.
1997 Ed. (2123)
Texas Utilities Co., Martin Lake
1989 Ed. (950)
Texas Utilities Mining Co.
2000 Ed. (1127, 1129)
1999 Ed. (1208)
1993 Ed. (1003)
1992 Ed. (1233)
Texas Utilities Mining Co, Martin Lake Strip
1990 Ed. (1071)
Texas Utilities Co., Monticello
1989 Ed. (950)
Texas Utilities Co. (TXU)
2002 Ed. (1782, 2127, 3875, 3877, 3880)
Texas Vanguard Oil Co.
2006 Ed. (3837)
2004 Ed. (4588)
Texas Water Development Board
2000 Ed. (3680)
Texas Water Resources Finance Authority
1991 Ed. (2780, 2514)
Texas Workers Compensation Assigned Risk
1992 Ed. (3259)
Texas Workers' Compensation Assigned Risk Pool
1995 Ed. (2786, 2787)
Texas Workers Compensation Insurance Fund
1997 Ed. (3921)
Texasbanc FSB
1992 Ed. (3782)
Texasgulf Inc.
2005 Ed. (1521)
1990 Ed. (1250)
Texeira Inc.
2000 Ed. (2741)
1999 Ed. (2994)
1998 Ed. (2218)
1997 Ed. (2474)
1996 Ed. (2346)
Texfi
1992 Ed. (4276, 4277, 4281)
Texfi Industries
2000 Ed. (3330)
1991 Ed. (3349, 3350, 3360)
Texfi Inudstries
1990 Ed. (3570)
Texins Credit Union
1997 Ed. (1565)
1996 Ed. (1512)
1995 Ed. (1536)
Texon International plc
2004 Ed. (3249)
Texport
1992 Ed. (3441, 3444)
Text 100
2005 Ed. (3955, 3960, 3965, 3967, 3972, 3973)
2004 Ed. (3989, 4003, 4012, 4016, 4027, 4029)
2003 Ed. (4004, 4017)
2002 Ed. (3832)
2000 Ed. (3649, 3651, 3654)
1995 Ed. (3021)
1994 Ed. (2963)
Text 100 Group
1999 Ed. (3937)
1997 Ed. (3195, 3196)
1996 Ed. (3118, 3119)
Text 100 Public Relations
2004 Ed. (3977, 3998, 4001, 4002, 4026, 4028)
Text 1000
2003 Ed. (4006)
Textile
2008 Ed. (2646, 2647)
Textile & apparel
1995 Ed. (2445)
Textile & apparel products
1997 Ed. (2630)
1996 Ed. (2488)
Textile, apparel and furnishings machine operators
1989 Ed. (2082, 2083)
Textile draw-out and winding-machine operators, tenders
1989 Ed. (2079)
Textile, fiber, yarn, & woven fabric manufacturing
2002 Ed. (2785)
Textile Machines Import-Export Co. Inc.
1996 Ed. (2109)
Textile mill products
2001 Ed. (1639, 1758, 1838)
1999 Ed. (1941, 2110, 2846)
Textile, yarn, and fabrics
1990 Ed. (1733)
Textiles
2007 Ed. (2519, 2522)
2006 Ed. (2536)
2001 Ed. (2378, 3797)
2000 Ed. (3842)
1999 Ed. (1473, 3301, 4132)
1998 Ed. (1040, 2064, 3117)
1996 Ed. (1232)
1995 Ed. (1296, 1299, 1303)
1994 Ed. (1272, 1273, 1276, 1277)
1993 Ed. (1205, 1233, 1235, 1236, 2501)
1992 Ed. (1502, 2600, 2602, 2604, 2607, 2609, 2611, 2612, 2615, 2627, 2628)
1991 Ed. (2029, 2031, 2033, 2035, 2036, 2040, 2042, 2045, 3223)
1990 Ed. (1273, 2183)
1989 Ed. (2646)
Textiles & clothing
1993 Ed. (3729)
Textiles and rubber products
1996 Ed. (1724)
Textiles, apparel
1990 Ed. (3090)
Textilgruppe Hof
1992 Ed. (3272)
Textor; Donald
1997 Ed. (1886, 1887)
1996 Ed. (1812, 1814)
1995 Ed. (1834, 1835)
1994 Ed. (1796, 1797)
1993 Ed. (1814)
1989 Ed. (1416, 1419)

Textron Inc.
2008 Ed. (164, 1462, 2062, 2063, 2284, 2352)
2007 Ed. (179, 185, 1468, 1546, 1967, 1968, 2169, 2211, 2212)
2006 Ed. (172, 177, 179, 2002, 2003, 2245, 2277, 2278, 2280, 3363, 4816)
2005 Ed. (156, 157, 158, 161, 166, 1956, 1957, 2148, 2215, 2216, 2217, 3691)
2004 Ed. (159, 160, 161, 163, 165, 1848, 1849, 2111, 2112, 3772)
2003 Ed. (199, 201, 210, 1342, 1814, 1815, 1970, 2086, 2087, 2088, 3747)
2002 Ed. (239, 241, 242, 243, 1424, 1757, 3609)
2001 Ed. (263, 269, 1841, 1981, 2039, 2040, 2041, 3674)
2000 Ed. (213, 214, 218, 1345, 1545, 1692, 1693)
1999 Ed. (183, 184, 193, 194, 1727, 1885, 1886)
1998 Ed. (92, 93, 94, 97, 99, 224, 1059, 1187, 1248, 1319)
1997 Ed. (170, 171, 172, 175, 1501, 2791)
1996 Ed. (165, 166, 167, 169, 1438, 2937)
1995 Ed. (155, 156, 157, 158, 159, 161, 162, 163, 1478)
1994 Ed. (136, 137, 139, 141, 142, 143, 1238, 1288, 1442, 1550)
1993 Ed. (153, 157, 1212, 1374, 1388, 1503, 2705)
1992 Ed. (242, 248, 249, 251, 253, 1500, 1834, 3216)
1991 Ed. (178, 179, 181, 1189, 1445, 176, 183, 1328, 2577)
1990 Ed. (187, 189, 1529)
1989 Ed. (194, 196, 1259)
Textron Aerostructures
1990 Ed. (3557)
Textron Automotive Co.
2003 Ed. (341, 687)
2001 Ed. (272, 717, 718, 2874)
2000 Ed. (219)
1999 Ed. (195)
1998 Ed. (100)
Textron Automotive Co. de Mexico SA de CV
2003 Ed. (3308, 3309)
Textron Automotive Trim Division
2003 Ed. (3308, 3309)
Textron Fastening Systems
2005 Ed. (1757)
Textron-Lycoming Division
1990 Ed. (1743)
Teys Bros.
2004 Ed. (2652)
2003 Ed. (3956)
2002 Ed. (3775)
TF Investments Inc.
1997 Ed. (2629)
1996 Ed. (2486)
1995 Ed. (2444)
1991 Ed. (1136)
TFA/Leo Burnett Technology
2001 Ed. (211)
TFM
2002 Ed. (750)
TF1
1993 Ed. (820)
T.G. Bright & Co.
1992 Ed. (886)
TG Construction Inc.
2004 Ed. (1249)
TG Lee
2003 Ed. (3410)
TG North America Corp.
2005 Ed. (326, 327)
TG Soda Ash
1993 Ed. (3351)
TG Worldwide
2002 Ed. (4677)
TGC Home
2008 Ed. (4113)
TGC Industries Inc.
2008 Ed. (2108, 2847, 2861, 2864, 2865)
2007 Ed. (2713, 2731)
2006 Ed. (2042)
TGF Tankdienstgesellschaft Frankfurt
1992 Ed. (4433)
TGI
2005 Ed. (3885)
TGI Friday's
2008 Ed. (2790)
2004 Ed. (1035)
2003 Ed. (1030)
2002 Ed. (299, 3106, 4001)
2001 Ed. (3116, 4063, 4077, 4086)
2000 Ed. (2947, 3781, 3782)
1999 Ed. (3207, 4064, 4065)
1998 Ed. (3063)
1997 Ed. (2083, 3317, 3325, 3334)
1996 Ed. (3216, 3231)
1995 Ed. (3120, 3129, 3139)
1994 Ed. (3075, 3089)
1993 Ed. (3017, 3025, 3034)
1992 Ed. (3709, 3717)
1991 Ed. (2869, 2874, 2882)
1990 Ed. (3010, 3021)
TGI Friday's Frozen Drinks
2002 Ed. (3157)
2001 Ed. (3131, 3136)
2000 Ed. (2971)
1999 Ed. (3234)
TGIF
1996 Ed. (2523)
TGM Associates
1999 Ed. (3080)
1996 Ed. (2397)
TGV Design & Marketing
1999 Ed. (2838)
TGV Software
1997 Ed. (3410)
TH Properties
1999 Ed. (1184, 4321)
Thacher Proffitt & Wood
2008 Ed. (3417)
2001 Ed. (564)
Thai Airways
2000 Ed. (251)
1993 Ed. (194)
1992 Ed. (282, 300)
Thai Airways International
2008 Ed. (2118)
2002 Ed. (4487)
2001 Ed. (301, 304, 305, 1619, 1879)
2000 Ed. (1574, 1577, 1578, 3875)
1999 Ed. (227, 239, 1575, 1747, 4161)
1997 Ed. (1525, 3399)
1996 Ed. (1457)
1995 Ed. (177, 186, 190, 1501, 1503)
1994 Ed. (179, 180, 3157)
Thai Airways International Public Co., Ltd.
2008 Ed. (215)
2007 Ed. (235)
2006 Ed. (231, 232, 242, 243, 2048)
2005 Ed. (217, 226, 227)
Thai-Asia Fund
1993 Ed. (2057)
Thai Asset Fund-Pref
1993 Ed. (2057)
Thai Capital Management Co.
1999 Ed. (2895)
Thai Carbon Black
2008 Ed. (2117)
Thai Carbon Black Public
2007 Ed. (2018)
Thai Central Chemical
1995 Ed. (1501)
Thai Central Chemicals Co. Ltd.
1992 Ed. (1706)
1991 Ed. (1359)
1990 Ed. (1428)
1989 Ed. (1168)
Thai Cold Rolled Steel Sheet Co.
1997 Ed. (1825)
Thai Dann Bank
1997 Ed. (628)
Thai Danu Bank
2000 Ed. (673)
1999 Ed. (647)
1996 Ed. (693)
Thai Farmers Asset Management Co.
2002 Ed. (2829)
2001 Ed. (2891)
1999 Ed. (2895)
1997 Ed. (2403)
Thai Farmers Bank
2004 Ed. (527, 628)
2003 Ed. (420, 619)
2002 Ed. (575, 576, 577, 584, 655, 4487, 4488)
2001 Ed. (1880)
2000 Ed. (673, 1573, 1575, 1578, 3875, 3876)
1999 Ed. (647, 1748, 4161, 4162)
1997 Ed. (628, 1526)
1996 Ed. (693, 3302)
1995 Ed. (619)
1994 Ed. (647, 3157)
1993 Ed. (645)
1992 Ed. (849)
1991 Ed. (678, 2941)
1990 Ed. (699)
1989 Ed. (696)
Thai Farmers Bank Public Co.
1997 Ed. (2403, 3399)
Thai Financial Syndicate
1989 Ed. (1785)
Thai Financial Trust
1989 Ed. (1785)
Thai Fund Inc.
1991 Ed. (2589)
Thai Hakuhodo
2000 Ed. (180)
1999 Ed. (162)
1997 Ed. (152)
1996 Ed. (146)
1994 Ed. (122)
1993 Ed. (141)
1992 Ed. (214)
Thai International
1992 Ed. (83, 290)
Thai Investment & Securities Co.
1999 Ed. (2895)
1997 Ed. (2403)
1996 Ed. (3394)
1989 Ed. (1785)
Thai Life Insurance Co.
2001 Ed. (2891)
1999 Ed. (2895)
1997 Ed. (2403)
Thai Military Bank
2008 Ed. (513)
2007 Ed. (472, 473, 474, 561)
2006 Ed. (460, 461, 530)
2005 Ed. (617)
2004 Ed. (628)
2003 Ed. (420, 533, 534, 535, 619)
2002 Ed. (584, 655, 4488, 4489)
2000 Ed. (673)
1999 Ed. (647, 4162)
1997 Ed. (628)
1996 Ed. (693, 3303)
1995 Ed. (619)
1994 Ed. (647)
1993 Ed. (645)
1992 Ed. (849)
1991 Ed. (678, 2941)
1990 Ed. (699)
1989 Ed. (696)
Thai Oil Co., Ltd.
2008 Ed. (2118)
2007 Ed. (2019)
2006 Ed. (2048)
2001 Ed. (1879)
2000 Ed. (1577)
1999 Ed. (1747)
1997 Ed. (1525)
1995 Ed. (1502)
1994 Ed. (1466)
1993 Ed. (1412)
1992 Ed. (1707)
1991 Ed. (1358)
Thai Petrochemical
1999 Ed. (1747)
Thai Petrochemical Industries
2007 Ed. (2019)
Thai Petrochemical Industry
2006 Ed. (4541)
2000 Ed. (1577)
1994 Ed. (1215)
Thai Petrochemical Industry PCL
2006 Ed. (3405)
Thai Plastic & Chemical
2007 Ed. (2018)
1992 Ed. (1706)
1991 Ed. (2941, 1358)
1990 Ed. (1429)
Thai Telephone & Telecom Public
1997 Ed. (3399)
Thai Telephone & Telecommunication
2002 Ed. (4489)
Thai Tinplate Manufacturing
1995 Ed. (1342)
1992 Ed. (1706)
1990 Ed. (1429)
1989 Ed. (1167)
Thai Union International
2008 Ed. (4284)
2007 Ed. (4265)
Thai Union Manufacturing Co. Ltd.
1992 Ed. (1707)
Thailand
2008 Ed. (257, 379, 863, 864, 1387, 2202, 2396, 2720, 2843, 3163, 3591, 3848, 4246, 4248, 4255, 4340, 4392, 4551, 4583, 4584, 4590, 4675, 4676, 4677, 4784)
2007 Ed. (281, 397, 886, 887, 1436, 2083, 2092, 2583, 2796, 2802, 3427, 3768, 3789, 4210, 4212, 4218, 4221, 4384, 4599, 4602, 4604, 4670, 4671, 4679, 4753, 4776, 4863)
2006 Ed. (276, 412, 797, 798, 1028, 1029, 1404, 2135, 2148, 2328, 2537, 2608, 2721, 2804, 2810, 2967, 3410, 3771, 4194, 4196, 4208, 4211, 4319, 4592, 4612, 4615, 4617, 4659, 4739, 4740, 4769)
2005 Ed. (256, 459, 863, 864, 875, 876, 1419, 2039, 2054, 2532, 2533, 2609, 2766, 2823, 3401, 3672, 4146, 4148, 4152, 4155, 4371, 4499, 4531, 4534, 4536, 4594, 4691, 4692, 4717, 4799, 4800)
2004 Ed. (889, 890, 1397, 1907, 1919, 2620, 3394, 3757, 4218, 4220, 4225, 4228, 4423, 4542, 4543, 4597, 4600, 4602, 4720, 4721, 4738, 4820)
2003 Ed. (285, 461, 868, 1097, 1383, 1876, 2210, 2211, 2223, 2229, 2488, 3711, 4192, 4194, 4198, 4201, 4617, 4735, 4736)
2002 Ed. (683, 1812, 2410, 2423, 2424, 2509, 4624)
2001 Ed. (509, 510, 1102, 1133, 1413, 1506, 1935, 1947, 1969, 2362, 2448, 2693, 3610, 3950, 4121, 4122, 4128, 4135, 4264, 4319, 4384, 4386, 4388, 4534, 4535, 4566)
2000 Ed. (823, 1610, 2295, 2349, 2357, 2358, 2363, 2376, 2377)
1999 Ed. (182, 804, 821, 1207, 1781, 2090, 2553, 2583, 3203, 3790)
1998 Ed. (1418, 1524, 1530, 1791, 2659, 2897, 2929)
1997 Ed. (204, 305, 915, 917, 1542, 1812, 2107, 2558, 2559, 2565, 2922, 3513)
1996 Ed. (157, 170, 1477)
1995 Ed. (3, 997, 1038, 1518, 1736, 1745, 1746, 1962, 2010, 2017, 2029, 2036)
1994 Ed. (1486, 1530, 2005, 2364, 3308)
1993 Ed. (844, 956, 1535, 1967, 1974, 1981, 1987, 2366, 2372, 2411, 2412, 3062, 3301, 3357, 3682)
1992 Ed. (1068, 1732, 1880, 2075, 2170, 2250, 2310, 2317, 2327, 2333, 2360, 3742, 3957, 3973, 3974, 4186, 4324)
1991 Ed. (164, 1381, 1834, 1841, 1850, 3269, 3390)
1990 Ed. (241, 1448, 1582, 1911, 1918, 1925, 1935, 2148)
1989 Ed. (1181, 2121)
Thailand equities
1996 Ed. (2430)
Thailand; Government of
2008 Ed. (93)

2007 Ed. (86)
2006 Ed. (96)
2005 Ed. (87)
Thain; John
2007 Ed. (3223)
Thaksin Shinawatra
2006 Ed. (4920)
2005 Ed. (4880)
Thakur Vaidyanaath Aiyar & Co.
1997 Ed. (10)
Thalden-Boyd-Emery Architects
2008 Ed. (3080)
Thales
2007 Ed. (180, 186, 3422)
Thales Air Defence
2007 Ed. (2033, 2039)
2006 Ed. (2061)
Thales Group
2005 Ed. (1361)
Thales SA
2005 Ed. (163, 166, 3691)
2004 Ed. (166, 2253, 3772)
2003 Ed. (203, 206, 207, 1975, 2207, 3747)
Thales Systmes Aeroportes
2004 Ed. (3032)
Thalheimer, Richard
1992 Ed. (2056)
1991 Ed. (1626)
1990 Ed. (1719)
Thalhimer; Charles
1995 Ed. (936)
Thames Water plc
2008 Ed. (1418)
1997 Ed. (1781)
Thana One
1997 Ed. (3490)
1996 Ed. (3394)
Thanksgiving
2001 Ed. (2627)
1992 Ed. (2348)
1990 Ed. (1948)
Thann et Mulhouse
1999 Ed. (4605)
Thano Hasiotis
1999 Ed. (2269)
Thapar
1991 Ed. (962)
1990 Ed. (1379, 1380)
Tharaldson Enterprises Inc.
2007 Ed. (1929)
2006 Ed. (1946)
2005 Ed. (1917, 2921)
2002 Ed. (2626)
2001 Ed. (2776, 2777)
2000 Ed. (2534, 2535)
1995 Ed. (2147)
1994 Ed. (2092)
Tharaldson Lodging
2006 Ed. (2937)
Tharaldson Lodging Cos.
2008 Ed. (3073)
2007 Ed. (2948)
Tharaldson Motels Inc.
2001 Ed. (1824)
Tharaldson Property Management
1999 Ed. (2755)
That Patchwork Place
1997 Ed. (3223)
That 70's Show
2000 Ed. (4217)
That's Life
2001 Ed. (3375)
2000 Ed. (3503)
That's Rentertainment
1995 Ed. (3700)
Thaver & Co; G.H.
1992 Ed. (193)
Thaver & Co.; G. H.
1997 Ed. (128)
1995 Ed. (109)
1993 Ed. (125)
Thaver; G. H.
1996 Ed. (124)
1991 Ed. (138)
Thaver; G.H.
1990 Ed. (138)
Thaxton Investment Corp.
2001 Ed. (577)
Thayer Blum Funding II LLC
2004 Ed. (1885)
The Thayer Hotel
2006 Ed. (2940)
2005 Ed. (2938)
Thayer Media Inc.
2006 Ed. (4993)
"The Amy Fisher Story"
1995 Ed. (3584)
THE BEST OF AMERICA America's Vision
1998 Ed. (3655)
"The Big One"
1993 Ed. (3537)
"The Bold and the Beautiful"
1995 Ed. (3587)
1993 Ed. (3541)
"The Cosby Show"
1997 Ed. (3722)
1993 Ed. (3532, 3534)
"The Jacksons: An American Dream (Pt. 1)"
1995 Ed. (3584)
"The Jacksons: An American Dream (Pt. 2)"
1995 Ed. (3584)
"The Man Upstairs"
1995 Ed. (3584)
"The Man with Three Wives"
1995 Ed. (3584)
"The Oprah Winfrey Show"
1995 Ed. (3579)
1993 Ed. (3532)
"The Simpsons"
1997 Ed. (3722)
"The Young and the Restless"
1995 Ed. (3587)
1993 Ed. (3541)
Theater-in-box
2001 Ed. (2732)
The Theatre at Madison Square Garden
2006 Ed. (1154)
2003 Ed. (4528)
2002 Ed. (4344)
2001 Ed. (4352)
1999 Ed. (1296)
Theatrical films/plays
1992 Ed. (2859)
Theca
2000 Ed. (475, 477)
Theco
2008 Ed. (1320)
2007 Ed. (1383)
Thedacare Inc.
2008 Ed. (2175)
2007 Ed. (2067)
2006 Ed. (2119)
2005 Ed. (2016)
2004 Ed. (1890)
2003 Ed. (1854)
TheFruitCompany.com
2007 Ed. (2316)
Theft
1990 Ed. (1463)
Theft of customer's money
1992 Ed. (963)
Theft of information or programs
1989 Ed. (967)
Theft of secrets
1992 Ed. (4430)
Theft of services
1989 Ed. (967)
Theilmann; Michael T.
2008 Ed. (2635, 3120)
Their Eyes Were Watching God
2007 Ed. (4740)
Thelen, Marrin, Johnson & Bridges
1993 Ed. (2404)
1992 Ed. (2845)
1991 Ed. (2292)
1990 Ed. (2426)
Thelen Reid
2005 Ed. (3257)
Themador
1995 Ed. (1576)
The?New York Times Co.
1990 Ed. (255, 259)
The?Northern Trust Co.
1990 Ed. (2353)
Theo Albrecht
2008 Ed. (4865, 4867)
2007 Ed. (4912)
2006 Ed. (4924)
2005 Ed. (4877)
Theo & Karl Albrecht
2002 Ed. (706)
Theo Epstein
2005 Ed. (785)
Theo H. Davies & Co. Ltd.
2003 Ed. (1689)
Theodoor Gilissen
1991 Ed. (782)
Theodor Geisel
2007 Ed. (891)
Theodor Seuss Geisel
2006 Ed. (802)
Theodore Bernstein
2000 Ed. (1943)
1999 Ed. (2172)
Theodore Cunningham
1998 Ed. (1517)
Theodore Diekel
1990 Ed. (1719)
Theodore Goddard
1999 Ed. (3151)
Theodore H. Black
1993 Ed. (1705)
1991 Ed. (1632)
Theodore H. Silbert
1992 Ed. (531)
Theodore R. Johnson
1994 Ed. (891)
Theodore Semegran
1996 Ed. (1846)
1995 Ed. (1810, 1865)
1994 Ed. (1769, 1824)
1993 Ed. (1786)
1991 Ed. (1700)
Theodore Venners
2007 Ed. (2509)
Theodore W. Waitt
2004 Ed. (4870)
1999 Ed. (2083)
Theodore Waitt
2006 Ed. (4910)
2002 Ed. (3350)
1998 Ed. (722, 1512)
Theodrine
1993 Ed. (252)
The?Ogilvy Group
1990 Ed. (115)
Theory & Practice of Investing
2003 Ed. (3025)
The Theory of the Leisure Class
2005 Ed. (719)
ThePlatform
2008 Ed. (3620)
Ther-A-Pedic
2005 Ed. (3410)
2003 Ed. (3321)
1997 Ed. (652)
Thera-Flu
2005 Ed. (1054)
Thera Med
2004 Ed. (2615)
Theraflu
2008 Ed. (1038)
2004 Ed. (1057)
2003 Ed. (1048, 1049, 1050)
2002 Ed. (1099, 1100)
2001 Ed. (1310)
2000 Ed. (277, 1135)
1999 Ed. (1218)
1996 Ed. (1031)
1993 Ed. (1013)
1992 Ed. (1250)
Theragran
1994 Ed. (3633)
Theragran Jr.
1991 Ed. (3453)
Theragran M
2003 Ed. (4858)
1996 Ed. (3796)
Therakos Inc.
1993 Ed. (704)
Theraldson Enterprises
1995 Ed. (2148)
TheraSense Inc.
2005 Ed. (1672, 1676)
Therasense Freestyle
2003 Ed. (2050)
Theratechnologies Inc.
2008 Ed. (1618, 1660)
TheraTx
1996 Ed. (2061, 3306, 3307, 3451, 3779, 3780)
Therber Brock
2001 Ed. (814)
There's Something About Mary
2001 Ed. (4699, 4700)
Theresa Pan
2002 Ed. (3346)
Therese Murphy
1997 Ed. (1879)
Theresia Tolxdorff
2000 Ed. (2189)
Thergran-M 100s
1991 Ed. (3454)
Therm-O-Disc Inc.
1998 Ed. (1878, 1925)
Therma Corp.
2008 Ed. (1342)
2007 Ed. (1392)
2006 Ed. (1240, 1347)
2005 Ed. (1345)
2003 Ed. (1340)
Therma Digital Technologies LLC
2003 Ed. (1346)
Therma Silk
2003 Ed. (2648, 2657)
Therma-Tru Doors
2007 Ed. (4965)
2006 Ed. (4956)
ThermaCare
2004 Ed. (245, 247, 2128, 2615, 2616)
Thermador
1997 Ed. (1640)
1994 Ed. (1547, 3031, 3454)
1993 Ed. (1499, 2990, 3480)
1992 Ed. (1831, 3655)
Thermador/Waste King
1991 Ed. (1785, 2828)
1990 Ed. (1527, 1874, 2979)
Thermafil
1991 Ed. (1410)
Thermagon
2002 Ed. (2815)
2000 Ed. (1099, 2398)
Thermal Bond
2000 Ed. (3353)
Thermal desorption
1992 Ed. (2378)
Thermal Line Windows Inc.
2008 Ed. (1994)
2007 Ed. (1928)
2006 Ed. (1945)
Thermal ribbons
1992 Ed. (3287)
Thermal Scientific
1989 Ed. (1120)
Thermantiki S.A.
2001 Ed. (3190)
Thermasilk
2008 Ed. (2869, 2870, 2872)
2004 Ed. (2785)
2003 Ed. (2650, 2653, 2654, 2658, 2669)
2002 Ed. (2433, 2435, 2438)
2001 Ed. (2632, 2633, 4225, 4226)
Thermedics Inc.
1999 Ed. (259)
Thermionic, cathode, photocathode valves
1995 Ed. (1750)
Thermo Card
1992 Ed. (318)
Thermo Cardiosystems Inc.
2000 Ed. (279)
1997 Ed. (226, 1322, 3638, 3639)
1992 Ed. (321)
Thermo Ecotek Corp.
2000 Ed. (279)
Thermo Electron Corp.
2008 Ed. (1402, 4080)
2007 Ed. (1873, 2774, 4044, 4263)
2006 Ed. (2386, 2769, 3049, 4249)
2005 Ed. (2336, 2339, 3044, 3045, 3046, 4244)
2004 Ed. (1136, 2235, 2239, 3029, 3030, 3031, 4312)
2003 Ed. (1521, 2957, 4302, 4546)
2002 Ed. (2830, 4172, 4364)
2001 Ed. (2896, 3264)
2000 Ed. (1692, 1746, 1750, 2647, 3079)
1999 Ed. (1885, 1970, 1974, 2058, 2896, 3341, 4146)

1998 Ed. (1401, 1478, 2106, 3162, 3286)
1997 Ed. (1240, 1241, 2404, 3386, 3496)
1996 Ed. (1194, 1195, 3289, 3401)
1995 Ed. (1291, 1456, 3313)
1994 Ed. (2212)
1993 Ed. (2181)
1991 Ed. (1050)
1990 Ed. (1169)
Thermo Environmental Corp.
1992 Ed. (1477)
Thermo Fisher Scientific Inc.
2008 Ed. (1914, 1917, 1921, 2904)
Thermo Instrument Systems Inc.
2000 Ed. (281, 284, 285)
1999 Ed. (260)
1998 Ed. (152, 156, 164)
1996 Ed. (211)
1994 Ed. (2212)
1993 Ed. (2181)
1992 Ed. (1477, 2641)
Thermo Process Inc.
1992 Ed. (3480)
Thermo Process Systems, Inc.
1991 Ed. (224, 227)
1990 Ed. (254)
Thermo-Products
1999 Ed. (2540)
1998 Ed. (1780)
1997 Ed. (2096)
1995 Ed. (1950)
1994 Ed. (1926)
1993 Ed. (1909)
1992 Ed. (2243)
1991 Ed. (1778)
1990 Ed. (1862)
Thermo Remediation Inc.
2000 Ed. (1855)
Thermocontact
2006 Ed. (1727)
Thermodor
1992 Ed. (4158)
Thermoform Plastics Inc.
2001 Ed. (4519)
Thermogas
1999 Ed. (3906)
1998 Ed. (2932)
1997 Ed. (3180)
1996 Ed. (3102)
1994 Ed. (2943)
Thermogas Company
2000 Ed. (3623)
Thermogas/MAPCO
1995 Ed. (3001)
Thermolase
1997 Ed. (226)
Thermometers
2002 Ed. (2284)
Thermoplastiki SA
2002 Ed. (3307)
2001 Ed. (3282)
ThermoPrc
1990 Ed. (248)
ThermoRetec Corp.
2002 Ed. (1239)
2001 Ed. (2289, 2300)
Thermos
2007 Ed. (3970)
2005 Ed. (1265)
2003 Ed. (1229)
1998 Ed. (437)
1997 Ed. (649)
1994 Ed. (674)
1993 Ed. (673)
1990 Ed. (720)
Thermos (Structo)
1992 Ed. (875)
Thermoscan
1996 Ed. (3683)
Thermosets
2001 Ed. (3814)
Thermoview Industries Inc.
2006 Ed. (2956)
2005 Ed. (772, 773, 2960)
2004 Ed. (786, 787)
Thermwood Corp.
1998 Ed. (155)
TheSauce.com
2001 Ed. (4764)
Thesco Benefits
2002 Ed. (1217)
Thesco Benefits LLC
2008 Ed. (3239, 3246)
2007 Ed. (3098)
2006 Ed. (2419, 3078)
2004 Ed. (2269, 3067)
TheStreet.com
2004 Ed. (3155)
2002 Ed. (4812, 4813)
The?Webb Companies
1990 Ed. (2959)
The?Wyatt Co.
1990 Ed. (1648)
They Made America: Two Centuries of Innovation from the Steam Engine to the Search Engine
2006 Ed. (588)
TheZeb.com
2006 Ed. (1100)
THF Realty Inc.
2007 Ed. (4379)
Thiara Brothers Orchards
1998 Ed. (1776)
Thibaud de Guerre
2000 Ed. (2180)
1999 Ed. (2418)
Thickeners
1999 Ed. (1110)
Thiel Logistik AG
2008 Ed. (1892)
2006 Ed. (1856)
Thielsch; Deborah
1993 Ed. (1796)
1991 Ed. (1679)
Thierry Desmarest
2006 Ed. (691)
Thierry Henry
2008 Ed. (4453)
2006 Ed. (4397)
2005 Ed. (268)
Thin sliced steak
1990 Ed. (3095)
ThingMagic
2007 Ed. (1205)
Think Credit Union
2008 Ed. (2240)
2007 Ed. (2125)
2006 Ed. (2204)
2005 Ed. (2109)
Think Light
1996 Ed. (1549)
Think Like a Billionaire; Trump:
2006 Ed. (635)
Think New Ideas
2000 Ed. (106)
1999 Ed. (102)
Think Quest
2002 Ed. (4829)
Think Signs LLC
2008 Ed. (3728, 4979)
Think Tank Systems
2002 Ed. (1067)
Think 360 Inc.
2008 Ed. (3594)
Thinking Machines
1994 Ed. (3458)
thinkorswim
2008 Ed. (738, 2340)
2007 Ed. (760, 762)
2006 Ed. (663)
thinkorswim webtrader
2007 Ed. (761)
Thinkronize
2008 Ed. (2404)
Think3
2005 Ed. (2332)
Thiokol
1998 Ed. (95)
1997 Ed. (170)
1996 Ed. (168)
1995 Ed. (160, 972)
1994 Ed. (140, 940)
1993 Ed. (156, 927)
1992 Ed. (1535, 1537)
Third Avenue International Value
2007 Ed. (3669)
2006 Ed. (3681, 4563)
Third Avenue Real Estate Value
2006 Ed. (4568)
2005 Ed. (4493)
2004 Ed. (3568)
Third Avenue Small-Cap Value
2004 Ed. (3592)
Third Avenue Value
2008 Ed. (2611)
2006 Ed. (3615, 3616, 3618, 4565)
2005 Ed. (4491)
2004 Ed. (3536, 3537)
2002 Ed. (3425)
1998 Ed. (2608)
1997 Ed. (2880)
1996 Ed. (2799)
Third Avenue Value Fund
2007 Ed. (3665)
2006 Ed. (3605)
2004 Ed. (3578)
Third Degree Advertising & Communications
2002 Ed. (2815)
Third Federal Savings & Loan Association
2003 Ed. (4266, 4269)
2002 Ed. (4123, 4125)
1998 Ed. (3134, 3137, 3561)
1991 Ed. (3370)
Third Federal Savings & Loan Association of Cleveland
2007 Ed. (2866, 3019)
2006 Ed. (2872, 2988)
2005 Ed. (2867, 2993)
2004 Ed. (2862, 2995)
Third Federal Savings & Loan, Cleveland
2003 Ed. (3444)
Third Federal Savings Bank
2000 Ed. (3857, 4251)
Third Millenium Russia
2004 Ed. (3649)
Third National Bank
1996 Ed. (691)
1995 Ed. (617)
1994 Ed. (645)
1993 Ed. (643)
1992 Ed. (847)
1991 Ed. (675)
Third-party marketers
2002 Ed. (2836)
ThirdAge Media
2001 Ed. (4672)
Thirteen Days: A Memoir of the Cuban Missile Crisis
2006 Ed. (576)
Thirteen/WNET
2000 Ed. (3352)
1999 Ed. (3628)
1997 Ed. (2951)
1996 Ed. (2853)
The 13th Warrior
2001 Ed. (3382)
32 Ford Lincoln-Mercury
1999 Ed. (729)
31 Capital/31 Ventures
1991 Ed. (3442)
33, Roberts & Hiscox Ltd.
1991 Ed. (2338)
32 Ford Lincoln Mercury
2000 Ed. (741)
32 Ford Mercury Inc.
2006 Ed. (184)
2005 Ed. (170)
2004 Ed. (168)
2002 Ed. (709)
2001 Ed. (712)
Thirtysomething
1991 Ed. (3245)
This Country's Rockin
1991 Ed. (844)
This End Up
2000 Ed. (2302, 2305)
1999 Ed. (2562, 2564)
This Old House
2007 Ed. (3402)
2004 Ed. (3338)
2003 Ed. (3273)
2001 Ed. (258, 259, 3191)
2000 Ed. (3479, 3490, 3492)
1999 Ed. (3754, 3763, 3765)
THLG Kreston-M
1997 Ed. (19)
Thom Apple Valley Inc.
1999 Ed. (3321, 3322)
Thoma Cressey Equity Partners
2002 Ed. (4737)
Thomas
2008 Ed. (725)
2004 Ed. (3163)
2001 Ed. (545)
1995 Ed. (3398)
Thomas A. Greene & Co. Inc.
1992 Ed. (3659)
1991 Ed. (2830)
1990 Ed. (2262)
Thomas A. Gruber
1993 Ed. (1703)
Thomas A. McDonnell
2008 Ed. (958)
2006 Ed. (2530)
2005 Ed. (2516)
Thomas A. Renyi
2006 Ed. (934)
2001 Ed. (2314, 2315, 2320)
Thomas A. Renyl
2000 Ed. (386)
Thomas Agnew & Sons Ltd.
1994 Ed. (998)
Thomas Inc.; Albert D.
2005 Ed. (1162)
Thomas & Associates; Bob
1996 Ed. (3129)
1995 Ed. (3025)
1994 Ed. (2966)
1992 Ed. (3562)
Thomas & Betts Corp.
2008 Ed. (2418)
2007 Ed. (2284, 2285, 3424)
2006 Ed. (2347, 2348, 2349)
2005 Ed. (2284, 2286)
2004 Ed. (2183)
2003 Ed. (1833, 4546)
2002 Ed. (4365)
2001 Ed. (2136, 2137, 2138)
2000 Ed. (1748, 3323)
1999 Ed. (1484, 1970, 1972)
1998 Ed. (1373, 1401)
1997 Ed. (1685)
1996 Ed. (1606)
1995 Ed. (1499, 1625)
1994 Ed. (1083, 1583)
1993 Ed. (1049, 1546)
1992 Ed. (1883)
1991 Ed. (1027, 3082)
1990 Ed. (1625, 3233)
1989 Ed. (1932)
Thomas & Davis Inc.
1999 Ed. (3018)
1996 Ed. (2348, 2355)
Thomas and Dorothy Leavey Foundation
1994 Ed. (1058, 1900)
1990 Ed. (1848)
Thomas & Howard Co. Inc.
1998 Ed. (978)
1991 Ed. (971)
Thomas & Howard Company, Inc.
1990 Ed. (1044)
Thomas & Howard of Hickory
1998 Ed. (983)
1997 Ed. (1200, 1201, 1202, 1203)
Thomas and Joseph Gambino
1994 Ed. (890)
Thomas & King of Arizona Inc.
2008 Ed. (1881)
Thomas & Mack Center
2001 Ed. (4351)
Thomas & Perkins
2003 Ed. (66)
2002 Ed. (99)
Thomas & the Big, Big Bridge
2008 Ed. (548)
Thomas Aquinas College
2008 Ed. (1069)
Thomas Associates (Ketchum)
1999 Ed. (3928)
Thomas Associates-Redwood City
1998 Ed. (2944)
Thomas Associates Inc.; Ted
1993 Ed. (127)
Thomas Autoworld; Charlie
1996 Ed. (3766)
Thomas B. Kelley
1989 Ed. (1377)
Thomas Bergsoe
1991 Ed. (91)
Thomas Bomar
1991 Ed. (1629)
Thomas Bradley
1991 Ed. (2395)

1990 Ed. (2525)
Thomas Brodin
2000 Ed. (2094, 2100)
1999 Ed. (2312)
Thomas Brown
1999 Ed. (2258)
1998 Ed. (1618)
1997 Ed. (1854)
1996 Ed. (1770, 1779)
1995 Ed. (1795, 1805)
1994 Ed. (1763, 1831)
1993 Ed. (1780)
1992 Ed. (2138)
1991 Ed. (1673, 1674)
Thomas C. Sullivan
2006 Ed. (2521)
Thomas Carroll Group
2007 Ed. (2022)
Thomas Chadwick
2000 Ed. (2140)
Thomas Chewning
2006 Ed. (997)
Thomas Chien
1996 Ed. (1912)
Thomas Cholnoky
2000 Ed. (2028)
1999 Ed. (2246)
1998 Ed. (1656)
1997 Ed. (1880)
Thomas-Conrad
1993 Ed. (1050)
Thomas Cook
2007 Ed. (734)
1994 Ed. (3579)
1993 Ed. (3626)
1990 Ed. (3650, 3651, 3652)
Thomas Cook Group Ltd.
2002 Ed. (54)
2001 Ed. (4623)
Thomas Cook Travel
1991 Ed. (967)
Thomas Cook Travel U.S.
1996 Ed. (3744)
Thomas D. and Virginia Cabot
1994 Ed. (893)
Thomas D. Soutter
1996 Ed. (1228)
Thomas Denomme
2000 Ed. (1885)
1999 Ed. (2084)
1998 Ed. (1517)
Thomas Direct Sales Inc.
2007 Ed. (4992)
Thomas Doyle
1997 Ed. (1937)
Thomas Driscoll
2000 Ed. (2029)
1999 Ed. (2247)
1998 Ed. (1657)
1997 Ed. (1887)
1996 Ed. (1814)
1995 Ed. (1796, 1798, 1835)
1994 Ed. (1797)
1993 Ed. (1814)
Thomas E. Capps
2007 Ed. (1034)
2006 Ed. (2532)
2005 Ed. (2517)
Thomas E. Clarke
2003 Ed. (2410)
Thomas E. Prince
2007 Ed. (385)
Thomas E. Wilson
2004 Ed. (1371)
Thomas Edison
2006 Ed. (1450)
Thomas Erickson
1998 Ed. (1603)
Thomas Evans
2005 Ed. (984)
Thomas F. Farrell II
2008 Ed. (956)
Thomas F. Frist Jr.
2005 Ed. (4849)
2004 Ed. (4863)
1994 Ed. (947, 1714)
Thomas Facciola
2000 Ed. (2048)
1999 Ed. (2184)
1998 Ed. (1598)
1996 Ed. (1771)
Thomas Ferguson Associates
2002 Ed. (158)
Thomas First
2008 Ed. (1405, 3445, 4079)
Thomas Flatley
2007 Ed. (4918)
Thomas Forrester
2006 Ed. (980)
Thomas French Builders
2004 Ed. (1183)
Thomas Frist Jr.
2008 Ed. (4829)
2003 Ed. (4885)
Thomas G. Baker
2005 Ed. (976)
Thomas G. Dove
1992 Ed. (532, 1137)
Thomas G. Ferguson
1992 Ed. (117)
Thomas G. Ferguson Associates Inc.
1992 Ed. (185)
1991 Ed. (69, 131, 2398)
1990 Ed. (57)
1989 Ed. (141)
Thomas G. Labrecque
1999 Ed. (386)
1998 Ed. (289)
1996 Ed. (381)
Thomas G. Lambrecque
2000 Ed. (386)
Thomas Gallagher
2000 Ed. (2057)
1999 Ed. (2275)
1998 Ed. (1681, 1682)
1997 Ed. (1916)
Thomas Golisano
1998 Ed. (1509)
1997 Ed. (1798, 1800)
Thomas Group Inc.
2008 Ed. (2108, 2535)
Thomas H. Cruikshank
1995 Ed. (1732)
Thomas H. Dittmer
1994 Ed. (892)
Thomas H. Lee
2008 Ed. (4293)
2006 Ed. (3276)
2004 Ed. (3255)
2003 Ed. (1505)
1999 Ed. (3185)
1998 Ed. (224, 2105)
Thomas H. Lee Equity
1997 Ed. (2627)
Thomas H. Lee Partners
2008 Ed. (4079)
2006 Ed. (3276)
2005 Ed. (3284)
Thomas Haffa
2004 Ed. (1549)
Thomas Hale Boggs Jr.
2002 Ed. (3211)
Thomas Hanley
2000 Ed. (1984, 1985)
1999 Ed. (2212, 2258)
1998 Ed. (1628)
1997 Ed. (1853, 1854)
1996 Ed. (1778, 1779)
1995 Ed. (1798, 1804, 1805)
1994 Ed. (1762, 1763, 1833, 1834)
1993 Ed. (1774, 1779)
1992 Ed. (2138)
1991 Ed. (1673)
1989 Ed. (1418)
Thomas; Harold L.
1992 Ed. (3137)
Thomas Havey LLP
2003 Ed. (6)
2002 Ed. (8, 19)
Thomas Hospital
2008 Ed. (3041)
Thomas Hund
2007 Ed. (1040)
Thomas Hyundai; Charlie
1994 Ed. (270)
Thomas Industrial Products Co. Inc.
1994 Ed. (2178)
Thomas Industries
1995 Ed. (2122)
1992 Ed. (2433)
Thomas Inglis
1999 Ed. (2356)
Thomas J. Bliley Jr.
1999 Ed. (3843, 3959)
Thomas J. Dyer Co.
2007 Ed. (1387)
Thomas J. Edelman
2006 Ed. (1097)
Thomas J. Engibous
2003 Ed. (4383)
Thomas J. Falk
2007 Ed. (1036)
2006 Ed. (941)
Thomas J. Fitzpatrick
2005 Ed. (2517)
Thomas J. Flatley
2006 Ed. (4906)
2005 Ed. (4852)
2004 Ed. (4867)
Thomas J. Lipton Inc.
2008 Ed. (1696)
1992 Ed. (1616)
Thomas J. Meredith
2000 Ed. (1051)
Thomas J. Neff
1991 Ed. (1614)
Thomas J. Peters
1995 Ed. (936)
Thomas J. Wurtz
2008 Ed. (370)
Thomas Jefferson University
2000 Ed. (3539)
1999 Ed. (3819)
1992 Ed. (2463)
1991 Ed. (1936)
1990 Ed. (2059)
1989 Ed. (1610)
Thomas Jefferson University Hospital
2005 Ed. (2901)
2004 Ed. (2915)
2003 Ed. (2811)
2002 Ed. (2607)
2000 Ed. (2521)
1999 Ed. (3819)
Thomas Jefferson University Hospitals, Inc.
2000 Ed. (3539)
Thomas Jones
2005 Ed. (3200)
2004 Ed. (176)
1992 Ed. (2058)
Thomas Kennedy
2001 Ed. (796)
Thomas Klamka
2000 Ed. (1940)
Thomas Kraemer
2002 Ed. (2258)
Thomas Kurlak
2000 Ed. (2006)
1999 Ed. (2262)
1998 Ed. (1671)
1997 Ed. (1875)
1996 Ed. (1802)
1995 Ed. (1817)
1994 Ed. (1777)
1993 Ed. (1794)
1991 Ed. (1678, 1706)
1989 Ed. (1417)
Thomas L. Hazouri
1992 Ed. (2987)
1991 Ed. (2395)
Thomas L. Hefner
2005 Ed. (978)
Thomas L. Jacobs & Associates Inc.
1990 Ed. (1650)
Thomas Lee
2002 Ed. (3356)
2000 Ed. (2055)
1999 Ed. (2434)
1998 Ed. (1689)
1997 Ed. (2004)
Thomas Lofton
2004 Ed. (974)
Thomas Lord
1993 Ed. (893)
Thomas M. Coughlin
2007 Ed. (2503, 2505)
Thomas M. Duff
2007 Ed. (2500)
Thomas M. Hahn Jr.
1995 Ed. (978, 1727)
Thomas M. Ryan
2007 Ed. (1026)
Thomas M. Siebel
2003 Ed. (957)
Thomas Madison Inc.
2002 Ed. (717, 4988)
2001 Ed. (713, 4924)
2000 Ed. (742, 3145, 4432)
1999 Ed. (730, 3421, 4812)
Thomas Mayer
2000 Ed. (2074)
Thomas McLaughlin
2006 Ed. (978)
Thomas McNamara
2000 Ed. (2027)
Thomas Melo Souza
1999 Ed. (2412)
Thomas Nelson
2005 Ed. (730)
1997 Ed. (1255)
Thomas O. Hicks
1999 Ed. (3980)
Thomas O'Donnell
2000 Ed. (2045)
1999 Ed. (431, 434, 2146, 2149, 2206)
1998 Ed. (1608)
Thomas O'Donohoe
2008 Ed. (4884)
2007 Ed. (2465, 4920)
Thomas of Chiat/Day Advertising; Bob
1994 Ed. (2952)
Thomas O'Leary
1997 Ed. (1801)
Thomas P. Beck
1991 Ed. (2344)
1990 Ed. (2481)
Thomas P. MacMahon
2008 Ed. (1108)
2007 Ed. (1202)
2006 Ed. (930)
2005 Ed. (1104)
Thomas P. Pollock
1991 Ed. (1620)
Thomas Parker
2000 Ed. (1948)
1999 Ed. (2177)
1998 Ed. (1589)
Thomas; Patrick W.
2007 Ed. (2498, 2500)
Thomas; Peter
2007 Ed. (4935)
Thomas Pfyl
2000 Ed. (2189)
1999 Ed. (2429)
Thomas Phillips
1992 Ed. (2058)
Thomas Pritzker
2005 Ed. (4854)
2004 Ed. (4869)
2003 Ed. (4885)
Thomas Publishing Co.
1999 Ed. (993, 4750)
Thomas R. Frey
1991 Ed. (2343)
1990 Ed. (2479)
Thomas R. Ricketts
1997 Ed. (981)
1994 Ed. (1720)
Thomas Register of American Manufacturers
2002 Ed. (4804)
Thomas Ricca Associates
1992 Ed. (2207)
1991 Ed. (1759)
1990 Ed. (1840)
Thomas; Richard L.
1997 Ed. (1803)
1996 Ed. (1715)
Thomas Ricketts
1993 Ed. (939)
Thomas Rizk
1999 Ed. (1126)
Thomas Russell
1991 Ed. (927)
1990 Ed. (974)
Thomas Ryan
2007 Ed. (1015)
Thomas S. Gulotta
1993 Ed. (2462)
1992 Ed. (2904)
1991 Ed. (2343)
Thomas S. Murphy
1996 Ed. (966)

1992 Ed. (2051)
Thomas Schmidheiny
2008 Ed. (4875)
1992 Ed. (888)
Thomas Schneider
1999 Ed. (2081)
Thomas Shandell
2000 Ed. (1949)
1999 Ed. (2178)
1998 Ed. (1590)
1997 Ed. (1937)
Thomas Sheridan & Sons Ltd.
2003 Ed. (1725)
Thomas Siebel
2002 Ed. (2806, 3351)
Thomas Sign & Awning Co., Inc.
2008 Ed. (3703, 4378, 4957)
2006 Ed. (3507)
Thomas Sobol
1991 Ed. (3212)
Thomas Sowanick
2000 Ed. (1954)
1999 Ed. (2276)
1998 Ed. (1565)
1993 Ed. (1845)
Thomas Sowanik
1997 Ed. (1951)
Thomas Spiegel
1990 Ed. (1712, 1723)
Thomas Staffing
2002 Ed. (4598)
Thomas Staffing Services, Inc.
1999 Ed. (4577)
Thomas Staggs
2008 Ed. (967)
2007 Ed. (1056)
2006 Ed. (960)
Thomas; Stanley
2007 Ed. (4935)
Thomas; Stanley & Peter
2005 Ed. (4896)
Thomas Thornhill III
1998 Ed. (1671)
1997 Ed. (1875)
1996 Ed. (1802)
1995 Ed. (1817)
Thomas Toast R Cakes
1996 Ed. (357)
Thomas Toast'r Cakes
1998 Ed. (262)
Thomas W. Hayes
1995 Ed. (3504)
1993 Ed. (3444)
Thomas W. Ruff & Co.
1998 Ed. (2706)
Thomas W. Schini
1992 Ed. (533, 1140)
Thomas Walsh
2000 Ed. (1932)
1999 Ed. (2162)
Thomas Watts
2000 Ed. (2044)
Thomas Weisel Partners
2003 Ed. (1396)
Thomas White International
2006 Ed. (3190)
Thomas Wolzien
1997 Ed. (1859)
1996 Ed. (1783, 1805)
Thomason Ford Inc.; Dee
1995 Ed. (267)
Thomason Subaru
1995 Ed. (285)
1994 Ed. (284)
1993 Ed. (286)
Thomason Toyota Inc.
1994 Ed. (286)
ThomasRegional.com
2003 Ed. (811)
Thomaston Mills
1995 Ed. (3600)
Thomasville
2007 Ed. (2666)
2005 Ed. (2702)
2003 Ed. (2591)
1997 Ed. (2098, 2100)
1996 Ed. (1987)
1995 Ed. (1951)
1994 Ed. (1933, 1937)
1992 Ed. (2244)
Thomasville Bancshares
2003 Ed. (510)
Thomasville Home Furnishings
2002 Ed. (2584, 2585)
Thomasville Home Furnishings Stores
1999 Ed. (2563)
Thompson Corp.
1999 Ed. (3309)
1997 Ed. (2629)
1996 Ed. (2486)
1995 Ed. (2444)
1989 Ed. (1020)
Thompson Co.; Adforce-J. Walter
1991 Ed. (109)
Thompson AIFE-MFP
2003 Ed. (67)
2002 Ed. (100)
2001 Ed. (130)
1999 Ed. (81)
1997 Ed. (80)
1996 Ed. (80)
1995 Ed. (66)
1993 Ed. (94)
1992 Ed. (142)
Thompson & Knight
1993 Ed. (2396)
1992 Ed. (2833)
1991 Ed. (2284)
1990 Ed. (2418)
Thompson & Knight LLP
2007 Ed. (3312)
Thompson Co. Argentina; J. Walter
1997 Ed. (58)
1996 Ed. (61)
1994 Ed. (69)
1993 Ed. (79)
1992 Ed. (119)
1991 Ed. (73)
1990 Ed. (76)
1989 Ed. (82)
Thompson Co. Australia; J. Walter
1997 Ed. (60)
1996 Ed. (62)
1994 Ed. (70)
Thompson Bldg. Mat.
1990 Ed. (841)
Thompson Chicago; J. Walter
1995 Ed. (56)
Thompson Co. Chile; J. Walter
1997 Ed. (71)
Thompson Chilena; J. Walter
1996 Ed. (70)
1994 Ed. (77)
1993 Ed. (87)
1992 Ed. (134)
1991 Ed. (86)
1990 Ed. (88)
1989 Ed. (93)
Thompson Co. China; J. Walter
1997 Ed. (72)
1996 Ed. (71)
1994 Ed. (78)
Thompson Coburn LLP
2007 Ed. (1504)
Thompson Creek Metals Co.
2008 Ed. (1404)
Thompson Co. de Mexico; J. Walter
1997 Ed. (117)
1996 Ed. (114)
1994 Ed. (101)
1993 Ed. (119)
1992 Ed. (179)
1991 Ed. (126)
1990 Ed. (127)
1989 Ed. (134)
Thompson de Venezuela; J. Walter
1994 Ed. (125)
1993 Ed. (145)
1992 Ed. (219)
1991 Ed. (160)
1990 Ed. (161)
1989 Ed. (172)
Thompson Detroit; J. Walter
1996 Ed. (115)
Thompson Dunavant plc
2008 Ed. (2103)
Thompson; Elizabeth
2008 Ed. (370)
2007 Ed. (385)
Thompson; G. Kennedy
2008 Ed. (1108)
2007 Ed. (1016, 1202)
2006 Ed. (1099)
2005 Ed. (1104)
Thompson; George
1994 Ed. (1764, 1831)
Thompson Group
1995 Ed. (1546)
Thompson Hine LLP
2007 Ed. (1506)
Thompson Hospitality
2008 Ed. (174, 179, 3737)
2007 Ed. (191, 3608)
2006 Ed. (185, 190, 3545, 4383)
2005 Ed. (172, 173)
2004 Ed. (169)
2002 Ed. (710, 715)
Thompson Hospitality LP
1998 Ed. (469)
1996 Ed. (746)
1995 Ed. (672)
Thompson Interior Savings Credit Union
2006 Ed. (2588)
2005 Ed. (2585)
Thompson International; J. Walter
1997 Ed. (125)
Thompson International NZ; J. Walter
1996 Ed. (120)
Thompson Italia; J. Walter
1996 Ed. (104)
1994 Ed. (97)
1993 Ed. (114)
1991 Ed. (116)
1990 Ed. (118)
1989 Ed. (124)
Thompson Co. Italiana; J. Walter
1997 Ed. (106)
1992 Ed. (168)
Thompson Co.; J. Walter
1997 Ed. (37, 38, 39, 40, 42, 44, 46, 47, 48, 49, 50, 53, 54, 59, 81, 85, 90, 92, 96, 102, 118, 132, 139, 141, 147, 152)
1996 Ed. (59, 100)
1995 Ed. (25, 26, 27, 28, 29, 30, 32, 34, 37, 38, 39, 40, 41, 42, 44, 55, 99, 99)
1994 Ed. (75, 123)
1993 Ed. (59, 62, 64, 66, 68, 69, 70, 71, 72, 75, 76, 78, 85, 86, 93, 97, 100, 101, 102, 105, 111, 117, 118, 128, 136, 137, 140, 141, 142)
1992 Ed. (101, 102, 105, 106, 107, 109, 111, 113, 114, 115, 116, 118, 122, 131, 147, 151, 152, 153, 157, 162, 165, 175, 178, 180, 180, 190, 195, 205, 209, 213, 214)
1991 Ed. (83, 84)
1990 Ed. (58, 59, 60, 61, 62, 63, 64, 66, 68, 69, 72, 85, 86, 105, 109, 112, 148, 151, 156)
1989 Ed. (63, 64, 66, 69, 74, 91, 108, 109, 114, 118, 152, 156, 168)
Thompson; James R.
1992 Ed. (2344, 2345)
Thompson; John
2007 Ed. (1008)
2005 Ed. (2318)
Thompson; John & Jere
1995 Ed. (2004)
1993 Ed. (1956)
1992 Ed. (2299)
1991 Ed. (1823)
1990 Ed. (1905)
Thompson; John W.
2007 Ed. (1035)
2006 Ed. (918, 935)
Thompson, Jr.; James R.
1991 Ed. (1857)
Thompson; Ken
2007 Ed. (384)
2005 Ed. (2469)
Thompson Kenya Nairobi
2003 Ed. (97)
2002 Ed. (130)
2001 Ed. (157)
Thompson Co. Korea; J. Walter
1994 Ed. (99)
1993 Ed. (116)
Thompson Lanka
2003 Ed. (151)
2002 Ed. (187)
2001 Ed. (214)
2000 Ed. (175)
1999 Ed. (157)
1997 Ed. (148)
1995 Ed. (128)
1992 Ed. (210)
1991 Ed. (152)
1990 Ed. (152)
1989 Ed. (163)
Thompson-McCully Cos.
2002 Ed. (1418)
Thompson Medical
1997 Ed. (2066)
1990 Ed. (878)
Thompson New Zealand; J. Walter
1993 Ed. (123)
1991 Ed. (133)
Thompson Oldsmobile; Jack
1996 Ed. (282)
1995 Ed. (282)
Thompson Paraguay; J. Walter
1996 Ed. (126)
Thompson Co. Parintex; J. Walter
1997 Ed. (133)
1996 Ed. (129)
Thompson Co.; Partner-J. Walter
1990 Ed. (81)
Thompson PBE
1997 Ed. (3358)
Thompson Co. Peruana; J. Walter
1997 Ed. (131)
1996 Ed. (127)
1992 Ed. (196)
1991 Ed. (141)
1990 Ed. (141)
1989 Ed. (150)
Thompson Plum Balanced
2003 Ed. (3486)
Thompson Plumb Balanced
2004 Ed. (2448, 3547)
2003 Ed. (3483, 3520)
Thompson Plumb Balanced Fund
2004 Ed. (3540)
Thompson Plumb Bond
2008 Ed. (604)
Thompson Plumb Growth
2007 Ed. (2484)
2006 Ed. (3621, 3622, 3623, 4556)
2005 Ed. (4480)
2004 Ed. (2450, 3534, 3536, 3537)
2003 Ed. (3489)
Thompson Plumb Growth Fund
2006 Ed. (3605)
2005 Ed. (3551)
2003 Ed. (3532)
Thompson Publicadade; J. Walter
1996 Ed. (68)
Thompson Co. Publicidade; J. Walter
1997 Ed. (67, 134)
1996 Ed. (130)
1994 Ed. (73, 111)
1993 Ed. (84, 130)
1992 Ed. (200)
1991 Ed. (80, 144)
1990 Ed. (83, 144)
1989 Ed. (89, 153)
Thompson S.A.; J. Walter
1996 Ed. (141)
1989 Ed. (162)
Thompson Singapore; J. Walter
1996 Ed. (135)
1993 Ed. (135)
1992 Ed. (204)
1991 Ed. (147)
Thompson South Africa; J. Walter
1991 Ed. (148)
1989 Ed. (157)
Thompson Co. Taiwan; J. Walter
1997 Ed. (151)
1996 Ed. (145)
1994 Ed. (121)
1991 Ed. (155)
Thompson; Tommy G.
1991 Ed. (1857)
Thompson Toyota Inc.
1994 Ed. (286)
1993 Ed. (287)
1992 Ed. (402)
Thompson, Unger & Plumb
1992 Ed. (3160)
Thompson USA/Backer Spielvogel Bates; J. Walter
1990 Ed. (13)
Thompson Co. USA; J. Walter
1997 Ed. (56, 79)

1996 Ed. (79)
1995 Ed. (65)
1994 Ed. (68, 76, 83)
1992 Ed. (133, 141)
1991 Ed. (85, 92)
1990 Ed. (94)
Thompson, Ventulett, Stainback & Associates
2008 Ed. (2517)
2004 Ed. (2350)
2000 Ed. (310)
1999 Ed. (284)
1996 Ed. (232)
1995 Ed. (235)
1994 Ed. (233)
1993 Ed. (244)
1992 Ed. (353)
Thompson Co. West; J. Walter
1997 Ed. (159)
1996 Ed. (152)
1995 Ed. (138)
1994 Ed. (126)
1992 Ed. (220)
1991 Ed. (161)
1990 Ed. (162, 162)
1989 Ed. (173, 174)
Thoms; Allen
1993 Ed. (3445)
Thomsen; Linda Chatman
2006 Ed. (4973)
Thomson Corp.
2008 Ed. (1627, 1629, 1697, 1741, 1744, 4085, 4086, 4321)
2007 Ed. (734, 1627, 1629, 1639, 1641, 1712, 1715, 3456, 4049, 4365)
2006 Ed. (1421, 1424, 1600, 1612, 1616, 1618, 4019, 4491)
2005 Ed. (1529, 1555, 1710, 1720, 1725, 1747, 3979, 3980)
2004 Ed. (1513, 1666, 1668, 1670, 3413, 4040)
2003 Ed. (1078, 1483, 1521, 1629, 1635, 1636)
2002 Ed. (1462, 1487, 1605, 1606, 1609, 3269, 3282, 3885)
2001 Ed. (1663, 1664, 1665, 3709, 3953)
2000 Ed. (963, 1151, 1400, 1401, 2479, 3154, 3463, 4265, 4347)
1999 Ed. (1009, 1242, 1448, 1592, 1593, 2693, 3308, 3311, 3430, 3743, 4714)
1998 Ed. (608, 812, 1015, 1244, 1251, 1952, 2679, 2780, 3672)
1997 Ed. (880, 1072, 1235, 1370, 1371, 1372, 1373, 2724, 2805, 2942, 3844)
1996 Ed. (1309, 1310, 1311, 2579, 2673, 3144)
1995 Ed. (885, 1075, 3702)
1994 Ed. (18, 1339, 2545, 2983, 3554)
1993 Ed. (829, 1032, 1314, 1581, 2488, 3667, 3695)
1992 Ed. (1617, 1619, 1928)
1991 Ed. (1016, 2388, 2788)
1989 Ed. (2806)
Thomson & Company Ltd.; D.C.
1990 Ed. (1032, 1033)
Thomson & Co. Ltd.; D. C.
1994 Ed. (991, 992, 993)
1991 Ed. (958)
Thomson & Co. Ltd.; D.C.
1992 Ed. (1202)
Thomson and family; Kenneth
2005 Ed. (4875)
Thomson & Portland
2000 Ed. (35, 3396)
Thomson Corp. (Australia)
2004 Ed. (3938)
Thomson Commodity Part. II
1999 Ed. (1250)
Thomson Consumer Electronics
1995 Ed. (3730)
1992 Ed. (2434)
Thomson Corporation
1992 Ed. (3591)
Thomson-CSF
2002 Ed. (242, 1911, 2096, 2099)
2001 Ed. (270, 542)
2000 Ed. (1646, 1651)
1999 Ed. (192, 1821)
1997 Ed. (2405)
1996 Ed. (1521, 2559)
1994 Ed. (1514)
1993 Ed. (1468)
1992 Ed. (2955)
1991 Ed. (1404, 1407, 2372)
1990 Ed. (1637, 1638)
1989 Ed. (200, 1338, 1340)
Thomson; David
2008 Ed. (4856, 4878, 4882)
Thomson Delaware Inc.
2001 Ed. (3886)
Thomson Dialog
2004 Ed. (2211)
Thomson-Elettronica
1998 Ed. (2502)
Thomson Equity Income A
1995 Ed. (2720)
Thomson Equity-Income B
1996 Ed. (2802)
1995 Ed. (2720)
Thomson Family
2008 Ed. (4855, 4900)
Thomson Financial
2006 Ed. (1427)
Thomson (GE/RCA)
1992 Ed. (1036, 4395)
1991 Ed. (1008, 3447)
1990 Ed. (890, 1098, 1367, 1944, 3674)
Thomson Group
1999 Ed. (1822, 3312)
1998 Ed. (1250)
1997 Ed. (1582)
1996 Ed. (30, 1522)
1993 Ed. (26, 48)
1992 Ed. (74)
1991 Ed. (20)
1990 Ed. (25)
1989 Ed. (26)
Thomson Holidays Ltd.
2004 Ed. (4798)
2002 Ed. (4675)
2001 Ed. (4623)
Thomson Horstmann
2004 Ed. (3196)
Thomson I-Watch
2002 Ed. (4839)
Thomson Investors Network
2002 Ed. (4861)
Thomson; Kenneth
2007 Ed. (4910, 4913, 4916)
2006 Ed. (4923, 4925)
2005 Ed. (4870, 4876, 4881)
Thomson; Kenneth R.
1997 Ed. (673, 3871)
1989 Ed. (732)
Thomson; Kenneth Roy
1993 Ed. (698, 699)
1991 Ed. (709, 710, 1617, 3477)
1990 Ed. (730)
Thomson; Le Groupe
1989 Ed. (1289)
Thomson Legal & Regulatory
2007 Ed. (1882)
Thomson Licensing Corp.
2004 Ed. (1695, 4041)
Thomson McKinnon
1990 Ed. (791, 2291, 2293)
1989 Ed. (1754, 1859)
Thomson McKinnon Securities
1990 Ed. (784, 786, 3153)
Thomson MultiMedia Inc.
2003 Ed. (2232)
Thomson Multimedia SA
2005 Ed. (2865)
2004 Ed. (2253)
2003 Ed. (2207, 4584)
2002 Ed. (1109, 1131, 2096, 4754)
Thomson Newspapers
1990 Ed. (1107, 2689)
1989 Ed. (965, 1933)
Thomson North Sea Ltd.
1990 Ed. (1412)
Thomson Opportunity
1993 Ed. (2647)
1992 Ed. (3189)
Thomson Opportunity A
1995 Ed. (2703)
1994 Ed. (2625)
1993 Ed. (2679)
Thomson Opportunity B
1995 Ed. (2696)
1994 Ed. (2602, 2633)
Thomson Co. Paraguay; J. Walter
1997 Ed. (130)
Thomson Corp. PLC
1994 Ed. (2933)
Thomson Precious Metal B
1993 Ed. (2681)
Thomson Precious Metals A
1995 Ed. (2721)
Thomson Prometric
2006 Ed. (4296)
Thomson/RCA
2002 Ed. (2577)
Thomson/RCA Multimedia
2001 Ed. (2731)
Thomson SA
2006 Ed. (1421)
1996 Ed. (3404)
1995 Ed. (2495)
1994 Ed. (1215, 2423)
1992 Ed. (2955)
1991 Ed. (2372)
1990 Ed. (1366)
1989 Ed. (1118)
Thomson-Shore Inc.
2001 Ed. (3891)
2000 Ed. (3609)
Thomson Tour Operators Ltd.
2002 Ed. (54)
Thomson Travel Group
2002 Ed. (4420)
Thomson Travel Group (Holdings) Ltd.
2001 Ed. (4623)
Thomson Travel Group plc
2002 Ed. (4675)
2001 Ed. (4623)
2000 Ed. (3879)
Thomson West
2008 Ed. (1933)
Thon; Olav
2008 Ed. (4871)
Thor
1998 Ed. (3027, 3028, 3029)
1996 Ed. (3172, 3173)
1994 Ed. (2922, 2923)
Thor Bjorgolfsson
2008 Ed. (4901, 4908)
2007 Ed. (4934)
Thor Construction
2008 Ed. (175)
2005 Ed. (173)
Thor Eaton
1997 Ed. (3871)
Thor Industries Inc.
2008 Ed. (294, 3097)
2007 Ed. (306, 2972, 4108)
2006 Ed. (304, 307, 309, 3579, 4057)
2005 Ed. (284, 286, 287, 339, 340)
2004 Ed. (278, 280, 340, 4544)
1999 Ed. (4018)
1997 Ed. (3275)
Thoratec Corp.
2005 Ed. (1678, 1679)
Thoresen Foundation
1994 Ed. (1058, 1900)
Thoresen Thai Agencies
2008 Ed. (2117)
2007 Ed. (1582)
1997 Ed. (3511)
Thorlakson; Allan
2005 Ed. (4867)
Thorleif Larsen & Co. Inc.
1993 Ed. (1137)
Thorleif Larsen & Son Inc.
1999 Ed. (1371)
1998 Ed. (950)
1997 Ed. (1166)
1996 Ed. (1147)
1995 Ed. (1162)
1994 Ed. (1144)
Thorn Americas
1999 Ed. (2550)
1998 Ed. (1790)
Thorn Apple Valley Inc.
2000 Ed. (3058, 3583, 3853)
1999 Ed. (3865, 3866)
1998 Ed. (2455)
1997 Ed. (2030, 3134)
1996 Ed. (1933, 1941, 2590, 3062)
1995 Ed. (1890, 1897, 2522, 2523, 2524, 2527, 2963, 2965, 2966, 2968)
1994 Ed. (1267, 1866, 1871, 1873, 1874, 2452, 2453, 2456, 2458, 2904, 2905, 2906, 2907, 3443)
1993 Ed. (1216, 3466)
1992 Ed. (1532)
1991 Ed. (1224, 1746)
1990 Ed. (2527)
1989 Ed. (1057, 1937)
Thorn Apple Valley, Smart Select
2001 Ed. (3182)
THORN Automated Systems Inc.
1995 Ed. (3212)
1993 Ed. (3115)
1992 Ed. (3826)
Thorn Emi
1997 Ed. (2726)
1994 Ed. (1671, 3247)
1990 Ed. (1139, 2861)
1989 Ed. (1626, 2228)
Thorn EMI PLC
1993 Ed. (3253)
1992 Ed. (3942, 1773)
1991 Ed. (1142, 2372)
1990 Ed. (2034)
1989 Ed. (1599)
Thornburg Core Growth
2007 Ed. (4547)
Thornburg Global Value
2003 Ed. (3612)
Thornburg Income Intermediate Municipal A
1998 Ed. (2643)
Thornburg Income Limited Income A
1998 Ed. (2594, 2641)
Thornburg Intermediate Municipal A
1996 Ed. (2812)
Thornburg Intermediate Municipal National
1996 Ed. (2785)
Thornburg International Value
2006 Ed. (3675, 4566)
Thornburg Limited Income A
1999 Ed. (746)
Thornburg Limited-Term U.S. Government A
1996 Ed. (2810)
Thornburg Mortgage Inc.
2008 Ed. (4122)
2007 Ed. (4086)
2006 Ed. (4043, 4045)
2005 Ed. (3303)
Thornburg Value
2008 Ed. (598)
2006 Ed. (3684)
2005 Ed. (3581)
2003 Ed. (3488, 3489)
2002 Ed. (3416)
Thorne; C. F.
2005 Ed. (2498)
Thorne Electric
2002 Ed. (2287)
2000 Ed. (2203)
1999 Ed. (2448)
1998 Ed. (1700)
1997 Ed. (2017)
Thorne Ernst & Whinney
1989 Ed. (6, 7)
Thorne Ernst & Whinney 5 Thoroughness and follow-through
1990 Ed. (3089)
Thornhill III; Thomas
1997 Ed. (1875)
1996 Ed. (1802)
1995 Ed. (1817)
Thornley; Anthony S.
2006 Ed. (2524)
2005 Ed. (2476, 2512)
Thornley; Evan
2006 Ed. (4922)
2005 Ed. (4862)
Thornton; Cornelius
1997 Ed. (1890)
1996 Ed. (1816)
Thornton; Cornelius (Perk)
1995 Ed. (1838)
1994 Ed. (1800)
1993 Ed. (1817)
Thornton; Felicia
2007 Ed. (3617)

Thornton; Grant
1997 Ed. (8, 9, 17, 21, 22)
1996 Ed. (13, 14, 20)
1995 Ed. (4, 5, 6, 9, 10, 11, 12)
1994 Ed. (1, 2, 3, 6)
1993 Ed. (4, 5, 6, 7, 8, 12)
1992 Ed. (13)
Thornton International; Grant
1997 Ed. (6, 7, 16)
1996 Ed. (6, 11, 12)
Thornton Little Dragons Inc.
1996 Ed. (2815)
Thornton LLP; Grant
1996 Ed. (10)
Thornton Management Asia
1992 Ed. (2792, 2795)
Thornton New Tiger Malaysia
1996 Ed. (2817, 2818)
Thornton New Tiger Sri Lanka
1997 Ed. (2908)
Thornton-Tomasetti Group
2008 Ed. (2537, 2570)
2007 Ed. (2410, 2443)
2006 Ed. (2477)
2005 Ed. (2437)
2004 Ed. (2376)
Thorntons
2008 Ed. (714)
2005 Ed. (4568)
Thoroughbred Music
2001 Ed. (3415)
2000 Ed. (3218)
1999 Ed. (3500)
1994 Ed. (2596)
1993 Ed. (2643)
Thoroughly Modern Millie
2004 Ed. (4717)
Thorp & Co.
2005 Ed. (3963)
2004 Ed. (4009)
2003 Ed. (4002)
2002 Ed. (3819)
1999 Ed. (3932)
Thorp Reed & Armstrong LLP
2007 Ed. (1509)
Thor's Hammer Vodka
2004 Ed. (4850)
Thorsell, Parker
1995 Ed. (2360)
Thorson Buick-GMC Truck
1994 Ed. (263)
Thortec
1990 Ed. (2684)
Thortec International
1991 Ed. (2591)
Thos. S. Byrne Ltd.
2008 Ed. (2113, 2961)
2007 Ed. (2016)
2006 Ed. (2046)
2005 Ed. (1977)
A Thousand Barrels a Second: The Coming Oil Break Point & the Challenges Facing an Energy Dependent W
2008 Ed. (614)
Thousand Oaks, CA
1999 Ed. (1176)
1996 Ed. (2225)
1995 Ed. (2216)
1993 Ed. (2143)
1992 Ed. (2578)
1991 Ed. (938, 2004)
Thousand Oaks, Westlake Village, CA
1996 Ed. (1602)
A Thousand Points of Knowledge
2004 Ed. (2174)
2003 Ed. (2126)
Thousands of Videos
1996 Ed. (3786)
THQ
2003 Ed. (2603)
2001 Ed. (1577)
1999 Ed. (2617, 4324)
1997 Ed. (2715, 3649)
THR Enterprises Inc.
2006 Ed. (2094)
2005 Ed. (1994)
Threads 4 Life Corp.
1995 Ed. (671, 2590)
1994 Ed. (714)
3
2008 Ed. (135, 671, 682)
2007 Ed. (700, 709)
3-0 International Inc.
2001 Ed. (2857)
Three Barrels Brandy
2008 Ed. (246)
Three Billion New Capitalists
2007 Ed. (652)
3 Com
1995 Ed. (1285)
1990 Ed. (1976)
Three D
1990 Ed. (2115)
Three-D Bed & Bath
1994 Ed. (2139)
3-D Home Architect
1997 Ed. (1092)
3/D/International Inc.
2000 Ed. (1237)
Three Diamonds
1994 Ed. (3607)
3-Dimensional Pharmaceuticals, Inc.
2003 Ed. (2728)
Three Executive Campus
1998 Ed. (2696)
Three-Five Systems Inc.
2006 Ed. (1227)
2003 Ed. (2946)
1997 Ed. (2936)
1995 Ed. (203, 206)
Three Fodl Consultants LLC
2008 Ed. (3712, 4398, 4964)
3 Ft 6 Pak
1997 Ed. (1101)
Three Gorges Dam
1996 Ed. (2262)
386
1990 Ed. (2467)
386, Janson Payne Management Ltd.
1991 Ed. (2338)
300 First Stamford Place
1990 Ed. (2730)
340
1994 Ed. (187)
340, Gravett & Tilling (Underwriting Agencies) Ltd.
1991 Ed. (2335)
390
1990 Ed. (2466)
360 Corp.
1995 Ed. (3777)
1994 Ed. (187)
360 Communications
2000 Ed. (999)
365 Words-a-Year
1990 Ed. (886)
367, F. L. P. Secretan & Co. Ltd.
1991 Ed. (2337)
362
1990 Ed. (2467)
362, Murray Lawrence & Partners
1991 Ed. (2338)
360i
2004 Ed. (860)
2003 Ed. (816)
360i.com
2008 Ed. (819)
2007 Ed. (861)
2006 Ed. (760)
360networks Inc.
2002 Ed. (2503)
Three J's Construction
2004 Ed. (1183)
Three Junes
2005 Ed. (728)
Three Men and a Baby
1993 Ed. (3536)
3 Mobile Video Co.
2007 Ed. (81)
Three Musketeers
2005 Ed. (996)
2002 Ed. (1048, 1049)
2001 Ed. (1113)
2000 Ed. (1055, 1056, 1058)
1999 Ed. (1016, 1025, 1130, 1131)
1998 Ed. (617, 618, 619, 620, 623, 630, 631)
1997 Ed. (890, 891, 895, 983)
1994 Ed. (846)
1993 Ed. (833)
1990 Ed. (895)
Three Olives
2004 Ed. (4851)
Three Quays Underwriting Management Ltd.
1993 Ed. (2453, 2455)
1992 Ed. (2895, 2897, 2900)
Three Quays Underwriting Management Ltd.; Non-marine 190,
1991 Ed. (2336)
Three Quays Underwriting Management Ltd.; 190,
1991 Ed. (2338)
Three-ring Portfolio, 2-pocket
1990 Ed. (3431)
1989 Ed. (2324, 2632, 2633)
Three Rivers Credit Union
2008 Ed. (2231)
2007 Ed. (2116)
2006 Ed. (2195)
2005 Ed. (2070, 2100)
2004 Ed. (1930, 1958)
2003 Ed. (1892, 1918)
2002 Ed. (1831, 1864)
Three Rivers Optical
2007 Ed. (3750, 3751)
Three Rivers Press
2008 Ed. (629)
2007 Ed. (670)
Three Sisters
2003 Ed. (4715)
Three Springs Scientific Inc.
2005 Ed. (1372)
3 Step It Oy
2008 Ed. (1728)
2007 Ed. (1701)
2006 Ed. (1705)
Three Stooges
1990 Ed. (886)
3 Suisses/Otto
2001 Ed. (4512)
The Three Tenors
2001 Ed. (1382)
1999 Ed. (1293)
Three Tenors in Concert
1994 Ed. (3630)
3000 Mega Clip Art Pack
1997 Ed. (1095)
Three Tomatoes Catering
2007 Ed. (4987)
Three-Way Chevrolet
2005 Ed. (319)
Three Wishes
2007 Ed. (681)
3A
2001 Ed. (1971)
3A Entertainment
2007 Ed. (1266)
3Com Corp.
2008 Ed. (1913)
2006 Ed. (4701)
2005 Ed. (836, 1509, 3025, 3593, 4637)
2004 Ed. (862, 1082, 1083, 1085, 1493, 3016, 3017, 3352, 3678)
2003 Ed. (818, 1069, 1118, 1463, 2926, 3631)
2002 Ed. (1122, 1443, 2075, 2510, 2804, 2805, 4561)
2001 Ed. (1068, 1073, 1364, 1365, 1580, 1650, 4453)
2000 Ed. (933, 937, 940, 2992, 3390, 4187, 4378)
1999 Ed. (1542, 2879, 3255, 3256, 3669, 3670, 3671, 3672, 3673, 4490, 4547)
1998 Ed. (829, 833, 1051, 2402, 2703, 3410)
1997 Ed. (1081, 1234, 1452, 2206, 2979, 3640)
1996 Ed. (1066, 1762, 1763, 1764, 3259, 3260, 3261)
1995 Ed. (2258, 2568)
1994 Ed. (2402, 2403, 2404)
1993 Ed. (1045)
1992 Ed. (1292, 1293, 1294, 3675)
1991 Ed. (1014, 1015, 1520, 2341, 2844, 2340)
1990 Ed. (1106, 1618, 3136)
1989 Ed. (963, 968, 2102)
3Com Corp
1990 Ed. (2191)
3D Disaster Kleenup of Columbis
2006 Ed. (669)
3D/International Inc.
2008 Ed. (1169, 1172, 1173, 1175, 1176, 1206)
2005 Ed. (1250)
1999 Ed. (1339)
1997 Ed. (1139)
1996 Ed. (1113)
1995 Ed. (1140)
3Dfx Interactive, Inc.
2001 Ed. (1644)
3DM Inc.
2006 Ed. (4082)
3DO
1997 Ed. (3836, 3837, 3838)
1995 Ed. (3206, 3694)
3dStockCharts.com
2002 Ed. (4807)
3i
2007 Ed. (2560)
2006 Ed. (2592, 4881)
2005 Ed. (2589)
1996 Ed. (2816)
1995 Ed. (2499, 2500)
1994 Ed. (2430)
1992 Ed. (2964)
3i Capital/3i Ventures
1990 Ed. (3667)
3I Group
2007 Ed. (2576, 2579)
1990 Ed. (1787)
3i Group plc
2008 Ed. (2700, 4536)
3M Co.
2008 Ed. (920, 1162, 1492, 1847, 1852, 1933, 1934, 1935, 1936, 1937, 1938, 1939, 1940, 2302, 2352, 2353, 2364, 3027, 3220, 3221, 3853)
2007 Ed. (943, 1268, 1498, 1546, 1553, 1584, 1686, 1692, 1813, 1882, 1883, 1884, 1885, 1923, 2212, 2213, 2224, 2905, 3023, 3079, 3080, 3775, 3989, 4115, 4586, 4699)
2006 Ed. (777, 855, 857, 1218, 1469, 1524, 1886, 1887, 1888, 1889, 1891, 1892, 2277, 2278, 2279, 2280, 2281, 3047, 3048, 3049, 3357, 3363, 3779, 4600)
2005 Ed. (868, 1635, 1869, 1870, 1871, 1872, 2213, 2214, 2215, 2216, 2217, 2219, 2279, 2836, 3046, 3382, 3676, 3677, 3683, 3694, 3854)
2004 Ed. (809, 882, 1610, 1799, 1800, 1801, 2827, 3031, 3761, 3762, 3775)
2001 Ed. (2438)
2000 Ed. (1156, 1170, 1427, 2263, 3543)
1999 Ed. (1097, 1256, 1257, 1277, 1553, 1707, 1825, 1826, 1972, 2896, 3295, 3297, 3341, 3642, 3822, 3827, 4146, 4147, 4148)
1998 Ed. (696, 824, 825, 840, 1177, 2106, 2701, 2702, 3162)
1997 Ed. (953, 1337, 1481, 1683, 2404, 2614, 2956, 2957, 3025, 3226, 3386)
1996 Ed. (1283, 1341, 1421, 1523, 2263, 2861, 2862, 3289, 3500)
1995 Ed. (952, 958, 1327, 1329, 1459, 1547, 1650, 2263, 2504, 2534, 2805, 2806, 2864, 3191)
1994 Ed. (916, 922, 1088, 1290, 1301, 1303, 1305, 1309, 1422, 1607, 2213, 2433, 2436, 2466, 2691, 2693, 2767, 3147)
1993 Ed. (176, 1063, 1253, 1564, 2175, 2182, 2497, 2874, 2947, 3689)
1992 Ed. (1548, 1549, 1778, 2642, 2970)
1991 Ed. (169, 1033, 1236, 1238, 1239, 1409, 2070, 2080, 2384, 2470)
1990 Ed. (1131, 1308, 1310, 1488, 2204, 2216)
1989 Ed. (1286)
3M Active Strips
2002 Ed. (2278)
1998 Ed. (1697)

3M Canada
2007 Ed. (1325)
1997 Ed. (1141)
1996 Ed. (1054)
1994 Ed. (1066)
1992 Ed. (1288)
1991 Ed. (2383)
3M Comfort Strips
2001 Ed. (2438)
1998 Ed. (1697)
3M Healthcare
2003 Ed. (3788)
2001 Ed. (2767)
2000 Ed. (2504)
1996 Ed. (2151)
3M Media
1998 Ed. (91)
3M Nexcare
2004 Ed. (2615)
2003 Ed. (2484, 3780)
2002 Ed. (2278, 2282)
2001 Ed. (2438)
3M Nexcare Active Strips
2003 Ed. (2484)
2002 Ed. (2278)
3M Nexcare Comfort Strips
2003 Ed. (2484)
2002 Ed. (2278, 2282)
3M Strips
2001 Ed. (2438)
3M United Kingdom plc
2004 Ed. (4593)
3P Hellas SA
2002 Ed. (3218)
3ParData
2003 Ed. (4682)
3Re.com
2001 Ed. (4751)
3SI
2000 Ed. (3146)
360 Communications
1998 Ed. (655)
3t Systems
2005 Ed. (1129)
3TEC Energy Corp.
2004 Ed. (2770)
Threshold Pharmaceuticals Inc.
2008 Ed. (4530)
Threshold Technology
1997 Ed. (2202)
Thrift
1996 Ed. (1589, 1590, 1591, 1592)
1995 Ed. (1614)
1992 Ed. (1853, 1854)
1990 Ed. (1552)
Thrift Drug
1999 Ed. (1931)
1998 Ed. (1363, 1364, 1365, 1366)
1997 Ed. (1670, 1671, 1672, 1673, 1676, 1677, 1678)
1995 Ed. (1612)
Thrift Supervision; Office of
1992 Ed. (28)
Thrifts
2008 Ed. (1643)
Thriftway Drug Stores
2002 Ed. (2035)
1999 Ed. (1929)
Thrifty
2000 Ed. (351, 352, 353)
1999 Ed. (342, 343, 344)
1998 Ed. (235, 236, 238)
1997 Ed. (312, 313, 314)
1996 Ed. (332, 333, 334, 335)
1995 Ed. (322)
1994 Ed. (3372)
1993 Ed. (338, 1527, 1528)
1992 Ed. (4047)
1991 Ed. (1439, 3164, 3168)
1990 Ed. (382, 383, 384, 1552, 1555, 2621)
1989 Ed. (1266, 1267, 1268)
Thrifty Car Rental
1991 Ed. (333, 334)
Thrifty Car Sales Inc.
2005 Ed. (305)
2004 Ed. (309, 913)
Thrifty Drug
1994 Ed. (1570, 1571)
1992 Ed. (1859)
1991 Ed. (1459, 1460, 1462)
Thrifty Foods
2008 Ed. (1584, 2744)
2007 Ed. (2614)
Thrifty Inn
2000 Ed. (2551)
1999 Ed. (2774)
Thrifty Oil Co.
1998 Ed. (755)
1990 Ed. (1023)
Thrifty Payless
1999 Ed. (1931)
1998 Ed. (1185, 1363, 1364, 1365, 1366)
1997 Ed. (1496, 1670, 1671, 1672, 1673, 1676, 1677, 1678, 2026)
1996 Ed. (1434, 1585, 1589, 1590, 1592)
Thrifty Rent-A-Car System Inc.
2008 Ed. (307)
2007 Ed. (319)
2006 Ed. (327)
2005 Ed. (307)
2004 Ed. (311)
2003 Ed. (334, 336)
2002 Ed. (363)
Thrify Car Rental
1992 Ed. (464)
Thriller, Michael Jackson
1990 Ed. (2862)
Thrive
1990 Ed. (2815)
1989 Ed. (2199)
Thrivent Financial for Lutherans
2007 Ed. (3138)
2006 Ed. (3120)
2005 Ed. (3115, 3208)
2004 Ed. (1892, 3112)
Thrivent Investment Management
2004 Ed. (724)
Throat lozenges
2003 Ed. (1054)
2002 Ed. (1096)
Thrun, Maatsch & Norberg
1996 Ed. (3287)
Thrun, Maatsch & Nordberg
2001 Ed. (841)
2000 Ed. (3858)
1999 Ed. (4143)
1998 Ed. (3158)
The Thrush Cos.
2003 Ed. (1137)
2002 Ed. (1170, 2654)
THSP Associates L.P./THSP Inc.
1996 Ed. (3666)
THT Best of America America's Vision
1997 Ed. (3817)
Thuga AG
2005 Ed. (2305)
Thugo AG
2005 Ed. (2410)
Thumb National Bank & Trust Co.
1989 Ed. (211)
Thunder & Lightning
2008 Ed. (551)
Thunder Basin Coal Co.
1993 Ed. (1003)
Thunder Basin Coal Co., Black Thunder mine
1990 Ed. (1071)
1989 Ed. (950)
Thunder Bay, Ontario
2007 Ed. (3377)
Thunder Energy
2007 Ed. (1637)
Thunder House Online
1999 Ed. (102)
Thunderbird
2008 Ed. (778, 786)
2007 Ed. (799, 807, 831)
2006 Ed. (713, 714, 723, 736, 4960)
2005 Ed. (808, 812, 4930)
2004 Ed. (4950)
2003 Ed. (4946)
2002 Ed. (4922)
2001 Ed. (4842)
1999 Ed. (985)
1992 Ed. (1008)
Thunderbird, Garvin School of Business
2007 Ed. (813, 822, 826)
2006 Ed. (710, 727, 740)
Thunderbird Graduate School
2002 Ed. (879)
2001 Ed. (1059)
2000 Ed. (921)
Thunderbird Resorts
2008 Ed. (2591)
Thunderbird Stadium
2001 Ed. (4357, 4359)
1999 Ed. (1299)
Thunderbird University
2004 Ed. (815, 829, 831)
2003 Ed. (797)
2002 Ed. (902)
Thunderbirds
1995 Ed. (3645)
Thunderbolt
1995 Ed. (3166)
Thundercloud LLC
2007 Ed. (3575, 4432)
2006 Ed. (3525)
Thunderhead
2008 Ed. (1134)
Thunderstone Software LLC
2007 Ed. (3063)
2006 Ed. (3030)
Thuraya
2006 Ed. (100)
Thurlow Growth
2006 Ed. (2511)
2004 Ed. (3608)
Thurston Howell III
2008 Ed. (640)
Thus
2007 Ed. (4722)
2006 Ed. (4703)
2002 Ed. (4573, 4574, 4575, 4576, 4577, 4579)
Thus Group
2007 Ed. (4723)
Thuston Howell III
2007 Ed. (682)
Thwing-Albert Instrument Co.
1995 Ed. (3797)
1994 Ed. (3672)
Thygerson; Kenneth J.
1991 Ed. (1621)
Thyroid
1996 Ed. (2560)
Thyroid products
2001 Ed. (2096)
Thyroid synthetic
2002 Ed. (3752)
Thyssen Inc.
2003 Ed. (3381, 3382)
2001 Ed. (1706)
2000 Ed. (1475, 2624, 3089)
1999 Ed. (2688, 2853, 3351, 3354)
1998 Ed. (1139, 1148, 2467)
1997 Ed. (1745, 2751)
1996 Ed. (1346)
1995 Ed. (1402, 2546, 3511)
1994 Ed. (1377, 2065, 2478, 3435)
1993 Ed. (1319, 1321, 1903, 3454)
1992 Ed. (1622, 1623, 2232)
1991 Ed. (1293, 1776)
1990 Ed. (2540, 3438)
1989 Ed. (2639)
Thyssen AG
2002 Ed. (3310)
2001 Ed. (3284)
2000 Ed. (2477)
1997 Ed. (2232)
1996 Ed. (1353, 2124, 2607)
1989 Ed. (1119)
Thyssen Group
1991 Ed. (1294)
1990 Ed. (1532)
Thyssen Handelsunion AG
1999 Ed. (4760)
1997 Ed. (3878)
1996 Ed. (3829)
Thyssen Handelsunion Aktien-Gesellschaft
1991 Ed. (3479)
Thyssen Handelsunion Aktiengesellchaft
1995 Ed. (3730)
Thyssen Handelsunion Aktiengesellschaft (Konzern)
1994 Ed. (3660)
1992 Ed. (4432)
Thyssen Haniel Logistics
1999 Ed. (963)
Thyssen Holdings Corp.
2001 Ed. (1792, 3279)
Thyssen Industrie
1995 Ed. (2117)
Thyssen Industrie AG
2002 Ed. (3224)
2000 Ed. (3021)
1999 Ed. (3286)
1997 Ed. (2695)
Thyssen Industrie AG Konzern
1994 Ed. (2422)
1993 Ed. (2487, 3695)
Thyssen Industrie Aktiengesellschaft
1995 Ed. (2494)
Thyssen Krupp AG
2006 Ed. (2998, 2999)
2005 Ed. (3003)
2004 Ed. (3005)
2003 Ed. (2899)
2002 Ed. (2729, 2730, 4899)
2001 Ed. (1715, 4375)
Thyssen Krupp (Germany)
2000 Ed. (4119)
Thyssen Krupp Materials NA Inc.
2006 Ed. (3470)
2005 Ed. (3463)
Thyssen Krupp Stahl
1999 Ed. (4474)
Thyssen Krupp Stahl AG
2002 Ed. (3308)
2001 Ed. (3283, 4376)
2000 Ed. (3082)
Thyssen Krupp Steel
2004 Ed. (4539)
Thyssen Krupp USA Inc.
2003 Ed. (3378, 3379)
Thyssen Krupp Waupaca Inc.
2007 Ed. (2067)
2006 Ed. (2119)
Thyssen Maschinebau Gmbh
1991 Ed. (2371)
Thyssen Mining
2004 Ed. (1641)
Thyssen Inc. N,A.
2000 Ed. (1432)
1999 Ed. (1628)
Thyssen Inc. (North America)
2002 Ed. (3319)
Thyssen Precision Forge
2005 Ed. (3461)
Thyssen Production Systems
2001 Ed. (3185)
Thyssen Stahl AG
2002 Ed. (3308)
2000 Ed. (3082)
1999 Ed. (3345)
1997 Ed. (2750)
1996 Ed. (2606)
Thyssen Stahl Aktiengesellschaft
1995 Ed. (2545)
1994 Ed. (2477)
ThyssenKrupp AG
2008 Ed. (1186, 2395, 3149, 3559)
2007 Ed. (877, 1694, 3035, 3037, 3423, 3487)
2006 Ed. (3381)
ThyssenKrupp Automotive AG
2006 Ed. (342)
2005 Ed. (326, 328)
ThyssenKrupp Budd Co.
2005 Ed. (1776)
2004 Ed. (1718)
ThyssenKrupp Budd Canada
2007 Ed. (310)
ThyssenKrupp Elevator Corp.
2006 Ed. (1262)
2005 Ed. (1292)
2004 Ed. (1242)
ThyssenKrupp Materials NA Inc.
2008 Ed. (3664)
2007 Ed. (3494)
2006 Ed. (3469)
2005 Ed. (1776, 3462)
2004 Ed. (1718, 3448)
ThyssenKrupp Materials North America Inc.
2008 Ed. (3665)
2007 Ed. (3493)
Thyssenkrupp Steel AG
2004 Ed. (3441)

ThyssenKrupp USA Inc.
2008 Ed. (3662)
2007 Ed. (3491)
2006 Ed. (3466)
2004 Ed. (3443)
TI
1993 Ed. (2881)
1992 Ed. (3975)
1991 Ed. (2075)
TI Group Automotive Systems.
2001 Ed. (1706)
TI Group Plc
2000 Ed. (3086)
1999 Ed. (3349)
1996 Ed. (1365, 2612)
1995 Ed. (2549)
TI Japan
1993 Ed. (1585)
TI Silencers
1990 Ed. (1251)
Tia Maria
1993 Ed. (2429)
1991 Ed. (2330)
1990 Ed. (2461, 2463)
TIAA
2008 Ed. (3296, 3299, 3302, 3303, 3307)
2007 Ed. (3146, 3149, 3152, 3153, 3157)
2000 Ed. (4021)
1992 Ed. (3549)
TIAA and CREF Retirement and Suppl. Ret.
2000 Ed. (4338)
TIAA & CREF Retirement Ann. and Suppl.
1998 Ed. (3655)
TIAA and CREF Retirement Ann. and Suppl. Ret. Ann.
1999 Ed. (4699)
TIAA-CREF
2008 Ed. (1475, 2609, 3306, 3309, 3379, 3765)
2007 Ed. (1559, 2563, 2715, 3130, 3138, 3156, 3160, 3253)
2006 Ed. (1529, 2725, 3118, 3120, 3123, 3124, 3125, 3196)
2005 Ed. (171, 1640, 3051, 3105, 3114, 3115, 3118, 3119, 3211, 3218, 3906)
2004 Ed. (710)
2000 Ed. (1525, 2672, 2694, 2695, 2773, 2784, 2786, 2787, 2793, 2795, 2798, 2835, 2836, 2837, 2838, 2839, 2840, 2841, 2850, 2851, 4327)
1999 Ed. (2923, 2943, 2945, 3041, 3049, 3051, 3053, 3058, 3060, 3067, 3105, 4700)
1998 Ed. (2137, 2263, 2296, 2297, 2301, 3656)
1997 Ed. (2426, 2507, 2508, 2510, 2513, 2515, 2552, 3010, 3012, 3014, 3018, 3020, 3022, 3025, 3028, 3817)
1996 Ed. (2922, 2924, 2928, 2930, 2934, 2937, 2947)
1995 Ed. (2379, 2382, 2383, 2388, 2848, 2855, 2857, 2858, 2860, 2861, 2864, 2873)
1994 Ed. (2321, 2751, 2753, 2755, 2759, 2761, 2764, 2767, 2776)
1993 Ed. (2778, 2786)
1992 Ed. (2776, 2777, 2781, 3260, 3353)
1991 Ed. (2249, 2251, 2696, 2698)
1990 Ed. (2357, 2360, 2790, 2791, 2792)
1989 Ed. (1809, 1813)
TIAA-CREF Annuities
1996 Ed. (3771)
TIAA-CREF Asset Management
2008 Ed. (4125, 4126)
TIAA-CREF Bond Plus
2005 Ed. (695)
2004 Ed. (692)
TIAA-CREF Bond Plus-Retail
2006 Ed. (616, 617)
TIAA-CREF Short-Term Bond-Retail
2007 Ed. (640)
TIAA-CREF Social Choice Equity
2006 Ed. (4403)
TIAA-CREF Tax-Exempt Bond-Retail
2007 Ed. (632)
TIAA Group
2003 Ed. (2992, 2993, 2997)
Tiang; Yeoh
1997 Ed. (849)
Tianjin
2001 Ed. (1096, 2262, 3854, 3855)
Tianjin Bohai Chemical
2007 Ed. (937)
Tianjin, China
1995 Ed. (991)
Tianjin FAW
2007 Ed. (878)
Tianjin Jin Mei Beverage Co. Ltd.
2002 Ed. (4326)
Tianjin Minibus Works (Daihatsu)
1995 Ed. (308)
Tianjin Soda Plant
2000 Ed. (4076)
Tianjin Zhong Xin
2000 Ed. (4035)
Tianqiao; Chen
2007 Ed. (2508)
Tiara Motor Coach
1992 Ed. (4368, 4370, 4372)
Tiara Motorcoach Corp.
1995 Ed. (3685, 3686, 3687, 3688)
Tiawan
1992 Ed. (2297)
Tiazac
2000 Ed. (3063)
1999 Ed. (3325)
Tibard Ltd.
2008 Ed. (994, 4332, 4672)
Tibbet & Britten Group North America
2002 Ed. (1225)
Tibbett & Britten Ltd.
2004 Ed. (4797)
2002 Ed. (1792, 4672)
2000 Ed. (4311)
1999 Ed. (963)
Tibbett & Britten Group NA
2003 Ed. (4873)
Tibbett & Britten Group plc
2001 Ed. (4622)
Tibbett & Brittten Group North America
2005 Ed. (3340)
TIBCO
2007 Ed. (1247)
2001 Ed. (1368)
TIBCO Software Inc.
2008 Ed. (1127, 1151, 1596)
2007 Ed. (1252, 1260)
2006 Ed. (1138)
2005 Ed. (1149, 1347)
2003 Ed. (1111)
2001 Ed. (4187)
Tiberti Construction Co.; J. A.
2006 Ed. (1327)
Tibetan Freedom Concert
1998 Ed. (867)
TIC Credit Union
2008 Ed. (2226)
2007 Ed. (2111)
2006 Ed. (2190)
2005 Ed. (2095)
2004 Ed. (1953)
2003 Ed. (1913)
2002 Ed. (1859)
TIC Holdings Inc.
2008 Ed. (1233, 1234)
2007 Ed. (1346, 1347)
2006 Ed. (1249, 1273, 1275, 1277, 1278)
2005 Ed. (1304, 1306, 1308, 1309)
2004 Ed. (1258, 1265, 1273, 1283, 1284, 1292, 1294, 1300)
2003 Ed. (1262, 1270, 1279, 1280, 1281, 1289, 1291, 1297)
2002 Ed. (1271, 1279, 1281, 1283, 1285, 1286)
TIC Properties
2008 Ed. (4113)
Tic Tac
2002 Ed. (786)
2001 Ed. (1122)
2000 Ed. (974, 976)
1999 Ed. (1020)
1998 Ed. (614, 3437)
1995 Ed. (892, 897)
1994 Ed. (852)
Tic Tacs
1993 Ed. (835)
TIC—The Industrial Co. of Wyoming Inc.
2008 Ed. (2179)
2007 Ed. (2071)
2006 Ed. (2123)
TIC United Corp.
2003 Ed. (4785)
1996 Ed. (3630)
Ticket sales
2003 Ed. (4510)
Ticket taker
2008 Ed. (3810)
Ticketmaster Holding Group Ltd.
1996 Ed. (997)
Ticketmaster Online
1999 Ed. (3006, 4752)
Tickets, event
2007 Ed. (2312)
Tickets.com, Inc.
2003 Ed. (2726)
Tickle Me Elmo
1998 Ed. (3607)
Tickmark Solutions Inc.
2002 Ed. (1155)
Tico Mixer Sherry
1989 Ed. (2948)
Ticobingo
1992 Ed. (44)
Ticona
2000 Ed. (3559)
Ticonderoga Partners
1999 Ed. (4707)
TICOR Title Insurance Co.
2002 Ed. (2982)
2000 Ed. (2738)
1999 Ed. (2985)
1998 Ed. (2214)
Ticor Title Insurance Cos.
1990 Ed. (2265)
Tide
2008 Ed. (2329, 2330, 2331)
2007 Ed. (2196, 2197)
2006 Ed. (2256, 2257, 2258)
2005 Ed. (2196, 2197)
2004 Ed. (2092, 2093)
2003 Ed. (2040, 2041, 2043, 2044, 2045)
2002 Ed. (1961, 1962, 1963, 1965, 1966)
2001 Ed. (1241, 2000, 2001)
2000 Ed. (1094, 1095)
1999 Ed. (1178, 1179, 1181, 1837)
1998 Ed. (744, 745, 746)
1997 Ed. (1005, 1006, 2330)
1996 Ed. (981, 982)
1995 Ed. (994, 995, 1558)
1994 Ed. (979, 980, 981, 2145)
1993 Ed. (952, 953)
1992 Ed. (1173, 1174, 1175, 4234)
1991 Ed. (8, 54, 943, 3324)
1990 Ed. (13, 52, 1013, 3548)
Tide Free
2002 Ed. (1963, 1966)
Tide Laundry Soap
1990 Ed. (3036)
1989 Ed. (2325)
Tide Laundry Soap, 25-Lb.
1990 Ed. (2129, 3040)
Tide Laundry Soap, 25 lbs. scented
1989 Ed. (1630, 2323)
Tidel Technologies Inc.
2004 Ed. (263)
2001 Ed. (435)
Tideland Royalty Trust
1990 Ed. (3561)
Tidelands Royalty Trust ''B
2004 Ed. (4587)
Tidewater Inc.
2008 Ed. (4818)
2007 Ed. (4886)
2006 Ed. (4894, 4895)
2005 Ed. (3728, 4841, 4842)
2004 Ed. (4857)
2003 Ed. (4876)
2001 Ed. (1780, 4626, 4627)
1999 Ed. (1433, 3794)
1998 Ed. (2816)
1997 Ed. (3082)
1996 Ed. (3003)
1995 Ed. (2907)
1994 Ed. (2840, 2841)
Tidy Building Service Inc.
2006 Ed. (3516, 4355)
TIE/communications
1992 Ed. (1294)
1991 Ed. (1015)
1990 Ed. (1106, 2987, 3511, 3522)
1989 Ed. (963, 1324, 2309, 2791)
TIE Fighter
1996 Ed. (1080)
Tie Fighter Campaign: Defender
1997 Ed. (1102)
Tie-Scaping Unlimited Inc.
2007 Ed. (4446)
2006 Ed. (4378)
Tiedemanns-Joh H. Andersen ANS
1999 Ed. (3299)
Tiedemanns-Joh. H. Andresen Ans
1997 Ed. (2708)
1996 Ed. (2568)
Tienda Inglesa
2006 Ed. (102)
Tiendas Capri
2007 Ed. (4189)
2006 Ed. (4168)
2005 Ed. (4117)
Tiensen Marine
1999 Ed. (4294)
Tier Technologies Inc.
2006 Ed. (3042)
2005 Ed. (1679)
Tierney & Partners
2002 Ed. (3847)
2000 Ed. (159)
1999 Ed. (142)
1998 Ed. (63)
Tierney; Fred
2006 Ed. (348)
Tierney Group
2000 Ed. (3664)
1999 Ed. (3950)
1998 Ed. (2956)
1997 Ed. (3187, 3210)
Tierney Public Relations
2005 Ed. (3950, 3951, 3953, 3965, 3971)
Tierney Strategic Communications
2004 Ed. (3975, 3976, 3986, 4012, 4023)
2003 Ed. (3973, 3974, 3975, 3976, 3977, 3978, 3979, 4012)
Tierone Bank
2007 Ed. (4243)
Tierra Verde (Gr)
2001 Ed. (39)
Tiet Union Corp.
1992 Ed. (1705)
Tietoenator Oyj
2002 Ed. (2468, 2469)
TIFF Investment Program International Equity
1998 Ed. (2634)
Tiffany
1999 Ed. (4372)
1995 Ed. (3423)
1994 Ed. (3365)
1993 Ed. (3364)
1990 Ed. (928, 3479)
Tiffany & Co.
2008 Ed. (889, 3193, 4585)
2007 Ed. (914, 4675)
2006 Ed. (4654)
2005 Ed. (1569, 3245, 3246, 4417, 4421)
2004 Ed. (3217, 3218, 4469)
2003 Ed. (3163, 4671)
2002 Ed. (3037)
1991 Ed. (2374)
Tiffany Capital
1993 Ed. (2319, 2323)
Tiffin
1998 Ed. (3028)
Tiffin Motor Homes Inc.
1993 Ed. (2985)
1992 Ed. (3643)
Tiffin St. Joseph Credit Union
2004 Ed. (1937)
Tifflin
1994 Ed. (2922)
TIFI Emerging Markets
1998 Ed. (2617)

TIFI Foreign Equity
1998 Ed. (2617)
1997 Ed. (2870)
Tificorp
1991 Ed. (2012)
Tifton, GA
2008 Ed. (3509)
TIG Countrywide
2001 Ed. (2955, 2957)
TIG Holdings Corp.
1998 Ed. (2201)
1997 Ed. (2459, 3401)
1995 Ed. (2287, 2319, 3203)
TIG Insurance Co.
2005 Ed. (3143)
2004 Ed. (3135)
2001 Ed. (2908)
TIG Reinsurance Co.
2001 Ed. (2954, 2955, 4035)
2000 Ed. (2660)
1999 Ed. (2905)
Tiga
1989 Ed. (2909)
Tigaraksa Satria
2000 Ed. (2873)
Tiger Beer Co.
1994 Ed. (42)
1993 Ed. (49)
1992 Ed. (76)
1991 Ed. (46)
1990 Ed. (46)
Tiger Brands Ltd.
2006 Ed. (3399)
Tiger Electronics
1999 Ed. (4637)
1998 Ed. (3604)
1997 Ed. (3778)
Tiger International
1990 Ed. (198, 3242)
1989 Ed. (223, 2467, 2470)
Tiger Management
1996 Ed. (2099)
Tiger Natural Gas Inc.
2008 Ed. (1356, 3727, 3778, 4978)
2007 Ed. (3590, 3591, 3683)
2006 Ed. (3534, 3689, 4373)
Tiger Oates Ltd.
2004 Ed. (1855)
2002 Ed. (1764)
Tiger Oats
1995 Ed. (1484)
1993 Ed. (1392)
Tiger Stadium
2001 Ed. (4356, 4358)
Tiger Woods
2008 Ed. (272, 2580, 2586)
2007 Ed. (294, 2450, 2451)
2006 Ed. (292, 2485, 2488)
2005 Ed. (2443, 2444)
2004 Ed. (260, 2410, 2416)
2003 Ed. (294, 2327, 2330)
2002 Ed. (344, 2143, 2144)
2001 Ed. (419, 1138)
2000 Ed. (322)
1999 Ed. (306)
1998 Ed. (197)
TigerDirect.com
2008 Ed. (2443)
Tights
2004 Ed. (4190)
2002 Ed. (3768, 4038)
Tigris Consulting
2003 Ed. (2724)
Tijuana
1994 Ed. (2440)
Tijuana, Mexico
1993 Ed. (2500, 2557)
Tikkuria (Kemira)
1997 Ed. (2982)
Tilbury
1992 Ed. (1397)
Tilda Rice
1999 Ed. (2474)
Tilden Car Care Centers
2008 Ed. (317)
2005 Ed. (331)
2004 Ed. (328)
Tilden For Brakes Car Care Centers
2002 Ed. (402)
Tile Outlet Always in Stock
2008 Ed. (2390)
Tilex
2005 Ed. (1001)
2003 Ed. (986)
2001 Ed. (1238)
Tilex Fresh Shower
2001 Ed. (1238)
Tilford
2003 Ed. (3958)
Tillamook
2008 Ed. (820, 821, 900)
2001 Ed. (1080, 1169)
2000 Ed. (1634, 1636, 4158)
1998 Ed. (690)
1997 Ed. (947)
1996 Ed. (920)
Tillamook Butter
2003 Ed. (820)
Tillamook Country Creamery
2003 Ed. (823)
Tillamook County Creamery
2008 Ed. (822, 901)
Tillamook County Creamery Association
2003 Ed. (926)
Tillamook Natural Cheese
2003 Ed. (922, 924)
Tiller Corp.
2003 Ed. (2258)
Tillerson; Rex
2008 Ed. (936)
Tillerson; Rex W.
2008 Ed. (959)
Tillet; Ron L
1995 Ed. (3505)
Tillinghast
1993 Ed. (15, 3052)
1992 Ed. (3743)
1991 Ed. (2899)
1990 Ed. (3062)
Tillinghast Collins
2001 Ed. (909)
Tillinghast Licht
2001 Ed. (909)
Tillinghast-Towers Perrin
2002 Ed. (4064)
2001 Ed. (4123)
2000 Ed. (3826)
1999 Ed. (4113)
1998 Ed. (541, 3102)
1997 Ed. (3360)
Tillinghast/TPF&C
1990 Ed. (2255)
Tillis; Pam
1994 Ed. (1100)
Tillman; Harold
2007 Ed. (4927)
Tillman; Robert
2007 Ed. (2503)
2006 Ed. (891)
Tillman; Robert L.
2007 Ed. (1202)
2006 Ed. (1099)
2005 Ed. (1104)
Tillotson; Sandie
1994 Ed. (3667)
Tilman J. Fertitta
2004 Ed. (2530)
2002 Ed. (1040)
Tilney Lumsden Shane
1995 Ed. (2229)
Tilt
2007 Ed. (263)
Tilt-Con Corp.
2006 Ed. (1295)
Tilton; Glenn
2005 Ed. (982)
Tilton; Glenn T.
2008 Ed. (948)
TIM
2008 Ed. (3743)
2007 Ed. (685, 686, 1851, 3621)
2006 Ed. (1821)
2000 Ed. (1487)
1999 Ed. (1687, 3122)
Tim Allen
2000 Ed. (1838)
Tim Arnold and Associates
1992 Ed. (3761)
Tim Arnold & Assocs.
1990 Ed. (3088)
Tim Bennett
2000 Ed. (2124)
Tim Bray
2003 Ed. (4684)
Tim Collins
2005 Ed. (3201)
Tim Donahue
2005 Ed. (979)
TIM Hellas Telecommunications
2008 Ed. (44)
Tim Hill
1993 Ed. (2462)
1992 Ed. (2904)
1991 Ed. (2343)
1990 Ed. (2479)
Tim Horton Donuts
1990 Ed. (1854)
1989 Ed. (1487)
Tim Hortons
2008 Ed. (644, 645, 1028, 1639, 2372, 2373, 2658, 3126, 3127, 4201, 4289)
2007 Ed. (1150, 1631)
2006 Ed. (1061)
2004 Ed. (1049, 4121)
2003 Ed. (4142, 4143)
2002 Ed. (4012, 4033, 4034)
2001 Ed. (4082, 4083)
2000 Ed. (1913, 3799, 3800)
1999 Ed. (4084, 4085)
Tim Howes
2006 Ed. (1003)
Tim Lewis Recruitment
2007 Ed. (1219)
Tim Love
1999 Ed. (2402)
Tim McGraw
2002 Ed. (1159, 1163)
2001 Ed. (2354)
2000 Ed. (1184)
1999 Ed. (1294)
TIM Nordeste Telecommunication
2007 Ed. (1851)
Tim Peru Sac
2005 Ed. (67)
Tim Solso
2008 Ed. (952)
TIM SpA
2006 Ed. (3230)
The Timber Co.
2005 Ed. (1534)
1993 Ed. (1711)
1992 Ed. (2074)
Timber and forest products
1994 Ed. (1240)
1992 Ed. (1502)
1990 Ed. (1273)
Timber cutters
2005 Ed. (3616)
2003 Ed. (3659)
Timber-cutters and loggers
1990 Ed. (2728)
Timber Press
1997 Ed. (3223)
Timber Wolf Long Cut Wintergreen
2003 Ed. (4449)
Timbercorp
2002 Ed. (247, 1589)
The Timberland Co.
2008 Ed. (990, 993, 1433, 1972, 3435, 3436, 4480)
2007 Ed. (1110, 1114, 1115, 1116, 1447, 1912, 3335, 3336, 4503)
2006 Ed. (1025, 1026, 1027, 1927, 3263, 3264, 4310, 4446, 4729, 4730)
2005 Ed. (272, 1019, 1020, 1901, 3272, 3273, 4366, 4367, 4683, 4684)
2004 Ed. (1002, 1817, 3247, 3248, 4416, 4417, 4711, 4712)
2003 Ed. (300, 1002, 1007, 1009, 1782, 3201, 3202)
2001 Ed. (424, 1280, 1281, 1811, 3080)
1999 Ed. (1202, 4303, 4377)
1998 Ed. (3349)
1997 Ed. (279)
1994 Ed. (3294)
1993 Ed. (260)
Timberland Footwear
1999 Ed. (1203)
Timberland Investment Services
2000 Ed. (2820)
Timberland Netherlands Inc.
2006 Ed. (1926)
2005 Ed. (1900)
2004 Ed. (1816)
Timberland Silvicultural Services Inc.
2001 Ed. (2503)
Timberland.com
2007 Ed. (2320)
Timberline Lodge
2007 Ed. (4118)
2000 Ed. (2543)
1999 Ed. (2768)
1998 Ed. (2014)
1996 Ed. (2171)
1995 Ed. (2158)
Timberwest Forest Corp.
2008 Ed. (1620)
Timberwolf
1995 Ed. (3166)
Timbiriche
2001 Ed. (1381)
TIMCO
1991 Ed. (2218)
Time
2008 Ed. (153, 3533)
2007 Ed. (138, 140, 142, 143, 148, 151, 168, 170, 715, 3403, 3404)
2006 Ed. (146, 148, 150, 151, 154, 156, 158, 159, 3347)
2005 Ed. (136, 146, 1520, 3361, 3362)
2004 Ed. (148, 1504, 3336)
2003 Ed. (191, 1474, 3274)
2002 Ed. (221, 1454, 3226)
2001 Ed. (248, 257, 3192, 3194, 3196, 3710, 3887, 3953, 3954, 4887)
2000 Ed. (203, 3459, 3461, 3462, 3472, 3475, 3476, 3493)
1999 Ed. (2932, 3742, 3744, 3746, 3752, 3753, 3764, 3770)
1998 Ed. (1278, 1343, 2150, 2781, 2783, 2784, 2787, 2798, 2801)
1997 Ed. (3035, 3038, 3045, 3048, 3049, 3050)
1996 Ed. (2299, 2957, 2958, 2962, 2965, 2971)
1995 Ed. (1221, 1222, 1228, 1237, 1238, 2878, 3525)
1994 Ed. (2782, 2783, 2788, 2793, 2794, 2798, 2801, 2805)
1993 Ed. (2789, 2790, 2797, 2804)
1992 Ed. (3370, 3371, 3375, 3379, 3381, 3388, 3391, 3392, 3393)
1991 Ed. (837, 1144, 3239)
1990 Ed. (2801)
1989 Ed. (186, 188, 1934, 2264, 2265, 2268)
Time Advertising
2008 Ed. (112)
2007 Ed. (102)
2006 Ed. (113)
2005 Ed. (104)
2004 Ed. (108)
2003 Ed. (32)
Time and Again
2003 Ed. (720)
The Time Bind: When Work Becomes Home & Home Becomes Work
2006 Ed. (590)
Time Inc. Book Co.
1991 Ed. (2788)
Time Computer
2002 Ed. (766)
Time Computers Ltd.
2002 Ed. (37, 230)
Time Engineering Inc.
1991 Ed. (312)
1990 Ed. (348)
Time Flies
1989 Ed. (745)
Time for Me
2008 Ed. (865)
Time Insurance Co.
2001 Ed. (2950)
1998 Ed. (2188)
1993 Ed. (2197)
Time International
1990 Ed. (3326)
Time Life
2000 Ed. (197)
1999 Ed. (777, 1005)

Time Life Masterfile
1999 Ed. (1854)
Time Magazine
1999 Ed. (1853)
Time Inc. Magazines
1992 Ed. (3390)
1991 Ed. (2709)
Time Out
2000 Ed. (782)
Time Out Magazine
2006 Ed. (39)
Time Publishing Group
1992 Ed. (3590)
Time Savings & Loan Association
1991 Ed. (2922)
1990 Ed. (3104)
Time-share
1992 Ed. (3818)
A Time to Kill
1998 Ed. (2535)
The Time Traveler's Wife
2006 Ed. (640)
Time Trend Computers
2002 Ed. (1142)
Time Trend III
1997 Ed. (3178)
1992 Ed. (3551)
Time Warner Inc.
2008 Ed. (19, 20, 140, 141, 154, 156, 817, 824, 828, 830, 1100, 1101, 1402, 1405, 1477, 1514, 1515, 1987, 2450, 2453, 2589, 2593, 2594, 3018, 3531, 3625, 3682, 3688, 3755, 4093, 4094, 4651, 4652, 4656, 4659, 4808)
2007 Ed. (15, 16, 126, 137, 152, 667, 669, 852, 859, 863, 867, 1194, 1195, 1482, 1527, 1531, 1556, 1920, 2326, 2453, 2454, 2456, 2458, 2459, 2896, 3220, 3401, 3447, 3448, 3449, 3456, 3690, 3986, 4280, 4737)
2006 Ed. (20, 21, 22, 23, 101, 132, 135, 139, 144, 160, 166, 169, 633, 642, 644, 765, 769, 772, 1088, 1089, 1427, 1453, 1495, 1498, 1512, 1523, 1526, 1937, 1938, 2385, 2490, 2493, 2494, 2497, 2498, 3180, 3345, 3433, 3435, 3436, 3438, 3695, 3699, 4025, 4708, 4710, 4714, 4716)
2005 Ed. (15, 16, 129, 133, 135, 150, 154, 730, 732, 850, 851, 1096, 1097, 1108, 1520, 1547, 1551, 1608, 1609, 1614, 1634, 1637, 1909, 1910, 2008, 2329, 2445, 2446, 2452, 2771, 3422, 3424, 3427, 3428, 3989, 4656, 4659)
2004 Ed. (749, 751, 2233, 2234)
2003 Ed. (727, 729, 825, 1422, 1513, 1790, 2190, 2191)
2002 Ed. (218, 219, 227, 1395, 1403, 2145, 2148, 2149, 3267, 3280, 3281, 3282, 3889)
2001 Ed. (1033, 1071, 1092, 1257, 1547, 1587, 2193, 2194, 2271, 3202, 3208, 3230, 3231, 3247, 3248, 3250, 3709)
2000 Ed. (23, 31, 202, 204, 206, 798, 825, 944, 945, 946, 948, 1839, 1840, 1841, 3022, 3024, 3050, 3320, 3458, 3463, 3683, 3684)
1999 Ed. (28, 177, 180, 824, 998, 1000, 1001, 1863, 2050, 2051, 2052, 3290, 3307, 3309, 3310, 3312, 3444, 3600, 3743, 3768, 3972)
1998 Ed. (22, 28, 71, 74, 486, 510, 512, 593, 595, 596, 1042, 1286, 1471, 1473, 2427, 2441, 2533, 2672, 2780, 2786, 2976, 3499)
1997 Ed. (871, 1236, 1246, 1253, 2818, 2933, 3034)
1996 Ed. (158, 757, 789, 1696, 1697, 2577, 2688, 2828, 3143, 3661)
1995 Ed. (146, 682, 877, 882, 1261, 1319, 1716, 2510, 2511, 2613, 2764, 3041, 3043, 3044, 3343)
1994 Ed. (758, 828, 833, 838, 839, 1205, 1213, 1225, 1671, 2426, 2427, 2444, 2561, 2739, 2979, 2980, 3216, 3234)
1993 Ed. (19, 147, 811, 813, 823, 825, 2490, 2505, 2507, 2598, 2942, 3117, 3220, 3241, 3264, 3528)
1992 Ed. (1028, 3224, 4059)
1991 Ed. (167, 843, 1013, 1203, 1211, 1227, 2389, 2700, 2784, 2785, 2786, 3315, 3331)
Time Warner Cable
2008 Ed. (827, 1697, 2073)
2007 Ed. (866)
2006 Ed. (768, 2264, 3554, 4882)
2005 Ed. (842, 847)
2004 Ed. (866)
2003 Ed. (828, 830)
2002 Ed. (923, 924)
1999 Ed. (3287)
1998 Ed. (588, 590, 2425)
1996 Ed. (855, 858)
1995 Ed. (878)
1994 Ed. (832, 838)
1992 Ed. (1024)
Time Warner Cable Group
2001 Ed. (1083, 1091, 3203)
1997 Ed. (874, 2697)
Time Warner Cable Group/ATC
1993 Ed. (817)
Time Warner Cable New York & New Jersey
2005 Ed. (844)
Time Warner Cable of New York City
2000 Ed. (959)
1999 Ed. (1007)
1998 Ed. (603)
Time Warner Cable of NYC/Brooklyn-Queens
1997 Ed. (879)
1996 Ed. (866)
Time Warner Cable of NYC/Manhattan
1997 Ed. (879)
1996 Ed. (866)
Time Warner City Cable Advertising
1992 Ed. (1018)
Time Warner CityCable
1998 Ed. (587, 601)
Time Warner CityCable Advertising
1996 Ed. (856, 861)
1994 Ed. (830)
Time Warner Companies Inc.
2001 Ed. (2193, 2194)
Time Warner Cos., Inc.
2005 Ed. (2334, 2335)
2004 Ed. (2233, 2234)
2003 Ed. (2190)
Time Warner Entertainment
2008 Ed. (1100, 1697)
2007 Ed. (1194, 1672)
2005 Ed. (1571)
2003 Ed. (3449)
1998 Ed. (588)
1995 Ed. (1220)
Time Warner Entertainment-Advance
2001 Ed. (1091)
Time Warner Entertainment-Advance/Newhouse
2003 Ed. (830)
2002 Ed. (924)
Time Warner Entertainment Co. LP
2006 Ed. (3572, 3573)
2005 Ed. (3515, 3516)
2004 Ed. (3510, 3511)
2003 Ed. (3450)
2001 Ed. (3361, 3362)
Time Warner Network
2008 Ed. (3374)
2007 Ed. (3222, 3224, 3246)
2006 Ed. (3183, 3187)
Time Warner New York & New Jersey
2004 Ed. (867)
Time Warner of New York & New Jersey
2006 Ed. (770)
Time Warner Tampa Bay
2004 Ed. (867)
Time Warner Telecom Inc.
2008 Ed. (1680)
2005 Ed. (1090)
2003 Ed. (1643, 1648, 2709)
2002 Ed. (1622, 4568)
2001 Ed. (2422)
Time Warner (U.S.)
1991 Ed. (723)
Timeline
2001 Ed. (984)
Timeplex
1993 Ed. (2612)
The Times
2008 Ed. (696)
2007 Ed. (724)
2002 Ed. (231, 3514)
1989 Ed. (2267)
Times Mirror Co.
2005 Ed. (1529)
2003 Ed. (910, 4022, 4023)
2001 Ed. (1164, 3540, 3886, 3887, 3952)
2000 Ed. (1334, 1335, 1336, 1359, 3333, 3681, 3682)
1999 Ed. (824, 3612, 3968, 3971, 3972)
1998 Ed. (512, 2440, 2679, 2711, 2972, 2973, 2975, 2976)
1997 Ed. (876, 1287, 1288, 1289, 1290, 2718, 2942, 3219, 3221)
1996 Ed. (2846, 3139, 3141)
1995 Ed. (877, 2510, 3038, 3039, 3040)
1994 Ed. (828, 2444, 2978, 2979, 2980, 2981)
1993 Ed. (811, 2505, 2507, 2803, 2941, 2942, 2943)
1992 Ed. (1985, 2979, 2980, 3390, 3585, 3586, 3587, 3588, 3590, 3592)
1991 Ed. (2392, 2709, 2783, 2784, 2785, 2786, 2787, 2788)
1990 Ed. (2796, 2929, 2930, 2931, 2932, 2933, 3525)
1989 Ed. (1934)
Times Mirror Cable
1992 Ed. (1024)
Times Mirror Cable Television
1993 Ed. (817)
Times Mirror Magazines
2000 Ed. (3684)
1995 Ed. (3041, 3044)
Times Mirror (U.S.)
1991 Ed. (723)
Times of India
1995 Ed. (2773)
Times Printing Co.
1998 Ed. (2919)
Times Publishing Bhd.
1992 Ed. (1685)
1991 Ed. (1340)
1990 Ed. (1414)
1989 Ed. (1155)
TimesSquare Real Estate
2002 Ed. (3940)
TimeSys Corp.
2005 Ed. (1148)
Timetech Management Inc.
1995 Ed. (1079)
Timetech Partners
1993 Ed. (1044)
Timex
2005 Ed. (4429, 4430, 4431)
2001 Ed. (1243)
Timing Device
1991 Ed. (2257)
Timing Techniques
1990 Ed. (2365)
The Timken Co.
2007 Ed. (2211, 3400, 3497)
2006 Ed. (341, 3344)
2005 Ed. (4476, 4477)
2004 Ed. (4535)
2003 Ed. (3269)
2001 Ed. (3189)
2000 Ed. (3095)
1999 Ed. (3359, 3365)
1998 Ed. (2091)
1993 Ed. (2705)
1992 Ed. (474, 475, 478, 479, 2953, 3216)
1991 Ed. (2370, 341, 342, 345, 346)
1990 Ed. (2171, 2502)
1989 Ed. (332, 333)
Timken US Corp.
2008 Ed. (1972)
Timminco Ltd.
2008 Ed. (1658)
2007 Ed. (1729)
Timmons; Jeff
2006 Ed. (703)
2005 Ed. (796)
Timmreck; Paul W.
1995 Ed. (3504)
Timoptic/Timoptic-XE ophthalmic solution
1997 Ed. (2966)
Timoptic-XE
2000 Ed. (3379)
Timotei
2001 Ed. (2640, 2641, 2646, 2650)
Timothy Boyle
2005 Ed. (4846)
Timothy Burns
1996 Ed. (1816)
1995 Ed. (1838)
1994 Ed. (1800, 1833)
Timothy Chan
2006 Ed. (2529)
2005 Ed. (2515)
Timothy Donahue
2005 Ed. (972)
2004 Ed. (2486)
Timothy Draper
2007 Ed. (4874)
Timothy F. Hagan
1995 Ed. (2484)
Timothy H. Callahan
2000 Ed. (1884)
Timothy Heyman
1996 Ed. (1906)
Timothy Koogle
2003 Ed. (958)
2001 Ed. (1217)
Timothy L. Main
2003 Ed. (3295)
Timothy M. Donahue
2006 Ed. (922, 2532)
Timothy Main
2008 Ed. (939)
2006 Ed. (886)
2005 Ed. (971)
Timothy Manganello
2007 Ed. (965)
Timothy McCollum
1996 Ed. (1799, 1801)
1995 Ed. (1828)
1994 Ed. (1789)
Timothy McLevish
2007 Ed. (1068)
Timothy Moe
1997 Ed. (1959)
Timothy R. Eller
2008 Ed. (959)
2007 Ed. (1036)
2006 Ed. (1201)
Timothy Ross
2000 Ed. (2059)
Timothy Taylor
2000 Ed. (2191)
1999 Ed. (2431)
Timpany; Allen
2008 Ed. (2595)
Timpsoh
2005 Ed. (1980)
Timpson Ltd.
2004 Ed. (1872)
Timunox
1996 Ed. (1581)
Timur Goryaev
2007 Ed. (785)
Timur Kulibaev
2008 Ed. (4888)
Tin Roof Sundae
1990 Ed. (2144)
Tina Beattie
1997 Ed. (1965)
1996 Ed. (1854)
Tina Green
2007 Ed. (4924)
Tina Turner
2002 Ed. (1161, 1163, 1164, 3413)
1999 Ed. (1292)
1998 Ed. (867)
Tinactin
2004 Ed. (2672)
2003 Ed. (2537, 4429)
2002 Ed. (2317)

2001 Ed. (2491, 2492, 2494)
2000 Ed. (2247)
1999 Ed. (305, 2486)
1998 Ed. (1747)
1996 Ed. (249, 1957)
1993 Ed. (255)
1992 Ed. (365, 2208)
Tindall; Stephen
2008 Ed. (4848)
Tine Ba
2008 Ed. (66)
Tine Norske Meierier
2007 Ed. (62)
2006 Ed. (71)
2005 Ed. (64)
2001 Ed. (63)
Ting Kong Stock Broker Co., Ltd.
1990 Ed. (821)
Tingley Concrete Construction
2007 Ed. (1358)
Tingyi Cayman Islands Holdings Corp.
2008 Ed. (3553)
Tinicum Industrial Park
1994 Ed. (2190)
1992 Ed. (2598)
1991 Ed. (2024)
Tin.it
2002 Ed. (1417)
Tinker Air Force Base
1998 Ed. (2500)
Tinker Credit Union
2008 Ed. (2253)
2007 Ed. (2138)
2006 Ed. (2217)
2005 Ed. (2122)
2004 Ed. (1980)
2003 Ed. (1940)
2002 Ed. (1886)
1995 Ed. (1535)
Tinker; Dylan
1997 Ed. (1964)
Tinker Federal Credit Union
1997 Ed. (1568)
Tinley Park (IL) Star Newspapers
2003 Ed. (3645)
Tinley Park Star Newspapers
2002 Ed. (3503)
Tinning
2007 Ed. (4751)
2006 Ed. (4737)
2001 Ed. (4533)
Tinplate
2007 Ed. (4751)
2006 Ed. (4737)
2001 Ed. (4533)
Tinsley Advertising
2002 Ed. (108)
2000 Ed. (95)
1999 Ed. (89)
1998 Ed. (55, 3763)
1989 Ed. (106)
Tinsley H. Irvin
1990 Ed. (2271)
Tintas Renner
1997 Ed. (2983)
Tiny
2007 Ed. (700, 715)
Tiny Computers Ltd.
2002 Ed. (37, 230)
Tio Pepe
2005 Ed. (4961)
2004 Ed. (4969)
1997 Ed. (3887)
Tio Pepe Dry Sherry
1989 Ed. (2947)
Tiong Hiew King
2008 Ed. (4847)
2006 Ed. (4917)
Tioxide
1999 Ed. (4605)
Tiphook Finance Corp.
1999 Ed. (388)
1998 Ed. (478)
Tiphook PLC
1995 Ed. (201, 2768)
Tippecanoe County, IN
1998 Ed. (2081)
Tippin; Aaron
1994 Ed. (1100)
1993 Ed. (1079)
The Tipping Point
2008 Ed. (624)
2007 Ed. (665)
2005 Ed. (719)
The Tipping Point: How Little Things Can Make a Big Difference
2006 Ed. (587)
Tipstjanst AB
1990 Ed. (49)
TIR
1999 Ed. (906, 925)
TIR Systems
2007 Ed. (2811)
2006 Ed. (1572)
2005 Ed. (1702, 1705, 1709)
Tira Wireless Inc.
2008 Ed. (2931)
Tiras Artisticas
1993 Ed. (22)
Tire Alliance Groupe LLC
2005 Ed. (4698)
Tire and rubber
1991 Ed. (2052, 2057, 3225)
1990 Ed. (2184, 2187)
1989 Ed. (1658)
Tire Centers Inc.
2001 Ed. (4546)
Tire Centers LLC
2008 Ed. (4683)
2007 Ed. (4760)
2006 Ed. (4754)
2005 Ed. (4698, 4699)
Tire Disposal & Recycling Inc.
2005 Ed. (4695)
Tire Distribution Systems Inc.
2006 Ed. (4754)
2005 Ed. (4699)
2001 Ed. (4546)
Tire Factory Groupe
2001 Ed. (4539)
Tire Group International
2008 Ed. (2645)
2007 Ed. (2517)
2005 Ed. (2529)
2000 Ed. (2467)
1997 Ed. (2215)
Tire Kingdom Inc.
2008 Ed. (4682)
2007 Ed. (4759)
2006 Ed. (4753)
2005 Ed. (4697)
2001 Ed. (4541, 4543)
Tire Masters International LLC
2007 Ed. (2514)
Tire, muffler, tune-up shops
1994 Ed. (2179)
Tire One
2005 Ed. (4698)
Tire Rack Inc.
2007 Ed. (132)
2006 Ed. (139)
Tiree Facility Solutions Inc.
2006 Ed. (2747)
Tirello Jr.; Edward
1993 Ed. (1832)
1991 Ed. (1686)
TIRES Inc.
2005 Ed. (4695)
2000 Ed. (1898)
1992 Ed. (3747)
Tires Plus Total Car Care
2004 Ed. (4724)
2003 Ed. (4739)
Tirlemont
1993 Ed. (730)
1992 Ed. (914)
Tiroler Sparkasse
2003 Ed. (464)
1995 Ed. (424)
Tiroler Sparkasse Bank
1996 Ed. (448)
TIRR
2000 Ed. (2521)
1999 Ed. (2742)
TIRR, The Institute for Rehabilitation & Research
2008 Ed. (3050)
2007 Ed. (2927)
2006 Ed. (2908)
2005 Ed. (2901)
2004 Ed. (2915)
2003 Ed. (2811)
2002 Ed. (2607)
Tirreno
1996 Ed. (2869)
'Tis
2001 Ed. (985)
T.IS Bankasi
2002 Ed. (3030)
TIS Mortgage Investment Co.
2002 Ed. (3568)
Tisa British
1992 Ed. (70)
Tiscali
2008 Ed. (680, 701)
2005 Ed. (3197)
Tiscali SpA
2006 Ed. (1687, 1689)
2002 Ed. (1415)
Tisch Family; Laurence A.
1992 Ed. (1093, 1280)
Tisch Family; Preston Robert
1992 Ed. (1093, 1280)
Tisch Foundation
1995 Ed. (1070, 1928)
1989 Ed. (1478)
Tisch Hospital & Rusk Institute for Rehabilitation Medicine NYU Medical Center
1993 Ed. (2076)
Tisch; Laurence
1996 Ed. (1713)
Tisch; Laurence A.
1993 Ed. (1700)
Tisch; Laurence A. and Preston R.
1991 Ed. (894)
Tisch; Preston R.
2007 Ed. (4893)
2006 Ed. (4898)
Tischer Subaru
1993 Ed. (286)
1992 Ed. (401)
1991 Ed. (296)
TISCO
1997 Ed. (3490)
1991 Ed. (721)
Tisco Securities Co.
2001 Ed. (2891)
Tishcon
2000 Ed. (3148)
Tishman Construction Corp.
2008 Ed. (1168, 1171, 1175, 1206, 1317, 1321, 1331)
2007 Ed. (1316, 1384)
2006 Ed. (1186, 1209, 1331)
2005 Ed. (1250)
2002 Ed. (1182)
Tishman Hotel Corp.
2006 Ed. (2926)
1999 Ed. (2756)
1998 Ed. (1999)
1997 Ed. (2275)
1996 Ed. (2159)
1995 Ed. (2150)
1994 Ed. (2094)
Tishman Realty & Construction Co.
2000 Ed. (1237)
1997 Ed. (1139)
1996 Ed. (1113)
1995 Ed. (1140)
1994 Ed. (1125)
1993 Ed. (1102)
1992 Ed. (1376, 1437)
1990 Ed. (1181)
Tishman Speyer
2008 Ed. (3821, 4126)
Tishman Speyer Properties
2000 Ed. (3729)
1999 Ed. (4011)
1990 Ed. (2959)
Tishman West Cos.
1990 Ed. (2972)
Tisit
1993 Ed. (2776)
Tisit/Pfeiffer
1992 Ed. (3349)
Tissue Plasminogen Activator
1989 Ed. (2344)
Tisza, Ogilvy & Mather
1995 Ed. (119)
1994 Ed. (113)
1993 Ed. (133)
1992 Ed. (208)
Titaghur Jute
1990 Ed. (3464)
The Titan Corp.
2007 Ed. (1400, 1442)
2006 Ed. (1363, 1373, 1420, 2246)
2005 Ed. (1353, 1359, 1361, 1362, 1363, 1364, 2150, 2152, 2826)
2003 Ed. (204)
2000 Ed. (780)
1996 Ed. (867)
Titan Cement Co.
2000 Ed. (320, 321)
1999 Ed. (303)
1996 Ed. (247, 248)
1994 Ed. (242, 243)
1992 Ed. (363, 364)
1991 Ed. (261)
Titan Cement Co. SA
2007 Ed. (1746)
2006 Ed. (1690)
2005 Ed. (1782)
Titan Contracting & Leasing
2008 Ed. (1337)
2004 Ed. (1244, 1339)
Titan Financial Services
2001 Ed. (3433)
1999 Ed. (3522, 3578)
Titan Industries
1997 Ed. (1429)
Titan International Inc.
2005 Ed. (4693, 4694)
2004 Ed. (4722, 4723)
2002 Ed. (1500)
Titan Pharmaceuticals Inc.
2004 Ed. (4547)
Titan Propane LP
2007 Ed. (4045)
Titan: The Life of John D. Rockefeller Sr.
2006 Ed. (581)
Titan Travel
2000 Ed. (35, 3396)
Titan Value Equities Group
1999 Ed. (846)
Titan Watches
2000 Ed. (1456, 1458, 1459, 1460)
1999 Ed. (1654)
1996 Ed. (1378)
Titanic
2004 Ed. (3513, 3516)
2001 Ed. (2125, 3412, 4693)
1999 Ed. (4721)
Titanium
1992 Ed. (3647)
Titanium Metals Corp.
2008 Ed. (1684, 2108, 2865, 4532)
2007 Ed. (4552, 4571, 4587)
2006 Ed. (1653)
Title Wave Stores
1996 Ed. (3787, 3788)
1995 Ed. (3202, 3697, 3698, 3699, 3700, 3701)
1994 Ed. (3627, 3628)
1993 Ed. (3666)
Titleist
2002 Ed. (2416)
2000 Ed. (4088)
1999 Ed. (4378)
1998 Ed. (25)
1997 Ed. (3557)
1996 Ed. (3493)
1994 Ed. (3370)
1992 Ed. (4050)
1991 Ed. (1854, 3169, 3172)
Titleist/Acushnet
1993 Ed. (1990, 3373)
1992 Ed. (4053)
Titleist/Foot-Joy
1997 Ed. (2153, 2154, 3558)
1996 Ed. (29, 2035, 3491)
Titleist/Footjoy
1998 Ed. (1856)
Titlelst
1992 Ed. (4045)
Titlist/Acushnet
1992 Ed. (2337)
Tito Puente
1995 Ed. (1715)
Titusville, FL
1992 Ed. (3036)
TiVo Inc.
2006 Ed. (4882)
2005 Ed. (839, 840)
2004 Ed. (864, 4561)

Tivoli Gardens
2007 Ed. (273)
2006 Ed. (268)
2005 Ed. (249)
2003 Ed. (273)
2002 Ed. (308)
2001 Ed. (377)
2000 Ed. (297)
1999 Ed. (269)
1997 Ed. (247)
1996 Ed. (216)
1995 Ed. (217)
Tivoli Park
1997 Ed. (250)
1996 Ed. (218)
1995 Ed. (219)
Tivoli Systems
1998 Ed. (1930)
1996 Ed. (3455)
Tixylix
1996 Ed. (1033)
T.J. Cinnamons
1994 Ed. (3078)
1993 Ed. (3022)
1992 Ed. (2119, 3714)
1991 Ed. (2885)
1990 Ed. (1752, 1754, 3011)
TJ International
1997 Ed. (1130)
1996 Ed. (1109)
TJ Maxx
2008 Ed. (1009)
2007 Ed. (1127)
1994 Ed. (1018, 1537, 3094)
1993 Ed. (3039, 3365)
1992 Ed. (1820, 3727, 4038)
1990 Ed. (2117)
TJ Maxx/Marshalls
2005 Ed. (1028)
TJ Systems
1994 Ed. (2702)
TJH Medical Services
2000 Ed. (2393)
Tjiwi Kimia
1996 Ed. (2435, 2436)
1993 Ed. (2155)
TJR Industries
2002 Ed. (4645)
TJR Industries/The Woodworking Shows
2003 Ed. (4777)
TJT Inc.
1989 Ed. (2234)
TJX
2006 Ed. (4146)
2000 Ed. (1113, 1118, 1513, 1689, 2394, 2396, 3803, 3811, 4085)
The TJX Companies Inc.
2008 Ed. (890, 999, 1000, 1002, 1004, 1007, 1908, 1909, 1914, 1919, 1920, 1921, 1923, 3093, 3446, 4477)
2007 Ed. (909, 1120, 1121, 1122, 1125, 1530, 1871, 1872, 1873, 1874, 2969, 3350, 4169, 4493, 4500)
2006 Ed. (822, 1033, 1034, 1035, 1036, 1039, 1775, 1868, 1869, 1870, 1871, 1872, 1873, 2952, 3282, 4184, 4431, 4433, 4434, 4435, 4443, 4444)
2005 Ed. (1010, 1011, 1025, 1026, 1801, 1857, 1863, 2878, 2957, 3290, 4108, 4414, 4418, 4419, 4420, 4425)
2004 Ed. (992, 993, 1019, 1020, 1021, 1792, 1793, 2877, 2882, 2891, 2955, 3258, 4157, 4158, 4189, 4466, 4470, 4471, 4472, 4473)
2003 Ed. (1010, 1011, 1016, 1018, 1019, 1020, 1021, 1022, 1559, 1755, 1756, 2870, 4167, 4184, 4501, 4505, 4563)
2002 Ed. (1524, 1723, 2704, 4036, 4336)
2001 Ed. (1260, 1271, 1272, 1789, 2027, 2746, 4322, 4323, 4324, 4325, 4326)
TJX Cos.
2005 Ed. (1569, 1858, 1861, 1862, 1864, 4136)
1999 Ed. (1198, 1199, 1200, 1485, 1704, 1872, 1882, 4106, 4371, 4374, 4387)
1998 Ed. (767, 769, 770, 771, 772, 1046, 1047, 1060, 1062, 1114, 1175, 1298, 1305, 3080, 3344, 3345, 3346)
1997 Ed. (1028, 1029, 1030, 1477, 3552)
1996 Ed. (893, 1008, 1009, 1010, 1418, 3485, 3487)
1995 Ed. (1024, 1025, 1029, 3426)
1994 Ed. (1015, 1019, 3367)
1992 Ed. (1211, 3944, 4072)
1991 Ed. (974, 3112)
1990 Ed. (1053, 1514, 1516, 1517)
TK B.D. Sovelj Skopje
2002 Ed. (4442)
TK Constructors
2005 Ed. (1187)
2004 Ed. (1159)
TK Holdings Inc.
2008 Ed. (4669, 4670)
2007 Ed. (1106, 4745, 4746)
2006 Ed. (1020, 4727, 4728)
2003 Ed. (342, 343)
TK Maxx
2008 Ed. (677)
2007 Ed. (705)
T.K. Tripps/Rock Ola Cafe
1994 Ed. (3087)
TKC Communications Inc.
2008 Ed. (1364)
2007 Ed. (1408)
2006 Ed. (1370)
TKC Communications LLC
2007 Ed. (1412)
TKC International/Guerra & Associates
1995 Ed. (2480)
TL Ventures
2000 Ed. (1535)
1999 Ed. (1967, 4704, 4708)
1998 Ed. (3667)
TLA Entertainment Group Inc.
2004 Ed. (4844)
TLA Video
1997 Ed. (3843)
TLA Video Management
1998 Ed. (3671)
TLC
2002 Ed. (1161)
TLC Beatrice International Holdings Inc.
2000 Ed. (743, 3143, 3150)
1999 Ed. (731, 3424, 4808)
1998 Ed. (469, 470, 2516)
1997 Ed. (677, 2802)
1996 Ed. (745, 746, 2661)
1995 Ed. (671, 672, 2591)
1994 Ed. (714, 715, 2532)
1993 Ed. (706, 2584)
1992 Ed. (895, 3092)
1991 Ed. (713, 2474)
1990 Ed. (735, 736, 2593)
TLC Engineering for Architecture
2008 Ed. (2516, 2571)
2007 Ed. (2444)
TLC Group
1989 Ed. (734)
TLC Laser Eye Centers Inc.
2001 Ed. (1655)
TLC Vision Corp.
2005 Ed. (1704, 1729)
Tlevisa
1997 Ed. (2778, 2779)
1996 Ed. (2628, 2629)
1994 Ed. (2507)
TLP, Inc.
2001 Ed. (3920)
2000 Ed. (1675)
TLP-Telefones de Lisboa e Porte Ep.
1995 Ed. (1477)
TLP (Telefones de Lisboa E Porto) EP
1994 Ed. (1441)
TLRC
1999 Ed. (3982)
TM & S Oil Co.
1992 Ed. (1479)
TM Century Inc.
2004 Ed. (4552)
TM Group
1997 Ed. (2704)
TM Mobile Inc.
2005 Ed. (3491)
TM Software
2008 Ed. (1792)
TM Supermarkets
1992 Ed. (88)
TMA Communications
1999 Ed. (3940)
TMA List Brokerage & Management
2005 Ed. (1994)
TMB Bank
2008 Ed. (2118)
2007 Ed. (2019)
TMBR/Sharp Drilling Inc.
2005 Ed. (3739, 3740)
2004 Ed. (3831)
TMC Electronics Corp.
1992 Ed. (2405, 2406)
TMC Healthcare
2008 Ed. (1557)
2007 Ed. (1574)
2006 Ed. (1544)
2005 Ed. (1649)
TMC Services
2008 Ed. (3095)
TMC Transportation
2008 Ed. (4767)
2007 Ed. (4845)
TMG Life
1998 Ed. (172)
TMG Staffing Services Inc.
2004 Ed. (1617)
2003 Ed. (1600)
TMH Hotels
1992 Ed. (2467)
TMI
2008 Ed. (3720, 4971)
2003 Ed. (69, 95, 98, 101, 122, 144, 154, 163)
2002 Ed. (104, 128, 132, 135, 152, 177, 190, 203)
2001 Ed. (132, 159, 161, 205, 216, 230)
2000 Ed. (123)
1999 Ed. (84, 115, 117, 149, 159, 166)
1993 Ed. (96, 134)
TMI Egypt
1996 Ed. (83)
TMI (JWT)
2000 Ed. (90, 121, 166, 186, 269)
TMI Kuwait
1996 Ed. (110)
TMI Lebanon
1996 Ed. (111)
TMI Saudi Arabia
1996 Ed. (134)
TMI UAE (JWT)
1996 Ed. (149)
TML Mortgage Solutions
2008 Ed. (132)
TMN
2004 Ed. (74)
2001 Ed. (69)
TMNG
2002 Ed. (2511)
tmo
2002 Ed. (1984)
TMP Associates Inc.
2001 Ed. (409)
2000 Ed. (313)
1995 Ed. (238)
1992 Ed. (357)
TMP Worldwide
2006 Ed. (3418, 3420)
2004 Ed. (101, 102, 104, 135, 858)
2003 Ed. (34, 113, 116, 181, 1424, 1512, 4394)
2002 Ed. (66)
2001 Ed. (99, 104, 148, 188, 241)
2000 Ed. (50, 54, 57, 106)
1999 Ed. (46, 52, 54)
1998 Ed. (41, 47)
1997 Ed. (41, 52)
1996 Ed. (39, 44, 55)
1995 Ed. (24, 36)
1994 Ed. (64)
1993 Ed. (74)
TMSF Holdings Inc.
2006 Ed. (2733, 2734)
TN Communications Group
2001 Ed. (132)
1999 Ed. (84)
TN Communications Group (DDB)
2000 Ed. (90)
TN Media
2002 Ed. (144, 146, 147, 148, 174, 193, 194, 195, 196, 3278)
2001 Ed. (165, 166, 171, 173, 174, 175, 176, 177)
2000 Ed. (131, 133, 135, 136, 137, 138, 140)
TNA International Ltd
1999 Ed. (3905)
TNA International Ltd./TNA USA
2000 Ed. (3621)
TNB
1999 Ed. (3137)
1997 Ed. (2593)
1996 Ed. (2447)
1994 Ed. (2348)
TNC
1992 Ed. (4207)
TND
2000 Ed. (2884)
TNK
2005 Ed. (3789)
TNK-BP
2005 Ed. (1958)
TNK-BP Holding
2008 Ed. (2066)
TNN
1998 Ed. (589, 605)
1997 Ed. (730, 870)
1992 Ed. (1015)
1990 Ed. (869)
TNN: The Nashville Network
1994 Ed. (829)
TNS Inc.
2006 Ed. (3042)
2005 Ed. (3039, 4041)
TNS U.S.
2008 Ed. (4138)
2007 Ed. (4114)
TNS USA
2006 Ed. (4068)
2005 Ed. (4037)
TNT
2008 Ed. (4654, 4655)
2007 Ed. (4732, 4733, 4739)
2006 Ed. (4711, 4713)
2005 Ed. (4663)
2004 Ed. (4691)
2003 Ed. (4714)
2001 Ed. (1089, 1615, 1618, 1619, 1628, 4496)
2000 Ed. (943)
1998 Ed. (116, 583, 589, 605)
1997 Ed. (730, 870)
1996 Ed. (854)
1993 Ed. (812, 822, 3472)
1992 Ed. (1015, 1022, 1613, 4243)
1991 Ed. (839, 1253)
TNT Australia
2004 Ed. (1655)
2002 Ed. (1652)
TNT Freightways
1997 Ed. (3801, 3803, 3804)
1996 Ed. (3751, 3753, 3754)
1995 Ed. (3670)
1994 Ed. (3589)
TNT/GD Express
1998 Ed. (117)
TNT Holland Motor Express
1995 Ed. (3682)
1994 Ed. (3591, 3592)
1993 Ed. (3631, 3632)
TNT Logistics NA
2007 Ed. (4879)
2006 Ed. (4887)
TNT Logistics North America
2008 Ed. (4739)
2007 Ed. (3389, 4812)
2006 Ed. (4795)
2005 Ed. (3340)
TNT North America
2000 Ed. (4320)
TNT NV
2008 Ed. (1965, 4329, 4331)
2007 Ed. (2648, 4374, 4376, 4833)
TNT Post Groep NV
2002 Ed. (2575)
TNT Post Group NV
2002 Ed. (4265)

TNT-Thomas Nationwide Transport
1990 Ed. (3646)
TNT (Turner Network Television)
1994 Ed. (829)
Tnuva
2004 Ed. (54)
1994 Ed. (27)
1993 Ed. (36)
1992 Ed. (58)
Tnuva Dairy
1991 Ed. (29)
Tnuve
2001 Ed. (45)
A to Z Tire & Battery Inc.
2006 Ed. (4746)
2005 Ed. (4696)
Toa Corp.
2003 Ed. (1334)
2002 Ed. (1320)
2000 Ed. (1290)
TOA Fire & Marine Reinsurance Co. Ltd.
1999 Ed. (4035)
Toa Nenryo Kogyo K.K.
1990 Ed. (949)
Toa Steel
1999 Ed. (1565)
Toagosei Chemical
2001 Ed. (1226)
Toast 'em
1995 Ed. (3398)
Toaster oven
1991 Ed. (1964)
Toaster pastries
2003 Ed. (368, 4652)
2002 Ed. (2293)
1994 Ed. (1993)
Toaster Strudel
1995 Ed. (3398)
Toasters
2002 Ed. (2702)
1993 Ed. (2109)
Toastettes
1995 Ed. (3398)
Toastmaster
2001 Ed. (2811)
2000 Ed. (1730, 2579, 2881)
1999 Ed. (1946, 2658, 2692, 2803, 3134)
1998 Ed. (1380, 1921, 1951, 2044, 2321)
1997 Ed. (1690, 2200, 2311, 2312, 2342, 2590)
1995 Ed. (1631, 2178, 2179, 2194, 2410)
1994 Ed. (1589, 2043, 2126, 2127, 2152)
1993 Ed. (1552, 2026, 2119)
1992 Ed. (1891, 2394, 2517, 2518, 2557)
1991 Ed. (1492, 1961, 1962, 1990)
1990 Ed. (1594, 2001, 2107, 2141, 3483)
Tobacco
2008 Ed. (1643, 1821, 1822, 1823, 2651)
2007 Ed. (1422)
2006 Ed. (834, 1385, 3009, 3010)
2005 Ed. (1395, 1396)
2004 Ed. (2554)
2003 Ed. (3947, 3948)
2002 Ed. (2790, 2791)
2001 Ed. (3605, 3918, 4553)
1999 Ed. (1807)
1997 Ed. (1441, 1675)
1996 Ed. (1169)
1995 Ed. (1298, 1299, 1300, 1301, 1303)
1994 Ed. (1190, 1271, 1272, 1276, 1277, 1278, 1280, 1281)
1993 Ed. (1232, 1234, 1236, 1237, 1238, 1239, 1242, 1713, 3389)
1992 Ed. (2600, 2602, 2603, 2607, 2608, 2610, 2612, 2614, 4070)
1991 Ed. (174, 2028, 2032, 2034, 2036, 2039, 2040, 2042, 2044)
1990 Ed. (2183)
1989 Ed. (1661)
Tobacco and accessories
1995 Ed. (2049, 3721)
Tobacco Central Inc.
2005 Ed. (4139)
Tobacco, chewing
2005 Ed. (2753, 2759)
2002 Ed. (1051)
2001 Ed. (4559)
Tobacco Exporters International
2003 Ed. (967)
Tobacco industry
1998 Ed. (89, 3363)
Tobacco, loose leaf
1999 Ed. (4611)
Tobacco Manufacturers Association
2002 Ed. (53)
Tobacco, moist plug
1999 Ed. (4611)
Tobacco, plug
1999 Ed. (4611)
Tobacco product manufacturing
2002 Ed. (2785)
Tobacco products
2005 Ed. (1481, 4703)
1999 Ed. (1941, 2846)
1997 Ed. (2631)
1996 Ed. (2489)
Tobacco products manufacturing
2002 Ed. (2222)
Tobacco Sales
1999 Ed. (4829, 4830)
Tobacco, smoking
2002 Ed. (1051)
2001 Ed. (4559)
Tobacco Superstores Inc.
2005 Ed. (4139)
Tobacco, twist/roll
1999 Ed. (4611)
Tobacco Valley Lumber
1998 Ed. (2424)
Toback & Co.
2000 Ed. (20)
1999 Ed. (24)
Toback CPAs
1998 Ed. (19)
Tobacofina
1992 Ed. (41)
Tobar & Conde Publicidad
1999 Ed. (96)
1997 Ed. (94)
1996 Ed. (93)
Toben; Doreen
2007 Ed. (1088)
2006 Ed. (996)
Toberoff; Max
1991 Ed. (2296)
Tobias Levkovich
2004 Ed. (3168)
2000 Ed. (2007, 2023)
1999 Ed. (2225, 2240)
1998 Ed. (1638, 1650)
1997 Ed. (1867, 1883)
1996 Ed. (1770, 1793, 1809)
1995 Ed. (1831)
Tobishima Corp.
1995 Ed. (1352)
1993 Ed. (891)
Tobu Railway
2002 Ed. (1702)
Toby Keith
2006 Ed. (1157)
1997 Ed. (1113)
Toby Radford
2000 Ed. (2102)
Tocai Friulano
1996 Ed. (3837)
Tocars Inc.
2005 Ed. (297)
Tocor II
1993 Ed. (3113)
Tocqueville Gold
2006 Ed. (3637, 3638, 3657)
2005 Ed. (3559, 3561)
2004 Ed. (3594, 3595)
Tocqueville International Value
2007 Ed. (2483)
2006 Ed. (3676, 3677)
2004 Ed. (3641)
Tocqueville Small Cap Value
2006 Ed. (4557)
2003 Ed. (3506)
Tod Holmes
2008 Ed. (963)
2007 Ed. (1057)
2005 Ed. (987)
Toda Corp.
1999 Ed. (1323, 1407)
"Today"
2001 Ed. (4498)
1995 Ed. (3585)
1992 Ed. (4253)
Today Homes
2005 Ed. (1196)
2004 Ed. (1168)
"Today Show"
1993 Ed. (3539)
Today's Department Store Co., Ltd.
1992 Ed. (1798)
1990 Ed. (1498)
Today's Man
1999 Ed. (1877)
Today's Realtor
1999 Ed. (292)
Today's Window Fashions
2007 Ed. (3193)
2004 Ed. (4943)
2003 Ed. (4940)
2002 Ed. (4905)
Todaytech Distribution
2004 Ed. (4922)
The Todd-AO Corp.
1999 Ed. (2053)
Todd B. Barnum
2004 Ed. (2488)
Todd Bakar
2000 Ed. (2004)
1996 Ed. (1770, 1800)
Todd Bergman
1993 Ed. (1815)
Todd County, SD
2002 Ed. (1806)
Todd English
2004 Ed. (939)
2003 Ed. (931)
2002 Ed. (986)
Todd Investment Advisors
1991 Ed. (2235)
Todd Market Timer
1990 Ed. (2365)
Todd Martin
2000 Ed. (2060)
Todd Nelson
2007 Ed. (970)
2006 Ed. (879)
Todd Richter
2000 Ed. (2015)
Todd; Robin
2008 Ed. (4991)
2007 Ed. (4985)
2006 Ed. (4988)
Todd S. Nelson
2005 Ed. (981, 2504)
Todd Shipyards Corp.
2004 Ed. (2020)
1990 Ed. (1303)
1989 Ed. (2648, 2666)
Todd W. Herrick
2007 Ed. (959)
Toder; Jeffrey
1997 Ed. (2002)
Todhunter Importers
2004 Ed. (4234)
2003 Ed. (4211)
Todhunter International Inc.
2005 Ed. (3293, 3294)
2004 Ed. (3276, 3277)
TodShp
1990 Ed. (2683)
Toepfer; A. C.
2006 Ed. (2541)
Toepfer Internationale Gruppe: Alfred C.
1990 Ed. (1102)
1989 Ed. (961)
Toepfer Verwaltungs Gmbh; Alfred C.
1990 Ed. (3263)
Tofas Fobrika
2000 Ed. (2869)
Tofas Oto Fabrika
1997 Ed. (2576)
Tofas Oto Fabrikalri
1996 Ed. (2433, 2434)
Tofas Oto Mobil Fabrikasi
1994 Ed. (2335)
Tofias, Fleishman, Shapiro & Co.
2000 Ed. (14)
1999 Ed. (17)
1998 Ed. (13)
Tofias, Fleishman, Shapiro & Co., PC
2002 Ed. (16, 20)
Tofias PC
2008 Ed. (6)
2007 Ed. (8)
2006 Ed. (12)
2005 Ed. (7)
2004 Ed. (11)
2003 Ed. (5)
Togar Properties
2004 Ed. (1196)
TogetherSoft
2004 Ed. (4829)
2003 Ed. (2725)
Togo
2001 Ed. (2419)
Togo's
1992 Ed. (2122, 3764)
Togo's Eatery
2008 Ed. (2662)
2006 Ed. (4225)
2005 Ed. (4176)
2004 Ed. (4243)
2003 Ed. (4227)
2002 Ed. (4091)
1995 Ed. (3180)
1993 Ed. (3067)
1991 Ed. (2910)
Togs
1994 Ed. (2198)
Togs Disposable Nappies
1992 Ed. (2630)
Togut; David
1997 Ed. (1872)
1996 Ed. (1799)
Tohmatsu
1996 Ed. (16, 17)
Tohmatsu & Co.
1999 Ed. (14)
1997 Ed. (13, 14, 15)
1993 Ed. (9, 10)
Toho
2007 Ed. (3452)
Toho Gas
2007 Ed. (2690)
Toho Metals
2001 Ed. (3076, 4944)
Tohoku Electric Power
2007 Ed. (2305)
2005 Ed. (2302)
2000 Ed. (3676, 3677)
1999 Ed. (3966)
1998 Ed. (2967)
1997 Ed. (3216)
1989 Ed. (2263)
Tohoku Semiconductor Corp.
1995 Ed. (1765)
Tohono O'odham Nation
1991 Ed. (257)
Tohtonku
2006 Ed. (67)
1994 Ed. (32)
Toichi Takenaka
1994 Ed. (708)
Toilet bowl cleaners
2002 Ed. (1065)
2000 Ed. (4155)
Toilet bowl deodorizers
2002 Ed. (254)
Toilet Duck
2003 Ed. (987)
1996 Ed. (983)
Toilet paper
1994 Ed. (1996)
Toilet tissue
2005 Ed. (2757, 2760)
2002 Ed. (1222, 4038)
2001 Ed. (2085)
1995 Ed. (3528)
Toiletries
2008 Ed. (2839)
2004 Ed. (100)
2003 Ed. (22)
2001 Ed. (246)
2000 Ed. (201)
1996 Ed. (1485, 2973, 3655)
1995 Ed. (2998)
1992 Ed. (99, 2570)
1991 Ed. (1998)
1990 Ed. (2152)
1989 Ed. (2329)

Toiletries and cosmetics
2000 Ed. (40, 2629, 3460)
1999 Ed. (3767)
1998 Ed. (586, 598, 2800)
1997 Ed. (3051)
1995 Ed. (147, 2208, 2210, 2211, 2212, 2888, 2891, 2980)
1994 Ed. (1229, 1240, 2802, 2925)
1993 Ed. (735, 2132, 2133, 2134, 2135, 2136, 2137, 2806, 2808)
1992 Ed. (1502, 2572, 3394, 2567, 2568, 2569, 2571)
1991 Ed. (1176, 1191, 1995, 1996, 1997, 1999)
1990 Ed. (2149, 2150, 2151, 2153)
Toiletries & toilet goods
1992 Ed. (32)
Toilets
2001 Ed. (4743)
Toinaftate
1992 Ed. (365)
Tokai
1992 Ed. (2154)
1990 Ed. (1783, 1784)
1989 Ed. (530)
Tokai Bank
2003 Ed. (535, 553)
2002 Ed. (595, 597, 4432, 4433)
2001 Ed. (603, 629)
2000 Ed. (574, 575, 576, 3896)
1999 Ed. (563, 564, 565)
1998 Ed. (355, 3008)
1997 Ed. (471, 529)
1996 Ed. (507, 573, 574)
1995 Ed. (519, 520, 2437, 2439)
1994 Ed. (485, 544, 545)
1993 Ed. (424, 477, 542, 543, 544, 1859, 2414, 2420, 2423)
1992 Ed. (603, 604, 665, 666, 716, 721, 726, 743, 744)
1991 Ed. (1718, 448, 450, 508, 548, 557, 575, 576, 577, 1720, 382, 509, 512, 561, 562, 2304, 2307)
1990 Ed. (502, 594, 617, 1789, 2773)
1989 Ed. (477, 478, 531, 581, 1432)
Tokai Bank of California
1999 Ed. (581, 3423)
1998 Ed. (390, 2515)
1997 Ed. (543)
1996 Ed. (587)
1995 Ed. (530)
1994 Ed. (556)
1993 Ed. (554)
1991 Ed. (594)
Tokai International
1989 Ed. (1371)
Tokai Rubber Industries Ltd.
2001 Ed. (393)
Tokai Tokyo Securities
2006 Ed. (4510)
Tokai Trust of New York
1995 Ed. (2365)
Tokal Bank of California
2000 Ed. (3149)
Tokio
1992 Ed. (2712)
Tokio Marine
1990 Ed. (2259)
Tokio Marine & Fire
2000 Ed. (2670)
1999 Ed. (2913, 2915, 2921)
1998 Ed. (2128)
1996 Ed. (2292)
The Tokio Marine & Fire Insurance Co., Ltd.
2005 Ed. (3151)
2004 Ed. (3130)
2003 Ed. (3012)
1997 Ed. (2418)
1995 Ed. (2279)
1994 Ed. (2232)
1993 Ed. (2252)
1992 Ed. (2706)
1991 Ed. (2143)
1990 Ed. (2274)
Tokio Marine Seguradora
2008 Ed. (3254)
Tokobank
2000 Ed. (653)
1999 Ed. (628)
1997 Ed. (604)
1996 Ed. (666, 667)
Tokos Medical Corp.
1995 Ed. (2124)
1994 Ed. (2075)
1993 Ed. (2055)
Tokuyama Corp.
2002 Ed. (1000)
2001 Ed. (3838)
Tokyo
2000 Ed. (107, 3374, 3375, 3377)
1997 Ed. (193, 1004, 2684, 2960, 2961)
1991 Ed. (2146, 1365)
1990 Ed. (861, 863, 865)
1989 Ed. (915)
Tokyo Broadcasting System
2007 Ed. (3452)
2001 Ed. (4493)
1996 Ed. (792)
Tokyo Disney Sea
2007 Ed. (272, 275)
2006 Ed. (267, 269)
Tokyo Disneyland
2007 Ed. (272, 275)
2006 Ed. (267, 269)
2005 Ed. (248, 250)
2003 Ed. (272, 275)
2002 Ed. (310, 313)
2001 Ed. (379, 382)
2000 Ed. (298, 301)
1999 Ed. (270, 273)
1998 Ed. (166)
1997 Ed. (249, 252)
1996 Ed. (217, 220)
1995 Ed. (218, 220)
1994 Ed. (219)
Tokyo Disneysea
2005 Ed. (248, 250)
2003 Ed. (272)
Tokyo Electric
1993 Ed. (3210)
Tokyo Electric Power Co., Inc.
2008 Ed. (1867, 1868, 2430, 2432, 2818)
2007 Ed. (1833, 1835, 2302, 2303, 2304, 2386, 2392, 2688, 2689, 3987)
2006 Ed. (1825)
2005 Ed. (2302, 2304, 2306, 2407, 2411)
2003 Ed. (2143)
2002 Ed. (1708, 2127, 3880, 4432)
2001 Ed. (1620, 1764)
2000 Ed. (1493, 1497, 3676, 3677)
1999 Ed. (1565, 3966)
1998 Ed. (2967)
1997 Ed. (1357, 1464, 3216)
1996 Ed. (1338, 3137, 3706, 3707)
1995 Ed. (1388, 1444, 3035)
1994 Ed. (1409, 2976, 3550)
1993 Ed. (1358, 2937, 3587)
1992 Ed. (1655, 1660, 4310)
1991 Ed. (1281, 1309, 1315, 1318, 3400, 1251)
1990 Ed. (2927, 2928)
1989 Ed. (1131, 2263)
Tokyo Electron Ltd.
2007 Ed. (2828, 4353)
2001 Ed. (4219)
2000 Ed. (4263)
1998 Ed. (1534, 3275)
1996 Ed. (3397)
1995 Ed. (3285)
1992 Ed. (3914)
1991 Ed. (3083)
1990 Ed. (3237)
Tokyo Electron United
2003 Ed. (4377)
Tokyo Gas Co.
2008 Ed. (2816)
2007 Ed. (2687, 2690)
2005 Ed. (2727, 2729, 2731, 3768, 3770, 3772)
1990 Ed. (2928)
1989 Ed. (2263)
Tokyo-Haneda
1992 Ed. (313)
Tokyo Hotel Chain Co. Ltd.
1994 Ed. (2109)
Tokyo International Airport
1996 Ed. (199)
1991 Ed. (218)
Tokyo International Financial Futures Exchange
1993 Ed. (1915)
Tokyo International Forum
2001 Ed. (4353)
Tokyo International, Japan
1990 Ed. (245)
Tokyo, Japan
2008 Ed. (238, 766, 1819)
2007 Ed. (260)
2006 Ed. (249, 251, 4182)
2005 Ed. (233, 2033)
2004 Ed. (224)
2003 Ed. (187, 256, 257)
2002 Ed. (109, 276, 277, 2747)
2001 Ed. (136, 348, 348, 2816)
1999 Ed. (1177)
1996 Ed. (979, 2865)
1995 Ed. (1869, 2564, 2956)
1994 Ed. (976, 2895)
1993 Ed. (1425)
1992 Ed. (172, 1166, 1391, 1712)
1991 Ed. (3249)
1990 Ed. (866, 1439, 1870)
Tokyo Kogyo Auto Directors Assn.
1990 Ed. (2214)
Tokyo Leasing Co. Ltd.
2000 Ed. (2194)
1999 Ed. (2436)
1997 Ed. (2008)
Tokyo Marine & Fire
1998 Ed. (3040)
Tokyo-Mitsubishi Bank
2000 Ed. (4262)
Tokyo-Mitsubishi Bank Ltd.; Bank of
2007 Ed. (449)
2006 Ed. (443)
Tokyo Motors
1997 Ed. (3762)
Tokyo Nickel Co., Ltd.
2004 Ed. (3693)
Tokyo Printing Ink
2008 Ed. (3219)
2007 Ed. (3078)
2006 Ed. (3046)
2001 Ed. (2877)
Tokyo Sowa Bank
2002 Ed. (574)
Tokyo Stock Exchange
2001 Ed. (4379)
1997 Ed. (3632)
1993 Ed. (1915)
Tokyo Tatemono
2007 Ed. (4091)
Tokyo/Yokohama, Japan
1991 Ed. (940)
1989 Ed. (2245)
Tokyu Corp.
2008 Ed. (4232)
2007 Ed. (1800, 1801, 4836)
2006 Ed. (1793)
1990 Ed. (102, 1497)
Tokyu Advertising
1996 Ed. (107)
1995 Ed. (92)
Tokyu Agency
2003 Ed. (94)
2002 Ed. (127)
2001 Ed. (154)
2000 Ed. (116)
1999 Ed. (111)
1997 Ed. (108)
1994 Ed. (98)
1993 Ed. (115)
1992 Ed. (171)
1991 Ed. (119)
1990 Ed. (121)
1989 Ed. (127)
Tokyu Construction Co. Ltd.
1994 Ed. (1164)
Tokyu Department Store
2006 Ed. (4175)
Tokyu Hotel Chain Co. Ltd.
1997 Ed. (2288)
1995 Ed. (2162)
1993 Ed. (2093)
1992 Ed. (2486)
1991 Ed. (1950)
1990 Ed. (2082)
Tokyu Hotels International
1990 Ed. (2091, 2092)
Tokyu Land
2007 Ed. (4091)
Tokyu Tourist
1990 Ed. (3653)
Toledo Area Community Credit Union
2008 Ed. (2252)
Toledo Edison Co.
1990 Ed. (1241)
Toledo, OH
2008 Ed. (3110, 3117)
2007 Ed. (2995)
2006 Ed. (3324)
2002 Ed. (2647)
1998 Ed. (2483)
1993 Ed. (2542)
1992 Ed. (1013, 2546)
Toledo Trust, Ohio
1989 Ed. (2159)
Tolerance.org
2003 Ed. (3045)
Tolhurst
1997 Ed. (747, 748)
Tolkien; J. R. R.
2007 Ed. (891)
2006 Ed. (802)
Tolko Industries
2008 Ed. (2762)
Toll Brothers Inc.
2008 Ed. (1167, 1198, 1201, 2040, 3087)
2007 Ed. (1274, 1304, 1307, 1309, 1310, 2963, 2964)
2006 Ed. (1194, 1195, 1197, 1203, 1216, 1520, 2959, 4580)
2005 Ed. (1194, 1198, 1222, 1231, 1232, 1246, 1256, 2948)
2004 Ed. (1140, 1145, 1166, 1196, 1205, 1206, 1207, 1210, 1211, 1221, 2946)
2003 Ed. (1141, 1142, 1160, 1162, 1191, 1200, 1203, 1204, 1214, 1645)
2002 Ed. (1172, 1188, 1189, 1204, 2657, 2668, 2669, 2685)
2001 Ed. (1405)
2000 Ed. (1206, 1228, 1229)
1999 Ed. (1316, 1330)
1998 Ed. (885, 895, 914)
1997 Ed. (1128)
1995 Ed. (1133)
1993 Ed. (2714)
1991 Ed. (1066)
1990 Ed. (1180)
Toll; Bruce E.
1991 Ed. (1633)
Toll Holdings
2004 Ed. (1655)
2002 Ed. (4674)
Toll Reimbursement Program
1993 Ed. (3619)
Toll; Robert
2007 Ed. (984)
2006 Ed. (894, 939)
Toll; Robert I.
2008 Ed. (945, 947)
2007 Ed. (1025)
1991 Ed. (1633)
Tollgrade Communications Inc.
2007 Ed. (1950, 1953)
2002 Ed. (4502)
2000 Ed. (3387)
Tollman Hundley
1991 Ed. (1937)
Tollman-Hundley Hotels
1992 Ed. (2471)
Tolstedt; Carrie
2008 Ed. (4944)
TolTest Inc.
2004 Ed. (1293)
Toltzis Communications Inc.
1994 Ed. (108)
Toluene
2000 Ed. (3562)
TolvuMyndir
2007 Ed. (1764)
Tom Benson Industries Inc.
1992 Ed. (1420)
Tom Bishop
2005 Ed. (994)
Tom Bradley
1993 Ed. (2513)
1992 Ed. (2987)

Tom Brown Inc.
2006 Ed. (1445, 4726)
2004 Ed. (1676, 1679)
2002 Ed. (3677)
Tom Casey
2007 Ed. (385)
Tom Clancy
2004 Ed. (262, 2410)
2003 Ed. (302, 2330)
2002 Ed. (347)
2001 Ed. (430, 2269)
Tom Condon
2003 Ed. (223, 227)
Tom Cowie; Sir
2005 Ed. (3868)
Tom Cruise
2008 Ed. (2579, 2580)
2007 Ed. (2451)
2006 Ed. (2488)
2002 Ed. (2141, 2144)
2001 Ed. (8)
1999 Ed. (2049)
1990 Ed. (2504)
Tom Daschle
1994 Ed. (2890)
Tom Delay
1999 Ed. (3843, 3959)
Tom E. Dupree
2004 Ed. (2533)
2002 Ed. (1040)
Tom Endicott Isuzu
1996 Ed. (274)
1995 Ed. (272)
1994 Ed. (271)
1993 Ed. (272)
1992 Ed. (386)
Tom Fazio
2008 Ed. (2827)
1999 Ed. (2607)
Tom Foerster
1995 Ed. (2484)
1991 Ed. (2346)
1990 Ed. (2483)
Tom Gallagher
1993 Ed. (3443)
Tom Gores
2006 Ed. (4896)
Tom Growney Equipment Inc.
2007 Ed. (4436)
Tom H. Barrett
1992 Ed. (2055)
Tom Hanks
2008 Ed. (2579)
2005 Ed. (2443, 2444)
2004 Ed. (2408, 2416)
2003 Ed. (2327, 2328)
2001 Ed. (8, 1138, 2269)
Tom Hunter
2006 Ed. (836)
2005 Ed. (926, 927)
Tom Jones
2005 Ed. (4896)
Tom Kirby
1997 Ed. (2705)
Tom LaSorda
2008 Ed. (2629)
Tom McMillen
1994 Ed. (845)
Tom O'Malia
2004 Ed. (819)
Tom Parker
1997 Ed. (1935)
Tom Petty
1997 Ed. (1114)
Tom Ralston Concrete
2007 Ed. (1358)
2006 Ed. (1279)
Tom Scott
2008 Ed. (4006)
Tom Singh
2008 Ed. (4896, 4903)
2007 Ed. (4927)
2005 Ed. (4890)
Tom Thumb Food & Pharmacy
2007 Ed. (4630)
Tom Tom NV
2008 Ed. (2951, 2952)
Tom W. Olofson
2005 Ed. (976, 977)
Tom Weiskopf
1999 Ed. (2607)
Tomac Corp.
2002 Ed. (1207)
2000 Ed. (1232)
TOMAC Homes
2005 Ed. (1236)
2004 Ed. (1212)
2003 Ed. (1205)
Toman
1999 Ed. (4645)
Toman; Richard J.
1992 Ed. (1139)
Tomasello
1996 Ed. (3859)
Tomato
1997 Ed. (3832)
Tomato Bank
2003 Ed. (531)
Tomato paste
2003 Ed. (4827, 4828)
2002 Ed. (4715)
Tomato sauce
2003 Ed. (4827, 4828)
2002 Ed. (4715)
1990 Ed. (897)
Tomato sauce, canned
1994 Ed. (3647)
Tomato/vegetable juice
2002 Ed. (2374)
1993 Ed. (3685)
Tomato/vegetable juice cocktail
2001 Ed. (2558)
Tomatoes
2007 Ed. (4873)
2006 Ed. (4877)
2004 Ed. (2003)
2003 Ed. (3967, 3968)
2001 Ed. (2555, 4669)
1999 Ed. (1807, 4702)
1998 Ed. (3658)
1996 Ed. (3774)
1994 Ed. (1995)
1993 Ed. (1748, 1749)
1992 Ed. (2088, 2110, 4384)
1989 Ed. (1662)
Tomatoes, stewed
2003 Ed. (4827)
2002 Ed. (4715)
Tomatoes, whole
2003 Ed. (4828)
2002 Ed. (4715)
Tomatos
1990 Ed. (897)
Tombstone
2008 Ed. (2787, 2788)
2007 Ed. (2650)
2006 Ed. (2667)
2005 Ed. (2692)
2004 Ed. (2692)
2003 Ed. (2559, 2566)
2002 Ed. (4331)
2001 Ed. (2546)
1998 Ed. (1769, 3324, 3447)
1996 Ed. (3465, 3790, 3791)
1995 Ed. (1945, 2951)
1994 Ed. (2886)
Tombstone Snappy
1996 Ed. (3465)
Tome; Carol
2007 Ed. (1060)
2006 Ed. (963)
Tomel
1997 Ed. (3752)
Tomen
2006 Ed. (4510)
2002 Ed. (4664, 4895)
2000 Ed. (3821, 4285, 4286)
1999 Ed. (4107)
1998 Ed. (3610)
1997 Ed. (3352, 3784)
1996 Ed. (1339, 1407, 3406)
1995 Ed. (1349, 1441, 1443, 3152, 3334)
1994 Ed. (1411, 3255)
1993 Ed. (3261, 3269, 3270)
Tomkins
2007 Ed. (1694, 2032, 2402)
2006 Ed. (2480)
1998 Ed. (224)
1996 Ed. (1388)
1994 Ed. (1206, 1227)
Tomkins plc
2003 Ed. (4204, 4205)
2002 Ed. (1650, 2305)
2001 Ed. (2468)
2000 Ed. (2226)
Tomkinson; Joseph R.
2007 Ed. (1021)
Tomlinson Black
2008 Ed. (4104, 4105, 4107)
tommy
2003 Ed. (2545, 2551, 3778)
2001 Ed. (2527, 3703)
Tommy Armour
1997 Ed. (2154)
1996 Ed. (29, 2035)
1993 Ed. (1991)
Tommy Erixon
2000 Ed. (2185)
1999 Ed. (2425)
Tommy G. Thompson
1991 Ed. (1857)
tommy girl
2003 Ed. (2545)
2001 Ed. (2528, 3705)
Tommy Hilfiger
2008 Ed. (685)
2007 Ed. (716, 1100, 4747)
2006 Ed. (136, 1016)
2005 Ed. (4429, 4430, 4431, 4686)
2003 Ed. (2869, 4587)
2001 Ed. (1995)
Tommy Lasorda
1995 Ed. (1889)
Tommy Skudutis
2006 Ed. (3920)
Tommy Tang
2000 Ed. (2156, 2160)
1999 Ed. (2376, 2380)
1997 Ed. (1977)
1996 Ed. (1870)
Tommy Tompkins
1995 Ed. (2486)
Tommy.com
2007 Ed. (2320)
Tommyknocker Brewery
1999 Ed. (3401)
The Tommyknockers
1989 Ed. (744)
Tomnitz; Donald
2008 Ed. (935)
2007 Ed. (984)
2006 Ed. (894)
Tomnitz; Donald J.
2008 Ed. (947, 959)
2007 Ed. (1025, 1036)
2006 Ed. (933)
Tomo
1992 Ed. (1436)
Tomokazu Soejima
2000 Ed. (2175)
1999 Ed. (2393)
Tomorrow Never Dies
2001 Ed. (4695)
Tomorrow's Commodities
1990 Ed. (2364)
Tomosite Systems
1991 Ed. (2638)
TomoTherapy
2006 Ed. (592)
Tomoyasu Kato
2000 Ed. (2161, 2176)
1999 Ed. (2393)
1997 Ed. (1992)
1996 Ed. (1886)
Tomoyo Nonaka
2007 Ed. (4982)
Tompkins County Trust Co. Inc.
2000 Ed. (437)
Tompkins; Susie
1994 Ed. (3667)
1993 Ed. (3731)
Tompkins; Tommy
1995 Ed. (2486)
Tomra Systems
2006 Ed. (3757)
Toms
1992 Ed. (341, 342, 343, 346, 1846)
Toms Foods Inc.
2007 Ed. (3418)
2006 Ed. (3365)
1992 Ed. (2230)
Tom's Hardware Guide
2005 Ed. (3195)
Tom's of Maine Inc.
2004 Ed. (4742)
2003 Ed. (3460)
Toms River, NJ
2002 Ed. (1060)
2000 Ed. (1066, 2610)
1999 Ed. (1152, 2829)
Toms River (NJ) Ocean County Reporter
2003 Ed. (3644)
Tomson Asia Development Inc.
1994 Ed. (3008)
Tomson Pacific
1993 Ed. (2057, 2059)
TomTom NV
2007 Ed. (2825)
Tomy
1996 Ed. (3726)
1994 Ed. (3562)
Tomy Train Sets
1995 Ed. (3645)
Tomytime pre-school toys
1992 Ed. (4329)
Ton Long Knitwear Corp.
1990 Ed. (3572)
Tone
2003 Ed. (4466)
Tone Cool Records Inc.
2003 Ed. (2777)
Tone Island Mist
2003 Ed. (4466)
Tonen
1994 Ed. (1367, 2861)
1993 Ed. (1341)
1992 Ed. (1643)
Tonen General Sekiyu Corp.
2005 Ed. (3778, 3782)
Tonengeneral Sekiyu
2007 Ed. (3878, 3891)
Toner cartridges
2005 Ed. (2755)
Toners/developers
1992 Ed. (3287)
Toney Anaya
1995 Ed. (2480)
Tong; Lim Goh
2008 Ed. (4847)
2006 Ed. (4917, 4919)
Tong Yang
1995 Ed. (795, 796, 797, 798, 799)
Tong Yang Orion Investment Trust Corp.
2002 Ed. (2824)
Tong Yang Securities
1997 Ed. (780, 3484)
1996 Ed. (3390)
Tonga
2007 Ed. (2092)
2006 Ed. (2148)
Tongaat
1993 Ed. (1395)
1991 Ed. (1345)
1990 Ed. (1418)
Tongass Credit Union
2008 Ed. (2217)
2007 Ed. (2102)
2006 Ed. (2181)
2005 Ed. (2086)
2004 Ed. (1945)
2003 Ed. (1905)
2002 Ed. (1846)
Tongda Group Holdings
2008 Ed. (1787)
Tongil
1993 Ed. (2384)
Tongyang Securities
1994 Ed. (3192)
Toni Mueller AG
1996 Ed. (1021)
Toni Sacconaghi
2003 Ed. (3057)
Tonics/other stimulants
2001 Ed. (2105)
"The Tonight Show"
2001 Ed. (4487, 4498)
Tonka
2008 Ed. (4707)
2007 Ed. (4789)
2006 Ed. (4782)
2000 Ed. (4277)
1999 Ed. (4628)
1998 Ed. (3599)

1997 Ed. (3776)
1996 Ed. (3722)
1993 Ed. (3378, 3380, 3391, 3602)
1992 Ed. (1524, 3459, 4058, 4323, 4325, 4326)
1991 Ed. (2741, 3410)
1990 Ed. (3248)
Tonlin Department Store
1992 Ed. (1798)
1990 Ed. (1498)
Tonneson & Co.
1999 Ed. (17)
1998 Ed. (13)
TononGeneral Sekiyu Corp.
2007 Ed. (3874)
Tons of Toys
1994 Ed. (3563)
Tonturi
1992 Ed. (2065)
Tony Alvarez
2007 Ed. (2496)
Tony & Alba's Pizza & Pasta
2005 Ed. (3844)
Tony Attanasio
2003 Ed. (221)
Tony Blair
2005 Ed. (4879)
Tony Brennan
2000 Ed. (2070, 2181)
Tony Crawford Construction
1997 Ed. (3516)
1995 Ed. (3375, 3376)
1994 Ed. (3299)
1993 Ed. (3307, 3309)
1992 Ed. (3963)
1991 Ed. (3122)
Tony DePaul & Son
1990 Ed. (1214)
Tony Dutt
2003 Ed. (222, 226)
Tony Franceschini
2007 Ed. (2507)
Tony Hawaii Automotive Group
2008 Ed. (1775, 1776)
Tony L. White
2005 Ed. (983, 2494)
Tony Laithwaite
2008 Ed. (4909)
Tony Little
1997 Ed. (2389)
Tony Robbins
1997 Ed. (2389)
Tony Roma's
2006 Ed. (4136)
2003 Ed. (4097, 4103)
2002 Ed. (4006, 4009)
2001 Ed. (4075)
2000 Ed. (3793)
1999 Ed. (4079, 4080)
1998 Ed. (3066)
1997 Ed. (3318, 3333)
1996 Ed. (3217, 3230)
1995 Ed. (3120, 3138)
1994 Ed. (3075, 3088)
1993 Ed. (3017, 3035)
1991 Ed. (2883)
Tony Roma's-A Place for Ribs
1992 Ed. (3718)
Tony Roma's Famous for Ribs
2008 Ed. (4164, 4197, 4198)
2007 Ed. (4156)
2004 Ed. (4147)
2002 Ed. (4029)
2000 Ed. (3792)
Tony Ryan
2007 Ed. (4918)
Tony Scott
2004 Ed. (976)
Tony Shiret
2000 Ed. (2134)
1999 Ed. (2346)
Tony Silverman
1999 Ed. (2349)
Tony Sun
2003 Ed. (4847)
Tony Tan Caktiong
2006 Ed. (4921)
Tony the Tiger
2007 Ed. (677)
Tony Wales
2002 Ed. (2477)
Tonya Harding
1997 Ed. (1725)
Tony's
2004 Ed. (2692)
2003 Ed. (2559, 2566)
2002 Ed. (4331)
2001 Ed. (2546)
1998 Ed. (1769, 3447)
1995 Ed. (1945, 2951)
1994 Ed. (2886)
Too Inc.
2008 Ed. (997)
Too many line extensions
1990 Ed. (2678)
Too much debt
2005 Ed. (784)
Toober & Zots
1997 Ed. (3771)
Tooele Credit Union
2008 Ed. (2262)
2007 Ed. (2147)
2006 Ed. (2226)
2005 Ed. (2131)
2004 Ed. (1989)
2003 Ed. (1949)
2002 Ed. (1895)
Tooker; Gary L.
1997 Ed. (1803)
Tool steel
2001 Ed. (1296, 4665)
Tooley & Co.
2000 Ed. (3732)
1999 Ed. (4015)
1998 Ed. (3023)
Tools
2008 Ed. (2439)
2000 Ed. (1898)
1993 Ed. (2501)
1990 Ed. (842)
Tools & dies
1999 Ed. (3427)
Tools, contractors'
1999 Ed. (3352)
Tools, hand
2005 Ed. (2781)
Tools, hand and power
1992 Ed. (986)
1991 Ed. (805)
Tools, hardware
1990 Ed. (3091)
Tools, power
2005 Ed. (2781)
TOON
2000 Ed. (943)
Tootal Group PLC
1999 Ed. (4593)
1997 Ed. (3737)
1993 Ed. (3557)
1991 Ed. (3356)
Tooth bleaching/whitening
2004 Ed. (2129)
Tooth whiteners
1995 Ed. (2903)
Toothbrushes
2004 Ed. (3804)
2003 Ed. (1999)
2002 Ed. (1913)
2001 Ed. (3713)
2000 Ed. (3511)
1998 Ed. (2810)
1994 Ed. (1993)
Toothbrushes, manual
2004 Ed. (4746)
Toothbrushes, power
2004 Ed. (4746)
Toothpaste
2004 Ed. (3804, 4746)
2003 Ed. (1999)
2002 Ed. (1913)
2001 Ed. (3713)
1997 Ed. (3053, 3054)
1995 Ed. (2896, 2992, 2993)
1994 Ed. (2938)
1992 Ed. (91, 92, 3545)
1991 Ed. (733)
Toothpaste/mouthwash
1992 Ed. (3548)
Toothpastes
1996 Ed. (2977, 3609)
Tootsie Bunch Pops
1994 Ed. (853)
Tootsie Pops
1995 Ed. (893, 898)
1994 Ed. (853)
Tootsie Roll
2005 Ed. (859)
2003 Ed. (1132)
2002 Ed. (935)
2001 Ed. (1119)
2000 Ed. (968)
1999 Ed. (1018)
1997 Ed. (888)
1995 Ed. (1896, 3793)
1994 Ed. (851)
1993 Ed. (830, 831, 834, 837, 3734)
Tootsie Roll Child's Play
2002 Ed. (936)
2001 Ed. (1120)
1996 Ed. (870)
Tootsie Roll Industries Inc.
2005 Ed. (856, 857, 860, 997)
2004 Ed. (879, 880)
2003 Ed. (1134)
2000 Ed. (970)
1997 Ed. (893)
1996 Ed. (2831)
1994 Ed. (3669)
1992 Ed. (1041, 4484)
1991 Ed. (3513)
1990 Ed. (3705)
Tootsie Roll Pops
2008 Ed. (839)
2001 Ed. (1119)
Tootsie Rolls
2008 Ed. (838)
1990 Ed. (896)
Tootsies
2006 Ed. (1038)
Top
2003 Ed. (982, 4750)
Top Advertising Agency
2003 Ed. (105)
2002 Ed. (139)
2001 Ed. (167)
2000 Ed. (127)
Top Air Manufacturing
2000 Ed. (279)
Top Brands Inc.
2008 Ed. (3741, 4990)
2007 Ed. (3615, 3616, 4455)
Top Choice
1997 Ed. (3074)
1996 Ed. (2995)
1994 Ed. (2833)
1993 Ed. (2816)
1992 Ed. (3409)
1990 Ed. (2819)
1989 Ed. (2194)
Top Draw Inc.
2005 Ed. (125, 1690)
Top executives
1993 Ed. (3694)
Top Flight
2000 Ed. (4088)
1999 Ed. (4378)
Top 40
2001 Ed. (3962)
Top Gun
1992 Ed. (4249)
1991 Ed. (3448, 3449)
Top Innovations Inc.
2005 Ed. (1831)
Top International Hotels
1992 Ed. (2505)
Top of the Pops
2000 Ed. (3501)
Top Shelf
1989 Ed. (2344)
Top Shelf Barkeeping at its Best
1990 Ed. (3626)
Top Shelf Entrees
1992 Ed. (3219)
Top Source Technologies Inc.
1997 Ed. (2020)
Top Speed
2001 Ed. (3514, 3515)
TOP Tankers Inc.
2007 Ed. (2722)
2006 Ed. (4256)
Top Value Car & Truck Service Centers
2003 Ed. (347)
2002 Ed. (402)
Topa Equities Ltd.
2008 Ed. (538)
2007 Ed. (593)
2006 Ed. (553)
2005 Ed. (653)
2004 Ed. (666)
2003 Ed. (659)
2001 Ed. (680)
1998 Ed. (271)
Topanga Plaza
1995 Ed. (3377)
1994 Ed. (3300)
Topaz Energy & Marine
2006 Ed. (4526)
TOPCO Associates Inc.
2008 Ed. (1382)
2007 Ed. (1427, 1430)
2006 Ed. (1390, 1391, 1396, 1397)
2005 Ed. (1404, 1405, 1411)
2004 Ed. (1384, 1390)
2003 Ed. (1376, 1379)
2002 Ed. (1071, 1341)
2000 Ed. (1101)
1998 Ed. (750)
1997 Ed. (1012)
1996 Ed. (987)
1995 Ed. (1000)
1994 Ed. (987)
1993 Ed. (962)
1992 Ed. (1187)
Topco Associates LLC
2008 Ed. (4051)
2007 Ed. (4024)
2006 Ed. (3985)
TopCoder Inc.
2008 Ed. (4375)
Topcon
1992 Ed. (3300)
Topcraft Precision Molders Inc.
2006 Ed. (3536)
Topeka, KS
2005 Ed. (2386, 3469)
Topf Initiatives
2008 Ed. (3808)
Topgallant Partners LLC
2006 Ed. (3527)
TOPIX
2008 Ed. (4503)
2006 Ed. (4592)
Toplin & Associates
2005 Ed. (3971)
2004 Ed. (4023)
2003 Ed. (4012)
2002 Ed. (3847)
2001 Ed. (3941)
1999 Ed. (3950)
1998 Ed. (2956)
Toplin & Assocs., Dresher
2000 Ed. (3664)
Topnotch at Stowe
2006 Ed. (4097)
Toppan Forms
2007 Ed. (4368)
Toppan Printing Co., Ltd.
2007 Ed. (3452, 4056)
2004 Ed. (4047)
2003 Ed. (4028)
2002 Ed. (3766)
2000 Ed. (3408, 3611, 3612)
1999 Ed. (3690, 3897, 3973)
1998 Ed. (2922, 2977)
1997 Ed. (2994, 3169, 3225)
1995 Ed. (2833)
1994 Ed. (2728)
1993 Ed. (2766)
1992 Ed. (3334)
1991 Ed. (2671)
1990 Ed. (2764, 2934)
1989 Ed. (2482)
Topper Detergent
2004 Ed. (89)
Topping; Kenneth
1992 Ed. (3138)
1991 Ed. (2548)
Toppings
2003 Ed. (2039, 2564, 4492)
Toppings, refrigerated
2000 Ed. (4142)
The Topps Co., Inc.
2005 Ed. (856, 857, 962)
2004 Ed. (879, 880)
2003 Ed. (952)

2002 Ed. (936)
1995 Ed. (3648)
1993 Ed. (831)
1992 Ed. (1041, 1044)
1990 Ed. (3634)
1989 Ed. (2367)
Topps Baseball
1995 Ed. (3649)
Topps Basketball
1995 Ed. (3649)
Topps Bazooka
1997 Ed. (976)
Topps/Bowman
1993 Ed. (3608)
Topps Bozooka
2000 Ed. (1041)
Topps Football
1995 Ed. (3649)
Topps Push Pop
2002 Ed. (936)
2001 Ed. (1120)
Topps Ring Pop
2001 Ed. (1120)
Toprekiam/BBDO
1994 Ed. (93)
Topreklam Ltd.
1992 Ed. (158)
Topreklam/BBDO
1997 Ed. (98)
1996 Ed. (96)
1995 Ed. (82)
1993 Ed. (106)
Toprol XL
2006 Ed. (2314, 2316)
2005 Ed. (2252, 2256)
1994 Ed. (1560)
Tops
2008 Ed. (4572)
2005 Ed. (1004, 1005, 1006, 1009)
2001 Ed. (1277)
1994 Ed. (2404)
1990 Ed. (2026)
Tops Appliance
2001 Ed. (2217)
2000 Ed. (2481)
1996 Ed. (2128)
Tops Appliance City
1999 Ed. (1877, 2696)
1998 Ed. (1303, 1955)
1997 Ed. (258, 1633, 2237)
1994 Ed. (229, 2071)
1992 Ed. (348, 1936, 2426, 2428)
1991 Ed. (248)
Tops Appliances
1995 Ed. (2120)
Tops Market
1993 Ed. (1199)
Tops Markets
1998 Ed. (1534)
1992 Ed. (490)
Topshop
2008 Ed. (685, 706)
2007 Ed. (716, 737)
TopTier Software Inc.
2004 Ed. (1530)
TOR Minerals International Inc.
2008 Ed. (4429)
Torada
2002 Ed. (4604)
2001 Ed. (4503)
2000 Ed. (4233)
1999 Ed. (4579)
1998 Ed. (3508, 3509)
1997 Ed. (3729)
1996 Ed. (3670)
1995 Ed. (3590, 3594)
1994 Ed. (3505)
1993 Ed. (3546)
1992 Ed. (4262)
1990 Ed. (3558)
1989 Ed. (2809)
Torado
1996 Ed. (3671)
Toradol
1995 Ed. (1548)
Toradol IM
1995 Ed. (1548)
Toray Fib Tex
2001 Ed. (4513)
Toray Industries Inc.
2008 Ed. (913, 914)
2007 Ed. (934, 935, 953)
2006 Ed. (852)
2002 Ed. (1000, 1001, 1002)
2001 Ed. (1198, 4514)
2000 Ed. (1026)
1999 Ed. (1090)
1998 Ed. (2876, 2880)
1997 Ed. (959)
1996 Ed. (3681)
1995 Ed. (959, 3606)
1994 Ed. (923, 931, 3521)
1993 Ed. (914, 915, 3560)
1992 Ed. (1113)
1991 Ed. (909)
1990 Ed. (955)
1989 Ed. (894)
Toray Plastics America Inc.
1998 Ed. (2875)
Torch Energy Advisors Inc.
1997 Ed. (2702)
Torch Offshore Inc.
2003 Ed. (4322)
Torchmark Corp.
2008 Ed. (4265)
2007 Ed. (3132, 3137, 4233)
2006 Ed. (3119, 4217)
2005 Ed. (3071, 3072, 4163)
2004 Ed. (3060, 3061, 3078)
1999 Ed. (2944)
1998 Ed. (2175, 2176)
1997 Ed. (2442, 2702)
1996 Ed. (1213, 2319, 2322)
1995 Ed. (2293, 2300)
1994 Ed. (2230, 2250, 2254)
1993 Ed. (2219, 2251)
1992 Ed. (1469, 2665, 2668, 2704)
1991 Ed. (2098, 2100, 2141)
1990 Ed. (2232, 2234)
1989 Ed. (1680, 1682)
Torcon Inc.
2008 Ed. (1317, 1331)
2007 Ed. (1384)
2006 Ed. (1186)
2005 Ed. (1301)
2004 Ed. (1281)
2003 Ed. (1277)
2002 Ed. (1202, 1270)
2000 Ed. (1225)
1990 Ed. (1179)
Tore Electric
2008 Ed. (1318)
Toreador Resources Corp.
2006 Ed. (2042)
2004 Ed. (4549)
2003 Ed. (3828)
Torengos
2004 Ed. (4437)
Toresco Auto Group Inc.
1994 Ed. (1004)
Torex Retail
2006 Ed. (1146)
Torino
1994 Ed. (540)
1993 Ed. (538)
1992 Ed. (739)
Torino Re
2001 Ed. (2953, 2959)
Torix General Contractors LLC
2008 Ed. (3697, 3700)
Torm
2007 Ed. (1677)
Torma Publicis FCB
1997 Ed. (88)
Tornadoes
2005 Ed. (885)
Tornel
2006 Ed. (4750, 4751)
Tornetta Realty Corp.
1992 Ed. (3615)
1991 Ed. (2806)
1990 Ed. (2955)
1989 Ed. (2285)
Toro Co.
2007 Ed. (2972, 3031)
2006 Ed. (1889, 2995, 3344)
2005 Ed. (3352, 3353, 3355)
2004 Ed. (3327, 3328)
2003 Ed. (3270)
2002 Ed. (3061, 3062, 3063, 3064, 3066, 3067)
2000 Ed. (2914, 2915)
1999 Ed. (2804, 3169, 3170)
1998 Ed. (2046, 2342, 2343, 2344, 2545, 2546)
1997 Ed. (2313)
1996 Ed. (2193)
1995 Ed. (2180)
1994 Ed. (2128)
1993 Ed. (2105)
1992 Ed. (2520)
1991 Ed. (1963, 2470)
1990 Ed. (2110)
Toromont Industries Ltd.
2008 Ed. (1628, 1629, 1651, 1654, 4531, 4921)
2007 Ed. (1628, 1629, 1640, 1646, 3024, 4575)
2006 Ed. (1616, 1626, 1628)
Toronto
2000 Ed. (107, 2549)
1997 Ed. (2684)
Toronto Blue Jays
1998 Ed. (438, 3358)
1995 Ed. (642)
Toronto Board of Education
1992 Ed. (4311)
1990 Ed. (3605)
Toronto/Buttonville
1995 Ed. (196)
Toronto, Canada
1996 Ed. (2543)
1990 Ed. (1439)
Toronto; City of
1991 Ed. (3402)
Toronto Congress Centre
2005 Ed. (2520)
2003 Ed. (2414)
2001 Ed. (2352)
Toronto-Dominion Bank
2008 Ed. (391, 392, 1615, 1624, 1627, 1634, 1641, 1642, 1645, 1647, 1649, 1653, 1741, 1748)
2007 Ed. (412, 414, 1617, 1625, 1627, 1633, 1634, 1639, 1641, 1645, 1712, 1720)
2006 Ed. (423, 1598, 1600, 1612, 1618, 1620, 1627, 1629, 4491)
2005 Ed. (364, 473, 1567, 1708, 1710, 1720, 1725)
2004 Ed. (460, 1666, 1668, 1670)
2003 Ed. (473, 1629, 1631, 1635, 2482)
2002 Ed. (535, 1605, 1606, 1607, 2268, 4393)
2001 Ed. (1533, 1660, 1663, 1664, 1665)
2000 Ed. (482, 1400, 2924, 2925, 2929, 3154, 3155, 3413, 3414)
1999 Ed. (487, 488, 489, 2437, 2636, 3184, 3431, 3706, 4619)
1997 Ed. (429, 430, 431, 1372, 2009, 2625, 2806)
1994 Ed. (447, 448, 1339, 1340, 1341, 2545, 2546)
1993 Ed. (447, 526, 1289, 1858, 2416, 2417, 2588, 2589)
1992 Ed. (3103, 630, 715, 727, 2152, 4313, 631, 632, 1591, 1593, 1599, 4311)
1991 Ed. (383, 474, 1265)
1990 Ed. (517, 518, 561, 1340, 1780, 3605)
1989 Ed. (1098)
Toronto-Dominion Bank & Trust Co.
1998 Ed. (2348, 2355)
1996 Ed. (466, 467, 468, 1315, 1318, 1919, 2478, 2481, 2483, 2674)
1995 Ed. (439, 440, 1875, 2435, 2438)
Toronto Eaton Centre
1995 Ed. (3379)
Toronto Electric Commissioners
1997 Ed. (2156)
1996 Ed. (2038)
1994 Ed. (1594)
Toronto Globe & Mail
2003 Ed. (3648)
1999 Ed. (3615)
Toronto; Government of Metro
1991 Ed. (3402)
Toronto Hydro
2008 Ed. (2428, 2813)
2007 Ed. (2298, 2684)
1997 Ed. (1826, 1827)
Toronto International Boat Show
2008 Ed. (4724)
2004 Ed. (4757)
2003 Ed. (4778)
Toronto International Home Furnishings Market
2003 Ed. (4778)
Toronto Investment
1989 Ed. (2143)
Toronto Investment Management Inc.
1992 Ed. (2784)
1991 Ed. (2255)
1989 Ed. (1786)
Toronto Island
1995 Ed. (196)
Toronto Maple Leafs
2008 Ed. (646)
2006 Ed. (2862)
2003 Ed. (4509)
1998 Ed. (1946)
Toronto Mapleleafs
2001 Ed. (4347)
Toronto; Municipality of Metro
1994 Ed. (3553)
Toronto; Municipality of Metropolitan
1995 Ed. (3632)
Toronto National Post
2003 Ed. (3648)
2002 Ed. (3506)
Toronto, ON
2002 Ed. (109, 4646)
2001 Ed. (4109, 4611)
1993 Ed. (2531)
Toronto, ON, Canada
1993 Ed. (2556)
1992 Ed. (530, 2784, 3292)
Toronto, Ontario
2008 Ed. (4721)
2006 Ed. (4785)
2005 Ed. (1785, 3476, 4734)
2004 Ed. (4753)
2003 Ed. (187, 3251, 4775)
Toronto Sportsmen's Show
2004 Ed. (4757)
2003 Ed. (4778)
Toronto Star
2003 Ed. (3648, 3649)
2002 Ed. (3506, 3507)
1999 Ed. (3615)
Toronto Stock Exchange
2008 Ed. (4501)
1997 Ed. (3632)
Toronto Sun
2003 Ed. (3648, 3649)
2002 Ed. (3506, 3507)
1999 Ed. (3615)
Toronto Sun Publishing
1996 Ed. (3144)
1994 Ed. (2983)
1992 Ed. (3591)
Toronto Transit Authority
1995 Ed. (852)
Toronto Transit Commission
2008 Ed. (756)
2006 Ed. (687, 1623)
2002 Ed. (3904)
2000 Ed. (900)
1999 Ed. (956)
1998 Ed. (538)
1997 Ed. (840)
1996 Ed. (832, 1062)
1994 Ed. (801)
1993 Ed. (786)
1992 Ed. (989)
1991 Ed. (808, 3402)
1990 Ed. (847)
1989 Ed. (830)
Toronto Trust Argentina
1997 Ed. (2907)
Toronto Trust Mutual Fund
1993 Ed. (2683)
Toronto; University of
2008 Ed. (801, 1070, 1074, 1075, 1076, 1077, 1078, 3636, 3641, 3642, 4279)
2007 Ed. (1166, 1170, 1171, 1172, 3469, 3470, 3471, 3472, 3473)
2006 Ed. (726)
2005 Ed. (814)
1994 Ed. (819)
1992 Ed. (4311)

1991 Ed. (3402)
Torotel Inc.
2005 Ed. (1545)
2004 Ed. (4552)
1994 Ed. (201)
Torralta-Clube Internacional de Ferais Sa
1995 Ed. (1380)
Torrance Memorial Medical Center
2006 Ed. (2917)
1997 Ed. (2261)
Torray
1999 Ed. (3561)
1994 Ed. (2617)
Torray Fund
2006 Ed. (3605, 3621)
2005 Ed. (3551)
1999 Ed. (3519)
1998 Ed. (2604)
1997 Ed. (2874, 2884, 2899)
Torre Lazur Healthcare Group
1999 Ed. (54)
Torre Lazur McCann Healthcare Worldwide
2003 Ed. (35)
2002 Ed. (67)
2001 Ed. (212)
2000 Ed. (58)
Torre Lazur McCarr Healthcare Worldwide
2000 Ed. (57)
Torre Propaganda Sancho
1989 Ed. (94)
Torrence, CA
1994 Ed. (2244)
Torrent Networking Technologies Corp.
2002 Ed. (1418)
Torreon/Gomez Palacio
1994 Ed. (2440)
Torreon, Mexico
1993 Ed. (2557)
Torres
2001 Ed. (2119)
Torres; Arturo G.
1995 Ed. (2112, 2579, 3726)
1994 Ed. (2059, 2521, 3655)
Torres; Esteban E.
1992 Ed. (1039)
Torres Llompart, Sanchez Ruiz LLP
2008 Ed. (2056, 3730)
2007 Ed. (3596)
Torres Spanish
1989 Ed. (2942)
Torrey Dobson Homes
2004 Ed. (1151)
2003 Ed. (1149, 1205)
Torrey Homes
2005 Ed. (1185, 1204, 1225)
2004 Ed. (1157, 1177, 1199)
2003 Ed. (1152, 1169)
1998 Ed. (893)
Torrey Homes/D. R. Horton
2000 Ed. (1207)
Torridon plc
2002 Ed. (2497)
Torrington, CT
2000 Ed. (1090, 3817)
1990 Ed. (997)
Torstar Corp.
2008 Ed. (4088)
2007 Ed. (4055)
2003 Ed. (1078)
2002 Ed. (3269)
1999 Ed. (3311)
1997 Ed. (2724)
1996 Ed. (2579, 3144)
1995 Ed. (2512)
1994 Ed. (2983)
1993 Ed. (2506)
1992 Ed. (1295, 3591)
1991 Ed. (2393, 1016)
1990 Ed. (1107)
1989 Ed. (965)
Tortilla Inc.
2001 Ed. (2713)
Tortilla chips
2003 Ed. (4460, 4461)
2002 Ed. (2421, 4298)
2000 Ed. (4066)
1997 Ed. (3531)
1995 Ed. (3403, 3406)
1994 Ed. (3333, 3334, 3346, 3348)
1993 Ed. (3338)
1992 Ed. (3997)
1991 Ed. (3149)
1990 Ed. (3307, 3308)
Tortilla/tostada chips
2006 Ed. (4395)
Tortillas
2003 Ed. (3925)
2002 Ed. (3745)
Tortora; Rose Ann
1995 Ed. (1802)
Toru Nagai
2000 Ed. (2158)
1999 Ed. (2378)
Torvalds; Linus
2005 Ed. (785, 787)
Tory Ford
2000 Ed. (330)
Tory, Tory, DesLauriers & Binnington
1999 Ed. (3147)
1997 Ed. (2596)
1996 Ed. (2451)
1995 Ed. (2415)
1994 Ed. (2357)
1993 Ed. (2394, 2405)
1992 Ed. (2831, 2846)
1991 Ed. (2282)
Torys
2005 Ed. (1445)
2004 Ed. (1427, 1428)
Tosco Corp.
2005 Ed. (1650, 3792)
2004 Ed. (1543, 1624, 3863)
2003 Ed. (1365, 1422, 1660, 3847, 3848, 3850)
2002 Ed. (1332, 1629, 2124, 3663, 3690, 3691)
2001 Ed. (1488, 1489, 1490, 1676, 2561, 3746, 3752, 3755, 3773)
2000 Ed. (1404, 2245, 2320, 3537, 3796)
1999 Ed. (1035, 1412, 1596, 2584, 3796, 3810)
1998 Ed. (975, 1130, 2822)
1997 Ed. (1379, 1727, 3085)
1996 Ed. (1268, 1320, 1388, 1646, 2821, 3005)
1995 Ed. (1270, 1283, 1368, 2754, 2910)
1994 Ed. (1343)
1993 Ed. (1291, 2833)
1992 Ed. (1522, 1530, 1946, 3427)
1991 Ed. (1222, 1548)
1990 Ed. (1298)
1989 Ed. (1055)
Tosco Marketing Co. Inc.
2001 Ed. (1611)
Toshiba Corp.
2008 Ed. (849, 1116, 1424, 1868, 2385, 2471, 2472, 2474, 2475, 2979, 2981, 3568, 3861, 4313, 4649, 4807)
2007 Ed. (34, 1212, 1835, 1838, 2343, 2345, 3071, 3074, 3782, 3823, 4354)
2006 Ed. (43, 781, 1827, 2396, 2398, 2399, 2400, 3389, 4287, 4288)
2005 Ed. (36, 1124, 1126, 2338, 2354, 2355, 2956, 3393, 3696, 3699, 4350, 4667)
2004 Ed. (42, 1117, 2255, 2256, 2261, 3362, 3777, 4404)
2003 Ed. (2236, 2239, 2248, 2250, 3305, 3752, 3756, 3796, 4384, 4387, 4388)
2002 Ed. (1109, 1136, 1707, 1708, 2105, 2107, 2108, 3251, 3335, 3336, 3338, 3339, 4258, 4432, 4433, 4434, 4518)
2001 Ed. (30, 398, 1032, 1621, 1764, 1766, 2133, 2181, 3269, 3296, 3645, 3650, 3651, 4217, 4218)
2000 Ed. (307, 308, 1151, 1772, 1773, 1795, 3703, 3704, 3705, 3707, 3994, 3996, 3998, 3999, 4000, 4002, 4003, 4223, 4347, 4363)
1999 Ed. (1242, 1690, 1992, 1993, 1994, 1995, 2030, 2874, 2875, 2880, 2881, 3339, 3406, 3714, 3716, 3856, 4047, 4271, 4272, 4273, 4276, 4277, 4280, 4281, 4714)
1998 Ed. (812, 1246, 1402, 1417, 1420, 2492, 2493, 2752, 2884, 3277, 3278, 3279, 3281, 3284, 3285)
1997 Ed. (1072, 1109, 1581, 1584, 1714, 1744, 2745, 2783, 2787, 3007, 3251, 3252, 3253, 3492, 3493, 3494)
1996 Ed. (1067, 1071, 1744, 2260, 2595, 2608, 2633, 2635, 2639, 2917, 3055, 3194, 3396, 3398, 3399)
1995 Ed. (1442, 1543, 1626, 1683, 2252, 2453, 2503, 2573, 2575, 2576, 2845, 2846, 3100, 3286)
1994 Ed. (1063, 1735, 2518, 3629)
1993 Ed. (38, 1032, 1274, 1357, 1359, 1461, 1584, 1586, 1587, 1612, 2176, 2530, 2561, 2562, 2565, 2566, 2567, 2568, 2569, 2772, 2881, 2882, 3007, 3212, 3214, 3667)
1992 Ed. (55, 60, 1285, 1298, 1322, 1658, 1678, 1772, 1930, 1931, 1932, 1959, 1959, 2429, 2714, 2715, 2865, 3009, 3072, 3345, 3488, 3490, 3544, 3911, 3912, 3916, 3918, 4309, 4395)
1991 Ed. (249, 870, 1008, 1107, 1108, 1405, 1538, 1643, 2069, 2407, 2455, 2456, 2856, 3401, 3447)
1990 Ed. (1098, 1103, 1478, 1641, 2040, 2041, 2042, 2043, 2044, 2195, 2203, 2534, 2537, 2777, 2880, 2881, 3064, 3238, 3239, 3240, 3433, 3522, 3674)
1989 Ed. (1307, 1341, 2123, 2458, 2806)
Toshiba America Inc.
2001 Ed. (1347, 2194)
1999 Ed. (1968)
1994 Ed. (2936)
Toshiba America Business Solutions
2007 Ed. (4163, 4942)
2006 Ed. (4154, 4937)
Toshiba American Business Solutions Inc.
2006 Ed. (4793)
Toshiba/Audiovox
1994 Ed. (875)
Toshiba Corp./Mitsui & Co.
1993 Ed. (1741)
Toshihiko Ginbayashi
2000 Ed. (2156)
1999 Ed. (2376)
1997 Ed. (1977)
Toshimaen Amusement Park
1999 Ed. (273)
1997 Ed. (252)
1996 Ed. (220)
1995 Ed. (220)
Toshinori Ito
2000 Ed. (2157)
1999 Ed. (2377)
Toshoku Ltd.
1990 Ed. (3050)
Tosoh Corp.
2002 Ed. (1000, 1702)
2001 Ed. (1226)
1996 Ed. (1406)
Tostem Corp.
1998 Ed. (535, 907)
1996 Ed. (2613)
Tosti
2002 Ed. (968, 974)
2001 Ed. (1160, 1162, 1163)
1993 Ed. (879, 881)
Tosti Asti
2006 Ed. (829)
2005 Ed. (917, 919)
2004 Ed. (925)
2003 Ed. (900)
2002 Ed. (963)
2001 Ed. (1151)
1999 Ed. (1068)
1998 Ed. (682)
1997 Ed. (942)
1996 Ed. (909)
1995 Ed. (930)
1993 Ed. (883)
1992 Ed. (1085)
1991 Ed. (885)
1989 Ed. (872)
Tostitos
2008 Ed. (4443, 4701, 4703)
2007 Ed. (4460, 4783)
2006 Ed. (4393, 4776)
2005 Ed. (4387)
2004 Ed. (4438, 4439)
2003 Ed. (4454, 4455)
2002 Ed. (4299, 4640)
2001 Ed. (4290, 4579)
2000 Ed. (4064, 4267)
1999 Ed. (4344)
1998 Ed. (3126, 3320)
1997 Ed. (3532)
1996 Ed. (3466)
1995 Ed. (3396)
1994 Ed. (3341)
Tostitos Gold
2008 Ed. (4703)
Tostitos Light
2008 Ed. (4703)
Tostitos Natural
2008 Ed. (4703)
Tostitos Scoops
2008 Ed. (4701, 4703)
2007 Ed. (4783)
2006 Ed. (4776)
Tostitos Wow!
2002 Ed. (4640)
2001 Ed. (4579)
2000 Ed. (4267)
TOT
2001 Ed. (3337)
Total
2007 Ed. (2657)
2003 Ed. (1682)
2001 Ed. (1710)
2000 Ed. (790, 791, 1434, 1435, 2245)
1999 Ed. (773, 774, 1331, 1631, 1632, 3808, 3812)
1998 Ed. (1204)
1997 Ed. (702, 703, 1408, 1411)
1996 Ed. (765, 766, 1348, 2651)
1995 Ed. (1397, 2117, 2928)
1994 Ed. (883, 1372)
1993 Ed. (16, 1314)
1992 Ed. (24, 1074, 1619, 4232)
1990 Ed. (3540)
Total Access
1997 Ed. (3696)
Total Access Communications
2008 Ed. (93)
2007 Ed. (86)
2006 Ed. (96)
2005 Ed. (87)
2004 Ed. (92)
Total Action Against Poverty in Roanoke Valley
1992 Ed. (1100)
Total Armour
1994 Ed. (2450)
Total Beverage Solution
2008 Ed. (2733)
Total Blue Cross/Blue Shield Association
1997 Ed. (2700)
Total Business Solutions Inc.
2002 Ed. (2526)
Total Cabling Solutions & Exabit Communication
2005 Ed. (1655)
Total casino
1990 Ed. (1873)
Total Cereal
1993 Ed. (862)
Total-CFP
1992 Ed. (1617)
1990 Ed. (1367)
Total; Colgate
2008 Ed. (4699)
Total Compagnie Francaise des Petroles
1990 Ed. (1366)
1989 Ed. (1118)

Total Compagnie Francaise des Petroles SA
1996 Ed. (1349)
1995 Ed. (1398)
1994 Ed. (1371)
Total Computer Systems
2002 Ed. (2526)
Total Control
1999 Ed. (692)
Total Customer Care
2007 Ed. (3613)
Total Disposal Systems Inc.
2005 Ed. (1378)
Total E & P Norge AS
2008 Ed. (1996)
2006 Ed. (1947)
Total Employment Co.
2003 Ed. (1675)
Total Energy Services Trust
2008 Ed. (1619)
2006 Ed. (1617)
Total Energy Solutions LLC
2007 Ed. (1912)
Total Entertainment Center
2004 Ed. (4840)
Total Entertainment Restaurant Corp.
2006 Ed. (4330)
2005 Ed. (4378, 4384)
2004 Ed. (4433)
Total Fina Elf SA
2005 Ed. (1758, 1759, 1777, 2407, 2409, 2411, 2412, 3020)
2004 Ed. (962, 1702, 1709, 1710, 1716, 3359, 3361, 3853, 3857, 3859, 3868)
2003 Ed. (947, 1678, 1681, 1704, 2288, 3298, 3300, 3824, 3830, 3853, 3855, 3857, 4584)
2002 Ed. (304, 1007, 1008, 1015, 1016, 1638, 1640, 1656, 1658, 2125, 2390, 3243, 3246, 3683, 3684, 3685, 3686, 3687, 3688, 3692, 3693, 3696, 3700, 3701)
2001 Ed. (3772)
Total Fina SA
2002 Ed. (761, 762, 998, 1417, 3216, 3370)
2001 Ed. (1711, 2583, 3836, 3837)
Total Financial & Insurance Services Inc.
2002 Ed. (2864)
2000 Ed. (2665)
1999 Ed. (2910)
1998 Ed. (2125)
TOTAL Francaise des Petroles
1992 Ed. (1620)
1991 Ed. (1290)
Total Francaise Pet
1989 Ed. (1344)
Total-Francaise Petrol
1993 Ed. (1315, 1317)
Total Francaise Petroles
1994 Ed. (1370)
1991 Ed. (1291)
Total France
2007 Ed. (214, 1286, 1732, 3519)
Total Group
2000 Ed. (1436)
1999 Ed. (1633)
1997 Ed. (1410)
1996 Ed. (1347)
1995 Ed. (1396, 3604)
1994 Ed. (1369)
Total Group-Francaise des Petroles
1990 Ed. (2849)
Total Group PLC
2000 Ed. (4243)
Total Hair Barbie
1994 Ed. (3558)
Total Health
1990 Ed. (1999)
Total Health Care Inc.
2000 Ed. (2423, 2430)
1999 Ed. (2654)
1992 Ed. (2390)
1991 Ed. (1894)
1990 Ed. (1996)
Total Health Care Plan Inc.
2000 Ed. (2430)
Total Health Systems Inc.
1992 Ed. (2392)
1991 Ed. (1895)
Total Holdings USA Inc.
2008 Ed. (3893)
2005 Ed. (3727)
Total horse parimutuels
1990 Ed. (1873)
Total Industrial Portfolio
2008 Ed. (4125)
Total Kamchatka
2000 Ed. (4353, 4354)
Total Kenya Ltd.
2006 Ed. (3685)
Total Logistic Control
2008 Ed. (4815)
2007 Ed. (4880)
2005 Ed. (4034)
Total Mars Ice Cream
2002 Ed. (2368)
Total Network Solutions Ltd.
2002 Ed. (2499)
Total Nigeria plc
2006 Ed. (4525)
Total Office Product Solutions LLC
2006 Ed. (3522)
Total parimutuels
1990 Ed. (1873)
Total Peintures
1997 Ed. (2982)
Total Petroleum
1999 Ed. (1461, 1626)
1997 Ed. (3097)
1995 Ed. (1285, 1367)
1994 Ed. (739, 740, 1064, 1342, 2065, 2865)
1993 Ed. (1033, 1290)
1992 Ed. (3437)
1991 Ed. (2729)
1990 Ed. (1661, 2844)
Total Petroleum (N.A.)
1996 Ed. (3015)
1992 Ed. (1286)
1991 Ed. (1009)
1990 Ed. (1099)
Total Petroleum (North America) Ltd.
1998 Ed. (813)
1995 Ed. (1076)
Total Pharmaceutical Care
1991 Ed. (1928)
Total PlayStation (German)
2000 Ed. (3495)
Total PlayStation (UK)
2000 Ed. (3496)
Total Quality Logistics
2008 Ed. (4738)
2007 Ed. (4811)
Total Raffinage Distribution SA
2004 Ed. (3867)
2002 Ed. (3678)
2001 Ed. (3759)
2000 Ed. (3538)
1999 Ed. (3811)
1997 Ed. (3107)
1996 Ed. (3023)
Total Recall
1994 Ed. (3630)
1992 Ed. (4397)
Total Renal Care Holdings Inc.
1997 Ed. (2183, 3402, 3406)
Total Research
2000 Ed. (3043)
Total Return
1998 Ed. (2616)
Total Return Stock
1996 Ed. (624)
1994 Ed. (579)
Total SA
2008 Ed. (200, 917, 922, 923, 928, 1185, 1717, 1718, 1721, 1735, 1736, 1737, 1759, 1760, 1761, 1762, 1814, 1846, 2502, 2508, 3558, 3564, 3678, 3918, 3922, 3935, 3936)
2007 Ed. (214, 939, 945, 946, 952, 1286, 1687, 1688, 1691, 1693, 1706, 1707, 1708, 1713, 1716, 1722, 1725, 1726, 1728, 1730, 1731, 1732, 1733, 1783, 1810, 1814, 2387, 2388, 2392, 2394, 2395, 2396, 2397, 3416, 3519, 3867, 3868, 3873, 3876, 3877, 3892, 3893)
2006 Ed. (853, 860, 863, 1691, 1692, 1695, 1698, 1711, 1712, 1713, 1718, 1721, 1722, 1724, 1725, 1726, 1803, 3329, 3378, 3380, 3385, 3846, 3862, 3863, 4546, 4598)
2005 Ed. (956, 1765, 1766, 1767, 1773, 1813, 1819, 3390, 3392, 3764, 3784, 3785, 3796)
2001 Ed. (1707, 3326)
Total 64 (German)
2000 Ed. (3495)
Total 64 Group
2000 Ed. (3495)
Total 64 (UK/US)
2000 Ed. (3495)
Total Solutions Inc.
2007 Ed. (3530)
Total Sports
2003 Ed. (3054)
2002 Ed. (2529)
Total Sports & Fast Eddie's
2001 Ed. (4284)
Total System Services Inc.
2008 Ed. (2926)
2006 Ed. (3035)
2005 Ed. (3027)
2000 Ed. (2402, 4046)
1999 Ed. (1791)
1998 Ed. (1146, 1206, 1533)
1997 Ed. (1554)
1996 Ed. (397, 1492, 2880)
1995 Ed. (1530, 1649)
1994 Ed. (1497)
1992 Ed. (1751)
1991 Ed. (1874, 3141, 1393)
Total Systems Services Inc.
1990 Ed. (1455)
Total Technical Services Inc.
2006 Ed. (3519)
Total Technologies
1995 Ed. (2819)
Total Temperature Instrumentation Inc.
2008 Ed. (4432)
Total Travel
1990 Ed. (3650)
Total Travel Management
2008 Ed. (3690, 3715, 4967, 4986)
2007 Ed. (3526, 3567, 3568, 4984)
1998 Ed. (3622)
Total Velvet
2002 Ed. (3585)
TotalFina Elf Belgium
2005 Ed. (1663)
TotalFinaElf Deutschland GmbH
2004 Ed. (4930)
TotalFinaElf Gaz et Electrecite
2004 Ed. (3905)
TotalNet
2000 Ed. (2744)
Totenko Co. Ltd.
1990 Ed. (2082)
Toter Inc.
2008 Ed. (3998)
2007 Ed. (3975)
2006 Ed. (3921)
2005 Ed. (3858)
2004 Ed. (3912)
2003 Ed. (3891)
2001 Ed. (4126, 4127)
Toth Brand Imaging
2003 Ed. (169, 170)
Toth Design & Advertising
1999 Ed. (130)
Totino's
2008 Ed. (2790)
2007 Ed. (2650)
2006 Ed. (2667)
2005 Ed. (2692)
2002 Ed. (4331)
1998 Ed. (1769, 3447)
1995 Ed. (1945, 2951)
1994 Ed. (2886)
Toto
2007 Ed. (1294)
2005 Ed. (1161)
2001 Ed. (3822)
Totti; Francesco
2007 Ed. (4464)
Tottori Sanyo Electric Co. Ltd.
2001 Ed. (3114)
Tott's
2006 Ed. (827)
2005 Ed. (909)
2004 Ed. (918)
2003 Ed. (899)
2002 Ed. (962)
2001 Ed. (1150)
2000 Ed. (1008)
1999 Ed. (1065, 1066, 1067)
1998 Ed. (674, 676, 680, 681, 3442, 3724, 3752)
1997 Ed. (931, 934, 936, 937, 938, 3886)
1996 Ed. (900, 901, 902, 903, 906, 3839, 3866, 3867, 3868)
1995 Ed. (921, 922, 923, 924, 926, 3768, 3769, 3770)
1993 Ed. (873, 878, 879, 880, 881, 882)
1992 Ed. (1084)
Totts Champagne
1992 Ed. (1082, 4461, 4462, 4463)
1991 Ed. (884, 3500, 3501, 3502)
Touce Ross
1989 Ed. (12)
Touch
1998 Ed. (869)
1997 Ed. (1115, 1116)
Touch America Holdings Inc.
2005 Ed. (421)
2004 Ed. (1808)
Touch of Class Catalog
1998 Ed. (648)
1997 Ed. (2324)
1994 Ed. (2134)
Touch of Glass
2001 Ed. (1239)
Touche Ross
1997 Ed. (8, 9)
1996 Ed. (13)
1995 Ed. (10)
1994 Ed. (3)
1993 Ed. (5, 13, 3728)
1992 Ed. (11, 12, 13)
1990 Ed. (1, 2, 3, 4, 5, 7, 9, 10, 12, 2255, 3703)
1989 Ed. (5, 6, 7, 8, 9, 10, 11)
Touche Ross & Co.
1991 Ed. (4, 5, 812, 1544)
1990 Ed. (6, 11, 855)
Touche Ross & Co. Business Insurance Consulting & Property Casualty Actuarial Services
1990 Ed. (3062)
Touche Ross Management Consultants
1990 Ed. (852)
TouchSensor Technologies, L.L.C.
2002 Ed. (2500)
Touchstar
2007 Ed. (4026)
Touchstone
2008 Ed. (2624, 2625)
Touchstone Advisor Variable annuity Income Opp.
2000 Ed. (4331)
Touchstone Emerging Growth
2006 Ed. (3642)
Touchstone Emerging Growth Fund
2003 Ed. (3508, 3541)
Touchstone International Equity
2004 Ed. (3650)
Touchstone Large Cap Growth
2008 Ed. (3773)
2006 Ed. (3629)
Touchstone Sands Cap Select Growth
2008 Ed. (3774)
Touchstone Value Opportunities
2008 Ed. (2616)
Touchstone Variable Annuity Income Opportunity
2000 Ed. (4331)
Toufexis; Nicholas
1991 Ed. (1682)
Tougaloo College
2008 Ed. (1068)
Tough Management: The 7 Winning Ways to Make Tough Decisions...
2007 Ed. (658)
Tougher Industries Inc.
1997 Ed. (1169)
Toulantis; Marie
2007 Ed. (2506)
Toulon
1993 Ed. (486)

1992 Ed. (675)
Tour & Travel News
1993 Ed. (2799, 2800)
Tour & Travel News/TTG North America
1996 Ed. (2968, 2970)
Tour Andover Controls
2008 Ed. (4302)
Touraust Corp.
2004 Ed. (3949)
Touring motorcycle
1998 Ed. (2542)
Tourism
1998 Ed. (607)
1997 Ed. (1723)
1993 Ed. (2377)
Touristik Union International GmbH & Co. KG
2001 Ed. (4623)
Tournament Table 3-in-l game center
1994 Ed. (3557)
Tours
2008 Ed. (1499)
2007 Ed. (1517)
2006 Ed. (1487)
2005 Ed. (1604)
AmericanTours International Inc.
1998 Ed. (3764)
Toussaint Capital Partners LLC
2008 Ed. (185)
Tovarna Sladkorja
1999 Ed. (3252, 3253)
Tow; Leonard
1995 Ed. (980)
Towa Bank
2006 Ed. (458)
2005 Ed. (529)
2004 Ed. (547)
2003 Ed. (531)
2002 Ed. (574)
Towbin Dodge
2008 Ed. (4790)
Towelettes
2002 Ed. (2256)
Towelettes, disposable
1996 Ed. (3094)
Towelettes, pre-moistened
2002 Ed. (4092)
Towels
1999 Ed. (2759)
Tower
2004 Ed. (1826)
2003 Ed. (1792)
1993 Ed. (1105)
1990 Ed. (221, 228, 231)
Tower Air
1989 Ed. (243)
Tower Automotive Inc.
2008 Ed. (3663)
2007 Ed. (365, 3492)
2006 Ed. (3467)
2005 Ed. (3460)
2004 Ed. (3446)
2003 Ed. (337)
2001 Ed. (3220, 3221)
Tower Books
1994 Ed. (733)
Tower Casinos
2001 Ed. (1132)
Tower Cleaning Systems
2004 Ed. (779)
2003 Ed. (769)
2002 Ed. (856)
1997 Ed. (2079)
1996 Ed. (1965)
1995 Ed. (1937)
Tower Credit Union
2008 Ed. (2237)
2007 Ed. (2122)
2006 Ed. (2201)
2005 Ed. (2106)
2004 Ed. (1964)
2003 Ed. (1924)
2002 Ed. (1870)
Tower Glass Inc.
2006 Ed. (1284)
1997 Ed. (2149)
Tower Group Inc.
2008 Ed. (2854)
2007 Ed. (2724)
2006 Ed. (2734)
Tower Homes
2007 Ed. (2022)
Tower LA Municipal Income
1996 Ed. (614)
Tower Perrin
2000 Ed. (904)
Tower Realty Trust Inc.
1999 Ed. (4170)
Tower Records
1999 Ed. (3001, 3503)
Tower Records/Video
2002 Ed. (4748)
2000 Ed. (4346)
1999 Ed. (4713)
1998 Ed. (3669, 3670, 3671)
1997 Ed. (3839, 3840, 3842, 3843)
1996 Ed. (2745, 3785, 3787, 3788, 3789)
Tower Securities
1997 Ed. (2985)
Tower Video
1995 Ed. (3697, 3699, 3700, 3701)
1994 Ed. (3625, 3627, 3628)
1993 Ed. (3664, 3666)
1992 Ed. (4391, 4393, 4394)
1990 Ed. (3671, 3672)
Towers Perrin
2008 Ed. (14, 15, 2484)
2006 Ed. (2418)
2005 Ed. (2367, 2368, 2369)
2004 Ed. (845, 2267, 2268)
2003 Ed. (804)
2002 Ed. (866, 1218, 2111, 2112, 2113)
2001 Ed. (1052, 2221, 2222)
2000 Ed. (1774, 1775, 1776, 1777, 1778, 1779)
1999 Ed. (26, 960, 1997, 1998, 1999, 2000, 2001, 3065, 3066)
1998 Ed. (542, 545, 546, 1422, 1423, 1424, 1425, 1426, 1427)
1997 Ed. (845, 1715, 1716, 3291)
1996 Ed. (1638, 1639)
1995 Ed. (1142, 1661, 1662, 3086)
1994 Ed. (1622, 1623, 1624)
1993 Ed. (1104, 1590)
1990 Ed. (854, 1649, 1650)
Towers Perrin Forster & Crosby
1992 Ed. (996, 1940, 1941)
1991 Ed. (1544, 1543, 812)
1990 Ed. (852)
1989 Ed. (1007)
Towers Perrin Reinsurance
2008 Ed. (3331)
2007 Ed. (3186)
2006 Ed. (3149)
2005 Ed. (3152)
2002 Ed. (3960)
2001 Ed. (4037)
2000 Ed. (3751)
1998 Ed. (3036)
1996 Ed. (3187)
1994 Ed. (3041)
Towers Perrin Risk Management
1996 Ed. (3258)
Towers Perrin/Tillinghast
1995 Ed. (3163)
1994 Ed. (3115)
Towie
2001 Ed. (2550)
Towle & Co., Micro-Small Cap Value
2003 Ed. (3118, 3134, 3137, 3140)
Towle/Johnson
1996 Ed. (2405)
Town & Country
2007 Ed. (139, 4673)
2006 Ed. (147)
2001 Ed. (488)
1998 Ed. (2782, 2796, 2799)
1995 Ed. (1133)
1992 Ed. (3801)
Town & Country Bank
1996 Ed. (678, 2640)
Town & Country Cedar Homes
2004 Ed. (1208)
2003 Ed. (1201)
Town & Country; Chrysler
2008 Ed. (4765)
2007 Ed. (4858)
Town & Country Credit Union
2008 Ed. (2236, 2251)
2007 Ed. (2121, 2136)
2006 Ed. (2200, 2215)
2005 Ed. (2105, 2120)
2004 Ed. (1963, 1978)
2003 Ed. (1938)
2002 Ed. (1869, 1884)
2000 Ed. (221, 1629)
1996 Ed. (1511)
Town & Country Dealerships
2006 Ed. (1961, 1962, 1963)
2005 Ed. (1927, 1930)
Town & Country Electric
2006 Ed. (1339)
Town & Country Ford
1990 Ed. (342)
Town & Country Haus Lizenzgeber GmbH
2008 Ed. (1187)
Town & Country Home Builders
2005 Ed. (1163)
2004 Ed. (1141)
Town & Country Homes
2005 Ed. (1186, 1198, 1215)
2004 Ed. (1158, 1189)
2003 Ed. (1153)
2002 Ed. (1183, 1200, 2658, 2659)
2001 Ed. (1390)
2000 Ed. (1186, 1187, 1208)
1999 Ed. (1327)
1998 Ed. (897)
Town & Country Jeep-Eagle Inc.
1994 Ed. (273)
1993 Ed. (274)
1992 Ed. (388)
Town & Country Living
2007 Ed. (3296)
Town & Country Resort & Convention Center
2001 Ed. (2351)
Town Car
2001 Ed. (486, 505)
Town Center at Boca Raton
2000 Ed. (4029)
1999 Ed. (4309)
1998 Ed. (3299)
Town Center Group Inc.
2008 Ed. (2954)
2007 Ed. (2836)
Town Fair Tire Centers Inc.
2008 Ed. (4682)
2005 Ed. (4697)
Town Motor Car Corp.
1996 Ed. (264)
1995 Ed. (260)
1994 Ed. (261)
1993 Ed. (292)
1992 Ed. (407)
1991 Ed. (302)
Town Pump Inc. & Affiliates
2008 Ed. (1959)
2007 Ed. (1895)
2006 Ed. (1913)
2005 Ed. (1891)
2004 Ed. (1808)
2003 Ed. (1771)
2001 Ed. (1801)
Town Sports International Inc.
2007 Ed. (2787)
2006 Ed. (2786)
2005 Ed. (2810)
Towne Air Freight
2003 Ed. (4785)
Towne Air Freight LLC
2007 Ed. (4848)
Towne Development
2004 Ed. (1178)
2003 Ed. (1170)
Towne Silverstein & Rotter
1990 Ed. (73)
Towne, Silverstein, Rotter
1991 Ed. (62, 69)
TowneBank
2008 Ed. (524)
Towneley Capital
2000 Ed. (2816)
TownePlace Suites
1998 Ed. (2022)
TownePlace Suites by Marriott
2002 Ed. (2643)
2000 Ed. (2554)
1999 Ed. (2777)
Towner Risk Management Ltd.
2008 Ed. (856)
2006 Ed. (785)
2001 Ed. (2919)
Towngate
1997 Ed. (3130)
Towngate, FL
1998 Ed. (2871)
Townhouse
2000 Ed. (1293)
1999 Ed. (779, 1421)
1996 Ed. (1174)
Townsend
2008 Ed. (2290)
Townsend Agency
2004 Ed. (4015)
1997 Ed. (138)
Townsend & Bottum Inc.
1990 Ed. (1211)
Townsend & Bottum Family of Cos. Inc.
1991 Ed. (1099)
Townsend Hotel
2000 Ed. (2545)
1999 Ed. (2769)
1998 Ed. (2012)
1996 Ed. (2172)
Townsends Inc.
2008 Ed. (3610)
1998 Ed. (2896)
1995 Ed. (2522, 2523, 2963, 2968)
1994 Ed. (2455, 2908, 2911)
1993 Ed. (2523, 2891)
1992 Ed. (3511)
Townsley & Co.
2001 Ed. (1036)
Towsse-e Sanayeh Behshahr
2002 Ed. (4428, 4429, 4430)
Toxic agents
2005 Ed. (3619)
Toy & Sports Warehouse
1992 Ed. (4330)
Toy Biz
1999 Ed. (4637)
1998 Ed. (3604)
Toy King/Toys & Gifts Outlet
1989 Ed. (2860)
Toy Liquidators
1997 Ed. (3781)
1996 Ed. (3727)
1995 Ed. (3646)
1994 Ed. (3563)
1992 Ed. (4330)
Toy Liquidators/Toys Unlimited
1993 Ed. (865)
Toy manufacturers
1991 Ed. (2059)
Toy store chains
2000 Ed. (4281)
Toy stores
1998 Ed. (1797, 2102)
1995 Ed. (3707)
Toy Story
1998 Ed. (3673)
1997 Ed. (2817)
Toy Story Animated Storybook
1998 Ed. (849)
Toy Story 2
2002 Ed. (3399)
2001 Ed. (3363)
Toy Story 2 Read-Aloud Storybook
2001 Ed. (981)
Toy vehicles
2001 Ed. (4593, 4605)
Toyo
2008 Ed. (4679, 4680)
2007 Ed. (4757)
2006 Ed. (4741, 4742, 4743, 4747, 4748)
2001 Ed. (1501, 4542)
1999 Ed. (4602)
1997 Ed. (3751)
1996 Ed. (3693)
1991 Ed. (3392)
1990 Ed. (3597)
Toyo Cotton
2003 Ed. (1874)
Toyo Engineering Corp.
2006 Ed. (1304, 1316, 1323)
2005 Ed. (1330, 1331, 2429, 2433)
2003 Ed. (1333)
2002 Ed. (1305, 1317)
2000 Ed. (1276, 1287, 1289, 1809, 1819)

1999 Ed. (1402)
1997 Ed. (1181, 1192)
1996 Ed. (1152)
1993 Ed. (1142)
1992 Ed. (1427)
Toyo Ink
2008 Ed. (3219)
2007 Ed. (3078)
2006 Ed. (3045, 3046)
2001 Ed. (2876, 2877, 2878)
Toyo Ink America
2008 Ed. (3218)
2007 Ed. (3077)
2006 Ed. (3044)
2005 Ed. (3041)
Toyo Kogyo Co. Auto Dealers Assn.
1990 Ed. (19)
Toyo Kogyo Co. Auto Dealers Association
1994 Ed. (11, 2211)
1992 Ed. (36, 2637)
1991 Ed. (12)
Toyo Menka
1989 Ed. (2908)
Toyo Menka Kaisha Ltd.
1995 Ed. (3152)
1994 Ed. (3106)
1993 Ed. (3047)
1992 Ed. (1659, 3738, 4434)
1991 Ed. (1314, 1250, 1316)
1990 Ed. (1330, 1391, 3636)
1989 Ed. (1132)
Toyo/Niihama
2001 Ed. (1500)
Toyo Sash
1994 Ed. (198)
1989 Ed. (826)
Toyo Seikan
2007 Ed. (1838)
1997 Ed. (2755)
1996 Ed. (2613)
1995 Ed. (2550)
1994 Ed. (2484)
1989 Ed. (959)
Toyo Seikan Kaisha Ltd
1990 Ed. (2767)
Toyo Tire & Rubber Co.
2006 Ed. (3919)
2001 Ed. (4540)
Toyo Tire NA
2006 Ed. (3919)
Toyo Tire (U.S.A.)
2008 Ed. (4681)
2007 Ed. (4758)
2006 Ed. (4752)
Toyo Trust & Banking
2002 Ed. (594)
2000 Ed. (557)
1998 Ed. (377)
1997 Ed. (352, 2396, 2547)
1992 Ed. (2026)
1991 Ed. (449)
1990 Ed. (596)
1989 Ed. (479, 480, 578)
Toyo Trust Co. NY
1993 Ed. (596)
Toyo Trust Co. of N.Y.
1992 Ed. (803)
Toyobo Co., Ltd.
2008 Ed. (927)
2007 Ed. (950, 3821)
2006 Ed. (862)
2001 Ed. (4513, 4514)
2000 Ed. (4242)
1999 Ed. (4592)
1997 Ed. (3736)
1995 Ed. (2791, 3603)
1994 Ed. (3519)
1993 Ed. (3556, 3560)
1992 Ed. (4278)
1991 Ed. (3355)
1990 Ed. (3568)
Toyoda
2000 Ed. (3001, 3002, 3031)
Toyoda Gosei
2006 Ed. (338)
2004 Ed. (3908)
Toyoda Gosei North America
2006 Ed. (339)
Toyoda Machine Works, Ltd.
2001 Ed. (3185)
Toyoda Machines
1993 Ed. (2484)
Toyoda; Shoichiro
2005 Ed. (789)
Toyoho
1989 Ed. (2820)
Toyopet Nagoya
1997 Ed. (293, 294)
Toyota
2008 Ed. (139, 302, 329, 638, 639, 642, 643, 653, 654, 655, 656, 660)
2007 Ed. (309, 313, 315, 342, 680, 684, 691, 692, 694, 878)
2006 Ed. (313, 317, 355, 356, 654, 2854, 4855)
2005 Ed. (279, 283, 342, 352, 741)
2004 Ed. (342, 756, 757)
2003 Ed. (305, 306, 317, 333, 359, 360, 743, 745)
2002 Ed. (413, 414, 4703)
2001 Ed. (438, 457, 458, 459, 460, 461, 462, 463, 464, 465, 483, 535, 1009)
2000 Ed. (25, 32, 338, 339, 340, 344, 358, 358, 795, 800)
1999 Ed. (323, 326, 334, 794)
1998 Ed. (24, 212, 218, 227, 485, 488, 3497, 3498, 3645)
1997 Ed. (28, 290, 292, 300, 303, 307, 309, 705, 710)
1996 Ed. (27, 309, 310, 315, 322, 768, 3748, 3749)
1995 Ed. (17, 302, 312, 690, 2241, 2587)
1994 Ed. (317)
1993 Ed. (20, 21, 23, 34, 35, 38, 45, 50, 53, 147, 265, 266, 305, 306, 307, 308, 310, 311, 316, 320, 330, 331, 334, 335, 337, 736, 1269, 1274, 1277, 1311, 334, 1335, 1336, 1337, 1347, 1356, 1357, 1358, 1612, 2382, 2581, 2607, 3366, 3526, 3529, 3587)
1992 Ed. (57, 61, 68, 81, 431, 432, 437, 438, 442, 445, 455, 456, 460, 462, 463, 923, 2413, 3117, 4310, 4346, 4348, 4349)
1990 Ed. (56, 300, 343, 344, 353, 358, 359, 364, 367, 373, 2627, 3632)
1989 Ed. (308, 314, 317, 320, 325, 326, 327, 1409, 1595)
Toyota Aichi
1997 Ed. (293, 294)
Toyota Astra Motor
2000 Ed. (1425, 1462, 1466, 1467)
1999 Ed. (1657)
1997 Ed. (1432)
1996 Ed. (1380)
1995 Ed. (1419)
Toyota Auto Dealers Assn.
1990 Ed. (19)
Toyota Auto Dealers Association
1994 Ed. (11, 2211)
1992 Ed. (36, 2637)
1991 Ed. (12)
Toyota Auto Directors Assn.
1990 Ed. (2214)
Toyota Bank
1996 Ed. (1408)
Toyota Camry
2008 Ed. (298, 331, 332)
2007 Ed. (344)
2006 Ed. (358, 359)
2005 Ed. (337, 344, 345, 348)
2004 Ed. (346, 347, 350)
2003 Ed. (362)
2000 Ed. (343, 347, 360)
1999 Ed. (325, 327, 329, 341, 357, 358)
1998 Ed. (217, 226, 234)
1997 Ed. (296, 297, 301, 304, 323)
1996 Ed. (307, 311, 314, 317, 345)
1995 Ed. (299, 301, 303, 318, 2111)
1994 Ed. (296, 300, 305, 318)
1993 Ed. (313, 314, 318, 327)
1992 Ed. (429, 433, 435, 440, 452)
1991 Ed. (313)
1990 Ed. (360)
Toyota Canada
1996 Ed. (3828)
1994 Ed. (3659)
1992 Ed. (4431)
Toyota Carina
1990 Ed. (375)
Toyota cars & trucks
1993 Ed. (738)
Toyota cars, trucks & vans
1992 Ed. (920)
Toyota Celica
1996 Ed. (348, 3764)
1995 Ed. (3431)
1993 Ed. (325)
1992 Ed. (450, 454)
Toyota Center
2005 Ed. (4439)
1993 Ed. (287)
1992 Ed. (402)
Toyota Compact Truck
1990 Ed. (2017)
Toyota Corolla
2008 Ed. (298, 328, 332)
2007 Ed. (345)
2006 Ed. (315, 358, 360)
2005 Ed. (344, 347)
2004 Ed. (346, 349)
2003 Ed. (363)
2000 Ed. (346, 347, 360)
1999 Ed. (327, 339, 341, 357)
1998 Ed. (234)
1997 Ed. (304, 310, 323)
1996 Ed. (313, 314, 345, 3764)
1995 Ed. (305, 313, 318, 2111)
1994 Ed. (305, 318)
1993 Ed. (313, 319, 322, 324)
1992 Ed. (433, 435, 440, 449, 454)
1990 Ed. (360, 375, 377, 381, 2017)
1989 Ed. (348)
Toyota Corolla Deluxe
1992 Ed. (4362)
Toyota Corona
1990 Ed. (375)
Toyota Credit Corp.
1993 Ed. (1766)
Toyota Cressida
1993 Ed. (349)
1992 Ed. (435)
1989 Ed. (348)
Toyota Cressida 4-door
1991 Ed. (356)
Toyota Crown
1997 Ed. (310)
1990 Ed. (375)
Toyota Dealer Association
1998 Ed. (206)
Toyota Division
2005 Ed. (341)
Toyota Echo
2008 Ed. (298)
2006 Ed. (315)
Toyota Estima
1997 Ed. (310)
Toyota Express Lube
2006 Ed. (352)
Toyota Express Lube Plus
2006 Ed. (352)
Toyota 4-Runner
1998 Ed. (234)
Toyota 4Runner
2006 Ed. (3577)
2000 Ed. (4087)
1999 Ed. (341, 4375)
Toyota (GB) Ltd.
2002 Ed. (48)
Toyota (Georgetown, No. 1)
1997 Ed. (320)
Toyota (Georgetown, No. 2)
1997 Ed. (320)
Toyota Highlander
2005 Ed. (4426)
2004 Ed. (4476)
Toyota Hilux
2005 Ed. (295)
2004 Ed. (301)
Toyota Industries Corp.
2008 Ed. (312, 1869)
2007 Ed. (317, 324)
2006 Ed. (335, 1828)
Toyota Ipsum
1999 Ed. (339)
Toyota Lexus
1992 Ed. (75)
Toyota Mark II
1999 Ed. (339)
1997 Ed. (310)
1990 Ed. (375)
Toyota Matrix
2008 Ed. (298, 332)
Toyota Motor Corp.
2008 Ed. (23, 30, 52, 55, 67, 76, 79, 93, 100, 133, 140, 287, 293, 296, 301, 1217, 1434, 1563, 1735, 1736, 1737, 1845, 1846, 1849, 1851, 1852, 1854, 1867, 1868, 1869, 3097, 3564, 3568, 3757, 3758, 4140, 4524, 4651, 4652, 4778)
2007 Ed. (18, 49, 53, 63, 70, 73, 86, 126, 130, 314, 316, 317, 1327, 1448, 1580, 1584, 1585, 1692, 1706, 1707, 1708, 1808, 1810, 1812, 1813, 1815, 1816, 1817, 1833, 1834, 1835, 1837, 1923, 2846, 3416, 3646, 4557, 4645, 4716, 4830, 4855)
2006 Ed. (22, 24, 27, 33, 58, 62, 72, 80, 83, 96, 132, 135, 137, 144, 314, 320, 1466, 1468, 1469, 1470, 1482, 1550, 1711, 1712, 1713, 1719, 1774, 1784, 1788, 1789, 1801, 1802, 1803, 1805, 1806, 1825, 1826, 1827, 1828, 1829, 2484, 2847, 3225, 3329, 3351, 3385, 3389, 3580, 3581, 3582, 3583, 4510, 4603, 4647, 4709, 4774, 4852)
2005 Ed. (15, 16, 18, 27, 48, 51, 55, 65, 71, 74, 91, 129, 133, 135, 288, 294, 298, 300, 301, 1765, 1766, 1767, 1771, 1774, 1800, 1813, 1814, 1815, 1816, 1818, 1821, 1822, 2270, 2329, 2846, 2847, 2848, 2849, 3328, 3330, 3331, 3392, 3393, 3522, 3523, 3692, 4657, 4767)
2004 Ed. (25, 28, 56, 60, 70, 76, 79, 97, 138, 142, 285, 286, 287, 305, 306, 883, 884, 1629, 1650, 1707, 1709, 1710, 1714, 1750, 1755, 2171, 2840, 3212, 3361, 3362, 3524, 3773, 4681, 4802)
2003 Ed. (17, 188, 189, 318, 332, 1522, 1523, 1524, 1525, 1526, 1545, 1678, 1679, 1713, 1715, 1718, 1728, 2326, 3148, 3284, 3300, 3305, 3458, 3748, 4076, 4593, 4815)
2002 Ed. (32, 218, 219, 349, 366, 375, 381, 388, 390, 391, 392, 398, 1579, 1653, 1681, 1691, 1703, 1705, 1706, 1707, 1708, 1709, 2228, 2323, 2568, 3225, 3246, 3251, 3402, 3403, 4431, 4432, 4434, 4588, 4635, 4636, 4670)
2001 Ed. (13, 14, 22, 34, 35, 43, 47, 48, 52, 60, 64, 71, 74, 79, 85, 89, 453, 456, 506, 515, 1614, 1616, 1620, 1621, 1624, 1626, 1704, 1705, 1744, 1747, 1751, 1764, 1766, 1767, 1768, 1769, 2173, 2719, 3021, 3217, 3228, 3835, 4044, 4639)
2000 Ed. (202, 356, 951, 1424, 1469, 1473, 1482, 1489, 1490, 1491, 1493, 1494, 1495, 1496, 1497, 1498, 1795, 2864, 3038, 3458, 3760, 4209, 4262, 4263)
1999 Ed. (177, 178, 322, 335, 336, 337, 351, 352, 1566, 1569, 1572, 1573, 1576, 1580, 1581, 1619, 1660, 1662, 1663, 1666, 1674, 1675, 1681, 1682, 1689, 1690, 1691, 1692, 2030, 3116, 3768, 4496, 4567, 4614, 4615)
1998 Ed. (71, 75, 86, 87, 214, 231, 232, 233, 243, 1157, 1158, 1162, 1165, 1166, 1168, 2320, 2435, 2557, 2786, 3425, 3491)
1997 Ed. (166, 168, 298, 308, 319, 1356, 1357, 1399, 1433, 1448, 1454, 1461, 1462, 1463, 1464, 1744, 1826, 3052, 3652, 3713, 3761)
1996 Ed. (28, 158, 161, 163, 305, 306, 319, 324, 326, 327, 328, 769, 775, 1338, 1339, 1383, 1385,

1386, 1394, 1398, 1405, 1407, 2974, 3597, 3656, 3660, 3706)
1995 Ed. (18, 23, 146, 148, 150, 306, 307, 314, 315, 316, 317, 670, 691, 1340, 1343, 1344, 1349, 1350, 1388, 1389, 1421, 1423, 1424, 1429, 1430, 1431, 1441, 1442, 1443, 1444, 1683, 2889, 3100, 3570, 3571)
1994 Ed. (9, 13, 26, 29, 35, 36, 37, 41, 43, 46, 47, 48, 129, 298, 302, 304, 308, 313, 315, 316, 742, 1319, 1320, 1363, 1365, 1390, 1391, 1393, 1394, 1401, 1409, 1410, 1411, 1645, 3501, 3550)
1993 Ed. (149)
1992 Ed. (40, 60, 232, 918, 1568, 1569, 1612, 1614, 1638, 1640, 1650, 1655, 1657, 1658, 1659, 1660, 1678, 1959, 2818, 4151, 4223, 4225)
1991 Ed. (8, 54, 57, 317, 319, 326, 328, 2494, 3307, 3400, 3425, 1280, 1281, 1282, 1287, 1304, 1305, 1314, 1318, 3235, 28, 31, 40, 41, 45, 50, 52, 53, 221, 1250, 1251, 1288, 1315, 1316, 1317, 1553, 1582, 2271)
1990 Ed. (1363, 1382, 1384, 1390, 1392)
1989 Ed. (21, 35, 36, 39, 41, 50, 53, 1131, 1132)
Toyota Motor Corporation
1992 Ed. (2022)
Toyota Motor Credit Corp.
2000 Ed. (1917)
1998 Ed. (229)
1997 Ed. (1845, 1846)
1996 Ed. (1766)
1995 Ed. (1788)
1991 Ed. (1666)
Toyota Motor Engineering & Manufacturing Europe
2008 Ed. (1576)
Toyota Motor Engineering & Manufacturing North America Inc.
2008 Ed. (1882)
Toyota Motor Europe
2007 Ed. (1599)
Toyota Motor Europe Marketing & Engineering
2006 Ed. (1564)
2005 Ed. (1663)
2003 Ed. (1624)
2001 Ed. (1638)
Toyota Motor Europe Marketing & Engineering SA
1999 Ed. (1589)
Toyota Motor Insurance Corp.
1991 Ed. (857)
1990 Ed. (906)
Toyota Motor Manufacturing
2005 Ed. (3332)
Toyota Motor Manufacturing Canada
2007 Ed. (2260)
2006 Ed. (1605)
1996 Ed. (1745)
Toyota Motor Manufacturing Kentucky Inc.
2008 Ed. (1881)
2007 Ed. (1845)
2006 Ed. (1840)
2005 Ed. (1835, 1836)
2004 Ed. (1769, 1770)
2003 Ed. (1732, 1733)
2001 Ed. (1773)
Toyota Motor manufacturing KY
2000 Ed. (2880)
Toyota Motor Manufacturing North America Inc.
2007 Ed. (1846, 2887, 4828)
2006 Ed. (1716, 1841, 3981, 4816)
2005 Ed. (1836, 4765)
2004 Ed. (1770, 4792)
2003 Ed. (1566, 1733)
2001 Ed. (1773)
Toyota Motor Manufacturing of Indiana Inc.
2006 Ed. (1768)
2005 Ed. (1795)
Toyota Motor Manufacturing USA Inc.
1992 Ed. (2102, 2103, 2104)
Toyota Motor Marketing Europe SA/NV
2008 Ed. (1576)
Toyota Motor North America Inc.
2008 Ed. (3682, 3684)
2007 Ed. (296, 297)
2006 Ed. (295, 296)
Toyota Motor Philippine Corp.
1999 Ed. (1724)
1997 Ed. (1498)
Toyota Motor Sales
2002 Ed. (365)
1989 Ed. (319)
Toyota Motor Sales USA Inc.
2008 Ed. (3009)
2007 Ed. (302, 2887, 3645)
2006 Ed. (3579)
2005 Ed. (3521)
2004 Ed. (288, 289, 290, 291, 293, 294, 295, 296, 297, 298, 299, 3520)
2003 Ed. (304, 319, 320, 321, 322, 324, 325, 326, 327, 328, 329, 330, 331, 3457)
2002 Ed. (1509, 3400)
2001 Ed. (1251, 1653, 2718, 3395, 4817)
2000 Ed. (207, 1374, 3170)
1999 Ed. (179, 1531, 3456)
1996 Ed. (160)
Toyota Motor (Thailand)
2001 Ed. (1879)
Toyota Motors
2005 Ed. (2851)
1990 Ed. (1428)
Toyota Motors (Thailand)
1991 Ed. (1359)
Toyota MR2
1993 Ed. (328)
1992 Ed. (453)
1990 Ed. (403)
Toyota Nagano
1997 Ed. (293, 294)
Toyota of Cerritos
2006 Ed. (298)
2002 Ed. (352, 353)
2000 Ed. (334)
1999 Ed. (320)
1998 Ed. (209)
1996 Ed. (290, 301)
1995 Ed. (287)
1994 Ed. (286, 290)
1991 Ed. (297)
1990 Ed. (322)
Toyota of Hollywood
1999 Ed. (320)
1996 Ed. (290)
1995 Ed. (287)
1991 Ed. (297)
1990 Ed. (322)
Toyota of Irving Inc.
2005 Ed. (273)
Toyota of North Hollywood
2002 Ed. (353, 370)
Toyota of Orange
1995 Ed. (287)
1992 Ed. (402)
1991 Ed. (297)
1990 Ed. (322)
Toyota Paseo
1995 Ed. (318, 3431)
1994 Ed. (318)
Toyota passenger cars
1991 Ed. (737)
Toyota Pickup
2001 Ed. (477)
1996 Ed. (2492)
1992 Ed. (434)
Toyota RAV4
2001 Ed. (491)
Toyota RAV4 EV
2000 Ed. (335)
Toyota SA
1992 Ed. (77)
1991 Ed. (47)
Toyota Sapporo
1997 Ed. (293, 294)
Toyota Sienna
2008 Ed. (4781)
Toyota Sprinter
1997 Ed. (310)
1990 Ed. (375)
Toyota Starlet
1999 Ed. (339)
1997 Ed. (310)
1990 Ed. (375)
Toyota Supra
1993 Ed. (328)
1992 Ed. (453)
1989 Ed. (344)
Toyota T-100
1995 Ed. (3666)
Toyota Tacoma
2008 Ed. (4781)
1999 Ed. (341)
1998 Ed. (234)
Toyota Tercel
1995 Ed. (318, 2111)
1994 Ed. (318)
1993 Ed. (322, 324)
1992 Ed. (449, 454)
1989 Ed. (342, 1671)
Toyota T100
2001 Ed. (477)
Toyota Tsusho
2007 Ed. (3490, 4802)
1990 Ed. (3636)
toyota.com
2001 Ed. (4773)
Toys
2008 Ed. (2439, 2647)
2005 Ed. (852)
2004 Ed. (2551)
2001 Ed. (2988)
1996 Ed. (3610)
1995 Ed. (692)
1994 Ed. (2889)
1993 Ed. (1715, 2501)
1992 Ed. (92)
1990 Ed. (721, 3035)
1989 Ed. (2329)
Toys, action figure
2001 Ed. (4593)
Toys, activity
2001 Ed. (4593)
1999 Ed. (4633)
Toys & Games
2000 Ed. (1898)
1992 Ed. (2860, 3535)
Toys & hobbies
2002 Ed. (2989)
Toys & recreational products
1996 Ed. (1220)
Toys and sporting equipment
1995 Ed. (3077)
Toys and sporting goods, durable
1996 Ed. (2473)
Toys and sporting goods, nondurable
1996 Ed. (2473)
Toys, cars/boats
1999 Ed. (4633)
Toys, educational
2001 Ed. (4605)
Toys games
1992 Ed. (2858)
1991 Ed. (1428)
Toys/games/dolls
1992 Ed. (1817)
Toys, infant/preschool
2001 Ed. (4593)
Toys 'N Toys 'N More
1992 Ed. (4330)
Toys, pegged
2001 Ed. (4605)
Toys Plus
1989 Ed. (2860)
Toys, plush
2001 Ed. (4593, 4605)
Toys, pre-school
1999 Ed. (4633)
Toys, preschool
2001 Ed. (4605)
Toys "R" Us Inc.
2008 Ed. (885, 1449, 1978, 4211, 4706)
2007 Ed. (1441, 1914, 1915, 4017, 4170, 4493, 4496, 4788)
2006 Ed. (1484, 1791, 1792, 1794, 1795, 1796, 1798, 1930, 1931, 4147, 4148, 4431, 4435, 4436, 4438, 4439, 4442, 4587)
2005 Ed. (896, 1903, 1904, 4095, 4096, 4414, 4416, 4420, 4422, 4424, 4506, 4727)
2004 Ed. (906, 1819, 1820, 2879, 4159, 4160, 4466, 4468, 4470, 4472, 4473, 4474)
2003 Ed. (1784, 1786, 4147, 4148, 4173, 4500, 4501, 4502, 4503, 4505)
2002 Ed. (1740, 4044, 4334, 4335, 4336)
2001 Ed. (1813, 4099, 4100, 4322, 4326)
2000 Ed. (1524, 3813, 4085, 4128, 4282)
1999 Ed. (1623, 1713, 1879, 1882, 4093, 4096, 4097, 4106, 4111, 4371, 4374, 4636, 4638)
1998 Ed. (665, 1180, 1295, 1305, 1314, 3080, 3094, 3097, 3340, 3341, 3342, 3344, 3345, 3346, 3347, 3602, 3606)
1997 Ed. (925, 1316, 1402, 1488, 1622, 1631, 1632, 1635, 1639, 3344, 3347, 3355, 3548, 3549, 3550, 3552, 3553, 3780, 3781)
1996 Ed. (893, 894, 1427, 1555, 3236, 3246, 3251, 3484, 3485, 3486, 3487, 3725, 3727)
1995 Ed. (1574, 3144, 3354, 3423, 3424, 3425, 3426, 3644, 3646)
1994 Ed. (1544, 1545, 3098, 3100, 3108, 3273, 3364, 3365, 3367, 3563)
1993 Ed. (863, 864, 867, 1497, 2707, 3048, 3283, 3364, 3365)
1992 Ed. (4034, 1816, 1077, 1819, 1820, 1822, 1823, 1824, 3730, 3733, 3739, 3927, 4038, 4330)
1991 Ed. (1427, 1431, 1432, 1433, 1435, 1436, 1437, 2889, 3092, 3164)
1990 Ed. (3049)
1989 Ed. (1249, 1250, 1251, 1253, 1254, 1257, 1258, 2321, 2322, 2328, 2860)
Toys, ride-on
2001 Ed. (4593)
Toys/sporting goods
2001 Ed. (3918)
1994 Ed. (1271, 1272, 1273, 1279, 1280, 1281, 1729)
ToysRUs.com
2006 Ed. (2377)
2002 Ed. (2473)
2001 Ed. (2992)
Tozzini Freire Teixeira e Silva
2005 Ed. (1461)
TP Ltd.
1994 Ed. (994)
TPA Inc.
2001 Ed. (2914)
2000 Ed. (1093)
TPA of America Inc.
1989 Ed. (918)
TPF & C
1993 Ed. (15, 1589, 1591, 1592)
1990 Ed. (851, 1648, 1651)
TPF & C Reinsurance
1993 Ed. (2993)
1992 Ed. (3659)
1991 Ed. (1545, 2830)
1990 Ed. (2262)
TPG Architecture
2006 Ed. (3170)
TPG Architecture LLP
2008 Ed. (3339, 3347)
2007 Ed. (3197)
2006 Ed. (3163, 3171)
TPG NV
2007 Ed. (4832)
2006 Ed. (1919, 1920, 1921, 4309, 4821)
2005 Ed. (4365)
TPG Planning & Design
2005 Ed. (3161, 3169)
TPi Billing Solutions
2005 Ed. (2592)
TPI Enterprises
1998 Ed. (2726, 3412)
TPI Polene
1995 Ed. (1501)

TPI Restaurants
1993 Ed. (1899)
1991 Ed. (2884)
TPL (Technologie Progetti Lavori-SpA)
1996 Ed. (1673, 1675, 1678)
TPMI/Macomber, Texstar Construction
1989 Ed. (2882)
TPN Register
2001 Ed. (4759)
TPSA
2006 Ed. (4889)
2001 Ed. (1694)
TPV Technology Ltd.
2008 Ed. (3550)
2006 Ed. (3037)
TPW Management
2008 Ed. (2152)
TQ3 Travel Solutions Nederland BV
2004 Ed. (4798)
T.R. Cos.
1993 Ed. (2039)
TR European Growth
2000 Ed. (3295, 3296)
TR Financial Corp.
1999 Ed. (4600)
1998 Ed. (3558)
T.R. Financial/Roosevelt Savings Bank
2000 Ed. (4250)
TR Ind
1999 Ed. (3138)
TR Price International Stock
1990 Ed. (2393)
Tra
2008 Ed. (25)
Traban, Burden & Charles
1996 Ed. (139)
Trac II Plus
2001 Ed. (3989, 3990)
Trace International Holdings Inc.
2001 Ed. (4132)
Tracer
1994 Ed. (1529)
Tracey; Sandra R.
1990 Ed. (2480)
TracFone
2007 Ed. (3620)
TracFone Wireless Inc.
2008 Ed. (4942)
2006 Ed. (1456)
Tracinda Corp.
2003 Ed. (2840)
Track
2001 Ed. (422)
Track and field
2001 Ed. (4341, 4342)
Tracker
2001 Ed. (491)
Tracor
2000 Ed. (1760)
1999 Ed. (185, 1957)
1998 Ed. (95, 1247)
1996 Ed. (1628)
1993 Ed. (369)
1990 Ed. (1037)
1989 Ed. (1326)
Tractebel
2007 Ed. (1599, 2299)
2006 Ed. (1564, 2366)
2004 Ed. (1775)
2000 Ed. (788, 1392, 1394)
1999 Ed. (771, 772, 1587, 1588)
1997 Ed. (700, 1366, 1367, 3215)
1994 Ed. (737, 1329, 1330)
1993 Ed. (729, 1283, 1613, 3253)
1992 Ed. (913, 914, 1579)
1991 Ed. (729, 730, 1260, 1555, 1558, 1562)
1990 Ed. (1333, 3456)
Tractebel Engineering
2008 Ed. (1302, 2563)
2007 Ed. (2436)
2006 Ed. (1316, 2471)
2005 Ed. (2431)
2004 Ed. (2399)
2003 Ed. (2318)
1998 Ed. (1452)
1997 Ed. (1746, 1757, 1758)
1996 Ed. (1676)
1994 Ed. (1644, 1648)
1992 Ed. (1961)
Tractebel SA
2004 Ed. (884)
2002 Ed. (759, 760)
2001 Ed. (1554, 1640, 1641)
1996 Ed. (763, 764, 1299, 1300, 1301, 3405)
1995 Ed. (1361, 3327)
1994 Ed. (3247)
Tractebell
1995 Ed. (1359, 1360, 1693)
Traction Software Inc.
2007 Ed. (3053)
2006 Ed. (3020)
Tractor Supply Co.
2007 Ed. (4181, 4494, 4559, 4561)
2006 Ed. (2728)
2005 Ed. (4421)
2004 Ed. (4555, 4570)
Tractors Malaysia Holdings Bhd
1993 Ed. (1365)
Tracy Chapman
1994 Ed. (1100)
Tracy Gaffney
1999 Ed. (2169)
Tracy-Locke
1992 Ed. (207)
1991 Ed. (150)
1990 Ed. (150)
1989 Ed. (161, 167)
Tracy-Locke/DDB Needham
1994 Ed. (117)
Tracy Locke Partnership
2006 Ed. (3414)
2005 Ed. (3405, 3406, 3408)
2004 Ed. (131, 132)
Tracy-Locke PR of Omnicom
1994 Ed. (2954)
1992 Ed. (3566)
Tracy Peter
1998 Ed. (1573)
Tracy Savings
1990 Ed. (2476)
Tracy van Eck
2000 Ed. (1955, 1956)
1999 Ed. (2185, 2187)
1998 Ed. (1599)
1997 Ed. (1950)
Tracya Commerce
1997 Ed. (2012)
TracyLocke
2008 Ed. (3600)
2007 Ed. (3433)
2006 Ed. (3415, 3417, 3419)
Trade
1994 Ed. (1625)
1989 Ed. (1866)
Trade & Commerce Bank
2000 Ed. (483)
1999 Ed. (490)
Trade & Development Bank of Mongolia
2000 Ed. (615)
1999 Ed. (593)
Trade books
2001 Ed. (976)
Trade, catering
1992 Ed. (1943)
Trade contractors
1993 Ed. (2152)
Trade Credit
2000 Ed. (4051)
Trade groups
2002 Ed. (4619)
Trade Indemnity Group
1993 Ed. (1324)
Trade magazines
1999 Ed. (992)
Trade shows
2000 Ed. (941, 3478)
1997 Ed. (848)
1990 Ed. (2737)
Trade shows & exhibits
1997 Ed. (868, 2713)
TradeAir
2001 Ed. (4748)
Tradebonds.com
2002 Ed. (4797)
Tradec
2004 Ed. (2217)
TradeFinder
1990 Ed. (1869)
Tradegro
1993 Ed. (1392)
1991 Ed. (1342, 1345)
1990 Ed. (1418)
TradeKing
2008 Ed. (731, 737, 2340)
2007 Ed. (761)
Trademarks/Brand Names
1992 Ed. (2859)
TradeOut.com Inc.
2001 Ed. (4196, 4772)
Trader Bud's Westside Dodge
1996 Ed. (270)
1995 Ed. (263)
Trader Horn
1992 Ed. (1936, 2426)
Trader Joe's
2004 Ed. (4642, 4646)
2003 Ed. (3966)
2002 Ed. (1078)
2000 Ed. (1107)
1998 Ed. (755)
Trader Publishing Co.
2007 Ed. (3229)
Trader Vic's Corp.
2004 Ed. (4131)
Trader.com NV
2002 Ed. (4200)
Traders State Bank
1994 Ed. (508)
TradersAccounting.com
2002 Ed. (4807)
TradeStation
2007 Ed. (762)
2006 Ed. (663)
2005 Ed. (757, 759)
TradeStation Securities
2008 Ed. (738)
TradeStreet
2001 Ed. (3004)
2000 Ed. (2786)
TradeStreet Investment
2001 Ed. (3002)
TradeWeb
2004 Ed. (2222)
2003 Ed. (2168)
2001 Ed. (4754)
TradeWeb Group LLC
2006 Ed. (1421)
TradeWeb LLC
2006 Ed. (1427)
Tradewind Insurance Co.
1995 Ed. (2326)
Tradewinds Airlines Inc.
2005 Ed. (214)
Tradewinds Conversions Inc.
1995 Ed. (3686)
Tradewinds Debt Strategies
1998 Ed. (1923)
Tradewinds Island Resorts
2002 Ed. (2648, 2650)
Tradex Canadian Growth
2003 Ed. (3592)
2002 Ed. (3458, 3459)
Tradex Equity Fund Ltd.
2001 Ed. (3463)
Tradex International Inc.
2008 Ed. (3726, 4421)
2007 Ed. (4440)
TRADEX Technologies Inc.
2002 Ed. (1384)
Trading
2008 Ed. (1820, 1821, 1825)
2007 Ed. (3592, 3593, 4442)
2004 Ed. (1746, 1749)
2003 Ed. (1710)
2002 Ed. (2792, 2794, 2796)
2000 Ed. (2634)
1999 Ed. (1679, 2870)
1998 Ed. (1151, 1153, 1156, 2100)
1997 Ed. (1442, 1445, 2381, 2382, 2383, 2385)
Trading gain/loss
1993 Ed. (3683)
Trading Spaces
2006 Ed. (764)
Tradition Home
1994 Ed. (2800)
Traditional Home
2007 Ed. (145, 3402)
2006 Ed. (153)
2004 Ed. (3338)
1996 Ed. (2961)
1995 Ed. (2881)
Traditional homemakers
1993 Ed. (1107)
Traditional Medicinals
2008 Ed. (4599)
2003 Ed. (4676, 4678)
Traf-Tex
2006 Ed. (3976)
Trafaigar House Property Inc.
2000 Ed. (1229)
Trafalgar Associates
2002 Ed. (1199)
Trafalgar Development Bank
2003 Ed. (552)
2002 Ed. (3035)
1997 Ed. (2583)
Trafalgar Holdings Ltd.
1990 Ed. (1266)
Trafalgar House
1998 Ed. (902)
1993 Ed. (1094, 1096, 1099)
1989 Ed. (2017)
Trafalgar House Engineering & Construction
1997 Ed. (1136, 1138, 1150, 1153, 1158, 1180, 1181, 1182, 1183, 1184, 1185, 1186, 1187, 1188, 1190, 1192, 1193, 1194, 1195, 1196, 1737, 1746, 1747, 1748, 1749, 1750, 1751, 1752, 1754, 1755, 1759)
Trafalgar House PLC
1999 Ed. (1330)
1997 Ed. (1133)
1996 Ed. (1110)
1995 Ed. (1137)
1994 Ed. (1122)
1992 Ed. (1372)
1990 Ed. (1177)
1989 Ed. (1005)
Trafalgar Housing-Preference Shares
1990 Ed. (2046)
Trafalgar Industrial Park
1994 Ed. (2188)
Traffic, burglary, fraud offenses
1990 Ed. (1463)
Traffic Insurance Ltd.
2008 Ed. (3224)
2007 Ed. (3084)
Traffic management
1999 Ed. (964)
Trafficmaster
2001 Ed. (1888)
Trafford Publishing
2006 Ed. (2746)
2005 Ed. (2776)
Trager; Steven
2008 Ed. (2640)
Tragic Kingdom
1998 Ed. (3025)
The Tragically Hip
1997 Ed. (1112)
Trahan, Burden & Charles
1999 Ed. (154)
1998 Ed. (65)
Trail Master Vehicles Inc.
1992 Ed. (4368, 4372)
TrailBlazer; Chevrolet
2008 Ed. (4765, 4781)
2007 Ed. (4858)
2006 Ed. (3577, 4829, 4856)
2005 Ed. (4427, 4777, 4786)
Trailblazer Pipeline Co.
1999 Ed. (2574)
1998 Ed. (1814)
Trailco Leasing
1992 Ed. (4354)
Trailer Life
1997 Ed. (3046)
Trailer Transit
2005 Ed. (4783)
Trailmobile
1999 Ed. (4649)
1994 Ed. (3566)
Trailmobile Canada
2005 Ed. (4741)
Trainer Oldsmobile-Cadillac-Pontiac-GMC Truck Inc.
1996 Ed. (743)
1995 Ed. (669)
1994 Ed. (279, 280, 713)
Trainer Pontiac
1995 Ed. (296)

Training
2008 Ed. (4714)
2005 Ed. (3635, 3636)
1993 Ed. (1597)
Training & Development Corp.
2004 Ed. (1358)
2001 Ed. (2223)
Training + Development Magazine
2008 Ed. (4714)
Training/education
2001 Ed. (2969)
Training, onsite
2005 Ed. (3618)
Training Programs
2000 Ed. (1783)
TrainingPro
2008 Ed. (4113)
Trainor Glass Co.
2008 Ed. (1259, 2821)
2007 Ed. (1362, 2696)
2006 Ed. (1284)
2005 Ed. (1314, 2733)
2004 Ed. (1307)
2003 Ed. (1304)
2002 Ed. (1292)
2000 Ed. (2343)
1999 Ed. (2600)
1997 Ed. (2149)
Trains
1992 Ed. (90)
Trak
1993 Ed. (3327)
1992 Ed. (3983)
1991 Ed. (3134)
Trak Auto
2001 Ed. (540)
1999 Ed. (362)
1998 Ed. (247)
1997 Ed. (325)
1996 Ed. (354)
1995 Ed. (336)
1994 Ed. (336)
1992 Ed. (486)
1991 Ed. (357)
1990 Ed. (407)
1989 Ed. (351, 1256)
Trammel Crow Co.
1996 Ed. (3431)
Trammel Crow Residential
2007 Ed. (1305, 1306)
2006 Ed. (1198)
Trammell Crow Co.
2008 Ed. (3139, 3821, 4123)
2007 Ed. (3021, 4103)
2006 Ed. (2794, 2990, 3738, 4052)
2005 Ed. (2995, 3637, 4007, 4021)
2004 Ed. (3726, 4067, 4075, 4088)
2003 Ed. (2888, 3670, 4049, 4051, 4062, 4410)
2002 Ed. (3911, 3912, 3921, 3922, 3923, 3933, 3934, 3935, 4278)
2001 Ed. (4001, 4010, 4013, 4255)
2000 Ed. (3709, 3715, 3719, 3720, 4018, 4031)
1999 Ed. (3996, 4013)
1998 Ed. (3003, 3006, 3017, 3020, 3021)
1997 Ed. (3257, 3260, 3272, 3274, 3517)
1995 Ed. (3064, 3075, 3378)
1994 Ed. (1114, 3001, 3002, 3003, 3004, 3022, 3304)
1993 Ed. (2963, 2964, 2972, 3310, 3311, 3313, 3314)
1992 Ed. (1367, 3619, 3621, 3622, 3633, 3960, 3967)
1991 Ed. (1051, 1059, 1062, 1063, 2810, 3119, 3125)
1990 Ed. (1163, 2960, 2972, 3284, 3285, 3289)
1989 Ed. (1003)
Trammell Crow Co.-Commercial
1991 Ed. (2809)
Trammell Crow Commpany-Commercial
1990 Ed. (2959)
Trammell Crow Group
1992 Ed. (3629)
Trammell Crow Healthcare
2008 Ed. (2916)
Trammell Crow Co. M-Residential
1990 Ed. (1164)
Trammell Crow NE Inc.
2000 Ed. (3730)
Trammell Crow NE Metro, Inc.
2002 Ed. (3914)
Trammell Crow Residential
2006 Ed. (278, 1192)
2005 Ed. (257)
2004 Ed. (254, 255)
2003 Ed. (286, 287)
2002 Ed. (324, 325, 2655, 2662)
2000 Ed. (1194, 1198, 1199)
1999 Ed. (1308, 1312, 1320)
1998 Ed. (177, 880)
1997 Ed. (1120, 1122, 1124)
1996 Ed. (1096, 1097, 1100)
1995 Ed. (1122, 1130)
1994 Ed. (3023)
1993 Ed. (238, 239, 1090, 1095, 2980)
1992 Ed. (1353, 1362, 1364, 2555)
1991 Ed. (1047, 1054)
1990 Ed. (1155)
Tranamerica Prem Bal Inv
2000 Ed. (3251)
Tranax Technologies Inc.
2004 Ed. (263)
Trancentrix
2006 Ed. (742)
Tranchant
2000 Ed. (992)
Trancontinental Gas Pipe Line Corp.
1997 Ed. (2120)
Trandes Corp.
1997 Ed. (2225)
1996 Ed. (2068)
1995 Ed. (2107)
1994 Ed. (2049, 2052, 2056)
Trane
2007 Ed. (2067)
2003 Ed. (1855)
2001 Ed. (286)
1993 Ed. (1908)
1990 Ed. (195, 196, 1861)
Trane Credit Union
2006 Ed. (2233)
2005 Ed. (2138)
2004 Ed. (1996)
2003 Ed. (1956)
2002 Ed. (1901)
Trango Tower
2002 Ed. (3532)
Tranquilizers
1994 Ed. (2463)
Tranquilizers - Minor
1991 Ed. (2401)
1990 Ed. (2531)
Trans Aire International Inc.
1992 Ed. (4370)
Trans-Arabian Investment Bank
1995 Ed. (403)
1994 Ed. (410)
1992 Ed. (582)
Trans-Atlantic Motors
1992 Ed. (395)
1991 Ed. (290)
Trans-Canada Bond
2004 Ed. (728, 729)
2003 Ed. (3587, 3588)
2002 Ed. (3455, 3456, 3457)
2001 Ed. (3482, 3483, 3484)
Trans-Canada Value
2004 Ed. (2472, 2473, 2474)
2003 Ed. (3590, 3591)
2002 Ed. (3460)
Trans-Continental
1992 Ed. (3540)
Trans Financial Bank
1998 Ed. (387, 2278)
Trans GS2 Canadian Balanced
2004 Ed. (3612)
2003 Ed. (3559, 3560)
Trans GS2 Canadian Equity
2004 Ed. (2472, 2473)
Trans GS2 U.S. 21st Century
2003 Ed. (3579)
Trans GS2 U.S. 21st Century
2004 Ed. (3621)
Trans Healthcare
2007 Ed. (3710)
2006 Ed. (3727)
Trans Hex Group
1993 Ed. (2579)
Trans IMS Can-Daq 100
2003 Ed. (3579, 3603, 3604)
Trans IMS Canadian Growth
2004 Ed. (2472, 2473)
2003 Ed. (3590, 3591)
Trans IMS Information Technology
2004 Ed. (3632, 3633)
Trans Jones
1989 Ed. (734)
Trans Jones Inc./Jones Transfer Co.
1992 Ed. (895)
1991 Ed. (713)
1990 Ed. (735, 736)
Trans Leasing International Inc.
1992 Ed. (1130)
Trans Mountain Pipe Line
1994 Ed. (1955)
1992 Ed. (3455)
1990 Ed. (2854)
Trans-Natal
1995 Ed. (1040)
Trans Orient
2001 Ed. (82)
Trans-Pacific Lines
2004 Ed. (2539)
2003 Ed. (2419)
Trans/Pacific Restaurants
1994 Ed. (3070, 3071)
1991 Ed. (2939)
Trans Que & Maritimes Pipeline
1994 Ed. (1955)
Trans Sport
2002 Ed. (386)
Trans States
1998 Ed. (817)
Trans-Tel Central Inc.
2007 Ed. (3590, 3591, 4441)
2006 Ed. (3534, 4373)
Trans-Trade Inc.
2008 Ed. (2107)
Trans World Airlines Inc.
2005 Ed. (210)
2004 Ed. (206)
2003 Ed. (246)
2002 Ed. (257, 258, 260, 262, 265, 272, 307, 1512, 1513, 1544)
2001 Ed. (294, 296, 310, 315, 318, 320, 337, 338, 1560, 1562, 1566)
2000 Ed. (236, 237, 238, 240, 241, 242, 243, 244, 245, 247, 248, 249, 250, 252, 253, 268, 283, 288, 4381)
1999 Ed. (215, 218, 221, 223, 224, 261, 363)
1998 Ed. (112, 124, 125, 128, 128, 129, 136, 140, 141, 142, 159, 160, 1054)
1997 Ed. (190, 199, 200, 202, 206, 235, 355, 356, 357, 1482)
1996 Ed. (180, 182, 186, 1260, 1284, 1422)
1995 Ed. (174, 179, 1316, 1322, 1326, 1328, 1332, 2847, 2868, 2869, 3304, 3312)
1994 Ed. (359, 360, 361, 1005)
1993 Ed. (183, 191, 196, 200, 979)
1992 Ed. (262, 270, 271, 283, 301, 1204)
1991 Ed. (969)
1990 Ed. (238, 1041)
1989 Ed. (231, 232, 233, 236)
Trans World Airways
2001 Ed. (312)
Trans World Communication Inc.
2003 Ed. (1364)
Trans World Entertainment Corp.
2006 Ed. (4436)
2003 Ed. (3208)
2000 Ed. (1314)
1996 Ed. (2745, 3486)
Trans World Music
1995 Ed. (3423)
1994 Ed. (3365)
Trans World, TWA
1991 Ed. (200)
Trans Zambezi Industries
2002 Ed. (4499)
Transaction Information Systems Inc.
2001 Ed. (1248)
TransAlliance
2001 Ed. (584, 2186)
2000 Ed. (1732)
1999 Ed. (1954)
1998 Ed. (1396)
TransAlta Corp.
2008 Ed. (2428, 2813, 3192)
2007 Ed. (2298, 2684)
2006 Ed. (1608)
2005 Ed. (1706)
2003 Ed. (2142)
2002 Ed. (4709)
1997 Ed. (1692)
1996 Ed. (1613)
TransAlta Utilities
1997 Ed. (1692)
1996 Ed. (1613)
1994 Ed. (1594)
1992 Ed. (1897)
1991 Ed. (2778)
1990 Ed. (1599, 2925)
Transam Special Natural Resources
1995 Ed. (2723)
TransAm Trucking
2008 Ed. (4133, 4134)
2003 Ed. (4789)
Transamer Occidental Life
1993 Ed. (2214, 2216)
Transamerica Corp.
2005 Ed. (1519)
2002 Ed. (1391)
2000 Ed. (303, 2696, 3932)
1999 Ed. (3064)
1998 Ed. (2172)
1996 Ed. (2282)
1995 Ed. (2326, 3214, 3320)
1994 Ed. (3129, 3240)
1993 Ed. (2250, 3066, 3246)
1992 Ed. (3763)
1991 Ed. (1714, 2085, 2140)
1990 Ed. (888, 1777, 2272)
1989 Ed. (850)
Transamerica Balanced Investment Growth
2002 Ed. (3428, 3429, 3430)
2001 Ed. (3457, 3458, 3459)
Transamerica BIG
2004 Ed. (3612, 3623)
2003 Ed. (3559, 3560)
Transamerica Cash Reserve
1992 Ed. (3100)
Transamerica Center
1990 Ed. (2732)
Transamerica Finance Group Inc.
2000 Ed. (1916)
1997 Ed. (1845)
1996 Ed. (1765)
1995 Ed. (1787, 1789, 1790)
1993 Ed. (1765, 1767)
1992 Ed. (2130)
1991 Ed. (1663, 1664, 1665, 1667)
Transamerica Financial
2002 Ed. (790, 791, 792, 793, 794)
2000 Ed. (833, 834, 837, 838, 839, 849, 850, 862, 865, 866)
1999 Ed. (839, 841, 842, 851, 861, 865, 2946)
1990 Ed. (1759, 1763)
Transamerica Growsafe Canadian Balanced
2002 Ed. (3428, 3429, 3430)
2001 Ed. (3457, 3458, 3459)
Transamerica Growsafe Canadian Equity
2002 Ed. (3434, 3436)
2001 Ed. (3463, 3464, 3465)
Transamerica Growsafe US 21st Century Index
2002 Ed. (3445)
2001 Ed. (3473, 3474)
Transamerica Growth & Income A
1993 Ed. (2662)
TransAmerica Idex
2006 Ed. (3682)
Transamerica Income Shares Inc.
2005 Ed. (3214)
Transamerica Insurance Group
1995 Ed. (2324)
Transamerica Investment
2003 Ed. (3071)
1993 Ed. (2290)
1989 Ed. (2127)
Transamerica Investment Management
2008 Ed. (3377)

Transamerica Investment Services Inc.
1999 Ed. (3108)
1998 Ed. (2309)
1997 Ed. (2553)
1996 Ed. (2429)
1995 Ed. (2392)
1994 Ed. (2304, 2324, 2328)
Transamerica Life Canada
2008 Ed. (3308)
2007 Ed. (3158)
Transamerica Life Insurance Co.
2007 Ed. (3087)
Transamerica Occidental
1991 Ed. (2115, 2116, 2117)
1990 Ed. (2247, 2248, 2249)
1989 Ed. (1708, 1709)
Transamerica Occidental, California
1989 Ed. (1707)
Transamerica Occidental Life
2003 Ed. (2999)
2002 Ed. (2913, 2914, 2915, 2916)
2001 Ed. (2941, 2947)
2000 Ed. (2690, 2691, 2692, 2703, 2704)
1999 Ed. (2941, 2952, 2953)
1998 Ed. (2163, 2164, 2182, 2183, 2194, 3038, 3039)
1997 Ed. (2444, 2446)
1996 Ed. (2311, 2313, 2315, 2318)
1995 Ed. (2295, 2302, 2303)
1994 Ed. (2258, 2260)
1993 Ed. (2204, 2226, 2227)
1992 Ed. (2658, 2669, 2670)
1991 Ed. (2094, 2101, 2102)
Transamerica Occidental Life, Calif.
1989 Ed. (1683, 1684, 1685)
Transamerica Occidental Life. California
1990 Ed. (2236, 2237)
Transamerica Occidental Life Insurance Co.
2008 Ed. (3300, 3305)
2007 Ed. (3150, 3155)
2002 Ed. (2924, 2930)
Transamerica Pacific Insurance Co. Ltd.
2000 Ed. (982)
Transamerica Prem Agg Gr Inv
2000 Ed. (3245)
Transamerica Premier
2000 Ed. (3225)
Transamerica Premier Aggressive Growth
2000 Ed. (3244)
Transamerica Premier Aggressive Growth Investment
2004 Ed. (3589)
Transamerica Premier Balanced
2000 Ed. (3226, 3227, 3248)
1999 Ed. (3509, 3532)
Transamerica Premier Balanced Investment
2004 Ed. (2448)
2003 Ed. (3486)
Transamerica Premier Equity Investment
1999 Ed. (3560)
Transamerica Premier Small Co.
2000 Ed. (3225, 3286)
Transamerica Premier Small Company
2004 Ed. (3572)
Transamerica Pren Sm Co Inv
2000 Ed. (3288)
Transamerica Reinsurance
2002 Ed. (3952)
1995 Ed. (3087)
1991 Ed. (2829)
Transamerica Retirement Services
2008 Ed. (2767)
Transamerica Small Business Capital Inc.
2002 Ed. (1121, 4295)
Transamerica Spec. Emerging Growth B
1993 Ed. (2691)
Transamerica Special Emerging Growth
1994 Ed. (2637)
Transamerica Special High-Yield T/F
1992 Ed. (3147)
Transamerica Tax-Free Bond
1993 Ed. (2678)
Transamerica Tax-Free Bond A
1995 Ed. (2701, 2711)
1994 Ed. (2622)
Transamerica US Government Cash Res
1996 Ed. (2667)
Transamerica U.S. Government Cash Reserve
1994 Ed. (2537)
1992 Ed. (3094)
TransAsia Telecom Ltd.
2001 Ed. (3336)
Transat A. T. Inc.
2003 Ed. (4805)
2002 Ed. (1610)
Transat A.T. Inc.
2008 Ed. (4752)
2007 Ed. (4826)
2006 Ed. (1607)
1997 Ed. (3789)
1996 Ed. (3732)
Transatlantic
1993 Ed. (2992)
Transatlantic Bank
1998 Ed. (373, 397)
1997 Ed. (503)
1996 Ed. (544)
TransAtlantic Capital Co.
1999 Ed. (4007, 4308)
Transatlantic Holding
1995 Ed. (2318, 2321)
1994 Ed. (2276)
Transatlantic Holdings Inc.
2008 Ed. (2368)
2007 Ed. (1554, 3185, 3187, 3188)
2006 Ed. (3148)
2005 Ed. (3127)
2004 Ed. (2115, 3123)
1999 Ed. (2966)
1998 Ed. (2199, 2201)
1997 Ed. (2459, 2460)
1996 Ed. (2330)
Transatlantic/Putnam
2000 Ed. (3748)
1999 Ed. (4033)
1998 Ed. (3037)
1996 Ed. (3186)
1994 Ed. (3040)
Transatlantic Reinsurance Co.
2007 Ed. (3184)
2005 Ed. (3067, 3146, 3147, 3148, 3149)
2004 Ed. (3056, 3138, 3139, 3140)
2003 Ed. (2971, 3015, 3016, 3017)
2002 Ed. (3948, 3949, 3951, 3953, 3959)
2001 Ed. (2907, 4030, 4036)
2000 Ed. (2660, 2680)
1999 Ed. (2905)
1995 Ed. (3087)
1991 Ed. (2829)
1990 Ed. (2261)
Transavia
1990 Ed. (221, 231)
Transbrasil
2001 Ed. (316, 317)
TransCanada Corp.
2008 Ed. (1551, 1553, 1554, 3923)
2007 Ed. (3885)
2006 Ed. (1445, 1451)
2005 Ed. (1567, 1706, 2727, 2729, 3768, 3770)
TransCanada PipeLines Ltd.
2006 Ed. (1542)
2005 Ed. (1648)
2003 Ed. (1639, 1703, 3846)
2002 Ed. (1609, 2127, 2128, 3689)
2001 Ed. (1660, 2375)
2000 Ed. (1398, 1401)
1999 Ed. (1592)
1997 Ed. (1813)
1996 Ed. (1311)
1994 Ed. (1955, 3556)
1992 Ed. (1596, 1601, 2268)
1990 Ed. (1661, 1882)
Transcanal
1994 Ed. (1509)
Transcisco.A
1993 Ed. (215)
Transcisco.B
1993 Ed. (215)
Transco Inc.
1994 Ed. (282)
1989 Ed. (926)
Transco Energy
1997 Ed. (3119)
1996 Ed. (1999, 2819, 3037, 3038)
1995 Ed. (1972, 2752, 2906)
1994 Ed. (1945, 2651)
1993 Ed. (1922)
1992 Ed. (1562, 2262, 3212)
1991 Ed. (1786, 2573)
1990 Ed. (1876, 1883, 2670)
1989 Ed. (1500, 2035)
Transco Exploration Partners Ltd.
1991 Ed. (1185)
Transco Holdings plc
2003 Ed. (1670)
Transco plc
2004 Ed. (3491)
Transcom
2001 Ed. (4469)
Transcon
1991 Ed. (3093)
1990 Ed. (3256)
1989 Ed. (2466)
Transcontinental Inc.
2008 Ed. (4026, 4028, 4088)
2007 Ed. (4008, 4009, 4055)
2006 Ed. (3968, 3969)
2005 Ed. (3898)
Transcontinental Affiliates Ltd.
1995 Ed. (1011)
Transcontinental Gas Pipe Line Corp.
2003 Ed. (3880, 3881)
2000 Ed. (2310, 2312, 2314)
1999 Ed. (2571, 2572, 2573, 2574)
1998 Ed. (1810, 1811, 1812, 1813, 1814)
1997 Ed. (2121, 2122, 2124)
1996 Ed. (2000, 2002, 2003, 2004)
1995 Ed. (1973, 1974, 1975, 1976, 1977, 1979, 1980, 1981)
1994 Ed. (1944, 1946, 1947, 1949, 1950, 1951, 1952, 1953, 1954)
1993 Ed. (1923, 1924, 1925, 1926, 1927)
1992 Ed. (2264, 2265, 2266, 2267)
1991 Ed. (1796, 1797, 1798, 1795, 1792)
Transcontinental Gas Pipeline Corp.
1990 Ed. (1879, 1880)
1989 Ed. (1497, 1498)
Transcontinental Insurance Co.
2001 Ed. (2900)
Transcontinental Premedia Group
2008 Ed. (4035)
Transcontinental Printing Inc.
2005 Ed. (3899)
2001 Ed. (3901)
Transcontinental Refrigerated Lines Inc.
2008 Ed. (4134)
2002 Ed. (3944)
2000 Ed. (3734)
1999 Ed. (4019)
1998 Ed. (3031)
Transcor Waste Services Inc.
1998 Ed. (1705)
TransCore
2002 Ed. (2137)
Transcript North Adams
2007 Ed. (1870)
2006 Ed. (1867)
Transcription
2001 Ed. (2760)
Transcrypt International
1999 Ed. (4163)
Transdigm Inc.
2005 Ed. (3284)
TransDimension
2007 Ed. (1203)
TranSearch International
2001 Ed. (2313)
1999 Ed. (2071)
Transeastern Homes
2005 Ed. (1197, 1200, 1202)
2004 Ed. (1169, 1174)
2003 Ed. (1161)
2002 Ed. (2677, 2681)
Transeastern Properties
2005 Ed. (1163, 1226)
2004 Ed. (1200, 1201)
2002 Ed. (2658, 2659)
Transera
2007 Ed. (1196)
Transfer Solutions Inc.
2001 Ed. (3424)
Transfield
2003 Ed. (3953, 3955)
2002 Ed. (1179, 3771, 3772, 3773)
Transfield Holdings
2004 Ed. (1153, 1154, 3963)
TransForce Inc.
2006 Ed. (4853)
2002 Ed. (4695)
TransForce Income Fund
2008 Ed. (1619, 4752, 4779, 4783)
2007 Ed. (4826, 4856, 4860)
2006 Ed. (1607, 3668, 4857)
Transformers/Beast Wars
2000 Ed. (4274, 4278, 4279)
Transgulf Design & Advertising
1997 Ed. (155)
1995 Ed. (135)
Transgulf Design & Advertising (DDB)
1996 Ed. (149)
Transhex
1995 Ed. (2586)
TranSierra Capital, Value Added Municipal Bond Program
2003 Ed. (3132)
Transilvania
2006 Ed. (4530)
Transit
2001 Ed. (3201)
1990 Ed. (54)
Transition Lightweight Plastic Lenses
2001 Ed. (3594)
Transition Systems Inc.
1998 Ed. (1929, 3180)
Transition Therapeutics Inc.
2005 Ed. (1728)
Transitional Hospitals Corp.
1998 Ed. (2549)
Transitional Technology
1994 Ed. (985, 3330)
Transitions Optical
2001 Ed. (3593)
1999 Ed. (3659)
Transitlen/Transition lightweight plastic lenses
1997 Ed. (2969)
Transkrit
1999 Ed. (962)
1995 Ed. (856)
1994 Ed. (805)
1993 Ed. (788)
1992 Ed. (991)
1991 Ed. (809)
1990 Ed. (849)
1989 Ed. (832)
Translink
2008 Ed. (2123)
2007 Ed. (2040)
2006 Ed. (2068)
2005 Ed. (1989, 2747)
Transmedia
2004 Ed. (4009)
Transmedia Consolidated
2005 Ed. (3963)
Transmedia Consultants
2002 Ed. (3819)
Transmedia Network
1997 Ed. (2936)
1995 Ed. (2058)
Transmedia Public Relations
1998 Ed. (2948)
Transmerica Premier Bal Inv
1999 Ed. (3534)
Transmerica Premier Equity
1999 Ed. (3521)
Transmeridian
2007 Ed. (233)
2006 Ed. (228)
Transmile Group
2008 Ed. (1898)
1999 Ed. (4166)
Transmission USA
2008 Ed. (318)
2007 Ed. (331)
2006 Ed. (346)
Transmode Systems AB
2007 Ed. (1999)

TransMontaigne Inc.
2008 Ed. (1682, 1686, 1691, 3988)
2007 Ed. (1558, 1559, 1560, 1666, 1667, 1669, 1670, 3866, 3884, 3961)
2006 Ed. (1528, 1529, 1530, 1650, 1653, 1656, 1658, 1659, 1661, 1663, 1781, 3857, 3911, 3912)
2005 Ed. (1612, 1639, 1640, 1641, 1734, 1741, 1743, 1745, 3791, 3842)
2004 Ed. (1676, 1681, 1682, 1683, 3668)
2003 Ed. (1588, 1589, 1651, 1654, 1656, 1657, 3845, 3879)
2002 Ed. (1567, 1569, 1620, 1628, 3712)
2001 Ed. (3802, 3803)
TransMontaigne Oil
2002 Ed. (3711)
2001 Ed. (3767)
2000 Ed. (3549, 3550)
1999 Ed. (2570, 3833)
1998 Ed. (151, 158)
Transnational Foods Inc.
2008 Ed. (2955)
2006 Ed. (2830)
Transnational Industries Inc.
2002 Ed. (3562)
Transnet
1995 Ed. (1486)
1993 Ed. (1396)
TransNet/TPI
1996 Ed. (3053)
Transocean Inc.
2008 Ed. (1534, 1661, 2498)
2007 Ed. (1552, 1651, 2382, 3835, 4516, 4521)
2006 Ed. (1635, 2439, 3818, 4459)
2005 Ed. (2393)
2004 Ed. (4489)
1999 Ed. (3662)
Transocean Offshore Inc.
2005 Ed. (1511)
2004 Ed. (1495)
2003 Ed. (1465)
2002 Ed. (1445)
1998 Ed. (2821)
Transocean Sedco Forex Inc.
2005 Ed. (1511)
2004 Ed. (1495, 2312, 2315)
2003 Ed. (1465, 2642, 3808, 3812, 3815, 3817, 4535)
Transohio Federal Savings Bank
1994 Ed. (3531)
Transohio Savings
1991 Ed. (3371)
Transohio Savings Bank
1995 Ed. (508)
1993 Ed. (3072, 3087)
Transok Inc.
1997 Ed. (2122)
TransOK Gas LLC
2004 Ed. (1837)
Transora
2004 Ed. (2221)
2003 Ed. (2180)
Transpacific Development Co.
1994 Ed. (3006)
1990 Ed. (2962)
Transpacific Fund
1991 Ed. (2368)
Transparencies
1992 Ed. (3287)
TransPerfect Translation International Inc.
2008 Ed. (3724, 4418, 4975)
TransPerfect Translations International Inc.
2007 Ed. (3584)
2006 Ed. (3546, 4384)
Transplace
2003 Ed. (2174)
Transport & storage
1997 Ed. (2556)
Transport Bank
1995 Ed. (434)
1993 Ed. (442)
Transport/construction equipment, heavy
1996 Ed. (1724)
Transport equipment
1993 Ed. (2501)
1992 Ed. (2093)
Transport Insurance Agency
2004 Ed. (4434)
Transport Corp. of America
2003 Ed. (4795)
2002 Ed. (4693, 4694)
Transport Service Co.
2005 Ed. (4592)
2002 Ed. (4547)
1999 Ed. (4681)
1998 Ed. (3639)
1996 Ed. (3759)
Transport Society of Outaouais
2005 Ed. (3489)
Transportadora de Electricidad SA
2006 Ed. (4487)
Transportadora de Gas del Sur, SA
2003 Ed. (4570)
Transportadora Gas del Sul
1997 Ed. (827)
Transportadora Gas del Sur
1999 Ed. (949)
Transportaion, ground
1997 Ed. (1118)
Transportation
2008 Ed. (1416, 1420, 2957)
2007 Ed. (264, 1322, 2523, 2755, 3732, 3733, 3734, 3735, 3736)
2006 Ed. (257, 1436, 1440, 2749, 2833, 3733)
2005 Ed. (852, 1470, 1480, 1481, 1485, 2839, 2841, 3617, 3633, 3634)
2004 Ed. (155, 1464, 1469)
2003 Ed. (265, 1435, 1439, 2269, 2753, 2910, 4445, 4446, 4447)
2002 Ed. (1220, 1482, 2543, 2547, 2553, 2554)
2001 Ed. (363, 364, 729, 1142, 1964, 2021, 2177, 2703, 2706, 2707, 3811, 3844)
2000 Ed. (1310, 2464, 3556, 3568)
1999 Ed. (1180, 2679, 2864, 2865, 2933, 3008, 4341, 4554, 4821)
1998 Ed. (21, 150, 1371, 1933)
1997 Ed. (867, 1142, 1580, 1644, 2018, 2220, 2378, 3133)
1996 Ed. (2116, 2254, 2255, 2256, 2257, 2908, 3458)
1995 Ed. (16, 1670, 2203, 2244, 2245, 2246, 2247, 3290, 3291, 3292, 3293, 3294, 3295, 3296, 3310, 3311, 3395)
1994 Ed. (1625, 2193, 2194, 2195, 2196, 3206, 3207, 3208, 3209, 3210, 3211, 3212, 3213, 3214)
1993 Ed. (2130, 2169, 2170, 2171, 2172, 2173, 2174, 2867, 3231, 3232, 3233, 3234, 3235, 3236, 3237, 3238, 3239)
1992 Ed. (1491, 3476, 4482)
1991 Ed. (1139, 1151, 1173)
Transportation accidents
1996 Ed. (1)
Transportation, air
1997 Ed. (1118)
Transportation and communications
1992 Ed. (1943)
Transportation and distribution
1992 Ed. (1171)
Transportation and public utilities
2001 Ed. (3560, 3561)
Transportation & shipping
2002 Ed. (1413, 1420)
Transportation Bank
1994 Ed. (441, 442)
Transportation Command; U.S.
2008 Ed. (2927)
Transportation/communications
1998 Ed. (3760)
1995 Ed. (3785)
Transportation, communications and public utilities
1996 Ed. (2663, 3874)
Transportation/communications/public utilities
1995 Ed. (1, 2670)
Transportation cost
1995 Ed. (857)
Transportation Credit Union
2008 Ed. (2267)
2007 Ed. (2152)
2006 Ed. (2231)
2005 Ed. (2136)
2004 Ed. (1994)
2003 Ed. (1954)
2002 Ed. (1857)
Transportation Engineering Inc.
1999 Ed. (2676, 2677)
Transportation equipment
2006 Ed. (834)
2003 Ed. (2909)
2002 Ed. (2798)
2001 Ed. (2021, 2376)
2000 Ed. (1670)
1999 Ed. (2866)
1998 Ed. (1556)
1997 Ed. (1717)
1996 Ed. (2488, 2489)
1995 Ed. (1278, 1295, 1297, 1299, 2446)
1994 Ed. (1273, 1275, 1277)
1993 Ed. (1232, 1236, 1238, 1713)
1992 Ed. (2091, 2600, 2602, 2604, 2605, 2607, 2609, 2615)
1991 Ed. (2029, 2031, 2033, 2034, 2037, 2039, 2042, 2045)
1990 Ed. (3091)
1989 Ed. (1636)
Transportation equipment manufacturers
2001 Ed. (1639, 1677, 1726, 1838)
Transportation, except Airlines
2000 Ed. (1670)
Transportation Gas del Sur
2000 Ed. (895)
Transportation Group
1991 Ed. (2202)
Transportation industry
1993 Ed. (3729)
Transportation infrastructure
2008 Ed. (1632)
Transportation Insurance Co.
2001 Ed. (1730, 2900)
Transportation occupations, except motor vehicles
1989 Ed. (2080, 2080)
Transportation Processing Systems
2004 Ed. (3943)
Transportation, public
2007 Ed. (131)
2006 Ed. (138)
2005 Ed. (134)
Transportation services
1999 Ed. (2100, 4286)
1997 Ed. (1613)
1991 Ed. (2055)
1989 Ed. (2647)
Transportation; U.S. Department of
2008 Ed. (2830, 2835)
2007 Ed. (2701, 2707, 3528)
2006 Ed. (2706, 2711, 3293, 3493)
2005 Ed. (2745, 2750)
Transporte de Productos de Exportacion Ltda.
1996 Ed. (1413)
1995 Ed. (1450)
Transportes Aereos Portugueses EP
1999 Ed. (1726)
1990 Ed. (1410)
1989 Ed. (1153)
Transportes Aereos Portugueses SA
2003 Ed. (1812)
2001 Ed. (1839)
2000 Ed. (1544)
1997 Ed. (1500)
Transportes Aeroes Portugueses Ep
1993 Ed. (1387)
Transports Logistique Services SA
2006 Ed. (1566)
Transquest Technologies
2000 Ed. (1865)
Transquest Ventures
2002 Ed. (2173)
Transredes SA
2006 Ed. (4487)
TransTech
1996 Ed. (2833)
TransTechnology Corp.
2004 Ed. (2021, 3342)
TransTexas Gas Corp.
2003 Ed. (3837)
1999 Ed. (1499)
TransWest Logistique Inc.
2006 Ed. (1591)
Transwest Manufacturing
2007 Ed. (3605, 3606, 4449)
Transwestern Commercial Services
2006 Ed. (3738)
2004 Ed. (2997, 3726)
2002 Ed. (3921, 4580)
Transwestern Investments Co.
2000 Ed. (2815, 2820)
Transwestern Pipeline Co.
1995 Ed. (1978)
1992 Ed. (2264)
Transwestern Property Co.
2000 Ed. (3732)
TransWestern Publishing Co.
2004 Ed. (4677)
2003 Ed. (4708)
TranSwitch Corp.
2004 Ed. (2778)
2003 Ed. (1561)
Transworld Bank
1997 Ed. (3528)
Transworld Entertainment Corp.
2002 Ed. (4748)
1999 Ed. (3674)
Transworld Home Health
1996 Ed. (2886)
Transworld Oil
1990 Ed. (2848)
Transworld Skateboarding
2006 Ed. (162)
2005 Ed. (145)
2004 Ed. (140, 3333)
Transworld Snowboarding
1997 Ed. (3037)
Transworld Videotron
1997 Ed. (872)
TransX
2008 Ed. (4779)
2007 Ed. (4856)
2006 Ed. (4853)
Transylvania University
1995 Ed. (1057)
1994 Ed. (1049)
1993 Ed. (1022)
1992 Ed. (1274)
1990 Ed. (1091)
Transystems Corp.
2007 Ed. (3207)
Tranter Inc.
2004 Ed. (3444)
Trap/skeet shooting
1999 Ed. (4384)
Trapiche
2002 Ed. (4944)
2001 Ed. (4882)
1999 Ed. (4791, 4798)
Trapper Keeper Portfolio, 3-ring, 6-pocket
1990 Ed. (3431)
1989 Ed. (2632)
Trapper Keeper Refills
1990 Ed. (3430)
1989 Ed. (2633)
The Trase Miller Group
1998 Ed. (3481)
Trash & recycling bins
2002 Ed. (2445)
Trash cans
2003 Ed. (2676)
Trash collection
1989 Ed. (1662)
Trasta Komercbanka
2000 Ed. (591)
Trasys
2005 Ed. (3023)
Trataros Construction Inc.
2004 Ed. (2748)
Trattoria de l'Arte
2001 Ed. (4054)
Traulsen
1990 Ed. (2977)
Trauma, repeated
2005 Ed. (3619)
Trav Corp.
2000 Ed. (3358)
Travcorps
1997 Ed. (2954)

1996 Ed. (2857)
Travcorps Recruitment
2001 Ed. (3555)
2000 Ed. (3359)
1995 Ed. (2800)
Travel
2008 Ed. (109, 2439, 2451)
2007 Ed. (157, 2325)
2005 Ed. (3359)
2004 Ed. (3334, 3335)
2002 Ed. (59, 216, 217, 225, 226, 234, 3254, 3887, 3888, 4585)
2001 Ed. (2988)
2000 Ed. (196, 201, 210, 2751, 3466, 3471)
1999 Ed. (176)
1998 Ed. (561)
1997 Ed. (33)
1996 Ed. (770)
1992 Ed. (99)
Travel Agent
2008 Ed. (143, 144, 145, 4718)
2007 Ed. (159, 161, 4799)
2006 Ed. (4783)
2005 Ed. (137, 138, 140)
2004 Ed. (143, 856)
2001 Ed. (249, 252)
2000 Ed. (3482, 3484, 3485)
1999 Ed. (3755, 3756)
1998 Ed. (2789, 2790)
1997 Ed. (3043)
1996 Ed. (2968, 2970)
1994 Ed. (2795, 2796, 2800)
Travel Agent Magazine
2007 Ed. (4797)
Travel Agents International Inc.
1996 Ed. (990)
Travel alarm clocks
1990 Ed. (1018)
Travel and adventure
1995 Ed. (2981)
Travel & Leisure
2007 Ed. (150)
2006 Ed. (158)
1998 Ed. (2782)
Travel & tourism
1999 Ed. (1008, 2995)
1998 Ed. (89)
Travel & transport
2002 Ed. (56)
2000 Ed. (4300)
1998 Ed. (3621)
1997 Ed. (3796)
1996 Ed. (3742)
Travel & transportation
1997 Ed. (164)
Travel, business conventions & meetings
2000 Ed. (3466)
1990 Ed. (167)
Travel by Dana
2004 Ed. (4988, 4989)
2003 Ed. (4990)
2002 Ed. (4677, 4986, 4987)
2000 Ed. (4430)
The Travel Channel (TWA)
1989 Ed. (848)
Travel Connections Inc.
2004 Ed. (4989)
2002 Ed. (4677, 4986)
2000 Ed. (4430)
Travel Connections of Denver Inc.
2006 Ed. (4992)
2004 Ed. (4988)
2003 Ed. (4990)
2002 Ed. (4987)
Travel Holiday
2004 Ed. (149)
2000 Ed. (3490)
1992 Ed. (3385)
Travel, holidays and transport
1993 Ed. (58)
Travel Hospitality Services
2008 Ed. (2759)
Travel/Hotel
1991 Ed. (174)
Travel, hotels & resorts
1999 Ed. (30, 3767)
1998 Ed. (586, 598, 2800)
1997 Ed. (3051, 3233)
1996 Ed. (2973, 3655)
1995 Ed. (147, 151, 2888, 2891)
1994 Ed. (2802)
1993 Ed. (2806, 2808)
1992 Ed. (238, 3394)
1990 Ed. (178)
1989 Ed. (192)
Travel Network
2006 Ed. (4827)
2005 Ed. (4775)
2001 Ed. (2530)
2000 Ed. (2268)
1999 Ed. (2508)
1996 Ed. (1967)
1995 Ed. (1936, 1938)
Travel One
2000 Ed. (1110, 4301)
1999 Ed. (4665, 4666)
1998 Ed. (3621)
1997 Ed. (3796)
1996 Ed. (3742)
Travel programs
1996 Ed. (865)
Travel reservations/information
1995 Ed. (3577)
Travel retail
1990 Ed. (165, 166)
Travel services
1999 Ed. (2100, 2863, 4286)
1992 Ed. (1753)
The Travel Society Inc.
2002 Ed. (4677)
Travel Solutions Inc.
2007 Ed. (3526, 3588, 3589, 4984)
2006 Ed. (3492, 3533, 4372, 4987)
Travel Store
2000 Ed. (4302)
1999 Ed. (4667)
1998 Ed. (3624)
Travel Time Travel Agency Inc.
2008 Ed. (3729)
Travel trade division
1990 Ed. (2795)
Travel Trust International
1991 Ed. (825)
Travel Weekly
2008 Ed. (145)
2007 Ed. (161)
2005 Ed. (137, 138)
2004 Ed. (143)
2001 Ed. (249, 252)
2000 Ed. (3484, 3485)
1999 Ed. (3755, 3756)
1998 Ed. (2789, 2790)
1997 Ed. (3043, 3047)
1996 Ed. (2968, 2969)
1994 Ed. (2795)
1993 Ed. (2799)
TravelAge
1993 Ed. (2799)
TravelCenters of America, Inc.
2003 Ed. (4149)
2001 Ed. (1254)
Traveler
1994 Ed. (2791)
1990 Ed. (1791)
Traveler Indemnity
1990 Ed. (2260)
Travelers
2000 Ed. (2714, 4410)
1998 Ed. (2128, 2295, 2298, 2300, 3179, 3210)
1997 Ed. (1435, 2425, 2436, 3765)
1996 Ed. (1236, 1268, 2296, 2297, 2472)
1995 Ed. (1220, 1229, 1274, 1878)
1994 Ed. (1224, 1844, 2294, 2303, 2306, 3215, 3242)
1993 Ed. (1853, 1855, 2011, 2188, 2189, 2190, 2193, 2194, 2195, 2200, 2201, 2205, 2206, 2207, 2209, 2210, 2212, 2213, 2215, 2217, 2218, 2220, 2221, 2222, 2241, 2258, 2281, 2284, 2286, 2287, 2291, 2301, 2302, 2312, 2491, 2906, 2922, 3248, 3248, 3740)
1992 Ed. (2744)
1991 Ed. (1721, 2251, 3085, 3086)
1990 Ed. (1152, 1774, 1792, 2193, 2224, 2360)
1989 Ed. (1426, 1679, 1681, 2134, 2137)
Travelers/Aetna Insurance Group
1999 Ed. (2913, 2921)
Travelers Aid Society
1995 Ed. (934)
Travelers Asset International
1990 Ed. (902)
Travelers Bank & Trust, FSB
2003 Ed. (4259, 4262, 4263, 4274, 4276)
2002 Ed. (4119, 4120, 4132)
Travelers Casualty & Surety Co.
2000 Ed. (2653)
Travelers Casualty Co. of Connecticut
2008 Ed. (1696)
2007 Ed. (1671)
2006 Ed. (1665)
2004 Ed. (1688)
2003 Ed. (1659)
Travelers/Citigroup Cos.
2004 Ed. (3050, 3051, 3052, 3053, 3054, 3071, 3072, 3073, 3095, 3126, 3128, 4997)
2003 Ed. (2965, 2966, 2967, 2968, 2969, 2981, 2983, 2986, 2989, 3007, 3009, 4994, 4996)
Travelers Cos.
2008 Ed. (1935, 1936, 1937, 1938, 1939, 1940)
1990 Ed. (2325, 2326)
1989 Ed. (2132, 2133)
Travelers Group Inc.
2005 Ed. (1497, 1500, 1551)
2004 Ed. (1481, 1484, 1536)
2003 Ed. (1451, 1454, 1508)
2002 Ed. (438, 1394, 1431, 1434, 2975)
2001 Ed. (1552)
2000 Ed. (827, 1302, 1303, 1304, 1311, 1469, 1476, 2195, 2672)
1999 Ed. (1444, 1492, 1537, 1543, 1544, 1714, 2435, 2442, 2914, 2923, 2965, 2982, 3600, 3601, 3604)
1998 Ed. (1041, 1043, 1696, 2198, 2200, 2672)
1997 Ed. (1275, 1276, 2426, 2509, 2933)
1996 Ed. (2827, 2828)
1994 Ed. (2278)
1993 Ed. (2199, 2238)
Travelers Health Network
1992 Ed. (2392)
1991 Ed. (1895)
1990 Ed. (1999)
Travelers - In-Vest (VUL)
1991 Ed. (2150, 2151)
Travelers Indem Co.
2000 Ed. (2681)
Travelers Indemnity Co.
2008 Ed. (3319)
2006 Ed. (1665)
2005 Ed. (1746, 3140, 3144)
2004 Ed. (1688, 3132, 3134, 3136)
2003 Ed. (1659, 4993)
2002 Ed. (3957)
1999 Ed. (2900)
1998 Ed. (2114)
1997 Ed. (2410, 3921)
1996 Ed. (2270, 2338)
1994 Ed. (2216, 2270, 2272)
1993 Ed. (2184, 2233, 2234)
1992 Ed. (2688, 2695)
1991 Ed. (2122, 2124)
Travelers Indemnity Co. of Illinois
2001 Ed. (2900)
The Travelers Insurance Co.
2008 Ed. (3303)
2007 Ed. (3152, 3153)
2001 Ed. (2950)
2000 Ed. (2781, 3882)
1998 Ed. (2107, 2116, 2129, 2130, 2137, 2146, 2153, 2154, 2185, 2187, 2203, 2212, 3769)
1996 Ed. (2265, 2416)
1995 Ed. (2267, 2268, 2290, 2305, 2306, 2320, 2322, 3322, 3800)
1994 Ed. (223, 224, 2251, 2255, 2256, 2259, 2260, 2266, 2267, 2271, 2318, 3160)
1992 Ed. (2144, 2147, 2644, 2645, 2646, 2650, 2653, 2656, 2685, 2687, 2691, 2774, 2781, 4381, 2370, 2660, 2663, 2666, 2671, 2674, 2676, 2711, 2729, 2732, 2734, 2736, 3549)
1991 Ed. (2214, 2091, 2103, 2104, 2105, 2109, 2112, 2246, 2123)
1990 Ed. (2354)
1989 Ed. (1686, 1687, 1688)
Travelers Insurance DOM Small Cap Index
1994 Ed. (2314)
Travelers Insurance Group Inc.
2001 Ed. (1675)
2000 Ed. (2670, 2721, 2723)
1999 Ed. (2971, 2972, 3047)
1997 Ed. (2407, 2433, 2434, 2448, 3922)
1996 Ed. (2295, 2331, 2334, 3885)
1994 Ed. (2242, 2246, 2248, 2281, 3675)
1991 Ed. (2081, 2082, 2083, 2090, 2092, 2130, 2135)
1990 Ed. (2220, 2221, 2222, 2225, 2227, 2229, 3708)
1989 Ed. (1672, 1673, 1674, 1675, 1676, 1678, 1735, 2975)
Travelers Insurance Large Cap Index
1994 Ed. (2313)
Travelers Insurance Co., Life Department
2002 Ed. (2921, 2927, 2928)
Travelers Insurance Co. Life Dept.
2001 Ed. (2934, 2938, 2943)
2000 Ed. (2700, 2706, 2708)
Travelers Insurance VA Aggressive Stock Trust
1994 Ed. (2314)
Travelers Corp. International Equity Index
1994 Ed. (2315)
Travelers Corp. International Small Cap Index
1994 Ed. (2315)
Travelers Life & Annuity Co.
2001 Ed. (4668)
1999 Ed. (2949, 2955, 2957)
1993 Ed. (2209, 2379)
Travelers (Life Department)
1996 Ed. (2308, 2309, 2312, 2314)
Travelers Mortgage Services
1992 Ed. (3105)
1991 Ed. (2481, 2482)
Travelers PC Group
2002 Ed. (2838, 2839, 2840, 2841, 2842, 2866, 2867, 2878, 2894, 2898, 2949, 2959, 2960, 2976, 3486, 4991)
2000 Ed. (4438)
The Travelers Plan Administrators Inc.
1996 Ed. (980)
1995 Ed. (992)
1994 Ed. (2284)
1993 Ed. (2244)
1992 Ed. (1169, 2697)
1991 Ed. (941)
1990 Ed. (1012)
Travelers Property Casualty Corp.
2007 Ed. (4282)
2006 Ed. (1419, 1423, 1441, 1665, 3060, 3061, 3062, 3063, 3064, 3085, 3102, 3113, 3114, 3142, 3143, 4997)
2005 Ed. (1562, 1746, 1748, 1749, 3050, 3052, 3056, 3058, 3059, 3060, 3061, 3062, 3068, 3079, 3080, 3096, 3097, 3098, 3099, 3124, 3126, 3127, 3128, 3132, 3133, 3134, 3135, 3136, 3137, 4456, 4998)
2004 Ed. (1586, 1688, 1690, 3033, 3097, 3122, 3123, 4338, 4574)
2003 Ed. (1659)
2001 Ed. (1675, 2902, 2903, 2904, 2905, 2906, 2917, 2918, 4031)
Travelers Property/Casualty Group
2000 Ed. (2655, 2656, 2657, 2668, 2725, 2729, 2731, 2736, 2737)
1999 Ed. (2901, 2902, 2903, 2927, 2934, 2935, 2937, 2977, 2978, 2983, 2984, 4822)
Travelers Rlty. Inc.
1990 Ed. (2964)

Travelers (SA D), Conn.
1989 Ed. (2154)
Travelers Specialty Property & Casualty Corp.
2008 Ed. (1696)
2007 Ed. (1671)
2006 Ed. (1665)
Travelers Telecom
2000 Ed. (1106, 2406)
Travelers Universal Annty/G.T. Global Strategic Inc
2000 Ed. (4332)
Travelers Universal Annuity/Fidelity High Income
1997 Ed. (3824)
Travelers Universal Annuity/Travelers Capital App
2000 Ed. (4335)
Travelers Universal Travelers Aggressive Stock
1994 Ed. (3610)
Travelers Vintage VA G.T. Global Strategic Income
2000 Ed. (4332)
Travelex
2001 Ed. (1881)
Travelex Australia
2004 Ed. (1644)
Travelmasters Inc.
1994 Ed. (2531)
1992 Ed. (3091)
1991 Ed. (2473)
1990 Ed. (3650)
TravelNow.com Inc.
2002 Ed. (3559)
Travelocity
2008 Ed. (3373)
2007 Ed. (713, 3244)
2005 Ed. (3193)
2003 Ed. (3055)
2001 Ed. (2991)
Travelocity.com
2004 Ed. (3161)
2002 Ed. (2808, 2811)
Travelodge
2000 Ed. (2550, 2553)
1999 Ed. (2776, 2782)
1998 Ed. (2016)
1997 Ed. (2292, 2298)
1996 Ed. (2183)
1995 Ed. (2164)
1994 Ed. (2111)
1993 Ed. (2095, 2096)
1992 Ed. (2495)
1991 Ed. (1951, 1954)
1990 Ed. (2076, 2086, 2088)
Travelodge Hotels Inc.
2006 Ed. (2942, 2943)
2005 Ed. (2939)
2004 Ed. (2942)
2003 Ed. (2852)
2002 Ed. (2644)
2001 Ed. (2790)
Travelport Inc.
2008 Ed. (3034, 3373, 4746, 4747)
Travelpro Luggage
1996 Ed. (3455)
The Travels of a T-Shirt in the Global Economy
2007 Ed. (655)
Travelscape.com
2001 Ed. (2991)
Travelzoo Inc.
2008 Ed. (2856, 4352)
2007 Ed. (2726, 4395, 4572)
2006 Ed. (4601)
Traverlers Indemnity
1990 Ed. (2251)
Traverse City, MI
2006 Ed. (3322)
2005 Ed. (3334)
2004 Ed. (3310)
2003 Ed. (3247)
2002 Ed. (2745)
1997 Ed. (3356)
Travir "Quality Bond"
1994 Ed. (3615)
Travis County, TX
2008 Ed. (3473)
2004 Ed. (2966)
1999 Ed. (1779, 2997)
Travis Engen
2005 Ed. (2514)
2004 Ed. (2534)
Travis FCU
1999 Ed. (1799)
Travis Federal Credit Union
1998 Ed. (1224)
Travis, K.T. Oslin; Randy
1991 Ed. (1040)
Travis; Nigel
2008 Ed. (2640)
2007 Ed. (2512)
Travis Perkins
2007 Ed. (4370)
2006 Ed. (684, 1205)
2005 Ed. (780)
Travis; Randy
1992 Ed. (1351, 1351)
1990 Ed. (1143, 1143)
Travis Software Corp.
2007 Ed. (2361, 2362)
2006 Ed. (2413, 2414)
Travis/The Judds/Tammy Wynette; Randy
1990 Ed. (1143)
Travis Tritt
1994 Ed. (1100)
Travis Wolff
2002 Ed. (24)
Travis, Wolff & Co.
2008 Ed. (10)
2007 Ed. (12)
TravisBilling
2008 Ed. (2483)
TravisCobra
2008 Ed. (2483)
TravisFlex
2008 Ed. (2483)
TravisWolff
2006 Ed. (16)
2005 Ed. (11)
2004 Ed. (15)
2003 Ed. (9)
Trawinski; Ed
1991 Ed. (3211)
Traylor Bros. Inc.
2006 Ed. (1269)
2005 Ed. (1300)
2004 Ed. (1258, 1273, 1290, 1298)
2003 Ed. (765, 1256, 1287)
2002 Ed. (1237)
1990 Ed. (1197)
Traylor Bros. Construction Co., Inc.
2008 Ed. (3708, 4385)
2007 Ed. (3553, 4411)
TRC
2008 Ed. (2515)
TRC Companies Inc.
1998 Ed. (1484)
TRC Cos., Inc.
2007 Ed. (2418)
2005 Ed. (3870)
2004 Ed. (2440, 3921, 3922)
1997 Ed. (3132)
Treacher's; Arthur
1996 Ed. (3301)
1994 Ed. (3156)
1993 Ed. (3112)
Treacher's Fish & Chips; Arthur
1995 Ed. (3136, 3137, 3200)
Treacy Gaffney
2000 Ed. (1941)
1998 Ed. (1582)
Treadco Inc.
2001 Ed. (4546)
Treadmill
1999 Ed. (4386)
Treadmill Exercise
2000 Ed. (4089)
1997 Ed. (3561)
Treadmill Usage
1998 Ed. (3354)
Treadmills
1997 Ed. (3117)
Treadway Inns Partners
1993 Ed. (2097)
1992 Ed. (2499, 2501)
Treadway; Peter
1996 Ed. (1844)
1995 Ed. (1846, 1863)
1994 Ed. (1808, 1821)
1993 Ed. (1825)
1991 Ed. (1692)
Treadways Corp.
2006 Ed. (4745)
Treasure Chest Advertising
1998 Ed. (2923)
1997 Ed. (3167, 3170)
1996 Ed. (3089)
1992 Ed. (3537)
1991 Ed. (2767)
1990 Ed. (2212, 2904)
Treasure Island Corp.
2004 Ed. (1813)
2003 Ed. (1778, 2594)
2002 Ed. (2385)
2001 Ed. (1808, 1809, 2787)
2000 Ed. (2298)
1999 Ed. (2559)
1998 Ed. (1793)
Treasure Trolls
1994 Ed. (3558)
Treasure Valley Renewable Resources
2007 Ed. (1289)
Treasurer
2004 Ed. (2278)
Treasuries
1992 Ed. (730)
Treasury Bank NA
2006 Ed. (392, 2873)
Treasury Bills
1993 Ed. (2364)
1991 Ed. (2262)
Treasury bills (3-month)
1992 Ed. (2804)
Treasury Department
1998 Ed. (2512)
Treasury Department Credit Union
2008 Ed. (2267)
2007 Ed. (2152)
2006 Ed. (2231)
2005 Ed. (2136)
2004 Ed. (1994)
2003 Ed. (1954)
2002 Ed. (1857)
Treasury G. Enterprise Co. Ltd.
1994 Ed. (3524)
Treasury Management Services
2007 Ed. (1187)
2006 Ed. (1082)
A Treasury of Curious George
2008 Ed. (548)
Treasury; U.S. Department of
2006 Ed. (3293)
Treasury; U.S. Department of the
2008 Ed. (2830, 2835)
2007 Ed. (2701, 2707)
2006 Ed. (2706, 2711)
2005 Ed. (2745, 2750)
Treat Street
2002 Ed. (2251)
Treats
1992 Ed. (2227)
1991 Ed. (1773)
1990 Ed. (1854)
Trebor Group Ltd.
1991 Ed. (961)
Tredegar Corp.
2005 Ed. (3855, 3856)
2004 Ed. (3910)
Tredegar Film
1998 Ed. (2873)
Tredegar Industries
2001 Ed. (4139)
1999 Ed. (1346)
1998 Ed. (929)
1997 Ed. (1145)
1996 Ed. (2852)
1993 Ed. (3576)
1992 Ed. (3746)
1991 Ed. (2903)
Tredegar (Molded Products Div.)
1993 Ed. (2868)
Tree Island Industries
2006 Ed. (2023)
2005 Ed. (1965)
Tree Island Wire Income Fund
2008 Ed. (3657)
2006 Ed. (1572, 1611)
Tree Ripe
2005 Ed. (3657)
Tree Top
2002 Ed. (2375)
1996 Ed. (227)
1993 Ed. (688)
1990 Ed. (723, 724)
TREF AS
1997 Ed. (1384)
Trefler; Alan
2006 Ed. (2527)
Treichel; Rudy
2005 Ed. (796)
Trek Equipment
2005 Ed. (2333)
Trek Resources Inc.
2007 Ed. (3853, 3854)
2006 Ed. (3823, 3837)
Trelleborg
1997 Ed. (3636)
1994 Ed. (3440)
1993 Ed. (1403, 3461)
1992 Ed. (1608, 1692, 4143)
1991 Ed. (1349, 1350, 3222)
Trelleborg AB
2001 Ed. (393)
Trelleborg Automotive
2005 Ed. (325)
Trellium Meats
1995 Ed. (2528)
Tren Urbano
2005 Ed. (3992)
2002 Ed. (3905)
2000 Ed. (3102)
Trencher's Fish & Chips; Arthur
1997 Ed. (3397)
Trend Associates
1993 Ed. (1043)
Trend Homes
2005 Ed. (1223, 1227)
2001 Ed. (1387, 1390)
1998 Ed. (915)
Trend Homes/Key
1999 Ed. (1337)
Trend Homes of Arizona
1998 Ed. (874)
Trend-Lines
1996 Ed. (2059, 3443, 3449)
Trend Micro
2007 Ed. (1261)
2002 Ed. (1158)
Trend Motors Ltd.
1994 Ed. (287)
Trend 1 Program
2003 Ed. (3112)
Trendlogic Associates Inc.
1994 Ed. (1067)
Trendstat Capital
1997 Ed. (2523)
Trendview Management
1999 Ed. (1245)
Trendway Corp.
2004 Ed. (1365)
Trendwest Resorts Inc.
2007 Ed. (1750)
TrenStar Inc.
2008 Ed. (1156)
Trent University
2008 Ed. (1072, 1078, 1083, 1084)
2007 Ed. (1168)
Trenton, NJ
2008 Ed. (3115, 4039)
2007 Ed. (3001)
2006 Ed. (2973)
2005 Ed. (2030, 2377)
2004 Ed. (2984)
2003 Ed. (3390, 3394, 3395, 3400, 3405)
2002 Ed. (3332)
2000 Ed. (1070, 2605, 2615, 3118, 3765, 4364)
1999 Ed. (2672, 2673, 2833, 3259, 3260, 3389, 4057)
1998 Ed. (2481, 3057, 3706)
1997 Ed. (2359, 3303)
1996 Ed. (2230)
1995 Ed. (2221)
1994 Ed. (2163, 2171, 2173, 2491)
1993 Ed. (2147, 2150)
1992 Ed. (2582, 2585)
1991 Ed. (2008, 2011)
1990 Ed. (2164, 2167)
Trenton State College
1997 Ed. (1053)
1996 Ed. (1037)
1995 Ed. (1052)
1994 Ed. (1044)

1993 Ed. (1017)
1992 Ed. (1269)
Trenton State Prison
1999 Ed. (3902)
Trenwick America Re
2001 Ed. (2955)
Trenwick America Reinsurance Corp.
2002 Ed. (3953)
Trenwick Group Ltd.
2005 Ed. (421)
2003 Ed. (4573)
TresCom International Inc.
1998 Ed. (2410)
Trescomp Inc.
1997 Ed. (2222, 2227)
Trescon Corp.
1991 Ed. (1086)
TRESemme
2008 Ed. (2870)
2003 Ed. (2659)
1991 Ed. (1879, 1880)
Tresor
2003 Ed. (2545, 2552)
2001 Ed. (2528)
1999 Ed. (3739)
1997 Ed. (3030)
1995 Ed. (2875)
Trespass
1989 Ed. (967)
Tressler Lutheran Services
1991 Ed. (2623)
1990 Ed. (2724)
Tretorn
1992 Ed. (368)
1991 Ed. (264)
Tretter-Gorman
1992 Ed. (3580)
Tretter Group
1999 Ed. (3952)
1998 Ed. (2958)
Treuarbeit AG
1990 Ed. (8)
Treuhand-Vereinigung
1990 Ed. (8)
Treuverkehr AG
1990 Ed. (8)
Trevellyan Subaru
1994 Ed. (284)
Treves
1997 Ed. (2106)
Treves (Ets.)
1996 Ed. (1991)
Trevi Icos Corp.
2006 Ed. (1282)
2003 Ed. (1302)
2002 Ed. (1290)
Trevino & Associates Mechanical Inc.
2006 Ed. (2831)
2004 Ed. (2829)
Trevino; Rick
1997 Ed. (1113)
Trevira
1998 Ed. (2880)
Trevor Green
2008 Ed. (4905)
2007 Ed. (4929)
Trevor Harris
2005 Ed. (3200)
Trevor Hemmings
2008 Ed. (4904)
2007 Ed. (2462, 4928)
2005 Ed. (4892)
Trevor Stewart Burton & Jacobsen
1998 Ed. (2276, 2278)
Trevor Stewart Burton & Jacobsen, Equity—Top-Down Growth
2003 Ed. (3126)
Trex Co.
2008 Ed. (3588)
2006 Ed. (3919)
2005 Ed. (3855)
2002 Ed. (4288)
2000 Ed. (1655)
Trex Medical
2000 Ed. (3078)
1999 Ed. (3339)
Trex Medical Diag Imaging Prods Service
1999 Ed. (3338)
Trexmed & Services
2001 Ed. (3270)
Treynor State Bank
1993 Ed. (509)
TRG Holdings LLC
2007 Ed. (2058)
Tri-Arc Financial Services Inc.
2002 Ed. (2857)
Tri-Auto Enterprises
2007 Ed. (99)
Tri-Cities, TN-VA
2004 Ed. (3481)
Tri-City
2001 Ed. (2909)
Tri City Bankshares Corp.
2004 Ed. (404, 405)
Tri-City Brokerage Inc.
2002 Ed. (2854)
1998 Ed. (2144)
1997 Ed. (2429)
1996 Ed. (2294)
Tri-City Electrical Contractors Inc.
2008 Ed. (1277, 1339)
2006 Ed. (1183, 1345)
Tri-City Hospital District
1997 Ed. (2267)
Tri-City Insurance Brokerage Inc.
1995 Ed. (2289)
Tri-City Insurance Brokers Inc.
1994 Ed. (2241)
1993 Ed. (2192)
1992 Ed. (2649)
1991 Ed. (2089)
Tri-City Mechanical Inc.
2008 Ed. (1181, 1343)
2007 Ed. (1281, 1393)
2006 Ed. (1175, 1349)
2004 Ed. (1243)
2003 Ed. (1240)
Tri-City Medical Center
2005 Ed. (1848)
Tri-Cor Industries Inc.
2000 Ed. (2449, 2468)
1998 Ed. (1927, 1941)
1997 Ed. (2225)
1996 Ed. (2109)
Tri-County Credit Union
2002 Ed. (1830)
Tri County Metropolitan Transportation
1991 Ed. (1886)
Tri-County Metropolitan Transportation Authority
1999 Ed. (3989)
1996 Ed. (1062)
Tri-County Metropolitan Transportation District of Oregon
2001 Ed. (1831)
Tri County Rail Co.
2006 Ed. (3520, 3689, 4359)
Tri County State Bank
1989 Ed. (217)
Tri-Direct
2002 Ed. (1984)
2000 Ed. (1677)
Tri-Marine International
2008 Ed. (4284)
2007 Ed. (4265)
2006 Ed. (4250)
Tri-Mount Development
2002 Ed. (1188)
Tri Mount-Vincenti Cos.
2000 Ed. (1212)
Tri-Point Credit Union
1996 Ed. (1508)
Tri-Point Medical Corp.
1998 Ed. (3177)
Tri Polyta
1999 Ed. (3611)
Tri-Star
1996 Ed. (2690)
1993 Ed. (2596)
Tri-Star Power
1997 Ed. (2589)
Tri-Star Shipping
1997 Ed. (2589)
Tri-State Bank & Trust
1999 Ed. (541)
1997 Ed. (494, 496)
1996 Ed. (535, 537)
1994 Ed. (507, 509, 510)
1993 Ed. (371, 504)
Tri-State Bank & Trust Co. (Haughton, LA)
2000 Ed. (551)
Tri-State G & T Association
2007 Ed. (1428)
2006 Ed. (1392, 1393)
2005 Ed. (1406, 1407)
2004 Ed. (1385, 1386)
2003 Ed. (1377)
Tri-State Generation & Transmission Association Inc.
2008 Ed. (4054)
2007 Ed. (4027)
2006 Ed. (3989)
Tri-State Glass Inc.
1997 Ed. (1170)
1995 Ed. (1166)
Tri-State Motor Transit Co.
1994 Ed. (3597)
1993 Ed. (3637)
1992 Ed. (4356)
1991 Ed. (3432)
Tri-State Wholesale
1998 Ed. (1870)
Tri-State Wholesale Associated Grocers
1993 Ed. (3492)
Tri-States Glass Inc.
1993 Ed. (1133)
1992 Ed. (1420)
1991 Ed. (1087)
1990 Ed. (1206)
Tri Teleco
2004 Ed. (91)
Tri-Union Seafoods
2003 Ed. (863, 4312)
Tri-Valley Corp.
2006 Ed. (3823, 3837)
2005 Ed. (3753, 3755)
Tri-Valley Growers
1998 Ed. (2928)
Tri-Vision International Ltd.
2008 Ed. (2939)
Tri-W Equipment Rental
1989 Ed. (1890)
Tri-West Ltd.
1991 Ed. (1728)
Triad Hospitals Inc.
2008 Ed. (1510, 2116, 2889, 2890, 2901, 3634)
2007 Ed. (1526, 2770, 2776, 2790, 2791, 2935, 3460)
2006 Ed. (2759, 2776, 2795, 2925, 3586, 3587, 3588)
2005 Ed. (2789, 2801, 2913, 2914, 2915)
2004 Ed. (1579, 1590, 2926, 2927)
2003 Ed. (2692, 2825, 3464, 3465)
2002 Ed. (2451, 3291)
2001 Ed. (2667)
Triad Management Systems, Inc.
2002 Ed. (2513)
Triad Mechanical Inc.
2006 Ed. (1242)
Triad System Corp.
1991 Ed. (3334)
Triad Systems
1990 Ed. (1115)
1989 Ed. (969)
Triad Trading Fund LP
2005 Ed. (1086)
Triad USA Marketing Group, Inc.
2002 Ed. (3763)
Triada Holding
2006 Ed. (4521)
Triage Consulting Group
2007 Ed. (4393)
2006 Ed. (4329)
Trial
2008 Ed. (4716)
2007 Ed. (4796)
Triaminic
2003 Ed. (1052)
2002 Ed. (1098)
2001 Ed. (1310)
2000 Ed. (277, 1135)
1996 Ed. (1024, 1026, 1028, 1032)
1993 Ed. (1009, 1011)
1992 Ed. (1245, 1247, 1250, 1251, 1264)
1991 Ed. (992, 994, 1367)
Triaminicin
1991 Ed. (997, 995, 996, 998)
Triamterene with HCTZ
1998 Ed. (1825)
Trian Holdings
1991 Ed. (2683)
Triangle
2002 Ed. (4085, 4087)
1996 Ed. (3277)
Triangle Comms
2000 Ed. (3843)
Triangle Communications
1997 Ed. (3374)
Triangle Credit Union
2008 Ed. (2246)
2007 Ed. (2131)
2006 Ed. (2210)
2005 Ed. (2115)
2004 Ed. (1973)
2003 Ed. (1933)
2002 Ed. (1879)
Triangle Electronics Group Inc.
2001 Ed. (2200)
1998 Ed. (1415)
Triangle Ind. Cl A
1990 Ed. (2747)
Triangle Industries Inc.
1991 Ed. (1169)
1990 Ed. (2541, 2542)
1989 Ed. (1008, 1009, 1052, 1945, 1947)
Triangle Industries/National, American CAM
1991 Ed. (1145)
Triangle Pacific Corp.
2001 Ed. (2500)
1995 Ed. (3161)
1992 Ed. (2819)
Triangle Publications Inc.
1997 Ed. (1253)
1996 Ed. (1207, 2578)
1995 Ed. (1236)
1994 Ed. (1220)
1993 Ed. (1180)
1992 Ed. (1473)
1991 Ed. (1161)
1990 Ed. (1228, 1229, 2795)
1989 Ed. (932)
Triangle Sheet Metal Works Inc.
1992 Ed. (1414)
1991 Ed. (1081)
Triangle Tool Corp.
2008 Ed. (3746)
2006 Ed. (3922)
2004 Ed. (3913)
TriangleInd
1990 Ed. (2749)
Triarc
2000 Ed. (733)
1995 Ed. (1386, 3597, 3599)
Triarc Cos., Inc.
2008 Ed. (2850, 2853)
2007 Ed. (2715, 2723)
2006 Ed. (2725)
2005 Ed. (2660, 2769)
2004 Ed. (4447, 4448)
2003 Ed. (2579, 4521, 4677)
2002 Ed. (4326)
1999 Ed. (717, 4082, 4589)
1998 Ed. (3067, 3518, 3519)
1997 Ed. (837, 3734, 3735)
1996 Ed. (738, 3677, 3678, 3679)
Triarco Industries, Inc.
2001 Ed. (994)
Trias Capital Mgmt.
2000 Ed. (2815, 2817)
Trias; Gerry R.
1991 Ed. (2344)
Tribal DDB
2007 Ed. (3434, 3435)
2006 Ed. (3420)
2005 Ed. (115)
Tribble & Stephens Co.
1995 Ed. (3374)
1994 Ed. (3298, 3299)
1993 Ed. (3306, 3308, 3309)
1992 Ed. (3964, 3962)
1991 Ed. (3121, 3122, 3123)
Tribble Harris & Li
1991 Ed. (1558)
Tribecca Corp.
2005 Ed. (1655)
Triborough Bridge
1997 Ed. (726)
Triborough Bridge & Tunnel Authority
1997 Ed. (3794)

1996 Ed. (3739)
1995 Ed. (3663)
1994 Ed. (3363)
1993 Ed. (2880, 3362, 3621, 3623)
Triborough Bridge and Tunnel Authority, New York
1992 Ed. (3487, 4032)
Triborough Bridge and Tunnel Authority, NY
1991 Ed. (2510, 3421)
Triborough Bridge & Tunnel, NY
1991 Ed. (2512, 2512)
Tribulation Force
2003 Ed. (722)
Tribunal de Justica RS
2004 Ed. (3026)
Tribune Co.
2008 Ed. (3783, 4085, 4086, 4659, 4667)
2007 Ed. (3699, 4049, 4050, 4051, 4053, 4530, 4568, 4737)
2006 Ed. (3433, 3435, 3438, 3439, 3704, 4019, 4020, 4021, 4022, 4716, 4717, 4718)
2005 Ed. (924, 1529, 3422, 3424, 3427, 3598, 3599, 3600, 3979, 3980, 3983, 3984, 4660, 4661, 4662)
2004 Ed. (1513, 3409, 3411, 3415, 3683, 3684, 3685, 4040, 4041, 4045, 4046, 4560, 4689, 4690)
2003 Ed. (1483, 3346, 3351, 3641, 4022, 4023, 4024, 4025, 4026, 4027, 4712, 4713)
2002 Ed. (3280, 3283, 3286, 3287, 3288, 3883, 3884, 3885, 4582, 4603)
2001 Ed. (1033, 1601, 3231, 3247, 3248, 3540, 3952, 3960, 4490)
2000 Ed. (825, 3333, 3681, 3682, 3683, 3693, 4213)
1999 Ed. (824, 3612, 3968, 3969, 3971, 3972, 4569)
1998 Ed. (512, 2440, 2679, 2972, 2973, 2974, 2975, 2976, 3500)
1997 Ed. (2942, 3219, 3220, 3221, 3234, 3718, 3719, 3720, 3721)
1996 Ed. (2846, 3139, 3140, 3141)
1995 Ed. (2773)
1994 Ed. (757, 2977, 2978, 2979, 2981)
1993 Ed. (752, 2941, 2942, 2943)
1992 Ed. (1132, 3592)
1991 Ed. (2783, 2784, 2785, 2786)
1990 Ed. (2523, 2689)
1989 Ed. (2265, 2266, 2267)
Tribune Broadcasting Co.
2008 Ed. (4662)
2007 Ed. (4738, 4741)
2001 Ed. (4492)
2000 Ed. (4214)
1999 Ed. (823, 4570)
1998 Ed. (3501)
1996 Ed. (3664)
1993 Ed. (3544)
1992 Ed. (4256)
1990 Ed. (3550)
Tribune Media Services
1989 Ed. (2047)
Tribuno
2005 Ed. (4822, 4823)
2004 Ed. (4833)
2003 Ed. (4850)
2002 Ed. (4742)
2001 Ed. (4676)
The Tribus Co.
2002 Ed. (2858)
Trican Well Service Ltd.
2008 Ed. (1619, 3917)
2007 Ed. (1569, 3865)
2006 Ed. (1632)
Tricarico, Architect; Nicholas J.
2006 Ed. (3171)
2005 Ed. (3169)
Tricarico Architecture & Design
2008 Ed. (3347)
2007 Ed. (3205)
Tricentrol PLC
1990 Ed. (1251)
1989 Ed. (2665)
Trichet; Jean-Claude
2005 Ed. (3203)
Trico Homes
2008 Ed. (3497)
2007 Ed. (3378)
Trico Products Corp.
2008 Ed. (291, 4737)
1990 Ed. (390, 392)
1989 Ed. (331)
Tricomi; Warren
2007 Ed. (2758)
Tricon Global Restaurants, Inc.
2004 Ed. (4129)
2003 Ed. (841, 1578, 1590, 1733, 1734, 2525, 2534, 3209, 4079, 4080, 4091, 4105)
2002 Ed. (1712, 2304, 2314, 3993, 3999, 4025, 4364, 4587, 4588)
2001 Ed. (39, 58, 70, 76, 1589, 1773, 4050, 4056, 4057, 4058, 4059, 4081)
2000 Ed. (949, 1345, 1500, 2217, 2236, 2266, 3797, 4208, 4209)
1999 Ed. (4082, 4489)
Tricon Global Restaurants of Canada Inc.
2004 Ed. (4149)
2003 Ed. (4141)
2001 Ed. (4085)
Tricor
2006 Ed. (2312)
Tricor America Inc.
2008 Ed. (270, 4371)
2007 Ed. (4402)
1999 Ed. (2498)
1998 Ed. (1755)
Tridel Enterprises
1997 Ed. (3258)
1996 Ed. (3162)
1994 Ed. (3005)
1992 Ed. (3624)
1990 Ed. (2961)
Trident
2008 Ed. (931)
2005 Ed. (963)
2004 Ed. (876)
2003 Ed. (951)
1996 Ed. (955)
1995 Ed. (889, 975)
1994 Ed. (943)
1993 Ed. (2701)
Trident Advantage
2003 Ed. (951)
Trident Capital
2002 Ed. (4736)
2000 Ed. (4341)
1999 Ed. (4706)
Trident Financial
1995 Ed. (1215)
1993 Ed. (1169)
Trident for Kids
2005 Ed. (963)
Trident Gum
1993 Ed. (929)
Trident II
1992 Ed. (4427)
Trident Microsystems Inc.
2008 Ed. (1587, 1606)
1994 Ed. (2009, 3045, 3317)
Trident NGL Holding
1996 Ed. (2823)
Trident Seafood Corp.
1998 Ed. (1734)
Trident Seafoods Corp.
2008 Ed. (4284)
2007 Ed. (4265)
2006 Ed. (4250)
1997 Ed. (2049)
1996 Ed. (1950)
1993 Ed. (960)
Trident Sugarless
2002 Ed. (1037)
Trident White
2008 Ed. (931)
TridexCp
1989 Ed. (2664)
Tridion
2002 Ed. (2518)
Triesco Insurance Services
2001 Ed. (2923)
Trieste
1992 Ed. (1398)
Triflualin
1999 Ed. (2663)
TriGem Ventures, Inc.
2002 Ed. (4435)
Trigon Healthcare Inc.
2005 Ed. (1486, 1542, 1558)
2004 Ed. (4556)
2001 Ed. (2675)
1998 Ed. (2107, 3179)
Triguboff; Harry
2008 Ed. (4842)
TriHealth Inc.
2004 Ed. (1833)
Trikaya Grey
1997 Ed. (99)
1996 Ed. (97)
1995 Ed. (83)
1994 Ed. (94)
Trikaya Grey First Serve
2003 Ed. (151)
2002 Ed. (187)
Trilithic
1995 Ed. (998, 3392)
Trillium
2003 Ed. (1993)
Trillium Digital Systems
2002 Ed. (1154)
Trillium Meats
1995 Ed. (2969)
1994 Ed. (2912)
1993 Ed. (2524)
Trilon Financial
1996 Ed. (1314, 1918)
1994 Ed. (1341, 1847)
1993 Ed. (1858, 3575)
1992 Ed. (1593, 2152, 2153)
1991 Ed. (474)
1990 Ed. (1780)
Trim
2003 Ed. (3623)
Trim-a-tree
2001 Ed. (2088)
Trim Engineering Ltd.
1995 Ed. (1010)
Trim Masters Inc.
2006 Ed. (341)
Trimac Corp.
2002 Ed. (1610)
1999 Ed. (4654, 4681)
1998 Ed. (3639)
1997 Ed. (3789, 3809)
1996 Ed. (3732, 3733)
1995 Ed. (3655)
1993 Ed. (3614, 3642)
1992 Ed. (4338, 4339)
1991 Ed. (3417)
1990 Ed. (3642)
Trimac Group
2008 Ed. (4588)
Trimac Transport
1999 Ed. (4533)
1994 Ed. (3571, 3602)
Trimac Transportation Inc.
2008 Ed. (4772)
2001 Ed. (4441, 4645)
1996 Ed. (3630, 3759)
1995 Ed. (3680)
Trimac Transportation Services
2006 Ed. (4853)
Trimac Transportation System
2007 Ed. (4677)
2006 Ed. (4657)
2005 Ed. (4591)
2004 Ed. (4775)
2002 Ed. (4695)
2000 Ed. (4320)
TriMaine Holdings Inc.
2004 Ed. (4585)
Trimaran Capital Partners
2005 Ed. (3284, 3936)
Trimark
2003 Ed. (1159)
Trimark Canadian Resources
2005 Ed. (3568)
2004 Ed. (3619)
Trimark Canadian Small Companies
2004 Ed. (3616, 3617)
2003 Ed. (3570, 3571, 3576)
TriMark Development
1998 Ed. (3007)
1997 Ed. (3259)
Trimark Discovery
2002 Ed. (3467, 3468)
Trimark Europlus
2006 Ed. (2513)
Trimark Fund
2004 Ed. (2478, 2479, 2480)
2003 Ed. (3573, 3574)
Trimark Homes
2005 Ed. (1193)
Trimark Hotel Corp.
1993 Ed. (2080, 2081)
1992 Ed. (2468, 2469)
Trimark Income Growth
2004 Ed. (3610, 3611)
2003 Ed. (3558, 3559)
Trimark Select Growth
2004 Ed. (2480)
2003 Ed. (3573, 3574)
Trimark-The Americas
2001 Ed. (3488, 3489)
TriMark USA Inc.
2008 Ed. (2729)
2007 Ed. (2593, 2595)
2006 Ed. (2619)
2005 Ed. (2623)
TriMas
1997 Ed. (2948)
Trimax
1999 Ed. (1898)
1997 Ed. (3161, 3162)
1995 Ed. (1582)
Trimble & Nulan
1999 Ed. (4659)
Trimble; Curtis
2006 Ed. (2579)
Trimble Navigation Ltd.
2008 Ed. (1127)
2007 Ed. (2330)
1994 Ed. (2018)
Trimble; Simon
1994 Ed. (1798)
Trimble, Tate & Nulan
1995 Ed. (3664)
1993 Ed. (3622, 3625)
Trimedia
2004 Ed. (3985)
Trimedia Communication
1996 Ed. (144)
Trimegah
1997 Ed. (3473)
Trimeris, Inc.
2002 Ed. (2530)
Trimethoprim/Sulfa
2000 Ed. (2325)
1999 Ed. (2585, 3885)
Trimin Capital
2007 Ed. (2853)
Triminicol
1991 Ed. (991)
Trimount Cos.
1998 Ed. (901)
Trimox
2001 Ed. (2101)
2000 Ed. (1699, 2324, 2325, 3604, 3605)
1999 Ed. (1893, 2585, 3884, 3885)
1998 Ed. (1825, 2913, 2914)
1997 Ed. (1647, 1653, 1654)
1996 Ed. (3082, 3083)
1995 Ed. (2982, 2983)
1994 Ed. (2928)
1993 Ed. (2913)
Trina Barrett
2008 Ed. (4884)
2007 Ed. (4920)
Trinchero Family Estates
2008 Ed. (4935)
2007 Ed. (3216, 4966)
2006 Ed. (4959, 4963)
2005 Ed. (4946, 4947)
2004 Ed. (4962, 4963)
2003 Ed. (4959, 4961)
2002 Ed. (4913)
2001 Ed. (4840, 4841)
Trindle FSA MAAA; David B.
2008 Ed. (16)
TriNet VCO
2001 Ed. (1248)
Trinidad
2001 Ed. (4148)
2000 Ed. (3841)
1999 Ed. (4131)
1998 Ed. (3114)
1995 Ed. (3176)

1993 Ed. (3062)
Trinidad & Tobago
2008 Ed. (2205, 2397)
2007 Ed. (2095, 2264)
2006 Ed. (2151, 2333)
2005 Ed. (2057)
2004 Ed. (1922, 2765)
2002 Ed. (1820, 4080)
2001 Ed. (511, 1951)
2000 Ed. (1614)
1999 Ed. (1785)
1997 Ed. (1546, 3372)
1996 Ed. (1481, 3274)
1995 Ed. (1522)
1994 Ed. (1490, 3126)
1992 Ed. (1738, 3601, 2361)
1991 Ed. (1384)
1990 Ed. (1451)
Trinidad & Tobago Methanol
1999 Ed. (3366)
Trinidad Cement Co.
2006 Ed. (3232, 4485)
2002 Ed. (3033, 4679, 4680)
1999 Ed. (4668, 4669)
1997 Ed. (3797, 3798)
1996 Ed. (3745)
1994 Ed. (3580, 3581)
Trinidad Energy Services Income Trust
2008 Ed. (3917)
Trinitas Hospital
2008 Ed. (1973)
Trinity Advisors
1993 Ed. (1043)
Trinity Broadcasting
1990 Ed. (3550)
Trinity Broadcasting Network Inc.
2008 Ed. (4662)
2007 Ed. (4741)
2006 Ed. (4717, 4718)
Trinity Builders
2002 Ed. (2689)
Trinity College
1995 Ed. (1056)
1993 Ed. (1021)
1992 Ed. (1273)
Trinity Communications Inc.
2005 Ed. (4661, 4662)
2004 Ed. (4690)
Trinity Development
2002 Ed. (2683)
Trinity Episcopal Church
1995 Ed. (1927)
Trinity Health
2008 Ed. (1994, 2577, 2890, 3983)
2007 Ed. (1928, 3953)
2006 Ed. (289, 1945, 2482, 3585, 3588)
2005 Ed. (1916)
2004 Ed. (1831, 3526)
2003 Ed. (1796, 3463, 3466, 3469, 3470)
2002 Ed. (2619, 3290, 3292, 3917)
Trinity Homes
2004 Ed. (1180)
2003 Ed. (1172)
2002 Ed. (1193)
1998 Ed. (906)
Trinity Industries Inc.
2008 Ed. (4545)
2007 Ed. (3031, 3400, 4594, 4829)
2006 Ed. (4817)
2005 Ed. (3460, 4766)
2004 Ed. (3446, 4793)
2003 Ed. (4808)
2002 Ed. (4667)
2001 Ed. (4628, 4631)
2000 Ed. (217, 4294)
1999 Ed. (1489, 2850, 4655, 4693)
1998 Ed. (1022, 2088, 2089, 3615)
1997 Ed. (2367, 2369, 3790)
1996 Ed. (2242, 2244, 3734)
1995 Ed. (2238, 3657, 3658)
1994 Ed. (2184, 2185, 3568, 3573, 3574)
1993 Ed. (2165, 3611, 3615, 3616)
1992 Ed. (4335, 4341, 4342)
1991 Ed. (1877, 3414, 3419, 3420)
1990 Ed. (2945, 3643)
1989 Ed. (2283, 2872)
Trinity Investment
1991 Ed. (2230)
Trinity Investment Management Corp.
2002 Ed. (3021)
2000 Ed. (2805)
1999 Ed. (3071)
1998 Ed. (2271)
1993 Ed. (2331)
1992 Ed. (2771)
Trinity Investment Mgmt. Corp.
2000 Ed. (2857)
Trinity Land Development
2008 Ed. (1195)
Trinity Medical Center Inc.
2001 Ed. (1823)
Trinity Mirror
2006 Ed. (3442)
Trinity Mirror plc
2007 Ed. (3454)
Trinity Money Management Inc.
1994 Ed. (1067)
1993 Ed. (1037)
Trinity Oaks
2005 Ed. (4957)
2004 Ed. (4966)
Trinity River Authority, TX
1991 Ed. (2780)
Trinity Springs
2005 Ed. (2625)
Trinity University
2008 Ed. (1088)
2001 Ed. (1327)
1999 Ed. (1232)
1998 Ed. (803)
1997 Ed. (1056)
1996 Ed. (1040)
1995 Ed. (1055)
1994 Ed. (1047)
1993 Ed. (1020)
1992 Ed. (1272)
Trinkaus & Burhardt
1990 Ed. (814)
Trinkaus & Burkhardt
1994 Ed. (1677)
1992 Ed. (1998)
1991 Ed. (1585)
1990 Ed. (1682)
1989 Ed. (814, 1362)
Trinks GmbH
2004 Ed. (4797)
Trinova Corp.
1998 Ed. (696)
1992 Ed. (474, 475, 478, 479)
1991 Ed. (2021, 341, 342, 345, 346)
1990 Ed. (399, 2171, 2173, 2174)
1989 Ed. (1651, 1652)
Trintch Sys
1996 Ed. (207)
TrinTel Communications Inc.
2005 Ed. (4984)
Trio Construction Services
1991 Ed. (3122)
Trio-Tech International
2005 Ed. (2281)
Trion
2005 Ed. (2370)
Trion Group Inc.
2008 Ed. (3239)
2006 Ed. (2419)
Trion Industries Inc.
2007 Ed. (3985)
2006 Ed. (3930)
Trios Associates
2005 Ed. (3023)
Trip Network
2007 Ed. (3244)
TriPac
1992 Ed. (2820)
TripAdvisor
2005 Ed. (3193)
Tripap
1999 Ed. (3703)
TriPath Imaging
2008 Ed. (2846)
2007 Ed. (2712)
2003 Ed. (2725)
Tripath Technology Inc.
2006 Ed. (4606)
2002 Ed. (2471, 2476)
Trip.com
2002 Ed. (2076)
2001 Ed. (2991)
Tripictures
2001 Ed. (3380)
Tripifoods
1998 Ed. (979, 980)
1997 Ed. (1201, 1207)
1995 Ed. (1201)
Triple C Carwash
2006 Ed. (364)
Triple Check Income Tax Service
1994 Ed. (1915)
1992 Ed. (2222)
1991 Ed. (1772)
1990 Ed. (1852)
Triple Crown Sports
2002 Ed. (3943)
Triple Extra Large (20 ounces or more)
1990 Ed. (2888)
Triple Five Group of Cos.
2007 Ed. (4186)
Triple G Systems Group Inc.
2003 Ed. (2931)
Triple H Advertising
1999 Ed. (117)
1996 Ed. (111)
Triple Nickel Tactical Supply
2007 Ed. (3562, 4424)
Triple Paste
2003 Ed. (2919)
Triple-S Inc.
2005 Ed. (2817)
Triple-S Management Corp.
2007 Ed. (1964)
2006 Ed. (1999, 3093)
2005 Ed. (1954, 3088)
2004 Ed. (1671, 3083)
Triple Sec
2002 Ed. (3087)
2001 Ed. (3101)
Triple T Hotel Management
1992 Ed. (2464)
Triplex
1992 Ed. (54, 3349)
Tripod
2001 Ed. (4778)
Tripoli, Libya
1993 Ed. (1425)
1991 Ed. (1365)
Tripos Inc.
2006 Ed. (1911)
2005 Ed. (1111, 1881)
2004 Ed. (1107)
Tripp Trademark Homes
2006 Ed. (1159)
Tripwire
2006 Ed. (1118)
2005 Ed. (1347, 3902)
2003 Ed. (2727)
2002 Ed. (2531)
TriQuest Precision Plastics
2007 Ed. (3683, 4399)
TriQuint
2005 Ed. (1925)
TriQuint Semiconductor
2008 Ed. (2139)
2003 Ed. (1561)
TRIRIGA Inc.
2006 Ed. (1131)
Triscuit
2006 Ed. (1387)
2005 Ed. (1400)
2004 Ed. (1380)
2003 Ed. (1368, 1370)
2002 Ed. (1340)
2001 Ed. (1495)
2000 Ed. (1293)
1999 Ed. (779, 1421)
Triscuit Savory
2007 Ed. (1424)
Trisha Yearwood
1993 Ed. (1079)
Trism Inc.
2003 Ed. (4783)
2002 Ed. (4688)
Trism Specialized Carriers
2000 Ed. (4307)
1995 Ed. (3677)
TriStar
1997 Ed. (2819)
1996 Ed. (2689, 2691)
TriStar Pictures
2000 Ed. (33, 793)
Tritech Precision Inc.
2001 Ed. (1654)
Tritel Inc.
2002 Ed. (1124)
Triton
2004 Ed. (263)
Triton Energy
1997 Ed. (1322)
1996 Ed. (1277)
1995 Ed. (1307)
1993 Ed. (2714)
Triton Europe
1993 Ed. (1323)
Triton Financial Corp.
1992 Ed. (1597)
Triton Industries
1992 Ed. (4279)
1990 Ed. (3569)
Triton Network Systems Inc.
2001 Ed. (435)
Triton PCS Holdings Inc.
2005 Ed. (4979)
2004 Ed. (4558)
Tritt; Travis
1994 Ed. (1100)
Triumph
2001 Ed. (3399)
Triumph Boats Inc.
2007 Ed. (3975)
2006 Ed. (3921)
Triumph Foods
2008 Ed. (4013)
2007 Ed. (2627)
2006 Ed. (2647)
Triumph Group Inc.
2005 Ed. (204, 205)
2004 Ed. (201, 202)
Triumph International Ltd.
1994 Ed. (1033)
1992 Ed. (1230)
Triumph International AG
1990 Ed. (1350)
1989 Ed. (1109)
Triumph International Spiesshofer & Braun
1997 Ed. (1040)
1993 Ed. (3557)
Triumph Pork Group, LLC
2003 Ed. (3899)
Triumph Turbine Service Inc.
2005 Ed. (1649)
Triumph-Universa AG
1994 Ed. (1031)
Triumph-Universal AG
1993 Ed. (999)
Trivial Pursuit
1991 Ed. (1784)
TriVIN Inc.
2005 Ed. (2834)
Triwest Healthcare Alliance Corp.
2008 Ed. (1557)
TriWest Insurance Services Inc.
2000 Ed. (2665)
1999 Ed. (2910)
1998 Ed. (2125)
1997 Ed. (2415)
1996 Ed. (2277)
Trix Pops
1997 Ed. (2347)
Trix Rabbit
2007 Ed. (677)
Trizec Corp.
1997 Ed. (3258)
1996 Ed. (3162)
1994 Ed. (3005)
1992 Ed. (3624)
1990 Ed. (2961)
Trizec Canada Inc.
2006 Ed. (1608)
2005 Ed. (1706, 1707, 1725)
Trizec Properties Inc.
2008 Ed. (4126)
2007 Ed. (4105)
2006 Ed. (4054)
2005 Ed. (2575)
TrizecHahn Corp.
2003 Ed. (4053)
2002 Ed. (3919)
1999 Ed. (3999, 4000)
The TriZetto Group
2003 Ed. (1505)
2002 Ed. (2480)
"TRL"
2001 Ed. (1094)

TRM Corp.
2006 Ed. (2075, 2084)
TRM Technologies Inc.
2008 Ed. (2946)
2007 Ed. (2821)
2006 Ed. (2819)
Tro Ford
1990 Ed. (3707)
TRO Jung/Brannen
2008 Ed. (3336)
TRO/The Ritchie Organization
1995 Ed. (233)
1993 Ed. (241)
1990 Ed. (277)
1989 Ed. (266)
Troh; Donald
1997 Ed. (1897)
Trois-Rivieres, Quebec
2006 Ed. (3317)
Trojan
2003 Ed. (1130)
2002 Ed. (1166)
1999 Ed. (1303)
1998 Ed. (869, 870, 871, 932)
1997 Ed. (1115, 1116)
1996 Ed. (767, 1583)
1995 Ed. (1121)
Trojan Enz
2003 Ed. (1130)
2002 Ed. (1166)
1999 Ed. (1303)
1998 Ed. (870, 871, 932)
1997 Ed. (1115, 1116)
Trojan enz lub 3s
1990 Ed. (733)
Trojan enz lub 12s
1990 Ed. (733)
Trojan-ENZ Lube
1995 Ed. (1121)
Trojan Extended Pleasure
2003 Ed. (1130)
Trojan Magnum
2003 Ed. (1130)
2002 Ed. (1166)
Trojan Natural Lamb
1995 Ed. (1121)
Trojan regular 12s
1990 Ed. (733)
Trojan Ribbed
1995 Ed. (1121)
Trojan Supra
2003 Ed. (1130)
2002 Ed. (1166)
Trojan Technologies Inc.
2006 Ed. (2813)
Trojan Ultra Pleasure
2003 Ed. (1130)
2002 Ed. (1166)
Trojans-enz
1992 Ed. (1400)
Trolitech AS
2005 Ed. (1145)
Trolli
2001 Ed. (1116, 1117, 1117, 1117, 1118)
Trolltech
2008 Ed. (1148)
2006 Ed. (1137)
Trombone
1999 Ed. (3504)
Trona Valley Community Credit Union
2008 Ed. (2270)
2007 Ed. (2155)
Trona Valley Credit Union
2006 Ed. (2234)
2005 Ed. (2139)
2004 Ed. (1997)
2003 Ed. (1957)
2002 Ed. (1902)
Troncalii Motors
1996 Ed. (295)
Trone Public Relations
2004 Ed. (4034)
Tronolane
1996 Ed. (2101)
1993 Ed. (2031)
Tronolane/Ross
1992 Ed. (2397)
Troop
1990 Ed. (290)
Troop, Meisinger, Steuber & Pasich
1999 Ed. (3153)
Troop Steuber Pasich Reddick & Tobey LLP
2000 Ed. (2899)
Trop World
1993 Ed. (855)
Trop World Casino & Entertainment Resort
1994 Ed. (871, 2123)
Tropez
2001 Ed. (1912)
2000 Ed. (1588)
1999 Ed. (1756, 1757)
Trophy Homes
2002 Ed. (1209)
Trophy Nissan
2008 Ed. (310)
2005 Ed. (319)
1996 Ed. (281)
Tropic Freezer
1992 Ed. (2886)
Tropic Networks Inc.
2003 Ed. (4849)
Tropical Blend
1990 Ed. (3487)
Tropical Credit Union
2002 Ed. (1839)
Tropical FCU
1999 Ed. (1805)
Tropical Federal Credit Union
2000 Ed. (1631)
1998 Ed. (1232)
Tropical Financial Credit Union
2006 Ed. (2162)
2005 Ed. (2080)
2004 Ed. (1939)
Tropical Ford Inc.
1994 Ed. (713)
Tropical Freezes
2001 Ed. (4835)
2000 Ed. (4390, 4394, 4395)
1999 Ed. (4763, 4767, 4768, 4769, 4770, 4771, 4796, 4799, 4800)
1998 Ed. (3715, 3720, 3721, 3750, 3752)
Tropical Resorts International Inc.
2002 Ed. (3574)
Tropical Smoothie Caf¤
2007 Ed. (3293)
2005 Ed. (3247)
Tropical Smoothie Cafe
2008 Ed. (3408)
2006 Ed. (3233)
Tropical Sportswear International Corp.
2005 Ed. (1008)
2004 Ed. (987)
Tropical storm Allison
2005 Ed. (882)
Tropical storm Isidore
2005 Ed. (885)
Tropical Telco Federal Credit Union
1994 Ed. (1503)
Tropicana
2008 Ed. (567, 568, 722, 4492)
2007 Ed. (618)
2006 Ed. (572)
2003 Ed. (4520)
2002 Ed. (4327)
2001 Ed. (3595, 4310)
2000 Ed. (2284, 2285)
1999 Ed. (2536)
1998 Ed. (1714)
1997 Ed. (2031, 2094)
1996 Ed. (1936, 1981, 2875)
1995 Ed. (696, 1948)
1994 Ed. (1922)
1993 Ed. (690)
1992 Ed. (2240, 2241, 3304)
1990 Ed. (723, 724, 1823)
Tropicana Apple
1993 Ed. (689)
Tropicana Casino & Resort
2002 Ed. (2651)
2000 Ed. (2575)
1999 Ed. (1042, 2797)
1998 Ed. (2036)
Tropicana/Dole
2001 Ed. (1000)
Tropicana Field
2002 Ed. (1334)
Tropicana Field (ThunderDome)
1999 Ed. (1417)
Tropicana Grapefruit
1993 Ed. (689, 696)
Tropicana Orange
1993 Ed. (689, 691, 692, 695, 696)
Tropicana Products Inc.
2003 Ed. (2502, 2524, 2579, 4472)
Tropicana Pure Premium
2008 Ed. (3831)
2007 Ed. (3754)
2006 Ed. (3755)
2005 Ed. (3656, 3657)
2004 Ed. (3746)
2003 Ed. (2578, 3702, 4469)
2002 Ed. (3541)
1999 Ed. (3660)
1998 Ed. (1778)
Tropicana Pure Premium Grovestand
1996 Ed. (2825)
1995 Ed. (2761)
Tropicana Pure Premium Orange Juice
2007 Ed. (2656)
2006 Ed. (2672)
Tropicana Pure Premium Plus
1999 Ed. (3660)
Tropicana Season's Best
1999 Ed. (3660)
1998 Ed. (1778)
Tropicana Sparklers
1994 Ed. (688)
1993 Ed. (685)
Tropicana Twister
2002 Ed. (2375)
2000 Ed. (2282)
1997 Ed. (2094)
1996 Ed. (1980)
1995 Ed. (1947)
Tropicana Twister Fruit Drinks
2007 Ed. (2654)
2006 Ed. (2671)
Tropicana Twister Soda
2007 Ed. (4473)
Tropico
2002 Ed. (285, 3093, 3095, 4070)
Tropik Sun Fruit & Nut
2008 Ed. (842)
2006 Ed. (775)
2005 Ed. (855)
TropWorld
1992 Ed. (2511)
1991 Ed. (864)
1990 Ed. (2097)
TropWorld Casino & Entertainment Resort
1997 Ed. (912, 2308)
Trostel & Sons Co.; Albert
2008 Ed. (3435, 3436)
2007 Ed. (3335, 3336)
2006 Ed. (3263, 3264)
2005 Ed. (3272, 3273)
Troster Singer
1995 Ed. (754)
Trotman; Alex
1997 Ed. (981)
Trott; Donald
1996 Ed. (1823)
1995 Ed. (1845)
1994 Ed. (1807)
1993 Ed. (1824)
1991 Ed. (1691)
Trouble
1992 Ed. (2257)
Trout
2007 Ed. (2581, 2582)
2006 Ed. (2606, 2607)
2005 Ed. (2607, 2608)
2004 Ed. (2618)
1992 Ed. (349)
Trout Jr.; Monroe
1997 Ed. (2004)
Trout Trading Co.
1994 Ed. (1067)
1993 Ed. (1038)
Troutman Sanders
2008 Ed. (3429)
2004 Ed. (3231)
Troutman Sanders LLP
2007 Ed. (3307)
Troutman, Sanders, Lockerman & Ashmore
1995 Ed. (14, 2430)
1993 Ed. (2391)
1992 Ed. (2828)
1991 Ed. (2279)
1990 Ed. (2413)
Troutt; Kenny
2005 Ed. (4843)
Trovan
2000 Ed. (3063)
Troy Aikman
2001 Ed. (420)
1997 Ed. (1724)
Troy Bowler
1999 Ed. (2284)
Troy Design Services
1989 Ed. (309)
Troy Ford
2000 Ed. (2466, 2469)
1999 Ed. (318, 2682)
1998 Ed. (204, 1934)
1997 Ed. (289, 2216, 2223, 2226, 2227)
1996 Ed. (260, 2066, 2067, 2110)
1995 Ed. (255, 2100, 2101, 2104, 2110)
1994 Ed. (2053, 2055, 2057)
1993 Ed. (269, 303, 2037, 2039, 3735)
1992 Ed. (2408, 4485)
1991 Ed. (3515)
Troy Madison Inn Inc.
2001 Ed. (4284)
Troy Manufacturing Inc.
2008 Ed. (2036)
Troy Motors Inc.
2002 Ed. (2556, 4988)
2001 Ed. (454, 2710, 4924)
2000 Ed. (333, 4432)
1999 Ed. (319, 2685, 4812)
1998 Ed. (208, 1942, 3762)
1997 Ed. (3917)
1996 Ed. (300, 3880)
1995 Ed. (297, 3795)
1994 Ed. (293, 3670)
Troy-Pioneer Group
1991 Ed. (312)
1990 Ed. (348)
1989 Ed. (926)
Troy Resources
2003 Ed. (1618)
Troy/Warren, MI
1991 Ed. (939)
1990 Ed. (999, 1001)
Tru & Associates Inc.
1995 Ed. (2109)
Tru Fit
2004 Ed. (2616)
2003 Ed. (2485)
2002 Ed. (2283)
Tru Fit Elasto Preene
2003 Ed. (2485)
Tru Green Landcare LLC
2006 Ed. (206)
2005 Ed. (194)
Tru Green Limited Partnership
2001 Ed. (280)
Tru Green LP
2008 Ed. (201)
2007 Ed. (215, 216)
2006 Ed. (205, 206)
2005 Ed. (193, 194)
2004 Ed. (192, 193)
2003 Ed. (233, 234)
2001 Ed. (279)
Tru-Temper
1998 Ed. (2342)
Tru Wall Concrete
2006 Ed. (1237)
Tru-Wall Group
1990 Ed. (922)
Trubion Pharmaceuticals
2008 Ed. (2140)
Trublend; Cover Girl
2008 Ed. (2185)
Truck drivers
2007 Ed. (3722)
2005 Ed. (3616, 3622, 3628, 3632)
2003 Ed. (3659)
2002 Ed. (3531)
2001 Ed. (3563)
1993 Ed. (2738)
1990 Ed. (2728)
Truck Insurance Exchange
2005 Ed. (3143)
2000 Ed. (2652, 2727)

1999 Ed. (2899, 2975)
1998 Ed. (2111, 2206)
1997 Ed. (2412, 2466)
1996 Ed. (2272, 2340)
1994 Ed. (2218, 2274)
1993 Ed. (1458, 2186, 2236)
1992 Ed. (2690)
Truck products
1996 Ed. (353)
Truck trailers
1991 Ed. (2626)
Truck, 2.5 to 5 tons
1992 Ed. (2073)
Truck Underwriters Association
2006 Ed. (3265)
2005 Ed. (3274)
2004 Ed. (3250)
2003 Ed. (3204)
2001 Ed. (3085)
Truck World
2005 Ed. (4737)
Truckdrivers
1989 Ed. (2077)
Truckers Express Inc.
2008 Ed. (4767)
Trucking
1989 Ed. (1659, 1660)
Trucking and courier services, except air
1996 Ed. (3)
Trucking and shipping
1992 Ed. (2628)
1991 Ed. (2052, 3225, 2027, 2056)
Trucking and truck leasing
2004 Ed. (3013)
Trucking and trucking terminals
1994 Ed. (3327)
1990 Ed. (1657)
Trucking & warehousing
1993 Ed. (2152)
Trucking services
1996 Ed. (2)
Trucking/warehousing
1993 Ed. (2157)
Truckload
2001 Ed. (4641, 4644)
Trucks
2006 Ed. (4712)
2001 Ed. (1093, 4484, 4485)
1993 Ed. (1725)
1991 Ed. (3302)
1990 Ed. (3532)
Trucks and other vehicles
1991 Ed. (1637)
Trucks and trailers
1996 Ed. (2468)
1993 Ed. (2410)
Trucks & vans
1991 Ed. (734)
Trucks 2.5 tons
1992 Ed. (2073)
Trud
2001 Ed. (3544)
True
2002 Ed. (1111)
1990 Ed. (988)
True Believer
2007 Ed. (662)
True Illusion
2001 Ed. (1904, 1905)
True Lies
1997 Ed. (3845)
1996 Ed. (2687)
True North
2000 Ed. (108)
True North Communications Inc.
2003 Ed. (1512)
2002 Ed. (62, 66, 120, 121, 143, 171)
2001 Ed. (96, 147, 170, 200)
2000 Ed. (36, 109, 139)
1999 Ed. (103, 104)
1998 Ed. (57, 58)
1996 Ed. (39, 42, 44, 45, 46, 47, 49, 50, 51, 52, 53, 54, 55, 57)
True North Communications (FCB)
1996 Ed. (40)
True North Credit Union
2008 Ed. (2217)
2007 Ed. (2102)
2006 Ed. (2181)
2005 Ed. (2086)
True Suzuki
1990 Ed. (321)
True 32 Custom Cabinetry
2008 Ed. (4994)
True Value Co.
2008 Ed. (4920)
2007 Ed. (1431, 4943)
2006 Ed. (1398, 1399, 4938)
2000 Ed. (27)
1994 Ed. (1911)
1993 Ed. (2111)
1992 Ed. (2539)
True Value Hardware Stores
2000 Ed. (4220)
True.com
2008 Ed. (3368)
2007 Ed. (3239)
TrueCredit
2002 Ed. (4804)
Truell; Danny
1997 Ed. (1959)
1996 Ed. (1864)
Truffles
1993 Ed. (2431)
Truform
2004 Ed. (2615)
TruGreen Ltd.
2008 Ed. (202)
The TruGreen Cos.
2008 Ed. (3432)
2007 Ed. (3331)
2006 Ed. (3253)
2005 Ed. (3267)
TruGrocer Credit Union
2008 Ed. (2229)
Trulaint Credit Union
2003 Ed. (1937)
2002 Ed. (1883)
Truliant Credit Union
2005 Ed. (2119)
2004 Ed. (1977)
Truliant Federal Credit Union
2008 Ed. (2250)
2007 Ed. (2135)
2006 Ed. (2214)
Truly International Holdings
2008 Ed. (1787)
Truly Nolen
2008 Ed. (3889)
2007 Ed. (3828)
2006 Ed. (3813)
2004 Ed. (3813)
2003 Ed. (3800)
2002 Ed. (3065)
The Truman Show
2001 Ed. (4699)
Truman State University
2008 Ed. (1085)
2001 Ed. (1324)
Trumark Financial Credit Union
2008 Ed. (2255)
2007 Ed. (2140)
2006 Ed. (2219)
Trumbull, CT
1991 Ed. (938, 2004)
Trumbull Marriott Hotel
1996 Ed. (2173)
1990 Ed. (2066)
Trummer Travel Inc.
2004 Ed. (4779)
Trump Castle
1991 Ed. (864)
Trump; Donald
2008 Ed. (2584)
1993 Ed. (1693)
1990 Ed. (2577)
Trump; Donald J.
2008 Ed. (4830)
2007 Ed. (4902)
2006 Ed. (4906)
2005 Ed. (4844, 4852)
1991 Ed. (1140, 2640)
Trump Hotels & Casino
1999 Ed. (2760)
Trump Hotels & Casino Resorts Inc.
2006 Ed. (1420)
2005 Ed. (2926, 2927)
2004 Ed. (2935, 2936, 2937)
2003 Ed. (1785, 2846)
2002 Ed. (1739, 2630)
2001 Ed. (1563, 1566, 2778, 2787)
2000 Ed. (2560)
Trump Hotels & Casinos
2000 Ed. (1361, 1362, 1363, 1364, 1365, 1367, 1368, 2540)
Trump Hotels, and Casinos & Resorts
1999 Ed. (2762)
Trump: How to Get Rich
2006 Ed. (635)
Trump Marina
2000 Ed. (2575)
Trump Marina Hotel & Casino
2002 Ed. (2651)
1999 Ed. (1042)
Trump Organization
2000 Ed. (1108)
1999 Ed. (1188)
1998 Ed. (756)
1997 Ed. (911, 1015)
1996 Ed. (998)
1991 Ed. (969)
Trump Plaza
1993 Ed. (855)
1992 Ed. (2482, 2511)
1991 Ed. (864)
1990 Ed. (2097)
Trump Plaza Associates
2001 Ed. (1812)
1998 Ed. (3210)
Trump Plaza Funding
1997 Ed. (2587)
Trump Plaza Hotel & Casino
2002 Ed. (2651)
2000 Ed. (2575)
1999 Ed. (2797)
1998 Ed. (2036)
1997 Ed. (912, 2285, 2308)
1996 Ed. (2171)
1995 Ed. (2158)
1994 Ed. (871, 2104, 2123)
1991 Ed. (1947)
1990 Ed. (2064)
Trump Plaza/World's Fair
1999 Ed. (1042)
Trump; Private Group-Donald
1991 Ed. (1156)
Trump Resorts
2002 Ed. (1518, 1544)
Trump Shuttle
1993 Ed. (202, 1105)
Trump Taj Mahal Inc.
2008 Ed. (1976)
2003 Ed. (1783)
2001 Ed. (1812)
1999 Ed. (1042)
1993 Ed. (855)
1992 Ed. (2511, 4318)
Trump Taj Mahal Associates Inc.
2007 Ed. (1913)
2006 Ed. (1929)
2005 Ed. (1902)
2004 Ed. (1818)
2003 Ed. (1783)
2001 Ed. (1812)
Trump Taj Mahal Casino
2002 Ed. (1335, 2651)
2000 Ed. (2575)
Trump Taj Mahal Casino Resort
1997 Ed. (912)
1994 Ed. (2123)
Trump: The Art of the Deal
2006 Ed. (638)
Trump: Think Like a Billionaire
2006 Ed. (635)
Trump Tower
1992 Ed. (1166)
Trumpet
1999 Ed. (3504)
Trumpf Inc.
2001 Ed. (3185)
Trump's Castle
1992 Ed. (2511)
1990 Ed. (2097)
Trump's Castle Casino Resort
1997 Ed. (912)
1994 Ed. (2123)
Trump's Castle Funding
1997 Ed. (2587)
Trunkline Gas Co.
1993 Ed. (1924)
Trusco Capital
2003 Ed. (3074)
2002 Ed. (2350)
Trusco Sun Belt Equity
1996 Ed. (624, 625)
1994 Ed. (579, 580)
TruServ Corp.
2006 Ed. (4936)
2005 Ed. (1412, 1413, 2211, 4905, 4906)
2004 Ed. (1391, 1392, 2108, 2879, 2885, 4916, 4917)
2003 Ed. (1376, 1380, 2085, 2782, 2873, 4923, 4924)
2002 Ed. (1071, 1341, 2706, 4894)
2001 Ed. (2747)
2000 Ed. (1101)
TruService Community Credit Union
2008 Ed. (2219)
2007 Ed. (2104)
Trusopt/Ophthalmic Solution
2000 Ed. (3379)
1997 Ed. (2966)
Trust
1989 Ed. (671)
Trust accounts
1997 Ed. (910)
Trust accounts of all banks
1992 Ed. (2640)
Trust American Services
1992 Ed. (319)
The Trust Bank
2002 Ed. (564, 599)
2000 Ed. (580)
1999 Ed. (568, 609)
1997 Ed. (533)
1996 Ed. (515)
1995 Ed. (474, 2434, 2438, 2440, 2442)
1994 Ed. (491)
1993 Ed. (489)
1992 Ed. (2985)
1990 Ed. (655, 679, 681)
Trust Bank New Zealand
1999 Ed. (3623)
1997 Ed. (582, 2939)
1996 Ed. (642)
1995 Ed. (572)
1994 Ed. (601)
1993 Ed. (598)
1992 Ed. (805)
Trust Co. Bank Corp. of New York
1999 Ed. (396, 428)
Trust Bank of Southland
1989 Ed. (642)
Trust Bank System
1990 Ed. (297)
Trust Company Bank
1992 Ed. (681)
1990 Ed. (466, 579, 703)
Trust Company Bank (Atlanta)
1991 Ed. (526)
Trust Condoms
2001 Ed. (50)
Trust for Credit Unions Government Securities
1998 Ed. (2650)
Trust for Credit Unions Mortgage Securities
1999 Ed. (752)
Trust for Credit Uns-Mortgage
2003 Ed. (3133)
The Trust for Public Land
1994 Ed. (907, 1905)
Trust Fund Advisors
2000 Ed. (2799)
1998 Ed. (2266)
Trust General Inc.
1990 Ed. (2957)
Trust Co. of Florida
2005 Ed. (365)
Trust Co. of New Jersey
2005 Ed. (355)
1998 Ed. (416)
1997 Ed. (577)
1996 Ed. (637)
Trust Co. of Oklahoma City
1992 Ed. (2755)
Trust Co. of the West
1994 Ed. (2316, 2324, 2328)
1993 Ed. (2285, 2289, 2328, 2332, 2335, 2336, 2338, 2339, 2343, 2352, 2353)
1992 Ed. (2738, 2769, 2773)

Trust Services of America
1993 Ed. (579)
1990 Ed. (704)
Trust Co./West
1991 Ed. (2216)
1990 Ed. (2328, 2332)
TruStar Solutions
2006 Ed. (2409)
2005 Ed. (2366)
Trustbank
1990 Ed. (680)
1989 Ed. (672)
Trustbank Federal Savings Bank
1993 Ed. (3570, 3571)
Trustco Bank Corp.
2000 Ed. (2485)
Trustco Bank New York
1993 Ed. (382)
TrustCo Bank Corp. NY
2008 Ed. (428)
TrustCo Bank Corp. of NY
2002 Ed. (484)
Trustco Desjardins
1990 Ed. (3659)
Trustcompany Bank
2000 Ed. (632)
Trustcorp. Inc.
1991 Ed. (395)
1990 Ed. (640, 3447)
1989 Ed. (403)
Trustcorp Bank
1990 Ed. (2320)
Trustee Bank Canterbury
1989 Ed. (642)
Trustee Savings Bank Dublin
1994 Ed. (536)
1992 Ed. (735)
Trustee Savings Bank England & Wales
1990 Ed. (584)
Trustees Commingled Int'l
1991 Ed. (2558)
Trustees Commingled-U.S.
1990 Ed. (2371)
Trustees International Equity
1990 Ed. (2393)
Trustees of Princeton University
2000 Ed. (3431)
Trusthouse
1993 Ed. (3264)
Trusthouse Forte
1989 Ed. (2297)
Trusthouse Forte/Exclusive
1992 Ed. (2485)
Trusthouse Forte Food Services
1991 Ed. (2865)
Trusthouse Forte Plc
1993 Ed. (2100)
1992 Ed. (2507, 2506)
1990 Ed. (2089, 2090, 2093)
Trusthouse Forte (UK) Ltd.
1993 Ed. (2100)
Trusthouse Forte (UK) Ltd
1990 Ed. (2093)
Trustin Technology LLC
2004 Ed. (4434)
Trustmark Corp.
2005 Ed. (357)
2000 Ed. (429, 430)
1999 Ed. (438)
1998 Ed. (330, 331)
1996 Ed. (375, 376)
1995 Ed. (356)
Trustmark Insurance
1999 Ed. (2925)
Trustmark National Bank
1998 Ed. (399)
1997 Ed. (561)
1996 Ed. (607)
1995 Ed. (549)
1994 Ed. (366, 574)
1993 Ed. (572)
1992 Ed. (783)
Trustmark National Bank (Jackson)
1991 Ed. (611)
Trustmark National, Miss.
1989 Ed. (2154)
Truwest Credit Union
2008 Ed. (2218)
2007 Ed. (2103)
2006 Ed. (2182)
2005 Ed. (2087)
Truxpo 2004
2005 Ed. (4737)
TRW Inc.
2005 Ed. (1354, 1368, 1377, 1381, 1387, 1496, 1542, 1571, 2149, 2151, 2153, 2157, 2158, 4673)
2004 Ed. (317, 1346, 1352, 1358, 1361, 1364, 1367, 1370, 1480, 2011, 2012, 2014, 2015, 2018, 2019, 2109, 2110, 2243, 2827, 4655)
2003 Ed. (313, 315, 338, 1343, 1349, 1350, 1351, 1352, 1359, 1362, 1440, 1450, 1801, 1802, 1964, 1965, 1966, 1967, 1968, 1969, 1975, 2086, 2087, 2088, 2729, 3748)
2002 Ed. (397, 399, 405, 1221, 1422, 1430, 1749, 1911, 3401)
2001 Ed. (272, 529, 537, 1555, 1672, 1828, 1981, 2039, 2040, 2041, 2226, 3395, 4320, 4462, 4617)
2000 Ed. (216, 219, 336, 357, 365, 1531, 1646, 1651, 1693, 3170, 3171)
1999 Ed. (187, 195, 350, 353, 359, 361, 1720, 1886, 2120, 3456, 3457, 4043, 4545)
1998 Ed. (100, 224, 240, 244, 1183, 1319, 2539, 2540)
1997 Ed. (1278, 2791)
1996 Ed. (331, 338, 342, 1230, 1432, 2698, 2699)
1995 Ed. (324, 1258, 1470, 2256, 2621, 2622)
1994 Ed. (326, 1075, 1077, 1237, 1436, 1550, 2206, 2566, 2567)
1993 Ed. (341, 346, 1503, 1565, 1571, 1588, 2573, 2605)
1992 Ed. (465, 487, 1338, 1340, 1834, 1916, 1918, 2970, 3076, 4361)
1991 Ed. (1404, 1445, 1523, 1525, 1539, 2070, 2460)
1990 Ed. (387, 1138, 1623, 1624, 1637, 1642, 2204)
1989 Ed. (337, 1227, 1312, 1315, 1331, 1332)
TRW Automotive Inc.
2008 Ed. (314)
2007 Ed. (325, 326)
2006 Ed. (338, 342)
2005 Ed. (324, 328, 1496, 3916)
2004 Ed. (325)
2003 Ed. (344)
TRW Automotive Holdings Corp.
2008 Ed. (308, 309, 1929, 1930, 4753, 4754)
2007 Ed. (307, 323, 1528, 1880, 1881)
2006 Ed. (305, 310, 1881, 1882, 3395, 4815, 4816)
TRW Inc., Electronic Products Inc.
1990 Ed. (1100)
TRW OSS Mexican Operations
2007 Ed. (3424)
TRW Space & Electronics Group
2000 Ed. (3004)
1998 Ed. (2413)
1996 Ed. (1519)
TRW Steering Wheel Systems
1999 Ed. (1630)
TRW Vehicle Safety Systems Inc.
2002 Ed. (3594)
2001 Ed. (3647)
Tryg-Baltica Forsikring
1999 Ed. (1424)
TRYGG-Hansa Spp
1994 Ed. (3257, 3259)
TrygVesta
2008 Ed. (1703)
Tryllian
2002 Ed. (2518)
TS Industries
1989 Ed. (2672)
TS Restaurants Management Inc.
2008 Ed. (1775, 1776)
TSA
2007 Ed. (3422)
TSA Capital
1996 Ed. (2395)
TSA Capital Management
1989 Ed. (1803, 2139)
Tsai Eng Meng
2008 Ed. (4852)
Tsai Hong-tu
2008 Ed. (4852)
Tsai, Jr.; Gerald
1990 Ed. (1714)
Tsai Wan-lin
2004 Ed. (4876)
2003 Ed. (4890)
1998 Ed. (464)
1997 Ed. (673)
1992 Ed. (890)
1991 Ed. (710, 3477)
Tsai Wan-Tsai
2008 Ed. (4852)
Tsakos Energy Navigation Ltd.
2008 Ed. (1774, 4757)
2007 Ed. (1748)
2006 Ed. (1740)
Tsan Kunn
1999 Ed. (4297)
Tsang; Rita
2006 Ed. (4988)
2005 Ed. (4992)
Tsann Kuen
2001 Ed. (1670)
1997 Ed. (3506, 3507)
1996 Ed. (3422, 3423)
TSB
1992 Ed. (1101, 1102)
1991 Ed. (1726)
1990 Ed. (583)
TSB Bank
2003 Ed. (548)
2002 Ed. (590)
TSB Bank Channel Islands Ltd.
1999 Ed. (492)
1997 Ed. (435)
1996 Ed. (471)
1995 Ed. (442)
1994 Ed. (450)
1993 Ed. (449)
TSB Bank PLC
1996 Ed. (560)
TSB Channel Islands Ltd.
1992 Ed. (635)
1991 Ed. (477)
TSB England & Wales, PLC
1991 Ed. (532)
TSB Environmental Investor
2000 Ed. (3299)
TSB Group
1997 Ed. (480, 516)
1996 Ed. (521, 1355)
1995 Ed. (477)
1994 Ed. (495, 902)
1993 Ed. (493)
1992 Ed. (686, 687)
1991 Ed. (533)
1990 Ed. (297, 582, 606)
1989 Ed. (545, 569, 579, 580)
TSB Natural Resources
1995 Ed. (2747)
TSB Selector Account
1997 Ed. (2919)
TSB Selector Income Account
1997 Ed. (2918, 2919)
TSC
1991 Ed. (811)
TSC Band-All
2007 Ed. (836)
Tschudin Associates Inc.; Dr. H.
1992 Ed. (994)
Tse Sui Luen
1990 Ed. (2049)
Tseng Laboratories
1991 Ed. (1875, 3138)
Tseng Labs.
1993 Ed. (3337)
TsentrEnergo
2006 Ed. (4544)
TSG Capital Group LLC
2005 Ed. (176)
2004 Ed. (174)
2003 Ed. (218)
Tshuva; Yitzhak
2008 Ed. (4887)
TSI
2008 Ed. (3719, 4410)
2002 Ed. (1390)
TSI Communications Worldwide
2003 Ed. (3980, 4007)
TSI Exterior Wall Systems Inc.
2005 Ed. (2733)
TSI Graphics Inc.
2004 Ed. (3937)
TSI Soccer
1997 Ed. (3346)
Tsim Sha Tsui Properties
1999 Ed. (1658)
Tsingtao Brewery
2007 Ed. (1589)
1995 Ed. (708)
TSL
2002 Ed. (4996, 4997)
1997 Ed. (3929)
TSMC
2000 Ed. (4176, 4177)
TSN Inc.
2006 Ed. (3504)
2005 Ed. (3495)
2004 Ed. (3495)
2003 Ed. (2746, 3426)
2002 Ed. (2538, 2564, 3374)
2001 Ed. (2716)
2000 Ed. (3146, 4386)
1998 Ed. (2513)
1997 Ed. (2215)
Tsoi/Kobus & Associates
2005 Ed. (3166)
TSR Inc.
2008 Ed. (4980)
2007 Ed. (3595, 4451)
2000 Ed. (903, 1179)
1998 Ed. (2725)
TSS Photography
2008 Ed. (3981)
TSS-Seedmans
1990 Ed. (3057)
TST/Impreso Inc.
2008 Ed. (4027, 4029, 4031, 4033)
2007 Ed. (4007)
2006 Ed. (3966, 3967, 3971)
2005 Ed. (3886, 3887, 3888, 3889, 3895)
1993 Ed. (788)
TST Solutions
2000 Ed. (4320)
Tsubame
1996 Ed. (329)
Tsudakoma
2000 Ed. (3001, 3002, 3031)
Tsukuba Science City
1994 Ed. (2187)
Tsunami Capital Corp.
1995 Ed. (2497)
Tsuru
1996 Ed. (329)
Tsuru; Nissan
2008 Ed. (303)
2006 Ed. (322)
2005 Ed. (303)
Tsutomu Matsuno
2000 Ed. (2167)
1999 Ed. (2384)
Tsutsumi; Yoshiaki
1997 Ed. (673)
1995 Ed. (664)
1994 Ed. (707)
1993 Ed. (698)
1991 Ed. (709)
1990 Ed. (730)
Tsuyoshi Mochimaru
1999 Ed. (2375)
TSX Corp.
1996 Ed. (209)
TSYS
1992 Ed. (1747)
TSYS Prepaid
2006 Ed. (4296)
TSYS Total Solutions Inc.
2000 Ed. (4193)
TT & T
1997 Ed. (3696)
TT Electronics
2007 Ed. (2350)
2006 Ed. (2402)
TT European Fund
2003 Ed. (3145)
TTC Inc.
2002 Ed. (2115)
2001 Ed. (2224)

T3 Corp.
2006 Ed. (3548, 4386)
2004 Ed. (131)
T3 Software Builders Inc.
2003 Ed. (2720)
TTI Inc.
2008 Ed. (2457, 2468, 2469, 2470)
2007 Ed. (2331, 2340)
2006 Ed. (2387)
2005 Ed. (2350, 2351, 2352, 4349)
2004 Ed. (2250, 2251, 2252, 4402)
2003 Ed. (2188)
2002 Ed. (2077, 2083, 2088, 2089, 2090, 2091, 2092, 2093, 2095)
2001 Ed. (2203, 2206, 2207, 2208, 2211, 2212, 2215)
2000 Ed. (1766, 1767)
1999 Ed. (1938, 1985, 1986)
1998 Ed. (1408, 1411, 1416)
1997 Ed. (1708, 1711)
1996 Ed. (1630, 1636)
TTI Newgen
2002 Ed. (2517)
TTM Technologies
2006 Ed. (2388)
TTolmex
1997 Ed. (2778)
1996 Ed. (2628, 2629)
1994 Ed. (2507)
1993 Ed. (2559)
1992 Ed. (1670)
TTolmex B2
1997 Ed. (2779)
Tttech Computertechnik AG
2006 Ed. (1561)
T2 Medical Inc.
1997 Ed. (1241)
1996 Ed. (1195, 2084)
1995 Ed. (1223, 1224, 2124)
1994 Ed. (1207, 2075, 2715)
1993 Ed. (2017, 2055, 3465)
1992 Ed. (1462, 1541, 2362, 2368, 2383, 2435, 3986, 3988, 3993)
1991 Ed. (1869, 1875, 1927, 3138, 3142)
1990 Ed. (1966, 1970, 1971, 1972, 3296, 3300, 3301, 3302)
TTXE
2006 Ed. (4794)
Tu-Ka Cellular Tokyo Inc.
2001 Ed. (3334)
Tualatin Valley Builders Supply
1996 Ed. (814)
Tuality Healthcare
2005 Ed. (1928, 1930)
Tuan Sing Holdings Ltd.
1996 Ed. (3439)
1993 Ed. (3323)
Tub/tile/mildew cleaners, abrasive
1994 Ed. (978)
Tub/tile/mildew cleaners, non-abrasive
1994 Ed. (978)
Tuba
1999 Ed. (3504)
Tuba City Regional Health Care
2006 Ed. (2780)
Tubacex
2008 Ed. (3658)
Tubby's Sub Shop Inc.
1995 Ed. (3134)
Tube City
2005 Ed. (3920)
Tube City IMS Corp.
2006 Ed. (3994)
Tube City LLC
2005 Ed. (4031)
Tubemakers of Australia
1993 Ed. (3472)
Tubes
1995 Ed. (3629)
Tubex injector
1992 Ed. (3278)
Tuborg
1992 Ed. (940)
Tubos de Acero de Mexico
2003 Ed. (1738, 3306)
2000 Ed. (285)
1991 Ed. (231, 233)
Tuboscope Inc.
2005 Ed. (1506)
2004 Ed. (1490)
2003 Ed. (1460)
Tuboscope Vetco International Corp.
1995 Ed. (1232)
TubosMex
1989 Ed. (2663)
Tucci; J. M.
2005 Ed. (2497)
Tucci; Joseph
2007 Ed. (986)
2006 Ed. (896, 2515)
Tucci; Joseph M.
2008 Ed. (944)
2007 Ed. (1032)
Tuck; Dartmouth College,
1991 Ed. (814)
Tuck Executive Program
2008 Ed. (182)
Tuck Fund; Katherine
1994 Ed. (1907)
Tuck In; Soong
1997 Ed. (2001)
Tuck School of Business; Dartmouth College
2008 Ed. (182, 780, 787, 788)
2007 Ed. (798, 814, 815, 825, 2849)
2006 Ed. (693, 702, 707, 709, 711, 718, 727, 728, 2859)
2005 Ed. (800, 803)
Tuck School of Business; Dartmouth University
2005 Ed. (2853)
Tucker
2007 Ed. (3970)
2005 Ed. (1265)
2003 Ed. (1229)
1998 Ed. (2051)
1996 Ed. (2202)
1995 Ed. (2185)
1994 Ed. (2147)
1993 Ed. (2110)
Tucker Alan Inc.
2002 Ed. (865)
Tucker Anthony Inc.
2000 Ed. (2765)
1998 Ed. (2227, 2232)
1995 Ed. (2337)
1993 Ed. (2261, 2268)
Tucker, Anthony & R. L. Day Inc.
1991 Ed. (3052)
The Tucker Cos.
1993 Ed. (3305)
Tucker Federal Bank
1998 Ed. (3144, 3541)
Tucker Federal Mortgage
2001 Ed. (3353)
Tucker Group Inc.; F. A.
1995 Ed. (1167)
Tucker/Hall Inc.
1998 Ed. (2949)
Tucker, Hank Williams Jr. & The Bama Band, Tanya
1991 Ed. (1040)
Tucker; John
1995 Ed. (1726)
Tucker; John J.
1994 Ed. (1712)
Tucker; Keith A.
2006 Ed. (2530)
2005 Ed. (2516)
Tucker; M.
1995 Ed. (1920)
Tucker Technology Inc.
2003 Ed. (3949)
2002 Ed. (2815)
2000 Ed. (1099, 2398)
Tucker Wayne & Co.
1997 Ed. (145)
Tucker Wayne/Luckie & Co.
1997 Ed. (51, 59)
1996 Ed. (56, 139)
1995 Ed. (35, 125)
1994 Ed. (56, 63, 116)
1993 Ed. (73)
1992 Ed. (206)
1991 Ed. (149)
1990 Ed. (149)
1989 Ed. (159)
Tuckerman/State Street
2002 Ed. (3938, 3939)
Tucson, AZ
2008 Ed. (3113, 3479, 4349)
2007 Ed. (2998)
2005 Ed. (3064, 3324)
2000 Ed. (1065, 1087, 2993, 4287)
1999 Ed. (356, 3374)
1998 Ed. (2475)
1997 Ed. (2334, 2339, 3356)
1996 Ed. (973, 2089, 2210, 3768)
1995 Ed. (2187)
1994 Ed. (952, 2039, 2149)
1993 Ed. (1598, 2154)
1991 Ed. (1103, 255)
1990 Ed. (1004, 1149, 1467, 2910)
Tucson Electric
1996 Ed. (1623)
1994 Ed. (1604)
1992 Ed. (1907)
1991 Ed. (1506)
1990 Ed. (1608, 1609)
1989 Ed. (1304)
Tucson Electric Park
2005 Ed. (4443)
Tucson Electric Power Co.
1995 Ed. (1335, 1646)
Tucson Healthcare Affiliates Credit Union
2004 Ed. (1931)
Tucson Medical Center
2008 Ed. (1557, 3064)
2007 Ed. (1574)
2006 Ed. (1544, 2921)
Tucson Realty & Trust Co.
1989 Ed. (271)
Tucson Unified School District
1991 Ed. (255)
Tudehope; Aidan & David
2005 Ed. (4862)
Tudor B.V.I. Futures
1993 Ed. (2684)
Tudor Insurance Co.
2006 Ed. (3100)
Tudor Investment Co.
1993 Ed. (1038)
1992 Ed. (2743)
Tudor Investments
2005 Ed. (3867)
Tudor Trust
1997 Ed. (945)
1995 Ed. (1934)
Tuesday Morning Corp.
2008 Ed. (2116, 2345)
2006 Ed. (4876)
2005 Ed. (2207, 2208, 4812)
2004 Ed. (2103, 4825)
1999 Ed. (1053)
1998 Ed. (666)
1997 Ed. (926)
1996 Ed. (895)
1995 Ed. (917)
1994 Ed. (887, 2134)
1992 Ed. (1078, 2525)
1989 Ed. (1256)
Tuesdays with Morrie
2003 Ed. (707, 719)
2001 Ed. (985)
2000 Ed. (708)
Tuff Shed Inc.
2008 Ed. (2653)
2007 Ed. (2525)
Tuffy Associates Corp.
2008 Ed. (317)
2007 Ed. (330)
2006 Ed. (345)
2005 Ed. (331)
2004 Ed. (329)
2003 Ed. (348)
2002 Ed. (400)
Tuffy Auto Service Centers
2001 Ed. (2530)
Tufts
2005 Ed. (2852)
Tufts Associated Health Maintenance Organization
2008 Ed. (2919, 3647)
Tufts University
2007 Ed. (1164)
2006 Ed. (2337)
1995 Ed. (1070, 1928)
1990 Ed. (1087)
TUI AG
2008 Ed. (1847)
2006 Ed. (1772, 4821)
TUI Group
2007 Ed. (2957, 2958, 3347)
TUI Group GmbH
2005 Ed. (4769)
2004 Ed. (4798)
2002 Ed. (4675)
TUI Nederland NV
2002 Ed. (4675)
Tuition Reimbursement
2000 Ed. (1783, 1784)
TUKAtech Inc.
2008 Ed. (986)
Tukman Capital
2004 Ed. (3194)
Tulane Medical Center Ltd.
2001 Ed. (1779)
Tulane University
2007 Ed. (4597)
2004 Ed. (824)
2001 Ed. (3062)
2000 Ed. (2905)
1999 Ed. (3161)
1998 Ed. (2336)
1997 Ed. (2604)
Tulare County Credit Union
2005 Ed. (2073)
Tulchinsky Stern & Co.
2008 Ed. (3418)
Tulip Dairy & Food Products Ltd.
2002 Ed. (1970)
Tulis; Daniel
1995 Ed. (1832)
1994 Ed. (1794)
Tullamore Dew
2004 Ed. (4891)
2003 Ed. (4901)
2002 Ed. (3105)
2001 Ed. (4787)
1998 Ed. (2375)
1997 Ed. (2645)
Tullett & Tokyo Forex International Ltd.
1992 Ed. (1196)
Tullow
1999 Ed. (3118)
1997 Ed. (2575)
Tullow Oil
2007 Ed. (3882)
2006 Ed. (3856)
2000 Ed. (2866)
Tully Construction Co.
2006 Ed. (1331)
Tully; Daniel P.
1993 Ed. (1696)
Tully's Coffee
2008 Ed. (1029, 1031)
Tulnoy Lumber
1990 Ed. (841)
Tulsa
2000 Ed. (3376)
Tulsa Federal Employees Credit Union
2008 Ed. (2253)
2007 Ed. (2138)
2006 Ed. (2217)
2005 Ed. (2122)
2004 Ed. (1980)
2003 Ed. (1940)
2002 Ed. (1886)
Tulsa Co. Home Finance Authority, Okla.
1990 Ed. (2648)
Tulsa Municipal Airport Trust
1993 Ed. (3624)
Tulsa, OK
2008 Ed. (3112, 3510, 4119)
2007 Ed. (3012, 3368, 4094, 4098, 4099, 4100)
2006 Ed. (2975, 3304, 3742, 3743, 4050, 4884, 4885)
2005 Ed. (3315, 3644, 3645, 4803)
2004 Ed. (1162, 3303, 3482, 3487, 3488, 3736, 3737, 4081, 4852)
2003 Ed. (3418, 3419, 3679, 3680, 3681, 3682, 4054, 4871, 4872)
2000 Ed. (2886, 3107)
1998 Ed. (3648)
1995 Ed. (875, 1622)
1993 Ed. (2154)
Tulsa (OK) State Fair
1994 Ed. (1725)
Tulsa State Fair
1999 Ed. (2086)
1998 Ed. (1518)
1990 Ed. (1727)

Tulsa Teachers Credit Union
2008 Ed. (2253)
2007 Ed. (2138)
2006 Ed. (2217)
2005 Ed. (2122)
2004 Ed. (1980)
2003 Ed. (1940)
2002 Ed. (1886)
Tulsa World
1993 Ed. (2723)
Tulsi Tanti
2008 Ed. (4879)
2007 Ed. (4914)
Tultex
1999 Ed. (4377)
1998 Ed. (3349)
1997 Ed. (3558)
1996 Ed. (3491)
1993 Ed. (997, 998, 3372)
1992 Ed. (4043, 4052)
1991 Ed. (3165, 3171)
1990 Ed. (3331)
Tumazos; John
1997 Ed. (1885, 1899)
1996 Ed. (1795, 1811, 1825)
1995 Ed. (1798, 1822, 1833, 1847)
1994 Ed. (1782, 1795, 1809)
1993 Ed. (1799, 1812, 1826)
1991 Ed. (1682, 1706, 1708)
Tumbles, A Children's Gym; J. W.
2008 Ed. (2913)
Tumbleweed Mexican Restaurant
2000 Ed. (3762)
Tumewu; Paulus
2006 Ed. (4916)
Tumors
2005 Ed. (3619)
Tums
2005 Ed. (255)
2004 Ed. (250)
2003 Ed. (283, 3781)
2002 Ed. (322)
2001 Ed. (387, 388)
2000 Ed. (304)
1999 Ed. (279)
1998 Ed. (173, 174, 175, 1350)
1997 Ed. (257)
1996 Ed. (225, 226)
1995 Ed. (224)
1994 Ed. (225, 226, 1573, 1575)
1993 Ed. (236, 237)
Tums E-X
1998 Ed. (173, 1350)
Tums EX
2008 Ed. (2380)
2007 Ed. (279)
2006 Ed. (274)
2004 Ed. (251)
Tums-Ex-Antacid
2001 Ed. (387)
Tums Flavors 3s
1992 Ed. (1846)
Tums Ultra
2001 Ed. (387)
Tuna
2008 Ed. (2722)
2007 Ed. (2585)
2006 Ed. (2610)
2005 Ed. (2611)
2004 Ed. (2622)
2003 Ed. (2490, 4314)
2002 Ed. (4186)
2001 Ed. (2439, 2440)
1998 Ed. (3175)
1996 Ed. (3300)
1995 Ed. (3199)
1994 Ed. (3155)
1993 Ed. (3111)
1992 Ed. (3816)
1990 Ed. (897)
Tuna (canned)
1991 Ed. (2938)
Tundra Rose Construction
2007 Ed. (3531)
2006 Ed. (3495, 4339)
Tundra Semiconductor Corp.
2008 Ed. (2943)
2007 Ed. (1446, 2805, 2817)
2006 Ed. (1452)
Tunex Automotive Specialists
2006 Ed. (345)
2005 Ed. (331)
2004 Ed. (328)
2002 Ed. (400)
Tung Ho Spinning, Weaving and Dyeing Co.
1992 Ed. (4284)
1990 Ed. (3573)
Tung Hung Construction Co., Ltd.
1990 Ed. (2963)
Tung Mung Development Co. Ltd.
1994 Ed. (1460)
Tung Mung Textile Co. Ltd.
1992 Ed. (1704, 1701, 1702, 1703)
Tung Wing Steel Holdings
1995 Ed. (2126)
Tunheim Group
2002 Ed. (3840)
Tunheim Santrizos Co.
2000 Ed. (3660)
1999 Ed. (3946)
1998 Ed. (2952)
Tunis
1994 Ed. (179)
1990 Ed. (221)
Tunis International Bank
2000 Ed. (683)
1999 Ed. (672)
Tunisair
2006 Ed. (230, 4542)
2002 Ed. (4492, 4493, 4494)
Tunisia
2008 Ed. (2206, 2401, 2689, 3825, 3827, 3828)
2007 Ed. (2096, 2547, 3743, 3746, 3747)
2006 Ed. (1029, 2152, 2329, 2334, 2576, 3744, 3747, 3748)
2005 Ed. (2053, 2571, 3646, 3649, 3650)
2004 Ed. (1918, 2593, 3738, 3741, 3742)
2003 Ed. (2467, 3694, 3698, 3699)
2002 Ed. (328, 329, 1811)
2001 Ed. (507, 508, 1946, 2419, 3578, 3579, 3580)
2000 Ed. (823, 1609, 1896, 2352, 2353, 2359)
1999 Ed. (1780)
1997 Ed. (1541, 3633)
1996 Ed. (1476, 3881)
1995 Ed. (344, 1517, 2011, 2018, 2030, 2037)
1994 Ed. (1485)
1993 Ed. (1968, 1975, 1982)
1992 Ed. (1729, 1731, 2311, 2318, 2328)
1991 Ed. (1380, 1642, 1835, 1842)
1990 Ed. (1446, 1912, 1919, 1926)
1989 Ed. (362)
Tunisiair
2001 Ed. (303)
Tunisie Telecom
2008 Ed. (94)
2007 Ed. (87)
Tuntex
2007 Ed. (4672)
2006 Ed. (2577)
1992 Ed. (1230)
Tuntex Construction Co. Ltd.
1994 Ed. (1176)
Tuntex Distinct Corp.
1994 Ed. (3525)
1992 Ed. (1438, 1798)
1990 Ed. (1213, 1498)
Tunturi
1993 Ed. (1707)
Tupac Amaru, Peru
2000 Ed. (4238)
Tupelo Coliseum
1999 Ed. (1296)
Tupelo, MS
2008 Ed. (3509)
2007 Ed. (3384)
2006 Ed. (3322)
2002 Ed. (2745)
Tupelo Summer Furniture Market
2004 Ed. (4755)
Tupelo Winter Furniture Market
2004 Ed. (4755)
Tupper; Earl S.
1995 Ed. (939)
Tupperware Corp.
2008 Ed. (4263)
2007 Ed. (2975, 3970, 4232)
2006 Ed. (4216)
2005 Ed. (1265, 2967, 3855, 3856, 4162)
2004 Ed. (3909, 3910)
2003 Ed. (744, 1229)
2002 Ed. (2705)
2000 Ed. (3827, 4172)
1999 Ed. (780, 1558, 1559, 2598, 2701, 3776, 4115, 4116)
1998 Ed. (1048, 1962, 3103, 3458)
1996 Ed. (3625)
1993 Ed. (2868)
Tupras
2006 Ed. (3229)
2002 Ed. (3030)
2000 Ed. (2868, 2869)
1999 Ed. (3120, 3121)
1997 Ed. (2576, 2577)
1996 Ed. (2433)
1994 Ed. (2335, 2336)
Tupras-Turkiye Petrol
2008 Ed. (2119)
2007 Ed. (2020)
2006 Ed. (2050)
Tura Machine Corp.
1994 Ed. (3672)
Turanbank
1996 Ed. (575)
Turbo Auto Clean
1990 Ed. (2009)
Turbo C
1995 Ed. (1103)
Turbo C Visual Edition
1995 Ed. (1104)
Turbo Genset
2004 Ed. (4572)
Turbo Tax for Windows
1995 Ed. (1099)
Turbo Tax (MS-DOS)
1995 Ed. (1099)
TurboChef Technologies
2008 Ed. (2859)
2007 Ed. (2729)
TurboTax
1996 Ed. (1076)
Turco
1990 Ed. (720)
Turco-(Charmglow)
1992 Ed. (875)
Turcotte & Turmel
1993 Ed. (2524, 2897)
Turf; Barbara
2008 Ed. (2990)
Turf Valley Hotel & Country Club
1993 Ed. (2092)
Turfer Sportswear
2006 Ed. (4376)
Turgay Ciner
2008 Ed. (4876)
Turi Josefsen
1995 Ed. (3786)
1994 Ed. (1715)
1993 Ed. (1696)
Turin Suomalainen
1994 Ed. (475)
Turk Hava Yollari
2002 Ed. (3030)
2000 Ed. (2868)
1999 Ed. (3120, 3121)
1997 Ed. (2576)
1996 Ed. (2433)
Turk Ticaret Bankasi AS
1996 Ed. (701)
1995 Ed. (624, 625)
1994 Ed. (657)
1993 Ed. (656)
1992 Ed. (856)
Turkama & Co.
1991 Ed. (98)
Turkama & Kumppanit Oy
1993 Ed. (98)
1992 Ed. (148)
1990 Ed. (101)
1989 Ed. (105)
Turkcell
2008 Ed. (97, 2119)
2007 Ed. (88, 2020, 4715)
2006 Ed. (2050, 3229)
2005 Ed. (89)
2004 Ed. (94)
Turkcell Iletisim Hizmetleri AS
2006 Ed. (3040, 4604)
Turkey
2008 Ed. (257, 260, 528, 868, 975, 1415, 2190, 2191, 2455, 2822, 2843, 2950, 3825, 3827, 3828, 3832, 4258, 4327, 4555, 4556, 4557, 4584, 4597, 4602, 4694, 4917)
2007 Ed. (281, 285, 577, 892, 1097, 2080, 2082, 2084, 2592, 2795, 2797, 2830, 3743, 3745, 3746, 3747, 3755, 4198, 4228, 4229, 4372, 4483, 4603, 4607, 4608, 4609, 4610, 4671, 4693, 4777, 4940)
2006 Ed. (276, 282, 545, 804, 1008, 2132, 2134, 2136, 2137, 2328, 2617, 2701, 2721, 2803, 2805, 2827, 2967, 3016, 3744, 3746, 3747, 3748, 3756, 4214, 4306, 4423, 4616, 4620, 4621, 4622, 4669, 4672, 4770, 4771, 4777, 4934)
2005 Ed. (256, 259, 644, 862, 864, 890, 998, 2036, 2038, 2040, 2041, 2534, 2535, 2621, 2734, 2765, 2822, 3646, 3648, 3649, 3650, 3658, 4160, 4363, 4406, 4535, 4539, 4540, 4541, 4607, 4718, 4901)
2004 Ed. (253, 257, 655, 900, 979, 1906, 1908, 2822, 3738, 3740, 3741, 3742, 4237, 4413, 4601, 4605, 4606, 4607, 4608, 4657, 4739)
2003 Ed. (290, 641, 873, 965, 1875, 1877, 1880, 2212, 2213, 3327, 3343, 3694, 3697, 3698, 3699, 4214, 4401, 4628, 4757, 4897, 4898, 4971)
2002 Ed. (2413, 3725, 4427)
2001 Ed. (392, 395, 521, 522, 662, 1021, 1088, 1129, 1140, 1143, 1229, 1274, 1285, 1338, 1341, 1496, 1936, 1938, 1983, 1984, 1985, 2042, 2046, 2094, 2443, 2444, 2469, 2552, 2553, 2562, 2681, 2695, 2697, 2814, 2821, 2825, 3044, 3305, 3578, 3579, 3580, 3596, 3644, 3760, 3863, 4028, 4112, 4119, 4151, 4229, 4246, 4312, 4316, 4369, 4370, 4372, 4387, 4399, 4400, 4401, 4447, 4500, 4565, 4567, 4670, 4671, 4785)
2000 Ed. (823, 1650, 1890, 2351, 2354, 2365, 2370, 2371, 2376, 2377)
1999 Ed. (1139, 1207, 1796, 2090, 3193, 4478, 4735)
1998 Ed. (1848, 1849, 3692)
1997 Ed. (287, 2146, 3634)
1996 Ed. (929, 941, 3435, 3714)
1995 Ed. (1038, 1735, 2008, 2015, 2022, 2027, 2034, 2038, 3626)
1994 Ed. (956, 1515)
1993 Ed. (1465, 1960, 1965, 1972, 1979, 1985, 2367, 3558)
1992 Ed. (305, 362, 498, 2078, 2082, 2297, 2303, 2308, 2315, 2325, 2331)
1991 Ed. (259, 1406, 1827, 1832, 1839, 1848)
1990 Ed. (241, 413, 1358, 1581, 1728, 1909, 1916, 1923, 1927, 1928, 1933)
Turkey, canned
1993 Ed. (3685)
Turkey, frozen
1996 Ed. (2646)
Turkey Hill
2008 Ed. (3123)
2004 Ed. (2967)
2003 Ed. (2878)
2002 Ed. (2716)
2001 Ed. (2547, 2831)
2000 Ed. (799, 2281, 2598, 2602, 4153)
1998 Ed. (1770, 2072, 2073, 3441, 3469)
1997 Ed. (2093)

1996 Ed. (1977, 2215, 3632)
1993 Ed. (2121)
Turkey Hill Dairy
2008 Ed. (3125)
Turkey Store
1998 Ed. (3324)
1996 Ed. (3465)
Turkish Air
2006 Ed. (238)
Turkish Airlines
1996 Ed. (187)
Turkish Bank
2005 Ed. (506)
2000 Ed. (507)
1999 Ed. (499)
Turkish Foreign Trade Bank; Disbank—
2007 Ed. (564)
2006 Ed. (533)
2005 Ed. (620)
Turkish Petroleum Refineries Corp.
2003 Ed. (3302, 3303, 3853)
2002 Ed. (3692)
Turkiye Cumhuiriyeti Ziraat Bankasi
1994 Ed. (657)
Turkiye Cumhuriyet Merkez Bankasi
2004 Ed. (528)
Turkiye Cumhuriyeti Ziraat Bankasi
2000 Ed. (737)
1999 Ed. (674)
1997 Ed. (634)
1996 Ed. (701)
1995 Ed. (625)
1993 Ed. (656)
1992 Ed. (856)
1989 Ed. (700)
Turkiye Emlak
1991 Ed. (681)
Turkiye Emlak Bankasi
1997 Ed. (633, 634)
1992 Ed. (855, 856)
Turkiye Emlak Bankasi AS
2000 Ed. (737)
1999 Ed. (674)
1996 Ed. (701)
1995 Ed. (624, 625)
1994 Ed. (656, 657)
1993 Ed. (656)
Turkiye Garanti Bakasi
1999 Ed. (673)
Turkiye Garanti Bankasi
2008 Ed. (410, 516, 2119)
2007 Ed. (564, 2020)
2006 Ed. (533, 2050)
2005 Ed. (620)
2004 Ed. (632)
2003 Ed. (623)
2002 Ed. (586, 657)
2000 Ed. (684)
1999 Ed. (674)
1997 Ed. (633, 634)
1994 Ed. (656, 657)
Turkiye Garanti Bankasi AS
2000 Ed. (737)
1996 Ed. (700, 701)
1995 Ed. (624, 625)
1993 Ed. (656)
1992 Ed. (856)
Turkiye Halk
1991 Ed. (681)
Turkiye Halk Bankasi
2008 Ed. (351, 410, 434, 516)
2007 Ed. (363, 469, 564)
2006 Ed. (381, 468, 3229)
2005 Ed. (419, 540)
1999 Ed. (673)
1997 Ed. (633)
1992 Ed. (855, 856)
Turkiye Halk Bankasi AS
1999 Ed. (674)
1997 Ed. (634)
1996 Ed. (700, 701)
1995 Ed. (624, 625)
1994 Ed. (657)
1993 Ed. (656)
Turkiye Halk Bankasi (Foreign Relations)
2006 Ed. (457, 533)
2005 Ed. (528, 620)
2004 Ed. (632)
2003 Ed. (623)
2002 Ed. (586, 657)
Turkiye Halk Bankski
2000 Ed. (684)
Turkiye Halk Bankski AS
2000 Ed. (737)
Turkiye Ihracat Kredi Bankasi
1999 Ed. (674)
Turkiye Ihracat Kredi Bankasi AS
2000 Ed. (737)
1997 Ed. (634)
Turkiye Is Bankasi
2008 Ed. (410, 516, 2119)
2007 Ed. (564, 2020)
2006 Ed. (533, 2050)
2005 Ed. (504, 620)
2004 Ed. (491, 528, 632)
2003 Ed. (623)
2002 Ed. (552, 657)
2000 Ed. (684)
1999 Ed. (673, 674)
1997 Ed. (633, 634)
1996 Ed. (700, 701)
1994 Ed. (656, 657)
1992 Ed. (855, 856)
1991 Ed. (681)
1990 Ed. (709)
1989 Ed. (700, 701)
Turkiye Is Bankasi AS
2000 Ed. (737)
1995 Ed. (624, 625)
1993 Ed. (656)
Turkiye Petrol Rafinerileri AS
2008 Ed. (3586)
2006 Ed. (3406)
Turkiye Petrolleri
1991 Ed. (1284)
Turkiye Vakiflar
2008 Ed. (2119)
1991 Ed. (681)
Turkiye Vakiflar Bankasi
1992 Ed. (855, 856)
Turkiye Vakiflar Bankasi TAO
2008 Ed. (410, 516)
2007 Ed. (564)
2006 Ed. (533)
2005 Ed. (419, 531, 532)
2000 Ed. (737)
1999 Ed. (674)
1997 Ed. (634)
1996 Ed. (701)
1995 Ed. (625)
1994 Ed. (657)
1993 Ed. (656)
Turkiye Vakiflar Bankasi TAO (VakifBank)
2004 Ed. (528, 632)
2003 Ed. (623)
2002 Ed. (657)
Turkmenistan
2008 Ed. (4340)
2007 Ed. (4384)
2006 Ed. (2640, 4319)
2005 Ed. (4371)
2004 Ed. (4423)
2001 Ed. (4264)
Turks & Caicos
2006 Ed. (783)
Turks & Caicos Islands
2008 Ed. (851)
Turlington Burns; Christy
2006 Ed. (2499)
Turnberry Capital Management LP
2003 Ed. (3119, 3122)
Turnberry Isle Resort & Club
2000 Ed. (2543)
1999 Ed. (2768)
1997 Ed. (2285)
1995 Ed. (2158)
1994 Ed. (2104)
Turnberry Isle Yacht and Country Club
1990 Ed. (2064)
Turnbull Ripley Design
2002 Ed. (1954)
The Turner Corp.
2008 Ed. (1174, 1222, 1224, 1228, 1230, 1231, 1235, 1237, 1238, 1240, 1241, 1242, 1244, 1247, 1252, 2915)
2007 Ed. (1274, 1337, 1339, 1341, 1343, 1344, 1348, 1350, 1352, 1355)
2006 Ed. (1162, 1168, 1169, 1239, 1243, 1245, 1246, 1248, 1250, 1267, 1268, 1271, 1274, 1283, 2792)
2005 Ed. (1166, 1172, 1173, 1279, 1298, 1299, 1301, 1302, 1313, 2418)
2004 Ed. (1143, 1247, 1248, 1250, 1252, 1256, 1257, 1259, 1261, 1262, 1263, 1267, 1268, 1270, 1272, 1281, 1289, 1295, 1306, 1311, 1316, 2748)
2003 Ed. (1139, 1244, 1245, 1247, 1249, 1250, 1254, 1255, 1258, 1259, 1260, 1264, 1265, 1267, 1277, 1294, 1303, 1308, 1316, 2290, 2291, 2292, 2630)
2002 Ed. (1175, 1212, 1213, 1228, 1229, 1236, 1241, 1242, 1245, 1246, 1247, 1251, 1253, 1255, 1262, 1270, 1280, 1282, 1291)
2001 Ed. (1398, 1402, 1462, 1463, 1468)
2000 Ed. (287, 1196, 1200, 1238, 1240, 1246, 1247, 1249, 1256, 1805)
1999 Ed. (1313, 1315, 1321, 1340, 1355, 1357, 1358, 1495, 2028)
1998 Ed. (159, 513, 881, 882, 884, 891, 934, 935, 936, 1435, 2534)
1997 Ed. (1126, 1127, 1137, 1138, 1139, 1150, 1151, 1157, 1177, 1732)
1996 Ed. (1105, 1111, 1112, 1113, 1121, 1122, 1148, 1654)
1995 Ed. (209, 1123, 1124, 1127, 1139, 1149, 1156, 1173)
1994 Ed. (207, 1106, 1109, 1110, 1124, 1131, 1154)
1993 Ed. (1085, 1087, 1100, 1115, 1138)
1992 Ed. (324, 1354, 1359, 1376, 1424, 3931)
1991 Ed. (230, 1048, 1074, 3096)
1990 Ed. (1160, 3246)
1989 Ed. (1002, 2467)
Turner & Newall
1990 Ed. (1903)
Turner; Andrew
2008 Ed. (2595)
2007 Ed. (2462)
2006 Ed. (2500)
2005 Ed. (2463)
Turner; B. Frank
1992 Ed. (1098)
Turner; B. Kevin
2005 Ed. (785)
Turner Batson Architects PC
2008 Ed. (2512)
Turner Beverage Group
2001 Ed. (1003, 4306)
Turner; Billie B.
1993 Ed. (938)
Turner Broadcasting
1997 Ed. (228, 727, 728, 1236, 1239, 1778, 3717)
1995 Ed. (207, 208, 213, 716, 717, 1716, 3580)
1994 Ed. (206, 209, 213, 758, 759, 760, 762, 3503)
1993 Ed. (218, 219, 225, 753, 754, 3216, 3533)
1992 Ed. (322, 323, 943, 944, 945, 1291, 4145)
1990 Ed. (781, 3525)
1989 Ed. (255)
Turner Broadcasting System
1998 Ed. (152, 1473)
1997 Ed. (230, 234, 236, 237, 873, 1238, 1246, 1453, 1779, 2587)
1996 Ed. (212, 789, 790, 793, 867, 1200, 1233, 1696, 1697, 2577)
1991 Ed. (3330, 224, 749, 750, 751, 1013, 3090, 227, 228)
1990 Ed. (880, 885)
Turner Building Co.
2004 Ed. (1199)
Turner Construction Co.
2008 Ed. (1182, 1274, 1276, 1292, 1295, 1296, 1317, 1321, 1329, 1331, 1336)
2007 Ed. (1274, 1282, 1384, 1386)
2006 Ed. (1162, 1176, 1182, 1186, 1298, 1306, 1308, 1310, 1331, 1337, 1343)
2003 Ed. (1139)
2002 Ed. (1182, 1199, 1202, 1303, 1326, 2396)
2001 Ed. (1402, 1485)
2000 Ed. (1215, 1225, 1274)
1999 Ed. (1326, 1383, 1385, 1409, 1410)
1998 Ed. (904, 961, 973, 974)
1997 Ed. (731, 1121, 1129, 1179, 1197, 1198, 2719)
1996 Ed. (1098, 1106, 1108, 1167, 1168)
1995 Ed. (1125, 1136, 1141, 1175, 1176, 1193, 1194)
1994 Ed. (1156, 1157, 1174, 1175)
1993 Ed. (1098, 1149, 1150, 1151, 1153)
1992 Ed. (1371, 1434, 1435, 1437)
1991 Ed. (1099, 1100)
1990 Ed. (1176, 1195, 1196, 1210, 1211, 1212)
Turner Consulting Inc.
2008 Ed. (3720, 4412)
2007 Ed. (3577, 4433)
2006 Ed. (3526)
Turner Financial Services
2004 Ed. (3587)
Turner Foundation
2002 Ed. (2333)
Turner; Fred L.
1991 Ed. (926)
The Turner Group
1999 Ed. (1354)
1992 Ed. (1402)
Turner Industries Ltd.
2003 Ed. (1138, 1248, 1252, 1275, 1276, 1281, 1284)
2002 Ed. (1238, 1266, 1268, 1269)
2001 Ed. (1395, 1401, 1466)
Turner Industries Group LLC
2008 Ed. (1233, 1310, 1335)
2007 Ed. (1346, 1376, 1377, 1389)
2006 Ed. (1248, 1324, 1325)
Turner Industries Holding Co.
2005 Ed. (1165)
2004 Ed. (1142)
Turner Industries Holding Co. LLC
2006 Ed. (1272)
2005 Ed. (1303)
2004 Ed. (1278, 1279, 1285, 1287)
Turner Investment Partners
1995 Ed. (2359)
Turner Micro Cap Growth
2006 Ed. (3642)
2005 Ed. (3559)
2004 Ed. (3575)
2003 Ed. (3507, 3551)
Turner Mid Cap Growth
2003 Ed. (3495)
Turner Neill Investment
1992 Ed. (2754, 2758, 2762, 2766)
Turner Network Television
1990 Ed. (880, 885)
Turner Professional Services
2004 Ed. (3944)
Turner Public Relations Inc.
2007 Ed. (1684)
Turner Road Vintners
2003 Ed. (4959, 4961)
2002 Ed. (4913)
2001 Ed. (4840, 4841)
Turner; Robert E. (Ted)
2005 Ed. (4022)
Turner Small Cap
1997 Ed. (2905)
Turner Small Cap Growth
2006 Ed. (3646)
Turner Small Cap Value
2004 Ed. (2458)
2003 Ed. (3509)
Turner Supply Co.
2006 Ed. (4338)
Turner; Ted
2008 Ed. (895)
2005 Ed. (3832)
1993 Ed. (1693)
Turner Universal Construction Co.
2008 Ed. (1327, 1335)
2006 Ed. (1341)

Turner; W. Bruce
1997 Ed. (1919)
1996 Ed. (1773, 1847)
Turning Leaf
2005 Ed. (4951, 4952, 4953, 4956, 4958)
2004 Ed. (4966)
2003 Ed. (4965)
2002 Ed. (4941, 4943, 4948, 4955, 4961)
2001 Ed. (4877, 4878, 4879, 4881, 4888, 4894)
2000 Ed. (4412, 4413, 4414, 4418, 4421, 4424, 4426)
1999 Ed. (4788, 4789, 4790, 4793, 4794, 4796, 4799, 4800)
TurnKey
2006 Ed. (1160)
Turnkey Bonds
1997 Ed. (3178)
Turnstone Systems
2005 Ed. (4521)
Turquoise/aqua
1992 Ed. (427)
Turtle & Hughes Inc.
2008 Ed. (3722, 4973, 4986)
2007 Ed. (3580, 4992)
2006 Ed. (3528, 4367, 4987)
2001 Ed. (4925)
1992 Ed. (4487)
Turtle Mountain Manufacturing Co.
2007 Ed. (3587, 4439)
Turtle Wax Inc.
2007 Ed. (4986)
2006 Ed. (4989, 4990)
2001 Ed. (4744)
2000 Ed. (355, 4431)
1998 Ed. (242)
1997 Ed. (318)
1996 Ed. (3878)
1995 Ed. (326)
1994 Ed. (329, 330)
1993 Ed. (342, 343, 3733)
1992 Ed. (469, 470)
1991 Ed. (338, 3514)
1989 Ed. (338, 339)
Turtle Wax Super Hard Shell
2001 Ed. (4744)
Turtle Wax Zip Wax
2001 Ed. (4744)
Turun Alueen
1992 Ed. (661)
Turun Alueen Saastopankki
1993 Ed. (473)
Turun Suomalainen
1992 Ed. (661)
Turun Suomalainen Saastopankki
1993 Ed. (473)
Tuscaloosa, AL
2008 Ed. (3511)
1993 Ed. (815)
1991 Ed. (830)
Tuscaloosa Steel Corp.
1999 Ed. (2115)
Tuscan Dairy Farms
2008 Ed. (3669)
Tuscan Farms
2008 Ed. (3670)
2001 Ed. (3312)
2000 Ed. (3134)
Tuscany
1997 Ed. (3031)
Tuscon, AZ
1998 Ed. (1857)
Tuskar Resources PLC
1993 Ed. (1534)
Tuskegee University
2000 Ed. (744)
1994 Ed. (1058, 1900)
Tusker Lager
2001 Ed. (50)
Tusla (OK) State Fair
1991 Ed. (1635)
Tusonix
1990 Ed. (2002)
The Tussauds Group
2007 Ed. (274)
2006 Ed. (270)
2005 Ed. (251)
2003 Ed. (274)
2002 Ed. (309)
2001 Ed. (378)
Tustin Acura
1992 Ed. (405)
1991 Ed. (300)
Tustin Alfa Romeo
1995 Ed. (259)
Tustin Lexus
1994 Ed. (258)
Tustin Suzuki
1993 Ed. (302)
Tut Systems, Inc.
2001 Ed. (4182)
Tuthill; Jean H.
1991 Ed. (2345)
Tutor-Saliba Corp.
2005 Ed. (1307)
2004 Ed. (1299)
2003 Ed. (1296)
2002 Ed. (1284, 1326)
2001 Ed. (1467)
2000 Ed. (1251, 1255)
1999 Ed. (1360, 1364, 1409)
1998 Ed. (941, 973)
1997 Ed. (1152, 1155, 1197)
1996 Ed. (1167)
1995 Ed. (1193)
1994 Ed. (1174)
1993 Ed. (1151)
1992 Ed. (1437)
Tutor Time Child Care Learning Center
1999 Ed. (1128)
Tutor Time Franchise LLC
2007 Ed. (1096)
2006 Ed. (1005)
Tutor Time Learning Centers LLC
2005 Ed. (995)
Tutor Time Learning Systems Inc.
2003 Ed. (962)
2002 Ed. (1044)
Tutoring Club Inc.
2008 Ed. (2412)
2007 Ed. (2279)
2006 Ed. (2343)
2005 Ed. (904, 2275)
2004 Ed. (2174)
2003 Ed. (2126)
Tuttle Publishing
2001 Ed. (3951)
Tutunska Banka AD Skopje
2000 Ed. (599)
1999 Ed. (583)
Tuxedo Park
2004 Ed. (734)
TV
2000 Ed. (4245)
TV A Brazil
1997 Ed. (877)
TV advertising
1990 Ed. (2737)
TV and radio, local
1992 Ed. (94)
TV and radio, national
1992 Ed. (94)
TV Azteca
2003 Ed. (3353)
TV Azteca, SA
2003 Ed. (4596)
TV Azteca, SA de CV
2005 Ed. (3429)
2004 Ed. (3417)
TV Choice
2008 Ed. (3534)
TV Crosswords
1994 Ed. (2792)
TV game shows
1995 Ed. (3577)
TV Guide
2008 Ed. (3533)
2007 Ed. (141, 144, 146, 170, 3403, 3404)
2006 Ed. (149, 150, 152, 154, 159, 3347)
2005 Ed. (136, 146, 3361, 3362)
2004 Ed. (148, 3336, 3337)
2003 Ed. (191, 3274, 3275)
2002 Ed. (221, 3226)
2001 Ed. (248, 257, 260, 1231, 3192, 3194, 3195, 3196, 3198, 3709, 3710, 3953)
2000 Ed. (203, 3461, 3462, 3472, 3475, 3476, 3481, 3491, 3493)
1999 Ed. (1853, 3751, 3752, 3753, 3764, 3766, 3769, 3770, 3771)
1998 Ed. (70, 72, 1278, 1343, 2783, 2784, 2787, 2797, 2798, 2801)
1997 Ed. (3035, 3038, 3039, 3041, 3045, 3048, 3049, 3050)
1996 Ed. (2957, 2958, 2959, 2960, 2962, 2964, 2965, 2971, 2972)
1995 Ed. (2880, 2882, 2885, 2886, 2887, 2890)
1994 Ed. (2782, 2783, 2784, 2787, 2788, 2790, 2798, 2801, 2803, 2804, 2805)
1993 Ed. (2789, 2790, 2791, 2794, 2795, 2796, 2797, 2804, 2807)
1992 Ed. (3370, 3371, 3388)
1991 Ed. (2701, 2702, 2704, 2707, 2710)
1990 Ed. (884, 2801)
1989 Ed. (181, 185, 2172, 2176, 2180, 2181, 2182)
TV Guide International Inc.; Gemstar-
2006 Ed. (4585, 4588)
2005 Ed. (2445, 2861)
TV Hits
2000 Ed. (3501)
TV Host
1990 Ed. (884)
TV Marketing
2001 Ed. (25)
TV Markiza
2007 Ed. (76)
2001 Ed. (77)
TV Markza
2005 Ed. (77)
TV 1
2004 Ed. (43)
TV programs
1992 Ed. (2859)
TV Promotion Group
2004 Ed. (73)
TV Quick
2000 Ed. (3494)
TV repairmen
1991 Ed. (813, 2628)
TV Shopping
2008 Ed. (69)
TV stations
2005 Ed. (1470, 1481)
TV Store
2001 Ed. (91)
TV 3
2005 Ed. (37)
2004 Ed. (43)
TV Times
2000 Ed. (3494)
TV Tip
2007 Ed. (76)
2006 Ed. (86)
2005 Ed. (77)
T.V. Travel
1990 Ed. (3652)
TV y Novelas
2000 Ed. (4086)
TVA
2001 Ed. (3868)
TVA Fire & Life Safety Inc.
2007 Ed. (4292, 4293)
2006 Ed. (4264, 4265)
TVA Group
2007 Ed. (1621)
Tvarski
2002 Ed. (289)
TVB
1999 Ed. (1647)
TVBS
1999 Ed. (1006)
TVBS-N
1999 Ed. (1006)
Tvedt Group Ltd.
1993 Ed. (968)
Tverskaya
2006 Ed. (4182)
TverUniversal Bank
1995 Ed. (596)
TVH Acquisition
1992 Ed. (1486)
TVI Corp.
2006 Ed. (2734)
2005 Ed. (2013)
TVIS
1999 Ed. (1006)
Tvisions, Inc.
2002 Ed. (2521)
TVK
2006 Ed. (664)
2002 Ed. (854)
2000 Ed. (893)
1999 Ed. (947)
TVKO/Partners
1996 Ed. (867)
TVKO/Top Rank
1995 Ed. (881)
TVM Techno Venture Management
1999 Ed. (4706)
1998 Ed. (3666)
1996 Ed. (3782)
1995 Ed. (3695)
TVNZ Advertising
1993 Ed. (44)
1992 Ed. (67)
TVNZ -- Music
2001 Ed. (62)
Tvornica
2004 Ed. (31)
Tvornica Duhana Rovinj
2005 Ed. (24)
TVVK ME
1997 Ed. (1384)
TVX Broadcast Group Inc.
1990 Ed. (3550)
TVX Gold Inc.
2004 Ed. (3681)
2003 Ed. (2626)
2002 Ed. (3738)
2001 Ed. (4270)
1997 Ed. (2152)
1996 Ed. (2033)
TW Food Services
1993 Ed. (2381)
TW Holdings
1995 Ed. (2443)
1994 Ed. (1884, 3281)
1993 Ed. (3031, 3290)
1992 Ed. (2173, 3688, 3930)
1991 Ed. (1731)
TW Services
1992 Ed. (1439, 1460, 4025)
1991 Ed. (3095)
1990 Ed. (1814, 1818, 3004, 3245, 3253)
1989 Ed. (1445, 2463, 2472)
TW Telecom LP
2008 Ed. (1690)
TWA
2001 Ed. (295)
1999 Ed. (214, 216, 220, 222, 225, 226, 229, 231, 245, 1518, 1520, 1524, 1708)
1998 Ed. (126, 127, 130, 131, 133, 134, 248, 249, 250, 925, 1089, 1090, 1091, 1093, 1094, 1095, 1096, 1098, 1178)
1997 Ed. (194, 196, 197, 198, 201, 203, 218, 1330, 1332, 1336, 1340, 1342, 1344, 1346, 1348)
1996 Ed. (184, 191, 355, 1115)
1995 Ed. (176, 182, 192)
1994 Ed. (155, 162, 164, 165, 185)
1993 Ed. (169, 170, 177, 188, 193, 202, 1106)
1992 Ed. (266, 278, 281, 284, 285, 288, 289, 291, 295, 302, 303, 1379)
1991 Ed. (189, 196, 197, 203, 204, 208, 210, 211, 212, 3318)
1990 Ed. (199, 200, 206, 207, 208, 209, 213, 215, 216, 222, 224, 225, 226, 227, 229, 233, 234, 235, 242, 3541)
1989 Ed. (234, 235, 238, 240, 241, 243, 244)
TWA Airlines
2003 Ed. (248)
TWA Credit Union
1993 Ed. (1449)
TWA Services Inc.
1994 Ed. (1102)
Twain Bank; Mark
1997 Ed. (562)
Twain; Shania
2006 Ed. (1157)
Tweddle Litho Co.
2001 Ed. (3891)
2000 Ed. (3609)
1999 Ed. (3895)

1998 Ed. (2921)
Tweed Associates Inc.; Gilbert
1994 Ed. (1711)
1993 Ed. (1692)
Tweedy Brown Global Value
2000 Ed. (3237)
Tweedy Browne Amer. Value
1999 Ed. (3520)
Tweedy, Browne Global Value
2006 Ed. (3684, 4558)
2005 Ed. (3575, 4484, 4488)
2004 Ed. (2481, 3645, 3657)
2003 Ed. (2364, 3529, 3611, 3614)
1999 Ed. (3517)
Tweeter Center
2003 Ed. (269)
Tweeter Center at the Waterfront
2003 Ed. (269)
Tweeter Center for the Performing Arts
2003 Ed. (269)
2002 Ed. (4342)
Tweeter Home Entertainment
2005 Ed. (2358)
Tweeter Home Entertainment Group Inc.
2008 Ed. (885, 1909, 2478)
2007 Ed. (2355, 2864, 2865)
2006 Ed. (2404, 4184)
2005 Ed. (4136)
1271 Associates Inc.
1999 Ed. (4336)
Twelve Oaks Mall
2002 Ed. (4280)
2001 Ed. (4252)
2000 Ed. (4028)
Twelve Sharp
2008 Ed. (552)
The 12th-century Gospels of Henry the Lion
1989 Ed. (2110)
Twentieth Centry Ultra
1992 Ed. (3193)
Twentieth Century
1994 Ed. (2216)
1993 Ed. (2668)
Twentieth Century Balance Investors
1995 Ed. (2739)
Twentieth Century Balanced
1993 Ed. (2662, 2673)
Twentieth Century Balanced Investors
1994 Ed. (2639)
Twentieth-Century Fox
2007 Ed. (3640)
2004 Ed. (3512, 4141)
2003 Ed. (3451, 3452)
2002 Ed. (3393, 3394, 3395, 3396)
2001 Ed. (3359, 3360, 3377, 4694)
2000 Ed. (3164)
1999 Ed. (3442)
1998 Ed. (2532, 2534)
1997 Ed. (2816, 2819)
1996 Ed. (2690, 2691)
Twentieth Century Fox Film
1995 Ed. (1716)
1991 Ed. (3086, 3097, 2487)
Twentieth Century Fox International Inc.
2001 Ed. (4702)
Twentieth Century Giftrust
1997 Ed. (2872, 2880)
1996 Ed. (2751, 2772, 2797)
1995 Ed. (2676, 2696, 2724, 2737)
1994 Ed. (2603)
1993 Ed. (2650, 2658, 2669, 2680)
1992 Ed. (3193)
1991 Ed. (2555)
Twentieth Century Giftrust Investors
1996 Ed. (2798)
Twentieth Century Growth
1993 Ed. (2659, 2670, 2688)
1991 Ed. (2556, 2567)
Twentieth Century Growth Investors
1994 Ed. (2599, 2634)
Twentieth Century Industries
1996 Ed. (2332)
Twentieth Century Insurance
1999 Ed. (2900)
1998 Ed. (2114)
1997 Ed. (2410, 2457)
1996 Ed. (2270)
20th Century Insurance Group
1998 Ed. (2211)
Twentieth Century International
1997 Ed. (2870)
Twentieth Century International Equity
1996 Ed. (2804)
Twentieth Century Select
1992 Ed. (3149)
1991 Ed. (2556)
Twentieth Century Tax-Ex. Short Term
1996 Ed. (2796)
Twentieth Century Ultra
1998 Ed. (2607, 2615)
1997 Ed. (2865, 2868)
1996 Ed. (2766, 2768)
1995 Ed. (2676, 2690, 2691, 2696, 2713, 2737)
1993 Ed. (2646, 2648, 2658, 2669, 2680, 2691)
Twentieth Century Ultra Investors
1996 Ed. (2798, 2799)
1994 Ed. (2599, 2637)
Twentieth Century U.S. Government
1996 Ed. (2767)
Twentieth Century Vista
1997 Ed. (2864)
1996 Ed. (2764)
1993 Ed. (2658, 2691)
28 Days Later
2005 Ed. (3518)
Twenty-First Securities
1989 Ed. (1859)
24 Fitness Worldwide
2005 Ed. (3910)
24 Hour Fitness
2006 Ed. (2786)
2005 Ed. (2810)
2003 Ed. (270)
2000 Ed. (2424)
24 Hour Fitness Worldwide Inc.
2008 Ed. (252)
2007 Ed. (269, 2787)
24 Saati
2005 Ed. (40)
24 Seven
2005 Ed. (4123)
24/7 Media, Inc.
2003 Ed. (2724)
2002 Ed. (2524, 2528)
2001 Ed. (1258)
24/7 Real Media Inc.
2007 Ed. (1239, 2324)
20 Mule Team Borax
2003 Ed. (3168)
21 Club
2008 Ed. (4147, 4149)
2007 Ed. (4129, 4131)
2005 Ed. (4047)
2003 Ed. (4087)
2002 Ed. (3994)
2001 Ed. (4053)
2000 Ed. (3772)
1999 Ed. (4056)
1997 Ed. (3302)
1996 Ed. (3195)
1995 Ed. (3101)
1994 Ed. (3055)
21st Century Group LLC
2008 Ed. (178)
21st Century Holding Co.
2004 Ed. (3663)
21st Century Newspapers Inc.
2005 Ed. (3602)
2004 Ed. (3687)
2001 Ed. (3542)
21st Century Optics
2006 Ed. (3751, 3752)
21st Century Systems
2008 Ed. (2288)
20/20
2002 Ed. (1958)
2001 Ed. (1444, 4498)
1999 Ed. (2839)
1990 Ed. (3551)
20-20 Technologies
2008 Ed. (1132)
20/20 Video
1997 Ed. (3842, 3843)
1992 Ed. (4394)
1990 Ed. (3671)
20/20 Wine Coolers
1989 Ed. (2911)
21st Century Newspapers Acquisition Inc.
1999 Ed. (3617)
20th Century
1995 Ed. (2287)
1993 Ed. (2184)
20th Century Fox
2008 Ed. (3752, 3753)
2007 Ed. (3639)
2006 Ed. (3574, 3575)
2005 Ed. (3517)
1999 Ed. (3445)
1994 Ed. (2562)
1993 Ed. (2596, 2597, 3215)
1992 Ed. (3110, 3111)
20th Century Fox Credit Union
2006 Ed. (2167)
20th Century Fox Films
2000 Ed. (33, 793, 3165)
20th Century Industries
1995 Ed. (2318, 2321)
1994 Ed. (2276, 2279)
1993 Ed. (2239)
1992 Ed. (2681, 2683)
1991 Ed. (2127, 2128)
1990 Ed. (2254)
20th Century Insurance Group
2000 Ed. (2732, 2735)
1999 Ed. (2979)
1995 Ed. (2324)
Twigden Ltd.
1995 Ed. (1016)
Twigden PLC
1994 Ed. (1003)
1993 Ed. (971, 975)
Twin Capital
1993 Ed. (2322)
Twin Capital Management
1992 Ed. (2759, 2763)
Twin Cities Cable
1992 Ed. (1023)
Twin Cities Public Television
2006 Ed. (3718)
Twin City Co-Ops Credit Union
2008 Ed. (2240)
2007 Ed. (2125)
2006 Ed. (2204)
2005 Ed. (2109)
2004 Ed. (1967)
2003 Ed. (1927)
2002 Ed. (1873)
Twin County Cable
1997 Ed. (871)
Twin County Credit Union
2006 Ed. (2230)
2005 Ed. (2135)
2004 Ed. (1993)
2003 Ed. (1953)
Twin County Grocers
2000 Ed. (2388, 2390)
1998 Ed. (1871, 1873)
1996 Ed. (1177, 1178, 2050, 2053)
1995 Ed. (1210, 2051, 2054, 2057)
1994 Ed. (1998, 1999, 2001, 2003)
1993 Ed. (3490, 3491)
Twin Falls, ID
2008 Ed. (825)
2007 Ed. (864)
2006 Ed. (766)
2005 Ed. (838)
2004 Ed. (869)
1998 Ed. (245)
1996 Ed. (977)
Twin Otter
1994 Ed. (187)
Twin Palms Pasadena
2002 Ed. (4035)
Twin States Federal Credit Union
2005 Ed. (308)
Twin Valley
2006 Ed. (4961, 4962)
2005 Ed. (4931, 4932)
2004 Ed. (4951, 4952)
Twin Valu
1997 Ed. (2343)
1996 Ed. (2214)
1995 Ed. (2196)
1994 Ed. (2154)
1991 Ed. (1992)
Twin Value
1991 Ed. (1991)
Twinfast
1998 Ed. (1272, 1352)
Twinhead International Corp.
1992 Ed. (1700)
Twinings
2008 Ed. (4599)
2003 Ed. (4676)
2002 Ed. (703)
1999 Ed. (710)
1995 Ed. (3547)
1994 Ed. (3478)
Twinkle
2003 Ed. (983)
Twinlab
2003 Ed. (2108, 4857, 4860, 4861)
2001 Ed. (2015)
2000 Ed. (4091)
Twinlab Diet Fuel
2003 Ed. (2059)
2002 Ed. (4889, 4890)
Twinlab Metabolift
2003 Ed. (2059)
2002 Ed. (4889)
Twinlab Ripped Fuel
2003 Ed. (2059)
2002 Ed. (4889, 4890)
Twinnings
2005 Ed. (4605)
Twinpak Inc.
1999 Ed. (3840)
1996 Ed. (2900)
Twins
1991 Ed. (2488)
Twist Marketing
2007 Ed. (1570)
Twisted Tea
2003 Ed. (261)
Twister
1998 Ed. (2535, 2537, 3673, 3675)
Twister on Tuesday
2003 Ed. (713)
Twix
2008 Ed. (712)
2005 Ed. (996)
2004 Ed. (978)
2003 Ed. (963)
2002 Ed. (1049, 1167)
2001 Ed. (1121)
2000 Ed. (972, 1055)
1999 Ed. (785, 1025, 1026)
1996 Ed. (873)
1994 Ed. (856)
1992 Ed. (1045)
Twix Caramel
2000 Ed. (1054)
1997 Ed. (895)
1990 Ed. (895)
Twizzler
2008 Ed. (837)
2001 Ed. (1119)
1999 Ed. (1017, 1018)
Twizzler Licorice
2004 Ed. (875, 876)
Twizzler Sours
2008 Ed. (837)
Twizzler Twerps
2008 Ed. (837)
Twizzlers
2008 Ed. (835)
2007 Ed. (871)
2006 Ed. (774)
2003 Ed. (1131, 1132)
Twizzlers Strawberry
1995 Ed. (891)
02
2006 Ed. (55)
Two Commerce Square
2000 Ed. (3365)
1998 Ed. (2697)
Two Dogs
2004 Ed. (4946)
2003 Ed. (4942)
Two Fingers
2002 Ed. (4604)
2001 Ed. (4503)
2000 Ed. (4233)
1999 Ed. (4579)
1998 Ed. (3508, 3509)
1994 Ed. (3505)
1993 Ed. (3546)
1991 Ed. (3336)

2-4-1 Pizza
1996 Ed. (1968, 3049)
200 Cigarettes
2001 Ed. (4698)
282, M. J. Marchant Underwriting Ltd.
1991 Ed. (2337)
270
1990 Ed. (2466)
270, A. J. Archer & Co. Ltd.
1991 Ed. (2335)
271
1990 Ed. (2466)
206; Peugeot
2005 Ed. (295)
206, R. W. Sturge & Co.
1991 Ed. (2337)
210
1990 Ed. (2467)
210, R. W. Sturge & Co.
1991 Ed. (2338)
231 Prime Fund/Institution Shares
1996 Ed. (2669)
The Two-Income Trap
2005 Ed. (722)
Two Liberty Place
2000 Ed. (3365)
1998 Ed. (2697)
Two Men & a Truck International Inc.
2008 Ed. (4322)
2007 Ed. (4366)
2006 Ed. (4299)
2005 Ed. (4358)
2004 Ed. (4410)
2002 Ed. (4260)
Two of a Kind
2000 Ed. (4217)
Two Pesos
1990 Ed. (3561)
Two-pocket portfolio, 8.5 in. x 11 in.
1989 Ed. (2632, 2633)
Two Prudential Plaza
2000 Ed. (3364)
1998 Ed. (2695)
2000 ESPN Information Please Sports Almanac
2001 Ed. (987)
2000 Flushes
2003 Ed. (987)
2720 Pub & Nightclub
2008 Ed. (4369)
The Two Towers
2004 Ed. (745)
Two-way radio
1998 Ed. (3205)
Two Weeks Notice
2005 Ed. (4832)
Two World Trade Center
1997 Ed. (939)
02Diesel
2006 Ed. (4606)
2,4-D
1999 Ed. (2663)
2order.com
2001 Ed. (2858)
2Roam, Inc.
2002 Ed. (4976)
2Way Corp.
2001 Ed. (2861)
2Wire
2008 Ed. (4043, 4647)
2007 Ed. (4727)
2006 Ed. (4705)
2005 Ed. (4612)
2WR/Holmes Wilkins Architects Inc.
2008 Ed. (2512)
TWR
1993 Ed. (1382)
Twynam Agricultural Group
2004 Ed. (1637, 3950, 3963)
2002 Ed. (247, 3770)
TXI
2008 Ed. (4545)
2007 Ed. (4594)
TXU Corp.
2008 Ed. (1526, 2496, 2497, 2499, 2505, 2507, 2849)
2007 Ed. (1542, 1550, 2290, 2291, 2293, 2381, 2383, 2384, 2390, 2391, 4518, 4523)
2006 Ed. (1514, 1521, 2353, 2359, 2360, 2361, 2362, 2364, 2437, 2440, 2445, 2446, 2693, 2694, 2696, 4461, 4579, 4582, 4604)
2005 Ed. (1971, 2295, 2313, 2314, 2395, 2398, 2413)
2004 Ed. (2191, 2193, 2200, 2201, 2319, 4496)
2003 Ed. (2135, 2136, 2137, 2139, 2140, 2143, 2285, 2607)
2001 Ed. (1685, 4661)
TXU Australia
2006 Ed. (1438)
2004 Ed. (1646)
2002 Ed. (4708)
TXU Electric & Gas
2002 Ed. (3879, 4710)
TXU Electric Delivery
2007 Ed. (2297)
TXU Energy
2005 Ed. (1576)
TXU Europe Group plc
2002 Ed. (2832)
TXU Gas Co.
2005 Ed. (2716, 2717, 2718, 2719, 2723)
TXX Services
2000 Ed. (4434)
Ty-D-Bol
2003 Ed. (987)
Ty; George
2006 Ed. (4921)
Ty Govatos
2000 Ed. (2035)
1999 Ed. (2254)
1998 Ed. (1664)
1997 Ed. (1892)
1996 Ed. (1818)
1995 Ed. (1840)
1994 Ed. (1802)
1993 Ed. (1819)
Ty Pennington
2008 Ed. (2584)
Tybouts Corner Landfill
1991 Ed. (1889)
Tybrin Corp.
2007 Ed. (1401, 1412)
2006 Ed. (1362, 1374)
2005 Ed. (1358)
Tyco
1999 Ed. (4629, 4632)
1998 Ed. (3595, 3604)
1997 Ed. (3777, 3778, 3779)
1996 Ed. (3724)
1993 Ed. (3601)
1992 Ed. (4325)
1991 Ed. (2764)
1990 Ed. (2902)
Tyco Electronics Corp.
2008 Ed. (2459)
2007 Ed. (1952, 2333, 2334)
2006 Ed. (1715, 2389, 3980)
2005 Ed. (2279, 2334)
2004 Ed. (2233)
2003 Ed. (2190)
Tyco Group
2001 Ed. (2136, 2137)
Tyco Healthcare Group LP
2007 Ed. (3079)
2006 Ed. (3047)
2005 Ed. (3042)
2003 Ed. (1755, 2955, 2956)
Tyco International Ltd.
2008 Ed. (1473, 1580, 2352, 2472, 3550, 3840, 4066, 4067)
2007 Ed. (1479, 1546, 1602, 2212, 2213, 2283, 2343, 3023)
2006 Ed. (1567, 2277, 2278, 2280, 2393, 2398, 3363, 3373)
2005 Ed. (1370, 1509, 1512, 1522, 1797, 2215, 2216, 2217, 2338, 2836, 4282)
2004 Ed. (883, 1153, 1354, 1451, 1493, 1496, 1506, 1526, 1540, 2111, 2112, 2237, 2255, 2827, 3212, 3680, 4492, 4575)
2003 Ed. (1421, 1424, 1463, 1466, 1476, 1645, 2086, 2087, 2088, 2194, 2253, 2729, 3148, 3289)
2002 Ed. (1039, 1179, 1443, 1444, 1446, 1599, 2079, 3495, 3496, 3567, 4355, 4358)
2001 Ed. (2191, 2192, 4214, 4215, 4380)
2000 Ed. (1328, 3034, 3084)
1999 Ed. (1469, 3347, 3348, 4637)
1998 Ed. (1052, 2091, 2434, 2468, 2469, 3603)
1997 Ed. (2368, 2752, 2753)
1996 Ed. (1241, 2243, 2609, 2610)
1995 Ed. (2235, 2547)
Tyco International (U.S.) Inc.
2001 Ed. (1811, 3186, 3187)
Tyco International (USA)
2004 Ed. (1816)
Tyco Laboratories
1995 Ed. (2548)
1994 Ed. (1396, 1428, 2181, 2420, 2479, 2481)
1993 Ed. (1222, 1375, 2486, 2535, 2537, 3249)
1992 Ed. (979, 2953, 3027)
1991 Ed. (798, 2370)
1990 Ed. (835, 1158, 1284, 2502, 2542)
1989 Ed. (1917, 1945)
Tyco Plastics & Adhesives Group
2007 Ed. (3972)
2006 Ed. (3918)
2004 Ed. (3907)
2003 Ed. (3890)
2001 Ed. (3817, 3818)
Tyco Plastics LP
2005 Ed. (3853)
Tyco Printed Circuit Group Inc.
2003 Ed. (1566, 1660, 2191)
Tyco Safety Products
2008 Ed. (4060, 4061, 4077)
Tyco Toys Inc.
2004 Ed. (1520)
2003 Ed. (1490)
2002 Ed. (1469)
1995 Ed. (3635, 3638, 3642, 3643)
1994 Ed. (3559)
TyCom Ltd.
2002 Ed. (4194, 4207)
Tyfield Importers
2003 Ed. (907)
Tylenol
2008 Ed. (254, 255, 1038)
2007 Ed. (278)
2006 Ed. (273)
2005 Ed. (254, 1054)
2004 Ed. (246, 247, 1056, 2153)
2003 Ed. (278, 279, 281, 1048, 1050, 1052, 2108)
2002 Ed. (314, 317, 318, 319, 320)
2001 Ed. (383, 385, 1309, 1310)
2000 Ed. (277, 302, 1132, 1135)
1999 Ed. (255, 274, 778, 1218, 4564)
1998 Ed. (168, 788, 789, 3492, 3495, 3496)
1997 Ed. (253, 254, 3055, 3666)
1996 Ed. (24, 222, 767, 1031, 1583, 3608)
1995 Ed. (221, 228, 1607, 1608, 1618, 2898, 2898, 3526)
1994 Ed. (220, 1573, 1575, 2812)
1993 Ed. (14, 229, 1013, 1531)
1992 Ed. (23, 335, 1873, 4235)
1991 Ed. (240)
1990 Ed. (3547)
1989 Ed. (256)
Tylenol Allergy
2002 Ed. (1100)
Tylenol Allergy Sinus
2003 Ed. (1049)
2002 Ed. (1099)
1995 Ed. (227)
1994 Ed. (196)
Tylenol Arthritis
2008 Ed. (254)
2004 Ed. (245)
2003 Ed. (278)
2002 Ed. (320)
Tylenol Caplets Extra Strength 50S
1992 Ed. (1847)
Tylenol Caplets Extra Strength 100S
1992 Ed. (1847)
Tylenol Caplets Extra Strength 24s
1992 Ed. (1846)
Tylenol Cold
2004 Ed. (1057)
2003 Ed. (1049)
2002 Ed. (1098, 1099, 1100)
Tylenol Drops 15ml
1990 Ed. (1539)
Tylenol Extra-Strength
1996 Ed. (24)
Tylenol Extra-Strength Caplets
1993 Ed. (1521, 1522)
1990 Ed. (3039)
Tylenol extra strength caplets 50
1991 Ed. (1451, 1452)
Tylenol Extra-Strength Caplets 50s
1990 Ed. (1539, 1542, 1543, 1575)
Tylenol extra strength caplets 100
1991 Ed. (1452)
Tylenol Extra-Strength Caplets 100s
1990 Ed. (1539, 1543)
Tylenol extra strength caplets 24
1991 Ed. (1451)
Tylenol Extra-Strength Caplets 24s
1990 Ed. (1539)
Tylenol Extra-Strength Tablets
1990 Ed. (3036, 3037, 3038)
1989 Ed. (2325, 2326)
Tylenol Extra-Strength Tablets 100s
1990 Ed. (1539, 1543)
Tylenol Extra-Strength Tablets 60s
1990 Ed. (1539)
Tylenol Extra-Strength Tablets 30s
1990 Ed. (1539, 1542, 1575)
Tylenol Flu
2002 Ed. (1098)
Tylenol Multi-Symptom Cold
1996 Ed. (1024)
Tylenol PM
2008 Ed. (254)
2004 Ed. (245, 247)
2003 Ed. (278)
2002 Ed. (319, 320)
2001 Ed. (385)
1999 Ed. (274)
1994 Ed. (221)
Tylenol Sinus
2004 Ed. (1057)
2003 Ed. (1049)
2002 Ed. (1099, 1100)
Tylenol Sinus/Cold/Allergy
2002 Ed. (1097)
Tylenol Tablets Extra Stength 100s
1992 Ed. (1847)
Tylenol w/Codeine
1991 Ed. (2762)
1990 Ed. (2899)
Tylenol w/codeine 3 tabs
1990 Ed. (1572)
Tylenol with Codeine
1992 Ed. (3525)
1989 Ed. (2254, 2255)
Tylenol with Codeine 3
2003 Ed. (2114, 2115)
Tylenol X Tabs
1990 Ed. (1566)
Tyler
1991 Ed. (1212, 1218, 2421)
1990 Ed. (1625, 2541)
1989 Ed. (878, 1316)
Tyler & Co.
2005 Ed. (4030)
2000 Ed. (1868)
Tyler Perry
2008 Ed. (183)
Tyler Technologies
2005 Ed. (4810)
Tyler 2 Construction Inc.
2006 Ed. (3531)
Tyler, TX
2004 Ed. (4169)
2003 Ed. (4154)
2002 Ed. (1054)
Tyme
2001 Ed. (584)
TyMetrix Inc.
2005 Ed. (2834)
2004 Ed. (2826)
Tymnet
1992 Ed. (4365)
Tymoshenko; Yulia
2007 Ed. (4983)
Tynan Motors
2004 Ed. (3957)
Tyndale
2004 Ed. (749, 751)

2003 Ed. (727, 729)
Tyndale House Publishers
2008 Ed. (3621)
Tyndall & Co. (Isle of Man) Limited
1989 Ed. (586)
Tyndall Bank International Ltd.
1997 Ed. (524)
1996 Ed. (567)
1995 Ed. (514)
1994 Ed. (538)
1993 Ed. (536)
1992 Ed. (737)
Tyndall Bank (Isle of Man) Ltd.
1991 Ed. (569)
Tyndall Credit Union
2003 Ed. (1912)
2002 Ed. (1858)
Tyndall FCU
1999 Ed. (1805)
Tyndall Federal Credit Union
2000 Ed. (1631)
1998 Ed. (1232)
1997 Ed. (1561)
Tyner Inc.; Richard
2007 Ed. (3570)
Tyneside
1992 Ed. (1031)
Typhoo
2002 Ed. (703)
1999 Ed. (710)
1996 Ed. (725)
Typhoo Tea
1994 Ed. (693)
1992 Ed. (887)
Typhoon Bart
2005 Ed. (884)
2002 Ed. (1986)
Typhoon Lagoon
2002 Ed. (4786)
2001 Ed. (4736)
2000 Ed. (4374)
1999 Ed. (4622, 4745)
1998 Ed. (3701)
1997 Ed. (3868)
1996 Ed. (3819)
1995 Ed. (3725)
1994 Ed. (3654)
1993 Ed. (3688)
Typhoon Lagoon at Walt Disney World
2007 Ed. (4884)
2006 Ed. (4893)
2005 Ed. (4840)
2004 Ed. (4856)
2003 Ed. (4875)
Typhoon Mireille
2005 Ed. (884)
Typhoon Nari
2003 Ed. (2980)
Typhoon Vicki
2001 Ed. (1136)
Typist/word processor
1989 Ed. (2079, 2090, 2091, 2095)
Typists
2005 Ed. (3620)
Typopak S.A.
2001 Ed. (3900)
Typsa
2007 Ed. (1992)
2006 Ed. (2022)
Tyra Banks
2008 Ed. (183, 3745)
2002 Ed. (3377)
2001 Ed. (3341)
The Tyrconnell
1998 Ed. (2375)
1997 Ed. (2645)
Tyre & Rubber
1994 Ed. (3289, 3290)
The Tyree Organization Ltd.
2002 Ed. (1248)
Tyrolia
1992 Ed. (3980)
1991 Ed. (3131)
Tyson
2007 Ed. (679)
2004 Ed. (1371)
2002 Ed. (1330, 2369)
2000 Ed. (2279)
1999 Ed. (4620)
1996 Ed. (1975)
1990 Ed. (2891)
Tyson Breeders Inc.
2008 Ed. (1560)
2004 Ed. (1626)
2003 Ed. (1610)
2001 Ed. (1612)
Tyson Chicken Inc.
2008 Ed. (3452, 3453)
2007 Ed. (3355, 3356)
2006 Ed. (3288, 3289)
2005 Ed. (3296, 3297)
2004 Ed. (3288, 3289)
Tyson Farms Inc.
2006 Ed. (3288)
Tyson Foods Inc.
2008 Ed. (1561, 1562, 2734, 2735, 2737, 2739, 2750, 2753, 2754, 2756, 2779, 2784, 3609, 3610, 3613, 3614, 3615, 3617, 3618, 3687, 4062)
2007 Ed. (1578, 1579, 2599, 2600, 2603, 2607, 2611, 2620, 2627, 2628, 3380, 4034)
2006 Ed. (1548, 1549, 2622, 2623, 2624, 2626, 2630, 2631, 2634, 2648, 3430, 3431, 3956, 3961, 4003)
2005 Ed. (1608, 1653, 1654, 1799, 2626, 2627, 2628, 2630, 2633, 2634, 2636, 2644, 2647, 2657, 3413, 3414, 3420, 3929)
2004 Ed. (1555, 1580, 1627, 1628, 2635, 2636, 2637, 2639, 2645, 2656, 3400, 3401, 3407, 3408, 4764)
2003 Ed. (1611, 1612, 2427, 2503, 2508, 2519, 2568, 3328, 3337, 3340, 3341, 3342, 3742)
2002 Ed. (1500, 1577, 2292, 2299, 2300, 3274, 3277)
2001 Ed. (1042, 1580, 1613, 2464, 2474, 2479, 3851)
2000 Ed. (1385, 2216, 2232, 3058, 3061, 3580, 3583)
1999 Ed. (1456, 1564, 2475, 3321, 3323, 3864, 3865)
1998 Ed. (1127, 1721, 1733, 2451, 2454, 2889, 2895, 2896)
1997 Ed. (1315, 1355, 2038, 2048, 2091, 2732, 2734, 2737, 3140, 3143, 3144, 3145)
1996 Ed. (1292, 1949, 2583, 2584, 2588, 2591, 3058, 3059, 3061, 3063, 3064)
1995 Ed. (1290, 1291, 1339, 1766, 1909, 2519, 2524, 2526, 2959, 2962, 2964, 2965, 2967)
1994 Ed. (1266, 1267, 1318, 1882, 2451, 2456, 2459, 2505, 2903, 2906, 2908, 2909, 3448)
1993 Ed. (1227, 1228, 1273, 1877, 1884, 2514, 2515, 2516, 2519, 2522, 2523, 2525, 2572, 2887, 2888, 2889, 2891, 2892, 2893, 2894, 2898)
1992 Ed. (2186, 2187, 2188)
1991 Ed. (1220, 1738, 3227, 258, 1750)
1990 Ed. (2526, 2527, 2890)
1989 Ed. (273)
Tyson Fresh Meats Inc.
2008 Ed. (2077, 2078, 2734)
2007 Ed. (1979, 1980)
2006 Ed. (2013, 2014)
2005 Ed. (1961, 1962, 2627)
Tyson; J. H.
2005 Ed. (2492)
Tyson; John
2006 Ed. (2627)
Tyson; Mike
1997 Ed. (278, 1725)
1991 Ed. (1578)
1990 Ed. (1672, 2504)
Tyson; Poppe
1989 Ed. (141)
Tyson Seafood Group
2001 Ed. (2446)
Tyssen Krupp Stahl AG
2004 Ed. (3441)
Tyssen Stahl AG
2001 Ed. (3283)
Tyumen Oil Co.
2007 Ed. (1961)
1999 Ed. (3813)
Tyumen's Comagroprombank
1993 Ed. (631)
TZI
2000 Ed. (4445, 4446)

U

U Build It Corp.
2002 Ed. (2059)
U-Can-Rent
1996 Ed. (1995)
U-Haul
2006 Ed. (1471)
2000 Ed. (3989)
1998 Ed. (3274)
U-Haul International Inc.
2006 Ed. (344)
2003 Ed. (21, 346)
2002 Ed. (57)
2001 Ed. (500)
1999 Ed. (4266)
1996 Ed. (3395)
1992 Ed. (3909)
1990 Ed. (2431)
1989 Ed. (1890)
U-Lane-O Credit Union
2004 Ed. (1981)
2003 Ed. (1941)
2002 Ed. (1887)
U-Ming Marine Transport
2007 Ed. (1582)
U. R. M. Stores
1998 Ed. (1868)
U. S. B. Holding Co. Inc.
2003 Ed. (545)
U. S. Bancorp
1991 Ed. (693)
U. S. Bancorp Piper Jaffray
2005 Ed. (3206)
2004 Ed. (3171)
U. S. Cellular
1991 Ed. (1232)
U. S. Central Credit Union
2003 Ed. (1378)
U S F & G
1991 Ed. (2135)
U. S. Home
2004 Ed. (1220)
U S News & World Report
1990 Ed. (2798)
U. S. Postal Service
2008 Ed. (1850)
2007 Ed. (1811)
2006 Ed. (1775, 1804)
2005 Ed. (1817)
2004 Ed. (1751)
2003 Ed. (1709)
U. S. Robotics
1999 Ed. (4547)
U S S R
1990 Ed. (1449)
U S WEST Inc.
2005 Ed. (1487, 1503, 1548)
2004 Ed. (1471)
2003 Ed. (1441)
2002 Ed. (1378, 1392, 2571)
2001 Ed. (1602, 1674, 4454, 4462, 4472, 4476, 4477, 4478)
U S WEST Communications, Inc.
2002 Ed. (4084)
2001 Ed. (1674)
U S WEST Communications Group Inc.
2002 Ed. (2116, 4084)
2001 Ed. (1674)
U/SA A Investment Federal Securities GNMA
1996 Ed. (2810)
U-Save
1996 Ed. (333)
1994 Ed. (322)
U-Save Auto Rental of America Inc.
2005 Ed. (305)
2004 Ed. (309)
2003 Ed. (334)
U-Store-It
2000 Ed. (3989)
UA Cablesystems
1990 Ed. (870, 872)
UA Comm
1997 Ed. (876)
UAB Health System
2003 Ed. (3471)
UAC of Nigeria plc
2004 Ed. (1827)
2002 Ed. (1746)
UAE
1992 Ed. (1731)
UAF Vie
2002 Ed. (2937)
UAL Corp.
2008 Ed. (217, 219, 220, 225, 235, 352, 1443, 1444, 1445, 1446, 1447, 1450, 1525, 1526, 1527, 1532, 1535, 1811, 1837, 1840, 1841, 1843, 3007)
2007 Ed. (156, 221, 222, 230, 231, 238, 240, 246, 364, 1514, 1524, 1798, 1799, 1801, 1802, 1803, 1804, 1805, 2885)
2006 Ed. (165, 213, 214, 215, 216, 222, 223, 244, 1512, 1771, 1791, 1792, 1795, 1796, 1798)
2005 Ed. (199, 200, 201, 206, 209, 211, 212, 228, 420)
2004 Ed. (196, 197, 198, 199, 200, 203, 207, 214, 220, 412, 4566)
2003 Ed. (239, 240, 242, 243, 244, 247, 252, 1491, 1540, 1644, 1658, 1695)
2002 Ed. (258, 260, 261, 263, 264, 266, 267, 1552, 1613, 1667)
2001 Ed. (292, 293, 294, 299, 300, 311, 321, 330, 1731)
2000 Ed. (236, 238, 239, 249, 250, 261, 264, 265, 1454)
1999 Ed. (215, 218, 219, 221, 226, 232, 1653)
1996 Ed. (180, 181, 182, 183, 956, 1377, 2934, 2946, 3500, 3738)
1995 Ed. (172, 173, 174, 175, 185, 187, 188, 976, 977, 1664, 2541, 2542, 2867, 3435, 3653, 3656, 3662)
1994 Ed. (166, 167, 168, 181, 182, 944, 945, 2775, 3215, 3567, 3569, 3578)
1993 Ed. (187, 931, 934, 1264, 2532, 2533, 3379, 3458, 3610, 3612, 3620)
1991 Ed. (199, 1208, 3418, 825, 922, 1140, 1140, 1156, 1156)
1990 Ed. (212, 214, 217, 1229, 1285, 1325, 3242, 3249, 3637, 3638)
UAL Merchant Bank
1991 Ed. (2416, 2417)
UAL/Pan Am Pacific Routes
1991 Ed. (1145)
UAL Services
2001 Ed. (271)
UAM
2000 Ed. (2264)
UAM Acadian Emerging Markets Institutional
2004 Ed. (3647)
UAM Cambiar Opportunity
2003 Ed. (3489)
UAM FMA Small Company
2004 Ed. (3574)
2000 Ed. (3224)
UAM FMA Small Company Inst
1999 Ed. (3529)
UAM FPA Crescent
2004 Ed. (3546, 3548)
2003 Ed. (3483)
UAM ICM Small Company
1998 Ed. (2608)
UAP Inc.
2007 Ed. (4945)
1997 Ed. (703, 1410, 2420, 2422, 3500)
1996 Ed. (765)
1995 Ed. (1396, 2281)
1994 Ed. (739, 2235)
1993 Ed. (731)
1992 Ed. (1618, 2708, 2709)
1990 Ed. (2277, 2279, 3690)
UAP Holding Corp.
2007 Ed. (4801)
2006 Ed. (4788, 4789)

UAP-Union des Assurances
1996 Ed. (1347)
UAP-Union des Assurances de Paris
1990 Ed. (2278)
Uarco Inc.
1995 Ed. (2498)
1994 Ed. (2429, 2932)
1993 Ed. (789, 2920)
1992 Ed. (992)
Uark Credit Union
2006 Ed. (2183)
2005 Ed. (2088)
2004 Ed. (1947)
2003 Ed. (1907)
2002 Ed. (1848)
Uas
1993 Ed. (204)
UASC
2004 Ed. (2538, 2539)
UAW-CIO Credit Union
1996 Ed. (1507)
UAW Local 594
2001 Ed. (3041)
UAW Local 900
2001 Ed. (3041)
2000 Ed. (2888)
UAW Local 1853 Credit Union
2006 Ed. (2161)
UAW Local 1250
2001 Ed. (3040)
UAW Local 600
2001 Ed. (3041)
2000 Ed. (2888)
1998 Ed. (2323)
UAW Local 653
2000 Ed. (2888)
UAW Voluntary Community Action Program
1993 Ed. (2872, 2873)
UB Networks
1996 Ed. (1764)
UBA plc
2002 Ed. (4450)
UBAE Arab German Bank
1992 Ed. (590)
UBAF Arab American Bank
1992 Ed. (600)
1991 Ed. (2812)
UBAF Bank
1997 Ed. (397, 398)
1996 Ed. (433)
1995 Ed. (406)
1994 Ed. (413)
1993 Ed. (420)
1992 Ed. (585)
UBAF-U.de Banques Arabes & Franaises
1992 Ed. (584)
UBCI
2006 Ed. (4542)
2002 Ed. (4492)
Ube
2000 Ed. (3566)
Ube Industries Ltd.
2002 Ed. (1002)
1996 Ed. (829, 940)
1995 Ed. (850)
1994 Ed. (799)
1993 Ed. (783)
1989 Ed. (959)
Uberrimae Fidei Insurance Co., Ltd.
2006 Ed. (3055)
Uberrimae Fidel Insurance Co., Ltd.
2007 Ed. (3085)
UBF
1990 Ed. (3458)
UBH Manufacturing Ltd.
2003 Ed. (1725)
uBid
2002 Ed. (2990)
ubid.com
2001 Ed. (2979, 2981, 2984, 2993)
UbiquiTel Inc.
2007 Ed. (4970)
Ubizen NV
2002 Ed. (3565, 3566)
UBK Banka
1997 Ed. (2676)
UBK Banka dd Ljubljana
1996 Ed. (676)
UBK Univerzaina Banka dd. Ljubljana
1995 Ed. (605)
UBK Univerzalna Banka dd, Ljubljana
1997 Ed. (613)
1996 Ed. (677)
UBP Capital Corp.
1996 Ed. (3392)
UBS
2008 Ed. (368, 666)
2007 Ed. (648, 690, 698)
2006 Ed. (3592)
2003 Ed. (2312)
2000 Ed. (524, 534, 559, 563, 1561, 1563, 2847, 2848, 2849)
1998 Ed. (1006, 1493, 1494, 1495, 1496, 2243, 2246, 3206, 3215, 3228, 3243, 3248, 3262, 3263, 3267, 3269)
1996 Ed. (396, 1190, 1344, 1703, 1704, 1859, 3323, 3324, 3375, 3378, 3379, 3380, 3383, 3384, 3385, 3387, 3389)
1994 Ed. (521, 522, 3681)
1993 Ed. (518, 524, 576, 578, 1650, 1654, 1655, 1658, 1659, 1664, 1667, 1668, 1669, 1670, 1671, 1674, 2280, 2293, 2299, 2300, 2978, 3123, 3163)
1991 Ed. (670, 1601)
1990 Ed. (555, 899)
UBS AG
2008 Ed. (409, 411, 441, 444, 447, 448, 510, 730, 1390, 1391, 1392, 1393, 1396, 1397, 1398, 1404, 1475, 1717, 1844, 1848, 2094, 2095, 2096, 2294, 2698, 2882, 2922, 2923, 3398, 3400, 3404, 3410, 4292, 4303, 4304, 4305, 4306, 4617, 4666)
2007 Ed. (439, 440, 441, 447, 449, 476, 479, 482, 483, 558, 649, 751, 1440, 1488, 1687, 1696, 1806, 1809, 2000, 2001, 2002, 2003, 2004, 2162, 2558, 2577, 2793, 3250, 3255, 3276, 3278, 3279, 3280, 3281, 3284, 3285, 3287, 3288, 3289, 3295, 3630, 3632, 3633, 3634, 3988, 4268, 4283, 4286, 4288, 4289, 4298, 4299, 4302, 4303, 4306, 4307, 4308, 4309, 4311, 4313, 4314, 4315, 4316, 4317, 4318, 4321, 4323, 4324, 4325, 4326, 4327, 4328, 4329, 4332, 4333, 4334, 4335, 4336, 4338, 4339, 4340, 4341, 4342, 4653)
2006 Ed. (395, 437, 438, 443, 463, 466, 469, 470, 528, 659, 1408, 1409, 1410, 1411, 1414, 1415, 1416, 1799, 2028, 2030, 2031, 2032, 2242, 2590, 2799, 3208, 3209, 3212, 3218, 3223, 3224, 3236, 3686, 3687, 3700, 3701, 4251, 4261, 4277, 4278, 4279, 4540, 4722, 4724)
2005 Ed. (164, 222, 299, 496, 508, 527, 534, 535, 538, 541, 542, 615, 706, 708, 753, 867, 952, 1142, 1423, 1424, 1425, 1426, 1429, 1430, 1431, 1434, 1435, 1441, 1446, 1447, 1448, 1451, 1452, 1453, 1460, 1500, 1811, 2147, 2169, 2170, 2173, 2174, 2175, 2177, 2178, 2181, 2182, 2183, 2184, 2186, 2190, 2191, 2192, 2193, 2195, 2301, 2588, 2819, 3102, 3217, 3219, 3233, 3234, 3235, 3237, 3238, 3249, 3430, 3455, 3503, 3505, 3506, 3507, 3687, 3716, 3767, 3819, 4252, 4255, 4257, 4258, 4259, 4260, 4263, 4264, 4265, 4266, 4267, 4268, 4269, 4270, 4271, 4272, 4273, 4276, 4277, 4278, 4295, 4296, 4299, 4300, 4301, 4302, 4303, 4304, 4305, 4306, 4308, 4309, 4310, 4311, 4312, 4313, 4314, 4315, 4316, 4319, 4321, 4322, 4323, 4324, 4325, 4326, 4327, 4328, 4330, 4331, 4332, 4333, 4334, 4336, 4337, 4338, 4339, 4348, 4615, 4616, 4631, 4672)
2004 Ed. (88, 488, 525, 552, 555, 559, 560, 626, 1484, 2714, 2819, 3206, 3208, 4326)
2003 Ed. (490, 491, 494, 536, 539, 542, 543, 617, 1454, 1830, 3099, 4608)
2002 Ed. (557, 578, 580, 581, 583, 653, 663, 1403, 1483, 1776, 1778, 2276, 2819, 3025, 3535, 4216, 4486, 4500)
2001 Ed. (624, 627, 630, 653, 1861, 1862, 1863, 2881, 3017, 3019)
UBS AG Zurich
2005 Ed. (495)
UBS Asset Management
2003 Ed. (3103)
2002 Ed. (3014, 3027, 3908, 3931, 3936, 3937, 3941)
1994 Ed. (582, 2293)
UBS Asset Management/Brinson Partners
2003 Ed. (3082)
UBS Asset (New York)
1999 Ed. (3051)
1996 Ed. (2386, 2388)
UBS Bank USA
2008 Ed. (341)
2007 Ed. (354)
2006 Ed. (371)
2005 Ed. (368)
UBS (Bearer)
1996 Ed. (3889)
UBS Brinson
2001 Ed. (2879, 3003, 3688, 3992)
2000 Ed. (2767, 2782, 2786, 2792, 2800, 2827, 2831, 2833, 2850, 2851, 2853, 2855)
UBS Communications
2007 Ed. (3986)
UBS Financial Services Inc.
2007 Ed. (3650, 3651, 3652, 3653, 3654, 3655, 4269, 4270, 4271, 4273, 4274, 4277)
2006 Ed. (3191)
2005 Ed. (215, 293, 321, 543, 662, 680, 756, 822, 848, 849, 949, 961, 1021, 1119, 1137, 1177, 1178, 2296, 2451, 2464, 2816, 2983, 3054, 3117, 3206, 3221, 3222, 3223, 3356, 3526, 3527, 3528, 3529, 3530, 3531, 3590, 3684, 3685, 3714, 3732, 3748, 3749, 3812, 4019, 4111, 4113, 4617, 4618, 4644, 4982)
UBS Global
2007 Ed. (647)
UBS Global Asset
2005 Ed. (3537)
2003 Ed. (3085, 3087, 3109, 3622)
UBS Global Asset Management
2006 Ed. (3214)
2005 Ed. (3211, 3213, 3228)
UBS Global Asset Management (Americas) Inc.
2004 Ed. (2036, 2037)
UBS I
2000 Ed. (4447, 4448)
UBS International
1996 Ed. (2404)
UBS Investment Bank
2005 Ed. (1433)
UBS PACE Small-Medium Value Equity
2004 Ed. (3557)
UBS Pace Strategic Fixed Income
2004 Ed. (698)
UBS Pactual
2008 Ed. (3405)
UBS PaineWebber Inc.
2005 Ed. (755)
2004 Ed. (3171, 3527, 3528, 3529, 3530, 3531, 3532, 4328, 4329, 4331, 4332)
2003 Ed. (3060, 3473, 3474, 3475, 3476, 3477, 3478)
UBS Painewebber/Brinson
2003 Ed. (3554)
UBS Phillips & Drew
1994 Ed. (729, 773, 1701, 1702, 1838, 1839, 3191)
1993 Ed. (1685, 1686, 1687, 1688, 1689, 1690, 1846, 1848, 1849, 1850)
1992 Ed. (2785, 1995, 1996, 2011, 2013, 2028, 2029, 2030, 2036, 2037, 2041, 2044, 2139)
1991 Ed. (778, 1712)
1990 Ed. (820, 1771)
UBS Phillps & Drew
1992 Ed. (1999)
UBS Realty Investors
2004 Ed. (4086)
UBS Securities
2005 Ed. (754)
1999 Ed. (9, 835, 866, 876, 882, 883, 885, 895, 905, 906, 907, 908, 909, 915, 916, 917, 918, 919, 921, 922, 923, 924, 925, 926, 927, 928, 929, 930, 931, 932, 934, 935, 936, 937, 938, 939, 940, 941, 943, 944, 944, 945, 1435, 1622, 1740, 2065, 2278, 2296, 2321, 2322, 2323, 2324, 2325, 2363, 3026, 3027, 3030, 3036, 4183, 4188, 4228, 4239, 4253, 4255, 4258, 4259, 4262, 4265)
1998 Ed. (322, 340, 518, 996, 997, 998, 1001, 1002, 1265, 3186, 3414)
1997 Ed. (458, 742, 743, 755, 756, 757, 759, 762, 764, 775, 793, 794, 795, 796, 797, 804, 805, 807, 809, 810, 811, 812, 813, 814, 817, 818, 819, 822, 1221, 1404, 1597, 1788, 1789, 1957, 1967, 1968, 1969, 1970, 1975, 3426, 3427, 3432, 3471, 3474, 3475, 3476, 3479, 3932)
1996 Ed. (1868, 3100)
1995 Ed. (728)
1994 Ed. (773)
1992 Ed. (1266, 3640)
1991 Ed. (2955, 2964, 3021)
1990 Ed. (3156, 3157, 3185)
UBS Securities (East Asia)
1997 Ed. (3488)
UBS Securities LLC
2008 Ed. (2803)
2007 Ed. (2672, 4272, 4275, 4277)
2006 Ed. (2682)
2005 Ed. (2707)
UBS/Swiss Bank
1999 Ed. (512, 550)
UBS Ltd./Union Bank Switzerland
1995 Ed. (1219, 1721, 1722, 3271, 3272)
UBS Warburg
2005 Ed. (1458, 4015, 4256)
2004 Ed. (1402, 1403, 1404, 1406, 1407, 1410, 1412, 1413, 1424, 1425, 1426, 1429, 1430, 1431, 1434, 1435, 1436, 1439, 1441, 1442, 1444, 1445, 1644, 2007, 2063, 2064, 2070, 2072, 2074, 2076, 2077, 2078, 2079, 2080, 2081, 2082, 2083, 2084, 2085, 2086, 2087, 2088, 2089, 2090, 2091, 3179, 3180, 3182, 3186, 3187, 3189, 3190, 3191, 3197, 3198, 3200, 3201, 3202, 3203, 3204, 3205, 3207, 3503, 3505, 4082, 4339, 4341, 4342, 4343, 4352, 4353, 4356, 4357, 4358, 4359, 4360, 4361, 4362, 4363, 4364, 4365, 4366, 4367, 4368, 4369, 4370, 4371, 4372, 4373, 4374, 4375, 4378, 4379, 4380, 4381, 4382, 4383, 4384, 4385, 4386, 4387, 4388, 4389, 4390, 4391, 4392, 4395, 4396, 4397, 4695)
2003 Ed. (1387, 1388, 1389, 1391, 1395, 1397, 1398, 1402, 1403, 1404, 1405, 1406, 1409, 1410, 1411, 1414, 1416, 1417, 1418, 2013, 2014, 2019, 2031, 2368, 2599, 3059, 3066, 3090, 3091, 3094, 3095, 3096, 3097, 3098, 4055, 4323, 4324, 4332, 4333, 4336, 4337, 4338, 4339, 4340, 4341, 4342, 4343, 4344, 4345, 4346, 4347, 4348, 4349, 4350,

4351, 4352, 4354, 4355, 4358, 4359, 4360, 4361, 4362, 4363, 4364, 4365, 4366, 4367, 4368, 4369, 4370, 4371, 4372, 4373, 4374, 4719)
2002 Ed. (439, 579, 727, 733, 734, 735, 736, 807, 808, 809, 810, 811, 812, 821, 824, 825, 831, 835, 836, 837, 845, 847, 848, 849, 850, 851, 852, 853, 1348, 1350, 1351, 1352, 1354, 1355, 1360, 1363, 1364, 1365, 1366, 1367, 1368, 1369, 1370, 1371, 1372, 1375, 1421, 1920, 1925, 1935, 1936, 1937, 1938, 1941, 1946, 1950, 2161, 2162, 2166, 2167, 2168, 2169, 2270, 2271, 2272, 2273, 2274, 2275, 3001, 3011, 3012, 3015, 3016, 3042, 3188, 3407, 3408, 3409, 3410, 3411, 3412, 4201, 4202, 4211, 4212, 4214, 4221, 4223, 4225, 4226, 4227, 4228, 4229, 4230, 4231, 4233, 4234, 4236, 4237, 4238, 4239, 4240, 4241, 4242, 4243, 4244, 4245, 4246, 4247, 4248, 4249, 4250, 4251, 4252, 4601, 4657, 4661, 4662, 4663)
2001 Ed. (1521, 2430)
UBS Warburg LLC
2004 Ed. (4330, 4333, 4335)
UBS Warburg PaineWebber
2002 Ed. (2817)
UBuildIt
2008 Ed. (754)
2007 Ed. (782)
2006 Ed. (685)
2005 Ed. (781)
UCA
1997 Ed. (3699)
UCA Computer Systems
2006 Ed. (3528, 4367, 4367)
UCA Systems
1990 Ed. (2289)
Ucak Servisi
1997 Ed. (2577)
Ucar Carbon
1993 Ed. (2035)
UCAR International Inc.
2001 Ed. (1556)
1999 Ed. (2851)
1998 Ed. (2091)
UCare Minnesota
2006 Ed. (3720, 3722)
UCB
2007 Ed. (1597, 1598)
2006 Ed. (1562, 2781)
2000 Ed. (789)
1998 Ed. (1346)
1993 Ed. (730)
UCB SA
2008 Ed. (1575, 3549)
2006 Ed. (1430, 1563, 3372)
2002 Ed. (759, 760, 1596)
1999 Ed. (771, 772)
UCBH Holdings Inc.
2006 Ed. (400)
2005 Ed. (426, 427)
UCC
1992 Ed. (1241)
UCC Groep
2002 Ed. (4292)
UCC TotalHome
2006 Ed. (4299)
2005 Ed. (4358)
2004 Ed. (4410)
2002 Ed. (4260)
UCCnet
2004 Ed. (2221)
UCF Credit Union
2002 Ed. (1832)
Uchi Technologies
2008 Ed. (1898)
Uchikura; Eizo
1996 Ed. (1877)
Uchumi
2000 Ed. (3315)
Uchumi Supermarket Ltd.
2002 Ed. (3483)
Uchumi Supermarkets
1999 Ed. (3591)
UCI
2001 Ed. (3390)
UCI Distribution Plus
2000 Ed. (3080)
1999 Ed. (3343)
1998 Ed. (2465)
UCI Medical Center
2006 Ed. (2918)
UCLA
1989 Ed. (958)
UCLA Academic Health Facilities
2002 Ed. (2062)
UCLA (Anderson)
1992 Ed. (1009)
U.C.L.A. Bookstore
1989 Ed. (2518)
UCLA Medical Center
2008 Ed. (3042, 3043, 3045, 3046, 3047, 3048, 3051, 3052, 3053, 3056, 3057)
2007 Ed. (2919, 2920, 2921, 2923, 2924, 2925, 2928, 2929, 2931, 2933, 2934)
2006 Ed. (2900, 2901, 2902, 2904, 2905, 2906, 2909, 2910, 2911, 2912, 2914, 2915, 2916)
2005 Ed. (2894, 2895, 2896, 2898, 2899, 2902, 2903, 2904, 2905, 2907, 2908, 2909, 2910)
2004 Ed. (2908, 2909, 2910, 2912, 2913, 2916, 2917, 2918, 2919, 2921, 2922, 2923, 2924)
2003 Ed. (2805, 2806, 2807, 2808, 2809, 2812, 2813, 2815, 2817, 2818, 2820, 2821, 2823, 2831, 2833, 2834)
2002 Ed. (2600, 2602, 2603, 2604, 2605, 2608, 2609, 2613, 2614, 2615, 2616, 2622)
2000 Ed. (2508, 2510, 2511, 2512, 2513, 2514, 2515, 2516, 2517, 2520, 2522, 2523, 2524, 2530)
1999 Ed. (2728, 2731, 2732, 2733, 2734, 2735, 2737, 2738, 2743, 2744, 2745)
UCLA Medical Center (Jules Stein Eye Institute)
1999 Ed. (2736)
UCLA Neuropsychiatric Hospital
2008 Ed. (4084)
2007 Ed. (4048)
2006 Ed. (4016)
2005 Ed. (3947)
2004 Ed. (3974)
2003 Ed. (3971)
2002 Ed. (3801)
2000 Ed. (2519)
UCN Inc.
1992 Ed. (244)
UCO Bank
1997 Ed. (506)
1996 Ed. (547, 548)
1995 Ed. (495, 496)
1994 Ed. (513, 514)
1993 Ed. (514)
1992 Ed. (705)
1989 Ed. (558)
Ucom
1997 Ed. (3696)
UCSD Medical Center
2006 Ed. (2913)
2005 Ed. (2906)
2004 Ed. (2920)
2003 Ed. (2816)
2002 Ed. (2612)
1999 Ed. (2741)
UCSF Stanford Health Care
2000 Ed. (2529)
UDC
1991 Ed. (700)
UDC Homes
1999 Ed. (1337)
1998 Ed. (915)
1997 Ed. (355)
1996 Ed. (2836)
UDC-Universal Development
1994 Ed. (1113)
UDC-Universal Development L.P.
1995 Ed. (1129)
1993 Ed. (1194)
L'udova banka
2006 Ed. (521)
2002 Ed. (645)
1996 Ed. (674)
Udruzena Banka Hrvatske
1990 Ed. (608, 719)
1989 Ed. (717)
Udruzena Beogradska
1992 Ed. (871)
1991 Ed. (697)
1989 Ed. (717)
Udruzena Beogradska Banka
1990 Ed. (608)
Udruzena Hrvatske
1992 Ed. (871)
1991 Ed. (697)
UDS
1991 Ed. (2478)
1990 Ed. (2596)
UDV Classic Malts
2001 Ed. (2115)
UDV Ireland Group
2006 Ed. (1816)
UDV North America Inc.
2003 Ed. (1034, 2614, 3223, 3227, 3229, 3231, 4211, 4725, 4869)
2002 Ed. (3109, 3151, 3152, 3153, 3155)
2001 Ed. (3119, 3126, 3127, 3128, 3129, 3130)
UDV Wines
2003 Ed. (4959)
2002 Ed. (4913, 4962, 4964)
2001 Ed. (4840, 4841)
Udvar-Hazy; Steven
2008 Ed. (4832)
2006 Ed. (4908)
2005 Ed. (4854)
UE
1999 Ed. (3137)
Uehara Sei Shoji Co. Ltd.
2000 Ed. (2547)
1999 Ed. (2772)
1997 Ed. (2288)
Ueltschi; Albert L.
1991 Ed. (1622, 1624)
UES
2008 Ed. (2066)
2007 Ed. (1970)
2006 Ed. (2005, 2006)
UEX Corp.
2007 Ed. (4574)
Ufa Film und Fernseh GmbH
2003 Ed. (72)
Ufa-Theatre AG
2001 Ed. (3389)
UFC High Voltage
2003 Ed. (849)
UFC Victory in Vegas
2003 Ed. (849)
UFCW Industry
2008 Ed. (3869)
Uffman and Associates; E. A.
1997 Ed. (1048)
UFI Holdings
2005 Ed. (4339)
UFJ Holding
2004 Ed. (550, 554, 567)
UFJ Holdings Inc.
2007 Ed. (474, 489, 1443, 1780)
2006 Ed. (462, 475, 1448, 1771)
2005 Ed. (533, 553, 1459)
2004 Ed. (1443, 1738, 4397)
UFJ Indonesia; Bank
2006 Ed. (456)
UFJ Nicos
2007 Ed. (2548)
UFP Technologies
2006 Ed. (1874)
Uft
1992 Ed. (1841)
Uganda
2008 Ed. (863, 1034, 2402)
2007 Ed. (886, 1151, 1153, 2267)
2006 Ed. (797, 1062, 1064, 2329, 2336)
2005 Ed. (875, 1051, 1053)
2004 Ed. (1050, 1052, 1910)
2003 Ed. (1046)
2002 Ed. (682)
2001 Ed. (1308)
1995 Ed. (1043)
Uganda Breweries
2004 Ed. (95)
Uganda Commercial Bank Ltd.
2000 Ed. (685)
1995 Ed. (626)
1994 Ed. (658)
1993 Ed. (657)
1992 Ed. (857)
1991 Ed. (682)
1989 Ed. (702)
Uganda; Government of
2008 Ed. (96)
Uganda Telecom
2008 Ed. (96)
2004 Ed. (95)
UGAP
1992 Ed. (2343)
1990 Ed. (1945)
UGC Ltd.
1995 Ed. (1014)
1994 Ed. (1001)
1993 Ed. (976)
1992 Ed. (1195)
UGI Corp.
2008 Ed. (2419, 2809, 2812)
2007 Ed. (2216, 2218, 2222, 2286, 2678, 2681, 2682)
2006 Ed. (2688, 2689, 2691, 2692)
2005 Ed. (2225, 2230, 2726)
2004 Ed. (2723, 2724)
2003 Ed. (3811)
2002 Ed. (2126)
2001 Ed. (2233, 3947)
1999 Ed. (3593)
1998 Ed. (2664)
1997 Ed. (2926)
1995 Ed. (2755)
1993 Ed. (2702)
1990 Ed. (935, 936)
1989 Ed. (876)
UGilat/GTE Spacenet
1994 Ed. (3644)
Ugly Duckling Corp.
2002 Ed. (1501)
UGS Corp.
2007 Ed. (1888)
2006 Ed. (1896)
UGS PLM Solutions
2006 Ed. (3276)
UHT/Fluid
2000 Ed. (3135)
UHY Advisors
2007 Ed. (2)
2006 Ed. (3)
UIC
1992 Ed. (1686)
UICI
2006 Ed. (3090)
1999 Ed. (2944)
1998 Ed. (2176)
UID
2002 Ed. (4445)
UIHMO
1997 Ed. (2187)
Uinta Brewing Co.
2000 Ed. (3126)
1999 Ed. (3400, 3401)
Uinta County State Bank
1994 Ed. (508)
UIP
2001 Ed. (3377)
uiuc.edu
2001 Ed. (2965)
UJA-Fed Jewish Philanthropies
1992 Ed. (3255)
UJA Federation of Greater Washington
1993 Ed. (2732)
UJA Federation of Jewish Phil. of N.Y.
1993 Ed. (2732)
1992 Ed. (3269)
UJB
1992 Ed. (820, 2156)
UJB Financial Corp.
1996 Ed. (656)
1995 Ed. (587, 3354)
1994 Ed. (617, 3273)
1993 Ed. (614, 3283)
1991 Ed. (392)
UJB/Hackensack
1992 Ed. (800)
1991 Ed. (625)
Ujg
2006 Ed. (1922)

U.K.
2000 Ed. (1032, 3355)
1994 Ed. (841)
UK & Ireland
1990 Ed. (1906, 1913, 1920, 1927, 1929, 1931)
U.K. England
1990 Ed. (204, 205)
UK-iNvest
2002 Ed. (4826)
The U.K. National Lottery
2000 Ed. (3014)
U.K. pound
2008 Ed. (2273)
UK Trade & Investment
2008 Ed. (3520)
UKAMS
2000 Ed. (1677)
Ukio bankas
2005 Ed. (498)
2002 Ed. (4441)
1999 Ed. (579)
1996 Ed. (586)
Ukoil
1996 Ed. (3098)
Ukraine
2008 Ed. (528, 823, 903, 1013, 1389, 2334, 3406, 3537, 3671, 3807, 4103, 4258, 4499, 4624, 4686, 4687)
2007 Ed. (890, 920, 1133, 1439, 2200, 3292, 3407, 3510, 3956, 4198, 4229, 4536, 4603, 4762, 4763)
2006 Ed. (801, 1045, 2262, 2331, 2640, 3228, 3353, 3479, 3909, 4214, 4478, 4502, 4615, 4616, 4756, 4757)
2005 Ed. (862, 863, 864, 886, 1036, 2044, 2200, 2317, 2534, 3243, 3375, 3478, 3610, 3840, 4160, 4478, 4534, 4535, 4701, 4702)
2004 Ed. (1029, 1911, 2096, 3215, 3344, 3479, 3902, 4237, 4538, 4600, 4601, 4725, 4726)
2003 Ed. (1026, 2053, 2212, 2213, 3155, 3257, 3282, 3362, 3415, 3877, 4214, 4554, 4617, 4743, 4744)
2002 Ed. (3229, 3302, 3523, 4379)
2001 Ed. (1285, 1286, 1983, 1985, 2005, 3022, 3025, 3212, 3275, 3316, 3529, 3552, 4151, 4156, 4369, 4373, 4386, 4387, 4549, 4550)
2000 Ed. (2982, 3357)
1999 Ed. (212, 1214, 2067, 4473)
1998 Ed. (123)
1996 Ed. (3762)
1991 Ed. (3157)
Ukrainian Credit Bank
2000 Ed. (686)
1999 Ed. (676)
Ukrainian Innovation Bank
2000 Ed. (686)
1999 Ed. (676)
Ukrainian National Credit Union
2006 Ed. (2170)
2005 Ed. (2076)
2004 Ed. (1936)
Ukrainian Orthodox
2000 Ed. (1625)
Ukrainian Orthodox Credit Union
2003 Ed. (1896)
2002 Ed. (1836)
Ukrainian Self Reliance Credit Union
2006 Ed. (2170)
2005 Ed. (2076)
Ukrainian Selfreliance
2000 Ed. (1625)
UKRD
1999 Ed. (3982)
UKREXIMBANK
2000 Ed. (686)
1999 Ed. (676)
1997 Ed. (636)
Ukrnafta
2006 Ed. (4544)
2002 Ed. (4495)
Ukrop's
2003 Ed. (4631)
Ukrsocbank
1993 Ed. (631)
Ukrtelecom
2006 Ed. (4544)
UL-300 Plus
1995 Ed. (2316)
Ulaanbaatar Hotel
2002 Ed. (4445, 4446)
Ulay
1999 Ed. (3779)
Ulf Stromsten
2000 Ed. (2185)
Ulimate Doom Thy Flesh
1997 Ed. (1097)
Ulka Advertising
1997 Ed. (99)
1995 Ed. (83)
1994 Ed. (94)
1993 Ed. (107)
1992 Ed. (159)
1991 Ed. (108)
1990 Ed. (110)
1989 Ed. (116)
Ulka Advertising (Euro RSCG)
1996 Ed. (97)
Ulker
2008 Ed. (95)
2007 Ed. (88)
2006 Ed. (47, 98)
2005 Ed. (89)
2004 Ed. (94)
Ullman; Mike
2008 Ed. (959)
Ulnta County State Bank
1996 Ed. (536)
Ulrich; Robert
2007 Ed. (968)
Ulrich; Robert J.
2007 Ed. (2503, 2505)
Ulsan, South Korea
2003 Ed. (3914)
2002 Ed. (3730)
Ulster Bank
2006 Ed. (2064)
1999 Ed. (558)
1992 Ed. (2155)
1990 Ed. (566, 1790)
Ulster Bank (Isle of Man) Ltd.
2000 Ed. (569)
Ulster Carpets
2007 Ed. (2036)
2005 Ed. (1983)
Ulster County, NY
1996 Ed. (1472)
Ult. Diamond Shamrock
2000 Ed. (3537)
Ulta Salon, Cosmetics & Fragrance Inc.
2006 Ed. (4185)
Ulticom Inc.
2008 Ed. (1137)
UltiliCorp United
1996 Ed. (2822)
Ultima II
2001 Ed. (1913)
Ultimate
1993 Ed. (1073)
1992 Ed. (1332, 1333)
1991 Ed. (1036)
1990 Ed. (1119, 1135, 1136)
1989 Ed. (1319, 1321)
Ultimate Control
2008 Ed. (2984)
Ultimate Desktop Publisher
1997 Ed. (1091)
Ultimate Desktop Publisher Bundle
1996 Ed. (1077)
Ultimate Electronics Inc.
2008 Ed. (4943)
2007 Ed. (4973)
2006 Ed. (2404)
2005 Ed. (2358, 2860, 2861)
2004 Ed. (2852, 2853)
2003 Ed. (1646)
Ultimate Event
1991 Ed. (844)
Ultimate Pontiac Buick GMC Isuzu
2006 Ed. (183)
Ultimate Software
2008 Ed. (4345)
2002 Ed. (1152)
The Ultimate Software Consultants
2003 Ed. (3962)
The Ultimate Weight Solution Food Guide
2006 Ed. (639)
The Ultimate Weight Solution: The 7 Keys to Weight Loss Freedom
2006 Ed. (637)
Ultimo Ltd.
1990 Ed. (3706)
Ultimus, Inc.
2003 Ed. (2725)
Ultra
1999 Ed. (2806)
Ultra Bancorp
1994 Ed. (1223)
Ultra-Brite
2003 Ed. (4767, 4770)
2001 Ed. (4575)
1999 Ed. (1829, 4617)
1995 Ed. (3630)
1994 Ed. (3552)
Ultra Chroma Slim
2001 Ed. (2009, 2010)
Ultra Clean Cleaning & Restoration
2007 Ed. (883)
Ultra Clean Holdings Inc.
2008 Ed. (1587, 1590, 1595, 1605, 1606, 1608, 2858)
2007 Ed. (2728)
2006 Ed. (1580)
Ultra Doux
2001 Ed. (2640, 2641, 2646)
Ultra Electronics
2007 Ed. (187, 188)
2006 Ed. (181, 182)
2005 Ed. (168)
Ultra Electronics Holdings
2001 Ed. (1886)
Ultra Era
2002 Ed. (1962, 1965)
Ultra Food Mart
2004 Ed. (4636)
Ultra Japan ProFund
2007 Ed. (3663)
Ultra Norsk
2008 Ed. (206)
2003 Ed. (237)
Ultra Pampers
1990 Ed. (3036)
1989 Ed. (2325)
Ultra Pampers, Medium
1990 Ed. (3038)
Ultra Petroleum Corp.
2008 Ed. (2857, 3898, 3905, 3907)
2007 Ed. (1623, 2722, 2727, 3839, 3852, 3854, 4579)
2006 Ed. (3836, 3837, 4594)
2005 Ed. (3733)
2003 Ed. (1632, 3836)
Ultra Purex
2002 Ed. (1962, 1965, 1966)
Ultra Sheen
2001 Ed. (2634, 2635)
Ultra Slim Fast
2004 Ed. (2098)
2003 Ed. (2060)
2002 Ed. (1976, 4891)
2000 Ed. (27, 4220)
1999 Ed. (1844)
1998 Ed. (1272, 1352)
1997 Ed. (1610, 3055, 3666)
1996 Ed. (1548, 3608)
1995 Ed. (1607, 3526)
1993 Ed. (1484, 1521, 1522, 1522, 1906)
Ultra Slim Fast Chocolate 14 oz.
1992 Ed. (1847)
Ultra Slim-Fast Plus
1998 Ed. (1272, 1352)
1996 Ed. (1548)
Ultra Slim Fast Strawberry 14 oz.
1992 Ed. (1847)
Ultra Slim Fast Vanilla 14 oz.
1992 Ed. (1847)
Ultra Surf
2002 Ed. (1963)
Ultra T Disposable Nappies
1992 Ed. (2630)
Ultra Tide
2002 Ed. (1962, 1965)
Ultra Tide with Bleach
2002 Ed. (1963, 1966)
Ultra Wheels
2001 Ed. (4329)
UltraBrite
2000 Ed. (4264)
Ultrabursatiles
2008 Ed. (735)
2007 Ed. (756)
Ultradent Products Inc.
2001 Ed. (1987)
2000 Ed. (1654)
1999 Ed. (1825)
1997 Ed. (1586)
1996 Ed. (1523)
1995 Ed. (1547)
Ultraexpress
1990 Ed. (2013)
1989 Ed. (1590)
Ultraexpress Courier
1991 Ed. (1912)
Ultraject
1996 Ed. (2596)
Ultralife Batteries Inc.
2006 Ed. (2739)
Ultralow tar cigarettes
1990 Ed. (989)
Ultram
1999 Ed. (3325)
Ultram Tablets
1997 Ed. (2741)
Ultramar Ltd.
2008 Ed. (3916, 4049)
2007 Ed. (3863)
1996 Ed. (1646, 2821)
1995 Ed. (1368, 2754)
1994 Ed. (2650)
Ultramar Diamond Shamrock Corp.
2003 Ed. (1366)
2002 Ed. (1332, 3690)
2001 Ed. (1489, 1490, 3752, 3755)
2000 Ed. (2245)
1999 Ed. (1412)
1998 Ed. (1082)
Ultramar Refinery
2000 Ed. (3733)
UltraOTC ProFund
2000 Ed. (3225)
UltraPure Systems Inc.
2006 Ed. (1634)
Ultrasonic Transmission Media
1996 Ed. (2596)
Ultrasound
1992 Ed. (3006)
1990 Ed. (1501)
Ultratech Inc.
2005 Ed. (180)
Ultratech Stepper
1999 Ed. (3667)
1996 Ed. (3256)
Ultraviolet stabilizers
1996 Ed. (3052)
Ultravist/X-ray contrast media
1997 Ed. (2746)
UltrePet LLC
2001 Ed. (3819)
Ultress
2001 Ed. (2657)
UMA Goup
1991 Ed. (1554)
UMASS Memorial Health Care Inc.
2008 Ed. (1907)
2007 Ed. (1870)
2006 Ed. (1867)
2005 Ed. (1856)
UMASS Memorial Hospital Inc.
2003 Ed. (1754)
UMASS Memorial Hospitals Inc.
2008 Ed. (1907)
2007 Ed. (1870)
2006 Ed. (1867)
2005 Ed. (1856)
2004 Ed. (1791)
UMB
2007 Ed. (3213)
UMB Bank
2000 Ed. (2794)
UMB Bank NA
2001 Ed. (3505, 3506, 3507, 3508)
1999 Ed. (3063)
1997 Ed. (562)
1996 Ed. (608)
UMB Financial Corp.
2005 Ed. (426, 427)

2004 Ed. (420, 421)
2000 Ed. (394, 420, 678, 680)
1999 Ed. (395, 425, 664)
1998 Ed. (292, 320)
1996 Ed. (375, 376)
UMB Investment Advisors
2007 Ed. (3251)
UMB Scout Small Cap
2007 Ed. (4545)
2006 Ed. (3603, 4554)
UMB Scout Worldwide
2006 Ed. (3674, 4558)
2005 Ed. (4484)
2002 Ed. (2163)
2000 Ed. (3237)
Umbra
2007 Ed. (3971)
Umbro
2007 Ed. (3822)
2006 Ed. (2969)
1999 Ed. (792, 4380)
1993 Ed. (3375)
1992 Ed. (4055)
UMC
2006 Ed. (99, 4655)
2005 Ed. (90)
2004 Ed. (96)
UMC Children's Hospital
2002 Ed. (2455)
UMC Group
2006 Ed. (4289)
Umdasch AG
2004 Ed. (2708)
2002 Ed. (2383)
Umeco
2007 Ed. (188)
2006 Ed. (182)
Umeco plc
2008 Ed. (4323)
2003 Ed. (209)
Umex
2000 Ed. (3131)
UMI
1999 Ed. (1270, 2669)
1998 Ed. (1931)
1991 Ed. (2551, 2552, 2553, 2554)
umich.edu
2001 Ed. (2965)
Umicore
2005 Ed. (1663)
Umicore SA
2008 Ed. (1575, 3549)
2007 Ed. (1597)
2006 Ed. (3372)
Umilever
2000 Ed. (4211)
Umniah
2008 Ed. (53)
Umphrey; Walter
1997 Ed. (2612)
1991 Ed. (2296)
Umpqua Bank
2008 Ed. (2485)
2007 Ed. (1943)
2006 Ed. (1966)
2005 Ed. (1928, 1929, 1931)
Umpqua Holdings Corp.
2008 Ed. (2029)
2007 Ed. (1947)
2005 Ed. (1789, 1941, 2001)
2001 Ed. (571)
U.M.V. Corp. Bhd.
1992 Ed. (1668)
1991 Ed. (1323)
1990 Ed. (1398)
UMW Holdings
1992 Ed. (1668, 1669)
UMW Holdings Berhad
2008 Ed. (3570)
1994 Ed. (1417)
UMW Holdings Bhd
1995 Ed. (1453)
1993 Ed. (1365)
1990 Ed. (1398)
UMW Holdings (Mal)
1991 Ed. (3233)
UMW Toyota Motor
2000 Ed. (1295, 1297)
UMWA
1998 Ed. (2773)
1997 Ed. (3016)
1995 Ed. (2851)
1994 Ed. (2757)
UMWA Health & Retirement
2003 Ed. (3764)
2001 Ed. (3686)
2000 Ed. (3450)
1999 Ed. (3733)
UMWA Health & Retirement Funds
2004 Ed. (3790)
UMWA Health & Retirement Union
2008 Ed. (3869)
2007 Ed. (3795)
UMWA Union
1996 Ed. (2927, 2939)
Un. Dist. Boutari
2001 Ed. (38)
Unadulterated Food Corp.
1995 Ed. (2443)
Unanue & family; Joseph A.
1995 Ed. (2112, 2579, 2580, 3726)
Unanue; Joseph A.
1994 Ed. (2059, 2521, 3655)
Unarco Material Handling Inc.
2002 Ed. (4514)
Unasyn
1995 Ed. (225)
Unaxis
2007 Ed. (2825)
UNB Corp.
2003 Ed. (516)
2002 Ed. (486)
UNC
1998 Ed. (149)
1993 Ed. (2761)
1990 Ed. (181, 182, 183, 185)
Unclaimed Property Clearing House Inc.
2007 Ed. (4082)
Uncle Ben's
2008 Ed. (2730)
2003 Ed. (2094, 3323, 3325, 4190)
1996 Ed. (1948)
Uncle Ben's Oriental Sauces
2002 Ed. (2312)
Uncle Ben's Rice
2002 Ed. (2312)
1999 Ed. (2474)
Uncle Chick's Carwash
2006 Ed. (364)
Unconventional Success: A Fundamental Approach to Personal Investment
2007 Ed. (656)
Under Armour Inc.
2008 Ed. (2861, 2865)
2007 Ed. (2731, 2735, 4279, 4571)
Under Armour Performance Apparel
2005 Ed. (1254, 3903)
Under Siege
1995 Ed. (3703, 3708)
Under the Tuscan Sun
2000 Ed. (710)
Underalls
1992 Ed. (2445)
Undergarments
1990 Ed. (2505)
1989 Ed. (861, 1920)
Underground Technologies
2007 Ed. (1272)
2006 Ed. (1160)
The Underground Trader
2002 Ed. (4807)
Underground Vaults & Storage Inc.
2007 Ed. (4421)
2006 Ed. (4353)
Underwear
2004 Ed. (2553)
1990 Ed. (3534)
Underwear/apparel
1991 Ed. (3304)
Underwood-Memorial Hospital
2000 Ed. (2345)
1999 Ed. (2602)
Underwood Neuhaus
1990 Ed. (3162)
Underwood, Neuhaus & Co.
1991 Ed. (2173, 3040, 3041, 3062)
Underwriters at Lloyds
1998 Ed. (2202)
1996 Ed. (2341)
Underwriters at Lloyds London
1999 Ed. (2970, 2970)
1998 Ed. (2202)
1997 Ed. (2467, 2467)
1996 Ed. (2341)
Underwriters Laboratories
1997 Ed. (274)
1995 Ed. (1766)
1993 Ed. (251, 2728)
1992 Ed. (3256)
Underwriters Laboratory
1990 Ed. (2718)
Underwriters Lloyds
2000 Ed. (2722)
1994 Ed. (2275)
Underwriters Lloyds, London
2000 Ed. (2722)
1993 Ed. (2237)
1992 Ed. (2680)
Underwriters Lloyds of London
1994 Ed. (2275)
Underwriters Reinsurance Co.
2003 Ed. (3014)
2002 Ed. (3950, 3953, 3958)
2001 Ed. (2953)
2000 Ed. (2660)
1999 Ed. (2905)
Underwriting
1993 Ed. (3683)
Undiscovered Managers REIT
2003 Ed. (3117)
Undiscovered Managers REIT Institutional
2004 Ed. (2455)
Unefon SA de CV
2005 Ed. (4638)
2004 Ed. (4675)
2003 Ed. (4705)
UNEXIMBANK
1999 Ed. (629)
1997 Ed. (603)
Unforgiven
1995 Ed. (3703, 3708)
Ungaretti & Harris
2001 Ed. (3053)
Unger & Associates Inc.
1997 Ed. (2011)
1996 Ed. (1921)
Unger; Renee
2008 Ed. (4991)
2007 Ed. (4985)
2006 Ed. (4988)
Ungermann-Bass
1994 Ed. (2402, 2403)
1993 Ed. (2459)
1991 Ed. (2340)
Unggul Indahn Corp.
1992 Ed. (1637)
Unhappiness with management
1990 Ed. (1655)
Uni Boring Co., Inc.
2007 Ed. (2517)
2006 Ed. (2842)
2005 Ed. (2843)
2004 Ed. (2833)
2002 Ed. (2556)
2000 Ed. (2469)
1997 Ed. (2213, 2221)
Uni Charm
2007 Ed. (3821)
2006 Ed. (4091)
Uni Invest Akk.
1993 Ed. (1162)
Uni-Marts
2006 Ed. (1383)
2005 Ed. (1393)
2004 Ed. (1373)
2003 Ed. (1366)
1998 Ed. (984)
1997 Ed. (1209)
1996 Ed. (1172)
1994 Ed. (1178, 1180, 1183)
Uni-President Enterprises Co.
2006 Ed. (94)
Uni-Select Inc.
2007 Ed. (320)
2006 Ed. (329)
UNI Storebrand
1997 Ed. (2970)
1996 Ed. (2876)
Uniao Bancos Brasileiros
2000 Ed. (584)
Uniao de Ancos Brasileiros
1992 Ed. (753)
Uniao de Bancos Brasileiros
2008 Ed. (459, 462, 463, 464, 465, 467, 1581)
2007 Ed. (408, 499, 502, 503, 506, 507, 1603, 3281)
2006 Ed. (483, 1568, 3211, 3212)
2005 Ed. (562)
1999 Ed. (572)
1991 Ed. (586)
Uniao de Bancos Brasileiros SA (Unibanco)
2003 Ed. (471, 561, 563, 564, 4574)
2002 Ed. (532, 605, 606, 1600)
2001 Ed. (604, 605, 633, 1643)
Uniao de Bancos Brasileiros; Unibanco—
2008 Ed. (388, 461, 3405)
2007 Ed. (409, 501, 3280, 3289, 4342)
2006 Ed. (421, 485)
2005 Ed. (470, 564)
2004 Ed. (575)
Uniao de Bancos Brasilieros
1993 Ed. (531)
Uniao de Bancos Port
1991 Ed. (651)
Uniao de Bancos Portuguese
1992 Ed. (823)
Uniao de Bancos Portugueses
1997 Ed. (598)
1996 Ed. (660)
1995 Ed. (591)
1994 Ed. (621)
1993 Ed. (617)
Uniao y Refineria Piedade, SA
1995 Ed. (1906)
Uniarte SA
2007 Ed. (1992)
Unibail
2007 Ed. (4079)
Unibancal Corp.
2001 Ed. (578)
Unibanco
2008 Ed. (459, 462, 462, 463, 464, 465, 467, 1581)
2007 Ed. (408, 499, 502, 503, 506, 507, 1603, 3281)
2006 Ed. (483, 1568, 3211, 3212)
2005 Ed. (562, 3241)
2000 Ed. (473, 476, 478, 590)
1999 Ed. (481)
1997 Ed. (422, 536)
1996 Ed. (459)
1995 Ed. (433)
1994 Ed. (440, 1336)
1993 Ed. (441)
1992 Ed. (624, 756, 1586)
1991 Ed. (466, 587)
1990 Ed. (511)
1989 Ed. (573, 600)
Unibanco AIG Seguros
2008 Ed. (3254)
2007 Ed. (3109)
Unibanco Group
2000 Ed. (1395)
1999 Ed. (1590)
1991 Ed. (1261)
Unibanco Holdings
1999 Ed. (4164)
Unibanco—Investship Corretora de Valores Mobiliarios
2008 Ed. (3400)
Unibanco—Uniao de Bancos Brasileiros
2008 Ed. (388, 461, 3405)
2007 Ed. (409, 501, 3280, 3289, 4342)
2006 Ed. (421, 485)
2005 Ed. (470, 564)
2004 Ed. (458, 498, 576)
2000 Ed. (583, 585)
1999 Ed. (571, 573)
Unibanctrust, IL
1989 Ed. (2148, 2152, 2156)
UniBank
2004 Ed. (468)
2002 Ed. (2557)
1993 Ed. (1663, 1666)
1992 Ed. (2004)
Unibank A/S
2000 Ed. (3017)

Unibank (Isle of Man) Ltd.
1993 Ed. (536)
UniBanka
2006 Ed. (521)
2002 Ed. (4438, 4439)
UNIBAR Maintenance Services Inc.
2008 Ed. (4404, 4967)
2007 Ed. (3568, 4427)
Unibel Co., Ltd.
2008 Ed. (62)
Uniboard Canada
2008 Ed. (3142)
2007 Ed. (3024)
1992 Ed. (1588)
UniBoring Co.
2004 Ed. (2830)
2002 Ed. (2546, 2558)
2001 Ed. (2226, 2710, 2712)
2000 Ed. (2468, 3033)
1999 Ed. (2665, 2675, 2680, 2685, 3296)
1998 Ed. (1927, 1938, 1941, 1942, 2432)
1997 Ed. (2223, 2225, 2706)
1995 Ed. (2100)
UniBoring Co Inc.
2000 Ed. (2449)
Unica Corp.
2007 Ed. (1239)
2006 Ed. (2388)
2005 Ed. (96)
Unica Installatiegroep BV
2007 Ed. (1906)
Unicaja
1994 Ed. (635)
Unicap
1994 Ed. (3633)
Unicap 100
2001 Ed. (3268)
UniCare
1999 Ed. (2964)
UniCare Health Facilities Inc.
1990 Ed. (2056)
Unicare Health Plans of the Midwest
2002 Ed. (2460)
Unicare Life & Health Insurance Co.
2008 Ed. (3273)
2000 Ed. (2701)
Unicare Pharmacy Group Ltd.
2007 Ed. (1823)
Unicash Financial Centres
2005 Ed. (928)
Unicbank Rt.
1996 Ed. (530, 531)
1993 Ed. (499)
UNICCO Service Co.
2006 Ed. (666, 668)
2005 Ed. (760, 761, 764)
2002 Ed. (3933)
UNICEF
1996 Ed. (911)
1995 Ed. (943, 2782, 2784)
1994 Ed. (910, 2677, 2678)
1993 Ed. (2730)
1992 Ed. (3267)
1991 Ed. (2613)
1989 Ed. (2074)
Unicer
1989 Ed. (47)
Unicer Distribucao de Bebidas SA
2008 Ed. (2055)
Unicer-Uniao Cervejeira
1994 Ed. (2395)
1992 Ed. (72)
Unichank Rt.
1994 Ed. (503)
Unichika
1992 Ed. (3274)
Uniclean Systems Inc.
1992 Ed. (2222, 2227)
Unico Security Services
2000 Ed. (3905)
Unicom Corp.
2005 Ed. (1508)
2002 Ed. (3876)
2001 Ed. (1046, 2148, 3944, 3945, 4663)
2000 Ed. (1731, 3672)
1999 Ed. (1486, 1554, 1555, 1947, 3961)
1998 Ed. (1118, 1384, 1385, 2963)
1997 Ed. (1349, 1691, 3213)
1996 Ed. (1608, 3136)
Unicombank
1996 Ed. (667)
Unicomp
1996 Ed. (2057, 2058, 3447, 3448)
Unicon International Inc.
2008 Ed. (4977)
2007 Ed. (3589)
UNICOR
2005 Ed. (1383)
2004 Ed. (1365)
2003 Ed. (1360)
Unicord
1995 Ed. (1342)
Unicord Public
1997 Ed. (3400)
1996 Ed. (3303)
UnicornHRO
2007 Ed. (2362)
2006 Ed. (2414)
Unicorp Canada
1990 Ed. (1531)
Unicorp Canada Corp. and Cara Oper. Ltd.
1991 Ed. (3332)
Unicorp Energy
2001 Ed. (1657)
1996 Ed. (1317, 2012)
Unicredit
2007 Ed. (1827)
UniCredit SpA
2008 Ed. (411, 452)
2007 Ed. (487)
UniCredito Italiano
2006 Ed. (474, 1820, 1821, 1823, 3230)
2005 Ed. (550)
2004 Ed. (493, 564)
2003 Ed. (550, 1726)
UniCredito Italiano SpA
2008 Ed. (1861, 1863)
2007 Ed. (441, 1443, 1826, 1829)
2004 Ed. (1459)
2002 Ed. (592, 1699, 1701)
2001 Ed. (1760, 1761, 1762)
Unicru
2005 Ed. (1932)
Unidanmark
2002 Ed. (1342, 1343)
2000 Ed. (1407)
1999 Ed. (501, 1424, 1599)
1997 Ed. (450, 1218, 1219)
1993 Ed. (462, 1161, 1293)
UniDanmark A
1996 Ed. (1180)
1994 Ed. (1195)
Unidanmark A/S
2000 Ed. (1406)
Unidanmark Group
2002 Ed. (550)
2000 Ed. (509)
1996 Ed. (487, 1322)
1995 Ed. (455)
1994 Ed. (467)
Uniden
2000 Ed. (4202)
1997 Ed. (3235)
1994 Ed. (875)
1991 Ed. (870, 1109)
Unidine
2008 Ed. (2733)
Unifi Inc.
2005 Ed. (4679, 4680)
2004 Ed. (4708)
2003 Ed. (4730)
2002 Ed. (4615, 4616)
2001 Ed. (4139, 4506, 4509, 4510)
2000 Ed. (4240, 4241)
1999 Ed. (4589, 4590, 4591)
1998 Ed. (1555, 3518, 3519, 3520, 3521)
1997 Ed. (837, 3734, 3735)
1996 Ed. (2259, 3677, 3678, 3679)
1995 Ed. (1468, 2792, 2793, 2797, 2798, 3597, 3598, 3599, 3601, 3602)
1994 Ed. (1266, 1433, 2683, 3512, 3513, 3515, 3517, 3518)
1993 Ed. (2735, 3553, 3555)
1992 Ed. (4270, 4272, 4276, 4277, 4281)
1991 Ed. (3349, 3350, 3360)
1990 Ed. (3570)
Unifi Network of PricewaterhouseCoopers
2002 Ed. (1217, 1218)
Unified Data Products
1990 Ed. (849)
1989 Ed. (832)
Unified Energy System
2005 Ed. (1958)
2002 Ed. (1637)
Unified Energy System of Russia
2008 Ed. (1850, 2064, 2432, 2818)
2007 Ed. (1811, 1969, 2300, 2304, 2689)
Unified Energy Systems
2006 Ed. (1697)
2001 Ed. (1694)
1997 Ed. (1502)
Unified Energy Systems of Russia
2008 Ed. (2066)
2007 Ed. (1970)
2006 Ed. (2005, 2006)
Unified Foodservice Purchasing Co-op
2008 Ed. (1383)
Unified Fund Services, Inc.
2001 Ed. (3422)
Unified People's Credit Union
2003 Ed. (1957)
2002 Ed. (1902)
Unified Western Grocers Inc.
2008 Ed. (1382)
2007 Ed. (1427, 1430, 4954)
2006 Ed. (1391, 1396, 1397, 4947, 4948)
2005 Ed. (1405, 1410, 1411, 4915, 4916)
2004 Ed. (1384, 1389, 1390, 4933, 4934)
2003 Ed. (1376, 1379, 3966, 4929, 4930)
2002 Ed. (1078, 1341, 4901)
UniFirst Corp.
2008 Ed. (1910, 3886, 3887)
2007 Ed. (3827)
2006 Ed. (3391, 3810, 3811)
2005 Ed. (1014, 1015, 3394, 3720, 3721)
2004 Ed. (999, 1000, 3812)
2001 Ed. (3729)
Uniflex
1997 Ed. (229)
UniFocus
2007 Ed. (2960)
Unifoods (Thailand) Co. Ltd.
1992 Ed. (1707)
1991 Ed. (1358)
Uniform Code Council
1997 Ed. (273)
Uniform Division
1997 Ed. (2702)
Uniform services
2001 Ed. (2760)
Uniforms
2003 Ed. (2267)
1994 Ed. (2686)
Unifund Assurance Co.
2008 Ed. (3235)
Unifund Group
2005 Ed. (2143)
Unigate
1999 Ed. (1815)
1990 Ed. (1829)
Unigate Distribution Services Ltd.
2002 Ed. (4672)
Unigate plc
2002 Ed. (1908)
2001 Ed. (1970)
2000 Ed. (1639)
Uniglo
2006 Ed. (4173)
Uniglobe Travel
1999 Ed. (4667)
1998 Ed. (3624)
1991 Ed. (1773)
1990 Ed. (1854)
1989 Ed. (1487)
Uniglobe Travel (Midwest) Inc.
1998 Ed. (3623)
Uniglobe Travel (USA) LLC
2000 Ed. (4302)
Uniglobe.com Inc.
2002 Ed. (2484)
Uniglory Marine Corp.
1990 Ed. (240)
UniGroup Inc.
2008 Ed. (3198, 4056, 4740)
2007 Ed. (4029, 4813)
2006 Ed. (3992, 4796)
2005 Ed. (3918)
2003 Ed. (21)
2001 Ed. (2536)
2000 Ed. (4317)
1996 Ed. (3753)
1995 Ed. (3669)
1990 Ed. (3466)
UniHealth
2001 Ed. (1070)
UniHealth America
1999 Ed. (2989)
1997 Ed. (2163, 2257)
1996 Ed. (2705)
1995 Ed. (2628)
1994 Ed. (2573)
1992 Ed. (3123, 3127)
1991 Ed. (2498, 2502)
1990 Ed. (2632)
UniHost
2001 Ed. (2776)
2000 Ed. (2534)
1999 Ed. (2755, 2756)
Unijet
2000 Ed. (35, 3396)
UNIK SA de CV
1996 Ed. (331)
Unikeller Holding AG
1991 Ed. (2385)
Unilab Corp.
2003 Ed. (4319)
1998 Ed. (165)
1995 Ed. (2085)
1994 Ed. (2020)
Unilab Group of Cos.
2006 Ed. (76)
Unilever
2008 Ed. (19, 21, 22, 26, 28, 29, 31, 32, 33, 34, 35, 37, 40, 42, 43, 46, 47, 48, 49, 50, 51, 54, 56, 59, 60, 61, 62, 63, 64, 65, 68, 70, 71, 72, 73, 74, 77, 78, 80, 82, 84, 86, 87, 89, 91, 92, 93, 94, 95, 96, 97, 99, 100, 102, 103, 104, 105, 106, 107, 131, 140, 1452, 1965, 1966, 2121, 2748, 2751, 2752, 3105, 3587, 3880, 4653, 4658)
2007 Ed. (17, 21, 23, 24, 26, 27, 29, 31, 33, 35, 36, 39, 40, 42, 43, 44, 45, 46, 48, 51, 52, 54, 58, 59, 60, 65, 66, 67, 68, 72, 78, 80, 81, 82, 84, 86, 88, 90, 91, 92, 93, 94, 95, 96, 97, 126, 135, 137, 155, 613, 1326, 1458, 1467, 1901, 1902, 1905, 2028, 2029, 2617, 2618, 2619, 2621, 2622, 2625, 2626, 2986, 3815, 3988, 4059, 4735, 4778)
2006 Ed. (23, 24, 26, 28, 29, 30, 31, 32, 34, 37, 40, 41, 42, 45, 46, 47, 48, 49, 50, 51, 52, 53, 54, 57, 60, 61, 63, 64, 66, 67, 68, 69, 70, 74, 75, 76, 77, 78, 81, 82, 84, 86, 87, 88, 90, 91, 92, 94, 96, 97, 98, 99, 101, 102, 103, 105, 132, 142, 164, 1474, 1481, 1917, 2056, 2641, 2643, 2644, 2645, 2646, 2849, 3407, 3804, 3805, 4495)
2005 Ed. (17, 18, 20, 22, 23, 24, 25, 26, 28, 30, 33, 35, 37, 38, 39, 40, 41, 42, 44, 45, 46, 47, 48, 50, 53, 54, 56, 57, 58, 60, 61, 62, 63, 67, 68, 69, 72, 73, 74, 75, 77, 78, 79, 81, 82, 85, 87, 88, 89, 90, 91, 92, 93, 129, 873, 1596, 2644, 2646, 2648, 2650, 2657, 3399, 3715, 3717)
2004 Ed. (21, 24, 25, 27, 28, 30, 31, 32, 33, 35, 38, 40, 41, 42, 43, 44, 45, 46, 47, 48, 50, 51, 52, 53, 55, 58, 59, 61, 63, 65, 66, 67, 68, 71, 72, 73, 74, 77, 78, 82, 83, 84, 86, 87, 90, 92, 93, 94, 95, 96, 97, 98, 138, 142, 2654, 3366, 3806, 3807, 3810, 4680, 4682, 4742)

2003 Ed. (750, 2501, 2502, 2514, 2517, 2561, 2637, 2638, 3310, 3720, 3766, 3793, 3794, 4711)
2002 Ed. (32, 1403, 1908, 2309, 2310, 3220, 3643, 4490, 4491, 4589, 4789)
2001 Ed. (12, 13, 14, 15, 16, 17, 19, 20, 23, 24, 25, 26, 28, 29, 30, 31, 33, 35, 36, 38, 40, 41, 42, 43, 44, 46, 48, 49, 50, 52, 53, 54, 55, 56, 57, 60, 61, 62, 64, 65, 67, 68, 69, 71, 72, 73, 74, 77, 79, 80, 81, 82, 83, 84, 85, 86, 88, 89, 90, 92, 93, 1199, 1578, 1642, 1806, 1884, 1887, 1925, 1970, 1989, 1991, 1999, 2470, 3228, 3719)
2000 Ed. (202, 945, 946, 1029, 1444, 1478, 1479, 1523, 1591, 1639, 2225, 3822)
1999 Ed. (29, 177, 266, 267, 711, 1000, 1001, 1098, 1568, 1571, 1604, 1605, 1606, 1610, 1611, 1613, 1614, 1614, 1641, 1643, 1710, 1711, 1712, 1815, 1830, 1838, 2460, 2467, 2468, 2469, 2470, 3598, 3637, 3768, 3777, 4108, 4389, 4568)
1998 Ed. (596, 704, 1202, 1730, 1731, 3782)
1997 Ed. (166, 243, 244, 963, 1420, 1421, 1486, 1535, 2042, 2046, 2930, 3380, 3715)
1996 Ed. (31, 215, 1357, 1359, 1362, 1363, 1365, 1367, 1381, 1387, 1393, 1424, 1462, 1467, 1945, 1946)
1995 Ed. (18, 148, 691, 1406, 1420, 1422, 1431, 1894, 1903, 1905, 1944, 2762, 2889, 3411, 3572, 3573)
1992 Ed. (40, 43, 49, 51, 53, 64, 69, 70, 73, 74, 77, 78, 329, 330, 1603, 1625, 1671, 1780, 2200, 2809)
1991 Ed. (25, 237, 238, 1273, 1282, 1326, 1360, 1364, 1747, 2012, 2013, 2367, 2586, 3232, 3301, 3303)
1990 Ed. (30, 1347, 1356, 1376, 1437, 1533, 1829, 1831, 3473, 3531, 3533)
1989 Ed. (15, 22, 23, 24, 25, 26, 27, 28, 32, 34, 35, 37, 38, 41, 43, 47, 48, 50, 51, 1020, 1111)

Unilever Canada
2008 Ed. (1215)
2007 Ed. (1325)
1991 Ed. (1745)
1990 Ed. (1827)

Unilever Cert
2000 Ed. (295)
1996 Ed. (214)

Unilever-Chesebrough-Pond's
1993 Ed. (1421)
1991 Ed. (1145)

Unilever Combined
1990 Ed. (1342)

Unilever France
1997 Ed. (3500)

Unilever Ghana Ltd.
2006 Ed. (4505)
2002 Ed. (4418)

Unilever Group
2008 Ed. (561, 2746, 4693)
2006 Ed. (1693)
2003 Ed. (1873)

Unilever Home & Personal Care USA
2003 Ed. (648, 649, 650, 651, 652, 991, 1998, 2004, 2046, 2048, 2049, 2081, 2082, 2083, 2430, 2662, 2663, 2666, 2667, 2668, 3169, 3784, 4433, 4434, 4435, 4438, 4765, 4769)

Unilever Indonesia
2000 Ed. (2873)
1999 Ed. (1656)
1997 Ed. (1431)
1995 Ed. (3151)
1994 Ed. (2337)
1993 Ed. (2155)
1992 Ed. (1637)
1991 Ed. (1303)
1990 Ed. (1381)
1989 Ed. (1127)

Unilever Indonesia Tbk
2006 Ed. (3231)

Unilever Nederland BV
1999 Ed. (1614, 2468)
1997 Ed. (1388, 2043)

Unilever Nigeria
2006 Ed. (4525)

Unilever Nigeria plc
2003 Ed. (4555)

Unilever NV
2008 Ed. (561, 1754, 1963, 2746, 4693)
2007 Ed. (1899)
2006 Ed. (565, 1918, 1921, 2639, 4768)
2005 Ed. (663, 1490, 1513, 1535, 1895, 2642, 4716)
2004 Ed. (1474, 1497, 1519, 1701)
2003 Ed. (1444, 1467, 1489, 1496, 1669, 1776, 1777, 4581)
2002 Ed. (1468, 1473, 1643, 1644, 1736)
2001 Ed. (1689, 1691, 1693, 1697, 1805, 1807, 2845)
2000 Ed. (1411, 1412, 1413, 1415, 1521, 1522)
1998 Ed. (71, 595, 3361, 3490, 3499)
1997 Ed. (1388, 1390, 1391, 1393, 1394, 1484, 1487, 1576, 2043)
1996 Ed. (1330, 1331, 1333, 1425, 1426, 1944, 3500)
1995 Ed. (1377, 1378, 1379, 1381, 1382, 1462, 1463, 1464, 1902, 3435)
1994 Ed. (12, 13, 14, 15, 18, 19, 21, 22, 23, 25, 26, 28, 32, 33, 34, 39, 43, 46, 47, 129, 742, 1353, 1354, 1355, 1357, 1359, 1425, 1426, 1427, 1879, 2578, 3500, 3502)
1993 Ed. (21, 22, 23, 24, 25, 26, 27, 29, 30, 31, 33, 35, 37, 41, 42, 43, 47, 48, 50, 51, 53, 54, 147, 149, 226, 227, 1296, 1297, 1298, 1300, 1300, 1301, 1302, 1302, 1303, 1305, 1306, 1306, 1327, 1338, 1372, 1373, 1377, 1423, 1881, 1881, 1882, 1883, 2760, 3347, 3348, 3379, 3528)
1992 Ed. (50, 232, 233, 1607, 1672, 2196, 4224, 4226, 4227)
1991 Ed. (10, 166, 1169, 1185, 1269, 1325, 1327, 1748, 3311, 3313, 3314)
1990 Ed. (21, 22, 23, 24, 25, 28, 29, 33, 35, 38, 39, 40, 42, 44, 45, 47, 48, 168, 170, 1250, 1400, 1401, 1434, 1533, 3323, 3538)
1989 Ed. (16, 31, 188, 1459, 1867)

Unilever NV & PLC
1989 Ed. (36)

Unilever NV/PLC
1991 Ed. (14, 15, 16, 17, 19, 21, 23, 26, 28, 30, 35, 36, 37, 39, 43, 44, 47, 48, 50, 52)
1990 Ed. (34, 1354, 1355)

Unilever NV/Unilever PLC
1990 Ed. (2404)

Unilever Pakistan Ltd.
2006 Ed. (4527)

Unilever plc
2008 Ed. (1753, 1754, 2753, 2754, 3841)
2007 Ed. (1714, 1715, 1722, 1725, 1726, 1728)
2005 Ed. (663, 1513, 2642, 4716)
2004 Ed. (1873, 2655, 4048)
2003 Ed. (2515)
2002 Ed. (1008, 1016, 1393, 1483, 1639, 1643, 1644, 1735, 1786, 1787, 1790, 2307, 2308, 3245)
2001 Ed. (1697)
2000 Ed. (1416, 1418, 1443, 3458)
1998 Ed. (1012, 2786)
1997 Ed. (659, 1385, 1386, 1387, 1389, 2043, 2044, 2045)
1996 Ed. (158, 1329, 1330, 1944, 2974, 3657, 3661)
1995 Ed. (23, 146, 1374, 1376, 1378, 1379, 1382, 1409, 1902, 3574, 3575)
1994 Ed. (9, 216, 217, 1352, 1353, 1354, 1355, 1357, 1359, 1383, 1391, 1401, 1869, 1879, 1880)
1992 Ed. (1607, 2196)
1991 Ed. (1269, 1296, 1748, 2380)
1990 Ed. (2511)
1989 Ed. (1459)

Unilever PLC NV
1996 Ed. (1326, 1327, 1328)
1995 Ed. (1373, 1375)
1994 Ed. (1348, 1351, 1395)
1992 Ed. (1604, 1605, 1606)
1991 Ed. (1270, 1272)

Unilever United States
2008 Ed. (2781)
2003 Ed. (680, 2569, 4678)
2002 Ed. (4302)

Unilever U.S.
2008 Ed. (2736)
2007 Ed. (2602)
2006 Ed. (2625)
2005 Ed. (2629)
2004 Ed. (2638)
2003 Ed. (2505)
2001 Ed. (3711)
2000 Ed. (4068)
1999 Ed. (4350)
1998 Ed. (3329)
1997 Ed. (2029)
1994 Ed. (1430, 2717, 3351, 3352)
1992 Ed. (1708, 3322)
1991 Ed. (3150, 3151)
1990 Ed. (3311)

Unilver
2005 Ed. (84)
2004 Ed. (89)

Unimac Graphics
2007 Ed. (4435)

Unimedia Inc.
1996 Ed. (3144)

Unimerco
2008 Ed. (1713)

Unimerco Group A/S
2008 Ed. (1706)
2007 Ed. (1681)

Unimicron
2008 Ed. (4022)
2007 Ed. (4004)
2006 Ed. (3947)
2005 Ed. (3884)

Unimicron Technology
2008 Ed. (1564)

Unimin Corp.
2008 Ed. (3674)
2007 Ed. (3511, 3512)
2006 Ed. (3481, 3482)
2005 Ed. (3480, 3481)
2004 Ed. (3483, 3484)
2003 Ed. (3416, 3417)
2001 Ed. (3324)
1990 Ed. (3094)

Uninstaller
1997 Ed. (1090, 1093)
1996 Ed. (1082)

Unintentional injuries
2000 Ed. (1642)

Union
2000 Ed. (689, 692, 693, 694)
1990 Ed. (712)

Union Acceptance Corp.
2005 Ed. (363)

Union Advertising
1989 Ed. (129)

Union Asia Finance
1994 Ed. (3158, 3197)
1992 Ed. (3824)
1991 Ed. (2942)
1989 Ed. (1785)

Union Assurance de Paris (Paris)
1991 Ed. (2159)

Union Assurances Paris
1994 Ed. (1370)
1993 Ed. (1316)

Union Bancaire en Afrique Centrale SA
1994 Ed. (449)
1993 Ed. (448)
1992 Ed. (634)
1991 Ed. (476)
1989 Ed. (503)

Union Bancaire pour le Comm. et l'Industrie
2008 Ed. (515)
2007 Ed. (563)
2006 Ed. (532)

Union Bancaire pour le Commerce et l'Industrie SA
1996 Ed. (699)
1995 Ed. (623)
1994 Ed. (655)
1993 Ed. (655)

Union Bancaire Privee
2006 Ed. (528)
2005 Ed. (615)
2004 Ed. (525)
2003 Ed. (617)
2002 Ed. (653)
2000 Ed. (670)
1997 Ed. (623)
1996 Ed. (689)
1995 Ed. (615)
1994 Ed. (643)

Union Bancaire Privee Asset Management LLC
2008 Ed. (2923)
2007 Ed. (2793)
2006 Ed. (2799)
2005 Ed. (2819)
2004 Ed. (626, 2818, 2819)

Union BanCal Corp.
1999 Ed. (654)

Union Bancaria Hispano Marroqui SA
1989 Ed. (629)

Union Bancorp.
1990 Ed. (415)
1989 Ed. (381)

Union Bank
2000 Ed. (2923)
1999 Ed. (614)
1998 Ed. (372, 2350)
1997 Ed. (383, 427, 472, 502, 3284)
1996 Ed. (391, 414, 464, 508, 539, 540)
1995 Ed. (377, 378, 391, 437, 3066)
1994 Ed. (396, 445, 487, 582, 652, 667, 3009)
1993 Ed. (404, 406, 408, 445, 482, 578, 650, 2300, 2313, 2325, 2416, 2968)
1992 Ed. (509, 564, 568, 628, 670, 867, 1497, 2150, 3627)
1991 Ed. (364, 472, 488, 489, 517, 693)
1990 Ed. (513, 515, 516, 527, 528, 704, 716, 717, 718, 3478)
1989 Ed. (500, 511, 645)

Union Bank & Trust Co.
2004 Ed. (542)
1998 Ed. (365)
1996 Ed. (392)
1989 Ed. (214)

Union Bank for Saving & Investment
2008 Ed. (455)

Union Bank for Savings & Investment
2000 Ed. (577)
1999 Ed. (566)

Union Bank International Equity
1994 Ed. (2312)

Union Bank Nigeria plc
2002 Ed. (4450)

Union Bank of California
2008 Ed. (3681)
2005 Ed. (264, 3304, 3487, 3492)
2003 Ed. (230, 569)
2002 Ed. (249, 337, 505, 3371)
2000 Ed. (403, 3744, 3745)
1999 Ed. (415, 525, 3316, 4030)
1998 Ed. (310, 341, 358)

Union Bank of Colombo Ltd.
2000 Ed. (666)
1999 Ed. (640)

Union Bank of Finland
1994 Ed. (476)
1993 Ed. (474, 2029)
1992 Ed. (662, 1611, 2395)
1991 Ed. (506, 1278, 1900, 1901)
1990 Ed. (544, 1361, 2317)
1989 Ed. (529, 580, 1783)

Union Bank of Finland, A
1992 Ed. (2396)

Union Bank of Hong Kong
1992 Ed. (607)

Union Bank of India
2008 Ed. (432)
2007 Ed. (466)
2006 Ed. (455)
2005 Ed. (525)
2004 Ed. (544)
2003 Ed. (528)
2002 Ed. (569, 570)
2000 Ed. (553, 554)
1999 Ed. (542, 543)
1996 Ed. (548)
Union Bank of Israel
2008 Ed. (451)
2007 Ed. (486)
2006 Ed. (473)
2005 Ed. (549)
2004 Ed. (563)
2003 Ed. (549)
Union Bank of Jamaica
2003 Ed. (552)
Union Bank of Nigeria
2008 Ed. (484, 507)
2007 Ed. (530, 555)
2006 Ed. (4525)
2005 Ed. (588, 612)
2004 Ed. (600)
2003 Ed. (592)
2002 Ed. (628)
2000 Ed. (439, 635)
1999 Ed. (613, 641)
1997 Ed. (583)
1996 Ed. (643)
1995 Ed. (573)
1994 Ed. (602)
1993 Ed. (414, 599)
1992 Ed. (574, 806)
1991 Ed. (415, 416, 633)
Union Bank of Nigeria plc
2003 Ed. (4555)
Union Bank of Norway
2004 Ed. (602)
2003 Ed. (595)
2002 Ed. (630)
2000 Ed. (637)
1999 Ed. (616)
1997 Ed. (585)
1996 Ed. (645, 646)
1995 Ed. (576)
1994 Ed. (605, 606)
1993 Ed. (530, 602, 603)
1991 Ed. (636)
1990 Ed. (660)
1989 Ed. (575)
Union Bank of Norway (ABC Bank)
1992 Ed. (809)
Union Bank of Oman OSC
1992 Ed. (812)
1991 Ed. (640)
1989 Ed. (647)
Union Bank of Switzerland
2000 Ed. (521, 522, 523, 530, 531, 532, 561, 670, 2856, 2924, 2929)
1999 Ed. (511, 513, 514, 520, 522, 551, 553, 555, 645, 1436, 1742, 2011, 2012, 2069, 3103, 3104, 3106, 3175, 3176, 3178, 3181, 3183, 3587)
1998 Ed. (192, 349, 351, 354, 378, 379, 381, 1498, 1499, 1501, 2349, 2350)
1997 Ed. (459, 460, 463, 470, 519, 623, 1517, 1518, 1519, 1728, 1730, 1784, 1790, 2545, 2547, 2619, 2624, 3002)
1996 Ed. (495, 496, 502, 506, 553, 689, 1451, 1452, 1652, 1700, 1706, 2422, 2423, 2478, 2481, 2483, 2484, 2910)
1995 Ed. (462, 463, 469, 502, 510, 615, 1494, 1495, 2390, 2391, 2435, 2438, 2440, 2441, 2442, 2843)
1994 Ed. (472, 478, 480, 484, 518, 529, 531, 643, 1454, 1455, 1632, 1672, 1673, 1674, 1683, 1686, 1688, 1692, 1693, 1694, 1696, 1698, 1700, 1704, 1706, 1707, 1709, 2326, 2327, 3682)
1993 Ed. (468, 528, 532, 640, 720, 1407, 1649, 1652, 1680, 1684, 1865, 2346, 2420, 2421, 2422, 3129, 3203, 3209)
1992 Ed. (658, 664, 710, 727, 843, 905, 1695, 1696, 1990, 1991, 1992, 1993, 2005, 2014, 2023, 2638, 2639, 3898, 3899, 3904, 3906)
1991 Ed. (504, 510, 722, 1353, 1354, 1581, 1586, 1587, 1588, 1591, 1592, 1597, 3067, 3069)
1990 Ed. (543, 595, 600, 605, 691, 692, 1423, 1675, 1676, 1677, 1684, 1686, 1690, 1692, 3218, 3219, 3220, 3221, 3227)
1989 Ed. (568, 609, 686, 1350, 1351, 1352, 1355, 1360, 1368, 1371, 2447, 2448, 2449, 2450, 2451, 2452)
Union Bank of Switzerland AG
2001 Ed. (628, 3229)
Union Bank of Switzerland Banking Group Ltd.
1991 Ed. (560)
Union Bank of Switzerland (Canada)
1996 Ed. (500)
Union Bank of the Middle East
1989 Ed. (472)
Union Bank of the Philippines
2008 Ed. (492)
2007 Ed. (541)
2006 Ed. (513)
2005 Ed. (597)
2004 Ed. (607)
2003 Ed. (599)
2002 Ed. (635)
1999 Ed. (623)
Union Bank Real Estate
1994 Ed. (2312)
Union Bank (San Francisco)
1991 Ed. (471)
Union banka
2003 Ed. (482)
1999 Ed. (500)
Union Banques Arabes Francaises
1999 Ed. (454)
1996 Ed. (432)
1995 Ed. (405)
Union Benefit Life
1998 Ed. (2165)
1997 Ed. (2451)
1995 Ed. (2308)
1993 Ed. (2224)
1991 Ed. (2106)
1989 Ed. (1691)
Union Boiler Co.
1997 Ed. (1163)
1992 Ed. (1412)
Union Camp Corp.
2005 Ed. (1526)
2004 Ed. (1510)
2003 Ed. (1480)
2001 Ed. (3625)
2000 Ed. (1584, 2241, 2254, 2256, 3405, 3407)
1999 Ed. (1752, 2489, 2490, 2491, 3687, 3688, 3689, 3701)
1998 Ed. (930, 1750, 1751, 2424, 2731, 2736, 2737, 2739, 2740, 2741)
1997 Ed. (2067, 2986, 2988, 2989, 2993)
1996 Ed. (2901, 2903)
1995 Ed. (2827, 2828, 2830, 2832)
1994 Ed. (2722, 2723, 2724, 2725, 2726)
1993 Ed. (2764, 2765)
1992 Ed. (1384, 1385, 3329, 3330, 3333, 3338)
1991 Ed. (2668, 2669, 2670)
1990 Ed. (2761, 2763, 2766)
1989 Ed. (1466, 2112, 2113)
L'Union Canadienne
2005 Ed. (1698, 1713, 1714, 2372)
Union Carbide Corp.
2005 Ed. (1502)
2004 Ed. (1689)
2003 Ed. (1422, 1660, 4070)
2002 Ed. (987, 988, 992, 995, 1018, 1629, 3591, 3965)
2001 Ed. (1176, 1177, 1178, 1181, 1209, 1676, 4235)
2000 Ed. (1017, 1020, 1022, 1023, 1024, 1033, 1404)
1999 Ed. (1078, 1080, 1083, 1084, 1085, 1086, 1105, 3708, 3850)
1998 Ed. (692, 693, 694, 697, 698, 699, 700, 701, 702, 703, 709, 1130, 2751, 2875, 2875)
1997 Ed. (951, 954, 955, 957, 958, 967, 3005)
1996 Ed. (922, 923, 925, 926, 928, 945, 1230, 1285, 1320, 2915)
1995 Ed. (948, 950, 953, 954, 956, 958, 968, 1258, 1368)
1994 Ed. (912, 914, 917, 918, 920, 932, 936, 1206, 1238, 1343, 2744)
1993 Ed. (674, 898, 900, 903, 905, 906, 907, 916, 925, 1211, 1212, 1291, 1374, 1938, 2869, 3317, 3318, 3319)
1992 Ed. (328, 1103, 1106, 1107, 1109, 1111, 1112, 1115, 1122, 1125, 1499, 3229, 3231, 3346)
1991 Ed. (900, 903, 904, 905, 907, 908, 913, 914, 1788, 1790, 2590, 2681, 2753, 234, 910, 1328, 2693)
1990 Ed. (930, 937, 941, 942, 943, 945, 946, 947, 957, 961, 1890, 1987, 2780, 2877, 3448, 3660)
1989 Ed. (878, 884, 886, 889, 1049, 1320, 2882)
Union Carbide Canada
1992 Ed. (1114)
1990 Ed. (950)
Union Central Life Ins
1998 Ed. (3653)
The Union Central Life Insurance Co.
2004 Ed. (3112)
1998 Ed. (172)
Union Cervecera
1992 Ed. (942)
Union Colony Bank
2008 Ed. (1672, 1673)
Union-Comercial
2001 Ed. (654, 655, 656)
Union Congolaise de Banques
1997 Ed. (441)
Union Congolaise de Banques S.A.
1989 Ed. (508)
Union Congolaise de Banques (UCB)
1996 Ed. (477)
1995 Ed. (448)
Union County College
1999 Ed. (1236)
1998 Ed. (808)
Union County Jail
1999 Ed. (3902)
Union County, KY
1998 Ed. (783, 2319)
Union County Savings Bank
1998 Ed. (3529)
1993 Ed. (596)
Union County Utilities Authority, NJ
1993 Ed. (2624)
Union de Bananeros Ecuatorianos
2006 Ed. (2545)
Union de Banques Arabes et Francaises
2008 Ed. (416)
2007 Ed. (450)
2006 Ed. (444)
1993 Ed. (419)
Union de Banques Arabes et Francaises (UBAF)
2003 Ed. (496)
1994 Ed. (412)
Union de Cervecerias Peruanas B & J
2005 Ed. (67)
2004 Ed. (71)
Union de Cervecerias Peruanas Backus y Johnston
2007 Ed. (66)
2006 Ed. (75)
Union de Garantie et de Placement
1993 Ed. (1660)
Union des Assurances de Paris
1999 Ed. (1659, 2982)
1997 Ed. (2425, 2545)
1996 Ed. (1920, 2287, 2422)
1995 Ed. (1397, 1876, 2390, 2391)
1994 Ed. (1848, 2236, 2327)
1993 Ed. (1860, 2256)
1992 Ed. (1621)
1990 Ed. (2284)
L'Union des Assurances de Paris Iard
1993 Ed. (2254)
Union des Banques Populaires du Rwanda
1993 Ed. (621)
Union Discount
1992 Ed. (1627)
Union Electric
1999 Ed. (1949)
1998 Ed. (1386, 1387)
1997 Ed. (1693, 1694, 3214)
1996 Ed. (1614, 1615)
1995 Ed. (1637, 1638, 3352)
1994 Ed. (1595, 1596, 3271)
1993 Ed. (1557, 3281, 3463)
1992 Ed. (1898, 1899)
1991 Ed. (1497, 1498, 1806)
1990 Ed. (1600)
1989 Ed. (1296, 1297)
Union Electric Development Corp.
2008 Ed. (1943)
2007 Ed. (1888)
2005 Ed. (1875)
2004 Ed. (1804)
Union Electrica Fenosa
2002 Ed. (1768)
1994 Ed. (723)
1991 Ed. (1346)
Union Electrica Fenosa SA
2001 Ed. (1853)
1997 Ed. (1508)
Union Energy
1996 Ed. (2012)
1994 Ed. (1964)
Union Enterprises
1990 Ed. (2925)
Union Equity
2007 Ed. (4081)
1992 Ed. (3264)
Union Equity Co-op Exchange
1990 Ed. (1947, 3244)
Union Equity Co-Operative Exchange
1991 Ed. (3094, 1858)
Union Europeenne de CIC
2000 Ed. (535)
1999 Ed. (527)
1997 Ed. (475)
1996 Ed. (512)
1995 Ed. (472)
Union Federal Bank
1994 Ed. (3530)
Union Federal Bank of Indianapolis
2007 Ed. (467, 1183, 4260)
2006 Ed. (1075)
2005 Ed. (1067)
2004 Ed. (1063)
2003 Ed. (4275)
2002 Ed. (4131)
Union Federal Savings Bank
1998 Ed. (3544)
1993 Ed. (3567)
1990 Ed. (3118)
Union Fenosa
2002 Ed. (722)
Union Fenosa SA
2004 Ed. (884)
Union Fidelity Life
2000 Ed. (2684, 2685)
1999 Ed. (948)
1998 Ed. (531, 2159, 2161)
1997 Ed. (2449, 2450)
Union Fidelity Life Insurance Co.
2002 Ed. (2906)
2000 Ed. (894)
Union Foods Inc.
2003 Ed. (3744)
Union Gabonaise de Banque
2008 Ed. (417)
2005 Ed. (511)
2004 Ed. (532)
2003 Ed. (497)
2000 Ed. (537)
1997 Ed. (476)
1996 Ed. (514)
1994 Ed. (490)
1993 Ed. (488)
1992 Ed. (679)
Union Gabonaise de Banque SA
1991 Ed. (524)
1989 Ed. (538)
Union Gas
2008 Ed. (2428, 2813)
1997 Ed. (2132)
1996 Ed. (2012)

1994 Ed. (1964)
1992 Ed. (2276)
1991 Ed. (2729)
1990 Ed. (1888)
Union Health Service Inc.
1995 Ed. (2093)
Union Health Services Inc.
2002 Ed. (2460)
Union Internationale de Banques
2000 Ed. (683)
Union Internationale de Banques SA
1994 Ed. (655)
1993 Ed. (655)
1992 Ed. (854)
Union Investment Management Ltd. Diversified
2003 Ed. (3112)
Union Labor Life
2003 Ed. (3442)
2002 Ed. (3390, 3940)
2000 Ed. (2836)
1999 Ed. (3095)
1998 Ed. (3015)
1996 Ed. (3168)
1995 Ed. (3074)
1994 Ed. (3018)
1993 Ed. (2976)
1992 Ed. (3636)
1991 Ed. (2096, 2820)
1990 Ed. (2971)
Union Labor Life Insurance
1997 Ed. (3270)
Union Local 594
1998 Ed. (2323)
Union Local 400
1998 Ed. (2323)
Union Local 900
1998 Ed. (2323)
Union Local 653
1998 Ed. (2323)
Union Memorial Hospital
2008 Ed. (3064)
Union Miniere
1997 Ed. (701)
1995 Ed. (1359)
Union Miniere SA
2004 Ed. (3441)
2000 Ed. (3082)
Union Nacional de Empresas
2000 Ed. (3401)
1999 Ed. (3684, 3685)
Union National Bancorp
2001 Ed. (570)
Union National Bank
2008 Ed. (519)
2007 Ed. (566)
2006 Ed. (535)
2005 Ed. (622)
2004 Ed. (634)
2003 Ed. (625)
2002 Ed. (658)
2001 Ed. (4282)
2000 Ed. (455, 687)
1996 Ed. (442)
1992 Ed. (818)
Union National Bank & Trust Co.
1998 Ed. (3318)
Union National Bank of Indianapolis
2006 Ed. (4234)
2005 Ed. (4181, 4182)
Union National Life Insurance Co.
1993 Ed. (2224)
1992 Ed. (2662)
1991 Ed. (2106)
Union National Life, Tex.
1989 Ed. (1690)
Union of American Hebrew Congregation
1999 Ed. (298, 299)
Union Oil
1993 Ed. (2770)
Union Oil Co. of California
2003 Ed. (3809)
Union Oil of California (Unocal Corp.)
2003 Ed. (3422)
Union Pacific Corp.
2008 Ed. (1961, 1962, 3026, 4098, 4099, 4101, 4750)
2007 Ed. (223, 1897, 1898, 4064, 4065, 4066, 4067, 4068, 4821, 4823, 4834)
2006 Ed. (1915, 1916, 4029, 4030, 4031, 4032, 4033, 4802, 4805, 4807, 4812)
2005 Ed. (1537, 1893, 1894, 3993, 3994, 3995, 3996, 3997, 3998, 4749, 4756, 4758, 4759)
2004 Ed. (1521, 1810, 1811, 4055, 4056, 4057, 4058, 4059, 4060, 4062, 4774, 4785, 4788)
2003 Ed. (1491, 1773, 1774, 1775, 4035, 4036, 4037, 4038, 4039, 4041, 4042, 4801)
2002 Ed. (1470, 1733, 3899, 3900, 3903, 4885)
2001 Ed. (3981, 3982, 3983, 3984, 3985, 4616)
2000 Ed. (3699, 3700, 3701)
1999 Ed. (3984, 3985, 3986, 3987, 3988, 4652)
1998 Ed. (1186, 2989, 2990, 2992, 2993, 2994, 2995, 3614)
1996 Ed. (1435, 3155, 3156, 3157, 3158, 3666)
1995 Ed. (2044, 3054, 3055, 3056, 3057, 3337, 3360, 3653, 3656)
1994 Ed. (2990, 2991, 2992, 2993, 3221, 3279, 3567, 3569)
1993 Ed. (2871, 2956, 2957, 2958, 3288, 3610, 3612)
1992 Ed. (3612)
1991 Ed. (2798, 2799, 2800, 3413, 3415, 3418)
1990 Ed. (2944, 2945, 2946, 3637, 3638)
1989 Ed. (2281, 2282, 2283, 2867, 2868)
Union Pacific Fund for Effective Government
1992 Ed. (3475)
Union Pacific Railroad Co.
2008 Ed. (1961, 4098, 4099)
2007 Ed. (1897, 4064, 4065)
2006 Ed. (1915, 3320, 4029, 4030)
2005 Ed. (1893, 3995, 3996)
2004 Ed. (1810, 4057, 4058)
2003 Ed. (1773, 4036, 4037)
2001 Ed. (1802, 1803, 3983, 3984)
1997 Ed. (1275, 1497, 3242, 3243, 3244, 3245, 3246, 3247, 3250)
1996 Ed. (3159)
Union Pacific Resources
2000 Ed. (3136, 3137)
1999 Ed. (3413, 3796, 3803)
1998 Ed. (2662, 2665, 2829)
1997 Ed. (3093, 3404)
1996 Ed. (1998, 3007, 3010)
1995 Ed. (2914, 2917)
1994 Ed. (2848)
1993 Ed. (2836)
1992 Ed. (3431)
Union Pacific Resources Group Inc.
2002 Ed. (2389, 2391)
2001 Ed. (2582, 2584, 3320, 3743, 3744)
2000 Ed. (2316, 3527)
Union Panhandle Corp.
2005 Ed. (1466)
Union Petrochemical
1997 Ed. (3683)
Union Planters Corp.
2005 Ed. (631, 632)
2004 Ed. (366, 642, 643)
2003 Ed. (1834)
2000 Ed. (394, 3745)
1999 Ed. (438, 669)
1998 Ed. (270, 292)
1997 Ed. (333)
1996 Ed. (360, 3183)
1995 Ed. (356, 492, 3362)
1994 Ed. (347, 348, 365, 3283)
Union Planters Holding Corp.
2003 Ed. (631, 632, 4557)
2002 Ed. (445)
Union Planters National Bank
2006 Ed. (202, 203, 376)
2005 Ed. (190, 191, 382)
2004 Ed. (184, 185)
2003 Ed. (229)
2002 Ed. (248, 483)
2001 Ed. (641, 650, 651)
2000 Ed. (398, 416)
1998 Ed. (313, 314, 430)
1997 Ed. (626)
1996 Ed. (691)
1995 Ed. (617)
1994 Ed. (645)
1993 Ed. (643)
1992 Ed. (847)
1991 Ed. (675)
Union Properties
2006 Ed. (4545)
Union Revolutionaire de Banques
1994 Ed. (443)
Union Revolutionanaire de Banques
1996 Ed. (462)
1995 Ed. (435)
1993 Ed. (443)
Union S & L (New Orleans, LA)
1991 Ed. (2918)
Union Sanitary District, Fremont, CA
1990 Ed. (1484)
Union Savings Bank
2007 Ed. (424)
2006 Ed. (428)
2005 Ed. (451, 481)
2004 Ed. (473, 4719)
2003 Ed. (478)
Union Security Life Insurance Co.
2002 Ed. (2906, 2907)
2000 Ed. (2684, 2685)
1998 Ed. (2159, 2161)
1997 Ed. (2449, 2450)
1994 Ed. (2252, 2253)
1992 Ed. (2647)
Union Senegalaise de Banque pour le Commerce et l'Industrie SA
1991 Ed. (657)
Union Senegalaise de Banque pour le Commerce et l'Industrie S.A.
1989 Ed. (666)
Union Square Cafe
1994 Ed. (3092)
Union State Bank
1998 Ed. (371)
1997 Ed. (180, 501)
1996 Ed. (542)
Union Station
1996 Ed. (1094, 1094)
1989 Ed. (2518)
Union Tank Car Co.
2006 Ed. (2326)
Union Texas
1990 Ed. (2584, 2585)
1989 Ed. (1991, 1992, 2209)
Union Texas Petroleum
2005 Ed. (3372)
1999 Ed. (3412)
1998 Ed. (1434, 2507, 2822)
1997 Ed. (3085)
1996 Ed. (1646, 2821, 3005)
1995 Ed. (2498, 2581, 2582, 2910)
1994 Ed. (1628, 2429, 2524, 2525)
1993 Ed. (1224, 1226, 1304, 2492, 2575, 2576, 2833)
1992 Ed. (1946, 2632, 3082, 3083, 3427, 3438)
1991 Ed. (2465, 2466, 1548, 2731)
1990 Ed. (2833, 2835)
1989 Ed. (1050, 1055)
Union Texas Petroleum Holdings Inc.
1994 Ed. (926, 2854)
Union Texas Petroleum Ltd
1990 Ed. (1350)
Union Textile Industries Corp. Ltd.
1990 Ed. (1429)
1989 Ed. (1167)
Union 3 Fashion SA
2002 Ed. (4618)
2001 Ed. (4511)
Union Togolaise de Banque
2004 Ed. (629)
2003 Ed. (620)
2000 Ed. (674)
1997 Ed. (629)
1996 Ed. (694)
Union Togolaise de Banque SA
1999 Ed. (648)
1995 Ed. (620, 621)
1994 Ed. (648)
1993 Ed. (646)
1992 Ed. (850)
1989 Ed. (697)
Union Trust Co.
1995 Ed. (449)
1994 Ed. (459)
1993 Ed. (456)
1992 Ed. (643)
1991 Ed. (485)
Union Underwear Co.
2008 Ed. (4669)
2007 Ed. (1845, 4745)
2006 Ed. (4727)
2005 Ed. (4681, 4682)
2004 Ed. (4709)
2003 Ed. (4727)
2001 Ed. (1773, 4507, 4508)
Union Valley
1992 Ed. (319)
Union Veneers plc
2004 Ed. (3320)
Union Zairoise de Banques SARL
1991 Ed. (698)
UnionBanCal Corp.
2007 Ed. (383, 386)
2005 Ed. (448, 635, 636, 1685)
2004 Ed. (646, 647)
2003 Ed. (422, 425, 633, 634)
2001 Ed. (657, 658)
2000 Ed. (428)
1998 Ed. (292)
UnionBank of Swaziland Ltd.
1995 Ed. (613)
1994 Ed. (640)
Unionbay
2001 Ed. (1264, 1265)
UnionFed Financial
1996 Ed. (2836)
Unipac Credit Union
2004 Ed. (1927)
Unipar
1992 Ed. (3768)
Unipetrol
2006 Ed. (3946)
2002 Ed. (3736, 3737)
2000 Ed. (3585)
Unipetrol AS
2007 Ed. (1690)
2006 Ed. (1694)
Uniphar Group
2006 Ed. (1817)
UniPHARM Wholesale Drugs Ltd.
2008 Ed. (1584)
Uniphase Corp.
2005 Ed. (1482, 1518)
2004 Ed. (1466, 1502)
2003 Ed. (1440, 1472)
2002 Ed. (1422, 1452)
Uniplast-Pierson Group
1998 Ed. (2873)
Uniprise Inc.
2004 Ed. (1799)
Uniprix
2003 Ed. (2103)
2002 Ed. (2040)
Uniprix Group
2008 Ed. (4226)
2007 Ed. (4188)
UNIPRO Food Service Inc.
2007 Ed. (1432)
Unipro Group
2006 Ed. (106)
Uniprop
2000 Ed. (3152)
1999 Ed. (3426)
1998 Ed. (2518)
1997 Ed. (2803)
1996 Ed. (2664)
1995 Ed. (2593)
1994 Ed. (2534)
1993 Ed. (2587)
1992 Ed. (3093)
1991 Ed. (2477)
Uniqa
2008 Ed. (1572)
2007 Ed. (1593)
2006 Ed. (1558)
UNIQA Versicherungen AG
2007 Ed. (1595, 4090)
Unique
1989 Ed. (2198)
Unique Broadband Systems Inc.
2003 Ed. (1640, 2931, 2934, 2936)
2002 Ed. (1604)
Unique International
2001 Ed. (4279)

Unique Mailing Services Inc.
2006 Ed. (288, 3511, 4350)
Unique Properties LLC
2002 Ed. (3909)
Unique Transportation Systems
1991 Ed. (3429)
Unires
2001 Ed. (2505)
Uniroyal
2008 Ed. (4679, 4680)
2006 Ed. (4743, 4744, 4748, 4750, 4751)
1993 Ed. (3578)
1992 Ed. (4298)
Uniroyal/BF Goodrich
1990 Ed. (3597)
Uniroyal Chemical
1999 Ed. (2538)
1997 Ed. (3359)
Uniroyal Chemicals
1991 Ed. (2375)
Uniroyal Goodrich
1991 Ed. (2683, 2684, 2903)
Uniroyal Goodrich Canada
1994 Ed. (309)
1993 Ed. (961)
1992 Ed. (1185)
Uniroyal Goodrich Tire
1995 Ed. (2847)
1994 Ed. (2750)
1993 Ed. (2785)
1992 Ed. (3352)
Uniroyal Plastics
1997 Ed. (3009)
Uniroyal Technology Corp.
2001 Ed. (3818)
Uniroyal Tire & Rubber
1989 Ed. (2836)
UniSea
2003 Ed. (2523)
UNIServe Online
2003 Ed. (3034)
Unisol 4 Saline Solution Twinpak
1990 Ed. (1546, 1547)
Unisom
1991 Ed. (3136, 3137)
Unison Software Inc.
1998 Ed. (2724)
Unison Systems Inc.
2003 Ed. (3963)
Unisonic
2000 Ed. (4202)
Unisource
2000 Ed. (1534)
1999 Ed. (1723)
Unisource Worldwide
2006 Ed. (4003)
2001 Ed. (1834)
2000 Ed. (3540)
1998 Ed. (2702, 2845)
Unispar
1992 Ed. (616)
Unisphere Networks Inc.
2004 Ed. (2243)
Unispond, Inc.
1990 Ed. (1504, 1506)
Unistraw International
2008 Ed. (1571)
UniSuper
2004 Ed. (3082)
2003 Ed. (3953, 3959)
Unisys Corp.
2008 Ed. (1359, 1371, 1447, 1448, 1470, 2926, 3013, 3196, 4799)
2007 Ed. (1265, 1402, 1414, 1476, 1524, 2891, 3068, 3758, 4525, 4526, 4530, 4566, 4568, 4569)
2006 Ed. (780, 1107, 1150, 1376, 2807, 3032, 3760, 3952, 3956, 3960, 4469, 4793)
2005 Ed. (1111, 1112, 1117, 1156, 1377, 2825, 2826, 3024, 3025, 3027, 4039)
2004 Ed. (1107, 1108, 1113, 1133, 1345, 1361, 1364, 2824, 3015, 3018, 4655)
2003 Ed. (803, 1087, 1090, 1091, 1120, 1344, 1345, 1357, 1358, 2705, 3303)
2002 Ed. (1132, 1148, 1626, 4879)
2001 Ed. (1347, 1349, 1350, 1379, 1743, 2184)
2000 Ed. (1039, 1159, 1162, 1173, 1174, 1333, 1468, 1758, 2638, 2639, 3153, 3540, 4125)
1999 Ed. (1115, 1258, 1259, 1260, 1266, 1283, 1289, 1480, 1482, 1486, 1498, 1501, 1557, 1957, 1960, 1976, 2876, 2878, 3429, 3643, 4388, 4493)
1998 Ed. (717, 820, 823, 826, 830, 1123, 1134, 2520, 2845, 3360, 3424)
1997 Ed. (1078, 1306, 3029, 3645)
1996 Ed. (1063, 1072, 1271, 1435, 2261, 2949, 3886)
1995 Ed. (1085, 1087, 1092, 1093, 1319, 1473, 1542, 1655, 2251, 2253, 2255, 2256, 2259, 2261, 3446)
1994 Ed. (1077, 1078, 1080, 1081, 1085, 1087, 1088, 1265, 1291, 1300, 1310, 1439, 1613, 2201, 2202, 2203, 2206, 2207, 2208, 2517, 2713, 3678)
1993 Ed. (1047, 1054, 1060, 1062, 1063, 1064, 1219, 1261, 1385, 1572, 1574, 1583, 1712, 1898, 2177, 2381, 2562, 2565, 2573, 2851, 3002, 3391)
1992 Ed. (1300, 1307, 1311, 1316, 1319, 1320, 1321, 1343, 1528, 1556, 1557, 1771, 1919, 1921, 1929, 2631, 2633, 2939, 3363, 3457, 3671, 3679, 4072)
1991 Ed. (1025, 1026, 1028, 1031, 1032, 1033, 1206, 1209, 1227, 1235, 1237, 1526, 1528, 1540, 2063, 2068, 2072, 2311, 2358, 2637, 2839, 2848, 3377, 3467, 2697, 2738)
1990 Ed. (534, 535, 1121, 1124, 1129, 1131, 1612, 1627, 1629, 1633, 1644, 2190, 2201, 2206, 2489, 2735, 2901, 2990, 2992)
1989 Ed. (1142)
Unisys/Burroughs
1992 Ed. (1309, 1310)
Unisys Federal Credit Union
1992 Ed. (1756)
1991 Ed. (1395)
1990 Ed. (1461)
Unisys Corp. Government Systems Group
2007 Ed. (2052)
Unisys International Services Ltd.
1995 Ed. (1380)
Unisys Corp. Master Pension Trust (1)
1995 Ed. (2874)
Unisys Worldwide Telesales Services
2001 Ed. (4464, 4467)
Unit Corp.
2007 Ed. (3837)
2006 Ed. (3822)
2005 Ed. (1554)
2004 Ed. (2773)
Unit 4
2002 Ed. (4292)
Unit Gas Transmission Co.
2005 Ed. (2722)
Unit Trust of India
2005 Ed. (3226)
2002 Ed. (2821)
2001 Ed. (2883)
1997 Ed. (2394)
Unitas
1997 Ed. (461, 2203, 2204)
1996 Ed. (498, 2100)
Unitas Group
1995 Ed. (1384)
1994 Ed. (1360)
Unitas Group (Union Bank of Finland)
1995 Ed. (466)
UNITE
2000 Ed. (3450)
Unitec Technologies
1995 Ed. (1542)
UNITECH
2008 Ed. (175)
United
2001 Ed. (295)
1999 Ed. (220, 222)
1998 Ed. (248, 249, 250, 2618)
1996 Ed. (184)
1995 Ed. (182, 184, 192)
1992 Ed. (266, 278, 280, 284, 287, 288, 289, 291, 303, 1379, 4431)
1990 Ed. (206, 208, 209, 226, 3516)
1989 Ed. (240)
United Acquisition Corp.
2008 Ed. (1702)
2007 Ed. (1676)
2006 Ed. (1672)
2005 Ed. (1751)
2004 Ed. (1695)
2003 Ed. (1663)
United Advertising Co.
1995 Ed. (131, 132)
1993 Ed. (140)
1992 Ed. (213)
1990 Ed. (155)
1989 Ed. (166)
United AG Cooperative
1998 Ed. (1868)
1995 Ed. (2053)
United Air Lines
2008 Ed. (211, 213, 221, 226, 227, 1687)
2007 Ed. (221, 222, 226, 229, 242, 247, 248)
2006 Ed. (213, 214, 218, 221, 224, 240, 245, 246, 248, 1638, 2431)
2005 Ed. (199, 200, 208, 210, 220, 224, 229, 230, 2390)
2004 Ed. (196, 197, 205, 206, 208, 211, 212, 213, 215, 216, 221, 222, 2306)
2003 Ed. (18, 239, 240, 241, 245, 246, 248, 250, 251, 253, 1695, 2268, 2275)
2002 Ed. (257, 259, 262, 265, 268, 269, 272, 1612, 1623, 1916, 2115)
2001 Ed. (292, 293, 296, 297, 298, 313, 315, 318, 319, 322, 323, 324, 325, 326, 327, 328, 329, 331, 332, 335, 337, 338, 1731, 2224, 2482, 3830)
1992 Ed. (277)
1989 Ed. (1191)
United Air Lines Employee CU
1999 Ed. (1803)
United Air Lines Employees Credit Union
2001 Ed. (1960)
1996 Ed. (1497, 1499, 1500, 1501, 1512)
1994 Ed. (1502, 1505)
1992 Ed. (1754)
United Airlines
2006 Ed. (4805)
2000 Ed. (228, 229, 231, 233, 234, 237, 240, 241, 242, 243, 244, 245, 246, 247, 248, 251, 252, 253, 254, 255, 257, 258, 259, 262, 263, 266, 267, 268, 1042, 1785, 3436, 4381)
1999 Ed. (209, 214, 216, 223, 224, 225, 227, 228, 229, 231, 233, 234, 235, 236, 237, 238, 240, 241, 242, 243, 244, 245, 363, 1244)
1998 Ed. (112, 114, 121, 124, 125, 126, 127, 128, 129, 130, 131, 132, 133, 134, 135, 136, 138, 139, 140, 141, 142, 565, 718, 818, 925, 1057, 1065, 1144, 1148)
1997 Ed. (189, 190, 192, 194, 195, 196, 197, 198, 199, 200, 201, 202, 203, 206, 209, 210, 211, 212, 213, 215, 216, 217, 218, 977, 1287, 1291, 1333, 1428, 3022, 3027)
1996 Ed. (173, 174, 175, 185, 186, 189, 190, 191, 355, 1115)
1995 Ed. (176, 177, 178, 179, 189, 1077, 1538)
1994 Ed. (153, 154, 155, 158, 160, 162, 164, 165, 169, 172, 173, 174, 175, 177, 183, 185, 190, 1065)
1993 Ed. (169, 170, 173, 175, 177, 181, 183, 186, 188, 189, 190, 191, 193, 194, 195, 196, 197, 199, 200, 202, 1034, 1106, 1738, 1740, 3221)
1992 Ed. (265, 270, 271, 272, 274, 297, 1129, 1469, 3361, 4059, 4260)
1991 Ed. (189, 190, 192, 194, 196, 197, 198, 200, 201, 203, 204, 206, 207, 208, 209, 210, 211, 212, 213, 923, 3318, 3413, 3415, 1010)
1990 Ed. (199, 200, 202, 213, 215, 216, 218, 222, 223, 224, 225, 227, 229, 230, 233, 234, 235, 237, 242, 1100, 1460, 3541)
1989 Ed. (234, 235, 236, 238, 241, 243, 244)
United Airlines Employees
2000 Ed. (1627)
1992 Ed. (3262)
1990 Ed. (1458)
United Airlines Employees' Credit Union
2005 Ed. (2060, 2061, 2077, 2081, 2099)
2004 Ed. (1941, 1957)
2003 Ed. (1901, 1917)
2002 Ed. (1841, 1842, 1863)
1998 Ed. (1220, 1221, 1223, 1227, 1230)
1997 Ed. (1558, 1562, 1564, 1569)
1995 Ed. (1534)
1993 Ed. (1447, 1449, 1452)
United Airlines Employees CU
1999 Ed. (1800)
United Airlines-50% Reservation System
1990 Ed. (1138)
United Airlines Terminal for Tomorrow
1989 Ed. (2337)
United America
1996 Ed. (2299, 2300)
United American
1999 Ed. (2930)
1998 Ed. (2151)
1993 Ed. (2197, 2198)
United American Healthcare
1997 Ed. (1281)
United American Insurance Co.
2008 Ed. (3273, 3274)
2007 Ed. (3123)
2002 Ed. (2889)
2001 Ed. (2932)
2000 Ed. (2676)
1991 Ed. (2097)
United Arab Bank
1995 Ed. (628)
1990 Ed. (473)
United Arab Emirates
2008 Ed. (478, 1931, 2206, 2401, 2455, 3212, 3213, 4386, 4625, 4626, 4793, 4794)
2007 Ed. (521, 674, 2096, 2265, 2830)
2006 Ed. (501, 1029, 1213, 2152, 2334, 4591)
2005 Ed. (581, 2058, 4373)
2004 Ed. (1923)
2003 Ed. (586, 1881)
2002 Ed. (328, 329, 1816, 1821)
2001 Ed. (1128, 1952, 2373, 2586, 3765, 4265, 4371)
2000 Ed. (1615, 1891)
1999 Ed. (1786)
1998 Ed. (2830)
1997 Ed. (1547, 2568, 3104, 3105, 3924)
1996 Ed. (426, 1482, 3019, 3020, 3025)
1995 Ed. (344, 1523, 2925, 2926)
1994 Ed. (956, 1491, 1958, 2008, 2859, 2860)
1993 Ed. (1921, 2848)
1992 Ed. (350, 498, 1740, 3450)
1991 Ed. (1385)
1990 Ed. (1447)
United Artist Entertainment
1992 Ed. (1019, 3108)
United Artist Theatre Co. Inc.
2002 Ed. (4084)
United Artists
1993 Ed. (817, 821, 1189)
1992 Ed. (1021, 1030)
1990 Ed. (261, 262, 780)
1989 Ed. (255)
United Artists Communications, Inc.
1992 Ed. (1286)
1991 Ed. (1009)
1990 Ed. (263)

United Artists Communications Inc. and Cinema International Corp.
1990 Ed. (1251)
United Artists Entertainment
1992 Ed. (1027, 1983)
1991 Ed. (834, 1203, 1579, 3087)
United Artists Theater Circuit Inc.
2001 Ed. (3388)
United Artists Theaters
1999 Ed. (1461, 3451)
United Artists Theatre Co.
2001 Ed. (3389)
United Artists Theatre Circuit Inc.
1995 Ed. (2443)
1994 Ed. (2428)
1990 Ed. (2610)
United Asian Bank
1991 Ed. (601)
1989 Ed. (613)
United Asset Management Corp.
2000 Ed. (2774)
1999 Ed. (2142, 3039, 3042, 3062)
1998 Ed. (2265, 2297, 3100)
1995 Ed. (2379, 2382)
United Auto Group Inc.
2008 Ed. (282, 283, 289, 290, 1930, 4205, 4260)
2007 Ed. (297, 298, 299, 301, 1531, 1548, 4231)
2006 Ed. (296, 297, 301, 302, 303, 4215)
2005 Ed. (274, 275, 280, 281, 282, 339, 340, 1756, 4161, 4421)
2004 Ed. (267, 270, 276, 277, 340, 341)
2003 Ed. (308, 310, 311, 1582, 4390)
2002 Ed. (351, 364, 371, 372)
2001 Ed. (451, 452, 539)
2000 Ed. (329, 332)
1999 Ed. (317)
1998 Ed. (205, 3183)
United Auto Workers
1999 Ed. (3845)
1996 Ed. (3603)
United Auto Workers Local 594
1999 Ed. (3139)
United Auto Workers Local 900
1999 Ed. (3139)
United Auto Workers Local 600
1999 Ed. (3139)
United Auto Workers of America
1991 Ed. (3411)
United Bancshares Inc.
2002 Ed. (3549)
United Bank
2008 Ed. (489)
2007 Ed. (535, 2561)
2006 Ed. (510, 543)
2005 Ed. (492, 640)
2004 Ed. (484, 518, 604)
1996 Ed. (566, 651)
1995 Ed. (581)
1994 Ed. (611)
1993 Ed. (608)
1992 Ed. (814, 833)
1989 Ed. (219, 649)
United Bank & Trust Co.
2007 Ed. (464)
1998 Ed. (370, 3314)
1997 Ed. (500)
1991 Ed. (485)
United Bank Card
2008 Ed. (2704, 4037)
2007 Ed. (2565)
United Bank for Africa
2007 Ed. (530)
2005 Ed. (588)
2004 Ed. (600)
2003 Ed. (592)
2002 Ed. (628)
2000 Ed. (635)
1999 Ed. (446, 613, 614)
1997 Ed. (388, 583)
1996 Ed. (643)
1995 Ed. (573)
1994 Ed. (602)
1993 Ed. (599)
1992 Ed. (574, 806)
1989 Ed. (643)
United Bank for Africa plc
2004 Ed. (1827)
2002 Ed. (1746)
United Bank of Africa
2000 Ed. (439)
1991 Ed. (633)
United Bank of Denver
1993 Ed. (383, 454)
United Bank of Denver NA
1992 Ed. (640)
1991 Ed. (483)
United Bank of Finland
1991 Ed. (2415)
United Bank of India
2000 Ed. (554)
1999 Ed. (543)
1997 Ed. (506)
1996 Ed. (547)
1995 Ed. (495)
1994 Ed. (513)
United Bank of Iowa
1997 Ed. (501)
United Bank of Kuwait
1999 Ed. (455)
1997 Ed. (398)
1996 Ed. (433)
1995 Ed. (406)
1994 Ed. (413)
1993 Ed. (420)
1992 Ed. (585)
1991 Ed. (430)
1990 Ed. (479)
1989 Ed. (457)
United Bank of Michigan
1996 Ed. (541)
1993 Ed. (508)
United Bank of Philadelphia
2007 Ed. (464)
2000 Ed. (3151)
1999 Ed. (3425)
1998 Ed. (2517)
1996 Ed. (2662)
United Bank of Trinidad & Tobago Ltd.
1991 Ed. (679)
United Banking Co.
1993 Ed. (511)
United Banks of Colorado
1992 Ed. (867)
1990 Ed. (717)
1989 Ed. (383)
United Bankshares Inc.
2005 Ed. (426, 427)
2004 Ed. (420, 421)
United Basalt Products Ltd.
2006 Ed. (4520)
United Behavioral Systems
1996 Ed. (2561)
United Beverages Sales Ltd.
2003 Ed. (1725)
United Bilt Homes, Inc.
2002 Ed. (2663)
United Biscuits
1996 Ed. (1176)
1995 Ed. (1903)
1991 Ed. (1747)
1990 Ed. (1249, 1829)
United Biscuits (Holdings) PLC
1991 Ed. (1337)
1990 Ed. (1412)
United Biscuits PLC
1997 Ed. (2044)
1993 Ed. (1389)
United Bldg.
1991 Ed. (2653)
United Bond
1993 Ed. (2664)
1991 Ed. (2561)
1990 Ed. (2376)
United Brands
1991 Ed. (2684)
1990 Ed. (2526, 2527)
1989 Ed. (1936, 1937)
United Brotherhood Credit Union
2003 Ed. (1933)
2002 Ed. (1879)
United Brotherhood of Carpenters & Joiners of America
1995 Ed. (1262)
United Building Society
1989 Ed. (45)
United Bulgarian Bank
2007 Ed. (410)
2006 Ed. (422)
2005 Ed. (471)
2003 Ed. (472)
2002 Ed. (533)
1999 Ed. (483)
1997 Ed. (423, 424)
1996 Ed. (460)
United Bulgarian Bank Plc
1995 Ed. (434)
United Business Media plc
2007 Ed. (852, 3451, 3454)
2004 Ed. (3413)
2003 Ed. (3272, 3350)
United Cable
1990 Ed. (868, 870, 872)
United Cable of Los Angeles
1994 Ed. (838)
United Cable Television
1990 Ed. (779, 781)
1989 Ed. (782)
United Cable TV
1997 Ed. (876)
1989 Ed. (781)
United California Bank
2003 Ed. (229, 230)
United Can
1992 Ed. (1048)
United Canadian Shares
1992 Ed. (4279)
United Capital Corp.
2000 Ed. (286)
United Care
1990 Ed. (2631)
United Carolina Bancshares
1998 Ed. (266, 269, 1320)
United Carolina Bank
1998 Ed. (420)
1997 Ed. (584)
1996 Ed. (644)
1995 Ed. (575)
1994 Ed. (603)
1993 Ed. (600)
1992 Ed. (807)
1991 Ed. (634)
United Center
2003 Ed. (4527)
United Cerebral Palsy Association
1997 Ed. (2949)
1995 Ed. (940, 2779)
1994 Ed. (906)
1989 Ed. (2074)
United Cerebral Palsy Associations
2005 Ed. (3606)
1996 Ed. (914)
1991 Ed. (2618, 898)
United Check Cashing Co.
2003 Ed. (921)
2002 Ed. (982)
1999 Ed. (2512, 2516)
United Chiropractic
1990 Ed. (1852)
United Church Homes
1991 Ed. (2623)
1990 Ed. (2724)
United Cities Gas Co.
1995 Ed. (1974)
United Coatings
1992 Ed. (3325)
United Coconut Planters
1990 Ed. (670)
1989 Ed. (655)
United Coconut Planters Bank
2005 Ed. (597)
2004 Ed. (607)
2003 Ed. (599)
2002 Ed. (635)
2001 Ed. (2888)
2000 Ed. (648)
1999 Ed. (623, 2892)
1997 Ed. (595, 2400)
1996 Ed. (657)
1995 Ed. (588)
1994 Ed. (618)
1993 Ed. (615)
1992 Ed. (821)
1991 Ed. (649)
United Colors of Benetton
2003 Ed. (2057)
United Commercial Bank Ltd.
2000 Ed. (467, 3026)
1999 Ed. (475)
1995 Ed. (427)
United Communications Inc.
2008 Ed. (3711, 4396, 4963)
2007 Ed. (3558, 3559, 4422)
2006 Ed. (3515, 4354)
1997 Ed. (2687, 3701)
United Community Credit Union
2008 Ed. (2263)
2007 Ed. (2148)
2006 Ed. (2227)
2005 Ed. (2132)
2004 Ed. (1990)
2003 Ed. (1950)
2002 Ed. (1896)
United Community Financial Corp.
2006 Ed. (4725)
2001 Ed. (571, 4280)
United Concordia Cos. Inc.
1999 Ed. (1832)
United Consumers Club, Inc.
2000 Ed. (2298)
1999 Ed. (2559)
1998 Ed. (1793)
United Cos. Financial
1995 Ed. (2819, 3516)
United Cos. Life Insurance Co.
1998 Ed. (3653)
United Counties Bancor
1996 Ed. (360)
United Counties Trust Co.
1992 Ed. (803)
1990 Ed. (650)
United Credit Bank
2004 Ed. (468)
United Credit Union
2006 Ed. (2172)
United Daily News
1995 Ed. (3552)
1993 Ed. (54)
United Dairy Farmers
2006 Ed. (2063)
United Daniels Securities Inc.
1993 Ed. (708)
United Defense Industries
2008 Ed. (4615)
2006 Ed. (176, 2250)
2005 Ed. (160, 2007, 2162)
2003 Ed. (3208)
United Dental Care
1997 Ed. (2183, 3402)
United Distillers
2000 Ed. (4358)
1999 Ed. (1609, 2591, 3210, 4156, 4157, 4729)
1994 Ed. (3509)
United Distillers & Vintners Ltd.
2002 Ed. (34, 224)
2001 Ed. (360, 2118, 2119, 2120, 2468, 4902)
United Distillers Canada
1997 Ed. (2669, 2672)
United Distillers Glenmore
1997 Ed. (2141, 3854)
1996 Ed. (2498, 3801)
United Distillers PLC
1993 Ed. (1389)
1990 Ed. (1413)
United Distillers USA
2000 Ed. (2331)
1998 Ed. (1833, 3686)
United Dominion
1995 Ed. (3069)
United Dominion Industries Ltd.
1996 Ed. (1316, 1564)
1995 Ed. (2792)
United Dominion Realty Trust Inc.
2008 Ed. (258, 259)
2007 Ed. (282, 283, 284, 2228)
2006 Ed. (278, 280, 281, 2282, 2296)
2005 Ed. (257, 258, 2220, 2231)
2004 Ed. (255, 256, 2126)
2003 Ed. (287, 289, 4059)
2002 Ed. (323, 325, 1556, 3927, 3928)
2000 Ed. (305, 306)
1999 Ed. (3998)
1998 Ed. (177, 178, 3001)
United Dominions Trust
1990 Ed. (1787)
United Educators Insurance Risk Retention Group Inc.
2000 Ed. (983)

1999 Ed. (1033)
1998 Ed. (641)
1997 Ed. (904)
1996 Ed. (881)
1995 Ed. (908)
1994 Ed. (866)
1993 Ed. (852)
1992 Ed. (1061)
1991 Ed. (857)
United Emergency Services
2005 Ed. (2359, 2885)
United Energy Corp.
2007 Ed. (1929)
2006 Ed. (1946, 3535, 4374)
2005 Ed. (1917)
United Energy Systems
1996 Ed. (3098)
United Engineers & Constructioners International Inc.
1992 Ed. (1950, 1951)
United Engineers & Constructions International Inc.
1992 Ed. (1948)
United Engineers & Constructors
1994 Ed. (1123, 1135, 1154, 1633, 1638, 1641)
1992 Ed. (1365, 1406, 1956, 1969)
1990 Ed. (1479, 1667)
United Engineers & Constructors International Inc.
1993 Ed. (1093, 1101, 1119, 1121, 1601, 1602, 1605, 1606, 1611)
1991 Ed. (1550)
United Engineers & Constructors Intl. Inc.
1990 Ed. (1664)
United Engineers Bhd
2000 Ed. (1510)
United Engineers (M) Bhd
2002 Ed. (3052)
United Engineers (Malaysia)
1995 Ed. (1341)
United Enterprise Fund LP
2008 Ed. (178)
2006 Ed. (189)
United Export Import Bank
2000 Ed. (653)
1999 Ed. (628)
1997 Ed. (604)
United Express/Air Wisconsin
1995 Ed. (178)
1994 Ed. (169)
1993 Ed. (190)
United Farm & Ranch Management
1999 Ed. (2121, 2124)
United Farmers of Alberta
2003 Ed. (1381)
United Farmers of Alberta Co-operative
2008 Ed. (1385, 4050, 4921)
2007 Ed. (1434)
2006 Ed. (1401)
2001 Ed. (1499)
United Feature Syndicate
1989 Ed. (2047)
United Federal
1990 Ed. (2472)
United Federal Savings & Loan Association
1991 Ed. (2922)
1990 Ed. (3104)
United Financial
2003 Ed. (525)
United Financial Mortgage Corp.
2007 Ed. (1652)
2006 Ed. (1636, 1637)
2005 Ed. (633, 634)
United Financial Services Group
2007 Ed. (918)
2006 Ed. (837)
2005 Ed. (928)
2004 Ed. (936)
United Fire & Casualty
1991 Ed. (1877)
United Flour Mill Co. Ltd.
1992 Ed. (1706)
1991 Ed. (1359)
1990 Ed. (1428)
1989 Ed. (1168)
United Food and Commercial Workers
1996 Ed. (3603)
United Food & Commercial Workers 880
2001 Ed. (3040)
United Food & Commercial Workers 876
2001 Ed. (3041)
2000 Ed. (2888)
1999 Ed. (3139)
1998 Ed. (2323)
United Food & Commercial Workers International Union
1991 Ed. (3411)
United Food & Commercial Workers Union
1999 Ed. (3845)
United Food Group LLC
2008 Ed. (3609)
United Foods Inc.
2008 Ed. (2782)
United Forming Inc.
2008 Ed. (1255, 1293, 1324, 1339)
2007 Ed. (1357)
2006 Ed. (1266)
2005 Ed. (1297)
2004 Ed. (1246)
2003 Ed. (1243)
United Foundation
1991 Ed. (3436)
United Funds
1996 Ed. (2786)
United Gas Pipe Line Co.
1995 Ed. (1979)
1992 Ed. (2265, 2266)
1991 Ed. (1797, 1798)
United Gas Pipeline
1994 Ed. (1944)
United General Title Insurance Co.
1999 Ed. (2985)
United Georgian Bank Corp.
2004 Ed. (471)
United Gold & Government
1995 Ed. (2732)
United Grain Growers Ltd.
2003 Ed. (4805)
2002 Ed. (1610, 4392)
1990 Ed. (1947)
United Grocers
1998 Ed. (1870)
1996 Ed. (1177, 1178)
1995 Ed. (1210, 2053)
1993 Ed. (3487)
United Grocers, Portland
2000 Ed. (2390)
United Guaranty Residential Insurance
1989 Ed. (1711)
United Gulf Bank
2008 Ed. (383)
2007 Ed. (401)
2006 Ed. (416)
2005 Ed. (463)
2004 Ed. (451)
2003 Ed. (465, 537)
2002 Ed. (526, 582)
2000 Ed. (444, 466)
1999 Ed. (452, 474)
1997 Ed. (395, 414)
1996 Ed. (430, 451)
1995 Ed. (403, 426)
1994 Ed. (410, 431)
1989 Ed. (582)
United Hardware Distributing Co.
1992 Ed. (2374)
United Health
1996 Ed. (2155)
1995 Ed. (2144, 2801)
1994 Ed. (2089)
1993 Ed. (2073)
1992 Ed. (2458, 3280)
1991 Ed. (2625)
United Health of Wisconsin
1999 Ed. (2646, 2647)
United Health Plan/Watts Health Foundation
1990 Ed. (1997)
United Health Service
1999 Ed. (2752)
United HealthCare
2002 Ed. (2448)
2001 Ed. (2673, 2678, 2679, 2688, 3874)
2000 Ed. (1332, 1517, 2419, 2421, 2422, 2438, 2439)
1999 Ed. (1494, 1669, 1707, 2639, 2640, 2641, 2928, 2929, 3292, 4487)
1998 Ed. (1047, 1177, 1901, 1903, 1904, 1905, 1915, 2691, 3650)
1997 Ed. (1255, 1259, 1292, 1481, 2178, 2180, 2181, 2182, 2184, 2188, 2191, 2270, 2387, 2700, 3641)
1996 Ed. (1242, 1243, 1244, 1246, 1247, 1272, 1421, 2077, 2078, 2079, 2081, 2084, 2085, 2086, 2088)
1995 Ed. (1270, 2081, 2083, 2090, 3301, 3304, 3517)
1994 Ed. (2030, 2031, 2033, 3219, 3442, 3443)
1993 Ed. (2017, 2018, 2020, 2021, 3465)
1992 Ed. (2384, 2386, 2383)
1991 Ed. (1893)
1990 Ed. (1989)
United HealthCare Corp, Minneapolis, MN
2000 Ed. (2429)
United HealthCare Corp./FOCUS
1996 Ed. (3080)
United Healthcare Insurance Co.
2008 Ed. (3272, 3276, 3303, 3304)
2007 Ed. (3122, 3126, 3153, 3154)
2002 Ed. (2887, 2888, 2893)
2001 Ed. (2929, 2931)
2000 Ed. (2675)
United Healthcare Insurance Company of Illinois
2001 Ed. (3873)
United HealthCare of Arizona Inc.
2005 Ed. (2817)
United Healthcare of Florida Inc.
2002 Ed. (2462)
2000 Ed. (2435)
1999 Ed. (2655)
United Healthcare of Illinois Inc.
2001 Ed. (2687)
2000 Ed. (2433, 3601)
1999 Ed. (2653)
1998 Ed. (1916)
United HealthCare of the Midwest, Inc.
2000 Ed. (2430)
United Healthcare Services Inc.
2004 Ed. (1800, 2407)
2003 Ed. (1763, 2325)
2001 Ed. (1070, 1795)
United HealthServ
1990 Ed. (2051)
United Hospital Center Inc.
2007 Ed. (2065)
2006 Ed. (2116)
2005 Ed. (2014, 2014)
2004 Ed. (1888, 1888)
2003 Ed. (1852, 1852)
2001 Ed. (1898)
United Hospitals Inc.
1992 Ed. (2463)
1991 Ed. (1936)
1990 Ed. (2059)
1989 Ed. (1610)
United Human Capital Solutions
2007 Ed. (1944)
United Illuminating Co.
1991 Ed. (1488)
1990 Ed. (1602)
1989 Ed. (1298, 1299)
United Income
2000 Ed. (3228, 3229)
1996 Ed. (2802)
1995 Ed. (2681)
1994 Ed. (2607)
1993 Ed. (2653, 2663, 2690)
1992 Ed. (3153, 3192)
1991 Ed. (2560)
1990 Ed. (2368, 2385)
1989 Ed. (1850)
United Income A
1999 Ed. (3545)
United Income Fund
2001 Ed. (3432)
United Industrial Corp.
1999 Ed. (4317)
1997 Ed. (3520)
1996 Ed. (3439)
1994 Ed. (3311)
1993 Ed. (3323)
1991 Ed. (3130)
1990 Ed. (1536)
United Industrial Corporation Warrant 1998
1997 Ed. (3520)
United Industries Corp.
2003 Ed. (2953)
2002 Ed. (4437, 4437)
United Information Group Ltd.
2002 Ed. (3255)
2000 Ed. (3755)
United Inns
1996 Ed. (2835)
1995 Ed. (2767)
1990 Ed. (2060, 2061)
United Insurance
1989 Ed. (1689)
United Insurance Consultants Inc.
1998 Ed. (3102)
1997 Ed. (3360)
United Insurance Cos.
1997 Ed. (2442)
United Insurance Co. of America
2002 Ed. (2910)
2000 Ed. (2688)
1998 Ed. (2162)
1997 Ed. (2452)
1995 Ed. (2309)
1993 Ed. (2225)
1991 Ed. (2107, 2097)
United International Growth
2000 Ed. (3237)
1995 Ed. (2738)
1990 Ed. (2393)
1989 Ed. (1850)
United International Pictures
2002 Ed. (39)
2001 Ed. (3380)
United International Securities Ltd.
1994 Ed. (1321)
1993 Ed. (1275)
United Internet
2007 Ed. (1236)
United Internet AG
2008 Ed. (1771, 3208)
United Inv High Inc
1990 Ed. (3663, 3663)
United Israel Appeal
1992 Ed. (3255)
United Jersey
1991 Ed. (1724)
1990 Ed. (650, 1795)
United Jersey Bank
1997 Ed. (577)
1996 Ed. (637, 638)
1995 Ed. (361, 568, 568)
1994 Ed. (355, 598)
1993 Ed. (578, 593, 593)
United Jersey Bank Central NA
1996 Ed. (638)
1994 Ed. (598)
United Jersey Banks
1990 Ed. (442, 638, 669)
1989 Ed. (400, 622)
United Jewelers
1990 Ed. (1524)
United Jewish Appeal
2000 Ed. (3341, 3352)
1997 Ed. (944)
1996 Ed. (912)
1995 Ed. (943, 1931, 2782)
1994 Ed. (899, 904, 909, 910, 2677, 2678)
1993 Ed. (896, 1701, 2730)
1992 Ed. (3255)
1991 Ed. (896, 897, 899, 2613, 2615, 2619)
United Jewish Appeal-Federation of Jewish Philanthropies of New York
1999 Ed. (3628)
1998 Ed. (2687)
United Jewish Communities
2008 Ed. (3795, 3796, 3797)
2007 Ed. (3703)
2006 Ed. (3709)
2005 Ed. (3607, 3608)
2004 Ed. (3698)
2003 Ed. (3651)
United Jewish Federation of MetroWest
1993 Ed. (2732)

United Kingdom
2008 Ed. (823, 831, 1020, 1021, 1109, 1279, 1280, 1289, 1291, 1412, 1413, 1414, 1415, 1419, 1421, 1422, 2194, 2204, 2398, 2399, 2400, 2417, 2438, 2626, 2824, 2845, 2949, 2950, 3209, 3434, 3503, 3590, 3592, 3780, 3847, 4018, 4270, 4327, 4386, 4388, 4389, 4391, 4393, 4627, 4630, 4675, 4995)
2007 Ed. (446, 577, 748, 862, 869, 1140, 1141, 2086, 2094, 2263, 2266, 2282, 2310, 2524, 2697, 2711, 2794, 2827, 3334, 3352, 3379, 3406, 3426, 3428, 3686, 3767, 3777, 3983, 3999, 4070, 4209, 4219, 4220, 4237, 4372, 4386, 4389, 4412, 4414, 4415, 4417, 4419, 4603, 4676, 4702, 4752, 4776, 4996)
2006 Ed. (441, 545, 763, 773, 839, 1010, 1051, 1052, 1055, 1213, 1432, 1433, 1434, 1435, 1439, 1442, 1443, 2124, 2138, 2150, 2332, 2335, 2346, 2372, 2537, 2538, 2539, 2540, 2617, 2703, 2718, 2719, 2720, 2802, 2824, 2985, 3116, 3261, 3273, 3285, 3325, 3350, 3409, 3412, 3426, 3479, 3691, 3770, 3780, 3928, 3941, 4034, 4176, 4193, 4209, 4210, 4221, 4306, 4321, 4324, 4573, 4616, 4656, 4682, 4738, 4769, 4777, 4861, 4862, 4934, 4995)
2005 Ed. (505, 644, 837, 853, 861, 862, 930, 1036, 1042, 1043, 1045, 1476, 1477, 1478, 1479, 1484, 1540, 1541, 2042, 2056, 2269, 2278, 2530, 2536, 2537, 2538, 2621, 2738, 2763, 2764, 2821, 3101, 3198, 3269, 3291, 3337, 3400, 3403, 3416, 3478, 3591, 3686, 3766, 3864, 3881, 3999, 4130, 4145, 4153, 4154, 4166, 4363, 4373, 4375, 4478, 4535, 4590, 4790, 4791, 4901, 4997)
2004 Ed. (210, 231, 655, 733, 863, 938, 1041, 1042, 1044, 1460, 1461, 1462, 1463, 1468, 1524, 1525, 1909, 1921, 2178, 2202, 2737, 2740, 2767, 2768, 2821, 3164, 3243, 3244, 3259, 3315, 3393, 3396, 3403, 3479, 3676, 3769, 3855, 3918, 3931, 4063, 4203, 4217, 4226, 4227, 4238, 4413, 4426, 4601, 4652, 4738, 4816, 4817, 4991)
2003 Ed. (249, 266, 641, 824, 930, 949, 950, 1036, 1085, 1096, 1430, 1431, 1432, 1433, 1438, 1494, 1495, 1879, 1881, 1973, 1974, 2129, 2149, 2151, 2216, 2217, 2218, 2219, 2220, 2221, 2222, 2224, 2225, 2227, 2228, 2233, 2234, 2483, 2616, 2618, 2620, 2624, 2641, 3200, 3213, 3257, 3258, 3259, 3333, 3415, 3629, 3755, 3826, 3877, 3918, 4043, 4176, 4191, 4199, 4200, 4216, 4401, 4423, 4672, 4698, 4699, 4700, 4897, 4970)
2002 Ed. (301, 559, 561, 737, 738, 739, 740, 741, 742, 743, 744, 745, 746, 747, 758, 780, 781, 1344, 1409, 1410, 1411, 1412, 1419, 1474, 1475, 1476, 1477, 1478, 1479, 1486, 1651, 1682, 1809, 1814, 1823, 2409, 2412, 2413, 2424, 2425, 2509, 2751, 2752, 2753, 2754, 2755, 2756, 2757, 2900, 2936, 2997, 3073, 3075, 3099, 3100, 3101, 3181, 3520, 3595, 3596, 3723, 3961, 3967, 4055, 4056, 4057, 4058, 4081, 4378, 4623, 4773, 4774)
2001 Ed. (291, 358, 386, 525, 526, 625, 662, 697, 704, 979, 989, 1004, 1005, 1019, 1020, 1097, 1125, 1128, 1129, 1149, 1174, 1190, 1191, 1242, 1259, 1274, 1283, 1285, 1299, 1300, 1311, 1338, 1340, 1353, 1414, 1496, 1497, 1688, 1917, 1918, 1919, 1949, 1950, 1982, 1983, 1984, 1992, 2002, 2008, 2023, 2035, 2036, 2042, 2044, 2047, 2094, 2104, 2127, 2128, 2134, 2139, 2142, 2147, 2163, 2232, 2263, 2264, 2278, 2305, 2364, 2365, 2366, 2367, 2369, 2371, 2372, 2373, 2379, 2395, 2412, 2469, 2481, 2489, 2543, 2562, 2574, 2575, 2602, 2611, 2639, 2658, 2681, 2734, 2735, 2752, 2799, 2800, 2814, 2821, 2835, 2970, 3020, 3022, 3036, 3044, 3075, 3112, 3149, 3160, 3200, 3207, 3227, 3241, 3298, 3305, 3315, 3316, 3367, 3368, 3370, 3410, 3420, 3502, 3529, 3552, 3629, 3638, 3694, 3706, 3760, 3761, 3763, 3764, 3783, 3825, 3847, 3859, 3875, 3967, 3987, 3991, 4039, 4041, 4112, 4113, 4120, 4134, 4136, 4155, 4229, 4246, 4265, 4267, 4276, 4339, 4373, 4378, 4387, 4393, 4440, 4483, 4495, 4500, 4548, 4565, 4566, 4569, 4596, 4597, 4598, 4632, 4651, 4652, 4655, 4664, 4687, 4690, 4705, 4715, 4716, 4732, 4831, 4904, 4915, 4936)
2000 Ed. (787, 808, 820, 1064, 1321, 1322, 1323, 1324, 1608, 1612, 1613, 1649, 1650, 1889, 1890, 1891, 1899, 1901, 2295, 2335, 2355, 2356, 2375, 2377, 2863, 2983, 3011, 3175, 3354, 3753, 4271, 4272, 4273, 4360)
1999 Ed. (212, 332, 770, 804, 1104, 1207, 1213, 1462, 1463, 1464, 1465, 1783, 1784, 1796, 2005, 2015, 2090, 2091, 2092, 2094, 2101, 2103, 2105, 2106, 2108, 2443, 2488, 2553, 2554, 2596, 2611, 2612, 2613, 2825, 2826, 2884, 2936, 3004, 3111, 3114, 3115, 3273, 3283, 3284, 3289, 3342, 3449, 3586, 3629, 3630, 3695, 3790, 4329, 4348, 4368, 4479, 4480, 4481, 4594, 4624, 4625, 4626, 4734, 4801, 4802, 4804)
1998 Ed. (115, 123, 352, 484, 632, 633, 634, 635, 656, 708, 819, 1030, 1031, 1032, 1033, 1367, 1369, 1418, 1419, 1431, 1522, 1524, 1525, 1527, 1528, 1530, 1732, 1791, 1792, 1803, 1838, 1846, 1849, 1860, 2192, 2209, 2223, 2312, 2421, 2461, 2660, 2707, 2742, 2749, 2814, 2929, 3589, 3590, 3591, 3592, 3593, 3691)
1997 Ed. (287, 321, 474, 518, 693, 699, 723, 725, 823, 824, 896, 897, 939, 966, 1264, 1265, 1267, 1268, 1544, 1545, 1557, 1578, 1791, 1808, 1809, 2108, 2117, 2147, 2562, 2566, 2691, 2786, 2999, 3079, 3080, 3292, 3509, 3634, 3767, 3768, 3769, 3860)
1996 Ed. (363, 761, 762, 872, 874, 942, 944, 1217, 1218, 1221, 1222, 1226, 1479, 1480, 1495, 1719, 1726, 1729, 1963, 2025, 2344, 2449, 2551, 2948, 3189, 3692, 3714, 3715, 3716, 37173, 3881)
1995 Ed. (170, 191, 663, 688, 689, 710, 876, 899, 900, 967, 997, 1247, 1249, 1252, 1253, 1520, 1521, 1593, 1657, 1658, 1734, 1735, 1737, 1768, 1961, 2000, 2005, 2012, 2019, 2023, 2024, 2031, 2872, 3169, 3634, 3719, 3776)
1994 Ed. (156, 184, 200, 311, 335, 486, 730, 731, 735, 786, 854, 855, 927, 934, 949, 957, 1230, 1231, 1234, 1349, 1484, 1488, 1489, 1515, 1516, 1530, 1533, 1581, 1699, 1932, 1958, 1974, 1983, 2130, 2364, 2747, 3126, 3436, 3643, 3651)
1993 Ed. (146, 171, 178, 179, 201, 345, 481, 700, 721, 722, 727, 857, 917, 920, 1035, 1202, 1203, 1206, 1209, 1299, 1422, 1463, 1466, 1467, 1535, 1540, 1582, 1678, 1717, 1719, 1720, 1722, 1723, 1724, 1730, 1731, 1732, 1743, 1932, 1952, 1957, 1959, 1962, 1969, 1976, 2000, 2028, 2129, 2412, 2481, 2482, 3302, 3455, 3456, 3510, 3595, 3596, 3597, 3681, 3723)
1992 Ed. (225, 226, 228, 229, 230, 268, 269, 498, 669, 723, 891, 906, 907, 911, 1029, 1040, 1120, 1234, 1373, 1390, 1485, 1489, 1490, 1493, 1496, 1713, 1727, 1736, 1759, 1776, 2046, 2068, 2070, 2072, 2079, 2080, 2081, 2082, 2252, 2293, 2296, 2297, 2319, 2320, 2566, 2806, 2854, 3445, 3450, 3543, 3599, 3685, 3724, 3755, 4139, 4141, 4184, 4185, 4186, 4187, 4203, 4238, 4239, 4320, 4321, 4322, 4413, 4495)
1991 Ed. (165, 222, 329, 352, 516, 930, 1171, 1172, 1177, 1178, 1181, 1184, 1379, 1383, 1400, 1401, 1402, 1408, 1641, 1819, 1820, 1821, 2263, 2493, 2908, 3108, 3109, 3267, 3268, 3269, 3270, 3279, 3287, 3357, 3358, 3406, 3407)
1990 Ed. (203, 405, 741, 742, 778, 960, 1252, 1253, 1259, 1260, 1263, 1264, 1445, 1450, 1481, 1577, 1582, 1736, 1747, 1901, 1965, 3074, 3503, 3508, 3610, 3611, 3612, 3613, 3616, 3617, 3618, 3619)
1989 Ed. (229, 230, 349, 565, 1178, 1179, 1182, 1389, 1390, 1515, 1517, 1518, 2641, 2900, 2957)
United Kingdom & Ireland
2000 Ed. (2360)
1992 Ed. (2300, 2302, 2304, 2305, 2312, 2322)
1991 Ed. (1836, 1824, 1826, 1828, 1829)
United Kingdom Can
1998 Ed. (1539)
United Kingdom; Government of the
2006 Ed. (101)
2005 Ed. (92)
United Laboratories
2008 Ed. (72)
2007 Ed. (67)
2005 Ed. (68)
2004 Ed. (72)
2001 Ed. (67)
1994 Ed. (38)
1993 Ed. (46)
1992 Ed. (71)
1991 Ed. (42)
United Malayan Banking Corp.
1997 Ed. (551)
1996 Ed. (597)
1995 Ed. (539)
1994 Ed. (563)
1993 Ed. (561)
1992 Ed. (769, 770)
1991 Ed. (601)
1989 Ed. (613)
United Management Systems PLC
1995 Ed. (1010)
United Marketing Solutions Inc.
2002 Ed. (68)
United McCann-Erickson
1989 Ed. (166)
United Medical Corp.
2002 Ed. (3802)
1995 Ed. (1240)
United Merchandise & Manufacturers
1989 Ed. (880)
United Merchant Finance
1992 Ed. (3020, 3021)
United Merchants
1991 Ed. (3354)
1990 Ed. (3564, 3566)
1989 Ed. (2817)
United Merchants & Manufacturers
1992 Ed. (4146, 4274, 4275)
1991 Ed. (1237, 3348, 3353)
1990 Ed. (939, 3565)
United Merchants & Mfrs.
1989 Ed. (2816)
United Merchants Finance
1991 Ed. (2412, 2411)
United Merchants Manufacturers
1989 Ed. (2814)
United Meridan Corp.
1998 Ed. (3408)
United Meridian
1998 Ed. (2674)
United Methodist
2000 Ed. (3433)
1997 Ed. (3022)
United Methodist Church
2008 Ed. (2319, 2321, 3865)
2007 Ed. (2176, 2194, 3791)
2004 Ed. (2040, 2041, 3787)
2003 Ed. (1986, 1987, 3761)
2002 Ed. (3618, 3620)
2001 Ed. (3668, 3682, 3684)
2000 Ed. (3446, 3447, 3754)
1999 Ed. (3722, 3729, 3730)
1998 Ed. (2763, 2769, 2770)
1994 Ed. (895)
The United Methodist Church of the Resurrection
2008 Ed. (4137)
United Methodists
1997 Ed. (3014)
1996 Ed. (2928, 2934)
1995 Ed. (2855, 2858)
1994 Ed. (2755, 2761, 2764)
United Mexican States
2005 Ed. (3240)
United Micro Electronics
2001 Ed. (1627, 1865)
2000 Ed. (4176, 4177)
United Microelectronics Corp.
2007 Ed. (2008, 4353)
2006 Ed. (2034, 2035, 4093)
2005 Ed. (239)
2003 Ed. (1702, 1831, 2200, 2201, 2241, 2242, 3301, 3753, 4386, 4609)
2002 Ed. (305, 2101, 4543, 4544, 4545)
1999 Ed. (1744, 4531)
United Microelectronics Corp. (UMC)
2002 Ed. (1683, 2808, 2812, 2814)
1997 Ed. (1521)
United Mine Workers of America
1998 Ed. (2322)
United Mine Workers of America Health & Retirement Funds
2000 Ed. (3451)
1998 Ed. (3609)
1996 Ed. (3729)
1994 Ed. (2769, 3564)
1993 Ed. (2780, 3607)
1992 Ed. (3355, 4333)
1991 Ed. (2686, 3412)
1990 Ed. (2783, 3628)
1989 Ed. (2163, 2862)
United Mine Workers of America Health & Retirement Funds, Washington, DC
2000 Ed. (4283)
United Mine Workers of American Health & Retirement Funds
1998 Ed. (2774)
United Mine Workers 1974 Pens
1992 Ed. (3261)
United Missouri
1992 Ed. (522, 525)
United Missouri Bancshares
1995 Ed. (356, 3352)
1994 Ed. (347, 348, 366, 3271)
1993 Ed. (378, 3281)
1989 Ed. (623)
United Missouri Bank NA
2001 Ed. (859)
1995 Ed. (550)
1994 Ed. (575)
1993 Ed. (573)

United Missouri Bank of Kansas City NA
1992 Ed. (548, 784)
1991 Ed. (612)
United Mizrahi Bank
2007 Ed. (486)
2006 Ed. (473, 1818)
2005 Ed. (549)
2004 Ed. (563)
2003 Ed. (549)
2002 Ed. (574, 591)
2000 Ed. (570)
1999 Ed. (559)
1997 Ed. (525)
1996 Ed. (568)
1995 Ed. (515)
1994 Ed. (539)
1993 Ed. (537)
1992 Ed. (738)
1991 Ed. (570)
1990 Ed. (614)
1989 Ed. (587)
United Mobile Homes Inc.
2006 Ed. (2296)
2005 Ed. (3496, 3497)
2004 Ed. (2126, 3496)
United Municipal Bond
1997 Ed. (692, 2904)
1994 Ed. (2611)
1993 Ed. (2667)
1992 Ed. (3156, 3187, 3200)
1990 Ed. (2389)
United Municipal Bond A
1999 Ed. (757)
1998 Ed. (2639)
United Municipal High Income
1997 Ed. (2893)
1996 Ed. (2762, 2785, 2812)
1995 Ed. (2689, 2701)
United Municipal High Income A
2000 Ed. (768, 769)
1999 Ed. (756, 3571, 3572)
1998 Ed. (2602)
United Municipal High Income Fund
1998 Ed. (2644)
United Musical Instruments
1995 Ed. (2672)
1994 Ed. (2589, 2590)
United Musical Instruments USA Inc.
1992 Ed. (3143, 3144)
United Mutual Life
1989 Ed. (1691)
United Mutual Life Insurance Co.
1993 Ed. (2253)
United National Corp.
2008 Ed. (434, 442, 445)
2007 Ed. (465, 469, 477, 480)
2006 Ed. (467)
2005 Ed. (378, 539, 540)
2004 Ed. (543, 557, 558)
2003 Ed. (540, 541)
2002 Ed. (443)
1990 Ed. (650)
United National Bancorp
2005 Ed. (355, 356)
2002 Ed. (499)
United National Bank
1999 Ed. (609)
1998 Ed. (435)
1997 Ed. (645)
1996 Ed. (710)
1995 Ed. (634)
United National Insurance Co.
2006 Ed. (3099)
2005 Ed. (3095, 3142)
2004 Ed. (3089, 3132, 3134)
2002 Ed. (2876)
2001 Ed. (2927, 2928)
1999 Ed. (2926)
1998 Ed. (2145)
1997 Ed. (2428)
1996 Ed. (2293)
1995 Ed. (2288, 2326)
1994 Ed. (2240)
1993 Ed. (2191)
1992 Ed. (2648)
1991 Ed. (2087)
United National Party
2008 Ed. (87)
United Nations
2007 Ed. (89)
2000 Ed. (1626, 3430, 3448)
1999 Ed. (3726)
1997 Ed. (3014)
1996 Ed. (2928, 2933)
1995 Ed. (2858)
1994 Ed. (2755)
United Nations Credit Union
2008 Ed. (2249)
2007 Ed. (2134)
2006 Ed. (2213)
2005 Ed. (2118)
2004 Ed. (1976)
2003 Ed. (1900, 1936)
2002 Ed. (1838, 1840, 1882)
1998 Ed. (1215, 1219)
1996 Ed. (1506)
United Nations Development Corp., NY
2000 Ed. (2621)
United Nations Joint Staff
2008 Ed. (3865)
2007 Ed. (3791)
2003 Ed. (3761)
2001 Ed. (3668)
2000 Ed. (3433, 3447)
1999 Ed. (3722)
1998 Ed. (2763)
United Nations Joint Staff Pension Fund
2004 Ed. (2025, 2026, 3787)
1992 Ed. (3362)
1991 Ed. (2696)
1990 Ed. (2791)
United Natural Foods Inc.
2008 Ed. (2838, 4563, 4926)
2007 Ed. (2709, 4953, 4954)
2006 Ed. (1493, 4630, 4947, 4948)
2005 Ed. (4551, 4560, 4561, 4916)
2004 Ed. (4632, 4633)
2003 Ed. (2498, 2499)
United Negro College Fund
2002 Ed. (2348, 2349)
2000 Ed. (3344)
1996 Ed. (916)
1994 Ed. (908, 1055)
1993 Ed. (888, 1028)
United Neighborhood Houses of New York City
1994 Ed. (1902)
United New Concepts
1995 Ed. (2737)
1994 Ed. (2637)
1993 Ed. (2669, 2680)
United New Concepts Fund
2000 Ed. (3286)
United News & Media
2000 Ed. (4133)
United News & Media plc
2002 Ed. (3282, 3762)
2001 Ed. (247, 3709, 3900, 3953)
2000 Ed. (3610)
1999 Ed. (3308, 3896)
United Newspaper
1991 Ed. (2394)
United Newspapers PLC
1996 Ed. (3088)
United of Omaha
1998 Ed. (2258)
1997 Ed. (256, 361)
United of Omaha Life
1989 Ed. (1688)
United Online Inc.
2004 Ed. (3663)
United Orient Bank
1989 Ed. (506)
United Overseas Bank
2008 Ed. (440, 501, 2070)
2007 Ed. (549, 1974)
2006 Ed. (520, 2007, 2008, 4326)
2005 Ed. (460, 606)
2004 Ed. (448, 521, 616)
2003 Ed. (607, 1818)
2002 Ed. (515, 518, 644, 1763, 4468)
2001 Ed. (1843, 1844)
2000 Ed. (527, 661, 1548, 1551)
1999 Ed. (635, 1730, 1731, 4316)
1997 Ed. (609, 1504, 1505, 3488, 3519)
1996 Ed. (555, 673, 1439, 1440, 3393, 3438)
1995 Ed. (603, 1480, 1481, 3282)
1994 Ed. (524, 630, 1444, 3310)
1993 Ed. (625, 1391, 3322)
1992 Ed. (832, 2823, 3978)
1991 Ed. (659, 2274, 3129)
1990 Ed. (677)
1989 Ed. (569, 668)
United Overseas Bank Asset Management
1997 Ed. (2401)
United Overseas Bank Group
1991 Ed. (451)
United Overseas Bank (Malaysia)
2008 Ed. (473)
2007 Ed. (516)
United Overseas Bank (Thai)
2008 Ed. (513)
United Overseas Land
1992 Ed. (1686)
United Pacific Life
1993 Ed. (2380, 3295)
United Pacific Life Insurance Co.
1992 Ed. (2676)
United Pan-Europe Communications NV
2001 Ed. (1642)
United PanAm Financial
2006 Ed. (2841)
2002 Ed. (2557)
2001 Ed. (2711)
2000 Ed. (2198)
1999 Ed. (2674)
United PanAm Financial Group
2000 Ed. (2462)
United Paper Mills
1997 Ed. (2074)
1993 Ed. (2029)
1992 Ed. (2395)
1991 Ed. (1276, 1900)
1990 Ed. (3458)
United Paper Mills, K
1991 Ed. (1901)
United Parcel
1990 Ed. (1019)
United Parcel Service Inc.
2008 Ed. (205, 222, 805, 818, 846, 1441, 1484, 1516, 1520, 1524, 1536, 1765, 1766, 1826, 1830, 1832, 1833, 1834, 2276, 2486, 2772, 2773, 3026, 4066, 4067, 4072, 4328, 4329, 4331, 4527, 4742, 4743, 4771, 4774, 4775, 4776, 4777, 4813)
2007 Ed. (218, 219, 231, 243, 837, 851, 855, 856, 858, 1449, 1454, 1455, 1456, 1490, 1513, 1532, 1536, 1540, 1555, 1737, 1738, 1790, 1791, 1792, 1794, 1795, 1796, 1797, 2366, 2645, 2646, 3759, 3760, 3986, 4282, 4373, 4374, 4376, 4810, 4815, 4816, 4821, 4834, 4848, 4851, 4852, 4853, 4854, 4878)
2006 Ed. (209, 210, 211, 223, 241, 758, 759, 1464, 1483, 1500, 1503, 1506, 1511, 1525, 1730, 1731, 1783, 1784, 1787, 1789, 1790, 2340, 2422, 2664, 2665, 3763, 3764, 4308, 4309, 4798, 4799, 4805, 4812, 4813, 4850, 4886)
2005 Ed. (171, 195, 196, 197, 212, 225, 739, 740, 832, 1580, 1582, 1583, 1584, 1585, 1586, 1597, 1617, 1619, 1624, 1633, 1636, 1779, 1780, 1803, 1804, 1805, 1806, 1807, 1808, 1809, 1810, 2375, 2685, 2686, 2687, 2688, 3178, 3370, 3371, 3667, 4364, 4365, 4445, 4451, 4748, 4750, 4754, 4759)
2000 Ed. (28, 228, 229, 230, 234, 246, 260, 1100, 1381, 1437, 1477, 3393, 3394, 3395, 3576, 4013, 4221, 4308, 4314, 4316)
1999 Ed. (207, 210, 211, 224, 989, 990, 991, 1038, 1185, 1541, 1634, 1670, 1824, 3596, 3678, 3679, 3680, 3681, 3861, 4301, 4678, 4683)
1998 Ed. (109, 114, 116, 117, 567, 571, 749, 1099, 1100, 1106, 1112, 1142, 1169, 2411, 2667, 2729, 2730, 2888, 3628, 3628, 3642)
1997 Ed. (189, 190, 214, 1009, 1296, 1412, 2372, 2928, 2980, 3136, 3805)
1996 Ed. (173, 985, 1250, 1283, 1350, 1743, 2824, 2898, 3415, 3738, 3753)
1995 Ed. (1321, 1327, 2757, 2823, 3309, 3329, 3340, 3653, 3662, 3669)
1994 Ed. (153, 745, 746, 984, 2656, 2716, 3250, 3261, 3567, 3569, 3578, 3590, 3595)
1993 Ed. (169, 733, 734, 739, 743, 957, 958, 2759, 2871, 3230, 3242, 3256, 3610, 3612, 3620, 3635, 3644, 3644)
1992 Ed. (66, 1181, 1181, 1182, 1182, 1183, 3217, 3475, 4334, 4336, 4340, 4343, 4357)
1991 Ed. (38, 949, 967, 3413, 3415, 3418)
1990 Ed. (41, 1038, 3637, 3638)
1989 Ed. (920, 929, 2868)
United Parcel Service, Inc. New York Corp.
2003 Ed. (2554)
2001 Ed. (2535, 2536)
1995 Ed. (3678)
1994 Ed. (3604)
United Parcel Service Inc. (NY)
1996 Ed. (3755)
1991 Ed. (948)
United Parcel Service of America Inc.
2007 Ed. (1653)
2006 Ed. (1638)
2000 Ed. (935)
1991 Ed. (947, 948, 1137)
1990 Ed. (1021, 1037, 1281)
1989 Ed. (2867)
United Parcel Service of America, Inc. (UPS)
2004 Ed. (4781)
2002 Ed. (1533, 1660, 1739, 3570, 4599, 4685)
2001 Ed. (4770)
United Parcel Service, Inc. OH
2003 Ed. (2554)
1991 Ed. (947, 948)
1990 Ed. (1021, 1022)
United Parcel Service Inc. (Ohio)
2006 Ed. (1730)
2005 Ed. (1779)
2001 Ed. (1250, 2535, 2536)
1996 Ed. (3755)
1995 Ed. (3678)
1994 Ed. (3604)
United Parcel Service Trucking
1999 Ed. (4686)
United Parcel Service, Inc. (UPS)
2004 Ed. (194, 195, 217, 1592, 1594, 1611, 1722, 1723, 2041, 2687, 2688, 2689, 2690, 3752, 3753, 4414, 4576, 4772, 4777, 4788)
2003 Ed. (241, 1563, 1585, 1684, 1685, 1785, 1987, 2184, 2259, 2268, 2554, 2555, 3707, 3708, 3709, 4788, 4791, 4796, 4812, 4816, 4818, 4873)
2002 Ed. (1505, 1545, 1674, 2075, 3214, 3569, 3572, 3573, 4265, 4885)
2001 Ed. (290, 313, 326, 332, 335, 1074, 1250, 1251, 1572, 1589, 1598, 1604, 1713, 2172, 2196, 2535, 2536, 3830, 4188, 4233, 4236, 4237, 4722, 4723)
United Parcel Service Worldwide Logistics
1997 Ed. (1824)
United Phone Book Advertisers
1989 Ed. (2502)
United Plumbing Services
1997 Ed. (2224)
United Poultry Corp.
1999 Ed. (2683)
1998 Ed. (1940, 3711)
1997 Ed. (3872)
1996 Ed. (3823)
United Poultry/Belca Foodservice
1995 Ed. (3727)

United Power
2002 Ed. (4451, 4452)
United Power Association
2001 Ed. (2146)
United Presbyterian Residence
2000 Ed. (3362)
United Property Management
1999 Ed. (4009, 4012)
United Pulp & Paper Co.
1991 Ed. (3130)
United Realty
2002 Ed. (4437)
2000 Ed. (3710)
United Recruiters
2006 Ed. (2429)
United Rental Highway Technologies Inc.
2008 Ed. (1732)
United Rentals Inc.
2008 Ed. (4077, 4726)
2007 Ed. (2716, 4360)
2006 Ed. (1524, 2726, 4790)
2005 Ed. (1084, 1635, 2770, 3270, 3271)
2004 Ed. (1610, 3245, 3246)
2002 Ed. (1400)
2000 Ed. (1300, 2916)
1999 Ed. (3171)
United Rentals Highway Technologies Inc.
2008 Ed. (3543)
United Reprographic Services Inc.
2005 Ed. (2837)
United Retail
2004 Ed. (1022)
2003 Ed. (1023)
United Retail Group Inc.
2008 Ed. (1010)
2007 Ed. (1128)
2006 Ed. (1040)
2005 Ed. (1029)
1999 Ed. (1856)
United Retirement
1996 Ed. (2806)
United Risk Solutions
2008 Ed. (2021, 2022, 2023, 2024, 2025, 2026)
United Road Service
2008 Ed. (4770)
United Road Services Inc.
2008 Ed. (4741)
2007 Ed. (4814)
2006 Ed. (4797)
2005 Ed. (4747)
2004 Ed. (4771)
United Saudi Bank
2000 Ed. (453, 656)
United Saudi Comm.
1991 Ed. (438)
United Saudi Commercial Bank
1999 Ed. (462, 630)
1997 Ed. (405, 605)
1996 Ed. (440, 668, 669)
1995 Ed. (413, 598, 599)
1994 Ed. (420, 627)
1993 Ed. (622)
1990 Ed. (489)
1989 Ed. (466)
United Savers
1990 Ed. (1793)
United Savers Bancorp
1990 Ed. (453)
United Savings
1990 Ed. (2473, 2477)
1989 Ed. (2359)
United Savings & Loan Association
1990 Ed. (428, 3580)
United Savings Association of Texas
1991 Ed. (3385)
United Savings Bank
1992 Ed. (799)
1990 Ed. (463, 1794, 3119, 3128)
United Savings Bank FSB
1990 Ed. (2471, 3119, 3132)
United Savings Credit Union
2002 Ed. (1884)
United Savings of America
1992 Ed. (3799, 4287)
1991 Ed. (2920)
1990 Ed. (3101)
United Savings of Texas, FSB
1993 Ed. (3073)
United Scaffolding Inc.
2008 Ed. (1311)
2006 Ed. (1326)
United Science & Technology A
1998 Ed. (2640)
United Scrap Metal Inc.
2007 Ed. (4986)
United Security Bancshares Inc.
2002 Ed. (3550, 3552, 3555)
United Security Bank
2003 Ed. (522, 524)
1997 Ed. (497)
United Security Bank NA
1993 Ed. (505)
United Security Industries
1994 Ed. (3161)
1993 Ed. (3114)
1992 Ed. (3825)
United Ser. Gold Shares
1992 Ed. (3172)
United Ser. World Gold
1992 Ed. (3172)
United Service Association for Health Care
1996 Ed. (242)
United Service Automobile Association
2005 Ed. (1972)
2004 Ed. (1868)
2003 Ed. (1835)
United Service Funds-income
1990 Ed. (2368)
United Services Auto
1992 Ed. (2690)
1991 Ed. (2126)
United Services Auto Association
2008 Ed. (3321)
2004 Ed. (3133)
2003 Ed. (3010)
2002 Ed. (2872)
2000 Ed. (2650, 2652, 2724, 2727)
1996 Ed. (243, 2269, 2272, 2336, 2340)
1993 Ed. (2183, 2186, 2236)
United Services Automobile Association
2008 Ed. (2110)
2007 Ed. (2013)
2006 Ed. (2043)
2002 Ed. (2962, 2965)
2001 Ed. (1877, 3202, 3203, 3208)
2000 Ed. (2733, 3022, 3024)
1999 Ed. (295, 1863, 2899, 2904, 2973, 2975, 3287)
1998 Ed. (2111, 2118, 2200, 2204, 2206)
1997 Ed. (274, 2409, 2412, 2462, 2466, 2697, 2699)
1995 Ed. (249, 2778)
1994 Ed. (241, 2215, 2218, 2270, 2274, 2426, 2427, 2676)
1991 Ed. (2373)
1990 Ed. (1045, 2507)
United Services Automobile Association Group
2008 Ed. (3322)
United Services Automobile Association (USAA)
2001 Ed. (2898, 2899, 2901, 2902, 2903, 2904, 2906)
United Services Gold Shares
1995 Ed. (2732)
1994 Ed. (2626, 2630)
1993 Ed. (2682)
United Services Government Security Saving
1996 Ed. (2667)
United Services World Gold
1997 Ed. (2879)
United Shipping & Technology Inc.
2004 Ed. (2769, 2771)
United Shipping Solutions
2008 Ed. (881, 3836)
2007 Ed. (905, 3761)
2006 Ed. (3765)
United Shoreline Credit Union
2005 Ed. (2071)
United Solar Ovonic
2008 Ed. (2394)
United Space Alliance
2008 Ed. (163)
2007 Ed. (184)
2006 Ed. (178)
United Space Alliance LLC
2001 Ed. (1877)
United Spirit Center
2005 Ed. (4444)
United Staffing
1993 Ed. (959, 3336)
United Staffing Systems Inc.
2008 Ed. (3724, 4362, 4418, 4975)
2007 Ed. (3583, 3584, 4437)
United States
2008 Ed. (248, 251, 260, 485, 527, 528, 823, 831, 867, 868, 903, 1013, 1020, 1021, 1022, 1024, 1109, 1279, 1280, 1283, 1284, 1287, 1289, 1386, 1389, 1989, 2190, 2191, 2194, 2207, 2334, 2397, 2398, 2417, 2438, 2456, 2626, 2689, 2720, 2721, 2727, 2823, 2824, 2826, 2841, 2842, 2924, 3038, 3214, 3215, 3406, 3411, 3434, 3448, 3590, 3619, 3671, 3747, 3780, 3781, 3807, 3826, 3827, 3832, 3845, 3863, 3920, 3999, 4018, 4103, 4246, 4256, 4258, 4270, 4341, 4386, 4388, 4389, 4391, 4392, 4466, 4468, 4469, 4499, 4549, 4550, 4551, 4552, 4554, 4556, 4558, 4582, 4583, 4584, 4587, 4591, 4597, 4627, 4628, 4629, 4686, 4694, 4785, 4786, 4789, 4917, 5000)
2007 Ed. (265, 266, 267, 285, 531, 576, 577, 748, 862, 869, 890, 892, 920, 1133, 1140, 1141, 1142, 1143, 1145, 1435, 1439, 2079, 2081, 2082, 2084, 2086, 2097, 2200, 2263, 2266, 2282, 2310, 2547, 2583, 2584, 2590, 2697, 2699, 2711, 2794, 2795, 2797, 2798, 2831, 2917, 3292, 3298, 3334, 3352, 3393, 3394, 3397, 3406, 3426, 3440, 3441, 3444, 3510, 3626, 3686, 3687, 3700, 3714, 3744, 3746, 3755, 3765, 3777, 3789, 3871, 3956, 3976, 3982, 3983, 3984, 3999, 4210, 4219, 4220, 4222, 4227, 4228, 4229, 4237, 4388, 4389, 4390, 4412, 4414, 4415, 4417, 4418, 4419, 4484, 4486, 4487, 4488, 4489, 4490, 4536, 4600, 4601, 4602, 4603, 4604, 4605, 4606, 4608, 4610, 4651, 4670, 4671, 4676, 4702, 4762, 4777, 4862, 4864, 4865, 4868, 4940, 5000)
2006 Ed. (258, 259, 260, 282, 506, 544, 545, 656, 763, 773, 801, 804, 839, 931, 1011, 1045, 1051, 1052, 1053, 1055, 1057, 1213, 1403, 1407, 2131, 2133, 2134, 2136, 2138, 2153, 2237, 2262, 2335, 2346, 2372, 2538, 2539, 2576, 2608, 2609, 2614, 2702, 2703, 2704, 2716, 2717, 2718, 2719, 2720, 2802, 2803, 2805, 2806, 2828, 2895, 2985, 3116, 3188, 3228, 3239, 3261, 3285, 3325, 3335, 3336, 3339, 3350, 3409, 3425, 3426, 3429, 3479, 3556, 3691, 3692, 3705, 3731, 3745, 3747, 3756, 3768, 3780, 3791, 3848, 3909, 3923, 3927, 3928, 3929, 3941, 4176, 4194, 4209, 4210, 4212, 4214, 4221, 4323, 4324, 4325, 4420, 4424, 4425, 4426, 4427, 4428, 4478, 4573, 4613, 4614, 4615, 4616, 4617, 4618, 4619, 4621, 4623, 4651, 4652, 4653, 4656, 4681, 4682, 4771, 4777, 4859, 4861, 4862, 4866, 4934, 5000)
2005 Ed. (237, 238, 240, 259, 589, 643, 644, 747, 791, 792, 837, 853, 861, 862, 886, 890, 930, 1036, 1042, 1043, 1044, 1045, 1047, 1122, 1418, 1422, 2035, 2037, 2038, 2040, 2042, 2059, 2200, 2269, 2278, 2317, 2571, 2609, 2610, 2616, 2735, 2738, 2742, 2761, 2762, 2763, 2764, 2821, 2822, 2824, 2883, 3030, 3101, 3198, 3243, 3252, 3269, 3291, 3337, 3346, 3363, 3400, 3415, 3416, 3419, 3478, 3499, 3591, 3592, 3603, 3614, 3647, 3649, 3658, 3671, 3686, 3702, 3766, 3840, 3860, 3863, 3864, 3865, 3881, 4130, 4146, 4153, 4154, 4156, 4160, 4166, 4374, 4375, 4376, 4403, 4407, 4408, 4409, 4410, 4411, 4478, 4498, 4532, 4533, 4534, 4535, 4536, 4537, 4538, 4540, 4542, 4570, 4586, 4587, 4590, 4718, 4788, 4790, 4791, 4801, 4901, 5000)
2004 Ed. (210, 231, 232, 233, 237, 257, 655, 806, 807, 863, 873, 874, 897, 900, 938, 1029, 1041, 1042, 1043, 1044, 1046, 1100, 1395, 1396, 1401, 1905, 1906, 1908, 1909, 1924, 2096, 2178, 2202, 2593, 2620, 2621, 2626, 2740, 2741, 2745, 2767, 2768, 2814, 2821, 2822, 2823, 2905, 3164, 3215, 3223, 3243, 3244, 3259, 3315, 3321, 3339, 3393, 3402, 3403, 3406, 3479, 3499, 3676, 3677, 3703, 3739, 3741, 3747, 3756, 3769, 3784, 3855, 3902, 3915, 3917, 3918, 3919, 3931, 4203, 4218, 4226, 4227, 4229, 4237, 4238, 4425, 4426, 4427, 4458, 4462, 4463, 4538, 4598, 4599, 4600, 4601, 4602, 4603, 4604, 4606, 4608, 4650, 4652, 4739, 4751, 4814, 4816, 4817, 4820, 4821, 4888, 4999)
2003 Ed. (249, 266, 267, 268, 290, 544, 593, 641, 824, 851, 860, 871, 873, 930, 949, 950, 1026, 1036, 1038, 1084, 1085, 1382, 1386, 1875, 1877, 1879, 2053, 2129, 2149, 2151, 2467, 2483, 2488, 2489, 2493, 2618, 2619, 2623, 2624, 2627, 2702, 2795, 3023, 3155, 3167, 3200, 3213, 3259, 3276, 3332, 3333, 3336, 3415, 3431, 3629, 3630, 3658, 3695, 3698, 3703, 3710, 3755, 3759, 3826, 3877, 3892, 3918, 4176, 4192, 4199, 4200, 4202, 4214, 4216, 4422, 4423, 4425, 4495, 4497, 4554, 4556, 4617, 4618, 4628, 4667, 4672, 4700, 4757, 4822, 4898, 4970, 4971, 4972, 5000)
2002 Ed. (301, 302, 303, 679, 1344, 1345, 1346, 1486, 1682, 1809, 1810, 1814, 1822, 2164, 2412, 2413, 2415, 2425, 2426, 2509, 2900, 2997, 3073, 3074, 3075, 3101, 3229, 3519, 3595, 3596, 3724, 3961, 3967, 4055, 4056, 4057, 4058, 4283, 4379, 4380, 4427, 4623, 4707, 4998, 4999)
2001 Ed. (367, 373, 395, 523, 524, 663, 1082, 1101, 1137, 1143, 1174, 1190, 1191, 1286, 1299, 1300, 1301, 1303, 1342, 1414, 1502, 1509, 1936, 1938, 1950, 1953, 1992, 2005, 2020, 2023, 2104, 2126, 2127, 2128, 2134, 2147, 2163, 2232, 2263, 2264, 2278, 2419, 2448, 2449, 2451, 2489, 2611, 2614, 2615, 2694, 2695, 2696, 2697, 2724, 2759, 2970, 3022, 3025, 3045, 3075, 3181, 3199, 3200, 3207, 3240, 3241, 3244, 3316, 3343, 3370, 3387, 3410, 3502, 3530, 3531, 3558, 3579, 3581, 3596, 3609, 3629, 3659, 3694, 3763, 3764, 3821, 3823, 3824, 3825, 3859, 3865, 3950, 3967, 4039, 4041, 4121, 4134, 4136, 4137, 4151, 4155, 4156, 4266, 4267, 4269, 4309, 4317, 4319, 4371, 4372, 4373, 4383, 4384, 4386, 4387, 4388, 4390, 4398, 4400, 4402, 4426, 4427, 4428, 4440, 4483, 4495, 4567, 4590, 4597, 4648,

4651, 4652, 4655, 4656, 4690, 4785, 4831, 4914, 4943)
2000 Ed. (1154, 1155, 1608, 1613, 1616, 2354, 2362, 2372, 2373, 2374, 2375, 2377, 2378, 2379, 2861, 2862, 3571, 3753, 4183, 4271, 4272, 4273)
1999 Ed. (190, 191, 212, 256, 803, 821, 1104, 1207, 1212, 1214, 1254, 1353, 1784, 1787, 2005, 2015, 2090, 2091, 2106, 2606, 2611, 2612, 2613, 2825, 2826, 2884, 2936, 3004, 3113, 3192, 3193, 3273, 3279, 3283, 3284, 3289, 3449, 3586, 3695, 3696, 3697, 3698, 3790, 3848, 4348, 4368, 4473, 4478, 4479, 4480, 4481, 4594, 4624, 4625, 4626, 4803, 4804)
1998 Ed. (115, 123, 230, 632, 633, 635, 656, 708, 785, 819, 856, 1241, 1324, 1367, 1369, 1526, 1527, 1528, 1554, 1803, 1846, 1847, 1849, 1850, 1851, 1852, 1853, 1854, 1860, 2192, 2209, 2223, 2363, 2421, 2461, 2659, 2660, 2742, 2743, 2744, 2745, 2749, 2830, 2877, 2897, 2929, 3304, 3589, 3590, 3591, 3592, 3593, 3773)
1997 Ed. (288, 518, 697, 725, 897, 939, 966, 1545, 1548, 1557, 1578, 1791, 1812, 1815, 2475, 2555, 2557, 2558, 2559, 2560, 2561, 2562, 2563, 2564, 2565, 2566, 2567, 2568, 2569, 2570, 2571, 2573, 2691, 2748, 2786, 2922, 2997, 2998, 2999, 3000, 3104, 3105, 3266, 3292, 3509, 3739, 3770)
1996 Ed. (26, 854, 874, 944, 1480, 1483, 1645, 1726, 1729, 1730, 1731, 2344, 2449, 2551, 2647, 2948, 3019, 3020, 3189, 3434, 3692, 3715, 3716, 3717, 3762, 3814, 3871, 3881)
1995 Ed. (170, 191, 345, 663, 683, 713, 900, 967, 1516, 1521, 1524, 1739, 1743, 1744, 1749, 1768, 1785, 2006, 2013, 2019, 2020, 2021, 2023, 2025, 2032, 2040, 2925, 2926, 3169, 3418, 3421, 3616, 3626, 3775, 3776)
1994 Ed. (156, 184, 253, 709, 836, 857, 949, 957, 1484, 1489, 1492, 1515, 1516, 1581, 1958, 1979, 1980, 1983, 1987, 2006, 2008, 2264, 2359, 2465, 2513, 2731, 2747, 2859, 2860, 2898, 3308, 3450, 3522)
1993 Ed. (171, 201, 240, 700, 727, 857, 920, 943, 956, 1035, 1046, 1269, 1345, 1463, 1465, 1466, 1467, 1535, 1540, 1596, 1716, 1717, 1719, 1720, 1722, 1723, 1724, 1731, 1732, 1743, 1921, 1928, 1932, 1957, 1958, 1959, 1961, 1963, 1970, 1977, 1988, 2000, 2028, 2052, 2103, 2167, 2229, 2374, 2378, 2387, 2476, 2483, 2845, 2848, 2950, 3053, 3321, 3357, 3456, 3476, 3510, 3558, 3559, 3682, 3723, 3724, 3725)
1991 Ed. (165, 259, 329, 352, 934, 1379, 1386, 1408, 1479, 1641, 1791, 1799, 1824, 1825, 1826, 1828, 1830, 1837, 1851, 1868, 2111, 2276, 2493, 2754, 2915, 2936, 3108, 3109, 3236, 3279, 3287, 3358, 3507)
1990 Ed. (203, 405, 960, 1445, 1452, 1577, 1709, 1732, 1734, 1736, 1878, 1907, 1914, 1921, 1927, 1929, 1930, 1931, 1937, 1964, 1965, 2829, 3439, 3471, 3508)
1989 Ed. (198, 282, 324, 349, 565, 982, 1178, 1182, 1279, 1394, 1397, 1398, 1399, 1401, 1402, 1403, 1405, 1407, 2202, 2641, 2957)

United States Air Force Academy
2008 Ed. (2573)
1991 Ed. (2928)

United States Automobile Association
1998 Ed. (2427)

United States Bakeries
2008 Ed. (726)

United States Bancorp
2002 Ed. (3947)

United States, border region
1998 Ed. (1900)

United States Cellular Corp.
2002 Ed. (4977)
2001 Ed. (1139)
2000 Ed. (289)
1998 Ed. (157, 161, 655)

United States, central region
1998 Ed. (1900)

United States Cold Storage
2008 Ed. (4815)
2007 Ed. (4880)
2006 Ed. (4888)
2001 Ed. (4724, 4725)

United States Committee for UNICEF
1995 Ed. (1933)

United States Department of Agriculture
2003 Ed. (2634)
2002 Ed. (1023, 1024, 1025, 1026, 1027, 1028, 2420, 3962, 3972, 3986, 3987, 3988, 3989)

United States Department of Commerce
2003 Ed. (2634)
2002 Ed. (1024, 1026, 1028, 3962, 3972, 3987, 3989)

United States Department of Defense
2003 Ed. (2634)
2002 Ed. (1023, 1024, 1025, 1026, 1027, 1028, 3962, 3986, 3987, 3988, 3989)

United States Department of Energy
2002 Ed. (1023, 1024, 1025, 1026, 1027, 1028, 2116, 3962, 3972, 3986, 3987, 3988, 3989)

United States Department of Health & Human Services
2003 Ed. (2634)
2002 Ed. (3962, 3972, 3987, 3988, 3989)

United States Department of Justice
2003 Ed. (2634)

United States Department of State
2003 Ed. (2634)

United States Department of the Interior
2003 Ed. (2634)
2002 Ed. (1028, 3972, 3986, 3987, 3988)

United States Department of the Treasury
2003 Ed. (2634)

United States Department of Transportation
2003 Ed. (2634)
2002 Ed. (3972, 3986, 3987, 3989)

United States Department of Veteran Affairs
2002 Ed. (2420)

United States Department of Veterans Affairs
2003 Ed. (2634, 3465, 3466, 3470, 3471)
2002 Ed. (3292, 3293, 3296, 3988)

United States, east north central region
1998 Ed. (1865, 1865)

United States Exploration Inc.
2006 Ed. (4010)
2005 Ed. (3739, 3754, 3755)
2004 Ed. (2776, 2777, 3842)

United States F & G
1992 Ed. (2686, 2688)

United States F & G Group
1999 Ed. (2927)
1996 Ed. (2333)
1995 Ed. (2328)
1992 Ed. (2645, 2650, 2684, 2698)
1989 Ed. (1673, 1674, 1675, 1735)

United States F&G Co.
2000 Ed. (2681)

United States F&G Group
2000 Ed. (2737)
1990 Ed. (2222, 2225, 2264)

United States Fidelity & Guaranty Co.
2003 Ed. (2970, 2985)
1994 Ed. (2216, 2272, 2280)
1991 Ed. (2122, 2124)

United States Fidelity & Guaranty Group
1998 Ed. (2213)
1991 Ed. (2090, 2129)

United States Fiduciary & Guaranty Co.
2002 Ed. (3955)

United States Filter Corp.
2005 Ed. (1517)
1996 Ed. (1290)

United States General Services Administration
2002 Ed. (2420)

United States Government
2003 Ed. (2276)

United States, Gulf region
1998 Ed. (1900)

United States Gypsum Co.
2005 Ed. (4524)
2004 Ed. (4591)
2003 Ed. (4613)
2001 Ed. (1145)

United States Health Care Financing Administration
2002 Ed. (868)

United States Hispanic Chamber of Commerce
1999 Ed. (298)
1996 Ed. (242)

United States Holocaust Memorial Museum
1995 Ed. (935)
1994 Ed. (893)

United States Industries Inc.
2002 Ed. (3316)

United States Lawns
2002 Ed. (3065)

United States Life (NYC)
1994 Ed. (2267)

United States Lime & Minerals Inc.
2008 Ed. (4364, 4429)
2005 Ed. (3482, 3483)
2004 Ed. (3485, 3486)

United States, mid-Atlantic region
1998 Ed. (1865)

United States, Middle Western
2004 Ed. (4537)
2003 Ed. (450, 4843)

United States Military Academy
2008 Ed. (2573)

United States, mountain region
1998 Ed. (1865)

United States National Bank
1998 Ed. (423)
1996 Ed. (650)
1995 Ed. (580)
1994 Ed. (145, 385, 392, 610)
1992 Ed. (562, 813)
1991 Ed. (641)
1990 Ed. (662)
1989 Ed. (648)

United States National Bank of Oregon
1999 Ed. (4334)
1996 Ed. (2475, 2482)
1995 Ed. (380, 387)

United States Naval Academy
2008 Ed. (2573)

United States Navy
2006 Ed. (2809)

United States, New England Area
2003 Ed. (4843)

United States, North Central
2003 Ed. (450)

United States, north central region
1998 Ed. (3584)

United States, Northeastern
2003 Ed. (450)

United States, northeastern region
1998 Ed. (3584)

United States, northern region
1998 Ed. (1900)

United States, Pacific region
1998 Ed. (1865)

United States Paging
1996 Ed. (3150)

United States Playing Card
1992 Ed. (3529)

United States Postal Service
2003 Ed. (3424, 3709)
2002 Ed. (244, 1612, 1687, 2418, 2420, 3371, 3573, 4265)
1998 Ed. (109, 116, 719, 1080, 1118, 1169, 2888)

United States Postal Service--Colorado/Wyoming District
2003 Ed. (2276)

United States Seamless Inc.
2008 Ed. (875)
2007 Ed. (900)
2006 Ed. (812)
2005 Ed. (897)
2004 Ed. (907)
2003 Ed. (888)

United States Senate Credit Union
2007 Ed. (2152)
2006 Ed. (2231)
2003 Ed. (1954)
2002 Ed. (1857)

United States Services Automobile Association
1992 Ed. (2959)

United States, south Atlantic region
1998 Ed. (1865)

United States, south central region
1998 Ed. (3584)

United States, Southeastern
2003 Ed. (450, 4843)

United States, southeastern region
1998 Ed. (1900)

United States, Southern
2004 Ed. (4537)

United States, southern region
1998 Ed. (3584)

United States, Southwestern
2003 Ed. (450)

United States Steel Corp.
2008 Ed. (2041, 2042, 2046, 2047, 2048, 2049, 2050, 3651, 3652)
2007 Ed. (1952, 1955, 1956, 3477, 3478, 3483, 3484, 3495, 3516, 4524, 4555)
2006 Ed. (1502, 1979, 1982, 1983, 1985, 1987, 1988, 1989, 1990, 1991, 3422, 3454, 3455, 3458, 3460, 3461, 3462, 3463, 3471, 3484, 4465)
2005 Ed. (1511, 1942, 1947, 1948, 1950, 1952, 3445, 3446, 3449, 3450, 3451, 3453, 3454, 4458, 4474, 4475)
2004 Ed. (1495, 1843, 3430, 3431, 3434, 3436, 3437, 3438, 4533, 4536)
2003 Ed. (1465, 3369, 3374, 3850, 4552, 4553)
2002 Ed. (1445)

United States Sugar Corp.
2007 Ed. (2156)
2006 Ed. (2235)
2005 Ed. (2140)
2003 Ed. (1958, 1959)
2001 Ed. (282)
1996 Ed. (992)
1991 Ed. (956)

United States Surgical
1998 Ed. (3423)
1993 Ed. (1216, 1222, 1348, 2016, 2529, 3465, 3466, 3471)

United States Tobacco Inc.
1989 Ed. (2843)

United States Trust Co.
2001 Ed. (595, 596, 763, 764)
1992 Ed. (543, 774, 2982, 2985)

United States Trust Company of New York
1995 Ed. (383)

United States Trust Co. of New York
2001 Ed. (642)
1996 Ed. (406, 2581)
1995 Ed. (365)
1994 Ed. (388, 583)

United States Trust Co. of NY
1992 Ed. (558)

United States, west north central region
1998 Ed. (1865)

United States, west south central region
1998 Ed. (1865)

United States, Western
2004 Ed. (4537)
2003 Ed. (450)
United States, western region
1998 Ed. (3584)
United Stationers Inc.
2008 Ed. (866)
2007 Ed. (889, 4950)
2006 Ed. (800, 1080, 2274, 4943, 4944)
2005 Ed. (1082, 1084, 3638, 3639, 4910, 4911)
2004 Ed. (1078, 1577, 2108, 3728, 3729, 3731, 4927, 4928)
2003 Ed. (2085, 2889, 2890, 4927, 4928)
2002 Ed. (913, 1524, 4898)
2001 Ed. (2841, 2842)
2000 Ed. (1359)
1990 Ed. (1528)
1989 Ed. (2480)
United Stationers Supply Co.
1998 Ed. (2699)
United Steel Workers of America
1998 Ed. (2322)
1991 Ed. (3411)
United Steelworkers of America
1996 Ed. (3602)
United Sumatra Plantations
1992 Ed. (1637)
United Sweetener
1990 Ed. (3502)
United Systems Technology Inc.
2004 Ed. (4553)
United Taconite LLC
2006 Ed. (3456)
United Technologies Corp.
2008 Ed. (158, 159, 160, 162, 164, 846, 1162, 1347, 1357, 1373, 1462, 1697, 1698, 1699, 1854, 2282, 2284, 2287, 2295, 2300, 3027, 3143, 3144, 3199)
2007 Ed. (174, 175, 176, 177, 178, 179, 181, 183, 185, 1268, 1417, 1672, 1673, 1674, 2167, 2168, 2169, 2172, 2187, 2213, 2905, 3025, 3026, 4586)
2006 Ed. (171, 172, 174, 175, 177, 179, 180, 777, 1379, 1501, 1666, 1667, 1668, 2243, 2244, 2245, 2248, 2991, 2992, 4600)
2005 Ed. (155, 156, 157, 158, 159, 160, 161, 163, 166, 167, 868, 1365, 1391, 1492, 1747, 1748, 1749, 2148, 2153, 2154, 2155, 2157, 2158, 2997, 2998, 3691, 4675)
2004 Ed. (157, 158, 159, 160, 161, 162, 163, 164, 165, 166, 882, 1349, 1370, 1476, 1689, 1690, 1691, 2009, 2010, 2014, 2015, 2016, 2018, 2019, 3153, 3772, 4776, 4792)
2003 Ed. (197, 198, 199, 200, 201, 202, 203, 206, 207, 210, 1342, 1351, 1352, 1446, 1660, 1661, 1662, 1964, 1966, 1967, 1968, 1969, 1975, 3747, 4806, 4807)
2002 Ed. (239, 241, 242, 243, 252, 1426, 1629, 1911, 2376, 2377, 2465, 2701, 3609)
2001 Ed. (263, 264, 265, 266, 267, 1550, 1676, 1981, 2267, 3674, 4617, 4618)
2000 Ed. (213, 214, 215, 218, 226, 227, 1404, 1646, 1647, 1648, 1651, 1692, 2286, 2442)
1999 Ed. (183, 184, 186, 193, 194, 195, 203, 204, 1596, 1819, 1885, 2539, 2659, 3112)
1998 Ed. (92, 93, 94, 96, 97, 99, 106, 107, 1057, 1130, 1244, 1245, 1248, 1251, 1779, 1922)
1997 Ed. (170, 171, 172, 175, 184, 185, 1379, 1582, 2095, 3226)
1996 Ed. (165, 167, 169, 1320, 1518, 1520, 1522, 3145)
1995 Ed. (155, 158, 159, 161, 163, 167, 1294, 1368, 1546, 1949, 3045)
1994 Ed. (137, 138, 139, 141, 143, 144, 148, 149, 1270, 1343, 1513, 1925, 2151, 2761)
1993 Ed. (153, 157, 159, 160, 164, 165, 1219, 1231, 1291, 1374, 1460, 1710, 1898, 2118, 2573, 2868, 2945, 3470)
1992 Ed. (242, 249, 250, 251, 253, 259, 260, 261, 1770, 2069, 3077)
1991 Ed. (179, 180, 181, 184, 324, 1234, 1403, 1638, 2789, 2836, 176, 183, 1328, 1329)
1990 Ed. (187, 188, 189, 192, 1160, 1403, 1477, 2177, 2935, 2983)
1989 Ed. (194, 195, 196, 1002, 1386, 1388, 2166)
United Technologies Automotive Inc.
2001 Ed. (3647)
1998 Ed. (100)
1996 Ed. (331, 342)
United Technologies (Carrier)
1992 Ed. (2556)
1991 Ed. (1989)
United Technologies (Carrier, BDP)
1992 Ed. (2242)
1991 Ed. (1777)
United Technology Corp.
2007 Ed. (1468)
United Telecom
1993 Ed. (3241, 3508)
1992 Ed. (3584, 3933, 3938, 4199, 4212)
United Telecommunications Inc.
1994 Ed. (1213)
1991 Ed. (1308, 3277, 3098, 3103, 3285, 1142)
1990 Ed. (1287, 3241, 3248, 3253, 3517, 3521)
United Telephone Credit Union
2004 Ed. (1932)
2003 Ed. (1888, 1895)
1998 Ed. (1216, 1217)
1996 Ed. (1504, 1505)
United Teletech Credit Union
2006 Ed. (2211)
2005 Ed. (2116)
2004 Ed. (1974)
2003 Ed. (1934)
2002 Ed. (1880)
United Teletech Financial Credit Union
2008 Ed. (2247)
2007 Ed. (2132)
United Television Inc.
1993 Ed. (1636)
1992 Ed. (1986)
United Texas Tranmission Corp.
1991 Ed. (1798)
United Therapeutics Corp.
2008 Ed. (575)
2007 Ed. (625)
2006 Ed. (596)
2005 Ed. (682, 2013)
United Title Co.
1990 Ed. (2265)
United Tobacco
1994 Ed. (43)
1990 Ed. (47)
United Tobacco S.A.
1989 Ed. (50)
United Tractors
2000 Ed. (1425, 1462, 1466)
1999 Ed. (1574, 1657)
1996 Ed. (1380)
1995 Ed. (1419)
1992 Ed. (1637)
United Transport Union
1999 Ed. (3845)
United Trust NY
1994 Ed. (586)
United Underwriters Insurance
2005 Ed. (3081)
United Universal Joint-Stock Bank
2004 Ed. (468)
United Utilities
2007 Ed. (2306)
2006 Ed. (2368)
2005 Ed. (2308)
United Utilities plc
2008 Ed. (2433)
2007 Ed. (2685, 2691)
2006 Ed. (2697)
2005 Ed. (2404)
2001 Ed. (3949)
United Van Lines
2005 Ed. (4745)
2004 Ed. (4768)
2003 Ed. (4784)
2002 Ed. (3406)
2000 Ed. (3177)
1999 Ed. (3459, 4676)
1998 Ed. (2544, 3636)
1997 Ed. (3810)
1996 Ed. (3760)
1995 Ed. (2626, 3681)
1994 Ed. (2571, 3603)
1993 Ed. (2610, 3643)
1992 Ed. (3121)
1991 Ed. (2496)
United Van Lines LLC
2008 Ed. (4768)
2007 Ed. (4846)
United Vanguard
1990 Ed. (2391)
United Vermont Bancorporation
1992 Ed. (1479)
United Video Cable
1997 Ed. (871)
United Virginia Bank
1989 Ed. (707)
United Virginia Bankshares, Inc.
1989 Ed. (431)
United Vision Group
1997 Ed. (1010, 3526)
United Waste Systems Inc.
1997 Ed. (1240, 1241)
1995 Ed. (1223)
United Water
2002 Ed. (4711)
United Water Resources
2000 Ed. (3678)
United Way
2008 Ed. (3788, 3793)
2007 Ed. (3706)
1993 Ed. (2731)
1992 Ed. (3268)
1991 Ed. (3436)
United Way Community Services
2002 Ed. (3522)
2001 Ed. (3550)
2000 Ed. (3351)
1999 Ed. (3627)
1998 Ed. (2686)
United Way Crusade of Mercy
1997 Ed. (2950)
1995 Ed. (2785)
1994 Ed. (2679)
1993 Ed. (2731)
1991 Ed. (3436)
United Way for Southeast Michigan
1993 Ed. (2731)
1992 Ed. (3268)
United Way for Southeastern Michigan
1997 Ed. (2950)
1995 Ed. (2785)
United Way Inc. Los Angeles, CA
1995 Ed. (2785)
1994 Ed. (2679)
United Way Metropolitan Atlanta
1995 Ed. (2785)
1994 Ed. (2679)
United Way of Central Indiana
2002 Ed. (2348, 2349)
1995 Ed. (1931)
1993 Ed. (895)
1992 Ed. (1100)
United Way of Delaware Inc.
1997 Ed. (2950)
United Way of Franklin County
1997 Ed. (2950)
United Way of Greater Rochester
1993 Ed. (895)
United Way of Massachusetts Bay
1992 Ed. (3268)
1991 Ed. (3436)
United Way of Metropolitan Atlanta
1997 Ed. (2950)
1993 Ed. (2731)
1991 Ed. (3436)
United Way of National Capital Area
1995 Ed. (2785)
1994 Ed. (2679)
United Way of New York City
2006 Ed. (3714)
2000 Ed. (3352)
1999 Ed. (3628)
1998 Ed. (2687)
1997 Ed. (2950, 2951)
1994 Ed. (2679)
1993 Ed. (2731)
1992 Ed. (3268)
United Way of Southeast Pennsylvania
1993 Ed. (2731)
1992 Ed. (3268)
1991 Ed. (3436)
United Way of Southeastern Michigan
1994 Ed. (2679)
United Way of Southeastern Pennsylvania
1997 Ed. (2950)
1995 Ed. (2785)
1994 Ed. (2679)
United Way of Texas Gulf Coast
1992 Ed. (3268)
1991 Ed. (3436)
United Way of the Bay Area
1997 Ed. (2950)
1995 Ed. (2785)
1994 Ed. (2679)
1993 Ed. (2731)
1992 Ed. (3268)
United Way of the Capital Area
1997 Ed. (2950)
United Way of the Greater Los Angeles Area
1997 Ed. (2950)
United Way of the National Capital Area
1997 Ed. (2950)
1993 Ed. (2731)
1992 Ed. (3268)
1991 Ed. (3436)
United Way of the Texas Gulf Coast
1997 Ed. (2950)
1995 Ed. (2785)
1994 Ed. (2679)
1993 Ed. (2731)
United Way of Tri State Inc.
1995 Ed. (2785)
1994 Ed. (2679)
1991 Ed. (3436)
United Way Services
1995 Ed. (936)
1993 Ed. (2731)
1992 Ed. (3268)
1991 Ed. (3436)
United Ways of Tri-State
1997 Ed. (2950)
United Westburne
1996 Ed. (3828)
1994 Ed. (3659)
1991 Ed. (2790)
United Western Bancorp
2008 Ed. (1674)
United Wisconsin Life Insurance Co.
2002 Ed. (2893)
2000 Ed. (2682)
United Wisconsin Services
1997 Ed. (2184)
United World Chinese
1996 Ed. (690)
United World Chinese Commercial Bank
2005 Ed. (616)
2004 Ed. (627)
2003 Ed. (618)
2002 Ed. (654)
1999 Ed. (469, 646)
1997 Ed. (624)
1995 Ed. (616)
1994 Ed. (644)
1993 Ed. (425, 522, 641)
1992 Ed. (845)
1991 Ed. (552, 554)
United World Chinese Commerical
1999 Ed. (1797)
UnitedAuto Group Inc.
2001 Ed. (444, 445, 447, 449, 450)
UnitedGlobalCom Inc.
2006 Ed. (1647, 1648, 1649, 1654)
2005 Ed. (839, 840, 1738, 3426)
2004 Ed. (865, 1584, 1680)
2003 Ed. (1505, 1642, 1650, 2709)
2002 Ed. (1624, 4568)
UnitedGlobalCom.Inc
2002 Ed. (1553)

UnitedHealth Group Inc.
2008 Ed. (1935, 1936, 1937, 1938, 1939, 1940, 3251, 3267, 3268, 3270, 3277, 3289, 3536, 4523, 4528)
2007 Ed. (1450, 1451, 1453, 1456, 1884, 1885, 2766, 2772, 2773, 2777, 2782, 2783, 3104, 3120, 3121, 4531, 4557)
2006 Ed. (1419, 1441, 1891, 1892, 2762, 2764, 2767, 2770, 2775, 2779, 2781, 3106, 3107, 4473, 4580, 4607)
2005 Ed. (1464, 1486, 1631, 1633, 1871, 1872, 2792, 2794, 2796, 2798, 2803, 2913, 2914, 3365, 3368, 4471, 4522)
2004 Ed. (1582, 1801, 2799, 2802, 2804, 2808, 2810, 2815, 2925, 2926, 3340, 4490, 4498, 4545, 4576)
2003 Ed. (1560, 1763, 1764, 2152, 2325, 2682, 2685, 2686, 2689, 2690, 2694, 3277, 3278, 3354, 4565)
2002 Ed. (1731, 2450, 2453, 2886, 2905)
2001 Ed. (1684, 2675)
2000 Ed. (2426, 2427, 2428, 3598)
UnitedHealthcare
2007 Ed. (2792)
UnitedHealthcare Insurance Co.
2008 Ed. (2920)
2002 Ed. (3742)
UnitedHealthCare of Colorado Inc.
2003 Ed. (2700, 3921)
2002 Ed. (2461)
UnitedHealthcare of Florida Inc.
2000 Ed. (2431)
UnitedHealthcare of Illinois Inc.
2002 Ed. (2460, 3741)
UnitedHealthcare of New England
2008 Ed. (3632)
UnitedHealthcare of New York Inc.
2002 Ed. (2464, 3744)
UnitedHealthcare of Utah Inc.
2006 Ed. (3111)
UNITEL
1998 Ed. (3480)
Unites States
2001 Ed. (662)
Unites States, Northeastern
2004 Ed. (4537)
Unitex
1991 Ed. (2013)
Unithai Line
1997 Ed. (3511)
Unitika Ltd.
2001 Ed. (4514)
1999 Ed. (4592)
1997 Ed. (3736)
1996 Ed. (3681)
1995 Ed. (3603)
1994 Ed. (3519, 3521)
1993 Ed. (3556)
1992 Ed. (4278)
1991 Ed. (3355)
1990 Ed. (3568)
Unitka Ltd.
2000 Ed. (4242)
Unitrend
2003 Ed. (46)
2002 Ed. (80)
2001 Ed. (107)
1999 Ed. (60)
Unitrend (McCann)
2000 Ed. (63)
Unitrin Inc.
2006 Ed. (2298)
2005 Ed. (2231)
2004 Ed. (2116, 3034)
1999 Ed. (2914)
1998 Ed. (2129, 2130)
1997 Ed. (2416, 2417)
1996 Ed. (1202, 2284, 2285)
1995 Ed. (2276, 2278)
1994 Ed. (2229)
1992 Ed. (2703, 3932)
Unitronix
1993 Ed. (2749)
1989 Ed. (271)
Unitros Chile
1993 Ed. (87)
1990 Ed. (88)
Unitus Community Credit Union
2008 Ed. (2254)
2007 Ed. (2139)
2006 Ed. (2218)
Unity Bank
1989 Ed. (451, 468, 681)
The Unity Council
2006 Ed. (2843)
Unity Management
1999 Ed. (3076)
1991 Ed. (2223)
Unity Mutual Life Insurance Co.
1992 Ed. (2662)
Unity Wireless Corp.
2004 Ed. (2781, 2782)
Univa Inc.
1996 Ed. (1315, 1317, 1943)
Univance Telecommunications Inc.
2004 Ed. (3495)
2003 Ed. (3426)
2002 Ed. (3374)
Univar
1995 Ed. (957)
1994 Ed. (917, 921, 3287)
1993 Ed. (907, 3295)
1990 Ed. (946, 3250)
1989 Ed. (889, 2654)
Univar Europe
1996 Ed. (933)
UniVar Life
1991 Ed. (2118)
Univar NV
2008 Ed. (916)
2007 Ed. (938)
2004 Ed. (955)
Univar USA Inc.
2008 Ed. (2165)
Univas
1990 Ed. (103)
Univax Biologies
1993 Ed. (3113)
Univec Inc.
2006 Ed. (3518)
Univeristy of Chicago Hospitals
1999 Ed. (2731)
Univeristy of Michigan
1991 Ed. (814)
Univeristy of Michigan Medical Center
1999 Ed. (2733)
Univeristy of North Florida
1999 Ed. (1234)
Univeristy of Texas
1991 Ed. (2680)
Univers-All Life 2000
1991 Ed. (2119)
Univers Saatchi & Saatchi
2003 Ed. (92)
2002 Ed. (125)
2001 Ed. (152)
2000 Ed. (114)
1999 Ed. (109)
Universal Corp.
2008 Ed. (41, 2370, 3752, 3753, 4931)
2007 Ed. (3639, 4767, 4769, 4960)
2006 Ed. (3408, 3574, 3575, 4759, 4761, 4762, 4763, 4953)
2005 Ed. (4705, 4706, 4709, 4711, 4920)
2004 Ed. (2116, 4728, 4729, 4732, 4734, 4940)
2003 Ed. (3451, 3452, 3479, 4748, 4752, 4935)
2002 Ed. (1523, 3394, 4628, 4630)
2001 Ed. (3358, 4497, 4551, 4560, 4563, 4828)
2000 Ed. (1655, 4256, 4257, 4371)
1999 Ed. (2444, 3445, 3904, 4606, 4607, 4610, 4715, 4740)
1998 Ed. (91, 2534, 3574, 3576, 3577, 3578)
1997 Ed. (1334, 2112, 3755, 3756, 3757, 3758, 3863, 3864)
1996 Ed. (2689, 2690, 2691, 3696, 3697, 3698, 3699, 3704, 3817)
1995 Ed. (1504, 3618, 3619, 3621, 3622, 3627)
1994 Ed. (1467, 3540, 3541, 3542, 3543, 3544, 3548, 3648)
1993 Ed. (1216, 1413, 3580, 3581, 3582, 3583, 3584)
1992 Ed. (3110, 3111, 3984, 4301, 4302, 4303, 4304, 4305)
1991 Ed. (2487, 3393, 3394, 3395, 3396, 3397)
1990 Ed. (1101, 2230, 3598, 3599, 3600, 3601, 3602)
1989 Ed. (2837, 2838, 2839)
Universal Access
2003 Ed. (2182)
2002 Ed. (2500, 2527)
Universal Access Global Holdings Inc.
2004 Ed. (4580)
Universal Am-Can Ltd.
1995 Ed. (3672)
Universal American Financial Corp.
2008 Ed. (4265)
2007 Ed. (2750, 4233)
2004 Ed. (2770)
1998 Ed. (3418)
Universal American Financial Group
2002 Ed. (2917)
Universal American Mortgage
2006 Ed. (3561)
2003 Ed. (3443)
Universal Amphitheatre
2006 Ed. (1154)
2003 Ed. (269)
2002 Ed. (4342)
2001 Ed. (4352)
1999 Ed. (1291)
Universal Appliances
1993 Ed. (2056)
Universal Avionics Systems Corp.
2000 Ed. (2399, 2450)
Universal Bank NA
2003 Ed. (377)
2002 Ed. (440)
Universal Bank Trust of Nigeria
2004 Ed. (600)
Universal Builders
2002 Ed. (1201)
Universal Care
2002 Ed. (2463)
Universal Cement Corp. Ltd.
1994 Ed. (1460)
Universal City Cinemas at Universal City Walk
1997 Ed. (2820)
Universal City Cinemas at Universal CityWalk
2000 Ed. (3167)
Universal City Development Partners
2006 Ed. (263, 1708)
2005 Ed. (242, 1762)
2004 Ed. (1704)
2003 Ed. (1675)
Universal City Development Partners II Ltd.
2008 Ed. (253, 1732)
2007 Ed. (270, 1703)
Universal City Florida Partners
2001 Ed. (1702)
Universal City Nissan
2006 Ed. (4867, 4868)
2004 Ed. (4822, 4823)
2002 Ed. (360, 362, 370)
2000 Ed. (334)
1999 Ed. (320)
1998 Ed. (209)
1996 Ed. (281, 301)
1995 Ed. (281)
1994 Ed. (278)
1993 Ed. (279)
1992 Ed. (380, 393)
1991 Ed. (288)
1990 Ed. (311)
Universal City Studios Inc.
2008 Ed. (1597)
2007 Ed. (1609)
2006 Ed. (1585)
2005 Ed. (1680)
2004 Ed. (1658)
2003 Ed. (1626)
2001 Ed. (1652)
Universal Cleaning Specialists
2008 Ed. (861, 862)
2007 Ed. (884)
Universal Co-op Credit Union
2008 Ed. (2256)
2007 Ed. (2141)
2006 Ed. (2220)
2005 Ed. (2125)
2004 Ed. (1983)
Universal Compression Holdings Inc.
2005 Ed. (3270, 3271)
2004 Ed. (3245, 3246)
Universal Computer Systems Inc.
2008 Ed. (1400)
Universal Concerts
2000 Ed. (3621)
1999 Ed. (3905)
Universal Constructors
1999 Ed. (1310)
1998 Ed. (872, 875, 880)
Universal Converter
2003 Ed. (2057)
Universal Credit Union
2008 Ed. (2268)
2007 Ed. (2153)
2006 Ed. (2232)
2005 Ed. (2137)
Universal Data Systems
1990 Ed. (2595)
Universal Develop.
1990 Ed. (2966)
Universal Die & Stampings Inc.
2008 Ed. (3741, 4990)
Universal Electric Construction Co.
1995 Ed. (1167)
Universal Electronics
1994 Ed. (2009, 2013, 2015, 3317, 3319, 3323)
Universal Engineering Sciences
2008 Ed. (2516)
2006 Ed. (2452)
Universal Fidelity Life Insurance Co.
1997 Ed. (1254)
Universal Foods
1998 Ed. (1698)
1996 Ed. (1939)
1995 Ed. (1506)
1994 Ed. (684, 1469)
1993 Ed. (1416)
Universal Forest Products Inc.
2008 Ed. (751, 2356, 2358, 2362, 3527, 3528)
2007 Ed. (778, 2635, 3022, 3390, 3391, 3773)
2006 Ed. (677, 680, 682, 2655, 3332, 3333, 3459, 3776)
2005 Ed. (769, 777, 2668, 2669, 2670, 3341, 3342, 3450, 3680)
2004 Ed. (783, 793, 2676, 2677, 2678, 3319, 3435, 3765)
2003 Ed. (2539, 2540, 2541, 3266)
2001 Ed. (2498, 2499, 2501)
1999 Ed. (1314)
1998 Ed. (883)
1997 Ed. (2991)
1996 Ed. (2902)
1994 Ed. (798)
1993 Ed. (782)
1992 Ed. (987)
1991 Ed. (806)
1990 Ed. (843)
Universal Forest Products Midwest Co., Inc.
2004 Ed. (3319)
Universal Furniture Ltd.
2008 Ed. (2795)
2007 Ed. (2659)
2006 Ed. (2674)
2005 Ed. (2696)
2004 Ed. (2697)
2003 Ed. (2584)
1991 Ed. (1170)
1990 Ed. (1863)
Universal Future
2001 Ed. (3463, 3464, 3465)
Universal Health
1993 Ed. (2018)
1991 Ed. (1893)
1990 Ed. (1989, 2964)
Universal Health Alliance Corp.
2003 Ed. (1608)
Universal Health Realty
1993 Ed. (2971)
Universal Health Realty Income
2005 Ed. (2231)
2004 Ed. (2126)
Universal Health Realty Income Trust
2008 Ed. (2363, 2369)

2007 Ed. (2223)
2006 Ed. (2296)
Universal Health Realty Inc. Trust
2002 Ed. (1556)
Universal Health Services Inc.
2008 Ed. (2899, 2901)
2007 Ed. (2769, 2776, 2791, 2935)
2006 Ed. (2763, 2776, 2795, 2925, 3019, 3586)
2005 Ed. (2801, 2913, 2914, 2915)
2004 Ed. (1609, 2925, 2926, 2927)
2003 Ed. (2692, 2825, 3464, 3465, 3467)
2002 Ed. (1772, 2451, 3291, 3802)
2001 Ed. (1043, 2667, 3923)
2000 Ed. (3179, 3624)
1999 Ed. (3461, 3907)
1998 Ed. (2933, 3184)
1997 Ed. (2825)
1992 Ed. (2384, 3132)
Universal Health Systems
1998 Ed. (2549)
Universal Home Entertainment
2001 Ed. (2122, 4691, 4692)
Universal Hotels
1993 Ed. (2077)
1992 Ed. (2468, 2469)
1990 Ed. (2060)
Universal Housing Corp.
2005 Ed. (1182)
2004 Ed. (1155)
2003 Ed. (1151)
2002 Ed. (1180)
Universal Insurance Group
2007 Ed. (1964)
2006 Ed. (3093)
2005 Ed. (3088)
2004 Ed. (3083)
Universal International
1998 Ed. (666)
Universal International Reinsurance Co., Ltd.
2008 Ed. (3225)
2007 Ed. (3085)
2006 Ed. (3055)
Universal Leaf
2005 Ed. (3332)
1989 Ed. (2843)
Universal Lending Corp.
2002 Ed. (3386)
Universal Life Insurance Co.
2004 Ed. (3079)
2003 Ed. (2976)
2000 Ed. (2669, 2689)
1999 Ed. (2916)
1998 Ed. (2132, 2165)
1997 Ed. (2419, 2451)
1996 Ed. (2286)
1995 Ed. (2280, 2308)
1994 Ed. (2233)
1993 Ed. (2223, 2224, 2253)
1992 Ed. (2662, 2707)
1991 Ed. (2106, 2144)
1990 Ed. (2275)
Universal Life, Tenn.
1989 Ed. (1690)
Universal Logistics Services Inc.
2008 Ed. (3692, 4365)
Universal McCann
2004 Ed. (119, 121, 122)
2003 Ed. (108, 110, 111, 112, 113, 114, 115, 116, 117, 118, 119, 120)
2002 Ed. (142, 144, 145, 147, 174, 193, 194, 195, 196, 3279)
2001 Ed. (165, 166, 171, 172, 173, 174, 175, 176, 177, 178, 235)
Universal McCann Worldwide
2008 Ed. (126, 127, 128)
2007 Ed. (119, 120, 121)
2006 Ed. (125, 126, 127, 3432)
2005 Ed. (122, 123, 124)
Universal Medical Bldgs.
1989 Ed. (1566)
Universal Medical Buildings
1994 Ed. (232)
1993 Ed. (242)
1992 Ed. (352)
1991 Ed. (250, 1057)
1990 Ed. (1167)
1989 Ed. (1569, 2496, 2500)
Universal Mediterranea
2005 Ed. (249)
Universal Modern Industries
1997 Ed. (242)
Universal Music
2005 Ed. (1980)
Universal Music U.K. Group
2002 Ed. (46)
Universal 1 Credit Union
2008 Ed. (2252)
2007 Ed. (2137)
2006 Ed. (2216)
2005 Ed. (2121)
2004 Ed. (1979)
2003 Ed. (1939)
2002 Ed. (1885)
Universal Parts Co., Inc.
2006 Ed. (3532)
Universal Pictures
2001 Ed. (4702)
2000 Ed. (33, 793)
1998 Ed. (2532)
Universal Pictures Distribution
2002 Ed. (3393)
2000 Ed. (3164)
1999 Ed. (3442)
Universal Press Syndicate
1989 Ed. (2047)
Universal Protection Service
1995 Ed. (3211)
1994 Ed. (3161)
1993 Ed. (3114)
Universal Re-Insurance Co., Ltd.
2008 Ed. (3225)
2007 Ed. (3085)
2006 Ed. (3055)
Universal Rightfield Property Holdings
1999 Ed. (3821)
Universal Robina Corporation
2000 Ed. (1540)
Universal Roofers Inc.
1991 Ed. (1084)
Universal Roofers Builders Inc.
1990 Ed. (1205)
Universal Savings Bank FA
1990 Ed. (2475)
Universal Scientific Industrial Co., Ltd.
2006 Ed. (1228, 1229, 1231, 2401)
2005 Ed. (1272, 1274, 1277, 1278, 2356)
2004 Ed. (1112, 2238, 2240, 2859)
2002 Ed. (1226)
Universal Security Instruments Inc.
2008 Ed. (4363, 4400)
Universal Security Systems
2000 Ed. (3906)
Universal Semiconductor Inc.
2008 Ed. (2466)
2005 Ed. (2345)
2000 Ed. (1768)
1999 Ed. (1988)
Universal Stainless
2007 Ed. (1954)
2006 Ed. (1985)
Universal Stainless & Alloy
1997 Ed. (3358)
Universal Stainless & Alloy Products Inc.
2008 Ed. (2038, 2044, 2045, 4424)
2004 Ed. (4534)
Universal Studios Inc.
2008 Ed. (1597, 3751)
2007 Ed. (277, 1609, 3638, 3640)
2006 Ed. (272, 1585)
2005 Ed. (253, 1680, 3517)
2004 Ed. (244, 1658, 3512, 4141)
2003 Ed. (277, 1626, 3449)
2002 Ed. (310, 312, 3395, 3396)
2001 Ed. (378, 1652, 3359, 3360, 3361, 3362)
2000 Ed. (3733)
1998 Ed. (167)
1997 Ed. (245, 248, 2054, 2816, 2819)
Universal Studios Florida
2001 Ed. (379, 381)
2000 Ed. (296, 298, 300)
1999 Ed. (270, 272, 4622)
1998 Ed. (166)
1997 Ed. (245, 249, 251)
1996 Ed. (217, 219, 3481)
1995 Ed. (215, 218, 1916)
1994 Ed. (218, 219, 1887, 3361)
1993 Ed. (228, 3358)
1992 Ed. (4318)
Universal Studios Hollywood
2007 Ed. (277)
2006 Ed. (272)
2005 Ed. (253)
2004 Ed. (244)
2003 Ed. (277)
2002 Ed. (312)
2001 Ed. (381)
2000 Ed. (296, 300)
1999 Ed. (268)
1998 Ed. (167)
1997 Ed. (251)
1996 Ed. (219)
1995 Ed. (215)
1994 Ed. (218, 219, 3361)
1993 Ed. (228, 2596, 2597, 3524)
1992 Ed. (331, 4026)
1991 Ed. (239)
Universal Studios Hollywood/City Walk
2000 Ed. (3733)
Universal Studios Home Video
2001 Ed. (4697)
Universal Studios Japan
2007 Ed. (272, 275)
2006 Ed. (267, 269)
2005 Ed. (248, 250)
2003 Ed. (272, 275)
Universal Studios Recreation Group
2007 Ed. (274)
2006 Ed. (270)
2005 Ed. (251)
2003 Ed. (274)
2002 Ed. (309)
Universal Studios Tour
1991 Ed. (3156)
1990 Ed. (264, 3325)
Universal System
1994 Ed. (2941)
Universal Systems & Technology
2008 Ed. (175)
2003 Ed. (214)
Universal Technical Institute
2005 Ed. (2772, 2773, 2775)
Universal Technical Services
2007 Ed. (3414)
2006 Ed. (3360)
Universal Textile Co.
1992 Ed. (4284)
Universal Transport
2006 Ed. (4809)
Universal Underwriters Group
2008 Ed. (1403)
Universal Vending Management
2008 Ed. (4415)
Universal Voltronics Corp.
1992 Ed. (321)
Universal World Science & Technology
2001 Ed. (3473, 3474)
Universale
1994 Ed. (3631)
1993 Ed. (3671)
Universale-Bau
1992 Ed. (4401)
1991 Ed. (3233)
Universale-Bau AG
1993 Ed. (3672)
Universe Partners L.P.
1995 Ed. (2096)
Universico Group Ltd.
2001 Ed. (2913)
Universidad Interamericana de Puerto Rico
2006 Ed. (4298)
2005 Ed. (1731, 4357)
Universitas
2007 Ed. (765)
Universite de Laval
1993 Ed. (807)
Universite de Sherbrooke
1995 Ed. (871)
1994 Ed. (819)
1993 Ed. (807)
Universite Laval
1995 Ed. (871)
Universities
2007 Ed. (3717)
2001 Ed. (4042)
1994 Ed. (2742)
1991 Ed. (3250)
Universities & colleges
2002 Ed. (3973, 3974, 3979)
Universities Research Association
1992 Ed. (3256)
Universities Superannuation
1996 Ed. (2944)
Universities Superannuation Scheme
1990 Ed. (2788)
University at Buffalo
2008 Ed. (777)
University at Buffalo Health Sciences
2008 Ed. (2408)
University Avenue Canadian
2004 Ed. (2472, 2473)
2003 Ed. (3590, 3591)
2002 Ed. (3458, 3459, 3460)
2001 Ed. (3485, 3486, 3487)
University Avenue Canadian Small Cap
2004 Ed. (3629, 3630)
2003 Ed. (3596, 3597, 3598)
University Avenue World
2002 Ed. (3439)
University Bank & Trust Co.
1990 Ed. (647)
1989 Ed. (636)
University Cadillac
1996 Ed. (267)
1995 Ed. (266)
1994 Ed. (264)
University City Science Center
1996 Ed. (2251)
1995 Ed. (2242)
1992 Ed. (2596)
1991 Ed. (2022)
University Corporation for Atmospheric Research
2008 Ed. (1670, 1671)
University Credit Union
2008 Ed. (2236, 2261)
2007 Ed. (2121)
2006 Ed. (2169)
2005 Ed. (2075)
2003 Ed. (1897)
University Estadual de Campinas
2004 Ed. (3026)
University Estadual de Londrina
2004 Ed. (3026)
University FCU
2000 Ed. (1622)
University Federal
1991 Ed. (3445)
University Federal Savings Assn.
1991 Ed. (3363)
University; George Washington
1989 Ed. (2903)
University, Harvard
1992 Ed. (1282)
University Health Resources Inc.
2001 Ed. (1712)
University Health Systems of Eastern Carolina Inc.
2005 Ed. (1911)
University Healthcare System LC
2008 Ed. (1889)
2007 Ed. (1857)
2006 Ed. (1854)
2005 Ed. (1848)
2004 Ed. (1782)
2003 Ed. (1747)
2001 Ed. (1779)
University HealthSystem Consortium Services Corp.
1999 Ed. (2637)
University Hospital
2004 Ed. (2920)
2003 Ed. (2815, 2816, 2822)
2002 Ed. (2611, 2612)
2000 Ed. (2520)
1999 Ed. (2741)
University Hospitals Health System Inc.
2008 Ed. (2004)
2007 Ed. (1936)
2006 Ed. (1953)
2005 Ed. (1919)
2003 Ed. (1840)
1999 Ed. (2991)
University Hospitals of Cleveland
2008 Ed. (2004)
2007 Ed. (1936, 2899)
2004 Ed. (2914)
2003 Ed. (2810)

2002 Ed. (2606)
2000 Ed. (2518)
University Instructors
2008 Ed. (2404, 4042)
University Mall
1999 Ed. (4309)
1998 Ed. (3299)
University Mechanical & Engineering Contractors Inc.
2008 Ed. (1181)
2006 Ed. (1175)
1990 Ed. (1201, 1208)
University Mechanical Contractors Inc.
2006 Ed. (1348, 1351)
University Medical Center
2008 Ed. (3059, 3063)
2003 Ed. (1607, 2830)
2001 Ed. (1610)
University Motors
1996 Ed. (743)
1995 Ed. (669)
University National Bank
2005 Ed. (523)
University National Bank of Lawrence
2005 Ed. (520)
University of Adelaide
2002 Ed. (1103)
University of Akron
2006 Ed. (706)
2005 Ed. (799)
University of Alabama at Huntsville
1993 Ed. (889, 1018, 1028)
University of Alabama-Birmingham
2006 Ed. (3590)
2001 Ed. (3258)
2000 Ed. (3066)
University of Alabama Hospital at Birmingham
2008 Ed. (3051)
2007 Ed. (2922, 2928)
2006 Ed. (2909)
2005 Ed. (2902)
2004 Ed. (2916)
2003 Ed. (2812, 2830, 2831, 2833, 2834, 2835)
2002 Ed. (2608)
2000 Ed. (2522)
1999 Ed. (2728, 2743)
University of Alabama in Huntsville
1995 Ed. (1053)
1994 Ed. (1045)
University of Alabama School of Medicine
1999 Ed. (3328)
University of Alabama-Tuscaloosa
2008 Ed. (769, 782, 784)
2007 Ed. (794, 802, 805)
2006 Ed. (701, 716, 720)
University of Alaska
2003 Ed. (2272)
University of Alaska at Fairbank
1993 Ed. (1020)
University of Alberta
2008 Ed. (1070, 1073, 1075, 1076, 1077, 1550, 1556, 3636, 3641, 4279)
2007 Ed. (1166, 1169, 1170, 1171, 1172, 1571, 1573, 3469, 3470, 3471, 3472, 3473)
2006 Ed. (1541, 1543)
2002 Ed. (903)
1993 Ed. (807)
University of Arizona
2008 Ed. (771, 774, 3637)
2007 Ed. (809, 3462)
2006 Ed. (704, 705, 725)
2005 Ed. (797, 798)
2004 Ed. (820, 823)
2002 Ed. (880, 894, 3984)
2001 Ed. (1060)
2000 Ed. (922)
1999 Ed. (976)
1998 Ed. (554)
1997 Ed. (853, 862, 2609)
1989 Ed. (958)
University of Arizona at Eller
1993 Ed. (799)
University of Arizona, Eller
1996 Ed. (840)
1995 Ed. (865)
University of Arizona, Eller School of Business
2008 Ed. (796)
University of Arizona, James E. Rogers College of Law
2008 Ed. (3430)
2007 Ed. (3329)
University of Arkansas
2006 Ed. (1071)
University of Arkansas at Monticello
1990 Ed. (1084)
University of Arkansas-Fayetteville
2007 Ed. (793)
2006 Ed. (700)
University of Auckland
2004 Ed. (1060)
University of British Columbia
2008 Ed. (1070, 1073, 1075, 1076, 1077, 3636, 3641, 3642)
2007 Ed. (1166, 1169, 1170, 1171, 1172, 3469, 3470, 3471, 3472, 3473)
2004 Ed. (838)
2003 Ed. (790, 792)
2002 Ed. (903, 904, 906)
1994 Ed. (819)
University of British Columbia, Sauder School of Business
2007 Ed. (812)
University of Calfornia at San Diego
1999 Ed. (1237)
University of Calgary
2008 Ed. (1076, 1556, 3636)
2007 Ed. (1573, 3473)
2006 Ed. (1543)
2002 Ed. (904)
1994 Ed. (819)
University of Calgary, Alberta
2004 Ed. (838)
2003 Ed. (791)
University of Calgary, Haskayme School of Business
2004 Ed. (838)
University of California
2008 Ed. (2322, 3864, 3865, 4044)
2007 Ed. (2185, 2193, 3791, 4017)
2006 Ed. (3590, 3784, 3785, 3978)
2005 Ed. (3905)
2004 Ed. (928, 3787)
2003 Ed. (3467, 3471, 3761)
2002 Ed. (3296, 3619, 3802)
2001 Ed. (2589, 2590, 3668, 3683, 3923)
2000 Ed. (916, 918, 919, 920, 921, 921, 922, 923, 924, 925, 927, 1143, 1827, 1827, 1828, 1829, 1830, 1831, 1832, 1833, 1834, 1835, 1836, 3431, 3433, 3448)
1999 Ed. (3722, 3731)
1998 Ed. (2763, 2771)
1997 Ed. (1062, 1064, 3014, 3018, 3022, 3383)
1996 Ed. (2928, 2930, 3286)
1995 Ed. (2858, 2860, 3189)
1994 Ed. (1713, 2743, 2755, 2759, 2764)
1993 Ed. (3099, 3100)
1990 Ed. (1092)
University of California at Berkeley
1999 Ed. (969, 972, 974, 975, 978, 980, 1107, 1109, 1238, 1239, 2037, 2038, 2039, 2040, 2041, 2042, 2043, 2044, 2045, 2046, 3158, 3161, 3163, 3164)
1998 Ed. (548, 559, 712, 713, 809, 811, 1461, 1462, 1463, 1464, 1465, 1466, 1467, 1468, 1469, 2334, 2336, 2337, 2338)
1997 Ed. (850, 861, 968, 969, 1068, 1069, 1764, 1768, 1769, 1770, 1771, 1773, 1774, 1775, 1776, 2604, 2606, 2607)
1996 Ed. (837, 946, 947, 1050, 1051, 1683, 1686, 1687, 1688, 1689, 1690, 1691, 1692, 1693, 1694, 2457, 2459, 2461)
1995 Ed. (969, 970, 1064, 1071, 1072, 1701, 1704, 1705, 1706, 1707, 1708, 1709, 1710, 1711, 1712, 2422, 2424)
1994 Ed. (937, 938, 1654, 1657, 1658, 1659, 1660, 1661, 1663, 1664, 1665)
1993 Ed. (804, 923, 924, 1030, 1031, 1621, 1623, 1624, 1626, 1627, 1628, 1629, 1630, 1631, 1632)
1990 Ed. (1086)
University of California at Berkeley, Haas
1996 Ed. (847)
1994 Ed. (813)
University of California at Davis
1998 Ed. (1459)
1997 Ed. (1766)
1996 Ed. (1695)
University of California at Irvine
1999 Ed. (974)
University of California at Irvine Center for Health Education
2008 Ed. (1597)
University of California at Los Angeles
1999 Ed. (969, 971, 972, 973, 975, 976, 977, 978, 1107, 1109, 1235, 1238, 1239, 3159, 3163, 3328, 3329, 3331, 3335)
1998 Ed. (550, 556, 713, 807, 809, 2335, 2339, 3161)
1997 Ed. (857, 859, 968, 969, 1068, 1069, 2603, 2606)
1996 Ed. (849, 946, 947, 1050, 1051, 2458)
1995 Ed. (858, 969, 970, 1071, 1072, 3091)
1994 Ed. (937, 938, 1060, 3046)
University of California at Los Angeles, Anderson
1995 Ed. (860)
1994 Ed. (814)
University of California at Los Angeles Medical Center
1994 Ed. (890, 2090)
University of California at San Diego
2000 Ed. (1037, 1146, 3066, 3067)
1999 Ed. (2036, 3329, 4046)
1998 Ed. (810, 1460, 3046)
1997 Ed. (1067, 1767, 3297)
1996 Ed. (947, 1051, 1685)
1995 Ed. (970, 1072, 3091)
1994 Ed. (938)
1993 Ed. (889)
University of California at San Francisco
1999 Ed. (3327, 3328, 3329, 3330, 3331, 3332, 3333, 3335)
1997 Ed. (1067, 3297)
1996 Ed. (1048, 3192)
1995 Ed. (1073, 3095)
University of California at San Francisco Medical Center
1999 Ed. (2745)
University of California at Santa Barbara
1999 Ed. (2044)
1998 Ed. (711)
1996 Ed. (949)
University of California-Berkeley
2008 Ed. (776, 779, 781, 785, 1062, 1089, 2574, 2576, 3431)
2007 Ed. (800, 802, 803, 804, 806, 1165, 1181, 2447, 3330)
2006 Ed. (721, 730, 731, 735, 3951, 3957, 3960, 3962)
2005 Ed. (797, 2852)
2004 Ed. (810, 820, 821, 823, 2405, 2844)
2003 Ed. (788, 4074)
2002 Ed. (873, 875, 877, 878, 881, 882, 884, 886, 887, 888, 890, 891, 895, 897, 900, 1030, 1031, 1033, 1034, 3980, 3984, 3985)
2001 Ed. (1054, 1056, 1059, 1061, 1062, 1063, 1065, 1330, 2247, 2249, 2250, 2251, 2252, 2253, 2254, 2255, 2256, 2257, 2258, 3059, 3062, 3064, 3065)
2000 Ed. (1035, 1036, 2907)
1989 Ed. (842, 954)
University of California-Berkeley, Haas School of Business
2008 Ed. (770, 772, 773, 780, 787, 788, 791, 793, 794, 795, 798, 800)
2007 Ed. (808, 810, 814, 815, 816, 817, 819, 821)
2006 Ed. (712)
2005 Ed. (800)
University of California-Berkley
2005 Ed. (801, 1063, 2440)
2004 Ed. (828, 3241)
2003 Ed. (789)
2000 Ed. (1147, 1148, 2905)
University of California-Davis
2008 Ed. (779)
2007 Ed. (800)
2006 Ed. (713)
2002 Ed. (3982)
University of California-Irvine
2007 Ed. (832)
2006 Ed. (735)
2002 Ed. (902)
2001 Ed. (1060)
University of California-Irvine, Henry Samueli School of Engineering
2008 Ed. (2575)
2007 Ed. (2446)
University of California-Irvine, Merage School of Business
2007 Ed. (821)
University of California-Los Angeles
2008 Ed. (776, 781, 1062, 1089, 3430)
2007 Ed. (800, 801, 803, 804, 806, 1181, 3329)
2006 Ed. (713, 715, 717, 719)
2005 Ed. (1063, 2852)
2004 Ed. (820, 1061, 2844)
2003 Ed. (788, 794, 4074)
2002 Ed. (875, 876, 877, 878, 879, 881, 883, 899, 900, 1030, 3982, 3985)
2001 Ed. (1056, 1057, 1058, 1059, 1061, 1063, 1064, 1066, 3060, 3068, 3252, 3253, 3254, 3258, 3259, 3261)
2000 Ed. (1036, 1144, 1146, 1148, 2903, 2912, 3066, 3067, 3069, 3759)
1993 Ed. (923, 924, 1029, 1030, 1031, 3000)
1990 Ed. (1096, 2999)
University of California-Los Angeles, Anderson School
2003 Ed. (800)
University of California-Los Angeles, Anderson School of Business
2007 Ed. (796, 810)
2006 Ed. (722)
2005 Ed. (813, 815)
University of California-Los Angeles, David Geffen School of Medicine
2008 Ed. (3983)
2007 Ed. (3953)
University of California-Los Angeles Medical Center
2004 Ed. (2813)
University of California-Los Angeles, School of Medicine
2006 Ed. (3903)
2005 Ed. (3835)
University of California Regents
1997 Ed. (3383)
1996 Ed. (3286)
1993 Ed. (3100)
University of California-San Diego
2008 Ed. (1062, 1065)
2007 Ed. (1164, 1165)
2005 Ed. (3439)
2004 Ed. (2844)
2003 Ed. (4074)
2002 Ed. (3981, 3983, 3984, 3985)
2001 Ed. (2249, 3254, 3258)
2000 Ed. (3759)
1995 Ed. (1703, 1713)
1990 Ed. (1086, 1096, 2999, 3092)
University of California, San Diego Medical Center
2008 Ed. (3054)
2007 Ed. (2932)
University of California-San Francisco
2008 Ed. (3640)
2007 Ed. (3468)
2005 Ed. (3439, 3440)
2004 Ed. (3424)
2003 Ed. (4074)

2002 Ed. (3982)
2001 Ed. (3252, 3253, 3254, 3255, 3256, 3258, 3260, 3261)
2000 Ed. (3065, 3066, 3067, 3068, 3070, 3071, 3072, 3074)
University of California, San Francisco Medical Center
2008 Ed. (3042, 3043, 3044, 3046, 3047, 3051, 3053, 3054, 3057)
2007 Ed. (2923, 2924, 2928, 2929, 2930, 2932)
2006 Ed. (2900, 2904, 2909, 2910, 2911, 2913, 2916)
2005 Ed. (2896, 2898, 2900, 2902, 2903, 2904, 2906, 2910)
2004 Ed. (2910, 2912, 2916, 2917, 2918, 2920, 2923, 2924)
2003 Ed. (2808, 2812, 2813, 2814, 2816, 2818, 2821, 2823, 2833, 2834)
2002 Ed. (2604, 2609, 2610, 2616)
2000 Ed. (2511, 2514, 2515, 2517, 2520, 2524)
1999 Ed. (2728, 2729, 2731, 2732, 2735, 2736, 2741)
University of California-San Francisco, School of Medicine
2006 Ed. (3903)
2005 Ed. (3835)
University of California-Santa Barbara
2001 Ed. (2256)
University of California System
2008 Ed. (1349, 1353)
2007 Ed. (1396, 1399)
2006 Ed. (1357, 1360, 1379)
2005 Ed. (1349, 1369, 1391)
2004 Ed. (1343, 1353, 1356, 1370)
2003 Ed. (1343, 1351, 1353)
1995 Ed. (1049)
University of California-UCLA Medical Center
1999 Ed. (2749)
1998 Ed. (1993)
1997 Ed. (2271)
1996 Ed. (2156)
1995 Ed. (2145)
1993 Ed. (2074)
University of Central Florida
2008 Ed. (758, 2575, 3639)
2007 Ed. (2446)
2002 Ed. (1107)
2000 Ed. (1141)
1999 Ed. (1234)
1998 Ed. (806)
University of Chicago
2008 Ed. (770, 776, 780, 788, 1059, 1353, 3431)
2007 Ed. (796, 798, 803, 810, 818, 820, 830, 832, 834, 1165, 1399, 3330)
2006 Ed. (702, 708, 709, 710, 712, 717, 718, 719, 721, 728, 732, 734, 1360, 2858, 3785)
2005 Ed. (801, 803, 810, 811, 815, 1369, 3266)
2004 Ed. (828, 829, 1353, 3241)
2003 Ed. (789, 1353)
2002 Ed. (873, 874, 876, 877, 881, 884, 898, 1031, 1034)
2001 Ed. (1054, 1055, 1057, 1061, 1063, 1064, 1065, 3059)
2000 Ed. (916, 917, 919, 923, 925, 926, 927, 928, 2903, 2909, 2911)
1999 Ed. (969, 970, 972, 973, 974, 977, 979, 982, 3158, 3331)
1998 Ed. (548, 549, 551, 558, 560, 2334)
1997 Ed. (850, 851, 852, 860, 2602, 2603)
1996 Ed. (837, 838, 839, 849, 1035, 2457, 2458, 2463)
1995 Ed. (858, 861, 869, 870, 970, 1050, 1072, 2422)
1994 Ed. (806, 807, 808, 818, 937, 938, 1042, 2358)
1993 Ed. (794, 796, 797, 798, 923, 924, 1015, 1030, 1031, 2407)
1990 Ed. (1087, 1088, 1092)
1989 Ed. (842)
University of Chicago, Europe Campus
2005 Ed. (811)
University of Chicago Hospital
1990 Ed. (2054)
University of Chicago Hospitals
2008 Ed. (3042, 3052, 3059)
2007 Ed. (2919, 2929)
2006 Ed. (2910)
2005 Ed. (2894, 2903)
2004 Ed. (2908, 2913, 2917)
2003 Ed. (2805, 2813, 2823)
2002 Ed. (2600, 2609, 2610, 2618)
2001 Ed. (2769, 2770, 2771)
2000 Ed. (2508, 2510, 2511, 2525)
1999 Ed. (2729, 2732, 2746)
1998 Ed. (1987)
1997 Ed. (2268)
1996 Ed. (2153)
1995 Ed. (2141)
1994 Ed. (2088)
University of Chicago School of Business
1997 Ed. (865)
University of Cincinnati
2004 Ed. (825, 826, 827)
2001 Ed. (3256)
2000 Ed. (3071)
1999 Ed. (3333)
University of Cincinnati Hospital
1997 Ed. (2263)
University of Colorado
2008 Ed. (1687, 2494)
2007 Ed. (809, 2377)
2006 Ed. (2432)
2005 Ed. (2391)
2003 Ed. (2276)
2002 Ed. (1030, 1031, 1033, 1034, 2418, 3981, 3984)
2001 Ed. (1330)
2000 Ed. (1035, 1036, 1147, 1148, 3066)
1999 Ed. (1107, 1109, 1238, 1239)
1998 Ed. (712, 811, 2336)
University of Colorado at Boulder
2002 Ed. (1104)
2000 Ed. (2905)
1999 Ed. (3161)
1997 Ed. (2604)
1996 Ed. (2459)
1995 Ed. (2424)
University of Colorado at Colorado Springs
2002 Ed. (1104)
University of Colorado at Denver
2002 Ed. (1104)
University of Colorado-Boulder
2006 Ed. (705)
2005 Ed. (798)
2004 Ed. (821)
2001 Ed. (3062)
University of Colorado Credit Union
2007 Ed. (2107)
2006 Ed. (2174, 2186)
2005 Ed. (2080, 2091)
2004 Ed. (1939, 1949)
2003 Ed. (1909)
2002 Ed. (1839, 1852)
University of Colorado-Denver
2008 Ed. (3639)
2006 Ed. (706)
2004 Ed. (825, 2307)
University of Colorado Federal Credit Union
2002 Ed. (1855)
University of Colorado Health Sciences Center
2005 Ed. (3439)
2001 Ed. (3255, 3256)
2000 Ed. (3068)
1999 Ed. (3329, 3330, 3333)
University of Colorado Hospital
2008 Ed. (3054)
2007 Ed. (2931, 2932)
2006 Ed. (2913)
2005 Ed. (2906)
2002 Ed. (2617)
University of Colorado Hospital Authority
2008 Ed. (1690)
2007 Ed. (1668)
2005 Ed. (1742)
2004 Ed. (1684)
2003 Ed. (1655)
2001 Ed. (1673)
University of Colorado Insurance Corp.
1994 Ed. (864)
1993 Ed. (851)
University of Connecticut
2008 Ed. (782, 800, 3430)
2007 Ed. (802, 3329)
2006 Ed. (716)
University of Connecticut Health Center
2008 Ed. (1696)
1994 Ed. (890)
University of Dayton
2008 Ed. (774)
2001 Ed. (1324)
2000 Ed. (1138)
1999 Ed. (1108, 1229)
1998 Ed. (711, 800)
1997 Ed. (971, 1055)
1996 Ed. (949, 1039)
1993 Ed. (1019)
University of Delaware
2002 Ed. (1029, 1032)
2001 Ed. (2250)
2000 Ed. (1828)
1999 Ed. (1106, 1108, 2037)
1997 Ed. (1065)
1996 Ed. (948)
1995 Ed. (971)
1990 Ed. (1487)
University of Denver
2007 Ed. (801, 1164, 2376)
2006 Ed. (715, 729, 2431)
2002 Ed. (1104)
University of Denver, Daniels School of Business
2007 Ed. (815, 826)
2006 Ed. (740)
University of El Valle
1994 Ed. (1906)
University of Evansville
1996 Ed. (1039)
1995 Ed. (1054)
University of Florida
2008 Ed. (758, 783, 1065)
2007 Ed. (1163, 4597)
2006 Ed. (714)
2004 Ed. (827)
2002 Ed. (867, 902, 1107)
2001 Ed. (2256, 2258, 3066)
2000 Ed. (1141, 1836, 2909)
1999 Ed. (1234, 2044, 2046, 3165)
1998 Ed. (806, 2339)
1997 Ed. (2608)
1996 Ed. (2463)
1995 Ed. (2428)
1994 Ed. (889, 1056, 2743)
University of Florida, Frederic G. Levin College of Law
2008 Ed. (3430)
2007 Ed. (3329)
University of Florida; Shands at the
2006 Ed. (2922)
University of Georgia
2008 Ed. (782, 1065)
2007 Ed. (802, 1163)
2006 Ed. (716, 1071, 4203)
University of Georgia, Terry
1994 Ed. (817)
1993 Ed. (804)
University of Georgia, Terry School of Business
2008 Ed. (792, 800)
University of Guam
2005 Ed. (1367)
University of Guelph
2008 Ed. (1070, 1071, 1074, 1075, 1076, 1077, 1082)
2007 Ed. (1166, 1167, 1170, 1171, 1172, 1173, 1174, 1175)
University of Hawaii Credit Union
2008 Ed. (2228)
2007 Ed. (2113)
2006 Ed. (2192)
2005 Ed. (2097)
2004 Ed. (1955)
2003 Ed. (1915)
2002 Ed. (1861)
University of Hawaii Foundation
2007 Ed. (1751)
University of Hawaii System
2008 Ed. (1782)
2007 Ed. (1754)
2006 Ed. (1745)
University of Hong Kong
2001 Ed. (2882)
1999 Ed. (2886)
1997 Ed. (2393)
University of Houston
2006 Ed. (706)
2005 Ed. (799)
2001 Ed. (3063, 3064)
2000 Ed. (2906, 2907)
1999 Ed. (3162, 3163)
1998 Ed. (2337)
1997 Ed. (968, 969, 1068, 1069, 2605, 2606)
1996 Ed. (2460, 2462)
1995 Ed. (1063, 2425)
1994 Ed. (889, 1055, 1056)
1993 Ed. (1028, 1897)
1990 Ed. (2053)
University of Houston-Clear Lake
2008 Ed. (3639)
University of Houston, University Park
2001 Ed. (3068)
University of Houston-Victoria
2008 Ed. (778)
University of Idaho Regents
2001 Ed. (804)
University of Illinois
2002 Ed. (885, 886, 892)
2000 Ed. (917, 1826, 1828, 1829, 1830, 1831, 1832, 1833, 1835, 1836)
1997 Ed. (1063)
University of Illinois at Chicago
2002 Ed. (899)
1990 Ed. (1086)
University of Illinois at Chicago Medical Center
2001 Ed. (2770)
2000 Ed. (2525)
1999 Ed. (2746)
1998 Ed. (1987)
1997 Ed. (2268)
1996 Ed. (2153)
University of Illinois at Urbana-Champaign
2000 Ed. (1035, 1147)
1999 Ed. (970, 2035, 2037, 2038, 2039, 2040, 2041, 2042, 2044, 2045, 2046)
1998 Ed. (549, 1459, 1462, 1463, 1464, 1465, 1467, 1468, 1469, 3161)
1997 Ed. (851, 968, 1068, 1764, 1766, 1769, 1770, 1771, 1772, 1774, 1775, 1776, 2632)
1996 Ed. (838, 1683, 1687, 1688, 1689, 1690, 1692, 1693, 1694, 1695)
1995 Ed. (870, 1701, 1705, 1706, 1707, 1708, 1710, 1711, 1712, 1713)
1994 Ed. (807, 1058, 1654, 1658, 1659, 1660, 1661, 1663, 1664, 1665, 1713, 1900)
1993 Ed. (797, 1621, 1623, 1624, 1626, 1627, 1628, 1629, 1630, 1632)
University of Illinois-Chicago
2008 Ed. (774, 3637)
2006 Ed. (706)
2004 Ed. (824, 825, 826, 827)
University of Illinois-Urbana-Champaign
2008 Ed. (789, 792, 1062, 2574, 2576)
2007 Ed. (818, 1163, 2447)
2006 Ed. (714)
2005 Ed. (2440)
2004 Ed. (2405, 2669)
2002 Ed. (874, 1033, 3980, 3981, 3983)
2001 Ed. (1055, 1330, 2247, 2248, 2250, 2251, 2252, 2253, 2254, 2256, 2257, 2258)
University of Iowa
2006 Ed. (725, 3960)
2005 Ed. (3439)
2002 Ed. (901)
2001 Ed. (3253, 3255, 3257)
2000 Ed. (2908, 3072, 3073)
1999 Ed. (3330, 3334)

University of Iowa Community
2000 Ed. (1624)
University of Iowa Community Credit Union
2007 Ed. (2117)
2006 Ed. (2196)
2005 Ed. (2101)
2004 Ed. (1959)
2003 Ed. (1919)
2002 Ed. (1865)
University of Iowa Hospital
1995 Ed. (2143)
University of Iowa Hospitals & Clinics
2008 Ed. (3047, 3048, 3055)
2007 Ed. (1818, 2924, 2925, 2933)
2006 Ed. (1811, 2905, 2906, 2914)
2005 Ed. (1826, 2899, 2907, 2908)
2004 Ed. (1759, 2913, 2921, 2922)
2003 Ed. (1722, 2809, 2817, 2818)
2002 Ed. (2605, 2613, 2614)
2001 Ed. (1752)
2000 Ed. (2515, 2516, 2517)
1999 Ed. (2736, 2737, 2738)
University of Kansas
2007 Ed. (3462)
1993 Ed. (889)
University of Kansas Hospital Authority
2008 Ed. (1876)
2007 Ed. (1842)
2006 Ed. (1837)
2005 Ed. (1832)
2004 Ed. (1766)
University of Kentucky Credit Union
2008 Ed. (2234)
2007 Ed. (2119)
2006 Ed. (2198)
2005 Ed. (2103)
2004 Ed. (1961)
2003 Ed. (1921)
2002 Ed. (1867)
University of Kentucky Hospital
2008 Ed. (1881)
2007 Ed. (1845)
2006 Ed. (1840)
2005 Ed. (1835)
2003 Ed. (1732)
2001 Ed. (1772)
University of La Verne
2003 Ed. (800)
2000 Ed. (930)
University of Laval
2008 Ed. (1073, 1078, 1079, 3636, 3641, 3642, 4279)
2007 Ed. (1169, 1179, 3469, 3473)
University of Lethbridge
2008 Ed. (1083)
University of London
2007 Ed. (812, 813)
2006 Ed. (726, 727)
University of Louisville
2008 Ed. (771)
2004 Ed. (825, 827)
University of Maine Credit Union
2005 Ed. (2105)
2004 Ed. (1963)
2003 Ed. (1923)
2002 Ed. (1869)
University of Manchester
2007 Ed. (812)
University of Manitoba
2008 Ed. (1074, 3642)
2002 Ed. (903, 904)
University of Manitoba, Asper School of Business
2004 Ed. (838)
University of Mary Washington
2008 Ed. (1087)
University of Maryland
2004 Ed. (2669)
2001 Ed. (2488, 3060, 3062, 3063)
2000 Ed. (929, 2903, 2905, 2906)
1999 Ed. (3159, 3161, 3162)
1998 Ed. (712, 811, 2335, 2336)
1993 Ed. (926)
University of Maryland at Baltimore
1997 Ed. (2603, 2604, 2605)
1996 Ed. (2458, 2459, 2460)
1995 Ed. (2423, 2425)
University of Maryland at College Park
1999 Ed. (1107, 1238, 2035, 2036)
1997 Ed. (968, 1068)
1996 Ed. (946, 1050)
University of Maryland-College Park
2008 Ed. (778)
2006 Ed. (704)
2005 Ed. (797)
2004 Ed. (820, 822, 823)
2002 Ed. (880)
2001 Ed. (1060)
1994 Ed. (937, 939)
1993 Ed. (923, 1030)
University of Maryland Medical Center
1994 Ed. (1901)
University of Maryland Medical System Corp.
2008 Ed. (1902)
2007 Ed. (1867)
2006 Ed. (1862)
2005 Ed. (1853)
2004 Ed. (1788)
2003 Ed. (1751, 2834, 2836)
2001 Ed. (1786)
University of Maryland, Smith School of Business
2007 Ed. (796)
2006 Ed. (722, 740)
University of Marymount-College Park
2007 Ed. (799)
University of Massachusetts
2004 Ed. (2669)
2001 Ed. (2488)
1995 Ed. (969, 1071)
1990 Ed. (2053)
University of Massachusetts-Amherst
2008 Ed. (779, 783, 784, 785)
2007 Ed. (804, 805)
2006 Ed. (719, 720)
2004 Ed. (822)
University of Massachusetts at Worcester
2000 Ed. (3072)
University of Massachusetts Memorial Health Care
2003 Ed. (2836)
University of Massachusetts-Worcester
2005 Ed. (3439)
2001 Ed. (3253)
University of Medicine & Dentistry of New Jersey
2008 Ed. (3983)
University of Melbourne
2004 Ed. (1060, 4100)
2002 Ed. (1103, 3964)
University of Memphis
2006 Ed. (714)
University of Miami
2008 Ed. (758, 3166, 3172, 3177, 3178, 3179, 3180, 3181, 3430)
2007 Ed. (826, 3052, 3329)
2006 Ed. (3019)
2004 Ed. (2922)
2003 Ed. (2818, 2836)
2002 Ed. (867, 1106, 2614)
2001 Ed. (1066, 3066, 3068)
2000 Ed. (929, 1142, 2515, 2909, 2912)
1999 Ed. (1233, 3165, 3328)
1998 Ed. (805, 2339)
1997 Ed. (2608)
1996 Ed. (2463)
1995 Ed. (2428)
1993 Ed. (889)
University of Miami Bascom Palmer Eye Institute
1999 Ed. (2736)
University of Miami, Jackson Memorial Hospital
2003 Ed. (2822, 2832, 2833)
1999 Ed. (2728, 2735)
University of Miami, Leonard M. Miller School of Medicine
2008 Ed. (3637)
University of Miami, School of Business
2006 Ed. (724)
2005 Ed. (800)
University of Miami, School of Business Administration
2008 Ed. (787)
2007 Ed. (808)
University of Michigan
2008 Ed. (3864)
2007 Ed. (827, 828, 832, 834, 1165)
2006 Ed. (717, 719, 730, 731, 737, 738, 3785, 3948, 3957)
2005 Ed. (804, 809)
2004 Ed. (812, 813, 814, 815, 816, 817, 818, 829)
2003 Ed. (788, 793, 4074)
2002 Ed. (885, 886, 887, 890, 891, 892, 893, 895, 896, 2349, 3980, 3981, 3982, 3985)
2001 Ed. (2229)
2000 Ed. (916, 917, 918, 919, 920, 921, 922, 923, 924, 925, 926, 927, 928, 1146, 1826, 1827, 1829, 1830, 1831, 1832, 1833, 1834, 1835, 1836, 2908, 2911, 3069, 3070, 3759)
1999 Ed. (2036, 2038, 2039, 2040, 2041, 2042, 2043, 2044, 2045, 2046, 4046)
1998 Ed. (552, 555, 560, 810, 1458, 1464, 1465, 1466, 1468, 1469, 2334, 2335, 2338, 3046)
1997 Ed. (855, 858, 862, 864, 1065, 1067, 1764, 1765, 1771, 1772, 1773, 1775, 1776, 2602, 2603, 2607, 2632, 3297)
1995 Ed. (858, 859, 862, 864, 866, 1073, 1701, 1702, 1707, 1708, 1709, 1712, 2422, 3091, 3095)
1994 Ed. (806, 810, 811, 818, 1060, 1654, 1655, 1660, 1661, 1662, 1664, 1665, 1713, 2358, 2743, 3046)
1993 Ed. (795, 796, 802, 806, 1029, 1621, 1622, 1626, 1628, 1629, 1631, 2407, 3000)
1990 Ed. (856, 1096, 2999)
1989 Ed. (958)
University of Michigan-Ann Arbor
2008 Ed. (772, 776, 779, 789, 791, 793, 794, 795, 797, 1062, 1089, 2574, 2576, 3431, 3639, 3640)
2007 Ed. (803, 1181, 2447, 3330)
2005 Ed. (801, 1063, 2440, 3266, 3440)
2004 Ed. (1061, 2405, 3241, 3424)
2003 Ed. (789)
2002 Ed. (873, 874, 875, 876, 878, 879, 880, 881, 882, 883, 884)
2001 Ed. (1054, 1055, 1056, 1057, 1058, 1059, 1061, 1062, 1063, 1064, 1065, 1066, 2247, 2248, 2249, 2251, 2252, 2253, 2254, 2255, 2256, 2257, 2258, 3059, 3060, 3065, 3066, 3067, 3255, 3259, 3260, 3261)
1999 Ed. (3164)
1990 Ed. (1092)
1989 Ed. (842)
University of Michigan at Ann Arbor
1999 Ed. (969, 970, 971, 973, 974, 975, 977, 979, 1237, 2035, 3158, 3327, 3331, 3332)
1996 Ed. (842, 845, 848, 849, 1048, 1683, 1684, 1689, 1690, 1691, 1694, 2457, 2461, 3192)
University of Michigan Health System
2002 Ed. (2619)
2001 Ed. (2229, 2772)
2000 Ed. (2526)
University of Michigan Health Systems
1998 Ed. (1988)
University of Michigan Hospitals
1997 Ed. (2263, 2269)
1996 Ed. (2154)
1995 Ed. (2142)
1993 Ed. (2072)
1990 Ed. (2055)
University of Michigan Hospitals & Health Centers
2008 Ed. (3059)
2006 Ed. (2918)
University of Michigan Hospitals & Health System
2008 Ed. (3055)
University of Michigan Medical Center
2007 Ed. (2919, 2920, 2927, 2933)
2006 Ed. (2900, 2901, 2913, 2914)
2005 Ed. (2894, 2895, 2906, 2907, 2910)
2004 Ed. (2908, 2909, 2920, 2921, 2924)
2003 Ed. (2806, 2814, 2817, 2821, 2831, 2834, 2835)
2002 Ed. (2602, 2607, 2610, 2613)
2000 Ed. (2512, 2517, 2522)
1999 Ed. (2738, 2742, 2743, 2745)
University of Michigan, Michigan Business School
2006 Ed. (724)
University of Michigan, Ross School of Business
2008 Ed. (770, 773)
2007 Ed. (795, 796, 797, 808, 814, 815, 816, 817, 823, 824)
2006 Ed. (702, 707, 709, 710, 711, 727, 728)
University of Minnesota
2007 Ed. (829)
2006 Ed. (3784, 3957, 3961)
2002 Ed. (894, 1029, 1032, 3982)
2001 Ed. (850)
2000 Ed. (922, 1034, 1037, 1146, 1828, 1835, 3759)
1999 Ed. (1106, 1108, 1237, 4046)
1998 Ed. (554, 710, 711, 810, 1461, 3046)
1997 Ed. (853, 862, 970, 971, 1067, 1768, 3297)
1996 Ed. (948, 949, 1048, 3192)
1995 Ed. (865, 971, 1066, 1073, 1704, 3091, 3095)
1994 Ed. (939, 1060, 1657, 2743, 3046)
1993 Ed. (926, 1029, 3000)
1990 Ed. (1094, 1095, 1096, 2999)
1989 Ed. (1477)
University of Minnesota at Duluth
1999 Ed. (3334)
University of Minnesota at Twin Cities
1999 Ed. (974, 976, 2037, 2045)
1996 Ed. (1686)
1993 Ed. (799, 1632)
University of Minnesota at Twin Cities, Carlson
1996 Ed. (840)
University of Minnesota, Carlson School of Business
2007 Ed. (796)
University of Minnesota-Duluth
2005 Ed. (3439)
2001 Ed. (3257)
2000 Ed. (3073)
University of Minnesota-Morris
2008 Ed. (1061)
University of Minnesota-Twin Cities
2004 Ed. (825)
2002 Ed. (880)
2001 Ed. (1060, 2250, 2257, 3255)
University of Minnesota-Twin Cities, Carlson School of Business
2008 Ed. (796)
University of Mississippi
2008 Ed. (768)
2006 Ed. (4203)
University of Mississippi Medical Center
2008 Ed. (1941)
2007 Ed. (1886)
2006 Ed. (1893)
University of Missouri
2006 Ed. (3960, 3961)
2000 Ed. (3068)
University of Missouri at Columbia
1999 Ed. (3160, 3330)
University of Missouri at Kansas City
1993 Ed. (889)
University of Missouri-Columbia
2006 Ed. (3957)
2005 Ed. (3439)
2001 Ed. (3061, 3255)
2000 Ed. (2904)
University of Missouri Hospital North
2002 Ed. (2455)
University of Montreal
2008 Ed. (1073, 1074, 1079, 3636, 3641, 3642)
2007 Ed. (1169, 1171, 1179, 3469, 3473)
University of Nebraska Medical Center
2003 Ed. (2823, 2832)
University of Nevada-Las Vegas
1990 Ed. (2053)

University of New Brunswick
2008 Ed. (1071, 1081, 1082)
2007 Ed. (1167)
2004 Ed. (835)
2003 Ed. (790, 792)
1993 Ed. (807)
University of New Brunswick, St. John
2003 Ed. (790, 792)
2002 Ed. (905)
University of New England
1995 Ed. (1056)
1994 Ed. (1048)
University of New Hampshire
2006 Ed. (725)
University of New Hampshire, Whittemore School of Business and Economics
1989 Ed. (839)
University of New Mexico
2008 Ed. (2575, 3430, 3637)
2007 Ed. (3462)
2003 Ed. (788)
2002 Ed. (900)
2001 Ed. (3060, 3068, 3255, 3257)
2000 Ed. (2903, 3068, 3072, 3073)
1999 Ed. (3159, 3330, 3334)
1998 Ed. (2335)
1997 Ed. (2603)
1996 Ed. (2458)
University of New Mexico, Graduate School of Management
2006 Ed. (724)
2005 Ed. (800)
University of New Mexico, Robert O. Anderson School of Management
2007 Ed. (808)
University of New South Wales
2004 Ed. (1060, 4100)
2002 Ed. (1103)
University of North Carolina
2006 Ed. (731, 3948)
2002 Ed. (886)
1994 Ed. (818, 1713)
1993 Ed. (806)
1990 Ed. (856)
University of North Carolina-Asheville
2008 Ed. (1061)
University of North Carolina at Chapel Hill
2001 Ed. (1066)
1999 Ed. (982, 3330, 3334)
1997 Ed. (2632)
University of North Carolina-Chapel Hill
2008 Ed. (781, 1062, 1065, 3639)
2007 Ed. (801, 1163)
2006 Ed. (704, 705, 715, 720, 723, 725, 3957)
2005 Ed. (797, 798, 3439)
2004 Ed. (830)
2003 Ed. (788, 794, 795, 796, 797)
2002 Ed. (876)
2001 Ed. (2254, 3253, 3255, 3257)
2000 Ed. (1833, 3068, 3072, 3073)
University of North Carolina-Chapel Hill, Kenan-Flagler School of Business
2008 Ed. (772, 794, 795)
2007 Ed. (795, 814, 833, 834)
2006 Ed. (724)
2005 Ed. (800, 803, 810, 813, 814, 815)
University of North Carolina Hospitals
2003 Ed. (2807, 2822, 2823)
2001 Ed. (1821)
University of North Dakota
2008 Ed. (774)
2001 Ed. (3257)
2000 Ed. (3073)
1999 Ed. (3334)
University of North Florida
2002 Ed. (1107)
2000 Ed. (1141)
1998 Ed. (806)
University of North Texas
2006 Ed. (706)
2005 Ed. (799)
1994 Ed. (896, 1057)
University of North Texas Health Science Center
2007 Ed. (3462)
University of Northern British Columbia
2008 Ed. (1072)
2007 Ed. (1168)
University of Northern Colorado
2008 Ed. (2409)
2002 Ed. (1104)
University of Notre Dame
2007 Ed. (2268)
2006 Ed. (725, 2858)
2005 Ed. (2852)
2004 Ed. (830, 832, 2669)
2001 Ed. (1317, 2488, 3067)
2000 Ed. (2910)
1999 Ed. (3166)
1998 Ed. (2340, 3161)
1997 Ed. (2609)
1996 Ed. (2464)
1995 Ed. (3189)
University of Notre Dame, Mendoza School of Business
2008 Ed. (773, 777)
2007 Ed. (795, 797, 815, 829)
2006 Ed. (707)
University of Oklahoma
2006 Ed. (3952, 3957, 3961)
2001 Ed. (2259)
2000 Ed. (1034, 1837)
1999 Ed. (1106, 2047)
1998 Ed. (710)
1997 Ed. (970)
1996 Ed. (948)
1994 Ed. (1666)
University of Oregon
2008 Ed. (782)
2007 Ed. (802)
2006 Ed. (706, 3960)
2005 Ed. (799, 1063)
2004 Ed. (824, 826, 827, 1061)
1999 Ed. (3161)
1998 Ed. (2336)
1996 Ed. (2459)
University of Ottawa
2008 Ed. (1074, 1078, 3642, 4279)
2003 Ed. (791)
2002 Ed. (905)
University of Oxford
1994 Ed. (1906)
University of Oxford (England)
1995 Ed. (1933)
University of Oxford, Said Business School
2007 Ed. (811)
University of Pennsylvania
2008 Ed. (181, 776, 783, 785, 1059, 1064, 3166, 3169, 3176, 3181, 3431, 3640)
2007 Ed. (806, 1181, 2848, 3052, 3330, 3468)
2006 Ed. (721, 730, 732, 734, 736, 739, 2337, 3019)
2005 Ed. (801, 1063, 3266, 3440)
2004 Ed. (828, 829, 1061, 3241, 3424, 4661)
2003 Ed. (789, 794, 796)
2002 Ed. (873, 874, 875, 876, 877, 878, 879, 880, 881, 882, 883, 884, 885, 886, 887, 888, 889, 890, 891, 892, 893, 895, 896, 897, 1030, 1031, 1034, 3982)
2001 Ed. (1054, 1055, 1056, 1057, 1058, 1059, 1060, 1061, 1062, 1064, 1065, 1319, 2249, 3252, 3254, 3256, 3258, 3259, 3260, 3261)
2000 Ed. (916, 917, 918, 919, 920, 921, 922, 923, 924, 926, 927, 928, 931, 1035, 1036, 1137, 1147, 1148, 1827, 3065, 3067, 3069, 3070, 3071, 3074, 3539)
1999 Ed. (969, 970, 971, 972, 973, 974, 975, 976, 977, 978, 979, 982, 1228, 2036, 3158, 3327, 3329, 3331, 3332, 3333, 3335, 3819)
1998 Ed. (548, 549, 550, 551, 552, 553, 555, 558, 559, 560, 712, 713, 809, 811)
1997 Ed. (850, 851, 852, 854, 855, 857, 860, 861, 862, 969, 1063, 1069, 2602)
1996 Ed. (837, 947, 1051)
1995 Ed. (858, 969, 970, 1063, 1066, 1071, 1072, 2422)
1994 Ed. (938, 1713)
1993 Ed. (924, 926, 1031, 2407)
1990 Ed. (1094, 2059)
1989 Ed. (1477, 1610)
University of Pennsylvania Health System
2000 Ed. (2533)
1999 Ed. (2753)
1998 Ed. (1996)
University of Pennsylvania Health System Physicians
2000 Ed. (3545)
University of Pennsylvania; Hospital of the
2006 Ed. (2902)
2005 Ed. (2896, 2898, 2905, 2907)
University of Pennsylvania, School of Medicine
2007 Ed. (3953)
University of Pennsylvania, Wharton
1996 Ed. (838, 839, 841, 842, 844, 845, 846, 847, 848, 849)
1995 Ed. (860, 861, 863, 866, 867, 869, 870)
1994 Ed. (806, 807, 808, 809, 811, 813, 814, 815, 817, 818)
1993 Ed. (796, 797, 798, 800, 802, 804, 805, 806)
University of Pennsylvania, Wharton School
1989 Ed. (842)
University of Pennsylvania, Wharton School of Business
2008 Ed. (770, 772, 773, 780, 788, 789, 790, 791, 792, 793, 794, 795, 797, 798, 800)
2007 Ed. (797, 798, 810, 814, 818, 820, 822, 825, 828, 830, 834)
2006 Ed. (693, 702, 707, 708, 709, 710, 711, 712, 718, 728)
2005 Ed. (798, 803, 804, 805, 806, 807, 809, 815)
2004 Ed. (823)
University of Phoenix
2002 Ed. (1106)
2000 Ed. (930)
University of Phoenix Online
2005 Ed. (2773, 2774, 2775, 3035)
2004 Ed. (3021)
University of Pittsburgh
2008 Ed. (2409)
2007 Ed. (829)
2006 Ed. (1072)
2002 Ed. (901)
2000 Ed. (3074)
1999 Ed. (3335)
1997 Ed. (862, 2632)
University of Pittsburgh Medical Center
2008 Ed. (3055, 3194, 3983)
2007 Ed. (2767, 2770, 2919, 2933, 4048)
2006 Ed. (2914, 3903, 4016)
2005 Ed. (2907)
2004 Ed. (2917, 2921)
2003 Ed. (2817, 2832, 2835, 2836, 3971)
2002 Ed. (2609, 2613, 3801)
2000 Ed. (2517)
1999 Ed. (2738)
University of Portland
2008 Ed. (1088)
2006 Ed. (706)
2005 Ed. (799)
2004 Ed. (824, 825)
2001 Ed. (1327)
1999 Ed. (1232)
1998 Ed. (803)
1997 Ed. (1056)
University of Prince Edward Island
2008 Ed. (1072, 1084)
2007 Ed. (1168)
University of Puerto Rico
1998 Ed. (3159)
1990 Ed. (2644)
University of Puerto Rico, Rio Piedras
1990 Ed. (1084)
University of Puget Sound
1995 Ed. (1055)
1994 Ed. (1047)
1993 Ed. (1020)
University of Quebec
2003 Ed. (791)
University of Queensland
2004 Ed. (1060)
2002 Ed. (1103)
University of Redlands
2008 Ed. (1088)
2001 Ed. (1327)
1999 Ed. (1232)
1998 Ed. (803)
1997 Ed. (1056)
1996 Ed. (1040)
1993 Ed. (1020)
University of Regina
2008 Ed. (1071, 1081, 1082)
2007 Ed. (1167)
University of Rhode Island
1990 Ed. (1086)
University of Richmond
2001 Ed. (1326)
1999 Ed. (1231)
1998 Ed. (802)
1997 Ed. (1054)
1996 Ed. (1038)
1995 Ed. (1053)
1994 Ed. (1045)
1993 Ed. (1018)
University of Rochester
2008 Ed. (768)
2007 Ed. (793, 809)
2006 Ed. (700)
2005 Ed. (794, 811)
2003 Ed. (788, 796)
2002 Ed. (900)
2001 Ed. (1065)
1999 Ed. (3331)
University of Rochester, Simon School of Business
2008 Ed. (777)
2006 Ed. (722)
University of San Diego
1995 Ed. (1055)
1994 Ed. (1047)
1993 Ed. (1020)
University of San Francisco
2007 Ed. (799)
2006 Ed. (714)
University of Sao Paulo (Brazil)
1995 Ed. (1933)
University of Saskatchewan
2008 Ed. (1073, 3636, 3641)
2007 Ed. (1169, 3469, 3473)
University of Scranton
2008 Ed. (1086)
2001 Ed. (1325)
2000 Ed. (1139)
1999 Ed. (1230)
1998 Ed. (801)
1997 Ed. (1053)
1996 Ed. (1037)
University of Sherbrooke
2008 Ed. (1070, 1073, 1075, 1076, 1078, 1079, 3641, 4279)
2007 Ed. (1166, 1169, 1170, 1171, 1179, 3469)
University of South Alabama
1997 Ed. (1065)
University of South Carolina
2004 Ed. (831)
2002 Ed. (879, 893)
2001 Ed. (1059)
2000 Ed. (921)
1999 Ed. (975, 1108)
1998 Ed. (553)
1996 Ed. (841)
1995 Ed. (863)
1994 Ed. (809)
1993 Ed. (800)
University of South Carolina at Columbia
1997 Ed. (854)
University of South Carolina-Columbia
2004 Ed. (821)
University of South Carolina-Columbia, Moore School of Business
2008 Ed. (793)
University of South Carolina, Darla Moore School of Business
2008 Ed. (777)
University of South Dakota
2001 Ed. (3257)

1999 Ed. (3334)
University of South Florida
2008 Ed. (758)
2002 Ed. (867, 1107)
2000 Ed. (1141)
1999 Ed. (1234)
1998 Ed. (806)
University of Southern California
2008 Ed. (2576)
2007 Ed. (2447)
2006 Ed. (717)
2005 Ed. (798, 2440)
2004 Ed. (822, 2405)
2003 Ed. (788, 794, 1745)
2002 Ed. (874, 875, 885, 889, 893, 899, 900, 902, 3983)
2001 Ed. (1055, 1056, 1063, 1066, 3068)
2000 Ed. (917, 918, 918, 925, 929, 930, 1144, 3733)
1999 Ed. (970, 971, 1235)
1998 Ed. (807, 2339)
1997 Ed. (1063, 2605)
1996 Ed. (844)
1995 Ed. (1070, 1928)
1993 Ed. (889, 893, 2616)
1990 Ed. (1095)
University of Southern California, Gould School of Law
2007 Ed. (3329)
University of Southern California Hospital
2003 Ed. (2818)
University of Southern California, Marshall School of Business
2008 Ed. (772, 789, 790)
2007 Ed. (814, 831, 834)
2006 Ed. (724)
2005 Ed. (800)
2003 Ed. (800)
University of St. Thomas
2006 Ed. (3719)
2004 Ed. (821)
2002 Ed. (899)
2001 Ed. (1324)
2000 Ed. (1138)
1999 Ed. (1229)
1997 Ed. (863)
University of Sydney
2004 Ed. (1060, 4100)
2003 Ed. (4075)
2002 Ed. (1103)
University of Tampa
2002 Ed. (1106)
2000 Ed. (1142)
1999 Ed. (1233)
1998 Ed. (805)
University of Tasmania
2003 Ed. (4075)
University of Tennessee
2002 Ed. (901)
1998 Ed. (710, 711)
1996 Ed. (948, 949)
University of Tennessee at Chattanooga
2008 Ed. (779)
University of Tennessee, Chattanooga
1989 Ed. (840)
University of Tennessee Medical Center
2003 Ed. (2833, 2836)
University of Tennessee System
2007 Ed. (1399)
1997 Ed. (970, 971)
1995 Ed. (971)
University of Texas
2006 Ed. (730, 732, 735)
2004 Ed. (928)
2002 Ed. (885, 886, 888, 889, 894, 895)
2000 Ed. (917, 918, 922, 929, 1143, 1826, 1828, 1829, 1830, 1831, 1832, 1833, 1837)
1996 Ed. (2941)
1995 Ed. (932, 1067, 1068)
1994 Ed. (2743)
1993 Ed. (926)
1990 Ed. (2785)
1989 Ed. (2164)
University of Texas-Arlington
2008 Ed. (3639)
University of Texas at Austin
2000 Ed. (1034, 1037)
1999 Ed. (970, 971, 976, 1106, 1108, 2035, 2037, 2038, 2039, 2040, 2042, 2047, 3163, 3165)
1998 Ed. (549, 554, 710, 712, 811, 1462, 2337, 2339, 2340)
1997 Ed. (851, 853, 862, 968, 969, 970, 971, 1068, 1069, 1769, 1772, 2608, 2609, 2632)
1996 Ed. (838, 840, 946, 947, 948, 949, 1050, 1051, 1683, 1687, 1690, 2463, 2464)
1995 Ed. (865, 870, 969, 970, 971, 1071, 1072, 1701, 1705, 1708)
1994 Ed. (807, 817, 937, 939, 1654, 1658, 1666)
1993 Ed. (795)
University of Texas at Dallas
1994 Ed. (1058, 1900)
University of Texas at El Paso
1994 Ed. (1058, 1900)
University of Texas-Austin
2008 Ed. (2575, 3430)
2007 Ed. (809, 2446, 3329)
2004 Ed. (822, 2405, 2844)
2003 Ed. (788)
2002 Ed. (874, 875, 880, 900, 1029, 1032, 3980, 3983, 3984)
2001 Ed. (1055, 1056, 1060, 1066, 2247, 2248, 2250, 2251, 2252, 2253, 2254, 2259, 3064, 3066, 3067, 3068)
2000 Ed. (2904, 2907, 2909, 2912)
1993 Ed. (797, 923, 1030, 1621, 1628)
University of Texas-Austin, McCombs School of Business
2008 Ed. (772, 787, 789, 794, 795, 796)
2007 Ed. (797, 808, 818)
2006 Ed. (724)
University of Texas, Dallas
1989 Ed. (840)
University of Texas-El Paso
2008 Ed. (2575)
2007 Ed. (2446)
University of Texas, Health Science Center at San Antonio
2008 Ed. (3637)
University of Texas-Houston
2008 Ed. (3637)
University of Texas, M. D. Anderson Cancer Center
2008 Ed. (3042, 3044, 3055, 3056, 3194)
2007 Ed. (2919, 2921)
2006 Ed. (2900, 2902, 2914, 2915)
2005 Ed. (1972, 2894, 2896, 2907)
2004 Ed. (1868, 2908, 2910, 2921)
2003 Ed. (2805, 2807, 2817)
2002 Ed. (2600, 2603)
University of Texas, McCombs School of Business
2005 Ed. (800, 810, 815)
University of Texas, M.D. Anderson Cancer Center
2000 Ed. (2508, 2513, 2517, 2523)
1999 Ed. (2729, 2734, 2738)
University of Texas Regents
1993 Ed. (3100)
University of Texas-San Antonio
2008 Ed. (778)
2007 Ed. (799)
University of Texas Southwest Medical Center-Dallas
1999 Ed. (3332, 3335)
University of Texas-Southwestern
2000 Ed. (3070, 3074)
University of Texas Southwestern Medical Center
1995 Ed. (933, 1926)
1994 Ed. (890, 1901)
University of Texas, Southwestern Medical Center at Dallas
2008 Ed. (3637)
University of Texas Southwestern Medical Center-Dallas
2001 Ed. (3260, 3261)
University of Texas System
2008 Ed. (3864)
2000 Ed. (3431)
1998 Ed. (2761)
1997 Ed. (1064, 1065)
1995 Ed. (932, 1068)
1994 Ed. (2771)
1993 Ed. (2782, 3100)
University of Texas System Board of Regents
1999 Ed. (4144)
University of the Ozarks
2008 Ed. (1063)
University of the South
1995 Ed. (1065)
University of Toronto
2008 Ed. (801, 1070, 1074, 1075, 1076, 1077, 1078, 3636, 3641, 3642, 4279)
2007 Ed. (1166, 1170, 1171, 1172, 3469, 3470, 3471, 3472, 3473)
2006 Ed. (726)
2005 Ed. (814)
2004 Ed. (839, 841)
2002 Ed. (904, 905, 906, 907, 909, 910)
1995 Ed. (871)
1994 Ed. (819)
1993 Ed. (807)
1990 Ed. (3605)
University of Toronto, Joseph L. Rotman School of Business
2004 Ed. (833, 834, 836)
2003 Ed. (791)
University of Tulsa
2001 Ed. (2259)
2000 Ed. (1037, 1837)
University of Utah
2008 Ed. (781)
2007 Ed. (801)
2006 Ed. (715)
2004 Ed. (824, 825)
1994 Ed. (896, 1057)
University of Utah Credit Union
2008 Ed. (2262)
2007 Ed. (2147)
2006 Ed. (2226)
2005 Ed. (2131)
2004 Ed. (1989)
2003 Ed. (1949)
2002 Ed. (1895)
University of Utah Hospital Inc.
2008 Ed. (2148)
2007 Ed. (2046)
2006 Ed. (2088)
2005 Ed. (1990)
2004 Ed. (1874)
2003 Ed. (1840)
2001 Ed. (1890)
University of Vermont
1999 Ed. (3334)
University of Victoria
2003 Ed. (792)
2002 Ed. (903)
University of Virginia
2008 Ed. (782, 784, 1062, 1065, 3431)
2007 Ed. (802, 805, 1163, 3330)
2006 Ed. (713, 715, 716, 720, 723, 729, 3948)
2005 Ed. (3266)
2004 Ed. (3241)
2003 Ed. (789)
2002 Ed. (878, 886)
2001 Ed. (1058, 1317, 3059, 3065, 3066)
2000 Ed. (920, 2908, 2909, 2911)
1999 Ed. (969, 980, 3158, 3164, 3165)
1998 Ed. (560, 2334, 2338, 2339)
1997 Ed. (1065, 2602, 2607, 2608)
1996 Ed. (837, 2457, 2461, 2463)
1995 Ed. (2427)
1994 Ed. (889, 1056, 2358)
1993 Ed. (2407)
1990 Ed. (856)
University of Virginia-Charlottesville
2004 Ed. (822)
University of Virginia, Darden
1993 Ed. (801, 805, 806)
University of Virginia, Darden School of Business
2007 Ed. (798, 815, 827)
2006 Ed. (707, 709, 711)
2005 Ed. (803, 804)
University of Virginia Health Sciences Center
2004 Ed. (2918)
2003 Ed. (2814, 2822)
2002 Ed. (2610)
2000 Ed. (2510)
University of Virginia, McIntire School of Business
2008 Ed. (772, 773)
2007 Ed. (797)
University of Virginia Medical Center
2008 Ed. (2158, 3043)
2007 Ed. (2052, 2930)
2006 Ed. (2095, 2911)
2005 Ed. (1995, 2904)
2004 Ed. (1879)
2003 Ed. (1844)
2001 Ed. (1894)
University of WA
2004 Ed. (1060)
2002 Ed. (1103)
University of Washington
2008 Ed. (771, 777, 1065, 1089, 3640)
2007 Ed. (833, 1163, 3468)
2006 Ed. (3951, 3957, 3962)
2005 Ed. (3439, 3440)
2004 Ed. (831)
2002 Ed. (3981, 3982, 3985)
2001 Ed. (2249, 2252, 3252, 3253, 3254, 3255, 3256, 3257, 3258, 3259, 3260, 3261)
2000 Ed. (1146, 1827, 1830, 3065, 3066, 3067, 3068, 3069, 3070, 3071, 3072, 3073, 3074, 3759)
1999 Ed. (1237, 2036, 2039, 3161, 3328, 3330, 3331, 3332, 3333, 3334, 3335, 4046)
1998 Ed. (810, 3046)
1997 Ed. (1067, 1767, 2604, 3297)
1996 Ed. (1048, 2459, 3192)
1995 Ed. (1073, 3091, 3095)
1994 Ed. (1656)
1993 Ed. (893, 1029, 1625, 3000)
1990 Ed. (1096, 2999)
1989 Ed. (958)
University of Washington at St. Louis
1997 Ed. (1062)
University of Washington Medical Center
2008 Ed. (3042, 3048, 3050, 3055, 3057)
2007 Ed. (2920, 2925, 2927, 2930, 2933)
2006 Ed. (2900, 2901, 2906, 2908, 2910, 2911, 2916)
2005 Ed. (2899, 2901, 2904, 2910)
2004 Ed. (2915)
2003 Ed. (2809, 2811)
2002 Ed. (2605, 2607)
2000 Ed. (2508, 2516, 2517, 2521)
1999 Ed. (2730, 2737, 2741, 2742, 2745)
University of Washington, School of Medicine
2007 Ed. (3953)
2006 Ed. (3903)
2005 Ed. (3835)
University of Washington-Seattle
2003 Ed. (4074)
University of Waterloo
2008 Ed. (1070, 1071, 1075, 1076, 1077, 1081, 1082)
2007 Ed. (1166, 1167, 1170, 1171, 1172, 1173, 1174, 1175)
University of West Florida
2002 Ed. (1107)
2000 Ed. (1141)
1999 Ed. (1234)
1998 Ed. (806)
University of Western Australia
2003 Ed. (4075)
University of Western Ontario
2008 Ed. (801, 1070, 1073, 1074, 1077, 1078, 3636, 3641, 3642, 4279)
2007 Ed. (831, 1166, 1169, 1172, 3469, 3473)
2006 Ed. (726)
2004 Ed. (839, 841)
2002 Ed. (910)
1995 Ed. (871)

1994 Ed. (819)
1993 Ed. (807)
University of Western Ontario, Ivey School of Business
2007 Ed. (813)
University of Western Ontario, Richard Ivey School of Business
2004 Ed. (833, 834, 836)
2003 Ed. (790, 791)
University of Windsor
2008 Ed. (1071, 1078, 1081, 1082)
1993 Ed. (807)
University of Winnipeg
2008 Ed. (1079, 1083)
2007 Ed. (1179)
University of Wisconsin
2002 Ed. (886, 897)
2001 Ed. (1330)
2000 Ed. (1034, 1035, 1036, 1146, 1147, 1148, 1828, 1834, 1836, 3068, 3759)
1997 Ed. (1063)
1996 Ed. (847)
1995 Ed. (3091)
1994 Ed. (1713, 2743)
1993 Ed. (926)
University of Wisconsin at Madison
1999 Ed. (1237, 2037, 2039, 2043, 2046, 4046)
1998 Ed. (559, 710, 712, 713, 809, 810, 811, 1461, 1469, 3046, 3161)
1997 Ed. (861, 970, 971, 1067, 1768, 1776, 2632, 3297)
1996 Ed. (1048, 1686, 1694, 3192)
1995 Ed. (971, 1073, 1704, 1712, 3095)
1994 Ed. (813, 817, 939, 1060, 1657, 1665, 3046)
1993 Ed. (804, 1029, 1629, 1632, 3000)
University of Wisconsin Credit Union
2008 Ed. (2269)
2007 Ed. (2154)
2006 Ed. (2233)
2005 Ed. (2138)
2004 Ed. (1996)
University of Wisconsin Hospital & Clinics
2008 Ed. (2175)
2007 Ed. (2067)
2006 Ed. (2119)
2005 Ed. (2016)
2004 Ed. (1890)
2003 Ed. (1854, 2833, 2834, 2836)
2001 Ed. (1900)
University of Wisconsin-Madison
2008 Ed. (777, 792, 800, 1062, 1089)
2007 Ed. (1181)
2006 Ed. (3784, 3785, 4203)
2005 Ed. (1063, 3439)
2004 Ed. (1061)
2003 Ed. (4074)
2002 Ed. (1029, 1032, 1033, 3981, 3982, 3984, 3985)
2001 Ed. (2250, 2255, 2258)
1995 Ed. (1066)
1990 Ed. (1094, 1096, 2999)
University of Wisconsin-Milwaukee
2008 Ed. (2409)
University of Wisconsin-Stout
1990 Ed. (2053)
University of Wollongong
2002 Ed. (3964)
University Physicians Network IPA
2000 Ed. (2618)
University Physicians of Brooklyn
2000 Ed. (2618)
University Press
2001 Ed. (976)
University Savings
1989 Ed. (2359)
University Savings Assn.
1990 Ed. (3578)
University Savings Bank
1990 Ed. (3454)
University Stadium
1999 Ed. (1299)
University Support Services Inc.
1999 Ed. (3475)
1997 Ed. (2848)
UniversityAngels.com
2002 Ed. (4860)
Univesal Leaf
1989 Ed. (960)
Univest Corp. of Pennsylvania
2004 Ed. (401, 404, 405, 408, 409)
2002 Ed. (3551, 3552, 3557)
2000 Ed. (647)
1999 Ed. (622)
Univision
1997 Ed. (3721)
1995 Ed. (2443, 3576)
Univision Communications Inc.
2008 Ed. (2588, 2969, 2970, 4659)
2007 Ed. (749, 2453, 2455, 2456, 2844, 3445, 3449, 4062, 4737, 4738)
2006 Ed. (1092, 2490, 2494, 2850, 2852, 3438, 4716, 4717, 4718)
2005 Ed. (749, 750, 1098, 1465, 2446, 2849, 3427, 3991, 4660, 4661, 4662)
2004 Ed. (777, 778, 4054, 4689, 4690)
2003 Ed. (766, 767, 3351, 4712)
2002 Ed. (3286, 4582)
2001 Ed. (4490)
2000 Ed. (4213)
Univision 41 WXTV/Univision Television Group
2000 Ed. (4224)
Univision Holdings
1999 Ed. (4569)
Univision Station Group
1996 Ed. (3664)
1993 Ed. (3544)
1992 Ed. (4256)
Univision Television Group Inc.
2008 Ed. (4662)
2007 Ed. (4741)
Univlever
2000 Ed. (2227)
UnivStdMed
1996 Ed. (2884)
UniWorld Group
2008 Ed. (111, 176)
2007 Ed. (101, 193)
2006 Ed. (112, 187)
2005 Ed. (103, 174)
2004 Ed. (107, 171)
2003 Ed. (31, 215)
2002 Ed. (69, 711)
2001 Ed. (213)
2000 Ed. (68, 3150)
1999 Ed. (64)
1998 Ed. (470)
1997 Ed. (677)
1996 Ed. (745)
1995 Ed. (2591)
Uniworld Holdings
1996 Ed. (2142)
1995 Ed. (2129)
1993 Ed. (2056, 2059)
Uniworld Investments
1992 Ed. (2441)
Uniwyo Credit Union
2008 Ed. (2270)
2007 Ed. (2155)
2006 Ed. (2234)
2005 Ed. (2139)
2004 Ed. (1997)
2003 Ed. (1957)
2002 Ed. (1902)
Unix
2001 Ed. (3533)
1992 Ed. (1331)
1990 Ed. (3709)
Unleashed
2005 Ed. (963)
UnlockDates.com
2002 Ed. (4823)
Unmistakably Premier Homes
2005 Ed. (1188)
2004 Ed. (1160)
2003 Ed. (1155)
2002 Ed. (2688)
Uno a Erre Italia SpA
2004 Ed. (3358)
Uno Chicago Grill
2008 Ed. (3993, 4157, 4183, 4184)
2007 Ed. (3967, 4152)
2006 Ed. (3916, 4115, 4124, 4126)
2005 Ed. (3845)
Uno; Fiat
2005 Ed. (296)
Uno Mille
2002 Ed. (385)
Uno Tax Accountants
1993 Ed. (9)
Uno Upholstery Retailers
2002 Ed. (45, 232)
Unocal Corp.
2007 Ed. (1443, 2677, 3850, 3851, 3855, 3859, 3872, 3897, 3898)
2006 Ed. (1494, 2686, 2687, 3819, 3825, 3827, 3833, 3838, 3840, 3842, 3867, 3868)
2005 Ed. (2711, 2712, 3734, 3735, 3743, 3744, 3745, 3750, 3751, 3756, 3758, 3759, 3760, 3773, 3777, 3800, 3801)
2004 Ed. (2721, 2722, 3819, 3826, 3827, 3835, 3836, 3838, 3840, 3841, 3845, 3847, 3849, 3872, 3873)
2003 Ed. (1746, 2279, 2605, 3809, 3813, 3817, 3819, 3833, 3861, 4538)
2002 Ed. (1526, 1603, 2389, 2391, 3366, 3664, 3674, 4351)
2001 Ed. (372, 2579, 2582, 2584, 3320, 3739)
2000 Ed. (2309, 2316, 2317, 3136, 3137)
1999 Ed. (1493, 1499, 1501, 2569, 2575, 2576, 3413, 3651, 3797, 3804)
1998 Ed. (1115, 1124, 1801, 1806, 1815, 1816, 1823, 1824, 2414, 2823, 2828)
1997 Ed. (1727, 2116, 2118, 2125, 2126, 2133, 2688, 3089, 3091, 3094, 3101, 3108)
1996 Ed. (1271, 1997, 1998, 2005, 2006, 2013, 2548, 3008, 3012, 3018, 3024)
1995 Ed. (961, 1363, 1970, 1971, 1982, 1983, 1991, 2488, 2754, 2918, 2921, 2924, 2930)
1994 Ed. (926, 1337, 1628, 1629, 1942, 1943, 1956, 1957, 1965, 2413, 2850, 2851, 2854, 2858, 2867)
1993 Ed. (826, 1286, 1600, 1919, 1920, 1929, 1931, 2824, 2830, 2839, 2844, 2847)
1992 Ed. (3426)
1991 Ed. (347, 349, 1204, 1549, 2721, 2722, 2737, 845, 1787, 1789, 1801, 1807, 2715, 2716, 2724, 2730, 2731, 2736)
1990 Ed. (1456, 1892, 2674, 2835, 2837, 2843, 2852, 2853, 2855, 2856, 2857)
1989 Ed. (2204, 2205, 2209)
UNOVA Inc.
2005 Ed. (1116)
2001 Ed. (3185)
Unovalores
2008 Ed. (741)
Unplugged
2007 Ed. (96)
Unpopped popcorn
1992 Ed. (3997)
1991 Ed. (3149)
1990 Ed. (3307, 3308)
Unprepared meat/seafood, frozen
2001 Ed. (2078)
UNR Industries
1990 Ed. (1303)
1989 Ed. (2648)
Unreliable new product research
1990 Ed. (2678)
Unruh; James A.
1995 Ed. (1732)
Unsalted
1990 Ed. (2878, 2879, 2887)
Unternehmensgruppe Tengelmann
2005 Ed. (1758, 4122, 4912)
Untied States Cellular Corp.
2000 Ed. (280)
Untouchables
1992 Ed. (4249)
UNUM Corp.
2002 Ed. (1389, 1453)
2001 Ed. (1782)
2000 Ed. (1509, 2696)
1996 Ed. (1414, 2291)
1995 Ed. (2300, 2305, 2307, 3347)
1994 Ed. (1850, 2250, 2254, 3266)
1991 Ed. (2098, 1722)
1990 Ed. (1792, 2232)
1989 Ed. (1680)
Unum Group
2008 Ed. (2106)
UNUM Life
1999 Ed. (1699, 2120, 2925, 2931, 2944, 2950, 2951)
1998 Ed. (1173, 2141, 2142, 2143, 2148, 2149, 2156, 2160, 2181)
1993 Ed. (2196, 2219, 2220, 2222, 3276)
1989 Ed. (1702, 1704)
UNUM Life Insurance Co. of Amer
2000 Ed. (2686, 2687)
Unum Life Insurance Co. of America
2008 Ed. (1896, 3272, 3297, 3298)
2007 Ed. (1862, 3147, 3148)
2006 Ed. (1858)
2005 Ed. (1851)
2004 Ed. (1785)
2003 Ed. (1749)
2002 Ed. (2893, 2908, 2909, 2916, 2922, 2923)
2001 Ed. (1782, 2939, 2940, 2949)
2000 Ed. (2682, 2701, 2702)
1997 Ed. (1473, 2447)
1992 Ed. (2659, 2661, 2665, 2668)
UNUM Life of America
1996 Ed. (2298)
UnumProvident Corp.
2008 Ed. (1483, 1894, 3314, 3315)
2007 Ed. (1489, 2011, 3132, 3141, 3165, 3166, 3167)
2006 Ed. (2039, 3118, 3119, 3121, 3123)
2005 Ed. (1970, 2604, 3050, 3103, 3104, 3105, 3106, 3107, 3112, 3113, 3116, 3118)
2004 Ed. (1867, 3033, 3100, 3101, 3102, 3103, 3104, 3110, 3113)
2003 Ed. (1834, 2958, 2959, 2979, 2991, 2995, 3002)
2002 Ed. (1781, 2886, 2905, 2933, 2935)
2001 Ed. (1582, 2918)
UnumProvident-Enrollment Services
2007 Ed. (2360)
UnumProvident Group
2008 Ed. (3288, 3289)
2007 Ed. (3135, 3136)
Unviersity of Washington Medical Center
1999 Ed. (2729)
Unwired Group Ltd.
2008 Ed. (2928)
Unwired Planet
2001 Ed. (1247, 1866)
2000 Ed. (1753, 4340)
UNY Co., Ltd.
2006 Ed. (1791, 1793, 1796, 1797, 4175)
2000 Ed. (3824)
1994 Ed. (3113)
UNYT
1991 Ed. (2596)
1990 Ed. (2688)
1989 Ed. (2046)
UOB
2000 Ed. (4034)
UOB Asset Management
2001 Ed. (2889)
1999 Ed. (2893)
U1.net
2003 Ed. (2723)
UOP
1995 Ed. (2919)
Up
2004 Ed. (3533)
Up Island
1999 Ed. (692)
Up with People
1994 Ed. (1906)
1993 Ed. (895)

Upa-d3digital Print Server
2000 Ed. (3077)
Upbancorp Inc.
2004 Ed. (407)
2002 Ed. (3549)
Updates.com
2002 Ed. (4862)
Updike, Kelly & Spellacy
1998 Ed. (2575)
Updown
1992 Ed. (3205)
Upholstery cleaners
1990 Ed. (1955)
UPI Energy LP
2007 Ed. (3863)
Upjohn Co.
2000 Ed. (1311)
1999 Ed. (1452, 3715)
1998 Ed. (1018, 2753)
1997 Ed. (1236, 1239, 1246, 1252, 1259, 1660, 2178, 3006)
1996 Ed. (1420, 1567, 1568, 1576, 2597, 2916)
1995 Ed. (1458, 1580, 2529, 2844)
1994 Ed. (10, 1196, 1421, 1552, 1554, 1561, 2210, 2461, 2745, 3438)
1993 Ed. (824, 895, 1368, 1458, 1511, 1515, 2774, 3458)
1992 Ed. (1842, 1861, 1862, 1863, 1864, 1865, 1867, 1872, 3001, 3347, 3908)
1991 Ed. (1464, 1466, 1468, 1472, 2399, 2622, 2682)
1990 Ed. (275, 1559, 1564, 1565, 2529, 2723, 2779)
1989 Ed. (1273)
Upjohn International Inc.
2001 Ed. (1791)
Uplander; Chevrolet
2008 Ed. (299)
UPM-Kymenne
1997 Ed. (2071)
UPM-Kymmene Corp.
2008 Ed. (3557)
2003 Ed. (1428, 3728)
2001 Ed. (1700, 1701, 1820, 3630, 3631)
2000 Ed. (1420, 1421, 1422, 2257)
1999 Ed. (1616, 1617, 2496, 2661, 2662, 3694)
1998 Ed. (2746)
UPM-Kymmene Oyj
2008 Ed. (1724, 1725, 1727, 3856)
2007 Ed. (1697, 1698, 1700, 2637, 3779)
2006 Ed. (1701, 1702, 1703, 1704, 2801, 3379, 3781, 3782)
2005 Ed. (1760, 3688)
2004 Ed. (3768)
2003 Ed. (1505, 1674, 4583)
2002 Ed. (1646, 1647, 2468, 2469, 3577, 3578, 3579)
2001 Ed. (1698, 3628)
2000 Ed. (2443, 2444, 3409)
UPMC Health Plan
2008 Ed. (2919, 3632)
UPMC Health System
2006 Ed. (2763, 3034, 3724)
2005 Ed. (2793, 3155)
2004 Ed. (2800)
2003 Ed. (292, 3467, 3470)
2002 Ed. (339, 3295)
UPN
2000 Ed. (4216)
1998 Ed. (3502)
UPN-Kymenne
1999 Ed. (2495)
Upper Deck
1995 Ed. (3648)
1993 Ed. (3608)
1990 Ed. (3634)
Upper Deck Baseball
1995 Ed. (3649)
Upper Deck Basketball
1995 Ed. (3649)
Upper management
2001 Ed. (2994)
Upper Occoquan Sewerage Authority, VA
1998 Ed. (2969)
Uppindo/IDFC
1989 Ed. (1780)
UPS
2008 Ed. (205, 222, 805, 818, 846, 1441, 1484, 1516, 1520, 1524, 1536, 1765, 1766, 1826, 1830, 1832, 1833, 1834, 2276, 2486, 2772, 2773, 3026, 4066, 4067, 4072, 4328, 4329, 4331, 4527, 4742, 4743, 4771, 4774, 4775, 4776, 4777, 4813)
2007 Ed. (218, 219, 231, 243, 837, 851, 855, 856, 858, 1449, 1454, 1455, 1456, 1490, 1513, 1532, 1536, 1540, 1555, 1737, 1738, 1790, 1791, 1792, 1794, 1795, 1796, 1797, 2366, 2645, 2646, 3759, 3760, 3986, 4282, 4373, 4374, 4376, 4810, 4815, 4816, 4821, 4834, 4848, 4851, 4852, 4853, 4854, 4878)
2006 Ed. (209, 210, 211, 223, 241, 758, 759, 1464, 1483, 1500, 1503, 1506, 1511, 1525, 1730, 1731, 1783, 1784, 1787, 1789, 1790, 2340, 2422, 2664, 2665, 3763, 3764, 4308, 4309, 4798, 4799, 4805, 4812, 4813, 4850, 4886)
2005 Ed. (171, 195, 196, 197, 212, 225, 739, 740, 832, 1580, 1582, 1583, 1584, 1585, 1586, 1597, 1617, 1619, 1624, 1633, 1636, 1779, 1780, 1803, 1804, 1805, 1806, 1807, 1808, 1809, 1810, 2375, 2685, 2686, 2687, 2688, 3178, 3370, 3371, 3667, 4364, 4365, 4445, 4451, 4748, 4750, 4754, 4759)
2000 Ed. (3318, 3412)
1994 Ed. (150, 178, 3230)
1992 Ed. (286)
1991 Ed. (205, 207)
UPS Air
2008 Ed. (235)
UPS Airlines WorldPort
2008 Ed. (2394)
UPS Foundation
2002 Ed. (978)
2001 Ed. (2516)
UPS Freight
2008 Ed. (4763, 4769, 4780)
UPS Logistics
2003 Ed. (2174)
2002 Ed. (1225)
UPS Logistics Group
2006 Ed. (4795)
2005 Ed. (4744, 4763)
2004 Ed. (4767, 4791)
2001 Ed. (3161)
UPS of America Inc.
2001 Ed. (1130)
The UPS Store
2008 Ed. (874, 4017, 4221)
2007 Ed. (895, 898, 3998)
2006 Ed. (808, 811, 3940)
2005 Ed. (895, 3880)
UPS Supply Chain Services
2008 Ed. (4814)
2007 Ed. (4879)
2006 Ed. (4887)
UPS Supply Chain Solutions
2008 Ed. (3525, 4739)
2007 Ed. (1334, 1335, 2648, 3389, 4812)
2006 Ed. (4795)
2005 Ed. (3340)
UPS Worldwide Logistics
2000 Ed. (4311)
Upsala Sparbank
1993 Ed. (638)
Upshot
2008 Ed. (3594)
2001 Ed. (3912)
Upside
2004 Ed. (145, 146)
2001 Ed. (254, 255)
Upside Software Inc.
2006 Ed. (1540)
2005 Ed. (125, 1688, 1690, 1691, 1692)
UpStream Software
2007 Ed. (1224)
Upton & Fuller, McCann
1997 Ed. (161)
Upton & Fulton, McCann
2003 Ed. (184)
2002 Ed. (214)
2001 Ed. (244)
2000 Ed. (194)
1999 Ed. (173)
Uptown Federal Savings & Loan
1989 Ed. (2356)
Ural Nickel
2004 Ed. (3695)
Ural Siberian Bank
2007 Ed. (546)
2005 Ed. (602)
Ural Sl
2004 Ed. (1850)
Ural Tire Plant
2001 Ed. (4545)
Uramiuim Resources Inc.
1991 Ed. (1165)
UrAsia Energy Ltd.
2008 Ed. (1659)
2007 Ed. (1620, 1649)
Urban
2007 Ed. (4091)
2001 Ed. (3962)
Urban areas
2000 Ed. (2616)
Urban Concrete Contractors
2007 Ed. (1366)
2006 Ed. (1289)
Urban Contemporary Interconnect
1992 Ed. (1018)
Urban Engineers Inc.
1999 Ed. (2034)
1996 Ed. (1682)
Urban Foundation/Engineering Co.
2005 Ed. (1312)
Urban Futures Inc.
1991 Ed. (2170)
Urban Health Plan Inc.
2008 Ed. (2964)
Urban Latino Magazine
2002 Ed. (2540)
Urban Outfitters Inc.
2008 Ed. (887, 888, 889, 893, 993, 997, 1006, 1011, 2857, 2997)
2007 Ed. (912, 1116, 1123, 1129, 2718, 2727, 2752, 2879, 4492, 4561)
2006 Ed. (1027, 1036, 1041, 2728, 2884, 4157, 4584)
2005 Ed. (1014, 1015, 1022, 1030, 4505)
2004 Ed. (999, 1000, 1023)
2003 Ed. (1024)
1998 Ed. (3086)
Urban planner
2004 Ed. (2275)
Urban Retail Properties
2007 Ed. (4380)
2006 Ed. (4314)
2004 Ed. (4091)
2003 Ed. (4061, 4410, 4411)
2002 Ed. (3934)
2001 Ed. (4010)
2000 Ed. (3728, 4022)
1998 Ed. (3017, 3300)
1997 Ed. (3272, 3517)
Urban Science
2002 Ed. (2514)
Urban Shopping Centers Inc.
2002 Ed. (4278)
2001 Ed. (4255)
2000 Ed. (4031)
1999 Ed. (4311)
1996 Ed. (3430)
Urban Substructures Inc.
1993 Ed. (1128)
1992 Ed. (1415)
1991 Ed. (1082)
1990 Ed. (1204)
Urban Systems Ltd.
2008 Ed. (3488, 3494, 3495, 3497, 3498)
2007 Ed. (3378)
2006 Ed. (1596, 4297)
Urban Television Network Corp.
2006 Ed. (3526)
Urbieta Enterprises
1999 Ed. (4090)
Urbieta Oil Inc.
2008 Ed. (2954, 2968)
Urbis
2006 Ed. (1030)
Urdang & Associates
2002 Ed. (3938)
2000 Ed. (2828)
1999 Ed. (3080, 3093)
1998 Ed. (2280, 3014)
1996 Ed. (2412)
Urdang & Associates Real Estate
2000 Ed. (2820)
Urdang; E. Scott
1995 Ed. (2357, 2377)
Urethanes
2000 Ed. (3569)
Uribe & Acociados; Jaime
1989 Ed. (94)
Uribe & Asociados; Jaime
1996 Ed. (73)
1991 Ed. (88)
1990 Ed. (90)
Urinalysis
1990 Ed. (1501)
Urinary test strips
1994 Ed. (1528)
Urix
1992 Ed. (4039)
Urker Cosmetik
2005 Ed. (53)
2004 Ed. (58)
URM Stores
2006 Ed. (1396)
2005 Ed. (1410)
2004 Ed. (1389)
Urologix, Inc.
2003 Ed. (2721)
URS Corp.
2008 Ed. (207, 1163, 1178, 1357, 2282, 2511, 2513, 2515, 2521, 2522, 2523, 2529, 2531, 2532, 2533, 2534, 2535, 2536, 2538, 2539, 2540, 2542, 2543, 2545, 2546, 2547, 2549, 2550, 2551, 2553, 2559, 2570, 2598, 2599, 2600, 2601, 2602, 2603, 2604, 2607, 2880)
2007 Ed. (220, 1316, 1401, 2399, 2404, 2406, 2407, 2408, 2409, 2410, 2411, 2413, 2415, 2416, 2417, 2418, 2419, 2420, 2422, 2423, 2424, 2426, 2432, 2443, 2469, 2470, 2471, 2472, 2473, 2474, 2475, 2478, 2764, 4360)
2006 Ed. (1163, 1165, 1166, 1167, 1169, 1170, 1209, 1362, 2450, 2456, 2461, 2467, 2477, 2502, 2503, 2504, 2505, 2506)
2005 Ed. (1167, 1169, 1170, 1171, 1173, 1174, 1250, 1334, 1358, 1363, 2415, 2416, 2417, 2420, 2424, 2425, 2427, 2430, 2437)
2004 Ed. (1144, 1148, 1149, 1251, 1253, 1329, 2323, 2324, 2325, 2326, 2327, 2328, 2329, 2330, 2331, 2332, 2333, 2335, 2336, 2338, 2339, 2340, 2341, 2342, 2343, 2345, 2346, 2347, 2348, 2349, 2352, 2353, 2354, 2355, 2356, 2358, 2359, 2364, 2366, 2368, 2369, 2370, 2372, 2373, 2374, 2375, 2376, 2377, 2380, 2381, 2383, 2384, 2386, 2389, 2395, 2432, 2433, 2434, 2435, 2436, 2438, 2439, 2440, 2441, 2443, 2444, 2446)
2003 Ed. (1140, 1146, 1248, 1251, 2289, 2291, 2293, 2295, 2296, 2297, 2298, 2300, 2302, 2303, 2304, 2308, 2314, 2355, 2356, 2357)
2002 Ed. (330, 1172, 1176, 1214, 1239, 2129, 2130, 2131, 2132, 2133, 2135, 2137, 2138, 2139, 2153)
2001 Ed. (1403, 1404, 2288, 2291, 2294, 2295, 2296, 2297, 2298, 2300)
URS Consultants Inc.
1997 Ed. (260, 265, 1139, 1743)
1996 Ed. (234, 1665)
1995 Ed. (237, 1682)

1994 Ed. (235, 1643)
1993 Ed. (241, 246, 1610)
1992 Ed. (351, 355, 1955)
1991 Ed. (251)
1990 Ed. (280, 1666)
URS Greiner Inc.
2001 Ed. (2290, 2292)
2000 Ed. (1806, 1807)
1999 Ed. (283, 285, 1339, 2017, 2031)
1998 Ed. (182, 1437, 1442, 1443)
URS Greiner Woodward-Clyde
2001 Ed. (403, 2238, 2244)
2000 Ed. (1237, 1793, 1796, 1797, 1798, 1803, 1804, 1816, 1843, 1851, 1853)
1999 Ed. (2019, 2020, 2021, 2026, 2027, 2029)
URS Greiner Woodward-Clyde Design, Inc.
2001 Ed. (2237, 2245)
Urs Schwarzenbach
2005 Ed. (4893)
Urstadt Biddle Properties
2005 Ed. (4380)
Uruguay
2008 Ed. (2397, 4244, 4246, 4554, 4995)
2007 Ed. (2264, 3429, 4210, 4606, 4996)
2006 Ed. (2333, 3411, 4194, 4321, 4619, 4995)
2005 Ed. (2043, 3402, 4146, 4538, 4977, 4997)
2004 Ed. (1910, 1922, 3395, 4218, 4991)
2003 Ed. (4192)
2002 Ed. (1820, 4974)
2001 Ed. (511, 512, 1951, 2156, 4121, 4265, 4398, 4591, 4592, 4910, 4936)
2000 Ed. (1614, 4425)
1999 Ed. (1785)
1997 Ed. (1546)
1996 Ed. (1481)
1995 Ed. (1522, 3578, 3773)
1994 Ed. (1490)
1993 Ed. (2412)
1992 Ed. (1738, 1739, 2319, 2361, 2854)
1991 Ed. (1384, 1843)
1990 Ed. (1451)
1989 Ed. (1180)
Uruguay Mineral Exploration Inc.
2006 Ed. (4492)
URW 831 Members Credit Union
2006 Ed. (2165, 2167)
U.S.
2000 Ed. (1032, 1649, 3011, 3094, 3175, 3357, 4033)
1995 Ed. (997)
1992 Ed. (891, 1049, 2807, 3276, 3452, 3453, 3685, 3806, 3807, 4194, 225, 226, 228, 229, 230, 362, 723, 1152, 1296, 1373, 1446, 1639, 1713, 1727, 1741, 1776, 2078, 2170, 2171, 2300, 2301, 2302, 2304, 2306, 2313, 2323, 2329, 2336, 2361, 2950, 3141, 3348, 3446, 3449, 3450, 3543, 3555, 3599, 3600, 3974, 4021, 4139, 4141, 4152, 4238, 4239, 4474, 4495)
U.S. Administrators Inc.
1990 Ed. (1012)
1989 Ed. (918)
U.S. AgBank, FCB
2007 Ed. (1429)
2006 Ed. (1390, 1394, 1395)
US Air
1989 Ed. (234, 235, 236, 238)
U.S. Air Force
2008 Ed. (3691)
2007 Ed. (3528)
2005 Ed. (2746)
2001 Ed. (2862, 4461)
1994 Ed. (2685, 2686)
1992 Ed. (3277)
1991 Ed. (2622)
1990 Ed. (1166, 1835)
U.S. Air Force APF Food Operations
2001 Ed. (2485)
2000 Ed. (2237)
1998 Ed. (1739)
1997 Ed. (2055)
U.S. Air Force CIO Office
2007 Ed. (2564)
U.S. Air Force Clubs
2001 Ed. (2485)
2000 Ed. (2237)
1998 Ed. (1739)
U.S. Air Force Clubs Branch
1997 Ed. (2055)
1995 Ed. (1913, 1918)
1994 Ed. (1888)
U.S. Air Force Engineering and Services Centers
1991 Ed. (1753)
U.S. Air Force Food & Clubs Branch
1996 Ed. (1952)
U.S. Air Force HQ USAF/LEE
1991 Ed. (1056)
U.S. Air Force Morale, Welfare, Recreation & Service Agency
1995 Ed. (1913, 1918)
1994 Ed. (1888)
U.S. Air Force Morale, Welfare, Recreation Service Agency
1996 Ed. (1952)
U.S. Air Force Open Mess System
1991 Ed. (1753)
1990 Ed. (1835)
U.S. Air Force Restaurants & Snack Bars
1997 Ed. (2055)
US Air Group
1998 Ed. (3424)
1990 Ed. (214)
US Airways Inc.
2008 Ed. (209, 211, 1558)
2007 Ed. (226)
2006 Ed. (218)
2005 Ed. (208)
2004 Ed. (205, 1880)
2003 Ed. (245)
2002 Ed. (259)
2001 Ed. (295, 1894, 1895)
2000 Ed. (233, 238, 239, 240, 241, 242, 243, 244, 245, 247, 248, 249, 250, 252, 253, 266, 267, 268, 3539, 4381)
1999 Ed. (215, 216, 220, 222, 225, 226, 228, 229, 231, 236, 237, 242, 244, 245, 1479, 1480, 1483, 1484, 1485, 1491, 1495, 1749, 3819, 4652)
US Airways Credit Union
2005 Ed. (2124)
2004 Ed. (1982)
2003 Ed. (1942)
2002 Ed. (1888)
US Airways Express
2006 Ed. (228)
2001 Ed. (333)
US Airways Group Inc.
2008 Ed. (208, 209, 212, 213, 221, 226, 227, 228, 229, 232, 233, 234, 235, 1513, 1558, 1559, 3007)
2007 Ed. (221, 228, 229, 230, 231, 242, 1576, 2053, 2885)
2006 Ed. (214, 215, 216, 217, 220, 221, 222, 223, 224, 240, 242, 245, 382, 2096, 4824)
2005 Ed. (201, 206, 207, 210, 211, 212, 220, 224, 229, 1626, 1641, 1996, 1997, 2005, 2006)
2004 Ed. (198, 200, 203, 204, 206, 207, 208, 211, 212, 215, 216, 221, 222, 412, 1880, 1881)
2003 Ed. (242, 243, 244, 246, 247, 248, 250, 251, 253, 1845, 1846, 4544, 4547, 4801)
2002 Ed. (257, 258, 260, 261, 262, 263, 264, 265, 268, 269, 272, 1517, 1544, 1795, 1916)
2001 Ed. (294, 296, 297, 298, 299, 300, 311, 315, 318, 321, 322, 323, 325, 327, 328, 329, 330, 337, 338, 1895, 4616)
2000 Ed. (236, 237, 259, 261, 262, 263, 264, 265, 1471, 1581, 4292)
1999 Ed. (214, 1498, 4485)
US Airways Pilots Plan
2005 Ed. (3703)
U.S. Alberici Construction Co. Inc.
1997 Ed. (1179)
US and others
1992 Ed. (2714, 2715)
U.S. Armed Forces
1989 Ed. (2525)
U.S. Army
2007 Ed. (3528)
2006 Ed. (3493)
2005 Ed. (2746)
2004 Ed. (2842)
2001 Ed. (2862, 4461)
1994 Ed. (2685)
1992 Ed. (3277)
1991 Ed. (2622)
U.S. Army Center of Excellence
1992 Ed. (2204)
U.S. Army Center of Excellence, Subsistence
2001 Ed. (2485)
2000 Ed. (2237)
1997 Ed. (2055)
1996 Ed. (1952)
1995 Ed. (1913, 1918)
1994 Ed. (1888)
U.S. Army Center of Excellence, Substinence
1998 Ed. (1739)
U.S. Army Community & Family Support
1995 Ed. (1913, 1918)
1994 Ed. (1888)
1992 Ed. (2204)
U.S. Army Community & Family Support Centers
2001 Ed. (2485)
2000 Ed. (2237)
1998 Ed. (1739)
1997 Ed. (2055)
1996 Ed. (1952)
1991 Ed. (1753)
1990 Ed. (1835)
U.S. Army Corps of Engineers
1990 Ed. (1166)
U.S. Army Corps of Engineers Resource Management Office (CERM-FC)
1991 Ed. (1056)
U.S. Army Fort Huachuca
1991 Ed. (255, 257)
U.S. Army Medical Department
1996 Ed. (1952)
1995 Ed. (1918)
U.S. Army Officers and Enlisted Club System
1990 Ed. (1835)
U.S. Army Reserve Med/National Guard
2001 Ed. (3555)
U.S. Army Troop Support Agency
1991 Ed. (1753)
1990 Ed. (1835)
U.S. Baird Employees Credit Union
2005 Ed. (308)
U.S. Bancorp
2008 Ed. (358, 371, 372, 426, 486, 1816, 1935, 1936, 1937, 1938, 1939, 1940, 2198)
2007 Ed. (370, 380, 382, 387, 389, 390, 532, 1785, 1884, 1885)
2006 Ed. (384, 387, 396, 399, 402, 405, 507, 1499, 1513, 1776, 1890, 1891, 1892, 3682)
2005 Ed. (373, 376, 377, 423, 429, 438, 440, 449, 452, 490, 590, 627, 628, 790, 1002, 1003, 1064, 1615, 1802, 1871, 1872, 2046, 2604, 2866, 3306, 4385, 4386, 4522)
2004 Ed. (418, 423, 432, 434, 440, 441, 601, 638, 639, 1578, 1740, 1801, 4372)
2003 Ed. (429, 438, 446, 449, 452, 629, 630, 1558, 1764)
2002 Ed. (432, 437, 438, 498, 503, 1731)
2001 Ed. (432, 433, 574, 578, 582, 636, 637, 638, 735, 736, 739, 740, 750, 751, 754, 774, 775, 802, 805, 818, 819, 832, 836, 848, 852, 860, 872, 888, 920, 943, 951, 952, 956, 960, 1955, 3210, 4029, 4281)
2000 Ed. (327, 328, 379, 383, 385, 392, 393, 422, 426, 432, 618, 620, 679, 1517, 2484, 3737, 3741, 3742, 3743, 4053)
1999 Ed. (313, 371, 372, 374, 380, 427, 595, 596, 1707, 2121, 2122, 2123, 2124, 2698)
1998 Ed. (270, 280, 283, 329, 332, 389, 1185)
1997 Ed. (334, 345, 1496, 3283)
1996 Ed. (257, 258, 359)
1995 Ed. (253, 254, 3359)
1994 Ed. (250, 251, 667, 3035, 3278)
1993 Ed. (264, 377, 666, 3287)
1992 Ed. (867)
1990 Ed. (716, 717, 718)
1989 Ed. (404, 432, 713)
US Bancorp Leasing & Financial
2003 Ed. (570, 571, 572)
U.S. Bancorp Piper Jaffray Inc.
2005 Ed. (3175)
2004 Ed. (3529)
2003 Ed. (3060, 3473, 3474, 3475, 3476)
2001 Ed. (558, 742, 748, 757, 759, 760, 761)
U.S. Bank
2004 Ed. (184, 185, 356, 358, 362, 364, 365, 366, 422, 424, 425, 426, 427, 428, 429, 430, 1064, 1065, 2863, 2996)
2002 Ed. (544, 1121, 4293, 4296)
2001 Ed. (641, 4002)
2000 Ed. (220)
U.S. Bank NA
2008 Ed. (196, 197, 340, 346, 349, 350, 357, 359, 360, 361, 363, 364, 365, 399, 1090, 1091, 2987, 4397)
2007 Ed. (209, 210, 355, 358, 361, 362, 369, 371, 372, 373, 375, 376, 377, 431, 1184, 1185, 2867, 3020)
2006 Ed. (202, 203, 375, 378, 379, 386, 388, 389, 390, 391, 392, 393, 394, 1076, 1077, 2873, 2989)
2005 Ed. (190, 191, 367, 381, 384, 385, 428, 430, 431, 432, 433, 434, 435, 436, 1068, 1069, 2868, 2994)
2003 Ed. (229, 230, 379, 383, 385, 386, 387, 428, 430, 431, 432, 433, 434, 435, 436, 477, 1055, 1056, 2771)
2002 Ed. (248, 249, 478, 479, 487, 489, 643, 1120, 2578)
2000 Ed. (398, 401, 402, 403, 408, 409, 410, 412, 413, 419, 1907)
1999 Ed. (399, 402, 403, 404, 405, 411, 412, 413, 415, 416, 417, 418, 421)
US Bank of Idaho
1999 Ed. (198)
1998 Ed. (296, 362)
U.S. Bank of Washington
1999 Ed. (198, 3180)
1997 Ed. (179, 377, 644, 2621, 2623)
1993 Ed. (402, 664, 2420)
1992 Ed. (255)
U.S. Bank of Washington NA
1998 Ed. (103, 296, 434, 2352)
1996 Ed. (410, 709)
1995 Ed. (380, 387, 633)
1994 Ed. (145, 392, 664)
1992 Ed. (562, 864)
1991 Ed. (489, 689)
U.S. Bank Trust
2001 Ed. (595, 596, 763, 764)
US Bankcard Services Inc.
2008 Ed. (269, 270, 3696)
U.S. Banknote Corp.
1994 Ed. (2020)
U.S. Behavioral Health
1996 Ed. (2561)
U.S. Bell
1996 Ed. (3650)
U.S. Biosci
1996 Ed. (208)
U.S. Bioscience
1997 Ed. (231)
1994 Ed. (204, 214)
U.S. Border Patrol
1991 Ed. (257)

U.S. Boston G & I
1992 Ed. (3191)
U.S. Boston Growth & Income
1993 Ed. (2689)
U.S. Bureau of Engraving & Printing
2005 Ed. (2002)
2003 Ed. (1850)
2001 Ed. (1686)
U.S. Bureau of Labor Statistics
2002 Ed. (4821)
U.S. Bureau of the Census
1991 Ed. (2769)
U.S. Business Advisor
2003 Ed. (3037)
U.S. Business Brokers
1999 Ed. (958)
1998 Ed. (540)
1997 Ed. (843)
U.S. Cable
1992 Ed. (1030)
U.S. Cable Group
1998 Ed. (602)
US Can
1999 Ed. (1346)
1998 Ed. (929)
1992 Ed. (1048)
U.S. Cellular Corp.
2008 Ed. (2014, 2015, 2016, 2017, 2018, 2019, 4261, 4942)
2007 Ed. (1943, 3618, 3620)
2006 Ed. (803, 1960, 1962, 1963, 1964, 1965, 1966, 3550, 4968, 4969, 4971)
2005 Ed. (1927, 4979, 4980, 4981, 4985)
2004 Ed. (4976, 4977)
2003 Ed. (4688, 4980)
2002 Ed. (306)
2001 Ed. (1667, 4456)
2000 Ed. (999)
1998 Ed. (156, 1889, 2076)
1997 Ed. (239)
1996 Ed. (888)
1994 Ed. (2159, 3492)
1993 Ed. (933, 1246, 3517)
1992 Ed. (1131, 2565)
1990 Ed. (1302)
U.S. Census Bureau
2002 Ed. (4821)
U.S. Central Credit Union
2007 Ed. (1429)
2006 Ed. (1390, 1394, 1395)
2005 Ed. (1404, 1408, 1409)
2004 Ed. (1383, 1387, 1388)
U.S. Chamber of Commerce
1999 Ed. (298, 299)
1997 Ed. (273, 275)
1996 Ed. (242, 244)
US China Region Opportunity
1998 Ed. (2646)
U.S. Clearing
2000 Ed. (1097)
U.S. Coast Guard
2000 Ed. (2237)
1990 Ed. (1835)
U.S. Commercial Corp., SA de CV
2005 Ed. (4137)
2004 Ed. (4207)
US Committee for UNICEF
2000 Ed. (3349)
1996 Ed. (913)
U.S. Communications
1992 Ed. (3758)
U.S. Computer Group
2000 Ed. (1167)
1999 Ed. (2623, 2670)
U.S. Concrete Inc.
2007 Ed. (4035)
2006 Ed. (4000)
2001 Ed. (1579)
US Core Plus Fixed Income
2003 Ed. (3113)
U.S. Cotton
2003 Ed. (1873)
U.S. Credit Union
2008 Ed. (2240)
2007 Ed. (2125)
2006 Ed. (2204)
2005 Ed. (2109)
2004 Ed. (1967)
2003 Ed. (1927)
2002 Ed. (1873)
U.S. Customs
1992 Ed. (2635)
U.S. Customs & Border Protection
2007 Ed. (1161)
2006 Ed. (1069)
2005 Ed. (1061)
U.S. Customs Service
1991 Ed. (257)
U.S. Dairy Producers
2000 Ed. (211)
US DataPort Inc.
2003 Ed. (1553, 1554)
U.S. Defense Logistics Agency
2008 Ed. (2831)
2003 Ed. (4873)
U.S. Delivery Systems
1997 Ed. (3522)
1996 Ed. (1194)
U.S. Department of Agriculture
2008 Ed. (1054, 2830, 2835)
2007 Ed. (1161, 2058, 2059, 2448, 2449, 2701, 2707)
2006 Ed. (1069, 2706, 2711, 3293)
2005 Ed. (2745, 2750)
2004 Ed. (2755)
U.S. Department of Agriculture Food & Nutrition Service
1991 Ed. (1756)
1990 Ed. (1836, 3107)
U.S. Department of Commerce
2008 Ed. (2830)
2007 Ed. (2701)
2006 Ed. (2706, 3293)
2004 Ed. (2755)
2001 Ed. (4461)
U.S. Department of Defense
2008 Ed. (2830, 2835, 3691)
2007 Ed. (2701, 2707, 3528)
2006 Ed. (2706, 2711, 3293, 3493)
2005 Ed. (2745, 2750)
2004 Ed. (1576, 2755)
2001 Ed. (4461)
U.S. Department of Education
2008 Ed. (3691)
2006 Ed. (3493)
U.S. Department of Energy
2005 Ed. (2745)
2001 Ed. (4461)
1991 Ed. (1056)
1990 Ed. (1166)
U.S. Department of Health & Human Services
2008 Ed. (2835, 3691, 4611)
2007 Ed. (2707)
2006 Ed. (2711, 3293, 3493)
2005 Ed. (2750)
2004 Ed. (2755)
U.S. Department of Homeland Security
2008 Ed. (2830, 2835)
2007 Ed. (2701, 2707)
2006 Ed. (1142, 2706, 2711)
2005 Ed. (2750, 3177)
U.S. Department of Housing & Urban Development
2005 Ed. (2746)
U.S. Department of Justice
2008 Ed. (2830, 2835)
2007 Ed. (2701, 2707)
2006 Ed. (2706, 2711)
2005 Ed. (2745, 2750)
2004 Ed. (2755)
2001 Ed. (4461)
U.S. Department of State
2008 Ed. (1047, 1049, 1050, 2487, 2835)
2007 Ed. (2707)
2006 Ed. (2711)
2005 Ed. (2750)
2004 Ed. (2755)
U.S. Department of the Army Staff's Chief Information Officer
2007 Ed. (2564)
U.S. Department of the Interior
2008 Ed. (2830, 2835)
2007 Ed. (2701, 2707)
2006 Ed. (2706, 2711)
2005 Ed. (2745, 2750)
2004 Ed. (2755)
U.S. Department of the Treasury
2008 Ed. (2830, 2835)
2007 Ed. (2701, 2707)
2006 Ed. (2706, 2711)
2005 Ed. (2745, 2750)
2004 Ed. (2755)
U.S. Department of Transportation
2008 Ed. (2830, 2835)
2007 Ed. (2701, 2707, 3528)
2006 Ed. (2706, 2711, 3293, 3493)
2005 Ed. (2745, 2750)
2004 Ed. (2755)
2001 Ed. (4461)
U.S. Department of Treasury
2006 Ed. (3293)
2001 Ed. (4461)
U.S. Department of Veteran Affairs
2001 Ed. (2668, 2669, 2670, 3164)
2000 Ed. (3179, 3181, 3182, 3184, 3185, 3360)
1998 Ed. (2554)
U.S. Department of Veterans Affairs
2008 Ed. (2830, 2835)
2007 Ed. (2701, 2707)
2006 Ed. (2706, 2711, 3587, 3588, 3590)
2005 Ed. (2745, 2750)
2004 Ed. (2755, 3526)
1997 Ed. (2179, 2828)
1996 Ed. (2706)
U.S. Dept. of Veterans Affairs
1999 Ed. (3463, 3465, 3466)
U.S. Diagnostic
2000 Ed. (2210)
1999 Ed. (2450)
U.S. Diagnostic Labs
1998 Ed. (1706)
U.S. Dismantlement Corp.
1998 Ed. (945)
1997 Ed. (1175)
1996 Ed. (1146)
1994 Ed. (1151)
1993 Ed. (1134)
1992 Ed. (1421)
1991 Ed. (1088)
1990 Ed. (1203)
U.S. Dismantlement/Integrated Waste
1995 Ed. (1171)
US Dollar
1992 Ed. (2025)
U.S. Dollar Index
1993 Ed. (2744)
U.S. Employees Credit Union
1996 Ed. (1508)
U.S. Energy Corp.
2004 Ed. (3485, 3486)
1989 Ed. (2671)
U.S. Engineering Co.
2008 Ed. (1245, 4002)
2007 Ed. (1387)
2006 Ed. (1258)
2004 Ed. (1337)
2003 Ed. (1337)
1996 Ed. (1135, 1149)
1995 Ed. (1160, 1174)
U.S. Environmental Protection Agency
1993 Ed. (2876)
U.S. Equities Realty Inc.
2000 Ed. (3728)
1998 Ed. (3017)
1997 Ed. (3272)
U.S. Equities Realty LLC
2002 Ed. (3934)
2001 Ed. (4010)
U.S. F & G Group
2001 Ed. (4033)
1993 Ed. (2184, 2189, 2193, 2233, 2234, 2240, 2246, 2682, 2693, 3277, 3391)
U.S. Facilities Corp.
1996 Ed. (3666)
U.S. farmland
1990 Ed. (2402)
U.S. Federal Bureau of Investigation
2005 Ed. (3181)
U.S. Fidelity & Guaranty
1999 Ed. (2976)
1996 Ed. (2270, 2338)
U.S. Fidelity & Guaranty Group
1997 Ed. (1476, 2459, 2461, 2464, 2471)
U.S. Filter Corp.
2006 Ed. (2503, 2504, 2505, 2506, 2507)
2004 Ed. (2433, 2434, 2435, 2441, 2443, 2444, 2445, 2446)
2001 Ed. (996, 2288, 2289, 2292, 2293, 2301, 2302)
2000 Ed. (1846, 1848, 1849, 1856, 1857, 1858)
1999 Ed. (1500, 2058)
U.S. Fleet Leasing
1995 Ed. (2620)
1994 Ed. (2565)
1993 Ed. (2602, 2604)
1990 Ed. (2617)
U.S. Food service Inc.
2005 Ed. (3925)
US Foodservice Inc.
2008 Ed. (1903, 4062, 4266, 4931)
2007 Ed. (1868, 4034, 4960)
2006 Ed. (1863, 1863, 2618, 3999, 4953)
2005 Ed. (1539, 1854, 2622, 4920)
2004 Ed. (1789, 4940)
2003 Ed. (1565, 1566, 1752, 1752, 4935, 4936)
2001 Ed. (1787, 1787, 2456, 2457, 4828)
2000 Ed. (1358, 1512, 2242, 2244)
1997 Ed. (2060)
1996 Ed. (1955)
US Foodservice Holding Co.
2008 Ed. (1903)
US Freightways
2000 Ed. (4306, 4309, 4317)
1999 Ed. (4672, 4673, 4675)
1998 Ed. (3627, 3629, 3630)
U.S. General Services Administration (GSA)
1991 Ed. (1056)
US Glob Accolade Regent East
2004 Ed. (3647)
US Global Acc MegaTrend
2006 Ed. (3624)
U.S. Global Accolade Regent Eastern European
2008 Ed. (3770, 3772)
U.S. Global China Region Opportunity
2008 Ed. (3768)
U.S. Global Eastern European
2006 Ed. (3597)
US Global Global Resources
2006 Ed. (3639)
2004 Ed. (3566)
US Global Gold Shares
2006 Ed. (3638, 3639)
2004 Ed. (3566)
1999 Ed. (3582)
U.S. Global Investment World Precious Minerals
2008 Ed. (3771)
2004 Ed. (3566)
U.S. Global Investments China Region Opportunity Fund
2005 Ed. (3570)
U.S. Global Investors Inc.
2008 Ed. (4520, 4529, 4538)
U.S. Global Investors Accolade E. European
2007 Ed. (3674, 3676)
U.S. Global Investors Eastern European
2006 Ed. (3655, 3656, 3657)
U.S. Global Investors Global Resources
2008 Ed. (3770)
U.S. Global Investors Gold Shares
2008 Ed. (3770, 4511)
U.S. Global Investors World Gold
2000 Ed. (3294)
U.S. Global Investors World Precious Minerals
2008 Ed. (3770, 4511)
2006 Ed. (3657)
2005 Ed. (3560, 3561)
U.S. Global Leaders Growth
2003 Ed. (3488)
1999 Ed. (3521)
U.S. Global Resources
2007 Ed. (3664)
US Global World Precious Minerals
2006 Ed. (3638, 3639)
U.S. Gold Corp.
2008 Ed. (1678, 1680)
US Gold Shares
1998 Ed. (2656)
1997 Ed. (2906)
1995 Ed. (2718, 2721)
1992 Ed. (3174)

1991 Ed. (2569)
U.S. Government
2008 Ed. (2494)
2007 Ed. (1653, 2377)
2006 Ed. (1638, 2432, 2850)
2005 Ed. (1755, 2391, 2849)
2004 Ed. (154, 871, 1698, 2307, 4052)
2001 Ed. (2589, 2590)
2000 Ed. (1042)
1999 Ed. (1117, 1210, 3716, 3976, 3977)
1997 Ed. (978, 1600, 3232)
1996 Ed. (957, 1542, 3147)
1995 Ed. (977, 1559, 3048)
1994 Ed. (945, 2742, 2986)
1993 Ed. (1897, 2952)
1992 Ed. (3595)
1991 Ed. (175, 1994, 2791)
1989 Ed. (2277)
U.S. Government Office of Personnel Management
1990 Ed. (1743)
U.S. Government Securities
1997 Ed. (2891)
1995 Ed. (2687)
1993 Ed. (2365)
U.S. Government Securities Fund
1994 Ed. (2537, 2609)
U.S. Government; Twentieth Century
1996 Ed. (2767)
U.S. Gypsum
1999 Ed. (2117)
1996 Ed. (3812)
U.S. Health Corp.
1998 Ed. (2551)
1997 Ed. (2827)
1996 Ed. (2708)
1995 Ed. (2630)
1994 Ed. (2575)
1992 Ed. (3129)
1991 Ed. (2504)
1990 Ed. (2634)
U.S. Healthcare
1998 Ed. (1013, 1026, 1027, 1903, 1915, 1919, 1920, 2428)
1997 Ed. (1289, 2180, 2181, 2182, 2184, 2189, 2191, 2700, 2701, 2978)
1996 Ed. (1243, 1246, 1247, 2077, 2078, 2079, 2081, 2085, 2086, 2088, 2259, 2888)
1995 Ed. (1433, 2082, 2083, 2090, 2094, 2822, 3288, 3304, 3306, 3312)
1994 Ed. (2030, 2031, 2033, 2041, 2042, 2706, 2708, 2712, 3222, 3224, 3442, 3443)
1993 Ed. (1348, 2017, 2018, 2019, 2020, 2021, 2024, 2750, 3225, 3226, 3462, 3468)
1992 Ed. (2381, 2383, 2384, 2391, 2392)
1991 Ed. (1893)
1990 Ed. (1989)
1989 Ed. (1579)
U.S. Hispanic Chamber of Commerce
1997 Ed. (273)
U.S. Home Corp.
2006 Ed. (1162)
2005 Ed. (1182, 1191, 1193, 1197, 1200, 1201, 1206, 1221, 1223, 1237, 1238, 1244, 1246)
2004 Ed. (1155, 1163, 1165, 1169, 1170, 1172, 1173, 1179, 1195, 1197, 1214, 1221)
2003 Ed. (1151, 1157, 1159, 1162, 1164, 1165, 1177, 1184, 1189, 1190, 1206, 1213, 1214)
2002 Ed. (1180, 1187, 1189, 1203, 2670, 2673, 2676, 2679, 2685)
2001 Ed. (1391, 1392, 1393, 2803)
2000 Ed. (1190, 1191, 1192, 1197, 1198, 1199, 1211)
1999 Ed. (1308, 1309, 1310, 1311, 1316, 1317, 1318, 1319, 1320, 1329)
1998 Ed. (876, 877, 878, 879, 887, 888, 889, 890, 900, 903, 908)
1997 Ed. (1119, 1120, 1123, 1124, 1134)
1996 Ed. (1097, 1101, 1102, 1103, 1107, 1132)
1995 Ed. (1122, 1126, 1129, 1134)
1994 Ed. (1105, 1111, 1113)
1993 Ed. (1083, 1086, 1089, 1095, 3378, 3380, 3391)
1992 Ed. (1353, 1358, 1363, 1366, 4058)
1991 Ed. (1047, 1054, 1058, 1988)
1990 Ed. (1159)
1989 Ed. (1001)
U.S. Home Group
2001 Ed. (1394)
2000 Ed. (1193)
U.S. Home Systems Inc.
2008 Ed. (3096)
2007 Ed. (2971)
2006 Ed. (2955)
2005 Ed. (2959)
U.S. HomeCare Corp.
1992 Ed. (2436)
U.S. House of Representatives
2006 Ed. (3293)
U.S. Immigration & Naturalization Service
2005 Ed. (1061)
U.S. Income Fund
1995 Ed. (2729)
U.S. Industries Inc.
2004 Ed. (2875, 2876)
2003 Ed. (2775, 2955, 3380)
2002 Ed. (3317)
2001 Ed. (2040, 2041, 2895, 2896, 3286, 3822)
2000 Ed. (1366, 3084, 3085)
1999 Ed. (1314, 3347, 3348)
1998 Ed. (1963, 2468, 2469)
1997 Ed. (1130, 2240, 2752)
US Interactive
2002 Ed. (2533)
2001 Ed. (4190)
2000 Ed. (1109, 2408)
U.S. Internal Revenue Service
2002 Ed. (4821)
U.S. Internetworking
2000 Ed. (1753, 4340)
US JVC Corp. -New
1993 Ed. (1359)
U.S. Land Resources LP
1997 Ed. (3261)
U.S. Lawns
2007 Ed. (3332)
2006 Ed. (3254)
2005 Ed. (3268)
2004 Ed. (3242)
2003 Ed. (3196)
U.S. LEC Corp.
2008 Ed. (4520)
U.S. Life Credit Life Insurance
1992 Ed. (2647)
U.S. Liquids Inc.
2004 Ed. (236)
U.S. Long Distance
1995 Ed. (2069)
U.S. Manufacturing Corp.
2005 Ed. (327)
U.S. Marine Corps
2001 Ed. (2485)
1997 Ed. (2055)
1996 Ed. (1952)
1995 Ed. (1913, 1918)
1994 Ed. (1888)
1992 Ed. (2204)
1991 Ed. (1753)
1990 Ed. (1835)
U.S. Marine Corps, Fac. & Svcs. Div.
1990 Ed. (1166)
U.S. Marine Corps Food Service Section
2000 Ed. (2237)
1998 Ed. (1739)
U.S. Marine Corps Morale, Welfare & Recreation Supply
1996 Ed. (1952)
U.S. Marine Corps Morale, Welfare & Recreation Support
1995 Ed. (1913, 1918)
U.S. Marine Corps MWR Support Activity
2001 Ed. (2485)
2000 Ed. (2237)
1998 Ed. (1739)
U.S. Marketing & Promotions
2006 Ed. (3419)
2003 Ed. (3965)
2002 Ed. (1077)
2001 Ed. (3912)
U.S. Marshals
2000 Ed. (4349)
U.S. Metro Group Inc.
2008 Ed. (270, 3696, 4371)
U.S. M1A1
1992 Ed. (3078)
U.S. Multi Cap Value Equity
2003 Ed. (3120)
US Nanocorp. Inc.
2004 Ed. (2826)
U.S. National Bank
1997 Ed. (589)
1993 Ed. (395, 402, 607)
U.S. National Bank of Galveston
2000 Ed. (433)
1999 Ed. (440)
U.S. National Bank of Oregon
1993 Ed. (2420)
1991 Ed. (2646)
U.S. National, Galveston, Texas
1989 Ed. (2151)
US National Guard
1990 Ed. (2723)
U.S. National/Oregon (Qualivest)
1989 Ed. (2145, 2149)
U.S. Naval Facilities Engineering Command
1991 Ed. (1056)
1990 Ed. (1166)
U.S. Naval Sea Systems Command
1993 Ed. (2382)
1992 Ed. (2818)
1991 Ed. (2271)
U.S. Navy
2007 Ed. (3528)
2001 Ed. (2862, 4461)
1996 Ed. (2857)
1994 Ed. (2685, 2686)
1992 Ed. (3277)
1991 Ed. (2622)
U.S. Navy Club System
1997 Ed. (2055)
1996 Ed. (1952)
1995 Ed. (1913, 1918)
U.S. Navy Exchange Service Command
1998 Ed. (1739)
U.S. Navy Food Service Systems
1996 Ed. (1952)
1995 Ed. (1913, 1918)
1994 Ed. (1888)
1992 Ed. (2204)
1990 Ed. (1835)
U.S. Navy Food Service Systems Office
1991 Ed. (1753)
U.S. Navy MWR Division
2000 Ed. (2237)
1998 Ed. (1739)
U.S. Navy Officer's and Enlisted Club System
1994 Ed. (1888)
1991 Ed. (1753)
U.S. Navy Officer's and Enlisted Clubs
1992 Ed. (2204)
U.S. New Mexico Credit Union
2008 Ed. (2248)
2007 Ed. (2133)
2006 Ed. (2212)
2005 Ed. (2117)
2004 Ed. (1975)
2003 Ed. (1935)
2002 Ed. (1881)
U.S. News & World Report
2007 Ed. (143, 146)
2006 Ed. (151, 154, 156)
1999 Ed. (1853)
1998 Ed. (2798)
1996 Ed. (2965, 2971)
1995 Ed. (2886)
1994 Ed. (2782, 2783, 2798, 2801, 2805)
1993 Ed. (2789, 2790, 2792, 2797, 2804)
1992 Ed. (3393)
1991 Ed. (2707)
U.S. News/The Atlantic
1995 Ed. (2878)
U.S. Nursing Corp.
2008 Ed. (4494)
2006 Ed. (4456)
U.S. Office Products Co.
2003 Ed. (1851, 3280)
2001 Ed. (1687)
2000 Ed. (1410, 2395)
1999 Ed. (1440, 1493, 1515, 1603, 3640)
1998 Ed. (1023)
1997 Ed. (1240, 1241)
U.S. Olympic Committee
1994 Ed. (904)
US Oncology Inc.
2008 Ed. (3833)
2007 Ed. (3757)
2006 Ed. (3759, 3761, 4010)
2005 Ed. (3663, 3664)
2004 Ed. (3748, 3749)
U.S. 101 Bridge
1997 Ed. (726)
US Online
2000 Ed. (2746)
U.S. Patent & Trademark Office
2003 Ed. (3039)
2002 Ed. (4821)
U.S. Personnel Inc.
2002 Ed. (3559)
U.S. Pharmacia International Inc.
2008 Ed. (73)
U.S. Philips
1993 Ed. (2772)
1990 Ed. (2778)
U.S. Phillips
1995 Ed. (2938)
U.S. Post Office
1991 Ed. (1994)
U.S. Postal Service
2008 Ed. (1444, 1448, 1484, 1524, 2494, 2830, 3691, 4044, 4045, 4329, 4331)
2007 Ed. (1490, 1540, 1801, 2377, 2701, 3528, 4017, 4018, 4235, 4374, 4376)
2006 Ed. (1511, 1794, 1797, 2432, 2706, 2809, 3493, 3978, 3979, 4308, 4309)
2005 Ed. (171, 1624, 1755, 2745, 3492, 3620, 3905, 3906, 4365)
2004 Ed. (1698, 3492, 3753)
2001 Ed. (290)
2000 Ed. (26, 27, 28, 29, 198, 1042, 1477, 3576, 4219, 4220, 4221)
1999 Ed. (1038, 1554, 1670, 3681, 3861)
1997 Ed. (1449, 3136)
1996 Ed. (1235)
1992 Ed. (29)
1991 Ed. (257, 1056, 3478)
1990 Ed. (1166)
1989 Ed. (1202)
U.S. Postal Service--Colorado/ Wyoming District
2005 Ed. (2391)
2004 Ed. (2307)
U.S. Premium Beef Ltd.
2008 Ed. (202)
2007 Ed. (215, 216)
2006 Ed. (206)
U.S. Prime Property Inc.
2000 Ed. (4023)
U.S. Printing Ink
1994 Ed. (2934)
U.S. Range
1990 Ed. (3484)
US Real Estate Securities Fund
2003 Ed. (3117)
U.S. Realty Advisors
1997 Ed. (2523, 2543)
U.S. Rentals
1999 Ed. (3171)
1998 Ed. (2345)
1997 Ed. (2615)
1996 Ed. (2467)
1995 Ed. (2431)
1994 Ed. (2361)
1993 Ed. (2409)
1992 Ed. (2852)
1990 Ed. (2431)
1989 Ed. (1890)
US Retail Partners LLC
2003 Ed. (1419)

U.S. Risk Insurance Group Inc.
2008 Ed. (3244, 3245)
2006 Ed. (3077)
2005 Ed. (3076)
2001 Ed. (2909)
U.S. Rlty. Ptnrs.
1990 Ed. (2967)
U.S. Robotics Corp.
2005 Ed. (1509)
1999 Ed. (1956, 2879, 3255)
1998 Ed. (153, 831, 1146, 1889, 2076, 2402, 2519, 2708, 2714, 3410)
1997 Ed. (1083, 1319, 2208, 3638, 3646)
1994 Ed. (2159, 3049)
1990 Ed. (2595)
U.S. Satellite Broad
1997 Ed. (727)
U.S. Savings Bank of Washington
1998 Ed. (364, 366, 3529, 3570)
U.S. savings bonds
1991 Ed. (2260)
U.S. Securities & Exchange Commission
2002 Ed. (4821)
U.S. Senate
2006 Ed. (3293)
U.S. Services Automobile Association
1993 Ed. (2490)
U.S. Shelter Corp.
1992 Ed. (3633)
U.S. Shoe Corp.
2005 Ed. (1494)
2004 Ed. (1478)
2003 Ed. (1448)
2002 Ed. (1428)
1997 Ed. (1030, 3725)
1996 Ed. (1008, 1009)
1994 Ed. (1015, 1019, 3294, 3295, 3367)
1992 Ed. (1211)
1991 Ed. (978)
1990 Ed. (3059, 3273)
1989 Ed. (933, 934, 2485)
U.S. Shoe Apparel
1995 Ed. (1024, 1029)
U.S. Shoe (Lens Crafters)
1991 Ed. (2644)
U.S. Shoe Specialty Retail
1992 Ed. (1217)
U.S. Shop
1993 Ed. (3300)
U.S. Silica Co.
1990 Ed. (3094)
U.S. Small Business Administration
2002 Ed. (4821)
US Sprint
1993 Ed. (3511, 3673)
U.S. Sprint Communication Co.
1990 Ed. (18, 2213)
US Sprint Communications Co.
1991 Ed. (2357, 1142)
U.S. stamps
1990 Ed. (2402)
U.S. Steel Corp.
1999 Ed. (4472, 4474)
1998 Ed. (3405)
1997 Ed. (1260, 2115, 3100, 3628)
1993 Ed. (1002, 2946, 3450)
1992 Ed. (1457)
1991 Ed. (1153)
1990 Ed. (2847)
1989 Ed. (1023)
U.S. Steel Fairless Works
2000 Ed. (894)
1999 Ed. (948)
U.S. Steel Group
1994 Ed. (3430)
U.S. Steel Group of USX Corp.
2001 Ed. (3285)
2000 Ed. (3095, 3096, 3097, 3098, 3101)
1999 Ed. (3359, 3361, 3362, 3363)
U.S. Steel Mining Company Inc.
1989 Ed. (952)
U.S. stocks
2001 Ed. (2525)
U.S. Stone Container Corp./Marubeni/ CVG-Proforca
1995 Ed. (1766)
U.S. Sugar Corp.
2001 Ed. (281)
U.S. Surgical
1999 Ed. (728, 4387, 4492)
1998 Ed. (1049, 3507)
1997 Ed. (240, 2967, 3643)
1996 Ed. (3510)
1995 Ed. (2537, 2812)
1994 Ed. (212, 1254, 2017, 2032, 2468, 2469, 2698)
1992 Ed. (1515, 3226, 4179)
U.S. Surgical Corp
2000 Ed. (739)
U.S. T-bonds
1993 Ed. (1916)
U.S. Tech Solutions
2007 Ed. (3064)
U.S. Technology Resources LLC
2006 Ed. (2757)
U.S. Tele-Comm Inc.
1993 Ed. (2775)
1992 Ed. (4207)
U.S. Telecom Inc.
2007 Ed. (1843)
2006 Ed. (1838)
2005 Ed. (1833)
2004 Ed. (1767)
2003 Ed. (1730)
2001 Ed. (1771)
U.S. 3 Bridge
1997 Ed. (726)
U.S. Timberlands Klamath Falls LLC
2004 Ed. (2680)
2003 Ed. (2544)
2001 Ed. (2503)
U.S. Timberlands Co., LP
2004 Ed. (2676)
U.S. Timberlands Services Co. LLC
2004 Ed. (2680)
2003 Ed. (2544)
U.S. Tobacco Co.
1998 Ed. (3575)
1989 Ed. (2504, 2781, 2842, 2844)
U.S. Translation Co.
2008 Ed. (3735, 4431)
U.S. Transportation Command
2008 Ed. (2927)
U.S. Travel
1996 Ed. (3742, 3744)
1994 Ed. (3579)
1993 Ed. (3626)
U.S. Trust Co.
2007 Ed. (424)
2006 Ed. (428, 1961)
2002 Ed. (433, 434, 436, 437)
2001 Ed. (571)
2000 Ed. (392, 393, 420, 427, 678)
1999 Ed. (393, 425, 665)
1998 Ed. (293, 320, 426, 2658)
1997 Ed. (2516)
1994 Ed. (653, 2447)
1993 Ed. (383, 385, 398, 564, 652, 2313, 2509, 2510)
1992 Ed. (3175)
1990 Ed. (657)
U.S. Trust Co. of New York
2000 Ed. (2803)
US Unwired Inc.
2004 Ed. (1449)
U.S. Venture Partners
2008 Ed. (4805)
2005 Ed. (4819)
2004 Ed. (4831)
1999 Ed. (1967, 4704)
U.S. Veterans Administration
1991 Ed. (1056)
1990 Ed. (1166)
U.S. Veterans Affairs Department
2008 Ed. (2891)
U.S. Videotel
1992 Ed. (4216)
U.S. Virgin Islands
2001 Ed. (4585, 4586)
2000 Ed. (4252)
1994 Ed. (1508)
1990 Ed. (3648)
U.S. Vision
2005 Ed. (3655)
2004 Ed. (3744, 3745)
Us Weekly
2007 Ed. (127, 146, 167, 169)
2006 Ed. (133, 3346, 3348)
2004 Ed. (3333)
U.S. West Inc.
2000 Ed. (1308, 1336, 1402, 1403, 2644, 3690, 4186, 4188, 4205)
1999 Ed. (1243, 1448, 1461, 1461, 1595, 3308, 3717, 3977, 4392, 4542, 4546, 4548, 4559, 4562)
1998 Ed. (813, 1007, 1015, 2980, 3364, 3471, 3473, 3476, 3484)
1996 Ed. (888, 1192, 1319, 1736, 1742, 2547, 2937, 3501, 3636, 3637, 3647)
1995 Ed. (1076, 1220, 1261, 1273, 1275, 3034, 3297, 3321, 3439, 3549, 3558, 3559)
1994 Ed. (3490)
1993 Ed. (821, 1033, 2934, 2935, 3247, 3383, 3508, 3514, 3515, 3516)
1992 Ed. (1564, 3582, 3583, 3584, 4063, 4198, 4208)
1991 Ed. (2776, 2777, 2779, 3276, 3284, 1009)
1990 Ed. (1653)
1989 Ed. (1087, 2260, 2261, 2789, 2796)
U.S. West Communications
1999 Ed. (4543)
1991 Ed. (2646)
U.S. West Inc.-Domestic Cellular
1997 Ed. (1237)
U.S. West Media Group
1999 Ed. (998, 1459, 1557)
1998 Ed. (510, 511, 512, 590, 593, 1066, 1129, 2976, 3487)
1997 Ed. (727, 728, 876, 876, 1235, 1237, 1238, 1378, 3231, 3687, 3689, 3706)
U.S. West New Vector
1991 Ed. (871)
US West New Vector Group
1991 Ed. (3285, 872)
US WEST NewVector Group
1994 Ed. (877)
1992 Ed. (4212)
1990 Ed. (3521)
U.S. World Gold
1995 Ed. (2721)
U.S. Xpress Inc.
2008 Ed. (4773)
2007 Ed. (4850)
2005 Ed. (1968, 4753)
2004 Ed. (1865, 4780)
2003 Ed. (1832, 4795)
2000 Ed. (4313, 4319)
1999 Ed. (4688, 4689)
1992 Ed. (4354)
U.S. Xpress Enterprises Inc.
2008 Ed. (4736, 4744, 4764)
2007 Ed. (4817)
2006 Ed. (4800)
2005 Ed. (2689, 4779)
2004 Ed. (4808)
2002 Ed. (4692, 4693, 4694)
USA
2008 Ed. (4654, 4655)
2007 Ed. (4732, 4733)
2006 Ed. (4711, 4713)
2001 Ed. (1089)
2000 Ed. (820, 943)
1998 Ed. (583, 589, 605)
1992 Ed. (4489)
1991 Ed. (838, 839)
1990 Ed. (1481, 3503, 3699)
1989 Ed. (2964)
USA Baby
2005 Ed. (900)
2004 Ed. (909)
2003 Ed. (884)
2002 Ed. (1045)
USA Bncp.
1993 Ed. (2749)
USA Broadcasting Inc.
2001 Ed. (4492)
2000 Ed. (4214)
1999 Ed. (4570)
USA Classic
1996 Ed. (2887)
USA Credit Union
2008 Ed. (2239)
2007 Ed. (2124)
2006 Ed. (2203)
2005 Ed. (2108)
2004 Ed. (1966)
2003 Ed. (1926)
2002 Ed. (1872)
USA Detergents, Inc.
2003 Ed. (991, 2046, 2048, 2049, 2081, 2082, 2083, 2430)
2002 Ed. (1967)
2001 Ed. (1999)
1999 Ed. (1838)
USA Direct
1995 Ed. (2250)
USA Education, Inc.
2004 Ed. (2124)
2003 Ed. (1215)
2002 Ed. (1219)
USA-Elk Hills
2001 Ed. (1553)
USA Federal Credit Union
2002 Ed. (1856)
2001 Ed. (1963)
2000 Ed. (1630)
1998 Ed. (1231)
1997 Ed. (1572)
1996 Ed. (1514)
1995 Ed. (1539)
1994 Ed. (1506)
1993 Ed. (1453)
U.S.A. Floral Products Inc.
2000 Ed. (1300)
USA Funding Inc.
2000 Ed. (3724, 4017)
1999 Ed. (4006, 4306)
USA Gold
2008 Ed. (4691)
2007 Ed. (4771)
2006 Ed. (4765)
2005 Ed. (4713)
2004 Ed. (4736)
USA H & W Network
2005 Ed. (3883)
USA Health Network Co. Inc.
1997 Ed. (3159)
1996 Ed. (3079)
USA HealthNet
1993 Ed. (2906, 2908)
USA Home Entertainment
2001 Ed. (4697)
USA Interactive
2004 Ed. (778, 1577, 1579, 1603, 1609, 2229)
USA Jet
2007 Ed. (233)
2006 Ed. (227)
USA Lending
2006 Ed. (2594)
USA Logistic Carriers LLC
2008 Ed. (2967)
USA Managed Care Organization Inc.
2005 Ed. (3883)
USA Mobil Communications
1992 Ed. (3603)
USA Mobile Communications Holdings
1996 Ed. (3150)
USA Mobility Inc.
2006 Ed. (4704)
USA Network
1999 Ed. (998)
1998 Ed. (593)
1997 Ed. (730, 870)
1995 Ed. (3787)
1994 Ed. (829)
1993 Ed. (812)
1992 Ed. (1022)
1990 Ed. (869, 880, 885)
USA Networks Inc.
2004 Ed. (1557)
2003 Ed. (766, 767, 827, 1427, 1556, 2339, 2343, 3349)
2002 Ed. (2145, 2147)
2001 Ed. (1546, 2271, 3248, 3250)
2000 Ed. (1840)
USA Petroleum Corp.
1989 Ed. (922)
USA Plan/High Income
1992 Ed. (4373)
USA Polymer Corp.
2001 Ed. (3819)
USA Rapha
1994 Ed. (2086, 2087)
1993 Ed. (2065, 2066)

USA Remediation Services Inc.
2005 Ed. (1296)
2004 Ed. (1245)
2003 Ed. (1242)
2002 Ed. (1231)
USA Risk Group
2008 Ed. (852)
2007 Ed. (879)
2006 Ed. (784)
USA Risk Group (Bermuda) Ltd.
2008 Ed. (857)
USA Risk Group (Cayman) Ltd.
2008 Ed. (858)
USA Risk Group of Vermont Inc.
2008 Ed. (859)
2006 Ed. (791, 3052)
USA Staffing Inc.
2007 Ed. (4420)
USA/Super D
2006 Ed. (2308)
2002 Ed. (2031)
USA 3000
2007 Ed. (233)
2006 Ed. (227)
USA Today
2008 Ed. (759, 813, 3367)
2007 Ed. (847, 850)
2006 Ed. (754, 757)
2005 Ed. (828)
2003 Ed. (812, 3643)
2002 Ed. (3501)
2000 Ed. (3334)
1999 Ed. (995, 2759, 3614)
1998 Ed. (3778)
1997 Ed. (2943)
1996 Ed. (2847, 2962)
1993 Ed. (2724)
1992 Ed. (3237, 3238)
USA Truck Inc.
2005 Ed. (2689)
2003 Ed. (4804)
2000 Ed. (4315)
1998 Ed. (3640, 3641)
USA Video Interactive Corp.
2003 Ed. (1633, 1638)
USA Waste Services Inc.
2005 Ed. (1508)
2004 Ed. (1492)
2003 Ed. (1462)
2002 Ed. (1442)
1999 Ed. (1499, 1500, 2058, 4390, 4742, 4743)
1998 Ed. (1058, 3286, 3698)
1995 Ed. (2062, 3382)
USA Weekend
2008 Ed. (153)
2007 Ed. (141, 148, 151, 170)
2006 Ed. (149, 155, 159)
2005 Ed. (136, 146)
2000 Ed. (3461, 3493)
1999 Ed. (3764, 3770)
1998 Ed. (1343, 2787, 2798)
1997 Ed. (3039, 3045)
1996 Ed. (2972)
1995 Ed. (2885)
1991 Ed. (2705)
USA Workers Injury Network
1997 Ed. (3160)
1996 Ed. (3080)
USAA
2008 Ed. (2198, 2276, 3173)
2006 Ed. (2268)
2005 Ed. (2206, 2442, 3128)
2004 Ed. (2407, 3124, 3127)
2003 Ed. (1835, 2325, 3005, 3008)
2002 Ed. (2950)
2001 Ed. (1877)
2000 Ed. (2717, 2720)
1999 Ed. (2965, 2969, 3527)
1996 Ed. (2282)
1995 Ed. (2287, 3363, 3774)
1992 Ed. (2643, 2655)
USAA Balanced Strategy
2003 Ed. (3483, 3520)
USAA Capital Growth
2008 Ed. (598)
USAA Casualty
1999 Ed. (2900)
1998 Ed. (2114)
1997 Ed. (2409, 2410)
1996 Ed. (2270)
1993 Ed. (2184)
USAA Casualty Insurance Co.
2000 Ed. (2653)
1994 Ed. (2216)
USAA Extended Market Index
2008 Ed. (2618)
USAA Federal Savings Bank
2006 Ed. (403)
2005 Ed. (3304)
1993 Ed. (353, 3090, 3091, 3096, 3567)
1992 Ed. (506)
1990 Ed. (434, 3580)
USAA Foundation, A Charitable Trust
2002 Ed. (976)
2001 Ed. (2515)
USAA FSB
2007 Ed. (2866, 3019, 4246, 4249, 4252, 4253, 4254, 4255, 4257, 4258, 4259, 4261)
2006 Ed. (2872, 2988, 4232, 4235, 4238, 4239, 4240, 4241, 4243, 4244, 4245, 4247)
2005 Ed. (2867, 2993, 4180, 4183, 4213, 4214, 4215, 4216, 4217, 4218, 4219, 4220, 4222)
2004 Ed. (2862, 2995, 4247, 4250, 4280, 4281, 4282, 4283, 4284, 4286, 4287, 4289)
2003 Ed. (4262, 4263, 4264, 4265, 4266, 4274, 4276, 4279)
2002 Ed. (4119, 4120, 4122, 4123, 4130, 4132, 4136)
1998 Ed. (3130, 3131, 3133, 3143, 3145, 3567)
1992 Ed. (3792)
USAA GNMA
2000 Ed. (764)
1999 Ed. (751)
USAA GNMA Trust
2008 Ed. (587)
2007 Ed. (637)
2006 Ed. (612, 613)
2005 Ed. (693)
USAA Gold
1990 Ed. (2373)
USAA Group
2008 Ed. (1490, 3229, 3230, 3231, 3232, 3234, 3282)
2007 Ed. (3088, 3089, 3090, 3091, 3093, 3127, 3128)
2006 Ed. (3060, 3061, 3062, 3063, 3065, 3113, 3114)
2005 Ed. (3057, 3058, 3059, 3060, 3061, 3063, 3098, 3099)
2004 Ed. (3050, 3051, 3052, 3054, 3095)
2003 Ed. (2965, 2966, 2967, 2969, 2986)
2002 Ed. (2839, 2840, 2841, 2842, 2894, 3486)
2000 Ed. (2655, 2657)
1999 Ed. (2901, 2903, 2934, 2979)
1998 Ed. (2115, 2117, 2152, 2198)
1997 Ed. (2406, 2408, 2431, 2465)
1996 Ed. (2301, 2335, 2337)
1995 Ed. (2266)
1994 Ed. (2219, 2221, 2246)
1993 Ed. (2188, 2190, 2201)
1992 Ed. (2644, 2646, 2656)
1991 Ed. (2082, 2083, 2092)
1990 Ed. (2220, 2221, 2227)
1989 Ed. (1672, 1674, 1676)
USAA Growth Fund
2008 Ed. (4517)
USAA High-Yield
1990 Ed. (2377)
USAA Income Stock
1995 Ed. (2736)
1994 Ed. (2636)
USAA Income Strategy
2000 Ed. (756, 3253)
1999 Ed. (3536)
USAA Intermediate Term
2000 Ed. (770)
USAA International
1999 Ed. (3568)
1994 Ed. (2638)
USAA Investment
1998 Ed. (2605, 2628, 2658)
USAA Investment GNMA
1997 Ed. (690, 2890)
1996 Ed. (2759, 2779)
1995 Ed. (2685)
USAA Investment International
1995 Ed. (2738)
USAA Investment Management
2004 Ed. (3637)
USAA Life
1999 Ed. (2940)
1998 Ed. (172, 2167)
1989 Ed. (1701, 1703)
USAA Life Insurance Co.
2002 Ed. (2934)
2001 Ed. (2936, 2951)
1997 Ed. (2440, 2457)
1995 Ed. (2298)
USAA Money Market Fund
1994 Ed. (2539)
USAA Mutual—Growth
2003 Ed. (3514)
USAA Mutual Short-Term Bond
1998 Ed. (2649)
USAA Precious Metals & Minerals
2008 Ed. (3770)
2006 Ed. (3637, 3638, 3657)
2005 Ed. (3559, 3561)
2004 Ed. (3594, 3595)
USAA S & P 500 Index-Member
2007 Ed. (3666)
USAA Tax-Exempt
1992 Ed. (3168)
USAA Tax-Exempt California Bond
1992 Ed. (3146)
USAA Tax-Exempt Intermediate
2004 Ed. (702)
2003 Ed. (694)
USAA Tax Exempt Intermediate-Term
2008 Ed. (601)
2006 Ed. (630)
2005 Ed. (703)
1998 Ed. (2643)
USAA Tax-Exempt Long-Term
2008 Ed. (579, 603)
2007 Ed. (631)
2006 Ed. (602, 603)
2005 Ed. (687)
2000 Ed. (771)
1999 Ed. (757)
USAA Tax Exempt MMF
1996 Ed. (2672)
USAA Tax-Exempt Money Market Fund
1994 Ed. (2538, 2544)
1992 Ed. (3095, 3101)
USAA Tax-Exempt Short-Term
2005 Ed. (690)
2004 Ed. (707)
2003 Ed. (696)
1996 Ed. (2796)
U.S.A.F. Clubs Branch
1992 Ed. (2204)
U.S.A.F. Engineering and Service s. Center
1992 Ed. (2204)
Usaha Bersama Sekuritas
1997 Ed. (3473)
USAir
1999 Ed. (218, 219, 221, 223, 224, 363)
1998 Ed. (124, 125, 130, 131, 132, 133, 134, 135, 136, 137, 140, 141, 142, 248, 249, 250, 925, 1048)
1997 Ed. (194, 195, 196, 197, 198, 203, 206, 209, 213, 215, 218, 218)
1996 Ed. (173, 184, 185, 186, 189, 190, 191, 355, 1115)
1994 Ed. (162, 164, 165, 169, 172, 173, 174, 175, 177, 183, 185, 190, 323, 3284)
1993 Ed. (177, 183, 186, 187, 188, 189, 190, 191, 193, 195, 196, 197, 199, 200, 202, 843, 1067, 1106, 3294, 3610, 3612)
1992 Ed. (266, 270, 271, 272, 274, 276, 278, 279, 280, 281, 283, 284, 285, 287, 288, 289, 291, 299, 301, 303, 1379, 1560, 3934, 4334, 4336)
1991 Ed. (196, 197, 200, 203, 204, 207, 208, 3318, 3418)
1990 Ed. (206, 207, 208, 209, 213, 223, 242)
1989 Ed. (240)
USAir Group
1998 Ed. (126, 127, 128, 129, 1089, 1090, 1098, 1191, 1318, 3359, 3614)
1997 Ed. (199, 200, 201, 202, 1291, 1330, 1342, 1528, 2587, 3645)
1996 Ed. (180, 181, 182, 183, 1260, 1284, 1286, 1459)
1995 Ed. (172, 173, 174, 175, 176, 178, 179, 182, 184, 185, 187, 192, 3365, 3653)
1994 Ed. (166, 167, 168, 181, 182, 1215, 3215, 3286, 3567, 3569)
1992 Ed. (277)
1991 Ed. (198, 199, 201, 825, 3413, 3415)
1990 Ed. (211, 212, 217, 1287, 3248, 3637)
1989 Ed. (231, 232, 233, 1046, 2461)
USAir Shuffle
1996 Ed. (191)
USAir Shuttle
1995 Ed. (192)
1994 Ed. (185)
USAirways Attache Magazine
1999 Ed. (3765)
USAlliance Credit Union
2003 Ed. (1899)
2002 Ed. (1838)
USANA Health Science
2005 Ed. (4505)
Usana Health Sciences
2007 Ed. (4395)
2006 Ed. (2743, 2745, 3365)
2005 Ed. (2775)
USAT Corp.
2008 Ed. (3725, 4976)
usatoday.com
1999 Ed. (4754)
U.S.B. Holding Co., Inc.
2000 Ed. (286)
USB Securities
1997 Ed. (803)
USBid.com
2001 Ed. (4751)
USC Credit Union
2002 Ed. (1832)
USC Medical Center
2002 Ed. (2614)
USC Medical Center; L.A. County
1996 Ed. (2156)
USC University Hospital
2008 Ed. (3047)
2007 Ed. (2924)
2006 Ed. (2905)
2005 Ed. (2908)
2004 Ed. (2922)
USCO Logistics
2004 Ed. (1530)
USCO Logistics Services
2001 Ed. (4723)
USDA Food & Nutrition Service
1991 Ed. (2929)
USDA Food & Nutrition Services
1992 Ed. (2205, 3705)
USEC Inc.
2008 Ed. (1901, 2509, 3645, 3654)
2007 Ed. (2398, 3480)
2006 Ed. (2115, 2326, 2447, 3319)
2005 Ed. (2414, 3482, 3483)
2004 Ed. (953, 3485, 3486)
2002 Ed. (3711)
2001 Ed. (2233)
Usedomer Baderbahn GmbH
2006 Ed. (4821)
User interface design
2001 Ed. (2165)
User Technology Associates Inc.
2005 Ed. (1374)
Userful Corp.
2007 Ed. (1570)
UserLand Software
2006 Ed. (3020)
USF Corp.
2008 Ed. (2772)
2007 Ed. (2645, 4857)
2006 Ed. (2664, 4802, 4811, 4830, 4831)
2005 Ed. (2685, 2686, 4749, 4750, 4758, 4778, 4779, 4780, 4782)

USF & G
1999 Ed. (1703, 2984)
1998 Ed. (1174, 2208)
1996 Ed. (1247, 1417, 2330)
1995 Ed. (2319, 3303, 3348)
1994 Ed. (2277, 3267)
1992 Ed. (3934)
1991 Ed. (2081, 1725)
1990 Ed. (2253)
USF & G Sugar Bowl
1990 Ed. (1841)
USF Bestway
2000 Ed. (4315)
1999 Ed. (4684, 4685)
1998 Ed. (3641)
USF Distribution Services
2005 Ed. (4783)
2003 Ed. (4782, 4803)
USF Dugan
1999 Ed. (4687)
USF Holland
2005 Ed. (4784)
2004 Ed. (4769)
2000 Ed. (4321)
1999 Ed. (4690)
1998 Ed. (3644)
USF Logistics
2002 Ed. (1225)
USF LTL Group
2006 Ed. (4854)
USF LTL Trucking
2007 Ed. (4847)
USF Reddaway Inc.
2006 Ed. (4836, 4839, 4840, 4841, 4849)
2005 Ed. (4762)
2004 Ed. (4790)
USfalcon Inc.
2008 Ed. (3725)
USF&G
1989 Ed. (1732, 1733)
USF&G Group
2000 Ed. (2736)
USFilter Corp.
2005 Ed. (3930)
USFreightways Corp.
2004 Ed. (2687, 2688, 4774, 4777, 4785, 4807, 4808, 4809, 4810)
2003 Ed. (2554, 2555, 4791, 4816, 4817, 4818, 4819)
2002 Ed. (4665, 4683, 4685, 4686, 4698)
2001 Ed. (2535, 4236, 4237, 4640)
USG Corp.
2008 Ed. (750, 751, 1530, 4543, 4544)
2007 Ed. (776, 777, 779, 1524)
2006 Ed. (677, 680, 683, 1521, 4584, 4608, 4609)
2005 Ed. (769, 776, 777, 779, 888, 889, 4523, 4524)
2004 Ed. (783, 792, 793, 795, 898, 899, 1608, 4590, 4591)
2003 Ed. (773, 778, 780, 4612, 4613)
2002 Ed. (859, 860, 3249)
2001 Ed. (1047, 1048, 1049, 1144, 1145, 2463)
2000 Ed. (897, 898, 2337)
1999 Ed. (951, 952, 1049, 1491, 1493, 1499)
1998 Ed. (532, 533, 657, 658, 1840)
1997 Ed. (829, 836, 918, 2148, 3645)
1996 Ed. (813, 828, 889)
1995 Ed. (681, 842, 843, 844, 912, 1286, 1287)
1994 Ed. (789, 790, 792, 879, 1975)
1993 Ed. (718, 771, 774, 859, 934, 1953, 3378, 3380, 3391)
1992 Ed. (980, 1069, 1070, 1132, 1528, 2294, 4060)
1991 Ed. (799, 875, 876)
1990 Ed. (1902)
1989 Ed. (822, 823, 865, 1516)
USG Annuity & Life
1998 Ed. (170, 2173)
1996 Ed. (2311)
USgift.com
2001 Ed. (4769)
Usher
2008 Ed. (3810)
Usher; T. J.
2005 Ed. (2505)
Usher Transport
2005 Ed. (4781)
Usher's
2004 Ed. (4316)
2003 Ed. (4306)
2002 Ed. (286, 4173)
2001 Ed. (4163)
1993 Ed. (3104)
1992 Ed. (3808)
1989 Ed. (2364)
Usher's Green Stripe
1991 Ed. (2932)
1990 Ed. (3111, 3114)
USI Holdings Corp.
2008 Ed. (3236, 3237)
2007 Ed. (3095)
2006 Ed. (3072, 3073)
USI Insurance Services Corp.
2005 Ed. (3073)
2004 Ed. (3062, 3063, 3068)
2002 Ed. (2853, 2856, 2858, 2859, 2860, 2861, 2863)
2000 Ed. (2661, 2662, 2663)
1999 Ed. (2906, 2907)
USI of Southern California Insurance Services Inc.
2002 Ed. (2864)
uSight
2006 Ed. (1118, 3972)
Usiminas
2006 Ed. (1568, 4599)
1997 Ed. (3378, 3379)
Usiminas PN
1999 Ed. (4138, 4472, 4475)
1996 Ed. (3282)
1995 Ed. (3181)
1994 Ed. (3135)
Usiminas Siderurgicas de Minas Gerais SA
2008 Ed. (1581)
2007 Ed. (1603)
Usiminas Usinas Siderurgicas MG SA
1996 Ed. (1302, 1303)
1994 Ed. (1331)
1992 Ed. (1581, 1583)
Usinas Siderurgicas de Minas Gerais SA
2008 Ed. (3551)
2006 Ed. (3374)
Usine Et Fonderie Arthur Martin
1993 Ed. (1305)
Usinor
2000 Ed. (3083)
1999 Ed. (3346, 3351, 4472, 4474)
Usinor (France)
2000 Ed. (4119)
Usinor SA
2004 Ed. (4539)
2003 Ed. (3377)
2002 Ed. (3311)
2001 Ed. (4375, 4376)
Usinor-Sacilor
1998 Ed. (1148, 2467, 3405)
1997 Ed. (2750, 2751)
1996 Ed. (1349, 2606, 2607)
1995 Ed. (1398, 2546, 3511, 3730)
1994 Ed. (1371, 1372, 2478, 3435, 3660)
1993 Ed. (1314, 1317, 3454, 3695)
1992 Ed. (4432, 1617, 1619)
1991 Ed. (3220)
1990 Ed. (1367, 3438)
Usinor-Salsinor
1990 Ed. (1944)
Usinternetworking Inc.
2008 Ed. (3172, 3175)
2001 Ed. (4451)
Usko Ltd.
2002 Ed. (3040)
USL Capital
1998 Ed. (388)
1996 Ed. (2696, 2697)
USLIFE Corp.
1998 Ed. (1028)
1992 Ed. (2665)
1991 Ed. (2098, 2100)
1990 Ed. (2232)
1989 Ed. (1680)
USLIFE Credit Life
2000 Ed. (2684, 2685)
1998 Ed. (2159, 2161)
1997 Ed. (2435, 2449, 2450)
1996 Ed. (2321)
1995 Ed. (2285)
1994 Ed. (2252, 2253)
USMotivation
2007 Ed. (4407)
2006 Ed. (4347)
USN Communications Inc.
2000 Ed. (1043)
USPS Express Mail
1994 Ed. (150)
USS
2001 Ed. (1765)
USS/Kobe Steel Co.
1993 Ed. (1738)
U.S.S. Lafayette
2002 Ed. (2880)
USS-POSCO
2003 Ed. (3423)
USS-USX Corp/Gary Works
2000 Ed. (2619)
Ussery Motors; Bill
1996 Ed. (279)
1995 Ed. (279)
1994 Ed. (276)
1993 Ed. (277)
U.S.S.R.
2008 Ed. (864, 2191, 2721, 2727, 3411, 3448, 4554, 4556, 4557, 4558, 4591)
2007 Ed. (887, 2084, 2583, 2584, 2590, 3298, 3352, 3714, 4606, 4608, 4609, 4610, 4868)
2006 Ed. (798, 1055, 2136, 2608, 2609, 2614, 3239, 3285, 3731, 4034, 4425, 4619, 4621, 4622, 4623, 4866)
2005 Ed. (876, 1045, 2040, 2609, 2610, 2616, 3252, 3291, 3614, 4408, 4538, 4540, 4541, 4542, 4607, 4801)
2004 Ed. (890, 1044, 1908, 2620, 2626, 3223, 3703, 4063, 4463, 4604, 4606, 4607, 4608, 4657)
2003 Ed. (868, 1036, 1877, 2488, 2493, 3167, 3658, 4043, 4497, 4628)
2001 Ed. (1133, 1938, 2451, 3045, 3531, 3558, 3987, 4398, 4400, 4401, 4402)
1995 Ed. (1751, 1752, 1753)
1994 Ed. (2264)
1993 Ed. (171, 201, 240, 1067, 1463, 1722, 1921, 1932, 2845, 3455, 3456, 3681, 3692, 3723, 3725)
1992 Ed. (2082, 3449, 3450, 3452, 3453, 4139)
1990 Ed. (1476, 1481, 1736, 1878, 1965, 3433, 3699)
1989 Ed. (349, 363, 2957)
U.S.S.R. and Eastern Europe
1992 Ed. (3294, 3295)
USSR & satellites
1990 Ed. (3439)
UST Inc.
2008 Ed. (4688, 4689, 4692)
2007 Ed. (223, 4764, 4765, 4768, 4769, 4772, 4773)
2006 Ed. (2297, 2635, 4462, 4758, 4759, 4760, 4761, 4762, 4763, 4766, 4767)
2005 Ed. (2232, 4459, 4704, 4705, 4706, 4707, 4708, 4709, 4710, 4711, 4714)
2004 Ed. (4728, 4729, 4730, 4731, 4732, 4733, 4734)
2003 Ed. (3302, 3303, 4533, 4537, 4557, 4746, 4748, 4749, 4752)
2002 Ed. (1547, 2295, 4352, 4628, 4630)
2001 Ed. (4551, 4560, 4563)
2000 Ed. (1471, 4256, 4257)
1999 Ed. (395, 661, 1478, 1483, 1664, 4606, 4607, 4610)
1998 Ed. (1044, 1048, 1160, 2677, 3574, 3576, 3577, 3578)
1997 Ed. (1334, 1453, 2387, 3755, 3756, 3757, 3758)
1996 Ed. (1285, 1397, 2259, 2831, 3696, 3697, 3698, 3699)
1995 Ed. (1286, 1287, 1288, 1433, 2766, 3618, 3619, 3621, 3622)
1994 Ed. (1262, 1263, 1264, 1266, 1403, 2665, 3540, 3541, 3542, 3543, 3544)
1993 Ed. (1224, 1225, 1226, 1227, 3580, 3581, 3582, 3583)
1992 Ed. (1526, 1527, 4301, 4302, 4303, 4304, 4305)
1991 Ed. (1216, 1217, 1234, 3394, 3395, 3396, 3393, 3397)
1990 Ed. (1536, 3598, 3601)
1989 Ed. (1051, 2837, 2839)
UST Enterprises Inc.
2008 Ed. (4689)
2007 Ed. (4765)
UST Excelsior Tax-Exempt Long Term
1997 Ed. (2893)
UST Master Business & Industry
1995 Ed. (2726)
UST Master Communications & Entertainment
1995 Ed. (2726)
UST Master: Environmental
1995 Ed. (2719)
UST Master Equity
1996 Ed. (612)
UST Master - Equity Fund
1994 Ed. (583, 585)
UST Master Government Money Fund
1992 Ed. (3094)
UST Master Income & Growth
1996 Ed. (2801)
1994 Ed. (583, 585, 2614)
UST Master International
1996 Ed. (616)
1995 Ed. (556)
UST Master Long-Term Tax-Exempt
1994 Ed. (2611)
1993 Ed. (2698)
UST Master Managed Inc.
1992 Ed. (3154)
UST Master Managed Income
1996 Ed. (615)
1993 Ed. (2664, 2685)
1990 Ed. (2376)
UST Master Short-Term Tax-Exempt
1992 Ed. (3101)
UST Master-Short-Term Tax Exempt Securities
1996 Ed. (622)
UST Master T/E Long-Term
1996 Ed. (614)
1995 Ed. (2701, 2711, 3542)
UST Master Tax-Exempt-Long
1990 Ed. (2377)
UST Master Tax-Exempt Long Term
1997 Ed. (2904)
1992 Ed. (3186, 3200, 3146)
1991 Ed. (2564)
Ustian; D. C.
2005 Ed. (2484)
USTravel Systems
1990 Ed. (3651, 3652)
USTrust
1998 Ed. (394)
1997 Ed. (554)
1996 Ed. (601)
1995 Ed. (542)
1994 Ed. (369, 372, 566)
USURF America Inc.
2004 Ed. (864)
USWeb
2001 Ed. (2967)
2000 Ed. (106)
USWeb-CKS
2001 Ed. (148, 1547)
USX Corp.
2003 Ed. (1810, 3808, 3809)
2002 Ed. (1752, 3690, 3693)
2001 Ed. (1834, 3753, 3754, 4375)
2000 Ed. (1534, 3441, 3519, 3537)
1999 Ed. (1723, 3795, 3810)
1998 Ed. (531, 1186, 2820, 2836, 3406)
1997 Ed. (1497, 3084, 3106)
1996 Ed. (1435, 3004, 3022)
1995 Ed. (1473, 2909, 2927)
1994 Ed. (1283, 1439, 2843, 2863)
1993 Ed. (719, 1385, 2831, 2844, 2850, 3452)

1992 Ed. (2261, 2269, 2270, 3418, 3429, 3431, 3433, 3440, 4135)
1991 Ed. (1445, 1548, 2590, 2721, 2730, 2737, 3220, 234, 2480)
1990 Ed. (1346, 1530, 1875, 1877, 2540, 2674, 2834, 2836, 2841, 2855, 2856, 2857, 3438)
1989 Ed. (1260, 2207, 2225, 2644, 2657, 2673)
USX-Delhi
1999 Ed. (2570)
1998 Ed. (1809)
1997 Ed. (2119)
1996 Ed. (1999)
USX-Marathon Group
2003 Ed. (2605, 3831, 3832, 3838, 3839, 3840, 3842, 3860, 3862)
2002 Ed. (3662, 3667, 3669, 3670, 3671, 3672, 3673, 3674, 3681, 3698, 3699)
2001 Ed. (2561, 3740, 3741, 3742, 3743, 3746, 3751, 3752, 3762, 3774, 3775)
2000 Ed. (3406, 3525, 3526, 3528)
1999 Ed. (3799, 3802, 3815)
1998 Ed. (2827, 2828, 2837)
1997 Ed. (3087, 3088, 3108)
1996 Ed. (3026)
1995 Ed. (2912, 2913, 2915, 2930, 2931)
1994 Ed. (2846, 2848, 2849, 2867, 2868)
1993 Ed. (1600, 1929, 1931, 2824, 2827, 2836, 2840)
USX (oil & gas segment)
1991 Ed. (1789, 1800, 1801, 2725)
1989 Ed. (1495, 1501, 1502, 2212, 2215)
USX-U. S. Steel Group
1998 Ed. (3402, 3404)
USX (United States)
2000 Ed. (4119)
USX-United States Steel Group
2002 Ed. (1769, 3303, 3313, 3322, 3663)
USX-U.S. Steel
2000 Ed. (4118)
1996 Ed. (3585)
1995 Ed. (3508, 3509)
USX-U.S. Steel Group
2001 Ed. (1215, 4367, 4368)
2000 Ed. (3092, 3138)
1999 Ed. (3357, 3414)
1998 Ed. (2471, 2509)
1997 Ed. (3627, 3629)
1994 Ed. (3431, 3432, 3433)
1993 Ed. (3448, 3451)
UT Automotive Inc.
2000 Ed. (219)
UT-Battelle LLC
2008 Ed. (2104)
2007 Ed. (2009)
2006 Ed. (2037)
2005 Ed. (1968)
2004 Ed. (1865)
UTA
1994 Ed. (172, 173, 174, 175, 177, 178)
Utah
2008 Ed. (2424, 2641, 2896, 3136, 3271, 3278, 3280, 3351, 3885, 4009, 4326, 4996)
2007 Ed. (2273, 2292, 2371, 2520, 3017, 3210, 3515, 3824, 3992, 4021, 4371, 4997)
2006 Ed. (2358, 2755, 2986, 3934, 3982, 3983, 4305, 4476, 4996)
2005 Ed. (386, 387, 388, 393, 395, 398, 399, 400, 443, 444, 445, 1072, 1076, 1081, 2916, 2919, 2987, 3298, 3299, 3318, 3484, 3871, 4186, 4187, 4188, 4190, 4197, 4198, 4205, 4209, 4229, 4231, 4233, 4362)
2004 Ed. (367, 368, 369, 370, 371, 374, 376, 377, 379, 380, 382, 385, 413, 414, 437, 438, 439, 1068, 1071, 1075, 1077, 2295, 2296, 2572, 2929, 3291, 3292, 3489, 3923, 4256, 4257, 4262, 4263, 4272, 4294, 4296, 4298, 4300, 4301, 4412, 4499, 4502, 4513, 4519)
2003 Ed. (380, 390, 391, 392, 393, 395, 404, 405, 406, 407, 408, 409, 410, 440, 1057, 1063, 1064, 1066, 1068, 2145, 2146, 2147, 2148, 2688, 2829, 2838, 2884, 3235, 3237, 3895, 4231, 4234, 4235, 4236, 4237, 4238, 4245, 4246, 4285, 4288, 4294, 4400, 4418, 4419)
2002 Ed. (441, 446, 447, 449, 452, 462, 463, 465, 495, 1904, 2624, 2875, 3197, 3198, 3367, 4101, 4104, 4106, 4107, 4141, 4142, 4143, 4144, 4145, 4146, 4154, 4157, 4158, 4160, 4167, 4286, 4369, 4372, 4778)
2001 Ed. (992, 993, 1109, 1288, 1290, 2356, 2357, 2537, 2613, 3172, 3294, 3313, 3314, 3328, 3383, 3738, 3771, 3849, 3898, 4228, 4260, 4261, 4273, 4331, 4406, 4412, 4414, 4720)
2000 Ed. (3688, 4095, 4097, 4179)
1999 Ed. (1848, 1996, 2812, 3595, 3975, 4402, 4404, 4408, 4424, 4430, 4439, 4451, 4454)
1998 Ed. (466, 472, 2059, 3381, 3382, 3385, 3395, 3466)
1997 Ed. (3147, 3227, 3566, 3568, 3571, 3574, 3583, 3612, 3622, 3785)
1996 Ed. (36, 3514, 3529, 3543, 3573, 3580)
1995 Ed. (1669, 3450, 3463, 3492, 3496, 3500)
1994 Ed. (2414, 3377, 3390, 3391)
1993 Ed. (3394, 3399, 3403, 3442, 3732)
1992 Ed. (1942, 2334, 2915, 2925, 2926, 2929, 3084, 4074, 4087, 4090, 4095)
1991 Ed. (788, 2162, 2351, 2354, 3175, 3187, 3192, 3193, 3196, 3200, 3206, 3208, 3214, 3345)
1990 Ed. (365, 760, 2411, 2448, 3360, 3373, 3374, 3388, 3397, 3416, 3422, 3427)
1989 Ed. (2562, 2615, 2787)
Utah Associated Municipal Power System
1991 Ed. (2781)
Utah; Bank of
2006 Ed. (539)
Utah Community Bank
2008 Ed. (430)
Utah Community Credit Union
2008 Ed. (2262)
2007 Ed. (2147)
2006 Ed. (2226)
2005 Ed. (2131)
2004 Ed. (1989)
2003 Ed. (1949)
2002 Ed. (1895)
Utah County, UT
1995 Ed. (2483)
1994 Ed. (2407)
Utah Credit Union; University of
2008 Ed. (2262)
2007 Ed. (2147)
2006 Ed. (2226)
2005 Ed. (2131)
Utah Department of Transportation
2007 Ed. (1314)
Utah Hospital Inc.; University of
2008 Ed. (2148)
2007 Ed. (2046)
2006 Ed. (2088)
2005 Ed. (1990)
Utah Housing Finance Agency
2001 Ed. (930)
Utah International Inc.
1992 Ed. (1503)
Utah Jazz
2001 Ed. (4345)
2000 Ed. (704)
1998 Ed. (439)
Utah Medical
1994 Ed. (2706)
Utah Medical Insurance Association
2006 Ed. (3111)
Utah Power & Light
1989 Ed. (1304)
Utah Power & Light Employees Credit Union
2008 Ed. (2262)
2007 Ed. (2147)
2006 Ed. (2226)
2005 Ed. (2131)
2004 Ed. (1989)
Utah State Board of Regents
2001 Ed. (930)
Utah TA
1993 Ed. (785)
Utah Transit Authority
2007 Ed. (1314)
2005 Ed. (1990)
Utah; University of
2008 Ed. (781)
2007 Ed. (801)
2006 Ed. (715)
1994 Ed. (896, 1057)
1992 Ed. (1093)
Utama Banking Group
2005 Ed. (536, 539)
2004 Ed. (399)
2003 Ed. (582)
Utama Wardley
1997 Ed. (3485)
1996 Ed. (3391)
UTC/Carrier
2002 Ed. (1111)
Utd. Engineers
1993 Ed. (2386)
UTD Merchants
1992 Ed. (3227)
UTE
2006 Ed. (102)
Utelcom Inc.
2007 Ed. (1843)
2006 Ed. (1838)
2005 Ed. (1833)
2004 Ed. (1767)
2003 Ed. (1730)
2001 Ed. (1771)
Utell
2006 Ed. (2929)
2005 Ed. (2924, 2932)
2004 Ed. (2933)
Utendahl Capital Management LP
2008 Ed. (180)
2007 Ed. (197)
2004 Ed. (172)
2003 Ed. (216)
2002 Ed. (712)
Utendahl Capital Partners
1998 Ed. (471)
Utendahl Capital Partners LP
2008 Ed. (185)
2007 Ed. (198)
2006 Ed. (192)
2005 Ed. (178)
2004 Ed. (177)
2003 Ed. (219)
2002 Ed. (718)
2000 Ed. (745)
1999 Ed. (732)
utexas.edu
2001 Ed. (2965)
UTi
2008 Ed. (4814)
2007 Ed. (4879)
UTI Chemical Inc.
1993 Ed. (1194)
UTI Energy
1998 Ed. (151, 158)
UTI Mastershares
1994 Ed. (725)
UTi Worldwide Inc.
2007 Ed. (218, 3759)
2006 Ed. (3318, 3320)
Utica, NY
1989 Ed. (1612)
Utica Packing Co.
1992 Ed. (2992, 3486)
1991 Ed. (1746)
1990 Ed. (1828)
1989 Ed. (927, 2332)
Utica-Rome, NY
2004 Ed. (4221)
UtilCorp United
1991 Ed. (2575)
UtiliCorp.
1993 Ed. (2702)
UtiliCorp. United
1992 Ed. (3214)
UtiliCorp United Inc.
2003 Ed. (1768, 2136, 2137, 2280, 2286, 4561)
2002 Ed. (1525, 1732, 2126, 3875, 3880)
2001 Ed. (1799, 2148, 3945, 4662, 4663)
2000 Ed. (1519, 1731, 3672)
1999 Ed. (1500, 1515, 1708, 2573, 3593, 3961)
1998 Ed. (1178, 2661, 2664)
1997 Ed. (1285, 1313, 1482, 1727, 2926)
1996 Ed. (2819)
1995 Ed. (2752, 2755, 2906)
1994 Ed. (1312, 2653)
1990 Ed. (1601, 2671)
1989 Ed. (1297, 2036)
Utilities
2008 Ed. (1407, 1416, 1432, 1820, 1825)
2007 Ed. (3732, 3733, 3734, 3735)
2006 Ed. (1425, 1436, 1437, 1454, 2509, 3258)
2005 Ed. (1470, 1481, 1485, 1572)
2004 Ed. (1464, 1465, 1530)
2002 Ed. (1414)
2001 Ed. (1964, 2177, 2178)
1999 Ed. (1008)
1997 Ed. (1142, 2018)
1996 Ed. (2254, 2255, 2256, 2257)
1995 Ed. (2203, 2244, 2245, 2246, 2247, 3290, 3291, 3292, 3293, 3294, 3295, 3296, 3310, 3311, 3395)
1994 Ed. (2193, 2194, 2195, 2196, 3206, 3207, 3208, 3209, 3210, 3211, 3212, 3213, 3214)
1993 Ed. (2169, 2170, 2171, 2172, 2173, 2174, 3231, 3232, 3233, 3234, 3235, 3236, 3237, 3238, 3239)
1991 Ed. (1000)
1990 Ed. (3090)
1989 Ed. (1661)
Utilities Employees Credit Union
2008 Ed. (2255)
2007 Ed. (2140)
2006 Ed. (2219)
2005 Ed. (2069, 2124)
2004 Ed. (1982)
2003 Ed. (1942)
2002 Ed. (1888)
Utilities failure
1990 Ed. (1141)
Utilities, gas
2008 Ed. (1633)
Utilities, gas & electric
2004 Ed. (1744, 1746, 1748)
2003 Ed. (2902)
2002 Ed. (2768, 2770, 2778, 2788, 2793, 2794, 2795, 2796, 2797)
2000 Ed. (2635)
Utilities maintenance
1996 Ed. (2881)
1995 Ed. (2816)
Utility
1999 Ed. (4649)
1994 Ed. (3566)
1991 Ed. (2568)
1990 Ed. (2615, 2616)
Utility Choice LLP
2006 Ed. (3541, 4380)
Utility Choice LP
2007 Ed. (3603, 3604, 4448)
Utility Construction Co., Inc.
2008 Ed. (3694, 4952)
Utility Contracting Co.
2003 Ed. (1318)
Utility Engineering Corp.
2004 Ed. (2344)
Utility meter readers
2004 Ed. (2290)
Utility Partnership Ltd.
2003 Ed. (2736)

Utility Services Inc.
2008 Ed. (1995)
2007 Ed. (1360, 1371, 1929)
2006 Ed. (1281, 1296, 1946)
2005 Ed. (1917)
2004 Ed. (1832)
Utility Services Associates Construction Co., Inc.
2007 Ed. (3590, 4441)
2006 Ed. (3534)
Utility Trailer Manufacturing
2005 Ed. (4741)
UTILX Corp.
2004 Ed. (1318)
2003 Ed. (1318)
2002 Ed. (1300)
2001 Ed. (1483)
2000 Ed. (1270)
1999 Ed. (1378)
1997 Ed. (1171)
1996 Ed. (1142)
1995 Ed. (1167)
1994 Ed. (1153)
1993 Ed. (1132)
UTL Corp.
1992 Ed. (1477)
1991 Ed. (358)
1990 Ed. (410)
Utlix Corp.
1998 Ed. (957)
Utne Reader
1994 Ed. (2793)
1992 Ed. (3384)
Utopia Home Care
2000 Ed. (3148)
Utrecht-America Holdings Inc.
2003 Ed. (2543)
2001 Ed. (2502)
UTS Energy Corp.
2007 Ed. (1649)
2006 Ed. (1604, 1633)
2003 Ed. (1632)
Utsick Presents; Jack
2007 Ed. (1266)
2006 Ed. (1152)
UTStarcom Inc.
2007 Ed. (1191, 4701)
2006 Ed. (1086, 2395, 3696, 4586)
2005 Ed. (1091, 1092, 1094, 1674, 3033, 4610)
2004 Ed. (1083)
2003 Ed. (2643, 2645, 2942)
2002 Ed. (4192)
Uttara Bank Ltd.
2000 Ed. (467)
1997 Ed. (415)
1995 Ed. (427)
1994 Ed. (432)
1993 Ed. (432)
1992 Ed. (614)
1991 Ed. (458)
Utterly Butterfly
1999 Ed. (1816)
UTV
2007 Ed. (2034, 2037, 2039)
Utvegsbanki Islands
1989 Ed. (555)
Utvegsbanki Islands HF (Fisheries Bank of Iceland)
1991 Ed. (541)
U21
2008 Ed. (741)
U2
2008 Ed. (2580, 2583, 2586, 2587)
2007 Ed. (1267, 3658, 4917)
2005 Ed. (4884)
2004 Ed. (2410, 2412, 2416)
2003 Ed. (1127, 1128, 2327, 2330, 2332)
2001 Ed. (1380)
2000 Ed. (1182, 1183, 1183, 1183)
1999 Ed. (1292, 1293)
1995 Ed. (1119, 1714)
1994 Ed. (1099, 1101)
1990 Ed. (1142)
Utz
2008 Ed. (4021, 4442)
2007 Ed. (4459)
2006 Ed. (4392)
2004 Ed. (3932)
2003 Ed. (3919)
2002 Ed. (3733)
2001 Ed. (3860, 3861)
2000 Ed. (3577, 3578, 4063)
1999 Ed. (3863)
UTZ Potato Chips
1997 Ed. (3137, 3138, 3533)
Utz Quality Foods Inc.
2003 Ed. (3920, 4458)
UUNet Technologies
1998 Ed. (1930)
1997 Ed. (3409)
UV absorbers
1999 Ed. (1110)
UV Color Inc.
1999 Ed. (3887, 3888)
Uvistat
2001 Ed. (4397)
UW Credit Union
2003 Ed. (1956)
2002 Ed. (1901)
Uzagroprombank
1997 Ed. (640)
Uzbek Stock-Commercial Industrial Construction Bank
1997 Ed. (640)
Uzbekistan
2008 Ed. (2190, 2826, 4340)
2007 Ed. (2079, 2081, 2082, 2699, 3626, 4384)
2006 Ed. (2131, 2133, 2134, 2331, 2704, 3556, 4319)
2005 Ed. (2035, 2037, 2038, 2742, 3499, 4371)
2004 Ed. (1905, 1906, 2741, 2745, 4423)
2003 Ed. (1875, 2627, 3431)
2002 Ed. (2415, 4705)
2001 Ed. (1936, 2614, 3343, 4264)
2000 Ed. (2379)
1999 Ed. (2606)
1991 Ed. (3157)
Uzjilsberbank
2003 Ed. (635)
Uzmevasabzavotbank
2002 Ed. (4498)
Uzpromstroybank
2003 Ed. (635)
2002 Ed. (4498)

V

V. A. Gierer Jr.
2005 Ed. (2508)
2004 Ed. (2525)
2002 Ed. (2210)
V. A. Reid & Associates
1999 Ed. (3090)
V & J Foods Inc.
1998 Ed. (469)
1996 Ed. (746)
1995 Ed. (672)
V & J Holding Co. Inc.
2002 Ed. (715)
V & J Holding LLC
2008 Ed. (174)
V & J Holdings Cos., Inc.
2007 Ed. (191)
2006 Ed. (185)
2005 Ed. (172)
2004 Ed. (169)
2003 Ed. (213)
V & P Midlands Ltd.
1992 Ed. (1197)
V & S
1997 Ed. (3831)
1996 Ed. (3773)
V & S Variety
1995 Ed. (3690)
1994 Ed. (3620)
V. Ann Hailey
2006 Ed. (1002)
V Band
1989 Ed. (1568, 2495)
V. D. Coffman
2005 Ed. (2482)
2004 Ed. (2498)
2003 Ed. (2378)
2002 Ed. (2184)
2001 Ed. (2317)
V. E. Grijalva
2001 Ed. (2337)
V for Vendetta
2008 Ed. (3754)
V. G. Reed & Sons
2007 Ed. (4422)
2006 Ed. (4354)
V. K. Verma & Co.
2004 Ed. (1733)
2002 Ed. (1669)
V. Kann Rusmussen Industri A/S
1996 Ed. (2555)
V. Keeler & Associates Inc.
2006 Ed. (3516)
V. M. Prabhu
2002 Ed. (2193)
V. Mueller
1994 Ed. (3470)
V-Soft Consulting Group Inc.
2008 Ed. (3711, 4396, 4963)
2007 Ed. (3558, 3559, 4422)
2006 Ed. (3515)
V-SPAN
2003 Ed. (2728)
2002 Ed. (2533)
2000 Ed. (1109, 2408)
V. Suarez & Co.
2007 Ed. (1963, 1964, 4946)
2006 Ed. (1999, 2000, 4939)
2005 Ed. (1954, 4907)
2004 Ed. (1671, 4924)
V. T. Inc.
2001 Ed. (439, 440, 443, 444, 445, 446, 447, 448, 449, 451, 452)
1999 Ed. (317)
V Tech
2003 Ed. (3797)
V-Tech Solutions Inc.
2007 Ed. (3612, 4453)
V. V. Sivakumar
1997 Ed. (1973)
Va. Fibre
1993 Ed. (1417)
VA Greater Los Angeles Healthcare System
2002 Ed. (2622)
VA Medical Center-Long Beach
2000 Ed. (2530)
1999 Ed. (2749)
1998 Ed. (1993)
1997 Ed. (2271)
1996 Ed. (2156)
1995 Ed. (2145)
1994 Ed. (2090)
1993 Ed. (2074)
1992 Ed. (2460)
VA Medical Center-Sepulveda
1993 Ed. (2074)
1992 Ed. (2460)
VA Medical Center-West L.A.
1994 Ed. (2090)
VA Medical Center-West Los Angeles
2000 Ed. (2530)
1999 Ed. (2749)
1998 Ed. (1993)
1997 Ed. (2271)
1996 Ed. (2156)
1995 Ed. (2145)
1993 Ed. (2074)
1992 Ed. (2460)
VA mortgages, overpayments
1989 Ed. (1220)
VA Software
2007 Ed. (1255)
2006 Ed. (1133)
2005 Ed. (1144)
VA Stahl
2002 Ed. (4756)
2000 Ed. (1390, 4351, 4352)
1999 Ed. (4722, 4723)
VA Tech
2000 Ed. (1390)
VA Technologie
2000 Ed. (4352)
VA Technologie AG
2007 Ed. (1595)
2006 Ed. (1560)
2005 Ed. (1662)
2004 Ed. (3441)
2002 Ed. (1190, 4756)
Va Technologie Aktiengesellschaft
2000 Ed. (1214)
VA Technologies
2000 Ed. (4351)
1999 Ed. (4722, 4723)
1997 Ed. (3846, 3847)
VA Vendee
1998 Ed. (792, 3024)
Vaagen Bros. Lumber
1998 Ed. (2424)
Vaal Reefs
1995 Ed. (2041)
1991 Ed. (1852)
1990 Ed. (1938)
Vaal Reefs Exploration & Mining Co. Ltd.
1996 Ed. (2443)
1993 Ed. (1989, 2376)
1992 Ed. (3314, 2816)
1991 Ed. (2270)
VAALCO Energy Inc.
2008 Ed. (2852)
2007 Ed. (2734, 2735)
2006 Ed. (2738, 2739)
VABank
2000 Ed. (686)
1999 Ed. (676)
Vacation
2000 Ed. (1781)
Vacation Break USA Inc.
1998 Ed. (2724)
Vacations
1995 Ed. (3389)
Vacaville, CA
1992 Ed. (2578)
Vaccines
1999 Ed. (4710)
Vacuum cleaners
2005 Ed. (2961)
Vacuum extraction
1992 Ed. (2378)
Vacuums
2005 Ed. (2755)
Vacuums & carpet cleaners
2002 Ed. (2702)
Vaden Isuzu
1992 Ed. (386)
Vadera; Sanjay
2007 Ed. (2465)
Vadim Shvetsov
2007 Ed. (785)
Vadim Zlotnikov
2003 Ed. (3057)
1998 Ed. (1671)
VAG
1992 Ed. (68, 80)
Vagelos, MD; P. Roy
1996 Ed. (962)
Vagelos; P. Roy
1994 Ed. (950)
1993 Ed. (940, 1705)
1992 Ed. (1142, 2050, 2061)
1991 Ed. (928, 1630)
1990 Ed. (975, 1724)
Vagelos; Roy
1990 Ed. (971)
1989 Ed. (1383, 2339)
Vagisil
2003 Ed. (2461)
2002 Ed. (2255)
1993 Ed. (3650)
Vagistat 1
2003 Ed. (2461)
2002 Ed. (2255)
Vagit Alekperov
2008 Ed. (4894)
2007 Ed. (785, 4912)
2006 Ed. (4929)
Vahli Inc.
2004 Ed. (2109)
Vahostav
2000 Ed. (809)
1999 Ed. (805, 806)
VAHSBC Investor Fixed Income
2004 Ed. (692)
Vail
1994 Ed. (1102)
Vail Banks Inc.
2008 Ed. (1682)
2006 Ed. (1653)
Vail, CO
2002 Ed. (4284)
1993 Ed. (3324)
1990 Ed. (3293)
Vail Mountain
2008 Ed. (4342)

2007 Ed. (4391)
2006 Ed. (4327)
2005 Ed. (4377)
2004 Ed. (4428)
Vail Resorts
2008 Ed. (1687)
2007 Ed. (1668)
2006 Ed. (1651, 1652, 1660)
2005 Ed. (4029)
2004 Ed. (1680, 4093, 4094)
2003 Ed. (1650, 1658)
Vaisystems Group
2003 Ed. (2238)
Vakaru Bankas
1997 Ed. (542)
Vakaru Skirstomieji Tinklai
2006 Ed. (4516)
VakifBank
2008 Ed. (410, 516)
2007 Ed. (564)
2006 Ed. (533)
2005 Ed. (419, 531, 532)
2000 Ed. (684)
1999 Ed. (673)
1994 Ed. (656)
Vakson
2008 Ed. (98)
Vakuutososakeyhtio Sampo
2000 Ed. (2443)
Vakuutusosakeyhtio Pohjola
2000 Ed. (2443)
Vakuutusosakeyhtio Sampo
1999 Ed. (2662)
Vakuutusosakeyhtio Sampo A
2000 Ed. (2444)
Vakuutusosakeyhtio Sampo Oyj
2002 Ed. (2469)
Val Gooding
2006 Ed. (4978)
Val-Pak Direct Marketing System Inc.
2002 Ed. (1978)
Val-Pak Direct Marketing Systems Inc.
2008 Ed. (137)
2007 Ed. (122)
2006 Ed. (129)
2005 Ed. (126)
2004 Ed. (136)
2003 Ed. (185)
Val Reefs Mining & Exp.
1990 Ed. (1416)
Val Strough Acura
1993 Ed. (290)
1992 Ed. (405)
1991 Ed. (300)
Val Strough Mazda
1993 Ed. (276)
Valassis
2004 Ed. (755)
Valassis Communications Inc.
2007 Ed. (125, 4008)
2006 Ed. (115, 131, 1879, 2421, 3968)
2005 Ed. (3892, 3893)
2004 Ed. (3934, 3935)
2003 Ed. (23, 3350)
2002 Ed. (3284, 3288)
2001 Ed. (3251, 3891)
2000 Ed. (3609)
1999 Ed. (3895, 3969)
1998 Ed. (2921, 2974)
1997 Ed. (3170)
1996 Ed. (161, 2576, 3089)
1995 Ed. (150, 1287, 2986, 2988)
1994 Ed. (133, 1263, 2930)
Valassis Coupons
2003 Ed. (742)
2002 Ed. (763)
2001 Ed. (1008)
2000 Ed. (792)
1999 Ed. (775)
Valassis Inserts
1998 Ed. (485)
1993 Ed. (151, 2919)
1992 Ed. (235, 3537)
1991 Ed. (170)
1990 Ed. (2212)
Valassis/Livonia
1992 Ed. (3539)
Valbon
1990 Ed. (3696)
1989 Ed. (2943)
Valcan-Hart
1990 Ed. (3483)
Valco (Mining) Inc.
2007 Ed. (3479)
ValCom Computer Center (Omaha, NE)
1991 Ed. (1037)
ValCom Computer Centers
1989 Ed. (984)
Valcon Acquisition BV
2008 Ed. (1425, 3445, 4079)
Valdes Zacky Associates
2000 Ed. (55)
Valdese
2000 Ed. (4244)
Valdese Weavers Inc.
1996 Ed. (3682)
1995 Ed. (3607)
Valdez
1996 Ed. (3739)
Valdez; Abelardo
1995 Ed. (2480)
Valdez, AK
2003 Ed. (3904)
1996 Ed. (2537)
1995 Ed. (2482)
1994 Ed. (2406)
1991 Ed. (2756)
Valdez & Torry Advertising
2003 Ed. (158)
2002 Ed. (198)
2001 Ed. (225)
1999 Ed. (163)
Valdez & Torry Advertising (Grey)
2000 Ed. (181)
Valdez Office Environments Inc.
1997 Ed. (3339)
1996 Ed. (3234)
Valdosta, GA
2008 Ed. (3511)
Vale de Rio Doce
2002 Ed. (1716, 4096)
Vale do Rio Doce
2006 Ed. (1568, 4092)
2002 Ed. (4097, 4389)
2000 Ed. (1395, 3851, 3852)
1999 Ed. (1590, 4137, 4138)
1997 Ed. (3378, 3379)
1992 Ed. (1580, 1641, 1642, 3767)
1991 Ed. (1284)
1989 Ed. (1096)
Vale do Rio Doce SA; Companhia
2008 Ed. (1581, 3659)
2007 Ed. (1603, 1604)
Vale R. Doce
1995 Ed. (3181, 3182)
1994 Ed. (3133, 3134)
1992 Ed. (3768)
1991 Ed. (2913)
Vale R. Doce PN
1996 Ed. (3281, 3282)
1994 Ed. (3135)
Vale Rio Doce
2003 Ed. (1625)
Valeant Pharmaceuticals International
2005 Ed. (2246)
Valecha Engineering Ltd.
2002 Ed. (4425)
Valejo-Fairfield, CA
2007 Ed. (3002)
2006 Ed. (2974)
Valenc. CFM
1994 Ed. (723)
Valencia
1992 Ed. (1398)
Valencia Community College
2002 Ed. (1105)
Valencia Industrial Center
1990 Ed. (2180)
Valencia, Perez & Echeveste
2003 Ed. (3983)
Valencia y Asociados
1999 Ed. (83)
1997 Ed. (82)
Valenciana de Cementos
1994 Ed. (1206)
Valentina
1996 Ed. (3663)
Valentine Radford Inc.
1996 Ed. (2246)
1992 Ed. (108)
1991 Ed. (66)
1989 Ed. (59)
Valentine-Radford Advertising
1994 Ed. (63)
Valentine Radford Communications
1999 Ed. (42)
1998 Ed. (37, 51)
1997 Ed. (51)
1996 Ed. (56)
1995 Ed. (35)
1993 Ed. (73)
Valentine's Day
2004 Ed. (2759)
2003 Ed. (854)
2001 Ed. (2627)
1999 Ed. (1023)
1992 Ed. (2348)
1990 Ed. (1948)
Valentino Rossi
2007 Ed. (294)
Valenzuela Engineering Inc.
1997 Ed. (1149, 2215)
Valeo Inc.
2005 Ed. (324, 325, 1776)
2004 Ed. (323, 324, 1718)
2002 Ed. (405)
2001 Ed. (537, 1706)
2000 Ed. (1432)
1999 Ed. (350, 361)
1993 Ed. (344)
1992 Ed. (480)
1990 Ed. (400)
Valeo North America
1996 Ed. (1346)
Valeo SA
2005 Ed. (323)
2004 Ed. (320)
Valeo Vision SA
2006 Ed. (1566)
Valeo Weight Lifting Belt
1994 Ed. (1724)
Valepar
2005 Ed. (1563, 1563)
Valepar SA
2005 Ed. (1564)
Valerian
2000 Ed. (2445, 2447)
1996 Ed. (2102)
Valerian LLC
2008 Ed. (1709)
2007 Ed. (1684)
Valerian root
1998 Ed. (1924)
Valerie Wilson Travel Inc.
2001 Ed. (4925)
Valero Energy Corp.
2008 Ed. (1502, 1511, 1517, 1521, 2111, 2115, 2485, 2503, 2819, 2820, 3544, 3896, 3931, 3932, 3933, 3934, 3936, 4527)
2007 Ed. (334, 337, 1519, 1520, 1527, 1549, 1789, 1800, 2014, 2017, 2389, 2694, 2695, 2753, 3838, 3843, 3846, 3848, 3874, 3886, 3887, 3889, 3890, 3891, 3892, 3893, 4521, 4523, 4559, 4560)
2006 Ed. (349, 353, 1382, 1490, 1494, 1495, 1521, 2040, 2044, 2047, 2442, 2699, 2700, 3824, 3826, 3829, 3830, 3858, 3859, 3860, 3861, 3862, 4461, 4464, 4465, 4473, 4604)
2005 Ed. (1467, 1609, 1611, 1799, 1973, 1978, 3585, 3586, 3738, 3778, 3782, 3793, 3794, 3795, 4506)
2004 Ed. (953, 1374, 1376, 1588, 1870, 3667, 3668, 3830, 3865, 3866)
2003 Ed. (1596, 1703, 2278, 2281, 3819, 3848, 3849, 3850, 3851)
2002 Ed. (1526, 1569, 3690)
1999 Ed. (1500)
1997 Ed. (1727)
1996 Ed. (3005)
1995 Ed. (1242, 2910)
1994 Ed. (1628)
1992 Ed. (1946)
Valero GP Holdings LLC
2008 Ed. (3987)
Valero LP
2008 Ed. (3987)
2007 Ed. (3960)
2005 Ed. (3739, 3740)
2004 Ed. (3831, 3832)
Valero Natural Gas Partners L.P.
1995 Ed. (1242)
Valero Refining
2001 Ed. (1185, 3773)
Valero Transmission Co. LP
1993 Ed. (1926)
1992 Ed. (2266)
Valet Mennen Baby Magic
2003 Ed. (2917)
Valet Pepto Bismol
2003 Ed. (3782)
Valhalla Inn
2005 Ed. (2930)
Valhalla Rising
2003 Ed. (716)
Valhi Inc.
2004 Ed. (4544)
2002 Ed. (1550)
1993 Ed. (719, 928)
1992 Ed. (1115, 1128)
1991 Ed. (2720)
1990 Ed. (2830, 2831)
1989 Ed. (1039, 2665)
Valia
1997 Ed. (3026)
Valiant Holding, Berne
2005 Ed. (507, 615)
VALIC
2001 Ed. (4667)
1998 Ed. (3656)
1993 Ed. (3655)
VALIC Portfolio Director (Q) AGS Social Awareness
1997 Ed. (3823)
VALIC Portfolio Director (Q) AGS T. Rowe Price Growth
1997 Ed. (3822)
VALIC Portfolio Director (Q) AGS T. Rowe Science & Technology
1997 Ed. (3827)
VALIC Retirement Plans
1997 Ed. (2259)
Valid Logic
1990 Ed. (1111, 1112)
Valid Logic Systems
1992 Ed. (1333, 3684, 2540, 2576, 3033, 3042)
1991 Ed. (1019, 1023)
1990 Ed. (1115, 1117)
Validea
2002 Ed. (4853)
Valio Ltd.
2007 Ed. (36)
2006 Ed. (45)
2005 Ed. (38)
2004 Ed. (44)
2001 Ed. (35)
1997 Ed. (1576)
1993 Ed. (28)
1989 Ed. (29)
Valkyries Petroleum
2007 Ed. (1624)
Valle Fantastico
2007 Ed. (276)
Valle Hovin Stadium
2002 Ed. (4348)
1999 Ed. (1299)
Vallejo, CA
2005 Ed. (2378)
1999 Ed. (1162, 2809)
1989 Ed. (1611)
Vallejo-Fairfield, CA
2005 Ed. (2973)
Vallejo-Fairfield-Napa, CA
2005 Ed. (2975, 3324)
2003 Ed. (2699)
2002 Ed. (2459)
1994 Ed. (975, 2163, 2491, 2497)
1993 Ed. (2114, 2140, 2541, 2547)
1992 Ed. (2540, 2576, 3033, 3042)
1991 Ed. (2001, 2426)
1990 Ed. (2155)
Valletta; Bank of
2007 Ed. (517)
2006 Ed. (498, 4519)
Valley Bancorp
2006 Ed. (4254, 4257, 4259)
1995 Ed. (3367)
1994 Ed. (3288)

Valley Bank
1989 Ed. (204)
Valley Bank of Nevada
1993 Ed. (355, 588)
1992 Ed. (797)
1991 Ed. (622)
Valley Car Wash
2006 Ed. (365)
Valley Community Bank
2004 Ed. (400)
Valley Crest Cos.
2006 Ed. (1183, 1307, 1345)
Valley Crest Tree Co.
2008 Ed. (2764)
2007 Ed. (2639)
2004 Ed. (2679)
2001 Ed. (2502)
Valley Federal Credit Union of Montana
2008 Ed. (2243)
2007 Ed. (2128)
2006 Ed. (2207)
2005 Ed. (2112)
2004 Ed. (1970)
2003 Ed. (1930)
2002 Ed. (1876)
Valley Federal Savings
1992 Ed. (4292)
Valley Federal Savings & Loan Association
1989 Ed. (2459)
Valley Fence Co.
2008 Ed. (3723, 4416)
2006 Ed. (3529, 4368)
Valley Fidelity, Tenn.
1989 Ed. (2155)
Valley Financial Corp.
2003 Ed. (510, 512)
Valley First Credit Union
2004 Ed. (1933)
2002 Ed. (1830)
Valley Forge Corp.
1991 Ed. (343)
Valley Forge Asset Management
1999 Ed. (3076)
Valley Forge Convention and Exhibit Center
1990 Ed. (1219)
Valley Forge Convention Center
1996 Ed. (1173)
Valley Forge Convention Center & Sheraton Valley Forge
1999 Ed. (1419)
Valley Forge Corporate Center
2000 Ed. (2626)
Valley Forge Executive Mall
1990 Ed. (2181)
Valley Forge Fund
2004 Ed. (3546)
Valley Forge Life
1999 Ed. (2938, 2939)
1997 Ed. (2439)
1995 Ed. (2297)
Valley Forge Life Insurance Co.
2003 Ed. (2999)
2002 Ed. (2913, 2914, 2916, 2924)
2000 Ed. (2691, 2693)
1998 Ed. (2157, 2166, 2170, 2188)
Valley Foundation; Wayne and Gladys
1992 Ed. (2216)
Valley Group
1999 Ed. (2964)
Valley Health Credit Union
1998 Ed. (1218)
Valley Health System
2008 Ed. (1973)
Valley Healthcare Systems
2008 Ed. (2887)
Valley Hospital
2003 Ed. (2274, 2693)
2000 Ed. (2531)
1990 Ed. (2057)
Valley Independent Bank
2006 Ed. (203)
Valley Isle Motors Ltd.
2008 Ed. (1785)
2007 Ed. (1757)
2006 Ed. (1748)
Valley Life & Casualty Insurance
1993 Ed. (2223)
Valley National Corp.
1994 Ed. (340)
1991 Ed. (495)
1990 Ed. (514, 718)
1989 Ed. (423, 424, 713, 714, 2974)
Valley National Bancorp
2005 Ed. (629)
2004 Ed. (640, 641)
2000 Ed. (422, 429, 430, 632)
1999 Ed. (427, 437, 609)
1998 Ed. (324, 330, 1011, 3035)
1997 Ed. (3280)
Valley National Bank
2004 Ed. (417)
1998 Ed. (416)
1997 Ed. (577)
1996 Ed. (637, 638)
1995 Ed. (568)
1994 Ed. (598)
1993 Ed. (379, 395, 402, 423, 593, 596, 666, 3244)
1990 Ed. (500, 717)
1989 Ed. (476)
Valley National Bank (Glendale)
1991 Ed. (473)
Valley National Bank of Arizona
1994 Ed. (355, 385, 392, 425, 667)
1992 Ed. (255, 555, 562, 602)
1991 Ed. (185)
1989 Ed. (203, 205)
Valley National Bank (Phoenix)
1991 Ed. (447)
Valley National Eightball Association
1999 Ed. (297)
Valley National Gases Inc.
2008 Ed. (4424)
Valley National (II), Ariz.
1989 Ed. (2156)
Valley Oak Systems Inc.
2007 Ed. (4213)
2006 Ed. (3086)
2005 Ed. (3081)
Valley Oak Systems LLC
2006 Ed. (4202)
Valley of Silence
2008 Ed. (553)
Valley Pride
1995 Ed. (3400)
Valley Production Credit Association
2000 Ed. (222)
Valley Resources Inc.
2002 Ed. (1522, 2004)
Valley Roz Orchards Inc.
2007 Ed. (2156)
2006 Ed. (2235)
2005 Ed. (2140)
2003 Ed. (1958)
2001 Ed. (281)
Valley Services
2006 Ed. (4381)
Valley State Bank
1989 Ed. (207)
Valley View Hospital
2006 Ed. (2920)
ValleyCrest Cos.
2008 Ed. (1183, 3432)
2007 Ed. (1283, 3331)
2006 Ed. (205, 1177, 3253)
2005 Ed. (193, 194, 3267)
2004 Ed. (192, 193)
Valleylab
1999 Ed. (1461)
ValliCorp Holdings Inc.
1998 Ed. (266)
The Vallis Cos.
2006 Ed. (3964, 3966)
2005 Ed. (3251, 3885, 3888, 3889, 3897)
Vallo Meijerien Keskusosuuslikke
1997 Ed. (1396)
Vallourec
2007 Ed. (2400, 4580)
1995 Ed. (2492)
1994 Ed. (2415)
1990 Ed. (3469)
Vallourec SA
2008 Ed. (1723)
Vallouree
1992 Ed. (4149)
Valmet
1999 Ed. (2661, 2662)
1991 Ed. (1276, 1283)
Valmet Oyj
2000 Ed. (2444)
Valmex Corporativo
2003 Ed. (3620)
Valmieras SS
2002 Ed. (4438, 4439)
Valmieras SSR
2006 Ed. (4515)
Valmont Industries Inc.
2005 Ed. (3352, 3353)
2004 Ed. (3328)
1993 Ed. (1543)
1992 Ed. (1561, 4136)
1991 Ed. (3218)
1990 Ed. (3435)
Valo Finnish Cooperative
1992 Ed. (48)
Valoilles UNIVAL Poultry
1995 Ed. (2528, 2969)
1994 Ed. (2460, 2912)
Valois
1994 Ed. (2438)
1993 Ed. (2498)
1992 Ed. (2971)
Valois (Cie Financiere du)
1995 Ed. (2506)
Valois (Compagnie Financiere Du)
1991 Ed. (2385)
Valor Financial Group Inc.
1995 Ed. (1877)
1994 Ed. (2056)
Valor Insurance & Financial Services
2000 Ed. (2198)
1997 Ed. (2011)
1996 Ed. (1921)
Valorapolo
2008 Ed. (736)
Valorem Demographic Trends
2001 Ed. (3464, 3465)
Valorem Global Equity-Value
2003 Ed. (3599, 3600, 3601)
2002 Ed. (3461, 3462, 3463)
Valorem U.S. Equity
2003 Ed. (3606, 3607, 3608)
Valorem US Equity-Value
2002 Ed. (3472, 3473, 3474)
Valores Bavaria
2002 Ed. (4395, 4397, 4399)
Valores Bolivariano
2007 Ed. (757)
Valores Industriales
1991 Ed. (2450)
Valores Mexicanos
2008 Ed. (739)
2007 Ed. (763)
Valores Security
2008 Ed. (734)
2007 Ed. (755)
Valpacifico
2008 Ed. (736)
2007 Ed. (757)
Valparaiso
1992 Ed. (1392)
Valparaiso University
2008 Ed. (1085)
2007 Ed. (794)
2006 Ed. (701)
2001 Ed. (1324)
2000 Ed. (1138)
1999 Ed. (1229)
1998 Ed. (800)
1997 Ed. (1055)
1996 Ed. (1039)
1995 Ed. (1054)
1994 Ed. (1046)
1993 Ed. (1019)
1992 Ed. (1271)
Valspar Corp.
2008 Ed. (905, 1017, 3843, 3844)
2007 Ed. (921, 957, 1137, 3763, 3764)
2006 Ed. (1048, 3766, 3767)
2005 Ed. (943, 1039, 3669, 3670)
2004 Ed. (952, 1032, 2120, 3754, 3755)
2003 Ed. (773, 779)
2002 Ed. (988)
2001 Ed. (3608)
2000 Ed. (3398)
1999 Ed. (1113)
1998 Ed. (715, 2734)
1997 Ed. (974, 2981)
1996 Ed. (951, 1023)
1995 Ed. (957, 2825)
1994 Ed. (791, 921, 2719)
1993 Ed. (772, 907, 2761)
1992 Ed. (981, 1112, 2162, 3324, 3325, 3326)
1991 Ed. (800, 908, 2666)
1990 Ed. (946, 2757, 2758)
Valu-Trac Investment
1997 Ed. (2539)
1996 Ed. (2393, 2405)
ValuCare
1995 Ed. (2087)
1994 Ed. (2036)
Value
1999 Ed. (346)
1998 Ed. (235, 236)
1997 Ed. (312, 313)
1996 Ed. (332, 334, 335)
1994 Ed. (323, 324)
Value-Added Communications
1994 Ed. (2009, 2013, 3317, 3319)
Value added remarketers
1994 Ed. (2509)
Value added resellers
1993 Ed. (3651)
Value America
2002 Ed. (2990)
2001 Ed. (2971)
Value Behavioral Health
1996 Ed. (2561)
Value Bond Investing
2003 Ed. (3119, 3123)
Value City
2000 Ed. (2299, 2301, 2303, 2304)
1999 Ed. (2560, 2561)
1998 Ed. (1308, 1309, 1784, 1796, 2314, 2315)
1997 Ed. (1634, 1668, 2097, 2109)
1996 Ed. (1586, 1982, 1992)
1995 Ed. (1963, 1965, 2447)
1994 Ed. (1537, 1934, 1938)
Value City Arena
2005 Ed. (4444)
Value City Department Stores Inc.
2008 Ed. (2345)
2007 Ed. (2208)
2006 Ed. (824, 2272)
2005 Ed. (906, 2209)
2004 Ed. (2106, 4825)
2003 Ed. (2072, 2074)
2002 Ed. (1987, 1988)
2001 Ed. (2028)
Value City Depot
1998 Ed. (1360)
Value Contrarian Canadian Equity
2001 Ed. (3464)
Value Equity E
1994 Ed. (579)
Value Health Inc.
1998 Ed. (1028)
Value Investors Club
2003 Ed. (3025)
Value Line Inc.
2005 Ed. (3981)
2004 Ed. (4042)
2002 Ed. (4836)
1990 Ed. (3305)
1989 Ed. (2503)
Value Line Aggressive Income
1999 Ed. (3539)
1998 Ed. (2621)
1997 Ed. (2903)
1992 Ed. (3166)
Value Line Asset
1996 Ed. (2418, 2656, 3877)
Value Line Asset Allocation
2000 Ed. (3242)
1999 Ed. (3526, 3531)
1998 Ed. (2604)
1997 Ed. (2899)
Value Line Cash Fund
1992 Ed. (100)
Value Line Convertible
1999 Ed. (3563)
Value Line Emerging Opportunities
2004 Ed. (2457)
Value Line Income
2003 Ed. (3525)
2001 Ed. (3431)
2000 Ed. (3229, 3262)
1993 Ed. (2663)
Value Line Income Fund
2000 Ed. (3261)

Value Line Investment Survey
1993 Ed. (2363)
1992 Ed. (2800)
Value Line Leverage Growth
2000 Ed. (3223)
Value Line Leveraged Growth
2000 Ed. (3244, 3246)
Value Line Leveraged Growth Investors
1999 Ed. (3530)
Value Line OTC Special Situations
1993 Ed. (2361)
1992 Ed. (2800, 2802)
Value Line Special Situations
2006 Ed. (3614, 3615)
1999 Ed. (3528, 3529)
Value Line U.S. Government
1990 Ed. (2387)
Value Line U.S. Government Securities
1990 Ed. (2375, 2380, 2603)
Value Line U.S. Multinational Co.
2000 Ed. (3271)
Value Merchant
1995 Ed. (2768)
Value Merchants
1994 Ed. (1538, 2667)
Value Music Concepts
2004 Ed. (4840)
Value Rx Pharmacy Program Inc.
1999 Ed. (2643)
Value television (VTV)
1989 Ed. (848)
ValueAct Capital Partners
2003 Ed. (1511)
valueamerican.com
2001 Ed. (2977)
ValueClick Inc.
2008 Ed. (1596, 2860, 3643)
2007 Ed. (104, 2730, 4697)
2005 Ed. (98)
2004 Ed. (101)
ValueClink Media
2007 Ed. (2324)
Valuemark Healthcare Systems
1999 Ed. (3907)
ValueOptions
2008 Ed. (4058)
2006 Ed. (2407, 2408)
2005 Ed. (2364, 2365)
ValuePlus (VL)
1991 Ed. (2118)
ValueQuest
1996 Ed. (2392, 2396, 2404)
ValueRx
1991 Ed. (2760)
ValueStocks.net
2002 Ed. (4853)
Valuevision
2003 Ed. (827)
ValuJet
1999 Ed. (231, 1456)
1997 Ed. (195, 3638)
Valupage.com
2000 Ed. (2753)
ValuPlus (SPVL)
1991 Ed. (2120)
ValuRx (Accuscript)
1995 Ed. (2496)
Valve
2003 Ed. (3348)
Valverde Construction Inc.
2006 Ed. (1296)
2005 Ed. (1323)
1998 Ed. (957)
1994 Ed. (1153)
1993 Ed. (1132)
Valves, pumps & hydraulics
1995 Ed. (1259)
Valvoline
2001 Ed. (3392)
2000 Ed. (355, 3015)
1999 Ed. (347, 348, 3277)
1998 Ed. (239, 242)
1997 Ed. (317, 318)
1996 Ed. (340, 341)
1995 Ed. (326)
1994 Ed. (329, 330)
1993 Ed. (342, 343)
1992 Ed. (469, 470)
1991 Ed. (338)
1990 Ed. (388)
1989 Ed. (338, 339)
Valvoline Express Care
2008 Ed. (322, 333)
2007 Ed. (335, 346)
2006 Ed. (350, 361)
2005 Ed. (349)
2003 Ed. (364)
Valvoline Instant Oil
2001 Ed. (531)
Valvoline Instant Oil Change
2008 Ed. (322, 333)
2007 Ed. (335, 346)
2006 Ed. (350, 351, 361)
2005 Ed. (335, 349)
2004 Ed. (339)
2003 Ed. (355, 364)
2002 Ed. (404, 418)
1998 Ed. (1763)
1990 Ed. (406)
Valvoline Instant Oil Change Franchising Inc.
1994 Ed. (1912)
Valvoline Multi Viscosity
2001 Ed. (3392)
Van America Inc.
1993 Ed. (2985, 2986)
Van American Inc.
1992 Ed. (4368)
Van American/Trans Con
1992 Ed. (4372)
Van Ameringen; Hedwig
1994 Ed. (892)
Van Andel Arena
2006 Ed. (1156)
2003 Ed. (4530)
2002 Ed. (4346)
2001 Ed. (4354)
1999 Ed. (1297)
Van Andel; Jay
2006 Ed. (4908)
Van Boerum & Frank Associates
2006 Ed. (2481)
Van Bortel Motorcar
1996 Ed. (288)
Van Boxtel Ford Inc.
2005 Ed. (4805)
Van Boxtel Ford Jeep
2006 Ed. (4867)
Van Camp Seafood
1996 Ed. (875)
Van Campen Comstock
2006 Ed. (3631)
Van Cott, Bagley, Cornwall & McCarthy PC
2006 Ed. (3252)
Van Daele Development
2002 Ed. (2673)
Van Darn & Krusinga
2007 Ed. (766, 767)
Van de Kamp's
2008 Ed. (2789)
Van DeKamps
2002 Ed. (2370)
Van DeKamps Crispy & Healthy
2002 Ed. (2370)
Van den Bergh Foods Ltd.
2002 Ed. (41, 49, 55, 4591)
1998 Ed. (1138)
1991 Ed. (1746)
van den Ende; Joop
2008 Ed. (4870)
Van Der Moolen
2005 Ed. (3597)
2001 Ed. (4279)
Van der Pyl-Chee; Charlene
2007 Ed. (2549)
Van Deventer; Robert W.
1994 Ed. (1068)
Van Doren; Dirk
1997 Ed. (1935, 1946)
Van Dorn Co.
1994 Ed. (1225)
Van Dyke Dodge, Inc.
1990 Ed. (2007, 2010, 2011, 2012)
Van Eck Asia Dynasty
2001 Ed. (3445)
Van Eck Chubb Global Income A
2000 Ed. (761)
Van Eck/Chubb Government Securities
1999 Ed. (3553)
Van Eck/Chubb Total Return
1999 Ed. (3508, 3562)
Van Eck Global Balanced
2000 Ed. (3284)
Van Eck Global Balanced A
1999 Ed. (3570)
Van Eck Global Lenders
2001 Ed. (3435)
Van Eck Gold/Resources
1989 Ed. (1846, 1849)
Van Eck International Investors
1995 Ed. (2718, 2721, 2731)
1994 Ed. (2626)
Van Eck International Investors A
1997 Ed. (2879)
Van Eck International Investors Gold
2008 Ed. (3770, 4511)
2006 Ed. (3638, 3657)
2005 Ed. (3555, 3561)
2004 Ed. (3566, 3594)
van Eck; Tracy
1997 Ed. (1950)
Van Eck Troika Dialog
2004 Ed. (3647)
Van Eck World Income
1994 Ed. (2645)
1993 Ed. (2699)
1992 Ed. (3153, 3163, 3185, 3186, 3201)
Van Eerdon Trucking Co.
2005 Ed. (2690)
Van Genechten
2001 Ed. (3611)
2000 Ed. (3403)
Van Haften
1991 Ed. (782)
Van Halen
1997 Ed. (1114)
Van Halen's Monsters of Rock
1990 Ed. (1142, 1142, 1144)
Van Handel; Michael
2007 Ed. (1048)
2006 Ed. (953)
2005 Ed. (987)
Van Heising
2007 Ed. (3641)
Van Hesser
2000 Ed. (1926)
Van Heusen
1997 Ed. (1039)
1995 Ed. (1034)
1994 Ed. (1027)
1993 Ed. (865, 985, 995)
1992 Ed. (1228, 3952)
Van Heusen Factory Store
1991 Ed. (2649)
Van Horn Construction Inc.
2008 Ed. (1271)
2007 Ed. (1374)
Van Horn State Bank
1998 Ed. (374)
1997 Ed. (504)
Van Houten; Andrew
1997 Ed. (1936)
Van Houtte Inc.
2006 Ed. (1452)
Van Kampen
2008 Ed. (609, 2625, 3763)
2006 Ed. (610, 3599)
2005 Ed. (691, 3547)
2003 Ed. (3502, 3554)
Van Kampen-AC High-Yield Municipal A
1999 Ed. (756)
Van Kampen Agg Growth
2000 Ed. (3245)
Van Kampen Aggressive Growth
2000 Ed. (3244)
Van Kampen Am Cap Aggr Grth A
1999 Ed. (3528)
Van Kampen American
1999 Ed. (3100, 3583)
1997 Ed. (2530)
Van Kampen American Capital
2000 Ed. (3963)
1998 Ed. (2278, 2306)
Van Kampen-American Capital Exchange
1998 Ed. (2601, 2651)
Van Kampen American Capital Harbor A
1999 Ed. (3563)
Van Kampen American Capital Real Estate A
1998 Ed. (2648)
Van Kampen American Capital Real Estate B
1998 Ed. (2648)
Van Kampen California Insured Tax-Free
2004 Ed. (699)
Van Kampen Comstock
2003 Ed. (3493)
Van Kampen Comstock Fund
2000 Ed. (3236)
Van Kampen Emerging Growth
2004 Ed. (3553)
Van Kampen Emerging Markets
2001 Ed. (3429)
Van Kampen Emergingging Growth
2000 Ed. (3281)
Van Kampen Equity & Income
2006 Ed. (4559)
2005 Ed. (4483)
Van Kampen Equity Income
2004 Ed. (3547, 3549)
2003 Ed. (3486)
Van Kampen Exchange
2006 Ed. (3626)
Van Kampen Global Franchise
2003 Ed. (3612)
Van Kampen Growth
2002 Ed. (3421)
Van Kampen Harbor
2003 Ed. (690, 692)
2002 Ed. (725, 726)
Van Kampen High Yield Municipal
2007 Ed. (643)
Van Kampen High-Yield Municipal A
2000 Ed. (768, 769)
Van Kampen Investment Advisory Corp.
2000 Ed. (2845)
Van Kampen Merritt Inc.
1995 Ed. (758)
1993 Ed. (762)
Van Kampen Merritt Cos. Inc.
1996 Ed. (2400, 2487)
Van Kampen Merritt Insured T/F Income
1992 Ed. (4193)
Van Kampen Merritt T-F
1992 Ed. (3168)
Van Kampen Merritt T/F High Income
1992 Ed. (3147)
Van Kampen Municipal Income
1993 Ed. (2678)
Van Kampen Prime Rate
1998 Ed. (2649)
Van Kampen Prime Rate Income
2001 Ed. (3451)
Van Kampen Prime Rate Income Trust
2000 Ed. (759)
Van Kampen Sen Floating Rate
2000 Ed. (3253)
Van Kampen Small Cap Value
2008 Ed. (4515)
Van Kampen Tax-Free High Income A
1995 Ed. (2711)
Van Kampen Technology
2003 Ed. (2360)
Van Kampen U.S. Government A
1994 Ed. (2600)
Van Kasper & Co.
2001 Ed. (931)
van Kuller; Kurt
1997 Ed. (1948)
van Lanschot; F.
1990 Ed. (645)
Van Lanschot, S.H'bosch; F.
1991 Ed. (619)
Van Leer Containers
1992 Ed. (1386)
Van Leer Holding Inc.
2003 Ed. (3714)
2001 Ed. (3624)
Van line & specialized transport
1999 Ed. (4300)
Van Meer Capel
1990 Ed. (818)
Van Melle
2001 Ed. (18)
2000 Ed. (970, 977)

Van Melle Mentos
1997 Ed. (887)
Van Morrison
2008 Ed. (2587)
2007 Ed. (4917)
2005 Ed. (4884)
Van Munching & Co. Inc.
1993 Ed. (749)
1991 Ed. (745)
Van Note; William
1993 Ed. (2639)
Van Rensselaer; Stephen
2008 Ed. (4837)
2006 Ed. (4914)
Van Saun; Bruce
2008 Ed. (370)
Van Scoyoc Associates Inc.
2006 Ed. (3295)
Van Shelton; Ricky
1994 Ed. (1100)
van Vissingen; Frits Fentener
1992 Ed. (888)
Van Wagoner Emerging Growth
2008 Ed. (3768)
2007 Ed. (3679, 4549)
2006 Ed. (2511, 3612, 3660)
2004 Ed. (3591, 3607, 3608)
2003 Ed. (2360)
2002 Ed. (4505)
2000 Ed. (3230, 3245)
Van Wagoner Growth Opportunities
2007 Ed. (3679)
Van Wagoner Micro-Cap
2000 Ed. (3288)
Van Wagoner Mid Cap Growth
2004 Ed. (3605, 3606)
2003 Ed. (2360)
Van Wagoner Post Venture
2004 Ed. (3591, 3607, 3608)
2003 Ed. (2360)
2002 Ed. (4505)
2000 Ed. (3230, 3274)
Van Wagoner Small-Cap Growth
2007 Ed. (3679)
Van Wagoner Technology
2003 Ed. (2360)
2000 Ed. (3230, 3290)
Van Waters & Rogers
2002 Ed. (1006)
1999 Ed. (1094)
1995 Ed. (2232)
Van Winkle; Sharyl
1997 Ed. (1939, 1943)
Vanasse Hangen Brustlin Inc.
2006 Ed. (2478)
Vanavil Dyes & Chemicals
1996 Ed. (1600)
VanBoxtel Ford Jeep
2002 Ed. (361, 362)
Vanchai Chirathivat
2006 Ed. (4920)
VanCity
2008 Ed. (391)
2007 Ed. (412, 3378)
2006 Ed. (423)
2005 Ed. (473)
Vancity Credit Union
2008 Ed. (3488, 3496, 3497, 3498)
Vanco
2007 Ed. (4723)
2006 Ed. (4702, 4703)
Vanco de Santander
1996 Ed. (1446)
Vancomycin
1992 Ed. (1870)
Vancor
2000 Ed. (3361)
Vancouver
2000 Ed. (275)
1992 Ed. (530)
Vancouver, BC
2008 Ed. (4016)
2001 Ed. (4109)
2000 Ed. (2549)
1993 Ed. (2531)
Vancouver, British Columbia
2008 Ed. (766, 3489)
2005 Ed. (1785, 3476)
2003 Ed. (3251)
1993 Ed. (2556)
Vancouver Canucks
1998 Ed. (3358)
Vancouver City Savings
2002 Ed. (1851)
Vancouver City Savings Credit Union
2008 Ed. (391, 1384, 2221)
2007 Ed. (412, 1433, 2106)
2006 Ed. (423, 1400, 1602, 1606, 1624, 2185, 2588)
2005 Ed. (473, 2090, 2585)
2001 Ed. (1498)
1999 Ed. (1804)
1997 Ed. (1571)
1996 Ed. (1513)
1995 Ed. (1537)
1993 Ed. (1451)
1992 Ed. (1755)
1990 Ed. (1459)
Vancouver City Savings Credit Union (VanCity)
2004 Ed. (460)
2003 Ed. (473)
2002 Ed. (535)
Vancouver Home & Interior Design Show
2008 Ed. (4724)
Vancouver International
1995 Ed. (196)
Vancouver International Airport Authority
2005 Ed. (3490)
Vancouver International Auto Show
2008 Ed. (4724)
Vancouver International Boat Show
2008 Ed. (4724)
Vancouver Marriott Pinnacle
2008 Ed. (1583)
Vancouver Port Authority
2007 Ed. (2704)
2006 Ed. (2709)
2004 Ed. (2753)
Vancouver Province
2003 Ed. (3648, 3649)
2002 Ed. (3506, 3507)
1999 Ed. (3615)
Vancouver Sun
2003 Ed. (3648)
2002 Ed. (3506)
1999 Ed. (3615)
Vancouver, WA
2008 Ed. (3113)
1994 Ed. (2495)
Vanda Pharmaceuticals Inc.
2008 Ed. (4287)
Vandalism
2000 Ed. (1632)
Vanden Bosch; John
1991 Ed. (2549)
1990 Ed. (2659)
Vanderbilt
2001 Ed. (3698)
2000 Ed. (3456)
1999 Ed. (3737)
1998 Ed. (1353, 2777, 2779)
1997 Ed. (3032)
1996 Ed. (2951)
1995 Ed. (2875, 2876)
1993 Ed. (2788)
1992 Ed. (3367)
1990 Ed. (2793, 2794)
Vanderbilt by Gloria Vanderbilt
2003 Ed. (2549)
2001 Ed. (3704)
Vanderbilt; Cornelius
2008 Ed. (4837)
2006 Ed. (4914)
Vanderbilt; Gloria
1994 Ed. (2777)
Vanderbilt Industrial Park
1991 Ed. (2023)
1990 Ed. (2179)
Vanderbilt Mortgage & Finance Inc.
2008 Ed. (2102)
2005 Ed. (361)
Vanderbilt Plaza, Nashville
1990 Ed. (2080)
Vanderbilt University
2007 Ed. (833, 1181)
2005 Ed. (794, 814, 1063)
2004 Ed. (832, 1061)
2003 Ed. (796, 799)
1999 Ed. (3329)
Vanderbilt University Hospital & Clinic
2004 Ed. (2919)
2002 Ed. (2611)
Vanderbilt University Medical Center
2006 Ed. (2912)
2005 Ed. (2894)
Vanderbilt University, Owen School of Business
2006 Ed. (740)
Vanderbilt University, Peabody College
2008 Ed. (1089)
Vanderburgh County, IN
1998 Ed. (2081, 2082, 2083)
Vandercar; Eric
1997 Ed. (1955)
Vanderlande Industries BV
2008 Ed. (3602)
2007 Ed. (3436)
2004 Ed. (3397)
2003 Ed. (3320)
Vandervort, Hill & Gosdeck
1996 Ed. (2533)
Vanderweil Engineers
2005 Ed. (2438)
Vanderweil Engineers; R. G.
2007 Ed. (2444)
2006 Ed. (2478)
The Vandiver Group
2005 Ed. (3969)
2004 Ed. (4019)
2003 Ed. (4015)
2002 Ed. (3849)
2000 Ed. (3666)
1999 Ed. (3952)
Vanellis Greek & Italian Restaurant
2007 Ed. (3965)
Vanenburg Business Solutions
2002 Ed. (1152)
Vanessa Castagna
2003 Ed. (2408)
Vanessa-Mae Nicholson
2007 Ed. (4925)
Vanessa Wilson
2000 Ed. (2021)
1999 Ed. (2238)
1998 Ed. (1648)
1997 Ed. (1920)
1996 Ed. (1848)
Vangard Group
1992 Ed. (990)
Vangent Inc.
2008 Ed. (1365, 1366)
Vanguard
2008 Ed. (731, 3765)
2006 Ed. (3599, 4289)
2005 Ed. (3547)
2003 Ed. (3501, 3517)
2002 Ed. (4816)
1999 Ed. (3523, 3524)
1996 Ed. (3172)
1995 Ed. (2071, 2354, 2358, 2362, 2366, 2387, 2702)
1993 Ed. (716, 2291, 2312, 2316, 2320, 2324, 2339, 2655, 2656, 2664, 2665, 2667, 2668, 2675, 2678, 2689, 2694, 2696, 2697, 2698)
1992 Ed. (3181)
1990 Ed. (2334)
Vanguard Admiral Interm-Term
2000 Ed. (3269)
Vanguard Admiral Intermediate Treasury
2000 Ed. (764)
1997 Ed. (2890)
Vanguard Admiral Long
1995 Ed. (2709)
Vanguard Admiral Long Term
2000 Ed. (3269)
Vanguard Admiral Long-Term Treasury
1999 Ed. (749, 750)
1997 Ed. (689, 2891, 2902)
Vanguard Admiral Long Treasury
2000 Ed. (762)
Vanguard Admiral Short-Term Treasury
2000 Ed. (765)
1999 Ed. (752)
1998 Ed. (2650)
1997 Ed. (2889)
Vanguard Admiral/US Treasury MMP
1996 Ed. (2667)
Vanguard Airlines, Inc.
2002 Ed. (1916)
Vanguard Asset Allocation
2000 Ed. (3242, 3249)
1999 Ed. (3526, 3531)
1997 Ed. (2884, 2899)
Vanguard Balanced Index
2003 Ed. (2365)
2000 Ed. (3249)
1999 Ed. (3562)
Vanguard Balanced Index Investment
2006 Ed. (3598)
2005 Ed. (3545)
2004 Ed. (3550)
Vanguard Bond Index Intermediate Term
2000 Ed. (757)
Vanguard Bond Index Long Term
2000 Ed. (756, 758)
1999 Ed. (743, 744, 3536)
Vanguard Bond Index Short Term
2000 Ed. (759)
Vanguard Bond Index-Total Bd Market
2001 Ed. (3451)
Vanguard Bond Index Total Bond
2000 Ed. (757)
Vanguard Bond Market
1992 Ed. (3154, 3164)
Vanguard CA Tax-Free Insured Long Term
1992 Ed. (4192)
Vanguard California Insured Intermediate
2003 Ed. (695)
Vanguard California Intermediate Tax-Exempt Investment
2005 Ed. (689)
2004 Ed. (706)
Vanguard California Long-Term Tax-Exempt Investment
2006 Ed. (606, 607)
Vanguard Calvert Social Index
2006 Ed. (4404)
Vanguard Capital Opportunity
2004 Ed. (2453, 3593)
2003 Ed. (3495, 3497, 3536)
Vanguard Capital Opportunity Investment
2005 Ed. (3550)
2004 Ed. (3556)
Vanguard Cellular Systems
1995 Ed. (2796)
1993 Ed. (1246)
1991 Ed. (1232)
1990 Ed. (1302)
Vanguard Cleaning Systems
2008 Ed. (744)
2007 Ed. (768)
2006 Ed. (672)
2005 Ed. (765)
2004 Ed. (779)
2003 Ed. (769, 889)
2002 Ed. (856, 2359)
Vanguard CNMA
2002 Ed. (723)
Vanguard Computers Inc.
2007 Ed. (3615)
2006 Ed. (3549, 4387)
Vanguard Convertible Securities
2003 Ed. (690, 692)
2002 Ed. (725, 726)
1996 Ed. (2807)
1995 Ed. (2740)
1994 Ed. (2606, 2617, 2640)
Vanguard Diehards
2003 Ed. (3025)
Vanguard Distributors Inc.
2006 Ed. (3508)
Vanguard Emerging Markets Stock Index
2001 Ed. (3429)
2000 Ed. (3257)
Vanguard Emerging Markets Stock Index Investment
2005 Ed. (3541)
Vanguard Energy
2006 Ed. (4567)
2005 Ed. (4492)
2003 Ed. (3544)
1992 Ed. (3176)

Vanguard Energy Fund Investment
2006 Ed. (3595)
2005 Ed. (3542)
Vanguard Energy Fund Investor
2004 Ed. (3542)
Vanguard Energy Investment
2007 Ed. (3675)
Vanguard Equity Income
2003 Ed. (2367)
2000 Ed. (3228)
1999 Ed. (3510)
1997 Ed. (2885, 2900)
Vanguard Equity Income Investment
2004 Ed. (3583)
Vanguard Europe Stock Index Fund
2000 Ed. (3278)
Vanguard European Index
2000 Ed. (3276)
Vanguard European Stock Index
2004 Ed. (3648)
Vanguard European Stock Index Investment
2008 Ed. (4505)
2007 Ed. (3666)
2006 Ed. (4550)
2004 Ed. (3636)
Vanguard Explorer
2002 Ed. (2160)
1996 Ed. (2766)
Vanguard Explorer Fund Investment
2005 Ed. (3550)
2004 Ed. (3570)
Vanguard Extended Market Index Investment
2007 Ed. (2488)
2005 Ed. (3545)
2004 Ed. (3550)
Vanguard F. I. Interm. T U.S. Treasury
1996 Ed. (2811)
Vanguard Federal Money Market
2000 Ed. (3283)
Vanguard Fiduciary Trust Co.
2008 Ed. (2040)
2007 Ed. (1951)
2006 Ed. (1981)
Vanguard 500
2008 Ed. (3769)
Vanguard 500 Index
2008 Ed. (4510)
2007 Ed. (3668)
2006 Ed. (3613)
2005 Ed. (3558)
2004 Ed. (2464, 3586)
2003 Ed. (2361, 2365, 3518, 3519)
2002 Ed. (2158)
2001 Ed. (3452)
2000 Ed. (3222, 3234, 3264)
Vanguard 500 Index Investment
2008 Ed. (2610, 4513)
2006 Ed. (2510, 3611, 3620)
2005 Ed. (2465)
2004 Ed. (3550, 3579)
Vanguard Fixed GMNA
2000 Ed. (764)
Vanguard Fixed GNMA
1999 Ed. (751)
1998 Ed. (2642)
1997 Ed. (2890)
1996 Ed. (2759)
Vanguard Fixed-High Yield
2001 Ed. (3451)
1996 Ed. (2761)
Vanguard Fixed High-Yield Corporate
1997 Ed. (2892)
Vanguard Fixed Inc Hi Yield
1991 Ed. (2563)
Vanguard Fixed Inc Inv Grade
1991 Ed. (2561)
Vanguard Fixed Income GNMA
1995 Ed. (2744)
1994 Ed. (2609, 2642)
1992 Ed. (3188, 3198)
Vanguard Fixed/Income High-Yield Corporate
1999 Ed. (3539)
Vanguard Fixed/Income Interm. U.S. Treasury
1999 Ed. (3555)
Vanguard Fixed Income Investment Grade
1992 Ed. (3154)
Vanguard Fixed Income L-T U.S.
1994 Ed. (2643)
Vanguard Fixed Income L-T U.S. Treasury
1996 Ed. (2811)
Vanguard Fixed/Income Long-Term Corporate
1999 Ed. (744)
Vanguard Fixed/Income Long-Term Corporate Bond
1999 Ed. (3536)
Vanguard Fixed Income Long-Term Treasury
1995 Ed. (2745)
Vanguard Fixed/Income Long-Term U.S. Treasury
1999 Ed. (3555)
Vanguard Fixed Income S-T U.S. Treasury
1996 Ed. (2811)
Vanguard Fixed Income Short Term
1992 Ed. (3164)
1990 Ed. (2376)
Vanguard Fixed/Income Short-Term U.S. Treasury
1999 Ed. (3555)
Vanguard Fixed Intermediate Treasury
2000 Ed. (764)
1997 Ed. (2890)
Vanguard Fixed Investment Grade
1994 Ed. (2608)
Vanguard Fixed Long-Term Corp.
1996 Ed. (2758)
1995 Ed. (2684)
Vanguard Fixed Long-Term Corporate
2001 Ed. (3427)
2000 Ed. (758)
1999 Ed. (743)
1997 Ed. (2888, 2901)
Vanguard Fixed Long Term Treasury
2000 Ed. (762)
1997 Ed. (2891, 2902)
1995 Ed. (2709)
Vanguard Fixed Long-Term U.S. Treasury
1999 Ed. (749, 750)
Vanguard Fixed Short Term
1995 Ed. (2685)
Vanguard Fixed Short-Term Corporate
2001 Ed. (3428, 3451)
1997 Ed. (2886)
1996 Ed. (2763)
Vanguard Fixed Short-Term Federal
2000 Ed. (765)
1997 Ed. (2889)
Vanguard Fixed Short-Term Treasury
2001 Ed. (3450)
2000 Ed. (765)
1997 Ed. (2889)
Vanguard Fixed Short-Term U.S. Treasury
1999 Ed. (752, 752)
Vanguard Florida Long-Term Tax-Exempt
2004 Ed. (708)
Vanguard Funds Inflation Protection
2004 Ed. (721)
Vanguard Funds Long-Term Treasury
2007 Ed. (645)
2004 Ed. (721)
Vanguard Global Asset Allocation
2000 Ed. (3284)
Vanguard Global Equity
2008 Ed. (2623, 4508)
2007 Ed. (2493, 4543)
2006 Ed. (4552)
2005 Ed. (3575)
2004 Ed. (3645)
Vanguard Global Equity Fund
2003 Ed. (3543)
Vanguard Global Services Inc.
2007 Ed. (2738)
Vanguard GNMA
2008 Ed. (584)
2006 Ed. (623, 630)
2005 Ed. (703, 3558)
2004 Ed. (717, 3586)
2002 Ed. (3415)
2001 Ed. (3451)
1997 Ed. (690)
1996 Ed. (2779)
1994 Ed. (2600)
1990 Ed. (2387, 2603)
Vanguard GNMA Fund
2003 Ed. (697)
Vanguard GNMA Fund Investment
2008 Ed. (587)
2007 Ed. (637)
2006 Ed. (612, 613)
2005 Ed. (693)
2004 Ed. (712, 3582)
The Vanguard Group Inc.
2008 Ed. (2040, 2315, 2316, 2317, 2318, 2341, 3169, 3378, 3380, 3404)
2007 Ed. (1951, 2204, 2642, 3252, 3253, 3254, 3287)
2006 Ed. (398, 1978, 1981, 2268, 2659, 3193, 3194, 3196, 3197)
2005 Ed. (437, 1944, 2206, 3212, 3218, 3595)
2004 Ed. (1841, 2042, 2043, 2044, 2045, 2046, 3192, 3208, 3209, 3562, 3786)
2003 Ed. (1809, 1988, 3064, 3065, 3073, 3074, 3079, 3083, 3084, 3110, 3111, 3622)
2002 Ed. (1493, 2350, 2804, 3005, 3006, 3010, 3017, 3018, 3019, 3023, 3024, 3025, 3419, 3626, 3627, 3628, 3629)
2001 Ed. (1833, 2726, 3019, 3453, 3455, 3687, 3688)
2000 Ed. (1039, 2264, 2767, 2773, 2774, 2782, 2784, 2788, 2789, 2790, 2791, 2798, 2831, 2832, 2833, 2856, 2860, 3280)
1999 Ed. (961, 1115, 3041, 3049, 3054, 3055, 3056, 3062, 3064, 3066, 3067, 3068, 3081, 3083, 3094, 3109, 3110, 3527)
1998 Ed. (2225, 2257, 2262, 2266, 2267, 2281, 2282, 2283, 2284, 2286, 2293, 2296, 2304, 2591, 2618, 2627, 2628, 2629, 2645, 2647, 3100)
1997 Ed. (2510, 2512, 2513, 2515, 2520, 2524, 2528, 2532, 2894)
1996 Ed. (2347, 2377, 2379, 2381, 2385, 2390, 2414, 2786)
1994 Ed. (2302, 2306, 2612, 2623)
1992 Ed. (2741, 2752, 2756, 2760, 2764, 3157)
1991 Ed. (810)
Vanguard Group of Investment Cos. Inc.
1998 Ed. (717, 2310)
1991 Ed. (2565)
VanGuard Group of Printing Companies
1990 Ed. (848)
1989 Ed. (831)
Vanguard Growth
1999 Ed. (3541)
Vanguard Growth & Income
2002 Ed. (2158)
2000 Ed. (3236)
1999 Ed. (3556, 3558)
Vanguard Growth & Income Investment
2004 Ed. (3583)
Vanguard Growth Index
2000 Ed. (3239)
Vanguard Growth Index Fund
2000 Ed. (3256)
Vanguard Growth Index Investment
2004 Ed. (3550)
Vanguard Health Care
2008 Ed. (3769)
2007 Ed. (3668)
2006 Ed. (3613, 3635, 3636, 4562)
2005 Ed. (3558, 4487)
2004 Ed. (3565, 3567, 3586)
2003 Ed. (3519)
Vanguard Health Care Investment
2005 Ed. (3544)
Vanguard Health Care Investor
2004 Ed. (3544)
Vanguard Health Systems Inc.
2007 Ed. (2791, 2935)
2006 Ed. (2925)
2005 Ed. (2915)
2004 Ed. (2927)
2003 Ed. (2825)
Vanguard Hi Yield Stock
1992 Ed. (3172)
Vanguard High Yield Corp.
2002 Ed. (3414)
1996 Ed. (2765)
1990 Ed. (2388)
Vanguard High Yield Corp
2000 Ed. (3255, 3265)
Vanguard High Yield Corporate
2003 Ed. (698)
2002 Ed. (723)
2000 Ed. (766)
1997 Ed. (2867, 500, 2868)
1996 Ed. (2781)
Vanguard High-Yield Corporate Investment
2006 Ed. (3235)
2004 Ed. (3221)
Vanguard High Yield Corp. Investment
2006 Ed. (623)
Vanguard High Yield Stock
1989 Ed. (1850)
Vanguard High Yield Tax-Exempt
2003 Ed. (693)
Vanguard High Yield Tax-Exempt Admiral
2008 Ed. (601)
Vanguard High-Yield Tax-Exempt Investment
2008 Ed. (580)
2007 Ed. (632)
2006 Ed. (604, 605)
2004 Ed. (701)
Vanguard Index
1996 Ed. (2769)
Vanguard Index 500
1999 Ed. (3541, 3544, 3558)
1998 Ed. (2607)
1996 Ed. (2768)
1995 Ed. (2690)
Vanguard Index Market Portfolio
1997 Ed. (2869)
Vanguard Index Plus
2002 Ed. (2160)
Vanguard Index Small Cap Stock
1999 Ed. (3577)
Vanguard Index Value
1999 Ed. (3558)
Vanguard Industries
1994 Ed. (2923)
Vanguard Inflation-Protected Securities
2006 Ed. (630)
2005 Ed. (703)
2004 Ed. (719)
Vanguard Inflation-Protected Securities Investment
2008 Ed. (588)
2007 Ed. (638)
Vanguard Ins. Long-Term Tax-Exempt Admiral
2008 Ed. (601)
Vanguard Inst. Index
2002 Ed. (2158)
1999 Ed. (3541, 3544)
Vanguard Institute Index
1997 Ed. (2868)
1996 Ed. (2768)
Vanguard Institutional Index
2000 Ed. (3263, 3264)
Vanguard Institutional MMP
1996 Ed. (2666, 2670)
1994 Ed. (2541)
1992 Ed. (3098)
Vanguard Insured Long-Term Tax-Exempt
2004 Ed. (703)
2003 Ed. (693)
Vanguard Insured Long-Term Tax-Exempt Investment
2008 Ed. (580)
2007 Ed. (632)
2006 Ed. (604, 605)
2005 Ed. (688)
2004 Ed. (701)
Vanguard Intermediate Bond Index Investment
2008 Ed. (589)
2007 Ed. (639)
2006 Ed. (616, 617)
2005 Ed. (695)

Vanguard Intermediate Corporate Investment
2005 Ed. (695)
Vanguard Intermediate Investment Grade Investment
2008 Ed. (589)
2007 Ed. (639)
2006 Ed. (617)
Vanguard Intermediate Tax-Exempt
2001 Ed. (3451)
Vanguard Intermediate Tax-Exempt Investment
2006 Ed. (605)
2005 Ed. (688)
Vanguard Intermediate-Term Bond Index
2003 Ed. (700)
2000 Ed. (756)
Vanguard Intermediate-Term Bond Index Investment
2004 Ed. (714)
Vanguard Intermediate-Term Tax-Exempt
2008 Ed. (584)
2006 Ed. (630)
2005 Ed. (701, 703)
2004 Ed. (717)
2003 Ed. (694)
Vanguard Intermediate-Term Tax-Exempt Investment
2004 Ed. (702)
Vanguard Intermediate-Term Treasury
2003 Ed. (702)
Vanguard Intermediate-Term Treasury Investment
2004 Ed. (694, 716)
Vanguard Intermediate-Term U.S. Treasury
2004 Ed. (718, 719, 720)
Vanguard Intermediate Treasury Admiral
2008 Ed. (600)
Vanguard Intermediate Treasury Investment
2008 Ed. (591)
2007 Ed. (641)
2006 Ed. (620, 621)
2005 Ed. (697)
Vanguard International Equity European
2000 Ed. (3231)
Vanguard International Equity Index European
1999 Ed. (3512, 3566, 3567)
1998 Ed. (2612)
Vanguard International Equity Index Pacific
1996 Ed. (2790)
Vanguard International Explorer
2006 Ed. (3670, 3679)
2005 Ed. (3573)
2004 Ed. (2477)
Vanguard International Growth
2006 Ed. (3673, 4566)
2005 Ed. (4490)
2003 Ed. (2363)
2002 Ed. (2163)
2000 Ed. (3277)
1999 Ed. (3565, 3568)
1998 Ed. (2617)
1996 Ed. (2770)
1995 Ed. (2693, 2714)
Vanguard International Growth Portfolio
1997 Ed. (2870)
Vanguard International Value
2008 Ed. (4506)
2007 Ed. (4542)
2006 Ed. (3673, 4551)
2005 Ed. (3573)
2004 Ed. (3638)
2003 Ed. (2363)
Vanguard Investment Contract Trust
1995 Ed. (2072)
Vanguard Investment Index
1998 Ed. (2615)
Vanguard Life Income
1998 Ed. (2594)
Vanguard Limited Term Tax-Exempt
2003 Ed. (696)
Vanguard Limited Term Tax-Exempt Investment
2008 Ed. (582)
2007 Ed. (634)
2006 Ed. (608, 609)
2005 Ed. (690)
2004 Ed. (707)
Vanguard Long-term Corp.
1999 Ed. (3547)
1995 Ed. (2692, 2716)
Vanguard Long-Term Bond Index
2008 Ed. (588)
2007 Ed. (638)
2006 Ed. (614, 615)
2005 Ed. (694)
2004 Ed. (713, 718, 719, 720)
2002 Ed. (724)
Vanguard Long-Term Bond Index Fund
2003 Ed. (699, 3535)
Vanguard Long-Term Bond Index Investment
2006 Ed. (624)
Vanguard Long-Term Corporate
1997 Ed. (687, 2866, 2869)
Vanguard Long-Term Corporate Bond
2004 Ed. (720)
2003 Ed. (699, 3528)
Vanguard Long-Term Corporate Investment
2005 Ed. (694)
2004 Ed. (713)
Vanguard Long-Term Investment Grade Investment
2008 Ed. (588)
2007 Ed. (638)
2006 Ed. (614, 615, 616)
Vanguard Long-Term Tax Exempt
2004 Ed. (704)
2003 Ed. (693)
Vanguard Long-Term Tax-Exempt Investment
2008 Ed. (580)
2007 Ed. (632)
2006 Ed. (604, 605)
2005 Ed. (688)
2004 Ed. (701)
Vanguard Long-Term Treas.
2002 Ed. (3414, 3415)
Vanguard Long-Term Treasury
2003 Ed. (702)
2000 Ed. (763, 3266)
1997 Ed. (689, 2866)
Vanguard Long-Term Treasury Investment
2008 Ed. (591)
2007 Ed. (641)
2006 Ed. (620, 621)
2005 Ed. (697)
2004 Ed. (716)
Vanguard Long-Term U.S. Treasury
2004 Ed. (718, 719, 720)
2002 Ed. (724)
Vanguard Massachusetts Tax-Exempt
2006 Ed. (606)
Vanguard MMR Federal
1992 Ed. (3094)
Vanguard MMR/Federal Portfolio
1996 Ed. (2667)
1994 Ed. (2537)
Vanguard MMR Prime
1992 Ed. (3096)
Vanguard MMR/Prime Port
1996 Ed. (2671)
Vanguard MMR/Prime Portfolio
1994 Ed. (2543)
Vanguard Money Market Reserve Prime
1992 Ed. (3099, 3100)
Vanguard Morgan Growth Investment
2004 Ed. (3583)
Vanguard Muni Bond/MMP
1996 Ed. (2672)
Vanguard Muni High Yield
1991 Ed. (2564)
Vanguard Muni High Yield Bond
1990 Ed. (2389)
Vanguard Municipal Bond-High-Yield
1990 Ed. (2378)
Vanguard Municipal Bond/MMP
1994 Ed. (2538, 2544)
Vanguard Municipal Bond Money Market Portfolio
1992 Ed. (3101)
Vanguard Municipal High Yield
2000 Ed. (771)
1999 Ed. (758, 3572)
1997 Ed. (2893)
1996 Ed. (2762)
1995 Ed. (2746)
1994 Ed. (2611, 2644)
Vanguard Municipal Ins. Long-Term
1998 Ed. (2639)
1995 Ed. (2746)
Vanguard Municipal Insured Long Term
2000 Ed. (771)
1997 Ed. (692, 2893)
1996 Ed. (2762)
1992 Ed. (4193)
Vanguard Municipal Intermediate-Term
1998 Ed. (2643)
1996 Ed. (2762, 2785, 2812)
1995 Ed. (2689)
Vanguard Municipal L-T
1994 Ed. (2644)
Vanguard Municipal Long Term
2000 Ed. (771)
1999 Ed. (757, 3572)
1998 Ed. (2639, 2639)
1997 Ed. (692, 2893)
1996 Ed. (2762)
1995 Ed. (2746, 3542)
Vanguard Municipal Short Term
1996 Ed. (2796)
1989 Ed. (1854)
Vanguard New Jersey Long-Term Tax-Exempt
2004 Ed. (708)
Vanguard New Jersey Long-Term Tax-Exempt Investment
2008 Ed. (581)
2007 Ed. (633)
2006 Ed. (606, 607)
2005 Ed. (689)
2004 Ed. (706)
Vanguard New York Long-Term Tax-Exempt Investment
2006 Ed. (606)
2005 Ed. (689)
2004 Ed. (706)
Vanguard NJ Insured Long-Term Tax-Exempt
2003 Ed. (695)
Vanguard NJ T/F Insured Long Term
1992 Ed. (4192, 3146)
Vanguard NY Insured Long-Term Tax-Exempt
2003 Ed. (695)
Vanguard Ohio Long-Term Tax-Exempt
2004 Ed. (708)
Vanguard PA T/F Insured Long Term
1992 Ed. (4192)
Vanguard Pacific Stock Index-Investment
2007 Ed. (3666)
2004 Ed. (3609)
Vanguard Pennsylvania Insured Long-Term Tax-Exempt
2003 Ed. (695)
Vanguard Pennsylvania Long-Term Tax-Exempt
2004 Ed. (708)
Vanguard Pennsylvania Long-Term Tax-Exempt Investment
2008 Ed. (581)
2007 Ed. (633)
2006 Ed. (606, 607)
2005 Ed. (689)
2004 Ed. (706)
Vanguard Precious Metals & Minerals Investment
2007 Ed. (3674, 3675)
Vanguard Preferred Stock
1999 Ed. (3537)
Vanguard Prime Money Market
2000 Ed. (3283)
Vanguard Primecap
2008 Ed. (2615)
2007 Ed. (3668)
2006 Ed. (3613, 3626, 3627)
2004 Ed. (3558)
2000 Ed. (3263)
1999 Ed. (3519, 3541, 3542, 3543, 3561)
1997 Ed. (2881)
1996 Ed. (2752, 2764, 2766, 2773, 2788)
Vanguard Primecap Fund
2003 Ed. (2367, 3495)
Vanguard Primecap Investment
2008 Ed. (4513)
Vanguard REIT Index
2003 Ed. (3545)
Vanguard REIT Index Investment
2006 Ed. (3598)
Vanguard Selected Value
2008 Ed. (4512)
2007 Ed. (4545)
2006 Ed. (4554)
Vanguard Selected Value Fund
2003 Ed. (3538)
Vanguard Short-Term Corp.
1999 Ed. (3549)
Vanguard Short-Term Bond Index
2004 Ed. (693)
Vanguard Short-Term Bond Index Fund
2003 Ed. (701, 3539, 3546)
Vanguard Short-Term Bond Index Investment
2008 Ed. (590)
2007 Ed. (640)
2006 Ed. (618, 619)
2005 Ed. (696)
2004 Ed. (715)
Vanguard Short-Term Corporate
2004 Ed. (717)
2002 Ed. (723)
1997 Ed. (2869)
1996 Ed. (2767, 2769, 2782)
Vanguard Short-Term Corporate Fund
2003 Ed. (701, 3539)
Vanguard Short-Term Corporate Investment
2005 Ed. (696)
Vanguard Short-Term Federal
2004 Ed. (695)
2003 Ed. (701)
1996 Ed. (2778)
Vanguard Short-Term Federal Investment
2006 Ed. (619)
2005 Ed. (696)
2004 Ed. (715)
Vanguard Short-Term Investment-Grade
2008 Ed. (584, 590)
2007 Ed. (640)
2006 Ed. (623)
Vanguard Short-Term Investment Grade Investment
2006 Ed. (618, 619)
Vanguard Short-Term Tax-Exempt
2003 Ed. (696)
Vanguard Short-Term Tax-Exempt Investment
2008 Ed. (582)
2006 Ed. (608, 609)
Vanguard Short-Term Treasury
2003 Ed. (702)
1996 Ed. (2778)
Vanguard Short-Term Treasury Investment
2007 Ed. (641)
2006 Ed. (621)
2005 Ed. (697)
2004 Ed. (716)
Vanguard Small-Cap Index Investment
2006 Ed. (3598, 3640)
2005 Ed. (3545)
2004 Ed. (3550)
Vanguard SP Port-Health
1992 Ed. (3176)
Vanguard Spec. Port.-Gold
1989 Ed. (1849)
Vanguard Special Gold
1994 Ed. (2626)
Vanguard Special-Gold & Precious Metals
1990 Ed. (2373)
Vanguard Specialized Energy
1995 Ed. (2723)

Vanguard Specialized Gold
1995 Ed. (2718, 2721)
Vanguard Specialized Gold & Precious Metals
1997 Ed. (2879)
Vanguard Specialized Health
2001 Ed. (3439, 3440)
2000 Ed. (3289)
1995 Ed. (2722)
Vanguard Specialized Health Care
1992 Ed. (3148, 3158)
Vanguard Specialized Utilities Income
1997 Ed. (2878)
Vanguard STAR
1996 Ed. (2806)
1992 Ed. (3195)
Vanguard STAR Fund
2008 Ed. (4504)
2007 Ed. (4538)
2004 Ed. (3540)
Vanguard Strategic Equity
2008 Ed. (2617, 4512)
2007 Ed. (4545)
2006 Ed. (3603, 4554)
2005 Ed. (3550)
Vanguard Tax-Managed Capital Appreciation Investment
2006 Ed. (3610)
2005 Ed. (3556)
Vanguard Tax-Managed Growth & Income Investment
2008 Ed. (3767)
2006 Ed. (3610)
2005 Ed. (3556)
Vanguard Tax-Managed Small-Cap Investment
2006 Ed. (3610)
Vanguard Technol International
1989 Ed. (2503)
Vanguard Total Bd
2002 Ed. (723)
Vanguard Total Bond Market
2000 Ed. (3266)
1999 Ed. (3549)
Vanguard Total Bond Market Index
2008 Ed. (584)
2006 Ed. (623, 629)
2005 Ed. (702)
2004 Ed. (717)
2003 Ed. (700)
Vanguard Total Bond Market Index Investment
2005 Ed. (695)
2004 Ed. (714, 3582)
Vanguard Total Bond Mkt Inst'l
2000 Ed. (3266)
Vanguard Total Market Index
2002 Ed. (3415)
2000 Ed. (3267)
Vanguard Total Stock Market
2008 Ed. (3769)
2005 Ed. (3558)
2004 Ed. (3586)
2003 Ed. (3519)
Vanguard Total Stock Market Index Investment
2008 Ed. (4513)
2006 Ed. (3598)
2005 Ed. (3545)
2004 Ed. (3550)
Vanguard Total Stock VPR
2004 Ed. (3172)
Vanguard Treasury Money Market
2000 Ed. (3283)
Vanguard Trustees Commingled-Internatinal
1992 Ed. (3184)
Vanguard University of Southern California
2008 Ed. (1066)
Vanguard U.S. Growth
2000 Ed. (3239, 3259, 3263)
1998 Ed. (2623)
1996 Ed. (2764)
Vanguard U.S. Treasury
1992 Ed. (3199)
Vanguard Variable Annuity Plan Equity Income
1997 Ed. (3823)
Vanguard Variable Annuity Plan Equity Index
2000 Ed. (4336)
Vanguard Wellesley
1996 Ed. (2771)
Vanguard Wellesley Income
2003 Ed. (2366)
1999 Ed. (3550)
1997 Ed. (2871)
Vanguard Wellesley Income Investment
2008 Ed. (4504)
2007 Ed. (4538)
2006 Ed. (3593, 4549)
2005 Ed. (3538)
2004 Ed. (3540, 3546, 3549)
Vanguard Wellington
2008 Ed. (3769)
2006 Ed. (4559)
2005 Ed. (4483)
2000 Ed. (3222, 3249, 3250)
1999 Ed. (3508, 3533)
1998 Ed. (2614)
1997 Ed. (2871, 2884)
1996 Ed. (2771, 2806)
1995 Ed. (2739)
Vanguard Wellington Fund
2003 Ed. (2366, 3519)
Vanguard Wellington Fund Investment
2008 Ed. (4504)
2007 Ed. (4538)
2006 Ed. (4549)
2004 Ed. (3540)
Vanguard Wellington Investment
2008 Ed. (4513)
2004 Ed. (3549)
Vanguard Windsor
2005 Ed. (3558)
2004 Ed. (3586, 3590)
2003 Ed. (3492)
2002 Ed. (2159)
2000 Ed. (3264)
1999 Ed. (3544)
1998 Ed. (2607, 2615, 2623)
1997 Ed. (2868)
1996 Ed. (2768)
1995 Ed. (2690)
Vanguard Windsor Fund
2003 Ed. (3519, 3534)
Vanguard Windsor Fund Investment
2004 Ed. (3583)
Vanguard/Windsor-I
1998 Ed. (2631)
Vanguard Windsor II
2000 Ed. (3222)
1999 Ed. (3516, 3543, 3558)
1997 Ed. (2882, 2897)
1996 Ed. (2768)
Vanguard Windsor II Investment
2008 Ed. (4513)
2004 Ed. (3583)
Vanguard World Fund-International Gr.
1989 Ed. (1850)
Vanguard World International
1992 Ed. (3194)
Vanguard World International Growth
1997 Ed. (2875)
1994 Ed. (2632)
Vanguard World U.S. Growth
1994 Ed. (2634)
Vanidades
2005 Ed. (3360)
Vanidades Continental
1990 Ed. (3326)
Vanier BF & Services
1994 Ed. (805)
Vanier Business Forms & Services
1995 Ed. (856)
Vanier Graphics
1993 Ed. (788)
1992 Ed. (991)
1991 Ed. (809)
1990 Ed. (849)
1989 Ed. (832)
Vanik Inc.
2002 Ed. (4477, 4478)
1997 Ed. (1071)
Vanilla
2001 Ed. (2832)
1990 Ed. (2144)
Vanilla/Chocolate
2001 Ed. (2832)
Vanilla Drumstick
1998 Ed. (2067)
Vanilla Fields
2002 Ed. (671)
2001 Ed. (3700, 3701, 3704)
2000 Ed. (3456, 3457)
1999 Ed. (3737, 3738)
1998 Ed. (1353, 2777, 2779)
1997 Ed. (3032)
1996 Ed. (2950)
Vanilla Fudge
1990 Ed. (2144)
Vanilla Musk
1999 Ed. (3738)
Vanir Construction Management Inc.
1995 Ed. (1141)
Vanish
2003 Ed. (987)
2002 Ed. (2227)
Vanity Fair
2008 Ed. (991, 3447)
2007 Ed. (139, 147, 1112, 3351)
2006 Ed. (133, 147, 155, 1023, 3284)
2005 Ed. (130, 1017)
2003 Ed. (4668)
2002 Ed. (3228)
2001 Ed. (248)
1997 Ed. (1039)
1994 Ed. (2785, 2794)
1992 Ed. (3379)
1991 Ed. (2705)
1990 Ed. (2798)
1989 Ed. (178, 182, 183, 184, 2173, 2177, 2178, 2179)
Vanity Fair Intimates Inc.
2005 Ed. (1012)
2004 Ed. (997)
2003 Ed. (1003)
2001 Ed. (1278)
Vankamp American Growth A
1998 Ed. (2603)
VanKampen Real Estate Securities
2008 Ed. (3762)
Vans
2008 Ed. (273)
2006 Ed. (293)
2005 Ed. (270, 271, 4367)
2004 Ed. (261, 4416, 4417)
2003 Ed. (301)
2002 Ed. (4275)
2001 Ed. (423)
VanSant Dugdale Advertising
1990 Ed. (142)
1989 Ed. (151)
Vanstar Corp.
1998 Ed. (1929, 3180)
1995 Ed. (1115)
Vantage
1992 Ed. (1147)
1989 Ed. (907)
Vantage Credit Union
2008 Ed. (2242)
2007 Ed. (2127)
2006 Ed. (2206)
2005 Ed. (2111)
2004 Ed. (1969)
Vantage Homes
2005 Ed. (1179)
2004 Ed. (1150)
2002 Ed. (1208)
Vantage Point Energy Inc.
1994 Ed. (1226)
Vantage/Raylee Homes
2007 Ed. (1297, 1298)
Vantage West Credit Union
2008 Ed. (2218)
Vantage Woodwork Inc.
2008 Ed. (4994)
Vantagepoint Mid/Small Company Index
2008 Ed. (2618)
Vantagepoint Model Savings Oriented Growth
2008 Ed. (604)
VantagePoint Venture Partners IV, LP
2002 Ed. (4731)
Vantico International SARL
2007 Ed. (1860)
Vantique Inc.
1995 Ed. (3685)
Vantis
2001 Ed. (3910)
2000 Ed. (4001)
1999 Ed. (4278)
Vantis plc
2006 Ed. (7)
Vantive Corp.
2001 Ed. (1366)
Vanuatu
2006 Ed. (2148)
Vanum Construction Inc.
2003 Ed. (4441)
Vapor Products
2006 Ed. (212)
Vapores
1994 Ed. (3131)
Vaporizers/Hot Water Bottles
1992 Ed. (1871)
Vaporizing products
2002 Ed. (1096)
VAPR Credit Union
2008 Ed. (2256)
2007 Ed. (2141)
2006 Ed. (2220)
2005 Ed. (2125)
2004 Ed. (1983)
2003 Ed. (1943)
2002 Ed. (1889)
Vapro Publicidad
2000 Ed. (189)
1997 Ed. (157)
1990 Ed. (161)
1989 Ed. (172)
Vaquera Construction Co.
1989 Ed. (1590)
Vaquero Energy
2005 Ed. (1709)
VAR Business
2004 Ed. (852)
VAR Investors: Hi Inc. Bond
1992 Ed. (4375)
Var Investors: World Equity
1992 Ed. (4379)
Varazdinska Banka
2002 Ed. (547)
1997 Ed. (444, 445)
Varazdinska Banka DD
1999 Ed. (498)
Varazdinska Banks dd
1996 Ed. (481)
1995 Ed. (451)
VARBusiness
2008 Ed. (147)
2007 Ed. (163, 845)
2005 Ed. (141, 142, 143)
2000 Ed. (3486, 3487)
1999 Ed. (3760, 3762)
1998 Ed. (2793, 2794)
1994 Ed. (2796)
1993 Ed. (2800)
1992 Ed. (3389)
Varco Inc.
1993 Ed. (2492)
Varco International Inc.
2006 Ed. (2434, 2438, 2439, 3820, 3821, 3822)
2005 Ed. (1506, 2393, 2396, 2397, 3728, 3730, 3731)
2004 Ed. (2312, 2315, 3822, 3823)
2003 Ed. (3810)
2000 Ed. (3323)
1999 Ed. (3603)
Vard
1992 Ed. (3305)
1991 Ed. (1333, 2647, 2648)
1990 Ed. (3474)
Vard A
1993 Ed. (2746)
Varde Bank
1994 Ed. (467)
1993 Ed. (462)
Vardy
2006 Ed. (324)
Vardy; Dr. Peter
2006 Ed. (836)
Vardy; Sir Peter
2005 Ed. (927)
Varela
2002 Ed. (4396)
1989 Ed. (28)
Varga; Paul
2008 Ed. (2640)
2007 Ed. (2512)
Vargas; Bernardo
1996 Ed. (1858)

Vari-Life International Inc.
2004 Ed. (3245, 3246)
Vari-Vest II
1991 Ed. (2118)
Variable Annuity
1991 Ed. (3438)
Variable annuity career agents
1999 Ed. (4698)
Variable Annuity Life
1998 Ed. (170, 2258, 2260, 3654)
1995 Ed. (3363)
1994 Ed. (2259, 3284)
1993 Ed. (3292)
Variable Annuity Life Insurance Co.
2008 Ed. (3303)
1997 Ed. (2258, 2512, 3830)
1996 Ed. (2151, 2385)
Variable Annuity-2
1997 Ed. (3815)
Variable Intensity Polymerizer
2001 Ed. (1988)
Variable Life
1991 Ed. (2118)
Variable Life-1
1997 Ed. (3813)
Variable Life Plus
1991 Ed. (2120)
Variable Mat. Bond F
1994 Ed. (581, 582)
Variable Mat Bond Fund
1996 Ed. (626, 627)
Variable Single Premium Life
1991 Ed. (2120)
Variable Universal Life
1991 Ed. (2119, 2119)
Varian Inc.
2006 Ed. (1228, 1234, 4370)
2005 Ed. (1275, 2339)
2003 Ed. (204, 208)
1996 Ed. (3397)
1995 Ed. (1650, 3285)
1992 Ed. (3914)
1990 Ed. (3237)
1989 Ed. (2304)
Varian Associates
2000 Ed. (1750, 3079, 3862)
1999 Ed. (1974, 1975, 3341)
1994 Ed. (1607, 1609)
1993 Ed. (1570, 3210)
1992 Ed. (1499, 1917, 1920, 3678)
1991 Ed. (3083, 1524, 1527, 2843, 2847)
1990 Ed. (1628, 1632, 2510, 2989, 2995)
1989 Ed. (1667)
Varian Inc. Electronics Manufacturing
2004 Ed. (3419)
Varian Medical Systems Inc.
2008 Ed. (2910)
2007 Ed. (2766, 3465)
2006 Ed. (3446)
Varian Semiconductor Equipment Associates Inc.
2008 Ed. (1906, 1912, 1915, 3644)
2007 Ed. (4345)
2006 Ed. (1866, 1875, 2826)
2005 Ed. (2835)
Variety
2008 Ed. (144)
2007 Ed. (160, 4793)
2005 Ed. (139, 140)
Variety meats
2001 Ed. (3242, 3243)
Variety/One-price stores
2001 Ed. (2813)
Variety pack
1991 Ed. (3149)
Variety packs
2003 Ed. (4461)
1992 Ed. (3997)
1990 Ed. (3307, 3308)
Variety shows
1996 Ed. (865)
Variety stores
2001 Ed. (94, 4602, 4603)
2000 Ed. (39, 2628)
1998 Ed. (1862)
Variety Wholesalers Inc.
2006 Ed. (4876)
2005 Ed. (4812)
1999 Ed. (4701)
1998 Ed. (3657)
1997 Ed. (3831)
Variflex
2001 Ed. (4329)
1996 Ed. (2885)
Variflex (SPVA)
1991 Ed. (3439)
Variflex Variable Annuity
1991 Ed. (3438)
Varig
2008 Ed. (216)
2007 Ed. (237)
2006 Ed. (236)
2004 Ed. (763)
1998 Ed. (112)
1996 Ed. (174, 175)
1994 Ed. (155)
1993 Ed. (181)
1992 Ed. (292)
1991 Ed. (189, 190, 213)
1990 Ed. (199, 200, 202)
Varig SA Viacao Aerea Riograndense
1996 Ed. (1306)
1994 Ed. (1335)
Varilux Corp.
2001 Ed. (3593)
1999 Ed. (3659)
1997 Ed. (2968)
1996 Ed. (2873)
1995 Ed. (2814)
1992 Ed. (3302)
Varilux Co Ad
2001 Ed. (3594)
Varilux Comfort
1999 Ed. (3658)
Varilux Infinity
1992 Ed. (3303)
Varilux Lens 1 to Infinity
1997 Ed. (2969)
1996 Ed. (2874)
1995 Ed. (2815)
Vario Holding AG
2001 Ed. (1860)
Varistar Corp.
2008 Ed. (1995)
2007 Ed. (1929)
2006 Ed. (1946)
2005 Ed. (1917)
2004 Ed. (1832)
Varity Corp.
1998 Ed. (224)
1997 Ed. (315)
1996 Ed. (338, 1595, 2699)
1995 Ed. (324, 2621, 2622)
1994 Ed. (1396, 1580, 2428, 2566)
1993 Ed. (3380)
1992 Ed. (1879)
1991 Ed. (2383)
1990 Ed. (2517)
1989 Ed. (1930)
Varkki Chacko
2000 Ed. (1931, 1948)
1999 Ed. (2161, 2176, 2177)
1998 Ed. (1574, 1589)
1997 Ed. (1927, 1935)
Varlen Corp.
1997 Ed. (2702)
Varmatex
2000 Ed. (3031)
Varnatex
2000 Ed. (3001, 3002)
Varnell Enterprises
1998 Ed. (2931)
Varner Baltija
2001 Ed. (54)
Varner Miller Associates
2008 Ed. (3732, 4982)
Varnish & shellac
2002 Ed. (2445)
Varo Inc.
1990 Ed. (2681)
1989 Ed. (1308)
The Varsity
2001 Ed. (4051)
Varsity Blues
2001 Ed. (4700)
Varsity Brands Inc.
2005 Ed. (3936)
Varsity Ford
1996 Ed. (271, 297)
1995 Ed. (267, 294, 297)
1994 Ed. (293)
1993 Ed. (298, 303)
1992 Ed. (416, 419)
1991 Ed. (268, 309)
1990 Ed. (307)
Varsity Group Inc.
2005 Ed. (1875, 2012)
2004 Ed. (1804, 4549)
Vartec
2001 Ed. (2870)
Vartec Telecom Inc.
2006 Ed. (163)
2005 Ed. (3921, 4639)
VASCO Data Security
2008 Ed. (2458)
Vasco Data Security International Inc.
2008 Ed. (2865)
2007 Ed. (2735, 3689)
Vasconcellos; Paulo
1996 Ed. (1855)
Vascular Solutions Inc.
2004 Ed. (4549)
Vaseline
2008 Ed. (4344)
2006 Ed. (3331)
2003 Ed. (4426, 4428, 4432)
2002 Ed. (3644)
1996 Ed. (2549)
Vaseline Intensive Care
2008 Ed. (531, 4343)
2004 Ed. (4430)
2003 Ed. (642, 644, 3264)
2002 Ed. (669)
2001 Ed. (665, 1933, 3167, 3168)
2000 Ed. (705, 4038)
1999 Ed. (686)
1998 Ed. (2808)
1994 Ed. (675, 676, 3312)
Vaseline Intensive Care Aloe & Lanolin
1996 Ed. (2550)
Vaseline Intensive Care Lotion
1990 Ed. (2805, 2806)
Vaseline Intensive Care Lotion, 15 oz., regular
1989 Ed. (2184, 2185)
Vaseline Intensive Care Regular
1998 Ed. (1354, 3306)
1996 Ed. (2550)
Vaseline Petroleum Jelly
2001 Ed. (1933)
Vasella; Daniel
2006 Ed. (691)
Vasilico Cement Works Ltd.
2006 Ed. (4496)
Vasogen Inc.
2008 Ed. (4541)
Vasomedical, Inc.
2003 Ed. (2718)
Vasotec
2003 Ed. (2116)
2001 Ed. (2109, 2110)
2000 Ed. (1708, 3606)
1999 Ed. (1891, 1892, 1893, 1898, 1908, 3884, 3886)
1998 Ed. (2913, 2915, 2916)
1997 Ed. (1647, 1648, 3161, 3163)
1996 Ed. (1569, 3082, 3084)
1995 Ed. (1583, 2982, 2984)
1994 Ed. (2926, 2927, 2929)
1993 Ed. (1530, 2912, 2914, 2915)
1992 Ed. (1876, 3526)
1991 Ed. (2763)
Vasquera Construction Co.
1990 Ed. (2013)
Vassar College
2008 Ed. (1067)
1995 Ed. (1065)
1993 Ed. (891)
1992 Ed. (1268)
Vassarette
1997 Ed. (1026)
Vassiliko Cement Works Ltd.
2002 Ed. (4404)
Vastar Resources
1998 Ed. (1160)
1997 Ed. (1453)
Vastera
2005 Ed. (1252)
2004 Ed. (2220)
2003 Ed. (2174)
Vatryggingarfelag Islands hf.
2006 Ed. (4506)
Vattenfall A/S
2005 Ed. (3239)
Vattenfall AB
2008 Ed. (2088, 2089)
2007 Ed. (1995)
2006 Ed. (2024, 2025)
2005 Ed. (1799)
Vatter Gruppe
1998 Ed. (1976)
Vaudoise Life
1991 Ed. (2114)
1990 Ed. (2245)
Vaughan; Gregory
2008 Ed. (3376)
2007 Ed. (3248, 3249)
2006 Ed. (658, 3189)
Vaughan Industries Ltd.
2002 Ed. (2498)
Vaughan; Richard
2006 Ed. (972)
Vaughn; Mo
2006 Ed. (291)
Vault
2008 Ed. (4456)
Vault Zero
2008 Ed. (4456)
Vault.com
2002 Ed. (4802)
Vaultus
2003 Ed. (4973)
Vauxhall
2007 Ed. (714, 735)
1996 Ed. (324)
1990 Ed. (2624)
Vauxhall Astra
2005 Ed. (296)
2004 Ed. (302)
1994 Ed. (314)
1993 Ed. (321)
1992 Ed. (446, 459)
Vauxhall Cavalier
1994 Ed. (314)
1992 Ed. (459)
Vauxhall Masterhire
1999 Ed. (3455)
1997 Ed. (2821)
Vauxhall Motors Ltd.
2008 Ed. (133)
2007 Ed. (91)
2002 Ed. (48, 49, 55, 230, 237, 3892, 4591)
2000 Ed. (34)
1990 Ed. (31)
Vauxhall Nova
1994 Ed. (314)
1992 Ed. (446, 459)
1991 Ed. (323)
Vauxhall/Opel
1991 Ed. (327)
Vavoom
1991 Ed. (1880)
Vavrinek Trine Day & Co.
2007 Ed. (14)
2006 Ed. (18)
2004 Ed. (17)
2003 Ed. (11)
2000 Ed. (21)
Vavrinek, Trine, Day & Co. LLP
2002 Ed. (26, 27)
VAW Aluminium AG
2004 Ed. (3441)
2000 Ed. (3082)
1999 Ed. (3345)
Vaw Aluminum AG
2002 Ed. (3308)
2001 Ed. (3283)
VAZ
1991 Ed. (2494)
VBB Viag-Bayernwerk-Beteiligungsgesellschaft mbH
1996 Ed. (3829)
VBB Viag-Bayernwerk-GmbH
1997 Ed. (3878)
VBIF Total Market Ind.
1998 Ed. (2616)
VBrick Systems Inc.
2006 Ed. (1353, 2822)
VCA Antech Inc.
2008 Ed. (201, 202)
2007 Ed. (215, 216)
2006 Ed. (206)
2005 Ed. (194)

2004 Ed. (193)
2003 Ed. (4321)
Vcapital.com
2002 Ed. (4860)
VCBO Architecture
2008 Ed. (266, 267)
VCBO Architecture LLC
2006 Ed. (287)
VCC
2008 Ed. (1271)
2007 Ed. (1374)
2006 Ed. (1306, 1342)
VCI Inc.
2002 Ed. (2539, 2540)
VCom
2007 Ed. (4711)
VCR
2001 Ed. (2781)
VCR Tapes
1992 Ed. (1817)
VCRs
2008 Ed. (2646, 2650)
2007 Ed. (2522)
2006 Ed. (2536)
2001 Ed. (2730)
1993 Ed. (1725, 1941, 2048)
VCRs, TVs, consumer electronics, recorded music, videotapes
1995 Ed. (3077)
VCS Inc.
1990 Ed. (2749)
VCS & O Asset Management
1991 Ed. (2236)
vCustomer Corp.
2006 Ed. (741, 3972)
VDK Frozen Foods
2001 Ed. (2475)
VDK Spaarbank
1996 Ed. (454)
Veal
2007 Ed. (3442, 3443)
2006 Ed. (3427, 3428)
2005 Ed. (3417, 3418)
2003 Ed. (3327, 3343)
2001 Ed. (3237, 3238, 3239)
1992 Ed. (2355)
Veba
2000 Ed. (1439)
1999 Ed. (1636)
1995 Ed. (1375, 1377, 1378, 1382, 1400, 1401, 1402, 3326, 3341, 3343)
1993 Ed. (1298, 1320, 1321, 1902, 1903, 3252, 3262, 3263, 3264, 3265)
1992 Ed. (1623, 1624, 2231, 2232, 3942)
1991 Ed. (1293, 1295, 1775, 1776, 1294)
1990 Ed. (1371, 3461)
1989 Ed. (2263)
Veba AG
2005 Ed. (1570)
2003 Ed. (1687)
2002 Ed. (1417, 1644, 1663, 2096, 2364, 4414)
2001 Ed. (1697, 1714, 1715, 1716, 2845)
2000 Ed. (1411, 1415, 1418, 1438, 2274)
1999 Ed. (1605, 1610, 1635, 1638, 2525, 2526, 4289)
1997 Ed. (1387, 1388, 1390, 1394, 1413, 1415, 2086, 2087, 3107, 3499)
1996 Ed. (1328, 1333, 1352, 1353, 1970, 1971, 3403)
1994 Ed. (1350, 1359, 1375, 1376, 1377, 1918, 1919, 3246)
1990 Ed. (1370)
1989 Ed. (1119)
VEBA Aktiengesellschaft
1991 Ed. (3107)
VEBA Electronics, Inc.
2001 Ed. (2182, 2183, 2202, 2203, 2204, 2206, 2210, 2211, 2212, 2215)
2000 Ed. (1761, 1762, 1764, 1765, 1769, 1771)
1999 Ed. (1983, 1984, 1987, 1989, 1991)
Veba Group
2000 Ed. (1440, 4285, 4286)
1999 Ed. (1637, 4645)
1998 Ed. (3610)
1997 Ed. (1414, 3784)
1996 Ed. (1351, 3407, 3409)
1990 Ed. (1532)
Veba Oel AG
2006 Ed. (204, 1181, 3487)
2005 Ed. (192, 1195, 3486)
2002 Ed. (3678)
2001 Ed. (3759)
2000 Ed. (3538)
1999 Ed. (3811)
1996 Ed. (3023)
VEBA's Preussen Elektra
1996 Ed. (1214)
Vecellio & Grogan Inc.
2003 Ed. (1289)
Vecima Networks Inc.
2008 Ed. (2937)
Veco Corp.
2008 Ed. (1545, 1546, 2544, 2556)
2007 Ed. (2417, 2429)
2006 Ed. (2464)
2005 Ed. (1328, 2424)
2004 Ed. (1282, 2346, 2361, 2362, 2364, 2365, 2377, 2392)
2003 Ed. (1606, 2311)
2002 Ed. (1271)
2001 Ed. (1609)
1993 Ed. (960, 2921)
1991 Ed. (219)
Veco Alaska Inc.
2004 Ed. (1620)
2003 Ed. (1605)
VECO Operations
2003 Ed. (1603, 3422)
2001 Ed. (1608)
Vector
2007 Ed. (763)
Vector Commodity Services Ltd.
1997 Ed. (1074)
Vector Fondo de Crecimiento
2005 Ed. (3580)
Vector Group Ltd.
2005 Ed. (4705, 4706)
2004 Ed. (4728, 4729)
Vector Research Inc.
2002 Ed. (2514)
2001 Ed. (2698)
2000 Ed. (2459)
Vector Securities International Inc.
1998 Ed. (2252)
1997 Ed. (2505)
1996 Ed. (2372)
1995 Ed. (2353)
Vector Security Inc.
2008 Ed. (4296, 4297, 4298, 4299, 4300, 4301)
2007 Ed. (4294, 4295, 4296)
2006 Ed. (4268, 4269, 4270, 4271, 4272, 4273)
2005 Ed. (4290, 4291, 4292)
2003 Ed. (4327, 4328)
2002 Ed. (4204)
2001 Ed. (4201, 4202)
VecTour Inc.
2002 Ed. (863)
Vectra
2002 Ed. (385)
1995 Ed. (1677)
Vectra Technologies Inc.
1999 Ed. (3675)
1997 Ed. (1738)
1996 Ed. (1660)
VectraBank Colorado
2005 Ed. (480)
2003 Ed. (477)
2002 Ed. (544)
VectraBank Colorado NA
2007 Ed. (431)
Vectren Corp.
2006 Ed. (2354, 2357)
2005 Ed. (2291, 2294, 2403, 2405, 3587, 3588)
2004 Ed. (3670)
2003 Ed. (3811, 3814)
Vedanta Resources
2007 Ed. (3520, 3521)
2006 Ed. (3489)
Vedior Professional Services
2006 Ed. (4358)
Veeco Instruments Inc.
2005 Ed. (1466, 3045)
2004 Ed. (3030)
2002 Ed. (2526)
2000 Ed. (2460, 3000)
1997 Ed. (3358)
Veetids
1999 Ed. (2585)
1998 Ed. (1825, 2914)
1997 Ed. (3162)
Vega
1999 Ed. (1278)
Vega Asset Management
2006 Ed. (2800)
2005 Ed. (2820)
Vega Enterprises Inc.
1996 Ed. (3823)
1995 Ed. (3727)
VegaOlmosPonce
2002 Ed. (76)
A Vegas Expression
2007 Ed. (3577, 4433)
2006 Ed. (3526)
Vegas Sands Inc.
2007 Ed. (1908)
Vegetable combinations & sauce, frozen
1994 Ed. (1994)
Vegetable/cooking oil
1999 Ed. (2104)
Vegetable juice
2003 Ed. (2580, 2581)
1991 Ed. (1864)
Vegetable juice/cocktail
2008 Ed. (2793)
Vegetables
2008 Ed. (2732, 2839)
2003 Ed. (2573, 3941, 3942)
2002 Ed. (2217, 3491)
2000 Ed. (3619)
1999 Ed. (3408)
Vegetables, canned
2003 Ed. (3939, 3940)
1998 Ed. (2927, 3445)
1996 Ed. (3091, 3092, 3093)
Vegetables/cheese sauce
1990 Ed. (1953)
Vegetables, fresh
1998 Ed. (2497)
1994 Ed. (1995)
1992 Ed. (3220)
Vegetables, fresh and frozen
1992 Ed. (2084)
Vegetables, frozen
2001 Ed. (2078)
1999 Ed. (2532)
1998 Ed. (2497)
1996 Ed. (3091, 3092, 3093, 3097, 3615)
1995 Ed. (2997)
1994 Ed. (1733, 2940, 3460)
Vegetables, frozen plain
1998 Ed. (2927, 3445)
Vegetables/grains, dry
2001 Ed. (2078)
Vegetables, mixed
2008 Ed. (2791)
2003 Ed. (2573)
Vegetables, plain
1998 Ed. (1768)
Vegetables, prepared
2008 Ed. (2791)
Vegetables, prepared frozen
1994 Ed. (3460)
Vegetables, shelf-stable
1996 Ed. (3097, 3615)
1995 Ed. (2997)
1994 Ed. (2940)
Vegetables, shelved
1993 Ed. (2921)
Vegetarian Times
2000 Ed. (3473)
Vehicle dispatchers and starters
1990 Ed. (2729)
Vehicle parts
1992 Ed. (2071)
Vehicle wash aids
1992 Ed. (1170)
Vehicles
2005 Ed. (4728)
Vehicles, hybrid-fuel
1996 Ed. (2104)
Vehicles, parts and engines
1995 Ed. (1738)
Veho
1993 Ed. (28)
1992 Ed. (48)
V8 Splash
2003 Ed. (2578)
2002 Ed. (2375)
2001 Ed. (1000)
V8 Splash Tomato/Vegetable Juice
2006 Ed. (2671)
V8 Tomato/Vegetable Juice
2006 Ed. (2671)
V8 Tomato/Vegetable Juice/Cocktail
2007 Ed. (2654)
Veikkaus
2007 Ed. (36)
2006 Ed. (45)
2005 Ed. (38)
2004 Ed. (44)
Veitsch-Radex AG
1999 Ed. (1585)
Veitscher
1993 Ed. (3671)
Veitscher Magnesitwerke
1992 Ed. (4401)
1991 Ed. (3452)
Vekselberg; Viktor
2008 Ed. (4894)
2006 Ed. (4929)
Velamints
2005 Ed. (858)
2001 Ed. (1122)
2000 Ed. (974)
1999 Ed. (1020)
1997 Ed. (886)
1994 Ed. (852)
Velan Inc.
2008 Ed. (1622)
1992 Ed. (1588)
1989 Ed. (1930)
Velan Valve Corp.
2007 Ed. (2050)
2006 Ed. (2092)
2004 Ed. (1878)
Velcom GSM
2005 Ed. (22)
Velerlan
1992 Ed. (3002)
Vellano Bros. Inc.
1997 Ed. (1171)
Vellutino & CIA SA
1996 Ed. (1413)
1995 Ed. (1450)
VeloBind Inc.
1992 Ed. (1478)
Velocity Express Corp.
2008 Ed. (4072, 4742)
2007 Ed. (4815, 4848)
2006 Ed. (4798)
2005 Ed. (4748)
2004 Ed. (4772)
Velocity Global Logistics Inc.
2008 Ed. (3713, 4401, 4965)
Velocity Sports & Entertainment
2008 Ed. (3594)
2006 Ed. (3416, 3417)
2005 Ed. (3407, 3408)
Velocity11
2006 Ed. (3358)
Velonews
1992 Ed. (3384)
Veluchamy Enterprises
2007 Ed. (3537)
2006 Ed. (3499, 3500)
Velveeta
2008 Ed. (2730)
2003 Ed. (3323)
2001 Ed. (1167)
Vemaks
2005 Ed. (59)
2004 Ed. (64)
Corp. Ven. de Guayana
1990 Ed. (1396)
Venable
2007 Ed. (3325)
2003 Ed. (3192, 3194)
Venable, Baetjer & Howard
2001 Ed. (833)
1993 Ed. (2392, 2940)

1992 Ed. (2829)
1991 Ed. (2280)
1990 Ed. (2414)
Venable LLP
2008 Ed. (3419)
Venator Global Athletic Group
2002 Ed. (4273, 4274)
Venator Group Inc.
2003 Ed. (1010, 1011, 4405, 4406)
2001 Ed. (1271, 1272, 4096, 4323, 4324, 4325, 4326)
Venator Group Retail Inc.
2003 Ed. (1010)
2001 Ed. (1271)
Vencap Equities Albert Ltd.
1990 Ed. (3666)
Vencap Equities Alberta
1992 Ed. (4389)
Vencemos
2000 Ed. (985, 986)
1999 Ed. (1037)
1994 Ed. (868)
1993 Ed. (854)
1992 Ed. (1062)
Vencemos Tipi
2002 Ed. (941, 942)
Vencemos Tipo I
1996 Ed. (883, 884)
Vencor Inc.
2003 Ed. (1733, 2680)
2001 Ed. (1043, 1773, 2676, 2677)
2000 Ed. (1500)
1999 Ed. (1552, 1694, 3636)
1998 Ed. (1172, 2691)
1997 Ed. (1259, 2178, 2825)
1996 Ed. (2841)
1995 Ed. (2769, 3516)
1994 Ed. (2669)
Vencor International
2007 Ed. (1849)
Vencor/Kindred Healthcare
2003 Ed. (3653)
Vend food
2002 Ed. (4725)
Vendange
2003 Ed. (4947, 4950)
2002 Ed. (4923, 4926, 4938)
2001 Ed. (4843, 4846, 4874)
2000 Ed. (4409, 4417)
1999 Ed. (4785, 4793)
Vendco Trucking Inc.
2003 Ed. (1779)
Vended food
1990 Ed. (3665)
1989 Ed. (2883)
Vendell Healthcare
1998 Ed. (2933)
Vendex
1989 Ed. (43)
Vendex International
1994 Ed. (34, 1427)
1993 Ed. (1373, 3609)
Vendex International Group
1990 Ed. (3054)
Vendex International Nv
1996 Ed. (1426)
1995 Ed. (1464)
1990 Ed. (1400, 3263)
Vendex KBB
2005 Ed. (62)
Vendex KBB N.V.
2001 Ed. (61)
Vendex KBB NV; Koninklijke
2006 Ed. (69)
Vending
2002 Ed. (2719)
2000 Ed. (3579, 4061, 4067)
1999 Ed. (4360)
1998 Ed. (3321, 3336)
1995 Ed. (3402)
Vending food
2003 Ed. (4834, 4837)
Vending Machine
1990 Ed. (1191)
Vending machines
2008 Ed. (1161, 4020, 4702)
1997 Ed. (997)
1996 Ed. (3467)
1992 Ed. (4003)
Vending/OCS distributors
2003 Ed. (4836)
Vendome Luxury Group
2000 Ed. (3018)
1999 Ed. (3280)
1997 Ed. (2693)
Vendor Inc.
2002 Ed. (2451)
Vendor credit
1996 Ed. (3456, 3457)
Veneable, Baetjer & Howard
1997 Ed. (3218)
Venegas Engineering & Management & Construction
2006 Ed. (2830)
Veneman Music
2000 Ed. (3220)
1999 Ed. (3502)
1997 Ed. (2863)
1996 Ed. (2747, 2748)
1995 Ed. (2674, 2675)
1994 Ed. (2593, 2594, 2596)
1993 Ed. (2640, 2641, 2642, 2643)
Venepal
1993 Ed. (854)
1992 Ed. (1062)
1991 Ed. (858)
Venet Advertising
1989 Ed. (57, 141)
Venet Advertising/NJ
1992 Ed. (185)
1991 Ed. (131)
The Venet Cos. Inc.
1993 Ed. (121)
Venetian
2001 Ed. (2801)
Venetian Casino Resort LLC
2008 Ed. (1968)
2007 Ed. (1907)
2006 Ed. (1923)
2005 Ed. (1896)
2004 Ed. (1813)
2003 Ed. (1778)
Venetian Resort Hotel Casino
2005 Ed. (2518)
Venezia
1993 Ed. (538)
Venezolana de Cementos
1999 Ed. (1036)
1997 Ed. (906)
1991 Ed. (858)
Venezolano de Credito
2001 Ed. (656)
2000 Ed. (691)
Venezuela
2008 Ed. (248, 2822, 3160, 3163, 3593, 3920, 4519, 4622)
2007 Ed. (266, 1438, 1854, 2258, 2829, 3049, 3291, 3429, 3871, 4482)
2006 Ed. (259, 1406, 2328, 2701, 2825, 3015, 3016, 3227, 3411, 3848, 4508)
2005 Ed. (238, 1421, 2539, 2540, 2734, 2765, 3021, 3242, 3402, 3766, 4405, 4406, 4497, 4499, 4798)
2004 Ed. (232, 1400, 1910, 3214, 3395, 3855, 4460, 4461, 4540, 4542)
2003 Ed. (267, 1045, 1385, 2052, 2214, 2215, 2216, 3154, 3826)
2002 Ed. (302, 303, 679, 2424, 3725)
2001 Ed. (367, 511, 512, 518, 654, 655, 656, 1227, 1341, 2156, 2369, 2873, 3024, 3299, 3763, 3765, 3846, 4148, 4309, 4315, 4591, 4592)
2000 Ed. (689, 692, 694, 1901, 2348, 2361, 2368, 2369, 2863, 3841)
1999 Ed. (385, 1763, 1785, 2105, 2554, 3115, 4131, 4477)
1998 Ed. (2363, 2830, 3114)
1997 Ed. (1546, 1604, 3104, 3105, 3372, 3769)
1996 Ed. (762, 1481, 2647, 3019, 3020, 3274, 3662)
1995 Ed. (310, 1522, 1736, 1740, 1741, 1742, 1961, 2007, 2014, 2026, 2033, 2925, 2926, 3176, 3578, 3634)
1994 Ed. (200, 1490, 2359, 2859, 2860, 3126)
1993 Ed. (345, 858, 1921, 1964, 1971, 1978, 1984, 2848, 3062)
1992 Ed. (499, 1738, 2083, 2095, 2307, 2314, 2324, 2330, 3141, 3449, 3450, 3755, 4240)
1991 Ed. (1847, 1384, 1791, 1831, 1838)
1990 Ed. (1451, 1475, 1878, 1908, 1915, 1922, 1937, 2829)
1989 Ed. (1180, 1518)
Venezuela; Republic of
2005 Ed. (3240)
Venezuelan bolivar
2008 Ed. (2273)
2007 Ed. (2158)
2006 Ed. (2238)
Vengroff, Williams & Associates
2001 Ed. (1313)
VenGrowth Capital Funds
1990 Ed. (3670)
Venice Foundation
2000 Ed. (2262)
1999 Ed. (2502)
1998 Ed. (1756)
Venice, Italy
1992 Ed. (1165)
Venice Regional Medical Center
2008 Ed. (3041)
Venners; Theodore
2007 Ed. (2509)
Venntronix Corp.
1994 Ed. (2052)
Veno's
1996 Ed. (1033)
Venrock Associates
2006 Ed. (4880)
2005 Ed. (4819)
2004 Ed. (4831)
2002 Ed. (4735)
2000 Ed. (1526)
1998 Ed. (3664)
Ventana
1998 Ed. (3666)
1995 Ed. (2155)
1991 Ed. (1947)
Ventana Country Inn Resort
1999 Ed. (2768)
Ventana Growth Fund
1995 Ed. (3695)
1994 Ed. (3621)
Ventana Growth Funds
1996 Ed. (3782)
Ventana Inn
1998 Ed. (2014)
1997 Ed. (2285)
1996 Ed. (2171)
1994 Ed. (2104, 3051)
1993 Ed. (2090)
1992 Ed. (2482, 3686)
Ventana Medical Systems Inc.
2008 Ed. (4367)
2006 Ed. (3444, 4676)
Ventas Inc.
2008 Ed. (1885)
2007 Ed. (4086)
2006 Ed. (4045, 4581)
Ventel
2001 Ed. (59)
Ventera Corp.
2003 Ed. (2743)
2002 Ed. (2534)
Ventilation
2001 Ed. (2779)
Venting Inn
1995 Ed. (2158)
Ventro
2001 Ed. (2180, 4768)
Ventspils Nafta
2006 Ed. (4515)
2002 Ed. (4438, 4439)
Ventura
2002 Ed. (4573, 4575, 4576, 4577, 4579)
2001 Ed. (4470)
Ventura, CA
2007 Ed. (3002)
2006 Ed. (2974)
2003 Ed. (3241, 3394, 3395, 3405)
1999 Ed. (2684)
1995 Ed. (2221)
1990 Ed. (1483)
Ventura County, CA
1999 Ed. (2687, 3393)
1992 Ed. (1719)
Ventura County Fairgrounds
1989 Ed. (987)
Ventura County Star
1998 Ed. (78, 79, 80)
Ventura Foods LLC
2003 Ed. (3312, 3688, 3689)
Ventura/San Diego
1990 Ed. (3063)
Ventura Unified School District
2006 Ed. (2337)
Venture Corp.
2006 Ed. (1227, 1229, 1231, 1232, 1233, 1234, 2401)
2005 Ed. (1270, 1278, 2356)
2002 Ed. (386)
2001 Ed. (488, 2874)
1999 Ed. (1868)
1998 Ed. (1293, 1294, 1306, 1308, 1309, 1312, 2314, 2315)
1996 Ed. (1557, 1558)
1995 Ed. (1570, 1575, 1596, 1606)
1994 Ed. (1540)
1993 Ed. (1493, 3649)
1992 Ed. (1812)
1991 Ed. (1423)
1990 Ed. (1511, 1517, 1520)
1989 Ed. (1251)
Venture Account-Equity
1990 Ed. (3664)
Venture capital
2008 Ed. (760, 761)
2007 Ed. (791, 792)
2006 Ed. (698)
2001 Ed. (707)
2000 Ed. (4051)
Venture Catalyst Inc.
2005 Ed. (1544)
Venture Holdings Corp.
2004 Ed. (4223)
Venture Holdings Co., LLC
2005 Ed. (3916)
2004 Ed. (3972, 4223)
Venture Holdings Trust
2006 Ed. (2863)
2001 Ed. (1256)
Venture Income Plus
1996 Ed. (2795, 2808)
1994 Ed. (2621)
Venture Industries
2004 Ed. (321)
Venture Link
2001 Ed. (1765)
Venture Mold & Engineering Corp.
2006 Ed. (4207)
Venture Muni Plus
1991 Ed. (2564)
Venture Municipal Plus
1996 Ed. (2785, 2796, 2812)
1992 Ed. (3147)
Venture Production
2007 Ed. (3882)
Venture Seismic Ltd.
1997 Ed. (3404)
Venture Stores
1998 Ed. (1263)
1997 Ed. (1594, 1623, 1624, 1628, 1630, 1668)
1996 Ed. (1584, 1586)
1994 Ed. (1565)
1992 Ed. (2422)
1991 Ed. (1919)
Venture Variable Annuity Global Government Bond
1997 Ed. (3826)
Venture Variable Annuity Manu Inv Tr Strategic Bond
2000 Ed. (4329)
Venture Vision Manu Inv Tr Strategic Bond
2000 Ed. (4329)
VentureHighway.com
2002 Ed. (4860)
Ventures West Management
1992 Ed. (4389)
1990 Ed. (3666)
Venturi Rauch and Scott Brown
1991 Ed. (254)
1990 Ed. (285)

Venturi, Scott Brown & Associates Inc.
1997 Ed. (269)
Venue Suite
2000 Ed. (3077)
Venues
2005 Ed. (4446)
Venus
2003 Ed. (3616)
Venus and Adonis
1994 Ed. (2720)
Venus de Milo
2001 Ed. (4052)
Venus de Milo Restaurant
2007 Ed. (4123, 4124)
Venus Devine; Gillette
2008 Ed. (2875)
Venus; Gillette
2008 Ed. (2875)
Venus Pro. Formula Range
2001 Ed. (50)
Venus Williams
2007 Ed. (293)
2005 Ed. (266)
2004 Ed. (259)
2003 Ed. (293)
2002 Ed. (343)
2001 Ed. (418)
Venuti Woodworking Inc.
2008 Ed. (4994)
2007 Ed. (4995)
VEO
2005 Ed. (2303)
Veolia Environmental Services North America Corp.
2008 Ed. (4076, 4816)
2007 Ed. (4881)
Veolia Environnement
2005 Ed. (2402, 2404, 2406)
Veolia Environnement SA
2008 Ed. (1812, 2432, 2603, 2604, 2605, 2815, 2818, 2880, 4821)
2007 Ed. (2299, 2301, 2304, 2685, 2686, 2689)
2006 Ed. (1693, 1714, 2366)
Veolia Water North America Caribbean
2007 Ed. (1711, 2288, 4020)
Veolia Water North America Northeast LLC
2008 Ed. (2422)
Veolia Water North America Operating Services Inc.
2007 Ed. (2468, 2472, 2474, 2475, 2476, 2764, 4889)
Ver. Energiebedrijven Van Het Schelde Ebes Nv
1989 Ed. (1095)
Vera
2002 Ed. (757)
Vera Laboratories Ltd.
2002 Ed. (4425)
Veracruz, Mexico
2003 Ed. (3916)
Veragon
1994 Ed. (985, 1532, 3330)
Veranda
2007 Ed. (3402)
2003 Ed. (3273)
Veratec
1999 Ed. (3631)
1998 Ed. (2689)
1997 Ed. (2952)
1996 Ed. (2854)
1995 Ed. (2788, 2790)
1994 Ed. (2682)
1993 Ed. (2733, 2734)
1992 Ed. (3271, 3273)
1991 Ed. (2620)
Verbatim
1993 Ed. (2035)
Verbund
2006 Ed. (4883)
2002 Ed. (4756)
2000 Ed. (1390)
1999 Ed. (4722)
1997 Ed. (3846, 3947)
1996 Ed. (3793)
1994 Ed. (3631, 3632)
1993 Ed. (3671, 3672)
1991 Ed. (1256)
Verbund, Austrian Electric
2008 Ed. (1572, 2431, 2817)
2007 Ed. (1593)
2006 Ed. (1558)
Verbund Kat A
2000 Ed. (4351, 4352)
1999 Ed. (4723)
1996 Ed. (3792)
Verdi Spumante
2006 Ed. (829)
2005 Ed. (917, 919)
2004 Ed. (925)
2003 Ed. (900)
2002 Ed. (963)
2001 Ed. (1151)
Verdix Corp.
1992 Ed. (488)
1990 Ed. (412)
Vere (Holdings) Ltd.; William
1995 Ed. (1016)
Vereinigte Elekt
1997 Ed. (3215)
Vereinigte Energiewerke
1996 Ed. (1214)
Vereinte Versicherungen
1999 Ed. (2920)
Verelan
1996 Ed. (1578)
1995 Ed. (1590)
1994 Ed. (1560, 2462)
Verelan Caps
1992 Ed. (1868)
Verelan Tablets
1997 Ed. (1656, 2259)
1996 Ed. (2152)
Veremos Todo Niurka Bobby
2006 Ed. (2856)
Verenigde Spaarbank
1994 Ed. (592)
1993 Ed. (585, 586)
1992 Ed. (794, 795)
1991 Ed. (619, 620)
1990 Ed. (645)
Verenigte Spaarbank
1994 Ed. (593)
Verex Assurance
1989 Ed. (1711)
Veridian Corp.
2004 Ed. (4830)
Veridian Credit Union
2008 Ed. (2232)
2007 Ed. (2117)
Veridian Systems Group
2002 Ed. (2514)
Verifone
1996 Ed. (366)
1994 Ed. (2692, 2706)
1993 Ed. (2740)
VeriFone Holdings Inc.
2007 Ed. (4279)
Verify Inc.
2007 Ed. (3063)
Verikkaus
1989 Ed. (29)
Verint Systems Inc.
2008 Ed. (4615)
Verio Inc.
2008 Ed. (1758)
2007 Ed. (1729)
2004 Ed. (1717)
2002 Ed. (916, 1622, 2486)
2001 Ed. (4192)
VeriSign Inc.
2008 Ed. (1138, 3203)
2007 Ed. (3068, 4590)
2006 Ed. (1143, 1512, 1577, 1582, 3040, 3175, 3177)
2005 Ed. (1154, 1504, 1671, 1673, 1684, 3171, 3172, 3174, 3196)
2004 Ed. (1488, 2215, 3149, 3150, 4661)
2003 Ed. (1458, 1576, 1592, 2161, 2703, 2731)
2002 Ed. (2471, 2483)
Verisity Ltd.
2003 Ed. (4320)
VeriStor Systems
2008 Ed. (3182)
Verit Ind
1989 Ed. (2664)
Verit Industries
1994 Ed. (2428)
1989 Ed. (2669)
Veritas
2000 Ed. (89)
Veritas Capital Inc.
2005 Ed. (1377, 2148)
2004 Ed. (2010)
Veritas Capital Management LLC
2008 Ed. (1358, 1366, 2974)
2007 Ed. (2852)
Veritas/O & M
1996 Ed. (82)
1995 Ed. (69)
Veritas/Ogilvy & Mather
1999 Ed. (83)
1997 Ed. (82)
1993 Ed. (95)
1992 Ed. (143)
Veritas/Oglivy & Mather
1991 Ed. (95)
Veritas Publicitaria
1990 Ed. (96)
1989 Ed. (101)
Veritas Re
2001 Ed. (2955, 2957)
Veritas Software Corp.
2007 Ed. (1258)
2006 Ed. (1119, 1120, 1122, 1123, 1422, 4463, 4583)
2005 Ed. (1130, 1131, 1132, 1133, 1136, 1156, 2737, 4517)
2004 Ed. (1123, 1124, 1126, 2257, 2739)
2003 Ed. (1109, 1111, 1121, 1550, 2240, 2622, 4539)
2002 Ed. (1502, 1548, 4356, 4357, 4359, 4360, 4361)
2001 Ed. (1351, 1577, 2866, 4380)
1999 Ed. (1445, 2616, 2618, 4323, 4325, 4485)
1998 Ed. (1885)
Veritas Supply
2007 Ed. (3604)
Veritas Venture Capital Management Ltd.
1999 Ed. (4705)
Verite Inc.
2008 Ed. (3735, 4431, 4987)
2007 Ed. (3605, 3606, 4449)
2006 Ed. (3543, 4381)
Verity Inc.
2006 Ed. (3028)
1997 Ed. (3409)
Verity Credit Union
2006 Ed. (2159)
Verizon
2008 Ed. (139, 636, 638, 639, 3866, 4639)
2007 Ed. (678, 680, 2175, 2176, 2178, 2182, 2184, 2186, 2190, 2194, 3222, 3792, 4712)
2006 Ed. (648, 4695)
2005 Ed. (738, 741, 4629)
2004 Ed. (755, 756, 4671)
2003 Ed. (743, 4694)
2002 Ed. (4565)
Verizon Communications Inc.
2008 Ed. (19, 20, 75, 154, 156, 816, 817, 818, 896, 1100, 1101, 1179, 1347, 1350, 1362, 1372, 1469, 1519, 1987, 1988, 2112, 2449, 2452, 3033, 3681, 4060, 4078, 4093, 4094, 4261, 4496, 4521, 4635, 4637, 4640, 4641, 4643, 4651, 4652, 4942)
2007 Ed. (15, 16, 70, 154, 851, 854, 857, 858, 859, 860, 1193, 1194, 1195, 1475, 1535, 1920, 1921, 2015, 2326, 2910, 3071, 3246, 3415, 3522, 3620, 3690, 4032, 4524, 4588, 4705, 4706, 4708, 4709, 4710, 4718, 4719, 4720, 4726, 4728, 4730)
2006 Ed. (20, 21, 22, 163, 166, 169, 758, 759, 1088, 1089, 1092, 1364, 1365, 1378, 1446, 1483, 1532, 1778, 1937, 1938, 2045, 2105, 2385, 2850, 3034, 3039, 3276, 3291, 3292, 3361, 3362, 3695, 3932, 3997, 3998, 4009, 4025, 4686, 4687, 4688, 4689, 4690, 4691, 4692, 4693, 4696, 4697, 4698, 4706, 4709)
2005 Ed. (16, 150, 154, 831, 832, 1096, 1097, 1098, 1355, 1360, 1388, 1620, 1798, 1909, 1910, 1976, 2008, 2232, 3026, 3380, 3381, 3923, 3924, 3935, 3989, 4515, 4619, 4620, 4621, 4622, 4623, 4624, 4625, 4626, 4627, 4633, 4634, 4639, 4652)
2004 Ed. (22, 23, 152, 156, 857, 859, 1086, 1087, 1347, 1579, 1593, 1595, 1599, 1600, 1601, 1602, 1824, 1825, 2025, 2026, 2031, 2033, 2039, 2040, 2041, 2845, 3022, 3351, 3785, 4051, 4484, 4663, 4664, 4665, 4666, 4667, 4668, 4669, 4670, 4673, 4674, 4676, 4677, 4681, 4688)
2003 Ed. (16, 17, 193, 815, 1072, 1073, 1076, 1101, 1551, 1562, 1564, 1568, 1572, 1584, 1594, 1705, 1712, 1785, 1790, 1791, 1977, 1978, 1982, 1984, 1985, 1987, 2948, 3288, 3754, 3760, 4029, 4030, 4032, 4562, 4691, 4692, 4693, 4696, 4702, 4703, 4704, 4706, 4707, 4708)
2002 Ed. (60, 228, 915, 1540, 1541, 1542, 1543, 1555, 1564, 1739, 1741, 1743, 2810, 2812, 2814, 3233, 3889, 4562, 4563, 4566, 4567, 4569, 4570, 4580, 4711, 4883)
Verizon Communications Enterprise Solutions
2005 Ed. (4809)
Verizon Foundation
2005 Ed. (2676)
Verizon International Teleservices
2008 Ed. (848)
Verizon Logistics
2007 Ed. (4033, 4043)
Verizon New England Inc.
2004 Ed. (1792)
2003 Ed. (1755)
Verizon Telecom
2008 Ed. (3201)
Verizon West Virginia Inc.
2006 Ed. (2117)
2005 Ed. (2015)
2004 Ed. (1889)
2003 Ed. (1853)
Verizon Wireless
2008 Ed. (2971, 3166, 3169, 3180, 3201, 3743, 4734)
2007 Ed. (3621, 4805)
2006 Ed. (803, 1091, 3979)
2005 Ed. (3026, 4622, 4978, 4986)
2004 Ed. (1819, 3154)
2003 Ed. (742, 1783, 4690, 4975, 4976, 4977, 4980)
2002 Ed. (4977)
Verizon Wireless Arena
2006 Ed. (1156)
2005 Ed. (4441)
Verizon Wireless Music Center
2003 Ed. (269)
Verizon Wireless Service
2002 Ed. (763)
Verlagsgruppe Bertelsmann International GmbH
1995 Ed. (2987)
1994 Ed. (2933)
Verlagsgruppe Georg von Holtzbrinck GmbH
2008 Ed. (626, 628)
2007 Ed. (667, 669)
2006 Ed. (642, 644)
2005 Ed. (730, 732)
2004 Ed. (749, 751)
2003 Ed. (727, 729)
Verlo Inc.
2003 Ed. (1680)
Verlo Mattress Factory Stores
2007 Ed. (2670)
2003 Ed. (2590)
2002 Ed. (2387)
1999 Ed. (2563)
Vermilion Energy Trust
2007 Ed. (1621)
Vermillion Bancshares Inc.
2005 Ed. (378)
Vermillionville
1992 Ed. (4318)

Vermont
2008 Ed. (851, 2415, 2416, 2436, 2437, 2897, 2906, 3004, 3278, 3279, 3984)
2007 Ed. (2272, 2273, 2280, 2281, 3709, 3954)
2006 Ed. (783, 2344, 2345, 2980, 3480, 3726, 3904, 3905, 4474, 4666)
2005 Ed. (409, 410, 414, 415, 416, 913, 1079, 1080, 1081, 2276, 2277, 2525, 2528, 2786, 2917, 3837, 3838, 4198, 4206, 4207, 4208, 4209, 4237, 4239, 4240, 4723, 4829, 4929, 4943, 4944)
2004 Ed. (381, 389, 390, 391, 394, 395, 396, 397, 922, 1026, 1073, 1075, 1076, 1077, 2022, 2186, 2187, 2293, 2317, 2806, 3426, 3480, 3898, 3899, 4263, 4273, 4274, 4275, 4276, 4302, 4304, 4306, 4307, 4512, 4529, 4530, 4654, 4838, 4904, 4949, 4960, 4979, 4993)
2003 Ed. (400, 403, 409, 412, 416, 417, 418, 905, 1065, 1066, 1067, 1068, 2128, 2829, 3874, 4231, 4233, 4234, 4235, 4246, 4251, 4253, 4254, 4255, 4256, 4289, 4296, 4298, 4853, 4913, 4945, 4957)
2002 Ed. (469, 470, 471, 475, 476, 477, 492, 493, 496, 959, 961, 1114, 1115, 1118, 1119, 2067, 2068, 2953, 3112, 3124, 3252, 3708, 4107, 4109, 4110, 4115, 4141, 4158, 4160, 4167, 4168, 4169, 4170, 4739, 4741, 4909, 4911, 4915, 4920, 4921)
2001 Ed. (1157, 1159, 2360, 2361, 2437, 2691, 3294, 4273, 4274, 4409, 4431, 4682, 4684, 4837, 4839, 4865, 4869, 4919, 4923)
2000 Ed. (1792, 2452, 3006, 3007, 4100, 4110, 4393, 4405, 4407)
1999 Ed. (1859, 3197, 3268, 4420, 4421, 4465, 4468, 4765, 4782)
1998 Ed. (673, 2970, 3377, 3390, 3465, 3717, 3735, 3736, 3737)
1997 Ed. (930, 2638, 3227, 3566, 3581, 3588, 3589, 3882, 3889, 3891, 3899)
1996 Ed. (899, 2496, 3174, 3517, 3520, 3521, 3523, 3541, 3548, 3549, 3554, 3578, 3799, 3832, 3841, 3844, 3851, 3853, 3854)
1995 Ed. (363, 2450, 3461, 3467, 3468, 3473, 3713, 3733, 3740, 3744, 3752, 3754, 3755)
1994 Ed. (2371, 3389, 3396, 3639)
1993 Ed. (871, 2427, 2710, 3406, 3412, 3437, 3442, 3699, 3707, 3713, 3716, 3719, 3732)
1992 Ed. (2574, 2857, 2863, 2916, 2917, 2921, 2922, 2924, 2929, 2934, 2968, 4088, 4098, 4104, 4405, 4436, 4443, 4445, 4452, 4455, 4457)
1991 Ed. (2161, 2352, 3196, 3198, 3205, 3347, 3459, 3482, 3488, 3492)
1990 Ed. (2867, 3352, 3358, 3359, 3382, 3386, 3412, 3414, 3418, 3420, 3422, 3424, 3507, 3677)
1989 Ed. (1508, 1888, 1897, 1987, 2534, 2562, 2563, 2893, 2914, 2927, 2931)
Vermont American
1990 Ed. (2501)
Vermont Composites Inc.
2004 Ed. (1877)
Vermont Credit Union
2008 Ed. (2263)
2007 Ed. (2148)
2006 Ed. (2227)
2005 Ed. (2132)
2004 Ed. (1990)
2003 Ed. (1950)
2002 Ed. (1896)
Vermont Development Credit Union
2006 Ed. (2161, 2168, 2169, 2227)
2005 Ed. (2067, 2068, 2075, 2132)
2004 Ed. (1928, 1929, 1990)
2003 Ed. (1890, 1895)
2002 Ed. (1829, 1830)
Vermont Economic Development Authority
2001 Ed. (934)
Vermont Federal Bank
1998 Ed. (3568)
1997 Ed. (642)
Vermont Fund Advisors
2001 Ed. (935)
Vermont Health & Education Buildings Agency
2001 Ed. (934)
Vermont Housing Finance Agency
2001 Ed. (934)
Vermont Insurance Management Inc.
2000 Ed. (984)
1999 Ed. (1034)
1998 Ed. (642)
1997 Ed. (903)
1996 Ed. (882)
1995 Ed. (909)
1994 Ed. (867)
1993 Ed. (853)
1991 Ed. (856)
1990 Ed. (907)
Vermont Insurance Maritime Indemnity & Suretyship Co.
1991 Ed. (857)
Vermont Law School
2001 Ed. (3062)
2000 Ed. (2905)
1999 Ed. (3161)
1998 Ed. (2336)
1997 Ed. (2604)
1996 Ed. (2459)
1995 Ed. (2424)
Vermont Municipal Bond Bank
2001 Ed. (934)
Vermont Mutual Insurance Group
2008 Ed. (2155)
Vermont National Bank
1997 Ed. (642)
Vermont Office of Child Support; State of
2005 Ed. (2827)
Vermont Pure
2005 Ed. (735)
2003 Ed. (732)
2002 Ed. (753)
2000 Ed. (724, 733)
Vermont Pure Holdings
2000 Ed. (729)
1999 Ed. (717, 722)
Vermont State Employees Credit Union
2008 Ed. (2263)
2007 Ed. (2148)
2006 Ed. (2227)
2005 Ed. (2132)
2004 Ed. (1990)
2003 Ed. (1950)
2002 Ed. (1896)
Vermont Studio Center
1995 Ed. (935)
Vermont Yankee Corp.
1994 Ed. (3623)
Vermont Yankee Nuclear Power Corp.
1997 Ed. (3835)
VermonTeddyBear.com
2007 Ed. (2318)
Vermouth
2002 Ed. (4949, 4951, 4952, 4953)
2001 Ed. (4895, 4896, 4898, 4899, 4900, 4901)
Vermouth/Aperitif
2001 Ed. (4847, 4903)
Verna Gibson
1992 Ed. (4496)
Vernalis
2007 Ed. (3948)
2006 Ed. (3897)
Verne G. Istock
2001 Ed. (2314, 2315)
1997 Ed. (981)
Vernitron Corp.
1997 Ed. (1257)
Vernon, CA
1996 Ed. (2537)
1995 Ed. (2482)
1994 Ed. (2406)
Vernon County, LA
1996 Ed. (1474)
Vernon Hill II
2008 Ed. (941)
2007 Ed. (1017)
2004 Ed. (969)
Vernon Jordan
2004 Ed. (176)
Vernon; Lillian
1992 Ed. (2056)
1991 Ed. (868)
Vernon Plack
2008 Ed. (2691)
Vernon R. Loucks Jr.
1998 Ed. (1516)
1992 Ed. (1143, 2059)
1991 Ed. (926)
1990 Ed. (973, 1720)
Vernon W. Hill II
2007 Ed. (1020)
Vernon W. Hill III
2005 Ed. (973)
2004 Ed. (968)
Vernon Wright
2006 Ed. (991)
Vero Beach, FL
2005 Ed. (3467)
2000 Ed. (1090, 3817)
1990 Ed. (997, 998)
Veron; Juan
2005 Ed. (4895)
Verona, Vicenza & Belluno
1993 Ed. (538)
Verona Vicenza Belluno & Ancona
1992 Ed. (739)
Verona, Vicenza, Belluno e Ancona
1994 Ed. (540)
Veronis, Suhler & Associates Inc.
2001 Ed. (1513, 1516)
Versa-Flex III
1995 Ed. (2316)
Versa Services
1994 Ed. (2110)
Versa Systems Ltd.
2003 Ed. (1086)
Versacold Group
2008 Ed. (4815)
2007 Ed. (4880)
2006 Ed. (4888)
2001 Ed. (4724, 4725)
Versailles
1993 Ed. (486)
1992 Ed. (675)
Versant Corp.
2006 Ed. (1139)
Versant Ventures
2006 Ed. (4880)
2003 Ed. (4848)
Versar Inc.
2007 Ed. (2063)
2006 Ed. (2106)
1997 Ed. (3132)
Versata Inc.
2002 Ed. (4192)
VersaTel Telecom
2001 Ed. (4183)
Versatel Telecom International NV
2002 Ed. (2519)
Versatile Bond Portfolio
1996 Ed. (2782)
Versatile Mobile Systems (Canada) Ltd.
2006 Ed. (2821)
Versatile Systems
2008 Ed. (1132, 1133)
2007 Ed. (1235)
Versed Syrup
2001 Ed. (2099)
Versicor
2008 Ed. (4615)
Version Tracker
2005 Ed. (3187)
Verslunarbanki Islands FF (Iceland Bank of Commerce Ltd.)
1991 Ed. (541)
Verso Technologies Inc.
2006 Ed. (4606)
Versus Technology Inc.
1994 Ed. (2428)
Vertel Corp.
2000 Ed. (3003)
Vertex
2002 Ed. (4571, 4573, 4574, 4575, 4576, 4577, 4579)
2000 Ed. (3586)
Vertex Balanced Fund
2006 Ed. (3664)
2003 Ed. (3558, 3559, 3560)
Vertex Fund
2006 Ed. (3667)
Vertex Fund Limited Partnership Inc.
2003 Ed. (3573, 3574, 3575, 3583)
Vertex Interactive
2003 Ed. (1123)
Vertex Pharmaceuticals
2007 Ed. (3461, 4532, 4562)
VERTEX Solutions, Inc.
2003 Ed. (2743)
Vertical Communications
2008 Ed. (1136)
Vertical Marketing
1998 Ed. (3478)
VerticalNet
2001 Ed. (2164, 2180, 4184, 4186, 4451)
Vertis Inc.
2008 Ed. (3005)
2007 Ed. (105, 2883, 4008, 4009)
2006 Ed. (111, 116, 3968, 3969)
2005 Ed. (3898, 3899)
2004 Ed. (3937, 3942)
2003 Ed. (3308, 3309, 3933, 3934, 3935)
Vertis Communications
2008 Ed. (4026, 4028, 4035)
Vertis Holdings Inc.
2007 Ed. (1868)
2006 Ed. (1863)
VerveLife
2008 Ed. (3595)
Verwaltungs- & Privat
1991 Ed. (592)
Verwaltungs & Privat Bank
2008 Ed. (471)
2007 Ed. (514)
2006 Ed. (493)
2005 Ed. (572)
2004 Ed. (583)
2003 Ed. (575)
2002 Ed. (610)
2000 Ed. (596)
1999 Ed. (578)
1997 Ed. (541)
1996 Ed. (585)
1995 Ed. (529)
1993 Ed. (553)
1992 Ed. (761)
Verwaltungs-und Privat-Bank A.G.
1989 Ed. (608)
The Very Hungry Caterpillar
2008 Ed. (548)
1990 Ed. (979)
Very Old Barton
1989 Ed. (748)
''Very Rest of Ed Sullivan''
1993 Ed. (3535)
Very Special Arts
1995 Ed. (935)
1994 Ed. (892)
Veryfine
1997 Ed. (2094)
1993 Ed. (688, 689, 690, 691, 692, 693, 693, 694, 694, 696)
1992 Ed. (2240)
1990 Ed. (723)
Veryfine Products Inc.
2004 Ed. (674)
Vesta Corp.
2006 Ed. (2594, 3977)
2005 Ed. (2592, 3904)
2003 Ed. (2727)
Vesta Fire Insurance Corp.
2001 Ed. (4033)
1999 Ed. (2905)
Vesta Fire Insurance Corporation
2000 Ed. (2680)
Vesta Homes
2005 Ed. (1220)
Vesta Insurance Group
2002 Ed. (2951)
2000 Ed. (2718)
Vestar
1993 Ed. (2748)

Vestar Capital Partners
2006 Ed. (3619)
2003 Ed. (3211)
Vestar Development Co.
2006 Ed. (4313)
Vestas Aircoil AS
1997 Ed. (1381)
Vestas-Scandinavian Wind Technology A/S
2006 Ed. (1676)
Vestas Wind Systems
2008 Ed. (1703)
2002 Ed. (1343)
Vestas Wind Systems A/S
2008 Ed. (3555)
2007 Ed. (4962)
2006 Ed. (1682)
VESTAX Securities
2000 Ed. (841)
1999 Ed. (846)
Vestcor Cos.
2002 Ed. (3922)
2000 Ed. (3719)
Vestel
2007 Ed. (38, 88)
Vestel A.S.
2008 Ed. (95)
Vestimenta
2006 Ed. (1030)
Vesuvius Companies
2001 Ed. (4025)
Vet
2002 Ed. (3657)
Veterans Administration
1998 Ed. (2512)
1995 Ed. (1048, 3076)
1992 Ed. (2204)
1991 Ed. (1753)
1990 Ed. (2056)
Veterans Administration Hospital Hines
1990 Ed. (2054)
Veterans Administration; U.S.
1991 Ed. (1056)
Veterans Affairs; Department of
1997 Ed. (2055)
1996 Ed. (1952)
1995 Ed. (1666, 1913, 1918, 2631)
1994 Ed. (1888, 2576)
Veterans Affairs Department; U.S.
2008 Ed. (2891)
Veterans Affairs Health Care Network
1999 Ed. (2645)
Veterans Affairs Medical Center
1997 Ed. (2272, 2272)
Veterans Affairs; U.S. Department of
2008 Ed. (2830, 2835)
2007 Ed. (2701, 2707)
2006 Ed. (2706, 2711, 3587, 3588, 3590)
2005 Ed. (2745, 2750)
Veterans Canteen Service
1996 Ed. (1952)
1995 Ed. (1918)
Veterans Health Care Network
1998 Ed. (1909)
Veterans Memorial Auditorium
1996 Ed. (1173)
Veterans of Foreign Wars of the U.S.
1998 Ed. (1280)
Veterans Stadium
2001 Ed. (4356, 4358)
1989 Ed. (986, 986)
Veterinarian
1992 Ed. (3406, 3407)
Veterinary Center of America
1997 Ed. (1256)
Veterinary Centers of America Inc.
2003 Ed. (234)
2001 Ed. (280)
Veterinary services
1997 Ed. (1722)
Vets
1990 Ed. (2822)
1989 Ed. (2196)
Veuve Clicquot
2002 Ed. (968, 969, 972, 974)
2001 Ed. (1160, 1161, 1162, 1163)
2000 Ed. (1008)
1999 Ed. (1062, 1065, 1067, 1068, 4797)
1998 Ed. (675, 679, 681, 682, 3751)
1996 Ed. (896)
Veuve Clicquot/La Grande Dame
2006 Ed. (829)
2005 Ed. (916, 919)
2004 Ed. (925)
2003 Ed. (900)
2002 Ed. (963)
2001 Ed. (1151)
2000 Ed. (1009)
Veuve Cliquot
1997 Ed. (927, 942)
Veuve du Vernay
2005 Ed. (916)
VF Corp.
2008 Ed. (987, 988, 989, 990, 991, 992, 1992, 1993, 3189)
2007 Ed. (129, 1106, 1107, 1108, 1110, 1112, 1113, 1114, 1115, 1927, 3809)
2006 Ed. (1020, 1021, 1022, 1023, 1024, 1025, 1026, 1217, 1944, 4729, 4730)
2005 Ed. (1012, 1013, 1014, 1015, 1016, 1017, 1018, 1019, 1912, 1914, 1915, 4433)
2004 Ed. (997, 998, 999, 1000, 1002, 1003, 1005, 1008, 1829, 1830)
2003 Ed. (1003, 1004, 1006, 1008, 1009, 1794, 1795)
2002 Ed. (1081, 1083, 1747)
2001 Ed. (1275, 1278, 1279, 1280, 1281, 1822, 4513)
2000 Ed. (1121, 1123, 1124, 1527)
1999 Ed. (781, 1201, 1202, 1204, 1205, 3188, 4303, 4377)
1998 Ed. (775, 776, 777, 778, 779, 780)
1997 Ed. (1034, 1035, 1036, 1037, 1038, 3558)
1996 Ed. (1014, 1015, 1016, 1017, 1018, 1020, 1022)
1995 Ed. (1030, 1031, 1032, 1033, 1036, 1039)
1994 Ed. (1021, 1022, 1023, 1024, 1025, 1028, 1029, 1030, 1032)
1993 Ed. (990, 991, 992, 996, 1000, 1264)
1992 Ed. (1219, 1220, 1221, 1222, 1223, 1224, 1225, 1226, 1227, 1646)
1991 Ed. (980, 981, 982, 983, 984, 985)
1990 Ed. (1062, 1063, 1064, 1066)
1989 Ed. (941, 942, 943, 944)
VF Credit Association FCU
2000 Ed. (1622)
VF Factory Outlet
1996 Ed. (2878)
VF Imagewear (East) Inc.
2008 Ed. (2158)
2007 Ed. (2052)
VF Imagewear (West) Inc.
2003 Ed. (1003)
VF International Ltd.
1993 Ed. (970)
VF Intimates LP
2008 Ed. (988)
VF Jeanswear LP
2008 Ed. (988)
2007 Ed. (1106)
2006 Ed. (1020)
2005 Ed. (1012)
2004 Ed. (997)
VF Knitwear
2001 Ed. (4348)
VF Workwear Inc.
2001 Ed. (1278)
VFISF Long-Term Corporate
1998 Ed. (2616)
VFISF Short-Term Corporate
1998 Ed. (2616)
VH-1
1993 Ed. (822)
VHA Inc.
2008 Ed. (1383, 3173, 3175)
2007 Ed. (1432)
2005 Ed. (1414, 1415)
1999 Ed. (2637)
VHA Long Term Care
1993 Ed. (242)
VHQ Entertainment
2004 Ed. (4842)
VHS Blank Videotape
1990 Ed. (3036)
1989 Ed. (2325, 2326)
VHS Cleaning Services
2008 Ed. (861)
VHSP
2004 Ed. (4714)
2002 Ed. (3786)
VI-Sol
1991 Ed. (3453)
Via
2004 Ed. (127, 128)
2003 Ed. (169, 170)
2002 Ed. (2516)
Via Christi Health System
2004 Ed. (2813)
Via Christi Regional Medical Center Inc.
2008 Ed. (1876)
2007 Ed. (1842)
2006 Ed. (1837)
2005 Ed. (1832)
2004 Ed. (1766)
2003 Ed. (1729)
2001 Ed. (1770)
Via Metropolitan Transit
1991 Ed. (1885)
VIA Networks
2001 Ed. (4672, 4673)
Via Rail Canada
2008 Ed. (2833)
2007 Ed. (2704)
2006 Ed. (2709)
2005 Ed. (2748)
2004 Ed. (2753)
2001 Ed. (1661)
1999 Ed. (4654)
1997 Ed. (3789)
1996 Ed. (2037, 3732, 3733)
1995 Ed. (3655)
1994 Ed. (1985, 3571)
1993 Ed. (3614)
1992 Ed. (2341, 4339)
Via Sistina/Via Condotti
1992 Ed. (1166)
VIA Technologies Inc.
2005 Ed. (4249)
2002 Ed. (2808)
Via Training
2006 Ed. (4678)
Viacao Aerea Rio-Grandense, S.A. (Varig)
2001 Ed. (316, 317)
Viacao Aerea Sao Paulo S/A (VASP)
2001 Ed. (310, 316, 317, 320)
Viacom Inc.
2008 Ed. (824, 1401, 1477, 2589, 2594, 3018, 3625, 3755)
2007 Ed. (172, 852, 863, 1482, 1780, 2454, 2456, 2458, 2896, 3447, 3448, 3449, 3456, 4062, 4737)
2006 Ed. (169, 170, 765, 1088, 1089, 1937, 2490, 2493, 2494, 2497, 2498, 3436, 4025, 4028, 4466, 4467, 4470, 4602, 4607, 4716, 4717, 4718)
2005 Ed. (749, 750, 845, 1096, 1097, 1499, 1520, 1529, 1547, 1637, 1909, 2445, 2446, 2452, 3425, 3427, 3428, 3989, 4660, 4661, 4662)
2004 Ed. (34, 156, 778, 868, 871, 1086, 1087, 1483, 1531, 1570, 1612, 1824, 2420, 2421, 2422, 3412, 3414, 3415, 3416, 4051, 4582, 4689, 4690)
2003 Ed. (196, 829, 1072, 1073, 1421, 1423, 1453, 1503, 1547, 1560, 1586, 2339, 2343, 2344, 3346, 3347, 3351, 3352, 4032, 4033, 4712, 4713, 4720)
2002 Ed. (235, 1393, 1433, 1485, 1532, 1742, 2145, 2147, 2148, 2149, 3267, 3280, 3281, 3284, 3285, 3286, 3287, 3889, 3890, 4582, 4588)
2001 Ed. (1335, 1336, 2271, 3087, 3231, 3250)
2000 Ed. (280, 281, 283, 284, 287, 288, 289, 290, 291, 944, 1839, 1840, 1841, 3690, 4215)
1999 Ed. (260, 261, 822, 998, 1668, 2050, 2051, 2052, 2625, 3174, 3309, 3310, 3312, 3977, 4569)
1998 Ed. (74, 152, 154, 156, 157, 159, 160, 161, 162, 163, 164, 510, 511, 593, 602, 1051, 1053, 1060, 1471, 1473, 2981, 3500)
1997 Ed. (228, 230, 231, 232, 234, 235, 236, 237, 238, 239, 727, 728, 2169, 3234, 3238, 3720)
1996 Ed. (212, 789, 790, 1191, 1191, 1192, 1193, 1239, 1268, 1272, 1274, 1696, 1697, 2578, 2866, 2867)
1995 Ed. (207, 208, 210, 211, 213, 716, 717, 878, 1716, 2511, 3049, 3580)
1994 Ed. (206, 208, 209, 213, 758, 759, 760, 3503)
1993 Ed. (218, 219, 222, 225, 753, 3533)
1992 Ed. (322, 326, 943, 944, 945, 1291, 3602)
1991 Ed. (749, 750, 751, 1013, 3088, 3090, 3330, 228)
1990 Ed. (779, 781, 868, 877, 1104)
1989 Ed. (781, 782, 1020, 1046)
Viacom Digital
2008 Ed. (4808)
Viacom Entertainment
2006 Ed. (2496)
Viacom Int.
1990 Ed. (2440)
Viacom Online
2007 Ed. (3222)
2006 Ed. (3183, 3187)
2004 Ed. (3152)
Viacom/Paramount
1996 Ed. (2577)
Viacom rt
1996 Ed. (208)
Viacom Television Stations Group
2008 Ed. (4662)
2007 Ed. (4741)
Viacore
2006 Ed. (4296)
2004 Ed. (2217)
2003 Ed. (2167)
Viactiv
2003 Ed. (2063)
Viad Corp.
2007 Ed. (2714, 2715)
2006 Ed. (2724, 3759)
2005 Ed. (2213, 2768, 3663, 3664)
2004 Ed. (3748, 3749)
2003 Ed. (2086, 2087, 3704)
2002 Ed. (3545)
2001 Ed. (1611, 2040, 3599, 4059)
2000 Ed. (1021, 1366, 2240, 3384)
1999 Ed. (2480, 2481)
1998 Ed. (696, 1736)
Viadent
2008 Ed. (3761)
2003 Ed. (3461)
1999 Ed. (1828, 3458)
1996 Ed. (1529)
1994 Ed. (2570)
1993 Ed. (1470, 3589)
Viador Inc.
2002 Ed. (2483)
Viaflex Contains
1990 Ed. (1566)
Viag
2000 Ed. (4285, 4286)
1998 Ed. (1147)
1995 Ed. (2545, 2546)
1994 Ed. (2477, 2478)
1990 Ed. (2928)
1989 Ed. (2017)
Viag AG
2002 Ed. (3308)
2000 Ed. (3082)
1999 Ed. (3345)
1997 Ed. (2750)
1996 Ed. (1214, 2606, 2607)
Viag Interkom
2002 Ed. (1416)
2001 Ed. (3340)
Viagra
2007 Ed. (3910)
2006 Ed. (3881)
2005 Ed. (3815)

2002 Ed. (2019)
2001 Ed. (2066, 2067, 2068, 2099)
2000 Ed. (3063)
ViaHealth
2003 Ed. (292)
2002 Ed. (339)
Viaje Liqueur
1996 Ed. (2500)
Viaka Vodka
2002 Ed. (292)
Vianini
1992 Ed. (1436)
Viant Corp.
2001 Ed. (2866, 4190)
ViaSat Inc.
2008 Ed. (4606, 4634)
2007 Ed. (4242)
2006 Ed. (1367, 4228)
2005 Ed. (4610)
2003 Ed. (2189)
VIASOFT
1998 Ed. (2725)
Viasystems
2005 Ed. (3884)
Viasystems Group Inc.
2006 Ed. (1232)
2005 Ed. (1271, 1273)
2004 Ed. (2241, 2243, 2259, 2260)
ViaSystems Holding
2008 Ed. (4616)
Viatech Inc.
1994 Ed. (2020)
1989 Ed. (2655, 2663, 2668)
Viatel Inc.
2001 Ed. (4474)
ViaWest
2008 Ed. (1673)
ViaWest Internet
2002 Ed. (2991)
ViaWest Internet Services Inc.
2008 Ed. (1672)
2007 Ed. (1683)
Vibe
2001 Ed. (3191)
2000 Ed. (746, 3464, 3477)
1999 Ed. (3746)
1998 Ed. (2785, 2799)
1997 Ed. (3037, 3042, 3046)
Vibes Media
2008 Ed. (3595)
Vibracoustic Worldwide
2001 Ed. (393)
Vibrant Media
2008 Ed. (110)
Vibroplant USA
1993 Ed. (2409)
1992 Ed. (2852)
Vic De Zen
2005 Ed. (2514, 3857)
Vic Fazio
1994 Ed. (845)
Vic Wertz Distributing Co.
1990 Ed. (3707)
Vical
1995 Ed. (3201)
Vicari; Andrew
2005 Ed. (4896)
Vice Fund
2007 Ed. (3670)
2006 Ed. (3634)
Vice Versa/Y & R
2000 Ed. (187)
1996 Ed. (150)
1995 Ed. (136)
Vice Versa/Young & Rubicam
1999 Ed. (167)
1997 Ed. (156)
1993 Ed. (144)
Vicente Fernandez
2002 Ed. (1160)
Viceroy Resource
2005 Ed. (1664)
2003 Ed. (2626)
Vichai Maleenont
2006 Ed. (4920)
Vichon
2000 Ed. (4417)
Vichon Mediterranean
2005 Ed. (4966)
Vichy
1990 Ed. (3294)
Vicinity.com
2002 Ed. (4878)
Vick; Michael
2007 Ed. (294)
Vickers & Benson
2000 Ed. (75, 76)
1990 Ed. (157)
1989 Ed. (91)
Vickers & Benson Advertising Ltd.
1999 Ed. (70, 71)
1997 Ed. (70)
1992 Ed. (215)
1991 Ed. (83, 84)
Vickers & Benson Cos. Ltd.
2000 Ed. (76)
1990 Ed. (85)
Vickers Defense Systems
1992 Ed. (1773, 3078)
Vickers Shipbuilding Ltd.
1992 Ed. (1773)
Vicki Peters
2006 Ed. (4988)
2005 Ed. (4992)
Vickilyn Hammer
1990 Ed. (850)
Vicks
2003 Ed. (3627)
2002 Ed. (2998)
1996 Ed. (1033)
1995 Ed. (1046, 1618)
1994 Ed. (1037, 1575)
1993 Ed. (1007)
1992 Ed. (1265)
Vicks Chloraseptic
2003 Ed. (1878)
Vicks Dayquil
2003 Ed. (1049, 1052)
2002 Ed. (1098)
Vicks Formula 44
2003 Ed. (1051)
1998 Ed. (788, 789)
1996 Ed. (1024)
Vicks Formula 44D
2003 Ed. (1051)
2002 Ed. (1095)
Vicks Formula 44E
2003 Ed. (1051)
2002 Ed. (1095)
Vicks 44
1993 Ed. (1010)
Vick's Inhaler
2001 Ed. (3518)
2000 Ed. (1134)
Vicks Nyquil
2004 Ed. (1055, 1057)
2003 Ed. (1052)
2002 Ed. (1098)
Vicks Pediatric Formula 44E
2003 Ed. (1051)
Vicks Sinex
2003 Ed. (3627)
2002 Ed. (2998)
Vicks Vapo Steam
2003 Ed. (3627)
2002 Ed. (2998)
Vicodin Extra Strength
1997 Ed. (1587)
1996 Ed. (1524)
Vicom/FCB
1995 Ed. (33)
1993 Ed. (67)
1992 Ed. (110, 117)
1991 Ed. (2398)
1989 Ed. (60, 173)
Vicon
1999 Ed. (258)
Viconet
2002 Ed. (2994)
Vicoprofen
2000 Ed. (1655)
1999 Ed. (1826)
Vicor Corp.
2008 Ed. (1910)
2006 Ed. (3391)
2005 Ed. (3394)
1993 Ed. (3211)
Vicorp Restaurants Inc.
2008 Ed. (4054)
2003 Ed. (895)
1996 Ed. (3228)
1995 Ed. (3131)
1994 Ed. (3085)
VicRoads
2004 Ed. (1153, 1643)
2002 Ed. (1593)
2001 Ed. (1630)
Vic's
1996 Ed. (3054)
Victoire
1990 Ed. (2279)
Victor
2003 Ed. (2952)
1991 Ed. (2455)
Victor Bohuslavsky
2007 Ed. (1896)
Victor Chandler
2008 Ed. (4907)
2007 Ed. (4933)
Victor Co Japan
1989 Ed. (1626)
Victor Company of Japan, Ltd. (JVC)
2002 Ed. (929, 1131, 4754)
2001 Ed. (1032, 1103)
Victor J. Salgado & Associates Inc.
2005 Ed. (3088)
Victor Kramer Co.
2003 Ed. (2802)
2002 Ed. (2597)
2001 Ed. (3050)
Victor Li
2005 Ed. (4863)
Victor Co. of Japan Ltd.
1994 Ed. (1322)
1990 Ed. (1668)
Victor Onward
1994 Ed. (3291, 3292)
Victor Onward Textile
1996 Ed. (3421)
Victor Pinchuk
2008 Ed. (4877)
Victor Posner
1996 Ed. (1914)
1994 Ed. (1722)
1993 Ed. (1703)
1992 Ed. (2060)
1990 Ed. (1722)
Victor Printing Inc.
2008 Ed. (4030)
Victor; Richard
1996 Ed. (1789)
Victor State Bank
1996 Ed. (539)
Victoria
2001 Ed. (683)
1994 Ed. (962)
1992 Ed. (3376, 3379, 3382)
1991 Ed. (2703, 2708)
Victoria Advocat
1989 Ed. (2052)
Victoria Advocate
1992 Ed. (3244)
1991 Ed. (2598, 2597, 2602, 2607)
1990 Ed. (2691, 2694, 2698, 2702)
Victoria Bank & Trust Co.
1997 Ed. (627)
1996 Ed. (692)
1995 Ed. (618)
1994 Ed. (646)
1992 Ed. (543)
Victoria Barge Canal Park
1997 Ed. (2375)
1996 Ed. (2249)
1994 Ed. (2189)
Victoria, BC
1991 Ed. (830)
Victoria, British Columbia
2005 Ed. (3476)
Victoria Foundation
1995 Ed. (1930)
Victoria International
1995 Ed. (196)
Victoria Jackson Cosmetics
1997 Ed. (2389, 2390)
Victoria Santaella
1999 Ed. (2414)
Victoria Times-Colonist
2002 Ed. (3509, 3510)
Victoria, TX
2005 Ed. (2031, 3473)
2004 Ed. (4151)
1990 Ed. (874)
Victoria University
2008 Ed. (1071, 1077, 1081, 1082)
2007 Ed. (1167, 1172, 1173, 1174, 1175)
Victoriabank
2004 Ed. (469)
The Victorian Internet: The Remarkable Story of the Telegraph & the 19th Century On-Line Pioneers
2006 Ed. (588)
Victorian WorkCover
2004 Ed. (1631)
Victoria's Secret
2008 Ed. (532, 985, 3447, 4343)
2007 Ed. (1104, 3351)
2006 Ed. (3284)
1999 Ed. (1852)
1998 Ed. (652, 1277)
victoriassecret.com
2001 Ed. (2980, 2983)
Victor's House of Music
2000 Ed. (3220)
1999 Ed. (3502)
1997 Ed. (2863)
1996 Ed. (2748)
1995 Ed. (2675)
1994 Ed. (2593, 2595)
Victory
1990 Ed. (2977)
Victory at Sea
1992 Ed. (4396)
Victory Diversified
1996 Ed. (612)
Victory Diversified A
1998 Ed. (2623)
Victory Diversified Stock
2006 Ed. (3621, 3683)
2003 Ed. (3488)
Victory Established Value
2003 Ed. (3515)
Victory Government Mortgage
1996 Ed. (2780)
Victory Life Insurance Co.
1993 Ed. (2223)
Victory National Municipal Bond
2004 Ed. (703)
Victory OH Regional Stock
1996 Ed. (612)
Victory Personnel Services Inc.
2008 Ed. (3741, 4439)
Victory Small Company Opportunity
2006 Ed. (3650)
Victory Supermarket
2004 Ed. (4628)
Victory Ventures
2000 Ed. (1526)
Victrex
2008 Ed. (930)
2007 Ed. (955, 956)
2006 Ed. (866, 867)
2005 Ed. (959)
Victron Inc.
2007 Ed. (291, 3535, 4402)
2006 Ed. (1234)
2005 Ed. (1277)
2004 Ed. (2238, 3419)
Vicwest Income Fund
2008 Ed. (2975)
Vida Corp.
2008 Ed. (3255)
2007 Ed. (3110)
Vidal Partnership
2008 Ed. (113, 122)
2007 Ed. (103)
2006 Ed. (114, 121)
2005 Ed. (114)
2004 Ed. (115)
Vidal Sassoon
2007 Ed. (3807)
2005 Ed. (3707)
2003 Ed. (2654, 2657, 2660, 3790)
2001 Ed. (2631)
2000 Ed. (3507)
1999 Ed. (2628, 2629, 3774, 3775)
1998 Ed. (2805, 2806, 3291)
1997 Ed. (3060, 3062)
1996 Ed. (2984, 2986)
1995 Ed. (2902)
1994 Ed. (2813, 2815)
1993 Ed. (2813)
1992 Ed. (3401, 3402, 4236)
1991 Ed. (1879, 2713)
1990 Ed. (1981, 2809)

1989 Ed. (2189)
Vidal Sassoon Shampoo
1990 Ed. (2805)
Vidal Sassoon Shampoo, 20 oz.
1989 Ed. (2184)
Vidal Sassoon Wash & Go
1996 Ed. (2988)
1992 Ed. (3404)
Vidalfa
2008 Ed. (3256)
2007 Ed. (3111)
Videk
2007 Ed. (1918)
Video
2007 Ed. (157)
Video, audio, and computer equipment
1996 Ed. (2473)
Video, audio, and computer products
1998 Ed. (927)
Video banking
1996 Ed. (859)
Video Biz
1989 Ed. (2888)
Video Business
2007 Ed. (4793)
2004 Ed. (144)
2001 Ed. (250, 251)
Video cassette rentals
1991 Ed. (1864)
1990 Ed. (1959)
Video Central
1994 Ed. (3625, 3627)
1993 Ed. (3664, 3666)
1992 Ed. (4391, 4392, 4393)
Video check-out
1994 Ed. (2101)
Video Checkout
1994 Ed. (3626)
Video City
2002 Ed. (4751)
2000 Ed. (4346)
1997 Ed. (3840)
1996 Ed. (3786, 3789)
1995 Ed. (3698)
1994 Ed. (3626)
Video classics
1993 Ed. (3669, 3670)
Video Connection
2001 Ed. (2123)
1997 Ed. (3839, 3843)
1996 Ed. (3785, 3788)
1995 Ed. (3697, 3701)
1994 Ed. (3625)
1993 Ed. (3664)
1992 Ed. (4391)
1990 Ed. (3673)
Video Data Services
2002 Ed. (3706)
1990 Ed. (1851)
Video Depot
1995 Ed. (3698)
Video Display
2006 Ed. (4335)
Video equipment
2005 Ed. (2858)
Video Express
1996 Ed. (3787)
1995 Ed. (3698)
Video Ezy Australasia Pty. Ltd.
2004 Ed. (4841)
2002 Ed. (4752)
Video Factory
1996 Ed. (3787)
VIDEO FARM
2002 Ed. (4870)
Video Future
2002 Ed. (4752)
Video Galaxy
1998 Ed. (3669, 3671)
1997 Ed. (3840, 3842)
1996 Ed. (3787, 3789)
1993 Ed. (3664)
1992 Ed. (4391, 4394)
1991 Ed. (3446)
1990 Ed. (3672)
1989 Ed. (2888)
Video game hardware/software
1998 Ed. (1953)
Video game modules/cartridges
2005 Ed. (2858)
Video game software
2005 Ed. (2858)
Video games
2008 Ed. (2439)
2001 Ed. (2781, 4593)
1996 Ed. (2345, 2473)
1995 Ed. (3577)
Video Gaming Technologies Inc.
2008 Ed. (3541)
2007 Ed. (3412, 4011)
Video Giant
1996 Ed. (3786)
Video Giant/Park/Zone
1992 Ed. (4393)
Video goods
2007 Ed. (1321)
Video Headquarters
2002 Ed. (4753)
Video Hut
1998 Ed. (3668)
1997 Ed. (3842, 3843)
1994 Ed. (3626, 3627, 3628)
1993 Ed. (3665)
Video Library
1995 Ed. (3698)
Video Lottery Technologies
1993 Ed. (2007, 3334)
Video Network Communications
2003 Ed. (2742)
Video Networks
2007 Ed. (2173)
Video One
2001 Ed. (2123)
Video Paradise
1990 Ed. (3673)
Video phones
1996 Ed. (859)
Video Powerstore
1996 Ed. (3786)
Video products
2005 Ed. (2753)
Video recording of employee performance
2004 Ed. (4992)
Video Research
2000 Ed. (3755)
1998 Ed. (3041)
1997 Ed. (3296)
1996 Ed. (3191)
1990 Ed. (3000, 3001)
Video, sell-through
1998 Ed. (1953)
Video Shopping Mall
1989 Ed. (848)
Video specialty stores
1995 Ed. (678, 3707)
Video Star Entertainment
1998 Ed. (3668)
Video Station
1998 Ed. (3669)
Video Store
2005 Ed. (139, 140)
2001 Ed. (250)
1997 Ed. (3044)
1991 Ed. (3446)
1990 Ed. (3671, 3672)
Video surveillance
2004 Ed. (4992)
2003 Ed. (4331)
2001 Ed. (2216)
Video tape previews
2001 Ed. (95)
Video Tape Town
1995 Ed. (3701)
Video tapes, blank
2003 Ed. (2769)
2002 Ed. (2084)
1998 Ed. (1953)
Video tapes, prerecorded
2003 Ed. (2769)
2002 Ed. (2084)
Video Technology
1999 Ed. (4637)
1998 Ed. (3604)
1997 Ed. (3778)
1992 Ed. (2441)
Video to Rol
1996 Ed. (3789)
1993 Ed. (3665)
Video Tyme
1998 Ed. (3668)
Video Update
2002 Ed. (4751)
2000 Ed. (4346)
1999 Ed. (4713)
1998 Ed. (3668, 3670)
1997 Ed. (3839, 3841)
1995 Ed. (3697)
1994 Ed. (3625)
1991 Ed. (3446)
1990 Ed. (3671)
Video Update Canada
2002 Ed. (4753)
Video USA
1997 Ed. (3840)
Video Vault
1996 Ed. (3786)
Video Warehouse
2004 Ed. (4840, 4844)
2002 Ed. (4751)
Video Watch
1996 Ed. (3785, 3786, 3787)
Video Watch/Video Tyme
1993 Ed. (3665)
Video World
1998 Ed. (3668)
Video Xpress
1995 Ed. (3697)
1993 Ed. (3664)
1992 Ed. (4391)
1991 Ed. (3446)
Video Zone
2002 Ed. (4753)
VideOcart
1995 Ed. (2820)
Videocassette players
1994 Ed. (2101)
Videocassette recorders
2003 Ed. (2763)
Videocassette tapes
1996 Ed. (3610)
Videocassettes
2005 Ed. (2858)
1994 Ed. (1993, 2101)
Videocine
2001 Ed. (59)
Videocon
1993 Ed. (33)
Videocon International
2000 Ed. (1458)
Videogames
2001 Ed. (3245, 3246)
Videoland
2004 Ed. (4841)
2002 Ed. (4752)
1997 Ed. (3842, 3843)
1996 Ed. (3786)
Videology Imaging Solutions
2006 Ed. (4376)
Videomaker
1994 Ed. (2789)
Videos
2008 Ed. (109, 2439, 2454)
2007 Ed. (98, 2329)
2006 Ed. (104)
2003 Ed. (4514, 4643)
1999 Ed. (4314)
1996 Ed. (2122)
Videos, new releases
1993 Ed. (3669, 3670)
Videosmith
1996 Ed. (3788, 3789)
1995 Ed. (3700)
1994 Ed. (3628)
Videotapes
1993 Ed. (1594)
1992 Ed. (89, 90)
Videotapes, blank
2001 Ed. (2733)
Videotapes, prerecorded
2001 Ed. (2733)
Videotheque
1995 Ed. (3699)
1994 Ed. (3627, 3628)
1993 Ed. (3666)
1992 Ed. (4393, 4394)
Videotron
1996 Ed. (864)
1993 Ed. (821)
1992 Ed. (1030)
Videotron Ltee.
2005 Ed. (842)
2004 Ed. (866)
2003 Ed. (828)
Videotron/Wireless Holding
1999 Ed. (999)
Videre Group
2002 Ed. (20)
The Videre Group, LLP
2002 Ed. (17)
Videsh Sanchar Nigam Ltd.
2003 Ed. (4588)
2002 Ed. (4424)
2001 Ed. (1733, 1734)
2000 Ed. (754)
1999 Ed. (1579, 4494)
1997 Ed. (685)
Videsh Sanchar Nigam (VSNL)
2002 Ed. (1921)
Vie Construction
2002 Ed. (1170, 2654)
Vie de France
1989 Ed. (356)
Vie de France Bakery & Cafe
1991 Ed. (2865)
Vie-Del Co.
1999 Ed. (4772)
1998 Ed. (3722)
1994 Ed. (3664)
1993 Ed. (3705)
Vie-Del Company
2000 Ed. (4396)
1991 Ed. (3491)
Vienna, Austria
2004 Ed. (3305)
2002 Ed. (2750)
1992 Ed. (1166, 2717, 3292)
1991 Ed. (2632)
Vienna Insurance Group
2008 Ed. (24, 1572)
Vienna sausage
2002 Ed. (3746)
Vienna Sausage Manufacturing Co.
1993 Ed. (2515, 2893)
Vienna Systems
2000 Ed. (1168)
Vier Jahreszeiten
1999 Ed. (2789)
1997 Ed. (2305)
1996 Ed. (2185, 2188)
1995 Ed. (2175)
1993 Ed. (2102)
1992 Ed. (2509, 2510)
1991 Ed. (1956)
1990 Ed. (2096)
Vieri; Christian
2006 Ed. (4397)
Vietnam
2008 Ed. (1032, 1034, 1387, 2202, 3160, 4246, 4248, 4255, 4340, 4590, 4601, 4624, 4686)
2007 Ed. (1151, 1153, 1436, 2092, 3798, 4198, 4210, 4212, 4218, 4221, 4384, 4679, 4692, 4762)
2006 Ed. (1062, 1064, 1404, 2148, 2967, 4194, 4196, 4208, 4211, 4319, 4592, 4659, 4671)
2005 Ed. (864, 1419, 3704, 4146, 4148, 4152, 4155, 4371, 4594, 4606)
2004 Ed. (1397, 3792, 4218, 4220, 4225, 4228, 4423, 4656)
2003 Ed. (1383, 1881, 4192, 4194, 4198, 4201)
2002 Ed. (683, 4624)
2001 Ed. (1506, 2838, 3659, 3697, 4121, 4122, 4128, 4135, 4264, 4446)
2000 Ed. (823, 2349, 2357, 2358, 2363)
1999 Ed. (821)
1997 Ed. (204, 305)
1995 Ed. (1544, 1745, 1746, 2010, 2017, 2029, 2036)
1993 Ed. (1465, 1967, 1974, 1981, 1987)
1992 Ed. (362, 2310, 2317, 2327, 2333, 3454, 3742, 3973)
1991 Ed. (259, 1406, 1834, 1841, 1850)
1990 Ed. (1911, 1918, 1925, 2148)
Vietnam Advertising
2000 Ed. (190)
Vietnam Brewery Ltd.
2008 Ed. (107)
2007 Ed. (97)
2006 Ed. (103)
2001 Ed. (92)

Vietnam Export-Import Commercial Joint-Stock Bank
2000 Ed. (696)
Vietnam Industrial & Commercial Bank
2007 Ed. (470, 573)
2004 Ed. (651)
Vietnam Investment & Development Bank
2008 Ed. (523)
2004 Ed. (651)
Vietnam Mobile Telephone Services Co.
2008 Ed. (107)
Vietnam Veterans Memorial
1990 Ed. (2666)
Vietnamese dong
2007 Ed. (2158)
2006 Ed. (2238)
Vietor; Richard
1995 Ed. (1857)
1994 Ed. (1774)
1993 Ed. (1791)
1991 Ed. (1703)
Viewlogic
1996 Ed. (2885)
1994 Ed. (843)
Viewlogic Systems
1998 Ed. (1457)
1997 Ed. (1105, 2209, 3299, 3647)
1992 Ed. (1673)
Viewpointe Archive Services LLC
2007 Ed. (4438)
ViewSonic Corp.
2007 Ed. (3450)
2003 Ed. (2951, 3427, 3966)
2002 Ed. (1078, 2083, 3376)
2001 Ed. (2870)
2000 Ed. (3149)
1999 Ed. (3423)
Vighnesh Padiachy
2000 Ed. (2128)
1999 Ed. (2341)
Viglen Ltd.
1995 Ed. (1009)
Vigliotta Recycling Corp.
2002 Ed. (4297)
2001 Ed. (4285)
Vignette Corp.
2007 Ed. (3061)
2006 Ed. (3028)
2004 Ed. (2206)
2001 Ed. (1872, 2164, 2852, 2866, 4184, 4187)
Vignola; Margo
1997 Ed. (1869)
1996 Ed. (1796)
1995 Ed. (1823)
1994 Ed. (1783)
1993 Ed. (1800)
Vigo
2003 Ed. (3738)
Vigo Importing Co.
2003 Ed. (1371, 3741)
Vigoro Corp.
2001 Ed. (3325)
1997 Ed. (974)
1996 Ed. (951)
1995 Ed. (974, 1784)
1994 Ed. (942, 1753)
1993 Ed. (928, 1762)
Viherjuuri Saatchi & Saatchi
2002 Ed. (107)
2001 Ed. (135)
Vijay & Bikhu Patel
2007 Ed. (2464)
Vijay Jayant
2000 Ed. (2044)
Vijaya Bank
1992 Ed. (606)
Vik Brothers Insurance Group
1999 Ed. (2967)
Vikas Nath
1999 Ed. (2358)
Vikin Fjord
1991 Ed. (3461, 3463, 3464)
1989 Ed. (2897)
Viking
2008 Ed. (625, 637)
Viking Communications Ltd.
1996 Ed. (2918)
Viking Energy Royalty Trust
2007 Ed. (4576)
Viking Ferries
1996 Ed. (1596, 1597, 1598, 1599)
Viking Ferry Line
1993 Ed. (1536, 1537, 1538)
Viking Freight
2000 Ed. (4321)
1998 Ed. (3637)
Viking Freight System
1999 Ed. (4677, 4690)
Viking Line
2001 Ed. (2414)
1997 Ed. (1679)
1990 Ed. (1580)
Viking Manufacturing Co. Inc.
1994 Ed. (3493)
1992 Ed. (4207)
Viking Office Products, Inc.
2001 Ed. (1134)
2000 Ed. (993, 995, 3023)
1999 Ed. (1044, 3640, 3642)
1998 Ed. (2699, 2701)
1997 Ed. (2957)
1996 Ed. (3432)
Viking Yacht Co.
1998 Ed. (536)
Vikram Sahu
2000 Ed. (2095)
Vikrant Bhargava
2008 Ed. (4907)
2007 Ed. (4933)
Viktor Shvets
2000 Ed. (2059)
1999 Ed. (2279, 2288)
1997 Ed. (1960)
Viktor Vekselberg
2008 Ed. (4894)
2006 Ed. (4929)
Viktron Technologies
1990 Ed. (2002)
Vilaniaus Bankas
1999 Ed. (579, 580)
Vilas-Fischer Associates
1994 Ed. (2309)
The Vile Village
2003 Ed. (712)
Vilenzo International
2001 Ed. (1261)
The Villa
2004 Ed. (743)
1989 Ed. (2234)
Villa & Hut
2008 Ed. (1571)
Villa d'Este
1995 Ed. (2173)
1994 Ed. (3052)
Villa Enterprises
2002 Ed. (3717)
Villa Enterprises Management Ltd. Inc.
1994 Ed. (2884)
Villa Florence Hotel
1995 Ed. (2157)
Villa Manor Care Center
2002 Ed. (3526)
Villa Maria Hospital
2003 Ed. (4067)
Villa Marin GMC Inc.
1994 Ed. (257)
Villa Nicola
1995 Ed. (1889)
Villa Oceania
2001 Ed. (39)
Villa Pizza
1998 Ed. (2869)
1997 Ed. (3126)
1996 Ed. (3045)
Villa Pizza/Cozzoli's Pizzeria
2003 Ed. (2454)
Villa Roma Resort & Country Club
1999 Ed. (4048)
Villa Rosa, Santa Barbara, CA
1992 Ed. (877)
Village Auto Group
2002 Ed. (709)
2001 Ed. (712)
Village Bath
1994 Ed. (675)
Village Builders
2005 Ed. (1206)
2003 Ed. (1171)
2002 Ed. (1192, 2692)
2000 Ed. (1216)
1999 Ed. (1333)
1998 Ed. (905)
Village Ford Inc.
2002 Ed. (369)
2001 Ed. (454)
Village Green Cos.
2002 Ed. (2662)
2000 Ed. (3718)
Village Homes
2007 Ed. (2525)
1999 Ed. (1329)
Village Homes of Colorado Inc.
2006 Ed. (3986)
2005 Ed. (1193, 3912)
2004 Ed. (1165, 3968)
2003 Ed. (1159, 3961, 3964)
2002 Ed. (2676)
Village Inn
2008 Ed. (4159, 4175, 4176)
2007 Ed. (4144)
2003 Ed. (4098)
2001 Ed. (4065)
2000 Ed. (3785)
1999 Ed. (4066)
1995 Ed. (3117)
1994 Ed. (3090)
1993 Ed. (2862)
Village Inn, Bakers Square
1990 Ed. (3022)
Village Inn Pancake Houses
1991 Ed. (2865, 2881)
Village Inn Restaurants
2006 Ed. (820)
Village Naturals
2008 Ed. (531)
2003 Ed. (642)
2002 Ed. (669)
2001 Ed. (665)
2000 Ed. (705)
1999 Ed. (686)
Village Office Supply & Furniture
2007 Ed. (3543)
Village Roadshow Corp.
2001 Ed. (14, 3365, 3388)
Village Saab
1996 Ed. (287)
Village Super Market Inc.
2008 Ed. (2838)
2005 Ed. (4560, 4561)
2004 Ed. (4632, 4633)
Village Ventures
2005 Ed. (4818)
Village Warner Group
2002 Ed. (32)
Villager
2001 Ed. (488)
1995 Ed. (1034)
Villager Franchise Systems
2002 Ed. (2643)
The Villages
2005 Ed. (1221)
2002 Ed. (1203)
The Villages of Lake-Sumter
2005 Ed. (1226)
2004 Ed. (1140)
1997 Ed. (3130)
The Villages Regional Hospital
2008 Ed. (188)
Villagran; Rafael
1995 Ed. (1812)
Villanova University
2008 Ed. (1086, 2573)
2007 Ed. (794)
2006 Ed. (701)
2001 Ed. (1325)
2000 Ed. (931, 1139, 1653)
1999 Ed. (1230, 1824)
1998 Ed. (801)
1997 Ed. (1053)
1996 Ed. (1037)
1995 Ed. (1052)
1994 Ed. (1044)
1993 Ed. (1017)
1992 Ed. (1269)
Villanueva & Associates; Moya
1995 Ed. (2480)
Villanueva; Daniel D.
1995 Ed. (2579, 3726)
1994 Ed. (2059, 2521, 3655)
The Villas of Grand Cypress
1992 Ed. (2482)
Villeroy & Boch
1990 Ed. (3593, 3594)
Villeroy & Boch AG
2004 Ed. (4593)
2001 Ed. (3822)
Villiger Export
2001 Ed. (2113)
Vilnaius Bankas
2002 Ed. (527)
Vilniaus Bankas
2006 Ed. (494)
2003 Ed. (576)
2002 Ed. (611, 4440, 4441)
2001 Ed. (606)
2000 Ed. (597)
1997 Ed. (542)
Vilnius Bankas Commercial Bank
1996 Ed. (586)
Vimal
2001 Ed. (17)
Vimpel Communications
2008 Ed. (78, 4642)
2005 Ed. (3033)
2004 Ed. (3019)
2003 Ed. (2942, 2949, 4603)
Vimpelcom
2007 Ed. (3069, 4715)
2004 Ed. (1850)
Vin Och Sprit
2001 Ed. (2118, 2120)
Vina Concha y Toro
2000 Ed. (733)
Vina Santa Carolina
2005 Ed. (4965)
2002 Ed. (4944, 4945, 4957)
2001 Ed. (4882, 4883, 4890)
2000 Ed. (4415, 4423)
Vinamilk Co.
2008 Ed. (107)
2007 Ed. (97)
Vincam Group Inc.
1999 Ed. (2674, 2675, 2682, 4284)
1998 Ed. (1934, 1938, 3289)
1997 Ed. (2216, 2223, 2226, 3495)
1996 Ed. (991, 2066, 2067, 2110, 3400)
1995 Ed. (2108, 3287)
1994 Ed. (2049, 2051, 2057)
1993 Ed. (2038)
1992 Ed. (2401, 2404, 2406, 2407)
1991 Ed. (1906)
Vincam Human Resources
1998 Ed. (1429)
Vince Gill
1999 Ed. (1294)
1997 Ed. (1113)
1994 Ed. (1100)
1993 Ed. (1079)
Vincent Berger
2003 Ed. (4685)
Vincent Breitenbach
2000 Ed. (1924)
Vincent C. Schoemehl, Jr.
1991 Ed. (2395)
Vincent C. Smith
2002 Ed. (3351)
Vincent Camuto
1999 Ed. (1122, 4302)
Vincent Chan
2000 Ed. (2071)
Vincent F. Orza Jr.
2004 Ed. (2533)
Vincent Fea
2000 Ed. (1929)
1999 Ed. (2159)
1998 Ed. (1572)
1997 Ed. (1925)
Vincent J. Galifi
2007 Ed. (3974)
2006 Ed. (3920)
Vincent J. Naimoli
1990 Ed. (1721)
1989 Ed. (1382)
Vincent L. Gregory, Jr.
1991 Ed. (1633)
1990 Ed. (1725)
Vincent Mordrel
1999 Ed. (2326)
Vincent; Roy
2006 Ed. (2518)
Vincent S. Tese
1993 Ed. (3445)

Vincent Tan
1997 Ed. (849)
Vincent Tespe
1991 Ed. (3211)
Vincent Van Gogh Vodka
2003 Ed. (4870)
VINCI
2008 Ed. (1186, 1189, 1191, 1278, 1282, 1285, 1290, 1297, 1298, 1302, 1304, 1305, 1306, 1307, 1762)
2007 Ed. (1287, 1288, 1290, 1291, 1293)
2006 Ed. (1184, 1185, 1299, 1301, 1302, 1305, 1311, 1312, 1316, 1318, 1319, 1320, 1321, 1683, 1685)
2005 Ed. (1208, 1326, 1328, 1329, 1332, 1333, 1337, 1341)
2004 Ed. (1182, 1320, 1323, 1326, 1327, 1328, 1332, 1334, 1335, 1336)
2003 Ed. (1174, 1320, 1323, 1327, 1328, 1329, 1331, 1333, 1335, 1336)
2002 Ed. (1304, 1307, 1311, 1313, 1314, 1315, 1319, 1321, 1322)
Vinci SA
2008 Ed. (1411)
2006 Ed. (204, 1181, 3487)
Vincor International
2008 Ed. (560, 4668)
2007 Ed. (608)
Vincristine
1990 Ed. (274)
Vineberg; Gary
1997 Ed. (1918)
1996 Ed. (1845)
1994 Ed. (1822)
1993 Ed. (1773)
Vineet Nagrani
2000 Ed. (2141)
1999 Ed. (2355)
Vinegar
2003 Ed. (1129)
Vineland Board of Education
2002 Ed. (2062)
Vineland Industrial Park
1992 Ed. (2597)
Vineland-Millville-Bridgeton, NJ
2004 Ed. (4221)
Vineland, NJ
2008 Ed. (1052, 3467)
2007 Ed. (1159)
2006 Ed. (1067, 3305)
2005 Ed. (1059, 3316)
Vineshlorgbank-Bank for Foreign Trade
1997 Ed. (604)
Vineyard National Bancorp
2007 Ed. (2718, 2719, 2721, 2737)
2006 Ed. (452, 2734)
Vineyard Oil & Gas Co.
2005 Ed. (3753, 3754)
2004 Ed. (3842, 3843)
Vineyard Vines
2008 Ed. (1212)
2007 Ed. (1323)
Vineyards of E & J Gallo
2005 Ed. (4955, 4957)
2002 Ed. (4961)
2001 Ed. (4843, 4879, 4881, 4886, 4894)
Vineyards of Ernest & Julio Gallo
2003 Ed. (4947, 4950)
2002 Ed. (4923, 4926, 4938, 4941, 4943, 4947)
2001 Ed. (4846)
Viniar; David
2008 Ed. (970)
2007 Ed. (1047)
2006 Ed. (952)
2005 Ed. (985)
Viniberg; Gary
1995 Ed. (1864)
Vinnie Mac
1999 Ed. (1221, 4016)
Vinny Smith
2004 Ed. (4873)
2003 Ed. (4888)
2002 Ed. (4787)
Vino Farms Inc.
1998 Ed. (1774)
Vino Italian
1997 Ed. (3906, 3910)
Vino Italian Wines
1996 Ed. (3859)
Vinod Khosla
2006 Ed. (4879)
2005 Ed. (4817)
2004 Ed. (4828)
2003 Ed. (4847)
2002 Ed. (4730)
Vinod Sehgal
1999 Ed. (2411)
Vinprom Peshtera
2007 Ed. (24)
2006 Ed. (32)
Vinson & Elkins
2003 Ed. (3171, 3172, 3174)
2001 Ed. (744)
2000 Ed. (3196, 3198, 3200, 3679, 3858, 4298)
1999 Ed. (3484, 3967, 4143)
1998 Ed. (2061, 2573, 2574, 3158, 3617)
1997 Ed. (2341, 2843, 2847, 2849, 3795)
1995 Ed. (3188)
1993 Ed. (2398, 2627, 3101)
1992 Ed. (2837)
1991 Ed. (2287, 2782)
1990 Ed. (2420)
Vinson & Elkins LLP
2008 Ed. (3416, 3418, 3419)
2007 Ed. (3316, 3649)
Vintage
2008 Ed. (629)
2007 Ed. (670)
2006 Ed. (645)
2005 Ed. (733)
2004 Ed. (752)
2003 Ed. (730)
2002 Ed. (754)
2001 Ed. (999)
1999 Ed. (767)
1998 Ed. (482)
1995 Ed. (686)
Vintage Aggessive Growth
2004 Ed. (3597)
Vintage Aggressive Growth
2004 Ed. (3598)
Vintage Homes
2003 Ed. (1180)
2000 Ed. (1221)
Vintage Petroleum Inc.
2007 Ed. (3852, 3854, 4562)
2005 Ed. (3742)
2004 Ed. (3833, 3834)
Vinten Group
1996 Ed. (1356)
Vintners International
1995 Ed. (3739, 3750)
1994 Ed. (3664)
1993 Ed. (3705, 3714, 3721)
1992 Ed. (4453, 4473)
1991 Ed. (3491, 3490)
1990 Ed. (3695)
Viognier
2003 Ed. (4969)
1996 Ed. (3837)
Viohalco
2007 Ed. (1747)
2006 Ed. (1739)
1991 Ed. (260)
Viohalco SA
2008 Ed. (1773, 3560)
Violence
2006 Ed. (3733)
2005 Ed. (3617)
Violent acts
1997 Ed. (1580)
Violent crime
1992 Ed. (4430)
Violets Are Blue
2003 Ed. (716)
Violy Byorum & Partners LLC
2002 Ed. (1377)
Viomell SA
2002 Ed. (4068)
2001 Ed. (4133)
Vioxx
2006 Ed. (3882)
2005 Ed. (3815)
2003 Ed. (2111, 2114, 2115)
2002 Ed. (2019, 2022, 2023)
2001 Ed. (2067)
VIP Airfreight Pty. Ltd.
1997 Ed. (191)
VIP Bates Publicidad
2003 Ed. (68)
2002 Ed. (103)
2001 Ed. (131)
2000 Ed. (89)
1999 Ed. (83)
1997 Ed. (82)
1996 Ed. (82)
VIP BSB Publicidad
1995 Ed. (69)
1993 Ed. (95)
VIP Distributing Inc.
2007 Ed. (4399)
VIP Foodservice
2008 Ed. (1785)
2007 Ed. (1757)
2006 Ed. (1748)
VIP Gold
1995 Ed. (2815)
VIP Gold; XL/Vipgold/XL Gold
1996 Ed. (2874)
VIP International Corp.
2006 Ed. (2929)
2005 Ed. (2924, 2932)
2004 Ed. (2939)
2003 Ed. (2848)
2002 Ed. (2639)
VIP Investment Corp.
2006 Ed. (2936)
VIP Net GSM
2007 Ed. (29)
VIP Publicidad
1992 Ed. (143)
1991 Ed. (95)
VIPdesk
2006 Ed. (741)
Vipont
1990 Ed. (2750)
Vipont Pharmaceuticals
1989 Ed. (2501)
Vipont/Viadent
1991 Ed. (2495)
Vira Manufacturing
2007 Ed. (4595)
Viracept
1999 Ed. (1890)
Viral agents
1995 Ed. (1908)
Viratek
1993 Ed. (2748)
1989 Ed. (2672)
Virchow, Krause & Co. LLP
2008 Ed. (7)
2007 Ed. (9)
2006 Ed. (13)
2005 Ed. (8)
2004 Ed. (12)
2003 Ed. (6)
2002 Ed. (12, 19)
Virco Manufacturing Corp.
2007 Ed. (2662)
2002 Ed. (1523)
2000 Ed. (286)
Virgin
2008 Ed. (703)
2007 Ed. (730, 1692)
2003 Ed. (746)
2001 Ed. (3390)
1999 Ed. (1255, 4367, 4732)
Virgin Atlantic
2008 Ed. (689)
2007 Ed. (239, 720)
1999 Ed. (239)
Virgin Atlantic Airways Ltd.
2008 Ed. (218)
2004 Ed. (209)
2002 Ed. (54)
2001 Ed. (307, 309, 334)
Virgin Blue
2004 Ed. (757)
2003 Ed. (745)
Virgin Blue Holdings Ltd.
2008 Ed. (228, 230, 231, 232)
2007 Ed. (250, 251, 252, 253, 254, 255)
Virgin Communications Ltd.
1995 Ed. (1011)
1994 Ed. (1002)
Virgin Express Holdings plc
2002 Ed. (4675)
2001 Ed. (4620)
Virgin Group Ltd.
2007 Ed. (2042)
2001 Ed. (4703)
Virgin Islands
1997 Ed. (2563)
1990 Ed. (3075)
1989 Ed. (1514)
Virgin Islands; British
2008 Ed. (851)
2006 Ed. (783, 2716)
Virgin Islands Community Bank
2001 Ed. (568)
Virgin Media Inc.
2008 Ed. (1513)
Virgin MegaStores
2002 Ed. (4748)
Virgin Mobile
2007 Ed. (4722)
Virgin Mobile Holdings (UK)
2006 Ed. (4703)
Virgin Mobile Holdings (U.K.) plc
2008 Ed. (1452, 1459, 4644)
2007 Ed. (3620, 4724)
Virgin Mobile USA LLC
2008 Ed. (4942)
Virgin Money
2008 Ed. (132, 136)
Virgin Music
2007 Ed. (3215)
Virgin 1215 AM
2002 Ed. (3896)
2001 Ed. (3980)
Virgin Records
2008 Ed. (134)
2002 Ed. (46)
Virgin Trains
2008 Ed. (101)
2002 Ed. (54)
Virginia
2008 Ed. (327, 1012, 1104, 2642, 2958, 3129, 3130, 3133, 3134, 3266, 3351, 3457, 3471, 3482, 3512, 3759, 3862, 4048, 4356, 4593, 4596, 4690, 4729, 4996)
2007 Ed. (341, 1131, 1198, 2272, 2520, 2838, 3009, 3014, 3210, 3360, 3371, 3385, 3647, 3788, 4003, 4021, 4022, 4683, 4687, 4770, 4997)
2006 Ed. (1043, 2755, 2834, 2981, 3069, 3104, 3156, 3256, 3259, 3298, 3299, 3307, 3323, 3790, 3945, 3982, 3983, 4334, 4663, 4666, 4764, 4791, 4864, 4996)
2005 Ed. (370, 386, 387, 388, 390, 397, 399, 400, 405, 412, 442, 444, 1034, 1073, 1078, 2786, 2840, 2937, 2984, 3299, 3318, 3319, 3335, 3701, 4184, 4185, 4189, 4190, 4191, 4193, 4194, 4195, 4200, 4210, 4227, 4228, 4238, 4241, 4242, 4601, 4712, 4940)
2004 Ed. (359, 367, 368, 369, 371, 374, 383, 384, 385, 387, 388, 393, 436, 438, 439, 1028, 1069, 1074, 1091, 1098, 2023, 2294, 2536, 2537, 2971, 2972, 2975, 2976, 3092, 3146, 3275, 3291, 3293, 3301, 3313, 3673, 3674, 3783, 3933, 4252, 4256, 4257, 4258, 4260, 4261, 4264, 4265, 4267, 4272, 4277, 4295, 4303, 4305, 4309, 4419, 4510, 4735, 4901, 4905)
2003 Ed. (354, 380, 390, 397, 398, 399, 401, 402, 412, 414, 440, 443, 444, 1025, 1060, 1061, 1065, 2145, 2424, 2582, 2688, 2751, 2884, 3235, 3237, 3243, 3248, 3249, 3250, 3252, 3255, 3256, 3758, 4233, 4234, 4237, 4238, 4239, 4241, 4242, 4245, 4246, 4248, 4257, 4286, 4295, 4297, 4298, 4299, 4300, 4408, 4412, 4413, 4755, 4914)

2002 Ed. (447, 448, 449, 452, 460, 462, 464, 466, 467, 472, 474, 492, 493, 668, 1115, 1824, 2069, 2403, 2548, 2549, 2552, 2574, 2736, 2737, 2738, 2739, 2740, 2741, 2742, 2746, 2882, 2883, 2947, 2979, 2980, 3114, 3120, 3126, 3127, 3129, 3198, 3200, 3212, 3239, 3600, 3901, 4101, 4106, 4107, 4108, 4109, 4111, 4146, 4147, 4148, 4154, 4163, 4165, 4373, 4374, 4376, 4537, 4627, 4732, 4778, 4910, 4917)
2001 Ed. (284, 660, 1028, 1029, 1030, 1031, 1050, 1051, 1244, 1262, 1284, 1287, 1288, 1289, 1290, 1304, 1345, 1346, 1372, 1373, 1375, 1376, 1419, 1422, 1423, 1429, 1434, 1435, 1980, 2051, 2112, 2150, 2151, 2218, 2219, 2260, 2261, 2286, 2287, 2385, 2386, 2387, 2389, 2390, 2391, 2394, 2421, 2566, 2577, 2684, 2705, 2758, 2824, 2998, 3000, 3049, 3093, 3098, 3175, 3236, 3328, 3330, 3354, 3356, 3523, 3538, 3577, 3583, 3584, 3640, 3643, 3654, 3708, 3782, 3785, 3787, 3790, 3815, 3888, 3903, 3966, 4006, 4171, 4173, 4175, 4176, 4198, 4231, 4232, 4243, 4253, 4254, 4305, 4412, 4443, 4444, 4445, 4459, 4460, 4481, 4488, 4489, 4517, 4536, 4552, 4584, 4599, 4615, 4637, 4658, 4719, 4721, 4735, 4739, 4740, 4799, 4800, 4838, 4866, 4927, 4928, 4929, 4931, 4937)
2000 Ed. (1128, 1378, 1905, 2452, 2454, 2465, 2645, 2965, 2966, 3688, 4095, 4102, 4106, 4107, 4108, 4109, 4110, 4115, 4180, 4269, 4289, 4391, 4400)
1999 Ed. (392, 981, 1211, 1535, 1996, 2681, 3226, 3227, 3258, 3267, 3269, 3270, 3975, 4404, 4432, 4451, 4455, 4764, 4776)
1998 Ed. (179, 1109, 1928, 1935, 1977, 2385, 2386, 2401, 2404, 2406, 2415, 2417, 2418, 2883, 3376, 3379, 3380, 3388, 3396, 3397, 3716, 3728)
1997 Ed. (1, 1818, 2219, 2650, 2651, 2681, 2844, 3147, 3562, 3565, 3568, 3605, 3881, 3892)
1996 Ed. (36, 1737, 2091, 2504, 2511, 2512, 3254, 3514, 3565, 3831, 3843)
1995 Ed. (244, 675, 1762, 1764, 2204, 2462, 2463, 2608, 3484, 3497, 3499, 3732, 3743)
1994 Ed. (749, 977, 2381, 2382, 2556, 3374, 3413, 3426, 3427)
1993 Ed. (724, 1734, 1735, 1946, 2151, 3394, 3395, 3422)
1992 Ed. (1, 972, 976, 2098, 2099, 2286, 2340, 2586, 2915, 2923, 2926, 2933, 2968, 3542, 3819, 4074, 4080, 4113)
1991 Ed. (786, 789, 794, 795, 797, 1811, 2163, 2349, 2351, 2352, 3187, 3199)
1990 Ed. (823, 824, 825, 829, 830, 831, 832, 833, 858, 2147, 2664, 3279, 3280, 3281, 3282, 3349, 3350, 3358, 3374, 3389, 3413, 3415, 3423, 3606)
1989 Ed. (1190, 1737, 1899, 1906, 2545, 2613, 2620)

Virginia Beach/Chesapeake, VA
1991 Ed. (939)
1990 Ed. (999, 1001, 2484)

Virginia Beach Department of Economic Development
2005 Ed. (3320)

Virginia Beach-Norfolk-Newport News, VA-NC
2008 Ed. (4100)
2006 Ed. (3315)
2005 Ed. (3322)

Virginia Beach-Norfolk, VA
2007 Ed. (2997, 3004)

Virginia Beach, VA
2007 Ed. (3001)
1998 Ed. (740, 1235)
1994 Ed. (970, 2584)

Virginia Commerce Bancorp Inc.
2008 Ed. (2701)
2006 Ed. (452, 2593)
2005 Ed. (2590)
2003 Ed. (524)

Virginia Credit Union Inc.
2008 Ed. (2265)
2007 Ed. (2150)
2006 Ed. (2229)
2005 Ed. (2134)
2004 Ed. (1992)
2003 Ed. (1952)
2002 Ed. (1898)

Virginia, Darden School of Business; University of
2007 Ed. (798, 815, 827)
2006 Ed. (707, 709, 711)
2005 Ed. (803, 804)

Virginia, Darden; University of
1993 Ed. (801, 805, 806)
1992 Ed. (997)

Virginia Department of Corrections
2001 Ed. (2486)

Virginia Dept. of Corrections
2000 Ed. (3617)

Virginia Dept. of Mental Health, Mental Retardation & Substance Abuse Services
1999 Ed. (3907)

Virginia Economic Development Partnership
2003 Ed. (3245)

Virginia Electric & Power Co.
2001 Ed. (1895, 2154, 3870)
1998 Ed. (1374)

Virginia Farm Bureau Group
2002 Ed. (2951)

Virginia Financial Group Inc.
2008 Ed. (2701)
2006 Ed. (2593)
2005 Ed. (357, 2590)

Virginia First Savings
1998 Ed. (3569)

Virginia Gas Co.
2002 Ed. (1381)

Virginia Gentleman
1991 Ed. (1816)
1989 Ed. (752)

Virginia Gold Mines Inc.
2006 Ed. (1604, 1633)

Virginia Homes
2004 Ed. (1161)
2003 Ed. (1156)

Virginia Housing Development Agency
1999 Ed. (2818)

Virginia Housing Development Authority
2001 Ed. (938)
2000 Ed. (3205)
1999 Ed. (3475)
1998 Ed. (2062)
1997 Ed. (2340)
1996 Ed. (2211, 2725)
1995 Ed. (2192)
1994 Ed. (3363)

Virginia Insurance Reciprocal
2002 Ed. (3956)

Virginia Iron Industries
1992 Ed. (2102, 2103)

Virginia Mason Medical Center
2008 Ed. (2164)
2007 Ed. (2055)
2006 Ed. (2099)
2005 Ed. (1998)
2003 Ed. (1847)
2001 Ed. (1896)

Virginia, McIntire School of Business; University of
2008 Ed. (772, 773)
2007 Ed. (797)

Virginia Medical Center; University of
2008 Ed. (2158, 3043)
2007 Ed. (2052, 2930)
2006 Ed. (2095, 2911)
2005 Ed. (1995, 2904)

Virginia Military Institute
2008 Ed. (1061)
1990 Ed. (1086)

Virginia Public Building Authority
1998 Ed. (2563)
1995 Ed. (2650)

Virginia Public School Authority
2000 Ed. (3859)
1998 Ed. (3159)
1996 Ed. (3286)
1993 Ed. (3099)

Virginia Public Schools Authority
2001 Ed. (938)

Virginia Retirement
2008 Ed. (2295, 2297, 2305, 2306, 2311)
2007 Ed. (2175, 2178, 2180, 2182, 2185, 2189)
2004 Ed. (2027, 2030)
2003 Ed. (1981)
2002 Ed. (3604, 3613, 3617)
2001 Ed. (3669, 3678)
2000 Ed. (3436, 3437, 3441, 3444)
1996 Ed. (2935)
1995 Ed. (2863)

Virginia Retirement System
1997 Ed. (3023)

Virginia S. Nelson
1995 Ed. (937, 1069)

Virginia Slims
2008 Ed. (976, 4691)
2007 Ed. (4771)
2006 Ed. (4765)
2005 Ed. (4713)
2004 Ed. (4736)
2003 Ed. (971, 4751, 4756)
2002 Ed. (4629)
2001 Ed. (1230)
2000 Ed. (1061)
1998 Ed. (728, 729, 730)
1997 Ed. (985)
1995 Ed. (986)
1994 Ed. (955)
1992 Ed. (1147, 1151)
1991 Ed. (57, 932)
1990 Ed. (56, 992, 993)

Virginia Slims Lights Menthol
2000 Ed. (1063)
1999 Ed. (1138)
1997 Ed. (988)

Virginia Sprinkler Corp.
2006 Ed. (1242, 1344)
2004 Ed. (1235)
2003 Ed. (1232)

Virginia State Lottery Department
2001 Ed. (376)

Virginia Stowers
2006 Ed. (3898)

Virginia Supplemental Retirement System
1991 Ed. (2691)

Virginia Surety Co.
2003 Ed. (4993)

Virginia Tech
2001 Ed. (2255)
2000 Ed. (1826, 1834)
1999 Ed. (2043)

Virginia Tech Hydro
2008 Ed. (2164)

Virginia University
2004 Ed. (810, 812, 813, 814, 815, 816, 817, 830)
2002 Ed. (898)

Virginia; University of
2008 Ed. (782, 784, 1062, 1065, 3431)
2007 Ed. (802, 805, 1163, 3330)
2006 Ed. (713, 715, 716, 720, 723, 729, 3948)
2005 Ed. (3266)
1997 Ed. (1065, 2602, 2607, 2608)
1996 Ed. (837, 2457, 2461, 2463)
1995 Ed. (2427)
1994 Ed. (889, 1056, 2358)
1993 Ed. (2407)
1992 Ed. (1006, 2848)
1991 Ed. (892, 2295)

virginia.edu
2001 Ed. (2965)

Virgin.net
2008 Ed. (701)

Viridan
2006 Ed. (2063)
2005 Ed. (1984, 1985)

Viridian
2007 Ed. (2035, 2036, 2039, 2307)
2006 Ed. (2067, 2068, 2369)
2005 Ed. (1988, 1989)

Viridien Technologies Inc.
2001 Ed. (1871, 2851)

ViroLogic Inc.
2005 Ed. (934)

Viromed
1993 Ed. (1013)
1991 Ed. (995)

ViroPharma Inc.
2007 Ed. (4552, 4587)

Virtek Vision International
2007 Ed. (2812)
2006 Ed. (2813)
2002 Ed. (2504)

Virtela Communications
2003 Ed. (1074)

Virtua Health
2000 Ed. (2533)

Virtual Chip Exchange
2004 Ed. (2217)

Virtual Dr.
2002 Ed. (4862)

Virtual Enterprises
2002 Ed. (1142)

Virtual Flowers
1999 Ed. (3006, 4752)

Virtual Health Inc.
2004 Ed. (1818)

Virtual Media, Inc.
2003 Ed. (2708)

Virtual reality
1996 Ed. (2345)

Virtual Sales Group Corp.
2007 Ed. (3562, 4424)

Virtual Window Fashion Store; V2K, The
2007 Ed. (3193)
2006 Ed. (3159)
2005 Ed. (3158)

VirtualBank
2002 Ed. (4841)

VirtualThere Inc.
2005 Ed. (2777)

Virtuoso Xenon Power System
2001 Ed. (1988)

Viru Olu
2004 Ed. (43)

Virumaa Kommertspank
1997 Ed. (457)

Viruscan
1998 Ed. (846)
1997 Ed. (1099)

Visa
2008 Ed. (2197)
2007 Ed. (2088)
2006 Ed. (2142, 2143, 2144)
2005 Ed. (2049, 2600, 2602)
2004 Ed. (1913, 1914)
2003 Ed. (1884, 4641)
2002 Ed. (1817, 1819)
2001 Ed. (1954, 2989)
2000 Ed. (1618, 1619, 1620)
1999 Ed. (1792)
1998 Ed. (491, 1213, 1694)
1997 Ed. (1555)
1996 Ed. (34, 1490, 1493, 3053)
1995 Ed. (349, 1528, 1531)
1994 Ed. (1500)
1993 Ed. (1443)
1992 Ed. (1752)
1990 Ed. (1457, 1799)
1989 Ed. (1183, 1436)

Visa Delta Shopping Card
1996 Ed. (1496)

Visa International
2007 Ed. (1518)
2006 Ed. (758, 2603)
2005 Ed. (832, 1605, 2051, 2605, 4452)
2004 Ed. (857, 1915, 2614)
2003 Ed. (20, 2481)
2002 Ed. (2267)
2001 Ed. (1074)
1999 Ed. (3976)
1998 Ed. (1214, 2979)

Visa USA Inc.
2007 Ed. (134)
2006 Ed. (141)
2005 Ed. (2604)

2003 Ed. (815)
2000 Ed. (954)
Visage
2000 Ed. (185, 4037)
1998 Ed. (3308)
Visage Mobile
2007 Ed. (4968)
Visalia, CA
2008 Ed. (1040)
2007 Ed. (1157)
2006 Ed. (2449, 4863)
2005 Ed. (1057, 4792)
Visalia-Tulare, CA
2003 Ed. (231, 232)
Visalia/Tulare/Portersville, CA
2000 Ed. (1076, 4365)
Visalia-Tulare-Porterville, CA
2005 Ed. (4796)
2004 Ed. (189, 190)
VisaNet Acquiring Services
1992 Ed. (1751)
1991 Ed. (1393)
Visant Corp.
2008 Ed. (4028)
Visant Holding Corp.
2008 Ed. (3543)
2007 Ed. (3414)
Viscoat
1994 Ed. (2697)
1992 Ed. (3301)
Viscoelastic solution
1995 Ed. (2810)
The Viscusi Group Inc.
2002 Ed. (2176)
2000 Ed. (1867)
1998 Ed. (1507)
1995 Ed. (1724)
1993 Ed. (1692)
Vishay
1990 Ed. (1620)
Vishay Intertech
1994 Ed. (1083)
Vishay Intertechnology Inc.
2007 Ed. (2284)
2006 Ed. (2349, 2391, 2395, 4280, 4283)
2005 Ed. (2282, 3047, 4340, 4344)
2004 Ed. (2181, 4401)
2003 Ed. (4379)
2000 Ed. (1748)
1999 Ed. (1972)
1993 Ed. (1049, 1563)
1992 Ed. (1908, 1909, 1915)
1991 Ed. (1518, 1522)
1990 Ed. (1615)
Vishnu Swarup
1994 Ed. (1803)
1993 Ed. (1820)
1991 Ed. (1688)
Visiak Security Systems
2000 Ed. (3906)
Visible Genetics Inc.
2003 Ed. (2941)
Visicu
2008 Ed. (2887)
Visine
2003 Ed. (1220, 3780)
1997 Ed. (1817)
1995 Ed. (1597, 1601, 1755, 1759, 1759, 1759)
Visine AC
1995 Ed. (1601, 1759)
Visine Allergy
1997 Ed. (1817)
Visine Extra
1995 Ed. (1601, 1759)
Visine Eye Drops 0.5 oz.
1990 Ed. (1546, 1547)
Visine 0.5 oz.
1990 Ed. (1575)
Visine Long Lasting
1997 Ed. (1817)
Visine Long Lasting Relief
1995 Ed. (1601)
Visio
2000 Ed. (1742, 2399, 2450)
1999 Ed. (2616, 2618, 4323, 4325)
Vision Automotive Group
2005 Ed. (1907)
Vision Care Inc.
2002 Ed. (3743)
Vision Expo
2001 Ed. (3593)
1999 Ed. (3659)
Vision Fitness
2001 Ed. (2349)
Vision impairment
1995 Ed. (2078)
Vision Information Technologies Inc.
2005 Ed. (2837)
Vision IT
2007 Ed. (2833)
Vision Point of Sale, Inc.
2002 Ed. (2501)
Vision products
1994 Ed. (2028)
Vision Service Plan
2008 Ed. (1504, 3021)
2007 Ed. (1519, 1522, 2899)
2006 Ed. (1489, 1492)
Vision Software Tools Inc.
2001 Ed. (2859)
Vision Systems
2003 Ed. (1621)
Vision Systems & Technology Inc.
2005 Ed. (1346)
Vision Systems Group
2005 Ed. (1129)
Vision-The Inter-American Magazine
1994 Ed. (2791)
Vision Twenty-One
2000 Ed. (2206)
The Vision Web
2002 Ed. (2519)
Visionary Design Systems
1998 Ed. (606)
Visionary Solutions
2008 Ed. (4738)
2007 Ed. (4811)
VisionCor Inc.
2008 Ed. (4976)
Visioneering
1993 Ed. (1037, 1038)
Visioneering R. & D. Co.
2006 Ed. (1082)
Visioneering Research & Development Co.
2008 Ed. (1096)
1992 Ed. (2743)
Visionexpo
2001 Ed. (3594)
1999 Ed. (3658)
VisionFactory, Inc.
2002 Ed. (2529)
VisionIT
2008 Ed. (2955)
Visions
2003 Ed. (1374)
1999 Ed. (2599)
1998 Ed. (3458, 3459)
1996 Ed. (2026, 3625)
1995 Ed. (2001)
Visions Credit Union
2008 Ed. (2249)
2007 Ed. (2134)
2006 Ed. (2213)
2005 Ed. (2118)
2004 Ed. (1976)
2003 Ed. (1936)
2002 Ed. (1882)
Visipaque Injection
2000 Ed. (3077)
VisiTech PR
2007 Ed. (1684)
2006 Ed. (1681)
Visitel--Telemedia Service
2001 Ed. (42)
Visiting Angels
2008 Ed. (187)
2007 Ed. (200)
2006 Ed. (194)
2005 Ed. (179)
2004 Ed. (179)
2003 Ed. (220)
Visiting Nurse Association Inc.
2008 Ed. (2153)
2007 Ed. (2049)
2003 Ed. (1842)
2001 Ed. (1892)
Visiting Nurse Association of Central New Jersey
1999 Ed. (2706)
Visiting Nurse Association of Cleveland
2001 Ed. (3549)
The Visiting Nurse Association of Greater Philadelphia
1999 Ed. (2708)
Visiting Nurse Association of Southeast Michigan
2002 Ed. (2589)
2001 Ed. (2753)
2000 Ed. (2491)
1999 Ed. (2707)
Vison & Elkins LLP
2007 Ed. (2904)
Vista
2005 Ed. (3360)
1995 Ed. (1208)
1993 Ed. (580, 580, 2660, 2671, 2679)
1991 Ed. (2753)
1990 Ed. (3326)
Vista American Stock
2002 Ed. (3449, 3450, 3451)
Vista Balanced A
1999 Ed. (3562)
1996 Ed. (623)
Vista Balanced B
1996 Ed. (623)
Vista Capital Growth
1994 Ed. (2603)
Vista Capital Growth A
1996 Ed. (612)
Vista Center Corporate Park
2000 Ed. (2625)
Vista Chemical
1992 Ed. (1128, 1529)
1991 Ed. (920, 1216)
1990 Ed. (935, 936, 939, 967, 968, 1297)
1989 Ed. (1054)
Vista Del Sol LNG Terminal LP
2006 Ed. (849, 3319)
Vista Diversified
2002 Ed. (3429)
Vista Equity Income A
1999 Ed. (3510, 3511)
Vista Eyecare Inc.
2002 Ed. (3540)
Vista Fds: Growth & Income
1991 Ed. (2569)
Vista Ford
2000 Ed. (334)
1998 Ed. (209)
1996 Ed. (301)
Vista Ford, Isuzu, Lexus, Lincoln, Mercury
2002 Ed. (370)
Vista (Fund E)/World Bond
1992 Ed. (4373)
Vista Global MMF/Institution Shares
1996 Ed. (2669)
Vista Group
1990 Ed. (1245, 3667)
Vista Growth & Income
1995 Ed. (2698)
1994 Ed. (2604)
Vista Growth & Income A
1996 Ed. (611, 613)
Vista Health Plan
1992 Ed. (2393)
1991 Ed. (1896)
Vista Host
1992 Ed. (2464)
Vista Isuzu
1992 Ed. (386)
Vista Life Insurance Co.
2001 Ed. (2948)
2000 Ed. (2710)
1999 Ed. (2960)
1998 Ed. (2191)
Vista: NY Money Market; VISTA
1993 Ed. (2686)
Vista NY Tax-Free Income A
1996 Ed. (614)
Vista Organization Partnership Ltd.
1992 Ed. (1479)
Vista Polymers
1990 Ed. (2877)
Vista Premier Global Money Market
1992 Ed. (3096)
Vista Short-Term Bond
1996 Ed. (2763, 2782)
Vista Short Term Bond Fund
1996 Ed. (621)
Vista Short Term Bond Fund I
1998 Ed. (412)
Vista Small Capital Equity A
1998 Ed. (400)
Vista Tax-Free Income
1995 Ed. (2701, 2711, 2746, 3542)
1994 Ed. (2611, 2622)
Vista Tax-Free Income A
1996 Ed. (614)
Vista Technologies Inc.
1998 Ed. (1932, 1936)
1996 Ed. (2109)
Vista Technology Inc.
2003 Ed. (1364)
Vistafund Bond 2
2001 Ed. (3484)
Vistafund Capital Gains Growth 1
2001 Ed. (3485, 3486, 3487)
Vistafund Capital Gains Growth 2
2001 Ed. (3485, 3486, 3487)
Vistafund Equity 1
2001 Ed. (3491)
Vistafund Equity 2
2001 Ed. (3491)
VistaFund 1 American Stock
2004 Ed. (2462)
2003 Ed. (3580, 3581, 3582)
VistaFund 1 Diversified
2003 Ed. (3558)
VistaFund 2 American Stock
2004 Ed. (2462)
VistaFund 2 Equity
2003 Ed. (3594)
Vistakon
1990 Ed. (1186)
Vistant Corp.
2008 Ed. (3542)
2007 Ed. (3413)
Vistant Holding Corp.
2008 Ed. (3542)
2007 Ed. (3413)
VistaPrint Inc.
2008 Ed. (4025, 4036)
2007 Ed. (4006, 4357)
2005 Ed. (834)
VistaPrint USA
2007 Ed. (4010)
Vistar Corp.
2008 Ed. (4052)
2007 Ed. (4025)
VistaRMS Inc.
2006 Ed. (3545, 4383)
2003 Ed. (3950)
Vistawall Group
2002 Ed. (3320)
Vistech Software Ltd.
2002 Ed. (2496)
Visteon Corp.
2008 Ed. (309, 314, 1443, 1444, 1445, 1446, 1447, 1449, 1450, 1835, 1838, 1839, 1840, 1842, 1843, 3009, 4756)
2007 Ed. (303, 307, 323, 325, 326, 1798, 1799, 1802, 1805, 1880, 1881, 2887, 4827, 4828, 4831)
2006 Ed. (310, 312, 328, 330, 331, 332, 342, 1530, 1792, 1795, 1882, 3043, 4467, 4470, 4815, 4819)
2005 Ed. (289, 292, 310, 313, 316, 318, 324, 328, 1756, 1867, 1868, 3040, 4465, 4468, 4764, 4765, 4768)
2004 Ed. (281, 284, 312, 314, 317, 320, 323, 325, 1699, 1797, 1798, 3027)
2003 Ed. (315, 316, 337, 338, 339, 340, 344, 1760, 1761, 4809, 4810)
2002 Ed. (399, 2154, 4668)
Visteon Automotive Systems
2002 Ed. (405)
2001 Ed. (528, 529, 537, 2236)
2000 Ed. (357, 3153)
1999 Ed. (353, 361, 3303)
Vistorm Ltd.
2002 Ed. (2495)
Vistula
1997 Ed. (3864)
Visual Apex
2008 Ed. (1110)

Visual Circuits
2003 Ed. (2721)
The Visual Image Inc.
2003 Ed. (3873)
2002 Ed. (3706)
Visual Networks, Inc.
2002 Ed. (2513, 2528)
Visual Numerics Inc.
2006 Ed. (1134)
2005 Ed. (1145)
Visual Technologies Inc.
2005 Ed. (2834)
VisuaLabs Inc.
2003 Ed. (1638)
VisualHCS
2008 Ed. (2483)
VisualWorks! Inc.
2003 Ed. (2717)
Visudyne
2002 Ed. (3754)
Visx Inc.
2001 Ed. (3587)
2000 Ed. (2402, 4046)
Visy Industries
2005 Ed. (3909)
2004 Ed. (3767, 3964, 3965, 3966)
2003 Ed. (3952, 3953, 3959)
2002 Ed. (3771, 3772, 3789)
1998 Ed. (2748)
Vit B Comp C 60s
1991 Ed. (3454)
VIT 500 Portfolio
1998 Ed. (2615)
Vita
1991 Ed. (2114)
1990 Ed. (2245)
Vita Drinks
1990 Ed. (32)
1989 Ed. (33)
Vita Food Products
2003 Ed. (4313)
Vita K Solution
2003 Ed. (4431)
Vita Life Beteiligungs Verwaltungs GmbH
2005 Ed. (1662)
Vitabath
1994 Ed. (676)
VitaCare
1999 Ed. (2629)
Vitacost.com
2006 Ed. (4144)
Vital Images
2008 Ed. (2846, 4405)
2007 Ed. (2712)
2005 Ed. (2332)
2003 Ed. (2721)
2002 Ed. (3559)
Vital Processing Services LLC
1999 Ed. (1791)
Vitale, Caturano & Co.
2000 Ed. (14)
1999 Ed. (17)
1998 Ed. (13)
Vitale, Caturano & Co. PC
2008 Ed. (6)
2007 Ed. (8)
2006 Ed. (12)
2005 Ed. (7)
2004 Ed. (11)
2003 Ed. (5)
2002 Ed. (16)
Vitale; David J.
1996 Ed. (1716)
Vitalink Communications
1991 Ed. (2340)
Vitalite
1999 Ed. (1816)
1996 Ed. (1517)
1994 Ed. (1511)
Vitalite Margarine
1992 Ed. (1761)
Vitaliy Hayduk
2008 Ed. (4877)
Vitalon Foods Co. Ltd.
1994 Ed. (1464)
1992 Ed. (1704, 1705, 1702)
VitalSmarts
2007 Ed. (1318)
VitalWorks Inc.
2004 Ed. (2826)
Vitamin A-beta carotene
1994 Ed. (3636)
Vitamin A/Beta Carotene supplements
1995 Ed. (1605)
Vitamin B
2004 Ed. (2101)
1994 Ed. (3636)
Vitamin B-complex
2004 Ed. (2101)
2001 Ed. (4704)
Vitamin B Complex with C
2002 Ed. (4758)
Vitamin B-100 Complex
2001 Ed. (4704)
Vitamin B6
2001 Ed. (4704)
Vitamin B12
2001 Ed. (4704)
Vitamin C
2004 Ed. (2101)
2001 Ed. (4704)
1994 Ed. (3636, 3637)
Vitamin C with Rose Hips
2001 Ed. (4704)
Vitamin Cottage Natural Food Markets Inc.
2008 Ed. (2653)
2007 Ed. (2525)
2006 Ed. (2549)
Vitamin E
2004 Ed. (2101)
2001 Ed. (4704)
1994 Ed. (3636, 3637)
Vitamin E/D-Alpha
2001 Ed. (4704)
Vitamin E/D-Alpha/Tocopheryl
2001 Ed. (4704)
Vitamin E/DL-Alpha
2001 Ed. (4704)
Vitamin E supplements
1995 Ed. (1605, 2903)
Vitamin Shoppe
2006 Ed. (2636)
Vitamin World
2008 Ed. (2337)
2006 Ed. (2636)
Vitamins
2005 Ed. (3708)
2004 Ed. (3666, 3751)
2003 Ed. (3945, 3946)
2002 Ed. (2029, 2039, 3769)
2001 Ed. (2014, 2083, 2084, 2085, 2106, 2107)
2000 Ed. (1715, 3618)
1998 Ed. (3681)
1997 Ed. (1674, 3054, 3058, 3172, 3174, 3175)
1996 Ed. (1561, 2041, 2045, 2979, 3090, 3095, 3096)
1995 Ed. (2896, 2994)
1994 Ed. (2808)
1992 Ed. (1871)
Vitamins & minerals
1996 Ed. (2646)
Vitamins & supplements
2002 Ed. (3636, 3637)
Vitamins and supplements, natural
1993 Ed. (2811)
Vitamins & tonics
1996 Ed. (2976, 2978, 3094)
Vitamins, children's flavored chewable
2002 Ed. (4758)
Vitamins, letter
2004 Ed. (2102)
Vitamins/mineral supplements
2000 Ed. (3510)
Vitamins, minerals, supplements
2001 Ed. (2105)
Vitamins, multiple
2003 Ed. (4862)
2002 Ed. (4758)
Vitamins, synthetic
1993 Ed. (2811)
Vitamins/tonics, liquid & powder
2002 Ed. (4758)
Vitaminshoppe.com
2001 Ed. (2079)
Vitamite
2003 Ed. (677)
Vitarroz Bravos
1996 Ed. (1174)
Vitec Group
1997 Ed. (1417)
Vitech America, Inc.
2001 Ed. (3297)
1998 Ed. (1880, 1884)
Vitelco Employees Credit Union
2008 Ed. (2264)
2007 Ed. (2149)
2006 Ed. (2228)
2005 Ed. (2133)
2004 Ed. (1991)
2003 Ed. (1951)
2002 Ed. (1897)
VitelFlbr
1990 Ed. (2750)
Viteri TBWA
2001 Ed. (131)
Viterra Energy Services AG
2005 Ed. (1474)
Vitesse Semiconductor Corp.
2004 Ed. (2772, 2775)
2003 Ed. (4541, 4543, 4544)
2002 Ed. (1548)
2001 Ed. (1577)
2000 Ed. (2397, 2402, 4046)
VitesseLearning
2007 Ed. (2271)
Vitetta
2002 Ed. (335)
Vitetta Group
2000 Ed. (316)
1999 Ed. (291)
1998 Ed. (189)
1997 Ed. (269)
1996 Ed. (237)
1995 Ed. (241)
1994 Ed. (238)
1993 Ed. (249)
1992 Ed. (360)
Vitetta Group PC
1991 Ed. (254)
1990 Ed. (285)
Vitex agnus castus
2000 Ed. (2447)
Vito J. Fossella Jr.
2003 Ed. (3893)
Vitol Gas & Electric LLC
1999 Ed. (3962)
Vitol Group
2006 Ed. (3991)
Vitol Holding BV
2008 Ed. (1963)
1999 Ed. (4761)
Vitol SA
1995 Ed. (3731)
1992 Ed. (3443)
1990 Ed. (1891, 2848)
Vitran Corp.
2008 Ed. (4752, 4779)
2007 Ed. (4826, 4856)
2006 Ed. (4853)
2004 Ed. (235)
2003 Ed. (4805)
2002 Ed. (4695)
2000 Ed. (4320)
Vitran Express
2006 Ed. (4841)
2003 Ed. (4785)
Vitreous plumbing
1991 Ed. (2626)
Vitria Technology
2001 Ed. (1247, 1866, 4187)
Vitro
2007 Ed. (1878)
1996 Ed. (349)
1994 Ed. (2508)
1993 Ed. (2560)
1992 Ed. (1670, 3062, 3063)
1991 Ed. (2450, 2451)
Vitro Robertson
1997 Ed. (138)
Vitro S.A.
1991 Ed. (3332)
Vitro SA de CV
2006 Ed. (3392)
2005 Ed. (3395)
Vitronics Corp.
1999 Ed. (2671)
Vitros ECI Immunodiagnostic System
2000 Ed. (3075)
Vitros EDI/Vitros ECI Immunodiagnostic System
1999 Ed. (3336)
Vitros Systems/Family of Lab Products
2000 Ed. (3075)
Vitruvio Leo Burnett
2001 Ed. (210)
Vittel
2007 Ed. (675)
2002 Ed. (757)
Vittorio De Zen
2005 Ed. (4869)
Viva
2008 Ed. (3857)
2003 Ed. (3735)
1996 Ed. (2907)
Viva La Volley
2008 Ed. (4812)
Viva Optique
1995 Ed. (2814)
Vivamedia Inc.
2008 Ed. (3709, 4394)
Vivarin
1995 Ed. (2898)
Vivat Holdings
1990 Ed. (3465)
Vive
2008 Ed. (2869, 2872)
2003 Ed. (2648, 2649, 2657, 2660)
Vivek Juneja
2000 Ed. (2045)
Vivek Paul
2005 Ed. (2469)
Vivelle Dop
2001 Ed. (2642, 2644, 2645)
Vivendi
2008 Ed. (41, 62)
2002 Ed. (1195)
2001 Ed. (36, 1578, 1692, 1707, 1709, 1710, 1711)
2000 Ed. (1434, 1435, 1824)
Vivendi SA
2008 Ed. (3558)
2005 Ed. (1517)
2004 Ed. (1501)
2003 Ed. (1471, 1682, 3280)
2002 Ed. (753, 761, 762, 1403, 1417, 1451, 1656, 1659, 2127, 3216)
Vivendi Universal
2007 Ed. (37, 2896)
2003 Ed. (3449)
Vivendi Universal Entertainment
2006 Ed. (1423, 1453)
Vivendi Universal Entertainment LLP
2008 Ed. (3751)
2007 Ed. (3638)
2006 Ed. (3573)
2005 Ed. (3516)
2004 Ed. (3511)
Vivendi Universal SA
2007 Ed. (2460, 3455, 3456, 4713)
2006 Ed. (1093, 1453, 1688, 1693, 1724, 2498, 3380)
2005 Ed. (39, 1475, 1562, 1777, 1797, 2452, 4359)
2004 Ed. (41, 45, 69, 1452, 1534, 1556, 1738, 2420, 2422, 3359, 3414, 3416, 3514, 4574)
2003 Ed. (264, 732, 1174, 1523, 1681, 2144, 2187, 2339, 3298, 3347, 3450, 3637, 4584)
2002 Ed. (1639, 1658, 3287)
Vivian
2002 Ed. (4907)
Vivian Scott
1997 Ed. (2705)
Vivian; Winterstorm
2005 Ed. (884)
Vivien Solari
2008 Ed. (4898)
Vivigen Inc.
1991 Ed. (2652)
Vivisimo Inc.
2007 Ed. (3058)
2006 Ed. (3025)
Vivitar
2000 Ed. (966)
1999 Ed. (1012, 1013)
1998 Ed. (610, 611)
1996 Ed. (868, 3035)
1995 Ed. (2937)

1994 Ed. (2873, 2874)
1991 Ed. (846)
Vivo
2008 Ed. (28)
2007 Ed. (23)
Vivo-Favor Forbundet
1994 Ed. (45)
1993 Ed. (52)
Vivus
1996 Ed. (3307, 3780)
ViXS Systems
2007 Ed. (3446)
Vizcaya
1990 Ed. (265)
Vladimir Jaros
1999 Ed. (2295)
Vladimir Kim
2008 Ed. (4880, 4888)
Vladimir Lisin
2008 Ed. (4894)
2007 Ed. (785)
2006 Ed. (4929)
Vladimir Patanin
2000 Ed. (735)
Vladimir Potanin
2008 Ed. (4894)
2006 Ed. (4929)
Vladmir Kim
2008 Ed. (4901)
Vlasic
2000 Ed. (2279)
Vlasic Foods Inc.
1991 Ed. (1746)
1990 Ed. (1828)
Vlasic Foods International Inc.
2003 Ed. (2560, 2562, 4228)
2001 Ed. (2478)
VLSI
1998 Ed. (3279)
VLSI Technology
2000 Ed. (307, 308, 3998, 3999)
1999 Ed. (4276)
1993 Ed. (3005, 3213)
1992 Ed. (3673, 3674, 3683)
1991 Ed. (2854)
1990 Ed. (1630, 2986, 2996, 3239)
Vm Materiaux
2006 Ed. (1727)
VM Software
1990 Ed. (3305)
VMark
1997 Ed. (3294)
VMC Behavioral Healthcare Services
2006 Ed. (2407)
2005 Ed. (2364)
2002 Ed. (2852)
VME
1996 Ed. (2245)
VMI Epc Holland BV
2001 Ed. (4130)
VMI Foundation Inc.
1997 Ed. (1065)
VML
2006 Ed. (4329)
VMS
2008 Ed. (1805)
2002 Ed. (1067)
VMS Realty Partners
1991 Ed. (1937)
1990 Ed. (2350, 2954)
VMware
2007 Ed. (1255)
2006 Ed. (1427)
VMX
1992 Ed. (4414, 4415)
1991 Ed. (3467)
VNA Care
1999 Ed. (2708)
Vnesheconombank
2008 Ed. (497)
2007 Ed. (546)
2005 Ed. (602)
2004 Ed. (558, 612)
Vneshtorgbank
2007 Ed. (546)
2006 Ed. (436)
2005 Ed. (494)
1999 Ed. (628, 629)
1996 Ed. (665, 666)
Vneshtorgbank Bank for Foreign Trade
2008 Ed. (497)
2007 Ed. (443, 445)
2005 Ed. (499, 503, 602)
2004 Ed. (557, 612)
2003 Ed. (489, 537, 604)
2002 Ed. (553, 585, 640)
2000 Ed. (653)
Vneshtorgbank of Russia
1995 Ed. (595)
Vneshtorgbank Russia
1997 Ed. (603)
VNU Inc.
2006 Ed. (4068)
2005 Ed. (4037)
2004 Ed. (4096)
2003 Ed. (3350, 4069, 4077)
2002 Ed. (3253)
VNU Business Information Services
1996 Ed. (3190)
1995 Ed. (3089)
VNU Expositions Inc.
2008 Ed. (4723)
2006 Ed. (4787)
2005 Ed. (4736)
2004 Ed. (4754)
2003 Ed. (4777)
2002 Ed. (4645)
VNU International BV
1997 Ed. (3168)
VNU Marketing Information Services
2000 Ed. (3755, 3756)
1999 Ed. (4041, 4042)
1998 Ed. (3042)
1997 Ed. (3295)
VNU NV
2008 Ed. (1425, 3445, 4079, 4141)
2007 Ed. (3454, 4114, 4117)
2006 Ed. (1430, 1717, 4096)
2005 Ed. (1522, 1772, 4041)
2004 Ed. (1506, 3413, 4101)
2003 Ed. (1476)
2002 Ed. (1425, 1462, 1487)
2001 Ed. (61)
VNU USA, Inc.
2001 Ed. (4608)
VNU Verenigde Nederl. Uitgeversbebrijen BV
1997 Ed. (3168)
VNU World Directories
2006 Ed. (1430)
VOA Associates Inc.
2002 Ed. (333)
2001 Ed. (407)
2000 Ed. (310)
1999 Ed. (289)
VocalTec Communications
2000 Ed. (1168)
Vocollect
2007 Ed. (1203)
Vodaci Technologies
2006 Ed. (3513, 4352)
Vodacom
2008 Ed. (84, 92)
2007 Ed. (1976)
Vodacom Group
2007 Ed. (78, 85)
2006 Ed. (88, 95)
2004 Ed. (84)
Vodafone
2008 Ed. (650, 682, 703, 3743)
2007 Ed. (685, 709, 730, 746, 3621)
2004 Ed. (758)
2000 Ed. (3692, 4129)
1993 Ed. (3473)
Vodafone AirTouch plc
2005 Ed. (1570)
2002 Ed. (1126, 1403, 1415, 1685, 1785, 3215, 3217, 4419)
2001 Ed. (1139, 1337, 1551, 1696, 1885, 2860)
Vodafone Australasia Pty. Ltd.
2001 Ed. (3332)
Vodafone Australia
2004 Ed. (1088, 4100)
Vodafone Egypt Telecommunications
2006 Ed. (4499)
Vodafone Group
2001 Ed. (1719, 1743)
2000 Ed. (2643, 2644)
1999 Ed. (3604)
1997 Ed. (3691)
1996 Ed. (1234, 1359, 1362)
Vodafone Group plc
2008 Ed. (25, 35, 38, 44, 46, 49, 51, 52, 55, 64, 74, 86, 103, 134, 1418, 1735, 1811, 1817, 2121, 2122, 2124, 4096, 4641, 4643, 4644)
2007 Ed. (20, 31, 34, 40, 42, 46, 48, 53, 61, 69, 81, 93, 1466, 1467, 1693, 1706, 1780, 2026, 2027, 2031, 2042, 4588, 4713, 4715, 4718, 4720, 4721, 4722, 4724)
2006 Ed. (43, 49, 51, 55, 57, 62, 70, 78, 1093, 1472, 1479, 1481, 1691, 1698, 1711, 1718, 1771, 2054, 2057, 2058, 2060, 3328, 4546, 4697, 4698, 4702, 4703)
2005 Ed. (36, 42, 44, 50, 58, 63, 81, 239, 1463, 1474, 1488, 1489, 1503, 1547, 1765, 1772, 1773, 1797, 1799, 1812, 4516, 4633, 4634, 4640)
2004 Ed. (48, 50, 55, 63, 68, 1089, 1448, 1472, 1473, 1487, 1531, 1707, 1715, 1716, 1738, 3022, 3024, 4673, 4674)
2003 Ed. (1420, 1428, 1442, 1443, 1457, 1503, 1701, 1839, 2948, 3636, 3637, 4610, 4703, 4704, 4974)
2002 Ed. (55, 304, 1379, 1383, 1386, 1423, 1437, 1485, 1638, 1686, 1693, 1788, 2810)
Vodafone Holding GmbH
2005 Ed. (4986)
Vodafone KK
2008 Ed. (1418)
Vodafone Pacific
2002 Ed. (1125, 1592)
Vodafone Panafon SA
2006 Ed. (290, 1739)
Vodafone plc
2008 Ed. (1455)
2007 Ed. (1461)
Vodafone Retail Ltd.
2002 Ed. (35, 3892)
Vodianova; Natalia
2008 Ed. (4898)
Vodka
2002 Ed. (282, 3132, 3133, 3142, 3143, 3168, 3169, 3170)
2001 Ed. (3124, 3125, 3150)
Vodni Stavby Praha
1999 Ed. (3870)
Voest-Alpine Co.
2008 Ed. (850)
2007 Ed. (1594)
Voest-Alpine AG
2008 Ed. (3548)
2007 Ed. (1595)
2006 Ed. (1560, 3371)
1990 Ed. (1332)
Voest-Alpine Stahl AG
2005 Ed. (1662)
1999 Ed. (1585)
1997 Ed. (1363)
1993 Ed. (1282)
voestalpine
2008 Ed. (1572)
2007 Ed. (1593)
2006 Ed. (1558, 4883)
Voestalpine AG
2008 Ed. (1573)
VO5
2003 Ed. (2648)
1999 Ed. (2628)
VO5; Alberto
2008 Ed. (2869)
Vogel; Harold
1997 Ed. (1881)
1996 Ed. (1807)
1995 Ed. (1830)
1993 Ed. (1808)
1991 Ed. (1695)
Vogel; Jacqueline Mars
1995 Ed. (2580)
1994 Ed. (708)
1993 Ed. (699)
1992 Ed. (3079)
1991 Ed. (710, 2462, 3477)
1990 Ed. (731, 2578)
1989 Ed. (1989)
Vogels
1995 Ed. (2584)
1993 Ed. (2578)
VOGT Electronic AG
2006 Ed. (1230, 1234, 1235)
2005 Ed. (1271, 1273)
2004 Ed. (1084, 2232, 2859)
Vogtle
1998 Ed. (3401)
Vogue
2008 Ed. (151, 3532)
2007 Ed. (138, 139, 147, 149, 168)
2006 Ed. (146, 147, 155, 157)
2005 Ed. (145)
2004 Ed. (147)
2001 Ed. (260)
2000 Ed. (3480, 3502)
1995 Ed. (2890)
1994 Ed. (2797, 2803, 2804)
1993 Ed. (2802, 2807)
1992 Ed. (3375, 3387, 3392)
1991 Ed. (2710, 3246)
Vogue Furniture/Perspectives in Laminate Inc.
2000 Ed. (4054)
Voice Communications Corp.
2001 Ed. (3542)
2000 Ed. (3336)
1999 Ed. (3617)
1998 Ed. (2680)
Voice mail
2004 Ed. (4992)
2001 Ed. (2216)
1994 Ed. (2101)
Voice-Mail Broadcast Corp.
2005 Ed. (4649)
Voice Media
2002 Ed. (4571, 4575, 4576)
Voice of Teachers for Education/ Committee on Political Education of N.Y. State U
1993 Ed. (2872)
Voice of the Shuttle
2003 Ed. (3035)
Voice-Tel Voice Messaging Network
1995 Ed. (1938)
Voicecom
2005 Ed. (1554)
Voicelink Data Services
1992 Ed. (4205)
VoiceStream Wireless Corp.
2005 Ed. (831, 1489)
2004 Ed. (859)
2003 Ed. (1513, 2744, 4975, 4976, 4977, 4980)
2002 Ed. (1395, 4977)
2001 Ed. (2866)
Voicetek
1992 Ed. (4039)
Voila
2001 Ed. (4777)
Voinovich Cos.
1993 Ed. (244)
Voinovich; George V.
1993 Ed. (1994)
Voit
1998 Ed. (3350)
1993 Ed. (1707)
1992 Ed. (2065)
1991 Ed. (1634)
The Voit Cos.
2000 Ed. (3732)
1999 Ed. (3996, 4015)
1998 Ed. (3023)
1994 Ed. (3006)
Vojta; George J.
1989 Ed. (417)
Vojtech Kraus
1999 Ed. (2295)
Vojvodjanska
1989 Ed. (572)
Vojvodjanska Banka
2004 Ed. (486, 615, 652)
2003 Ed. (638)
2002 Ed. (664)
2000 Ed. (658)
1997 Ed. (607)
1995 Ed. (638)
1990 Ed. (719)
Vojvodjanska Banka - Udruzena Banks
1993 Ed. (669)
Vojvodjanska U.B.
1992 Ed. (871)
1991 Ed. (697)

Vojyodjanska Banka-udruzena
1989 Ed. (717)
Volatility Breakout
1990 Ed. (1869)
Volatility Movement
1992 Ed. (3551)
Volatility System
1995 Ed. (2999)
1994 Ed. (2941)
Volcan
2002 Ed. (1715)
2000 Ed. (2933)
Volcom Inc.
2007 Ed. (2733)
Voldwagen Stamm
1989 Ed. (325)
Volga Telecom
2004 Ed. (1850)
Volk Advertising; John
1994 Ed. (63)
Volk Co.; John
1993 Ed. (73)
Volker Stevin Nederland BV
1997 Ed. (1194)
Volkert & Associates Inc.
2008 Ed. (2512, 2526)
Volksbanken
1990 Ed. (506)
1989 Ed. (483)
Volkskas
1991 Ed. (415)
1990 Ed. (680)
1989 Ed. (671, 672)
Volkskas Bank
1992 Ed. (574, 833)
1990 Ed. (679, 681)
Volkskas Group
1991 Ed. (660)
Volkskas Merchant Bank
1993 Ed. (2532, 2533)
1991 Ed. (2416, 2417)
Volkswagen
2008 Ed. (652, 705)
2007 Ed. (313, 688, 689)
2006 Ed. (317)
2004 Ed. (758, 761)
2003 Ed. (305, 306, 333, 746, 751)
2002 Ed. (414, 417)
2000 Ed. (356, 474, 475)
1999 Ed. (333, 334, 335, 336, 337, 351, 352, 790, 794, 1604, 1605, 1606, 1608, 1610, 1614, 1635, 1636, 1637, 1638, 2883, 4656)
1998 Ed. (225, 227, 231, 232, 233, 243, 1139, 1537, 1538, 2557)
1997 Ed. (306, 307, 308, 309, 319, 2388)
1996 Ed. (319, 323, 326, 327, 328, 330, 751, 1327, 1328)
1995 Ed. (309, 312, 314, 315, 316, 317, 1374, 1375, 1376, 1377, 1378, 1381, 1382, 1400, 1402, 3097, 3659)
1994 Ed. (313)
1993 Ed. (29, 30, 45, 51, 320, 330, 331, 334, 335, 712, 1297, 1298, 1300, 1301, 1319, 1903, 2607)
1992 Ed. (50, 77, 78, 448, 455, 457, 458, 460, 461, 1603, 1605, 1606, 1622, 1624, 2231, 2232, 3117)
1991 Ed. (326, 328, 1271, 1272, 1273, 1287, 1293, 1295, 1360, 2367, 2494, 22, 23, 40, 47, 48, 49, 332, 1269)
1990 Ed. (363, 364, 367, 373, 1347, 1354, 1363, 2627, 3461, 3631)
1989 Ed. (317, 319, 1111, 1135)
Volkswagen AG
2008 Ed. (24, 26, 35, 36, 40, 42, 66, 82, 86, 88, 90, 102, 287, 293, 296, 301, 848, 1718, 1719, 1721, 1737, 1738, 1768, 1769, 3559, 4755)
2007 Ed. (19, 30, 31, 32, 39, 48, 80, 82, 92, 130, 312, 314, 316, 1327, 1688, 1689, 1691, 1708, 1709, 1741, 1742, 1787, 3423, 4716)
2006 Ed. (25, 29, 31, 40, 48, 90, 92, 101, 137, 314, 320, 321, 1692, 1693, 1695, 1713, 1714, 1732, 1733, 1734, 3225, 3341, 3378, 3381, 3581, 3582, 4085)
2005 Ed. (19, 25, 33, 41, 81, 83, 92, 288, 294, 298, 300, 301, 302, 1759, 1767, 1768, 1781, 2270, 3020, 3391, 3522)
2004 Ed. (26, 30, 32, 45, 47, 55, 86, 88, 98, 138, 285, 286, 287, 306, 884, 1701, 1702, 1703, 1711, 1724, 3360, 3524)
2003 Ed. (318, 332, 1525, 1669, 1671, 1672, 1687, 2326, 3299, 3458)
2002 Ed. (375, 381, 388, 390, 391, 392, 393, 398, 1639, 1640, 1645, 1655, 1661, 1662, 1664, 2364, 3220, 3244, 3402, 3403, 4416, 4417, 4472, 4506, 4670)
2001 Ed. (15, 18, 19, 20, 28, 33, 34, 37, 43, 63, 78, 80, 81, 506, 515, 519, 520, 528, 1578, 1689, 1691, 1695, 1705, 1714, 1715, 1751, 2845, 3217, 3228, 3229, 3835)
2000 Ed. (1411, 1413, 1415, 1416, 1418, 1438, 1473, 3029, 3038)
1999 Ed. (2526)
1997 Ed. (1386, 1387, 1388, 1390, 1393, 1394, 1413, 2087, 3791)
1996 Ed. (1329, 1330, 1333, 1353, 1971, 3735)
1995 Ed. (307)
1994 Ed. (14, 22, 44, 303, 308, 310, 315, 722, 738, 1350, 1351, 1352, 1353, 1354, 1357, 1359, 1375, 1377, 1919, 3575)
1990 Ed. (22, 23, 28, 47, 48, 50, 1356)
1989 Ed. (31, 51, 53)
Volkswagen Aktiengsellschaft (Konzern)
1992 Ed. (1607)
Volkswagen-Audi
1992 Ed. (49)
Volkswagen Bank Gesellschaft Mit Beschraenkter Haftung
2001 Ed. (2432)
Volkswagen Beetle
2005 Ed. (303)
Volkswagen Brasil S.A.
1992 Ed. (1581, 1583, 1585)
1990 Ed. (1336)
Volkswagen Bruxelles SA
2000 Ed. (1393)
1999 Ed. (1589)
1997 Ed. (1365)
1996 Ed. (1301)
Volkswagen Caddy
2004 Ed. (301)
Volkswagen Canada
1992 Ed. (4431)
Volkswagen de Mexico
2006 Ed. (2548)
1989 Ed. (1140)
Volkswagen do Brasil
2006 Ed. (2542)
1990 Ed. (1395)
1989 Ed. (1096)
Volkswagen Fox
1993 Ed. (325)
Volkswagen Gallery
1992 Ed. (403)
Volkswagen Gol
2005 Ed. (296)
2004 Ed. (302)
Volkswagen Golf
2005 Ed. (296)
2004 Ed. (302)
1996 Ed. (2268)
1992 Ed. (436)
Volkswagen Golf/GTI
1993 Ed. (325)
Volkswagen Group
2000 Ed. (1440)
1997 Ed. (1414)
1996 Ed. (1351)
1992 Ed. (1623)
1991 Ed. (1294)
1990 Ed. (368)
Volkswagen Jetta
2008 Ed. (298, 303)
2006 Ed. (322)
2005 Ed. (303)
2004 Ed. (307)
1993 Ed. (325)
1992 Ed. (449)
1991 Ed. (353)
Volkswagen Jetta 4-door
1991 Ed. (356)
Volkswagen Mexico
2007 Ed. (1850)
Volkswagen of America Inc.
2008 Ed. (188, 3009)
2007 Ed. (2887)
2006 Ed. (1471)
2005 Ed. (1776)
2004 Ed. (288, 289, 290, 291, 292, 294, 295, 296, 297, 298, 1718)
2003 Ed. (319, 320, 321, 322, 323, 324, 325, 326, 327, 328, 329, 330)
2002 Ed. (365)
2001 Ed. (1706)
2000 Ed. (1432)
1999 Ed. (1628)
1996 Ed. (1346)
1994 Ed. (1366)
1993 Ed. (1312)
Volkswagen of Downtown L.A.
1992 Ed. (403)
1991 Ed. (298)
Volkswagen of Van Nuys Inc.
1995 Ed. (291)
Volkswagen Passat
1993 Ed. (327)
1992 Ed. (452)
Volkswagen Pointer
2008 Ed. (303)
2006 Ed. (322)
2005 Ed. (303)
2004 Ed. (307)
Volkswagen Polo Classic
2005 Ed. (295)
Volkswagen Quantum
1992 Ed. (450)
Volkswagen Santa Monica
1996 Ed. (291)
1995 Ed. (291)
1994 Ed. (287)
1993 Ed. (288)
1992 Ed. (403)
1991 Ed. (298)
1990 Ed. (323)
Volkswagen Slovakia AS
2008 Ed. (1720)
Volkswagen-Springfield
1996 Ed. (291)
1995 Ed. (291)
1994 Ed. (287)
Volkswagen St.
1991 Ed. (1776)
Volkswagen Type 1
2004 Ed. (307)
Volkswagen U.K. Ltd.
2002 Ed. (48)
Volkswagen Vanagon
1993 Ed. (349)
Volkswagenwerk
1990 Ed. (372)
Volkswagenwerk Ag
1993 Ed. (1302, 1306, 1321, 2952)
1992 Ed. (3594)
1990 Ed. (1348, 1351, 1353, 1370)
1989 Ed. (1106, 1110, 1119, 1144)
Volkswagon
2001 Ed. (455)
Volleyball
2001 Ed. (422, 4342)
1999 Ed. (4383, 4816)
1994 Ed. (3369)
1992 Ed. (4048)
Vollmer
2005 Ed. (3974)
2004 Ed. (4030)
2003 Ed. (3993, 3996)
2001 Ed. (3935)
Vollmer Associates LLP
2008 Ed. (2511, 2523)
Vollmer PR
2000 Ed. (3657)
Vollmer Public Relations
2005 Ed. (3953, 3958)
2004 Ed. (3997)
2003 Ed. (4003)
2002 Ed. (3815, 3820, 3821)
1999 Ed. (3942)
Volmac
1991 Ed. (237)
VOLPAT
1996 Ed. (3099)
1993 Ed. (2923)
1992 Ed. (3551)
Volt Information Sciences Inc.
2008 Ed. (1092, 3188)
2007 Ed. (4743)
2006 Ed. (4720, 4721)
2005 Ed. (819, 4668, 4669)
2004 Ed. (4693, 4694)
2003 Ed. (4717, 4718)
2002 Ed. (4595, 4596)
2001 Ed. (4501)
2000 Ed. (1179, 1747, 1759, 4225, 4226)
1999 Ed. (1981, 4572, 4573)
1998 Ed. (3504)
1997 Ed. (3724)
1991 Ed. (3104, 3334)
Volt Services Group
2006 Ed. (2430)
2002 Ed. (4598)
Volt Temporary Services
2000 Ed. (4230)
1999 Ed. (4577)
Voltaren
1993 Ed. (1530)
Voltaren Ophthalmic Solution
2000 Ed. (3379)
Volten Oph
1995 Ed. (2810)
Volterra Semiconductor
2008 Ed. (2861)
2007 Ed. (2731)
2006 Ed. (4254, 4255, 4259)
Voltire
2001 Ed. (4545)
Voluforms
2000 Ed. (906)
Volum; Maybelline
2008 Ed. (2186)
Volume Express
2001 Ed. (2382, 2383)
Volume Factor
1990 Ed. (2365)
Volume Reversal Daily OEX
1990 Ed. (2365)
Volume Services Inc.
2008 Ed. (252, 253)
2000 Ed. (2238)
Volume Services America Inc.
2007 Ed. (269)
2006 Ed. (262)
2005 Ed. (241, 2662, 2663)
2004 Ed. (238, 2665, 2666)
2003 Ed. (270, 2526, 2533)
2001 Ed. (375, 2484)
Volume Services America Holdings Inc.
2005 Ed. (241)
2004 Ed. (238)
2003 Ed. (270, 271)
2001 Ed. (375)
Volume Shoe
1993 Ed. (3365)
Voluminous
2001 Ed. (2382, 2383)
Volunteer Hospitals of America
2002 Ed. (57)
Volunteer Site Industrial Park
2002 Ed. (3532)
Volunteers of America
2006 Ed. (3721)
1999 Ed. (295)
1997 Ed. (274)
1996 Ed. (243, 912)
1995 Ed. (249, 943, 2778, 2782)
1994 Ed. (241, 904, 2676)
Volver A Empezar
1996 Ed. (3663)
Volvic
2008 Ed. (634)
2007 Ed. (675)
2002 Ed. (757)
Volvo
2008 Ed. (330)
2007 Ed. (343)
2006 Ed. (357)
2005 Ed. (343)
2004 Ed. (343)
2003 Ed. (305, 357, 361)
2002 Ed. (389, 417)

2001 Ed. (455, 484)
2000 Ed. (337, 349, 1427, 1558, 1559, 4123, 4304)
1999 Ed. (322, 333, 334, 790, 794, 1621, 1737, 1738, 4288, 4482, 4483)
1998 Ed. (211, 212, 214, 227, 228, 3625)
1997 Ed. (290, 292, 298, 299, 303, 306, 1401, 1435, 1513, 1515, 2229, 3635, 3636)
1996 Ed. (305, 321, 322, 1341, 1449, 3589, 3590)
1995 Ed. (300, 306, 311, 1491, 1492)
1994 Ed. (45, 299, 303, 304, 313, 1451, 1452, 1453, 3439, 3440, 3584)
1993 Ed. (52, 312, 330, 331, 333, 1269, 1403, 1404, 3460, 3461)
1992 Ed. (68, 80, 455, 457, 1482, 1482, 1482, 1483, 1618, 1618, 1692, 1693, 4142, 4143, 4349)
1991 Ed. (318, 326, 327, 1349, 1351, 3221, 3222)
1990 Ed. (363, 364, 367, 372, 1028, 1422, 3477, 3631)
Volvo A Fria
1989 Ed. (325)
Volvo; AB
2008 Ed. (847, 1755, 1756, 2088, 2089, 2090, 2091, 3582, 3758)
2007 Ed. (875, 1598, 1716, 1726, 1727, 1781, 1994, 1995, 1996, 1997, 1998, 2400, 2972, 3034, 3037, 3646)
2006 Ed. (782, 2024, 2025, 2026, 2027, 3402, 3581, 3582)
2005 Ed. (1495, 1966, 3522)
2003 Ed. (1827)
2000 Ed. (4124)
1991 Ed. (49)
1990 Ed. (49)
1989 Ed. (52)
Volvo Car Corp.
2008 Ed. (2088)
1992 Ed. (1482, 1618)
Volvo Cars
2001 Ed. (1638)
Volvo Cars Belgium
2008 Ed. (4222)
Volvo Cars Europe Coordination NV
1997 Ed. (1392)
Volvo Cars Europe Industry NV
2000 Ed. (1393)
1999 Ed. (1589)
1997 Ed. (1365)
Volvo Cars Japan
1997 Ed. (294)
The Volvo Collection
1990 Ed. (324)
Volvo 850
1995 Ed. (313)
Volvo 440
1991 Ed. (323)
Volvo Ghent
2002 Ed. (1498)
Volvo-GM
1998 Ed. (3646)
1996 Ed. (3747)
1995 Ed. (3667)
1992 Ed. (1804, 4350)
1991 Ed. (3424)
Volvo GM Heavy Truck
1994 Ed. (3583)
1993 Ed. (3628)
Volvo Group
2000 Ed. (1560)
1999 Ed. (1739)
1997 Ed. (1514)
1996 Ed. (1448)
1991 Ed. (1350)
1990 Ed. (368)
Volvo Koncernen
1995 Ed. (1493)
1993 Ed. (1405)
1990 Ed. (1421)
1989 Ed. (1163)
Volvo Lastvagnar AB
2000 Ed. (1559)
1999 Ed. (1738)
1997 Ed. (1512)
Volvo Nashua
1995 Ed. (292)
Volvo of Lisle
1995 Ed. (292)
1992 Ed. (404)
1991 Ed. (299)
1990 Ed. (324)
Volvo of Nashua
1996 Ed. (292)
1994 Ed. (288)
Volvo of Richardson
1996 Ed. (292)
Volvo Personvagnar AB
2006 Ed. (2024)
2005 Ed. (1966)
2004 Ed. (4795)
2003 Ed. (1827)
2001 Ed. (1856)
2000 Ed. (1559)
1999 Ed. (1738)
1997 Ed. (1512)
1996 Ed. (1450)
1995 Ed. (1493)
1994 Ed. (1453)
1993 Ed. (1405)
1990 Ed. (1421)
1989 Ed. (1163)
Volvo/Renault
1992 Ed. (4347)
Volvo Rents
2008 Ed. (4322)
2007 Ed. (4366)
2006 Ed. (4299)
Volvo 700
1990 Ed. (1110)
Volvo 740 series
1994 Ed. (312)
1993 Ed. (329)
1992 Ed. (451)
Volvo 740/760
1993 Ed. (349)
Volvo 740/760 4-door
1991 Ed. (356)
Volvo 740/760 SW wagon
1992 Ed. (484)
Volvo 700 series
1993 Ed. (326)
Volvo 70 series
2004 Ed. (345)
2001 Ed. (489)
The Volvo Store
1996 Ed. (292)
Volvo Truck
1990 Ed. (3654)
Volvo, truck & bus operations
1992 Ed. (1482)
Volvo Trucks North America
2002 Ed. (2734)
Volvo 240
1993 Ed. (349)
Volvo 240 series
1992 Ed. (451)
Volvo 240GL Wagon
1992 Ed. (4362)
Volvo Village
1995 Ed. (292)
Volvokoncemen
1997 Ed. (1512)
Volvoville U.S.A.
1996 Ed. (292)
1995 Ed. (292)
1994 Ed. (288)
1993 Ed. (289)
1992 Ed. (404)
1991 Ed. (299)
1990 Ed. (324)
Vomela Specialty Co.
2007 Ed. (4402)
Vomittag Associates
2000 Ed. (1167, 1179)
Von Broembsen Marson Leo Burnett
2003 Ed. (184)
2002 Ed. (214)
2001 Ed. (244)
von Finck; August
2008 Ed. (4867)
Von Furstenberg; Diane
1991 Ed. (3512)
Von Furstenberg Studio; Diane
1991 Ed. (3512)
1990 Ed. (3704)
1989 Ed. (2973)
Von Hoffmann
2001 Ed. (3956)
Von Holtzbrinck GmbH & Co; George
1996 Ed. (3088)
von Holtzbrinck GmbH; Verlagsgruppe Georg
2008 Ed. (626, 628)
2007 Ed. (667, 669)
2006 Ed. (642, 644)
2005 Ed. (730, 732)
von Pierer; Heinrich
2006 Ed. (691)
Von Roll AG
1994 Ed. (2483)
Von Roll SA Departement Tuyaux Pression
1994 Ed. (2483)
Von Rumohr; Cai
1997 Ed. (1851)
1996 Ed. (1776)
1995 Ed. (1801)
1994 Ed. (1760)
1993 Ed. (1776)
1991 Ed. (1671)
Von Schledorn Ltd.; Ernie
1991 Ed. (270)
Vonage
2008 Ed. (636)
2007 Ed. (678)
2006 Ed. (4878)
Vonage Holdings Corp.
2008 Ed. (817, 2449, 2452, 4291, 4640, 4653)
2007 Ed. (2326)
Von's
2004 Ed. (4642)
1998 Ed. (1711, 3451, 3454, 3455, 3456)
1995 Ed. (343, 1569, 2488, 3524, 3527, 3531, 3532)
1994 Ed. (1288, 1539, 1990, 2413, 3459, 3464, 3465, 3467)
1993 Ed. (1492, 1496, 3493, 3494)
1992 Ed. (1828, 4166, 4167)
1991 Ed. (1422, 1860, 3256, 3257, 3259, 3258)
1990 Ed. (1507)
1989 Ed. (922)
Vons, a Safeway Co.
2007 Ed. (4637, 4638, 4640, 4641)
The Vons Companies
1992 Ed. (3739, 4169)
1990 Ed. (2491)
Vons Cos. Inc.
2003 Ed. (1627, 4635)
1998 Ed. (2414, 3444, 3449)
1997 Ed. (2688, 3660, 3676)
1996 Ed. (1556, 2548, 3612, 3613, 3614, 3619, 3620)
1993 Ed. (3495, 3497)
1992 Ed. (4168, 4170)
1990 Ed. (3248, 3491, 3496)
1989 Ed. (2776)
Vons Grocery Co.
1999 Ed. (368)
1998 Ed. (264)
1997 Ed. (329, 2026, 3670, 3671, 3673)
1990 Ed. (3262)
Vontobel EuroPacific
1995 Ed. (2738)
Vontobel Group
1999 Ed. (3102)
Vontobel U.S. Value
2004 Ed. (2452)
1999 Ed. (3516)
Vontoble International Bond
2000 Ed. (3292)
VoodooPC
2006 Ed. (1540)
Voralberger Landes- und Hypothekenbank
2003 Ed. (464)
Vornado Realty Trust
2008 Ed. (4115, 4126)
2007 Ed. (3738, 4083, 4084, 4085, 4105)
2006 Ed. (4042, 4044, 4054)
2005 Ed. (4009, 4011, 4017, 4018)
2004 Ed. (4079, 4084, 4085)
2003 Ed. (4060)
2002 Ed. (3930)
2001 Ed. (4007, 4009)
2000 Ed. (3722, 3727)
1999 Ed. (4000, 4003)
1998 Ed. (3297, 3301)
1996 Ed. (3427)
1995 Ed. (3069, 3373, 3378)
Voronezhshina
2001 Ed. (4545)
Vortex Industries Inc.
2008 Ed. (4954)
2007 Ed. (3536)
Vorys, Sater, Seymour & Pease
2001 Ed. (562)
Vorys Sater Seymour & Pease LLP
2007 Ed. (1507)
Vosges Hant-Chocolat
2007 Ed. (2598)
Votan Leo Burnett
2000 Ed. (170)
1999 Ed. (152)
Votan Leo Burnett Advertising
2003 Ed. (147)
2002 Ed. (180)
2001 Ed. (208)
Votorantim
2008 Ed. (733)
2007 Ed. (754, 1604)
Vought Aircraft
2005 Ed. (4767)
Vought Aircraft Industries Inc.
2006 Ed. (3318, 4818)
2005 Ed. (1975)
Vought Heritage Federal Credit Union
1994 Ed. (1503)
Vox Group
1996 Ed. (3242)
Vox Medica
2008 Ed. (115)
2005 Ed. (108)
2000 Ed. (159)
1999 Ed. (142)
Vox Prism
1995 Ed. (3017)
1994 Ed. (2962)
Vox Vodka
2004 Ed. (4850)
2003 Ed. (4870)
Voxar
2003 Ed. (2735)
Voyager
2002 Ed. (4702)
2001 Ed. (488)
Voyager; Chrysler
2008 Ed. (304)
2006 Ed. (323)
2005 Ed. (304)
Voyager Investments Ltd.
1995 Ed. (1013)
Voyager Life Insurance Co.
1998 Ed. (2161)
Voyager Life of South Carolina
1989 Ed. (1685)
Voyager.net
2001 Ed. (4450)
Voyageur Asset
1993 Ed. (2326)
Voyageur Asset Management
1998 Ed. (2272)
Voyageur Asset Management Inc., Midcap Growth Equity
2003 Ed. (3130)
Voyageur Enterprises, Ltd.
1991 Ed. (807)
1990 Ed. (846)
1989 Ed. (829)
Voyageur Fund: U.S. Government Securities
1993 Ed. (2685)
Voyageur National High Yield A
1998 Ed. (2644)
Voyageur National Insured Tax Free A
1997 Ed. (2904)
Voyageur U.S. Government
1992 Ed. (3165)
Voyageur U.S. Government Securities A
1997 Ed. (2890)
Voyenno-Strakhovaya
1995 Ed. (2283)
Voyles Acura; Ed
1996 Ed. (262)
1994 Ed. (259)

Voyles Acura; Ed K.
1995 Ed. (258)
Voyles Chrysler-Plymouth; Ed
1996 Ed. (269)
1995 Ed. (262)
Voyles Honda; Ed
1994 Ed. (269)
Voyles Oldsmobile; Ed
1990 Ed. (302)
Voyles Oldsmobile-Hyundai-Sterling; Ed
1992 Ed. (394)
Voyles Oldsmobile Sterling; Ed
1991 Ed. (273)
VP Market
2008 Ed. (56, 58)
2007 Ed. (54, 56)
2006 Ed. (65)
2005 Ed. (58)
2004 Ed. (63)
VP Planner
1989 Ed. (2526)
VPM Funding Co.
2000 Ed. (2198)
1999 Ed. (2441)
1998 Ed. (1695)
VPV Euro RSCG
1996 Ed. (87)
VPV Euro RSCG Oy
2000 Ed. (94)
1999 Ed. (88)
1997 Ed. (88)
VR Business Brokers
2004 Ed. (801)
2003 Ed. (806)
2002 Ed. (796)
1995 Ed. (853)
VR Business Brokers Franchise Network
1999 Ed. (958)
1998 Ed. (540)
1997 Ed. (843)
1996 Ed. (833)
Vratsinas Construction Co.
2004 Ed. (1289)
2003 Ed. (1310, 1311, 1312)
2002 Ed. (1276)
2000 Ed. (4026, 4027)
VRB Bancorp
2000 Ed. (552)
Vreme
2007 Ed. (57)
Vreme Newspaper
2008 Ed. (59)
Vreobecna uverova banka
2006 Ed. (655)
VRG-Groep
1995 Ed. (2834)
VRH Construction Corp.
2004 Ed. (1250)
2003 Ed. (1247)
2002 Ed. (1234)
VS & A
2001 Ed. (4608)
VS Services
1992 Ed. (2487)
1990 Ed. (2083, 2084)
VSB Bank N.V.
1996 Ed. (630)
VSB Groep
1997 Ed. (572)
1996 Ed. (631)
1995 Ed. (562)
VSC Corp.
2008 Ed. (1227, 2719)
2007 Ed. (2580)
2005 Ed. (1281)
VSE Corp.
2008 Ed. (1360)
2007 Ed. (2063)
2006 Ed. (1365, 1366, 1367, 2106)
2005 Ed. (2012)
VSEL
1997 Ed. (1583)
Vseobecna Uverova banka
2008 Ed. (502)
2007 Ed. (550)
2006 Ed. (521)
2005 Ed. (77, 607)
2004 Ed. (617)
2003 Ed. (608)
2002 Ed. (645, 783)
2001 Ed. (649)
2000 Ed. (484, 662)
1999 Ed. (491, 636)
1997 Ed. (433, 434, 610, 611)
1994 Ed. (462, 463)
1993 Ed. (469)
Vseobecna Uverova Banka AS
1996 Ed. (470, 674, 675)
1995 Ed. (441, 604)
Vseobecna Uverova Banka General Credit Bank
1992 Ed. (653)
V70
2001 Ed. (534)
VSI
2006 Ed. (666)
VSI Magazines
1995 Ed. (3525)
VSL Corp.
1999 Ed. (1366)
1998 Ed. (944)
1997 Ed. (1167)
1996 Ed. (1141)
1995 Ed. (1163)
VSM MedTech
2007 Ed. (4578)
VSP Optical Laboratories
2007 Ed. (3752, 3753)
2006 Ed. (3753, 3754)
VSR Financial Services
2002 Ed. (802, 803, 804, 805, 806)
2000 Ed. (851, 852, 854, 855, 856, 857, 858, 859, 860, 861)
1999 Ed. (853, 854, 855, 856, 857, 858, 859, 860)
Vsterreichische Volksbanken
2008 Ed. (1572)
Vstream
2001 Ed. (4673)
VSV
2000 Ed. (809, 810)
VSZ
2002 Ed. (782, 784)
1999 Ed. (805, 806)
VT Inc.
2008 Ed. (289, 290, 4260)
2007 Ed. (300, 301, 4231)
2006 Ed. (302, 303, 333, 4215)
2005 Ed. (281, 282, 4161)
2004 Ed. (277)
2002 Ed. (350, 351, 364)
2000 Ed. (329)
1998 Ed. (205)
1996 Ed. (3766)
VT Group
2007 Ed. (188)
2006 Ed. (182)
VT Holding
2001 Ed. (4279)
VTC Inc.
1994 Ed. (2285)
Vtech
1996 Ed. (3726)
VTech Holdings
2007 Ed. (3072)
VTLS Inc.
2006 Ed. (3279)
2004 Ed. (3256)
1994 Ed. (2522)
1991 Ed. (2310, 2311)
VTN Nevada
2006 Ed. (2456)
V2K, The Virtual Window Fashion Store
2007 Ed. (3193)
2006 Ed. (3159)
2005 Ed. (3158)
2004 Ed. (4943)
V2K, Window Decor & More
2008 Ed. (3335)
VUB
2000 Ed. (809, 810)
1999 Ed. (805, 806)
VuePoint
2002 Ed. (2525)
VUKI
2002 Ed. (785)
Vulcan Corp.
1990 Ed. (3275)
Vulcan Capital Management
2006 Ed. (4010)
Vulcan Chemicals
1993 Ed. (922)
Vulcan Construction Materials LP
2005 Ed. (1644, 3480, 3481)
2004 Ed. (3483, 3484)
2003 Ed. (3416, 3417)
2001 Ed. (3324, 3325)
The Vulcan Group
1999 Ed. (1373)
1996 Ed. (1144)
Vulcan-Hart
1990 Ed. (2744, 2745, 3484)
Vulcan International
1993 Ed. (2009)
Vulcan Life Insurance Co. Inc.
2001 Ed. (1736)
Vulcan Materials Co.
2008 Ed. (750, 1188, 1205, 1544, 3674, 3675, 4545)
2007 Ed. (776, 779, 1276, 1315, 1564, 3511, 3512, 4594)
2006 Ed. (681, 683, 1206, 1207, 1208, 1534, 4609, 4610)
2005 Ed. (776, 779, 1247, 1248, 1249, 1644, 2213, 2214, 4167, 4523, 4524, 4525, 4526, 4527)
2004 Ed. (792, 795, 1222, 1223, 1618, 2109, 2110, 4239, 4590, 4591, 4592, 4594)
2003 Ed. (773, 778, 779, 780, 1601, 2874, 3416, 3417, 4217, 4614, 4615)
2002 Ed. (859, 860, 1172, 4088, 4510, 4511)
2001 Ed. (1047, 1048, 1049, 1183, 1221, 1607, 2815, 3324, 3325)
2000 Ed. (898, 1019, 3136)
1999 Ed. (1049, 3412, 3413)
1998 Ed. (657, 658, 695, 2507, 2508)
1997 Ed. (918, 952, 2792, 2793)
1996 Ed. (889, 2648)
1995 Ed. (842, 912, 951, 961, 1337, 2581, 2582, 2921)
1994 Ed. (789, 791, 879, 915, 1315, 2524, 2525)
1993 Ed. (772, 859, 902, 1271, 2575, 2576, 2874)
1992 Ed. (979, 981, 1110, 3082, 3083)
1991 Ed. (798, 800, 901, 2465, 2466)
1990 Ed. (835, 844, 933, 934, 938, 968, 1158, 2584, 2585)
1989 Ed. (822, 876, 877, 881, 901, 1991, 1992)
Vulcan Painters Inc.
2008 Ed. (1262, 1270)
1997 Ed. (1172)
1992 Ed. (1422)
Vulcan Products Co.
2008 Ed. (3738, 4435)
Vulcraft
2002 Ed. (3320)
Vuz-Bank
2005 Ed. (493, 502)
Vuzrazhdane Commercial Bank
1994 Ed. (441)
VV-Auto
1993 Ed. (28)
Vviss Spol SRO
2001 Ed. (4819)
VVL/BBDO
1989 Ed. (87)
VVV Corp.
2007 Ed. (766, 767)
VW
2008 Ed. (302)
2007 Ed. (315)
VW/Audi
2000 Ed. (340)
1990 Ed. (2624)
VW Beetle
1990 Ed. (376)
VW Golf
1995 Ed. (313)
1993 Ed. (323)
1990 Ed. (361, 376)
VW Golf/Jetta
1990 Ed. (369, 371, 374, 377, 381)
VW Group
1989 Ed. (326)
VW Jetta
1990 Ed. (376)
VW of Downtown Los Angeles
1990 Ed. (323)
VW Parati
1990 Ed. (361)
VW Passat
1990 Ed. (370)
VW Polo
1996 Ed. (320)
1990 Ed. (370)
VW Santana
1990 Ed. (361)
VW Voyage
1990 Ed. (361)
VWR
1996 Ed. (2601)
1995 Ed. (2537)
1994 Ed. (2469)
1993 Ed. (2529)
VWR Scientific Products Corp.
2000 Ed. (2345)
1999 Ed. (2602, 4283)
1998 Ed. (1843, 3287)
Vympelcom
2006 Ed. (4533)
Vysis Inc.
2003 Ed. (4568)
Vystar Credit Union
2008 Ed. (2215, 2225)
2007 Ed. (2100, 2110)
2006 Ed. (2176, 2189)
2005 Ed. (2047, 2082, 2094)
2004 Ed. (1942, 1952)
Vytorin
2007 Ed. (3911, 3912)
Vytra Healthcare
2000 Ed. (1105)

W

W
2007 Ed. (147)
2006 Ed. (147, 155)
1999 Ed. (3746)
1998 Ed. (2782, 2799)
W. A. and Deborah Moncrief
1994 Ed. (890)
W. A. Botting Co.
2008 Ed. (1248)
W. A. Bottling Co.
2007 Ed. (3978)
W. A. Chester LLC
2008 Ed. (1267)
2004 Ed. (1318)
W. A. Gubert
2001 Ed. (2320)
W. A. Ligon
2003 Ed. (2380)
W. A. McCollough
2003 Ed. (2380)
2001 Ed. (2318)
W. A. Wise
2003 Ed. (2407)
2002 Ed. (2211)
2001 Ed. (2344)
W. Alan McCollough
2007 Ed. (2503)
W. Alton Jones Foundation
2002 Ed. (2328, 2333)
W & G Baird
2006 Ed. (2061)
W & H Pacific
2006 Ed. (2453, 2455)
W & R Science & Technology
2002 Ed. (4505)
W & T Offshore Inc.
2008 Ed. (3907)
2007 Ed. (2732, 2735, 3852, 3854)
2006 Ed. (2745)
W & W Architectural Metals Inc.
2007 Ed. (3533)
W & W Glass
2008 Ed. (1322, 1333, 1334)
W & W Glass LLC
2008 Ed. (2821)
2007 Ed. (2696)
W & W Glass Systems Inc.
2008 Ed. (1259)
2007 Ed. (1362)
2006 Ed. (1284)

2005 Ed. (1314, 2733)
2004 Ed. (1307)
2003 Ed. (1304)
2002 Ed. (1292)
1999 Ed. (2600)
W & W Steel Co.
2006 Ed. (1328)
W. Apfelbaum
2001 Ed. (2340)
W. August Hillenbrand
1996 Ed. (962)
W. B. Doner & Co.
2005 Ed. (113)
2004 Ed. (114)
2001 Ed. (128, 129)
1999 Ed. (80, 154)
1998 Ed. (53, 65)
1997 Ed. (79, 145)
1996 Ed. (79, 139)
1995 Ed. (65, 125)
1994 Ed. (83, 116)
1993 Ed. (93)
1992 Ed. (141, 206)
1991 Ed. (92, 149)
1989 Ed. (98, 159)
W. B. Guimarin & Co.
2008 Ed. (1325)
2006 Ed. (1336)
W. B. Harrison Jr.
2004 Ed. (2492)
2003 Ed. (2372)
2002 Ed. (2185)
2001 Ed. (2320)
W. Bell
1990 Ed. (915)
1989 Ed. (860)
W. Bell & Co.
1992 Ed. (1065)
1991 Ed. (866, 867)
1990 Ed. (914)
W/Brasil
1999 Ed. (67)
1996 Ed. (68)
1995 Ed. (52)
W/Brasil Publicidade
1997 Ed. (67)
1994 Ed. (73)
1993 Ed. (84)
1992 Ed. (128)
W. Brown & Associates Insurance Services
2008 Ed. (3228)
W. Bruce Turner
2000 Ed. (2011)
1999 Ed. (2229)
1998 Ed. (1641, 1649)
1997 Ed. (1919)
1996 Ed. (1773, 1847)
W. C Bradley
1993 Ed. (673)
1992 Ed. (875)
W. C. Brown Jr.
1994 Ed. (896, 1057)
W. C. Springer
2001 Ed. (2328)
W. C. Steere Jr.
2003 Ed. (2398)
2002 Ed. (2190)
2001 Ed. (2325)
2000 Ed. (1046)
1999 Ed. (1126)
1998 Ed. (724)
W. C. Weldon
2005 Ed. (2501)
2004 Ed. (2517)
W. C. Wood
2002 Ed. (2579)
2000 Ed. (2487)
1998 Ed. (1959)
1997 Ed. (2238)
1995 Ed. (2121)
1994 Ed. (2072)
W. Cavanaugh III
2005 Ed. (2509)
2004 Ed. (2526)
2001 Ed. (2344)
W. D. & H. O. Wills
1993 Ed. (3472)
W. D. Malone
2004 Ed. (2492)
W. E. Bassett
2002 Ed. (2318)
W. E. Bowers Associates Inc.
2008 Ed. (1253, 1332)
2007 Ed. (1388)
2006 Ed. (1340)
W. E. Given Contracting Inc.
2008 Ed. (3728, 4423)
W. E. Greehey
2005 Ed. (2496)
2004 Ed. (2512)
W. E. O'Neil Construction Co.
2003 Ed. (1246)
2002 Ed. (1182, 1233)
1995 Ed. (1136, 1175)
1994 Ed. (1156)
1993 Ed. (1098, 1149)
1990 Ed. (1176)
W. E. O'Neill Construction Co.
2001 Ed. (1470)
1990 Ed. (1210)
W. E. Reed III
1999 Ed. (1127)
W. E. Rose Building Enterprises
1997 Ed. (1122)
W. Eisenberg
2003 Ed. (2380)
W. F. Hecht
2005 Ed. (2509)
2003 Ed. (2407)
W. G. Bares
2006 Ed. (2521)
W. G. Tomko & Sons Inc.
2004 Ed. (1338)
2003 Ed. (1338)
W. G. Wade Shows
1999 Ed. (1039)
1995 Ed. (910)
W. G. Yates & Sons Construction Co.
2008 Ed. (1942)
W. Gale Weston
1997 Ed. (3871)
W. H. Brady Co.
1997 Ed. (1642)
W. H. Breshears Inc.
2008 Ed. (3696, 4371, 4954)
W. H. Clark
1992 Ed. (1143, 2059)
W. H. Joyce
2006 Ed. (2520)
2001 Ed. (2323)
W. H. Linder & Associates Inc.
2008 Ed. (2518, 2526)
W. H. Longfield
2005 Ed. (2501)
W. H. Newbold's Son & Co.
1998 Ed. (530)
1996 Ed. (810)
1993 Ed. (768)
W. H. Newbold's Son & Co. Inc./ Hopper Soliday & Co. Inc.
1991 Ed. (783)
W. H. Newbold's Son's & Co.
1994 Ed. (784)
W. H. Reaves
1993 Ed. (2297)
W. H. Smith
1992 Ed. (3737)
W. H. Smith Retail
1995 Ed. (3420)
W. H. Swanson
2005 Ed. (2482)
2002 Ed. (2184)
2001 Ed. (2317)
W. H. Webb
2003 Ed. (2405)
2002 Ed. (2210)
W Holding Co., Inc.
2007 Ed. (1964, 2557)
2006 Ed. (400, 1999, 2589, 4583)
2005 Ed. (426, 427, 1954, 2586)
2004 Ed. (420, 421, 1671, 2606)
2003 Ed. (451)
2002 Ed. (501)
W. Howard Lester
1992 Ed. (2056)
W. I. Carr
1999 Ed. (915, 916, 917, 918, 919, 921, 922, 923, 924, 925, 926, 927, 928, 929, 930, 931, 932, 933, 934, 935, 936, 937, 939, 940, 941, 942, 943, 944, 945)
1997 Ed. (743, 756, 758, 760, 761, 762, 763, 764, 765, 766, 769, 777, 779, 781, 785, 793, 794, 795, 796, 797, 803, 804, 805, 807, 808, 809, 810, 811, 812, 813, 814, 815, 816, 817, 818, 819, 820, 821, 822)
1996 Ed. (1851)
1995 Ed. (764, 775, 776, 780, 781, 782, 783, 784, 785, 786, 787, 788, 789, 795, 796, 797, 798, 799, 802, 811, 812, 813, 814, 815, 825, 827, 828, 829, 830, 831, 832, 833, 834, 835, 836, 837, 838, 839, 840, 841)
1994 Ed. (781, 3186)
1993 Ed. (1639, 1640, 1642, 1643, 1644, 1645, 1646, 1647)
W. I. Carr (Far East)
1997 Ed. (1957)
W. I. Simonson Automotive Family of Dealerships
2002 Ed. (4990)
W. J. Carroll
2003 Ed. (2381)
W. J. Corrigan
2001 Ed. (2326)
W. J. Deutsch & Sons Ltd.
2006 Ed. (4967)
W. J. Deutsch & Sons Ltd./Winesellers
2005 Ed. (4976)
2004 Ed. (4975)
2003 Ed. (4960)
W. J. Farrell
2005 Ed. (2493)
2004 Ed. (2509)
2003 Ed. (2390)
2001 Ed. (2331)
W. J. Hagerty & Sons Ltd. Inc.
2003 Ed. (992, 993)
W. J. McNerney Jr.
2005 Ed. (2480)
2004 Ed. (2496)
2003 Ed. (2375)
W. J. Sanders III
2003 Ed. (2386)
2001 Ed. (2326)
W. J. Schoen
2003 Ed. (2377)
W. J. Shaw
2003 Ed. (2388)
2001 Ed. (2327)
W. Jackson & Sons
1992 Ed. (1419)
1991 Ed. (1086)
W. Jackson & Sons Construction
1994 Ed. (1153)
1993 Ed. (1132)
W. James Farrell
2006 Ed. (901, 936)
2005 Ed. (966)
2002 Ed. (2194, 2213)
1998 Ed. (1516)
W. James McNerney Jr.
2008 Ed. (951, 2631, 2632)
2007 Ed. (2499, 2500, 2501)
2006 Ed. (885, 2520, 2522)
W. K. Kellogg Foundation
2008 Ed. (2766)
2005 Ed. (2677)
2004 Ed. (2681)
2002 Ed. (2325, 2326, 2327, 2328, 2329, 2331, 2335, 2337, 2340, 2342)
2001 Ed. (2517, 2518, 3780)
1999 Ed. (2499, 2500, 2501)
1995 Ed. (1070, 1928, 1931, 1933)
1994 Ed. (1058, 1897, 1898, 1900, 1906, 2772)
1993 Ed. (890, 895, 1895, 1896, 1897, 2783)
1992 Ed. (1100, 1100, 2214, 2215, 2216, 3358)
1991 Ed. (1003, 1765, 1767, 2689)
1989 Ed. (1469, 1470, 1471, 1478, 2165)
W. L. Gore
2005 Ed. (1980)
1999 Ed. (1475)
W. L. Gore & Associates Inc.
2008 Ed. (1501, 1503, 1716, 2120, 2128, 2131, 2132)
2007 Ed. (1519, 1521, 2023, 2024)
2006 Ed. (1489, 1491, 1670, 2053)
2003 Ed. (1996)
2000 Ed. (1785)
W. L. Hailey & Co. Inc.
2004 Ed. (1292)
2003 Ed. (1287)
W. L. Kiely III
2004 Ed. (2501)
W L Weller
2001 Ed. (4805, 4806)
1999 Ed. (3238, 3241)
W. L. Wood
1993 Ed. (2053)
W. Lawrence Cash
2008 Ed. (966)
2007 Ed. (1061)
2006 Ed. (964)
W. Leonard
2005 Ed. (2491)
2003 Ed. (2388)
W. M. Keck Foundation
2002 Ed. (2331, 2334)
1999 Ed. (2503)
1991 Ed. (894)
W. M. Street
2003 Ed. (2382)
W. M. Wrigley, Jr.
1991 Ed. (1216)
W. Michael Blumenthal
1991 Ed. (1623, 1627, 1633)
1990 Ed. (1725)
W. O. Corp.
2003 Ed. (2491)
W. O. Bankston Lincoln-Mercury
1995 Ed. (274)
W. O. Grubb Steel Erection Inc.
2002 Ed. (1299)
1998 Ed. (956)
W. P. Carey & Co.
1999 Ed. (3098, 4171, 4173)
1998 Ed. (2274, 3012)
1997 Ed. (3271)
W. P. Kinnune
2003 Ed. (2396)
2002 Ed. (2203)
2001 Ed. (2338)
W. P. Stewart & Co. Ltd.
2003 Ed. (4573)
W. P. Stewart & Co. Ltd., Equity-Growth Stocks
2003 Ed. (3126)
W. P. Weeks
2003 Ed. (2402)
W. Paul Fitzgerald
1995 Ed. (983)
W. R. Adams Co.
2001 Ed. (2672)
2000 Ed. (2418)
1999 Ed. (1381)
1998 Ed. (949)
1997 Ed. (1159)
1996 Ed. (1130)
W. R. Berkley Corp.
2008 Ed. (1699, 3249)
2007 Ed. (2741, 3102, 3107, 3173)
2006 Ed. (3090, 3140, 4580)
2005 Ed. (3126, 3127)
2004 Ed. (3123)
2002 Ed. (1531)
W. R. Berkley Group
2004 Ed. (3040)
W. R. Grace
1997 Ed. (972, 1273, 2019)
1995 Ed. (954, 956, 968, 972, 1271, 1386)
1994 Ed. (918, 919, 920, 932, 936, 940, 1208, 1237, 1362, 1854, 1855, 1856, 2744)
1992 Ed. (1108, 1125)
1990 Ed. (932, 937, 943, 945, 947, 957, 961, 2510)
1989 Ed. (878, 883)
W. R. Grace & Co.
2008 Ed. (3588)
2007 Ed. (1457, 3425)
2006 Ed. (2724, 2725, 3408, 4601)
2005 Ed. (938, 939, 1515, 1527, 2768, 2769)
2004 Ed. (949)
2003 Ed. (938)
2002 Ed. (3231, 3591)
2001 Ed. (1177, 1213)
1999 Ed. (16, 1080, 1083, 1105, 1491, 2451, 3708, 3713)

1998 Ed. (694, 699, 700, 709, 714, 1042, 1063, 1064, 1065, 1137, 2751)
1997 Ed. (954, 957, 967, 1314, 1398, 3005)
1996 Ed. (922, 925, 945, 1229, 1230, 1234, 1336, 1924, 1927, 2915)
1995 Ed. (1257, 1258, 1882)
1993 Ed. (902, 903, 905, 906, 916, 925, 1211, 1310, 2773)
1992 Ed. (3321, 3474)
1991 Ed. (901, 904, 905, 907, 910, 913, 914, 1149)
1990 Ed. (951, 1232)
W. R. Huff
2004 Ed. (2035)
2002 Ed. (3622)
W. R. Johnson
2003 Ed. (2389)
2002 Ed. (2192)
2001 Ed. (2328)
W. R. Kelso Co., Inc.
2005 Ed. (1319)
2004 Ed. (1313)
2003 Ed. (1313)
2002 Ed. (1296)
2001 Ed. (1480)
1999 Ed. (1374)
1998 Ed. (953)
W. R. Lazard & Co.
1997 Ed. (2476, 2480, 2481, 2484)
1996 Ed. (2418, 2655, 2656, 2657, 2658, 2711, 3352, 3877)
1995 Ed. (2340)
1993 Ed. (708, 1851, 2265, 2271)
1991 Ed. (2173, 3045, 3051)
W. R. Lazard Freres & Co.
1991 Ed. (1111, 1115, 1120, 1121, 1122, 1126, 1132, 1596, 2167, 2169, 2172, 2175, 2180, 2201, 2208, 2509, 2522, 2977, 2981, 2982, 2989, 2994, 3005, 3032, 3033, 3048)
W. R. Lazards Freres & Co.
1991 Ed. (1127)
W. R. Sanders
2004 Ed. (2516)
2003 Ed. (2397)
2002 Ed. (2203)
2001 Ed. (2338)
W. R. Taylor
2001 Ed. (887)
W. Randolph Baker
2007 Ed. (1044)
2006 Ed. (949)
2005 Ed. (988)
W. Roy Smith
1993 Ed. (2464)
1992 Ed. (2906)
1991 Ed. (2345)
W. S. Badcock
1999 Ed. (2560)
1997 Ed. (2097)
1996 Ed. (994, 1992)
1995 Ed. (1963, 1965, 2447)
1994 Ed. (1934, 1938)
1992 Ed. (2253)
1991 Ed. (3240)
1990 Ed. (1866)
W. S. Griffith & Co.
1999 Ed. (839, 841, 842, 851, 852, 861, 865)
W. S. Laidlaw
2002 Ed. (2198)
2001 Ed. (2333)
W. S. Shanahan
2003 Ed. (2397)
2002 Ed. (2204)
2001 Ed. (2339)
W. S. Stavropoulos
2008 Ed. (2631)
2007 Ed. (2499, 2501)
2006 Ed. (2519, 2520, 2522)
2002 Ed. (2188)
2001 Ed. (2323)
W. S. Stravropoulos
2005 Ed. (2487)
2004 Ed. (2503)
W. Scott Harkonen
2003 Ed. (681)
W. Scott Simon
2000 Ed. (1961, 1973)
1999 Ed. (2200)
1998 Ed. (1613)
W. T. Andrew Co.
1991 Ed. (3515)
W. T. Esrey
2005 Ed. (2506)
2004 Ed. (2522)
W. T. Kerr
2004 Ed. (2518)
W. Thomas Forrester
2007 Ed. (1074)
W. Todd Bassett
2007 Ed. (3704)
W. V. Hickey
2005 Ed. (2488)
2003 Ed. (2385)
W. V. Richerson Co.
1998 Ed. (910)
W. W. Clyde & Co.
2005 Ed. (1306)
W. W. George
2003 Ed. (2398)
W. W. Grainger Inc.
2008 Ed. (2463, 3140, 4726, 4813, 4920)
2007 Ed. (4358, 4360, 4801, 4878, 4943, 4944, 4947)
2006 Ed. (2274, 4154, 4788, 4789, 4790, 4886, 4936, 4937, 4938, 4941)
2005 Ed. (880, 2211, 2782, 2783, 2996, 4738, 4739, 4740, 4905, 4906)
2004 Ed. (894, 2120, 2210, 2790, 2791, 2998, 4759, 4760, 4916, 4917)
2003 Ed. (870, 2160, 2204, 2889, 2890, 2891, 4394, 4536, 4923, 4924, 4926)
2002 Ed. (1993, 4888, 4894)
2001 Ed. (1134, 2767, 2841, 2842, 4222, 4722, 4723, 4816)
2000 Ed. (993)
1999 Ed. (993, 1043, 2847, 3288, 4283, 4285, 4750)
1998 Ed. (651, 2086, 2426, 3287, 3290)
1997 Ed. (913, 2365, 2698, 3497, 3498)
1995 Ed. (1625, 2232, 2233)
1994 Ed. (1582, 1584, 2176, 2177)
1993 Ed. (1543, 2161, 2162)
1992 Ed. (1882, 1884, 2590, 2591)
1991 Ed. (1481, 1483, 2017)
1990 Ed. (1528, 1585, 1586)
1989 Ed. (1287, 1288)
W W Group Inc.
1991 Ed. (3515)
W. W. McGuire
2002 Ed. (2207)
W. W. Murdy
2005 Ed. (2495)
2004 Ed. (2511)
2003 Ed. (2392)
W. W. Nicholson
1995 Ed. (1232)
W. W. Smith Charitable Trust
1992 Ed. (2217)
1991 Ed. (1768)
W. W. Trainger
1995 Ed. (3315)
WA Botting Co.
2006 Ed. (1348, 1351)
WA Meat Exports
2004 Ed. (4923)
WA Newspapers
2004 Ed. (3938)
2002 Ed. (4617)
Waadt
1994 Ed. (2239)
Waban Inc.
1999 Ed. (1878)
1998 Ed. (1175, 1304, 1971, 1972)
1997 Ed. (1636, 2243, 2244)
1996 Ed. (1418, 2133)
1992 Ed. (3944)
Wabash
1994 Ed. (3566)
Wabash County Farm Bureau
2000 Ed. (1629)
Wabash County Farm Bureau Credit Union
2003 Ed. (1918)
2002 Ed. (1864)
2000 Ed. (221)
1996 Ed. (1511)
Wabash MPI
2001 Ed. (2875)
Wabash National Corp.
2005 Ed. (1794, 4741)
1999 Ed. (4649)
1998 Ed. (241)
1997 Ed. (316)
WABC
2000 Ed. (3697)
1999 Ed. (4571)
1998 Ed. (2988, 3503)
1997 Ed. (3723)
1996 Ed. (3154, 3664)
1995 Ed. (3053, 3588)
1994 Ed. (3504)
1992 Ed. (4257)
1991 Ed. (3329)
WABC-AM
1997 Ed. (3239)
WABC-TV/Disney
2000 Ed. (4224)
Wabros Engros AG
1994 Ed. (3661)
Wabtec
2007 Ed. (1954)
2005 Ed. (3993, 3994)
2004 Ed. (4055, 4056)
Waccamaw Corp.
2001 Ed. (2744)
1999 Ed. (4373)
1998 Ed. (3343)
1997 Ed. (3554)
1996 Ed. (3488, 3489)
1995 Ed. (3427)
1994 Ed. (3368)
Wace; Ian
2008 Ed. (4902)
Wace USA
1996 Ed. (3482)
1995 Ed. (3422)
1993 Ed. (3363)
Wach'alal/TBWA
2003 Ed. (79)
2002 Ed. (114)
2001 Ed. (141)
Wachner, Linda
1996 Ed. (3875, 3876)
1995 Ed. (3786, 3788)
1994 Ed. (3667)
Wachner; Linda J.
1997 Ed. (982, 3916)
1993 Ed. (3730, 3731)
1991 Ed. (3512)
Wachovia
2008 Ed. (259, 345, 355, 356, 358, 366, 486, 524, 730, 1402, 1405, 1427, 1467, 1990, 1992, 1993, 2196, 2322, 2354, 2694, 4120, 4303)
2007 Ed. (284, 367, 368, 370, 378, 380, 382, 386, 387, 479, 532, 650, 651, 751, 857, 916, 1473, 1526, 1924, 1926, 1927, 2559, 2561, 3255, 3631, 4101, 4310, 4314, 4322, 4337, 4652, 4653, 4654, 4655, 4656, 4657, 4666, 4667)
2006 Ed. (277, 279, 384, 385, 387, 395, 396, 399, 401, 402, 405, 466, 507, 1422, 1423, 1940, 1942, 1943, 1944, 2241, 4051, 4276, 4982)
2005 Ed. (361, 362, 363, 366, 373, 376, 377, 423, 429, 438, 447, 449, 452, 490, 538, 542, 590, 631, 632, 790, 1002, 1003, 1064, 1911, 1912, 1913, 1914, 1915, 2441, 2442, 2866, 3306, 3504, 4015, 4258, 4260, 4261, 4262, 4266, 4267, 4278, 4279, 4311, 4320, 4335, 4460, 4571, 4572, 4573, 4574, 4575, 4576, 4989)
2004 Ed. (418, 423, 432, 434, 440, 441, 555, 560, 601, 642, 643, 1543, 1739, 1828, 1830, 2848, 4355, 4370, 4376, 4378, 4394, 4576)
2003 Ed. (437, 439, 446, 452, 543, 546, 631, 632, 1422, 1427, 1557, 1569, 1598, 1795, 3033, 4334, 4335, 4350, 4534)
2002 Ed. (1747)
2001 Ed. (431, 569, 578, 650, 651)
2000 Ed. (432, 1527, 3744)
1999 Ed. (312, 394, 666, 1716, 3063, 3176, 3181, 3182, 3183, 3184, 4030)
1998 Ed. (291, 329, 1182, 1207, 2352, 2353)
1997 Ed. (2617, 2622, 2624, 2625, 2626, 2728, 3290)
1996 Ed. (555, 1242, 1430, 2477, 2485, 2855, 3177, 3178, 3179, 3180)
1995 Ed. (2793, 2794, 2798, 3356)
1994 Ed. (349, 352, 3033, 3034, 3035, 3275)
Wachovia Bank
2008 Ed. (2707)
2006 Ed. (543, 3558, 3563)
2005 Ed. (640)
2001 Ed. (4003)
2000 Ed. (401, 402, 408, 410, 419, 2922, 2924, 2927, 2930)
1999 Ed. (3314)
1996 Ed. (2481)
1995 Ed. (2438)
1994 Ed. (634)
1993 Ed. (412, 489, 526, 600, 630, 2421, 2423, 2735, 2991, 3180, 3285)
Wachovia Bank & Trust
1989 Ed. (644)
Wachovia Bank & Trust Co. NA
1999 Ed. (403, 3313)
1992 Ed. (807)
1991 Ed. (634)
1990 Ed. (656)
1989 Ed. (203)
Wachovia Bank NA
2008 Ed. (196, 341, 342, 346, 347, 348, 349, 350, 356, 357, 359, 360, 361, 363, 364, 365, 1090, 1091, 1990, 2987, 3138)
2007 Ed. (209, 354, 355, 358, 359, 360, 361, 362, 368, 369, 371, 372, 373, 375, 376, 377, 1184, 1185, 1924, 2867, 3020)
2006 Ed. (202, 371, 372, 375, 376, 377, 378, 379, 385, 386, 388, 389, 390, 392, 393, 394, 1076, 1077, 1940, 2873, 2989)
2005 Ed. (190, 368, 369, 381, 382, 383, 384, 385, 424, 425, 428, 430, 431, 432, 434, 435, 436, 1068, 1069, 1911, 2868, 2994)
2004 Ed. (184, 185, 358, 362, 363, 365, 366, 419, 422, 424, 425, 426, 427, 428, 429, 430, 1064, 1065, 1828, 2996)
2003 Ed. (383, 1055, 2887)
2002 Ed. (478, 480, 482, 643, 1120, 2725)
Wachovia Bank of Georgia NA
1998 Ed. (201, 360)
1997 Ed. (284, 477)
1996 Ed. (256, 515)
1995 Ed. (474)
1994 Ed. (249, 491)
Wachovia Bank of North Carolina NA
1998 Ed. (420)
1997 Ed. (584)
1996 Ed. (644)
1995 Ed. (575)
1994 Ed. (603, 2683)
Wachovia Bank of South Carolina NA
1998 Ed. (428)
1997 Ed. (615)
1996 Ed. (680)
Wachovia Capital Markets LLC
2007 Ed. (4272, 4277)
Wachovia Center
2006 Ed. (1153)
Wachovia Equity Fund
2000 Ed. (3282)
Wachovia Insurance Services Inc.
2008 Ed. (3236)
2007 Ed. (3095)
2005 Ed. (3069)

Wachovia Leasing
2006 Ed. (4820)
Wachovia Securities Inc.
2008 Ed. (2160)
2007 Ed. (1768, 3651, 4290)
2005 Ed. (3527)
2004 Ed. (4082, 4327, 4328, 4329, 4331, 4332, 4334, 4335)
2003 Ed. (4055)
2001 Ed. (748, 883, 884, 916, 924, 4382)
Wachovia Securities LLC
2008 Ed. (4264)
2007 Ed. (4235, 4269, 4270, 4271, 4273, 4274, 4276, 4277)
Wachovia Special Value
2000 Ed. (3224)
Wachovia Special Value A
1999 Ed. (3506)
Wachovia Special Values Fund
2000 Ed. (3287)
Wachowski; Andy
2005 Ed. (786)
Wachowski; Larry
2005 Ed. (786)
Wachtell, Lipton, Rosen & Katz
2008 Ed. (3414, 3425, 3426, 3427)
2007 Ed. (3302, 3303, 3304, 3306)
2006 Ed. (3245)
2005 Ed. (1437, 1438, 1439, 1440, 1454, 1455, 1457, 3255)
2004 Ed. (1416, 1417, 1438, 1440)
2003 Ed. (1393, 1400, 1401, 1412, 1413, 1415, 3176, 3177, 3189)
2002 Ed. (1359, 1373, 1374)
2001 Ed. (561, 563, 564, 565, 567)
2000 Ed. (2892, 2893)
1999 Ed. (3142, 3143, 3144, 3145)
1998 Ed. (2325, 2326)
1993 Ed. (2389)
Wachter National Network Services
2006 Ed. (4360)
The Wackenhut Corp.
2004 Ed. (1357)
2003 Ed. (802, 3704, 3705)
2002 Ed. (3545, 3546)
2001 Ed. (3599)
2000 Ed. (2204, 3384)
1999 Ed. (2449)
1991 Ed. (2943, 3104)
Wackenhut Resources Inc.
2002 Ed. (2114)
Wackenhut Security
2000 Ed. (3905)
Wacker
2001 Ed. (1225)
Wacker-Chemie
2002 Ed. (1009, 1017)
1993 Ed. (3317, 3318, 3319)
Wacker Chemie AG
2008 Ed. (919, 920, 921)
Wacker-Chemie GmbH
2007 Ed. (942, 944)
2006 Ed. (855, 858)
Wacker-Chimie
2002 Ed. (1007)
Wacker Siltronic AG
2000 Ed. (3030)
Wackerle; Frederick W.
1991 Ed. (1614)
Waco Tribune-Herald
1990 Ed. (2702)
Waco, TX
2005 Ed. (3325)
1998 Ed. (579)
Wacoal Corp.
2000 Ed. (4242)
1999 Ed. (781, 3188)
Wacom
1997 Ed. (1105)
Waconia, MN
1994 Ed. (2406)
Waddell & Reed
2007 Ed. (2480, 3659, 3661)
2006 Ed. (3682)
2003 Ed. (3501, 3502)
1998 Ed. (2592, 2628, 2629, 2653)
1993 Ed. (2321)
Waddell & Reed Advanced Asset Strategy
2004 Ed. (2448)
Waddell & Reed Advanced Global Bond
2003 Ed. (3546)
Waddell & Reed Advanced International Growth
2004 Ed. (3642, 3644)
Waddell & Reed Advanced Science & Technology
2004 Ed. (3565, 3569)
2003 Ed. (3511, 3552)
Waddell & Reed Advantage Core Investment
2006 Ed. (3620)
Waddell & Reed Advantage International Growth
2006 Ed. (3673)
Waddell & Reed Advantage New Concept
2006 Ed. (3645)
Waddell & Reed Advantage Science & Technology
2006 Ed. (3635, 3636)
Waddell & Reed Financial Inc.
2005 Ed. (3215, 3216)
2004 Ed. (2777, 3176, 3177)
Waddell & Reed Growth
2000 Ed. (3240)
1997 Ed. (2873)
1996 Ed. (2788)
Waddell & Reed Investment Management
2004 Ed. (3562)
Waddell & Reed Ivy
2005 Ed. (3574)
Waddell; M. Keith
2007 Ed. (1048)
2006 Ed. (953)
Waddington Galleries Ltd.
1994 Ed. (996, 1000, 1003)
Waddington; John
1997 Ed. (1417)
Waddulah; Sultan Haji Hassanal Bolkiah Mu'Izzaddin
1994 Ed. (708)
Wade Ford Inc.
2008 Ed. (166, 167)
2007 Ed. (189)
Wade Lagrone
2003 Ed. (2150)
Wade Shows
2005 Ed. (2523)
2000 Ed. (987)
1998 Ed. (646)
1997 Ed. (907)
Wade Shows; W. G.
1995 Ed. (910)
Wade-Trim
2004 Ed. (2373)
Wading pools
1999 Ed. (4527)
Wadleigh, Starr, Peters, Dunn & Chiesa
1999 Ed. (3154)
Wadman Corp.
2008 Ed. (1344)
WADO-AM
1997 Ed. (2800, 3236)
1996 Ed. (2653, 3151)
1995 Ed. (2588, 3050)
1994 Ed. (2530, 2987)
1992 Ed. (3088)
1991 Ed. (2472, 2796)
1990 Ed. (2591, 2940)
Wadsworth & Co. (Holdings) Ltd.; Roger
1993 Ed. (969)
Wafabank
2006 Ed. (406, 502, 796)
2005 Ed. (583)
2004 Ed. (594)
2003 Ed. (588)
2002 Ed. (623, 944, 945)
2000 Ed. (450, 616, 990, 991)
1999 Ed. (459, 594, 1040, 1041)
1997 Ed. (564, 908, 909)
1996 Ed. (437, 610)
1995 Ed. (410)
1994 Ed. (417)
1992 Ed. (591)
1991 Ed. (435)
1990 Ed. (486)
1989 Ed. (463, 629)
Wafer Technology
2002 Ed. (1494)
Wafers/toast
2002 Ed. (1336)
Wafers, toast & bread sticks
1999 Ed. (1422)
Waffle House
2008 Ed. (4175, 4176)
2007 Ed. (4144)
2006 Ed. (4117)
2005 Ed. (4065, 4066, 4067, 4068, 4069)
2004 Ed. (4132)
2003 Ed. (4098, 4112, 4113, 4114, 4115, 4116, 4117)
2000 Ed. (3784)
1999 Ed. (4066, 4069, 4073)
1997 Ed. (3335)
1996 Ed. (3213, 3232)
1995 Ed. (3117, 3140)
1994 Ed. (3072, 3090)
1993 Ed. (3033)
1992 Ed. (3719)
1991 Ed. (2881)
1990 Ed. (3022)
Waffle irons
1996 Ed. (2192)
Waffles
2003 Ed. (2563)
Waffles, french toast, pancakes, frozen
1994 Ed. (3460)
Waffles/pancakes
1989 Ed. (1463)
Wage/pay increases
1991 Ed. (2025)
WageWorks
2008 Ed. (2480)
2007 Ed. (2357)
Wagg; J. Henry Schoder
1990 Ed. (2313)
Wagg; J. Henry Schroder
1993 Ed. (1173, 1174, 1198, 1668)
1992 Ed. (1484)
1991 Ed. (1594)
Wagg; Schroder
1989 Ed. (1349)
Waggener Edstrom
2005 Ed. (3955, 3960, 3962, 3964, 3973, 3974, 3977)
2004 Ed. (3989, 3996, 4000, 4003, 4011, 4028, 4029, 4030, 4033, 4035, 4036)
2003 Ed. (3990, 3996, 4006, 4017, 4020)
2002 Ed. (3812, 3823, 3832, 3851, 3874)
2001 Ed. (3930)
2000 Ed. (3628, 3630, 3638, 3671)
Waggoner Edstrom
2004 Ed. (4002)
Waggoner Engineering Inc.
2008 Ed. (2519)
The Waggoners Trucking
2008 Ed. (4741, 4770)
2007 Ed. (1895, 4814, 4843)
2006 Ed. (1913, 4797, 4809, 4846)
2005 Ed. (1891)
2002 Ed. (4689)
Wagler Homes
2004 Ed. (1160)
2003 Ed. (1155)
Wagner & Brown
1990 Ed. (3556)
Wagner Brake
1995 Ed. (335, 335)
Wagner Capital Management
1993 Ed. (2334, 2342)
Wagner; Glenn
1993 Ed. (1844)
Wagner Investment
1995 Ed. (2365)
Wagner; J. Peter
2006 Ed. (4879)
2005 Ed. (4817)
Wagner, 1910; Honus
1991 Ed. (702)
Wagon Industrial Ltd.
2001 Ed. (2571)
2000 Ed. (2294)
Wagon Industrial Holdings PLC
2000 Ed. (2294)
1999 Ed. (2552, 2552)
1997 Ed. (2106)
Wagon-Lits
1992 Ed. (1482)
Wagon plc
2002 Ed. (2383)
2001 Ed. (2571)
Wagoner Jr.; G. Richard
2006 Ed. (874)
2005 Ed. (984)
Wagons-Lits
1991 Ed. (1258)
Wagons-Lits Hotel
1990 Ed. (2089)
Wagons-Lits Hotels
1990 Ed. (2090)
Wagons-lits Travel USA
1994 Ed. (3579)
Wagstaff's House of Toyota
1991 Ed. (270)
1990 Ed. (305)
Wah Ha Realty Co. Ltd.
1994 Ed. (1321)
1990 Ed. (2046)
WAH Industries
1992 Ed. (1366)
Wah Kwong Shipping
1992 Ed. (2440)
Wah Lee Industrial Corp.
1992 Ed. (1703)
Wahaha A.D Calcium Milk
2001 Ed. (24)
Wahedna Ltd.
1997 Ed. (128)
Wahedna/D'Arcy
2003 Ed. (132)
2002 Ed. (164)
Wahedna/DMB & B
2001 Ed. (193)
2000 Ed. (155)
1999 Ed. (138)
Wahid Butt
1996 Ed. (1908)
Wahid Butt; Abdul
1997 Ed. (1999)
Wahl
2002 Ed. (2071)
2000 Ed. (1728)
1999 Ed. (1944)
1998 Ed. (1378)
1995 Ed. (1630)
1994 Ed. (1588)
Wahlstrom & Co.
2001 Ed. (241)
2000 Ed. (54)
1999 Ed. (52)
1989 Ed. (140)
Wahlstrom Group
2004 Ed. (135)
2003 Ed. (181)
Wahner; James
1990 Ed. (2482)
Wahweap Lodge & Marina
1994 Ed. (1102)
Waihee III; John D.
1992 Ed. (2345)
Waikele Center
1996 Ed. (2878)
Waikiki, HI
1998 Ed. (736, 2003)
Wailea Golf LLC
2007 Ed. (1758)
Waill; David
1997 Ed. (1938)
Wainoco Oil
1991 Ed. (3229)
The Wait Disney Co.
1994 Ed. (212, 1215, 1669, 1671, 1887, 2098, 2100, 2413, 2561, 2562, 2698, 3228, 3441, 3503)
Wait Disney World's Magic Kingdom, EPCOT Center, Disney-MGM Studios Theme Park
1994 Ed. (3361)
Waitaki International
1991 Ed. (1330)
1990 Ed. (3470)
Waiter
2008 Ed. (3810)
Waiter/waitress
1989 Ed. (2077, 2085)
Waiters
2007 Ed. (3723, 3728, 3729)

2005 Ed. (3628, 3629, 3631)
Waiters & waitresses
1993 Ed. (2738)
Waiting to Exhale
2001 Ed. (3412)
1998 Ed. (3674)
Waitress
2008 Ed. (3810)
1993 Ed. (3727)
Waitresses
2007 Ed. (3723, 3728, 3729)
2005 Ed. (3628, 3629, 3631)
Waitrose
2008 Ed. (708, 720)
Waitrose (John Lewis Partnership)
1990 Ed. (3500)
Waitrose Supermarkets
2001 Ed. (2836)
Waitt; Ted
1995 Ed. (1717)
Waitt; Theodore
2006 Ed. (4910)
Waiver of permits
1992 Ed. (2909)
Wajax Ltd.
2003 Ed. (3361)
1990 Ed. (3690)
Wakabayashi; Hideki
1997 Ed. (1981)
1996 Ed. (1873)
Wake County Economic Development
2005 Ed. (3320)
2004 Ed. (3302)
Wake County, NC
2008 Ed. (3473)
1995 Ed. (1512)
Wake County Public School System
1989 Ed. (2284)
Wake Forest University
2006 Ed. (705)
2005 Ed. (798)
2004 Ed. (821)
2001 Ed. (3259)
2000 Ed. (3069)
1999 Ed. (3331)
1995 Ed. (1053)
1994 Ed. (1045)
1993 Ed. (1018)
1992 Ed. (1270)
Wake Forest University, Babcock Graduate School of Management
2007 Ed. (795)
Wake Forest University, Babcock School of Business
2007 Ed. (826)
Wake Medical Center
1997 Ed. (2828)
1996 Ed. (2706)
1995 Ed. (2631)
1992 Ed. (3126)
1991 Ed. (2501)
1989 Ed. (2284)
Wake-up system
1994 Ed. (2101)
Wakefern Food Corp.
2008 Ed. (1382, 2997)
2007 Ed. (1427, 1430, 4960)
2006 Ed. (1391, 1396, 1397, 4953)
2005 Ed. (1405, 1410, 1411, 4920)
2004 Ed. (1384, 1389, 1390, 4634)
2003 Ed. (1376, 1379, 1785)
2002 Ed. (1341, 1739)
2000 Ed. (1108, 2384, 2385, 2386, 2387, 2388, 2389, 2391, 3318)
1999 Ed. (1188, 3596, 4755)
1998 Ed. (756, 1869, 1871, 1872, 1873, 1874, 1875, 2667, 3710)
1997 Ed. (1015, 3876, 3877)
1996 Ed. (998, 1177, 1178, 2046, 2047, 2050, 2051, 2052, 2053, 3822)
1995 Ed. (1017, 1210, 2050, 2051, 2054, 2055, 2056, 2057, 2758)
1994 Ed. (1005, 1991, 1997, 1999, 2000, 2001, 2002, 2003, 3658)
1993 Ed. (979, 1998, 3487, 3488, 3489, 3491, 3492)
1992 Ed. (2351, 3547, 4165)
1991 Ed. (1862, 2578, 3251, 3253, 3255)
1990 Ed. (1041, 1957, 2676, 3492, 3495)
Wakefern/Shop Rite
1991 Ed. (3260)
Wakefield, MA
1992 Ed. (2578)
1991 Ed. (938, 2004)
1990 Ed. (2159)
Wakenfern Food Corp.
1995 Ed. (2757)
Waking Ned Devine
2001 Ed. (3366)
Wako
1997 Ed. (775)
Wako Securities
1990 Ed. (817)
1989 Ed. (817)
Wal Beteiligungs GmbH
2005 Ed. (2587)
Wal-Mark Contracting Group
2008 Ed. (1277)
Wal-Mart
2008 Ed. (656, 663, 2971, 4220, 4238)
2007 Ed. (692, 696, 4185, 4203)
2006 Ed. (2854, 4162)
2005 Ed. (4106, 4655)
2004 Ed. (4187)
2003 Ed. (4165)
2002 Ed. (4040)
2001 Ed. (4090)
2000 Ed. (1113, 1661, 1683, 1685, 1686, 1687, 1688, 2300, 2483, 2488, 2581, 3412, 3547, 3803, 3804, 3807, 3808, 3809, 3810, 3811, 3811, 3812, 3813, 3814, 3815, 4169, 4282, 4348)
1999 Ed. (1505, 1539, 4488)
1998 Ed. (1127, 2054)
1997 Ed. (1639)
1992 Ed. (1076, 1507, 1512, 1542, 1544, 1548, 1550, 1792, 1811, 1812, 1813, 1814, 1815, 1816, 1818, 1819, 1820, 1821, 1822, 1823, 1824, 1826, 1827, 1829, 1844, 1845, 2105, 2422, 2423, 2527, 2528, 2530, 2539, 3726, 3729, 3730, 3732, 3733, 3741, 3925, 3927, 4025, 4144, 4364)
1991 Ed. (879, 1236, 1242, 1421, 1423, 1424, 1425, 1426, 1429, 1430, 1431, 1432, 1433, 1434, 1435, 1436, 1437, 1439, 1440, 1970, 1971, 2888, 2889, 2895, 3241, 1199, 1427, 1450, 1919, 1920, 1921, 2887, 3092, 3227, 1052, 3155, 3226)
1990 Ed. (1510, 1511, 1512, 1513, 1514, 1515, 1516, 1517, 1519, 1520, 1522, 1523, 1524, 1525, 2116, 2121, 2122, 2132, 3028, 3029, 3031, 3044, 3045)
1989 Ed. (866, 867, 1244, 1249, 1250, 1251, 1252, 1253, 1254, 1256, 1257, 1258)
Wal-Mart Canada Corp.
2006 Ed. (1591)
2005 Ed. (1714, 1715, 2471)
Wal-Mart de Mexico
2004 Ed. (1778)
2003 Ed. (1741, 1757, 1758, 4180)
2002 Ed. (1716, 1719, 1720, 1724, 1726)
Wal-Mart de Mexico, SA de CV
2008 Ed. (1886)
2007 Ed. (1853)
2006 Ed. (1849, 1851, 1877)
2005 Ed. (1843, 1844, 1865, 4137)
2004 Ed. (1795, 4207)
Wal-Mart de Mexico, S.A. de C.V. (Walmex)
2001 Ed. (1778)
Wal-Mart Discount Cities
1995 Ed. (1077)
The Wal-Mart Effect: How the World's Most Powerful Company Really Works—and How It's Transforming
2008 Ed. (616)
Wal-Mart Foundation
2005 Ed. (2676)
2002 Ed. (978)
2001 Ed. (2516)
Wal-Mart (including Sam's Club)
2000 Ed. (3806)
Wal-Mart Neighborhood Market
2008 Ed. (4569, 4570)
2007 Ed. (4624, 4625)
2006 Ed. (4637, 4638)
Wal-Mart Stores Inc.
2008 Ed. (325, 890, 891, 892, 894, 896, 1008, 1161, 1448, 1451, 1491, 1516, 1517, 1518, 1519, 1520, 1521, 1522, 1523, 1524, 1528, 1536, 1538, 1542, 1560, 1561, 1562, 1687, 1846, 1849, 1850, 1922, 1945, 2112, 2342, 2343, 2344, 2345, 2357, 2361, 2366, 2486, 2493, 2728, 2877, 2970, 2982, 2991, 2995, 2996, 3000, 3090, 3093, 3102, 3103, 3369, 3446, 3612, 3681, 3682, 3688, 3822, 4062, 4075, 4171, 4209, 4210, 4213, 4214, 4223, 4224, 4225, 4228, 4234, 4235, 4236, 4483, 4485, 4564, 4568, 4585, 4706, 4797, 4813)
2007 Ed. (153, 339, 909, 910, 911, 913, 916, 1126, 1497, 1532, 1533, 1534, 1535, 1536, 1537, 1538, 1539, 1540, 1543, 1544, 1545, 1547, 1555, 1557, 1561, 1577, 1578, 1579, 1653, 1807, 1808, 1810, 1811, 1812, 1816, 1817, 1890, 2015, 2205, 2206, 2207, 2208, 2217, 2221, 2226, 2354, 2366, 2376, 2591, 2760, 2842, 2846, 2863, 2875, 2876, 2880, 2967, 2969, 2981, 2983, 3241, 3350, 3382, 3524, 3697, 3698, 3740, 4034, 4040, 4168, 4169, 4172, 4173, 4177, 4180, 4181, 4182, 4187, 4191, 4199, 4200, 4201, 4202, 4206, 4504, 4506, 4588, 4596, 4617, 4623, 4645, 4675, 4788, 4870, 4878)
2006 Ed. (161, 821, 822, 823, 824, 825, 826, 835, 1142, 1449, 1457, 1465, 1466, 1470, 1482, 1500, 1503, 1504, 1505, 1506, 1507, 1508, 1509, 1510, 1511, 1515, 1516, 1518, 1519, 1525, 1527, 1531, 1532, 1547, 1548, 1549, 1646, 1651, 1784, 1800, 1801, 1803, 1804, 1805, 1807, 1808, 1809, 1898, 1942, 2045, 2269, 2270, 2271, 2272, 2287, 2288, 2293, 2299, 2300, 2403, 2422, 2431, 2615, 2851, 2852, 2871, 2881, 2882, 2883, 2887, 2890, 2949, 2952, 2964, 3282, 3318, 3320, 3320, 3491, 3698, 3702, 3951, 3954, 3958, 3962, 3999, 4003, 4006, 4026, 4145, 4146, 4151, 4152, 4153, 4160, 4166, 4167, 4170, 4177, 4178, 4179, 4180, 4181, 4183, 4187, 4447, 4448, 4607, 4625, 4629, 4632, 4634, 4635, 4643, 4647, 4654, 4870, 4886)
2005 Ed. (906, 907, 908, 925, 1027, 1482, 1531, 1569, 1578, 1617, 1618, 1619, 1620, 1621, 1622, 1623, 1624, 1627, 1628, 1629, 1630, 1633, 1636, 1638, 1652, 1653, 1654, 1735, 1800, 1812, 1813, 1814, 1816, 1817, 1818, 1819, 1820, 1821, 1822, 1824, 1825, 1877, 1913, 1976, 2207, 2208, 2209, 2224, 2228, 2237, 2238, 2243, 2357, 2358, 2375, 2390, 2619, 2704, 2864, 2875, 2876, 2880, 2954, 2957, 2969, 3182, 3244, 3290, 3332, 3596, 3655, 3925, 3929, 3932, 4093, 4094, 4099, 4100, 4101, 4104, 4107, 4114, 4115, 4116, 4119, 4120, 4124, 4126, 4132, 4133, 4134, 4135, 4138, 4140, 4141, 4501, 4504, 4546, 4550, 4553, 4557, 4567, 4589, 4807)
2004 Ed. (915, 916, 917, 1466, 1515, 1569, 1576, 1592, 1593, 1594, 1595, 1597, 1598, 1599, 1600, 1601, 1602, 1605, 1606, 1611, 1613, 1626, 1627, 1628, 1677, 1750, 1751, 1752, 1753, 1755, 1757, 2103, 2104, 2105, 2106, 2119, 2123, 2134, 2140, 2141, 2142, 2143, 2162, 2562, 2631, 2668, 2712, 2764, 2857, 2877, 2882, 2885, 2886, 2888, 2889, 2893, 2894, 2895, 2954, 2955, 2962, 3258, 3679, 3920, 4157, 4158, 4161, 4163, 4179, 4180, 4184, 4188, 4189, 4194, 4195, 4198, 4204, 4205, 4206, 4213, 4214, 4554, 4557, 4564, 4582, 4629, 4643, 4651, 4764, 4824, 4843)
2003 Ed. (897, 898, 1012, 1016, 1440, 1485, 1524, 1525, 1529, 1544, 1545, 1562, 1563, 1564, 1567, 1568, 1570, 1571, 1572, 1573, 1574, 1575, 1580, 1585, 1587, 1591, 1603, 1610, 1611, 1612, 1647, 1658, 1709, 1711, 1713, 1715, 1716, 1718, 1720, 2068, 2069, 2070, 2071, 2072, 2074, 2075, 2428, 2495, 2767, 2780, 2784, 2866, 2870, 2873, 3640, 4145, 4146, 4149, 4163, 4164, 4166, 4167, 4168, 4169, 4170, 4171, 4172, 4173, 4177, 4178, 4179, 4183, 4184, 4185, 4186, 4187, 4188, 4559, 4563, 4567, 4629, 4630, 4647, 4653, 4663, 4671, 4824, 4873)
2002 Ed. (751, 868, 980, 1039, 1422, 1464, 1520, 1533, 1534, 1535, 1536, 1538, 1539, 1541, 1542, 1543, 1545, 1546, 1554, 1555, 1557, 1560, 1572, 1577, 1621, 1673, 1677, 1678, 1681, 1686, 1687, 1691, 1987, 1988, 2004, 2055, 2286, 2581, 2583, 2586, 2696, 2704, 2706, 3916, 4037, 4039, 4041, 4042, 4043, 4045, 4051, 4054, 4059, 4060, 4061, 4534, 4535, 4542, 4714, 4747, 4750)
2001 Ed. (532, 1260, 1574, 1583, 1584, 1585, 1589, 1590, 1591, 1592, 1593, 1594, 1596, 1598, 1599, 1604, 1612, 1613, 1685, 1741, 1744, 1747, 1748, 1749, 2027, 2028, 2030, 2031, 2032, 2033, 2086, 2087, 2124, 2174, 2741, 2745, 2746, 2747, 2748, 2749, 4091, 4092, 4093, 4094, 4095, 4097, 4098, 4103, 4104, 4105, 4107, 4108, 4116, 4423)
2000 Ed. (1118, 1339, 1344, 1349, 1377, 1380, 1381, 1382, 1385, 1470, 1477, 1481, 1684, 1689, 1690, 3325, 3816, 3818, 3823, 4092, 4171)
1999 Ed. (1200, 1517, 1538, 1541, 1546, 1548, 1549, 1564, 1660, 1670, 1835, 1868, 1869, 1870, 1871, 1872, 1876, 1879, 1880, 1882, 1922, 1928, 2703, 4091, 4092, 4093, 4094, 4095, 4096, 4097, 4098, 4099, 4103, 4105, 4112, 4524, 4618, 4636, 4694)
1998 Ed. (652, 663, 664, 665, 667, 668, 772, 1080, 1083, 1087, 1088, 1112, 1116, 1169, 1263, 1293, 1294, 1295, 1296, 1297, 1298, 1302, 1304, 1305, 1306, 1307, 1308, 1309, 1310, 1311, 1312, 1314, 1359, 1360, 1703, 1964, 2314, 2315, 2675, 2676, 3078, 3079, 3082, 3083, 3089, 3090, 3094, 3095, 3096, 3602, 3606)
1997 Ed. (350, 921, 922, 924, 1296, 1307, 1310, 1312, 1324, 1327, 1351, 1355, 1449, 1594, 1622, 1623, 1624, 1625, 1626, 1627, 1628, 1629, 1630, 1631, 1632, 1633, 1636, 1642, 1665, 1668, 1811, 1824, 2241, 2318, 2321, 2332, 2937, 2938, 3341, 3342, 3343, 3344, 3345, 3348, 3354, 3637, 3780)

1996 Ed. (893, 1000, 1090, 1248, 1250, 1265, 1266, 1267, 1276, 1279, 1282, 1287, 1288, 1289, 1292, 1555, 1557, 1558, 1559, 1560, 1565, 1584, 1586, 2203, 2837, 2838, 2839, 2842, 2843, 3235, 3236, 3237, 3238, 3239, 3240, 3241, 3245, 3247, 3251, 3253, 3410, 3415, 3498, 3591, 3593, 3725)
1995 Ed. (916, 1021, 1265, 1266, 1267, 1268, 1306, 1309, 1310, 1311, 1313, 1314, 1320, 1335, 1336, 1434, 1570, 1571, 1572, 1573, 1574, 1575, 1596, 1606, 1767, 1957, 1967, 2119, 2123, 2186, 2772, 3143, 3144, 3145, 3146, 3147, 3154, 3156, 3302, 3307, 3309, 3319, 3336, 3339, 3340, 3433, 3519, 3644)
1994 Ed. (885, 886, 1009, 1065, 1246, 1247, 1248, 1249, 1255, 1284, 1285, 1286, 1290, 1292, 1293, 1297, 1303, 1309, 1313, 1388, 1389, 1399, 1538, 1540, 1541, 1542, 1543, 1544, 1545, 1546, 1565, 1567, 2132, 2135, 2137, 2148, 2668, 2749, 3093, 3095, 3096, 3098, 3101, 3102, 3108, 3112, 3220, 3226, 3227, 3228, 3230, 3239, 3257, 3260, 3261, 3438, 3441, 3448, 3449, 3452)
1993 Ed. (148, 781, 863, 864, 866, 1243, 1244, 1247, 1248, 1249, 1250, 1253, 1254, 1255, 1266, 1270, 1493, 1494, 1495, 1496, 1497, 1498, 1520, 1741, 2111, 2175, 2424, 2716, 2720, 3040, 3041, 3042, 3048, 3050, 3215, 3219, 3224, 3227, 3228, 3230, 3245, 3267, 3368, 3377, 3458, 3464, 3471, 3649)
1992 Ed. (231)
1990 Ed. (1162, 2811, 3324, 3451)
1989 Ed. (1245, 1248, 2320, 2322, 2327, 2465, 2813)
Wal-Mart Stores Inc. (Fayetteville, NC)
1996 Ed. (1743)
Wal-Mart Stores Inc. (Hope Mills, NC)
1996 Ed. (1743)
Wal-Mart Stores Inc. (Raymond, NH)
1996 Ed. (1743)
Wal-Mart Stores Inc. (Statesboro, GA)
1996 Ed. (1743)
Wal-Mart Supercenter
2007 Ed. (4621, 4630, 4637)
2001 Ed. (4403)
2000 Ed. (2595)
1995 Ed. (2196)
1994 Ed. (2154)
1992 Ed. (1825)
Wal-Mart Supercenters
2008 Ed. (4559, 4565)
2007 Ed. (4618)
2006 Ed. (4624)
2005 Ed. (4544, 4545, 4556)
2004 Ed. (4609, 4610, 4626, 4634)
2003 Ed. (4650, 4656)
2000 Ed. (372, 4166)
1999 Ed. (1876, 2820, 4518, 4519)
1998 Ed. (1302, 2065, 3450)
1997 Ed. (1627, 1629, 2343, 3672, 3677)
1996 Ed. (2214)
Wal-Mart Supercenters/Hypermart
1998 Ed. (3449)
Wal-Mart Tire & Lube Express
2006 Ed. (352)
Walboro Automotive
1997 Ed. (2804)
Walbridge Aldinger
2008 Ed. (1240)
2006 Ed. (1271, 1315)
2005 Ed. (1302)
2004 Ed. (1252, 1272, 1300)
2003 Ed. (1249, 1269, 1297)
2002 Ed. (1213, 1236, 1259, 1303)
2001 Ed. (1465, 1485)
2000 Ed. (1200, 1274, 4026, 4027)
1999 Ed. (1332, 1380, 1385)
1998 Ed. (959, 961)
1997 Ed. (1160, 1179)
1996 Ed. (1131, 1150)
1995 Ed. (1176)
1994 Ed. (989, 1157)
1993 Ed. (963, 1085, 1150)
1992 Ed. (1189, 1435)
1991 Ed. (3121, 1099)
1990 Ed. (1211)
1989 Ed. (926)
Walbridge Contracting Inc.
1998 Ed. (904)
1997 Ed. (3515, 3516)
1996 Ed. (3428, 3429)
Walbro Corp.
1992 Ed. (475, 478, 479)
1991 Ed. (342, 345, 346)
1990 Ed. (394, 395, 396)
1989 Ed. (333)
Walbro Engine Management
2004 Ed. (1623)
Walburg State Bank
1996 Ed. (540)
Waldbaum's
2004 Ed. (4644)
1993 Ed. (2471)
1992 Ed. (2939)
1991 Ed. (2358)
1990 Ed. (2489)
Waldbillig & Besteman
1990 Ed. (3079)
Waldemar S. Nelson & Co.
2008 Ed. (2518, 2526)
Walden Energy LLC
2008 Ed. (3727, 4978)
2007 Ed. (3590, 3591, 4441)
Walden Group of Venture Capital Funds
1999 Ed. (1967, 4704)
Walden Residential Properties Inc.
1999 Ed. (3998)
Walden Rhines
2006 Ed. (2523)
Walden Social Balanced
2006 Ed. (4399)
Walden Social Balanced Fund
2007 Ed. (4466)
Walden Social Equity
2006 Ed. (4403)
Waldenbooks
1999 Ed. (1856)
1994 Ed. (733)
1993 Ed. (867)
1992 Ed. (1077)
The Waldinger Corp.
1994 Ed. (1149)
Waldman; Michael
1993 Ed. (1843)
Waldman; Robert
1997 Ed. (1933)
Waldner Co.; D.
1991 Ed. (2638)
Waldner Financial
1994 Ed. (1070)
Waldoch Crafts Inc.
1995 Ed. (3686)
1992 Ed. (4371)
Waldorf Corp.
1999 Ed. (3686)
1992 Ed. (3328)
Waldorf-Astoria Hotel
1999 Ed. (2798)
1996 Ed. (2170)
1995 Ed. (2157)
1993 Ed. (2089)
Waldorf Towers
1990 Ed. (2071)
Waldrop Heating & Air Conditioning Inc.
2008 Ed. (1325)
Walgreen Co.
2008 Ed. (75, 890, 891, 892, 894, 1054, 1491, 1663, 1799, 1800, 1829, 1922, 2374, 2375, 2376, 2377, 2998, 3032, 3102, 4211, 4212, 4214, 4221, 4223, 4233, 4234, 4526, 4562, 4573, 4575)
2007 Ed. (909, 910, 911, 913, 1161, 1654, 1769, 1770, 1790, 1791, 1793, 1794, 1795, 1796, 1797, 1815, 2232, 2233, 2234, 2235, 2236, 2237, 2238, 2239, 2878, 2909, 2981, 4170, 4171, 4173, 4187, 4197, 4199, 4202, 4553, 4554, 4570, 4613, 4614, 4615, 4616, 4627, 4633, 4635)
2006 Ed. (79, 822, 823, 825, 826, 1639, 1762, 1763, 1783, 1786, 1787, 1788, 1790, 2299, 2300, 2301, 2302, 2303, 2304, 2305, 2306, 2307, 2885, 4147, 4148, 4151, 4152, 4166, 4177, 4625, 4628, 4629, 4631, 4632, 4641, 4642)
2005 Ed. (907, 1579, 1597, 1732, 1791, 1792, 1803, 1806, 1807, 1810, 2235, 2236, 2237, 2238, 2239, 2240, 2241, 2243, 4095, 4096, 4502, 4546, 4549, 4550, 4552, 4553, 4566)
2004 Ed. (916, 1731, 1732, 2130, 2131, 2132, 2134, 2135, 2136, 2137, 2138, 2140, 2141, 2142, 2143, 2144, 2145, 2146, 2877, 2886, 2891, 4159, 4160, 4197, 4613, 4620, 4621, 4622, 4624, 4641)
2003 Ed. (897, 898, 1528, 1532, 1535, 1695, 1696, 2095, 2096, 2097, 2098, 2099, 2100, 2101, 2104, 2105, 2782, 2784, 2873, 4147, 4148, 4183, 4185, 4563, 4640, 4648)
2002 Ed. (1613, 1667, 2030, 2031, 2032, 2033, 2034, 2035, 2037, 2041, 2042, 2706, 4042, 4043, 4524, 4526, 4532)
2001 Ed. (2081, 2082, 2086, 2087, 2090, 2091, 2092, 2093, 2747, 4093, 4095, 4096, 4404)
2000 Ed. (950, 1690, 1702, 1714, 1716, 1717, 1718, 1719, 1720, 2219, 2266, 2420)
1999 Ed. (1414, 1870, 1921, 1922, 1924, 1925, 1926, 1927, 1928, 1929, 1930, 1931, 2462)
1998 Ed. (1296, 1297, 1359, 1360, 1361, 1362, 1363, 1364, 1365, 1366, 1711, 2054)
1997 Ed. (2026)
1991 Ed. (1450, 1462, 1467, 1463, 1425, 1426, 1459, 1460)
1990 Ed. (1549, 1550, 1555, 1556, 1557, 1563)
1989 Ed. (1263, 1264, 2974)
Walgreen Eastern Co., Inc.
2007 Ed. (4170)
2006 Ed. (4147, 4148)
2005 Ed. (4095, 4096)
2004 Ed. (4159, 4160)
Walgreens
2000 Ed. (1686, 1687, 1721, 1722, 3412, 3547, 3809)
1998 Ed. (663)
1997 Ed. (1625, 1626, 1665, 1668, 1672, 1673, 1676, 1677, 1678)
1996 Ed. (1559, 1560, 1584, 1585, 1586, 1589, 1590, 1591, 1592, 1929)
1995 Ed. (1572, 1573, 1596, 1606, 1611, 1612, 1613, 1614, 1616)
1994 Ed. (1542, 1543, 1564, 1565, 1567, 1569, 1570, 1571)
1993 Ed. (1495, 1496, 1519, 1520, 1527, 1528)
1992 Ed. (1135, 1136, 1815, 1844, 1845, 1852, 1853, 1854, 1855, 1856, 1857, 1859, 1860, 3733, 3739)
1990 Ed. (3028, 3029)
1989 Ed. (1266, 1267, 1268)
Walgreens Health Initiatives
2004 Ed. (2897)
2003 Ed. (2786)
Walgreens.com
2007 Ed. (2316)
Walid Alomar & Associates LLC
2005 Ed. (1516)
2004 Ed. (1500)
2003 Ed. (1470)
2002 Ed. (1450)
Walk the Line
2008 Ed. (2386, 2387)
Walker
1997 Ed. (2669, 2672)
Walker & Associates Inc.
2007 Ed. (3585, 3586, 4438)
2006 Ed. (3531, 4370)
Walker & Sons; Hiram
1997 Ed. (2141, 2640)
1996 Ed. (2498)
Walker & Sons (Holdings) Ltd.; C.
1991 Ed. (961)
Walker Art Center
2006 Ed. (3718)
Walker; B. B.
1990 Ed. (1067)
Walker Breweries Ltd.; Brent
1994 Ed. (1356)
Walker Builders
1997 Ed. (833)
Walker Cancer Research Institute
1996 Ed. (918)
Walker; Clay
1997 Ed. (1113)
1996 Ed. (1094)
Walker; Don
2007 Ed. (1030)
Walker; Donald
2008 Ed. (2637)
Walker; Donald J.
2008 Ed. (3997)
Walker Drug
1999 Ed. (1896)
1998 Ed. (1331, 1332)
Walker family
2008 Ed. (4904)
2007 Ed. (4928)
2005 Ed. (4892)
Walker Family Auto Group
2008 Ed. (166)
2006 Ed. (183)
Walker Furniture
2000 Ed. (2305)
1999 Ed. (2562)
Walker Group
1999 Ed. (287)
1993 Ed. (2996)
Walker Co. Inc.; J. F.
1997 Ed. (1200)
1995 Ed. (1195, 1200)
1994 Ed. (1177)
1993 Ed. (1154, 1155)
Walker, James
1996 Ed. (1856)
Walker; Jim
1997 Ed. (1958)
1996 Ed. (1852)
Walker Media
2008 Ed. (130)
Walker Methodist Residence & Health Services
1990 Ed. (2724)
Walker Parking Consultants
1989 Ed. (269)
Walker; PHH
1990 Ed. (2287)
Walkergroup/CNI
1997 Ed. (262)
Walkers
2008 Ed. (721, 723)
2002 Ed. (767, 4301)
2001 Ed. (1011)
Walkers Crisps
1999 Ed. (174, 783, 789)
1996 Ed. (776, 3468)
1994 Ed. (748, 2004, 3349)
1993 Ed. (1879)
1992 Ed. (925, 2192, 4006)
1991 Ed. (1743)
Walkers Potato Crisps
1999 Ed. (4347)
Walkers Potato Heads
2008 Ed. (721)
Walkers Sensations
2008 Ed. (721)
Walkers Shortbread Ltd.
2008 Ed. (2747)
Walking
2001 Ed. (4343)
1994 Ed. (2786)
1993 Ed. (2793)
1992 Ed. (4048)
The Walking Magazine
1995 Ed. (2881)

Walking shoes
2001 Ed. (426)
1994 Ed. (245)
1993 Ed. (257)
Wall
2000 Ed. (3403)
Wall Data
1996 Ed. (1290)
1995 Ed. (2059, 2062, 3380, 3382)
Wall Financial Corp.
2006 Ed. (1608)
Wall Machinery Inc.
2004 Ed. (1875)
Wall Street
1991 Ed. (2567)
Wall Street Access
2006 Ed. (2267)
2003 Ed. (768)
Wall Street Associates
1994 Ed. (2308)
1992 Ed. (2770)
1990 Ed. (2346)
A Wall Street Century
2002 Ed. (4854)
Wall Street City
2002 Ed. (4792, 4836, 4853)
Wall Street City ProSearch
2002 Ed. (4852)
Wall Street Deli
1997 Ed. (3311, 3312, 3332)
Wall Street Electronica
2003 Ed. (768)
1999 Ed. (862, 3002)
Wall Street Electronics
2006 Ed. (662)
Wall Street Equity Brokers Inc.
1999 Ed. (4006, 4306)
Wall Street Financial Group
2008 Ed. (2718)
Wall Street Fund
2006 Ed. (3614)
2004 Ed. (3538, 3597)
Wall Street Generalist
1992 Ed. (2802)
The Wall Street Journal
2008 Ed. (759, 813, 4710)
2007 Ed. (847, 850, 4795)
2006 Ed. (754, 757)
2005 Ed. (828)
2004 Ed. (849, 854)
2003 Ed. (807, 812, 3643)
2002 Ed. (914, 3501, 4811)
2001 Ed. (3543)
2000 Ed. (3334)
1999 Ed. (3614)
1998 Ed. (83)
1997 Ed. (2943)
1996 Ed. (2847, 2962)
1995 Ed. (2892)
1993 Ed. (2724)
1992 Ed. (3237, 3238)
1989 Ed. (2180)
The Wall Street Journal Guide to Understanding Money and Investing
1999 Ed. (691)
Wall Street Journal Interactive Edition
2002 Ed. (4799)
The Wall Street Journal Radio Network
2005 Ed. (823)
2004 Ed. (850)
Wall Street Money Machine
1999 Ed. (690)
Wall Street Research Net
2002 Ed. (4861)
Wall to Wall Sound & Video
1992 Ed. (1937, 2425)
1991 Ed. (1542)
Wallace
2000 Ed. (3608)
Wallace & de Mayo Pc
2001 Ed. (1315)
Wallace Computer Services Inc.
2005 Ed. (1549)
2004 Ed. (845, 3728, 3729, 3936, 3942)
2003 Ed. (804, 3671, 3672, 3930, 3934, 3935)
2002 Ed. (1523, 3764)
2001 Ed. (3565, 3566, 3902)
2000 Ed. (3613)
1999 Ed. (3642, 3891)
1998 Ed. (2920, 2923)
1994 Ed. (2692, 2693)
1993 Ed. (789, 2740, 2741)
1992 Ed. (992, 3285, 3286, 3528, 3534)
1991 Ed. (2636)
1990 Ed. (2736)
Wallace Cos.; G. C.
2008 Ed. (2520, 2529)
2007 Ed. (2405, 2407)
Wallace D. Malone Jr.
2001 Ed. (2314)
Wallace; Fannie
1995 Ed. (933)
Wallace Ford Inc.
1995 Ed. (267)
Wallace Ford Subaru
1990 Ed. (307)
Wallace Inc.; G. C.
2006 Ed. (2456)
Wallace Home Communities
2003 Ed. (1162)
Wallace Malone Jr.
2006 Ed. (927)
Wallace McCain
2008 Ed. (4856)
2005 Ed. (4866, 4875, 4876)
Wallace-Reader's Digest Fund; DeWitt
1994 Ed. (1902, 1904, 1906)
1992 Ed. (1280)
Wallace-Reader's Digest Fund Inc.; Lila
1995 Ed. (1930)
1994 Ed. (1902, 1903)
1993 Ed. (891)
Wallace Roberts & Todd
2000 Ed. (316)
1999 Ed. (291)
1998 Ed. (189)
1997 Ed. (269)
1995 Ed. (241)
1993 Ed. (249)
1992 Ed. (360)
1991 Ed. (254)
1990 Ed. (285)
Wallace, Susan G.
1995 Ed. (933)
Wallach Co.
2000 Ed. (377)
Wallach; Andrew
1991 Ed. (1710)
Wallachs
1994 Ed. (3094)
1993 Ed. (3039)
1992 Ed. (3727)
Wallboard Systems Hawaii
2007 Ed. (1752)
2006 Ed. (1743)
Wallenius Holdings Inc.
2005 Ed. (1348)
Wallenius Wilhelmsen Lines Americas LLC
2004 Ed. (1342)
Wallenius Wilhelmsen Lines AS
2004 Ed. (4799)
Walleniusrederierna AB
2002 Ed. (4673)
Waller Lansden Dortch & Davis
2008 Ed. (3415)
Waller Lansden Dortch & Davis PLLC
2007 Ed. (1510)
Waller Sutton Management Group
2000 Ed. (1526)
Waller Truck Co.
2005 Ed. (2690)
Wallet Works
1993 Ed. (865)
Wallpaper
2005 Ed. (2781)
2000 Ed. (3499)
Walls
1990 Ed. (3335)
WallStreet*E
2008 Ed. (2340)
2007 Ed. (2203)
2006 Ed. (2267)
Wallwood Consultants
2006 Ed. (1082)
Wally McCarthy's Oldsmobile
1995 Ed. (282)
Walman Optical
2007 Ed. (3750, 3751, 3752, 3753)
2006 Ed. (3751, 3752)
2001 Ed. (3591, 3592)
Walmark
2008 Ed. (35)
Walmart.com
2005 Ed. (2326)
2003 Ed. (3049)
2001 Ed. (2977, 2982)
Walnut Asset
1993 Ed. (2323)
Walnut Creek
2005 Ed. (4965)
2002 Ed. (4925)
2001 Ed. (4845)
Walnut Creek, CA
1997 Ed. (2353)
1996 Ed. (1604, 2225)
1995 Ed. (2216)
1994 Ed. (2165)
1993 Ed. (2143)
Walnut Crest
2004 Ed. (4971)
2003 Ed. (4948)
1998 Ed. (3754)
1995 Ed. (3772)
Walnut Grove Correctional Facility
2001 Ed. (854)
Walnut Street Securities Inc.
2002 Ed. (789, 797, 800)
1999 Ed. (850)
Walnuts
1994 Ed. (2687)
1993 Ed. (1748, 2736)
Walpole Inc.
2005 Ed. (4781)
Walser Chrysler-Plymouth Inc.
1992 Ed. (412)
Walsh America/PMSI
1993 Ed. (2503)
Walsh & Co.; Mark J.
1997 Ed. (1074)
1995 Ed. (1078)
Walsh College
1997 Ed. (863)
Walsh Construction
2008 Ed. (1295, 1296, 1329, 2015, 2019)
2007 Ed. (1386, 1943)
2006 Ed. (1308, 1310, 1337)
Walsh Construction Co. of Illinois
1995 Ed. (1136, 1175)
1994 Ed. (1156)
The Walsh Group
2008 Ed. (1223, 1226, 1236, 2605, 4051)
2007 Ed. (1338, 1340, 1349, 1352, 1355)
2006 Ed. (1238, 1241, 1251, 1276, 1277, 1278, 1354)
2005 Ed. (1307, 1308, 1309)
2004 Ed. (774, 1285, 1292, 1299, 1300, 1301, 1302, 1311)
2003 Ed. (1138, 1256, 1271, 1287, 1289, 1295, 1296, 1297, 1298, 1299, 2745)
2002 Ed. (1182, 1237, 1260, 1261, 1279, 1284, 1285, 1286, 1287)
2001 Ed. (1467)
2000 Ed. (1251, 1255, 3717)
1999 Ed. (1326, 1360, 1383)
1992 Ed. (1371, 1434)
Walsh, Higgins & Co.
1998 Ed. (3003)
Walsh International
1997 Ed. (2710, 3296)
1995 Ed. (2508, 3089, 3090)
Walsh International/PMSI
1996 Ed. (2569, 3190, 3191)
Walsh Painting Inc.; Hartman
1992 Ed. (1422)
Walsh/PMSI
1994 Ed. (2442)
Walsham Brothers & Co. Ltd.
1995 Ed. (1004, 1009)
1992 Ed. (1196, 2899)
Walsin Lihwa Electric Wire & Cable
1992 Ed. (1701, 1704)
Walt & Co. Communications
2002 Ed. (3812)
Walt Disney Co.
2008 Ed. (19, 20, 156, 763, 824, 830, 1044, 1045, 1047, 1049, 1050, 1100, 1101, 1440, 1477, 1597, 1598, 1610, 1826, 1827, 1828, 1829, 1830, 1831, 1832, 1833, 1834, 1852, 2449, 2452, 2487, 2588, 2589, 2593, 2594, 3018, 3624, 3625, 3626, 3630, 3755, 4093, 4094, 4521, 4659, 4662)
2007 Ed. (15, 16, 152, 749, 787, 852, 863, 1194, 1195, 1454, 1482, 1513, 1609, 1610, 1612, 1791, 1792, 1793, 1794, 1795, 1796, 1797, 2453, 2454, 2455, 2456, 2458, 2459, 2896, 3447, 3448, 3456, 4062, 4737, 4741)
2006 Ed. (20, 21, 22, 23, 160, 166, 169, 657, 765, 772, 1088, 1089, 1585, 1586, 1590, 2490, 2492, 2493, 2494, 2497, 2498, 2850, 3433, 3434, 3435, 3436, 3437, 3438, 4025, 4028, 4708, 4714, 4716)
2005 Ed. (15, 16, 150, 154, 243, 244, 845, 850, 851, 1096, 1097, 1499, 1555, 1680, 1681, 1687, 1809, 2445, 2446, 2452, 3425, 3426, 3427, 3428, 3989, 4282, 4656, 4657, 4658, 4659, 4660)
2004 Ed. (21, 22, 23, 151, 152, 156, 240, 241, 868, 871, 1086, 1087, 1554, 1659, 1660, 2420, 2421, 2422, 3409, 3411, 3412, 3414, 3415, 3416, 3514, 4051, 4680, 4689)
2003 Ed. (16, 19, 192, 194, 195, 766, 767, 829, 833, 839, 844, 1072, 1073, 1453, 1627, 1628, 1746, 2339, 2343, 2344, 3022, 3210, 3346, 3347, 3352, 4032, 4033, 4710, 4712)
2002 Ed. (33, 235, 751, 1433, 1494, 1495, 1521, 1522, 1602, 1603, 2145, 2147, 2148, 2149, 3267, 3280, 3281, 3285, 3286, 3287, 3496, 3604)
2001 Ed. (1646, 1647, 1648, 1649, 1652, 1653, 2271, 2272, 2273, 3230, 3231, 3250, 3361, 3362, 3960, 4490)
2000 Ed. (23, 31, 204, 206, 798, 944, 948, 960, 961, 1377, 1396, 1426, 1429, 1430, 1431, 1839, 1840, 1841, 2238, 2920, 3004, 3050, 3693, 4208, 4211, 4213)
1999 Ed. (28, 180, 181, 998, 1443, 1449, 1451, 1472, 1591, 1620, 1623, 1624, 1625, 1669, 2050, 2051, 2052, 3174, 3307, 3309, 3310, 3444, 3445, 3977, 3978, 4566, 4567, 4569)
1998 Ed. (22, 28, 74, 90, 486, 510, 1009, 1016, 1017, 1047, 1066, 1070, 1105, 1128, 1471, 1473, 1703, 2346, 2414, 2533, 2534, 2710, 2710, 2980, 2982, 3119, 3407, 3407, 3491, 3501)
1997 Ed. (29, 31, 167, 246, 706, 727, 1236, 1238, 1239, 1245, 1246, 1250, 1251, 1349, 1369, 1400, 1402, 1403, 1405, 1778, 1779, 2054, 2283, 2688, 2719, 2818, 3713, 3718)
1996 Ed. (2490, 2689, 2690)
1995 Ed. (2615, 3307)
1993 Ed. (224, 719, 1635, 1636, 2596, 2597, 2598, 3228, 3262, 3267, 3268, 3379, 3470, 3524, 3533)
1992 Ed. (2979)
1991 Ed. (234, 1579, 2391, 2392, 2881, 3089, 3105, 3226, 3399)
1990 Ed. (261, 262, 263, 3243)
1989 Ed. (255)
Walt Disney Attractions
2007 Ed. (274)
2006 Ed. (270)
2005 Ed. (251)
2003 Ed. (274)
2002 Ed. (309)
2001 Ed. (378)

Walt Disney Internet Group
2003 Ed. (3020)
Walt Disney Parks & Resorts LLC
2008 Ed. (3195)
Walt Disney Resort & Attractions
1997 Ed. (248)
Walt Disney World Co.
2008 Ed. (252, 253, 1732)
2007 Ed. (269, 270, 1703)
2006 Ed. (262, 263, 1708)
2005 Ed. (241, 242, 1762)
2004 Ed. (238, 239, 1704)
2003 Ed. (270, 271, 1675)
2001 Ed. (375, 376, 1702)
1992 Ed. (332, 333)
1990 Ed. (265, 266)
Walt Disney World/Disneyland
1993 Ed. (733, 734, 739, 743)
Walt Disney World Dolphin Hotel
2000 Ed. (2538)
Walt Disney World/Epcot
1990 Ed. (264)
Walt Disney World/Epcot Center
1991 Ed. (3156)
1990 Ed. (3325)
1989 Ed. (2518)
Walt Disney World/Epcot Center/ Disney-MGM Studios
1995 Ed. (3420)
1993 Ed. (3358)
1992 Ed. (4026)
Walt Disney World Resorts
2006 Ed. (2941)
2000 Ed. (2558)
1999 Ed. (2780)
1998 Ed. (2020)
1997 Ed. (2290)
1996 Ed. (2176)
Walt Disney World Swan & Dolphin
2005 Ed. (2519)
2002 Ed. (2648, 2650)
2000 Ed. (2568, 2574)
1999 Ed. (2791, 2795)
1998 Ed. (2030, 2035)
Walt Disney World Swan & Dolphin Hotel
2004 Ed. (2945)
2003 Ed. (2413)
2001 Ed. (2351)
Walt Disney World's Magic Kingdom
1993 Ed. (228)
1992 Ed. (331)
Walt Disney World's Magic Kingdom, EPCOT Center, Disney-MGM Studios Theme Park
1994 Ed. (218, 219)
1991 Ed. (239)
Walt Disney's World on Ice
1993 Ed. (1080)
Walt Whitman Bridge rechecking
2000 Ed. (1227)
WALTEK Inc.
1997 Ed. (1170)
1996 Ed. (1143, 2027)
1995 Ed. (2002)
1994 Ed. (1152, 1976)
1993 Ed. (1133, 1954)
Walter Alessandrini
2002 Ed. (3346)
Walter and Leonore Annenberg
1994 Ed. (892)
Walter & Turnbull
2002 Ed. (4)
Walter Annenberg
2008 Ed. (895)
2004 Ed. (4865)
2003 Ed. (4882)
2002 Ed. (3352)
1998 Ed. (686)
1994 Ed. (1055)
Walter B. Jones
2003 Ed. (3893)
Walter Bau AG
2004 Ed. (1167)
2003 Ed. (1336)
2002 Ed. (1312, 1320)
Walter Construction
2002 Ed. (1179, 1256, 1261, 1592)
Walter E. Smithe Furniture
2000 Ed. (2305)
1999 Ed. (2562)
Walter F. Williams
1990 Ed. (1717)
Walter, Franklin B.
1991 Ed. (3212)
Walter Gibb
2002 Ed. (979)
Walter H. Annenberg
2001 Ed. (3779)
1993 Ed. (888, 1028)
1992 Ed. (1093, 1096, 1096, 1096)
1990 Ed. (731)
Walter Haefner
2008 Ed. (4875)
Walter Homes Inc.; Jim
1996 Ed. (1102, 1103)
1995 Ed. (1122)
1994 Ed. (1105)
1993 Ed. (1083)
1992 Ed. (1363, 2555, 1353)
1991 Ed. (1047, 1988)
1990 Ed. (1155)
1989 Ed. (1003)
Walter Industries Inc.
2008 Ed. (2352)
2007 Ed. (777, 1550, 2212)
2006 Ed. (2280)
2005 Ed. (2215, 2216, 2217)
2004 Ed. (2111, 2112)
2003 Ed. (2086, 2087)
2001 Ed. (3286, 4367, 4368)
1999 Ed. (2454)
1996 Ed. (990)
1995 Ed. (1003, 1386)
1994 Ed. (1362)
1993 Ed. (964, 1310)
Walter J. McCarthy, Jr.
1990 Ed. (1718)
Walter J. Sanders III
2002 Ed. (2182, 2191)
Walter J. Zable
2005 Ed. (976, 977)
Walter Corp.; Jim
1991 Ed. (954)
1990 Ed. (1029, 1030, 3553)
1989 Ed. (823, 1516)
Walter; John R.
1997 Ed. (1803)
1993 Ed. (938)
Walter K. Knorr
1995 Ed. (2669)
Walter Kaye Associates Inc.
1992 Ed. (2702)
1991 Ed. (2139)
Walter Knorr
1992 Ed. (3137)
1991 Ed. (2547)
Walter Kwok
2004 Ed. (4876)
2003 Ed. (4890)
Walter Mueller AG
1994 Ed. (2415)
Walter O. Boswell Memorial Hospital
1997 Ed. (2264, 2266, 2267)
Walter; R. D.
2005 Ed. (2481)
Walter R. Garrison
1999 Ed. (2085)
1992 Ed. (2064)
Walter R. Young, Jr.
1997 Ed. (981)
Walter Rakowich
2006 Ed. (1001)
Walter; Robert
2007 Ed. (983)
2006 Ed. (893)
2005 Ed. (969)
Walter; Robert D.
2007 Ed. (1020)
Walter, Roberta
1996 Ed. (1796)
1995 Ed. (1823)
Walter Scott International
1992 Ed. (2793)
Walter Scott Jr.
2004 Ed. (4866)
2002 Ed. (3349)
Walter Stoeppelwerth
1999 Ed. (2292)
1996 Ed. (1850)
Walter, Thomas, & Raymond Kwok
2005 Ed. (4861)
Walter Umphrey
2002 Ed. (3072)
1997 Ed. (2612)
1991 Ed. (2296)
Walter V. Shipley
2001 Ed. (2315)
2000 Ed. (386)
1999 Ed. (386)
1998 Ed. (289)
1996 Ed. (381)
1994 Ed. (357)
1991 Ed. (1625)
1990 Ed. (458, 459)
1989 Ed. (1381)
Walter Williams
1990 Ed. (2285)
Walter Young
2001 Ed. (1220)
Walter Young Jr.
1998 Ed. (723)
Walter Zable
2006 Ed. (3931)
Walters & Wolf
2008 Ed. (1259, 2821)
2007 Ed. (1362, 2696)
2006 Ed. (1284)
2005 Ed. (2733)
2004 Ed. (1307)
2003 Ed. (1304)
2001 Ed. (1476)
2000 Ed. (1262)
1999 Ed. (1370, 2600)
1998 Ed. (948)
1997 Ed. (2149)
1995 Ed. (2002)
1994 Ed. (1976)
1993 Ed. (1954)
Walters & Wolf Glass
2005 Ed. (1314)
Walters Industries
1996 Ed. (993, 995)
Walters Special; Barbara
1992 Ed. (4248)
Walton; Alice L.
2008 Ed. (4835, 4839)
2007 Ed. (4906, 4908)
2006 Ed. (4911, 4915)
2005 Ed. (4858, 4860, 4883)
1994 Ed. (708)
Walton & Family; Sam
1990 Ed. (3687)
Walton; Christy
2008 Ed. (4835, 4839)
2007 Ed. (4906, 4908)
Walton Construction Co.
2008 Ed. (1314)
2006 Ed. (1324)
Walton E. Burdick
1994 Ed. (1712)
Walton Family
2008 Ed. (3979, 4881)
2007 Ed. (3949)
2006 Ed. (3898)
2005 Ed. (3832)
2004 Ed. (3890)
1995 Ed. (664)
Walton Family Foundation
2002 Ed. (2334)
Walton family; Sam
1989 Ed. (2905)
Walton; Helen R.
2008 Ed. (4831)
2007 Ed. (4906)
2006 Ed. (4911, 4915)
2005 Ed. (4858, 4860, 4883)
1994 Ed. (708)
Walton; James C.
1994 Ed. (708)
Walton; Jim C.
2008 Ed. (4835, 4839)
2007 Ed. (4906, 4908)
2006 Ed. (4911, 4915)
2005 Ed. (4858, 4860, 4883)
Walton; John T.
2006 Ed. (4911, 4915)
2005 Ed. (4858, 4860, 4883)
1994 Ed. (708)
Walton Johnson & Co.
2000 Ed. (745)
Walton; Jon
2008 Ed. (3120)
Walton; Jon D.
2008 Ed. (2635)
Walton Labs
1994 Ed. (2151)
1993 Ed. (2118)
1992 Ed. (2556)
1990 Ed. (2140)
Walton; Robson
2005 Ed. (4882)
Walton; S. Robson
2008 Ed. (4835, 4839)
2007 Ed. (4906, 4908, 4915)
2006 Ed. (4911, 4915, 4927)
2005 Ed. (4858, 4860, 4883)
1994 Ed. (708)
Walton; Sam
2005 Ed. (974)
1989 Ed. (732, 1986, 2751)
Walton; Sam Moore
1993 Ed. (699)
1991 Ed. (710, 3477)
1990 Ed. (731, 2576)
Walton Street Capital
2000 Ed. (2808)
Walwyn
1992 Ed. (958, 964)
Wambold; R. L.
2005 Ed. (2488)
Wambold; Richard
2007 Ed. (1001)
2006 Ed. (911)
2005 Ed. (966)
Wambold; Richard L.
2005 Ed. (3857)
WAMR-FM
2008 Ed. (4470)
2006 Ed. (4430)
2005 Ed. (4412, 4413)
2004 Ed. (4464, 4465)
2003 Ed. (4498)
2002 Ed. (3895)
2001 Ed. (3970)
2000 Ed. (3142)
1999 Ed. (3419, 3979)
1998 Ed. (2511, 2986)
1997 Ed. (2800, 3236)
WAMR-FM, WRTO-FM, WQBA-AM, WAQI-AM
2000 Ed. (3695)
Wamsutta
2008 Ed. (3092)
2007 Ed. (2968)
2006 Ed. (2951)
Wan Hai
2003 Ed. (2418, 2419)
Wan Hai Lines Ltd.
2004 Ed. (2538, 2539)
Wan Hai Steamship Co., Inc.
1990 Ed. (240)
Wan-lin; Tsai
1997 Ed. (673)
1992 Ed. (890)
1991 Ed. (710, 3477)
Wan-Tsai; Tsai
2008 Ed. (4852)
Wanadoo
2005 Ed. (3197)
2001 Ed. (4777)
Wanadoo SA
2006 Ed. (1431, 1438)
Wanadoo SA; Groupe
2005 Ed. (1155)
The Wanamaker Building
2000 Ed. (3365)
Wand Partners
1999 Ed. (4707)
Wanda State Bank
1989 Ed. (212)
Wander AG
1992 Ed. (1116)
W&W Glass Systems, Inc.
2000 Ed. (2343)
Wang
1990 Ed. (2190, 2206)
Wang; Anthony W.
1993 Ed. (1702)
1992 Ed. (2057)
1991 Ed. (1627)
Wang; Charles B.
1997 Ed. (982)
1993 Ed. (1702)
1992 Ed. (2057)

1991 Ed. (1627)
Wang; Gary
2008 Ed. (4852)
Wang Laboratories
2000 Ed. (1754)
1999 Ed. (1282, 1976)
1998 Ed. (820, 844)
1997 Ed. (1087)
1995 Ed. (1456)
1994 Ed. (203, 209, 214, 359, 360, 361, 1291, 1294, 1296, 1298, 1300, 1302, 1304, 1306, 1308, 1310, 1314, 1420, 2207, 3444)
1993 Ed. (216, 219, 1047, 1260, 1261, 1262, 1263, 1367, 2574, 3380)
1992 Ed. (320, 323, 1300, 1307, 1536, 1555, 1556, 1557, 3080, 3081, 3681, 4072)
1991 Ed. (236)
1990 Ed. (1121, 1140, 2735, 2993)
1989 Ed. (975, 976, 2103, 2311)
Wang Laboratories (Taiwan) Ltd.
1992 Ed. (1323, 1324)
1990 Ed. (1132, 1737)
Wang Labs
1989 Ed. (2667)
Wang Labs B
1991 Ed. (223)
1990 Ed. (249)
Wang; Nina
2008 Ed. (4844)
Wang; Shab
1995 Ed. (1826)
Wang; Susan S.
1995 Ed. (983)
Wang Tien Woolen Textile Co. Ltd.
1994 Ed. (3524)
1992 Ed. (4283)
1990 Ed. (3572)
Wang; YC
2008 Ed. (4852)
2007 Ed. (4909)
Wangard Partners Inc.
2006 Ed. (3549, 4387)
Wanger Asset Management LP
1999 Ed. (3583)
Wangtek
1994 Ed. (1512)
Wanigas Credit Union
2003 Ed. (1899)
2002 Ed. (1838)
Wankie
1997 Ed. (3930)
Wankie Colliery
1999 Ed. (4830)
Wannahaves
2002 Ed. (2518)
Wansley
1992 Ed. (1896)
Wapakoneta, OH
2007 Ed. (3384)
2006 Ed. (3067)
Waqar Syed
2008 Ed. (2691)
WAQI-AM
2005 Ed. (4412)
1997 Ed. (2800, 3236)
1996 Ed. (2653, 3151)
1994 Ed. (2530)
1991 Ed. (2472, 2796)
1990 Ed. (2591, 2940)
WAQI-AM/WRTO-FM
1995 Ed. (2588, 3050)
1994 Ed. (2987)
WAQI (AM)/WXDJ (FM)
1992 Ed. (3088)
WAQY-FM
1992 Ed. (3605)
War of the Worlds
2007 Ed. (3642)
War on Want
2008 Ed. (673)
2007 Ed. (702)
War veterans
1997 Ed. (3684)
Warb Pincus Small Company Value Common
1998 Ed. (2603)
Warbasse Co-operative Credit Union
2004 Ed. (1928, 1929)
2003 Ed. (1890)
Warbucks; Oliver "Daddy"
2008 Ed. (640)
2007 Ed. (682)
Warbug Investment Management International
1995 Ed. (2395)
Warbug Pincus Japan
2000 Ed. (3230)
Warburg
1990 Ed. (1772)
1989 Ed. (815)
Warburg & Co.; S. G.
1990 Ed. (1797, 1798)
Warburg & Co.; SG
1989 Ed. (1373, 1375)
Warburg; Bacto, Allain/S. G.
1991 Ed. (776)
Warburg Brinckmann
1990 Ed. (814)
Warburg Dillon Read
2002 Ed. (1358)
2001 Ed. (961, 962, 963, 964, 965, 966, 967, 968, 969, 970, 971, 972, 973, 974, 975, 1037, 1196, 1517, 1518, 1519, 1523, 1524, 1525, 1526, 1528, 1531, 1532, 1535, 1536, 1538, 2426, 2427, 2429)
2000 Ed. (775, 777, 867, 868, 869, 871, 872, 874, 876, 877, 884, 887, 892, 2058, 2073, 2107, 2108, 2109, 2110, 2111, 2145, 2768, 3417, 3419, 3420, 3880, 3881, 3903, 3961, 3962, 3986, 3987, 3988)
Warburg Fixed Income Common
1998 Ed. (2641)
Warburg Group PLC; S. G.
1996 Ed. (1189, 1190, 1202, 1359, 1364, 1860, 1861, 1862, 1863, 3379, 3386, 3387, 3413)
1994 Ed. (781, 1679, 1691, 1693, 1694, 1695, 1698, 1703, 1838, 1839, 2290, 2474, 3187, 3188)
Warburg Group; S. G.
1997 Ed. (480)
1991 Ed. (3070, 3071)
Warburg Group; S.G.
1996 Ed. (521)
Warburg Growth & Income
1995 Ed. (2678)
Warburg Investment
1995 Ed. (2371)
1991 Ed. (2218)
Warburg Pincus
2006 Ed. (3276)
2005 Ed. (3284, 4819)
2003 Ed. (4848)
1998 Ed. (2285, 2628, 2654)
Warburg Pincus Adv Japan Growth
2000 Ed. (3279)
Warburg Pincus Asset Management
1999 Ed. (3073)
Warburg Pincus Cap App Adv
2000 Ed. (3282)
Warburg Pincus Cap App Com
2000 Ed. (3282)
Warburg Pincus Emerging Growth
1999 Ed. (3577)
Warburg Pincus Fixed Income
1999 Ed. (3537)
Warburg Pincus Fixed Income Common
1999 Ed. (745)
1996 Ed. (2783)
Warburg Pincus Glb Post Venture
2000 Ed. (3291)
Warburg Pincus Global Fixed Income
1999 Ed. (3579)
Warburg Pincus Global Income
1996 Ed. (2809)
Warburg Pincus Growth & Income
1996 Ed. (2774, 2789)
1995 Ed. (2704)
Warburg Pincus Health Sciences
2001 Ed. (3439)
Warburg Pincus Institutional Japan
2001 Ed. (3503)
Warburg Pincus Interm. Maturity Gov.
1999 Ed. (3555)
Warburg Pincus Intermediate Maturity Government
1996 Ed. (2779)
Warburg Pincus International Equity
1994 Ed. (2638)
Warburg Pincus International Equity Common
1995 Ed. (2738)
Warburg Pincus International Partners, LP
2002 Ed. (4731)
Warburg Pincus Japan Growth Cm.
2001 Ed. (3503)
Warburg Pincus Japan Small Company Cm.
2001 Ed. (3503)
Warburg Pincus LLC
2008 Ed. (3399)
Warburg Pincus Ventures Inc.
1998 Ed. (3663, 3665)
1997 Ed. (2627)
1994 Ed. (3621, 3622)
1993 Ed. (3662)
1991 Ed. (3441, 3443)
1990 Ed. (3668)
Warburg; S. G.
1995 Ed. (752, 764, 771, 775, 776, 777, 778, 779, 790, 793, 795, 796, 799, 801, 804, 822, 825, 826, 832, 833, 834, 835, 836, 837, 838, 839, 841, 1219, 1719, 3274, 3275, 3276)
1994 Ed. (495, 1201, 1202, 1203)
1993 Ed. (493, 1173, 1174, 1198, 1639, 1641, 1642, 1643, 1645, 1646, 1658, 1660, 1667, 1668, 1669, 1670, 1674, 1675, 1846, 1847, 1849, 1850, 1851, 3201, 3202, 3205)
1992 Ed. (1484, 2139, 2140, 2141, 2785, 3897)
1991 Ed. (777, 778, 782, 850, 852, 1111, 1112, 1113, 1115, 1120, 1121, 1122, 1123, 1125, 1126, 1127, 1128, 1130, 1131, 1132, 1133, 1587, 1592, 1594, 1599, 1612, 1613, 3076)
1990 Ed. (899, 1683, 1699, 1700, 1704, 2313, 2771, 3225)
Warburg Securities
1990 Ed. (815)
1989 Ed. (1421)
Warburg Securities (Japan); S. G.
1996 Ed. (1868)
Warburg Securities; S. G.
1996 Ed. (1851, 1859)
1992 Ed. (1055, 1990, 2027, 2040, 3900)
1991 Ed. (1712)
1990 Ed. (1771)
Warburg; SG
1992 Ed. (1993, 1999, 2011, 2013, 2014, 2018, 2019)
1990 Ed. (1675, 1679)
1989 Ed. (1351, 1352, 1353, 1356, 1357, 1358, 1368, 1372, 2447, 2448, 2450, 2455)
Warburg Small Company Value
1998 Ed. (2593)
Warburg Soditic; S. G.
1991 Ed. (1597)
Warburg Soditic; SG
1989 Ed. (1360)
Warburtons
2008 Ed. (710, 723)
Warcraft II
1998 Ed. (850)
Warcraft II: Tides of Darkness
1998 Ed. (847, 851)
Warcraft III Battle Chest
2008 Ed. (4810)
Ward & Associates Inc.
1993 Ed. (708)
1991 Ed. (3063)
Ward Creative Communications
2005 Ed. (3974)
2004 Ed. (4030)
2003 Ed. (4003)
2002 Ed. (3820)
2000 Ed. (3657)
Ward; Daniel
1997 Ed. (1934)
Ward Dingmann
2007 Ed. (4161)
Ward Howell Corp.
1995 Ed. (1724)
1990 Ed. (1710)
Ward Howell International
2000 Ed. (1863)
1999 Ed. (2071, 2073)
1998 Ed. (1504, 1506)
1997 Ed. (1792, 1793, 1795)
1996 Ed. (1707)
1994 Ed. (1711)
1993 Ed. (1691, 1692)
1992 Ed. (2048)
1991 Ed. (1616)
Ward; Jonathan P.
1997 Ed. (1804)
Ward; Leo
2005 Ed. (4884)
Ward; M. J.
2005 Ed. (2503)
Ward Mallette
1989 Ed. (6)
Ward Mallette/BDO
1989 Ed. (7)
Ward; Michael J.
2008 Ed. (951, 2639)
Ward; Sears, Penney,
1991 Ed. (2061)
Ward Transportation Research
2008 Ed. (3390)
Ward Trucking Corp.
2003 Ed. (4785)
Ward White
1991 Ed. (1168)
Wardair
1990 Ed. (3642)
Wardley
1992 Ed. (3020)
1989 Ed. (1779)
Wardley Corporate Finance
1996 Ed. (3376)
1995 Ed. (3267)
1994 Ed. (3185)
Wardley Investment
1993 Ed. (2307, 2359)
Wardley Investment Services
1992 Ed. (2747, 2794)
1991 Ed. (2220, 2228)
Wardley Investment Services HK
1992 Ed. (2791, 2792, 2795)
Wardley J. Capel
1995 Ed. (764, 770, 771, 774, 775, 777, 778, 779, 785, 788, 790, 791, 792, 793, 794, 795, 796, 804, 817, 820, 821, 822, 823, 825, 826, 840)
Wardley Selection Hong Kong Equity
1990 Ed. (2399)
Wardoken Holdings Ltd.
1993 Ed. (975)
Ward's
1992 Ed. (236, 1794, 1795, 1796, 1837, 1838, 3725)
1989 Ed. (1183)
Ward's AutoWorld
2007 Ed. (4790)
Wards Cove Packing Co.
2003 Ed. (2523)
Ware Malcomb
2008 Ed. (3336)
2007 Ed. (1684)
Wareforce Inc.
1999 Ed. (1274, 4814)
1998 Ed. (3764)
1997 Ed. (3918)
1995 Ed. (3796)
Warehouse Ltd.
2005 Ed. (63)
2004 Ed. (68)
2001 Ed. (62)
1994 Ed. (35)
1993 Ed. (44)
1992 Ed. (67)
Warehouse club
2001 Ed. (3784)
1996 Ed. (3815, 3816)
1995 Ed. (3720, 3722)
1994 Ed. (3645, 3646)
1993 Ed. (3684)
1992 Ed. (4416, 4417, 4419)
1991 Ed. (3468, 3469, 3470, 1993)
1990 Ed. (3680)
1989 Ed. (1255, 2501, 2901)

Warehouse clubs
2008 Ed. (1161, 4020, 4702)
2006 Ed. (4165)
2004 Ed. (3892, 3893)
2003 Ed. (4836)
2001 Ed. (681, 2813, 4111)
2000 Ed. (3579, 4061, 4067, 4348)
1999 Ed. (3823)
1998 Ed. (2053, 3321)
1997 Ed. (650, 2102)
1996 Ed. (1985, 1986, 3467)
1995 Ed. (3402, 3545, 3707)
1994 Ed. (2068)
1993 Ed. (2742)
1992 Ed. (2524, 3406, 3407, 3725)
1991 Ed. (1967, 1978)
1990 Ed. (2119)
Warehouse Demo Service Inc.
2005 Ed. (1998)
2004 Ed. (1882)
2003 Ed. (1847)
The Warehouse Group Ltd.
2008 Ed. (64)
2007 Ed. (61)
2006 Ed. (70, 3703)
2004 Ed. (1652, 1826)
2003 Ed. (1792)
2002 Ed. (1745, 2708, 3497)
Warehouse management
1995 Ed. (857)
Warehouse/price clubs
2002 Ed. (749)
Warehouse stores
1997 Ed. (2319)
Warehouse wholesale clubs
1991 Ed. (880)
Warehousing
1999 Ed. (964)
Waremart Inc.
2001 Ed. (1729)
Waren Acquisition
2006 Ed. (2781)
Warenhandels AG; Spar Osterreichische
2005 Ed. (1662)
Warewashing detergents
1992 Ed. (1170)
Warf Holdings
1996 Ed. (1373)
Wargny
1990 Ed. (813)
1989 Ed. (813)
Warhol; Andy
2007 Ed. (891)
Wariner; Steve
1997 Ed. (1113)
1994 Ed. (1100)
1993 Ed. (1079)
1992 Ed. (1351)
Waring
2002 Ed. (720)
2000 Ed. (750, 2579)
1999 Ed. (737, 2803)
1998 Ed. (477, 2044)
1997 Ed. (682, 2311, 2312)
1995 Ed. (680, 2177, 2178)
1994 Ed. (721, 2126, 2127)
1993 Ed. (711)
1992 Ed. (899, 2517, 2518)
1991 Ed. (717, 1961, 1962)
1990 Ed. (739, 2107, 2109)
Warmington Homes
1994 Ed. (1117)
Warmington Homes California
2006 Ed. (1190)
2001 Ed. (1388, 1389)
Warnaco Inc.
2007 Ed. (1106)
2006 Ed. (1020, 1021)
2005 Ed. (1012, 1013)
2004 Ed. (997, 998)
2003 Ed. (1003, 1004)
2002 Ed. (1083)
2001 Ed. (1278)
1992 Ed. (1531, 2961, 4480)
1991 Ed. (983, 3512)
1990 Ed. (1059)
Warnaco Group Inc.
2008 Ed. (989)
2007 Ed. (1106, 1115)
2006 Ed. (1018, 1020, 1022, 1026)
2005 Ed. (1008, 1016, 1018)
2004 Ed. (997, 998, 1005)
2003 Ed. (1003, 1004, 1006, 1536, 1537, 1539, 1540, 1542, 1543)
2002 Ed. (1081, 1512, 1516, 1519, 1544, 4984)
2001 Ed. (1275, 1278, 1279)
2000 Ed. (1121, 1123, 1124, 4429)
1999 Ed. (781, 1201, 1202, 1205, 3188, 4303, 4808)
1998 Ed. (776, 777, 778, 780, 1053)
1997 Ed. (1035, 1037, 1038)
1996 Ed. (1014, 1016)
1995 Ed. (1031, 1032)
1994 Ed. (1022, 1023)
1993 Ed. (990)
1990 Ed. (1060)
1989 Ed. (942)
Warner
2008 Ed. (627, 629)
2007 Ed. (670)
2006 Ed. (643, 645)
2005 Ed. (731, 733)
2004 Ed. (752)
2003 Ed. (730)
1999 Ed. (4715)
1996 Ed. (2744)
1990 Ed. (868, 877)
1989 Ed. (2228)
Warner Books
2008 Ed. (625)
2007 Ed. (666)
2006 Ed. (641)
2004 Ed. (748)
1989 Ed. (743)
Warner Bros.
2008 Ed. (3752, 3753)
2007 Ed. (3639, 3640)
2006 Ed. (3574, 3575)
2005 Ed. (3517)
2004 Ed. (3512, 4141)
2003 Ed. (3451, 3452)
2002 Ed. (3394, 3395, 3396)
2001 Ed. (3358, 3359, 3360, 3377, 3380, 3390, 4497, 4694)
2000 Ed. (3165)
1999 Ed. (3442, 3445)
1998 Ed. (2532, 2534)
1997 Ed. (28, 705, 2816, 2819)
1993 Ed. (2596, 2597, 3524)
1992 Ed. (3110, 3111)
1991 Ed. (3330, 2487, 2739)
Warner Bros. Domestic Theatrical Distribution
2002 Ed. (3393)
2000 Ed. (3164)
Warner Bros. Entertainment
2005 Ed. (3516)
Warner Bros. Entertainment Group
2006 Ed. (2496)
Warner Bros. International
2001 Ed. (4702)
Warner Bros. Movie World
1999 Ed. (269)
Warner Brothers
2000 Ed. (33, 793)
1999 Ed. (1788)
1996 Ed. (2689, 2690, 2691)
1995 Ed. (2615)
1994 Ed. (2562)
"Warner Brothers Volume 28"
1993 Ed. (3532)
Warner Cable Communications
1992 Ed. (1019)
1991 Ed. (834)
1990 Ed. (870, 872)
Warner Center Marriott Hotel
1994 Ed. (2105)
Warner Center Plaza & Business Park
1990 Ed. (2180)
Warner-Chappell
1990 Ed. (2663)
Warner Chilcott
2006 Ed. (2062, 2064, 2781)
Warner Chilcott Holdings
2008 Ed. (4289)
Warner Chilcott UK
2006 Ed. (2067)
Warner Communications Inc.
2005 Ed. (1520, 3516)
2004 Ed. (3511)
2001 Ed. (3887)
1997 Ed. (876, 1245, 1261)
1996 Ed. (1199, 1209, 2578)
1995 Ed. (1221, 1222, 1228, 1238)
1994 Ed. (1212, 1217, 1218, 1222)
1993 Ed. (814, 1178, 1182, 1188, 1196)
1992 Ed. (1021, 1457, 1458, 1461, 1467, 1470, 1471, 1475, 1480)
1991 Ed. (1144, 1147, 1153, 1154, 1158, 1159, 1163, 2390, 2391, 2392, 3331)
1990 Ed. (261, 262, 263, 1104, 2861)
1989 Ed. (255)
Warner Electric Holdings Inc.
2003 Ed. (1844)
Warner-Elektra-Atlantic
2003 Ed. (3479)
Warner; H. Ty
2008 Ed. (4828)
2007 Ed. (4901)
2006 Ed. (4905)
2005 Ed. (4850)
Warner Home Video
2001 Ed. (2122, 4691, 4692, 4697)
Warner III; Douglas A.
1994 Ed. (357)
Warner Insurance Services Inc.
1995 Ed. (2070)
Warner-Lambert Co.
2005 Ed. (1463, 1488, 1507, 1547, 1548)
2003 Ed. (952, 1133, 1134, 3871)
2002 Ed. (1392, 1520, 1521, 1522, 2002, 2024, 2027, 3593)
2001 Ed. (1179, 1587, 2054, 2059, 2060, 2077, 2461, 2674, 3647)
2000 Ed. (1524, 1695, 1697, 1698, 1700, 1702, 1711, 2420, 3424, 3691)
1999 Ed. (1713, 1830, 1897, 1900, 1901, 1902, 1903, 1919, 2642, 3715, 3976)
1998 Ed. (621, 1180, 1328, 1330, 1333, 1335, 1348, 2753, 2979)
1997 Ed. (1488, 1646, 1649, 1651, 1652, 2135, 3006, 3232)
1996 Ed. (1214, 1567, 1573, 1574, 2916, 3147, 3161)
1995 Ed. (22, 1426, 1433, 1465, 1579, 1581, 1584, 1585, 2084, 2766, 2844, 3048, 3573, 3575)
1994 Ed. (1261, 1429, 1551, 1553, 1554, 1555, 1556, 1558, 1875, 2034, 2665, 2745, 2986, 3502)
1993 Ed. (830, 831, 1376, 1509, 1510, 1511, 1512, 2707, 2771, 2774, 2952, 3528)
1992 Ed. (1044, 4059, 1778, 1862, 1863, 1864, 1865, 1866, 1869, 1874, 3347, 3396, 3595, 4226, 4227)
1991 Ed. (1409, 1464, 1466, 1468, 1469, 1471, 2682, 2791, 2792, 3313)
1990 Ed. (969, 1488, 1558, 1560, 1561, 1564, 2779)
1989 Ed. (1272, 1273, 1276, 2277)
Warner Lambert Consumer
1996 Ed. (1523)
1995 Ed. (1547)
Warner-Lambert Consumer Healthcare
2003 Ed. (1997, 1998, 2674, 3462, 3786, 4048, 4433, 4769)
2002 Ed. (50)
Warner-Lambert Ireland
2007 Ed. (1823)
2006 Ed. (1816)
Warner-Lambert Co.'s American Chicle Group
1993 Ed. (929)
Warner Music
1996 Ed. (3032)
Warner Music Group
2008 Ed. (2588, 3626)
2007 Ed. (2456)
2006 Ed. (1453, 2491, 3276)
2005 Ed. (1549)
Warner Norcross & Judd LLP
2001 Ed. (562)
Warner Press, Inc.
1992 Ed. (3532)
Warner Robins Oldsmobile-Cadillac-Pontiac-GMC Inc.
1998 Ed. (467)
Warner Robins Oldsmobile-Cadillac-Pontiac-GMC Truck Inc.
1999 Ed. (729)
1997 Ed. (675)
Warner; Sobani
1996 Ed. (1899)
Warner Sogefilms
2001 Ed. (3380)
Warner TV
2007 Ed. (3216)
Warner Vision
2003 Ed. (728)
WarnerIns
1996 Ed. (2833)
Warners
2008 Ed. (3447)
2007 Ed. (3351)
2001 Ed. (1276)
2000 Ed. (1122)
1999 Ed. (1203)
1998 Ed. (774)
1997 Ed. (1039)
Warnock Chevrolet; Don
1991 Ed. (311)
Warnock Chrysler-Plymouth; Don
1990 Ed. (340)
Warnock Dodge
1991 Ed. (311)
1990 Ed. (347)
Warnock Jeep-Eagle Inc.
1993 Ed. (274)
1992 Ed. (388)
Warrant officer
1989 Ed. (2088)
Warrant Petrofina
1991 Ed. (730)
Warrantech Corp.
1992 Ed. (1673)
Warranty Holdings Group Ltd.
1994 Ed. (997)
Warren B. Kanders
2008 Ed. (2638, 2639)
Warren Buffet
2008 Ed. (3979)
2007 Ed. (3949)
2005 Ed. (982)
1999 Ed. (2075)
Warren Buffett
2000 Ed. (734, 1871, 1872, 1883, 4375)
1999 Ed. (726, 4746)
1998 Ed. (464, 1509)
1997 Ed. (673, 1798)
1996 Ed. (1711)
1993 Ed. (1693)
1990 Ed. (3687)
Warren Credit Union
2008 Ed. (2270)
2007 Ed. (2155)
2006 Ed. (2234)
2005 Ed. (2139)
2004 Ed. (1997)
2003 Ed. (1957)
2002 Ed. (1902)
Warren Dove International Pty. Ltd.
1997 Ed. (191)
Warren E. Buffett
2008 Ed. (4839, 4881, 4882)
2007 Ed. (1020, 4908, 4915, 4916)
2006 Ed. (4915)
2005 Ed. (978, 4860, 4882, 4883)
2004 Ed. (3213, 4872, 4874, 4881, 4882)
1995 Ed. (664, 1729, 1731)
1994 Ed. (1716)
Warren Edward Buffet
2006 Ed. (3898)
Warren Edward Buffett
2008 Ed. (943, 4835)
2007 Ed. (1022, 4906)
2006 Ed. (689, 932, 940, 3262, 4911, 4927)
2005 Ed. (788, 4858)
2003 Ed. (787, 4887, 4889, 4894)
2002 Ed. (706, 3361)
2001 Ed. (705, 4745)
1991 Ed. (2461)
Warren Eisenberg
2004 Ed. (2529)

2003 Ed. (954)
Warren F. Cooper
1995 Ed. (1726)
1994 Ed. (1712)
Warren Flick
2000 Ed. (1885)
Warren; G.E.
1992 Ed. (3442)
Warren Corp.; George E.
1996 Ed. (990)
1995 Ed. (1003)
1990 Ed. (1038)
1989 Ed. (929)
Warren Henry Infiniti
1996 Ed. (295)
1995 Ed. (271)
Warren Henry Jaguar
1996 Ed. (275)
1995 Ed. (276)
Warren Henry Motors Inc.
1990 Ed. (303, 305)
Warren Henry Range Rover
1992 Ed. (398)
Warren Henry Volvo
1996 Ed. (292)
1993 Ed. (289)
1992 Ed. (404)
1991 Ed. (299)
1990 Ed. (324)
Warren J. Spector
1995 Ed. (1728)
Warren Jenson
2007 Ed. (1083)
2006 Ed. (990)
Warren Kantor
1995 Ed. (983)
Warren L. Batts
1996 Ed. (1715)
Warren Medical Research Center; William K.
1989 Ed. (1477)
Warren, MI
2007 Ed. (3013)
Warren Paving Inc.
2008 Ed. (1313)
Warren; Rick
2008 Ed. (280)
Warren; S. D.
1996 Ed. (2906)
Warren Sapp
2003 Ed. (297)
Warren Spector
2005 Ed. (2510)
Warren Staley
2006 Ed. (2627)
Warren Tricomi
2007 Ed. (2758)
Warren Trust; F. R. & J. C.
2005 Ed. (375)
Warres
2006 Ed. (4965)
2005 Ed. (4960, 4962)
2004 Ed. (4968, 4970)
2002 Ed. (4924)
2001 Ed. (4844)
Warre's Warrior
1997 Ed. (3887)
The Warrior Group Inc.
2007 Ed. (3604, 4448)
Warrnambool Cheese & Butter
2004 Ed. (2652)
Warsaw, Poland
2005 Ed. (3313)
Warshavsky Freilich Dover
1999 Ed. (107)
1997 Ed. (105)
1995 Ed. (88)
1993 Ed. (113)
1990 Ed. (117)
1989 Ed. (123)
Warshavsky Freilich Dover (Grey)
1996 Ed. (103)
Warshawsky/Whitney
1991 Ed. (868)
1990 Ed. (916)
Wart removers
1995 Ed. (2903)
Warta
2001 Ed. (2926)
Wartburg College
2008 Ed. (1058)
Warteck
1991 Ed. (703)
Warthog plc
2002 Ed. (2495)
Wartsila
1991 Ed. (1276)
Wartsila S 1
1993 Ed. (2030)
Wartsila V 1
1993 Ed. (2030)
Warwick Baker O'Neill
2000 Ed. (41, 3474)
Warwick; George Burns/Bob Hope, Dionne
1991 Ed. (1042)
Warwick Municipal Employees Credit Union
2005 Ed. (2071)
Warwicks UK
2002 Ed. (1954)
Was; Don
1995 Ed. (1118, 1120)
Wasatch Advisors Mid-Capital
1997 Ed. (2896)
Wasatch Aggressive Equity
1995 Ed. (2733)
1994 Ed. (2633)
1993 Ed. (2687)
Wasatch Bancorp
1995 Ed. (492)
Wasatch Core Growth
2006 Ed. (3641, 3642)
2004 Ed. (3572, 3574, 3575)
2003 Ed. (3504, 3505, 3506)
2002 Ed. (3423)
Wasatch Electric
2006 Ed. (1350)
Wasatch Growth
1994 Ed. (2634)
Wasatch-Hoisington U.S. Treasury
1999 Ed. (3552)
Wasatch-Hosington U.S. Treasuries
2000 Ed. (762)
Wasatch-Hosington U.S. Treasury
2000 Ed. (763)
Wasatch Income
1992 Ed. (3169)
Wasatch Micro Cap
2007 Ed. (2491)
2006 Ed. (3647, 3648)
2005 Ed. (3559)
2004 Ed. (2457, 3572, 3575, 3593)
2003 Ed. (2359, 3507, 3508, 3549, 3550, 3551)
1999 Ed. (3576)
Wasatch Micro-Cap Fund
2000 Ed. (3224)
Wasatch MicroCap Value
2008 Ed. (4515)
Wasatch Mountain Credit Union
1996 Ed. (1508)
Wasatch Property Management
2007 Ed. (1314)
Wasatch Small Cap Growth
2006 Ed. (3646, 3647)
2004 Ed. (2457, 3574)
2003 Ed. (3507, 3508)
Wasatch Small Cap Value
2006 Ed. (3652)
2004 Ed. (2458, 3575)
2003 Ed. (3509, 3550)
Wasatch Ultra Growth
2006 Ed. (3646)
2004 Ed. (2457)
2003 Ed. (3547)
Wasatch U.S. Treasury
2007 Ed. (645)
2004 Ed. (721)
Wasco Inc.
2008 Ed. (1260)
2006 Ed. (1286)
2002 Ed. (1293)
2001 Ed. (1477)
2000 Ed. (1263)
1999 Ed. (1371)
1998 Ed. (950)
1997 Ed. (1166)
Wash A Bye
2000 Ed. (367)
Wash & Go
1994 Ed. (2819)
Wash Depot
2005 Ed. (350)
1999 Ed. (1035)
Wash N Go Car Wash
2006 Ed. (363)
Wash Tub Car Wash
2005 Ed. (350)
Washburn Piano Co.
1997 Ed. (2862)
Washington
2008 Ed. (1106, 1107, 2424, 2437, 2648, 3129, 3136, 3137, 3271, 3351, 3859, 3885, 4355, 4595, 4915, 4916)
2007 Ed. (1200, 1201, 2273, 2292, 3009, 3017, 3018, 3210, 3372, 3824, 4001, 4396, 4686, 4866, 4938, 4939)
2006 Ed. (1094, 1095, 1096, 2358, 2755, 2980, 2986, 2987, 3069, 3098, 3136, 3156, 3480, 3943, 3982, 4332, 4665, 4865, 4932, 4933, 4996)
2005 Ed. (370, 398, 400, 401, 443, 782, 843, 1100, 1101, 2919, 3301, 3871, 3882, 4201, 4203, 4204, 4229, 4234, 4597, 4794, 4795, 4899, 4900, 4940, 4941)
2004 Ed. (436, 805, 980, 1026, 1092, 1093, 1094, 1095, 1096, 1097, 2023, 2175, 2293, 2295, 2296, 2297, 2301, 2303, 2304, 2305, 2805, 2929, 2977, 2988, 3057, 3088, 3096, 3120, 3121, 3275, 3290, 3293, 3418, 3477, 3478, 3480, 3923, 4262, 4266, 4270, 4292, 4296, 4297, 4303, 4499, 4500, 4501, 4502, 4503, 4505, 4512, 4515, 4517, 4518, 4521, 4523, 4654, 4701, 4818, 4819, 4884, 4886, 4887, 4899, 4900, 4903, 4904, 4993, 4994, 4995)
2003 Ed. (408, 410, 411, 442, 444, 786, 969, 1060, 1082, 1083, 2127, 2145, 2146, 2147, 2148, 2829, 2838, 2884, 2988, 3003, 3238, 3355, 3895, 4250, 4284, 4287, 4288, 4292, 4293, 4418, 4419, 4723, 4896, 4909, 4910, 4912, 4955)
2002 Ed. (463, 468, 469, 668, 869, 950, 1824, 1904, 2008, 2011, 2067, 2119, 2590, 2624, 2849, 2875, 2946, 3079, 3111, 3116, 3118, 3122, 3127, 3128, 3200, 3201, 3202, 3213, 3341, 3632, 3734, 3901, 4074, 4104, 4112, 4156, 4161, 4164, 4166, 4195, 4196, 4333, 4369, 4520, 4606, 4765, 4776, 4778, 4779, 4892, 4917, 4918)
2001 Ed. (273, 341, 361, 362, 401, 402, 428, 429, 549, 660, 703, 719, 720, 721, 722, 978, 1006, 1079, 1107, 1232, 1305, 1361, 1371, 1397, 1415, 1421, 1423, 1425, 1426, 1428, 1431, 1432, 1433, 1436, 1437, 1438, 1440, 1492, 1979, 2053, 2287, 2360, 2361, 2368, 2396, 2397, 2418, 2472, 2541, 2542, 2544, 2545, 2556, 2557, 2576, 2591, 2613, 2626, 2689, 2690, 3043, 3172, 3174, 3175, 3204, 3205, 3224, 3263, 3294, 3338, 3385, 3414, 3418, 3545, 3571, 3582, 3584, 3616, 3619, 3620, 3642, 3643, 3732, 3733, 3770, 3771, 3787, 3789, 3899, 3993, 4000, 4018, 4019, 4158, 4171, 4172, 4173, 4174, 4175, 4176, 4211, 4231, 4232, 4260, 4261, 4273, 4274, 4328, 4331, 4332, 4409, 4412, 4460, 4480, 4581, 4582, 4583, 4600, 4614, 4615, 4643, 4654, 4659, 4660, 4719, 4721, 4728, 4729, 4738, 4739, 4740, 4741, 4742, 4782, 4796, 4797, 4798, 4866, 4868, 4912, 4913, 4923, 4927, 4931, 4935)
2000 Ed. (235, 2506, 2536, 2586, 2958, 2959, 2962, 3007, 3008, 3688, 3771, 3819, 4095, 4099, 4232, 4400, 4401)
1999 Ed. (2811, 2812, 3140, 3219, 3220, 3223, 3377, 3975, 4403, 4404, 4405, 4408, 4409, 4410, 4412, 4420, 4430, 4440, 4441, 4535, 4582, 4776, 4777)
1998 Ed. (179, 725, 2381, 2406, 2452, 2970, 3377, 3378, 3380, 3388, 3511, 3728, 3732, 3735, 3737)
1997 Ed. (996, 1573, 2655, 2656, 3574, 3583, 3588, 3601, 3602, 3606, 3610, 3623, 3726, 3888, 3889, 3891, 3892)
1996 Ed. (1721, 2516, 2517, 3174, 3254, 3255, 3512, 3515, 3525, 3543, 3548, 3559, 3561, 3562, 3566, 3578, 3581, 3667, 3831, 3840, 3841, 3843, 3844, 3853, 3854)
1995 Ed. (244, 1067, 2468, 2469, 3463, 3467, 3480, 3481, 3485, 3490, 3496, 3591, 3592, 3732, 3733, 3740, 3741, 3743, 3744, 3754, 3755, 3801)
1994 Ed. (870, 2334, 2387, 2388, 2414, 3391, 3396, 3403, 3409, 3410, 3414, 3419, 3475, 3506, 3507)
1993 Ed. (363, 2153, 2437, 2438, 2614, 3403, 3406, 3413, 3419, 3420, 3427, 3438, 3505, 3547, 3548, 3661, 3691, 3698, 3699, 3703, 3706, 3707, 3709, 3713, 3719)
1992 Ed. (967, 972, 1757, 1942, 2334, 2810, 2924, 2928, 2930, 2944, 4074, 4076, 4081, 4082, 4085, 4095, 4098, 4105, 4111, 4112, 4263, 4264, 4428, 4435, 4436, 4442, 4443, 444, 4445, 4448, 4452, 4457)
1991 Ed. (325, 786, 795, 2161, 2353, 2354, 2362, 3178, 3184, 3185, 3192, 3201, 3202, 3213, 3337, 3338, 3345, 3481, 3482, 3486, 3487, 3488, 3492)
1990 Ed. (365, 826, 996, 2147, 2411, 2493, 2494, 2575, 2655, 2889, 3347, 3348, 3349, 3355, 3356, 3360, 3361, 3364, 3365, 3373, 3376, 3383, 3387, 3388, 3404, 3413, 3415, 3426, 3427, 3692)
1989 Ed. (1736, 2533, 2539, 2541, 2612, 2619, 2787, 2913, 2914, 2927, 2928)
Washington Adventist Hospital
1997 Ed. (2266)
Washington Analysis Corp.
2007 Ed. (3272)
Washington & Associates Inc.; L.
1996 Ed. (2662)
1995 Ed. (2592)
Washington & Jefferson College
2006 Ed. (1072)
Washington & Lee
1999 Ed. (1227)
Washington and Lee University
2001 Ed. (1328)
Washington-Arlington-Alexandria, DC-MD-VA-WV
2008 Ed. (3458, 3464, 3477, 4089)
2007 Ed. (217, 3366, 4057, 4809, 4877)
Washington-Arlington-Alexandria, DC-VA
2008 Ed. (3508)
2007 Ed. (3360, 3387)
Washington-Arlington-Alexandria, DC-VA-MD-WV
2007 Ed. (268, 772, 1105, 2374, 2597, 2658, 2692, 2858, 3498, 3499, 3500, 3501, 3502, 3503, 3643, 4120, 4164, 4166)
2006 Ed. (261, 676, 1019, 2620, 2673, 2698, 2868, 3473, 3474, 3475, 3476, 3477, 3478, 3578, 3796, 4024, 4098, 4141, 4143)

Washington at St. Louis; University of
1997 Ed. (1062)
Washington Bancorp
2002 Ed. (3553)
Washington Beef, Inc.
2002 Ed. (3276)
The Washington Blade
1995 Ed. (2879)
Washington; Booker T.
1994 Ed. (2233)
Washington Cable Supply Inc.
2001 Ed. (714)
Washington California Public Power System
1995 Ed. (1628)
Washington Capital
2002 Ed. (3940)
1996 Ed. (2408, 2678)
1993 Ed. (2326)
Washington Capitals
2000 Ed. (2476)
Washington/Caraway
1992 Ed. (2246)
Washington Closure Co.
2008 Ed. (1793)
2007 Ed. (1765)
2006 Ed. (1757)
2005 Ed. (1786)
2004 Ed. (1727)
Washington Consulting Group Inc.
1990 Ed. (2003, 2014)
Washington DC
2008 Ed. (767, 977, 1104, 2415, 2416, 3118, 3134, 3135, 3278, 3473, 3515, 3516, 3518, 3519, 3800, 3984, 4010, 4039, 4040, 4041, 4348, 4351, 4357, 4596, 4603, 4650, 4721, 4729, 4731, 4787, 4996)
2007 Ed. (271, 775, 1109, 1198, 2270, 2272, 2280, 2281, 2601, 2664, 2693, 2860, 3015, 3016, 3504, 3505, 3506, 3507, 3508, 3509, 3644, 3709, 3954, 3993, 4013, 4014, 4125, 4174, 4176, 4230, 4687, 4694, 4731, 4866)
2006 Ed. (748, 749, 767, 1094, 2344, 2345, 2982, 2983, 3259, 3298, 3310, 3312, 3726, 3905, 3935, 3974, 3975, 4666, 4673, 4707, 4785, 4864, 4865, 4970)
2005 Ed. (370, 402, 406, 408, 411, 414, 415, 416, 442, 841, 881, 883, 910, 913, 921, 1056, 1070, 1077, 1079, 1080, 1081, 1099, 1100, 2276, 2277, 2376, 2919, 2920, 2986, 2988, 3300, 3310, 3611, 3837, 3838, 3872, 4186, 4199, 4203, 4204, 4206, 4207, 4208, 4209, 4231, 4238, 4240, 4608, 4654, 4734, 4793, 4794, 4816, 4825, 4826, 4827, 4829, 4927, 4935, 4936, 4937, 4938, 4942, 4943, 4944, 4972, 4973, 4974, 4983)
2004 Ed. (189, 226, 227, 268, 332, 333, 334, 335, 336, 337, 359, 390, 391, 392, 393, 395, 396, 397, 437, 731, 732, 766, 768, 776, 790, 791, 803, 804, 848, 870, 922, 926, 984, 985, 988, 989, 990, 991, 994, 995, 996, 1001, 1011, 1012, 1015, 1016, 1017, 1018, 1036, 1054, 1066, 1075, 1076, 1077, 1092, 1094, 1101, 1109, 1138, 1139, 1146, 1147, 2022, 2048, 2052, 2176, 2263, 2264, 2265, 2266, 2418, 2419, 2598, 2599, 2601, 2602, 2627, 2630, 2696, 2702, 2710, 2711, 2731, 2733, 2749, 2750, 2751, 2752, 2760, 2761, 2762, 2763, 2795, 2801, 2850, 2851, 2854, 2855, 2865, 2866, 2872, 2873, 2874, 2880, 2887, 2898, 2900, 2901, 2929, 2930, 2947, 2951, 2952, 2979, 2981, 3216, 3219, 3262, 3280, 3282, 3294, 3297, 3299, 3309, 3314, 3368, 3369, 3370, 3371, 3372, 3375, 3377, 3378, 3379, 3380, 3381, 3382, 3383, 3384, 3385, 3386, 3388, 3389, 3390, 3391, 3392, 3450, 3451, 3452, 3453, 3454, 3457, 3458, 3459, 3460, 3461, 3462, 3463, 3464, 3465, 3466, 3467, 3468, 3469, 3470, 3471, 3472, 3473, 3474, 3475, 3519, 3700, 3704, 3705, 3706, 3707, 3708, 3709, 3710, 3711, 3712, 3713, 3714, 3715, 3716, 3717, 3718, 3719, 3720, 3721, 3722, 3723, 3724, 3725, 3795, 3796, 3799, 3800, 3898, 3899, 3924, 4050, 4087, 4102, 4103, 4104, 4109, 4110, 4111, 4112, 4113, 4116, 4150, 4152, 4153, 4155, 4156, 4164, 4166, 4167, 4168, 4170, 4171, 4172, 4173, 4174, 4175, 4177, 4178, 4191, 4199, 4200, 4201, 4202, 4210, 4211, 4231, 4233, 4253, 4266, 4270, 4271, 4272, 4273, 4274, 4275, 4276, 4298, 4305, 4307, 4317, 4319, 4406, 4407, 4408, 4409, 4415, 4418, 4478, 4479, 4611, 4612, 4616, 4617, 4618, 4619, 4658, 4679, 4702, 4753, 4765, 4782, 4783, 4819, 4834, 4835, 4836, 4838, 4846, 4848, 4896, 4897, 4904, 4905, 4947, 4954, 4955, 4956, 4959, 4960, 4972, 4973)
2003 Ed. (231, 260, 309, 352, 353, 397, 401, 411, 412, 413, 414, 415, 416, 417, 418, 705, 756, 758, 776, 777, 784, 832, 901, 903, 905, 997, 998, 999, 1000, 1005, 1013, 1014, 1015, 1031, 1047, 1057, 1064, 1066, 1067, 1068, 1081, 1082, 1088, 1143, 1144, 1148, 2006, 2007, 2128, 2255, 2256, 2257, 2338, 2346, 2349, 2424, 2468, 2469, 2494, 2587, 2595, 2596, 2606, 2611, 2613, 2632, 2633, 2639, 2640, 2684, 2687, 2698, 2764, 2765, 2773, 2778, 2779, 2787, 2828, 2838, 2839, 2862, 2863, 2885, 2886, 2928, 3162, 3220, 3228, 3238, 3313, 3314, 3315, 3316, 3317, 3318, 3319, 3384, 3385, 3386, 3387, 3388, 3390, 3391, 3392, 3393, 3394, 3395, 3396, 3397, 3398, 3399, 3400, 3401, 3402, 3403, 3404, 3405, 3406, 3407, 3408, 3409, 3456, 3652, 3660, 3661, 3662, 3663, 3664, 3665, 3666, 3667, 3668, 3669, 3769, 3770, 3874, 3896, 4031, 4081, 4082, 4083, 4084, 4090, 4152, 4153, 4155, 4156, 4157, 4158, 4159, 4161, 4162, 4174, 4175, 4181, 4208, 4210, 4235, 4236, 4244, 4247, 4250, 4251, 4253, 4254, 4255, 4256, 4290, 4297, 4307, 4309, 4391, 4392, 4403, 4512, 4636, 4637, 4638, 4639, 4680, 4709, 4724, 4797, 4798, 4821, 4843, 4851, 4853, 4866, 4868, 4905, 4906, 4907, 4913, 4914, 4943, 4953, 4956, 4957, 4987)
2002 Ed. (229, 255, 336, 441, 464, 466, 467, 470, 471, 472, 475, 476, 477, 719, 770, 772, 774, 921, 959, 961, 966, 1094, 1112, 1117, 1119, 1169, 1223, 1904, 1905, 1906, 2028, 2068, 2117, 2119, 2351, 2352, 2400, 2402, 2404, 2549, 2624, 2625, 2627, 2733, 2848, 2879, 2895, 2996, 3092, 3112, 3114, 3123, 3124, 3126, 3136, 3137, 3138, 3139, 3140, 3200, 3201, 3202, 3268, 3326, 3524, 3708, 3735, 3804, 3805, 3891, 3893, 4050, 4071, 4073, 4075, 4103, 4115, 4142, 4143, 4144, 4152, 4158, 4160, 4161, 4165, 4166, 4167, 4168, 4169, 4170, 4176, 4178, 4180, 4367, 4528, 4554, 4590, 4593, 4605, 4607, 4706, 4734, 4739, 4741, 4743, 4744, 4745, 4762, 4764, 4766, 4775, 4776, 4777, 4912, 4914, 4919, 4920, 4921, 4927, 4928, 4929, 4930, 4931, 4932, 4933, 4934, 4935)
2001 Ed. (416, 715, 765, 1013, 1155, 2080, 2277, 2280, 2596, 2721, 2783, 2793, 2796, 2818, 2819, 3102, 3120, 3121, 3291, 3292, 3718, 4049, 4089, 4143, 4164, 4678, 4679, 4680, 4708, 4734, 4790, 4791, 4792, 4793, 4836, 4848, 4849, 4850, 4851, 4852, 4853, 4854, 4855, 4856, 4919, 4923)
2000 Ed. (318, 331, 359, 747, 748, 802, 1006, 1010, 1072, 1082, 1085, 1091, 1115, 1117, 1662, 1713, 1790, 1908, 2306, 2330, 2392, 2416, 2465, 2537, 2580, 2589, 2604, 2605, 2606, 2607, 2637, 2938, 2950, 2951, 2952, 2953, 2954, 2955, 2996, 3051, 3052, 3053, 3054, 3055, 3105, 3106, 3109, 3110, 3111, 3112, 3113, 3114, 3115, 3116, 3117, 3119, 3120, 3121, 3508, 3726, 3765, 3766, 3770, 3835, 3865, 4014, 4207, 4270, 4357, 4392, 4396, 4397, 4402, 4403)
1999 Ed. (526, 733, 734, 797, 1059, 1060, 1070, 1158, 1167, 1172, 1175, 1846, 1859, 2126, 2590, 2681, 2689, 2714, 2758, 2832, 3195, 3211, 3212, 3213, 3214, 3215, 3271, 3272, 3375, 3376, 3379, 3380, 3381, 3382, 3383, 3384, 3385, 3386, 3387, 3388, 3390, 3391, 3392, 3853, 4040, 4051, 4055, 4057, 4125, 4150, 4646, 4647, 4728, 4766, 4773, 4774, 4778, 4779, 4807)
1998 Ed. (359, 474, 580, 592, 673, 684, 734, 735, 741, 793, 1521, 1547, 1746, 1831, 1832, 1935, 2004, 2359, 2365, 2378, 2379, 2380, 2383, 2386, 2405, 2418, 2419, 2420, 2438, 2473, 2476, 2478, 2479, 2480, 2926, 2983, 3051, 3055, 3057, 3058, 3106, 3109, 3166, 3167, 3296, 3376, 3384, 3386, 3390, 3394, 3464, 3465, 3472, 3489, 3512, 3587, 3612, 3684, 3685, 3718, 3725, 3726, 3731, 3733, 3734, 3735, 3736, 3737)
1997 Ed. (270, 291, 322, 473, 678, 679, 869, 940, 1000, 1001, 1031, 1032, 1117, 1211, 1596, 1669, 2110, 2111, 2140, 2162, 2176, 2315, 2326, 2327, 2335, 2337, 2356, 2357, 2358, 2359, 2360, 2361, 2362, 2639, 2649, 2652, 2657, 2712, 2720, 2721, 2722, 2723, 2758, 2759, 2760, 2762, 2764, 2766, 2768, 2769, 2771, 2773, 2774, 2775, 2784, 2959, 3066, 3303, 3306, 3307, 3313, 3350, 3351, 3365, 3390, 3512, 3657, 3710, 3853, 3883, 3890, 3893, 3894, 3900)
1996 Ed. (35, 37, 239, 261, 343, 509, 747, 748, 897, 907, 975, 1011, 1012, 1170, 1537, 1587, 1993, 1994, 2018, 2040, 2076, 2194, 2198, 2199, 2208, 2228, 2229, 2230, 2231, 2497, 2510, 2513, 2518, 2537, 2539, 2571, 2572, 2573, 2574, 2575, 2620, 2622, 2623, 2624, 2634, 2982, 3197, 3198, 3199, 3200, 3209, 3249, 3250, 3266, 3293, 3425, 3604, 3653, 3802, 3834, 3842, 3845, 3846, 3852)
1995 Ed. (242, 246, 257, 328, 676, 677, 872, 874, 920, 928, 1026, 1027, 1202, 1555, 1609, 1668, 1964, 1966, 1995, 2048, 2080, 2181, 2183, 2184, 2205, 2219, 2220, 2221, 2222, 2223, 2451, 2459, 2464, 2467, 2558, 2560, 2561, 2562, 2563, 2571, 2665, 2900, 3102, 3103, 3104, 3105, 3111, 3112, 3113, 3149, 3150, 3173, 3195, 3369, 3522, 3544, 3562, 3563, 3564, 3565, 3566, 3567, 3633, 3651, 3715, 3735, 3742, 3745, 3746, 3747, 3753)
1994 Ed. (256, 332, 482, 718, 719, 720, 820, 821, 822, 824, 826, 827, 951, 963, 965, 968, 971, 1017, 1103, 1188, 1524, 1566, 1935, 1936, 1971, 1992, 2129, 2142, 2143, 2169, 2170, 2171, 2172, 2173, 2174, 2372, 2378, 2383, 2386, 2472, 2494, 2499, 2500, 2501, 2502, 2811, 3056, 3057, 3058, 3059, 3066, 3067, 3068, 3104, 3105, 3121, 3151, 3293, 3325, 3456, 3494, 3495, 3496, 3497, 3498, 3511)
1993 Ed. (267, 347, 370, 480, 709, 773, 808, 816, 818, 871, 884, 944, 949, 989, 1158, 1424, 1478, 1525, 1913, 1943, 1999, 2015, 2106, 2107, 2108, 2138, 2145, 2146, 2147, 2148, 2149, 2150, 2439, 2444, 2540, 2543, 2544, 2546, 2550, 2551, 2552, 2553, 2812, 2953, 3012, 3043, 3045, 3060, 3105, 3299, 3481, 3518, 3519, 3520, 3521, 3522, 3523, 3606, 3675, 3708, 3710, 3711, 3717, 3719)
1992 Ed. (896, 347, 1440, 2100, 2287, 2514, 3090, 3140, 3290, 4446, 237, 374, 482, 668, 897, 898, 1010, 1011, 1012, 1014, 1017, 1025, 1026, 1080, 1086, 1153, 1155, 1159, 1213, 1214, 1797, 1850, 2254, 2255, 2352, 2377, 2387, 2521, 2535, 2536, 2550, 2552, 2553, 2580, 2581, 2582, 2583, 2584, 2585, 2717, 2849, 2864, 2877, 2907, 3043, 3044, 3045, 3046, 3048, 3049, 3050, 3051, 3054, 3056, 3057, 3058, 3059, 3236, 3292, 3399, 3617, 3618, 3623, 3630, 3661, 3692, 3693, 3694, 3695, 3696, 3697, 3700, 3702, 3734, 3736, 3752, 3809, 3953, 4159, 4217, 4218, 4219, 4220, 4221, 4222, 4403, 4449, 4450, 4456)
1991 Ed. (275, 325, 348, 515, 715, 716, 826, 827, 828, 831, 832, 882, 883, 976, 977, 1102, 1455, 1782, 1783, 1863, 1888, 1940, 1965, 1972, 1973, 1974, 1975, 1983, 2006, 2007, 2008, 2009, 2010, 2011, 2084, 2347, 2427, 2430, 2431, 2432, 2433, 2550, 2857, 2861, 2864, 2890, 2892, 2901, 2933, 3248, 3296, 3297, 3298, 3299, 3300, 3457, 3489)
1990 Ed. (301, 365, 401, 738, 876, 1002, 1008, 1054, 1055, 1150, 1218, 1466, 1553, 1656, 1867, 1868, 1895, 1958, 1986, 2072, 2111, 2123, 2124, 2125, 2126, 2133, 2160, 2161, 2162, 2163, 2164, 2165, 2166, 2167, 2223, 2429, 2442, 2447, 2485, 2493, 2546, 2550, 2551, 2554, 2555, 2556, 2557, 2661, 2867, 3003, 3047, 3048, 3070, 3112, 3418, 3523, 3524, 3526, 3527, 3528, 3529, 3530, 3535, 3536, 3702)
1989 Ed. (2, 276, 284, 727, 738, 843, 844, 845, 846, 847, 910, 913, 917, 993, 1265, 1491, 1492, 1560, 1588, 1625, 1627, 1628, 1643, 1644, 1645, 1646, 1647, 1903, 1908, 1909, 1950, 1956, 1958, 1959, 2051, 2317, 2537, 2538, 2542, 2545, 2550, 2554, 2559, 2560, 2774, 2906, 2932, 2933, 2936)
Washington, DC-Arlington, VA
1991 Ed. (2437, 2438, 2439, 2440)
1990 Ed. (2566, 2567)
Washington, D.C./Baltimore
1990 Ed. (917)

Washington, DC-Baltimore, MD
2001 Ed. (3727)
Washington, DC-MD-VA
1995 Ed. (230, 231, 2113, 2539, 3778)
1994 Ed. (2162, 2488, 2489, 2490, 2492)
1993 Ed. (707, 2139, 2545)
1992 Ed. (3035, 2575, 3040, 3041, 2542)
1991 Ed. (1982, 2000, 2424, 2425, 2435, 2436, 2441, 2442, 2443, 2444, 2445, 2446)
1990 Ed. (2154, 2155, 2548, 2549, 2558, 2559, 2560, 2561, 2562, 2563, 2564, 2565)
1989 Ed. (1952, 1960, 1961, 1962, 1963, 1964, 1965, 1966, 1967)
Washington DC-MD-VA-WV
2005 Ed. (2454, 2455, 2457, 2990, 3472)
2004 Ed. (796, 1006, 2423, 2424, 2426, 2646, 2706, 2719, 2809, 2860, 2983, 3522, 4185, 4186, 4435)
2002 Ed. (376, 1086, 2045, 2301, 2382, 2395, 2444, 2458, 3325, 3328, 3331, 3997, 3998, 4052, 4053, 4287)
2001 Ed. (2757)
2000 Ed. (1070, 2614, 4364)
1996 Ed. (2222, 2615, 2616, 2617, 2619)
1995 Ed. (2213, 2553, 2554, 2555, 2557)
Washington D.C. Metropolitan Area Transit Authority
1993 Ed. (785, 3361)
1992 Ed. (4031)
Washington (DC) Suburban Sanitary Commission
1992 Ed. (4030)
Washington D.C. Suburban Sanitary Commisssion
1993 Ed. (3360)
Washington; Denzel
2008 Ed. (183, 2579)
Washington Dulles
1994 Ed. (192)
Washington-Dulles Airport
2001 Ed. (1339)
Washington Dulles International Airport
2008 Ed. (236)
Washington; Earl S.
1989 Ed. (737)
Washington Federal
2006 Ed. (2079)
2005 Ed. (635, 636)
2004 Ed. (646, 647)
2003 Ed. (422)
1997 Ed. (3745)
1996 Ed. (3687)
Washington Federal Savings
2005 Ed. (3304)
1992 Ed. (3775, 4291)
Washington Federal Savings & Loan
1995 Ed. (3288, 3366, 3609, 3612)
1994 Ed. (3141, 3226, 3530, 3532, 3533, 3536)
1993 Ed. (3070, 3075, 3087, 3295, 3567, 3568)
Washington Federal Savings & Loan Association
2007 Ed. (4243, 4244)
2006 Ed. (4229, 4230)
2005 Ed. (4177, 4178)
2004 Ed. (4244, 4245)
2003 Ed. (4261, 4270)
2002 Ed. (4118, 4126)
1998 Ed. (3129, 3138, 3526, 3570)
1994 Ed. (3287)
Washington Gas & Light
1993 Ed. (1934, 2702)
Washington Gas Light Co.
2005 Ed. (2724)
2001 Ed. (1687)
1999 Ed. (2578, 3593)
1998 Ed. (1808, 2664)
1997 Ed. (2123, 2926)
1996 Ed. (2822)
1995 Ed. (2755)
1994 Ed. (2653)
1992 Ed. (2272, 3214, 3467)
1991 Ed. (2575, 1803)
Washington Group International Inc.
2008 Ed. (207, 1178, 1226, 1229, 1232, 1234, 1294, 1299, 1302, 1341, 1793, 1794, 2136, 2536, 2546, 2600, 2601, 2602, 2604, 2881)
2007 Ed. (220, 1277, 1340, 1342, 1345, 1347, 1765, 1766, 2043, 2399, 2419, 2471, 2475, 2764, 2765)
2006 Ed. (1165, 1167, 1169, 1170, 1187, 1188, 1241, 1244, 1246, 1247, 1249, 1268, 1269, 1270, 1271, 1273, 1313, 1757, 1758, 2071, 2450, 2459, 2502, 2503, 2506)
2005 Ed. (1169, 1171, 1173, 1174, 1217, 1218, 1298, 1300, 1302, 1304, 1307, 1308, 1334, 1340, 1787, 2156, 2415, 2416, 2417, 2418, 2438)
2004 Ed. (1191, 1192, 1247, 1249, 1252, 1253, 1254, 1258, 1265, 1266, 1272, 1273, 1275, 1283, 1286, 1301, 1329, 1335, 1604, 1727, 1728, 1729, 2325, 2326, 2329, 2331, 2343, 2344, 2352, 2354, 2356, 2358, 2363, 2367, 2369, 2381, 2432, 2433, 2442, 2443, 2444, 2446, 2828)
2003 Ed. (1186, 1187, 1244, 1245, 1249, 1251, 1252, 1256, 1261, 1262, 1263, 1266, 1267, 1269, 1271, 1272, 1273, 1280, 1296, 1298, 1320, 1330, 1333, 1691, 1692, 1692, 2292, 2294, 2298, 2299, 2302, 2745)
2002 Ed. (331, 1175, 1212, 1214, 2132, 2134)
Washington Group International LLC
2003 Ed. (1820)
Washington Group International (Ohio Corp.) Inc.
2008 Ed. (1193, 1194)
2007 Ed. (1295, 1296)
2006 Ed. (1187, 1188)
2005 Ed. (1217, 1218)
2004 Ed. (1191, 1192)
2003 Ed. (1186, 1187)
Washington Group International (Ohio Corporation) Inc.
2008 Ed. (1794)
2007 Ed. (1766)
2006 Ed. (1758)
2005 Ed. (1787)
2004 Ed. (1728)
Washington Health Care Facilities Authority
1995 Ed. (2648)
Washington Health Care Services
2006 Ed. (3724)
Washington Homes
2005 Ed. (1246)
2004 Ed. (1221)
2003 Ed. (1214)
2002 Ed. (1189, 2660)
2000 Ed. (1213)
1999 Ed. (1330)
1998 Ed. (902)
Washington Hospital Center Inc.
2008 Ed. (2167)
2007 Ed. (2058)
2006 Ed. (2103, 2922)
2005 Ed. (2002)
2004 Ed. (1885)
2003 Ed. (1850)
1993 Ed. (1502)
1992 Ed. (4423)
1991 Ed. (1444, 3473)
1990 Ed. (3682)
1989 Ed. (2903)
Washington Insurance Co.; Booker T.
1997 Ed. (2419)
1996 Ed. (2286)
1995 Ed. (2280)
1993 Ed. (2253)
1992 Ed. (2707)
1991 Ed. (2108, 2144)
1990 Ed. (2275)
Washington International
2001 Ed. (351)
Washington Iron Works
2008 Ed. (1266)
1999 Ed. (1377)
1995 Ed. (1161)
1994 Ed. (1146)
1993 Ed. (1129)
1990 Ed. (1207)
Washington Lawyer
2008 Ed. (4716)
Washington Liftruck Inc.
2007 Ed. (3610, 3611, 4452)
Washington Medical Center; University of
2008 Ed. (3042, 3048, 3050, 3055, 3057)
2007 Ed. (2920, 2925, 2927, 2930, 2933)
2006 Ed. (2900, 2901, 2906, 2908, 2910, 2911, 2916)
2005 Ed. (2899, 2901, 2904, 2910)
Washington Memorial Parkway; George
1990 Ed. (2666)
Washington Metro Area Transit Authority
2004 Ed. (1360)
Washington Metropolitan Area Transit Authority
2008 Ed. (756, 2167)
2006 Ed. (687, 2103, 3296, 3297)
2005 Ed. (2002, 3309)
2004 Ed. (3295)
2003 Ed. (1850)
2002 Ed. (3905)
2001 Ed. (1686, 3158)
2000 Ed. (900, 2994)
1999 Ed. (956, 3989)
1998 Ed. (537, 538, 2403)
1997 Ed. (840)
1996 Ed. (832)
1995 Ed. (852)
1994 Ed. (801, 802, 2408)
1993 Ed. (786)
1992 Ed. (989)
1991 Ed. (808, 3160)
1989 Ed. (830)
Washington Metropolitan Area Transportation Authority
1990 Ed. (847)
Washington Mint
1998 Ed. (75)
Washington, MN
1991 Ed. (1368)
Washington MSB
2006 Ed. (203)
2002 Ed. (249, 3391)
2000 Ed. (417)
1999 Ed. (398)
1997 Ed. (380)
Washington Music Center
2001 Ed. (3415)
2000 Ed. (3218, 3220)
1999 Ed. (3500, 3502)
1997 Ed. (2861, 2862, 2863)
1996 Ed. (2746, 2747, 2748)
1995 Ed. (2673, 2674, 2675)
1994 Ed. (2592, 2593, 2594, 2596)
1993 Ed. (2640, 2641, 2642, 2643)
Washington Mutual Inc.
2008 Ed. (356, 358, 486, 896, 2136, 2138, 2141, 2142, 2146, 2166, 2354, 2365, 2697, 2712, 3681, 3748, 3749, 4510)
2007 Ed. (368, 370, 382, 532, 857, 1473, 2043, 2044, 2057, 2214, 2225, 2260, 2556, 3380, 3522, 3627, 3628, 3634, 4101, 4262)
2006 Ed. (387, 507, 2071, 2072, 2076, 2077, 2078, 2082, 2084, 2101, 2283, 2285, 2297, 2587, 2850, 3490, 3557, 3564, 3565, 3566, 3567, 3568, 4248, 4468, 4734, 4735)
2005 Ed. (364, 366, 373, 376, 377, 429, 452, 590, 1003, 1550, 1581, 1585, 1615, 1802, 2000, 2221, 2223, 2584, 2594, 2595, 2600, 3302, 3305, 3488, 3500, 3509, 4243, 4522, 4689, 4690)
2004 Ed. (417, 418, 423, 434, 441, 601, 1450, 1743, 1884, 2116, 2118, 2610, 2611, 3501, 4310)
2003 Ed. (1555, 1849, 2471, 3432, 4282, 4283, 4301, 4564, 4981, 4982)
2002 Ed. (444, 504, 1525, 1561, 1796, 2003, 3380, 3388, 3389, 4171, 4354, 4501, 4622, 4978)
2001 Ed. (437, 575, 581, 582, 585, 586, 3344, 3348, 3351, 4159, 4160, 4521, 4522, 4523)
2000 Ed. (1582, 2199, 3388, 4246, 4247)
1999 Ed. (547, 1444, 1477, 1515, 1750, 3439, 3440, 4595, 4596, 4597)
1995 Ed. (2690, 3609, 3611)
1992 Ed. (4290)
Washington Mutual Bank
2007 Ed. (1182, 1183, 2866, 3019, 3629, 3635, 3636, 4243, 4244, 4245, 4246, 4247, 4248, 4249, 4250, 4251, 4252, 4253, 4254, 4255, 4256, 4257, 4258, 4259, 4260, 4261)
2006 Ed. (539, 3558, 3559, 3560, 3561, 3562, 3563)
2005 Ed. (3501)
2003 Ed. (424, 451, 3434, 3435, 3443, 3444, 3445, 3446, 3447, 3448, 4229, 4230, 4258, 4259, 4260, 4261, 4263, 4264, 4266, 4267, 4268, 4269, 4270, 4271, 4272, 4273, 4274, 4275, 4277, 4278, 4279, 4280, 4281)
2002 Ed. (3382, 3383, 3384, 3385, 3392)
2001 Ed. (3345, 3352)
1997 Ed. (3740, 3741)
Washington Mutual Bank, FA
2006 Ed. (1074, 1075, 2872, 2988, 3569, 3570, 3571, 4229, 4230, 4231, 4233, 4234, 4235, 4236, 4237, 4240, 4241, 4242, 4243, 4244, 4245, 4246, 4247)
2005 Ed. (1066, 1067, 2867, 2993, 3502, 3510, 3511, 4177, 4178, 4179, 4181, 4182, 4183, 4211, 4212, 4214, 4215, 4216, 4217, 4218, 4219, 4220, 4221, 4222)
2004 Ed. (1062, 1063, 2862, 2995, 3502, 3506, 3507, 4244, 4245, 4246, 4247, 4248, 4249, 4250, 4278, 4279, 4281, 4282, 4284, 4285, 4286, 4287, 4288, 4289)
2002 Ed. (4099, 4100, 4117, 4120, 4121, 4122, 4123, 4124, 4125, 4126, 4127, 4128, 4129, 4130, 4133, 4134, 4135, 4136, 4137, 4138, 4139)
2001 Ed. (3350)
Washington Mutual Bank, FSB
2007 Ed. (1182, 3629, 4250, 4256)
2006 Ed. (1074, 3569, 4236, 4242)
Washington Mutual Investor
1992 Ed. (3150)
Washington Mutual Investors
2008 Ed. (2610)
2006 Ed. (2510, 4559)
2005 Ed. (2465, 4483)
2004 Ed. (2464)
2003 Ed. (2361, 3518, 3519)
2001 Ed. (3452)
2000 Ed. (3222, 3236)
1999 Ed. (3516)
1998 Ed. (2607)
1997 Ed. (2882, 2897)
1991 Ed. (2557)
1990 Ed. (2392)
Washington Mutual Savings
2000 Ed. (3158, 3159, 3161, 3162)
1993 Ed. (3216, 3295, 3573)
Washington Mutual Savings Bank
1999 Ed. (3435, 3441)
1998 Ed. (268, 270, 295, 300, 1082, 1192, 2528, 3523, 3525, 3527, 3531, 3532, 3533, 3534, 3535, 3536, 3570)
1997 Ed. (3744, 3745, 3746, 3747)
1996 Ed. (3684, 3685, 3686, 3687, 3688, 3689)

1995 Ed. (3366, 3608, 3610)
1994 Ed. (340, 3141, 3287, 3526, 3533, 3535)
1990 Ed. (715)
Washington National
1989 Ed. (245)
Washington National, Ill.
1989 Ed. (1689)
Washington National Insurance Co.
1991 Ed. (2107)
Washington Nationals
2008 Ed. (529)
2007 Ed. (578)
The Washington Post
2008 Ed. (759, 2168, 3623, 3628, 4086, 4087)
2007 Ed. (2059, 3453, 4050, 4051, 4053)
2006 Ed. (769, 2104, 3437, 3440, 3704, 4021, 4022, 4023)
2005 Ed. (2003, 3422, 3424, 3600, 3981, 3982, 3983, 3984)
2004 Ed. (1886, 3409, 3411, 4042, 4043, 4045, 4046)
2003 Ed. (1851, 3643, 3647, 4024, 4025, 4026, 4027)
2002 Ed. (3501, 3504, 3510, 3883, 3884)
2001 Ed. (261, 1667, 3247, 3248)
2000 Ed. (3334, 4429)
1999 Ed. (3613, 3614, 3969, 4809)
1998 Ed. (81, 83, 84, 85, 2440, 2974, 2975)
1997 Ed. (2943, 3222)
1996 Ed. (2846, 3140, 3142)
1995 Ed. (877, 1372, 3038, 3042)
1994 Ed. (828, 1347, 2977, 2979, 2982)
1993 Ed. (752, 1295, 1502, 1506, 2724, 2803, 2942, 2944)
1992 Ed. (3589)
1991 Ed. (1444, 2392, 2603, 2604, 2606, 2609, 2783, 2785, 2787, 3472)
1990 Ed. (2522, 2692, 2693, 2697, 2703, 2704, 2706, 3683)
1989 Ed. (2902, 2973)
Washington Post Writers Group
1989 Ed. (2047)
Washington Public Power Supply System
2000 Ed. (1727)
1999 Ed. (1943)
1993 Ed. (1548, 3359)
1991 Ed. (1486, 2510, 2533, 2533)
Washington Real Estate Investment
1991 Ed. (2816)
Washington Real Estate Investment Trust
2008 Ed. (4118)
1992 Ed. (3628)
Washington Redskins
2008 Ed. (2761)
2007 Ed. (2632)
2006 Ed. (2653)
2005 Ed. (2667, 4437, 4449)
2004 Ed. (2674)
2003 Ed. (4522)
2001 Ed. (4346)
2000 Ed. (2252)
Washington REIT
2002 Ed. (1556)
1994 Ed. (1289, 3000)
Washington Research
2008 Ed. (3387)
Washington Savings & Loan
1991 Ed. (3370)
Washington Savings Bank
2007 Ed. (463)
Washington School Employees Credit Union
2003 Ed. (1953)
2002 Ed. (1899)
Washington, School of Medicine; University of
2007 Ed. (3953)
2006 Ed. (3903)
2005 Ed. (3835)
Washington Square
1989 Ed. (2127)
Washington Square Press
2008 Ed. (629)
Washington Square Securities
2002 Ed. (790, 791, 792, 793, 794, 795)
2000 Ed. (833, 834, 837, 838, 839, 849, 850, 862, 865, 866)
1999 Ed. (839, 841, 842, 851, 852, 861, 865)
Washington State Board
2008 Ed. (2309, 2310, 2322, 2323)
2007 Ed. (2178, 2179, 2180, 2185, 2188, 2190, 2193)
2003 Ed. (1982, 1983, 1984)
2002 Ed. (3610, 3611, 3613, 3617)
2001 Ed. (3669, 3675, 3678, 3681)
2000 Ed. (3435, 3438, 3444)
1999 Ed. (3723, 3724)
1998 Ed. (2765, 2766)
1997 Ed. (3019, 3024)
1994 Ed. (2760)
Washington State Department of Labor & Industries
2007 Ed. (2801)
Washington State Department of Printing
2006 Ed. (3950, 3953, 3954, 3962)
Washington State Employees Credit Union
2008 Ed. (2266)
2007 Ed. (2151)
2006 Ed. (2230)
2005 Ed. (2135)
2004 Ed. (1993)
2003 Ed. (1953)
2002 Ed. (1835, 1899)
1997 Ed. (1561)
Washington State Housing Finance Committee
2001 Ed. (942)
Washington State Housing Financial Commission
1993 Ed. (2619)
Washington State Investment Board
2004 Ed. (2030, 2031, 2032, 2033)
1991 Ed. (2691, 2693, 2695)
Washington State University
1990 Ed. (2053)
Washington Sub. Sanitary Distributor, MD
1991 Ed. (2780)
Washington Suburban Sanitary Commission
1991 Ed. (3159)
Washington Suburban Sanitary District, MD
1997 Ed. (3217)
Washington Suburban Sanitation District
1991 Ed. (2514)
Washington Suburbs Sanitary District
1993 Ed. (2938)
Washington, The Evergreen State Magazine
1992 Ed. (3385)
Washington Trust Co.
1993 Ed. (510)
Washington Trust Bond
1994 Ed. (2310)
Washington Trust Common Stock
1994 Ed. (2310)
Washington University
2008 Ed. (1945)
2007 Ed. (1890)
2006 Ed. (1898)
2005 Ed. (1877)
2002 Ed. (2348, 2349, 3982)
2000 Ed. (1143, 3070)
1999 Ed. (3327, 3332, 3333, 3335)
1997 Ed. (1064)
1995 Ed. (1049, 1064)
1993 Ed. (2782)
1992 Ed. (3357)
1991 Ed. (1003, 1767, 2402, 2688)
1989 Ed. (958, 1477, 2164)
Washington University; George
1992 Ed. (1008)
Washington University Health Plan; George
1994 Ed. (2036)
Washington University in St. Louis
2008 Ed. (3640)
2007 Ed. (3468)
2005 Ed. (3440)
2004 Ed. (3424)
2001 Ed. (3060, 3252, 3254, 3256, 3260)
2000 Ed. (3065, 3071)
Washington University, Missouri
1991 Ed. (892)
Washington; University of
2008 Ed. (771, 777, 1065, 1089, 3640)
2007 Ed. (833, 1163, 3468)
2006 Ed. (3951, 3957, 3962)
2005 Ed. (3439, 3440)
1997 Ed. (1067, 1767, 2604, 3297)
1996 Ed. (1048, 2459, 3192)
1995 Ed. (1073, 3091, 3095)
1994 Ed. (1656)
1993 Ed. (893, 1029, 1625, 3000)
1992 Ed. (1094, 1974, 3663)
1991 Ed. (891, 2402)
Washington University, Olin School of Business
2008 Ed. (777)
Washington University School of Medicine
1991 Ed. (1767)
Washington University-St. Louis
2008 Ed. (769, 784)
2007 Ed. (794, 805)
2006 Ed. (701, 720)
1990 Ed. (1095, 2785)
Washington vs. Miami
1992 Ed. (4162)
Washington Water
1994 Ed. (1603)
1991 Ed. (1505)
1989 Ed. (1304)
Washington Water Power Co.
2000 Ed. (3673)
1992 Ed. (1888, 1906)
Washington Water Power Co. Lewiston
1991 Ed. (1489)
Washington Water Power Co., Spokane
1991 Ed. (1489)
Washington Wizards
2004 Ed. (657)
2003 Ed. (4508)
2001 Ed. (4345)
2000 Ed. (704)
WashingtonPost
1990 Ed. (2929, 2931, 2932, 2933, 3525)
Washinton National Cathedral
1992 Ed. (4318)
Washkewicz; D. E.
2005 Ed. (2480)
Washoe County, NV
2008 Ed. (3478)
Washoe County Schools
2008 Ed. (4280)
Washtenaw County, MI
1999 Ed. (1779, 2997)
Wasington, DC
2000 Ed. (1158)
Wasp & hornet killer
2002 Ed. (2816)
Wasserman; Bert W.
1997 Ed. (979)
Wasserman; Lew and Edie
1994 Ed. (892)
Wasserott's
1991 Ed. (1928)
Wasserstein Perella
1998 Ed. (1000, 1037)
1996 Ed. (1186)
1995 Ed. (749, 1213, 1255)
1993 Ed. (1164, 1167, 3147)
1992 Ed. (1453, 1454, 1455, 1495)
1991 Ed. (1111, 1112, 1116, 1118, 1119, 1121, 1122, 1126, 1127, 1130, 1132, 1133)
1990 Ed. (2295)
Wasserstein Perella & Co.
2003 Ed. (1502)
Wasserstein, Perella & Great APT
1996 Ed. (1185, 1224)
1994 Ed. (1236)
1991 Ed. (1183)
Wasserstein Perella & Great Atlantic Pacific Tea Co.
1997 Ed. (1270)
Wasserstein Perella Group
2003 Ed. (1414)
2002 Ed. (439, 1353, 4602)
2001 Ed. (1515, 1518)
Wasserstein Perella/NWP
1993 Ed. (1170, 3125)
The Wasserstrom Co.
2008 Ed. (2729)
2007 Ed. (2593, 2595)
2006 Ed. (2619)
2005 Ed. (2623)
2000 Ed. (2243)
1999 Ed. (2482)
1997 Ed. (2060, 2061)
1990 Ed. (1839)
The Wasserstrom Cos.
1996 Ed. (1955)
1995 Ed. (1919)
1993 Ed. (1887)
1992 Ed. (2206)
1991 Ed. (1757)
Waste
2007 Ed. (2309)
Waste Connections Inc.
2008 Ed. (4076, 4816)
2007 Ed. (2467, 4041, 4881)
2006 Ed. (4007, 4890)
2005 Ed. (4836)
Waste, food
1992 Ed. (3651, 3652, 3653)
Waste King
1997 Ed. (2114)
1995 Ed. (1969)
1994 Ed. (1940)
1993 Ed. (1917)
1992 Ed. (2258)
Waste Management Inc.
2008 Ed. (1092, 2421, 3028, 4060, 4061, 4066, 4067, 4076, 4816)
2007 Ed. (841, 1531, 1922, 2287, 2288, 2467, 4032, 4033, 4041, 4358, 4810, 4881, 4882, 4883)
2006 Ed. (745, 747, 1078, 1079, 2351, 2352, 3997, 3998, 4007, 4890, 4891, 4892)
2005 Ed. (821, 1508, 2288, 2770, 3869, 3870, 3923, 3924, 3933, 4836, 4837)
2004 Ed. (1554, 2189, 3921, 3922, 4853)
2003 Ed. (1521, 2135, 2136, 4874)
2002 Ed. (1510, 1525, 2151, 4782, 4783)
2001 Ed. (2304, 2760, 4661, 4733)
2000 Ed. (894, 1358, 1861, 2394, 4004, 4372)
1999 Ed. (948, 1486, 1501, 1556, 1557, 2058, 2060, 4742, 4743)
1995 Ed. (3341)
1994 Ed. (944, 1207, 2891, 3231, 3441, 3555)
1993 Ed. (935, 1506, 2875, 3228, 3262, 3464, 3592)
1992 Ed. (1133, 1136, 1836, 3478, 3479, 3935, 3939, 4144, 4312)
1991 Ed. (2752, 3092, 3100, 3399, 1446, 3105, 3226)
1990 Ed. (2875, 3257, 3259)
1989 Ed. (2465, 2476, 2479)
Waste Management Canada
2007 Ed. (2479)
Waste Management Employees' Better Government Fund
1992 Ed. (3475)
Waste Management Holdings Inc.
2008 Ed. (2421)
2007 Ed. (2287)
2006 Ed. (2351)
2005 Ed. (2288)
2004 Ed. (2189)
2003 Ed. (2135)
2001 Ed. (4661)
Waste Management International
1994 Ed. (3650)
Waste Management of Los Angeles
2002 Ed. (2152)
Waste Management of North America Inc.
2003 Ed. (2135)
2001 Ed. (4661)
Waste Management of Tennessee Inc.
2007 Ed. (2287)
Waste Management/Recycle America
1998 Ed. (3030)

1997 Ed. (3277)
1996 Ed. (3176)
1995 Ed. (3080)
Waste Management/WMX Technologies Inc.
1998 Ed. (1492)
Waste, oil
1992 Ed. (3645)
Waste Paper
2000 Ed. (1897)
Waste Services Inc.
2007 Ed. (3534, 4401)
Waste Technology Corp.
1997 Ed. (2023)
Waste, yard
1992 Ed. (3645, 3651, 3652, 3653)
Wastewater
2001 Ed. (2303)
2000 Ed. (3565)
Watabank
1997 Ed. (402)
Watanabe Ing
2001 Ed. (800)
Watanabe; Kitaro
1993 Ed. (698)
1990 Ed. (730)
Wataniya Telecom
2008 Ed. (21, 55)
2007 Ed. (53)
2005 Ed. (55)
2004 Ed. (60)
Watch television
1992 Ed. (878)
Watchdog Patrols
2000 Ed. (3905)
Watchell Lipton Rosen & Katz
1999 Ed. (1431)
Watches
2005 Ed. (2961)
2001 Ed. (2733)
1999 Ed. (1934)
1998 Ed. (2316)
1992 Ed. (2951)
1990 Ed. (1578)
Watchfire
2008 Ed. (1150)
WatchGuard Technologies, Inc.
2003 Ed. (2744)
Water
2002 Ed. (687, 688, 689, 692, 693, 694, 695, 697, 698, 699, 700, 701, 2421, 3488, 4309)
2001 Ed. (2303)
2000 Ed. (716)
1996 Ed. (721, 3611)
1992 Ed. (3477)
Water & Power Credit Union
2006 Ed. (2167)
Water and Sewage Businesses of England & Wales
1991 Ed. (740)
Water Authorities
1991 Ed. (25)
Water Authorities Flotation/Share Offer
1991 Ed. (740)
Water Auths. Share Offer
1991 Ed. (1726)
Water Babies
2001 Ed. (4392)
1998 Ed. (1358, 3432)
1997 Ed. (711, 3659)
1994 Ed. (3457)
Water/beverages
1998 Ed. (2497)
Water, bottled
2007 Ed. (3694)
2004 Ed. (888, 2129, 3666)
2003 Ed. (3940)
2002 Ed. (2422)
1998 Ed. (445, 1727, 1728, 2498)
1997 Ed. (3171, 3173)
1993 Ed. (680, 681)
Water conditioners
1993 Ed. (3685)
Water conditioning
2007 Ed. (4236)
2006 Ed. (4220)
Water Country USA
2007 Ed. (4884)
2006 Ed. (4893)
2005 Ed. (4840)
2004 Ed. (4856)
2003 Ed. (4875)
2002 Ed. (4786)
2001 Ed. (4736)
1999 Ed. (4745)
1998 Ed. (3701)
1997 Ed. (3868)
1996 Ed. (3819)
1995 Ed. (3725)
1992 Ed. (4425)
1990 Ed. (3685)
1989 Ed. (2904)
Water Country USA, VA
2000 Ed. (4374)
Water County USA, Williamsburg, VA
1991 Ed. (3476)
Water filter
1991 Ed. (1964)
Water heating
2001 Ed. (2779)
Water/ice conditioning and distribution
2001 Ed. (4154)
Water ices
1993 Ed. (1479)
Water management
1999 Ed. (1112)
Water Mill, NY
2007 Ed. (3000)
Water, non-sparkling
1993 Ed. (723)
Water Pik
2007 Ed. (3807)
2000 Ed. (3507)
1998 Ed. (2805)
1996 Ed. (2984)
1994 Ed. (2813)
Water Pik Systems
1992 Ed. (1779)
Water Pumps & Parts
1990 Ed. (397)
Water purifiers & filters
2002 Ed. (2707)
Water Sewage Businesses
1991 Ed. (3326)
Water Share Offer
1991 Ed. (24, 3326)
Water, sparkling
2003 Ed. (741)
1993 Ed. (723)
Water, sparkling/carbonated
2005 Ed. (2756)
Water sports
2005 Ed. (4428)
Water, still
2003 Ed. (741)
Water supply, sewerage, and drainage services
2002 Ed. (2785)
Water transportation
2002 Ed. (2225)
2001 Ed. (1727)
Water treatment
2007 Ed. (4236)
2006 Ed. (4220)
2001 Ed. (4154)
Water treatments
1999 Ed. (946)
Water/wastewater
2004 Ed. (1308)
Water/wastewater treatment
2006 Ed. (1285)
2005 Ed. (1315)
Water World
1992 Ed. (4425)
1990 Ed. (3685)
1989 Ed. (2904)
The Waterboy
2001 Ed. (4699)
Waterbury Connecticut Teachers Credit Union
2004 Ed. (1950)
2003 Ed. (1910)
2002 Ed. (1853)
Waterbury Republican American
1990 Ed. (2711)
1989 Ed. (2065)
Waterfield Financial
2002 Ed. (3386)
1998 Ed. (2522)
Waterford
2007 Ed. (4674)
2005 Ed. (4588)
2003 Ed. (4670)
1997 Ed. (709)
Waterford at Blue Lagoon
2002 Ed. (3533)
Waterford Foods PLC
1999 Ed. (1684)
1997 Ed. (1457)
Waterford Glass
1993 Ed. (1533)
1992 Ed. (1877)
1991 Ed. (1476, 1477)
Waterford Hotel Group
1993 Ed. (2080)
Waterford Wedgewood
1999 Ed. (3117, 3118)
1994 Ed. (1578, 1579)
1992 Ed. (1878)
Waterford Wedgewood PLC
1993 Ed. (1534)
Waterford Wedgwood
1997 Ed. (2574, 2575)
1996 Ed. (2431, 2432)
Waterford-Wedgwood plc
2001 Ed. (3822)
Waterford.com
2007 Ed. (2319)
The Waterfront
1992 Ed. (3687)
1991 Ed. (2858)
Waterfront Media
2007 Ed. (3232)
Watergames
1991 Ed. (1784)
Waterhouse
1999 Ed. (862, 1867, 3002, 4476)
1993 Ed. (2748)
Waterhouse Securities
2000 Ed. (1682)
waterhouse.com
2001 Ed. (2974)
Waterlink Inc.
2001 Ed. (2289, 2302)
Waterloo-Cedar Falls
2005 Ed. (3065)
Waterloo-Cedar Falls, IA
2008 Ed. (4092)
2007 Ed. (842)
2005 Ed. (3474)
1994 Ed. (2493)
1993 Ed. (2548)
1992 Ed. (3037)
Waterloo Police Credit Union
2005 Ed. (308)
Waterloo; University of
2008 Ed. (1070, 1071, 1075, 1076, 1077, 1081, 1082)
2007 Ed. (1166, 1167, 1170, 1171, 1172, 1173, 1174, 1175)
Waterman LeMan Rhapsody
2000 Ed. (3425)
Watermark Communities Inc.
2002 Ed. (1191)
Watermark Communities (WCI)
2001 Ed. (1388)
Watermelon
2001 Ed. (1216)
1996 Ed. (1978)
1992 Ed. (2239)
Watermelons
2004 Ed. (2003)
2001 Ed. (3272)
1999 Ed. (2534)
WaterPik
2005 Ed. (2952, 3707)
Waterproofing companies
1999 Ed. (1812)
Waters Corp.
2008 Ed. (1919, 1920)
2006 Ed. (1870, 2386)
2005 Ed. (2339)
2004 Ed. (1136, 2239)
2003 Ed. (2131, 2133, 2197)
Waters; Bert
1992 Ed. (3138)
Water's Edge
2001 Ed. (4054)
Waters McPherson McNeill
1993 Ed. (3625)
Waterside Capital Corp.
2004 Ed. (4549)
Watertown Metal Products
2002 Ed. (4517)
2000 Ed. (2307, 4138)
1999 Ed. (2567, 4504)
1998 Ed. (1800, 3430)
1997 Ed. (2114, 3654)
1995 Ed. (3521)
1994 Ed. (1940, 3453)
1993 Ed. (1917, 3479)
1992 Ed. (2258, 4157)
1991 Ed. (1785)
1990 Ed. (1874, 3480)
Watertown Municipal Credit Union
1996 Ed. (1509)
Water2Water
2001 Ed. (4753)
Waterway Car Wash Inc.
2006 Ed. (365)
The Waterways at Bay Pointe
1991 Ed. (1045)
1990 Ed. (1146)
Waterworld
1997 Ed. (2817)
Wates Building Group Ltd.
1995 Ed. (1013)
1993 Ed. (973)
Wates City of London Prop.
1999 Ed. (1644)
1993 Ed. (1323)
Watier; Lise
2008 Ed. (4991)
Watkings-Johnson
1989 Ed. (2310)
Watkins
1998 Ed. (3638)
1997 Ed. (3806)
1993 Ed. (3640)
Watkins & Shepard Trucking Inc.
2008 Ed. (1958)
2005 Ed. (1890)
2003 Ed. (4785)
Watkins Cadillac-GMC Truck Inc.; Jerry
1991 Ed. (712)
Watkins; James
1989 Ed. (2341)
Watkins-Johnson
1993 Ed. (1579)
1992 Ed. (1920, 3678)
1991 Ed. (1519, 2847)
1990 Ed. (1617)
1989 Ed. (1328)
Watkins Ludlam
2001 Ed. (853)
Watkins Motor Lines Inc.
2008 Ed. (3198, 4763, 4769, 4780)
2007 Ed. (4847, 4857)
2006 Ed. (4838, 4842, 4854)
2005 Ed. (4784)
2004 Ed. (4769)
2003 Ed. (4785)
2002 Ed. (4696)
2000 Ed. (4313, 4321)
1999 Ed. (4680, 4690)
1998 Ed. (3644)
1996 Ed. (3756)
1995 Ed. (3679, 3682)
1994 Ed. (3600)
WATS
1991 Ed. (2356)
Wats Marketing
1994 Ed. (3485, 3486)
1993 Ed. (3512)
1992 Ed. (4206)
WATS Marketing of America, Inc.
1989 Ed. (2795)
Watsco Inc.
2008 Ed. (1163, 4726)
2006 Ed. (208, 3926, 4790)
2005 Ed. (774, 775)
2004 Ed. (788, 789)
2003 Ed. (4561)
Watson
2000 Ed. (2323)
Watson; Eric
2008 Ed. (4848)
Watson Industrial Center South
1990 Ed. (2180)
Watson Investment Partners
1998 Ed. (1923)
Watson; John
2006 Ed. (969)
Watson Laboratories
2000 Ed. (2321)

Watson Land Co.
2002 Ed. (3563, 3923)
2000 Ed. (3720)
1999 Ed. (3996)
1998 Ed. (3006)
1997 Ed. (3260)
1995 Ed. (3064)
1994 Ed. (3006)
1990 Ed. (2972)
Watson Lane and Keene
1990 Ed. (3088)
Watson Motor Co. Inc.
2001 Ed. (1815)
Watson Pharmaceuticals Inc.
2008 Ed. (3952)
2007 Ed. (3908)
2005 Ed. (2246, 2247, 3803, 3805, 3807, 3810)
2004 Ed. (2151, 3874, 3880)
2002 Ed. (2017, 3753)
2001 Ed. (2061, 2103)
1997 Ed. (1259, 2178, 2977)
Watson Realty
1998 Ed. (2997)
1997 Ed. (3255)
Watson Ward Albert Varndell
1993 Ed. (1487)
1991 Ed. (1419)
Watson Wyatt & Co. Holdings
2006 Ed. (1211, 4725)
2005 Ed. (1252)
2003 Ed. (2644)
Watson Wyatt Investment
2008 Ed. (2710, 2711)
Watson Wyatt Worldwide Inc.
2008 Ed. (803, 1210, 2314, 2484)
2007 Ed. (1320)
2006 Ed. (2418)
2005 Ed. (2367, 2369)
2004 Ed. (2267, 2268)
2002 Ed. (1218, 2111, 2112, 2113)
2001 Ed. (1442, 1443, 2221, 2222)
2000 Ed. (1774, 1776, 1777)
1999 Ed. (26, 1997, 1999, 2000, 3065, 4113)
1998 Ed. (541, 1422, 1423, 1425, 1426, 3102)
1997 Ed. (847, 1715, 1716, 3360)
1996 Ed. (836)
Watt Enterprises
1995 Ed. (3065)
Watt Indstries Inc.
1992 Ed. (1362)
Watt Industries Inc.
1994 Ed. (3007)
1991 Ed. (1058)
1990 Ed. (1170, 1171)
Watt, Roop & Co.
1996 Ed. (3106, 3108, 3132)
1995 Ed. (3005, 3029)
1994 Ed. (2969)
1992 Ed. (3575)
Watt, Tieder, Hoffar & Fitzgerald
2007 Ed. (3324)
2003 Ed. (3192)
Wattana Engineering
1991 Ed. (1067)
Wattles
1994 Ed. (35)
Watts; Claire
2008 Ed. (2990)
Watts Communications, Inc.
2001 Ed. (4469)
Watts Industries Inc.
2004 Ed. (3029, 3030)
Watts; R. Wayne
1995 Ed. (2485)
Watts Water Technologies Inc.
2008 Ed. (1910)
2006 Ed. (3391)
2005 Ed. (3394)
Waukegan/Deerfield/North Chicago, IL
1992 Ed. (3291)
Waukegan, IL
2007 Ed. (2269)
Waukesha County, WI
1994 Ed. (239, 1480)
Wausau
2000 Ed. (28, 4221)
1999 Ed. (3701)
Wausau Benefits Inc.
2006 Ed. (3106)
Wausau Homes Inc.
2008 Ed. (3538)
2006 Ed. (3355)
1995 Ed. (1132)
1994 Ed. (1116)
1993 Ed. (1092)
1992 Ed. (1369)
1991 Ed. (1061)
1990 Ed. (1174)
Wausau Lloyds
1997 Ed. (2467)
Wausau-Mosinee Paper Corp.
2006 Ed. (3773, 3777)
2005 Ed. (3675, 3678, 3679, 3681)
2004 Ed. (2115, 3760, 3763, 3764, 3766)
Wausau Paper Mills
1994 Ed. (2725)
Wausau Papers of New Hampshire Inc.
2008 Ed. (1971)
2007 Ed. (1911)
2006 Ed. (1926)
Wausau-Rhinelander, WI
2006 Ed. (766)
2004 Ed. (869)
Wausau, WI
2008 Ed. (4728)
2001 Ed. (2822)
1994 Ed. (2245)
Wauwatosa Savings Bank
1998 Ed. (3571)
Wave Credit Union
2008 Ed. (2257)
2007 Ed. (2142)
2006 Ed. (2221)
2005 Ed. (2126)
2004 Ed. (1984)
2003 Ed. (1944)
Wave setting products
2003 Ed. (2670)
2002 Ed. (2439)
Wavecom SA
2003 Ed. (2942)
2002 Ed. (4509)
2001 Ed. (4191)
WaveRider Communications Inc.
2005 Ed. (2776)
Waverley Australasian Gold
1995 Ed. (2747)
Waverley Canadian Balanced Growth
1992 Ed. (3210)
Waverley Penny Share
1996 Ed. (2814)
Waverly Inc.
1999 Ed. (3745)
Waverly Australasian Gold
1997 Ed. (2913)
Waverly Global Bond
1997 Ed. (2913)
Waverty's Furniture Stores
1998 Ed. (88)
Wavesat Telecom Inc.
2002 Ed. (2485)
Wavin AG
1997 Ed. (2708)
1996 Ed. (2568)
Wavve Telecommunications Inc.
2002 Ed. (1604)
Wavy Lays
2008 Ed. (4019, 4021, 4443)
2007 Ed. (4000, 4460)
2006 Ed. (3942, 4393)
2004 Ed. (3932)
2003 Ed. (3919)
2002 Ed. (3733)
2001 Ed. (3860, 3861)
2000 Ed. (3578)
1999 Ed. (3863)
1997 Ed. (3138)
1996 Ed. (3057)
Wawa
2008 Ed. (1375, 1376)
2007 Ed. (1419)
2006 Ed. (1381, 4128)
2001 Ed. (1488)
2000 Ed. (1110, 2245)
1999 Ed. (1189)
1998 Ed. (758)
1997 Ed. (2053)
1995 Ed. (1915)
1994 Ed. (1886)
1990 Ed. (1043)
1989 Ed. (932)
Wawa Food Markets
2004 Ed. (1372)
2002 Ed. (1331)
2000 Ed. (2234)
Wawanesa Murual Insurance Co.
1999 Ed. (2980)
Wawanesa Mutual Insurance Co.
2008 Ed. (3235, 3327)
2007 Ed. (3094, 3179)
2006 Ed. (3066)
1997 Ed. (2468)
1996 Ed. (2342, 2343)
1995 Ed. (2325)
1993 Ed. (2242)
1992 Ed. (2692, 2694)
1991 Ed. (2131)
1990 Ed. (2256)
Wax containers
1999 Ed. (1015)
Waxes
2005 Ed. (309)
2001 Ed. (538, 2652)
Waxman Industries Inc.
1997 Ed. (2702)
1995 Ed. (1128)
1994 Ed. (1112)
1993 Ed. (1088)
The Way We Live Now
2006 Ed. (578)
Waylon Co.
1992 Ed. (3756)
Waylon Jennings
1994 Ed. (1100)
Wayman; Robert
2006 Ed. (968)
Waymouth Resources Ltd.
2006 Ed. (4482)
Wayn-Tex Inc.
1994 Ed. (2428)
Wayne Allard
2003 Ed. (3894)
Wayne and Gladys Valley Foundation
1992 Ed. (2216)
Wayne & Co.; Tucker
1997 Ed. (145)
Wayne Angell
1998 Ed. (1611)
1997 Ed. (1956)
Wayne Automatic Fire Sprinklers Inc.
2008 Ed. (2719)
2007 Ed. (2580)
2004 Ed. (1235)
Wayne Bancorp Inc.
1999 Ed. (540)
Wayne Brothers Inc.
2008 Ed. (1325)
2006 Ed. (1333)
Wayne; Bruce
2008 Ed. (640)
2007 Ed. (682)
Wayne Community Living Services
2000 Ed. (3351)
1999 Ed. (3627)
1998 Ed. (2686)
Wayne County
2000 Ed. (271)
Wayne County Employees' Retirement System
2001 Ed. (3693)
1999 Ed. (3734)
Wayne County Government
2000 Ed. (1663)
Wayne County, MI
2004 Ed. (2718)
2002 Ed. (1804, 2044, 2394, 2647, 4048)
1999 Ed. (1769, 1771, 1773, 1774, 1778, 4630)
1996 Ed. (1468)
1995 Ed. (1510, 1514)
1994 Ed. (1475, 1482)
1993 Ed. (1426, 1432, 1435)
1992 Ed. (1714, 1715, 1721, 1724)
Wayne Engineering Corp.
2006 Ed. (4352)
Wayne Farms
1998 Ed. (2895)
1996 Ed. (2584, 2585, 3059, 3060, 3063)
1995 Ed. (2522, 2523, 2962, 2963, 2968)
Wayne Farms/Dutch Quality House
2003 Ed. (3341)
Wayne Farms LLC
2008 Ed. (3610, 3618)
Wayne Gretsky
1996 Ed. (250)
Wayne Gretzky
1997 Ed. (278)
Wayne Harris
2005 Ed. (2470)
Wayne Homes
2003 Ed. (1155)
Wayne Hood
1997 Ed. (1896)
1996 Ed. (1822)
1995 Ed. (1844)
1994 Ed. (1806)
Wayne Hughes
1998 Ed. (3707)
Wayne Huizenga
2002 Ed. (3347)
Wayne Hummer
1997 Ed. (2527, 2531, 2535)
1996 Ed. (2393, 2401, 2409)
Wayne Hummer Growth
2006 Ed. (3640)
Wayne Hummer Growth Fund
2003 Ed. (3490, 3525, 3533)
Wayne Hummer Management
1998 Ed. (2288, 2289)
Wayne J. Griffin Electric
2008 Ed. (1324)
Wayne L. Sterling
1993 Ed. (3445)
Wayne Lee Sterling
1991 Ed. (3211)
Wayne Lincoln-Mercury
1996 Ed. (277)
1995 Ed. (274)
Wayne M. Perry
1991 Ed. (1620)
Wayne, MI
2000 Ed. (1597, 1599, 1601, 1602, 1605, 1607, 2437)
1993 Ed. (336)
1991 Ed. (1369, 1371, 1375, 2005)
1990 Ed. (1440)
1989 Ed. (1175, 1177, 1926)
Wayne Newton
1994 Ed. (1100)
1991 Ed. (844)
Wayne Our County Teachers Credit Union
1995 Ed. (1539)
Wayne Out County Teachers Credit Union
2001 Ed. (1963)
2000 Ed. (1630)
1998 Ed. (1231)
1997 Ed. (1572)
1996 Ed. (1514)
1994 Ed. (1506)
1993 Ed. (1453)
1992 Ed. (1756)
1991 Ed. (1395)
1990 Ed. (1461)
Wayne Pace
2007 Ed. (1056)
2006 Ed. (960)
Wayne Poultry
1994 Ed. (2452, 2453, 2904, 2905, 2908)
1993 Ed. (2523, 2891)
1992 Ed. (2989, 2990, 3506, 3507, 3511)
Wayne Reaud
2002 Ed. (3072)
1997 Ed. (2612)
Wayne Rooney
2008 Ed. (4453)
Wayne Sales
2006 Ed. (2518)
Wayne Smith
2008 Ed. (937)
2007 Ed. (982)
2006 Ed. (892)
Wayne State University
2004 Ed. (1698)
2001 Ed. (2225)
1997 Ed. (863, 1600)
1996 Ed. (1542)
1995 Ed. (1559)

1994 Ed. (1526)
1993 Ed. (1480)
1992 Ed. (1800)
1991 Ed. (1415)
1990 Ed. (1500)
Wayne Trademark
2008 Ed. (4032)
Wayne W. Murdy
2006 Ed. (1097)
2004 Ed. (1099)
Wayne/West Chester/Malvern, PA
1992 Ed. (3291)
Waynesboro Du Pont Employees Credit Union
2004 Ed. (1992)
Waypoint Bank
2006 Ed. (3571)
Waypoint Financial Corp.
2005 Ed. (426, 427)
2004 Ed. (420, 421)
Wayport
2003 Ed. (2171)
Wayss & Freytag
1999 Ed. (1394)
Wayss & Freytag AG
2000 Ed. (1292)
WB
2000 Ed. (4216)
1999 Ed. (825)
1998 Ed. (3502)
W.B. Doner & Co.
1990 Ed. (94, 149)
WB Engineers/Consultants
2008 Ed. (2515)
WB Holdings
2008 Ed. (4943)
WBBA
2008 Ed. (2892)
WBEB-FM 101.1
2000 Ed. (3698)
WBK
2000 Ed. (4370)
1999 Ed. (4739, 4740)
1997 Ed. (3863, 3864)
1996 Ed. (3817)
WBL Corp.
1996 Ed. (3437)
WBLS
1996 Ed. (3154)
1995 Ed. (3053)
1994 Ed. (2989)
1993 Ed. (2955)
1992 Ed. (3607)
1990 Ed. (2942)
WBT Systems
2002 Ed. (2496)
W.C. Bradley
1990 Ed. (720)
WC Kickboxing
2003 Ed. (849)
W.C. Wood
1999 Ed. (2699)
WCBS
2000 Ed. (3697)
1999 Ed. (3983)
1997 Ed. (3723)
1996 Ed. (3154, 3664)
1995 Ed. (3053, 3588)
1994 Ed. (2989, 3504)
1993 Ed. (2955)
1992 Ed. (3607, 4257)
1991 Ed. (2797, 3329)
1990 Ed. (2942)
WCBS/CBS Inc.
1999 Ed. (4571)
WCBS-FM
1998 Ed. (2985, 2988, 3503)
1997 Ed. (3239)
WCE/NWO Revenge
2000 Ed. (4345)
WCG International
2008 Ed. (1583)
2007 Ed. (1606)
WCG International HR Solutions
2008 Ed. (3494)
WCI
2000 Ed. (1188, 1189)
1992 Ed. (2820)
1991 Ed. (187, 1441)
1990 Ed. (197, 1046, 1047, 1527, 2035, 2574, 2978, 3481, 3482, 3681)
WCI Cabinet Group
1992 Ed. (2819)
WCI Canada Inc.
1990 Ed. (1024)
WCI Communities
2008 Ed. (1199, 1731, 4522)
2007 Ed. (1299, 4555)
2006 Ed. (1192, 1195, 1216)
2005 Ed. (1197, 1200, 1202, 1214, 1256)
2004 Ed. (1169, 1170, 1172, 4340)
2003 Ed. (1161, 1162, 1164, 1165)
2002 Ed. (2677)
2000 Ed. (1215)
1998 Ed. (3005)
WCI Disposer
1990 Ed. (1874)
WCI Financial Corp.
1990 Ed. (1652)
WCI Holding Corp.
1992 Ed. (1500)
1991 Ed. (1188, 1189)
WCI Holdings Corp.
1993 Ed. (979)
WCI Steel
1997 Ed. (3630)
W.C.I./WALTEK Inc.
1995 Ed. (1166)
WCMQ-AM
1997 Ed. (2800)
WCMQ (AM & FM)
1991 Ed. (2472, 2796)
1990 Ed. (2591, 2940)
WCMQ-AM/FM
1994 Ed. (2530, 2987)
1992 Ed. (3088)
WCMQ-FM
2005 Ed. (4412)
WCMQ-FM & AM
1997 Ed. (3236)
WCN Bancorp Inc.
2000 Ed. (552)
1999 Ed. (540)
WCRS
1992 Ed. (152, 153)
WCRS Group
1990 Ed. (113)
1989 Ed. (109)
WCRS Group PLC
1991 Ed. (110)
1990 Ed. (99, 100)
1989 Ed. (104)
WCRS Worldwide
1990 Ed. (102)
WCSX
2001 Ed. (3973)
1999 Ed. (3981)
WCTC-AM
1990 Ed. (2941)
WCW
1996 Ed. (867)
1995 Ed. (881)
WCW Halloween Havoc '92
1994 Ed. (840)
"WCW Thunder"
2001 Ed. (1094)
WD Enterprise Inc.
2008 Ed. (3710, 4395)
2007 Ed. (3556, 4421)
2006 Ed. (3514, 4353)
WD-40 Co.
2005 Ed. (938)
1994 Ed. (2011, 2702, 3320)
WD-40 Company
1991 Ed. (2374)
WD Partners
2008 Ed. (2530, 4227)
2007 Ed. (4190)
2005 Ed. (4118)
WDAS-FM 105.3
2000 Ed. (3698)
WDEK-FM
2005 Ed. (4412)
WDHA-FM
1990 Ed. (2941)
WDPA
2002 Ed. (4086)
We The People Forms & Service Centers USA Inc.
2006 Ed. (746)
2005 Ed. (820)
2004 Ed. (846)
2003 Ed. (806)
2002 Ed. (912)
We The People USA Inc.
2007 Ed. (840)
We Toss 'em" Pizza Factory
2002 Ed. (4021)
We Were the Mulvaneys
2003 Ed. (723, 725)
Wealth and Democracy
2004 Ed. (734)
Wealth & Tax Advisory Services
2007 Ed. (2)
Wealth Monitors
1989 Ed. (1847)
The Wealth of Nations
2006 Ed. (577)
2005 Ed. (713)
Wean Inc.
1993 Ed. (2480)
Weapons in home
1990 Ed. (845)
Wearables
1999 Ed. (4132)
WearEver-Proctor Silex
1990 Ed. (1080, 1591, 1594, 2107)
WearGuard Business Buyers
1999 Ed. (1849)
1998 Ed. (1274)
Wearne Associates
1999 Ed. (3940)
Wearne Brothers
1995 Ed. (1342, 1479)
1994 Ed. (1443)
1993 Ed. (1390)
1992 Ed. (1685)
Weather
2001 Ed. (1142, 3585)
2000 Ed. (4218)
The Weather Channel
2008 Ed. (3365)
2007 Ed. (3236)
Weather programs
1996 Ed. (865)
Weather Prophets Inc.
2007 Ed. (1188)
Weather Shield Windows & Doors
2008 Ed. (4934)
2006 Ed. (4956)
"Weathercenter"
2001 Ed. (1100)
Weather.com
2007 Ed. (3245)
2002 Ed. (4838)
2001 Ed. (4774)
1999 Ed. (4754)
Weatherford BMW
1994 Ed. (262)
1993 Ed. (293)
1992 Ed. (408)
Weatherford/Enterra
1999 Ed. (3794)
Weatherford International Ltd.
2008 Ed. (1580, 4073)
2007 Ed. (1602, 3835, 4038, 4516)
2006 Ed. (3822, 4004)
2005 Ed. (3729)
2004 Ed. (2312, 2315, 3820, 3821)
2003 Ed. (3810, 3812, 3815)
2001 Ed. (3757, 3758)
1995 Ed. (1232)
Weatherford Motors Inc.
1995 Ed. (264)
1991 Ed. (303)
1990 Ed. (336)
Weatherford U.S. LP
2008 Ed. (3662)
2007 Ed. (3491, 3492)
Weatherhead School of Management; Case Western University
2008 Ed. (775)
Weatherly Asset Management
1999 Ed. (3091)
Weatherstone; Dennis
1994 Ed. (357)
1991 Ed. (402)
1990 Ed. (458, 459)
Weathervane Seafood Restaurants
2002 Ed. (4028)
Weathfrd
1989 Ed. (2663)
Weaver
2002 Ed. (2369)
Weaver & Tidwell
2000 Ed. (20)
1998 Ed. (19)
Weaver & Tidwell LLP
2008 Ed. (10, 279)
2007 Ed. (12)
2006 Ed. (16)
2005 Ed. (11)
2002 Ed. (24)
1999 Ed. (24)
Weaver & Todwell LLP
2004 Ed. (15)
2003 Ed. (9)
Weaver Bailey Contractors
2008 Ed. (1271)
2007 Ed. (1374)
Weaver C. Barksdale
1993 Ed. (2325)
1992 Ed. (2766)
Weaver, Harriet A. Nietert
1994 Ed. (900)
WEAZ
1990 Ed. (2943)
Web Express Printing
2000 Ed. (911)
Web media, portal/search engine
2002 Ed. (2988)
Web media, streaming
2002 Ed. (2988)
Web Services Interoperability Organization
2005 Ed. (1153)
Web Stalker
2002 Ed. (4870)
Web Street Inc.
2002 Ed. (1611)
Web Street Securities
2001 Ed. (2973)
1999 Ed. (862, 3002)
Webasto AG
2007 Ed. (1744)
Webasto Roof Systems
2004 Ed. (322)
webauction.com
2001 Ed. (2993)
Webb Companies
1991 Ed. (1051)
1990 Ed. (1163, 2960)
Webb Construction; Del E.
1989 Ed. (1010)
Webb Corp.; Del
1996 Ed. (1099)
Webb; Del E.
1989 Ed. (1001)
Webb Institute of Naval Architecture
1997 Ed. (1066)
Webb Interactive Services
2003 Ed. (1653)
Webb Co.; Jervis B.
1989 Ed. (925, 928)
Webb Memorial Hospital; Del E.
1997 Ed. (2264)
Webber; Andrew Lloyd
2008 Ed. (2583)
Webber; Chris
2006 Ed. (291)
Webber College
2002 Ed. (867)
Webber Farms
2002 Ed. (1329)
Webber Group
1997 Ed. (3182, 3186, 3189)
Webber Group Europe
1997 Ed. (3200)
The Webber Hospital Association
2006 Ed. (1858)
WebCentral
2005 Ed. (1655)
Webco Printing co.
2006 Ed. (4364)
WebCOBRA.com
2008 Ed. (2483)
Webcom Ltd.
2000 Ed. (3608)
Webcor Builders
2008 Ed. (1182)
2007 Ed. (1282, 1337, 1352, 2412)
2006 Ed. (1176)
2004 Ed. (1256, 1311)
2003 Ed. (1265, 1303, 1308, 2630)
Webcor Concrete
2008 Ed. (1183, 1223)

2007 Ed. (1338, 1366)
2006 Ed. (1177, 1238, 1289)
Webcraft Technologies Inc.
2000 Ed. (3614, 3615)
1999 Ed. (3898)
1998 Ed. (2924)
1990 Ed. (2212)
Webcrafters Inc.
2008 Ed. (4027)
1992 Ed. (3533)
WEBCRAWLER
1999 Ed. (32)
1998 Ed. (3775, 3779, 3780)
1997 Ed. (3926)
WebDeveloper.com
2002 Ed. (4808)
Weber; Charlotte Colket
2005 Ed. (4843)
Weber; Donald R.
1990 Ed. (2271)
1989 Ed. (1741)
Weber Group
1999 Ed. (3921, 3928)
1998 Ed. (1926, 2934, 2942, 2944)
1996 Ed. (3105, 3110)
1995 Ed. (3005, 3010)
1994 Ed. (2948, 2951)
Weber Group of WPRW
2000 Ed. (3638)
Weber Liebfraumilch
1990 Ed. (3697)
Weber; Mark
2007 Ed. (1102)
Weber-O'Connor Home Management
1998 Ed. (3018)
Weber PR Worldwide
2000 Ed. (3625, 3626, 3642, 3643, 3652, 3654, 3656)
Weber PR Worldwide, Cambridge
2000 Ed. (3644)
Weber Public Relations Worldwide
2002 Ed. (3806, 3809, 3810, 3812, 3817, 3818, 3819, 3824, 3832, 3841, 3844, 3850, 3874)
2001 Ed. (3928, 3929, 3930, 3931, 3933, 3937, 3940, 3942)
2000 Ed. (3627, 3645)
1999 Ed. (3908, 3909, 3910, 3927, 3934, 3935, 3937, 3938, 3939)
Weber/RBB
2000 Ed. (3648)
1999 Ed. (3932)
Weber Shandwick/Rogers & Cowan
2002 Ed. (3838)
Weber Shandwick Worldwide
2004 Ed. (3977, 3979, 3980, 3981, 3984, 3987, 3991, 3992, 3993, 3994, 3996, 4000, 4001, 4002, 4004, 4007, 4010, 4013, 4014, 4017, 4020, 4026, 4028, 4033, 4035, 4037)
2003 Ed. (3994, 3996, 3997, 3998, 4002, 4003, 4005, 4008, 4009, 4015, 4017, 4018, 4019, 4020, 4021)
2002 Ed. (3807, 3845, 3855, 3857, 3858, 3859, 3860, 3862, 3864, 3865, 3866, 3867, 3868, 3869, 3870, 3871, 3872, 3873)
Weber-Stephen
2002 Ed. (667)
2000 Ed. (702)
1999 Ed. (685)
1998 Ed. (437)
1997 Ed. (649)
1994 Ed. (674)
1993 Ed. (673, 1803)
1992 Ed. (875)
1991 Ed. (1676)
1990 Ed. (720)
Weber's Inn
2006 Ed. (2933)
2005 Ed. (2930)
2002 Ed. (2636)
1999 Ed. (2763)
1994 Ed. (2106)
1993 Ed. (2092)
1991 Ed. (1949)
1990 Ed. (2066)
Weber's White Trucks Inc.
2007 Ed. (4453)
2006 Ed. (4385)
WebEx
2005 Ed. (3194)
2003 Ed. (3044)
WebEx Communications Inc.
2008 Ed. (1590, 1608, 4609)
2007 Ed. (3054, 4696)
2006 Ed. (4677)
2005 Ed. (1138)
WebFlyer
2002 Ed. (4859)
Webhelp
2008 Ed. (1722, 1763, 2868, 3208)
2004 Ed. (2781, 2782)
Webloyalty.com
2007 Ed. (2824)
Webmaster
2008 Ed. (3818)
WebMD Corp.
2006 Ed. (2777)
2005 Ed. (2802)
2003 Ed. (2170, 2703, 2723)
2002 Ed. (1384)
2001 Ed. (1547)
WebMD Health
2008 Ed. (3362)
2007 Ed. (3232)
WebMergers.com
2002 Ed. (4808)
webMethods Inc.
2008 Ed. (1151)
2006 Ed. (1138, 3042)
2005 Ed. (1149, 3039)
2004 Ed. (1341, 2223)
2002 Ed. (4192)
2001 Ed. (1870, 2850)
Webmonkey
2002 Ed. (4805)
WebPromote
1999 Ed. (1858)
Webridge
2003 Ed. (2727)
WEBS Austria
2001 Ed. (3501)
WEBS Belgium
2001 Ed. (3501)
WEBS Japan
2001 Ed. (3504)
WEBS Spain
2001 Ed. (3501)
WEBS Sweden
2001 Ed. (3500)
WEBS Switzerland
2001 Ed. (3501)
Websense Inc.
2008 Ed. (4370)
2007 Ed. (4696)
2006 Ed. (4335, 4336, 4676)
2005 Ed. (4611)
WebServe, Inc.
2002 Ed. (2530)
Webshed Ltd.
2003 Ed. (2739, 2740, 2741)
WEBSPAN
2000 Ed. (2746)
webstakes.com
2001 Ed. (2995, 2996)
Webster & Anderson
1998 Ed. (2577)
Webster & Sheffield
1999 Ed. (3967)
1991 Ed. (2535)
Webster Bank
2007 Ed. (424)
2006 Ed. (428)
2005 Ed. (481, 1066, 1067, 3511, 4220)
2004 Ed. (473, 1062, 1063, 2862, 2995, 3502, 3507, 4278, 4284, 4285, 4286, 4287)
2003 Ed. (478, 4260, 4266, 4273, 4275, 4278)
2002 Ed. (4117, 4118, 4123, 4131, 4135)
1998 Ed. (3127, 3138, 3144, 3539)
Webster Clothes Inc.
1992 Ed. (1476)
Webster County, KY
1998 Ed. (783, 2319)
Webster Data Communication Inc.
2008 Ed. (2157)
Webster Financial Corp.
2005 Ed. (365, 4689)
2001 Ed. (437)
2000 Ed. (2485)
Webster Group International, Inc.
2003 Ed. (2730)
Webster Parish, LA
1993 Ed. (1433)
Webster Plastics Inc.
2004 Ed. (3365)
Webster University
2004 Ed. (829)
1997 Ed. (863)
WebSurveyor Corp.
2006 Ed. (2094)
Websurveyor.com
2006 Ed. (1118)
WebTalkGuys
2004 Ed. (3163)
WebTech Wireless Inc.
2008 Ed. (1618, 1660, 2937)
2007 Ed. (1235)
Webtrade Ltd.
2003 Ed. (2716)
Webtrend
1998 Ed. (2919)
WebTrends Corp.
2003 Ed. (2727)
2002 Ed. (1551, 2531)
2001 Ed. (2859)
Webvan
2003 Ed. (2185)
Webvan Group
2001 Ed. (4183, 4672, 4673)
Webzen
2006 Ed. (4537)
Weck Corp.
1999 Ed. (4090)
1998 Ed. (3081)
Weck; Edward
1994 Ed. (3470)
Wedco
1989 Ed. (2663)
Wedco Technology
1989 Ed. (2668)
The Wedding
2003 Ed. (706)
Wedding Crashers
2008 Ed. (2386, 2387)
2007 Ed. (3642)
Wedding Planner
2003 Ed. (3454)
The Wedding Singer
2000 Ed. (4349)
Wedel
1999 Ed. (4739)
1996 Ed. (3817)
1994 Ed. (3648)
WEDGE Capital
1991 Ed. (2223, 2231)
WEDGE Capital Mgmt.
1990 Ed. (2338, 2345)
Wedgestone Financial
1999 Ed. (3266)
1990 Ed. (2682, 2684)
Wedgewood Capital
1996 Ed. (2392, 2400)
1995 Ed. (2364)
1993 Ed. (2327)
Wedgstone Fincl.
1990 Ed. (2965)
Wedgwood
2007 Ed. (4674)
2005 Ed. (4588)
2003 Ed. (4670)
WedgwoodUSA.com
2007 Ed. (2319)
Wee Cho Yaw
2008 Ed. (4850)
2006 Ed. (4918, 4919)
Wee Ewe & Loke
1996 Ed. (22)
Wee-Fits
1995 Ed. (1562)
Wee; Lee Seng
2008 Ed. (4850)
2006 Ed. (4918, 4919)
Wee Watch Private Home Day Care
2002 Ed. (1044)
Weed Eater
1999 Ed. (3168)
1998 Ed. (2341, 2342)
Weed Man
2008 Ed. (3432, 3433)
2007 Ed. (3331, 3332)
2006 Ed. (3253, 3254)
2005 Ed. (3267, 3268)
2004 Ed. (3242)
2003 Ed. (3196)
2002 Ed. (3065)
1992 Ed. (2227)
Weeden & Co.
2005 Ed. (3594)
2000 Ed. (880)
The Week
2008 Ed. (152)
2007 Ed. (128, 169)
Weekend Executive Program; Duke University, Fuqua School of Business
2005 Ed. (815)
Weekend Shopper
1993 Ed. (148)
Weekes Construction Inc.
1994 Ed. (3299)
1993 Ed. (3307, 3309)
1992 Ed. (3963)
1991 Ed. (3122)
Weekley
1998 Ed. (899, 905)
Weekley Homes
1993 Ed. (1096)
Weekley Homes; David
1994 Ed. (1117)
Weeklies, semi-weeklies, tri-weeklies
1995 Ed. (143)
The Weekly News
1995 Ed. (2879)
Weekly World News
2001 Ed. (258, 259)
Weeks Marine Inc.
2004 Ed. (1273)
2003 Ed. (1270)
2002 Ed. (1243, 1260, 1265)
Weeks; Robert G.
1996 Ed. (967)
Weese & Associates Ltd.; Harry
1992 Ed. (356)
Weetabix
2008 Ed. (718)
2002 Ed. (41, 956)
1999 Ed. (1051)
1996 Ed. (892)
1994 Ed. (884)
1992 Ed. (1075, 2192)
1991 Ed. (1743)
Wege Foundation
2002 Ed. (2341)
Wegman; Colleen
2007 Ed. (4161)
Wegman's
1994 Ed. (3468)
1989 Ed. (1207)
Wegmans Food Markets Inc.
2008 Ed. (1501, 1502, 2276, 4239)
2007 Ed. (1519, 1520)
2006 Ed. (1489, 1490, 1934)
2005 Ed. (1606, 3182, 4565)
2004 Ed. (1575, 4623, 4637, 4638)
2003 Ed. (4629, 4630, 4631, 4632, 4662, 4664)
2002 Ed. (4529)
2001 Ed. (4696)
1995 Ed. (3538)
WEGX
1990 Ed. (2943)
Wei Chang Co.
1990 Ed. (51)
Wei Chuan Food Co.
1991 Ed. (51)
WEI Holdings Inc.
1994 Ed. (2428)
Weiant; William
1991 Ed. (1674)
Weibel
1989 Ed. (868, 2944)
Weibel Vineyards
2006 Ed. (828)
2005 Ed. (914)
2004 Ed. (923)
2003 Ed. (906)
Weichert Commercial, Realtors
2002 Ed. (3914)
1992 Ed. (3615)
1991 Ed. (2806)
1990 Ed. (2949, 2955)

1989 Ed. (2285)
Weichert Real Estate Affiliates Inc.
2008 Ed. (4111)
2007 Ed. (4078)
2006 Ed. (819, 4038)
Weichert Realtors
2007 Ed. (4076, 4077)
2006 Ed. (4036, 4037)
2005 Ed. (4001, 4002)
2004 Ed. (4069, 4071)
2000 Ed. (3716)
1995 Ed. (3059)
1989 Ed. (2286)
Weichuan Foods Corp.
1989 Ed. (54)
Weid Insurance Co. Inc.
1993 Ed. (851)
Weider
1992 Ed. (2065, 4043)
1991 Ed. (1634)
Weider Exercise Equipment
1994 Ed. (1724)
Weider; Harriett M.
1995 Ed. (2484)
Weider Health & Fitness Inc.
1997 Ed. (2628)
Weider Nutrition International Inc.
2006 Ed. (2090)
2003 Ed. (4861)
2001 Ed. (2015)
Weider/Weslo
1996 Ed. (3491)
1993 Ed. (1707)
Weidleplan Consulting GmbH
1997 Ed. (1748)
Weidlinger Associates
2008 Ed. (2571)
Weidman; David N.
2008 Ed. (2630, 2632)
2007 Ed. (1036, 2499)
Weidner Center for the Arts
2003 Ed. (4529)
2002 Ed. (4345)
2001 Ed. (4353)
Weifu High-Technology
2007 Ed. (1589)
Weight control
2004 Ed. (2099)
2001 Ed. (2107)
Weight control candy/tablets
2002 Ed. (2050, 2051, 3768)
Weight control/nutritionals
2002 Ed. (1975)
Weight loss
2004 Ed. (3751)
Weight loss centers
2001 Ed. (2011)
Weight loss/protein products
1997 Ed. (3171, 3173)
Weight Watcher Double Fudge Bar
1990 Ed. (2143)
Weight Watchers
2008 Ed. (716)
2006 Ed. (134, 3348)
2005 Ed. (131, 147)
2003 Ed. (2559)
2000 Ed. (3479, 3492)
1999 Ed. (2533)
1998 Ed. (254)
1997 Ed. (2091, 2350)
1996 Ed. (1975)
1995 Ed. (1041, 1941, 1942, 1943)
1994 Ed. (1868, 1924)
1993 Ed. (1878, 1906, 2122)
1992 Ed. (921, 2190, 2238)
1990 Ed. (1856, 3713)
Weight Watchers International Inc.
2008 Ed. (3886, 3887)
2007 Ed. (3826, 3827)
2006 Ed. (2737, 3810, 3811)
2005 Ed. (3720, 3721, 4508)
2004 Ed. (3811, 3812)
2003 Ed. (3798)
2001 Ed. (3728)
Weight Watchers Smart Ones
2008 Ed. (2775, 3121)
2002 Ed. (2367)
2001 Ed. (2540)
2000 Ed. (2280)
1996 Ed. (2825)
The Weightless World
2000 Ed. (780)
Weightlifting
1996 Ed. (3036)
The Weightman Group
2000 Ed. (159)
1999 Ed. (142)
1998 Ed. (63)
1994 Ed. (108)
1993 Ed. (127)
1992 Ed. (197)
1991 Ed. (142)
1989 Ed. (151)
Weightnian Group
1990 Ed. (142)
WeightWatchers
2002 Ed. (1960)
Weil; Ernst
1992 Ed. (2051)
1991 Ed. (928, 1620)
Weil, Gotshal & Manges
2004 Ed. (3226)
2001 Ed. (3051, 3058, 3086)
2000 Ed. (2901)
1999 Ed. (3156)
1998 Ed. (2325, 2326, 2332, 2711)
1997 Ed. (2595, 2600)
1996 Ed. (2450, 2455)
1995 Ed. (2412, 2414, 2420)
1994 Ed. (2355)
1993 Ed. (2402)
1992 Ed. (2825, 2844)
1991 Ed. (2290)
1990 Ed. (2412, 2424)
Weil, Gotshal & Manges LLP
2008 Ed. (1394, 3414, 3419)
2007 Ed. (3305)
2006 Ed. (1412, 1413, 3243, 3245, 3246, 3247)
2005 Ed. (1427, 1428, 1439, 3254, 3256)
2004 Ed. (1408, 1409, 3236, 3239)
2003 Ed. (1394, 3172, 3173, 3178, 3186, 3188, 3191)
Weil; Howard
2008 Ed. (3384)
Weili Dai
2008 Ed. (4883)
Weill and family, Michel David
1992 Ed. (2143)
1991 Ed. (2265)
Weill; Sandy
2005 Ed. (788)
Weill; Sanford I.
2005 Ed. (980, 2474, 2475, 2490, 2510)
1997 Ed. (982, 1796, 1799, 1802)
1996 Ed. (959, 960, 964, 966, 1709, 1712)
1995 Ed. (978, 980, 982, 1727, 1730)
1994 Ed. (947, 950, 1714, 1717)
1993 Ed. (937, 1695)
Weiman Lemon Oil
2003 Ed. (980)
Weinbach; Arthur
2007 Ed. (973)
2006 Ed. (882)
Weinbach; Lawrence A.
2006 Ed. (933)
Weinberg & Green
1993 Ed. (2392)
1992 Ed. (2829)
1991 Ed. (2280)
1990 Ed. (2414)
Weinberg Foundation; Harry & Jeanette
2008 Ed. (4128)
1992 Ed. (2215)
Weiner Allianz
1997 Ed. (3847)
Weiner & Associates; S. R.
2006 Ed. (4315)
Weiner Staddtwerke
1999 Ed. (1585)
Weinerberger
2000 Ed. (4351)
1996 Ed. (3793)
Weinerberger Baustoff
1999 Ed. (4722, 4723)
1997 Ed. (3846, 3847)
Weinerschnitzel
1996 Ed. (3278)
Weingardner & Hammons
1995 Ed. (2148)
Weingart Foundation
1999 Ed. (2503)
1993 Ed. (890, 895)
1990 Ed. (1848)
Weingarten Realty
1993 Ed. (2961)
1992 Ed. (3616, 3628)
1989 Ed. (2287)
Weingarten Realty Investors
2000 Ed. (4018, 4020)
1998 Ed. (3297, 3301)
1996 Ed. (3427)
1995 Ed. (3069, 3373, 3378)
1994 Ed. (1289, 3000)
1991 Ed. (2808, 2816)
1990 Ed. (2956)
Weingarten Realty Management Co.
1996 Ed. (3431)
Weinger, Norman
1993 Ed. (1833)
1991 Ed. (1709, 1687, 1708)
Weinstein
2008 Ed. (3752, 3753, 3755)
Weinstein; Paul
1996 Ed. (1800)
Weintraub; Jay
1997 Ed. (1923)
Weir
2006 Ed. (2480)
Weir & Co. Ltd.; Andrew
1995 Ed. (1013)
1991 Ed. (958)
Weir & Company Ltd.; Andrew
1990 Ed. (1033)
Weir Auto Sales
1990 Ed. (340)
Weir Group
2008 Ed. (2510)
2007 Ed. (2403)
The Weir Group plc
2006 Ed. (1476, 2451)
Weir Welding
2008 Ed. (1318)
Weirton Steel Corp.
2005 Ed. (2014, 2015, 3450)
2004 Ed. (1888, 1889, 3435)
2003 Ed. (1852, 1853, 3369)
2001 Ed. (1898, 1899)
1997 Ed. (3628, 3630)
1995 Ed. (1664)
1993 Ed. (1415, 2946)
1990 Ed. (1654)
1989 Ed. (1343)
Weirton-Steubenville, WV-OH
2008 Ed. (3114, 4728)
2007 Ed. (2999)
2006 Ed. (2971)
Weirton, WV
2008 Ed. (1052)
2007 Ed. (1159)
Weis Builders
2007 Ed. (1352)
2004 Ed. (1289)
Weis; David
1992 Ed. (1065)
1991 Ed. (866, 867)
1990 Ed. (915)
1989 Ed. (860)
Weis Markets Inc.
2007 Ed. (2709)
2005 Ed. (4913, 4914)
2004 Ed. (4621, 4931, 4932)
2003 Ed. (4633, 4645)
1994 Ed. (1990, 3459, 3461)
1993 Ed. (3486)
1992 Ed. (2350, 4163, 4164)
1991 Ed. (1860, 3252, 3254)
1990 Ed. (1963, 3491, 3494)
1989 Ed. (1556, 2776, 2778)
Weisbrod; Stuart
1995 Ed. (1807)
1994 Ed. (1766)
1993 Ed. (1782)
1991 Ed. (1698)
Weise; Frank
2006 Ed. (2528)
Weise III; Frank
2006 Ed. (875)
Weisenburger; Randall
2008 Ed. (967)
2007 Ed. (1078)
2006 Ed. (985)
M. R. Weiser & Co.
2000 Ed. (17)
Weiser LLP
2008 Ed. (8)
2007 Ed. (10)
2006 Ed. (14)
2005 Ed. (9)
2004 Ed. (13)
Weiss Insurance Agencies Inc.
2001 Ed. (2911)
Weiss Offshore (Global Hedged)
1995 Ed. (2095)
Weiss Peck & Greer
2000 Ed. (2794)
1999 Ed. (3059)
1998 Ed. (2264)
1995 Ed. (2355, 2359)
Weiss, Peck & Greer Venture Partners
2001 Ed. (3002)
Weiss Research Hotline
1990 Ed. (2367)
Weiss, Rifkind, Wharton & Garrison; Paul
1996 Ed. (2455)
Weissberg; Lawrence
1992 Ed. (533)
Weitek
1992 Ed. (3668)
1991 Ed. (3143)
1990 Ed. (2985)
Weitnauer Trading
1999 Ed. (247)
1997 Ed. (1680)
The Weitz Co.
2008 Ed. (1180, 1222, 1244)
2007 Ed. (1280)
2006 Ed. (1174, 1346)
2003 Ed. (1312)
2002 Ed. (1262)
2001 Ed. (1255)
1999 Ed. (1380)
1998 Ed. (959)
1996 Ed. (1131)
1991 Ed. (1051)
Weitz Hickory
2006 Ed. (3615, 3618)
2000 Ed. (3240)
1999 Ed. (3560)
Weitz Partners Value
2006 Ed. (3615)
2004 Ed. (3534)
2003 Ed. (3481)
2000 Ed. (3311)
Weitz Partners Value Fund
2007 Ed. (3665)
2006 Ed. (3605)
2005 Ed. (3551)
Weitz Series-Hickory Fund
2000 Ed. (3256)
Weitz Series-Value
2000 Ed. (3256)
Weitz Value
2006 Ed. (3615)
2004 Ed. (3534, 3536)
2003 Ed. (3481)
2002 Ed. (3422)
2000 Ed. (3240)
1999 Ed. (3520)
Weitz Value Fund
2006 Ed. (3605)
2005 Ed. (3551)
2004 Ed. (3577, 3578)
Weitzer Homebuilders
1998 Ed. (1706)
Wejchert; Jan
2008 Ed. (4872)
Wek; Alek
2008 Ed. (4898)
Welbilt
2002 Ed. (1110)
1999 Ed. (1217, 2692)
1998 Ed. (1951)
1991 Ed. (964, 966)
WELBRO Building Corp.
2000 Ed. (1215)
Welch Allyn
2001 Ed. (659)
1992 Ed. (2973)
Welch Foods Inc.
2003 Ed. (669, 2579, 3158, 3159)

1998 Ed. (2928)
Welch Foundation; Robert A.
1989 Ed. (1476)
Welch; Jack
2006 Ed. (1450, 3262)
1990 Ed. (971)
Welch Jr.; John
1997 Ed. (1796)
Welch Jr.; John F.
1995 Ed. (980)
1993 Ed. (936)
1989 Ed. (1376, 1379)
Welchade
2003 Ed. (674)
Welchman Consulting
2007 Ed. (3051)
Welch's
2003 Ed. (674, 3156, 3157)
2002 Ed. (2375)
1997 Ed. (2584)
1996 Ed. (1979)
1994 Ed. (1922)
1992 Ed. (2240, 2241)
1990 Ed. (724)
Welch's Foods
1990 Ed. (723)
Welch's Fruit Drink
2007 Ed. (2656)
2006 Ed. (2672)
Welch's Grape Juice
2007 Ed. (2654)
2006 Ed. (2671)
Welcome Home
1997 Ed. (3359)
Weld Insurance Co. Inc.
1995 Ed. (906)
Weldbend Corp.
2007 Ed. (223)
Welder Dynamic
1996 Ed. (1547)
Welders
2007 Ed. (3737)
Welding
2000 Ed. (3090)
Welding Equipment & Supply Corp.
2006 Ed. (4344)
Welding materials
2001 Ed. (1296)
Weldon, Sullivan, Carmichael & Co.
1993 Ed. (708)
Weldon; W. C.
2005 Ed. (2501)
Weldon; William
2007 Ed. (994)
Weldon; William C.
2008 Ed. (950)
2007 Ed. (1028)
Weldwood
1990 Ed. (1845)
Weldwood of Canada
2006 Ed. (2023)
2005 Ed. (1965)
1998 Ed. (1754)
1997 Ed. (2070)
1996 Ed. (1962)
1994 Ed. (1894, 1896)
1993 Ed. (1894, 2478)
1992 Ed. (2212, 2213)
1991 Ed. (1764, 2366)
1990 Ed. (1337)
Welinder AB
1996 Ed. (143)
Welk Vacation Villas; Lawrence
1991 Ed. (3389)
Well Care HMO Inc./Staywell Health Plan
2002 Ed. (2462)
Well Fargo
2008 Ed. (368)
Well Fargo & Co.
2005 Ed. (360)
Well Fargo Insurance Inc.
2002 Ed. (2856, 2857)
Well, Gotshal & Manges
1993 Ed. (2388)
Well Holding AG Co.
1999 Ed. (3299)
Well-Phone Securities Co., Ltd.
1990 Ed. (821)
Well staffed
1992 Ed. (571)
Wella
1993 Ed. (1423)
1990 Ed. (1437)
Wella AG
2006 Ed. (3805)
2005 Ed. (1552, 4675)
2004 Ed. (3810)
2003 Ed. (3794)
Wella Group
2001 Ed. (1925, 3719)
1997 Ed. (1535)
Wella/Muehlens/Sebastian
1996 Ed. (1467)
Wellback Holdings
1996 Ed. (2140)
The Wellbridge Co.
2007 Ed. (2787)
2006 Ed. (2786)
2005 Ed. (2810, 3912)
WellCare Health Plans Inc.
2008 Ed. (2899, 3635)
2007 Ed. (3121)
2006 Ed. (3444)
WellChoice Inc.
2007 Ed. (2775, 3120)
2006 Ed. (2770, 3107)
2005 Ed. (3103, 3104)
2004 Ed. (4338)
Wellco
1992 Ed. (3956)
Wellco Energy Services Trust
2006 Ed. (3668)
Wellco Enterprises
1991 Ed. (3360)
1990 Ed. (1067)
Wellcome
1997 Ed. (1452, 1660)
1996 Ed. (1214, 1391, 1392)
1995 Ed. (201, 2770, 3098)
1994 Ed. (199, 1558, 2871)
1993 Ed. (3008, 3473)
1992 Ed. (2935)
1990 Ed. (1372, 1993)
Wellcome Foundation Ltd.
2000 Ed. (1412, 1414)
1999 Ed. (1609)
Wellcome PLC
1995 Ed. (2770)
Wellcome Supermarket
2001 Ed. (39)
Wellcome Trust
1997 Ed. (945)
1995 Ed. (1934)
Welle Gesellschaft Mit Beschraenkter Haftung & Co. Kommanditgesellschaft
1994 Ed. (1931)
1991 Ed. (1781)
Weller; Edward
1994 Ed. (1806)
1993 Ed. (1771, 1823)
Weller; WL
1989 Ed. (751)
Wellesley College
2008 Ed. (1057, 1067)
2001 Ed. (1316, 1318)
2000 Ed. (1136)
1999 Ed. (1227)
1998 Ed. (798)
1997 Ed. (1052)
1996 Ed. (1036)
1995 Ed. (1051, 1065)
1994 Ed. (1043)
1993 Ed. (1016)
1992 Ed. (1268)
1991 Ed. (1002)
1990 Ed. (1089, 1093)
1989 Ed. (955)
Wellesley Income
1992 Ed. (3153)
1991 Ed. (2566)
Wellfleet
1996 Ed. (1763, 3260, 3261)
1995 Ed. (3517)
Wellfleet Communications
1996 Ed. (3259)
1995 Ed. (1086, 2067, 2069)
1994 Ed. (2016, 2018, 2019, 3324)
Welling & Co. Inc.
1992 Ed. (1420)
1991 Ed. (1087)
1990 Ed. (1206)
Wellington
2008 Ed. (2291, 2294, 2315)
2000 Ed. (2788, 2988)
1993 Ed. (2662)
1992 Ed. (1399, 2737, 3152, 3195)
1990 Ed. (2372)
Wellington Fund
1990 Ed. (2394)
Wellington Insurance Co.
1991 Ed. (2131)
Wellington Management Co.
2007 Ed. (3252)
2006 Ed. (3193)
2005 Ed. (3583)
2002 Ed. (3621)
2001 Ed. (3001, 3002, 3004, 3005)
2000 Ed. (2858)
1999 Ed. (3042, 3054, 3110)
1998 Ed. (2262, 2297, 2310)
1994 Ed. (2307)
1993 Ed. (2295, 2329)
1991 Ed. (2242)
Wellington Management Company, LLP
2000 Ed. (2830)
Wellington Management Co. LLP
2004 Ed. (2034, 2035, 2037, 3194, 3196)
2003 Ed. (3069, 3074, 3622)
2002 Ed. (2350, 3419)
2000 Ed. (2860)
Wellington Management Co./Thorndike Doran Paine & Lewis
1989 Ed. (1802, 2138)
Wellington Regional Medical Center
2008 Ed. (3060)
2006 Ed. (2919)
Wellington Trust (Divers. gro.)
1989 Ed. (2148)
Wellington Underwriting
2007 Ed. (3117)
2006 Ed. (3096)
Wellington Underwriting Agencies Ltd.
1993 Ed. (2453, 2454, 2456, 2458)
1992 Ed. (2895, 2896, 2896, 2898, 2900)
Wellington Underwriting Agencies Ltd.; 448,
1991 Ed. (2337)
Wellington Underwriting Agencies Ltd.; 406,
1991 Ed. (2337)
Wellington Underwriting Agencies Ltd.; Marine 448,
1991 Ed. (2336)
Wellington Underwriting Agencies Ltd.; 97,
1991 Ed. (2335)
Wellington West Capital Inc.
2008 Ed. (1900)
Wellman Inc.
2005 Ed. (4679, 4680)
2004 Ed. (4707, 4708)
2001 Ed. (3819)
1999 Ed. (2115)
1998 Ed. (2875, 2880)
1994 Ed. (942)
1993 Ed. (928)
1992 Ed. (1128, 1522)
1989 Ed. (2645)
Wellmark Inc.
2001 Ed. (2932)
2000 Ed. (2676)
Wellmark Healthnetwork Inc.
2000 Ed. (3601)
1999 Ed. (3881)
Wellnder
1995 Ed. (129)
Wellness
2001 Ed. (3598)
Wellness program
1994 Ed. (2806)
WellPoint Inc.
2008 Ed. (1511, 1808, 1813, 2883, 2895, 3021, 3251, 3270, 3277, 3536)
2007 Ed. (1527, 1529, 1777, 2766, 2767, 2772, 2773, 2782, 2783, 2903, 3104, 3120, 3121, 4519, 4522, 4531)
2006 Ed. (1769, 2762, 2764, 2767, 2779, 3106, 3107)
1995 Ed. (3515)
Wellpoint Dental Services
1999 Ed. (1832)
WellPoint Health
1999 Ed. (2639, 2640, 2641)
1998 Ed. (1901, 1903, 1904, 1905, 2131)
1996 Ed. (2078, 2081, 2086)
1995 Ed. (2081, 2083)
WellPoint Health Network
1994 Ed. (2030)
WellPoint Health Networks Inc.
2006 Ed. (1419, 1423, 1441, 2770, 2780, 4580)
2005 Ed. (1562, 1687, 2792, 2794, 2796, 2798, 2803, 3365, 3368, 4353, 4354, 4463, 4471)
2004 Ed. (2802, 2808, 2810, 2815, 3340, 4498, 4545, 4556, 4984)
2003 Ed. (1746, 2685, 2689, 2690, 3277, 3278, 4981, 4982)
2002 Ed. (1603, 2448, 2450, 4978)
2001 Ed. (2673, 2675)
2000 Ed. (2419, 2422)
1997 Ed. (1259, 2178, 2180, 2181, 2184)
WellPoint Systems Inc.
2005 Ed. (1690)
Wells' Blue Bunny
2008 Ed. (3123)
2004 Ed. (2967)
2003 Ed. (2876, 2878)
2002 Ed. (2716)
2001 Ed. (2830, 2831, 2833)
2000 Ed. (2281, 2597, 2598, 2600, 2601, 2602, 4152, 4153)
1998 Ed. (2070, 2071)
1997 Ed. (2350)
1996 Ed. (1976, 1977)
1995 Ed. (1946)
Wells Bluebunny
2000 Ed. (799)
Wells College
1992 Ed. (1098)
Wells' Dairy
2008 Ed. (3124, 3125, 4998)
2002 Ed. (2718)
1999 Ed. (2822)
Wells Fargo
2008 Ed. (2302, 2308, 2322, 2699)
2007 Ed. (2184, 2193)
2005 Ed. (490, 2602)
2002 Ed. (4840)
2000 Ed. (397, 431, 436, 563, 1396, 3737)
1992 Ed. (502, 507, 537, 538, 539, 648, 715, 852, 867, 2150, 2151, 2738, 2776, 2777, 2778, 2779, 2782, 2856, 3656, 3657, 3763)
1991 Ed. (265, 371, 413, 472, 693, 2208, 2209, 2213, 2216, 2256)
1990 Ed. (416, 418, 716, 717, 718, 1779, 1799, 2323, 2325, 2326, 2328, 2330, 2331, 2363)
1989 Ed. (374, 375, 376, 377, 422, 713, 714, 2125, 2126, 2132, 2136)
Wells Fargo Advantage C & B Mid Cap Value
2008 Ed. (4515)
Wells Fargo Advantage Capital Growth Investment
2007 Ed. (2485)
Wells Fargo Advantage Inflation-Protected Bond
2008 Ed. (607)
Wells Fargo Advantage Intermediate Tax-Free Investment
2008 Ed. (601)
Wells Fargo Advantage Municipal Bond Investment
2008 Ed. (601)
Wells Fargo Alarm Services
2000 Ed. (3906)
1999 Ed. (4200, 4201, 4203)
1998 Ed. (3201, 3202, 3204)
1997 Ed. (3414, 3415)
1996 Ed. (3309)
1995 Ed. (3212)
1993 Ed. (3115)
1992 Ed. (3826)

Wells Fargo & Co.
2008 Ed. (355, 356, 358, 366, 371, 444, 486, 731, 896, 1467, 1585, 1586, 1588, 1589, 1591, 1597, 1610, 2196, 2198, 2341, 2365, 2712, 3036, 3236, 3237, 3240, 3241, 3242, 3243, 3681, 4120)
2007 Ed. (367, 368, 370, 378, 380, 382, 386, 387, 475, 479, 483, 532, 751, 916, 1473, 1608, 1609, 1612, 2161, 2225, 2914, 3095, 3522, 4337)
2006 Ed. (384, 385, 387, 395, 396, 399, 402, 405, 466, 469, 507, 659, 835, 1455, 1493, 1578, 1579, 1581, 1583, 1588, 1589, 1590, 2241, 2285, 3072, 3073, 3075, 3079, 4276)
2005 Ed. (355, 356, 359, 373, 376, 377, 423, 424, 429, 438, 440, 447, 449, 452, 538, 542, 590, 627, 628, 753, 790, 1002, 1003, 1064, 1497, 1673, 1674, 1675, 1677, 1683, 1685, 1687, 1926, 2046, 2048, 2145, 2205, 2223, 2270, 2866, 3179, 3306, 4282, 4335, 4385, 4386)
2004 Ed. (418, 419, 423, 432, 434, 440, 441, 555, 560, 601, 638, 639, 1660, 2118, 4394, 4436, 4576)
2003 Ed. (426, 429, 437, 438, 446, 449, 454, 539, 541, 543, 546, 571, 594, 629, 630, 1628, 2152, 3033)
2002 Ed. (438, 444, 488, 498, 580, 583, 629, 1121, 1561, 1602, 4874)
2001 Ed. (431, 433, 572, 581, 582, 583, 585, 586, 587, 594, 597, 598, 636, 637, 638, 639, 640, 1647, 1648, 1649, 3348, 4002, 4029, 4281)
2000 Ed. (327, 328, 375, 382, 383, 385, 396, 425, 426, 504, 505, 566, 618, 619, 620, 621, 636, 679, 682, 2484, 3742, 4053)
1999 Ed. (313, 373, 382, 395, 400, 422, 435, 445, 595, 596, 597, 654, 1492, 2698, 4022, 4023, 4024, 4025, 4026, 4333, 4335, 4389)
1998 Ed. (202, 268, 270, 275, 278, 280, 281, 282, 283, 284, 288, 292, 317, 320, 326, 327, 328, 404, 405, 406, 491, 1007, 1047, 1694, 2103, 3361)
1997 Ed. (286, 341, 345, 517, 566, 567, 1238, 1248, 1288, 1353, 3281, 3282)
1996 Ed. (258, 371, 617, 618, 697, 3178, 3179, 3500)
1995 Ed. (254, 358, 367, 370, 553, 555, 3320)
1994 Ed. (251, 351, 362, 377, 586, 587, 650, 652, 3129, 3221, 3240)
1992 Ed. (536)
1991 Ed. (361, 374, 376, 407, 2249, 2252, 2909)
1990 Ed. (294, 419, 438, 439, 443, 701, 704, 1266, 2356, 2357, 2361, 3093)
1989 Ed. (367, 378, 381, 415, 426, 429, 437, 500, 699, 1810, 1812, 1813)
Wells Fargo Arena
2005 Ed. (4441)
Wells Fargo Bank
2007 Ed. (4652, 4654)
2006 Ed. (3558, 3559, 3560, 3561, 3562, 3563)
2004 Ed. (184, 185, 357, 358, 362, 422, 424, 426, 428, 429, 430, 1064, 1065, 2863, 4326)
2003 Ed. (229, 230, 383, 386, 387, 428, 430, 432, 434, 435, 436, 1055, 1762, 1885, 3435, 3448)
2002 Ed. (3947, 4296)
2001 Ed. (432, 2187)
2000 Ed. (220, 379, 381, 398, 399, 401, 402, 403, 405, 408, 410, 412, 415, 416, 417, 418, 419, 1733, 4021)
1999 Ed. (198, 316, 376, 380, 381, 398, 399, 401, 403, 404, 405, 408, 409, 411, 412, 413, 415, 418, 419, 420, 421, 1793, 1955, 3178, 3180, 3181, 3432, 3433, 3434, 4334)
1998 Ed. (103, 201, 203, 274, 294, 295, 296, 297, 299, 300, 301, 303, 304, 306, 307, 308, 310, 311, 313, 314, 315, 316, 318, 341, 1397, 1958, 2442, 2444, 2446, 2524, 3315, 3316, 3317)
1997 Ed. (179, 285, 338, 351, 359, 360, 364, 365, 367, 368, 370, 371, 372, 373, 374, 375, 377, 378, 379, 380, 381, 385, 409, 427, 1703, 2807, 3280)
1991 Ed. (185, 1392, 1512)
1990 Ed. (1744, 2620)
1989 Ed. (562, 574)
Wells Fargo Bank Alaska NA
2008 Ed. (1545)
2007 Ed. (1566)
Wells Fargo Bank Arizona
1998 Ed. (309)
Wells Fargo Bank Colorado
1998 Ed. (345)
Wells Fargo Bank Income Stock
1994 Ed. (2310)
Wells Fargo Bank Minnesota, N.A.
2002 Ed. (505)
Wells Fargo Bank NA
2008 Ed. (196, 197, 341, 342, 346, 348, 349, 350, 357, 359, 360, 361, 362, 363, 364, 365, 399, 1090, 1091, 1597, 2987, 3138, 4397)
2007 Ed. (209, 210, 354, 355, 358, 361, 362, 369, 371, 372, 373, 374, 375, 376, 377, 431, 1184, 1185, 1609, 2867, 3020)
2006 Ed. (202, 203, 371, 372, 375, 378, 379, 386, 388, 389, 390, 391, 392, 393, 394, 1076, 1077, 2013, 2873, 2989)
2005 Ed. (190, 191, 368, 369, 381, 384, 385, 428, 430, 432, 434, 435, 436, 480, 1068, 1069, 1680, 2390, 2868, 3501)
2002 Ed. (248, 249, 478, 480, 487, 489, 505, 506, 508, 643, 1120, 2578, 3391)
2001 Ed. (1652)
1996 Ed. (257, 367, 380, 389, 390, 393, 398, 399, 400, 401, 405, 407, 408, 410, 411, 412, 413, 414, 416, 418, 419, 464, 1625, 2378, 2399, 2676, 3163, 3177, 3599)
1995 Ed. (253, 348, 351, 362, 368, 369, 371, 372, 374, 375, 376, 377, 378, 380, 381, 382, 384, 385, 387, 388, 389, 390, 391, 393, 395, 437, 1047, 2540, 2596, 2604, 2605, 2611, 3066, 3178)
1994 Ed. (145, 250, 341, 343, 344, 346, 350, 354, 356, 363, 368, 371, 378, 379, 380, 381, 382, 383, 385, 386, 387, 389, 390, 392, 393, 394, 395, 396, 397, 398, 400, 401, 403, 445, 578, 667, 1039, 1605, 2300, 2552, 2553, 3009, 3012)
1993 Ed. (224, 264, 351, 352, 354, 355, 356, 357, 359, 360, 361, 362, 372, 374, 375, 380, 381, 386, 389, 391, 392, 393, 395, 396, 397, 399, 400, 402, 403, 404, 405, 406, 407, 410, 411, 412, 445, 528, 648, 650, 666, 1745, 2289, 2298, 2603, 2965, 2968, 2970, 2991, 3066, 3246)
1992 Ed. (371, 505, 509, 515, 527, 528, 541, 542, 545, 549, 550, 555, 557, 558, 559, 560, 562, 563, 564, 565, 566, 567, 570, 628, 1911, 2107, 2430, 3627, 255)
1991 Ed. (362, 364, 401, 405, 409, 410, 1922, 1923, 2484, 2811)
1990 Ed. (421, 461, 462, 465, 513, 515, 516)
1989 Ed. (203, 205, 365, 425, 436)
Wells Fargo Bank NA (San Francisco)
1991 Ed. (471)
Wells Fargo Bank New Mexico NA
2003 Ed. (230)
Wells Fargo Bank Northwest NA
2006 Ed. (378, 379)
2003 Ed. (230)
Wells Fargo Bank NW NA
2006 Ed. (539)
Wells Fargo Bank of Arizona
1999 Ed. (414)
Wells Fargo Bank of Colorado
1998 Ed. (301)
Wells Fargo Bank of Minnesota
2004 Ed. (428)
Wells Fargo Bank of Minnesota NA
2003 Ed. (434)
Wells Fargo Bank Taxable Interm Bond
1994 Ed. (2312)
Wells Fargo Bank Taxable Total Return
1994 Ed. (2312)
Wells Fargo Bank Texas
1998 Ed. (301, 431)
Wells Fargo Bank West
2004 Ed. (2863)
2003 Ed. (477, 2771, 3434)
Wells Fargo Bank West, N.A.
2004 Ed. (2306)
2002 Ed. (505, 544)
Wells Fargo CMO
2003 Ed. (448)
2002 Ed. (4276)
Wells Fargo/Crocker National
1991 Ed. (1145)
Wells Fargo Defined Contribution Trust Co.
1996 Ed. (2415)
Wells Fargo Diversified Bond
2002 Ed. (3415)
Wells Fargo Diversified Bond Fund
2003 Ed. (3535)
Wells Fargo Diversified Equity
2002 Ed. (2158)
Wells Fargo Education Financial Services
2007 Ed. (1979)
2006 Ed. (2013)
2005 Ed. (1961)
2004 Ed. (1858)
Wells Fargo EF
2003 Ed. (570, 572)
Wells Fargo Equity Income
2002 Ed. (2159)
2001 Ed. (3432)
The Wells Fargo Foundation
2005 Ed. (2675)
Wells Fargo Funds Management
2004 Ed. (3639)
Wells Fargo Guard Services
2000 Ed. (3905, 3907)
1999 Ed. (4175)
1998 Ed. (3185)
1997 Ed. (3413)
1995 Ed. (3211)
1994 Ed. (3161)
1993 Ed. (3114)
1992 Ed. (3825)
1991 Ed. (2943)
Wells Fargo Home Mortgage Inc.
2008 Ed. (3749)
2006 Ed. (3565, 3566, 3567, 3568)
2005 Ed. (3302, 3330, 3501, 3509)
2003 Ed. (3433, 3434, 3435, 3443, 3444, 3445, 3446, 3447, 3448)
2002 Ed. (3382, 3383, 3385, 3386, 3388, 3389)
Wells Fargo Index Allocation
2001 Ed. (3454, 3454)
Wells Fargo Institutional Trust
1994 Ed. (2307)
1993 Ed. (2295)
Wells Fargo Insurance Inc.
2005 Ed. (3069)
2002 Ed. (2853)
Wells Fargo Insurance Brokerage, Inc.
2004 Ed. (3068)
Wells Fargo Investment
1997 Ed. (2533)
1989 Ed. (2133)
Wells Fargo Investment Advisor
1992 Ed. (2772, 4073)
Wells Fargo Investment Advisor Index
1994 Ed. (2310)
Wells Fargo Investment Advisors
1993 Ed. (3392)
1991 Ed. (2217, 2225, 2229, 2242, 2244)
1990 Ed. (2334, 2337, 2341, 2344, 2347, 2352)
1989 Ed. (1800, 1802, 1804, 2138, 2141)
Wells Fargo Investments LLC
2007 Ed. (4269, 4276)
2004 Ed. (4327, 4334)
Wells Fargo Large Company Growth
2006 Ed. (3625)
Wells Fargo LifePath 2040
2001 Ed. (3454, 3454)
Wells Fargo National Ltd. Tax-Free
2001 Ed. (726)
Wells Fargo Nikko
1996 Ed. (2347, 2374, 2375, 2380, 2381, 2383, 2385, 2388, 2389, 2390, 2394, 2398, 2402, 2414, 2425, 2427, 2428)
1994 Ed. (2295, 2296, 2297, 2301, 2302, 2306, 2329, 2331, 2332)
1993 Ed. (2282, 2283, 2292, 2293, 2304, 2312, 2316, 2320, 2329, 2347, 2349, 2350)
1992 Ed. (2730, 2731, 2735, 2740, 2744, 2756, 2760, 2786, 2788, 3351, 2789)
Wells Fargo Nikko Investment Advisors
1995 Ed. (2378, 2379, 2381, 2382, 2383, 2388)
1994 Ed. (2316, 2320, 2321, 2324)
Wells Fargo Realty
1995 Ed. (3073)
1992 Ed. (2750, 3637)
1990 Ed. (2971)
Wells Fargo Securities Inc.
2004 Ed. (1423)
1998 Ed. (519)
Wells Fargo SIFE Special Financial Services
2006 Ed. (3635)
Wells Fargo Small Company Index
1992 Ed. (3171)
Wells Fargo Tower
1990 Ed. (2732)
Wells; Frank G.
1992 Ed. (2051)
1991 Ed. (1620)
1990 Ed. (1713)
Wells Real Estate Funds
2008 Ed. (4126)
2007 Ed. (4105)
2006 Ed. (4054)
Wells, Rich, Green
1989 Ed. (2973)
Wells Rich Green BDDP
1996 Ed. (51)
Wells, Rich, Greene
1992 Ed. (186, 191)
1991 Ed. (58, 59, 62, 65, 69, 132, 136, 3512)
1990 Ed. (63, 64, 71, 134, 136, 3704)
1989 Ed. (57, 63, 69, 79, 144, 145)
Wells Rich Greene BDDP
1998 Ed. (35, 597)
1997 Ed. (48)
1996 Ed. (49, 81)
1995 Ed. (34, 40, 67, 104)
1994 Ed. (59, 66, 67, 84, 105)
1993 Ed. (62, 68, 76, 122)
Wells, Rich, Greene/Worldwide
1990 Ed. (132)
1989 Ed. (142)
Wells; William
2007 Ed. (1050)
WellsFargo & Co.
1999 Ed. (615)
Wellso; Carmel
1997 Ed. (1961)
WellsPark Group
1998 Ed. (3298)
Wellstar Health System Inc.
2006 Ed. (1729, 3590)
Welocalize.com
2003 Ed. (2720)
Welsh Carson Anderson & Stowe
2006 Ed. (4010)
2005 Ed. (1486, 1529, 1542, 3284)
1998 Ed. (2105, 3663)

1997 Ed. (2627)
1990 Ed. (3668)
Welsh Money
1995 Ed. (2361)
Welsh Water
1993 Ed. (1323)
Weltman, Weinberg & Reis Co., LPA
2006 Ed. (4372)
2001 Ed. (1315)
The Weltz Co. Inc.
2002 Ed. (2396)
The Weltz Group LLC
2004 Ed. (1316)
Wema Bank
2005 Ed. (588)
2000 Ed. (635)
1999 Ed. (613)
1997 Ed. (583)
Wembley
2001 Ed. (1888)
Wembley Arena
2006 Ed. (1156)
Wembley plc
2006 Ed. (1420)
Wembley Stadium
2002 Ed. (4347)
2001 Ed. (4358)
1999 Ed. (1300)
Wendel
1997 Ed. (3863)
Wendel Energy Services
2008 Ed. (2495)
Wendel GmbH
1996 Ed. (2469)
Wendell H. Ford
1999 Ed. (3844, 3960)
1994 Ed. (2890)
Wendover Financial Services Corp.
2001 Ed. (3349)
Wendt; Henry
1990 Ed. (1725)
Wendy Beal Needham
1991 Ed. (1672)
Wendy Beale Needham
2000 Ed. (1982, 1983)
1999 Ed. (2211)
1998 Ed. (1626)
1997 Ed. (1952, 1857)
1996 Ed. (1777, 1828)
1995 Ed. (1803)
1994 Ed. (1761)
1993 Ed. (1778)
Wendy L. Simpson
1993 Ed. (3730)
Wendy Lopez & Associates Inc.
1998 Ed. (1932)
Wendy McCaw
2002 Ed. (3364)
Wendy McDonald
2004 Ed. (4987)
2003 Ed. (4989)
Wendy Suehrstedt
2008 Ed. (4945)
Wendy Wong
2000 Ed. (2059)
Wendy's
2008 Ed. (2657, 2658, 2661, 2665, 2668, 2675, 2676, 2681, 4152, 4153, 4156, 4185, 4192, 4193, 4194)
2007 Ed. (2529, 2530, 2535, 2537, 4150, 4154)
2006 Ed. (648, 2553, 2557, 2561, 2566, 4131, 4132, 4133, 4134)
2005 Ed. (738, 2546, 2564, 4086, 4087, 4171, 4172, 4173, 4174, 4175)
2004 Ed. (755, 2575)
2003 Ed. (2437, 2438, 2439, 2458, 4130, 4134, 4137, 4142, 4221, 4222, 4223, 4224, 4225, 4226)
2002 Ed. (2237, 2238)
2001 Ed. (2402, 2403, 2407, 4068, 4082)
2000 Ed. (1911, 1912, 2246, 2270, 2413, 2414, 3764, 3778, 3799)
1999 Ed. (775, 778, 4564)
1998 Ed. (3492)
1997 Ed. (1832, 2058, 2081, 2082, 2172, 2173, 3310)
1996 Ed. (1759)
1995 Ed. (1773, 1775, 1778, 1781, 1911, 1914, 2074, 2075, 2076, 3114)
1994 Ed. (1748, 1884, 1885, 1909, 1910, 2022, 2023, 3054, 3069, 3085)
1992 Ed. (2115, 2121, 2124, 2372, 3720, 3721, 4229)
1991 Ed. (1658, 1659, 1883, 2867, 2879, 2886, 3319)
1990 Ed. (1749, 1752, 1753, 1754, 1755, 1756, 3024, 3026, 3542)
Wendy's International Inc.
2008 Ed. (30, 1535, 2758, 4154, 4171, 4172, 4667)
2007 Ed. (25, 2630, 2949, 3343, 4122, 4127, 4133)
2006 Ed. (2649, 2651, 2652, 4103, 4107, 4108)
2005 Ed. (247, 2547, 2550, 2554, 2562, 2658, 2661, 2666, 3278, 3280, 4044, 4045, 4046, 4049, 4054)
2004 Ed. (34, 2581, 2582, 2589, 2664, 2667, 3253, 3254, 4107, 4108, 4117, 4129, 4143, 4144, 4145, 4684)
2003 Ed. (2525, 2534, 3209, 4091, 4092, 4105)
2002 Ed. (763, 2235, 2239, 2243, 2294, 2314, 3993, 3999, 4025, 4027, 4031, 4033)
2001 Ed. (4050, 4081)
2000 Ed. (949, 2217, 2236, 2240, 2267)
1999 Ed. (2129, 2134, 2477, 2480, 2481, 2507, 2522, 2523, 2632, 2633, 4050, 4082, 4083, 4085)
1998 Ed. (1551, 1736, 1764, 1765, 1897, 1898, 2346, 3050, 3067, 3068, 3073, 3074)
1997 Ed. (2051, 2052, 2085, 3327)
1996 Ed. (1753, 1756, 1758, 1951, 1969, 2072, 2073, 3210, 3228, 3229)
1995 Ed. (1939, 3131)
1993 Ed. (1751, 1754, 1757, 1886, 1901, 2012, 3011, 3013, 3031, 3037)
1992 Ed. (2205, 2230, 2373, 3688, 3704, 3705, 3715, 3722, 4060)
1991 Ed. (1884, 2859, 2874)
1990 Ed. (1836, 1855)
1989 Ed. (1488)
Wendy's Old Fashioned Hamburgers
2005 Ed. (4080)
2004 Ed. (4142)
2003 Ed. (2453, 4138)
2001 Ed. (2408, 4080)
Wendy's Restaurant
2001 Ed. (1008)
2000 Ed. (792)
Wendy's Restaurants
1991 Ed. (13, 738)
1989 Ed. (753)
Wendy's Supa Sundaes
2004 Ed. (3954)
Weng Hang Bank
1996 Ed. (591)
Wensauer DDB Needham
1994 Ed. (89)
Wensmann Homes
2005 Ed. (1215)
2004 Ed. (1189)
2003 Ed. (1183)
2002 Ed. (1200)
Wente Bros.
1999 Ed. (4791, 4798)
Wente Brothers
2002 Ed. (4944, 4957)
2001 Ed. (4882, 4890)
2000 Ed. (4415)
1998 Ed. (3745, 3753)
Wenterthur
1999 Ed. (2919)
The Wentworth Co. Inc.
2000 Ed. (1866)
1999 Ed. (2073)
1994 Ed. (1710)
Wentworth-Douglass Hospital
2008 Ed. (1971)
2007 Ed. (1911)
Wentworth Technologies Co., Ltd.
2008 Ed. (3746)
2006 Ed. (3922)
Wenz-Neely of Shandwick
1992 Ed. (3579)
Wenzhou, China
2006 Ed. (1012)
Weokie Credit Union
2008 Ed. (2253)
2007 Ed. (2138)
2006 Ed. (2217)
2005 Ed. (2122)
2004 Ed. (1980)
2003 Ed. (1940)
2002 Ed. (1886)
WER Architects/Planners
2008 Ed. (2514)
Werbeagentur Wirz
1996 Ed. (63)
1995 Ed. (47)
1994 Ed. (71)
1993 Ed. (82)
1992 Ed. (122)
1991 Ed. (75)
1990 Ed. (78)
1989 Ed. (84)
Werchester County, NY
1997 Ed. (1540)
Were & Son; J. B.
1996 Ed. (1851)
Were and Son; JB
1990 Ed. (810)
Were; J. B.
1997 Ed. (744, 745, 746, 747, 748)
1995 Ed. (765, 766, 767, 768, 769)
1993 Ed. (1638)
1991 Ed. (775)
Were; J. S.
1997 Ed. (788, 789, 791, 792)
1995 Ed. (806, 807, 808, 809, 810)
We're Rolling Pretzel Co.
2006 Ed. (369)
2005 Ed. (354)
2004 Ed. (354)
Wereldhave
1991 Ed. (237)
Wermlandsbanken
1992 Ed. (842)
1991 Ed. (669)
Werner Enterprises Inc.
2008 Ed. (1961, 4744, 4764, 4773, 4776, 4777)
2007 Ed. (1897, 4808, 4817, 4823, 4842, 4844, 4850, 4854)
2006 Ed. (1915, 4800, 4807, 4811, 4814, 4830, 4831)
2005 Ed. (1893, 2687, 2688, 2689, 4753, 4756, 4758, 4782)
2004 Ed. (1810, 2689, 2690, 4774, 4780, 4785)
2003 Ed. (4795, 4816, 4818)
2002 Ed. (4693, 4694)
2001 Ed. (4236)
2000 Ed. (4319)
1999 Ed. (4673, 4684, 4685, 4688, 4689)
1998 Ed. (3630, 3634, 3635, 3640, 3641)
1997 Ed. (3804, 3808)
1996 Ed. (3758)
1995 Ed. (3671, 3673, 3675)
1994 Ed. (3272, 3591, 3592, 3596, 3601)
1993 Ed. (3282, 3632, 3636, 3641)
1992 Ed. (4355)
1991 Ed. (3430)
Werner Kluge; John
1992 Ed. (890)
Werner; Richard
1997 Ed. (1994)
Werner-3
2001 Ed. (3366)
Werner Transportation Inc.
2004 Ed. (1810)
Wernet's
2008 Ed. (2324)
Wert; Michael L.
1997 Ed. (1802)
Wertenberger, R. J.
1992 Ed. (534)
Wertheim Schroder
1996 Ed. (1774)
1992 Ed. (1453, 1455, 2721, 3880)
1991 Ed. (1676, 1695, 1696, 3013)
1990 Ed. (1770)
Wertheim Schroder Group
1994 Ed. (1201, 1202, 1835)
Wertheim/Schroeder
1995 Ed. (1219, 1799)
Wertheim Schroeder Group
1993 Ed. (1851)
Wertheimer; Alain & Gerard
2008 Ed. (4866)
Wertheimer; Stef
2008 Ed. (4887, 4892)
Werther's
2008 Ed. (836, 839)
2003 Ed. (1132)
2002 Ed. (935)
2001 Ed. (1119)
1999 Ed. (1018)
1997 Ed. (886)
Wertz Distributing Co.; Vic
1990 Ed. (3707)
Wertz; Lucille
1992 Ed. (1095)
Wes-Garde Components Group Inc.
2008 Ed. (2467)
2005 Ed. (2351)
2004 Ed. (2251)
1997 Ed. (1712)
Wesbanco
2006 Ed. (459)
2002 Ed. (484)
Wescam Inc.
2002 Ed. (2504)
Wescast Industries
2008 Ed. (297)
2007 Ed. (310)
WESCO
1995 Ed. (2232)
Wesco Distribution Inc.
2008 Ed. (2463)
2000 Ed. (2622, 3026)
1999 Ed. (2847)
1998 Ed. (2086)
1997 Ed. (2365)
Wesco Financial Corp.
2008 Ed. (2371)
2007 Ed. (2228)
2005 Ed. (2220)
2004 Ed. (4584, 4588, 4589)
2000 Ed. (289)
1996 Ed. (1277)
1995 Ed. (1307)
WESCO International Inc.
2008 Ed. (847, 1530, 2038, 2043, 2044, 2048, 2050, 4726)
2007 Ed. (874, 1548, 1955, 4560, 4801, 4944)
2006 Ed. (1521, 1979, 1984, 1986, 1988, 1989, 1990, 2275, 4788, 4789, 4936, 4938)
2005 Ed. (1950, 2212, 2283, 2284, 2996, 4905, 4906)
2004 Ed. (2183, 2998, 4916, 4917)
2003 Ed. (2204, 2205, 4923, 4924)
2002 Ed. (1993, 4894)
Wescom Credit Union
2008 Ed. (2210, 2220)
2007 Ed. (2098, 2105)
2006 Ed. (2158, 2162, 2184)
2005 Ed. (2089)
2004 Ed. (1948)
2003 Ed. (1908)
2002 Ed. (1850)
1998 Ed. (1226, 1233)
Wescom CU
1999 Ed. (1800)
WesCorp Federal Credit Union
2007 Ed. (1429)
2006 Ed. (1390, 1394, 1395)
2005 Ed. (1404, 1408, 1409)
2004 Ed. (1383, 1387, 1388)
2003 Ed. (1378)
Wesdome Gold Mines
2007 Ed. (1624)
Wesely Medical Center LLC
2005 Ed. (1832)
2004 Ed. (1766)
2003 Ed. (1729)
WESERI Corp.
2006 Ed. (3526)

Wesfarmers Ltd.
2008 Ed. (3547)
2007 Ed. (1587)
2006 Ed. (3370)
2005 Ed. (1657, 1661)
2004 Ed. (1632, 4918)
2002 Ed. (4895)
Wesfarmers/Bunnings
2006 Ed. (4173)
Wesla Credit Union
2003 Ed. (1922)
2002 Ed. (1868)
Wesley Card
2006 Ed. (947)
2005 Ed. (988)
Wesley College, Mississippi
1990 Ed. (1085)
Wesley Hotel Group
1992 Ed. (2469)
Wesley Industries Inc.
2002 Ed. (717)
2000 Ed. (3145)
1998 Ed. (468)
Wesley International Inc.
2001 Ed. (713)
2000 Ed. (742)
1999 Ed. (730, 3421)
Wesley J. Howe
1991 Ed. (1630)
1990 Ed. (975, 1724)
1989 Ed. (1383)
Wesley-Jessen
2001 Ed. (3593)
1999 Ed. (3659)
1990 Ed. (1186)
Wesley Maat
1999 Ed. (2248)
1998 Ed. (1658)
Wesley Medical Center LLC
2006 Ed. (1837)
Wesley; N. H.
2005 Ed. (2480)
Wesley Woods Homes
1994 Ed. (1902)
Wesleyan College
2008 Ed. (1069)
2000 Ed. (1136)
1995 Ed. (1057)
1994 Ed. (1043, 1049)
1992 Ed. (1274)
Wesleyan University
2008 Ed. (181, 1057)
2007 Ed. (4597)
2001 Ed. (1318, 1328)
1996 Ed. (1036)
1995 Ed. (1051)
1993 Ed. (1016, 1022)
1992 Ed. (1268)
1991 Ed. (1002)
1990 Ed. (1089, 1093)
1989 Ed. (955)
Weslo
1996 Ed. (3490)
1992 Ed. (2065)
1991 Ed. (1634)
WesMark Growth
2003 Ed. (3489)
WesMark Growth Fund
2003 Ed. (3532)
Wessanen
1992 Ed. (1476)
Wessanen USA
1997 Ed. (2930)
1995 Ed. (2760, 2762)
1994 Ed. (2658)
1993 Ed. (2709)
BolsWessanen USA Inc.
1999 Ed. (1814)
Wessex Technology Opto-Electronic Products
2002 Ed. (2498)
Wessex Water
1996 Ed. (1367)
1993 Ed. (1323)
Wesson
2003 Ed. (3684, 3686)
Wesson; Roger L.
1992 Ed. (531)
West Corp.
2008 Ed. (4079, 4269)
2007 Ed. (4235)
2006 Ed. (4219)
2005 Ed. (871, 1464, 1690, 1691, 4165)
1998 Ed. (1925)
1997 Ed. (990)
1994 Ed. (959, 2586)
1992 Ed. (3474)
1989 Ed. (1143)
West African Portland Co. plc
2002 Ed. (4450)
West Baking Co.
1989 Ed. (356)
West Bancorp
2002 Ed. (443)
West Bancorporation
2004 Ed. (541)
West Bend
2002 Ed. (348, 1092, 1093, 2074, 2699)
2000 Ed. (1130, 1131, 2233, 2579)
1999 Ed. (1216, 1217, 2476, 2692, 2803)
1998 Ed. (786, 787, 1735, 1951, 2044)
1997 Ed. (1041, 1042, 2050, 2312)
1995 Ed. (1045, 1627, 1910)
1994 Ed. (1035, 1036, 1586, 1883)
1993 Ed. (1005, 1006, 1547, 1885)
1992 Ed. (1242, 1243, 1886, 2201)
1991 Ed. (1485, 1751)
1990 Ed. (1080, 1081, 1591)
West Berlin
1992 Ed. (2717)
West Bromwich
2000 Ed. (3855)
West Building Materials
1996 Ed. (820, 821)
West Central
2000 Ed. (4161)
West Central United States
2002 Ed. (680, 756, 2373, 3141, 4318, 4341, 4553, 4936)
West Chevrolet
2002 Ed. (361)
West Coast
2001 Ed. (3176, 3177)
West Coast Bank
2005 Ed. (1929)
West Coast Engineering
2002 Ed. (2094)
2001 Ed. (2200, 2201)
2000 Ed. (1770)
1999 Ed. (1990)
West Coast Enterprises
1998 Ed. (1888)
West Coast Entertainment
2004 Ed. (4840)
2002 Ed. (4751)
2000 Ed. (4346)
1999 Ed. (4713)
1998 Ed. (3670)
West Coast Life
1999 Ed. (2938, 2942)
West Coast/National
1993 Ed. (3664)
1992 Ed. (4391)
1991 Ed. (3446)
West coast softwood
2007 Ed. (3392)
2006 Ed. (3334)
2005 Ed. (3343)
West Coast, U.S.
2005 Ed. (2268)
West Coast Video
2001 Ed. (2123)
1997 Ed. (3839)
1996 Ed. (3785)
1995 Ed. (3697, 3700)
1994 Ed. (3624, 3625)
1991 Ed. (1770, 1771)
1990 Ed. (1020, 1851, 3304, 3671, 3673)
1989 Ed. (2888)
West Cost/National
1990 Ed. (3672)
West Covina Mitsubishi
1990 Ed. (310)
West Covina Nissan
1992 Ed. (393)
1991 Ed. (288)
West; Dave
2008 Ed. (4909)
West; David
2007 Ed. (1058)
West Des Moines State Bank
2005 Ed. (1065)
1997 Ed. (496)
1996 Ed. (537)
West Edmonton Mall
2007 Ed. (4186)
West Electric & Machine Co.
2007 Ed. (4454)
West Energy
2007 Ed. (4574)
2006 Ed. (1604, 1633)
West Europe
2001 Ed. (1098)
West 57th
1990 Ed. (3551)
West Florida Natural Gas Co.
1999 Ed. (2582)
1998 Ed. (1822, 2966)
West Florida Regional Medical Center
2002 Ed. (2620)
2000 Ed. (2527)
West 49 Inc.
2007 Ed. (1624)
West Fraser Mills
2006 Ed. (2023)
2005 Ed. (1965)
1991 Ed. (2366)
West Fraser (South) Inc.
2008 Ed. (2764, 2765)
2005 Ed. (2671, 2672)
2004 Ed. (2679, 2680)
West Fraser Timber Co.
2008 Ed. (1623, 2762)
2007 Ed. (2636, 4575)
2006 Ed. (1627)
2005 Ed. (1668)
2003 Ed. (3723)
2002 Ed. (3576)
1999 Ed. (2497, 3691)
1998 Ed. (1754)
1997 Ed. (2070, 2076, 2995)
1996 Ed. (1960, 1962)
1994 Ed. (1896)
1993 Ed. (1894, 2478)
1992 Ed. (2212)
West; Gary
2008 Ed. (2634)
West Germany
2001 Ed. (2365)
1994 Ed. (735)
1993 Ed. (943, 1202, 1203, 1206, 1209, 1463, 1466, 1730, 2483)
1992 Ed. (225, 226, 227, 228, 268, 269, 891, 906, 907, 911, 1390, 1489, 1490, 1639, 1713, 1737, 1776, 2296, 2807, 2853, 2854, 2936, 2937, 3141, 3276, 3599, 3685, 3806, 3807, 4139, 4140, 4141, 4152, 4184, 4185, 4186, 4322, 4413, 4474)
1991 Ed. (165, 222, 329, 352, 728, 934, 1171, 1172, 1177, 1178, 1181, 1379, 1383, 1401, 1408, 1479, 1641, 1650, 1819, 1820, 1821, 1868, 2111, 2263, 2276, 2493, 3108, 3109, 3236, 3267, 3268, 3269, 3279, 3287, 3357, 3358, 3405, 3406, 3407, 3466, 3506, 3507)
1990 Ed. (203, 204, 205, 241, 405, 414, 741, 742, 746, 778, 960, 984, 1252, 1253, 1259, 1260, 1263, 1264, 1445, 1450, 1481, 1582, 1729, 1736, 1747, 1901, 1964, 1965, 2403, 3076, 3235, 3471, 3508, 3610, 3611, 3612, 3613, 3615, 3616, 3617, 3618, 3619, 3624, 3694, 3699)
1989 Ed. (229, 230, 254, 282, 324, 349, 363, 565, 982, 1178, 1179, 1182, 1279, 1284, 1389, 1390, 1395, 1397, 1398, 1399, 1400, 1401, 1402, 1403, 1406, 1407, 1408, 1517, 1518, 1865, 2202, 2638, 2819, 2956, 2957)
West Group
2001 Ed. (3956)
West Hills Development
1999 Ed. (1338)
West Hills Homes Inc.
1998 Ed. (916)
West Houston Infiniti Inc.
1995 Ed. (271)
The West Co. iNC.
1998 Ed. (1878)
West Indian manatee
1996 Ed. (1643)
West Indian Tobacco Corp.
1997 Ed. (3797)
1996 Ed. (3745, 3746)
1994 Ed. (3580)
West Indies & Grey
2001 Ed. (201)
2000 Ed. (163)
1999 Ed. (146)
1998 Ed. (64)
1997 Ed. (135)
1996 Ed. (131)
1995 Ed. (117)
1994 Ed. (112)
1993 Ed. (131)
1992 Ed. (201)
1991 Ed. (145)
1990 Ed. (145)
1989 Ed. (154)
West Japan Railway
2007 Ed. (4836)
2003 Ed. (4042)
2002 Ed. (1702, 3903)
2000 Ed. (3701)
1999 Ed. (3988)
1998 Ed. (2995)
1997 Ed. (3250)
West Japan Railways
1992 Ed. (3612)
West Jersey Clinical Associates
2000 Ed. (3545)
West Jersey Health System
2000 Ed. (965, 2531)
1999 Ed. (1011, 2750)
1992 Ed. (2461, 2463)
1991 Ed. (1936)
1990 Ed. (2057, 2059)
1989 Ed. (1610)
West Jet
2008 Ed. (644)
West; John
1994 Ed. (858)
West Kootenay Power & Light
1992 Ed. (1897)
West L.A. Music
2000 Ed. (3220)
1999 Ed. (3502)
1997 Ed. (2863)
1996 Ed. (2748)
1995 Ed. (2674, 2675)
1994 Ed. (2594)
1993 Ed. (2642)
West Lafayette, IN
2002 Ed. (1057)
West LB
2000 Ed. (1862)
West LB Bank
1991 Ed. (529)
West LB International
1989 Ed. (609)
West Liberty Foods LLC
2008 Ed. (3616)
West Lights
1997 Ed. (990, 334)
West; Mary
2008 Ed. (4883)
West Maui Resort Partners LP
2008 Ed. (1785)
2007 Ed. (1757)
2006 Ed. (1748)
West Menasha Products Corp.
2007 Ed. (2640)
West Newton Savings
1992 Ed. (533)
West North Central U.S.
2008 Ed. (3483)
West of Eden: The End of Innocence of Apple Computer
1991 Ed. (708)
West One Bancorp
1997 Ed. (334)
1995 Ed. (3331)
1994 Ed. (366, 667, 3252)
West One Bank
1997 Ed. (644)

1996 Ed. (359, 533, 709, 2475, 2482)
1993 Ed. (377, 402, 501, 3258)
1992 Ed. (555, 562)
West One Bank-Idaho
1998 Ed. (103)
1997 Ed. (179, 377, 492)
1996 Ed. (410)
1995 Ed. (387)
1992 Ed. (700, 255)
1991 Ed. (185)
West One Bank-Idaho NA
1995 Ed. (488)
1994 Ed. (145, 392, 505)
West One Bank Idaho NA (Boise)
1991 Ed. (542)
West One Bank, Washington
1995 Ed. (633)
1994 Ed. (369, 372, 664)
West Palm Beach Auditorium
1999 Ed. (1296)
West Palm Beach-Boca Raton-Delray Beach, FL
1994 Ed. (2495)
1993 Ed. (2547, 2554)
1992 Ed. (3052, 3691)
1991 Ed. (1547, 2428)
1990 Ed. (2552)
1989 Ed. (1957)
West Palm Beach-Boca Raton, FL
2008 Ed. (3457)
2007 Ed. (3360)
2006 Ed. (3313)
2005 Ed. (2383, 2457, 2460)
2004 Ed. (981, 3465)
2003 Ed. (2348, 2349, 2352, 3400)
2002 Ed. (870, 2731, 2763, 3332, 3726)
2001 Ed. (2274, 2280, 2284, 4922)
2000 Ed. (2615, 3108, 3118, 3765)
1999 Ed. (2833, 3389, 4057)
1998 Ed. (2481, 3057, 3706)
1997 Ed. (2355, 2761, 2772)
1996 Ed. (2223, 2618, 3203, 3768)
1995 Ed. (3108)
1991 Ed. (1984)
West Palm Beach, CA
2008 Ed. (3517)
West Palm Beach, FL
2006 Ed. (4884)
2005 Ed. (2376, 2378, 2385, 3323, 4834)
2004 Ed. (3382)
2001 Ed. (2721, 2796)
2000 Ed. (1092, 2995, 3104)
1998 Ed. (246)
1995 Ed. (2191)
1993 Ed. (2112)
1992 Ed. (1356, 3036)
1991 Ed. (1979)
1990 Ed. (2485)
West Palm Beach-Fort Pierce, FL
1998 Ed. (591)
West Palm Beach-Ft. Pierce, FL
2007 Ed. (868)
2006 Ed. (771)
2005 Ed. (846)
2004 Ed. (872)
2003 Ed. (845)
2002 Ed. (922)
1996 Ed. (3204)
West Palm Beach-Ft. Pierce-Vero Beach, FL
1995 Ed. (3109)
1994 Ed. (3063)
1992 Ed. (3701)
West Palm Beach Rolls-Royce
1996 Ed. (286)
West Palm Reach-Boca Raton-Delray Beach, FL
1995 Ed. (1667)
West Penn Allegheny Health System
2006 Ed. (3724)
West Penn Allegheny Health Systems Inc.
2003 Ed. (1809)
West Pharmaceutical Services Inc.
2008 Ed. (3635)
2005 Ed. (3855)
2004 Ed. (3909)
2001 Ed. (1461)
West Point Credit Union
2002 Ed. (1828)
West Point Pepperell Inc.
2005 Ed. (1533)
1995 Ed. (1319, 2504, 3598)
1994 Ed. (1374, 3512, 3513, 3514, 3516)
1993 Ed. (865, 1318, 3552, 3553, 3554)
1992 Ed. (1535, 1537, 4271, 4272, 4273, 4275)
1991 Ed. (1235, 3348, 3351, 3353)
1990 Ed. (1058, 1893, 2037, 3270, 3564, 3565, 3566, 3567)
1989 Ed. (944, 1600, 1601, 2814, 2815, 2816, 2817)
West Point Pharma
1995 Ed. (1590)
West Point Products
2007 Ed. (4454)
West Point Realty Inc.
2000 Ed. (4057)
West Point Stevens
1995 Ed. (1399, 3597)
West Publishing Corp.
2007 Ed. (1882)
2006 Ed. (1886)
2005 Ed. (1529, 1869)
1999 Ed. (1441)
1997 Ed. (1235)
West Side Car Wash
2006 Ed. (363, 364)
West Side Story soundtrack
1990 Ed. (2862)
West South Central U.S.
2008 Ed. (3483)
West Suburban Bank
2001 Ed. (611)
West Telemarketing Corp.
2006 Ed. (1914)
2005 Ed. (1892)
2003 Ed. (1772)
2001 Ed. (1802)
1998 Ed. (3479)
1997 Ed. (3697)
1996 Ed. (3641, 3642)
1994 Ed. (3485)
1992 Ed. (4206)
West Telemarketing Outbound
1995 Ed. (3556)
West TeleServices Corp.
2001 Ed. (4463, 4466, 4468)
2000 Ed. (4193, 4195)
1999 Ed. (4555, 4557, 4558)
1998 Ed. (3481, 3483)
West Tennessee Healthcare
2003 Ed. (3471)
2002 Ed. (3296)
2000 Ed. (3185)
1999 Ed. (3466)
West Texas Credit Union
2005 Ed. (2067, 2068)
2002 Ed. (1829, 1830)
West-Ukrainian Commercial Bank
1997 Ed. (636)
West United States
2002 Ed. (680, 756, 2373, 3141, 4318, 4341, 4553, 4936)
West USA Realty Inc.
2008 Ed. (4104)
West Venture Development Co.
1995 Ed. (3065)
1992 Ed. (1361)
West Venture Homes
1998 Ed. (3007)
1997 Ed. (3259)
West Virginia
2008 Ed. (1012, 1107, 2424, 2435, 3004, 3135, 3266, 3281, 3482, 4082)
2007 Ed. (1131, 2292, 2308, 3016, 4046)
2006 Ed. (1043, 2358, 2707, 2983, 3257, 4014)
2005 Ed. (395, 414, 1034, 1080, 1081, 2987, 2988, 4184, 4185, 4204, 4209, 4227, 4231, 4241, 4722, 4794)
2004 Ed. (377, 379, 380, 381, 382, 395, 413, 437, 776, 1027, 1028, 2175, 2176, 2805, 2981, 3275, 3292, 3489, 4252, 4263, 4276, 4292, 4298, 4300, 4307, 4516, 4519, 4530, 4819, 4994)
2003 Ed. (393, 1025, 1058, 1067, 2145, 2146, 2147, 2148, 2828, 2886, 3237, 3250, 3256, 4040, 4231, 4234, 4236, 4246, 4256, 4284, 4290, 4821)
2002 Ed. (450, 458, 468, 474, 1112, 1114, 1115, 2738, 3735, 3804, 3805, 4102, 4103, 4115, 4140, 4141, 4144, 4377, 4706)
2001 Ed. (361, 362, 371, 1284, 1287, 1288, 1289, 1290, 1420, 2581, 2604, 2824, 3295, 3327, 3328, 3748, 4223, 4253)
2000 Ed. (1128, 1791, 3689, 4096, 4115)
1999 Ed. (1209, 1211, 1859, 4440, 4447, 4448, 4449, 4453, 4460, 4461, 4466, 4468, 4536, 4537)
1998 Ed. (179, 210, 2416, 2420, 2438, 2971, 3375, 3376, 3380, 3394, 3395, 3466)
1997 Ed. (3148, 3228, 3567, 3569, 3580, 3593, 3594, 3599, 3603)
1996 Ed. (36, 3516, 3540, 3553, 3554, 3559)
1995 Ed. (1669, 3460, 3472, 3473, 3478, 3500)
1994 Ed. (977, 2535, 3388, 3401, 3407, 3421)
1993 Ed. (413, 3411, 3417, 3440)
1992 Ed. (967, 976, 2573, 2857, 2916, 2922, 2926, 2930, 2933, 4084, 4088, 4103, 4109)
1991 Ed. (789, 2162, 3180, 3201, 3202, 3206)
1990 Ed. (760, 2410, 2430, 2448, 2493, 2512, 3346, 3351, 3362, 3381, 3393, 3406, 3410, 3414, 3426, 3427)
1989 Ed. (201, 1642, 1736, 1898, 1900, 2242, 2531, 2533, 2539, 2564, 2612)
West Virginia & Indiana Coal Holding Co.
2006 Ed. (1046, 2116, 2117)
West Virginia Central Credit Union
2005 Ed. (2137)
West Virginia Credit Union
2008 Ed. (2268)
2007 Ed. (2153)
2006 Ed. (2232)
2005 Ed. (2137)
2004 Ed. (1995)
2003 Ed. (1955)
West Virginia Housing Development Fund
2001 Ed. (946)
West Virginia Public Energy Authority
1991 Ed. (2529)
West Virginia School Employees Credit Union
2004 Ed. (1995)
2003 Ed. (1955)
2002 Ed. (1900)
West Virginia University
2008 Ed. (769)
2007 Ed. (794, 2446)
West Virginia University Hospitals Inc.
2008 Ed. (2173)
2007 Ed. (2065)
2006 Ed. (2116)
2005 Ed. (2014)
2004 Ed. (1888)
2003 Ed. (1852)
2001 Ed. (1898)
West Virginia Water Development Authority
2001 Ed. (946)
West Wholesale Drug Co.
2003 Ed. (1626)
The West Wing
2004 Ed. (300, 4686, 4687)
2003 Ed. (808, 4715, 4716)
Westaff
2006 Ed. (2430)
2000 Ed. (4230)
Westaim
2007 Ed. (2805, 2814)
2003 Ed. (2938, 2940, 2941)
WestAir
1993 Ed. (1105)
1991 Ed. (1017)
WestAir Holdings
1993 Ed. (3226)
1992 Ed. (3919)
WestAM
2003 Ed. (3085)
2002 Ed. (3014)
Westam Mortgage Financial
1995 Ed. (1048, 3076)
Westamerica Bancorp
2008 Ed. (428)
2007 Ed. (389)
2006 Ed. (404)
2005 Ed. (450)
2002 Ed. (500)
2000 Ed. (422, 429)
1995 Ed. (214)
WestAmerica Bancorporation
2005 Ed. (635, 636)
2004 Ed. (646, 647)
Westamerica Bank
1998 Ed. (341)
Westar Capital
1996 Ed. (3782)
Westar Energy Inc.
2008 Ed. (1873, 2426)
2006 Ed. (1831, 1834)
2005 Ed. (1834, 2314)
2004 Ed. (1767)
Westar Financial Services Inc.
2002 Ed. (3559)
Westar Mining
1994 Ed. (2527)
Westar Security
1998 Ed. (3202, 3204)
Westat Inc.
2008 Ed. (1366, 1369, 4138, 4141)
2007 Ed. (4114, 4117)
2006 Ed. (4068, 4096)
2005 Ed. (1372, 4037, 4041)
2004 Ed. (1356, 4096, 4101)
2003 Ed. (4069, 4077)
2002 Ed. (3253)
2001 Ed. (4046, 4047)
2000 Ed. (3041, 3042, 3756)
1999 Ed. (3304, 4042)
1998 Ed. (2436, 3042)
1997 Ed. (2710, 3295)
1996 Ed. (2569, 3190)
1995 Ed. (2508, 3089)
1994 Ed. (2442)
1993 Ed. (2503, 2995)
1992 Ed. (2976, 3662)
1991 Ed. (2835, 2386)
1990 Ed. (2980, 3000)
Westavco
1992 Ed. (1237)
Westbay Distributors
2001 Ed. (360)
Westborough Buick Pontiac GMC Inc.
2008 Ed. (166)
Westbridge Capital
1999 Ed. (3611)
1998 Ed. (3417)
Westbridge Printing Services, Inc.
2002 Ed. (3763)
Westbrook Homes
2005 Ed. (1179)
Westbrook Partners
2003 Ed. (3087)
2002 Ed. (3908, 3939)
2000 Ed. (2808, 2838, 2839, 2840)
Westbrook Partners L.L.C.
2000 Ed. (2829)
Westbrook Real Estate Partners
1999 Ed. (3074)
Westbrooke Communities
2004 Ed. (1169)
2003 Ed. (1161, 1166)
2002 Ed. (1199)
Westbrooke Homes
2005 Ed. (1202, 1214)
2004 Ed. (1188)
Westbrooke Hospitality
1992 Ed. (2464, 2468, 2469)
Westburne Inc.
2002 Ed. (1993, 3301)
2000 Ed. (2622)
Westbury
1993 Ed. (1324)

Westbury Canadian Life
2002 Ed. (3431, 3432, 3433)
Westbury Canadian Life B
2001 Ed. (3460, 3461, 3462)
Westbury Music Fair
2006 Ed. (1155)
2001 Ed. (4353)
1999 Ed. (1295)
Westcap Investor
2000 Ed. (2816)
Westchester County
1991 Ed. (3478)
Westchester County Medical Center
1997 Ed. (2264, 2266)
Westchester County, NY
2003 Ed. (3437)
2002 Ed. (1808)
1999 Ed. (2831)
1994 Ed. (239, 1474, 1480)
1993 Ed. (1430)
Westchester Medical Center
2001 Ed. (2773)
Westchester-Mid Hudson Valley, NY
2005 Ed. (3642)
Westchester, NY
2001 Ed. (1940)
2000 Ed. (1603, 2612)
1998 Ed. (2058)
1995 Ed. (2808)
1991 Ed. (1370, 1374)
1990 Ed. (1483)
Westco Group Inc.
1995 Ed. (2517)
Westco Savings Bank FSB
1990 Ed. (3121)
Westcoast Energy
2005 Ed. (1667, 3491)
2003 Ed. (3846)
2002 Ed. (3689)
1996 Ed. (1316)
1994 Ed. (1955)
1992 Ed. (1597, 2268)
1990 Ed. (1882)
WestCoast Hospitality Corp.
2005 Ed. (2925)
Westcoast Savings
1990 Ed. (3123)
Westcon Group
2005 Ed. (4811)
Westconsin Credit Union
2008 Ed. (2269)
2007 Ed. (2154)
2006 Ed. (2233)
2005 Ed. (2138)
2004 Ed. (1996)
2003 Ed. (1956)
2002 Ed. (1901)
1996 Ed. (1511)
Westcor Partners
2003 Ed. (4409)
1992 Ed. (3959, 3969)
Westcore Bonds Plus
1996 Ed. (615)
Westcore Equity Income
1993 Ed. (2674)
Westcore Flex Income
2008 Ed. (596)
Westcore Flexible Income
2008 Ed. (583, 3409)
2007 Ed. (3294)
Westcore: GNMA
1993 Ed. (2685)
Westcore Growth
2006 Ed. (3622)
Westcore Growth & Income Fund
2003 Ed. (3490, 3533)
Westcore International Term Bond
1993 Ed. (2675)
Westcore Long-Term Bond
1999 Ed. (3536, 3550)
1998 Ed. (402, 403)
1997 Ed. (687, 2901)
1996 Ed. (615)
1995 Ed. (2708)
Westcore MIDCO Growth
1995 Ed. (2734)
1993 Ed. (580, 2647)
Westcore Midco Growth Institutional
1996 Ed. (612)
Westcore Money Market Fund
1994 Ed. (2542)
1992 Ed. (3098)
Westcore Plus Bond
2008 Ed. (597)
Westcore Treasury MMF
1996 Ed. (2667)
Westcorp
2007 Ed. (386, 2555)
2006 Ed. (4248)
2005 Ed. (448, 4243)
2004 Ed. (4310)
2003 Ed. (4282, 4283)
1995 Ed. (3303)
1992 Ed. (4291)
Westdeutsche Genossenschafts-Zentralbank
1997 Ed. (516)
Westdeutsche Landesbank
1992 Ed. (683, 719)
1990 Ed. (580)
1989 Ed. (542, 578)
Westdeutsche Landesbank Giro
2000 Ed. (538)
Westdeutsche Landesbank Gironzentrale
1999 Ed. (528, 529)
Westdeutsche Landesbank Giroz
1996 Ed. (517)
Westdeutsche Landesbank Girozent.
1995 Ed. (475)
Westdeutsche Landesbank Girozentrale
2008 Ed. (418)
2007 Ed. (471, 473, 474)
2006 Ed. (459, 461, 462)
2005 Ed. (512, 533, 3939, 3942, 3943)
2004 Ed. (533)
2003 Ed. (498)
2002 Ed. (563, 3189, 3190, 3191, 3192, 3195, 3196, 3793, 3794)
2001 Ed. (624, 627, 628, 1533)
2000 Ed. (776, 2929)
1999 Ed. (3182, 3184)
1998 Ed. (2347)
1997 Ed. (478, 513, 2546, 2621)
1994 Ed. (493)
1993 Ed. (491)
1991 Ed. (528, 1583, 1585)
1990 Ed. (581, 1682)
Westdeutsche Landesbanke Girozentrale
1989 Ed. (1362)
Westdeutsche Landsbank Girozentrale
2000 Ed. (530, 560)
Westdeutsche Lotterie GmbH & Co.
1996 Ed. (2552)
Westec Security Inc.
1999 Ed. (4203)
1997 Ed. (3414)
1996 Ed. (3309)
1995 Ed. (3212)
1993 Ed. (3115)
1992 Ed. (3827)
Westec Security Group
1998 Ed. (3204)
Westech International Inc.
2007 Ed. (3581, 3582, 4436)
2006 Ed. (3529, 4368)
Westel Insurance Co.
1990 Ed. (906)
Westel Mobil
2004 Ed. (50)
Westel Mobile Telecommunications Co.
2005 Ed. (44)
Westel 900
2001 Ed. (40)
Westen Washington Fair
2005 Ed. (2524)
Wester Digital
1989 Ed. (1327)
Westerly Community Credit Union
2008 Ed. (2257)
2007 Ed. (2142)
2006 Ed. (2221)
2005 Ed. (2126)
2004 Ed. (1984)
2003 Ed. (1944)
2002 Ed. (1890)
Western
2007 Ed. (3620)
1999 Ed. (1371)
Western Airlines
1989 Ed. (236)
Western Altas
1998 Ed. (2816)
Western and Southern
1989 Ed. (1689)
Western & Southern Financial Group
2007 Ed. (3138)
2006 Ed. (3120)
2005 Ed. (3115)
Western & Southern Life
1990 Ed. (2249)
1989 Ed. (1707, 1709)
Western & Southern Life Insurance
2002 Ed. (2910)
2000 Ed. (2688)
1998 Ed. (2162)
1997 Ed. (2452)
1995 Ed. (2309)
1993 Ed. (2225)
1991 Ed. (2107)
Western & southwestern banks
1990 Ed. (2183)
Western Areas
1993 Ed. (1989)
1990 Ed. (1938)
Western Asset
2008 Ed. (2292, 2316)
2004 Ed. (2035)
1995 Ed. (2363)
1989 Ed. (2128)
Western Asset Core Fund
2003 Ed. (3531)
Western Asset Core Plus Bond
2008 Ed. (597)
Western Asset Core Plus Inst.
2003 Ed. (691)
Western Asset High Yield
2008 Ed. (596)
Western Asset Management
2002 Ed. (3622, 3627)
2001 Ed. (3689)
1999 Ed. (3081, 3085)
1998 Ed. (2309)
1997 Ed. (2553)
1996 Ed. (2429)
1994 Ed. (2328)
1992 Ed. (2757, 2765)
1991 Ed. (2226, 2234)
Western Asset Management U.S. Core Full
2007 Ed. (752)
Western Asset Mgmt.
2000 Ed. (2779, 2810, 2813)
Western Athletic Club
2007 Ed. (2787)
2005 Ed. (2810)
Western Athletic Clubs
2006 Ed. (2786)
Western Atlas Inc.
2005 Ed. (1511)
2001 Ed. (1553)
1999 Ed. (3794, 3797)
1998 Ed. (2821)
1997 Ed. (3081, 3082)
1996 Ed. (3002, 3003)
Western Atlas International
2003 Ed. (1667)
2001 Ed. (1680)
Western Australia; Bank of
2007 Ed. (399)
2006 Ed. (414)
Western Australia—BankWest; Bank of
2005 Ed. (461)
Western Auto
1999 Ed. (362, 1856)
1995 Ed. (336)
1994 Ed. (336, 1911)
1993 Ed. (867)
1992 Ed. (486, 1077, 1937, 2425)
1991 Ed. (357, 1542)
1990 Ed. (407, 1514, 1515)
1989 Ed. (351, 1252)
Western Auto/Part America
2001 Ed. (540)
Western Auto Supply Co. Inc.
2001 Ed. (496)
1998 Ed. (247)
1997 Ed. (325, 925)
1996 Ed. (354, 894)
Western Bagel
2001 Ed. (545)
Western Bank
1995 Ed. (491)
1994 Ed. (2550)
Western banks
1992 Ed. (2624)
Western Benefit Solutions LLC
2008 Ed. (3239, 3246)
Western Building Maintenance
2006 Ed. (670)
Western Canada Farm Progress Show
2003 Ed. (4778)
Western Capital Investment
1993 Ed. (3218, 3247)
1992 Ed. (4292)
Western Carolina University
1990 Ed. (1084)
Western Carpet & Linoleum Co.
1993 Ed. (1866)
Western Chemical
1997 Ed. (3869)
Western Co-operative Fertilizers
2007 Ed. (1434)
2001 Ed. (1499)
Western Community Bank
1997 Ed. (505)
1996 Ed. (546)
Western Company of North America
1990 Ed. (3562)
Western Conference of Teamsters Pension Trust
2004 Ed. (2027, 3790)
Western Conference Teamsters
2008 Ed. (3869)
2007 Ed. (3795)
2003 Ed. (1979, 3764)
2002 Ed. (3615)
2001 Ed. (3680, 3686)
Western Conference Teamsters Union
1996 Ed. (2927)
Western Construction Group
2008 Ed. (1260)
2007 Ed. (1363)
Western Cooperative Credit Union
2008 Ed. (2251)
2007 Ed. (2136)
2006 Ed. (2215)
2005 Ed. (2120)
2004 Ed. (1978)
2003 Ed. (1938)
2002 Ed. (1884)
2000 Ed. (221, 1629)
1996 Ed. (1511)
Western Dairymen Cooperative
1990 Ed. (1026)
Western Data Systems
1999 Ed. (1287)
Western Dealerships
2006 Ed. (1973)
Western Deep Levels
1995 Ed. (2041)
1993 Ed. (1989)
1991 Ed. (1852)
1990 Ed. (1938)
Western Development Corp.
1993 Ed. (3304, 3305, 3311)
1992 Ed. (3620, 3959, 3970)
1990 Ed. (3286)
Western Digital Corp.
2008 Ed. (1113, 4605)
2007 Ed. (1209, 1222, 1264, 4695)
2006 Ed. (1116, 1117, 1149)
2005 Ed. (1109, 1115, 1116, 1118)
2004 Ed. (1111, 1114, 3021, 3023, 3024)
2003 Ed. (1090, 1104)
2002 Ed. (2104)
2001 Ed. (1357)
2000 Ed. (1165, 1169, 1739, 1740, 1752)
1999 Ed. (1262, 1268, 1269, 1276, 1496, 2880)
1998 Ed. (822, 1062, 2674, 3408, 3410)
1994 Ed. (1265, 1548, 2666)
1993 Ed. (1052)
1992 Ed. (320, 1312, 1314, 1832, 1833, 3682, 3683)
1991 Ed. (2854)
1990 Ed. (1625, 1626, 1631, 2996)
1989 Ed. (1319, 2302, 2667)
Western Energy Co.
1993 Ed. (1003)
1990 Ed. (1069)

Western Energy Co., Rosebud
1989 Ed. (950)
Western Energy Co., Rosebud No. 6 mine
1990 Ed. (1071)
Western Europe
2008 Ed. (728)
2002 Ed. (1022, 2164, 4323, 4324)
2001 Ed. (368, 516, 517, 728, 3857, 4483)
2000 Ed. (3548, 3830, 4040, 4343)
1999 Ed. (199, 1820, 4039, 4118, 4827)
1998 Ed. (1554, 1807, 2735, 2815, 2877)
1997 Ed. (1806, 3249, 3739)
1996 Ed. (325, 1466, 3662)
1995 Ed. (1751, 1752, 1753, 1785)
1994 Ed. (1728)
1993 Ed. (1721, 2483, 2845, 3350)
1992 Ed. (1235, 3294, 3295, 3555)
Western Evangelical Seminary
1995 Ed. (1927)
Western Express
2006 Ed. (4809)
Western Farm Credit Bank
2005 Ed. (1404, 1408, 1409)
2004 Ed. (1383, 1387, 1388)
2003 Ed. (1378)
Western Federal
1990 Ed. (2470, 3118)
Western Federal Credit Union
1998 Ed. (1233)
Western Federal Savings
1992 Ed. (3105)
Western Federal Savings & Loan Association
1994 Ed. (2551, 3144)
1991 Ed. (2482, 2481)
1990 Ed. (3592)
1989 Ed. (2823)
Western Federal Savings & Loan Association of Marin
1990 Ed. (1246)
Western Financial Bank
2007 Ed. (388)
Western Financial Bank, FSB
2007 Ed. (4246, 4252, 4257, 4258)
2006 Ed. (4232, 4238, 4243, 4244, 4247)
2005 Ed. (3502, 4180, 4213, 4218, 4219, 4222)
2004 Ed. (3502, 4247, 4280, 4285, 4286, 4288, 4289)
2003 Ed. (4262, 4273, 4274, 4276)
2002 Ed. (4119, 4127, 4129, 4130)
Western Financial Savings, Bank
1992 Ed. (3791)
Western Forest Products
2008 Ed. (1636)
Western Futures Fund II
1995 Ed. (1081)
Western Gas Resources Inc.
2008 Ed. (3905, 3906)
2007 Ed. (1666, 3838, 3852, 3853, 3866, 3884)
2006 Ed. (3829, 3835, 3836, 3857, 3912)
2005 Ed. (1739, 3588, 3746, 3753, 3754, 3791)
2004 Ed. (1676, 1679, 1681, 1683, 3669, 3670, 3842, 3843, 3862)
2003 Ed. (1589, 1642, 1651, 1654, 1657, 3845)
2002 Ed. (1563, 1569, 1620, 1628, 3711, 3712)
2001 Ed. (3767)
2000 Ed. (3549, 3550)
1999 Ed. (1243, 2570, 3832, 3833)
1998 Ed. (1809, 2856)
1997 Ed. (2119)
1996 Ed. (1999)
Western Greenbrier NB
1990 Ed. (467)
The Western Group
2006 Ed. (1254, 1256, 1286)
2005 Ed. (1284, 1286, 1316)
2004 Ed. (1309)
2003 Ed. (1306)
2002 Ed. (1232, 1293)
2001 Ed. (1472, 1477)
2000 Ed. (1258, 1263)
1999 Ed. (1366)
1998 Ed. (944, 950)
1997 Ed. (1166, 1167)
1996 Ed. (1141, 1147)
1995 Ed. (1162, 1163)
1994 Ed. (1144, 1145)
1993 Ed. (1131, 1137, 1139)
1992 Ed. (1418, 1425)
1990 Ed. (1200)
Western; Gulf
1989 Ed. (2269, 2270, 2271, 2272, 2273, 2274, 2360)
Western Hemisphere
1989 Ed. (1864)
Western Home Center
1995 Ed. (849)
Western Industrial Contractors
2006 Ed. (4991, 4992)
2005 Ed. (4993, 4994)
Western Initiative Media Worldwide
2001 Ed. (3249)
2000 Ed. (130, 131, 132, 133, 134, 135, 136, 138, 140)
Western International Media
1996 Ed. (997)
Western Investment Real Estate Trust
1991 Ed. (2816)
Western Lakota Energy Services Inc.
2007 Ed. (1569)
Western Lloyds
1994 Ed. (2275)
Western Maryland College
1991 Ed. (888)
Western Maryland Health Systems Inc.
2001 Ed. (1786)
Western Metals
2004 Ed. (1631)
Western Micro Technology Inc.
1996 Ed. (1631, 1634)
1991 Ed. (1532)
Western Mining Corp., Ltd.
2004 Ed. (3689)
2000 Ed. (326)
1999 Ed. (311)
1997 Ed. (282, 283, 1362)
1996 Ed. (1295)
1995 Ed. (1355)
1994 Ed. (1324)
1993 Ed. (261, 262, 1280)
1992 Ed. (1575, 4181, 4182)
1990 Ed. (1331, 2589)
Western Mining Corporation Holdings
1990 Ed. (2588)
Western Mining Corp. Holdings
1991 Ed. (1255, 3264, 3265)
Western Mining Corp. (USA)
2002 Ed. (4084)
Western Multiplex Corp.
2005 Ed. (1553)
Western National
1998 Ed. (2175, 3418)
1997 Ed. (256, 361, 2442)
1996 Ed. (2319, 2322)
Western National Bancorp
1995 Ed. (492)
Western National Bank
2005 Ed. (191)
Western National Property Management
2002 Ed. (324)
Western National Title Insurance Co.
2006 Ed. (3111)
Western Co. of North America
1989 Ed. (2208)
Western Ontario, Ivey School of Business; University of
2007 Ed. (813)
Western Ontario; University of
2008 Ed. (801, 1070, 1073, 1074, 1077, 1078, 3636, 3641, 3642, 4279)
2007 Ed. (831, 1166, 1169, 1172, 3469, 3473)
2006 Ed. (726)
1994 Ed. (819)
Western Pacific Housing
2005 Ed. (1211, 1219, 1237, 1238, 1242)
2004 Ed. (1185, 1193, 1194, 1213, 1214)
2003 Ed. (1178, 1188, 1211)
2002 Ed. (1197, 1210, 2671, 2675, 3924)
2000 Ed. (1188, 1189, 3721)
Western Pacific Mutual Insurance Co.
1995 Ed. (906)
1994 Ed. (864)
1993 Ed. (851)
Western Petroleum Trading Ltd.
2002 Ed. (4512)
Western Platinum Ltd.
2004 Ed. (3696)
Western Power
2004 Ed. (1646)
2002 Ed. (4708)
Western Power Products Inc.
2008 Ed. (2175)
2007 Ed. (2067)
2006 Ed. (2119)
2005 Ed. (2016)
2004 Ed. (1890)
Western Publishing Co.
1996 Ed. (3089)
1995 Ed. (2988)
1992 Ed. (3533, 3589)
1990 Ed. (2932)
Western Publishing Group
1997 Ed. (2715, 3224, 3649)
Western Pulp LP
2006 Ed. (2023)
2005 Ed. (1965)
Western Quality Pig Producers Ltd.
1995 Ed. (1016)
Western Refining
2008 Ed. (2495, 4043)
Western Reserve
1999 Ed. (2938)
1997 Ed. (2438)
Western Reserve Area Agency on Aging
2001 Ed. (3549)
Western Reserve Life
2001 Ed. (3455)
Western Reserve Life Assurance
1993 Ed. (2379)
Western Reserve Life - Equity Protector (VUL)
1991 Ed. (2153)
Western Reserve Life Insurance
1998 Ed. (2188)
Western Reserve WRL Freedom Growth
1994 Ed. (3611)
Western Resources Inc.
2003 Ed. (1730)
2002 Ed. (1556)
2000 Ed. (3673)
1998 Ed. (1021, 1387)
1997 Ed. (1693, 1694, 2122, 2123)
1996 Ed. (1614, 2009)
1995 Ed. (1335, 1637, 3344)
1994 Ed. (1244, 2653, 3263)
Western Roofing Service
1994 Ed. (1148)
Western Roofing Services
2001 Ed. (1480)
2000 Ed. (1266)
1999 Ed. (1374)
1997 Ed. (1168)
Western Roofing Systems
2008 Ed. (4251, 4252)
2006 Ed. (4205)
Western S & L
1989 Ed. (2827)
Western Savings & Loan
1990 Ed. (1328, 2682, 3582)
Western Savings & Loan Assn.
1991 Ed. (2591, 3363)
Western Savings & Loan Association
1990 Ed. (420, 3251, 3254)
Western Silver Corp.
2007 Ed. (1649)
2004 Ed. (1665)
Western Sizzlin
2008 Ed. (4167, 4168, 4199)
2007 Ed. (4141, 4157)
2006 Ed. (4114, 4137)
2005 Ed. (4088)
2004 Ed. (4126, 4148)
2003 Ed. (4102)
2002 Ed. (4006, 4018, 4021, 4029)
2001 Ed. (4075)
2000 Ed. (3792, 3793)
1997 Ed. (3318, 3333)
1996 Ed. (3217, 3230)
1995 Ed. (3122, 3138)
1994 Ed. (3077, 3088)
1990 Ed. (3009, 3012, 3023)
Western Sizzlin' Steak House
1999 Ed. (4079, 4080)
1998 Ed. (3066)
1993 Ed. (3021, 3035)
1992 Ed. (3713, 3718)
1991 Ed. (2883)
Western SL
1990 Ed. (2684)
Western Solutions Inc.
2005 Ed. (2427)
Western-Southern Life Assurance
1989 Ed. (1708)
Western Springs Bancorp Inc.
2005 Ed. (2869)
Western Staff Services
2000 Ed. (4228)
Western Star
2000 Ed. (4304)
1998 Ed. (3646)
Western Star Truck Holdings
1998 Ed. (155)
Western States Envelope & Label
2008 Ed. (4027)
2007 Ed. (4007)
2006 Ed. (3966)
2005 Ed. (3888, 3889)
Western Steer
1992 Ed. (3713)
Western Steer Family Steakhouses
1990 Ed. (3023)
The Western Sugar Co.
2002 Ed. (1654)
Western Summit Constructors Inc.
2007 Ed. (2468, 2476)
2006 Ed. (2507)
2004 Ed. (1292, 1300, 1302)
Western Sun Credit Union
1996 Ed. (1510)
Western Surety Co.
1993 Ed. (2245)
Western Sydney Health
2004 Ed. (1649)
2002 Ed. (1130)
Western Teamsters
2000 Ed. (3450)
1999 Ed. (3733)
1998 Ed. (2773)
1997 Ed. (3016)
1995 Ed. (2851)
1994 Ed. (2757)
Western Temporary Services
2005 Ed. (1377)
The Western Union Co.
2008 Ed. (1675, 1676, 1688)
1992 Ed. (1934, 4146)
1991 Ed. (3228, 3234, 3277)
1990 Ed. (2191)
Western Union; Eastlink,
1991 Ed. (3450)
Western Union Financial Services Inc.
2007 Ed. (1668)
2006 Ed. (1660, 1662)
2005 Ed. (1742, 1744)
Western United Investment Co. Ltd.
1995 Ed. (1005, 1008, 1013, 1014)
1994 Ed. (992, 995, 1000, 1001)
1993 Ed. (965, 966, 976)
Western University
2002 Ed. (903, 904, 905, 906, 907)
Western U.S. banks
1994 Ed. (2192)
Western Utility Contractors Inc.
1992 Ed. (1419)
1991 Ed. (1086)
Western Vista Credit Union
2008 Ed. (2270)
2007 Ed. (2155)
2006 Ed. (2234)
2005 Ed. (2139)
2004 Ed. (1997)
2003 Ed. (1957)
2002 Ed. (1902)
Western Washington Fair
2007 Ed. (2513)
2003 Ed. (2417)
2002 Ed. (2215)
2001 Ed. (2355)

2000 Ed. (1888)
1999 Ed. (2086)
1997 Ed. (1805)
1996 Ed. (1718)
1995 Ed. (1733)
1993 Ed. (1709)
1992 Ed. (2066)
Western Washington Fair, Puyallup
1991 Ed. (1635)
Western Washington Fair (The Puyallup Fair)
1998 Ed. (1518)
Western Waste Industries
1998 Ed. (3030)
1997 Ed. (3277)
1996 Ed. (3176)
1995 Ed. (1232, 3080)
Western Waterproofing Co.
1994 Ed. (3670)
Western Wireless Corp.
2006 Ed. (2075, 2083, 2084, 3038, 3550, 4971)
2005 Ed. (4979, 4985)
2004 Ed. (26)
2003 Ed. (4980)
2002 Ed. (4977)
2001 Ed. (1139)
Western Wireless International
2007 Ed. (19)
2005 Ed. (78)
Westernbank
2005 Ed. (1954)
Westernbank Puerto Rico
2000 Ed. (395, 424)
1999 Ed. (396)
Westerra Credit Union
2008 Ed. (2222)
WestEx Inc.
2003 Ed. (4785)
Westfair Foods Ltd.
2008 Ed. (1550)
2005 Ed. (1648)
1999 Ed. (1736)
1998 Ed. (1740)
1997 Ed. (2041)
1994 Ed. (1878)
Westfalenbank
1994 Ed. (528)
Westfalische Hypothekenbank
2000 Ed. (1862)
Westfarm Foods
2008 Ed. (822)
2005 Ed. (1403)
Westfield
2007 Ed. (1587)
2004 Ed. (4091)
2003 Ed. (4065, 4410, 4411)
2002 Ed. (4278, 4279)
2000 Ed. (4022)
1999 Ed. (4307, 4311)
1998 Ed. (3298, 3300)
1997 Ed. (3514, 3517)
1996 Ed. (3430)
1991 Ed. (3126)
Westfield America Inc.
2008 Ed. (4127)
2007 Ed. (4106)
2006 Ed. (4055)
2005 Ed. (4025)
Westfield America Trust
2005 Ed. (1466)
2004 Ed. (1654)
2002 Ed. (3800)
Westfield Capital Management
1998 Ed. (2276, 2277)
Westfield Companies
2001 Ed. (1254)
Westfield Group
2008 Ed. (1566, 2002, 4335)
2006 Ed. (1438)
Westfield Holdings
2002 Ed. (3800)
2001 Ed. (4250, 4255)
2000 Ed. (4019, 4031)
Westfield Homes
2005 Ed. (1200, 1201, 1225)
2004 Ed. (1172, 1199)
2003 Ed. (1164, 1165, 1194)
Westfield Homes USA
2002 Ed. (2653, 2679, 2680, 2687)
Westfield Trust
1993 Ed. (3472)
Westfields International Conference Center
1996 Ed. (2166)
Westgate Inc.
2007 Ed. (1378)
Westgate Mall
2001 Ed. (4251)
Westgate Vacation Villas
1991 Ed. (3389)
WestGroup Inc.
1998 Ed. (55)
1996 Ed. (139)
Westhoff; Dale
1997 Ed. (1954)
Westica Ltd.
2003 Ed. (2735)
Westin
2007 Ed. (2945)
2006 Ed. (2934)
2005 Ed. (2931)
2001 Ed. (2780)
1999 Ed. (2778, 2785, 2792)
1990 Ed. (2085)
Westin Bonavendure Hotels & Suites
1999 Ed. (2796)
Westin Bonaventure Hotal and Suites
2000 Ed. (2573)
The Westin Bonaventure Hotel & Suites
2002 Ed. (1168, 2649)
2000 Ed. (1185)
1998 Ed. (2034)
Westin Bonaventure Hotels & Suites
1999 Ed. (2794)
The Westin Diplomat Resort & Spa
2005 Ed. (2519)
2004 Ed. (2945)
Westin Galleria
2005 Ed. (2938)
Westin Harbour Castle
2005 Ed. (2521)
2003 Ed. (2415)
Westin Hotel Chicago
1997 Ed. (2301)
Westin Hotel, O'Hare
1995 Ed. (198)
The Westin Hotel Tabor Center Denver
2002 Ed. (2645)
Westin Hotels
2000 Ed. (2548)
1995 Ed. (2161, 2172)
1991 Ed. (1955)
Westin Hotels & Resorts
2006 Ed. (2941)
2004 Ed. (2944)
2000 Ed. (2558, 2569)
1999 Ed. (2770, 2773, 2780)
1998 Ed. (2011, 2020, 2022, 2024, 2031)
1997 Ed. (2290, 2306)
1996 Ed. (2176, 2187)
1994 Ed. (2113, 2121)
1993 Ed. (2083, 2101)
1992 Ed. (2485, 2498, 2508)
1991 Ed. (1941)
1990 Ed. (1226, 2075)
Westin Kauai
1996 Ed. (2165)
The Westin Los Angeles Airport
2002 Ed. (2649)
2000 Ed. (2573)
1999 Ed. (2796)
Westin Michigan Avenue Chicago
1999 Ed. (2787)
We,stin Santa Clara
2006 Ed. (2940)
Westin SFO
2002 Ed. (2636)
Westinghouse
2008 Ed. (2980)
2005 Ed. (3289)
1999 Ed. (2052, 4691, 4692)
1998 Ed. (1069, 1119, 1122, 1372, 2755)
1990 Ed. (1585, 1586, 1987)
1989 Ed. (1227, 1287, 1288, 1331, 1332, 2123)
Westinghouse/CBS
1997 Ed. (3237)
Westinghouse Credit Corp.
1994 Ed. (2739)
1993 Ed. (845, 1767, 2414, 2418)
1990 Ed. (1760, 1763)
Westinghouse Electric Co.
2008 Ed. (1424, 2034)
2007 Ed. (1951)
2006 Ed. (3994)
2005 Ed. (1514, 1517)
1999 Ed. (1472, 2050, 3308, 3308, 3310)
1998 Ed. (511, 1042, 1186, 1400, 1471, 2771, 2982)
1997 Ed. (728, 1236, 1246, 1272, 1273, 1314, 1497, 1684, 1705, 1706, 3018, 3234, 3718, 3720)
1996 Ed. (1229, 1230, 1435, 1607, 1626, 1627)
1995 Ed. (715, 1258, 1473, 1624, 1626, 1651, 1652, 2864, 2867, 2868)
1994 Ed. (757, 1237, 1238, 1245, 1283, 1308, 1439, 1582, 1583, 1585, 1608, 1610, 1619, 2767)
1993 Ed. (752, 1212, 1219, 1265, 1385, 1543, 1546, 1569, 1571, 1588, 2573, 2784, 2785)
1992 Ed. (1500, 1882, 1883, 1884, 1916, 1918, 2979, 2980, 3076, 4025)
1991 Ed. (1404, 1481, 1483, 1525, 2392, 2902, 3155, 1482, 1523, 1539, 2683, 2823, 1148, 1189)
1990 Ed. (1587, 1623, 1624, 1642)
1989 Ed. (1312, 1315)
Westinghouse Electric Defense
1997 Ed. (1235)
Westinghouse Government Service Co.
2006 Ed. (1188, 2011, 2012)
2005 Ed. (1218, 1959, 1960)
2004 Ed. (1192, 1856, 1857)
Westinghouse Government Service Co. LLC
2006 Ed. (1187)
2005 Ed. (1217)
2004 Ed. (1191)
2003 Ed. (1186, 1809)
Westinghouse Government Services LLC
2003 Ed. (1691)
Westinghouse-Group W
1995 Ed. (3049)
Westinghouse Savannah River Co. Inc.
2001 Ed. (1847)
Westinghouse Security Systems
1997 Ed. (3414, 3415)
1996 Ed. (3309)
1995 Ed. (3212)
Westingthouse Electric
2005 Ed. (3920)
WestJet Airlines Ltd.
2008 Ed. (228, 230, 231, 232, 233, 234, 1639, 4752)
2007 Ed. (236, 249, 1631, 4826)
2006 Ed. (233, 234, 1602, 1625)
2005 Ed. (218)
2003 Ed. (4805)
Westlake
1999 Ed. (3850)
Westlake Chemical Corp.
2008 Ed. (905)
Westlake Hardware
1993 Ed. (781)
Westlake Polymers Corp.
2001 Ed. (3848)
WestLake Solutions Inc.
2001 Ed. (1355)
Westland
1991 Ed. (1898)
Westland Group
1999 Ed. (2660)
Westland Group PLC
1992 Ed. (1773)
Westland Shopping Center
2002 Ed. (4280)
2001 Ed. (4252)
2000 Ed. (4028)
Westland/Utrecht
1991 Ed. (619)
Westland/Utrecht Hypo
1999 Ed. (606)
1997 Ed. (572)
1996 Ed. (631)
1995 Ed. (562)
1994 Ed. (593)
1993 Ed. (586)
1992 Ed. (795)
1990 Ed. (645)
WestLB
2008 Ed. (418)
2007 Ed. (471, 473, 474)
2006 Ed. (459, 461, 462)
2005 Ed. (512, 533, 3939, 3942, 3943)
2001 Ed. (607)
2000 Ed. (3417, 3419, 3421)
1999 Ed. (895, 896)
1995 Ed. (2840)
1994 Ed. (1677, 1690)
1993 Ed. (1657, 1671, 1672, 1676)
1992 Ed. (1998)
WestLB Group
1997 Ed. (3001)
WestLB Panmure
2001 Ed. (1037)
Westlife
2008 Ed. (4884)
2007 Ed. (4920)
Westman Group Inc.
2005 Ed. (1721)
Westmark Credit Union
2008 Ed. (2229)
2007 Ed. (2114)
2006 Ed. (2193)
2005 Ed. (2098)
2004 Ed. (1956)
2003 Ed. (1916)
2002 Ed. (1862)
Westmark Group Holdings Inc.
1997 Ed. (1254)
Westmark Hotels
2003 Ed. (2851)
Westmark International
1993 Ed. (2528)
1992 Ed. (3004, 3005, 3011, 3680)
1991 Ed. (2403, 2404, 2849)
1990 Ed. (2532)
Westmark Realty Advisors
1999 Ed. (3093, 3096, 3097)
1998 Ed. (2294, 3013, 3014, 3016)
Westmin Resources
1992 Ed. (1597, 3086)
1991 Ed. (2467)
Westminster Buick-Pontiac-GMC
2005 Ed. (169)
Westminster College
1995 Ed. (1056)
1994 Ed. (1048, 1050)
1993 Ed. (1021)
1992 Ed. (1273, 1275)
Westminster Communications Group
1997 Ed. (3198, 3202)
Westminster; Duke of
2007 Ed. (4923)
Westminster Holdings
2002 Ed. (4695)
2000 Ed. (4320)
Westminster Homes
2005 Ed. (1191, 1192, 1203, 1225)
2004 Ed. (1157, 1176, 1199)
2003 Ed. (1168, 1185, 1194)
2002 Ed. (2686, 2687)
Westminster Savings
2002 Ed. (1851)
Westminster Savings Credit Union
2006 Ed. (2588)
2005 Ed. (2585)
Westminster School
1999 Ed. (4145)
Westminster U.SA Ltd.
2002 Ed. (1218)
Westmont Hospitality
2005 Ed. (2921)
2000 Ed. (2535)
Westmont Hospitality Group
2008 Ed. (3073)
2002 Ed. (2626)
2001 Ed. (2776, 2777)
2000 Ed. (2534)
1999 Ed. (2755, 2756)
1998 Ed. (1998, 2001)
Westmoreland Coal Co.
2006 Ed. (1645)
2005 Ed. (1032, 1033, 1734)
2004 Ed. (1024, 1025)
2003 Ed. (1653)
1995 Ed. (3434, 3438, 3447)

1993 Ed. (3382)
1992 Ed. (1232, 3083, 4062)
1991 Ed. (1213, 988, 2465, 2466)
1990 Ed. (1073, 2584, 2585)
1989 Ed. (947, 1991, 1992)
Westmoreland Health System
2006 Ed. (3724)
Westmoreland, Larson
2000 Ed. (3660)
1999 Ed. (3944)
WestNet Learning Technologies
2003 Ed. (3963)
Westnghouse Security Systems
1997 Ed. (3416)
Westofen Gesellschaft Mit Beschraenkter Haftung
1991 Ed. (1781)
Weston
1997 Ed. (3130)
1996 Ed. (2248, 3050)
Weston Dealerships
2007 Ed. (1944)
2006 Ed. (1967, 1969, 1970, 1971, 1972)
Weston, FL
1998 Ed. (2871)
Weston Foods
2000 Ed. (373)
1998 Ed. (3325)
Weston Foundation; Garfield
1997 Ed. (945)
Weston; Galen
2008 Ed. (4855, 4856, 4878)
2007 Ed. (4910, 4913)
2006 Ed. (4923, 4925)
2005 Ed. (4866, 4875, 4876, 4881)
1991 Ed. (1617)
Weston Gallery
1998 Ed. (2854)
Weston; Garfield
1992 Ed. (888)
Weston; George
2008 Ed. (897, 4903)
2007 Ed. (917, 4927)
2006 Ed. (836)
2005 Ed. (926, 927)
1996 Ed. (1308, 1309, 1312, 1943)
1995 Ed. (1364, 1366)
1994 Ed. (1338, 1878, 1879, 3554)
1993 Ed. (1287, 3591)
1992 Ed. (1587, 1596, 1598, 1600, 2195)
1991 Ed. (1262, 1263, 1264, 1745, 2642)
1990 Ed. (1339, 1408, 1738, 1827, 3051)
1989 Ed. (1097)
Weston Hicks
2000 Ed. (2028)
1999 Ed. (2246)
1998 Ed. (1656)
1997 Ed. (1880)
1996 Ed. (1773, 1806, 1848)
Weston; Hilary
2008 Ed. (4899)
2007 Ed. (4918, 4919)
Weston Holdings Ltd.; George
1991 Ed. (1748)
Weston; Josh S.
1992 Ed. (2063)
1991 Ed. (1632)
Weston Medical Group
2003 Ed. (2737)
Weston Medical Group plc
2002 Ed. (2493)
Weston Presidio Capita
1997 Ed. (3833)
Weston Presidio Capital IV, LP
2002 Ed. (4731)
Roy F. Weston Inc.
2000 Ed. (1845, 1852, 1853, 1859)
1997 Ed. (1734, 1735, 1763)
1996 Ed. (1656, 1657, 1682)
1995 Ed. (1673, 1674, 1700)
1994 Ed. (1634, 1635)
1993 Ed. (1603, 1604)
1992 Ed. (1949, 1958, 1969)
1991 Ed. (1564)
1989 Ed. (269)
Weston Solutions Inc.
2008 Ed. (1777, 1778)
2007 Ed. (1345)
2006 Ed. (1247, 1270, 1313)
2005 Ed. (1370)
2004 Ed. (2445)
Weston; W. Gale
1997 Ed. (3871)
Westower
2000 Ed. (278)
1999 Ed. (2614, 4322)
Westpac
2006 Ed. (651)
1990 Ed. (551, 557, 559)
1989 Ed. (482, 532)
Westpac Bank-Papua New Guinea-Ltd.
1994 Ed. (613)
Westpac Bank-PNG-Ltd.
1991 Ed. (644)
Westpac Bank-PNG-Limited
1989 Ed. (651)
Westpac Banking Corp.
2008 Ed. (380, 381, 1566, 1569)
2007 Ed. (398, 399, 1586, 1592, 4658, 4659)
2006 Ed. (294, 413, 414, 1553, 1554)
2005 Ed. (461, 1656, 1657, 1658, 1659, 1660, 1661, 3938, 3939, 4577)
2004 Ed. (449, 495, 1630, 1638, 1639, 1642, 1647)
2003 Ed. (463, 1617, 1619, 4571)
2002 Ed. (345, 346, 519, 520, 521, 523, 524, 1583, 1585, 1588, 1590, 1650, 2269)
2001 Ed. (1628, 1631, 1633, 1634, 1635, 1818, 1956)
2000 Ed. (325, 326, 464, 1386, 1387)
1999 Ed. (310, 311, 467, 471, 1583, 1584)
1997 Ed. (282, 283, 411, 412)
1996 Ed. (254, 255, 446, 447, 1294, 1295)
1995 Ed. (422, 423, 1354, 1355, 2440, 2839)
1994 Ed. (247, 248, 426, 427, 529, 1323)
1993 Ed. (261, 262, 426, 427, 528, 610, 1279, 1280, 1665, 1688)
1992 Ed. (605, 608, 727, 1574, 1575, 4181, 4182)
1991 Ed. (452, 1254, 1255, 383, 384, 453, 560, 2170, 2308, 3264, 3265, 1589)
1990 Ed. (1331)
1989 Ed. (481, 1372)
Westpac Banking Group
2000 Ed. (1388)
1997 Ed. (1361, 1362)
Westpac Investment Management
2001 Ed. (2880)
1997 Ed. (2391, 2399)
1993 Ed. (2358, 2359)
Westpac Pacific Foods
1996 Ed. (2050)
Westpac Savings Bank Ltd.
1990 Ed. (505)
Westpac Singapore
1992 Ed. (3020, 3025)
WestPack
2005 Ed. (4730, 4732)
Westpactrust Centre
2001 Ed. (4352)
Westpeak
1997 Ed. (2522, 2526)
Westpeak Investment Advisors
2001 Ed. (3690)
2000 Ed. (2803, 2805)
1998 Ed. (2271)
Westpeak Investment Advisors LP
2002 Ed. (3013, 3021)
Westpoint Group
2005 Ed. (1220)
WestPoint Home
2007 Ed. (581, 584, 585, 586, 588, 3959)
WestPoint Stevens Inc.
2006 Ed. (2950, 4728, 4731)
2005 Ed. (4681, 4682, 4685)
2004 Ed. (4707, 4708, 4709, 4710, 4713)
2003 Ed. (1216, 4727, 4728, 4729, 4730, 4731, 4733)
2002 Ed. (4615, 4616)
2001 Ed. (4506, 4508, 4509, 4510)
2000 Ed. (2585, 4240, 4241)
1999 Ed. (4589, 4590, 4591)
1998 Ed. (776, 1555, 3518, 3519, 3520, 3521)
1997 Ed. (837, 3734, 3735)
1996 Ed. (3677, 3678, 3679)
1995 Ed. (3599)
Westport Asset Management
2004 Ed. (3196)
1993 Ed. (2337)
Westport Fund
2003 Ed. (3497)
Westport Innovations Inc.
2008 Ed. (2925, 2931)
2007 Ed. (2808)
2006 Ed. (1571, 1575)
2005 Ed. (1665, 1669, 4511)
2004 Ed. (4572)
Westport Resources Corp.
2004 Ed. (1676, 3825)
2002 Ed. (1619)
Westport Small Cap
2003 Ed. (3506)
Westrian Group Inc.
2004 Ed. (2357)
Westridge Capital Management
1992 Ed. (2770)
Westrope
2008 Ed. (3245)
Westrore Modern Value Equity
1996 Ed. (613)
Westrum Development
2002 Ed. (1204)
Westshore Terminals Income Fund
2006 Ed. (3668)
Westside Distributors
1993 Ed. (2583)
Westside Industrial Park
2002 Ed. (2765)
2000 Ed. (2625)
Westside Lexus
1996 Ed. (294)
1995 Ed. (273)
1994 Ed. (258)
Weststar Credit Union
2008 Ed. (2245)
2007 Ed. (2130)
2006 Ed. (2209)
2005 Ed. (2114)
2004 Ed. (1972)
2003 Ed. (1932)
2002 Ed. (1878)
Westvaco Corp.
2003 Ed. (3712, 3713, 3717, 3722, 3726)
2002 Ed. (2321, 3575, 3580, 3583)
2001 Ed. (1044, 1454, 3612, 3613, 3641, 4933)
2000 Ed. (1894, 3404)
1999 Ed. (1553, 2491, 3688, 3689, 3701)
1998 Ed. (1752, 2736, 2738, 2740)
1997 Ed. (1810, 2988, 2991, 2993)
1996 Ed. (2901, 2902, 2906)
1995 Ed. (2504, 2827, 2828, 2832)
1994 Ed. (2723, 2725, 2726, 2732)
1993 Ed. (2764)
1992 Ed. (3329, 3330)
1991 Ed. (2668, 2669)
1990 Ed. (2763, 2766)
1989 Ed. (2112, 2113)
Westward Seafood
2003 Ed. (2523)
Westway Ford
2005 Ed. (319)
1996 Ed. (271)
1995 Ed. (267)
1990 Ed. (325)
Westway Ford-Isuzu
1992 Ed. (381)
Westway Isuzu
1994 Ed. (271)
1993 Ed. (272)
WestWayne
2008 Ed. (116)
2007 Ed. (108)
2006 Ed. (110, 119)
2005 Ed. (102, 109)
2004 Ed. (130)
2003 Ed. (30, 171, 172)
2002 Ed. (64, 108, 182, 183)
2000 Ed. (172)
1999 Ed. (42, 89, 154)
1998 Ed. (37, 65)
Westwind Wood Specialties Inc.
2006 Ed. (4994)
Westwood
2005 Ed. (3289)
1999 Ed. (777, 1005)
Westwood Balanced Retail
1999 Ed. (3508)
Westwood Computer Corp.
2007 Ed. (1412, 1418)
2006 Ed. (1374, 1380)
Westwood Equity Fund Retail
1998 Ed. (2631)
The Westwood Group
2007 Ed. (1318)
2004 Ed. (4586)
Westwood Management
1998 Ed. (2276)
Westwood Mgmt.
2000 Ed. (2804)
Westwood One Inc.
2007 Ed. (3451, 4062)
2006 Ed. (657, 2492, 3439, 4028)
2005 Ed. (749)
2004 Ed. (777, 1457)
2003 Ed. (4033, 4548)
2002 Ed. (3285)
2001 Ed. (3960)
1996 Ed. (2576)
1993 Ed. (1636, 3533)
1992 Ed. (1986)
1991 Ed. (2795)
Westwood Savings & Loan Association
1990 Ed. (3585)
Westwood Shipping
2004 Ed. (2541, 2542)
Westworth Technologies Co., Ltd.
2004 Ed. (3913)
Wet & Wild
1999 Ed. (1757, 1759, 1760)
1995 Ed. (1507, 2899)
Wet 'n' Wild
2008 Ed. (3777)
2007 Ed. (4884)
2006 Ed. (4893)
2005 Ed. (4840)
2004 Ed. (4856)
2003 Ed. (3217, 3624, 3625, 4875, 4875)
2002 Ed. (4786)
2001 Ed. (1907, 2384, 3514, 3515, 4736)
2000 Ed. (1588, 1590, 1903, 1904, 2936, 3313)
1999 Ed. (2112, 2113, 2114, 3189, 3190, 4622, 4745)
1998 Ed. (1194, 1355, 2361, 2362, 3701, 3701)
1997 Ed. (1531, 2635, 2923, 3868)
1996 Ed. (3819, 3819, 3819)
1994 Ed. (3654, 3654, 3654)
Wet 'n Wild - Arlington
1993 Ed. (3688)
Wet 'N Wild Emerald Point
2007 Ed. (4884)
2006 Ed. (4893)
Wet 'N Wild, FL
2000 Ed. (4374)
Wet 'n Wild - Garland
1993 Ed. (3688)
Wet 'N Wild - Las Vegas
1995 Ed. (3725)
1993 Ed. (3688)
Wet 'N Wild, NV
2000 Ed. (4374)
Wet 'N Wild - Orlando
1995 Ed. (3725)
1993 Ed. (3688)
Wet Ones
2003 Ed. (2921, 3430)
2002 Ed. (3379)
2001 Ed. (3342)
Wet process chemicals
2001 Ed. (1207)
The Wet Seal Inc.
2008 Ed. (997, 1011)
2007 Ed. (1129)
2006 Ed. (1041)
2005 Ed. (1011, 1030)

2004 Ed. (1023)
2003 Ed. (1024)
2001 Ed. (4323, 4325)
2000 Ed. (2405, 4049)
1994 Ed. (3099)
Wet Willie
1993 Ed. (1079)
WetFeet.com
2003 Ed. (3042)
2002 Ed. (4801, 4802)
Wetherill Associates Inc.
2000 Ed. (4436)
1999 Ed. (4815)
1998 Ed. (3766)
1997 Ed. (3919)
1995 Ed. (3797)
1994 Ed. (3672)
Wetherspoon plc; J. D.
2006 Ed. (2944, 4138)
Wetlands
1997 Ed. (1176)
Wet'n Wild
1999 Ed. (4745)
Wet'n'Wild
2001 Ed. (1910, 3516)
Wetterau Inc.
1994 Ed. (1223, 1991, 1997, 1999, 2000, 3658)
1993 Ed. (1874, 1998, 3488, 3490)
1992 Ed. (2173, 2176, 2180, 2351, 4165)
1991 Ed. (1731, 1734, 1737, 1862, 3253, 3255)
1990 Ed. (1957, 3495)
1989 Ed. (1445, 1449, 1451)
Wetterau Bakery Products
1989 Ed. (356)
Wetzel's Pretzels
2008 Ed. (337)
2007 Ed. (352)
2006 Ed. (369)
2005 Ed. (354)
2004 Ed. (354)
2003 Ed. (374, 896, 4094)
2002 Ed. (429, 2360)
2001 Ed. (2533)
1999 Ed. (2521)
Wetzler; James W.
1995 Ed. (3505)
1993 Ed. (3443)
WEVE TV
2006 Ed. (2011)
The Wexford Group International
2008 Ed. (2288)
Wexler and Wexler
2001 Ed. (1315)
Wexner; Leslie
2008 Ed. (4826)
2007 Ed. (4897)
2006 Ed. (4902)
2005 Ed. (4843)
1989 Ed. (2751, 2905)
Wexner; Leslie H.
2007 Ed. (1020)
1994 Ed. (889, 893, 1056)
1993 Ed. (888, 1028)
1991 Ed. (891, 1003, 1626)
Wexner; Leslie Herbert
1989 Ed. (1986)
Weyco
1993 Ed. (1417)
Weyco Group Inc.
2005 Ed. (2225, 2230)
1994 Ed. (3294)
Weyenberg Manufacturing
1990 Ed. (3273)
Weyenhaeuser
2001 Ed. (3641)
Weyerhaeuser Co.
2008 Ed. (2136, 2138, 2141, 2142, 2146, 2165, 2166, 2763, 2764, 2765, 3851, 3852, 3855, 3856, 4073)
2007 Ed. (1513, 2043, 2044, 2056, 2057, 2633, 2634, 2635, 2638, 3390, 3391, 3771, 3772, 3773, 3774, 3778, 3779, 4038)
2006 Ed. (1483, 2071, 2072, 2073, 2076, 2077, 2078, 2082, 2100, 2101, 2654, 2655, 3332, 3333, 3422, 3459, 3773, 3776, 3777, 3778, 3781, 3782, 4004)
2005 Ed. (1526, 1534, 1999, 2000, 2668, 2669, 2670, 3341, 3342, 3675, 3680, 3681, 3682, 3688, 3689)
2004 Ed. (1452, 1510, 1518, 1883, 1884, 2006, 2561, 2676, 2677, 2678, 3318, 3319, 3760, 3765, 3766, 3770, 4698)
2003 Ed. (1480, 1488, 1522, 1848, 1849, 2427, 2538, 2541, 2542, 3265, 3266, 3715, 3717, 3718, 3721, 3725, 3729, 3730, 3733)
2002 Ed. (1467, 1796, 2319, 2320, 2321, 2322, 3518, 3581, 3582, 3583, 3584, 4872)
2001 Ed. (1897, 2500, 2501, 3614, 3621, 3622, 3623, 3626, 3635, 4933)
2000 Ed. (1582, 1584, 1894, 2241, 2254, 2256, 2257, 3405, 3407, 3411)
1999 Ed. (1750, 1752, 1885, 2489, 2490, 2491, 2496, 2497, 3687, 3688, 3689, 3693, 3700)
1998 Ed. (1192, 1750, 1751, 1752, 1753, 1754, 2736, 2737, 2738, 2739, 2740, 2741, 2746, 2747)
1997 Ed. (1529, 1810, 2067, 2068, 2069, 2075, 2076, 2986, 2987, 2988, 2989, 2990, 2991, 2992, 2993)
1996 Ed. (1460, 1958, 1959, 1961, 1962, 2901, 2902)
1995 Ed. (1275, 1505, 1763, 1922, 1923, 1925, 2826, 2827, 2832, 2836)
1994 Ed. (798, 1468, 1891, 1892, 1893, 1895, 1896, 2722, 2723, 2724, 2727)
1993 Ed. (782, 1414, 1890, 1891, 1892, 1893, 1894, 2478, 2763, 3689)
1992 Ed. (987, 1384, 1385, 2209, 2210, 2211, 2212, 3329, 3331, 3338)
1991 Ed. (1761, 1762, 2672, 806, 1417, 2646, 1763, 2366)
1990 Ed. (843)
1989 Ed. (1465, 1466, 1914, 1915)
Weyerhaeuser Canada
2005 Ed. (1666)
2001 Ed. (1664)
Weyerhaeuser Distribution Inc.
2003 Ed. (1683)
Weyerhaeuser; Frederick
2008 Ed. (4837)
2006 Ed. (4914)
Weyerhaeuser/MacMillan Bloedel
2001 Ed. (3630, 3631)
Weyerhaeuser Mortgage Co.
1991 Ed. (1660)
1990 Ed. (2601)
1989 Ed. (2006)
Weyerhaeuser (private labels)
1990 Ed. (1502, 1842, 1843, 1844, 2499, 2500)
Weyerhaeuser Real Estate Co.
2005 Ed. (1182, 1210, 1242, 1243, 1246)
2001 Ed. (1387)
1998 Ed. (878)
1996 Ed. (1097, 1099, 1101, 1102, 1103)
1995 Ed. (1122, 1129, 1130, 1134)
1994 Ed. (1105, 1113, 1119)
1993 Ed. (1083, 1089, 1095)
1992 Ed. (1353, 1360, 1362, 1363, 1366, 2555)
1991 Ed. (1988, 1047, 1058, 1063)
1990 Ed. (1155, 1171)
Weyerhaeuser Realty Investors
2002 Ed. (4737)
Weyerhaeuser Recycling
2005 Ed. (4032)
Weyerhauser Co.
2008 Ed. (3020)
W.F. Holt Co.
1989 Ed. (1010)
WFAN-AM
1998 Ed. (2985)
WFC Holdings Corp.
2004 Ed. (4436)
WFI
2008 Ed. (4638)
WFI Industries
1997 Ed. (1374)
WFS Financial Inc.
2006 Ed. (2580, 2581)
2005 Ed. (2574, 2575, 2578, 2579)
2004 Ed. (2596, 2597)
2002 Ed. (501)
W.G. Valenzuela Drywall Inc.
1997 Ed. (2215)
WGB Construction
1998 Ed. (895)
WGBH
1991 Ed. (894)
WGBH Educational Foundation
2008 Ed. (3791)
WGBH Educational Foundation (Boston)
1995 Ed. (1930)
WGI
2005 Ed. (1721)
WGI Heavy Minerals Inc.
2004 Ed. (1665)
WGL Holdings Inc.
2008 Ed. (2168, 2509)
2007 Ed. (2059, 2398, 2682)
2006 Ed. (2447, 2688, 2689, 2692)
2005 Ed. (2003, 2414, 2713, 2714, 2726, 3588)
2004 Ed. (2723, 2724, 3669, 3670)
WGN
1997 Ed. (730)
WGN-AM
1998 Ed. (583, 2985)
1992 Ed. (3604)
WGNB Corp.
2003 Ed. (524)
WGTY-FM
1992 Ed. (3605)
WGUL FM Inc.
2001 Ed. (3979)
WGZ-Bank Ireland plc
2008 Ed. (450)
2007 Ed. (485)
2006 Ed. (472)
WH Moore Co.
2007 Ed. (1289)
W.H. Newbold's Son & Co. Inc.
1990 Ed. (819)
1989 Ed. (820)
W.H. Newbold's Son & Co./Hopper Soliday & Co. Inc.
1992 Ed. (962)
WH Smith
2007 Ed. (726)
WH Smith Group PLC
2001 Ed. (1888, 4703)
WH Smith plc
2006 Ed. (1687)
Whaite & Associates; Franklin
1995 Ed. (138)
Whaite & Associates (Lintas); Franklin
1996 Ed. (151)
Whale Rider
2005 Ed. (3518)
Whalers
2005 Ed. (4158)
Whaley & Sons Inc.
2006 Ed. (4379)
Whanin Pharmaceutical
2008 Ed. (2079)
Wharf Holdings
2004 Ed. (49)
1997 Ed. (1426, 2247, 2248)
1996 Ed. (1374, 1375, 2136, 2143)
1995 Ed. (1412, 1413, 1577, 2130, 2162, 3514)
1994 Ed. (1385, 1402, 2077, 2109)
1993 Ed. (2093)
1992 Ed. (1632, 2439, 2442, 2486)
1991 Ed. (1950)
1990 Ed. (2048)
Wharf (Wheelock)
1995 Ed. (1341)
Wharfside Wine PLC
1993 Ed. (970)
Whart
1989 Ed. (1125)
Wharton
1990 Ed. (856, 857, 858, 859, 860)
The Wharton School
1992 Ed. (1008)
Wharton School of Business
1993 Ed. (794)
Wharton School of Business; University of Pennsylvania
2008 Ed. (770, 772, 773, 780, 788, 789, 790, 791, 792, 793, 794, 795, 797, 798, 800)
2007 Ed. (797, 798, 810, 814, 818, 820, 822, 825, 828, 830, 834)
2006 Ed. (693, 702, 707, 708, 709, 710, 711, 712, 718, 728)
2005 Ed. (803, 804, 805, 806, 807, 809, 815)
Wharton School, University of Pennsylvania
1997 Ed. (865)
Wharton-Smith Inc.
2002 Ed. (1283)
Wharton; University of Pennsylvania
1991 Ed. (814)
What Color Is Your Parachute?
2008 Ed. (547)
2006 Ed. (638)
2004 Ed. (744)
2003 Ed. (721)
What Color Is Your Parachute 1999
2001 Ed. (987)
What Color Is Your Parachute 2000
2001 Ed. (987)
What Do Babies Do? What Do Toddlers Do?
1990 Ed. (978)
What Lies Beneath
2002 Ed. (3397)
What Management Is
2004 Ed. (734)
What Should I Do with My Life?
2005 Ed. (726)
What to Expect When You're Expecting
2004 Ed. (745)
What Works on Wall Street
2005 Ed. (716)
Whataburger
2008 Ed. (2660, 2665, 2675, 2676, 4156)
2007 Ed. (2537)
2006 Ed. (2566)
2005 Ed. (4171, 4172, 4174)
2004 Ed. (2582)
2003 Ed. (2438, 2439, 4223, 4224, 4226)
2002 Ed. (2236, 2238, 2239, 2243)
2001 Ed. (2402, 2403)
2000 Ed. (2413, 2414, 3778)
1999 Ed. (2632, 2633)
1998 Ed. (1898)
1997 Ed. (2172, 2173)
1996 Ed. (2073)
1995 Ed. (2075, 2076)
1994 Ed. (2022, 2023)
1993 Ed. (2012)
1992 Ed. (2121, 2372, 2373)
1991 Ed. (1883, 1884)
1990 Ed. (1982)
Whatcom Educational Credit Union
2006 Ed. (2174)
2005 Ed. (2078, 2080)
2004 Ed. (1939)
Whatevernet Computing SA
2007 Ed. (1962)
2006 Ed. (1998)
?Whatif! Ltd.
2004 Ed. (1872)
Whatman
2007 Ed. (2785)
2006 Ed. (2784)
What's Heaven?
2001 Ed. (981)
What's New in Computing
1995 Ed. (2893)
What's on TV
2008 Ed. (3534)
2002 Ed. (3635)
2000 Ed. (3494, 3497)
What's the Story Morning Glory
1998 Ed. (3025)
What's Wrong with Timmy?
2003 Ed. (712)
Wheat
2008 Ed. (1093, 2646)

1996 Ed. (1516)
1993 Ed. (1714)
Wheat and meslin
1992 Ed. (2071)
Wheat First
1996 Ed. (1181, 1182)
1995 Ed. (1215)
1990 Ed. (2304, 2309, 2312)
Wheat First Butcher & Singer
1999 Ed. (920, 3016)
1998 Ed. (530, 2232)
1993 Ed. (3122, 3177, 3178)
1991 Ed. (2182, 2183, 2185, 2188, 2947, 2948, 2960, 3014, 3015)
Wheat First Butcher Singer
2000 Ed. (2760)
1997 Ed. (3454)
1996 Ed. (810)
1995 Ed. (816)
Wheat First Securities
2001 Ed. (557)
1998 Ed. (996)
1991 Ed. (2990, 2993, 3040, 3041, 3051, 3060)
1990 Ed. (3142, 3143, 3152, 3153, 3163, 3170, 3200, 3204)
1989 Ed. (1772, 1777, 2389, 2390, 2400, 2403, 2417, 2441, 2442, 2443)
Wheat Thins
2008 Ed. (1381)
2007 Ed. (1424)
2006 Ed. (1387)
2005 Ed. (1400)
2004 Ed. (1380)
2003 Ed. (1368, 1370)
2002 Ed. (1340)
2001 Ed. (1495)
2000 Ed. (1293)
1999 Ed. (779, 1421)
Wheat, winter
1999 Ed. (1807)
Wheaties
1992 Ed. (4232)
1991 Ed. (3322)
1990 Ed. (3540)
Wheaton
1998 Ed. (3636)
1993 Ed. (2865)
Wheaton Franciscan Services
2006 Ed. (289)
2003 Ed. (292)
2002 Ed. (339)
1992 Ed. (3279)
1991 Ed. (2624)
Wheaton Industries
1999 Ed. (4676)
1992 Ed. (2295, 3473)
Wheaton River Minerals
2007 Ed. (2698)
2006 Ed. (1429, 1572, 1576, 3486, 4593)
2005 Ed. (1665, 1670)
Wheaton Van Lines Inc.
2008 Ed. (4768)
2007 Ed. (4846)
2003 Ed. (4784)
2002 Ed. (3406)
1997 Ed. (3810)
1996 Ed. (3760)
Wheefing/BE Intelligencer News-Register Telegraph
1990 Ed. (2700, 2702)
Wheel
2002 Ed. (1952, 1955, 1956)
Wheel Fun Rentals
2008 Ed. (4130)
2007 Ed. (4107)
2006 Ed. (4056)
2004 Ed. (4092)
Wheel of Fortune
2000 Ed. (4222)
1995 Ed. (3579)
1992 Ed. (4244)
"Wheel of Fortune (Weekend)"
1993 Ed. (3532)
Wheelabrator
1999 Ed. (3604)
Wheelabrator Group Inc.
2005 Ed. (1505)
2004 Ed. (1489)
2003 Ed. (1459)
2002 Ed. (1439)
1991 Ed. (2659, 2656)
Wheelabrator Technologies Inc.
2008 Ed. (1972)
2007 Ed. (1912)
2006 Ed. (1927)
2005 Ed. (1505, 1901)
2004 Ed. (1817)
2003 Ed. (1782)
2001 Ed. (1811)
1991 Ed. (1048, 1050, 2823)
1990 Ed. (2875)
Wheelchair Getaways Inc.
2003 Ed. (891)
2002 Ed. (2452)
Wheeler; Foster
1996 Ed. (1098)
Wheeler Group Inc.
1994 Ed. (2428)
Wheeler; Jonathan
2008 Ed. (3120)
Wheeler Mission Ministries Inc.
1995 Ed. (1927)
Wheeler; Stuart
2005 Ed. (3868)
Wheeler Trigg Kennedy LLP
2008 Ed. (1708)
2007 Ed. (1683)
2006 Ed. (1680)
Wheeler; William
2008 Ed. (970)
2007 Ed. (1067)
Wheeling/BE Intelligencer News-Register
1989 Ed. (2054)
Wheeling Hospital Inc.
2004 Ed. (1888)
2001 Ed. (1898)
Wheeling Intelligencer-News Register
1991 Ed. (2600, 2602)
Wheeling Jesuit University
2001 Ed. (1326)
Wheeling-Nisshin Inc.
2008 Ed. (2174)
Wheeling-Pittsburgh Corp.
2008 Ed. (2038, 2043, 2045, 2174, 3666)
2007 Ed. (2066, 3496, 4572)
2006 Ed. (1979, 1985, 1988, 1990, 2117, 3472)
2005 Ed. (2015)
1995 Ed. (1289, 2767)
1993 Ed. (1194, 1415, 2946)
1992 Ed. (4133)
1991 Ed. (3216)
1990 Ed. (3434)
Wheeling-Pittsburgh Steel Corp.
2008 Ed. (2174)
2007 Ed. (2066)
2006 Ed. (2117)
2005 Ed. (1943, 2015)
2004 Ed. (1889)
2003 Ed. (1853)
2001 Ed. (1899)
1997 Ed. (3009)
1991 Ed. (1215)
Wheeling, WV
2007 Ed. (2999)
2006 Ed. (2971)
1994 Ed. (825)
1993 Ed. (2548)
Wheeling, WV-OH
2005 Ed. (2976)
1995 Ed. (3779)
1992 Ed. (3037)
Wheelock
1996 Ed. (1396)
Wheels
2007 Ed. (4824)
2003 Ed. (804)
2001 Ed. (3382)
1996 Ed. (2696, 2697)
1995 Ed. (2620)
1994 Ed. (2565)
1993 Ed. (2602, 2604)
1990 Ed. (2617)
Wheels for the World
2005 Ed. (710, 722)
Wheels Group
2005 Ed. (1724)
Wheelwriter
1992 Ed. (1935, 2097)
Whelan Chevrolet; Buff
1993 Ed. (303)
1992 Ed. (419)
1991 Ed. (309)
Whelan Financial
2001 Ed. (739, 740, 875, 891)
Whelan's International Co., Inc.
2006 Ed. (667, 668)
2005 Ed. (761, 762, 763, 764)
When Genius Failed: The Rise & Fall of Long-Term Capital Management
2006 Ed. (589)
When I Get Bigger
2004 Ed. (736)
When the Machine Stopped: A Cautionary Tale from Industrial America
1991 Ed. (708)
Where are the Customers' Yachts?
2006 Ed. (589)
Where Do Balloons Go?
2003 Ed. (714)
Where in the USA is Carmen Sandiego?
1996 Ed. (1079)
1995 Ed. (1101, 1105)
Where in the World is Carmen Sandiego?
1998 Ed. (849)
1997 Ed. (1101)
1996 Ed. (1079, 1084)
1995 Ed. (1101, 1105)
Where in the World is Carmen Sandiego? Junior Edition
1997 Ed. (1102)
Where the Heart Is
2001 Ed. (988)
Where the Red Fern Grows
1990 Ed. (982)
Where the Sidewalk Ends
2001 Ed. (980)
1990 Ed. (980)
Where the Wild Things Are
2001 Ed. (982)
1990 Ed. (979)
Wherehouse Entertainment Inc.
2002 Ed. (4748)
1997 Ed. (357)
1996 Ed. (2745)
1995 Ed. (2443)
1994 Ed. (2428, 3624)
1990 Ed. (1647, 2030)
Where's Spot?
1990 Ed. (978)
WHF
2000 Ed. (3047)
WHG Development Co. LLC
2004 Ed. (1890)
2003 Ed. (1854)
Whichard III; Taylor
2007 Ed. (1076)
Whidbey Island Bank
2005 Ed. (380)
While I Was Gone
2003 Ed. (722)
While Oil Co.
2006 Ed. (3522, 4361)
Whipped topping
1994 Ed. (3460)
Whipping cream
2002 Ed. (984)
Whipple, Kinsell & Co.
1996 Ed. (2348, 2355)
Whippoorwill Associates
1993 Ed. (2339)
Whirlpool Corp.
2008 Ed. (1214, 1510, 1929, 1930, 2348, 2459, 2460, 2988, 2992, 3032, 3088, 3089, 3097, 3668, 3835, 4548)
2007 Ed. (876, 1324, 1880, 1881, 2333, 2334, 2339, 2872, 2900, 2965, 2966, 2975, 2977, 2978, 2990, 3212)
2006 Ed. (143, 780, 1881, 1882, 2389, 2390, 2393, 2397, 2878, 2948, 2957, 2959, 2961)
2005 Ed. (739, 1255, 1257, 1868, 2334, 2335, 2338, 2341, 2949, 2950, 2951, 2953, 2956, 2962, 2964, 2967, 3181)
2004 Ed. (1225, 1590, 1797, 1798, 2233, 2234, 2237, 2242, 2868, 2870, 2871, 2878, 2949, 2950, 2953, 2957, 2959, 4484)
2003 Ed. (744, 914, 1216, 1760, 1761, 2190, 2191, 2194, 2196, 2772, 2774, 2864, 2865)
2002 Ed. (253, 1079, 1727, 1912, 1990, 2074, 2079, 2082, 2313, 2695, 2699, 2700, 2701, 3340, 3945, 3946, 4515, 4516, 4781)
2001 Ed. (286, 287, 288, 1453, 1792, 2037, 2191, 2193, 2194, 2736, 2737, 2808, 2809, 3304, 3600, 3601, 4027, 4731)
2000 Ed. (227, 1111, 1243, 1516, 1652, 1691, 1744, 1745, 2212, 2577, 2582, 3130, 3735, 3736, 4136, 4137, 4366)
1999 Ed. (204, 1190, 1345, 1706, 1823, 1883, 1968, 1969, 2801, 2804, 3407, 4020, 4021, 4502, 4503, 4741)
1998 Ed. (107, 759, 1176, 1252, 1315, 1398, 1400, 2042, 2045, 2046, 2496, 3032, 3033, 3429, 3697)
1997 Ed. (185, 1017, 1018, 1480, 1640, 1705, 1706, 2238, 2310, 2313, 2314, 2789, 3278, 3279, 3655, 3865)
1996 Ed. (1420, 1626, 1627, 2190, 2191, 2193, 2195)
1995 Ed. (1019, 1020, 1458, 1576, 1651, 1652, 2121, 2176, 2180, 2577, 3082, 3083, 3723)
1994 Ed. (149, 1007, 1008, 1421, 1547, 1608, 1610, 1619, 2072, 2124, 2125, 2128, 2518, 3030, 3031, 3454, 3609, 3649)
1993 Ed. (165, 166, 981, 982, 1368, 1499, 1569, 1571, 2053, 2104, 2105, 2569, 2988, 2990, 3480, 3648, 3686)
1992 Ed. (258, 261, 1206, 1207, 1830, 1831, 1916, 1918, 2431, 2515, 2516, 2520, 3649, 3650, 3655, 4154, 4155, 4158, 4420, 4421)
1991 Ed. (19, 187, 972, 973, 1441, 1523, 1525, 1924, 1958, 1959, 1960, 1963, 1966, 2825, 2828, 3242, 3243, 3471, 258)
1990 Ed. (197, 1046, 1047, 1527, 1623, 2035, 2038, 2103, 2104, 2110, 2112, 2978, 2979, 3481, 3661, 3681)
1989 Ed. (273, 1622)
Whirlpool (Kenmore)
1992 Ed. (4363)
1991 Ed. (3437)
Whiskas
2008 Ed. (719)
2003 Ed. (3801)
2002 Ed. (3647, 3658)
1999 Ed. (789, 3780, 3791)
1997 Ed. (3075)
1996 Ed. (776, 2996, 3000)
1995 Ed. (19, 694)
1993 Ed. (2820, 2821)
1992 Ed. (925, 2356, 3413, 3414, 3417)
Whiskas Cat Food
1994 Ed. (748, 2004, 2834, 2838)
Whiskas Supermeat
1992 Ed. (926, 4237)
Whisker Lickins
2002 Ed. (3649)
1999 Ed. (3782)
1997 Ed. (3078)
1996 Ed. (2999)
1994 Ed. (2837)
1993 Ed. (2823)
1992 Ed. (3416)
Whiskers & Paws Catering Inc.
2002 Ed. (3660)
Whiskey
2008 Ed. (3451)
2002 Ed. (3087, 3098, 3143)
1997 Ed. (2671)
Whiskey blends
2002 Ed. (3167, 3169, 3170)

Whiskey Specialty
2001 Ed. (3101, 3111)
Whiskey straights
2002 Ed. (3142, 3167, 3168, 3169, 3170)
Whiskeytown-Shasta-Trinity National Recreation Area
1999 Ed. (3705)
Whisky
1992 Ed. (2076)
Whispering Pines at Colonial Woods
1991 Ed. (1045)
Whispering Pines Colonial Woods
1990 Ed. (1146)
The Whistleblower: Confessions of a Healthcare Hitman
2008 Ed. (612)
Whistler/Blackcomb, BC, Canada
1993 Ed. (3324)
Whitacre Jr.; E. E.
2005 Ed. (2506)
Whitacre Jr.; Edward
2008 Ed. (940)
2007 Ed. (1013)
2006 Ed. (923)
Whitacre Jr.; Edward E.
2008 Ed. (955)
2007 Ed. (1033)
Whitaker, Curls, Levine & Webster
1996 Ed. (2732)
Whitaker Foundation
2002 Ed. (2326, 2331)
Whitbread
2006 Ed. (3275)
1999 Ed. (1728)
1997 Ed. (2670)
1996 Ed. (1367)
1995 Ed. (641)
1994 Ed. (756, 2647)
1993 Ed. (750, 1340, 1342, 1344, 2700)
1992 Ed. (1645, 1646)
1990 Ed. (3463)
Whitbread Beer Co.
2002 Ed. (34)
Whitbread Group plc
2007 Ed. (3349)
2006 Ed. (2945, 3274)
2005 Ed. (2945, 3283)
2004 Ed. (2653)
Whitbread Inns
2001 Ed. (2490)
Whitbread plc
2007 Ed. (2956, 4159)
2003 Ed. (2856)
2001 Ed. (4087)
Whitcom/Executone Metro
1991 Ed. (2639)
White
2005 Ed. (1102)
2002 Ed. (4937)
2001 Ed. (536)
1992 Ed. (4331)
1991 Ed. (351)
White; Alicia
2008 Ed. (4899)
White & Case
2004 Ed. (3226)
2001 Ed. (3057)
2000 Ed. (2891)
1999 Ed. (3141)
1998 Ed. (2324)
1996 Ed. (2455)
1995 Ed. (2420)
1992 Ed. (2826, 2839)
White & Case LLP
2008 Ed. (3428)
2007 Ed. (3301, 3305, 3317, 3337)
2006 Ed. (3243, 3246, 3247, 3265)
2005 Ed. (3254, 3256, 3274)
2004 Ed. (1446, 3224, 3239, 3250)
2003 Ed. (3170, 3188, 3191, 3205)
2002 Ed. (3797)
2001 Ed. (3085)
White & Casel International
2003 Ed. (3183)
White & Co. of CI Group
1997 Ed. (3211)
1996 Ed. (3134)
White & Steele PC
2005 Ed. (3262)
White & White Health Care
1991 Ed. (1928)
White & Williams
2000 Ed. (2902)
1999 Ed. (3157)
1998 Ed. (2333)
White Inc.; Barclay
1990 Ed. (1212)
White; Ben
2007 Ed. (2462)
White bread
1992 Ed. (2355)
White Cap Industries, Inc.
2001 Ed. (1650)
White Castle
2008 Ed. (2659, 2675, 2676)
2007 Ed. (2537)
2006 Ed. (2566)
2005 Ed. (4171, 4174)
2004 Ed. (2582)
2003 Ed. (2438, 2439, 4224, 4226)
2002 Ed. (2238, 2243)
2001 Ed. (2402)
2000 Ed. (2413, 2414, 3778)
1999 Ed. (2633)
1997 Ed. (2172)
1996 Ed. (2072, 2073)
1995 Ed. (2074, 2075, 2076)
1994 Ed. (2022, 2023)
1993 Ed. (1752, 2012)
1992 Ed. (2116, 2121, 2373)
1991 Ed. (1884)
1990 Ed. (1755, 1982)
White Castle System
1990 Ed. (1983)
White Cheddar Popcorn
1995 Ed. (2955)
White collar crime
1992 Ed. (4430)
White Construction Co. Inc.
2003 Ed. (214)
White Cromer Bellack/Omnicom
1993 Ed. (2932)
White Cromer of Omnicom
1995 Ed. (3031)
1994 Ed. (2971)
White; Daryl J.
1997 Ed. (979)
White Diamonds
2007 Ed. (2644)
2006 Ed. (2661)
2005 Ed. (2681)
2003 Ed. (2548)
2001 Ed. (2528)
2000 Ed. (3456, 3457)
1999 Ed. (3737, 3738, 3739)
1998 Ed. (1353, 2777, 2779)
1996 Ed. (2950)
White Electronic Designs Corp.
2004 Ed. (4660)
White; Eugene R.
1989 Ed. (1376)
White Flint Mall/Democracy Blvd. Area, MD
1996 Ed. (1602)
White GMC
1994 Ed. (3582)
1993 Ed. (3627)
White Hen
2007 Ed. (1421)
White Hen Pantry
2008 Ed. (1375, 1376)
2007 Ed. (1419)
2006 Ed. (1381)
2005 Ed. (1394)
2004 Ed. (1372, 1375)
2003 Ed. (1367)
2002 Ed. (1331)
White; Herbye
1992 Ed. (3139)
White Horse
2004 Ed. (4314)
2003 Ed. (4304)
1997 Ed. (3393)
1993 Ed. (3110)
1990 Ed. (3113)
1989 Ed. (2363)
White Horse Scotch Whisky
1994 Ed. (2394)
White House
2007 Ed. (4596)
White House Office
2006 Ed. (3293)
White Iliffe
2004 Ed. (4)
White Isuzu; Sam
1996 Ed. (274)
1995 Ed. (272)
1994 Ed. (271)
1993 Ed. (272)
1992 Ed. (381, 386)
1991 Ed. (281)
1990 Ed. (328)
White Inc.; J. J.
1997 Ed. (1198)
White; John
2008 Ed. (2629)
White; Joyce
1997 Ed. (1945)
White-Leasure Development Co. Ltd.
1992 Ed. (3970)
White; Les
1995 Ed. (2668)
White; Leslie R.
1993 Ed. (2638)
1992 Ed. (3136)
White Lightning
2002 Ed. (765, 1050)
White Linen
1999 Ed. (3739)
1992 Ed. (3367)
1990 Ed. (2794)
White Lodging Services Corp.
2008 Ed. (3065)
2007 Ed. (2936)
2006 Ed. (2926)
2005 Ed. (2921)
White Malaga
2002 Ed. (4968)
2001 Ed. (4870)
White Marine Inc.; C.
2007 Ed. (3566)
White Martins
1993 Ed. (909)
1992 Ed. (1580)
White men
1992 Ed. (2049)
White metal
2001 Ed. (4533)
White metallic
1992 Ed. (425)
White; Miles D.
2008 Ed. (950)
2007 Ed. (1028)
White Motor City; Sam
1992 Ed. (380, 394)
White Mountain
1995 Ed. (3734)
1993 Ed. (3701, 3702)
1992 Ed. (4438)
1991 Ed. (3484)
1990 Ed. (3691)
1989 Ed. (2910, 2911)
White Mountains Insurance Group Ltd.
2008 Ed. (1580, 3317, 4653)
2007 Ed. (1602, 3170)
2006 Ed. (1567, 3135, 3140)
2005 Ed. (3125)
2004 Ed. (3071, 3072)
2003 Ed. (1506)
White; O. Wendell
1992 Ed. (3136)
White Oak Growth Stock
2004 Ed. (3589)
2002 Ed. (3417)
1999 Ed. (3561)
White Oak Select Growth
2007 Ed. (4549)
White Oak Semiconductor
1998 Ed. (1532)
White Oak Telecom Inc.
1999 Ed. (2677)
White Oaks Conference Resort & Spa
2006 Ed. (1591)
White Oldsmobile; Sam
1994 Ed. (279)
1993 Ed. (280)
1991 Ed. (289)
1990 Ed. (312)
White Owl
2003 Ed. (966)
1998 Ed. (731, 3438)
White; Peggy
2007 Ed. (3223)
White pepper
1998 Ed. (3348)
White pine
2007 Ed. (3395)
2006 Ed. (3337)
2005 Ed. (3344)
White Plains, NY
2004 Ed. (848)
White Rain
2008 Ed. (3877)
2003 Ed. (2659)
1999 Ed. (687, 3773)
1998 Ed. (2804, 3291)
1997 Ed. (3059)
1996 Ed. (2985)
1995 Ed. (2901)
1994 Ed. (2812, 2814)
1993 Ed. (2814)
1992 Ed. (3403)
1991 Ed. (1879, 1881, 2714)
1990 Ed. (1981)
White Rain Classic Care
2003 Ed. (2653)
White Rain Extra Body
1990 Ed. (3269)
White Reisling
2002 Ed. (4969, 4970)
2001 Ed. (4872, 4873)
White Riesling
2003 Ed. (4968, 4969)
1996 Ed. (3837)
White River Corp.
1999 Ed. (2625)
White Rock Rum
2004 Ed. (4235)
White Rock State Bank
1998 Ed. (365)
White Rock Tequila
2004 Ed. (4704)
White Rose Food Corp.
1995 Ed. (2051)
1994 Ed. (2001)
1993 Ed. (3489)
White Sands Credit Union
2008 Ed. (2248)
2007 Ed. (2133)
2006 Ed. (2212)
2005 Ed. (2117)
2004 Ed. (1975)
2003 Ed. (1935)
2002 Ed. (1881)
White Sands FCU
2000 Ed. (1622)
White Shoulders
1996 Ed. (2950)
White Springs Agricultural Chemicals Inc.
2003 Ed. (3417)
White-Spunner Construction Inc.
2008 Ed. (1269)
2007 Ed. (1373)
White Stag
1993 Ed. (3374)
1992 Ed. (4054)
1991 Ed. (3173)
1990 Ed. (3337)
White Suit
2001 Ed. (3382)
White Swan
2001 Ed. (2550)
1993 Ed. (1887, 1888)
1991 Ed. (1758)
1990 Ed. (1837)
White Swan/Watson Food Service
1995 Ed. (1919)
White; Tony L.
2005 Ed. (983, 2494)
White Water
1999 Ed. (4745)
1998 Ed. (3701)
1997 Ed. (3868)
1996 Ed. (3819)
1995 Ed. (3725)
1994 Ed. (3654)
1993 Ed. (3688)
1992 Ed. (4425)
1990 Ed. (3685)
1989 Ed. (2904)
White Water, GA
2000 Ed. (4374)

White Water, Marietta, GA
1991 Ed. (3476)
White Wave Inc.
2008 Ed. (822, 3669)
2003 Ed. (3412)
White Wave Silk
2005 Ed. (673, 3477)
White-Westinghouse
2007 Ed. (2965)
2003 Ed. (2865)
2001 Ed. (287, 288, 4731)
1992 Ed. (85, 3649, 258, 1830, 4154, 4155, 4420)
1991 Ed. (2825, 3242, 3471)
White-Westingthouse
2005 Ed. (2953)
White wheat
2001 Ed. (4783, 4784)
White women
1992 Ed. (2049)
White Zinfandel
2005 Ed. (4948)
Whitebread Plc
2000 Ed. (2566)
Whiteco Outdoor
1998 Ed. (91)
Whiteco Outdoor Advertising
2001 Ed. (1544)
Whitefish Credit Union
2008 Ed. (2243)
2007 Ed. (2128)
Whitefish Credit Union Association
2006 Ed. (2207)
2005 Ed. (2112)
2004 Ed. (1970)
2003 Ed. (1930)
2002 Ed. (1876)
Whiteford, Taylor & Preston
1993 Ed. (2392)
1992 Ed. (2829)
1991 Ed. (2280)
1990 Ed. (2414)
Whitehall
1992 Ed. (1867)
1991 Ed. (1472)
1990 Ed. (1565)
Whitehall Funds
2004 Ed. (255, 256)
2003 Ed. (287, 289)
2002 Ed. (323, 324)
Whitehall Jewellers Inc.
2005 Ed. (3245, 3246)
2004 Ed. (3217, 3218)
Whitehall Laboratories
1997 Ed. (1655, 2066)
1995 Ed. (1589)
Whitehall Labs
1991 Ed. (1882)
Whitehall, New Hope, PA
1992 Ed. (877)
Whitehall Quantitative Long Short
2003 Ed. (3129)
Whitehall Real Estate
2000 Ed. (306)
Whitehall-Robbins
2002 Ed. (3084)
Whitehall-Robins Healthcare
2003 Ed. (282, 284, 1053, 2109, 3788, 4436, 4861)
Whitehead Foundation; Joseph B.
1994 Ed. (1907)
Whitehead Mann Pendleton James
2002 Ed. (2175)
Whitehill; Clark
1997 Ed. (8, 9)
Whitehouse & Sons; I. H.
1991 Ed. (1089)
Whitehouse & Sons Co.; Irvin H.
1996 Ed. (1144)
1995 Ed. (1168)
1994 Ed. (1142)
1992 Ed. (1422)
Whitehouse Imported
1991 Ed. (294)
Whiteman, Osterman & Hanna
1996 Ed. (2533)
WhitePages.com
2008 Ed. (3620)
2007 Ed. (99)
Whiterain
2000 Ed. (4074)
Whites
1993 Ed. (2594)
Whitesell Construction Co., Inc.
1990 Ed. (1212)
Whitesnake
1990 Ed. (1144)
Whitfield Inc.
1998 Ed. (2236)
Whiting
2008 Ed. (2722)
2007 Ed. (2585)
2006 Ed. (2610)
2005 Ed. (2611)
2004 Ed. (2622)
2003 Ed. (2490)
2001 Ed. (2440)
Whiting Oil & Gas Exploration
2007 Ed. (3866)
Whiting Petroleum Corp.
2008 Ed. (1682)
2007 Ed. (1662, 3839)
2006 Ed. (1653, 3823)
The Whiting-Turner Contracting Co.
2008 Ed. (1222, 1224, 1228, 1230, 1240, 1241, 1244, 1247, 1252, 1274, 1315, 2915)
2007 Ed. (1337, 1339, 1341, 1355)
2006 Ed. (1168, 1239, 1243, 1245, 2792)
2005 Ed. (1172, 1279)
2004 Ed. (1259, 1261, 1263, 1272, 1275, 1289, 1291, 1306)
2003 Ed. (1258, 1259, 1260, 1281, 1286, 1288, 1310, 1311, 1312, 2290)
2002 Ed. (1213, 1245, 1247, 1274, 1276, 1278, 1291)
2001 Ed. (1398, 1468)
2000 Ed. (1256, 4026, 4027)
1997 Ed. (1137, 3515, 3516)
1996 Ed. (3428, 3429)
1995 Ed. (3374, 3375)
1993 Ed. (3306, 3307)
1992 Ed. (3962, 3963)
1990 Ed. (1037)
The Whiting-Turner Contraction Co.
2000 Ed. (1249)
Whitlatch & Co.
2005 Ed. (1188)
2004 Ed. (1160)
2003 Ed. (1155)
2002 Ed. (2688)
Whitlock
1992 Ed. (486)
1991 Ed. (357, 1438, 1439)
1990 Ed. (407)
1989 Ed. (351)
Whitman
2002 Ed. (691)
2001 Ed. (689, 1003, 2041, 4306)
2000 Ed. (714, 719)
1999 Ed. (701, 702, 709)
1998 Ed. (443, 447, 448, 456, 458, 1319, 3338)
1997 Ed. (655, 656, 657, 664, 672, 3540)
1996 Ed. (718, 720, 722, 731, 738, 3472)
1995 Ed. (645, 646, 647, 3414)
1994 Ed. (683, 685, 686, 698, 699, 705, 1392, 1861, 3355)
1993 Ed. (682, 932)
1992 Ed. (1834, 1869, 2187)
1991 Ed. (1445)
1990 Ed. (1290, 1530, 1812)
Whitman & Ransom
1996 Ed. (2731)
Whitman Breed
2001 Ed. (780)
Whitman Breed Abbott & Morgan
2000 Ed. (2620)
1999 Ed. (2817)
1998 Ed. (2084)
Whitman; Burke
2007 Ed. (1061)
2006 Ed. (964)
Whitman; Margaret
2005 Ed. (971)
Whitman; Margaret C.
2005 Ed. (976, 978)
Whitman; Margaret (Meg) C.
2008 Ed. (942, 2636, 4836, 4883, 4948)
2007 Ed. (988, 2506, 4907, 4975, 4981, 4983)
2006 Ed. (898, 935, 2526, 4913, 4975, 4983)
Whitman; Meg
2005 Ed. (787, 2319, 2513, 4990)
Whitman's
2006 Ed. (1007)
2005 Ed. (858)
Whitman's Sampler
2006 Ed. (1006)
Whitmire Distribution
1995 Ed. (1586, 3729)
1993 Ed. (1513)
Whitmire Drug Distribution Corp.
1994 Ed. (1557)
Whitmire; Kathryn J.
1993 Ed. (2513)
1992 Ed. (2987)
1991 Ed. (2395)
1990 Ed. (2525)
Whitmire; Melburn
1997 Ed. (1797)
Whitmor
2007 Ed. (3971)
2005 Ed. (1267)
2003 Ed. (1230)
Whitney & Co.
2004 Ed. (3255)
Whitney & Co.; J. H.
1991 Ed. (1166, 3443)
1990 Ed. (3668)
Whitney Group
2002 Ed. (2172)
1993 Ed. (1692)
1991 Ed. (1616)
Whitney Holding Corp.
2000 Ed. (430)
1999 Ed. (438)
1998 Ed. (292, 320, 331)
1990 Ed. (686)
1989 Ed. (676)
Whitney Houston
1997 Ed. (1726)
1989 Ed. (1347)
Whitney Johnson
1999 Ed. (2409)
Whitney National Bank
1998 Ed. (391)
1997 Ed. (544)
1996 Ed. (588)
1995 Ed. (531)
1994 Ed. (557)
1993 Ed. (555)
1992 Ed. (762)
Whitney National Bank (New Orleans)
1991 Ed. (595)
Whitney Stevens
1990 Ed. (1714)
Whittaker
1998 Ed. (918)
1994 Ed. (1238)
1993 Ed. (828, 1212)
1992 Ed. (248)
1990 Ed. (935, 936, 940)
Whittaker Homes
2005 Ed. (1239)
2004 Ed. (1215)
2003 Ed. (1208)
2002 Ed. (1208)
Whittaker Homes/Fortress Group
2000 Ed. (1233)
Whittard of Chelsea
2005 Ed. (4568)
Whittemore Center Arena
2003 Ed. (4528)
Whittier College
1995 Ed. (1055)
1994 Ed. (1047)
1993 Ed. (1020)
1990 Ed. (1090)
1989 Ed. (956)
Whittier Energy
2008 Ed. (2855, 3898)
2007 Ed. (2725)
Whittier Family Foundation
1999 Ed. (2503)
Whittle Communications
1990 Ed. (2795)
Whittle Communications LP
1993 Ed. (1177)
Whittlesey & Hadley
2000 Ed. (14)
Whittlesey Jaguar
1993 Ed. (273)
1992 Ed. (387)
Whittman-Hart Inc.
2001 Ed. (1550)
2000 Ed. (902)
1999 Ed. (959)
1998 Ed. (543)
1997 Ed. (846, 1140)
1994 Ed. (1126)
Whitwam; D. R.
2005 Ed. (2483)
Whitworth; Charles
1997 Ed. (1974)
Whitworth College
2008 Ed. (1088)
1998 Ed. (803)
1996 Ed. (1040)
The Who
1998 Ed. (867)
1991 Ed. (1039, 1041)
Who Controls the Internet? Illusions of a Borderless World
2008 Ed. (617)
Who Framed Roger Rabbit?
1995 Ed. (3704)
1992 Ed. (4398)
1991 Ed. (2488, 3448)
Who Moved My Cheese?
2005 Ed. (726)
2004 Ed. (740, 742)
2003 Ed. (707, 717, 719)
2001 Ed. (985)
Who Says Elephants Can't Dance?
2006 Ed. (575)
2004 Ed. (734)
The Who: "Tommy"
1991 Ed. (844)
Whole Foods
2008 Ed. (649)
Whole Foods Market Inc.
2008 Ed. (1441, 1501, 1502, 2485, 2838, 3019, 4233, 4527, 4540, 4562, 4569, 4570, 4571, 4572, 4574)
2007 Ed. (1520, 1551, 2232, 2234, 2238, 2709, 2710, 4614, 4615, 4616, 4624, 4625, 4626, 4627, 4628)
2006 Ed. (1490, 2040, 2300, 2636, 2714, 4174, 4629, 4630, 4636, 4637, 4638, 4639)
2005 Ed. (4560, 4561, 4563)
2004 Ed. (4632, 4633, 4636, 4646)
2003 Ed. (1645)
1994 Ed. (2010, 3318)
Whole life
1990 Ed. (2230)
Wholesale
2008 Ed. (2957)
2007 Ed. (2523, 3732, 3733, 3734, 3735)
2006 Ed. (834, 2833)
2005 Ed. (1557, 2839, 2841)
2003 Ed. (2754)
2002 Ed. (2543, 2547, 2551, 2553, 2554)
2001 Ed. (2703, 2706, 2707)
2000 Ed. (2464)
1999 Ed. (2679, 3008)
1997 Ed. (2220)
1994 Ed. (803)
1992 Ed. (4482)
1991 Ed. (1138, 1173)
Wholesale & distribution
2002 Ed. (1480, 1488, 1998, 1999)
2000 Ed. (1307, 1325)
1999 Ed. (1447, 1453, 1466, 2864, 2865, 2933, 4554, 4821)
1998 Ed. (607, 1014, 1020, 1034, 1035, 1036, 1039)
1997 Ed. (1242, 1262)
1996 Ed. (1196, 1215, 1219, 1220, 1231)
1995 Ed. (1225, 1226, 1227, 1250, 1251, 1260)
1994 Ed. (1209, 1210, 1211, 1232, 1233, 1239)

1993 Ed. (1204, 1213)
1992 Ed. (1464, 1491)
1991 Ed. (1150, 1152, 1175, 1179)
1990 Ed. (1233, 1257, 1261, 1262, 1272)
Wholesale & retail trade
1997 Ed. (2556)
Wholesale Carrier Services
2006 Ed. (4705)
Wholesale Club
1997 Ed. (3862)
1992 Ed. (1825, 4416, 4419)
1991 Ed. (1438, 3468, 3469, 3470)
1990 Ed. (3679, 3680)
1989 Ed. (1255, 2901)
Wholesale clubs
1998 Ed. (994, 2317)
1997 Ed. (881)
1995 Ed. (678, 3506)
Wholesale Depot
1997 Ed. (3862)
1996 Ed. (3815)
1995 Ed. (3720, 3722)
1994 Ed. (3645, 3646)
1993 Ed. (3684)
1992 Ed. (4416, 4417)
Wholesale Electric Caribe Inc.
2008 Ed. (2056, 3730)
Wholesale Electric Supply of Houston LP
2006 Ed. (3541, 4380, 4987)
Wholesale Fasteners Inc.
1999 Ed. (2845)
Wholesale groceries
1996 Ed. (3)
Wholesale Log Homes
2004 Ed. (1208)
2003 Ed. (1201)
Wholesale, nondurable goods
1997 Ed. (2630)
Wholesale/retail trade
1993 Ed. (2046)
Wholesale trade
2003 Ed. (2269, 2753, 2910, 4445, 4446, 4447)
2001 Ed. (2021, 3561)
2000 Ed. (1670, 2627)
1999 Ed. (1506, 1507, 1512, 1513)
1997 Ed. (1613, 1644, 2018, 2378)
1996 Ed. (2253, 2663, 2908, 3458, 3874)
1995 Ed. (1, 2670, 3785, 3789, 3791)
1990 Ed. (1224, 1254, 1255)
Wholesale trade, durable goods
2001 Ed. (1637, 1639, 1677, 1681, 1699, 1708, 1720, 1726, 1727, 1754, 1757, 1758, 1781, 1804, 1837, 1838, 1855, 1859, 1883)
Wholesale trade, nondurable goods
2001 Ed. (1637, 1639, 1677, 1681, 1699, 1708, 1720, 1726, 1727, 1754, 1757, 1758, 1781, 1804, 1825, 1837, 1838, 1859)
1995 Ed. (2445, 2446)
Wholesaler
1997 Ed. (1301, 1302, 1440, 1442, 1443)
Wholesalers
2002 Ed. (2787, 2788, 2796)
2000 Ed. (1356, 2211)
1998 Ed. (1077, 1078, 1152, 1154, 1933, 3760)
1996 Ed. (1251, 1252, 1253)
1991 Ed. (1978)
Wholesalers, diversified
2008 Ed. (3151, 3152, 3153, 3157)
2007 Ed. (3039, 3041, 3045)
2006 Ed. (3001, 3002, 3006, 3007)
2004 Ed. (3013)
2003 Ed. (2903, 2907)
2002 Ed. (2774)
Wholesalers, electronics and office equipment
2006 Ed. (3001)
2005 Ed. (3011)
2003 Ed. (2907)
2002 Ed. (2774, 2775, 2776)
Wholesalers, food & grocery
2007 Ed. (3040)
2006 Ed. (3008)
2005 Ed. (3006, 3010, 3011)
2003 Ed. (2901, 2902, 2907)
2002 Ed. (2770, 2774, 2775)
Wholesalers, health care
2002 Ed. (2766, 2767, 2770, 2774, 2775, 2776)
Wholesalers, healthcare
2007 Ed. (3046)
2006 Ed. (3000, 3006)
2005 Ed. (3004)
2004 Ed. (3006, 3007, 3008, 3012)
2003 Ed. (2900, 2902, 2906, 2908)
Wholesales Clubs
2000 Ed. (3861)
Wholesaling
2002 Ed. (1399, 1413, 1420, 1481, 1489)
1991 Ed. (1187)
Wholesaling, durable goods
2008 Ed. (1408, 1416, 1420, 1426)
2006 Ed. (1440)
2005 Ed. (1471, 1480, 1485, 1543, 1561)
2004 Ed. (1464, 1469, 1527)
2003 Ed. (1426, 1435, 1439, 1516)
Wholesaling, nondurable goods
2004 Ed. (1464, 1469)
2003 Ed. (1435)
Wholesome & Hearty
1995 Ed. (2819)
Wholesome & Hearty Foods Co.
2008 Ed. (2777)
1997 Ed. (1277, 1279, 1282)
Wholey
2002 Ed. (2370)
Whoopi Goldberg
2001 Ed. (7)
Whooping crane
1996 Ed. (1643)
Whoppers
1997 Ed. (892)
Whoppers Malted Milk Balls
1989 Ed. (856, 857)
Whoppers Malted Milk Balls, 13-Oz. Carton
1990 Ed. (893)
Who's That Knocking on Christmas Eve?
2004 Ed. (737)
"Who's the Boss?"
1997 Ed. (3722)
1993 Ed. (3535)
WHOT-FM
1992 Ed. (3605)
WHTZ
2000 Ed. (3697)
1999 Ed. (3983)
1996 Ed. (3154)
1995 Ed. (3053)
1994 Ed. (2989)
1993 Ed. (2955)
1992 Ed. (3607)
1991 Ed. (2797)
1990 Ed. (2942)
WHTZ-FM
1997 Ed. (3239)
1990 Ed. (2941)
WHV Short/Intermediate Fixed Income
2003 Ed. (3133)
WHX Corp.
2005 Ed. (4474, 4475)
2004 Ed. (4532, 4533)
2002 Ed. (3314, 3323, 3324)
Why Do You Love Me?
2001 Ed. (981)
Why Most Things Fail: Evolution, Extinction & Economics
2008 Ed. (610)
Why Some Companies Emerge Stronger & Better from a Crisis
2007 Ed. (658)
Why USA
2005 Ed. (4003)
Whybin TBWA
2003 Ed. (127)
Whyte & Mackay
1996 Ed. (2526)
Whyte & MacKay Special
1992 Ed. (2892)
Whyte & Mackay Special Whisky
1994 Ed. (2394)
Whyte; Gregory
1997 Ed. (1877)
1996 Ed. (1804)
WI Carr
1991 Ed. (779)
1990 Ed. (816)
WI Carr Industries
1999 Ed. (872, 873, 874, 875, 876, 877, 878, 879, 880, 881, 882, 883, 884, 885, 886, 887, 888, 889, 890, 891, 905, 906, 907, 909)
1996 Ed. (3377)
Wi-LAN Inc.
2008 Ed. (1618, 1660, 2937)
2007 Ed. (2809)
2003 Ed. (2938)
2002 Ed. (2505, 2507, 2508)
W.I. Simonson Inc.
2000 Ed. (4435)
W.I. Simonson Automotive Family of Dealerships
2003 Ed. (4991)
Wible; Anthony
2006 Ed. (2579)
Wibroe Duckert & Partners
1997 Ed. (78)
1995 Ed. (64)
1994 Ed. (82)
Wibroe Duckert & Partners (Lowe)
1996 Ed. (78)
WIC Western International Communications Ltd.
1997 Ed. (729, 2724)
1996 Ed. (791)
1994 Ed. (761)
1992 Ed. (946)
Wichita Eagle-Beacon
1991 Ed. (2597)
Wichita Falls, KS
1994 Ed. (3064)
Wichita Falls Record News
1991 Ed. (2602)
Wichita Falls Record News, Times
1992 Ed. (3240)
1991 Ed. (2597)
Wichita Falls, TX
2008 Ed. (4728)
2005 Ed. (2976, 2977)
1996 Ed. (3205)
1995 Ed. (3110)
1992 Ed. (3698)
Wichita-Hutchinson, KS
2004 Ed. (3482)
Wichita, KS
2008 Ed. (3110, 4091)
2007 Ed. (2995)
2005 Ed. (2379)
2003 Ed. (3676, 3677)
2000 Ed. (2886, 3107)
1992 Ed. (1163, 2547, 3047)
Wichita State University
2004 Ed. (825)
Wichitpan Construction
1991 Ed. (1067)
Wicked
2008 Ed. (624)
2007 Ed. (665)
2005 Ed. (4687)
Wickens Tutt Southgate
1999 Ed. (2841)
1996 Ed. (2233)
Wickersham Hunt Schwantner
1999 Ed. (50)
Wickes
2008 Ed. (679)
2004 Ed. (789)
1999 Ed. (2709)
1993 Ed. (978, 3552, 3554, 3560)
1992 Ed. (1535, 1537, 4271, 4273)
1990 Ed. (1866)
Wickes Cos. Inc.
2002 Ed. (1466)
1991 Ed. (3351, 801, 804)
1990 Ed. (838, 1271, 1652)
1989 Ed. (1040, 2321)
Wickes Furniture
1998 Ed. (1789)
1995 Ed. (1963, 1965, 2447)
1992 Ed. (2253)
Wickes Lumber
2005 Ed. (2857)
2004 Ed. (2849)
2003 Ed. (2762)
1998 Ed. (1969, 1970, 1972, 1974)
1997 Ed. (830, 832, 2244)
1996 Ed. (814, 815, 817, 819, 821, 2133)
1995 Ed. (845, 847, 2125)
1994 Ed. (794, 795, 2076)
1993 Ed. (775, 778, 2047)
1992 Ed. (984, 985, 2419)
1991 Ed. (801, 803, 804, 952)
1990 Ed. (838, 839, 840, 1025)
Wickliff & Hall
2000 Ed. (3679)
Wickoff Color
2001 Ed. (2878)
Wicks 'n' Sticks
2004 Ed. (2729)
2003 Ed. (2608)
2002 Ed. (2397)
1993 Ed. (3358)
WICOMT
2001 Ed. (4635)
Wicor
1999 Ed. (3593)
1998 Ed. (2664)
1997 Ed. (2926)
1991 Ed. (2575)
Widden; S.B.
1992 Ed. (794)
Wide Open Spaces
2001 Ed. (3407, 3408)
The Wide Window
2004 Ed. (735)
2003 Ed. (710)
Widener & Boyce
2003 Ed. (1170)
Widener University
2001 Ed. (3063)
2000 Ed. (931, 2906)
1999 Ed. (3162)
1997 Ed. (2605)
1996 Ed. (2460)
Wideroe
1989 Ed. (242)
Widjaja; Eka Tjipta
2006 Ed. (4916)
Widlak; David A.
1992 Ed. (533)
Widmann, Siff & Co.
1990 Ed. (2322)
Widmer
2008 Ed. (541)
1999 Ed. (4792)
Widmer Brewing
1999 Ed. (3402, 3403)
1992 Ed. (3064)
Widmer Bros. Brewing Co.
2000 Ed. (3128)
Widmer Brothers Brewing Co.
1998 Ed. (2488)
Widmer Hefeweizen
2007 Ed. (595)
2006 Ed. (555)
Widmers
2006 Ed. (671)
1998 Ed. (3746)
1997 Ed. (3903)
The Widmeyer-Baker Group, Inc.
2001 Ed. (3926)
Widmeyer Communications
2005 Ed. (3951, 3978)
2004 Ed. (4038)
2003 Ed. (3986)
A Widow for One Year
2000 Ed. (707)
Wie; Michelle
2007 Ed. (3617)
2005 Ed. (266)
Wiebe & Associates CPA, LLP
2008 Ed. (1593)
WiebeTech LLC
2005 Ed. (1347)
Wiebke
2002 Ed. (4907)
Wieden & Kennedy
2008 Ed. (116)
2007 Ed. (108)
2006 Ed. (119)
2005 Ed. (109)
2000 Ed. (191)
1999 Ed. (129, 170)
1998 Ed. (67)
1997 Ed. (159)
1996 Ed. (152)

1995 Ed. (138)
1994 Ed. (126)
1993 Ed. (77, 127)
1992 Ed. (4228)
1991 Ed. (71, 3317)
1989 Ed. (173)
Wieden + Kennedy
2004 Ed. (105)
Wieder, Harriet M.
1991 Ed. (2346)
1990 Ed. (2483)
Wielkopolski Bank Kreditowy Spolka Akcyjna w Poznaniu
1994 Ed. (619, 620)
Wielkopolski Bank Kredytowy
1999 Ed. (624)
1995 Ed. (589)
Wien; Byron
1997 Ed. (1910)
Wiener Allianz
1996 Ed. (3793)
1993 Ed. (3672)
1992 Ed. (4401)
1991 Ed. (3452)
Wiener Enterprises Inc.
1990 Ed. (3278)
Wiener Stadtische
2007 Ed. (1593)
2006 Ed. (1558)
Wiener Stadtische AG
2007 Ed. (1595, 4090)
Wiener Stadtische Allgemeine Versicherung AG
2008 Ed. (1573)
2006 Ed. (1560)
Wiener Stadtwerke
2000 Ed. (1389)
1997 Ed. (1363)
1995 Ed. (1358)
1990 Ed. (1332)
Wiener Stadtwerke Holding AG
2003 Ed. (1622)
2001 Ed. (1636)
Wienerberger
2007 Ed. (1594)
2006 Ed. (4883)
2000 Ed. (1390, 4352)
1996 Ed. (3792)
1994 Ed. (3631, 3632)
1993 Ed. (3671)
1992 Ed. (4400)
Wienerberger AG
2008 Ed. (3548)
2006 Ed. (3371)
Wienerberger Baustoff
1991 Ed. (3233)
Wienerberger Baustoffind
1993 Ed. (3672)
1992 Ed. (4401)
Wienerschnitzel
2008 Ed. (4271, 4274, 4275)
2007 Ed. (2543, 4240)
2006 Ed. (2663, 4225)
2005 Ed. (2682)
2004 Ed. (2686, 4242)
2003 Ed. (2452)
2002 Ed. (2249)
2000 Ed. (3848)
1999 Ed. (4134)
1998 Ed. (3124)
1997 Ed. (3375)
1995 Ed. (3179, 3180)
1994 Ed. (3130)
1993 Ed. (3067)
1992 Ed. (3764)
1991 Ed. (2910)
Wiese
2001 Ed. (646, 647, 648)
2000 Ed. (640, 643, 646)
Wiesner Inc.; John
1995 Ed. (268, 272)
1994 Ed. (257)
Wiesner Pontiac
1991 Ed. (291)
Wietek
1991 Ed. (1870)
Wigan
2007 Ed. (704)
Wigder; William
1997 Ed. (1891)
1996 Ed. (1817)
1995 Ed. (1839)
1994 Ed. (1801)
1993 Ed. (1818)
Wiggin & Nourie
1999 Ed. (3154)
Wiggins; Stephen F.
1995 Ed. (1717)
Wiggins Teape Appleton
1992 Ed. (1482)
The Wiggles
2001 Ed. (2270)
Wight & Co.
1992 Ed. (356)
Wigoder; Charles
2006 Ed. (836)
2005 Ed. (2463)
Wigwam Inc.
1991 Ed. (295)
1990 Ed. (318)
Wigwam Resort
1998 Ed. (2012)
Wihuri Oy
2004 Ed. (4224)
2001 Ed. (4133)
Wijeyrij Mahadeva
2004 Ed. (969)
Wikipedia
2008 Ed. (649, 654, 3354, 3374)
Wikoff Color
2008 Ed. (3218)
2007 Ed. (3077)
2006 Ed. (3044, 3045)
2005 Ed. (3041)
2001 Ed. (2876)
Wiktor/Leo Burnett
2000 Ed. (169)
1999 Ed. (151)
Wiktor/Leo Burnett Advertising
2003 Ed. (146)
2002 Ed. (179)
2001 Ed. (207)
Wilamette Industries
1990 Ed. (2500)
Wilbanks, Smith & Thomas
2000 Ed. (2822, 2824)
1999 Ed. (3088)
1998 Ed. (2288, 2290)
1997 Ed. (2531, 2535)
Wilber National Bank
1993 Ed. (510)
Wilberly Allison Tong & Goo
2007 Ed. (3203)
2006 Ed. (3160, 3169)
Wilbert Inc.
2008 Ed. (4673)
2005 Ed. (4688)
2004 Ed. (4718)
2003 Ed. (4734)
Wilbert Holliman
2004 Ed. (2527)
Wilbert Life Insurance Co.
2002 Ed. (2911)
1995 Ed. (2310)
Wilbert Plastic Services
2007 Ed. (4749)
2006 Ed. (4733)
Wilbur-Ellis
2005 Ed. (3910)
Wilcon Homes
2002 Ed. (51)
Wilcox Inc.
1995 Ed. (3086)
1993 Ed. (2993)
Wilcox & Gibbs
1992 Ed. (1884)
Wilcox Memorial Hospital
2007 Ed. (1753)
2006 Ed. (1744)
Wilcox Professional Services LLC
2008 Ed. (4404)
Wild Bird Centers of America Inc.
2008 Ed. (3891)
2006 Ed. (3815)
2005 Ed. (3723)
2004 Ed. (3816)
2003 Ed. (3806)
2002 Ed. (3659)
Wild Birds Unlimited
2008 Ed. (3891)
2007 Ed. (3829)
2006 Ed. (3815)
2005 Ed. (3723)
2004 Ed. (3816)
2003 Ed. (3806)
2002 Ed. (3659)
Wild Cherry Pepsi
2007 Ed. (4473)
2003 Ed. (4473)
Wild Goose Brewing Co.
1998 Ed. (2489)
Wild Irish Rose
1997 Ed. (3908)
1996 Ed. (3861, 3863)
1995 Ed. (3761, 3762)
Wild Oats Markets Inc.
2008 Ed. (1678, 4569, 4570, 4571)
2006 Ed. (2636)
2005 Ed. (1734, 4560, 4561)
2004 Ed. (1680, 4633)
1997 Ed. (3346)
Wild Places
1994 Ed. (874)
Wild River
1990 Ed. (3685)
1989 Ed. (2904)
Wild River, Laguna Hills, CA
1991 Ed. (3476)
Wild Rivers
1998 Ed. (3701)
1997 Ed. (3868)
Wild Rose Meats Inc.
2008 Ed. (1549)
Wild Turkey
2004 Ed. (4892, 4908)
2003 Ed. (4902, 4919)
2002 Ed. (284, 3107)
2001 Ed. (4788)
2000 Ed. (2948, 2975)
1999 Ed. (3208, 3235, 3236, 3237, 3238, 3242)
1998 Ed. (2376)
1997 Ed. (2644, 2660)
1996 Ed. (2521)
1995 Ed. (2472)
1994 Ed. (2391)
1993 Ed. (2446)
1992 Ed. (2869)
1991 Ed. (727, 2317)
1989 Ed. (748, 752)
Wild Turkey Bourbon
2002 Ed. (3159, 3161, 3162)
Wild Turkey Liqueur
1998 Ed. (2372)
1996 Ed. (2501)
Wild Vines
2003 Ed. (4965)
Wild Water Kingdom
1989 Ed. (2904)
Wild West
1998 Ed. (3607)
Wild Wooly
1997 Ed. (3771)
Wildbird
1994 Ed. (2789)
WildCard Systems Inc.
2007 Ed. (4406)
Wilde Sapte
1992 Ed. (15)
Wildell Gruppen
2003 Ed. (152)
Wilder; C. John
2008 Ed. (936)
2007 Ed. (1014)
2006 Ed. (924, 941)
2005 Ed. (989)
Wilder Foundation; Amherst H.
1989 Ed. (1476)
Wilder; John
2006 Ed. (939)
Wilder; L. Douglas
1993 Ed. (1994)
1992 Ed. (2345)
Wilder-Manley Associates, Inc.
1990 Ed. (3289)
The Wilderness Society
1993 Ed. (1637)
1992 Ed. (254, 1987)
1991 Ed. (1580)
Wildflower International Ltd.
2006 Ed. (3540, 4379)
Wildlife
1995 Ed. (2989)
Wildlife Conservation Society
2000 Ed. (3342)
Wildman & Sons Ltd.; Frederick
2005 Ed. (4976)
Wildman & Sons Imported Wines
1989 Ed. (2940)
Wildwater Kingdom
1995 Ed. (3725)
1994 Ed. (3654)
1993 Ed. (3688)
1992 Ed. (4425)
1990 Ed. (3685)
Wildwater Kingdom, Allentown, PA
1991 Ed. (3476)
Wildwoods Convention Center
2002 Ed. (1335)
Wilentz, Goldman & Spitzer
2000 Ed. (2900)
1999 Ed. (3155)
1998 Ed. (2331)
1995 Ed. (2419)
1993 Ed. (2401)
1992 Ed. (2843)
1991 Ed. (2289)
1990 Ed. (2423)
1989 Ed. (1884)
Wilentz, Goldman & Spitzer, PA
2002 Ed. (3060)
Wilentz, Goldman & Spitzer PC
1997 Ed. (2599)
1994 Ed. (2354)
Wiley & Sons Inc.; John
2008 Ed. (3623)
2007 Ed. (4054)
2006 Ed. (1928, 4023)
2005 Ed. (3981)
Wiley Enterprises
2005 Ed. (1209)
Wiley; M. E.
2005 Ed. (2498)
Wiley Rein & Fielding
2007 Ed. (3326)
Wilf Corp.; Elias
1995 Ed. (1879)
1993 Ed. (1866)
Wilfred Corrigan
1997 Ed. (1800)
Wilfred J. Corrigan
2003 Ed. (4383)
Wilfrid Laurier University
2008 Ed. (1072, 1084)
2007 Ed. (1168, 1176, 1177, 1178)
2002 Ed. (903, 904)
1995 Ed. (871)
Wilhelm A. Mallory
1990 Ed. (1714)
Wilhelm Construction Co.; F. A.
2008 Ed. (1296, 1329)
2006 Ed. (1310, 1337)
Wilhelmsen; Arne
2008 Ed. (4871)
Wilhold
2001 Ed. (2631)
Wilke-Thompson Capital Management
1993 Ed. (2333)
Wilkerson Corp.
2002 Ed. (1654)
Wilkerson & Co.
1998 Ed. (2706)
Wilkes Barre-Scranton, PA
2004 Ed. (872)
2003 Ed. (845)
2002 Ed. (922)
Wilkes Bashford
2006 Ed. (1038)
Wilkes McClave III
2003 Ed. (1546)
Wilkie Farr & Gallagher
2002 Ed. (1359)
2000 Ed. (3198)
1999 Ed. (3484)
1998 Ed. (2573)
Wilkin & Guttenplan PC
2008 Ed. (1974)
Wilkins Area Industrial Development Authority, PA
1993 Ed. (2619)
Wilkins Buick, Inc.
1991 Ed. (304)
1990 Ed. (337)
Wilkins; Scott
1996 Ed. (1900)
Wilkinson
1994 Ed. (2997)

Wilkinson Boyd Asset Mgmt.
1990 Ed. (2336)
Wilkinson; Peter
2008 Ed. (4907)
2007 Ed. (4933)
Wilkinson Sword
1990 Ed. (2947, 2948)
Wilks Masonry Corp.
2007 Ed. (1363)
2006 Ed. (1286)
2005 Ed. (1316)
2002 Ed. (1293)
Will & Grace
2005 Ed. (4665)
2004 Ed. (3515, 3808, 4692)
2003 Ed. (4715, 4716)
2002 Ed. (4583)
Will County, IL
2008 Ed. (4732)
Will Hill Ltd.
2005 Ed. (2940, 3282, 4090)
Will Smith
2008 Ed. (183)
2005 Ed. (2443)
Willaim P. Foley III
2002 Ed. (1040)
Willaim W. McGuire
2008 Ed. (945)
Willamette
2000 Ed. (1584)
1999 Ed. (1752)
Willamette Industries Inc.
2005 Ed. (1526)
2003 Ed. (1808, 2538, 2541, 3715, 3717, 3718)
2002 Ed. (1751, 2319, 2320, 2321, 3581, 3583, 3584)
2001 Ed. (1832, 3621, 3622, 3623, 3626, 4933)
2000 Ed. (1533, 3405, 3407)
1999 Ed. (1553, 1722, 2491, 3688, 3689, 3700, 3701)
1998 Ed. (1185, 1752, 2736, 2737, 2738, 2739)
1997 Ed. (1235, 1496, 2068, 2986, 2988, 2989, 2991)
1996 Ed. (1434, 2901, 2902)
1995 Ed. (1472, 1763, 2827, 2828, 2830)
1994 Ed. (1438, 1892, 2726)
1993 Ed. (1384, 1417, 1891, 2765)
1992 Ed. (2210, 3329, 3332, 3333, 3338)
1991 Ed. (1762, 2668, 2670)
1990 Ed. (1844, 2761, 2762)
1989 Ed. (1915, 2112)
Willamette University
2001 Ed. (3061)
2000 Ed. (2904)
Willamette University College of Law
1999 Ed. (3160)
Willamette University, George H. Atkinson Graduate School of Management
1989 Ed. (841)
Willard C. Butcher
1990 Ed. (458, 459)
1989 Ed. (417)
The Willard Inter-Continental
1992 Ed. (2481)
1990 Ed. (2102)
Willard Inter-Continental Hotel
1997 Ed. (2284)
1993 Ed. (2089)
1991 Ed. (1946)
Willard; Miriam Cutler
1997 Ed. (1869)
1995 Ed. (1868)
1994 Ed. (1783, 1784)
1993 Ed. (1801)
Willbros Group Inc.
2006 Ed. (1272)
2005 Ed. (1303)
2004 Ed. (1279, 1280, 2364)
2003 Ed. (4599)
Willcox Inc.
1994 Ed. (3041)
1992 Ed. (3659)
1991 Ed. (2830)
Willcox & Savage
1995 Ed. (2651)
Willcox Inc. Reinsurance Intermediaries
1998 Ed. (3036)
1997 Ed. (3291)
1996 Ed. (3187)
Willem II Extra Senoritas
2001 Ed. (2116)
Willem II Half Corona
2001 Ed. (2114)
Willem P. Roelandts
2007 Ed. (2502)
2006 Ed. (2524)
Willens; Robert
1997 Ed. (1905)
1996 Ed. (1832)
1995 Ed. (1854)
1994 Ed. (1836)
Willert Home Products
2003 Ed. (996)
Willey Brothers Inc.
2006 Ed. (4366)
Willey; R. C.
1996 Ed. (1983)
William A. Anders
1994 Ed. (947, 1714)
William A. Cook
2006 Ed. (4904)
2005 Ed. (4849)
2004 Ed. (4863)
William A. Cooper
1994 Ed. (1720)
William A. Robinson
1990 Ed. (3084, 3085)
William A. Roskin
2007 Ed. (2504)
2006 Ed. (2525)
William A. Roskinsr
2005 Ed. (2511)
William & Flora Hewlett Foundation
2008 Ed. (2766)
2005 Ed. (2677)
2002 Ed. (2332)
1992 Ed. (1100)
William & Mary; College of
2008 Ed. (784)
2007 Ed. (805, 832)
2006 Ed. (720)
William & Melinda Gates
2008 Ed. (3979)
2007 Ed. (3949)
2005 Ed. (3832)
William Anders
1995 Ed. (979, 980)
William B. Harrison Jr.
2007 Ed. (1027)
2005 Ed. (2474)
William B. Keene
1991 Ed. (3212)
William B. May Co.
2002 Ed. (3915)
2001 Ed. (3997)
2000 Ed. (3714)
William B. Snyder
1991 Ed. (1626)
1990 Ed. (1719)
William B. Ziff
1990 Ed. (2577)
William Baird plc
2002 Ed. (1087)
2001 Ed. (1282)
2000 Ed. (1125)
1999 Ed. (1206)
1996 Ed. (1021)
1995 Ed. (1037)
1994 Ed. (1031)
1993 Ed. (999)
1992 Ed. (1229)
1991 Ed. (986)
William Barron Hilton
2007 Ed. (4899)
William Beaumont Hospital Inc.
2008 Ed. (1928, 3062)
2007 Ed. (1879)
2006 Ed. (1880)
2005 Ed. (1866)
2004 Ed. (1796)
2003 Ed. (1759)
2002 Ed. (2619)
2001 Ed. (1791, 2228, 2772)
2000 Ed. (2526)
1999 Ed. (3462)
1998 Ed. (1988)
1997 Ed. (2269)
1996 Ed. (2154)
1995 Ed. (2142)
1993 Ed. (2072)
1990 Ed. (2055)
William Beaumont Hospitals
1992 Ed. (2457)
1991 Ed. (1933)
William Belchere
2000 Ed. (2064)
1999 Ed. (2284)
William Belew
2005 Ed. (3183)
William Bernbach
2000 Ed. (37)
William Bernstein
2004 Ed. (3168)
William Bird
2000 Ed. (1979)
William Blair
1990 Ed. (2293)
1989 Ed. (1761)
William Blair & Co.
2001 Ed. (560, 810)
1998 Ed. (2252, 2270, 3176)
1997 Ed. (2505)
1996 Ed. (2372, 3365)
1995 Ed. (2353)
1994 Ed. (2292)
William Blair & Co. LLC
2002 Ed. (2999, 4234)
2000 Ed. (2769)
William Blair Capital
1997 Ed. (3833)
William Blair Growth
1996 Ed. (2752, 2773)
William Blair Income
1996 Ed. (2783)
William Blair Income Fund
1999 Ed. (746)
William Blair International Growth
2006 Ed. (3674, 3675)
2004 Ed. (2477, 3638, 3640, 3643)
2003 Ed. (3613)
2002 Ed. (2163, 3476)
William Blair International Growth Fund
2003 Ed. (3529)
William Blair Small Cap Growth
2008 Ed. (2621)
2007 Ed. (2491)
2006 Ed. (4570)
William Boyd
2007 Ed. (4899)
William Brown
1998 Ed. (1685)
William C. Ford Jr.
2007 Ed. (1030)
2006 Ed. (936)
William C. France Jr.
2002 Ed. (3347)
William C. Steere Jr.
1996 Ed. (962)
William C. Weldon
2008 Ed. (950)
2007 Ed. (1028)
William Cable
1995 Ed. (936)
William Carter Co.
1997 Ed. (1019)
1996 Ed. (999)
William Cavanaugh III
2006 Ed. (1099)
2005 Ed. (1104)
William Cheng
1997 Ed. (849)
William Cibes
1995 Ed. (3504)
William Clay Ford
2002 Ed. (979, 3347)
William Clay Ford Jr.
2005 Ed. (984)
William Cook
2008 Ed. (4829)
2007 Ed. (4899)
2002 Ed. (3354)
William Cook Advertising
1990 Ed. (149)
1989 Ed. (158, 159)
William Cook Agency Inc.
2000 Ed. (95)
1999 Ed. (89)
1998 Ed. (55)
1992 Ed. (206)
1991 Ed. (149)
William Cooper
2007 Ed. (1017)
2006 Ed. (927)
William Cos.
1996 Ed. (1999)
William Cox Ireland Ltd.
2008 Ed. (1859)
William Curtin
1998 Ed. (1565)
1997 Ed. (1951)
1993 Ed. (1843)
William D. Schaefer
1993 Ed. (1994)
William D. Smithburg
1996 Ed. (1715)
1993 Ed. (938)
William D. Winer Inc.
1993 Ed. (2342)
William D. Zollars
2008 Ed. (958)
2006 Ed. (2530)
2005 Ed. (2516)
William Dale
2000 Ed. (2138)
1999 Ed. (2351)
1990 Ed. (850)
William Davidson
1998 Ed. (686)
William de Winton
2000 Ed. (2116)
William Dean Singleton
2007 Ed. (2497)
William Deatherage
2000 Ed. (2056)
William Demant
2007 Ed. (2781)
William Demant Holding
2006 Ed. (1402)
William Dillard II
2007 Ed. (2503)
William Ding Lei
2007 Ed. (2508)
2006 Ed. (2529)
2005 Ed. (2515)
William Donald Schaefer
1995 Ed. (2043)
1992 Ed. (2344)
William Douglas McAdams Inc.
1997 Ed. (57)
1991 Ed. (2398, 68)
1990 Ed. (67)
1989 Ed. (60)
William Doyle
2008 Ed. (2633, 2637)
2007 Ed. (2501)
William Drewry
2000 Ed. (2036)
1999 Ed. (2255)
William E. Greehey
2007 Ed. (960, 1031)
2006 Ed. (937)
William E. Simon & Sons
2000 Ed. (4342)
1999 Ed. (4234, 4706)
1998 Ed. (3666)
William E. Simon & Sons LLC
2002 Ed. (4736)
2000 Ed. (4341)
William E. Simon & Sons Municipal Securities Inc.
2000 Ed. (3971)
William Edward Simon
1992 Ed. (3079)
1991 Ed. (2462)
1990 Ed. (2578, 2578)
William Esrey
2001 Ed. (1217)
William Esty
1989 Ed. (135)
William Esty Co. Inc. Advertising
1989 Ed. (98)
William F. Aldinger
2002 Ed. (2213)
2000 Ed. (1884)
William F. Andrews
1998 Ed. (1135)
William F. LaVecchia
1993 Ed. (2461)
1992 Ed. (2903)

William F. Poe
1990 Ed. (2271)
1989 Ed. (1741)
William F. Rolinski
2004 Ed. (2533)
William Farley
2005 Ed. (1533)
2004 Ed. (1517)
2003 Ed. (1487)
2002 Ed. (1466)
2000 Ed. (1884)
1998 Ed. (1516)
1996 Ed. (1715)
1994 Ed. (1721)
1990 Ed. (3554)
William Fatt
2004 Ed. (2534)
William Fish
1997 Ed. (1947)
1993 Ed. (1844)
William Fisher
2008 Ed. (4831)
2007 Ed. (4897)
William Ford & Family
1990 Ed. (3687)
William France Jr.
2007 Ed. (4904)
William Fricks
1999 Ed. (1120)
William Fry
2005 Ed. (1444, 1445)
William G. Demmert
1991 Ed. (3212)
William G. Mays
1999 Ed. (2055)
William G. McEwan
2004 Ed. (971, 1667)
William Gallagher
2000 Ed. (2159)
1999 Ed. (2379)
William Gates
1998 Ed. (464, 686, 1509, 1510)
1997 Ed. (1798)
William Genco
2000 Ed. (2009)
1999 Ed. (2227)
1998 Ed. (1605)
1997 Ed. (1893)
1996 Ed. (1819)
1995 Ed. (1841)
1994 Ed. (1803)
1993 Ed. (1820)
1992 Ed. (2135, 2137)
1991 Ed. (1688)
1990 Ed. (1766)
William Grant
2000 Ed. (2941)
1991 Ed. (2931)
William Grant & Sons
2005 Ed. (4975)
2004 Ed. (4320, 4974)
2003 Ed. (3231, 4310)
2002 Ed. (3109, 3152)
2001 Ed. (360, 2120, 3119)
1990 Ed. (1033)
William Grants
2002 Ed. (3182)
2001 Ed. (2118, 3113)
William Green
2008 Ed. (939)
2007 Ed. (973)
William Gruwell
2006 Ed. (333, 334)
William H. Bickell
2004 Ed. (1836)
2003 Ed. (1803)
William H. Cosby Jr.
1994 Ed. (1667)
1991 Ed. (1578)
1990 Ed. (1672)
William H. Gates
1999 Ed. (727, 1072, 2075, 2076, 2082, 2664, 4746)
1994 Ed. (890, 1716, 1718)
William H. Gates III
2008 Ed. (4835, 4837, 4839, 4881, 4882)
2007 Ed. (4906, 4908, 4915, 4916)
2006 Ed. (689, 1450, 3262, 3898, 4911, 4915, 4927)
2005 Ed. (788, 4858, 4860, 4882, 4883)
2004 Ed. (3890, 4872, 4874, 4881, 4882)
2003 Ed. (787, 4684, 4887, 4889, 4894)
2002 Ed. (706, 2806, 3361)
2001 Ed. (705, 4745)
1999 Ed. (726)
1997 Ed. (673)
1996 Ed. (961)
1995 Ed. (664, 1717, 1731)
William H. Joyce
2007 Ed. (2498)
William H. Rincker
1992 Ed. (534)
William H. Swanson
2007 Ed. (1029)
William Hartnett
2005 Ed. (3183)
William Hermandez
2007 Ed. (1050)
2006 Ed. (954)
William Hewlett
2008 Ed. (895)
2002 Ed. (3350)
2000 Ed. (1881, 2448)
1999 Ed. (2082, 2664)
1998 Ed. (686)
1989 Ed. (2751, 2905)
William Hickey
2006 Ed. (911)
William Hill
2007 Ed. (731)
2006 Ed. (3275)
2005 Ed. (2945, 3283)
William Hill plc
2008 Ed. (3083)
2007 Ed. (1784, 2959, 3349)
2006 Ed. (1684)
William Hoffmann
2000 Ed. (1952)
William Holland
1997 Ed. (980)
William Ingassia
1998 Ed. (1574)
William Ingrassia
1997 Ed. (1927)
William J. Avery
2000 Ed. (1887)
William J. Catacosinos
1994 Ed. (1718)
1991 Ed. (1625)
William J. Cibes
1993 Ed. (3444)
William J. Conaty
1997 Ed. (3068)
1996 Ed. (2989)
1995 Ed. (1726)
William J. Doyle
2008 Ed. (2631)
William J. Holcombe
1992 Ed. (2063)
William J. Inman
2006 Ed. (2532)
William J. Spector
2005 Ed. (2512)
William Jewell College
1989 Ed. (956)
William Jovanovich
1993 Ed. (1703)
1991 Ed. (1629)
1990 Ed. (1721)
1989 Ed. (1382)
William K. Warren Medical Research Center
1989 Ed. (1477)
William K. Woodruff
1992 Ed. (3880)
William Keitel
2008 Ed. (969)
2007 Ed. (1086)
2006 Ed. (994)
2005 Ed. (993)
William Kelley
2000 Ed. (1876)
William Kellogg
2008 Ed. (4826)
2006 Ed. (4902)
William L. Bucknall Jr.
2008 Ed. (2635)
William L. Davis
2000 Ed. (1884)
William L. Parsons
1991 Ed. (2344)
William L. Rouse, Jr.
1992 Ed. (1138)
William L. Westerman
1999 Ed. (2079)
William Landers
1999 Ed. (2408)
William Laurent
1999 Ed. (2415)
William Lawson's
1996 Ed. (2525)
William Leach
2000 Ed. (2010)
1999 Ed. (2228)
1997 Ed. (1868)
1996 Ed. (1794)
1995 Ed. (1821)
1994 Ed. (1781)
1993 Ed. (1798)
1991 Ed. (1681, 1708)
William Lehman Buick
1992 Ed. (409)
1991 Ed. (304)
1990 Ed. (337)
William Lehman Mitsubishi
1996 Ed. (280)
1995 Ed. (280)
1994 Ed. (277)
William Lewis
1991 Ed. (2554)
William Lyon Co.
1995 Ed. (1134)
1994 Ed. (1113, 1114, 1119)
1992 Ed. (1353, 1362, 1363, 1366, 1367, 2555)
1990 Ed. (1171)
William Lyon Companies
1990 Ed. (1155)
William Lyon Cos.
1993 Ed. (1083, 1089, 1095)
1991 Ed. (1047, 1058, 1059, 1062, 1063, 1988)
William Lyon Homes
2007 Ed. (1269, 2737)
2006 Ed. (1190)
2005 Ed. (1242, 4006, 4007)
2004 Ed. (1194, 1218, 4074)
2003 Ed. (1188, 1189, 1206)
2002 Ed. (1210, 2672, 2673, 2675)
2001 Ed. (1389)
2000 Ed. (3721)
William M. Bird & Co., Inc.
2000 Ed. (2202)
1999 Ed. (2447)
William M. Davidson
2008 Ed. (4833)
2007 Ed. (4904)
2006 Ed. (4909)
2005 Ed. (4855)
2004 Ed. (4864)
William M. Landuyt
2006 Ed. (2521)
William M. Mercer Inc.
2002 Ed. (1218, 2112)
2000 Ed. (1774, 1775, 1776, 1777, 1778, 1779)
1997 Ed. (1715, 1716)
1994 Ed. (1622, 1623, 1624)
1993 Ed. (15, 1589, 1590, 1591, 1592)
1992 Ed. (1940)
1991 Ed. (1543)
1990 Ed. (852)
William M. Mercer Companies LLC
2001 Ed. (2222)
William M. Mercer Cos. Inc.
2001 Ed. (1442, 1443, 2221)
1999 Ed. (26, 1997, 1998, 1999, 2000, 2001)
1998 Ed. (1422, 1423, 1424, 1425, 1426, 1427)
1996 Ed. (836, 1638, 1639)
1995 Ed. (854, 1661, 1662)
William M. Mercer Cos. LLC
2002 Ed. (2111, 2113)
William M. Mercer LLC
2002 Ed. (866)
William M. Mercer Meidinger Hansen Inc.
1991 Ed. (1544, 1545)
1990 Ed. (1650, 1651)
William M. Young Co.
1995 Ed. (849)
1994 Ed. (797)
William McCormick Jr.
2001 Ed. (1220)
1994 Ed. (948)
1993 Ed. (939)
1992 Ed. (1144)
William McDonough
2005 Ed. (3204)
William McGrath
1997 Ed. (2002)
1996 Ed. (1912)
William McGuire
2008 Ed. (937)
2007 Ed. (993)
2005 Ed. (969)
2000 Ed. (1878)
William McGuire, CEO
2000 Ed. (2425)
William McKee
2008 Ed. (966)
2007 Ed. (1085)
2006 Ed. (992)
William McKnight
2005 Ed. (974)
William McLaughlin II
1992 Ed. (1137)
William Melton
1990 Ed. (2285)
William Mercer Inc.
1990 Ed. (1648)
William Mills Agency
2005 Ed. (3959)
William Mills & Associates
2002 Ed. (3808)
William Mitchell College of Law
2000 Ed. (2910)
1998 Ed. (2340)
1996 Ed. (2464)
William Morean
2005 Ed. (4850)
2002 Ed. (3350)
William Morrison
1990 Ed. (3500)
William Morse Davidson
2003 Ed. (4881)
2002 Ed. (3345)
William Motto
2008 Ed. (2634)
William Murray
1996 Ed. (1710)
1994 Ed. (1715)
William Overholt
1999 Ed. (2283)
William P. Clements, Jr.
1992 Ed. (2345)
1991 Ed. (1857)
1990 Ed. (1946)
William P. Foley II
2008 Ed. (957, 2638, 2639)
William P. Noglows
2007 Ed. (2500)
2006 Ed. (2521)
William P. Stiritz
1993 Ed. (937, 1695)
1991 Ed. (1623)
1990 Ed. (1713)
William Paley
2000 Ed. (37)
1992 Ed. (1096)
William Parsons
1993 Ed. (2464)
1992 Ed. (2906)
William Pecoriello
2000 Ed. (1986)
William Penn Foundation
2002 Ed. (2334)
1999 Ed. (2504)
1994 Ed. (1904)
1992 Ed. (2217)
1991 Ed. (1768)
1990 Ed. (1849)
William Penn Interest Income Government Securities
1996 Ed. (2780)
William Penn Life
1995 Ed. (2297)
William Penn Quality Income
1996 Ed. (2784)
William Perez
2007 Ed. (964)

William; Prince
2007 Ed. (4925)
William Pulte
2007 Ed. (4902)
William R. Berkley
1998 Ed. (720, 2138)
William R. Biggs,/Gilmore Associates
1990 Ed. (67)
William R. Brown Jr.
1995 Ed. (2669)
1993 Ed. (2639)
William R. Flough & Co.
1991 Ed. (3063)
William R. Hewlett
2001 Ed. (3779)
William R. Hough & Co.
2005 Ed. (4313)
2004 Ed. (4372)
2003 Ed. (4352)
2002 Ed. (4234)
2001 Ed. (794, 795, 830, 916, 923, 924, 4382)
2000 Ed. (3979, 3981)
1999 Ed. (3020, 4243, 4245)
1998 Ed. (2233, 3254)
1997 Ed. (2479)
1993 Ed. (2269, 3198)
1991 Ed. (2173)
The William R. Kenan, Jr. Charitable Trust
1995 Ed. (1070, 1928)
William R. Klesse
2008 Ed. (953)
William Rabin
2000 Ed. (1998)
1999 Ed. (2220)
1998 Ed. (1603, 1634)
1997 Ed. (1872)
William Randol
1997 Ed. (1888)
1996 Ed. (1813)
1995 Ed. (1836)
1994 Ed. (1798)
1993 Ed. (1815)
1989 Ed. (1418)
William Reed
2000 Ed. (1923)
1999 Ed. (2153)
1998 Ed. (1566)
1997 Ed. (1924)
William Rhodes
1998 Ed. (1515)
William Roelandts
2003 Ed. (961)
William Rubin
1999 Ed. (2189)
William Rudolphsen
2007 Ed. (1090)
William Ryan
2008 Ed. (2637)
William S. Heys
2000 Ed. (1886)
William S. Kellogg
2005 Ed. (4853)
2004 Ed. (4868)
William Schreyer
1993 Ed. (936, 937, 940, 1695)
William Shanahan
2000 Ed. (1880)
1996 Ed. (1710)
William Shatner
2008 Ed. (2590)
William Siedenburg
1989 Ed. (1419)
William Silverman & Co.
1998 Ed. (2937, 2955)
1997 Ed. (3209)
1996 Ed. (3132)
1995 Ed. (3029)
1994 Ed. (2969)
William Simon
1989 Ed. (1422)
William Smith
1994 Ed. (1806)
1993 Ed. (1823)
1991 Ed. (1690)
William Smithburg
1999 Ed. (2077)
William Stavropoulos
2006 Ed. (881)
2005 Ed. (965)
William Stone
2006 Ed. (2527)
William T. Esrey
2003 Ed. (4695)
William T. Heard
2006 Ed. (333, 334)
William T. Holland
2004 Ed. (971, 1667)
William T. McCormick
1997 Ed. (981)
William T. McCormick, Jr.
1990 Ed. (1715)
William T. Randall
1991 Ed. (3212)
William Teuber Jr.
2007 Ed. (1064)
2006 Ed. (968)
William Van Note
1993 Ed. (2639)
William Vere (Holdings) Ltd.
1995 Ed. (1016)
William W. Davis Sr.
1999 Ed. (2055)
William W. McGuire
2006 Ed. (903, 938)
William Weiant
1991 Ed. (1674)
William Weldon
2007 Ed. (994)
William Wells
2007 Ed. (1050)
William Wheeler
2008 Ed. (970)
2007 Ed. (1067)
William Wigder
2000 Ed. (2032)
1999 Ed. (2250)
1997 Ed. (1891)
1996 Ed. (1817)
1995 Ed. (1839)
1994 Ed. (1801)
1993 Ed. (1818)
William Wilson & Associates
2005 Ed. (1530)
William Wrigley
1989 Ed. (1378)
William Wrigley Jr.
2007 Ed. (4898)
2006 Ed. (4903)
2005 Ed. (4848)
2004 Ed. (4862)
2003 Ed. (4880)
2002 Ed. (3353)
2000 Ed. (2221, 3691)
1993 Ed. (831, 929, 1225, 1877)
1992 Ed. (1044, 1526, 2181, 1041, 2174)
1990 Ed. (1825)
William Young
2000 Ed. (1993)
1999 Ed. (2241)
1998 Ed. (1651)
1997 Ed. (1861)
1996 Ed. (1785)
1995 Ed. (1798, 1810)
1994 Ed. (1769)
1993 Ed. (1786)
1991 Ed. (1700, 1708)
1989 Ed. (1418)
Williamette Industries
2000 Ed. (2256)
1995 Ed. (2504)
Williams
2001 Ed. (3946, 3947, 3948)
2000 Ed. (1532, 3518, 3549, 3550)
1998 Ed. (2040)
1997 Ed. (1287, 1288, 1495, 3118, 3119)
1996 Ed. (1433, 2032, 3037, 3038)
1994 Ed. (1981)
1992 Ed. (2259)
1991 Ed. (1786)
1990 Ed. (1876)
1989 Ed. (1494)
Williams; Allison
1991 Ed. (2178)
Williams & Bailey
2002 Ed. (3721)
Williams & Gilmore
1999 Ed. (2843)
Williams & Harris
1999 Ed. (2817)
1998 Ed. (1376)
Williams & Jensen
2006 Ed. (3295)
Williams & Richardson Co. Inc.
1991 Ed. (714)
Williams; Andy
1989 Ed. (990)
Williams Blackstock Architects
2008 Ed. (2512)
Williams BMW
2003 Ed. (747)
Williams Brothers Construction Co.
2007 Ed. (1349)
2002 Ed. (1254)
Williams Brothers Engineering Co.
1991 Ed. (1559)
The Williams Capital Group
2000 Ed. (745)
The Williams Capital Group LP
2008 Ed. (185)
2007 Ed. (198)
2006 Ed. (192)
2005 Ed. (178)
2004 Ed. (177)
2003 Ed. (219)
2002 Ed. (718)
1999 Ed. (732)
Williams Chicken
2008 Ed. (171)
Williams College
2008 Ed. (1057, 1067, 1068)
2001 Ed. (1316, 1318, 1328)
2000 Ed. (1136)
1999 Ed. (1227)
1998 Ed. (798)
1997 Ed. (1052)
1996 Ed. (1036)
1995 Ed. (1051)
1994 Ed. (1043)
1993 Ed. (1016)
1992 Ed. (1268)
1991 Ed. (1002)
1990 Ed. (1089, 1093)
1989 Ed. (955)
Williams Communications Group Inc.
2004 Ed. (412, 3682)
2001 Ed. (4457)
Williams Communications Solutions
1999 Ed. (4561)
The Williams Companies Inc.
2008 Ed. (1479, 2009, 2010, 2011, 2496, 2507, 2848, 3029, 3911, 3923)
2007 Ed. (1939, 1940, 1941, 2288, 2381, 2383, 2906, 3684, 3835, 3858, 3963, 4523)
2006 Ed. (1529, 1773, 1957, 1958, 1959, 2352, 2437, 2440, 2446, 3830, 3836, 3841, 3864, 3913, 4461, 4468)
2005 Ed. (1467, 1612, 1632, 1923, 1924, 2214, 2395, 2398, 2399, 2402, 2413, 3752, 3754, 3759, 3797, 4457)
2004 Ed. (1447, 1837, 1838, 2109, 2110, 2314, 3862, 3869, 4571, 4579)
2003 Ed. (1584, 1804, 1805, 2141, 2259, 2280, 3845, 4538)
2002 Ed. (1185, 1750, 3711, 3712, 3876)
2001 Ed. (1830, 3766, 3767, 4661)
The Williams Cos., Inc.
2005 Ed. (1573)
1999 Ed. (1721, 2570, 3349, 3832, 3833, 3964)
1998 Ed. (1068, 1184, 1809, 2663, 2856, 2861, 2964)
1997 Ed. (2119, 2925)
1996 Ed. (2819)
1995 Ed. (1972, 2752, 2906, 3358)
1994 Ed. (1941, 1945, 2651, 3277)
1993 Ed. (1918, 1922)
1992 Ed. (2262, 3212)
1991 Ed. (2573)
1990 Ed. (1883, 2670)
1989 Ed. (2035)
Williams Energy
1998 Ed. (2725)
Williams Energy Group
2003 Ed. (1804)
Williams Energy Partners L.P.
2003 Ed. (4320)
Williams Energy Services LLC
2005 Ed. (1923)
Williams; Evan
1997 Ed. (2660)
Williams Express
2003 Ed. (4171)
Williams; Gretchen Minyard
1997 Ed. (3916)
1996 Ed. (3876)
1995 Ed. (3788)
1994 Ed. (3667)
1993 Ed. (3731)
The Williams Group
2008 Ed. (1266)
2007 Ed. (1370)
2006 Ed. (1294)
2005 Ed. (1322)
2003 Ed. (1317)
2002 Ed. (1299)
2001 Ed. (1482)
2000 Ed. (1269)
1999 Ed. (1377)
1998 Ed. (956)
Williams Group International Inc.
2004 Ed. (1234, 1238, 1253, 1275, 1284, 1317, 1339)
2003 Ed. (1231, 1266, 1272, 1339)
2002 Ed. (1263, 1266, 1281)
Williams Holdings
1999 Ed. (1434)
1992 Ed. (1608, 3325, 3728)
1991 Ed. (1286)
Williams Holdings of Delaware Inc.
2001 Ed. (1829, 1830)
Williams Holdings PLC
1997 Ed. (2754)
1996 Ed. (2612)
1994 Ed. (2483)
Williams Industries Inc.
1997 Ed. (1164)
1996 Ed. (1140)
1995 Ed. (1161)
1994 Ed. (1146)
1993 Ed. (1129)
1992 Ed. (1416)
1991 Ed. (1083)
1990 Ed. (1207)
Williams International Co.
2001 Ed. (1829)
Williams International Ventures Co.
2005 Ed. (3239)
2004 Ed. (1836, 3903, 3904)
Williams; James B.
1992 Ed. (1137)
Williams; Jerry O.
1989 Ed. (737)
Williams; Joseph D.
1992 Ed. (1142, 2050)
1991 Ed. (1630)
Williams Jr. & Bama Band; Hank
1990 Ed. (1143)
Williams Jr. & The Bama Band; Hank
1992 Ed. (1351)
Williams Jr. & The Bama Band, Tanya Tucker, Hank
1991 Ed. (1040)
Williams, Jr.; Daivd S.
1991 Ed. (2549)
Williams, Jr.; Hank
1997 Ed. (1113)
1993 Ed. (1079)
1991 Ed. (844)
Williams Lake Fibreboard Ltd.
1998 Ed. (1539)
1997 Ed. (1827)
Williams Mullen
2008 Ed. (3429)
Williams Natural Gas Co.
1991 Ed. (1796)
Williams Office Furniture; C. J.
1991 Ed. (2638)
Williams Pipe Line Co.
2003 Ed. (3882)
2001 Ed. (3800, 3802, 3803)
2000 Ed. (2311)
1999 Ed. (3830, 3831, 3834, 3835)
1998 Ed. (2859, 2860, 2864, 2865)
1997 Ed. (3122, 3123, 3124)
1996 Ed. (3039, 3041, 3042)
1995 Ed. (2941, 2944, 2947, 2948)

1994 Ed. (2875, 2878, 2879, 2881)
1993 Ed. (2854, 2859, 2860)
1992 Ed. (3462, 3468, 3469)
1991 Ed. (2742, 2746, 2747, 2748)
1990 Ed. (2869)
1989 Ed. (2232)
Williams plc
2003 Ed. (3280)
2001 Ed. (2897)
2000 Ed. (2648)
Williams-Progressive Life & Accident Insurance Co.
2006 Ed. (3092)
2004 Ed. (3079)
2003 Ed. (2976)
2002 Ed. (714)
2000 Ed. (2669)
1999 Ed. (2916)
1998 Ed. (2132)
1997 Ed. (2419)
1996 Ed. (2286)
1995 Ed. (2280)
1994 Ed. (2233)
Williams Real Estate Co.
1998 Ed. (3019)
1997 Ed. (3273)
Williams Refining & Marketing LLC
2004 Ed. (1866)
Williams; Robert
1996 Ed. (1714)
Williams; Ronald A.
2008 Ed. (945, 950)
Williams Scotsman International Inc.
2008 Ed. (2169)
Williams; Serena
2007 Ed. (293)
2005 Ed. (266)
Williams-Sonoma Inc.
2008 Ed. (2800, 2991, 2993, 2994, 2995, 3000, 3001, 3002, 3098, 3102, 3104, 4476, 4585)
2007 Ed. (2669, 2873, 2874, 2881, 2882, 2981, 2984, 4162, 4495, 4499, 4675)
2006 Ed. (2680, 2881, 2888, 2889, 2964, 4439, 4654)
2005 Ed. (2704, 2949, 2950, 2969, 4127, 4589)
2004 Ed. (2882, 2894, 2895, 2949, 2950, 2962, 4651)
2003 Ed. (2772, 2774, 4671)
2002 Ed. (2587, 4542)
2001 Ed. (2749, 4099)
2000 Ed. (3807)
1999 Ed. (4372)
1998 Ed. (2054)
1997 Ed. (2332)
1990 Ed. (928, 3479)
Williams-Sonoma.com
2006 Ed. (2381)
Williams-Sonoma.Home
2008 Ed. (2445)
Williams Telecommunications Group
1994 Ed. (2412)
1993 Ed. (2470)
Williams Television Time
1997 Ed. (3918)
1996 Ed. (3882)
1995 Ed. (3796)
1994 Ed. (3671)
Williams; Venus
2007 Ed. (293)
2005 Ed. (266)
Williams; Walter
1990 Ed. (2285)
Williams; Walter F.
1990 Ed. (1717)
Williams Worldwide Inc.
1999 Ed. (4814)
1998 Ed. (3764)
Williamsburg Bridge
1997 Ed. (726)
Williamsburg Homes
2002 Ed. (1184)
Williamsburg Hospital Inpatient Facility
2002 Ed. (2455)
Williamsburg Inn
1991 Ed. (1947)
Williamsburg National Bank
2007 Ed. (464)
2006 Ed. (453)
Williamsburg, VA
2002 Ed. (1057)
Williamsburgh Savings Bank
1992 Ed. (4293)
WilliamsGroup International
2005 Ed. (1287, 1288, 1289, 1295, 1344)
Williamsom
1999 Ed. (2540)
Williamson
1998 Ed. (1780)
1997 Ed. (2096)
1995 Ed. (1950)
1994 Ed. (1926)
1993 Ed. (1909)
1992 Ed. (1885, 2243)
1991 Ed. (1484, 1778)
1990 Ed. (1589, 1862)
Williamson; Brown
1989 Ed. (908)
Williamson County, TN
1995 Ed. (1509)
Williamson-Dickie Manufacturing Co.
1996 Ed. (1003)
Williamson; Donald E.
1995 Ed. (3503)
Williamson Printing
2008 Ed. (4036)
Williamsport Sun Gazette
1992 Ed. (3245)
1991 Ed. (2599, 2608)
1990 Ed. (2695, 2699)
1989 Ed. (2053)
Williard Inc.
1995 Ed. (1165)
1994 Ed. (1149, 1155)
Willicox Inc. Reinsurance Intermediaries
1990 Ed. (2262)
Willie D. Davis
1998 Ed. (1135)
Willie E. Gary
2002 Ed. (3071)
Willie Nelson
1997 Ed. (1113)
1995 Ed. (1118, 1120)
1994 Ed. (1100)
1992 Ed. (1351)
Willie Wilson
1989 Ed. (719)
Williford, Gearhart & Knight Inc.
2008 Ed. (2519)
Willimantic Waste Paper Co., Inc.
2006 Ed. (3505)
Willingness to fight for customer
1990 Ed. (3089)
Williowbridge Associates
1997 Ed. (1073)
Willis
2001 Ed. (2909)
Willis; Christopher
1996 Ed. (1846)
1995 Ed. (1865)
1994 Ed. (1824)
Willis Corroon Corp.
2001 Ed. (2910)
2000 Ed. (2666)
1992 Ed. (2699, 2700, 2701)
Willis Corroon Group Ltd.
2001 Ed. (4037)
1997 Ed. (1418, 2414)
Willis Corroon Group PLC
2000 Ed. (2661, 2662, 2663, 2664)
1999 Ed. (2906, 2907, 2909)
1998 Ed. (2120, 2121, 2124)
1996 Ed. (2274, 2275, 2276, 2277)
1994 Ed. (2224, 2225, 2226, 2227)
Willis Corroon Management Ltd.
2000 Ed. (980, 981, 984)
1999 Ed. (1030, 1031)
1998 Ed. (640)
1997 Ed. (901)
1996 Ed. (880)
Willis Corroon Management (Cayman) Ltd.
1997 Ed. (899)
1996 Ed. (878)
Willis Corroon Management (Vermont) Ltd.
1999 Ed. (1034)
1998 Ed. (642)
1997 Ed. (903)
Willis Corroon Corp. of Illinois
1999 Ed. (2908)
1998 Ed. (2123)
Willis Corroon Corp. of Los Angeles
2000 Ed. (2665)
1999 Ed. (2910)
1998 Ed. (2125)
1997 Ed. (2415)
Willis Corroon Corp. of Michigan
2001 Ed. (2913)
1999 Ed. (2912)
1998 Ed. (2127)
Willis Corroon Corp. of Ohio
2001 Ed. (2912)
Willis Corroon PLC
1995 Ed. (2270, 2271, 2272, 2273)
1993 Ed. (15, 1191, 2247, 2248, 2249, 2457)
Willis Dawson Holdings Ltd.
1992 Ed. (1193)
Willis Faber
1992 Ed. (1482, 1486)
1990 Ed. (2270)
Willis Faber Holding Inc.
1993 Ed. (2192)
1992 Ed. (2649)
Willis Faber Holdings Inc.
1991 Ed. (2089)
Willis Faber North America Inc.
1998 Ed. (3036)
1997 Ed. (3291)
1996 Ed. (3187)
Willis Faber PLC
1992 Ed. (2899)
1991 Ed. (2138, 2339)
Willis Faber Reinsurance
2000 Ed. (3751)
Willis Gradison
1999 Ed. (3254)
Willis Group Ltd.
2002 Ed. (2853, 2856, 2859, 2860, 2861, 2863)
Willis Group Holdings Ltd.
2008 Ed. (3236, 3237, 3240, 3241, 3242, 3243, 3284)
2007 Ed. (881, 3095, 3097)
2006 Ed. (3072, 3073, 3075, 3079)
2005 Ed. (3073, 3074, 3078)
2004 Ed. (3062, 3063, 3066, 3068)
2003 Ed. (4320)
Willis-Knighton Medical Center
2008 Ed. (3058, 3064)
2001 Ed. (1779)
Willis Lease Finance Corp.
2005 Ed. (3270, 3271)
2004 Ed. (3245, 3246)
Willis Management
2008 Ed. (852, 855)
2007 Ed. (879)
2006 Ed. (784, 789)
2001 Ed. (2923)
Willis Management (Bermuda) Ltd.
2001 Ed. (2920)
Willis Management (Cayman) Ltd.
2008 Ed. (858)
2006 Ed. (787)
2001 Ed. (2921)
Willis Management (Dublin) Ltd.
2006 Ed. (790)
Willis Management (Guernsey) Ltd.
2008 Ed. (3381)
2006 Ed. (788)
Willis Management (Vermont) Ltd.
2008 Ed. (859)
2006 Ed. (791)
Willis of Illinois Inc.
2002 Ed. (2862)
Willis Re
2008 Ed. (3331)
2007 Ed. (3186)
2006 Ed. (3149)
2005 Ed. (3152)
2002 Ed. (3960)
Willis Shaw Express Inc.
2007 Ed. (4111)
1998 Ed. (3031)
Willis Stein & Partners
2007 Ed. (2852)
2006 Ed. (2863)
Willis Stein & Partners III LP
2004 Ed. (1449)
Willis Stein & Partners LP
2001 Ed. (4675)
Willis Stein & Partners Management III LLC
2008 Ed. (2974)
Willkie Farr & Gallagher
2008 Ed. (3418)
2001 Ed. (877)
2000 Ed. (1726)
1999 Ed. (1942, 3142)
1998 Ed. (2326, 3617)
1996 Ed. (2455)
1995 Ed. (1629)
1993 Ed. (1549, 2627)
1991 Ed. (1487, 2534, 2535, 2782)
Willliams plc
2002 Ed. (3307)
Willman; Barry
1997 Ed. (1873, 1876)
1995 Ed. (1826)
1994 Ed. (1823, 1834)
1993 Ed. (1805)
Willow Brook Foods Inc.
2008 Ed. (3616)
Willow Grove Bank
2000 Ed. (3857, 4251)
Willow Grove Park
1991 Ed. (3127)
1990 Ed. (3292)
1989 Ed. (2493)
Willowbridge Associates
2005 Ed. (1087)
1999 Ed. (1251)
1997 Ed. (1073)
1994 Ed. (1068)
1993 Ed. (1036)
Willowbridge Associates Inc. (Siren)
1996 Ed. (1055)
Willowbrook Mall
1989 Ed. (2492)
Wills Eye Hospital
2008 Ed. (3047)
2007 Ed. (2924)
2006 Ed. (2905)
2005 Ed. (2908)
2004 Ed. (2922)
2003 Ed. (2818)
2002 Ed. (2614)
2000 Ed. (2515)
1999 Ed. (2736)
Wills Faber North America Inc.
1995 Ed. (3086)
Wills Faber P.L.C.
1990 Ed. (2465)
Wills; W. D. & H. O.
1993 Ed. (3472)
Willston Wildcatters Oil
1997 Ed. (1374)
Willumstad; Robert
2005 Ed. (2510)
Willumstad; Robert B.
2005 Ed. (2512)
Willy Wonka
2007 Ed. (677, 682)
Willy Wonka Nerds
1996 Ed. (870)
Wilma South Corp.
1998 Ed. (3004)
Wilmer, Cutler
2003 Ed. (3179)
Wilmer, Cutler & Pickering
2004 Ed. (3240)
2003 Ed. (3193, 3195)
2001 Ed. (567)
1994 Ed. (2352)
1993 Ed. (2406)
1992 Ed. (2847)
1991 Ed. (2294)
1990 Ed. (2428)
Wilmer Cutler Pickering Hale & Dorr
2007 Ed. (3326, 3327)
Wilmer Cutler Pickering Hale & Dorr LLP
2007 Ed. (3308, 3328)
Wilmer Eye Institute
2008 Ed. (3047)
2007 Ed. (2924)
2006 Ed. (2905)
2005 Ed. (2908)
Wilmers; R. G.
2005 Ed. (2477)

Wilmington, DE
1998 Ed. (246)
1996 Ed. (3631)
1989 Ed. (827)
Wilmington (DE) Dialog
2003 Ed. (3645)
Wilmington, DE-Newark, MD
2001 Ed. (2281)
Wilmington Dialog
2002 Ed. (3503)
Wilmington, IL
1989 Ed. (2906)
Wilmington Insurance Co.
2007 Ed. (3544, 4405)
2006 Ed. (3506, 4345)
Wilmington-Jacksonville, NC
2002 Ed. (4289)
Wilmington, NC
2008 Ed. (3466, 3479)
2006 Ed. (1180)
2004 Ed. (4115)
2000 Ed. (1909, 3767)
1999 Ed. (2127, 4052)
1998 Ed. (246, 743, 2057)
1992 Ed. (3690)
Wilmington-Newark, DE
2002 Ed. (2627, 2732)
1998 Ed. (2483)
Wilmington-Newark, DE-MD
2005 Ed. (2030, 2387)
Wilmington Partnership Corp.
1993 Ed. (889, 892)
Wilmington/Rodney
2008 Ed. (586, 2608)
Wilmington Trust Corp.
2005 Ed. (625, 626)
2004 Ed. (636, 637, 1694)
2003 Ed. (1663)
2000 Ed. (392, 393, 678, 2485, 2842, 2930)
1999 Ed. (393, 441)
1998 Ed. (293, 334, 346, 2305)
1997 Ed. (449, 1643)
1996 Ed. (485, 2415, 3177)
1995 Ed. (367, 454, 3084)
1994 Ed. (349, 364, 465, 2317, 3032)
1993 Ed. (379, 460)
1992 Ed. (649, 2773, 2983, 3656)
1991 Ed. (496, 2245)
1990 Ed. (637, 703)
1989 Ed. (1805)
Wilmington Trust, Del.
1989 Ed. (2155)
Wilmorite Inc.
1993 Ed. (3304)
1992 Ed. (3959, 3969)
Wilmot State Bank
1997 Ed. (180)
Wilmott State Bank (Wilmot, SD)
2000 Ed. (551)
Wilsenach Group; Louis
1994 Ed. (115)
1993 Ed. (136)
Wilshire
2008 Ed. (2290, 2314)
1995 Ed. (2359)
Wilshire Asset
2000 Ed. (2790)
1999 Ed. (3056)
1998 Ed. (2257)
1997 Ed. (2513)
1996 Ed. (2381)
1994 Ed. (2302)
1992 Ed. (2731)
1990 Ed. (2330)
1989 Ed. (2126)
Wilshire Asset Management
1993 Ed. (3392)
Wilshire Associates
2008 Ed. (2710, 2711)
Wilshire Bancorp
2008 Ed. (372, 428)
2007 Ed. (390)
Wilshire Courtyard
1990 Ed. (2732)
Wilshire Financial
2000 Ed. (3392)
Wilshire 5000
1993 Ed. (2363)
Wilshire 5000 Stock Index
2005 Ed. (4518)
Wilshire Grand Hotel
2002 Ed. (2649)
Wilshire Homes
2005 Ed. (1241, 3373)
2004 Ed. (1152, 1217)
2003 Ed. (1150, 1210)
2002 Ed. (2691, 2693)
Wilshire State Bank
2008 Ed. (4397)
2006 Ed. (452)
2003 Ed. (519, 521)
2002 Ed. (4296)
2000 Ed. (4056)
1998 Ed. (3317)
1997 Ed. (3528)
1995 Ed. (3394)
Wilshire Target Large Company Growth
2000 Ed. (3239)
Wilshire Technology
1996 Ed. (210)
Wilson
2007 Ed. (4502, 4503)
2006 Ed. (4445, 4446)
2005 Ed. (4432)
2002 Ed. (2416)
2000 Ed. (1114, 4088)
1999 Ed. (4378, 4379)
1998 Ed. (25, 763, 764, 1856, 3004, 3350, 3351)
1997 Ed. (1023, 2153, 2154, 3556, 3557)
1996 Ed. (29, 2035, 3491, 3492, 3493)
1995 Ed. (3428)
1994 Ed. (3370, 3371)
1993 Ed. (1990, 1991, 3367, 3373, 3375)
1992 Ed. (2337, 2338, 4042, 4043, 4044, 4045, 4051, 4055)
1991 Ed. (1854, 1855, 3165, 3166, 3170, 3174)
1990 Ed. (3329, 3330, 3342)
Wilson & Co.
2008 Ed. (2522)
2007 Ed. (2406)
Wilson & Associates
2008 Ed. (3080, 3338, 3344, 3345, 3349)
2007 Ed. (2955, 3196, 3202, 3203, 3208)
2006 Ed. (3160, 3168, 3169, 3174)
2005 Ed. (3167, 3168)
2004 Ed. (2943)
2003 Ed. (2855)
2002 Ed. (2646)
2001 Ed. (2798)
2000 Ed. (2567)
1999 Ed. (2788)
1998 Ed. (2029)
1993 Ed. (243)
1992 Ed. (2716)
1990 Ed. (2286)
Wilson & Associates Inc.; Jim
1992 Ed. (3969)
Wilson & Becks
1995 Ed. (673)
Wilson & Hartnell
1989 Ed. (122)
Wilson & Horton
2000 Ed. (3331)
1999 Ed. (3622)
1997 Ed. (2939, 2940)
1996 Ed. (2844, 2845)
1994 Ed. (2670, 2671)
1993 Ed. (2721, 2722)
1992 Ed. (3233)
Wilson Associates/Creative Environs; Lynn
1990 Ed. (2286)
Wilson Associates International; Lynn
1993 Ed. (243)
1992 Ed. (2716)
Wilson Boney & Sons Inc.
2006 Ed. (1858, 1859)
2005 Ed. (1851, 1852)
2004 Ed. (1785, 1786)
2003 Ed. (1750)
2001 Ed. (1783)
Wilson Bowden
2008 Ed. (1204)
2007 Ed. (2994)
2006 Ed. (1204)
Wilson; Charles
1990 Ed. (2288, 2290)
Wilson College
1992 Ed. (1273)
Wilson; David
1997 Ed. (1965)
1996 Ed. (1854)
Wilson Electric Services Corp.
2008 Ed. (1181, 1343)
2007 Ed. (1281, 1393)
2006 Ed. (1175, 1349)
Wilson, Elser, Moskowitz, Eldelman & Dicker
1996 Ed. (2533)
Wilson Engineering; H. F.
2008 Ed. (4960)
Wilson Foods Corp.
1992 Ed. (2199)
1991 Ed. (1750)
1990 Ed. (2527)
1989 Ed. (1936, 1937)
Wilson Ford
1990 Ed. (309)
1989 Ed. (285)
Wilson; Gary
1991 Ed. (1620)
Wilson Group Ltd.
1995 Ed. (1011)
Wilson H. Taylor
2002 Ed. (2873)
2000 Ed. (1887)
1999 Ed. (2080, 2085)
1998 Ed. (720, 2138)
1994 Ed. (2237)
1993 Ed. (1706)
1992 Ed. (2064, 2713)
1991 Ed. (1633)
Wilson Harnell Group
2001 Ed. (149)
2000 Ed. (111)
1999 Ed. (106)
Wilson Hartnell Advertising
1990 Ed. (116)
Wilson Hartnell Group
2003 Ed. (89)
2002 Ed. (122)
1997 Ed. (104)
1996 Ed. (102)
1995 Ed. (87)
1993 Ed. (112)
1992 Ed. (166)
1991 Ed. (114)
Wilson Harvey
2002 Ed. (1980)
2000 Ed. (1679)
Wilson-Heirgood Associates
2005 Ed. (1935)
Wilson Hotel Management
1992 Ed. (2465)
Wilson Industries
2008 Ed. (3140)
2003 Ed. (2891)
Wilson; J. Tylee
1989 Ed. (1377)
Wilson, Kemp & Associates Inc.
2002 Ed. (3022)
2001 Ed. (3018)
2000 Ed. (2846)
1999 Ed. (3101)
1998 Ed. (2307)
1996 Ed. (2421)
1995 Ed. (2389)
1991 Ed. (2205)
1990 Ed. (2320)
Wilson; Lynn
1996 Ed. (3713)
Wilson McHenry
2003 Ed. (3990, 4016)
2002 Ed. (3812)
2000 Ed. (3629, 3645)
1999 Ed. (3928)
1998 Ed. (2937)
Wilson McHenry Co.-San Mateo
1998 Ed. (2944)
Wilson, NC
2003 Ed. (3247)
Wilson Office Interiors
2004 Ed. (170)
Wilson Inc.; Oliver T.
2008 Ed. (15)
Wilson; Pete
1995 Ed. (2043)
1993 Ed. (1994)
1992 Ed. (1038)
Wilson Pontiac-GMC Truck-Mazda Inc.; Porterfield
1991 Ed. (714)
1990 Ed. (734, 737)
Wilson Co.; Ray
1996 Ed. (1167)
1995 Ed. (1193)
1994 Ed. (1174)
Wilson Sonsini
2005 Ed. (3258)
2004 Ed. (3229)
Wilson Sonsini Goodrich & Rosati
2008 Ed. (1394, 1395, 3419)
2007 Ed. (3309, 3323)
2006 Ed. (1412, 1413, 3248)
2005 Ed. (1427, 1428, 3261)
2004 Ed. (1408, 1409, 3232)
2003 Ed. (1393, 1394)
2002 Ed. (1356, 1357)
1993 Ed. (2404)
Wilson, Sonsini, Goodrich & Rosati Professional Corp.
2004 Ed. (3251)
Wilson Sporting Goods
1996 Ed. (3490)
Wilson Supply
2006 Ed. (208, 3926)
Wilson Taylor
2000 Ed. (1878, 2425)
Wilson Trucking Corp.
2003 Ed. (4785)
Wilson; Vanessa
1997 Ed. (1920)
1996 Ed. (1848)
Wilson; Willie
1989 Ed. (719)
WilsonMiller
2008 Ed. (2516, 2528)
2006 Ed. (2452)
2004 Ed. (2357)
Wilsons, The Leather Experts
2006 Ed. (4157)
2003 Ed. (3203)
2002 Ed. (3076)
WilTel
1995 Ed. (2487)
Wilton Group PLC
1994 Ed. (997)
Wilton Labs
1991 Ed. (1989)
Wilverman; Henry R.
2006 Ed. (935)
Wily Technology Inc.
2006 Ed. (1140)
2005 Ed. (1151)
Wilzig; Siggi
1992 Ed. (2062)
Wimberley Allison Tong & Goo
2008 Ed. (3080)
2007 Ed. (2955)
Wimberly Allison Tong & Goo
2008 Ed. (262, 264, 3349)
2007 Ed. (286, 288, 3202)
2006 Ed. (3168)
2004 Ed. (2350, 2943)
2003 Ed. (2855)
2002 Ed. (2646)
2001 Ed. (2798)
1998 Ed. (2029)
1993 Ed. (244)
Wimberly Allison Tong Goo
2000 Ed. (2567)
Wimbledon Class C
1999 Ed. (1249)
The Wimbley Group
2003 Ed. (31)
2002 Ed. (711)
2000 Ed. (68)
1999 Ed. (64)
Wimm-Bill-Dann
2005 Ed. (73)
2004 Ed. (78)
Wimm-Bill-Dann Foods
2008 Ed. (78)
2007 Ed. (72)
2006 Ed. (82)
Wimpey
1999 Ed. (2140)

1994 Ed. (1380)
Wimpey; G.
2007 Ed. (1312)
2006 Ed. (1204)
2005 Ed. (1245)
Wimpey Homes
2002 Ed. (51)
Wimpey PLC; George
1997 Ed. (1182)
1996 Ed. (1162)
1992 Ed. (1372, 1428)
Wimpy's
1990 Ed. (3025)
WIN Corp.
2004 Ed. (3951)
Win 4
1996 Ed. (2554)
WIN Home Inspection
2008 Ed. (173)
WIN Laboratories
1993 Ed. (1050)
Winalot
2008 Ed. (719)
2002 Ed. (765, 3658)
Winalot Prime dog food
1992 Ed. (3417)
Winbond
1998 Ed. (3284)
1997 Ed. (3253)
Winbond Electronics Corp.
2007 Ed. (3417)
2003 Ed. (1700, 1702, 2201)
2002 Ed. (1921, 4543, 4544, 4545)
2000 Ed. (4177)
1992 Ed. (1700)
Wincanton
2007 Ed. (4838)
Wincanton Logistics
1999 Ed. (963)
Winchell's
1994 Ed. (3078)
Winchells Donut
1990 Ed. (2967)
Winchell's Donut House
2002 Ed. (2005)
1998 Ed. (3048)
1992 Ed. (2113)
1991 Ed. (1657, 1771)
1990 Ed. (1851)
Winchell's Donut Houses
1990 Ed. (1750)
1989 Ed. (2666)
Winchester
2003 Ed. (966)
1998 Ed. (731, 3438)
Winchester Capital Management
1994 Ed. (2308)
Winchester College
1999 Ed. (4145)
Winchester Homes
2006 Ed. (1158)
2005 Ed. (1182, 1246)
2004 Ed. (1155, 1221)
2003 Ed. (1151, 1214)
2000 Ed. (1213)
1999 Ed. (1330)
1998 Ed. (902)
Winchester Regional Health System Inc.
2005 Ed. (1995)
Winchester 10/20
1990 Ed. (986)
Winco Foods Inc.
2006 Ed. (1758)
2005 Ed. (1787)
2004 Ed. (1728)
2003 Ed. (1692)
Winco Foods LLC
2007 Ed. (1766)
Winco Holdings Inc.
2007 Ed. (1766)
Winco Masonry LP
2008 Ed. (1260)
Wincor
2004 Ed. (263)
Wincor Nixdorf
2001 Ed. (435)
Wincor Nixdorf AG
2008 Ed. (1771, 3208)
2006 Ed. (1736)
Wind
2007 Ed. (2309)
WIND-AM
2005 Ed. (4412)
1997 Ed. (2800, 3236)
1996 Ed. (2653, 3151)
WIND-AM/WOJO-FM
1995 Ed. (2588, 3050)
1994 Ed. (2530, 2987)
1992 Ed. (3088)
Wind River Systems Inc.
2008 Ed. (1148)
2007 Ed. (1250)
2006 Ed. (1137)
2005 Ed. (1148, 1676)
1997 Ed. (2208, 3646)
WIND-WOJO (AM & FM)
1991 Ed. (2472, 2796)
1990 Ed. (2591, 2940)
Windemere
1999 Ed. (2631)
Windex
2005 Ed. (1001)
2003 Ed. (986)
2001 Ed. (1239)
2000 Ed. (1094)
1999 Ed. (1178, 1179)
1998 Ed. (744, 745)
1997 Ed. (1005, 1006)
1996 Ed. (981, 982)
1995 Ed. (994)
1994 Ed. (979, 980)
1993 Ed. (952)
1992 Ed. (1173, 1174)
1991 Ed. (943)
1990 Ed. (1013)
Windex Outdoor
2001 Ed. (1239)
Windham & McDonald Construction
2007 Ed. (4214)
Windham Capital Management
1993 Ed. (2334)
Windmere
2002 Ed. (2441)
2000 Ed. (2411, 2412)
1999 Ed. (2692, 3775)
1998 Ed. (1892, 1896, 1951, 2805, 2806)
1997 Ed. (3060)
1996 Ed. (2984, 2986)
1995 Ed. (1630, 2902)
1994 Ed. (1588, 2815)
1993 Ed. (2813)
1992 Ed. (3402)
1991 Ed. (2713)
1990 Ed. (2809)
Windmill
2003 Ed. (4857)
Windmill International
2005 Ed. (2159)
Windmills of the Gods
1989 Ed. (744)
Windom State Bank
1989 Ed. (212)
Windor Builders Supply
1997 Ed. (834)
Window Butler
2003 Ed. (4939)
2002 Ed. (4904)
Window cleaners
2002 Ed. (1065)
Window coverings, hard
2004 Ed. (2864)
Window Gang
2008 Ed. (4933)
2007 Ed. (4963)
2006 Ed. (4955)
2005 Ed. (4922)
2004 Ed. (4942)
2003 Ed. (4939)
2002 Ed. (2360, 4904)
Window Genie
2006 Ed. (4955)
2005 Ed. (4922)
2004 Ed. (4942)
2003 Ed. (4939)
Window/glass cleaners
1994 Ed. (978)
Window People'' Inc.; Castle ''The
2005 Ed. (2959)
Window World Inc.
2008 Ed. (3003)
2006 Ed. (2956)
2005 Ed. (2960)
Windowizards
2006 Ed. (2955)
Windows
1999 Ed. (1278)
1998 Ed. (841)
1997 Ed. (1104, 3039)
1996 Ed. (2970)
1992 Ed. (1331)
Windows/door installation & service
1999 Ed. (697, 1810, 1812, 2712)
Windows Live Search
2008 Ed. (3355)
Windows Live Spaces
2008 Ed. (3357, 3370)
Windows Magazine
2000 Ed. (3468, 3469)
1999 Ed. (1851, 3749)
1998 Ed. (70, 1276, 2795)
Windows 95
1998 Ed. (854)
1997 Ed. (1090)
Windows NT
2001 Ed. (3533)
Windows NT Systems
1999 Ed. (1858)
Windows on the World
2002 Ed. (3994)
2001 Ed. (4053, 4054)
2000 Ed. (3772)
1994 Ed. (3055)
1992 Ed. (3689)
Windows Sources
1999 Ed. (3749)
1998 Ed. (1276, 2793)
Windows 2000
2001 Ed. (254, 255)
Windows 2000 Magazine
2004 Ed. (146)
Windows Update
2005 Ed. (3187)
Windows/Word
1996 Ed. (1088)
1995 Ed. (1112)
1994 Ed. (1094)
1993 Ed. (1071)
1992 Ed. (1334)
Windshield Washer Fluids
2001 Ed. (538)
Windsong
2001 Ed. (3699)
Windsor
2002 Ed. (2690)
1998 Ed. (3746)
1997 Ed. (3903)
1994 Ed. (2601)
Windsor Court
1995 Ed. (2156)
1990 Ed. (2073)
Windsor Court Hotel
2005 Ed. (2928)
1990 Ed. (2094, 2101)
Windsor Court Hotel, New Orleans
1990 Ed. (2079)
Windsor Design-Build
2007 Ed. (1271)
Windsor Energy Corp.
1994 Ed. (1226)
Windsor Foods
2008 Ed. (2785)
Windsor Fund
1990 Ed. (2392)
Windsor II
1994 Ed. (2601)
Windsor Lloyds
1998 Ed. (2202)
1997 Ed. (2467)
Windsor, ON
2002 Ed. (2647)
Windsor, ON, Canada
1993 Ed. (336)
Windsor Supreme
2004 Ed. (4893, 4907)
2003 Ed. (4903, 4918)
2002 Ed. (291, 3103, 3144, 3148)
2001 Ed. (4789, 4801, 4802)
2000 Ed. (2945, 2975)
1999 Ed. (3205)
1998 Ed. (2374)
1997 Ed. (2654)
1996 Ed. (2515)
1995 Ed. (2466)
1994 Ed. (2385)
1993 Ed. (2435)
1992 Ed. (2871)
1991 Ed. (2319)
1990 Ed. (2453, 2458)
1989 Ed. (1895)
Windsor; University of
2008 Ed. (1071, 1078, 1081, 1082)
Windsor Vineyards
2007 Ed. (888)
Windstar
2002 Ed. (386, 4699, 4702)
2001 Ed. (488, 3394, 4638)
Windstar; Ford
2005 Ed. (291, 304)
Windstream Corp.
2008 Ed. (1532, 4637)
Windward Consulting Group
2007 Ed. (1394)
Windward Homes
2005 Ed. (1201)
2004 Ed. (1173, 1200, 1201)
2003 Ed. (1165)
Windward Islands Bank Ltd.
1989 Ed. (634)
Windy Hill Pet Food Co.
1999 Ed. (3786)
Wine
2004 Ed. (888, 2133, 2555, 2556)
2002 Ed. (282, 687, 688, 689, 690, 692, 693, 694, 695, 697, 698, 764, 2374, 4309, 4527, 4949, 4950, 4951, 4952, 4953)
2001 Ed. (356, 357, 686, 687, 688, 690, 691, 692, 693, 694, 700, 2551)
2000 Ed. (711, 712, 717, 4143)
1999 Ed. (699, 700, 705, 706, 707, 4508)
1998 Ed. (3433, 3462)
1996 Ed. (719)
1995 Ed. (644)
1994 Ed. (682)
1993 Ed. (680, 681)
1992 Ed. (2283)
1989 Ed. (731)
Wine Cellars of E & J Gallo
1999 Ed. (4785)
1998 Ed. (3730)
1996 Ed. (3836)
1995 Ed. (3738)
Wine coolers
2002 Ed. (282, 4949, 4951, 4952)
2001 Ed. (4847, 4895, 4896, 4898, 4899, 4900)
1992 Ed. (4469, 4471, 4476, 4477, 4478)
1991 Ed. (3510, 3504, 3505, 3509, 3511)
1989 Ed. (2966, 2967, 2968)
Wine, dessert & fortified
1992 Ed. (4469, 4471, 4477, 4478, 4476)
Wine, domestic
2003 Ed. (4962)
Wine, domestic dinner/table
1993 Ed. (3685)
Wine, flavored
2003 Ed. (4962)
The Wine Group
2008 Ed. (4935)
2007 Ed. (4966)
2006 Ed. (4959, 4963)
2005 Ed. (4830, 4945, 4946, 4947, 4976)
2004 Ed. (4839, 4961, 4962, 4963)
2003 Ed. (4854, 4958, 4959, 4961)
2002 Ed. (4913)
2001 Ed. (4840, 4841)
2000 Ed. (4396, 4408)
1999 Ed. (4772, 4784)
1998 Ed. (3722, 3738)
1997 Ed. (3897)
1996 Ed. (3849)
1995 Ed. (3739, 3750)
1994 Ed. (3664)
1993 Ed. (3705, 3714, 3721)
1992 Ed. (4453)
1991 Ed. (3490, 3491)
1989 Ed. (2929)
Wine, imported
2003 Ed. (4962)

Wine, kosher
1992 Ed. (4469, 4471, 4476, 4477, 4478)
Wine, non-alcoholic
1994 Ed. (3647)
1993 Ed. (3685)
Wine, refreshment
1992 Ed. (4469, 4471, 4476, 4477, 4478)
Wine, sparkling/champagne
1993 Ed. (3685)
Wine Spectator
2000 Ed. (3473)
1992 Ed. (3384)
Wine, table
1992 Ed. (4469, 4471, 4476, 4477, 4478)
Wine World
1993 Ed. (3721)
Wine World Estates
1998 Ed. (1774, 3738)
1997 Ed. (3897)
1996 Ed. (3849)
1995 Ed. (3750)
Wine.com
2007 Ed. (888)
Winegardner & Hammons
2000 Ed. (2535)
1999 Ed. (2756)
1998 Ed. (1999, 2001)
1997 Ed. (2275, 2276, 2277)
1996 Ed. (2158, 2159)
1995 Ed. (2149, 2150)
1994 Ed. (2092, 2093, 2094)
1993 Ed. (2077, 2078, 2079)
1992 Ed. (2464, 2465, 2466, 2470, 2471)
1990 Ed. (2060, 2061)
Wines
2002 Ed. (2217)
Wines of France
1997 Ed. (3911)
1996 Ed. (3865)
1995 Ed. (3769, 3770)
Wines of France Promotion
1998 Ed. (3751)
Wines of Italy
1998 Ed. (3751)
1996 Ed. (3865)
1995 Ed. (3766)
Wines of Portugal
2002 Ed. (4962, 4963)
Wines of Spain
2002 Ed. (4962, 4963)
WineStyles Inc.
2008 Ed. (4231)
2007 Ed. (4195)
WinFax Pro
1996 Ed. (1082)
Winfrey; Oprah
2008 Ed. (183, 2580, 2585, 2586, 4836, 4883, 4948)
2007 Ed. (2450, 2451, 4907, 4977, 4981, 4983)
2006 Ed. (2485, 2487, 2488, 2499, 4913, 4977, 4983)
2005 Ed. (2443, 2444, 4990)
1997 Ed. (1777)
1995 Ed. (1714)
1994 Ed. (1667)
1993 Ed. (1633)
1992 Ed. (1982)
1991 Ed. (1578)
1990 Ed. (2504)
Wing Commander
1995 Ed. (1083)
Wing Commander III
1996 Ed. (1080)
Wing Commander III (MS-DOS)
1996 Ed. (1083)
Wing Hang Bank
2008 Ed. (423)
2007 Ed. (459)
2006 Ed. (448)
2005 Ed. (517)
2004 Ed. (538)
2000 Ed. (547, 547)
1996 Ed. (529)
Wing Hung Kee
1990 Ed. (2047)
Wing Latino Group
2004 Ed. (115)
2003 Ed. (33, 81, 139)
2002 Ed. (172)
Wing Lung Bank
2008 Ed. (423)
2007 Ed. (459)
2006 Ed. (448)
2005 Ed. (517)
2004 Ed. (538)
2003 Ed. (501)
1999 Ed. (535)
1997 Ed. (488)
1996 Ed. (529)
1995 Ed. (485)
1994 Ed. (501)
1993 Ed. (498)
1992 Ed. (695, 696)
1991 Ed. (539)
1989 Ed. (553)
Wing-Merrill
1994 Ed. (1316)
Wing On Group
1990 Ed. (32)
1989 Ed. (33)
Wing Song
1990 Ed. (2793)
Wing Tai Holdings
1999 Ed. (4317)
Wing Tal
1997 Ed. (3520)
Wing Zone
2008 Ed. (2663)
Wing Zone Franchise Corp.
2008 Ed. (2677)
2007 Ed. (2538)
2006 Ed. (2567)
2005 Ed. (2561)
2003 Ed. (2450)
Wingate Dunross Inc.
2002 Ed. (2174)
2000 Ed. (1866)
1999 Ed. (2073)
1998 Ed. (1506)
1997 Ed. (1795)
Wingate Inn
2001 Ed. (2780)
1998 Ed. (2025)
Winged Foot Golf Course (West)
2000 Ed. (2381)
Winger's Diner
2003 Ed. (4129)
2002 Ed. (4024)
Winger's Grill & Bar
2008 Ed. (4187)
Wingfoot Commercial Tire Systems LLC
2008 Ed. (4683)
2007 Ed. (4760, 4810)
2006 Ed. (4754)
2005 Ed. (4699)
Winglatino
2008 Ed. (113)
Wings Corp.
2008 Ed. (48)
2007 Ed. (44)
2006 Ed. (53)
2005 Ed. (46)
2004 Ed. (52)
Wings BBDO
1993 Ed. (118)
1992 Ed. (178)
1991 Ed. (125)
1990 Ed. (126)
Wings Corporacion Mexicana de Restaurantes
2003 Ed. (1738)
Wings Financial Credit Union
2008 Ed. (2240)
2007 Ed. (2125)
2006 Ed. (2204)
Wings Holdings Inc.
1997 Ed. (2629)
1996 Ed. (2486)
1995 Ed. (2444)
1991 Ed. (1136, 3331)
Wings Over...
2008 Ed. (2677)
Wingspan
2001 Ed. (631)
Wingstop
2008 Ed. (2663, 2686)
2007 Ed. (4137)
2006 Ed. (4110, 4111, 4112)
Wingstop Restaurants Inc.
2008 Ed. (2677)
2007 Ed. (2538)
2006 Ed. (2567)
2005 Ed. (2561)
2004 Ed. (913, 2579)
2003 Ed. (893, 2450)
2002 Ed. (2246)
Wingsung Stationery
1994 Ed. (3289, 3290)
Winius-Brandon Advertising
1990 Ed. (150)
WinJack Inc.
1990 Ed. (2682)
Wink Chevrolet; Bill
1990 Ed. (306, 339, 346)
Wink Chevrolet/General Motors Corp.; Bill
1989 Ed. (927)
Wink Cos. LLC
2008 Ed. (2518, 2526)
Winkler County State Bank
1998 Ed. (365)
Winkler; Craig
2006 Ed. (4922)
2005 Ed. (4862)
Winkler Family
2008 Ed. (4911)
Winky
2001 Ed. (1997, 1998)
Winn-Dixie
2008 Ed. (4566)
2007 Ed. (4619)
2006 Ed. (4633)
2005 Ed. (4554)
2004 Ed. (4625)
2002 Ed. (4525)
2000 Ed. (4167, 4168)
1998 Ed. (1296)
1992 Ed. (4169, 489, 1814, 1815, 2168, 2350, 3547, 4163, 4166, 4167, 4171)
1990 Ed. (3028, 3029, 3498)
1989 Ed. (866, 867)
Winn-Dixie Stores Inc.
2008 Ed. (885, 1539, 1734, 3612, 4568, 4571, 4572)
2007 Ed. (365, 1558, 1560, 1702, 1704, 1705, 2234, 4582, 4584, 4611, 4616, 4623, 4624, 4626, 4628)
2006 Ed. (1528, 1707, 1709, 1710, 1942, 4175, 4626, 4628, 4631, 4635, 4636, 4637, 4639, 4640)
2005 Ed. (1639, 1761, 1763, 1764, 1913, 2237, 4467, 4508, 4546, 4547, 4548, 4549, 4552, 4553, 4557, 4558, 4559, 4562, 4563, 4565)
2004 Ed. (1614, 1705, 1706, 2964, 4566, 4613, 4614, 4615, 4620, 4621, 4622, 4624, 4627, 4629, 4630, 4631, 4635, 4637, 4638, 4647)
2003 Ed. (1541, 1676, 1677, 4633, 4634, 4635, 4640, 4645, 4648, 4649, 4651, 4653, 4654, 4655, 4657, 4658, 4659, 4660, 4661, 4664)
2002 Ed. (1567, 1648, 1649, 4361, 4524, 4526, 4529, 4530, 4531, 4535)
2001 Ed. (436, 1703, 4404, 4416, 4417, 4418, 4419, 4420, 4421, 4422)
2000 Ed. (372, 1423, 1714, 2204, 2207, 2219, 4166, 4169)
1999 Ed. (368, 1414, 1618, 1921, 2449, 2451, 2452, 2462, 4515, 4518, 4519, 4520, 4521, 4522, 4523)
1998 Ed. (264, 665, 1137, 1703, 1708, 1711, 3443, 3444, 3449, 3450, 3451, 3452, 3453, 3454, 3455, 3456, 3457)
1997 Ed. (329, 921, 922, 1398, 1625, 1626, 2019, 2026, 2790, 3176, 3660, 3667, 3668, 3670, 3071, 3672, 3673, 3674, 3675, 3676, 3677, 3678)
1996 Ed. (1336, 1556, 1559, 1560, 1924, 1925, 1927, 1929, 3414, 3606, 3612, 3613, 3614, 3619, 3620, 3621)
1995 Ed. (343, 1569, 1572, 1573, 1882, 3154, 3328, 3339, 3446, 3524, 3527, 3531, 3532, 3533, 3535)
1994 Ed. (1539, 1542, 1543, 1854, 1855, 1856, 1990, 2939, 3108, 3249, 3459, 3461, 3464, 3465, 3466, 3467)
1993 Ed. (1495, 1496, 1869, 1870, 1997, 2871, 3255, 3486, 3493, 3494, 3495, 3496, 3497)
1992 Ed. (2169)
1991 Ed. (1425, 1426, 3256, 3257, 1860, 3252, 3254, 1729, 1730, 2896, 3155, 3258)
1990 Ed. (1807, 1808, 1809, 3324, 3497)
1989 Ed. (1556, 2775, 2777)
Winn State Bank & Trust Co.
1994 Ed. (508)
WinnCompanies
2008 Ed. (258)
2007 Ed. (282)
2006 Ed. (277)
Winncrest Homes
2005 Ed. (1238)
2002 Ed. (2674)
Winnebago
1998 Ed. (3028)
1994 Ed. (2523)
Winnebago Industries Inc.
2008 Ed. (1855)
2006 Ed. (304, 307, 1493)
2005 Ed. (284, 286, 1826, 3496, 3497)
2004 Ed. (278, 280, 3496, 3497)
1996 Ed. (3171, 3173)
1995 Ed. (3078)
1994 Ed. (2922, 3026)
1993 Ed. (2983, 2985)
1992 Ed. (3642, 3643, 4371)
1990 Ed. (2976)
Winnemucca, NV
1997 Ed. (999)
Winnepeg Free Press
2003 Ed. (3649)
Winnepeg Stadium
1999 Ed. (1299)
Winner & Associates
2002 Ed. (3838)
Winner Nissan
1991 Ed. (288)
Winneshiek Medical Center
2006 Ed. (2920)
Winnfield Life Insurance Co.
2004 Ed. (3079)
2003 Ed. (2976)
2002 Ed. (714)
2000 Ed. (2669)
1999 Ed. (2916)
1998 Ed. (2132)
1997 Ed. (2419)
1996 Ed. (2286)
1995 Ed. (2280)
1994 Ed. (2233)
Winnie Johnson-Marquart
2008 Ed. (4911)
2007 Ed. (4901)
2006 Ed. (4905)
Winnie the Pooh
2006 Ed. (649)
2001 Ed. (4606, 4607)
1998 Ed. (848)
1997 Ed. (1101)
1992 Ed. (1064)
Winnie the Pooh Bounce Around Tigger
2000 Ed. (4276)
Winning
2007 Ed. (652)
Winnipeg
1992 Ed. (530)
Winnipeg Free Press
2002 Ed. (3507)
Winnipeg, Manitoba
2006 Ed. (3316)
2005 Ed. (3327, 3476)
2003 Ed. (3251)
1993 Ed. (2556)

Winnipeg, MB
2001 Ed. (4109)
2000 Ed. (2549)
Winnipeg Stadium
2002 Ed. (4348)
Winnipeg; University of
2008 Ed. (1079, 1083)
2007 Ed. (1179)
Winnover
1992 Ed. (2394)
Winn's
1997 Ed. (3831)
1996 Ed. (3773)
1995 Ed. (3690)
1994 Ed. (3620)
Winn's Stores
1992 Ed. (4383)
Winpak Ltd.
2008 Ed. (3839, 3854)
2007 Ed. (3762, 3776)
1996 Ed. (2900)
Winpar Holdings Ltd.
2006 Ed. (4482)
Winrich Capital Mgmt.
1990 Ed. (2336)
WINS
2000 Ed. (3697)
1999 Ed. (3983)
1996 Ed. (3154)
1994 Ed. (2989)
1993 Ed. (2955)
1992 Ed. (3607)
1991 Ed. (2797)
1990 Ed. (2942)
WINS-AM
1998 Ed. (2985, 2988)
1997 Ed. (3239)
WinsLoew
1997 Ed. (2099)
Winslow Capital
1997 Ed. (2522, 2526)
1996 Ed. (2396)
Winslow Green Growth Fund
2007 Ed. (4469)
2006 Ed. (4409)
2004 Ed. (4445)
Winspec West Manufacturing Inc.
2004 Ed. (4434)
2003 Ed. (4441)
2002 Ed. (4290)
Winstar Communications, Inc.
2002 Ed. (1124, 1530, 2524)
2001 Ed. (1039)
WinstarComm
1996 Ed. (2885)
Winstead, McGuire, Sechrest & Minick
1992 Ed. (2833)
1991 Ed. (2284)
1990 Ed. (2418)
Winston
2008 Ed. (976, 4691)
2007 Ed. (4771)
2006 Ed. (4765)
2005 Ed. (4713)
2004 Ed. (4736)
2003 Ed. (970, 971, 4751, 4756)
2002 Ed. (4629)
2001 Ed. (1230)
2000 Ed. (1061)
1999 Ed. (1135, 1140)
1998 Ed. (727, 728, 729, 730)
1997 Ed. (985)
1996 Ed. (971)
1995 Ed. (985, 986)
1994 Ed. (953, 955, 960)
1993 Ed. (941)
1992 Ed. (75, 1147, 1151)
1991 Ed. (932)
1990 Ed. (992, 993)
1989 Ed. (907)
Winston & Stawn
1991 Ed. (2283)
Winston & Strawn
2005 Ed. (3533)
2004 Ed. (3238, 3251)
2003 Ed. (3190)
2002 Ed. (3056)
2001 Ed. (3054)
2000 Ed. (2894)
1999 Ed. (3148)
1998 Ed. (2327)
1997 Ed. (2597)
1996 Ed. (2452)
1995 Ed. (2416)
1993 Ed. (2395, 3622)
1992 Ed. (2832)
1990 Ed. (2417)
Winston & Strawn LLP
2008 Ed. (3420)
2007 Ed. (3310)
2006 Ed. (3249, 3266)
2005 Ed. (3275)
Winston Churchill
2006 Ed. (1450)
Winston Furniture
1995 Ed. (3161)
Winston Kings
1989 Ed. (904, 905)
Winston Kings, Carton
1990 Ed. (990, 991)
1989 Ed. (2323)
Winston Koh
1999 Ed. (2284)
Winston Lights
1995 Ed. (985)
Winston Lights 100s
1989 Ed. (904)
Winston Lights 100s, Carton
1990 Ed. (990)
Winston 100s
1989 Ed. (904)
Winston 100s, Carton
1990 Ed. (990)
Winston Pittman Enterprise
2008 Ed. (167)
2007 Ed. (189, 190)
2006 Ed. (184)
Winston Pittman Enterprises
2003 Ed. (211)
Winston Salem/Forsyth County Schools
2008 Ed. (4280)
Winston-Salem, NC
2003 Ed. (1136)
Wintec Industries
2002 Ed. (2083)
2001 Ed. (2870)
Wintec Software Corp.
2008 Ed. (3739, 4437)
Wintegra
2008 Ed. (2951, 2952)
Winter Dallas Markets
2004 Ed. (4755)
Winter-eez
2001 Ed. (389)
The Winter Group of Cos.
2004 Ed. (1251)
Winter Olympics
2008 Ed. (4660)
Winter Park, CO
1990 Ed. (3293)
Winter Park Recreation Association
1994 Ed. (1102)
Winter Park Resort
2008 Ed. (4342)
2007 Ed. (4391)
2006 Ed. (4327)
2005 Ed. (4377)
2004 Ed. (4428)
2002 Ed. (4284)
Winter storm
2005 Ed. (882)
Winterfresh
2003 Ed. (951)
Winterhur Swiss Insurance Co. Ltd.
1998 Ed. (2210)
Winterhur Versicherungen
1991 Ed. (3517, 3518)
Wintermans Caf Cream
2001 Ed. (2113)
Wintermans Half Corona
2001 Ed. (2114)
Winterpark Investment Group
1990 Ed. (1078)
Winterstorm
2005 Ed. (885)
Winterstorm Anna
2005 Ed. (885)
Winterstorm Daria
2005 Ed. (884)
Winterstorm Lothar
2005 Ed. (884)
Winterstorm Vivian
2005 Ed. (884)
Winterthur
1999 Ed. (1742, 2918, 2982)
1996 Ed. (2289)
1995 Ed. (1494, 2281)
1994 Ed. (1454, 1455, 2238, 2239)
1993 Ed. (1407, 2260)
1992 Ed. (1695, 2708, 4498)
1991 Ed. (2158)
1990 Ed. (2244, 2258, 2277)
Winterthur Group
1997 Ed. (1517, 1519)
1996 Ed. (1451)
1991 Ed. (1353)
Winterthur Insurance
1997 Ed. (2546)
1990 Ed. (3478)
Winterthur Life
1991 Ed. (2114)
1990 Ed. (2245)
Winterthur Re of America
2001 Ed. (2953, 2954, 2955)
Winterthur Schweiz. Versicherungs-Ges.
1990 Ed. (3714)
Winterthur Schweizerische Versicherungs
2008 Ed. (1410)
Winterthur Schweizerische Versicherungs Ges
1995 Ed. (2282)
Winterthur Swiss Group
1990 Ed. (2227)
Winterthur Versicherungen
1990 Ed. (2284)
Winterthur Versicherungs-Gesellschaft
1993 Ed. (3742)
Winterthur (Winterthur)
1991 Ed. (2159)
Winthrop
1994 Ed. (2466)
1992 Ed. (3009)
1991 Ed. (2407)
Winthrop Aggressive Growth
1995 Ed. (2676)
Winthrop & Weinstine
2001 Ed. (563)
Winthrop Financial
1991 Ed. (247)
Winthrop Financial Associates
1998 Ed. (178)
1993 Ed. (238, 2972)
Winthrop Focus Aggressive Growth
1996 Ed. (2799)
Winthrop Focus Fixed Inc.
1994 Ed. (2608, 2619)
Winthrop Focus Fixed Income
1992 Ed. (3154, 3164)
Winthrop Rockefeller
2003 Ed. (4878)
2002 Ed. (3359)
Winthrop Stimson Putnam & Roberts
2001 Ed. (800)
Winthrop University Hospital
1997 Ed. (2267)
Wintor Swan Associates Inc.
1998 Ed. (2921)
Wintor Swan Associates LLC
2001 Ed. (3891)
2000 Ed. (3609)
WinWholesale Inc.
2008 Ed. (3140)
2006 Ed. (208, 3926)
WinyStyles Inc.
2008 Ed. (881)
Wipfli LLP
2008 Ed. (2, 7)
2007 Ed. (9)
2006 Ed. (13)
2005 Ed. (8)
Wipfli, Ullrich & Bertelson LLP
2006 Ed. (4)
Wipfli Ullrich Bertelson LLP
2004 Ed. (12)
2003 Ed. (6)
2002 Ed. (12, 19)
Wipro Ltd.
2008 Ed. (1138, 1139, 1142, 1746, 2577)
2007 Ed. (1237, 1717, 1773)
2006 Ed. (1753, 3351, 3760, 4507)
2005 Ed. (3037, 4808)
2003 Ed. (2947, 4588)
2002 Ed. (4424)
2001 Ed. (1735)
2000 Ed. (1177)
1997 Ed. (1106)
Wipro Technologies
2008 Ed. (2886, 3834)
2007 Ed. (3758)
Wire covering
1992 Ed. (3747)
Wireamerica Inc.
2002 Ed. (710)
Wired
2008 Ed. (148, 149, 1122)
2007 Ed. (162, 164, 165, 1218)
2001 Ed. (254, 255, 3193)
2000 Ed. (3468, 3469)
1998 Ed. (2782, 2794)
1997 Ed. (3044)
Wired telecommunications carriers
2007 Ed. (3716)
Wired Ventures
2001 Ed. (1541)
@Wireless
2006 Ed. (4972)
2005 Ed. (4987)
2004 Ed. (1544, 4978)
2001 Ed. (4220)
Wireless Broadcasting System
1999 Ed. (999)
1997 Ed. (872, 3914)
Wireless Cable of Atlanta
1997 Ed. (872)
Wireless communications
2005 Ed. (3014)
Wireless company store
1999 Ed. (1047)
Wireless Connection Inc.
2006 Ed. (4364)
Wireless Dimensions
2005 Ed. (4987)
@ Wireless Enterprises Inc.
2006 Ed. (1935)
Wireless Evolution
2008 Ed. (4638)
Wireless Facilities Inc.
2004 Ed. (2769)
2002 Ed. (2481)
Wireless Knowledge, Inc.
2002 Ed. (4976)
Wireless Matrix Corp.
2005 Ed. (2829, 4511)
2003 Ed. (4697)
Wireless One Inc.
1999 Ed. (999)
1997 Ed. (872)
Wireless Retail
2005 Ed. (3904, 4092)
Wireless service provider
1999 Ed. (1047)
Wireless service providers
2005 Ed. (4815)
Wireless Systems
2004 Ed. (3970)
Wireless telecommunication services
2008 Ed. (1630)
Wireless Telecommunications
1996 Ed. (209)
Wireless telephone services
2006 Ed. (4712)
Wireless Toys
2008 Ed. (4941)
2007 Ed. (4972)
2006 Ed. (4972)
2005 Ed. (4987)
Wireless Toyz
2008 Ed. (4647)
Wireless World Wide
2008 Ed. (4239)
Wireless Zone
2008 Ed. (4941)
2007 Ed. (4972)
2006 Ed. (4972)
2005 Ed. (4987)
2004 Ed. (4978)
2003 Ed. (4979)
2002 Ed. (2110)
Wiremen's Credit Union
2004 Ed. (1938)
2002 Ed. (1827, 1837)
1998 Ed. (1216)
The Wiremold Co.
2003 Ed. (1502)

Wirex
2002 Ed. (3778)
Wiring, components and equipment
1993 Ed. (2737)
Wiring design/protection
1993 Ed. (2737)
Wiring devices & switches
2005 Ed. (3443)
2001 Ed. (3274)
Wirtschafts-und Privatbank
1994 Ed. (1683)
1993 Ed. (720, 1664)
1992 Ed. (905, 2005)
Wirz; Adolf
1990 Ed. (154)
1989 Ed. (165)
Wirz Advertising
2003 Ed. (153)
1993 Ed. (139)
1992 Ed. (212)
1991 Ed. (154)
Wirz Werbeagentur
2003 Ed. (44)
2002 Ed. (78)
2001 Ed. (105)
1999 Ed. (58)
1997 Ed. (61)
Wirz Werbeagentur Gesellschaft
2000 Ed. (61)
Wirz Werbeberatung
2002 Ed. (189)
2001 Ed. (217)
2000 Ed. (177)
1999 Ed. (160)
1997 Ed. (150)
1996 Ed. (144)
1995 Ed. (130)
1994 Ed. (120)
WIS-PAK
2007 Ed. (1432)
Wis-Pak-Foods Inc.
1996 Ed. (2585, 3060)
1993 Ed. (2517, 2518, 2895, 2896)
Wisan, Smith, Racker & Prescott LLP
2006 Ed. (19)
wisc.edu
2001 Ed. (2965)
Wisco WRCA Co. Ltd.
2008 Ed. (3667)
Wisconsin
2008 Ed. (1388, 2415, 2654, 2656, 2897, 3279, 3545, 3760, 3806)
2007 Ed. (1437, 2520, 2526, 2528, 2763, 3419, 3648, 3713, 4001)
2006 Ed. (1405, 2344, 2550, 2552, 3059, 3131, 3367, 3584, 3730, 3904, 3943, 4764)
2005 Ed. (403, 405, 1071, 1073, 1420, 2276, 2543, 2545, 2785, 3383, 3524, 3613, 3882, 3945, 4185, 4191, 4197, 4598, 4722)
2004 Ed. (378, 381, 390, 767, 768, 775, 895, 896, 980, 1398, 1399, 2000, 2175, 2176, 2563, 2572, 2793, 2805, 3038, 3263, 3264, 3278, 3282, 3355, 3478, 3525, 3702, 4251, 4258, 4264, 4294, 4295, 4297, 4302, 4303, 4308, 4503, 4506, 4510, 4513, 4517, 4518, 4519, 4523, 4528, 4529, 4530, 4654, 4847, 4848, 4898, 4902, 4980, 4996)
2003 Ed. (442, 757, 758, 1032, 1033, 1083, 1384, 2127, 2424, 2433, 2678, 2687, 3222, 3293, 3459, 3657, 4040, 4232, 4233, 4239, 4248, 4249, 4286, 4299, 4414, 4415, 4868, 4908, 4911, 4992)
2002 Ed. (273, 368, 469, 770, 771, 772, 773, 948, 950, 951, 952, 1118, 1177, 1347, 1825, 2067, 2447, 2549, 2746, 2837, 2953, 3088, 3090, 3091, 3110, 3115, 3121, 3123, 3127, 3252, 3273, 3341, 3528, 3632, 3734, 4101, 4106, 4107, 4140, 4147, 4162, 4163, 4164, 4333, 4377, 4762, 4764, 4992)
2001 Ed. (277, 278, 354, 667, 702, 703, 720, 722, 1006, 1007, 1014, 1015, 1079, 1106, 1107, 1109, 1123, 1124, 1294, 1295, 1305, 1345, 1371, 1417, 1422, 1436, 1439, 1440, 1507, 1966, 1967, 1968, 2053, 2143, 2234, 2235, 2389, 2394, 2436, 2437, 2459, 2460, 2467, 2471, 2472, 2520, 2521, 2522, 2523, 2541, 2542, 2544, 2545, 2556, 2557, 2566, 2604, 2620, 2662, 2664, 2805, 2807, 2823, 2824, 3026, 3027, 3069, 3070, 3071, 3078, 3079, 3092, 3093, 3103, 3104, 3173, 3175, 3223, 3287, 3288, 3313, 3314, 3396, 3400, 3401, 3557, 3597, 3606, 3615, 3616, 3617, 3618, 3619, 3620, 3632, 3633, 3636, 3637, 3662, 3663, 3730, 3787, 3815, 3816, 3827, 3883, 3888, 3892, 3893, 3894, 3895, 3903, 3906, 3907, 4026, 4150, 4157, 4158, 4223, 4238, 4239, 4241, 4242, 4256, 4257, 4274, 4286, 4287, 4327, 4328, 4331, 4332, 4360, 4361, 4363, 4429, 4430, 4431, 4571, 4582, 4637, 4710, 4729, 4730, 4735, 4794, 4795, 4832, 4930, 4932, 4934)
2000 Ed. (751, 803, 804, 1140, 2465, 2939, 2940, 2956, 2957, 2961, 3008, 3009, 3688, 4095, 4097, 4113, 4179, 4356)
1999 Ed. (738, 798, 799, 1077, 2681, 3140, 3196, 3197, 3217, 3218, 3222, 3892, 3975, 4404, 4405, 4413, 4422, 4441, 4445, 4446, 4452, 4461, 4535)
1998 Ed. (472, 725, 1536, 1935, 2366, 2367, 2383, 2452, 2970, 3377, 3378, 3381, 3390, 3465, 3683, 3684)
1997 Ed. (2219, 2637, 2638, 2647, 3147, 3227, 3564, 3566, 3568, 3580, 3589, 3607, 3608, 3611, 3621, 3786, 3850, 3951)
1996 Ed. (1720, 1737, 2495, 2496, 2507, 2508, 2509, 3511, 3517, 3523, 3540, 3549, 3569, 3572)
1995 Ed. (947, 2449, 2450, 2457, 2460, 2461, 3460, 3488, 3491)
1994 Ed. (870, 2370, 2371, 2376, 2379, 2380, 3374, 3388, 3417, 3419, 3420)
1993 Ed. (363, 413, 744, 1735, 2426, 2427, 2441, 2442, 2443, 2777, 3394, 3395, 3407, 3425, 3427, 3428)
1992 Ed. (933, 2573, 2586, 2862, 2863, 2917, 2920, 2928, 2930, 2934, 2945, 2946, 2968, 3359, 4074, 4081, 4083, 4103, 4117, 4120)
1991 Ed. (793, 1645, 2353, 3184, 3185, 3187, 3196, 3199, 3200, 3204, 3214)
1990 Ed. (366, 759, 2575, 3353, 3355, 3356, 3365, 3377, 3381, 3387, 3393, 3404, 3405, 3420, 3421, 3422, 3423, 3425)
1989 Ed. (206, 1736, 2535, 2546, 2612, 2616, 2619)
Wisconsin at Madison; University of
1997 Ed. (861, 970, 971, 1067, 1768, 1776, 2632, 3297)
1996 Ed. (1048, 1686, 1694, 3192)
1995 Ed. (971, 1073, 1704, 1712, 3095)
1994 Ed. (813, 817, 939, 1060, 1657, 1665, 3046)
1993 Ed. (804, 1029, 1629, 1632, 3000)
Wisconsin Bell Inc.
2008 Ed. (2175)
Wisconsin Board
2000 Ed. (3439)
1999 Ed. (3726)
1994 Ed. (2758, 2763, 2770)
Wisconsin Center District
2001 Ed. (954)
Wisconsin Central
1994 Ed. (2994)
Wisconsin Cheseman
1992 Ed. (2957)
Wisconsin; Children's Hospital of
2006 Ed. (2924)
Wisconsin Credit Union; University of
2008 Ed. (2269)
2007 Ed. (2154)
2006 Ed. (2233)
2005 Ed. (2138)
Wisconsin Dairies Cooperative
1997 Ed. (177)
1993 Ed. (1416)
Wisconsin Energy Corp.
2008 Ed. (2176)
2007 Ed. (2286, 2293, 2385, 2678)
2006 Ed. (2121)
2005 Ed. (2017, 2018, 2295)
2004 Ed. (1891, 1892)
2003 Ed. (1856)
2002 Ed. (1556, 1797)
1999 Ed. (1949)
1998 Ed. (1386, 1387)
1997 Ed. (1693, 1694)
1996 Ed. (1614, 1615)
1995 Ed. (1637, 1638)
1994 Ed. (1595, 1596)
1993 Ed. (1557)
1992 Ed. (1898, 1899)
1991 Ed. (1497, 1498)
1990 Ed. (1601)
1989 Ed. (1297)
Wisconsin Gas
1998 Ed. (1808)
Wisconsin Health & Education Agency
2001 Ed. (846, 954)
Wisconsin Health & Education Facilities Authority
1996 Ed. (2727)
1993 Ed. (2618)
1990 Ed. (2649)
Wisconsin Health & Educational Facilities Authority
2000 Ed. (3197)
Wisconsin Health & Educational Facilities Authority-I
1999 Ed. (3483)
Wisconsin Homes Inc.
1999 Ed. (3871)
1998 Ed. (2899)
1997 Ed. (3155)
1995 Ed. (2974)
1994 Ed. (2921)
1993 Ed. (2901)
1992 Ed. (3517)
Wisconsin Hospital & Clinics; University of
2008 Ed. (2175)
2007 Ed. (2067)
2006 Ed. (2119)
2005 Ed. (2016)
Wisconsin Housing & Economic Development Agency
2001 Ed. (954)
Wisconsin Housing & Economic Development Auth.
1990 Ed. (2139)
Wisconsin Housing & Economic Development Authority
1998 Ed. (2062)
1995 Ed. (2192)
Wisconsin Investment
2000 Ed. (3429, 3435, 3438, 3449)
1999 Ed. (3720, 3732)
1998 Ed. (2759, 2767, 2772)
1997 Ed. (3017)
Wisconsin Investment Board
2008 Ed. (2297, 2298, 2299, 2304, 2307, 3867, 3868)
2007 Ed. (2177, 2181, 2192, 3793, 3794)
2004 Ed. (2025, 2027, 3789)
2003 Ed. (1976, 1977, 1979, 3763)
2002 Ed. (3601, 3606, 3609, 3615)
2001 Ed. (3664, 3671, 3674, 3681)
2000 Ed. (3432)
1998 Ed. (2762)
1996 Ed. (2940)
1995 Ed. (1262, 2852, 2862)
1993 Ed. (2781)
1992 Ed. (3356)
1991 Ed. (2687, 2690, 2694)
1990 Ed. (2784)
1989 Ed. (2162)
Wisconsin Investment Trust
2001 Ed. (3685)
Wisconsin-Madison; University of
2008 Ed. (777, 792, 800, 1062, 1089)
2007 Ed. (1181)
2006 Ed. (3784, 3785, 4203)
2005 Ed. (1063, 3439)
1995 Ed. (1066)
1992 Ed. (1005, 1281, 1978, 3669)
1991 Ed. (824, 916, 1004, 1572, 2833)
Wisconsin-Milwaukee; University of
2008 Ed. (2409)
Wisconsin Oven Corp.
2008 Ed. (4439)
Wisconsin Packing Co. Inc.
1992 Ed. (2992, 3486)
Wisconsin Power & Light Corp.
1998 Ed. (1820)
1997 Ed. (2129)
1989 Ed. (1297)
Wisconsin Public Service
1995 Ed. (1638)
1991 Ed. (1498)
1990 Ed. (2671)
1989 Ed. (2036)
Wisconsin State Board
1997 Ed. (3015)
1996 Ed. (2926, 2929, 2933)
1995 Ed. (2859)
Wisconsin State Fair
2001 Ed. (2355)
Wisconsin; University of
1997 Ed. (1063)
1996 Ed. (847)
1995 Ed. (3091)
1994 Ed. (1713, 2743)
1991 Ed. (2680)
Wisdom
2001 Ed. (4574)
Wisdom & Warter Sherry
2005 Ed. (4961)
Wisdom IT Ltd.
2002 Ed. (2497)
The Wisdom of Crowds
2006 Ed. (634, 635)
The Wisdom of Menopause
2004 Ed. (742)
Wisdom Wein Cohen Interiors
1990 Ed. (2287)
Wise
2004 Ed. (3932)
2003 Ed. (3919)
2002 Ed. (3733)
2001 Ed. (3860, 3861)
2000 Ed. (3577, 3578)
1999 Ed. (3862, 3863)
1997 Ed. (3137, 3138)
1996 Ed. (3054, 3057)
1994 Ed. (2902)
1993 Ed. (3345)
Wise Business Forms Inc.
2008 Ed. (4027, 4031, 4033)
2007 Ed. (4007)
2006 Ed. (3966, 3967)
2005 Ed. (3885, 3888, 3890)
Wise Cheez Doodles
2008 Ed. (4440)
2007 Ed. (4457)
2006 Ed. (4390)
Wise Components Inc.
2008 Ed. (2464)
Wise Cos.; Lloyd A.
1997 Ed. (289)
1996 Ed. (260)
Wise Foods Inc.
2003 Ed. (3920, 4457, 4458)
Wise; Frank
1992 Ed. (3139)
Wise; Frederick
1997 Ed. (1921)
Wise Inc.; Lloyd A.
1995 Ed. (255, 2110)
1992 Ed. (2402)
1990 Ed. (2015)
Wiseman-Hughes Enterprises
2003 Ed. (1153)
Wiser
1997 Ed. (2672)

Wish-Bone
2001 Ed. (4152)
Wishmaster 2
2001 Ed. (4698)
Wisk
2008 Ed. (2329)
2006 Ed. (2256)
2005 Ed. (2196)
2004 Ed. (2092)
2003 Ed. (2040, 2041, 2044, 2045)
2002 Ed. (1961, 1962, 1963, 1965, 1966)
2001 Ed. (1241, 2000, 2001)
2000 Ed. (1095)
1999 Ed. (1181, 1837)
1998 Ed. (745, 746)
1997 Ed. (1005)
1996 Ed. (982)
1995 Ed. (994, 995, 1558)
1994 Ed. (979, 981)
1993 Ed. (953)
1992 Ed. (1175, 1799, 4234)
1991 Ed. (3324)
1990 Ed. (3548)
Wisk Liquid Detergent, 128-Oz.
1990 Ed. (2129)
1989 Ed. (1630)
Wismer Broadcasting
2001 Ed. (3974)
Wiss & Co.
1993 Ed. (11)
1992 Ed. (19)
Wiss, Janney, Elstner Associates
2008 Ed. (2537, 2538)
2004 Ed. (2357)
Wissahickon Realty
1991 Ed. (2807)
Wist Supply & Equipment Co., Inc.
2006 Ed. (4340)
Wisteria.com
2007 Ed. (2319)
Wistron Corp.
2008 Ed. (2473)
2007 Ed. (2344, 2348)
2006 Ed. (1236)
Wit Capital Group Inc.
2001 Ed. (1258, 4672)
Witan
1997 Ed. (2920)
1996 Ed. (2816)
1995 Ed. (2748)
1994 Ed. (2647)
1993 Ed. (2700)
1992 Ed. (3204)
1991 Ed. (2259)
1990 Ed. (2398)
Witaschek; Estate of Emert and Edna
1991 Ed. (888)
Witco Corp.
2000 Ed. (1033, 1038, 3555)
1999 Ed. (1080, 1105, 3708)
1998 Ed. (1054)
1989 Ed. (901, 2205, 2209)
With Fire & Sword
2001 Ed. (3378)
Withington Girls School
1999 Ed. (4145)
Withlacoochee River Electric Cooperative
2002 Ed. (3881)
2000 Ed. (3675)
1999 Ed. (3965)
1998 Ed. (2965)
Without a Trace
2005 Ed. (4666)
Withum, Smith & Brown
2002 Ed. (17)
2000 Ed. (15)
1999 Ed. (18)
1998 Ed. (14)
WithumSmith + Brown
2008 Ed. (1973)
2002 Ed. (20)
WITL-AM/FM
1992 Ed. (3605)
Witmark
1999 Ed. (1055)
1994 Ed. (872)
Witness
1993 Ed. (3536)
Witt Associates
1991 Ed. (1615)
Witt Co.; Eli
1997 Ed. (1200, 1201, 1202, 1203, 1205)
1995 Ed. (1195, 1196, 1197, 1200, 1201)
1994 Ed. (1177)
1993 Ed. (1154, 1156)
Witt/Kieffer
2008 Ed. (4131)
2006 Ed. (4058)
2005 Ed. (4030)
2002 Ed. (2172)
Witt/Kieffer Ford Hadelman & Lloyd
1997 Ed. (1792)
1996 Ed. (1708)
Witt/Kieffer Ford Hadelman Lloyd Corp.
1998 Ed. (1504)
Witt/Kieffer Ford Hadleman Lloyd Corp.
2001 Ed. (2311, 2312)
2000 Ed. (1864)
Witt Mares
2008 Ed. (13)
Wittenberg; Richard
1991 Ed. (2342)
Wittenberg University
1995 Ed. (1058)
1994 Ed. (1050)
1993 Ed. (1023)
1992 Ed. (1275)
1990 Ed. (1091)
Wittenburg, Deloney & Davidson Inc. Architects
2008 Ed. (2514)
Witter & Lester
2006 Ed. (1082)
Witter Futures & Currency Management; Dean
1994 Ed. (1068)
Witter Inc.; William D.
1993 Ed. (2342)
Wittington Investments Ltd.
2002 Ed. (2305)
2001 Ed. (2468)
2000 Ed. (2226)
1999 Ed. (2468)
1997 Ed. (2043)
1996 Ed. (1944)
Wittman-Hart
1993 Ed. (1103)
The Wiz
1998 Ed. (87)
1996 Ed. (160)
1995 Ed. (2120)
1994 Ed. (2071)
1992 Ed. (1937, 2428, 2425)
1991 Ed. (1542)
1990 Ed. (1647, 2026, 2030)
Wizard
2003 Ed. (237)
Wizard of Oz
1991 Ed. (3448)
wizards.com
2001 Ed. (4776)
Wizzard Software Corp.
2008 Ed. (1139, 1140)
W.J. Sanders III
2001 Ed. (2316)
WJLB
2001 Ed. (3973)
WJLB-FM
1999 Ed. (3981)
WJR
2001 Ed. (3973)
WJR-AM
1999 Ed. (3981)
1992 Ed. (3604)
WJZZ-FM 106.1
2000 Ed. (3698)
W.K. Kellogg Foundation
2000 Ed. (2259, 2260)
1990 Ed. (1847, 2786)
WKF & C Agency Inc.
2008 Ed. (3228)
WKIF-FM
2005 Ed. (4412)
WKQI
2001 Ed. (3973)
WKQI-FM
1999 Ed. (3981)
WKSP
2003 Ed. (90)
WKSZ
1990 Ed. (2943)
WKT Restaurant Corp.
2004 Ed. (1769)
WKTU
2000 Ed. (3697)
1999 Ed. (3983)
1998 Ed. (2988)
WKXW-FM
1990 Ed. (2941)
WL Homes
2000 Ed. (1188, 1189)
WL Homes LLC
2007 Ed. (1306)
W.L. Weller
2001 Ed. (3139)
1989 Ed. (748, 751, 752)
Wlaschek; Karl
2008 Ed. (4860)
WLEY
2003 Ed. (4498)
WLEY-FM
2006 Ed. (4430)
2005 Ed. (4412, 4413)
2004 Ed. (4464, 4465)
WLJ Capital
2001 Ed. (738)
WLK Group
1992 Ed. (3761)
WLPU Consultants
1991 Ed. (1555, 1557)
WLR Foods Inc.
1998 Ed. (2449, 2450, 2891, 2892, 2895, 2896)
1997 Ed. (2035, 3143)
1996 Ed. (1938, 1940, 2584, 2585, 3059, 3060, 3063)
1995 Ed. (2962)
1994 Ed. (2908)
1993 Ed. (2523, 2891)
1992 Ed. (3511)
WLTW
2000 Ed. (3697)
1996 Ed. (3154)
1995 Ed. (3053)
1994 Ed. (2989)
1993 Ed. (2955)
1992 Ed. (3607)
1991 Ed. (2797)
1990 Ed. (2942)
WLTW-FM
1999 Ed. (3983)
1998 Ed. (2985, 2988)
1997 Ed. (3239)
WM Balanced Portfolio
2001 Ed. (3454, 3454)
Wm. Blair
1992 Ed. (1451)
Wm. Blair Small Cap Growth
2006 Ed. (3648, 3649)
Wm. Bolthouse Farms Inc.
2008 Ed. (2272)
2007 Ed. (2157)
2006 Ed. (2236)
2005 Ed. (2141)
2004 Ed. (1999)
2001 Ed. (282)
WM Conservative Group Portfolio
2001 Ed. (3454, 3454)
WM Group
2008 Ed. (3764, 3776)
2006 Ed. (3682)
WM Group High Yield
2008 Ed. (596)
WM Group of Funds
2005 Ed. (3546)
2004 Ed. (3561, 3563)
2003 Ed. (3482, 3502, 3503)
WM Growth
2000 Ed. (3274)
WM Growth Fund
2000 Ed. (3241)
WM Growth Fund A
2000 Ed. (622)
WM Growth Fund B
2000 Ed. (622)
WM Growth Fund of the Northwest
2002 Ed. (3423)
WM High Yield
2008 Ed. (583, 593, 599)
W.M. Keck Foundation
1990 Ed. (1848)
Wm. Morrison Supermarkets plc
2008 Ed. (4232)
2007 Ed. (1782, 2240, 2241, 4196, 4631, 4632, 4634, 4644)
2006 Ed. (1431, 1438, 1682, 1684, 4644, 4645)
2005 Ed. (1590, 1591, 1595, 1596, 4568)
WM Northwest Fund
2000 Ed. (3240)
WM Small Cap Stock
2004 Ed. (3607)
WM Small Cap Value
2007 Ed. (3673)
WM West Coast Equity
2006 Ed. (3615)
2004 Ed. (3534, 3536)
Wm. Wrigley Jr. Co.
2008 Ed. (27, 29, 56, 59, 80, 83, 91, 843, 1160, 2731)
2007 Ed. (22, 24, 38, 51, 77, 84, 135, 873, 2219, 2227, 2596, 2605, 2608, 2609)
2006 Ed. (28, 30, 32, 50, 60, 81, 82, 94, 99, 776, 1760, 2291, 2421, 2628, 2631, 2632, 2635, 2642, 4869)
2005 Ed. (22, 24, 26, 43, 69, 72, 73, 85, 90, 856, 857, 865, 962, 2226, 2631, 2637)
2004 Ed. (29, 31, 33, 49, 73, 78, 90, 879, 880, 2121, 2640, 2647)
2003 Ed. (952, 1133, 2510, 2521)
2002 Ed. (1558, 2295)
2001 Ed. (18, 26, 31, 49, 54, 56, 57, 72, 73, 75, 78, 2462)
1999 Ed. (2459, 2460, 2464, 3637)
1998 Ed. (621, 1718, 1720)
1997 Ed. (2028, 2030, 3715)
1996 Ed. (1931, 1933, 3661)
1995 Ed. (1287, 1290, 1885, 1890, 1896, 3573)
1994 Ed. (1263, 1266, 1866, 1871, 3502)
1991 Ed. (1732, 1738)
1990 Ed. (1812)
1989 Ed. (1447)
WMC
2004 Ed. (3490)
2003 Ed. (1613, 4571)
2002 Ed. (3368)
1999 Ed. (310, 1583)
1996 Ed. (254, 255)
1994 Ed. (248)
WMC Resources Ltd.
2005 Ed. (1658, 1659, 1661)
WMG Acquisition Corp.
2008 Ed. (4086)
WMGK-FM 102.9
2000 Ed. (3698)
WMGQ-FM
1990 Ed. (2941)
WMMR
1990 Ed. (2943)
WMMR-FM
1992 Ed. (3604)
WMS Industries Inc.
2004 Ed. (240)
1993 Ed. (2714)
WMS LLC
2005 Ed. (359)
WMT Supercenters
2005 Ed. (4543)
WMX Technologies
1998 Ed. (1478, 3286, 3698)
1997 Ed. (1781, 3496, 3866)
1996 Ed. (1377, 1565, 3401, 3407, 3818)
1995 Ed. (1239, 3298, 3313, 3519)
WMXD
1999 Ed. (3981)
WMXV
1994 Ed. (2989)
WNBC
1999 Ed. (4571)
1998 Ed. (3503)
1997 Ed. (3723)
1996 Ed. (3664)
1995 Ed. (3588)
1994 Ed. (3504)

1992 Ed. (4257)
1991 Ed. (3329)
WNBC/General Electric Co.
2000 Ed. (4224)
WNET
1999 Ed. (4571)
1998 Ed. (3503)
1997 Ed. (3723)
1996 Ed. (3664)
1995 Ed. (3588)
1994 Ed. (3504)
1992 Ed. (4257)
1991 Ed. (3329)
WNET/Educational Broadcasting Corp.
2000 Ed. (4224)
WNEW
1992 Ed. (3607)
1991 Ed. (2797)
WNIC
2001 Ed. (3973)
WNIC-FM
1999 Ed. (3981)
WNJR-AM
1990 Ed. (2941)
WNJU
1995 Ed. (3588)
1994 Ed. (3504)
1992 Ed. (4257)
1991 Ed. (3329)
WNNE-TV Inc.
2006 Ed. (2091, 2092)
WNNK-FM
1992 Ed. (3605)
WNSR
1993 Ed. (2955)
1991 Ed. (2797)
WNYW
1999 Ed. (4571)
1998 Ed. (3503)
1997 Ed. (3723)
1996 Ed. (3664)
1995 Ed. (3588)
1994 Ed. (3504)
1992 Ed. (4257)
1991 Ed. (3329)
WNYW/Fox Broadcasting Co.
2000 Ed. (4224)
WO/Ogilvy & Mather
1999 Ed. (96)
1997 Ed. (94)
WOBM-FM
1990 Ed. (2941)
Woburn, MA
1992 Ed. (2380)
Woburn National Bank
1997 Ed. (502)
Wocester Telegraph Gazette
1989 Ed. (2064)
Woertz; Pat
2007 Ed. (4981)
2006 Ed. (4983)
2005 Ed. (4990)
Woertz; Patricia
2008 Ed. (4948, 4950)
Wofford College
1995 Ed. (937, 1057, 1069)
1994 Ed. (1049)
1993 Ed. (1022)
1992 Ed. (1274)
WOGL-FM 98.1
2000 Ed. (3698)
Wohl
1990 Ed. (1593)
Wohl Inc.; Lawrence B.
1993 Ed. (1135)
Wohlforth Argetsinger
2001 Ed. (768)
Wohlforth, Argetsinger, Johnson & Brecht
2000 Ed. (2593)
1997 Ed. (2341)
Wohlforth Argetsinger Johnson Brecht
1991 Ed. (1987, 2524)
Wohlforth Vassar
2001 Ed. (768)
Wohzforth, Argetsinger, Johnson & Brecht
1999 Ed. (2843)
WOJO-FM
2008 Ed. (4470)
2005 Ed. (4412)
2004 Ed. (4464)
2003 Ed. (4498)
2002 Ed. (3895)
2001 Ed. (3970)
2000 Ed. (3142)
1999 Ed. (3419, 3979)
1998 Ed. (2511, 2986)
1997 Ed. (2800, 3236)
1996 Ed. (2653, 3151)
WOJO-FM, WIND-AM, WLXX-AM
2000 Ed. (3695)
Wolanchuk, The Wolanchuk Report; Don
1990 Ed. (2366)
Wold Trona Project
2002 Ed. (3532)
Wolf
2000 Ed. (3378)
1990 Ed. (2745, 3484)
Wolf & Co.
2008 Ed. (6)
2007 Ed. (8)
2006 Ed. (12)
2005 Ed. (7)
2004 Ed. (11)
2003 Ed. (5)
2000 Ed. (14)
1999 Ed. (17)
1998 Ed. (13)
Wolf & Co., PC
2002 Ed. (16)
Wolf Block Schorr & Solis-Cohen
2000 Ed. (2902)
1999 Ed. (3157)
1998 Ed. (2333)
1993 Ed. (2403)
1991 Ed. (2291, 2535)
1990 Ed. (2425)
1989 Ed. (1885)
Wolf, Block, Schorr & Solls-Cohen
1995 Ed. (2421)
1994 Ed. (2356)
Wolf Blumberg Krody
1990 Ed. (3078, 3083)
Wolf; Charles
1995 Ed. (1827)
1994 Ed. (1788)
1993 Ed. (1804)
Wolf D. Barth Co. Inc.
1989 Ed. (932)
Wolf; Dick
2008 Ed. (2582)
Wolf Electronics
2005 Ed. (2333)
Wolf Financial Group
1995 Ed. (2820)
Wolf Group
2004 Ed. (106)
Wolf Group Integrated Communications
2000 Ed. (76)
Wolf; Henry
2006 Ed. (945)
Wolf Olins
1996 Ed. (2234, 2236)
Wolf Popper Ross Wolf & Jones
1995 Ed. (2411)
Wolf; Siegfried
2008 Ed. (3997)
2007 Ed. (3974)
2006 Ed. (2528, 3920)
2005 Ed. (3857)
Wolf; Stephen M.
1994 Ed. (1717)
1993 Ed. (936, 938, 1698)
1992 Ed. (1142, 2050)
Wolf Trap Farm Park
2001 Ed. (374)
Wolf Trap Farm Park, Filene Center
2003 Ed. (269)
Wolf Ventures
2004 Ed. (4832)
Wolf, Webb, Burk & Campbell
1991 Ed. (2222)
1990 Ed. (2335, 2338)
Wolfe County, KY
2002 Ed. (1806)
Wolfe; Stephen
1997 Ed. (1978)
1996 Ed. (1879)
Wolfensohn; James D.
1997 Ed. (1220, 1221, 1224, 1226, 1227, 1228)
1994 Ed. (1201, 1202)
1993 Ed. (1171)
Wolfensonn; James D.
1993 Ed. (1166)
Wolfenstein 3-D/Spear of Destiny
1995 Ed. (1102)
Wolfetrade Consulting
2008 Ed. (3695, 4369, 4953)
Wolff & Monier Inc.
1991 Ed. (1079)
Wolff & Samson
2001 Ed. (873)
1999 Ed. (4659)
1998 Ed. (3617)
1995 Ed. (2231)
Wolff Olins
2002 Ed. (1952, 1953)
1999 Ed. (2837)
1995 Ed. (2225, 2227)
1994 Ed. (2175)
1993 Ed. (2158)
1992 Ed. (2588)
1991 Ed. (2014)
1990 Ed. (1670, 2170)
Wolff Steel Ltd.
1993 Ed. (971)
Wolfgang Puck
2008 Ed. (844, 904, 1026)
2007 Ed. (1146, 1148)
2006 Ed. (1058)
2004 Ed. (939)
2003 Ed. (931)
2002 Ed. (986)
2001 Ed. (1175)
Wolfgang Puck Grand Cafe
2007 Ed. (4124, 4130)
Wolfgang Puck's
2004 Ed. (4455)
Wolfon Foundation
1995 Ed. (1934)
Wolford
1998 Ed. (1976)
Wolfschmidt
2005 Ed. (4833)
2004 Ed. (4845)
2003 Ed. (4864)
2002 Ed. (291, 3179, 4760)
2001 Ed. (3146, 4706)
2000 Ed. (2979, 4353, 4354)
1999 Ed. (4724)
1998 Ed. (3682)
1997 Ed. (2668, 3852)
1996 Ed. (3800)
1994 Ed. (3640)
1993 Ed. (3674)
1992 Ed. (4402)
1991 Ed. (3455, 3456)
1990 Ed. (3676)
1989 Ed. (2896, 2898)
Wolfson Microelectronics
2007 Ed. (2832)
2006 Ed. (1114)
Wolk & Genter
2004 Ed. (3227)
Wollert-Elmendorff
1990 Ed. (8)
Wolohan Lumber
2005 Ed. (2857)
2004 Ed. (786, 787, 2849)
2003 Ed. (2762)
1997 Ed. (2245, 2246)
1995 Ed. (847)
1994 Ed. (795)
1990 Ed. (928, 3479)
Wolseley
2005 Ed. (780)
1999 Ed. (4760)
1997 Ed. (1132)
Wolseley Canada
2006 Ed. (208, 3926)
Wolseley Investment Inc.
2005 Ed. (4908)
2004 Ed. (4925)
Wolseley Investments Inc.
2008 Ed. (4922, 4923)
2007 Ed. (2053, 4947, 4948)
2006 Ed. (2096, 4941, 4942)
2005 Ed. (1996, 4909)
2004 Ed. (4926)
Wolseley plc
2008 Ed. (753, 1406, 3140, 3587, 4929)
2007 Ed. (781, 1462, 4367, 4370, 4802)
2006 Ed. (684, 1205, 1476, 1481, 3407)
Woltas; Clayton
1997 Ed. (980)
Wolter & Dros Bv Indenieursbureau
1993 Ed. (1304)
Wolters Kluwer
1999 Ed. (1441, 3896)
1997 Ed. (1453)
1994 Ed. (1403)
Wolters Kluwer NV
2008 Ed. (3572)
2003 Ed. (1498)
2002 Ed. (1487, 3762)
1996 Ed. (1397, 3088)
Woltra
1994 Ed. (3314)
Wolverhampton & Dudley
2007 Ed. (4160)
2006 Ed. (4139)
2001 Ed. (2490)
Wolverhampton Express & Star
2002 Ed. (3516)
Wolverine
2006 Ed. (649)
2001 Ed. (424)
Wolverine Exploration Company
1990 Ed. (2754)
Wolverine Ford Truck Sales Inc.
1995 Ed. (3795)
Wolverine Human Services
1999 Ed. (3627)
Wolverine Packing Co.
1998 Ed. (2449, 2450, 2891, 2892)
1996 Ed. (2585, 3060)
1991 Ed. (1746)
1990 Ed. (1828)
Wolverine Truck Sales Inc.
2002 Ed. (4988)
1999 Ed. (4812)
1993 Ed. (3735)
1992 Ed. (4485)
Wolverine Tube Inc.
2005 Ed. (1416, 1417)
2004 Ed. (1393, 1394)
1999 Ed. (3625)
1998 Ed. (2684)
1997 Ed. (2948)
Wolverine World Wide Inc.
2008 Ed. (3435, 3436, 3872)
2007 Ed. (3335, 3336, 3417)
2006 Ed. (3263, 3264, 4730)
2005 Ed. (272, 3272, 3273, 4366, 4367, 4684)
2004 Ed. (3247, 3248, 4416, 4417, 4711, 4712)
2003 Ed. (3201, 3202)
2002 Ed. (4274)
2001 Ed. (3080, 3081)
1994 Ed. (3294)
1990 Ed. (3273)
Wolzien; Thomas
1997 Ed. (1859)
1996 Ed. (1783, 1805)
Woman
2000 Ed. (3494, 3503)
1992 Ed. (3382)
Woman & Home
1996 Ed. (2975)
The Woman in Me
1998 Ed. (3025)
Woman Reading, by Braque
1989 Ed. (2110)
Woman Seated in a Garden
2008 Ed. (268)
Womanco Inc.
2008 Ed. (999)
2007 Ed. (1118, 1119)
2006 Ed. (1031, 1032)
2005 Ed. (1023)
2004 Ed. (1013, 1014)
Woman's Day
2008 Ed. (153, 3533)
2007 Ed. (138, 141, 142, 144, 151, 3404, 4994)
2006 Ed. (146, 149, 150, 152, 3347)
2005 Ed. (3362)
2004 Ed. (3337)
2003 Ed. (3274)
2002 Ed. (3226)

2001 Ed. (3191, 3198)
2000 Ed. (3480)
1999 Ed. (1857, 3751)
1998 Ed. (1343, 2801)
1997 Ed. (3050)
1996 Ed. (2963)
1995 Ed. (2884, 2887)
1994 Ed. (2784, 2785, 2790)
1993 Ed. (2796)
1992 Ed. (3380, 3383)
1991 Ed. (2704)
Woman's Hospital Foundation
1997 Ed. (2261)
Woman's/man's suit
1989 Ed. (862)
Woman's Own
2000 Ed. (3494, 3503)
Woman's Weekly
2000 Ed. (3503)
Woman's World
2004 Ed. (3337)
2001 Ed. (3195)
1999 Ed. (3751)
1994 Ed. (2784, 2790, 2799)
1993 Ed. (2791, 2796)
1992 Ed. (3383)
Wombie Carlyle
2005 Ed. (3257)
Womble Carlyle Sandridge & Rice PLLC
2005 Ed. (1438)
2001 Ed. (565)
WOMC
2001 Ed. (3973)
WOMC-FM
1999 Ed. (3981)
Women
1998 Ed. (2506)
Women & Infants Hospital of Rhode Island
2008 Ed. (2061)
2007 Ed. (1966)
2006 Ed. (2001)
2005 Ed. (1955)
2004 Ed. (1847)
2003 Ed. (1813)
2001 Ed. (1840)
Women Don't Ask: Negotiation & the Gender Divide
2006 Ed. (582)
Women Incorporated
1998 Ed. (193)
Women's
2007 Ed. (166)
Women's Bank
1995 Ed. (493)
Women's blouses/shirts
1991 Ed. (1428)
1989 Ed. (1236)
Women's Clothing
1989 Ed. (1236)
Women's cosmetics & toiletries
1990 Ed. (1578)
Women's Day
1999 Ed. (3771)
Women's dresses
1989 Ed. (1662)
Women's Equity
2006 Ed. (4403)
Womens Equity Mutual
2006 Ed. (3623)
Women's fragrances
1990 Ed. (1578)
Women's health
2001 Ed. (3598)
Women's Health Boutique Franchise System Inc.
2006 Ed. (816)
2005 Ed. (901)
2004 Ed. (910)
2003 Ed. (891)
2002 Ed. (2452)
Womens Hospital & Regional Medical Center
2005 Ed. (1998)
Women's jeans
1992 Ed. (1817)
1991 Ed. (1428)
1989 Ed. (1236)
Women's Lingerie/Sleepwear
1989 Ed. (1236)
Womens Marketing Inc.
2007 Ed. (152)
2006 Ed. (160)
Women's publications
2004 Ed. (3334, 3335)
Women's replaceable razors & blades
1995 Ed. (1605)
Women's shoes/boots
1992 Ed. (1817)
1989 Ed. (1236)
Women's suits
1989 Ed. (1662)
Women's sweaters
1989 Ed. (1236)
Women's wear
2004 Ed. (2552)
Women's Wear Daily
2008 Ed. (143, 145, 815)
2007 Ed. (849)
Women's Workout World
1990 Ed. (3706)
Women's World
1996 Ed. (2959)
won; Korean
2008 Ed. (2274)
won; South Korean
2008 Ed. (2275)
Wonder
2008 Ed. (725)
1998 Ed. (494)
1996 Ed. (779)
Wonder Bread
2008 Ed. (2741)
2007 Ed. (2612)
2006 Ed. (2713)
Wonder Curl
2001 Ed. (2382, 2383)
Wonder Light
1996 Ed. (779)
Wonder Years
1992 Ed. (4247)
1991 Ed. (3245)
Wonderful Town
2005 Ed. (4687)
Wonderland Homes Inc.
2006 Ed. (3987)
Wonderware
1997 Ed. (2209, 3647)
Wong & Associates Ltd.; M. K.
1989 Ed. (1786)
Wong & Partners; Chia
1996 Ed. (22)
Wong & Partners; Soh
1996 Ed. (22)
Wong; Andrea
2007 Ed. (3617)
Wong Kwong Yu
2008 Ed. (4843)
2007 Ed. (2508)
2006 Ed. (2529)
Wong Liu & Partners
1997 Ed. (19)
Wong's Electronics Co., Ltd.
2006 Ed. (1233)
Wonka; Willy
2007 Ed. (682)
Woo Ho; Doreen
2008 Ed. (4945)
2007 Ed. (4978)
2006 Ed. (4980)
Woobang Housing & Construction
1999 Ed. (4167)
Wood
2008 Ed. (2647)
2007 Ed. (2309)
2003 Ed. (2526, 2527, 2528, 2529, 2530)
2001 Ed. (2483, 2484)
2000 Ed. (2235, 2499)
1999 Ed. (2720, 3763)
1998 Ed. (1738, 1978, 3699)
1997 Ed. (2057, 2250)
1996 Ed. (1954, 2145)
1995 Ed. (1912, 3132)
1992 Ed. (3703)
1990 Ed. (2052)
Wood Corp.; A. J.
1989 Ed. (2795)
Wood & Huston Bank
1989 Ed. (213)
Wood-Armfield/Utility Craft
1999 Ed. (2558)
1998 Ed. (1788)
Wood Asset Management
1999 Ed. (3088)
Wood Buffalo Housing & Development Corp.
2007 Ed. (1570)
2006 Ed. (1540)
Wood chips
2002 Ed. (2277)
Wood County Community Credit Union
2005 Ed. (2071)
Wood County, WI
1996 Ed. (1473)
Wood; David D.
1995 Ed. (2486)
1991 Ed. (2345)
Wood, Dawson, & Hellman
1993 Ed. (1549, 2615, 3625)
Wood Dawson Smith & Hellman
1991 Ed. (1487, 2531)
1990 Ed. (2292)
The Wood Dining Services Inc.
2003 Ed. (2533)
2002 Ed. (2593, 2595)
Wood Flooring International
2005 Ed. (4092)
Wood Group; J.
2005 Ed. (3790)
Wood Gundy
1994 Ed. (1681)
1993 Ed. (762, 1659)
1992 Ed. (2000)
1991 Ed. (1119, 1588, 2965)
1990 Ed. (811, 822)
1989 Ed. (812, 1355, 1859)
Wood Holdings Ltd.; F. E.
1995 Ed. (1015)
Wood in the rough
1993 Ed. (1714)
Wood; James
1993 Ed. (940, 1705)
1992 Ed. (1141, 1145, 2061, 2063)
1991 Ed. (924, 1630, 1632)
1990 Ed. (972, 1724)
1989 Ed. (1383)
Wood millwork
2004 Ed. (2556)
Wood-Mode Inc.
2007 Ed. (3297)
1992 Ed. (2819)
Wood Motors; James
1996 Ed. (299)
1995 Ed. (268)
1994 Ed. (257, 291)
Wood Partners
2008 Ed. (1197, 1199)
2007 Ed. (1297, 1299, 1302, 1305)
2006 Ed. (1192, 1198)
Wood, Patel & Associates Inc.
2008 Ed. (2513)
2007 Ed. (2404)
Wood Porsche; John
1994 Ed. (281)
1993 Ed. (282)
Wood product manufacturing
2002 Ed. (2223)
Wood products
1995 Ed. (1754)
1993 Ed. (779)
1992 Ed. (986)
1991 Ed. (805)
1990 Ed. (842)
Wood Products Credit Union
2004 Ed. (1981)
2003 Ed. (1941)
2002 Ed. (1887)
Wood pulp
2008 Ed. (2651)
2004 Ed. (2543, 2545, 2547)
2002 Ed. (2216)
Wood, Rafalsky & Wood
2004 Ed. (3237)
2003 Ed. (3187)
Wood; Robert
2007 Ed. (1009)
Wood; Sir Ian
2008 Ed. (4900)
2007 Ed. (4926)
Wood Tech Industries
2005 Ed. (4996)
Wood; W. C.
1997 Ed. (2238)
1994 Ed. (2072)
Wood, Williams, Rafalsky & Harris
1997 Ed. (2843)
1996 Ed. (2212, 3740)
1995 Ed. (673, 1629, 2193, 2649)
1993 Ed. (2160)
1991 Ed. (1987, 2015)
Woodard; Paul L.
1992 Ed. (3139)
Woodbine Centre
1995 Ed. (3379)
Woodbridge
2006 Ed. (4961, 4962)
2005 Ed. (4931, 4932, 4951, 4952, 4955, 4958)
2004 Ed. (4951, 4952, 4966)
2003 Ed. (4947, 4950, 4965)
2002 Ed. (4923, 4926, 4938, 4945, 4946, 4958, 4960)
2001 Ed. (4843, 4846, 4874, 4883, 4885, 4891, 4893)
2000 Ed. (4409, 4413, 4419, 4422)
1999 Ed. (4785, 4793)
1998 Ed. (3439, 3723, 3730, 3747)
1997 Ed. (3885)
1996 Ed. (3836)
Woodbridge Associates
2004 Ed. (1178)
Woodbridge by Robert Mondavi
2008 Ed. (4936, 4938)
Woodbridge Capital
1995 Ed. (2374)
1994 Ed. (2295)
Woodbury Business Systems
1993 Ed. (787)
1992 Ed. (990)
1991 Ed. (810)
1990 Ed. (848)
Woodbury (Long Island), NY
1990 Ed. (871, 873)
Woodbury University
2003 Ed. (800)
Woodchem
2001 Ed. (2505)
Woodchester
1993 Ed. (1533)
1992 Ed. (1877, 1878)
1991 Ed. (1476)
Woodchester Investments
1996 Ed. (2431)
1994 Ed. (1578, 1579)
Woodchester Investments PLC
1993 Ed. (1534)
Woodchuck
2006 Ed. (1009)
2005 Ed. (999)
2002 Ed. (3108)
2001 Ed. (3117)
Woodcock Washburn Kurtz Mackiewicz & Norris
2003 Ed. (3171, 3172)
Woodcraft Franchise Corp.
2007 Ed. (4787)
2006 Ed. (4781)
2005 Ed. (4726)
2004 Ed. (4749)
2003 Ed. (892)
2002 Ed. (957)
Woodcraft Franchise LLC
2008 Ed. (4705)
Woodcraft Supply
1998 Ed. (1973)
Wooddale Church
2008 Ed. (4137)
Wooden on Leadership
2007 Ed. (658)
Woodesign
2007 Ed. (4995)
Woodfield Ford
1991 Ed. (308)
1990 Ed. (345)
Woodfield Hyundai
1991 Ed. (280)
Woodfield Mall
2006 Ed. (4311)
2003 Ed. (4407)
Woodfin Suite Hotels
1998 Ed. (2017)
Woodfin/Woodfield Suites
1994 Ed. (2116)

Woodford Capital
1997 Ed. (2526)
1995 Ed. (2357, 2361)
Woodforest Financial Group
2008 Ed. (431)
2005 Ed. (451)
Woodgate Village
1990 Ed. (1146)
Woodgate Village Condominium
1991 Ed. (1045)
Woodhull; John
1996 Ed. (963)
Woodland Cabinetry Inc.
2005 Ed. (4996)
Woodland Construction
2006 Ed. (1295)
Woodland Falls Corporate Park
1998 Ed. (2696)
The Woodlands
1996 Ed. (3050)
The Woodlands Business Complex
1994 Ed. (2188)
Woodlands Credit Union
2008 Ed. (2246)
2007 Ed. (2131)
2006 Ed. (2166, 2210)
2005 Ed. (2072, 2115)
2004 Ed. (1973)
The Woodlands Executive Conference Center
1996 Ed. (2171)
Woodloch Pines Resort
2008 Ed. (3076)
Woodman Accident & Life
1999 Ed. (2925)
Woodmark Hotel
2000 Ed. (2545)
1999 Ed. (2769)
The Woodmark Hotel at Carillon Point
1996 Ed. (2172)
Woodmark Hotel on Lake Washington
1998 Ed. (2012)
Woodmen of the World
1990 Ed. (2247)
1989 Ed. (1707)
Woodmen of the World Life Insurance
1993 Ed. (1459)
Woodmen of the World Life Society
1996 Ed. (1972, 2318)
Woodmen of World Life Insurance
1992 Ed. (3261)
Woodmere Rehab & HCC
2000 Ed. (3362)
Woodpecker
2006 Ed. (1009)
2005 Ed. (999)
2002 Ed. (1050, 3108)
2001 Ed. (3117)
Woodruff Arts Center Inc.; Robert W.
2005 Ed. (3605)
Woodruff Foundation Inc.; Robert W.
1995 Ed. (1926, 1932)
1994 Ed. (1897, 1902, 1905)
Woodruff; William K.
1992 Ed. (3880)
Woods Bowman
1995 Ed. (2486)
Woods Hole Oceanographic Institution
1994 Ed. (894)
Woods Holmes; Wesley
1994 Ed. (1902)
Woods Co. Inc.; John P.
1997 Ed. (3291)
1996 Ed. (3187)
1995 Ed. (3086)
1994 Ed. (3041)
1993 Ed. (2993)
1992 Ed. (3659)
Woods Services
2000 Ed. (894)
1999 Ed. (948)
1998 Ed. (531)
Woods; Tiger
2008 Ed. (272, 2580, 2586)
2007 Ed. (294, 2450, 2451)
2006 Ed. (292, 2485, 2488)
2005 Ed. (2443, 2444)
Woodside Group Inc.
2007 Ed. (1306)
2005 Ed. (1183, 1210, 1237)
2002 Ed. (2652)
Woodside Homes
2005 Ed. (1240)
2004 Ed. (1213, 1216)
2003 Ed. (1206, 1209)
2002 Ed. (1209)
2000 Ed. (1234)
1999 Ed. (1334)
1998 Ed. (919)
1994 Ed. (1117, 1118)
Woodside Homes of California
2005 Ed. (1183, 1237)
2002 Ed. (2674)
Woodside Homes of Nevada
2005 Ed. (1210)
2004 Ed. (1184)
2003 Ed. (1177)
Woodside Petroleum Ltd.
2008 Ed. (3914)
2007 Ed. (1587, 2396, 3861)
2006 Ed. (3844)
2005 Ed. (3762)
2004 Ed. (1639, 3490, 3851)
2003 Ed. (1613, 3821)
2002 Ed. (3368)
1999 Ed. (1583)
Woodside Ranch Resort
1994 Ed. (2104)
Woodside Travel Management Corp.
1991 Ed. (825)
Woodstock '99
2001 Ed. (1382)
Woodstock's Pizza
2008 Ed. (3992)
2007 Ed. (3966)
2005 Ed. (3844)
Woodstream
2003 Ed. (2953)
1991 Ed. (1165)
Woodward & Lothrop Inc.
1997 Ed. (1593, 2104)
1996 Ed. (384, 386, 1534, 1990)
1995 Ed. (1552, 1553, 1958)
1990 Ed. (3683)
1989 Ed. (2902)
Woodward & Lothrup
1991 Ed. (3472, 1968)
Woodward Bond
1998 Ed. (402)
1994 Ed. (587)
Woodward-Clyde Consultants
1998 Ed. (1475)
1992 Ed. (1969)
1991 Ed. (1564)
Woodward-Clyde Group Inc.
1999 Ed. (2057)
1998 Ed. (1438)
1997 Ed. (1734, 1761)
1996 Ed. (1662)
1994 Ed. (988)
Woodward Government Fund
1992 Ed. (3094)
Woodward Governor Co.
2005 Ed. (3044, 3045)
2004 Ed. (3029, 3030)
2003 Ed. (204, 208)
Woodward Opportunity
1994 Ed. (583, 585)
Woodward's Ltd.
1994 Ed. (1523)
1992 Ed. (1594, 1793)
1990 Ed. (1496)
Woodwide Group
2005 Ed. (1240)
Woodwind & Brasswind
1995 Ed. (2675)
Woodworking
1998 Ed. (21)
1993 Ed. (17)
The Woodworking Shows
2004 Ed. (4754)
Woody's Chicago Style
2006 Ed. (2663)
Woody's Hot Dogs
2005 Ed. (2682)
2004 Ed. (2686)
Wook; Chung Tae
1997 Ed. (1996)
1996 Ed. (1890)
Wool and mohair
1996 Ed. (1516)
Woolco Canada
1995 Ed. (3153)
Woolite
2008 Ed. (2329)
2005 Ed. (198)
2003 Ed. (978, 2042)
Woolite Heavy Traffic
2003 Ed. (978)
Woolpert; Bruce
2005 Ed. (2468)
Woolrich
1993 Ed. (3372)
1992 Ed. (4052)
1991 Ed. (3171)
1990 Ed. (3333, 3335)
Woolwich
2002 Ed. (659)
2000 Ed. (540)
1992 Ed. (3801)
1990 Ed. (3103)
Woolwich Building Society
1996 Ed. (3690)
1995 Ed. (3185, 3613)
1994 Ed. (3537)
1993 Ed. (3575)
Woolwich Equitable Building Society
1991 Ed. (1719)
1990 Ed. (1786)
Woolworth
1999 Ed. (1199, 1504, 1519, 1582, 1584, 1879, 4099, 4371)
1995 Ed. (1277, 3145, 3297, 3425, 3426, 3690)
1993 Ed. (1191, 3300)
1992 Ed. (67, 4383)
1990 Ed. (3056)
Woolworth Corp.; F. W.
1997 Ed. (1342, 1360, 1361, 1632, 1639, 1665, 3345, 3347, 3355, 3549, 3551, 3643, 3644, 3831)
1996 Ed. (893, 1286, 1293, 1294, 1536, 3242, 3243, 3246, 3251, 3426, 3485, 3773)
1995 Ed. (1395)
1994 Ed. (13, 885, 1019, 1523, 1567, 2137, 3098, 3295, 3367, 3452, 3620)
1993 Ed. (44)
1992 Ed. (1793, 3954)
1991 Ed. (1427, 2894, 978, 2896, 3115, 24, 740, 2893, 3326)
1990 Ed. (1496, 1508, 1509, 2121, 2132, 3049, 3052, 3060, 3274)
1989 Ed. (22, 45)
Woolworth Mexicana
1995 Ed. (3159)
Woolworth Specialty
1999 Ed. (4374)
1998 Ed. (3344)
1996 Ed. (3487)
Woolworth Stores
1993 Ed. (742, 3046)
1992 Ed. (926, 3737, 4237)
Woolworths Ltd.
2008 Ed. (23, 677, 1566, 1569, 1570)
2007 Ed. (18, 726, 1586, 1587, 1592, 4634)
2006 Ed. (24, 294, 651, 1553, 1554, 1557)
2005 Ed. (18, 1656)
2004 Ed. (25, 1632, 1640, 1642, 1648)
2003 Ed. (1620)
2002 Ed. (32, 1586, 1590, 1591, 2304)
2001 Ed. (14, 1629, 1632, 1633, 4115, 4703)
2000 Ed. (1388)
1995 Ed. (1353)
1990 Ed. (2116)
1989 Ed. (754)
Woolworths plc
2002 Ed. (46)
Woongjim ThinkBig
2008 Ed. (1564)
Woongjin ThingBig
2008 Ed. (2079)
Woori Bank
2008 Ed. (505)
2007 Ed. (553)
2006 Ed. (524)
2005 Ed. (610, 3231)
2004 Ed. (620)
Woori Finance Holdings Co., Ltd.
2008 Ed. (2082)
2007 Ed. (1985, 4589)
Wooster, OH
2008 Ed. (3509)
WOR
1999 Ed. (3983)
1998 Ed. (2988)
1995 Ed. (3053)
1993 Ed. (2955)
1992 Ed. (3607)
1991 Ed. (2797)
1990 Ed. (2942)
Worcester Common Fashion Outlet
1996 Ed. (2878)
Worcester County, MA
1996 Ed. (2538)
1995 Ed. (2483)
1994 Ed. (2407)
Worcester Credit Union
2002 Ed. (1829, 1830)
Worcester Fire Department Credit Union
2006 Ed. (2155, 2157)
2005 Ed. (2062, 2064)
2004 Ed. (1925, 1940)
2003 Ed. (1886)
Worcester, MA
2008 Ed. (3115)
1996 Ed. (2089)
1992 Ed. (2546)
Worcester, MA/CT
2002 Ed. (2459)
Worcester Polytechnic Institute
2008 Ed. (779)
2007 Ed. (800)
2006 Ed. (713, 717)
1995 Ed. (1052)
1994 Ed. (1044)
1993 Ed. (1017)
1992 Ed. (1269)
Worcester Telegraph Gazette
1990 Ed. (2710, 2711)
1989 Ed. (2065)
Worcester's Centrum Center
1999 Ed. (1297)
Worcester's Centrum Centre
2003 Ed. (4530)
2002 Ed. (4346)
2001 Ed. (4354)
Worchester, MA
1995 Ed. (988, 2666)
WORCO Marketing Resources
1990 Ed. (3084)
Word for Windows
1996 Ed. (1075, 1086)
Word in Office Windows
1996 Ed. (1075)
Word Macro
1999 Ed. (1290)
Word Macro Concept
1999 Ed. (1290)
Word Macro MDMA
1999 Ed. (1290)
Word Macro Npad
1999 Ed. (1290)
Word MacroWazzu
1999 Ed. (1290)
Word processing
1993 Ed. (2564)
1990 Ed. (532, 533)
Word processing/customer correspondence
1995 Ed. (2567)
Word processors
2005 Ed. (3620)
Word Pro's Business Systems
1991 Ed. (1038)
WordPerfect
1997 Ed. (1104, 1261)
1996 Ed. (1075, 1088)
1995 Ed. (1114, 2255)
1994 Ed. (1094, 3673)
1993 Ed. (1071, 1072)
1992 Ed. (1334, 4490)
1990 Ed. (2002)
WordPerfect for DOS
1996 Ed. (1086)
WordPerfect for Windows
1996 Ed. (1075, 1086)
1995 Ed. (1109)

WordPerfect for Windows Upgrade
1996 Ed. (1082)
1995 Ed. (1104)
WordPerfect Office
1994 Ed. (1621)
WordPerfect Planperfect
1995 Ed. (1108)
WordPerfect 6.0 Version Upgrade
1995 Ed. (1103)
WordPerfect Upgrade
1995 Ed. (1098)
WordPress.com
2008 Ed. (3357)
Wordstar
1995 Ed. (1107)
1992 Ed. (4490)
Wordsworth Typing & Editing Services
2007 Ed. (4450)
2006 Ed. (3544, 4382)
Work
1992 Ed. (878)
Work & Family Benefits Inc.
2005 Ed. (2362)
Work-at-home companies
1999 Ed. (698, 1811)
Work/Life Benefits
2005 Ed. (2360, 2361, 2362)
Work-related injuries
1995 Ed. (3798)
The Workbasket
1994 Ed. (2791)
1993 Ed. (2798, 2801)
Workbench
1994 Ed. (2791)
1993 Ed. (2801)
Workbrain Corp.
2008 Ed. (1132, 2944)
2007 Ed. (1234, 2738, 2818)
2005 Ed. (2777)
2004 Ed. (2219)
Workers: An Archaeology of the Industrial Age
2006 Ed. (579)
Workers Bank
1994 Ed. (2340)
Workers compensation
2007 Ed. (4113)
2006 Ed. (4067)
2005 Ed. (3130)
2002 Ed. (2833, 2954, 2964)
1997 Ed. (1176)
1995 Ed. (2323)
Workers Compensation Board
2006 Ed. (2708)
2005 Ed. (2747)
Workers' Compensation Board, Alberta
2008 Ed. (1556)
2007 Ed. (1573)
2006 Ed. (1543)
Workers compensation risk financing
2002 Ed. (3530)
Workers' Credit Union
2008 Ed. (2238)
2007 Ed. (2123)
2006 Ed. (2202)
2005 Ed. (2107)
2004 Ed. (1965)
2003 Ed. (1925)
2002 Ed. (1871)
WorkFlow Management Inc.
2006 Ed. (4010)
2005 Ed. (3893)
WorkflowOne
2008 Ed. (4026)
Workforce Inc.
2008 Ed. (3718, 4409, 4969)
Workforce Management
2008 Ed. (4714)
Workforce Solutions Inc.
2006 Ed. (4012)
Workgroup Solutions
1998 Ed. (606)
Working
2005 Ed. (721)
Working Assets Citizens Balanced
1996 Ed. (2813)
Working Assets - Citizens Balanced Fund
1995 Ed. (2730)
Working Assets Citizens Growth
1996 Ed. (2813)
Working Assets - Citizens Income Fund
1995 Ed. (2730)
Working Assets Funding Service Inc.
2008 Ed. (3033)
Working conditions
1993 Ed. (1593)
Working Mother
2006 Ed. (145)
Working: People Talk about What They Do All Day & How They Feel about What They Do
2006 Ed. (590)
Workman
2008 Ed. (629)
2007 Ed. (670)
Workman, Nydegger
2006 Ed. (3252)
WORKplace
1995 Ed. (2804)
1994 Ed. (2690)
1992 Ed. (3283)
1991 Ed. (2633)
Workplace Integrators
2006 Ed. (186)
Workplace Seminars
2000 Ed. (1780)
WorkPlace USA
2003 Ed. (1294, 3670)
The Works Corp.
2006 Ed. (4144)
The Works Consultancy
2002 Ed. (4086)
Workscape
2004 Ed. (2219)
Works.com
2001 Ed. (4759, 4765)
Workshops/seminars
1995 Ed. (1665)
WorkSpan
2008 Ed. (4714)
Workstream
2007 Ed. (2816)
Worktank Creative Media
2005 Ed. (3404)
Worktec
2005 Ed. (763)
Workz.com
2001 Ed. (4765)
World Co. Ltd.
2000 Ed. (4242)
1999 Ed. (4592)
1997 Ed. (3736)
1992 Ed. (3724)
World Access
2001 Ed. (4450)
World Access Service Corp.
2001 Ed. (4464, 4467)
World Ag Expo
2005 Ed. (4733)
2004 Ed. (4752)
2003 Ed. (4774)
2002 Ed. (4644)
World Air Holdings Inc.
2006 Ed. (2723)
World Airways Inc.
2007 Ed. (232)
2006 Ed. (225)
2005 Ed. (213)
World Almanac
2003 Ed. (730)
The World Almanac & Book of Facts
2008 Ed. (547)
2004 Ed. (744)
2003 Ed. (721)
The World Almanac and Book of Facts 1999
2001 Ed. (987)
The World Almanac and Book of Facts 2000
2001 Ed. (987)
The World Almanac for Kids
2004 Ed. (744)
World Asset
1999 Ed. (3086, 3101)
1997 Ed. (2521, 2525, 2537)
World Asset Management
2001 Ed. (3018)
2000 Ed. (2801)
1998 Ed. (2307)
World Assset Management
2000 Ed. (2846)
World Bank
2008 Ed. (3865)
2007 Ed. (3791)
2004 Ed. (2029, 3787)
2003 Ed. (1980, 3761)
2002 Ed. (3195)
2001 Ed. (3668)
2000 Ed. (3433)
1999 Ed. (3722)
1998 Ed. (1268, 2763)
1997 Ed. (3014)
1996 Ed. (2928)
1995 Ed. (1561, 1723, 2858, 2862)
1994 Ed. (2755, 2763)
1992 Ed. (1056, 1057)
1991 Ed. (848, 849, 1274)
World Bank/IBRD
1994 Ed. (519)
1990 Ed. (898)
World Business Chicago
2008 Ed. (3472)
2007 Ed. (3373)
World Carpets
1992 Ed. (1063)
"World Championship Wrestling"
2001 Ed. (4486)
"World Class Championship Wrestling"
2001 Ed. (1094)
World Class Conferencing Inc.
2008 Ed. (3705)
World Color
1998 Ed. (2920, 2923)
World Color Press
2001 Ed. (3902, 3952, 3956)
2000 Ed. (3613, 3682)
1999 Ed. (1045, 3889, 3891)
1997 Ed. (3167, 3170)
1996 Ed. (3087, 3089)
1995 Ed. (2986, 2988)
1994 Ed. (2429, 2932)
1993 Ed. (2492, 2918, 2919, 2920)
1992 Ed. (3530, 3536, 3537, 3538)
1991 Ed. (2766, 2767)
1990 Ed. (2903, 2904)
World Computers
1991 Ed. (1038)
1990 Ed. (1140)
World Consortium of Companies
1998 Ed. (754)
World Development
2005 Ed. (4004)
2004 Ed. (1141)
2003 Ed. (1137)
World Famous
2002 Ed. (288)
2000 Ed. (3834)
1999 Ed. (4124)
1998 Ed. (3108)
1997 Ed. (3366)
1996 Ed. (3267)
1995 Ed. (3170)
1994 Ed. (3122)
1993 Ed. (3057)
1992 Ed. (3749)
World Financial Network National Bank
1996 Ed. (361)
1992 Ed. (514)
World Finer Foods Inc.
2004 Ed. (1593, 1713, 1869, 3948, 4941)
2003 Ed. (3743)
World Fuel Services Corp.
2008 Ed. (803, 808, 1511, 1539, 1540, 1541, 1730, 1734, 2851, 3901)
2007 Ed. (835, 1527, 1548, 1558, 1559, 1702, 1705, 4944)
2006 Ed. (1495, 1497, 1528, 1529, 1530, 4936, 4938)
2005 Ed. (3729, 4906)
2004 Ed. (3821)
World Fund Vontobel U.S. Value
1997 Ed. (2897)
World Funds Newport Tiger
1995 Ed. (2728)
World Gym
2006 Ed. (2787)
2005 Ed. (2811)
2003 Ed. (896)
World Heart
2007 Ed. (4578)
World income
1989 Ed. (1845)
World Income Fund
1992 Ed. (3180)
World Index
1993 Ed. (843)
1989 Ed. (2641)
World Inspection Network
2008 Ed. (2388)
2007 Ed. (2250)
2006 Ed. (2319)
2005 Ed. (2261)
2004 Ed. (2163)
2003 Ed. (2120)
2002 Ed. (2056)
World International Holdings
1992 Ed. (1632)
World Invest
1993 Ed. (2351)
The World Is Flat
2008 Ed. (554, 622)
2007 Ed. (652, 663)
The World Is Flat: A Brief History of the Twenty-First Century
2007 Ed. (655)
The World Is Not Enough
2001 Ed. (3364, 3366)
World Journal
2001 Ed. (3543)
World Minerals Inc.
2004 Ed. (3483)
2001 Ed. (3324, 3324)
World Monitor Trust
2005 Ed. (1085, 1086)
World Music Theatre
2001 Ed. (374)
1999 Ed. (1291)
World Net Services Inc.
2006 Ed. (3186)
World News
2002 Ed. (4838)
2001 Ed. (3585)
"World News Tonight"
1995 Ed. (3586)
1993 Ed. (3540)
1992 Ed. (4254)
World News.com
2002 Ed. (4828)
World of Warcraft
2008 Ed. (4810)
World Omni Financial Corp.
2005 Ed. (361)
1998 Ed. (229)
World Properties International
2008 Ed. (4111)
World Resource Institute
1995 Ed. (1932)
World Resources Institute
2004 Ed. (931)
World Sand Hill Portfolio Manager
2000 Ed. (3293)
World Savings
2006 Ed. (3558, 3562)
1992 Ed. (3774, 3775, 3776, 3777, 3784, 3785, 3786, 3794, 3798, 4286)
1991 Ed. (2919)
World Savings, A FS & LA
1993 Ed. (3074, 3075, 3076, 3077, 3084, 3085, 3086, 3093, 3094, 3097)
World Savings & Loan
1995 Ed. (2611)
World Savings & Loan Association
1998 Ed. (3132, 3135, 3136, 3137, 3140, 3141, 3142, 3146, 3147, 3148, 3149, 3150, 3151, 3151, 3156, 3524, 3530, 3531, 3532, 3534, 3535, 3536, 3538)
1997 Ed. (3740, 3741)
1996 Ed. (3684, 3685)
1994 Ed. (3527, 3528)
1993 Ed. (3564, 3565, 3566)
World Savings & Loan Federal Savings Association
2002 Ed. (4622)
World Savings Bank
2003 Ed. (3434, 3447, 3448, 4229, 4230, 4258, 4264, 4265, 4267,

4268, 4269, 4272, 4273, 4277, 4279, 4281)
1998 Ed. (3132, 3135, 3140, 3141, 3146, 3147, 3528, 3529, 3534, 3535, 3536, 3556)
World Savings Bank FSB
2008 Ed. (399)
2007 Ed. (431, 2866, 3019, 3635, 4245, 4247, 4248, 4249, 4250, 4254, 4255, 4256, 4259, 4261)
2006 Ed. (2872, 2988, 3570, 4231, 4233, 4234, 4235, 4236, 4240, 4241, 4242, 4245, 4247)
2005 Ed. (2867, 2993, 3501, 3502, 3510, 4179, 4181, 4182, 4183, 4211, 4215, 4216, 4217, 4220, 4221, 4222)
2004 Ed. (2862, 2995, 3502, 3506, 4246, 4248, 4249, 4250, 4278, 4282, 4283, 4284, 4285, 4287, 4289)
2002 Ed. (4099, 4100, 4121, 4124, 4125, 4128, 4129, 4133, 4134, 4136, 4138, 4139)
2001 Ed. (3350)
1997 Ed. (3742)
World Savings FS & LA
1991 Ed. (3362, 3375)
World Savings, FS & LA (Oakland, CA)
1991 Ed. (3364, 3365)
World Savings, FS&LA
1989 Ed. (2822)
World Sayings & Loan Association, A Federal Savings & Loan
1990 Ed. (3096, 3097, 3098, 3100, 3576, 3577, 3583)
World Securities
2002 Ed. (803, 804, 805)
World Series
2007 Ed. (4740)
1993 Ed. (3525, 3538)
World Technologies Management Inc.
2006 Ed. (3509, 4348)
World Telecom Group
2008 Ed. (4647)
World Tennis
1990 Ed. (2799)
1989 Ed. (184, 2179)
World Third Millennium Russia
2008 Ed. (3770)
The World Time Server
2002 Ed. (4845)
World Title Co.
1990 Ed. (2265)
World Trade Center International Exhibition & Convention Center
2005 Ed. (2522)
2003 Ed. (2416)
2001 Ed. (2353)
World Trade Center, Veracruz
2005 Ed. (2522)
2003 Ed. (2416)
World Trade Centre
1996 Ed. (2139, 2142)
World Travel & Incentives Inc.
1996 Ed. (3400)
World Travel Incentives Inc.
1995 Ed. (3287)
World Travel Partner I LLC
2007 Ed. (1736)
World Travel Partners
2000 Ed. (4301)
1999 Ed. (4665, 4666)
1998 Ed. (3622)
1996 Ed. (3742)
1994 Ed. (3579)
World Travel Partners Group Inc.
2008 Ed. (1764)
2007 Ed. (1736, 4820)
World TV
2004 Ed. (37)
World Vision
2007 Ed. (3706)
2004 Ed. (3955)
2002 Ed. (3776)
2000 Ed. (3349)
1996 Ed. (913)
1992 Ed. (1097)
World Vision of Britain
2002 Ed. (42)
World Wide
1995 Ed. (335, 335)
World Wide Security
2000 Ed. (3906)
World Wide Stereo
2007 Ed. (2865)
World Wide Technology Inc.
2008 Ed. (177, 179, 1370, 1374, 3690, 3718, 4056, 4801)
2007 Ed. (194, 196, 1418, 3526, 3572, 4029)
2006 Ed. (188, 190, 1374, 1380, 3492, 3523, 3992, 4362)
2005 Ed. (173, 175, 1352, 1392)
2004 Ed. (173, 1344)
2003 Ed. (217, 1348, 1354, 1356, 2730)
2002 Ed. (716)
2001 Ed. (714)
2000 Ed. (743, 3143)
World Wide Web Communications
2000 Ed. (4383)
World Wide Web Consortium
2006 Ed. (1142)
World Wildlife Fund
2004 Ed. (931)
2000 Ed. (3342)
1996 Ed. (915)
1995 Ed. (944, 2783)
1994 Ed. (907)
1993 Ed. (1637)
1991 Ed. (1580)
World Wildlife Fund & The Conservation Foundation
1992 Ed. (254, 1097)
World Wildlife Fund/The Conservation Foundation
1992 Ed. (1987)
World Wrestling Entertainment Inc.
2005 Ed. (243, 244)
"World Wrestling Federation"
2001 Ed. (1094)
World Wrestling Federation Enterprises
2001 Ed. (1579)
World Wrestling Federation Entertainment Inc.
2004 Ed. (240, 241)
Worldcom Inc.
2008 Ed. (352)
2007 Ed. (364)
2006 Ed. (3255)
2005 Ed. (420, 851, 1389, 1503, 1996, 2770, 2848)
2004 Ed. (32, 412, 1364, 1368, 1487, 1803, 2306, 3662, 3664, 4664, 4665, 4667, 4673)
2003 Ed. (843, 844, 1072, 1073, 1076, 1457, 1584, 1586, 1766, 4547, 4687, 4688, 4690, 4691, 4692, 4694, 4696, 4702, 4703)
2002 Ed. (925, 1437, 1685, 4355, 4562, 4565, 4567, 4569, 4570, 4587, 4589, 4883)
2001 Ed. (4473)
2000 Ed. (1302, 3388, 3389, 3390, 4187)
1999 Ed. (1443, 1444, 1449, 1451, 1481, 1497, 3669, 3670, 3671, 4548, 4559)
1998 Ed. (1007, 1009, 1010, 1051, 1054, 1061, 1066, 1069, 1119, 2409, 2720, 2721, 3411, 3416)
1997 Ed. (1317, 3641, 3688)
1992 Ed. (4365)
Worldcom Exchange Inc.
2007 Ed. (3578, 4434)
2006 Ed. (3527, 4366)
Worldcom Group
1995 Ed. (720, 3003)
Worldcorp
1992 Ed. (3919)
1991 Ed. (2587)
1990 Ed. (210)
Worldgroup
1989 Ed. (2656)
Worldinvest
2003 Ed. (1417)
1996 Ed. (2403)
1994 Ed. (2330)
1993 Ed. (2348)
1992 Ed. (2745, 2787, 2794)
1990 Ed. (902)
Worldlink Media Sales LLC
2006 Ed. (3498, 4342)
WorldlyInvestor.com
2002 Ed. (4826, 4827, 4866)
Worldmark Group
1991 Ed. (954)
WorldPages.com
2002 Ed. (4848)
WorldRes
2001 Ed. (4756)
Worlds of Curis' Simply Satin Cosmetics
1994 Ed. (1470)
Worlds of Wonder
1989 Ed. (2656)
Worldsites
2002 Ed. (2360, 2992)
WorldSpace Inc.
2008 Ed. (4530)
2004 Ed. (59)
Worldspan
1992 Ed. (1326)
Worldspan LP
2004 Ed. (2903)
2001 Ed. (4636)
Worldspan Technologies Inc.
2008 Ed. (3034, 3195)
2007 Ed. (2912)
2006 Ed. (4293)
Worldtex
1996 Ed. (2833)
WorldTravel Partners
1998 Ed. (3621)
1997 Ed. (3796)
WorldTravel Partners-BTI
2000 Ed. (4300)
Worldwide Capital Management
2008 Ed. (1096)
Worldwide Express
2008 Ed. (3836)
2007 Ed. (3761)
2006 Ed. (3765)
2005 Ed. (820)
2004 Ed. (846)
2003 Ed. (4402)
2002 Ed. (3571)
Worldwide Grinding Systems
1995 Ed. (2497)
Worldwide Partners
2008 Ed. (117)
2005 Ed. (120)
Worldwide Refinishing Systems Inc.
1992 Ed. (2223)
Worldwide Restaurant Concepts Inc.
2003 Ed. (896)
WorldWide Retail Exchange
2003 Ed. (2180)
WorldWideWelding Inc.
2007 Ed. (3599, 4445)
WorldxChange Communications Inc.
2001 Ed. (4474)
Worley
2004 Ed. (3961)
2002 Ed. (3784)
WorleyParsons Corp.
2008 Ed. (1308, 1309, 2546, 2552, 2555, 2560, 2563, 2565, 2568)
2007 Ed. (2419, 2425, 2433, 2436, 2438)
The Wormald Cos.
2008 Ed. (1164)
Worms & Cie
2002 Ed. (3247)
Worth
1998 Ed. (2785)
1997 Ed. (3046)
1996 Ed. (2961, 2967)
1995 Ed. (2881)
1992 Ed. (1479)
1991 Ed. (3166)
Worth & Co.
2008 Ed. (1253, 1332)
Worth Construction Co.
2008 Ed. (1274)
2006 Ed. (1298)
Wortham Foundation
1994 Ed. (1903)
Worthen Banking Corp.
1997 Ed. (236)
1996 Ed. (360)
1995 Ed. (211)
1989 Ed. (368)
Worthen National Bank of Arkansas
1996 Ed. (445)
1995 Ed. (419)
Worthing Jackman
2007 Ed. (1057)
Worthington
2008 Ed. (2738)
1997 Ed. (1074, 3628)
1996 Ed. (1056)
Worthington; Cal
1992 Ed. (375, 375)
1990 Ed. (309, 309)
Worthington Chevrolet
1992 Ed. (375)
1990 Ed. (309)
Worthington Custom Plastics
1993 Ed. (2868)
Worthington Industries Inc.
2007 Ed. (3478, 3481, 3484, 3485)
2006 Ed. (3455, 3458, 3459, 3460, 3461, 3462)
2005 Ed. (3450, 3451, 3452, 3453, 4476, 4477)
2004 Ed. (2125, 3435, 3436, 3437, 3438, 4534, 4535)
2003 Ed. (3363, 3369, 3370, 3373, 3374, 3381, 4552, 4553)
2002 Ed. (1769, 3223, 3303, 3304, 3312, 3314, 3315, 3321, 3323, 3324)
2001 Ed. (3289, 4367, 4368)
2000 Ed. (3092, 3138)
1999 Ed. (3357, 3414, 4471)
1998 Ed. (2471, 2509, 3403)
1997 Ed. (3630)
1996 Ed. (3585, 3586)
1995 Ed. (3509, 3510)
1994 Ed. (3431, 3432, 3433)
1993 Ed. (3448, 3451)
1992 Ed. (4134, 4136)
1991 Ed. (3217, 3218)
1990 Ed. (3434, 3435, 3436)
1989 Ed. (2636, 2637)
Worthington Steel Co.
2008 Ed. (3664, 3665)
2007 Ed. (3493, 3494)
2006 Ed. (3469, 3470)
2005 Ed. (3462, 3463)
2004 Ed. (3448)
2003 Ed. (3382)
2002 Ed. (3319)
1999 Ed. (3354)
Wortmann GmbH & Co. Internationale Schuhproduktionen
1996 Ed. (2469)
Wotsits
2008 Ed. (721)
2002 Ed. (4301)
1999 Ed. (4347)
1996 Ed. (3468)
1994 Ed. (3349)
1992 Ed. (4006)
Wound care
2006 Ed. (2897)
Woven wool cardigans
1992 Ed. (2076)
WOW Global Corp.
2008 Ed. (3729, 4980)
2007 Ed. (3594, 3595)
WOW! Magazine
1992 Ed. (3384)
WP Capital
1996 Ed. (2393, 2401)
WPAT
1994 Ed. (2989)
1993 Ed. (2955)
1992 Ed. (3607)
1991 Ed. (2797)
1990 Ed. (2942)
WPAT-AM
1990 Ed. (2941)
WPAT-FM
2006 Ed. (4430)
2005 Ed. (4412, 4413)
2004 Ed. (4465)
1990 Ed. (2941)
WPEN
1990 Ed. (2943)
WPEN-AM 950
2000 Ed. (3698)
WPG Core Bond
2004 Ed. (694)

2000 Ed. (3253)
WPG Dividened Income
1993 Ed. (2674)
WPG Divident Income
1990 Ed. (2368)
WPG Growth & Income
2000 Ed. (3272)
1999 Ed. (3515, 3556)
WPG Tudor
2006 Ed. (3640)
WPGC-FM
1992 Ed. (3604)
WPI Group Inc.
1999 Ed. (2671)
WPIX
1999 Ed. (4571)
1998 Ed. (3503)
1997 Ed. (3723)
1996 Ed. (3664)
1995 Ed. (3588)
1994 Ed. (3504)
1992 Ed. (4257)
1991 Ed. (3329)
WPIX/Tribune Broadcasting Co.
2000 Ed. (4224)
WPL Holdings
1999 Ed. (1949)
1998 Ed. (1387)
1997 Ed. (1694)
1996 Ed. (1615)
1995 Ed. (1638)
1994 Ed. (1596)
1993 Ed. (1557)
1992 Ed. (1899)
1991 Ed. (1167)
1990 Ed. (1601)
WPLJ
1998 Ed. (2988)
1996 Ed. (3154)
1995 Ed. (3053)
WPLJ-FM
1997 Ed. (3239)
WPP
1995 Ed. (2509)
1992 Ed. (1291)
1990 Ed. (1670)
WPP Group
2005 Ed. (100, 119)
2000 Ed. (93, 109, 139, 1471)
1999 Ed. (34, 103)
1998 Ed. (50, 57, 58)
1997 Ed. (55, 87, 101, 103, 2725, 3500)
1994 Ed. (96, 2443, 2662)
1990 Ed. (1276, 2170)
WPP Group of Companies
2000 Ed. (108)
WPP Group plc
2008 Ed. (124, 125, 2121, 3623, 3631)
2007 Ed. (112, 115, 117, 118, 1715, 3445, 3455, 3456, 3457, 3458)
2006 Ed. (108, 123, 124, 2057, 3295, 3441, 3442, 4300)
2005 Ed. (118, 121, 1522, 1981, 4359)
2004 Ed. (111, 118, 120, 1506)
2003 Ed. (72, 86, 88, 109, 1476)
2002 Ed. (120, 121, 143, 171, 1642, 1790, 1792, 1982, 3822)
2001 Ed. (32, 147, 170, 200)
2000 Ed. (4007)
1999 Ed. (87, 104, 4288)
1996 Ed. (60, 99, 101, 1355)
1995 Ed. (73, 85, 86)
1993 Ed. (109, 110, 2504)
1992 Ed. (161, 163, 164, 2589)
1991 Ed. (110, 112)
1990 Ed. (113, 115)
1989 Ed. (120)
WPP Group USA
2008 Ed. (3005)
2007 Ed. (838, 2883)
2006 Ed. (744)
2005 Ed. (818)
2004 Ed. (844)
WPP Health Care
2007 Ed. (106)
WPP Healthcare
2008 Ed. (114)
2006 Ed. (117)
2005 Ed. (107)
WPP plc
2004 Ed. (4101)
WPS Resources Corp.
2008 Ed. (2354, 2364, 2496)
2007 Ed. (2068, 2069, 2224, 2286, 2293, 2381, 2383, 2678)
2006 Ed. (2120, 2121, 2281, 2359, 2440)
2005 Ed. (1612, 2018, 2219)
2004 Ed. (2114, 2319)
2002 Ed. (2126)
1996 Ed. (1615)
WPST-FM
1990 Ed. (2941)
WPT Enterprises Inc.
2006 Ed. (4256)
WPX Delivery Solutions LLC
2008 Ed. (4435)
2007 Ed. (4452)
WQBA-AM
2005 Ed. (4412)
1997 Ed. (2800, 3236)
WQBA-AM & FM
1996 Ed. (2653, 3151)
1995 Ed. (2588, 3050)
1991 Ed. (2472, 2796)
1990 Ed. (2591, 2940)
WQBA-AM/FM
1994 Ed. (2530, 2987)
1992 Ed. (3088)
WQCD
1999 Ed. (3983)
1996 Ed. (3154)
WQHT
2000 Ed. (3697)
1999 Ed. (3983)
1998 Ed. (2988)
1996 Ed. (3154)
1995 Ed. (3053)
1994 Ed. (2989)
1993 Ed. (2955)
1992 Ed. (3607)
1991 Ed. (2797)
1990 Ed. (2942)
WQHT-FM
1997 Ed. (3239)
WR Berkley
1993 Ed. (2239)
1992 Ed. (2683)
W.R. Grace
2000 Ed. (3423)
1992 Ed. (1107)
W.R. Grace & Co.
1998 Ed. (1708)
WR Hambrecht Co.
2002 Ed. (4860)
W.R. Kelso Co. Inc.
2000 Ed. (1266)
W.R. Lazard
1990 Ed. (2331, 2337)
WR Lazard & Co.
1993 Ed. (3193)
1992 Ed. (2765)
1990 Ed. (2350)
WR Lazard, Laidlaw & Mead Inc.
1998 Ed. (2231)
WR Starkey Mortgage
2008 Ed. (1673)
WR Starkey Mortgage LLP
2008 Ed. (1672)
Wraase; Dennis
2005 Ed. (982)
Wragg & Casas Public Relations
2005 Ed. (3963)
2004 Ed. (4009)
2003 Ed. (4002)
2002 Ed. (3819)
2000 Ed. (3648)
1999 Ed. (3932)
1998 Ed. (2948, 2949)
Wrangell Fisheries Inc.
2005 Ed. (1646)
Wrangell-St. Elias National Park
1990 Ed. (2667)
Wrangell-St. Elias National Preserve
1990 Ed. (2667)
Wrangler
2008 Ed. (982, 983, 984, 985, 991)
2007 Ed. (1100, 1101, 1103, 1104, 1112)
2006 Ed. (1015, 1016, 1023)
2005 Ed. (1017)
2001 Ed. (491)
2000 Ed. (1112, 1114)
1999 Ed. (791, 1191, 1192, 1193, 1194, 1196, 3128)
1998 Ed. (760, 761, 763, 764, 765)
1997 Ed. (1020, 1023, 1024, 1026, 1039)
1996 Ed. (1002, 1004, 1005, 1019, 2439)
1995 Ed. (1022, 1023, 1034)
1994 Ed. (1011, 1012, 1013, 1026, 1027)
1993 Ed. (983, 984, 985, 986, 987, 994, 995)
1992 Ed. (1228)
1990 Ed. (2405, 2406)
1989 Ed. (945)
Wrapping materials
2003 Ed. (3947, 3948)
Wrapping materials/bags
2001 Ed. (2084)
Wray; C. J.
1997 Ed. (3368, 3370)
WRD Consulting
1992 Ed. (1452)
Wrecking Corp. of America St. Louis Inc.
1991 Ed. (1088)
Wren; John
2008 Ed. (938)
2007 Ed. (1003)
Wren Underwriting Agencies Ltd.
1993 Ed. (2456, 2458)
1992 Ed. (2896, 2898, 2900)
Wren Underwriting Agencies Ltd.; 800
1991 Ed. (2335)
Wren Underwriting Agencies Ltd.; 431,
1991 Ed. (2335)
Wrestlemania X-Seven
2003 Ed. (847)
Wrestling
2001 Ed. (1099)
1990 Ed. (3328)
Wrestling events
1994 Ed. (837)
Wrestling: No Way Out
2003 Ed. (847)
WRIF
2001 Ed. (3973)
1999 Ed. (3981)
Wright
2008 Ed. (335)
2002 Ed. (423)
Wright; A. J.
2008 Ed. (1007)
2007 Ed. (1125)
Wright; Bob
2005 Ed. (2469)
Wright Brothers, the Building Co.
2008 Ed. (1294)
Wright Business Graphics
2008 Ed. (4024, 4031, 4033)
2005 Ed. (3886, 3891)
2000 Ed. (913)
Wright; Chris
2005 Ed. (4891)
Wright Current Income
1999 Ed. (3554)
1995 Ed. (2744)
Wright; Don
2005 Ed. (2514)
Wright Engineers
2008 Ed. (2520)
2007 Ed. (2405)
Wright EquiFund
2000 Ed. (3278)
Wright EquiFund-H.K. National Fidelity Equity
1996 Ed. (2804)
Wright EquiFund Mexico
1999 Ed. (3518, 3564)
Wright Equifund: Mexico National
1997 Ed. (2906, 2908)
Wright Equity Hong Kong
1998 Ed. (2646)
1995 Ed. (2728)
Wright Equity Mexico
1998 Ed. (2636)
Wright Express Corp.
2008 Ed. (1894)
2007 Ed. (4281)
Wright; Felix E.
2005 Ed. (978, 2483)
Wright Government Obligations
1995 Ed. (2745)
Wright Investors' Service
2002 Ed. (4826)
1997 Ed. (2516)
Wright; Julie M.
1993 Ed. (3445)
Wright; Laura
2008 Ed. (964)
2007 Ed. (1041, 4974)
Wright Line LLC
2007 Ed. (4426)
2006 Ed. (4358)
Wright Managed U.S. Treasury
1997 Ed. (689)
Wright; Michelle
1994 Ed. (1100)
Wright Mutual Insurance Co.
1995 Ed. (2310)
Wright Patman Congressional Credit Union
2005 Ed. (2136)
2004 Ed. (1994)
2003 Ed. (1954)
2002 Ed. (1857)
Wright-Patt Credit Union
2008 Ed. (2252)
2007 Ed. (2137)
2006 Ed. (2216)
2005 Ed. (2121)
2004 Ed. (1979)
2003 Ed. (1939)
2002 Ed. (1885)
1994 Ed. (1504)
Wright Runstad & Co.
1994 Ed. (3001)
1993 Ed. (2963)
Wright Selected Blue Chip Equity
2006 Ed. (3640)
Wright Total Return
2000 Ed. (756)
Wright U.S. Treasury
1999 Ed. (3555)
Wright; Vernon
2006 Ed. (991)
Wrightbus
2007 Ed. (2034)
Wrigley
2008 Ed. (714, 835)
2007 Ed. (871)
2006 Ed. (774)
1998 Ed. (622, 623)
1994 Ed. (849)
1990 Ed. (969)
Wrigley Chewing Gum
1995 Ed. (698, 1548)
Wrigley Extra
1996 Ed. (955)
Wrigley Gum
1991 Ed. (1410)
Wrigley Innovation Center
2004 Ed. (2663)
Wrigley Jr.; William
2007 Ed. (4898)
2006 Ed. (4903)
2005 Ed. (4848)
1993 Ed. (831, 929, 1225, 1877)
1992 Ed. (1044, 1526, 2181, 1041, 2174)
1990 Ed. (1825)
Wrigley Jr. Co.; Wm.
2008 Ed. (27, 29, 56, 59, 80, 83, 91, 843, 1160, 2731)
2007 Ed. (22, 24, 38, 51, 77, 84, 135, 873, 2219, 2227, 2596, 2605, 2608, 2609)
2006 Ed. (28, 30, 32, 50, 60, 81, 82, 94, 99, 776, 1760, 2291, 2421, 2628, 2631, 2632, 2635, 2642, 4869)
2005 Ed. (22, 24, 26, 43, 69, 72, 73, 85, 90, 856, 857, 865, 962, 2226, 2631, 2637)
1997 Ed. (2028, 2030, 3715)
1996 Ed. (1931, 1933, 3661)
1995 Ed. (1287, 1290, 1885, 1890, 1896, 3573)
1994 Ed. (1263, 1266, 1866, 1871, 3502)
1991 Ed. (1216, 1732, 1738)

1990 Ed. (1812)
1989 Ed. (1447)
Wrigley Spearmint
1996 Ed. (954)
Wrigley; William
1989 Ed. (1378)
Wrigley's
1998 Ed. (3496)
1993 Ed. (740)
1991 Ed. (1741)
Wrigley's Big Red
2002 Ed. (1037)
2000 Ed. (1040)
1999 Ed. (1116)
1997 Ed. (975)
Wrigley's Double Mint
2002 Ed. (1037)
Wrigley's Doublemint
1999 Ed. (1116)
1997 Ed. (975)
Wrigley's Doublemint Gum
2000 Ed. (1040)
Wrigley's Eclipse
2008 Ed. (931)
2005 Ed. (963)
2004 Ed. (875, 876)
Wrigley's Extra
2008 Ed. (931)
2005 Ed. (963)
2004 Ed. (876)
2002 Ed. (1167)
2000 Ed. (1041)
1999 Ed. (785, 1026)
1993 Ed. (838)
Wrigley's Extra Sugarless
2002 Ed. (1037)
Wrigley's Freedent
2000 Ed. (1040)
1997 Ed. (975)
Wrigley's Juicey Fruit
2002 Ed. (1037)
Wrigley's Juicy Fruit
1999 Ed. (1116)
1997 Ed. (975)
Wrigley's Juicyfruit Gum
2000 Ed. (1040)
Wrigley's Spearmint
2000 Ed. (1040)
1999 Ed. (1116)
1997 Ed. (975)
Wrigley's Winterfresh
2002 Ed. (1037)
1999 Ed. (1116)
1997 Ed. (975)
Wrigley's Winterfresh Gum
2000 Ed. (1040)
The Wrinkle Cure
2004 Ed. (747)
A Wrinkle in Time
1990 Ed. (982)
WriteNow
1995 Ed. (1098)
Writers, artists, photographers, entertainers, athletes, and designers
1998 Ed. (1326, 2694)
Writing
1994 Ed. (2066)
Writing instruments
2005 Ed. (4473)
2001 Ed. (3569)
2000 Ed. (3842)
1999 Ed. (2713, 4132)
1998 Ed. (3117)
1996 Ed. (2221)
WRKO-AM
1992 Ed. (3604)
WRKS
2000 Ed. (3697)
1999 Ed. (3983)
1998 Ed. (2988)
1996 Ed. (3154)
1995 Ed. (3053)
1994 Ed. (2989)
1993 Ed. (2955)
1992 Ed. (3607)
1991 Ed. (2797)
1990 Ed. (2942)
WRKS-FM
1997 Ed. (3239)
WRL Freedom Attainer
1997 Ed. (3828)
WRL Freedom Attainer Annuity Emerging Growth
1997 Ed. (3818)
WRL Freedom Attainer Annuity Growth
1997 Ed. (3822)
WRL Freedom Bellwether & Conqueror
1997 Ed. (3828)
WRL Freedom Bellwether Annuity Emerging Growth
1997 Ed. (3818)
WRL Freedom Conqueror Annuity Emerging Growth
1997 Ed. (3818)
WRL Freedom Plus
1991 Ed. (2120)
WRL Freedom Variable Annuity Emerging Growth
1997 Ed. (3818)
WRMA-FM
2006 Ed. (4430)
2005 Ed. (4412, 4413)
2004 Ed. (4464, 4465)
2003 Ed. (4498)
2002 Ed. (3895)
2001 Ed. (3970)
2000 Ed. (3142)
1999 Ed. (3419, 3979)
1998 Ed. (2511, 2986)
1997 Ed. (2800, 3236)
WRMA-FM, WXDJ-FM, WCMQ-AM, WCMQ-FM
2000 Ed. (3695)
WRQ Inc.
2002 Ed. (4882)
WRR Environmental Services Co.
2007 Ed. (4455)
WRT Energy Corp.
1998 Ed. (478)
1997 Ed. (2975)
WRTO-FM
2005 Ed. (4412)
1997 Ed. (2800, 3236)
1996 Ed. (2653, 3151)
1994 Ed. (2530)
WS Atkins
2003 Ed. (2313)
WS Atkins plc
2008 Ed. (2553, 2566)
2007 Ed. (2426, 2431, 2439)
2006 Ed. (2051, 2460, 2461, 2466, 2470, 2474)
2005 Ed. (2421, 2430, 2434)
2004 Ed. (2387, 2389, 2398)
WS Construction
2006 Ed. (1172)
2005 Ed. (1175)
WS Teleshop
2001 Ed. (21)
WSB Financial Group
2008 Ed. (2143)
WSFS Financial Corp.
2005 Ed. (450)
WSI Internet
2008 Ed. (880)
2007 Ed. (901, 906)
2006 Ed. (3181)
2005 Ed. (3173)
2004 Ed. (3151)
WSJ.com
2006 Ed. (753)
2004 Ed. (849)
2003 Ed. (811)
WSKP-FM
1997 Ed. (2800, 3236)
WSKQ
2000 Ed. (3697)
1999 Ed. (3983)
WSKQ (AM)
1991 Ed. (2472, 2796)
1990 Ed. (2591, 2940)
WSKQ-AM & FM
1996 Ed. (3151)
1995 Ed. (2588, 3050)
WSKQ-AM/FM
1994 Ed. (2530, 2987)
1992 Ed. (3088)
WSKQ-AM 6 FM
1996 Ed. (2653)
WSKQ-FM
2008 Ed. (4470)
2006 Ed. (4430)
2005 Ed. (4412, 4413)
2004 Ed. (4464, 4465)
2003 Ed. (4498)
2002 Ed. (3895)
2001 Ed. (3970)
2000 Ed. (3142)
1999 Ed. (3419, 3979)
1998 Ed. (2511, 2986, 2988)
1997 Ed. (2800, 3236, 3239)
WSKQ-FM, WPAT-FM
2000 Ed. (3695)
WSP
2007 Ed. (670)
2005 Ed. (733)
WSP Group plc
2008 Ed. (2557, 2558, 2562)
2007 Ed. (2430, 2431, 2435)
2006 Ed. (2466, 2470)
2005 Ed. (2425, 2426, 2430)
2004 Ed. (2394)
WSR Group
1997 Ed. (325)
1996 Ed. (354)
1995 Ed. (336)
1994 Ed. (336)
WST Growth
2004 Ed. (3602)
WSYX-TV
2001 Ed. (1545)
W.T. Andrew Co.
1990 Ed. (3707)
WTA/Arjomari
1992 Ed. (3336)
WTBS
1993 Ed. (812)
1990 Ed. (869)
WTC Industries Inc.
2004 Ed. (4588)
WTD Industries Inc.
1993 Ed. (1894, 2478)
1992 Ed. (2212, 3332)
1991 Ed. (2366)
W3C
2005 Ed. (1153)
WTMI
2006 Ed. (3509, 4348)
WTTW of Chicago and WNET of New York
1992 Ed. (1096)
Wu-Fu Chen
2002 Ed. (2150)
Wu Whei Industrial Co. Ltd.
1992 Ed. (1230)
1990 Ed. (1068)
Wu; Yi
2008 Ed. (4950)
2007 Ed. (4983)
2006 Ed. (4986)
Wu Yijian
2003 Ed. (2411)
Wuestenrot & Wuertembergische
2008 Ed. (1768, 3258)
Wuhan
2001 Ed. (3856)
1992 Ed. (4138)
Wuhan Dongxihu Brewery
1995 Ed. (708)
Wuhan Iron & Steel
2008 Ed. (4533)
Wuhann
2001 Ed. (1096)
Wulff; Kurt
1989 Ed. (1417)
Wunderman
2008 Ed. (2339, 3597, 3598, 3599, 3601)
2007 Ed. (2202, 3432)
2006 Ed. (2266, 3415, 3418)
2005 Ed. (3406)
2003 Ed. (2067)
Wunderman Cato Johnson
2001 Ed. (3920)
2000 Ed. (1671, 1672, 1673, 1674, 1677, 1680)
1999 Ed. (50, 52, 1860, 1861, 1862)
1998 Ed. (45, 47, 1284, 1285, 1288)
1997 Ed. (52, 1615, 1616, 1617, 1619, 3374)
1996 Ed. (1551, 1552, 1553, 1554, 3276)
1995 Ed. (24, 36, 1563, 1564, 1565, 1566)
1994 Ed. (1534, 3128)
Wunderman Cato Johnson (Hutchins Y & R)
1996 Ed. (55)
Wunderman Cato Johnson Worldwide
1997 Ed. (1614)
1996 Ed. (1550)
1994 Ed. (64)
Wunderman Interactive
2007 Ed. (3434)
Wunderman Worldwide
1993 Ed. (1487, 1488, 1489)
1992 Ed. (1805, 1807, 1808)
1991 Ed. (1419, 1420)
1990 Ed. (1503, 1504, 1505, 1506)
1989 Ed. (56, 68)
Wunsch Americana Foundation
1989 Ed. (1476)
Wurmser O & M
2003 Ed. (79)
2002 Ed. (114)
2001 Ed. (141)
2000 Ed. (101)
Wurth Industry
2008 Ed. (3140)
Wurth; Reinhold
2008 Ed. (4867)
Wurtz; Thomas J.
2008 Ed. (370)
Wushun Petrochemical
1995 Ed. (960)
WUSL
1990 Ed. (2943)
WUSL-FM 98.9
2000 Ed. (3698)
Wustenrot & Wurttembergische
2001 Ed. (2959)
Wustenrot Holding
1996 Ed. (3411)
WUSY-FM
1992 Ed. (3605)
Wuxi, China
2007 Ed. (1098)
2006 Ed. (1012)
WVIV-AM/FM
2005 Ed. (4412)
W.W. Grainger, Inc.
2000 Ed. (2622, 3023, 4004, 4378)
The WW Group Inc.
2005 Ed. (4995)
2004 Ed. (4990)
1997 Ed. (3917)
1996 Ed. (3880)
1992 Ed. (4485)
1990 Ed. (3707)
W.W. Smith Charitable Trust
1990 Ed. (1849)
WWAV
1994 Ed. (1534)
WWAV North
1995 Ed. (1563)
WWAV Rapp Collins
2002 Ed. (204)
2001 Ed. (2025)
2000 Ed. (1676)
1997 Ed. (1615)
1996 Ed. (1551)
1995 Ed. (1563)
WWAV Rapp Collins (London)
2002 Ed. (1979, 1981)
WWAV Rapp Collins North
2002 Ed. (1979)
WWAV Rapp Collins West
2000 Ed. (1679)
WWD
2008 Ed. (4718)
2007 Ed. (4799)
WWDB
1990 Ed. (2943)
WWDB Health and Fitness Fair
1998 Ed. (3608)
WWE Entertainment
2008 Ed. (826)
WWE SmackDown
2007 Ed. (2845)
2006 Ed. (2855)
WWF
2001 Ed. (4606, 4607)
2000 Ed. (4274, 4278, 4279)
1996 Ed. (867)

1995 Ed. (881)
WWF Magazine
2001 Ed. (3191)
WWF Paper
2000 Ed. (1110)
1999 Ed. (1189)
1998 Ed. (758)
1989 Ed. (932)
WWF Range
1994 Ed. (3562)
WWF Royal Rumble
1995 Ed. (880)
1994 Ed. (840)
WWF Royal Rumble '96
1998 Ed. (3677)
WWF Royal Summerslam '92
1994 Ed. (840)
WWF Summerslam
1995 Ed. (880)
WWF Survivor Series
1995 Ed. (880)
WWF Survivor Series '92
1994 Ed. (840)
WWF Warzone
2000 Ed. (4345)
WWF Wrestlemania
1995 Ed. (880)
WWF Wrestlemania VIII
1994 Ed. (840)
WWF Wrestler
1995 Ed. (3645)
WWI Resources Ltd.
2008 Ed. (1658)
WWJ
2001 Ed. (3973)
WWJ-AM
1999 Ed. (3981)
WWOR
1999 Ed. (4571)
1998 Ed. (3503)
1997 Ed. (3723)
1996 Ed. (3664)
1995 Ed. (3588)
1994 Ed. (3504)
1992 Ed. (4257)
1991 Ed. (3329)
WWOR/Chris-Craft Industries
2000 Ed. (4224)
WWP Group PLC
1991 Ed. (3332)
WWPR
1990 Ed. (2942)
WWW Internet
2000 Ed. (3290)
www.adobe.com
1999 Ed. (4751)
www.cnn.com
1999 Ed. (4751)
www.excite.com
1999 Ed. (4751)
www.microsoft.com
1999 Ed. (4751)
www.usatoday.com
1999 Ed. (4751)
www.yahoo.com
1999 Ed. (4751)
WXDJ-FM
2008 Ed. (4470)
2005 Ed. (4412)
1997 Ed. (2800, 3236)
WXKS-FM
1992 Ed. (3604)
WXLX-AM
1997 Ed. (2800, 3236)
WXRK
2000 Ed. (3697)
1999 Ed. (3983)
1995 Ed. (3053)
WXRK-FM
1998 Ed. (2985)
1997 Ed. (3239)
WXRX
1994 Ed. (2989)
WXTU
1990 Ed. (2943)
WXTU-FM 92.5
2000 Ed. (3698)
WXTV
1999 Ed. (4571)
1998 Ed. (3503)
1997 Ed. (3723)
1996 Ed. (3664)
1995 Ed. (3588)
1994 Ed. (3504)
1992 Ed. (4257)
1991 Ed. (3329)
Wyandot Lake
1995 Ed. (3725)
Wyandotte County, KA
1991 Ed. (2526)
Wyandotte Net Tel
2008 Ed. (1364)
2007 Ed. (1408)
Wyant Data Systems Inc.
2006 Ed. (3988)
Wyatt Inc.
2006 Ed. (1297)
2005 Ed. (1324)
2003 Ed. (1319)
1996 Ed. (1638, 1639, 3258)
1995 Ed. (854, 1661, 1662, 3163)
1994 Ed. (1143)
1993 Ed. (15, 1589, 1590, 1591, 1592, 3052)
1992 Ed. (3743, 1940, 1941)
1991 Ed. (1543, 1544, 1545, 2899)
1990 Ed. (3062)
1989 Ed. (1007)
Wyatt Cafeterias
1993 Ed. (3032)
1992 Ed. (3711, 3716)
1991 Ed. (2880)
1990 Ed. (1654)
Wyatt International
2001 Ed. (234)
Wyatt Seal Inc.
1994 Ed. (2178)
Wyatt Tarrant
2001 Ed. (820)
Wyatt, Tarrant & Combs
1998 Ed. (2577)
Wyatt's
1990 Ed. (3017)
Wyatt's Cafeterias
1997 Ed. (3336)
1996 Ed. (3233)
1994 Ed. (3091)
Wyborowa
2001 Ed. (4707)
1999 Ed. (3249)
1995 Ed. (3716)
1994 Ed. (3641)
1993 Ed. (3679)
Wyborowa Orange
1999 Ed. (4725)
WYCD
2001 Ed. (3973)
1999 Ed. (3981)
Wyche Fowler Jr.
1994 Ed. (2890)
Wycliff
2006 Ed. (827)
2005 Ed. (909)
Wycliffe Bible Translators
2008 Ed. (1505)
2000 Ed. (3350)
Wyder's
2006 Ed. (1009)
2005 Ed. (999)
2002 Ed. (3108)
2001 Ed. (3117)
Wyeth
2008 Ed. (906, 907, 910, 1488, 1977, 1978, 2321, 3185, 3842, 3948, 3954, 3957, 3960, 3961, 3962, 3963, 3964, 3967, 3969, 3971, 3972, 3973, 3974, 3975, 4267, 4653)
2007 Ed. (922, 923, 929, 1279, 1494, 1914, 1915, 3902, 3904, 3905, 3907, 3908, 3914, 3920, 3921, 3924, 3925, 3927, 3930, 3931, 3932, 3937, 3938, 3939, 3944, 3945)
2006 Ed. (76, 841, 842, 847, 1173, 1930, 1931, 3869, 3870, 3871, 3873, 3874, 3876, 3877, 3878, 3883, 3884, 3885, 3889, 3890, 4710)
2005 Ed. (68, 932, 933, 944, 1176, 1801, 1802, 1903, 1904, 2244, 2245, 3802, 3803, 3804, 3805, 3806, 3809, 3810, 3814, 3816, 3820, 3822, 3990, 4039)
2004 Ed. (72, 942, 943, 966, 1552, 1603, 1819, 1820, 2148, 2149, 3874, 3875, 3876, 3877, 3878, 3879, 3880, 3881, 3887, 4483)
2003 Ed. (1578, 1786, 3867, 3870, 4537)
Wyeth-Ayerst
2001 Ed. (2063, 2064)
2000 Ed. (3064)
1999 Ed. (1824, 1911, 2726, 3326)
1998 Ed. (717, 1253, 1349)
1996 Ed. (1576, 1577, 2597, 2856)
1995 Ed. (1589, 1590, 2138, 2529, 2799)
1994 Ed. (1559, 2461)
1992 Ed. (3277)
1991 Ed. (2399)
1990 Ed. (1192, 2529)
Wyeth-Ayerst Global Pharmaceuticals
2000 Ed. (740, 1712)
Wyeth-Ayerst Laboratories Inc.
2000 Ed. (1653)
1997 Ed. (1655, 2709, 2740, 2953)
Wyeth Baby Milks
1992 Ed. (2630)
Wyeth Canada
2008 Ed. (915)
2007 Ed. (936)
Wyeth Pharmaceuticals
2008 Ed. (4734)
2007 Ed. (4805)
Wygod; Martin J.
1994 Ed. (947, 950, 1714, 1723)
1993 Ed. (937, 1695)
1992 Ed. (2061, 2062)
WYHY Credit Union
2008 Ed. (2270)
2007 Ed. (2155)
2006 Ed. (2234)
2005 Ed. (2139)
2004 Ed. (1997)
2003 Ed. (1957)
2002 Ed. (1902)
Wyle Electronics
1999 Ed. (1964, 1982)
1998 Ed. (1403, 1404, 1405, 1406, 1409, 1410, 1412, 1414)
1997 Ed. (1708, 1710, 1712)
1996 Ed. (1630, 1631, 1632, 1634, 1635)
1989 Ed. (1335)
Wyle Laboratories Inc.
1996 Ed. (2562)
1993 Ed. (1580)
1992 Ed. (1927)
1991 Ed. (1533, 1534)
1990 Ed. (1635, 1636, 3234)
1989 Ed. (1334, 1336, 1337)
Wyler's Mrs. Grass
2003 Ed. (4485)
Wyler's Soup Starter
2003 Ed. (4485)
Wylie Steel Fabricators
2008 Ed. (1328)
Wyly; Sam
1990 Ed. (976, 1726)
Wyman, Bautzer, Christensen, Kuchel & Silbert
1990 Ed. (2421)
Wyman, Bautzer, Kuchel & Silbert
1992 Ed. (2841)
Wyman-Gordon Co.
1998 Ed. (98, 1249)
1992 Ed. (273)
WYMV
2001 Ed. (3973)
Wyn Ellis
1999 Ed. (2350)
Wyndcrest Holdings LLC
2005 Ed. (4673)
Wyndham
2004 Ed. (2938)
2003 Ed. (2847)
2002 Ed. (2637)
2001 Ed. (2791)
1994 Ed. (2113)
1991 Ed. (1941)
Wyndham Anatole Dallas
2001 Ed. (2351)
2000 Ed. (2538)
Wyndham Anatole Hotel
2005 Ed. (2519)
2004 Ed. (2945)
2003 Ed. (2413)
Wyndham Baking Co.
1992 Ed. (495, 496)
Wyndham Beach Resort
2006 Ed. (2939)
Wyndham Bel Age
2007 Ed. (2951)
Wyndham Bristol Place
2007 Ed. (2944)
Wyndham Buttes
2007 Ed. (2951)
Wyndham El San Juan Hotel
2007 Ed. (4118)
2006 Ed. (4097)
Wyndham Franklin Plan
1991 Ed. (1957)
Wyndham Franklin Plaza
1990 Ed. (1219, 2099)
Wyndham Franklin Plaza Hotel
2000 Ed. (2576)
1998 Ed. (2038)
1992 Ed. (2513)
Wyndham Garden Hotels
1998 Ed. (2019)
Wyndham Gardens
1997 Ed. (2291)
Wyndham Hotel Corp.
1998 Ed. (2000)
Wyndham Hotel at Lost Angeles Airport
1999 Ed. (2796)
Wyndham Hotel Group
2008 Ed. (3072)
Wyndham Hotels & Resorts
2000 Ed. (2558)
1999 Ed. (2780)
1997 Ed. (2277, 2290)
Wyndham Insurance Co., Ltd.
2008 Ed. (3225)
Wyndham International Inc.
2008 Ed. (3023)
2007 Ed. (2902)
2006 Ed. (2724, 2930, 2932)
2005 Ed. (2768, 2892, 2921, 2927, 2929, 4007)
2004 Ed. (2906, 2936, 2937, 4075)
2003 Ed. (2841, 2842, 2844, 2845, 2846)
2002 Ed. (2630, 2638)
2001 Ed. (2778, 2787)
Wyndham Northwest
2006 Ed. (2940)
Wyndham Northwest Chicago
2007 Ed. (2951)
Wynfield Inns
1999 Ed. (2774)
WYNK-AM/FM
1992 Ed. (3605)
Wynn Las Vegas LLC
2008 Ed. (1968)
Wynn Resorts Ltd.
2007 Ed. (2675, 4556)
Wynn; Stephen
2008 Ed. (4832)
2007 Ed. (4899)
Wynn; Stephen A.
1994 Ed. (947, 1714)
Wynn; Steven
2005 Ed. (4844)
The Wynning Experience
2006 Ed. (3522)
Wynn's International Inc.
1990 Ed. (390)
1989 Ed. (331)
Wynonna
1996 Ed. (1094)
Wyoming
2008 Ed. (1012, 2414, 2415, 2416, 2424, 2434, 2435, 2436, 3136, 3137, 3280, 3779, 4326, 4355, 4594, 4595)
2007 Ed. (1131, 2273, 2280, 2292, 2308, 2371, 3017, 3018, 3372, 3685, 4371, 4396, 4682, 4684, 4686)
2006 Ed. (1043, 1096, 2344, 2358, 2755, 2980, 2986, 2987, 3690, 4305, 4332, 4661, 4664, 4665)
2005 Ed. (406, 407, 408, 409, 413, 414, 415, 416, 444, 445, 1034, 1071, 1077, 1080, 1100, 1101,

2525, 2528, 2917, 3301, 3318, 3589, 3836, 4186, 4187, 4198, 4205, 4206, 4207, 4208, 4209, 4225, 4231, 4233, 4240, 4362, 4601, 4723)
2004 Ed. (376, 391, 392, 394, 395, 396, 397, 413, 438, 1028, 1038, 1067, 1076, 1094, 1095, 1096, 2022, 2175, 2294, 2295, 2310, 2318, 2568, 2569, 2572, 2726, 2806, 3264, 3282, 3293, 3675, 3837, 3897, 4266, 4273, 4274, 4275, 4276, 4292, 4298, 4302, 4307, 4412, 4513, 4514, 4515, 4517, 4654, 4702, 4903, 4905)
2003 Ed. (412, 413, 416, 417, 418, 443, 444, 1025, 1033, 1058, 1067, 1082, 1083, 2127, 2145, 2146, 2147, 2148, 2582, 3222, 3238, 3628, 4040, 4252, 4253, 4254, 4255, 4256, 4284, 4290, 4400, 4724, 4912, 4914)
2002 Ed. (446, 455, 457, 458, 464, 465, 470, 471, 475, 476, 477, 492, 493, 668, 1114, 1115, 1118, 1119, 2008, 2119, 2230, 2231, 3088, 3090, 3111, 3113, 3114, 3122, 3123, 3125, 3126, 3199, 3201, 3213, 3805, 4102, 4103, 4115, 4140, 4144, 4157, 4165, 4166, 4168, 4169, 4170, 4371, 4372, 4520, 4776, 4779)
2001 Ed. (1284, 1289, 3104, 3123, 3524, 3526, 3527, 3573, 3574, 3736, 3737, 3738, 3747, 3768, 3769, 4228, 4411, 4797, 4800, 4830, 4923)
2000 Ed. (1128, 1791, 2940, 2959, 2961, 2966, 4096, 4115, 4180)
1999 Ed. (1209, 1211, 3197, 3220, 3222, 4401, 4405, 4420, 4453, 4454, 4535)
1998 Ed. (1321, 2367, 2382, 2383, 3383, 3512, 3611)
1997 Ed. (2638, 2647, 2656, 3147, 3568, 3570, 3571, 3588, 3594, 3622, 3785)
1996 Ed. (2496, 2507, 2508, 2509, 2517, 3175, 3513, 3515, 3517, 3518, 3520, 3528, 3529, 3548, 3554, 3579, 3580)
1995 Ed. (2450, 2457, 2460, 2461, 2469, 3449, 3450, 3467, 3473)
1994 Ed. (2371, 2376, 2379, 2380, 2388, 2414, 2535, 3376, 3377, 3396, 3402, 3421, 3475)
1993 Ed. (2427, 2438, 2442, 3395, 3398, 3399, 3406, 3412, 3440, 3442, 3505, 3732)
1992 Ed. (2857, 2876, 2880, 2916, 2917, 2918, 2920, 2922, 2926, 2930, 2933, 2934, 3090, 4083, 4089, 4090, 4098, 4099, 4104, 4109, 4114, 4128)
1991 Ed. (2162, 3192, 3195, 3196, 3197, 3198, 3205, 3206, 3207, 3208, 3213, 3347)
1990 Ed. (2868, 3354, 3357, 3360, 3362, 3370, 3373, 3376, 3377, 3382, 3396, 3397, 3406, 3412, 3414, 3418, 3419, 3420, 3421, 3422, 3507)
1989 Ed. (1888, 1900, 1998, 2539, 2551, 2563, 2564, 2615, 2787)

Wyoming Community Development Agency
2001 Ed. (958)

Wyoming Employees Credit Union
2007 Ed. (2155)
2006 Ed. (2234)
2005 Ed. (2139)
2004 Ed. (1997)
2003 Ed. (1957)
2002 Ed. (1902)

Wyoming Machinery Co., Inc.
2008 Ed. (2179)
2007 Ed. (2071)
2006 Ed. (2123)
2005 Ed. (2020)
2004 Ed. (1894)
2003 Ed. (1858)

Wyoming Medical Center Inc.
2008 Ed. (2178, 2179)
2007 Ed. (2070, 2071)
2006 Ed. (2122, 2123)
2005 Ed. (2019, 2020)
2004 Ed. (1893, 1894)
2003 Ed. (1857)
2001 Ed. (1902, 1903)

Wyoming Municipal Power Agency
2001 Ed. (958)

Wyoming Student Loan Agency
2001 Ed. (958)

Wyrill; Mark
1997 Ed. (2001)
1996 Ed. (1911)

Wyse
1995 Ed. (2259)
1989 Ed. (2308)

Wyse Advertising
1997 Ed. (44)
1991 Ed. (71)

Wyse Landau
2002 Ed. (3846)

Wyse Technology
1992 Ed. (1312, 1314, 1925, 3068, 3682)
1991 Ed. (1024, 1029, 2853)
1990 Ed. (1113, 1118, 1122, 1127, 1327, 1976, 2202, 2684, 2997)
1989 Ed. (970, 971, 980, 1311)

Wyse Technology Taiwan Ltd.
1992 Ed. (1323, 1324, 2094)
1990 Ed. (1132, 1737)

WYSP
1990 Ed. (2943)

WYSP-FM 94.1
2000 Ed. (3698)

Wyss; David
1991 Ed. (2160)

WZMQ-FM
1997 Ed. (2800, 3236)

X

X-Box
2006 Ed. (1121)

X-EETO Inc.
2007 Ed. (2836)

"The X-Files"
2001 Ed. (4486, 4487, 4498, 4499)
2000 Ed. (4222)
1999 Ed. (4718)

X-Men
2002 Ed. (3397)
1995 Ed. (3696)

X-Men: The Last Stand
2008 Ed. (3754, 3756)

X-ray equipment
1992 Ed. (3831)

X-ray machines
1992 Ed. (3006)

X-Ray Telescope
1992 Ed. (4027)

X-Trail; Nissan
2008 Ed. (304)
2006 Ed. (323)
2005 Ed. (304)

X-Wing
1995 Ed. (1083, 1102)

X-Wing Collector's CD
1996 Ed. (1080)

X-Wing Collector's CD (MPC)
1996 Ed. (1083)

X-Wing Collector's Edition
1998 Ed. (850)

X-Wing Mission 1, Imperial Pursuit
1995 Ed. (1083)

X-Wing Mission 2, B-Wing
1995 Ed. (1083, 1102)

Xalatan Solution
2001 Ed. (3588)
2000 Ed. (3379)

Xalkis Cement
1991 Ed. (260)

Xanasa
2005 Ed. (1157)

Xanax
1996 Ed. (1579)
1995 Ed. (1583, 1587, 2982, 2983, 2984)
1994 Ed. (2927, 2928, 2929)
1993 Ed. (2912, 2913)
1992 Ed. (3524, 3525)
1991 Ed. (2761, 2762, 2763)
1990 Ed. (2898, 2899, 2900)
1989 Ed. (2254, 2255, 2256)

Xanga.com
2008 Ed. (3370)
2007 Ed. (3227)

Xansa
2007 Ed. (1262)
2006 Ed. (1146)

Xantrex Technology Inc.
2008 Ed. (1622, 2934)
2007 Ed. (2811)
2003 Ed. (4849)

XAPT Hungary Kft
2008 Ed. (1790)

Xavier University
2008 Ed. (1085)
2001 Ed. (1324)
2000 Ed. (744, 1138)
1999 Ed. (1229)
1998 Ed. (800)
1997 Ed. (1055)

XBox
2008 Ed. (1129)
2007 Ed. (1229)

Xbox; Microsoft
2008 Ed. (4704)
2007 Ed. (4785)
2006 Ed. (4779)
2005 Ed. (4725)

XCAN Grain Pool Ltd.
2003 Ed. (1381)
2001 Ed. (1499)

Xcare.Net Inc.
2002 Ed. (1619)

Xcel Credit Union
2008 Ed. (2211)

Xcel Energy Inc.
2008 Ed. (1935, 1938, 2500, 3192, 3202)
2007 Ed. (1883, 2378, 2913, 3065)
2006 Ed. (1887, 2353, 2356)
2005 Ed. (1573, 1870, 2290, 2292, 2293, 2295, 2300, 2314)
2004 Ed. (1800, 1801, 2191, 2193, 2200, 2201, 2313, 2725)
2003 Ed. (1704, 1764, 2137, 2138, 2139, 2140, 2285, 2607)
2002 Ed. (1527, 1731, 3630, 3877)

Xcel Energy Wholesale Group Inc.
2005 Ed. (1870, 2289)
2004 Ed. (1800)

Xcelecom Inc.
2007 Ed. (1360)
2006 Ed. (1281)
2005 Ed. (1311)
2004 Ed. (1304)

Xcelsior Brewery
1989 Ed. (758)

XCiting Autos Inc.
2007 Ed. (1736)

XCL Ltd.
1999 Ed. (261)
1998 Ed. (154, 160, 162)
1997 Ed. (231, 232, 237)

XCL Financial Services
1992 Ed. (2403)
1990 Ed. (2009)

Xcyte Therapies Inc.
2006 Ed. (4260)

X86
2001 Ed. (3303)

Xen Gladstone
2000 Ed. (2182)

Xenadrine EFX
2004 Ed. (2097)

Xenadrine RFA-1
2004 Ed. (2097, 2098)

Xenadrine RFA1
2003 Ed. (2059)

Xenel Industries Ltd.
1994 Ed. (3139)

Xenical
2002 Ed. (2023)
2001 Ed. (2068)

Xenon Genetics Inc.
2003 Ed. (4849)

Xenos Group Inc.
2002 Ed. (2507)

Xental DM Inc.
2005 Ed. (4650)

Xentel Dm Inc.
2005 Ed. (4511)
2001 Ed. (4465)

Xerox Corp.
2008 Ed. (1111, 1112, 1117, 1119, 1363, 1471, 1697, 1698, 1699, 3014, 3144, 3148, 3685, 3686, 4262)
2007 Ed. (841, 853, 1204, 1206, 1210, 1213, 1215, 1672, 1673, 1674, 2176, 2893, 2914, 3025, 3026, 3033, 3739)
2006 Ed. (163, 745, 1103, 1108, 1111, 1455, 1666, 1667, 1668, 2892, 2991, 2992, 2997, 3034, 3739)
2005 Ed. (264, 1113, 1114, 1118, 1124, 1125, 1355, 1384, 1390, 1611, 1747, 1748, 1749, 3001, 3042, 3043, 3638, 3639, 3695, 4039, 4164)
2004 Ed. (1110, 1114, 1117, 1118, 1347, 1366, 1369, 1555, 1689, 1690, 1691, 2903, 3028, 3032, 3727, 3729, 3730, 3776)
2003 Ed. (748, 1087, 1089, 1090, 1092, 1098, 1099, 1346, 1361, 1364, 1660, 1661, 1662, 2238, 2898, 2955, 2956, 3751, 4547)
2002 Ed. (1133, 1135, 1141, 1552, 1629, 2728, 2832, 3372, 3534, 4365, 4876)
2001 Ed. (1344, 1349, 1350, 1676, 2198, 2895, 2896, 2897, 4153)
2000 Ed. (1157, 1164, 1166, 1347, 1404, 1427, 1734, 1743, 1751, 2648, 3030, 3367, 3369, 3370, 3758)
1999 Ed. (1259, 1261, 1267, 1271, 1272, 1273, 1472, 1596, 1621, 1957, 1965, 1966, 1971, 2880, 3641, 3643, 3645, 3646, 3647, 3648)
1998 Ed. (563, 574, 821, 1070, 1130, 1399, 2106, 2531, 2702, 2704, 3119, 3361)
1997 Ed. (1318, 1350, 1379, 1400, 1406, 1707, 2404, 2815, 2956, 3386)
1996 Ed. (774, 1320, 1340, 1341, 1629, 2105, 2263, 2861, 3289)
1995 Ed. (1212, 1761)
1994 Ed. (1081, 1088, 1269, 1311, 1343, 1611, 1612, 1613, 1920, 2060, 2205, 2213, 2691, 3147)
1993 Ed. (1048, 1063, 1064, 1163, 1291, 1374, 1572, 1574, 1904, 2182, 2947, 3002, 3103)
1992 Ed. (1306, 1448, 1919, 1921, 1929, 2236, 2631, 2642, 2970, 3284, 3288, 3671, 3804)
1991 Ed. (1026, 1033, 1107, 1108, 1526, 1528, 1540, 1643, 2072, 2080, 2635, 2839, 2852, 2930, 38, 1328)
1990 Ed. (1129, 1131, 1627, 1629, 1638, 1644, 1742, 2190, 2206, 2216, 2990, 2993, 3108)
1989 Ed. (976, 1317, 1318, 1342, 1733, 2010, 2100, 2101, 2311, 2362, 2971)

Xerox Canada
2008 Ed. (2932, 2945)
2007 Ed. (2820)
2006 Ed. (2818)
2003 Ed. (1115)
1999 Ed. (2668)
1997 Ed. (2214)
1996 Ed. (2107)
1994 Ed. (2048)
1992 Ed. (2399)
1990 Ed. (2005)
1989 Ed. (1589)

Xerox Credit Corp.
1995 Ed. (1788)
1993 Ed. (845, 1765, 1766)
1991 Ed. (1666)
1990 Ed. (1762)

Xerox Credit Union
2003 Ed. (1899)

2002 Ed. (1838)
Xerox Federal Credit Union
1998 Ed. (1233)
Xerox Financial Services
1995 Ed. (2385)
1991 Ed. (2253)
Xerox Foundation
1991 Ed. (892)
Xerox "1":LA GRO & INC
1994 Ed. (3619)
Xerox Performance Lord Abbett Growth/Income
1994 Ed. (3612)
Xertex Technologies Inc.
2002 Ed. (2486)
Xeta Technologies, Inc.
2002 Ed. (4288)
Xetalean
2003 Ed. (2059)
XeTel Corp.
2004 Ed. (2240)
X14
2001 Ed. (1238)
Xi'a Xi'ang
1990 Ed. (2794)
Xiamen
2001 Ed. (3855)
1997 Ed. (205)
Xiamen International Bank
2002 Ed. (542)
1992 Ed. (638)
Xiang Torch
2006 Ed. (4307)
Xianglu Petrochemical Xiamen Co.
2007 Ed. (937)
Xicom
1995 Ed. (2066)
Xicor, Inc.
2001 Ed. (2158)
1990 Ed. (1614, 3229)
Xidex
1990 Ed. (1300)
1989 Ed. (980, 2480)
Xie Qihua
2008 Ed. (4949)
2007 Ed. (4982)
2006 Ed. (4975, 4985)
Xilinx Inc.
2008 Ed. (4307, 4309)
2006 Ed. (1489, 1492, 4282, 4284, 4286)
2005 Ed. (1109, 1606, 4343, 4345)
2004 Ed. (1575, 3352, 4400, 4560)
2003 Ed. (1549, 2241, 2242, 2244, 2642)
2002 Ed. (1134, 1547, 2101, 4350)
2001 Ed. (2192, 2871, 2872, 3910, 3911, 4209, 4214)
2000 Ed. (307, 308, 1737, 1738, 3998, 4001)
1999 Ed. (1959, 4278)
1998 Ed. (843, 3283)
1997 Ed. (1086, 1105, 2211, 3411)
1995 Ed. (884)
1993 Ed. (2005, 2006, 3211, 3329, 3330)
1992 Ed. (3821, 3915)
Xilinx Technologies Corp.
2005 Ed. (1728)
Xin Jiang
1997 Ed. (205)
Xios Bank
2002 Ed. (342)
Xiosbank
2000 Ed. (542)
XIOtech Corp.
2001 Ed. (2857)
Xircom
1995 Ed. (2067, 3388)
1994 Ed. (2009, 2013, 3317, 3319)
Xiros
2006 Ed. (2052)
Xirrus Inc.
2008 Ed. (4638)
Xitec Software plc
2002 Ed. (2493)
Xiuzheng Pharmaceutical Co.
2005 Ed. (29)
XL America Group
2008 Ed. (3317)
2007 Ed. (3170)
2006 Ed. (3135)
2005 Ed. (3125)
2003 Ed. (3004)
2002 Ed. (2951)
XL Capital Ltd.
2008 Ed. (1580, 1741, 3332)
2007 Ed. (1602, 3187, 4525, 4526)
2006 Ed. (1567, 3057, 3091, 3150)
2005 Ed. (4461)
2004 Ed. (3078, 4485)
2003 Ed. (4573)
XL/Datacomp Inc.
1992 Ed. (2565)
1991 Ed. (1993)
XL Foods
1997 Ed. (1375)
1993 Ed. (2524, 2897)
1992 Ed. (2998, 3513)
XL Mid Ocean Re
2001 Ed. (2955, 2960)
XL Reinsurance
2007 Ed. (3188)
2006 Ed. (3151, 3152)
2005 Ed. (3151, 3153)
XL Reinsurance America Corp.
2007 Ed. (3184)
2005 Ed. (3148)
2004 Ed. (3140)
2003 Ed. (3017)
XL Reinsurance Group
2005 Ed. (3154)
XL/Vipgold/XL GoldVIP Gold
1996 Ed. (2874)
XL/Viplens/XL & VIP
1996 Ed. (2874)
Xldimen/XL Dimension Clinical Chemistry System
1997 Ed. (2744)
XM Satellite Radio
2004 Ed. (4052)
XM Satellite Radio Holdings Inc.
2008 Ed. (3018, 3628, 4540)
2007 Ed. (749, 2455, 3453, 4060, 4564, 4736)
2006 Ed. (657, 2114, 2492, 3440, 4578)
XMISSION
2006 Ed. (3186)
Xnet Information Systems Ltd.
2003 Ed. (2716)
2002 Ed. (2496)
XO
2006 Ed. (3330)
XO Communications Inc.
2006 Ed. (4704)
2005 Ed. (4641, 4649)
2004 Ed. (412)
2003 Ed. (2743)
XO Holdings Inc.
2007 Ed. (4725)
Xoma
1993 Ed. (1940)
Xomed Surgical Products
1998 Ed. (3177)
Xonex Inc.
2008 Ed. (3702, 4376)
2007 Ed. (3544, 4405)
2006 Ed. (3506, 4345)
Xoom.com, Inc.
2001 Ed. (1645)
2000 Ed. (2640, 2641)
XOS Technologies
2008 Ed. (3620)
Xoxide
2008 Ed. (4207)
Xpanshen Marketing Communications
2004 Ed. (3493)
Xpectra Inc.
2005 Ed. (3913)
Xpedx
2008 Ed. (4073)
XPF
1997 Ed. (3100)
Xplore Technologies
2007 Ed. (2805, 2813)
2005 Ed. (2829)
XploreNet
2003 Ed. (3963)
Xpress
2008 Ed. (53)
2007 Ed. (50)
Xpress Source
2007 Ed. (836)
Xpress 24
2000 Ed. (1732)
1999 Ed. (1954)
1998 Ed. (1396)
1997 Ed. (1704)
1996 Ed. (1624)
1995 Ed. (1648)
1994 Ed. (1606)
1992 Ed. (1910, 1912)
1991 Ed. (1509, 1510)
Xrefer
2007 Ed. (3055)
Xros Inc.
2003 Ed. (1502, 1507)
XRX Worldwide Inc.
2006 Ed. (2747)
XS
1997 Ed. (3031)
XSAg.com
2003 Ed. (2154)
2001 Ed. (4749)
XServ Inc.
2008 Ed. (1254)
2007 Ed. (1356, 1365)
2006 Ed. (1265)
Xsil Ltd.
2008 Ed. (1859, 2951, 2952)
Xstrata
2006 Ed. (3489)
Xstrata Coal Investments Australia
2004 Ed. (4918)
Xstrata plc
2008 Ed. (1418, 2096, 3667)
2007 Ed. (1696, 3520, 3521)
2006 Ed. (1682, 1684)
Xstrata Queensland
2006 Ed. (1719)
XSYS Print Solutions
2007 Ed. (3078)
XTO Energy Inc.
2008 Ed. (1514, 1525, 1530, 1533, 2807, 2808, 3896, 3911, 3926, 3937, 3940, 4525)
2007 Ed. (2676, 3838, 3846, 3894, 4519, 4522, 4559, 4563)
2006 Ed. (2042, 3823, 3829, 3864, 4460, 4461, 4465, 4581, 4596)
2005 Ed. (3728, 3755, 3776, 3797)
2004 Ed. (1583, 3820, 3825, 3844)
Xtra
2008 Ed. (2329)
2007 Ed. (2196)
2006 Ed. (2256, 2257)
2004 Ed. (2092)
2003 Ed. (515, 2040, 2041, 2044)
2002 Ed. (1961, 1962, 1965)
2001 Ed. (1241, 2000, 2001)
2000 Ed. (1095)
1999 Ed. (1181, 1182, 1837)
1994 Ed. (3233)
Xtra; Grupo
2005 Ed. (1533)
Xtra Pine
2000 Ed. (1096)
Xtreme
2000 Ed. (782)
Xtreme III; Schick
2008 Ed. (3876)
X.25
1993 Ed. (1065)
X2: X-Men United
2005 Ed. (3519, 3520)
Xu Ming
2007 Ed. (2508)
Xu Rongman
2006 Ed. (2529)
2005 Ed. (2515)
2004 Ed. (2535)
Xu Rongmao
2008 Ed. (4843)
2007 Ed. (2508)
Xuzhou
2001 Ed. (3856)
xWave
2008 Ed. (1637, 2947)
2007 Ed. (2822)
2006 Ed. (2820)
xwave solutions
2003 Ed. (2929)
XX Lager
2001 Ed. (683)
XXL; Maybelline
2008 Ed. (2186)
Xycom Inc.
1998 Ed. (836)
Xycom Automation Inc.
2002 Ed. (2514)
2001 Ed. (2698)
Xylenes
2000 Ed. (3562)
Xylines Steges SA
2002 Ed. (3218)
2001 Ed. (3180)
Xyratex
2007 Ed. (3069)
Xyvision Inc.
1990 Ed. (1977)
Xyvision Enterprise Solutions Inc.
2006 Ed. (3022)

Y

Y & H Soda Foundation
1992 Ed. (2216)
Y & R
2008 Ed. (119, 123)
Y & R Advertising
2007 Ed. (114)
2006 Ed. (120)
2005 Ed. (110, 117)
2004 Ed. (112)
2003 Ed. (36)
2002 Ed. (65)
2001 Ed. (98, 99, 146, 164, 202, 220, 221, 222, 223)
2000 Ed. (41, 42)
1998 Ed. (35, 36, 39, 40, 41, 42, 43, 44, 46, 48, 49, 597, 3493, 3494)
Y & R Argentina
2003 Ed. (42)
2002 Ed. (76)
2001 Ed. (103)
Y & R Australia
2002 Ed. (77)
2001 Ed. (104)
Y & R Austria
2002 Ed. (78)
Y & R Damaris
2003 Ed. (67)
2002 Ed. (100)
2001 Ed. (130)
Y & R Israel-SAA
2003 Ed. (90)
2002 Ed. (123)
Y & R New Zealand
2001 Ed. (187)
Y & R/Saint-Jaques Vallee
2000 Ed. (75, 76)
Y & R South Africa
2003 Ed. (148)
2002 Ed. (181)
2000 Ed. (171)
Y & R/TME Colombia
2002 Ed. (93)
Y & R Ukraine
2002 Ed. (202)
Y & R Uruguay
2002 Ed. (206)
Y & R Vietnam
2002 Ed. (209)
Y & R Zambia
2002 Ed. (213)
Y & S Candies
1994 Ed. (847, 851)
Y & S Licorice
1995 Ed. (896)
Y & S Nibs
1997 Ed. (894)
Y & S Twizzler
2002 Ed. (935)
Y & S Twizzlers
1997 Ed. (887, 889, 894)
Y. L. R. Capital Markets Ltd.
1999 Ed. (4705)
Y-12 Credit Union
2008 Ed. (2260)
2007 Ed. (2145)
2006 Ed. (2224)
2005 Ed. (2129)
2004 Ed. (1987)
2003 Ed. (1947)
2002 Ed. (1893)

Yablon; Gary
1997 Ed. (1895, 1903)
1996 Ed. (1770, 1772, 1821, 1830)
1995 Ed. (1843)
1994 Ed. (1831)
1993 Ed. (1822)
Yabu Publishing
2007 Ed. (3196)
Yabu Pushelberg
2008 Ed. (3338)
YAC.com
2002 Ed. (4863)
Yachiyo Engineering Co. Ltd.
1998 Ed. (1454)
Yachting
2002 Ed. (3227)
Yacimientos Petroliferos
1989 Ed. (1089)
Yacimientos Petroliferos Fiscales
1995 Ed. (3208)
Yacktman
2008 Ed. (2611)
2007 Ed. (2481)
Yacktman Focused
2008 Ed. (2611)
2007 Ed. (2481)
2006 Ed. (3617)
2004 Ed. (3535)
Yacktman Fund
2008 Ed. (4512)
2007 Ed. (4545)
2006 Ed. (3603, 3616, 3617, 4554)
2004 Ed. (3535)
1995 Ed. (2719)
Yacktman Funds Focused
2004 Ed. (4541)
Yacktman Funds Yacktman
2004 Ed. (4541)
Yadkin, Inc.
2001 Ed. (3867)
Yaesu Audit Co.
1999 Ed. (14)
1997 Ed. (13)
1996 Ed. (17)
Yaffe & Co.
1997 Ed. (79)
1996 Ed. (79)
1995 Ed. (43)
Yageo Corp.
2002 Ed. (4545)
Yahoo!
2008 Ed. (649, 1511, 1533, 1599, 1601, 2450, 2453, 2851, 3018, 3350, 3353, 3354, 3367, 3374, 4208, 4523, 4540, 4610, 4614, 4808)
2007 Ed. (712, 732, 733, 850, 1223, 1228, 1243, 1258, 1526, 1527, 1541, 2314, 2327, 2716, 2717, 2720, 2721, 2737, 3209, 3217, 3219, 3220, 3221, 3222, 3224, 3233, 3238, 3242, 3245, 3246, 3451, 4516, 4517, 4522, 4701, 4703)
2006 Ed. (650, 653, 753, 1107, 1124, 1502, 1579, 1580, 1581, 2726, 2730, 2732, 3037, 3175, 3177, 3179, 3180, 3182, 3183, 3187, 3439, 4460, 4463, 4464, 4465, 4473)
2005 Ed. (834, 1134, 1155, 1465, 1675, 1686, 2770, 2771, 3033, 3171, 3172, 3174, 3176, 3196, 3197, 4249, 4457, 4517)
2004 Ed. (1127, 1132, 2229, 3023, 3149, 3150, 3152, 3162, 4486, 4567)
2003 Ed. (748, 3020, 3022, 4547)
2002 Ed. (1396, 1530, 2483, 2528, 3284, 3484, 4356, 4363, 4871)
2001 Ed. (1745, 1867, 1868, 2967, 3251, 4777, 4778, 4781)
2000 Ed. (1340, 1468, 2748, 2749, 3391, 3479, 4382)
1999 Ed. (32, 1498, 3674, 4484)
1998 Ed. (3774, 3775, 3779, 3780)
1997 Ed. (3926)
Yahoo B2B
2001 Ed. (4771)
Yahoo! Finance
2008 Ed. (3366)
2007 Ed. (3237)
2003 Ed. (3045)
2002 Ed. (4792, 4793, 4886)
Yahoo! Games
2008 Ed. (3361)
2007 Ed. (3231)
Yahoo! Geocities
2008 Ed. (3371)
Yahoo! Health
2007 Ed. (2328)
Yahoo! HotJobs
2008 Ed. (3358)
2007 Ed. (3228, 3240)
Yahoo! Image Search
2008 Ed. (3355)
2007 Ed. (3225)
Yahoo! Internet Life
2002 Ed. (3228)
2001 Ed. (254, 255, 3193)
2000 Ed. (3469, 3486, 3488)
1999 Ed. (3754)
Yahoo! Japan
2007 Ed. (1261, 1585)
2006 Ed. (1826)
2005 Ed. (1155, 1823, 3035, 3037)
2004 Ed. (3019, 3021, 3023)
2001 Ed. (2866)
Yahoo! Movies
2008 Ed. (3363)
2007 Ed. (3234)
Yahoo! Music
2008 Ed. (3364)
2007 Ed. (3235)
Yahoo! News
2008 Ed. (3365)
2007 Ed. (3236)
Yahoo! Personals
2008 Ed. (3368)
2007 Ed. (3239)
Yahoo! Search
2008 Ed. (3355)
2007 Ed. (3225)
Yahoo! Small Business
2004 Ed. (2213)
Yahoo! Sports
2008 Ed. (3372)
2007 Ed. (2328, 3243)
Yahoo! 360 Degrees
2008 Ed. (3357, 3370)
Yahoo! Travel
2008 Ed. (3373)
Yahoo! TV coverage
2007 Ed. (2328)
Yahoo.com
2007 Ed. (2328)
2001 Ed. (2977, 2981, 2984, 4776)
Yaintian Harbour
2006 Ed. (4307)
Yak Communications
2007 Ed. (2805)
Yakama Juice LLC
2008 Ed. (3738, 4435)
2007 Ed. (3610, 4452)
Yakima Brewing Co.
1998 Ed. (2489, 2490)
1996 Ed. (2630)
Yakima Federal Savings & Loan Association
1998 Ed. (3570)
Yakima Herald-Republic
1991 Ed. (2601)
1989 Ed. (2055)
Yakima Herald-Republican
1990 Ed. (2701)
Yakima-Pasco-Richland-Kennewick, WA
2008 Ed. (4650)
Yakima, WA
2000 Ed. (1076, 4365)
Yakka
2004 Ed. (4714, 4715)
2002 Ed. (3586, 3786)
Yakult
1997 Ed. (1577)
1994 Ed. (1460, 1461, 1464)
1992 Ed. (1701, 1702)
Yakult Honsha
2007 Ed. (2624)
2001 Ed. (1622)
Yale College
2008 Ed. (2972)
Yale Institute of Biospheric Studies
1993 Ed. (888)
Yale Law School
1995 Ed. (932, 1068)
Yale Materials Handling Corp.
1993 Ed. (1728)
Yale New Haven Health Services Corp.
2001 Ed. (1675)
Yale-New Haven Hospital
2008 Ed. (188, 3044, 4084)
2007 Ed. (201, 2920, 4048)
2006 Ed. (1665, 2901, 2918, 2922, 4016)
2005 Ed. (1746, 2895, 2911, 3947)
2004 Ed. (1688, 2909, 3974)
2003 Ed. (1659, 2806, 3971)
2002 Ed. (2602, 3801)
2001 Ed. (1675)
2000 Ed. (2519)
1999 Ed. (2740)
Yale University
2008 Ed. (783, 1059, 1064, 3431, 3640, 3864)
2007 Ed. (798, 804, 814, 815, 1165, 2848, 3330, 3468)
2006 Ed. (719, 721, 728, 729, 731, 734, 739)
2005 Ed. (803, 3266, 3440)
2004 Ed. (810, 928, 3241, 3424)
2002 Ed. (882, 901)
2001 Ed. (1062, 1317, 1319, 1329, 3059, 3060, 3065, 3066, 3252, 3254, 3256, 3259, 3260, 3261)
2000 Ed. (924, 1137, 1143, 2903, 2908, 2909, 2911, 3065, 3067, 3069, 3071, 3431)
1999 Ed. (974, 978, 980, 1228, 3158, 3159, 3164, 3165, 3327, 3329, 3331, 3332, 3333, 3335)
1998 Ed. (556, 799, 2334, 2335, 2338, 2339, 2761)
1997 Ed. (859, 864, 1051, 1062, 1063, 1064, 1066, 2602, 2603, 2607, 2608)
1996 Ed. (846, 1035, 2457, 2458, 2461, 2463, 2941)
1995 Ed. (867, 932, 1049, 1050, 1063, 1064, 1066, 1067, 1068, 2422, 2427)
1994 Ed. (815, 889, 889, 1042, 1055, 1056, 1713, 2358, 2771)
1993 Ed. (888, 1015, 2407, 2782)
1992 Ed. (1098, 1267, 2848, 3357)
1991 Ed. (1001, 2295, 2402, 2688)
1990 Ed. (1087, 1088, 1092, 1094, 1095, 2785)
1989 Ed. (954, 2164)
Yale University School of Medicine
1991 Ed. (1767)
Yale University, Yale School of Management
2008 Ed. (787)
2007 Ed. (808)
2006 Ed. (722, 724)
2005 Ed. (800)
Yam & Co./B. L. Ong & Co.; Robert
1997 Ed. (24)
Yamada Denki Co., Ltd.
2007 Ed. (1581, 4204)
2006 Ed. (4173)
2005 Ed. (4129)
Yamada; Seiichi
1996 Ed. (1870)
Yamada; Yoshinobu
1997 Ed. (1982)
Yamagata; Hiro
1995 Ed. (935)
1994 Ed. (890, 892)
Yamaguchi Bank
2002 Ed. (596)
Yamaguchi; Masaaki
1997 Ed. (1984)
1996 Ed. (1877)
Yamaha
2008 Ed. (274)
2001 Ed. (3411)
2000 Ed. (3172, 3173, 3174, 3176)
1998 Ed. (2541)
1996 Ed. (2702)
1995 Ed. (2624)
1994 Ed. (2569)
1993 Ed. (2609)
1992 Ed. (1682, 3119)
1991 Ed. (2551, 2553)
1990 Ed. (1939, 1940, 1941, 3675)
Yamaha Corporation of America
1992 Ed. (3144)
Yamaha Motor Co. Ltd.
2001 Ed. (3398, 3399)
Yamaha Motor Taiwan Co., Ltd.
1992 Ed. (1703)
Yamaha (Nipp Gakki)
1989 Ed. (2297)
Yamaha Corp. of America
2001 Ed. (3409)
2000 Ed. (3221)
1998 Ed. (2589)
1996 Ed. (2749, 2750)
1995 Ed. (2671, 2672)
1994 Ed. (2588, 2589, 2590)
1992 Ed. (3142, 3143)
Yamaichi
1999 Ed. (894, 895, 896, 897, 898)
1995 Ed. (791, 792, 793, 794)
1992 Ed. (2024)
1991 Ed. (781, 1597)
1990 Ed. (3155, 3227)
1989 Ed. (1365)
Yamaichi Bank
1993 Ed. (1664)
1989 Ed. (1433)
Yamaichi Bank (Switzerland)
1994 Ed. (1683)
Yamaichi Capital
1999 Ed. (3075, 3079)
1995 Ed. (2372)
Yamaichi Capital Management
1998 Ed. (2275, 2279)
Yamaichi International
1994 Ed. (1702)
1993 Ed. (3209)
1992 Ed. (2023, 2746)
1991 Ed. (3076, 3077)
Yamaichi Research Institute
1994 Ed. (773)
Yamaichi Securities
1998 Ed. (528, 1497, 1500)
1997 Ed. (770, 1359)
1996 Ed. (808, 1699, 1701, 3384)
1995 Ed. (1352, 3272)
1994 Ed. (729, 783, 1672, 1678, 1686, 1690, 1701, 1704, 3191)
1993 Ed. (767, 1648, 1653, 1656, 1657, 1671, 1675, 1681, 1682, 3204, 3268)
1992 Ed. (961, 1569, 1994, 1997, 2015, 2019, 2026, 3898, 3899)
1991 Ed. (780, 1581, 1583, 1584, 1590, 1591, 1595, 3066, 3068, 3070, 3078, 3079)
1990 Ed. (794, 817, 1674, 1678, 1680, 1681, 1691, 1692, 1788, 3218, 3220, 3224)
1989 Ed. (817, 1350, 1353, 1354, 1361, 1371, 2449, 2451)
Yamakawa; Tetsufumi
1997 Ed. (1994)
Yamamoto; Takatoshi
1997 Ed. (1980, 1981)
1996 Ed. (1872, 1873, 1874)
Yamamoto; Yoshihiko
1997 Ed. (1986)
1996 Ed. (1880)
Yamana Gold Inc.
2007 Ed. (1446, 1649)
Yamano Music Co.
2001 Ed. (3411)
2000 Ed. (3176)
Yamanouchi
1997 Ed. (1664)
1993 Ed. (1517)
1992 Ed. (2957)
1990 Ed. (1571)
Yamanouchi Pharma
2006 Ed. (2781)
Yamanouchi Pharmaceutical
1991 Ed. (1475)
Yamanouchi Pharmaceuticals
1990 Ed. (1993)
Yamashita Sekkei Inc.
1998 Ed. (1448)
Yamatake Honeywell
1993 Ed. (1585)
1991 Ed. (1537)
1990 Ed. (1640)

Yamato
2007 Ed. (4835)
Yamato Transport Co., Ltd.
2004 Ed. (1765)
2002 Ed. (1704)
2000 Ed. (4293)
1999 Ed. (4653)
1995 Ed. (3654)
1994 Ed. (3570)
1993 Ed. (3613)
1990 Ed. (3641)
Yamauchi; Hiroshi
2008 Ed. (4846)
Yamazaka Mazak
2001 Ed. (3185)
Yamazaki Baking
2007 Ed. (2624)
2000 Ed. (2223, 2224)
1999 Ed. (2465, 2466)
1997 Ed. (2040)
1995 Ed. (1901)
1994 Ed. (1876)
1993 Ed. (1880)
1992 Ed. (2193)
1991 Ed. (1744)
1990 Ed. (1826)
Yamazaki Mazak
1993 Ed. (2484)
Yan Cheung
2008 Ed. (4843, 4883)
Yanai; Tadashi
2008 Ed. (4846)
Yanbu Petrochemical Co.
2003 Ed. (2369)
Y&R Advertising
2000 Ed. (3474)
Y&S Twizzlers
2000 Ed. (968)
Yang Bin
2003 Ed. (2411)
Yang Industries Co. Ltd; Nan
1992 Ed. (3945)
Yang Iron Works Co. Ltd.
1992 Ed. (2956)
1990 Ed. (2503)
Yang; Jerry
2006 Ed. (4896, 4912)
2005 Ed. (4859)
Yang Mianmian
2006 Ed. (4985)
Yang Ming
2003 Ed. (2426)
Yang Ming Line
2004 Ed. (2560)
Yang Rong
2003 Ed. (2411)
YangMing Marine
1999 Ed. (4531)
Yangtzekiang Garment
1990 Ed. (2047)
Yangzhi Petrochemical
1995 Ed. (960)
Yangzi Petrochem
2006 Ed. (4307)
Yanion International Holdings
1995 Ed. (2127)
Yanjing
2007 Ed. (598)
Yanke Group of Cos.
2008 Ed. (1612)
2007 Ed. (1614)
Yankee Alliance
2008 Ed. (2892)
Yankee Candle Co.
2006 Ed. (1219, 1870)
2005 Ed. (1260)
Yankee Captive Management Co.
2000 Ed. (984)
1999 Ed. (1034)
1998 Ed. (642)
1997 Ed. (903)
1995 Ed. (909)
1994 Ed. (867)
1993 Ed. (853)
1991 Ed. (856)
1990 Ed. (907)
Yankee Dental Congress
2005 Ed. (4730)
Yankees; New York
2008 Ed. (529)
2007 Ed. (578)
2006 Ed. (547)
2005 Ed. (645, 4449)
Yankee24
1990 Ed. (293)
Yanni
2000 Ed. (1182)
Yansouni; Cyril J.
1992 Ed. (2057)
Yantai Changyu Pioneer Wine
2007 Ed. (1589)
Yantra
2006 Ed. (4646)
Yanzhou Coal Mining Co.
2008 Ed. (1014)
2007 Ed. (1134)
2001 Ed. (1671)
Yao Yang Enterprises
2003 Ed. (3724)
1997 Ed. (1810)
Yaohan
1994 Ed. (42)
1993 Ed. (49)
1991 Ed. (46)
1990 Ed. (46, 1497)
Yaohan Stores
1989 Ed. (49)
Yaounde, Cameroon
1992 Ed. (1712)
Yapi Kredi
2006 Ed. (98)
1999 Ed. (673)
1996 Ed. (700)
1995 Ed. (624)
Yapi Kredi Bankasi
1997 Ed. (633, 634, 2577)
Yapi Ve Dredi
1991 Ed. (681)
Yapi ve Kredi
2007 Ed. (2020)
2006 Ed. (2050)
Yapi ve Kredi Bankasi
2008 Ed. (435, 437, 438, 439, 516)
2007 Ed. (564)
2006 Ed. (533)
2005 Ed. (504, 620)
2004 Ed. (632)
2003 Ed. (623)
2002 Ed. (657, 3030)
2000 Ed. (684)
1992 Ed. (855, 856, 2812)
Yapi ve Kredi Bankasi AS
2000 Ed. (737)
1999 Ed. (674)
1996 Ed. (701, 2434)
1995 Ed. (625)
1994 Ed. (656, 657)
1993 Ed. (656, 2370)
Yapy kredi Bankasi
2000 Ed. (2868)
Yara International
2006 Ed. (1949)
Yara International ASA
2008 Ed. (1996, 1999)
2007 Ed. (1930, 1933)
Yaratim/Publicis FCB
1992 Ed. (217)
The Yard House
2002 Ed. (4035)
Yard waste
1995 Ed. (1786)
1991 Ed. (2827)
Yardarm Knot Inc.
2004 Ed. (2625)
2003 Ed. (2492)
Yardeni
2002 Ed. (4861)
Yardeni; Edward
1997 Ed. (1906, 1956)
1996 Ed. (1833)
1995 Ed. (1855)
1994 Ed. (1815, 1837)
1993 Ed. (1834)
1991 Ed. (1708)
Yardley of London
2003 Ed. (4466)
Yarmouth Group
1998 Ed. (3011, 3013)
1997 Ed. (2541, 3265, 3268)
1996 Ed. (2384, 2920, 3165, 3166, 3167)
1995 Ed. (2375, 3070, 3071, 3072)
1994 Ed. (2305, 2319, 3015, 3016, 3019, 3020, 3303)
1993 Ed. (2285, 2309, 2973, 2974, 2975, 2978, 3312)
1992 Ed. (2775, 2749, 2769, 3629, 3634, 3635, 3638)
1991 Ed. (2226, 2238, 2247, 2819)
Yarn
2008 Ed. (2646, 2647)
2005 Ed. (2870)
Yarn and fabric, cotton
1994 Ed. (1730)
Yarnell; Kenneth A.
1990 Ed. (1714)
Yarns
1989 Ed. (1931)
Yaroslavl Tyre Plant
2001 Ed. (4545)
Yash Technologies Inc.
2003 Ed. (3950)
Yashica
1999 Ed. (1013)
1994 Ed. (2873)
Yasir Arafat
2005 Ed. (4880)
2004 Ed. (4878)
Yaskawa Electric
1990 Ed. (3064)
Yasuda
2000 Ed. (2713)
1992 Ed. (2712)
1991 Ed. (2146)
Yasuda Bank & Trust Co. USA
1991 Ed. (520, 630)
Yasuda Fire
1990 Ed. (2259)
Yasuda Fire & Marine Insurance Co. Ltd.
2000 Ed. (2670)
1999 Ed. (2913, 2915, 2921)
1998 Ed. (2128)
1997 Ed. (2418)
1996 Ed. (2292, 3412)
1995 Ed. (2279)
1994 Ed. (2232)
1993 Ed. (2252)
1992 Ed. (2706)
1991 Ed. (2133, 2143)
1990 Ed. (2274)
Yasuda Life
1989 Ed. (1698)
Yasuda Mutual Life
1999 Ed. (2961)
1998 Ed. (2135)
1997 Ed. (2424)
1996 Ed. (2327)
1995 Ed. (2312)
Yasuda Mutual Life Insurance Co.
2003 Ed. (3000)
2002 Ed. (2940)
Yasuda Trust & Banking Co. Ltd.
2000 Ed. (557)
1997 Ed. (352, 2396, 2547)
1993 Ed. (483, 2417)
1992 Ed. (671, 674, 717, 3626)
1991 Ed. (449, 384, 518)
1990 Ed. (596)
1989 Ed. (480, 578)
Yasuhiro Yamaguchi
1999 Ed. (2315)
Yasuo Imanaka
2000 Ed. (2162)
1999 Ed. (2381)
Yasuo Takei
2007 Ed. (4909)
2005 Ed. (4861)
2004 Ed. (4876)
2003 Ed. (4890)
Yate & Lyle PLC
2000 Ed. (2226)
Yates
2004 Ed. (1637)
Yates & Sons Construction Co.; W. G.
2008 Ed. (1942)
The Yates Cos., Inc.
2008 Ed. (1276, 1312, 1335, 1336, 1942)
2007 Ed. (1376, 1379, 1389, 1887)
2006 Ed. (1182, 1271, 1341, 1342, 1894)
2005 Ed. (1302, 1874)
2004 Ed. (1252, 1263, 1282, 1286, 1294, 1803)
2003 Ed. (1260, 1279, 1283)
2002 Ed. (1247, 1275)
Yates Racing; Robert
2007 Ed. (327)
Yates-Silverman
2006 Ed. (3160)
1993 Ed. (243)
1990 Ed. (2286)
Yates Technical Group
2008 Ed. (1313, 1338)
Yattendon Investment Trust Ltd.
1993 Ed. (973)
1992 Ed. (1198)
Yattendon Investment Trust PLC
1995 Ed. (1005)
Yava D. Scott
2000 Ed. (3198)
Yavapai County, AZ
1996 Ed. (1472, 1474, 1475)
Yavapai Regional Medical Center
2008 Ed. (3060)
Yaw; Wee Cho
2008 Ed. (4850)
2006 Ed. (4918, 4919)
Yazaka North America Inc.
2004 Ed. (1718)
Yazaki
2005 Ed. (2279, 3692)
2004 Ed. (3773)
Yazaki America/EWD
2001 Ed. (2138)
Yazaki North America Inc.
2006 Ed. (340)
2005 Ed. (1776)
2004 Ed. (321)
2002 Ed. (405)
2001 Ed. (537, 1706)
2000 Ed. (1432)
1999 Ed. (1628)
Yazam
2002 Ed. (4860)
YC Wang
2008 Ed. (4852)
2007 Ed. (4909)
Ycohan
1992 Ed. (76)
YDI Wireless Inc.
2006 Ed. (2739)
2005 Ed. (2012)
Ye Lipei
2005 Ed. (2515)
2004 Ed. (2535)
Yeager, Wood & Marshall
1990 Ed. (2348)
Yeager, Wood & Marshall, Equity-Growth Stocks
2003 Ed. (3126)
Yearout Mechanical Inc.
2008 Ed. (1320)
2007 Ed. (1383)
2006 Ed. (1330)
Yearwood; Trisha
1993 Ed. (1079)
Yeast
2002 Ed. (431)
Yeast, dry
1994 Ed. (3460)
Yediot Achronot
2004 Ed. (54)
Yee; Leong Fee
1997 Ed. (1997)
1996 Ed. (1896)
Yee Nin Frozen Foods
1994 Ed. (3306)
Yehoshua TBWA
2003 Ed. (90)
2001 Ed. (150)
2000 Ed. (112)
1999 Ed. (107)
Yelin Enterprises
1994 Ed. (3306)
Yell
2006 Ed. (3442)
Yell Group
2007 Ed. (3458)
2004 Ed. (1447)
Yell Group plc
2005 Ed. (4513)
Yellow Corp.
2005 Ed. (3180, 4750, 4754, 4758)
2004 Ed. (1767, 1768, 2687, 2688, 2690, 3017, 4774, 4777, 4781, 4809, 4810)

2003 Ed. (1730, 1731, 2554, 2555, 4791, 4816, 4817, 4818, 4819)
2002 Ed. (1711, 4683, 4685, 4686, 4697)
2001 Ed. (1771, 2535, 2536, 4236, 4237, 4640)
2000 Ed. (1499, 4306, 4309, 4317)
1999 Ed. (1693, 4672, 4673, 4675)
1998 Ed. (1171, 3371, 3424, 3627, 3629, 3630, 3631)
1997 Ed. (1334, 3642)
1995 Ed. (3344, 3656, 3668, 3670)
Yellow Advertiser Newspaper Group Ltd.
1990 Ed. (1034)
Yellow Advertiser Newspapers
2002 Ed. (3513)
Yellow Book USA
2007 Ed. (4730)
2006 Ed. (4706)
2004 Ed. (4677)
2003 Ed. (4708)
2002 Ed. (4580)
2001 Ed. (4478)
Yellow Freight System Inc.
2003 Ed. (1730, 2554, 2555, 4785)
2002 Ed. (4696, 4885)
2001 Ed. (1130, 1771, 2535, 2536)
2000 Ed. (4308, 4314, 4316, 4321)
1999 Ed. (4678, 4680, 4683, 4686, 4690)
1998 Ed. (3628, 3638, 3642, 3644)
1997 Ed. (1465, 3801, 3802, 3803, 3804, 3805, 3806)
1996 Ed. (1409, 3751, 3752, 3753, 3754, 3755, 3756)
1995 Ed. (3669, 3678, 3682)
1994 Ed. (3263, 3587, 3588, 3589, 3590, 3595, 3599, 3604, 3605)
1993 Ed. (3629, 3630, 3635, 3639, 3644, 3645)
1992 Ed. (4352, 4353, 4357, 4358, 4359)
1991 Ed. (3426, 3427, 3428, 3434)
1990 Ed. (3655, 3656, 3658)
1989 Ed. (2879)
Yellow Freight Systems
1989 Ed. (2878, 2880)
Yellow Front
1990 Ed. (1525, 1526)
Yellow Pages
2002 Ed. (35, 61)
1997 Ed. (2256)
1996 Ed. (2466)
1995 Ed. (143)
1992 Ed. (94, 4237)
1991 Ed. (3326)
Yellow Pages Group Co.
2008 Ed. (1639)
2007 Ed. (1631)
Yellow Pages Income Fund
2008 Ed. (4088)
2007 Ed. (4055)
Yellow Roadway Corp.
2007 Ed. (4810, 4816, 4857)
2006 Ed. (1497, 1831, 1832, 1833, 1834, 1835, 1836, 1838, 1839, 2664, 2665, 2732, 4799, 4802, 4807, 4811, 4814, 4830, 4831, 4854)
2005 Ed. (1833, 1834, 2685, 2686, 2687, 2688, 4749, 4780, 4782)
Yellow Roadway Technologies Inc.
2008 Ed. (1877, 2578)
The Yellow Submarine
2002 Ed. (4085)
Yellow Tail
2008 Ed. (4937, 4938)
2007 Ed. (4967)
2006 Ed. (4966)
2005 Ed. (4963, 4964)
Yellow Tail Australia
2008 Ed. (4936)
Yellow Transportation Inc.
2008 Ed. (1877, 2772, 2773, 4769, 4774, 4775, 4776)
2007 Ed. (1843, 2645, 2646, 4847, 4851, 4852, 4853)
2006 Ed. (1838, 2664, 2665, 4837, 4838, 4843, 4844, 4850)
2005 Ed. (2686, 4784)
2004 Ed. (1767, 2688, 4769)
Yellow Wood Associates Inc.
2008 Ed. (3736)
2007 Ed. (3607, 4450)
2006 Ed. (3544, 4382)
Yellowstone Bank
1998 Ed. (364)
Yellowstone Enterprises Ltd.
1995 Ed. (1011)
Yellowstone National Park
1990 Ed. (2665)
Yemen
2001 Ed. (2455, 2586)
1996 Ed. (3025)
1995 Ed. (2008, 2015, 2022, 2027, 2034, 2038)
1993 Ed. (1960, 1965, 1972, 1979, 1985)
1992 Ed. (4240)
Yemen Bank for Reconstruction & Development
2000 Ed. (698)
1999 Ed. (681)
1995 Ed. (637)
1993 Ed. (668)
1992 Ed. (870)
1991 Ed. (696)
1989 Ed. (716)
Yemen Commercial Bank
2000 Ed. (698)
Yemeni
2008 Ed. (108)
2001 Ed. (93)
Yen
2000 Ed. (2742)
1992 Ed. (2025)
Yen government bond
1993 Ed. (1916)
yen; Japanese
2008 Ed. (2273)
Yeni Harman
1997 Ed. (995)
Yeo Valley
2002 Ed. (765)
Yeo Valley Organic
2002 Ed. (1960)
Yeoh; Francis
2006 Ed. (4917)
Yeoh Keat Seng
2000 Ed. (2179)
1997 Ed. (1997)
1996 Ed. (1896)
Yeoh Tiang
1997 Ed. (849)
Yeoh Tiong Lay
2008 Ed. (4847)
Yerba Buena Engineering & Construction Inc.
2008 Ed. (2955)
Yergen & Meyer
2000 Ed. (21)
1999 Ed. (25)
1998 Ed. (20)
Yermin Bank
1996 Ed. (575)
YES! Inc.
1999 Ed. (2696)
1998 Ed. (1955)
1997 Ed. (258, 2237)
1996 Ed. (2128)
1991 Ed. (844)
Yes Clothing Co.
1992 Ed. (3994)
1991 Ed. (1871, 3144)
Yes-DBS TV Services
2006 Ed. (56)
2005 Ed. (49)
YesAsia.com
2008 Ed. (2443)
Yesawich, Pepperdine & Brown
2002 Ed. (108)
2000 Ed. (95)
1999 Ed. (89)
1998 Ed. (55, 65)
1997 Ed. (145)
Yeshiva University
2000 Ed. (2907)
1995 Ed. (2786)
Yesmail
2008 Ed. (2477)
2007 Ed. (2353)
Yhtyneet Paperitehtaat Oy
1997 Ed. (1396, 2996)
1996 Ed. (2905)
Yhtyneet Sahat Oy
2004 Ed. (3320)
2002 Ed. (3218)
Yi Jinn Industrial Co. Ltd.
1994 Ed. (1459)
Yi Wu
2008 Ed. (4950)
2007 Ed. (4983)
2006 Ed. (4986)
Yianos Kontopoulos
1999 Ed. (2404)
Yibin Wuliangye
2006 Ed. (4307)
2002 Ed. (4263)
Yieh Loong Co., Ltd.
1992 Ed. (1703)
Yieh Phui Enterprise Co. Ltd.
1994 Ed. (1459)
Yield Enhancement Strategists
1993 Ed. (2307)
Yien Yeih Commercial Bank
1994 Ed. (500)
Yien Yieh Commercial Bank
1997 Ed. (487)
1996 Ed. (528)
1995 Ed. (484)
1993 Ed. (452)
1991 Ed. (480, 481)
1990 Ed. (522)
1989 Ed. (505)
Yien Yieh Commerical Bank
1992 Ed. (638)
Yim Ltd.; Henry
1994 Ed. (1003)
1993 Ed. (975)
Ying Gold Enterprise Co. Ltd.
1992 Ed. (1705)
Ying; Michael
2008 Ed. (4844)
Yinhe
2007 Ed. (3973)
Yitai Coal
2000 Ed. (4011)
Yitzhak Tshuva
2008 Ed. (4887)
Yizheng Chemical Fiber Co., Ltd.
2007 Ed. (4672)
2006 Ed. (2577)
Yizheng Chemical Fibre
2001 Ed. (1671)
Yizhenq
1998 Ed. (2880)
YKB
1993 Ed. (2369)
YKK
1994 Ed. (198)
Yla-Savon Saastopankki
1996 Ed. (497)
YM
2005 Ed. (147)
2004 Ed. (149)
1992 Ed. (3372)
Ymato Transport Co. Ltd.
1997 Ed. (3788)
YMCA of Greater New York
1994 Ed. (2681)
YMCA of Greater St. Paul
2006 Ed. (3721)
YMCA of Metropolitan Los Angeles
2000 Ed. (2424)
1993 Ed. (895)
YMCA of Metropolitan Minneapolis
2006 Ed. (3721)
YMCA of the USA
2008 Ed. (3794, 3796)
1999 Ed. (294, 295)
1997 Ed. (944, 2949)
1996 Ed. (911)
1995 Ed. (942, 2781, 2784)
1994 Ed. (240, 241, 909, 910, 1902, 2675, 2676, 2677, 2678)
1990 Ed. (288, 2718)
YMCA of Tucson
1989 Ed. (270)
YMCA-USA
1993 Ed. (250, 251, 2728, 2729, 2730)
YMCAs in the United States
2008 Ed. (3788, 3793, 3798)
2007 Ed. (3703)
2006 Ed. (3709, 3710, 3711, 3716)
YMCAs; The National Council of
2005 Ed. (3607, 3608)
YMG Emerging Companies
2002 Ed. (3446, 3448)
2001 Ed. (3476)
YMG Growth
2002 Ed. (3446)
2001 Ed. (3475, 3476)
Y.M.L.A.
2001 Ed. (1264)
2000 Ed. (1099, 2398)
Yockey; Samuel D.
1992 Ed. (3137)
1991 Ed. (2547)
Yodlee
2002 Ed. (4792)
Yofarm Corp.
2008 Ed. (4998)
Yogen Fruz
2003 Ed. (4143)
1999 Ed. (2511)
1998 Ed. (1757, 1762)
1992 Ed. (2227)
1991 Ed. (1773)
Yogen Fruz/Paradise/Java
2001 Ed. (4083)
2000 Ed. (3800)
Yogen Fruz World-Wide Inc.
2003 Ed. (2880)
Yogen Fruz Worldwide
2003 Ed. (885, 2883)
2002 Ed. (2723)
2001 Ed. (2529)
2000 Ed. (2267, 2270)
Yoger Fruz/Brester's Ice Cream
1997 Ed. (2078)
Yogesh Gupta
2005 Ed. (994)
Yogi Bear
1995 Ed. (3398)
Yogi Bear's Jellystone Camp-Resorts
2003 Ed. (882)
2002 Ed. (931)
Yogurt
2008 Ed. (2732)
2005 Ed. (2756)
2003 Ed. (1962, 3937, 3938)
2002 Ed. (3489)
2001 Ed. (1974)
1998 Ed. (1237)
1997 Ed. (2033)
1995 Ed. (3529, 3530)
1994 Ed. (3460)
1992 Ed. (2349)
Yogurt, Frozen
1999 Ed. (2821)
1995 Ed. (1557)
1994 Ed. (3460)
Yogurt/kefir
2000 Ed. (2222)
Yogurt, refrigerated
1993 Ed. (3485)
Yokogawa HP
1993 Ed. (1585)
1991 Ed. (1537)
1990 Ed. (1640)
Yokogawa Medical Systems
1995 Ed. (1245)
Yokohama
2008 Ed. (4679)
2007 Ed. (4757)
2006 Ed. (4741, 4742, 4747)
2001 Ed. (4542)
2000 Ed. (301, 4253)
1999 Ed. (4602)
1997 Ed. (3135, 3751)
1996 Ed. (3693)
1992 Ed. (1391)
1991 Ed. (3392)
1990 Ed. (3597)
Yokohama Hakkeijima Sea Paradise
2007 Ed. (272)
2006 Ed. (267)
2003 Ed. (272)
2002 Ed. (313)
2001 Ed. (382)
1999 Ed. (270, 273)
1998 Ed. (166)
1997 Ed. (249, 252)
1996 Ed. (217, 220)
Yokohama, Japan
1998 Ed. (2887)

Yokohama Rubber Co., Ltd.
2008 Ed. (4678)
2007 Ed. (3973, 4756)
2006 Ed. (4749)
2001 Ed. (4540, 4544)
Yokohama Tire Corp.
2008 Ed. (4681)
2007 Ed. (4758)
2006 Ed. (4752)
Yokos
2006 Ed. (2006)
Yokosuka FA
1993 Ed. (2884)
Yolo, CA
2006 Ed. (3305)
2005 Ed. (2032, 2380, 2975, 3316)
1995 Ed. (2214, 2556)
1991 Ed. (2002)
Yomiko Advertising
2003 Ed. (94)
2002 Ed. (127)
2001 Ed. (154)
2000 Ed. (116)
1999 Ed. (111)
1997 Ed. (108)
1996 Ed. (107)
1995 Ed. (92)
1994 Ed. (98)
1993 Ed. (115)
1992 Ed. (171)
1991 Ed. (119)
1990 Ed. (121)
1989 Ed. (127)
Yomiuri Shimbun
2002 Ed. (3511)
1999 Ed. (3619)
1997 Ed. (2944)
1996 Ed. (2848)
1989 Ed. (2062)
Yon Broembsen Marson Leo Burnett
2000 Ed. (194)
1999 Ed. (173)
Yoneichi Otani
1993 Ed. (698)
Yong-In Farmland
1997 Ed. (249, 252)
1996 Ed. (220)
Yong-Jin; Chung
2008 Ed. (4851)
Yong Keu Cha
2008 Ed. (4851)
Yong Long Steamship Co., Ltd.
1990 Ed. (240)
Yonghao; Liu
2007 Ed. (2508)
2006 Ed. (2529)
2005 Ed. (2515)
Yongxing; Liu
2008 Ed. (4843)
2007 Ed. (2508)
2006 Ed. (2529)
2005 Ed. (2515)
Yonkers Contracting Co. Inc.
1990 Ed. (1197)
Yonkers Public Schools
1991 Ed. (3478)
Yoovidhya; Chaleo
2008 Ed. (4853)
2006 Ed. (4920)
Yoplait
2008 Ed. (715, 4997)
2007 Ed. (4999)
2006 Ed. (4998)
2005 Ed. (4999)
2004 Ed. (4998)
2003 Ed. (4997, 4998)
2002 Ed. (1960, 4995)
2001 Ed. (4939, 4940)
2000 Ed. (4160, 4444)
1999 Ed. (4828)
1998 Ed. (3782)
1997 Ed. (3927)
1993 Ed. (1907)
1990 Ed. (1857, 3713)
Yoplait Custard Style
2001 Ed. (4940)
2000 Ed. (4160, 4444)
1999 Ed. (4828)
Yoplait Go-Gurt
2002 Ed. (4995)
2001 Ed. (4940)
Yoplait Gogurt
2008 Ed. (4999)
Yoplait Light
2008 Ed. (4997, 4999)
2006 Ed. (4998)
2001 Ed. (4940)
2000 Ed. (4160, 4444)
1999 Ed. (4828)
Yoplait Original
2008 Ed. (4999)
Yoplait Trix
2008 Ed. (4999)
2001 Ed. (4940)
2000 Ed. (4160, 4444)
1999 Ed. (4828)
1995 Ed. (1887)
Yoplait USA Inc.
2008 Ed. (4998)
1996 Ed. (3887)
Yoplait Whips
2008 Ed. (4999)
Yordan; Jose
1996 Ed. (1900)
York
2003 Ed. (963)
2002 Ed. (252, 2376, 2377, 2465)
2001 Ed. (286)
2000 Ed. (226, 2286, 2442)
1999 Ed. (203, 2539, 2659)
1998 Ed. (106, 1779, 1922)
1997 Ed. (184, 2095)
1995 Ed. (167, 1949)
1994 Ed. (148, 1925)
1993 Ed. (164, 1908)
1992 Ed. (259, 260, 2242)
1991 Ed. (1777)
1990 Ed. (195, 196, 1861)
York Bank & Trust Co.
1993 Ed. (2967)
York-Benimaru
2007 Ed. (4636)
York Carpet World Inc.
1990 Ed. (1027)
York Corrugating Co.
2002 Ed. (3561)
York County Credit Union
2008 Ed. (2236)
2007 Ed. (2121)
2006 Ed. (2200)
2005 Ed. (2105)
2004 Ed. (1963)
2003 Ed. (1923)
York County, ME
1996 Ed. (1472, 1473)
York Federal Savings & Loan
1998 Ed. (3138)
York Federal Savings & Loan Association
1998 Ed. (3564)
York Foreign Sales Corp.
2005 Ed. (4908)
2004 Ed. (4925)
York Hospital
2007 Ed. (1951)
York International Corp.
2007 Ed. (778, 3421)
2006 Ed. (682, 2993)
2005 Ed. (772, 773, 778, 3000)
2004 Ed. (786, 787, 3004)
2003 Ed. (2897)
1998 Ed. (2091)
1997 Ed. (1277, 2368, 2370)
1996 Ed. (2243)
1995 Ed. (2068, 2235)
1994 Ed. (791, 2181)
1993 Ed. (772)
York Mints
1993 Ed. (836)
York Mitsubishi; Paul
1991 Ed. (287)
York Motor Cars; Terry
1996 Ed. (285)
1995 Ed. (278)
1994 Ed. (282)
1993 Ed. (283, 284)
1992 Ed. (398, 399)
1991 Ed. (294)
1990 Ed. (316, 317, 329)
York, PA
1997 Ed. (3304)
York Peppermint Patties
1990 Ed. (896)
York Peppermint Patty
2008 Ed. (973)
2005 Ed. (996)
2004 Ed. (978)
2002 Ed. (1047, 1048)
2001 Ed. (1111, 1113)
2000 Ed. (1056, 1057, 1058)
1999 Ed. (1016, 1131)
1998 Ed. (617, 618, 619, 620, 630, 631)
York Research
2000 Ed. (2395)
York Telecom Corp.
2008 Ed. (3713, 4401)
York; Terence
1991 Ed. (1679)
York Trailer Holdings PLC
1993 Ed. (974)
1992 Ed. (1201)
York University
2008 Ed. (801, 1071, 1081, 1082)
2007 Ed. (1167, 1174)
2004 Ed. (839, 841)
2002 Ed. (903, 904, 905, 907, 909)
1995 Ed. (871)
1994 Ed. (819)
York University, Schulich School of Business
2007 Ed. (795, 812)
2005 Ed. (802)
2004 Ed. (833, 836)
2003 Ed. (790, 792)
York Water Co.
2005 Ed. (4838)
2004 Ed. (4854)
Yorkdale Shopping Centre
1995 Ed. (3379)
Yorkin; Peg
1994 Ed. (893)
Yorkship Business Supply
1995 Ed. (855)
1994 Ed. (804)
1992 Ed. (3289)
Yorkshire
2000 Ed. (3855)
1999 Ed. (710)
1992 Ed. (3801)
Yorkshire Tea
2002 Ed. (703)
Yorkshire Tyne Tees
1996 Ed. (1358)
Yorum
1997 Ed. (154)
Yorum Tanitim Basim Ve Yayin Hizmetleri
2002 Ed. (200)
2001 Ed. (227)
Yosemite Bank
2003 Ed. (508, 509)
Yosemite Lodge
2005 Ed. (2936)
Yosemite National Park
1999 Ed. (3705)
1990 Ed. (2665)
Yosemite Park & Curry Co.
1994 Ed. (1102)
Yoshiaki Tsutsumi
1998 Ed. (464)
1997 Ed. (673)
1995 Ed. (664)
1994 Ed. (707)
1993 Ed. (698)
1992 Ed. (890, 889)
1991 Ed. (709)
1990 Ed. (730)
Yoshida; Kenichiro
1997 Ed. (1992)
1996 Ed. (1886)
Yoshihara; Hiroshi
1997 Ed. (1981)
Yoshihiko Yamamoto
2000 Ed. (2169)
1999 Ed. (2386)
1997 Ed. (1986)
1996 Ed. (1880)
Yoshihiro Hashimoto
2000 Ed. (2170)
Yoshiki Shinohara
2002 Ed. (4982)
Yoshimoto; Haruhiko
1990 Ed. (730)
Yoshimoto with family; Haruhiko
1991 Ed. (709)
Yoshinobu Yamada
2000 Ed. (2148)
1999 Ed. (2369)
1997 Ed. (1982)
Yoshinori Tanahashi
1996 Ed. (1874)
Yoshinoya
2008 Ed. (2679, 4166)
2007 Ed. (4140)
2006 Ed. (2559, 4113)
2005 Ed. (2552)
Yoshinoya Beef Bowl
2004 Ed. (4125)
2002 Ed. (4008)
1994 Ed. (3087)
Yoshinoya Beef Bowl Restaurants
2000 Ed. (3776)
1999 Ed. (4060)
1997 Ed. (3338)
Yoskowitz; Irving B.
1996 Ed. (1228)
Yost; R. D.
2005 Ed. (2481)
Yost; R. Daivd
2006 Ed. (893)
Yotsuba
1997 Ed. (1577)
You Belong to Me
2001 Ed. (986)
You; Harry
2005 Ed. (992)
You: On a Diet--The Owner's Manual for Waist Management
2008 Ed. (554)
You: The Owner's Manual
2008 Ed. (622)
2007 Ed. (663)
You Tube
2008 Ed. (3354)
YouBet.com
2002 Ed. (2475)
YOUcentric, Inc.
2003 Ed. (2725)
Young Advertising
2003 Ed. (89)
2001 Ed. (149)
2000 Ed. (111)
1999 Ed. (106)
1993 Ed. (112)
1992 Ed. (166)
Young Alliance
1991 Ed. (114)
1990 Ed. (116)
1989 Ed. (122)
Young America Corp.
2001 Ed. (4468)
Young & Co.; Arthur
1990 Ed. (11, 12, 3703)
1989 Ed. (12)
Young & Modern
1995 Ed. (2880)
Young & Roehr
1989 Ed. (61)
Young & Rubicam Inc.
2006 Ed. (107, 109)
2005 Ed. (97, 101, 1522)
2004 Ed. (103, 123, 124, 133, 134)
2003 Ed. (28, 29, 37, 38, 39, 40, 127, 150, 166, 176)
2002 Ed. (62, 63, 70, 71, 72, 73, 74, 83, 90, 98, 101, 102, 110, 111, 116, 149, 159, 162, 169, 170, 172, 176, 182, 186, 211, 3822)
2001 Ed. (96, 100, 101, 102, 119, 138, 147, 170, 179, 186, 200, 210, 229, 240, 4222)
2000 Ed. (36, 43, 44, 45, 46, 88, 97, 108, 109, 110, 139, 141, 150, 174, 185, 193)
1999 Ed. (35, 36, 37, 38, 40, 41, 44, 45, 46, 47, 48, 49, 50, 51, 53, 82, 91, 103, 104, 105, 123, 132, 156, 165)
1998 Ed. (30, 31, 32, 33, 54, 56, 57, 58, 62)
1997 Ed. (37, 38, 39, 40, 41, 46, 48, 53, 54, 56, 70, 81, 85, 90, 101, 102, 103, 117, 124, 139)
1996 Ed. (40, 41, 42, 43, 54, 59, 61, 62, 63, 66, 68, 69, 70, 73, 77, 78,

81, 88, 89, 91, 94, 96, 99, 100, 101, 108, 114, 123, 129, 130, 131, 132, 133, 138, 141, 143, 144, 147, 148, 153, 154)
1995 Ed. (25, 26, 27, 28, 29, 30, 38, 39, 44, 67, 85, 86, 104)
1994 Ed. (51, 52, 53, 54, 59, 60, 61, 62, 65, 66, 67, 68, 71, 74, 83, 84, 89, 96, 101, 105, 118)
1993 Ed. (59, 60, 61, 63, 64, 66, 68, 69, 70, 71, 72, 73, 75, 76, 78, 82, 85, 93, 97, 100, 109, 110, 111, 117, 119, 122, 132, 137, 142)
1992 Ed. (101, 102, 103, 104, 105, 106, 107, 108, 111, 113, 114, 115, 116, 121, 122, 130, 131, 132, 140, 141, 146, 147, 150, 151, 161, 162, 163, 164, 165, 175, 179, 186, 191, 215, 3598)
1991 Ed. (58, 59, 60, 61, 62, 63, 64, 65, 67, 68, 70, 72, 74, 82, 91, 100, 102, 111, 113, 132, 133, 135, 136, 153, 92, 112, 947)
1990 Ed. (58, 59, 60, 61, 62, 63, 64, 66, 67, 68, 69, 70, 72, 75, 78, 81, 85, 86, 104, 112, 114, 134, 136, 153, 157, 163, 881)
1989 Ed. (98, 120)

Young & Rubicam Advertising
2000 Ed. (47, 48, 49, 50, 51, 52, 53, 56)

Young & Rubicam Argentina
2000 Ed. (59)
1999 Ed. (56)
1997 Ed. (58)
1995 Ed. (45)
1994 Ed. (69)

Young & Rubicam Australia
2003 Ed. (43)
2000 Ed. (60)
1999 Ed. (57)
1997 Ed. (60)
1995 Ed. (46)
1994 Ed. (70)
1993 Ed. (81)
1990 Ed. (77)
1989 Ed. (83)

Young & Rubicam Austria
2003 Ed. (44)
1995 Ed. (47)

Young & Rubicam Belgium
2003 Ed. (49)
2000 Ed. (66)
1999 Ed. (62)
1997 Ed. (64)
1995 Ed. (50)
1994 Ed. (72)
1993 Ed. (83)
1992 Ed. (125)
1991 Ed. (78)
1989 Ed. (87)

Young & Rubicam/(BM) Norway
2001 Ed. (191)
2000 Ed. (154)

Young & Rubicam Bogota
2001 Ed. (122)
2000 Ed. (80)
1999 Ed. (74)
1997 Ed. (73)

Young & Rubicam Brussels
2001 Ed. (110)

Young & Rubicam Canada
2003 Ed. (57)
1995 Ed. (53)

Young & Rubicam Chicago
1991 Ed. (85)

Young & Rubicam Cinemapresse
2003 Ed. (122)

Young & Rubicam Colombia
2003 Ed. (60)
1995 Ed. (59)

Young & Rubicam Copenhagen
2001 Ed. (127)
2000 Ed. (85)
1999 Ed. (79)
1997 Ed. (78)
1994 Ed. (82)
1993 Ed. (92)
1990 Ed. (93)
1989 Ed. (97)

Young & Rubicam Czech Republic
2003 Ed. (64)
2002 Ed. (97)
2001 Ed. (126)
2000 Ed. (84)
1999 Ed. (78)
1997 Ed. (76)
1995 Ed. (63)

Young & Rubicam Czechoslovakia
1993 Ed. (91)

Young & Rubicam Damaris
2000 Ed. (87)
1999 Ed. (81)
1997 Ed. (80)
1996 Ed. (80)
1995 Ed. (66)
1993 Ed. (94)
1992 Ed. (142)
1991 Ed. (93)
1990 Ed. (95)
1989 Ed. (99)

Young & Rubicam de Chile
1989 Ed. (93)

Young & Rubicam Denmark
2003 Ed. (65)
1995 Ed. (64)

Young & Rubicam Detroit
2001 Ed. (128, 129)
2000 Ed. (86)
1999 Ed. (80)
1998 Ed. (53)
1997 Ed. (79)
1996 Ed. (79)
1995 Ed. (65)

Young & Rubicam do Brasil
2000 Ed. (71)
1999 Ed. (67)
1997 Ed. (67)
1995 Ed. (52)
1994 Ed. (73)
1992 Ed. (128)
1991 Ed. (80)

Young & Rubicam Espana
1991 Ed. (151)
1990 Ed. (151)

Young & Rubicam France
2003 Ed. (74)
2001 Ed. (137)
2000 Ed. (96)
1999 Ed. (90)
1997 Ed. (89)
1995 Ed. (75)
1994 Ed. (88)
1993 Ed. (99)
1992 Ed. (149)
1991 Ed. (99)
1990 Ed. (103)

Young & Rubicam Germany
2003 Ed. (76)
1995 Ed. (76)

Young & Rubicam Group
2005 Ed. (113)
2001 Ed. (233)

Young & Rubicam Group of Cos. Ltd.
1999 Ed. (70)

Young & Rubicam Group of Cos. Ltd
2000 Ed. (76)

Young & Rubicam Holdings
1991 Ed. (101)
1990 Ed. (105)
1989 Ed. (109)

Young & Rubicam Hong Kong
1997 Ed. (96)

Young & Rubicam Hungary
2003 Ed. (83)
2001 Ed. (143)
2000 Ed. (103)
1999 Ed. (99)
1997 Ed. (98)
1995 Ed. (82)
1994 Ed. (93)
1993 Ed. (106)
1992 Ed. (158)

Young & Rubicam Italia
2003 Ed. (91)
2002 Ed. (124)
2001 Ed. (151)
2000 Ed. (113)
1999 Ed. (108)
1997 Ed. (106)
1996 Ed. (104)
1995 Ed. (89)
1994 Ed. (97)
1993 Ed. (114)
1992 Ed. (168)
1991 Ed. (116)
1990 Ed. (118)
1989 Ed. (124)

Young & Rubicam/Media Pro & Partners
1999 Ed. (147)
1997 Ed. (136)

Young & Rubicam Mexico
2003 Ed. (121)
1995 Ed. (98)

Young & Rubicam New Zealand
2000 Ed. (151)
1999 Ed. (133)
1997 Ed. (125)

Young & Rubicam Norway
2003 Ed. (130)
1999 Ed. (136)
1995 Ed. (108)
1994 Ed. (107)

Young & Rubicam Panafcom
2003 Ed. (92)

Young & Rubicam Poland
2003 Ed. (137)
2001 Ed. (198)
2000 Ed. (161)
1999 Ed. (144)
1997 Ed. (133)
1995 Ed. (115)
1994 Ed. (110)
1993 Ed. (129)

Young & Rubicam Portugal
2003 Ed. (138)
2001 Ed. (199)
2000 Ed. (162)
1999 Ed. (145)
1997 Ed. (134)
1995 Ed. (116)
1994 Ed. (111)

Young & Rubicam Prague
1994 Ed. (81)

Young & Rubicam Puerto Rico
2003 Ed. (139)
2001 Ed. (201)
2000 Ed. (163)
1999 Ed. (146)
1998 Ed. (64)
1997 Ed. (135)
1995 Ed. (117)
1994 Ed. (112)
1993 Ed. (131)
1992 Ed. (201)
1991 Ed. (145)
1990 Ed. (145)
1989 Ed. (154)

Young & Rubicam/Reklamevi
1994 Ed. (124)

Young & Rubicam Russia
2003 Ed. (143)

Young & Rubicam/Saint-Jaques Vallee
1999 Ed. (71)

Young & Rubicam Singapore
1997 Ed. (141)

Young & Rubicam South Africa
1999 Ed. (153)
1997 Ed. (144)
1995 Ed. (124)
1994 Ed. (115)
1993 Ed. (136)
1992 Ed. (205, 209)
1991 Ed. (148)
1990 Ed. (148)
1989 Ed. (157)

Young & Rubicam/Sovero
2001 Ed. (204)
2000 Ed. (165)
1999 Ed. (148)
1997 Ed. (137)
1995 Ed. (119)
1994 Ed. (113)
1993 Ed. (133)
1992 Ed. (208)

Young & Rubicam Spain
1995 Ed. (127)

Young & Rubicam Switzerland
1995 Ed. (130)

Young & Rubicam Turkey
2003 Ed. (160)
2002 Ed. (200)
2001 Ed. (227)
2000 Ed. (183)
1999 Ed. (164)
1997 Ed. (154)
1995 Ed. (134)
1993 Ed. (143)
1992 Ed. (217)

Young & Rubicam U.K.
2003 Ed. (164)
2002 Ed. (205)
2000 Ed. (99)
1999 Ed. (93)
1997 Ed. (92)
1995 Ed. (77)
1994 Ed. (90)
1993 Ed. (101)

Young & Rubicam Ukraine
2003 Ed. (162)

Young & Rubicam Zambia
2003 Ed. (183)
2001 Ed. (243)
1999 Ed. (172)
1997 Ed. (160)
1995 Ed. (139)
1992 Ed. (222)
1991 Ed. (162)

Young and the Restless
1992 Ed. (4255)

Young; Arthur
1995 Ed. (14, 2430)
1991 Ed. (4)
1990 Ed. (3, 4, 6, 7, 9, 10)
1989 Ed. (5, 8, 9, 10, 11)

Young Broadcasting Inc.
2005 Ed. (749)

Young Buick-GMC Truck Inc.; Alan
1996 Ed. (743)
1995 Ed. (669)

Young California Homes
2006 Ed. (1159)

Young Chang
2001 Ed. (3411)
2000 Ed. (3176)

Young; Chas. P.
1991 Ed. (3162)

Young Chevrolet Honda; Dan
1991 Ed. (273)

Young; Coleman A.
1995 Ed. (2518)
1993 Ed. (2513)
1992 Ed. (2987)
1991 Ed. (2395)
1990 Ed. (2525)

Young Communications; M.
2005 Ed. (3953)

Young; Don
1994 Ed. (1787)

Young; Donald
1993 Ed. (1803)

Young et Rubicam
1992 Ed. (202)

Young; Herbert
1990 Ed. (1723)

Young Homes
2005 Ed. (1237)

Young, Hyde & Barbour
2008 Ed. (13)

Young Innovations Inc.
2005 Ed. (1886)

Young Investor
2002 Ed. (4829)

Young; John
1990 Ed. (971)

Young; John A.
1993 Ed. (1702)
1992 Ed. (2053, 2057)
1991 Ed. (1627)

Young, Jr.; Walter R.
1997 Ed. (981)

Young Life
2000 Ed. (3350)

Young Men's Christian Association
1992 Ed. (3267)
1991 Ed. (2613)

Young Men's Christian Association of the United States of America
1989 Ed. (2072)

Young Men's Christian Association of the U.S.A.
1989 Ed. (274, 275)

Young; Michael
1994 Ed. (1796)

Young; Neil
2005 Ed. (1161)
1997 Ed. (1113)
1995 Ed. (1118, 1120)
1994 Ed. (1100)
1992 Ed. (1351)
Young Co.; Paul
1997 Ed. (289)
Young; Phua
1996 Ed. (1836)
1995 Ed. (1859)
1994 Ed. (1817)
1993 Ed. (1837)
Young Poon Group
2008 Ed. (4022)
Young Poong Mining Co. Ltd.
1999 Ed. (3136)
1994 Ed. (1321)
Young Rembrandts Franchise Inc.
2008 Ed. (2410)
2007 Ed. (2277)
2006 Ed. (2341)
Young; Rep. Don
2007 Ed. (2706)
Young; Roy T.
2006 Ed. (334)
Young Sales Corp.
1996 Ed. (1138)
1994 Ed. (1148, 1149)
1991 Ed. (1087, 1090)
1990 Ed. (1205)
Young; Steve
1997 Ed. (1724)
Young Wha
1997 Ed. (16)
Young; William
1997 Ed. (1861)
1996 Ed. (1785)
1995 Ed. (1798, 1810)
1994 Ed. (1769)
1993 Ed. (1786)
1991 Ed. (1700, 1708)
1989 Ed. (1418)
Young Co.; William M.
1995 Ed. (849)
1994 Ed. (797)
Young Women's Christian Association—YWCA
2004 Ed. (1355)
Youngone
2007 Ed. (1982)
Young's
2008 Ed. (716)
Youngs Frozen Fish
2002 Ed. (2368)
Young's Market Co.
2005 Ed. (666)
2004 Ed. (677)
1993 Ed. (978)
Youngstown City School District
2002 Ed. (2062)
Youngstown, OH
2008 Ed. (3110)
2006 Ed. (2425)
2005 Ed. (2379)
2002 Ed. (396, 1061)
2000 Ed. (1092, 2995)
1992 Ed. (2543)
Youngstown-Warren, OH
1998 Ed. (2483)
Younkers
1997 Ed. (1591)
1996 Ed. (1532)
1995 Ed. (1551)
Your Best Life Now
2007 Ed. (663)
Your Friends & Neighbors
2001 Ed. (4701)
Your Home
2000 Ed. (3498)
Your Income Tax; J. K. Lasser's
2006 Ed. (638)
Your Life
2003 Ed. (4857)
1998 Ed. (1273, 1357)
1994 Ed. (3633, 3634, 3635)
Your Money or Your Life
1999 Ed. (691)
Your Place
1989 Ed. (2234)
Your Place Restaurants
1994 Ed. (2884)
Your Way
1993 Ed. (1068)
Your Window into the Future
1992 Ed. (2802)
Your World with Neil Cavuto
2003 Ed. (807, 808)
Youth Dew
1997 Ed. (3030)
1994 Ed. (2780)
1992 Ed. (3367)
Youth for Understanding
1991 Ed. (2618)
Youth for Understanding International Exchange
1994 Ed. (908)
Youthair
1994 Ed. (2021)
YouTube
2008 Ed. (649, 653, 654, 1401)
YouTube.com
2008 Ed. (4808)
You've Got Mail
2001 Ed. (2125, 4699)
Youville Lifecare
2003 Ed. (4067)
Yow
2000 Ed. (811)
Yoyoghi National Stadium
2001 Ed. (4359)
YPF
2000 Ed. (895, 896)
1999 Ed. (949, 950)
1997 Ed. (827, 828, 1260, 2115)
1996 Ed. (811, 1399)
1995 Ed. (3203)
1991 Ed. (1322)
1990 Ed. (1395)
1989 Ed. (1135)
YPF SA
2003 Ed. (4570)
2002 Ed. (855, 1717, 1718, 1719, 1720)
2001 Ed. (1200, 1553, 1746)
YPF-Yacimientos Petroliferos
1992 Ed. (1567)
1991 Ed. (1249)
YPM Inc.
2004 Ed. (135)
2003 Ed. (181)
YPT S E
1993 Ed. (2030)
YPT S K
1993 Ed. (2030)
YPT V E
1993 Ed. (2030)
YRC Regional Transportation
2008 Ed. (4769)
YRC Worldwide Inc.
2008 Ed. (1873, 1874, 1875, 1877, 2772, 2773, 4522, 4736, 4743, 4763, 4766, 4780)
2007 Ed. (1840, 1841, 1843, 1844, 2645, 2646, 4825, 4842, 4844)
YTL
2006 Ed. (1860)
2001 Ed. (1785)
2000 Ed. (1294, 1296, 1298, 1299, 2884)
1999 Ed. (1701, 1702)
YTL Corp. Bhd
2002 Ed. (3051)
YTL Corporation
2000 Ed. (1511)
YTL Power International
2000 Ed. (1511)
Y2 Marketing
2005 Ed. (96)
Y2K Consultant
2000 Ed. (1789)
Yu; Chu Lam
2008 Ed. (4883)
Yu-Din Steel Co. Ltd.
1994 Ed. (1463)
Yu-gi-oh
2006 Ed. (649)
Yu Hwa Securities
1997 Ed. (3484)
Yu Kong Ltd.
1992 Ed. (1662)
1990 Ed. (1394)
1989 Ed. (1134)
Yu-tung; Cheng
2008 Ed. (4844)
Yu; Wong Kwong
2008 Ed. (4843)
2007 Ed. (2508)
2006 Ed. (2529)
Yuan Foong Yu Paper Manufacturing Co. Ltd.
1995 Ed. (1497)
Yuan Ta Stock Broker Co., Ltd.
1990 Ed. (821)
Yuanta
1999 Ed. (937)
Yuasa Battery Taiwan Co. Ltd.
1994 Ed. (2424)
Yuasa Trading
1995 Ed. (3335)
Yuba City, CA
2008 Ed. (3467)
2007 Ed. (3369)
2006 Ed. (1067, 3305)
2005 Ed. (1059, 3316)
2002 Ed. (1054)
1994 Ed. (2495)
Yuba City-Marysville, CA
2005 Ed. (2032, 3470, 4796)
Yuban
2005 Ed. (1048)
1999 Ed. (1215)
1992 Ed. (1239)
Yucca Valley, CA
2008 Ed. (4245)
1995 Ed. (1619)
Yue Ki Industrial Co., Ltd.
1992 Ed. (1700)
Yue Loong Motor
2000 Ed. (1568)
1996 Ed. (3627)
1995 Ed. (1342, 1497)
1994 Ed. (1457, 1458, 2439, 3473)
1993 Ed. (1409, 3501)
1992 Ed. (1698, 2975, 1699)
1991 Ed. (3271, 1357, 1356)
1990 Ed. (1425, 1427, 2519)
1989 Ed. (1166)
Yue Yuen Industrial Holdings Ltd.
2008 Ed. (3550)
2006 Ed. (3373)
Yuen Foong Yu Paper Manufacturing Co. Ltd.
1994 Ed. (1457)
1993 Ed. (1409)
1992 Ed. (1697)
Yuen Sang Enterprises
1993 Ed. (2059)
1990 Ed. (2047)
Yuengling
2008 Ed. (541)
2007 Ed. (592, 596)
Yuengling & Son Inc.; D. G.
2008 Ed. (537)
2006 Ed. (552)
1997 Ed. (713)
Yuengling & Son; DG
2005 Ed. (652)
1990 Ed. (752)
1989 Ed. (757, 767)
Yuengling Traditional Lager
2007 Ed. (594)
Yuganskneftegaz
1997 Ed. (1502)
1996 Ed. (3098)
Yugo
1993 Ed. (350)
1989 Ed. (342, 345, 1671)
Yugo Center of Texas
1992 Ed. (414)
Yugoslavia
2004 Ed. (1401)
2002 Ed. (780)
1996 Ed. (3435)
1995 Ed. (2031)
1994 Ed. (1987)
1993 Ed. (1467, 1962, 1969, 3722, 3724)
1992 Ed. (1734, 2095, 2251, 2300, 2305, 2322, 2357, 2359, 4474)
1991 Ed. (1382, 1820, 1824, 1825, 1829, 1836, 1843, 3506)
1990 Ed. (1449, 1475, 1906, 1913, 1920, 3276, 3694)
1989 Ed. (2956)
Yuhan Corp.
2007 Ed. (1986)
1989 Ed. (40)
Yuhan Indojaya
2006 Ed. (53)
Yuichi Fujimoto
2000 Ed. (2156)
1999 Ed. (2376)
Yuji Fujimori
2000 Ed. (2167)
Yukiguni Maitake Co.
2005 Ed. (2656)
Yukihiro Moroe
2000 Ed. (2171)
1999 Ed. (2388, 2389)
1997 Ed. (1988)
1996 Ed. (1882)
Yukiko Ohara
2000 Ed. (2148)
1999 Ed. (2369)
Yukimura's Inc.
2008 Ed. (1784)
2007 Ed. (1756)
2006 Ed. (1747)
Yuko Taniwaki
1997 Ed. (1983)
1996 Ed. (1876)
Yukon
2007 Ed. (3783)
2001 Ed. (481)
1995 Ed. (1449)
Yukon-Charley Rivers National Preserve
1990 Ed. (2667)
Yukon; GMC
2006 Ed. (3577)
Yukon Jack
2004 Ed. (3269, 3273)
2003 Ed. (3219)
2002 Ed. (3086)
2001 Ed. (3110)
1998 Ed. (2364)
1997 Ed. (2636)
1996 Ed. (2494, 2503)
1994 Ed. (2369)
1993 Ed. (2425, 2431)
1992 Ed. (2861)
1991 Ed. (2328, 2329, 2330, 2332)
1990 Ed. (2444, 2463)
Yukon-Kuskokwim Health Corp.
2006 Ed. (1537)
2005 Ed. (1646)
2004 Ed. (1620)
2003 Ed. (1604, 1605, 2274, 2693)
2001 Ed. (1608)
Yukong
2000 Ed. (2882)
1999 Ed. (1695, 1697, 3813)
1997 Ed. (1467, 1470, 2591, 2592)
1996 Ed. (1411, 1412)
1995 Ed. (1447, 1448)
1994 Ed. (1414, 1415)
1992 Ed. (1663, 2822)
1991 Ed. (1319, 1320)
1990 Ed. (1393)
1989 Ed. (1133)
Yukos Corp.
2005 Ed. (2409, 2410, 2412)
Yukos; OAO NK
2006 Ed. (1775, 1776, 2004, 4532, 4533)
2005 Ed. (1801, 1802, 1958, 3764, 3789)
Yukosneftegaz
2005 Ed. (1475, 1483, 1562)
Yule Catto
2006 Ed. (866)
2005 Ed. (959)
Yule Catto & Co.
2007 Ed. (956)
2006 Ed. (867)
Yulia Tymoshenko
2007 Ed. (4983)
Yulon Motor Co.
2006 Ed. (94)
2000 Ed. (1568)
1999 Ed. (1743)
1997 Ed. (1520)
Yum! Brands Inc.
2008 Ed. (32, 55, 60, 75, 171, 1213, 1882, 1883, 1884, 1885, 2757, 2758, 3074, 3440, 3687, 4143,

4144, 4145, 4154, 4171, 4172, 4652)
2007 Ed. (53, 58, 70, 75, 84, 1846, 1847, 1848, 2629, 2630, 2949, 2957, 2958, 3342, 3343, 3347, 4121, 4122, 4126, 4127, 4133)
2006 Ed. (62, 67, 79, 266, 1841, 1842, 1843, 1844, 2649, 2651, 2652, 3268, 3269, 3271, 4102, 4103, 4107, 4108, 4709)
2005 Ed. (18, 55, 60, 70, 171, 247, 1836, 1837, 2658, 2661, 2666, 3280, 3488, 4043, 4044, 4045, 4046, 4049, 4054, 4656, 4657)
2004 Ed. (60, 75, 79, 81, 1604, 1770, 1771, 2664, 2667, 3254, 4105, 4106, 4107, 4108, 4117, 4487, 4544, 4681, 4684)
2003 Ed. (17, 2532, 4092)
Yum Restaurants
2004 Ed. (1648)
Yuma, AZ
2008 Ed. (1052, 2490, 3456, 3461, 3481, 4245, 4353)
2007 Ed. (1159, 2370, 2375, 3359, 3363, 3387)
2006 Ed. (1067)
2005 Ed. (1059, 2388, 3470, 4796)
2004 Ed. (2289)
2002 Ed. (3330)
2000 Ed. (1076, 4365)
1997 Ed. (2767)
Yun; Jong-Yong
2006 Ed. (690)
Yunan
1997 Ed. (205)
Yung Chia Chemical Industries Corp.
1992 Ed. (1704)
Yung Kau
1995 Ed. (832, 833)
Yung Li Securities Co., Ltd.
1990 Ed. (821)
Yung Tay Engineering Co. Ltd.
1994 Ed. (1460, 1462, 2424)
Yunil Semicon
2002 Ed. (4435)
Yunique Solutions
2008 Ed. (986)
Yunnan Electronic
1995 Ed. (2572)
Yurcor
2008 Ed. (3703, 4378, 4957)
2007 Ed. (3545, 4406, 4991)
Yurie Systems
1999 Ed. (2614, 2621, 4322, 4328)
1998 Ed. (1880, 1884, 1886, 1888)
Yusuf Bin Ahmed Kanoo
1994 Ed. (3140)
Yutaka Sugiyama
1999 Ed. (2367)
Yuval Ben-Itzhak
2005 Ed. (994)
Yves C. de Balmann
2001 Ed. (2315)
Yves Saint Laurent
1995 Ed. (1243)
Yves St. Laurent
1990 Ed. (1579)
YWCA of the USA
2008 Ed. (3791)
2006 Ed. (3714)
2001 Ed. (1819)
2000 Ed. (3346, 3348)
1998 Ed. (689)
1997 Ed. (944)
1995 Ed. (942, 2781)
1990 Ed. (2718)
YWCA-USA
1993 Ed. (251, 2728)

Z

Z Corp.
2005 Ed. (1105)
2003 Ed. (2742)
2002 Ed. (2520)
Z-Bec 60s
1991 Ed. (3454)
Z Frank Auto Dealership Group
1991 Ed. (308)
Z. Frank Chevrolet
1994 Ed. (265)
1993 Ed. (296, 300)
1991 Ed. (306)
1990 Ed. (339)
Z Frank Chevrolet-Geo
1992 Ed. (411)
Z Frank Dealer Group
1990 Ed. (345)
Z Frank Oldsmobile
1991 Ed. (289)
1990 Ed. (312)
Z Gallerie
1998 Ed. (1788)
Z-Landerbank Bank Austria
1996 Ed. (3793)
1995 Ed. (424, 1356, 1357)
1994 Ed. (1326, 3632)
Z Pizza
2006 Ed. (2573)
Z-Seven Fund Inc.
2002 Ed. (3568)
Z. Smith Reynolds Foundation
1995 Ed. (1933)
Z-Spanish Media Corp.
2001 Ed. (2702)
Z-Spanish Radio Network
1998 Ed. (1939)
Z-Tech Corp.
2007 Ed. (1394)
Z-Tel Technologies, Inc.
2003 Ed. (2706)
2002 Ed. (2476)
Z Tel Teleservices
2004 Ed. (1831)
2003 Ed. (1796)
ZA Business Services
2000 Ed. (18)
1999 Ed. (21)
Zabaco
2005 Ed. (4954)
1999 Ed. (4793)
Zable; Walter
2006 Ed. (3931)
Zable; Walter J.
2005 Ed. (976, 977)
Zabludowicz; Poju
2008 Ed. (4906)
2007 Ed. (4930)
Zachar; Ned
1997 Ed. (1942)
Zachodni WBK; Bank
2008 Ed. (493)
2007 Ed. (542)
2006 Ed. (514)
2005 Ed. (598)
Zachry Inc.
2008 Ed. (1193)
2007 Ed. (1295, 1296)
2006 Ed. (1187)
2005 Ed. (1217, 1218)
2001 Ed. (1407)
Zachry Construction Corp.
2008 Ed. (1166, 2110)
2007 Ed. (1273, 1347)
2006 Ed. (1161, 1249, 1273, 1335)
2005 Ed. (1165, 1304)
2004 Ed. (1142, 1265, 1279, 1282, 1283, 1284, 1297)
2003 Ed. (1138)
2001 Ed. (1401)
Zachry Co.; H. B.
1996 Ed. (1126)
Zachy Farms LLC
2006 Ed. (3288)
2005 Ed. (3296)
Zack; Ezra
1995 Ed. (2357)
Zacks
2002 Ed. (4861)
Zacks Advisor
2002 Ed. (4834)
Zacky Farms Inc.
2003 Ed. (3233)
2001 Ed. (3152)
Zacson Corp.
1996 Ed. (3641)
Zafirovski; Michael
2008 Ed. (2637)
Zagorka Ad
2001 Ed. (21)
Zagreb, Croatia
2006 Ed. (4502)
Zagrebacka Banka
2008 Ed. (401)
2007 Ed. (427)
2006 Ed. (429)
2005 Ed. (483)
2004 Ed. (475)
2003 Ed. (480, 489)
2002 Ed. (546, 547, 553)
2001 Ed. (619)
2000 Ed. (506)
1999 Ed. (491, 498)
1997 Ed. (444, 445)
1994 Ed. (669)
1993 Ed. (669)
Zagrebacka Banka dd
1996 Ed. (470, 480, 481)
1995 Ed. (451)
Zagrebacka Banka-Pomorska Banka
1997 Ed. (444, 445)
Zagrebacka Banka-Pomorska Banka dd
1996 Ed. (481)
Zagrebacka Pivovara
2001 Ed. (26)
1997 Ed. (3928)
Zahid Mannan
1996 Ed. (1908)
Zahrat Al Khalij
2008 Ed. (98)
2005 Ed. (91)
Zaio Corp.
2008 Ed. (2941)
Zaire
2008 Ed. (3863)
2006 Ed. (3791)
2005 Ed. (3702)
2004 Ed. (3784)
2003 Ed. (3759)
2002 Ed. (682)
1997 Ed. (1604, 1605)
1996 Ed. (1545, 3433, 3436)
1992 Ed. (1446, 1802)
1989 Ed. (1219, 2240)
Zaitun
1999 Ed. (4166)
Zakin; Jonathan N.
1997 Ed. (1804)
1996 Ed. (1716)
Zaklady Drobiarskie Kozieglowy Sp. ZOO
2008 Ed. (2052, 2747)
Zale Corp.
2006 Ed. (4169)
2005 Ed. (3246, 4674)
2004 Ed. (3217, 3218)
2003 Ed. (3163, 4502, 4504)
2002 Ed. (3037)
2001 Ed. (4101)
1994 Ed. (359, 360, 361)
1993 Ed. (3365)
Zambeef Products plc
2006 Ed. (4548)
Zambia
2008 Ed. (1018, 1386)
2007 Ed. (1138)
2006 Ed. (1049)
2005 Ed. (1040, 1418)
2004 Ed. (1033)
2003 Ed. (1029)
2002 Ed. (1346)
2001 Ed. (507, 1297, 1502)
2000 Ed. (824)
1999 Ed. (4662)
1996 Ed. (3433, 3436)
1992 Ed. (227, 1446)
1989 Ed. (1219)
Zambia Consolidated
1992 Ed. (87)
Zambia Consolidated Copper Mines
2002 Ed. (4499)
1995 Ed. (1211)
Zambia Industrial & Mining
1991 Ed. (1285)
Zambia National Commercial Bank
2005 Ed. (641)
2004 Ed. (653)
2003 Ed. (639)
2002 Ed. (665)
2000 Ed. (700)
1999 Ed. (682, 683)
1996 Ed. (713)
1995 Ed. (639)
1994 Ed. (672)
1993 Ed. (671)
1992 Ed. (873)
1991 Ed. (699)
Zambia National Commercial Bank Ltd. (Lusaka)
2000 Ed. (699)
Zambia Sugar plc
2006 Ed. (4548)
2002 Ed. (4499)
Zambian Breweries plc
2006 Ed. (4548)
2002 Ed. (4499)
Zambrano; Lorenzo
2008 Ed. (4886)
Zamias Developer, George D.
1994 Ed. (3297)
Zamias Services Inc.
2000 Ed. (4022)
Zamyad
2002 Ed. (4429)
Zander; Edward
2008 Ed. (940)
2006 Ed. (939)
Zander; Edward J.
2008 Ed. (954)
2007 Ed. (1032)
Zander GmbH & Co.; J. W.
1994 Ed. (1352)
Zanesville, OH
2006 Ed. (3322)
1998 Ed. (3648)
1996 Ed. (977)
1992 Ed. (1016)
Zanett Inc.
2006 Ed. (2733, 2735)
Zantac
2005 Ed. (255)
2004 Ed. (250)
2003 Ed. (3781)
2002 Ed. (322)
2001 Ed. (388)
2000 Ed. (304, 1708)
1999 Ed. (1891, 1892, 1908)
1998 Ed. (1341, 2913, 2915, 2916)
1997 Ed. (1647, 1648, 1653, 1654, 3161, 3162, 3163)
1996 Ed. (1569, 1570, 3082, 3083, 3084)
1995 Ed. (1582, 1583, 1587, 2982, 2983, 2984)
1994 Ed. (2926, 2927, 2928, 2929)
1993 Ed. (1530, 2912, 2913, 2914, 2915)
1992 Ed. (339, 1870, 1876, 3524, 3525, 3526)
1991 Ed. (2761, 2762, 2763)
1990 Ed. (2898, 2899, 2900)
1989 Ed. (2254)
Zantac 150
2008 Ed. (256, 2380)
Zantac 75
2006 Ed. (274)
2004 Ed. (251)
2003 Ed. (283)
2001 Ed. (387)
2000 Ed. (1703)
1999 Ed. (279, 1905)
1998 Ed. (173, 174, 175, 1350, 2669)
Zantac tabs 150 mg
1990 Ed. (1572, 1573, 1574, 2530)
Zantaz
2007 Ed. (1224)
Zantop International Airlines Inc.
1989 Ed. (926)
Zanussi
2007 Ed. (727)
1996 Ed. (1563)
Zanvyl and Isabelle Krieger Fund Inc.
1995 Ed. (1070, 1928)
1994 Ed. (890, 1055)
Zapata Corp.
2006 Ed. (2612)
2003 Ed. (2491, 2492)
2001 Ed. (2445, 2446)
1997 Ed. (2702)
1990 Ed. (1343, 3562)
1989 Ed. (2208)

Zapis Communications, ML Media & Independent
2001 Ed. (1545)
Zaporizhstal
2006 Ed. (4544)
Zappos.com
2008 Ed. (2446, 4043, 4207)
2007 Ed. (4167)
2006 Ed. (2382, 4144)
Zara
2008 Ed. (648, 996)
2007 Ed. (1117)
2005 Ed. (743)
Zara for Investment
2002 Ed. (4381)
2000 Ed. (293)
Zarb; Frank G.
1997 Ed. (1802)
1995 Ed. (1728)
Zardoya Otis
2007 Ed. (2400)
Zarechye; Bank
2005 Ed. (493, 502)
Zaremba Corp.
1990 Ed. (3284)
Zaremba Contractors
2002 Ed. (2688)
Zaremba Group Inc.
1992 Ed. (3960, 3970)
Zarfatti Sternschuss Zamir
2000 Ed. (112)
Zargon Oil & Gas
2005 Ed. (1705)
Zaring Homes
1998 Ed. (898)
Zaring National Corp.
2000 Ed. (1209, 1224)
Zarlink Semiconductor Inc.
2007 Ed. (2807)
2006 Ed. (1615, 2815)
2003 Ed. (2940)
Zarlink Semiconductors Inc.
2008 Ed. (2943)
2007 Ed. (2817)
Zartman Construction Inc.
2008 Ed. (4425)
Zaske, Sarafa & Associates Inc.
1998 Ed. (2307)
1996 Ed. (2421)
1995 Ed. (2389)
1993 Ed. (2342)
Zatarains
2003 Ed. (3923)
Zausa Development Corp.
2003 Ed. (1137)
Zavala County, TX
2002 Ed. (1806)
Zavod Advertising
2003 Ed. (71)
2002 Ed. (106)
2001 Ed. (134)
Zavod SNP
2002 Ed. (782)
Zavodi Crvena Zastava
1991 Ed. (1361)
Zaxby's
2008 Ed. (4173, 4174)
2007 Ed. (4143)
2006 Ed. (4116)
Zayre
1991 Ed. (1440, 1919, 3112)
1990 Ed. (1049, 1050, 1288, 1510, 1511, 1512, 1513, 1515, 1518, 1519, 1521, 1522, 1523, 2029, 2132)
1989 Ed. (866, 934, 1244, 1245, 1248, 1249, 1250, 1251, 1253, 1254, 1258)
Zazove Aggressive Growth Fund LP
2003 Ed. (3116)
Zazove Convertible Securities Fund
2003 Ed. (3116)
Zazove High Yield Convertible Securities
2003 Ed. (3116)
Zazove Income Fund LP
2003 Ed. (3116)
Zazove Institutional Investment Grade Convertible
2003 Ed. (3116)
Zazove Total Return Convertibles
2003 Ed. (3116)
Zazzle.com
2008 Ed. (2444)
ZCCM-IH plc
2006 Ed. (4548)
ZD Net
1998 Ed. (3778, 3779)
The ZD Net Software Library
1998 Ed. (3776)
ZDnet
2002 Ed. (4858)
2001 Ed. (2966, 4774)
1999 Ed. (32)
ZDNet Downloads
2002 Ed. (4815)
ZDNet GameSpot
2002 Ed. (4805)
ZDNet Group
2001 Ed. (4183)
zdnet.com
1999 Ed. (4754)
ZDS-Groupe Bull
1996 Ed. (1071, 3055)
Zebco
1999 Ed. (4379)
1998 Ed. (3351)
1997 Ed. (3556, 3557)
1996 Ed. (3492, 3493)
1995 Ed. (3428)
1994 Ed. (3370, 3371)
1993 Ed. (3367)
1992 Ed. (4042)
Zebra
2000 Ed. (3426)
Zebra Technologies
2008 Ed. (1123)
2007 Ed. (1220, 1264)
2006 Ed. (1115, 1149)
1996 Ed. (2056, 2060, 3446, 3450)
1995 Ed. (2061, 3383)
1994 Ed. (3328)
1993 Ed. (2003, 3333)
Zeckendorf Co. Inc.
1991 Ed. (1051)
Zeckendorf Realty L.P.
1995 Ed. (3063)
Zed.I Solutions Inc.
2008 Ed. (2939)
Zee
2003 Ed. (3735, 4668)
Zee Telefilms
2002 Ed. (4424, 4426)
Zeebrugge
1992 Ed. (1397)
Zefazone Powder
1992 Ed. (1868)
Zegers DDB Needham
1999 Ed. (72)
Zegers DDB Worldwide
2003 Ed. (58)
2002 Ed. (91)
Zeglis; J. D.
2005 Ed. (2506)
Zeglis; John
2006 Ed. (2523)
Zegna; Gildo & Paolo
2007 Ed. (1102)
Zehnder International; Egon
1993 Ed. (1691)
1992 Ed. (2048)
Zehnder's
1994 Ed. (3053)
1993 Ed. (3010)
1992 Ed. (3687)
1991 Ed. (2858)
Zehnder's of Frankenmuth
2008 Ed. (4148)
2007 Ed. (4123, 4124, 4130)
2001 Ed. (4052)
1995 Ed. (3101)
1990 Ed. (3002)
Zeidenstein; George
1993 Ed. (1701)
Zeigler Coal Holding Co.
2003 Ed. (1027, 1028)
2000 Ed. (1127)
1999 Ed. (1208, 1210, 3796)
1998 Ed. (782, 2822)
1997 Ed. (2793)
1996 Ed. (2648)
Zeiss; Carl
1995 Ed. (2264)
1994 Ed. (2214)
Zeitungsgruppe WAZ
2001 Ed. (3544)
Zekeriya Ozturk
1999 Ed. (2432)
Zela Shipping
1995 Ed. (1245)
Zelda: The Wind Waker
2005 Ed. (4831)
Zelenkefske Axelrod & Co. Ltd.
1997 Ed. (23)
Zelenkofske Axelrod
1995 Ed. (13)
Zelenkofske Axelrod & Co. Inc.
1998 Ed. (4, 16, 17)
1996 Ed. (21)
1994 Ed. (7)
1992 Ed. (22)
1991 Ed. (7)
Zeliff Wallace Jackson Investment Counsel
1999 Ed. (3089)
Zell/Chilmark Fund LP
2003 Ed. (1694)
2001 Ed. (1730)
Zell; Samuel
2008 Ed. (4830)
2007 Ed. (4902)
2006 Ed. (4906)
2005 Ed. (4852)
Zellco Credit Union
2006 Ed. (2155)
Zeller Corp.
2007 Ed. (1918)
Zeller C orp.
2008 Ed. (4930)
Zellers
2008 Ed. (646)
2003 Ed. (2074, 2075)
2002 Ed. (1987, 1988)
2000 Ed. (1683, 1685)
1999 Ed. (1736)
1997 Ed. (1595)
1996 Ed. (1536, 1555, 3243)
1995 Ed. (3153)
1994 Ed. (1523)
1993 Ed. (1402)
1992 Ed. (1793)
Zellstoff Pols AG
2005 Ed. (1662)
Zelman; Ivy
2006 Ed. (2578)
Zelter Seltzer
1992 Ed. (3220)
Zen-Noh Grain Corp.
2008 Ed. (1890)
2007 Ed. (1858)
2006 Ed. (1855)
2005 Ed. (1849)
2004 Ed. (1783)
2003 Ed. (1748)
2001 Ed. (1780)
2000 Ed. (1893)
Zen; Vic De
2005 Ed. (2514, 3857)
Zencos
2008 Ed. (1207)
Zeneca Inc.
2003 Ed. (1664)
2001 Ed. (1678, 1679)
1999 Ed. (196, 1642, 1646, 2538, 3262, 3263)
1998 Ed. (101, 2104, 2812)
1997 Ed. (176, 1657)
1996 Ed. (1234, 1355)
1995 Ed. (1405, 1747)
Zeneca Group
2001 Ed. (275)
2000 Ed. (1442)
1999 Ed. (1445)
Zeneca Group PLC
2000 Ed. (1028)
Zeneca Holdings Inc.
2001 Ed. (1678)
Zeneca Pharmaceuticals
2000 Ed. (740, 1712)
1998 Ed. (1349)
1995 Ed. (2138, 2139)
Zeneca Pharmaceuticals Group
2000 Ed. (1706)
1996 Ed. (2151, 2152)
Zenith
2006 Ed. (3432)
2005 Ed. (2863, 4667)
2000 Ed. (1151, 2478, 4223)
1999 Ed. (614, 1242, 2690, 2691, 4491, 4493, 4714)
1998 Ed. (812, 1950, 3672)
1997 Ed. (1072, 2234, 3844)
1995 Ed. (885, 1075, 3702)
1994 Ed. (844, 1063, 3629)
1993 Ed. (1032, 2049)
1992 Ed. (1036, 1285, 2429, 3065, 3488, 3489, 3490, 4395)
1991 Ed. (1008, 2456, 3447)
1990 Ed. (890, 1098, 2204, 2570, 2880, 2881, 3650, 3674)
Zenith Administrators Inc.
1991 Ed. (941)
Zenith Data Systems
1994 Ed. (2896)
1993 Ed. (2561, 2562)
1992 Ed. (1925)
Zenith Electronics
2000 Ed. (1755, 1757, 2482, 3330)
1999 Ed. (1957, 1977, 1979, 1980, 2697)
1998 Ed. (2046, 3424)
1997 Ed. (3645)
1996 Ed. (2193, 3499)
1995 Ed. (1650, 2180, 3434, 3436)
1994 Ed. (1085, 2128)
1993 Ed. (829, 934, 2051, 2882, 3667)
1992 Ed. (1132, 1535, 1537, 2427)
1991 Ed. (1205, 1214, 2453, 2454, 2637, 2850)
1990 Ed. (1121, 2571, 2572, 2994)
1989 Ed. (1622)
Zenith Electronics Corp.; Data processing assets of
1991 Ed. (1141)
Zenith Goldline
2000 Ed. (2321)
Zenith International Bank
2008 Ed. (484, 507)
2007 Ed. (530, 555)
2005 Ed. (588)
2004 Ed. (600)
2003 Ed. (592)
2002 Ed. (628)
1999 Ed. (613)
Zenith Life Plus
1991 Ed. (2119)
Zenith Media
2005 Ed. (123)
2002 Ed. (3279)
2001 Ed. (235, 3249)
Zenith Media Holdings Ltd.
2003 Ed. (72)
2001 Ed. (32)
2000 Ed. (93)
Zenith Media Services
2003 Ed. (110, 112, 113, 115, 116, 117, 118, 119)
2002 Ed. (142, 144, 145, 148, 174, 194, 195)
2001 Ed. (166, 171, 174, 175, 176)
2000 Ed. (130, 131, 132, 133, 134, 135, 136, 137, 138, 140)
Zenith Media USA
2008 Ed. (127)
2007 Ed. (120)
Zenith National
1998 Ed. (3417)
Zenith National Insurance Corp.
2008 Ed. (3249)
2007 Ed. (3102, 4998)
2006 Ed. (3058, 4997)
2001 Ed. (4034)
1991 Ed. (2142)
Zenith National Insurance Group
2002 Ed. (2951)
Zenith Optimedia Group
2003 Ed. (108, 111)
Zenith Taiwan Corp.
1992 Ed. (1323, 1324)
1990 Ed. (1132)
Zenith Travel Inc.
1992 Ed. (4345)
ZenithOptimedia
2008 Ed. (126, 130)
2007 Ed. (119)
ZenithOptimedia Group
2008 Ed. (128)

2007 Ed. (121)
2006 Ed. (125, 127)
2005 Ed. (122, 124)
2004 Ed. (119, 121, 122)
Zenkaku Nokyo
1990 Ed. (3653)
Zenkyoren
2005 Ed. (3227)
2004 Ed. (3211)
2002 Ed. (4216)
2001 Ed. (2885)
2000 Ed. (2849)
1999 Ed. (2889, 2922, 3104)
1998 Ed. (2134)
1997 Ed. (2396, 2423)
1996 Ed. (2287, 2423)
1995 Ed. (2391)
1994 Ed. (2236, 2327)
1993 Ed. (2256, 2346)
1992 Ed. (1190, 2710)
1991 Ed. (957)
1989 Ed. (1746)
Zenkyoren & Prefectural Insurance Federation
2001 Ed. (2925)
Zenkyoren National Mutual Insurance Federation of Agricultural Co-ops
2002 Ed. (2823)
Zenno Chokuhan
1997 Ed. (1577)
Zennstrom; Niklas
2008 Ed. (4908)
2007 Ed. (4934)
Zenon Environmental
2008 Ed. (2592)
2007 Ed. (2479)
2006 Ed. (1605)
Zenrakuren
1997 Ed. (1577)
Zenshinren
1989 Ed. (576)
Zenshinren Bank
1998 Ed. (377)
1992 Ed. (717)
1991 Ed. (449)
1990 Ed. (596)
1989 Ed. (479, 480)
Zenta Group
2006 Ed. (780)
Zentech Manufacturing
2008 Ed. (1110)
Zentral & Kommerz
1991 Ed. (454)
Zentralsparkasse
1994 Ed. (428)
1992 Ed. (609)
Zentralsparkasse & Kom. Bank
1990 Ed. (506)
Zentralsparkasse & Kom. Bank Wien
1989 Ed. (483)
Zentralsparkasse & Kommerzialbank Akt. Wien
1993 Ed. (428, 429)
Zentralsparkasse & Kommerzialbank Wien
1992 Ed. (610)
Zentropy Partners
2005 Ed. (115)
2004 Ed. (116)
Zenyoren
1990 Ed. (2278)
ZEOS International Ltd.
1995 Ed. (2240)
1994 Ed. (2186)
1993 Ed. (856, 1568, 2008, 2010, 3335)
Zeox Corp.
2008 Ed. (1658)
Zepherhills
2005 Ed. (736)
Zephyr Aluminum Inc.
2000 Ed. (1262)
1998 Ed. (948)
1995 Ed. (1166)
Zephyrhills
2007 Ed. (673)
2005 Ed. (734)
2004 Ed. (754)
2003 Ed. (731, 733, 736)
2002 Ed. (752, 755)
2001 Ed. (995, 1001)
2000 Ed. (783, 784)
1999 Ed. (765, 766, 768, 4510)
1998 Ed. (480, 483)
1997 Ed. (695, 696, 3661)
1995 Ed. (685)
Zeppos & & Associates
2004 Ed. (4032)
Zeppos & Associates
2005 Ed. (3975)
2003 Ed. (3988)
1999 Ed. (3945)
Zerex
2001 Ed. (389)
Zerimar Corp.
2002 Ed. (2540)
Zero Corp.
2005 Ed. (1376, 1383)
2004 Ed. (1365)
2003 Ed. (1360)
Zero Bar
1997 Ed. (894)
Zero 36
1995 Ed. (891)
ZeroChaos
2008 Ed. (174, 179, 3703)
2007 Ed. (2357, 3545, 4406)
2006 Ed. (3507, 4346)
ZeroRez
2008 Ed. (861, 862, 4788)
2007 Ed. (4867)
Zero's Subs
2008 Ed. (4276)
2002 Ed. (4091)
Zerqa, Jordan
2005 Ed. (883)
Zespri Group
2002 Ed. (4897)
Zest
2008 Ed. (4451)
2007 Ed. (4463)
2006 Ed. (4396)
2005 Ed. (4390)
2004 Ed. (4442)
2003 Ed. (643, 645, 4462, 4463)
2002 Ed. (4304)
2001 Ed. (4297)
2000 Ed. (4069, 4070)
1999 Ed. (687, 4351, 4354)
1998 Ed. (3326, 3330)
1997 Ed. (3537)
1996 Ed. (3471)
1995 Ed. (3412)
1994 Ed. (3354)
1993 Ed. (3349)
1992 Ed. (3400, 4011)
1991 Ed. (3325)
1990 Ed. (3549)
Zest Whitewater Fresh
2003 Ed. (4463)
Zestril
2001 Ed. (2109)
2000 Ed. (3606)
1999 Ed. (3886)
1997 Ed. (3163)
1995 Ed. (2530)
1992 Ed. (3002)
1990 Ed. (2530)
Zeta-Jones; Catherine
2008 Ed. (4905)
2007 Ed. (4929, 4935)
2005 Ed. (4889, 4891, 4896)
Zetia
2006 Ed. (2312)
Zeurich N
2000 Ed. (4447)
Zeus/BBDO
2003 Ed. (82)
2002 Ed. (115)
2001 Ed. (142)
2000 Ed. (102)
Zeus/BBDO Publicidad
1996 Ed. (94)
Zeus Components
1990 Ed. (1634)
Zeus Publicidad
1995 Ed. (80)
1991 Ed. (106)
Zeus Technology Ltd.
2002 Ed. (2493)
Zeus Wireless
2002 Ed. (4976)
ZEV Markant Zentrale Einkaufs und Vertriebs GmbH
2003 Ed. (1622)
2001 Ed. (1636)
Zevenbergen Capital
1993 Ed. (2319, 2323)
ZEVEX International, Inc.
2000 Ed. (286)
ZF
1993 Ed. (344)
1990 Ed. (400)
ZF Batavia
2002 Ed. (2734)
ZF Getriebe GmbH
2004 Ed. (3447)
ZF Group NAO
2004 Ed. (323)
ZGA Architects & Planners Chartered
2006 Ed. (286)
ZGC Group
2000 Ed. (3844)
ZGS Broadcasting of Tampa
2001 Ed. (3979)
Zhanatas "Karatau" Production Association
1993 Ed. (910)
Zhang; Charles
2005 Ed. (2321)
Zhang Li
2008 Ed. (4843)
Zhang Ruimin
2006 Ed. (690)
Zhang Simin
2003 Ed. (2411)
Zhangjiagang
2001 Ed. (3856)
Zhangxin Securities
2005 Ed. (4314)
Zhao Yu Jiang
1997 Ed. (1966)
1996 Ed. (1857)
Zhejiang
2001 Ed. (2262)
Zhejiang Expressway
1999 Ed. (1594, 4495)
Zhejing Electricity Power
2000 Ed. (4010, 4011)
Zhengrong; Shi
2008 Ed. (4843)
Zhenhai Oil Refining & Chemical Industrial Co., Ltd.
2001 Ed. (2497)
Zhenhai Refining & Chemical Co., Ltd.
2008 Ed. (3554)
Zhenjiang
2001 Ed. (3856)
Zhevago; Kostyantin
2008 Ed. (4877)
Zhijian; Larry Rong
2008 Ed. (4843)
2007 Ed. (2508)
2006 Ed. (2529)
2005 Ed. (2515)
Zhone Technologies Inc.
2007 Ed. (3688)
Zhong Chu
1994 Ed. (3291, 3292)
Zhongshan
2001 Ed. (3854, 3855)
Zhongxin Securities
2005 Ed. (4255)
Zhu Mengyi
2008 Ed. (4843)
2007 Ed. (2508)
2006 Ed. (2529)
Zhuhai Lizhu Pharmaceutical
1996 Ed. (3421, 3422)
Zhuhai SEZ Lizhu Pharmaceutical
1997 Ed. (3506, 3507)
Zhujiang Brewery
1995 Ed. (708)
ZI Corp.
2007 Ed. (1235)
2006 Ed. (2821)
2005 Ed. (125, 1688, 1693, 1695)
2003 Ed. (1116)
Zia Credit Union
2003 Ed. (1935)
2002 Ed. (1881)
Ziac
1997 Ed. (2741)
1996 Ed. (2598)
Zicam
2004 Ed. (1055)
2003 Ed. (3627)
2002 Ed. (2998)
Zicka Walker Homes
2005 Ed. (1187)
2004 Ed. (1159)
2003 Ed. (1154)
2002 Ed. (1184)
Zidane; Zinedine
2008 Ed. (4453)
2007 Ed. (4464)
2006 Ed. (4397)
Ziebart
2008 Ed. (334)
2007 Ed. (349)
2006 Ed. (366)
2005 Ed. (351)
2004 Ed. (351)
2003 Ed. (366)
Ziebart International Corp.
2002 Ed. (419)
2001 Ed. (2534)
2000 Ed. (2273)
1999 Ed. (2524)
1998 Ed. (1766)
Ziebart Tidy Car
1993 Ed. (1900)
Zief; Joan
1997 Ed. (1920)
1996 Ed. (1848)
1995 Ed. (1867)
1994 Ed. (1826)
Ziegler Capital Markets Group
2006 Ed. (3191)
2005 Ed. (3206)
2004 Ed. (3171)
2003 Ed. (3060)
Ziegler Coal Holding
1997 Ed. (3085)
Ziegler; Jonathon
1997 Ed. (1918)
Ziegler Securities
2000 Ed. (3968, 3978)
1999 Ed. (4238, 4249)
1998 Ed. (792, 3024, 3235, 3253)
1997 Ed. (3459)
1996 Ed. (3361)
1995 Ed. (3259)
1993 Ed. (3138, 3175, 3176, 3177, 3178)
1992 Ed. (3857)
1991 Ed. (2944, 2983, 3038, 3040, 3041)
1989 Ed. (2439)
Zielinski; Robert
1997 Ed. (1961)
Ziemer; James
2006 Ed. (971)
Ziff Communications
1992 Ed. (3368)
Ziff-Davis Inc.
2001 Ed. (1541, 4608)
2000 Ed. (3459, 3684)
1999 Ed. (3743, 3744)
Ziff-Davis Publishing Co.
2001 Ed. (247)
2000 Ed. (3463)
1998 Ed. (2780, 2781)
1997 Ed. (2628, 3034)
1996 Ed. (3143)
Ziff Davis Smart Business for the New Economy
2001 Ed. (253, 3193)
Ziff; William B.
1990 Ed. (2577)
Ziffren; Kenneth
1997 Ed. (2611)
1991 Ed. (2297)
Zig Sheng Industrial Co., Ltd.
1992 Ed. (4284)
1990 Ed. (3573)
Zig Zag
2003 Ed. (982, 4750)
Ziggurat
1999 Ed. (2841)
Zigong Honghe
2000 Ed. (4076)
Zil
1996 Ed. (3098)
Zilactin
2003 Ed. (1995)

1996 Ed. (2103)
1993 Ed. (2032)
Zilactin B
2003 Ed. (1995)
Zilactin/Zila Pharmaceuticals
1992 Ed. (2398)
ZIM Corp.
2007 Ed. (1235)
2004 Ed. (2541)
2003 Ed. (2422)
Zim Container
2002 Ed. (4266, 4267)
Zim Israel Navigation Co., Ltd.
2004 Ed. (4799)
Zima
2008 Ed. (239)
2007 Ed. (263)
2006 Ed. (4957)
2005 Ed. (3364, 4924, 4926)
2004 Ed. (4946)
2003 Ed. (261, 262, 4942)
2002 Ed. (4908)
2001 Ed. (4835)
2000 Ed. (4390)
1999 Ed. (4763)
1998 Ed. (3715)
1997 Ed. (3884)
1996 Ed. (773, 1934, 3833)
Zimbabse Sun Hotels
1992 Ed. (88)
Zimbabwe
2008 Ed. (975, 3845, 3999, 4601, 4694)
2007 Ed. (1097, 2257, 2259, 3765, 3976, 4692, 4777)
2006 Ed. (1008, 3016, 3768, 3923, 4591, 4671, 4771)
2005 Ed. (998, 3671, 3860, 4606, 4718)
2004 Ed. (979, 3756, 3915, 4656, 4739)
2003 Ed. (965, 3710, 3892, 4757)
2002 Ed. (682, 1815)
2001 Ed. (1229, 3609, 3821, 4446, 4567)
2000 Ed. (824, 2352, 2353, 2359)
1999 Ed. (1780, 4477, 4662)
1998 Ed. (2311)
1997 Ed. (1541)
1996 Ed. (1476, 3433, 3436)
1995 Ed. (1517, 3626)
1994 Ed. (1485)
1992 Ed. (1729, 1730)
1991 Ed. (1380, 1851)
1990 Ed. (1446)
Zimbabwe Banking Corp.
1997 Ed. (648)
1996 Ed. (714)
1994 Ed. (673)
1993 Ed. (672)
1992 Ed. (874)
1991 Ed. (701)
Zimbabwe Banking Corporation Limited
1989 Ed. (718)
Zimbabwe Financial Holdings
2005 Ed. (642)
2004 Ed. (654)
2003 Ed. (640)
2002 Ed. (666)
Zimbabwe Financial Holdings (Finhold)
2000 Ed. (701)
1999 Ed. (684)
1995 Ed. (640)
Zimbabwe Papers
2000 Ed. (4446)
Zimbabwe Stock Exchange
1995 Ed. (3512)
Zimbabwe Sugar Refinery
2000 Ed. (4445)
1999 Ed. (4829)
Zimbabwe Sun
2000 Ed. (4445, 4446)
1999 Ed. (4829, 4830)
Zimmer Corporation
1989 Ed. (1999)
Zimmer Gunsul Frasca Partnership
2008 Ed. (262, 2539, 3343)
2007 Ed. (3201)
2006 Ed. (283, 2453, 2455, 3161, 3167)
2005 Ed. (260)
2002 Ed. (334)
2000 Ed. (310)
1999 Ed. (284)
1996 Ed. (232)
Zimmer Holdings Inc.
2008 Ed. (1806, 1807, 2883, 2898, 2910, 3638)
2007 Ed. (1775, 1776, 3082, 3463, 3464, 3467)
2006 Ed. (1767, 1768, 2761, 2766, 2779, 3445)
2005 Ed. (1552, 2799, 4675)
2004 Ed. (2803, 4577)
2003 Ed. (3359, 4537)
Zimmerman Agency
2004 Ed. (4009)
2003 Ed. (3993, 4002)
2002 Ed. (108, 3818, 3819, 3836)
2000 Ed. (3641)
1999 Ed. (3925, 3932)
Zimmerman Agency-Tallahassee
1998 Ed. (2948)
Zimmerman Agengy
2004 Ed. (3997)
Zimmerman & Partners
2006 Ed. (110)
2005 Ed. (102)
2004 Ed. (129)
2003 Ed. (30)
2002 Ed. (64, 108)
Zimmerman & Partners Advertising
2004 Ed. (130)
2003 Ed. (118, 171, 172)
2002 Ed. (182, 183)
2000 Ed. (95, 172)
1999 Ed. (89, 154)
1998 Ed. (55, 65)
1997 Ed. (50, 145)
Zimmerman; G. Alan
1997 Ed. (1880)
Zimmerman Partners
2001 Ed. (202)
Zimmermann; G. Alan
1995 Ed. (1829)
1994 Ed. (1790)
1993 Ed. (1807)
Zimsun
1997 Ed. (3929, 3930)
Zinc
2008 Ed. (1093)
1994 Ed. (3636, 3637)
1992 Ed. (3647)
Zinc-based alloy
2001 Ed. (4942)
Zinc compounds
2000 Ed. (3562)
Zinedine Zidane
2008 Ed. (4453)
2007 Ed. (4464)
2006 Ed. (4397)
Zinfandel
2003 Ed. (4966, 4967)
2002 Ed. (4965, 4966)
2001 Ed. (4860, 4861)
1996 Ed. (3838)
1992 Ed. (4470)
Zinman; Richard
2008 Ed. (3376)
2007 Ed. (3248, 3249)
Zinsser; Daniel
1991 Ed. (1709)
Zion
1990 Ed. (2721)
Zion Security Corp.
2007 Ed. (1314)
Zions Bancorp
2006 Ed. (2090)
2005 Ed. (4385)
2001 Ed. (573)
2000 Ed. (3738, 3740)
1998 Ed. (293, 330)
1995 Ed. (492)
Zions Bancorporation
2008 Ed. (2694)
2007 Ed. (381, 386)
2005 Ed. (448, 635, 636)
2004 Ed. (646, 647, 4436)
2003 Ed. (633, 634)
2002 Ed. (491)
Zions Bank Public Finance
1998 Ed. (2233)
Zions First National Bank
2006 Ed. (539)
2005 Ed. (3303)
2001 Ed. (733, 774, 867, 931, 951)
2000 Ed. (863)
1998 Ed. (432, 524)
1997 Ed. (639)
1996 Ed. (706)
1995 Ed. (630, 2333, 2334)
1994 Ed. (661)
1993 Ed. (660)
1992 Ed. (860)
1991 Ed. (685)
Zio's
2004 Ed. (4120)
Zip disks
1998 Ed. (828)
The Zipatoni Co.
2001 Ed. (3912)
Zipcar
2007 Ed. (3212)
Zipper Porsche
1992 Ed. (397)
1991 Ed. (292)
1990 Ed. (315)
Zitel
1998 Ed. (2725)
Zithromax
2005 Ed. (2255)
2002 Ed. (2022)
2001 Ed. (2110)
2000 Ed. (3604, 3605)
1999 Ed. (1893, 3884, 3885)
1998 Ed. (2914)
1994 Ed. (1560, 2462)
Zithromax Z-Pak
2006 Ed. (2314)
2005 Ed. (2252)
2004 Ed. (2154)
2001 Ed. (2097)
Ziti
1996 Ed. (2913)
Zivnostenska banka
2006 Ed. (431)
2003 Ed. (482)
1999 Ed. (500)
1997 Ed. (447, 448)
1994 Ed. (462, 463)
1993 Ed. (458)
Zivnostenska Banka AS
1996 Ed. (483, 484)
Zivnostenska Banka National Corp.
1992 Ed. (647)
1991 Ed. (493)
Zivnostenska Banka National Corporation
1989 Ed. (517)
Zivostenska Banka a.s.
1995 Ed. (453)
Zixit
2002 Ed. (916)
ZK McCann
2003 Ed. (156)
2002 Ed. (192)
2001 Ed. (219)
Zmation Inc.
2002 Ed. (2531)
Zocor
2008 Ed. (2378, 2381, 2382)
2007 Ed. (2242, 2246, 2247, 3911)
2006 Ed. (2312, 2313, 2314, 2315, 2316)
2005 Ed. (2248, 2251, 2252, 2253, 2254, 2256)
2004 Ed. (2154, 2155)
2003 Ed. (2111, 2112)
2002 Ed. (2047, 3748, 3750, 3755)
2001 Ed. (2066, 2098, 2110)
2000 Ed. (27, 1704, 1708)
1999 Ed. (1891, 1892, 1908, 3886)
1998 Ed. (88, 2916)
1994 Ed. (2462)
Zocor Cholesterol Rx
2000 Ed. (4220)
Zodiac SA
2003 Ed. (204, 208)
Zoe Cruz
2008 Ed. (2636, 4950)
2007 Ed. (2506, 4974)
2006 Ed. (2526, 4974)
Zofran
1996 Ed. (1578)
Zojirushi
1999 Ed. (2692)
1998 Ed. (1951)
Zoll Medical Corp.
2008 Ed. (1915, 3635)
Zollars; William D.
2008 Ed. (958)
2006 Ed. (2530)
2005 Ed. (2516)
Zollner Elektronik AG
2008 Ed. (4757)
Zoloft
2008 Ed. (2382)
2007 Ed. (2242, 2246, 2247, 3911)
2006 Ed. (2313, 2314, 2315, 2316, 3882)
2005 Ed. (2248, 2251, 2252, 2253, 2254, 2256, 3813, 3815)
2004 Ed. (2154, 2155, 2156)
2003 Ed. (2111, 2112, 2113)
2002 Ed. (2047, 3748, 3749, 3750, 3755)
2001 Ed. (2097, 2098)
2000 Ed. (1704)
1999 Ed. (1891, 1892, 1899, 1908)
1998 Ed. (2913, 2916)
1997 Ed. (1648)
1996 Ed. (1569, 1571, 1579, 2598)
1995 Ed. (2530)
Zoltek Cos.
2008 Ed. (1951)
2006 Ed. (1904, 1908)
2005 Ed. (1883)
Zoltun Design
2008 Ed. (2037)
Zomax Inc.
2004 Ed. (1080)
2002 Ed. (2427)
Zomba Music Group
2005 Ed. (1536, 1546, 1550)
Zona Franca San Pedro de Macoris
1997 Ed. (2376)
1996 Ed. (2250)
Zone Bleue/DDB
1999 Ed. (125)
ZonePerfect
2008 Ed. (4444)
ZonePerfect Nutrition
2005 Ed. (2625)
Zones Inc.
2008 Ed. (269, 271, 2137, 3738, 4803)
2007 Ed. (290, 292, 3551, 3610, 4410)
2006 Ed. (288, 2075, 2083, 3492, 3546, 4384)
2005 Ed. (877, 878)
2004 Ed. (891, 892)
ZoneTrader
2003 Ed. (2158)
ZoneTrader.com
2001 Ed. (4772)
Zonin Asti
1998 Ed. (682)
1997 Ed. (942)
1996 Ed. (909)
1995 Ed. (930)
1993 Ed. (883)
1992 Ed. (1085)
1991 Ed. (885)
1989 Ed. (872)
Zonta International
1998 Ed. (193)
Zoo
1999 Ed. (4616)
Zoological Society of Philadelphia
1998 Ed. (2688)
Zoom
1998 Ed. (2519)
Zoom Telephonics
1995 Ed. (2058, 3391)
1994 Ed. (2702, 3328)
Zooth
2001 Ed. (4572)
Zoozoom.com Magazine
2003 Ed. (3045)
Zorch International Inc.
2006 Ed. (4350)
Zorlu; Ahmet
2008 Ed. (4876)
Zoror
2007 Ed. (2243)

Zostrix
2002 Ed. (315, 316)
2001 Ed. (384)
1999 Ed. (275)
Zostrix HP
2001 Ed. (384)
1999 Ed. (275)
Zosyn
1996 Ed. (1578)
Zotos Int'l (Conair)
1990 Ed. (948)
Zouire Marketing Group
2006 Ed. (3514, 3689, 4353)
Zoup! Fresh Soup
2005 Ed. (3276)
Zovirax
1996 Ed. (1578, 2598)
1995 Ed. (1590)
Zovirax Ointment
1991 Ed. (1410)
1990 Ed. (1489)
Zrno; John M.
1997 Ed. (981)
1996 Ed. (965)
ZSNP
2000 Ed. (809)
1999 Ed. (805)
Zubi Advertising
2004 Ed. (115, 129)
2003 Ed. (33, 80, 81, 171)
Zubi Advertising Services
2008 Ed. (113, 122)
2007 Ed. (103, 113)
2006 Ed. (114, 121)
2005 Ed. (105, 114)
2004 Ed. (109)
Zucker; Jeff
2005 Ed. (785)
Zuckerman; Ethan
2005 Ed. (786)
Zuckerman; Mort
2006 Ed. (4906)
2005 Ed. (4852)
Zuckerman; Mortimer
2008 Ed. (4830)
2007 Ed. (4902)
Zuercher Kantonalbank
1993 Ed. (1664, 3574)
Zuerich Airport
1993 Ed. (208, 209)
Zuerich N
2000 Ed. (4448)
1999 Ed. (4831, 4832)
Zugsmith & Associates Inc.
1992 Ed. (3614)
1990 Ed. (2954)
Zugsmith-Thind Inc.
1995 Ed. (3060)
1994 Ed. (2998)
Zuken K.K.
1994 Ed. (843)
Zulauf Europe Fund
2003 Ed. (3145)
Zumbach Motors Inc.
1992 Ed. (400)
Zumbach Sports Car Ltd.
1993 Ed. (283, 285)
Zumbach Sports Cars
1996 Ed. (264, 285)
1995 Ed. (278)
1994 Ed. (283)
1992 Ed. (398)
Zumbach Sportscars, Ltd.
1991 Ed. (293, 295)
Zumbiel Co.; C.W.
1992 Ed. (3529)
Zumiez Inc.
2008 Ed. (893, 2143)
2007 Ed. (4279)
Zunch Communications Inc.
2007 Ed. (2836)
Zupps Group of Companies
2003 Ed. (3956)
Zupps Group of Cos.
2004 Ed. (1651, 3957)
Zurack; Mark
1997 Ed. (1914)
1996 Ed. (1841)
The Zurcher Group
2005 Ed. (4698)
2001 Ed. (4539)
Zurcher Kantonabank
1997 Ed. (623)
Zurcher Kantonalbank
2002 Ed. (653)
2001 Ed. (653)
2000 Ed. (670)
1999 Ed. (645)
1996 Ed. (689)
1995 Ed. (615)
1994 Ed. (643)
1993 Ed. (640)
1992 Ed. (843)
1991 Ed. (670)
1990 Ed. (691)
1989 Ed. (686)
Zuri
2001 Ed. (1912)
2000 Ed. (1588)
1999 Ed. (1756, 1757)
Zurich
2008 Ed. (3261)
2007 Ed. (3118)
2004 Ed. (3080)
2000 Ed. (3377, 4410)
1997 Ed. (2469)
1996 Ed. (2289, 3888)
1995 Ed. (2281)
1994 Ed. (2239)
1993 Ed. (2260)
1991 Ed. (2158)
1990 Ed. (2244, 2258)
Zurich Airport
1999 Ed. (249)
1997 Ed. (225)
1996 Ed. (197, 198, 200)
Zurich Allied
2002 Ed. (1778, 4486)
Zurich Allied AG
2001 Ed. (1862)
Zurich America Group
2000 Ed. (2723)
Zurich American Group
1999 Ed. (2971)
Zurich American Insurance Co.
2008 Ed. (3319)
2007 Ed. (3174)
2005 Ed. (3129, 3142, 3144)
2004 Ed. (3134, 3136)
2003 Ed. (4993)
Zurich American Insurance Group
2002 Ed. (2957)
2000 Ed. (2721)
1999 Ed. (1627)
Zurich Assurance
1997 Ed. (3931)
Zurich Assurances
1994 Ed. (3681)
Zurich Canada
1999 Ed. (2980)
1997 Ed. (2468)
1996 Ed. (2342, 2343)
1995 Ed. (2325)
1993 Ed. (2242)
1992 Ed. (2692, 2693)
Zurich Canada Group
1994 Ed. (2282)
1990 Ed. (2257)
Zurich/Farmers Group
2006 Ed. (3060, 3061, 3062, 3063, 3064, 3065, 3085, 3102, 3113, 3114, 3133, 3134, 3135, 3143, 3144, 4997)
2005 Ed. (3056, 3057, 3058, 3059, 3060, 3061, 3062, 3063, 3068, 3079, 3080, 3096, 3097, 3098, 3099, 3100, 3123, 3124, 3125, 3133, 3135, 3136, 3137, 4998)
2004 Ed. (3050, 3051, 3052, 3053, 3054, 3071, 3072, 3073, 3095, 3119, 3126, 3128, 4997)
2003 Ed. (2965, 2966, 2967, 2968, 2969, 2981, 2983, 2986, 2989, 3007, 3009, 4994)
Zurich Finance
2006 Ed. (4540)
Zurich Financial Services
2008 Ed. (2093, 2094, 2095, 2096, 3258, 3329, 3330)
2007 Ed. (2000, 2001, 2002, 2003, 3113, 3129, 3181)
2006 Ed. (2028, 2030, 2031, 2032, 3094, 3147)
2005 Ed. (128, 359, 1967, 3089, 3139)
2004 Ed. (3077, 3130, 3131, 3144, 3206, 4326, 4574)
2003 Ed. (1830, 3012, 3099)
2002 Ed. (1403, 1776, 1786, 2819, 2871, 2966, 2968, 2969, 2972, 2974)
2001 Ed. (1861, 1863, 1884, 2881, 2925, 3016, 3017, 4040)
Zurich Financial Services AG
2008 Ed. (1403)
Zurich Financial Services North America Group
2008 Ed. (3233, 3248, 3265, 3316, 3317)
2007 Ed. (3092, 3101, 3119, 3169, 3170, 3183, 4998)
Zurich Group
2001 Ed. (3019)
2000 Ed. (2847, 2848)
1990 Ed. (2256)
Zurich Group-Reinsurance
2000 Ed. (3749)
Zurich Insurance Co.
2006 Ed. (3142)
1997 Ed. (1517, 2420, 2425)
1992 Ed. (1695)
1991 Ed. (1353)
1990 Ed. (3478)
Zurich Insurance Group
2008 Ed. (3320, 3322, 3324)
2007 Ed. (3175)
2005 Ed. (3111)
2004 Ed. (3106, 3108)
2003 Ed. (2979, 3002)
2001 Ed. (2898)
2000 Ed. (1561, 1563, 3750, 4438, 4440)
1999 Ed. (1740, 1742, 2902, 2918, 2919, 2927, 2935, 2937, 2972, 2978, 2982, 2983, 2984, 3102, 4035, 4822)
1997 Ed. (1518, 1519, 2407)
1996 Ed. (1451)
1995 Ed. (1494)
1994 Ed. (1454)
1993 Ed. (2189, 2193, 2241)
Zurich Insurance Group-U.S.
2000 Ed. (2656, 2736, 2737)
1998 Ed. (1138, 2116, 2153, 2154, 2203, 2210, 2212, 2213, 3769)
1997 Ed. (2433, 2471, 2472)
1996 Ed. (2303, 2304)
1995 Ed. (2267)
1994 Ed. (2220, 2281)
1992 Ed. (2685)
1991 Ed. (2081)
1990 Ed. (2222)
Zurich International (Bermuda) Ltd.
1995 Ed. (901)
1994 Ed. (860)
1993 Ed. (848)
Zurich Investment Management
1998 Ed. (2270)
Zurich Kemper Investments Inc.
1999 Ed. (863, 3100, 3583)
1998 Ed. (2306)
Zurich Kemper Life
2002 Ed. (3535)
Zurich (Registrered)
1996 Ed. (3889)
Zurich Reins. (N.A.)
2000 Ed. (3748)
Zurich Reinsurance Centre
1999 Ed. (4033, 4036)
1998 Ed. (3037)
Zurich Reinsurance Centre Holdings Inc.
1997 Ed. (2169)
1996 Ed. (2069)
Zurich Reinsurance Group
2002 Ed. (2973)
2000 Ed. (3752)
Zurich Reinsurance (N.A.) Inc.
2003 Ed. (2971, 3014, 3015, 3016, 4995)
2002 Ed. (3948, 3949, 3950, 3951, 3958)
2001 Ed. (2954, 4030)
2000 Ed. (2660)
Zurich Reinsurance North America
2002 Ed. (3959)
2001 Ed. (2907, 4035, 4036)
Zurich Scudder Investments
2003 Ed. (3065, 3082)
Zurich Services Corp.
2007 Ed. (4292)
2006 Ed. (4264)
2005 Ed. (4287)
2004 Ed. (4347, 4348)
Zurich, Switzerland
2007 Ed. (256, 257)
2005 Ed. (2033)
1996 Ed. (978, 2541)
1995 Ed. (1869)
1993 Ed. (1425, 2468)
1992 Ed. (1712, 2708)
Zurich United States
2002 Ed. (2901)
Zurich U.S.
2002 Ed. (2866)
Zurich US Group
2002 Ed. (2838, 2867, 2878, 2898, 2945, 2976)
2001 Ed. (2905)
Zurich Vers.
1996 Ed. (1452)
1995 Ed. (1495)
1990 Ed. (1423)
Zurich Versicherung
1997 Ed. (3932)
Zurich Versicherung AG
2000 Ed. (2670)
1998 Ed. (2128)
Zurich Versicherungen
1994 Ed. (1455)
1993 Ed. (1407)
1992 Ed. (1696, 4497, 4498)
1991 Ed. (1354, 2159, 3517, 3518)
Zurich Versicherungs-Gesellschaft
1993 Ed. (3742)
1990 Ed. (2284, 3714)
Zuricher Kantonalbank
2008 Ed. (510)
2007 Ed. (558)
2006 Ed. (528)
2005 Ed. (615)
2004 Ed. (626)
2003 Ed. (617)
Zurn Industries
1992 Ed. (1355)
1991 Ed. (1050)
Zurnbach Sports Cars
1990 Ed. (318)
Zuschlag; Charlotte A.
1992 Ed. (1139)
Zwack Unicum
1997 Ed. (825)
Zweig Forecast
1993 Ed. (2363)
1992 Ed. (2799, 2800)
Zwicker & Associates PC
2001 Ed. (1315)
Zwiren Collins Karo Trusk & Ayer
1991 Ed. (3514)
Zwolsche Algemeene
2004 Ed. (1470)
Zyban
2001 Ed. (2068)
1999 Ed. (1890)
Zycad
1994 Ed. (843)
Zycon
1990 Ed. (2902)
Zycron Inc.
2007 Ed. (3601, 4447)
Zygecki; Rhonda
2008 Ed. (2629)
Zygmunt Solorz-Zak
2008 Ed. (4872)
Zygo Corp.
2008 Ed. (1695, 3645)
2005 Ed. (3653, 3654)
2004 Ed. (3744)
2000 Ed. (3387)
Zyma SA
1997 Ed. (962)
Zyman Group
2006 Ed. (106)
ZymoGenetics Inc.
2004 Ed. (4830)

Zynaxis Inc.
1996 Ed. (742)
1995 Ed. (668)
Zyng Asian Grill
2006 Ed. (4124)
Zynyx Marketing Communications Inc.
2000 Ed. (3648)
1998 Ed. (2949)
Zyprexa
2008 Ed. (2379)
2007 Ed. (2242, 2243)
2006 Ed. (2315)
2005 Ed. (2248, 2251, 2253, 2254)
2004 Ed. (2155)
2003 Ed. (2112)
2002 Ed. (3748, 3750)
2001 Ed. (2057)
Zyrtec
2006 Ed. (3881)
2005 Ed. (3813)
2002 Ed. (2019)
2001 Ed. (2068)
ZYWIEC
2006 Ed. (4889)
1997 Ed. (3863, 3864)
Zywiec Brewery (Heineken)
2000 Ed. (1320, 1320)
ZZ Top
1993 Ed. (1076, 1077, 1076, 1077)